# 中国博士学位论文提要

（人文社会科学部分） 2009

中册

国家图书馆 编

國家圖書館出版社
National Library of China Publishing House

# 法　学

## 法学理论

1939

**转型中国法律发展研究** / 晁育虎著 ; 张文显指导. -- 吉林大学, 2009. -- 149 页

论文对转型中国法律发展展开研究,提出在社会转型和秩序重构的视野下,中国应当坚定法制现代化的目标和改革开放以来奉行的法律发展道路。全文共分为五章。第一章,引言。内容包括论文问题提出的背景,法律发展的概念辨析,法律发展的核心论辩,社会转型视野的引入,论文的整体结构安排。第二章,社会转型与法律发展。首先介绍社会转型与中国的双重转型;接着提出社会转型的基本特征——可控性、模仿性、代价性;分析中国的社会转型及其特点,包括坚持不懈的现代化努力,多元并存的社会结构以及渐进式的转型;最后分析社会转型与法律发展之间的关系。第三章,转型中国法律发展的重心。一是作为"本土资源"的民间法,探讨民间法与法律多元,民间法与经济基础,民间法与秩序本位;二是辩证唯物论视野下的社会转型与法律发展,包括历史唯物论视野下的中国社会转型,辩证唯物论视野下的中国法律发展以及意识形态相对独立性视野下的民间法;三是国家与秩序重构,介绍秩序的多元性、国家法与秩序重构以及秩序重构与社会失序;四是国家法与市场经济;五是国家法本位下的民间法空间,探讨民间法与民主立法,民间法与法律确认,民间法与不告不理,民间法与诉讼调解,民间法与法律方法。第四章,转型中国法律发展的途径。首先介绍法律发展的三种基本途径——法律继承、法律移植和法律创新;其次探讨社会转型与法律移植的必要性和社会转型与法律移植的可能性与策略性,并做出总结。第五章,转型中国法律发展的模式。内容包括政府推进与社会演进的分歧,进化论理性主义视野下对政府推进模式的再审视,市民社会理论视野下对政府推进的再审视以及政府推进型法律发展模式的局限与完善。最后为论文结论。

关键词:社会主义法制　司法制度　发展模式　社会转型期

1940

**中国农村土地制度变迁中的政策与法律** / 陈群著 ; 范愉指导. -- 中国人民大学, 2009. -- 146 页

论文运用案例分析法、比较研究法和历史研究法,以"制度试错"理论作为理论分析框架来分析我国土地制度的变迁过程中政策与法律之间的关系格局及发展趋势,探讨我国土地制度的改革及发展模式。论文第一章是政策与法的制度试错,首先考察我国政策体系与法律体系,其次比较政策与法律的特点,最后论述政策与法的关系及不同形态。第二章是土地改革与土地集体所有制度的形成过程,对土地改革、农业生产合作社和人民公社制度分别展开论述。第三章是土地承包制度的形成过程,对 1979—1986 年间土地承包制度实行的原因及内容、土地承包制度实行的社会背景、土地承包制度形成过程中的政策与法律等问题依次展开论述。第四章是土地承包制的发展与完善,对 1987—2006 年间土地承包制度发展和完善的社会背景及面临的问题进行总结与阐释,考察土地承包制度实践中的各种模式,分析土地承包制度发展过程中的政策与法律,并分析政策与法的关系格局及原因。第五章是土地制度的发展契机,对 2007 年至今的社会背景、这一时期的政策与法律进行研究,考察城乡综合配套改革实验区的情况,对重庆和成都实验区的具体内容进行考察,并加以评价。最后为结语,回顾建国后土地制度形成和变迁的历史,考察制度的试错过程,总结政策与法律在不同阶段展现的不同关系形态。

关键词:农村　土地制度　土地管理　土地承包制　土地法

1941

**论当前中国立法中的利益平衡与价值整合** / 陈晓峰著 ; 刘作翔指导. -- 中国社会科学院, 2009. -- 176 页

论文的研究对象为当前中国立法中的利益平衡与价值整合。全文共分为三章。导论部分总括说明论文选题的来由和意义,简要概括论题的社会背景,介绍利益冲突和价值冲突的基本概念和形式以及二者之间的关系,阐明论文研究的基本思路和方法,对论文所选取的立法实例做编组说明、代表性说明、争议观点选取说明。第一章,当前中国立法实例中的利益冲突和价值冲突。选取我国近年来立法争议较大的部分案例,通过对每个立法实例的立法背景、立法过程、争议焦点以及其观点和理由的概括和梳理,分析当前中国立法进行利益平衡和价值整合的主要任务。第二章,利益平衡和价值整合的基础理论。从强调利益平衡和价值整合的基本逻辑前提——承认私人利益正当性及其局限性开始,将中国当前立法实例所展现的利益冲突概括为两大类型,在此基础上,按照社会领域区分理论,在具体的社会领域中讨论立法分配的利益正义原则,提出处理好政府和市场关系,科学界定政府权力的边界以及政府对社会保障的责任是立法正义的基础。第三章,利益平衡与价值整合的程序理论,从程序论述立法正义。首先介绍立法共识的涵义,包括法律在何种意义上是共识的产物以及立法程序的意义;探讨立法的价值共识如何可能;讨论共识的交往理性之路,理想交谈情境以及共识是否可能,交往理性及其批判的分析;最后提出我国体罚中的交流共识,包括公共领域的利益表达,政治领域的利益代表以及程序制度及其改进。最后为论文结语。

关键词:立法　利益　价值

**1942**

**试论中华法系的核心文化精神及其历史运行:兼析古人法律生活中的“情理”模式** / 邓勇著 ; 霍存福指导. -- 吉林大学, 2009. -- 239 页

论文采用问题研究法、历史分析法、文化模式法等方法,从生活视角、全面视角、意义系统视角出发,围绕“古代法律的文化精神如何使得中华法系稳定长久存在”这一理论问题,讨论中华法系的核心文化精神及其历史运行。全文共分为九章。第一章,绪论。介绍论文研究的目的和预期目的,研究方法和研究视角,研究思路,并对概念范畴做出交代,并提出其间的层级关系。第二章,中华法系意义系统的理论渊源与文化意蕴。首先对中国法系的文化精神概说,并提出对中国法律精神的既有研究和其局限性,对情理阐析论做出介绍。第三章,古人法律生活中的重要因素和分析单元。介绍古人法律生活中的常见因素,“天理”“国法”“人情”之间的模糊关系,并对古代法律分析单元做出明确的界定。第四章,情理精神的立体深广阐释。首先提出对情理精神的四种研究路径,在此基础上,提出综合路径和情理模式,并对“情理模式”做出前提性说明。第五章,中国法系的基本结构。首先探讨治理主体、治理对象、治理方式及其背景,之后探讨其中中层要素和深层要素,探讨中国法系的基本结构,并做出总结。第六章,情理模式内容:中华法系的中层与深层。一是三类运行中的情理流动,包括超常世理想运行、常世的正常运行、乱世的矫正运行;二是清理模式的内部关系讨论。第七章,情理精神的运行轨迹与深浅层次。介绍法律领域的情理、情理精神,情理精神的运行轨迹,情理能力的深浅程度与养成方式。第八章,情理精神与中华法系的意义系统。介绍中华法系的价值导向、总体原则以及中华法系和谐圆融的意义系统。第九章为论文结语。

关键词:法制史　法律观　文化精神　传统文化

**1943**

**平等就业权研究** / 郝红梅著 ; 徐显明,肖金明指导. -- 山东大学, 2009. -- 133 页

论文运用比较研究法、规范分析与实证分析相结合的研究方法,选取平等就业权为研究对象,考察相关理论与实践情况。论文第一章是平等就业权的理论构成,首先对平等就业权进行界定,其次对平等就业权的构成进行分析,第三考察平等就业权的权利属性,第四论述基本权利体系中的平等就业权,第五研究平等就业权的价值定位,第六考察平等就业权价值实现的一般原理。第二章是平等就业权的生成与变迁,首先考察平等就业权生成的思想渊源,第二考察平等就业权的生成,梳理平等就业权的变迁,最后总结我国平等就业权的历史演变。第三章是平等就业权的保护原则与限制原则,首先讨论平等就业权的保护原则,其次论述平等就业权的限制原则。第四章是就业歧视,首先对就业歧视的定义进行界定,其次论述就业歧视的判定标准,并考察就业歧视的种类。第五章是平等就业权的实现和保障,首先对平等就业权的享有与实现进行论述,讨论平等就业权与企业自治权的冲突,最后论述国际上平等就业权保障的理论与实践。第六章是我国平等就业权保障制度的检讨与完善,首先考察我国现行平等就业权保障制度,其次论述我国现行平等就业权保障制度存在的问题,最后

论述我国平等就业权保障制度的完善。最后为结语，阐述研究意义与研究的不足之处。

关键词:劳动就业　平等　法律保护

**1944**

**中国农村村民自治权研究** / 郝耀武著 ; 马新福指导. -- 吉林大学, 2009. -- 172 页

论文从法学的视角,对中国农村村民自治权展开研究。全文共分为六章。首先是导论部分,介绍论文研究缘起,研究思路、方法和手段,论证框架与结构安排。第一章,村民自治的一般理论。介绍自治、他治的概念和两者区别,村民自治的理论内涵,中国村民自治制度与西方自治制度的区别;提出村民自治权的一般认知。第二章,村民自治权的本质。从传统权利本质的主要学说以及马克思主义经典作家的观点及评述两个方面探讨权利的本质;对村民自治权本质分析,认为村民自治权是村民一致的体现,是集体经济关系内在要求的记载,村民自治权以村民文化为底蕴。第三章,村民自治权的特征。首先介绍村民自治权的形态特征,包括来源的法定性,范围与大小的有限性,行使方式的直接性;二是介绍村民自治权主体及客体的特征,包括主体的复杂性与特殊性,客体的单一性与特定性;三是探讨村民自治权的自身特征,包括独立性,排除公权力非法干涉性,统一性,法律实践性,平衡性和互动性。第四章,村民自治权的内容及其谱系。介绍村民自治权的主要内容,并对村民自治权的谱系进行说明,包括直接的自治权和保障性的自治权;最后介绍新形势下村民自治权内容的增量。第五章,村民自治权的运行。首先介绍村民自治权的运行现状,在此基础上,分析村民自治权运行中的困惑与难题,并提出对村民自治权中现存问题的根源探究。第六章,村民自治权的保障和救济。提出应进行自治文化理念教育,提高村民自治权的认知;完善村民自治权法律制度;消除体制障碍,限制公权干涉;构建权利救济体制,畅通权利诉求路径。最后为论文结论。

关键词:农村　群众自治　自治权　法律保护

**1945**

**妇女权利平等保护的能力进路** / 贺利云著 ; 刘金国指导. -- 中国政法大学, 2009. -- 183 页

论文运用规范研究法、理论分析法和实证分析法,选取妇女权利平等保护的能力进路为研究对象,能力进路关注到每一个人实际上能做什么和能够成为什么,最终目标是实现人民过自己所珍视的生活的实质性自由,重视人的自由和选择权力,依此来解释妇女权利的平等保护。以能力进路来解释妇女权利平等保护问题,重视了妇女的实质性自由,考察了男女之间基于历史、文化、社会规范等原因造成的能力差异,要求达到核心能力基本门槛的平等。论文第一章是平等理论的反思,首先对功利主义的平等理论进行论述,其次对资源论的平等理论进行论述,最后阐述女权主义的平等理论。第二章是能力进路的平等理论,首先考察能力与好生活的关系,其次考察人的十种核心能力。第三章是能力进路与妇女平等保护,分析妇女平等的两个原则,考察能力与消极权利、积极权利的关系,最后论述妇女能力与法律保护的关系。第四章是能力进路的具体运用,以家庭领域为例,分析对家庭的理论解释及实践原则,考察能力进路下的具体制度实践,因为家庭自古以来就是女性受到权利剥夺最为严重的领域。最后为结语,能力进路的法学意义在于以核心能力为国际文件和国内宪法的基本权利提供哲学基础,构建每一个人都能享有以核心能力为基础的基本权利系列,以此提供一个最低限度的社会正义。

关键词:妇女权益保障法　男女平等　法律保护

**1946**

**法律论证的融贯性研究** / 侯学勇著 ; 陈金钊指导. -- 山东大学, 2009. -- 272 页

论文运用理论研究法和规范研究法,对法律论证的融贯性问题进行研究。论文第一章是关于融贯性的理论梳理,首先论述哲学中的融贯论,其次论述法学中的融贯论。第二章是融贯性论证的必要性,首先讨论法律论证的属性,其次论述法律论证的融贯的必要性,第三论述融贯真理观的必要性。第三章是融贯性论证的立场与形式,首先论述法学研究中的主观性立场,其次从法律客观视角分析几种不同的形式,最后从主观建构视角讨论理性重构与理性解构。第四章是融贯性论证的基本要求,首先分析融贯性的概念,其次论述融贯性论证的整体性面向,第三论述融贯性论证的过程,最后论述融贯的标准与论证的程度。第五章是融贯性论证的难题及其可能应对方案,首先考察法律领域中融贯性论证的难题,其次讨论共识在融贯性论证中的作用,最后考察程序性规则在融贯性论证中的作用。最后为结论,提出法律论证必须

坚持主观性立场方能实现融贯,融贯性论证是一种整体性的证立方式,融贯性论证具有批判、检验实践论证的功能。作者提出融贯性论证所面临的困境必须从实质与程序两个维度上寻找解决途径:共识为融贯性论证提供了实质内容的担保,从而使融贯的论证体系与外在世界的发展变化相沟通;论辩规则为融贯性论证提供了程序性的担保。

关键词:法哲学　论证

1947

**原则裁判论:基于当代中国司法实践的理论反思** / 胡君著 ; 赵明指导. -- 西南政法大学, 2009. -- 163 页

论文运用文本分析法、案例分析法、实证研究和规范研究相结合的方法,对我国司法实践中原则裁判的现状做一些实证研究,以期发现原则裁判中的中国问题和成因,进而寻找适合当前国情的对策,进一步完善原则裁判。论文第一章是原则裁判在当代中国的境遇,首先论述现状,以《最高人民法院公报》典型案例为主要范本,考察哪些法律原则被法官适用、哪些领域在适用法律原则、法官如何适用法律原则、使用原则裁判结果怎样等问题;其次,研究原则裁判的困境主要论述了以下四方面的困境:原则裁判会导致裁判结论的确定性悖反、原则裁判可能会滑向道德裁判的深渊、原则裁判可能会成为法官恣意裁判的遮羞布、原则裁判可能会因为个案正义而破坏法的安定性。第二章是当代中国原则裁判步入困境的原因分析,首先分析法律原则自身的特点,其次分析传统情理型司法的影响,第三分析对原则裁判的西方渊源的误读,最后论述"HERKULES"式法官的缺乏。第三章是原则裁判的防范完善,首先论述法律原则内涵的把握,其次论述法律原则作用的立场,最后论述作为裁判规范的法律原则。第四章是原则裁判的程序规则,首先论述原则裁判的立法完善,其次论述原则裁判的司法程序规制问题。最后为结语,讨论论文的不足之处。

关键词:审判　法官　判决　法律适用

1948

**返回方法论的法律解释学** / 姜福东著 ; 陈金钊指导. -- 山东大学, 2009. -- 252 页

论文运用理论分析法、案例分析法和比较研究法,对返回方法论的法律解释学相关问题展开研究。论文第一章是法律解释学的本体论范式批判,对考夫曼的观点进行评述,论述法律解释学的返回方法论范式。第二章是法律解释者的主体性,依次对解释者主体性问题的提出、制约解释者主体的三要素、妥当安置解释者主体性的关键、妥当安置解释者主体性的路径等问题进行论述。第三章是法律解释的现代性与后现代性,依次论述从法治反对解释之命题、法律解释学与法治的关系、法律解释的后现代性批判、捍卫现代性的法律解释方法论等问题。第四章是法律解释的文义要素,主要论述了法律解释文义要素的含义、法律解释文义要素的方法论功能、文义要素与扩张解释、限缩解释等问题。第五章是法律解释的逻辑要素,对法律解释要素的含义、法律解释逻辑要素的方法论功能、法律解释逻辑要素之变革等问题依次展开论述。第六章是法律解释的历史要素,主要考察法律解释历史要素的含义、法律解释历史要素的方法论功能等问题。第七章是法律解释的体系要素,对一起交通事故和一起拍卖纠纷进行研究,考察法律解释体系要素的含义和方法论功能。第八章是法律解释的合宪性要素,考察合宪性解释的适用规则和原则。最后为余论。

关键词:法律解释　本体论　方法论

1949

**习惯国际法的司法确定** / 姜世波著 ; 郝铁川, 谢晖指导. -- 山东大学, 2009. -- 263 页

论文运用案例分析法和实证研究法,重点对国际法院确定习惯国际法的实践从法律方法论的视角进行考察和分析。第一章是习惯国际法作为国际法的核心,首先论述习惯国际法在国际法诸渊源中的地位,其次论述习惯是国际法的最终效力依据。第二章是习惯国际法的形成要件理论,阐述了国家实践要素、法律确信要素和二者的关系。第三章是国家实践转化为习惯国际法规范的一个理论前提的论述,对近代哲学家和现代哲学家的努力进行论述,考察言语建构制度理论对习惯国际法形成机制的解释力及其局限,并阐述心理主义解释观。第四章是游走于"克制"与"能动"之间的国际法司法实践的实证考察,主要论述了司法能动主义与克制主义之争、国际场景下的司法能动主义与克制主义、习惯国际法确定中的克制主义与能动主义等问题,并考察国际司法的未来走向。第五章是确定习惯国际法的司法论证进路,论述法律裁决做出的两种不同进路,对习惯国际法的确定需要

论证进行研究,并论述马蒂·科斯肯涅米的国际法律论证的进路,最后考察习惯国际法的论证进路。第六章是通过利益衡量方法确定习惯国际法,首先考察在国际司法情景下利益衡量方法的适用问题,其次考察国际关系中的利益划分及其关系,最后研究国际司法情境下的利益衡量的展开。第七章是通过整体性解释确定习惯国际法,对习惯国际法确定的困境进行考察,从美国伊拉克战争构成自卫权的习惯国际法先例出发论述习惯国际法的确定问题。最后为余论。

关键词:国际习惯法　司法制度　法的理论

**1950**

**论法与利益博弈、利益衡量** / 金小鹏著 ; 孙国华指导. -- 中国人民大学, 2009. -- 242 页

论文运用案例分析法和实证研究法,研究法与利益博弈、利益衡量的相关问题。第一章是利益的基本理论,首先总结利益认识的历史轨迹,其次论述马克思主义的利益理论,再次对利益的定义进行论述。第二章是法与利益的一般理论,考察法与利益的关系、法与价值的关系,并论述权力、权利、义务与利益的关系。第三章是利益的分类,首先讨论利益的类型,其次讨论各类利益的相互关系,最后讨论各类利益的价值区别。第四章是利益的确认与保护,首先对主体地位的确认做出论述,其次对法律规制保护利益的基本形式进行考察,最后论述法律保护的局限。第五章是利益博弈,首先论述利益竞争与博弈论,其次论述利益博弈与合作。第六章是法律与利益博弈,首先讨论法律与利益博弈,其次总结法律博弈的特点。第七章是法律与利益衡量,首先对利益衡量概念进行界定,其次对利益衡量论进行阐述,最后考察利益衡量与利益博弈。第八章是社会整体利益最大化原则与效率优先,首先论述社会整体利益最大化原则,其次论述社会整体利益最大化原则与正义、公平、公正,最后考察效率优先在司法中的滥用。第九章是利益衡量的具体使用原则及基本方法。第十章是利益衡量与立法,对利益衡量与法律政策、利益衡量与科学发展观、立法中的利益博弈与利益衡量等问题依次展开论述。第十一章是法律适用中的利益衡量分析。最后为结束语。

关键词:法律　利益　法的理论

**1951**

**论韦伯思想中的自然法** / 金星著 ; 霍存福指导. -- 吉林大学, 2009. -- 101 页

论文依据韦伯的社会科学方法论与社会学研究本身探讨韦伯对于自然法的真实态度。全文共分为四章。绪论部分介绍论文的研究背景,研究目的和研究意义,研究主要内容和研究思路、研究框架,并提出论文可能的创新点和不足。第一章,西方学界对韦伯法律观的解读与批判。通过对克朗曼、施特劳斯以及哈贝马斯三位学者的考察,依循三位学者的不同进路对韦伯法律思想进行解读和批判。第二章,韦伯思想所蕴含的回应。着重阐明韦伯的社会科学方法论与社会学思想本身实际上已经有效地回应了克朗曼、施特劳斯以及哈贝马斯三位学者的批判,因此韦伯本人并没有主张所谓的实证主义法律观。第三章,韦伯学术研究的整体理论脉络与方法。分析韦伯上述回应依据以成立的三个主要的理论支点,此即他对于西方世界理性进化进程之特质的具体界定,他的独特的"理念型"的研究方法,以及他对于学术研究与社会行动的严格区分,此外,论文也分别阐述了这三个理论支点对韦伯的法律观念的具体影响。第四章,自然法与法律的体系化及支配的正当性。分别从形式理性的自然法对于西方法律之体系化的重大贡献,以及实质理性的自然法对于法制型支配之正当性的证成这两个方面阐述韦伯对于自然法的真实态度。最后为论文的主要结论。

关键词:韦伯　法律思想　理性　思想评论

**1952**

**民主的命运:专制抑或自由——托克维尔《论美国的民主》研究** / 李灿著 ; 赵明指导. -- 西南政法大学, 2009. -- 108 页

论文运用案例分析法和理论研究法,从托克维尔成长的时代背景出发,考察他的思想渊源,再论述思想的具体内容,最后引发出对生活在今天时代的人们对民主的深刻反思,重点分析和阐述法制对于保障民主政治下的自由的重大意义,凸显在托克维尔看来是实现民主的第二位因素——法制的地位和作用。试图由此赋予民主以更加普适的意义,为民主铸就可靠的保障机制,而不仅仅把民主看作把玩和揣摩的对象。论文第一章是动荡的时代与忧郁的托克维尔,首先回顾开启现代性的法国大革命,其次论述托克维尔的生平和思想渊源。第二章是民主及其正当性,首先论述贵族制与民主制,其次论述古代民主与现代民主,最后阐释托克维尔的民主观。第三章是现代民主的专制噩梦,首先论述现代专制主义的特征,其次论

述焦虑、嫉妒和软弱的民主人，最后论述现代民主的通病。第四章是现代民主的自由维度，首先以社会状况为视角考察民主，其次论述托克维尔自由观的有限自由。第五章是走向自由的民主，论述了公共道德、政治教育、公民宗教等问题。第六章是通过法制的民主，考察自然环境、民情和法制问题。最后为结语，论述自由的民主作为一项未竟的事业的问题。结语试图分析民主社会的"现代病"及其防治意见，提出生活在现代社会中的人们，提防民主体制下的专制并不是无中生有和杞人忧天。

关键词：托克维尔（Tocqueville, Alexis de） 民主 自由

**1953**

**作为政治建构的公共理性：罗尔斯公共理性思想解读** / 李丹著 ； 舒国滢指导. -- 中国政法大学, 2009. -- 144 页

论文运用定性研究法、理论分析法和比较研究法，从罗尔斯的公共理性观念入手来解读罗尔斯的公平正义原则与政治自由主义理论，并通过分析公共理性在制度层面的运作，探寻以公共理性重建政治合法性的可能。在罗尔斯看来，政治自由主义是由公共理性所支撑的，公共理性是现代民主社会的基础，是民主国家的基本特征。论文第一章是从理性到公共理性，首先研究理性与自然法，其次研究康德的实践理性和西季威克的直觉主义，最后论述对理性的否定与再认识。第二章是罗尔斯公共理性思想源流，首先分析《正义论》中的理性主义基础，其次分析重叠共识与公共理性，最后分析公共理性与万民法，阐述人权与现实乌托邦的问题。第三章是以公共理性重建政治合法性，首先阐述罗尔斯公共理性的思想纲要，其次论述政治建构主义，分析公共理性的制度设计，阐述公共理性与现代民主。第四章是对话与回应，首先对哈贝马斯的交往理性与公共理性进行对比，其次总结社群主义的挑战，最后论述理性、自由与社会选择。最后为余论，提出有关公共理性的一些结论性思考，总结出对中国当代现实政治的几点启示，探寻公共理性作为政治建构方式的实践意义，力求理论与实践相结合，以公共理性促进中国当代的政治和理化过程。

关键词：罗尔斯（John Rawls） 政治思想 正义 理性 自由主义

**1954**

**遗嘱继承的法理研究** / 李宏著 ； 龚廷泰指导. -- 南京师范大学, 2009. -- 230 页

论文运用历史分析法、比较分析法和理论分析法，以遗嘱继承这一对立统一的家产分配方式为切入点，对遗嘱继承的社会基础、本质、价值平衡、发展激励等从历史到现实制度展开法理研究与探索。论题围绕一个统一的核心目的——和谐，即个人的遗嘱自由与家庭、社会利益的稳定和谐状态展开研究。社会和谐与利益平衡是论文的两个重要支撑点。论文第一章是遗嘱继承的社会基础，首先分析遗嘱继承的经济基础，其次分析遗嘱继承的政治基础，进而阐述遗嘱继承的宗教基础和道德基础。第二章是遗嘱继承的本质，首先论述西方学者的观点，其次论述马克思主义经典作家的观点。第三章是遗嘱继承的价值平衡，首先论述遗嘱继承的基本价值，其次论述遗嘱自由与公平，第三论述遗嘱自由与效率，第四论述遗嘱自由与秩序，最后论述遗嘱自由的限度。第四章是遗嘱继承的发展机理，分析遗嘱继承的内在根据，考察遗嘱继承的历史逻辑，最后总结遗嘱继承的发展规律。第五章是完善当代中国遗嘱继承的思考，首先论述完善当代中国遗嘱继承的理论思考，其次论述完善当代中国遗嘱继承的实践思考，最后论述完善当代中国遗嘱继承的制度思考。最后为结语。

关键词：遗嘱 继承法 法理学

**1955**

**侵权法的正义理念研究** / 李玲娟著 ； 张文显，郑成良指导. -- 吉林大学, 2009. -- 121 页

论文的研究对象为侵权法的正义理念，基于"风险—分配"逻辑，探讨在人类社会追求社会争议价值的指引下，侵权行为法正在悄悄地迎来一场深层次的变革，如此情况该如何公平地分配社会风险，促进个人自由价值与社会公共安全价值和谐。全文共分为四章。论文的绪论部分介绍研究背景、研究对象、研究意义和研究思路。第一章，侵权法的历史演进及理论概述。正义理念问题是关系侵权法能否走出理念困境、实现制度创新的关键，侵权法在发展的不同时期具有不同的正义理念。首先介绍侵权法的历史研究和变化过程，接着对侵权法的正义理念做出简单的梳理。第二章，近代侵权法的正义理念研究。首先对必要的研究对象和研究概念进行界定，接着提出过错责任的法哲学基础，最后探讨作为一种个人权利保护

机制的过错责任的具体内容。第三章,工业社会侵权法的正义理念研究。首先对工业社会侵权法正义理念的相关概念做出界定;接着探讨严格责任的法哲学基础,在此基础上,提出正义理念的形成;最后提出作为一种损害分摊机制的严格责任。第四章,风险社会侵权法的新使命。首先介绍风险责任的理论背景;结合具体的背景说明,探讨风险责任的两种分析进路;最后探讨作为一种公平分配风险机制的风险责任的具体内容。最后为论文结语。

关键词:侵权行为　民法　正义

**1956**

**传统文化的法律政策考察:从无形资产的角度分析** / 李斯特著 ; 朱苏力指导. -- 北京大学, 2009. -- 128 页

论文运用历史分析法、理论分析法和定性研究法,关注中国传统文化作为一种无形财产的产权状况,分析传统文化之上的私有产权的形成和变迁,剖析私有产权的一套法律话语论证,讨论公有领域政策,重新认识公有领域对于中国传统文化产业的功能。论文第一章是导论,对现状进行概述,回顾研究成果,提出理论框架与结构并界定研究问题。第二章是变动中的传统文化,首先分析传统文化私有权的缺位,其次论述作为无形资产的传统文化,第三论述现代化带来的冲击,最后论述新的无形资产形成。第三章是私有产权对传统文化的渗透,首先是虚假的个体独创论,其次回顾西方创作活动,第三对原创、改变与私有产权进行研究,最后重估文化法律与政策。第四章是公有领域中的传统文化,首先分析公有领域问题的由来,其次论述公有领域的政策,并依次对公有领域的虚假承诺、公有领域的利害权衡、公有领域与文化多样性等问题展开论述。第五章是传统文化与文化安全,分析传统文化误读的产生,论述文化主权与安全问题,对传统文化的人格理论进行研究,并分析传统文化建设与文化多样性。第六章是结语,提出中国传统文化绝不仅仅是经济意义上的无形财产,更是文化资本,对于中华民族共同体的文化意义在中国的民族国家建设过程中十分重要。

关键词:传统文化　文化产业　产权　知识产权

**1957**

**和谐理念下的公司治理** / 李晓红著 ; 张文显指导. -- 吉林大学, 2009. -- 123 页

论文在和谐理念的指导下,运用法理学和经济学的一般理论和方法,分析构建公司内部和谐与外部和谐的诸多问题,把法律作为实现和谐社会的基本手段,并对公司治理和公司和谐的导正和救济机制进行分析。全文共分为四章。开篇是绪论。第一章,公司治理的理论解析。首先介绍公司治理的概念,具体对公司治理的问题和缘起,公司治理的狭义概念和广义概念进行说明;接着分别以英美市场导向型模式、日德债权人主导型模式以及东亚家族控制型模式为依据,探讨公司治理的基本模式;最后探讨公司治理问题的基本分析路径,包括法律经济学分析路径,文化学分析路径以及价值分析路径。第二章,公司治理结构与内部和谐。首先探讨公司治理结构的核心及模式选择,包括公司治理结构的核心,公司治理模式的选择与趋同,中国的公司治理结构模式选择;二是股东大会的内部和谐方面,介绍内容包括表决权行使原则,控股股东与少数股东的利益冲突以及控股股东与少数股东的利益平衡;探讨股东大会与董事会的和谐问题,董事会与管理层的和谐以及股东大会、董事会与监事会的和谐。第三章,广义的公司治理与公司的外部和谐。首先介绍公司的社会责任与利益相关者理论,包括公司社会责任的理论基础,公司社会责任的内涵,公司社会责任在各国的发展以及其在中国的发展;接着介绍利益相关者参与公司治理的方式及其意义;最后探讨如何构建公司与员工的和谐关系,构建公司与债权人的和谐关系,构建公司与消费者的和谐关系,公司与环境的和谐关系。第四章,公司治理通向和谐的自律及导正。探讨公司和谐的自律保障,公司和谐的导正机制。最后为论文的主要结论。

关键词:公司治理　股东　公司法

**1958**

**法的清理研究** / 李晓霞著 ; 周旺生指导. -- 北京大学, 2009. -- 190 页

论文围绕“法的清理”展开论述,分析关于法的清理的本体论,在应然和实然两个层面剖析法的清理的必要性和可能性,在理论铺陈的基础上,着重结合中国法的清理实践,总结规律,发掘问题,并分析和解决问题。全文共分为五章。导论部分介绍论文的选题和价值,国内外研究现状,研究方法和材料,研究范围和主要内容。第一章,法的清理和几个基本问题。分别介绍多重视角下的法的清理,历史和比较法中的法的清理,法的清理的概念,法的清理的性质以及法的

清理的种类。第二章,法的清理的必要和可能。首先介绍问题的缘起,探讨法的清理的必要性以及法的清理是如何实现的,结合法的清理的中国语境,得出目前在我国法的清理的功能和局限。第三章,当代中国法的清理现状和问题。首先介绍当代中国法的清理实践,包括新中国成立以来法规的历次全面清理,特定背景下的专项清理以及法律的清理;接着以社会转型为背景,对法的清理的动因考察,提出社会转型,经济和政治体制改革,中国特色的立法机制,制度竞争等方面原因;对中国法的清理的基本经验进行总结;最后结合对中国法的清理的问题透析,提出中国法的清理制度建设前瞻。第四章,法的清理权限和模式思考。首先提出理想和现实两种法的清理模式;其次提出政治体制和立法体制之间的不契合的背景原因和问题;进而对法的清理中的矛盾和关系进行梳理,最后对地方性法规和部委规章的效力进行比较,并得出相关结论。第五章,法的清理的实施:技术和方法。提出法的清理的过程和步骤,法的清理原则,法的清理依据以及法的清理标准。最后为论文结语。

关键词:立法　法治　社会主义法制　法的理论

**1959**

**论裁判规则:以法官适用法律的方法为视角** / 刘成安著 ; 陈金钊指导. -- 山东大学, 2009. -- 192 页

论文运案例研究法,结合实证研究和规范研究方法,选择裁判规则为研究核心,考察裁判规则理论与法官判案的相关问题。论文第一章是裁判规则的界定,首先论述裁判规则的概念,其次论述裁判规则的表现形态,考察裁判规则的逻辑结构,最后论述裁判规则的基本特征。第二章是裁判规则的建构与法律方法,首先论述裁判规则建构方法的已有探讨,其次阐述裁判规则的建构方法中的法律发现,第三论述裁判规则建构方法中的法律解释,最后论述裁判规则建构方法中的法律补充。第三章是裁判规则建构行为的异化及其防范,首先考察裁判规则建构行为的异化,提出防范裁判规则建构行为异化的原则。第四章是裁判规则理论的学术价值,以法律解释学中的相关问题为例,首先研究法律解释目标问题与裁判规则,其次讨论法律解释方法排序问题与裁判规则。第五章是裁判规则理论的实践价值,以我国法律实务中的相关问题为例,首先考察法官判案的职责与裁判规则,其次考察裁判规则视角中的裁判文书问题,第三研究裁判规则视角中的判例问题。第六章是通过裁判规则理论化解法官依法判案的困惑,提出以裁判规则作为判案准绳,以法律方法建构裁判规则,以三维视角诠释依法判案原则。最后为结语,阐述论文的不足之处和未来研究方向。

关键词:法官　审判　法律适用

**1960**

**批判哲学与自然法:论康德的批判自然法思想** / 刘晓勇著 ; 徐显明指导. -- 中国政法大学, 2009. -- 157 页

论文运用案例研究法、比较研究法与理论研究法,目的在于探讨康德法律学说的性质,重点考察康德的批判自然法思想。论文第一章是文献回顾,首先论述启蒙介绍时期的文献,其次论述传播与融合时期的文献,进而总结新中国建立至 20 世纪 80 年代末期和 90 年代以来的康德研究文献。第二章是形而上学与近代自然法,首先考察卢梭的认识论、形而上学和自然法,其次研究洛克的知识论、形而上学和自然法,最后总结卢梭与洛克自然法理论的共同特点。第三章是纯粹理性批判及其对古典自然法的意义,首先阐述知识与判断,其次阐述对纯粹数学知识可能性条件的探究及感性认识的规律,第三考察对纯粹自然科学可能性条件的探究及知性认识的规律,最后论述对形而上学可能性的探究及理性认识的规律。第四章是实践理性批判及自然法的构建方法,首先论述实践理性批判的方法和步骤,其次分析常识中的道德观念,进而分析普通道德哲学中的道德观念,最后论述批判哲学中的道德观念。第五章是批判自然法的内容,首先论述法权的形而上学原理在批判哲学体系中的位置及其推导方法,其次论述法权的概念,第三论述自然状态下的法律诸原则的私人法权问题,第四论述国家法权及其法律原则的公共法权问题,最后论述国际法权及其法律原则的公共法权第二部分问题,总结自然法实现的途径。最后为总论,讨论康德对自然法的拯救。

关键词:康德　哲学思想　法哲学　思想评论

**1961**

**法的资本逻辑:波斯纳法律经济学研究** / 刘玉波著 ; 巩献田指导. -- 北京大学, 2009. -- 137 页

论文运用理论分析法、比较研究法和定性研究法,结合规范分析和实证分析法,尝试以马克思主义为指导,研究波斯纳法律经济学的资本逻辑,即剩余价值最大化逻辑。论文着眼于波斯纳法律经济学的

理论基础和波斯纳法律经济学的理论主体视角，对波斯纳法律经济学中法的资本逻辑进行研究。第一章是隐含于理性假定和效率标准的资本逻辑，第一节分析理性假定是资本精神的理论投射，第二节论述效率的财富内容与福利缺陷，第三节总结效率思想简史及马克思的观点。第二章是资本的法学——财富最大化法学，首先对科斯定理及科斯对法律经济学的影响进行阐述；其次从实证角度出发，论述财富最大化的法学的资本逻辑；最后考察规范的财富最大化法学的资本逻辑。第三章是波斯纳法律经济学对“道德逻辑”的否定，首先论述“校正正义”，其次分析资本逻辑否定道德逻辑，最后从德沃金—波斯纳争论看法律经济学的资本逻辑。最后是结语，讨论波斯纳法律经济在我国是否适用的问题，归纳论文主要观点，提出公共利益法律化的根本目的是满足多元社会的时代背景下社会整合的需要，公共利益法律化的主要内容在于寻求公共利益的确定法律内涵，公共利益法律化的现实路径在于建立一种基于规范目的的法律界定模式，提出波斯纳法律经济学是资本逻辑的展开，是资本的意识形态。

关键词：波斯纳(Posner, R. A.)　资本　法学　经济学

**1962**

**论行政自由裁量权的内部控制** / 卢护锋著 ; 崔卓兰指导. -- 吉林大学, 2009. -- 125 页

论文从法理学的角度对行政自由裁量权内部控制进行理论梳理和法律论证，并在借鉴他国有益经验的基础上，结合当下中国的行政实践，提出具有可操作性的机制构设，从而为实现裁量正义探索可能的途径。全文共分为五章。第一章，行政自由裁量权内部控制的理论正当性。首先探讨行政自由裁量权的外部控制路径及其反思，介绍现代行政中的自由裁量权，行政自由裁量权的外部控制及其局限，弥补性方案的寻求；接着提出行政自由裁量权内部控制的人性基础，包括对马斯洛人本哲学的理解和行政人的德性与自律；提出行政自由裁量权内部控制的学科依据，包括政治学基础，法文化基础，行政法学基础。第二章，行政自由裁量权内部控制的法律基础。一是行政自由裁量权内部控制的宪法依据，包括平等对待的宪法原则，首长负责制的行政组织原则；二是行政自由裁量权内部控制的立法依据，包括法律保留原则，法律保留与裁量原则；三是行政自由裁量权内部控制的行政法依据，包括行政程序的内部控制功能和司法审查的广度与强度。第三章，行政自由裁量权内部控制生成的现实条件。探讨政府政治理念的嬗变，政府治理目标的转型，政府治理行为模式的变迁，政府治理组织与权力结构的优化。第四章，行政自由裁量权内部控制的意义。介绍行政自由裁量权内部控制的理论价值及其实践功能。第五章，行政自由裁量权内部控制机制的构设。提出行政自由裁量权的基准，行政自由裁量权的示范机制，行政自由裁量执法行为的内部监督机制以及行政自由裁量权内部控制的伦理机制。最后为论文结语。

关键词：行政法　行政自由裁量权　内部控制　权力制约

**1963**

**城市化与近代英国宪政的生成** / 栾爽著 ; 刘旺洪指导. -- 南京师范大学, 2009. -- 216 页

论文运用历史分析法、案例研究法和实证研究法，考察英国城市化运动与宪政之间的关系。第一章是城市化的宪政意义，首先讨论城市对法治的影响，其次研究城市制度，第三研究城市的兴起导致市民社会的成长，第四论述城市利益主体多元化是宪政产生发展的源动力，最后论述城市化与民主政治。第二章是英国的城市化与近代宪政生成的一般分析，首先论述英国的城市化，其次论述英国近代宪政的生成，第三论述英国城市化与近代宪政生成的关系，第四论述英国城市化与宪政生成的互动机理。第三章是市民阶层的兴起与宪政理念的生成，讨论城市化进程中社会结构的变化，对市民阶层的兴起和宪法理念的萌生进行研究。第四章是城市自治与近代宪政制度的构建，首先分析具有宪法精神的文件，其次论述城市法律制度的宪政性质，第三论述城市治理的宪政特点，最后论述城市自治的宪政意义。第五章是城市力量壮大与议会主权，首先论述议会的形成，其次论述《自由大宪章》，第三论述城市商人阶层的兴起与政治地位，第四论述城市力量的壮大与下议院的兴起，最后论述议会主权的形成。第六章是城市司法与近代司法独立原则的确立，回顾司法独立原则在英国的确立，考察城市法院、商人法院、海事法院的关系，并分析法官独立的社会基础，最后论述城市化进程中律师阶层的出现。最后为余论。

关键词：法制史　宪法　政治制度　城市化　英国　近代

1964

**通过公共领域的立法民主:哈贝马斯商谈民主理论研究** / 马建银著 ; 高鸿钧指导. -- 清华大学, 2009. -- 192 页

论文运用理论研究法、个案研究法和定性研究法,研究哈贝马斯的商谈民主理论,这种通过公共领域的立法民主理论,可以为后发现代化国家的现代化、法治化与民族复兴的过程提供正当性论证的理论范式,也是解决当下中国政治、法律与社会领域许多亟待解决问题的重要思想资源。论文第一章是导论,第二章是民主话语的歧异,讨论民主话语的概念和性质进行研究,最后分析民主认知在中国的历史流变与现实困境。第三章是商谈民主的争议、比较与超越,首先分析民主的规范性,其次论述民主是否可能的问题,第三分析共识性民主是否可能,最后对民主的商谈理论进行界定 。第四章是商谈论视角的民主原则,首先分析沟通理性与商谈原则,其次雷诺数基本权利体系的重构,最后分析合法之法的生产。第五章是激活公共领域,考察商谈民主的基本前提,首先分析公共领域的根基,其次分析民主的社会基础,最后论述公共领域的激活。第六章是商谈论视角的双轨制民主,通过考察公共领域的立法过程,首先论述双轨式立法民主,其次论述公共领域的沟通,最后讨论立法过程中的商谈问题。第七章论述商谈民主与中国语境问题,首先考察在理想和现实之间的商谈民主,其次论述中国语境民主潜力的困境与契机。为中国民主社会发展提供启示。

关键词:哈贝马斯(Habermas, Jurgen) 立法 民主 法哲学

1965

**论法律的现代性** / 马英著 ; 姚建宗指导. -- 吉林大学, 2009. -- 127 页

论文在思想史的脉络中,从知识传统的断裂入手,考察法律现代性作为一种有别于传统知识的知识形态是如何自我确证、自我展现并呈现出其对现实的批判力的。全文共分为六章。第一章,法律现代性的内涵与特征。首先对法律现代性的概念辨析与问题域进行确定,包括"现代性"概念的起源与界定,"法律现代性"的问题域的确定;二是提出论本的确定性——法律现代性的核心诉求,包括论文范围的界定以及精确认识文本的途径;三是现代法律主体的塑造——法律现代性的核心要素;最后提出形式法范式——法律现代性的表现形态。第二章,法律现代性的缘起。首先介绍知识传统的断裂——法律现代性的起源,一是传统社会的知识传统,二是宗教改革与现代思想的肇端;其次介绍法律现代性思想的知识基础,包括霍布斯的法哲学理论——从神学权威到世俗权威,启蒙时代与现代理性知识形态的确立;三是提出法律现代性理论的政治理论基础——社会契约理论;最后提出现代实证法理论体系的确立,包括现代法律的功利主义基础,实证法理论中的现代性命题。第三章,法律现代性的价值基础。提出世俗化的现代社会需要新的价值基础,理性——现代制度体系合法性论证的基础,自由——法律现代性的核心价值。第四章,法律现代性与法律现代化。首先提出对法律现代性与法律现代化的概念辨析;其次介绍法律现代化的判定标准,并对现代化标准概述;最后提出法律现代性是现代法律自我确证的话语体系。第五章,法律现代性的内在矛盾。分析主体性哲学的内在缺陷,法律现代性的理性展开与终极意义的丧失,现代法治的内在矛盾。第六章,法律现代性的内在矛盾的解决途径。提出理性模式的转换,西方现代法律范式批判,程序主义法范式的确立以及哈贝马斯的法律现代性理论的意义与缺陷。最后为论文结论。

关键词:法律 现代化 法理学

1966

**法官遴选制度研究** / 米勇著 ; 石少侠指导. -- 吉林大学, 2009. -- 105 页

论文基于对法官遴选制度的理想的制度设计,采用实证分析、历史分析和比较分析的方法,在对西方法治发达国家特别是英美法系和大陆法系国家遴选制度及经验进行比较研究的基础上,从应然的角度,阐释法官职业背景下推进我国法官遴选制度改革的目标和选择路径,并对确立法官员额制度、法院职位分类管理、法官资格要素的重新界定、法官遴选机制的创新以及建立职业保障制度等问题进行理论上的探讨,并从司法实践的角度对我国法官遴选制度的具体制度改革提出建议。全文共分为五章。第一章,法官遴选制度的功能与基础。介绍法官的涵义与性质,法官遴选制度的涵义与功能。第二章,法官遴选制度与法官职业化。介绍法官职业化的涵义与特征,我国法官职业化改革的必要与可能,基础和途径;探讨法官遴选制度与法官职业化的关系,提出法官遴选制度是法官职业化的必然要求,法官遴选制度对实现法官职

业化发挥重要作用,法官职业化引领法官遴选制度改革的目标和路径。第三章,法官遴选制度的比较考察。分别介绍大陆法系的法官遴选制度,英美法系的法官遴选制度,并比较法官遴选制度的共性与差异,探讨法官遴选制度的规律和模式。第四章,我国法官遴选制度的沿革与现状。内容包括我国法官遴选制度的沿革,我国现行法官遴选制度的渊源以及我国现行法官遴选制度的主要问题和成因。第五章,完善我国法官遴选制度的基本构想。首先提出完善我国法官遴选制度的价值需求,接着提出影响我国法官遴选制度发展的独特因素,我国法官遴选制度的目标和路径,最后提出完善法官遴选制度的具体措施。最后为论文结论。

关键词:法官　司法制度　体制改革

**1967**

**《中华人民共和国妇女权益保障法》修改研究** / 莫文秀著 ; 徐显明指导. -- 中国政法大学, 2009. -- 159页

论文运用文本分析法、规范研究法与实证研究法,对《妇女权益保障法》的相关问题进行研究。论文第一章是国外妇女争取自身解放的理论和实践简述,对国外女权主义理论探索进行考察,并分析国外妇女权益保障的立法实践。第二章是我国妇女权益保障立法概述,首先论述旧中国妇女法律地位的缺失为中国妇女争取权利培养了社会意识,其次论述妇女人权意识的觉醒为新中国妇女权益保证立法奠定了思想基础,第三论述革命根据地的妇女立法为新中国妇女权益保证立法积累了实践经验,最后论述男女平等的宪法规定为新中国妇女权益保证立法确立了基本原则。第三章是妇女权益保障法修改的概况,首先对妇女权益保障法修改的背景进行回顾,其次对妇女权益保障法修改的原则、思路、过程和特点进行总结,最后论述妇女权益保障法修改的主要内容。第四章是《妇女权益保障法》修改中的基本问题研究,首先论述男女平等基本国策,其次论述明确妇女权益保障的责任主体,讨论妇联组织维权的职责与责任,最后考察强化保障措施和法律责任的体现。第五章是《妇女权益保障法》修改中的具体问题研究,依次对妇女参政比例问题、妇女生育权保护问题、同龄退休与妇女休息问题、农村妇女土地承包权益及相关财产权益问题、妇女尊严与性骚扰问题、针对妇女的家庭暴力问题等进行论述。第六章是《妇女权益保障法(实施细则)》相关问题研究,考察了《妇女权益保障法(实施细则)》总则部分的创新与突破。第七章是对《妇女权益保障法》修改的评价,考察妇女权益保障法修改的积极意义和局限性。第八章是妇女权益保障法修改后的实施与展望。

关键词:妇女权益保障法　立法

**1968**

**公共利益的法律化研究** / 倪斐著 ; 刘作翔指导. -- 中国社会科学院, 2009. -- 166页

论文运用比较研究法、案例研究法和实证研究法,根据国内外不同层次立法中公共利益的归纳分析,借鉴语言分析哲学和法律解释学的相关理论,提出了公共利益类型化的规范目的标准,以期较为全面地展现公共利益概念的法律面向;并对美国和中国财产征收典型案例中公共利益的法律界定进行实体和程序分析。在此基础上,揭示了公共利益法律化中的难题——公共利益作为不确定法律概念的具体化——并提出相应的法律完善建议。第一章是公共利益法律化的理论探讨与路径选择,考察公共利益的不确定性及其法律化的必要与可能,论述公共利益法律化的理论,对公共利益法律化的路径选择做出阐述。第二章是公共利益的立法表达与类型化分析,首先研究公共利益在国内外立法中的表达,其次论述公共利益法律化的立法选择。第三章是法制实践中"公共利益"的典型案例及其问题分析,考察美国财产征收案件中"公共利益",对我国财产征收案件中有关"公共利益"的典型案例及其问题进行分析。第四章是法制机制中公共利益具体化的制度设计与完善,考察立法层面公共利益的制度完善,论述行政执法层面公共利益的制度完善,最后对司法层面公共利益的制度完善进行研究。最后为结语,对寻求公共利益的法律确定问题进行讨论。

关键词:法的理论　公共管理　立法

**1969**

**社会主义人民主权的理论逻辑与实践运行** / 潘云华著 ; 龚廷泰指导. -- 南京师范大学, 2009. -- 190页

论文运用比较研究法、案例研究法、理论研究法等方法,选取人民主权为主要研究对象,考察西方的理论如何界定人民主权与民主理论,同社会主义的人民主权的理论逻辑进行比较。论文第一章是人民主权的理论渊源,首先论述卢梭人民主权的基本思想及

其逻辑困惑，其次论述马克思、恩格斯对卢梭思想的扬弃。第二章是人民主权的价值逻辑，首先论述人民主权与人民民主，其次论述人民主权的利益基础，最后论述人民主权的价值追求。第三章是人民主权的合理性，首先论述合理性的法哲学思维，其次论述人民主权的实体合理性与形式合理性。第四章是人民主权的实践运行，首先论述从巴黎公社原则到社会主义人民主权运行模式的过程，其次对"议行合一"体制进行梳理，最后提出对我国"议行合一"体制完善的思考。从传统高度专制的社会主义社会一路走来的人民主权实践，必须在痛定思痛、全面反省的基础上，继承马克思的劳动人民当家做主的思想，同时在剥削阶级作为阶级消灭以后发展出平等、自由、宽容的人民主权价值；继承马克思的人民主权思想，发展出既能避免体制的高度集中又同时能保持国家的统一有序的法治局面；继承马克思的直接民主思想，在改革国家政治体制、完善间接民主体制的同时，完善我国的直接民主制度，以更好地支撑和制约我国的间接民主制度。

关键词：社会主义民主　主权　民主政治

**1970**

**现代司法的分析与建构：一种法的系统理论的尝试** / 泮伟江著 ; 高鸿钧指导. -- 清华大学, 2009. -- 166 页

论文运用历史分析法、比较分析法和实证研究法，对中外两种司法经验进行考察，重点观察汇总传统司法历程，发现中国传统的司法裁判逻辑，进而分析现代中国司法面临的困境和相关建构问题。论文第一章是导言，对基本概念进行界定。第二章是司法裁判的封闭性，对实证社会学进路进行反思。主要考察法社会学进路的形成、发展和历史效果，分析基层田野调查的局限性，分析司法裁判的封闭性特征。第四章是司法的历史演进，首先考察早期人类社会中的司法与法律，其次考察 13 世纪后欧洲大陆的法律秩序和司法，进而考察英国普通法的早期历史和正式形成，最后分析柯克革命及其影响。第五章是法律的现代性，首先分析普通法的实证性，其次分析卢曼社会系统理论提供的新视野，最后考察法律系统的封闭性和开放性。第六章是司法的现代性，考察司法作为现代法律系统的核心。第七章是对中国传统司法的再观察，考察中国传统司法的客观性问题、中国传统司法中的意识形态与司法技术、黄宗智的方法论、传统中国司法如何保障裁判的客观性等问题。第八章是当代中国司法的分析与建构，分析法治的困境与法律移植的困惑，对法律系统的功能问题进行研究，考察中国法律的现代性问题和建构。第九章为结论，阐述研究不足和未来研究展望。

关键词：法的理论　认知　开放系统　司法制度

**1971**

**非职业法官研究：理念、制度与实践** / 彭小龙著 ; 范愉指导. -- 中国人民大学, 2009. -- 306 页

论文运用历史分析法、实证研究法和定性研究法，选择非职业法官为研究对象，考察我国人民陪审员所形成的理念、制度与实践问题。论文第一章是非职业法官的多重功能及其交错，首先论述司法过程的分析框架与非职业法官的功能类型，其次论述非职业法官的审判功能，最后论述非职业法官的社会政治功能，考察审判功能与社会政治功能的交错。第二章是司法历史发展中的非职业法官，首先考察司法历史阶段的大体划分和基本线索，其次论述司法外部环境变迁中的非职业法官制度，第三论述司法内部运作中的非职业法官，最后论述司法角色担当中的非职业法官。第三章是案件类型中的非职业法官，首先论述有关非职业法官与案件类型的一段争议，其次论述案件的类型学分析，第三论述案件类型中非职业法官的分布，最后论述案件类型中非职业法官分布的解释。第四章是司法场域中的非职业法官，首先论述分析框架和研究进路，其次分析司法权地位与参审法官、陪审法官的境遇，最后论述司法过程中的权力结构与非职业法官的境遇。第五章是人民陪审员制度的变迁和解释，对 1982—1997 年人民陪审员制度和变迁进行梳理与总结。第六章是人民陪审员制度的复苏与实践，对 1998—2008 年人民陪审员制度的相关问题依次展开论述。最后为余论。

关键词：法官　司法制度　陪审制度　人民陪审员

**1972**

**美国制宪历程之法理思考与评析：纵横向相结合的分权制衡** / 青维富著 ; 文正邦指导. -- 西南政法大学, 2009. -- 189 页

论文依据纵横向相结合的分权制衡，对美国制宪历程之法理思考与评析。全文共分为两篇，每篇各分为三章。上篇阐述美国联邦和州之间的纵向分权，即联邦主义政府的构建。第一章阐述美国联邦主义构成中的两个关键性词语"State"和"Federalism"，分析

美国联邦主义的基本意义和联邦主义制度在美国不同时期的具体表现形式,并阐述美国联邦共和国的性质和特征。第二章阐述美国构建联邦主义政府制度时的种种实践,包括失败的联邦体制给美国人的启示等,揭示制宪者如何构建具有美国制宪特色的联邦主义政府。第三章阐释美国设计联邦主义政府的辩论过程及其运用的基本理论,主要阐释美国制宪会议所设计的能够体现联邦主义特性的政府的基本内容。下篇阐释分权制衡理论在美国三个时期的发展变化,分权与制衡原则在联邦政府结构中的内在分层,并依据制宪会议的各种法理性辩论阐释美国联邦政府各部门即立法部门、行政部门和司法部门之间如何实现分权和制衡机制的。第一章阐述美国横向分权和制衡机制的早期实践以及理论的确立和发展,从三个不同时期论述美国横向分权和制衡机制的发展,揭示美国联邦政府的横线分权与制衡理论经历从纯粹分权理论到分权与制衡理论的依据和构建均衡整体的发展过程。第二章阐述美国分权和制衡机制在三个主要层面上的内在分层。第三章阐述制宪者如何在法理论辩中设计横向分权和制衡的立宪政府。首先阐述立宪者们在构建横向分权和制衡的立宪政府时所运用的理论,在此基础上分析美国联邦政府三权分立和权力制衡所涉及的三个主要方面,联邦国会与总统和法官之间分权和制衡的设计和辩论过程;联邦总统制约国会的制度构建和辩论过程;联邦司法部门制约总统和国会的制度构建和辩论过程等,从而形成有效地制约国会和总统的预防机制。最后为论文结语。

关键词:立法　联邦制　法的理论　美国

**1973**

**新分析法学中的方法论问题研究:由哈特的描述性法理学引发的争论** / 沈映涵著 ; 邓正来指导. -- 吉林大学, 2009. -- 134 页

论文以哈特所提出的描述法理学主张为研究起点,分别对由这一主张体现出来的描述性方法和概念分析方法所引发的两个方面的方法之争进行具体的梳理和分析,并在此基础上重新审视和反思这些具有代表性的方法论进路。全文共分为六章。第一章,绪论。介绍论文选题的确定和意义,新分析法学中的方法论问题研究现状,论题的限定以及论述路径及结构安排。第二章,哈特的描述主义进路—— 方法论之争的缘起。首先提出描述性主义进路;接着探讨规则模式的确立,包括规则观念的引入——从命令到规则,两类规则的结合——法律的核心特征,承认规则——法律体系的基础;最后从参与者的视角,分析内在观点,并以观察者的立场,对第三种类型进行陈述。第三章,德沃金的解释主义进路——对描述主义进路的批判。首先提出规范性法理学,探讨"语义学之刺"的助长,提出建构性的解释主义进路,并分析后续的争辩,包括哈特对德沃金的回应,德沃金对哈特的再批判。第四章,法律理论与道德评价——进一步的争论。首先探讨对德沃金解释主义进路的推进,包括哈特的两项方法论主张,描述性主张与规则模式,内在观点与预测论,功能主义与描述性法理学,温和的内在主义解释进路;探讨对哈特描述主义进路的捍卫,包括经由"语义学之刺"的规范性法理学,"自我观念主张"与"弱褒扬属性",并解读哈特的描述性主张;最后探讨中间立场——迪克森的主张。第五章,法学中的"自然主义转向"。分别讨论哲学中的"自然主义转向",即奎因的自然化的认识论和超越哈特与德沃金之争,即莱特的自然化的法理学。第六章为论文结语。

关键词:法学流派　法理学　方法论

**1974**

**论网络空间的言论自由:从网络危险言论与公共秩序的关系切入** / 时飞著 ; 罗玉中指导. -- 北京大学, 2009. -- 221 页

论文从网络危险言论与公共秩序的关系切入,论网络空间的言论自由。全文共分为八章。第一章,导言。介绍研究问题的背景,论文的切入点,方法进路以及论文的基本框架。第二章,言论自由与新媒介:言论自由技术管制的历史视角。首先提出媒介技术的发展与言论管制的理据,包括新媒介技术的社会效应,卡通画、言论自由和秩序安定的问题;其次讨论媒介技术和紧急状态:危险言论管制的历史透视,包括威尔逊政府的逻辑,司法的作茧自缚,从平面媒体向电子媒介的转型;最后介绍后布兰登堡时代:技术恐慌的消退和新跳挑战。第三章,网络空间与文献言论的关系辨析。内容包括言论自由在网络空间里的两难,对网络空间的制度回应,网络空间与危险言论:技术对言论的诱导,作为民主政治的推进器以及隐蔽的问题以及下一步的挑战。第四章,网络空间、言论自由与法律的关联——以民主参与为中心。首先讨论强调民主参与的原因,接着分别提出言论与行动分类的宪法内涵和民主宪法内涵,并得出该部分讨论的结论。第五章,机密事件、信息披露和公民知情权——

以网络谣言为中心。分别探讨言论自由权利链中的公民知情权,公民知情权语境中的公共信息保密问题以及信息不对称、知情权与网络谣言问题。第六章,危险言论和宪法识别机制。分析压制危险言论的原因,并提出危险言论的另一张脸孔,在此基础上,探讨识别危险言论的制度努力及问题,分析判别网络危险言论和受保护的自由言论的基准。第七章,技术的自我复制与危险言论。提出过滤的概念和原因,介绍过滤技术规制的程序展开,个人化的内容选择向强制性的过滤技术的演变以及技术规范自我复制的风险。第八章,危险观念、言论自由与网络立法控制。介绍中国有关网络危险言论的立法,对弥散性立法的问题症结展开分析,并以民主参与为中心,对立法做体系性重构。最后为论文主要结论。

关键词:互联网络　言论自由　民主　公共秩序　法律

**1975**

**合作行政的法治化研究** / 宋国著 ; 崔卓兰指导. -- 吉林大学, 2009. -- 142 页

论文为合作行政的法制化研究,以现有法学理论与法律制度背景为基点,积极借鉴域外理论变革与制度改革的成功经验,建构适应时代需求的、有利于我国合作行政的良性运转的法学理论与法律制度。全文共分为四章。第一章,导言。介绍论文的问题缘起,研究的意义,研究的思路与论述结构。第一章,政府职能的历史变迁与合作行政的兴起。首先介绍自由放任时期、传统的福利国家时期以及新自由主义时期三个不同阶段的政府职能历史变迁;接着探讨合作行政的兴起,包括域外公共行政改革与公私合作的实践,我国经济体制改革与公司合作的实践;最后介绍合作行政的基本内涵和相关概念,以及合作行政的主要模式。第二章,合作行政的理论逻辑。一是政府全能行政的逻辑缺陷,包括从公共选择理论的视角来看,"慈善政府"假设的破灭,从委托代理理论的视角,对代理活动偏差的忽视,从交易成本理论的视角,政府解决外部性问题的悖论;探讨公共行政民营化的内在局限,包括公共产品的非排他性与私人趋利性之间的矛盾,行业的自然垄断与自由市场竞争之间的矛盾以及"生存照顾"理念与私人自立性之间的矛盾;最后通过对生产与供应的分离理论,产业的可分离性理论,公共物品和私人物品的搭配以及自利的利他行为的分析,探讨政府与民间合作的可能性。第三章,合作行政的法律调控。探讨合作行政的宪法原则,合作行政决策的立法控制,合作过程中的政府规制以及合作行政所产生争议的司法救济途径。第四章,我国合作行政的法治化进路。提出立法的完善措施,并对政府的规制重构和司法救济机制的建构做出具体的讨论和说明。最后为论文结语。

关键词:公用事业　行政管理　合作行政　立法

**1976**

**回族民商事习惯法研究** / 孙晔著 ; 谢晖指导. -- 山东大学, 2009. -- 178 页

论文运用历史分析法、田野调查法和实证研究法,从历史与现实两个层面对回族民商事习惯法进行考察,试图发现国家法与回族民商事习惯法之间互通互融和相互作用的规律,并且对回族民商事习惯法发展的出路提出建设性意见。论文第一章是回族民商事习惯法的历史演变,第一节讨论回族民商事习惯法的萌芽;第二节论述回族民商事习惯法的形成;第三节研究回族民商事习惯法的定型;最后论述回族民商事习惯法的发展。第二章是回族民商事习惯法的宗教伦理基础,第一节考察伊斯兰教伦理的渊源与特点;第二节论述伊斯兰教伦理对回族民商事习惯法的影响;第三节从法与宗教的关系看回族民商事习惯法的性质。第三章是回族民商事习惯法的内容,第一节论述回族民事习惯法的内容;第二节论述回族商事习惯法的内容。第四章是回族民商事习惯法的特征与功能,第一节论述回族民商事习惯法的特征,第二节论述回族民商事习惯法的功能。第五章是回族民商事习惯法的当代发展,第一节研究回族民商事习惯法面临的困境;第二节论述回族民商事习惯法与国家法关系的博弈;第三节论述回族民商事习惯法与国家法和谐发展的路径选择。最后为结束语,对回族民商事习惯法的现代化转型提出了思考,认为回族民商事习惯法实现现代化转型的实证,即是实现国家法与回族民商事习惯法之间契约性的互动关系。

关键词:回族　民事纠纷　商事仲裁　习惯法

**1977**

**迈向互动式公众参与理念:环境法中公众参与制度化研究** / 唐萌著 ; 邓正来,徐显明指导. -- 吉林大学, 2009. -- 213 页

论文的研究对象为环境法中的公众参与制度化。全文共分为六章。导论部分介绍问题的由来和意义,

对研究文献综述并提出论文的论证思路,对公众参与的概念、公众参与环境事务的主体、客体和形态进行说明,对论述的视角与框架进行介绍。第一章,公众参与与环境事务。通过对环境问题的历史发展分析,探讨公众参与环境事务的必要性;提出公众参与环境事务的目的,包括满足公众的环境安全感、满足公众自身的环境利益以及弥补政府环境管制的合法性困境所产生的问题。第二章,公众参与环境事务的制约因素。提出影响公众参与环境事务的客观环境因素,包括转型社会期间的社会结构转型,影响公众参与环境事务的客观因素;提出影响参与环境事务的公众自身因素,包括公众参与环境事务的意识和能力。第三章,公众参与现有规则的理论反思。现实针对厦门PX事件,对公众参与规则不足的个案进行解读;分析公众参与规则不足的主观因素和客观因素;组后探讨公众参与环境事务制度化的必要性和可能性。第四章,探寻环境法中公众参与与制度化的理论基础。首先对公众参与环境事务进行微观考察,包括公众参与环境事务方式的考察,环境事务公众参与的策略分析,公众对环境事务参与方式的"理性"选择;提出对结构化理论的分析与借鉴。第五章,互动式公众参与理念在环境法中的确立。包括互动的理论基础确定,互动方案的选择以及互动的具体实现。第六章,协商性公众参与与环境事务制度的构建。内容包括环境立法参与制度,环境行政执法参与制度以及环境司法的参与制度。最后为论文结语。

关键词:环境保护法　参与管理

**1978**

**法律解释的本体与方法** / 王彬著 ; 谢晖指导. -- 山东大学, 2009. -- 270 页

论文运用理论分析法与实证研究法,采取本体与方法在法律解释中相统一的研究立场,以司法为中心视角,从认识论、政治哲学和方法论三个角度对法律解释本体与方法的张力问题展开研究。论文第一章是解释学与法律解释,首先论述解释学的重心转移与范式转换,其次论述本体论解释学对法律解释研究的影响和意义,最后论述法律解释的概念与特征。第二章是方法论意义上的法律解释学及其基础,首先论述方法论意义上的法律解释学,其次论述法律解释的认识论基础,最后论述法律解释的政治学基础。第三章是法律解释的认识论困境及其超越,对法律解释的认识论困境进行考察,讨论法律解释认识论困境的超越,阐述适于法律解释的客观性。第四章是法律解释的政治学难题及其缓解,首先研究法律解释的政治学难题,其次研究法律解释政治学难题上的对立姿态,讨论法律解释政治学难题的缓解,最后分析基于中国语境下的法律解释政治学难题。第五章是法律解释方法的诠释学省察,首先研究文义解释,其次研究体系解释,最后研究历史解释,考察超越基础主义的法律解释。第六章是法律适用模式的诠释学反思,对司法三段论的结构形式与逻辑前提进行研究,考察事实与价值二分的法哲学检讨,对法律适用的诠释学模式进行阐述。最后为结语。

关键词:法的理论　法律解释　本体论　方法论

**1979**

**权利概念学说研究** / 王斐著 ; 范进学指导. -- 山东大学, 2009. -- 171 页

论文运用实证分析法与比较分析法相结合的研究方法,以权利概念学说作为研究对象,首先对几种主要的权利概念学说进行研究,分析它们的优点和不足,揭示它们的发展脉络、学术背景以及研究目的,最后通过对这些学说的比较与整合得出自己的结论。论文第一章是权利概念源流分析,首先论述权利概念的生成,其次分析权利概念在中国的演进。第二章是权利意志说,首先论述古典意志说,其次对哈特的权利选择说及其困境进行分析,最后对权利意志说进行评析。第三章是权利利益说,首先论述边沁与权利利益说,其次分析现代权利利益说,对里昂斯的有限受益人理论、麦考密克对授权规则的分析、拉兹对利益说的系统化分别加以阐述;第三,分析利益说、法力说与可能说的比较;第四,评析权利利益说。第四章是权利资格说,首先对权利资格说进行界定,其次对麦克洛斯基的权利资格说进行论述,第三比较资格说与主张说,最后提出认真对待权利资格说。第五章是权利概念学说的整合,讨论权利意志说与权利利益说的分析,考察权利意志说与权利利益说结合的缺陷,分析权利概念在资格说基础上的整合与超越意义。

关键词:权利　法的理论

**1980**

**法律自治理论的流变:以现代性问题为中心的思想史考察** / 王孟林著 ; 赵新华指导. -- 吉林大学, 2009. -- 125 页

论文探讨法律自治性与法律现代性问题的关联,采取以现代性问题为中心的思想史考察路径对法律

自治理论的流变进行思想史的考察。全文共分为五章。第一章,导论:法律自治与法的现代性问题。介绍论文的研究定位及价值,国内外法律自治性研究现状,论文的研究路径以及论文的选题限定与结构安排。第二章,现代社会的法律自治:韦伯论现代法律的自治性。一是探讨从文化合理化到社会合理化,从韦伯的合理化理论看法律自治的社会理论依据;二是提出官僚制,探讨法律自治的政治条件;三是探讨法律自治的法律条件;最后对该部分做出总结,提出法律自治的内在条件与外在条件。第三章,法律的政治与文化之维:后现代主义法学对法律自治性的消解。内容包括后现代社会与后现代主义法学,批判法学:法律即政治,种族批判法学:法律是种族主义的奴婢,激进女权主义法学:国家的正式规范体现男性的观点。第四章,后现代"复杂社会"的法律自治:卢曼和范·胡克对法律自治理论的重建。首先介绍法律系统的自创性:卢曼法的自创生理论对法律自治性的重建;其次探讨循环的自治:范·胡克沟通主义法律观对法律自治性的重建。第五章,法律的自治与开放。介绍形式法治与实质法治,即"自由主义形式法范式"与"福利国家实质法范式",探讨法律的自治性与法律的合法性,并做出论文的总结。

关键词:法律体系　自治　法理学　思想史

**1981**

**全球治理、善治与法治** / 王奇才著 ; 黄文艺指导. -- 吉林大学, 2009. -- 120 页

论文的研究对象为全球治理、善治与法治,对什么是一种更好的全球治理模式和值得追求的全球秩序进行思考,提出主权平等的原则应该被视为全球善治的法治原则一部分。全文共分为六章。第一章,绪论。介绍全球化与全球治理的概念与关系,法治与全球治理的概念与关系,并提出论文研究的方法框架。第二章,没有全球政府的全球治理。内容包括全球治理与"治理全球化",统治、治理与全球治理,全球治理与多元性动体网络以及作为一种世界秩序的全球治理四个方面。第三章,法治与善治。首先介绍法治、善政与国家的概念,法治与法治国的概念与关系以及法治与国家统治的合法化;其次对法治与国家善治相关内容做出介绍;最后介绍全球善治与法治,包括全球善治的概念,全球治理与形式法治理论。第四章,民族国家与法治。一是全球治理与法律渊源,包括全球治理的多元规制,法律的概念与法律渊源,"合法律性"与法治以及法律的概念与规范性世界;二是民族国家、法治与主权平等,探讨民族国家参与全球治理的资格以及民族主权国家的差异与主权平等。第五章,全球治理机构与法治。一是多边主义与全球治理机构,对全球治理机构的正当性和多边主义两方面内容介绍并讨论;二是联合国与世界贸易组织相关内容的介绍,包括全球治理宪法化,联合国以及世界贸易组织;最后对全球治理裁判机构做出介绍。第六章为论文的主要结论和研究展望。

关键词:全球化　法律规范　法治

**1982**

**斯堪的纳维亚现实主义法学研究** / 王田田著 ; 史彤彪指导. -- 中国人民大学, 2009. -- 161 页

论文运用理论研究法、比较研究法和案例分析法,对斯堪的纳维亚现实主义法学的代表人物、相关观点和影响等问题进行考察。第一章是斯堪的纳维亚现实主义法学产生的背景,首先论述经济背景,其次阐述政治背景和思想背景。第二章是斯堪的纳维亚现实主义法学的理论基础和研究方法,首先论述斯堪的纳维亚现实主义法学的理论基础,其次考察斯堪的纳维亚现实主义法学的研究方法,并对主要代表人物进行介绍。第三章是斯堪的纳维亚现实主义法学的主要观点与研究内容,依次阐述了关于基本法律概念、关于法律命题与自然正义、关于法律效力、立法问题、关于社会福利与法律体系的目标、所有权、法律语言等方面的问题。第四章是斯堪的纳维亚现实主义法学与美国现实主义法学的比较,对二者的哲学基础、法律认识、对法律与道德关系的认识、对法律原则的态度、研究法律的主要方法、核心目标与传统等方面依次进行比较。第五章是西方学者对斯堪的纳维亚现实主义法学的评论与批判,首先阐述对斯堪的纳维亚现实主义法学的哲学基础的批判,其次阐述对斯堪的纳维亚现实主义学派关于法律语言分析的批评,第三论述对斯堪的纳维亚现实主义法学批判唯心主义法学的评论,第四论述对斯堪的纳维亚现实主义法学否认价值的批判,最后论述对斯堪的纳维亚现实主义法学关于法律效力观点的评论。第六章是斯堪的纳维亚现实主义法学的意义,讨论斯堪的纳维亚现实主义法学的现实影响,其次论述斯堪的纳维亚现实主义法学的法学意义。最后为思考与启迪。

关键词:瑞典学派　现实主义　法学　思想评论

1983

**全球化背景下中西法律文化冲突论纲** / 王晓广著 ; 霍存福指导. -- 吉林大学, 2009. -- 121 页

论文从全球化视角出发,通过对中西法律文化冲突及演进的历史和现实考察,揭示其发展的总体趋势和规律,并结合中国法制建设的实际,探寻建构当代中国法律文化的模式和路径。全文共分为六章。第一章,绪论。介绍问题提出的背景和研究现状,论文基本思路、内容以及论题的研究意义。第二章,全球化与法律文化冲突基本理论阐析。首先对全球化的概念辨析,提出全球化的缘起和历史分期,当今世界全球化的表征和特点;其次对法律文化界定,包括文化概念,法律文化概念及内涵以及法律文化的内容及结构;最后对法律文化冲突基本理论阐释,包括法律文化冲突的概念、必然性和功能。第三章,近现代中西法律文化冲突的历史回溯。结合探讨中西法律文化的差异,提出近现代中西法律文化的冲突,并针对近现代中西法律文化冲突的实质提出评价。第四章,全球化背景下的中西法律文化的交流与冲突。介绍全球化背景下中西法律制度交流和实践交往,分析全球化背景下中西法律文化冲突的根源及动因,冲突表现和冲突特点,对全球化背景下中西法律文化冲突的实质分析并评价。第五章,全球化背景下中西法律文化冲突的演进趋势。结合法律全球化和法律文化全球化内涵探讨全球化背景下中西法律文化冲突的消解与融合。第六章,全球化背景下中西法律文化冲突的价值选择。提出当代中国法律文化的模式选择以及冲突中当代中国法律文化构建的路径选择。最后为论文结论。

关键词:法律文化　文化冲突　法学

1984

**既判力研究** / 王作洲著 ; 郑成良指导. -- 吉林大学, 2009. -- 167 页

论文的研究对象为既判力,从法理学的维度建构既判力理论,并提出关于我国将来再审制度与审级制度的建议与构想。全文共分为十四章。第一章,绪论。介绍论文问题的提出,研究思路和研究方法。第二章,介绍既判力的概念及内涵。第三章,既判力理论的起源及历史变迁,包括实体效力与程序效力未分离阶段和分离阶段两个部分。第四章,既判力本质。介绍实体法说,诉讼法说,权利实在说和综合既判力说。第五章,既判力的价值与功能探讨。第六章,既判力的裁判形式。首先提出既判力的构成条件,在此基础上,分析既判力的效应。第七章,既判力的裁判形式。内容包括既判力的主要裁判形式,其他裁判形式,不具既判力的裁判形式以及外国法院判决的既判力问题。第八章,既判力的时间范围。包括既判力的发生时间,消灭和既判力的基准时间。第九章,既判力的主观范围。介绍民事判决既判力的主观范围,刑事判决既判力的主观范围以及行政判决既判力的主观范围。第十章,既判力的客观范围。包括民事判决、刑事判决、行政判决三个方面的既判力的客观范围。第十一章,判决理由的效力。首先界定判决理由的概念,分析大陆法系之通说——否定判决理由效力的理论;接着介绍肯定判决理由效力的理论,包括萨维尼和佐伊纳的既判力说和兼子一的参加效力扩张说;分析判决理由中的抵消抗辩;最后介绍英美法系的争点排除规则。第十二章,既判力的例外。包括再审制度、非常上诉制度和第三人申请撤销制度。第十三章,我国判决既判力之建构及再审制度之检讨。基于对我国判决既判力缺失原因的讨论,提出构建我国判决既判力的对策,并对我国再审制度做检讨。第十四章为论文结论。

关键词:民事诉讼　审判　再审　既判力

1985

**美国《谢尔曼法》研究** / 徐伟敏著 ; 谢晖指导. -- 山东大学, 2009. -- 189 页

论文运用历史分析法、案例分析法、比较研究法和实证研究法,考察美国《谢尔曼法》的相关问题,研究借鉴美国反托拉斯法的理论与执行经验,对完善中国竞争法制具有重要意义。论文第一章是美国《谢尔曼法》的诞生,首先论述《谢尔曼法》诞生的政治经济背景,其次分析《谢尔曼法》诞生的法律环境,最后考察《谢尔曼法》的普通法传统。第二章是《谢尔曼法》的主要内容与早期执行特点,首先论述《谢尔曼法》的主要内容与重要地位,其次论述《谢尔曼法》早期执行问题。第三章是《谢尔曼法》的经济理性,首先分析法律经济分析在反托拉斯执行中的作用,其次论述垄断与竞争的经济解释,最后阐述产业组织理论与《谢尔曼法》的执行。第四章是《谢尔曼法》Section2 执行研究,讨论垄断化分析框架的历史演进,考察垄断化的当代分析框架,第三论述美国司法部对 Section2 的执行,以拒绝交易为例,讨论美国法院对 Section2 的执行,最后以欧盟微软案为例,考察欧盟对拒绝交易滥

用的法律规制问题,比较欧美拒绝交易规制标准。第五章是《谢尔曼法》制定与执行中的意识形态博弈,首先论述两种意识形态的分析,其次论述反托拉斯法古典时代,最后一次阐述新政时代、芝加哥时代和后芝加哥时代。第六章是结论。最后为结语。

关键词:反垄断法　反不正当竞争　美国

**1986**

**宽严相济刑事政策及其司法实现** / 薛剑祥著 ; 夏锦文指导. -- 南京师范大学, 2009. -- 235 页

论文运用实证研究法和定性研究法,分析宽严相济刑事政策及其司法实现的相关问题。论文第一章是宽严相济刑事政策的历史演进,首先对宽严相济思想的历史渊源进行梳理,其次对宽严相济思想在近现代中国的发展进行论证,最后回顾我国刑事政策的调整与变革。第二章是宽严相济刑事政策的内涵分析,首先论述宽严相济刑事政策是基本刑事政策,其次论述宽严相济刑事政策的概念解读,最后论述宽严相济刑事政策与若干具体刑事政策的关系。第三章是宽严相济刑事政策的社会基础,对宽严相济刑事政策的人性基础、政治基础、法治基础等方面依次展开论述。第四章是宽严相济刑事政策的价值追求,首先论述宽严相济刑事政策的价值内涵,其次论述宽严相济刑事政策的司法理念,最后论述宽严相济刑事政策的司法原则。第五章是宽严相济刑事政策的现实障碍,首先分析重刑主义思想的影响,其次分析立法与司法的缺陷,最后分析严打斗争的负效应。第六章是宽严相济刑事政策的司法实现,论述了宽严相济刑事政策的总体要求,对宽严相济刑事政策在审判程序中的确立问题加以阐述。第七章是宽严相济刑事政策的司法实现的下半部分,考察司法限制思想的可能与必要、死刑的严格司法适用、死刑缓期二年执行对死刑的限制、宽严相济刑事政策在常见罪名思想中的适用等问题。最后为余论。

关键词:刑事政策　法律适用　刑法

**1987**

**业主组织与物业小区善治:以北京市物业小区为分析样本** / 杨爱兵著 ; 范愉指导. -- 中国人民大学, 2009. -- 169 页

论文运用历史分析法、案例分析法、实证分析法等研究方法,以业主组织为研究核心,关注业主自治及住宅区物业管理制度在中国的产生和发展的背景,关注以业主组织为核心的物业小区治理参与者与相关方,关注物业小区治理中不同的主体及相关参与方之间的互动与博弈。论文第一章是导言。第二章是理论架构,阐述建筑物区分所有权理论、公民社会理论、治理与善治理论等。第三章是物业小区业主自治,对制度与实践进行概述,讨论物业小区业主自治的制度背景,即城镇住房体制改革的历程和特点;其次论述住宅区物业管理制度的变迁。第四章是物业小区治理的实证分析,对北京市物业小区调研数据进行处理与分析,论述调研目的、调研方式和数据有效性,分析社区业主的满意度、业主委员会的认可度与参与意愿,并讨论物业小区管理认知度,最后论述物业管理认知度综合对比与分析的情况。第五章是物业小区治理的关键因素,对样本的选择与描述给出解释,分析开发遗留问题与物业公司因素对小区治理的影响,考察业主组织在治理中的作用,最后论述物业小区治理中的居委会及政府因素。第六章是以业主组织为中心的物业小区善治,讨论中国特色公民社会视角下的业主自治,提出物业小区善治路径,并对物业小区治理的制度设计提出建议。

关键词:社区　物业管理　管理制度　自治

**1988**

**残疾人权利研究** / 杨俐著 ; 张文显指导. -- 吉林大学, 2009. -- 204 页

论文对我国残疾人权利保护的现状进行分析,针对立法、行政和司法保护方面存在的不足提出改进残疾人权利保护机制的建议。全文共分为五章。第一章,残疾人权利导论。提出残疾人权利属于人权,并属于特殊人权,从权利主体的特殊性、义务主体的特殊性、权利义务内容的特殊性、权利侵害的特殊性以及权利保护的特殊性几个方面做出说明;提出残疾人权利属于社会弱势群体的人权;最后分析作为人权的残疾人保护模式。第二章,残疾人权利运动及反思。结合各国残疾人权利运动发展概况以及美国残疾人权利运动,对国家残疾人权利运动的个案进行分析;介绍国际残疾人权利运动,包括国际人权利运动与残疾人福利,国际残疾人权利运动的起步、发展、突破与深入;从残疾人权利运动的特点,展开对于残疾人权利运动的思考。第三章,《残疾人权利公约》及残疾人的人权。首先介绍《残疾人权利公约》的特点和原则,介绍残疾人的权利和国家的义务,并对特殊残疾群体的权利做出说明。第四章,残疾人权利的

保护机制。一是国内保护机制,包括残疾人权利的立法保护、行政保护、司法救助以及国家人权机构的保护,并对国内残疾人权利保护机制之间的关系做出说明;二是联合国系统的保护机制介绍;三是探讨《残疾人公约》的保护机制;四是区域人权利机构的保护机制介绍。第五章,我国残疾人权利保护。首先介绍我国残疾人权利保护现状,包括残疾人权利的立法保护、行政保护、司法救济和社会保护;接着从立法上存在的不足、行政保护力度不够以及司法救济过于薄弱三个方面说明中国残疾人权利保护中存在的问题;最后提出强化我国残疾人权利保护的建议。最后为论文结语。

关键词:残疾人保障法　人权　权益保护

**1989**

**住宅权研究** / 杨英文著 ; 姚建宗指导. -- 吉林大学, 2009. -- 154 页

论文从历史、国际人权公约、国际法领域并结合中国的具体国情,在权利的视角下对住宅权进行考察,以求对住宅权的确认、尊重、保护和实现。全文共分为五章。开篇为论文的绪论部分,主要介绍论文研究问题提出的背景,介绍住宅权研究的现状以及论文研究的基本思路。第一章,住宅权与住宅权概述。首先介绍了住宅与住宅权的具体定义,提出住宅权体现人的适当生活水准,是指社会全体成员获得住宅并安全、健康、尊严地居住的权利;接着对住宅权权利构成方面的内容做出说明。第二章,住宅权生成的历史。主要探讨住宅与社会福利,福利成为权利的历史,中国住宅福利的历史发展以及住宅权在中国的兴起。第三章,作为人权的住宅权。首先介绍住宅权成为人权的理论基础,接着系统地对住宅权作为人权的制度演变进行说明,最后探讨住宅权在人权中的权利地位,并对住宅权在人权中的权利救济机制进行具体的说明。第四章,作为法律权利的住宅权。首先提出住宅权成为法律权利的必要性和可行性,接着对各国的住宅法进行概览和评价,在此基础上,提出我国法律对住宅权的保护及缺陷。第五章,当代中国公民住宅权。结合当代中国公民住宅权的现状特点,分析当代中国城镇住房保障制度的内容,并提出目前中国城镇住房保障制度的不足之处,给出实现公民住宅权的具体建议。最后为论文的主要结论。

关键词:住宅　权利　法律保护

**1990**

**正当立法程序研究:以立法权正当行使的程序控制为视角** / 易有禄著 ; 朱力宇指导. -- 中国人民大学, 2009. -- 357 页

论文运用理论分析法、规范分析法和实证研究法,从立法权正当行使的程序控制视角展开论述。论文第一章是立法权正当行使的控制机制,首先论述立法权正当行使的内涵阐释,其次论述立法权正当行使的控制机制。第二章是正当立法程序的必要性分析,首先对立法观念的思想史进行考察,其次对立法实践提出反思性结论。第三章是正当立法程序的可能性分析,首先回顾正当法律程序的演进轨迹,其次论述正当立法程序的基本功能。第四章是正当立法程序的正当性标准,首先论述正当立法程序的价值定位,其次论述正当立法程序的内在价值。第五章是正当立法程序的运行过程中提出法案的部分,对提出法案的概念与意义进行界定,阐释立法提案权的归属和行使限制,最后阐述法案的列入议程与撤回。第六章是正当立法程序的运行过程中的审议法案部分,对审议法案的概念和基本模式进行讨论,考察议会委员会对法案的审议、议会大会对法案的审议、我国法案审议程序的完善等问题。第七章是正当立法程序的运行过程中的表决法案部分,首先对表决法案的原则和方式进行研究,其次对公民复决通过法案问题加以阐述,最后考察我国法案表决程序的完善。第八章是正当立法程序的运行过程中的公布法律部分,考察公布法律的主体、方式和时限问题。最后为结语。

关键词:立法　程序运行　程序控制

**1991**

**安全生产领域人权保障立法研究** / 詹瑜璞著 ; 刘金国指导. -- 中国政法大学, 2009. -- 162 页

论文运用案例研究法、实证研究法和定性研究法,对安全生产领域人权保障立法问题进行研究。第一章是安全生产领域人权保障事业概况和以往法理研究综述,首先对近年安全生产领域人权保障事业概况进行论述,其次对安全生产领域人权保障法理研究进行综述。第二章是安全生产领域人权保障现行法律根据分析,阐述宪法根据、民商法根据、行政法根据和刑法根据。第三章是安全生产领域人权保障立法的法理基础和概念探讨,首先考察安全生产立法的法理基础,其次论述安全与生产安全概念,第三论述生产安全事故概念,最后探讨基层生产经营单位概念。

第四章是建立新型安全生产监管体制,保障人权实现的论述,首先论述按管理权与监察权分离的原则,完善安全生产监管体制,其次论述重在建立基层安全生产监管新体制。第五章是加强安全事故预防、救援和调查处理法律规制,保障人权实现,考察生产安全事故预防与隐患排查法律规制、生产安全事故救援法律规制和煤矿生产安全事故调查法律规制等问题。第六章是推动安全生产法律制度改革,保障人权实现,主要论述企业安全生产现状对法律制度改革的要求,考察安全设备检测检验制度改革,并依次对安全生产许可证制度改革、安全生产教育培训制度改革、安全生产条件评价制度改革、生产安全质量标准化建设政策改革、安全生产刑事立法完善等方面进行考察。第七章是安全生产领域人权保障立法的未来走向。

关键词:安全生产　安全法规　人权　立法

**1992**

**“规范”与“实效”之间的考量:以《劳动合同法》为分析视角** / 张翠松著 ; 石泰峰指导. -- 中国人民大学, 2009. -- 177 页

论文运用文本分析法、案例分析法和定性研究方法,结合规范分析与实证分析,立足于中国经验进行“中国研究”,诠释在中国现有的社会制度背景下,劳动合同法律制度运行背后的逻辑,分析既定的法律实践产生的原因及其支撑这些原因的社会历史条件,以此来考察法律与社会之间的互动。论文第一章是劳动合同法的产生,首先论述转型时期市场拖欠的社会背景,其次论述全球化背景下《劳动合同法》制定的时空背景。第二章是“规范”与“实效”之间的张力,首先分析法律有效性的两个维度,其次分析规范有效性与事实有效性之间的张力。第三章是“规范”与“实效”之间张力的例证解读,对《劳动合同法》进行实质合法性和形式合法性的考察。第四章是“规范”与“实效”之间张力对司法的影响,首先论述法律实施效果和影响的一般理论,其次论述“规范”与“实效”之间的张力对司法的影响。第五章是回应“规范”与“实效”之间张力的司法,首先论述司法回应“规范”与“实效”之间张力的合理性,其次论述司法的限度和界限。最后为结语,回应文章开头所提出的问题,并对《劳动合同法》的各种争议给予了预测回应。“规范”与“实效”之间的张力看似矛盾,其实是法律的正常现象,是法律在社会中的本来面目。

关键词:劳动关系　权益保护　劳动合同　合同法

**1993**

**论建构性解释:为一种有关法律本质的解释主义进路而辩** / 张帆著 ; 葛洪义指导. -- 中国政法大学, 2009. -- 168 页

论文运用比较分析法、个案研究法和理论研究法,选取建构性解释为研究对象,讨论一种有关法律本质的解释主义进路问题。论文第一章是争论性的实践,考察建构性解释的实践基础,首先论述命题与根据,其次论述理论争论的意义,第三研究惯习命题,最后研究语义学之刺的争论。第二章是解释的建构性,首先论述建构性与“最佳”的问题,其次论述意图问题,最后论述解释的阶段。第三章是建构性解释与解释,首先论述“根本解释”与语义学的意义,其次论述解释与建构性解释,第三论述德沃金是否矛盾的问题。第四章是整体性与融贯性,讨论建构性解释的认识论基础,首先分析整体性要求,其次分析融贯性与反思的平衡,最后讨论融贯性与法律的权威。第五章是建构性解释与分析法学,首先论述方法论问题,其次考察解释性态度,最后总结参与者观点,讨论反阿基米德主义。第六章是建构性解释与道德客观性,首先论述正确答案命题,其次论述道德客观性与怀疑论。最后为结论。作者认为,德沃金提出一种明确而系统的解释主义的方法论,这种方法论脱离了分析法学传统而转向一种解释理论,在德沃金看来,法律推理是建构性解释的一种运用,我们的法律存在于对我们整体法律实践的最佳证立之中,存在于使这些实践尽其可能成为最佳的叙事之中。

关键词:法律解释　法的理论

**1994**

**城镇化背景下的农民土地权利保护** / 张国峰著 ; 张志铭指导. -- 中国人民大学, 2009. -- 242 页

论文利用收集到的研究材料描述各种土地问题的现状和症结所在,分析相关利益主体的利益考量,运用善治等理论分析现行一些土地制度的合法性,探讨协调各方利益和保护农民土地权利的可行之道,并提出一些建议或对策。全文共分为七章。导论部分介绍中国社会变迁与农民土地权利保护,中国城镇化与农民土地权利保护,对相关研究文献综述,并提出论文的研究方法和论文结构。第一章,我国土地制度与农民土地权利。介绍我国土地所有权制度,农民的土地权利,农民土地权利的保护,农民土地权利的界限。第二章,城镇化与农民土地权利保护。介绍城镇

化与土地流转的概念与形式,探讨农民在实现其土地权利过程中遇到的问题以及论文研究的重点问题和解决思路。第三章,土地征收。首先介绍土地征收的概念以及相关规定;在此基础上,分析土地征收中存在的问题;最后结合问题的症结所在,提出解决问题的基础和关键。第四章,集体建设用地流转。首先对集体建设用地的流转概念进行说明,提出集体建设用地流转的方式及其与"以租代征"的区别,并提出相关规范性的法律规定;接着探讨集体建设用地流转的现状和存在的问题;最后通过对相关主体利益的分析,提出问题的解决方法,提出具体的对策建议。第五章,小产权开发。介绍小产权房的概念以及相关规定,分析小产权房开发的现状,结合实际案例,探讨小产权房开发的具体问题,提出问题的解决对策和建议。第六章,农村宅基地流转。根据我国农村的宅基地制度,提出流转现状与问题,探讨问题的解决方案。第七章为论文结语。

关键词:农民　土地使用权　法律保护　土地管理法

**1995**

**争议与阐释:德沃金法律理论研究** / 张琪著 ; 郑成良指导. -- 吉林大学, 2009. -- 110 页

论文的研究对象为德沃金的法律理论,从争议问题入手,考察德沃金是如何在与既有法律理论、尤其是以哈特为代表的法律实证主义的论辩中提出法律的阐释性理论的,通过把"理论争议"与"阐释性概念"分别设定为德沃金批判面相与重逢面相的核心观念,从而完成对其法律理论建构过程的梳理和探究。全文共分为五章。开篇为论文的绪论部分。第一章,理论争议。一是法律争议,包括经验争议和理论争议,埃尔默案;二是哈特的原初说明,包括承认规则和开放结构两个方面的介绍。第二章,理论的架构。首先对理论问题进行分类,并对研究问题分析做出阶段的划定,将概念分为三种类型,将理论分为四个阶段,最后提出诸多可能的争辩焦点。第三章与第四章探讨概念的性质。其中,判准性概念,包括概念的释义、哈特的语义学、德沃金立场评述;自然类概念介绍布林科语义学和德沃金立场评述;阐释性概念介绍惯例主义和规则与习惯;阐释与意图介绍阐释的三种模式,关于对话模式的论辩;阐释与共识方面,介绍前阐释阶段的共识,实证主义式的共识以及阐释视野中的共识。第五章,理论的性质。一方面探讨理论的实践性,包括裁判理论与法律理论,哈特的裁判理论;另一方面探讨理论的规范性,包括规范性论证与描述性说明以及反阿基米德主义的具体内容。最后为论文结语。

关键词:德沃金(Dworkin, Ronald)　法学　思想评论

**1996**

**法官庭审话语的实证研究** / 张清著 ; 廖美珍指导. -- 中国政法大学, 2009. -- 189 页

论文运用定性分析法、实证研究法和定量分析法,选取25场庭审话语语料,将研究焦点放在法官在庭审活动中的话语特征、言语行为以及话语目的,运用话语分析理论、言语行为理论以及语用学的目的原则,对法官的庭审话语进行分析和描述,探讨法官庭审话语的规范化问题。论文第一章是绪论,分别对国外法律语言学和国内法律语言学研究状况进行回顾与总结。第二章是法官庭审话语分析,首先分析法官庭审会话的结构,其次论述法官庭审话题及话语分类,第三对法官庭审话语进行量化分析,最后分析法庭话语的特点和法官话语的特点。第三章是法官庭审话语的言语行为分析,首先对言语行为理论与法庭话语进行阐述,其次对法官的庭审言语行为分类进行阐释,最后分析法庭宣判的言语行为。第四章是法官庭审话语的目的分析,首先论述法官庭审话语与目的原则,其次论述法官庭审话语的目的意义,第三分析法官庭审话语的目的关系,并依次论述法官庭审话语的目的结构、目的语篇、目的策略和目的实现。第五章是法官庭审话语的规范化,首先讨论法官庭审话语的大众化问题,其次讨论法官庭审话语的规范化问题,最后考察法官庭审话语的规范化与司法公正问题。第六章是结语,主要对研究的启示、研究的创新和不足进行说明,提出未来研究展望。

关键词:法官　审判　语言分析　法律语言学

**1997**

**马克思主义法学理论在中国的传播与发展(1919—1966)** / 张小军著 ; 孙国华指导. -- 中国人民大学, 2009. -- 260 页

论文运用历史分析法、案例研究法和实证研究法,主要围绕马克思主义法学理论从新文化运动到1966年以前在中国的传播与发展展开研究。论文第一章是马克思恩格斯等马克思主义经典作家的法学理论,首先研究马克思主义法学理论的创立,其次研

究马克思主义法学的发展，最后论述马克思主义法学在苏联的发展。第二章是马克思主义法学在中国的传播，首先论述十月革命前中国一些书刊对马克思主义的初步介绍和传播，其次回顾马克思主义法律思想传播前激进民主主义者们对封建传统法律思想的批判，最后论述民国学者对马克思主义法学的介绍与研究。第三章是中国共产党人在根据地对马克思主义法学理论的发展，从《致雷经天》考察毛泽东的法律思想，并考察延安新法学会及新民主主义法学理论与方法。第四章是马克思主义法学理论在新中国的确立，首先论述人民民主专政学说的法哲学思想，其次论述建国之初国家领导人对旧法与新法的关系的认识及其法理，第三论述建国初学术界对旧法的批判理论，第四论述 1952 年司法改革运动及其影响，第五论述建国初期法律教育的社会主义转型及其办学思想，最后论述中国化的马克思主义法学方法。第五章是马克思主义法学理论在新中国的初步发展，讨论相关理论和中国法学界的几次重大争论。第六章是马克思主义法学理论学科知识体系的初步建立。第七章是马克思主义法学理论在曲折中发展的历程，第八章总结对马克思主义法学理论发展的反思。

关键词：马克思主义　法学

**1998**

**民事诉讼检察监督制度研究** / 张学武著 ; 肖金明指导. -- 山东大学, 2009. -- 155 页

论文立足我国的宪政体制和中国法治本土资源，结合当前的民事诉讼检察监督实践，在综合分析理论与实务界已有成果的基础上，探析民事诉讼检查监督的制度价值并对其存在的正当性进行分析。全文共分为六章。首先为导论。第一章，民事诉讼检察监督的基本范畴。介绍诉讼、诉讼监督与民事诉讼监督，检察、检察权与检察制度，检察监督与民事诉讼检察监督。第二章，民事诉讼检查监督的理论基础。内容包括民事诉讼检查监督的宪政基础，法理学基础，法文化基础，认识论基础以及民事诉讼检察监督的实践论基础。第三章，民事诉讼检察监督的制度价值。主要从民事诉讼检察监督与公平正义，民事诉讼检察监督与人权保障，民事诉讼检察监督与司法权威以及民事诉讼检察监督与和谐社会四个方面展开讨论。第四章，民事诉讼检察监督的制度构建。首先对我国民事诉讼检察监督与进行实证分析，在此基础上，探讨民事诉讼审前程序检察监督制度的构建，民事诉讼审判程序检查监督制度的构建以及民事诉讼执行程序检查监督制度的构建。第五章，民事诉讼检察监督的制度运行。主要包括民事诉讼检察监督与审判独立，民事诉讼检察监督与既判力，民事诉讼检察监督与诉讼构造平衡以及民事诉讼检察监督与当事人处分权几个方面的探讨。第六章，民事诉讼检察监督的体制性约束。首先对国外规范检察权运行监督机制进行考察，在此基础上，探讨我国民事诉讼检察监督权规范运行的内部制约机制，外部权力制约机制以及外部权利的制约机制，并得出相关研究结论。最后为论文的结语。

关键词：民事诉讼　法律监督　检察　司法制度

**1999**

**最高人民法院公共政策创制功能研究** / 张友连著 ; 郑成良，黄文艺指导. -- 吉林大学, 2009. -- 197 页

论文的研究对象为最高人民法院公共政策创制功能，提出应该通过确立最高上诉法院的主体定位、实行各种影响因素的程序化、选择案例的形式、实现司法克制下的能动四个方面对最高人民法院的公共政策创制功能加以完善。全文共分为五章。导论部分介绍论文的研究对象和意义，对相关研究述评，并对公共政策、公共政策与法律原则规则、公共政策的创制功能进行解析，最后介绍研究的方法和思路。第一章，最高法院创制公共政策的正当性分析。分析包括现代国家职能变化的结果，规则之治的不足以及最高法院的比较优势。第二章，我国最高人民法院创制公共政策的背景。内容一是社会的变革与转型，包括当代中国的社会转型和社会转型中的司法；二是立法的粗疏与滞后探讨；三是最高人民法院角色的变迁介绍。第三章，我国最高人民法院创制公共政策的概况。首先提出分析的素材和视角；在此基础上，分析最高人民法院创制公共政策的现状，包括境遇上、制度上和生理上三个方面的弱者保护公共政策；最后提出最高人民法院创制公共政策的形式。第四章，我国最高人民法院创制公共政策的影响因素。提出最高人民法院创制公共政策的外在影响因素包括政治正确的考虑、利益集团的压力、社会舆论的态度；内在影响因素为最高人民法院的定位与知识，最高人民法院的司法权威。第五章，我国最高人民法院公共政策的创制功能的完善。首先对最高人民法院公共政策创制中的问题进行归纳，提出最高人民法院公共政策创制功能的完善途径和在创制功能完善过程中应该把握的两个原则。最后为论文结语。

关键词:最高法院　国家职能　公共政策

**2000**

**澳门法治化治理中的角色分析** / 张元元著 ; 张志铭指导. -- 中国人民大学, 2009. -- 220 页

论文运用文献分析法、案例分析法、历史分析法和实证研究法,从当前澳门面临的治理问题出发,以回归澳门治理模式的转型为研究的逻辑起点,在社会实证方法论下以角色、组织和规范为视角,旨在透视对澳门治理实践的梳理,厘清澳门法治化治理结构中各主体的治理角色。论文第一章是回归前澳门的治理变迁,首先考察澳门问题的产生与治理变迁,其次对《澳门组织章程》下的治理结构及治理状况进行分析。第二章是基本框架下中央的治理角色,分析"一国两制"与高度自治,考察中央在澳门治理结构中的地位,并论述中央治理角色的多样性。第三章是行政主导下的特区治理结构,讨论行政主导及政府角色,考察立法会的功能与角色,并对 1999—2008 年议员质询实践进行分析,最后以对行政自由裁量的审查为例,论述终审法院的司法审查问题。第四章是澳门的社团治理,首先分析回归后澳门社团的发展与角色转换,其次论述澳门社团的基本类型,最后分析社团在社会治理中的角色,提出澳门的社团法律制度确保了公民的结社自由。回归后,政府与公民社会之间的关系发生根本性转变是社团角色面临重塑的根本原因。社团不再是公民与政府互动的唯一渠道,政府、社团与公民三者间应形成三方面的互动关系,社团可以通过实现内部民主化治理加强社团的能力建设,以更好地担当社会服务的提供者。

关键词:法治　一国两制　司法制度　澳门

**2001**

**论新中国建立之初的法制思想(1949—1965)** / 赵春燕著 ; 巩献田指导. -- 北京大学, 2009. -- 249 页

论文的研究对象为新中国建立之初的法制思想(1949 至 1965),新中国建立之初的法制思想主要以毛泽东、周恩来等国家领导人和董必武、谢觉哉、彭真等法制工作领导者为代表,论文对他们的著述以及具体的实践工作进行总结,并得出研究的结论。全文共分为四章。首先是导论部分。第一章,革命与法制。介绍革命及中国革命,继续革命,革命与法制的概念、内容和两者之间的关系。第二章,社会主义法制的建立。包括人民民主制度的建设,新中国法制的社会主义属性,社会主义立法。第三章,社会主义法制运行。介绍人民司法工作的全面开展,群众路线的贯彻及影响以及人民调解的具体内容。第四章,社会主义法制环境。介绍党的领导与法制,社会主义道德与法制以及社会矛盾与社会治理的内容和具体表现。最后为论文总论,探讨社会中的法律。研究认为,1965 年之前这段时期的法制工作不仅适时有效地稳定了当时的社会局面,而且为之后进一步的社会主义法制建设奠定了良好的基础。今天的法制工作依然一如既往地强调与政治工作的紧密联系,并仍然将之统一在社会主义的号召之下,在具体的工作贯彻中,法制工作的具体领导者和实践者也仍然主要是从强化党的领导和坚持群众路线这两个方面来体现社会主义精神或者中国特色的。

关键词:社会主义法制　法制史　思想史

**2002**

**法庭话语、权力与策略研究** / 赵洪芳著 ; 廖美珍指导. -- 中国政法大学, 2009. -- 259 页

论文运用定量分析法、案例研究法、比较分析法和定性研究等方法,选取 17 场法庭审判的录音转写语料进行研究,试图通过分析微观的法庭话语的语言细节来揭示庭审中的权力关系以及庭审中话语各方维护权力关系所运用的话语策略。论文第一章是导论。第二章是法庭话语与权力研究的理论框架,首先论述话语分析的批判的方法,其次论述本研究的法庭话语与权力理论的模式,最后提出法庭话语的语言分析理论框架。第三章是法庭话语的特征,首先论述法庭话语的场景与特点,其次论述法庭话语时一种典型的机构话语,第三论述庭审话语中角色的分配,最后论述法庭话语中的权力关系。第四章是法庭话语中权力的表现形式,首先论述语用研究,其次论述话语结构,第三对话语策略进行研究,最后分析纯语言。第五章是庭审中弱势者的话语表现,首先研究言语风格,其次研究句式特点,第三研究顺从与合作,第四研究自我修正与他人修正,最后论述对庭审语言理解有困难的问题。第六章是法庭话语策略,对策略的重要性、法官的话语策略、公诉人的话语策略、律师的话语策略、原告的话语策略、被告的话语策略等方面的问题依次展开论述。第七章是总结论,讨论本研究对司法实践的启示,提出本研究的不足和未来研究展望。

关键词:法律语言学　法庭　话语　权力

2003

**宗教自由研究** / 赵莹著 ; 林喆指导. -- 山东大学, 2009. -- 163 页

论文运用规范研究法与实证研究法相结合的研究方法，主要研究范围是：在法学领域，宗教自由作为自然权利和宪法权利存在的基础是什么、如何对其进行保障，以及具体到当代中国，宗教自由权利保障存在的主要问题以及如何在困境中寻求出路等方面等问题。论文第一章是宗教自由的概念，首先论述宗教自由的内涵，其次论述宗教自由的外延。第二章是宗教自由的基础，首先以对自由权基础的论证为切入点，论述作为自然权利的宗教自由基础；其次论述作为宪法权利的宗教自由基础，最后对宗教自由基础进行实证分析。第三章是宗教自由的保障，首先分析宗教自由保障因素，其次分析宗教自由的法律保障，最后雷诺数法律对宗教自由的限制。第四章是当代中国宗教自由保障设想，考察当代中国宗教自由保障的现状及面临的困境，其次论述当代中国宗教自由保障设想。

关键词：宪法　宗教　自由　法律保护

2004

**《巴黎手稿》的法哲学问题：历史、文本与理论** / 周尚君著 ; 文正邦指导. -- 西南政法大学, 2009. -- 160 页

论文运用案例研究法、比较研究法与理论研究法，试图回答的问题是：法哲学的思想变迁史与马克思的法哲学如何衔接；马克思的《巴黎手稿》的文本根据和思想背景是什么，在何种意义上我们可以认为《巴黎手稿》是马克思与西方哲学传统衔接最为紧密的文本之一；《手稿》的第三部手稿的内在逻辑线索是什么；作为《手稿》核心概念的异化概念如何成为自由法哲学的起点等问题。论文第一章是《手稿》的思想背景，首先对马克思的早期历程进行研究，其次对巴黎的旧制与创世进行研究。第二章是《手稿》的文本分析，首先分析国民经济学与法哲学的关系，其次分析序言与第一手稿，对资本立法问题进行论述。第三章是《手稿》的文本分析第二部分，重点对第二手稿“中的自由与产权问题和”第三手稿“中的共产主义自由问题依次展开论述。第四章是《手稿》的异化概念，首先论述异化理论的层次，其次论述异化理论的法权原则，最后论述异化与法律批判理论。第五章是《手稿》的自由德性，首先研究自由主义的自由概念，其次研究马克思的自由概念，最后论述自由主义之后的自由。最后为结论，通过对《手稿》的历史、文本、理论的全面清理，作者认识到，马克思法哲学的自由理论根源来自对资本主义法权体系的经济学话语逻辑的深度解读，具有无法抵消的学术价值和历史意义。

关键词：马克思　法哲学　自由主义

2005

**区域性人权保护机制研究：以国家主权为视角** / 周子琦著 ; 朱力宇指导. -- 中国人民大学, 2009. -- 213 页

论文以国家主权为视角，对区域性人权保护机制展开研究。全文共分为七章。导论部分对撰写论文的大前提进行说明，即谈论主权应限于国内，并对论文的主题现状、研究方法以及文章的突破与创新进行说明。第一章，人权及人权保护机制。主要对人权的发展历程、概念及其分类以及人权的属性进行梳理，对人权的属性从普遍性和特殊性、平等性、理性和受限性、社会性和阶级性、具体性和相对性等几个方面进行说明，并试探性地对区域性人权保护机制进行界定。第二章，区域性人权保护机制概述。分别阐述区域性人权保护机制的特点、形成原因、产生与发展、司法化倾向以及对世界人权保护的影响。第三章，区域性人权保护机制的法律基础。三大区域的人权公约是构建区域性人权保护机制的法律基础，这部分对欧洲人权公约、美洲人权公约、非洲人权和民族权宪章进行介绍。第四章，区域性人权保护机构。分别对人权委员会、人权法院以及执行机构进行介绍(以欧洲部长委员会为例)。第五章，区域性人权保护制度。首先分别对欧、美、非三大区域性人权保护制度之国家控制制度、个人申诉制度以及国家报告制度进行比较；其次对区域性人权保护制度与国际人权保护制度进行比较；最后论述人权保护制度对国际法主体理论的挑战。第六章，区域性人权保护机制的评析与展望。从推动国际人权保护法制化进程、促进权利主体体系的完善、拓展国际人权保护的内容、拓宽国际人权保护的道路以及推进人权保护国际机制的发展五个方面，阐述区域性人权保护机制的作用与贡献；进而对区域性人权保护机制存在的问题进行反思。第七章，亚洲区域性人权保护机制。首先介绍亚洲人权保护及其国家人权机构的具体内容；接着探讨构建亚洲区域性人权保护机制所做的努力，存在的障碍以及

可能性路径;最后提出中国人权状况以及对待人权问题的主要立场。最后为论文结语。

关键词:人权　国际政治　国际组织　欧洲　美洲　非洲

**2006**

**医患法律关系属性论** / 朱翠微著 ; 霍存福指导. -- 吉林大学, 2009. -- 122 页

论文研究对象为医患关系属性伦,研究定位在政治、经济、法律和伦理的基础之上,提供制定独立的医事法的理论基础,提出建立解决医患纠纷的多元化机制的理论支点。全文共分为五章。第一章,绪论。介绍论文的研究背景、研究现状、研究意义、研究思路与结构,并对论文涉及的主要概念做出界定。第二章,医患法律关系属性之论争。首先介绍论争的主要观点,包括民事法律关系说,消费法律关系说,行政法律关系说,斜向法律关系说以及社会法律关系说;其次提出对论争的前提批判——部门法理论的反思;再次探讨论争的前提解决——部门法理论的重构,具体内容包括公法——社会法——私法三元结构的建立,社会法的内涵,社会法存在的现实、理论基础及意义。第三章,医患法律关系属性之确认。内容介绍医患法律关系应由独立的医事法所调整,医事法属于社会法的范畴。第四章,医患法律关系属性确认之理论基础。包括作为基本人权的健康权,外部性理论,社会连带理论以及从形式正义到实质正义的具体内容。第五章,医患法律关系属性确立之实践价值。提出具体的实践意义包括为制定独立的医事法提供理论基础,为建立解决医患纠纷的多元化机制提供理论支点,为构建和谐医患关系提供新的视角。最后为论文结语,提出对未来研究的展望。

关键词:医疗纠纷　法律关系

**2007**

**法律正当化的商谈模式论** / 朱书龙著 ; 信春鹰指导. -- 中国社会科学院, 2009. -- 182 页

论文的研究对象为法律正当化的商谈模式论,探讨合法律性的立法程序如何实现法律的正当化。全文共分为五章。导论部分介绍论文问题的研究背景,对法学理论的解答,论文的论题和理论原点以及论文的论证思路和结构。第一章,法律的正当性与正当化。一是法律正当性的含义,介绍韦伯法律正当性的思想以及法律正当性的具体内涵;二是立法与法律的正当化模式,包括两者的概念,法律正当化模式理论,法律正义论和合法化理论以及法律正当化新模式的理论资源。第二章,法律正当化的商谈模式。首先探讨立法者及其理性,包括立法者与法律正当化的主体,立法者的理性与法律的正当化;在此基础上,提出关于法律的哲学思考,商谈与法律的正当化,立法商谈的证成机制,立法商谈的社会整合力。第三章,立法商谈的理想类型与实践。首先介绍立法商谈的理想类型,包括立法商谈理想类型的划分,态度商谈和语义商谈,实用商谈和利益谈判,伦理商谈和道德商谈以及法律商谈与法律体系的融贯性;对立法商谈的理想类型和作用做出解释,最后提出立法商谈理想类型的实证观察的具体内容。第四章,立法商谈的社会整合机制。首先介绍立法商谈与社会性整合,包括生活世界与法律的意义,公共领域与非制度化的立法商谈;其次介绍立法商谈与系统性整合;最后结合立法商谈的理想,提出立法商谈的目标。第五章,我国立法实践中的商谈机制。基于立法工作的目标,探讨民主科学立法的商谈机制。最后为论文结语。

关键词:法的理论　正当化　立法

**2008**

**德沃金的"原则"法理学:关于时间性、真理性与自由问题的考论** / 朱颖著 ; 付子堂,贺卫方指导. -- 西南政法大学, 2009. -- 159 页

论文运用历史研究法、个案研究法、比较研究等方法,将德沃金的"政治道德"原则通过更为全面的历史与逻辑两条线的梳理方向,以逆向倒推的方式将"原则"的真实面目还原出来,并对其理论渊源加以澄清。论文第一章是"原则"的时间性考察,首先论述建国者的"原则",其次论述治国者的"原则"。第二章是"原则"的真理性考察,首先论述建构性真理状态,其次论述整体性阐释命题,最后论述法官的道德确信,并对"权利"的最后防线做出阐述。第三章是德沃金"原则"的渊源,对"原则"的渊源进行梳理与总结,包括"原则"的传统与"原则"的启蒙两方面,并考察作为"原则"的"自由"概念,包括个人主义的自由和共和主义的自由。最后对伯林与德沃金的"自由"之争进行论述。最后为结论,对论文的研究目标以及在历史与逻辑两条主线上对德沃金"原则"法理学的考论所达成的目标给予综述总结,并指出德沃金"原则"法理学建构的启示和谬误以及法理学现代性危机的关联。德沃金"原则"法理学的建构理论俨然是一座

威严的现代法律帝国，它原本是为了挽救现代西方文明所经历的最为严重的一次危机——自由主义的堕落所开拓出的法律的"第三条道路"。作者指出，德沃金所建构的这种法理学实在是一座充满历史与逻辑矛盾与冲突的"火山"。

关键词：法的理论　时间　真理　自由

**2009**

**法官自由裁量权及其限制：基于法律方法视角的分析** / 庄晓华著 ；文正邦指导. -- 西南政法大学, 2009. -- 159 页

论文运用理论研究法、规范分析与实证分析相结合的研究方法，选择法律方法的独特视角对法官自由裁量权及其限制进行分析研究，关注法理学领域的经典问题，论文第一章是法官自由裁量权的含义指正，对多方争论观点进行总结。第二章是法官自由裁量权的性质和发展场景解析，首先考察法官自由裁量权的性质，其次论述法官自由裁量权发生场景的分类。第三章是法官自由裁量权的成因，以司法逻辑和防范分析为线索，首先论述简单案件和疑难案件，其次论述法官自由裁量权的成因。第四章是法官自由裁量权的限制探析，首先论述价值相对主义与其二元方法论，对研究视角选择的原因加以说明；其次分析实体性法律论证方法的限制，最后阐述程序性法律论证方法的限制。最后为结束语，对中国法官自由裁量权的理论预期进行讨论，以阐述和分析中国当下矛盾的司法现状——法官机械司法与滥用自由裁量权现象并存——为切入点，得出结论为：中国法官必然也必须享有自由裁量权；中国法官的确存在滥用自由裁量权的现象；提高法官素质是中国法官正确行使自由裁量权最根本的出路，而法官高素质的养成，要依赖于以司法独立为目标的司法体制改革以及相关的政治体制改革。

关键词：法官　自由裁量权　法律解释

**2010**

**中国古代证据制度及其理据研究** / 祖伟著 ；霍存福指导. -- 吉林大学, 2009. -- 208 页

论文的研究对象为中国古代证据制度及其理据。全文共分为四章。导论部分介绍中国古代证据制度的研究现状，问题的提出与限定，论文研究特色和主要观点以及论述进路与结构安排。第一章，贯串审问与判决的联结点：证据。介绍证据在介于事实与规范之间的具体概念和内容；提出司法官吏的责任是申明事实并做出判决；提出证据、证据规则与理据的内涵与之间的关联。第二章，中国古代刑事证据及其规则。一是中国古代刑事证据种类形式，包括供词证据，证人的证词、众证词，赃、状；二是中国古代刑事证据的取得与判断，具体内容包括笞掠得情，以情得之，借助神灵，现场勘查与检验获得证据，明察暗访取证，依据常识法理推理取得证据等；三是中国古代刑事证据规则，介绍"据供词定罪"为刑事证据首要规则，"据状断之"为刑事证据的相对独立规则，"据众证定罪规则"等。第三章，中国古代民事证据及其规则。首先介绍中国古代民事证据的种类形式，分别介绍裁断所有权纠纷的证据，裁断租赁、租佃纠纷的证据，裁断买卖纠纷的证据，裁断借贷纠纷的证据，裁断婚姻纠纷的证据等；探讨中国古代民事证据的获得方法与判断，包括当时人"供称"，讯供，现场打量、定验、地头众证，司法官对证据的判断方式几个方面的内容介绍；提出中国古代民事证据规则，介绍"交易有争，止凭契约"的民事证据基本规则，"出簿籍相质证"民事证据规则以及"众辞相质证"民事证据规则等。第四章，历史合理性证据规则之理据。探讨中国古代刑事证据规则"口供主义"的理据，民事证据"券证主义"的理据等，并对中国古代证据使用规则的合理性分析，提出由中国古代证据制度引发的思考。最后为论文结论。

关键词：证据　司法制度　法制史

# 法律史

**2011**

**南宋民事诉讼制度研究：以案件的"圆满解决"为中心** / 边媛著 ；郭成伟指导. -- 中国政法大学, 2009. -- 175 页

论文采用史学与法学相结合的研究方法，通过对南宋时期民事诉讼制度的几个主要方面进行分析探讨，进而认为，南宋时期民事诉讼制度的实质在于对案件"圆满解决"的追求。全文共分导论、正文五章、结论与附录八个部分。导论部分交代了选题的由来、研究现状及学术回顾、论文的主要内容与创新之处及材料的使用；第一章南宋时期官民诉讼观之结构分析；第二章词讼案件的受理，南宋时期，官府不提倡兴讼，对于受案采取了"不轻准"的态度，规定了投词方

面的限制;第三章证据的分析与运用,为了达到案件“情实”,为公正判决打下基础,南宋民事诉讼中十分重视对于各种证据的分析与运用;第三章多元化的案件处理结果,法官在判决时,并非单纯以国法为依据,为了达到案件的“圆满解决”,以情理判案的情形非常普遍;第五章法官的司法素养,法官的司法素养是与其在诉讼制度中扮演的角色相吻合的;论文的核心观点是:南宋时期民事诉讼的实质乃在于对案件“圆满解决”的追求,西方法治前提下的民事诉讼追求的是“法律的完美适用”,而南宋时期的民事诉讼则以“案件的圆满解决”为归宿。

关键词:民事诉讼　法律体系　法律观　南宋

**2012**

**出洋考察团与清末立宪研究** / 柴松霞著 ; 朱勇指导. -- 中国政法大学, 2009. -- 244 页

论文采用史学与法学相结合的研究方法,从当时的社会背景出发,讲述清政府两次派员出洋考察宪政的情况、考察人员宪政思想的发展轨迹及其对清末立宪产生的影响。全文共分七个部分。第一部绪论阐述了选题意义、研究现状、研究方法和资料情况;第二部分为“清廷宪政意识的萌发”,主要分析在戊戌变法中曾镇压过主张设议院、开国会维新人士的清政府,此时产生宪政观念的动力源因素,派考察团出洋学习西方宪政的目的和动机;第三部分为“择善而从寻求宪政理念”,主要讲述五大臣遵循清政府“用备甄采”“择善而从”的方针,考察东西方的一切政治,以期找出清廷采纳的立宪途径;第四部分为“预备立宪践行宪政思想”,指政治考察团回国后,考证人员所上的奏折和建议,其宪政主张被清廷采纳的情况;第五部分为“师法德日确认宪政模式”,主要讲述以达寿、于式枚为首的宪政考察团专访日、英、德三个君主立宪国家的概况,清廷做出了“远法德国,近采日本”的变革思路,立宪运动向纵深发展;第六部分是“宪政建设的漫长之路”,对出洋考察与清末立宪的思考及评价,两次出洋考察对清末立宪意义极大,但清廷采用德日宪政模式存在不足之处;第七部分结语指出,清末派考察团出洋,是在国事凋敝、权力失衡状态下的不得已之举,却成为“预备立宪”的肇兴;考察团对大陆法系国家的倾向,也对中国由传统的中华法系向大陆法系迈进,产生潜移默化的作用。

关键词:预备立宪　法制史　清后期

**2013**

**19 世纪下半叶美国州反托拉斯法研究:以制定法和判例为分析材料** / 陈兵著 ; 何勤华指导. -- 华东政法大学, 2009. -- 380 页

论文采用史学和法学相结合的研究方法,对 19 世纪下半叶美国州反托拉斯法进行研究。全文共分七部分。第一部分导论,阐述了研究选题、研究现状、研究框架和目的;第二部分 19 实际下半叶美国州反塔拉斯法的背景,从分析南北战争前后美国经济发展概况入手,讨论了这一时期经济生活中限制贸易与反竞争现象的内涵及特征,介绍了三种限制贸易形式,概括了联邦与州对待这类限制贸易行为或状态的基本反应,最后界定了州反托拉斯法的内涵;第三部分贸易限制合同,主要从判例法的角度论述了 19 世纪下半叶美国州反托拉斯法对英国普通法传统中贸易限制合同概念的继承和发展,创制了具有时代特征的贸易限制合同内涵及其适用原则;第四部分垄断,讨论了英国普通法传统中垄断术语的美国化过程,以及在这一过程中美国各州制定法和判例法的实际运行状况,重点分析各州反垄断制定法的内容,总结了 19 世纪下半叶美国法垄断的内涵、特征及类型;第五部分共谋与联合,拟解决的主要问题是,英国普通法“共谋与联合”限制贸易概念;第六部分执行与救济,分两节展开论述,研究材料主要来源与 19 世纪下半叶各州制定法,探讨了违法行为证据认定的标准——分为民事中的“表面证据”认定和刑事中的“明显行为”认定这两种标准;第七部分结论,是对论文主体内容的总结,通过图表分析进一步说明论文研究结论。

关键词:反垄断法　法制史　美国

**2014**

**香港特别行政区刑事司法制度变迁研究:以 1997 年以来香港法制发展为视角** / 陈俊仪著 ; 曾尔恕指导. -- 中国政法大学, 2009. -- 167 页

论文采用实证分析的研究方法,对香港特别行政区刑事司法制度变迁进行研究。全文共分六章。第一章就香港特别行政区 1997—2008 年刑事司法制度的改变做历史沿革的概述,介绍香港回归前的法律制度和 1997 年以来香港刑事司法制度的变化;第二章介绍香港法律改革委员会对香港刑事司法制度的改变所做的贡献,法律改革委员会(发改会)自 1980 年成立以来,对不同的法律课题进行研究及提出改革建议,改变了香港地区的刑法,证据法和刑事诉讼法;第

三章介绍香港政府1991年6月制定的《人权法案条例》,并探讨《人权法案条例》的立法背景及它对香港刑事司法制度的影响及贡献,其生效后对香港原有法律,特别是刑法,产生了巨大的影响;第四章介绍《基本法》对香港刑事司法制度带来巨大的影响和贡献,其赋予香港法院解释《基本法》的权利及终审法院享有终审权;第五章介绍香港地区在1997—2008年间的刑事诉讼制度的改变。1997—2008年,香港地区的刑事诉讼法制度因为香港法律改革委员会的法律改革建议,《香港人权法案条例》和《基本法》的生效而产生了重要的改变;第六章探讨香港刑事司法制度未来的发展方向,并介绍了《出任陪审员的准则》和《陪审团条例》两份咨询文件的内容及提供了一些改革建议。

关键词:刑法　人权　司法制度　特别行政区基本法　香港

**2015**

**唐以降传统法定离婚制度探究** / 崔兰琴著 ; 郭成伟指导. -- 中国政法大学, 2009. -- 152 页

论文以唐以来传统法定离婚制度的发展变化为线索,采用史学与法学相结合的研究方法,探究法定离婚制度,对其进行法律解释。全文包括导言、正文五章和结语。导言介绍了选题缘起、意义和学术研究的现状;第一章法定离婚制度的探源,离婚本源于风俗,后来逐渐由礼来调整;第二章法定离婚制度的演进,重在考证法定离婚制度在立法和司法上的历史演进,如唐代最初对七出、义绝、和离和违律婚断离四章离婚制度的定位;第三章法定离婚制度的变化规律,法定离婚制度从重视家族事务逐渐向重视夫妻个人事务演变的趋势,体现了法定离婚制度内在的发展规律;第四章法定离婚制度的结构特点,法定离婚制度的设计遵循着家庭、国家、个人和社会伦理保障的运思理路,违律婚断离则从法律上规定诸多禁止结婚的戒条,对违律的婚姻强制断离,形成有利于婚姻稳定的社会伦理环境;第五章法定离婚制度原理的初步认识,法定离婚制度的思想逻辑是:婚姻的本质在于和好两姓,承祖继嗣,婚姻失和导致离婚,夫妇尊卑有别是法定离婚制度的思想基础。作者指出,通过多种手段调整离婚,唐以来传统法定离婚制度形成七出为基础,以义绝为手段,以和离和违律为婚断离为补充的结构特点,完全适应社会生活的实际,并随着社会的变化而变化,极具域外影响力。

关键词:婚姻制度　离婚　法制史

**2016**

**《唐律》法律解释研究** / 董长春著 ; 曾宪义指导. -- 中国人民大学, 2009. -- 302 页

论文采用史学与法学相结合的研究方法,对中国古代唐代的《唐律》法律进行解释研究。全文共分八部分。第一部分导论,阐述研究问题的提出及意义、研究方法、研究目标和主要观点,并介绍《唐律》法律解释的研究现状;第二部分《唐律》法律解释的形式,《唐律疏议》文本作为中国古代法律解释的“技术全书”,通过统一的法律解释体制,采用律文解释、注文解释、疏文解释和问答解释等四种法律解释形式;第三部分《唐律》法律解释的方法,共采用文义解释、论理解释、引用解释、推理解释和举例解释五类二十种解释方法;第四部分《唐律》法律法律解释的内容,依刑事法律规范的要素结构全面解释了《唐律》中的概念、罪名、罪状、刑罚、定罪量刑原则、适用条件和适用问题等七个方面的内容;第五部分《唐律》法律解释的原则,《唐律》解释者们通过对法律实践的经验式认识,科学地设定了文义准确性原则、整体性原则和司法目的性原则等三大法律解释原则,并始终如一地贯彻了这些原则;第六部分《唐律》法律解释的价值基础,依附于《唐律》而存在的法律解释全面地体现了《唐律》中的价值追求,是《唐律》法律解释成为价值载体;第七部分《唐律》法律解释的特点;第八章《唐律》法律解释的现代意义,《唐律》法律解释能够为中国当代法律解释的发展提供技术支持,更为重要的是由于历史运动的惯性,中国当代社会对中国古代的法律解释,尤其是《唐律》法律解释有着极强的心理认同,这是《唐律》法律解释具有现代价值的根本原因。

关键词:唐律　法律解释　法制史

**2017**

**伊斯兰法婚约制度研究:以伊斯兰法律史为视角** / 费晶晶著 ; 曾尔恕指导. -- 中国政法大学, 2009. -- 129 页

论文采用文献学与法学相结合的研究方法,以伊斯兰法律史为视角,以女性权利为中心,对伊斯兰法婚约制度进行研究。全文共分五章。第一章导论,介绍选题原因、研究意义和研究方法,并界定主要概念;第二章伊斯兰婚约制度的古典理论,首先对伊斯兰婚

姻观的特点进行解释,并将《古兰经》的性别观作为说明伊斯兰婚约特点的思想基础,其次,以伊斯兰逊尼派四大法学派的观点为支撑,对婚约成立的必要条件和法律后果进行梳理和分析,再次,鉴于条件性条款对于婚约效力,论述了婚约条件性条款的涵义和内容;第三章伊斯兰婚约制度的古典实践,分析古典婚约理论中女性同意权和条件性条款两方面的法律实践,说明历史背景是影响女性权利的重要因素,地方习惯和习俗对婚约本身的形成具有重要意义;第四章伊斯兰婚约制度的改革,根据部分现代穆斯林主体国家家庭法的文本,研究和分析女性婚约同意权和婚约条件性条款两个方面在现代国家立法改革中的变化;第五章伊斯兰婚约制度的分析,首先,从形式和内容上分析了伊斯兰婚约规则法典化对婚约的影响,即法典化对婚约效力的确认和限制,其次从社会条件和法律解释主体的变化出发,通过解答性别差异观如何成为伊斯兰婚约规则主导思想这一问题,研究和分析伊斯兰婚约制度对女性权利的保障和限制。

关键词:法制史　婚姻法　民法　伊斯兰国家

**2018**

**美国联邦最高法院对契约自由权利的宪法保护:以“洛克纳时代”(1897—1937)为中心** / 付瑶著 ; 张生指导. -- 中国政法大学, 2009. -- 135 页

论文应用理论分析和典型案例研究的研究方法,对美国联邦最高法院“洛克纳时代”四个时期的历史描述和对契约自由宪法保护的典型案例进行梳理、分析和研究。全文共分六章。第一章绪论,主要对选题、概念、材料和研究方法进行交代;第二章“富勒法院(1897—1910)——契约自由的确立”,首先介绍了富勒法院的基本构成和主要司法理念,其次关注了“霍顿案”,并指出其是契约自由包括的一个例外,然后关注了1905年推翻了州法的“洛克纳案”,最后关注1908年穆勒案;第三章“怀特法院(1910—1921)——契约自由的节制”,介绍了怀特法院的基本构成和司法理念特点,关注了1917年维持了最高工时立法的“邦廷案”;第四章“塔夫脱法院(1921—1930)——契约自由的发展”,首先介绍了塔夫脱法案的构成和司法理念,然后分析代表最高法院与国会之间合作关系的1905年的“司法法案”,最后关注1923年推翻国会最低工资立法的“阿德金斯案”,并指出其是对企业自由理论的新发展;第五章“休斯法院(1930—1937)——契约自由的衰落”,分为四节,第一节介绍了修斯法案的大法官构成和主要司法理念,第二节“法院重组计划”,法院了最高法院因为司法审查权的行使与总统之间剑拔弩张的紧张状态。第三节关注了1936年的“莫尔海德”,第四节关注1937年维持州最低工资标准的“西滨旅馆案”,指出其等于为契约自由理论画上了句点;第六章结论部分,总结了最高法院契约自由理论之核心、发展路径和局限,并从三个角度对最高法院司法审查权力行使受到的限制提出作者的看法。

关键词:法制史　宪法　权利　自由　美国联邦最高法院

**2019**

**接续传统与时代嬗变:元代婚姻家庭法律规范研究** / 龚恒超著 ; 曾代伟指导. -- 西南政法大学, 2009. -- 209 页

论文综合运用了文献资料分析法、比较分析法、系统分析法、历史分析法、个案研究法、实证分析法、规范分析法等,以元代婚姻家庭法律规范为研究对象,对元代各民族的婚姻家庭法律规范进行解构,进而探究元代婚姻家庭法律规范的生存背景和影响因素。全文分导论、正文七章和结语共九个部分。导论部分介绍选题来源和研究目的、国内外相关研究成果与历史文献,说明论文的结构安排、研究方法和创新意义。第一章探讨了元代调整婚姻缔结的法律规范,分析了元代对法定婚龄、婚姻礼制、主婚与媒妁、婚姻的禁止等方面的规定。第二章探讨了元代调整特殊婚姻的法律规范,分析了元代对收继婚、赘婿婚、童养婚及典雇婚的法律规定。第三章探讨了元代调整婚姻终结的法律规范,分析并评价了元代的离婚制度。第四章探讨了元代调整家庭成员关系的法律规范,分析了元代调整父子关系、夫妻关系、子孙“孝道”等方面的法律规范。第五章探讨了元代调整家庭继承关系的法律规范,重点研究了元代的宗祧继承、身份继承和财产继承。第六章探讨了元代蒙古人、回回人及其他少数民族婚姻家庭的法律规范。第七章考察了形塑元代婚姻家庭法律内容和形式的诸多因素。最后是结语部分,归纳出研究结论。

关键词:婚姻　家庭　法制史　元代

**2020**

**韩非法律思想研究** / 郭春莲著 ; 王立民指导. -- 华东政法大学, 2009. -- 271 页

论文采用历史考证和文献分析的研究方法,对韩

非法律思想的时代背景、理论渊源、哲学基础、人性基础、法制理论等等开展研究。全文共分十章。第一章前言,以中国古代、中国近代、中国现代为界,回顾总结历史学者对于韩非法律思想的研究;第二章时代背景,从现实基础、实践基础和地理文化基础出发,阐述了韩非法律思想的产生及影响;第三章韩非法律思想的理论渊源,论述儒家思想、墨家法律思想、名家法律思想、兵家法律思想对于韩非法律思想的影响;第四章韩非法律思想的道家基础,韩非法律思想引道入法,为形而向下的法律提供了形而向上的哲学基础;第五章韩非法律思想的人性基础,其提出的人性自利自为思想反映了春秋战国的时代特征,他的法律思想是建立在其人性思想基础上的;第六章韩非法律思想概述,对于韩非法律思想进行基本论述,并认为从时代角度出发,韩非法律思想具有秩序、自由、正义的实体价值;第七章介绍韩非法治思想,在现实情况下,韩非的法治无法制约君主守法,但从理论上,他的法律思想是"法治";第八章阐述韩非重刑思想,分析了韩非重刑思想与秦灭亡之间的关系,并介绍了韩非重刑思想的内容和韩非选择重刑思想的原因;第九章介绍了韩非法律思想与道德的关系;第十章对韩非法律思想的现代反思,在对韩非法律思想的糟粕进行批判的基础上,研究韩非法律思想对于现代法治社会的借鉴。

关键词:韩非　法律思想　法家　思想史

**2021**

**唐代连坐制度研究** / 胡高飞著 ; 程天权指导. -- 中国人民大学, 2009. -- 172 页

论文采用了文献资料研究法、历史分析法、实证分析法、制度研究法、比较分析法等,以唐代连坐制度为研究对象,通过对连坐从制度和实践角度的探讨,对连坐制度的社会基础、目的、功能和实效等方面进行研究。全文分为绪论、正文五章和结语等部分。绪论阐述了选题缘起,结合相关研究成果的综述,说明了研究意义与研究方法。第一章主要追溯了连坐制度的起源,并介绍了唐朝之前的连坐制度。第二章主要介绍了唐代亲属和邻里连坐的法律规定和司法实施状况,并分析了其主要特征。第三章主要介绍了唐代朋党连坐的法律规定和司法实施状况,并指出了其具有株连范围广泛、以行政处分为主和政治性极强等特征。第四章主要介绍了唐代官员连坐的法律规定和司法实践状况,着重分析了唐代官员连坐制度中的同职连坐、比司连坐和上司连坐等三个方面,并指出了其具有法律渊源多样化、立法技术较高、预防目的明显以及实践与制度相背离等特征。第五章主要考察了唐代连坐制度的社会基础、目的、功能和实效,并分析了连坐制度产生消极后果的深层次原因。最后是结语部分,概述全文的主要内容,归纳出研究结论。

关键词:司法制度　法律责任　法制史　唐代

**2022**

**衡平法的道路:以英美法律思想演变为线索** / 胡桥著 ; 何勤华指导. -- 华东政法大学, 2009. -- 302 页

论文采用历史考察和实证分析的研究方法,从英美法律思想史的角度,围绕衡平法的神圣化与世俗化,应然衡平法与突然衡平法的斗争与妥协这两条主线,对衡平法的整个过程进行研究。全文包括导论、正文四章和结论三大部分。导论介绍了选题动机、目的及意义,界定了术语和研究内容,并指出研究视角、方法和线索;第一章论述了衡平法兴起的背景、原因和标志,旨在揭示衡平法的道路是如何形成的;第二章论述了衡平法转型的弊端,大法官身份的转变,衡平法院的成长,旨在揭示衡平法的道路是如何转折和发展的,并指出大法官身份由教士向律师的转变是衡平法实现历史转型的首要标志,衡平法院的机构独立和目的转向,衡平法实现历史转型的第二大标志;第三章论述了衡平法的辉煌一页,实体衡平法的形成以及作为衡平法扩张的结果——美国衡平法的产生,旨在揭示衡平法的道路是如何扩张为一条大道的,作者认为,1616 年衡平法院的胜利,是衡平法历史上最光辉的一页;第四章通过介绍狄更斯的《荒凉山庄》,19 世纪末英国和美国的司法改革以及现在衡平法的状况,论述了衡平法在 19 世纪后如何衰落、如何趋于瓦解,尤其强调了司法改革对于衡平法乃至整个普通法所造成的深远影响。旨在揭示衡平法的道路如何趋于衰落;结语部分,指出衡平法从兴起、转型、鼎盛到衰落已走出了一条司法之路、规则之路或去道德化之路。

关键词:法制史　思想史　英国　美国

**2023**

**陕甘宁边区的民事法源:以边区高等法院档案为中心** / 胡永恒著 ; 武树臣指导. -- 北京大学, 2009. -- 171 页

论文采用历史研究的研究方法,对陕甘宁边区的民事法源进行研究。全文共分八部分。第一部分导论,阐述研究缘起、研究述评和研究方法,界定涉及的

概念,指出结构框架;第二部分边区民事发源的背景性因素,首先介绍了边区的整体环境,包括地理、经济、文化观念和战争的影响,然后介绍边区的法制环境,包括法制理念、立法制度、司法制度和干部与民众的法律意识;第三部分关注边区民事审判中"六法全书"的适用,当时,边区设有高等法院、审判委员会和各地方法院,并且当时的立法不足,在统一战线和三三制的大环境下,一些法学专业人士上任,促使"六法全书"进一步的发展,整风运动和审干运动后,法院领导者和审判人员不断更替,整个环境发生了显著变化,"六法全书"已不再适用,对调解日趋倚重;第四部研究分边区民事审判中对政策法令的适用,介绍边区制度和颁发的民事政策法令和边区民事审判中适用民事政策法令的情况,并分析政策法令和社会生活的互动情况;第五部分收集、整理了边区的习惯,并对其分类,介绍习惯在边区法律渊源胡总的特殊重要性。使用民事习惯作为法律渊源,对边区具有一定的实用性和历史合理性,但需要迁就某些落后的习惯,所以需要认真对待习惯;第六部分阐述边区民事审批中的情理、法理和判例,并介绍判例的功能及地位;第七部分介绍现代化视野下的边区民事发源,并说明其进步与不足、动力与障碍和经验教训;第八部分结语,总结了边区民事发源的基本情况和评价,点出其历史功绩和对新中国成立后的深远影响。

关键词:民事诉讼　审判　法制史　陕甘宁边区

**2024**

**战后美国国家安全法律制度研究** / 黄爱武著 ; 王立民指导. -- 华东政法大学, 2009. -- 393 页

论文采用了历史分析法、文献资料法、制度分析法、实证分析法、政治系统分析法等,以二战后美国国家安全法律制度为研究对象,揭示和研究二战战后至2009 年这一时期美国国家安全立法史、美国现代国家安全情报体制和机构的法律职能及其演变过程以及美国国家安全法律监督制度的发展与完善。全文由导论、正文六章构成。导论部分介绍研究对象和研究范围、选题意义,结合研究现状及文献综述说明了资料来源与研究方法。第一章在简要回顾美国建国至二战时期的国家安全立法的基础上,梳理和归纳了战后美国国家安全立法发展史。第二章主要对战后美国国家安全法律制度进行评述,探讨了战后美国国家安全法律制度的渊源。第三章主要研究战后美国国家安全体制的构建与演变,考察了战后美国国家安全体制的发展与完善,以及战后美国国家安全委员会的职能及其演变。第四章主要对战后美国成立的 16 家国家安全成员机构逐一进行了剖析,进而揭示了美国国家安全机构的类型、法制职能及其嬗变。第五章在第三、四章相关分析的基础上,对战后美国国家安全法律如何规制国家安全工作进行了研究。第六章则论述了战后美国国家安全工作的法律监督,并对战后美国国家安全法律监督机制做了评析。

关键词:国家安全法　法制　美国

**2025**

**清代刑事司法中的缘法断罪与权宜裁判:以司法判例为中心的考察** / 黄延廷著 ; 怀效锋指导. -- 中国政法大学, 2009. -- 166 页

论文采用史学和法学相结合的研究方法,以考察司法判例为中心,对清代刑事司法中的缘法断罪与权宜裁判进行研究。全文共分五部分。第一部分,缘法断罪,首先介绍在缘法断罪之前的清代司法官员对法律条文的解释。在中国历史上,缘法断罪有着极深的思想基础和完整的制度规范,清代可以说是对缘法断罪的规制最为完善的朝代;第二部分,权宜裁判。权宜裁判是对缘法断罪的补足和辅助。权宜裁判在清代分为两种形式:比附类推和法外酌断。第三部分,权宜裁判向缘法断罪复归。清代司法中权宜裁判向缘法断罪的复归主要有三种形式:权宜裁断中的规制被国家法律吸收,此后遇到这种情况再如此判决就成了缘法断罪;权宜裁断中的规制被国家严令禁止,此后这种情况的判决就得以法律明文判决;权断的规制被国家法律吸收、奉行一段时间之后被停止施行,原法又被恢复;第四部分,与民事司法的比较及刑事司法中缘法与酌断的异化,刑事司法中缘法与酌断的异化现象是专制制度所不能避免的;第五部分,结论及余论。作者指出,在清代刑事司法当中,缘法断罪是原则、常态,法外酌断是例外、辅助;清代力求在司法中的法制状态;中国古代特别是清代在司法中是非常讲究逻辑性的;中华民族有着深厚的法治基础;清代的司法对当下有着深刻的影响。

关键词:刑法　刑事诉讼　法律适用　清代

**2026**

**清代州县司法与刑讯问题研究** / 金大宝著 ; 朱勇指导. -- 中国政法大学, 2009. -- 142 页

论文采用史学和法学相结合的研究方法,对中国

古代清代州县司法与刑诉问题进行研究。全文共分六部分。第一部分导论，阐述了研究问题、研究方法和研究途径，并回顾了相关的学术史和研究资料，指出了论文的体例结构和可能的创新点。第二部分清代之前刑讯制度发展演变概述，首先介绍了不同发展阶段刑讯制度基本内容的演变，然后研究了清代之前刑讯制度发展演变的一般特征；第三部分清代的刑讯：制度的发展与观念的演变，到了清代，刑讯制度的内容呈现了许多新的发展变化，包括：新的法定刑讯方式的增加、免于刑讯的对象范围的扩大、强调特定案件与特定刑讯方式相对应等等，并指出清代的刑讯制度是中国古代刑讯制度的成熟形态；第四部分清代州县司法中刑讯存在的客观必然性，由于清代州县司法中，州县官理讼断狱的整体水平较低，再加上胥役等消极因素的存在都使得州县司法中刑讯的使用有了一定的客观必然性，州县司法中合法刑讯的使用并不完全是负面意义的，具有提高州县司法效率、法律预防等多种功能；第五部分清代州县司法中的非法刑讯问题，首先介绍非法刑讯的民间印象，其次研究考察州县司法中的非常刑讯：类型与严重程度，然后介绍清代州县司法中非法刑讯产生的原因，最后介绍刑讯与冤狱的产生；第六部分清末刑讯制度的废止，晚清时期，随着清末变法修律的逐次展开废止刑讯的努力也付诸实施，除了命盗重案外一概禁止刑讯，其彻底废止则是民国初年南京临时政府时期。

关键词：刑讯逼供　司法制度　法制史　清代

**2027**

**唐代驿站的法律制度研究** / 况腊生著 ； 马小红指导. -- 中国人民大学, 2009. -- 212 页

论文采用史学与法学相结合的研究方法，对中国唐代驿站的法律制度进行研究。全文共分七部分。第一部分导论，阐述了研究问题缘由、研究现状、研究意义和研究方法，篇章结构；第二部分介绍唐代以前的交通和驿站法律制度。介绍交通法律制度的三个发展阶段：商周时期制度的创立，秦汉时期多种交通法律制度并存，魏晋南北朝时期驿站法律制度形成和发展；第三部分唐代驿站法律制度的渊源，首先阐述律典中的驿站法律制度，然后研究《唐令》中的驿站法律制度和帝王关于驿站事务的敕令，最后介绍其他法律规范中涉及驿站事务的规定；第四部分和第五部分介绍唐代驿站法律制度的内容，首先介绍了唐代驿站，其次介绍其管理体制和具体管理人员，然后阐述侵犯帝王交通安全和各级官府交通禁区的犯罪、违法道路通行执行的犯罪、侵犯驿站管理秩序的犯罪，最后介绍官畜饲养及管理的法律制度；第六部分阐述唐代驿站法律制度的特点：鲜明的等级化、浓厚的军事色彩、多样的形式和完善的内容；第七部分阐述唐代驿站法律制度的价值，完善的驿站法律制度保障了唐代驿站运转的高效、安全、快捷及其管理体制的健全，从而增强了国家的军事力量、促进了封建经济的发展、维护和巩固了国家的统一、加强了内外交流和联系，同时对当时周边政权的国家驿站法律制度的建立产生了积极的示范作用，在今天仍有一定的借鉴意义。

关键词：驿站　交通法　唐代

**2028**

**金融业综合经营法律问题比较研究** / 李冰著 ； 曾宪义指导. -- 中国人民大学, 2009. -- 294 页

论文采用实证分析和比较研究相结合的研究方法，对西方主要发达国家金融业综合经营法律制度的回应运用历史考察、经济分析、比较研究、制度阐释、文献分析等方法进行比较研究。论文在结构上可以分为三个部分。第一部分包括引言、第一章和第二章，界定了金融、金融机构和金融体制等相关概念，提出了综合经营的概念和特征，比较研究了综合经营的模式和争论，从历史考察的角度对美国、日本、欧盟地区及成员国的金融立法变革进行了比较研究；第二部分包括第三章至第八章，在结构安排上首先提出综合经营给金融机构并购、竞争法、公司治理、风险控制、消费者权益保护和金融监管等法律领域带来的挑战，然后对发达国家相关法律制度及立法回应进行了比较研究；第三部分由第九章组成，研究了我国分业经营立法的历史沿革，指出我国当前金融实践和金融立法存在的问题，借鉴西方国家先进制度，对我国综合经营立法改革的方向、目标和实现模式发表了意见，认为综合经营是我国金融业发展的必然趋势，而以金融控股公司模式实现综合经营是较为可行的做法，并就综合经营体制下的公司治理法律制度、金融监管法律制度、风险控制法律制度和消费者保护法律制度的构建和完善提出了相应建议。

关键词：金融业　经营管理

**2029**

**通过司法限制权力：英格兰司法的成长与宪政的生成** / 李栋著 ； 程汉大指导. -- 中南财经政法大学,

2009. -- 281 页

论文主要运用制度分析法、结构功能分析法、比较分析法、历史分析法、文献调查法与实证分析法等,以英格兰司法与宪政之间的关系为研究对象,考察英格兰司法的成长与宪政的生成过程,进而对英格兰司法的宪政意义进行探讨。论文分为导言、正文五章和余论等七个部分。导言部分阐述了选题缘由,结合研究现状与文献综述,说明了论文的研究方法、相关概念以及主要结构与观点。第一章考察了英格兰司法成长的历史环境,认为早期英格兰多元权力结构使得英格兰司法获得了独立发展的空间。第二章考察了英格兰司法外部结构的特征,分析了行政司法化特征的形成背景与国王行政司法化的努力,并着重阐述了行政司法化特征的宪政意义。第三章考察了英格兰司法内部结构的特征,分析了英格兰司法制度的设计、运作过程及其制度理念。第四章主要对英格兰法律职业共同体进行考察,着重分析了法律职业共同体在司法适用中的"技艺理性"及其对英格兰宪政的推动作用。第五章在梳理政治统治权与司法审判二分理论和传统三权分立理论的缺陷的基础上,指出并论证了英格兰宪政的精髓在于司法审判权与政治统治权的互动平衡。最后是余论部分,阐明研究结论及其历史启示。

关键词:司法制度　宪法　法制史　英国

**2030**

**建国后住宅立法研究(1949—2008)** / 李放著 ; 曾宪义指导. -- 中国人民大学, 2009. -- 194 页

论文采用社会调查和历史研究相结合的研究方法,以解决住宅问题为主线,围绕着法律制定和实施的整体社会环境,从历史和现实发展两个维度对新中国成立后的住宅立法进行研究和分析。全文共分五章。第一章提出了基本概念区分和住宅法律文化背景。首先,分析了涉及的基本概念,其次,论述了住宅的法律文化延伸;第二章总结了我国住宅问题及相关立法的历史发展变化情况,从住宅问题的表象分析得出了住宅问题的实质含义。以建国前住宅问题及相关立法的历史发展变化为主要内容,总结了我国古代传统社会和近代以来城乡社会发展过程中出现的住宅问题;第三章阐述了我国住宅立法的发展历程和相关住宅问题,以改革开放为基本时间划分点,分析计划经济时代与建设社会主义市场经济的新时期住宅立法的发展脉络和实践产生的住宅问题。第四章分析了影响住宅立法的主要因素并结合实践中的问题加以佐证。结合实践中的"小产权房"和城市房价上涨等现象,分析了土地因素的关键性影响。第五章探讨了住宅立法的确立与完善思路,论述法律制度对住宅问题的求解和回答,在总结理论观点争锋的基础上,从住宅问题解决的逻辑思维角度层层推理,分析了住宅的基本属性与功能、住宅制度的模式选择、社会调整方式的变革、城乡二元经济结构的现实对住宅立法的基本影响和理论铺垫,提出了相应立法解决思路。

关键词:住宅　立法

**2031**

**南朝法制研究:以士族、佛教和女性为视角** / 李放著 ; 曾宪义指导. -- 中国人民大学, 2009. -- 156 页

论文采用史学与法学相结合的研究方法,对中国古代南朝的法制进行研究。全文共分五章。第一章导论,阐述选题意义、研究现状、研究思路和研究方法;第二章南朝法制概述,南朝法制处在中国封建法制走向成熟的过渡时期。南朝统治者在前代法律基础上进行改革与调整,在法律思想、行政、刑事、民事、经济制度以及诉讼、刑讯、司法制度等方面都有所发展和创新。第三章士族与南朝法制,士族制度在两晋时期发展到鼎盛阶段,此后盛极而衰,南朝士族丧失了进取之志,不断腐化堕落,但仍起到主导作用。围绕着士族与皇权、士族与寒族的力量角逐,南朝的行政法律制度和经济法律制度产生了变化并有所发展,发展了优待士族官僚的司法制度,并在司法实践中对士族特权加以保护;第四部分佛教与南朝法制。南朝佛教与法制之间形成了一种相互影响、共同发展的关系;南朝佛教在其传播发展过程中,对法律制度产生了积极和消极两方面的作用;第五部分女性与南朝法制,整个南朝时期,除了陈代稍有反复外,女性的法律地位在南朝延续了东晋以来有所提高的趋势,出现了一些针对女性特殊身份而创设的照顾和保护女性的发展律令和司法制度。论文研究结论:南朝统治者对士族、佛教和女性进行的法律调整是有效的,南朝法制推动了社会主要问题的解决,产生了一些为北朝、为后世所继承的优秀法律成果。

关键词:法制史　南朝时代

**2032**

**法律视野下两宋与周边政权盟约研究** / 李华著 ; 郭世佑指导. -- 中国政法大学, 2009. -- 139 页

论文采用史学和法学相结合的研究方法,从法学

的角度，对两宋及周边政权辽、西夏、金之间签订的盟约进行研究解读。全文共分绪论，正文四章和结语。绪论部分阐述了研究对象及范围、选题意义和研究现状，介绍了主要史料，并指出论文结构；第一章盟约的缔结，誓书是记载双方盟约具体内容的一种外交文书，在双方使者携带国书往来谈判多次，达成一致意见后，各方以誓书的形式将盟约内容写清楚，由使人送往对方国家，意味着盟约开始生效；第二章介绍誓书的格式与存放，誓书沿用春秋盟书的样式，包括序文、正文、誓言三部分，在起草、纸张、印玺及存放规格等方面，都有特别的要求；第三章以宋辽澶渊之盟的实现为中心考察盟约的实现，从岁币交纳、使节往来及相关规范、榷唱贸易、修缮边城及遣送逃亡人、边界遵守等方面，对盟约的实现进行专题考察，进而揭示盟约的执行对缔约双方的政治、经济及法律产生的重大影响；第四章盟约的修订和终止，盟约在执行中由于情势发生变动，会对其进行修订，修订后的盟约继续维持其效力。导致盟约终止的原因主要有违约行为的出现、新的战争发生或原缔约方的消灭等，盟约的终止包括盟约的暂停实施和永久终止两种形式。结语指出，各政权之间缔结盟约的基础是实力相当，而盟约得以长期履行的动力是利益刺激，只有在此基础上，所谓的誓言和诚信才能发挥作用，一旦失衡，盟约的拘束力随之而消解。

关键词：法制史　少数民族　宋代

**2033**

**中国近代银行组织法律制度研究（1897—1949）**／李婧著；王立民指导. -- 华东政法大学, 2009. -- 322 页

论文采用理论和实证分析相结合的研究方法，对近代银行组织法律制度加以梳理，从资本组织法律制度、内部组织法律制度、分支行法律制度三个层面，对银行法的内容、立法意义、立法缺陷、实施绩效等问题进行研究；全文分导论、正文、结语三部分。导论介绍选题缘由，回顾近现代银行法制研究的成绩与不足，阐述研究脉络与探索创新之处，界定相关概念；第一章中国近代银行组织的建立，从社会历史变革的角度，介绍了转型时期近代中国金融业的状况、银行组织建设思想；第二章中国近代银行组织之立法，以阶段论的观点，论述了近代中国银行组织立法的产生、推广及强化的演变过程；第三章，资本组织法律制度，首先，对近代中国银行资本组织制度的引入与展开进行回顾；其次，介绍官商合股银行之资本组织：中国银行个案研究；然后介绍私人股份银行之资本组织制度；最后阐述资本组织制度的创新；第四章内部组织法律制度，从权力机构、执行机构、内部管理、内部组织的创新等方面，解析近代银行内部组织法律制度；第五章分支行法律制度，首先对分支行进行概述，其次介绍分支机构的设置原则，最后阐述分支机构的监管；第六章归纳与设想。归纳总结中国近代银行组织法律制度的特点及其影响，并从中借鉴经验，构想当今银行体制改革的途径与方法。结语部分指出我国银行法现代化的逻辑轨迹：以移植为途径、国际化和本土化为目标，体现了金融创新与法律变革的互动。

关键词：银行法　法制史　清后期　民国

**2034**

**唐宋宗教社会纠纷解决机制研究**／李可著；范忠信指导. -- 中南财经政法大学, 2009. -- 289 页

论文采用历史考证和文献分析的研究方法，对唐宋宗教社会纠纷解决机制进行研究。全文包括导论、正文八章和结论三大部分。绪论介绍研究对象、材料方法与理论思路，界定涉及的基本概念，并指出研究意义和创新点；第一章指出唐宋宗教社会的存在形态：紧密型和松散型，并介绍唐宋宗教社会面临的纠纷种类和形态；第二章阐述了佛教团体内部的纠纷及其解决方法和道教团体内部纠纷及其解决方法；第三章介绍了唐宋佛道二教之间的团体纠纷和个体纠纷，并指出其解决机制为：佛道自力解决二教之间的团体纠纷和邀请官府参与二教之间团体纠纷的解决；第四章介绍唐宋佛道与儒士之间的纠纷及其解决机制；第五章阐述僧尼、佛教信众与俗民之间的纠纷及其解决机制和道士女冠、道教信众与俗民之间的纠纷及其解决机制；第六章介绍唐宋佛道与官吏、官府之间的个体纠纷及其解决机制和佛道与官府之间的团体纠纷及其解决机制；第七章介绍僧尼或佛教信众参与外部社会纠纷解决的一般模式和道士女冠或道教信众参与外部纠纷解决的一般模式；第八章阐述唐宋宗教社会纠纷解决模式的总体特征，宗教社会的解纷原则及解纷依据，宗教社会参与民间纠纷解决的历史根源，并指出宗教社会解纷模式的法制价值和意义。论文研究结论是：唐宋宗教社会倾向于采取以神意型手段为主、世俗型手段为辅的解纷模式，因此其所采用的纠纷解决模式大都具有神意色彩。

关键词：宗教社会学　纠纷　法制史　唐宋时期

2035

**《现行律民事有效部分·婚姻门》研究** / 李琳著 ; 徐立志指导. -- 中国社会科学院, 2009. -- 133 页

论文采用理论分析和实证分析相结合的研究方法,以法律中的《婚姻门》为研究对象,依据从法律文本到司法案例等各种资料,对这部分法律进行研究。全文共分七部分。第一部分导论,阐述了问题的提出、研究方法和研究文献,并指出了论文的思路的框架;第二部分对《现行律民事有效部分》的历史背景和文本的来源变迁情况进行梳理,探讨民初复杂的局势下最终确定继续适用《现行律民事有效部分》作为民初民事基本法的原因、过程和法律依据问题;第三部分重点对《现行律民事有效部分·婚姻门》进行法律文本的解读,结合民国初年的判例、解释例,以及法学家们的相关著述,探究《现行律民事有效部分·婚姻门》的法律文本含义及其当时人的解释与探讨;第四部分重点探讨《现行律民事有效部分·婚姻门》的司法适用情况;第五部分在前面研究成果的基础上,分析和总结《现行律民事有效部分·婚姻门》在民事司法中的地位,以及由于法律条文和社会实际的紧张关系而引发的问题和当时的对处措施;第六部分考察《现行律民事有效部分·婚姻门》在民国时期对民法草案修撰过程的影响,通过使用历次民律草案亲属及其立法理由书,以及民国初期的报纸杂志等材料,剖析清末以来的历次民法修订,如何实现对中国固有法律资源的继承和创新;第七部分结论,反思传统在近代社会的承继与创新问题。

关键词:法制史　民法　婚姻法　民国

2036

**建国初期“镇反”刑事政策的实施研究(1950—1953):以西康地区实施状况为主要分析对象** / 李露著 ; 张培田指导. -- 西南政法大学, 2009. -- 162 页

论文采用理论和实证分析相结合的研究方法,选取“西康地区”的农村为分析重点,对建国初期“镇反”刑事政策的实施进行研究。全文包括绪论,正本五章和结语。绪论部分阐释刑事政策概念的内涵,介绍论文研究的理论、实践意义、研究对象和刑事政策问题现状,并对西康地区的档案史料情况做了专门说明;第一章“镇反”刑事政策的确立,从总体上分析了建国初期“镇反”刑事政策的确立状况;第二章“镇反”指示及刑事政策的初步实施,在对各项“镇反”指示及刑事政策初步实施状况的分析与研究的基础上,集中分析了“镇反”运动发起时的前后两个阶段的刑事政策和指示的实施情况;第三章“镇反”高潮中《惩治反革命条例》及“死缓”政策的实施,对“镇反”运行高潮时期中共中央提出的“死缓”政策及适用状况进行研究,并根据各地适用政策报告,分析出改性政策在全国和西康地区的初步适用中存在的一般问题及其纠正情况;第四章“镇反”刑事政策的全面实施,以西康地区的汉源、雅安、盐边县的具体实施情况为主要分析对象,总结出各县在“镇反”刑事政策全面实施过程中的地方特点;第五章对建国初期“镇反”刑事政策的总体实施状况的进行评价与反思;结语部分,对建国初期“镇反”刑事政策的实施特点进行概述,揭示了中共中央对“镇反”刑事政策的调整规律,以及西康地区实施的一般特征,然后并从理论上对建国初期刑事政策与刑法定位问题做了假设。

关键词:镇压反革命运动　刑事政策　法制史　西康

2037

**近代中国公司法中股东权制度研究:以法律与社会的互动为中心** / 李彤著 ; 曾宪义指导. -- 中国人民大学, 2009. -- 302 页

论文采用理论和实证分析相结合的研究方法,以股东权制度所依托的法律规定与各种社会因素在立法环节与法律适用环节的互动为核心主线,从理论基础、历史基础、法律文本、微观权力运行状况和宏观运行状况等角度出发,对近代中国公司法的股东权制度进行研究。全文共分七章。第一章从理论角度对公司法中股东权制度的理论基础进行阐释;第二章从历史角度对近代公司法颁布之前的股权习惯和股东权实践进行考察;第三章从法律文本角度对股东权制度在近代公司法中的各项规定进行比较分析和理论分析;第四章从微观权力运行层面对公司实践中分红权债化的强化问题进行了观察和分析,对分红权债权化倾向的表现、连锁影响、产生原因等问题进行了考察;第五章从微观权力运行层面对近代公司法中的大小股东表决权平衡机制和公司实践中小股东的表决权弱势现象进行了考察和评论,对近代公司法中股东表决权平衡机制以及在公司实践中小股东弱势表决权地位的现象表现、产生原因、作用之优劣等问题进行了分析;第六章从宏观权力运行层面就股东权制度对公司实践的影响进行了研究,近代法律对社会发挥的改变作用不容忽视;第七章从宏观权力运行层面就外

部社会因素对股东权制度的运行状况所造成的影响进行了探讨,近代社会中主流的公司类型、股东意识、政府行为、时局状况、社会经济政治条件的变化都会对股东权制度的运行状态造成影响。

关键词:法制史 公司法 股东 权利 近代

2038

**英国警察法历史发展与当代改革研究** / 李温著 ; 叶秋华指导. -- 中国人民大学, 2009. -- 310 页

论文采用史学与法学相结合的研究方法,对英国警察法历史发展与当代改革进行研究。全文共分九部分。第一部分导论,阐述了选题缘由、研究内容、研究方法和预期贡献,并界定了英国警察法的概念,对英国警察进行概述;第二部分以确认全民皆警为特色的旧式警察法,首先介绍介绍其时代背景,然后介绍成文法对旧式警察制度的确认和发展,最后介绍旧式警察制度的衰落;第四部分以创建职业警察为目标的近代警察法,首先介绍时代背景,然后研究 1829 年《都市警察法》、1856 年《郡市警察法》和 1919 年《警察法》。第四部分介绍以追求民主、法治、人权为特色的现代警察法,首先介绍时代背景,然后研究 1964 年《警察法》和 1984 年《警察与刑事证据法》;第五部分介绍当代英国警察制度改革之时代背景和理论基础;第六部分关于警察管理体制的改革,首先介绍英国地方自治传统与警察的地方化,其次介绍英国警察从地方自治向中央集权的演变和发展,最后对 2002 年《警察改革法》关于警察管理体制的改革及其评价;第七部分关于警务工作主体的改革,介绍多元化警务的具体表现形式及其存在问题,并研究其法律调整和未来发展预测;第八部分关于警务工作模式的改革,首先介绍警务工作模式及其历史演变,然后对三种警务模式进行分析和比较,最后介绍其存在的问题及其未来发展预测;第九部分关于警察监督机制的改革,首先介绍改革之前的警察监督机制,其次介绍改革的原因、过程和基本思路,最后研究评价独立警察监督机制的法律规范和评价。

关键词:警察法 法制史 英国

2039

**近代上海城市规划法制研究** / 练育强著 ; 王立民指导. -- 华东政法大学, 2009. -- 382 页

论文采用了历史比较分析法、规范分析法、实证分析法、文献资料分析法等,以近代上海城市规划法制为研究对象,通过对其进行研究,探寻近代上海城市发展过程中城市规划法制在城市化进程中的作用。论文共分导论、正文和尾声等部分,其中正文共分十一章。导论阐述了相关概念与研究范围,结合相关文献综述说明了论文的研究意义与分析路径。第一章阐述了上海租界土地章程的性质与作用。第二章分析了上海公共租界土地管理制度。第三章阐述了上海公共租界道路管理制度。第四章阐述了上海公共租界建筑管理制度。第五章对上海公共租界城市规划法制进行解析,探讨了公共租界城市规划法制的突出方面及其与法租界城市规划法制的异同与影响。第六章分析了地方自治时期华界城市规划法制的萌芽,以及这一阶段城市规划法制的内容。第七章分析了抗战前华界城市规划法制的确立及其内容。第八章分析了日伪时期上海城市规划法制的变异与内容。第九章阐述了抗战后城市规划法制的发展状况。第十章阐述了近代上海城市规划法制现代化的理论内涵、内在表现形式及其动力。第十一章阐述了近代上海城市规划的法律移植及本土化问题。最后是尾声部分,得出结论与建议。

关键词:城市规划 法制史 上海

2040

**清代丧葬法律与习俗:以《大清律例》的规定为主要依据** / 刘冰雪著 ; 刘广安指导. -- 中国政法大学, 2009. -- 148 页

论文采用史学与法学相结合的研究方法,通过考察清代民间社会的丧葬习俗、清代法律对丧葬习俗的规制,对清代法律与丧葬习俗的关系,以及传统法律与社会的互动情况进行研究。全文包括绪论、正文五章、结论三个部分。绪论主要交代研究思路、研究意义、研究现状、考察对象和研究方法;第一章概况叙述了清代法律对丧葬习俗的规范情况,对清代丧葬法律形式的变化,以及丧葬法律内容对前制的继承做了比较的分析;第二章叙述了清代停柩不葬习俗的社会状况及其法律实践,在具体法律实践中,司法手段具有一定的被动性,地方官对停柩行为也不严格依法严惩,而是普遍采用劝导及风化礼教的方式;第三章叙述了清代火葬习俗的社会状况及其法律实践,火葬习俗在清代经历了从"合法"到"不合法"的过程,法律对火葬的规范和调整也有多种样态,中央立法、地方立法对之严格禁止;第四章叙述了盗葬习俗的概况、国法与家法族规的双重调整机制,及盗葬案件的司法实践;第五章叙述了

居丧嫁娶习俗、洗骨葬习俗的概况、法律规范及实践状况;结论部分指出,一方面,清代法律对丧葬习俗的调整,呈现出多层次、多方位的特点;另一方面,清代法律对丧葬习俗的调整和规范,基本以礼为依据,不过法律所维护的是礼的原则与精神,是有弹性的礼。

关键词:葬俗　清律　法制史

**2041**

**英国、美国社会保障立法研究:以经济转型为视角** / 刘明著 ; 曾尔恕指导. -- 中国政法大学, 2009. -- 161页

论文采用理论分析和实证研究相结合的研究方法,从经济转型的视角对英国、美国的社会保障立法变迁进行了梳理,剖析了其建立和发展的经济社会动因,归纳了其社会保障体系的基本内容和特征,论证了其社会保障制度与经济转型的互动关系和影响。全文分为绪论和三篇。绪论是开篇,阐述了问题缘起和研究方法,界定重要概念,并进行文献综述;第一篇"英国篇":梳理了英国社会保障立法的历史演进脉络,论证了英国社会保障立法和经济转型的关系;第一章回顾了英国早期济贫立法的演进过程,分析了早期济贫立法与工业革命的关系;第二章回顾了英国工业革命初期的新济贫法,分析了新济贫法与工业革命的关系;第三章探讨了英国工业化城市化完成后社会保险立法形成的原因,并归纳了社会保险立法的内容和特点;第四章阐述了英国二战后福利制度的建立、内容和特点、影响及改革;第二篇"美国篇":介绍了现代美国社会保障制度的建立和发展,剖析了其建立和发展的动因,并归纳了美国社会保障制度的基本特点;第五章介绍了现代美国社会保障制度的建立和发展;第六章分析了美国社会保障制度的建立与发展的动因;第七章归纳了美国社会保障制度的基本特点;第三篇"启示篇":阐述了中国建国后社会保障制度的发展、现状和问题,以及英国和美国社会保障立法经验对中国的启示;第八章考察了我国社会保障制度的发展、现状和问题;第九章归纳了英美社会保障制度对完善我国社会保障制度的若干启示,即社会保障促进经济转型和经济增长。

关键词:社会保障　立法　英国　美国

**2042**

**晚清对外贸易法律制度的演变与透视** / 刘育梅著 ; 张中秋指导. -- 中国政法大学, 2009. -- 172页

论文采用宏观与微观相结合,史料与理论相呼应,多学科知识相交融的方法,对晚清对外贸易制度的演变进行考察研究。全文包括绪论、正文五章、余论三部分。绪论主要说明研究对象与范围、选题宗旨与意义、学术史综述以及研究方法;第一章重点阐述晚清中国对外贸易制度由朝贡贸易制度到盛世之中的公行制度再到丧失主权下的条约体系,揭示晚清对外贸易法律制度中强者法律占先,弱者屈从强者的演变过程;第二章阐述作为对外贸易法律制度中的重要组成部分——海关制度;第三章阐述对外贸易的其他方面法律制度,包括贸易金融的法律制度、运输保险法律制度以及买办制度的变迁;第四章阐述在对外贸易纠纷解决机制的演变中政府与民间的解决模式以及各利益主体的博弈与妥协,在此过程中,中国近代司法制度受到了西方制度的冲击;第五章从结构间(法律、政治、经济的关系)与结构内(对外贸易法律制度同中国经济法律传统的关系)透视在中西方不同的法律文化背景下,晚清对外贸易制度的特点与实质,以及折射出的中华文明的内核;余论部分总结晚清对外贸易法律制度演变的原则及其对现今的借鉴作用,在全球化的今天中国如何提高自身实力来实现平等贸易,使得贸易法律制度趋向贸易双方的共赢,最终在本土的基础上良性地移植外来准则。

关键词:对外贸易　贸易法　法制史　清后期

**2043**

**论早期罗马法中的形式主义** / 马海峰著 ; 王云霞指导. -- 中国人民大学, 2009. -- 151页

论文采用历史研究的方法,对早期罗马法中的形式主义进行深入研究。全文共分六个部分。第一部分绪论,说明选题原因及意义,并交代了研究思路和研究方法;第二部分首先界定基本概念,阐明形式主义的定义,其次说明了形式主义在罗马法中的表现,有公法和私法两个方面,最后,对涉及的几种重要形式——曼兮帕蓄、拟讼弃权和要式口约做分析;第三部分主要集中于对形式的基本构成要素的分析,在分析这些要素的基础上,对罗马法形式主义的特点做了总结,罗马法形式主义所具有的三个主要特征——单务性,高效性和确定性;第四部分以前面的研究为基础,对形式主义的功用和弊端进行了分析。形式主义具有五大功用:公示功用、定纷止争、明确表意、保障自由、美学功用。形式主义主要有三大弊端:严苛性、不便性和高成本;第五部分追本溯源,对形式主义的

形成、发展存续和衰落及其原因做了探析。在形式主义的形成过程中,社会生活的需要是法律制度,是形式主义产生的直接动因,战争对它的产生起了"催化剂"的作用。在形式主义的衰落中,经济制度的变化是一个主要因素。第六部分是结语,形式主义的法律体系是早期的罗马法之所以为城邦法的重要表现之一,它的多重功能及历史演变表明:即使在现代社会,它仍然有用武之地。

关键词:罗马法　形式主义　宗教　法制史

**2044**

**清代的故意杀人罪** / 闵冬芳著 ; 赵晓耕指导. -- 中国人民大学, 2009. -- 232 页

论文采用历史研究的研究方法,对清代的故意杀人罪进行研究。全文共分五章。第一章清代法律中的谋杀,对清代的谋杀概念以及清律中关于共同谋杀的首犯和从犯如何认定进行了初步的探讨;第二章清代法律中的故杀,"故杀"是清律中的两种主要的故意杀人类型之一。对清代故杀的概念以及清代法律规定的以故杀论的几种情形进行了探讨;第三章恶性杀人——"不道","不道"是清律总则《名例律》中规定的十组最严重的犯罪——"十恶"之一,对清律中的"不道"、其中各具体罪名的渊源以及各具体犯罪的处罚及其变化进行了初步研究;第四章清代故意杀人的几种特殊情形,所谓故意杀人,包括谋杀和故杀两种杀人类型。所谓故意杀人的几种特殊情形,指清代条例对故意杀害特点受害人即未成年人的规定、清代法律和司法实践中对自杀参与和同意杀人的规定和认定以及清律"谋杀人"条中对图财害命的规定;第五章清律中的正当防卫杀人,因正当防卫而杀人即可能是过失杀人,也可能是故意杀人。论文的正当防卫杀人包括以下三种情形:一、夜间防卫而杀人,第二,清律"杀死奸夫"条以及"罪人拒捕"条所附条例对受害人本人及其不同服制的亲属等拒奸杀人的规定,第三,清律"父祖被殴"条以及所附条例对子孙等防卫父祖而杀人、基于义愤而杀人以及为父祖等报仇杀人的规定。

关键词:故意伤人罪　刑事犯罪　刑法　法制史　清代

**2045**

**南京国民政府的国事罪立法研究** / 穆伯祥著 ; 郝铁川指导. -- 华东政法大学, 2009. -- 204 页

论文采用历史考证和文献分析的研究方法,对南京国民政府的国事罪立法进行研究。全文共分九部分。第一部分导言,阐述研究意义、研究内容、研究方法和相关概念的界定;第二部分介绍南京国民政府国事罪立法的历史渊源,清末《大清新刑律》中的国事罪制度以及北京国民政府时期的国事罪制度为南京国民政府的国事罪立法提供了立法经验与文本基础;第三部介绍南京国民政府国事罪立法的历史演进,介绍南京国民政府国事罪立法继承了北京国民政府时期国事罪立法的二元模式,其国事罪制度体系由刑法典中的国事罪制度以及国事罪特别法组成;第四部分研究南京国民政府国事罪制度的制度机关与立法程序,刑法典中国事罪制度的制度机构是单一的,经历了由南京国民政府"司法部"到"立法院"的转变,南京国民政府的国事罪特别立法机构是多元的,立法程序与审议规则逐步规范化、体系化;第五部分介绍南京国民政府国事罪制度的效力范围,国事罪制度地域效力随着1935年刑法典的产生受到了限制,其适用主体不含国家元首、享有外交特权、豁免权的外交官,国事罪特别法的适用主体既有普通主体也含特定主体;第六部分介绍南京国民政府刑法典中的国事罪制度,1928年刑法典和1935年刑法典中的国事罪罪名体系由内乱罪、外患罪和妨害国交罪构成;第七部分介绍南京国民政府的国事罪特别法,南京国民政府成立后至抗战前夕,公布了多部国事罪特别法,都是刑法典中内乱罪和外患罪的特别法;第八部分介绍南京国民政府的国事罪制度适用,南京国民政府创制了《暂行反革命治罪法》、《危害民国紧急治罪法》、《共产党人自首法》等镇压政治异己和进步力量的国事罪制度,这些立法脱离了民主和法治的轨道;第九章南京国民政府的国事罪立法的启示,其制定对于维护政权与国家利益是必要的,性质与体系由其政权性质决定的。

关键词:法制史　危害国家安全罪　刑法　国民政府

**2046**

**比较法视野下的民事公益诉讼:兼论我国民事公益诉讼制度的建构** / 潘申明著 ; 何勤华指导. -- 华东政法大学, 2009. -- 410 页

论文采用比较研究和实证分析相结合的研究方法,对比较法视野下的民事公益诉讼进行研究。全文分导言、主体三篇和结语。导言部分主要阐述了问题的产生与选题的意义、国内研究状况与文献综述、研究方法、论文框架与主要内容、论文创新与突出贡献。

第一篇“民事公益诉讼基本范涛研究”共三章。第一章是民事公益诉讼概论,主要解决什么是民事公益诉讼、确立民事公益诉讼会对传统理论带来怎样的冲击;第二章公共利益界定民事公益诉讼案件范围,对公共利益进行分析和界定,跳出诉讼来看公益诉讼案件防卫;第三章比较法视野下的公益诉讼代表人及其起诉模式,公益诉讼代表人就是能够代表公益出席法庭,维护公益的人;第二篇比较法视野下的民事公益诉讼制度比较,主要是对世界范围内典型的民事公益诉讼制度进行比较研究,共五章。第四章域外多数人纷争解决程序对公共利益的维护;第五章域外公民提起之民事公益诉讼,以示范诉讼和美国公民诉讼为典型展开述评;第六章域外公益团体提起之民事公益诉讼;第七章域外行政机关提起之民事公益诉讼;第八章域外检察机关参与民事公益诉讼;第三篇我国民事公益诉讼制度的建设,共三章。第九章我国民事公益诉讼的现行立法与司法实践,主要是对我国现行立法中的民事公益诉讼制度进行整体介绍,并进行了整理、分析;第十章我国民事公益诉讼制度的建构之一:现行制度的完善;第十一章我国民事公益诉讼制度的建构之二:新制度的创建。

关键词:民事诉讼法　制度建设　立法

**2047**

**近代以来我国流失文物的返还及其相关法律问题的探讨** / 彭蕾著 ; 王云霞指导. -- 中国人民大学, 2009. -- 146 页

论文采用比较研究和实证分析相结合的研究方法,对近代以来我国流失文物的返还及其相关法律问题进行研究。全文包括导论、正文四章和结论三大部分。导论部分介绍研究缘起、选题意义、基本概念、国内外研究现状、研究方法和创新之处等,并说明叙述内容之间的逻辑关系。第一章回顾近代以来我国文物流失的历史;第二章分析与文物流失及返还问题相关的法律,首先描述了国际上文物保护思想的演变和法律实践,接下来依次介绍了几个主要国际公约的内容和制定背景,并分析其进步性和存在的缺陷及产生的影响,然后,介绍我国和其他国家关于禁止文物非法进出境的法律法规,指出文物非法流转是一个国际性的普遍问题;第三章梳理目前文物返还的国内外法律实践,辑选了一些国际上和国内追索流失文物的典型案例,通过上述案例的介绍和分析,得到的经验教训;第四章对我国近代以来文物流失问题的反思与展望,首先总结了我国促进流失文物返还财物的主要方式,包括市场回顾、友人捐赠和政府追讨三种;接下来,论述了目前我国促进流失文物返还所面临的种种困难;最后,对我国的文物返还工作提出了一些建议。作者认为,增强与国际社会的合作,完善我国相关法律法规和制度架构,摒除返还工作中的错误思想,将使我国流失文物返还工作一步一步走向成功。

关键词:历史文物　文物保护　行政法

**2048**

**令状制度研究** / 屈文生著 ; 何勤华,李秀清指导. -- 华东政法大学, 2009. -- 319 页

论文采用考证分析的研究方法,在各西方法学大家论证的基础上,对令状的概念及其沿革、令状的起源及嬗变、令状的分类、行政令状的司法化、令状与程式诉讼的交互关系、人身保护令状的历史与现状以及令状的制度作用与历史价值进行研究。全文共分八部分。第一部分导论,阐述研究对象,研究目的和研究方法,并介绍了国内外研究状况;第二部分令状发展的法律背景——1873 年前英国法院体系概况,讨论令状在诞生、发展直至废除等时期所处的法院体系背景;第三部分记叙了令状的概念、起源及主要发展时期;第四部分为令状的分类,论述了令状主要分为行政令状和司法化令状,也常分为权利令状和非常令状;第五部分为令状的司法化及中央集权的实现,论述了亨利二世法律改革与令状的司法化;第六部分为司法化令状与程式诉讼,认为一国的程序制度或者属于有严格诉讼形式的程序制度,或者属于无严格诉讼形式的程序制度;第七部分为人身保护令状,论证了人身保护令状的概念、起源与嬗变;第八部分为令状的历史价值,认为令状制度对程序法的形成具有积极意义,它要求特定的诉讼形式和正当的诉讼程序,强调程序的重要性,对程序法的发展特别是程序先于权利的观念形成具有一定的积极意义。

关键词:法制史　英美法系　诉讼制度

**2049**

**南京国民政府民事诉讼法研究** / 孙加锋著 ; 王立民指导. -- 华东政法大学, 2009. -- 156 页

论文采用史论结合和比较研究的研究方法,围绕南京国民政府的三部民事诉讼法典,对南京国民政府民事诉讼法进行研究。全文包括绪论,正文七章和结语。第一章对南京国民政府之前的中国近代民事诉

讼发展历程回顾，首先，考察了清末修律运动中的民事诉讼立法；其次，对民国初期民事诉讼立法的艰难探索做了简要的梳理；第二章梳理了南京国民政府时期民事诉讼法学的发展，并分析了其对民事诉讼立法的贡献；第三章是南京国民政府民事诉讼立法概述，首先，肯定了南京国民政府对《民事诉讼条例》、《民事诉讼律》批判继承的成功经验，其次，梳理并解读了三部《中华民国民事诉讼法》立法背景、立法过程和修订原因；最后，分析每一部《民事诉讼法》；第四章对南京国民政府民事诉讼立法中的特别法进行研究，对《民事调解法》制度的背景、过程、主要内容以及其归宿进行了较为完整的论述；第五章选取了具有前后承继关系的南京国民政府第一部民事诉讼法，与原北洋政府的《民事诉讼条例》进行了分析和比较，通过比较，可以更清晰地了解南京国民政府民事诉讼法价值取向、立法技术和立法的主要内容；第六章考察了南京国民政府民事诉讼法实施的具体概况，不仅对民事诉讼法实施的实际效果进行评估，而且伸展到对整个司法体制民事诉讼的效率与民众满意度开展调查，以期对南京国民政府民事诉讼立法的实际效果做出准确判断；第七章总结了南京国民政府民事诉讼立法的主要成就和缺陷；结语介绍了 1949 年后南京国民政府民事诉讼法在我国台湾地区的延续和发展。

关键词：民事诉讼法　法制史　民国

**2050**

**实践中的行政诉讼：一项法律社会学的考察** / 汪庆华著 ; 贺卫方指导. -- 北京大学, 2009. -- 184 页

论文采用社会调查和实证分析相结合的研究方法，对实践中的中国行政诉讼的结构与功能进行研究。全文包括导论、正文四章和结论三大部分。导论介绍研究对象、材料方法与理论思路，并指出论文的内容结构安排；第一章和第二章从历史、组织和功能的角度对中国行政诉讼的性质予以解释，提出了中国行政诉讼是多中心主义司法下的选择性司法和嵌入式司法。在有关信访、行政复议和行政诉讼等行政争议解决机制的比较分析中，阐明了中国行政争议解决的信访化趋势，并提出了走出这种困境的办法；第三章和第四章的分析是关系化的、事件—过程的和行动者视角的，第三章讨论的是群体性行政争议中精英对待法律的态度，他们的行动策略，村庄动员的技术，以及行政诉讼的非司法解决的功能；行政诉讼中的乡土法律人是第四章的核心内容，这部分的讨论集中在对农民律师的"周广立现象"的分析之上，与中华帝国时代的讼师相比，周广立们既有包揽词讼的一面，又有迎法入乡，信法不信访、沟通政府与民众的一面；结论部分总结了实践中的行政诉讼的多重面孔和悖论，并展望了中国行政诉讼和中国法治的未来。

关键词：行政诉讼　诉讼制度　法律社会学

**2051**

**汉代家庭法研究** / 王辉著 ; 徐世虹指导. -- 中国政法大学, 2009. -- 140 页

论文采用史学与法学相结合的研究法，以汉代家庭法为研究对象，通过汉律中调整家庭关系的条文和汉代家庭关系实态的考察，归纳出汉代家庭法的立法宗旨和时代特点。全文共分四部分。第一部分是对汉及汉以前的家庭法进行回顾，首先简要回顾汉以前的家庭法状况，再从汉代家庭法的渊源和理念入手，对汉代家庭法的基本状况进行梳理；第二部分是对汉代家庭法的重要概念——"同居"的含义进行考订，还通过"坐隶，隶不坐户"律法的考释，揭示了主奴法律地位的真实状况；第三部分是对调整汉代家庭关系的刑事法律规范进行探讨，探讨了汉代家庭犯罪及其刑罚、家庭成员间的刑事连带责任、子女对父母的告发权与诉权等问题。其中，家庭犯罪及其刑罚方面，重点论述了"不孝"罪是否包括告发父母和杀害父母行为，家庭成员间的刑事连带责任方面，阐述了减免家庭成员连带责任的条件与途径；第四部分是对调整汉代家庭关系的民事法律规范进行考察，涉及了汉初法律所认定的非法婚姻类型、汉代妻子的财产权、妾和赘婿的地位、家庭成员继承权益的差异及其原因等问题。论文一方面，总结汉代家庭法的立法宗旨为：要求家庭关系服从国家政治利益、维护家庭的和谐稳定、规范家庭内部的尊卑秩序；另一方面，归纳出汉代家庭法与唐代家庭法相比的时代特点。

关键词：法制史　婚姻法　家庭　汉代

**2052**

**道教与中国传统法律文化** / 王谋寅著 ; 崔永东指导. -- 中国政法大学, 2009. -- 114 页

论文采用历史考证和文献分析的研究方法，以中国古代最具影响力的本土宗教——道教为线索来展开分析，主旨在于论述道教对于中国传统法律文化的影响。全文包括导言，正文五章和结语三大部分。导言介绍了研究对象、材料方法与理论思路，并指出论

文的基本思路和创新点;第一章从法律社会学的视角赋予道教戒律以“法”的性质,探讨道教戒律的历史发展、基本内容及其与国家制定法的关系;第二章论述道教对帝国立法的影响,道教的“十直斋”和“三元日”被国家法律所吸收,成为法定的禁刑时间和停审时间;第三章探讨道教与传统司法的关系,道教以“报及子孙”为核心的报应论对于传统司法的理念和实践均产生了一定的影响;中国古代的恩赦与最高统治者对道教的尊崇也有密切的联系;第四章以中国古代的习惯为切入点,透视道教在发展过程中是如何形塑普通民众的行为规则和生活秩序的,从工商业行规、契约签订惯例、择日习俗及家族法这个层面,阐述道教对于中国古代习惯法的精神、内容和形式所产生的影响;第五章考察道教劝善书在中国古代法律教育中的作用;结语部分对全文的内容进行梳理和归纳,概述道教在中国传统法律文化发展过程中的地位。

关键词:道教　法律文化　习惯法　立法　司法制度

**2053**

**明清契约格式化及其成因** / 王旭著 ; 武树臣指导. -- 北京大学, 2009. -- 265 页

论文采用了文本分析法、田野调查法、文献资料法、实证分析法、历史分析法、比较分析法、跨学科研究法等,以我国传统契约为研究对象,通过对我国历代契约形式特征的考察,对明清契约格式化及其成因进行研究。论文由绪论、正文六章和结束语等八个部分组成。绪论部分阐述了传统契约研究的沿革与现状,说明了传统契约文书沿革中的质料与形制问题,并对传统契约进行了分类讨论。第一章概述了券书阶段的契约形式特征。第二章通过对吐鲁番、敦煌出土的契约文书的考察,论述了契纸生成发展阶段的形式特征。第三章通过对敦煌、徽州等地出土的契约文书的考察,论述了契纸形式在成熟阶段的特征。第四章主要探讨了明、清两朝契约形式的固定化,分析了这一阶段契约的趋同化与要件的形式化。第五章在第四章的基础上,探讨了明清契约格式化的成因,着重分析了传统社会中的财产及其对传统契约的影响,进而分析了传统契约的信用体系及其影响以及传统契约存在的社会基础。第六章通过对上海道契的考察,分析了传统契约的现代化转型。最后是结束语,概述全文的主要内容,并进一步阐明了研究结论与认识。

关键词:契约　格式　法制史　明清时代

**2054**

**明清徽商的诉讼研究** / 王亚军著 ; 王立民指导. -- 华东政法大学, 2009. -- 163 页

论文将明清徽商置于“重农抑商”和“无讼”的传统法律文化的背景下,以法学(法律史)的研究方法来申明明清徽商的诉讼活动;全文共分八章。第一章旨在“重农抑商”的传统法律文化背景下,分析历代统治者加强“抑商”立法的经济、政治、伦理文化的成因,审视“抑商”法律下商人社会地位的历史演变过程;第二章主要考察在明清时期,国家立法重归“重农抑商”的传统下,徽商之所以迅速崛起的法文化因素;第三章探讨了在官方主流意识一再颂扬“无颂”的价值观下,因徽州地区社会价值观念的转变、民众法律意识的提高、宗族势力的大力支持、徽商群体的介入和讼师的教唆等诸多因素,徽州出现“好讼”之风;第四章进一步分析了作为身处四民之末的特殊社会群体——徽商,敢于“好讼”的深层原因;第五章和第六章具体介绍和分析徽商的各类诉讼活动,第五章主要介绍诉讼当事人处于平等法律地位的诉讼,徽商凭借雄厚的财力,屡屡涉讼不止;第六章主要介绍徽商与官之间引发的法律地位不平等的诉讼;第七章分析徽商不仅面对远途跋涉之劳、风餐露宿之苦、惊涛骇浪之险的“天灾”,还有面对众多诉讼缠身的“人祸”;第八章运用中西比较的方法,回顾了西方商人的发展历史,从宏观上比较中世纪商人和徽商两者诉讼存在的巨大差异,分析徽商和中世纪商人注定不同命运的法律根源。

关键词:徽商　诉讼　法制史　明清时代

**2055**

**元代法定刑考辨** / 徐昱春著 ; 曾代伟指导. -- 西南政法大学, 2009. -- 158 页

论文采用历史的研究方法,对元代法定刑进行研究。全文共分九部分。第一部分绪论,阐述研究意义、研究内容和研究框架;第二部分首先介绍了元代刑制立法的最初渊源:蒙昧时期的“约孙”,其次,介绍了其最高渊源:觉醒时期的“札撒”,然后介绍了其主要渊源:开化时期的汉法,最后,介绍了其他影响因素;第三部分首先对五刑进行简要说明,再次介绍“五刑”之前的蒙古族刑罚,然后,阐述元代统治者入主中原之初对宋、金刑制进行变通的过渡五刑,最后,研究至元八年禁行金律以后形成的新五刑制度;第四部分首先对古代死刑简单说明,其次对元代基本死刑制度考辨,然后阐述元代其他法定死刑执行方法,最后,介

绍"法酒"与踢死制度;第五章首先介绍元代以前流刑的演变,其次介绍元代初期"循用金律"废弃流刑,然后介绍定型以后的元代流刑,最后研究元代流刑制度的特色;第六部分首先介绍历代徒刑的演变与发展,其次介绍元代徒刑源流考,然后说明元代徒刑制度的演变和元代徒刑等考辨,最后对元代徒刑与耻辱关系进行考辨;第七章首先介绍元代"笞""杖"刑源流考,其次介绍元代十一等笞、杖刑制度的确定,然后介绍元代笞杖刑制以七为尾数之源流,最后说明元代以十为成数的笞、杖刑考;第八章首先说明赎刑的变迁,其次介绍元代赎刑的形成,最后介绍元代赎刑的制度和实施;第九章研究元代法定性的特点和分析其形成原因。

关键词:刑罚　法制史　元代

**2056**

**清代物权法研究** / 许光县著 ; 张晋藩指导. -- 中国政法大学, 2009. -- 117 页

论文采用历史考证的研究方法,对中国古代清代物权法进行研究。全文包括导论,正文五章和结语。导论部分包括对相关研究的学术回顾、选题意义、研究范围、材料的使用以及研究所采取的基本方法等方面的内容;第一章阐述清代物权立法的历史进程,指出入关后的顺治年间到乾隆初年为物权法的创立和发展阶段,乾隆五年到光绪初年,为物权法的完善和定型阶段,光绪二十六年到清朝灭亡,为物权法的近代化变革阶段;第二章清代所有权,清代物权法以调整物的所有权为中心,国家土地所有权、团体土地所有权、私人土地所有权在清代物权法中得到了严格区分;房屋的所有权转移也靠红契和契尾制度来调整;第三章清代他物权,典权、永佃权、质押权和抵押权,是清代物权法承认和保护的几种有代表性的他物权;第四章清代物权的法律保护,清代物权法对于自物权和他物权的保护,主要有确认物权、排除妨碍、恢复原状、返还原物、赔偿损失等几种方式,前四种为典型的物权保护方式;第五章清代物权法的特征,主要表现为重点保护国有物权和旗人物权、限制汉族与少数民族之间的物权交易、依法保护以人口为客体的物权转移;另外,鉴于封建社会中官员地位特殊、权力极大的实际情况,清代物权法还有一大特征,即明文禁止或限制官员参与某些物权交易。

关键词:物权法　法制史　清代

**2057**

**证券法制演进比较研究:以中韩投资者保护制度为中心** / 许祥洙著 ; 张培田指导. -- 西南政法大学, 2009. -- 182 页

论文采用案例分析法和比较分析法,从总体上考察中韩两国证券法制的演变,尤其以投资者保护制度为中心,具体比较和分析在证券法上具有悠久历史的美国、日本、英国等发达国家的立法案例,分析和比较了中韩两国证券法的规定和相关制度,对证券法制进行了比较研究。全文共分五章。第一章绪论,说明研究目的、研究范围和研究方法;第二章介绍了中国《证券法》的制定、修改,以及韩国旧《证券交易法》的制定、修改、废止过程,对韩国 2009 年开始执行的《资本市场整合法》的制定背景及其内容进行介绍,从而比较中韩两国在资本市场和金融投资法律之间存在的不同点;第三章以美国和日本关于证券立法动向为主线,介绍世界范围内旨在保护投资者的相关制度;第四章介绍有关证券交易中保护投资者的四项制度:即禁止内幕交易制度、市场操纵行为的管制、投资建议的管制、证券集体诉讼制度,并在此基础上比较中韩两国的投资者保护制度;分析介绍了内幕交易的管制依据,各国的相关立法事例,讨论了对市场操纵行为进行管制的规范依据,介绍了国外的立法事例,并在此基础上,分析并比较中韩两国关于市场操纵行为的类型、规范内容,以适当性原则和说明义务为中心,分析了外国立法事例及中韩两国的投资建议规范制度内容,探讨中韩两国证券集体诉讼制度的改善方案;第五章结论部分,总结了中韩两国证券法律制度的比较研究的内容,在此基础上归纳了中韩两国证券法的不足之处,提出中韩两国今后进行证券法修订的改进和完善方案。

关键词:证券法　法制史　比较法学　中国　韩国

**2058**

**法制变迁的痕迹:以清末民初法律文书为考察对象** / 杨鸿雁著 ; 赵晓耕指导. -- 中国人民大学, 2009. -- 235 页

论文采用了文本分析法、文献资料法、实证分析法、历史分析法和比较分析法等,以清末民初法律文书为研究对象,从司法层面,对清末民初我国的法制变革进行考察与研究。论文共分导论、正文五章和结语等部分。导论部分介绍了选题依据,结合国内外相关研究现状的综述,对重要概念进行界定,并对资料

来源与研究方法做了说明。第一章主要对我国不同历史时期法律文书的发展状况做了简要梳理。第二章主要从实体文书、程序文书及裁判文集名称等三个方面具体考察了清末民初判决书取代判词、决定书取代批词、裁判大全取代判牍等三个层面法律文书名称上的变化。第三章在概述清末以前文书格式的基础上,主要考察了清末民初法律文书格式上的变化。第四章主要从判决文书的制作主体来研究法制变迁,具体从判词与判决书两方面考察了它们各自的责任主体、效力来源与实际制作者的变化。第五章则主要从“情”“理”的淡出与“法”的地位的提升两方面探讨了其清末民初司法裁判依据的变化,并指出了这一时期西方法律观念与制度在我国深层次的渗透与扩张及其对我国法律近代化的影响。最后是结语部分,总结全文的主要内容,归纳出研究结论。

关键词:法律文书　法制史　清后期　民国

**2059**

**中国丧服服叙制度研究** / 杨辉著 ; 徐永康指导. -- 华东政法大学, 2009. -- 233 页

论文采用史学和法学相结合的研究方法,希望通过对丧服制度的研究,对传统法律从另一视角进程有深度的思考。全文共分四章。第一章《明会典》的规定,明会典中首次以服图的形式对服制有一个全面、详尽的介绍,因此论文以《明会典》对叙制度的介绍作为切入点;第二章制度服叙的原则,根据儒家“内外有别”“长幼有序”“男尊女卑”“缘情立制”等思想理念对服叙制度之原则进行概括;第三章服叙制度之滥觞,以清阮元刻《十三经注疏》中之《仪礼丧服》篇为本,对先秦服制进行研究与整理;第四章与服叙相关之法律,对传统法律中服制相关联者进行研究。论文研究结论为:丧服制度成为传统法律中不可缺少的组成部分,凡欲很好地理解中国传统法律之精髓者,于丧服制度不可不知;论文首次将儒家“爱有等差”观念引入丧服服叙制度进行研究,首创“水波纹同心圆”模式是以假象中的丧礼参加者为“水波纹同心圆”之中心,根据丧礼参加者与死者之间亲属关系之远近计算为其所服之丧,能更利于现代人理解丧服服叙这一古老制度;论文基于《明公书判清明集》中继承案例之研究,对宋朝继承制度中之女性基础权的规定提出新的观点;研究了无子立嗣及户绝之家之女的继承权。

关键词:葬礼　葬俗　服饰　制度　法制史

**2060**

**美国专利法史研究** / 杨利华著 ; 叶秋华指导. -- 中国人民大学, 2009. -- 171 页

论文采用理论分析和实证分析的研究方法,对美国专利法的产生发展缘起、主要内容、对社会经济的影响进行深入研究。全文共分七部分。第一部分导言,主要介绍研究缘起、国内外研究状况、研究思路和主要创新,同时,对作为美国专利法历史背景的世界主要国家专利法发展概况进行了分析;第二部分美国专利法形成的历史基础研究,主要探讨作为美国专利法历史基础的北美殖民地时期的专利制度和独立后各州的专利制度;第三部分美国专利法的产生——1790 年美国专利法研究,主要探讨以美国宪法专利条款为依据、以 1790 年专利法为代表的美国专利法的初创历史;第四部分美国专利法的发展——1793 年专利法研究,探讨了 1793 年专利法的制定背景与过程、主要内容与制度、实施状况与影响;第五部分具有现代意义的美国专利法的诞生——1893 年专利法研究,专门研究美国专利法历史上具有里程碑意义的 1836 年专利法;第六部分美国专利法的完善及其当代变革研究,探讨 1836 年专利法以后,美国专利法随着社会经济、科学技术与法律文化的发展而不断发展的轨迹;第七部分美国专利法历史发展的特点及其对我国专利法发展的借鉴意义,是作者对美国专利法发展过程中的特点和规律的总结,以及关于美国专利法历史经验对我国专利法发展借鉴作用的思考。论文研究结论是:专利是一种法律保障的技术市场权益,科学而合理的专利保护制度,可以激发发明人的创造热情,促进技术进步;

关键词:专利法　法制史　美国

**2061**

**近代中国城市江湖社会纠纷解决模式研究:聚焦于汉口码头的考察** / 易江波著 ; 范忠信指导. -- 中南财经政法大学, 2009. -- 226 页

论文将“区域社会史”研究与“底层视野中的法律史”相结合,对近代中国江湖社会解纷模式的一个“城市区域法制史”范畴进行研究。全文共分六部分。第一部分导论,阐述要解决的问题、基本概念、综述相关学术史、释明材料与方法;第二部分关于近代汉口码头江湖社会及其纠纷。与生计的紧密联系以及暴力因素的频繁作用,或者说生计属性与暴力趋向,是江湖社会纠纷从日常图景中显现的主要特征,以纠纷主

体论，帮与帮之间即不同的江湖组织之间的群体性纠纷最为常见、社会影响亦大；第三部分关于江湖社会纠纷解决的主体，其特征是形成了以“帮”为基本组织形态的多元化局面。“帮董”“会首”“头佬”“代表”是主导汉口码头江湖纠纷进程的江湖社会内部力量，各种基层国家力量也是被江湖社会借助的解纷力量；第四部分关于江湖社会纠纷解决的途径与手段，其特征是形成了一系列能够在暴力解纷倾向中寻求和平的底层的“民主协商”与“公共参与”机制；第五部分关于江湖社会纠纷解决的规则依据，其特征是形成了一个以“业”为核心的、“习惯”“帮规”与国家法相互渗透、相互磨合的“交织的法网”格局；第六部分结论：“封建”标签下的“帮权”解纷模式与本土自治资源。论文研究结论是：以“帮”的权力与权威的具体运作为其内在机理的解纷模式；近代中国城市江湖社会解纷模式中蕴涵这本土自治资源；目前的标签化的“封建”概念的运用方式，是阻碍全面、深入认识中国法律传统、中国传统文化的一个因素。

关键词：帮会　纠纷　法制史

**2062**

**新中国民法法典化历史考察** / 易清著 ; 赵晓耕指导. -- 中国人民大学, 2009. -- 148 页

论文应用理论分析和实证研究的研究方法，对新中国民法法典化历史进行考察研究。全文共分六部分。第一部分导论，阐述研究意义、研究状况、文献运用和研究方法，并界定了基本概念和研究范围，勾勒了基本框架；第二部分民法法典化的滥觞，介绍了民法与法典化、近代中国三次民法典起草与“中国化”问题和根据地的民事规范；第三部分民法法典化的初启与反复，包括废除“旧法”与民法的转型、社会主义民法的艰难探索、两次民法法典化；第四部分民法法典化的必要与可能，主要有改革开放与民法典立法的恢复、民法相关问题的初步探索、由起草民法典到颁布《民法通则》，第三次民法法典化历时两年半，共草拟了四个民法典草案，最后因“民事立法缺乏成熟经验，一时难以制定一部完善的法典”结束；第五部分民法法典化的理想与实现、其主要内容：第四次民法法典化的兴起、学界的争鸣与探索、民法法典化的步伐；第六部分结语，基于历时考察的前提，提出关于新中国民法法典的几点思考：“零售”兼“批发”、“宜粗不宜细”、从传统中寻找力量、法学家的作用。论文研究结论是：《合同法》从《经济合同法》、《涉外经济合同法》、《技术合同法》三足鼎立之势走向统一，成为民法典的先声；《物权法》的制度历经 13 年 7 审，其通过成为民法典制度的关键。

关键词：民法　法典

**2063**

**论我国银行法体系的演进：兼论银行公法与银行私法的有关问题** / 虞瑾著 ; 徐永康指导. -- 华东政法大学, 2009. -- 327 页

论文采用了文献资料研究法、比较分析法、制度分析法以及实证分析与规范分析相结合、历史与现实相结合的研究方法等，以我国银行法体系的演进为研究对象，对清末以来我国银行法的主要立法成果以及银行公法与银行私法体系的形成与发展进行研究，并在此基础上提出完善我国当前银行法及相关体系的建议。论文共分绪论和八章正文。绪论部分介绍选题缘由和研究意义，结合现有研究成果的综述，说明了论文的主要观点、创新之处及特点。第一章主要介绍了我国不同时期银行业的分类以及我国银行法律的体系分类。第二章介绍了清末银行法律产生的影响因素、历程和主要立法成果，并考察了清末银行业的发展状况。第三章介绍了民国初年我国银行法的演进历程和主要立法成果，并考察了民国初年银行业的发展。第四章主要讨论了 1927 年南京国民政府成立以后，我国银行法律体系的进一步发展。第五章介绍了 1949 年之后我国银行法的发展成果。第六章结合当今银行业和银行法面临的国际与国内环境，阐述了我国银行法律体系完善的必要性。第七章论述了以中央银行法律制度为核心的银行公法完善的相关问题。第八章论述了以商业银行法律制度为核心的银行私法完善的相关问题。

关键词：银行法　法律体系　公法　私法

**2064**

**清代契约法制研究** / 袁家超著 ; 张晋藩指导. -- 中国政法大学, 2009. -- 137 页

论文采用历史考证的研究方法，立足于清代契约法规和契约实践的现实，描述法律对契约规制的现实图景，展现清代契约法制的真实面貌，勾勒出清代契约法律规制体系。全文包括导论，正文五章和结语。导论部分主要是对相关研究的学术回顾、本选题的意义、研究的范围、材料的使用以及研究所采取的基本方法等方面的内容；第一章以契约的格式变化为重点，回顾了中国古代契约的源流；以法律规范的丰富

变化为侧重,描述了中国传统契约法制的基本面貌;以清代契约法制的发展脉络为主线,俯瞰了清代契约法制的基本图景;第二章以清代中央制定法中的契约法律规范为主要内容,对中央制定中有关契约的法律规范进行了认真梳理;第三章以清代地方法规中的契约法律规范为主要内容,回顾了古代地方立法的沿革,描述了清代地方立法的基本情况;第四章以清代习惯法对契约的规制为主要内容,对清代习惯法的基本表现形式进行了概述,对清代习惯法与国家制定法在契约规制中的关系进行了探讨,总结出二者之间一致互补、互动冲突和融合发展的相互关系;第五章以清代契约纠纷的解决为主要内容,重要考察了契约纠纷以调出息讼为先的原则、对契约作为证据的采信态度、司法审判中法律的运用和法情理相结合的裁判特点;结语对清代中央制定法、地方法规、习惯法和纠纷解决等不同层面对契约的规制情况进行了归纳总结,对不同层面的规则特点及其相互之间的关系进行了归纳梳理。

关键词:契约法　习惯法　清代

**2065**

**上海英租界巡捕房及其制度研究(1854—1863)** / 张彬著 ; 王立民指导. -- 华东政法大学, 2009. -- 173页

论文采用史学与法学相结合的研究方法,以1854年至1863年间的上海英租界巡捕房及其制度为研究对象,主要探讨上海英租界巡捕房最初近十年间的制度沿革及运作情况。全文包括导论,正文五章和结语三部分。导论部分对研究范围进行说明,介绍相关领域的研究现状,略述主要史料;第一章对上海英租界巡捕房产生的历史背景,包括巡捕房的制度渊源及催生巡捕房的时局背景,进行论述;第二章探讨上海英租界巡捕房的外部关系,即在制度上,租借中的那些机构可对巡捕房施加影响,以及这些机构之间的相互关系;第三章重点介绍巡捕房的内部制度,主要涉及巡捕房的运作理念,即其立警原则,以及巡捕房的各项内部管理制度;第四章是对上海英租界巡捕房的职权及其行使职权的活动进行论述,巡捕房的职权庞杂,其中最重要的是对付犯罪,即犯罪控制职权;第五章论述了几个与上海英租界巡捕房及其制度相关的问题,第一,上海英租界巡捕房的存在是否具有合法性?始终都不具有法律依据。第二个问题是透过巡捕房折射出来的华洋关系问题。作者认为,巡捕房的存在,虽然客观上具有一些正面的影响,但它是列强侵略中国的产物,是上海英租界中,按照英国现代警察制度建立的,根本上是为维护西方人利益而服务的警察机构。

关键词:租界　英国　巡捕房　工部局　上海

**2066**

**冤抑与诉讼:清代上控制度研究** / 张翅著 ; 张晋藩指导. -- 中国政法大学, 2009. -- 151页

论文采用史学和法学相结合的研究方法,对中国古代清代的冤抑和诉讼进行研究。全文包括导论,正文四章和余论三部分。导论阐述了研究问题、研究资料与方法和研究目标,界定了关键术语,并进行学术回顾;第一章背景:冤抑的解决之道与上控制度的历史演进,横向比较了清代社会同一时期多种冤抑解决方式,并纵向寻译了上控制度的历史演进过程;诉讼是解决冤抑的根本途径,在诸多解决冤抑的方式中,其形式效力最为明显,也最为规范,其中尤以上控最为有效;第二章启动:从无诉的理想到不同利益主体对上控制度的推动。借用"行动者"这一概念来定义位于清代诉讼网络各个节点的社会主体;第三章运行:清代上控制度的法律规定与实施。对清代上控法律规制与实施的探讨,主要围绕上控案件的提起与受理、案件的审理与裁判等方面展开,并在此基础上分析了清代上控制度作为实施程序法制的合理构造;第四章功能:作为清代社会"安全阀"的上控制度。作者认为上控制度是清代社会的"安全阀制度",其平冤、纠错、督官、预防等功能对于维持封建统治秩序起到了一定的积极作用;论文研究结论:作为清代社会化解冤抑最为重要的一项司法救济手段,作为清代司法机关自身具有的一套内部监督体系的重要组成部分,上控制度的实现,对于处于封建末期的清代社会秩序的稳定和社会矛盾的缓和发挥了重要作用。

关键词:法制史　民事诉讼　司法制度　清代

**2067**

**民国刑事特别法研究** / 张道强著 ; 徐立志指导. -- 中国社会科学院, 2009. -- 117页

论文采用了文献资料法、典型案例研究法、实证分析法、历史分析法以及比较与归纳相结合的研究方法等,以民国时期刑事特别法为研究对象,通过对民国刑事特别法的立法与司法的考察,得出较为全面合理的认识。论文分为绪论、正文四章和结语部分。绪

论部分界定了刑事特别法概念，结合刑事特别法研究的现状综述介绍了要研究的问题及资料来源。第一章主要考察民国刑事特别法的立法状况，具体考察了刑事特别法的分类、立法机关与立法程序，并从多角度对刑事特别法的特点做了分析。第二章主要考察了刑事特别法的适用机关与司法实践，结合典型案例的案情、审判过程与结果的实证考察与分析，进而综合各种案例归纳出刑事特别法在适用中国存在的主要问题，并对刑事特别法在司法中的实际运作情况做出基本判断。第三章探讨了刑事特别法与法典的关系，厘清了两者之间内在的联系与区别，着重讨论了刑事特别法与判例、解释例的关系，并分析了判例、解释例对刑事特别法的补充和优化作用。第四章主要考察了民国刑事特别法在当时社会中的作用，并对其在我国刑法近代化过程中的地位与作用进行了探讨。结语部分归纳总结了论文研究的主要问题，阐明研究结论。

关键词：刑法　立法　法律适用　民国

**2068**

**清代中期重庆的商业规则与秩序：以巴县档案为中心的研究** / 张渝著 ; 俞荣根指导. -- 西南政法大学, 2009. -- 144 页

论文采用了文献资料法、典型个案分析法、实证分析法、规范分析法、制度分析法等，以清代中期重庆地区的商业规则与秩序为研究对象，立足于清代巴县衙门保存的司法档案与契约文书等研究资料，对清代中期重庆地区的商事规则的发展及其变迁、地方政府与民间商业社会构建市场秩序的种种努力等问题进行探讨，并对其商业秩序进行实证研究。论文分为绪论、正文和结语部分，共六章。第一章绪论，介绍研究动机与目的，回顾了相关研究成果，并对研究的方法、资料及相关概念做了说明。第二章讨论了清朝中期重庆商业的发展概况。第三章主要对清政府商业管理制度与法律进行研究，分析了清代制定法中的商事规范以及清代中期重庆地方政府对商业活动的管理与规制。第四章主要对清代中期重庆地区的商人团体及其衍生出的商业规则进行研究，分析了行规的内容及性质，并对重庆商人团体行规展开个案研究。第五章主要对清代中期重庆商业社会中具体行业的商业规则、秩序及其发展变迁和运作进行研究。第六章主要对清代中期重庆地区的商业纠纷及其救济进行研究，在考察了商业纠纷形态的基础上，分析了民间调解、诉讼与地方官府的审理活动。最后是结语部分，归纳出研究结论。

关键词：法制史　商业活动　商务规则　商事纠纷　重庆　清代

**2069**

**景颇族纠纷解决机制研究** / 赵天宝著 ; 陈金全指导. -- 西南政法大学, 2009. -- 170 页

论文采用社会调查的研究方法，以景颇族纠纷解决机制为考察对象，对近代景颇族聚居区的法秩序进行研究。全文共分七部分。第一部分绪论，介绍了研究缘起及选题意义、相关研究综述、材料和方法、概念及时空界定；第二部分为景颇族纠纷解决机制的生成环境，通过对景颇族文明发展史的追溯，总结了近代景颇族纠纷解决机制形成的主客观条件；第三部分为景颇族纠纷解决机制的内容，指出景颇族纠纷解纷方式分为：讲事、审判和拉事；第四部分为景颇族纠纷解决机制的运行（上），以婚姻及性关系纠纷为例，探讨景颇族解纷机制的运行状况；第五部分为景颇族纠纷解决机制的运行（下），以人命纠纷和偷盗纠纷为例，展示了景颇族纠纷解决机制的运行状况；第六部分为景颇族纠纷解决机制的特征，作者认为，景颇族解纷机制在景颇族社会自发形成，具有多元性、原始民主性、民族地域性、恢复性和神意性特征；第七部分为景颇族解纷机制的价值，以法文化和法社会学为视角，认为景颇族解纷机制主要有三大价值：映现法起源的线索、促进社会和谐和传承民族法文化；最后为余论，通过对景颇族纠纷解决机制的生成环境、内容、运行和特征的考察和分析，得出“景颇族解纷机制对景颇族的社会秩序起着重要作用”的结论。

关键词：景颇族　民事纠纷　风俗习惯

**2070**

**文化与制度：藏区命价纠纷的法律分析** / 周欣宇著 ; 陈金全指导. -- 西南政法大学, 2009. -- 166 页

论文采用了文献资料法、实证分析法、案例分析法、描述性研究法以及法人类学和历史学的研究方法等，以藏区命价纠纷为研究对象，力图对藏区“赔命价”习惯法及其实践进行法律分析。全文由导论、正文和结语等部分组成，共分五章。第一章导论，介绍问题意识与问题的提出，结合研究现状回顾与文献综述，说明资料来源和研究方法。第二章阐述理论基础与支点，对国外法人类学、法社会学对法的概念和法学研究中存在的问题进行反思形成的理论以及当今

世界流行的权利理论与刑法理论进行了描述与梳理。第三章主要分析了影响藏区“赔命价”习惯法产生和发展的自然、经济和文化条件,探讨了部落及其权力结构、宗教哲学传统以及民族心理对“赔命价”习惯法的影响。第四章主要考察了藏区“赔命价”习惯法在民主改革之前的历史,并论述了历代中央政府对待藏区“赔命价”的态度。第五章论述了民主改革与“赔命价”的制度性废除过程,并通过对若干个案的考察,论述了国家法与“赔命价”习惯法的互动现状,进而分析了“赔命价”习惯法的法律功能。最后是结语部分,归纳和总结了论文的主要问题,并进一步阐明自己的认识与结论。

关键词:藏族　习惯法　死亡　赔偿　民族文化

## 宪法学与行政法学

**2071**

**合作行政法:现代公共治理的一种法律框架** / 毕洪海著 ; 罗豪才指导. -- 北京大学, 2009. -- 137 页

论文以长春亚泰足球俱乐部诉中国足球协会和长春市汇津公司诉长春市政府为案例,就合作行政自我管制和公私合伙关系两种主要的合作类型来研究合作行政法。论文共分为五部分。第一章导论部分,以长春亚泰足球俱乐部诉中国足球协会和长春市汇津公司诉长春市政府引出合作行政中自我管制和公私伙伴关系两种管理类型,指出当前回应方式存在的不足。第二章面向行政的行政法学阐述了当代公共行政从对抗到合作的转向,合作行政与合作行政发,合作行政与新行政法学,指出以公私二元划分为基础的传统行政法学体系存在的不足,探讨中国行政法学向何处去的问题。第三章公共任务与辅助性原则,分析公共任务的实现方式,以私人监狱为例探讨私人主体承担任务的界限,并以辅助性原则作为划分公私主体分担任务的参考标准。第四章自我管制,介绍国家与社会关系下的自我管制,自我管制的基本内容以及自我管制的责任性与自主性。从私人秩序的角度出发,说明自我管制存在的正当性与不足,并考察其责任性与自主性。第五章合作契约的规范框架阐述契约的类型,行政契约与民事契约,提供合作契约的规范框架,并且就合作契约的程序和实体内容进行了分析。

关键词:行政法　合作　管制

**2072**

**刑事调解制度研究** / 蔡国芹著 ; 王福华指导. -- 上海交通大学, 2009. -- 247 页

论文以刑事调解制度为研究对象,并对刑事调解制度研究提出其应然的走向。全共分为五章,绪论部分阐述选题的背景,研究的目的和重要内容,研究方法和基本思路。第一章术语与内涵:刑事调解及其相关命题,介绍刑事纠纷及其解决方式,刑事调解的基本语义和与刑事调解相区别的几个概念(包括刑事调解与刑事和解,诉辩交易,恢复司法性,社区司法之间的区别)。第二章思想与理论:刑事调解的理论基础,阐述现在刑事司法语境下刑事调解的理论支点,有无害正义理论,程序主体参与理论,刑法谦抑性理论,诉讼契约理论,刑罚个别化理论,新社会防卫理论和恢复正义理论。并且从刑事调解对法律适用平等原则,无罪推定原则,罪刑法定原则,罪行相适应原则,刑罚威慑力和司法程序法制化的影响讨论刑事调解对刑事规则正义的可能影响。第三章历史与渊源:刑事调解制度的发展考察,阐述西方国家形式调解制度的发展,我国形式调解制度的历史演进以及中西方刑事调解制度的主要差异。阐述其差异主要表现在刑事调解制度依赖的经济基础不同,刑事调解制度产生的文化背景不同,刑事调解制度的价值取向不同,刑事调解程序的运行构架不同以及刑事调解的中心内容不同。第四章实践与效果:我国刑事调解的复兴。从刑事调解制度复兴的法制动因和社会基础分析我国刑事调解复兴的背景。介绍刑事调解复兴的基本表征,包括刑事自诉案件的调解比重增加,刑事附带民事诉讼案件以调解为主以及轻微公诉讼案件调解的改革试点增多。介绍现行试点刑事调解的运行方式和程序特点,现行试点刑事调解的收益分析以及当前刑事调解面临的环境忧患。第五章理性与规制:我国刑事调解制度的应然走向,阐述社会转型时期的犯罪趋势与刑事调解机制,权利保障型刑事调解机制,权利保障型刑事调解的基本原则,权利保障型刑事调解的制度化构思以及实施刑事调解应当注意的几个问题。

关键词:刑事诉讼　调解　立法

**2073**

**我国高校学位授予行为的行政法规制** / 蔡洁著 ; 许崇德指导. -- 中国人民大学, 2009. -- 186 页

论文对我国高校学位授予行为的行政法规制进行探讨。全文共分为八章。第一章,导论。提出问

题，界定相关概念，阐述研究方法，说明相关文献的主要研究内容以及研究趋势。第二章，概述高校学位授予制度的发展现状。首先介绍世界各国学位授予制度的变迁，然后说明我国学位授予制度的变迁以及发展现状，最后说明我国高校学位授予制度的特点以及发展趋势。第三章，高校学位授予行为涉及的几种行政法律关系及其规制。首先说明国外高等学校的"法人"地位，阐述我国公立高校以及民办学校的"公法人"地位，然后说明成人教育学位授予制度的情况，最后分析我国高校和政府以及我国高校和学生的行政法律关系。第四章，我国高校学位授予行为的法律性质和特征。说明学位的维度特点，阐述高校学位授予的"权利"含义，最后介绍我国高校学位授予行为的性质、特点以及规制原则。第五章，首先阐述我国高校校规的现状和失范原因，然后介绍国内外各类高校有关学位授予的具体规定和管理，最后说明我国《高校学位授予实施细则》规定的行政监督和司法制约。第六章，阐述我国高校的处分行为与学位授予行为的关系，说明我国高校学位授予条件的规制、程序规制以及我国高校学位授予条件规制的原则、程序规制原则。第七章，探讨我国高校学位纠纷的法律救济途径。第八章，探讨我国《学位法》的制定。

关键词：高等学校　学位　行政法　教育法

2074

**中国投资体制改革中的政府职能定位研究** / 陈晨著 ; 白钢指导. -- 中国社会科学院, 2009. -- 177 页

论文对中国投资体制改革中的政府职能的定位进行研究。全文共分为七章。第一章，导论。说明选题的缘起以及选题意义，阐述既有的研究评述，介绍论文的中心论点以及论文结构，最后介绍论文的创新之处以及研究方法。第二章，阐述投资体制改革的理论框架。首先概述投资体制，然后介绍规范视角中的投资体制类型，最后说明投资体制改革的理论基础。第三章，比较研究中国投资体制的改革。回顾中国投资体制改革的历史，分析中国投资体制改革的基本取向，探讨中国投资体制改革的成就与问题，最后阐述比较视角下的中国投资体制改革。第四章，分析中国投资体制改革的路径。说明投资体制改革的模式选择，然后从公共选择视角和治理视角分析投资体制改革的路径。第五章，投资体制模式与政府管理。分析中国投资模式改革的制约因素，说明政府在投资体制模式重塑中的作用，最后说明投资体制变迁与政府改革的关系。第六章，中央政府在投资体制改革模式重塑中的职能。说明要扶植民间经济个体，确立其"第一行动集团"的地位，提出要破解地方主义投资的"囚徒困境"，最后说明要提供参与平台，引导并生成投资制度。第七章，地方政府在投资体制改革模式重塑中的职能。在说明地方政府在投资体制改革模式重塑中的一般职能的基础上，分析地方政府在投资体制改革模式重塑中的职能差异。

关键词：投资体制改革　政府职能　政府投资

2075

**湖南省宪研究** / 陈建平著 ; 汪太贤指导. -- 西南政法大学, 2009. -- 254 页

论文主要采取历史研究方法，通过对当时历史文献资料的分析，再现当时湖南立宪、行宪的过程，总结湖南当时立宪、行宪的经验和教训，为后来者借鉴。全文共分为六章。第一章，湖南制宪的缘起。首先说明湖南制宪的提出，然后分别阐述政治文化传统、联邦思想、地方主义势力以及地方政治思想对湖南制宪提出的影响。第二章，湖南制宪草案的提出。介绍制宪前的自治讨论，说明省宪草案制定的主体之争，阐述湖南省宪法草案的制定，最后说明精英与民主是湖南制宪的理性选择。第三章，湖南省宪草案的审查与通过。介绍省宪审查会的产生以及省宪审查的进行，说明各种社会团体的积极参与及权利主张，阐述地方政制的选择，表明省宪审查会的破裂，最后说明省长选举方案与议员名额分配方案的通过，分析省宪审查会的作用与意义。第四章，介绍《湖南省宪会》的基本精神，说明人民的基本权利与省的事权，分析省宪中的权力构架与分配，介绍县、市、乡地方制度，最后阐述对省宪的比较分析。第五章，阐述《湖南省宪法》生效的途径以及湖南公民总投票的反响，介绍省议会与湖南省政府的产生，说明议会与政府的制衡以及公民权利对政府权力的制约，最后说明对《湖南省宪法》的修改。第六章，介绍湖南省宪的终结，分析湖南省宪终结的原因，说明对《湖南省宪法》的评价，探讨湖南省宪运动的影响。

关键词：法制史　宪法　湖南　民国

2076

**公共场所视频监控的行政法律问题研究** / 陈睿著 ; 周佑勇指导. -- 武汉大学, 2009. -- 180 页

论文以公共场所视频监控为研究对象，对视频监

控的行政法律问题进行了研究。全文共分五章。前言部分主要阐述了问题的缘起,选题意义,研究现状以及研究设想。第一章对视频监控进行了概述。从视频监控的构成与发展,功能特征,使用现状和形成之惑四个方面进行了阐述。第二章分析了权利与公共权利的博弈。包括个人权利与公共权利的辩证关系,其中公共权利来源于个人权利,个人权利优于公共权利,公共权利服务于个人权利以及公共权利与个人权利的矛盾对立。也包括个人权利与公共权利的边界两个方面,对为什么要划定个人权利与公共权力的边界和如何划定边界都做了阐述。第三章主要是以公共场所隐私权为例对视频监控使用对公民权利的影响进行了阐述。对隐私权进行了介绍,对其基本类型进行了阐述以及从多方面讨论了它的影响。第四章分析了视频监控使用的立法规制。从对现状的检讨,对总体思路的探索以及它的基本原则进行了分析。第五章阐述了视频监控侵权行为的行政救济。视频监控侵权行政救济应遵循有侵害必有救济原则,救济机构中立原则,禁止不利变更原则,行政内救济优先原则,及时救济原则以及司法最终救济原则。视频监控侵权行政救济机制的构建包括监督救济主体,事中监督救济机制以及事后救济机制。

关键词:公共场所　监控系统　侵权行为　立法　行政法

**2077**

**城市规划中的公众参与程序研究** / 陈振宇著 ; 朱芒指导. -- 上海交通大学, 2009. -- 126 页

论文以公众参与的程序为研究对象,从行政法的角度出发对城市规划中公众参与程序的制度现状,历史发展及其价值追求进行了研究。全文共分五章。导论部分主要阐述了研究的背景和目的,关键概念的界定,研究现状,研究思路和框架以及研究方法。第一章分析了城市规划中公众参与程序的制度现状,包括城市规划的体系,规划体系与公众参与条款以及公众参与程序的制度规定。对我国公众参与程序的评析进行了总结。第二章分别分析了美国公众参与程序的发展阶段和历史背景以及我国公众参与程序的发展阶段和历史背景,又对我国公众参与程序的演变特点基于比较的视角进行了分析。我国公众参与程序的演变特点是由裁量到羁束,由地方到中央,社会活动的促动和规划理论与实践的推动。第三章阐述了城市规划中公众参与程序的价值研究,主要从研究的角度,一般价值和特殊价值进行阐述,对公众参与程序的定位做了总结。第四章从基于法规范要求的公众参与机制,基于现实考虑的公众参与机制和我国公众参与机制的个案剖析三方面分析了城市规划中公众参与程序的运行机制。总结了公众参与程序的构建框架。第五章分析了城市规划中公众参与程序的司法保障,包括可获司法保障的参与权,权利主体和实现方式,对司法保障的效果进行了总结。

关键词:城市规划法　城市管理　参与管理　司法制度

**2078**

**行政法治二元模式的法哲学研究** / 程关松著 ; 李龙指导. -- 武汉大学, 2009. -- 665 页

论文通过寻找规范主义行政法治模式和功能主义法治模式之间局部完备性和有效性理论的内在法律机制,对行政法治模式的二元模型进行研究。论文共分六章。第一章为导论,主要介绍行政法治的基本理念,基本范畴,并从哲学,法治理论,公共行政学以及宪法哲学四方面介绍了可供行政法治模式借鉴的学术资源。介绍行政法治二元模式研究的方法论以及基本理论框架。第二章通过介绍美德与古希腊时期执行权的史前史、罗马时期政治哲学中的执行官、基督教神学政治二元哲学对执行权的规范功能来阐述古典规范主义行政法治模式的形成,并介绍古典规范主义行政法治几种范式:整体主义、形式主义、理性主义的行政法治模式。第三章阐述了近代功能主义行政法治模式的形成。介绍人性恶的假设与执行权的发现,阐述近代功能主义行政法治模式的范式:包括世俗主义、实质主义、权力本位的行政法治模式。第四章主要阐述近代规范主义行政法治模式的形成,具体阐述了自然权力与执行权的宪政化,执行权的建制化与理性主义的宪政机制,并介绍了近代规范主义行政法治模式的范式,包括权力本位、规范主义、建构主义的行政法治模式。第五章主要通过立法型国家规范主义行政法治模式的宪政实践,司法型国家规范主义行政法治模式的宪政实践以及政府型国家规范主义行政法治模式的宪政实践阐述了规范主义行政法治模式的宪政实践。第六章通过阐述现代公共行政的转变,行政法治的基本概念,指出行政系统的开放性是功能主义行政模式正当化和法治化建构的前提,公民参与是功能主义行政模式正当化和法治化的核心,正当法律程序是行政权与公民参与之间形成规

范性互动关系的基本保证。

关键词:行政管理　法治　运行模式

2079

**论网络言论自由与政府规制** / 邓晔著 ; 姜明安指导. -- 北京大学, 2009. -- 154 页

论文以网络言论自由及政府规制网络言论自由的相关理论问题为研究对象,针对我国政府规制网络言论自由的现状以及如何构建网络言论自由的救济机制进行了探讨。全文共分为五章。第一章为导论,概述论文选题的意义与价值,并就国内外对本课题的研究现状进行梳理,介绍了论文主要研究内容、创新之处和有关概念的界定。第二章对网络言论自由进行了透视性的分析,通过论述网络言论自由与传统言论自由的区别和不同视角中的网络言论自由空间,实现对网络言论自由的再认识,并具体阐述网络言论自由的边界及其基本法理。第三章从宏观和微观两方面论证政府规制网络言论自由的正当性,并对政府规制网络言论自由进行经济学推演,指出网络言论自由存在市场失灵、外部性及利益博弈等情况,提出政府规制网络言论自由的理论构想及应用。第四章通过分析我国政府规制网络言论自由的现状与不足,对我国政府如何有效规制网络言论自由提出了完善的措施。第五章主要探讨网络言论自由救济现状及其机制的构建。评价了国外两种言论自由救济机制和我国当前网络自由救济机制的缺失,在比较与借鉴的基础上提出了构建我国网络言论救济的理念机制和制度机制。

关键词:互联网络　言论自由　行政干预　救济立法

2080

**我国新闻法制化研究** / 丁汀著 ; 周叶中指导. -- 武汉大学, 2009. -- 157 页

论文采用比较分析法,对中国特色社会主义新闻法制进行研究,说明中国特色社会主义新闻法制面临的挑战以及如何健全中国特色社会主义新闻法制。全文共分为七章。首先,引言。说明选题的背景及其意义,并对论文的研究进路和研究方法做了说明。第一章,初步探讨新闻法制的相关理论问题,包括中国特色社会主义新闻法制的定义、地位、原则。阐述我国新闻法制的法律渊源及构成,探讨我国新闻法制的五种法律渊源及六个主要组成部分。第二章,阐述中西方新闻法制化进程的历史演进。第三章,比较研究中外新闻传播法制,从比较法的视角阐述了各国宪法,法律中新闻法的异同之处。第四章,研究我国新闻法制的运行问题。从法的运行概念出发,阐述了中国特色社会主义新闻法制的立法,执法与司法各个阶段的特征及其他相关问题。第五章,研究我国新闻法制的功能和价值取向,强调其在保障公民权利、强化舆论的社会作用及防止权利滥用等方面的作用。第六章,说明中国特色社会主义新闻法制面临的挑战,分析新闻法之所以阙如的政治、经济、文化与法律等方面的原因,探讨新闻法制与现实之间的不协调之处。第七章,介绍如何健全中国特色社会主义法制,提出了一些解决新闻法制所存在的问题方案。

关键词:新闻工作　法治　立法

2081

**亚里士多德立法思想研究** / 杜莉著 ; 李林指导. -- 中国社会科学院, 2009. -- 107 页

论文对亚里士多德立法思想进行探讨。全文共分为五章。首先,导论。提出话题,说明研究的意义,阐述亚里士多德立法思想的文献研究,最后阐述论文的研究方法和创新之处。第一章,亚里士多德立法思想概述。阐述亚里士多德的生平与著述,从思想传承基础与社会历史根源来分析亚里士多德立法思想的来源,说明亚里士多德立法思想的地位,最后介绍亚里士多德立法思想的基本逻辑。第二章,亚里士多德立法原理论。分别阐述立法的价值论、功能论以及原则论。价值论是个人的幸福与国家的至善,功能论是引导公民成德达善以及维持政体于不坠,原则论是符合正义、符合国情。第三章,亚里士多德立法制度论。介绍立法主体:立法者与立法结构;说明立法保障:立法与审慎的变法,立法与普遍的守法以及阐述各部门的立法;最后说明行政立法,民事和经济立法,婚姻与人口立法,军事与国防立法等各部门的立法。第四章,亚里士多德立法思想的特征。具有浓重的城邦主义色彩,伦理政治观的支配,社会与国家概念的混淆以及中庸思想的窠臼。第五章,亚里士多德立法思想的现代意义。说明和谐的主题是可以借鉴的思想价值,实证的方法是方法论的借鉴,最后说明亚里士多德思想对当今立法实践的指导意义。

关键词:亚里士多德　立法　思想评论　政治学中庸

**2082**

**行政程序的正义价值及其实现** / 杜一超著 ; 刘善春指导. -- 中国政法大学, 2009. -- 106 页

行政程序法是中国行政法发展过程中面临的一个重大理论与实践课题。论文以行政程序法为研究对象,论述了行政程序正义价值的界定,构成及其实现问题。论文包括导论部分和五章正文。导论部分主要介绍论文选题的理论价值与现实意义,并在梳理国内外相关研究成果的基础上指出论文的研究思路,阐述了论文的布局和结构。第一章从价值,法律价值和程序价值等多个基本概念出发,对行政程序正义价值进行分析和界定,并阐述行政程序正义价值的内涵和地位。第二章介绍了行政程序正义价值的构成,程序的价值可分为工具性价值(外在价值)及目的性价值(内在价值),相应地正义价值也由外在正义价值与内在正义价值构成。外在正义价值和内在正义价值存在相互关联,独立和对立关系。第三章对行政程序正义价值实现的主体制度基础进行说明,行政主体制度从一元功能到多元功能的变迁和行政主体制度中行政主体与相对人平等关系的形成为程序正义价值的实现提供可能性。第四章介绍行政程序正义价值实现的程序制度载体,行政程序正义价值的实现要通过行政程序的一系列制度予以实现,其中包括行政参与制度、行政程序证据制度、行政时效制度、信息公开制度和保障正义价值实现的其他程序制度。第五章概述行政程序正义价值的保障条件,从行政程序本身的局限性出发,提出行政程序正义价值的实现离不开行政诉讼制度的保障和外部条件的支持。第六章对论文进行总结。

关键词:行政程序　正义　行政法

**2083**

**欧盟立宪主义研究:以欧盟宪法为视角** / 冯道康著 ; 刘茂林指导. -- 中南财经政法大学, 2009. -- 107 页

论文通过研究欧盟发展过程中欧盟宪法的特点,对欧盟立宪主义进行研究。论文共分八个部分,第一部分是导论,主要介绍选题的背景及意义,国内外研究现状,研究方法,研究框架及创新之处。第二部分介绍近现代西方国家宪法的基本原理,阐述宪法和立宪主义的概念,并对欧盟宪法中"宪法化"以及"制宪权"进行阐述,并阐释了欧盟宪法与国家关系。第三部分通过介绍欧盟多层立宪主义,欧盟后民族主义,宪政多元主义,宪法爱国主义及其与欧盟宪法的关系审视了欧盟立宪主义。第四部分主要对欧盟代表制,欧盟政体与欧盟宪法中的"宪法"进行阐述。第五部分主要介绍欧盟的"民主赤字",并对民主正当性及其立宪主义进行阐述。第六部分介绍欧盟正义法院的前身,设立及其嬗变。对欧盟正义法院的功能和定位,欧洲正义法院的宪法性审查功能以及欧盟正义法院与宪法原则的确立进行阐述。第七部分主要对《欧盟基本权利宪章》和欧盟公民资格进行阐述。包括《欧盟基本权利宪章》制定的缘由,欧盟宪法与《欧盟基本权利宪章》的关系及《欧盟基本权利宪章》的宪制分析。以及欧盟公民资格的起源,内容,特征和前景。第八部分通过对欧盟的立法权能、欧盟总统和欧盟理事会的设立,欧盟的执行权能、司法权能进行介绍,分析其主要机构的运行权能,指出了欧盟与成员国权限分配的原则为辅助原则以及欧盟与成员国权限分配的授权原则和比例原则

关键词:宪法　公民　权利　欧洲国家联盟

**2084**

**论公民纳税义务的宪法限度** / 冯家亮著 ; 韩大元指导. -- 中国人民大学, 2009. -- 171 页

论文通过适度结合宪法文本,运用方法论整体主义以及政治哲学方法,对公民纳税义务的宪法限度进行了研究。全文共分六部分。第一部分是导言,主要介绍了从宪法角度研究公民纳税义务的必要性和实践意义。介绍了从宪法角度研究纳税义务的研究现状,指出宪法强调公民承担纳税义务与国家行使征税权力的合法性,宪法认同公民履行纳税义务与享有基本权力的对等性,宪法赋予公民纳税义务与限制国家征税权力的同步性,并介绍了文章的研究方法和研究思路。第一章主要阐述公民纳税义务的理论逻辑,指出公民纳税义务的认识基础根源于政治义务,化约为守法义务,表现为宪法义务。阐述并分析了公民纳税义务的几种学说和公民宪法义务的理论基础,规范起源和现实需求,并对公民纳税义务的宪政意蕴进行了阐述。第二章主要阐述公民纳税义务的内在机理。阐述了国家征税权力与公民基本权力在价值层面上的一致性,在规范关系上的优越性以及在实现途径上的矛盾性。第三章主要阐述公民纳税义务表现为分配正义,为了达到分配正义,必须协调公民与国家在价值上的不同主张,通过贯彻税收法定原则,保障公民基本权利并通过程序实现结果正义。分配正义的保障机制需要通过立宪的国家理性,保障税捐基本权

以及倡导公民不服从来实现。第四章主要阐述公民纳税义务的法治治理，指出公民纳税义务与国家征税权紧密联系，宪法对国家征税权限制的原则是"控权与保权"的统一，并指出宪法对公民纳税义务的规范内容。指出了税收法治治理的两种法律模式以及税收法律主义的合法性危机，并提出通过公民参与立法、法律内容要求、税收主题定位来建构程序主义税收法律的范式。第五章主要是对公民纳税义务的实证考察。介绍了公民纳税义务的中国语境，我国公民纳税义务的法制化现状以及从公民纳税义务角度看完成国家任务过程中存在的问题，指出要完善公民纳税义务的法治治理需要扩大公民参与，改革人大制度，规范宏观调控，强化预算监督，完善社会保障以及优化税收法制。

关键词:纳税　权利与义务　税法

**2085**

**中国电视媒体依法管理研究** / 冯元著 ; 周叶中指导. -- 武汉大学, 2009. -- 199 页

论文把握中国电视媒体依法管理的含义、基本原则、主体、客体、基本程序等，并在立法、执法、司法等环节提出的完善中国电视媒体依法管理制度的。中国传媒业的飞速发展，新媒体、新技术分散大量观众，对电视媒体构成冲击，对其进行依法管理迫在眉睫。论文共分为六章。第一章，论述中国电视媒体依法管理的含义、特征、必要性及制度要求（主体准入制度、内容审查制度、市场监管制度及处罚制度）。第二章，论述中国电视媒体依法管理的基本原则，包括宪法法律至上原则、程序正当原则、公益关怀原则及党的领导原则，并分析上述原则的基本内涵，对电视媒体管理的理论意义及实践要求。第三章，论述中国电视媒体依法管理的主体，分别分析中国电视媒体依法管理主体的历史沿革、运行特点及对其的再认识。第四章，论述中国电视媒体依法管理的客体，分别分析中国电视媒体依法管理客体的基本指向，延伸及对其的时代要求。第五章，论述中国电视媒体依法管理的基本程序，分别阐述电视媒体许可制度、电视媒体节目制度及电视媒体监督检查制度。第六章，论述中国电视媒体依法管理制度的完善，分析中国现行电视媒体管理制度的缺陷（立法明显滞后、正当程序遵循相对失序、公共利益关怀体现不够、社会责任担负有待加强、党性原则亟须加强），并在立法制度、执法制度及司法制度上予以完善。

关键词:电视　传播媒介　法治　宪法

**2086**

**行政登记:自由与秩序的跷跷板** / 高辰年著 ; 马怀德指导. -- 中国政法大学, 2009. -- 118 页

论文以法学理论为基础，主要描绘、分析、评判了政府行政登记的内涵、分类、效力，并对登记行为引发的争议提出可行的解决机制。全文共分四章。第一章主要确定行政登记的含义，在此基础上，探讨行政登记的学理意义。第二章对有关登记行为的类型进行概述。首先，从学理分类的角度探讨分类的标准并明确论文的划分标准；继而对形成性登记、确认性登记、事实行为登记和其他几种重要登记进行阐述。第三章围绕登记行为的效力展开论述。首先提出作为独立行政行为的三种效力，即公定力、确定力、拘束力；其次分类探讨对所在法律制度的影响，包括登记的效力、未登记的后果、登记不合法的后果；后从行政程序法的角度考察登记行为的效力形态，即登记行为的成立与生效、变更与废止、撤销与无效。第四章主要论及登记行为引发的争议及解决机制。首先，概述行政登记引发的争议类型及学界提出的解决机制；后按照形成性登记、确认性登记、事实行为登记的分类分别论述由其引发的行政争议、行政与民事争议的交织、赔偿责任，再结合具体法律规定，确定可行的解决机制。

关键词:行政法　登记制度　行政管理

**2087**

**我国非物质文化遗产行政法保护研究** / 高轩著 ; 汪习根指导. -- 武汉大学, 2009. -- 253 页

论文以非物质文化遗产作为研究对象，以保护非物质文化遗产为研究目的，全文共分为七章，导言阐述研究的前提，包括非物质文化遗产问题的由来，选题的意义及研究范围和研究方法，国内外研究的现状以及存在的缺陷，历史的回顾与未来实践的展望。第一章对非物质文化进行界定，包括非物质文化遗产的概念与特征，非物质文化遗产的构成要件（非物质文化遗产的权利主体，权利客体，权利内容），以及非物质文化遗产的分类。第三章介绍我国非物质文化遗产行政保护的缺陷，分别从我国非物质文化遗产行政法保护现状（包含学理现状，立法现状和司法现状），行政法保护理念的迷失（包含行政法价值的轻视，生态价值理念的抛弃与可持续发展理念的背离），原生境人法律地位的缺失（包含司法实践中的尴尬和立法

中的模糊),非物质文化遗产范围界定标准的缺失,衔接制度的缺失以及经济制度的欠缺六方面进行阐述。第四章从非物质文化遗产行政法保护机制的概念、特征和种类介绍非物质文化遗产行政法保护机制。第五章介绍非物质文化行政法保护的立法模式,在国际上分为统一立法模式,分别立法模式和渗透立法模式。国内立法模式介绍我国学界的不同主张,各种立法模式的利弊分析以及我国统一立法模式的采纳。第六章阐述我国非物质文化遗产行政法保护立法的主要内容,有非物质文化遗产行政法保护原则(主动保护原则,及时保护原则,活态性保护原则,文化效益原则和全力保障原则),非物质文化遗产的范围,主管部门及职责,非物质文化遗产的普查与确认,非物质文化遗产的传承、传播及许可,非物质文化遗产权利人的保护,文化生态保护区的确立,公众的参与以及法律责任及权利救济。第七章国务院《征求意见稿》的宪政考量及立法建议。

关键词:行政法　文化遗产　文物保护

**2088**

**辩护律师保密特权研究** / 葛同山著 ; 王福华指导. -- 上海交通大学, 2009. -- 136 页

论文以保密特权为研究对象,对辩护律师保密特权进行研究。论文共分六章。引言部分主要讲了研究的价值和主要内容,目的。第一章阐述了辩护律师保密特权的界定。包括:律师保密特权的概念,内涵界定,横向界定。横向界定主要包含律师保密特权与律师工作成果原则,律师保密特权与律师职业豁免权以及律师保密特权与律师拒证权。第二章分析了律师保密特权的理论基础。从保密特权现有学说及其评析,人权保障理论,对抗制理论以及独立辩护理论四个方面进行分析。第三章主要阐述了辩护律师保密特权的内在矛盾,即保密义务与真实义务。讲述了矛盾的根源是辩护律师的双重身份,分别讲述了辩护律师保密义务的界定内涵以及辩护律师真实义务的界定内涵,还对保密义务和真实义务的关系进行了分析。第四章主要分析了对抗制中辩护律师保密特权一般使用于保密特权与被告人伪证,保密特权与委托人身份和律师费,保密特权与归罪实物证据,保密特权的否定。第五章主要从两个方面阐述了辩护律师保密特权特定领域的适用。第一方面是反恐对保密特权的限制,第二方面是公司犯罪调查程序中的弃权文化。第六章分析了诉讼模式转型背景下我国辩护律师保密特权之构建。包括建立保密特权的必要性与可行性,保密特权的具体内容,保密特权的保障措施。

关键词:律师制度　保密　权利　诉讼

**2089**

**法明确性原则与宪法的关系研究** / 韩永红著 ; 秦前红指导. -- 武汉大学, 2009. -- 211 页

论文采用文献资料法、比较分析法、案例分析法,从法律思想、制度实践、法治原则的角度对法律明确性原则进行论述。全文共分五章。第一章确定法明确性原则的概念并检视前人关于法明确性原则论述的思想脉络。在此基础上,探讨法明确性原则与西方各法学流派之关系,回溯了其发展源流。第二章对有关法明确性原则的基本理论进行探讨。首先,从法哲学的角度探讨法明确性原则的客观之维、价值之维、理性之维;其次,从不同的角度对法明确性原则进行分类;继而对法明确性原则的结构进行剖析,提出法明确性原则由价值明确性原则、概念明确性原则、体系明确性原则、规则明确性原则构成;最后提出影响法明确性原则的因素,即客观世界的多样性、人类的认知能力、语言文字的缘由以及法政策的当然考虑。第三章围绕宪法明确性原则进行阐述。首先,提出宪法明确性原则的三重要求,即宪法价值明确性要求、宪法内容明确性要求、宪法文本结构明确性要求。后围绕宪法与部门法的一般机理,对宪法与职权立法、授权立法进行了必要阐述。第四章主要论及作为司法审查原则的法律明确性原则,结合德国、美国以及我国台湾在相关原则上的学理探讨及实务实践,进行比较分析。第五章论述授权明确性原则。在对德、美的授权明确性原则比较之下,论及我国存在授权明确性原则下存在的问题,并提出授权明确性原则的中国适用机制。

关键词:宪法　法的理论　原则

**2090**

**行政契约违约责任研究** / 杭仁春著 ; 张泽想指导. -- 武汉大学, 2009. -- 159 页

论文在借鉴国外关于行政契约之立法例及国内外民事契约违约责任制度的基础上,构建出行政契约违约责任制度。论文由十三个部分组成。第一部分是行政契约与民事合同制度之比较。主要表现在契约目的、主体地位、意思表示及契约义务之分配等 4 个方面。第二部分是行政契约违约责任概述。第三

部分是行政契约违约责任的归责原则及构成要件。指出行政契约违约责任的归责原则应采用严格责任原则为主,过错责任原则为辅的构架。第四部分是行政契约违约行为的形态。对行政契约违约行为之形态进行了分类,将其划分为给付不能、给付延迟、给付拒绝、不完全给付四种类型。第五部分是阐述行政契约给付不能的概念、类型及其法律后果。第六部分是阐述行政契约给付延迟的概念、构成要件及其法律后果。第七部分是阐述行政契约给付拒绝的概念、构成要件及其法律后果。第八部分是阐述不完全给付的概念、种类、构成要件及其法律后果。第九部分至第十二部分是关于违约责任形式。主要探讨了行政契约违约责任形式中的继续履行、损害赔偿和违约金3种形式。最后部分是关于违约责任之免除。

关键词:行政法　契约　民事责任

**2091**

**环境犯罪构成研究** / 侯艳芳著 ; 冯殿美指导. -- 山东大学, 2009. -- 154 页

论文主要对环境犯罪进行了研究。全文共分七章。导论中主要提出研究的缘起,立法背景,研究对象,现状以及方法和思路。第一章阐述了环境犯罪客体的伦理基础。包括客体概述,客体的伦理性以及环境伦理对环境犯罪客体的影响。客体概述又包含犯罪客体的重要意义和独立性,伦理性又包含环境刑法与环境伦理的关系和环境伦理对于环境犯罪客体的意义。第二章讲述了环境犯罪客体的本质,从环境犯罪客体诸学说的述与评和环境犯罪客体——环境法益两个方面进行描述,对环境法益作为环境犯罪客体的原因,环境法益的内涵以及界限的理清进行了分析。第三章主要从环境犯罪危害行为与行政违法性的关系以及环境犯罪危害行为的多维体系两方面阐述了环境犯罪危害行为的内容。第四章阐述了环境犯罪危害行为的结构,讲述了环境犯罪中的结果犯,危险犯,行为犯三个方面。第五章分析了环境犯罪因果关系认定规则的适用范围与立法概览,分析了因果关系推定规则与相关范畴关系辨明和环境犯罪因果关系推定规则的合理性基础与限定条件。第六章分析了环境犯罪的自然人主体的概述和身份问题以及环境犯罪的单位主体中的比较分析和条件。第七章阐述了环境犯罪的主观方面。主要包括主观方面的概述,严格责任的评析和环境犯罪过失危险犯的设置。

关键词:破坏环境资源保护罪　刑法　犯罪构成

**2092**

**论人身自由的宪法保障** / 胡超宏著 ; 胡锦光指导. -- 中国人民大学, 2009. -- 130 页

论文以宪法中的人身自由为研究对象,探究了人身自由宪法保障的规范结构与程序保障,针对人身自由干预的违宪阻却事由,提出防止国家权力非法剥夺或限制公民的人身自由保障措施。全文共分五章。第一章为导论,介绍研究背景、研究现状、研究框架与方法。第二章阐述了宪法意义上的人身自由,首先界定人身自由与人身权利的概念,继而论述人身自由的保障范围以及人身自由与相关权利的关系,包括人身自由和人身安全、人身自由和身体健康权、人身自由和迁徙自由,最后梳理了人身自由保障的历史演变,先后经历初始化阶段、普通化阶段、国际化阶段。第三章探究了人身自由宪法保障的规范结构,包括宣示条款、保障条款、赔偿条款方面。第四章探讨了人身自由的干预,分别从人身自由的内涵、分类、具体形态进行论述,人身自由干预的具体形态包括刑罚中的自由刑、刑事强制措施、行政拘留、强制性教育改造措施、传染病防治措施、强制住院治疗、行政管束、盘查、诉讼中的拘留。第五章分析人身自由干预的违宪阻却事由,分为形式违宪阻却事由、实质违宪阻却事由、程序违宪阻却事由。结语部分主要概述了我国人身自由干预的制度现状,提出人身自由宪法保障存在的缺陷,最后提出对策建议。

关键词:人权　自由　公民权　宪法

**2093**

**宪法基本权利规范在刑事法中的效力研究** / 宦吉娥著 ; 秦前红指导. -- 武汉大学, 2009. -- 249 页

宪法与部门法关系的研究是以宪法基本权利规范在部门法中的效力为两者关系的核心,论文研究的着力点即是宪法基本权利规范在刑事法中的效力问题。论文由导论、正文五章和余论组成。其中导论部分交代了论文选题的缘由、研究思路及方法;余论部分则对文章做出的总结并提出论文研究的不足之处;正文的五章内容可细分为两个部分,其中第一章和第二章的论述可作为基础理论部分,第三章至第五章的研究为问题的具体展开。第一章,在对我国宪法基本权利规范理论之缘起与演进的回顾与反思的基础上,确立我国宪法基本权利规范的理论基础,并以该理论基础为指导,界定宪法基本权利规范的概念。第二章阐述宪法基本权力规范在部门法中效力的理论渊源,

宪法基本权利规范在刑事法中效力的概念、构成及影响因素。第三章对宪法基本权利规范对刑事法的目的约束力进行介绍,以现有的刑事法目的的规范性表达和学理解读为基础,对为什么应拘束刑事法目的、有什么样的目的拘束力和怎样实现刑事法目的的拘束三个问题展开论述。第四章探究了宪法基本权力规范对国家刑罚权的边界限定力,就宪法基本权利规范对刑罚权边界限定的具体效力形式分为确认效力和否认效力进行说明,并指出对国家刑罚权边界的限定应遵循罪刑法定原则和罪行均衡原则的原则体系。第五章主要论述宪法基本权利规范对刑事司法程序的控制力,通过宪法对刑事司法程序中基本权利保障文本的解读,探究刑事司法程序的宪法控制的原因与实现途径,并应遵循宪法基本权利对刑事司法程序控制的原则。

关键词:宪法　权利　刑事诉讼　诉讼程序

**2094**

**电子政务动力分析** / 江菁著 ; 周汉华指导. -- 中国社会科学院, 2009. -- 120 页

论文对电子政务的动力进行分析研究。全文共分为六章。第一章,电子政务概述。介绍电子政务的概念、内容和特征,说明国外以及中国的电子政务的发展概况。第二章,政府作为电子政务的动力。首先在介绍中央政府推动电子政务的发展以及区域竞争与地方电子政务的发展的基础上分析政府成为电子政务动力的原因;然后介绍中国总体的改革模式以及电子政务自身发展的特性,说明政府是电子政务的主要动力;最后说明政府作为电子政务动力的作用和不足。第三章,市场作为电子政务的动力。首先分析市场成为电子政务动力的原因,说明政府的需求是外在原因,利益的驱动是内在原因;然后分析市场作为电子政务动力的作用和不足。第四章,公众作为电子政务的动力。首先分别说明电子政务发达国家中的公众的地位以及我国电子政务中公众的地位,然后分析公众作为电子政务动力的作用与不足。第五章,法律作为电子政务的动力。首先,分析法律作为一种独立动力的作用和不足,然后说明中国电子政务立法的状况以及立法的特征,最后说明国外电子政务立法的经验和启示:制定专门的电子政务法,制定或修改电子政务相关法律。第六章,"变法"模式下的中国电子政务。首先介绍"变法"模式,然后说明中国电子政务发展的变法模式"三阶段"论。

关键词:电子政务　动力　法制

**2095**

**我国检察机关法律监督研究** / 金波著 ; 周叶中指导. -- 武汉大学, 2009. -- 172 页

论文从宪政的层面,以法律监督为研究对象,探究我国检察机关法律监督的地位、作用以及实现的途径。全文共分七章。第一章论述了我国检查制度的渊源。通过对我国古代御史制度的考察和梳理以及对我国现代检查制度形成和发展过程中三次法律移植的分析,阐述了中国检查制度的四大渊源,即清末引进的大陆法系检查制度、建国初引进的苏联检查制度、改革开放后引进的英美法系检查制度以及延续了两千多年的御史制度。第二章论述了我国检查机关在国家宪政体制中的地位。通过针对国内外检查权及检察机关性质争议的分析,结合我国的宪政体制和宪法文本,探讨我国检察机关在国家宪政体制中的地位,并从检察机关的宪法定位出发,分析检察机关与其他国家机关的关系。第三章论述了我国检察机关法律监督的法理基础与宪政价值,认为我国检察机关的法律监督以人民代表大会制度理论、列宁的法律监督思想和权力制约理论为理论依据,具有民主、法治和人权保障的宪政价值。第四章论述了我国检察机关法律监督的内涵与外延,提出了我国检察机关法律监督的四种主要方式,并分析了检察机关法律监督在我国监督体系中的重要地位和作用。第五章论述了我国检察机关法律监督的实现:对司法活动的监督。指出其在监督体系、监督手段、监督程序方面的缺陷,针对关于检察机关司法监督职能的有关质疑,从我国法院审判权特点和司法队伍现状两个方面分析审判监督的必要性,并提出完善检察机关司法监督的对策。第六章论述了我国检察机关法律监督的实现:对行政活动的监督。首先对检察机关的行政监督进行界定,其后通过对我国行政监督的现状考察,分析强化检察机关行政监督的必要性和现实性,并提出检察机关行政监督的制度完善的建议。第七章论述了我国检察机关法律监督的实现:对立法活动的监督。在分析我国现行立法监督体制现状的基础上,从我国宪政体制、检察机关的宪法定位和法律监督等角度分析我国检察机关立法监督的合理性和可能性,探讨检察机关监督的范围、内容和方式。

关键词:检察机关　司法监督　司法制度　宪法

**2096**

**正当行政程序原则研究** / 金亮新著 ; 杨海坤指导. -- 苏州大学, 2009. -- 174 页

论文在程序制度历史发展的基础上,结合现有行政程序之研究成果,提出"正当行政程序原则"这一核心概念,并将"正当行政程序原则"设定为我国行政程序法的核心程序法原则,从而为我国行政程序法原则构建了一个立体的程序法原则体系,即行政程序法核心原则和行政程序法基本原则组成的层级结构,然后围绕"正当行政程序原则"的证成,展开具有内在逻辑连接的探讨研究,论文最后对我国实现"正当行政程序原则"所面临的问题与未来路径做了分析。全文共分为四章。首先,导论。说明论文的研究意义和研究现状,介绍论文的研究思路和论文的结构,最后说明研究方法以及论文的创新之处。第一章,阐述正当行政程序原则的确立与定位。第二章,分别阐述市民社会理论、新公共管理理论、协商民主理论以及程序正义论对正当行政程序原则的指导奠基作用。第三章,首先说明正当行政程序原则的本质,然后介绍正当行政程序原则构成要素的选择依据和具体内容。第四章,说明我国正当行政程序原则实证研究的前提以及行政行为中的正当行政程序原则、行政救济中的正当行政程序原则,然后说明行政程序法典中确立正当行政程序原则的路径意义,并阐述如何以正当行政程序原则指导制定我国的行政程序法典。最后,结语。

关键词:行政程序　行政程序法

**2097**

**民族区域自治权论** / 李春晖著 ; 廉希圣指导. -- 中国政法大学, 2009. -- 142 页

论文以宪法学的视角,兼顾政治学与民族学的研究领域,梳理民族区域自治权的多层次的理论问题。全文分为引言部分和四章的正文部分。引言概述了研究工作的缘起、研究现状、文献综述和论文拟解决的问题。正文部分的论证采用由点到面的方法,可以用"三点四面"概括文章的内容。第一个点即"我国民族区域自治制度"。第一章以此为主线进行论证,在论述民族区域自治的基本理论的基础上,展开到面,即"我国民族区域自治的发展"。第二个点即"自治权"。第二章以此为着眼点,分析自治以及自治权的概念、自治类型等基本的理论问题,由此铺开到面,追溯自治权的历史发展,并采用比较分析的方法,将与自治权相关的主权理论和民族自决权进行了分析。第三个点即"民族区域自治",第三、四章以此作为核心。第三章对民族区域自治权的宪政进行具体地解析,在民族区域自治权的基本理论和法源的基础上分析民族区域自治权与民主、法治和人权的关系。第四章阐述了从立法、执法、司法三方面为自治权提供法律保障,并对民族区域自治权的现状进行分析,提出加强自治权的法律监督、宪法监督与自治权的保障,从而打破民族区域自治研究长期徘徊于政治制度的整体性描述的状况。

关键词:民族区域自治　地方自治法　法律保障

**2098**

**协商性司法要论** / 李贵成著 ; 李龙指导. -- 武汉大学, 2009. -- 126 页

论文从当今社会民主法治国存在的危机出发,提出导致危机的根源在于自然主义和实证主义两种进路均加剧了社会主体的对抗和博弈,而以交往理性导引的协商主义模式成为法的合作之维,需要以协商司法实现司法合理性,并指出司法合理性需要共同和善理念、交往性理念和协商改善决策理念的支撑。论文共由七部分组成,第一部分是引言,主要介绍对协商性司法进行研究的起源及目的,研究的现状以及文章的创新之处。第二部分为导论,通过提出多元社会如何降低对抗的风险,转型期的中国如何克服与司法的合法性、合理性危机以及协商性司法何以可能,引出论文的研究内容。第三部分通过论述关于法的两条路——一种自下而上的理想即自然主义与一种自上而下的现实即实证主义,介绍了自然法的时代特色及其要髓,以及实证主义认识过程和实证主义的真理要素,并对传统法理念的矛盾和法治国危机进行了阐述。第四部分主要阐述协商主义作为法的交往合作之维,从主体间交往合作的视角来看,法源于主体的交往互动,法的最基本功能是满足于主体的交往合作,而理想的民主法治国则是主体在法律框架内交往合作的法治状态。对法和司法做交往互动的协商主义理解和运用,是现代多元社会走出困境的根本出路。第五部分通过阐述诉讼及司法目的,司法合理性的向度、协商性司法的意涵,指出须从根源上探寻司法和理性的目的,向度及其要求。沿着这条思路会发现,唯有以协商性司法取代对抗式司法,方能走出当前困境。第六部分阐述协商性司法需要相关的理念支撑,其中最关键的是"共同和善"的理念,交往理性理念和协商改善决策的理念。第七部分是余论,主要

介绍协商性司法的困境与制度建构。

关键词:司法　合理性　协商　民主

2099

**行政纠纷和解机制研究:以和解形态是否型式化为视角** / 李娟著 ; 林莉红指导. -- 武汉大学, 2009. -- 146页

论文以行政纠纷和解形态是否型式化作为独特视角,探讨相应的法律治理密度和控制方法,力图构建一个更符合实际情形、更反映现实需求的行政纠纷和解机制。论文共五个部分。第一章,概述行政纠纷和解。对行政纠纷和解的涵义及其适用范围进行界定,探讨行政纠纷和解的正当性与必要性及其缺陷和面临的困境,提出行政纠纷和解亟需法律治理的问题。第二章,阐述行政纠纷和解的型式化问题。以"定型化"和"法制化"为主要标准,将所有行政纠纷和解形态划分为"型式化和解"与"未型式化和解"两大板块。从型式化和解与未型式化和解的区分入手,对未型式化和解转化的条件、阶段及路径选择进行分析,归纳未型式化和解在现实生活的几种具体类型,指出其法律性质、条件、程序、效力等各有其不同之处,相应的评价标准,法律治理思路与方法也应有所区别。第三章,考察域外行政纠纷和解的型式化,运用比较研究方法,对域外型式化和解和未型式化和解的不同法律控制方法进行比较分析,为我国行政纠纷和解机制的构建提供比较法上的素材与参考。第四章,说明我国行政纠纷和解现状与主要问题。运用规范分析和实证分析法,分析型式化和解在我国缺失的原因,考察未型式化和解在我国运行现状、规则及其问题,未行政纠纷和解机制的构建提出批判的标靶与努力的方向。第五章,展望我国如何构建行政纠纷和解机制。基于我国行政纠纷和解的现状及问题,以域外成熟的行政纠纷和解机制为借鉴,指出对型式化和解和未型式化和解的法律控制方式和手段应有所不同,并分别提出了治理方法及构建路径。

关键词:行政诉讼　和解　立法

2100

**幸福的法哲学研究** / 李蕾著 ; 汪习根指导. -- 武汉大学, 2009. -- 162页

论文首次将"幸福"一词从心理学、伦理学、哲学、经济学领域抽象出来作为分析法哲学的工具与方法。从纷繁复杂的幸福概念与研究范式出发,以古希腊"理性主义幸福观"至后现代"主观主义"为研究脉络,从而总结出幸福观的发展变迁之中的历史规律与时代特征,以及在幸福观的历史流变的基础上反思幸福的法哲学内涵。通过大量采取历史研究与比较分析的方法将幸福与传统的法律概念,法律价值做比较分析,试图以幸福为突破口探寻中国传统与西方法律制度的区别,以建立一种跨越话语鸿沟的新的中华法哲学精神。论文共分为五章。第一章概述法学视野下幸福观的历史流变,通过分析古希腊、中世纪、人文主义兴起之时和非理性现代等不同时期幸福观念基本特征,变迁的内在原因,以及该时期幸福观念与民主、法治、人权等基本理念的内在联系,总结出幸福观念变迁的一般规律。第二章阐述了幸福的法哲学反思,对幸福在法哲学话语中欠缺的原因进行探究,并论述正义、人权、效率和自由等法学中的"幸福代替物"及其局限性,得出幸福作为一种法律价值其存在的必要性和可能性是无法替代的。第三章分析幸福与法律权利的关系,并探寻权利的根源以及现在权利与幸福脱节的根源,结合当代人权话语的悖论,提出回归亚里士多德所开创的传统是协调人权与幸福的可能途径。第四章主要介绍幸福的民主政治之维,通过分析古典时期、近代与现代民主观念的变迁,指出多元民主并存是当代中国调和民主与幸福的可能途径。第五章总结性地对中国法学视野下的幸福观进行了重新的审视,说明中国传统的幸福观与法律传统所具有的独特性,并分析百年中国法制传统与幸福根基断裂的缘由,提出了基于中国人幸福的法治新思路,即重建中华法哲学的幸福理念,从幸福观念出发超越话语鸿沟,并从幸福的视角出发构建相对客观的民主与法治指数。

关键词:法哲学　幸福　权利　民主

2101

**我国修宪程序问题研究** / 李莉著 ; 郝铁川指导. -- 上海交通大学, 2009. -- 157页

论文以程序的视角对我国修宪程序问题进行研究。全文共分七章。第一章为引言,阐述了研究的背景、文献的搜集以及研究的目的、主要内容、思路框架等。第二章论述了修宪准备:修宪建议的形成,主要从党领导进行修宪准备活动的角度分析,围绕修宪准备阶段的内涵特点、功能价值、程序设置、运作模式以及党领导进行修宪准备活动的不足方面进行分析梳理。第三章论述了修宪提案:修宪议案的提出,主要

从两大法定主体行使修宪提案权的角度分析。在分析修宪提案的基本原理、程序设置的基础上,结合我国历次修宪议案的提出与提案主体的变化,探讨我国两大法定主体行使修宪提案权的困境。第四章论述了修宪审议和表决:修宪议案的议决,主要从全国人大行使修宪审议权和表决权的角度分析。在简要阐明修宪审议表决的规则与程序设置的基础上,主要探讨全国人大代表审议修宪议案前的准备、人大代表的制度安排、修宪审议的会期与会议形式以及修宪审议中的意见交涉与处理,指出全国人大表决修宪议案过程中的困扰。第五章论述了修宪公布:宪法的公布,主要从公布主体与公布文本内容的角度分析,阐述修宪公布程序的一般设置并提出我国修宪公布阶段中存在的问题。第六章论述了我国修宪程序中存在的问题总结与启示。通过分析总结我国修宪程序中存在的问题,剖析问题产生的原因,进而得出相应的解决对策。第七章论述了完善我国修宪程序的主要设想。分别从充实完善修宪程序、加强改进修宪程序的制度构建两方面进行阐述。

关键词:宪法　修宪　立法程序

**2102**

**个人征信中的隐私权保护研究** / 李萍著 ; 吴新平指导. -- 中国社会科学院, 2009. -- 132 页

论文运用比较分析、历史考察、案例分析等方法,首先对个人征信相关概念、个人信用信息保护与隐私权的关系问题进行了分析,接着从个人征信模式与隐私权保护、个人征信中隐私权保护的立法模式、个人征信中隐私权保护的原则和个人征信中隐私权保护机制四个方面探讨了各国构建的隐私权保护体系,最后在对我国个人征信中的隐私权保护现状及存在问题进行分析和借鉴国外经验的基础上,提出我国立法完善的若干建议。全文共分为六章。首先,导言。说明研究背景、研究现状,阐述论文的研究内容和创新之处。第一章,个人征信中的隐私权。分析个人征信中的隐私权保护方式以及个人征信中的隐私权保护的发展动向。第二章,个人征信模式与隐私权保护。分别阐述市场主导型征信模式、政府主导型征信模式以及会员制征信模式,然后分析不同征信模式下隐私权保护的特点。第三章,个人征信中隐私权保护的立法模式。介绍统一立法模式以及分散立法模式,然后比较两种立法模式。第四章,个人征信中的隐私权保护原则。阐述隐私权保护原则的缘起与发展,介绍隐私权保护的一般原则以及特殊原则。第五章,个人征信中的隐私权保护机制。第六章,我国个人征信中隐私权的法律保护。阐述我国个人征信中的隐私权保护现状和问题,说明我国个人征信中隐私权保护立法的完善。

关键词:个人信用　信用制度　隐私权　法律保护

**2103**

**近代中国议会制度的源流** / 李云霖著 ; 陈晓枫指导. -- 武汉大学, 2009. -- 306 页

论文主要研究中国议会制度的历史与发展及分析中国传统与议会制度的冲突。论文共分八个部分。第一部分为导论,阐述了研究的意义,主要内容和思路、不同镜像的议会制度和研究方法。第二部分主要论述西方议会制度的理论、西方议会思想舶入中国的历程及其特征。介绍了议会的基本原则和议会的三大职权,即立法权、财证权及监督权。第三部分论述王权体制下的议会制度。介绍了晚清政治危机下立宪思潮和立宪团体的兴起及革命思潮和革命团体的兴起以及统治集团内部分化。介绍了民众诉愿与妥协即三次国会请愿以及《钦定宪法大纲》和《十九信条》的制度及其比较,并对资政院的制度建设与运作进行阐述。第四部分具体阐述三权体制下的议会制度及其发展:各省都督府代表会摄理国会及其活动,南京临时参议院的成立及其活动,北京临时参议院制度和中华民国国会的召开。第五部分阐述三权议会制度的变异与崩坏,介绍了议会制度变异的开始——袁世凯的御用国会;议会制度逐渐式微——国会的恢复与被解散;议会制度几近破产——沦为军阀工具的安福国会;议会制度的对峙——备受争议的护法国会;议会制度变乱与废弛——贿选宪法中议会制度;议会制度的末路——废弃法统时期的仿形议会。第六部分阐述五权体制下的议会制度。国民大会在创设以后不断发展,1947 年宪法中的国民大会由国民党统一包办,破弃宪法,行宪体制逐步走向宪政制裁。第七部分从文化的角度论述中国传统和议会制度的冲突,阐述了宗法专制思想、权力结构及其运行、威权体制以及法律工具与议会制度的冲突。第八部分为结语,主要是研究总结,建议以及展望。

关键词:议会制　传统文化　文化冲突　近代

**2104**

**宪法的现代性危机与中国宪法学的困境** / 梁成意著 ; 刘茂林指导. -- 中南财经政法大学, 2009. -- 290 页

论文致力于描述中国宪法学困境的当下表现,分析出现困境的历史原因,探讨走出困境的根本方法。全文共分为六章。第一章,导论。说明立法依据以及论文的结构安排,阐述论文的创新之处以及论文的研究意义和方法。第二章,宪法的现代转型。说明古典宪法与现代宪法的品格,阐述宪法的现代转型。第三章,宪法的现代性危机。首先阐述异化的内涵,说明现代宪法的伦理危机,然后介绍欧盟宪法,分析现代宪法历史观的危机,最后概述宪法文化的内涵,说明现代宪法形式品格以及内在品格的文化基础。第四章,中国宪法的品格与中国宪法学的范式。首先,分析中国宪法的品格:集体主义,然后说明中国宪法学的范式。第五章,中国宪法学的困境。首先说明中国宪法学困境的总体表现和具体表现,然后分析中国宪法学困境的根本原因是宪法学理论体系构成不明确、宪法政治哲学理论极度匮乏以及宪法解释理论不成熟,最后分析中国宪法学走出困境的基本路径是要秉承历史的研究方法,构建以事实判断为基础的普适性宪法概念以及要正确地对待西方宪法学。第六章,中国宪法学重构之尝试。说明中国宪法学本体论和认识论的重构,阐述中国宪法学方法论的转型:从以"辩护"为目的到"辩护"与"发现"并重,从以概念为核心到概念与问题互动,从一元的方法论到多元互补的方法论以及系统方法的运用。

关键词:宪法　法学

**2105**

**公民申诉权研究** / 廖曜中著 ; 李龙指导. -- 武汉大学, 2009. -- 143 页

论文在阐述申诉权基本理论以及现代公民申诉权现状的基础上,揭示了申诉权的深层内涵,并展望申诉权未来的发展。论文由四个部分组成。第一部分导言,介绍选题的动因和现实意义,公民申诉权的概念特点、研究路径以及国内外有关申诉权的研究现状,阐述公民申诉权的研究中心、重点、难点及可能的创新之处,说明研究方法。第二部分梳理公民申诉权的基本理论。从自然发展的角度定义申诉及申诉权的全新内涵,概括了申诉起源,并从人性的角度论述人类申诉的产生及历史发展趋势;比较分析传统申诉权、现实申诉权和自然申诉权,分析公民申诉力的个体差异性。第三部分剖析当代社会的申诉现状。结合历史和现实生活,揭示古往今来的社会申诉现状,尤其把作者观察生活的经验和社会工作实践结合起来,把通常意义上的"申诉"概念广义化,申诉内容涵盖当前社会申诉、控告、信访问题及一切要求社会改良,维护自己和他人合法、合理权益的行为。第四部分揭示申诉权的深层内涵,展望了申诉权未来的发展。把申诉与公民基本生活结合起来,提出申诉权是一项基本人权,也是一项基本人权保障权。从大量的案例、实例出发,论证保障公民申诉权的重大意义,论述我们的各项制度和建设从保障公民的申诉权出发,有利于社会文明进步,有利于人类社会和谐。

关键词:申诉　权利　人权　权益保护

**2106**

**行政内部监督法治化研究** / 廖原著 ; 石佑启指导. -- 中南财经政法大学, 2009. -- 226 页

论文以行政法为视角,吸收其他学科的研究成果对行政内部监督的基本理论进行探究,对域外国家的相关制度进行考察,就我国行政内部监督的成效与存在问题进行分析,并提出行政内部监督法治化的思路。全文共分为五章。首先,导论。主要介绍论文选题的缘由,评析该课题的研究现状及其不足,介绍论文的框架与基本思路、研究方法。第一章,行政内部监督法治化基本理论。首先概述行政内部监督的概念与特征,行政内部监督的原则、权利解构以及法律体系,然后阐述行政内部监督法治化的涵义、要素与功能,最后说明行政内部监督法治化的价值取向、目标定位与制度模式。第二章,行政内部监督的宪法基础。说明宪法对于行政监督权的配置,阐述宪法体制下的行政内部监督权力机构,然后介绍宪法体制下的行政保留与行政内部监督。第三章,国外行政内部监督考察。在阐述大陆法系国家以及英美法系国家行政内部监督的基础上,对这两大法系行政内部监督进行比较,并提出对我国的启示和借鉴。第四章,我国行政内部监督的成效与问题。第五章,我国行政内部监督法治化的构想。首先行政内部监督的更新以及行政内部监督体制的革新,然后说明行政内部监督机制的创新与行政内部监督立法的完善,最后阐述行政内部监督制度的保证。

关键词:行政权力　监督　行政法

**2107**

**全国人大常委会监督权研究** / 廖哲韬著 ; 周叶中指导. -- 武汉大学, 2009. -- 155 页

论文讨论了全国人大常委会监督权的基本问题,

并针对这些问题对完善全国人大常委会监督权制度提出了一些建议。全文共分为五章。第一章阐述了全国人大常委会监督权的基本理论问题，包括其概念、性状、地位、基本特征、主要功能、构成要素及与其他职权的关系，澄清了前提性问题。第二章从历史和国际纵横两个角度对全国人大常委会监督权与历史上相近制度（中国古代监督权及孙中山的监察权思想）以及与西方资本主义国家议会监督制度进行了比较，从中得出一些基本结论并在比较中对全国人大常委会监督权进行了再认识。第三章分析了全国人大常委会监督权体系，其监督内容分为法律监督和工作监督。法律监督包括立法监督及执法监督。工作监督分为：听取工作报告和汇报、质询、视察调查等。并论述了财政监督权、特定问题调查权、质询权和规范性文件备案审查权。分别分析了这四种权力的概念、比较研究、现状及改进的构想。第四章探讨了全国人大常委会监督权在行使过程中必须面对的权力关系，剖析了其与执政党权力、行政权和司法权之间的关联。第五章说明了全国人大常委会监督权所面临的困境及其出现的原因，并对如何摆脱此困境提出了自己的建议。即提高全民对全国人大常委会监督权的认识，正确处理好党与人大的监督关系，加强全国人大常委会自身的监督能力。

关键词：全国人民代表大会常务委员会　监督　权力　宪法

**2108**

**浙江省宪研究** / 林孝文著 ; 汪太贤指导. -- 西南政法大学, 2009. -- 271 页

论文对浙江省宪运动进行研究。全文共分为七章。第一章，绪论。说明论题与领域，介绍论文的研究思路，阐述研究方法是区域史研究法和宪法文本研究法。第二章，浙江省宪的缘起。首先介绍浙江省制改革与浙江现代省宪的制度基础，然后介绍联邦思想在中国的兴起以及联邦思想在浙江的传播，最后阐述省域主义的崛起与省籍意识，介绍浙江省域主义的兴起以及浙江省宪的相关内容。第三章，首先说明制宪前夕浙江的政局与舆论，介绍“九九宪法”是法团参与制宪的首创，分析“三色宪法”是全民制宪的先声，说明《省自治法》是应时之作。第四章，主要阐述浙江省地方实力派围绕省宪所展开的争斗。第五章，介绍浙江省宪基本内容及相关评述。首先阐述制宪的基本精神：省自治主义，然后说明省宪对公民基本权利的关切，包括基本权利体系的完备、基本权利意识的前卫以及对基本权利体系的评析，最后，说明省政的基本框架：三权分立，抑或五权宪法，说明省议院、省长、省政院的组成及职权，介绍去检察制与三级三审制两种司法制度以及审计院制度等。第六章，省宪主义的命运。阐述浙江人对省宪的想象以及浙江省宪的终结，然后说明制宪德性的缺失以及宪法方案的破产，最后介绍中国近现代的省宪幽灵，分析省宪主义的实质。第七章，结论。

关键词：宪政运动　法制史　浙江

**2109**

**流动人口权利保障的宪政研究** / 刘高林著 ; 周叶中指导. -- 武汉大学, 2009. -- 182 页

论文以中国国家转型的宪政研究进路为基础，对流动人口现实的权利现状、户籍制度和权利保障的现实困境进行了研究。全文共分为四个部分。第一部分，梳理流动人口的权利现状，发现流动人口的权利存在普遍受侵害的问题，主要表现在权利受侵害主体的广泛性、权利受侵害主体的多样性、权利受侵害主体的制度性上。第二部分，分析建国后户籍制度的发展演变，指出了城乡二元结构在中国早就存在，但城乡二元差距的拉大却因改革开放更加突出，并且衍生出了收容审查等之类的制度。户籍制度本身是中性制度，却因特定的历史原因被作为制度连接点附加了许多社会控制功能，因此废除户籍制度只是“治标不治本”，甚至后果更加严重。第三部分，剖析流动人口权利保障的现实困境，揭示出权利保障依赖于权利的组织体系，由于在全能主义国家向宪政国家的转型中，权利组织体系因为当前的中央和地方关系没有得到宪政化的解决而出现了步调失衡的转型综合征，导致流动人口因其自身的流动性而溢出了权利组织的体系之外，最终权利难以获得应有的保障。第四部分，对论文的结论进行了总结，针对当前的流动人口问题提出理论判断及针对性解决的战略思路，力求在远近结合的宪政建设战略中重建国家秩序。

关键词：流动人口　权利　公民权　宪法

**2110**

**行政法视野下的社会救助** / 刘琳著 ; 马怀德指导. -- 中国政法大学, 2009. -- 165 页

论文从社会救助产生的基础出发，以权利义务关系的视角为中心，以行政法的原理为工具，就社会救

助的主要内容进行探讨,对如何完善该制度提出一些建议。全文共分为五章。首先,序言。交代选题的缘起,对社会救助及与之相关的几个概念做简要分析,并对现有的文献做简要评述。第一章,探讨"社会救助的责任主体:国家"。首先梳理英国社会救助从民间走向官方的历史脉络,然后讨论国家应如何承担其社会救助责任,说明中央政府和地方各级政府如何分担这些责任是问题的关键。第二章,围绕社会救助权,分析社会救助权的法律性质与保障社会救助权应当坚持的原则,并选取社会救助法征求意见稿中的基本原则作为讨论对象,提出几点建议。第三章,从社会救助的立法目的出发,探讨社会救助的目标定位与标准制定。需要明确的目标定位的界限,需要对社会救助标准进行彻底的改革,促使其规范化,确保社会救助能发挥其促进公正的功能。第四章,围绕社会救助实施中的问题展开讨论,提出要在程序中给予相对人足够的尊重。首先分析实践中存在的骗保、应保未保与救助对象主动不就业等问题存在的原因,发现程序上的不足是很重要的原因。最后提出改善调查和听证程序的几点建议。第五章,讨论社会救助的纠纷解决机制,旨在发现一种简单快捷且成本较低的救济程序。

关键词:行政法　社会救济

**2111**

**行政审判依据研究** / 刘行著 ; 高家伟指导. -- 中国政法大学, 2009. -- 231 页

论文从行政审判依据的宪政分权原理维度入手,以实现影响行政审判实践的各种因素为背景,围绕行政审判依据在行政诉讼过程中的三个环节,通过分析现行行政审判依据制度的实践状况,创建符合宪政安排的行政审判依据框架以及运行规则体系。论文共分为六章。导论阐述选题的背景与意义,研究对象的界定和研究方法。第一章行政审判依据的理论基础,介绍宪政分权原理、司法独立性和能动性原理以及法律渊源理论。第二章行政审判依据的实践背景,讨论了影响行政审判依据的政治、体制、社会以及价值因素。第三章行政审判依据的发现,阐述审判依据的寻找、识别、定位以及几个灰色地带。第四章行政审判依据的选择,阐述了行政审判依据审查的必然性,域外法律规范司法审查的制度与经验,以司法为视角讨论我国法律规范审查现状与问题及行政法律规范冲突的选择。第五章行政审判依据的适用,介绍审判依据的解释,包括法律解释及其必然性,法律解释权配置,法律解释的基本原则,法律解释方法及其优先性以及不确定法律概念的司法审查。讨论审判依据为何需要援引,援引哪些法律规范以及如何援引行政审判法律适用。分析法律漏洞,指出法官在法律漏洞化解中的地位以及法律漏洞的填补。第六章行政审判依据的错误及其救济,介绍了行政审判依据的错误(包括错误的内涵及原因)以及类型,行政审判依据错误的救济以及依据错误与法官的责任。

关键词:行政诉讼　审判　法律适用

**2112**

**论行政诉讼中诉的利益** / 刘亚凡著 ; 杨建顺指导. -- 中国人民大学, 2009. -- 233 页

论文采用系统分析的方法,梳理诉的利益的基本理论,以广义诉的利益为研究框架,从与民事诉讼相关理论的对比和借鉴中,力图找到诉的利益在行政诉讼理论体系中的地位和作用。全文共分六章。第一章对选题的意义和创新、研究现状与文献综述、研究方法与研究框架等问题进行梳理和介绍。第二章探讨了诉的利益的基础理论。包括诉的利益的概念、性质及功能,诉讼目的论与诉的利益诉权论与诉的利益、诉讼要件论与诉的利益。第三章探讨了客观诉的利益,在对英美法系和大陆法系主要国家审判权界限的理论与实践进行梳理和讨论的基础上,对我国行政诉讼受案范围的法规范、理论与实务做出反思和评析。第四章探讨了主观诉的利益,其理论框架依次为权利和法律上的利益论、权利、利益受侵害和行政行为之间的关联性论、原告对权利侵害的主张,并以上述框架为基础,对我国原告资格的相关规范、理论与实践进行了反思和检讨,针对"合法权益"的基准、"利害关系"的基准、"行政行为与侵害之间的因果关系"等为题提出见解。第五章探讨了狭义诉的利益。学术上探讨较多的欠缺狭义诉的利益的情形有"无效率的权利保护""无益的权利保护"和"滥用的权利保护"等。其中,"无效率的权利保护"可分为"原告可自行实现目的""存在更为简便的救济途径""诉讼类型选择不当"等情形。"无益的权利保护"可分为"行政行为已经终结""行政行为已被变更或补救"等情形。"滥用的权利保护的情形"主要是"民事诉讼中的权利保护滥用""行政诉讼中的权利保护滥用"。第六章为诉的利益的课题展望,主要交代了论文尚未解决的若干问题,包括客观诉讼中诉的利益问题、具体诉讼类型中诉的利益问题、上诉、再审之诉等程序中诉

的利益问题以及诉的利益的裁判问题。

关键词:行政诉讼　起诉　权利

2113

**宪法与宗教的对话:论宗教自由之宪法图像** / 刘祎著 ; 王广辉指导. -- 中南财经政法大学, 2009. -- 308页

论文以宗教自由作为基本权利研究对象,对条文简约,内涵丰富的宗教自由条款做出类型化的论述,以及对理清宗教自由所含括的基本权利图像进行研究。论文共分八章。第一章导论论述研究动机,研究目的,研究综述等。第二章论述宗教自由之政治基础。重点在于理清宗教自由之政体背景。重述法治国理论发展脉络,归纳法治国之要件,展望未来法治国发展趋势,最后提出作为宗教自由政体框架的法治国所应当具备的内涵。第三章阐述宗教自由的概念。考察宗教学上宗教的概念,并且从宗教与自由权利,宗教自由与思想良心自由以及宗教自由的概念方面阐述宗教自由概念。第四章阐述宗教自由的法理形成,探讨宗教自由之受宪法保障的法理根据,以及宗教自由的宪法价值和宪法保障理由。第五章讲述宗教自由的权利内涵便是基本权释义学的发展。包括基本权利叙事的立场,作用论,基本权利主体以及宗教自由的主观法功能和客观法功能。第六章主要阐述宗教自由的宪法对话,主要从美、日、德宪法案例探寻人民与国家对宗教自由的形成期待。第七章探究宗教自由的中国道路,对宗教立法进行检讨和建议。从宗教发展的状况简述,宗教立法的规范层次,宪法宗教条款的意涵等方面进行阐述分析。其次,在厘清概念后,对我国宗教自有保障之现状及问题做出归纳;继而分析我国宗教信仰自由问题产生的根本原因;并对目前最重要的宗教立法《宗教事务条例》之关键条文做公法学分析;最后,总结前述主要论点并对宗教信仰自由在中国的实现道路,提出若干进步建议。第八章结论。

关键词:宪法　宗教　自由　权利

2114

**服务行政法论要** / 陆伟明著 ; 莫于川指导. -- 中国人民大学, 2009. -- 164 页

论文对服务行政法的构建进行探讨研究。全文共分为六章。首先,引言。说明服务行政法研究的理论和现实意义,介绍研究方法和文献综述。第一章,行政革新及其行政法治发展的意义。首先介绍引人关注的行政改革与创新,然后说明行政革新的行政法治发展意义。第二章,服务性政府与服务行政。阐述服务性政府的基本原理和基本内涵。第三章,服务行政的方式。比较分析公法形态与私法形态的服务行政。第四章,行政法的适应性。阐述现代行政法的发展以及行政国家行政法的特点,说明当代行政法的革新以及当代行政法的特点。第五章,服务行政法的构建。首先说明传统行政法价值目标的模糊性 ,阐述当代行政法的终极目标,然后说明服务行政对法律优先原则的影响,分析服务行政对法律保留原则的影响,继而介绍我国行政组织法制的检讨,说明要建立符合服务行政要求的行政组织法体系,阐述我国行政作用法制的现状,提出建设符合服务行政要求的行政作用法体系,最后说明我国行政监督救济法制的现状,探讨服务行政背景下行政监督救济法的完善。第六章,服务行政的合法性标准。首先探讨服务行政是否违反法律的明确规定,是否滥用裁量权,是否违反一般法律原则。然后介绍服务行政的实体合法性标准以及程序合法性标准。

关键词:行政法　国家行政机关　行政管理

2115

**行政法视野中的排污权交易制度研究** / 栾志红著 ; 杨建顺指导. -- 中国人民大学, 2009. -- 202 页

论文主要对行政法视野中的排污权交易制度进行研究。全文共分为七章。首先,导论。介绍选题的理论意义及实践意义,分析国内外研究现状。第一章,排污权交易制度的概念。阐述关于排污权交易概念的主要学说,介绍排污权交易制度的概念。第二章,排污权交易制度在大气污染防治法领域的实践。分别阐述在美国以及其他部分发达国家和地区、国际法领域和我国的情况。第三章,排污权交易制度的类型和模式。介绍削减信用计划、平均额度计划以及总量规制型排污权交易计划三种基本类型,分析不同类型的排污权交易体系所包含的基本要素。第四章,排污权交易制度的法律基础。首先分析排污权交易制度的合宪性问题,然后说明排污权交易制度应当遵循法律优先和法律保留的原则。第五章,排污权交易制度与程序保障。第六章,排污权交易体系的建立与司法审查。首先,说明谢弗林案发生的背景与事实概况,总结谢弗林案的结论,然后,阐述谢弗林判例对建立排污权交易制度的意义,最后分析大陆法系国家和

地区面临的问题。第七章,排污权交易实施后的重新规制。首先明确规制目标是要不恶化区域环境质量,保护第三人的合法权益以及要促进竞争,然后阐述确定或设置规制机构以及规制形式的选择,最后阐述如何对规制者进行规制,

关键词:排污　费用　行政法

**2116**

**法治的生活之维** / 罗丽华著 ; 李龙指导. -- 武汉大学, 2009. -- 186 页

论文介绍法治应该如何与生活相融合。全文共分为四章。首先,导论。介绍法治为什么要关注生活,“生活”的法治与“法治”的生活的特定内涵以及从生活的角度理解法治的理论和逻辑基点。第一章,对法治追根溯源,得出法治在生活中产生,在生活中发展,在生活中生成,法治本就是“生活”的法治。“生活”的法治遵循特定的意旨,制度层面的法治以权力和谐为中心,理念层面的法治将以人为本作宗旨,文化层面的法治以法律信仰为基石,三者有机结合才能使“生活”的法治在生活中实现。第二章,从文化视角、历史视角、价值视角对生活进行解读,得出生活由自在向自觉、由日常生活向非日常生活转化并最终实现两者和谐统一的必然性;法治在不同历史阶段的生活所处的地位不同,从原始社会的没有“法治”到传统社会的无需“法治”再到现代社会的生活在“法治”之下,印证了“法治”生活的必然性以及优越性。第三章,在考察法治与生活价值的基础上,得出自由与秩序是法治与生活的共同价值目标和价值基础。第四章,通过分析中国法治难以进入“生活世界”的原因来探讨中国法治进入“生活世界”的路径。中国法治要真正走进“生活世界”,必须通过“文化路径”“社会路径”“个性路径”来实现“生活世界”的重建。

关键词:法治　法制　法的理论　日常生活

**2117**

**法治政府视野下我国司法审查制度的完善** / 罗欧著 ; 林莉红指导. -- 武汉大学, 2009. -- 153 页

论文以我国司法审查制度为研究对象,对法治政府视野下我国司法审查制度的完善进行研究。全文共分五章。第一章对司法审查制度进行概述。对司法审查与行政诉讼概念进行比较,分别阐述了行政诉讼的概念特征,司法审查的概念特征,两个概念的异同以及取舍分析。对司法审查的目的,主要任务,功能理论基础溯源及其价值取向流变也进行了分析。第二章分析了国外司法审查制度的演变。包括大陆法系行政诉讼制度与法治进程研究,有法国和德国的行政诉讼制度演变。也包括英美法系司法审查制度与法制进程研究,有英国和美国的司法审查制度演变。第三章阐述了法治政府建设视野下中国行政诉讼制度演变研究。从中国行政诉讼制度演变历程,完善我国行政诉讼制度的社会历史背景和完善我国司法审查制度的初步构想三个方面进行阐述。第四章分析了法治政府视野下我国司法审查范围的完善,包括司法审查范围的概述,司法审查范围与行政诉讼原告的关系,各国司法审查范围之比较研究和法治政府建设与司法审查范围完善四个方面。第五章分析了司法审查的几种特殊对象。主要包括国家行为的可诉性分析,抽象行政行为的可诉性研究,内部行政行为的可诉性分析,行政终局裁决的可诉性研究,以村委会为例的准行政组织司法审查研究和非诉行政执行案件司法审查研究六个方面。

关键词:司法制度　司法监督　法治　行政诉讼

**2118**

**民事检察权研究** / 倪瑞兰著 ; 秦前红指导. -- 武汉大学, 2009. -- 160 页

论文通过对否认民事检察权合理性的观点进行分析,论证民事检察权存在的合理性,对我国民事检察权的发展脉络进行概括,在对世界各国民事检察权进行比较分析的基础上指出我国现行民事检察权存在的问题与不足,并提出相应的完善建议。论文共分八部分。第一部分为导论,主要介绍选题背景,选题意义,研究现状,研究方法和语义说明。第二部分为民事检察权概述,通过对检查权的概念、特征及性质的论述和分析,明确了民事检察权的含义及特征,分析了检察权、检察机关法律监督权与民事检查权三者的关系,阐明了民事检察权的内容和行使的原则。第三部分为民事检查权的历史沿革。主要论述了清末民事检察权产生以后,我国各个历史时期检察权的发展变化特征,内容及特点。第四部分主要为民事检察权的比较法考察。主要阐述了前苏联以及大陆法系,英美法系的一些代表性国家民事检查权,通过对其内容,监督属性,规定民事检察权的法律类型,检查机关在民事诉讼中的地位和介入民事诉讼的案件范围等进行比较分析,得出完善我国民事检察权的一些启示。第五部分主要从当前民事检察权的两种观点出

发:一种主张取消或限制检察机关的民事检察权;另一种是主张强化检察机关的民事检察权。强调民事检察权的行使要在效率与公平之间找到平衡点,并进一步论述了民事检察权的正当性。第六部分主要针对我国民事检察权行使中存在的监督范围狭窄,方式单一,缺乏配套权力,效力难以保障等一系列问题,分析其产生的原因在于立法不完善,检察机关自身不够重视等,提出应通过完善立法,加大民事检查工作力度等方式来解决上述问题。第七部分主要对民事检查监督方式进行研究,具体阐述了民事检察工作中的两种方式:抗诉和检察建议。第八部分对民事检察权进行拓展,主要对我国检察机关为加强对民事诉讼活动的监督,尝试行使的民事公诉权和民事执行权进行探讨。

关键词:检察机关　权力　民事诉讼

**2119**

**走向大一统:中国传统治国模式的生成:从黄帝至秦汉** / 潘传表著 ; 李龙指导. -- 武汉大学, 2009. -- 163 页

论文从历史演变的角度描述了从黄帝到秦汉这段时期中国治国模式(即大一统模式)的生成过程。中国的大一统,包括两个方面的内容。其一是政令法令的统一,其二是疆域的统一。全文共分为五章。第一章,论述大一统思想的历史演变,从战国时期("九州"与"五服")到汉代公羊学派(尊王、王道政治、夷夏之辨、独尊儒术),并分析大一统的历史角色(理想蓝图、制度体系、治国模式)。第二章,论述地理因素对制度发展的影响。阐述三个相关理论及地理环境产生作用的方式。分析中国古时的地理环境(地形、气候)对历史的影响。第三章,论述民族和国家的凝聚过程。从传说时代的部族,经历夏商周,再到春秋战国礼崩乐坏,列国兼并,最后秦承其利,一统天下。不是血统,也不是地域,而是文化把我们的民族和国家凝聚成一个共同体。第四章论述大一统国家的治理之术的演进。首先分析郡县取代封建,意味着分权政治的结束和中央集权政治的开始。其次分析王道和霸道的结合,霸道能弥补王道的不足,王霸合流,表明治国倒数的成熟,是历史的必然。第五章,论述王权合法性标准的演变。主要体现在禅让说和革命论两种学说上面。总的来说,武力和强制不构成王权合法性基础,天命、民心以及贤能才是王权合法性的基础。

关键词:政治制度　政治文化　法治　传统文化

**2120**

**政府信息公开例外制度研究** / 彭志著 ; 冯军指导. -- 中国社会科学院, 2009. -- 113 页

论文采用比较法学方法,文献整理,法条以及案例分析法等,以政府权力的规制理论为基石,中外政府信息公开立法比较为视角,以公开与保密的对立统一关系为线索,对政府信息公开例外相关重要理论和制度问题进行探讨和研究。全文共分五章。在导言部分,阐述研究政府信息公开的例外的目的和意义,现状和趋势,范围和方法。正文第一章阐述政府信息公开例外制度的背景和概念,分析政府信息公开制度的产生和发展,历史背景以及意义。同时阐述政府信息公开"公开最大化"原则的相关规定,理论基础以及重要意义。同时解释例外制度的含义和分类。第二章分析政府信息公开例外的主要内容。公开的对象包括义务主体,载体要求以及公开信息与政府的关系。从美国,英国,法国,日本四个国家分析对公开例外的不同规定以及一般内容。第三章讲述政府信息公开例外的起源和基础。包括古代国家和近代国家的保密权利以及不公开权利的基础。第四章阐述政府信息公开例外的规制,包括公开例外设定的基本原则,平衡机制,限制政府的保密性,监督机制以及救济机制。第五章分析我国政府信息公开例外的设定及实现。从我国政府信息公开制度的历史发展和现状的角度出发,分析《政府公开条例》中的例外规定及存在问题,以及提出关于完善我国例外制度的对策。

关键词:国家行政机关　信息管理　行政管理

**2121**

**统治权研究** / 钱宁峰著 ; 陈晓枫指导. -- 武汉大学, 2009. -- 235 页

论文通过比较研究等方法,以统治权为研究对象,对统治权各个层面进行论述。导论部分阐述统治权研究的缘由、现状、范围、意义、方法和结构等方面内容。正文部分分为五章。第一章统治权概述,对德语、日语和汉语中的统治权及相关词汇进行分析,介绍统治权的定义,统治权的宪法特征(独占性,至上性和支配性),以及统治权的价值功能。第二章近代中国统治权诸形态,阐述三大统治权形态,分别有君权形态,总统权形态和党权形态,以及统治权诸形态的历史根源。第三章近代中国统治权与立宪主义,讲述统治权与立宪主义之间的关系,包括统治权与国民主权之关系,统治权与基本权利之关系,统治权与权力

分立之关系,统治权与法治之关系。第四章主要讨论近代中国统治权与国家诸权运行之间的关系,分析统治权的现实运作。从君主宪制,总统宪制,政党宪制和法统正当性阐述统治权诸形态与宪制,从议会组织的退化,议会功能的形式化和统治权与立法过程阐述统治权与立法权,从统治权与行政权之归属和责任政府的变异,阐述统治权与行政权的关系。从司法的权威来自于统治权和统治权危害司法独立,阐述统治权与司法权的关系,以及统治权与考试权,监察权的关系。第五章统治权相关问题之分析,通过与近代德国和日本相比较,分析近代中国统治权相关问题,揭示这种权利形态存在的独特性。内容有统治权的"扬弃",统治权与大权政治制,统治权与法律实证主义以及统治权与国家观的构建。结束语对新中国建立以后权力结构的变迁进行反思,进一步提出防止权力过分集中的完善措施。

关键词:宪法　统治权　权力结构

**2122**

**我国宪法人权条款研究** / 秦强著 ; 韩大元指导. -- 中国人民大学, 2009. -- 233 页

论文对我国宪法人权条款进行分析研究。全文共分为五章。第一章,人权条款的规范界定。说明人权价值的规范体现,介绍人权规范的基本形态,最后介绍人权条款的文本表达。第二章,人权条款的规范模式。首先分别介绍外国宪法和我国宪法文本中的人权条款的设置模式,然后分析人权条款与宪法序言、宪法总纲、基本权利条款、宪法但书条款以及基本义务条款的关系。第三章,人权条款的规范性质。介绍人权条款的规范形式,界定人权条款的性质,阐述人权条款的推定功能。第四章,人权条款的规范结构。首先说明人权条款的逻辑构成是由逻辑主体、逻辑客体以及逻辑内容三部分组成,然后阐述人权条款的双重结构,说明人权条款双重结构结论及其制度背景,阐述"国家尊重人权"以及"国家保障人权"的规范含义,最后说明整体性人权观的基本含义和文本体现与国家人权义务结构的复合性。第五章,人权条款的规范效力。首先介绍人权条款的效力形态,然后阐述人权条款对立法机关的效力,分别介绍立法机关的人权立法义务以及人权立法义务的法律属性和位阶要求,说明行政机关的人权保障义务和保障方式,最后分析人权条款对司法机关的效力以及人权条款的效力保障,说明司法机关的人权救济义务,以及人权条款对司法机关的规范要求和人权条款的司法适用性问题。

关键词:宪法　人权

**2123**

**英国反就业歧视法研究:以两性工作平等为中心** / 饶志静著 ; 周伟指导. -- 上海交通大学, 2009. -- 109 页

论文在阐述英国在保障两性工作平等制度所采取策略的基础上,论文针对我国就业歧视法律救济机制的缺失提出了应对策略。全文共分为六章。首先,引言。介绍选题的研究目的、研究方法与论文架构,阐述国内外研究现状。第一章,从就业性别歧视和两性工作平等两个方面梳理性别歧视的基本理论。第二章,介绍英国促进两性工作平等的立法概况。对两性工作平等的立法背景以及两性工作平等的法律渊源进行概述。第三章,表述英国两性工作平等制度的基本内容。英国保障两性工作平等制度是从消极的立法到积极立法,实现了从简单禁止性别就业歧视到积极立法对于女性就业加以保障而且国家在推动性别平等作用上不断强化,推动策略上采取渐进式。第四章,提出英国两性工作平等制度的重要议题。英国对于禁止就业性别制定大量的法律。对于同工同酬、性骚扰、母性保护等进行详尽和周密的规定。此外还规定直接歧视、间接歧视、骚扰和受害等四种歧视形态,禁止在雇佣关系中各个阶段的任何歧视。第五章,详细阐述英国两性工作平等制度的救济途径与推动策略。主要讲述劳动咨询调解仲裁委员会的救济以及就业法庭两种救济途径,并且介绍平等及人权委员会、妇女及平等小组以及行政部门的方案对于两性工作平等制度的推动作用。第六章,分析英国反性别歧视立法对我国的启示,并且针对我国就业歧视法律救济机制的缺失提出了应对策略。

关键词:劳动法　就业　男女平等　英国

**2124**

**我国保密立法若干问题研究:以修改《中华人民共和国保守国家秘密法》为视角** / 孙光明著 ; 李林指导. -- 中国社会科学院, 2009. -- 129 页

论文以"保密立法"为题,旨在加强新形势下我国保密立法研究,深化对保密工作的理论认识,为国家立法部门提供相关立法建议,推动我国保密法制建设。全文共分为六章。第一章,导论。第二章,我国保密立法的历史与现状。说明我国保密立法的起源;阐述我国古代及近代保密立法的演变,分别说明唐

朝、明朝、清朝、半殖民地半封建时代的保密立法；介绍新中国的保密立法；最后分析我国保密立法的发展规律。第三章，我国保密立法修改的背景、重点、难点。首先阐述我国保密修改的背景；然后分析我国保密法修改的重点问题，最后探讨我国保密法修改的难点问题：保密规章制定权问题、涉密人员权益问题以及保密系统垂直管理问题。第四章，我国保密法关于“国家秘密”的界定。阐述国家秘密的法律属性；介绍对保密法中“国家秘密”法律定义的完善；最后说明信息公开与保密的关系。第五章，我国保密法中的订密制度和保密管理制度。说明保密法的保密范围，介绍保密法的定密制度与解密制度，阐述保密法关于国家秘密的知悉范围，分析保密制度中存在的主要问题，最后说明完善我国保密管理制度的思考与建议。第六章。我国保密法律责任。首先阐述我国保密法律的责任，然后说明我国保密法中法律责任的完善。

关键词：保密法　立法　修订

**2125**

**言论自由与人格权的协调实现：以名誉权的法律保护为例** / 孙平著 ; 童之伟指导. -- 上海交通大学, 2009. -- 176 页

论文以名誉权的法律保护为例，以言论自由与人格权的协调实现为研究对象，探究言论自由与人格权的共同实现问题。论文包括引言部分和五章的正文部分。引言部分概述了言论自由与人格冲突的普遍性及其在中国的表现，对前人的研究成果进行梳理并对此提出了问题。第一章介绍了政治协调方式的起源及其缺陷，从宪法文本中的人格权和言论自由及其演变过程出发，指出新闻传播机构成为了事实上的国家权力机关，并阐述政治协调方式的特点、作用和缺陷。第二章通过分析法治协调方式的宪法和立法基础中的问题，探讨人格权法律保护体系的建立及其不足、言论自由法律保护制度的建设及其挫折、言论自由法律保护制度的结构性失衡等问题。第三章主要论述实践中的权利协调方式，对法治协调方式在司法实践中的发展和所遇到的困难，及其在实践中的各种问题进行了分析，并提出新时期的政治协调方式是以舆论督导为核心的政治协调方式。第四章探究域外国家和地区权利协调方式的基本经验，发挥言论自由法律保护制度的基础作用，对诽谤罪进行的革新和名誉权法律保护制度的第二次改革，并加强人格权保护的及其限度，实现两次权利协调。第五章总结性地提出了为解决言论自由与人格权的冲突，我国应发挥宪法、立法和司法的作用，努力协调实现基本权利的平衡保护。

关键词：言论自由　人格　权利　公民权　宪法

**2126**

**国民大会制度研究** / 汤海清著 ; 陈晓枫指导. -- 武汉大学, 2009. -- 151 页

论文在社会历史背景、理论基础、制度设计、职能实现、与党国体制关系、命运及其当代启示六个方面研究了孙中山的国民大会制度。论文共分为六章。第一章从宪政历史、社会背景和中国传统政治文化等几个方面对国民大会制度产生的前提条件做了分析，旨在说明国民大会作为一种制度创新出现于现代中国的必然性。第二章重点从孙中山的政治理想、五权宪法理论和孙中山国民大会思想的演变历程等方面对国民大会制度的理论基础做了论述。第三章内容为国民大会的制度设计，对国民大会的性质、地位、组织原则、权力结构和选举制度等内容做了叙述和分析。第四章从职能预设、立法权、监察权，地方自治等方面分析了国民代表大会的职能。第五章分析国民大会制度与党国体制的关系，从中国的政党文化入手，对国民党的执政理念、国民党党国体制的形成及党国体制对国民大会制度的影响等方面做了分析。第六章总结了前五章的内容，在比较的基础上，对国民大会的历史地位做了评价，从时代背景和制度自身结构等方面分析了国民大会被取消的原因。第六章将国民大会制度与我国的人民代表大会制度进行比较和分析，为我国的人民代表大会制度的进一步完善和中国宪政民主的发展提供有价值的参考意见。余论部分对国民大会制度做了更进一步的分析，提出国民大会制度因为自身定位的模糊和结构的不合理而最后走出了历史。

关键词：法制史　宪法　政治制度　孙中山　民国

**2127**

**霍布斯公民科学的宪法原理** / 汪栋著 ; 王人博指导. -- 中国政法大学, 2009. -- 187 页

论文通过研究霍布斯公民科学中的自然权力论和宪政论论证了霍布斯公民科学的宪法原理。全文共分八个部分。第一部分为导言，简要介绍霍布斯公民科学的内容及其解读，介绍自然权力论及宪政论。第二部分主要介绍科学，语言，帕多瓦方法论的内容以

及公民科学的内容,基础与起源。第三部分主要介绍自然哲学,物体和运动,心理学,意志与秩序,人与政治的内涵。第四部分主要通过介绍权力概念的起源及演变,意志与绝对权力以及权力的放弃与转让来阐述自然权力。第五部分通过介绍契约的早期渊源,中世纪的契约论以及契约的新概念阐述契约概念的重构,并介绍人为国家的产生,主权的绝对性以及约定的道德。在霍布斯看来,人的本质并非社会动物,主权只是人实现其福祉的工具。第六部分阐述人为国家下自由民主政体的特点是人人生而平等,同意优先于智慧和不可剥夺的权利。介绍了交易关系与宪法程序,权利制衡与新共主义这两种冲突处理机制以及国家与宗教。第七部分主要阐述《对话》与普通法的介绍,阐述法律的定义、形式和实质及普通法与法官的作用,阐述实证主义的自然法、民约法和实在法及施米特问题。第八部分为综述与结论,阐述绝对主权的宪法约束。

关键词:霍布斯(Hobbes, Thomas) 公民 宪法 法的理论

**2128**

**就业中的前科歧视研究** / 王彬著 ; 周伟指导. -- 上海交通大学, 2009. -- 108 页

论文采用了文献资料法、实证调查法、比较分析法等对就业中的前科歧视问题进行了研究,以上海有犯罪前科公民就业状况为调查对象得出有前科公民在就业中的差别对待现状,后以理论为支撑重点探究了对前科公民差别待遇是否合理的问题。全文共分七部分。第一章对有前科公民就业歧视现状进行了实证研究并阐述了我国现有法律法规对有前科公民就业资格的限制。第二章简要概述了前科歧视的定义及其构成。第三章对禁止前科歧视进行了合理性分析,包括前科歧视差别待遇的合理性判断,美、德两国关于差别待遇合理性的审查标准以及借鉴比例原则分析对有前科公民差别对待的合理性。第四章对禁止前科歧视进行了学理分析,分别从前科歧视的本质、禁止前科歧视的关键、前科歧视的根源以及禁止前科歧视的必要性方面展开论述。第五章比较和借鉴了各国和地区关于前科公民就业歧视的立法和实践,得出对中国相关立法的启示。第六章提出保障有前科者不受歧视的法律对策。即立法保障方面应明确禁止前科歧视、逐步修改或废除现行限制或剥夺有前科公民就业资格的法律法规;平等权的执法保护方面应加强行政机关的保护,建立专门的反就业歧视执法机构;平等权的司法保护方面应建立健全前科歧视的司法救济制度。第七章为结论与前瞻。

关键词:劳动就业 平等 公平

**2129**

**改革中的先行先试权研究** / 王诚著 ; 叶必丰指导. -- 上海交通大学, 2009. -- 132 页

论文以先行先试权为研究对象,围绕综合配套改革中的先行先试权展开研究。全文共五章。首先,导论。介绍选题的研究缘起与视角、研究任务、研究思路与框架、研究意义与研究方法以及研究文献综述。第一章,阐述改革语境下的先行先试的性质。第二章,梳理基于外部观察的先行先试权的类型,包括先行规定权、变通规定权、作为立法权的先行先试权、作为执行权的先行先试权。第三章,明确法治国家所要求的先行先试权边界。说明基于法律优先原则的边界、基于法律保留原则的边界以及基于比例原则的边界。第四章,结合实例分析说明做出先行先试授权方式的合法性。第五章,讲述保障名义下的先行先试授权。除了合法性,通过对授权决定的仔细研读,对于授权决定内容上的瑕疵,如不够明确的用词,如何选择授权方式以及如何有效监督授权等问题进行检讨并提出了相应的建议。最后,通过对先行先试权在实践中运用的观察,指出以先行先试为主要策略的中国改革,和法治之间往往存在难以协调的冲突。事实上,先行先试具有发现"法律"的独特宪政与法治价值,不能轻言放弃,需要在今后的改革中继续坚持这一试错策略,考虑到中国的特殊国情和现实背景,由有权主体做出授权并辅之以法治国家的基本原理作为规范权力行使的边界,或许是解决冲突的一种较为适宜的选择。

关键词:宪法 行政法 法治 体制改革

**2130**

**论中国侦查权的配置、控制和保障:以宪政为视角** / 王德光著 ; 李龙指导. -- 武汉大学, 2009. -- 220 页

论文从侦查权的宪政的视角对宪政社会下中国侦查权在配置,控制以及保障方面的重要性及相关现状进行研究,并提出相关的改进建议。论文由五部分组成,第一部分介绍侦查权的概念,功能与作用,并介绍宪政下的侦查权的特点、原则以及宪政与侦查权的内在关系。第二部分阐述侦查权配置的内容与意义,阐述了侦查权配置的基本原则:侦查权法定授权原

则,侦查权主题职能应覆盖所有犯罪原则以及侦查权的实施受制约的原则。阐述了侦查权配置的具体要求:侦查与控诉一体化及侦查一体化,需根据案件侦查难度与特点配置侦查权,侦查主体不可泛化但也不宜过分集中,并要发挥社会调查资源。对各国侦查权的配置进行了比较,介绍了中国内地侦查权配置的现状以及不足并提出改进建议。第三部分阐述对侦查权进行控制的必要性,指出对侦查权进行控制是建立宪政社会的必然要求,我国需要强化侦查权的控制,对侦查权进行监督控制是世界各国司法改革的方向。通过对中国古代以及世界各国的侦查权控制进行考究,对控制侦查权的方法进行分析。通过分析我国内地侦查控制权的现状,对其提出改进建议。对侦查不作为要进行监督,对侦查侵权进行救济,对违法侦查进行制裁。第四部分主要对中国侦查权的保障进行研究,指出中国侦查权需要政治保障、法律保障、制度保障、人员保障和物质保障,并指出具体保障的具体要求。

关键词:刑事侦查　权利　宪法

2131

**人权保障中的限制问题研究** / 王鸿鸣著 ; 李林指导. -- 中国社会科学院, 2009. -- 115 页

论文从理论和制度两个层面,采用价值分析、规范分析和实证分析相结合的方法对人权保障中的限制问题进行研究。全文共分为五章。第一章,导论。主要介绍选题意义以及研究现状,阐述文献综述,说明论文的研究路径、范围及方法,最后介绍论文的思路和结构。第二章,主要是人权限制的概念分析及其历史沿革。在区分初始限制和再次限制、主观限制和客观限制的基础上,界定文章在何种意义上运用人权及人权限制的概念,分析人权限制随着人权思想发展的历史阶段性,最后说明论文的"人权限制"指的是对"权"的再次限制,人权限制和人权保障是辩证统一的关系。第三章,主要分析、归纳国际和区域性人权文书及各国宪法对人权的限制性规定,为论文提供文本依据,同时也为规范我国对人权的限制提供借鉴。第四章,主要从实质性和形式性两个角度,必要性、适度性两个方面解析人权限制的合理性。首先说明国家权力的来源和宪法的本质,分析个体与他人及社会整体的关系,说明人权限制的三段论,阐述权力限制的"外部理论"和"内部理论";然后分别阐述人权限制合理性的实质性依据与形式性依据。第五章,结论。首先回顾理论引入与制度移植中的缺憾,然后分析宪法文本、理念与实践中的问题及其规制,最后对完善宪法救济制度进行前景展望。

关键词:人权　权利　冲突　利益　宪法

2132

**当代中国检察权性质与职能研究** / 王俊著 ; 秦前红指导. -- 武汉大学, 2009. -- 153 页

论文以当代中国检察权性质及其功能为研究对象,对检察权内涵,检察权性质的历史演变及其定位,检察职能的变迁及其界定,我国检察权的完善等内容进行研究。全文共分七章。第一章导论,介绍选题问题和意义,选题的研究现状,说明了研究思路,框架,方法以及创新之处。第二章阐述了检察权及其演进,先介绍了检察权的词源学释义,检察权的定义,接着以法国为例阐述了大陆法系国家检察权,以英国为例阐述了普通法系国家检察权,更进一步介绍了前苏联社会主义国家检察权。最后介绍了中国检察权的兴起与演变。第三章从国家考量,政党考量,人民考量和社会考量四个角度分析了检察权的定位制约因素。第四章分析了检察权的性质定位。分别从前法治主义视角下,法治主义视角下分析了检察权的属性。还介绍了行政权与司法权之争以及当下中国检察权的现状辨析,法律监督权以及质疑与回应。第五章介绍了域外检察职能演变过程,建国后我国的检察职能变迁有了断裂是转变和突变时的重生,以及对影响检察职能变迁的原因进行了探究。第六章从基本检察职能到具体检察职能分析了我国检察职能的界定。第七章主要介绍我国检查监督权的完善问题。用理念革新和属性回归两种方法达到刑事诉讼监督权、民事诉讼监督权、行政诉讼监督权的完善。

关键词:检察机关　权力　职能　宪法

2133

**合宪性推定论:一种宪法方法** / 王书成著 ; 胡锦光,迈克尔·佩里(Michael J. Perry)指导. -- 中国人民大学, 2009. -- 237 页

论文以合宪性推定为研究对象,探究合宪性推定及其方法。全文分为六章。第一章对合宪性推定的范畴进行了研究。首先,从经验、事实等角度,对"合宪性"与"推定"这两个概念的法学内涵进行了阐述;后对合宪性推定源流及逻辑延伸进行梳理和解析。第二章对合宪性推定的权力哲学进行了探究。首先论述了权力分立的宪政架构;进而探讨了立法权公定

力、立法权及其"形成余地"等合宪性推定的权利哲学基础理论；最后对部分学者对于合宪性推定方法的反驳进行了剖析，从而证成了合宪性推定方法的科学性。第三章探寻了合宪性推定的正当性。分别从合宪性推定的政治逻辑、合宪性推定的规范逻辑、合宪性推定的经济分析方面进行分析。第四章研究了合宪性推定的适用。首先从美国的经验出发，探讨了代表性的洛克纳时代及其特征，并对洛克纳时代结束的缘由等因素进行了分析，其后得出了合宪性推定对于社会经济活动的立法规则一般予以适用，进而从国家理性与市场逻辑的角度探究了对社会经济活动领域适用合宪性推定的理论基础。第五章分析了合宪性推定的方法。合宪性推定首先表现为证明责任的转换，其可作为消解疑难案件的方法。进而对普通法院适用合宪性推定的可能性进行了理论探讨，指出遵循合宪性推定逻辑的合宪法律解释方法，分为宪法方法与法律方法两个层面。继而探寻合宪性推定的运用于宪法事实审查的关系，最后分析合宪性推定的界限。同时对于未列举权利的诸多疑惑、困境也进行了研究。第六章结合中国实际，从方法的角度对本土的意义进行了思考，同时从制度方法层面，结合法规备案审查室的职能，对目前我国合宪性审查权进行本土性的层次划分。

关键词：宪法　国家权力机关　立法　法律解释

**2134**

**中国民主政治法治化研究** / 王新生著 ; 李龙指导. -- 武汉大学, 2009. -- 186 页

论文遵循从民主政治法制化的一般理论到中国民主政治法制化的具体实践的思路论述民主政治法治化已成为发展社会主义民主政治的重要途径和方式。全文共六章。首先，引言。概述论文的研究动机、思路及方法，从民主政治法治化的发展趋势，引入中国社会主义民主政治法治化的特殊语境，提出中国民主政治法治化中的问题。第一章，论述民主政治与法治的内在机理。在分析介绍民主与法治理论演进的基础上，分析当代民主政治与法治的基本要义，并在此基础上论述民主政治与法治的相互关系，指出两者之间存在的共同价值及互补功能，彰显民主政治法治化的可能性。第二章，论述民主政治法治化的原因。主要从三个方面阐述民主政治法治化的必要性。第三章，介绍中国民主政治法治化的内容；民主政治关系的法律化；民主政治运行过程的法律化和程序化；运用法律机制解决民主政治争端。第四章，论述中国民主政治法治化的前提和基础。前提是中国共产党领导方式的法律化，基础是我国现有的宪政制度。第五章，论述中国社会主义民主政治法治化的基本途径。中国民主政治法治化的主要途径是立法途径和司法途径。针对中国的法制发展现状，立法途径将是最主要的途径，司法途径也可以起着重要的作用，而且将来会发挥越来越大的作用。第六章，说明中国社会主义民主政治法治化的制度构建。结语分析中国社会主义民主政治法治化的可能存在的问题，并提出了相应的解决方式。最后展望了中国社会主义民主政治法治化的美好前景

关键词：社会主义民主　法治　政治制度　宪法

**2135**

**不动产登记司法审查标准研究** / 王旭军著 ; 刘善春指导. -- 中国政法大学, 2009. -- 173 页

论文以不动产登记司法审查标准为研究对象，对其中几个模糊的问题依次进行辨析，对其存在的问题进行剖析。全文共分为四章。导论部分阐述选题的缘起，需要厘清的几个问题以及研究的意义和方法。第一章不动产登记司法审查标准的理论基础，介绍关于不动产登记司法审查及目的，不动产登记司法审查标准的界定及比较国外的司法审查标准。第二章讨论不动产登记司法审查标准存在的问题、成因、挑战以及新理念。指出不动产登记司法审查标准存在的问题有同类案件审查标准宽严不一，对登记结束后发现的否定性事实和证据的适用标准混乱，是否适用合理性标准认识模糊以及对登记行为的程序性审查标准理解不清。问题的存在是由制度层面、理解层面以及实践层面的原因造成的，不动产登记司法审查标准面临的挑战有登记审查权限的瓶颈难以逾越，登记审查能力的限度难以逾越，司法审查权的限度难以逾越。第三章物权原因行为分析法——构架不动产登记司法审查标准之方法论，阐述物权原因行为分析法及其基本特征，物权原因行为分析法形成的理论与实践基础，物权原因行为分析的必要性，物权原因行为分析法适用的可行性以及物权原因行为分析法中的必要参数。第四章物权原因行为分析理论下不动产登记司法审查标准的确立与应用，分别提出了以物权流转和不动产登记行为合法性为基本形态的审查标准，以及不动产登记司法审查标准的补充。

关键词：不动产　注册　法制

2136

**公法与私法的二元划分及其互动关系的多维视角** / 魏武著 ; 袁曙宏指导. -- 北京大学, 2009. -- 150 页

论文以公法和私法为研究对象,对公法和私法的两个根本性问题进行研究。一是公法与私法二元划分的必要性;二是公私法互动关系的多角度观察。全文共分八章。第一章以"肖志军事件"为切入点分析了公私法关系论题的引子。第二章主要是对争论的聚焦,提炼与评论。包括宪法是否是公法,民法是否是私法,物权法是否是"公司混合法"以及公私法规范的交叉点及不同的论证立场与视角。第三章分析了公私法二分的必要性。第四章阐述了公私法二分必要性问题上观点对立的根源,从"二元论"观点的形式主义与自由主义取向,"一元论"观点的整体主义与实质法治进路以及公私法二分的"标准"扮演了"添乱"的角色三个方面阐述。第五章分析了大陆法系公法与私法内涵嬗变的历史脉络是从概念工具到学科体系化标准再到价值取向。第六章阐述了公法与私法之间的基本矛盾是历史与逻辑的矛盾。第七章主要分析了宏观与微观法学视角下的公私法互动关系。从宏观法学的视角,微观法学的视角以及公私法互动关系的本质三个方面阐述。第八章分析了方法论视角的公私法关系。个体主义与整体主义是法学研究当中的两种对立的意识形态与方法论取向。最后余论部分是运用论文的研究结论对中国当前行政学面临的挑战做出自己的初步思考。

关键词:公法　私法　法的理论

2137

**《大公报》宪政言论分析(1902—1949)** / 吴斌著 ; 王人博指导. -- 中国政法大学, 2009. -- 132 页

论文对《大公报》在20世纪上半叶中国各个阶段宪政言论进行分析研究。全文共分为六章。首先,前言。阐述选题的缘起,说明研究的方法以及研究平台。第一章,以宪法为主线说明《大公报》的前世今生。介绍津门创刊后弘扬君主立宪,王郅隆时期宪政传播的"断档",新记公司对自由主义的钟情以及建国后的变化、贡献香港宪政余脉的留存。第二章,英敛之时期《大公报》的宪政言论。首先介绍倡导变法的"长白志士",然后阐述全力以赴鼓吹君主立宪以及"有宪之专制无形专制也",说明国会请愿运动中的呼与吁,介绍"敢言"风格下的舆论监督,最后介绍宣传君宪的另一种形式是有奖征文。第三章,1926 年至1936 年《大公报》的宪政言论。介绍昔年留日"三驾马车"再聚首以及自由主义宪政观的形成,阐述反对"赤化"、军治杀人与倡言改良,说明和平、裁兵与军队国家化,说明宪政、人权与法治以及"言论界主张批评之自由",最后分析国家中心论的酝酿与形成,说明宪政舆论平台是星期论文。第四章,抗战时期《大公报》的宪政言论。主要说明抗战优先、宪政次之。第五章,1945 年至 1946 年《大公报》的宪政言论。介绍继续秉承自由主义宪政的第二代"言论"掌门,欢呼重庆谈判,反对武力解决国共争端,表明对政治协商会议的欢欣鼓舞。第六章,国共内战及两级决斗时期《大公报》的宪政言论。表明自由主义宪政在中国的落幕。

关键词:大公报　宪法　自由主义

2138

**行政救助法治化问题研究** / 席能著 ; 杨海坤指导. -- 苏州大学, 2009. -- 199 页

论文对行政救助法治化问题进行研究。全文共分为五章。首先,前言。说明问题的缘起,阐述研究的意义以及研究现状,介绍论文的结构、研究方法和创新设想。第一章,阐述行政救助的基本概念。第二章,行政救助的立法研究。说明域外比如英国、美国、德国、日本以及台湾地区的行政救助立法观察;阐述中国的行政救助立法历史,说明立法现状以及立法的制度内容,分析中国行政救助立法存在的问题;最后说明中国行政救助立法的完善。第三章,行政救助决策法治化。说明行政救助决策的程序制约以及行政救助决策的监督机制。第四章,行政救助实施法治化。阐述行政救助实施的原则是及时救助、平等救助以及公开、回避,说明行政救助实施主体的法治化,分析行政救助实施程序的法治化,由程序的启动到家庭财产调查到行政救助中的听证再到行政救助的实现以及行政救助的审核与变更一系列的法治化程序。第五章,行政救助救济法治化,分别介绍行政救助的信访救济、复议救济以及诉讼救济。为了给公民获得救助权利提供救济途径,应对我国现有的救济制度进行完善。在发挥信访的救济作用的同时认识到信访救济的辅助性。完善行政救助的复议制度,加强行政救助复议机关的中立性和专业性,确定行政救助复议前置原则。完善行政诉讼制度,增加给付诉讼类型,建立行政救助诉讼的简易程序,将因行政救助造成的损害纳入到国家赔偿范围。

关键词:行政法　法律援助　法治

2139

**宪法权利衡量研究** / 徐继强著 ; 周永坤指导. -- 苏州大学, 2009. -- 214 页

论文对最近五十多年来,世界范围内日益浮现的宪法权利推理方式进行考察和归纳,提出并证成一种宪法权利的一般性分析框架,并希望在这样一种全球性背景下,以此推动我国宪法的进一步实施和促进公民基本权利的真正落实。全文共分五章。首先,绪言。说明研究意义、研究目标、研究现状以及研究方法与论文结构。第一章,衡量与宪法权利衡量。首先阐述衡量的概念与类型,然后介绍当代宪法中的权利衡量。第二章,宪法权利衡量的历史描述。介绍德国与美国模式的形成与演进,在此基础上说明宪法权利衡量的世界性接受。第三章,宪法权利衡量的理论探讨。首先说明一般法律方法中的衡量理论,然后介绍宪法权利衡量的一般学说以及对宪法权利衡量的主要批评,最后阐述宪法权利衡量的理论重述。第四章,宪法权利衡量的规范透视。阐述宪法权利规范的基本结构,分析宪法权利规范中的衡量与不衡量,说明宪法权利推理的“双层结构”,最后介绍我国宪法权利规范及其推理。第五章,宪法权利衡量的操作分析。首先,阐述宪法权利衡量的程序和技术目标,然后比较美国、德国、加拿大国家宪法权利衡量的操作,最后说明宪法权利衡量的操作内容和环节,包括宪法权利衡量的考虑因素、理性环节、法律论证以及权利分工。

关键词:宪法　权利　公民权

2140

**行政许可后续监管法律问题研究:以信息均衡为视角** / 徐晓明著 ; 杨海坤指导. -- 苏州大学, 2009. -- 197 页

论文立足于对我国《行政许可法》实施以后,我国行政许可后续监管制度在制度建设、运行中所出现的问题,进行剖析和反思,以信息均衡为视角运用行政法治的一般原理为行政许可后续监管制度的进一步完善提供制度解决方案。全文共分为六章。首先,引言。介绍选题依据、选题背景,说明研究现状与研究方法,阐述研究的主要任务以及创新点和不足。第一章,说明后续监管权是行政许可后续监管制度构建的基础,基于对后续监管制度价值的考察说明后续监管制度构建的必要性,最后分析准入监管与后续监管的辩证关系。第二章,说明我国行政许可后续监管存在的问题,并分析其对信息状态的影响。第三章,说明信息均衡是行政许可后续监管法治化的必然路径选择。第四章,分析政府后续监管信息公开机制的价值,介绍《行政信息公开条例》背景下的我国行政许可后续监管的信息公开,提出我国行政许可后续监管信息披露制度的完善构想,最后说明要建立行政“黑名单”制度。第五章,分别阐述强制信息披露制度的价值、制度原则以及制度建设的参考要素。第六章,首先考察公众参与后续监管的必要性,然后提出我国行政许可后续监管公众参与机制构建的设想。例如培养公民意识、完善行政许可监管影响评价制度、完善悬赏举报制度等。

关键词:行政许可法　监管机制　信息管理　参与管理

2141

**政府信息公开诉讼** / 许莲丽著 ; 莫于川指导. -- 中国人民大学, 2009. -- 195 页

论文以政府信息公开诉讼为研究对象,在原有诉讼规则的基础上创建完善特殊的诉讼程序,促进行政诉讼制度的现代化。全文共分为五章。第一章介绍了政府信息公开诉讼的概念、基本特征、主要内容和基本功能,讨论与之密切相关的反信息公开诉讼的问题,分析政府信息公开诉讼、一般行政诉讼、反信息公开诉讼三者之间的关系,提出论文研究的中心命题。第二章以政府信息公开请求权为逻辑起点,在论证政府信息公开请求权实体权利的基础上,依次探讨了依法申请公开政府信息行为、主动公开行为的可诉性问题。第三章讨论了政府信息公开诉讼的特殊程序制度。结合我国目前信息公开和行政诉讼的实践,考察和剖析了美国信息公开诉讼的程序制度并构建了我国政府信息公开诉讼亟须创建的特殊程序制度。第四章讨论了政府信息公开诉讼的证明责任问题,厘清了涉及国家秘密、个人隐私、商业秘密的政府信息的证明、信息不存在的证明、关于申请人是否符合公开条件的证明、以数据电文形式提出申请和做出答复等的证明责任问题。第五章讨论了政府信息公开诉讼的法律适用问题,提出法律适用是政府信息公开诉讼的一大难题。

关键词:国家行政机关　信息管理　行政诉讼　诉讼程序

2142

**行政行为效力来源研究:规范、价值和事实** / 杨科雄著 ; 江必新指导. -- 中国政法大学, 2009. -- 160 页

论文运用逻辑分析法,语义学分析,社会学分析等方法,立足于现有的行政行为效力来源学说和行政行为效力理论,制度和司法实践,认为在依法行政的要求下,法律是行政行为效力的形式来源,并针对其存在的问题提出了独特的"综合分析方法论",认为,行政行为的有效性,不仅来源于制定法,在一定条件下还来源于价值和事实等其他因素。也即,行政行为效力来源必须到规范、价值、事实三个因素中去寻找,从而形成形式(规则)来源和实质来源的统一。论文共分九部分。第一部分为引言,主要是研究内容,意义与方法。第二部分界定和探讨行政行为及行政行为效力,阐述行政行为效力内容的概念和理论。第三部分阐述了行政行为效力的综合来源理论。介绍了行政行为效力来源理论的各种学说以及综合分析方法论提出的行政法背景,综合分析方法论与行政行为效力综合来源。第四部分说明行政行为效力综合来源的理论基础,提出法之所以是形式、事实和价值的统一体的原因在于,法律是"应然性"和"实然性"的统一性,这一认识为行政行为的综合效力来源理论提供了法律本体论。第五部分探讨行政行为效力的形式来源。在依法行政的要求下,法律是行政行为效力的形式来源,而且它会将效力传递给行政行为。第六部分探讨行政行为效力的实质来源。指出行政行为效力的形式来源具有诸多的局限性,尚有进一步探寻行政行为效力的实质来源之必要。认为建立在社会连带关系基础之上的法治原则或客观法,是行政行为效力实质来源的基础。而公共服务则是法治原则的核心,是行政行为效力的实质来源。第七部分探讨行政行为效力的实质来源于法治行政的关系。第八部分阐述行政行为效力综合来源理论的运用。主要阐述了实质法治与行政行为效力内容以及社会法治与行政行为效力内容。第九部分为结语,主张在行政行为效力以及其效力来源乃至行政法学研究中引入法解释学。

关键词:行政法　法律行为　法律效力

**2143**

**立法过程中的利益衡量研究** / 杨炼著 ; 汪习根指导. -- 武汉大学, 2009. -- 189 页

论文以立法过程中的利益衡量作为研究对象,即对在立法过程中各利益主体表达利益、沟通利益和整合利益的过程进行研究,力求充分发挥社会利益的分配功能和调控功能,在立法中均衡取舍相互冲突的利益。全文分为引言部分和五章的正文部分。引言部分提出问题,简述研究的现状与意义。第一章分析利益冲突和利益衡量的关系,对利益的概念、实质和利益冲突的法律调整做了说明,并对利益衡量进行科学的定位。第二章论述立法过程中的利益衡量,包括立法中利益衡量的必要性、范围、利益的结构、过程及其利益衡量的价值目标。第三章对立法过程中的利益表达的作用及方式进行阐述,介绍了根据利益表达主体的不同,可以分为个人方式的利益表达和集团方式的利益表达;根据利益表达是否在体制内进行可分为立法中体制内的利益表达和体制外的利益表达两种方式。还有其他的分类方式,其中以根据主体的不同所做的划分为主要的分类方式。除此之外,还简述了利益集团的利益表达及其正当程序。第四章主要分析立法过程中的利益整合,对利益整合的制约因素、基本原则、基本过程以及利益整合的难题和方法进行说明和探索。第五章总结性地分析利益衡量与当代中国立法的完善,立足于和谐社会的背景,从利益均衡的视角对我国的立法进行了审视,认为利益衡量是一种立法的方法论,对当代中国立法实践具有较强的指导意义。

关键词:立法　法的理论　利益

**2144**

**行政登记研究** / 杨晓玲著 ; 马怀德指导. -- 中国政法大学, 2009. -- 156 页

论文研究旨在通过梳理各类登记,澄清行政登记的本质属性,完善行政登记的本质属性,完善行政登记理论体系,为司法裁判与立法完善提供理论参考。全文共分为六章。第一章,行政登记的概念和构造。分别从行政登记概念的角度、行政登记组成的角度以及行政登记程序的角度对行政登记的概念和构造进行分析。第二章,行政登记的历史和价值。通过比较中西方登记的起源,得出我国登记更强调行政管制的结论。通过对财产、身份和主体资格登记的发展分析,可以看出登记始终与私权密切关联;从登记的社会价值归纳出其具有的交易安全、征收赋税、公开公示、监督管制和统计汇总等基本功能;从登记发展的理论基础看,登记的发展与行政权的扩张有关,必然伴随私法权利公法化的变迁。第三章,行政登记的效力与类型。将行政登记分成登记能使原因行为成立、能使原因行为生效、补充原因行为效力、不影响原因行为效力的四类效力模式,这同时也是行政登记兼有公私法属性的反映。第四章,行政登记的本质属性。

通过梳理登记属性的学说，澄清登记公法与私法属性之争的根源，得出登记属性多元化和登记不是模式化行政行为的结论。第五章，行政登记的行政审查与司法审查。不同种类的登记对审查的需求不同，区别是审查强度和程度不同，即形式审查、实质审查和必要性审查的具体适用不同。第六章，行政登记制度的规范和完善。应从登记主体理念转变、登记效力融合转化、登记审查方式适用转换等角度，推动我国行政登记制度的规范和完善。

关键词：行政法　登记制度　行政管理

**2145**

**行政职权相对集中及其法治化研究** / 杨治坤著 ； 石佑启指导. -- 中南财经政法大学, 2009. -- 244 页

论文从公共行政与法治行政的视角，研究行政职权相对集中的基本理论以及与之相关的宪法、行政法问题，以期解决行政体制改革中遇到的体制性障碍，提升政府创新能力与治理水平，拓展行政法学的研究领域，丰富行政法治理论，推动行政法律的制度创新，促进依法行政、建设法治政府的进程。全文共分为四章。首先，导论。阐述研究现状、研究视角、切入点和价值，介绍研究的思路与方法，说明论文的框架结构和内容。第一章，行政职权相对集中的实践样本与基本理论。首先简要评析行政职权相对集中的实践样本，说明行政职权相对集中的概念厘定与所针对的问题，然后分析行政职权相对集中的必要性、可行性与制约因素，阐述行政职权相对集中的行政生态、价值导向与目标定位，最后说明行政职权相对集中的基本原则与标准。第二章，行政职权相对集中的宪法思考。分别阐述行政职权相对集中的宪法基础、宪法反思、宪法回归以及回归宪法的配套性体制改革。第三章，行政职权相对集中对现行行政体制提出的挑战。分别说明行政组织体制、行政权力运行机制以及公共财政体制与行政监督存在的问题与挑战。第四章，行政职权相对集中的法治化构想。阐述行政组织法治化的构想，阐述行政权力运行机制的健全，说明公共财政保障机制的完善以及行政监督机制的整合与创新。

关键词：行政权力　法治　行政法

**2146**

**税收法定原理的宪法学研究** / 姚文虎著 ； 许崇德指导. -- 中国人民大学, 2009. -- 141 页

论文以税收法定原理中的一般理论问题为研究对象，从法理学的角度，对其予以剖析，并以税收立法为视角对实现税收法定原理的制度构建及其理论依据进行分析。论文共分五章。导论介绍了问题的提出，论文研究的现实意义，论文的研究思路。第一章分析了税收法定原理中的一般理论问题。从税收法定的起源与发展，税收法定的基本原理两个方面进行阐述。第二章是对各国宪法中税收法定条款的分析。主要是通过世界各国宪法中的有关税收法定原理的条款进行比较分析，总结各国宪法有关税收事项的规定。第三章主要是对我国税收立法的现状进行分析。包括我国税收立法的法规范实证分析，有宪法性法律的实证分析和一般法律规范税条款的实证分析。也包括了我国现行税收立法中存在的缺陷，有宪法性法律存在的缺陷和一般性法律规范存在的缺陷。第四章分析了税收法定原理下的纳税人的权利和义务。对权利，义务进行了概述，同时对税收法定原理下纳税人的权利救济进行阐述。第五章从宪政视角对构建我国税收法定原理进行了设想。包括四个方面。第一个方面分析了构建税收法定原理的宪政基础，第二个方面分析了完善税收立法体系，第三个方面分析了完善纳税主体权利义务体系，第四个方面分析了完善纳税人权利救济途径。这四个方面告诉我们，必须要完善我们国家的税收立法，设置各种制度来构建我们国家的税收法定原理。

关键词：税收　权力　宪法　税法

**2147**

**论宪法是组织共同体的规则** / 仪喜峰著 ； 刘茂林指导. -- 中南财经政法大学, 2009. -- 160 页

论文主要论述宪法是组织共同体的规则。全文共分为五章。首先，引言。说明选题意义、内容创新以及论证方法。第一章，宪法的形而上之思。提出命题，阐释命题的本体论、价值论、认识论与实践论、方法论，最后阐述宪法的传统概念以及传统概念的局限。第二章，“宪法是公法”观的理论构建及局限性。分别阐述“宪法是公法”观理论构建的价值基础、制度架构以及认知模式，分析“宪法是公法”观的价值局限性、历史局限性、文化局限性、逻辑局限性以及认识局限性。第三章，解读宪法的核心范畴。阐述共同体的涵义，说明共同体的分类，分析共同体繁荣演变，最后探讨共同体的属性。第四章，说明规则与秩序是真实宪法的存在表征。阐述作为规则的宪法是一个结构体系，介绍宪法秩序的涵义和特征，最后分析作为秩

序的宪法是一个耦合体系。第五章,首先通过具体个案引发的宪法关注以及学者责任引发的宪制设计说明我国学者对宪法实施的企盼和梦想;然后阐述对宪制设计的质疑;继而介绍通过部门法的宪法实施。介绍宪法解释理论的提出,说明共同体规范的等级性决定了部门法是宪法的实施法,共同体生活的整体性决定了部门法是宪法的具体化;最后分析宪法视野下的知识产权,说明人权是知识产权与宪法的联结纽带,利益平衡是宪法对知识产权制度的价值诉求。

关键词:宪法　法的理论

**2148**

**社区选举法治论:推动基层民主制度发展的一个宪政视角** / 尤乐著 ; 莫于川指导. -- 中国人民大学, 2009. -- 266 页

论文以推动基层民主制度发展的一个宪政视角说明社区选举的法治论。全文共分为四章。首先,导论。说明研究的理论意义和现实意义,阐述研究现状,说明研究方法有比较研究法、解释法以及实证法三种方法。第一章,社区选举的基本范畴。说明社区选举的概念、类型,阐述当代社区选举的发展,然后介绍社区选举制度的概念、原则和法源。第二章,社区选举权利分析。首先说明社区选举权的概念、性质、主体和客体,然后说明社区被选举权的概念以及社区被选举权的主体限制,阐述社区罢免权的概念以及社区罢免权的性质和主体,最后说明社区选举权利与义务的平衡。第三章,社区选举的程序制度。首先介绍专门性以及相对独立和中立的社区选举委员会,然后介绍非强制和长期有效的选民登记以及联名制和保证金制度的候选人登记,说明言论自由的竞选以及投票和罢免的相关程序。第四章,社区选举的救济制度。首先介绍救济制度的基本理论,说明谨慎的罢免制度以及多种形式的选举观察制度,阐述社区选举委员会担任公助救济主体的必然性,介绍公助救济主体的权利,然后阐述选举监察的基本理论,介绍社区选举监察主体以及社区选举监察的权利,接着介绍司法救济的内涵以及受案类型,最后介绍权力机关的救济。

关键词:社区　选举法　法治　民主

**2149**

**我国公民知情权现状及其原因探析:以东西方传统文化比较为视域** / 曾晓阳著 ; 秦前红指导. -- 武汉大学, 2009. -- 114 页

论文以东西方传统文化比较为视域,通过对知情权生成机理的分析,结合实证研究并分析中西方的异同,认为在中国对公众知情权保障中出现的一些问题,其原因不仅仅在于法律制度的不健全,最根本的原因在于现代宪政文明本土文化在中国的缺失。只有找出问题的症结所在,对症下药,并且理性地看待目前社会上出现的一系列有关知情权的问题,才能有效地找到解决问题的方法。论文共分为五章。第一章概述了知情权的基本含义,包括知情权的概念由来及其发展 、内涵界定、构成要素、权利属性和界限。第二章从内部和外部两个方面对知情权的生成机理进行简析。第三章阐述国外公民知情权的保护现状,其中包括国外对公民知情权的宪法保障和法律制度保障,并介绍了美国政府信息公开制度和日本政府信息公开制度。第四章主要论述我国公民知情权的保护现状,对我国公民知情权的宪法保障和规范性文件进行说明,并指出我国公民知情权保障在实践中出现的法律悖谬现象。第五章分析我国公民知情权保护滞后的原因,总结得出其显性原因是由于中国知情权的法律保障体系不科学,其隐性原因是由于中国当前实际的宪政氛围制约着公民知情权的发展。

关键词:国家机构　信息管理　公民权　法律保护　东西文化

**2150**

**违法行政行为治愈论** / 张峰振著 ; 林莉红指导. -- 武汉大学, 2009. -- 193 页

论文以违法行政行为治愈论为研究对象,从违法行政行为的法律后果入手,对行政法治愈制度的理论基础、现实状况、治愈方式、适用范围以及治愈对现行法律制度产生的影响等问题进行了探讨。全文共分为六章。引言交代研究背景、研究现状、研究意义、研究目的及研究方法。第一章基础追问:违法行政行为治愈之基本理论,探讨治愈的基本理论问题,包括违法行政行为的表现形态和法律后果,治愈概念的界定,治愈的理论基础等。第二章现状考察:违法行政行为治愈之立法与实践,介绍域内外治愈制度之立法及实践状况,并提出有必要建立在我国的行政法治愈制度。第三章至第五章分别论述了违法行政行为治愈的三种方式:追认、补正、转换。第三章消除权限瑕疵之治愈方式:追认,阐述了违法行政行为追认的含义,介绍了行政追认以及立法追认的概念、客体、程序以及可能性等。第四章弥补非实质性要件欠缺之治

愈方式:补正,阐述补正的概念、性质、条件与范围,积极补正和消极补正。第五章求同存异之治愈方式:转换,介绍违法行政行为转换的概念、适用范围以及适用条件。第六章立法建构与司法因应:治愈之制度表达,论证了违法行政行为治愈的立法建构及治愈对行政救济制度的影响。

关键词:行政法　行政诉讼　法律责任

**2151**

**村委会职能改革研究:立法分析与实践考察** / 张丽琴著 ; 唐鸣指导. -- 华中师范大学, 2009. -- 209 页

论文以村委会职能为研究对象,针对村委会职能的法律规定进行评析,阐述环境变迁与村委会职能的实施困境,从而提出村委会职能改革的宏观进路以及具体路径。全文共分为五章,导论部分主要介绍选题背景与意义,研究综述与评析,写作思路与方法,基本框架与内容等。第一章阐述村级组织的建设及职能演变过程,主要从巩固政权时期,合作化运动时期,村民自治制度构建时期,以及村民自治制度推广普及时期这四个时间阶段阐述。第二章阐述村委会职能的法律规定,以及作者的评析,包括中央立法中的职能内容与问题,实施办法中职能规定的比较与分析,其他地方法规以及规章的职能立法概况,村干部管理办法里的职能内容考察以及职能立法的整体特征及基本成因等内容。第三章讲述环境变迁与村委会职能的实施困境,研究内容有人口流动与职能实施问题,农业税费改革后的职能演变趋势,现代化进程中的职能实施困难,以及应对环境变化的草根创新实践等。第四章介绍村委会职能改革的宏观进路,提出继续保持职能兼容状态,无需赋予法人资格,大力发展民间组织,构建独立的集体经济组织,以及实现与行政管理的有机衔接五条进路。第五章提出村委会改革的具体路径,分别有改进乡村关系规定,明确经济职能内容,变更发展公共及公益事务职能,完善其他职能立法和推动相关制度改革。

关键词:村民委员会　群众自治　法律　立法

**2152**

**通过社会共同体规范的治理** / 张世泰著 ; 罗豪才指导. -- 北京大学, 2009. -- 116 页

论文采用一种动态的、功能主义的视角,运用理论模型构建、实证研究、规范分析等方法,借鉴法律经济学、法律社会学、政治哲学等方面的理论资源,以社会共同体规范为研究对象,审视社会共同体规范的功能、运作机制、救济程序等问题。论文共分为六章。导论澄清了社会共同体的概念及类型和作为软法与硬法混合体的社会共同体规范,阐述其研究意义、问题意识与研究框架。第一章公共事务治理方式变革与社会共同体规范,阐述了国家管理模式,公共治理模式以及公共治理视野下的社会共同体规范,提出公共治理的兴起凸显了社会共同体规范的重要性。第二章一元多样的公域规范形态,论证了一元多样的公域规范理论,扩展了"公共性"的概念,确立了一种符合的公域观,并分析了一元多样的公域规范理论和法律多元主义之间的异同,以强调社会共同体规范要遵守国家宪法和法律。第三章以卢曼的法律自创生理论为视角对社会共同体规范的功能做了解读。概述了卢曼的法律自创生理论,在卢曼的理论基础之上,分析了社会共同体规范的功能。第四章社会共同体规范的实效分析,结合美国化工企业协会的责任关怀计划、美国核电协会的自我规制、网络内容自我规制等领域的实证资料,从制约和激励机制两个方面探讨社会共同体规范发挥实效的条件。第五章司法对社会共同体治理的介入,以英国法上的英王诉兼并与收购专门小组为起点,分析相关理论争论,进而结合我国的相关案例,提出了把社会共同体的治理行为纳入司法救济范围内的几项标准。第六章反思回应型法:社会共同体规范的一种理想模式,从"反思法"理论、"程序主义法"范式、"回应型法"理论中汲取若干理论资源,构建出一个"反思回应型法"的社会共同体规范理想范式。

关键词:公法　公共管理　法的理论

**2153**

**企业国有资产监管权力制约研究** / 张新平著 ; 李龙指导. -- 武汉大学, 2009. -- 199 页

论文从宪政建设和经济转型的高度,从政治、经济、法律、社会等多学科融合的视角,从理论和实践两个层面,提炼我国企业国有资产监管权力制约规则和机制重构的基本思路和战略框架。论文由五个部分组成。第一部分通过对企业国有资产监管历史发展及现状的概述,为企业国有资产监管权力制约研究奠定理论基础和为未来改革框架设计提供历史和现实基点。第二部分通过对西方发达资本主义国家企业国有资产监管现状的介绍与分析,为我国企业国有资产监管权力制约规则与机制的重构提供经验借鉴。

第三部分通过对我国企业国有资产监管中存在问题进行剖析,对企业国有资产监管和经营中侵害公民财产权各种情形进行了归纳。第四部分通过对权力制约理论及公共选择理论的简介和评析,为我国企业国有资产监管权力制约规则和机制的重构提供理论支撑和方向指导。第五部分借鉴权力制约理论、公共选择理论及西方发达资本主义国家的成熟经验,从宪政建设和经济转型的高度,对我国未来企业国有资产监管权力制约规则和机制的重构提出对策和建议。

关键词:国有资产　监管机制　权力制约　国有资产法

**2154**

**变革社会中的宪政秩序** / 张义清著 ; 唐鸣指导. -- 华中师范大学, 2009. -- 272 页

论文以马克思主义基本理论为指导,综合运用了法学、政治学、哲学、社会学、史学等多学科交叉的研究方法,考察和分析国内外的研究现状,构建宪政秩序的理论模型,分析宪政秩序的现实关怀和生态条件,在此基础上探索中国特色社会主义宪政之路。论文由五个部分组成。第一部分陈述了论文的研究导向,首先交代了选题缘由及国内外研究现状,在此基础上,确定了研究对象,文章结构及拟采用的技术路线。第二部分是构建宪政秩序理论模型(“谦抑的”法治主义),进而从实践的角度对宪政秩序的现实样态、功能作用、评价系统以及实践的路径做了具体的分析。第三部分论述的是宪政秩序的现实关怀。指出最大限度地发挥民主的善意功能和切实地实现人权保障的目标两者有机地统一于宪政秩序之中,构成宪政秩序的现实关怀。第四部分分析宪政秩序的生态条件。分析了政治生态、法律机制、社会条件这三个生态条件。第五部分论述宪政秩序本土化问题。论文结合我国的历史传统和现实国情,分析了传统中国宪政秩序的缺失及其成因,包括宪政虚无及宪政失序,中国特色社会主义宪政秩序的愿景和实践路径等方面的问题,包括未来海峡两岸关系的宪政秩序、地方民主试验与政策性修宪的秩序机理、社会群体性事件的形成原因与法治对策。

关键词:宪法　法治　民主　人权　中国特色

**2155**

**中央政府部门组织法研究** / 张迎涛著 ; 应松年指导. -- 中国政法大学, 2009. -- 155 页

论文采用历史分析法、比较分析法,在假设政府具有自身利益的基础上对我国中央政府部门组织法进行分析研究,旨在为健全我国的中央政府部门组织法提供一些建议。全文共分为四章。第一章,导论。介绍选题背景和研究方法,界定了行政组织、行政职能、行政组织法、中央政府部门等的概念,提出了行政组织具有自身利益的假设。第二章,梳理我国1949年以来中央政府部门组织法的历史和现状,分析近六十年来我国部门组织法的立法原因,特征、内容和实施状况。第三章,分别探索了美国、英国、日本、法国和德国等域外五国的部门组织法状况,比较分析五国部门组织权的归属,提出依法组织原则,并借助于政府具有自身利益的假设,分析了域外五国为什么要奉行依法组织原则,并且指出我国也应在中央政府部门组织领域确立依法组织原则。第四章,立足于国务院在部门组织领域一权独大的现状,提出在我国走一条从国务院制定或修改部门组织行政法规实施自律到全国人大及其常委会制定或修改部门组织法律实施他律的部门组织法发展之路。最后,论文以高等强度的依法组织原则为标准,探讨了未来我国中央政府部门组织基本法和单行法应当包含的内容。

关键词:国家行政机关　组织法　行政法

**2156**

**行政违法的检察监督问题研究** / 张运萍著 ; 周佑勇指导. -- 武汉大学, 2009. -- 152 页

论文综合运用规范分析、比较研究和历史分析、实证分析等方法,归纳了域外行政违法检查监督的立法状况,分析我国行政违法检查监督的现状,阐述行政违法检查监督的重要性,进而提出对行政违法进行检查监督的基本思路。论文共分5章。第一章主要分析了行政违法检查监督的概念、特征、法律关系及其理论基础。第二章为行政违法的检查监督制度之比较法分析。着重对大陆法系、英美法系、社会主义法系三大法系主要国家的立法和实践进行分析和比较。第三章为行政违法的检查监督实证研究。介绍现行立法对行政违法监督中检察权运行的规定,结合相关实证资料,分析我国当前行政违法检查监督制度运行的实际状况并进行综合评价。第四章为行政违法的检查监督完善Ⅰ:诉讼性监督模式。提出构建行政公诉制度,并深入探讨检察机关参加行政诉讼、提起行政抗诉的必要性和可行性并在法律上予以完善。第五章为行政违法的检查监督完善Ⅱ:非诉讼性监督

模式。进一步探索其他检查监督方式,对纠正违法和检查建议、检查监督等非诉讼监督方式进行法律规则的设计。结论从行政违法检查监督制度的机构设置、法定程序等方面提出了完善方案及立法建议。

关键词:行政执法　违法　检察机关　法律监督

**2157**

**作为基本权利的环境权研究** / 张震著 ; 韩大元指导. -- 中国人民大学, 2009. -- 169 页

论文在宪法学的基础上将环境权上升为基本权利并对其进行研究。全文共分为六章。第一章为导言,主要介绍了问题的缘起、研究背景、研究思路以及研究方法等。第二章介绍了环境权中“环境”的概念以及环境权的提起,讨论了从部门法意义上的环境权到宪法意义上的环境权,继而分析了宪法意义上环境权的理念及主体。第三章主要探讨了环境权的基本权利属性,包括环境权的不可或缺性、独立权利价值、高权利位阶,最后阐述了环境权基本权利属性的具体内涵。第四章围绕环境权的基本功能进行论述,分别介绍环境防御权、环境请求权的功能以及环境受益权的功能。第五章以环境权的规范效力为研究内容,在论述了权利效力的基本理论的基础上,依次探讨了环境权对立法权的规范效力、环境权对行政权的规范效力、环境权对司法权的规范效力问题。分别从理论基础、具体内容以及拘束功能三个角度进行剖析。第六章讨论了环境权的宪法救济。首先厘清了环境权宪法救济的概念、特点、基本制度;继而提出环境权的宪法化的概念,从功能、内容以及存在的难题方面展开论述;后围绕环境权的宪法解释,分别探析了宪法解释的功能、价值、界限与限制;最后具体讨论了环境诉讼的概念,介绍环境诉讼的理论基础与实践要点。

关键词:公民　权利　宪法　环境法学

**2158**

**日本犯罪者处遇研究** / 张志泉著 ; 何秉松,冯殿美指导. -- 山东大学, 2009. -- 129 页

论文从犯罪者处遇的基础理论以及犯罪者处遇的几种类型,即犯罪者司法处遇论,犯罪者矫正处遇论,犯罪者保护处遇论和特殊类型犯罪处遇论对日本犯罪者处遇进行了研究。论文主要分为六部分。第一部分为序论,为犯罪者处遇与刑事政策的介绍。第二部分为犯罪者处遇的基本理论,分别对犯罪者处遇的涵义,历史与特征以及恢复性司法与犯罪者处遇的特征及发展进行了介绍。第三部分主要阐述犯罪者司法处遇论的内容。介绍了刑罚思想,对警察阶段,检查阶段和审判阶段的犹豫制度以及死刑,自由刑和财产刑等刑罚制度的内容进行介绍,并对其进行分析与启示。第四部分主要阐述犯罪者矫正处遇论,介绍了矫正处遇的历史发展,矫正处遇的法律法规,并介绍了日本的校正处遇制度,包括:刑务劳动,矫正指导,累进处遇制度以及为了顺应世界刑事政策行刑社会化潮流而建立的中间处遇制度。第五部分主要阐述犯罪者保护处遇论。介绍了保护处遇的历史发展以及日本保护处遇的法律规制,并介绍了日本保护处遇制度的几种方式:假释放,善时制,更生紧急保护,恩赦以及保护观察。第六部分阐述特殊类型犯罪者处遇论。由于日本近年呈现出像特殊类型犯罪发展的趋势,重点介绍了非行少年与保护处分,触法精神障碍者与保安处分以及未决拘禁者的处遇。

关键词:罪犯　待遇　刑事政策　日本

**2159**

**风险规制的行政法问题:以突发事件预防为中心** / 赵鹏著 ; 马怀德指导. -- 中国政法大学, 2009. -- 167 页

论文以政府规制风险的活动为讨论对象,探究当下突发事件频繁发生的原因,解决的途径及其法治化的方案。全文共分为四章。第一章,从事件到风险:突发事件预防法律制度的中心。分析《紧急状态法》到《突发事件应对法》的转变,该转变意味着决策者希望通过对应急管理的全过程规范,提高政府应对突发事件的能力,这也是“预防为主”原则提出的背景。但是,以“事件”为中心的应急法制,无法为预防活动提供有效的制度安排,实践中通过“运动式”执法来防范突发事件发生更是有很大的负面影响。因此,政府应当着重于风险规制法律制度的完善,对引发突发事件的风险持续地关注、监测,并妥善地采取措施削减风险。第二章,风险规制的理论基础与行政法课题。虽然保障安全一直是国家对其公民最重要的承诺。但在早期,国家只对已经高度现实化,迫在眼前的威胁进行干预。只是到晚近的时候,国家干预界限才提前到潜在的、尚具有大量不确定因素的“风险”。这一变化既有现代社会中风险复杂化、系统化所引发的现实需要,又因为宪法观念的变迁获得了规范的认同。与此同时,这也给行政法带来了大量的新课题。第三章,风险防范:风险规制的法律原则。梳理该原则的

演变过程,归纳构成要件,检讨原则的缺陷,并讨论我国引入风险原则的必要性和现实性。第四章,理性与民主:风险规制法治化的要义。提出以审议式民主为框架,通过充分的信息披露,理性的对话,审慎地做出选择,并在此基础上,进一步讨论对现有风险规制进行组织重构和程序再造的方案。

关键词:行政法　紧急事件　风险管理

**2160**

**行政法视野下的网络政府规制** / 赵晓佩著 ; 冯军指导. -- 中国社会科学院, 2009. -- 133 页

论文探究当前我国网络政府规制制度所存在的亟待解决的问题,并参考国外现阶段政府规制网络的相关制度和实践,提出完善的建议。第一章,网络和网络规制的基本问题。首先分析网络不同于传统媒体的特点,其次探讨规制和政府规制的基本内涵,然后分析网络规制的三种理论,最后阐述网络政府规制的历史演变以及政府对网络的规制和对其他媒体规制的不同。第二章,政府规制网络的正当性。第三章,政府规制网络的服务。首先依据当前世界主要国家的网络规制制度,概括了三种主要网络规制模式,并具体分析各规制模式的特点和实施情形,最后探讨政府规制网络的法治和非法治模式,揭示了法律保留和正当程序原则对于政府规制网络极为重要。第四章,政府规制网络的主要法律手段 。具体包括许可制度、网络内容分级制度和网络服务提供者承担责任制度。国外的制度介绍为我国政府网络规制措施的完善提供了重要参考。第五章,网络政府规制的司法审查。司法审查包括两个层面,即合宪性审查和合法性审查。通过合宪性审查,确保网络立法在实体和程序两个方面符合宪法精神和规定,通过合法性审查,确保规制行为符合法律规定。第六章,我国网络政府规制制度的问题与完善。通过对比世界国家的网络规制制度,对我国网络规制制度的现状和问题予以探讨,然后针对我国制度存在的具体问题,提出完善的建议。

关键词:行政法　互联网络　行政干预　言论自由

**2161**

**宽严相济刑事政策司法适用研究** / 赵运锋著 ; 张绍谦指导. -- 上海交通大学, 2009. -- 174 页

论文在阐述宽严相济刑事政策内涵、问题、基础以及遵循原则的基础上,介绍了如何贯彻宽严相济刑事政策以及宽严相济政策的适用问题。论文共分为六章。第一章,介绍宽严相济刑事政策的内涵与问题。第二章,论述宽严相济刑事政策的基础。从理论基础与社会基础两个层面分别进行讨论。第三章,阐述宽严相济刑事政策应当遵循的原则。主要从法治、人道主义、效果统一及有罪必罚等四个方面阐释司法机关贯彻宽严相济刑事政策时需要遵循的原则,并结合个案裁判对如何遵循上述几个原则做了相应的分析。第四章,介绍检查起诉中应如何贯彻宽严相济刑事政策。在检查起诉阶段,主要是本着能不捕就不捕、能不诉就不诉的精神处理个案。宽严相济是刑事政策宽缓和严厉的统一,因此,在对轻微犯罪贯彻能不捕就不捕,能不诉就不诉理念的同时,司法机关还要关注对严重犯罪的惩治与打击。第五章,从司法审判阶段探讨宽严相济刑事政策的适用问题。主要是从宽严相济与定罪和宽严相济与量刑两个层面进行展开论证。定罪方面包括是否构成犯罪与应构成何罪两个部分;量刑方面包括具体刑罚种类的适用、法定量刑情节与酌定量刑情节对刑罚裁量的影响等。第六章,探讨在刑罚执行阶段如何贯彻宽严相济刑事政策。需要从制度完善、观念更新等角度健全假释制度;完善和修改减刑制度;完善立法及扩大矫正其适用范围。

关键词:刑法　刑事政策　刑罚　法律适用

**2162**

**媒体诽谤法律规制研究** / 郑文明著 ; 冯军指导. -- 中国社会科学院, 2009. -- 158 页

论文以媒体诽谤法所要解决的核心问题为前提,即如何在维护健全法治社会所不可或缺的表达自由的同时,兼顾个人幸福所系的尊严和名誉。调查了国内外研究现状的基础上,完善与发展我国的媒体诽谤法制。论文共分为五章。第一章为导论,提出问题,介绍了国内外研究现状,阐述了研究思路和总体框架,制定了研究方法。第二章考察了西方媒体诽谤法的历史,首先介绍了古代媒体诽谤法的起源及特点,具体考察了英国媒体诽谤法。其次说明了英国媒体诽谤法对世界各国其中主要是美国的广泛影响。最后简述了世界各国媒体诽谤法的现状。第三章阐述了媒体诽谤法涉及的理论问题。首先探析了诽谤的概念,介绍了英美法系国家和大陆法系国家的诽谤概念以及中国学者和论文对"诽谤"的界定。说明了名誉与表达自由的价值及法律保护及其之间的冲突和平衡。特别提出我国在冲突方面明显倾向于保护名誉权。第四章主要阐述了媒体诽谤法律制度,主要从

刑事和民事两方面来规制，分析了媒体诽谤罪的构成要件、抗辩是由、法律责任及救济机制。最后阐述了媒体诽谤法的宪法化，以美国和德国为例。第五章阐述了我国媒体诽谤法制的现状及司法实践与制度的缺失，主要分析了当下倾斜保护名誉利益的弊端。最后提出了完善与发展我国媒体诽谤法制的基本思路，即借鉴西方国家诽谤法制建设的基本经验，立足我国的基本国情，完善发展我国媒体诽谤法制。

关键词：新闻工作　诽谤罪　言论自由　法制管理

**2163**

**相对人行政法行为研究** / 钟芳著 ; 周佑勇指导. -- 武汉大学, 2009. -- 120 页

论文采用价值分析法、比较分析法、实证分析法、宪政分析法等研究方法，以相对人行政法作为研究对象，利用相对人行政法行为理论对相关行政法理论和制度体系做出新审视。全文共分四章。第一章绪论，阐述相对人行政法行为的行政法地位，研究和立法现状，研究背景以及研究方法。第二章相对人行政法行为的概念分析介绍行政相对人的定位，相对人行政法行为界说，相对人行政法行为的成立要件以及相对人行政法行为与行政行为之关系。第三章相对人行政法行为的效力研究，分析了相对人行政法行为效力的正当性和相对人行政法行为效力的意义，同时提出相对人行政法行为要合法有效应该在相对人行政法行为成立的基础上合乎主体要件、内容要件、时间要件、形式要件以及针对某些行为的特殊有效要件。第四章相对人行政法行为的类型化及其运行规则，介绍了类型化方法，概括了相对人行政法行为的现有分类，提出了文本的类型化标准，并对权利性行为和义务性行为进行了进一步探讨，分析了权利性行为的三个组成部分（即排除侵害行为、受益行为和参与行为），指出了参与行为对行政裁量过程建构的特殊作用。

关键词：行政法　法律行为　法律效力

**2164**

**教育公平：中国教育法律制度的终极价值追求** / 周翠彬著 ; 汪习根指导. -- 武汉大学, 2009. -- 212 页

论文以教育公平为研究方向，着力于中国教育法律制度的终极价值追求的论述。全文共分为三个部分：导论、总论和分论。第一部分是导论，首先阐述了教育公平问题的提出原因，目前中国教育仍然存在着很多不公平现象的现状，并对此进行了反思；然后对当前教育公平的研究现状做了简述，指出教育公平研究的成就与不足；随后对相关概念进行剖析。第二部分是总论，共分为三章。第一章从中国教育法律制度的初创时期、重建时期、扩张时期和重整时期四个时期的变化分析了其价值取向和流变过程。第二章通过归纳我国目前教育法律体系的构成，并以公平为尺度，对现行的教育法律体系进行分析，论述了教育公平中的法律规范。第三章根据中国教育不公平、不和谐状况的反思，提出要贯彻教育公平的立法原则，完善以公平为价值内核的教育立法，明确教育公平的法律后果，从立法的角度提升教育公平。第三部分是分论，包括四章。在第四章的分论引言中，把教育分为三个阶段，基础教育阶段、基础后学历教育阶段和非学历教育阶段，指出按中国目前的学制制度，应实行不同教育的阶段。第五章至第七章，分别阐述了基础教育阶段，基础后学历教育阶段和非学历教育阶段三个阶段，对不同的阶段进行了界定，并就不同阶段在教育公平的缺失与法理思考、价值追求、立法现状及法律制度的具体完善展开了论述。

关键词：文化教育法规　价值取向　公平原则

**2165**

**海峡两岸和平协议研究** / 祝捷著 ; 周叶中指导. -- 武汉大学, 2009. -- 348 页

论文从和平协议的性质、主体、内容、谈判和实施五个方面，创建和平协议研究的理论框架，并对和平协议中的若干理论问题进行探讨，从而构建两岸关系和平发展框架。全文分为绪论部分和五章正文。绪论部分概述了研究缘起、研究内容和论文思路。第一章介绍了和平协议性质论，回答和平协议是什么的问题。构建了两岸认同的四层次分析法，以两岸共识定位的三阶段理论作为分析工具，论证并指出和平协议的性质是中华民族认同基础上的法理共识。第二章和平协议主体论，回答和平协议谁去签的问题。提出了和平协议主体的选择困境，关键在于确定大陆和台湾政治关系的定位。论文认为，在“政治对立”论的指导下，可采取“议题化”和“阶段化”的方法，将大陆和台湾的政治关系定位作为两岸谈判的一项议题，现阶段，从地理概念转化为政治概念的“两岸”是大陆和台湾政治关系定位的最佳模式。第三章和平协议内容论，回答和平协议签什么的问题。运用整合理论的工具，论文认为，两岸关系和平发展框架遵循一条“以经促政，以合促统”的“Z 型整合路径”，并构想两岸整合

的理论及其和平协议的主要内容。第四章和平协议谈判论,回答和平协议怎么签的问题。通过回顾两岸谈判的历史,提出了两岸和平协议谈判的主题选择,议题安排,程序设计等理论探讨。第五章和平协议实施论,回答和平协议签了之后怎么办的问题。在两岸以本法域内最具权威性的方式接受和平协议,并确定和平协议在两岸各自法域内具有缓和效力的基础上,实施和平协议的机制,构建两岸协议体系,最终将为两岸关系带来革命性的影响。论文研究的最终成果是规范性的和平协议文本。

关键词:宪法　台湾问题　一国两制　国家统一

**2166**

**行政解释论:兼论中国行政法解释共同体之重构** / 祖燕著 ; 朱维究指导. -- 中国政法大学, 2009. -- 158页

论文结合中外行政解释制度在学理研究与制度实践上的经验,论证行政解释制度的内容与制度规范,并以此为基础对于我国行政法解释共同体的完善提出建议。论文共分为四章。第一章行政解释概论,通过梳理当代主要国家行政解释制度的嬗变,分析行政解释的类型以及不同类型的行政解释的效力问题,最后论证行政解释的基本原则问题。第二章行政解释价值与方法论,在梳理和借鉴西方传统法解释学有关法律解释方法的研究成果的基础上,提出在具体的价值目标指引之下的符合行政解释特征的法律解释方法。第三章行政解释制度论(上)——他山之石,首先阐释两大法系主要国家行政解释制度的概貌。随后对于西方国家的行政解释制度进行类型化的具体分析。最后探讨西方既有经验对于完善我国行政解释制度的借鉴意义及法律制度本土化过程中应当注意的问题。第四章行政解释制度论(下)——兼论我国行政法解释共同体之重构,首先,对我国现行的行政解释制度做出检讨,并提出因应之策。其次,分析作为我国现行行政法解释制度体系的“1981决议”的内容及其合宪性与合理性问题。再次,分析除行政解释制度以外的立法解释与司法解释制度的相关问题并提出完善建议。最后,通过对于法律解释权的分配模式的探讨,寻找出一条符合中国“议行合一”宪政语境的行政解释法共同体重构之路。

关键词:行政法　法律解释　方法论

# 刑法学

**2167**

**少数民族权利刑事法律保护问题研究** / 阿地力江·阿布来提著 ; 王牧指导. -- 中国政法大学, 2009. -- 167页

论文从刑事法律视角出发,应用了规范研究和实证研究、定性分析和定量分析等主要研究方法。第一章,少数民族权利的界定。主要论述了少数民族权利的内容,探讨少数民族权利法律保障的功能和价值,少数民族权利保护的必要性以及国外对少数民族权利保障的措施及其评析,提出法律保护是少数民族权利实现的有力保障。第二章,国际法对少数民族权利刑事法律保护的贡献。归纳和总结相关的国际公约在少数民族权利刑事法律保护方面的规定,论述这些规定在推动少数民族权利保障方面所起的作用和贡献。第三章,各国在刑事法律领域对少数民族权利的保护及其实践。主要对各国少数民族权利刑事法律保障的成功经验与历史教训进行对比,寻找中国少数民族权利的保障的可借鉴之处。第四章,我国刑法对少数民族权利的保护。首先从纵向对中国少数民族权利刑法保障的历史进行了回顾和总结。然后从立法与实施的角度对中国少数民族权利刑法保障的现状进行了横向考察。第五章,刑事诉讼法对少数民族权利的保护。主要包括:界定少数民族权利法律救济含义,分析权力滥用、权利冲突、权利滥用是少数民族权利法律救济的主要动因,介绍刑事救济的少数民族权利法律救济方法,从理论上分析刑事诉讼救济应成为少数民族权利救济的主导方法,并对中国少数民族权利法律救济中所取得的成就和存在的问题进行评析。第六章:刑事执行中的少数民族权利保障。以刑事执行中的少数民族权利保障为出发点,在权力、权利的矛盾综合体中,探讨了刑事执行过程中少数民族权利保障的现状及其存在的问题。第七章,完善我国少数民族权利保护的框架构想。加强和完善少数民族权利立法、执法、法律监督、司法保障等几个方面。此外,需要法律保障方式与政策保障方式更好地协同、发挥民族社团的作用、重视少数民族的有效参与。结语部分是纲要式的总结。总之,中国的刑事法律保护最大限度的实践了少数民族的各项权利,实现了国家与少数民族的同步发展。

关键词:少数民族　权利　刑法　法律保护

**2168**

**现代刑事侦查方法研究** / 奥夫西里(Alfousseyni Diawara)著；莫洪宪指导. -- 武汉大学, 2009. -- 180 页

论文对现代刑事侦查方法进行了研究。全文共分为十二章。第一章回顾了现代刑事侦查学的历史发展,概述现代刑事侦查方法的科学依据及主要内容。第二章讨论侦查假说,包括侦查假说的构建与分析、侦查假说的核查及直觉在假说形成中的作用。第三章介绍犯罪调查的组织和策划。首先对犯罪调查策划和组织的概念进行辨析。其次在分析了策划刑事侦查的原则、技巧的基础上,具体阐述了侦察行动的策划过程。第四章主要围绕犯罪现场调查展开。明确了犯罪现场调查的概念和种类,厘清了犯罪现场调查的任务和方法,分阶段对犯罪现场调查的过程进行剖析。第五章分析逮捕策略,按照拘留和逮捕的法律依据、拘留和逮捕的准备、逮捕方法的线索进行叙述。第六章针对讯问的策略展开讨论,按照讯问类型的不同分情况探讨。包括询问证人和受害人、讯问犯罪嫌疑犯和被告人、讯问未成年人以及对证时的方法技巧。第七章考察搜查和查封的策略技术。具体讨论了各搜查阶段的一般策略、搜查技术以及搜索结果的确定问题。第八章针对人或物的识别进行探讨。可分为对人的识别、对尸体的识别、对物和动物的识别、对地点和房屋的识别、通过照片进行识别、DNA 检测等。第九章专门描写了调查实验。在确定了调查实验的概念和种类后,按实验进行的先后顺序依次探讨了调查实验的准备、实验策略、实验过程以及记录调查实验的结果。第十章论述刑事鉴定、诊断和检查。以刑事鉴定是怎样发生的为逻辑起点,具体分析了鉴定的类型、方式和意义。第十一章讨论法律专家的意见。依次探讨了法律专家意见的准备、预约、提出、评估和总结。第十二章则重点论述网络侦查方法,归纳了网络侦查的刑事侦查特征以及调查研究的策略特性。

关键词:刑事犯罪　刑事侦查　方法论

**2169**

**检察官自由裁量权比较研究** / 蔡巍著；孙谦指导. -- 中国政法大学, 2009. -- 186 页

检察官自由裁量权是指检察官依法享有的、根据自己的判断选择决定起诉、不起诉、辩诉交易以及提出量刑建议的权力。其与起诉便宜主义的确立密切相关。20 世纪后期各国开展的恢复性司法运动又进一步拓展了检察官行使自由裁量权的途径,检察官利用赔偿、和解等方式对案件进行程序分流,使被害人的权利得到保护。以发展的眼光和从动态平衡的角度出发,检察官自由裁量权应该是法定性与灵活性的结合,程序性与实体性的结合。检察官既要依法行使自由裁量权,也要根据案件具体情况选择判断是否起诉、如何起诉;既发挥过滤案件的程序功能,也可以对轻微刑事犯罪案件做无罪处理和决定适用非拘禁措施。检察官程序分流发生在审前阶段,是指在不违反法律的情况下,检察官从保护社会、预防犯罪或促进对法律或受害者权利尊重的角度出发,如果认为没有必要对案件开展诉讼程序时,可撤销对犯罪嫌疑人的诉讼。为斟酌决定撤销诉讼或确定予以起诉的目的,应在每一种法律内拟定一套既定的标准。对轻微犯罪案件,检察官可酌情处以适当的非拘禁措施。检察官开展程序分流需要有法律授权以及相关立法作保障,也需要检察官认可自身角色,并得到警察、缓刑机构、志愿者和社区的积极配合。由于检察官自由裁量权的行使标准存在主观性和模糊性,检察官又是在相对封闭的体系内采用非正式的诉讼程序处理案件,所以容易出现权力滥用问题,必须对检察官自由裁量权进行立法规范,同时建立检察官自由裁量权的制约机制。以国际公约和各国有关检察官自由裁量权的规定为依据,在宽严相济刑事政策的指导下,我国检察机关积极探索轻微刑事案件办案机制,完善不起诉裁量权,对被告人认罪案件采用快速审理程序,对未成年人暂缓起诉制度、刑事和解制度、社区矫正制度开展试点,取得了积极成果,但也存在立法不完善,实践效果不理想等问题。必须结合中国的法治现状和中国特色社会主义检察制度的基本属性,合理设置检察官自由裁量权,切实推进中国检察制度现代化的进程。

关键词:检察官　自由裁量权　诉讼程序

**2170**

**刑罚配置论纲** / 蔡一军著；张旭指导. -- 吉林大学, 2009. -- 122 页

刑罚配置理论是指如何通过刑种与刑量的选择使刑罚与各类犯罪及具体犯罪人相对应的理论。刑罚配置问题一直是困扰刑罚理论与实践的难题之一,原因在于犯罪是犯罪人对法益的侵害或是对规范的违反,而刑罚则是国家对犯罪人进行制裁的法律手段,二者存在着本质的差异,因此难以在二者之间进行直接的比较与衡量。但是,鉴于刑罚在刑法学理论

中的重要地位,刑罚配置的是否适当直接关系到刑罚乃至整个刑法体系的有序运行。论文以刑罚轻缓化的理论趋向与刑罚适用的趋厉化现实所形成的二律悖反现象作为问题的引发点,运用了语义分析、历史分析、比较分析等多种研究方法进行研究。论文首先对刑罚配置理论的概念进行了厘定,并在此基础上对刑罚配置理论的历史演进过程展开了梳理。而后,分别从刑罚配置的目的与刑罚配置的原则等内外两个方面,构建了刑罚配置的理论立场。最后,以我国刑罚配置实践为基础,从实然层面对我国刑罚配置中的问题进行了反思。全文的总体思路就是要塑造一种体系完整的刑罚配置理论,并力图在此过程中把握刑罚配置的实然与应然之间所引发的理论问题

关键词:刑罚　刑种　刑法

**2171**

**从犯问题研究** / 曹坚著 ; 顾肖荣指导. -- 华东政法大学, 2009. -- 194 页

论文从理论与实践相结合的角度,对从犯问题进行了阐述。全文共分为八章。第一章陈述从犯的概念及其认定。从犯罪的概念及其认定中,介绍了从犯在中国刑法史中的发展概况,对胁从犯与从犯的关系进行了探讨,将胁从犯界定为一种特殊从犯。第二章分析从犯的犯罪形态认定。区分从犯的完成形态与未完成形态,分别论述具体从犯的犯罪形态。第三章探讨从犯的罪数形态认定。以不同种类的从犯为对象,对其一罪与数罪的认定问题展开讨论。第四章解析从犯与身份。阐述了无身份者与有身份者共同犯罪的定性问题,在分析多种学说的基础上,提出自己的观点,即倾向于区别对待说。论述了身份对从犯认定的刑法意义,针对身份犯是从犯,非身份犯是主犯时,从犯如何认定,以及当共同犯罪的主体分别具有特定身份时,如何区分主从犯等问题。第五章探讨从犯的处罚。分别对从犯的自首认定、从犯的认功认定、从犯的累犯与再犯认定、数额型共同犯罪中从犯的刑事责任承担与认定等问题进行了剖析。第六章考察单位犯罪视野中的从犯认定问题。包括单位共同犯罪中的从犯认定、自然人与单位共同犯罪汇总的从犯认定问题以及同一单位内部从犯的认定问题。第七章重点论述我国刑法中组织性犯罪的从犯认定问题。分别对恐怖组织犯罪中的从犯认定、黑社会性质的组织犯罪中的从犯认定、聚众性犯罪中的从犯认定等问题进行研究。第八章阐述从犯制度的发展与完善。对从犯刑事立法的发展与完善中存在的从犯立法定义的完善、从犯分类制度的完善、从犯处罚制度的完善等问题进行了分析并提出相关建议。

关键词:刑事犯罪　从犯

**2172**

**政府律师制度研究** / 曹阳著 ; 程荣斌指导. -- 中国人民大学, 2009. -- 119 页

论文采用历史研究法、比较研究法和实证研究法对政府律师制度进行研究。全文共分为五章。第一章概述政府律师的特征、职责、业务范围、管理体制。第二章阐述政府律师制度的理论基础。提出政府律师制度是建立社会主义法治国家的需要、是发展社会主义市场经济的需要、是健全社会主义律师制度的需要、是与国际社会接轨、增强国际竞争力的需要。第三章比较考察域外政府律师制度。指出政府律师制度起源于英国,并逐一讨论美国、新加坡、香港、加拿大、巴西、委内瑞拉的政府律师制度,从中得到借鉴。第四章重点探究我国政府律师制度在实践中的摸索。以广东、扬州、厦门、周村为例介绍了政府律师在各地的试点工作状况、基本特征,找寻四大试点模式的异同与优缺点比较。第五章探讨我国政府律师制度的构建问题。以我国政府律师制度的原型——吉林省法律顾问制度为逻辑起点,归纳总结了我国理论界关于政府律师制度的研究成果。思考了我国政府律师制度试点过程中暴露出来的问题,主要有政府律师的法律依据缺乏、性质模糊、管理体制和机构设置不一、独立性和自主性不足、与政府法制部门的职责重叠、待遇不明以及队伍素质参差不齐几个因素。最后提出构建中国特色政府律师制度的理念与配套措施。

关键词:国家行政机关　律师制度　司法制度

**2173**

**论中立行为的帮助** / 陈洪兵著 ; 张明楷指导. -- 清华大学, 2009. -- 184 页

论文以国内外中立行为的帮助理论为支撑和依据,系统研究如何在罪行法定框架内确定不可罚的中立行为与可罚的帮助行为的界限问题。全文共分为五章。第一章介绍论文的选题背景意义、研究目的、研究方法与结构安排,并对中立行为的理论学说进行梳理和评析。第二章论述帮助犯的处罚根据,分为共犯和帮助犯两种类型。对共犯的处罚根据论主要包括责任共犯论、违法共犯论、因果共犯论。关于帮助

犯的处罚根据源自对帮助犯的因果关系的思考,如物理的因果性、心理的因果性等。第三章论及中立行为帮助理论的评析与借鉴。分别从主观说、客观说、折中说三个方面归纳阐述国内外关于中立行为的帮助理论,在此基础上,提出论文的立场,即因没有制造不被允许的危险而否定帮助行为。第四章探讨中立行为的帮助类型。大致分为商品销售中立行为、服务中立行为、日常中立行为、企业中立行为、网络中立行为五种常见类型,思考在日常生活交往中如何在罪刑法定框架内确定不可罚的中立行为与可罚的帮助行为的界限。第五章陈述研究结论。认为中立行为的特殊性不在于行为的主观要素,而在于行为本身的中立性。而中立性通常被解释为没有制造、增加不被法允许的危险,或危险性的量没有达到值得作为帮助犯处罚的程度,在此情形下,应否定帮助行为的存在。

关键词:刑法　中立　犯罪构成　刑事犯罪

**2174**

**人身危险性基本理论问题研究** / 陈伟著 ; 李永升指导. -- 西南政法大学, 2009. -- 179 页

人身危险性是刑法近代学派理论构建的基石,论文共分为七个部分,引言部分指出了人身危险性研究与我国和谐社会构建这一时代主题的契合性,以人为本的政治倡导为人身危险性的理论探讨注入了新的政策性动力,人身危险性研究的理论价值日益受到重视已为形势所趋。第一章,人身危险性的考察:源起与现状。第二章,人身危险性的概念辨析。第三章,人身危险性的实体内容与实质厘定。人身危险性以行为人的人格为其实体内容,并具有质与量的两维特性。第四章,人身危险性多元层面的透视。作者置人身危险性于不同层面进行了分析评判,通过刑法学的多个不同范畴与人身危险性之间的内在关联做了逐一审视。其一,人格刑法学主导下的人身危险性。其二,刑罚目的理论对人身危险性的方向指导性。其三,人身危险性与刑法基本原则。其四,人身危险性与教育刑。其五,人身危险性与宽严相济刑事政策。其六,人身危险性与保安处分。其七,人身危险性与公众认同。第五章,人身危险性的功能发挥。作者认为,应该以人身危险性为尺度完善罪犯处遇的分类制度,根据测量得出的人身危险性的大小,区别性地分类监管和改造犯罪人,促使行刑个别化从形而上的抽象层面转化为形而下的实际运用。第六章,人身危险性评估的理论界说。总体上说,人身危险性评估作为一个系统性工程,必须从方法设立、宏观建构、微观创设、机构保障四个层面予以把握,把实体与程序内容一体性地贯彻到评估体系之中,通过宏观与微观、实体与程序不同层面的内容充实与相互照应,共同为人身危险性的评估拓展新路径、开创新方法。

关键词:刑法　犯罪分子　危害性

**2175**

**刑法中社会相当性理论研究** / 陈璇著 ; 马克昌指导. -- 武汉大学, 2009. -- 231 页

论文从理论和实践两个层面对刑法中的社会相当性理论进行了研究。全文共分为五章。第一章介绍德国刑法学中社会相当性理论。首先回顾了社会相当性理论的初创,之后明确了社会性相当性理论发展中的三个基本问题,即社会相当性理论的存废、社会相当性的体系地位归属以及社会相当性的判断标准。接着具体分析了社会相当性在立法和判例中的表现,主要体现在正当活动条款、教育者特权、侮辱罪、体育竞技中的身体伤害、收受利益罪。再者,分析了社会相当性理论对刑法学产生的影响。第二章概述了社会相当性的概念界定和理论基础。辨析了社会相当性与被容许的风险、可罚的违法性概念的区别,剖析了社会相当性的理论基础,即行为无价值论。第三章探讨社会相当性理论的价值探寻与体系定位。首先对"全方位机能说"进行了述评,在此基础上,考察了社会相当性作为特殊使命和核心精髓的价值定位问题。在总结了社会相当性的两大基本功能后,肯定了社会相当性在犯罪论体系中的地位。第四章厘清了社会相当性的判断方法。从社会事实判断与规范价值判断的角度出发,探讨社会相当性判断的界定标准和实践操作规则。以行为的通常性和行为的适当性两个维度叙述社会相当行的判断实质标准。第五章考察社会相当性理论的实际运用。分别从对具体犯罪构成要件要素的解释和正当化事由成立要件的解释展开论述。

关键词:刑法　社会法学

**2176**

**挪用型犯罪研究** / 程兰兰著 ; 赵国强指导. -- 华东政法大学, 2009. -- 242 页

论文跳出刑法解释学的立场,对挪用型犯罪的基础理论进行"形而上"研究,并结合立法和相关司法解释的规定,对司法实践的问题予以关注。全文共分为

六章。第一章概述挪用型犯罪的概念、特征、立法沿革。首先通过对挪用行为及使用盗窃、侵占、第三者交付、运用行为的辨析,厘清挪用行为的概念与特征。后对我国挪用型犯罪的立法沿革进行系统梳理,明确其历史演进过程。第二章阐述挪用型犯罪的基础理论。分别从挪用型犯罪的经济型分析、刑事化分析、政策性分析三方面解释挪用型犯罪的罪质。第三章探讨挪用型犯罪的立法论。结合英美法系、大陆法系、国际公约中关于挪用型犯罪的立法规定,对挪用型犯罪的中外立法进行了解释与比较,以期对我国挪用型犯罪立法有所借鉴。第四章分析挪用型犯罪的构成要件论。站在刑法解释学的立场,对挪用公款罪、挪用资金罪、挪用特定款物罪、背信运用受托财产罪、背信运用资产罪的犯罪构成分别进行阐述,从实然的角度分析各罪的客体、客观方面、主体、主观方面,并对挪用型犯罪中出现的利他挪用行为出罪化做出阐述。第五章重点讨论挪用型犯罪的形态论。结合犯罪形态理论,对挪用型犯罪中存在犯罪形态问题的罪名做出探讨,论述挪用型犯罪的未完成形态、共犯形态和罪数形态中的问题;着重论述了有身份者的共同挪用、有身份者和无身份者的共同挪用等问题;在挪用型犯罪罪数部分,讨论了继续犯和牵连犯的处罚原则问题。第六章探究了挪用型犯罪罪行均衡论。从罪状建构的均衡性原则出发,探讨各挪用罪名具体罪状的均衡,最后提出背信运用受托财产罪的立法完善建议。

关键词:犯罪行为　挪用　犯罪构成　刑法

**2177**

**人身危险性理论的司法实践价值研究** / 程应需著 ; 李希慧指导. -- 中南财经政法大学, 2009. -- 140 页

论文在厘清人身危险性概念的基础上,对人身危险性在定罪、量刑、行刑等刑事司法活动中的价值进行了分析,并对人身危险性实践价值的充分发挥等具体问题展开了探讨。全文共分五个部分:第一部分对我国刑法理论中的人身危险性概念的由来、人身危险性概念的内涵等问题进行了的分析。认为人身危险性的问题是一个渗透到现代犯罪学、人类学、社会学等学科领域的一个跨学科的问题。第二部分对人身危险性得以存在的立法和司法空间进行了分析。认为人身危险性自身的特点决定了它只能存在于刑法规定的模糊性空间里;在刑事司法中,人身危险性存在于法官自由裁量权的空间范围内。第三部分分析了人身危险性对定罪的价值。认为定罪是对行为人是否有罪的问题从程序上到实体上进行认定的刑事司法活动。第四部分着重分析人身危险性在量刑中的价值,认为人身危险性是量刑的重要根据之一。这不仅是实现特殊预防的刑法目的的需要,而且是实现量刑公正的需要,人身危险性是量刑公正的调节器。第五部分对人身危险性在刑罚执行中的价值进行了分析,认为人身危险性是行刑个别化的重要根据之一。人身危险性通过具体刑罚执行制度的贯彻实施,来实现对变动中罪刑关系的微调作用,使罪责刑相适应的刑法原则在刑罚执行过程中继续得以贯彻。

关键词:刑事犯罪　刑法

**2178**

**贿赂犯罪防控对策论** / 慈健著 ; 张凌指导. -- 中国政法大学, 2009. -- 141 页

贿赂犯罪频发是多方面的原因造成的,包括政治因素、经济因素、文化因素、法制因素、个人因素等多个方面。论文就上述原因,探求有效应对的措施。全文共分六部分。第一章贿赂犯罪防控对策概述。揭示了贿赂犯罪的概念、本质及危害,简述了《联合国反腐败公约》所倡导的治理腐败的策略以及美国、英国、德国、日本、新加坡和我国香港地区在治理贿赂犯罪方面所采取的措施的成功经验。第二章贿赂犯罪防控对策制定的现实基础。讨论了贿赂犯罪的现状以及贿赂犯罪的原因两个问题。首先描述了目前贿赂犯罪的现状,然后阐述了贿赂犯罪屡禁不止的主要原因。从社会原因层面分析,包括:权力配置制度不合理;外来与传统文化中的腐朽观念;贿赂犯罪法网不严;贿赂犯罪的法定刑配置存在弊端;侦查机关缺乏特殊的侦查手段;司法机关对于贿赂犯罪打击不力。从个人原因层面分析,贿赂犯罪分子存在失衡心理、侥幸心理、从众心理、补偿心理与亲缘心理,也是贿赂犯罪屡禁不止的原因。社会原因与个人原因交织在一起,使得防控贿赂犯罪必须采取多元的措施。第三章贿赂犯罪防控的刑事立法对策。阐述了刑事实体法对策与刑事程序法对策两个问题。第四章贿赂犯罪防控的刑事司法对策。论述了侦查对策、起诉对策、审判对策三个方面的问题。提出控制法官自由裁量权、准确把握贿赂犯罪刑事政策的内涵,纠正执法观念等对策。第五章贿赂犯罪防控的社会对策。分别论述了制约对策、激励对策、自律对策等三个方面的问题,认为有必要对贿赂犯罪防控的国际对策单独

予以研究。建议建立"官员亲属出国备案制度"、完善出入境管理制度与身份证管理制度等预防贪官外逃的对策;建议完善引渡制度、刑事司法协助制度以及资产追回机制等惩治贪官外逃的对策。

关键词:贿赂罪　预防犯罪　刑法

**2179**

**社区矫正实现研究** / 崔会如著 ; 赵国玲指导. -- 北京大学, 2009. -- 231 页

论文在多学科理论的基础上,采用思辨和实证相结合的方法,对社区矫正的社会基础、学术基础、运行过程进行动态考察,并对这一命题进行本土化建构。全文共分为六章。第一章概述社区矫正实现的基本原理。首先提出社区矫正实现的定义,后对社区矫正实现机理进行初步的探讨。第二章分析社区矫正实现的社会基础。首先探讨我国社区矫正得以推行的社区基础,其次从社区发展不平衡、社区状况复杂多样、社区社会资本下降等方面分析制约社区矫正发展的深层因素。之后在实地调查的基础上,从认识、情感、参与倾向等方面对社区矫正的社会心理背景进行描述,并分析其原因。第三章分析社区矫正实现的学术基础。以中国期刊网上的 350 篇社区矫正学术论文为样本,描述社区矫正的知识生产状况,并从知识社会学的角度对社区矫正研究的兴起、发展、研究格局、存在问题进行剖析。第四章分析社区矫正的运行过程。以北京市社区矫正为例,对社区矫正的微观运行状况进行深入考察,并分析社区矫正存在的诸多问题。第五章介绍社区矫正实现的基础性建构。提出首先应营造良好的社区环境,其次要改善社区矫正的社会心理土壤,再者应提高社区知识生产水平。第六章主要论述社区矫正运行机制的完善。主张充实社区矫正监督考察的内容,完善社区矫正奖罚体系。通过赋予司法行政机关社区矫正执行权、建立社区矫正管理机构等方面提升社区矫正法律能量。最后提出改进社区矫正的具体环节,包括完善社区矫正的危险管理、促进社区矫正对象心理、行为的良性发展以及构建社区矫正对象的物质支持网络。

关键词:社区　监督改造　司法制度

**2180**

**俄罗斯有组织犯罪研究** / 崔熳著 ; 黄道秀指导. -- 中国政法大学, 2009. -- 155 页

论文从刑法学、犯罪学、刑事政策学的角度出发,采用文献数据分析法、比较研究法、统计资料分析法等研究方法,对俄罗斯有组织犯罪问题进行论述。论文主体部分共分六章。第一章,介绍俄罗斯的有组织犯罪概念、特征和分类。阐述了俄罗斯学者、立法者和实务部门对有组织犯罪概念的界定,诠释了与有组织犯罪有关的概念。之后对俄罗斯学者提出的有组织犯罪的特征加以总结,并在实例的基础上介绍俄罗斯对有组织犯罪的两大分类:普通刑事型和经济型有组织犯罪。第二章,从俄罗斯学者对有组织犯罪产生时间的争论开始,把历史划分为伊凡三世到十月革命前、十月革命后到苏联解体前两大时间段,介绍俄罗斯有组织犯罪的历史发展。在后一个时间段,又细分为列宁时期、斯大林时期至苏联改革前和戈尔巴乔夫改革时期三时间段加以介绍。第三章介绍苏联解体后当代俄罗斯有组织犯罪的现状。共分五个部分。第一部分介绍当代俄罗斯有组织犯罪的规模、有组织犯罪活动的范围、犯罪活动的种类、有组织犯罪的领导者——"守法盗贼"和匪徒"权威";第二部分介绍俄罗斯有组织犯罪集团的结构、成员组织和俄罗斯最大的莫斯科松采沃犯罪集团;第三部分介绍"俄罗斯黑手党"在国外以及族裔有组织犯罪集团在俄罗斯的活动;第四部分总结俄罗斯有组织犯罪的 4 个基本特点;第五部分分析俄罗斯有组织犯罪产生的两个主要原因——腐败和影子经济。第四章介绍俄罗斯对有组织犯罪的法律调整。分析打击有组织犯罪的刑事法律存在的缺陷,介绍了三部《反有组织犯罪法》草案,以及关于有组织犯罪的反洗钱法、证人保护法、侦缉活动法等法律。第五章介绍俄罗斯打击有组织犯罪的专门机构和国际合作(重点是俄罗斯与独联体国家、俄罗斯与中国的合作)。最后一章阐述研究俄罗斯有组织犯罪对我国的启示,提出五个建议:尽快通过《反有组织犯罪法》、完善反黑机构体系、铲除影子经济、惩治腐败、加强中俄边境公安、检察机关合作。结论部分总结全文观点。

关键词:犯罪集团　刑事犯罪　黑社会　黑手党　俄罗斯

**2181**

**刑事和解制度化研究** / 邓建辉著 ; 刘宪权指导. -- 华东政法大学, 2009. -- 280 页

论文以刑事和解制度的刑事立法构建为目标,采用文献研究法、历史研究法、比较研究法、案例实证研究法等多种方法,对刑事和解制度与现行刑事司法的

相关理论问题做了探究。全文共分六章。第一章阐释了刑事和解制度的一般理论。首先概述刑事和解制度的概念与内涵，存在理念层面和现实制度层面两种解读方式。继而梳理了刑事和解制度的历史演变。后简要分析了我国刑事和解制度复兴的社会背景和实践渊源。此外，为了进一步明确刑事和解制度的内涵，将刑事和解制度中的相关概念"私了""刑事契约一体化""辩诉交易""中国传统调解制度"做了比较说明。第二章分析了刑事和解制度的价值蕴涵。在介绍了西方学界关于刑事和解制度的理论渊源的基础上，从哲学、政治学、经济学、社会学和伦理学等不同角度，探究刑事和解制度的价值蕴涵和理论支撑。第三章论述了刑事和解制度与刑事法基本理论的契合。首先分析了刑事和解制度与刑法基本原则的契合，包括罪刑法定原则、平等适用刑法原则以及罪行相适应原则。其次认为刑事和解制度能实现刑法之目的，能贯彻形势政策的需要。后从刑事诉讼法基本理论的角度探讨刑事和解制度与刑事法的契合。第四章简要分析刑事和解制度化构建的条件。分别从观念条件、制度条件、实践条件三个方面进行论述。第五章围绕刑事和解制度的适用原则、适用条件展开论述，并对刑事和解协议的效力和后果进行说明。第六章提出刑事和解制度化的构想。首先论及刑事和解制度化的立法构想，即刑事诉讼法关于刑事和解制度的具体构建。其次对刑事和解制度的相关配套措施的构建进行阐述，分别涉及刑法配套措施、刑事诉讼法配套措施以及行政配套措施。

关键词:刑事诉讼　调解　法律适用

**2182**

**非法经营罪研究** / 范德安著 ; 李洁指导. -- 吉林大学, 2009. -- 163 页

非法经营罪被广泛称为"口袋罪"。因其罪状中设置了空白罪状条款以及概括性极强的堵漏条款，使得立法、司法进行了过分扩张，造成实践中援引此罪的泛滥。论文以解释刑法为基本研究方法，选取若干理论上有争议(或疑难)的问题，并适当通过案例解析对非法经营罪的基本特征、成立界限、司法认定以及量刑等问题进行阐述，探讨作为法定犯、情节犯的非法经营罪空白罪状的填补原则、情节的认定以及堵漏条款的解释适用上的困惑，从而对其进行立法反思。通过对非法经营罪立法缺陷表征的分析，探寻其遭到诟病的原因并做出立法完善之设想。在当前法治环境下考量刑事政策的要求，认为应该坚持贯彻罪刑法定之明确性原则和刑法谦抑性精神，实行"实体与程序的二维控制，立法与司法的严格限缩"，防止非法经营罪的过分扩张适用。在立法层面，进行必要的罪状重构，在保留行为类型不变的情况下，对其成立前提条件进行限定；在刑法解释层面，借鉴一元个体判例式司法解释模式理论，建立以法官为解释主体的制度，并逐步形成司法常例；在程序层面，建立行政执法与刑事司法相衔接的运行机制，严控一般违法经营行为入罪化。

关键词:非法经营　刑事犯罪　犯罪构成　量刑立法

**2183**

**中国缓刑制度研究** / 冯全著 ; 薛瑞麟指导. -- 中国政法大学, 2009. -- 157 页

缓刑制度是关于缓刑这一刑事责任实现方式的法律制度。除绪论和结论外，论文的主体分为六个部分。前两章是对缓刑制度的实践状况和理论基础的分析，第三章是在前两章的基础上，对我国缓刑制度实施情况的考察，后三章是在前三章的基础上，对我国缓刑制度的完善和构建。第一章是对世界缓刑制度的概览。作者区分英美法系、大陆法系、俄罗斯和我国四个部分分别考察。第二章讨论缓刑制度的正当性根据。首先，从缓刑制度的自身功能上看，缓刑具有特殊预防的功能和一般预防的功能，并有助于正义的实现。其次，从缓刑制度的时间定位上看，即从该制度与现代社会刑事处遇的发展趋势的关系看，缓刑制度符合了刑事处遇个别化、社会化的趋势、人道化和谦抑化的趋势。再次，从缓刑制度的空间定位上看，即从该制度与我国具体情境的关系看，缓刑制度符合了我国宽严相济的刑事政策、惩罚与教育相结合的刑事政策和专门机关与群众路线相结合的刑事政策。因而，缓刑制度在当下中国的存在和发展具有正当性。第三章考察我国缓刑制度的实施情况，具体从缓刑适用制度实施情况、缓刑执行制度实施情况、缓刑制度实施效果、缓刑制度实施的制约因素四个方面展开。第四章是对我国缓刑适用制度的完善。第一节讨论缓刑适用的实体法制度的完善，主要从缓刑类型和缓刑条件两个方面提出完善建议。第二节讨论缓刑适用的程序法制度的完善。第五章是对我国缓刑执行制度的完善。第一节讨论缓刑执行的实体法制度的完善，主要从考察主体、考察内容和考察后果

三个方面提出完善建议。第二节讨论缓刑执行的程序法制度的完善,主张应当制定完善缓刑判决宣告、交付程序制度;应当加强检察机关的监督职能;应当明确被缓刑人在撤销程序中的辩护权和申诉权;应当构建缓刑撤销听审程序。第六章是对我国缓刑效果评估制度的构建。

关键词:缓刑　刑罚　司法制度

**2184**

**日本犯罪过失研究** / 韩小梅著 ; 张旭指导. -- 吉林大学, 2009. -- 135 页

犯罪过失理论是日本20世纪刑法学中探讨最为热烈的领域,在旧过失论之后,又提出了新过失论、新新过失论。目前的通说是新过失论。三大过失论围绕着预见可能性和结果避免义务这两个核心问题展开激烈争论。其结果是,具体的预见可能性被一定程度的抽象化,在过失的认定顺序上,强调从确定结果避免义务出发再探讨预见可能性问题,以结果避免义务为中心,使得犯罪过失不再是责任要素,而是构成要件要素。犯罪过失地位的变化蕴涵着架空责任论和否定三段式犯罪论的危险。追究犯罪过失责任原则上以法律规定为限,但由于结果避免义务是行动基准,犯罪过失责任正在扩大化。尤其监督过失理论使得追究监督者过失责任更加容易。限制过失责任和监督过失责任的理论是容许的危险理论以及在其基础上形成的信赖原则。我国目前的旧过失论立场,不仅难以应对过失犯罪的状况,也难以直接引进日本的通说新过失论,因此必须修改犯罪过失的法律规定。在此基础上,我国借鉴日本犯罪过失论是可能的。借鉴日本新过失论之外,我国也具备了在一定范围内适用信赖原则的条件。另外,鉴于我国的过失犯罪状况,迫切需要及时引进监督过失理论,坚决追究监督者的过失责任。

关键词:刑法　过失　刑事责任　日本

**2185**

**刑罚现代化研究** / 郝方昉著 ; 王平指导. -- 中国政法大学, 2009. -- 224 页

论文以"刑罚现代化"为研究对象,旨在描述刑罚现代化的历史进程,分析刑罚现代化的逻辑,展望刑罚现代化的未来,并提出关于中国刑罚现代化的制度设计。第一章描述刑罚现代化的历史进程。把西方的刑罚现代化进程区分为两个阶段:一是18世纪晚期到19世纪中叶,基于前监禁刑时代的刑罚的困境,刑罚逐步走向监禁刑主导的阶段;二是19世纪中叶之后,基于监禁刑的困境,刑罚又逐步走向开放性刑罚主导的阶段。中国的刑罚现代化进程从清末开始,最初走的是以西方为模板、自上而下的改良之路。中国共产党执政以来的刑罚现代化进程则可以区分为两个阶段:一是从1927年建立革命根据地之后到1978年改革开放之前,在马列主义、毛泽东思想的指导下,以苏联为借鉴的阶段;二是1978之后,前一阶段的刑罚实践与以西方为借鉴的刑罚实践并存的阶段。第二章是对第一章所描述之历史的逻辑分析,旨在寻找刑罚变迁的蛛丝马迹,以期发现推动刑罚现代化的动力。论文将学者已有的成果归纳为四种基本的分析进路:经济分析、政治分析、文化分析和社会分析。通过考察这四种分析进路,主张刑罚现代化具有经济、政治、文化、社会等多重动力。第三章推断刑罚现代化的未来走向。认为在现代国家,经济、政治、文化、社会等多重动力共同指向了"民主法治国"这一方向。与之相适应,刑罚实践中产生了一种恢复性刑罚。该种刑罚的核心要旨是"赋权—参与";"明耻—补偿";"认同—融入";比起传统刑罚模式来,其更能与"民主法治国"相契合,因而代表着刑罚现代化的未来走向。随后,考察了恢复性刑罚在实践中对于"民主"和"法治"的践行。第四章是在前文描述、分析和推断的基础上进行建构。认为依据刑罚现代化的逻辑和未来走向,中国恢复性刑罚的制度设计必须坚持的基本立场是在刑罚实践中落实民主法治。立足该基本立场,分别讨论了恢复性刑罚视野下的制刑、量刑和行刑。

关键词:刑罚　现代化　刑法

**2186**

**义务犯研究** / 何庆仁著 ; 陈兴良指导. -- 北京大学, 2009. -- 241 页

论文对义务犯理论与实践进行了研究。全文共分为七章。第一章概述义务犯理论的形成与发展。具体介绍 Roxin 与 Jakobs 的义务犯理论基础,并辅之以比较和评析。第二章探讨存在论视野中的义务犯。明晰了不作为犯与义务犯的内在关系、义务违反在犯罪支配中的定位以及以排他性支配理论为中心的义务犯理论研究。第三章探讨规范论视野中的义务犯。首先区分了作为与不作为的差异,从不作为的角度转向对义务犯的初步考察。其次重点分析了规范刑法

原理中的义务犯,包括义务犯与等价性理论、义务犯与自我答责、义务犯与扩张的正犯概念、义务犯与Freund的规范理论。接着找寻了义务犯在我国实在刑法典中的痕迹。第四章探究机能论视野中的义务犯。分消极义务和积极义务对义务犯进行分类考察,讨论了义务犯的泛道德化危机,后围绕Jakobs义务犯理论基础加以剖析并提出质疑。第五章论述义务犯的正犯原理。在阐明义务犯的正犯原理基础上,考察了义务犯与共同正犯、间接正犯之间的联系。包括有义务者与无义务者之间的共同正犯、有义务者与有义务者之间的共同正犯,以及无义务者利用有义务者、有义务者利用有义务者的情形。第六章主要探讨义务犯与参与。一方面辨析了参与的义务犯与对义务犯的参与的概念区别,另一方面通过实际案例重点讨论了义务犯中的不作为参与情况。第七章考察义务犯的刑罚问题。对义务犯减轻处罚的可能性进行了探讨。

关键词:刑事犯罪　刑法

**2187**

**死缓制度研究** / 何显兵著 ; 王平指导. -- 中国政法大学, 2009. -- 189 页

尽管死刑存废之争日趋激烈,但却不可能在短期内彻底废除死刑。作为严格限制死刑立即执行但是又保留死刑最后威慑力的刑罚制度,死缓必将在中国未来刑罚结构中占据更加重要的位置。全文共分五章。第一章研究死缓的发展史及其本质。死缓制度的起源有中国历史起源说与外国起源说两种观点,但晋冀鲁豫边区政府规定的死刑保留制度才是现代中国死缓制度的正式起源。第二章研究死缓适用的价值取向。正义是死刑最基本的价值取向,也是我国死刑仍然得以存在的最为坚实的价值根据。死刑还必须接受人道价值的检阅,其适用不得严重违反社会大众的基本道德感。死缓的适用,尤其要重视人道价值的制约。第三章研究死缓适用的实体标准。以正义为指导,死刑适用的标准有两条:(1)适用于有预谋地杀害无过错的被害人的案件;(2)与前述案件的性质在价值上相当的案件。死缓适用的核心标准是"不是必须立即执行死刑",应当转换思路,从正面界定"必须执行死刑"的范围,凡是不属于"必须执行死刑"的,都属于"不是必须立即执行死刑"。判断"必须立即执行死刑"的内涵,必须以人道价值观作为基本的价值准则。第四章研究死缓适用的新标准:被害人的宽恕。第五章研究死缓适用过程中的变更。死缓减为无期徒刑的标准,就在于"没有故意犯罪"。死缓犯在死缓执行期间既有故意犯罪又有重大立功表现的,并不存在法律漏洞。代结论研究死缓制度改革与完善的基本路径。死缓制度废除论建立在对死缓本质误读的基础上,不应被采纳。改革与完善死缓制度,需要以刑罚正义观、人道观为指导,严格坚持死缓适用的标准;明确死刑立即执行、死刑缓期执行、无期徒刑三者之间的界限;推广恢复性司法,赋予被害人对法院判处被告人死刑立即执行的否定权;改革死缓变更为死刑立即执行、无期徒刑或者有期徒刑的条件;将死缓制度的执行期间"二年"变更为弹性幅度,并以此革新死缓变更的条件。

关键词:死刑　死缓　刑罚　法律适用

**2188**

**军事犯罪死刑问题研究** / 黄皓著 ; 韩玉胜指导. -- 中国人民大学, 2009. -- 283 页

论文对于军事犯罪死刑适用问题的基本看法是,军事犯罪至少较长时期内不应废除死刑,平时军事犯罪死刑适用应彻底废除,战时军事犯罪死刑应予保留但须严格限制。从我国古代军事刑法中的死刑适用情况来看,我国历来就有"刑始于兵"的说法。而从各国军事刑法有关死刑的规定来看,鲜明地体现了"军法从严""战时从重"的原则。我国军事犯罪死刑配置的应然原则应当包括军事利益优先原则、突出战时适用原则、人权保障原则和谦抑性原则等。通过对各个相关罪名死刑设置原因、设置死刑合理性以及死刑设置的应然情形三部曲的详尽分析,可以得出平时军事犯罪死刑应予废除和战时军事犯罪死刑应予保留,但须严格限制这一基本论点。从我国军事犯罪死刑规范设置的特点来看,主要包括罪名规制涉及面广、死刑罪名比例突出、突出战时罪名规制等。从对普通民众和一般官兵的民意调查情况来看,在军事犯罪死刑适用的相关观念方面,非军人受访者和军人受访者的差别并不多,且直接体现出我国深厚的死刑文化基础。以对泄露军事秘密类军事犯罪之死刑适用的实际案例情形为范本,论文对军事司法实践中的军事犯罪死刑适用情形的分析证明,废除平时军事犯罪死刑、保留并限制战时军事犯罪死刑的观点合理而且可行。在死刑的司法适用层面,军事犯罪死刑适用的原则包括突出军事利益和军事义务保护的原则、突出战时适用原则;适用标准方面,军事犯罪死刑适用的总体和消极标准、具体标准与我国普通犯罪的死刑适用

基本一致;适用程序上,军事犯罪死刑与我国普通犯罪的死刑适用程序区别在于司法管辖、审理方式、执行机关等方面。对于完善我国军事犯罪死刑适用制度设置的建议:一是平时军事犯罪死刑的彻底废除。二是战时军事犯罪死刑的保留与限制。三是军事犯罪死刑适用的程序保障。首先应树立军事犯罪死刑适用的正当程序理念。其次应完善军事犯罪死刑限制适用的相关程序制度规定。

关键词:军法　刑法　死刑　法律适用

**2189**

**我国知识产权刑法保护研究** / 黄洪波著 ; 李希慧指导. -- 中南财经政法大学, 2009. -- 217 页

论文运用历史分析法、比较分析法,从刑法学、知识产权法学以及刑事政策学的角度对我国知识产权刑法保护问题进行了研究。全文共分为六章。第一章概述知识产权的基本理论。包括知识产权的概念、特征、哲学根基以及其保护体系。第二章探讨我国知识产权刑法保护的基本依据。从全球化、国际法、财产法、经济学和刑事政策等不同视野论证了刑法保护知识产权的正当性和必要性。第三章论述我国知识产权刑法保护的基本立场。从历史溯源、现实考察和未来走向三个层次分别界定了我国知识产权刑法保护的基本立场。指出了我国知识产权刑法保护的利益立场、价值立场、政策立场、立法方向的立场及立法模式的确定。第四章解读我国知识产权刑法保护的基本原则。包括现实维度的适时性原则、立法维度的谦抑性原则、实践维度的实效性原则,一同确定了刑法介入的纵深范围。第五章分析知识产权刑法保护的立法比较。从微观层面,按照著作权、专利权、商标权、商业秘密刑法保护的线索,详细比较英美法系和大陆法系国家关于知识产权犯罪的具体规定。为反思我国知识产权刑法保护范围提供资料来源。第六章围绕我国知识产权刑法保护的完善展开论述。首先从研究结论和论证思路两方面对现有研究成果进行了梳理和总结,继而借鉴国外的法律规定模式提出我国知识产权刑法保护的立法建言。

关键词:知识产权　刑法　立法　法律保护

**2190**

**转化犯研究** / 黄鹏著 ; 戴玉忠指导. -- 中国人民大学, 2009. -- 212 页

论文从理论和实践的角度对转化犯问题进行了研究。全文共分为四章。第一章为转化犯概论。主要研究转化犯的概念、特征、外延、类型等基本问题。分析了转化犯的研究对象和范畴,解释了转化犯的语义。之后界定转化犯的概念,提出了转化犯概念界定的哲学依据,论述了界定过程中要澄清的几个问题。其次,总结转化犯的特征,阐明了转化犯的法定性、转化性和单向性。在剖析了转化犯的内部构造后,立足于对转化犯的构成要件特征进行分析,包括转化犯的犯罪客体、客观方面、主体、主观方面所展现的特殊性。再者,对概括了转化犯分类研究的意义和分类方法,对现有的转化犯分类进行综述。第二章研究转化犯的罪数问题。首先,判断了罪数问题的理论本质。其次,介绍境外的行为理论及中国内地的行为理论,确定转化犯的行为数。之后阐述了罪数的判断标准以及罪数判断与行为数判断的关系。归纳了罪数的类型、本质,并分析了现行立法中对转化犯的处断原则。第三章为转化犯的关系论。主要研究转化犯与犯罪的未完成形态、共同犯罪、其他犯罪类型的关系问题,包括想象竞合犯、结果加重犯、结合犯、牵连犯、吸收犯、连续犯。分析了这些犯罪类型与转化犯的联系与区别,以及这些犯罪类型与转化犯之间产生的竞合与争议。第四章转化犯的实践论。主要研究转化犯立法问题和司法实践问题。首先具体分析了 1997 年《刑法》中的七条转化犯条款和所涉及的九个罪名。从总体上概括了转化犯的立法依据和重要意义,简评了转化犯立法存在的不足。其次,简述转化犯案件在司法操作中的几个问题,包括转化犯案件的职权管辖的特殊性、转化犯的追诉时效的特殊性、转化犯案件的事实认定和法律适用的特殊性以及对转化犯中特别自首的认定。之后讨论了非法拘禁罪、刑讯逼供罪向故意伤害罪、故意杀人罪转化的区分和认定,以及典型案例评析。最后,考察了聚众斗殴罪的转化问题,包括多次参加聚众斗殴并有重伤情节的行为人的处罚、无法查明具体的直接致死的行为人时案件的处理、聚众斗殴同时造成重伤、死亡后果时案件的处理,并辅之以典型案例评析。

关键词:刑法　刑事犯罪　立法　转化犯

**2191**

**刑法解释的沟通之维** / 黄奇中著 ; 马克昌指导. -- 武汉大学, 2009. -- 195 页

论文对沟通理性指导下的刑法解释问题进行了研究。全文共分为七章。第一章概述法律解释的理

论基础。从法律解释学的诠释学基础出发,辩证分析了方法论解释学与本体论解释学的关系,回顾了两种法律解释理论的历史源流,后在哈贝马斯的共同行动理论、罗伯特.阿列克西的法律论证理论的基础上,对法律解释理论学说进行梳理。第二章总结中国刑法解释理论研究中存在的问题。包括迷失在主观主义与客观主义之间的刑法解释目标、脱离法律解释语境的刑法解释体制、单一的刑法解释对象、没有路径的刑法解释方法、从混乱走向整合的刑法解释基本原则问题。第三章论述刑法解释的目标。首先概览了大陆法系和英美法系下的刑法解释目标观,后对我国的刑法解释目标观进行评析,分为客观主义、主观主义和折中主义的评析。接着具体对超越主观与客观的程序主义刑法解释目标观做出解读与评价。第四章分析刑法解释体制。剖析了我国现行刑法解释体制的合宪性问题与成因分析以及合理性考察。建构了处于一元(法官)与多元(检察官、律师、当事人、证人乃至法学家和社会大众)之间的刑法解释体制。第五章探讨刑法解释对象。指出案件事实作为刑法解释对象的证明认定标准与法治意义。第六章讨论刑法解释方法。找寻刑法解释方法选择的路径并重点描述了"沟通理性"指导下的刑法解释方法。第七章考察刑法解释的基本原则,分别就刑法解释的安定性原则、妥当性原则、沟通理性指导下的罪刑法定原则进行逐一解读,探讨各个原则具体内涵与实现途径。

关键词:刑法　法律解释　刑事犯罪　刑罚

**2192**

**累犯制度研究:刑事政策视野中的累犯制度一体化构建** / 季理华著 ; 谢望原指导. -- 中国人民大学, 2009. -- 276 页

累犯是受刑人符合刑法所设定的特定条件的再次犯罪。累犯制度作为矫正、预防与控制累犯的应对之策,应当探寻累犯制度的法理根据,体现刑事一体化思想与我国综合治理刑事政策、宽严相济刑事政策的宗旨,累犯问题需要综合治理、区别对待。论文以刑事政策和刑事一体化观念为视角,强调构建一个相对完善的累犯制度体系,而并非只考虑对累犯进行罚的量刑制度。全文共分为五章,第一章累犯制度的历史考察;第二章累犯制度之法理根据;第三章累犯制度及其刑事政策;第四章累犯制度的司法适用;第五章累犯制度体系的构建与完善。第一章共三节,主要是从古今中外累犯制度的历史变迁来考察累犯制度的发展演变趋势。其次考察我国累犯制度自古至今的变迁史。第二章共四节,主要论述累犯制度的法理根据,内容包括累犯制度与刑罚本质、累犯制度与刑罚目的、累犯制度与刑罚价值、累犯制度与刑罚功能。第三章共三节,主要探讨累犯制度与刑事政策的关系。内容分别为累犯制度的现实考察、累犯刑事政策比较和我国累犯制度体系及其刑事政策。第四章共两节,包括累犯的司法认定和累犯裁量中疑难问题两部分。第五章共三节,主要探讨累犯制度体系的构建与完善。内容分别为累犯量刑制度的完善、行刑制度的立法完善、出狱人保护制度的构建。

关键词:惯犯　刑罚　刑事政策　法律体系

**2193**

**犯罪参与体系研究:以单一正犯体系为视角** / 江溯著 ; 陈兴良指导. -- 北京大学, 2009. -- 241 页

论文对刑法中的两种犯罪参与体系进行了比较研究,论证得出一元参与体系较之二元参与体系更为可取,并从一元参与体系的视角对我国犯罪参与体系中的具体问题进行了分析。全文共分为五章。第一章概述犯罪参与体系的基础理论。主要有犯罪参与体系与个人责任、行为概念、行为人概念、犯罪论以及惩罚论之间的理论解读。第二章对二元参与体系进行了批判性考察。首先明确了限制行为人的概念,从理论和实践层面区分了正犯与共犯的差异,厘清了正犯与共犯之间的内在关系,单独提出共犯处罚根据论做出思考与评价。第三章对一元参与体系进行详细介绍。首先考察单一正犯体系的历史源流。其次,通过对单一正犯体系的类型化考察,指出单一正犯体系内部存在形式的单一正犯体系和功能的单一正犯体系并对二者进行比较分析。再次,对单一正犯体系的理论基础做出解释。最后,通过对单一正犯体系的辩驳,得出其实值得采用的犯罪参与体系的结论。第四章对我国犯罪参与体系的归属问题进行探讨。首先,考察了我国共同犯罪的立法史与立法的政策根据。其次,讨论从分工分类法和作用分类法的二分法出发的共犯人分类问题,并引入二元参与体系与一元参与体系的分析模式来探讨我国犯罪参与体系。最后,认为我国共同犯罪立法可以从功能的单一正犯体系角度加以说明,在此基础上,构建了我国一元犯罪参与体系。第五章从一元参与体系出发对我国犯罪参与论中的具体问题进行思考。在分析了共犯本质属性的基础上,从一元参与体系的角度分别对过失的共

犯、承继的共犯、片面的共犯、共谋的共犯进行论证。

关键词:刑事犯罪　同案犯　刑法

2194

**对贝卡里亚刑法思想的传承和超越:《论犯罪与刑罚》解读** / 姜敏著 ; 陈忠林指导. -- 西南政法大学, 2009. -- 166 页

论文在解读贝卡里亚思想的同时,对《论犯罪与刑罚》进行了反思,认为要在实践上真正保护公民的权利,实现"公民个人本位"之司法民主思想,就应把普通公民都认同的最基本的道理、最基本的是非观、最基本的善恶观、最基本的人类感情,即常识、常理和常情,作为判断刑法是否合理与正当的标准。全文除导论和结语外共分六章。第一章是贝卡里亚的生平以及《论犯罪与刑罚》的产生。第二章是《论犯罪与刑罚》刑法思想的理论基础——以"趋利避害"为基本特征的"需要"人性观。贝卡里亚的人性观不再停留在对行为善恶的表面分析,而是更为深刻地分析行为善恶的内在原因,突破了人性善恶论或者人性二元论。第三章是贝卡里亚功利主义犯罪观。贝卡里亚功利主义犯罪观主要涉及两个方面:贝卡里亚的犯罪原因观和犯罪的判断标准问题。而对贝卡里亚犯罪原因观的理解上有很大分歧,分歧的焦点在于犯罪原因到底是自由意志还是机械决定。笔者以为"趋利避害"和"自由意志"同是在论证犯罪的原因,但并不矛盾。第四章是贝卡里亚的功利主义刑罚观。从刑罚权根据观看,贝卡里亚前的刑罚根据是刑罚权神授。这也是时代的产物,是宗教和法律紧密相连或者说是宗教对法律的干预的结果,反映了当时的统治阶级或者是宗教想用虚无缥缈的东西来为自己的统治服务并愚昧民众。第五章主要内容是贝卡里亚刑罚人道主义思想的构建,以及人道主义和功利主义的统一。第六章主要是对贝卡里亚刑法思想的反思和超越。

关键词:贝卡利亚(Beccaria, Cesare Bonesana)　刑法　刑罚　功利主义　人道主义　思想评论

2195

**论立功制度:以刑罚裁量制度为视角** / 金福著 ; 李洁指导. -- 吉林大学, 2009. -- 151 页

将立功制度从自首制度中独立出来,以独立的刑罚裁量制度确立下来,是我国刑事立法的一项重要成就。但是现行刑法关于立功制度的法律条文规定比较简单,司法实践又相当复杂,加之刑法学界对立功制度的研究不深,质疑颇多,实务界对立功制度的理解与运用一直存在争议,为立功认定带来很大的困扰,也不利于立功制度的健康发展。论文从刑罚裁量制度的角度研究立功制度。通过考察立功制度的历史,剖析诸多立功制度价值之质疑,揭示立功制度的产生与发展历程就是"立功受奖"思想的实际运用与践行历程的历史事实,进而阐释了"立功受奖"思想是存在立功制度价值之质疑的内在根源,司法环境不良则是外在根源,并从中得到启示,重新审视立功制度的价值,提出功利与公正是立功制度的二元根基。在此基础上,重新论证与分析立功的概念、特征及成立要件等本体问题,旨在研究与解决立功之司法认定若干问题。即以立功线索为主线,对来源各异的立功线索加以分析认定,并重点研究单位立功、立功认定主体问题。

关键词:刑法　刑罚　立功　公正

2196

**偷税犯罪立法研究:以刑法与税法之协调为进路** / 金玲玲著 ; 张旭指导. -- 吉林大学, 2009. -- 139 页

偷税犯罪作为一种最普遍、最典型的税收犯罪,一直是我国刑事立法规制的重心之一。虽然立法者期望通过不断修订偷税犯罪立法,以适应因经济发展、税制变革、税收征管手段的变化引发偷税行为手段的不断变化,以改变立法与实务的矛盾与冲突,以协调税收执法与刑事司法,然而每一次的修订都带来新一轮的质疑与困惑;理论研究者们更是囿于本研究领域的固有思维很少顾及其他领域。论文立足于偷税与偷税犯罪的关系,寻求偷税犯罪立法的新思维。偷税犯罪立法完善需要税法和刑法两个领域的完善,同时必须将协调性立法贯彻始终,而且这种协调应当是刑法对税法的协调,不应当是税法对刑法的"逆向协调"。刑法关于偷税犯罪范围的规定必须建立在税法关于偷税的规定的基础上,在违反税法的偷税违法行为中进行择取。当因社会客观形势发生变化而需要调整对偷税行为的规定时,首先应调整和完善税法,然后刑法相应调整规制偷税犯罪的范围,以期通过协调性立法使偷税犯罪立法摆脱"修订—不适应—再修订—仍不适应"的循环怪圈。

关键词:偷税罪　刑法　税法　立法

2197

**刑事违法性理论研究** / 李凡著 ; 李洁指导. -- 吉林大学, 2009. -- 157 页

刑事违法性是犯罪的法律特征、形式特征,是社会危害性的法律体现。在传统的理论中,社会危害性是整个犯罪概念中的核心,而作为社会危害性附属的刑事违法性主要承担着形式上的功能和作用,成为社会危害性"法的修饰"。随着对大陆法系刑法理论研究的不断深入,人们发现,两者虽然名称相似,但在内容和体系功能上却相去甚远:大陆法系刑法学将违法性作为犯罪成立的条件之一纳入犯罪论体系,而我国刑法学则在犯罪概念中讨论刑事违法性,并因受到社会危害性概念的遮蔽,违法性理论的内涵相对匮乏。因此,学者们认为有必要对我国刑事违法性进行反思和重构。刑法中违法性的问题,归根到底是犯罪构成理论体系的问题,对违法性理论的反思性检讨,也就势必归结为对犯罪构成体系的反思性检讨。论文在对刑事违法性的历史和本质进行考察的基础上认为对刑事违法性应做实质意义上的理解,同时为了突显违法性的重要地位,应学习德日刑法的犯罪构成体系,将违法性的判断作为一个独立的阶段,这样既有利于排除犯罪性事由在犯罪构成体系中有一个合理的体系地位,也使犯罪论体系自身更加科学和合理。

关键词:违法　刑事犯罪　犯罪构成

**2198**

**极端化刑罚结构及其突围:中国刑罚改革的权力与人文基础研究** / 李瑞生著 ; 刘守芬指导. -- 北京大学, 2009. -- 294 页

论文遵循"研究问题—探讨原因—找出对策"的思路,对我国刑罚改革问题进行了权力和人文的研究。全文共分为七章。第一章研究我国刑法改革的必要性。从具体刑种的设置入手,分析得出我国刑法设置结构极端化的特点,认为极端化刑罚结构违反罪刑均衡原则。之后探讨我国刑罚适用结构的极端化。通过对新中国成立以来的刑罚适用情况进行抽样分析,得出我国刑法适用结构极端化的结论。第二章论述作为极端化刑罚结构的历史根源之一的专制权力机制。首先比较中西方专制主义的形式和内涵,发现与西方的刑罚制度不同,中国的刑罚残酷是没有节制的。之后重点剖析中国的专制主义与刑法极端化的内在联系。尤其对儒家思想对刑法极端化形成的影响做了深入思考。第三章对历史根源之二的极端化刑法结构的社会惯性进行探讨。主要从家族伦理、义务本位的角度考察其与刑法极端化之间的密切关系。第四章对历史根源之三的极端化刑法结构的意识怪圈进行研究。认为中国人信仰的混沌也是造就刑法极端化的重要原因。第五章给出对极端化刑罚结构意识怪圈的消弭方式,即爱与宽恕。通过分析西方所秉承的刑罚文明制度根源于基督教爱与宽恕的事实,以及论证我国传统文明中存在爱与宽恕的影子,推出我国刑罚结构的合理化有赖于宽恕精神。第六章给出对极端化刑法结构社会惯性的缓冲方式,即人权。首先展现了西方人权保护与刑罚的关系,体现为人权蒙昧阶段对于酷刑是认可的,人权保护的消极阶段对于酷刑是反对的,到了人权保护的积极阶段则倡导刑罚的轻缓化。其次分析我国社会发展的形态,认为作为社会弱者的受刑人应加强人权保护。第七章进一步研究我国刑罚结构问题的改革出路。得出结论认为:严打刑事政策知识导向刑罚结构的极端化;宽严相济刑事政策难以摆脱重刑主义;和谐政策导向轻刑主义;轻刑刑事政策是实现刑罚结构合理化的保障。

关键词:刑法　刑罚　死刑　人权

**2199**

**信用卡犯罪研究** / 李睿著 ; 顾肖荣指导. -- 华东政法大学, 2009. -- 293 页

论文对信用卡及信用卡犯罪的发展历程、信用大犯罪的成立要件、行为方式、发展趋势和司法实务等基本问题进行了一体化的研究。全文共分为七章。第一章对信用卡的发展和起源做了考察,介绍了信用卡的分类和功能。对国际及我国有关信用卡犯罪的立法史源进行梳理,通过对国外立法与我国信用卡犯罪的立法比较,从中借鉴经验。第二章主要论述信用卡犯罪的构成,按照犯罪对象、犯罪客体、犯罪主体和主观要素方面来解释信用卡犯罪的成立要件。在对信用卡犯罪的构成做总体概述后,对信用卡犯罪的几种行为方式做了阐述。第三章对信用卡诈骗罪的几个难点争议问题进行甄别。以信用卡法律关系的研究为起点,探析冒用他人信用卡行为、盗窃信用卡并使用行为、利用 ATM 机故障非法提款行为的本质。第四章将恶意透支这一原本归入信用卡诈骗罪的行为方式予以独立化,从信用卡所独具的透支功能出发,在比较国内外立法现状的基础上提出我国的恶意透支型信用卡诈骗罪的特性,进而论述该罪的犯罪构成,从客体、客观方面、主体、主观方面对该罪进行剖析,最后从立法与司法的角度,得出应设立滥用信用

卡罪的结论。第五章结合《刑法修正案(五)》的修改,集中讨论了妨害信用卡管理的行为手段及司法适用,并对妨害信用卡管理罪与非罪、此罪彼罪和司法实践中认定的一些难点问题进行分析比较。第六章指出了信用卡犯罪的新趋向。主要讨论网络信用卡犯罪及刑事立法、身份信息犯罪的法律问题、信用卡非法套现及刑法规制、移动支付的安全问题这四个问题。第七章逐一论述在信用卡犯罪刑事司法实务中所遭遇的困惑和障碍,涉及信用卡犯罪停止形态方面的法律适用问题、信用卡信息资料类犯罪数额的具体计算标准问题、信用卡犯罪诉讼中的法律适用问题以及网络信用卡犯罪的刑事管辖权问题等,以期为信用卡犯罪的司法实务明细界限、找寻对策。

关键词:刑事犯罪　信用卡　刑法

**2200**

**责任事故犯罪研究** / 李运平著 ; 刘明祥指导. -- 中国人民大学, 2009. -- 131 页

论文运用比较分析、规范分析等方法,对责任事故犯罪这一类罪的基本问题进行研究,主要就责任事故犯罪的概念、特点、种类、客观特征、主观要素及其处罚等内容进行论述。全文除导论、结语外,共分 4 章,主要内容如下:第 1 章责任事故犯罪概述,就责任事故犯罪的概念、特点、种类、"责任事故"的犯罪化等方面进行了论述。第 2 章责任事故犯罪的客观方面,就责任事故犯罪的危害行为、责任事故犯罪的危害结果、责任事故犯罪中的因果关系等问题进行论述。认为责任事故犯罪中的注意义务具有自身的特点:犯罪行为所发生的行业本身往往具有一定的风险性;注意义务多由规范性文件规定;认定注意义务的技术性较强。第 3 章责任事故犯罪的主观方面,就责任事故犯罪的罪过形式、责任事故犯罪与共同过失、责任事故犯罪与严格责任等内容进行论述。认为责任事故犯罪中,行为人违反注意义务的心态既可能是过失,也可能是故意,对于事故结果却只能是过失。但是,违反注意义务的不同心态体现出行为人不同的人身危险性,在立法上要体现出故意违反注意义务与过失违反注意义务及违反注意义务的不同过失程度在刑罚上的区别。第 4 章责任事故犯罪的立法及其完善途径,通过比较日本、法国、俄罗斯等国与我国有关责任事故犯罪的罪名设置和处罚规定,对我国责任事故犯罪的立法完善提出相应的建议。认为在罪名设置上,可以修改过失致人死亡罪、过失致人重伤罪的罪状,在其中各规定一款,从而规定业务过失致人死亡罪、业务过失致人重伤罪,并把责任事故犯罪的个罪抽象、概括为交通肇事罪和重大责任事故罪等少数几个罪名,以实现刑法的简洁性、前瞻性。在处罚上,责任事故犯罪的刑罚强度要体现出与普通过失犯罪的区别;对故意违反注意义务造成事故的行为处罚要更重一些;对强令违章冒险作业罪等犯罪的刑罚应适当减轻;扩大罚金刑在责任事故犯罪中的适用范围;对责任事故犯罪增设新型的资格刑;等等。

关键词:责任事故　刑事犯罪　立法

**2201**

**犯罪化与非犯罪化研究** / 李正新著 ; 李希慧指导. -- 中南财经政法大学, 2009. -- 114 页

犯罪化还是非犯罪化?这在现代刑法理念不断走向文明、走向人权的时代,显然是一个亟须认真研究的课题。论文分五章:第一章是犯罪化与非犯罪化的源流。主要论述犯罪化与非犯罪化之争的发生、发展及现状。通过阐述,我们可以发现提出这一问题具有重大的刑法意义,这是现代刑法人权保障理念的具体体现。第二章是犯罪化与非犯罪化概述,主要对犯罪化与非犯罪化中基本的概念问题进行论述,包括前提性概念——犯罪、犯罪化与非犯罪化、除罪化、非刑罚化等相关概念。第三章是犯罪化与非犯罪化的刑法根据分析。立足于社会危害性前提,主要从犯罪功能、刑事责任归责论和刑法目的论三个方面展开论述,指出:一、现代社会对犯罪的理性辨证认识要求合理划定犯罪化与非犯罪化的范围;二、主观主义与客观主义的刑事责任归责论要求合理界定行为犯罪化与非犯罪化的起点或终点;三、报应主义与预防主义的刑法目的论则要求合理确定行为犯罪化与非犯罪化的路径。第四章是犯罪化与非犯罪化的刑事政策分析。指出现代刑事政策的价值目标应当完整地定位于"合理而有效地组织对犯罪的反应",即宽严相济的刑事政策。第五章是犯罪化与非犯罪化的运用。主要论述:一、犯罪化与非犯罪化的适用范围。二、犯罪化、非犯罪化与刑事立法。三、犯罪化、非犯罪化与刑法解释。

关键词:犯罪　刑法　刑事政策

**2202**

**抢劫罪研究** / 梁晟源著 ; 黄京平指导. -- 中国人民大学, 2009. -- 207 页

论文在借鉴前人研究成果的基础上,就抢劫罪在刑法理论上颇具争议性的问题进行了研究,而且对司法实践中出现的诸多疑难问题进行了探讨。论文分为绪论和正文两部分,正文由五章构成,具体研究内容如下:第一章抢劫罪概论。重点考察了抢劫罪的性质以及抢劫罪在我国刑法史上的三个重要发展阶段。第二章抢劫罪的基本理论问题。主要研究了抢劫罪的定义、抢劫罪的法益以及抢劫罪的行为对象。第三章普通抢劫罪研究。重点研究了抢劫罪的行为结构,抢劫罪的客观行为要件,抢劫罪的成立是否须具备两个“当场”,抢劫罪的主观要件等问题。第四章加重抢劫罪研究。笔者就八种加重抢劫罪的理解与认定问题进行了研究。具体而言:①对于“入户抢劫”中“户”的界定,应把握两个基本特征,一是功能特征,即供他人家庭生活;二是场所特征,即与外界相对隔离。②对于公共交通工具的理解与认定应当把握两点:一是承载对象的公众性;二是运输区间的公共性。③“抢劫银行或者其他金融机构”中的“其他金融机构”,是指银行以外的依法从事货币资金的融通和信用的机构,如证券公司、保险公司、信托投资公司、融资租赁公司、企业集团财务公司、城市信用合作社、农村信用合作社、办理邮政储蓄、汇款业务的邮政企业等。④对于“多次抢劫”的认定,关键应取决于先后两次抢劫实施时间间隔的长短。⑤抢劫致人死伤的对象并不限于财物的所有人、保管人或者持有人,只要是对抢劫行为的顺利完成造成障碍的人均应包括在内。⑥在现行立法框架下,真正军警人员抢劫不宜适用“冒充军警人员抢劫”的加重法定刑。⑦对于持假枪抢劫的、持废枪抢劫的,以及持空枪抢劫的,都不宜认定为持枪抢劫。⑧对抢劫军用物资或者抢险、救灾、救济物资的认定,必须要求行为人明知其抢劫的对象属于具有特定用途的物资。第五章准抢劫罪研究。主要对我国刑法规定三种准抢劫罪相关争议问题进行了研究。

关键词:抢劫罪　刑法

**2203**

**美国刑法共谋罪研究** / 林俊辉著 ; 屈学武指导. -- 中国社会科学院, 2009. -- 327 页

论文以美国刑法中的共谋罪规则为研究对象,找寻其对我国刑事法的借鉴和启发意义,得出中国刑法有必要引入共谋罪的结论,并提出相关立法建议。全文共分为九章。第一章概述美国刑法共谋罪的定义及历史沿革。比较了英美两国对共谋罪的界定,并辨析了共谋罪与共同犯罪、未完成犯罪的区分。第二章阐释美国刑法共谋罪的认定与处罚。通过对共谋罪的成立要件,即犯罪行为、犯罪意图、犯罪主体进行逐一剖析,确定共谋罪的认定标准,又分别概述普通法和制定法中对共谋罪的罚则。第三章主要论及共谋罪的辩护事由。首先通过解析几个与追诉时效启动有关的行为案件说明超过追诉时效的共谋罪辩护情形。其次着重分析了共谋脱离的理论根据、判断标准、法律后果等与共谋罪辩护密切相关的内容。第四章围绕共谋罪的属性进行论述。包括共谋罪的抽象危险犯属性、公共危险犯属性、合伙型犯罪属性、继续犯属性,分别针对不同属性对共谋罪制度设计进行合理性分析。第五章阐释共谋罪的可罚性根据。归纳出四种与共谋罪处罚相关的理论根据,依次为群体极化原理、群体身份认同原理、认知失调原理以及群体从众性原理导致的协议犯罪化。第六章叙述共谋者的责任范围。就共谋者是否对共同共谋者实行的按最承担替代责任问题,以美国刑法中的平克顿规则为核心理论支撑,探寻了共谋者替代责任否定论、肯定论、实质限定论的演进历程并加以评析。第七章分别从实体法和程序法层面论述共谋罪规则的功能与适用风险。第八章将研究视角转向中国刑法,考察在中国刑法语境下是否有“共谋罪”的存在。得出结论认为,中国刑法中的预备犯、阴谋犯和参加犯等犯罪形态与共谋罪是不同的范畴,并探讨了其间的异同点。第九章在上一章论述的基础上阐释共谋罪规则对我国刑事法的启发意义。认为在风险社会的背景下,为管理和控制不安全性,中国有必要引入共谋罪。指出共谋罪的引入势必对中国刑法的犯罪论体系、刑事政策等产生深远影响。最后,提出完善我国共谋罪规则与相关立法的可行性建议。

关键词:刑法　共同犯罪　美国

**2204**

**背信犯罪比较研究:以完善我国的背信犯罪立法为出发点** / 刘隽著 ; 姜伟指导. -- 中国人民大学, 2009. -- 277 页

论文从比较研究的角度,对中外的背信犯罪规范进行了归纳梳理。全文共分为七章。第一章为背信犯罪的概述。分析了背信犯罪与背信罪的区别、背信犯罪的历史沿革以及设立背信犯罪的历史原因与意义。第二章对中外的背信犯罪立法进行了比较。首

先介绍了我国背信犯罪的立法沿革,其次对外国背信犯罪的立法及立法特点加以阐述。第三章为背信犯罪概念与构成要件的比较。在对中外有关背信犯罪概念的见解进行考察的基础上,提出自己的观点。关于背信犯罪的构成要件,主要通过比较研究的方法,分别对我国及国外关于背信犯罪的客体、客观方面、主体、主观方面进行比较分析,并总结其特点、优劣利弊。第四章为背信犯罪的形态比较。分别对我国与国外关于背信犯罪的未完成形态、共同犯罪形态、罪数形态的规定进行了比较分析,在此基础上,对我国与国外关于上述犯罪形态的立法特点、优劣利弊进行了研讨。第五章为背信犯罪的处罚比较。分析了各国有关背信犯罪的刑法种类及其适用以及在各国刑法中影响背信犯罪处罚轻重的量刑因素,如犯罪后果、犯罪的手段方法等。第六章为背信犯罪与其他类型犯罪的界限的比较。主要对背信犯罪与侵占犯罪、诈骗犯罪、毁弃犯罪、渎职犯罪、贪污贿赂犯罪之间的界限进行了比较研究,通过检讨各学说间的利弊,思考背信犯罪与上述各类型犯罪之间的联系与区别。第七章阐述完善我国背信犯罪立法的构想。从比较法的视角对我国现行的背信犯罪立法进行了综合型评价,并在此基础上,提出了完善我国背信犯罪的立法构想。

关键词:刑事犯罪　背信　立法

**2205**

**诉讼事实与纠纷事实的关系:基于证据学思想发展脉络的分析** / 刘铭著 ; 闵春雷指导. -- 吉林大学, 2009. -- 159 页

由诉讼程序塑造的抽象诉讼空间区隔出诉讼空间内外的诉讼事实和纠纷事实。以诉讼事实与纠纷事实的关系为追问,沿英美证据学思想发展历史顺流而下,可以发现传统证据学派与新证据学派的基本分野。传统证据学派是 18 世纪 40—50 年代至 20 世纪 60 年代的主流证据学派,以证据规则体系的建构和协调为理论研究中心和立法追求,在事实关系问题上主张诉讼事实向纠纷事实的“靠近”。新证据学派是 20 世纪 60—70 年代蓬勃发展起来的新兴研究的松散集合,它反思传统证据学派的不足和弊端,并侧重于证明方法、过程和审判阶段以外程序中的证据问题研究。在事实关系问题上,新证据学派开始怀疑诉讼程序的事实发现能力,使诉讼事实与纠纷事实“疏离”。我国证据理论中的事实问题研究,从客观真实与法律真实之争到事实问题研究的新思想的出现,也反映了与英美法系证据学研究发展同样的倾向,即在事实关系问题的解答上体现了从绝对相信诉讼事实对纠纷事实的再现能力到怀疑纠纷事实能否在程序中得到的转变。基于以上分析和梳理得出,在回应诉讼事实与纠纷事实的关系问题时应注意两个要点:其一,秉持传统证据学派的观点,坚持纠纷事实的再现是诉讼事实的核心;其二,不同程序背景下事实关系存有差异,旧有的证据规则研究应有相应调整。

关键词:刑事诉讼　证据　证明

**2206**

**宽严相济刑事政策研究** / 刘沛谞著 ; 李永升指导. -- 西南政法大学, 2009. -- 187 页

宽严相济刑事政策自提出以来,业已成为刑事法学界及司法实务界一个颇为热门的话题。论文第一章首先阐述宽严相济理论谱系与践行机制的具体展开不能脱离国家、社会、权力、公共政策等背景性因素而孤立存在。其次,宽严相济政策应当是一般刑事政策的话语体系在特定历史阶段与特殊国情下的实然化、具体化。再次,和谐社会是宽严相济政策提出、研究、实施的具体语境。第二章在从历史的纵向考量,从空间的横向审视之后,重新界定了宽严相济刑事政策:执政党基于构建和谐社会对刑事法治提出的要求,遵循法治化途径,从宽缓与严厉两个价值向度上合理运用刑事权,通过实体刑法、刑事诉讼法等刑事法律规范的制定、修改、实施以及对自由裁量权的合理运用,从实体处遇与程序处遇两个维度区别对待各种类型的刑事犯罪及其行为人,从而达到防卫社会、保障人权、增进社会和谐目标的刑事策略系统。论文主张将其定位于基本刑事政策加以研究、贯彻,而不应拘囿于语词的束缚。第三章探究哲学基础、价值基石与方法论基础作为宽严相济政策的三大理论基础,共同证成了宽严相济政策的合理性问题。第四章廓清宽严相济政策的研究路径,确立一个理论研究模型,主要涵摄七个要素,即政策主体、政策途径、政策基石、政策实质、政策客体、政策界域和政策底限。第五章承继新理论模型所得出的学理成果,从实践层面切入,探究如何通过具体的刑事法律制度、机制层面的构建,从而将宽严相济政策落实到实处,使宽严相济精神实现由理论到实践、从纸面到行动的飞跃。

关键词:刑事政策　和谐　刑法

2207

**法院变更罪名研究:以诉讼客体为基础的分析** / 刘仁琦著 ; 闵春雷指导. -- 吉林大学, 2009. -- 151 页

刑事诉讼活动实质上是发生于国家与个人之间的一种权益冲突。由于国家与个人力量的悬殊,必然要求建立科学的刑事司法程序,一方面要限制国家刑事司法权的膨胀和刑事司法手段的滥用,实现国家权力的自我抑制;另一方面要赋予被告人充分的防御权利,借以抵御国家权力的侵犯。刑事诉讼法不仅为个人与国家进行理性对抗提供了条件,更重要的是对参与刑事诉讼的国家司法机关和司法人员进行了各种权力的限制。我国的职权主义诉讼模式对曾经日益恶化的刑事安全形势以及社会秩序的稳定、有序发挥了积极功效。但也应当看到,职权主义模式突显打击和控制犯罪、维护社会公共利益与安全的目的,追求实体真实的发现,倡导犯罪控制和犯罪惩罚的刑事政策,其一味追求诉讼效率而不惜弱化刑事被告人的程序性权利。因此,这种模式下,程序正义的独立价值没有得到充分地注意与尊重,这不但削弱了程序的正当性,也严重侵犯了被告人以及其他刑事诉讼参与人的诉讼权利。这一现实的前提之下,我国法院变更指控罪名的发生率极高,对被告方的辩护权也存在实质的侵犯。因此,为缓和司法效率与司法公正之间的矛盾,我国法院变更罪名制度有其继续留存的必要性,但为避免上述情形发生,应对我国的法院变更罪名进行理论的重构与制度的革新。刑事诉讼客体理论正是法院变更起诉罪名应遵循的理论基础所在,对基础问题的研究深入与否直接关系到变更罪名时能否克服弊端。刑事诉讼客体的单一性与同一性是法院变更罪名的前提与根基,单一性与同一性标准的确定与适用是法院变更罪名的核心所在。同时,法院变更罪名也是世界范围内的普遍问题,应以本国司法制度、法律传统等现实因素为基础,并从其他国家的制度设计中找到灵感,以期能够建构一套适合我国的法院变更指控罪名的制度,并使其在立法与司法层面都合理、合法。

关键词:刑事诉讼　审判　法院　变更罪名

2208

**共犯界限论** / 刘斯凡著 ; 马克昌指导. -- 武汉大学, 2009. -- 188 页

论文从共犯体系入手,分别就分工分类法和作用分类法下共犯的界限展开论证,结合我国立法对我国共犯界限问题加以剖析。全文共分为五章。第一章确立共犯的体系。首先陈述单一正犯体系和二元参与体系的基本观点和立场,对两种共犯体系进行优劣分析。之后对我国立法采取的共犯体系加以评析。第二章归纳共犯的处罚根据。分别介绍了德日关于共犯处罚根据的不同学说以及我国的共犯处罚根据学说,对共犯处罚根据有了实质性理解。第三章具体探讨分工分类法下共犯界限的基本理论。从客观理论、主观理论、折中理论三个维度进行归纳梳理与评析,其中客观理论包括形式客观理论、实质客观理论,主观理论包括故意理论、利益理论,折中理论包含实质的实行行为理论、犯罪支配理论。同时根据犯罪行为的特征,依次从主观上是否存在意志支配、客观上是否实现构成要件行为、是否存在地位的平等性来对正犯和共犯进行区分。第四章探讨作用分类法下共犯界限的基本理论。分别对主犯的范围、从犯的范围、胁从犯的范围划定进行理论学说的梳理和确定。第五章是对共犯界限理论的补充整理。从共同犯罪人的特点出发,简述了共同犯罪人的分类。并重点探讨了现有立法模式下的共犯界限理论重构问题,分别对作用分类法、分工分类法下共犯的界限进行具体界定说明。

关键词:团伙犯罪　法律适用　处罚

2209

**论职务犯罪侦查权:以比较为视角** / 刘文著 ; 戴玉忠指导. -- 中国人民大学, 2009. -- 186 页

论文采用比较分析法对中外职务犯罪侦查权进行比较研究,探讨了我国职务犯罪侦查制度改革的思路。全文共分为七章。第一章界定职务犯罪侦查权的概念,明确"职务犯罪"和"职务犯罪侦查"的基本含义,辨析了职务犯罪侦查权与普通犯罪侦查权的异同。第二章探讨职务犯罪侦查权的属性,即职务犯罪侦查权是我国检察权的一项具体权能。关于检察权性质主要有司法权说、行政权说、双重属性说、法律监督权说等不同观点;对职务犯罪侦查权的性质存在行政权说、司法权说、法律监督权说的争议。第三章介绍职务犯罪侦查权的历史演进。分别阐述中国职务犯罪侦查权的萌芽、嬗变及最终定型,并评析了国外职务犯罪侦查权的发展。第四章比较研究中外职务犯罪侦查主体制度。包括主体模式的比较、主体独立性的比较。在论及我国职务犯罪侦查主体制度时,指出存在侦查权利地方化、侦查体制松散化和侦查责任

虚置化的缺陷。第五章比较分析中外职务犯罪侦查行为制度。在简要概述职务犯罪侦查行为性质、分类的基础上,对职务犯罪侦查强制措施、调查行为方面进行国内外比较,并着重评析了我国职务犯罪侦查行为。第六章比较讨论中外职务犯罪侦查权监督制约机制。各国主要通过法官的司法审查对职务犯罪侦查予以规制,并辅之以诉讼参与人权利的制约。在对比分析中外职务犯罪侦查权监督制约机制的基础上,总结我国职务犯罪侦查监督方式的缺陷。第七章对我国职务犯罪侦查权的改革完善进行设想。认为应该从职务犯罪侦查主体、侦查行为和侦查权的制约三个层面对我国职务犯罪侦查权制度予以完善。

关键词:职务犯罪　刑事侦查　对比研究

**2210**

**目的刑论研究** / 刘晓山著 ; 康均心指导. -- 武汉大学, 2009. -- 165 页

论文以作为刑罚正当化根据的目刑论为研究对象,通过对目的刑论的研究,探讨目的刑论刑罚原理中具有建设性的理念。全文共分为五章。第一章概述目的刑论的基本理论。在对目的刑论概念进行阐述后,厘清与目的刑论相关概念的区别,分析目的刑论特征,探讨目的刑论意义。第二章对目的刑论中一般预防论与特殊预防论的内容展开讨论。目的刑论一般预防的内容包括消极的一般预防与积极的一般预防两个方面,其效力从心理学、刑法学以及实证研究的角度予以证明。第三章通过对各种各样刑法根据论的学说进行归纳,对报应刑论、目的刑论、并合注意以及分配理论进行探讨,归纳其利弊得失。在此基础上,就目的刑论的地位提出自己的主张。第四章涉及目的刑论与犯罪论相关问题及刑事政策的融通。首先将目的刑论与中止犯减轻处罚根据相融通,从目的刑论刑罚正当化根据的立场来解读中止犯减轻、免除处罚的根据。将目的刑论引入罪数分类理论中,以是否需要并罚作为依据,对罪数的判断标准进行诠释。之后对当前宽严相济的刑事政策进行解读,集中探讨了宽严相济刑事政策视野下的目的刑论实现路径。第五章讨论目的刑论在具体刑法制度中的展开。从狭义的角度对非刑罚化进行定义并展开论述,主张用目的刑论理念合理指导刑罚圈的划定。同时,运用目的刑论理念对我国各个刑种之间的组合进行审视,包括目的刑论在死刑、自由刑、财产刑以及资格刑中的展开。

关键词:刑罚　目的(法律)　法律适用

**2211**

**刑法中认识错误的归责规则研究:以刑事惩罚的限度为中心** / 刘孝敏著 ; 王世洲指导. -- 北京大学, 2009. -- 150 页

论文对认识错误的归责规则进行研究,建立一系列判断标准,来解决认识错误涉及的客观现实及归责问题。全文共分为六章。第一章综述了认识错误归责规则的理论研究现状,分别探讨了大陆法系、英美法系、苏联以及中国对认识错误归责规则的研究。继而提出论文的研究问题与范围界定,明确研究方法和基本思路。第二章介绍论文的分析框架与归责模式的内涵。从刑罚限度的一般原理与认识错误的具体情形两个维度进行分析,梳理了归责模式的形成与发展,并从认识错误的类型出发确立归责模式的选择。第三章探析行为构成要素的认识错误。首先辨析描述性行为构成要素与规范性行为构成要素中的认识与认识错误,其次分别就行为要素、结果要素、定量因素以及空白行为构成中的认识错误进行剖析。第四章围绕假象正当化展开论述。探讨了假象正当化的存在范围、存在条件,假象正当化归责的理论实践观点以及假象正当化的归责规则与审查义务。第五章对禁止性错误进行研究。在明确禁止性错误概念的基础上,确立禁止性错误的判断依据。以具体案例讨论禁止性错误中刑事惩罚的正当性问题,确定了禁止性错误在刑法中的体系位置。同时探讨了禁止性错误的归责规则与可避免性标准。禁止性错误具体包括四种情形:因不知禁止的存在产生认识错误、因错误理解法律产生认识错误,错误地以为存在允许性事由产生的认识错误、错误地相信官方或他人解释产生的认识错误。第六章解析因果过程的偏离,具体包括纯粹的因果过程偏离、打击错误、结果提前发生和结果延迟发生四种情形,并提出归责于故意的规范性标准。

关键词:刑法　刑罚　法律责任

**2212**

**犯罪本质比较研究** / 刘学峰著 ; 李洁指导. -- 吉林大学, 2009. -- 104 页

犯罪本质问题作为刑法学的基础理论问题,在一国的刑法学体系中一向占有较高的理论地位。我国刑法理论发展逾三十年,以社会危害性概念为核心的

犯罪本质理论一直占据通说的地位,但是随着罪刑法定原则在我国 1997 年刑法中的确立,社会危害性理论受到了越来越多的质疑与批判。论文从理论溯源、理论内涵和功能分析的角度,对社会危害性理论进行重新梳理,并以大陆法系刑法理论中以法益概念为核心的犯罪本质理论为比较研究的对象,从理论史、理论内涵和功能分析的角度,对犯罪本质问题进行了比较研究,以期确立一系列适当的标准,能够对我国的社会危害性理论给予客观中肯的认识和评价,为解决我国犯罪本质理论中面临的问题提供可行的思路与方法。

关键词:刑法　犯罪　社会危害

**2213**

**死缓制度研究** / 刘云涛著 ; 张旭指导. -- 吉林大学, 2009. -- 156 页

论文选择在我国刑罚制度中独具特色的两大制度之一的死缓制度作为核心研究对象,对死缓制度进行了分析和论证。通过对死缓制度的历史溯源研究,提出了死缓的做法最早实施在国外,作为一项刑罚制度首创在中国的观点。通过对死缓制度基本法律问题的研究,提出了死缓系死刑的刑罚适用制度,具有独特的法律价值、功能和目的。通过对死缓制度在我国刑罚制度中合理存在的正当化事由的研究,确定死缓制度系死刑司法控制的理性选择和现实途径。针对当前死缓制度具体法律适用中存在的瑕疵,提出了死缓制度的专有适用原则,梳理了死缓制度的实体适用、程序适用、执行变更中涉及的相关问题,并进一步从立法和司法层面提出建设性意见,彰显了死缓制度对于我国死刑司法控制的核心作用。

关键词:死缓　死刑　法律适用　立法

**2214**

**警察职务犯罪研究** / 刘正强著 ; 高铭暄指导. -- 中国人民大学, 2009. -- 193 页

论文立足于我国警察职务犯罪现象分析,结合主流犯罪预防理论,借鉴他国防治警察职务犯罪主要做法,提出我国警察职务犯罪防控的初步设想。全文共分为五章。第一章概述警察职务犯罪的基本理论。从警察概念探源入手,逐一明确警察职务、警察职务行为、警察职务犯罪的 范畴,围绕刑法学上的相关质疑问题展开论述。第二章为警察职务犯罪的实证分析。从我国警察职务犯罪的现状出发,通过官方统计数据分析警察职务犯罪的实际特征,对警察职务犯罪的危害进行评析。后结合案例,从客观与主观两个层面对我国警察职务犯罪的原因逐一展开论述。第三章介绍警察职务犯罪的预防理论。以社会控制与理性选择理论、组织理论、寻租与代理人理论、情景预防理论为支撑,对警察职务犯罪的相关理论进行阐述,解释警察职务犯罪的深层次原因和相关预防策略的理论基础。第四章运用比较分析方法,通过介绍美、英、澳国家防治警察职务犯罪的针对性措施来解释与我国警察职务犯罪的共性与差异。第五章重点论述我国警察职务犯罪防控对策。在警察职务犯罪防控理论基础的铺垫下,分别从法律防控、制度防控、社会防控三方面提出相应对策。法律方面主要基于职务犯罪整体防控和警察权利限制的法律防控;制度方面应改革完善公安管理体制、健全公安队伍管理制度、健全公安督查制度;社会方面包括政党监督、权力机关监督、行政监察监督、检察机关监督以及社会监督。

关键词:警察　职务犯罪　犯罪控制

**2215**

**我国军事犯罪基础问题研究** / 柳华颖著 ; 徐岱指导. -- 吉林大学, 2009. -- 138 页

论文是对我国军事犯罪基础理论进行的首次系统研究。军事犯罪之所以区别于普通犯罪,在于其有着独特的军事根据和军事法根据,我国现行刑事立法也为确定军事犯罪提供了刑法上的根据。我国现有军事犯罪概念未重视其军事根据和军事法根据,且有违我国刑法上的一贯立场,所以应提倡单纯军事犯罪概念,即军事犯罪是指军人违反军事义务,危害国家军事利益,应受刑罚处罚的行为,其范围包括军人违反职责罪和军人可以实施的危害国防利益罪。通过分析我国军事犯罪的犯罪构成并与外国有关规定相比较可以看出,目前我国军事犯罪的立法还存在一些问题,不能有效满足军事需要,亟待调整和完善。军事犯罪有着自己独特的排除犯罪事由,主要是军人执行上级命令行为、采取紧急措施行为和军事活动中的紧急避险行为等。对于军事犯罪的共同犯罪,论文从非军人与军人共同实施军事犯罪和军人共同实施的军事犯罪两个方面进行了研究,提出了对非军人与军人共同实施的军事犯罪定罪量刑的理论观点,并建议借鉴外国立法经验,完善有关军人共同实施军事犯罪的规定

关键词:军法　刑法　军事　犯罪构成　共同犯罪

2216

**犯罪构成本原论及其本土化研究:立足于文化视角所展开的比较与诠释** / 彭文华著 ; 莫洪宪指导. -- 武汉大学, 2009. -- 310 页

论文以犯罪构成为研究对象,通过对中西方文化在本体论、方法论、认识论、模式论等方面的分析比较,总结一国犯罪论体系与文化背景、历史传统、思维模式的密切关系。全文共分为六章。第一章为犯罪构成法源论。分别探讨了大陆法系国家、英美法系国家以及社会主义法系国家的犯罪构成源流。第二章为犯罪构成本体论。主要论述了中西文化本体论、主客观一元化、主客观二元论下的犯罪构成本体论。第三章为犯罪构成的方法论。主要论述中西文化方法论与犯罪构成方法论及其特征和利弊。之后围绕意合、形合的犯罪构成展开讨论,明确了意合、形合的犯罪构成的本质、基本特征、优越性、局限性以及犯罪预备形态。第四章为犯罪构成认识论。在介绍中西文化认识论与犯罪构成认识论的基础上,重点研究平面的犯罪构成和立体的犯罪构成,分别从其形成与发展、基本特征、优越性、局限性方面加以讨论和评析。第五章为犯罪构成模式论。先解读了中西方文化模式论与犯罪构成模式论。后单独分析了机体的犯罪构成,包括机体的犯罪构成与诉讼的综合规则、机体的犯罪构成之优缺点,以及机器的犯罪构成,包括机器的犯罪构成与诉讼的可废除规则、机器的犯罪构成之优缺点问题。第六章探讨犯罪构成的本土化。在考察了国外犯罪论体系的本土化历程及经验总结的基础上,评述中国犯罪构成理论的本土化历程,分别就中国犯罪构成本体论、方法论、认识论、模式论的本土化经验进行探索与总结。

关键词:犯罪构成　刑事犯罪　法的理论　刑法

2217

**数罪并罚论** / 任彦君著 ; 林亚刚指导. -- 武汉大学, 2009. -- 187 页

论文从数罪并罚制度的基本理论入手,对古今中外的数罪并罚立法做以介绍,重点探讨了备受争议的数罪并罚相关问题,最后提出对数罪并罚立法和司法解释进一步完善的对策建议。全文共分为七章。第一章概述数罪并罚的基本概念,对数罪并罚制度的根据、价值、体系性地位以及适用范围做了解释。第二章重点讨论数罪并罚的指导原则和适用原则。指导原则包括依法量刑原则、罪行相适应原则、刑罚个别化原则、刑法经济原则;适用原则包含并科原则、吸收原则、限制加重原则、综合原则。第三章分析数罪论的基本问题,在明确罪数的判断标准后,对数罪的类型进行归纳,辨析实质数罪与想象数罪、同种数罪与异种数罪、并罚数罪与非并罚数罪、判决宣告前的数罪与刑罚执行完毕前的数罪这几种类型的区别。第四章围绕并罚的对象进行论述,尤其对备受争议的牵连犯、同种数罪等问题,做了深入的探讨。同时,对涉及并罚的选择性规范和连续犯的问题进行补充说明。第五章探究数罪并罚的适用方法。按照数罪的类型不同,分别对数个宣告刑中包含死刑或无期徒刑的并罚、宣告刑中数个自由刑的并罚、宣告刑中数个附加刑的并罚加以研究。第六章在数罪并罚规则的适用上,结合司法实践中出现的问题及理论争议对各种具体情况下的数罪并罚进行讨论分析。如刑罚执行完毕前发现漏罪或又犯新罪的并罚规则,缓刑、减刑、假释、死刑缓期执行期间发现漏罪或又犯新罪的并罚规则等情况。后对数罪累犯的处理、单位数罪的处理问题进行剖析。第七章探寻了我国数罪并罚制度的完善路径,提出具体明确的完善建议。

关键词:刑法　数罪并罚　量刑

2218

**未成年人犯罪特别处遇研究** / 沈玉忠著 ; 韩玉胜指导. -- 中国人民大学, 2009. -- 411 页

论文由导论、正文(七章)和附录共三部分组成。导论部分对未成年人犯罪特别处遇与刑法变革的关系进行了论述。第一章主要针对未成年人犯罪特别处遇基本范畴与原则进行阐述。第二章主要对未成年人行为的犯罪化、非犯罪化与非刑罚化研究。主要探讨对未成年人非行行为进行非刑罚化处置的具体途径。第三章探讨未成年人刑罚适用。主要围绕着未成年人刑事责任能力、未成年人刑种与刑罚制度展开讨论。第四章探讨未成年人保护处分制度的建构。第五章主要探讨未成年犯司法性处遇。首先,厘清警察、检察官、法官在未成年犯处遇中的角色地位,加强未成年犯特别处遇机构的建设,如少年法院的建构。其次,对司法实践中处遇手段进行梳理。再次,在定罪量刑前,应加强未成年犯罪审前调查、合适参与人在场等制度的建设,完善未成年犯量刑程序。最后,针对目前司法实践中未成年人审前羁押严重的现象,有必要展开未成年犯审前羁押处遇的思考。第六章研究未成年犯设施内处遇制度。在此,主要探讨未成

年犯分类处遇、累进处遇、劳动处遇等制度。第七章主要探讨未成年犯的社会内处遇。应建立完善未成年人保护观察制度的建构。附录部分主要提出我国未成年人犯罪特别处遇制度的立法建议。考虑到未成年人司法实践和立法传统,笔者建议采用在刑法中用专章的模式,对未成年人犯罪特别处遇制度作出特别规定。具体应包括处遇原则、刑罚适用、保护处分等内容。

关键词:未成年人犯罪　刑事政策　刑法　刑罚

**2219**

**中德刑事执行法律比较研究** / 司绍寒著 ；韩玉胜指导. -- 中国人民大学, 2009. -- 400 页

论文对德国的刑事执行法律体系进行介绍,作为未来中国刑事执行改革和立法的参考,同时提出了自己的见解。全文共分为十一章。第一章概述刑事执行的基本问题。介绍中德两国刑事执行的法律基础和刑事执行的地位,并对上述问题进行比较,指出刑事执行为刑事法律三支柱之一的法律地位。第二章分别介绍两国刑事执行法律的发展历史,作为背景资料加以参考。第三章阐述刑事执行法律的适用范围。选取两国刑事执行法律体系中的“母法”,解释各自的适用范围。通过比较提出中国未来的刑事执行法典的改革方向。第四章探讨刑事执行的任务和原则。介绍了德国作为执行任务和执行目的,对中国立法上和理论上的执行目的和执行原则进行解析,在比较的基础上提出中国刑事执行应具有“报应”和“预防”的双重目的,而执行原则应为“再社会化”和“个别化”两项。第五章围绕刑事执行机关展开论述。介绍了德国的司法行政机关、监狱、检察院以及中国的刑事执行机关关包括司法行政机关、监狱和未成年人管教所、公安机关、人民法院以及社区矫正工作组织。在进行比较研究后,提出中国刑事执行改革思路。第六章阐述刑事执行人员。介绍了德国刑事执行人员即监狱长、行政管理人员、总务执行人员、公务人员、社会工作人员的特征,后描述中国方面的刑事执行人员包括司法行政警察、公安警察、司法警察以及社区矫正工作者的具体工作内涵,并从职责法定性、多样性、职业道德和犯罪学研究四个方面做了简要比较。第七章论述死刑的执行问题,比较中德两国的死刑执行情况。第八章重点剖析自由刑的执行。首先评述德国自由刑动态执行的情况,包括缓刑、假释、刑罚停止以及静态执行方面包括执行计划、关押、从宽执行和假期、罪犯的食宿、与外界的交流、劳动、教育等内容。其次讨论中国中国自由刑的执行,除基本的缓刑、假释、减刑、监外执行外,分析了收益、分类与分级管理、罪犯日常生活、与外界的交流、劳动、教育、奖罚释放与监狱安全警戒。继而从一般理论、刑事执行制度、静态执行、方面进行系统比较。第九章论述财产性的执行。概述德国罚金刑、财产性、替代自由行、易服劳役和自由刑易科罚金的内容后,介绍中国罚金刑和没收财产刑的执行情况,并对上述问题做了比较。第十章探讨资格刑的执行。将德国的丧失公权和中国的剥夺政治权利加以比较,将德国的禁止驾驶、吊销假释许可、禁止执业与中国刑法之外的剥夺资格的处罚进行比较得出异同点。第十一章探究保安处分的执行。分析德国四种保安处分即收容于精神病院、收容于戒除机构、保安监督和行为监督的执行以及其准用刑法执行的规定、执行顺序、收容期限、停止收容交付考验等规定。同时介绍了中国在精神病人的收治、强制戒毒、劳动教养、对卖淫嫖娼人员的收容教育、管制方面的保安处分执行情况。最后,在比较中德两国保安处分执行的差异后,提出中国保安处分执行的改革措施。

关键词:刑事诉讼　执行　比较法学　中国　德国

**2220**

**国际刑事法院“三造诉讼”整合研究** / 宋建强著 ；郭自力指导. -- 北京大学, 2009. -- 225 页

论文从共犯体系入手,分别就分工分类法和作用分类法下共犯的界限展开论证,结合我国立法对我国共犯界限问题加以剖析。全文共分为五章。第一章确立共犯的体系。首先陈述单一正犯体系和二元参与体系的基本观点和立场,对两种共犯体系进行优劣分析。之后对我国立法采取的共犯体系加以评析。第二章归纳共犯的处罚根据。分别介绍了德日关于共犯处罚根据的不同学说,我国的共犯处罚根据学说,对共犯处罚根据有了实质性理解。第三章具体探讨分工分类发下共犯界限的基本理论。从客观理论、主观理论、折中理论三个维度进行归纳梳理与评析,其中客观理论包括形式客观理论、实质客观理论,主观理论包括故意理论、利益理论,折中理论包含实质的实行行为理论、犯罪支配理论。同时根据犯罪行为的特征,依次从主观上是否存在意志支配、客观上是否实现构成要件行为、是否存在地位的平等性来对正犯和共犯进行区分。第四章探讨作用分类法下共犯界限的基本理论。分别对主犯的范围、从犯的范围、

胁从犯的范围划定进行理论学说的梳理和确定。第五章是对共犯界限理论的补充整理。从共同犯罪人的特点出发，简述了共同犯罪人的分类，并重点探讨了现有立法模式下的共犯界限理论重构问题，分别对作用分类法、分工分类法下共犯的界限进行具体界定说明。

关键词：国际法院　刑事诉讼　公诉　审判

**2221**

**刑事一体化视野下的人身危险性研究** / 宋伟卫著 ；张旭指导. -- 吉林大学，2009. -- 133 页

论文对人身危险性在刑法理论体系中的地位和在刑事司法实践中的状态做出具体考察的基础上，认为刑法理论与司法实践之间存在着断裂与背离。由此，对人身危险性在刑法理论中的角色进行重新定位，认为人身危险性具有出罪的功能，也具有从轻及适度从重的量刑功能，在行刑中人身危险性也具有重要作用。正因为人身危险具有这些功能，立法应该对其做出相应的规定，刑事实践中也应该建立科学的预测体系。对人身危险性的关注不仅要立足于刑法学，还要立足于犯罪学，从人身危险性的遏制机制上讲，刑罚遏制是一种被动遏制，而保安处分的遏制是一种主动遏制。刑罚的重心是惩罚，兼顾预防，其逻辑是通过惩罚已然的犯罪，来遏制人身危险性（未然之罪）；而保安处分的重心是预防，兼顾惩罚，其逻辑是在犯罪发生之前就开始遏制人身危险性。在刑事程序中，对刑事强制措施的适用以及恢复性司法理念的践行都不能脱离对犯罪人人身危险性的关注。

关键词：刑法　人身危险性　法理学　刑罚

**2222**

**正义的妥协：民族法文化视域的刑法基本理论研究** / 苏永生著 ；齐文远指导. -- 中南财经政法大学，2009. -- 214 页

论文以民族习惯法为基本立场，对国家刑法基本理论进行研究，构建适合民族地区刑事法治发展的刑法理论。全文共分为七章。第一章论述了民族法文化视域中的刑法学研究方法。在坚持规范分析研究方法的同时，对刑法进行社会学、经济学、文化学的研究。社会学研究方法研究刑法的时效性，经济学研究方法分析刑法的效益性，文化学研究方法则阐释刑法的文化性。第二章围绕民族法文化视域中的罪刑法定原则进行辨析。以罪刑法定原则的产生与发展为研究起点，评述罪刑法定原则的中国本土化解释，解析罪刑法定原则的本来含义，指出罪刑法定原则与民族习惯法并非不可调和，并对罪刑法定原则下的民族习惯法进行合理定位。第三章论述了民族法文化视域中的犯罪本质理论。审视民族法文化视域中的我国传统犯罪本质理论，认为社会危害性说消解刑法的形式特征，法益侵害说忽视刑法的文化特征。在分析规范违反说与刑法的规范性、功能性和文化性的关系后，得出我国民族地区刑事法制建设中应贯彻规范违反说的结论。第四章介绍了民族法文化视域中刑法的变通或补充规定。探讨制定刑法的变通或补充规定的必要性及基本依据后，提出制定刑法变通或补充规定的具体构想。第五章从民族法文化的基本立场出发，分析报应性司法的局限性，体现在其具有专断性、非民主性、高成本性以及刑事冲突解决的非终局性上；而恢复性司法作为我国少数民族地区习惯法的重要内容在刑法层面上存在合理性。故提出在我国民族地区应建立报应性司法与恢复性司法有机结合的司法模式。第六章讨论了民族法文化视域中的刑法解释。分别探究主观说、客观说在确立刑法解释目标上的优势与局限性，提出折中说的立场。又从形式的刑法解释论、形实质的刑法解释论、文化的刑法解释论方面探讨刑法解释立场。在刑法解释方法上，着重强调了比较解释方法的特殊意义。第七章主要论述了民族法文化视域中的刑法惩罚机制。从民族法文化的立场，简述了国家刑法中惩罚机制的局限性与弊端，从而提出建立协商性惩罚机制来适应民族习惯法的基本要求。

关键词：刑法　少数民族　习惯法　罪刑法定主义

**2223**

**中国偷渡犯罪研究** / 汤海军著 ；赵秉志指导. -- 北京师范大学，2009. -- 192 页

论文从横向国际对比、纵向历史考察的角度，对偷渡犯罪问题进行研究。全文共分为六章。第一章概述偷渡与投毒犯罪的基本理论。在介绍了国境管理的历史起因、目的及意义的基础上，对我国古代和近代史上的国境管理进行了考察，对偷渡与偷渡犯罪两个概念进行了解析。从经济发展不平衡等八个方面分析了偷渡现象产生的原因，并总结了其危害。第二章论述域外偷渡犯罪刑事立法情况。分别介绍了我国港澳台地区、部分欧盟经济发达国家、部分亚非国家以及联合国的偷渡犯罪立法状况。第三章是关于中国偷渡犯罪刑事立法基本状况的分析。主要论

述了中国偷渡犯罪的刑事立法沿革、现行偷渡犯罪刑事立法的构成特征并就我国偷渡犯罪刑事立法进行了反思。运用犯罪构成基本理论对现行刑法中的妨害国境管理犯罪进行具体评析，并总结了我国现行刑法法典中的偷渡犯罪法律规定。第四章探讨偷渡犯罪的若干司法疑难问题。从司法实务出发，分别从偷渡犯罪罪与非罪、此罪彼罪、犯罪停止形态、共同犯罪以及裁量适用刑罚等几个方面对偷渡犯罪研究中特殊的司法疑难问题进行剖析和评说，并提出论文的意见和理由。第五章论述偷渡犯罪立法完善的构想。首先分析了偷渡犯罪刑事立法的三个决定因素。在此基础上，提出关于偷渡犯罪立法的相关主张。第六章结束语部分，主要阐述了偷渡犯罪的预防与治理。

关键词：偷渡　妨害国境管理罪　刑事犯罪

**2224**

**刑事司法多元发展的示范与契机：以少年司法之研究为核心** / 唐大宇著 ; 王牧指导. -- 中国政法大学, 2009. -- 164 页

在刑事司法多元化的实践上，少年司法是其中拥有最完整体系的一种制度，少年司法从立法宗旨、执法理念、收案范围、审理方式、司法处遇到前科涂销等等，呈现了刑事司法多元化的风貌，堪为刑事司法多元的最佳示范。全文共分五章节，第一章探讨刑事司法多元化的潮流与趋势，包括研究动机与目的、研究方法与研究范围、论文之架构，并就刑事司法多元化、处遇、个别化处遇、观护等专有名词进行概念定义。第二章刑事司法多元发展视野下的少年司法。省思刑事法的古典报应一元化理论，近代刑法惯以刑罚作为回应犯罪的主要方式，并非出于理性，更多是因为社会的法律情绪与意识形态的心理依赖，并就少年司法与普通刑法在本质上加以区别。事实上，少年司法制度的发展与犯罪学理论研究有密切的关系，都是以效率作为核心价值，在刑事司法多元化的观点下，形成一些具体的制度以及多元化的程序与处遇。第三章各国少年司法的实践与演进比较。当代主要国家的少年司法制度，除了延续福利模式之外，并融入了社会防卫思想，美国近年的严罚政策引人注目，然而惩罚模式并不能解决少年犯罪的问题，只有采取个别化处遇才能有效降低少年再犯，并使少年顺利复归社会。但是惩罚性质薄弱的处遇措施，突显了少年司法的福利性，降低了少年司法的司法性质，少年司法也必须满足一些主客观条件，才能顺利实施。第四章台湾地区少年司法实践之探讨。有效率的执行少年司法制度，必须凭借完整的制度、专业的工作人员以及个别化的处遇措施。台湾实施少年司法新制十余年来，少年犯罪案件量降低一半，再犯率也显著减少，本章特别对于少年法院之组织与人员进行介绍与检讨，并对少年司法处遇的内容做一概述与分析。第五章以少年司法的挑战与变革代结论，总结论文之理念，并对少年司法面临的一些问题，例如少年犯罪恶质化的社会观感、实施少年司法的客观条件、少年司法如何整合社会资源与家庭责任等，提出建设性意见作为结束。

关键词：青少年犯罪　司法制度　刑法　刑事政策

**2225**

**共同实行犯研究** / 王光明著 ; 李洁指导. -- 吉林大学, 2009. -- 219 页

在单一正犯体制中，由于所有参与共同犯罪的行为人都是正犯，并共用同样的处罚前提。因此，在该种共同犯罪体制中，共同实行犯的概念并不具有特别的意义。相反，在正犯·共犯区分体制中，由于刑法对正犯与共犯进行了区分，并为其规定了不同的处罚原则与处罚前提，因此，在该种共同犯罪体制中，共同实行犯的概念就具有非常重要的意义。而就我国刑法所规定的共同犯罪体制而言，其既具有区分制的特征，同时也具有单一制的特色。鉴于单一制所存在的法官自由裁量权过大的疑问，以及区分制有利于对法官的自由裁量权进行合理限制的优势，论文站在区分制的立场，根据区分制的要求，对我国刑法所规定的共同犯罪体制进行了功能性的转换与类型化，进而确定了共同实行犯在我国刑法所规定的共同犯罪体制中的定位，即共同实行犯在我国刑法中只能是主犯。以此为前提，论文对共同实行犯的相关问题进行了分析与检讨。

关键词：共同犯罪　同案犯　主犯

**2226**

**过失犯罪中信赖原则的适用及界限** / 王海涛著 ; 赵国玲指导. -- 北京大学, 2009. -- 237 页

论文采用比较分析法、案例分析法对过失犯罪中信赖原则的适用及界限问题进行了考察。全文共分为七章。第一章回顾了信赖原则在不同国家判例中的演进。通过对德国、日本等大陆法系国家判例中信赖原则生成与发展的考察，指出了对信赖原则定位的

见解。第二章探讨信赖原则的正当化根据。对信赖原则正当化根据的不同见解进行总结,指出信赖原则的正当化与社会相当性理论、容许性危险理论、危险分配理论的内在关系,并给出了关于信赖原则正当化根据的见解。第三章阐述信赖原则在过失犯罪构造中的地位。首先分析了过失犯罪构造阶层体系的变迁,即因果性行为论下的旧过失论和目的行为论下的新过失论。之后探寻了信赖原则与过失论的关系以及在过失犯罪阶层体系中的地位。第四章讨论信赖原则适用下的个人模式之信赖。以信赖原则在交通事故领域中的适用为主线,分析信赖原则适用的基准和存在的问题。第五章则讨论组织模式之信赖。以信赖原则在企业、医疗团队等协力共同体事故中的适用为例,分析信赖原则适用的基准和对信赖相当行为标准争论的检讨。第六章论述当今学理上对信赖原则适用领域的进一步扩展,即过失参与他人故意行为问题。通过对非故意参与故意犯罪行为的判例的解析,提出当前对过失参与他人的故意犯罪行为的解决方案,并给出论文的见解。第七章讨论我国刑法理论背景下的信赖原则。对信赖原则在我国刑法理论背景下的地位、适用空间以及在过失犯罪的裁判中应当遵循的基准进行剖析,并分别从个人模式与组织模式的角度探析了信赖原则在我国刑法解释论上的具体应用。

关键词:过失　刑事犯罪　刑法

**2227**

**正当防卫正当化的根据及其展开** / 王剑波著 ; 高铭暄指导. -- 中国人民大学, 2009. -- 180 页

论文除导论和结论之外,分为上下两篇,共六章。导论:主要阐明研究的缘起和研究的方法,并勾勒出论文研究的范围。上篇,理论根据。主要探讨防卫正当化的一般根据和个别根据问题,具体分为三章。第一章,借鉴域外正当防卫理论的必要解释。第二章,正当防卫正当化的域外考察。主要考察德、日刑法中的正当防卫正当化的一般根据和个别根据问题。第三章,正当防卫正当化根据的本土选择。主要表明笔者在正当防卫正当化的一般根据和个别根据问题上的立场。下篇,逻辑展开。主要是对正当防卫正当化的理论根据进行逻辑展开,分析了我国传统正当防卫理论不易解释或解决的一些问题,具体分为三章。第四章,防卫意思新论。主要就防卫意思的内容以及防卫挑拨的性质这两个问题进行了论述。第五章,防卫对象新论。主要就对无刑事责任能力人实施的侵害行为能否实施正当防卫这一问题进行了论述。第六章,无限防卫新论。该部分在考察无限防卫历史发展的基础上,主要就无限防卫的合理与否以及我国1997年新刑法第20条第3款的立法价值这两个问题进行了论述。结论归纳论文研究主题。

关键词:刑法　正当防卫　自我保护　法律解释

**2228**

**共同犯罪视域下的身份犯及其展开** / 王军明著 ; 徐岱指导. -- 吉林大学, 2009. -- 152 页

身份犯与共同犯罪作为刑法犯罪论的重要课题,其理论不仅复杂和深邃,而且蕴含着极为重要的价值,因而对其研究具有重大的理论与现实意义。研究共犯与身份的关系,最终是以刑事责任为终点,而能否公正合理地归结行为人的刑事责任,关系到刑法社会控制、法益保护和人权保障机能的实现与否,更关涉法律的终极人文关怀实现与否。基于客观主义的刑法立场,贯彻法益侵害说,着眼于实质的解释观念,以实现法律正义,是论文的写作主线。论文采用刑法解释方法、比较分析方法、交叉研究方法、分类研究方法等,并综合运用哲学、社会学、法学、历史学及相关学科的知识对共同犯罪下的身份犯问题进行研究。在厘清刑法中身份与身份犯基本范畴的基础上,基于共犯的本质明确了研究共同犯罪应有的基本立场,包括我国刑法中正犯与共犯的区分、部分犯罪共同说的提倡以及共同犯罪人的分类,并揭示出具体分类方法对我国刑法的重要意义等,明确了身份对各共同犯罪人刑事责任影响的依据与方式,并以此分析共同犯罪视域下的身份犯问题,如共同犯罪性质的认定、身份犯与亲手犯的竞合、共同犯罪下认识错误问题以及司法实践中涉及自然身份犯与法定身份犯的共同犯罪的认定等诸多刑法适用问题。

关键词:刑事犯罪　共同犯罪　同案犯

**2229**

**隐私权刑法保护** / 王立志著 ; 谢望原指导. -- 中国人民大学, 2009. -- 288 页

论文紧扣隐私权刑法保护这一主线展开。全文共分为六章。第一章论述隐私及隐私权的基本问题。首先概述隐私权的发展史、隐私权的性质以及隐私权的权利基础。其次,在描述隐私权定义之争论后,揭示隐私权定义的困境与其因应。之后对隐私权主体、

隐私权范围、隐私权内容加以论述。第二章探讨公共政策、隐私权与刑法。首先引入公共政策命题,论述其意义、对法律的影响等。其次,主要描述表达自由、知情权、合法监控、司法权等影响隐私权公共政策的因素。继而指出隐私权公共政策的动态性及其对刑法的影响。第三章阐述隐私权刑法保护的特殊性。对隐私权的不同特征、借助的不同刑法理论进行解析,为中国隐私权刑法保护之完善提供明确的方法思路,为完善中国隐私权刑法保护奠定理论基础。主要选择隐私权刑法保护与刑法开放性措施、风险社会之刑法范式转化、刑法双轨制立法模式等问题做出具体解释。第四章论述隐私权保护与隐私权一般法律保护。从宪法、民法、行政法、诉讼法、刑法层面探讨隐私权的法律保护层次。认为隐私权刑法保护规范具有二次制裁法的性质,且与隐私权一般法律保护之间形成紧密协调的关系。第五章围绕境外隐私权刑法保护展开。选取普通法系以及欧陆法系的几个代表性国家或地区,考察其对隐私权刑法保护的基本特点,重点研究俄罗斯的隐私权刑法保护概况,从中得到借鉴与启示。第六章论述中国隐私权刑法保护的现状、不足及完善。通过对隐私权刑法保护现状的分析,发现中国隐私权刑法保护之不足,借鉴境外隐私权刑法保护的先进立法,提出中国隐私权刑法保护的完善措施。

关键词:隐私权　法律保护　刑法

**2230**

**利用遣返实现境外追逃问题研究** / 王强军著 ; 黄风指导. -- 北京師范大学, 2009. -- 147 页

遣返是一个涉及“一个对象、两个国家、多个程序”的制度。作为外逃人员数量较大的国家,我们应当加强对国外遣返制度的研究,从而利用他们的遣返制度来促进我们的境外追逃。论文共五章。第一章,主要介绍了遣返的基本问题。通过对遣返的概念、原因、形式、条件的分析,使我们能够明白遣返的性质以及遣返的特征;第二章主要是通过对现有境外追逃措施效果有限性的探讨,分析和研究通过遣返实现境外追逃的优点。主要分析了现有的引渡、劝返、诱捕、绑架四种境外追逃措施及其追逃效果的有限性。通过对比得出通过遣返实现境外追逃的双赢性、便捷性、合法性、国际认同性、双向性、保障人权性等六大优点,并通过具体的遣返案例来证明遣返所具有的上述优点;第三章主要是通过对遣返的对象、条件的研究,使我们明白外逃人员在哪些条件或情形下才有可能被遣返。通过对遣返的条件和阻却遣返事由正反两反面的研究,归纳出在事实层面影响遣返顺利进行的条件和因素;第四章主要是通过对典型国家遣返程序的比较研究,使我们清楚遣返所可能经过的程序,以及在此过程中被遣返人所享有的权利和可能提出抗辩遣返的理由,分析归纳出在程序层影响遣返顺利进行的因素;第五章,主要研究了我们应当如何利用遣返制度实现境外追逃;为了促进遣返的顺利进行,我们需要做哪些准备工作、提供哪些协助;对于遣返国和追逃国来说,遣返可谓是一个双赢的制度。追逃国在遣返制度中可能获益会更大,因为其可以不经过诸多周折而实现对外逃人员的境外追逃。因此我们有必要在理念层面、制度层面、操作层面重视对遣返制度的研究,进而推动我国境外追逃工作的顺利开展

关键词: 刑事犯罪　移民问题　移民法　遣返　引渡

**2231**

**对抗制与中国:价值评估、制度引进及本土化** / 王兆峰著 ; 陈卫东指导. -- 中国人民大学, 2009. -- 149 页

论文以对抗制为研究对象,结合对抗制原理下的“中国问题”,剖析完善我国对抗制诉讼程序的制度模式。全文共分为六章。第一章界定对抗制的特征、价值,在与相关诉讼模式、辩诉交易的比较下,对对抗制的基本特征进行解释,并总结其在人权保障、程序正义、真相发现、司法效益方面的实践价值。第二章介绍对抗制的演进与扩张。首先从司法决斗、宣誓调查法、重罪审判改革的层面探析对抗制的源起。后依次陈述对抗制在英国、美国、法国、德国、意大利和日本这些国家的渗透与发展,并借鉴其中经验得出对抗制在中国确立的前提条件。第三章分析对抗制原理下的中国问题。总结十几年来中国对抗是诉讼的运行状况,发现主要存在的问题,包括侦查程序呈“非对抗化”、审查起诉阶段的控辩失衡、证据展示制度缺失、庭前“借卷”与庭后阅卷、法官积极能动与职权调查等,并探析其深层原因,主要与公检法的追究倾向、有罪推定、内部管理、有待调整的刑事政策等因素有关。第四章探讨中国引进对抗制的评估与论证。认为对抗制移植的前提条件是:足够的“规则认同”和“法治认同”、足够的侦查资源与司法资源、充足而独立的刑事辩护律师、独立的司法者,以及以“法官为中心”的

公检法关系。第五章围绕对抗制下的理念与组织改革进行论述。就司法理念更新而言,主要有:从打击工具到程序公正、从犯罪打击到人权保障、从程序客体到程序主体,从"从严从快"到司法效益的转变。就司法组织改革而言,体现在增设"司法审查法官"、检察机关对侦查的引导、强化法院的权威、增强审判主体的独立性以及完善人民陪审员制度上。第六章主要论及对抗式程序与证据制度的改革。在理念更新和组织调整的基础上,一方面要强化审前程序的司法化,另一方面要提高审判程序的对抗性,此外还要完善对抗制中的证据保障规则。

关键词:刑事诉讼　诉讼程序　司法制度

**2232**

**监督过失犯罪研究** / 肖冬梅著 ; 张旭指导. -- 吉林大学, 2009. -- 143 页

"监督过失"语舶来于日本,此类犯罪于我国司法实践中常见,其法律适用刑法典有据可查,唯阙于理论值研讨。随经济迅猛发展,伴增多之风险,过失犯罪跳跃式增长而成为刑法理论关注的话题,监督过失问题亦由此受到青睐。监督过失犯罪问题之域外研究以犯罪过失为研究视角;以不作为犯罪为研究视角或以法人刑事责任为研究视角,等等。我国学者以领导者责任、注意义务抑或具体罪名为研究视角,可谓见仁见智。笔者将监督过失犯罪作为一个犯罪类型,初步构建监督过失犯罪构成的解释体系。全文共七章。第一章监督过失犯罪界说。主要对监督过失犯罪进行概念性诠释。第二章监督过失犯罪不同研究路径。主要是对各国理论不同视角研究状况的简要介绍。第三章监督过失犯罪刑事责任的理论根据。主要立足当代社会,从当代社会的核心品质、国家管理和行为人的主观恶性与客观危害等方面探寻监督过失犯罪的原因和根源。第四章至第六章分别研讨了监督过失犯罪构成主观方面、客观方面和主体的内容。第七章监督过失犯罪的余思。主要是监督过失犯罪主体模式设计、注意义务分配及刑法设置等方面问题的一些想法。

关键词:犯罪　监督管理　过失　刑罚

**2233**

**间接正犯研究** / 肖志锋著 ; 林亚刚指导. -- 武汉大学, 2009. -- 131 页

论文对间接正犯进行了研究。全文共分为六章。第一章介绍中外间接正犯的基本理论。概览了大陆法系、英美法系中关于间接正犯的理论,并对我国间接正犯的理论进行阐述。第二章概述间接正犯的理论基础。讨论间接正犯的相关学说后,界定了间接正犯的相关概念。第三章探讨间接正犯的性质及基本特征。首先简要分析了正犯理论,后对间接正犯的正犯性理论进行梳理,继而对间接正犯的基本特征进行了探讨。第四章讨论间接正犯的着手问题。以实行行为着手的一般理论为依据,通过对间接正犯实行着手的各种学说剖析后,认为间接正犯实行的着手应以被利用者说为标准进行判定。第五章研究间接正犯的理论类型及认定。指出以被利用者的不同特点为标准,间接正犯分为七种类型,分别是:利用精神病人实施犯罪、利用未达法定刑事责任年龄者实施犯罪、利用他人的过失行为实施犯罪、利用他人的合法行为实施犯罪、利用有故意的工具实施犯罪、利用强制动作实施犯罪、利用他人自害行为实施犯罪。同时论证了间接正犯与亲手犯、教唆犯、片面共犯的关系,并对间接正犯中的认识错误进行反思。第六章探讨间接正犯的处罚原则和立法建议。首先指出对间接正犯的处罚应遵循直接性原则、独立性原则和概括预见原则。其次论述了我国对间接正犯立法的必要性,在分析我国间接正犯立法基础的前提下,提出间接正犯的立法建议。

关键词:刑法　共同犯罪　立法

**2234**

**家庭暴力受虐妇女杀夫犯罪问题研究** / 邢红枚著 ; 罗大华指导. -- 中国政法大学, 2009. -- 210 页

论文在回顾国内外相关研究的基础之上,对正在监狱服刑的杀夫受虐妇女采用问卷调查、访谈、量表(中国罪犯心理测验中的个性分测验量表和犯罪心理结构变化情况量表)测量的方法进行研究。通过回收的 121 份有效问卷的 SPSS 统计结果和 25 位受虐妇女的访谈资料及测试结果、判决书等,收集了大量相关资料。通过对这些资料的分析表明家庭暴力是导致妇女故意伤害、故意杀人犯罪的重要原因。在该监狱中服刑的受虐杀夫妇女分两类,一是经常遭受家庭暴力,因不堪忍受而杀害施暴人;另一类是偶尔遭受家庭暴力在互打的过程中杀死施暴人。第一类比较具有典型性。对于不堪忍受家庭暴力而杀死施暴人的受虐妇女而言其从恋爱结婚到受虐杀夫大致经历了希望期、半希望期、失望期和绝望期,通常是在绝望

期实施杀人行为。偶尔遭受家庭暴力的受虐妇女心理表现没有这么复杂,通常没有到达绝望期。受虐妇女从充满希望到完全绝望最后实施杀人行为的主体外原因主要是无法摆脱无休止的暴力、立法不健全、社会支持薄弱,而受虐妇女自身的特殊身心状况、文化程度和职业以及法制观念促进了杀夫后果的发生。有的受虐妇女是在受虐当时反抗杀死施暴人的,符合正当防卫的构成要件。经过综合考察量刑情节,这一类犯罪行为的社会危害性和人身危险性并不大。基于此,在立法和司法上应该充分考虑"家庭暴力及其后果",修改《刑法》中的相关规定,增设家庭暴力罪取代虐待罪,明确强奸罪的主体,将遭受家庭暴力作为法定从宽量刑情节。行刑时尽量应用社区矫正,运用心理干预措施,给予受虐妇女更多的关怀。同时,应该尽快制定专门的家庭暴力防治法,扩大家庭暴力的对象和形式范围,增加保护令等家庭暴力的防治措施。另一方面要用足现有法律,做到司法最优化。同时,对家庭暴力的双方给予心理干预和教育。最后,加强反家庭暴力宣传,尤其是农村地区。鼓励全社会积极参与、各部门相互配合防治家庭暴力,对受虐妇女实施帮助。

关键词:妇女　杀人罪　犯罪动机　家庭暴力

**2235**

**犯罪结果研究** / 徐德华著 ; 李永升指导. -- 西南政法大学, 2009. -- 137 页

全文共六章,第一章是关于犯罪结果概念的论述。所谓犯罪结果,是指犯罪行为对刑法所保护的人或物的存在状态的改变。这种为犯罪行为所改变后的状态,正是刑法所欲防止出现的状态,也只有刑法所欲最终防止出现的状态才可称之为犯罪结果。如果一定要对犯罪结果进行分类的话,可以分为"逻辑结果和现实结果""成立结果与形态结果""单一结果与复合结果",这就是第二章关于犯罪结果分类的主要内容。第三章主要研究犯罪结果与犯罪构成的关系,尤其是犯罪结果与犯罪构成各要件之间的关系。第四章主要探讨犯罪结果与犯罪停止形态的关系。在所有的犯罪未完成形态中,犯罪预备是距离犯罪结果最远的一种形态。总之,犯罪未完成形态的前提是犯罪行为没有造成犯罪结果,既然各种犯罪未完成形态都是未造成犯罪结果的行为,那么,反过来也可以说犯罪完成形态(犯罪既遂)是造成犯罪结果的行为。第五章对犯罪结果与罪数形态的关系进行了讨论。选取了结果加重犯、想象竞合犯、连续犯、转化犯等几个罪数形态并就其与犯罪结果的关系进行了探讨。第六章以我国刑法第 129 条规定的丢失枪支不报罪为视角,对犯罪结果与大陆法系客观处罚条件的关系进行了考察。论文认为,大陆法系犯罪论中所言的客观处罚条件完全可以用我国刑法犯罪论中相关理论来解决,其中相当一部分所谓的客观处罚条件其实就是犯罪结果。

关键词:刑事犯罪　犯罪结果　犯罪构成

**2236**

**刑罚目的及其实现** / 徐久生著 ; 何秉松指导. -- 中国政法大学, 2009. -- 163 页

论文在界定刑罚目的的含义,梳理大陆国家学者关于刑罚目的学说和国内学者的观点之后,提出了"报应兼顾功利"的刑罚目的观。论文的基本观点是,刑罚目的实际上包含报应与功利两个方面的内容。主张刑罚目的是预防犯罪,或者是对犯罪的报应的观点都是片面的,不可取的。不能将报应与功利置于同等的地位,使得两者等量齐观;也不能将功利置于主要地位。以追求公平正义的报应论为基础,辅之以追求功利,才是刑罚目的的最佳选择。报应兼顾功利的刑罚目的论的核心点是,在确认并追求刑罚的报应目的,追求公平正义的基础上,还应当积极追求刑罚的功利目的,实现公正与效益双丰收。而在追求功利目的方面,特殊预防处于优先的位置,一般预防次之,但同样是应当加以追求的。如果必须做出两者择其一的选择时,应当毫不犹豫地选择前者。在刑罚领域,理应公正优先,兼顾功利,而不能反其道而行之。就报应与功利的关系而言,由于两者的理论基础不同,它们之间有对立、排斥的一面,也有相互兼容、统一的一面。因此,两者的关系是既有对立又有统一。但报应与功利的统一是在承认两者对立的基础上的有条件的统一,而不是无条件的、绝对的。探讨刑罚目的并不是我们的根本目的所在,在明确了刑罚目的究竟是什么的基础上,更为重要的是探讨如何才能实现刑罚目的,以什么样的途径才能足有成效地实现这些刑罚目的。由于刑罚目的的实现涉及内容广泛,作者选择了相对重要的内容加以论述,包括刑罚目的之实现原则、刑罚目的之实现与法定性配置、与短期自由刑、与死刑、与累犯、自首等相关制度、与减刑、假释等刑罚执行制度等。论文最后指出,犯罪是社会矛盾作用的结果,仅仅依靠犯罪的对应物——刑罚,而不从社会的角度,不从消除或者至少减少社会矛盾方面入手,刑

罚目的是难以实现的。因此,论文认为,刑罚仅是治理犯罪这种社会病的手段之一,而不是唯一的手段。

关键词:刑罚　目的(法律)　法理学

2237

**刑民交叉问题研究** / 徐艳阳著 ; 阮齐林指导. -- 中国政法大学, 2009. -- 136 页

论文在学界前人研究的基础上首先对刑民交叉概念进行总结、归纳并进行系统分析,试图准确定位提出刑民交叉之概念,在此基础上进一步探讨刑事、民事不法论,进而评价其责任之承担,从而为适用诉讼程序事项奠定基础。论文分上、下两篇,上篇为实体篇,下篇为程序篇。上篇共分三章。第一章,刑民交叉概念论,在对目前关于刑民概念诸多阐释系统介绍的基础上,提出刑民交叉之概念,梳理学界种种认识之误区。第二章为刑民交叉不法论,刑民交叉不法论解决的是刑事不法与民事不法(违约、侵权、商事违法等)之间的关系问题,本质上是刑法与民法的关系问题,继而提出犯罪与违约、犯罪与侵权、犯罪与不当得利、犯罪与民事违法之构成之本质区别。第三章为刑民责任论,解决的是刑事责任与民事责任(违约责任、侵权责任)之间的关系问题。从刑民交叉的角度上看,责任论的问题包括刑民交叉领域刑事责任与民事责任并行问题,探讨刑民交叉中的刑事责任与民事责任关系,以及二者的适用问题,属于刑民交叉实体论的又一重要内容。下篇为第四、第五两章。第四章为刑事诉讼、民事诉讼的交叉及其处理。在介绍刑事诉讼、民事诉讼一般性原理基础上,提出刑民交叉案件处理应当遵循的基本原则,并对一些刑民交叉案件中具体问题诸如诉讼时效,裁判既判力问题进行探讨,提出自己的看法。第五章为刑事附带民事诉讼制度的完善。在对域内外附带民事诉讼通行做法系统介绍基础上,针对我国刑事附带民事诉讼制度存在的诸多问题,提出自己的见解,并以此构建我国特色的附带民事诉讼制度,使之既与我国基本国情相吻合又能彰显社会主义的司法之公平、正义,为刑民交叉问题的妥善解决提供程序支持。

关键词:刑法　民法　刑事责任　民事责任　刑事诉讼　民事诉讼

2238

**刑法中的客观违法性论** / 许强著 ; 刘艳红指导. -- 武汉大学, 2009. -- 134 页

论文以客观违法性论在中国刑法理论中的实现为出发点,对客观违法性论的相关问题进行研究,为客观违法性论在我国理论中的具体运用提供依据和参考。全文共分为六章。第一章介绍客观违法性论的概说。对客观违法性论在德日等国的理论发展及相关学者的主要观点进行简要的概述,之后对客观违法性论在我国刑法理论中的地位和发展做了相应的梳理。第二章对客观违法性论的理论基础进行系统剖析。首先对客观与主观在哲学中的含义进行探讨;其次,归纳评析了刑法中的主观与客观问题;最后,介绍刑法中的客观主义与主观主义观点,重点讨论刑法中的主客观相统一原则,从而理清该原则与违法性理论的关系。第三章探讨客观违法性论的对立面主观违法性论。从主观违法性论与客观违法性论之争出发引出对主观违法性论的思考与评价。第四章介绍客观违法性论的主要内容,包括行为无价值和结果无价值的争论以及形式违法性与实质违法性的区分。同时说明了实质违法性理论内部存在法益侵害与规范违法等观点的分歧,并从客观违法性角度对分歧进行评价。第五章对客观违法性论在刑法中的运用进行了初步的尝试。对于正当防卫中的不法侵害问题以及无刑事责任能力人的危害社会行为的处遇问题,结合客观违法性论来提出解决方案,提出在我国确立客观违法性论的重要意义。第六章探究客观违法性论的体系定位。在分析我国现存犯罪构成理论的基础上,强调客观违法性在我国犯罪构成中的重要定位,并提出自己对于犯罪构成理论的构想。

关键词:刑法　违法　犯罪构成

2239

**未成年人供述行为的心理学分析** / 许永勤著 ; 乐国安指导. -- 中国政法大学, 2009. -- 172 页

未成年犯罪嫌疑人群体在处于封闭的、高压的和心理强制性的审讯情境时,其本身所具有的心理脆弱性特征使其处于更加不利的地位。鉴于此,论文以未成年人为研究对象,运用心理学和其他社会科学的研究方法,对影响其供述行为的一些因素进行了探讨,主要包括了讯问制度、讯问策略和心理脆弱性特征三个方面的内容,具体结论如下:(一)在接受讯问的过程中,未成年人并未得到应有的法律保护,律师在场制度、适当成年人在场制度以及相关讯问规定的不落实,使他们在真实的讯问情境中处于不利地位;(二)在获取供述的过程中,人们已逐渐抛弃原来的刑讯逼

供等野蛮的物理强制方式,转而寻求带有典型的心理强制特征的讯问策略来对犯罪嫌疑人施加影响,这些策略主要分为最大化和最小化策略。相关的研究表明,这些带有典型的心理强制和欺骗性的讯问策略也会导致虚假供述的产生。对此,可以从强调证据的中心价值理论、说服理论和 Gudjonsson 的供述认知——行为模型加以解释;(三)在司法实践中,讯问人员针对未成年人的讯问策略与成年人不存在本质的区别,只表现在程度上的不同。与最小化策略相比,讯问人员更多地倾向于采用最大化讯问策略,并且认为不会产生太大的消极影响。对未成年犯的事后研究表明,最大化讯问策略与很多消极情绪和行为倾向存在显著性相关,如上诉、对警察充满怨恨和不满、下次将不配合讯问等。相比之下,未成年犯更认同同样带有一定欺骗性质的最小化策略,最小化策略则与积极后果存在着显著性正相关;(四)影响未成年人供述的心理脆弱性特征分为冲动性、对风险的评估存在缺陷以及易受暗示性。论文研究表明,与成年组相比,未成年人组更容易受到暗示的影响,在影响暗示得分的自由回忆成绩、具体的应对策略、应对风格、实验压力和成功期望上均存在显著性的年龄差异。

关键词:未成年人犯罪　犯罪心理学

**2240**

**医疗刑法研究** / 杨丹著 ; 冯军指导. -- 中国人民大学, 2009. -- 275 页

医疗刑法的核心在于,就医疗过程中的行为对人的生命、身体、健康的介入和影响,进行刑法上的恰当评价。运用刑法来规范医疗行为是必要的,但是,应当遵循谦抑主义。首先,考察世界上主要国家(地区)医疗刑法的立法模式和实务状况,是研究医疗刑法的实在前提。其次,医疗犯罪的成立、医疗行为正当化的根据、刑事责任的分配以及刑罚的配置,构成了医疗刑法研究的本体。最后,医疗损害结果在客观上能够被归责于医生怠于注意的不作为。在医疗犯罪的刑事诉讼中,查明因果关系通常需要借助于医学科学做出鉴定。被采信的医疗鉴定结论所确定的导致损害的事实,决定了归责的最大范畴。医疗行为介入甚至侵害人体,但是,由于违法阻却事由的存在,否定了具有医学适应性和医疗技术正当性的医疗行为的犯罪性。首先,医疗行为的正当性的核心根据是患者的同意。其次,欠缺患者同意的医疗包括了强制医疗、紧急医疗和专断医疗三种情形。最后,“肖志军拒签事件”集中反映了“知情同意”制度在我国实践中的样态。组织医疗是当今医疗的主流形态,医疗行为的参与者之间既有分工又有协同。在成立医疗犯罪的前提下,需要将刑事责任在医疗行为的参与者之间进行分配。首先,医疗过失竞合犯罪中刑事责任的分配。其次,医疗过失共同犯罪中刑事责任的分配。此外,单独讨论了医疗行为中监督过失的刑事责任。最后,讨论了信赖原则在医疗领域的运用。医生有责地违反了医疗义务、造成了严重的损害后果,就应当承受相应的刑事负担,这在立法上体现为医疗犯罪所配置的刑罚。研究的重心集中于医疗事故罪的法定刑。根据医疗事故罪的特点和我国刑罚体系的发展趋势,有必要在医疗事故罪中增设剥夺从医资格和罚金这两类附加刑。在裁量刑罚的过程中,应当进一步扩大缓刑在医疗事故罪中的适用。最后,医疗技术的发展不断为刑法理论提出了新的课题,对尖端医疗进行恰当的刑法规制,是医疗刑法发展的未来动向。

关键词:刑法　卫生服务　刑事犯罪　刑事责任　刑罚

**2241**

**论俄罗斯联邦刑罚的本质和构成** / 杨金玉著 ; 李洁指导. -- 吉林大学, 2009. -- 137 页

刑罚是一个具有独特结构和运行规律的复杂规则体系,每一种刑罚也都具有自己的成立要素。对这种规则的认识,必然需要适当的认识工具,这就不可避免地提出一个论题,与犯罪的认识工具即犯罪构成相对应,刑罚作为一种规则体系,对每一种刑罚规则的认识,也需要一个认识的理性工具,即刑罚构成。刑罚内部构成要素间关系和地位的变化,直接外化为报应、功利和折衷理论的形成和争鸣,直接决定立法者意图和公民的法情感以及犯罪人对国家强制措施的认识,更能在某种程度上决定该社会的整体法治形态。长期以来,相对于犯罪构成研究的百花齐放,刑罚构成的研究还门前冷落,而这种状况显然制约着刑罚理论的进一步发展。论文通过对俄罗斯联邦刑罚制度发展做出回顾性分析,得出了用社会学方法研究和定义刑罚概念具有一定的合理性和先进性。应用词源学、语义学、心理学和宗教历史的方法完整解析了俄罗斯联邦刑罚本质,使刑罚本质研究进入到更深入、更细致、更科学的层面。论文还解读了俄罗斯联邦刑罚体系内容、特点,尤其是新的刑罚构成理论。指出了刑罚的主体、客体、主观方面和客观方面是刑

罚构成的四要件。用构成体系的方法来分析刑罚并揭示刑罚内部构成要素与刑罚功能、目的和价值的关系,是一种全新的学术尝试,也是对刑罚进行全面、科学认知的必要途径。建立完整、系统的刑罚构成学说,不仅是方法论的变革,而且具有重要的实践意义。论文还在研究俄罗斯刑罚基本制度的基础上,提出完善我国刑罚基本制度的改革和完善建议。

关键词:刑罚　刑法　司法制度　俄罗斯

**2242**

**非法经营罪立法及司法适用研究** / 杨庆堂著 ; 刘宪权指导. -- 华东政法大学, 2009. -- 196 页

论文以罪刑法定原则为视角,提出完善非法经营罪的构想,以期对非法经营罪的司法实践提供参考价值。全文共分为七章。第一章概述非法经营罪的立法沿革。对投机倒把罪的产生、发展与废止进行梳理,探讨了投机倒把罪废除的政策、经济、文化基础,引出非法经营罪的立法进程。第二章以罪刑法定原则为视角反思非法经营罪的立法价值取向及其罪状设置。在明确了非法经营罪的定义、特征的基础上,重点剖析非法经营罪的立法价值取向,对非法经营罪罪状的设置进行了评判和检讨。第三章分析非法经营罪的犯罪客体。罗列出我国刑法学界关于非法经营罪犯罪客体的相关观点并对现有观点进行评析。接着对市场准入制度的概念、经济学分析以及作为非法经营罪犯罪客体的意义展开评述。第四章主要探析非法经营罪的客观方面的内容。首先准确把握了“违法国家规定”和“非法经营行为”的范围和认定,其中“非法经营行为”包括“未经许可型非法经营行为”“非法买卖型非法经营行为”和“未经批准性非法经营行为”。继而补充论述了几种特殊的严重扰乱市场秩序的非法经营行为。第五章分析了非法经营罪的主观方面内容。在对非法经营罪的主观罪过形式进行简要分析的基础上,解读了非法经营罪主观罪过中的违法性认识问题。第六章探析了非法经营罪的司法认定问题。首先把握了“经营范围”的界定,明确了非法经营犯罪行为与一般非法经营行为的界限。其次,剖析了非法经营罪的数额认定标准及计算方法。再者,探讨了非法经营罪的竞合及法律适用问题。最后通过对各个相关犯罪的内涵解读,区分了非法经营罪与之的界限划分。第七章主要针对非法经营罪立法和司法解释及司法适用中存在的现实问题,从立法的视角提出完善建议。

关键词:非法经营　刑事犯罪　法律适用　立法

**2243**

**刑法立法模式研究:“分散性”刑法立法模式之提倡** / 杨文龙著 ; 刘明祥指导. -- 中国人民大学, 2009. -- 120 页

论文从立法模式的概念入手,运用多种法学方法,对以“分散性”刑法立法模式为中心的一系列命题展开研究。全文共分为五章。第一章概述刑法立法模式的基本问题。通过对“立法模式”“刑法立法模式”等概念的界定,确立了全文的中心思想,即“分散性”刑法立法模式之提倡。第二章剖析“分散性”刑法立法模式的成因。从理性主义思想、行政刑法理论和刑法的稳定性需求三个视角对“分散性”刑法立法模式的成因进行解析,并总结“分散性”模式的客观必然性。第三章为刑法立法模式的外域考察。通过考察大陆法系和英美法系主要国家的刑法立法状况得出“分散性”刑法立法模式的优越性与弊端。第四章分析我国刑法立法模式的发展状况。以 1997 年刑法典颁布为界限,分两个阶段对我国刑法立法模式的演变进行阐述。将 1997 年刑法典颁布之前我国的刑法立法模式的特点总结为“客观上的分散性”。将 1997 年刑法典颁布以来我国的刑法立法模式的特点总结为“主观与客观相统一的大一统模式”。第五章重点探讨重构我国刑法立法模式的构想。认为实现我国“分散性”刑法立法模式首先要在非刑事法律中直接规定罪名和法定刑,其次应重视单行刑法的立法、再次应重建刑法典分则的体例,最后还应规范刑法修正案的解释工作。

关键词:刑法　立法　法的理论

**2244**

**没收财产刑研究** / 姚贝著 ; 阮齐林指导. -- 中国政法大学, 2009. -- 153 页

与罚金刑相比,没收财产刑远未得到同等的重视却同样影响着财产刑结构的改革和特别没收制度的完善,有必要对其进行深入的研究。全文共分为五章。第一章是没收财产刑概述。没收财产刑是对犯罪人合法财产的剥夺,而特别没收是对与犯罪密切相关的财物的没收,二者具有本质区别。第二章是没收财产刑比较研究。通过比较研究发现:各国均把没收财产刑作为附加刑,且适用对象主要集中在国事罪和贪利性犯罪,适用方式以选科制居多,适用条文相对

较少,我国适用没收财产刑的条文为世界最广。第三章是没收财产刑存废之争。没收财产刑的存废之争主要在俄罗斯及我国学界表现得比较激烈。存废双方的讨论都带有明显的局限性:⑴重历史、轻现实;⑵缺乏实证研究和实务数据的支撑;⑶在假设的基础上讨论问题;⑷缺乏民众基础。第四章是我国没收财产刑的适用现状及其实证分析。通过实证研究发现,没收财产刑虽然在法律规定上适用范围广泛,共有72个罪名可以适用,但在实务中适用范围并不大。第五章是没收财产刑的废除以及财产刑结构的完善。首先对没收财产刑进行价值反思。同时,不能将没收财产刑异化为不能证明财产来源违法性时对犯罪人财产的剥夺,应结束一般没收和特别没收混用的状态。没收财产刑的历史使命已经完成,废除的时机已经成熟,理论前提已经具备,现实基础已经形成,应予废除。废除之后,应当以罚金刑和特别没收制度的完善为配套措施,以推进我国财产刑结构的完善。

关键词:刑种　刑罚　个人财产

**2245**

**现代刑法思潮下的未遂犯研究** / 姚昱君著 ; 罗大华指导. -- 中国政法大学, 2009. -- 139 页

犯罪未遂问题作为犯罪的一种未完成形态,一直是中外学界讨论的热点问题。论文以折中的刑法现代思潮为主线,以二元论的研究范式为指导,阐述了未遂犯的基础理论,障碍未遂的一般理论,障碍未遂的特殊问题以及不能犯问题上的观点。作者以比较的研究方法,对于未遂犯的基础理论以及障碍未遂理论进行整个大陆法系与英美法系国家的比较,在不能犯问题上,对我国大陆地区与台湾地区进行比较,通过对台湾地区不能犯立法转变的分析得出对大陆刑法有益的启示。全文共分六大部分:引言部分对未遂犯制度的研究现状予以介绍,并指出在现代刑法思潮下重新审视未遂犯的重要意义。第一章是对现代刑法思潮的概述,这是为以后研究未遂犯所做的理论性的铺陈。第二章是未遂犯的概述,探讨了未遂犯制度的历史沿革、概念分类、处罚根据与处罚范围等问题。第三章是障碍未遂犯的一般理论,主要探讨了障碍未遂犯的概念、构成要件(实行着手和没有既遂)、司法认定与处罚等问题。第四章是障碍未遂犯的特殊形态——共同犯罪中的未遂问题,主要探讨了共同正犯的未遂、教唆犯的未遂和帮助犯的未遂。第五章是不能犯,主要探讨了不能犯的概念种类、可罚性、构成要件以及危险性的判断等问题。

关键词:刑法　犯罪未遂

**2246**

**刑法中的放任理论研究** / 尹东华著 ; 林亚刚指导. -- 武汉大学, 2009. -- 222 页

论文从理论和实证两个角度对刑法中的放任问题进行探讨。全文共分为八章。第一章简述放任的概念。追溯了放任的理论、立法渊源,明确其含义,并解析了国外刑法中与放任相关的概念术语。第二章回顾了西方主要国家刑法中的放任理论。围绕大陆法系刑法中的放任理论、英美法系刑法中的间接故意理论以及大陆法系和英美法系间接故意理论比较三条主线展开。在对上述观点进行介绍并给予评价的基础上,表明了笔者的观点和立场。第三章总结我国刑法中的放任理论。大致包括漠然说、纵容说、不违背本意说、心理结果结合说、容忍放任区分说五种学说。第四章解读放任的心理学分析之一——意欲要素的提出。首先剖析了心理活动的三个过程,即认识、情绪、意志以及它们之间的关系。其次借鉴我国台湾地区刑法中的做法,提出情感因素与意志因素的合体即意欲因素,在逻辑上说明了这个命题的内涵和立场。第五章剖析放任的心理学分析之二——放任是意欲要素。在对放任的依附性、放任心理过程的不完整性、放任的他行为性、放任的突发性、放任的转移性进行综合求证的基础上,对放任的内在特征加以总结。接着围绕放任意志之分析、放任意志的多种表现形式、放任与犯罪目的、犯罪动机的关系等问题展开深层次讨论,最终得出了放任属于意欲要素的结论。第六章阐述放任的规范分析。从惩罚理性的角度,寻求放任故意与直接故意、轻信过失之间不同的责任承担在道义上规范的理由。第七章探讨放任的衍生问题。对相关争议问题介绍评价的同时,逐一提出个人主张和理由,旨在为司法实践中国放任相关问题的解决提供帮助和借鉴。第八章论述放任理论的实证分析。特意选取在放任理论的演进过程中具有关键意义的七个案例,包括德国皮带案、德国艾滋病感染案、台湾山猪案、开车挤死人案、肇事逃逸致人死亡案、炸死人案、林金莲故意杀人案,采用实证分析的方法,运用论文提出的观点和理论对其一一进行述评,探求对于放任问题的客观判断方法和依据。

关键词:刑法　故意(法律)　心理学分析

2247

**不作为犯罪中的前行为:论前行为的保证人类型** / 张果著 ; 韩玉胜指导. -- 中国人民大学, 2009. -- 173页

论文探讨前行为保证人类型的法理基础和前行为的范围,具体分为四个部分:一、前行为的保证人类型概述。把当前居于通说的保证人理论将保证人义务区分为对特定法益的保护义务和对特定危险源的监督义务。讨论前行为保证人地位的实质法理根据,并通过类型化的方法确定前行为的具体范围。二、前行为保证人类型的实质法理基础。认为前行为人是否负担保证人义务,根本上不在于其是否引起了危险状态,也不在于其是否对危险源有持续的实际支配或者造成了被害人的倚赖(信赖)状态,而是其是否需要对危险状态负责。三、关于前行为范围的传统争议。笔者的看法是:第一,前行为不限于违反义务的行为,但被害人自我答责或者第三人答责的情况下排除行为人的保证人地位。第二,前行为包括故意犯罪的情况,但要按照禁止重复评价和充分评价两大原则加以限定。第三,作为可以引起危险,不作为同样可以引起危险,如果这种危险完全处于行为人自己的组织领域中,行为人就必须对这种危险负责,就应当居于保证人的地位。第四,严格意义上的前行为只能是自己的行为,但并不排除行为人在某些条件下为他人制造的危险负责的可能性。第五,无论前行为有责与否,只要制造了危险而且需要对危险负责的,就都可以构成前行为保证人类型中的前行为,都可以引起保证人地位。四、前行为的类型与责任归属。根据客观上不同的责任归属,前行为应当被区分为如下类型:①前行为制造的不是不被允许的危险。②前行为制造的危险属于被害人的自我负责领域。③前行为制造的危险进入第三人的负责领域。④前行为制造的危险介入了被害人的过错。⑤溯责禁止的前行为。

关键词:犯罪学　被害人　刑法

2248

**监狱矫正机能之观察与省思:以刑罚福利主义为依归** / 张婧著 ; 张小虎指导. -- 中国人民大学, 2009. -- 231页

论文通过学理和事务上的探讨,揭示中国监狱矫正机能的形态现状,并探寻监狱刑罚制度变革的新思路。全文共分为六章。第一章概述监狱矫正机能的基本概念。列举相关定义加以比较,明确矫正的内涵。分析我国犯罪矫正制度,得出其继承了我国正统思想,采撷了西方狱制精华,是当代特色的犯罪改造实践的结论。第二章回顾监狱矫正机能产生和发展的制度背景。以当代英美矫正理论变迁为主线,梳理了矫正思想的产生背景、萌发、兴起、衰败和转型时期的文化与社会脉络,思考监狱矫正制度的历史角色与功能。第三章将研究的视角从理论转向实践,考察监狱矫正成效的实证研究。首先探讨了监狱矫正成效的相关研究成果,在此基础上,构建研究模型与框架,选取研究方法与样本,设计研究问卷,编制研究量表。第四章介绍监狱矫正成效的实证研究过程与结果。利用科学软件 SPSS 进行资料处理与分析,分析工具包括描述性统计、因素分析、总体参数假设检验等,评估了监狱矫正的特别威慑效果、人格矫治效果、社会适应性效果,并结合访谈法与罪犯档案分析法,总结我国监狱矫正成效的现实经验。第五章考察监狱矫正成败的分析与检讨。剖析了矫正刑的行刑理念、运作架构及现行制度隐患,就"社区矫正"作为监狱矫正替代方案加以客观评析与检讨。第六章在上述研究的基础上,提出中国监狱矫正制度的未来策略选择。

关键词:犯罪分子　监督改造　监狱制度　福利主义

2249

**资格刑设置研究** / 张珊珊著 ; 李洁指导. -- 吉林大学, 2009. -- 150页

当今世界刑罚发展的基本趋势之一就是刑罚的轻缓化。资格刑作为现代刑罚体系的一个不可或缺的构成要素,因其独有的轻缓而有效的刑罚理性特征而逐渐被提升到现代刑罚的理论研究舞台之上。笔者通过借鉴和比较世界其他国家和地区的刑罚规定中的资格刑设置,并通过对资格刑所特有的报应和预防的刑罚特征的分析,寻找科学合理的资格刑的制刑根据和配刑原则。论文对以往学界的有关观点做了归类分析,并提出了笔者对于资格刑的合理设置的基本设想。而后从资格刑的设置根据基础出发,分析我国刑罚体系中的资格刑设置,指出其中的缺憾和不足,并探索我国刑法中资格刑的内容、适用对象、适用范围等方面的科学设置,提出了对我国资格刑立法设置的完善建议,建立新的资格刑研究的分类方法,以期构建设置科学、层次合理的资格刑体系,使其能够更好发挥自身独特的功能和效用,成为现代刑罚体系

中的重要组成要素。

关键词:刑法　刑罚　资格刑　立法

2250

**量刑公正论** / 张天虹著 ; 高铭暄指导. -- 中国人民大学, 2009. -- 171 页

论文以刑事司法中的量刑为研究对象,对量刑公正的理论及实践方法进行了探究。全文共分为七章。第一章明确研究的问题,阐述研究思路、方法及研究框架。第二章探讨量刑公正的一般理论。从哲学的角度界定公正的含义,对报应论、功利论、一体论等刑罚理论进行回顾,阐述大陆法系的量刑理论,同时根据刑法理论和司法实践,确立判断量刑公正的一般标准,包括合法性、合理性、可预测性、可接受性和公开性。第三章论述量刑遵循的原则。首先对刑法学界关于量刑原则的各种观点进行述评,其次就量刑原则的确立标准进行论述,指出我国量刑的基本原则有罪行均衡原则、责任原则、刑罚个别化原则、禁止重复评价原则。第四章讨论量刑的事实根据。对量刑事实与定罪事实进行了区分,指出除定罪事实以外的事实,均属于量刑事实。其次,分析量刑事实的特征和功能,指出量刑事实具有决定功能、突破功能和限制功能。之后对量刑事实的分类进行归纳,并就"民愤""人身危险性"等应否作为量刑事实进行探讨。第五章阐述量刑的方法。首先对量刑基准的各种观点进行评述,其次对我国学界提出的量刑方法进行描述,同时讨论了法官是如何量刑以及自由裁量权与量刑的关系。第六章探究实现量刑公正的制度和机制问题。提出应建立如下量刑制度以促进量刑公正的实现:一是案例指导制度。二是量刑结论的说理制度。三是相对独立的量刑程序制度。第七章对我国现行量刑机制做出总结反思并指出量刑机制的改进措施。

关键词:刑法　刑罚　量刑　公正

2251

**刑事政策本体论** / 张雅著 ; 谢望原指导. -- 中国人民大学, 2009. -- 184 页

论文对刑事政策本质进行探讨,澄清刑事政策内涵的属性、目的、机制和路径,为刑事政策研究抛砖引玉。论文将刑事政策定位为"方法",认为其本质是"合理运用刑事手段对抗犯罪的方法",在此概念基础上展开对刑事政策本体论的探讨。刑事政策本质由三部分构成:刑事政策的目的、刑事政策的机制、刑事政策的路径。第一章界定刑事政策的概念。第一节界定刑事政策研究立场。第二节界定刑事政策的概念。第二章讨论刑事政策的目的。第一节指出刑事政策的目的是追求运用刑事手段对抗犯罪的合理性。第二节讨论追求合理性必须遵循的原则限制,包括人道主义、科学主义、法治主义,三大原则互相渗透、互相制约。第三节讨论合理性认识的基本范畴。第三章讨论刑事政策的机制。第一节指出刑事政策机制是具有对抗犯罪机能的刑事手段,对犯罪进行反应的作用途径。第二节以刑事立法手段划定犯罪圈为视角,分析了立法上经由多种途径,变更影响犯罪成立范围的要素,扩张和限缩犯罪圈大小的机制:首先分析了定性与定量的犯罪概念、形式与实质混合的犯罪概念与犯罪圈大小的关系;其次以设置单位犯罪主体、严格责任、持有行为、犯罪客体定位为例分析了犯罪构成要件配置与犯罪圈大小的关系;再次分析了犯罪停止形态和共同犯罪形态与犯罪圈大小的关系;最后分析了亲告罪制度与犯罪圈大小的关系。第四章讨论刑事政策的路径。第一节讨论刑事政策确立的基础步骤:法律事实分析。第二节讨论刑事政策的关键步骤:法律价值选择。第三节对具体刑事立法手段进行刑事政策分析。

关键词:刑事政策　本体论　法理学

2252

**刑法法条竞合问题研究** / 赵剑著 ; 黄京平指导. -- 中国人民大学, 2009. -- 203 页

笔者以中国刑法理论体系为出发点,立足我国现行刑法立法和刑法解释,兼顾外国先进理论拓展和立法经验,以解决刑法法条竞合理论中的疑难问题作为主要目标,对法条竞合相关理论进行了研究。全文共分为七大部分。1. 导论。介绍了法条竞合的研究状况、论文的研究动机以及研究方法。2. 规范论。对法律文本进行规范分析,对立法经验进行甄别考察。3. 本体论。以较大篇幅研究了法条竞合本质、概念、称谓、类型及其在理论体系中地位等问题。4. 关系论。对于法条竞合与想象竞合犯、吸收犯、结果加重犯等罪数形态之间的区别与联系问题,中外学者多有论及,但仍存在较大争议。所以笔者辟专章对法条竞合与相关概念之间的关系进行研究。5. 比较论。在比较法学的视野下对大陆法系国家或地区(包括德国、日本以及我国台湾地区)法条竞合理论发展概况及立法实际进行了研究。6. 适用论。对法条竞合适

用原则研究状况进行了评介,进而对"法条竞合适用原则究竟是什么"这一问题提出了自己的见解。7.结语。对我国刑事法律规范性文件中一些不合理的规定予以评析并提出了完善建议。具体路径是:①立法者在制订刑法之初便应树立法条竞合理论意识。②进一步完善刑法分则中法条竞合的设置。此外,我国最高司法机关制定颁布的部分规范性司法解释文件中一些与法条竞合理论相悖的规定也亟待修改完善。笔者认为应当在以下两方面予以改进:①更加科学、合理地规范定量要素。②杜绝重型主义观念。

关键词:刑法　犯罪构成　刑罚

**2253**

**商标权刑事保护若干问题研究** / 赵子强著 ; 田宏杰指导. -- 中国人民大学, 2009. -- 166 页

商标权的保护在我国较之于西方发达国家起步较晚,长久以来,商标权的保护在我国未能被给予高度重视,而且商标权保护的不充分也阻断了国际知名产品向我国内地市场的流动,这无论对于我国消费水平的整体提高还是对于国内经济社会的发展都极为不利。若不加大对商标权的保护力度,对于我国民族工业的复兴与发展势必起到巨大的阻碍作用。在我国,商标权刑事保护在立法和司法两个维度的特色是比较明显的。我国商标犯罪的立法模式采纳的是以刑法典为核心的集中型立法模式,这一模式有利于充分揭示商标权犯罪的共性特征,便于综合比较分析各种侵害商标权犯罪之间的区别与联系,实现商标权犯罪罪刑设置的系统化,增强刑法的威慑力。然而这一集中型的立法方式稳定性有余而灵活性欠缺,并不能很好地适应我国经济社会快速发展的步伐,因此也就难以有效遏制侵犯商标权犯罪这一与市场经济迅速发展"亦步亦趋"的不法行为。对于商标权犯罪的立法模式应当采纳以附属刑法为核心同时辅之以刑法典为补充的模式。具言之,就是在商标法等非刑事法律中对相应犯罪行为予以从行为样态到具体刑罚后果的详细的、明确的规定,即创设真正意义上的附属刑法,同时在刑法典中列明侵犯商标权犯罪之体系定位,即发挥刑法典对于商标犯罪处罚的索引性的指引功能。在司法模式上,笔者认为,需要"先刑后民"或者"先民后刑"与否,取决于"刑民交叉案件"中刑、民诉讼的发生先后,以及刑事诉讼与民事诉讼二者之间的依赖关系。我们应当立足于本土,从我国法律制度内部挖掘协调与兼顾,同时创造性地移植西方法律,借鉴发达国家的先进经验。只有这样,才能真正构建适合我国国情的商标权保护体系,也只有这样,才是中国刑法现代化的道路选择。

关键词:商标权　法律保护　刑事诉讼　立法

**2254**

**中国死刑存废中的民意与国家决策关系研究** / 周国良著 ; 赵秉志指导. -- 北京师范大学, 2009. -- 126 页

论文对死刑存废问题上的民意与国家决策之关系进行了研究。全文共分为五章。第一章对死刑存废问题的本质进行探讨。从国际公约和国际人权法的发展、欧盟国家死刑废除的整体过程以及生命权的性质三个角度对死刑存废本质进行剖析。认为死刑存废问题的本质在于死刑价值观的演变。第二章讨论民意的概念、死刑民意的获得并对我国死刑存废的民意调查数据进行整理和分析。第三章选取德国、英国、法国三个已经废除死刑的欧盟国家及美国、日本、韩国三个尚保留死刑的国家为例,对这些国家在决定死刑存废问题时如何考虑民意这一命题进行比较分析。得出结论认为:中国国家决策层对死刑存废的决定取决于决策层自己对死刑存废的价值判断,而不受民意的制约。第四章探讨死刑存废问题上民意与国家决策两者的应然关系。通过对代议制民主性质、原则以及刑法制定基础的分析,认为国家决策层不必追诉民意,但需要通过提供死刑替代措施、减少乃至暂停适用死刑等措施来积极引导民意,为将来通过国家决策废除死刑创造民意条件。第五章主要对中国国家决策在死刑存废上的实际角色和应有作用进行讨论。首先剖析了死刑存废问题上中国国家决策与民意的实际关系,并提出应该以国家决策层为重点积极推动死刑价值观的转变。其次,明确了死刑存废问题上国家决策层在引导民意方面的必要性。认为应通过提供全面的有关死刑的信息、立法设立死刑替代措施、严格死刑的司法适用及改善司法环境等途径积极引导民意。对于我国将来通过国家决策废除死刑的前景方面,指出了可行的选择,即在主流民意发生转变前通过国家决策废除死刑。

关键词:死刑　决策　价值观

**2255**

**量刑规范化研究** / 周海洋著 ; 胡云腾指导. -- 中国人民大学, 2009. -- 186 页

论文采用文献研究法、比较分析法、案例分析法对量刑规范化问题进行研究。全文共分为六章。第一章论述了量刑规范化的基本理论,包括量刑的概念、特征、根据。后针对我国刑事司法轻量刑重定罪的传统,着重强调量刑在刑事司法中的重要地位。又提出量刑规范化的内涵、意义及我国传统量刑方法的优点和存在的问题。第二章论述了我国封建刑法量刑的特点、部分国家量刑规范化的现状以及由此得出的启示。重点介绍了美国、英国和日本的量刑规范化情况,并分别从量刑规范化方式的多样性、量刑规范化的艰难性和长期性、数字化规范量刑的可行性以及我国可能的量刑规范化路径四个方面论及从国外量刑规范化研究和实践中得到的启示。第三章介绍了我国刑法理论界对量刑规范化的研究和部分实务部门对量刑规范化的探索。分别对优化量刑模式、层次分析量刑模式、精确制导量刑进行详细评析。后以山东、江苏两省司法实务部门的量刑规范化的实践为例,总结我国量刑规范化研究成果和实践经验的启示。第四章论述了我国量刑规范化进程中的障碍和对策。障碍主要有主观障碍和客观障碍。克服障碍的对策主要为:强化思想引导,摒弃不正确认识;加强相关制度建设,助推量刑规范化进程;明确方法,确定重点,分步实施;注重他国经验和本国实际相结合。第五章论述了我国量刑规范化应当坚持的原则。包括罪行相适应原则、刑罚个别化原则、尊重经验原则、禁止重复评价原则、刑罚时空均衡原则。第六章探究了量刑规范化的方法和步骤。首先明确了一种量刑步骤,遵循这一步骤,逐步论述了量刑规范化中的具体问题。第一步为法定刑的确定;第二步为确定量刑基准;第三步是如何处理量刑情节;最后一步是刑种的转换和刑罚宣告前的调整。

关键词:刑法　刑罚　量刑　规范化

**2256**

**中国刑法学的文化生态分析论纲** / 周详著 ; 齐文远指导. -- 中南财经政法大学, 2009. -- 215 页

论文运用文化生态学的基本观点,对中国刑法学进行分析。全文分五章。第一章,从文化生态的角度,提出西方刑法学流派的精神实质可以归结为西方人对事物的某一方面性质上的偏执的、片面的科学探究精神、牛虻精神、异端精神。第二章,探讨了我国犯罪构成的基本问题。中国四大要件的犯罪构成理论之所以成为通说,是历史选择而形成的,而不是所谓的"政治意识形态"高压下的结果。中西犯罪构成的思想在保持个性的前提下也具有互补性,可以互相借鉴。第三章,主要从社会生物学以及其他文化生态分析的角度探讨了共犯与未完成形态的疑难问题。在中国文化生态背景下,"犯罪未完成形态"与"共犯"之所以是犯罪的特殊形态,其实质根据都应该统摄于"共犯"的观念——预防、打击、瓦解共犯组织。第四章,分析了死刑的存废问题。中国的死刑观与中国文化中的杀年猪、死人的丧葬文化仪式具有共同的文化心理。死刑的存在与废除的历史,也就是人性中的对位基因(理性与情感)适应特定社会环境的历史。保留死刑论和废除死刑论都没有什么可值得谴责或者赞赏的道德评价意义。第五章以刑法分则中的危害国家安全罪(类罪名)和诽谤罪为例,从文化生态学的角度对犯罪进行实质的刑法规范学解释。

关键词:刑法　法学　文化生态学

**2257**

**刑事被害人权益研究** / 周亦峰著 ; 马克昌指导. -- 武汉大学, 2009. -- 173 页

论文对刑事被害人个体权益的自我实现进行论证。全文共分为五章。第一章概述刑事被害人权益的相关概念。梳理了刑事被害人与刑法学、犯罪学、刑事政策学的关系,以此引导出被害人学的历史沿革。第二章论述刑事被害人权益与宪法权利的贯彻。将被害人权益视为未列举的宪法权益,对刑事被害人和解权利的权利属性在宪法范畴内予以证成,为刑事被害人的刑事和解权提供宪法依据。第三章探讨刑法视野下的刑事被害人权益。以剖析刑事被害人权益与刑法基本问题的关系入手,着重论述刑事被害人权益在实体法中的体现。通过对刑法目的、刑法机能、刑事法律关系的阐述以论证刑事被害人权益在刑法视域下的价值。第四章重点探究刑事诉讼法视野下的刑事被害人诉讼权利。首先通过对历史上各种不同类型诉讼结构下的刑事被害人地位和诉讼权利的转变进行比较分析,揭示我国当前刑事诉讼结构中当事人地位的不合理性。其次通过对刑事被害人诉讼权扩展的论证以提高当事人在诉讼中的地位,实现权益恢复过程中的利益最大化。第五章论述刑事被害人权益保障的制度完善。认为国家权力体系的运作应充分考虑刑事被害人权益回复。建议一方面将刑事被害人刑事和解权利制度化,另一方面通过建立国家刑事被害人补偿机制对刑事被害人进行道义和

义务上的救济。

关键词:刑事诉讼法　被害人　权益保护

**2258**

**刑民实体关系论** / 朱铁军著 ; 刘宪权指导. -- 华东政法大学, 2009. -- 213 页

论文选择刑法与民法实体关系作为主题,对两者间实体关系展开体系性思考和建构。全文共分为四章。第一章论述刑法与民法的关系。从历史的维度纵览中外刑法与民法之间的关系。通过梳理刑法与民法关系的历史脉络以及评述理论上有关刑法与民法关系的学说,对两者间的关系进行基本的把握。认为刑法与民法是相关性和独立性的并存。第二章剖析了刑法与民法之间的关联。通过探讨刑法对民法的保障属性、刑法与民法之间的交错、刑法与民法之间的规范效应,阐明两者之间的关联。就刑法与民法之间的规范效应,指出刑法与民法之间存在相互规范的效应,同时又存在例外。第三章探讨了刑罚与民法的分界。通过对中外理论上有关刑法与民法区分观点的述评、刑法与民法特性之比较分析、犯罪与民事不法的区分进行探讨,从宏观和微观上厘清刑罚与民法之间的界限。总结得出:刑法呈现义务性而民法呈现权力性;刑法呈现主观性而民法呈现客观性;刑法具有封闭性而民法具有开放性等结论。第四章解读刑法与民法之间的融合。通过对民事赔偿的刑法意义和被害人过错的刑法意义进行探讨,阐明两者在功能上互补、制度上相互借鉴的融合趋势。就民事赔偿的刑法意义,分析了民事赔偿机能的历史流变,肯定了民事赔偿在刑法上的意义。就被害人过错的刑法意义,综述了国内外刑事立法和司法对被害人过错的态度,认为民法中的过失相抵制度能解释被害人过错影响行为人的刑事责任问题,后对被害人过错的刑法意义加以界定。

关键词:刑法　民法　法律关系

**2259**

**刑法中的行为论纲** / 邹佳铭著 ; 林亚刚指导. -- 武汉大学, 2009. -- 180 页

论文将行为放置在犯罪的司法评价过程中,从事实与规范、价值分立的立场研究了刑法中的行为。全文共分为六章。第一章概述大陆法系行为理论的历史发展沿革,考察大陆法系刑法理论中的行为机能,辨析犯罪评价过程中具有不同性质的各行为与我国犯罪构成模式之间的关系。第二章重点研究我国刑法中的行为理论。分别界定危害行为、实行行为的概念,明确其在犯罪论体系中的关系定位,在剖析了两种行为价值缺陷后,提出我国刑法行为体系的初步构想,认为行为研究应以法律思维为引导,超越我国传统的犯罪构成体系。第三章研究刑法中的一般行为。对一般行为的概念、机能做出符合法目的的解释,并将危害行为提到构成要件之前而作为刑法中的一般行为概念进行重点说明。第四章研究刑法中的具体行为。明确了具体行为对于不同法律性质的评价判断标准,并从法律三段论的角度阐述具体行为向案件事实的转化过程。第五章剖析了刑法中的构成行为。围绕构成行为的概念、特征、类型、界限、解释路径、解释原则等内容进行阐述。第六章分析刑法中的实行行为。在解释实行行为的概念、特征、内部构造等基本理论问题的基础上,就实行行为与未遂犯成立之间的关系以及实行行为在共犯人分类中的意义提出自己的观点并给出立法建议。

关键词:刑法　犯罪构成　犯罪行为

# 民商法学
# (含劳动法学、社会保障法学)

**2260**

**事故理念与侵权法变迁:以侵权法与保险机制的关系为聚焦** / 白哲著 ; 王卫国指导. -- 中国政法大学, 2009. -- 128 页

论文主要讨论侵权法在事故时代的变迁问题,其研究主题为化解侵权法的内部和外部冲突,构建内部和谐、外部开放的综合救济体系。全文分为四章。第一章讨论侵权法和事故法的概念和事故时代中侵权法的内部和外部冲突问题。通过讨论两大法系侵权法的概念,指出侵权法是一个变动、开放和包含多元价值的体系,对侵权法概念和体系的讨论应秉持开放和发展的态度。第二章讨论侵权法对事故理念的回应。首先对事故理念进行解释,随后从宏观回应、微观回应、归责回应以及效果回应四个方面对侵权法对事故理念的回应做出探讨,指出侵权法对这些理念的回应构成了理解侵权法内部和外部冲突的关键。第三章讨论侵权法的研究进路问题。介绍道德理论和功利主义两方的代表观点和发展脉络,指出侵权法的统一理论并不存在,需要综合多元观点和价值,这是一种综合法学的研究进路,也是实现侵权法内部协调

和制度安定必要的理论准备。第四章主要讨论侵权法和保险制度的规范协同。首先对责任保险、第一人保险、自愿责任保险和强制责任保险等进行了比较和价值判断；然后讨论侵权法和责任保险的关系，以及他们在责任扩张背景下的制度变化，对因过度扩张所导致的危机进行了客观分析。目的在于为两者寻找司法救济体系内的恰当坐标和互相规范，以推动事故救济体系在保持开放性的基础上发挥更加积极的作用。

关键词：侵权行为　事故　民法

**2261**

**论发表权** / 毕荣建著 ; 李建华指导. -- 吉林大学, 2009. -- 127 页

论文对发表权的概念、内容以及侵害发表权的相关行为进行分析，为发表权的保护工作提出建议。全文分为绪论和正文，其中正文分为四章。绪论部分介绍论文的选题依据、研究思路、研究方法。第一章对作为发表权基础的发表行为进行讨论。首先阐述发表行为的历史考察，分别对印刷术发明前的作品发表、印刷时代的作品发表以及网络时代的作品发表进行分析；继而对发表行为进行语义分析，具体介绍日常语境中的“发表”以及著作权法语境中的“发表”，最后对“发表”与“出版”的关系进行辨析。第二章介绍发表权的界定与属性。首先对发表权进行界定，介绍发表权界定的既有认识，对发表权界定进行理论检讨，并分析发表权与出版权、收回权的关系；其次，对发表权的属性进行分析。第三章，对发表权的正当性进行论证。首先介绍发表权正当性的观念基础，具体从古代早期的发表权的观念、中世纪的发表权观念以及中世纪到近代社会的发表权观念三个方面展开分析；继而介绍发表权正当性的制度表达，如发表权的司法创制与立法确立；最后，阐述了发表权正当性的价值判断。第四章探讨了发表权的限制与保护问题。首先从公权力对发表权的一般限制和特别限制两个方面分析发表权的公权力限制；然后介绍发表权的私权限制，具体分析他人著作权、他人人身权、他人财产权三种权力对发表权的私权限制；最后，阐述了发表权侵权责任的构成要件，以及对发表权侵权责任的承担问题。

关键词：著作权　发表权　侵权行为　民事责任　法律保护

**2262**

**旅游资源开发的民法分析** / 昌孝润著 ; 龙翼飞指导. -- 中国人民大学, 2009. -- 159 页

论文针对我国物权立法及旅游资源开发、旅游资源的转让、旅游资源上市等问题提出种种争议和方案进行民法分析和评论，对旅游资源开发的基础性制度进行归纳和总结，并提出立法和政策建议。论文分为前言、导论和正文部分，其中正文分为六章。前言部分主要介绍选题的理论意义及实践意义、主要内容和创新之处以及研究方法。导论介绍民法在旅游资源开发中的功能和作用，分析当前存在的误区，并指出需要解决的问题。第一章介绍旅游资源开发的法律调整问题。以美国、加拿大、德国、日本等国以及我国香港、澳门和台湾地区有关国际条约的旅游资源法律和学者观点来分析、比较，结合旅游资源开发经营模式和制度体系，并对国内学者有关完善的意见进行了介绍。第二章首先探讨了旅游资源开发权的性质，其次是旅游开发权的取得，最后分析旅游资源开发权的财产权利基础。第三章从实践中旅游开发中征地过多造成农民无地可耕的现象入手，提出旅游开发不应当使用土地征收。第四章分析目前旅游资源开发模式的现状，对整体租赁、股份合作、上市公司经营三种经营权市场化模式进行了评价，借鉴国外开发模式的研究成果，对其成功经验和存在问题进行了客观评价。第五章阐述了旅游资源开发的专门立法和政策缺乏和不足，具体表现在缺少权利冲突的效力规则、旅游资源的规划不清、旅游资产评估不到位、旅游资源开发内容不明晰、旅游资源物权公示登记的办理和管理等方面问题。第六章以争端的原因为切入点，分析旅游资源物权权属纠纷、开发中的利益与可持续原则的平衡、旅游资源物权主体与其他权利主体的问题。

关键词：民法　旅游资源开发　物权　财产权　土地征用

**2263**

**营业转让研究** / 陈国奇著 ; 朱慈蕴指导. -- 清华大学, 2009. -- 278 页

论文对营业转让进行了分析研究。全文共分十章。第一章引言，介绍了选题背景及意义，相关文献综述，论文的研究方法，结构安排。第二章营业转让的制度价值，分别探讨了营业转让与重大资产出售的区别以及营业转让与企业出售的区别，对营业转让与其他企业结合方式的效用进行了比较，介绍了营业转

让的应用场合。第三章探讨了商法上的客观营业,首先对客观营业的概念进行了界定,对营业财产说、营业组织说等进行了阐释,并指出了论文的观点;随后分析了营业财产之构成,介绍了主流看法,提出了对于主流看法的反思;最后介绍了营业财产之列举与营业财产之特征,并对营业财产的法律地位进行研究。第四章探讨了营业转让的构成要件,首先在介绍主体要件的同时指出了两个特别探讨的问题;随后阐述了转让方式,在结合营业转让事例与分析国外立法与判例的基础上阐述了转让标的概念;最后概述了转移营业活动的合意。第五章从对内效果和对外效果两个方面分析了营业转让的法律效果,对内效果中包括了转让人的交付义务、瑕疵担保责任、竞业禁止义务,以及转让人的权利,对外效果中阐述了转让人与营业债权人的关系及受让人与营业债权人的关系。第六章营业转让与相关制度比较,分述了营业转让与公司合并、营业转让与公司分立的异同点,比较分析了营业转让与营业抵押、营业租赁的性质,介绍了委任经营相关内容。第七章分析了营业转让中的债务承担与债券人的保护问题,介绍了债权人保护制度的设计,并对营业转让中的雇员保护方式进行了研究。第八章探究了公司的营业转让,对重大资产出售进行了界定,对重大资产出售中的股东反对权适用范围进行新解。第九章从中国的立法与实践角度分析了营业转让,对现行法中的类似规则进行了考察,指出了营业转让的必要性,最后提出了内容建议。第十章为结论,指出了论文的主要创新点。

关键词:商法　商业经营　产权转让

2264

**环境与发展综合决策法律实现机制研究** / 陈虹著 ; 吕忠梅指导. -- 中南财经政法大学, 2009. -- 211 页

论文在梳理环境与发展综合决策命题的背景、含义的基础上,重点探讨环境与发展综合决策法律实现的必要与可能,以求实现理论与制度的高度结合,寻求到环境与发展综合决策坚实的制度基石。全文分为导论、正文和结语三部分,其中正文分为四章。导论部分主要介绍研究背景与意义、研究现状及评述、研究思路与方法、重点难点与创新之处。第一章环境与发展综合决策的理论分析,是对环境与发展综合决策本身的解构与探析。首先对发展、决策、环境与发展综合决策这一系列概念予以梳理和界定,其后紧扣环境与发展问题,分别从经济学上的定性、定量进行研究。第二章是对我国环境与发展综合决策实现机制障碍的分析,立足于我国环境法治的基本状况,对其进行反思,发现环境规则和法律制度"背后"或"内在"的道理。梳理出影响我国环境法治的经济、社会与法治本身的因素,包括经济发展因素、社会体制因素以及法律规制本身的制约。第三章环境与发展综合决策的制度实现,是对环境与发展综合决策这一稍显"宏大"的叙事一种制度上的研究。第四章对环境与发展综合决策的实证分析,以四川王朗自然保护区为研究对象,在构建自然保护区与土著民一般分析框架的基础上,结合王朗自然保护区的材料、数据,对环境与发展综合决策在王朗自然保护区的实践展开了实证分析。

关键词:环境保护法　综合决策　法治

2265

**外国民事判决的既判力问题研究:以英美法为中心** / 陈洪杰著 ; 齐树洁指导. -- 厦门大学, 2009. -- 140 页

论文以英美法为中心,对外国民事判决的既判力问题进行了分析研究。全文共分四章。首先引言,介绍了既判力理论的研究现状及局限性、论文的研究内容与方法,选题依据与现实意义,指出了创新点。第一章为既判力导论,对既判力的基本理论问题进行了梳理,分析了既判力理论研究的主要对象,并对相关概念进行了辨析,通过对两大法系国家关于既判力先决要件的比较分析,指出大陆法系国家关于既判力先决要件的设定相较于英美法系国家之设定更为严谨、更具可操作性,值得中国在制度建构中加以借鉴。第二章基于比较法的视野,选取英美法系的代表性国家美国作为制度样本,对该国的既判力制度规范进行了梳理与译介,并结合大量案例,展示了作为既判力效力内容的诉求排除规则和争点排除规则的运作。第三章从比较法的角度出发,对英国涉及外国判决既判力问题的相关判例及理论进行了梳理与译介,并由此得出所谓"外国民事判决的既判力理论问题"主要的问题思路应建立在既有的国内判决既判力制度规范基础之上,加入对外国因素的考量,在对外国判决力进行承认的基础上,对之适用中国的既判力规则。第四章初步建构外国判决既判力理论,首先着眼于外国判决之域外因素,参考英国法提供的制度借鉴,探讨中国应如何完成对外国既判力之承认问题,随后就既判力理论体系中最具有实践价值的既判力作用范围论展开了论述,最后对中国涉及外法域判决既判力问题的司法实践进行了介绍与评析。最后为全文的结语。

关键词:民事诉讼　判决　法律效力　美国　英国

**2266**

**证券市场操纵行为法律问题研究** / 陈洁著 ; 董安生指导. -- 中国人民大学, 2009. -- 204 页

论文从市场操纵行为的基本理论入手,对市场操纵行为的概念进行了比较式研究,得出了市场操纵行为的概念应该把握的重点,强调了市场操纵行为的双重重点,强调了市场操纵行为的双重构成要件的重要性。同时将各国对市场操纵行为的禁止性规定进行罗列性介绍,从宏观上对市场操纵行为进行了一个整体印象的概括。全文主要分为前言和正文,其中正文分为八章。前言部分介绍了选题背景、意义、文献综述、研究方法和创新点、论文的框架和研究的主要问题。第一章主要分析了市场操纵行为的概念及其认定问题。首先对各国对证券市场操纵行为概念认定进行了综述,然后介绍了经济学领域对市场操纵行为的认定,最后对市场操纵行为的概念认定的法律进行探讨。第二章分析了市场操纵行为和欺诈的关系问题。以美国为例介绍了美国普通法中市场操纵行为与欺诈的关系,以及美国证券及其相关立法中的欺诈条款,最后分析了欺诈条款和市场操纵行为禁止性规定的关系。第三章以美国、英国、欧盟、日本、香港、内地等为例,介绍了各国和地区对市场操纵行为的立法规范。第四章主要对市场操纵行为法律责任进行概述。第五章则具体介绍了市场操纵侵权行为的构成。第六章介绍了市场操纵行为构成第一要件,即因果关系的认定。第七章介绍了市场操纵行为构成的第二要件。第八章则主要探讨了市场操纵行为的防御机制,分析了抑制市场操纵行为的双边市场格局。

关键词:证券市场　市场行为　证券交易　欺诈　立法

**2267**

**产品缺陷论** / 陈龙业著 ; 杨立新指导. -- 中国人民大学, 2009. -- 181 页

论文在借鉴美国、德国等国家先进做法的基础上,对构建中国科学的产品缺陷法律制度进行了探索研究。全文共分五章。第一章产品缺陷概述,从比较法的视角上对产品的内涵进行了界定,分析了产品缺陷的历史演进过程,介绍了产品缺陷的判断标准,进而对中国的产品缺陷判断标准进行了评析,同时分析了产品缺陷的法律意义与制度价值,指出了中国的“国家标准、行业标准”不能作为认定产品缺陷的必要条件。第二章产品制造缺陷,首先对产品制造缺陷进行了概述,阐述了制造缺陷责任的归责原则;随后介绍了制造缺陷的判断标准,通过对美国制造缺陷的具体内容,以及认定标准的探究,指出了中国制造缺陷的制度构建中存在的问题,提出了相关建议。第三章产品设计缺陷,首先概述了设计缺陷的界定与类型,探讨了设计缺陷责任归责原则的历史演进过程;随后对缺陷设计的认定规制进行了介绍,指出产品设计缺陷是产品责任法中最为复杂,也是争议最大的一种产品缺陷类型;最后结合对美国设计缺陷的具体内容与认定标准的分析,指出了中国产品设计缺陷的制度构建应当借鉴美国的先进做法。第四章产品警示缺陷,指出在产品缺陷的各种具体类型中,警示缺陷的诉讼是一个非常活跃的领域,有关警示充分性的判断在司法实践中仍难以把握,通过对中国警示缺陷的制度分析,提出了中国应兼采风险效益分析法则与消费者合理期待标准以杜绝充分警示对设计缺陷责任的规避建议。第五章产品跟踪观察缺陷,从发展风险抗辩的存废之争入手,分析了发展风险抗辩在美国法上的微妙地位,随后对承认跟踪观察义务进行了比较法考察,通过对德国法上跟踪观察义务的内容的介绍,分析了中国跟踪观察缺陷的现状,提出了中国应在确立跟踪监视、售后警示、产品召回的义务内容的基础上,对跟踪观察缺陷制度适用过错推定责任的建议。最后为结论部分。

关键词:产品质量　缺陷　产品责任法　民法

**2268**

**广播组织权制度研究** / 陈娜著 ; 吴汉东指导. -- 中南财经政法大学, 2009. -- 201 页

论文对广播组织权制度进行了分析研究。全文共分六章。导言介绍了选题背景与意义,研究的现状,主要的研究思路与研究方法。第一章介绍了信息技术的发展与广播组织权制度的产生,对广播组织权的邻接权制度模式进行了探析,并分析了广播组织权的邻接权制度的正当性。第二章为广播权制度的合理性分析,具体分为对广播权制度的经济分析与对广播组织权制度的利益平衡分析,并对其中相关概念进行了界定。第三章介绍了广播组织权的立法例,首先介绍了关于广播组织权的国际公约;随后分为区域组织关于广播组织权的立法例与典型国家关于广播组织权的立法例,指出广播组织权的立法主要分为大陆

法系的邻接权保护盒英美法系的著作权保护两种方式。第四章介绍了广播组织权制度的法律范畴研究，首先对广播组织权的主体制度与客体制度进行了介绍；随后具体分析了广播组织权的权利内容、保护期限与权利限制，最后对技术措施和权利管理电子信息保护的含义与相关立法规定进行了阐述。第五章探究了广播组织权国际立法之变革，首先分析了广播组织权国际立法的变革原因，指出了现行广播组织权国际条约中的局限与落后；随后对《广播组织条约草案》的背景进行了介绍，总结了SCCR的历届会议内容；最后评议了《世界知识产权组织保护广播组织条约草案》。第六章介绍了中国广播组织权制度的完善，分析了中国广播组织权保护的现状，指出了中国广播组织权制度中存在的问题，并结合中国著作权法中广播组织权规定的完善方案提出了相应的修改建议。最后为结语部分。

关键词：著作权法　立法　信息技术

**2269**

**我国政策性担保公司法律制度研究** / 陈秋明著 ；冯果指导. -- 武汉大学, 2009. -- 183 页

论文综合运用比较分析法、历史分析法等研究方法，以政策性担保公司的市场准入、内部控制及市场退出为线索，对政策性担保公司法律制度的构建进行研究。全文共分四章。导言介绍了问题的缘起及研究的意义，对研究对象及重点解决的问题进行了介绍，评析了国内外的研究现状，指出了研究的方法。第一章介绍了政策性担保公司法律制度的基本理论，对政策性担保公司的法律进行了界定，并对政策性担保公司存在进行了理论解释，考察了市场失灵与政府干预理论、资源配置理论和公共物品供给理论，通过分析信用的有用性、稀缺性和可选择性，对政策性担保公司兴起的背景进行了梳理与现状考察。第二章完善政策性担保公司市场准入制度，从政策性担保公司的法律特性入手，以公平、安全、效率的法律价值为视角，从资本要求、审批机构、功能定位三个方面，对政策性担保公司准入制度的构建进行了论述。第三章强化政策性担保公司内部控制制度，从公司治理结构、风险控制与分散、担保程序等方面探讨了政策性担保公司的内部控制制度，首先概述了政策性担保公司内部控制制度，指出政策性担保公司风险具有风险系数特别高、传递性、突发性的特点，随后探讨了公司治理结构完善，最后分析了风险控制与分散制度安排，以及担保程序制度安排。第四章介绍了重构政策性担保公司市场退出制度，从退出的必要性、退出的可行性、退出的预警及应急处理制度、退出的方式、退出的善后处理等方面探讨了政策性公司担保退出制度的构建。最后为结语，总结了中国政策性担保公司法律制度的构建方案，归纳了立法建议。

关键词：担保　金融公司　法制管理　金融法

**2270**

**论网络侵权行为的特殊性与立法对策** / 成晓娜著 ；许传玺指导. -- 中国政法大学, 2009. -- 131 页

论文从侵权法的基本理论出发，根据网络侵权的特点和现状，分析网络侵权问题对现行法律法规的挑战，并结合有关案例，研究网络侵权的一些普遍性和特殊性问题，通过比较各国的相关立法，寻求网络侵权问题的法律解决途径，建立完善的网络侵权法体系。全文分为六章。第一章是关于网络侵权的一般性问题研究。主要从网络及网络侵权的概念和特点，网络对现行侵权法的影响，网络侵权的归责原则和构成要件等方面进行分析。第二章是关于网络服务提供商的侵权责任。根据功能的不同把网络服务提供商分为三类，分析其行为是否构成侵权，归责原则和构成要件，并比较了世界各国的相关立法，为我国提供立法借鉴。第三章讨论了版权网络侵权行为。分析了网络版权作品的认定和侵权行为方式。第四章是关于网络域名的侵权纠纷。分析了域名纠纷的种类、冲突原因和解决方法。第五章在关于人格权网络侵权行为中，主要讨论网络上对名誉权和隐私权的侵犯。首先对名誉权进行概述，对网络侵犯名誉权的主体和类型进行分析，介绍了名誉权网络侵权的特征、构成要件，并对其进行实例分析；其次，对隐私权进行概述，并介绍隐私权网络侵权的类型以及网络隐私权的国际保护。第六章提出了预防和惩罚网络侵权的对策。主要从法律角度和非法律角度做了相应对策分析。

关键词：互联网络　侵权行为　民事责任　立法

**2271**

**实现"环境正义"路径的比较研究** / 程翔著 ；齐树洁指导. -- 厦门大学, 2009. -- 163 页

论文通过"环境正义"这一新的视角审视了各国污染受害者权利保护制度，并在此基础上展望了"环境正义"在中国的前景。全文共分五章。第一章对

"环境正义"概念在不同层次上的意义进行了探究,指出"环境正义"是一种程序正义,它的核心在于将"环境的利益"公平地分配给所有社会成员。第二章对美国、日本、德国、荷兰、印度尼西亚、越南等国家"环境正义"实现的状况进行了介绍,说明了"环境正义"在不同政治和法律制度下实现的路径存在差异。第三章介绍了"环境正义"的需求方与提供方,指出国家作为"环境正义"的提供者,通过诉讼、仲裁、调解等路径向作为"环境正义"需求者的公众送达"环境正义",随后分析了实现"环境正义"的过程,分为自下而上——公众从对污染损害的认知到主张权利与自上而下——国家对环境污染的主动监管,最后阐述了公众实现"环境正义"的主要路径。第四章介绍了实现"环境正义"的障碍及其克服方式,指出国家尽管担负实现社会福利的任务,却往往陷入在环境保护与经济发展的艰难抉择之间,行政机关和法院面临着资源不足的问题,而企业是追求利益最大化的经济体,如何让督促企业遵守环境法规是摆在政府机构、法院和污染受害者面前的难题。第五章对"环境正义"在中国实现的必要性和可能性进行了分析,探讨了中国污染问题的严重性以及引入"环境正义"概念的必要性,随后对"环境正义"在中国实现的状况做出了具体研究,并以福建屏南污染案为例分析了环境民事诉讼在中国的发展状况,最后介绍了"环境正义"在中国的前景,提出了相应的建议,同时对在中国建立环境公益诉讼制度进行了设想。最后为结语。

关键词:环境保护法　比较法学　权利　正义　环境污染

**2272**

**中国公司境外上市法律监管研究** / 戴瑛著 ; 覃有土指导. -- 中南财经政法大学, 2009. -- 147 页

论文对中国公司境外上市的法律监管进行了分析研究。全文共分八章。第一章导论,介绍了研究问题,研究范围的选择,现有的文件,研究方法与路径及论文的结构。第二章公司境外上市的基础理论,概括说明了公司境外上市的基本含义、模式、发展趋势及公司境外上市监管的必要性。第三章各国家和地区对公司境外上市的法律监管,介绍了世界主要国家和地区的证券交易市场及法律概况,分析了其对公司境外上市的法律监管,并探讨了美国和香港地区证券市场的公司上市注册制度、信息披露制度以及反欺诈制度。第四章中国对公司境外上市的法律监管现状,比较分析了境外上市的立法监管与中国证监会对中国公司境外上市的监管。第五章中国公司境外上市的内部法律问题,包括公司如何进行重组、如何构建公司的治理结构以达到境外证券交易所的上市标准问题,同时分析了美国《萨班斯——奥克斯利法案》对中国公司赴美上司的影响。第六章中国公司境外上市的违规行为研究,通过对实际案例的探讨,分析了中国公司境外上市的违规违法行为的不同形态,进而指出了中国现行监管体系的漏洞。第七章完善中国公司境外上市的法律监管体系,从公司境外上市法律监管的理念,即从公权监管和私权监管入手,选取了公司境外上市法律监管的"三点"——政府公权监管、行业自律、私权诉讼,并由此引出了"由点连线组面"三角形的全方面公司境外上市监管的法律体系。第八章与境外上市有关的热点问题,分别讨论了中国 QFII 制度及其法律监管、公司境外上市的跨境监管的国际合作、证券市场的国际化对中国证券监管的影响。最后为结论部分。

关键词:上市公司　境外上市　监督管理　法律

**2273**

**金融隐私权法律问题研究:以银行业个人客户金融隐私权保护为中心** / 党玺著 ; 朱崇实指导. -- 厦门大学, 2009. -- 190 页

论文以银行业个人客户金融隐私权保护为中心分析研究了金融隐私权法律问题。全文共分五章。首先导言,介绍了研究背景与目的,对研究的可行性进行了分析,并指出了研究方法。第一章介绍了金融隐私权的基本理论,从分析隐私、隐私权和金融隐私权的发展历程入手,指出了金融隐私权是一种新型的隐私权,由于多种因素影响,金融隐私权极易受到侵犯,导致严重后果,因此保护客户的金融隐私权具有重要意义。第二章讨论了金融隐私侵权行为,通过对侵权行为法的梳理,明确了过错责任原则、严格责任原则、公平责任原则是认定银行承担法律责任的基本原则,主张以四要件说作为银行的一般侵权行为构成要件,仅在特定情况下成立特殊侵权行为,适用严格责任原则和公平责任原则。第三章分析了金融隐私权法律保护中的利益冲突与平衡,包括金融隐私权与社会公共利益、银行利益、银行个人客户之间的利益冲突,指出权利本位并不否认公共权力的存在,所否定的是权力的"任性",提出了应当以权利来限制权力的观点。第四章探究了金融隐私权法律保护的原则

与模式,指出银行保密义务和银行保密义务的例外原则是银行法中两大并行不悖的法律制度,二者确立了金融隐私权法律保护的基本原则,同时分别对欧盟的统一保护、注重政府监管的模式以及美国的分业保护、注重行业自律的模式进行了分析研究,通过对比,指出了两种模式相互借鉴,对金融隐私权的保护水平逐渐趋同。第五章探讨了中国金融隐私权法律制度的确立与完善,立足于隐私权保护制度在中国建立的背景,指出了中国的金融隐私权保护尚未形成比较完备的法律保护体系,征信法律制度不健全,现状堪忧,并由此有针对性提出了相应的完善措施。最后为结束语。

关键词:隐私　金融　人身权　民法

**2274**

**企业劳动规章的法律效力研究** / 丁建安著 ; 冯彦君指导. -- 吉林大学, 2009. -- 158 页

论文从对有关企业劳动规章法律性质各学说、各国企业劳动规章法律制度与立法模式的梳理入手,以平衡企业的生产经营需要与劳动者的合法权益保护、协调企业劳动规章制定主体的单方性与劳动合同、劳动关系的契约为主线,对企业劳动规章的法律效力问题展开研究。全文主要分为绪论和正文,其中正文分为六章。绪论介绍了论文的研究动机与意义、研究范围的厘定、研究视角与思路。第一章对企业劳动规章的基本理论问题进行探讨。首先分析了企业劳动规章的概念与内涵,继而对比了其与相关概念的区别,接着又从企业和国家两个角度介绍了企业劳动规章及其法律制度产生的必要性。第二章主要探讨了企业劳动规章的法律性质与立法模式。首先介绍了企业劳动规章法律性质各学说并进行了评析,进而提出了论文的观点,最后总结了企业劳动规章的立法模式。第三章探究了企业劳动规章的有效与生效要件。指出企业劳动规章的生效要件包括制定主体合法、内容合法、制定程序合法等三方面内容;企业劳动规章的生效要件则主要包括一般生效要件和特别生效要件。第四章介绍了企业劳动规章法律效力的具体体现。首先介绍了企业劳动规章的效力范围,即对象效力、时间效力和空间效力;接着阐述了企业劳动规章在劳动关系法源中的效力位阶。第五章探讨了企业劳动规章的生效与不生效问题,并介绍了劳动者的申诉与救济程序。第六章介绍了企业劳动规章的保障机制,对我国企业惩戒制度的重构提出相关建议。

关键词:企业管理　劳动管理　规章制度　法律效力

**2275**

**违反公司法强制规范的法律效果研究** / 董娇娇著 ; 朱慈蕴指导. -- 清华大学, 2009. -- 240 页

论文从公司法中强制规范的识别与功能切入,对现有法律框架下处理违反公司法强制规范的法律效果进行了分析研究。全文共分六章。第一章引言,介绍了问题的提出,选题的背景与意义,相关文献综述,论文的研究方法与结构安排。第二章对违反公司法强制规范的行为进行了介绍,首先阐述了强制规范与相关概念的联系,并分别从公共利益和公共政策角度、公司债权人的保护角度分析了公司法中强制规范的目的与功能,介绍了公司法中强制规范的识别与类型,并由此引出了违反强制规范的行为类型。第三章违反公司法强制规范行为的法律效果,从中国现状和域外立法例层面对违反强制规范行为法律效力的立法、司法态度进行了探究,阐述了违反行为的法律效力的相关内容,并结合民法基本理论对违反行为的效力问题展开了讨论,指出了绝对无效制度存在的问题,最后对违反强规范行为无效后的民事法律效果进行了分析研究,指出返还财产、恢复原状的一般原则所存在的问题。第四章违反行为法律效力的补救与转换,首先分析了违反行为效力补救与转换的必要性,以违反公司法第 116 条规范为例讨论了强制规范立法目之实现,并对行为效力转换的必要性进行了小结;随后介绍了违反行为效力转换的权衡标准;最后对前述的违反行为效力标准进行了总体评析。第五章探讨了违反公司法强制规范行为的转换路径,分析了当前的立法途径,概述了立法途径的转换方式与局限性,对公司法进行了司法解释,分析了司法解释存在的正当性基础与功能价值,最后由法官的衡平裁断探讨了具体正义的实现,并指出了法官衡平裁断的界限。第六章为结论,指出了论文的主要研究内容,阐述了心得体会,并提出了有待继续研究的问题。

关键词:公司法　立法　法律解释

**2276**

**合同解除权行使制度研究** / 杜晨妍著 ; 李建华指导. -- 吉林大学, 2009. -- 140 页

论文以我国民法典的制定为前提,以我国现行《合同法》为基础,沿着合同解除权行使制度在域外法

发展的基本脉络,采用价值分析,比较分析及实证分析的方法,对合同解除权的行使事由、行使程序以及行使后果等内容进行论述。全文分为前言和正文,其中正文分为七章。前言主要介绍了论文的选题背景、研究思路、研究方法。第一章对合同解除权行使制度的语义进行分析。分别从合同的界定、合同的解除以及合同的解除权的问题三方面进行了分析。第二章主要介绍合同解除权行使制度的正当性论证问题。首先指出公平原则是合同解除权制度的价值基础,而诚实信用原则是合同解除权行使制度的理论基础。第三章主要介绍合同解除权行使制度的域外法考察。先后介绍了大陆法系国家合同解除权行使制度、英美法系国家合同解除权行使制度以及国际公约中的合同解除权行使制度。第四章阐述了合同解除权的行使事由。具体分析了约定解除权的内涵,行使约定解除权的限制,并介绍了客观事件与根本违约两种法定解除权的行使事由。第五章对合同解除权的行使程序进行阐述。首先介绍合同解除权行使程序的必要性,继而介绍合同解除权的行使期间、行使方式,最后介绍对合同解除权行使主体的限制。第六章主要介绍合同解除权行使的法律后果。第七章是对我国合同解除权行使制度的反思,并提出相关完善的建议。

关键词:合同法　合同解除　权力

**2277**

**公司利益冲突交易的法律规制:以司法审查为中心** / 杜晶著 ; 施天涛指导. -- 清华大学, 2009. -- 193 页

论文以司法审查为中心,对公司利益冲突交易的法律规制进行了分析研究。全文共分十章。第一章导论,介绍了选题的目的与意义,相关文献综述,论文的研究方法与结构安排。第二章为来自经济学的多角度分析,分别从新古典经济学派、传统的企业理论、专业化交易理论,以及行为法律经济学角度对利益冲突交易进行了分析,同时指出了行为法律经济学的应用与缺陷。第三章探讨了利益冲突交易的形成,首先对近似概念之间的联系与区别进行了辨析;随后通过对中国法律中的"关联交易"的研究,对利益冲突交易进行了学理性分类。第四章司法审查规则的历史嬗变,首先对忠实义务理论和审查标准的演变进行了阐述;随后分析了忠实义务的现代困境,讨论了公平标准发展的新趋向。第五章公平交易义务的司法审查规则,分别对非利害关系股东的同意与非利害关系董事的角色作用进行了论述。第六章分自治和决策者的同意与强制披露两部分,阐述了对封闭公司的特殊考虑。第七章探讨了中国公司法中的关联交易规则,由分析中国关联交易现状入手,对现有法律规定进行了批判性评价,介绍了中国公平交易义务的构架方式,提出了相应的路径问题,并给出了现实审判。第八章介绍了公司机会,先阐述了英美法上的公司机会理论,参考了美国式的"三步走"进路,由此分析了获取公司寄回的抗辩,最后联系中国的公司机会规则对一些特殊问题展开了研究。第九章介绍了管理报酬,首先探究了中国上市公司的管理报酬实践;随后就国外学术界的流行理论对管理报酬的本质进行了分析;最后介绍了法院的司法审查与非司法规制机制内容。第十章为结论部分。

关键词:公司法　上市公司　股权转让　司法监督

**2278**

**工作环境权研究** / 范围著 ; 林嘉指导. -- 中国人民大学, 2009. -- 251 页

论文对工作环境权的理论与制度进行分析研究。全文共分六章。导论介绍了研究问题,研究方法,研究的局限性,研究现状与方法,论文的研究框架与可能的创新。第一章介绍了从职业安全到工作环境的相关概念、特征及结构,首先在多元视角下探讨了工作环境权的形成;随后通过对有限文本资源的剖析与借鉴分析了工作环境权的概念与特征;最后介绍了工作环境权的结构。第二章主要从宪法和劳动法两个不同的视角分析了工作环境权的性质,首先从关于权利的不同学说对工作环境权是否为权利的问题进行了分析,指出在部门法层面,工作环境权具有公司交融性的特征;随后探讨了宪法未列举权的工作环境权与部门法层面的工作环境权之间的联系。第三章介绍了工作环境权的保障,先后从预防和救济方面论述了工作环境权的保障,得出了以预防性保障为主、救济性保障为辅的结论。第四章对工作环境权的立法进行了比较研究,从文本结构、立法目的、适用范围以及职工参与角度对世界主要国家的工作环境立法以及国际劳工组织和欧盟的工作环境的规范进行了比较分析。第五章探讨了中国工作环境权的相关法制,首先概述了中国工作环境权相关立法体系的历史发展,具体分为初创期、停滞期、恢复期与发展期;随后论述了中国工作环境安全卫生监察执法体系的历史变革,分析了中国工作环境权相关法制的运行现状,并从规范分析视角指出了中国工作环境权相关法制

存在的问题。第六章为对中国工作环境权的构建与展望,首先介绍了中国工作环境权构建的路径,即法律移植的相关内容;随后指出了法律移植的必要性与存在的障碍;最后从法的本土化角度对完善中国工作环境权提出了可行性建议。最后为结论部分。

关键词:劳动安全　环境管理　权益保护　劳动法

**2279**

**民事法律关系理论继受研究:以清末民初继受德国民法为中心** / 范雪飞著 ; 梁慧星,李开国指导. -- 西南政法大学, 2009. -- 185 页

论文通过对清末民初我国继受民事法律关系理论过程和内容的考证和梳理,对民事法律关系的理论继受进行了研究。文章分为九章。第一章为导论部分。包括题解、我国民事法律关系理论的贫困、民事法律关系与其他法律关系三方面内容。第二章介绍了民事法律关系理论产生的基础。论文从德意志的曲折发展入手,介绍了民事法律关系理论产生的社会基础;通过古希腊古罗马的例子分析了民事法律关系理论产生的理论基础。第三章阐释了萨维尼法律关系理论。首先介绍了萨维尼法学研究理论,具体包括民法释义学阶段、历史法学阶段、民法体系构造阶段等三个阶段;进而介绍了萨维尼法律关系理论,并分析了法律关系理论在德意志的进一步发展。第四章介绍了我国继受民事法律关系理论的第一个过程,即清末取民法于东瀛。叙述了清末修律前外国民法的引介,以及自创民法术语失败而取法东瀛,清末继受日本民法的过程。第五章介绍了我国继受民事法律关系理论的第二个过程,即日本取民法于德国。首先分析了我国继受德国民法而非法国民法的原因,继而指出我国清末中转日本立法继受德国民法。第六章,介绍了我国继受民事法律关系理论的第三个过程,即民国继受德国民法,主要阐述了民国民法是立法继受德国民法的产物,民国学说继受德国民法学。第七、八两章则主要介绍了继受内容,包括法律关系和民事法律关系。第九章为结语部分,主要反思了在民法学说继受史研究空白的时代背景下,学说继受史研究之必要。

关键词:民法　法律关系　大陆法系　民国

**2280**

**兼并与收购上市公司的反垄断规制** / 方立维著 ; 江平指导. -- 中国政法大学, 2009. -- 230 页

论文以中国社会主义市场经济架构为背景,分析介绍了《反垄断法》中对于外资兼并或收购中国大陆境内外企业之相关规则。全文共分六章。第一章市场经济发展与反垄断规则间的法律关联性,首先就竞争政策在经济市场的发展和影响进行了分析阐述;随后对法律和市场经济之间的关系做出了重新诠释;最后对商法与经济法进行了博弈分析,介绍了横向兼并的垄断经济理论。第二章公司收购与合并和并购,首先对上市公司收购的内涵进行了解读,介绍了上市公司的收购和合并的关系;随后对上市公司收购中的反竞争效果进行了认定;最后比较分析了上市公司收购与公司合并的具体内容,指出了《反垄断法》的管辖效力。第三章公司控制权市场在收购过程中形成的反垄断规则,首先对企业并购控制的基本理论进行了概述;随后具体阐释了公司治理与公司控制权市场,介绍了当事人利害冲突与防御措施,将美国制、英国制与欧盟制进行了比较分析;接着介绍了中国上市公司股权结构的现状与敌意并购法制的架构,指出了收购法律制度的完善带动了竞争市场的公平性。第四章公司控制权市场与上市公司收购的反垄断实体控制,对公开收购下公司控制权市场的特性进行了分析,讨论了竞争收购者间的停止协议是否应该受竞争法的规范的问题,阐释了对上市公司收购的反垄断实体控制,介绍了资产剥离制度,研究了上市公司收购的市场失灵和法律监管问题。第五章投资者并购境内企业中的反垄断规则,对外资并购案例进行了具体分析,同时也研究了国内企业并购案例。第六章结束语,提出了对中国上市公司收购的反垄断规制的思考,对全文主要内容进行了总结。

关键词:反垄断法　企业兼并　收购　控制权

**2281**

**解除权制度研究** / 方昀著 ; 余延满指导. -- 武汉大学, 2009. -- 119 页

论文通过对解除权的法理探索、立法考察与比较分析,研究了解除权的制度特性、规律及发展趋势,反思与检讨了中国现行法中的解除权制度,提出了相应的完善措施。全文共分四章。导论对解除权的相关概念进行了界定,介绍了研究现状,指出论文试图解决的主要问题,概述了研究方法。第一章对解除权制度的理论基础进行了正当性解读,分别介绍了合同自由原则、合同正义原则以及诚实信用原则与解除权制度的关系,随后对解除权的种类进行了类型化研究,阐释并比较了约定解除权与法定解除权、违约解除权

与非违约解除权、事由解除权与任意解除权的概念及各自的特点。第三章对解除权的行使与限制进行了权利性质考量,探讨了法律关于接触行事方式的规定是否只适用于法定解除权的问题,研究了解除权行使方式的法律意义;介绍了解除权与撤销权竞合时之行使,阐述了权利竞合理论,分析了解除权与撤销权竞合的可能性;介绍了解除权行使的限制,包括诚实信用原则对解除权的行使的限制、维护交易安全对解除权的行使的限制;介绍了解除权的消灭,分析了解除权消灭的原因,并就解除权消灭的若干争议进行了探讨。第四章对解除权行驶的效力进行了比较法分析,首先介绍了溯及力与恢复原状的关系,指出"直接效力说"已经被"清算关系说"所替代的现状;随后介绍了合同解除与返还给付的关系,阐释了返还给付的内涵、性质及范围;最后介绍了合同解除与损害赔偿的关系,分析了从"择一主义"到"两立主义"的转变,探讨了合同解除后损害赔偿责任的性质与范围。最后为对全文的总结。

关键词:合同法　合同关系　赔偿

**2282**

**民事权利消灭时间研究:以民事权利类型化为基础** / 付小川著 ; 陈小君指导. -- 中南财经政法大学, 2009. -- 182 页

论文从民事权利消灭时间价值分析入手,考量了其存在的必要性和可行性,探求了其对经济社会发展所起的积极作用。全文共分七章。第一章导论,首先概述了民事权利消灭时间,从法的合理性视角出发对权利消灭时间必要性之法进行了哲学分析;随后介绍了研究背景、目的、路径与方法,指出了论文的体例安排、基本研究内容以及创新与不足。第二章形成权的消灭时间,首先介绍了形成权的基本原理,引出了形成权予以消灭时间限制的必要性,简介了形成权消灭时间的类型;随后论述了权利失效期间,包括导致权利失效期间产生的权利失效制度的产生基础、基本原理、构成要件及其法律效力;最后论述了既判力基准时的相关内容。第三章排斥期间,首先对排斥期间的概念进行了再定义,指出排斥期间为特定形成权的法定、意定或裁判存续期间;随后通过对排斥期间客体扩张论的探讨,指出排斥期间应限于形成权而不应扩及其他类型权利;最后在分析中国相应立法基础上提出了立法建议。第四章介绍了知识产权的消灭时间,辨析了财产支配权的概念与特征,对财产支配权的具体客体和抽象客体进行了演绎和抽象,为其消灭时间的论证奠定了基础,指出知识产权的消灭时间应由存续期间和权利失效期间构成。第五章物权的消灭时间,基于对物权永续利弊的分析,指出物权永续不利于诚信和效率,提出了立法和实践应对物权进行消灭时间限制的观点。第六章请求权的消灭时间,就理论界关于消灭时效法律效力进行了探讨,指出现今各国关于消灭时效效力实质上都是采取抗辩权产生主义,提出中国消灭时效应采取权利的法律效力减等而产生抗辩权原则。第七章对民事权利消灭时间的体系进行了构建,并根据之前的论述,为中国民事权利消灭时间制度提供了立法建议。最后为对全文的总结。

关键词:民法　权利　时间

**2283**

**股份有限公司股权变动公示制度研究:以股东名册登记为中心** / 傅曦林著 ; 温世扬指导. -- 武汉大学, 2009. -- 184 页

论文以股东名册登记为中心对股份有限公司股权变动公示制度进行了分析研究。全文共分四章。第一章分析了股份公司股权变动的基础理论,对股权变动的概念及类型进行了界定,指出股权变动是股权民事法律关系各要素的动态变化,包含了股权的取得、变更与丧失,指明了论文的研究对象为股份公司的股权变更,随后对股权变动公示的意义与立法模式进行了阐述,概述了股权变动公示的特定内涵,最后介绍了股份公司股权变动公示方式的选择。第二章为股东名册登记总论,首先阐释了股东名册登记原则,指出股东名册的登记属于强制、全面、实质审查并承担登记赔偿责任的登记,随后对股东名册登记的效力与股东名册内部登记的具体制度进行了阐述,最后结合实际股东名册和名义股东名册说、证据效力说以及统一委托代理说对股东名册内部登记和外部登记的关系进行了介绍。第三章探讨了非上市股份公司股东名册外部登记的理论问题,分析了国内目前的股权登记托管现状,介绍了当前股权登记托管的性质之争,随后对非上市股份公司股权登记托管的具体制度进行了阐述,包括登记托管的对象、登记种类与服务种类。第四章讨论了上市公司股东名册外部登记,介绍了上市公司股权变动的特殊规则,分析了上市公司股东名册外部登记的理论问题,介绍了上市公司股权登记托管的具体制度,指出上市公司股东名册的外部登记,是由登记、托管的特定概念的范畴体系为结构

构建起来的,上市公司和非上市公司股权变动的最大区别除了变动的绝对性之外还有间接托管,并对间接托管下的法律关系的性质进行了探究。最后为总结。

关键词:股份有限公司　股权结构　公司法

2284

**未成年人监护制度研究:以私法公法化为研究视角** / 高伟著 ; 陈苇指导. -- 西南政法大学, 2009. -- 187 页

论文主要着力于以私法公法化为研究视角对未成年人监护制度进行研究,借鉴国外有益的立法经验,完善我国的未成年人监护制度。全文分为六章。第一章对私法公法化进行解读和辨析,分析其特征,界定其内涵。第二章阐释西方发达国家未成年人监护制度的变革,体现了私法公法化趋势。首先对监护和监护制度的概念、监护关系、监护的性质、监护制度的功能等未成年人监护制度的一般理论进行阐述;接着,从古代、近代和现代三个时期对未成年人监护制度的历史发展进行考察;最后,介绍了国内外众多学者关于未成年人监护制度公法化的观点,从而将未成年人监护制度的变革与私法公法化的关系展示出来。第三章简要介绍了未成年人监护制度公法化之社会背景和理论基础。第四章主要介绍了未成年人监护制度公法化的价值取向、路径和方式。首先对未成年人监护制度的价值取向问题进行研究,继而阐述了未成年人监护制度公法化的路径是从消极保护到积极保护,从只重视事后干预到事前、事中、事后干预并重。最后探讨了未成年人监护制度公法化的方式。第五章主要是将西方发达国家未成年人监护制度中的公法性规范总结概括为四个具体制度,即特定监护事务决定制度、监护监督制度、监护保障制度、监护诉讼之独立代表人制度予以介绍,进而予以比较评析。第六章则主要介绍了我国未成年人监护制度公法化之路。具体介绍了我国未成年人监护之现行立法、未成年人监护制度公法化的社会基础,并对我国未成年人监护制度公法化的制度构建提出相关建议。

关键词:未成年人保护法　监护　立法

2285

**金融消费者权利法律保护研究** / 郭丹著 ; 徐卫东指导. -- 吉林大学, 2009. -- 132 页

论文以金融消费者权利保护为核心,通过对金融商品、金融消费者概念的界定,阐述了金融消费者权利保护在于对金融市场参与者的不平衡地位进行法律上的缓解与调整,并对我国金融消费者权利的法律保护提出相关建议。全文分为五章。第一章为绪论。介绍对金融消费者保护的急迫性、研究现状、研究思路和研究方法、研究内容、研究难点与创新。第二章对金融消费者进行析解。具体分析了金融商品交易,其存在严重的信息不对称问题,并分析了其特殊属性;继而阐述了金融消费者身份的嬗变。第三章是对金融消费者权利的展开与评鉴。首先介绍了消费者权利的滥觞与发展,对消费者主权与经营者主权进行辨析,对消费者需求的变化进行总结;继而对金融消费者权利进行界定,简要介绍权利的法学含义,并指出金融消费者权利界定的必要性;其次,从金融消费者知情权、隐私权、求偿权等三个方面分析了金融消费者权利的特殊性;最后,从金融服务者义务的角度分析金融消费者权利的实现。第四章对各国金融消费者权利保护法律制度进行评价。首先介绍金融消费者权利保护基本机制的确立,然后探讨金融危机下金融消费者保护机制的强化,并对我国金融消费者保护现状进行检讨。第五章探讨金融消费者权利保护的途径。具体从金融市场风险与金融消费者权利保护、金融消费者权利的间接保护和直接保护三个方面展开讨论,并提出相关建议。

关键词:金融法　消费者权益保护法　权利

2286

**个人信息权利的侵权法保护** / 郭明龙著 ; 张新宝指导. -- 中国人民大学, 2009. -- 244 页

论文对个人信息权利的侵权法保护进行了分析研究。全文共分五章。绪论对个人信息的自动化处理进行了介绍,分析了中国个人信息保护之现状与前景,概述了了中国法对个人信息的现有保护并指出了不足之处,介绍了论文的主要研究内容、方法与创新点。第一章介绍了个人信息作为民法保护之客体的相关内容,首先揭示了个人信息的内涵,对个人信息的定义与特征进行了界定;随后对个人信息进行了外延划分,分别从自动处理的个人信息与手动处理的个人信息、敏感个人信息与一般个人信息、直接个人信息与间接个人信息以及普通群体个人信息与特别群体个人信息等方面进行了详细阐述;最后介绍了个人信息成为民事权利客体的条件,论述了个人信息与私法上的个人信息权利。第二章个人信息权利配置之经济分析,指出对于个人信息的权利配置,主要涉及三方面的问题,即本权与他权、私益与公益以及自由

与管制，分析了个人信息的权利归属，构建了个人信息权利合理使用制度，对个人信息权利合理使用的“合理性”进行了判断，并对财产规则、责任规则与不可让与规则进行了界定。第三章个人信息权利二元利益保护模式，具体分析了个人信息权利中的精神利益讨论了“人格权”是否存在、何以可能以及个人信息权利之性质问题；随后对个人信息权利中的财产利益进行了分析，最后探究了个人信息权利的二元利益保护路径选择，提出了对个人信息权中的财产利益提供充分保护，明确承认个人信息负载财产利益，摒弃对人格权寄生之常态化的观点。第四章个人信息权利之侵权法保护构成，借鉴《美国侵权法重述（第二次）》的规定和德国判例与学界观点，构建了中国个人信息人格权保护的要件。第五章个人信息权利的侵权救济方式，分析了中国的现行道路，并构想了中国请求权寄出的未来拓展。最后为结论，表达了对个人信息保护法出台的期盼。

关键词：隐私权　侵权行为　民法

**2287**

**第三人侵害缔约关系的民事责任研究** / 郭平宜著；李开国指导. -- 西南政法大学, 2009. -- 150 页

论文采用国内外横向比较研究、历史研究以及案例分析等多种研究方法，并综合运用法史学、法哲学及相关部门法学等多学科的知识，对第三人侵害缔约关系的民事责任进行研究。除导言与结语外，全文分为六章。导言部分介绍选题动因、主要研究内容与研究方法。第一章是对缔约阶段利益保护制度的现实比较考察，从现实的实证角度，阐述在我国构建第三人侵害缔约关系民事责任制度的可行性。第二章介绍了第三人侵害缔约关系之民事责任制度的相关历史渊源，回顾第三人干扰合同预期关系相关制度在英美法中的历史演进情况，从历史实证角度，间接阐述在我国构建第三人侵害缔约关系民事责任制度的可行性。第三章主要是对我国缔约阶段利益保护的现状分析，阐述在我国确立第三人侵害缔约关系的民事责任制度的必要性。第四章主要通过论述第三人侵害缔约关系的民事责任制度的理论基础与价值目标，阐述在我国确立第三人侵害缔约关系的民事责任制度的正当性。第五章主要阐述第三人加害缔约关系的侵权损害赔偿责任的构成要件。第六章论述第三人侵害缔约关系后的民事责任承担。结语部分主要介绍第三人侵害缔约关系的民事责任制度的立法选择，分析了我国确立第三人侵害缔约关系民事责任制度的可行性、必要性与正当性，最后提出具体制度构建的相关建议。

关键词：当事人　侵权行为　民事责任　赔偿

**2288**

**私法自治的历史演变与民法体系的完善** / 韩伟著；刘士国指导. -- 复旦大学, 2009. -- 173 页

论文从社会变迁的历史发展视野对私法自治和与国家强制之间、自由与限制之间的互动关系进行了阐释，从三个方面对于社会变迁中的私法自治进行了研究，并对民法制度设计的转变进行了分析。全文共分六章。首先引言，分别介绍了公私法的理论划分与私法自治理念的提出。第一章介绍了私法自治的形成基础，包括私法自治的社会基础、经济基础、哲学基础、伦理基础以及文化基础。第二章探讨了私法自治与近代民法体系的形成，首先概述了私法自治与近代民法的基本理念，随后介绍了私法自治的发展，从人格、主观权利以及法律行为三个角度分析了私法自治与近代民法的体系构建，最后指出了私法自治与近代民法的方法论问题。第三章对社会变迁与私法自治进行了修正，首先提出了市民社会的发展与现代性反思，指出了市民社会的内在不足性，研究了市民社会的发展变化，并对私法自治的社会基础及其理论进行了反思与批判，随后讨论了平等性的价值诉求，研究了从古典宪政到国家干预主义的转变，包括个人自由与古典主义国家观、国家干预主义的兴起，最后研究了私法自治的界限问题。第四章介绍了私法自治的发展与现代民法体系的重构，探讨了私法自治与现代社会的伦理性问题，阐述了私法自治与民法体系的多元化，介绍了私法自治的扩展与新宪政主义。第五章讨论了中国的社会转型与私法自治，指出了传统社会中个人自由的缺失问题并对其缘由进行了分析，接着介绍了从“乡土中国”到“市民中国”的社会转型，最后阐述了私法自治与中国的社会转型。第六章研究了私法自治与中国民法的理论体系问题，首先阐释了私法自治与中国民法的基本理念，随后介绍了私法自治与法律行为制度，对私法自治与物权制度进行了具体分析，分别解释了个人自由与所有权问题、平等保护问题、所有权的限制问题以及自由与效率问题，接着分别介绍了私法自治与合同制度、私法自治与遗嘱继承制度以及私法自治与婚姻制度，最后探讨了社会自治与结社自由问题。最后为结束语，指出私法自治

是历史发展和文明进步的产物,也是民法现代化发展的重要前提与基础。

关键词:私法　民法　自治　自由

**2289**

**航空器致第三人损害的侵权责任研究** / 郝秀辉著 ; 彭诚信指导. -- 吉林大学, 2009. -- 221 页

论文主要在考察德、法、奥、英、瑞和澳大利亚等国家相关责任制度的基础上,探究航空器致第三人损害的侵权责任制度的有益立法模式,为航空器致第三人损害的侵权行为寻求一种法律规制的有效途径。全文分为七章。第一章对航空器致第三人损害的侵权责任进行概述。首先对相关概念作了界定与澄清,继而对航空器致第三人损害的类型进行了划分,描述了航空器致第三人损害赔偿责任的特征,最后对航空器致第三人损害赔偿责任立法实践进行考察。第二章探讨了航空器对第三人损害的严格责任论。论文对严格责任进行了概述,并介绍了国际法以及国内法上关于航空器致第三人损害的严格责任制度,最后对航空器致第三人损害的严格责任的正当性进行了分析与评说。第三章阐述了航空器致第三人损害的过失责任论。首先对过失责任进行概述,继而介绍了过失责任在第三人损害领域的地位、意义和成因等问题,并对恐怖主义劫机事件的"过失"进行分析与论证。第四章介绍了航空器对第三人损害的责任承担论。主要从损害赔偿责任人的确定、责任承担的理论基础、现有责任人制度面临的危机和挑战以及航空器致第三人损害赔偿责任实现的可能途径等四方面展开论述。第五章介绍了航空器对第三人损害的责任限制论,对责任限制制度的相关问题进行了研究。第六章针对航空器致第三人损害的责任抗辩论展开论述,介绍了责任抗辩的内涵和意义,并对责任抗辩的事由做了分析。第七章则介绍了我国立法在第三人损害责任上的不足和应完善的相关制度。

关键词:航空器　损害　侵权行为　当事人　民法

**2290**

**论我国有限责任公司僵局及其法律救济** / 何波著 ; 张新宝指导. -- 中国人民大学, 2009. -- 190 页

论文从公司僵局的基本问题切入,以公司僵局及其解决机制为研究对象,综合运用实证分析、价值分析、比较分析等研究方法,对两大法系主要国家的先进立法和司法实践进行了分析与比较。全文分为导言和正文,其中正文分为五章。导言主要介绍论文的背景及其意义、研究现状、研究思路、特色、研究方法等内容。第一章对有限责任公司的僵局进行概述。首先介绍有限责任公司僵局的基本问题,继而对有限责任公司的僵局进行概述,具体分析了有限责任公司僵局的法律概念和特征、表现形态、危害性等问题,最后对有限责任公司僵局的成因进行分析。第二章对有限责任公司僵局的救济理论及救济机制进行探讨。首先从公司的契约理论、股东信托义务理论、公司社会责任理论等三个方面展开论述,接着分别对有限责任公司章程的救济机制、强制股权收购的救济机制、僵局解散的救济机制进行分析,最后介绍裁判解散公司的替代方法。第三章是对我国《公司法》关于公司僵局的规定与解读。第四章介绍了关于公司僵局纠纷案件审理的司法实践。阐述全国法院以及北京市法院对相关案件的审理情况,并探讨了审理公司僵局纠纷案件中的几个问题。第五章对我国关于公司僵局法律救济的完善提出相关建议。在现有法律框架内,提出了适合我国实际情况的应对公司僵局的综合解决方案,对公司僵局的救济体系进行了合理架构。

关键词:股份有限公司　法人治理结构　股东　权益保护　公司法

**2291**

**知识产权概念研究** / 何鹏著 ; 刘春田指导. -- 中国人民大学, 2009. -- 131 页

论文结合知识产权的权利对象与权利作用,对知识产权的概念进行探究,为我国相关制度的建构提出相应的建议。全文分为导论和正文,其中正文分为八章。导论部分主要介绍论文的现象、问题与研究目标、研究对象、研究范围、研究方法以及框架结构。第一章主要对面临解体的知识产权法进行诠释。第二章对现有理论进行分析。首先阐释了昨是今非的创造性智力成果说,介绍其概要,并对其进行解读;继而阐述大而无当的无形财产说,介绍该学说的概要,并做了进一步解读;此外,还对语焉不详的信息说、厚积薄发的知识说以及初露锋芒的符号说展开讨论。第三章主要对"知识说"进行解读。首先阐述对"知识说"的语言学思考,继而介绍"知识说"对知识产权外延的说明,最后分析知识的"客观性"与知识产权财产权品格的确立问题。第四章主要分析"新知识"概念的提炼。首先探讨什么是知识产权的对象,进而探讨共同的"法律标准",并分析独创性、显著性、创造性与

“新知识”概念的提炼问题，最后介绍“新知识”概念的理论价值。第五章主要对“词不达意”的知识产权能进行表述，并分析其主要存在的问题。第六章介绍知识产权的支配观。首先对知识产权支配权理论进行考察，继而对知识产权支配权理论进行反思。第七章主要介绍知识产权传播权的提炼问题。第八章主要阐述了对知识产权传播的检验问题。

关键词：知识产权　权利　知识　传播权

**2292**

**专利等同侵权研究** / 何晓平著 ; 张玉敏指导. -- 西南政法大学, 2009. -- 231 页

论文通过对几个主要国家的专利等同侵权理论发展历史的考察，论述了等同侵权理论的必要性，结合案例实践，梳理、比较了各国、各地区的等同侵权理论及相关问题，并对我国等同侵权制度的完善提出了参考建议。全文共分为六章。第一章考察了美、英、德、日四个国家等同侵权理论的发展历史。第二章论述了等同侵权理论的必要性问题。首先介绍了专利权保护对象的特征，继而介绍了说明书、权利要求书与专利保护范围的确定，最后分析了等同侵权理论与专利制度。第三章主要探讨了等同侵权判定的比较对象、判据和时间标准等问题。首先介绍了技术特征等同理论、全部技术特征规则的适用问题以及逆等同原则。继而介绍了等同侵权判定的判据，最后对等同侵权判定时间的标准进行概述。第四章主要探讨了与禁止反悔原则相关的问题。首先对禁止反悔原则进行概述，进而对禁止反悔原则的理论基础与性质进行探讨，此外还分析了导致禁止反悔的行为与范围，最后介绍了捐献规则与可预见性规则。第五章主要探讨了与公知技术抗辩相关的问题。首先对公知技术抗辩进行概述，接着介绍了公知技术的范围以及公知技术抗辩的适用范围，最后介绍了公知技术抗辩的适用方法。第六章回顾了我国等同侵权制度的发展史，并提出了具体的完善建议。

关键词：专利　侵权行为　权利

**2293**

**网络著作权侵权责任研究** / 何悦著 ; 李建华指导. -- 吉林大学, 2009. -- 136 页

论文从网络著作权侵权行为的特殊性出发，立足于法哲学、法经济学等不同视角论证了网络著作权责任的归责原则和外在表现，对具体的责任承担方式进行分析，既探讨了网络著作权责任的基础性问题，也分析了网络著作权侵权责任的热点问题，并以此为导向，提出了对网络著作权侵权责任制度的立法设计。全文分为前言和正文，其中正文分为五章。前言部分介绍网络著作权侵权责任研究的动因和进路。第一章介绍网络著作权侵权行为及其侵权责任的界定。首先对网络著作权侵权行为进行界定，对网络著作权侵权行为的内涵进行解析，对其类型进行划分，并介绍网络著作权侵权行为的认定方法；此外，论文还对网络著作权侵权责任的特征进行分析，对网络著作权侵权责任进行分类说明。第二章阐述网络著作权侵权责任的制度价值及其论证。首先介绍网络著作权侵权责任的制度价值，继而阐述网络著作权侵权责任制度价值的法哲学论证，最后对网络著作权侵权责任制度价值进行法经济学论证。第三章介绍网络著作权侵权责任的归责原则和构成要件。首先阐明了网络著作权侵权责任归责原则的理论概观，接着介绍网络著作权侵权责任规则原则的学说辨析；其次对网络著作权侵权责任的构成要件进行论述。第四章对网络著作权侵权责任中的损害赔偿原则及相关责任承担方式进行论述。第五章介绍了我国网络著作权侵权责任立法的立法设计。

关键词：互联网络　著作权　侵权行为　法律责任　立法

**2294**

**专利法的伦理基础** / 胡波著 ; 张玉敏指导. -- 西南政法大学, 2009. -- 232 页

论文在论证专利法与伦理道德存在广泛联系的前提下，从实体伦理性、形式伦理性和程序伦理性三个方面向讨论专利法的伦理正当性。论文包括引论和六章正文。引论总结了专利法伦理分析的研究现状，分析了造成此类研究薄弱状况的原因。第一章讨论专利法与伦理的关系，回答专利法与伦理道德有无关联的问题。从专利法的具体规范和整体制度两个层面展开，指出专利法与伦理哲学和社会道德观念存在密切关系。第二章聚焦于论文的中心课题，即专利法的伦理正当性。先从“法的正当性”这一概念的语义与语用分析入手，厘清其含义，析出法的正当性归结为伦理正当性的预设命题。第三章讨论专利法的实质伦理性。首先介绍了既有专利法哲学所包含的伦理思想，继而介绍了功利主义向道义论的回归以及罗尔斯正义论与专利法，最后介绍了专利法的实质正

义理论。第四章讨论专利法的形式伦理性。首先介绍了专利法形式伦理的内涵,具体包括其概念、内容和核心;继而介绍了专利法形式伦理的属性;最后针对两个具体事例,总结了专利法形式伦理的意义。第五章介绍了专利法的程序伦理性。从专利司法与执法程序的伦理性、专利立法程序的伦理性方面进行了具体探究。第六章则主要讨论了专利法伦理性理论的应用,对生物技术专利问题进行伦理分析。

关键词:专利法学　伦理　功利主义

**2295**

**外观设计专利侵权判定的法律问题研究** / 胡充寒著 ; 吴汉东指导. -- 中南财经政法大学, 2009. -- 166页

论文对外观设计专利侵权判定的法律问题进行了分析研究。全文共分六章。导论介绍了选题背景与目的,研究现状,研究思路与方法,论文的创新之处与研究中存在的不足。第一章介绍了外观设计专利侵权判定的理论基础,论述了外观设计专利侵权的基本理论,从比较分析中探讨了中国外观设计定义之实然性规定与应然性重构。第二章介绍了外观设计专利侵权判定的前提,通过对比分析,揭示了中国外观设计保护客体与其他国家外观设计保护客体方面的差距及原因,提出了应从国情出发,逐步扩大外观设计专利的保护范围,并对外观设计的保护客体提出了具体的修改建议。第三章介绍了外观设计专利侵权判定的主体,论述了确定外观设计专利侵权的判定主体的方法,指出应以一般消费者的角度来判断被控侵权产品与外观设计专利之间的异同,明确了确定"一般消费者"时应遵循的标准,提出了完善的具体措施。第四章探讨了外观设计专利侵权判定的标准与保护模式,论述了创新标准的理论依据,指出了外观设计专利保护的立足点应放在对外观设计创新活动的保护上。第五章详细介绍了外观设计专利侵权判定的方法,在理论研究和司法实践的基础上,结合典型案例,论述了各种外观设计专利侵权的判定方法在司法侵权判断中的运用及应注意的各种问题。第六章对外观设计专利侵权的抗辩进行了研究,首先介绍了几种抗辩事由,包括外观设计专利无效抗辩、公知设计抗辩、先用权抗辩、合同抗辩、专利权滥用抗辩以及诉讼时效抗辩等,随后对各种抗辩事由进行了分析讨论。最后为对全文的总结。

关键词:外观设计　侵权行为　专利权法　判定

**2296**

**婚姻合伙视野下的夫妻共同财产制度研究** / 胡苷用著 ; 陈苇指导. -- 西南政法大学, 2009. -- 232页

论文在婚姻合伙视野下解读、审视我国的法定夫妻财产制度。全文分为绪论、正文和结语三部分,其中正文分为五章。绪论部分主要介绍了论文的选题背景和意义、国内外研究现状、研究思路和方法等。第一章主要介绍了婚姻合伙视野下的婚姻与夫妻财产制。首先对婚姻合伙理论进行了概述,在婚姻语境中对"合伙"进行解读,分析了婚姻合伙理论产生的背景、内涵、特征等相关问题;接着对婚姻合伙理论与现代婚姻关系进行了探讨,最后对现代夫妻财产制与婚姻合伙理论的关系展开论述。第二章是在婚姻合伙视野下对我国夫妻共同财产制的解读。首先从历史的不同时期介绍了我国夫妻共同财产制度的演变,接着对婚姻合伙视野下我国夫妻财产界定进行解读,最后是对婚姻合伙视野下我国夫妻债务界定的解读。第三章介绍了婚姻合伙视野下特殊夫妻共同财产的界定问题。首先分析了婚姻期间个人财产的租金、利润和增值的归属界定问题,接着介绍了人身损害赔偿金在夫妻共同财产中的归属界定问题,最后对人力资本在夫妻共同财产中的归属界定问题做了讨论。第四章介绍了婚姻合伙视野下夫妻共同财产的管理问题。首先对夫妻共同财产管理进行了概述,并从夫妻共同财产管理权的行使方式、信义义务等方面进行分析,最后介绍了婚姻合伙视野下我国夫妻财产管理的立法完善问题。第五章主要探讨了婚姻合伙视野下夫妻共同财产的分割问题。结语部分对文章进行了整体回顾,并分析了文章的主要观点和创新之处。

关键词:家庭财产　婚姻　民法

**2297**

**法国现代金融有价证券的私法分析** / 胡军著 ; 石慧荣指导. -- 西南政法大学, 2009. -- 164页

论文探讨以法国为代表的欧洲成文法国家现代金融有价证券规则体系如何作用于传统注释法学形成的研究方法和对概念内涵产生的影响,对我国金融法制完善有着积极促进作用。全文分为导论和正文,其中在正文部分分为六章。导论部分介绍了选题背景和现实意义、相关课题研究综述、重点研究内容、研究方法、逻辑结构和基本框架。第一章指出对我国证券资本市场与金融成文立法的思考和回应必需回顾传统大陆法系私法变迁和总结现代金融证券权利之

形态演化。第二章介绍了盎格鲁撒克逊法系有价证券法律制度对传统大陆法系的影响及其成因。第三章介绍了盎格鲁撒克逊法系有价证券法律制度对传统大陆法系的影响效果。首先对法国现代有价证券权利复合化进行概述,接着对混合型有价证券产品的设立与法国现代有价证券成文法化进行概述。第四章探究了法国有价证券法律制度的财产权制度。介绍了证券权利电子化改革对传统财产权的影响,并对法国有价证券法律制度的财产权进行阐释,最后对法国现代有价证券担保契约制度进行法律评述。第五章对有价证券法律制度的金融契约化进行诠释。首先对金融证券契约理论与现代证券权利保护进行概述,继而介绍了有价证券发行契约的要约规则,进一步对要约信息披露规则的差异性进行阐述,最后介绍了有价证券私募发行要约相关法律问题,并对相关规则进行阐释。第六章介绍了我国金融产品创新的路径选择和私法规则构建问题。

关键词:证券法　有价证券　民法　法国

**2298**

**论证券投资基金关联交易的法律规制** / 胡凌斌著 ； 朱慈蕴指导. -- 清华大学, 2009. -- 178 页

论文运用不完备法律理论等法经济学理论,分析了对基金关联交易进行监管的必要性,对证券投资基金关联交易的法律规制进行了研究。全文共分八章。第一章引言,介绍了问题的提出、选题背景及意义,相关文献综述,研究的方法与论文结构的安排。第二章基金的法律结构,首先对证券投资基金的定义进行了界定,阐述了基金的组织形式,分析了中国基金的法律结构,包括信托法下当事人间的法律关系、基金份额持有人的权利、基金管理人的义务以及基金托管人的义务。第三章规制基金关联交易的传统方法,首先阐述了基金管理人承担忠实义务的法律依据与理论依据;随后比较分析了普通法上基金管理人的忠实义务、制定法上基金管理人的忠实义务,以及公司法上董事的忠实义务,并分别结合英美法系国家与大陆法系国家探究了忠实义务的演进过程。第四章制定法上基金关联交易的基本规制体系,首先分析了受规制的基金关联交易类型,讨论了基本规制体系下标准与规制的选择,以及规制方法的选择问题;随后介绍了强制信息披露的方式、内容与目的,对具体约束条件进行了阐述。第五章基金治理对基金关联交易的规制,首先明确了借鉴的对象,即公司法上由非关联方批准的关联交易;随后探究了基金份额持有人大会不适合承担批准基金关联交易职责的原因,并阐述了应由基金独立监督机构来批准基金关联交易的理由。第六章基金从业人员个人交易的规制,指出了目前对于规制方式的争议问题,通过衡量美国的现有制度,对相关法律提出了修改建议。第七章基金关联交易的监管,分析了基金关联交易监督的主要形式,探讨了基金关联交易监管的必要性,并对监管中的具体问题进行了探讨。第八章为结论部分。

关键词:证券投资　基金　证券交易　证券法

**2299**

**共同诉讼制度研究** / 胡震远著 ； 章武生指导. -- 复旦大学, 2009. -- 211 页

论文对共同诉讼制度进行了分析研究。全文共分五章。首先导论,介绍了研究的背景及意义,分析了国内外共同诉讼的研究状况,指出了论文的研究思路、方法及创新之处。第一章介绍了共同诉讼的基础理论,首先对共同诉讼的概念和分类进行了界定,并结合定义对共同诉讼的特征和分类做出了论述,随后就共同诉讼在大陆法系和英美法系各自的发展历程进行了梳理与回顾,最后以比较法的眼光分别对两大法系共同诉讼的构成要件进行了介绍。第二章讨论了必要共同诉讼制度,首先以司法实践中必要共同诉讼制度一体适用强制合并规则所造成困惑为出发点,提出了必要共同诉讼因类型单一而无法应对实践需求的问题,随后分别从理论与实务角度对固有必要共同诉讼和类似必要共同诉讼的区分标准做出了厘定,最后探讨了固有必要共同原告的追加问题,探索了中国判决扩张制度的建构。第三章介绍了准必要共同诉讼制度,针对以连带责任诉讼为代表的诉讼标的牵连型诉讼所存在的现实问题,提出了准必要共同诉讼的应对策略,并探讨了争点效扩张制度及其与类似参加效结合的制度构造。第四章探讨了普通共同诉讼制度,首先对普通共同诉讼制度的定义进行了概述,并对实践中拆分受理普通共同诉讼案件提出了质疑,提出了从社会环境和程序设计两方面确保普通共同诉讼利用率的提高的观点,随后针对普通共同诉讼裁判制度失范的现状,提出确立部分之诉讼的裁判制度和强化裁判救济手段方面革除弊端的建议。第五章围绕诉讼参加制度展开了论述,首先对诉讼参加制度进行了概述,并对独立参加制度进行了构建,随后对中国无独立请求权第三人的制度缺陷进行了剖析,在

详尽考察了大陆法系的附注参加制度后,提出了相关建议。最后为结论部分。

关键词:诉讼　司法制度

2300

**中国破裂主义离婚法律制度研究:兼论离婚司法的任务及其实现** / 胡志超著 ; 张里安指导. -- 武汉大学, 2009. -- 175 页

论文对中国破裂主义离婚法律制度进行了分析研究。全文共分四章。导论介绍了研究对象,研究内容研究的意义研究的目标,研究方法。第一章破裂主义与离婚法律制度理念转型的契合,分别对破裂主义与法定离婚原因、破裂主义与离婚法律体系进行了论述。第二章破裂主义的理论基础,首先探究了破裂主义与婚姻的本质,指出现代婚姻是外在实体性和内在伦理性的统一;随后分析了破裂主义与中国婚姻家庭立法的任务,提出保护儿童合法权益,维护公共利益的观点;最后介绍了破裂主义与离婚率的内在关系,探讨了社会主义中国降低离婚率的对策。第三章破裂主义与中国离婚法律制度的优化与整合,首先从内涵角度比较分析了婚姻破裂主义与感情破裂主义的异同,指出科学的离婚标准是"婚姻破裂"和"感情破裂"的兼采并蓄,并具体阐述了从"感情破裂"兼采"婚姻破裂"到"婚姻破裂"兼采"感情破裂"的发展过程;随后分别对绝对破裂主义和相对破裂主义、积极破裂主义和消极破裂主义、概括破裂主义和例示破例主义进行了论述。第四章破裂主义与能动性司法,指出了能动性司法的意义与任务,从《法国民法典》到《瑞士民法典》对能动性司法进行了历史考察,并在破裂主义和能动性司法的双重视角下探究了离婚司法的任务,随后阐述了破裂主义与挽救婚姻、拯救感情,介绍了捍卫婚姻伦理,分析了破裂主义与家庭裁判专门化、专职化和专业化,提出中国应设立婚姻审判庭的观点。最后为对全文的总结。

关键词:离婚法　婚姻制度

2301

**不动产物权变动研究** / 黄常青著 ; 赵新华指导. -- 吉林大学, 2009. -- 137 页

论文通过对国内外不动产物权变动的研究,对我国不动产物权相关制度进行了深入了解,从而为我国不动产物权变动制度的完善提出合理的建议。论文主要分为六章。第一章对不动产物权变动进行概述。首先分析不动产与不动产物权的变动,继而介绍不动产物权变动之学理概说。第二章对不动产物权变动模式进行考察。首先从罗马法中不动产物权变动的历史考察入手,分析了日耳曼法的土地所有权让与制度;其次分析债权意思主义的物权变动模式;然后,从物权形式主义的理论、立法例、政治哲学与经济基础、法学思想基础、价值取向等方面阐述物权形式主义的物权变动模式;最后,分析了债权形式主义的物权变动模式。第三章介绍立法视角下的我国不动产物权变动。首先对我国不动产物权变动制度的发展轨迹进行描述,继而阐明我国《物权法》物权变动模式的争论与选择,并对债权形式主义的合理性进行辨析。第四章介绍不动产物权变动的公示与公信力。首先对作为不动产物权变动公示方法的登记制度进行分析,指出物权公示的方法为交付与登记;然后探讨我国不动产登记制度的发展路径,并对完善我国不动产登记制度进行思考。第五章主要探讨不动产物权变动与民法上的相关制度。具体从不动产物权变动与不动产租赁、不动产物权变动与善意取得等方面展开讨论。第六章主要分析不动产物权变动制度在我国农村城市化进程中的现实意义。

关键词:不动产　物权　立法

2302

**版权法上的公共领域研究** / 黄汇著 ; 张玉敏指导. -- 西南政法大学, 2009. -- 139 页

论文正文部分主要分为六章。第一章主要研究国外学者,尤其是美国学者对版权法上公共领域概念和特征的探讨,以及公共领域在版权法上形成的历史过程和作为一种崭新的理论形态,"公共领域"所具有的价值等问题。第二章主要从版权法外,利用洛克范式下所有权"自然正当"的理论,经济学上的"公地喜剧"的相关学说,论证了版权法上公共领域存在的合理性。第三章,分析探讨了版权和公共领域之间哺育与反哺育的辩证关系,并意在表明任何隔离二者,并将它们对立起来加以看待的做法是完全错误的。第四章,主要以美国版权的扩张为范例,具体描述了自20世纪中后期以来,版权法上公共领域日渐式微的具体情况,并从版权的相关理论预设,对版权法上公共领域日渐式微的原因展开全面分析与解读。第五章着重从理念和制度改造的双向视角,提出了未来版权法上公共领域重构的具体路径和方向。第六章主要是以过了保护期而进入公共领域的作品为研究对象,

从一种实证主义的视角出发,来对公共领域的问题展开研究与探讨,从而使人们对版权法上公共领域问题的认识水平得以进一步走向全面与深入。

关键词:版权　知识产权

2303

**德国流通式不动产担保物权制度研究** / 黄家镇著 ; 谭启平指导. -- 西南政法大学, 2009. -- 239 页

论文主要采用逻辑分析、历史和哲学的研究方法,其间还借鉴词源学、宗教学、社会学和经济学诸学科的研究成果,展现德国流通式不动产担保物权制度的历史和逻辑面貌。全文分为六章。第一章介绍流通式不动产担保物权的历史渊源。主要追溯了该制度在近代之前的历史发展,包括古代与中世纪的发展状况,此外还具体介绍了日耳曼法上的独立担保物权制度、中世纪封建法上的土地负担制度以及城市法上不动产担保物权制度。第二章主要介绍该制度在近代法上的变迁。首先介绍了罗马法继受时代的德意志不动产担保物权制度、梅克伦堡邦法中的不动产担保物权制度,继而阐述普鲁士邦法上的不动产担保物权制度的发展,最后介绍了 19 世纪德国不动产担保物权制度的发展。第三章在历史追溯的基础上,概括介绍流通式不动产担保物权的理论基础。阐述了不动产担保物权之形式化、抽象化、证券化,并对所有权人不动产担保物权进行探讨。第四章主要对作为德国民法典不动产担保物权部分立法范式的流通抵押权进行分析。第五章主要介绍土地债务制度及其在实践中取代流通抵押权范式地位的原因。第六章是流通式不动产担保物权与我国不动产担保制度。具体分析了近代中国法典化运动中的土地债务制度,以及我国《物权法》上的不动产抵押权制度,并对我国不动产担保物权制度的改进问题进行探讨。

关键词:物权法　不动产　担保　德国

2304

**无效法律行为制度研究** / 黄忠著 ; 李开国指导. -- 西南政法大学, 2009. -- 422 页

论文以无效法律行为制度为研究对象,通过逻辑分析、比较法分析、历史分析、法哲学分析等方法,阐释无效法律行为的概念、其与相关概念的关系等问题,并为"民法典"建立科学的无效法律行为制度及法官合理判定无效法律行为提出建议。全文分为引言和正文,其中正文分为九章。引言部分主要介绍了问题的缘起及研究意义、论文的研究方法、论文的框架及创新点等问题。第一章是对无效法律行为概念的澄清与辨析。首先阐述了无效法律行为的相关术语,接着对无效法律行为的范围做了厘定,对无效法律行为的含义做了澄清,并对无效法律行为与相关概念进行了比较。第二章主要探讨了大陆法系的无效法律行为制度。从德国法上的无效法律行为论与日本法上的无效法律行为论两个方面展开论述。第三章主要介绍了普通法系的不法合同制度。首先介绍了普通法对不法合同的传统态度,继而对传统态度进行反思,并介绍了成文法的改革等问题。第四章对我国现行法上的多种无效法律行为类型进行检讨。第五章探究了无效法律行为原理论。首先介绍了无效法律行为的一般原理,接着分析了无效法律行为判定的一元论,以及无效法律行为与分配正义的关系。第六章介绍了无效法律行为论中的社会公共利益问题,以法国、德国、日本、英美等国家法律为例展开探究。第七章介绍了无效法律行为判定中的利益衡量论。第八章介绍了无效法律行为缓和论。主要介绍了其一般原理,具体原则以及相关技术等问题。第九章则主要探讨了无效法律行为后果论,就无效法律行为所引发的私法后果进行评析。

关键词:法律行为　民法　合同法

2305

**金融创新的私法环境研究:以金融特殊规范的完善为中心** / 季奎明著 ; 胡鸿高指导. -- 复旦大学, 2009. -- 193 页

论文综合运用法学和金融学理论,采用历史分析、比较研究、法律解释、经济分析和实证研习等方法,将金融创新有关的一般私法制度向特殊规范完善的过程作为主线,分析我国目前的私法制度在金融创新背景下存在的缺失,进而提出"生态化"的发展目标。全文分为导论和正文,其中正文分为六章。导论对与金融创新私法环境紧密相关的核心概念进行阐释,将国内外相关研究的成果进行梳理综述。第一章研究金融创新与私法环境的宏观联系。首先交代金融创新形成的背景与动因,总结其历史进程与发展趋势。随后论述法律环境对于金融创新的影响与整体效应,比较两大法系法制传统对金融创新的不同作用。第二章分析金融证券化的私法环境,通过研究结构融资的特殊构造,指出证券化结构的法律核心是风险隔离,需要通过特殊的主体制度和交易制度两方面加以保障。第三

章以金融表外业务为主题,将其区分为信用风险业务与市场风险业务,将表外业务共同的法律基础确立为合同制度。第四章从金融全球化的经济现象引申到制度全球化的法律现象,以金融信托为中心,考察大陆法系国家在支撑金融创新的目的下移植英美法系财产制度的困境。第五章回应"次贷危机"的经济现实,论证金融危机与法制之间的关系。结合"次贷危机"的法律应对,检视金融创新背景下公私法关系的定位。第六章探讨金融特殊规范融入或扩充到一般私法体系中的路径,在金融创新的语境里对金融私法主体、客体、法律关系的内容以及法律渊源的变革进行宏观展望。

关键词:金融创新　私法

2306

**股权信托法律问题研究** / 姜华著 ; 赵中孚指导. -- 中国人民大学, 2009. -- 185 页

论文对股权信托的相关法律问题进行了分析研究。全文共分六章。导论介绍了公司制度与信托制度的对接,分析了选题的意义,阐述了股权信托的研究现状,并指出了论文的创新与难点。第一章股权信托法律原理透视,从信托制度的基本定义开始,探究了英美法系与大陆法系国家关于信托制度的定义的异同,对信托制度的发展历程进行了梳理,并回顾了中国信托发展的历史与发展状况。第二章股权信托的类型化分析及比较研究,首先对目前存疑的"疑似"股权信托的品种进行了分析;随后介绍了信托的分类标准,指出界定股权信托应当采用信托财产和信托目的相结合的办法。第三章股权信托基础的法律关系,首先对信托基本法律关系进行了概述,分别对委托人是自然人、法人和其他组织的情况进行了论述;随后介绍了股权信托当事人的权利与义务。第四章股权信托之财产分析,首先介绍了信托财产的基本理论和信托财产的特征,指出信托法律关系实质上是信托当事人之间的一种财产关系;随后论述了信托财产不仅包含财产,还包括财产权利;最后介绍了股权信托财产的独立性。第五章股权信托的运行解析,先是论述了信托的设立方式,介绍了信托合同的基础理论,并通过引用一则股权信托合同来对信托合同的内容进行分析;随后在信托财产转移方面,具体讨论了有限责任公司股权和股份有限公司股票的财产转移方式,提出了具体的制度设计;最后对信托公示进行了介绍,指出了中国现有登记制度的局限性。第六章中国股权信托制度的完善与探索,在对股权信托基本原理探讨的基础上,提出了中国信托法规和相关的配套制度尚不健全,应当完善股权信托的登记制度的建议。最后为结语部分。

关键词:股权　信托制度　信托法

2307

**要物合同研究:对其或存或废的思考** / 蒋军洲著 ; 徐国栋指导. -- 厦门大学, 2009. -- 268 页

论文对要物合同或存或废的立法选择进行了思考研究。全文共分四章。首先导论,介绍了论文的研究问题,综述了相关学说,指出了研究目标与方法。第一章讨论了要物合同在罗马法上的产生,首先介绍了罗马法上的合同观,分别以要物合同具体类型的摇摆、合同分类中的要物合同为中心分析了罗马法上要物合同的成立结构,随后阐述了罗马法上要物合同成立结构的产生原因,指出在罗马法上,要物合同是要物之债的一种,并探究了罗马法上要物合同的特征及其例外。第二章阐述了罗马法以降近现代民法典编纂以前要物合同的演变,分别探讨了在中世纪早期的大陆法系中要物合同的假性膨胀、在中世纪晚期的大陆法系中要物合同的貌似回归以及在中世纪末至近现代民法典编纂前的大陆法系中要物合同所接受的理论改造。第三章在比较法视野下对近现代民法典中的要物合同与合意主义进行了分析与思考,首先对要物合同的立法进行了考察分析,指出要物合同是通过交付达成的合意,随后探究了近现代民法典中的要物合同与合意主义的冲突,论述了旧的法律遗产与新的时代精神的碰撞,并对解释冲突的诸学说进行了评析,同时对冲突说提出了质疑,最后分别对近现代民法典中要物合同的内在正当性与外在正当性进行了论证,评述了要物合同这种合意与要物合同简约、要物合同预约相兼容的观点,指出要物合同是通过交付这种存在性方式形成的合同,与合意主义没有实质上的冲突。第四章介绍了中国要物合同立法的最终选择,首先分别对中国规定传统要物合同的正当性与中国规定非传统要物合同的正当性进行了反思,随后阐述了中国要物合同立法的必要性,并对中国现有要物合同的立法进行了述评,进而提出了对要物合同立法的建议。最后为结语部分。

关键词:合同法　民法　经济合同

2308

**管理层收购法律问题探讨** / 蒋星辉著 ; 王利明指导. -- 中国人民大学, 2009. -- 174 页

论文对管理层收购的相关法律问题进行了探讨。全文共分六章。导论介绍了研究背景、对研究范围，研究的主要内容与研究方法，以及论文的创新之处。第一章研究了管理层收购的基础理论问题，首先对管理层收购的基本概念进行了界定，阐述了管理层收购的法律特征，论述了管理层收购的起源及发展现状，并对管理层收购兴起的原因进行了分析研究；随后介绍了管理层收购的制度经济学理论基础与法律理论基础，并对管理层收购的公司治理诚信义务冲突进行了分析。第二章介绍了中国管理层收购法律制度的发展及现状，概述了中国企业改革与管理层收购发展的主要阶段，对管理层收购法律制度的基本情况进行了分析，明晰了中国管理层收购法律制度的主要特征与存在的主要问题，指出管理层收购是中国经济发展到一定阶段的必然产物。第三章对管理层收购的融资法律制度进行了分析，首先研究了管理层收购融资的经济学理论基础，对管理层收购融资的动因进行了探究；随后指出中国管理层收购融资法律制度的发展及现状，并提出了中国进一步发展管理层收购融资的相关建议。第四章讨论了管理层收购主体法律制度，对实施管理层收购时管理层的适格问题进行了研究，对收购主体法律形式进行了分析，指出了中国管理层收购主体法律制度中存在的问题，并提出了相关的改革建议。第五章讨论了管理层收购定价监管制度，通过对英美等国家管理层收购中的定价监管制度的研究，反思了中国管理层收购定价监管制度中存在的问题，提出了完善管理层收购定价监管制度的建议。第六章阐述了管理层收购利益相关者的合法权益保护，对管理层收购利益相关方保护的必要性进行了分析，指出了管理层收购对其他利益相关方的风险。最后为结论部分。

关键词：国有企业　企业兼并　股权　公司法　管理层收购（MBO）

**2309**

**票据上意思表示研究** / 金锦花著 ； 赵新华指导. -- 吉林大学, 2009. -- 148 页

论文以票据上意思表示为研究对象，以票据行为二阶段说为其理论基点，综合运用语义分析、比较分析和实证分析等研究方法，对票据行为人所为票据上意思表示进行了分析。全文分为前言和正文，其中正文分为四章。前言部分介绍论文的研究意义、逻辑结构，并对基本概念进行界定。第一章对票据行为二阶段说与票据上意思表示进行分析。首先介绍票据理论概观，继而分析票据行为二阶段说的合理性，最后分析票据行为与票据上意思表示。第二章对票据上意思表示构成进行再探讨。具体从票据上意思表示的性质、票据上债务负担意思表示的成立及生效，以及票据上权利移转意思表示的成立与生效三个方面展开讨论。第三章分析票据上意思表示的瑕疵。首先分析票据上意思表示的瑕疵与民法规定的适用问题，进而分析票据上债务负担意思表示的瑕疵，最后分析票据上权利移转意思表示的瑕疵。第四章是对票据上意思表示的解释。首先介绍了对票据上意思表示解释对象以及原则的传统认识，并对其进行反思；继而对票据上意思表示解释理论的重构问题进行探讨，具体介绍了票据上债务负担意思表示的解释，以及票据上权利移转意思表示的解释；最后分析了票据上意思表示解释的具体规则，探究票据外观与票据债务的成立问题，并介绍了票据签章与票据债务人的确定问题以及票据记载与票据债务内容的确定问题。

关键词：票据法　票据行为　法律解释

**2310**

**网络环境下著作权制度面临的挑战** / 孔嘉著 ； 刘春田指导. -- 中国人民大学, 2009. -- 182 页

论文从人类社会历史发展的角度，重新审视了网络信息时代发展对传统著作权法的冲击和挑战，从各国立法和司法实践的角度，特别是结合了近年发生的国际国内一系列重大的带有典型性的案例分析。全文共分为七章。第一章，介绍人类社会发展规律与传播媒介的变革。首先论述了农业时代的变迁，文字的出现以及人类文明的起源，指出纸张和印刷术的出现开辟了传播史上的新时代；其次，介绍工业革命的发展以及信息化时代的剧变。第二章阐述了网络信息时代的特征。首先介绍传播媒介的繁衍和多样化，继而分析技术革命的创新和前瞻性，然后分析网络信息发展商业模式的创新性和多样性，最后对传统法律面临的窘境和发展的滞后性进行探究。第三章阐述网络信息时代传统著作权面临的挑战。分析了科学技术发展带来的挑战、信息网络时代商业模式创新对传统著作权的挑战以及时代发展和生活方式对传统著作权的挑战，最后分析了传统著作权法律保护的历史地位。第四章阐述了网络环境下著作权概念及与传统著作权的对立统一。首先介绍网络环境下著作权的定义，以及网络环境下著作权保护的两种法哲学观

点。第五章主要探讨了网络环境下著作权的立法和司法保护问题。第六章实证研究网络下载中的运营商法律责任。第七章分析网络环境下著作权保护博弈的利益均衡问题。

关键词:著作权　知识产权　互联网络

2311

**大众传播侵害人格权研究:以表达自由与人格权的关系为视角** / 匡敦校著 ; 陈苇指导. -- 西南政法大学, 2009. -- 185 页

论文针对大众传播侵害人格权问题做了探究,全文共分为五章。第一章以国际人权理论为视角对人格权保护的法理基础做了探讨。首先介绍了人格与人格权的历史演进,以及有关人格权的人权解释,最后分析了人权视野下的人格权的自主空间及其限度。第二章以私法权与公法权的关系为视角,对自然人之人格权与表达自由的关系进行分析。论文提出了公法与私法的划分以及宪法、民法性质的界定问题,并从二元秩序看民法与宪法的关系,最后对人格权与表达自由的属性以及彼此的"位阶"进行分析。第三章从对人格权的尊重义务的视角看表达自由的限度。介绍了媒体滥用表达自由对他人名誉权、隐私权的侵害,并分析了正当性的表达问题。第四章阐述了大众传播与人格权两者关系的国外学说与实务考察问题。首先分析了德国处理表达自由与人格权二者关系的模式,对德国模式进行评析;接着又对美国模式进行探讨,分析了关于宪法基本权利对私人间关系之效力的国家行为理论,此外,还分析了日本模式以及英国模式。第五章介绍了我国与大众传播有关的人格权立法与司法之检视与建议。从我国与大众传播有关的人格权立法与司法现状入手分析,最后提出了进一步完善我国与大众传播相关的人格权立法与司法的建议。

关键词:人格　权利　大众传播　民法　侵权行为

2312

**公司僵局论** / 赖武著 ; 徐卫东指导. -- 吉林大学, 2009. -- 170 页

论文从学术界对公司僵局的多种认识出发,分析和总结了定义过程中的共性与个性问题,并尝试给出一个更为合理的界定,同时基于给出的界定概括了公司僵局的法律特征和分类。论文分为绪论、正文和结语,其中正文分为五章。绪论部分介绍了选题的理论价值和实际意义、研究现状与研究方法、论文的结构和论证思路及创新与不足。第一章介绍了公司僵局的界定。首先概述了公司僵局的内涵,包括对公司僵局的多种认识及其评论,以及论文中对其的理解;继而分析了公司僵局的特征,如股东或董事间的长期对峙性、公司运作机制的停滞性、后果的显著危害性等;最后介绍了公司僵局的分类。第二章分析了公司僵局的成因。指出公司僵局的产生具有必然性,是现代公司制度的必然产物、公司利益冲突以及防控机制缺失的必然结果,这综合反映在产生基础、催生机制、现实因素三个方面。第三章,介绍了公司僵局的非司法救济。公司僵局的救济涉及多重的利益衡量和复杂的体系建构,但必须寻找解决应对的出路。非司法救济包括公司章程的自我救济以及由调解和仲裁构成的社会救济。第四章,主要探讨了公司僵局司法救济的正当性。指出公司僵局的司法救济必须直面正当性问题,目前的公司合同理论、信义义务理论、社会责任理论都可以为其提供理论支撑,公司的权利需求、司法的功能以及公司自治的内在要求为此提供现实基础。第五章主要介绍了公司僵局司法救济的具体问题。包括公司僵局诉讼的提起,僵局案件的立案与审理以及公司僵局司法救济的具体措施。最后得出文章的结语。

关键词:公司法　公司僵局　法律援助

2313

**有限合伙企业债权人特殊保护机制研究** / 冷铁勋著 ; 陈本寒指导. -- 武汉大学, 2009. -- 139 页

论文对有限合伙企业债权人的特殊保护机制进行了分析研究。全文共分四章。前言就中国在引进有限合伙制度后对有限合伙企业债权人进行保护的重要性,以及立法规定上存在的问题进行了说明。第一章有限合伙企业债权人特殊保护的基本理论,就有限合伙制度中设立债权人特殊保护机制的必要性以及理论基础进行了论述,通过对有限合伙企业与普通合伙企业的比较分析,提出了由于有限合伙企业在人员组成及人员责任形式上与普通合伙企业所表现出的差异性,立法上对债权人利益的保护应该有所不同的观点,探讨了有限责任制度本身对债权人利益保护方面存在的缺陷,并对有限合伙企业在设立、存续及清算三个阶段的债权人特殊保护机制进行了论述。第二章有限合伙企业设立的阶段债权人特殊保护机制,首先讨论了有限合伙企业名称的规制;随后分别从有限合伙协议的内容和形式以及公示等方面分析了有限合伙协议的规制,指出有限合伙人信息变化会

严重影响有限合伙债权人的利益;最后探讨了有限合伙人的出资问题,对有限合伙人的出资形式、出资方式、出资数额等问题进行了分析研究。第三章有限合伙企业存续阶段债权人特殊保护机制,首先讨论了有限合伙人执行合伙事务的规制,在评析了美国法上"安全港"制度后,结合中国《合伙企业法》,对中国有关有限合伙企业事务执行的相关立法完善提出了建议;随后讨论了合伙人表见合伙制度与有限合伙企业资本减少之规制;最后分析了有限合伙企业中合伙人身份转变及身份兼任问题、有限合伙企业中的入伙和退伙问题,并对入伙及退伙所涉及的债权人保护问题进行了分析。第四章有限合伙企业清算阶段债权人特殊保护机制,分析了有限合伙企业的清算对债权人利益的影响,讨论了有限合伙企业非破产清算的规制,提出了相关的建议。最后为结束语,对中国有限合伙企业债权人保护机制的全面构建及完善进行了展望。

关键词:企业法　债权人　权益保护

**2314**

**公开权研究:比较法的视角** / 李丹著 ; 王利明指导. -- 中国人民大学, 2009. -- 154 页

论文通过对公开权及类似制度的比较与剖析,揭示了公开权及类似制度对中国相关法律改革的启示意义。全文共分八章。绪论介绍了选题背景,研究对象研究现状,研究方法与目标。第一章公开权的概念与制度发展,介绍了公开权制度在美国产生、发展的复杂曲折历史,分析了公开权对以英国为典型代表的其他普通法国家的影响及可能形成的立法延伸,并落脚于与普通法系公开权相对照的发生在大陆法系国家的人格权的商品化趋势,比较分析了二者的异同。第二章公开权的性质,在评述了学术界的不同观点后,结合中国所沿袭的大陆法系中的人格权法理论,指出了公开权具有一定的双重属性,即主要体现人格要素的经济价值,又与人格身份本身不可分离。第三章讨论了公开权的特征,包括对公开权的主体及客体的介绍。第四章公开权的典型主体与人格要素,指出典型主体包括影视明星、体育明星、政治家、文学家以及艺术家。第五章公开权的行使及处置,从抽象到具体、从总体到局部,对公开权的处置方式,包括授权许可使用、继承与转让进行了分析研究。第六章为公开权与相关民事权利的比较,讨论了公开权与隐私权、商标权、著作权、专利权以及不正当竞争法的关系,进一步明确了公开权的性质与功能。第七章公开权的限制与主体责任,对目前公开权所面临的主要问题,包括社会道德风险、个人利益与社会利益的平衡问题进行了分析研究。第八章公开权对中国相关法律改革的意义,明确提出了借鉴公开权不是要设立新的权利,而是重在分析公开权对中国法律改革在思想、技术方面的启示意义,同时分析了《食品安全法》中有关名人代言责任的问题。最后为结语部分。

关键词:人格　权利　法律保护　民法　比较法学

**2315**

**经营性收费权质押法律问题研究** / 李菲著 ; 王轶指导. -- 中国人民大学, 2009. -- 150 页

论文对经营性收费权质押所涉及的相关法律问题进行了分析研究。全文共分四章。导论介绍了选题背景与意义,论文的研究方法,包括规范分析的研究方法、比较分析的研究方法与历史分析的研究方法。第一章经营性收费权的基本法律问题,首先探讨了经营性收费权的法律内涵,包括经营性收费权的概念、产生及内容;其次探讨了经营性收费权的法律特征,指出经营性收费权的三大特征,即:许可和互利性、使用和收益性、依存和限制性;最后探讨了经营性收费权的法律性质,阐述了经营性收费权是一种具有极强的私权特性的特殊财产权。第二章经营性收费权担保的可行性及路径选择,首先从比较法分析、理论依据及实践价值三个方面讨论了经营性收费权设定担保的可行性;随后分析了经营性收费权担保的方式选择,介绍了经营性收费权担保方式的理论争议,并通过各种发展路径的比较得出了经营性收费权质押担保的合理性;最后对经营性收费权的独立性进行了辨析。第三章经营性收费权质押的实际类型及规范设计,首先介绍了公路收费权质押、电费收费权质押、水费收费权质押、高校收费权质押这四种实际中常见的经营性收费权质押类型,指出了其中的运作问题;随后探讨了经营性收费权质押的设定;接着介绍了经营性收费权的效力,包括效力范围、经营性收费权质押对质权人的效力与对出质人的效力;最后介绍了经营性收费权质押的实现条件与实现方式。第四章经营性收费权质押的立法模式,首先概述了中国经营性收费权质押的立法现状,分为立法现状、相关立法与立法存在的问题;随后介绍了经营性收费权质押的主要立法争议,包括《物权法》制定过程中关于经营性收费权质押的争议与对以《应收账款质押登记办法》规范经营性收费权质押的否定;最后介绍了经营

性收费权质押的立法模式。最后为对全文的总结。

关键词:收费 权利 抵押 物权 民法

2316

**公司控制权滥用的法律规制** / 李萌著 ; 赵新华指导. -- 吉林大学, 2009. -- 137 页

论文以公司控制权滥用的法律规制为逻辑主线,通过对公司控制权滥用的法理分析,提出规制公司控制权滥用的考量视角和股东权利保护的合理性进路,由此构建起规制公司控制权滥用的实体和程序法律体系。论文主要分为引言和正文,其中正文部分分为五章。引言部分介绍了选题的背景及研究意义、研究现状评析、论文的结构和主要内容、论文的写作方法和难点创新等。第一章,对公司控制权滥用的基本问题进行分析。首先介绍了公司控制权的内容和构成,并提出了规范公司控制权行使的相关理论;继而探讨了公司控制权滥用的产生根源,指出股东利益冲突为公司控制权的争执起点;论文还对公司控制权滥用的现状进行分析;最后分析了公司控制权滥用的法律规范视角。第二章介绍了公司控制权滥用的规制目标和路径分析。首先分析了股权结构模式与公司控制权滥用的关系,进而对资本多数决原则与公司控制权滥用问题进行分析,最后介绍了公司控制权滥用的规制思路及分析。第三章探究了公司控制权滥用的法律规制体系构建。从降低成本的角度对法律规制策略进行思考,并对公司控制权滥用的法律规制体系展开研究。第四章介绍了公司控制权滥用的实体法规制制度。主要包括公司人格否认制度、衡平居次原则、推定的关联企业理论。第五章主要介绍了公司控制权滥用的程序法规制制度。如控制权滥用的程序法规制视角和方式,股东表决权诉讼制度、股东派生诉讼制度等。

关键词:上市公司 股东 控制权 公司法

2317

**植物新品种权制度研究** / 李瑞著 ; 余能斌指导. -- 武汉大学, 2009. -- 164 页

论文对植物新品种权制度进行了分析研究。全文共分六章。第一章分析了植物新品种权制度的相关理论基础,首先介绍了植物新品种权制度的法理基础,即与物权法、知识产权法的亲缘关系,随后对植物新品种权制度的法律归属范畴进行了界定,接着介绍了植物新品种权制度的技术基础——生物技术与农业生产智能化,指出了应当将植物新品种权制度之完善作为化解中国农业知识产权保护诸问题的首选。第二章研究了植物新品种权制度的本体理论,对植物新品种权的基本内涵进行了阐释,介绍了植物新品种的取得,包括授予植物新品种权的条件与获得植物新品种权的程序,接着介绍了植物新品种权权利束,探讨了植物新品种权的保护与限制,最后介绍了植物新品种权保护的国家战略。第三章讨论了中国植物新品种权制度的法律渊源与实施,对构成中国植物新品种权制度的主要法律文件进行了概述,同时对《植物新品种保护条例实施细则》进行了详细解读,并对植物新品种申请授权进行了统计分析。第四章研究了植物新品种权与农民特权的平衡问题,首先介绍了农民特权的产生,阐释了农民特权的性质与实现,并分别在公法和私法上对农民特权进行了分析,最后就中国植物基因资源保护与农民特权政策的改进方向提出了建议。第五章探讨了国际植物新品种权制度比较法考察与借鉴,分别介绍了国际植物新品种保护联盟、美国的植物新品种法律制度与日本的植物新品种权制度。第六章对完善中国植物新品种权法律救济制度进行了思考,分析了植物新品种权法律救济制度的基本问题,指出了中国植物新品种权法律救济的立法缺陷,并对完善中国植物新品种权法律救济制度进行了基本考虑,提出了完善中国植物新品种权法律救济制度的基本目标,最后对全文进行了总结。

关键词:种质资源 育种 知识产权 法律保护

2318

**公司清算法律制度研究** / 李小兵著 ; 林嘉指导. -- 中国人民大学, 2009. -- 126 页

论文针对中国公司清算法律制度展开研究,并对公司清算方面存在的诸多问题进行了探讨,旨在树立正确的公司清算观念,完善我国的公司清算制度,充分发挥其作用,全文主要分为导言和正文,其中正文分为五章。导言主要介绍了研究目的、研究述评、研究方法。第一章阐释了公司清算法律制度的基本理论。首先对公司清算的概念进行界定,并对其与相关概念做了辨析;其次指出公司法律清算制度的价值取向,即诚实信用、公平和效率;最后介绍了公司清算中的利益平衡。第二章介绍了公司清算的缘起。论文指出,公司解散是公司清算的原因,公司解散重点研究的问题是公司司法解散。此外,论文还对我国公司司法解散制度的法律问题进行研究。第三章针对清算人的问题展开研究。对清算人与相关概念以及其

法律地位进行了分析,对清算人的权利和义务进行了考察,对清算人资格的法律问题展开研究,最后提出了清算人的选任和解任的法律问题,并提出了完善措施。第四章,对公司清算程序问题展开研究。首先阐明了公司清算程序的概念与特征,进而研究了公司清算程序的具体问题,最后介绍了特别清算程序的法律问题。第五章对我国公司清算法律责任制度进行了评析。首先对清算法律责任相关法理进行研究,接着分析了清算义务人以及清算人的法律责任,最后对完善我国的清算法律责任制度提出了建议。

关键词:公司法　公司解散　清算　法律责任

**2319**

**中国经济制度变迁的宪法基础** / 李晓新著 ; 董茂云指导. -- 复旦大学, 2009. -- 175 页

论文从宪法的经济制度规范与经济功能两方面对中国经济制度变迁的宪法基础进行了分析研究。全文共分七章。首先导论,指出论文研究的问题,国内外的相关研究,研究思路与框架。第一章从宪法规范和宪法功能两方面对经济制度变迁的宪法基础进行了分析,并分别对二者进行了理论阐释。第二章介绍了中国经济制度变迁与宪法演进,对建国后中国制定的四部宪法的经济制度规范进行了分析,指出中国宪法的经济制度规范具有特色性、时代性和恒定性。第三章介绍了经济体制变迁的宪法基础,指出传统的计划经济体制限制了公民经济自由,提出发展市场经济体制要首先确立对经济自由的保护,强调利用宪法规范国家权力,发挥国家经济权力的积极功能。第四章介绍了财产权制度变迁的宪法基础,根据中国财产所有制的不同,分别从公有财产权制度和私有财产权制度两方面阐释了财产权制度变迁的宪法基础。第五章介绍了分配制度变迁的宪法基础,指出了在初次分配制度中,重在强调宪法实现初次分配制度的效率原则,发挥市场配置资源的重要功能,在再次分配制度中,重在强调实现再次分配制度的公平原则,着重强调了宪法在促进国家履行社会保障责任与实现公民社会保障权方面的积极功能。第六章总结了中国经济制度变迁宪法基础的经验,分析了中国宪法基础中所存在的一些问题,包括缺乏系统性的宪法经济原则指引、经济权利的宪法保护体系不健全等。第七章提出了针对经济制度变迁宪法基础的完善问题,从强化宪法经济原则的作用和完善宪法经济功能发挥的制度基础等方面展开了探讨。最后为结束语,对经济制度变迁与宪法之间的关系提出了启示性思考。

关键词:经济制度　制度安排　宪法

**2320**

**证券信用交易法律机制研究** / 李艳著 ; 龙翼飞指导. -- 中国人民大学, 2009. -- 194 页

论文运用民商法理论对证券信用交易法律机制进行了分析研究。全文共分七章。导论介绍了研究背景及目的,研究的重点,研究方法与框架,研究的特色、创新与不足。第一章介绍了现代市场经济下的证券信用交易,以信用交易为讨论起点,回顾了信用交易在现代市场经济中的发展,通过考察证券信用交易的发展脉络,说明了证券信用交易是现代市场交易的基本形式之一,并从经济学角度分析了证券信用交易的突出优势以及相应的风险与弊端。第二章介绍了境外证券信用交易的基本模式及其法律调整,对有关国家和地区的证券信用交易制度的法律框架进行了考察与概括,具体包括美国的分散授信模式、日本的集中授信模式等。第三章考察了证券信用交易合同关系,讨论了合同在调整证券信用交易中的功能及其相应的局限性,阐述了证券信用交易合同的种类。第四章对证券信用交易中的信托关系进行了解析,分析了证券信用交易关系的信托特点,肯定了中国在证券信用交易中引入信托制度的创新性做法,并对其在理论上存在的问题和矛盾进行了反思。第五章介绍了证券信用交易的债权保障机制,分析了境外证券信用交易关系中担保的作用,对证券信用交易中的担保机制进行了阐述,并分析了担保金、证券及其价金在担保中的作用,最后就中国现行法调整的局限性进行了探讨。第六章介绍了证券信用交易中的转融通,首先比较了境外的转融通机制,包括以美国为代表的市场化的转融通机制、以日韩为代表的高度集中的专业化转融通机制。第七章为结束语,对中国证券信用交易的法律规制进行了详细介绍,首先论述了中国证券信用交易的历史演变,随后探讨了中国证券信用交易法律规制的构建,提出了中国证券信用交易法律规制的框架。

关键词:证券交易　信用　立法

**2321**

**养老保险基金监管法律问题研究** / 李哲著 ; 林嘉指导. -- 中国人民大学, 2009. -- 193 页

论文对养老保险基金监管法律问题进行研究和探讨,从理论层面为法律制度的构建提供参考,对社

会保险法草案的相关规定进行了评述,并对养老保险监管立法提出相关建议。全文主要分为导论和正文,其中正文分为六章。导论部分介绍了研究背景、现状、对象、目的、意义、范围、方法以及结构等问题。第一章分析了养老保险基金监管法基本理论。首先对养老保险基金监管法的概念与特征进行论述,分析了养老保险基金监管法的权力基础与价值,最后总结了养老保险基金监管法的基本原则。第二章对养老保险基金监管模式与主要监管制度进行论述。具体分析了养老保险基金监管模式的类型,监管模式与选择,并从准入许可制度、退出制度、投资限制制度、监管信息制度等方面探究了主要的制度。第三章介绍了养老保险基金内部监管机制。对加拿大、新西兰、新加坡三个国家的养老保险基金内部监管机制进行比较,进而对我国养老保险基金内部监管机制进行分析,并分析对国际经验的借鉴。第四章对养老保险基金外部监管机制进行探讨。首先介绍了立法监督机制、行政监管机制,审计监督机制、司法监督机制四种公力监管机制,继而对私力监督机制进行分析,并以德国为例分析了养老保险基金的外部监管。第五章探究了养老保险基金监管法律责任。主要介绍了冒领养老保险金行为和挪用养老保险金行为及其法律责任。第六章主要对社会保险法草案进行评述,并对养老保险基金监管法立法提出相关建议。

关键词:养老保险　基金管理　监管机制　行政法

**2322**

**企业重整程序的正当性基础与规范建构** / 李志强著 ; 邹海林指导. -- 中国社会科学院, 2009. -- 179 页

论文揭示了重整程序存在的正当性及其发挥作用的机理,为进一步完整重整程序的规范设计提供了理论支持。全文共分五章。导论介绍了选题背景与意义,研究方法,研究思路与结构。第一章企业重整程序的正当性,首先分析了企业重整程序的概念与特征,探讨了企业重整程序的立法目的;随后阐述了企业重整程序的功能,包括营运价值维护功能、信息披露功能、企业资本结构重组功能以及提供集体决策机制功能;最后对企业重整程序的原则进行了研究。第二章重整程序的启动,首先分析了重整程序的适用对象,结合对重整原因的立法考察分析了中国法上的重整原因;随后阐述了重整程序的申请和审查,探究了重整程序启动的效力问题。第三章重整企业的控制权配置,首先对重整企业控制权配置的特点进行了概述,介绍了重整企业经营控制权配置的模式,阐述了经营控制权配置的考量因素与立法选择;随后介绍了重整企业经营控制权的监督,包括债权人的监督、法院的监督以及专门监督机构的监督;最后阐述了重整企业的股东参与,对股东参与权进行了详细研究,指出重整企业的控制权配置应当坚持剩余索取权与控制权相对应的原理,赋予债权人最终的控制重整企业的权利。第四章具体分析了重整计划,首先对重整计划的概念进行了概述,介绍了重整计划制定权的法律配置,探讨了重整计划制定与信息披露的关系;随后分别对重整计划的表决与批准进行了研究,指出双重多数表决权控制模式有利于保护少数债权人的利益;最后分析了重整计划的效力与执行,指出经批准的重整计划对全体当事人具有约束力,应由债务人执行,但需受到严格监督。第五章探讨了重整程序的终止问题,分别对重整原因消失、协议终止、重整计划未按时提出或未获得法院批准等情形的重整程序终止的法律后果进行了具体分析。最后为结论部分。

关键词:企业兼并　企业法　破产法

**2323**

**民事诉讼标的之研究** / 梁开斌著 ; 齐树洁指导. -- 厦门大学, 2009. -- 177 页

论文对民事诉讼标的进行了分析研究。全文共分五章。首先导论对选题意义进行了论证,对研究对象进行了界定,介绍了研究方法。第一章介绍了民事诉讼标的的基础性理论,包括传统诉讼标的理论、新诉讼标的理论二分肢说与一分肢说,剖析了三种理论的基本思路,比较了三者的长短优劣。第二章分析了美国、欧盟和中国台湾地区民事诉讼标的理论的改革新动向,指出在美国和中国台湾地区的理论革新中,其对案件事实要素的特别之处是之前诉讼标的理论中未曾出现过的重大变革。第三章分别从逻辑角度和生活角度对民事诉讼标的的三大构成要素,即法律关系、案件事实以及诉之声明进行了比较分析。第四章对中国诉讼标的理论之经验进行了实证分析,通过分析案例,发现中国民事审判实务中所采用的诉讼标的确定方法,针对实务中民事法官确定诉讼标的的方法各有不同,甚至个别与传统诉讼标的理论的要求背道而驰的问题,提出当前的相对混乱状况不利于法制的统一,急需变革的观点。第五章介绍了中国民事诉讼标的发展路径之选择,指出了中国的民事案件正在逐年上升的现实状况,从而强调"诉讼的经济"这一价

值的重要性也与日俱增,并提出了相对案件事实说,评析了相对案件事实说的优点在于可以最大优化诉讼标的之范围,有力实现“诉讼的经济”价值,同时也注重了当事人程序保障权的重要作用,最后介绍了相对案件事实说下请求权竞合问题的处理、法律适用突袭行裁判的防止和诉之声明的正当分割等问题。最后为全文结语,对论文各章观点进行了收束,提出了可以考虑以相对案件事实说来统一中国民事审判实践中的诉讼标的确定方法的观点。

关键词:民事诉讼　审判　法律关系

**2324**

**保险契约信息不对称问题研究** / 林虹著 ; 徐卫东指导. -- 吉林大学, 2009. -- 153 页

论文着眼解决保险契约中的信息不对称问题,通过对保险契约中信息不对称的现象、危害及成因的分析,制定一系列强制性的法定义务,尽量做到信息披露,以达到降低成本、促进交易确实的、维护交易秩序的目的,更好地保护双方当事人的利益。全文分为导论和正文部分,其中正文分为六章。导论部分主要介绍了选题的形成、选题的意义、研究方法以及论文的结构。第一章分析了保险契约信息不对称理论。首先介绍了信息不对称的概念,以及金融市场中的不对称现象;继而对保险契约信息不对称理论展开探究。第二章分析了保险契约不对称与保险交易的关系,从契约自由原则以及最大诚信原则的实现方面展开讨论。第三章介绍了信息不对称对保险法律关系的影响。从保险标的的信息不对称、保险知识的信息不对称、保险技术的信息不对称以及保险监管的信息不对称四个方面分析了保险信息不对称的表现形式,并分析了信息不对称对保险市场的影响。第四章对保险契约信息不对称进行了多维分析。具体包括保险制度的发展与职能、保险交易环境与信息不对称以及保险契约的格式化特征等内容。第五章介绍了保险契约信息不对称的法律规制。第六章探讨了化解信息不对称的制度安排。介绍了不可抗辩条款的引入和保险保证的法律控制问题,并提出了弃权与禁止反言的立法构想。

关键词:保险法　保险合同　不对称信息

**2325**

**数字时代著作权授权机制研究:以 CC 和著作权集体管理组织为考察对象** / 林静欣著 ; 张楚指导. -- 中国政法大学, 2009. -- 148 页

论文以 CC 和著作权集体管理组织为考察对象,对数字时代著作权授权机制进行了分析研究。全文共分三章。绪论介绍了研究动机与研究目的。第一章数字时代与著作权法的发展,首先对著作权的概念与限制进行了阐释,介绍了数字时代与合理使用空间的压缩;随后探讨了数字时代著作权授权契约,对授权的权利种类与授权使用的方式进行了解释;最后指出了网络环境下著作权授权的困难之处,并对各种著作权授权机制的功能进行了分析。第二章倡导自由文化的 CC,具体包括开放授权理念 CC、CC 与授权条款以及 CCL 的本地化,阐述了 CC 与著作权的关系,对 CCL 与合理使用的相容性进行了分析,介绍了 CC 在中国的推广成效,分析了 CC 的意义与价值以及 CC 授权机制对著作权法控制的贡献,研究了 CC 授权契约的问题及其应对对策,并对 CC 未来的发展进行了展望。第三章完善授权制度的集中管理组织,首先对著作权集体管理组织进行了介绍,对著作权集体管理制度的概念及性质进行了界定,分析了著作权集体管理的管理方式;随后介绍了著作权使用费用标准及争议的解决,分析了使用费的收取与分配,具体探讨了著作权使用费用标准争议的解决模式问题;接着对中国著作权集体组织进行了介绍,论述了相关著作权集体管理制度的改善内容,并分析了因应数字时代集体管理功能的演变,对美国集体管理组织进行了介绍;最后探讨了 CCL 与集体管理组织的相容性问题。结论指出 CC 与著作权集体管理组织之著作权人皆能将大量著作一次性授权给利用人,但 CC 不涉及使用费,而著作权管理组织则拥有合理的使用费标准,并对全文内容进行了总结。

关键词:数字技术　著作权　授权管理

**2326**

**农村承包地调整制度研究** / 林苇著 ; 陈小君指导. -- 中南财经政法大学, 2009. -- 180 页

论文对我国农村承包地调整制度加以研究,在对承包地调整进行规范分析、历史实证分析和社会实证分析的基础上,剖析承包地调整制度存在问题的原因、探究承包地调整的正当性,提出完善现行承包地调整制度的对策与相关立法建议及理由。全文共分为八章。第一章介绍问题的提出、文献综述、研究框架、研究方法、研究目的等问题。第二章主要从两个方面对现行与承包地调整有关的法律规范进行了分

析,首先是对现有法律规范进行梳理,并阐明其主要内容;其次是对现行承包地调整法律规范进行了评析。第三章从历史的角度对承包地调整的变迁进行分析,分别对我国古代的农地利用制度、我国台湾地区的"地权调整"制度、我国大陆地区的"承包地调整"制度进行了阐述。第四章主要以"中国十省农村田野调查"所获的调研数据为依据,阐述了现行承包地调整制度在运行中所存在的三方面不足。第五章主要从三个层面来分析引发现行承包地调整制度弊端的原因,分别从价值层面、制度层面以及非正式制度层面来进行剖析。第六章是对承包地调整的正当性思考。首先从宪法层面分析,指出对农民生存权、发展权的保护,是确立对此种集体内人均承包地占有不公现象进行调整的首要理由;其次是从物权法层面分析,集体土地的共有性是承包地调整的大前提,同时承包地具有多样态性。第七章介绍承包地调整问题的破解之道,是在提出问题、分析问题基础上所提出的解决问题的对策。第八章对论文的基本内容和主要观点进行总结,并指出文章尚存的不足和进一步研究的方向。

关键词:农村　土地承包制　权利

**2327**

**环境侵权救济机制研究:一个实证的分析视角** / 刘超著 ; 吕忠梅指导. -- 中南财经政法大学, 2009. -- 240 页

论文从实证的角度剖析了现行的环境侵权救济机制存在的诸多问题,在侵权法和环境法的理论基础上,研究了环境侵权救济的特殊的机制诉求,进而对此诉求下的环境侵权救济诉讼机制与非诉讼机制进行了研究,为环境权利的实现、环境保护公共政策的形成提供了程序路径。全文分为引言和正文部分,其中正文分为五章。引言主要介绍了选题的意义、研究目标与主要内容、研究方法与技术路线。第一章从实证角度分析我国现行的环境侵权救济机制存在的缺陷,解释通过对传统的侵权救济机制扩大化适用的方式,已经不适宜于解决环境侵权纠纷、救济环境权利。第二章从环境权利和环境侵权行为的特殊性角度,分析现行环境侵权救济机制存在弊端的原因。第三章分析环境侵权救济的内在需求、环境侵权救济机制的纠纷解决本质,进而初步提出了机制重构的基本框架。第四章论述了环境侵权救济诉讼机制的具体构建。从三个部分论述了环境侵权诉讼机制的构建,第一,专门环境诉讼制度的设立。第二,环境公益诉讼制度的构建。第三,研究环境政策再界定过程对环境侵权救济的影响。第五章论述专门环境侵权救济非诉讼机制的具体构建。非诉机制包括环境仲裁、环境调解和环境私人谈判三种具体类型和方法,并对于各自在救济环境侵权中的制度内容进行了具体设计。

关键词:环境保护　侵权行为　权利

**2328**

**知识产权资本化的法律规制** / 刘春霖著 ; 吴汉东指导. -- 中南财经政法大学, 2009. -- 262 页

论文对知识产权资本化法律规制进行研究,分析知识产权资本化的理论基础,以及可能出现的弊端和风险,并对对知识产权资本化风险防范体系的建构提出相关建议。全文分为导论和正文,其中正文分为七章。导论部分介绍论文选题的背景、现状、意义、贡献、思路与框架等问题。第一章对知识产权资本化的可行性进行论证。首先对知识产权基本规范进行辨析,具体介绍出资标的、知识产权、知识产品等内容;继而分析知识产权的可资本性、"知识产权资本化"范畴的正当性,最后介绍知识产权出资的法律依据。第二章是对知识产权资本化意义的多维考量。首先分析知识产权资本化的意义,继而从微观考量知识产权资本化的利弊,最后对公司接受知识产权投资进行分析。第三章对知识产权出资人适格性考察。首先对知识产权出资人资格进行法律审视,进而介绍共有知识产权出资人适格性考察,然后分析"无主知识产权"资本化的理论构造。第四章阐述了知识产权出资标的物的法律选择。介绍了国内外立法上的知识产权出资标的物,以及出资标的物的适格要件,并对不同知识产权出资标的物进行法律审视。第五章介绍知识产权出资过程的法律规制。首先对知识产权出资方式进行理论思考,继而介绍知识产权转让方式出资的法律规制,以及知识产权适用许可方式出资的法律规制,最后介绍知识产权资本化的程序规制。第六章阐述知识产权出资作价的相关问题。第七章则分析了知识产权资本化的法律保障,指出知识产权出资人的出资义务、出资责任,以及专业机构在知识产权出资中的责任。

关键词:知识产权　资本化　法律

**2329**

**商业证券权利研究:以有价证券理论为基础** / 刘琳琳著 ; 赵新华指导. -- 吉林大学, 2009. -- 160 页

论文选取一组特殊的有价证券即商业证券，其中涵盖票据、提单、仓单三种证券，以商业证券权利为对象展开讨论。先对商业证券权利的本体进行研究，分析证券权利属性，界定为债权属性，明确其流通性质与信用性质，然后分别对商业证券权利的变动与商业证券权利的保护进行研究。全文分为四章。第一章对有价证券的一般理论进行研究。首先对有价证券的概念进行诠释，介绍了对有价证券的一般认识，对有价证券概念进行总括，并分析了实体法理解的差异，对有价证券与类似证券概念辨析；此外还对有价证券进行类型化分析，并对有价证券进行法理分析。第二章对商业证券权利本体研究。首先对商业证券内涵进行界定，对传统商业证券用语进行分析，接着介绍商业证券涵盖的范围，并分析了商业证券表彰的债权性质；其次分析了商业证券权利属性，具体包括证券权利的原因性和文义性。第三章对商业证券权利变动进行研究。具体从商业证券权利发行问题点、商业证券权利转让问题点以及商业证券权利行使与消灭问题点三个方面展开讨论。第四章介绍商业证券权利保护研究。首先介绍商业证券权利偿还保护，具体分析了指名债权的偿还保护、指示债权的偿还保护、无记名债权的偿还保护等几种偿还保护，并分析了拒绝偿还时追索权的例外。其次，分析了商业证券权利丧失保护。最后，对商业证券权利保护的完善提出相关建议。

关键词：证券法　有价证券　证券交易　权益保护

**2330**

**商标权效力及其限制研究** / 刘明江著 ; 郑胜利指导. -- 北京大学, 2009. -- 209 页

论文采取了心理学法、法律解释法、比价分析法和价值分析法，在现行法律框架内，探讨了商标法赋予一个注册商标的权利应当具有的效力范围及其受到的限制。全文共分七章。导论介绍了研究问题，研究意义、研究现状及研究方法，指出了论文的结构安排。第一章介绍了联想视野中的商标保护，界定了联想的心理学涵义，阐述了商标联想、混淆以及淡化的概念，对混淆与淡化进行了比较分析，指出混淆和淡化不完全依赖于商品类别和商标显著性，分析了商标权的构造、立法模式，对中国的商标权利法进行了思考。第二章商标权效力，分别对商标权在商标注册和使用中的效力、商标权在企业名称登记和使用中的效力、商标权在域名注册和使用中的效力、商标权在地理标志注册和使用中的效力，以及商标权在其他商业标识注册和使用中的效力进行了阐述与分析。第三章商标权限制，对商标权限制的正当性进行了分析，指出了论文研究的商标权限制类型，介绍了商标权限制的原则，包括法定原则、合理原则、比例原则与平衡原则。第四章商标合理使用制度，就商标的合理使用进行了概述，对商标的商业性合理使用与商标非商业性合理使用进行了比较分析，研究了商标合理使用的构成要件。第五章商标先用权制度，分析了商标先用权的构成要件，对中国的商标先用权制度进行了具体分析，评述了现状，同时指出了应对策略。第六章商标权穷竭制度，对商标权穷竭的真意进行了探索，指出了商标权穷竭的使用条件及例外，分析了商标权穷竭的演变趋势，并对中国商标权穷竭的演变提出了展望。第七章商标平行进口制度，对商标平行进口的成因及利弊进行了分析，研究了商标平行进口的理论困境，提出了商标平行进口的新思维，思考了中国应如何面对商标平行进口的问题。最后为对全文的总结。

关键词：商标权　法律效力

**2331**

**公司法的判例法方法及其运用研究** / 刘乃睿著 ; 赵万一指导. -- 西南政法大学, 2009. -- 141 页

论文对公司法的判例法方法及其运用问题进行了研究，旨在为我国引入该种制度提出相关建议，最终为我国公司法的制度构建奠定良好的体系性基础。全文共分为五章。第一章为引论部分。主要就公司法判例法方法的基本概念进行澄清。同时，将判例法方法与公司法的内在联系进行阐述，以确定二者之间的逻辑关系。而后，对论文的研究思路及研究方法进行简要概括。第二章主要叙述和分析了公司法的发展历史，着重分析了大陆法国家和英美判例法国家公司法的差异化发展史，为判例法国家特有的公司法改革和发展方法奠定了历史基础。第三章主要论述了英美公司法通过判例法的发展，一方面，判例法制度丰富着公司法制度的内涵；另一方面，通过成文法立法，将成熟的判例法制度转化成为成文法的方法，进一步发展了公司法制度，并使其在激烈的公司法制度竞争中取得了显著的优势地位。第四章主要就我国公司法运用判例法方法的历史及现实基础、运用判例法方法的三个主要目的及其三项基本原则等基本性问题进行了论述，对我国运用公司法的判例法方法提供了应有的基本支持。第五章主要就判例法方法运用中的三个重要

问题进行了论述。首先阐述了法官审理公司纠纷方法的特殊性,提出在可能条件下积极推进公司法的判例汇编制的构想,最后就目前可以用于推进司法判决援引的《最高人民法院公报》判例进行了筛选和分析。

关键词:公司法　判例法　法律体系

2332

**有限责任公司隐名出资法律问题研究** / 刘韶华著 ; 姚辉指导. -- 中国人民大学, 2009. -- 138 页

论文以隐名出资的法律性质为基本出发点,通过研究和分析与其有关的公司内外部关系,研究隐名出资法律关系作用于股东权行使、股权转让等相关公司法制度的边界,并在现有制度框架下融入信托机理,保障公司法的制度功能和价值在隐名出资语境下仍然能够得以实现。全文分为绪论和正文,其中正文分为六章。绪论部分介绍文章的研究背景、创新之处、研究方法。第一章是对隐名出资法律问题的概述。首先对隐名出资的概念和特征进行探讨,进而以中国的实践为分析样本,分析隐名出资状态形成的原因,最后对有限责任公司隐名出资的合理性进行分析,对其正当性进行评价。第二章对隐名出资的法律关系进行分析。具体介绍其分析进路、隐名出资人的法律地位以及隐名出资人与显名股东的内部关系。第三章介绍隐名出资人的权利及限制。阐释了隐名出资人对于显名股东的监督权,隐名出资人的撤销权,并讨论了隐名出资人收益权的享有、救济和限制问题。第四章介绍了隐名出资人的法律责任。具体从瑕疵出资情况下的法律责任、信托财产破产隔离原则的例外以及公司人格否认情形下隐名出资人的责任等三个方面对其探讨。第五章探讨了隐名出资的强制披露问题,具体包括关联交易中的强制披露和股权转让中的强制披露。第六章对隐名出资法关系的终结问题进行探讨,并对中国公司法背景下有限责任公司隐名出资纠纷解决机制进行评价。

关键词:公司法　股份有限公司　投资者　股东　法律关系

2333

**航空公司破产重整之实证研究** / 刘文祥著 ; 王卫国指导. -- 中国政法大学, 2009. -- 129 页

论文以世界其他国家或地区航空公司申请破产保护的案例为起点,对其重整的过程进行分析,进而对我国航空公司破产重整中的特别事项进行具体阐述。全文共分八章。第一章为导论部分。主要介绍论文的研究背景及意义、研究现状、研究方法和研究思路。第二章对航空公司以及破产的一些基本概念进行了定义。并通过美国西北航空公司以及我国台湾地区远东航空公司申请破产保护的情况,分析航空破产事件中的特殊法律问题。第三章介绍航空公司破产事件的成因及法律背景。论文以航空公司破产事件找出其破产之背景及成因,探讨中、美两国破产法主要立法内容和程序、制度。第四章介绍航空公司破产程序的启动问题,对破产的程序及破产程序的启动进行具体阐述。第五章分析航空公司破产之重整程序。对破产之重整程序进行具体阐述,并举了美国航空公司破产重整之案例、我国台湾地区远东航空公司破产重整案例以及菲律宾航空公司破产之重整案例。第六章介绍航空公司破产重整的控管方式。对航空公司现行治理方式、航空公司治理之比较、航空公司破产重整之管控方式,进行具体阐述。第七章阐述航空公司破产重整经验的启示。具体表明重整是处理航空公司破产的首选方案,指出中国三大民航集团应未雨绸缪防止破产,并提出相关建议。第八章为结论部分。

关键词:航空公司　破产法　重整　社会责任

2334

**信息技术领域标准化中专利权行使的法律规制** / 刘晓春著 ; 郑胜利指导. -- 北京大学, 2009. -- 161 页

论文对信息技术领域标准化中专利权行使的法律规制进行了分析研究。全文共分五章。序言介绍了选题意义,研究成果综述,论文的研究思路、结构与创新之处。第一章技术标准和专利制度的基本问题,从理论上明确了信息技术领域和技术标准对于专利制度带来的挑战并分析了其根源所在,对该领域专利权不当行使行为做出了概述,勾勒出论文研究对象的轮廓。第二章技术标准化过程中专利权人的披露义务及其法律规制,介绍了标准化组织知识产权政策中专利披露义务的内容和分类,分析了不同的披露义务体现的不同价值取向,进而讨论了目前国际上违反披露义务的法律规制实践的最新进展。第三章合理无歧视原则及其实现机制与确定标准,对于合理无歧视原则内涵具体化进行了探索,介绍了国内外的现有观点,在参考国外案例的基础之上提出了一套确定合理许可费用的方法、原则和标准。第四章必要专利权利人停止侵权救济的例外规则,指出在特定的专利侵权诉讼案件中,法院可以依据特定的情形拒绝授予权利

人要求侵权人停止侵权的救济，同时在对专利精怪现象的讨论的基础上，介绍了美国法院在据发禁令方面的实践，进而讨论了停止侵权限制与TRIPS义务的关系。第五章标准化中专利权行使的反垄断法规则，以中国新出台的《反垄断法》为依据，有选择性地借鉴了国外的立法和执法实践，提出了全面反垄断审查规则，同时对反垄断审查的机制问题提出了创新性建议。最后为对全文的总结。

关键词：信息技术　技术标准　专利权

**2335**

**知识产权私权属性研究** / 刘晓军著 ；郭禾指导. -- 中国人民大学，2009. -- 225页

论文对知识产权的内容、性质、保护制度等进行探究，旨在为我国知识产权保护制度的构建提供相关建议。全文分为前言和正文，其中正文分为四章。前言介绍研究主题、研究现状、研究方法和逻辑结构。第一章阐述知识产权的私权本质。首先介绍知识产权的基本理论，包括知识产权的源流、特征和类型，以及对有关知识产权本质的质疑；继而介绍私权的基本理论，对权利的本质、私权的源流、特征和类型进行阐述；最后分析知识产权的私权本质。第二章对知识产权的对象进行研究。首先阐述权利对象的基本理论，具体阐释了权利对象的概念，对权利对象与权利客体进行分析，并介绍了权利对象的研究价值；其次，对知识产权的对象进行界定；最后，分析了知识产权对象的属性。第三章对知识产权的效力进行研究。首先对权利效力进行研究，指出权利效力是法律之力的延伸，是权利人意志的体现，它直接作用于权利对象，是作用于权利相对人的力；接着对知识产权的支配效力进行分析；其次，对知识产权的对世效力展开讨论，指出知识产权对世效力是对人的效力，是法律效力的体现，此外还介绍了知识产权对世效力的内容以及其阶段性；最后分析了知识产权的禁止效力。第四章分析知识产权的私权保护模式。首先介绍知识产权保护的二元模式，对其概念进行分析，继而总结了知识产权保护模式的二元化、保护手段的多样性，并探究了当代中国知识产权保护模式；其次，对知识产权私权保护模式的主导地位进行探讨，介绍知识产权私权保护模式的内容及其主导地位的体现，对我国知识产权保护模式进行分析与展望；最后，文章对知识产权私权保护模式进行实务分析。

关键词：知识产权　权利　法律保护

**2336**

**应收账款质押研究** / 刘英红著 ；王利明指导. -- 中国人民大学，2009. -- 158页

论文围绕应收账款质押制度展开了研究与讨论。全文共分七章。导论介绍了选题背景、意义与目的，研究思路与文章结构及研究方法。第一章界定了应收账款的概念，明确了应收账款的法律性质是金钱债务，属于一般债权的特殊形式，阐明了应收账款的法律特征，并从理论的可行上、实务的迫切要求中，论证了设立应收账款质押制度的必要性。第二章比较分析了应收账款质押的特征，通过与一般债权质押、证券债权质押、股权质押及知识产权质押等其他权利质押类型的比较，阐明了应收账款质押与其他权利质押类型在质押标的、质押公示方式及质权实行方式上的差异，同时也分析了应收账款质押的制度价值及局限性。第三章分析了应收账款质押制度的定位与定性，首先对大陆法系、英美法系以及两个国际组织的动产担保交易示范法的相关立法例进行了比较法考察；随后对中国现行法将应收账款质押归入权利质的定位和定性方式进行了反思。第四章分析了应收账款质押的标的与权利类型，并围绕应收账款质押的权利类型问题展开了研究，首先介绍了中国关于应收账款质押权利类型的现行规定及实践；随后对账户质押和收费是否可纳入应收账款质押范围做出辨析。第五章对应收账款质押的设定与公示做出了研讨与分析，首先探究了应收账款质押的设定要件，分析了设质合同的形式与内容；随后深入分析了应收账款质押的公示制度，通过对交付债权证书、通知第三债务人和登记三种公示方法的比较分析，提出了以登记作为公示方式是突破传统公示方法面对应收账款质押固有困境的最佳解决途径。第六章分析了应收账款质押的效力与实行，首先梳理了应收账款质押所担保债权的范围和质押效力所标的物的范围；随后对质权人和出质人的主要权利义务进行了分析；最后探讨了第三债务人的效力。第七章从中国应收账款质押的立法现状出发，提出了完善中国应收账款质押制度的建议，同时对全文进行了总结。

关键词：应收账款　抵押　融资　担保　物权法

**2337**

**法律行为制度研究** / 鲁春雅著 ；孙宪忠指导. -- 中国社会科学院，2009. -- 254页

论文对法律行为制度进行了分析研究。全文共

分五章。第一章对法律行为的概念进行了界定,介绍了法律行为概念的渊源及其变迁过程,分析了合法性在法律行为概念中的意义,探讨了合法性是否作为法律行为概念的组成部分,并对法律行为概念的适用范围进行了划定,讨论了法律行为概念的取舍。第二章研究了法律行为的成立与生效,区分了成立与生效的实益,介绍了补正制度与法律行为的构成要件,阐述了成立要件与生效要件的区分标准,包括必要前提、一般学说以及具体构成要件,探究了中国法的问题及解决办法,指出了区分合同的成立和生效的立法缺陷。第三章法律行为的立法模式,首先阐述了法律行为制度化的根本意义,概述了法律行为与民法总则的关系;然后介绍了以私法自治为原则、意思表示为核心的德国法模式,分析了其法律行为的法律效果的双重原因;接着介绍了前苏联法模式,指出该模式以法律效果为核心,国家意志排挤个人意志,并概述了前苏联法模式的由来;最后介绍了中国现行法的问题以及未来民法典的选择。第四章违法性标准在法律行为制度中的意义,首先介绍了违法性与私法自治,从法理学视角分析了法与权力的概念,并概述了权利学说的变迁过程;随后指出了违法性标准在民法上的意义与适用,探究了任意性规范与强制性规范的关系;最后介绍了违法性标准与无效的法律行为,从分析德国法上的违法性标准与法律行为的效力入手,探讨了中国的违法性标准与无效法律行为。第五章介绍了法律行为无效或可撤销的法律后果,通过对德国法的分散性立法模式与前苏联法的统一性立法模式的比较分析,指出了中国法的独特性问题。最后为对全文的总结。

关键词:法律行为　合法性　立法

**2338**

**普通债权质押制度研究** / 罗欢平著 ; 冯果指导. -- 武汉大学, 2009. -- 179 页

论文对普通债权质押制度进行了分析研究。全文共分五章。引言介绍了论文的研究现状与研究意义,研究目的、研究方法与行文结构,对相关概念进行了界定。第一章对中国普通债权质押理论与实践的现状进行了介绍了与反思,首先指出立法中存在的问题,包括理论争议与实践问题,并得出了症结所在,即利益均衡考量的缺失;随后分别对需要考量的利益与利益均衡的实现途径进行了反思。第二章介绍了普通债权质押的标的,包括普通债权质押标的之适格与几类典型的普通债券质押标的。第三章介绍了普通债权质权的设立,主要分为通知第三债务人、交付债权证书、登记三个过程,并阐述了收费权质权设立要件的特殊性。第四章介绍了普通债权职权的效力,首先概述了普通债权质权的效力范围;随后介绍了出质人与质权人之间的利益平衡在权利义务上的体现,包括非债务人的出质人的权利保护、质权的保全、债权证书的占有与返还以及质权的处分:转质权;最后介绍了质权人与第三债务人间利益平衡在权利义务上的体现,具体分为第三债务人清偿义务的变化、第三债务人抗辩权的变化;以及第三债务人抵销权的变化。第五章探讨了普通债权职权的实现,首先分别介绍了出质债权清偿期居先的情形与出质债权清偿期居后的情形;随后阐述了几类普通债权质权实现的特殊规则,包括存单质权实现的特殊规则、保单质权实现的特殊规则以及收费权质权实现的特殊规则。最后为论文的结语。

关键词:质押　担保法　物权法　利益关系

**2339**

**历史、经验与逻辑:著作权集体管理组织的发展与变异** / 罗向京著 ; 郭禾指导. -- 中国人民大学, 2009. -- 164 页

论文对著作权集体管理组织的发展与变异进行了分析研究。全文共分七章。导言追寻了著作权集体管理组织的历史与逻辑,介绍了研究的意义、现状与问题,论文采用的研究方法和主要研究内容。第一章作者的崛起,从分析出版者的权利、作者的权利角度入手,指出在作者—出版者关系中长期处于劣势的作者开始缓慢但逐渐地在权利领域占据了一席之地。第二章著作权集体管理组织的诞生,阐述了著作权集体行使模式的发端与推进,探讨了著作权集体管理组织产生的自在逻辑与历史经验,通过分析著作权集体管理组织产生的历史必然性,论证了逻辑的力量,并由特定的情境与具体的设计角度阐释了个体的经验。第三章著作权集体管理组织与著作权扩展,介绍了表演权组织从表演权到广播权,以及从公开场所到私人场所所做出的努力。第四章著作权集体管理组织受到反垄断规制问题,以英美两国作为典型进行分析,指出英国通过表演权法庭对使用者与集体管理组织的纠纷进行裁断,防止著作权集体管理组织滥用垄断地位,而美国则由司法部运用反垄断法对表演权组织进行了审查与规制。第五章模拟复制时代,对著作权

集体管理组织的功能变异进行了分析，首先阐述了表演权集体管理组织的基本功能；随后介绍了表演权集体管理组织的新功能，即促进社会文化发展；接着对作为中介的著作权集体管理组织从集体管理到集中许可的过程进行了概述；最后指出了欧洲大陆的选择。第六章多元权利管理模式的竞争与整合，指出个别管理的可能性与局限性，提出了多元权利管理模式的整合建议。第七章中国著作权集体管理组织发展的方向，对著作权集体管理组织的功能进行了定位，并分析了著作权集体管理组织的布局及著作权集体管理组织获得授权的方式。最后为结论。

关键词：著作权　知识产权　民法

**2340**

**我国自然资源物权法律制度研究：以矿产资源为视角** / 罗小红著 ; 龙翼飞指导. -- 中国人民大学, 2009. -- 166 页

论文以矿产资源为视角，对中国自然资源物权法律制度展开了探讨与诠释。全文共分六章。前言介绍了论文的选题背景和意义，研究方法与研究问题。第一章论述了自然资源物权法律制度的基本原理，首先介绍了自然资源的概念及分类，对自然资源的公有特征进行了概括，随后分析了自然资源物权法律体系，包括自然资源所有权制度、自然资源用益物权制度以及自然资源担保物权制度。第二章概述了矿产资源物权法律制度，对矿产资源在自然资源物权法律体系下应有的物权制度进行了阐释，介绍了中国矿业权发展的历史并概述了当前理论界的研究现状。第三章分析了探矿权的法律制度，对矿产资源在自然资源物权法律体系下的用益物权制度进行了有效构建，并针对理论界对探矿权客体存在的争议，对探矿权的客体为矿床并具有特定化的特征观点展开了论证，最后探讨了探矿物权效力。第四章分析了采矿权的法律制度，对矿产资源在自然资源物权法律体系下的用益物权制度进行了有效构建，通过对中外法律制度及俄中理论学说与经验的比较、分析和批判，对采矿权的概念进行了定义，论证了采矿权的权利主体、客体及内容。第五章探讨了探矿权和采矿权的物权变动模式，主要通过实质的推论，改造和吸收中国土地物权变动理论的成果，对探矿权和采矿权的物权变动模式进行了探讨和理论构建，同时研究了探矿权和采矿权的物权公示和公信原则。第六章探讨了自然资源物权法律制度与矿产业可持续发展问题，通过比较分析传统物权与自然资源物权对环境问题的不同处置方式，论证了自然资源物权法律制度对矿产资源可持续发展的贡献，最后对目前中国矿产资源生态补偿机制上存在的问题提出了改进建议。

关键词：自然资源　物权法

**2341**

**美国形象权法律制度研究** / 马波著 ; 吴汉东指导. -- 中南财经政法大学, 2009. -- 211 页

论文以美国形象权制度为切入点，结合国内外相关实践和理论研究成果来论证形象权保护形象利益的合理性和可行性。全文分为引言和正文，其中正文分为八章。引言部分介绍论文的选题意义、研究现状、研究思路和研究方法。第一章主要讨论美国形象权的概念和产生原因。通过对美国形象权概念的历史发展和我国学者对形象权概念定义的研究，将形象定义为，自然人对其形象价值所享有的专有性权利。第二章讨论的是美国形象权的历史发展及其影响。具体分析早期隐私权对自然人形象价值的保护、形象权思想的萌发、形象权法律制度的确立，最后分析了美国形象权制度对其他国家的影响。第三章通过对其他国家对形象价值的法律保护措施，比较分析美国形象权制度。第四章讨论了美国形象权合理性问题。第五章对美国形象权法律关系要素进行了分析。第六章主要讨论了美国形象权与版权、商标权和虚假广告的关系。在实践中，此三种权利与形象权具有功能上的交叉。第七章主要对美国形象权限制制度进行了分析。第八章主要讨论了美国形象权制度对我国的借鉴意义。对于我国未来形象权立法模式的选择，基于对形象权属性和无形财产权属性的彰显，在未来的民法典中应当对形象权进行一般性规定，而对形象权具体制度的构建应当在知识产权法典中进行。

关键词：形象　权利　美国

**2342**

**专利许可的原则：公平、合理、无歧视许可研究** / 马海生著 ; 张玉敏指导. -- 西南政法大学, 2009. -- 137 页

论文通过深入剖析公平、合理、无歧视原则的内在机理，调研标准化组织相关专利政策，提出完善的法律依据及保障措施，赋予公平、合理、无歧视许可若干符合正义原则、利益平衡要求的有操作性的内涵，形成公平、合理、无歧视许可理论体系，构建公平、合

理、无歧视许可法律基础和保障体系。全文分为四章。第一章为绪论,阐释了公平、合理、无歧视许可理论所依赖的基本理论,指出专利许可实施是实现专利法宗旨的关键,专利许可分别受到专利法、合同法、反垄断法的规制。第二章分析了公平、合理、无歧视许可的内涵。首先,公平、合理、无歧视许可原则要求所许可的专利必须是技术标准中的“必要专利权利要求”。其次,技术标准必要专利的权利人不能拒绝技术标准实施者的专利许可请求。第三,公平、合理的许可条款是公平、合理、无歧视许可中最核心的内容。第四,为维护下游产品市场的公平竞争,在技术标准必要专利的许可中,必须坚持对各被许可人的“无歧视”许可原则。第三章属于公平、合理、无歧视许可的实证研究。抽取了29家在ICT领域具有较重要影响,同时又规定有“公平、合理、无歧视”许可原则的标准化组织作为实证分析的对象,分别考察“公平、合理、无歧视”原则涉及的各方面问题在他们的许可政策中是如何规定的。第四章构建了公平、合理、无歧视的法律保障体系,阐释了运用“合理原则”分析标准化组织参与标准制定前专利许可条款的披露与协商的积极意义。

关键词:专利技术　技术标准　专利权法

**2343**

**董事责任保险研究** / 马宁著 ; 邹海林指导. -- 中国社会科学院, 2009. -- 259 页

论文对董事责任保险进行了分析研究。全文共分六章。导论介绍了选题背景与意义,研究现状,相关文献,研究方法与主要内容。第一章介绍了董事责任保险的基本法理,对董事责任保险的内涵与外延进行了辨析,随后从表现、起因、应对措施方面论述了董事责任保险危机,介绍了董事责任保险的发展趋势,最后分析了董事责任保险的价值与局限性,分别从传统视角与新思路下的新价值角度对董事责任保险的价值与局限性进行了探究,提出了对董事责任保险与公司治理水平的评估方案。第二章介绍了董事责任保险当事人及关系人,具体分为董事责任保险投保人、保险人、被保险人以及第三人。第三章探讨了董事责任保险标的,分别对董事的民事赔偿责任、公司对董事的补偿责任进行了探究,并以特拉华州公司法为例,解释了公司补偿制度示意图,最后介绍了公司的民事赔偿责任。第四章讨论了董事责任保险合同,首先对董事责任保险合同的表现形式与类型进行了区分,随后介绍了如实告知义务以及违反时责任的可分性,罗列了如实告知义务与事先明知条款的重要相关内容,对事先明知条款的缺陷进行了分析,接着对董事责任保险合同的重要术语进行了界定,最后分析了董事责任保险合同的效力,包括对保险人的效力以及对投保人、被保险人的效力,同时论述了董事责任保险合同的变更与解除问题。第五章介绍了董事责任保险人的给付责任,分别阐述了保险人给付责任要件、保险人给付责任范围、保险人给付责任限制以及保险合同中的除外责任条款,探讨了董事责任保险的责任分摊程序,介绍了董事责任保险竞合问题。第六章分析了公司破产情形下的董事责任保险特殊问题,提出了董事责任保险金给付请求权是否属于破产财产问题,并参考了美国判例法中的传统观点对问题进行了分析。最后为结语。

关键词:董事　责任保险　保险法

**2344**

**人体试验法律问题研究:以受试者权利保护为核心** / 满洪杰著 ; 刘士国指导. -- 复旦大学, 2009. -- 207 页

论文围绕人体试验受试者的权利保护,对人体试验法律问题进行了研究。全文共分七章。首先绪论,介绍了研究目的、研究对象以及研究方法。第一章研究了人体试验的实践和伦理基础,从研究人体试验的历史发展切入,分析了人体试验的伦理学相关内容。第二章介绍了人体试验伦理法律规范的现状,依次介绍了人体试验的国际规范、欧洲区域性法律规范特殊目的机构的法律特性以及各国法律规范现状。第三章对人体试验进行了分类,同时介绍了人体试验法律关系的当事人及其利益冲突,并讨论了人体试验的权利与义务。第四章对受试者保护的主要机制进行了伦理审查,由阐述人体试验审查机构的组织和构成入手,对人体试验伦理审查的运行过程做出了详细介绍与分析,最后研究了对人体试验伦理审查的监督与救济,并在此基础上提出了建立中国对人体试验伦理审查监督与救济制度的构想。第五章介绍了受试者的知情同意权,包括受试者知情同意权的含义与内容,受试者知情同意权的例外以及对特殊受试者知情同意权的保护。第六章介绍了受试者损害救济,首先结合美国的人体试验责任与大陆法系的人体试验侵权责任对人体试验侵权责任进行了分析研究,随后分别介绍了荷兰、德国、法国三个国家的人体试验保险,引用相关人体实验补偿方案,提出了中国对人体试验受

试者救济模式的选择问题。第七章介绍了跨国人体试验中的受试者保护,首先对跨国人体试验及其国际规范进行了介绍,随后指出了跨国人体试验的伦理争议,最后提出了关于中国跨国人体试验受试者保护机制的设想。最后为对全文的结语,并提出了对中国人体试验立法的展望。

关键词:民法　权利　人体　试验

**2345**

**民法中的性权利研究** / 莫爱新著 ; 巫昌祯指导. -- 中国政法大学, 2009. -- 140 页

论文主要运用概念法学的方法、实证分析的方法,介绍对自然人基于人格中的性要素的保护,从而在民法中的人格权意义上应享有的性权利做出了整合与归纳,分析论证了每种具体性权利的应有内容、法律救济以及它们在婚姻中的行使与实现,实证解说了变性症者、同性恋者的性权利相关问题。全文分为引言和正文,其中正文分为五章。引言部分交代了选题的思路,对与性相关权利的研究现状进行点评,指出现有理论的合理性与不足,初步提出民法中性权利的研究路径。第一章首先揭示了性的特性、人权意义上的性权利与民法中性权利的内在关系;其次,从性的自然属性角度出发,总结归纳出性的七种自然特性,从性的社会属性出发,检讨出了性的六种社会特性;再次,以性的属性为根据揭示出人权意义上的性权利的四个特点;最后,初步推理出民法中权利的一般问题。第二章,首先从性的四种含义入手,系统分析了自然人人格中的性利益构成,廓清了民法中性权利的利益保护范围;其次,对民法中性权利概念的正式提出、解析与特征归纳;再次,从性利益的全面保护出发,结合现有的人格体系,论证了民法中性权利理论提出的必要性。第三章分别论述了两种物质性权利与三种精神性权利的概念、内容与司法救济。第四章主要研究了少数人群性权利的相关问题。第五章从民法中性权利的行使和实现的角度出发,对婚姻中配偶间有关性的人格利益关系问题进行探讨,提出夫妻双方性权利行使的共同目标应是有利于双方当事人性权利、尤其是精神性权利所保护利益的共同实现。

关键词:民法　性　权利

**2346**

**劳动合同附随义务研究** / 潘峰著 ; 蒋月指导. -- 厦门大学, 2009. -- 186 页

论文对劳动合同的附随义务进行了分析研究。全文共分四章。首先导论,介绍了研究动机、方法与论文结构,对基本概念进行了厘定,综述了相关的理论研究。第一章介绍了劳动合同附随义务的一般理论,首先分析了劳动合同的本质,并以劳动合同本质理论的变迁为线索,对近代以来德国法上劳动合同附随义务发展的历史过程进行了梳理,随后探讨了劳动合同附随义务的法理基础,指出附随义务的法理来源于劳动合同法对权利义务分配的内在价值取向,最后考察了劳动合同附随义务的法源基础。第二章分析了雇主附随义务的类型,包括保护义务、促进义务以及告知义务,随后以保护义务为基本类型,对雇主附随义务体系的构建进行了探索,并在评价“本质义务说”“特别义务说”“主给付义务说”和“附随义务说”的基础上,指出了保护义务仍属于附随义务的范畴,但在功能、内容与强度上有别于一般民事契约的保护义务。第三章介绍了劳动者附随义务的类型,首先指出忠诚义务是基于诚信原则产生的义务,是劳动者附随义务的基本类型,随后将劳动者的附随义务进一步划分为作为之附随义务与不作为之附随义务,其中不作为之附随义务包括保密义务、竞业限制义务、不当言论限制义务,而作为之附随义务包括告知义务、服从义务和工作障碍及危害通知义务。第四章探讨了违反劳动合同附随义务的法律后果,首先对法律后果的形式与特点进行了概述,随后分别阐述了雇主违反附随义务的法律后果与劳动者违反附随义务的法律后果,着重探讨了劳动合同附随义务违反时,所发生的与民法上不同的私法效果,指出契约法上的法律后果不能适用于劳动合同附随义务的违反,必须考量劳动合同的特殊性质。最后为结语。

关键词:劳动合同　合同法　义务

**2347**

**劳动合同单方解除制度研究** / 彭小坤著 ; 温世扬指导. -- 武汉大学, 2009. -- 246 页

论文对劳动合同单方解除制度进行了分析研究。全文共分五章。第一章介绍了劳动合同单方解除的基本理论,首先对劳动合同单方解除的概念进行了界定,随后比较了劳动合同单方解除与劳动合同终止的关系,梳理并归纳了劳动合同单方解除的基本理论。第二章以美、英、日、法、德五个发达国家为对象,考察分析了外国的劳动合同单方解除制度,探讨了美国的解雇自由制度、英国特有的非解雇制度和不公平解雇

制度、日本建立在解雇自由上的终身雇佣制、法国正当事由的解雇原则以及德国完备的解雇保护制度。第三章检讨了中国的劳动合同单方解除制度,对中国劳动法时代以及劳动合同法时代的劳动合同单方解除制度进行了归纳,比较了两个时代劳动合同单方解除制度的区别所在,同时对中国的劳动合同期限制度进行了研究,分析了与劳动合同期限制度不匹配的单方解除制度的缺陷。第四章为劳动合同单方解除理论再探,再次梳理了中国劳动合同领域中解除、终止的概念,提出了终结的概念,并针对现有劳动合同单方解除理论中存在的问题进行了分析,最后提出了适合中国国情的区别适用理论和岗聘分离理论,并对区别适用理论和岗聘分离理论的价值、内容、适用等方面进行了分析。第五章介绍了建设具有中国特色的劳动合同单方解除制度,总结了中国劳动合同单方解除制度必须适应的国情,对重建中国劳动合同单方解除制度的必要性、可行性进行了论证,最后根据区别适用理论和岗聘分离理论通过司法解释的情形重构了适应中国国情的劳动合同单方解除制度中的各项具体制度。最后为结语部分。

关键词:劳动合同　合同法　劳动争议

**2348**

**美国破产重整制度研究** / 齐明著 ; 徐卫东指导. -- 吉林大学, 2009. -- 180 页

论文通过对美国破产重整制度的逻辑内核和制度构建进行阐述分析,挖掘美国重整制度的特点和未来发展趋势,从而为我国完善现行破产重整制度立法构建和司法实践提出建议。全文分为导言和正文,其中正文分为五章。导言部分主要介绍了写作目的、研究方法、结论与突破。第一章分析了美国重整制度的逻辑内核。首先介绍了无力清偿的两难处境,继而阐述了公司法介入与公司破产的路径选择问题。此外,还指出重整理论的核心追求为分配价值与重整秩序,最后介绍了利益冲突与平衡构建问题。第二章介绍了美国重整理论的正当性前提与原则。其中重整理论的基础包括债务人丧失清偿能力和债权人保护、公司关系理论、公司持续经营价值等三方面内容;制度构建可行性前提包括自由竞争、资本市场以及非破产法律体系的完善;公司重整的原则则包括自愿破产原则、公平效率原则、整体利益原则、商业判断原则、绝对优先权原则等五个原则。第三章对美国重整制度进行分析。介绍了公司重整的启动,重整公司的经营、重塑,以及重整计划的提出、表决与通过等问题。第四章阐述了对美国重整制度的评价以及其发展状况。首先针对开放式的自愿破产体系展开探讨,进而分析了重整期间实用主义公司经营控制模式,最后总结了金融危机下的美国重整制度特点。第五章提出了美国重整制度的借鉴意义。具体分析了借鉴美国模式的必要性和可行性,以及理念、市场和政府介入尺度问题,并对制度借鉴与本土化的相关问题提出建议。

关键词:破产法　重整　司法制度　美国

**2349**

**不可分之债研究** / 齐云著 ; 徐国栋指导. -- 厦门大学, 2009. -- 155 页

论文探究了不可分之债在中国被遗忘的原因,研究了不可分之债在大陆法系国家的运行情况,探讨了合理设计并使用不可分之债的方法。全文共分五章。首先导论,介绍了研究缘由、研究状况与写作方法,叙述了写作内容与进路,指出了缺陷与不足。第一章研究了不可分之债与连带之债的关系,从考察不可分之债、可分之债以及连带之债、按份之债这四个概念的拉丁语入手,研究了不可分之债与连带之债在历史上的关系,从而指出二者在效力上存在一定相似度但并不相同。第二章探讨了不可分之债理论的发展脉络,通过分别对国外与国内关于不可分之债理论的发展脉络的分析,找到了关于不可分之债的研究在国外如火如荼而在国内一片空白的原因。第三章讨论了不可分之债的判断标准及具体类型,首先解决了两个前提问题,即债的标的及其类型、可分与不可分的各种分类,随后根据给付的三种不同类型,将"给付不可分"加以类型化,最后研究了四个典型误解,包括种类之债的可分与否、选择之债不可分性之批驳、附处罚条款之债的可分与否以及担保之债的可分与否。第四章研究了不可分之债基本制度的构造,首先概述了不可分之债的定义与特征,指出了不可分之债是多数人之债,给付不可分之债以及连带之债之间存在差异,随后将不可分之债分为不可分之债权与不可分之债务两大部分,分别研究了二者的对外效力、就当事人一人所生事项的效力以及对内效力,最后强调了应特别注意的几个问题,包括分割方式及标准设定的问题、整体履行方式的问题、不可分之债的转化问题以及过错责任的分担问题。第五章探讨了不可分之债具体条文的设计,给出了具体条文之设计完备版,介

绍了完备版条文设计的理由,对三个已有不可分之债的设计进行了评述,最后给出条文设计之精简版,并对全文内容进行了总结。

关键词:民法　债权　债务　法律责任

**2350**

**论基于性别的家庭暴力的民法规制:中国法与美国法之比较研究** / 秦志远著 ; 陈苇指导. -- 西南政法大学, 2009. -- 201 页

论文以社会性别分析法为依托,以基于性别的家庭暴力为分析对象,在解构该种家庭暴力之实质的基础上,提出反家庭暴力法的价值取向和制度功能,并结合中美两国反家庭暴力的立法和司法实践,推动中国反家庭暴力法的发展和进步。全文主要分为引言和正文,其中正文分为七章。引言部分介绍了论文的研究目的和范围、国内外研究现状、论文的研究思路和研究方法,以及需要说明的问题。第一章主要对家庭暴力的内涵进行解读和辨析,并对中美两国的家庭暴力的内涵做了比较。第二章介绍了反家庭暴力的人权基础。首先分析了人权的内涵、一般人权的内容,以及作为特殊人权的妇女人权,其次分析了传统法律不干预家庭暴力的原因。最后,回顾了联合国人权机构介入家庭暴力问题的历程。第三章对基于性别的家庭暴力及其解构进行分析和探究,并对其理论进行分析。指出社会性别理论对法学研究的五点意义,分析了婚姻关系中权力产生的原因和此种权力的性质,最后分析了基于性别的家庭暴力的实质。第四章介绍了反家庭暴力法的价值取向和制度功能。第五章对中美两国关于规制家庭暴力民法实体法进行比较研究。首先指出家庭暴力作为侵权行为的理论基础,继而分析了基于性别的家庭暴力侵权的特殊性,及其构成要件和损害赔偿。第六章对中美处置家庭暴力民法程序法进行比较研究。以具体案例为研究对象,对中美两国处理家庭暴力案件中的民事司法实践进行了分析研究。第七章在借鉴前人成果的基础上,论述了中国反家庭暴力法应该选择的理念和模式,并提出了一些完善民法实体法、程序法的相关建议。

关键词:民法　家庭暴力　对比研究　中国　美国

**2351**

**以合建信托模式建构都市更新之研究** / 庆启本著 ; 王卫国指导. -- 中国政法大学, 2009. -- 169 页

论文对以合建信托模式建构都市更新进行了研究。全文共分七章。第一章序论,介绍了研究动机与目的,研究范围与方法,具体分析了论文的架构。第二章对合建的基本概念进行了界定,首先阐述了两岸合建的意义及类型,并对合建合同之类型进行了评析;随后分析了合建合同与现代社会的功能,具体包括开发商方面的因素、"供地方"方面因素以及加速老旧小区更新。第三章探讨了合建合同条款及其问题,首先阐释了合同之名称与合同当事人概念;随后分别分析了"供地方"之主与开发商的主给付义务与从给付义务;接着介绍了各项费用税捐负担之约定,论述了违约之处罚,包括违约责任之概括约定、开发商未如期开工、完工、交屋及"供地方"延迟责任,以及因不可规则双方之事由致无法建筑之责任;最后介绍了其他约定事项。第四章信托基础法律概念——信托、信托业,论述了信托的沿革、历史、意义及性质等方面的内容,同时也对不动产信托的意义与功能效益进行了分析研究。第五章合建信托模式之实际执行,具体分为合建型之不动产信托与合建型营建资金之信托,对二者的相关问题与注意事项进行了分析研究。第六章都市更新理念与理论基础,首先阐释了缘起理念,结合美国与日本的都市更新进行了比较分析,引出了都市更新理论基础;随后对台湾地区都市更新条例架构体系及其特征进行了分析研究,包括都市更新办理流程、核定更新事业阶段以及实施更新事业阶段,最后对协议合建的相关内容进行了探讨。第七章为对全文的总结。

关键词:不动产　信托　物权法　合同法

**2352**

**母子公司法律关系研究** / 沈云樵著 ; 赵中孚指导. -- 中国人民大学, 2009. -- 245 页

论文对母子公司的法律关系进行了分析研究。全文共分六章。导论介绍了选题背景与研究目的,研究方法及论文的结构。第一章介绍了母子公司的法理基础,首先从法学上、经济上对公司进行了界定,揭示了公司的本质,为母子公司的界定提供了基础;随后详究了母子公司的历史,论述了各国和地区法上对母子公司的界定,并提出了论文对母子公司的界定方式;最后阐述了论文的方法论,论证了"法律关系"作为母子公司研究的逻辑起点及其作为研究对象的合理性与科学性。第二章母子公司法律关系之确立,以合同为中心,研究了上市公司收购、公司转投资、公司分立和三角合并等母子公司形式的确立方式,揭示了

母子公司组织形式确立的契约实质,提出了中国法上对公司转投资改采授权公司章程规制的模式。第三章母子公司内部法律关系,考察了母子公司内部的内在性法律关系,并对母子公司内部之相互持股以及母子公司惯用之关联交易手段进行了介绍,论证了相互持股制度在公司法发达国家的历史命运,提出了中国法上的相应对策。第四章研究了母子公司的外部法律关系,论证了母子公司外部法律关系缘何主要体现为子公司债权人保护问题,并立足于子公司债权人保护与救济之立体视角,对构建子公司债权之立体保护体系进行了尝试。第五章母子公司的治理,论证了公司治理与母子公司治理的区别,提出了母子公司治理的治理边界,最后从冲突法角度,论述了母子公司在国际交易中之法律冲突,并对母子公司之危害进行了反思。第六章为余论,阐述了论文的心得体会。

关键词:公司法　法人治理结构　股权　法律关系　母子公司

**2353**

**版权保护与表达自由之关系研究** / 宋慧献著 ; 吴汉东指导. -- 中南财经政法大学, 2009. -- 362 页

论文对版权保护与表达自由的关系进行研究,旨在在数字网络环境下,使版权制度以及例外制度充分地考量媒体与传播发展的新特点和新趋势,最大限度地保障表达自由。全文分为导论和正文部分,其中正文分为七章。导论部分主要介绍论文的选题背景及意义、研究概况、研究的思路与方法。第一章从法哲学角度对版权和表达自由进行价值论的考察。第二章将版权与表达自由置于历史视野下,对版权与舆论审查之关系做历史求证。论文选取了两个特定的历史域:第一,现代版权制度在近代欧洲的起源、尤其是安妮女王法的诞生表明,版权的前身书商特权原本是舆论审查的手段,现代版权制度是舆论审查、市场、表达自由与书商特权相互博弈的结果。第二,沙俄时期的版权法直接借鉴了法、德等国的法律,达到了西欧国家的保护水平。第三章主要介绍版权与表达自由的正相关性,具体从版权与表达自由的价值共生、版权生态与表达自由、版权的自由价值三个方面进行探讨。第四章主要分析版权与表达自由的负相关性,对冲突之辩与冲突之实等两个问题进行了分析。第五章是对版权法“内置安全阀”规范的分析。首先阐述限制表达的必要性原则,继而介绍版权限制制度,然后介绍观念/表达两分法的范围、法理基础以及表达自由,最后介绍了合理使用制度。第六章对“安全阀”之漏、版权法扩张以及数字化版权掠夺问题进行阐述。第七章主要提出结论以及相应的革新版权规则。

关键词:版权　舆论　自由　宪法

**2354**

**韩国宪法法院制度研究** / 宋永华著 ; 董茂云指导. -- 复旦大学, 2009. -- 140 页

论文分别从历史源流、制度内容与制度时效等方面对韩国宪法法院制度做出了探讨。全文共分四章。首先导论,介绍了研究意义与研究现状,分析了研究思路与框架,指出论文的研究方法。第一章在介绍韩国政治转型前的宪法审查制度的发展与流变的基础上,对韩国宪政建设的困境进行了探讨分析,具体从文化传统、殖民地历史与战后朝鲜半岛局势等方面分析了韩国宪政建设的困境,解释了宪法审查制度难以发挥作用的原因。第二章分析了韩国的政治转型与宪法法院制度的确立,指出政治转型为韩国宪政建设提供了出路,而宪法法院制度是韩国政治转型的产物,同时论述了韩国宪法法院审判权的生成融合了韩国宪政建设的历史基础和现实需求,较好把握了制度移植与本土化的关系,奠定了宪法法院制度成功的基础。第三章分析了宪法法院的宪法地位,述评了宪法法院的组织体系,首先介绍了宪法法院的性质,随后分别讨论了宪法法院与国会、普通法院以及以总统为首的行政机关的关系,最后分析了宪法法院的组织,指出宪法法院制度是对西方传统的三权分立体制的突破与重构,形成了立法、行政、司法之外的另一种国家权力——宪法审查权。第四章述评了韩国宪法法院的审判及其行使程序,指出韩国宪法法院的审判权主要包括法律合宪性审判权、弹劾审判权、政党解散审判权、权限争议审判权和宪法诉愿审判权,基本反映了政治转型以来韩国宪政建设的现实需求,随后对宪法法院的审判程序与决定进行了阐述与分析。第五章从民主政治、法治、人权保障三个方面阐述了韩国宪法法院在韩国宪政建设中的作用,指出宪法法院改善了国民对宪法与法律的态度和对民主政治的认识,提升了国民的法治观念。最后为全文的结语。

关键词:宪法　法院　司法制度　韩国

**2355**

**美国侵权法市场份额规则研究:兼论对我国侵权立法的启示** / 孙大伟著 ; 马新彦指导. -- 吉林大学, 2009. --

163 页

论文共分为六章。第一章为绪论部分，介绍了选题的背景及其意义、国内外研究现状、论证结构及相关限定。第二章论述了美国侵权法市场份额规则的产生。首先介绍了市场份额规则产生的历史背景，具体包括辛德尔案对美国侵权法的挑战，以及 DES 案件中的诉讼时效问题；接着分析了市场份额规则在美国侵权法中的确立问题。第三章分析了两种市场份额规则及其本质差异。首先对辛德尔案确立的市场份额规则模式和海默维茨案确立的市场份额规则模式进行分析，继而介绍了市场份额规则的模式差异及其理论基础，并对传统侵权法与两种规则模式的联系展开论述。第四章阐述了市场份额规则的理论证成。介绍了美国侵权法解释理论的历史沿革、经济分析理论的产生与变迁、经济分析理论在普通法中的运用，并对经济分析理论做了初步解析。此外，论文还分析了矫正正义理论，对市场份额规则理论证成进行思辨。第五章介绍了市场份额规则的理论梳理与制度协调。首先分析了市场份额规则与侵权法的兼容性问题，以形式化方法解释了市场份额规则，以实质化方法解释了市场份额规则，并对市场份额规则中的正义问题进行了透视。第六章介绍了市场份额规则对我国侵权立法的启示。讨论了在我国侵权法中确立市场份额规则的必要性和可行性，并对在我国确立市场份额规则的立法设计和技术难点进行了分析。

关键词：侵权行为　立法　美国　中国

**2356**

**双重代表诉讼制度研究** / 孙煐琪著 ; 朱慈蕴指导. -- 清华大学, 2009. -- 113 页

论文对双重代表诉讼制度进行了分析研究。全文共分七章。第一章引言，介绍了选题的意义，相关文献综述，研究方法与内容。第二章概述了双重代表诉讼制度，分析了双重代表诉讼制度的产生及其基本构造，对认定双重代表诉讼制度与否的问题进行了法理探讨，分别论述了否定双重代表诉讼的见解与肯定方的观点。第三章对引入双重代表诉讼制度进行了国际尝试，分别从研究美国、日本、韩国股东代表诉讼制度的发展入手，探讨了三国关于双重代表诉讼的立法尝试，指出三个国家关于双重代表诉讼的判例立场，分析了关于双重代表诉讼的争论。第四章介绍了双重代表诉讼的适格原告，同样以美国、日本韩国为例，分析了三者的单纯股东代表诉讼的适格原告与双重代表诉讼的适格原告，指出股东代表诉讼制度在公私结合场合下存在的局限性为双重代表诉讼制度的确立提供了制度空间。第五章探讨了双重代表诉讼的程序规则，具体包括对诉讼前置程序、双重代表诉讼的防御以及诉讼费用的承担的研究，随后对股东代表诉讼判决的效力及双重代表诉讼判决的效力进行了比较分析，指出双重代表诉讼制度的程序规则基本上变通适用单纯股东代表诉讼中的相关制度规则。第六章对关于中国引进双重代表诉讼制度的问题进行了分析探讨，首先从制度前提的确立与制度引进的时机角度分析了引进双重代表诉讼制度的可能性；随后通过指出引进双重代表诉讼制度符合鼓励股东参与公司治理的要求、介绍双重代表诉讼制度的特殊功能，以及考察中国公司的结合状况，以说明引进双重代表诉讼制度的必要性；接着探讨了引进双重代表诉讼制度的路径，由国外的两种路径得出了中国引进双重代表诉讼制度的路径选择；最后分析了引进双重代表诉讼需要考虑的几个重要问题。第七章为结论。

关键词：公司法　股东　权益保护　诉讼

**2357**

**侵权法功能研究** / 孙玉红著 ; 尹田指导. -- 北京大学, 2009. -- 216 页

论文采用系统、规范、历史、比较分析的方法对侵权法的功能于理论与制度层面进行了研究。全文共分六章。导论介绍了问题的缘起，研究的主要目的与意义，研究范围，论文的构思与观点。第一章理论前见——法律功能，对法律功能的释义进行了阐述，介绍了法律功能的基本内容，包括规范功能、社会功能和其他功能。第二章对侵权法历史沿革中的功能样态进行了分析，首先构建了分析工具，即对侵权法功能的定义与特征进行了介绍；随后分析了古代法时期有形的规范与无形的功能，分别对大陆侵权法的起源、英美侵权法的萌芽以及中国古代侵权法的雏形进行了介绍；最后探讨了现代法时期侵权法的发展与功能的变化。第三章侵权法功能应然论证，先后探讨了体系视角下的功能总论，基本功能定位下的功能个论，具体包括对补偿、遏制基本功能的定位，对遏制功能运行机制和条件的介绍以及对补偿功能的定义与特性的界定，最后辨析了相关概念之功能范畴。第四章对侵权法功能实现的理论进行了探讨，指出侵权法功能实现的意义，明确了侵权法功能实现的途径，分析了侵权法功能实现的主要影响因素，包括侵权法自身的限定、机会因素、保

险因素、社会保障制度等。第五章就基本功能定位下的若干制度进行了考证,首先分别对归责原则与责任构成要件进行了考证,指出将过错责任和严格责任归责原则在一般条款中同时规定,并成为一切侵权请求权的基础,对于基本功能的实现十分有利;随后以纯粹经济损失赔偿为例对赔偿范围进行了考证,阐述了中国对纯粹经济损失保护的必要性及模式选择;最后以惩罚性赔偿为例对赔偿范围进行了考证,分析了惩罚性赔偿在面对各种诘难时的应对策略。第六章介绍了中国功能完善的侵权法的构建,在分析中国现行侵权法的功能和发展的基础上,检讨了中国未来侵权法的方案设计。最后为对全文的总结。

关键词:侵权行为　法的理论　功能

**2358**

**著作权法语境下作品的符号学分析** / 谭玥著 ; 刘春田指导. -- 中国人民大学, 2009. -- 106 页

论文综合语言学、符号学以及以此为基础的文艺理论为分析工具,将第二性的制度研究与第一性的文化研究相结合,对著作权制度进行了分析研究。全文共分五章。导论介绍了研究意义与研究方法,以及研究的现状。第一章概述了符号思想,具体分为古代符号思想、近代符号思想与现代符号思想,分别对古希腊哲学的符号观、中世纪唯名论的符号观、英国经验主义的符号观以及欧洲大陆唯理论的符号观进行了阐释与比较。第二章介绍了作品与符号的联系,首先从功能、性质以及价值方面对作品的符号属性进行了概述,随后从作品与文艺学角度分析了符号学与作品之间的联系,并介绍了以符号学为基础的西方文论。第三章对作品概念的符号学进行了分析研究,首先介绍了定义作品的方法,指出作品是现实世界的再现,并分别对作品摹仿论、智力成果说与作品摹仿论的关系进行了介绍;随后通过分析作品表现论、人格理论与作品表现论、摹仿与表现、临摹与演绎的关系论述了作品是作者思想的表现;接着指出作品是作者的解读,具体介绍了读者反应论、读者与公共领域的关系,以及读者与作品实质相似的判断;最后阐释了作品是自在的文本,介绍了文本中心与著作权法的价值原则。第四章分析了思想与表达二分法的符号学,首先进行了思想与表达二分法的法义分析,列举了思想与表达二分法的司法实践,并对构思与表达的符号学进行了分析;随后介绍了作品中的公有领域和私人创造,分析了二者的联系与区别。第五章对独创性概念的符号学进行了分析研究,首先介绍了独创性概念的法律规定,包括版权体系的独创性概念、作者权体系的独创性概念、中国著作权法的独创性概念以及独创性概念的内涵;随后阐述了独创性概念的文论解释,最后介绍了独创性概念的符号学解释,具体分为独创性与价值判断、区别性的价值判断。最后为结语。

关键词:作品　独创性　著作权

**2359**

**反垄断民事救济制度研究** / 唐艳著 ; 钱明星指导. -- 北京大学, 2009. -- 161 页

论文对反垄断民事救济制度进行了分析研究。全文共分六章。导论介绍了选题背景、努力方向及研究的现状,论文的结构与研究方法。第一章对公、私法划分视野下的反垄断法与民法,对私法、民法、经济法的相关概念进行了澄清,分别阐述了私法自治与通过民法的国家干预概念,对反垄断法与民法关系进行了再探讨。第二章反垄断民事救济之原理,辨析了民事救济与公法救济、民事救济与私人执行概念的关系,并从价值层面、功能层面、制度层面较之于公法救济,探讨了民事救济的必要性。第三章反垄断法民事救济之损失赔偿,指出了基于反垄断民事救济的特殊性,大陆法系传统民法中很多理论不能完全适用的情况,解释了由于中国的学术传统受制于大陆法系的分析框架,所以采用传统的侵权责任构成要件学说,借鉴英美法系反垄断损害赔偿制度成功的经验,对中国反垄断损害赔偿制度的构建进行了尝试。第四章反垄断民事救济之排除侵害,在借鉴美国、日本、澳大利亚等国的立法制度的基础下,对中国的反垄断排除侵害制度提出了建议。第五章合同无效的民事救济机制,首先指出合同违法并不必然导致合同无效;随后采用类型化分析方法,对横向垄断协议、纵向垄断协议、滥用市场支配地位的交易所涉及的各种合同逐一进行了分析,对合同的效力提出了建议;最后分析了合同无效、被撤销后的法律后果及与损害赔偿制度、公法后果的衔接。第六章探讨了集体诉讼、证据规则、诉讼费用承担机制等程序上的保障机制,对中国的制度框架进行了分析研究。最后为结论。

关键词:反垄断法　民法　民事责任　赔偿

**2360**

**非典型劳动关系法律规制研究** / 田野著 ; 林嘉指导. -- 中国人民大学, 2009. -- 179 页

论文针对非典型劳动关系展开研究,探索了中国劳动法应对劳动关系非典型化挑战的基本策略。全文共分六章。导论介绍了研究背景与研究意义,国内外研究现状,研究思路与研究方法,主要的创新。第一章对非典型劳动关系进行了概述,首先介绍了非典型劳动关系兴起的背景,指出非典型劳动关系是劳动法律关系的具体形态,其背后有着更深层次的社会经济背景;随后对非典型劳动关系的法律概念进行了界定。第二章介绍了非典型劳动关系在世界各国的发展概况,首先介绍了各个主要国家与地区非典型劳动关系在实践中的发展状况,包括国外的状况与中国的状况;接着分析了劳动关系非典型化的成因,最后阐述了劳动关系非典型化的影响,特别是对劳动者权益保护造成的影响。第三章分析了劳动关系非典型化给劳动法提出的挑战,具体分为劳动法基本理念面临的挑战与具体劳动法律制度面临的挑战。第四章对日本、欧洲、美国、国际劳工组织为应对非典型劳动挑战所采取的法律对策进行了比较研究,指出了中国现行的规范存在诸多不足,首要问题就是面对劳动弹性化与非典型化挑战时立法的基本态度不明确、指导理念模糊。第五章对非典型劳动关系的法律规制进行了类型化研究,首先对中国现阶段非典型劳动关系的类型进行了归纳;随后选取了几种具有代表性的类型进行了重点阐述;最后指出存在的问题,并提出完善的建议。第六章提出了完善中国非典型劳动关系法律规制的总体建议,按照从宏观到微观、从抽象到具体的逻辑顺序逐步展开讨论,指出中国劳动法对非典型劳动关系的规制应以平衡灵活性与安全性作为指导理念,并对其深刻内容进行剖析,最后提出了具体的完善劳动法律制度的建议,并对论文内容进行了归纳总结。

关键词:劳动关系　劳动法

**2361**

**证券投资基金法律制度研究** / 佟胜奇著 ; 赵新华指导. -- 吉林大学, 2009. -- 106 页

论文通过本体、价值、行为规制、法律关系等视角阐述证券投资基金的基本概念、基本理念、基本制度,指出实践难题并提出解决之道。全文分为四章。第一章介绍证券投资基金的基本概念与基础观念。首先对证券投资基金的概念进行分析,对证券投资基金的概念进行界定,对其特征进行分析,并对其类型进行了划分;继而对证券投资基金的功能进行定位;其次,阐述我国证券投资基金的发展历程。第二章分析证券投资基金法律基本价值取向。分别对证券投资基金持有人利益保护进行法哲学分析、经济学分析;继而介绍"国家干预论"视野下的基金持有人利益保护,分析"国家干预论"的内涵及其意义,以及其在证券投资基金发展中的适用性。第三章介绍对基金管理人不当行为的规制与防范。首先对基金管理人不当行为进行类型化分析,继而介绍对基金管理人不当行为的防范对策。第四章主要阐述证券投资基金法律关系主体的权利义务。首先介绍证券投资基金的法律关系模式,继而分析证券投资基金法律关系主体的权利和义务。

关键词:证券投资　基金　证券法　法律关系

**2362**

**信赖损害赔偿责任研究** / 涂咏松著 ; 李开国指导. -- 西南政法大学, 2009. -- 199 页

论文以法律行为内的信赖责任作为信赖消极保护的方式为研究对象,遵循以责任产生原因作为民事责任命名标准的传统规则,为我国相关制度的建构提出相应的建议,并设计出具体条文。全文除引言以外,分为五章。第一章是对信赖损害赔偿责任基本概念的界定。对信赖、信赖利益、信赖保护、信赖损害赔偿责任等基本概念做了必要的厘清,是全文研究的逻辑起点。第二章介绍了信赖损害赔偿责任的历史演进。鉴于各国和地区的信赖保护法律制度所存在的差异,在对罗马法时代的观念与立法进行评价的基础上,以比较研究的方法,分别对大陆法系和英美法系相关学说及制度的历史演进展开了必要的解读。第三章对信赖损害赔偿责任的正当性进行分析。主要包括两个方面,其一,信赖人产生信赖的合理性分析,其二,对责任人的自由意志做出适当限制的正当性论证。第四章介绍了信赖损害赔偿责任的体系构建。首先从宏观上阐述了信赖原则的独立地位;其次,从中观层面,对信赖消极保护规则之下的信赖损害赔偿责任的构成要件以及赔偿范围做出了归纳;最后,从微观层面,对信赖损害赔偿责任的具体类型的构成要件以及赔偿范围作出类型化的归纳。第五章是对我国信赖损害赔偿责任的立法设计。主要以实证分析的方法,对我国信赖损害赔偿责任的缺失做出了反思,并提出相应的立法建议。

关键词:损害　赔偿　民法

2363

**证券非公开发行监管法律制度研究** / 万勇著 ; 冯果指导. -- 武汉大学, 2009. -- 186 页

论文对证券非公开发行监管法律制度建设进行了分析研究。全文共分八章。导论介绍了选题的理由,分析了中国证券非公开发行的必要性与可行性,综述了论文的研究现状,指出了论文的研究方法。第一章对证券公开发行监管的理论进行了分析,首先阐释了证券非公开发行的适度性监管概念,比较了证券非公开发行监管与证券公开发行监管的异同,指出证券非公开发行规范监管具有现实的必要性和紧迫性;随后介绍了证券非公开发行监管的基本体系。第二章对证券非公开发行标准进行了界定,阐述并评析了主要国家和地区证券非公开发行的界定标准,同时分析了中国法律对于证券非公开发行的标准界定,指出中国法律仅从"人数标准"予以简单界定,抹杀了证券非公开发行的特性,进而提出了重新界定的标准。第三章为非公开发行证券认购人资格界定,首先探讨了非公开发行证券认购人资格界定的必要性,并对主要国家和地区非公开发行证券认购人资格的界定进行了评析;随后指出了中国证券非公开发行证券认购人资格规定的缺陷,提出了重建的建议。第四章介绍了非公开发行证券的转售制度,分析了证券非公开发行的转售限制的必要性,结合美国与台湾的证券非公开发行转售制度,对中国的证券公开发行转售制度的构建进行了评析。第五章阐述了证券非公开发行的发行审核制度,通过分析美国与台湾的证券非公开发行豁免注册制度,结合证券非公开发行的特性及中国目前的证券发行审核制度,提出了相关建议。第六章对证券非公开发行的信息披露监管进行了分析,探讨了中国证券非公开发行信息披露制度的缺陷,提出了根据投资者的不同来构建中国证券非公开发行信息披露体系的构建方法。第七章探讨了证券非公开发行定价监管问题,通过对证券非公开发行特点的分析,指出了中国现有制度的缺陷,提出了相关建议。第八章对证券非公开发行的民事救济制度进行了分析,重点探讨了中国证券非公开发行民事救济制度的缺陷,在案件受理、归责原则、诉讼方式、民事赔偿的计算等方面提出了构建建议。最后为结论部分,提出了中国证券非公开发行建设的路径与模式。

关键词:证券市场　股票发行　监管制度　证券法

2364

**劳动合同违约责任研究** / 王甫银著 ; 林嘉指导. -- 中国人民大学, 2009. -- 151 页

论文从"倾斜保护和兼顾利益平衡,以倾斜保护为手段,最终实现劳动者和用人单位之间的利益平衡"的观点出发,综合运用历史分析、比较研究和规范分析等多种方法,对劳动合同违约责任的基本理论问题进行了研究。全文共分六章。第一章绪论,介绍了劳动合同违约责任的选题与背景意义,研究方法、研究视角与思路,对国内外的相关研究进行了综述,指出了论文的创新点。第二章劳动合同义务之梳理与反思,围绕劳动合同的法律特征以及劳动合同立法的价值选择与法律属性等问题进行了论述。第三章劳动合同违约责任基本理论,首先界定了劳动合同违约和违法的界限;随后分节阐述了劳动合同违约责任的归责原则、构成要件、违约形态以及免责事由。第四章劳动合同违约责任的形式,指出由于劳动合同的特殊性,劳动合同的违约责任形式也体现了二元性特征,并以此为基础,对劳动合同继续履行、违约金以及违约损害赔偿制度进行了探讨与研究。第五章劳动合同单方解除制度,分析了劳动合同单方解除制度的立法现状及存在的问题,以及经济补偿金制度的立法现状及存在的问题,并针对以上存在的问题进行了思考,提出了完善措施。第六章劳动合同缔约过失责任与后劳动合同责任,首先梳理了先劳动合同义务与后劳动合同义务的相关概念,随后对中国现行劳动合同立法关于劳动合同缔约过失责任与后劳动合同责任的相关制度进行了阐释与反思,最后由此指出明确相关法律责任极其必要。最后为全文的结语。

关键词:劳动合同　违约　归责原则　劳动法

2365

**劳动合同不履行及其法律效果研究** / 王凯著 ; 冯彦君指导. -- 吉林大学, 2009. -- 197 页

论文通过提出劳动合同不履行的概念,类型化劳动合同不履行样态,阐明劳动合同不履行的归责原则,体系化劳动合同不履行的救济方式,从而构建劳动合同不履行制度体系的基础内容。全文主要分为七章。第一章为前言,主要介绍研究背景,研究目的和切入点,研究方法以及需要说明的问题。第二章阐明了研究展开的基础性前提。具体包括劳动合同在契约体系中的地位、调整劳动合同关系法律规范的性质以及劳动合同关系适用法律规范的准则三方面内

容。第三章分析劳动合同不履行的概念及类型。对劳动合同履行及不履行的概念进行阐述,分析了劳动合同不履行的法律特征与违约行为;介绍了劳动合同不履行的类型划分及构成要件;最后介绍劳动合同不履行的具体类型。第四章对劳动合同不履行中的义务违反问题进行阐述。首先分析劳动合同的五项履行原则,继而介绍劳动合同当事人的义务,最后分析劳动合同不履行中的具体义务违反问题。第五章主要介绍劳动合同不履行的归责原则。首先从劳动合同不履行的归责要素入手进行分析,进而介绍劳动合同违约责任的归责原则,分析影响劳动合同不履行效力的特殊事由,最后介绍劳动合同不履行与其他合同责任。第六章分析劳动合同不履行的法律效果。主要从履行不能、履行延迟、拒绝履行、不完全履行、受领延迟等五种法律效果展开探讨。第七章主要是对我国劳动合同不履行制度的构建的构想,并提出相关建议。

关键词:合同法　劳动合同　法律效力　归责原则

**2366**

**私法视角下商事登记法律制度研究** / 王兰著 ; 赵万一指导. -- 西南政法大学, 2009. -- 201 页

论文主要以司法理念为线索,论证了商事登记的私法本质,并从市场准入功能、登记价值解构以及商事登记模式三个方面展开了对商事登记制度内容的具体分析,最后落脚于民间商事登记模式,对我国商事登记机制的建构提出相应的制度设计。全文分为绪论和正文,其中正文分为七章。第一章聚焦于商事登记的行为性质和权利本源,结合"天赋人权"的理念,明晰了商事登记的私法属性。第二章重点考察了商事登记制度的私法历史演变脉络,分别从中西方两大视角进行梳理,揭示制度演变背后的商人团体与当权者之间的权益抗争,并且在提炼私权自治作为制度演变内在动力的基础上,论证了商人自治团体主导的民间登记模式在西方以及我国近代发展的历史实在性。第三章从信息经济学视角,分析了商事登记作为一种信号传递机制,通过登记确认和公示机制在市场经济流转中传播商誉信息的功能。第四章选择市场准入机制这一背景来探讨商事登记制度的功能,并在私法与公法、私益与公益的辩证关系基础上,论证了私权至上的商事登记机制所具有的最低层级上保障公共利益的功效。第五章通过对商事登记价值位阶的解构,从自治、自律的角度讲商事登记价值冲突放置于商法伦理性这一维度上,探讨如何依托商法伦理机制合理化解上述价值冲突,进而引申出商主体信誉识别、信用机制构建对商事登记制度的重要意义。第六章主要是运用公共选择分析方法,在诠释了国家登记模式下制度性供给的痼疾后,提出在商事登记中引入民间自治团体的公共决策、寻求市场化的发展路径,进而在私法视域下论证了民间登记模式的理性选择。第七章在民间登记机制运行优势的理论分析基础上,结合我国特定的语境,从具体操作层面上探讨了民间登记模式在我国的具体架构。

关键词:企业登记　登记制度　商法

**2367**

**英美侵权法上注意义务研究** / 王钦杰著 ; 梁慧星指导. -- 山东大学, 2009. -- 239 页

论文对英美侵权法上的注意义务进行了分析研究。全文共分八章。第一章对注意义务的相关内容进行了概述,对注意义务进行了历史考察,并界定了注意义务的概念,指出注意义务的产生依据,介绍了注意义务的功能。第二章介绍了注意义务的检验方法,分别阐述了可预见性、近邻性以及政策衡量的相关涵义,并指出了三者之间的关系。第三章阐述了注意义务违反的判断标准,包括理性人标准、总风险效益检验标准、事实自证标准以及制定法的标准。第四章介绍了注意义务违反的抗辩事由,首先分析了原告的同意或自冒风险的情况,随后分别阐述了促成过失与比较过失的概念,介绍了比较过失损失分配的方式,最后罗列并讨论了人身防卫权、财产防卫权、紧急避险、豁免权等特权。第五章介绍了精神损害赔偿案件中的注意义务,具体分为直接受害人精神损害赔偿案件中的注意义务与间接受害人精神损害赔偿案件中的注意义务。第六章讨论了纯经济损失赔偿案件中的注意义务,通过研究纯经济损失赔偿案件中的注意义务的发展演变分析了纯经济损失赔偿案件中怠于设定注意义务的原因,并介绍了 Hedley Byrne 原则与纯经济损失。第七章探讨了与第三人相关的注意义务,首先介绍了与有特殊关系的第三人相关的注意义务,包括监护者对被监护者的注意义务、雇主对雇员的注意义务以及委托人对受托人的注意义务,接着介绍了与第三人进入或使用权利人拥有、控制或提供的场所或财产相关的注意义务。第八章对两大法系的注意义务进行了比较分析,对中国侵权立法方案中的"注意义务"进行了评析,探讨了注意义务理论在中

国侵权立法中的构筑思路,得到了相关启示。

关键词:侵权行为　义务　民法　英国　美国

**2368**

**民事再审事由研究** / 王胜全著 ; 赵钢指导. -- 武汉大学, 2009. -- 154 页

论文对民事再审事由进行了分析研究。全文共分五章。第一章绪论,就中国历史上及现行中国"四法域"的民事再审事由进行了简介,通过对历史脉络的梳理,分析了中国再审事由制度的流变过程,随后对中国民事再审事由制度运行中存在的问题进行了分析,指出了中国再审制度中存在的诸多问题与困难,最后从实证角度对改革一年后现行再审制度的运行状况进行了总结与反思。第二章探讨了民事再审事由理念论,从民事诉讼的诉讼观、目的观、真实观、法的安定性、正确性、程序保障、政治选择等方面阐述了民事再审事由的基本理念,并从充分性与必要性两个角度,对中国民事再审事由设计的不足进行了分析。第三章探讨了民事再审事由本体论,首先对再审事由的内涵、功能进行了概述,分析了民事再审事由的重大性、法定性、要式性及公益性;随后讨论了再审事由的性质,通过对再审事由的三种学说的介绍,评析了再审事由性质的研究意义;最后分析了民事再审事由的分类,分别介绍了无效事由与原状回复事由、绝对事由与相对事由、程序性事由与实体性事由三种分类。第四章阐述了程序基本权视维下的民事再审事由,首先概述了程序基本权的涵义与功能,论述了其与再审事由的一般关系原理;随后逐一对法定法官请求权与审判组织不合格再审事由的关系、法官回避请求权与未依法回避再审事由的关系、诉讼告知请求权与缺席判决再审事由的关系、听审请求权与多种再审事由的关系进行了探讨;最后从立法论和解释论两个角度指出了再审事由存在的必要性。第五章探究了程序基本权视维下的发现新证据再审事由,从程序基本权角度论述了再审新证据作为再审事由的法律意义;随后从各国的民诉法关于再审新证据的规定中,得出了共性结论,并回顾了中国再审新证据制度的发展历程。最后为结语部分。

关键词:民事诉讼法　再审　理由

**2369**

**现代财产法的理论重构** / 王卫国著 ; 江平指导. -- 中国政法大学, 2009. -- 143 页

论文对现代财产法的理论重构进行了分析研究。全文共分三章。导论介绍了研究背景及意义,国内外研究现状,研究思路与方法。第一章财产法理论的现代困境,首先介绍了中国财产法理论的两个基本特点,一是封闭式的体系框架、二是凝固化的物权概念;随后论述了来自知识经济兴起、企业时代到来以及财富创新倍增情况下的经济和社会发展对传统理论的挑战;最后考察了法制进步对既成体系的冲击,具体包括财产权二元体系面临的冲击,以及物权概念和封闭式法定主义面临的冲击。第二章财产法的理论发展,首先论述了财产权概念的演进,分析了罗马法、法国民法、德国民发、荷兰民法、巴西民法和英美法的财产权概念,指出了他们的特点;随后探究了财产法学说的发展,解析了历史上和现代的一些重要的财产法理论成果。第三章对财产法理论进行了现实思考,首先围绕财产权定性于支配权中心还是绝对权中心的问题,从支配权的本质、绝对权的意义和绝对权的再发现三个方面展开讨论,并从概念辨析、立法技术分析和中国民法学说的检讨三个方面入手,探究了财产法定位于物权法还是广义财产法的问题;随后围绕知识产权能否纳入财产法体系的问题,观察了中国学者的争论,分析了无形财产的特性,论证了知识产权在民法典中的地位;接着围绕货币的属性及其法律归属,分析了货币的现实基础从食物到信用的发展趋势,围绕债权的定位是否拘泥于物债二分体系的问题,考察了物债二分体系的发展历史,同时围绕企业定位于主题发言还是财产法的问题,探究了企业与财产人格化的关系,讨论了企业财产的权利构架、股权的法律属性和企业财产权的社会性;最后围绕虚拟财产的法律地位,分析了虚拟财产的特性。最后为结论部分,对现代财产法的体系进行了构想。

关键词:财产　物权法　法律体系

**2370**

**抵押权流通法律问题研究** / 王娓娓著 ; 郭明瑞指导. -- 中国人民大学, 2009. -- 134 页

论文对抵押权流通的相关法律问题进行了分析研究。全文共分五章。导言介绍了论文的研究背景,逻辑结构,研究目标,研究方法。第一章对抵押权流通进行了概述,首先对质押权流通的定义进行了界定,比较分析了流通抵押与保全抵押的区别;随后探讨了抵押权流通的发展趋势,介绍了传统抵押权的保全功能,分析了抵押权流通的根本动因与规律。第二

章抵押权流通的理论基础，分别介绍了抵押权独立性理论与抵押权附随性缓和理论，指出抵押权附随性缓和理论与抵押权独立性理论有着一脉相承的联系，同时指出日本式采纳抵押权附随性缓和理论的国家，而抵押权独立性理论在德国民法中得到了全面的体现。第三章抵押权流通的实现形式，首先对抵押权证券化进行了概述，介绍了抵押权证券化的概念与类型，并阐述了抵押权证券化的法律特征与法律价值；随后对抵押权证券化的模式进行了探讨，指出抵押权流通存在两种模式，作为其实现方式的抵押权证券化也有狭义与广义之分，广义的抵押权证券化不仅包括狭义的抵押权证券化，还包括付抵押权的债权证券化，最后介绍了中国抵押权流通的模式选择，提出中国可以采纳付抵押权债权证券化的模式来实现抵押权的流通，而狭义的抵押权证券化模式不适合中国的观点。第四章以中国住房抵押贷款证券化为例介绍了抵押权流通的法律规制，首先分析了美国次级抵押贷款危机产生的背景与影响，得出了对中国的启示；随后阐述了中国住房抵押贷款证券化中抵押权流通的法律规制，指出在中国已有的住房抵押贷款证券化立法和实践中，对附随于债权的抵押权的归属、登记以及实现情况都有所规定，但仍然有待于进一步细化和完善。第五章为结论。

关键词：抵押权　债权证券化　证券化　立法

**2371**

**我国司法制规权研究：基于民事司法的视角** / 王杏飞著 ; 赵钢指导. -- 武汉大学, 2009. -- 128 页

论文基于民事司法角度对中国的司法制规权进行了分析研究。全文共分五章。引言交代了选题的缘由与意义，国内外的相关研究现状。第一章为司法制规权的概念进行了界定，分别分析了司法制规权与司法解释、立法权的关系，指出司法规制具有鲜明的独立性与创制性，而司法解释对现行立法具有较强的依附性与确定性。第二章对司法制规权进行了基本考察，分析了大陆法系国家司法制规权的演变过程，探究了英美法系国家司法制规权的发展，指出无论是大陆法系还是英美法系的主要国家与地区，最高司法机关均拥有表现形式各异、范围大小有别的司法制规权，随后对中国司法制规权的历史进行了回顾，指出自新中国成立以来，司法制规权成为了事实上的权力。第三章论述了司法制规权的确立基础，分别对司法制规权的事实基础——恒有缺陷的法律、规范基础——禁止拒绝裁判、理论根据——司法独立进行了论述，指出司法不能拒绝裁判，必须伸张正义，则司法职能必然要求司法机关保持相对的独立性与自主性，进而得出了司法制规权的必要性。第四章分析了司法制规权的主要功能，具体包括促进司法统一、强化权益保障、促进法律生成及提升法院职能的功能，指出司法规则为统一裁判提供了具体的、明确的、具有可操作性的规制与指引，进而提升了司法的公信力与权威性，有效地弥补了成文立法的缺陷与不足，促进了法律的适时发展。第五章探讨了司法制规权的制度构建，首先指出当前司法制规权行为中存在的主要问题，确立了司法制规权的几种主要模式，并介绍了中国的选择；随后分析了司法制规权的应然限制与司法制规权的运行规则，提出由全国人大常委会以法令或解释宪法的方式确立司法制规权是较为可行的方法。最后为结语部分。

关键词：最高法院　立法　司法制度　法律解释

**2372**

**共同侵权行为论** / 王永霞著 ; 刘凯湘指导. -- 北京大学, 2009. -- 215 页

论文从价值论及法律逻辑角度对共同侵权行为论进行了分析研究。全文共分六章。导论介绍了问题的缘起，研究内容与研究方法。第一章介绍了共同侵权行为的制度价值，分别对侵权法的价值与共同侵权行为制度的价值进行了分析阐述。第二章对共同侵权行为的概念要素进行了辨析，首先介绍了共同侵权行为的责任形式，对连带责任的涵义进行了界定，并探讨了特殊法上的连带责任；随后分析了共同侵权行为的构成要素，包括主体要素、行为要素、后果要素、因果关系要素以及过错要素。第三章探讨了共同侵权行为的共同性认定问题，从分析中国大陆的研究现状展开，同时研究了台湾地区的制度及理论，结合对大陆法系以及英美法系国家相关制度及理论的研究，得出了理论及制度的总结、评价与启示。第四章介绍了共谋行为，首先对共谋行为的类型进行了说明；随后介绍了共谋行为的构成要件，辨析了共谋行为与教唆、帮助行为以及团伙行为的区别。第五章探讨了共同认识行为，分别从联系紧密的共同不当行为与联系不紧密的共同不当行为层面对共同不当行为进行了分析论述；随后引出了共同正当行为的相关内容，介绍了具有共同认识的危险行为与具有共同认识的非危险行为；最后探讨了共同认识行为中的不作为

问题,具体包括共同不当行为的不作为侵权问题、共同正当行为的不作为侵权问题及共有的动物、物件致人损害的问题。第六章分析了无意思联络数人侵权行为,辨析了同时空结合数人侵权行为与异时空结合数人侵权行为的相关概念,并探讨了共同危险行为的构成要件与责任性质,最后对中国当前共同危险行为制度进行了反思。最后为结论部分。

关键词:侵权行为　权利　民法

**2373**

**英美侵权法中的过失认定研究** / 王占明著 ; 蒋月指导. -- 厦门大学, 2009. -- 218 页

论文通过对大量英美相关判例及著述的研究,提炼出英美侵权法上固有的过失类型及其认定方法,为中国侵权立法提供了有益的框架与素材。全文共分六章。首先导论,介绍了选题的背景与由来、研究的方法,概述了选题的意义,对研究范围进行了界定,并指出研究重点与难点。第一章介绍了英美侵权法中过失的概念及其沿革,首先澄清了过失的多重涵义,接着对英美过失的主客观性之争做出学说整理,最后对过失的层次进行了划分,并指出过失的前提是义务的确定。第二章介绍了合理人标准及其构成,从“合理人”所涉及的注意、能力、准备、警示、知识等五个方面对“合理人标准”的内涵进行了探讨,并分别对确定合理人标准的情景因素做了具体分析。第三章利用了权衡分析法,引入汉德公式,深化了对于“合理人标准”的探讨,从汉德公式文本的发展脉络、其在判例中的具体应用与不足、学说对其所做的挽救与重新诠释等三个方面进行了梳理与评析。第四章介绍了专业过失的认定,在概念界定的基础上,对以合同责任与以侵权责任作为“专业过失”的责任基础进行了比较,并在分析相关政策考量、提出构成框架后引出了英美法“专业过失”认定的权威规则。第五章介绍了当然过失——违反制定法的过失,首先以美国法为背景对判例适用当然过失的构成要件、免责事由和法律效果进行了归纳,接着以英国法为背景对判例中的特殊考量因素、对行政行为的司法审查及欧洲统一立法的影响等特殊问题做出了必要的补充。第六章研究了英美侵权法上的事实自证制度,对该法则的适用要件、适用范围及法律后果进行了梳理和检讨,指出了该法则从一个具有实体法意义的法律推定规则向徒具有程序法意义的证据规则蜕变的发展轨迹,并分析了其变化成因。最后为结语,总结了论文的主要内容,指出了论文的不足与展望。

关键词:侵权行为　过失(法律)　英国　美国

**2374**

**侵权责任分担论:侵权损害赔偿责任数人分担的一般理论** / 王竹著 ; 杨立新指导. -- 中国人民大学, 2009. -- 251 页

论文对侵权责任分担论进行了分析研究。全文共分七章。第一章研究了侵权责任分担论的确立问题,首先对美国法上侵权责任分担论百年形成历史和英联邦法上相关法律制度的演变过程进行了考察;随后结合中国侵权法上的相关立法、司法和理论发展趋势,对侵权分担论在中国侵权法上确立的可能性和必要性进行了探索。第二章是对侵权责任分担基础的探究,包括民事责任基础理论和侵权责任伦理基础理论两个方面,指出中国侵权责任分担论的分担标准应采用可责难性标准和原因力标准组成的二元体系。第三章探讨了风险责任分担问题,通过研究风险责任分担的基本原理,指出风险责任分担应该以可责难标准为主,原因力标准为辅,通过数人侵权责任形态的适用对受偿不能风险,以及程序负担进行一次性分配,同时还阐述了连带责任形态适用的基本规则与补充责任形态适用的基本规则。第四章探讨了最终责任分担论,首先介绍了最终责任分担的基本原理;随后探究了最终责任比例的确定规则;最后对分摊请求权进行了分析研究,指出中国侵权法对不具有分摊能力连带责任人份额的再分配方案应采纳大陆法系传统的“事后二次分担规则”。第五章对数人侵权责任形态领域的特殊问题——致害人不明数人侵权责任分担进行了研究,讨论了致害人不明数人侵权责任分担的基本原理,并以共同危险行为为例探讨了连带责任形态在致害人不明数人侵权行为中的适用问题。第六章研究了受害人过错制度,分析了受害人过错制度的体系构建,阐述了三种受害人过错制度的基本原理,并以《道交法》为例,讨论了受害人过错制度的适用规则。第七章对受害人过错参与数人侵权责任分担制度的理论进行了探讨,首先探究了受害人过错参与数人侵权责任分担的正当性问题,随后对中国侵权法上受害人过错参与数人侵权责任分担的具体制度设计进行了阐释。最后为结论部分。

关键词:侵权行为　民事责任　赔偿　民法

**2375**

**德国票据无因性理论流变研究** / 王卓著 ; 赵新华指导. -- 吉林大学, 2009. -- 153 页

论文对德国票据无因性理论流变进行探究,在限定票据无因性范围的基础上,对人的抗辩和善意取得做出解释,并分析德国票据无因性理论对于国际上的票据公约的影响。论文分为五章。第一章介绍德国票据无因性理论的雏形。首先介绍早期德国票据学说概观,具体从以“身体拘束说”为核心的票据学说、以“票据严正说”为核心的票据学说展开论述,最后分析了以票据流通为核心的票据本质;继而介绍以无因性为选择的 1848 年德国票据法;最后对 1874 年德国票据法中无因性的形成进行分析。第二章介绍德国票据无因性的流变。首先介绍 1848 年德国票据法的启示,对票据债权与原因债权的同一性进行思考,揭示了立法过程中的“对立的票据法思想”,阐述了对票据无因性理论的认识。其次,介绍票据无因性对德国新旧票据理论学说的影响;最后,分析了德国票据无因性对大陆法系国家的影响。第三章探讨了德国票据无因性理论与民法的互动问题。首先介绍德国票据无因性理论在民法上的基础,接着对德国票据法中的交付契约进行分析,最后探讨了德国票据无因性理论基于民法的升华问题,介绍票据交付在民法上的解释,并分析交付合意的无因性与非从属性。第四章对无因性在德国票据法中进行新的定位。对当代德国票据无因性进行解析,指出无因性在德国票据法上的适用范围,分析抗辩切断与无因性的关系,并对《德国汇票本票法》第 17 条进行评述。第五章主要介绍德国票据无因性对国际公约的影响。

关键词:票据法　契约　民法　德国

**2376**

**中国慈善基金会法人制度研究** / 韦祎著 ; 陈小君指导. -- 中南财经政法大学, 2009. -- 190 页

论文以慈善基金会法人为研究对象,对中国慈善基金会法人制度进行了分析研究。全文共分五章。第一章绪论,介绍了研究的缘起、研究方法及研究成果,研究的进路与内容。第二章以认知“慈善”与“基金会”作为研究的起点,对“慈善”的语义进行了解读与法律界定,对“基金会”的历史脉络与法律内涵进行了介绍。第三章中国慈善组织法律制度的历史与现状,包括三个过程,即萌芽与成长——王权慈善下的中国古代慈善组织、转型与变革——晚清与民国时期的基金会与慈善组织制度以及衰熄与重生——新中国成立后的基金会与慈善组织制度。第四章对慈善基金会法人的人格问题进行了研究,首先指出了中国慈善基金会法人的人格困境,通过分析基金会人格取得的阻碍,反思了中国慈善基金会法人设立制度中存在的缺陷,同时由对人格独立之艰难的讨论,指出了中国慈善基金会法人的人格依附性问题;随后对基金会法人人格的理论进行了反思,并对慈善基金会法人设立与登记的制度进行了设计,对现行制度加以反思与完善。第五章慈善基金会法人财产的法律问题,首先介绍了基金会法人财产的法律特征;随后围绕慈善基金会财产的法律关系展开讨论,具体分为对慈善捐赠法律关系的研究与对公益信托法律关系的分析。第六章中国慈善基金会法人监督制度,介绍了中国慈善基金会法人监督制度的立法原则,对中国慈善基金会法人监督制度的现状进行了详细剖析,提出了中国慈善基金会法人监督制度的完善措施,对慈善基金会法人监督法律体系进行了设想,并对慈善基金会法人监督机关进行了重构。最后为结语,对全文主要内容进行了总结。

关键词:慈善事业　基金会　社会团体　法人制度

**2377**

**公司司法解散制度之研究** / 吴长波著 ; 石慧荣指导. -- 西南政法大学, 2009. -- 168 页

论文立足于对公司司法解散制度的介绍和完善,探索、分析、归纳了公司司法解散制度的理论基础。通过对此一制度的系统研究,一方面对相关基础理论有一个系统的总结,另一方面对我国公司司法解散制度的完成起到一定的作用。全文主要分为四章。第一章是对公司司法解散制度基本理论的介绍和分析。首先对公司司法解散的概念进行了解读,认为公司司法解散是指法院依据适合主体的请求依法裁决对公司予以解散的一种程序。继而对公司司法解散的理论基础从哲学、经济、伦理及公司法理等方面做了分析。第二章是从比较法的角度对公司司法解散制度的考察。首先对域外公司司法解散制度进行了分析,对英美法系与大陆法系的国家公司司法解散制度进行了比较,进而对我国台湾、香港地区公司司法解散制度进行考察,最后提出构建和完善我国公司司法解散制度的启示。第三章是对我国公司司法解散基本理念和基本原则的明确。首先指出公司司法解散的基本理念,即司法审慎介入;而公司司法解散的基本

原则包括主体维持原则、竭尽其他救济原则和利益平衡原则。第四章是对我国公司司法解散制度的构建和完善。首先阐述了我国公司司法解散制度的演进及现状,接着从十一个方面介绍了我国公司司法解散在具体制度方面的完善,最后对我国公司司法解散的替代性措施进行了初步探索。

关键词:公司法　法律解释　法律适用

**2378**

**预告登记制度研究** / 吴春岐著 ; 王利明指导. -- 中国人民大学, 2009. -- 297 页

论文对预告登记制度进行了分析研究。全文共分七章。导论介绍了研究的问题,研究的目的与方法。第一章介绍了预告登记的概念与功能,首先讨论了预告登记制度的概念和内涵,对预告登记与相关登记类型进行了比较;随后从保护交易安全和降低交易成本两方面探讨了预告登记的功能。第二章为预告登记制度的历史考察与分析,通过对德国、瑞士、日本等不动产预告登记的适用范围、法律性质、法律要件、法律效力以及预告登记的发生、消灭等方面的考察与分析,厘清了各国的立法方式与立法原油,进而对中国大陆和台湾地区预告登记制度的历史沿革进行了分析。第三章介绍了预告登记制度的法律性质与适用范围,从形式意义、实质意义两个视角分析了预告登记的性质,并在重点研究和评述学界关于预告登记实质意义性质的各种观点基础上,探究了债权物权化的社会经济基础、表现形式与效力,阐述了债权物权化现象对理论研究和实践应用的启示和意义。第四章探讨了预告登记的法律效力,在参考德国、瑞士、日本及台湾地区的不动产预告登记法律效力的基础上,结合对中国预告登记法律效力相关规定的解释与检讨,指出了预告登记的法律效力具有临时性和相对性的特点。第五章阐述了预告登记的设立和转让,对登记请求权的概念进行了界定,指出登记请求权是登记权利人对登记义务人所享有的请求其履行登记义务的权利,并分别对预告登记设立的实体要件、程序要件进行了类型化分析。第六章探究了预告登记的消灭与涂销,首先介绍了预告登记消灭的概念与原因,分析了预告登记消灭与预告登记涂销的关系;随后对预告登记推进本登记的实体条件与程序要件进行了阐述;最后论述了预告登记涂销的法律价值、适用条件与程序要件。第七章为结语部分,对中国预告登记制度立法模式的完善与广泛应用进行了展望。

关键词:物权　登记制度　物权法　债权法　法律效力

**2379**

**从私人自治到劳资团体自治:德国团体协约法律制度研究** / 吴文芳著 ; 林嘉指导. -- 中国人民大学, 2009. -- 183 页

论文对德国法中团体协约制度的历史、制度、价值变迁等问题展开研究,厘清团体协约制度基本原理,并探求其在德国社会发展过程中所沉淀下来的基本价值。在德国法研究的基础上,对德国团体协约法律制度提供给我国的借鉴与启示意义进行了总结。全文分为绪言和正文,其中正文分为七章。绪言主要介绍论文的写作目的和写作安排,包括研究的缘起与研究动机,阐释确定研究对象的理由;提出论文的问题意识,为全文研究明确了问题导向;最后界定了论文的研究方法、技术路线和主要内容介绍。第一章围绕团体协约、私人自治、社会自治、劳资自治等基本概念和理论工具展开,通过对这些概念、理论的阐释为后文的论述创造必要的研究基础。第二章研究德国社会"从个人到团体"的转型及其给团体协约自治带来的影响。第三章研究了从 19 世纪末到 20 世纪初在私人自治的法律框架下德国立法者对工人团结权与团体协约的限制,论述了德国社会运动推动的团体协约在法律领域的发展以及法学界对其展开的讨论。第四章论述了德国法学家在无法用私人自治的路径合理解释团体协约的情况下,如何尝试构建新的理论对团体协约做出诠释,以及德国劳动法对团体观的认识是如何得到宪法层面的保障。第五章主要从立法论的角度论述了德国劳资团体自治的具体构造。第六章首先分析劳资自治危机的起源,在此基础上通过梳理学者们对此问题的分析,找到学理上与立法上对劳资自治危机的核心问题,最后介绍德国的应对措施。第七章回归中国劳动法的语境,并根据德国团体协约法的研究论述其对我国劳动法制的启示。

关键词:劳动法　社会团体　德国

**2380**

**中国大陆个人数据保护法立法之研究** / 谢永志著 ; 杨立新指导. -- 中国人民大学, 2009. -- 251 页

论文对中国大陆个人数据保护法立法进行了分析研究。全文共分五章。导论概述了科技的影响,特别是电子数据处理的冲击是任何国家都不能置身事

外的。第一章探讨了个人数据的保护,首先对个人数据的概念进行了界定,并列举了各国地区立法例对于个人数据的定义,厘清了数据与信息、隐私的相关理念;随后介绍了个人数据保护的法理基础,分析了个人数据保护权利的冲突及其限制;最后对个人数据的合理使用与隐私保护进行了阐述,总结了个人数据保护法的兴起。第二章分析了个人数据的侵权责任,首先介绍了侵害个人数据的方式,阐述了侵害个人数据保护权利的常见样态,包括收集个人数据作为商业工具、不当泄露或公布他人的个人数据、散布侵害个人数据软件以及侵入他人系统以获取个人数据;随后分析了新兴科技对个人数据的侵害,探究了个人数据侵权的归责问题;最后阐明了个人数据侵权的责任构成要件与个人数据侵权的责任形式。第三章对个人数据保护法进行了比较法考察,分别对联合国与国际组织、美国、英国、德国、日本、中国大陆个人数据保护立法的价值取向进行了分析研究,并在比较考察国外有关个人数据保护的法律模式基础上,借鉴了国外的先进的立法、司法经验,对中国个人数据保护的立法模式选择提出了建议。第四章中国台湾个人数据保护法的借鉴,首先介绍了台湾个人数据保护法制的发展,并对台湾2005年《全民指纹建档案》进行了评析;随后介绍了个人数据保护法的规范内容,对个人数据的收集、计算机处理、利用及国际传递进行了概述;最后对当事人权利的行使与限制以及数据控制者的义务进行了探究,找到了台湾个人数据保护法制中可供大陆未来立法的参考与借鉴之处。第五章分析了中国大陆个人数据保护法律的现状与未来的立法框架,分别对个人数据保护法律的现状、个人数据保护立法的必要性、个人数据保护法的立法研究与准备以及立法政策建议进行了论述,指出中国个人数据保护法律的现状总体而言是法律规定比较零散、无体系,保护范围狭窄并且缺乏统一的执行机制与机构。最后为总结。

关键词:隐私权　人格　侵权行为　民法

2381

**同性结合法律认可研究** / 熊金才著 ; 蒋月指导. -- 厦门大学, 2009. -- 192 页

论文对同性结合法律认可问题进行了分析研究。全文共分四章。首先绪论,介绍了研究背景,提出了研究问题,对研究的理论意义与实践价值进行了探讨,指出研究路径与方法,对国内外的研究文献进行了综述,分析了研究的创新之处与存在的不足。第一章介绍了同性结合法律认可之证成,分析了同性结合法律认可的法价值、宪法、性理论、法经济学和法社会学理论基础,阐释了同性结合法律认可的多学科支撑,指出同性结合法律认可在保障同性恋性自由权的同时,有助于规范同性性行为,实现性秩序。第二章讨论了同性结合法律认可有害论之证伪,从同性结合法律认可与婚姻之生育功能、子女利益及性伦理的角度对同性结合法律认可有害论予以反证。第三章介绍了同性结合法律认可模式,综述了婚姻、伴侣、互助契约、互惠关系以及民事结合等同性结合法律认可模式对同性结合者权利义务的规定,比较分析了不同立法模式的立法技术与价值取向,指出各模式对同性结合者的身份认同存在差异,但在同性结合者人格权和财产权保障上具有很大的趋同性。第四章探讨了中国同性恋权益保障的路径选择,从中国同性恋的异性婚姻困境、同性恋异性婚姻之危害以及社会整体利益角度论证了中国同性结合法律认可的必要性,从同性性行为的非罪化、去病化及正常化三个层面论述了中国同性结合法律认可之可行性,同时从法律的道德化、家中心理念和法意识视角探析了中国同性结合法律认可的法文化障碍,提出了中国同性结合法律认可模式之建议,给出了中国同性结合法律认可的路径选择。最后为对全文的总结。

关键词:同性婚姻　法律保护　法律适用

2382

**不动产物权公示制度研究:以中韩不动产登记制度为中心** / 徐东旭著 ; 王利明指导. -- 中国人民大学, 2009. -- 126 页

论文从比较法的视角,对不动产物权公示制度进行了分析研究。全文共分六章。第一章引言,介绍了研究背景与意义,研究的方法,研究范围。第二章介绍了物权公示制度的一般理论,首先分别对不动产物权公示的含义、方法与功能,以及公信原则的含义与功能进行了概述;随后从善意取得制度的意义角度入手分析了公示公信原则与善意取得制度。第三章介绍了物权行为与物权变动模式,首先阐述了物权行为和登记的关系,概述了物权行为理论,并就关于物权行为韩国的学说判例对中国的立法选择进行了评析;随后探讨了物权变动的立法模式,包括债权意思主义的立法模式、物权形式主义立法模式以及债权形式主义立法模式。第四章对不动产物权的公示方式,即登记制度进行了阐释,通过与法国、德国、日本等国不动

产登记的比较,分析了中韩两国在不动产登记立法体例和具体制度方面的差异,指出中韩两国的不动产登记制度虽然存在诸多差异,但两国的登记制度的基本理念和出发点仍具有许多相似之处。第五章分析了登记公信力与不动产善意取得制度,首先介绍了登记公信力与登记效力的模式,并比较分析了中韩两国的登记效力模式与立法态度;随后阐述了登记公信力的一般原理,同时结合分析了中韩两国关于登记公信力的立法政策;最后探讨了不动产的善意取得,介绍了不动产善意取得制度的构成要件与法律效果。第六章提出了关于完善中韩两国不动产登记制度的若干建议,首先探讨了中国不动产等级制度的主要问题,并提出了完善的有关建议;随后介绍了韩国不动产登记制度的主要问题及对策。最后为结论部分。

关键词:不动产　物权　物权法　韩国　中国

**2383**

**行政契约否定论** / 阎磊著 ; 余延满指导. -- 武汉大学, 2009. -- 130 页

论文对行政契约否定论进行了分析研究。全文共分四章。导论对行政契约引发的理论争议与实践混乱进行了分析与阐述。第一章对行政法理论上的行政契约进行了比较考察,界定了行政契约的范围与类型,对行政契约的判断标准做出了具体阐释,包括对契约标的理论、"三标准"以及混合标准的介绍。第二章分析并评价了"行政契约"的产生原因与功能,首先对行政契约的发展状况进行了概述,分别研究了行政契约在法国、德国、日本的发展历程,并由此指出国家私法主体身份的加强是"行政契约"产生的重要原因,随后论述了国家双重身份的不断变换造成了"行政契约"误区的观点,说明了契约行政是"行政契约"的功能性需求,"私经济行政理论"是契约行政的理论基础,最后介绍了契约的判断标准。第三章批判了"行政契约"的基础理论,首先围绕"地位不平等的当事人之间能否达成合意?",以及"契约自由原则和依法行政原则是否可以调和?"的问题进行了探讨,随后对契约的涵义进行了界定,指出契约的本质是合意,而行政契约是不平等、无合意的,最后讨论了契约自由与依法行政无从调和的矛盾问题。第四章提出了公法领域无契约,即"行政契约"是一个伪概念的观点,具体通过对私法自治功能的介绍,对契约、法律行为与私法自治关系进行探讨,论证了公法领域无契约,并提出了希望立法者加以重视,尽快完善中国立法的建议。最后为全文的结束语部分。

关键词:行政法　契约　法的理论

**2384**

**住房抵押贷款保险模式研究** / 杨光著 ; 徐卫东指导. -- 吉林大学, 2009. -- 143 页

论文针对我国住房抵押贷款保险的缺失,设计新的保险模式,在遵循抵押权保险的传统精神的基础上做了改进。论文正文分为八章。第一章对住房抵押贷款保险进行概述。首先介绍贷款风险管理的内涵以及住房抵押贷款的风险管理问题;继而分析住房抵押贷款保险的前提;此外,还阐述了住房抵押贷款保险的制度历史,以及住房抵押贷款保险的经济价值。第二章阐述了抵押权人保险利益的理论基础。分别从英国、美国、德国和日本四国的抵押权人保险利益的理论基础展开探讨。第三章介绍住房抵押贷款保险的主体险。首先分析抵押权保险的历史及特性,继而分析德国、英美的抵押权保险,最后分析了我国台湾及日本的抵押权保险。第四章介绍从属性的抵押权保险方式。其中,方式一为保险金请求权的物上代位,方式二为保险金请求权上设定质权,方式三为保险金请求权让与,方式四为损失给付。第五章分析独立性的抵押权保险方式之一,抵押权人条款。论文对美国的标准抵押权人条款、日本的抵押权人特约条项、我国台湾地区的火灾质押权批单进行分析,并对各国抵押权人条款进行比较。第六章介绍独立性的抵押权保险方式之二,即抵押权人利益保险。第七章对住房抵押贷款保险的附加险进行论述,具体介绍了住房抵押贷款保证保险和信用保险,以及住房抵押贷款人身保险。第八章阐述了我国住房抵押贷款保险的模式设计。

关键词:住房抵押贷款　保险　抵押权　保险模式

**2385**

**非物质传统资源权利保护研究** / 杨建斌著 ; 吴汉东指导. -- 中南财经政法大学, 2009. -- 151 页

论文以非物质传统资源为研究对象,重点研究对非物质传统资源的保护。全文分为导论和正文部分,其中正文分为六章。导论部分介绍论文的选题意义、研究现状和主要研究方法。第一章对非物质传统资源相关的概念体系进行论述。首先介绍非物质传统资源及保护的含义,对传统资源与非物质传统资源进行比较,对非物质传统资源的"保护"含义进行分析,

并对不同概念和保护制度的协调问题进行了思考;其次,对非物质文化遗产、民间文学艺术、传统知识和遗传资源等相关术语进行界定;最后分析了生物多样性和文化多样性。第二章阐述非物质传统资源保护的制度和观念沿革。介绍国际视野下的非物质传统资源保护制度的产生和发展,接着对中国非物质传统资源保护现有基础进行分析。第三章主要分析非物质传统资源在财产体系中的地位。具体从无形财产的构成、特殊的无形财产以及非物质传统资源的本质属性等几个方面展开论述。第四章,对非物质传统资源相关权利保护的问题展开讨论。介绍了非物质传统资源相关权利体系,分析非物质传统资源权和非物质传统资源公权利,最后对非物质传统资源权主体和其他相关主体进行分析。第五章对现有知识产权制度及其他权利制度对非物质传统资源的保护问题进行探讨。第六章主要介绍了非物质传统资源权利的界限和限制。

关键词:文化遗产　知识产权　权利

**2386**

**国际知识产权保护与公共健康的冲突与协调问题研究** / 杨默著 ; 董安生指导. -- 中国人民大学, 2009. -- 146 页

论文在考察权利特征、制度发展以及国际社会实践和各国立法经验的基础上,对国际知识产权保护与公共健康的冲突与协调问题进行了分析研究。全文共分五章。第一章知识产权与健康权冲突的本质与协调途径,对知识产权的概念由来与权利属性进行了阐释,分析了知识产权与健康权的冲突原因,介绍了国际社会在解决知识产权与健康权冲突方面的研究。第二章 TRIPS 协议中平衡知识产权保护与公共健康,首先介绍了药品专利及各项例外的规定;随后介绍了强制许可制度的功能设计与发展历程,阐释了专利产品的平行进口;最后探讨了对技术转让中的限制竞争行为的控制以及医药专利保护与公共健康的国际争端。第三章对《多哈健康宣言》与《执行〈多哈健康宣言〉第六段的决议》的内容进行了概述,并对相关实践进行了述评,同时结合发展中国家在应对艾滋病、禽流感、慢性病等方面的实践,说明了发展中国家所面临的严峻的公共健康形势。第四章探讨了发展中国家在知识产权保护与维护公共健康问题上的合理定位思考,首先对国际知识产权保护制度进行了反思,指出当前的国际知识产权保护规则是发达国家极力推动下的成果,体现的是发达国家的意志和利益;随后分析了发展中国家的应对方案与策略,提出发展中国家应当在国际社会中通力协作,以公平理念重新缔造国际知识产权法律制度的利益平衡机制,建立平衡、全面、完善的知识产权制度。第五章解决中国公共健康危机及药品可及性问题的对策初探,首先介绍了中国的公共健康状况与所做的努力,指出了中国在解决公共健康危机方面依然任重道远;最后结合目前的立法与政策,提出了解决中国药品可及性问题的建议。最后为结语。

关键词:知识产权　人权　法律保护　民法　国际法

**2387**

**论民事权利的时间限制** / 杨巍著 ; 温世扬指导. -- 武汉大学, 2009. -- 357 页

论文对民事权利的时间限制进行了分析研究。全文共分四章。首先导论。第一章介绍了民事权利时间限制的历史源流,并对其成因进行了分析。首先从权利限制的涵义入手,对民事权利时间限制的内涵与外延作出了界定;随后对民事权利时间限制在国外及中国的历史源流进行了梳理与分析,总结了影响民事权利时间限制法律态度的主要因素。第二章民事权利时间限制的理论依据,首先对原权利时间限制、救济权时间限制理论依据的现有观点进行了梳理与评述,并在此基础上对民事权利时间限制的理论依据给出了论文的观点;随后对人格权和所有权不受时间限制的理论依据进行了分析总结。第三章原权利时间限制,首先界定了原权利的涵义及原权利时间限制的特征;然后对属于原权利时间限制的各具体制度(包括用益物权存续期间、担保物权行使期间、知识产权保护期、排斥期间以及取得时效)的立法例进行了归纳总结,并对各具体制度的若干争议问题进行了探讨;最后对现行法的有关规定进行了评述,提出中国不应该建立取得时效制度。第四章救济权的时间限制,首先对救济权的涵义及救济权时间限制的特征进行了界定;随后对属于救济权时间限制的诉讼时效制度和权利时效制度的立法例进行了归纳总结,并对诉讼时效制度的若干争议问题进行了讨论研究,运用案例统计方法对诉讼时效期间进行了研究;最后对现行法的相关规定进行了评述,同时针对中国是否应该建立权利时效制度进行了思考,提出了论文的观点。最后为对全文的总结。

关键词:民法　民事权利　时效性

2388

**适用中的民法解释研究** / 杨育正著 ; 李开国指导. -- 西南政法大学, 2009. -- 242 页

论文在现代生活中法官的整体素质不高,而社会对民法的正确适用的需求又非常的旺盛的背景下,对适用中的民法解释进行研究。全文除引言和结语外,共分为九章。引言对研究动因做了介绍,并对涉及的民法适用、解释、民法解释等概念及相互关系进行了分析。第一章对清末变法以前的中国传统民法的解释按照历史发展的脉络进行了探析。第二章对西方民法解释的历史和当代主要的法律解释理论进行了考察。首先介绍了西方法律解释理论的产生与发展,接着介绍了大陆法系适用中的民法解释的演进以及普通法系适用中的民法解释的演进,最后介绍了当代西方民法解释的发展趋向。第三章从个案关联性、价值判断性、建构性、独断性、循环性等五个方面对民法解释的特征进行了探讨。第四章对民法解释必要性和功能进行了探讨。介绍了民法自身不可克服的局限性,并分析了克服民法的局限性而显现的民法解释的意义。第五章探讨的是民法解释的对象。具体包括民法规范和事实两方面内容,并分析了规范与事实的交互阐释。第六章是对民法解释的立场进行探讨。第七章是对民法解释的原则进行探讨。第八章对传统的民法解释方法进行了整理。第九章是对民法的建构进行了探讨。结语对全文内容进行了归纳。

关键词:民法　法律解释

2389

**商业外观权研究** / 叶若思著 ; 石少侠指导. -- 吉林大学, 2009. -- 171 页

论文运用概念分析法、比较研究法、案例分析法等研究方法,从多个侧面对商业外观权进行研究,涵盖了商业外观权本体分析、商业外观权本质揭示、商业外观权价值追寻、商业外观权实务探讨,以及商业外观权权利冲突与限制研究。全文分为绪论和正文,其中正文分为五章。绪论部分介绍文章选题的背景、研究方法、总体框架、主要内容、创新之处与学术贡献。第一章对商业外观权本体论进行讨论。首先介绍商业外观概论,具体包括商业外观之语源、概念、类型,并对商业外观与相关概念进行比较;继而介绍商业外观权概论,具体分析商业外观权的产生与发展、基本构造,以及商业外观权在民事权利体系中的地位;最后介绍商业外观权在中国的保护现状。第二章对商业外观权本质论进行阐述。首先介绍商业外观权本质概论,继而分析商业外观权本质的"利益"论。第三章介绍商业外观权价值论。具体分析了商业外观价值概论、商业外观权的法学价值,并从资源稀缺性假设的角度分析商业外观权的经济学价值。第四章主要探讨了商业外观权实务论。首先介绍商业外观权的权利成立要件,接着分析商业外观权的侵权实务论,继而对商业外观权权利救济实务论进行探讨。第五章介绍了商业外观权权利限制与权利冲突论。阐述了探求权利限制的正当界限,并对商业外观权权利限制的主要表现形式进行分析;最后,论文阐述了知识产权权利冲突与解决权利冲突的一般原则,并提出商业外观权与其他知识产权冲突的解决方式。

关键词:商业　知识产权　商标

2390

**论商誉的法律保护** / 余澜著 ; 吴汉东指导. -- 中国人民大学, 2009. -- 241 页

论文对商誉与其载体的关系进行了再认识,指出商誉与其载体在哲学上对应的是内容和形式的关系,并对商誉载体和商誉构成要素进行区分,在此基础上梳理商誉多种多样的载体,深化了对商誉的认识。全文分为导言和正文,其中正文分为五章。导言部分主要介绍论文的研究意义、论文框架,以及主要创新之处。第一章,研究商誉的基本范畴。通过对会计学、经济学中商誉概念的借鉴及对商誉学概念的比较揭示了商誉学概念的内涵,并从商誉的主体、内容、实质、属性、价值、商誉与主体的关系六个方面阐述了商誉的主要特点。第二章探讨了商誉权的法律属性。首先论证商誉利益满足了上升为权利的条件,在一一评析关于商誉权法律属性不同学说的基础上,论证了商誉权与传统知识产权在时间性、地域性、专有性和国家授予性这些法律特征方面的不同。第三章首先介绍和比较了域外商誉法律保护制度,然后对我国商誉法律保护的立法现状及其完善进行了研究。论文采用比较分析的方法,考察了两大法系主要国家和世界知识产权组织的商誉保护制度,并主要从立法体例和保护范围两个角度,对域外商誉法律保护制度进行比较研究。第四章是从侵权行为的角度对商誉侵权构成要件的分析,分别从侵权主体、侵权违法行为、侵权损害事实、主观过错和因果关系五个方面进行探

讨。第五章是关于商誉侵权的法律责任体系的研究。此外,论文还探讨了制裁商誉侵权行为的行政和刑事救济手段。

关键词:商誉　商标　权利　侵权行为　法律保护

2391

**破产程序管理人制度合理性与运行机制研究** / 郁琳著 ; 邹海林指导. -- 中国社会科学院, 2009. -- 245 页

论文对破产程序管理人制度的合理性与运行机制进行了分析研究。全文共分四章。导论介绍了选题的背景及意义,研究现状,相关文献综述,研究方法与主要内容。第一章管理人制度的基本理论,首先对管理人的概念与类型进行了界定,随后就破产清算程序中的管理人制度合理性与破产重整程序中的管理人制度合理性的讨论对管理人制度的合理性进行了分析。第二章管理人制度的沿革与发展趋势,由介绍管理人制度的萌芽入手,从大陆法系、英美法系两大法系破产法中的管理人制度角度概述了国外管理人制度;随后分析了中国管理人制度的沿革,分别对新中国成立前的破产立法与管理人制度以及新中国成立后到1986年前的破产立法及管理人制度进行了解读;最后探究了管理人制度的发展趋势。第三章管理人的法律地位,首先对英美法系中的管理人地位进行了概述,同时评析了大陆法系中的管理人法律地位的相关学说,由此明晰了管理人法律地位的本质问题与研究思路;随后阐述了中国破产法中的管理人地位,介绍了管理人的资格与选任;接着分别对确定管理人报酬的主体与方法进行了探究,指出了管理人的一般职责与特殊职责;最后探讨了管理人与债权人的关系,包括破产程序中的债权人地位以及管理人接受监督的职责与方式。第四章讨论了管理人的职务执行与民事责任,对管理人民事责任的理论基础、法律依据、内涵理解进行了论述,指出了管理人的注意义务、忠实义务与民事责任之间的关联,介绍了管理人责任风险的分散机制,具体对管理人责任风险的分散及其路径选择做了探讨。最后为对全文的总结。

关键词:破产法　债务管理　管理人员　民事责任

2392

**连带债务研究:以德国法为主要考察对象** / 张定军著 ; 王家福指导. -- 中国社会科学院, 2009. -- 212 页

论文以德国法为主要考察对象,对连带债务进行了分析研究。全文共分六章。导言介绍了研究问题,研究范围和术语使用进行了说明,基本思路与主要内容。第一章德国连带债务制度的历史基础与基本规定,首先介绍了罗马法上的连带债务,指出罗马法上连带债务制度隐含的问题;随后介绍了德国普通法上连带债务的主要问题;最后罗列了一些《德国民法典》的基本规定。第二章对连带债务成立要件进行了理论研究,探寻了附加要件,分别论述了债务原因同一性理论、目的共同说、相互清偿共同和相互履行共同说以及义务的同一层次性理论,并加以小结。第三章对附加要件的放弃,首先介绍了连带债务类型化的几种早期尝试;随后概述了Ehmann对连带债务本质的阐释及其类型构建,叙述了学界对Ehmann类型构建的评价;最后阐述了同一给付前提下的排除法。第四章限缩连带债务适用范围的产物——不真正连带债务,分析了德国不真正连带债务理论的发展史,列举了依当代德国主流学说确定的不真正连带债务案例,并对德国当前主流学说进行了反思,提出了从连带债务的本质看不真正连带债务的观点。第五章连带债务发生原因的规定:适用范围的影响因素,首先介绍了严格限制主义的立法模式、相对限制主义的立法模式以及宽松主义的立法模式;随后分别对德国法上依法律行为成立的连带债务、德国法上依法律规定成立的连带债务进行了分析探讨,得出了小结。第六章连带债务的效力,讨论了连带债务人之间的追偿问题,并具体分析了连带债务中的总括效力和个别效力事项,同时进行了关于效力事项规定的反思。最后为对全文的总结。

关键词:债权法　民法　德国

2393

**寿险保单的流动性法律机制研究** / 张昊著 ; 叶林指导. -- 中国人民大学, 2009. -- 149 页

论文对寿险保单的流动性法律机制进行了分析研究。全文共分六章。导论介绍了研究的背景与意义,国内外的研究现状与主要研究内容,论文的研究方法与创新点。第一章人寿保单的流动性与转让的法律基础,分别对人寿保单的财产性的经济基础、人寿保单的财产性与可转让的法理基础以及人寿保单可转让的合同基础进行了阐述,指出人寿保单的可转让性是人寿保单流动机制的前提和法律基础。第二章人寿保单转让的法律关系与法律机制,指出人寿保单上的财产性权利主要有现金价值请求权和保险金请求权,人寿保单转让的法律机制包括绝对转让和担

保转让,而证券化是构成保单二级市场的关键。第三章探讨了人寿保单担保融资制度,首先对人寿保单质押贷款的法律性质进行了阐述;随后分析了人寿保单贷款的担保标的,以及人寿保单担保权实现的若干问题,包括保险期间问题与重复担保的处理问题,指出人寿保单质押贷款可以分为两个模式:一是保险人对保单持有人提供的质押贷款,二是第三人对保单持有人提供的质押贷款。第四章人寿保单的贴现机制,阐述了人寿保单贴现的模式与基本法律关系,以及保单贴现的基本交易程序,指出人寿保单贴现的标的是保险金给付请求权,并将保单贴现机制分为存在让与担保与质押两种类型。第五章人寿保单贴现的风险与法律规制,首先介绍了人寿保单贴现机制中的信用风险及其应对措施;随后以 MBC 欺诈案为例,引出了对于人寿保单贴现机制中的道德风险的讨论,并提出了相应的应对措施;最后就保单贴现中的流动性风险进行了分析。第六章分析了贴现人寿保单的证券化,探究了贴现人寿保单与证券化技术间的关系问题,介绍了贴现人寿保单证券化的法律基础,分析了贴现保单证券化的类型与实现路径,并结合相关判例讨论了贴现保单权益证券在美国法上的证券属性。最后为结语,提出了构建中国寿险保单流动性法律机制的制度建议。

关键词:人寿保险　保险单　法律关系

**2394**

**我国拍卖法律制度若干问题研究** / 张蓬著 ; 龙翼飞指导. -- 中国人民大学, 2009. -- 137 页

论文借鉴和学习了外国的拍卖业模式,对中国的拍卖法律制度中存在的若干问题进行了分析研究。全文共分五章。前言介绍了论文的理论意义和实践价值,论文的结构和创新之处,论文的研究方法。第一章对拍卖的源流和国内外的拍卖法律制度进行了概述,重点描述了拍卖制度在中国的萌芽、发展到民国时期的衰落、新中国成立后的复苏直至今日的繁荣的进程,并对中国关于拍卖制度立法的不同时期的情况进行了研究。第二章阐述了拍卖的基本原理,分别介绍了拍卖的法律性质、法律特性、基本原则与拍卖的分类,通过对中国《拍卖法》的研究,指出拍卖是一种特殊的买卖活动,但也体现出最普通的交易方式,即买卖合同订立的性质。第三章探讨了拍卖的法律关系及拍卖中的法律责任,首先阐述了拍卖的法律关系及构成要素,以民法的法律关系的基本原理对拍卖进行了分析研究,指出拍卖的三方当事人的每一个行为都有其特定的价值;随后对拍卖各方当事人在拍卖过程中的权利义务及义务内容进行了研究,指出了拍卖当事人在不同拍卖的阶段中存在的不同法律责任。第四章研究了拍卖成交合同的成立与生效构成要件,指出拍卖法律制度中的"价高者得"规则与底价规则即为拍卖成交合同的特殊要件,并通过分析指出优先购买权是"价高者得"规则的例外,提出了对拍卖标的未达底价时处理方法的建议。第五章探讨了强制拍卖制度的有关内容,首先对强制拍卖的历史沿革、内涵、特征及其性质进行了研究,厘清了强制拍卖与《拍卖法》之间的关系;随后分析了设立强制管理制度的必要性,并对强制拍卖中拍卖标的物流拍提出了相关立法修改的建议。最后为对全文的总结,对完善中国的拍卖法律制度提出了立法建议。

关键词:拍卖法　法律体系　法律关系　立法

**2395**

**虚假广告民事责任研究** / 张世鹏著 ; 江平指导. -- 中国政法大学, 2009. -- 131 页

论文对虚假广告的民事责任进行了分析研究。全文共分五章。绪论介绍了研究的动机与目的,研究方法与文章的结构。第一章广告与虚假广告,首先对广告的定义进行了界定,阐释了广告的特征、分类与其相应功能;随后阐述了虚假广告认定的比较法考察,简述了各国的虚假广告规制,归纳出各国在虚假广告认定中的几个共同标准;最后介绍了中国对虚假广告的认定。第二章虚假广告民事责任的基础问题,首先对虚假广告的民事责任进行了界定;随后介绍了广告在传统契约法中的定位,具体分析了虚假广告民事责任的形成与追究路径;最后对虚假广告民事责任主体进行了界定。第三章虚假广告的契约责任,首先概述了广告在契约法中的性质变迁,介绍了有关广告性质的学说与虚假广告的契约责任;然后分别介绍了欺诈、误解与虚假广告的契约责任;最后分析了中国虚假广告的契约责任立法,具体分为《合同法》对广告的规定、法释〔2003〕7 号司法解释对广告的规定;以及中国合同法关于广告规定的完善。第四章研究了虚假广告侵权责任,首先阐述了虚假广告侵权责任的概念、特征与分类,分析了中国虚假广告侵权责任的构成;随后对美国、埃塞俄比亚及荷兰进行了考察研究;最后介绍了虚假广告侵权与民事欺诈侵权,分析了二者的异同,并提出了对中国虚假广告侵权责任的立法完善的构想。第五章对虚假广告两种民事责任

救济模式的利弊进行了分析,指出两种救济方式的不同点与两种民事责任的竞合,探究了契约责任救济模式的利弊与侵权责任救济模式的利弊,并对中国当前虚假广告侵权责任的立法现状进行了点评。最后对结论,即对全文内容的总结。

关键词:商业广告　侵权行为　广告法　民法

**2396**

**公司并购的反垄断监管制度研究** / 张伟著 ; 胡鸿高指导. -- 复旦大学, 2009. -- 207 页

论文以商务部的并购公司为切入点,以中国相关立法为讨论依据,在借鉴欧美实践经验的基础上,对中国公司并购的反垄断监管制度进行了探讨研究。全文共分六章。首先导论,介绍了选题背景与研究的意义,对研究对象与现有的研究进行了综述,指出研究方法与论文结构,对论文核心概念进行了界定。第一章对公司并购监管的若干基础关系进行了研究,围绕中国并购监管面临的三个主要宏观问题展开,具体讨论了并购监管与市场竞争、外资垄断以及产业政策的相互关系。第二章对并购监管的评估制度进行了研究,对评估制度的理论模型、评估制度的主要组成部分进行了阐释,并具体论述了审查横向并购和非横向案时应重点评估的限制竞争因素。第三章研究了并购监管的抗辩规则,结合欧美的立法例和实践,对构成抗辩规则体系的主要抗辩事由进行了梳理,着重分析了在外资并购情形下,中国监管机构应采取的立场。第四章探讨了并购监管的实施主体,指出了中国现行的多元执法体制不利于独立监管,商务部作为并购监管的实施主体存在角色冲突。第五章对并购监管的程序性制度进行了研究,在参考欧盟实践的基础上,研究了并购监管从审查到最终做出审查决定的各个程序环节,强调了正当程序保障的重要性,并对中国现行立法中有关的程序性规定提出了完善的建议。第六章研究了并购监管的救济措施,依据欧盟最新的相关立法,对救济措施的分类、评估原则及实施等核心问题做出了阐释,对中国相关规定的完善提出了初步的建议。最后为余论,对中国并购公告第一案进行了评析,对论文的内容进行了总结。

关键词:企业合并　监管制度　反垄断法

**2397**

**国际海上货物运输承运人责任制度研究** / 张文广著 ; 王家福指导. -- 中国社会科学院, 2009. -- 254 页

论文对国际海上货物运输承运人责任制度进行了分析研究。全文共分七章。首先导论。第一章概述了国际海上货物运输承运人责任制度的历史发展,分别对《哈特法》、《海牙规则》、《维斯比规则》以及《汉堡规则》进行了介绍,指出就国际海运公约而言,政治上的胜利没有实现,商业上的妥协才能持久。第二章探讨了国际海上货物运输承运人的识别,包括对承运人的定义及相关概念的界定、承运人识别标准的介绍,以及对各国关于承运人识别的理论与实践的研究。第三章介绍了国际海上货物运输承运人的最低法定义务,包括谨慎处理使船舶适航的义务、管货义务以及不作不合理绕航的义务。第四章讨论了承运人的其他义务,指出承运人不得拒绝托运人通常的、合理的运输要求,应当及时、如实签发提单,并且应当及时交付货物、凭单交付货物,同时指出无单放货将导致承运人责任限制权利的丧失。第五章介绍了承运人的责任基础,首先分析了承运人责任基础的演变过程,随后指出了航海过失免责和火灾免责仍有其存在的制度价值,最后得出保留航海过失免责和火灾免责符合中国的国家利益的结论。第六章讨论了承运人的责任期间、责任范围、责任限制和责任分担问题,表达了承运人的责任期间应当与运输合同一致、责任范围应当与《合同法》的规定一致、责任限额不应过分提高以及责任分担的目的是为了将所有为海上货物运输服务的人的责任统一到《海商法》的强制性规范之中的观点。第七章介绍了承运人责任制度的最新发展,指出《鹿特丹规则》虽然为国际海运法规的重新统一做出了有益的尝试,但批准《鹿特丹规则》不符合中国的国家利益,提出中国应及时表态要求通过对《海商法》的修改以实现重新平衡各方利益、增强对中国当事人合法权益的保护的目标。最后为全文的结语。

关键词:国际运输　海上运输　货物运输　海商法

**2398**

**技术的私权化路径研究:专利权的财产权属性解释** / 张新锋著 ; 郭禾指导. -- 中国人民大学, 2009. -- 166 页

论文对技术的私权化路径进行了分析研究。全文共分四章。导论介绍了研究问题与背景,论文的思路与结构,目的与研究方法,以及可能的创新与研究中的困难。第一章对专利权的性质及正当性进行了追问,指明了当代专利权制度是关于技术发明的经济利益分配的法律关系,通过分析专利制度的特征,说明了专利权的性质是受人权和公共利益制约的财产

权,梳理了论证专利权作为私权的正当性的学说,并指出了需要完善的疑点。第二章讨论了私权的内涵,首先提出了私权和权利概念在私法上暗合的特点,阐释了权利概念的内涵,论证了财产权在私权中的核心地位;随后对私权的类型进行了界定。第三章以物为核心对财产权进行了构建,进一步求证了私权的本性,首先从当代财产权的体系、结构、类型分析入手,以土地和动产为经验总结,指出绝对所有权的理论、抽象化的概念法学以及进一步发展占有的自然权利观念构建了完善的登记制度;随后将物的私权化路径的历史进程分为两个阶段,即物的产权化阶段和物的私权化阶段,并做出相应阐释。第四章以物为参照物,探究了技术的私权化路径,首先介绍了技术的产权化,具体包括技术的人身性与独立性、技术产权的经济分析以及技术产权化的演变,并通过对技术产权化的经济分析、技术产权中的专利权和技术秘密两种方式的比较,归纳了技术产权变迁的约束因素;随后对技术的私权化历史的进程进行了阐述,介绍了专利制度的萌芽与诞生;最后对技术私权化的路径进行了分析。最后为对全文的总结。

关键词:专利权　财产权　知识产权　民法

**2399**

**有限责任公司股东压制的法律规制** / 张学文著 ; 朱崇实指导. -- 厦门大学, 2009. -- 178 页

论文对有限责任公司中的股东压制及其法律规制进行了探究。全文共分四章。首先导论,介绍了选题的背景与意义,对若干基本概念进行了界定,阐述了论文的思路与结构。第一章介绍了有限责任公司少数股东保护的理论基础,即信义义务原则与合理期待原则,研究了有限责任公司内部股东的关系,指出信任是股东之间关系的基石,以信任为基础形成了股东之间的信义关系,同时介绍了合理期待原则在英美判例法中的发展史,指出有限责任公司股东所持之合理期待具有特殊性,从而需要加以特殊保护,并论述了股东合理期待的表达形式、主要特点和合理期待的判定。第二章探讨了有限责任公司股东压制的成因和表现形式,指出缺乏有效的退出机制、传统公司法中的资本多数决原则、司法对公司内部事务干预上的保守性以及事前缺乏有效的私人安排,都是诱发股东压制的原因。第三章研究了股东压制的法定救济措施,首先分别介绍了公司裁判解散和股权收买请求权这两种救济措施在美国、英国、德国和中国的形成和发展情况,进而在比较分析的基础上指出中国法律规定的不足和完善的方向,接着对这两种救济措施在中国现行法下实施的情况进行了实证分析,最后评价了两种救济措施对少数股东权保护的效用,指出股权收买请求权是比公司裁判解散更为有效的救济措施。第四章考察了事前预防股东压制发生的私人安排,包括公司章程和股东协议,首先研究了二者的性质,随后论述了公司章程和股东协议分别所具有的对少数股东的保护作用。最后为对全文的总结。

关键词:公司法　股东　权益保护　法律保护

**2400**

**信息网络传播权研究** / 张耀明著 ; 吴汉东指导. -- 中南财经政法大学, 2009. -- 169 页

论文对信息网络传播权进行了分析研究。全文共分四章。导言介绍了选题的由来与意义,研究现状,研究框架、研究方法,以及创新点。第一章介绍了网络与信息网络传播权,对信息网络传播权的产生和基本法律问题进行了研究,首先从数字网络环境对著作权制度的影响入手,揭示了信息网络传播权产生的必然性,随后就世界知识产权组织互联网条约、欧盟和美国以及其他一些国家的立法进行了介绍,对中国的相关规定进行了回顾,最后对信息网络传播权的主体、内容和结构进行了分析。第二章围绕技术措施和权利管理信息探讨了信息网络传播权的保护,在分析比较国际条约和有关国家规定的基础上,对技术措施受保护的条件和内容进行了分析,并就技术措施的合理使用进行了探讨,提出了扩大对技术措施合理使用范围的建议。第三章围绕网络服务商的责任探讨了信息网络传播权的保护,对各国关于网络服务商责任的规定进行了比较,对中国的相关规定进行了分析,并就"安全港"规则、通知移除制度进行了研究,对几种常见的网络服务行为的责任要件进行了探讨。第四章围绕信息网络传播权的合理使用对信息网络传播权的限制制度进行了研究,首先介绍了知识公域理念与合理使用制度,指出了信息网络与知识公域的关系;随后阐述了数字网络环境对著作权的合理使用制度的挑战,指出合理使用的空间萎缩威胁着著作权合理使用制度乃至著作权制度本身,使传统的合理使用很难适用于新的数字网络环境;最后就信息网络传播权合理使用的立法和司法实践进行了论述,并提出了相应的完善措施,得出了必须坚持合理使用制度,在现有规定的基础上适当扩大合理使用范围的结论。

最后为结束语。

关键词:信息网络　著作权法　版权

2401

**产品安全法律研究** / 张勇凡著 ; 刘春田指导. -- 中国人民大学, 2009. -- 257 页

论文对产品安全法律进行了分析研究。全文共分六章。导论介绍了产品安全问题,首先以食品为例对产品安全进行了历史考察,由此指出产品安全是一个全世界共同的问题;随后以产品安全法律制度为研究对象,介绍了论文的研究方法、结构与内容,创新点与缺憾。第一章对产品安全的理论进行了分析,首先从人权保护理论、孟子仁政学说与民本思想角度入手,探讨了产品安全的意义;随后对产品安全的经济学理论进行了分析,讨论了企业的社会责任理论、可持续发展理论与产品安全的内在联系。第二章产品安全法律制度的历史发展,首先对产品安全法律产生的历史进行了考察,指出产品安全法律制度是经济发展的结果,也符合了保护消费者人身财产安全、保护动植物和环境生态的理念;随后探究了美国和欧共体产品安全法律制度的产生过程,回顾了"反应停惨剧"并对其影响进行了论述;最后考察了中国历史上关于产品安全的法律制度,指出了当前中国立法中与产品安全相关的制度。第三章消费者和消费者的国家保护,由对信息不对称对消费者的损害问题的探讨分析了知情权的内涵,引出了政府保护消费者安全的理据,指出了私法对于产品安全作用的限制以及产品安全事务管理的复杂性,阐释了政府管理产品安全的原则与准则。第四章探究了产品安全、缺陷产品和产品可持续性生产与消费,从界定产品安全与产品安全标准的概念入手,分析了产品安全与产品质量的关系,提出了可持续性消费与循环经济理念。第五章产品安全的法律责任与义务,首先对产品安全责任进行了法律分析,指出产品安全体现了公法对私法的干预与相互渗透;随后确定了产品安全责任的基本原则,分析了产品安全的义务与责任。第六章通过对缺陷产品召回义务的探讨,介绍了消除风险获得安全的相关内容,分析了缺陷产品召回制度的滥觞。最后为结论部分。

关键词:产品责任法　民事责任　民法

2402

**残疾人社会保障法律制度研究** / 赵启峰著 ; 黎建飞指导. -- 中国人民大学, 2009. -- 205 页

论文以残疾人社会保障制度为研究对象,运用文献研究法、访谈调查研究法以及比较研究法等方法,立足于现代文明社会残疾人观,提出了建立我国护理保险制度和残疾津贴制度的法律建议。全文分为绪论和正文部分,其中正文分为五章。绪论部分介绍了选题背景、研究目标、假设和方法、研究框架、内容和创新之处,并对相关文献进行了回顾。第一章是残疾人与残疾人社会保障,主要介绍了残疾人观的演变,讨论了残疾与残疾人的概念,指出了我国残疾人群体的主要特征和面临的问题,分析了我国残疾人社会保障的法理基础和建立残疾人社会保障法律制度的社会意义。第二章是残疾人社会保障法律制度的国际比较,重点介绍了美国、德国、瑞典、日本等国家的残疾人社会保障法律制度,以期对我国残疾人社会保障提供参考和借鉴。第三章是我国残疾人社会保障法的历史发展,简要回顾了我国残疾人社会保障的历史,重点对新中国成立后残疾人社会保障立法的演进进行了系统整理,并分析了北京奥运会对我国残疾人社会保障立法的影响。第四章是现阶段我国残疾人社会保障体系与存在的问题,介绍了现阶段我国残疾人社会保障制度的体系构成。第五章是我国残疾人社会保障制度的发展思路,提出要确立"平等、参与、共享"的理念,探讨了我国残疾人社会保障的立法模式,提出并阐述了我国残疾人社会保障制度的具体思路。

关键词:残疾人　社会保障　法律制度

2403

**权利质权公示制度研究** / 赵英著 ; 孙宪忠指导. -- 中国社会科学院, 2009. -- 221 页

论文从权利质权公示的一般理论和各论对权利质权公示制度进行了分析研究。全文共分八章。绪论介绍了研究的意义、方法与框架,以及论文的内容与结构。第一章介绍了权利质权公示概说,从罗马法上的相关制度入手,分析了物权公示尤其是权利质权公示方式在历史上的发展脉络,以及权利质权公示制度在中国的发展过程。第二章介绍了比较视野下的权利质权公示制度,归纳了以德国法为代表的大陆法系和美国法为代表的英美法系在权利质权公示制度上存在的差异,并借鉴其有益成分,为分析中国的相关理论和实践提供了参考。第三章就权利质权公示的基本问题进行了探讨,运用物权公示原理阐释了包括占有、交付和登记在内的权利质权公示制度的一般规则,并在此基础上形成了权利质权公示的一般框

架。第四章运用经济分析的方法对权利质权公示制度进行了产能与效率分析,指出权利质权公示是一个技术性较强的制度,较少涉及伦理性。第五章探讨了有价证券质权的公示,指出权利证券化后,权利质权的公示方式演变为以对其证券化的载体的交付或占有,并对如何实现这种交付或占有的方式进行了说明,同时以仓单质押为例,说明了质押过程中仓单交付及相关环节的具体程序。第六章探讨了基金份额、股权质权的公示,从登记的范围、登记主体、登记内容、登记程序等方面对相关的规则和做法进行了分析研究。第七章探讨了知识产权质权的公示,在对三大登记机构的规则和操作流程分析研究的基础上,探究了登记的范围、登记程序等基本问题。第八章讨论了应收账款质押登记,结合人民银行《应收账款质押登记办法》及美国的应收账款质押登记制度,以质押登记的一般理论为基础,探讨了应收账款质押登记的基本问题。最后为结语,对权利质权公示进行了定位与重构。

关键词:物权　权利　担保法　民法

**2404**

**论婚姻关系中私法自治的界限** / 郑广森著 ; 夏吟兰指导. -- 中国政法大学, 2009. -- 111 页

论文对婚姻关系中私法自治的界限进行了分析研究。全文共分四章。导论对专业术语进行了说明,介绍了研究背景与研究意义,概述了研究现状,指出了论文的研究方法。第一章介绍了婚姻与私法自治,阐述了婚姻与国家、社会之间的积极关系与消极关系,婚姻中的权利与国家和社会的利益关系。第二章探讨了结婚过程中私法自治的界限,主要包括对于结婚形式要件、实质要件中私主体私法自治的界限的探讨,并分析了同性婚姻的可行性,得出了在结婚过程中,有必要赋予私主体更大的私法自治的界限的结论。第三章研究了离婚过程中私法自治的界限,通过历史的方法和比较的方法考察了中西方离婚发展的轨迹,分析了过错因素和合同在离婚过程中的功能与作用,指出虽然放松离婚的管制成为了近现代社会中较为明显的标志,但此类措施实际存在矫枉过正的嫌疑,需要加以理性地规范与管制。第四章介绍了离婚效力方面私法自治的界限,集中探讨了离婚后财产和子女抚养方面的效力,包括对抚养费性质的界定、离婚后经济帮助的条件、婚前财产协议的作用与范围,以及受限制的家务劳动约定,指出在财产方面,虽然越来越多的国家开始承认婚前财产协议的效力,但法院仍然有强力的干涉力;在子女抚养方面,现代国家基本上排除了离婚双方进行自由约定的可能,大部分的有关子女抚养的行为基本上都要受到法律的约束。最后为对全文的总结,得出了婚姻主要是私人的事物,国家是婚姻关系的利益相关者的结论,提出在结婚问题上,国家应当赋予当事人更大的自由;在离婚后的效力规范上,国家应限缩当事人私法自治的界限。

关键词:婚姻法　私法　结婚　离婚

**2405**

**公司收购中目标公司董事义务研究** / 郑佳宁著 ; 江平指导. -- 中国政法大学, 2009. -- 145 页

论文对公司收购中的目标公司董事义务进行了分析研究。全文共分六章。第一章介绍了公司收购中目标公司董事义务的基础理论,相关概念界定,分别对公司收购的积极价值、消极价值,以及目标公司反收购行为的价值进行了评述,分析了目标公司董事义务产生的依据,阐述了公司的社会责任与利益相关者理论。第二章目标公司董事在公司收购中的地位,首先通过对股东大会决策模式下的董事的决定作用,以及董事会决策模式下的董事的决定作用的探讨,分析了目标公司董事在公司收购中的角色定位;随后结合对公司控制权争夺、目标公司董事与公司之间利益分歧以及目标公司董事的权力与规制等问题的讨论,阐述了目标公司董事行为规制的必要性。第三章目标公司董事义务之一——忠实义务,分析了目标公司董事忠实义务在收购中的凸显,审查了反收购措施的合法性,研究了管理层收购的利弊,探讨了目标公司董事忠实义务违反的责任,指出了当前忠实义务违反之责任判断的困境,并对正当目的标准进行了反思。第四章目标公司董事义务之二——注意义务,分析了目标公司董事注意义务在收购中的体现,介绍了争取最优被收购的条件,阐述了独立的外部咨询的相关内容,分析了目标公司董事注意义务违反的责任,指出了注意义务违反之责任判断的瓶颈,并对严格的经营判断规制进行了评析。第五章目标公司董事义务之三——社会义务,明晰了公司收购的社会责任和社会义务,阐述了目标公司董事对职工、债权人以及公共利益的社会责任,分析了目标公司董事社会义务违反之责任,提出了相关建议。第六章讨论了中国公司收购中的目标公司董事义务制度的构建,评析了中国公司收购中目标公司董事义务制度的现状,并提出了有关的设计建议。最后为结论部分。

关键词:公司　企业合并　收购　董事　义务

2406

**董事损害赔偿责任研究** / 郑丽英著 ; 冯彦君指导. -- 吉林大学, 2009. -- 144 页

论文通过规范分析、比较法等方法,并通过借鉴民法上的损害赔偿一般理论,以务实原则兼顾体系化的思考方法,梳理并试图澄清有关董事损害赔偿责任的公司法理论。全文共分为五章。第一章介绍了董事损害赔偿责任的一般理论。首先对董事损害赔偿的责任主体进行阐述,接着介绍了董事损害赔偿责任的归责原则,最后分析了董事损害赔偿责任的赔偿原则,即全部赔偿原则、损益相抵原则以及过失相抵原则。第二章介绍了董事违反注意义务的损害赔偿责任。首先介绍董事注意义务的相关内容,继而阐述了董事违反注意义务的判断标准,最后介绍了经营判断原则,即违反注意义务的抗辩事由。第三章介绍了董事违反忠实义务的损害赔偿责任。对忠实义务的内容做了概述,分析了董事利益冲突的主要类型,探究了董事违法自我交易的损害赔偿责任、董事篡夺公司机会的损害赔偿责任以及董事违反竞业限制的损害赔偿责任。第四章介绍了董事对第三人的损害赔偿责任。首先对董事对第三人损害赔偿责任做了概述,继而分析了董事对第三人损害赔偿责任的功能,最后介绍了董事对第三人损害赔偿责任的主要类型。第五章,首先对董事损害赔偿责任弱化制度进行了概述,继而介绍了减轻或免除董事损害赔偿责任的程序以及相关制度,此外还对董事费用的补偿以及董事责任保险问题做了探究。

关键词:董事　赔偿　公司法

2407

**美国优先权制度研究:兼论中国法的借鉴意义** / 郑天娇著 ; 马新彦指导. -- 吉林大学, 2009. -- 117 页

论文主要以制定法规定的优先权类型为例来进行阐释优先权实现的规则和优先次序,作为英美法系独特的担保制度,优先权虽然看似只能生存于英美法系特有土壤,但从其实现功能的角度考量,对具有大陆法系传统的我国法律也有着借鉴意义。全文共分为六章。第一章为绪论部分,介绍文章的选题意义、研究综述、论证结构。第二章对优先权概念解析。首先介绍优先权概念的渊源,分析英美法系传统及优先权概念的生存土壤,对有关优先权概念起源及发展进行论述;继而对我国学界对优先权概念进行解读,最后介绍对优先权概念的正确理解。第三章对美国法上优先权的类型进行区分。首先确立优先权分类的标准,继而介绍美国法上优先权的一般分类,最后以伊利诺伊州、佐治亚州、路易斯安那州的相关制度为例,介绍美国部分州对优先权类型区分的特别规定。第四章介绍美国法上优先权的创设及完善。具体介绍了美国法上优先权担保物的范围、优先权的发生、法定优先权的完善、意定优先权的完善等问题,并分析了美国部分州对于优先权的特别规定。第五章介绍美国法上优先权的实现问题。对美国法上优先权的实现规则进行探讨,并对美国法上优先权实现的次序进行分析。第六章主要介绍美国优先权制度对中国法的借鉴意义。具体从美国优先权制度的借鉴价值、理性借鉴、其对传统理论的突破等方面展开讨论,最后提出了具体做法。

关键词:优先权　民法　美国

2408

**有限责任公司股权转让制度研究** / 郑艳丽著 ; 钱明星指导. -- 北京大学, 2009. -- 203 页

论文在对有限责任公司股权转让理论分析的基础上,对股权转让纠纷中主要的审判实务问题进行了思考研究。全文共分四章。第一章从有限责任公司股权与股权转让两方面,阐述了有限责任公司股权转让的基础理论,对股权转让与出资转让、股份转让、资产转让做出了比较分析,随后对有限责任公司股权转让从大陆法系及英美法系做做出立法考察,分析了中国现行《公司法》的创新与不足。第二章针对有限责任公司股份协议转让的两种情形,即对内转让和对外转让过程中所遵循的立法理念和法律规则中存在的明显差异进行了分析研究,通过与国外立法例的比较,找到了现行法在适用中出现的问题并提出了相应的立法建议。第三章对有限责任公司因某种特定的法律事实引起的四类特殊股权转让形式进行了分析,包括股权强制执行、股权回购、股权继承以及因婚姻关系终结而发生的股权转让,在分析每一种转让形式的现实背景和立法原则的基础上,分别针对每种特殊转让形式阐述了对现行法在实践中的理解和适用,指出了现行立法存在的问题并提出了相关的立法建议。第四章论述了有限责任公司股权转让的效力,首先结合物权变动行为理论分析了公司股权转让中涉及的两种效力的确定,即股权转让合同的效力及股权变动

效力不同的确定标准,探究了二者的区别;随后结合物权行为理论,分析了股东名册和工商登记对股权变动效力的影响,并剖析了其成因,同时针对实践中股权转让合同出现瑕疵而频发纠纷的情形进行了探讨,提出了相关建议;最后对公司章程对股权转让效力的影响及成因进行了分析。最后为总结。

关键词:股份有限公司 股权转让 公司法

2409

**股权转让论:以有限责任公司为视角** / 周海博著 ; 石少侠指导. -- 吉林大学, 2009. -- 132 页

论文以新司法中的股权转让制度为背景,通过对股权转让基本理论的梳理,沿着股权的协议转让和非协议转让两条路径展开研究,并考察了域外股权转让制度的立法建构。全文主要分为四章。第一章介绍了股权转让的基本理论。首先对股权转让的概念进行界定,分析了股权概念的特征,并将之与相关概念进行区分;继而介绍了股权转让的法理基础,包括资本自由理论、公司资合理论、公司人格理论;最后介绍了股权转让的制度价值。第二章,探讨了股权的协议转让问题。首先提出股权内部转让的限制问题与"归一性"问题,继而介绍了股权的外部转让,包括股权转让同意制度和股东优先购买权制度,最后介绍了股权转让协议的效力认定,股权转让的效力层级等问题。第三章分析了股权的非协议转让问题。首先介绍了股权强制执行的正当性、原则、程序问题,并分析了股权强制执行存在的问题;接着介绍了股权的继承问题,从股权继承的正当性、域外股权继承制度的立法考察、股权继承的原则以及我国股权继承存在的问题等四个方面展开探讨;此外,分析了夫妻共有股权的分割问题,并就异议股东股权的回购问题做了深入探究。第四章结合我国国情探讨了股权转让制度的健全与完善。首先提出健全股权内部转让制度,完善股权外部转让制度,并提出了建构股权转让的效力原则。最后,文章还分析了股权非协议转让制度的健全与完善。

关键词:公司法 股份公司 股权转让

2410

**论宪法人格权与民法人格权:以德国法为中心的考察** / 周云涛著 ; 姚辉指导. -- 中国人民大学, 2009. -- 180 页

论文通过综合运用伦理分析方法、比较分析方法、历史分析方法、判例分析方法等多种方法,以德国法为中心对宪法人权与民法人权进行了考察。全文分为导论和正文部分,其中正文分为八章。导论部分介绍了论文选题的背景和意义,研究问题的界定和研究方法。第一章,主要介绍了人格与人格权的问题。分别从作为法律技术的"人格"、人格权中的"人格"以及人格权与法律关系等三个方面展开论述。第二章主要探讨了德国人格权的宪法基础。德国人格权的宪法基础分为"下凡"与"求仙"两部分,即问题的引出、人格权的宪法基础两部分。人格权的宪法基础部分的讨论又进一步详分为人格权与基本权,基本权与人权,人的尊严、人权与基本权三个部分。第三章针对德国的人格权展开研究。首先介绍了宪法人格权的衍变,接着对宪法人格权的请求权基础进行分析,最后指出宪法一般人格权的两种具体化方向,即量的分割与质的分割。第四章介绍了宪法人格价值及其在私法中的转换。论文从基本法保护人格的基本价值判断,宪法人格价值的私法效力以及基本权在私法交往中的效力方式等三个方面进行分析。第五章主要回顾了人格权的历史,展现了德国人格权发展演变的历史画卷。第六章分析了一般人格权与民事权利。具体包括问题的提出、反对一般人格权作为民法典823条1款的绝对权利、支持一般人格权作为民法典823条1款的绝对权利、一般人格权的法律工具属性四个部分。第七章对宪法人格权与民法人格权进行了区分。第八章是结论部分,总结了一般人格权的再定性问题,并分析了人格权请求权与民事责任体系。

关键词:宪法 民法 人格 权利 德国

2411

**国有独资公司董事会制度研究** / 朱晓磊著 ; 龙翼飞指导. -- 中国人民大学, 2009. -- 156 页

论文对国有独资公司董事会制度建设的有关问题进行了探讨。全文共分六章。导论介绍了论文的选题背景与意义,研究的现状、范围与研究方法,论文的结构与主要内容。第一章探讨了国有独资公司治理问题,从历史角度分析了国有独资公司治理问题的由来,对中国国有企业组织形态的立法沿革进行了分析,并从宏观上梳理了国有独资公司的治理问题,提出了修改建议。第二章介绍了董事会制度,梳理了董事会产生的制度基础和历史渊源,分析了董事会制度与企业股权结构之间的关系,探讨了不同股权结构下董事会制度建构的不同特点。第三章介绍了国有独

资公司治理体系框架下的董事会制度,首先阐述了履行出资人职责的机构、董事会、经理层、监事会的主要职责等相关概念,随后分析了国有独资公司董事会与国有资产监督管理机构之间的关系,提出了贯彻"政企分开、政资分开"的建议,最后分析了国有独资公司董事会的评价问题。第四章探讨了国有独资公司董事会的职权与内部结构,对国有独资公司董事会的职权及运作的现状和存在的问题进行了分析,并对完善董事会的内部结构,尤其是专业委员会制度提出了相关建议。第五章介绍了外部董事制度,就外部董事会的概念、外部董事制度对于完善国有独资公司董事会制度的重要作用进行了探讨研究,提出了要进一步完善外部董事的遴选和配套机制的观点。第六章阐述了国有独资公司董事的民事责任制度,就董事民事责任的有关理论进行了阐释,分析了中国关于董事民事责任的有关法律规定。最后为结论部分,提出了相应的制度建议。

关键词:国有企业　独资经营　董事会　公司法

**2412**

**商业银行并购法律问题研究** / 朱亚著 ; 董安生指导. -- 中国人民大学, 2009. -- 163 页

论文以商业银行为研究目标主体,结合并购的基本理论和商业银行并购的实践,对商业银行并购的法律问题,包括商业银行并购的交易规则、行业监管规则、竞争规制等问题进行研究。全文分为导言和正文,其中正文分为五章。导言部分介绍了选题背景和意义,研究方法,对国内外研究现状做了概述,并指出了文章的创新和不足。第一章从实证角度入手,分析银行业并购在五次全球并购浪潮中的表现,阐释我国商业银行并购的现状和特点。第二章探讨商业银行并购的几个基本问题,包括商业银行并购的概念和特点、银行并购的内外动因、监管目的和各国银行并购规制概述。第三章从公司证券法的角度,论述商业银行并购的交易规则。首先介绍了协议收购和要约收购两种公司并购的方式,对信息披露问题做了研究,随后从各国对反并购的立法态度、措施等方面介绍了反并购规则。第四章着重论述了商业银行并购的行业监管规则。首先探讨了银行并购准入问题、金融资本问题,进而分析了商业银行内部控制机制,最后对商业银行并购非银行金融机构的问题展开探讨。第五章研究商业银行并购的竞争性规则。介绍了反垄断法的几个基本问题,对美国银行并购反垄断立法进行了概述。最后,对完善我国银行并购反垄断规制提出相关建议。

关键词:商业银行　并购　收购　信息披露　反垄断　立法

**2413**

**WTO 非违反之诉研究** / 左晓东著 ; 郭寿康指导. -- 中国人民大学, 2009. -- 198 页

论文对 WTO 非违反之诉进行了分析研究。全文共分八章。导论介绍了非违反之诉的简要含义与相关约文规定,指出了目前对于 WTO 非违反之诉的争论,探讨了与研究方法有关的问题。第一章介绍了非违反之诉的概念演变,从历史角度分析了非违反之诉概念的源起,说明了非违反之诉被纳入多边贸易体制过程中经历的实用主义进路。第二章对 GATT/WTO 争端解决实践中的非违反之诉案件进行了介绍,分析了 8 起案件中专家组对条文规定模糊的非违反之诉如何予以阐释和发展的问题,指出了 GATT/WTO 实践中对非违反之诉以例外概念谨慎对待的倾向。第三章结合 GATT/WTO 争端解决实践对非违反之诉的成立要件进行了分析,具体阐述了对于非违反之诉的措施并探讨了非违反之诉保护的是什么利益问题,最后提出了非违反之诉的三个基本要件,即成员方实施了一项措施、依相关协定产生的利益以及由于实施措施而产生抵销或损害。第四章从与违反之诉相比较的角度评价了非违反之诉,分析了违反之诉与非违反之诉间的界限,提出了论文的观点。第五章从适用范围的角度评价了非违反之诉,首先阐述了受保护的利益及关说减让的关联性,探讨了非违反之诉与国民待遇原则的适用范围如何相互影响的问题,随后介绍了非违反之诉与竞争政策、自由贸易协定的内在联系,讨论了规定模式的进一步影响。第六章对非违反之诉可能的法理基础进行了分析,指出国际法中的诚信原则、情势不变原则、国际赔偿责任均不构成非违反之诉的法理基础,提出了应沿用 WTO 创制和适用过程中体现的实用主义进路考察非违反之诉的法理基础的观点。第七章考察了非违反之诉是否应该适用于 TRIPS 协定的问题,指出谈判历史表明对 TRIPS 适用非违反之诉未达成一致的结论,探讨了过渡期的规定理解问题,分析了 TRIPS 理事会的讨论及成员方对该问题的立场。第八章讨论了 WTO 非违反之诉的未来,分析了非违反之诉存在的问题,构想了非违反之诉制度的发展方向。最后为结论。

关键词:世界贸易组织　国际贸易　国际争端　国际法

# 诉讼法学

2414

**民事判决既判力主观范围研究** / 常廷彬著 ; 江伟指导. -- 中国人民大学, 2009. -- 197 页

论文以既判力的主观范围为题进行研究,探讨其基本理论、基本问题,分析司法实践中的特殊情况和争议问题,提出构建我国相关制度的具体设想,其中包括许多符合我国实际、解决实际问题的创新内容。全文共分为前言和正文两部分。前言主要介绍选题的缘起与意义,研究方法,以及论文的结构安排。正文部分包括五章。第一章论述既判力及其主观范围。在简单介绍既判力的概念、条件及作用范围的基础上,从基础理论层面对既判力的主观范围做论述,并在分析既判力主观范围界限的基础上,指出研究、探讨既判力主观范围的价值所在。第二章分析既判力的相对性与对世性。可分为两部分,第一部分介绍既判力相对性的含义和依据,区分实体当事人、诉讼当事人和判决当事人,并说明当事人的范围及确定;第二部分介绍既判力对世性的内涵及其与形成力的区别,依次区分形成判决、确认判决和对世效力,并简述对世性的正当化。第三章考察既判力主观范围的扩张。对既判力主观范围扩张的宏观方面和具体对象分别进行分析。第四章分析既判力主观范围与执行力主观范围的交错。首先探讨执行力的主观范围,指出执行力的主观范围是指执行力所及之人的范围,其与执行当事人、民事诉讼当事人、执行名义当事人、实体法上的当事人既有关联,也有差异;其次,论述执行力主观范围的扩张,分析、论证执行力主观扩张的基础和原则;最后,就执行当事人变更问题进行分析,提出若干完善建议。第五章是对既判力、执行力主观扩张的类型化分析。对公司诉讼、身份关系诉讼等五个方面的问题进行探讨。

关键词:民事诉讼法　判决　法律效力　既判力

2415

**赦免及其程序问题研究** / 陈春勇著 ; 杨宇冠指导. -- 中国政法大学, 2009. -- 193 页

论文结合中国的现行赦免立法与实践,探索赦免的正当性依据,考察和比较古今中外乃至联合国公约中的赦免问题,针对中国赦免实体与程序问题提出完善建议,旨在促进中国赦免制度的发展。全文共分为引言和正文两部分。引言主要介绍问题的提出、研究内容、研究方法和研究意义。正文共包括七章内容。第一章赦免与相关范畴。首先阐述赦免的词义考源和概念界定,以及赦免权的归属;然后介绍赦免的类型、实体及程序问题;最后分析赦免与缓刑、减刑、假释、豁免等相关范畴的比较。第二章赦免的正当性依据。首先指出赦免存废的争议,并对其进行评析;然后依次阐述赦免的伦理学、社会学、宪政及刑事政策依据。第三章中国赦免的考察与比较分析。考察中国古今不同的赦免政策,并对赦免的事由、实体问题及程序问题分别进行比较分析。第四章外国赦免的考察及中外赦免的比较分析。首先介绍韩国、日本、法国等大陆法系赦免的实体与程序问题,并将其与中国赦免进行比较分析;然后介绍英国、美国等英美法系赦免的实体与程序问题,并将其与中国赦免进行比较分析。第五章赦免与国际公约。首先简述国际犯罪赦免的必要性及实体与程序限制,指出国际公约的赦免规定,并分析《罗马规约》中有关的赦免规制;然后对国际公约中的赦免与中国赦免进行比较分析。第六章中国赦免的现状与问题。首先简述中国赦免的规定、实践与背景等现状;然后重点分析中国赦免存在的问题,指出中国赦免立法缺乏实体和程序规制,赦免实践受制于多种因素而长期停滞,并且缺乏赦免监督机制与赦免事务机构。第七章中国赦免的完善构想。首先总结中国赦免完善的总体构想,即确立赦免的适用原则、设置赦免监督机制和赦免委员会、构建完整的赦免立法体系;然后提出中国赦免完善的立法建议,即规制赦免的实体问题、确立一般赦免的程序、规定特别赦免的程序。

关键词:大赦　司法制度　执行(法律)

2416

**美国联邦上诉审制度研究:以“统一司法”为主线** / 陈杭平著 ; 潘剑锋指导. -- 北京大学, 2009. -- 169 页

论文以“美国联邦上诉审如何统一司法”为命题,运用经验分析和历史分析两种研究方法,从历史、组织、程序、制度、功能、主体等视角展开分析,并将结论与中国政治、社会、司法的基本国情相结合,探讨如何在中国通过完善上诉审实现司法的统一。全文共分为八章。第一章导论。介绍论文的命题及命题的理

由,论文的研究方法及结构安排。第二章“美国上诉审的历史、组织与功能”。梳理并归纳美国联邦双层法律审结构的历史发展脉络,概述上诉法院与最高法院的组织特征,并分析上诉审统一司法功能与“纠错”功能的关系、与审级制度的关系及它的社会政治意义。第三章“美国上诉审的受理范围与上诉途径”。从哲学、司法等不同层面探讨“法律问题”与“事实问题”的区分,并围绕美国最高法院裁量受理的衡量标准展开分析,还对“终局上诉”及“中间上诉”途径进行介绍和研究。第四章“美国上诉审的审理结构与复审标准”。分析上诉审法官得以将注意力聚集于“法律问题”的原因以及在诉讼制度上的体现。第五章“美国上诉审的程序构造”。分析美国联邦上诉审的审理程序,集中关注案件负荷控制机制、“言辞辩论”,以及判后“重审”三个环节。第六章“美国上诉审的制度主体”。探讨上诉审法官的“养成”过程和共事方式,讨论上诉审律师的职业伦理规范,研究通过上诉审统一司法所具有的主体因素。第七章“美国上诉审的裁判”。介绍上诉审裁判的制作过程和类型,分析裁判的法律效力以及“遵循先例”的实际情况,并讨论和评析“先例解释”的方法。第八章“‘协作型’审判模式与对中国的启示”。以美国联邦上诉审制度为参考样本,结合中国的具体国情,从“有无必要”“是否可行”以及“如何构建”三个层次探讨中国通过上诉审统一司法的实现,回应论文开篇提出的“中国问题”。

关键词:上诉　诉讼程序　审级制度　美国

**2417**

**法官证据评判研究** / 陈惊天著 ; 樊崇义指导. -- 中国政法大学, 2009. -- 246 页

论文以证据评判为视角,对所涉及的证据法学系列问题进行探索,在前人的研究成果基础上进行全新视角的综合与演绎。全文共分为前言和正文两部分。前言主要介绍研究方法、指导思想、研究目的和创新观点。正文部分包括六章。第一章证据评判概说。首先介绍证据评判的涵义;然后分析证据评判的主体,包括主体的伦理与道德建设、职业化与专业化、独立于中立,以及精英司法的理想与现实;之后评析证据评价的客体,包括证据概念学说,证据与证据信息,证据与定案证据,以及证据的客观属性与主管属性;最后是对证据评判内容的概述。第二章阐述证据评判的理论基础。包括诉讼认识论、正当法律程序理论以及利益衡量理论三个理论基础。第三章阐明证据评判的基本原则。包括客观公正原则、情理推断原则、综合评判原则和理由公开原则,依次阐述每个原则的内涵,实践问题,以及在证据评判中的表现。第四章论述证据评判的基本结构。依次分析证据评判的基石、方式、基本方法、应然目标和实然结果。第五章分析证据评判的工作机理。主要从四个方面阐述证据评判的工作机理,包括从客观事实到主观事实,从证据、可识因素到信息,从信息到符号,从符号、命题到裁判事实。第六章是证据评判理论视野下的实务建议。以证据评判理论的视角,从理念与思维、实务与方法两方面对当前实务中的若干重要问题进行说明。

关键词:法官　证据　法的理论

**2418**

**论检察官客观义务——以职业理念背后的检查行为标准化探讨为中心** / 程捷著 ; 甄贞指导. -- 人民大学, 2009. --

论文立足于检察官客观义务的概念区分、判断前提以及理论体系建构的意义,探讨职业理念背后的检察官检查行为标准化问题。全文共分为七章。第一章介绍研究背景与动机、国内外研究现状、研究范围以及研究方法。第二章概述检察官客观义务的形成简史,明确检察官客观义务的内涵本质,辨析其与法定义务、中立义务的异同,解释其独特的创设缘由与规范射程。第三章陈述检察官客观义务的制度背景。梳理各国关于检察官定位的不同观点,包括司法官型、行政官型、积极性准司法官型、消极性准司法官型、公益代表人型。立足于我国诉讼传统模式以及司法实务现实,指出我国检察官定位应为法律监督权下的司法官。并从理论体系建构上,评述司法官定位的核心地位与重要意义。第四章总结检察官客观义务的主观性判断标准,要求主观立场方面不得与案件存在利益纠葛、不应对案件事实或当事人人格存有偏见、应忽视社会舆论的干扰、不应偏执于有争议的个人法律信念。第五章阐述检察官客观义务的实体性判断标准。包括两方面的要求:一是事实认定上的客观性;二是法律适用上的客观性。第六章围绕检察官客观义务的程序性判断标准展开论述。按照司法程序,分别对立案阶段、侦查阶段、审查起诉阶段以及审判阶段的程序性判断标准进行阐释,以明晰检察官客观义务实现的可操作性标准。第七章主要讨论检察官客观义务在现有体制下的协调与困顿,这种困顿体现在忽视社会舆论与排除个人法律信念之间的紧张关

系、事实认定标准与实践操作标准之间的紧张关系、不同诉讼阶段的客观标准之间的紧张关系以及贯彻客观法益与赋予检察官更多自由裁量权之间的紧张关系。

关键词:检察官　检查行为　行为标准

**2419**

**刑事证据法目的论** / 崔洁著 ; 陈光中指导. -- 中国政法大学, 2009. -- 200 页

论文以刑事证据法目的为研究对象,对其进行探索性研究,以期对我国刑事证据法制度的完善有所裨益。全文包括导言和正文两部分。导言主要介绍问题的提出和研究现状、研究意义和研究方法。正文部分共包括六章。第一章概论。阐述哲学、法律目的论,分析法律目的论与价值论的关系,以及刑事证据法目的的演进过程。第二章发现案件真实。首先分析什么是真实,为什么会发现真实及发现怎样的真实;然后基于证据规则分析刑事证明标准和最佳证据规则。第三章促进法治实现。在对法治的涵义和模式进行介绍后,分析法治对于保障个人权利(自由)、限制国家权力方面所起的作用,并对基于证据的自白任意性规则和非法物证排除规则进行探究。第四章提高诉讼效率。首先对效率、法律中的效率及刑事证据法中的效率等概说进行说明;然后基于证据规则对推定和司法认知进行分析。第五章巩固社会伦理秩序。在对社会伦理、社会秩序等社会伦理秩序概说进行分析后,进行基于证人拒证权的分析。第六章目的论与中国刑事证据现代化。首先探究立法设定考察、现实状况分析、制约因素分析等中国当代刑事证据法的基本特征;然后重点分析中国刑事证据法目的改革,包括优化中国刑事证据法目的构成,以及完善中国刑事证据规则建设两方面。

关键词:刑事诉讼　证据　目的论

**2420**

**民事判决既判力研究** / 丁宝同著 ; 田平安指导. -- 西南政法大学, 2009. -- 180 页

论文以民事诉讼制度的发展为研究基础,研究既判力理论,旨在突出既判力理论和制度在民事诉讼中的重要作用。全文共分为引言和正文两部分。引言主要介绍选题背景和研究的必要性,研究的范围和目的,以及研究的方法。正文部分共分为七章。第一章是对民事判决效力的构成与既判力概念的范畴定位。首先分别阐述罗马法、英美法系及大陆法系民事判决效力制度体系的基本构成;然后指出研究本体的范畴定位与切入点的选择。第二章介绍民法请求权概念的起源。依次概述法国民事诉讼法典中的诉权、请求权概念的确立及其在德国民法典中的地位,并分析其与既判力理论研究的关系。第三章论述既判力基础理论。首先从实体法说、诉讼法说、新实体法说、新诉讼法说四个方面分析既判力本质论,并指出既判力本质理论与请求权理论的逻辑关联;然后从制度效力说、程序保障说、二元根据说三个方面提出既判力根据论;之后分析既判力的作用形态及作用范围。第四章介绍既判力作用的客观范围。首先阐述民事判决书的体例结构;然后分析既判力客观范围的传统界定,在此基础上分析既判力客观范围与诉讼标的理论及请求权理论的逻辑关联;最后总结提出诉讼标的理论及请求权竞合理论的立场选择。第五章介绍既判力作用的时间范围。依次论述民事判决标准时、既判力时间范围的界定、既判力时间范围与请求权理论的逻辑关联及对我国理论构建和制度设计的借鉴意义。第六章介绍既判力作用的主观范围。依次分析既判力主观范围的基本界定、扩张及与请求权理论的逻辑关联,并探讨对我国理论构建和制度设计的借鉴意义。第七章是既判力制度入典构想。首先分析既判力制度在中国的困境、成因及出路;然后重点分析研究既判力制度的入典构想;最后提出以既判力制度为背景的确定判决瑕疵救济程序的完善方案。

关键词:民事诉讼　判决　既判力

**2421**

**我国公民住房权的司法保障研究** / 杜芳著 ; 胡肖华指导. -- 湘潭大学, 2009. -- 113 页

论文以公民住房权的司法保障为研究对象,分析公民住房权受保障的现状,并针对我国住房权司法保障的缺失,提出现行住房权司法保障制度完善的具体建议。全文共分为六章。第一章为绪论。主要介绍选题的背景及意义、国内外研究现状、研究思路与研究方法、论文的主要内容及创新之处。第二章公民住房权司法保障的概述。首先说明公民住房权的内容;然后依次指出公民住房权司法保障的理论依据、法律依据及现实依据;最后介绍积极住房权和消极住房权司法保障的历史沿革。第三章积极住房权和消极住房权的司法保障的域外考察。第四章我国公民住房权受侵害的现状及司法保障的缺陷。我国公民住房权受保障的现状问题主要表现在:保障性住房不到

位,住房平等权受到侵害,非法侵入现象严重,非法驱逐现象普遍。积极住房权的司法保障存在两点重要缺陷:一是宪法救济的阙如;二是拆迁案件的司法保障存在问题。消极住房权的司法保障主要存在如下弊端:消极住房权的保障范围狭窄,刑事搜查程序不周密,行政检查的司法保障缺位。第五章提出我国公民积极住房权司法保障的完善建议。首先启动公民积极住房权违宪审查制度,宪法保障机关适用平等保护原则、比例原则和制度性保障原则对系争法律是否违宪进行判断;其次,健全非法建筑的司法保障制度,包括两方面的内容:一是建立非法建筑的预防性行政诉讼,二是建立非法建筑的国家补偿制度。第六章提出我国公民消极住房权司法保障的完善建议。主要包括四个方面:扩大消极住房权的保障范围,健全行政检查的司法审查机制,健全刑事搜查的司法审查机制,完善国家赔偿制度。

关键词:公民　居住　权利　宪法　诉讼

**2422**

**民事既判力扩张问题研究** / 胡军辉著 ; 廖永安指导. -- 湘潭大学, 2009. -- 153 页

论文以传统的民事诉讼理论为基础,对民事既判力的扩张问题进行研究。全文共分为五章。第一章为绪论。主要介绍论文的选题背景与研究意义,国内外研究现状,研究的思路、方法、主要观点与创新,以及全文的基本框架。第二章民事既判力扩张的概说。首先对既判力的含义和意义进行说明,在此基础上提出既判力扩张的含义及其范围基准,包括主观、客观及效力三方面的范围基准;然后分析既判力扩张的方式,可分为主观、客观、效力三方面范围的扩张。第三章论述民事既判力主观范围的扩张。首先分析既判力主观范围扩张的必要性与可行性;然后提出诉讼担当的含义及分类,并依次阐明法定诉讼担当和任意诉讼担当与既判力主观范围扩张的相互关系;在此基础上,论述当事人恒定制度与诉讼继承制度的比较及我国的立法选择;最后,分别概述既判力向实体从属第三人的扩张问题,以及既判力主观扩张的程序保障问题。第四章重点阐述民事既判力客观范围的扩张。首先介绍既判力客观范围扩张的原因及理论途径;然后提出赋予审判理由以既判力的多个理论,并以新堂理论为基准阐述争点效的主要内容及法院、学理分别对争点效理论的态度;之后分析依诚信原则赋予判决理由以拘束力的缘由和条件,以及学界对依诚信原则赋予审判理由拘束力的态度;最后是对既判力客观扩张理论的评析及我国处理相关问题的思考。第五章重点研究民事既判力效力范围的扩张。首先说明既判力效力范围扩张的法理依据与功能,并在我国现行立法框架下分析影响既判力扩张性效力的因素;然后依次分析不同既判事实在不同诉讼中所起的预决作用;最后分析既判力扩张性效力与终结诉讼效力的分离含义、意义及两种不同的分离情形。

关键词:民事诉讼　审判　既判力

**2423**

**司法证明中的逻辑法则与经验法则** / 李树真著 ; 卞建林指导. -- 中国政法大学, 2009. -- 277 页

论文以司法证明中的逻辑法则与经验法则为研究对象,论证逻辑法则和经验法则潜藏于自由心证原则和证据裁判原则背后,为司法证明过程提供了形式理性和实质理性的双重支持。全文共包括引言和正文两部分。引言主要介绍研究目的、研究概况、论文的研究思路与研究方法、论文的主要创新点。正文部分共包括六章。第一章阐述司法证明及其结构。首先对司法证明的概念、特定场域、双重视角、阶段与层次等理论进行概述;然后对司法证明的结构进行分析,指出司法证明结构包括诉讼结构、证明结构和论辩结构,并从司法证明结构的法理学视角与法社会学视角进行分析。第二章论述司法证明中的逻辑。对立法、司法逻辑化的趋势,司法证明与逻辑基本规律,证据关联性与逻辑,直接证据与间接证据分类的逻辑,推论关系的逻辑及威格摩尔证明表格的逻辑化尝试分别进行概述分析。第三章简述司法证明中的经验。首先进行经验理论概述,分析形式理性法视角下的我国司法证明经验;然后介绍经验法则的概念、种类与形式、基本特征、基本功能及适用机制;最后分析司法经验与司法认知,以经验和经验法则为基础探讨司法认知中效率与权利的平衡。第四章对证据原则、规则与逻辑法则、经验法则分别进行分析考察。第五章对自由裁量与逻辑法则、经验法则分别进行分析说明。第六章对推定与逻辑法则、经验法则分别进行论述分析。概括地说,逻辑(法则)和经验(法则)潜藏于自由心证原则和证据裁判原则背后,为司法证明过程提供了形式理论和实质理论的双重支持。

关键词:证明　诉讼　逻辑

2424

**两岸律师辩护制度之比较:以公正审判为中心** / 李宜光著 ; 陈光中指导. -- 中国政法大学, 2009. -- 213 页

论文以被告受公正审判权为标准,对于两岸律师辩护制度进行比较、评析及提出建议,作为两岸未来刑事诉讼法制修改的参考。全文共分为引论和正文两部分。引论主要介绍研究动机、研究概况、研究发展趋势、研究基础和已有的成果积累、研究方法。第一章分析公正审判的权利。首先介绍公正审判的意义;然后简述公正审判权的起源和发展。第二章阐述辩护人在刑事诉讼程序中的地位。对律师制度的起源进行概述,在此基础上分别解析台湾地区被告和大陆地区被告在刑事诉讼程序中的地位,阐述辩护人的功能和辩护权的依据,并指出辩护权在实务上所受到的不当限制,最后对辩护人的法律地位进行说明。第三章论述审前阶段辩护人的功能与权限。首先简述审前阶段辩护制度的确立;然后依次分析台湾地区侦查中辩护人权利的介绍与检讨和大陆地区审前阶段辩护人权利的介绍与检讨。第四章研究羁押与公正审判。分别分析台湾地区现行羁押制度和大陆地区的刑事拘留、逮捕制度,依次介绍联合国刑事司法准则、《欧洲人权公约》、美国法、台湾地区以及大陆地区对羁押被告的保障。第五章概述台湾和大陆地区审判阶段辩护人的权限与功能。第六章是论文结论。结论部分逐项概略回顾各章的内容,并检讨、说明海峡两岸现行刑事诉讼制度的缺陷,以及未来修法的建议方向。最后,再次强调唯有保障被告受公正审判的权利,才能有助于发现事实真相,使被告愿意接受判决结果,达到发现真实与节省司法资源的双赢结果。

关键词:律师　辩护制度　审判

2425

**民事诉讼集中审理原则研究** / 刘萍著 ; 陈桂明指导. -- 中国政法大学, 2009. -- 149 页

论文从集中审理原则的概念出发,在厘清集中审理原则的内涵和外延的基础上,分析其功能和价值,明确其在我国民事诉讼法中的基础性地位。全文共分为七章。第一章为导论,主要介绍论文的研究动机、研究目的、研究范围、研究方法等。第二章阐述民事诉讼集中审理原则的基本理论问题。首先说明集中审理原则的概念与功能,并分析民事诉讼集中审理原则的法律地位;然后依次论述民事诉讼集中审理原则与直接审理原则、言词审理原则及公开审判原则的关系。第三章是对有关民事诉讼集中审理原则运行之立法例的分析说明。以美国、德国、日本以及我国台湾地区的民事诉讼法为素材,探讨集中审理原则之发展改革脉络及其与各种具体制度之间的关联,并对各个国家和地区之间的异同进行比较总结,在此基础上作为我国为实现集中审理原则而重构民事诉讼制度的参考。第四章探究集中审理原则与当事人的诉讼促进义务。首先在四个方面说明当事人诉讼促进义务存在的理论基础;然后论述当事人诉讼促进义务的具体内容,包括诉讼促进义务的涵义、两种基本类型及其与失权的关系。第五章分析集中审理原则与法官阐明权的相互关系。依次简述阐明权的涵义与性质,功能与分类,以及阐明权的行使方式、行使范围和行使的约束机制。第六章分析争点整理程序。依次阐述争点整理程序的涵义、程序、功能及内容。第七章分析研究在我国贯彻集中审理原则的改革方向。首先指出民事诉讼审理集中化的必要条件;然后说明我国民事诉讼程序的运行现状及存在问题;最后针对现存问题提出在我国践行集中审理原则的构想,包括完善审前程序、完善举证时限制度、加强法院在保障当事人搜集证据权利方面的诉讼指挥、完善法官的阐明权。

关键词:民事诉讼　审理　诉讼程序

2426

**近代中国检察权配置与实践研究** / 刘清生著 ; 胡旭晟指导. -- 湘潭大学, 2009. -- 164 页

论文在前人研究的基础上,对近代中国检察权制度的形成、检察权全能配置及运行实践进行了初步的资料收集和梳理归纳工作,并对中国近代法制史上这一重要的法律现象进行了文化解读。全文共分为绪论和正文两部分。绪论主要介绍论文的选题背景及选题依据,以往主要研究成果综述与论文的研究素材,论文的基本结构与研究视角、研究方法,以及创新性的研究成果。正文部分共包括八章。第一章检察权制度引入的社会文化背景与模式选择。首先分析检察权制度的社会政治背景和诉讼文化背景,在此基础上分析中国近代检察权制度的引入。第二章检察权配置的制度建构。依次分析清末检察权制度的法制初创,民国初期检察权立法的发展与变化以及南京国民政府时期检察权的配置。第三章检察侦查权的权能与实践。首先分析监察侦查权的确立及其制度规范,指出不同时期检察侦查权的不同行使主体;然

后对检察侦查包括的行为规范进行说明,并分析其主要特点。第四章检察公诉权的权能与实践。介绍公诉制度的引入与立法规范,重点分析提起公诉、实行公诉、担当公诉及协助公诉的具体程序和方法。第五章检察监督权的权能与实践。重点分析审判监督权、监所监督权、刑罚执行监督权等具体职责和检察官履职方法。第六章地方司法制度和特别诉讼程序中的检察权,分析了行政兼理司法制度和预审程序、简易程序、覆判程序中的检察权权能和运行方法等。第七章检察权运行实践中的重要关系。对检察机构内部的上下一体关系和检察权运行实践中的重要外部关系依次进行分析说明。第八章中国近代检察权配置及其实践的法文化分析。从近代中国检察权制度的历史意义、制度缺陷、现代启发等方面对中国近代检察制度进行法文化反思。

关键词:检察机关　权力　司法制度

**2427**

**行政公诉权研究** / 刘润发著 ; 江必新指导. -- 湘潭大学, 2009. -- 168 页

论文采用比较分析、综合分析等方法,运用法哲学原理,从权力与诉权的关系视角,以行政公诉权在国家宪政结构中的合理定位为基点,论证我国建构行政公诉权的正当性。全文共分为五章。第一章导论,主要介绍问题的提出,研究价值、现状和方法,研究思路及论文框架。第二章是对行政公诉权的界定。首先从诉、诉权及公诉权说起,介绍行政公诉权的起点;然后指明行政公诉权的定义及基本特征,并阐述行政公诉权与检察权、行政诉权、公益诉权等相关概念的关系。第三章我国建构行政公诉权的依据。首先对我国建构行政公诉权现有观点进行评价;然后从三个方面指出行政公诉权与权力制衡基本原理的同质性;最后分析行政公诉权与公共利益司法救济的兼容性,指出行政公诉权司法救济公共利益的先决问题是利益与公共利益,并分析指出我国现行制度维护公共利益的现状问题是缺失行政公诉权。第四章行政公诉权的构造。首先分析行政公诉权主体,包括行政公诉权主体的定义及特征,行政公诉权主体设置的域外考察,行政公诉权主体模式选择,以及检察机关行使行政公诉权的正当性;然后分析行政公诉权客体,包括行政公诉权客体的定义及特征,我国理论界对行政公诉权客体范围的认识,行政公诉权客体范围有限性的意义解构,确定行政公诉权客体范围的因素,以及对行政公诉权客体范围的合理界定;最后分析行政公诉权的内容,主要包括行政公诉权的定义、特征及配置原则。第五章概述行政公诉权的实现。首先简要介绍行政公诉权的设定,在此基础上提出行政公诉权的规制,即防止行政公诉权的滥用。

关键词:行政诉讼　公诉　权力

**2428**

**湘鄂西土家族家族司法研究** / 刘泽友著 ; 李交发指导. -- 湘潭大学, 2009. -- 124 页

论文以土家族家族司法为研究对象,从传统法律文化和民族法文化的角度对之进行探讨,以期填补土家族司法研究的空白,并为土家族司法的现代传承提供经验教训。全文共分为六章。第一章为绪论。主要阐述问题的提出、相关研究与探讨、研究思路与分析思路,并对相关概念进行界定。第二章简述湘鄂西土家族历史渊源与家族法。分析认为湘鄂西土家族为三源合流,即巴人迁徙、外地移民与当地土著民族融合,形成湘鄂西土家族大家庭;分析指出湘鄂西土家族家发族规的内容大致分为生产、生活、婚姻家庭、丧葬、禁忌、维护和稳定社会秩序六个方面的规范。第三章论述湘鄂西土家族家族司法的效力来源。依次从皇帝诏谕、官府准呈、国家法律肯定等几个方面来对湘鄂西土家族家族司法依据详加阐述。第四章分析湘鄂西土家族家族司法机构与司法程序。土家族司法机构可分为家、房、族三级,由家至族层级递增,三者的主体角色分别为家长、房长和族长。其司法程序则可分为起诉、审判、执罚三大程序。第五章分析湘鄂西土家族司法的惩处。首先说明惩处的类型;然后重点论述惩处重点,包括悖论、犯过法及严重违纪三个方面;最后分析惩罚的四大原则,即有服加等原则、累犯加重原则、类推原则和连坐原则。第六章概述湘鄂西土家族家族司法的效用。土家族司法既有积极作用,也有消极影响。其积极作用在于维护本家本族的生存和发展、协助官府治理地方、稳定基层社会秩序、有效化解民间矛盾和纠纷、弘扬中华民族的传统美德、倡导社会的良风美俗、体现家族法面前人人平等的精神等七个方面。其消极影响则在于维护封建的伦理观念、与国家司法相抵触、息讼观念造成法律意识淡薄等三个方面。

关键词:土家族　家族　少数民族　习惯法

2429

**秘密侦查研究** / 罗永红著 ; 徐静村指导. -- 西南政法大学, 2009. -- 205 页

论文以秘密侦查为研究对象,以对秘密侦查进行法律规制,寻求在打击犯罪和保障人权之间的平衡为研究的出发点和归宿。全文包括引言和正文两部分。引言主要介绍论文的研究背景及意义,国内外研究现状,研究方法。正文部分共分为六章。第一章阐述秘密侦查基础理论。首先对秘密侦查的概念、特征及其与相邻概念的辨析进行介绍,以此为基础,分析秘密侦查的价值构造,并探析秘密侦查与公民隐私权的冲突与平衡,指出隐私侵权的正当依据,即可克减性。第二章分析卧底侦查。在对卧底侦查的概念和相关概念辨析等基本问题进行简要说明后,对德国、美国、加拿大、中国台湾地区等不同国家地区的卧底侦查进行比较考察,并提出卧底侦查可能涉及的实体法与程序法问题,最后重点说明我国卧底侦查的法律构建。第三章分析诱惑侦查。首先简述诱惑侦查的基本分类、基本特点及其与相关概念的辨析;然后分别对美、英、日等过诱惑侦查制度进行评析,指出诱惑侦查的容许性条件,分析违法诱惑侦查的实体和程序效果,以及我国违法诱惑侦查制裁方式的检讨与发展方向;最后指出诱惑侦查是我国在国际化背景下的反腐改革,并对我国诱惑侦查的初步构想进行规制。第四章以毒品犯罪侦查为例探究控制下交付问题。依次分析控制下交付的基本问题、实施过程、实体与程序法上的问题,以及控制下交付制度在我国的确立。第五章分析刑事特情侦查。首先依次考察刑事特情侦查的基本问题、法律规制的域外考察,以及我国刑事特情侦查制度缺失及其法律困惑;最后提出我国刑事特情侦查制度的完善建议。第六章考察监听。首先对监听的概念、分类、特征等基本问题做介绍;然后依次分析美、英、日等国的监听制度,探析附带性监听所获资料的证据能力;最后提出我国通信监听立法的现状和完善构想。

关键词:刑事侦查　犯罪侦察　侦察手段　法制

2430

**实证与比较:侦查到案制度研究** / 马静华著 ; 左卫民指导. -- 四川大学, 2009. -- 223 页

论文采用实证分析方法,选择我国、法国、英国的侦查到案制度为样本,从到案阶段的意义上探讨侦查到案制度。全文共分为五章。第一章提出研究问题、回顾研究对象的研究范式与现状、阐述研究方法与材料。第二章对中国侦查到案制度进行考察。首先追溯了新中国成立以来侦查到案制度的发展演变,按时间先后划分依次为拘留逮捕并用阶段、收容审查畅行阶段、法外到案普遍化阶段。侦查到案措施的适用表现出两个特点,一是实践与制度的显著差异,另一个是科层制权力结构的质量控制。对羁留期间权力与权利状况的考察主要从羁留期限、侦查权力的运作以及犯罪嫌疑人的权利方面展开,揭示了侦查到案程序结构的失衡。又从追诉结果与人权保障角度考察侦查到案的案件处理问题。第三章、第四章分别以法国、英国的警察拘留制度为例进行对比分析。首先介绍警察拘留制度的起源与发展,适用条件,后具体剖析两国警察拘留制度中权力与权利的行使与监督,后对警察拘留终结的案件处理进行针对性解析。第五章比较我国与法、英两国侦查到案的制度与实践,反思我国侦查到案阶段存在的主要问题是在权力行使与权利保障之间未做到适当的协调。在问题与经验的对照下,得出两方面改革启示。一方面,在侦查到案的制度设计理念上,应遵循动态均衡的价值准则;另一方面,在技术路径上,既应关注到案阶段整体构造的合理性,也应重视局部环节的完善。

关键词:侦查到案制度　程序结构　拘留制度

2431

**刑事证据开示制度研究** / 马鹏飞著 ; 陈光中指导. -- 中国政法大学, 2009. -- 168 页

论文对采纳对抗制诉讼模式的英美各国的证据开示制度予以研究,旨在通过借鉴各国证据开示的立法和实践经验,解决我国 1996 年刑事诉讼法修改后司法实践中出现的问题。全文共分为八章。第一章刑事证据开示概述。主要介绍证据开示的概念、特点及分类。第二章英国证据开示制度的历史与现状。内容涵盖英国的普通法和制定法,并以三个模拟案件为例阐述证据开示在英国治安法院和刑事法院的具体运作情况。第三章对美国证据开示制度的历史沿革。通过比较《联邦刑事程序规则》、美国律师协会证据开示标准及各州的开示制度,探讨了美国现行的证据开示体制。第四章加拿大证据开示。包括控方的开始义务、开示范围及例外、开示时间、开示方式以及证据开示的救济机制。第五章日本的证据开示制度。对 2004 年之前有关证据开示的立法、理论和实践进行探讨,并对 2004 年刑事诉讼法修改后确立的三阶

段证据开示制度进行研究。第六章以证据开示利弊之争为背景,对证据开示的基础理论进行审视。第七章进一步从四个方面对英美各国的证据开示制度进行比较观察。第八章探讨我国证据开示制度的构建。论文研究认为,确立证据开示制度是解决我国刑事司法中存在问题的相对较好的对策。在我国诉讼制度与职权主义渐行渐远并转向当事人主义对抗制模式的背景下,即便修改后的律师法赋予了辩方相当广泛的阅卷权,仍有必要借鉴证据开示的立法和实践经验,在刑事诉讼中确立双向证据开示制度。

关键词:刑事诉讼　证据　司法制度

2432

**调解原论** / 史长青著 ; 李浩指导. -- 南京师范大学, 2009. -- 250 页

论文以调解的基础理论为支撑,研究调解的一般性理论与制度框架,结合国外调解的经验教训,对我国未来调解的发展方向做出展望。全文共分为七章。第一章介绍选题的背景意义、研究内容、研究方法,简评国内外关于调解的理论研究现状。第二章概述调解的基础理论。首先从调解的界定入手,明确调解包含的四个构成要素,即调解主体、调解客体、调解过程、调解结果。从不同的角度观察,罗列具有不同外观和特质的多种调解类型,如:传统调解与现代调解、官方调解与民间调解、自愿调解与强制调解、现实调解与网上调解等。第三章阐述调解存在的基础与法制背景,认为调解的发展源于坚实的理论基础、文化基础和社会基础,且调解与法制之间存在必然联系。第四章论述调解的基本原则,从当事人自治原则到调解人中立原则,再到保密原则,都揭示了调解的本质和一般特征。第五章介绍调解人资格与行为,分析职业背景对调解人资格的影响,探讨调解人资格准入与资格维护的重要内容。关于调解人干预行为,主要从干预行为的类型、影响干预行为的因素等方面进行探究。第六章围绕调解程序展开论述。首先,从调解方式入手,通过介绍面对面调解与背对背调解、单独调解与联合调解的形式与内涵,说明调解方式具有灵活的性质。其次,梳理调解流程的具体工作,包括调节前准备阶段以及调解进行阶段。最后对调解成功的重要标志即和解进行必要的说明,着重强调和解协议的构成、形式、司法确认等内容。第七章主要从全球调解的多元发展与统一规制来前瞻我国调解的未来。

关键词:司法制度　调解

2433

**证明妨碍研究** / 苏文卿著 ; 江伟指导. -- 中国人民大学, 2009. -- 170 页

论文以证明妨碍制度立法技术和目的的整合、相关制度间的调和、实体法和程序法的衔接、法律适用的实效为纲,重点关注证明妨碍制度的时效性与制度发展的实际方向,通过证明妨碍的概述、法理基础、构成要件、法律处置等问题的探讨,以期为完善我国的证明妨碍制度提供有益参考。全文共分为导论和正文两大部分。导论主要介绍选题意义、相关文献综述、研究方法与框架、论文的创新之处。正文部分共包括五章。第一章是证明妨碍概述。首先介绍证据收集理念的转换,在此基础上提出不同国家对于证明妨碍的定义;然后分析证明妨碍的行为类型和证明妨碍的制度功能。第二章探究证明妨碍的法理基础。首先简述不同国家和地区对于证明妨碍的域外见解;然后对证明妨碍的九个不同学说进行评析;最后提出诉讼协力义务概念并进行评析。第三章从主观和客观两方面分析证明妨碍的构成要件。第四章阐述证明妨碍的处置。首先从公法和私法两个角度简述处置的种类;然后提出证明妨碍处置的六大学说。第五章完善我国证明妨碍制度的构想。对我国现行证明妨碍制度进行检讨,提出当前存在的问题,并针对问题提出具体完善建议,主要包括设立证明妨碍的总则性条款,明确当事人保存和提出证据的义务,设立认定证明妨碍的程序,以及建立完备的证据收集调查的程序。

关键词:证明　证据　诉讼

2434

**刑事辨认的原理与规制:以实证研究为入径** / 王佳著 ; 何家弘指导. -- 中国人民大学, 2009. -- 226 页

论文选择对辨认问题进行研究,将目光投放到整个刑事诉讼程序中,将研究范围从原理层面扩展至操作层面,并以实证研究为入径,使论文在注重基础理论研究的同时,还具备强烈的现实关照。全文共分为前言和正文两部分。前言主要介绍论文的选题依据及意义,研究现状综述,研究视角与方法,主要思路与基本框架。正文共包括六章。第一章是对刑事辨认问题的实证研究。首先从 17 起因辨认错误导致的刑事错案出发进行多角度的统计分析,从而发现这些错案中普遍存在公安司法人员违反规定组织辨认活动、轻信辨认结论等问题;随后论文展现并分析调查问卷的统计结果,指出目前刑事辨认在实务操作中存在的

一系列突出问题。第二章是刑事辨认的界说。首先介绍不同国家对刑事辨认的概念,并指出辨认与鉴定的区别;然后依次分析刑事辨认的类别和特点。第三章阐述刑事辨认的原理。对刑事辨认的认知有限性原理、认知心理学原理和同一认定原理分别进行分析说明。第四章讨论刑事辨认的误差与规制。主要探讨西方认知心理学家在实验基础上得出的易导致刑事辨认出现误差的因素,包括主体因素、客体因素和其他因素,并在此基础上介绍心理学家对如何规制辨认活动、防止其发生误差提出的科学方法。第五章依次介绍英国和美国对刑事辨认的规制。第六章探讨中国刑事辨认制度的完善方法。主要从完善立法、强化监督、建立规则体系和健全审查机制四个方面探讨如何构建我国的刑事辨认制度。

关键词:刑事诉讼　证据　辩认

**2435**

**亲属拒证特权研究** / 王剑虹著 ; 龙宗智指导. -- 西南政法大学, 2009. -- 194 页

论文对亲属拒证特权的相关问题进行探讨,以完善刑事证人制度的立法与实践。全文共分为五章。第一章阐述研究内容、研究现状及研究方法。第二章总结亲属拒证特权的基础理论。从构成要素来看,亲属拒证特权主体限定为亲属证人,具有拒证或作证的权利性特征。对于亲属拒证特权的价值问题,主要从西方学说、心理学、经济学及现实角度进行多方面多层次的解读与分析。第二章介绍两大法系亲属拒证特权制度的理论、立法与实践,对其中的制度差异进行分析与比较,并指出该差异存在的主要原因。英美法系以美国、英联邦国家为例;大陆法系则选取德国、俄罗斯、日本和意大利进行对比研究。第三章立足本土资源重点介绍我国亲亲相隐制度的发展沿革,并分析其长期存续的原因。从经济角度考虑其原因在于小农经济的生产方式,在文化上的原因则是儒家文化的绝对主导地位,而我国古代"家国同构"的传统伦理政治形态是政治层面的原因,最后亲亲相隐制度的长期存续还与人性及民族心理方面的原因有关。第四章重点讨论我国大陆地区亲属拒证特权的制度设计。首先明确了亲属拒证特权制度在我国港澳台地区得以延续的事实及原因;在此基础上,分析我国大陆地区亲属拒证特权制度缺位的原因及负面影响;最后在借鉴国外立法及我国其他地区经验之基础上,构建契合中国国情及司法现实的亲属拒证特权制度。

关键词:刑事诉讼　证人　亲属拒证

**2436**

**论民事诉讼中的经验法则** / 王淇著 ; 肖建华指导. -- 中国政法大学, 2009. -- 116 页

论文由事实认定的方法论的重置为起点,对经验法则进行制度比较,着力于我国司法实践中的历史与现状分析,探究经验法则规定的一般性模式,主张对民事诉讼法进行全面修改,以期在自由心证的制度背景下,实现民事诉讼法保护当事人合法权益的目的。全文共分为绪论和正文两部分。绪论主要介绍研究缘起、研究现状、研究意义、文章结构。正文部分共包括六章。第一章是经验法则概述。依次阐述经验法则的概念、特征及不同分类。第二章介绍经验法则的范围。首先说明作为经验法则的常识及来源,在此基础上提出作为经验法则的专门知识及来源;然后将经验法则与法律解释、逻辑规则等相关概念进行比较。第三章论述经验法则对法官自由心证的作用。首先分析评价证据,说明裁判理由;然后阐述自由心证客观化的途径及经验法则促进自由心证客观化的途径;最后阐述经验法则是如何促进事实认定的科学化与常识化。第四章是对经验法则的判断。依次阐述经验法则的专业认定、常识审议及类型化。第五章阐述经验法则的运用。首先简述运用主体,包括事实认定者、当事人、专家或鉴定人;然后提出不同国家的表现证明学说,在此基础上提出间接反证。第六章讨论经验法则的滥用及其防止。首先解释我国传统司法中的"情理"及其滥用,然后阐述经验法则在我国司法实践中的滥用现象;在此基础上提出并分析经验法则滥用的防止措施。

关键词:民事诉讼　审理　判决　经验　自由心证

**2437**

**农村土地民事纠纷可诉性研究** / 王晴著 ; 潘剑锋指导. -- 北京大学, 2009. -- 133 页

论文以"农村土地民事纠纷可诉性研究"为主题,基于民事纠纷可诉性的基本理论,对农村土地民事纠纷可诉性做了一次具象的考察。全文共分为导言和正文两部分。导言主要介绍问题的缘起,民事纠纷可诉性研究的对象,农村土地民事纠纷研究的对象,论文研究的意义,现有研究方向和成果,论文研究的目的、方向、可行性和思路。正文部分共包括六章。第

一章是可诉性问题的理论概述。首先对可诉性的理论基础,即司法权的界限做了简要论述;然后分别分别对民事纠纷可诉性的实体性因素和程序性因素做了分析论证;最后简述农民土地民事纠纷可诉性问题的考察内容。第二章分析农村土地民事纠纷及其可诉性的变迁。在对改革开放前和改革开放后的农村土地制度和农村土地纠纷做概述之后,对农村土地权属纠纷的行政裁决先行制度进行分析,并对农村土地承包纠纷可诉性的变迁和农村土地征用纠纷可诉性的变迁分别进行论述说明。第三章探究农村土地民事纠纷司法介入的基础条件。依次分析司法介入农村土地民事纠纷的总述和实例,征地补偿款分配纠纷的司法介入背景,法院对司法难点的回应,以及司法权的规则确立与权利生成功能。第四章阐述农村土地民事纠纷解决中的社会自治。简要说明农村土地制度中村民自治的历史、现状及其与土地承包经营权保护的矛盾;然后依次论述村民自治与公力救济的交界及村民自治与法院民事审判权的行使问题。第五章探究农村土地民事纠纷解决中的行政权力。首先分别从背景、原因、制度配合等方面依次考察土地权属纠纷行政裁决先行制度和农村土地承包行政仲裁制度;然后分析纠纷行政解决机制与诉讼解决机制的衔接与配合问题。第六章考察农村土地民事纠纷可诉性的程序性因素。首先对诉讼主体资格问题进行重点论述,包括发包方及承包方的诉讼主体地位问题;然后对其他程序性因素做了简要概括。

关键词:民事诉讼　农村　土地　民事纠纷

**2438**

**率性犯罪罪过情感的证明** / 温建辉著 ; 谢勇指导. -- 湘潭大学, 2009. -- 153 页

论文以主观心理世界调查取证工作为研究对象,具体探讨几种专门调查和收集心理证据的方法,包括探问、测谎、脑电图技术、心理痕迹分析以及犯罪心理画像等,以期有效揭露和证明率性犯罪。全文共分为五章。第一章为导论。主要介绍问题的缘起,问题解决的现状和解决问题的意义,以及研究的思路、内容和创新点。第二章率性犯罪罪过情感的证明历史。首先介绍司法证明方法的标志和历史阶段;然后分析率性犯罪罪过情感证明的历程,包括感官体验阶段和仪器测试阶段。第三章情感证据的调查与收集。确定调查与收集的范围,包括情感证据的归类、收集渠道及类别归属;介绍调查与收集的方法,包括传统方式和突破创新。第四章情感证据的审查与判断。首先说明审查与判断的内容和原则;然后重点阐述审查与判断方法的突破,包括罪过心理的测试、自由心证的运用、意见证据的采用及品格证据的佐证。第五章证明率性犯罪罪过情感在刑事诉讼中的意义。首先从六个方面分析证明罪过情感对于定罪的必要性,即认定痴狂型犯罪、认定痛快型犯罪、认定冷漠型犯罪、认定疏忽大意过失犯罪、认定事故型犯罪及认定结果加重犯;然后从六个方面阐述证明罪过情感对于量刑的参考价值,包括痴狂型犯罪的量刑、痛快型犯罪的量刑、冷漠型犯罪的量刑、疏忽大意过失犯罪的量刑、事故型犯罪的量刑及结果加重犯的量刑;最后论述建立犯罪分类诉讼机制的必要性及初步设想。

关键词:犯罪　刑事诉讼　证明　刑事责任

**2439**

**刑事诉讼程序的人性分析** / 吴光升著 ; 樊崇义指导. -- 中国政法大学, 2009. -- 328 页

论文通过对刑事诉讼程序的人性分析,力求说明刑事诉讼程序的设置应当平衡、认可与保障参与刑事诉讼的各类人的合理要求,抑制其不合理的需求;正视其有限理性,防范其损人之自利性。全文分为引论和正文两部分。引论主要介绍刑事诉讼程序人性分析的必要性、论文的主要思路和方法。正文部分包括六章内容。第一章刑事诉讼程序人性视角的构建。首先简要分析中西方不同的人性理论,并分析由不同的情景与目的导致的不同人性理论比较;然后对人性这个综合性概念进行论述;最后从三个不同的人性维度分析刑事诉讼程序的人性视角。第二章程序正当理念的人性分析。分别从形式与实质两方面对正当法律程序的含义和发展进行简单介绍,指出法律程序的遵守是形式正当的人性基础,法律程序的正当是实质正当的人性基础;然后分析刑事诉讼的"潜规则"(司法人员的自利性)和我国刑事诉讼程序的正当化(诉讼人利益需求的衡量)。第三章刑事诉讼程序结构的人性分析。从横向结构与纵向结构两方面探究刑事诉讼结构的立体性。刑事诉讼横向结构主要包括侦查程序结构、起诉程序结构和审判程序的诉讼结构;刑事诉讼纵向结构主要包括侦查程序、起诉程序、审判程序及执行程序。第四章审前程序的人性分析。依次研究人性考量与国家控诉原则、强制性措施、客观追诉、刑事不起诉及亲告罪的追诉五个方面的相互

关系。第五章审判程序的人性分析。分别探究诉讼人的人性与审判程序的建构,诉讼人的人性与庭前预备程序的建构,法官的人性弱点与审判委员会案件讨论制度,以及人性考量与量刑程序的相互关系。第六章刑罚执行程序的人性分析。依次阐述论证刑罚执行方式的转变与人性尊重,社区矫正的人性考量及死刑犯器官利用程序的人性考量三方面内容。最后是论文的结论部分。研究表明,刑事诉讼程序的人性化,关键在于认可与保障各类诉讼人的合理需求,尤其是利益需求实现能力存在严重不足的犯罪嫌疑人、被告人以及被害人的合理需求。这些合理需求如何上升为一种法律,这存在一个利益博弈之过程。犯罪嫌疑人、被告人由于所处地位的特殊性,其合理需求如何为刑事诉讼法律所认可与保障,还有一段很长的路要走。

关键词:刑事诉讼　诉讼程序　人性

**2440**

**刑事协商制度研究** / 闫清华著 ; 熊一新指导. -- 人民公安大学, 2009. -- 156 页

论文从刑事协商的基本理论出发,介绍了刑事协商制度,进而结合我国国情,分析在我国构建刑事协商制度的必要性与可行性,最后提出构建我国刑事协商制度的具体方案。全文共分为六章。第一章回溯了刑事协商的历史发展,明确刑事协商制度的内涵与特征,重点辨析了刑事协商制度与传统刑法原则的冲突。第二章比较考察域外相关制度,分别探讨辩诉交易制度与恢复性司法制度的源流诉求和内容特点。第三章论及刑事协商制度的价值评析及理论基础。从正反两方面讨论刑事协商制度的功能与局限,思考其对传统刑事法理论的挑战,主要体现在其打破了传统的犯罪本质观、刑法目的观、犯罪与侵权的严格划分,又逾越了罪行法定原则、罪行相当原则的绝对化理论以及传统的司法正义观。后从刑事协商制度的政治基础、哲学基础、文化基础、法理基础分别论述刑事协商制度的理论基础。第四章着重分析构建我国刑事协商制度的现实基础与理论困惑。首先回顾了我国刑事协商制度产生的社会背景、现实状况、所面临的境遇;然后从两个问题出发思考我国构建刑事协商制度的实践基础,其一是建构刑事协商制度是否为我国国情所需,其二是刑协商事制度是否为我国国情所容。肯定了构建刑事协商制度的有利因素外,同时对面临的理论困惑与现实质疑进行剖析;继而提出保障刑事协商程序公正性的对策建议。第五章探讨构建我国刑事协商制度的理念与制度支撑。从观念的转变与更新到制度的建立与完善,包括辩护制度、证据开示制度、有限沉默权制度以及国家补偿制度角度分别阐述刑事协商制度的制度支撑。第六章重点阐释构建我国刑事协商制度的设想。具体从总体要求、原则、适用范围、前提条件、协商主体、协商内容方面进行详细剖析,并按照刑事协商的程序,分别对审查起诉阶段、审判阶段和执行阶段的刑事协商模式进行构思设计,配合必要性和可行性分析加以论证。

关键词:刑事协商　司法制度

**2441**

**侦查认识原理研究** / 杨立云著 ; 郝宏奎指导. -- 人民公安大学, 2009. -- 241 页

论文以侦查认识原理为研究对象,将侦查学与哲学、认知心理学、现代决策理论、司法心理学等学科结合起来,多层次、多方位地对侦查认识原理进行系统研究。全文共分为七章。第一章阐述问题的起点,即侦查认识原理的理论假设。剖析“全破论”这一基本理论假设的理论偏差与实践偏差,对“全破论”假设的修正进行探讨。第二章概述侦查认识活动的目的、主体、对象、方法、条件、结果,并深入分析侦查认识活动的三类属性:求真属性、策略属性、规范属性。根据活动要素和属性,将侦查认识活动与刑事审判中的认识活动、历史认识活动、科学认识活动进行比较,阐明侦查认识活动的独特性。第三章解释侦查认识的发现与证明原理。首先明确侦查认识活动包含对犯罪事件的发现与证明两个方面;其次在阐释发现与证明遵循的两大理念,即发生学理念、拼图理念的基础上,提出 P-H-D 循环理论。第四章解释侦查认识的决策原理。从现代决策理论的角度审视侦查认识决策,指出侦查认识决策是在专业化、参与者多元化、环境动态性、压力大、目标众多且相互冲突、信息不充分等条件下进行的。而决策时应坚持的原则主要包括有限理性原则、双效原则、经验原则、渐进原则、正当原则。第五章阐述侦查认识的规范原理。首先介绍规范法学的一般理论并对侦查认识规范进行分类,后提出侦查认识三大规范原理,即规范与案件事实形成原理、规范与犯罪事件真想之获得原理、规范与认识结果可接受性原理。第六章解析侦查认识结果的评价标准。根据侦查认识活动的三类属性、三大原理,建立侦查认识结果的评价标准体系,包括真假标准、决策标准、规范标准。第七章反思侦查认识

中的措施。根据侦查认识中的三方面原理及三大评价标准,提出侦查认识中出现的三类错误:事实型错误、决策型错误、规范型错误。并对三类错误分别归纳错音,提出相应对策。

关键词:刑事侦查　侦查认识

**2442**

**刑事诉讼中的科学证据与权利救济——以比较法研究为视角** / 张君周著 ; 何家弘指导. -- 人民大学, 2009. -- 192 页

论文以权利救济为出发点,分析科学证据在刑事诉讼中产生的侵害与规制救济,借鉴大陆法系与英美法系国家立法中有关科学证据的规定,以"侵害—救济"的思路进行分析研究。全文共分为五章。第一章界定科学证据的内涵、权利救济属性,并分析刑事诉讼语境下科学证据对权利救济的双重影响。论文所研究的权利救济即是对诉讼程序中产生的错误、受到的侵害进行矫正和恢复。第二章论述刑事诉讼中科学证据的提取与权利救济。选取目前争议较大、最易侵害权利的几类证据提取方式,包括身体检查、DNA检测、通讯监控、鉴定留置、尸体解剖为例,分别介绍其所侵害的权利、立法规制与救济措施。第三章重点讨论刑事诉讼中科学证据的审查与权利救济。首先回顾了科学证据的审查面临的问题,后从审前与审判两个阶段进行分析。叙述了英美法系和大陆法系审前相关制度对证据的审查,从整个庭审结构出发,提出现有制度中存在的问题,认为应采用增强被告人力量和加强法官的审查作用最大化发现司法问题。同时,从实例的角度列举了非法证据排除规则、DNA 检测结论的审查与运用、测谎技术的审查与运用,以介绍其他发现科学证据中错误的方法和程序。第四章论述刑事诉讼再审程序中科学证据的运用与权利救济。通过介绍美国各洲的立法现状,分析利用 DNA 检测申请再审中的理论问题并从操作层面阐明法律如何设置相关程序确保申请的实现。第五章探讨我国刑事诉讼中科学证据与权利救济存在的问题与对策。分别从科学证据的提取、审查、再审程序中发现问题,在此基础上,提出树立全面的权利救济理念、扩大救济对象、建构平等对抗的法庭救济环境以及提供受侵害者自我救济的途径等可行对策。

关键词:刑事诉讼　证据　权利救济

# 军事法学

**2443**

**军人违反职责罪体系化研究:以"职责"概念为中心** / 李国振著 ; 曲新久指导. -- 中国政法大学, 2009. -- 161 页

论文以"职责"概念为中心,对军人违反职责罪体系化进行了研究。全文共分五章。前言介绍了论题的研究价值,逻辑结构与主要内容。第一章军人违反职责罪的规范构成基础,首先阐述了军人违反职责罪规范的抽象概念;随后对军人违反职责罪的规范进行了整体评价;接着分析了规范的构成基础——"违反职责",指出了其具体作用;最后得出了小结。第二章分析了规范构成基础的核心——"职责",首先剖析了"职责"的实质意涵,介绍了军人违反职责罪的概念,指出了职责的实质以及其"使用中的定义";随后阐述了"职责"的功能,并对解释在规范适用中的意义以及解释的标准与功能进行了介绍。第三章对军人违反职责罪的解释论进行了总体考量,首先分析了解释的界限——罪刑法定原则,分析了解释视域中的罪刑法定原则,并探讨了罪刑法定原则对解释的制约作用;随后从解释的权威角度分析了立法者的意图,讨论了立法者意图与规范文本之间的联系,同时分析了军人违反职责罪的立法意图;接着对军人违反职责罪规范进行了解读,指出了军人违反职责罪的规范中存在的瑕疵;最后得出了有关的小结。第四章对军人违反职责罪的解释论进行了具体分析,探讨了规范竞合与选择适用、规范漏洞与解释填补等相关问题,并分析了解释的遗留问题,包括军人违反职责罪中的目的漏洞;以及军人违反职责罪中的领域漏洞等。第五章阐述了军人违反职责罪的立法论,剖析了立法改良的整体性思考,并提出了有关立法改良的具体建议。最后为文章的结论部分。

关键词:军人　军法　渎职罪

**2444**

**战时军事法基本问题研究** / 徐琤著 ; 周健指导. -- 中国政法大学, 2009. -- 112 页

论文以宪政理论为视野,着眼于战时状态下的军事权力运行的法律规制这一问题,对战时军事法的基本问题进行了分析研究。全文共分五章。第一章导

论,指出了论文的研究价值,研究现状,同时对相关概念进行了界定,介绍了宪政层面战时军事法的基本矛盾,最后阐明了论文的主要研究方法。第二章梳理了国外战时军事法律制度的发展与演变过程,首先指出了战时军事权力扩张的宪法基础是国家紧急权,从而分别介绍了国家紧急权的理论基础与法理基础,随后对英美法系的国家的战时军事法律制度的发展与演变进行了分析,探讨了其军事权力对社会的管制以及战时军事权力行使的限度等问题,接着对大陆法系国家战时军事法律制度的发展与演变进行了阐述,介绍了"戒严法"的产生与发展过程,并对总统紧急权制度进行了批判,最后预测了宪政层面战时军事法律制度的发展趋势。第三章阐述了战时军事法的理论基础,首先分析了中国战时军事法的历史演进,探讨了战时军事法的起源问题,并分别对新民主主义时期、新中国成立后的军事管制时期以及统一紧急法制时期的战时军事法的发展进行了介绍,随后研究了战时军事法的外延问题,最后分别阐述了战时军事权力的特征以及战时军事法的价值。第四章对中国战时军事法的立法和立法现状进行了评价,指出了中国战时军事法的体系不健全以及现行法律存在漏洞等问题。第五章探讨了宪政层面战时军事法的立法构建,首先对战时军事法立法进行了概述,指出了立法原则与立法模式,随后研究了战时军事权力制度的法律制度以及公民基本权利保障的法律制度。最后为结论部分,总结全文,并对未来的研究进行了展望。

关键词:战时　军法　立法

**2445**

**美国宪法军事条款的源流与变迁** / 杨永康著 ; 周健指导. -- 中国政法大学, 2009. -- 153 页

论文运用文献考证法、案例分析法、历史分析法等多种研究方法对美国宪法军事条款的源流与变迁问题进行了分析研究。全文共分六章。首先引论,介绍了研究的意义,并对国内外的有关研究进行了述评,指出了研究的方法,最后对相关概念进行了界定。第一章介绍了美国宪法军事条款产生的渊源,具体包括理论渊源——欧洲立宪理论的影响;制度渊源——英国的军事制度和军事法律制度的移植和借鉴,以及实践渊源——建国前美国军事立法实践。第二章分析了美国宪法军事条款的产生,首先分析了美国宪法军事条款产生的背景;随后探讨了联邦制宪会议上关于宪法军事条款的辩论,研究了"制宪者如何认识战争和安全?""如何授权政府在平时建立必要的军事制度?",以及"如何提高联邦政府的军事行动的效率?"等问题;接着具体阐述了美国宪法关于军事的规定及其内容,分析了宪法体制下军事权力的相互制衡及军事权力在宪法中的双向分割。第三章阐述了建国初期美国宪法军事条款的修正与发展,对宪法文本中保留民兵制度的原因进行了探析,并介绍了建国初期民兵动用的实践及相关的立法和司法实践,同时研究了美国内战中总统统帅权的行使问题。第四章介绍了两战时期美国宪法军事条款内涵的重大变化,分别阐述了第一、二次世界大战期间的美国宪法军事条款的运用,着重分析了二战中总统权力的扩张化的形成过程与原因。第五章研究了服务于美国全球军事利益的宪法军事条款,具体分析了战后美国国防领导体制和军事指挥体制的重大调整,并指出了"9·11"事件对美国宪法军事条款的冲击。第六章介绍了美国宪法军事条款引发的思考问题,分析了美国宪法军事条款对美国社会发展的影响,以及美国社会发展对美国宪法军事条款的影响,并从美国历史视角透视了军事在美国宪法中的定位。最后为全文的结论部分。

关键词:宪法　军法　法制史　美国

# 环境与资源保护法学

**2446**

**国民经济发展规划的环境保护功能:兼论环境保护法的完善** / 步娜著 ; 徐祥民指导. -- 中国海洋大学, 2009. -- 144 页

论文以国民经济发展规划的环境保护功能为研究对象,兼论环境保护法的完善。全文分为六章。第一章介绍环境问题的本质与环境保护的手段选择,阐述环境问题的本质,分析环境保护的手段选择,并指出现行主要的环境治理模式及其相关法律制度存在的问题。第二章探析循环型社会与国民经济发展规划,说明循环型社会是人类战胜环境危机的必然选择,并阐述循环型社会与国名经济发展规划的关系,提出制定符合循环型社会需要的国民经济发展规划。第三章分析国民经济发展规划的环境保护功能,包括国民经济发展规划与其他环境规划的关系、国民经济发展规划对于环境保护的作用和意义、国民经济发展规划与环境保护的三种关系组合分析和环境保护在我国国民经济发展规划中的地位。第四章综述环境

保护在我国国民经济发展规划中的地位,回顾与环境保护有关的规划内容之历史,具体分析与环境保护有关的规划内容,并探析环境保护在历年国民经济发展规划中的地位。第五章指出用科学发展观指导国民经济发展规划的制定,主要有发展观的指导作用、我国国民经济发展规划编制理念的变迁、坚持以科学发展观为指导,完善国民经济发展规划的制定。第六章论述保证国民经济发展规划的有效实施,首先说明切实保证规划有效实施的必要性,接着提出完善立法体系,制定相关的规划法律制度,最后建立健全公众参与机制。

关键词:经济发展规划　环境保护规划　立法

**2447**

**环境诉权论** / 蔡维力著 ; 陈刚指导. -- 重庆大学, 2009. -- 168 页

论文采用比较法研究、实证分析、价值分析等常用的法学研究方法,对环境诉讼进行了研究。全文共分为六章。第一章为导论,主要介绍了环境诉讼研究的语境探究,提出了环境诉讼概念,对环境诉讼研究的语境透视—环境诉讼概念进行了辨析。分析了研究环境诉讼的重要意义以及论文研究的方法和思路。第二章对环境诉权制度及其理论的实证分析,对国内外环境诉权及其运行现状进行了评述。主要包括美国环境诉权及其运行述评、加拿大环境诉权评述、德国环境诉讼权评述、日本的公害审判制度与环境保护诉讼制度及其确认的诉权述评以及我国环境诉讼权现状及评析五方面的内容。第三章是对环境诉讼基于环境权的实体法的探析,主要包环境诉权解释环境权利保护请求权、对环境权的界定两方面的内容。第四章对环境诉权的法系传统的根本进行了探析,主要探究了规范出发型诉讼思维方式及其法系渊源,分析了事实出发型诉讼思维方式及其法系渊源,介绍了不同诉讼思维方式对环境诉讼权基调的调谐。第五章介绍了我国环境诉权的确定及其运行构想,主要包括确定我国环境诉权及其内容的指导思想,确定了环境诉权的基本内容必须坚持程序法治的原则、正确处理环境诉权与实体环境权之间的关系、确定必须以保护环境作为根本宗旨。同时阐述了我国环境诉权的具体内容设计以及我国环境诉权运行的程序机制构想。第六章为论文的结语。对论文的主要结论进行了总结归纳,对未来的发展进行了展望。全文的研究对分析环境诉讼的分析具有重要的理论和实践意义。

关键词:环境保护法　诉讼　环境权

**2448**

**检察机关环境公益诉讼原告资格及其限制** / 陈阳著 ; 徐祥民指导. -- 中国海洋大学, 2009. -- 161 页

论文立足于理论分析和实证研究的方法,在总结已有的理论研究成果和前人工作的基础上,考察国外环境公益诉讼的发展状况,分析国内近些年来公益诉讼司法实践现状,并立足我国国情,对检察机关环境公益诉讼原告资格及其限制进行研究和探索。全文包括绪论和六章正文部分。绪论包括研究背景、研究内容和架构、研究意义。第一章阐述环境公益诉讼及其研究现状,首先介绍环境公益诉讼的形成;接着界定环境公益诉讼的基本内涵,并简述环境公益诉讼的基本原则,说明国内环境公益诉讼的理论研究现状与司法实践;最后分析国内环境公益诉讼司法实践特点和原因。第二章研究检察机关提起环境公益诉讼的基础理论,对检察机关提起环境公益诉讼进行概述,并解析检察机关提起环境公益诉讼的理论基础,指出检察机关提起公益诉讼是法律中的突破。第三章论述检察机关环境民事公益诉讼原告资格,界定环境民事公益诉讼内涵,探讨国外环境公益民事诉讼原告资格,比较我国环境民事公益诉讼主体资格设计,并介绍相关权利和程序问题。第四章探析检察机关环境行政公益诉讼原告资格,概述环境行政公益诉讼,并说明检察机关参加环境行政公益诉讼的可行性,赋予检察机关提起环境行政公益诉讼的权利。第五章研究对检察机关环境公益诉讼权的限制,主要有检察机关提起环境公益诉讼启动程序的限制、检察机关提起环境诉讼的范围限制、检察机关提起环境公益优先受理权的限制,环境公益诉讼时效以及对检察机关的处分权进行适当限制。第六章综述检察机关环境公益诉讼地位,阐述准原告身份的检察机关提起环境民事公益诉讼以及公益代表人身份的检察机关提起环境行政公益诉讼。

关键词:环境保护法　行政诉讼　检察机关　原告

**2449**

**我国清洁空气立法研究:以《北京奥运空气质量保证措施》的长效法律制度构建为分析样本** / 楚道文著 ; 周珂指导. -- 中国人民大学, 2009. -- 374 页

论文以《北京奥运空气质量保证措施》的长效法律制度构建为分析样本,对我国清洁空气立法进行了研究。全文共分为八章。第一章为导论,主要介绍了论文的选题背景、研究框架和思路、研究方法以及创

新与不足。第二章分析了我国清洁空气法的理念与原则,对其进行了概述和研究。第三章分析了固定源清洁空气法律制度,主要包括我国固定源大气污染的概述、奥运空气质量保障之固定源污染防治措施、固定源大气污染物总量控制制度、固定源大气污染物排放许可制度、大气环境使用权交易制度,以及固定源大气污染监测制度六方面的内容。第四章对移动源清洁空气法律制度进行了研究,主要包括我国移动源污染概述、我国移动源清洁空气法的发展、《大气污染防治法》移动源清洁空气法律制度的内容与不足、奥运空气质量保障之移动源污染防治的措施,以及移动清洁空气法律制度的完善五方面的内容。第五章对介绍了区域清洁空气法律制度,主要概述了区域环境法与区域大气环境保护的内容与实践,分析了奥运空气质量保障的区域大气污染防治措施并提出了完善的措施。第六章是对农村清洁空气法律制度进行了研究,主要介绍了农村大气环境污染及其特点,分析了农村大气污染的成因以及污染防治的措施和法律制度的构建。第七章是对大气环境应急管理法律制度的分析,主要包括大气环境应急管理法律制度的概述、相关规定的不足以及管理措施。总结了《水污染防治法》修改应急管理制度的经验借鉴,提出了完善我国大气环境应急管理法律制度的措施。第八章分析了清洁空气法律责任制度。概述了大气污染连续处罚制度,考察了有关国家和地区污染连续处罚制度。

关键词:空气净化　环境保护法　立法

**2450**

**我国海洋功能区划制度研究** / 崔鹏著 ; 徐祥民指导. -- 中国海洋大学, 2009. -- 109 页

论文以我国海洋功能区划制度的理论为研究对象进行系统的研究和讨论,并以此为基础,就如何完善我国的海洋功能区划制度提出个人的看法和建议。全文分为五章。第一章阐述海洋功能区划制度的概念,界定海洋功能区划的相关概念,包括海洋功能区划的定义、原则、目的和分类体系,并说明对海洋功能区划制度的认知。第二章详细介绍我国海洋功能区划制度的形成及现状,简述我国海洋资源开发利用的现状,并分析我国海洋功能区划制度的形成与发展。第三章探析我国海洋功能区划制度在海域使用管理中的作用,包括海洋功能区划的实施成果、海洋功能区划制度在海域使用管理中的作用和地位。第四章就海洋功能区划制度中存在的问题进行了分析和讨论,指出我国海洋功能区划存在的问题,并以制度经济学派的分析框架看海洋功能区划制度存在的问题。第五章论述关于完善我国海洋功能区划制度的建议,首先通过开展海洋教育加强海洋价值的认识,增强海洋意识;其次尽力完善海洋功能区划的法律体系,并加快我国海洋管理体制的改革;最后解析我国海洋功能区划的技术保障,即海域使用的论证。

关键词:海洋经济　海洋开发　经济区划

**2451**

**环境侵权诉讼法律制度研究** / 戴德军著 ; 黄锡生指导. -- 重庆大学, 2009. -- 134 页

论文以环境侵权诉讼法律制度为研究对象进行讨论和研究。全文分为六章。第一章为绪论,包括研究背景、研究意义与价值、国内外相关研究现状及论文的创新之处。第二章阐述环境侵权诉讼的基本理论,说明环境侵权和环境侵权救济方式,并分析环境侵权诉讼构成、环境侵权诉讼的价值目标和环境侵权诉讼保护的环境权。第三章介绍国外环境侵权诉讼制度考察与借鉴,主要有美国、日本、欧盟的环境侵权诉讼制度,并指出国外环境侵权诉讼制度的启示。第四章评价我国现行环境侵权诉讼法律制度,以司法实务为观察视角,分析现行环境侵权诉讼法律制度立法的指导思想和现行环境侵权诉讼法律制度立法模式,并指出现行环境侵权诉讼法律制度在实践中的困境。第五章完善我国环境侵权诉讼法律制度的立法构想,首先提出完善环境诉讼的主体制度、环境侵权诉讼管辖制度、环境侵权诉讼时效制度,并确立完善的环境侵权诉讼归责原则,完善审判制度,强化诉讼中的预先防卫措施,建立环境公益诉讼。第六章为论文的结语部分,再次对作为环境侵权诉讼原权的"环境权"进行了回顾,着重强调了论文的主题内容——环境侵权诉讼法律制度研究在整个"环境权利构成要件体系"中的地位,并对本研究的局限性进行说明。

关键词:环境保护法　侵权行为　民事责任　诉讼司法制度

**2452**

**法律生态化研究** / 丁岩林著 ; 王树义指导. -- 武汉大学, 2009. -- 142 页

论文在归纳大量国内外研究的基础上,对法律生态化进行了研究。全文共分为五章。第一章是对法律生态化的概述,重点是对法律生态化概念的界定和

法律生态化的基本特征分析。法律生态化的特征主要表现在时间上的代际性、空间上的整体性、关系上的整合性和法律上的统一性。第二章对法律生态化历史渊源的论述。法律生态化的产生有其特殊的理论背景,主要包括:认识论的转向、生态伦理的扩张、生态经济学的出现,以及综合生态系统管理理论的应用。法律生态化是法律的立足点和价值取向从个人本位向社会本位转变的一种过程、一种趋势,主要表现在法律内容和调整方法的变化及法律结构的变化上。第三章是对法律生态化属性的论述,主要介绍了法律生态化与社会变迁、法律生态化与法律发展、法律生态化与法律革命三方面的内容。法律是社会调节器,它随着社会的变迁做出相关的调整,同时又对社会的变迁起着阻碍或是推动作用。第四章是对法律生态化的途径和表现形式的分析与研究。从立法限制、立法价值、立法和法律原则三方面分析了法律生态化的基本表现方式,论述了法律生态化的主要表现形式,以及对法律生态化的异化进行了自然物主体论的分析。第五章是对法律生态化与法学的发展进行的分析,主要包括法律生态化与法律部门和法学范式的转换两方面的内容。分析了法律部门理论的历史和发展及对法律部门理论的再认识。

关键词:法的理论　立法　生态学

**2453**

**能源监管法律问题研究** / 葛少华著 ; 李艳芳指导. -- 中国人民大学, 2009. -- 198 页

论文以能源监管法律问题为研究对象展开研究。全文分为七章。第一章为前言,包括选题的背景及意义、国内外研究现状、研究方法、创新与不足、研究思路与框架。第二章介绍监管与能源监管,首先理解监管的一般理论,接着深入能源监管的理解,最后进行小结。第三章分析能源监管的正当性与合理性,并且进行总结。第四章对能源监管体制进行法律定位,首先说明能源监管机构与能源管理部门之间的权力配置,接着阐述能源监管结构与反垄断结构之间的权力配置,并解析能源监管机构之间的权力配置,最后对能源监管机构的法律地位与职能进行定位和小结。第五章探析能源监管的内容与方式,包括能源经济性监管的内容与方式、能源社会性监管的内容与方式、能源行业的发垄断除外及其法律监管。第六章论述能源监管的法律制衡,提出监管失灵是对能源监管进行法律制衡的理由,并说明能源监管失灵的法律制衡机制。第七章概述我国能源监管改革的路径选择,主要有反思与检讨我国能源行业垄断问题及监管缺陷、适度与规范我国能源行业经济性监管制度的法律构建、强化与协调我国能源行业社会性监管制度的发展完善、除外与限制我国能源行业反垄断法律监管的改革思路。在论文的结语部分提出构建独立统一、透明高效的现代能源监管制度。

关键词:能源　监督管理　反垄断　法制

**2454**

**应对气候变化法律制度研究:从"外"到"内"的理性回归** / 郭冬梅著 ; 曹明德指导. -- 西南政法大学, 2009. -- 145 页

论文以"从外至内"的视角,对应对气候变化法律制度进行了研究。全文共分为六章。第一章对气候变化基本问题进行概述,经过概念对比分析,明确了气候变化法律制度下气候变化的内涵所指。其次,介绍了气候变化的影响,主要表现在三方面。同时分析了气候变化问题之所以需要法律应对研究的必要性,主要包括"发展权"的需要、"温室气体减排"需要法律约束,以及发达国家的经验总结。第二章介绍了应对气候变化法律制度的理论基础,提出了气候变化法律制度之所以存在的理论基础。列举了几次对全球可持续发展至关重要的国际会议。其次,从法哲学基础的角度出发,对应对气候变化法律制度的理论基础进行了论述。再次,对应对气候变化法律制度的经济学基础进行了阐述。第三章是对气候变化法律制度的外部分析,对气候变化的国家法律制度做出了具体实证分析。主要对现有的应对气候变化国际法律制度的不足之处进行了剖析和反思。对针对气候变化法律制度的执行做出了理论分析,以期得出适当的执行方案,为我国国内立法提供参考依据。第四章介绍了应对气候变化法律制度的理性回归。主要是对由"从外至内理论回归,以中国为归宿"这一思路进行了剖析。肯定了"外"的合理性,提出了气候变化公约依然是国际社会应对气候变化共同需求的解决途径。同时阐述了理性回归下的国外法经验借鉴。第五章是对我国应对气候变化法律制度的现状进行了总结,主要包括我国应对气候变化法律制度概况、我国应对气候变化法律制度评析以及我国应对气候变化法律制度的完善。第六章是对我国应对气候变化法律制度的未来设计,主要包括未来设计的总体导向、国际条约框架和国内外法律制度的衔接以及未来设计的

具体方案。论文对应对气候变化法律制度的研究具有重要的意义。

关键词:环境保护法　国际公约　气候变化

**2455**

**经济法行为理论研究** / 靳文辉著 ; 胡光志指导. -- 重庆大学, 2009. -- 170 页

全文共分为七章。第一章导言,主要介绍了论文的缘起,分析了研究的内容和进路,总结了论文的研究方法。第二章是对经济法行为的界定。首先对西方主要法哲学流派对法律与行为关系爰论说进行了考察,对“法律行为”在民法和法理学中的适用情形进行了梳理。通过对德国、日本以及我国台湾地区行政法学对法律行为理论的引入用以构建行政行为或行政处分理论进行了考察,并得出了结论。最后对经济行为的自我构建进行了分析,在何种意义上使用经济法行为进行了界定和交代。第三章是对经济法行为的构成进行了分析,主要包括经济法行为中的资格要素、经济法行为的意志要素以及经济法行为的表达要素三方面的内容。第四章从学理价值与实践功用确立了经济法行为理论的有用性研究,主要阐述了经济法行为理论的学理价值,分析了经济法行为理论的实践功能。第五章是对经济法行为运行的现实考察,进行了多元视角下的复杂性思考,主要从基于人性视角的解读,对经济法行为主体进行了再考察。分析了经济法行为运行中的不足与缺憾,探究了经济法行为运行中的“疑难案件”,总结了经济法行为的负外部性。第六章基于法社会学的分析进路,对经济法行为运行的边界进行了分析,主要包括经济法行为的应然边界、决定经济法行为边界的“社会事实”、法社会学视角下对经济法行为边界的思考三方面的内容。第七章从标准和评价两方面分析了经济法行为的规范运行,主要包括伦理标准、政治标准、法律标准、经济标准四个方面。全文的研究对分析经济法行为理论具有重要的意义。

关键词:经济法　行为　法的理论

**2456**

**张知本法学思想研究** / 赖明才著 ; 程燎原指导. -- 重庆大学, 2009. -- 80 页

论文通过文本解读,以客观的研究精神,梳理和探讨张知本的三民主义法学思想,重点是其法律思想。全文分为八章,除第一章导论与第八章结语外,主体部分为第二章到第七章,分别为张知本的法学观、法律观、宪法观、宪政观、司法观和法治观。第二章是张知本的法学观:法学认知与三民主义法学的祈望,阐述何为法学,说明法学的意义,并探索对三民主义法学的追求。第三章是张知本的法律观:社会法律学视野下的法律论,介绍法律的经济基础,探求法律的“社会的目的”,解析法律与道德的关系,并说明法律的强制性(强制力),解释法的“社会本位论”。第四章是张知本的宪政观:立宪与行宪的统一,论述宪政与政治思想、宪政与宪法、行宪与守法、宪政与舆论四个方面的内容。第六章是张知本的司法观:法律与司法人员互动,介绍三民主义是司法的最高准绳,阐述司法独立与司法者的培育。第七章是张知本的法治法:建立一个“东方法治国家”,首先概述法治的概念与意义,接着总结法治与人治、法治与礼治的关系,最后探讨法治的实现。

关键词:张知本　法学　三民主义　思想评论

**2457**

**环境税正义论** / 雷芸著 ; 张怡指导. -- 西南政法大学, 2009. -- 168 页

论文以气候变化为切入点,讨论环境责任的公平分配问题,讨论的重点集中在环境基本原则剖析和对环境税进行环境正义批判并重新设计的角度,主要通过社会调查、收集数据、查阅资源的方法,并运用法学、经济学、哲学和伦理学等的基础理论为现实问题进行分析,论文对环境税的传统研究——重经济轻法学的传统进行了改变,用法理学基本理论对环境税法制进行研究,将经济学与法学相结合,让环境税法法律研究回归到法学的根本。全文分为引言和五章正文。引言包括选题背景及意义、国内外研究文献综述、论题范围与研究方法、论文的创新之处。第一章介绍气候变化对人类的挑战,阐述温室效应与气候变化,评述控制气候变化的制度选择。第二章讨论环境责任的公平承担,说明环境正义,并分析环境正义原则下环境责任的国际承担和国内承担。第三章探析环境税——环境责任的承担方式,首先界定环境税的涵义,接着回顾环境税的理论渊源,最后提出环境税的正义要求。第四章用环境正义理论审视我国的环境税法,概述我国环境税法的现状,并分析其他国家环境税法与我国的比较,提出我国环境税法的环境正义缺陷。第五章综述构建公平正义的环境税法律体制,包括环境税的纳税人、环境税的征税对象、环境税

的税基、环境税的税率以及环境税的配套机制。

关键词:环境税　正义　环境保护法　税收政策

**2458**

**区域海洋环境保护法研究** / 李建勋著 ; 蔡守秋指导. -- 武汉大学, 2009. -- 238 页

论文通过研究国际社会通过区域合作解决海洋环境问题的法律制度的演进历程,对区域海洋环境保护法进行了分析。全文共分为五章。第一章以区域海洋环境保护法的产生背景为切入点,通过分析海洋环境问题的严重性和呈现的区域性特征,以及引起海洋环境问题产生的经济根源、制度根源和认识根源,揭示通过制度化手段应对“保护区域海洋环境”这一社会需求的必要性,并在此基础上考察了区域海洋环境保护法产生和发展的三个阶段。第二章通过对区域海洋环境保护法的概念进行界定,提出了区域海洋环境保护法区别于全球性海洋环境保护法和国内海洋环境保护法的四个特点,指出了区域海洋环境保护法具有的法的规范功能和社会功能,研究了法律价值理念追求的基本原则。第三章论述了区域海洋环境保护法的污染防治法律法规,分析了造成区域海洋环境污染的六种污染源,以及引起区域海洋环境污染的主要形式,对防治三种污染形式的区域海洋法律制度进行了深入分析。第四章对区域海洋资源保护法律制度进行了研究,指出了全球性法律手段对区域海洋生物资源及其生境的养护提供了原则性之道,但它们的局限性在于无法虑及区域海洋生物资源及其独特性。各区域海洋非常重视通过双边或是多边协定的方式对渔业资源进行可持续开展、利用和养护管理。第五章对中国参与的东亚海、西北太两个区域海洋的区域海洋环境现状进行了分析,并对东亚海、西北太区域海洋环境保护的法律框架进行了研究,提出了完善两个区域海洋环境保护立法的建议。

关键词:环境保护法　海洋法　海洋资源　海洋污染

**2459**

**论后京都时代气候保护国际法律新秩序的构建** / 李静云著 ; 王树义指导. -- 武汉大学, 2009. -- 301 页

论文对后京都时代气候保护国际法律新秩序的构建进行了深入的分析与研究。全文共分为五章。导论分析了选题及其研究意义,对国内外研究现状进行了综述,介绍了论文的研究方法和思路。第一章分析了气候保护国际法律秩序的产生,阐述了气候对人类发展的重要性,总结了气候变化对人类发展的挑战性,分析了气候保护国际法律秩序产生的必然性。第二章对京都时代气候保护国际法律秩序进行了评析,主要包括京都时代气候保护国际法律秩序的发展演进、国际法律秩序的基本内容、国际法律秩序的积极作用及缺陷分析四方面的内容。第三章是对后京都时代气候保护国际法律新秩序的理论基础的分析,主要介绍了后京都时代气候保护国际法律新秩序的现实需求、国际法律新秩序的核心价值以及基本原则三方面的内容。第四章是对构建后京都时代气候保护国际法律新秩序的思路,阐述了后京都时代气候保护国际法律新秩序的目标,公平目标的实现构想、效率目标的实现构想以及后京都时代气候保护国际法律新秩序的模式。第五章通过分析中国在后京都时代的挑战与机遇、中国在后京都时代国际气候谈判中的对策建议以及后京都时代中国应对气候变化国内立法的建议三方面的内容,建立了中国与后京都时代气候保护国际法律新秩序,为后京都时代中国如何构建气候保护法律秩序提出了对策建议。

关键词:国际环境法学　环境保护　气候变化

**2460**

**环境正义的法律表达** / 梁剑琴著 ; 王树义指导. -- 武汉大学, 2009. -- 182 页

全文共分为六章。第一章对正义的一个新面向——环境正义进行了分析,阐述了环境正义的缘起,对环境正义的描述性概念进行了界定,并对环境正义进行了规范性分析,得出了环境正义是一种社会正义,区别了形式和具体正义上的环境正义,以及环境正义的基本维度。第二章分析了环境正义实现的途径,界定了环境正义的法律表达,分析了环境正义法律表达的必要性和可行性。第三章阐述了环境正义法律表达的范围,分析了环境法和环境伦理关系的核心问题——道德法律化的限度,论述了环境正义的法律表达应以人际正义为限。第四章论述了环境正义法律表达的性质,主要包括环境正义法律表法的性质关涉环境正义分配原则及几种正义原则的批判及其选择。第五章研究了环境正义法律表达的关键,对环境负担的确认和对分配进行了分析,研究了环境利益的识别与衡平。其中环境利益的识别与衡平包括作为分配对象的环境善物、重拾环境利益的主体性、廓清环境利益的类型以及厘清环境利益的分配原则

四方面的内容。第六章是对环境正义法律表达方式的分析,主要论述了环境正义法律表达的形式及环境表达环境正义的归宿。论述了环境正义是环境法的基本价值;环境正义与环境法的其他基本价值及环境正义价值的存在形式。阐述了环境正义是环境法权利义务的逻辑基础,分析了环境正义法律表达的进路,以及环境正义视域下的环境权利义务分析框架。

关键词:环境保护　正义　道德　权利　环境保护法

**2461**

**英国可再生能源法研究** / 吕霞著 ; 周珂指导. -- 中国人民大学, 2009. -- 216 页

论文在分析大量有关可再生能源的文献的基础上,对英国可再生能源法进行了研究。全文共分为九章。第一章介绍了英国可再生能源法产生的背景,分析了英国的能源形势及其对可再生能源的需求,阐述了国际义务与英国可再生能源法的发展历程。第二章介绍了英国可再生能源法的产生与发展。分析了从《1989 年电力法》开始的历史、《2000 年公用事业法》与英国可再生能源法制的全面建设、《2003 年可持续能源法》和《2004 年能源法》以及英国可再生能源法制建设在 2008 年取得的重大进展。第三章阐述了非化石燃料义务法令和可再生能源义务法令,论述了非化石燃料义务法令的主要内容和发展变化,阐述了可再生能源义务的种类及其可再生能源电力、燃料义务的主要内容。第四章分析了英国可再生能源管理机构和可再生能源法的执行机构,主要包括立法机关、政府普遍关心可再生能源事务,国务大臣是可再生能源法制建设的枢纽,以及专门机构在可再生能源法实施中具有重要地位三方面的内容。第五章介绍了英国可再生能源法的守法主体与相关义务,阐述了可再生能源法的守法主体有供电商、发电商、配电商、交通燃料供应商、消费者及其他主体。同时,详细介绍了可再生能源法设定的义务。第六章阐述了英国可再生能源法研究的完善和运行机制。第七章分析了英国可再生能源法中的配额制度,主要包括对英国可再生能源配额制度的理解和可再生能源配额的三种类型。第八章是对英国可再生能源法中的绿色证书制度的分析,主要包括绿色证书及其种类的阐述、关于绿色证书的申请、颁发和撤销的说明,以及对绿色证书的使用和转让的概述。第九章介绍了英国可再生能源法研究中的年度报告制度,主要包括年度报告的由来、内容与种类、处理及其作用。

关键词:能源政策　再生能源　能源法　英国

**2462**

**民事诉讼要件理论研究** / 孟涛著 ; 陈刚指导. -- 重庆大学, 2009. -- 114 页

论文以诉讼构造为基本立场,研究诉之合法性要件问题。全文共分为七章。第一章为导论,主要介绍了论文的问题提出,国内外研究现状,论文研究的目的和内容。第二章是对诉讼要件理论产生的研究,主要阐述了标罗的诉讼要件理论,探究了标罗诉讼要件论的理论依据,归纳总结了标罗诉讼要件理论的意义。第三章介绍了诉讼要件比较研究,通过分析罗马法的 actio 制度、罗马法诉讼中的 actio 要件以及罗马法 actio 成立要件的意义对古代罗马法的诉讼要件进行了研究。阐述了德国诉讼要件的理论,界定了基本概念,审理了判决要件。同时研究了日本诉讼要件的制度,分析了其中包含的内容和审理。探究了法国诉讼要件制度和意大利民事诉讼要件。最后章节对诉讼要件的立法形式、诉讼要件制度的基本内容以及审理进行了归纳总结。第四章研究了诉讼要件理论的构成,从主要学说、诉讼要件本质的研究方法、合法性要件三方面阐述了诉讼要件的本质。从诉讼要件的种类、具体内容分析了诉讼要件的构成。同时分析了诉讼要件的审理。第五章研究了诉讼要件与诉讼抗辩,主要分析了抗辩概念、罗马法抗辩概念的起源,以及德国普通法时期抗辩概念的发展。阐述了诉讼抗辩、诉讼要件与诉讼抗辩的关系,以及诉讼抗辩的内容三方面的内容。第六章介绍了我国民事诉讼要件理论与制度的研究。第七章是对全文的总结,主要包括论文研究的基本结论,以及对后续研究的展望。

关键词:民事诉讼　诉讼程序　举证责任　司法制度

**2463**

**河流健康的法律保障研究** / 聂武钢著 ; 王灿发指导. -- 中国政法大学, 2009. -- 145 页

论文对环境与资源保护法学进行了研究。全文共分为八章。第一章介绍了河流与健康的关系,分析了河流的含义和特点,对我国河流进行了概括,界定了河流健康的定义,分析了河流健康损害的原因以及河流标准,分析了我国河流健康的现状,对我国跨国河流进行了概述,分析了跨国河流开发正在推进的过程。第二章阐述了我国河流健康保护的立法及问题,

主要包括河流保护立法的沿革、我国河流健康立法的现状、我国河流健康立法存在的问题分析,以及以长江渔业为例的河流健康立法缺位的延伸分析四方面的内容。第三章分析了我国河流健康管理体制与政策存在的问题,主要进行了相关概念的概述、分析了河流健康管理体制的主管部门和管理主体,介绍了河流规划的情况,总结了河流政策。通过分析《加强水电建设环境保护工作的通知》,介绍了规范河流健康管理的制度的缺陷。第四章阐述了其他国家和地区河流健康保障的立法及借鉴,主要包括保护河流健康共识的综述、美国河流健康立法、加拿大、日本、等相关法规的分析,以及其他国家、地区河流保护实践的介绍。第五章是对河流健康保障法律体系的构建的分析,主要包括法律保障的基础理念与标准、对河流进行分类分段保护、建立河流健康法律保障的制度体系、评估现有工程与政策、建立新型水文监测体系以及强化渔业资源保护六方面的内容。第六章是对河流工程建设法律规范的健全和完善,主要包括规划要审慎与独立、环评要强调规范性、建设类型与方式、开放权有偿制与年限制四方面的内容。第七章分析了河流工程运营法律规范的健全与完善,提出了生态运营原则、生态调度规则、动态调整机制以及中期评估、后评估制度。第八章是对河流工程管理法律规范的健全和完善,主要包括健全管理体制、完善管理立法以及严格管理执法三方面的内容。

关键词:河流　水资源　水环境　环境保护法

**2464**

**我国银行业竞争秩序规制法律制度研究** / 潘林伟著 ; 许明月指导. -- 重庆大学, 2009. -- 152 页

论文对我国银行业竞争秩序规制法律制度进行了研究。全文共分为八章。第一章为导论,介绍了论文的选题意义,阐述了论文的研究方法、总结了研究内容,归纳了论文的创新及不足。第二章阐述了银行业竞争规制的相关理论,主要论述了银行监管与银行业竞争规制,以及我国银行业竞争规制的对象。第三章分析了国外银行业竞争规制,介绍了国外银行业竞争规制的模式、内容和借鉴。其中国外银行业竞争规制的内容包括美国、加拿大和欧盟国家对银行业竞争秩序规制的内容。第四章总结了我国银行业竞争规制的现状,分析了我国银行业竞争的规制,对我国银行业的市场现状、对外开放及金融业全面开放对我国的影响进行了分析。第五章论述了银行业竞争的反垄断法规制,主要包括银行业反垄断规制的理论问题、我国银行业的垄断现状剖析、反垄断法对银行业竞争规制的适用分析三方面的内容。第六章是对银行业竞争的反不正当竞争法规制的分析,阐述了反不正当竞争法对银行业竞争规制的法律基础,对银行业的不正当竞争进行了剖析,对反不正当竞争法对银行业竞争规制的适用进行了分析。第七章完善了我国银行业的竞争规制,主要包括我国银行业竞争规制的模式,以及完善我国银行业竞争规制模式的途径,同时分析了我国银行业竞争规制的制度完善。第八章是对全文的总结。

关键词:银行业　垄断　市场竞争　反不正当竞争　银行法

**2465**

**中国自然资源国家所有权制度研究:面向可持续发展的思考** / 邱秋著 ; 王树义指导. -- 武汉大学, 2009. -- 217 页

论文在面向可持续发展的思考的基础上,对中国自然资源国家所有权制度进行了研究。全文共分为五章。引言阐述了选题的意义、国内外研究现状,以及论文研究的基本思路、研究方法和论文的创新之处。第一章介绍了自然资源与自然资源国家所有权制度,讨论了自然资源与可持续发展之间的关系,论述了自然资源国家所有权制度的普遍性,分析了当代国家选择自然资源国家所有权制度的原因,界定了自然资源国家所有权的研究对象和范围。第二章对外国自然资源国家所有权制度进行了考察,对自然资源国所有权制度做了历史分析和比较法分析,梳理了从古代社会到近代、当代社会,自然资源国家所有权制度基本功能的变迁,以及法律调整的特点和趋势。第三章介绍了中国自然资源国家所有权制度及其变迁,回顾了我国自然资源国家所有权制度的历史演进和制度变迁,主要包括计划经济体制下的自然资源国家所有权制度,经济转型背景下自然资源国家所有权制度的变迁,同时对同一时期的国有土地制度变迁与国有非土地资源制度变迁分别进行了考察。第四章是对中国自然资源国家所有权制度存在的问题的总结及其诊断。分析了当代中国自然资源国家所有权制度所面临的可持续发展的巨大挑战,并将其根本原因归结为现行制度本身的不完善。第五章提出了完善中国自然资源国家所有权制度的建议。主要分析了完善中国自然资源国家所有权制度的基本思路,阐述

了公共自然资源国家所有权制度和国有自然资源所有权制度。

关键词:自然资源保护法　可持续发展　所有权

**2466**

**环境教育法研究:以完善我国立法为目标** / 时军著 ; 徐祥民指导. -- 中国海洋大学, 2009. -- 192 页

论文以完善我国立法为目标,对环境教育法进行了研究。全文共分为七章。前言通过分析环境教育在环境保护事业中的重要作用,阐明环境教育立法是我国环境教育事业发展的根本保障。第一章是环境教育的发生与发展的研究,主要分析了当前环境问题的严重性与环境理论的迫切性与困境,进而提出了环境教育在环境治理中的关键作用。分析了环境教育的历史和现状。第二章主要阐述了环境教育问题的缘起,明确环境教育的目的及环境教育的特征和类型。第三章介绍了初兴的环境教育法,主要阐述了世界环境教育法立法概况,分析了环境教育与环境法、教育法的关系。第四章介绍了美国环境教育立法及其启示,主要考察了美国环境教育与立法概况。借鉴美国环境教育法的成功经验将对我国环境教育立法产生重要的启示。第五章介绍了我国的环境教育与立法,主要分析了我国环境教育与立法的历史与现状,概括了我国环境教育发展的特点,指出了我国环境教育结构不合理、层次偏低、发展不均衡、缺乏稳定的制度保障等环境教育的不足之处。第六章介绍了我国应进行环境教育专门立法,从我国的现实国情出发,分析了我国进行环境教育专门立法的必要性,对我国进行环境立法的可行性进行了充分论证。第七章对中国环境教育法立法的构建进行了分析,探讨了我国环境教育立法采取的基本方针与立法模式,环境教育法的基本原则、基本制度和环境教育体系。明确我国环境教育法的目的与目标是增强全民环境保护意识、促进环境专业教育发展、促进环境教育投入的法定化等等。全文对完善立法具有重要的意义。

关键词:环境保护法　环境教育　立法

**2467**

**论中国环境责任保险制度的构建** / 陶卫东著 ; 徐祥民指导. -- 中国海洋大学, 2009. -- 137 页

论文对中国环境责任保险制度的构建进行了研究。全文共分为五章。第一章环境责任保险制度总述,对环境责任保险制度的相关概念进行了界定,分析了建立环境责任保险制度的必要性,并从需求可行性、实践可行性、理论基础与法律基础保障、物质基础保障四个方面对我国建立环境责任保险的可行性进行了探究。第二章总结了国际环境责任保险的发展演变及其对我国的启示。分析了国家环境责任保险的背景、发展和兴起,总结了国际环境责任保险制度的现状和特点。分析了国外环境责任保险制度的设计,对比了美国、瑞典、德国、英国、日本的环境责任保险模式。对国外关于环境责任保险进行了责任研究。同时分析了国外环境责任保险发展的趋势,总结了西方国家环境责任保险制度对我国的启示。第三章我国环境责任保险概述,主要包我国环境责任保险现状的总结与思考,分析了目前我国环境损害赔偿的困境,探究了我国环境责任保险发展的影响因素及其原因,探讨了我国构建环境责任保险制度中遇到的难点问题。第四章是对我国环境责任保险体系的构建的研究与分析,主要包括保险模式、保险险种、保险责任范围及除外责任、费率厘定、索赔时效、责任限额和免赔额、受害第三人的直接请求权及保险人的代位追偿权及承包机构和保险人的风险分散机制八方面的内容。第五章是对环境责任保险制度外部环境建设的研究,主要包括有效监管环境风险;完善法律制度,提高企业的投保意识;完善我国环境责任保险制度应解决的几个问题。

关键词:环境保护　责任保险　保险制度

**2468**

**环境法学对生态学的借用与误用:围绕生态学在环境法学中的三个核心面相的思考** / 汪再祥著 ; 王树义指导. -- 武汉大学, 2009. -- 128 页

论文围绕生态学在环境法学中的三个核心面向的思考,对环境法学对生态学的借用与误用进行了研究。全文共分为四章。第一章介绍了生态学在环境法学中的三个核心面相,对生态学的核心理论生态平衡论进行了研究,分析了生态平衡论的基本观点以及其在环境法学中的地位。研究了生态学对环境法的基本贡献,包括生态学为环境法提供了的正当性基础、促进了环境法的发展与演变、使环境法具有可操作性,使法律的重心发生转移。总结了生态学在方法论上对环境法学的启发。第二章介绍了生态平衡论在生态学中的衰落及其环境法效应,主要分析了历史与社会视野下的生态平衡论,对新生态学的兴起及其对生态平衡论进行批判,总结了非生态平衡论对环境

法的挑战,归纳了环境法对挑战的回应。第三章介绍了反思生态学对环境法贡献的局限性,主要局限包括科学神话的终结、生态学本身的局限性及法律的特殊性。分析了环境法反思性地接受生态学,主要包括反思的必要性、生态学家多进行的反思及反思性接受的机制。第四章介绍了环境法学在方法论上对生态学借鉴的省思,主要介绍了生态学与环境法学的交流,阐述了检视环境法学中的整体主义,分析了法学方法论生态化的批判,简述了交叉学科的建制,归纳了生态学与环境法学融汇的困难。论文的目的是打破唯科学主义,形成学术机制,环境法学应该热情地接受生态学,但不是以融化自己的方式,环境法学应该有自身的方法论和知识实体。

关键词:环境法学　生态学　生态平衡　方法论

**2469**

**论法律移植与中国环境法的发展** / 王宏巍著 ; 王树义指导. -- 武汉大学, 2009. -- 173 页

全文共分为五章。第一章从宏观上阐述了法律移植与法律发展的关系。对法律移植的概念进行了界定,在此基础上对法律移植的必然性和必要性从理论和现实的角度进行了论证。着重对法律移植与法律发展的关系进行了评析,包括法律移植是法律发展的主要途径,法律移植是世界法律发展的基本历史现象。并探究了法律移植对于中国法制现代化的意义。第二章运用历史考察和实证研究的方法论述了法律移植与中国环境法的发展的关系。分析了进行法律移植有其客观基础和外在动力,树立了中外环境法的发展历史,进而推导出法律移植在中外环境法形成发展过程中的重要地位。重点论述了中国环境立法中的法律原则移植。第三章论证了中国环境法律移植有区别与其他部门法律移植的特点。反思存在影响环境法律移植效果的文化冲突和价值重建的问题,以及环境法律移植过程中具体操作的问题。第四章是关于中国环境法律移植的关键性问题的论述。界定了法律本土化的概念和基本表现。从经济、政治、文化、社会、法治几个层面分析探究中国环境法律丰富的本土资源,并提出了完善中国环境法发展的途径,实现环境法律移植的本土化,推动环境法制现代化的发展。第五章根据环境法律移植的特点和现状,对今后环境法律移植的趋势做出了分析和预测,并进行了展望。

关键词:环境保护法　法学

**2470**

**环境税合法性研究** / 王慧著 ; 张怡指导. -- 西南政法大学, 2009. -- 152 页

论文基于市场化机制的环境规制方法受到学界越来越多关注的背景下,对环境税合法性进行了研究。全文共分为四章。引言介绍了论文的选题依据意义研究的意义,分析了国内外研究文献并进行综述,总结了论文选题的范围和研究方法。第一章环境税的理论基础与实践,阐述了环境税的基本理论,对环境税进行了实践分析,基于技术视角和基于政治视角对环境税理论与实践背离进行了解释。第二章是对双重红利、社会政策与环境税合法性进行了分析,介绍了双重红利理论及其质疑,分析了社会政策与环境税合法性的关系,研究了环境税合法性的立法策略和立法原则。第三章研究了国民待遇原则的绿色化与环境税的合法化,主要包括产品标注与环境税的合法性和“平等对待条款”与环境税的合法性两方面的内容。介绍了国民待遇条款的结构及其解释,以“相同产品”的解释为中心分析了国民待遇条款的浅绿,以“直接竞争或替代产品”的解释为中心研究了国民条款的深绿。第四章对环境税的合法性与国际税制的合法性进行了研究,主要分析了 GATT 第 20 条的绿色化解释与环境税合法性,研究了国际税制的绿色化与环境税的合法性,主要包括环境税有效性的国际税制基础、国际税制的绿色化与环境税的边境调整以及补贴法典的绿色化与环境税的合法性三方面的内容。最后论文对全文进行了总结。

关键词:环境税　立法　环境保护　税收制度

**2471**

**环境利用权研究** / 王社坤著 ; 汪劲指导. -- 北京大学, 2009. -- 189 页

论文对环境权理论及其实践状况进行回顾,以环境利用权为研究对象,并在以环境为客体的权利体系中重新定位环境权。全文分为七章。第一章为绪论,包括研究背景、研究现状、研究思路和方法。第二章从环境权到环境利用权入手阐述环境权理论并进行反思,首先提出环境权并展开,接着介绍环境权的立法与司法实践,最后反思环境权的理论问题。第三章分析环境利用权的构建,回顾环境利用权研究的历史,并阐述环境利用权的社会基础以及环境利用权体系。第四章探析本能性环境利用权,首先提出本能性环境利用的保障是环境法产生的根本原因和目的,界

定本能性环境利用权的法律属性,接着对本能性环境利用权的权利进行构造,并分析本能性环境利用权的程序保障,最后进行章节小结。第五章对开发性环境利用权进行讨论,简述开发性环境利用权的法律属性和权利构造,并进行总结。第六章论述环境利用权冲突以及协调,辨析环境利用权冲突的概念,并阐述环境利用权冲突的协调,在进行具体的利益衡量时,其基本的出发点是环境优先和生态优先,同时也指出在利益衡量之中除了要考虑利益大小及其范围等实体性因素之外,程序因素的重要性也应得到重视。第七章对论文进行总结,主要介绍论文的主要观点、不足之处以及余论部分。

关键词:环境权　利用　环境法学

**2472**

**环境污染健康损害填补法律制度研究** / 王晓辉著 ; 王灿发指导. -- 中国政法大学, 2009. -- 123 页

论文对环境与资源保护法学进行了研究。全文共分为五章。论文开始部分为绪论,主要包括论文的研究背景、研究现状、研究内容以及研究方法。第一章是对环境污染健康损害填补的定性分析,对环境污染的涵义、健康损害的涵义、损害填补的涵义进行了界定。第二章是对环境污染健康损害填补的正当性的分析,阐述了环境污染健康损害填补的理论基础,分析了环境污染健康损害填补的现实基础。第三章对环境污染健康损害填补制度进行了规范分析。主要针对环境健康损害侵权赔偿制度分析了个别化赔偿,针对环境健康损害责任保险制度研究了集体化补偿,针对环境健康损害公共补偿制度对公共化补偿进行了分析,针对社会健康保险制度分析了政府化保障。第四章是对环境污染健康损害填补制度的冲突与融合进行了研究,主要包括环境污染健康损害填补制度的机能、环境污染健康损害填补制度的冲突、环境污染健康损害填补制度的融合三方面的内容。第五章是对我国环境污染健康损害填补的模式选择与制度重构进行了分析,主要阐述了环境污染健康损害填补的模式,论述了我国环境污染健康损害填补的模式选择,分析了我国环境污染健康损害填补的制度重构。主要的环境污染健康损害填补的模式包括单一模式、复合模式、综合模式。主要制度重构包括健康损害侵权赔偿支队、健康损害责任保险制度、健康损害公共补偿制度、健康损害社会保险制度四个方面的制度重构。

关键词:环境污染　健康　赔偿　法律体系　法律适用

**2473**

**宏观法制环境下的企业社会责任** / 王晓著 ; 陈刚指导. -- 重庆大学, 2009. -- 142 页

论文以宏观法制环境为主轴,采用理论与实践相结合、比较与分析相统一的研究方法,对宏观法制环境下的企业社会责任进行了论述。全文分为七章。第一章解析企业社会责任基本问题,包括企业社会责任的内容、企业社会责任的近代思想演进、企业承担社会责任的模式及推动机制、企业社会责任的研究路线。第二章介绍社会法治环境与企业社会责任,简述企业与社会法制环境,并阐述企业公民:企业社会责任与社会法制环境的链接、企业表现:企业社会责任与社会法治环境的镶嵌及企业反应:社会法制环境对企业社会责任的期待。第三章论述行政法制环境与企业社会责任,主要有政府与企业、政府与企业社会责任、企业社会责任与行政法制环境的融合。第四章分析经济法制环境与企业社会责任,首先说明企业的国内经济环境;接着探析企业的新新世界:经济全球化,并讨论全球企业公民:经济法制环境下企业理念的应对;最后提出经济法制环境下企业承担社会责任的举措。第五章探索技术法制环境与企业社会责任,分别分析技术与企业社会责任、信息技术法治与企业社会责任以及生物技术法制与企业社会责任。第六章综述宏观法制环境下我国企业社会责任立法的完善,借鉴国外企业社会责任的立法实践及启示,指出我国企业社会责任立法的现状与不足,并提出我国企业社会责任的立法建议。第七章为论文的结语部分。

关键词:企业责任　社会责任　立法

**2474**

**生态人:环境法上的人之形象** / 吴贤静著 ; 蔡守秋指导. -- 武汉大学, 2009. -- 227 页

论文在总结归纳大量国内外研究文献的基础上,对环境法上的人之形象进行了研究。全文共分为五章。导论分析了人的现象探究构成社会学基础,介绍了"法律上的人"论题整合法律思维,探讨了"环境法上的人"研究承载环境法的历史使命,以及"生态人"义理融合法律指导与生存之道的内容。第一章分析了法律上的人,从个性的内涵着手,分析了人性包括人的自然属性和社会属性两个层面,法的精神或者法

律规则对人的属性进行了描述。通过法哲学家们对于法律上的人的研究和探讨,提出了法律上的人的内涵和特质。第一章关于基本概念的界定为后面的章节奠定了基础。第二章分析了法律人迷失的演化。不同的历史阶段、不同的社会背景、不同的法域、不同的实在法和法律技术会产生不同的法律人模式。论文梳理了法律人的模式演变流程,总结了法律人模型塑造以及演变的历史规律,并从理论上论证了生态人作为法律人模式的历史必然性。第三章介绍了“生态人”的理论基础,总结了四类理论作为生态人构筑的理论基础,分别是生态学理论、社会发展理论、生态伦理理论及生态文明理论。第四章分析了“生态人”的理论构成,根据关于法律人模式的内涵,以及生态人模式的立论基础,抽象出环境法上的人的理论内涵和理论要点。第五章分析了“生态人”理论的意义,总结了生态人模式的意义,主要包括生态人范式对于环境法研究的支点意义;生态人范式证立环境权理论和支持环境权的立法实践;生态人理论引导环境法制度设置和创新;生态人理论促进“五型”社会构建。

关键词:环境法学　人　环境保护

**2475**

**电力行业法律规制研究** / 谢东鹰著 ; 许明月指导. -- 重庆大学, 2009. -- 174 页

论文对我国电力行业的法律规制进行了研究。全文共分为八章。第一章前言,主要阐述了问题的提出,分析了论文研究的背景,总结了论文的研究方法和主要创新。第二章介绍了电力行业法律规制的一般理论,主要包括电力行业的特点、电力行业法律规制的概念和特征的分析,以及电力行业法律法规的理论依据和必要性三方面的内容。第三章分析了电力行业法律规制的价值取向、模式选择与制度体系,主要论述了电力行业法律规制的福利、安全、效率、公平价值,分析了电力行业法律规制的模式选择,确定了电力法律规制的制度体系。第四章分析了电力行业准入法律规制的情况,主要包括电力行业准入法律规制的一般理论,归纳了我国电力行业准入规制实践与存在的问题,构建了我国电力行业准入规制的制度。第五章介绍了电力行业保障性法律规制,阐述了电力行业保障性法律规制的一般理论,分析了我国电力行业普遍服务规制制度的构想,以及我国电力行业供给规制制度的构建。第六章是对电力行业安全规制的分析,主要包括电力行业安全规制的理论基础、我国电力行业安全规制存在的问题以及我国电力行业安全规制制度的构建三方面的内容。第七章阐述了电力行业价格法律规制,从阐述电力行业价格规制的理论基础、我国电力行业价格规制的现状以及存在的问题、我国电力行业价格规制的制度构建三方面进行分析。第八章介绍了电力行业反垄断法律规制的内容,介绍了我国电力行业的垄断与竞争改革,分析了我国电力行业反垄断法律规制的模式与原则、构建体系以及我国电网接入规制制度的构建。

关键词:电力工业　市场改革　反垄断法

**2476**

**环境权论** / 杨朝霞著 ; 孙佑海指导. -- 中国政法大学, 2009. -- 301 页

论文以环境权的客体为“突破口”,以环境权的生成为逻辑起点,对环境权论进行了研究。全文共分为八章。引论探寻了环境法治的真谛,破解了环境法学的谜题。第一章是对环境权发展的历史逻辑的介绍,探究了环境权国际发展的源流,分析了环境权在中国的法律实践,包括立法实践和司法实践。第二章阐述了环境权研究的纷争和反思,论述了环境权否定说、肯定说及怀疑说;归纳了环境权理论研究的反思,主要包括环境权理论研究的困境、误区与不足、遭遇瓶颈的原因以及出路。第三章对环境权生成论进行了论证,主要包括环境权的“可权利化”论证、环境权的“应权利化”论证。分析了现有法律制度不足以有力维护环境权益,总结了环境权创设的比较优势和积极意义。第四章和第五章介绍了环境权的构造。对“环境”的概念进行了解读,分析了环境权的客体和主体;从环境权的子权体系、权能、层次及限度四个方面阐述了环境权的内容。对环境权的属性和特征进行了阐述,分析了环境权的优势力、防御力、求助力三大效力。第六章分析了环境权的运行及其保障,主要从环境权的设定、取得、行使及变更和取消对环境权的行使进行了阐述;研究了环境权的基本原理和宏观构架,对环境权法律保障的释义、法治范式、动力机制、行为调控机制及部门法分工和协作进行了阐述。第八章研究了环境侵权及其救济,对环境侵权概念的重新塑造进行了反思和补充,总结了环境侵权概念的“百家”学说并做了评述,分析了环境侵权的主要特征。同时对环境权的救济提出了基本原理和初步设计。

关键词:环境法学　权利　侵权行为　环境保护

2477

**美国联邦水污染控制法研究:以中美法律比较为视角** / 于铭著 ; 徐祥民指导. -- 中国海洋大学, 2009. -- 173 页

论文以中美法律比较为视角,对美国联邦水污染控制法进行了研究。全文共分为五章。第一章介绍了美国水污染控制法的历史及其启示,主要阐述了美国水污染控制法的萌芽,分析了美国水污染控制法的形成的历程,探究了美国水污染控制法的发展状况,说明了美国水污染控制法的成行,研究了完善美国水污染控制法的完善措施,总结了美国水污染控制法历史带给我们的启示。第二章分析了美国联邦水污染控制法的调整对象和立法目的,主要包括《清洁水法》的调整对象,对水污染、污染物、可航水域的含义进行了界定。阐述了《清洁水法》的立法目的对确立我国《水污染防治法》立法目的的启示。第三章是对美国联邦水污染控制法的水污染控制标准的研究,主要包括以污染控制技术为基础的排放限值、水质标准、我国控制水污染的标准及其完善三方面内容。其中水质标准包括水质标准的内容、水质标准的理论基础、水质标准的优势和劣势,以及最大日负荷量制度。第四章介绍了国家消除污染物排放许可证制度,主要介绍了《清洁水法》的 NPDES 许可证制度,分析了 NPDES 许可证制度的目的、NPDES 许可证的种类和内容、NPDES 许可证颁布的程序,以及授予 NPDES 许可证的权限划分和 NPDES 许可证与流域水污染管理及其 NPDES 许可证的主要特点。同时分析了我国排污许可证制度存在的问题及其完善。第五章介绍了美国联邦水污染控制法的执行,主要阐述了《清洁水法》建立的执行框架、联邦政府的执法权、私立执行以及我国《水污染防治法》法律执行的完善四方面的内容。

关键词:水污染　污染控制　环境保护法　美国

2478

**章士钊法政思想研究** / 张东著 ; 程燎原指导. -- 重庆大学, 2009. -- 196 页

论文在回顾章士钊法政思想背景和理论来源的基础上,对他在国家、人权、宪法和宪政、行政裁判等方面的思想主张做了较为全面的研究。全文分为六章。第一章为思想背景及其演变,包括社会背景、理论来源和思想演变。第二章介绍章士钊的国家论,主要有国家观念、国体与政体、国家结构和立国原则。第三章阐述章士钊的人权论,首先说明人权思想的继受,接着简述个人权利的“自觉”,并认知权利来源,最后分析人权诉求的内容。第四章探析章士钊的宪法和宪政论,包括宪法主张、宪政之必要和可能、宪政制度设计和“代议非易”。第五章论述章士钊的行政裁判论,解析两种行政裁判制度的比较与选择,并讨论行政裁判性质归属。第六章综述章士钊法政思想影响与评价,首先介绍章士钊法政思想的显著特征,接着阐述章士钊法政思想的历史地位与影响,最后分析章士钊法政思想的内在矛盾。论文最后对章士钊的法政思想做了分析和评价,既分析了该思想的显著特征,肯定了其历史地位和影响,同时还揭示了该思想内在的矛盾和局限性。从某种意义上讲,正是这些因素,决定了章士钊及其法政思想在历史坐标中的位置。

关键词:章士钊　政治思想　法律　宪法　国家　人权

2479

**环境犯罪及其刑事责任研究** / 张海峰著 ; 王树义指导. -- 武汉大学, 2009. -- 221 页

论文从环境犯罪概述研究入手,以环境犯罪概念为切入点,对环境犯罪及其刑事责任进行了研究。全文共分为五章。引言主要介绍了论文研究的意义 ,国内外研究现状,研究的基本思路,论文的研究视角和研究方法。第一章对环境犯罪 进行了概述,主要包括环境犯罪及其特征、环境犯罪的构成、环境犯罪的性质及环境犯罪的分类四方面的内容。第二章分析了环境犯罪的形式责任,介绍了环境犯罪刑事责任的证成,分析了环境犯罪刑事责任的原则,研究了单位环境犯罪的刑事责任,总结了污染环境犯罪刑事责任的实现方式。第三章对国外及我国港澳台地区环境刑事立法进行了实证分析,主要进行了国外环境犯罪及其刑事责任的实证考察和我国港澳台地区环境犯罪及其刑事责任的实证考察,并对国外及我国港澳台地区环境刑事立法的特征进行了分析。第四章对我国刑法关于环境犯罪及其刑事责任进行了实证考察,主要包括我国环境犯罪及其刑事责任的概述,介绍了对我国环境犯罪及其刑事责任立法的基本评价,在宏观和微观上提出了我国环境犯罪及其刑事责任立法的不足和缺陷。第五章介绍了关于完善我国环境犯罪刑法立法的基本思路,介绍了关于完善我国环境刑法的理念,对关于完善环境犯罪规定的几点进行了思考,分析了关于完善环境犯罪刑事责任规定的几点。由于我国目前正处于工业化和高速的经济发展时期,环境污

染日益严重,极大地阻碍了经济的科学发展,因此对环境犯罪问题进行刑法研究是十分必要和重要的。

关键词:破坏环境资源保护罪　环境保护　刑法　刑事责任

2480

**香港房地产证券化对中国内地的借鉴意义** / 张声成著 ; 周珂指导. -- 中国人民大学, 2009. -- 190 页

论文分析了香港房地产证券化对中国内地的借鉴意义。全文共分为六章。论文开始部分为引言,主要介绍了论文的选题背景、选题意义及研究问题的界定,分析了论文的研究方法和研究范式。第一章介绍了资产证券化理论,主要包括资产运营与资产证券化、资产证券化的核心原理、资产证券化的解百纳原理,以及资产证券化在房地产领域的应用形式及当前中国房地产领域推行证券化的重要意义四方面的内容。第二章分析了香港特区有关资产证券化过程中的各种主要问题,研究了资产证券化过程中的香港特区政府的推动与监管,分析了香港特区资产证券化的法律问题、特定目的投资机构设立的问题、资产转移的方式及定性问题、信用增级和信用评级问题。同时研究了香港特区资产证券化与机构和个人投资者以及中介机构的关系。第三章研究了资产证券化在房地产领域的应用,主要概述了房地产投资信托基金以及其在香港特区的起源和法规,对中国房地产投资信托基金的现况及发展房地产投资信托基金所面对的各种有利条件及障碍进行了研究,提出了借鉴香港特区对中国发展房地产投资信托基金的建议并进行了相关案例分析。第四章分析了房地产抵押贷款证券化,主要包括房地产抵押贷款证券化的概述、房地产抵押贷款证券化在香港及国际的发展和启示、中国发展房地产抵押贷款证券化面临的有利条件和挑战及中国发展房地产抵押贷款证券化的建议,并进行了相关案例分析。第五章阐述了美国房地产抵押次级贷款证券危机对中国现行法规的启示作用,概述了美国危机,分析了美国危机爆发的影响。

关键词:房地产　证券投资　香港

2481

**动产担保法律制度现代化研究** / 张晓娟著 ; 许明月指导. -- 重庆大学, 2009. -- 204 页

论文对动产担保法律制度现代化进行了研究。全文共分为七章。第一章绪论,主要阐述了论文的研究主题与选题意图,分析了文献综述与研究方法,介绍了关于"现代化"的特变说明。第二章对动产担保法制度现代化的背景进行了考察,主要对动产担保现代化的前提市场经济进行了分析,阐述了动产担保现代化的动力社会财富结构变化,对传统动产担保现代化进行了检讨与反思,探究了功能化与类型化方法的取舍。第三章是对动产担保制度现代化与动产担保形式的突破进行了研究,主要包括对传统动产担保形式的考察、关于物权法定原则的检讨两方面的内容。第四章分析了动产担保制度现代化与动产担保公示方法的选择,通过分析从效率与安全的角度看动产担保设定与担保合同的关系,探究效率与安全视野下的动产担保公示制度两方面的内容。第五章分析了动产担保制度现代化与动产担保客体范围的扩展,研究了动产担保客体制度在大陆法系的变迁历程,从物品、投资财产、权利凭证、无体财产权四方面分析了美国动产担保交易法上的动产担保客体制度,阐述了动产概念的改变与动产担保客体制度的变革。第六章对动产担保制度现代化与动产担保实现途径的选择进行了分析。主要包括对动产担保现实条件的解读、对动产担保物权优先效力的再思考、动产担保实现途径的选择以及动产担保物权自我实现方式四方面的内容。第七章重塑了动产担保制度现代化与我国动产担保制度,主要包括建立多元化的动产担保形式、完善动产担保登记制度、我国动产担保客体制度的重塑以及提高动产担保现实的效率。

关键词:动产　担保制度　担保法

2482

**我国流域生态补偿法律制度研究** / 赵春光著 ; 徐祥民指导. -- 中国海洋大学, 2009. -- 176 页

论文对我国流域生态补偿法律制度进行了研究。全文共分为五章。前言主要通过分析流域环境存在的问题,概括流域环境生态补偿的国内外研究现状,提出了论文的研究思路和研究方法。第一章介绍了流域生态补偿的基础理论,主要从环境法层面对生态补偿和流域生态补偿的概念提出自己的见解,分析了流域生态补偿的特征,指出了流域生态补偿兼具有法律经济行为、行政法律行为和民事法律行为的性质。第二章是对流域生态补偿相关学科理论的分析,主要运用法学、环境经济学、博弈学、可持续发展理论、环境生态学和环境伦理学等相关理论分析了研究流域生态补偿,为我国流域生态补偿法律制度的构建提供

了路径选择和框架设计。第三章阐述了流域生态补偿的外国经验和启示,主要类型包括自发组织的私人交易、开放式的贸易体系、生态标志、公共支付体系。外国的生态或环境服务付费对我国构建流域生态补偿法律制度有着重要的借鉴意义。第四章总结了我国流域生态补偿的实践与问题,主要介绍了我国流域生态补偿的发展历程和实践,分析了我国流域生态补偿存在的问题。第五章是对我国流域生态补偿法律制度框架的研究,主要包括流域生态补偿的法律体系、流域生态补偿的立法指导思想和基本原则、流域生态补偿的管理体制、流域生态补偿的标准、流域生态补偿的方式、流域生态补偿的程序、流域生态补偿政府职能定位与财政责任七个方面的内容。全文的研究对分析我国流域生态补偿法律制度具有重要的意义,为其提供了参考性依据。

关键词:环境保护法　流域　生态环境　补偿性财政政策

**2483**

**能源法律制度生态化研究** / 赵爽著 ; 曹明德指导. -- 西南政法大学, 2009. -- 186 页

论文采用历史考察法、文献分析法等方法对能源法律制度生态化进行了研究。全文共分为四章。第一章对能源问题和能源法律制度的基本问题进行了阐述。首先从自然科学和法学的不同视角对能源和能源问题进行了界定,进而指出了能源问题是环境问题和气候变化的重要起因。其次论文对包括能源法律制度的概念、基本结构、调整对象、能源法律关系及主要特征等能源法律制度的基本问题进行了厘定。第二章探讨了能源法律制度生态化的相关基本理论。在阐述了生态化含义的基础上,主要对能源法律制度生态化的伦理学基础、法哲学理论基础和经济学理论基础进行了反思,提出了生态化语境下能源法律制度的立法理念和基本原则。在考察生态文明与法律生态化现象的基础上,将我国能源法律制度建设的历史进程划分了三个阶段。第三章主要对能源法律制度生态化的紧迫性、能源法律制度生态化面临的窘境和出路进行了探讨。从国际和国内两个层面考察了能源法律制度生态化面临的双重压力。其次从生存权、发展权和环境权的冲突、科技发展的非对称性和清洁技术知识产权过度保护等层面探讨了能源法律制度生态化面临的挑战和应对出路。第四章主要讨论了实现能源法律制度生态化的制度构建。分别考察了在相应制度的域外经验的基础上,基于对能源活动中的能源开发、生产环节、能源中间环节和能源消费环节全过程进行生态化的法律规制的视角,较具有代表性的三类具体法律制度的构建。

关键词:能源法　生态化　可持续发展

**2484**

**环境污染损害赔偿立法研究** / 庄敬华著 ; 王灿发指导. -- 中国政法大学, 2009. -- 156 页

论文以环境污染损害赔偿立法为研究对象进行讨论。全文分为绪言和六章正文。绪言部分主要介绍了研究的缘起、研究现状、基本概念界定、研究的主要内容和研究方法。第一章阐述环境污染损害赔偿立法之基础,说明环境污染损害赔偿立法的理论基础以及社会基础。第二章论述环境污染损害赔偿立法的理念,并分析环境污染损害赔偿法的价值追求和目的。第三章探析环境污染损害赔偿立法的模式选择,包括环境污染损害赔偿立法的模式的介绍以及我国环境污染损害赔偿的专门立法。第四章环境污染损害赔偿法之制度的构建(一),首先阐述环境污染损害赔偿的归责原则,指出我国应采用单一的无过错责任原则,接着对环境污染损害赔偿之因果关系进行推定,并分析环境污染损害惩罚性赔偿制度,最后概述环境污染损害赔偿诉讼时效制度。第五章环境污染损害赔偿立法之制度构建(二),包括对环境污染损害赔偿的社会化机制、环境污染损害赔偿公益诉讼制度、环境污染损害赔偿纠纷行政处理机制这四方面进行讨论。第六章探索我国环境污染损害赔偿法的定位和内容,在对我国环境污染损害赔偿法进行定位的基础上,介绍我国环境污染损害赔偿法的框架和内容所应包括的问题。在论文的最后对该研究进行了总结。

关键词:环境污染　赔偿　立法

# 国际法学

**2485**

**知识产权国际保护与国家战略对策** / 柴海涛著 ; 王传丽指导. -- 中国政法大学, 2009. -- 132 页

论文在全球化和信息化的国际环境背景下,分析知识产权国际保护制度、强化对其现状和发展趋势的认识,并以此为基础制定相应的政策。论文共分为六章。第一章,阐述了知识产权国际保护制度的概念,

并从三个时间阶段阐述了知识产权国际保护制度的历史发展。第二章介绍了知识产权国际保护制度现状。对比分析了WIPO管理的三类条约,阐述了世界贸易组织与TRIPS协定、WIPO与WTO的关系,以及区域性国际组织与知识产权国际保护的问题。第三章介绍了知识产权国际保护制度的新发展。第四章介绍了国家知识产权战略的制定背景及《国家知识产权战略纲要》的主要内容,并对《纲要》中有关知识产权国际保护制度的有关内容进行了分析,主要包括制定和修改符合国际保护标准和发展趋势的知识产权法律、建立健全与对外贸易有关的知识产权实施和管理制度、提高知识产权执法水平等。第五章对知识产权国际保护与经济发展的关系及知识产权的属性这两个知识产权国际保护的基础问题进行了分析。第六章对在我国实施国家知识产权战略过程中,如何应对现有知识产权国际保护制度、推动国际知识产权保护的发展提出了建议。

关键词:知识产权　法律保护　国际法

**2486**

**国际法自足制度研究** / 陈彬著 ; 左海聪, Francis G. Snyder 指导. -- 武汉大学, 2009. -- 371 页

论文对自足制度进行探究并对国际法不成体系现象进行透视,探究自足制度兴起背后的国际法社会基础的深刻变革。全文共分为六章。第一章,导论。主要介绍论文的研究背景与价值、文献回溯以及方法论,并提出假设的命题与问题。第二章讨论自足制度在国际法的诞生。首先通过国际法体系发展来探讨自足制度的研究起点;其次通过国际法结构变迁考察自足制度的背景;最后通过国际法理念演进分析自足制度的价值根源。第三章讨论自足制度在国际法的地位。首先主要介绍自足制度的理论与实践、内涵以及外在表现形式;其次讨论自足制度与外部国际法环境的关系;最后介绍自足制度的部门宪法性质。第四章讨论自足制度的建立规则。主要明确界定自足制度建立的限制、标准一般规则以及效果。第五章分析自足制度的失灵问题。首先探讨自足制度失灵的表现形式与法律后果;其次介绍自足制度的价值困境与自我修复;而后分析自足制度的民主困境与自我修复;最后对自足制度的管辖困境与突破进行概述。第六章分析自足制度为避免失败而设计协调机制的相关问题。首先提出自足制度协调机制的产生与表现;其次对自足制度协调机制的构建进行系统全面的论述;最后简要分析自足制度的立法和司法协调机制。

关键词:国际法　法律体系　自足制度

**2487**

**体育赛事转播的法律问题研究** / 陈锋著 ; 王军指导. -- 对外经济贸易大学, 2009. -- 110 页

论文结合西方国家的体育赛事转播行业的案例,探讨赛事转播权的法律性质、权利归属和保护问题及体育赛事转播权商业开发的反垄断问题。全文共分为六章。第一章,引言。首先介绍论文选题背景及意义、研究对象;其次对论文的研究状况和国内外文献综述进行论述;最后阐述论文的研究方法及主要内容。第二章对体育赛事转播的概述。首先对体育赛事转播的历史沿革进行概况;其次分别介绍体育管理机构和赛事转播机构;最后是赛事转播权的商业开发的概念和特点以及赛事转播信号的制作进行论述。第三章介绍体育赛事转播权的法律性质和归属等法律保护问题,并对赛事转播权不同类型法律保护的利弊进行分析。第四章,首先介绍反垄断法的适用历史和范围及法律原则;其次阐述赛事转播权商业开发的反垄断法适用;最后对赛事转播权商业开发的反垄断法进行分析说明。第五章分别分析对新媒体技术的支持、对公众收视权益的保护,以及对赛事转播节目广告的限制探究体育赛事转播行为的法律规制问题。第六章,首先论述构建我国体育赛事转播法律规范体系的必要性;其次提出体育赛事转播权保护法律规范体系的思考及体育赛事转播商业开发反垄断法规制的思考;最后对体育赛制转播行为法律规制的思考进行详细的分析。

关键词:运动竞赛　电视节目　体育法

**2488**

**知识产权强保护趋势的法律研究:以中美知识产权WTO争端案(DS362)为主要视角** / 陈福利著 ; 邵景春指导. -- 北京大学, 2009. -- 300 页

论文选取中美知识产权历次争端为研究对象,通过对中美知识产权争端的历史回顾和争端要点的分析,探讨揭示知识产权强保护趋势在中美知识产权争端下的存在和发展。全文共分为十二章。第一章以知识产权在美国对外经贸关系中的重要地位为线索,通过历史回顾的方法,研究分析美国对外知识产权国家战略的提出、发展和其主要内容,并阐明美国不断推动知识产权强保护的内在动因及其主要手段。第

二章知识产权与中美经贸关系发展的正相关关系。通过全过程梳理不同历史时期中美发生的知识产权争端，研究美国在中国国内知识产权制度建设中的重大影响。第三章，研究中美知识产权之争走向 WTO 争端。第四章对中美知识产权 WTO 争端研究的案件进行概述。第五章主要对美国磋商请求的主要内容进行论述，并表现美方为磋商所准备的问题以及分析中美双方的磋商较量。第六章对美国的第一次书面进行陈述。第七章，详细概述中国的第一次书面陈述。第八章阐述美国的第二次书面陈述。第九章论述中国的第二次书面陈述。第十章通过关于中国的刑事门槛问题、关于中国的海关措施以及关于著作权保护的详细的论述专家组裁决。第十一章对中美知识产权 WTO 争端法律影响进行初步探究。第十二章中国知识产权制度的发展演进。结合中美知识产权争端，纵向归纳分析中国知识产权立法和保护中的行政、民事和刑事手段的发展变化，进一步总结揭示知识产权强保护趋势的存在和发展。

关键词：知识产权　法律保护　国际争端　国际贸易　中国　美国

**2489**

**美国“贸易促进权”研究** / 陈功著 ; 杨树明指导. -- 西南政法大学, 2009. -- 314 页

全文通过剖析“贸易促进权”的基本理论问题，析解其立法体系、实践运用与未来发展路径，探讨“贸易促进权”。全文共分为六章。第一章，引言。介绍论文的选题缘起及研究意义、国内外研究状况及文献综述、论文的研究内容和研究方法。第二章主要介绍美国“贸易促进权”的概念与特征。以界定美国外贸法中的“贸易促进权”概念与解析“贸易促进权”法律特征为基点，通过比较研究美国外贸法中“快车道”与“加速程序”的关联性，揭示美国司法体系中的“快车道”与“加速程序”及“快车道”的源流与基本要素。第三章，首先从哲学、法学、经济学、政治学、社会学等角度研究美国“贸易促进权”的价值；其次运用演绎法和归纳法，进行图表数据统计等量化分析以及必要的个案分析；最后指出“贸易促进权”作为“府会”的桥梁，充分适应多边贸易体制发展。第四章运用历史分析和比较研究的方法，并借助图表进行归纳总结美国“贸易促进权”的立法体系。首先勾勒、分析并评价自“1934 年体制”到“贸易促进权”，美国贸易决策权分权体系的变迁，并通过论述“贸易促进权”的起源、形成、发展、中断、复兴、受挫等基本脉络，剖析“贸易促进权”的适用范围与期限，条文规定与制度设计及运作程序等法律机理；其次比较分析“贸易促进权”在各个不同历史时期的立法背景、立法进程、立法继承与变革，以图表形式展现“贸易促进权”运作流程图；最后揭示阻却授予“贸易促进权”的因素以及丧失授权的后果，并对提升“贸易促进权”提供方案。第五章通过实证分析，研究美国“贸易促进权”在多边、双边及区域贸易谈判及协定签署与实施中的实践运用，聚焦从“快车道”到“贸易促进权”，协定涵盖范围的变化。第六章借助量化分析，研究美国“贸易促进权”对中国经济发展的影响与启示，从而强化我国的应对策略，并具体分析中美经贸关系现状、中国经济地位的提升，论证美国“贸易促进权”对中国的多重影响。

关键词：对外贸易　贸易政策　美国

**2490**

**NGOs 与 WTO 多边贸易体制关系研究** / 陈红著 ; 赵学清指导. -- 西南政法大学, 2009. -- 136 页

论文从非政府组织的一般理论入手，分别论证非政府组织对多边贸易体制的正反两方面的作用及非政府组织参与 WTO 多边贸易体制的必然性。全文共分为四章。第一章非政府组织的一般理论。首先明确界定非政府组织的内涵和概念，分析非政府组织的五大特征；其次从应然和实然分析在国际经济法的视野中的非政府组织的国际法律地位，得出非政府组织主体走向缓慢变化过程；然后分析非政府组织的背景及动因，主要介绍非政府组织发展的历史概况、非政府组织兴起的理论依据和兴起的现实动因；最后讨论经济全球化背景下非政府组织在国际关系中的积极影响和负面作用，并指出如何趋利避害，维护一国的国家安全和经济安全。第二章非政府组织参与 WTO 多边贸易体制的源与流。首先梳理非政府组织和关贸总协定以及国际贸易组织的历史关系；其次实然考察非政府组织对 WTO 多边贸易体制的参与，具体阐述 WTO 框架下有关与非政府组织关系的规定、非政府组织参与 WTO 多边贸易体制具体实践；最后结合四个经典案例详细阐述非政府组织以“法庭之友”名义参与 WTO 多边贸易体制争端解决的历程。第三章非政府组织对 WTO 多边贸易体制的影响。探讨非政府组织的参与对 WTO 多边贸易体制正面价值和负面影响，并进行综合评价。第四章非政府组织与 WTO 多边贸易体制协调机制之构建。首先考察非政府组

织与其他重要国际组织间的关系模式,分别筛选非政府组织与五个重要的国际组织的关系模式,并对非政府组织与这些国际组织间合作关系的发展历史进行回顾;其次梳理论述非政府组织与 WTO 多边贸易体制施加影响的具体路径;最后关于协调机制下非政府组织参与 WTO 多边贸易体制的具体运作方式及程序中笔者设计非政府组织与 WTO 的各项工作安排与程序。

关键词:非政府组织　世界贸易组织　多边贸易贸易体制　国际法

2491

**合同法中的诚信和公平原则** / 陈卫国著 ; 王军指导. -- 对外经济贸易大学, 2009. -- 246 页

论文在充分汇集对比资料的基础,探讨诚信和公平的语义、哲学基础,考察若干法律体系中的诚信公平机制。全文共分为四章。第一章诚信和公平的语义分析。首先,介绍几种语言中对诚信和公平的表达方式,分析其字面及日常使用含义;其次回顾诚信和公平含义上的联系;最后结合西欧中世纪重要法学家巴都斯的观点,从哲学分析角度,论述诚信和公平在含义上相通的可能,并提出公平成为诚信导向的必然性。第二章诚信和公平的实在法考察。首先论述在西欧大陆,现代诚信公平机制的三个主要思想渊源,并介绍两大法系对诚信和公平态度的一般差异及历史原因;然后分别单独考察罗马法、法国法、德国法、美国法、英格兰法的合同诚信公平机制,并介绍若干国际性合同文件中与诚信公平有关的内容;最后总结实在法中诚信公平的内容和功能,比较不同法律体系态度上的差异并简略分析原因。第三章适用诚信公平的一般理论分析。从不同层面、不同角度对诚信公平在具体适用中所表现出来的含义、内容、功能的决定因素进行理论分析。第四章,结论和扩展。在总结前面的语义分析、实在法分析和一般理论分析的基础上,提出一个弹性的分析、参考框架,并简单介绍中国合同法中的诚信公平机制,建议进行一些实证的调查研究。

关键词:合同法　公平原则　诚信

2492

**保险经纪人法律制度比较研究** / 陈文涛著 ; 张湘兰指导. -- 武汉大学, 2009. -- 136 页

论文对反观保险经纪人制度发达的国家和地区进行充分的比较研究,探究我国保险经纪业的健康发展。全文共分为五章。第一章明确界定保险经纪人的概念、特征以及分类,并对保险经纪人的历史、发展状况及其界定进行横向和纵向的比较,明确保险经纪人制度应包含的主要内容。第二章对保险经纪人法律地位的代理人地位说、居间人地位说和商事代理人地位说的理论依据进行比较分析,总结保险经纪人所具有的主要特征,提出保险经纪人的法律地位,并对商事代理人以及保险经纪人的代理权限进行论述。第三章在比较分析有关保险经纪人权利和义务的学说和司法判例基础,对保险经纪人权利和义务进行概括,并对保险经纪人保单留置权、保险经纪人选择合适保险人的义务、保险经纪人的建议义务和保险经纪人解释保单义务等进行专门的分析和论述。第四章针对保险经纪人赔偿责任性质和构成要件进行概括性介绍,分析保险经纪人的赔偿对象、赔偿事由及免责事由等问题,并比较分析英美等国保险经纪人赔偿责任相关案例与我国法律相关规定。第五章比较分析英美日等代表性国家保险经纪人监管制度基础,总结概括保险经纪人监管的原则、形式和制度体系内容,并指出我国保险经纪人监管制度的不足以及完善建议。

关键词:保险法　经纪人　保险公司　比较法学

2493

**公司治理视角下企业社会责任的实现机制** / 程华儿著 ; 沈四宝指导. -- 对外经济贸易大学, 2009. -- 108 页

论文从完善公司治理的角度探讨公司的社会责任的强化与实现。论文首先论述公司社会责任的法律概念以及法理基础,其次着重分析公司社会责任的影响,最后介绍分析国外社会责任实施制度的特点及其对我国的启示,提出自己的建议。全文共分为六章。第一章引言。主要介绍研究背景、研究意义以及理论综述,并阐明论文拟采用的论证进路。第二章阐述公司社会责任的法律概念及其法理基础。通过展示公司社会责任的不同解说及分析各自观点利弊,逐步提出自己观点并进一步阐述概念所涵盖的范围;然后分析公司社会责任的特征;最后提出公司社会责任的法理基础,从法学领域思考和回答公司社会责任的正当性。第三章公司社会责任对公司治理的影响。首先论述公司社会责任的强化对公司治理的影响,并阐述社会责任理论下公司治理的优势及完善公司治理对落实社会责任的意义。第四章阐明国外社会责任实施制度的特点及其对我国的启示。通过对美国、欧盟以及日本等发达国家和地区社会责任实施制度

的考察，说明公司社会责任对公司治理的影响是通过建立在法理基础上的正式制度表现出来。第五章建立我国社会责任实现机制的建议。分别论述对职工、债权人和其他利益相关者社会责任实现机制的具体的、可行性建议。第六章，结语。总结性的评述论文的不足之处。

关键词：企业责任　社会责任　法人治理结构

2494

**论国际人权条约制度对国家人权保障制度的影响** / 戴瑞君著 ; 莫纪宏指导. -- 中国社会科学院, 2009. -- 268 页

论文通过论证的方法探讨国际人权条约制度对国家人权保障制度的影响。全文共分为七章。第一章基本概念和制度的界定。首先阐明国际人权条约制度的历史沿革、现状和特征；其次主要介绍联合国人权宪章制度以及与联合国人权条约制度的关系；最后对联合国人权条约制度与区域人权条约制度的关系，并对国际人权保障制度的概念、构成及顺利运行的的条件进行论述。第二章通过对人权与国家主权、人权国际保护与国内保护以及国际人权条约与国内法的关系的介绍来论述国际人权条约制度向国家人权保障制度施加影响的理论依据。第三章从国家基本权利制度的变迁考察同国际人权条约制度之间的关联，考证国际人权条约制度在国家层面的影响效力。第四章考察联合国人权条约制度与国家司法实践的动向，并对区域人权条约制度与国家司法实践的动向进行分析。第五章，首先对国际人权条约制度推动国家人权政策的发展进行论述；其次介绍国家条约制度指引国家行政措施的调整，并对国际人权条约制度推动国际人权机构不断完善进行概述；最后提出国际人权条约制度促进国家人权教育的发展。第六章讨论国际人权条约制度对中国人权保障制度的影响。第七章对国际人权条约制度对国家人权保障制度的影响效力进行评析，并分析进一步完善两套制度的可行途径。

关键词：人权的国际保护　国际人权公约　国际法

2495

**魁北克国际私法研究：兼论对中国区际法律冲突问题之借鉴** / 邓朝晖著 ; 韩德培，黄进指导. -- 武汉大学, 2009. -- 205 页

论文通过考察魁北克国际私法的原则、规则和制度，展示魁北克国际私法的风貌，揭示其独特性和先进性。全文共分为九章。第一章，导论。探讨魁北克国际私法的主要特点，同时梳理目前国内学界对魁北克国际私法的研究现状，并阐明魁北克国际私法研究的理论意义和现实价值。第二章探讨魁北克国际私法的基本理论和历史沿革。首先论述魁北克国际私法的定义、渊源及其与宪法的关系；其次论述魁北克国际私法的历史发展。第三章，考察魁北克国际私法的基本制度。首先考察魁北克国际私法对识别、外国法的证明、法律规定等问题的态度和具体规定；其次主要探讨魁北克国际私法对于程序规则的适用的规定，介绍魁北克国际私法关于诉讼程序规则、实体和程序问题的划分以及仲裁程序规则的适用的规定；最后通过分析具体发条和判例，介绍魁北克国际私法的基本制度。第四章分析在个人身份能力方面，魁北克国际私法的有关规定。首先探讨魁北克国际私法中属人法的连接点问题；然后从一般性的规定着手分析自然人、法人的权利能力和行为能力的法律适用问题；最后具体研究婚姻家庭领域的法律适用问题。第五章首先指出物之所在地原则在魁北克国际私法中的基础性作用，并说明例外情况；然后分别论述继承、动产担保、委托遗赠三个方面的法律适用问题，最后以魁北克国际私法的具体条文为基础，结合案例分析问题；第六章，首先重点分析魁北克国际私法中合同的法律适用问题，并分别对特殊类型合同的法律适用做具体探讨；然后结合中国的立法实践，论述魁北克国际私法对于我国合同冲突法的启示；其次是关于夫妻财产制的法律适用问题研究；最后探讨侵权行为的法律适用，并对证据和时效的法律出问题进行探讨。第七章对“管辖权”的研究。第八章介绍外国判决和仲裁裁决的承认与执行。第九章探讨魁北克对加拿大省际法律冲突的协调。通过比较研究双方区际法律冲突的异同及魁北克解决与加拿大各省省际法律冲突的做法，提出解决目前中国区际法律冲突的路径。

关键词：国际私法　冲突法　法律适用

2496

**跨国股权转让法律适用研究** / 董君勇著 ; 孙南申指导. -- 复旦大学, 2009. -- 192 页

论文对跨国股权转让的法律适用问题进行研究，全文共分为七章。第一章主要介绍跨国股权转让法律适用的基本理论。首先是对跨国股权转让概念、性质、特征、法律关系以及协议转让和非协议转让两种

方式进行解析;其次通过合同法、公司法、证券法以及其他相关法律对跨国股权转让所涉及的法律进行阐述;最后提出跨国股权转让法律适用的基本问题,并阐释跨国股权转让法律适用的基本内容和特征。第二章介绍跨国股权转让法律适用的一般原则。首先概述跨国股权转让法律冲突产生的原因、复杂性;其次分析比较各国法律规定存在明显的差异性和跨国股权转让中的冲突规范;最后比较分析意思自治原则、公司属人法原则、最密切联系原则以及强制原则在跨国股权转让中的适用。第三章通过论述跨国股权转让的诉讼管辖权与股权转让法律适用的关系、确定跨国股权转让管辖权的意义以及跨国股权转让管辖权冲突的解决办法来介绍跨国股权转让诉讼管辖权。第四章比较分析跨国股权转让行为的法律以及跨国股权转让协议效力的法律适用以及跨国股权转让人与公司之间关系的法律适用。第五章论述识别与跨国股权转让交付的法律适用以及跨国股权转让交付效力的法律适用,并提出变更登记对跨国股权转让的影响。第六章对跨国股权转让的限制及中小股东权益保护进行概述。第七章首先对间接持有制度的发展与特点、特征与流程进行界定,并对比适用传统法律选择方法进行分析以及概述相关证券中间人所在地原则;其次比较分析各国国家的立法实践并介绍海牙国际私法会议的立法实践;最后提出我国证券间接持有制度的现状和完善建议。

关键词:跨国公司　股权转让　法律适用

**2497**

**论航权交换** / 董箫著 ; 周忠海指导. -- 中国政法大学, 2009. -- 183 页

论文对国际航空运输领域与航权交换有关的法律问题做了研究,以对航权的国际法基础的探讨作为研究的进路,通过对 1944 年芝加哥会议以来的各种航权交换模式的阐述,提炼出航权交换活动中所体现的国际法原则。论文分为导论和正文部分,其中正文分为六章。第一章对航权的一般性法律问题进行了研究,分四个部分对航权的法律基础、表现形式、主要内容和航权交换法律体制的历史演进进行了概述。第二章对航权交换活动中所遵循的法律原则进行了归纳和阐述。首先对航权交换所遵循的基本法律原则,即尊重国家领空主权原则和条约信守原则所体现的国际法特质进行了剖析。继而对航权交换中的其他法律原则,即双边原则、公平均等的机会原则、安全性原则及实质所有权和有效控制原则进行了分析。第三章以历史研究的方法,介绍和分析了传统的双边航权交换法律模式,包括芝加哥标准式、百慕大模式Ⅰ、百慕大模式Ⅱ、预先确定式及由美国作为主导而推行的自由模式。论文对各模式的法律特点进行了概括,并对其历史地位和影响分别给予了评述。第四章就航权交换法律模式的最新发展进行了研究。主要研究了"开放天空"模式的形成与法律特征问题,以及欧共体的航空自由化和一体化进程与航空交换的问题。第五章对建立航权交换国际多边法律体制的可行性进行了探讨。先对被国际社会沿用了六十多年的航权交换双边法律体制进行了客观分析,并对其实际存在的不足进行了阐述。然后对对将国际航权交换纳入 WTO 法律框架的可行性进行了分析。第六章首先得出论文研究的结论,进而对我国航权交换的法律实践和所取得的成果进行了回顾与总结,对近年来我国推行"航权开放"所采取的一系列举措进行了概括,并就相关法律问题提出了合理化建议。

关键词:航空运输　航空法　国际法

**2498**

**外国判决承认与执行法律制度研究:以欧盟统一法为视角** / 付颖哲著 ; 沈涓指导. -- 中国社会科学院, 2009. -- 247 页

全文采取比较法的研究方法,以大陆法系传统的理论为核心展开论述,对欧盟外国判决承认与执行统一法律制度进行分析和研究,分析欧盟统一法获得成功的理论根源。全文共分为七章。第一章对传统的外国判决承认与执行法律制度的理论分析作为论述的核心,沿着对承认以及承认与执行法的理论来源和历史发展及法律属性的路径进行分析,并讨论承认的效力以及利益纠葛。第二章论述承认的条件,并在承认的条件的基础上揭示外国判决承认与执行法律制度理论、立法及司法实践向前发展的基础和必要条件。第三章首先介绍《布鲁塞尔公约》的立法背景、历次修订、目标以及公约与缔约国国内民事程序法及缔约国之间双边条约之间的关系;其次介绍公约的适用范围、承认的概念和效力及公约中承认的条件;然后阐述可执行宣告程序的概念、条件及法律救济,并分析德国诉讼法理论对可执行宣告程序的解读;最后阐述公约的历史意义,并分析《洛加诺公约》的制定和生效、意义及与布鲁塞尔公约的关系。第四章阐述相互承认原则代替国际私法的来历、与国际私法、国际程

序法之间的关系，提出坦佩雷决议和国际程序法立法纲要的宏伟的规划；并阐明欧洲法院的地位和作用。第五章主要通过体系的转换、条例的主要内容、条例对承认阻碍事由的革新及体系转换的历史意义阐释《布鲁塞尔条例》的体系的转变。第六章，首先介绍《欧洲执行名义条例》的立法背景、基本保障及主要内容；其次比较分析在审判国、执行国中的法律救济，并提出对条例中法律救济条款进行反思；最后提出对条例的批评意见以及论述条例转变的终点。第七章，结论。主要是对判决自由流动的条件以及外国判决承认与执行法律制度的应有内容的阐释，并论述外国判决承认与执行法律制度的全球化发展趋势对我国的启示。

关键词：外国法院判决效力　执行　欧洲国家联盟

2499

**WTO《政府采购协定》研究** / 富天放著 ; 左海聪指导. -- 武汉大学, 2009. -- 176 页

全文从 GPA 的基本原则、GPA 的适用范围、GPA 对政府采购合同授予程序与授予方式的特殊规定以及 GPA 的双重救济制度等几个方面，阐述与其他政府采购国际法律制度相比 GPA 的特性。第一章，引言。介绍政府采购制度是在长期的政府采购实践中形成和发展起来的，与国际水平相比，我国政府采购规模小、规模效益低、结构不合理、采购范围狭窄等问题依然突出，而且我国有关政府采购的立法及其配套措施还不完善。第二章介绍政府采购的概念、特征及政府采购制度的形成、历史及现状，GPA 的签字背景、主要内容等。第三章集中阐述 GPA 的适用范围问题。对 GPA 适用范围的分析包括适用主体范围分析、适用客体范围分析和适用例外分析三个方面。第四章重点分析 GPA 的非歧视原则中国民待遇、最惠国待遇和非非歧视原则适用例外问题。其中，非歧视原则是 GPA 的首要原则。第五章以 GPA 为主线，以探究政府采购合同的性质为切入点，分析 GPA 中合同授予和合同纠纷的相关问题，并在比较分析过往国内外学者关于政府采购合同的性质认定问题的观点后，对政府采购合同性质进行再界定。第六章对 GPA 救济制度的特殊性、救济方式、救济运作和实施的保障与监督等问题分别进行阐述。第七章从完善我国政府采购法律适用范围、完善我国政府采购法律救济制度、构建我国绿色政府采购制度等几个方面提出构建我国政府采购法律制度的几点建议。

关键词：世界贸易组织　政府采购法　政府采购制度　国际经济法

2500

**国际私法中法院地法的适用** / 高琦著 ; 沈涓指导. -- 中国社会科学院, 2009. -- 219 页

论文以国际私法中法院地法的适用为研究对象，研究法院地法的内涵及发展史，针对国际私法中各种问题，如国际私法的基本制度、实体问题、程序问题，分别研究“法院地法”适用的合理性与有效性，并对法院地法的具体内容予以辨析。内容共七章，从结构上可归纳为两部分：第一部分，“国际私法中法院地法适用的总论”，包括论文第一章和第二章。第二部分，“国际私法中法院地法适用的分论”，包括论文的第三章至第七章。第一章国际私法中法院地法概述，研究内容包括法院地法的一般性概念和理解，包括一般法院地法的含义、国际私法中法院地法的内涵、法院地法的表现形式及法院地法与其他相关概念的辨析。第二章国际私法中法院地法的发展史，发掘了法院地法的缘起、法院地法与外国法的平衡与斗争及发展的新理论，厘清了法院地法的发展脉络。第三章法院地法在国际私法基本制度中的适用，介绍了国际法的基本制度包括识别、广义反致、法律规避、公共秩序保留和外国法的查明。第四章探讨了在解决自然人国籍冲突、住所冲突及在确定自然人能力问题时，法院地法的内涵及适用的合理性。第五章从研究物权、债权的性质入手，逐步解说法院地法能否适用、适用地位及适用的合理性问题。第六章从婚姻关系、家庭关系的特征出发，根据其特质研究法院地法的适用问题。第七章探讨了法院地法在程序问题中的适用，分别分析了法院地法在确定国际民商事案件管辖权中的适用，在狭义国际民商事私法协助中的适用，在外国法院判决的承认与执行中的适用，以及在“承认与执行外国判决的具体方式”中的适用。

关键词：国际私法　法院　法律适用

2501

**欧盟《有机生产规则》与《TBT 协定》协调问题研究** / 高原著 ; 莫世健指导. -- 中国政法大学, 2009. -- 164 页

论文主要分析了欧盟《有机生产规则》与 WTO 框架下的一个特殊的协定《TBT 协定》的协调问题，即欧共体作为《TBT 协定》的一个成员，其在有机生产法律的制定、采用和实施过程中是否遵守该协定所设立的权利和义务，以及如何进行协调使其符合该协定的规

定。文章共分为七章。第一章为基本概念,主要介绍分析了欧盟《有机生产规则》的概念、该规则所涉及的一些基本概念,以及《TBT 协定》中技术法规的概念,其中包括欧盟《有机生产规则》作为一个总体是否符合《TBT 协定》所定义的技术法规。第二章和第三章提出了欧盟《有机生产规则》和《TBT 协定》的协调问题。其中,第二章提出了欧盟《有机生产规则》的主要规则及其存在的问题。第三章则对《TBT 协定》主要相关规则进行了分析。其中包括《TBT 协定》与有机生产相关主要规则分析以及两者之间的相关性,并对《TBT 协定》第二条进行了解读。第四章到第六章具体阐述欧盟规则与《TBT 协定》的协调问题。第四章对欧盟《有机生产规则》与《TBT 协定》第 2.4 条协调问题展开研究。分析了《TBT 协定》第 2.4 条,并对欧盟规则中与第 2.4 条有冲突的规定进行了分析。第五章针对欧盟《有机生产规则》与《TBT 协定》第 2.2 条协调问题展开研究。第六章则对欧盟《有机生产规则》与《TBT 协定》第 2.7 条的协调问题展开研究。第七章为文章的结论部分。

关键词:有机农业　贸易协定　贸易法　欧洲国家联盟

**2502**

**安理会权力的法律限制问题研究** / 古俊峰著 ; 傅崐成指导. -- 厦门大学, 2009. -- 181 页

论文根据联合国的宗旨和原则,探讨《联合国宪章》条文的具体规定以及国际强行法均构成安理会权力的法律限制。全文共分为六章。第一章绪论。主要介绍论题的缘起及意义、论文的研究现状、研究范围以及论述结构。第二章对安理会权力进行概述。首先明确界定安理会权力的制度基础,并对"集体安全"概念的产生与发展及联合国集体安全制度进行概述;其次主要介绍安理会权力的内容;最后介绍安理会行使权力的方式。第三章阐述安理会权力的法律限制。首先通过分析《联合国宪章》的条款来介绍安理会权力的有限性,并提出安理会权力的法律界限;其次介绍联合国的宗旨和原则及《联合国宪章》具体条文对安理会权力的限制;最后介绍国际强行法对安理会权力的限制,并对安理会权力性质的隐含限制进行分析。第四章首先提出联合国"新安全观"对安理会权力限制带来的挑战;其次通过非洲地区和非洲地区以外两个地方对安理会判定"和平之威胁"情势的实证进行考察;最后对"新安全观"下安理会实践的总结与展望。第五章主要是对安理会权力的性质扩展问题与其法律限制进行介绍分析。首先对安理会"立法"与"执法"行为进行辨析;其次通过第 1373 号决议及第 1540 号决议对安理会的合法性进行分析,并展望安理会行使"立法权"实践的未来发展;最后对安理会行使"司法权"的实践及其合法性进行简要的分析。第六章首先说明国际私法救济途径存在的必要性;其次提出国际司法救济的诉讼管辖和咨询管辖的两个途径;最后度现行国际司法救济途径的总结与展望。

关键词:联合国安全理事会　权力　联合国宪章　国际法

**2503**

**金融全球化背景下中国外汇体制改革的法律问题** / 管荣著 ; 曹建明指导. -- 华东政法大学, 2009. -- 323 页

全文重点对我国外汇体制及其改革的国际合法性问题进行探讨,以客观评价我国外汇体制的主要方面与相关国际规则的契合程度,并从有关国际法规则出发,对金融全球化、国际金融危机背景下我国外汇体制改革的各个方面以及外部法律环境的创造提出自己的建议。第一章,导言。介绍研究的背景、文献综述、研究特例及研究特色。第二章探讨金融全球化背景下中国外汇体制改革的法律动因。第三章探讨国际汇率争端的管辖权问题。第四章探讨 WTO 框架下人民币汇率形成体制的法律问题。第五章探讨 IMF 框架下人民币汇率形成机制的法律问题。首先对 IMF 框架下汇率监督机制的演变进行回顾和法律评述;然后澄清 IMF 所禁止额汇率操纵的构成要件,进一步研究违反 IMF 汇率指导原则与违反 IMF 法律义务的区别与联系;最后从国际金融危机的视角对人民币汇率机制改革的长期方向和短期目标提出建议,认为在当前经济形势下,人民币汇率机制应以稳定为主,既不应该持续大幅度升值,也不应该出现大幅度贬值。第六章探讨资本项目开放的法律问题。第七章探讨主权财富基金的国际法律问题。首先提示国际金融危机背景下我国主权财富基金所面临的风险,然后研究主权财富基金的国际法律规范,最后考察主权财富基金行为准则的相关最新国际立法,并从这些行为准则出发提出发展我国主权财富基金的法律对策。第八章探讨金融全球化与我国外汇体制改革的外部法律环境。首先总结当前国际货币体系的主要法律缺陷,揭示当前国际货币体系的各种弊端与国际

金融危机的内在联系;之后提出当前的国际金融危机为改革不合理的现行国际货币体系提供良好机遇,并从基本原则、机构治理、国际货币体系多元化等方面对改革国际货币体系提出相关建议,以期待通过改革现行国际货币体系而为我国外汇体制改革创造一个良好的外部法律环境。

关键词:外汇管理　金融法　人民币汇率　体制改革

**2504**

**网络环境下著作权合理使用问题研究** / 郭虹著 ; 郭寿康指导. -- 中国人民大学, 2009. -- 126 页

论文在当前互联网迅猛发展的背景下,通过案例分析等方法,对网络著作权的合理使用问题进行了探讨,并提出著作权使用制度构建的相关建议。全文共分为五章。第一章对著作权制度的创立及其法理学基础进行了探讨,并进一步探讨了合理使用制度的历史发展、相关规定及定义,同时对合理使用制度建立的理论基础从法哲学、法经济学的角度进行了分析。第二章对合理使用制度的"合理性"判断标准进行了研究,包括:合理使用的国际判断标准,其他有代表性的国家和地区的判断标准,合理使用与侵权使用等内容。第三章探讨了网络环境下著作权的新发展与合理使用,包括数字网络对作品和作品使用的影响,网络环境中复制权的使用,网络传播权和技术措施等内容。第四章对网络环境下的合理使用典型立法案例进行了考察,如环球城市电影公司诉索尼案,A&M 唱片公司诉 Napster 案,华纳诉榕树下案,北京慈文诉广州数联案等。第五章论及网络环境下合理使用制度的发展趋势,从合理使用制度相关问题目前的一些发展趋势,比如技术措施与自力救济、网络授权协议、网络互助与自由软件等谈起,呼应开篇,进一步通过理论法学思考,探讨合理使用制度发展趋势,并利用利益集团理论分析合理使用发展趋势,最后对网络环境下合理使用制度提出了重构建议。

关键词:著作权　互联网络　立法

**2505**

**欧盟国际移民法律制度研究** / 郝鲁怡著 ; 周洪钧指导. -- 华东政法大学, 2009. -- 277 页

论文对欧盟国际移民法律制度展开研究,折射区域性法律制度与人口迁移活动相结合的理念,探究国际移民法律规制在区域性范畴内的实现。全文共分为七章。第一章对国际移民的内涵、法律性质、国际移民法律体系建立的理论基础以及人口迁移的动因理论等问题进行考察与分析,并对全球化背景下的国际移民现象给予界定与梳理。第二章从宏观视角对欧盟国际移民法律制度给以探究与评价,对欧盟国际移民的历史演变、现状构成与特点进行概括,对欧盟国际移民政策导向与决策机制进行分析,对欧盟国际移民法律制度框架的归纳整理。第三章重点关注欧盟统一大市场下的国际移民法律制度。首先明确界定欧盟内部自由流动权利实现的身份基础和内容;其次介绍欧盟内部自由流动权的例外;最后简要介绍欧盟东扩对人员内部流动的影响。第四章着重论述欧盟第三国移民法律制度。通过欧盟外部边境的管理与控制、第三国国民短期入境与签证法律制度,以及第三国国民在欧盟的居留权和就业权来阐述与评析欧共体与第三国的联系协定。第五章探讨欧盟外部国际移民法律制度的延伸内容。主要明确界定欧盟难民与庇护法律制度概述、演进以及具体内容,并探讨国家安全视角下的欧盟非法移民法律制度。第六章对欧盟国际移民的社会保障权利问题进行论述与分析。首先通过社会保障的定义、理论基础和欧盟各国的制度模式阐述欧盟社会保障制度的建立模式;其次介绍欧洲一体化进程中的社会保障制度发展;最后通过欧盟社会保障对经济因素的影响,欧盟社会保障协调机制的建立、原则和内容四个方面评析移民语境下的欧盟社会保障制度。第七章通过对比方法研究中国国际移民的法律规制问题及在国际移民相关领域与欧盟的互动关系。

关键词:移民法　国际法　欧洲国家联盟

**2506**

**国际货币基金组织治理金融危机的法律问题研究** / 何焰著 ; 李仁真指导. -- 武汉大学, 2009. -- 247 页

论文系统阐释 IMF 治理金融危机的有关法律问题。全文共分为七章。第一章论述金融危机及其治理的基本问题,并阐述论文的研究对象、立论基础和逻辑前提。首先明确界定金融危机的涵义与分类、性质与发展态势;其次论述治理金融危机的涵义与可行性;最后对金融危机的法律治理进行概述。第二章理论与实证相结合,通过当代金融危机的特征、成因和本质以及 IMF 的法律地位、性质和功能等多个视角论证 IMF 在治理危机中应具有的重要地位与作用。第三章从金融资源论、成本收益论、全球治理论、公共产

品论、国际组织价值论等理论出发,对 IMF 治理危机的有关问题加以阐释。第四章梳理 IMF 治理危机的法律依据和法律条件,说明 IMF 的法律规范、宗旨和职能与其治理危机之间的关系,指出其中存在的问题。第五章对 IMF 与世贸组织、世界银行、区域性金融组织、行业性金融组织以及国家集团等在危机治理中的特点与作用进行比较,指出 IMF 治理危机所具有的优势,并指出 IMF 与其他组织合作治理危机的必要。第六章分析 IMF 在危机治理中面临的职责与权能冲突、合法性和有效性危机,并从 IMF 的组织机制和决策机制、职权范围、危机预警功能和最后贷款人功能等方面提出改革 IMF 的法律构想及促进危机治理绩效的法律方案。第七章联系我国金融安全的现状与问题,指出我国参与 IMF 改革对维护我国金融安全的重要意义并提出我国参与 IMF 改革的若干对策。

关键词:国际经济法　金融法　国际货币基金组织　金融危机　金融管理

**2507**

**自由贸易协定下的劳工标准及其影响:以 NAALC 为例** / 黄玲著 ; 王传丽指导. -- 中国政法大学, 2009. -- 101 页

论文立足于介绍劳工标准、相关概念的具体内容及制度,介绍自由贸易协定在 GATT/WTO 时代发展的新态势,国际劳工组织与世界贸易组织在劳工标准问题上的合作,并针对中国现状,提出了中国对于劳工标准问题的应对。全文分为导论和正文部分,其中正文分为四章。导论部分介绍了选题的理由、意义以及创新之处,介绍了劳工标准问题、劳工标准与自由贸易协定或区域经济一体化关系的研究动态。第一章为劳工标准及相关概念,解释并比较了劳工标准、国际劳工标准、核心劳工标准、社会条款、体面工作的内涵及相互之间的区别与联系,介绍了国际劳工标准的制定情况,说明了核心劳工标准的详细内容。第二章,主要介绍自由贸易所引发的对于劳工标准的讨论,分析在 GATT/WTO 时代自由贸易协定迅猛增长的原因,探讨自由贸易协定在多变贸易体制下存在的合法性,评价自由贸易协定的影响。第三章分析了美国贸易政策对于劳工标准的影响;介绍并评价美国在《北美自由贸易协定》中附加《北美劳工合作协定》的具体情况;针对美国几年来签订的双边自由贸易协定当中并入的劳工标准条款,重点介绍了美国与哥伦比亚的协定当中劳工条款的详细内容,阐述了美国当下做法对于劳工标准的影响。第四章是针对我国劳工标准情况的思考。介绍了我国与国际劳工组织的关系变化过程,比较我国劳工标准与国际核心劳工标准的不同,分析自由贸易协定下的劳工标准可能给我国带来的影响,提出我国有效应对的手段和措施。

关键词:国际法　劳动法　自由贸易　贸易协定

**2508**

**单一海洋划界公平解决的法律问题研究** / 黄伟著 ; 杨泽伟指导. -- 武汉大学, 2009. -- 268 页

论文通过考察单一海洋划界的国家实践尤其是国家司法和仲裁实践,研究单一海洋划界公平解决的核心问题。全文共分为五章。第一章,首先通过考察单一海洋划界的产生和发展过程并分析原因,指出单一海洋划界源于国家实践;其次,分析单一海洋划界的概念、特征和适用条件;最后提出单一海洋划界公平解决的核心问题,并指明其基本思路。第二章探讨单一海洋划界在国际法上是否有充分和明确的法律基础。首先概述单一海洋划界法律基础的含义、问题的实质、研究问题的必要性和可行性;然后通过总结关于专属经济区制度和大陆架制度之间关系的制度融合或统一说、双重制度说、共存说和制度部分融合说的四种学说;最后考察两种制度在合法性权利基础上的融合程度。第三章,主要分析单一海洋划界公平解决的法律确定性在国际司法和仲裁实践中的发展和演变过程,揭示其基本的发展趋势,指明发展存在的障碍和难题,并指出一些解决方法和途径。第四章主要总结和考察中国在北部湾、黄海和东海选择适用单一海洋划界的经验、可能性和着重考虑的因素。首先概述中国在海洋划界问题上的原则和立场;其次总结中越北部湾单一海洋划界的经验;然后强调中国在黄海划界应该选择适用单一海洋划界,并阐明在与朝鲜和韩国划界所考虑的因素;最后说明中国在东海与日本的划界中不太可能选择适用单一海洋划界。第五章,结论。进一步指出单一海洋划界完全可以作为类似于领海划界、大陆架划界的准海洋划界类型单独存在。

关键词:海域　划界　海洋法

**2509**

**论反垄断法在电信业领域的适用** / 黄蕴华著 ; 黄勇指导. -- 对外经济贸易大学, 2009. -- 153 页

论文结合相关理论以及欧美反垄断法的相关实

践,探讨发垄断法在电信业的具体使用问题。全文共分为八章。第一章,引言。主要介绍论文选题的背景及意义、研究方法,并指出论文的创新性、内容及结构安排。第二章主要阐述电信业的产业特点及电信业的网络效应和动态发展与反垄断法的适用。第三章比较分析电信业相关产品市场的认定与电信业相关领域市场的认定。第四章介绍电信运营商滥用市场支配地位行为的反垄断法规制。首先阐述反垄断法在规制电信运营商滥用市场支配地位行为中的运用,并对电信运营商滥用市场支配地位进行简要的认定;其次通过比较分析欧盟与美国以及新型电信市场的网络接入和互联互通问题对拒绝网络接入行为的法律规制进行阐释;最后提出电信业垂直垄断中的价格积压问题。第五章,首先明确界定反垄断法中的共同市场支配地位的概念;其次阐明电信管制法中的共同主导商制度,并对欧盟电信管制法中的共同主导商制度及其应用进行分析;最后提出电信管制法对我国法律的启示。第六章在总结欧美电信企业并购反垄断法规制的理论和实践上,对电信企业并购反垄断法规制等问题进行分析,对我国电信企业并购反垄断法规制的理论和实践提出建议,并结合美国电信通讯委员会在企业并购反垄断审查中对公共利益标准的应用,对我国电信企业并购中的公共利益标准的解释提出建议。第七章结合国外的相关反垄断实践和有关指南,对标准设定和实施中限制竞争行为的反垄断法规制进行梳理,并对我国完善相关反垄断立法提供借鉴。第八章,首先针对协调电信管制法与反垄断法之间的关系进行探讨,并提出论文的观点;其次阐述反垄断法在电信业的具体适用问题;最后结合我国反垄断法执行机构发布的相关规定以及征求意见稿中的规定进行评析,并提出修改建议。

关键词:反垄断法　电信业　法律适用

**2510**

**冲突法中的法律选择权研究** / 江保国著 ; 刘想树指导. -- 西南政法大学, 2009. -- 200 页

论文通过比较传统与现代冲突法在配置和行使法律选择权方面的异同,揭示出两者在时间和空间上均呈现出的相互交融的混沌状态,从法律选择权的视角考察中国冲突立法的历史基础与实践困境。全文共分为四章。第一章对法律选择权的界定。首先阐述权利与权力之辨中的法律选择法律选择权,并明确界定法律选择权的定义与类别;其次介绍法律选择权的主体;最后阐述法律选择权的对象。第二章概述法律选择权的演进。首先根据学说法时代阐述学者拟制的法律选择权;其次根据传统冲突法时代对立法者垄断的法律选择权进行概述;而后通过现在冲突法时代论述多员共享的法律选择权;最后通过主体多元化、对象混合化、价值平衡化和规则精细化四个方面来提出法律选择权的发展趋向。第三章主要介绍现代冲突法中法律选择权的实现。首先通过弹性选法的原则、新型冲突原则和当事人意思自治原则论述法律选择权的配置分享机制;其次对法律选择权的行使进行分析说明;最后介绍法律选择权的矫正,主要比较分析法律选择权的分配正义与矫正正义,并比较法院不当行使法律选择权的矫正与当事人不当行使法律选择权的矫正的差异。第四章阐述法律选择权与中国冲突法立法之间的关系。首先概述国际体系变迁中的中国冲突法,并分别阐述朝贡体系下法律选择权的萌芽、殖民体系下法律选择权的畸变以及条约体系下法律选择权的挑战;其次介绍现有规则中的法律选择权;最后提出立法者主导的多元共享模式的构想。

关键词:冲突法　立法　选择　国际法

**2511**

**出口信用保险合同问题研究** / 江丽娜著 ; 左海聪指导. -- 武汉大学, 2009. -- 120 页

论文按照出口信用保险合同的内在逻辑联系,论述出口信用保险合同的相关问题。全文共分为八章。第一章对出口信用保险合同进行概述。首先通过对保险学说的比较研究引入出口信用保险的概念,并分析出口信用保险的内涵和外延及信用风险的成因及制度价值;其次着重阐述出口信用保险的产生与发展;最后介绍约束出口信用保险的国际规范 OECD“君子协定”及伯尔尼协会的产生的历史背景。第二章分析出口信用保险的本质属性。首先分析出口信用保险合同的概念、法律性质和标的等方面的法律属性,指出出口信用保险法律关系的性质是商事法律关系;然后深入分析经济属性的历史沿革、“信用”内涵、“信用”与现代广场经济的辩证关系等方面的经济属性;而后分析归纳出口信用保险的理论基础;最后对国际出口信用保险经营模式进行比较研究。第三章研究出口信用保险的合同要素问题。首先讨论出口信用保险合同的主体;其次分析出口信用保险合同的客体;最后分析出口信用保险合同的内同,重点探讨投保人、被保险人的义务,并对出口信用保险的保单条

款进行分析。第四章探讨出口信用保险合同的成立、生效、变更、履行与终止。重点分析出口信用保险合同不同于商业保险合同的独特的订立程序等。第五章对出口信用保险的诚实信用问题进行分析。首先分析诚实信用原则的内涵、理论依据及在保险领域的应用;其次重点对告知、保证与说明义务进行分析;最后对弃权和禁止反言进行分析,探讨弃权和禁止反言的构成要件和违反的法律后果。第六章对出口信用保险的保险利益问题进行深入分析。主要是阐述保险利益的三大学说、构成要件以及对保险利益对人的效力和对时间的效力进行分别论述,并对保险利益实现的功能进行探讨。第七章重点对出口信用保险的损失赔偿问题进行分析。主要探讨损失补偿原则、近因原则、代立求偿原则。第八章,通过探讨风险共担原则、责任限额原则和赔款等待期原则三个方面的相关问题来研究出口信用保险的特殊问题。

关键词:出口信用保险　合同　国际经济法

2512

**未决羁押制度研究** / 江涌著 ; 谢佑平指导. -- 复旦大学, 2009. -- 153 页

论文以不同视角的通过对各种主要法治国家未决羁押制度在运行程序、羁押理由和目的、被羁押者的权利等方面的比较研究,勾画出未决羁押制度的共性样态。全文共分为四章。第一章未决羁押制度的理论基础。首先论述未决羁押制度的客观真实思想、国家主权理论和功利主义;其次对未决羁押制度的限制性无罪推定思想、正当程序思想、权力制约理论以及人权思想进行详细的概述;最后从求真与向善、集权与控权和功利与人权三个不同价值取向论述未决羁押制度的对立统一。第二章论述未决羁押制度的羁押独立性原则、羁押法定原则、司法审查原则、羁押最后原则、羁押比例性原则及有效救济原则六条基本原则。第三章对未决羁押的制度进行比较。首先针对英国、美国、法国、德国、日本和意大利六个国家的程序预览进行比较分析未决羁押的程序预览,并比较分析六个国家程序预览的实体要件及功能;而后对未决羁押的决定权主体、执行权主体以及救济权主体进行论述,并比较分析六个国家的未决羁押的审查程序;最后对英国、美国、法国、德国、日本以及意大利六个国家的期限进行比较分析以及分析六个国家未决羁押的解除,并阐述被羁押者的知悉权、律师帮助权、人道待遇权以及获得救济权。第四章,首先对我国未决羁押的制度缺陷进行分析;其次对我国未决羁押问题的原因进行分析;最后提出建构我国的未决羁押制度

关键词:诉讼法　羁押

2513

**商业秘密法律救济制度研究:以美、德、日及 TRIPS 相关法律为参照** / 蒋红莲著 ; 周洪钧指导. -- 华东政法大学, 2009. -- 226 页

全文的研究对象为商业秘密法律救济制度。由于商业秘密自身蕴含着极高的经济价值性和容易丧失等先天特质,侵犯商业秘密行为又具有易发性、隐蔽性、多样性等特点,故商业秘密需要强而有力的法律救济制度予以保护。第一章简述商业秘密法律救济制度的基本理论。第二章论述商业秘密侵权行为的认定。首先研究商业秘密侵权行为的类型化考察;其次是构成要素;再次是研究行政违法行为认定和刑事犯罪行为认定;最后对商业秘密侵权行为的例外进行探讨。第三章论述商业秘密民事法律救济制度。结合我国立法和司法实践,对若干主要国家的商业秘密民事法律救济进行比较分析。第四章论述商业秘密行政法律救济制度。第五章论述商业秘密刑事法律救济制度。首先介绍商业秘密刑事法律救济的立法演进;其次论述商业秘密刑事法律救济的理论基础;最后论述美国、德国、日本三个国家的商业秘密刑事法律救济制度,并与我国的商业秘密刑事法律救济制度进行比较和分析。第六章以民事诉讼程序为视角论述商业秘密法律救济制度的诉讼程序保障。首先论述商业秘密诉讼程序中的不公开审理制度;其次论述商业秘密诉讼程序中的保全制度;再次论述商业秘密诉讼程序中的证据规则;最后论述商业秘密诉讼程序中的保密制度。第七章主要探讨我国商业秘密法律救济制度的不足及完善建议。首先从国内和国际两个层面论述我国商业秘密法律救济制度的现状;再次论述商业秘密法律救济中存在的主要问题和不足;最后针对问题和不足,在深入剖析其产生根源的基础上,从立法、执法和司法三方面提出完善我国商业秘密法律救济制度的若干建议。

关键词:商业活动　经济信息　法律保护　保密法

2514

**论人民法院对商事仲裁的协助与监督** / 金飚著 ; 沈四宝指导. -- 对外经济贸易大学, 2009. -- 155 页

论文从现实主义法学的视角,运用比较分析、系

统分析和实证分析的方法,探讨人民法院对商事仲裁的协助与监督问题。全文共分为八章。第一章,导论。主要介绍选题背景、研究的意义、研究方法,指出论文的创新方向。第二章是法院对商事仲裁协助与监督的概述。首先明确法院对商事仲裁协助与监督的概念、特征与表现形式;然后比较分析域外法院对商事仲裁进行协助与监督的制度;最后阐述两大法系商事仲裁协助与监督制度的发展趋势。第三章阐述人民法院对商事仲裁协助与监督的法理基础,从法理角度研究仲裁与司法的关系问题,并论述人民法院对商事仲裁协助与监督的内在根基、价值取向,由此提出商事仲裁协助与监督制度的五个原则:协助与监督被动原则、协助与监督适度原则、内容与范围法定原则、尊重当事人意愿原则和维护主权原则。第四章介绍人民法院对商事仲裁协议的司法审查。首先从协议司法审查的内涵与标准及基本原则阐述司法审查的一般理论;其次探讨仲裁协议审查实务的形式与实质审查的问题;最后确定涉外仲裁协议准据法的基本规则,提出解决其法律适用的具体途径。第五章,明确界定司法协助的概念以及具体措施,并根据我国仲裁财产保全与证据保全的现状,提出对改进我国仲裁财产保全与证据保全制度的思考;第六章剖析人民法院对商事仲裁的协助与监督的立法、司法现状及存在的问题,并提出改进完善的具体思路。第七章介绍人民法院对商事仲裁裁决的撤销制度。首先分析我国撤销审查制度的立法司法现状,并分别阐述实体与程序的全面审查制、国内仲裁裁决与涉外仲裁裁决的审查双轨制和撤销仲裁裁决与不予执行仲裁裁决的双重监督制;其次比较分析撤销仲裁裁决的域外经验,探讨我国撤销商事仲裁裁决审查制度的基本模式;而后阐明改进我国商事仲裁裁决撤销审查制度的思路;最后总结性的评述强化撤销之外的弥补措施。第八章,结论。主要提出改进人民法院商事仲裁协助监督制度的具体建议。

关键词:商事仲裁　法院　监督职能　司法制度

**2515**

**中韩商事仲裁制度比较研究** / 金泳奎著 ; 赵威指导. -- 中国政法大学, 2009. -- 129 页

论文在中韩两国仲裁制度发展历程大体同步,两国仲裁制度现状有很多共同课题的背景下,对中韩商事仲裁制度进行比较研究。论文共分为十一章。第一章为绪论部分。第二章评价了韩国仲裁制度的概况。第三章对中韩仲裁法原则和基本制度比较研究。讨论了当事人意思自治原则与仲裁独立性原则。第四章对中韩仲裁协议制度展开比较研究。从形式要件和实质要件两方面讨论了中韩仲裁法的区别。韩国仲裁法对仲裁协议的书面形式采取更为宽松的要件,对可仲裁性等事项的要求比中国仲裁法的规定较为灵活。第五章针对中韩仲裁临时措施制度进行比较研究。相比而言,中国仲裁法上的临时措施种类较少,且临时措施的决定权专属于法院。第六章是中韩仲裁员制度比较研究。韩国仲裁法对仲裁员资格不采用严格的法定条件制度,与中国法不同。第七章是中韩仲裁程序对比研究。在审理方式等问题上,韩国仲裁法的规定相对较为自由。第八章是中韩仲裁裁决制度比较研究。韩国仲裁法规定,仲裁庭应当根据当事人约定的实体争议应当适用的法律规则对争议做出裁决,同时允许根据公允善良原则做出裁决。中国法不允许友好仲裁。在裁决的做出上,韩国不实行首席仲裁员决定制,与中国法不同。第九章是中韩仲裁裁决撤销制度比较研究。比较了中韩两国的仲裁裁决的撤销事由,以及仲裁裁决撤销的程序问题。第十章介绍了裁决的承认和执行制度。第十一章是文章的结论部分。

关键词:商事仲裁　仲裁法　中国　韩国

**2516**

**文化财产所有权问题研究** / 靳婷著 ; 郭玉军指导. -- 武汉大学, 2009. -- 127 页

全文采用比较分析与案例分析的研究方法,通过考察相关国家和国际法理论与实践的发展,为解决文化财产来源国与文化财产市场国之间的文化财产掠夺与返还、赔偿纠纷提供可鉴的方法。全文共分为六章。第一章,引言。主要说明文化财产所有权与文化财产来源国之间不可分割的天然联系的重要理论和实践意义,结合国内外研究现状,进行文献综述。第二章探讨文化财产所有权的界定及有关争议的实质。第三章,首先结合《保护水下文化遗产公约》,重点考察水下文化财产的界定、所有权争议解决等有关问题;其次结合《海洋法公约》,评述不同水域中文化财产的法律地位问题;最后通过研究水下文化财产保护在国际公约、区域立法的发展变化过程,为我国尽快加入批准公约提出建议。第四章主要分析武装冲突下文化财产保护规则的演变及被劫掠文化财产的返还问题。第五章主要以印度同英国之间的“山之光”钻石争议为例,剖析西方殖民国家对殖民地国家贪婪

劫掠的本性。第六章,重点分析我国文化财产所有权及其保护制度。首先介绍我国文化财产保护法概况,并分析我国文化财产保护的立法与实践;其次,指出目前我国文化财产保护领域存在的问题,并提出建立综合有效的文化财产法律和管理体系;最后对我国被掠夺文化财产的返还的概况、理论和实践进行考察分析。

关键词:文化遗产　财产权　所有权　国际法

**2517**

**WTO 框架下我国教育服务贸易法律问题研究** / 孔峰著 ; 李志文指导. -- 大连海事大学, 2009. -- 115 页

论文在综合分析发达国家(地区)的教育服务贸易立法的基础上,结合我国作为教育服务贸易进口大国的现状,分析我国教育服务贸易立法的不足,提出相应的完善意见。全文共分为五章。第一章,介绍WTO 框架下的国际教育服务贸易法律的一般理论。首先明确界定教育服务的概念及属性;其次从教育产业还是教育事业、政府干预还是市场调节、教育公平还是教育效率,以及教育自由还是教育自主权四个方面探讨教育服务法律的基础理论争议;然后阐述国际教育服务贸易的含义及特点,而后明确国家教育主权与国家教育服务贸易的关系;最后明确教育全球化的概念及与本国文化的关系。第二章,首先通过对 WTO 框架下国际教育服务贸易的范围和表现方式及其法律的相关规定和基本原则两个方面简要的阐述其法律的制度研究;其次从我国签订的水平减让表与教育服务有关的承诺,签订的教育服务部门减让表的承诺及与教育服务有关的其他内容三个方面介绍 WTO 框架下我国教育服务贸易的相关承诺;然后分析我国的教育服务贸易的发展现状和相关承诺对我国教育法制的影响;最后阐述教育服务贸易壁垒的含义及种类。第三章,分析比较美国、澳大利亚、英国、新加坡及我国香港的教育服务贸易立法概况和相关法规对我国在教育服务进口和出口立法的借鉴。第四章,首先介绍我国教育服务贸易法律体系的构成以及国内法规范;然后通过境外消费、商业存在、跨境交付和自然人流动四个方面分析我国教育服务贸易法律体系的不足;最后对教育营利性和非营利性的法律问题、公办学校和民办学校的法律地位问题,以及学生与学校之间的法律关系问题进行有关的阐明。第五章,评述 WTO 框架下我国教育服务贸易法律制度的建构。首先介绍构建的指导思想及基本原则;其次对我国教育服务贸易法律制度进行完善与构建;最后通过完善教育服务质量保障体系、完善评估机制以及建立教育产业的预警机制三个方面阐述 WTO 框架下我国教育服务贸易相关制度和机制的法律构建。

关键词:教育　服务贸易　立法

**2518**

**国际投资法制下的衡平原则研究:以东盟国际投资条约实践为中心** / 赖燕雪著 ; 曾华群指导. -- 厦门大学, 2009. -- 184 页

论文针对衡平原则从哲学概念分析,并依据英美法、大陆法以及国际法体系等规范进行探讨,总结分析现代国际投资法法理与实践,探讨并建立完善的东盟国际投资体系。全文共分为五章。第一章,前言。主要介绍论文研究的动机及目的、研究范围、研究方法以及研究架构。第二章通过比较分析双边投资条约、全球性多边投资条约和区域性投资条约三方面的条约阐述国际投资法制的演进。第三章,首先介绍英美法系、大陆法系和国家法体系投资法制下的衡平原则的溯源;其次对衡平原则的性质和功能的概述,并对衡平原则的援用和解释进行分析;最后从正常程序原则、善意原则、比例原则、法律确定性与合法预期性的保护原则和透明度原则五个原则论述衡平原则的适用内容,并提出衡平原则在国际投资实践的问题。第四章东盟会员国投资条约有关衡平原则的实践。梳理东盟会员多边投资条约有关衡平原则的规定和东盟会员国间双边投资条约有关衡平原则的规定的有关基本架构和主要特色,并对东盟会员国间投资体系下衡平原则的功能进行分析。第五章对东盟会员国与非会员国间之国际投资条约中的衡平原则加以分析,探讨并建立完整的东盟国际投资体系,并总结分析现代国际投资法法理与实践,导出国际经济法所共同具备的特性及其弹性,普遍接受国际法规范下衡平原则的实体法与程序法。

关键词:国际投资法　公平原则　公正

**2519**

**解析京都议定书的作用与局限性** / 李明勋著 ; 王传丽指导. -- 中国政法大学, 2009. -- 204 页

论文从全球气候变暖的现状与形成的原因说起,并以 IPCC 所做的第四次报告来说明人类已面临到生死存亡的危险临界点。论文分为导论、正文和结论部分,其中正文部分分为四章。导论部分主要介绍了选题的目的及意义、研究方法与途径、论点与创新以及

论文构架。第一章讲述了《京都议定书》的产生过程。具体包括《京都议定书》的制定背景,《联合国气候变化框架公约》的启动与生效、内容解析,以及《京都议定书》的谈判与生效过程。第二章为《京都议定书》的法律分析。首先解析了《京都议定书》的争议,详细解析了各阵营的立场和美国政府拒绝议定书的理由。其次,对《京都议定书》的遵约机制进行法律分析,包括遵约机制的由来,遵约机制的特点与作用和遵约机制的内容。最后分析了《京都议定书》的性质,并进行了评价。第三章介绍了京都机制的内容与法律分析。首先讲了京都机制的提出,继而对京都机制的"成本—收益"进行分析,探讨了减排信用的法律性质和所有权归属问题。第二节对联合履行机制与排放贸易进行法律分析,第三节对清洁发展机制进行法律分析。第四章探讨了京都议定书的实践与检讨问题。对比分析了欧盟、日本、加拿大等发达国家履约措施及检讨,进而结合全球碳交易的现况与全球 CDM 发展现状,提出了京都机制的实践检讨与建议。最后根据《中国应对气候变化国家方案》与中国的 CDM 进展现状,对中国 CDM 管理办法进行解析与检讨。结论部分主要提出了应对全球气候变暖的因应之道的建议。

关键词:气候变化　环境保护　国际公约　京都议定书

2520

**非物质文化遗产保护法制研究:以国际条约和国内立法为中心** / 李墨丝著 ; 曹建明,林燕萍指导. -- 华东政法大学, 2009. -- 264 页

论文以非物质文化遗产保护法律体系的构建为主要内容,探究公法保护和私法保护涉及的相关法律问题,探讨我国非物质文化遗产保护法制的建设。全文共分为六章。第一章,主要深入阐释国际社会提出非物质文化遗产保护问题的背景及缘由,并通过非物质文化遗产概念的界定,指出非物质文化遗产的群体性、传承性、地域性和民族性的基本特征。第二章通过对非物质文化遗产保护的国家主权依据、国际人权法基础和国际环境法基础的探讨介绍非物质文化遗产保护的国际法基础。第三章对非物质文化遗产保护路径的探索。首先探讨非物质文化遗产的行政法保护和知识产权法保护;其次介绍非物质文化遗产的其他法律形式;最后提供非物质文化遗产法律保护路径的选择。第四章着重探讨保护非物质文化遗产的主体、主要制度、具体方法及非物质文化遗产的国际保护。第五章介绍非物质文化遗产的私法保护制度。首先分析非物质文化遗产保护与现行知识产权法的理论与规则冲突;然后提出非物质文化遗产知识产权保护的新发展,并通过介绍非物质文化遗产特别保护体制的建立、权利的主体和客体、权利内容以及保护期限来探讨非物质文化遗产特别权利体系的构建;最后讨论非物质文化遗产特别权利的限制。第六章分析我国当前非物质文化遗产保护的现状与问题,指出我国应当同时构建公法保护体系以及私法保护体系。

关键词:文化遗产　法律保护　国际法

2521

**军事占领制度国际法律问题研究** / 李强著 ; 朱文奇指导. -- 中国人民大学, 2009. -- 174 页

论文从历史角度入手,运用案例分析、对比分析等研究方法,对军事占领制度国际法律问题展开研究。文章分为导论和正文部分,其中正文分为五章。导论部分主要介绍了研究对象、研究动因、研究现状、研究框架和研究方法。第一章介绍了国际法上的军事占领制度。从历史的发展视角,讲述了军事占领制度的起源和发展,并分析了军事占领制度与占领的合法性,军事占领制度的法律渊源及基本原则。第二章阐述了军事占领状态的法律确认问题。首先介绍了军事占领的概念,继而提出判断军事占领的标准,划分了军事占领的开始与结束,并列举了军事占领的类型。第三章针对占领地的行政管理问题展开讨论。首先介绍了军事政府、文官政府、自治政府等占领地的行政管理机关,继而分析了占领国与领地居民的关系,如占领地居民服从的义务,合法的抵抗运动,实物和劳务的征用等问题,并对占领地内平民人口和财产的保护问题展开讨论。第四章探讨了占领地的立法和司法问题。分别分析了《海牙章程》第 43 条的规定和《日内瓦第四公约》第 64 条的规定,并针对法院系统、公正审判以及死刑的适用问题做了探讨。第五章介绍了军事占领制度的新发展。首先从国际性武装部队的概念入手,进而分析了占领法在联合国活动中的适用;其次分析了安理会议的法律地位以及安理会议与占领国的确定;最后探讨了国际人权法在占领地的适用问题。

关键词:国际法　战争法　占领

2522

**上市公司反收购的法律规制** / 李太恩著 ; 丁丁指导. -- 对外经济贸易大学, 2009. -- 145 页

论文共分为九章。第一章,绪论。介绍论文研究的背景、研究意义以及国内外主要研究成果。第二章对反收购相关概念加以界定,对各种反收购措施加以分类并阐述。第三章探讨反收购方面的基础理论,分析反收购的动机、反收购的成本与收益、反收购的利益主体等,并在对国外反收购研究成果加以归纳的基础上总结支持和反对反收购措施的相关理论。第四章分别从立法层面和司法层面介绍美国的反收购法律规制。在立法层面重点介绍美国反收购立法形成的背景,以及美国最有代表性的两个州的反收购立法,并在司法层面重点探讨特拉华州法院在审理反收购案例所采用的各种商业判断规则审查标准。第五章介绍欧盟和英法德对反收购行为的法律规制。重点分析欧盟最新收购指令中有关反收购的条款,以及英、法、德三国为适应欧盟收购指令在中国反收购立法方面的调整,并比较英、法、德三国立法选择上的差异及各自的考量因素。第六章介绍日本和韩国的反收购法律机制,比较两国在最近公司法修订中有关反收购内容的调整。第七章研究我国反收购法律规制模式的选择问题。首先比较分析反收购法律规制的两种模式之间的差异;然后以制度经济学的视野,结合路径依赖理论,综合各方面的因素,分析我国反收购法律规制模式的选择;最后考虑到反收购法律与公司法的密切程度甚于证券法,提出我国反收购立法的建议。第八章介绍我国现行反收购法律制度并提出完善的建议。首先对我国现行反收购法律加以归纳并评析;其次结合经典案例重点分析我国现行立法之下各种反收购法律措施的适法性;最后对我国现行反收购立法提出完善建议。第九章,结论与展望。综合论文的相关理论,对论文的创新点加以归纳,得出一些综合性结论要点,并指出进一步研究的问题。

关键词:上市公司　企业收购　公司法

**2523**

**跨境教育法律问题研究** / 李晓述著 ; 黄进指导. -- 武汉大学, 2009. -- 203 页

论文结合中外合作办学条例,比较分析规制跨境教育行为具有法律效力的国际公约和国际协定,探讨我国的跨境教育。全文共分为五章。第一章跨境教育及其相关法律问题概述。首先对跨境教育的界定、类型及历史与现状进行概述;其次介绍跨境教育的基本法律原则和法律渊源;最后提出中国跨境教育发展中的基本法律问题。第二章,首先介绍世界贸易组织和联合国教科文组织跨境教育的国际性法律文件的介绍;其次阐述区域性国际公约及双边国际协定对跨境教育的规制;最后对欧盟调整跨境高等教育的法律体系以及构建跨境教育的国际法律体系进行论述。第三章比较分析英国、澳大利亚、马来西亚以及香港国家和地区的跨境教育发展的发展历程、法规原则现状,对我国的跨境教育的启示。第四章,主要阐述中外合作办学的法律问题。首先介绍中外合作办学的基本法律理论问题、法律基础、法律关系以及提出中外合作办学机构和项目的法律地位;其次介绍中外合作办学实践中的法律问题及中外合作办学协议的法律问题;最后提出中外合作办学争议的解决方式、诉讼管辖权以及非诉讼解决方式。第五章是对中国跨境教育法律体系的构建。首先是对中外合作办学的立法历程和现有制度的概述,并完善中外合作办学法律制度;其次对我国跨境教育输出的法律制度的完善进行分析,并对我国关于国际资格互认的法律制度的建立进行论述;最后是对关于建立汉语国际推广法律保障机制进行思考。

关键词:国际教育　教育法　法律体系

**2524**

**垃圾信息的全球法律控制** / 李昕著 ; 曾令良指导. -- 武汉大学, 2009. -- 155 页

论文研究垃圾信息的全球法律控制,针对国际反垃圾信息司法活动主要面临管辖权方面的挑战,除加入欧洲理事会网络犯罪公约、尽快签署海牙公约草案外,笔者建议考虑管辖权问题日益增长的社会化和全球化因素,尝试采用世界多元管辖模式,从根本上解决管辖权争议和外国法院判决的执行问题。第一章,导论。信息社会与垃圾信息的缘起以及所带来的法律问题。第二章介绍垃圾信息的构成要件以及垃圾信息行为的构成要件和特征。第三章介绍美国和欧盟反垃圾信息法及其特点,并对两种立法模式进行比较。第四章介绍统一全球反垃圾信息立法的努力。第五章国际反垃圾信息执法合作。包括对反垃圾信息有效跨境执法的挑战及当前应对反垃圾信息跨境执法挑战的努力。第六章国际反垃圾信息的司法挑战。包括跨国因素的反垃圾信息判例,垃圾信息案件的管辖权及外国法院判决执行问题。第七章介绍非主权者的反垃圾信息行为。第八章中国与垃圾信息全球法律控制。介绍中国垃圾信息的特点、中国的反垃圾信息立法及执法、中国反垃圾信息司法参与全球

合作和中国反垃圾信息行业行动。第九章,结论。发展中国家是垃圾信息的重灾区,中国有其特殊性,中国垃圾信息法律控制与垃圾信息全球法律控制是不可分割的。另外,中国各法域间还可能出现反垃圾信息法律冲突。中国参与垃圾信息全球法律控制需要整个法律体系做出综合反应,完善立法,加强反垃圾信息执法和司法方面的国际合作,并充分发挥行业和公民社会的作用。

关键词:国际法　信息管理　立法

2525

**保险业资金运用法律监管之研究** / 连世昌著 ; 黄勇指导. -- 对外经济贸易大学, 2009. -- 191 页

论文以保险业的保险资金运用及法律监管作为研究议题,探讨监管机构对保险业资金运用的法律监管的价值判断。全文共分为七章。第一章,引言。首先通过对保险业资金运用和投资利益的概述,以及从三个层次和新颖性析论保险业资金运用的法律监管,介绍选题的动机;其次介绍论文的研究方法和研究思路、法律监管的涵义;最后阐述保险业资金运用的来源,并比较分析保险投资与保险资金运用。第二章,结合"新华人寿"违规运用保险资金的案件,提出保险业资金运用的问题及其法律议题。第三章介绍保险监管的法律理论基础。首先阐述保险制度的功能及理论分析;然后分别介绍保险业资金运用的价值取向与监管;最后对保险资金运用监管的方法进行介绍。第四章分别介绍美国、英国、我国台湾地区和内地对保险资金运用的法律监管,并分析英美国家、台湾地区及中国的保险业资金运用。第五章通过介绍分析违规运用保险业资金的刑事责任、行政责任和民事责任来阐述违规运用保险业资金的法律责任追究。第六章主要阐述保险业资金运用监管法制的国际趋势与影响。首先明确界定金融混业经营的含义,并阐述金融混业经营对保险资金运用的法律保险,以及混业经营对我国保险业资金运用法律监管的影响;其次剖析加入 WTO 后对我国保险业资金运用的冲击及因应;而后介绍国际保险监管核心原则对保险业资金运用的影响,并比较分析国内关于保险业资金运用法律监管与核心原则;最后对金融海啸背景下的保险资金运用监管进行反思。第七章,结论与展望。提出保险业资金运用法律监管的立法建议并严格法律责任的追究。

关键词:保险资金　资金管理　市场监管　保险法

2526

**论国际贸易中的劳工标准** / 梁洪杰著 ; 沈四宝指导. -- 对外经济贸易大学, 2009. -- 176 页

全文综合运用历史分析、比较分析、实证分析、社会学分析、法律的经济分析等方法,全面分析劳工标准贸易壁垒的相关法律问题,并据此对相关问题给出研究结论或解决方案。第一章,绪论。首先提出问题并介绍选题的意义;然后介绍国内外研究现状;之后介绍研究的逻辑思路、基本框架与研究方法;最后介绍论文的主要创新点。第二章当代国际贸易发展新情势下的劳工标准。首先介绍经济全球化与国际贸易发展的新情势;然后是劳工标准的基本内涵、起源及分类。"核心劳工标准"包括结社自由和集体谈判权、禁止强迫或强制劳动、废除童工及禁止就业和职业歧视。第三章国际贸易中推行劳工标准的法律形态。首先介绍劳工标准进入贸易领域的历程、趋势和原因的分析;然后介绍国内法推行劳工标准:以欧盟和美国为例的实证分析和从法律角度的性质分析;最后介绍以贸易条约或协定推行劳工标准、以跨国公司或组织规范推行劳工标准和依民间机构规则推行劳工标准。第四章国际贸易中推行劳工标准所产生的问题。在国际贸易中推行劳工标准产生纠纷,发达国家、发展国家以及中国的立场和原则;劳工标准进入贸易领域促成新的贸易壁垒。第五章劳工标准纳入 WTO 体制的制度分析。首先介绍劳工标准进入多边贸易体制的国际立法实践;然后介绍劳工标准纳入 WTO 体制的可能性与必要性;其次介绍劳工标准壁垒与 WTO 反倾销制度的竞合与处理及劳工标准纳入 WTO 框架内的制度设计;最后介绍劳工标准纳入 WTO 框架的影响。第六章,小结。

关键词:国际法　劳动法　人权　国际贸易　世界贸易组织

2527

**中国投资者海外投资法律保障制度研究** / 梁咏著 ; 陈治东指导. -- 复旦大学, 2009. -- 235 页

论文探讨了中国投资者对外直接投资所涉及的法律保障制度问题,对对外直接投资法律保障制度进行了研究,目的在于更好地保障中国投资者乃至中国在对外直接投资中的利益。论文共分为六章。第一章是导论,对海外投资、中国投资者、法律保障制度和海外投资中的基本法律关系等基本概念做了界定;并对中国投资者海外投资活动的现状、特点、理论和法

律风险等做了介绍和分析。第二章分多边协定、双边协定和国内法三个层面对海外投资法律保障制度的法律渊源进行了评述。第三章针对法律保障制度中所保障的投资问题进行研究。介绍了投资定义的基本问题,以及国际投资仲裁实践对投资定义的发展,并阐释了中外 BIT 中与国内法中关于投资定义的规定。第四章针对所保障的中国投资者进行研究。阐述了投资者的定义,并对国有企业进行法律研究,以及对投资者的中国属性进行研究。第五章针对保障的范围展开研究。具体研究了投资准入保障、投资待遇保障、投资退出保障等问题。第六章则对保障的救济体制进行研究。具体包括对海外投资保险机制与国际投资争端解决机制的研究,并进行了分析和思考。最后,论文将视野从具体问题扩展到全局,做出相关结论。论文从中国作为投资者母国的视角出发,强调了中国政府应对中国投资者在海外投资中的利益高度重视,应从多边协定、双边协定、国内法等三个层面对法律保障制度进行完善,尤其应关注对双边协定的完善。

关键词:海外投资　投资者　法律保护

**2528**

**管制对产品质量的影响:基于温州等案例的比较研究** / 廖志敏著 ; 吴志攀指导. -- 北京大学, 2009. -- 163 页

论文通过对若干中外典型案例的考察,研究法律和管制对企业家信誉和产品质量的影响,探讨在保障产品质量、维护消费者利益和保护市场活力之间寻求平衡的方法和基本思路。全文共分为十二章。第一章对论文选题的问题、国内外文献综述以及研究方法进行概括。第二章考察温州的假冒伪劣现象。首先介绍温州产品的特点以及对假冒伪劣产品现象的概述;其次分析产品低劣的技术原因,并论述产品质量的进步;最后提出质量改进的时间和现象的真实性。第三章论述传统的解释。第四章提出新的假说及验证设想。第五章通过分析早期私营经济的发展,以及对个私经济的政策松动的分析,并分析阴晴不定的政策环境阐述对改革初期的法律政策。第六章对挂靠的原因、类型及后果进行概述。首先介绍挂户经营的起源,并比较分析柳市的挂户经营和皮鞋业的挂靠经营;其次详细的介绍贸易环节的挂靠的供销员和包柜台;最后提出挂靠对产品质量的影响。第七章介绍 1987 年的地方法律改革的“股份合作企业”的出现以及合法化。第八章,首先对私营经济政策的变化进行梳理,并提出准入管制消失的证据;其次比较分析柳市和苍南的企业数据;最后比较分析温州投资与消费的变化,并提出对原材料的管制。第九章论述路易·威登品牌对我国的启示。第十章是对“旅游购物”现象进行分析。首先介绍质量的不确定性与逆向选择和旅游市场上的“逆向选择”;其次概述政府对诱导性购物的监管和市场的自我调节;最后结合其他案例分析管制的利弊。第十一章结合美国药品监管的案例,提出对中国的启示。第十二章,总结性评论。通过一系列典型案例的研究,鼓励企业采用参考性的、认证性的而非强制性地规定产品质量标准。

关键词:产品质量法　质量管理　政府管制　品牌　产权

**2529**

**国际投资协定争议仲裁研究** / 林爱民著 ; 孙南申指导. -- 复旦大学, 2009. -- 186 页

论文以国际私人投资者与东道国之间因双边投资保护协定争议或区域性的多边投资保护协定争议而提起的仲裁为主要的研究对象,剖析国际投资协定争议仲裁对国际投资领域中的一些投资规则及新发展的影响,探讨我国的国际投资条约实践。全文共分为五章。第一章首先对国际投资协定的性质、种类、核心内容对国际投资协定进行界定;其次对国际投资协定争议进行界定,分析国际投资协定争议的形式、解决方式、法律关系、争议的基本内容,确定论文的研究基点;最后指出论文的主要研究内容,并搭建论文的主体框架。第二章分析国际投资协定争议仲裁中的管辖权问题。首先介绍国际投资协定争议仲裁的管辖机构;其次分别对 ICSID、ICC、UNCITRAL 特设仲裁庭等主要管辖机构的管辖条件和管辖权确定、运作特点进行分析;而后对争议性质、可适用的国际投资协定之存在及仲裁合意分析仲裁管辖的依据,说明国际投资协定争议仲裁的基础;最后针对仲裁实践中的管辖权异议,归纳说明主要的管辖权争议问题,并分析国际投资协定争议仲裁中的当地救济规则以及论证中外双边投资协定争议仲裁管辖权的相关问题。第三章主要对国际投资协定争议仲裁的特殊性分析国际投资协定争议仲裁程序法和国际投资协定争议仲裁实体法。第四章首先介绍评价国际投资协定仲裁中的公正与公平待遇标准问题,并对公正与公平待遇标准含义的理论分歧和作用进行评析;其次分析公

正与公平待遇标准在仲裁实践中的适用,探讨公正与公平待遇标准适用中的焦点问题,介绍并评析公正与公平待遇标准的新发展;最后对国际投资协定争议仲裁中间征收问题进行探讨。第五章结合投资仲裁案例,分析国际投资协定争议仲裁裁决的撤销机制,并对国际投资协定仲裁上诉机制的可行性进行论证。

关键词:国际投资　经济协定　国际仲裁

**2530**

**论中国证券执法和解制度之构建** / 林丽霞著 ; 高西庆指导. -- 对外经济贸易大学, 2009. -- 150 页

论文立足中国资本市场的实际国情,研究我国证券执法和解制度。全文共分为六章。第一章,引言。主要对论文选题的学术意义和实践意义进行,介绍国内外研究现状的文献综述,并提出论文的研究思路和研究方法。第二章首先对证券执法和解的定义进行解析;其次阐述证券执法和解的法律特征;最后对证券执法和解与相关概念进行辨析。第三章是对证券执法和解制度的利弊分析。首先结合中国资本市场的执法实践情况,探讨试行证券执法和解制度的利弊得失,力求得出适用中国实际的研究结论;其次分析推行证券执法和解制度的六大益处,并归纳反对证券执法和解制度的五点理由;最后从机动法制主义的要求、辩诉交易的启示、服务行政的概念等角度论证证券执法权的可处分性,指出当前对证券执法和解的疑虑。第四章围绕为我国构建证券执法和解制度提出政策性建议的目标,比较研究美、英、德、港、台等国家和地区的相关做法,归纳共性,分析个性,探索证券执法和解的具体制度,并关注实践运行情况,分析制度运行实践背后的原因。第五章,借鉴境外证券执法和解制度的经验,认真结合我国证券市场的实际运行情况,围绕找准功能地位、降低代理成本、维护公共利益的目标,对我国试点建立证券执法和解制度提出初步构想。第六章,结论。借鉴各国家地区相关制度,提出《证券执法和解试点办法》建议稿,界定证券执法和解的含义,明确证券执法和解试点工作的基本原则和各项具体要求。

关键词:证券法　执行(法律)　和解

**2531**

**国际环境损害赔偿的国际私法问题研究** / 刘恩媛著 ; 陈治东指导. -- 复旦大学, 2009. -- 177 页

论文通过对世界主要国家相关法律制度及国际条约的研究,分析中国现有立法的基础,探讨环境损害赔偿诉讼涉及的问题,提出完善中国相关立法的构想。全文共分为七章。第一章,引言。主要阐述对国际环境损害赔偿所涉及的国际私法问题进行研究的理论和实践意义、论文的研究思路和方法。第二章国际环境损害赔偿概述,主要明确界定国际环境损害的概念、国际环境损害赔偿的概念、国际环境损害赔偿的归责原则、国际环境损害赔偿的构成要件及损害赔偿责任的发展趋势等问题。第三章是关于国际环境损害赔偿法律关系主体的研究。主要概述国际环境损害赔偿诉讼主体,并对国际环境损害赔偿诉讼中的责任主体、权利主体以及特殊主体进行简要的阐述。第四章是研究国际环境损害赔偿案件的管辖制度。首先对国际民事诉讼管辖权的特点和一般原则进行概述;其次分别介绍国际法条约关于管辖权的规定;最后以英国、美国和欧洲大陆国家的实践对各国国内法上的管辖权进行研究规定,并对跨国公司的管辖进行介绍。第五章是关于国际环境损害赔偿案件法律适用问题的研究。主要明确界定国际环境损害赔偿案件法律适用概述、规定和适用原则以及准据法的适用范围。第六章是关于国际环境损害赔偿判决的承认与执行问题的研究。首先对环境损害赔偿判决的承认与执行继续概述;其次介绍国际条约关于环境损害赔偿判决的承认与执行的规定;最后提出承认与执行环境损害赔偿判决的特殊问题。第七章是对中国的涉外环境损害赔偿现行制度的分析及其完善。

关键词:环境破坏　赔偿　环境保护法　国际私法　法律适用

**2532**

**区域贸易协定审查机制研究** / 刘会春著 ; 杨树明指导. -- 西南政法大学, 2009. -- 198 页

论文以区域贸易协定审查的基本范畴为起点,对GATT/WTO 框架下区域贸易协定审查的执行机构、审查对象、审查标准、审查路径等相关问题展开研究。全文共分为六章。第一章区域贸易协定审查的基本范畴。通过对区域贸易协定对非成员国歧视的分析,指出 RATS 所导致的贸易向区域内的转移、投资向区域内的转移以及贸易救济措施向区域外的转移的结果必然影响 WTO 的最惠国待遇原则。第二章通过跟踪分析具有代表性的审查案例,对 RATS 审查的历史流变、审查制度的基本原则、工作组和 CRTA 审查报告的效力进行研究,并对服务贸易领域的 EIAS 和发

展中国家之间成立的区域贸易协定的审查进行探析。第三章,首先通过对 GATT1947 时期专家组对香蕉案件审查的不成功案例的回顾,集中论述 WTO 体制下 DSB 对 RATS 具有自动性和强制性的法律审查;其次以土耳其数量限制措施案、阿根廷鞋类保障措施案、美国小麦面筋案等具体案例为基础,探讨专家组和上诉机构对 RATS 审查过程中涉及的诸多问题。第四章对有关 RATS 通知的程序进行分析,并对审查的透明度问题进行阐述。第五章首先对 RATS 的内部审查模式进行归类研究;其次分析各种模式的内部审查的法律规定、操作程序和法律效力等问题;最后结合中国的实践,对中国签订的 RATS 的内部审查机制进行层次的分析。第六章,首先针对审查中的现实问题,结合国际公法、国际经济法和基本法理,提出 RATS 审查机制的改革应从规则的澄清和完善;其次提出中国政府基于发展中国家的立场。

关键词:世界贸易组织 区域贸易 贸易协定 审查 国际经济法

**2533**

**论我国农村社会保险法律制度之构建** / 刘丽萍著 ; 沈四宝指导. -- 对外经济贸易大学, 2009. -- 208 页

论文通过法律来推动农村社会保险的发展,探讨维护农民的社会保险权。全文共分为八章。第一章,导论。主要介绍选题的目的和意义、背景、基本命题、研究进路和方法。第二章阐述建立农村社会保险制度的必要性。第三章首先考察农村社会保险演进的历史;其次分析现实情况,通过对政治趋向、国家财力、社会力量以及立法经验的分析,突出我国具备初步建立农村社会保险制度的基本条件;最后构建我国农村社会保险制度的模式。第四章,首先考察我国法制建设之历程,揭示我国立法上的诸多弊端和立法技术的不成熟;其次对现阶段我国所指定的农村社会保险法进行明确定性,指出其为过渡型立法;最后提出我国农村社会保险的立法路径。第五章首先对农村社会保险法的基本原理进行研究;其次讨论法律的基本原则,详细阐述农村社会保险的法律关系;最后构想农村社会保险法价值目标、保障对象等十项基本内容。第六章首先从传统合作医疗的瓦解、新农合的兴起,以及新农合的发展趋势,叙述我国农村医疗保险的发展状况,并对新农合制度的性质、特点、存在的问题做出评析;其次考察英、美、日发达国家、转型国家俄罗斯,以及发展中大国印度建立农村社会医疗保险制度的经验,并着手农村医疗保险制度的完善;最后构建农村医疗保险法律体系,提出由国务院制定《农村社会医疗保险条例》的立法建议。第七章首先对农村社会养老保险目前进退两难的尴尬局面进行反思;其次对发达国家农村养老保险制度进行研究并从中得出对我们构建制度的启示;最后构建我国农村养老保险法律体系。第八章首先概述农民工社会保险的现状,并研究各地的实践模式;其次研究农民工社会保险制度的安排,并对基本原则、模式、保险项目建立先后顺序等方面进行论述;最后在分析现有立法状况基础上建议完善相关制度。第九章首先对失地农民的基本情况进行介绍,并对现行失地农民社会保险模式进行评析;其次研究其保险制度的安排、原则和顺序;最后提出建立失地农民社会保险制度的立法建议。

关键词:农村 社会保障 社会保险 立法 医疗保险 养老保险

**2534**

**出口协调的规制制度研究** / 刘丽园著 ; 余劲松指导. -- 中国人民大学, 2009. -- 159 页

论文以贸易与竞争政策的矛盾为主线研究关于出口协调的国内和国际机制。全文共分为五章。第一章,导论。主要介绍研究背景与意义、研究对象与研究思路哦,概述国内外的有关文献综述,并指出论文的研究方法和创新之处。第二章分析出口协调的动机和效果,主要研究企业进行出口协调的动机,国家豁免、甚至鼓励出口协调的原因,出口协调的现状和影响以及我国出口领域的协调。第三章具体研究出口国对出口协调的规制制度,政策和法律,分析立法背后的政策考虑、各种支持和批评的观点、政策的变化,以及对经济的实际效果和影响。第四章研究进口国对外国出口协调的规制。首先指出由于出口协调行为的特殊性,诉讼产生一些法律上的障碍和需要澄清的问题;其次讨论苏打灰公司系列案件和我国出口协调遭遇的反托拉斯案件,比较各国不同的处理方式,对我国应诉企业提出建议;然后以美国为例讨论对外国出口协调的政策中的矛盾;最后从实际操作的角度研究进口国调查起诉外国出口协调行为的各种障碍。第五章分析规制出口协调的国际机制的局限与未来的发展方向。首先比较关于国际机制的各种立场和观点的分歧,说明各国的立场的差异性;然后分别分析联合国的有关规定,经合组织和国际竞争网络的作用;最后讨论对国际机制的各种构想。

关键词:出口贸易　贸易政策　市场竞争　国际法

**2535**

**国际贸易相关的专利强制许可制度研究** / 刘强著 ; 张乃根指导. -- 复旦大学, 2009. -- 202 页

论文从专利强制许可制度的历史发展与重要作用入手,通过分析论证、对比论证等研究方法,对国际贸易相关的专利强制许可制度展开研究。文章分为引言、正文和结论三部分,其中正文部分分为四章。引言部分介绍了问题的提出、展开和研究。第一章,主要探讨了专利强制许可制度的一般考察和理论分析。首先从专利强制许可制度的历史发展与现状考察入手,讲述了专利强制许可制度的早起萌发,《巴黎公约》之后的专利强制许可制度,以及 TRIPs 协定形成时期的专利强制许可制度等问题;继而提出了专利强制许可制度的基本理论,并对专利强制许可进行了经济学分析。第二章阐述了与贸易技术壁垒相关的标准化中的专利强制许可制度。分析了国际技术标准的专利化及其应对,标准化组织、国内法及国际法层面应对标准专利化问题,并介绍了国际技术标准实施中的专利强制许可制度,最后提出了与标准有关的专利强制许可中应当解决的问题。第三章介绍了与国际贸易有关的公共健康领域专利强制许可制度。首先讲述了国际贸易领域专利权对公共健康的影响,进而对公共健康领域专利强制许可制度的现状进行分析,并分析了在公共健康领域发展中国家实施专利强制许可的困境以及应对的策略。第四章对我国专利强制许可制度以及与国际贸易的关系展开研究。介绍了中国专利强制许可制度的演变和发展,并对我国现行的专利强制许可制度和影响因素进行了分析,最后提出了我国应对国际贸易中专利强制许可的制度与建议。

关键词:国际贸易　专利制度　许可证制度

**2536**

**电子合同效力比较研究** / 刘万啸著 ; 赵秀文指导. -- 中国人民大学, 2009. -- 250 页

论文通过商业与科技相结合的途径,探讨市场交易形式,以及电子合同和传统合同存在的差异。论文共分为六章。第一章,导言。介绍论文的研究背景和意义、国内外研究现状分析、论文的特点与创新之处及论文采取的研究方法。第二章界定电子合同的概念,阐述电子合同的特征、分类及电子合同立法的背景和现状。第三章,首先介绍电子合同当事人的确认,分别介绍当事人身份确认的特殊性,确认方法以及对我国关于电子合同当事人身份确认的规定和做法进行评析;其次对电子合同当事人缔约能力进行概述,并对未成年人的电子缔约能力问题进行论述;最后对自动电文系统的概念进行明确界定,并深入分析自动电文系统。第四章通过对电子要约概述、电子要约的发出时间和生效时间以及撤回与撤销、失效对电子要约进行全面分析,并阐述电子承诺的有效要件、承诺方式、生效时间、撤回以及生效的地点对电子合同的订立进行研究说明。第五章首先对合同的效力和电子合同的效力两个概念进行概述;其次从电子通信的归属问题、电子通信中的错误、对电子通信的确认等方面对合同效力的影响进行比较研究,对相关国际和国内立法进行比较分析;最后对我国的相关立法提出完善建议。第六章首先对格式合同的概念以及特征进行概述,并明确界定电子格式合同的概念和特点以及类型;其次分别介绍分析点击包装合同的效力以及浏览包装合同的效力;最后阐述电子格式合同的效力规制和“以提及方式纳入条款”的效力,并对我国法律规定和案例实践进行分析与评价。

关键词:电子商务　合同法　法律效力

**2537**

**上海合作组织法律问题研究** / 刘再辉著 ; 邓瑞平指导. -- 西南政法大学, 2009. -- 214 页

论文综合运用实证分析、比较分析、分类研究等研究方法,遵循“一根主线、两个方面、三种类别”的思路,揭示法律因素在上海合作组织机制建设、安全协作、经贸合作中的地位与作用。全文共分为八章。第一章,绪论。对选题的背景和意义、研究状况与文献综述及研究思路、结构安排等进行说明。第二章上海合作组织的法律属性和法律地位。首先回顾上海合作组织的发展历程,并分析其宗旨和原则;其次结合相关法律规范,探讨上海合作组织法律确立过程与作用、意义;最后对各类主体所享有特权与豁免的内容、范围及限度分别进行研究。第三章上海合作组织成员制度的任务。对上海合作组织成员资格的取得、中止与丧失进行原则性的规定,并对对话伙伴的法律地位、给予相对对话伙伴地位的方式和程序进行阐述。第四章论证分析上海合作组织的法律程序,并对条约性多边文件、宣言类文件、联合声明与联合公报及各类组织决议的法律性质及效力进行分门别类的整理

和归纳。第五章讨论上海合作组织的机构与程序法律制度,并阐述上海合作组织的运作机制。第六章探讨上海合作组织的安全合作法律机制。第七章是对组织框架下地区经贸合作的法律解读。首先剖析多边经贸合作规则,比较并评析成员国的外贸投资法律制度;其次对组织框架下的贸易投资便利化进程展开法律分析,指出迟滞贸易便利化进程的法律因素以及投资便利化缺乏法律动力;然后结合 WTO 规则,对面临的法律障碍进行分析;最后对成员国能源合作中的法律原则、法律方式、法律依据及争端解决提出自己的看法。第八章主要阐述中国与上海合作组织的利益关系以及上海合作组织的发展方向。

关键词:上海合作组织　国际组织　法制

2538

**通信的国际法规制:国际通信法律体系之层级结构初探** / 柳磊著 ; 古祖雪指导. -- 厦门大学, 2009. -- 300 页

论文以通信领域的国际法律问题为研究对象,按照通信通道、通信服务和通信内容的逻辑结构,系统梳理和分析有关通信的国际法的基本规则,建构层级结构的国际通信法律体系。全文共分为五章。第一章讨论国际通信法的概念、历史和体系等基本理论问题。首先介绍通信内涵的厘定和通信外延的限定;其次通过理论分析和历史考察通信的国际法规制;最后对国际通信法的概念与体系进行概述。第二章梳理和分析关于通信通道的国际法规则。第三章梳理和分析关于通信服务的国际法规则。首先系统阐释以 GATS 为基本框架的通信服务贸易国际规则,比较分析以 WTO 基础电信《参考文件》和欧盟通信监管政策为基本内容的通信服务监管国际准则;其次探讨国际结算费率制度的运作模式及其所面临的挑战;最后指出多边框架下达成成本导向的制度安排。第四章梳理和分析关于通信内容的国际法规则。首先介绍国际法对通信内容的规制;然后探究保障和限制通信自由的国际人权法规则;最后理清以通信自由为中介规制通信内容的基本逻辑。第五章讨论国际通信法视野下我国通信法律体系的建构问题。首先介绍我国通信法制建设的国际国内背景;其次总结部分国家和地区通信法制改革的经验;最后提出在数字融合时代建构我国通信法律体系的新思路,并逐步完善通信法律体系。

关键词:国际公约　通信　电信　国际法

2539

**马来西亚与中国外资法律问题比较研究** / 罗荣强著 ; 曾华群指导. -- 厦门大学, 2009. -- 269 页

论文主要评述中国和马来西亚关于双边投资协定的研究和两国国内外资法的比较研究现状。全文共分为七章。第一章,绪论。阐明论文的研究意义、研究目标、基本思路和研究方法,并指出论文研究的难度、创新和不足之处。第二章,阐述马来西亚与中国(马中)两国外资法产生的不同社会经济与政治历史背景,以及两国国内外资法的渊源与框架,并分析马来西亚政策兼法律双管齐下的特殊外资规范,剖析《马中投资协定》的效力问题与主要内容。第三章具体对《马中投资协定》有关投资准入的规定及马中两国调整外资准入的法律和政策进行探讨。第四章,首先具体探讨《马中投资协定》中的外资待遇规定的基础上,并论述公正与公平待遇和最惠国待遇条款的适用问题;其次剖析马中两国国内法的外资投资待遇体现;最后寻求《马中投资协定》与马中两国国内法之间的调和一致,并提出解决的建议。第五章对《马中投资协定》与马中两国国内法的征收和补偿规定进行探讨。首先明确界定征收、国有化和间接征收的概念、征收的条件、补偿的标准和补偿额的估算方式;然后对马中两国国内法的相关规定进行比较分析;最后提出调和、填补与修订的建议。第六章是对《马中投资协定》中的投资争端解决规定和马中两国国内法的相关规定进行具体的探讨。第七章,结论。首先总结《马中投资协定》与两国外资法的衔接、差异、调和与补充问题;其次对完善与健全《马中投资协定》和马中两国的外资法提出修改建议;最后提出未来马中双边投资协定的发展方向。

关键词:涉外经济法　投资　比较法学　马来西亚　中国

2540

**区域竞争法机制研究** / 骆旭旭著 ; 曾华群指导. -- 厦门大学, 2009. -- 277 页

论文立足于法学、国际关系学和经济学理论对区域经济一体化趋势下的区域竞争法机制的构建现状和发展趋势进行研究。全文共分为六章。第一章绪言。研究区域竞争法机制的现状和演变趋势,并介绍论文的研究方法,以及对“区域经济一体化”“国际竞争法机制”等主要概念的界定。第二章分析国际社会是否需要构建国际竞争法机制。首先分析国际经济

法律自由化的趋势及带来的市场垄断困境；其次分析国际社会对于国际竞争法机制的制度需求；最后提出国际市场需要国际竞争法机制的困境的出路。第三章分析国际社会如何构建国际竞争法机制。首先分析国际社会构建国际多边竞争法机制的三种方案的讨论，并介绍国际社会试图在WTO中构建国际多边竞争法机制的尝试及失败；其次从经济学和国际关系理论的角度分析现阶段全球经济一体化程度和竞争观念的差异；最后论证构建国际竞争法机制的可行路径。第四章对区域经济一体化下区域竞争法机制的现状进行实证研究。首先选取各个类型区域经济一体化组织中构建的区域竞争法机制进行实证研究；然后介绍区域经济一体化组织中的竞争法机制的形成背景、运作情况和发展趋势；最后对晚近区域经济一体化新形式FTA中的竞争法机制进行实证研究，并对区域经济一体化组织中的竞争法机制进行考察。第五章对竞争法机制进行模式概括，并提供理论上的解释。主要对四种模式进行分析概括，以及介绍各种模式的区域竞争法机制产生的理论根源，并构建区域竞争法机制演变的数学模型。第六章对我国签订区域经济一体化协议中的区域竞争法机制进行研究。从总体上分析，我国的区域经济一体化进程的缓慢而制构建层次较低，并结合对于区域竞争法机制的分析，阐述我国的区域经济一体化战略构建区域竞争法机制。

关键词：反不正当竞争　经济法　区域经济一体化

**2541**

**海上货物运输法强制性体制论** / 马得懿著 ；傅廷中指导. -- 大连海事大学, 2009. -- 232 页

论文对海上货物运输法强制性体制进行综合地考察，包括诸如历史渊源、演进的历程、价值趋向、强制性体制的经济学分析，以及中国合同法语境中强制性体制的现代化和本土化等一系列问题。论文共六章。第一章是海上货物运输法强制性体制序说。具有导论的功能，是论文展开研究的基础和前提。第二章，以海上货物运输法强制性体制的渊源的历史解读为核心展开研究。主要将研究的核心置于系统论下，讲究对海上货物运输法强制性体制渊源的历史研究，从整体出发、注重综合、立体网络式思维。第三章主要以海上货物运输法的立法历程为线索，研究了海上货物运输法强制性体制的发展历程，以达到全面地认识海上货物运输法强制性体制的目的。第四章在法哲学的研究范式下对海上货物运输法强制性体制得以存在的价值进行系统地分析，着重解答了海上货物运输法缘何对维系强制性体制"情有独钟"的问题，并提出了海上货物运输法强制性体制价值论的"二维价值结构"。第五章是对海上货物运输法强制性体制的深入研究，主要采用法律经济学的研究手段，对海上货物运输法强制性体制的存废展开经济学视域内的考证。第六章研究中国合同法语境下海上货物运输法强制性体制的本土化问题。论文还提出海上货物运输法强制性体制的自足性理论，运用实证分析方法在"海商文化"维度下对海上货物运输等强制性体制进行独特视角的论证。

关键词：海上运输　货物运输　海商法

**2542**

**国际人权条约中的权利限制条款研究** / 毛俊响著 ；万鄂湘指导. -- 武汉大学, 2009. -- 303 页

论文分析国际人权条约权利限制条款的具体内涵，评析我国国内法中权利限制条款，并提出我国批准《公民权利和政治权利国际公约》的应对之策。全文共分为七章。第一章对国际人权条约的权利限制条款进行概况行分析。首先分别阐释权利限制的概念，并界定国际人权条约权利限制条款的概念和类型；其次研究国际人权条约权利限制条款的限制对象；最后阐明国际人权条约权利限制条款的基本原则，并比较分析国际人权条约中的权力限制与克减。第二章探讨一般权利限制条款的内涵。主要分析一般权利限制条款及其与其他条款之间的关系。第三章分析暗示权利限制条款。阐释国际人权条约暗示权利限制条款的基本特征、人身自由与安全权及其限制和隐私权及其限制。第四章讨论明示权利限制条款。分别探讨明示权利限制条款的三要素、合法性、合理性及必要性。第五章讨论国际人权监督机构对国家适用权利限制条款的审查和监督。主要介绍国际人权监督机构审查和监督缔约国适用权力限制条款的程序。第六章分析国际人权条约权利限制条款和国内宪法权利限制条款之间的关系。首先阐述国际人权条约与国内宪法之间的相互影响；其次，以美国宪法、德国宪法、日本宪法、加拿大权利与自由宪章以及越南宪法五个国家分别介绍权利限制条款；最后比较分析国际人权条约权利限制条款与国内宪法权利限制条款。第七章以《公民权利和政治权利国际公约》权利限制条款为基点，分析我国国内法中的权利限制规定。

关键词:人权　国际公约　国际法

2543

**证券信息披露标准比较研究** / 孟翔著 ; 赵威指导. -- 中国政法大学, 2009. -- 125 页

论文主要通过对比分析法,对证券信息披露标准做了比较研究。文章分为导论部分和七章正文。导论部分介绍了问题的提出,论文的研究意义、研究方法及创新之处。第一章,从信息披露的角度入手,首先探讨信息及证券信息的基本概念,并对与信息披露标准相关的内幕信息进行阐述。第二章对信息披露制度做了概述,主要包括信息披露制度的历史考察、特征、意义和体系等基本问题,并介绍了信息披露制度的经济学及法学依据;第三章,在第二章基础上揭开对信息披露标准这一问题的比较研究,并对信息披露标准的相关基础性问题和信息披露的普遍性标准进行了介绍。第四章与第五章,对信息披露标准问题以两条主线进行比较:一条是以美国法为例的纵向比较,考察了证券市场最为发达的美国在信息披露标准问题上的历史沿革、学说、判例及相关的理论问题;另一条则是横向的比较,即以"重大性"标准贯穿始终,比较了各主要发达国家和地区证券市场在信息披露标准问题上的立法取向和司法实践。第六章以"重大性"为主线对信息披露标准进行了综合比较,其中包括与"重大性"标准相关的概念比较及各国关于"重大性"标准的规定。第七章,对我国证券市场的发展进行了回顾,对在信息披露标准问题上的看法进行了列举对比,进而对我国学者就此问题的争论进行介绍。最后,作为结语,得出论文的结论,即我国应当施行"证券价格标准"和"投资决策标准"并行的双轨制。

关键词:证券法　证券投资　信息披露

2544

**无船承运人法律问题研究** / 孟雨著 ; 吴焕宁指导. -- 中国政法大学, 2009. -- 116 页

论文通过对无船承运人法律制度的探讨,揭示了无船承运人的产生、发展的历史过程;无船承运人的法律性质和法律地位;无船承运人的权利、义务和责任。结合我国无船承运人发展的现状,对完善我国无船承运人法律制度和无船承运业务的进一步发展提出了一些设想和建议。论文分为前言和正文部分,其中正文分为四章。前言部分介绍了论文的研究动机和目的、研究的方法和基本内容。第一章主要讲述了无船承运人的产生。首先介绍了现代运输条件下诞生的无船承运人,进而对无船承运人的性质和概念进行辨析,最后探讨了无船承运人的立法和价值问题。第二章针对无船承运人的法律地位问题展开研究。首先指出无船承运人的双重法律地位,并从一则案例说起,阐释了国际货物代理人在现代社会中的多重身份,以及不同法系国家对国际货运代理人多种法律地位的规制,继而介绍了我国的司法实践。第三章针对无船承运人的权利、义务与责任问题展开讨论。介绍了无船承运人作为承运人,以及作为托运人的权利、义务与责任。并分析了无船承运人签发提单的流程、主要内容、种类和性质。第四章是对完善我国无船承运人法律制度的设想。首先讲述了第三方物流经营人与无船承运人的关系,然后探讨了构建中国无船承运人责任保险的困境与出路。最后,分析了我国无船承运业务的现状,对比了亚菲塔模式与中美模式的利弊,并针对我国无船承运业务提出相关建议。

关键词:水路运输　国际运输　承运人责任　提单　海商法

2545

**国际贸易中的违约损害赔偿制度研究** / 莫万友著 ; 郭玉军指导. -- 武汉大学, 2009. -- 183 页

全文主要从 CISG、UPICC 和 PECL 的角度比较研究违约损害赔偿制度,旨在分析三者的异同,阐明该制度的统一化程度,从而就不同之处做出合理选择。第一章,引言。首先介论文的选题背景及意义,分析违约损害赔偿的基础问题;然后介绍研究状况及文献综述;最后分析研究方法和主要框架。第二章违约损害赔偿的基础问题,介绍其概念、特征、性质及违约损害赔偿与其他补救措施的关系。第三章从 CISG、UPICC 和 PECL 的角度概述违约损害赔偿的请求权。第四章违约损害赔偿范围的限制,限制性规则包括可见性规则、损益相抵规则、减损规则和过失相抵规则。第五章违约损害赔偿的计算标准,在计算过程中考虑计算损失的时间标准、地点标准和货币标准。第六章违约损害赔偿具体计算的一些问题:减价问题;利益损失的赔偿问题;律师费用的负担问题;损害赔偿中的利息问题。第七章违约损害赔偿的例外情形。第八章分析外国违约损害赔偿的立法及司法实践,首先在我国违约损害赔偿的立法现状基础上,对其进行具体分析;然后依据我国的立法,从完全赔偿原则、可预见性规则、减损规则、不可抗力四方面来分析司法的

实践。第九章,结语。首先总结 CISG、UPICC 和 PECL 中有关违约损害赔偿的具体差异,接着肯定 CISG 损害赔偿条款的成功,但部分条款没有 UPICC 和 PECL 全面和具体,为了促进国际贸易的发展以及方便法律实物,CISG 需要进一步完善和统一。

关键词:国际贸易　合同法　违约　赔偿

**2546**

**论核不扩散条约下的国家责任** / 牟文富著 ; 张乃根指导. -- 复旦大学, 2009. -- 208 页

论文结合联合国国际法委员会在《国家对国际不法行为的责任条款草案案文》中编纂或发展的国际责任法原则和规则,考察 NPT 为非核武器国家所设定的义务、违反义务引发的国家责任、争端解决等实践问题。全文共分为六章。第一章分析核不扩散机制的国际法框架、第二章分析核不扩散条约为非核武器国家设立的义务及法律意义。首先,运用类型学的分析方法考察核不扩散义务的类型;其次,结合 NPT 的目的、宗旨以及缔约状况,根据国际义务所保护的利益属性分析 NPT 下的义务;最后根据义务内容对义务主体的具体要求分析表明,非核武器国家承担的诸多行为义务,并阐述核不扩散义务的性质及法律意义。第三章考察违反 NPT 义务所构成的不法行为内容、作为责任基础的主观要件问题。通过界定国际不法行为的概念和国家责任的基础,探讨国家责任法中不法行为的一般法律框架,并论述非核武器缔约国的不法行为及其认定程序。第四章考察援引不法行为国的国家责任问题。首先界定援引的概念及受害国和非受害国援引责任之间的差异;其次探讨核不扩散条约缔约国援引国家责任;最后比较分析国际原子能机构和联合国安理会援引国际责任的实践。第五章考察在 NPT 下承担国家责任的方式。首先对损害和承担国际责任的关系、承担国家责任的形式进行论述,并提出违反核不扩散义务适用责任形式的问题;然后对违反核不扩散义务承担国家责任的形式进行概述;最后对伊拉克承担责任问题进行反思。第六章考察若干同争端解决相关的问题。首先比较分析朝鲜和伊朗核问题争端,并提出核问题争端混杂着法律问题和政治诉求;其次介绍核不扩散条约下的争端解决条款,并对朝鲜、伊朗核争端解决的实践进行论述;最后提出反措施问题和实施核不扩散条约和武力使用问题及安理会实施核不扩散义务和制裁措施问题。

关键词:核武器问题　核不扩散条约　国家责任

**2547**

**发展中国家在 WTO 争端解决机制中的参与及优惠待遇** / 穆罕默德(Mohammed Al Essawi)著 ; 余敏友指导. -- 武汉大学, 2009. -- 143 页

论文对 GATT 与 WTO DSS 及其对发展中国家优惠待遇的相关规定和发展中国家参加 GATT 与 WTO DSS 的实践活动进行研究。全文共分为六章。第一章主要阐述世界贸易体制给予发展中国家优惠待遇的发展历程。首先通过介绍 GATT 争端解决机制最初的规定以及改进来论述 GATT 给予发展中国家的特殊待遇;其次 DSU 中对发展中国家特殊与差别待遇的规定进行概述并评价;最后对发展中国家优惠待遇的法律进行实证分析。第二章阐述 WTO DSS 下发展中国家优惠待遇的具体形式。从争端解决机制的磋商阶段、裁决阶段和执行阶段三个阶段来分析 WTO 在法律制度上给予发展中国家的特殊待遇。第三章回顾中国在 WTO DSS 中的法律实践,梳理中国在争端解决机制实践中暴露出来的问题,提出解决这些问题的途径,并回顾中国在 WTO DSS 中的实践。第四章介绍阿拉伯国家在 WTO DSS 中的实践及其加入 WTO 后的经济发展,并重点分析埃及在 WTO DSS 中的实践。第五章介绍其他积极参与 WTO DSS 的发展中国家巴西和印度所经历的主要案件,并论述它们在争端解决机制中享受的优惠待遇的发展历程、内容形式及实践。第六章考察发展中国家在参与 WTO DSS 中面临的主要挑战。首先分析发展中国家自身的问题,并初步评估发展中国家及最不发达国家在有效地参与 WTO DSS 中所面临的主要挑战;其次分析 WTO DSS 的制度安排缺陷;最后提出解决这些挑战的办法与设计有利于发展中国家和最不发达国家参与 WTO DSS 的改革措施。

关键词:国际经济法　国际贸易　国际争端　发展中国家

**2548**

**证券投资基金监管法律问题研究** / 倪鑫煜著 ; 沈四宝指导. -- 对外经济贸易大学, 2009. -- 99 页

论文在比较与借鉴各国证券投资基金监管模式的基础上,结合我国的监管现状及我国具体国情,提出完善我国证券投资基金监管的改进建议。第一章,引言。主要介绍论文的背景和意义、研究方法和研究的主要问题及研究目标,并阐述国内外的研究现状及文献综述。第二章证券投资基金及监管概述。首先

介绍证券投资基金的起源与发展、含义以及证券投资基金当事人之间的法律关系,引出证券投资基金监管在证券投资基金发展过程的重要意义;然后介绍证券投资基金监管的内涵、目标和主要原则。第三章研究证券投资基金监管的经济学和法学基础理论。主要介绍证券投资基金监管的经济学基础、信托法基础、证券法基础和公司法基础。第四章论述证券投资基金法律监管模式。主要分析以英国为代表的自律性基金监管模式、以美国和日本为代表的政府主导型基金监管模式,以及以德国和法国为代表的中间型基金监管模式,并对各种监管模式的优势和缺陷进行总结和评价。第五章是对我国证券投资基金法律监管模式的探讨。第六章是对我国现有的证券投资基金监管内容的分析和总结。首先介绍我国证券投资基金监管的主要规定;然后指出现实存在的问题;最后结合案例对这些问题进行评述和建议。第七章是对我国证券投资基金监管法律责任的研究。主要指出三种责任民事责任、行政责任和刑事责任及其之间的关系,并对三种责任的竞合问题进行分析。第八章,结语。

关键词:证券投资　基金　金融监管　法律

**2549**

**个人信息保护法律问题研究** / 聂生奎著 ; 赵威指导. -- 中国政法大学, 2009. -- 110 页

论文从问题出发,采用比较分析法和经济学等方法,介绍阐述了个人信息保护法的理论基础、价值取向,通过分析比较欧美等其他国家现行的个人信息保护法律,探讨了我国个人信息保护法律的适用范围、主体及保护个人信息的途径等内容。文章共分为三个部分,导论、正文与结论。正文共分为四章。导论部分主要介绍选题思路、研究的目的意义与研究方法。第一章分析介绍了个人信息保护的立法基础及各国立法的价值取向。通过分析比较各国各地区的相关立法,分别对主要的理论和价值问题进行阐释。第二章明确了个人信息保护法律应当适用的范围,包括法律保护指向的内容、应承担保护个人信息义务的主体和侵害个人信息的具体行为。第三章介绍了个人信息保护法律主体的权利、义务和职责。首先通过比较和经济学研究方法,分析阐述了分配个人信息保护法律中各主体相关权利义务等内容的原则;其次在总结其他国家和地区法律规定基础上,探讨信息本人的权利、信息处理者的义务、特殊行业中个人信息保护法律主体的权利义务,最后讨论了个人信息保护主管机构的职责。第四章提出了保护个人信息的途径。一是个人加强对自己信息的保护;二是掌握大量个人信息的公共部门应当严格履行自己的职责;三是非公共部门要获得长久发展,就需要通过行业自律保护个人信息;四是发生侵害个人信息行为时通过司法途径寻求救济。

关键词:隐私　人身权　法律保护

**2550**

**几内亚湾东海的海事争端解决** / 欧马著 ; 周忠海指导. -- 中国政法大学, 2009. -- 142 页

论文主要通过对靠近几内亚湾海域的八国海域界定问题展开研究,以提出解决沿海国和内陆国之间争端的方案。论文分为导论和正文部分,其中正文分为五章。导论部分主要介绍了论文的研究目的、研究方法以及文章结构等。第一章主要介绍了几内亚湾海域的海洋争端问题。从自然和历史的角度对几内亚湾海域的争端展开研究,首先介绍了海域界定的基线与中线,进而介绍了引起几内亚湾海域海洋争端的历史因素,并指出资源占有问题是引起几内亚湾海域争端的内在因素。第二章主要介绍了两种关于几内亚湾海域争端问题裁决的国际原则。首先对这些规则做了整体介绍,继而对几内亚湾海域海洋争端问题的争端决议相关性进行探讨,最后介绍了在解决海洋争端问题中国际法庭的管辖权。第三章讲述了第三方的干涉问题。首先对整体问题进行了概述,接着分析了第三方接入问题的法律基础,并提出几内亚湾沿海国家需要创造一种切实可行的平等地位,借此以确定海界。第四章首先介绍了几内亚湾的原油污染问题,以及污染所导致的负面效应,并提出了阻止几内亚湾海洋污染问题的法律框架。由于没有对海洋国家的强制性义务规定,海洋争端导致了海洋环境的恶化、污染,以及在海洋生物资源的保护和管理上的不力。

关键词:海洋法　国际争端　几内亚湾

**2551**

**朝鲜《土地租赁法》的发展方案** / 朴京水著 ; 沈四宝指导. -- 对外经济贸易大学, 2009. -- 119 页

论文考虑到韩国与朝鲜两者的个别土地法律制度立场,探讨设计朝鲜《土地租赁法》的发展方案。全文共分为七章。第一章,引言。介绍论文研究的目的、研究方法与范围。第二章明确界定徒土地和土地法的定义。第三章,首先对朝鲜土地所有制度的基础思想进行概述;其次梳理朝鲜土地所有制度的变迁过

程;最后通过论述“土地改革至土地租赁法”分析朝鲜土地法制的变迁过程。第四章主要介绍朝鲜《土地租赁法》的内容和缺陷。首先介绍《土地租赁法》的立法背景;其次对《土地租赁法》及实行规定的内容进行详细的概述;论述土地租赁法的意义以及缺陷。第五章,首先梳理亨利·乔治的基础理论,结合土地公共租赁制的适用案例,并结合韩国的土地投机问题与经济危机的关系探讨亨利·乔治的土地理论与统一;其次对中国的土地法的基本原则以及中国土地使用权制度进行论述;最后以韩国的土地法理论为例阐述以私有财产性与公共利益的关系为中心的土地法,并对开城工业区内的《不动产规定》的主要内容进行论述,提出《不动产规定》对《土地租赁法》的启示。第六章提出朝鲜《土地租赁法》的发展方案。首先提出朝鲜式土地使用权制度的构想;其次分析朝鲜式土地使用权制度的前提条件;最后设计朝鲜式土地使用权制度的具体模式。第七章,结论。

关键词:土地制度　土地使用权　土地法　朝鲜

**2552**

**国家及其财产豁免的国内立法问题研究** / 齐静著 ; 朱文奇指导. -- 中国人民大学, 2009. -- 200 页

论文从当前发生的实际案例出发,引出中心论题,对关于国家豁免的国内立法问题进行阐述。全文共分为六章。第一章,分析国家豁免基本理论的沿革和当前国际发展趋势,论证我国自己明确的立场,国内立法的必要性。第二章,首先对美国主权豁免法的立法基础和理论背景进行概述,提出美国司法先例对豁免制度的影响,并比较分析美国主权豁免法与泰特信函;其次阐述英国法制历史背景和英国国家豁免法制定背景,并论述 1978 年英国国家的豁免法;最后分析国家豁免的国际公约化。第三章结合我国目前的立法和司法实践现状,分析我国法律体制的特点,比较主要国家的豁免立法,探讨“应该怎样制定适合我国国情的国家豁免法”。第四章首先明确界定国家的含义和性质、国际性质、国内性质以及范围;其次借鉴各国立法和实践阐述我国对商业行为的豁免立法;最后重点对国家民事侵权行为、雇佣合同行为和知识产权侵权行为几个核心问题进行具体制度的设计分析。第五章主要介绍中国国家财产执行豁免立法问题。首先论述强制执行豁免与管辖豁免的区别;其次介绍各个国家强制执行豁免的立法和实践;最后论述强制执行豁免的例外以及对我国强制执行豁免的立法的启示。第六章草拟我国国家豁免法草案并释义。

关键词:豁免权　立法　国际法　主权

**2553**

**域外取证国际合作研究:以《海牙取证公约》为视角** / 乔雄兵著 ; 郭玉军指导. -- 武汉大学, 2009. -- 240 页

论文以《海牙取证公约》为视角,分析公约在推动域外取证国际合作方面的成就及不足,并对公约实施过程中所产生的问题进行分析。全文共分为八章。第一章,引言。主要介绍选题由来及意义。评述国内外有关域外取证国际合作方面问题的研究现状,并指出文章的主要研究思路和研究方法。第二章主要对域外取证中“证据”的概念及其属性,域外取证的概念、性质及价值,国际民事诉讼中各国之间在域外取证方面的斗争与合作进行评析。第三章论述《海牙取证公约》的产生背景,公约所规定的主要取证制度,结合公约制度之后的多次特委会报告,对公约主要内容进行论述,并对《海牙取证公约》与其他地区性取证合作文件进行比较和分析。第四章主要对《海牙取证公约》实施过程所涉及的一般问题进行论述。第五章结合美国、英国、法国、德国等公约主要缔约国的立法与实践对《海牙取证公约》在各国的具体实施进行论述,进一步分析各国之间在域外取证方面产生法律冲突的根源。第六章首先分析信息技术对传统域外取证规则的冲击和影响,论述一些国家立法与司法实践在这方面的发展;其次结合海牙国际私法会议常设事务局针对信息技术带来的挑战而采取的应对措施进行评述;最后提出在利用信息技术进行域外取证国际合作方面存在法律、技术及人员的障碍。第七章主要结合我国现有立法及多年的司法实践对我国域外取证国际合作法律制度进行论述。第八章,结语。主要在全文论述的基础上烦死现有域外取证国际合作机制的诸多问题,并结合一些国际立法的新动向,以及逐渐形成的域外取证新规则对域外取证国际合作的发展趋势进行展望。

关键词:国际私法　民事诉讼　证据　国际合作

**2554**

**资本弱化税制研究** / 邱冬梅著 ; 廖益新指导. -- 厦门大学, 2009. -- 195 页

论文结合纵向分析和横向比较的角度探讨资本弱化税制的现象。全文共分为五章。第一章,首先从资本弱化税制的定义入手,比较债权投资和股权投资

在非税收层面和税收层面存在的差异,解读各国制定资本弱化税制的出发点,并分析纳税人偏好于采用债权投资的非税收和税收动因。其次通过剖析资本弱化税制立法的正当性基础,解释各国引入资本弱化税制的不同动因;最后探讨利益可税前扣除的理论基础,梳理当今各国在限制利息扣除问题上的最新动态,并列举其他消除资本弱化现象可行的税制改革措施。第二章阐述资本弱化税制的构成要素以及资本弱化规制的方法。首先通过纵向归纳分析的方法,对资本弱化税制实施过程中的六大构成要素进行全面阐释;其次从横向比较的角度,采用国别综合归纳法对晚近十年来九个国家的资本弱化税制动态进行跟踪,并归纳分析其优劣利弊。第三章是资本弱化税制与双边税收协定的关系,分别探讨资本弱化税制与税收协定中正常交易条款、股息条款、消除双重征税条款、非歧视条款之间的关系。第四章通过评析欧盟法院审理的四个与成员国资本弱化税制相关的案件,解读欧盟指令中与适用资本弱化税制相关的条款,并研究欧盟共同统一公司税基发展的最新动态。第五章论述立足中国的视角看待资本弱化税制。首先通过实证比较的方法,分析居民境内投资以及境外居民来华投资采用募股方式和举债方式在税负上产生的差异;其次追溯在引入资本弱化税制之前我国管制关联企业之间借贷交易的非税收手段以及税收立法,并介绍我国资本弱化税制立法的背景,论述我国现行资本弱化税制条款进行解读;最后针对我国"走出去"企业面对来源地国可能适用资本弱化税制进行纳税调整的风险,提出可行的应对措施。

关键词:税法　避税　资本弱化

**2555**

**船舶碰撞损害赔偿责任研究** / 曲涛著 ; 司玉琢指导. -- 大连海事大学, 2009. -- 264 页

全文以侵权法基础理论为支撑,以我国船舶碰撞法的立法和司法实践为基础,以国外有关船舶碰撞发先进的立法理念为借鉴,以国内外有关船舶碰撞法研究的学术成果为参照,围绕船舶碰撞的概念、归责原则、碰撞过失、因果关系、责任主体等主题,探讨船舶碰撞损害赔偿的责任。全文共分为五章。第一章,船舶碰撞及其损害赔偿责任概论。主要阐释船舶碰撞的概念、船舶碰撞侵权行为的类属、船舶碰撞损害赔偿责任的法律特性及分类等方面内容,并对我国《海商法》在船舶碰撞概念界定上进行分析,提出相应的修改和完善的建议。第二章主要考察船舶碰撞损害赔偿责任归责原则不同的学理观点,并分析论证对船舶碰撞损害赔偿责任实行过失责任原则的合理性,进而考察与评价对船舶碰撞损害赔偿责任归责中的比例过失原则的历史演进以及法理依据。第三章,首先结合船舶碰撞过失的不同理论,分析船舶碰撞过失的概念及其特征;其次论证船舶碰撞法律推定过失与事实推定过失原则,并重点论述事实推定过失;最后在分析、借鉴侵权法关于过失判断标准理论的基础上,归纳总结判定船舶碰撞过失的一般标准与特殊标准。第四章,首先理论阐释对因果关系的概念与特征、因果关系中的原因与结果及因果关系的功能;然后,借鉴两大法系,运用事实上的英国与法律上的因果关系两分法的考察模式,并结合各自的判断标准,对船舶碰撞损害赔偿责任中的因果关系进行分析与考察;最后分析论证介入因素对于船舶碰撞损害赔偿责任因果关系的影响。第五章,结合国际公约及国内法有关确定船舶碰撞损害赔偿责任主体的规定,对现存法律体制下确定船舶碰撞损害赔偿责任主体时所体现出来的问题与不足进行分析与检讨。

关键词:船舶碰撞　海事处理　赔偿　海商法

**2556**

**专利审查制度的比较研究** / 权纯学著 ; 沈四宝指导. -- 对外经济贸易大学, 2009. -- 204 页

全文采用比较研究的方法对主要国家(中国、美国、日本和韩国)的专利审查制度进行分析,试图从美国、日本和韩国专利审查制度的经验中,进行总结,并对中国专利审查制度的发展和完善提出建议。第一章 ,绪论。介绍专利审查制度的概念及它提出的背景。第二章介绍知识产权领域的国际动态。首先介绍国际经济环境和知识产权环境的变化,然后介绍美国、日本和韩国的发展动向。美国立足于国际市场的发展需要;日本立足于国家知识产权战略体系的实施;韩国立足于知识产权保护的国际化。第三章介绍与专利制度有关的主要国际条约。首先介绍专利审查相关的主要国际条约;然后介绍美、日、偶在专利检索和审查方面的合作;最后介绍中、日、韩在专利审查方面的合作构想。第四章介绍主要国家的专利审查制度。首先介绍主要国家的专利法沿革;之后介绍形式审查;然后介绍可授予专利的发明;接着是专利申请;最后是实质审查。第五章介绍中国专利审查制度中存在的问题和改善建议。首先介绍中国专利申请

的现状及面临的挑战;然后介绍中国所面临的全球专利审查制度环境;而后介绍最近修改专利法律法规的主要内容、看法以及存在的主要问题;最后介绍对改善中国专利审查制度的一些建议。以促进中国专利审查制度的改善为目的,在对中国、美国、日本和韩国的专利审查制度进行比较,重点评述美国、日本和韩国在专利审查制度上的有利经验和中国专利审查制度中的不足,并提出具体改善的建议。

关键词:专利权　专利制度　专利法　比较法学

2557

**商业银行公司治理法律问题比较研究** / 商镇著 ; 余劲松指导. -- 中国人民大学, 2009. -- 195 页

论文通过考察与公司治理有关的现代公司理论,结合我国的具体国情并针对现实存在的主要问题,探讨我国商业银行公司治理的法律问题。全文共分为八章。第一章,导论。主要介绍论文的研究背景、研究意义以及研究内容和方法。第二章是对商业银行公司治理概述。明确界定公司治理的概念和理论基础,介绍商业银行公司治理的特殊性及治理法律制度,并提出我国商业银行公司治理现状和主要问题。第三章,总结性论述股东参与银行决策的基本权利,对限制银行控股股东权利的理论基础、主要方式进行概述,并提出我国相关制度的完善和政府持有银行股份的问题。第四章首先介绍董事会在银行公司治理中的作用,对董事会职能的理论、管理权与监督权以及对银行公司治理的重要性进行概述;其次比较分析董事会组织结构的三种模式,提出我国银行董事会模式的选择;最后梳理商业银行董事的信赖义务,并阐释董事信赖义务的重要性、主要内容及我国商业银行董事信赖义务的完善。第五章比较分析国外银行监事会制度,提出我国银行监事会制度的发展和主要问题及完善建议。第六章,首先对商业银行利益相关者的理论、主要观点及对商业银行公司治理的作用进行概述;其次结合英美模式和德日模式阐述利益相关者参与银行公司治理的模式;最后提出我国商业银行利益相关者参与治理的问题与建议。第七章通过对商业银行公司治理监管的重要性以及制度内涵的介绍来论述商业银行公司治理的政府监管。第八章,结论。总结关于国外商业银行公司治理的经验,完善我国商业银行公司治理相关制度的建议,并对展开研究展望。

关键词:商业银行　银行管理　银行法　法人治理结构

2558

**德国的外国法院判决承认与执行制度研究** / 帅颖著 ; 韩德培指导. -- 武汉大学, 2009. -- 163 页

论文通过运用规范分析、实证研究、比较分析等方法,结合德国的相关立法和判例对两套规则进行阐述,对德国的外国法院判决承认与执行制度进行探讨和研究,并归纳总结可供我国立法和实践借鉴的内容。全文共分为四章。第一章,首先介绍外国判决承认与执行的概念和一般理论;其次,介绍德国承认与执行外国判决的法律渊源;最后简要介绍德国法律制度的基本特点和法院审判权的划分。第二章介绍非欧盟成员国法院判决的承认与执行,重点探讨德国法院对管辖权、公共秩序以及互惠原则的审查标准、审查方法、司法实践的发展趋势。第三章是关于欧盟成员国法院判决在德国的承认与执行,主要内容是《布鲁塞尔条例》关于判决承认与执行的具体规则及其在德国的实施情况。首先对欧盟统一民事诉讼法的发展及判决承认与执行的基本原则做介绍;其次是《布鲁塞尔条例》制订的背景、判决承认与执行的具体规则及与《布鲁塞尔公约》比较的改进之处;最后是《布鲁塞尔条例》在德国司法实践中的具体实施。第四章是德国的外国法院判决承认与执行制度对我国所具有的参考价值。首先是其承认与执行外国法院判决的一般国内法规则可供我国《民事诉讼法》修订时参考;其次通过分析《布鲁塞尔条例》制订的法律、社会背景,并将其与我国区际法律冲突产生背景进行类比;最后总结《布鲁塞尔条例》在立法模式和具体规则上可供我国立法借鉴之处。第五章,结论。主要对德国区分欧盟与非欧盟国家,在承认与执行外国法院判决时的具体条件和程序进行对比,反映德国法院对待外国法院判决的立场和态度,对我国立法和实践提出建议。

关键词:外国法院判决效力　法院　执行　德国

2559

**《欧洲合同法原则》统一欧洲合同法的路径研究:以诚信与公平交易原则为重点** / 隋军著 ; 王军指导. -- 对外经济贸易大学, 2009. -- 131 页

全文以诚信与公平交易原则作为研究的重点,分析《欧洲合同法原则》在具体领域实现欧盟各成员国合同法统一的路径,以及协调和融合两大法系合同法分歧的方法。全文共分为七章。第一章对《欧洲合同法原则》进行概述。首先在欧洲经济和政治统一的要求和发展趋势及欧洲统一私法运动的背景下,探寻

《欧洲合同法原则》起草的初衷;其次说明《欧洲合同法原则》与欧盟历史上为实现欧洲合同法统一的其他国际公约、指令等系列立法之间的关系;最后分析指出诚信与公平交易原则是《欧洲合同法原则》内容上最为显著的特征之一。并说明以诚信与公平交易原则的一般原则及其派生制度作为研究对象的原因。第二章分析并指出《欧洲合同法原则》为推动欧洲合同法统一的特有路径。探寻欧盟各成员国不同合同法制度的"共同核心",并对比欧盟官方和民间学术团体所采用的其他统一欧洲合同法方法。对《欧洲合同法原则》做出补充说明。第三章从《欧洲合同法原则》的实体法入手,结合诚信与公平交易原则的案例,通过对欧盟各成员国不同合同立法,以及1980年《国际货物买卖合同公约》和2004年《国际商事合同通则》相关内容进行比较分析。第四章对《欧洲合同法原则》的统一路径做出具体阐释,并以诚信与公平交易原则派生出具体制度。第五章介绍《欧洲合同法原则》的最新发展,阐释其与《欧洲合同法原则》的继承关系,并对其如何继续实现欧洲合同法统一的路径进行分析说明和评价,对《欧洲合同法原则》的命运和将对欧洲合同法统一的作用做出展望。第六章从《欧洲合同法原则》在诚信与公平交易原则上体现出的最新国际合同立法趋势、先进制度和规则展开思考,提出对中国合同法中相关制度的改进建议。第七章,结论与展望。论文采用比较的研究方法,提出《欧洲合同法原则》选择的路径,并提出论文的创新指数。

关键词:合同法　立法　公平原则　欧洲

**2560**

**论TRIPs协定下专利许可的反垄断规制** / 孙文玲著 ; 张乃根指导. -- 复旦大学, 2009. -- 217页

全文分析TRIPs协定所赋予专利权人之专有权,探讨TRIPs协定下专利许可与反垄断间之适当交界问题,并对中国应如何建构与专利许可相关之反垄断法提出建言。全文共分为四章。第一章讨论反垄断介入规则专利许可的理论基础与划界前提。第二章探讨国际法制下专利许可的反垄断规制。主要对TRIPs协定制定前的国际法制和TRIPs协定协定制定后的国际法制进行简要的阐述与分析。第三章主要介绍TRIPs协定下专利许可之反垄断规制的各国和地区的立法体例。首先梳理中国、美国、欧盟及台湾地区反垄断主管机关、法制架构及相关条例、指南及报告,提出中国《反垄断法》在解释与适用上商贷厘清解决的问题;其次针对美国与欧盟法制与知识产权相关之反垄断法制的趋同趋势的案例进行比较分析,提出在理论与实务中的差异;最后透过针对美国、欧盟及台湾地区相关指南规范模式进行比较分析,并梳理中国法制可借鉴的部分。第四章针对知识产权与反垄断界线中争议性的议题,区分专利权人之限制性行为与排他性行为两个层面,分别讨论联营与拒绝许可之反垄断规制。首先,以在台湾地区、美国以及欧盟之飞利浦CD-R专利许可案为基础,讨论专利权被许可方与许可方如何透过反垄断、专利权滥用及强制许可;其次探讨反垄断法介入规制拒绝许可行为,结合分析相关案例与指南,指出美国与欧盟法制分别显示知识产权保护优先与竞争保护优先之截然不同立场;最后结合美国的案例,探讨关键设施理论在知识产权领域之适用,并对理论直接适用在专利权人之拒绝许可案件进行相关质疑。

关键词:专利权法　反垄断　国际法

**2561**

**知识产权海关保护制度研究** / 汤涛著 ; 丁伟指导. -- 华东政法大学, 2009. -- 182页

论文采用历史分析、比较分析和实证研究的方法,论述知识产权海关保护制度的一般原理,结合国际及美国、欧盟知识产权海关保护机制的内容及特征,探讨我国知识产权海关保护制度的特征及不足。全文共分为六章。第一章从知识产权保护的一般原理出发,对知识产权海关保护进行概况研究,回顾知识产权海关保护机制的历史沿革,总体论述海关保护制度保护的知识产权的范围以及制度所发挥的作用。第二章对知识产权海关保护制度的理论基础、法律性质以及法律渊源进行研究。第三章对国际以及美国、欧盟的知识产权海关保护制度进行阐述和分析。首先以TRIPS协议有关边境措施的规定为出发点,分析《TRIPS协议》边境措施法律制度的内容;其次介绍《未履行〈TRIPS协议〉而赋予海关权力的国内立法示范法》的内容,对美国和欧盟知识产权海关保护进行分析;最后结合国际上知识产权海关保护制度的发展趋势,讨论其发展动向。第四章对我国的知识产权海关保护制度进行研究。第五章首先总结实体制度层面以及我国规定与《TRIPS协议》、美国、欧盟制度规定的差异;然后分析我国知识产权海关保护制度存在的问题;最后对完善我国知识产权海关保护的实体法律制度提出立法建议。第六章论述程序制度层面,我

国规定与《TRIPS 协议》、美国、欧盟制度规定的差异性，并从保护模式、备案制度、申请制度、担保制度等方面对我国知识产权海关保护制度存在的问题进行分析，借鉴国外先进经验，结合我国实际提出完善程序制度的建议。

关键词：知识产权保护　海关管理　立法

**2562**

**论 WTO 对能源贸易规则的重构：以能源安全为视角** / 唐旗著 ; 余敏友指导. -- 武汉大学, 2009. -- 294 页

论文回顾性地思考 WTO 与能源贸易的关系，提出能源贸易终将切实回归 WTO 自由贸易体制的趋势判断，强调 WTO 能源贸易纪律重构正在成为国际能源新秩序建设的一部分，研究探讨中国能源安全。全文共分为六章。第一章探讨 WTO 在新世纪能源安全保障中可能扮演的角色。首先围绕能源、能源贸易及能源市场等基本问题进行概述，着重阐述能源贸易与能源安全的关系，以及法律视野中能源贸易与能源市场的特点；其次通过梳理能源安全观的变迁脉络及能源国际机制的演进轨迹，结合对当今主要能源国际机制及其贸易机制的比较分析，提出 WTO 在全球化时代能源安全保障中扮演的重要角色。第二章回顾关贸总协定时代能源贸易规则的初始构建。第三章分析现行 WTO 规则适用于能源贸易的现实状况。首先逐一分析货物贸易多边协定、《服务贸易总协定》、《与贸易有关的知识产权协定》适用能源贸易的具体情形，并着重分析贸易实践中比较突出的法律问题；而后通过汽油标准案实例的背景、过程及所涉及的焦点法律问题和对其评析来探讨 WTO 受理的能源贸易争端。第四章探讨 WTO 框架协议能源贸易纪律重构放略。以中国能源安全为视角，对重构的法律基础、现实动力、制约因素、WTO 成员能源贸易利益诉求进行分析，提出重构思路，主张在新能源安全观指引下，递进式地构建 WTO 能源贸易机制。第五章主要研究多哈发展议程中的能源贸易谈判。重点研究相关的谈判背景、谈判进程与趋势，并对谈判中涉及的焦点事项进行法律分析。第六章探讨 WTO 能源纪律重建对于中国的影响。首先介绍中国国际能源贸易的发展态势，以及能源贸易折射出的中国能源安全问题；其次表述 WTO 能源贸易纪律重构对中国的积极和消极两个方面的意义；最后阐述中国参与 WTO 能源贸易纪律重构的总体策略，并阐述传统能源贸易谈判事项、能源服务贸易谈判和生物燃料贸易谈判的三个方面的因应之道。

关键词：能源经济　能源安全　国际贸易法　世界贸易组织

**2563**

**国际民事责任竞合的冲突法研究** / 王立武著 ; 韩德培指导. -- 武汉大学, 2009. -- 229 页

论文从冲突法的角度，运用比较法和国际私法的方法，探讨解决国际民事责任竞合引起的法律冲突的重要理论意义和实践价值。全文共分为七章、第一章，导论。介绍在冲突法层面上研究国际民事责任竞合问题的理论和实践意义、国内外研究现状、论文采用的研究方法及研究的基本思路。第二章首先从国内法理论研究的角度对民事责任竞合的基本概念、类型，以及解决民事责任竞合的各种学说进行介绍，并指出国内法的各种解决民事责任竞合的学说对国际私法解决国际民事责任竞合的重要指导意义；其次对法国、德国、日本、英国、美国及我国民事责任竞合的立法和实践进行比较分析；最后对国际民事责任竞合现象进行类型化的设计，并从国内法和国际法的角度介绍目前解决国际民事责任竞合的两种基本方式。第三章主要研究国际民事责任竞合导致的管辖冲突及其解决方式。第四章主要探讨各种涉外民事责任竞合关系的具体法律适用规则。第五章主要接受国际民事责任竞合案件判决的承认与执行。主要明确界定承认与执行外国法院民事责任竞合案件判决的依据与条件，提出解决民事责任竞合案件判决承认与执行问题的途径，并阐述我国的立法和司法实践及其完善。第六章首先对我国关于国际民事责任竞合的冲突法规定和司法实践进行梳理和评析，指出我国现行立法对于国际民事责任竞合问题的规定缺乏明确性和针对性；其次主要对国内法进行研究，对涉外民事责任竞合没有做好充分的理论准备；最后提出完善民事责任竞合的基本原则、国际民事责任竞合的定性主体、国际民事责任竞合案件的法律适用以及国际民事责任竞合案件的管辖及判决的承认与执行。第七章，结论、强调我国应当借鉴其他国家以及国际社会法律文化的积极成果。

关键词：民事责任　冲突法　法律适用

**2564**

**船舶物权登记论：实体法实现的程序进路** / 王立志著 ; 李志文指导. -- 大连海事大学, 2009. -- 252 页

论文共分为九章。第一章引言。首先从实体法与程序法的关系视角,在坚持程序法独立价值的同时研究船舶物权登记实体私法通过登记程序法实现的程序进路;其次对分析对象进行界定并阐述船舶物权登记实体法实现的涵义和程序进路、落空与程序困境;最后介绍选取分析对象的根据和论述方法的选择。第二章研究船舶物权变动登记的价值导向,以及如何依赖程序规范和需要何种程序规范实现其登记价值的绝对超越指向。主要阐述船舶物权登记的含义,以及价值问题与价值的涵义,并提出船舶物权登记满足主体的秩序需求。第三章探讨不动产物权登记与船舶物权登记的实体与程序差异,为船舶物权登记程序的建构提供基本的依据。第四章分析现行船舶登记程序规范的立法与实务问题,诊断中国船舶登记程序的"病因"。第五章比较分析各国船舶物权登记立法,探讨我国船舶登记立法借鉴国外立法经验的问题。第六章研究我国船舶物权登记立法的体例、结构和立法原则问题,提出统一登记立法和五编制结构。第七章构建船舶物权登记立法的一般程序,试图建立船舶物权登记的通则理论架构。第八章研究各类船舶物权及物权化债权的登记问题,分析船舶物权登记简易程序的适用范围与程序。第九章研究并构建非常态登记程序,并提出《船舶物权登记法律议稿》。

关键词:船舶管理　物权法　登记制度　立法

**2565**

**国际私法中的自然人住所制度研究** / 王晓燕著 ; 刘想树指导. -- 西南政法大学, 2009. -- 158 页

论文的研究目的在于揭示自然人住所制度在国际私法中的特殊价值与发展概况,并在此基础上,对我国相关制度的完善提出有针对性的建议。论文主要运用了比较研究、实证研究、历史研究三种研究方法。论文共分为四章内容。第一章围绕什么是自然人的住所,其对国际私法的意义如何的问题,展开了深入的论述。首先对古罗马法与现代两大法的自然人住所制度,做了大致梳理,阐释了自然人住所的概念,并充分展示住所界定问题所呈现出的法律冲突的概况。其次,在明晰自然人住所的含义与构成要件的基础上,进而探究自然人对住所国际私法的重要意义。第二章分析了在法律冲突下自然人住所的确定问题,分别探讨了确定自然人住所的一般规则与国际民事诉讼各阶段中自然人住所的确定等两方面的问题。介绍了积极冲突与消极冲突下自然人住所的确定以及获得住所的能力的冲突下自然人住所的确定规则。第三章由历史的视角审视了自然人住所地法的发展历程,并展示了其遭遇的种种变迁,进而阐释了住所地法的属人法内涵。第四章在前三章所研究的基础上,对我国国际私法中的自然人住所制度进行了必要的解读,包括我国内地的自然人住所制度,香港特别行政区的自然人居集制度,澳门特别行政区的自然人住所制度以及台湾地区的自然人住所制度,并提出了相应的完善建议。

关键词:国际私法　自然人　住所　属人法

**2566**

**论欧洲侵权法律适用制度的统一** / 王秀转著 ; 王军指导. -- 对外经济贸易大学, 2009. -- 164 页

论文通过对欧洲不同历史时期基础性条约不同授权的分析,明确欧洲共同体统一国际私法的权限范围,并展望侵权法律适用制度的未来发展趋势。全文共分为九章。第一章,引言。首先阐述论文的理论与实际研究意义;其次探讨国内外研究现状以及提出论文的创新之处;最后评述论文的研究方法和概念性的说明。第二章,分别介绍欧洲统一国际私法的法律基础与法律渊源。第三章在回顾欧洲统一侵权法律适用制度的历史性成果的基础,揭示欧洲在此方面的历来夙愿与长久努力。第四章着重讨论欧盟统一侵权法律适用制度的最新成果——《罗马条例Ⅱ》。分别介绍《罗马条例Ⅱ》的难产过程及背后思考、制定目标,并对其主要内容进行解析。第五章通过对法律选择方法的讨论,阐明《罗马条例Ⅱ》在此方面的保守态度。第六章对《罗马条例Ⅱ》的某些规则进行理论与实证性批判,指出其中值得商榷之处。第七章,首先探讨奥地利、罗马尼亚、意大利、英国、德国和比利时六个欧盟主要成员国侵权法律适用制度的丰富与发展;其次对欧盟成员国侵权法律适用制度的趋势进行简要分析;最后主要分析欧盟各成员国现行的侵权冲突法制度与《罗马条例Ⅱ》的冲突与协调。第八章,首先通过侵权冲突法规则总结、适用规则的特点与存在的问题三个方面评估我国现行的侵权法律适用制度;然后说明欧洲统一侵权法律适用制度对我国立法的启示。第九章,结语。总结性的阐述加强国际间的合作与协调的重要性。

关键词:侵权行为　法律适用　民法　欧洲国家联盟

2567

**国际投资规则中的环境法律问题研究** / 王艳冰著 ; 周洪钧指导. -- 华东政法大学, 2009. -- 218 页

论文系统研究国际投资规则中存在的诸多环境法律问题并分析深层原因,探讨投资保护与环境目标之间的矛盾。全文共分为八章。第一章主要是在国际投资自由化和环保意识全球化的背景,分析国际投资与环境保护之间的相互影响,提出国际投资规则纳入环境问题的必要性和法律意义。第二章对环境保护纳入到国际投资协定的现状进行考察,主要梳理国际投资协定在纳入环境问题表现出的不同形态和国际投资协定的环境规则模式,并介绍欧盟的动向。第三章分析国际投资规则中投资保护与环境目标之间的冲突表现。第四章通过定义条款、国民待遇和最惠国待遇以及公平与公正待遇条款三个方面讨论实体性国际投资规则对国内环境措施的限制。第五章主要通过环境技术转移措施和环境征收措施两者收到的限制进行讨论与投资有关的重要环境措施受到的限制。第六章考察投资者和东道国投资争议解决机制对环境主权的挑战。首先介绍《北美自由贸易协定》的投资者和东道国投资争议解决机制,并阐述《北美自由贸易协定》程序性投资规则对其他投资协定的影响;其次提出投资争议解决机制的制度性缺陷以及对环境主权的挑战;最后展望投资争议解决机制的新发展,并分析发展中的程序性规则影响环境主权的原因。第七章探讨投资保护与环境目标之间产生冲突的原因。主要探讨规则性差异与多重利益冲突以及介绍国家体系的制度缺陷,并探讨国际投资规则伦理与价值缺失。第八章着重讨论协调投资保护与环境目标的对策,对中国的相关规则现状进行分析,并提出针对中国的建议和对策。

关键词:国际投资　环境保护　国际法　法律适用

2568

**国际贸易法下提单物权凭证功能法律问题研究** / 王英民著 ; 余劲松指导. -- 中国人民大学, 2009. -- 187 页

论文结合海商法、货物买卖法以及跟单信用证统一惯例等相关规定分析、阐述提单物权凭证功能。全文共分为七章。第一章,导论。主要介绍论文的研究路径、研究方法、基本观点及分析框架,并指出论文的不足之处。第二章,首先说明提单物权凭证功能与国际贸易的渊源,指出提单物权凭证功能是作为象征性交货基础的单证买卖的内在要求;其次,阐述物权凭证功能的来源及内涵;然后,追溯提单物权凭证学说在我国的发展,归纳并总结主要学说的内容并做具体分析,指出合理及不足之处;最后提出理解物权凭证功能的关键是物权凭证的阶段性。第三章,讨论物权凭证功能赋予提单持有人的具体权利。首先,探讨提单持有人的内涵和外延,提出应当以广义上的提单持有人作为研究对象;其次提出提单持有人的三种权利。第四章叙述无单放货的概念、原因及其对国际贸易的影响,并结合司法实践,对无单放货的性质及抗辩进行着重论述。第五章专门论述控制权的问题。首先介绍控制权的渊源;其次结合控制权的内容论述控制权防止无单放货的原理;最后论述控制权的优点、不足之处及对我国修改海商法的启示。第六章根据诉权基本理论对提单诉权问题进行研究,结合运输合同和贸易合同具体分析托运人、提单持有人诉权的情况,并评述《运输法公约》有关诉权问题的规定。第七章,结论。论文对英美等主要航运国家及我国有关提单的法律制度、司法判例以及国际公约、商业惯例进行比较研究,结合贸易法的有关规定和商业实践的需要,提出自己的观点和看法,以完善我国现有的相关立法。

关键词:国际经济法　国际贸易　提单　物权

2569

**儿童权利保护的国际法研究** / 王勇民著 ; 曹建明指导. -- 华东政法大学, 2009. -- 353 页

论文为真实掌握儿童权利保护的国际法现状,为我国儿童权利保护法律制度的完善提供依据和建议,深入儿童权利保护的国际法律制度。全文共分为六章。第一章对儿童权利保护的概述。主要对儿童权利的概念及其特征进行阐述与分析,并对儿童权利法律保护的历史变迁与发展进行阐述。第二章主要探讨儿童权利保护的国际法律文件的基本概况与主要特征。首先对儿童权利保护国际公约的主要内容进行分析,并探讨公约的主要特征;其次对其他全球性公约以及国际性文件进行分析,并对儿童权利保护的区域性公约进行阐述;最后对国际儿童权利保护的发展趋势进行展望。第三章介绍国际儿童保护的基本法律原则。主要探讨儿童权利保护的儿童最大利益原则、平等保护原则、尊重儿童原则、多重责任原则四个原则的法律问题。第四章主要阐述为国际法所承认的儿童享有的基本权利,并对权利在儿童权利保护国际公约中的地位予以论证。第五章"儿童权利保护国际公约的实施研究"主

要对儿童权利保护国际公约在各国国内实施的问题进行分析。首先总结性地探讨缔约国如何在国内实施条约的基本理论问题、主要学术观点、实践模式等;其次主要论述缔约国所承担的具体义务的实施;最后阐述分析有关儿童权利保护条约自身实施机制。第六章论述我国儿童权利保护法律制度的不足与完善问题。

关键词:未成年人保护法　儿童　国际法

**2570**

**WTO 宪政理论研究** / 王玉婷著 ; 左海聪指导. -- 武汉大学, 2009. -- 127 页

全文共分为五章。第一章通过对国际宪政主义的哲学基础、历史发展和当代思潮进行透视,对作为WTO 宪政基础的国际法宪政问题进行梳理。首先对康德世界主义哲学思想的产生、主要内容进行评析,并论述康德国际法哲学思想的现实意义和理论新发展;其次对国际宪政主义思想的历史回顾与评价;最后对关于当代国际法"宪法化"理论进行初步思考。第二章对国际法体系"宪法化"理论的基本概念的探究,并对国际法"宪法化"理论与传统宪法学理论进行辨析。第三章阐述关于 WTO 制度"宪法化"问题 的理论。首先是对"制度建构"学说的主要理论观点及代表性学者进行概述,并对"制度"和"宪法"的思考;其次阐述"规范承诺"说的主要理论观点及代表性学者,并对"规范承诺"学说进行分析和评价;最后介绍"司法宪法化"学说的核心观点、主要内容以及与欧洲法院司法能动性对比下的反思,并对 WTO 争端解决实践与 WTO 制度"宪法化"问题结合案例进行评析。第四章通过"支持论"和"反对论"两个方面阐述关于WTO 规则"宪法"功能的若干理论学说,并通过理论与实践队 WTO 规则的"宪法"价值问题及理论反思对传统西方宪法学理论下进行透视。第五章对比 WTO"宪政"问题和国际法"宪法化"问题的理论解构。首先对理论研究的共同现实动因进行论述,国际法与国际政治以及国内宪法的"政治"性与"法律"性的比较分析;其次论述宪政秩序与国内政治,以及提出对现行国际制度面临的危机;最后分别介绍关于 WTO 宪政理论和国际法"宪法化"理论的理论解构。

关键词:国际法　国际贸易　世界贸易组织

**2571**

**问题银行处置特殊机制法律问题研究** / 王云川著 ; 吴志攀指导. -- 北京大学, 2009. -- 151 页

论文主要运用比较研究和经济分析的研究方法,论述国内对问题银行处置特殊性问题。全文共分为七章。第一章,绪言。提出问题,回顾参考的文献以及论文的主题词,并阐述论文的结构和论文资料的来源。第二章概述问题银行处置的特殊性。比较研究普通公司破产与问题银行处置的目的、适用标准、适用法律框架以及启动程序的权利主体,并梳理问题银行处置特殊性的制度表现。第三章对监管机构权力扩张和太大以致不能倒闭政策的法律问题进行分析,并提出存款保险制度与道德风险问题。第四章,首先梳理监管机构的职能与权力的扩张;其次对监管机构的相机决策权、监管容忍和过度监督等问题进行概述;最后详细论述问题银行处置对监管机构的要求。第五章对银行太大以致不能倒闭政策进行概述,提出银行太大以致不能倒闭政策的正当性,并论述银行太大以致不能倒闭政策的辩护。第六章,首先阐明显性存款保险与隐性存款保险的关系,并比较分析显性存款保险与隐性存款保险的优劣;其次对银行股东双重责任制度进行概述,并分析重整金融公司方案、"狭隘银行"方案以及政府活期债方案;最后提出减少存款保险道德风险的方案以及对道德风险的再认识。第七章是对问题银行处置的借鉴进行梳理分析。首先论述我国银行监管机构概况,并提出监管机构职权的立法借鉴;其次研究替代方案在中国的可行性以及存款保险的可行性,并提出存款保险制度的考虑因素;最后提出问题银行处置法律制度借鉴与完善。

关键词:银行管理　金融监管　银行法

**2572**

**知识产权证券化:从比较法研究探讨立法可行性** / 魏忆龙著 ; 万鄂湘指导. -- 武汉大学, 2009. -- 247 页

论文结合各个国家法制与实践案例,介绍证券化的立法沿革、参与机构及机制,并对风险进行分析评估,透过比较研究,提供立法者立法建议。全文共分为八章。第一章,导论。主要介绍问题意识及提出、研究方法和研究范围。第二章,主要对证券化的意义、功能及基本立法沿革进行论述,并阐述知识产权证券化的标的。第三章,结合美洲、亚洲和欧洲三个国家的案例对知识产权证券化的著作权、商标权和专利权的三个种类进行比较分析。第四章,首先介绍知识产权证券化风险的意义及种类;其次对知识产权证券化风险的规制进行概述;最后分析投资者投资适合性查核。第五章对知识产权证券化流程与参与机构进行介绍与分

析。第六章首先明确界定知识产权的评估意义;其次比较分析美国、英国和日本三个国家的评估法制及组织,并对国际评估准则和无形资产和知识产权进行评估;而后介绍评估的基本原则与工作方法,评估的风险及防范;最后对知识产权证券化的评估流程进行阐述。第七章通过对三大主要国际会议的概述,介绍强化监管防范风暴,提出金融危机中证券化机制的检讨与反思,并揭示中国发展的契机。第八章,结论。主要是指出信用评级制度与机构和评估制度与机构的不足之处,并提出国内知识产权证券化的立法建议。

关键词:知识产权　资产证券化　立法　对比研究

**2573**

**国际法强制执行问题研究** / 温树斌著 ; 杨泽伟指导. -- 武汉大学, 2009. -- 216 页

全文共分为六章。第一章,引言。主要介绍选题的提出以及论文的研究意义、基本思路和研究方法,并阐述国内外的研究状况。第二章国际法强制执行的法理基础。首先明确界定国际法强制执行的内涵和外延;其次阐述国际法强制执行的必要性和可能性;最后比较分析传统和现代国际法的强制执行措施体系。第三章国际法的单独强制执行。首先对国际法单独强制执行的内涵和外延进行界定;其次介绍国际法单独强制执行的反措施界定及前提条件、程序要件、实质要件和目的要件。第四章对国际法的集体强制执行进行研究。主要介绍国际法集体强制执行的内涵和外延,研究集体自助,并分别介绍与分析普遍性国际组织的制裁和区域性国际组织的制裁。第五章介绍国际法的司法强制执行。首先明确界定国际司法机关的强制管辖权,并分析介绍联合国国际法院的管辖权以及区域性或专业法司法机关的管辖权;其次阐述国际司法判决的自觉执行和强制执行;最后通过国际刑事管辖的强制性以及国际刑事判决的执行来介绍国际刑事制裁。第六章对国际法强制执行进行展望。首先通过世界法模式的主要观点和可能性介绍国际法强制执行的世界法模式;其次阐述国际法强制执行的欧盟法模式的基本机制和可能性;最后对国际法强制执行的未来动向进行阐述。

关键词:国际法　强制执行　司法机关

**2574**

**WTO 法价值研究** / 文强著 ; 赵学清指导. -- 西南政法大学, 2009. -- 185 页

论文以法哲学中的价值论作为纵贯全文的主要研究方法,解析世界贸易组织法的主要手段,探悉 WTO 法价值。全文共分为四章。第一章 WTO 法价值的一般理论。首先厘清论文关于 WTO 法价值的基础理论,并论述 WTO 法的产生及其规则构成;其次阐述 WTO 法价值的经济理据和主体理性;最后论述 WTO 法价值的二元结构,分别从自由和公平两个方面介绍 WTO 法的基础和灵魂。第二章论述 WTO 法的自由价值。首先论述体现 WTO 法之自由价值的自由贸易的内涵和思想源出;其次 WTO 法自由价值的传承和彰显,并从动态分析和静态分析彰显 WTO 法自由价值的制度;最后提出 WTO 法自由价值面临的挑战及 WTO 法自由价值的扬弃。第三章对 WTO 法的公平价值进行概述。首先论述 GATT/WTO 法价值从自由到公平的嬗变;其次阐述 WTO 法公平价值的内涵和表现,并论述 WTO 法公平价值的机会公平危机、实质公平危机和程序公平危机的三大危机;最后通过对危机应对的现实意义、原则探寻和具体措施的介绍来论述如何对 WTO 法公平价值的危机做出应对。第四章阐述 WTO 法价值的路径实现。首先论述协调是 WTO 法价值实现的方法,并对 WTO 法价值之间的冲突与交融、WTO 法价值实现的方法甄别、WTO 法价值实现的协调之道以及 WTO 法价值协调思想的新发展进行介绍分析;其次对 WTO 法价值实现机制的制度和效果两个方面进行检讨;最后对 WTO 法价值内部实现机制的创新和 WTO 法价值外部实现机制的创新进行比较分析。

关键词:世界贸易组织　贸易法　价值

**2575**

**经济全球化条件下中国外商投资企业法制的发展** / 吴煜贤著 ; 沈四宝指导. -- 对外经济贸易大学, 2009. -- 286 页

论文采用文献分析、比较分析和历史分析的方法,以“投资准入、投资措施、投资待遇、投资争议解决”为观察视角,探讨中国在经济全球化条件下外商投资企业法制的发展。全文共分为六章。第一章,导论。首先介绍论文写作目的;其次对外国直接投资的概念与意涵以及投资方式进行界定,并比较分析外商投资企业与外商投资企业法制;最后论述论文的研究方法、写作思路与文章结构。第二章对经济全球化与体质变迁牵动中国外资政策的再思维进行梳理。首先介绍国际投资法制的发展趋势,政府角色及职能的

转变与调适,并提出国家经济安全的思考发展与安全的平衡;其次从不同阶段介绍市场经济的导入与深化,评述法制建设的需求;最后对开放与管制政策思维的并立进行概述,提出外国直接投资与中国的经济发展及中国外资政策的现状检视。第三章首先探讨建构的沿革与背景以及论述体系架构的建立与特征;其次对聚焦于国内的正式法源的发展沿革和种类进行评述;最后提出法制层面上的缺陷。第四章,首先提出国际投资自由化的趋势和外资立法本身存在的缺陷,并论述符合 WTO 原则的需要;其次分别从在投资准入方面、在投资措施方面和在投资待遇方面的主要发展进行评析论述;最后提出以解决商事争端为主的争议解决方向。第五章首先比较分析法律移植与法律的成长;其次对资本输入国外资立法体例进行考察;最后对中国外资法制重构进行思考。第六章,结论。主要是对论文的总结性论述,并提出重构中国外资法制的思考方向与建议,为其变革与发展方向提供参考路径。

关键词:外商投资企业　企业法　涉外经济法

**2576**

**企业并购反垄断审查实体标准制度研究** / 吴振国著 ; 沈四宝指导. -- 对外经济贸易大学, 2009. -- 301 页

论文以企业并购反垄断审查实体标准为主线,考察国内外有关企业并购反垄断审查的理论,对中国企业并购反垄断审查实体标准制度提出立法和政策建议。全文共分为十一章。第一章,引言。主要介绍论文的选题意义、论文新颖性说明,研究方法以及论文的框架结构等。第二章,首先通过比较研究方式阐明企业并购的概念与分类,概述企业并购反垄断审查的经济学理论基础;其次考察分析美国、欧盟企业并购反垄断审查实体标准的演变,并对当今世界各国主要采用的三种企业并购反垄断审查实体标准进行比较研究;最后研究美国、欧盟企业并购反垄断审查标准体系的基本框架。第三章研究相关市场。明确界定相关市场的概念与作用以及方法和原则,并逐一分析产品市场、地域市场和时间市场。第四章研究市场集中度和“安全港”制度。首先理论分析市场集中度的概念、功能及测度方法,并比较经济学上测度市场集中度的不同方法;然后明确界定“安全港”制度的概念,并比较分析美国和欧盟的“安全港”制度。第五章通过单方面反竞争效果和协调性反竞争效果的分析来评估企业并购的反竞争效果。第六章研究买方力量,并对并购案件中的买方力量因素进行综合分析。第七章,首先阐释市场进入分析的概念,分析市场进入的类型,并探讨欧美反垄断法上的潜在竞争理论;其次对潜在竞争理论的考察视角所涉及的相关市场与市场集中度、市场进入壁垒等进行系统阐述;最后结合案例,剖析潜在竞争理论的适用条件和限制。第八章研究企业并购的效率问题。第九章研究垂危企业抗辩。第十章研究产业政策与社会公共利益。首先探讨产业政策月社会公共利益在企业并购反垄断审查中的地位和作用,阐明产业政策与企业并购反垄断审查的关系;然后以日本为例考察管制行业的发展变化,提出企业并购反垄断审查适用管制行业的基本原则;最后考察国外社会公共利益在反垄断法中的内涵和表现形式。第十一章是对关于中国如何构建企业并购反垄断审查标准制度的讨论。

关键词:反垄断法　企业兼并　市场竞争　司法监督

**2577**

**论上市公司信息披露民事赔偿责任** / 武艳辉著 ; 沈四宝指导. -- 对外经济贸易大学, 2009. -- 112 页

论文运用比较研究的方法,对美国、欧盟以及我国上市公司信息披露虚假陈述民事赔偿责任制度进行研究和阐述。全文共分为八章。第一章,引言。主要介绍论文选题背景及现实意义和结构安排,并指出论文的创新点。第二章对上市公司信息披露的类型和基本要求、信息披露虚假陈述的类型及其危害,以及信息披露虚假陈述民事赔偿责任的概念与特征进行概述,并介绍信息披露虚假陈述民事赔偿责任的主体、主观上的过错、违法行为等构成及其分类。第三章结合美国、欧盟以及我国对虚假陈述民事赔偿责任的主体进行论述。第四章,首先介绍美国对虚假陈述行为方式的规定进行梳理;其次阐述欧盟对虚假陈述行为方式的规定;最后提出我国对虚假陈述行为方式的规定。第五章主要针对美国、英国和德国等欧盟成员法以及我国法上的归责原则进行陈述。第六章梳理虚假陈述的因果关系。结合各个时期的证券法比较分析美国法上的交易因果关系和损失因果关系,并对德国法上因果关系的推定进行探析,探讨我国对虚假陈述因果关系的规定。第七章论述虚假陈述的民事损害赔偿诉讼。首先通过原告和被告的方式评析美国、欧盟和我国对其的规定;其次对虚假陈述民事赔偿群体美国的集团诉讼模式、德国的团体诉讼模式

以及我国的共同诉讼模式进行详细的分析论述;最后对我国的虚假陈述民事赔偿责任诉讼中损失范围的确定进行概述。第八章介绍建立和加强我国上市公司信息披露虚假陈述民事赔偿责任的必要性,并对加强我国上市公司信息披露虚假陈述民事赔偿责任提出构想。

关键词:证券市场　上市公司　会计信息　民事诉讼　赔偿

2578

**国际商法自治性研究** / 向前著 ; 左海聪指导. -- 武汉大学, 2009. -- 248 页

论文以国际商法的自治性为逻辑主线和研究对象,通过历史考察自治性在国际商法发展进程中的作用,剖析有关自治性的学说与理论,进而对国际商法自治性的实现进路做出科学和逻辑的构建并进行相应的论述。全文共分为七章。第一章,引言。主要对国内外学界的商法研究现状进行概况总结,并对国际商法基础理论研究的动因与价值做出反思和总结。第二章对国际商法的有关基础理论问题进行研究。首先对国际商法的作用对象国际商业社会的特质进行概况;然后对国际商业社会的现状做出分析,并概括国际商法的基本精神;其次研究与分析目前学界在国际商法定义存在的争议,并明确界定国际商法的定义与特征;最后明确界定并论证自治性的涵义。第三章从历史的角度,以自治县为主线对国际商法的发展历史做出重新梳理,并对自治乡在国际商法发展历史中所起到的重要作用做出总结。第四章以自治性为主线对国际商法诸多学者的学说进行考察与分析。主要对施米托夫与戈德曼最具影响力的国际商法学者的学说理论进行系统的总结、比较与分析。第五章对国际商法自治性的实现进路进行逻辑与科学的构建。首先介绍自治性的根本前提、主要支柱的发展历程及内涵特点;其次通过政府间与非政府间组织阐述自治性的实现进路的组织保障,并界定国际商事制法机构的特点;然后提出自治性实现进路的技术保障与全球层面与区域层面并行的进路层面;最后提出自治性实现进路的根本途径。第六章对国际商法及其自治性实现的外在、内在障碍进行剖析。第七章,结论。总结性的分析与展望国际商法及其自治性的发展障碍与前景。

关键词:国际商法　自治

2579

**刑事庭审调查制度的正当性研究** / 肖波著 ; 谢佑平指导. -- 复旦大学, 2009. -- 167 页

论文在崇尚权利和理性的时代背景下,对刑事诉讼制度应该具有的特质及如何使庭审调查制度正当化的问题展开研究。文章共分为五章。第一章介绍了正当性的概念与框架分析。首先从正当性的概念解读入手,继而讲述了正当性的历史发展,分析了现代政治制度的正当性以及私法制度中的民主和理性,并探讨了刑事诉讼程序的正当性和刑事庭审调查制度的正当性。第二章讲了刑事庭审调查制度的演进。首先介绍了西方刑事庭审调查模式的演进,具体分析了神判证据方式与弹劾式诉讼模式的差别,大陆法系庭审调查模式演变,二战后庭审调查模式的发展等问题;另外,对当代庭审调查模式正当性进行了比较;最后,对中国刑事庭审制度的历史与现状进行分析,并对我国现阶段刑事庭审调查制度做了概述。第三章探讨了庭审调查结构的正当性。分别从公诉人庭审权利的合理调整,被告人庭审中的权利与义务,法院的庭审控制权与调查权,辩护人权利的完善以及被害人庭审权利的退与进等五方面展开论述。第四章介绍了庭审调查过程的正当性,对调查顺序的优化配置。首先分析了庭审调查制度的多样设计,对程序分流理论基础的正当性进行反思,并提出分流后的刑事庭审调查的完善;进而引出庭审强制询问制度的改革以及交叉询问质证制度的优化问题。第五章主要阐述了证据审查与采信方法的正当性,认证规则的建立。分别从证据裁判原则和证据规则体系的建立,证据排除或证据禁止规则的完善,以及传闻证据规则的引入等三方面展开论述。最后论文提出传闻证据规则对我国立法的启示。

关键词:刑事诉讼　审判　司法制度　证据

2580

**国际能源机构能源安全法律制度研究** / 肖兴利著 ; 杨泽伟指导. -- 武汉大学, 2009. -- 327 页

论文通过分析国内外学者有关 IEA 能源法律制度的研究成果,探讨中国与 IEA 及其所代表的发达消费国之间的协调合作。全文共分为八章。第一章,导论。主要介绍有关能源或能源安全问题的国际组织及其法律制度,梳理国内外学者有关 IEA 能源法律制度的研究成果,进而提出论文研究的意义、方法和基本思路。第二章概述 IEA 及其能源法律制度的发展

演变,分析 IEA 的法律地位、成员国、组织结构、决策制度,探讨组织条约所涉及的诸多法律问题。第三章通过紧急共享制度、协调应急反应制度和应急制度的执行与执行监督三个方面,阐述 IEA 的石油安全应急法律制度。第四章分析 IEA 的石油市场信息法律制度。首先对石油市场信息政策进行概述;其次通过综合信息系统和应急信息系统阐述石油市场信息;最后分析石油公司与 IEA 的合作,并提出石油市场信息的传播。第五章通过长期能源合作制度、与非成员国合作制度和能源研究与开发制度三个方面来主要研究 IEA 的能源合作与研发法律制度。第六章论述 IEA 的能源争端解决制度。首先介绍争端解决中心及其法律制度;其次探讨紧急共享制度中的争端解决;最后提出 IEA 争端解决制度的特性与前景。第七章探讨中国与 IEA 的能源合作现状与前景,以及 IEA 对中国能源安全的重要意义。第八章,结论。主要分析 IEA 取得的成就、面临的挑战及未来的改革前景,并提出 IEA 与国际能源新秩序的构建。

关键词:国际能源机构　国家安全　能源法　国际法

2581

**国际反垄断法适用除外制度研究** / 谢国旺著 ; 许浩明指导. -- 中国政法大学, 2009. -- 150 页

论文先从法学的角度对垄断的内涵与外延进行研究,进而探讨了国际反垄断法的起源和进展,对国际反垄断法适用除外制度的优劣进行了评判,对解决国际反垄断政策问题进行了模式和制度的设置,并提出了完善我国反垄断法适用除外制度的建议。论文分为导论和正文部分,其中正文部分分为五章。第一章阐述了国际反垄断法及其适用除外制度的概况。从历史的角度对国际反垄断法的起源、近代意义上的国际反垄断法进行研究,对世界上反垄断法比较典型或者发达的国家和地区进行了国别研究。进而对国际反垄断法适用除外制度的内涵和外延以及立法方式进行了研究。第二章对国际反垄断法适用除外制度的价值取向进行分析研究。分别对竞争公平价值和社会公平价值进行了研究,并对二者的关系进行了比较研究。第三章研究了国际反垄断法适用除外制度的审查原则和适用范围。首先对国际反垄断法适用除外制度的审查原则做了综述,指出国际反垄断法适用除外制度的审查原则和适用范围是反垄断法适用除外制度的重要内容,也是对适用除外制度所追求的社会公平价值的集中体现和具体运用。第四章从国别角度对国际反垄断法适用除外制度典型的国家和区域性组织进行对比研究。结合美国、欧盟及其成员国、日本等国反垄断法适用除外制度所具有的特点,从立法形式、适用范围、适用原则,发展变化等方面进行研究,并突出了借鉴意义。第五章站在全局的角度对国际反垄断法适用除外制度做了进一步的思考,对国际反垄断法适用除外制度的优劣进行评述,并再次审视我国反垄断法的立法背景,从而为完善我国反垄断法适用除外制度找到经济基础依据。

关键词:反垄断法　法律适用　司法制度

2582

**《TRIPs 协议修正案》问题研究** / 熊建军著 ; 刘笋指导. -- 中南财经政法大学, 2009. -- 246 页

论文旨在探讨《修正案》及其所涉强制许可制度如何发挥其旨在解决那些正在遭受艾滋病、肺结核、疟疾和其他传染病侵袭的国家廉价药品获取性危机的功能和作用问题。论文采用章节结构,除引言和结论部分外,全文分为七章。引言部分主要叙述了问题的提出、研究动态和现状、选题的背景意义、素材选取与研究方法、研究进路等问题。第一章介绍了《修正案》产生及其产生的原因,论文分别从法律意识、法律原因和政治原因等几个方面进行了阐述和分析。第二章对《修正案》的主要内容、意义与缺陷进行了介绍,并进行了相关评价。最后指出《修正案》自身仍然还存在着一些缺陷。第三章探讨了《修正案》的认可问题及相关讨论。分析了迄今为止只有挪威、印度和欧盟等少数 WTO 成员方认可《8 月 30 日决定》和《修正案》的原因,并指出经济、政治和法律是影响 WTO 成员方认可《修正案》的主要因素。最后还对《修正案》的未来认可状况进行了预测。第四章介绍了《修正案》及其所涉强制许可制度对差别定价制、TRIPs 附加协议及其他方面的影响。第五章探讨了《修正案》及其所涉强制许可制度对 WTO 成员方法治的影响,并对这些国家实施《修正案》及其所涉强制许可制度的相关法律制度内容进行了比较和评价。第六章介绍了 WTO 成员方依据《修正案》及其所涉强制许可制度出台相关实施措施的实施问题。第七章提出了应对《修正案》的法律策略与措施。最后,论文对中国如何应对《修正案》问题进行了分析,并做出了相关评论。

关键词:世界贸易组织　药品　专利　贸易法　国际法

2583

**论国际航空旅客运输中的人身损害赔偿** / 徐金桂著 ; 王军指导. -- 对外经济贸易大学, 2009. -- 214 页

全文以华沙体制立法渊源和演进历程为线索,以人身伤害赔偿制度为中心,对国际航空旅客运输中人身损害赔偿法进行多角度的研究。全文共分为八章。第一章,引言。首先介绍论文研究的背景和意义,并研究航空器、航空器的国籍等前提性的基础概念;然后总述论文写作参考的中外文文献资料,并介绍论文的研究方法;最后分析论文的写作特色与创新之处。第二章国际航空旅客运输中人身损害赔偿法概述,回顾并评价华沙体制的立法渊源及其演进历程。第三章主要介绍归责原则,分析侵权责任法中过错推定、情况不言自明、表见证明及严格责任等归责原则的理论观点和适用情形,并分别分析评价《华沙公约》过错推定责任原则和《蒙特利尔公约》"双梯度"归责原则的具体规定和适用方法。第四章,首先分析人身损害赔偿责任的适用范围,界定国际航空运输的国际性和经营性特征;其次研究人身损害法律关系的主体,探讨作为受害人的旅客和作为赔偿责任人的承运人的类别及其特征;最后研究并评价国际航空旅客运输中的事故及其在新时期的发展问题。第五章主要介绍人身损害赔偿及其赔偿原则,界定侵权责任法上的人身损害。第六章通过"一切必要措施"和"共同过失"两个方面的抗辩探讨抗辩事由,并研究人身损害赔偿的价值追求。第七章,分别比较研究大陆法系国家和普通法系国家之间在人身损害财产赔偿和精神损害赔偿范围及计算方法的不同规定,并梳理和分析我国法上的相关制度,而后探讨人身损害赔偿金的支付方式和计算方法。第八章建立我国相关法律制度的立法建议,分析我国建立相关法律制度的指导原则。

关键词:国际航运　民航运输　人身权　侵权行为　国际法

2584

**担保人求偿制度研究** / 徐婧著 ; 沈四宝指导. -- 对外经济贸易大学, 2009. -- 126 页

论文对我国担保人求偿制度之完善提出立法建议。第一章,导论。介绍研究动机、目的、范围、框架以及方法。研究方法包括规范分析方法、经济学研究方法、比较研究方法和实证研究方法。第二章探讨担保人求偿权的体系定位。在担保人仅承担责任并不享有相应权利的制度背景之下,多规定担保人的权利类型,对于金融市场的发展应属有利。第三章介绍担保人对债务人的求偿权。首先介绍保证人对主债务人求偿权及其发生基础;之后介绍保证人对主债务人求偿权的主体;然后介绍保证人对主债务人求偿权的成立条件;接着介绍保证人求偿权的限制以及保证人对主债务人求偿权的范围;最后介绍物上保证人对主债务人的求偿权。第四章介绍担保人之间的求偿权。共同物上保证人之间的求偿权:以共同抵押人为中心,混合共同担保人之间的求偿权。第五章对担保人求偿权的行使进行研究。担保人求偿权的行使应当满足一定的条件。在主债务人已进入破产还债程序,债权人未申报债权之时,担保人也可以预先行使其求偿权,我国法律上的相应规则应予完善。第六章探讨担保人求偿权之担保,从担保求偿权实现的角度对反担保的性质和效力进行重新解读。反担保人可以采取求偿保证、求偿抵押、求偿质押等三种方式为担保人求偿权的实现提供担保。立法建议将草拟担保物权司法解释中的担保人求偿制度的条文,供最高人民法院参考。

关键词:担保法　物权　法律保护　民法

2585

**论破产重整制度中的债权人保护** / 许燕舞著 ; 沈四宝指导. -- 对外经济贸易大学, 2009. -- 183 页

论文以破产重整制度中的债权人保护为研究主题,对完善我国破产重整程序中债权人保护制度提出立法建议。全文共分为七章。第一章,导论。主要对破产重整的法律界定、产生、发展及债权人保护的优先性等基本问题和背景情况进行简要介绍,明确论文的研究主题,阐明选题理由及其理论和现实意义,并对主要研究方法进行说明。第二研究破产重整程序中债权人保护的理论基础。首先介绍破产重整制度的内涵和特征,并阐述破产重整制度产生的背景;其次考察美国、英国、日本和法国四个国家破产重整制度的立法,并分析债权人保护在重整程序的优先地位;而后介绍破产重整制度对债权人保护的功能;最后评述重整程序中债权人保护的债权人平等受偿、绝对优先和债权人自治三种原则。第三章对重整债权进行界定和分析。第四章是对重整程序启动环节的债权人保护问题的研究。首先提出破产重整的原因以及"再建希望",并阐述重整原因与债权人保护的关系;然后总结性的评述破产重整程序的申请和审查,并介绍破产重整程序启动对债权人的效力;最后对破产重整程序启动对债务人的效力进行考察。第五章

对重整程序中企业控制权的配置与债权人保护问题进行研究。第六章是对重整计划制度中的债权人保护问题的研究。首先是对重整计划制度的概述，并介绍其对债权人保护的意义；其次阐述重整计划制定权的法律配置以及简要的评述重整计划的内容，并对重整计划的表决和议决进行分析与考察；最后介绍重整计划的批准与债权人保护，并研究重整计划的执行。第七章，结论。回顾我国破产重整法律制度，并对完善我国破产重整程序中保护制度的立法建议。

关键词：破产法　债权人　法律保护

**2586**

**海事国际私法中船舶碰撞若干法律问题之研究** / 颜厚广著 ; 赵相林指导. -- 中国政法大学, 2009. -- 233 页

全文采用归纳演绎比较方法，研析探讨国际相关公约与各国立法规范和案例。全文共分为七章。第一章，绪论。主要介绍写作动机、写作目的及选题依据和写作方法。第二章是阐述船舶碰撞含义。首先，对船舶的概念、范围、种类及性质进行概述，并对船舶碰撞的概念、传统概念、过渡概念、新概念以及特性进行明确界定；其次对船舶碰撞案件之涉外各种因素进行比较分析；最后结合船舶碰撞案例对船舶碰撞海事案件进行受理与概述。第三章主要是结合法庭地法说、准据法说、分析法学和比较法学说、个案定性说及初步及次步定性说来阐述船舶碰撞案件定性的标准，并对特殊侵权行为进行概述。第四章，首先对国际管辖确定原则进行阐述；其次分别从各个时期介绍国际公约管辖的规定；最后提出国际管辖权冲突的解决的方法，并结合案例分析与评析外国公船与商船碰撞的管辖豁免。第五章，首先对船舶碰撞准据法的学说进行概述；其次通过英国、美国、德国、日本以及中国大陆四个国家对其立法实践进行论述与分析，并分别介绍各个时期的国际公约的立法实践；最后说明船舶碰撞准据法之适用范围与适用限制。第六章主要介绍碰撞过失的类型、原则及归责事由，并结合案例分析碰撞案件的证据搜集和举证责任。第七章主要阐述船舶碰撞的损害赔偿的成立要件、原则、范围及损害赔偿额的计算。

关键词：船舶碰撞　海事处理　国际私法

**2587**

**论 TRIPs 协定下商标注册制度** / 杨建锋著 ; 张乃根指导. -- 复旦大学, 2009. -- 233 页

全文以 TRIPs 协定为中心，对协定下跨国商标注册制度进行分析研究，探究 TRIPs 协定下商标注册的实质要求。全文共分为六章。第一章，引言。分析商标注册制度的基本概念与意义。第二章对 TRIPs 协定下商标注册制度的基础理论进行研究。首先提出跨国商标注册国际协调制度构建与发展的法理基础，分析梳理跨国商标注册的重要国际条约，并对国际商标注册与商标国别注册协调制度进行比较分析；其次对 TRIPs 协定下商标注册制度进行基础性的研究分析；最后对 TRIPs 协定下商标注册制度进行基本评价。第三章对 TRIPs 协定下 WTO 成员承担的商标注册义务进行分析。主要概述 TRIPs 协定下成员在商标注册方面承担义务的基本性质、特点与确定方法，并论述成员所应承担的商标注册义务性质与内容。第四章，结合以 WTO 欧共体诉美国综合拨款法 211 节案例，分析 TRIPs 协定下在商标注册方面，成员承担义务的确定与义务履行所产生的争端解决。首先对 WTO 欧共体诉美国综合拨款法 211 节案进行基本介绍；其次对案中所涉及的商标注册方面的重要问题归纳分析诉讼双方以及专家组、上诉机构的各自观点；最后对 WTO 欧共体诉美国综合拨款法 211 节案进行基本评价。第五章结合 TRIPs 协定下商标注册制度的义务要求，分析中国的商标注册制度的基本立法与完善建议。第六章，结论。

关键词：国际法　商标法　国际贸易

**2588**

**国际商事仲裁程序研究** / 杨玲著 ; 宋连斌指导. -- 武汉大学, 2009. -- 206 页

论文以国际商事仲裁程序为中心，将整个国际商事仲裁程序视为整体，讨论其独立价值、功能实现及运行机制。全文共分为六章。第一章，导论。主要比较分析仲裁程序的传统与现代。第二章主要介绍国际商事仲裁程序的基本问题。首先明确界定国际商事仲裁程序，并分别阐述国际商事仲裁程序与仲裁规则、国际商事仲裁程序与仲裁程序法、国际商事仲裁程序与国内商事仲裁程序三个方面；其次分别通过仲裁程序规则的零散时期、成文时期及趋同时期来阐述国际商事仲裁程序的发展；最后对国际商事仲裁程序革新的动因进行分析，并提出国际商事仲裁程序的价值。第三章，首先通过理论推演和内容构成介绍程序自治与国际商事仲裁程序；其次介绍仲裁程序规则的确定并阐述仲裁程序法的选择；最后对当事人意思自治的限制进行概述。第四章介绍国际商事仲裁正当

程序的一般问题、规范以及法院实践阐述国际商事仲裁的正当程序。第五章,首先介绍国际商事仲裁程序的开始;其次阐述国际商事仲裁程序中的送达,明确界定国际商事仲裁程序的特点以及规则渊源、方式及确认,并对我国相关立法与实践进行评价;最后通过审理原则、审理方式以及审理模式对国际商事仲裁程序的审理进行分析。第六章阐述国际商事仲裁程序的程序管理。首先比较分析仲裁程序管理与法院案件管理;其次提出国际商事仲裁程序管理的主体,并介绍仲裁机构对仲裁程序的管理、仲裁庭对仲裁程序的管理以及仲裁秘书在仲裁程序管理中的作用;最后阐述仲裁员推进仲裁程序的技巧。

关键词:国际商事仲裁　程序

**2589**

**知识产权保护国际化比较研究** / 杨艺文著 ; 赵威指导. -- 中国政法大学, 2009. -- 142 页

论文运用历史分析法、比较分析法,并结合时代特点,综合了知识产权领域的典型问题进行研究。文章分为导论和正文部分,其中正文分为五章。第一章对 TRIPS 协议下的知识产权国际保护体系进行了讨论。第二章从微软"黑屏事件"为切入点,回顾了计算机软件保护的发展历程,总结归纳了计算机软件作为著作保护客体的性质,对计算机软件的保护模式进行了对比分析,进而从盗版问题探讨计算机软件保护的合理方式,最后,联系中国实际,分析了我国计算机软件保护在立法与执法中存在的问题。第三章探讨了网络环境下的商标保护问题。讲述了网络发展对传统商标制度的冲击,域名与商标的冲突及其解决,以及商标在因特网上使用的法律问题,并提出商标国际保护理念的构建问题,以建立一个利益平衡的商标保护体系。第四章探讨了国际技术贸易中的限制性商业惯例问题。试图从国际技术转让中的限制性商业惯例出发,通过学理分析、立法比较、历史回顾、分析建议提供调整有关限制性商业惯例的一些看法。第五章探讨了知识产权边境保护法律制度。阐述了知识产权边境保护概念并介绍了知识产权边境保护的执法机构。对 TRIPS 协议以及各主要贸易方的"知识产权边境保护政策"进行综合的考察,以期总结出一些实践性的规律。最后提出了对我国知识产权边境保护法律制度的建议。

关键词:知识产权　软件　法律保护　国际法

**2590**

**论我国农村经纪人法律制度** / 杨峥嵘著 ; 沈四宝指导. -- 对外经济贸易大学, 2009. -- 141 页

论文参考和借鉴中外有关农村或农业经纪人制度研究的理论成果,联系我国农村经纪人事业的现实情况,进行研究和探索,论述我国改革创新加强农村经纪人立法的必要性和可行性。全文共分为六章。第一章,引言。主要介绍论文的选题依据和意义、关于农村经纪人法律制度问题的国内外研究现状,对论文写作的基本思路和主要内容、主要观点及其创新之处进行阐述,并提出论文的重点和难点问题及主要研究方法。第二章论述培育和发展我国农村经纪人的时代意义。首先明确界定经纪人的涵义及其特点;其次对我国农村经纪人的产生与作用进行概述;最后介绍培育发展我国农村经纪人为"三农"服务。第三章介绍我国农村经纪人法律制度建设的由缘与应然。第四章关于我国农村经纪人立法建设的确定性思考。首先对我国农村经纪人在中央文件与现行法律存在的差异进行剖析,并对效能差异、方式差异及措施差异分别进行分析;其次关于我国农村经纪人立法基础与条件的考察;最后关于外国的做法和经验成为我们的重要参考和借鉴。第五章我国农村经纪人法律制度建设的难点问题解析。首先介绍我国农村经纪人的主体,并提出关于我国农村经纪人的主体资格及其法律界定问题;其次介绍我国农村经纪人法律规范层级的效力对接问题和法律混同问题;最后提出我国农村经纪人法律规范与其他部门法以及政策的关联问题。第六章关于我国农村经纪人法的架构设想。主要是关于我国农村经纪人法架构设想的三点基本理念以及思考,并提出架构农村经纪人法律、着重考虑和解决的一些基本问题。

关键词:农村经济　经纪人　中介服务　法制

**2591**

**国际贸易中的健康和安全法律问题研究:聚焦WTO、欧盟和中国** / 叶波著 ; 曾令良指导. -- 武汉大学, 2009. -- 219 页

全文通过聚焦 WTO、欧盟和中国和争端解决实践明确协定规则的含义,制定一些力的条例,贯彻预防原则,体现欧洲法院和初审法院的司法实践,探讨中国处理自身的健康和安全问题。全文共分为六章。第一章简要叙述国际贸易的健康和安全问题。首先分析健康和安全问题的全球化及其对贸易的影响;其

次对多层次选择理论与WTO的实践进行理论分析。第二章分析WTO规范健康和安全问题的主要法律规则。首先比较分析GATT、《TBT协定》和《SPS协定》；然后阐述三个协定的适用范围及其冲突。第三章分析WTO体制内的健康和安全争端的具体问题。首先明确阐释GATT的"同类产品"的含义以及第20条的作用及其目的；然后提出WTO争端解决中的专家意见以及提出的具体问题；最后评述WTO健康和安全争端中的审查标准，并提出WTO健康和安全争端中的科学证据要求。第四章概述欧盟的健康与安全法律制度。首先比较分析欧盟药品和食品监管机构；而后研究欧盟法中的预防原则，并阐明预防原则的地位和关键作用；进而梳理欧盟缺陷产品的赔偿原则；最后阐述欧共体生物技术产品及其影响。第五章介绍中国和平发展与国际贸易中的健康和安全问题。第六章，结论。简要评述WTO相关协定以及争端解决实践，概述健康和安全问题的最近趋势，并认为中国《食品安全法》将显著改善中国的食品安全。

关键词：国际经济法　贸易法　国际贸易　世界贸易组织

**2592**

**公共秩序保留在我国涉外民商事司法实务中之适用研究** / 叶丹著 ; 宋连斌指导. -- 武汉大学, 2009. -- 205页

论文对公共秩序保留如何在我国司法实务中予以适用进行研究。全文共分为六章。第一章，前言。明确界定论文研究意义、研究范围、研究方法等内容，并阐述公共秩序保留的研究现状。第二章，是对公共秩序保留在我国立法、理论研究与司法实务中的总体情况概述。首先介绍公共秩序保留的立法及理论研究情况；分别对我国涉外民商事审判实践的各个不同领域，对公共秩序保留的适用情况进行介绍；最后介绍我国最高审判机关。第三章论述国际私法上公共秩序保留的基础理论。介绍公共秩序保留的外国学说及立法的缘起，并对公共秩序保留的法律价值及各种概念进行论述，并介绍两大法系各主要代表国家对公共秩序保留立法及理论研究的情况。第四章是对我国司法实务适用公共秩序保留存在的问题进行分析。首先提出公共秩序保留通常不被我国法院考虑适用；其次阐明公共秩序保留在我国涉外民商事法律适用、我国承认与执行外国判决及执行或撤销中国涉外仲裁裁决中存在的问题；最后介绍我国关于涉外民商事案件管辖权的确定与公共秩序保留，并阐述我国区际法律冲突中公共秩序保留的特殊问题。第五章首先提出借鉴国外的经验做法；然后对第三章提出的各个方面所涉及的问题构思具体的适用范围或适用条件；最后对适用公共秩序保留的程序进行设置。第六章对法官素质与公共秩序保留的适用之间的关系进行分析。简要的阐述公共秩序保留与司法裁量权的合理运用以及法官的司法能力与公共秩序保留的适用两个方面。

关键词：涉外民事法　涉外经济法　公共秩序　法律适用

**2593**

**美国券商交易中介行为规制研究与借鉴** / 原凯著 ; 李国安指导. -- 厦门大学, 2009. -- 212页

论文综合运用法学、经济学理论，采用比较分析、历史分析、案例分析以及经济分析的方法对美国券商交易中介行为法律规制问题展开探讨。全文共分为五章。第一章，导论。主要介绍券商的定义和构成性特征，分析金融中介理论语境中的券商交易中介行为的制度功能和券商交易中介行为中的委托代理结构对券商行为规制的关键作用，并对美国券商交易中介行为规制体系与不当行为治理进行总括式的论述。第二章围绕券商的信息披露义务进行探讨。首先试图厘清信息披露券商的理论特点，并分别从信息披露制度，制度经济学对信息披露的阐述，以及信息披露应用券商行为规制的特殊法理进行阐述；其次对注册阶段券商初始信息披露的相关规定进行梳理，并对注册阶段券商初始信息披露的相关法律问题加以评析，对券商在经营阶段的持续性信息披露的相关制度进行介绍；最后对券商主动信息披露行为的规制加以介绍与评析。第三章是对券商交易中介行为中的交易执行规制进行探讨。首先探讨券商信赖义务、忠实义务的概念，并从制度经济学的角度对其进行深入探讨；其次对最能体现券商忠实义务的券商最佳执行原则进行分析，对其实体规则和形式规则的演变与内容进行介绍；最后对券商在交易执行中避免利益冲突的原则加以叙述。第四章对券商交易中介行为中的交易推荐行为规制进行剖析。首先介绍注意义务的来龙去脉，并从法律的经济分析对注意义务进行分析；其次分别介绍体现券商注意义务并适用于券商交易推荐的两大原则，并对两大原则的概念、法律理论与实践、发展演化进行探讨；最后对根据两项规则制定

的各项类型化规则进行介绍。第五章关注的是美国券商交易中介行为规制的具体制度、法律理论和法理原则移植到中国证券领域。首先对券商交易中介行为规制在我国演变的历史与现状进行阐述;其次以时间线索对我国券商行为规制加以阐述;最后明确界定信赖义务的概念,提出券商信赖义务中的忠实义务和注意义务的客观与主观诚信原则。

关键词:证券法　证券交易　证券交易所　美国

**2594**

**论中印东段边界划界的法律依据** / 曾皓著 ; 杨泽伟指导. -- 武汉大学, 2009. -- 258 页

论文从分析陆地划界的法律依据入手,确定研究中印东段边界划界的法律依据,通过论述这些陆地划界法律依据的构成要件及其在中印东段边界划界中的适用,探讨中印边界东段线的大致走向与位置。全文共分为六章。第一章,导论。首先阐述中印边界东段争端的由来与现状,并说明其所涉及的国际法问题;然后指出陆地划界的法律依据,并分别对印度和中国所提的划界法律依据做出评价。第二章,主要介绍与"麦克马洪线"有关的条约。首先明确界定条约效力的涵义、形式和实质两个方面的有效要件;其次阐述中国代表草签的《西姆拉条约》的由来与效力;最后阐述西藏地方代表与英国代表草签的《西姆拉条约》,通过以西藏的历史法律地位和"中华民国宪法"两个方面证明西藏无缔约能力,并说明西藏地方代表与英国代表都无缔约权。第三章,首先对承认、默认与禁止反言在国际法的定义、作为划界法律依据的原因及在划界司法实践中的适用进行概述;然后通过民国时期和新中国时期的阐述来说明中国政府从未承认或默认"麦克马洪线";而后论述英国在 1914—1938 年承认"麦克马洪线"的无效。第四章,通过判断争议地区归属的国际法理论与中印争议地区在公元 7 世纪至 1826 年间、1826 年至 1914 年间、1914 年至 1936 年间和 1936 年至 1959 年间四个时间段的归属两个方面来探讨中印争议地区的归属问题。第五章,介绍国际法中的衡平与中印东段边界划界。首先对国际法中的衡平进行概述,并明确其概念以及在衡平调整所考虑的因素和方法;然后提出对中印传统习惯线衡平调整考虑的因素以及几点建议。第六章,结论。首先提出对中印东段边界划界的法律依据的几点认识;而后展望领土法发展的新趋势;最后探讨中国政府在中印边界谈判中的对策。

关键词:中印边界问题　划界　国际法

**2595**

**IMF 汇率监督制度研究** / 詹才锋著 ; 邓瑞平指导. -- 西南政法大学, 2009. -- 147 页

论文基于国际经济的现实,对 IMF 的汇率监督制度进行研究和探讨,并结合次贷危机所引起的世界金融危机后的新情况,提出完善汇率监督制度的建议。全文共分为十章。第一章,导论。主要探讨 IMF 汇率监督的背景及论文的基本框架。第二章系统研究与汇率监督相关的动因。第三章围绕 IMF 汇率监督的主要制度安排的演变论述汇率监督的法律框架,并研究 IMF 汇率监督机制的历史起源、汇率监督制度金融体系变迁中的演变方向。第四章具体论述汇率监督的四个原则,并论述外部稳定原则的含义、判定和监督指标。第五章论述 IMF 汇率监督的形式和程序,并探讨 IMF 监督的信息来源和监督效力的问题。第六章研究 IMF 汇率监督的范围,并着重讨论磋商的内容、程序及存在的问题,明确多边磋商是 IMF 着重发展的方向。第七章研究汇率监督与其他国际组织在汇率监督问题上的互补合作关系,以及 IMF 与欧元区等货币联盟的关系。第八章依据 IMF 独立评估机构和内容评估小组的调查报告,指出当前 IMF 汇率监督制度面临的问题,提出改革建议,并结合对次贷危机原因的分析,提出危机使汇率监督的重点的转移。第九章研究人民币汇率监督的相关理论和实践中的问题,阐述 IMF 对人民币的汇率监督的一些理论基础以及提出中国的对策,并提出人民币汇率问题的其他解决途径。第十章,结论。主要对论文的主要观点、创新之处及存在的缺陷进行分析。

关键词:国际货币基金组织(IMF)　汇率　监督管理

**2596**

**海上强制保险法律问题研究** / 张丽娜著 ; 张湘兰指导. -- 武汉大学, 2009. -- 156 页

全文主要介绍海上强制保险及法律问题,包括海上强制保险的法律定位、海上强制保险的适用范围、海上强制保险的投保主体和承保主体、海上强制保险中的第三人直接请求权以及我国海上强制保险法律制度的完善等内容。第一章,引言。介绍选题意义、研究现状和论证思路。第二章概述海上强制保险。首先界定海上强制保险的概念;然后介绍海上强制保

险自身的特点;最后回顾海上强制保险的历史发展。第三章介绍海上强制保险的法律定位。海上强制保险的基本理论问题,其对海上强制保险的发展方向及发展历程起到根本性的作用,可以说其是海上强制保险的基石。第四章介绍海上强制保险的适用范围,明确海上强制保险在油污、危险品运输、旅客运输以及残骸清除领域中的适用情况。第五章介绍海上强制保险的投保主体和承保主体。第六章介绍海上强制保险中第三人的直接请求权。首先论述第三人直接请求权的基本理论;接着论述海上强制保险与第三人直接请求权的关系,海上强制保险第三人的直接请求权,是兼具侵权行为法与保险法双重性质的权利;最后论述第三人直接请求权的行使与保险人的抗辩问题。第七章介绍我国海上强制保险法的完善。首先分析我国海上强制保险法的现状与存在的问题;其次讨论我国海上强制保险法的立法模式选择;最后讨论我国海上强制保险的内容重构问题,在我国海上强制保险法内容建设方面,必须首先明确我国海上强制保险的立法原则,结合我国的实际情况,在海上强制保险的适用范围、投保主体、承保主体、责任限额、第三人直接诉讼制度等方面进一步完善。

关键词:国际经济法　保险法　海上运输

**2597**

**ACP-EC 经贸合作的法律机制研究:兼论新时期中非经贸合作关系的进路** / 张泽忠著 ; 陈安指导. -- 厦门大学, 2009. -- 271 页

全文以非家国家(ACP)与欧洲共同体(欧共体或EC)之间的经贸合作的法律机制为主要研究对象,并在此基础上探讨我国与非洲地区的经贸合作关系的问题。第一章,引言。介绍研究的理论依据、选题背景、研究意义、研究方法及框架。第二章主要探讨非洲地区与EC之间早期的联系机制,包括《罗马条约》的联系专约机制及雅温得、阿鲁沙联系机制。第三章分析ACP-EC洛美合作机制的建立及其内容。第四章以时间为线索,纵向论述洛美合作机制的发展与衰落过程,包括这期间所经历的三个洛美协定。第五章主要研究ACP-EC的新型合作机制——《科托努协定》的内容与特点。实质上,科托努合作机制不仅没有改变ACP-EC之间不平等关系,导致ACP集团的分化,而且还体现发达国家的自由化理念的胜利。第六章重点探讨有关ACP-EC经济伙伴协定这一新型贸易机制。第七章主要探索新时期我国与非洲国家的经贸合作关系的进路。目前这种合作法律机制仍然处于发展的初级阶段,存在着诸多问题和挑战,与ACP-EC成熟的合作机制相比,仍有较大差距。针对西方的"新殖民主义"论调,论文认为其实质上是维护它们在非洲地区的既得利益和既定的国际经济旧秩序,为此应加强相应的研究与宣传,而主要之策就是要通过推动中非经贸法律建设来促进双方的经济与社会文化的发展。

关键词:国际经济法　经贸合作　新殖民主义　非洲

**2598**

**《鹿特丹规则》研究:制度创新与借鉴——从承运人识别到货物控制权** / 章博著 ; 周汉民指导. -- 华东政法大学, 2009. -- 166 页

论文研究《鹿特丹规则》主要的制度创新,以寻找我国的借鉴之道。全文分为导言和正文部分,其中正文共四章内容。导言部分介绍了研究课题的意义、概念界定、研究进路的选择以及研究框架的安排。第一章梳理了《鹿特丹规则》面对的主要法律问题,主要为承运人的识别问题,托运人的法律定义问题,承运人责任期间的问题,承运人的归责原则问题,承运人的单位赔偿责任限制问题,货物的交付问题及货物的控制权问题等七大问题。第二章研究了《鹿特丹规则》面对既有规则已有涉及的五个法律问题提出的解决方案,共分为五节。第一节介绍了承运人的定义与识别规则,并分析了这些规则对于承运人识别问题的解决效果;第二节通过对托运人定义及其配套机制的介绍,分析了这些规则对于托运人法律定义问题的解决效果;第三节介绍了《鹿特丹规则》的承运人责任期间,并分析了这些规则对于承运人责任期间问题的解决效果;第四节介绍了《鹿特丹规则》的承运人赔偿责任基础,分析了这些规则对于承运人归责原则问题的解决效果。第五节介绍了《鹿特丹规则》的承运人单位赔偿责任限额,分析了这些规则对于承运人单位赔偿责任限额问题的解决效果。第三章研究了《鹿特丹规则》在全新领域内面对的两个法律问题提出的解决方案。第四章研究了我国应对《鹿特丹规则》需要解决的一些实际问题。对我国《海商法》第四章相关法律问题做了梳理,并具体分析了我国的应对策略。

关键词:海上运输　国际运输　货物运输　承运人责任　国际公约

2599

**职务犯罪应对措施国际比较研究** / 赵建伟著 ; 屈广清指导. -- 大连海事大学, 2009. -- 122 页

论文旨在对职务犯罪的比较研究的基础,通过对各国法律有关职务犯罪规定的分析,提出对中国相关法律完善的建议。全文共分为六章。第一章职务犯罪的基本理论。介绍职务犯罪的概念和特点,并对职务犯罪的分类和发展进行阐述。第二章当今世界主要国家关于职务犯罪的法律规定,介绍德国、法国、瑞士、芬兰、意大利五个国家的法律规定。第三章是各国有关职务犯罪管辖权的比较,并列举德国、法国、意大利、瑞士、芬兰等国家法律的有关规定。第四章从大陆法系、英美法系以及国际组织三个角度介绍各地在预防职务犯罪方面所采取的措施和努力,并在最后对几个具有借鉴意义的国家的法律和实施制度进行比较研究,提出各国职务犯罪预防经验总结与借鉴。第五章论述《联合国反对腐败公约》。首先是对《联合国反对腐败公约》的总体介绍;其次介绍《联合国反对腐败公约》产生的背景及制定的宗旨;最后主要介绍《联合国反对腐败公约》在职务犯罪方面的规定和履行措施。第六章在前文论述比较的基础上对我国应对职务犯罪的措施提出建议。首先阐述大力推进经济与政治体制改革是有效地遏制职务犯罪的重要途径;其次对完善管理制度和监督制度提出建议;最后在公职人员的教育方面提出要求。

关键词:职务犯罪　刑罚　预防犯罪

2600

**论海洋执法** / 赵晋著 ; 周忠海指导. -- 中国政法大学, 2009. -- 110 页

论文分为导论、正文和结论部分,其中正文分为六章。导论部分从历史的视角讲述了海洋法治的进展,以及相关的海洋执法程序,并介绍了目前国内文献中的研究情况和研究方法。第一章探讨了海洋秩序与海洋执法。具体包括海洋上的博弈以及海洋执法的概念与作用等问题。第二章针对主权、主权权利与管辖权问题展开研究。分析了全球化视野下的国家主权,主权理论的沿革以及以合理的视角理解主权的问题。探讨了主权权利的特殊性,以及国家范围内海域中的管辖权与国家范围外海域中的管辖权的扩张趋势。第三章介绍了国家管辖海域的国际法律地位。首先提出了基线与内水的概念,并讲述了海湾和历史性所有权问题。进而对领海、国际航行海峡、群岛水域的无害通过权展开论述。第四章通过对英国、美国、希腊以及其他几个国家的海洋法律的对比研究,探讨了海洋执法的国内法律依据。第五章重点介绍了海洋执法的具体程序。其中包括接近权、登临权、紧追权的内容及一般程序。第六章探讨了海洋执法主体的构建问题。分别对美国、英国、日本、马来西亚等七个国家的海洋执法力量组建实践进行分析,并对诸国海洋执法力量进行综合评价,最后对诸国海洋执法力量与中国做了比较。最后得出结论:构建真正具有执法效率的中国海上执法力量,并使其与我国海上军事力量相互协调、加强配合,是解决目前中国海洋执法问题以及海洋权益问题的有效途径。

关键词:海洋法　国际法　执法

2601

**论国有企业境外直接投资的法律监管** / 郑杭斌著 ; 沈四宝指导. -- 对外经济贸易大学, 2009. -- 179 页

全文以国有企业境外直接投资法律监管为研究对象,通过对法律监管的方式、依据、原则、目标、主体、对象和内容等方面的分析,在借鉴国外经验的基础上,剖析我国现行法律监管存在的问题,并完善我国法律监管制度提出意见和建议。全文共分为八章。第一章,导论。首先介绍论文的研究背景,指出研究国有企业境外直接投资法律监管具有的重要意义;其次介绍研究目的、研究范围与研究思路,并指出论文的创新之处和局限之处;最后介绍论文的研究方法和体系安排。第二章从国有企业境外直接投资法律监管的理论分析入手,对国有企业境外直接投资法律监管的相关基本概念进行界定,分析国有企业境外直接投资的理论基础,探讨法律监管的方式与分类、目标与原则。第三章讨论国有企业境外直接投资法律监管的组织机制。首先分析我国国有企业境外直接投资监管体制的现状,并提出存在的多头管理和监管体制不健全等问题;然后以美国、新加坡为代表的开放监管模式及以日本、韩国为代表的有限监管模式进行横向比较研究,归纳各国监管体制的共同点及对我国的启示;最后提出改善我国国有企业境外直接投资监管体制的建议。第四章,首先分析开办监管的必要性,重点分析监管模式从审批制到核准制的转变及其原因;其次,对我国现行境外直接投资开办核准制度的现状进行评述。第五章,首先比较分析国外外汇监管的模式,归纳世界范围内三种主要的外汇监管模式;进而分析我国外汇监管的发展历程,论证对我国

国有企业境外直接投资实行适度外汇监管的必要性。第六章,讨论税收监管和相关问题。第七章首先介绍分析我国国有企业境外直接投资后续监管的主要措施,归家总结其特点与后续监管的原则;然后剖析后续监管存在的问题;最后提出加强我国国有企业境外直接投资后继监管的建议。第八章,结语。通过对国外监管制度的比较分析以及对我国监管制度的历史分析,总结构建我国国有企业境外直接投资监管法律制度。

关键词:国有企业　海外投资　直接投资　监管制度　立法

**2602**

**证券登记结算若干法律问题研究** / 周敬之著 ; 李仁真指导. -- 武汉大学, 2009. -- 170 页

全文对证券登记和持有的法律问题、中央对手方的法律问题和证券结算风险控制的法律问题三个主要的法律问题进行研究,为完善我国证券登记结算法律制度提供理论指导。全文共分为五章。第一章主要论述证券登记结算法律制度的价值取向和法律原则。首先明确界定证券结算、证券登记、证券交易、证券托管和证券存管概念;其次探讨证券登记结算制度的价值取向,指出安全和效率是证券登记结算制度追求的目标;最后阐述证券登记结算制度的法律原则和法律框架。第二章讨论证券的登记和持有的法律问题。首先从历史的角度进行溯源,介绍证券登记和持有的物质载体;其次对实物证券与电子化证券所有权转移方式的对比分析;最后通过对世界各国立法对间接持有体制下投资者对托管证券的权力性质进行分析,并对四种权利定性的利弊进行分析。第三章分析中央对手方的法律制度基础、核心内容和与其紧密相连的多边净额结算模式。首先通过比较美国、欧盟和香港地区的中央对手方制度,总结中央对手方的法律制度基础;其次通过比较债的更新、开放式要约和权利义务概括转移;最后比较中央对手方证券交易双方当事人提供的担保与一般担保法意义上的担保,指出中央对手方提供的担保的特殊性。第四章系统研究我国防范和控制证券结算风险的法律制度。第五章,结论。根据证券登记结算制度安全和效率的价值取向,结合我国目前的证券登记结算实践,提出完善我国证券登记结算法律制度的有方面。

关键词:证券交易　结算业务　风险控制　证券法

**2603**

**国际环境争端解决机制研究:国际公法的视角** / 朱鹏飞著 ; 周洪钧指导. -- 华东政法大学, 2009. -- 160 页

论文以国际公法为视角,对国际环境争端解决机制进行研究。全文共分为八章。第一章,导言。首先明确国际环境争端的概念和特点;然后说明论文的研究意义和研究方法。第二章对国际环境法的产生和发展、兴盛的原因、国际环境争端解决机制的产生和发展、基本原则一基本方法等进行分析和讨论。第三章对国际环境条约中具有预防争端功能的不遵守情事程序的产生原因、性质、特点、与其他近似国际制度的比较、与传统争端解决制度的关系、具体制度和实践等问题进行分析和讨论。第四章对运用谈判和协商、斡旋和调停、调查和调解等外交方法解决国际环境争端进行分析。第五章对运用国际仲裁和国际司法等法律方法解决国际环境争端进行分析。主要明确界定国际仲裁和国际司法的历史演进、概念及在国际法中的作用,并阐述国际环境争端解决机制中的仲裁和司法解决。第六章对国际组织解决国际环境争端进行分析。首先阐述国际社会组织化的现象及其原因分析,并阐述国际社会组织化对国际法律秩序的影响;其次概述国际组织在国际争端解决中的作用;最后介绍国际组织与国际环境争端的解决。第七章对国际环境争端解决机制的发展态势和存在的问题进行分析和讨论。第八章对中国的相关立场及其调整进行评议。主要介绍中国的现行立场,并评析中国现行立场以及提出调整的建议。

关键词:环境保护　国际争端　国际仲裁　国际法

**2604**

**我国内地和香港相互承认与执行民商事判决制度研究** / 朱志晟著 ; 廖益新指导. -- 厦门大学, 2009. -- 191 页

论文以我国内地和香港民商事判决的相互承认与执行为研究对象,以英美国家和主要的国际条约制度为出发点,对两地相互承认与执行民商事判决的制度进行研究。全文共分为七章。第一章从区际民商事判决承认与执行的概念入手,明确"区际""民商事""判决""承认"与"执行"等基本概念的含义,分析区际民商事判决承认与执行的特征和理论学说,并对我国区际民商事判决承认与执行的主要模式进行评述。第二章对英国和美国典型复合法域国家的区际民商事判决承认与执行制度进行介绍与分析。第三章主要研究欧盟布鲁塞尔体系和海牙公约体系中的

民商事判决承认与执行制度，同时对两大体系中的相关制度进行评价总结。第四章主要研究《安排》的产生和规则。首先，分析两地民商事判决相互承认与执行制度的现状；其次对《安排》的产生过程、内容及其在两地的具体落实进行回顾总结；最后对《安排》进行评析。第五章为《安排》适用范围内内地和香港相互承认与执行民商事判决的条件研究，对每一条进行分析研究，并对完善《安排》的相关规定提出建议。第六章着重研究《安排》适用范围内内地和香港相互承认与执行民商事判决的程序条件。主要介绍世界各国承认与执行民商事判决的程序的类型，并分别从“申请的提出”和“对申请的审查”两方面进行《安排》规定的程序条件。第七章对于非《安排》适用范围内的民商事判决在内地与香港两地的相互承认与执行进行研究分析，并提出完善建议。

关键词：民事诉讼　判决　执行　内地　香港

**2605**

**日本金融商品交易法信息披露制度研究：比较法视角下信息披露制度的源与流** / 庄玉友著 ；李国安指导. -- 厦门大学, 2009. -- 180 页

论文在充分利用前人研究，特别是日本学者相关研究的基础上，对日本金商法上的信息披露制度进行研究。全文共分为八章。第一章对日本证券立法模式转向的原因进行分析，探讨立法模式转向的国际背景和国内原因，对金商法的立法过程和主要内容、特点进行总结与介绍。第二章首先介绍日本学界对金商法立法目的的争论，对立法目的与信息披露制度的关系进行探析，然后对信息披露制度的基础理论进行介绍。第三章是金商法信息披露制度的概要。根据制度设计理念对信息披露制度的分类，分别对基于有价证券性质的信息披露和基于有价证券流动性的信息制度披露相关内容进行分析，并对新增的企业重组相关信息披露制度等进行分析。第四章对内部控制与信息披露制度进行研究。首先对美国的内部控制与信息披露制度进行分析，并比较分析前 SOX 法时代和后 SOX 法时代的内部控制规定及其意义；其次分析日本版 SOX 法导入的背景和过程、主要内容；最后比较分析日本版 SOX 法与美国法 SOX 法的区别。第五章通过对美国与欧盟、日本三个国家对季报披露制度进行比较分析。第六章通过对欧盟和日本的英文披露制度进行分析研究，探讨金商法信息披露制度的源与流。第七章从比较法和历史的角度分专题对大量持股报告进行研究。首先从美国法、EU 法、英国法和德国法四个国家对关于大量持股报告制度的立法例；其次主要阐述日本的大量持股报告制度的沿革、宗旨和目的，以及与其他类似信息披露制度的关系等；最后对日本大量持股报告的特例制度进行分析研究。第八章研究违反信息义务的法律救济制度，探讨日本富有特色的课征金制度的导入及其最新发展，分析日本证券民事责任制度的相关案例。

关键词：金融法　商品交易　经济信息　日本

# 政治学理论

**2606**

**税费改革与我国乡镇政权角色分化：以村民自治为背景的分析** / 鲍国政著 ；王邦佐，孙关宏，郭定平，刘建军，桑玉成指导. -- 复旦大学, 2009. -- 148 页

论文主要采用了逻辑分析法、文献资料法、实证分析法、观察法、历史分析法等，并结合政治职能理论和社会角色理论，以村民自治背景下的税费改革与我国乡镇政权角色分化为研究对象，对乡镇政权的职能分化与村民自治、国家财税制度三者之间的基本逻辑关系进行研究。全文分为绪论、四章正文和结语。绪论部分介绍选题缘由、选题价值与意义，结合相关研究文献综述阐述了核心概念与基本理论，说明了研究路径、方法与分析框架。第一章回顾了农村基层自治体系的演变过程，分析了税费改革过程及其对村民自治的影响，进而运用政府职能理论和社会角色理论分析了乡镇政权角色分化的逻辑过程。第二章分析了作为基层自治监管者的乡镇政权的角色分化，展示了乡村政权对于村民自治组织——村委会经历了从扶持型监管到共谋型监管的角色转化过程。第三章分析了作为基层公共事务组织者的乡镇政权的角色分化，认为其在公共事务中同时具有“控制者”与“旁观者”的双重身份角色。第四章分析了作为资源分配者的乡镇政权的角色分化，认为在新税费政策实施后，乡镇政权面临着国家反哺农村的“传递者”的角色困境。最后是结语部分，得出研究结论并提出相应建议。

关键词：乡镇　税收改革　群众自治　政府职能

**2607**

**明清州县监狱制度研究** / 常杰著 ；柏桦指导. -- 南开大学, 2009. -- 270 页

论文采用历史分析法、个案分析法、制度研究法、比较分析法、描述性研究法、文献调查法、功能分析法等,并引入政治学的视角和分析方法,以明清两朝州县监狱制度为研究对象,在研究相关文献史料的基础上,结合今人的研究成果,对明清州县监狱制度及实施情况进行分析,力图探讨明清州县监狱制度在维护专制统治秩序方面发挥的作用,并从监狱的实际情况去解读制度蕴藏的深刻内涵。全文共分七章。第一章绪论,阐述该课题的选择依据、该研究的学科与现实意义、先行研究成果、研究方法以及论文的基本研究框架。第二章主要叙述明清州县监狱的设置与功能,探讨其不同于前代又与现代有所区别的方面,试图突出明清州县监狱的特色。第三章详细叙述明清有关州县监狱的法规,试图反映明清有关监狱法规的原始完整性。第四章具体考察明清州县监狱管理情况及其特色。第五章详细说明明清州县狱囚的种类和刑罚的实施状况,重点分析法定刑与非法定刑并存的原因,并对州县狱囚之间的私刑进行了解读。第六章主要对明清州县监狱狱囚越狱脱逃、反狱脱逃、劫狱脱逃的现象进行分析,并从法律规定与实际运作上探讨三者的不同之处。第七章对明清州县监狱制度进行分析与评价。

关键词:监狱制度　司法制度　明清时代

**2608**

**城市化进程中民族地区政治稳定研究** / 陈纪著 ; 高永久指导. -- 南开大学, 2009. -- 356 页

论文采用了文献资料法、功能分析法、问题调查法和跨学科的研究方法等,以城市化进程中民族地区政治稳定为研究对象,研究城市化给民族地区政治稳定带来的不利影响及其原因,并探讨城市化进程中民族地区政治稳定的实现机制。论文分为正文七章和结论部分。第一章导论,介绍选题缘由、研究意义,结合文献述评对论文所涉及的基本概念进行界定,说明了研究框架、研究方法以及创新点等问题。第二章分析了城市化进程中民族地区政治稳定的现实基础,分析了其政治条件和社会条件。第三章分析了城市化对民族地区政治稳定的负面影响,阐述了城市化带来的民族政治体系非适应性问题、经济利益分化过度问题、文化内部冲突问题,以及社会领域中的焦点问题。第四章分析了城市化进程中民族政治体系的改革与发展,对实现民族地区政治稳定的政治因素进行探讨。第五章分析了城市化进程中民族政治体系对经济利益分化的适度整合,对实现民族地区政治稳定的经济因素进行探讨。第六章分析了城市化进程中民族政治体系对文化内部冲突的正确引导,对实现民族地区政治稳定的文化因素进行探讨。第七章分析了城市化进程中民族政治体系对就业、流动人口管理、社会保障和宗教等社会现实问题的有效调控,探讨了实现民族地区政治稳定的社会因素。最后是结论与展望。

关键词:民族地区　城市化进程　政治稳定　政治体制

**2609**

**中国社会转型期“两栖人”现象研究** / 陈娟著 ; 朱光磊指导. -- 南开大学, 2009. -- 250 页

论文采用了文献调查法、观察法、结构功能分析法、描述性研究法、比较分析法、制度分析方法等,并结合政治社会学的研究视角,以中国社会转型期“两栖人”现象为研究对象,对中国社会转型期“两栖人”现象的阶段特征、来龙去脉及其影响进行梳理与分析,并提出相应的解决思路与对策。全文由导论、正文六章和结语等八个部分构成。导论部分介绍了选题缘由及选题意义,结合相关文献综述说明了研究框架、研究思路与研究方法。第一章探讨了“两栖人”现象研究的理论基础,结合社会结构理论、社会转型理论和政治系统理论对“两栖人”现象做了分析。第二章从近代中国社会转型与转型期社会结构分化的角度,探讨了产生“两栖人”现象的社会背景。第三章主要对转型期“两栖人”现象进行描述,分析了改革初期“两栖人”现象的特征与新世纪“两栖人”现象的新特征。第四章对“两栖人”现象的产生原因展开分析,认为转型期资源配置模式的转变、市场化改革与制度安排的妥协是导致“两栖人”现象的重要影响因素。第五章探讨了“两栖人”现象的社会、政治影响。第六章本着构建社会结构与政治结构合理互动的思路与原则,提出了促进社会合理分化、解决“两栖人”现象的对策组合。最后结语部分,得出研究结论。

关键词:社会转型期　社会阶层　社会结构

**2610**

**国际制度环境下中国政府与非政府组织依存关系研究** / 崔开云著 ; 闾小波指导. -- 南京大学, 2009. -- 161 页

论文采用了文献资料法、系统分析法、探索性研究法、典型个案分析法等,以国际制度环境下中国政

府与非政府组织依存关系为研究对象，对全球国际制度背景下中国政府与非政府组织间关系，以及制度压力下中国政府与非政府组织各自的策略选择进行探讨和研究。全文分为导论、正文六章和结论等八个部分。导论介绍选题的由来、研究意义，结合相关研究综述说明了基本概念、研究方法、基本假设及研究思路。第一章概述了国际制度环境与政府行为间的关系，分析了政治合法性的基本含义，以及合法性概念在国内与国际层面上的运用。第二章在考察政府干预过程中的合理性压力与合法性危机的基础上，探讨了非政府组织实现合法化功能的主要途径。第三章分析了社会观念变迁对中国非政府组织发展的影响。第四章分析了国际制度环境下对中国非政府组织发展的影响，分析了国际制度因素对中国非政府组织发展的促进作用。第五章分析了制度压力下的中国政府策略选择。第六章分析了政府规制下的中国非政府组织的策略选择，并结合劳工权益保护的案例，阐述了参与和利用跨国倡议网络这一特殊的非政府组织策略。结语部分在总结全文的基础上，论述了中国政府与非政府组织依存关系的调适。

关键词：国家行政机关　社会团体　政治制度　非政府组织

**2611**

**论当代中国政府公共决策路径选择及其制度建构**／丁东铭著；张贤明指导. -- 吉林大学，2009. -- 160页

论文将政府公共决策的路径选择及其制度构建问题放在政治学、社会学和博弈论制度分析的理论视野中予以考察，并得出结论。全文共分为五章。导论部分介绍论文研究问题的背景和选题的意义，对研究问题作出界定，并介绍国内外研究现状，论文的逻辑框架以及选题视角和研究方法的创新与不足。第一章，中国现代化多重境域对政府公共决策绩效的影响。探讨中国现代化多重境域中的"低度发展"困境，中国现代化进程中的"强政府"发展模式，以及中国现代化多重境域对政府公共决策绩效的影响。第二章，中国现代化多重境域下政府公共决策的路径选择。首先对当代中国政府经济社会发展决策路径转型的时效性分析，接着探讨当代中国政府经济增长决策路径的策略性转型，当代中国政府经济社会发展决策路径的战略性转型，并提出对中国现代多重境域下政府公共决策制度构建的总体规划。第三章，完善当代中国政府公共决策绩效评估标体系。首先结合政府的主导地位和政府公共决策绩效评估标准的双重结构，当代中国政府公共决策绩效评估现行标准的单维化问题，以及中国现代化多重境域下行政效能建设的要求，提出当代中国政府公共决策绩效评估现行标准的缺陷；进而完善当代中国政府公共决策绩效评估标准体系的经济维度，完善当代中国政府公共决策绩效评估标准体系的社会维度。第四章，健全当代中国政府公共决策责任制度体系。首先分析当代中国政府公共决策责任制度体系的不足，明确政府公共决策责任载体，在此基础上，厘定政府公共决策责任的双重维度，并建立健全当代中国政府公共决策责任制度体系。第五章，构建旨在提升政府公共决策绩效的制度文化。提出构建制度文化是实现人的现代化的核心，探讨当代中国缺失制度文化的表现及其影响，并构建只在提升政府公共决策绩效的制度文化体系。最后为论文结语。

关键词：国家机构　公共管理　管理决策　制度安排　经济绩效

**2612**

**国家形象及其对国家间行为的影响**／丁磊著；常健指导. -- 南开大学，2009. -- 229页

论文采用了唯物辩证分析法、文献研究法、实证分析法、结构功能分析法、历史分析法和探索性研究法等，结合政治学、心理学等学科的相关理论与研究视角，以国家形象及其对国家间行为的影响为研究对象，沿着权力与形象转换的两条分析线索，剖析国际体系中国家形象与国家间行为的内在联系，搭建出一个国家形象研究的理论框架。全文共分七章。第一章导论，介绍问题提出、研究现状以及既往研究中的争论与不足，说明了研究方法与路径。第二章分析了国家形象的内涵与要素关系。第三章分析国家形象的深层动力结构与权力属性，指出国家形象的权力属性从根本上是源自于人类的内在需求，正是这种需求构建了国家形象的深层动力结构，并决定了国家形象形成与建构的内在机制。第四章进一步对国家形象的形成、建构与转换进行分析。第五章重点分析了国家形象对国家间行为的影响。第六章从实证分析的角度对西方世界眼中的中国形象史进行了梳理，研究了西方世界需求的变化与中国国家形象转换的内在关系，并分析了中西权力博弈对西方建构中国形象的影响。第七章在回顾西化与中化之争的基础上，提出了建构中国国家形象的对策建议。

关键词：国家　形象　国际政治　国家战略

2613

**民主审议与正当性:在审议民主理论视域内理解民主审议的意义** / 杜霁雪著 ; 周光辉指导. -- 吉林大学, 2009. -- 134 页

论文在审议民主理论视域内探讨民主审议与正当性的实现之间的应然关系,论证在多元化的背景下民主审议对于正当性的实现必要性的原因,借此思考民主审议的意义。全文共分为五章。第一章,绪论。介绍论文的选题解释和选题意义,国内外研究现状,相关研究文献综述,并介绍论文的论证路径、角度和框架。第二章,多元化背景下的正当性。一是从正当性与理性、正当性与民主两个方面,探讨正当性是如何实现;二是从多元带来哪些挑战,如何应对多元的挑战,探讨如何在多元的挑战中实现正当性。第三章,民主投票与正当性。首先提出民主投票无法为正当性的实现提供公共理性基础,探讨民主投票与个体理性,民主投票与工具理性,通过民主投票无法获得“共同意志”,民主投票与非理性,民主投票与现有民意的聚合;后对民主投票无法保障民主进行说明,探讨投票结果是制度的产物而非民意的体现,投票规则本身的局限,投票与代议的结合限制公民参与。第四章,民主审议。首先通过对民主审议本质的理解,介绍民主审议的内涵;接着从审议的概念,审议人,审议的地点,民主审议的类型,民主审议的沟通方式,民主审议的立法程序几个方面介绍民主审议的方式;最后举例说明民主审议的制度化途径,并提出民主审议的制度设计。第五章,民主审议为正当性的实现提供必要条件。结合民主审议为正当性的实现提供公共理性基础,探讨民主审议与民主,并回应对这方面的相关质疑。最后为论文的主要结论。

关键词:民主　投票　审议　参与管理

2614

**瑞典社会民主主义模式研究** / 段国选著 ; 王惠岩,王彩波指导. -- 吉林大学, 2009. -- 142 页

论文的研究对象为瑞典社会民主主义模式,包括其根源、演变和启示。全文共分为六章。导论部分介绍论文选题的目的和意义,学术界研究概况,研究方法、基本框架、研究创新和不足。第一章,瑞典社会民主主义的早期发展。介绍19世纪末的国际工人运动和社会主义运动,即瑞典社会民主主义诞生的国际背景,19世纪后期的瑞典政治——瑞典社会民主主义产生的国内背景,瑞典社会民主党的建立与早期发展。第二章,瑞典社会民主主义的基本立场。首先提出瑞典社会民主主义的思想来源,包括基督教伦理和人道主义,德国古典哲学以及马克思主义、修正主义和费边主义;提出瑞典社会民主主义的基本价值原则,自由、平等和团结;介绍瑞典社会民主主义的基本政治原则,包括左翼、民主、议会道路和改良主义。第三章,瑞典社会民主主义的基础理论。首先通过对党纲的定位、改良主义的选择和民主与斗争的讨论,提出瑞典社会民主主义理论基调的确定;分析瑞典社会民主主义的民主模式;探讨瑞典社会民主主义的政治经济学,社会福利政策理论。第四章,福利社会主义、职能社会主义与基金社会主义。一是福利社会主义,介绍危机——创立时期,和平——辉煌时期,雷恩——迈德纳模型的支柱作用;二是职能社会主义,介绍政治背景,以所有权职能社会化为核心的基本主张,并做出评价;三是基金社会主义的主要内容。第五章,瑞典独具特色的“第三条道路”。首先提出“第三条道路”与瑞典的选择背景,接着分别从宏观经济管理的维度、政治发展的维度对瑞典的第三条道路进行讨论,并探讨瑞典的第三条道路与加入欧盟的具体背景。第六章,瑞典社会民主主义模式的三方面启示——当代中国的政治价值观立场和方法。探讨价值观与政治实践,平等原则与福利制度,以及社会民主党与劳工组织,最后提出论文结论。

关键词:社会民主主义　政治思想　瑞典

2615

**中国网络政治沟通研究** / 淦家辉著 ; 卓泽渊指导. -- 中共中央党校, 2009. -- 190 页

论文采用了实证分析法、系统研究法以及历史与现实相结合、理论分析与现实论证相结合的研究方法等,运用了政治学、法学、传播学、沟通学等多个学科的相关理论与研究方法,以中国网络政治沟通为研究对象,从中国政治系统的实际出发,阐释中国网络政治沟通的现状及其影响,并在分析中国网络政治沟通存在的问题及成因的基础上,提出构建中国良性网络政治沟通机制的总体构想和对策性建议。全文由导论和正文五章组成。导论部分阐述本选题的背景、特点及意义,结合相关研究现状说明了研究思路、结构框架、选题的重难点、创新之处以及研究方法。第一章对网络政治沟通进行试解,在界定网络政治沟通的概念的基础上,对其相关理论进行解析。第二章阐述了网络政治沟通在中国兴起的网络基础,梳理了网络

介入中国政治沟通的主要表现及其阶段特征,并探究了网络政治沟通热在中国兴起的主要原因。第三章探析了网络政治沟通带给中国政治的积极影响与重要挑战。第四章探究了中国网络政治沟通存在的主要问题及其成因。第五章则探讨了中国网络政治沟通的走向及其发展的有利条件,并展望了未来中国网络政治沟通的发展趋势。

关键词:互联网络　国家行政机关　信息交流　参与管理

**2616**

**21世纪医学人文素质教育的研究:以思想政治教育为研究视角** / 高继成著 ; 王惠岩,周光辉指导. -- 吉林大学, 2009. -- 156 页

论文从素质的内涵,医学认为素质教育的目标、原则开始,考察中外医学人文教育发展的历史,分析医学生人文素质的特点和医学人文精神缺失的原因。全文共分为七章。绪论部分介绍论文研究的背景和选题意义,论文研究思路与基本方法。第一章,素质与医学人文素质教育。介绍素质的本质和特点,医学人文素质结构特点和具体分析,医学人文素质教育的内涵、目标和特点,21世纪医学人文素质教育在中国高校医学专业学生中的具体试行。第二章,医学生人文素质特点分析。分析医学生思想品德素质特点,医学生文化素质特点,医学生身心素质特点,并对当代医学生人文素质特点形成的原因展开分析。第三章,中外医学人文素质教育的考察。首先对中国传统医学认为教育的历史回顾,接着介绍国外医学人文教育的发展概况,最后提出中外医学人文教育的历史启示。第四章,医学人文素质教育中的思想政治教育问题。主要讨论思想政治教育基本问题与现代社会和谐,医学人文素质教育中的思想政治教育基本问题,医学人文素质教育中的思想政治教育原则,医学人文素质教育中的思想政治教育途径和方法以及思想政治教育在医学人文素质教育中的关键作用。第五章,医学人文课程体系的构建与实施。结合医学人文课程改革的依据,提出医学人文课程体系内容的优化与调整以及医学人文课程体系的改革和发展方向。第六章,21世纪医学生人文素质的培养与塑造。探讨医学生人文知识自我内化机制,医学生人文素质自我转化机制,以及医学生人文素质自我活化机制。第七章,21世纪医学人文素质教育与发展趋势。提出改革思想政治教育是医学人文素质教育的前提,改革思想政治教育是加强医学人文素质教育研究的基础,提出创新思想政治教育思路,构建医学人文素质教育体系,并探讨21世纪医学人文素质教育的基础和发展趋势。最后为论文结语。

关键词:医学教育　素质教育　思想政治教育

**2617**

**在平等与责任之间:罗纳德·德沃金平等理论批判** / 高景柱著 ; 任剑涛指导. -- 中山大学, 2009. -- 208 页

论文采用了逻辑分析法、历史分析法、比较分析法、文献调查法等,以当代法哲学家和政治哲学家罗纳德·德沃金平等理论为研究对象,对德沃金"资源平等"的分配正义理论进行分析与批判。全文分为导论、正文六章和结语等部分。导论部分阐述了研究问题的提出,结合相关研究现状与文献评估,说明了论文的基本思路与分析架构。第一章对德沃金的理论起点进行探讨,着重分析了以罗尔斯为代表的自由主义平等观在个人责任问题上所面临的批判。第二章探讨德沃金将责任纳入平等理论之中的过程,阐述了德沃金对平等和责任的调和主要体现在资源平等的理论目标中,即"敏于抱负"和"钝于禀赋"。第三章主要以"敏于抱负"为研究基点探讨了"敏于抱负"与"钝于禀赋"之间有无内在的一致性。第四章主要以"钝于禀赋"为研究基点探讨了"敏于抱负"与"钝于禀赋"之间有无内在的一致性。第五章总结前文论述,认为"敏于抱负"和"钝于禀赋"之间存在一种内在的张力,即两者之间缺乏自洽性,并以虚拟保险市场为机制探讨了化解张力的失败。第六章以道德责任的视角,对德沃金的资源平等与罗尔斯的差别原则、诺齐克的资格理论进行比较分析。最后是结语部分,阐发论文的主要观点,即资源平等的理论目标之间存在一种张力。

关键词:德沃金(Duorkin, Ronald Myles)　平等　政治哲学

**2618**

**民主与集中的张力与均衡** / 高勇著 ; 徐大同指导. -- 天津师范大学, 2009. -- 156 页

论文采用唯物辩证研究法、政治系统分析法、逻辑分析法、文献资料法、历史分析法、探索性研究法、制度分析法等研究方法,以民主与集中为研究对象,力图对民主与集中的张力与均衡进行较为深入的探讨与研究。全文共分导论、正文四章和结语三个部分。导论部分阐述研究问题的提出与研究意义,结合国内外研究现状的综述,说明了论文的研究思路和研

究方法，并对论文相关概念进行界定。第一章阐述民主与集中是人类政治生活的双重主题，并对两者辩证统一的关系进行解析。第二章主要对中西方政治文明进行历史考察，分析西方政治文明对民主和集中的认识过程以及中国传统政治文明中重集中的基本特征，进而强调当代中国政治仍需处理好民主与集中的关系，民主与集中有机结合是当代中国民主政治的基本原则。第三章主要阐述民主与集中失衡的消极影响，并对自由主义民主进行批判与反思。第四章主要阐述民主与集中的有机统一，分析民主基础上的集中与集中指导下的民主，强调民主与集中应当在具体制度上统一起来，从而确保集中权力与公民参与的有机结合。结语部分对民主与集中视野中的当代中国民主政治建设进行评估，并提出相应对策建议。

关键词：民主　集中　均衡论

**2619**

**新世纪党代表大会常任制推进条件及制度建构研究：上海吕巷等地试点调研与思考** / 郜工农著；齐卫平指导. -- 华东师范大学, 2009. -- 191 页

论文采用典型案例调查法、历史分析法、比较分析法、问题调查法、制度分析方法等，以上海吕巷基层党代会常任制实践为典型个案研究对象，尝试从其实践起源、轨迹和困惑中认识党代会常任制推进条件及制度建构，进而上升到对党代会常任制未来发展的规律性认识。全文分为导论、正文六章和结束语。导论部分介绍本研究的选题意义、研究现状，说明研究思路与研究方法。第一章阐述党代会常任制的理论渊源，强调实行党代会常任制对增强党的执政合法性的必要性。第二章对党代会常任制的实践与演进做了历史性的梳理，着重分析党代会常任制的历史实践中存在的问题及其原因。第三章着重对吕巷党代会常任制的基层实践进行研究，回顾吕巷试点的社会背景与演进状况、基本成效，并总结吕巷常任制实践对党代会常任制制度建构的启示。第四章在宏观追溯党代会常任制实践背景的基础上，通过对吕巷实践进行详细考察与剖析，探究党代会常任制实践的源头与动因，演绎出党代会常任制实践推进的社会条件。第五章分析吕巷实践的问题与困惑，并提出相应的解决策略。第六章在总结全文分析的基础上，提出构建党代会常任制的权力运作体系的具体措施。最后是结束语。

关键词：中国共产党　代表会议　政治制度

**2620**

**公众时代：舆论与权力的融合** / 葛玮著；李成言指导. -- 北京大学, 2009. -- 200 页

论文采用矛盾分析法、系统分析法、历史分析法和比较分析法等，以公众时代的舆论与权力的关系为研究对象，站在网络化、全球化的新的历史起点上，力求对舆论与权力进行系统与历史分析，并为网络化社会实现公众舆论与公共权力关系的动态平衡提供新的思路和模式。论文由导论、正文八章和结论构成。导论阐述论文的理论意义与现实意义，结合研究综述说明论文的创新与难点、基本框架等问题。第一章回顾全球化、信息化对公共领域的扩展以及公众时代的舆论勃兴。第二章分析在政治系统中舆论与公共权力的双向互动以及舆论政治结构的类型与要素，进而分析舆论与权力关系对政治稳定所造成的影响。第三章重点分析公众时代舆论政治结构的历史定位，认为在社会政治发展的历史系统中，舆论与权力关系呈现出完全不同的面貌。第四章对公众时代的舆论与权力进行系统解读，分析两者之间矛盾统一的关系结构。第五章阐述构建舆论与权力新型关系所需的法律制度保障，强调要用制度平衡公众舆论与公共权力。第六章阐述构建舆论与权力新型关系需要重新塑造公众政治文化方面的能力。第七章探讨政府对公众舆论进行引导所需的各种舆论资源和传播渠道。第八章则探讨公众时代的舆论体制。最后是结论与建议。

关键词：公共管理　权力　新闻工作　舆论

**2621**

**身份与权利：农民工公民资格及其发展研究** / 葛笑如著；张永桃指导. -- 南京大学, 2009. -- 284 页

论文从“身份—政治”理论视角对农民工公民资格及其发展进行研究。全文共分为八章。第一章，绪论。介绍论文选题的背景及意义，国内外研究现状，论文研究的视角、方法、创新与不足，论文设计的概念、假说及论文研究框架。第二章，公民资格理论。包括公民资格的涵义和结构，公民资格的身份和权利及多元文化主义公民的资格。第三章，隔离：市民—农民二元公民资格。首先结合形成的二元社会制度因素和经济因素分析，介绍新中国二元社会的形成；对农民—市民二元身份制度的形成和公民资格的形成进行介绍；对农民—市民二元公民资格的权利进行比较并做出结论。第四章，复制：市民—公民二元公民资格。通过对新中国二元社会结构的松动、农民群

体分化与民工潮的出现及农民工身份的特点介绍农民工身份的形成;介绍2003年以前城市农民工公民的政治权利、经济权利和社会权利状况;探讨二元公民资格的复制。第五章,松动:诉求与认同(上)。首先探讨身份政治视角下的农民工诉求;接着讨论农民工的自我认同,包括第一代农民工的自我认同,新生代农民工的自我认同,农民工身份认同对公民资格发展的影响以及推进农民工市民身份认同的措施;探讨城市市民对农民工身份的认同情况。第六章,诉求与认同(下)。介绍中央政府对农民工城市身份认同的状况,城市政府对农民工市民身份认同的状况,探讨政府间关系对农民工公民资格的影响。第七章,2003年以来农民工资格权利的发展。结合农民工公民资格权利发展的模式和动因,农民工公民资格权利发展的具体表现,分析2003年以来农民工农民资格权利发展的特征。第八章,农民工资格权利发展的制度保障与创新。结合农民工公民资格全力发展的现有资格保障及发展的约束因素,提出农民工公民资格权利进一步发展的制度创新内容。最后为论文结语。

关键词:农民工　公民权　身份认同

**2622**

**社会公平合作体系与农村公共产品供给优化研究**/顾金喜著;万斌指导. -- 浙江大学, 2009. -- 232页

论文采用典型案例研究法、文献资料法、实证分析法、比较分析法、问题调查法等,以农村基层社区治理为主要研究对象,运用罗尔斯的社会公平合作体系理念,力求论证社会公平合作体系对优化农村公共产品供给的重大意义。全文共分七章。第一章引言,阐述本研究的缘起与问题的提出,结合相关文献综述说明论文研究的基本框架。第二章主要研究罗尔斯社会公平合作体系的基本内涵、正义的社会基本结构、社会公平合作实现的前提等理论问题。第三章分析社会公平合作体系的规则体系,着重阐述社会公平合作体系具体的治理原则。第四章着重分析社会公平合作体系的制度架构,并尝试从权力与权利体系、公共协商体系、决策体系、利益分配体系渐次深入研究,进而对罗尔斯社会公平合作体系与社会基本结构理念进行创新与完善。第五章探讨基层社会公平合作体系实现的路径,阐述协作治理机制的构建及其重要作用。第六章通过对浙江瑞安农业专业合作协会的制度架构与运行机制的实证研究,证明社会公平合作体系在农村公共产品供给中所发挥的重大意义。第七章结语,在规范分析与案例论证的基础上,结合农村公共产品供给的国际经验,进一步探讨完善农村公共产品供给优化的路径并得出结论。

关键词:农村　分配　公平

**2623**

**新社会阶层政治参与研究**/管前程著;李良栋指导. -- 中共中央党校, 2009. -- 122页

论文以马克思主义政治学基本原理为指导,采用文献调查法、系统分析法、历史分析法、描述性研究法等,以中国新社会阶层政治参与为研究对象,将新社会阶层政治参与放在中国政治发展的视野下加以审视,对新社会阶层政治参与的理论与现实问题进行研究。全文分为导论、正文四章和结束语。导论部分主要说明论文选题的缘由及其意义、研究现状、研究思路和研究方法、主要的创新之处。第一章主要阐述新社会阶层政治参与的相关理论,并考察了新社会阶层政治参与的历程与社会条件。第二章展开新社会阶层政治参与的价值分析,认为新社会阶层政治参与有助于促进经济发展、政治稳定和政治民主化。第三章对当代中国新社会阶层政治参与状况予以分析,在对新社会阶层中私营企业主、个体户、中介组织人员的政治参与按类别予以剖析的基础上,阐述了新社会阶层政治参与的原因、类型和特征,并研究了新社会阶层政治参与的制约因素和发展趋势。第四章分析了新社会阶层政治参与应注意的几个问题,并就扩大新社会阶层有序政治参与的路径进行了探讨。结束语部分总结全文,并提出针对性的建议。

关键词:阶层　参与管理　政治民主

**2624**

**清末立宪与国家建设的困境**/郭绍敏著;闾小波指导. -- 南京大学, 2009. -- 180页

论文采用传统史学的研究方法,结合政治学、宪法学的相关理论与研究视角,以清末宪政改革及其国家建设的困境为研究对象,力求深入、系统地审视与分析晚清政府在国家建设中做出的努力及其面临的困境。全文共分五章。第一章主要从国家建设的视角考察清末宪政改革的创新之处,并结合文献综述说明论文的研究方法。第二章主要分析晚清政府建设民族国家所面临的困境,由于国内民族主义情绪、革命派排满鼓吹以及清政府在政治改革关键阶段的策

略性失误等因素,导致其创建现代民族国家的目标不可能实现。第三章主要分析晚清政府建设集权国家所面临的困境,由于中央政府的集权改革触动地方利益而遭到地方督抚与地方精英的反抗,以及中央政府的日渐衰弱等因素,最终导致其创建集权国家的目标很难取得成功。第四章主要分析晚清政府建设公民国家所面临的困境,由于报刊舆论日渐激进、国会请愿等社会运动的日渐激化以及政府当局的压制举措,使得晚清政府在蓬勃发展的政治参与诉求和社会运动面前常常陷入被动的局面,最后导致其创建公民国家的目标难以实现。第五章在总结以上三个层面分析的基础上,探讨近代中国国家建设的困境及其经验教训。

关键词:宪政运动　政治制度　国家　清后期

**2625**

**网络民主的可能及限度:基于媒介与民主的关系视角** / 郭小安著 ; 虞崇胜指导. -- 武汉大学, 2009. -- 263 页

论文主要采用结构功能分析法、系统研究法、比较分析法、实证研究法、文献分析法以及历史与现实相结合的研究方法,以网络民主的可能及限度为研究对象,基于媒介与民主的关系视角,力求对当代中国网络民主的效度、限度及其出路进行深入研究。全文由导论、正文五章和结论三个部分组成。导论部分介绍研究的选题缘由,结合研究综述说明选题价值、研究方法与逻辑结构。第一章主要概述媒介与民主关系的一般理论,强调大众媒介的政治能动性与政治依附性。第二章剖析现实中的媒介与民主的关系的诸多困境,阐述西方民主政治中媒介功能异化的政治后果,以及中国媒介与民主的关系的结构失衡及其面临的困境。第三章认为网络民主的兴起打破原有的媒介与民主关系的困境,在考察互联网兴起的历程、网络与民主的契合性的基础上,诠释了网络民主的概念及其内涵,并分析其表现形式与运行机制。第四章重点考察中西方不同政治生态下的网络民主的效度,对网络民主在西方民主政治中的现实功能进行解读,并分析网络民主在中国的角色和地位及其给中国民主政治带来的变化。第五章则从结构和功能的视角探讨网络民主的限度,着重剖析网络民主的结构性缺陷与功能性缺陷。结语部分提出展望与建议。

关键词:民主　互联网络　传播媒介

**2626**

**孙中山宪政思想的发展阶段研究** / 国怀林著 ; 于语和指导. -- 南开大学, 2009. -- 196 页

论文采用了历史文献分析方法、比较分析方法和政治文化分析方法等,以孙中山宪政思想的发展阶段为研究对象,沿着孙中山宪政思想发展演变的脉络,分三个时期对其宪政思想的发生、发展和变化的过程进行梳理和分析。论文共分六章。第一章导论,阐述问题的提出与研究意义,结合对孙中山宪政思想研究综述介绍了研究的范围、难点、重点与创新点和研究方法。第二章介绍了清末西方宪政思想在中国的传播和孙中山在美国的经历,以及美国的民主制度与文化对其宪政思想构建的影响。第三章对孙中山宪政思想发展的第一个时期进行研究,介绍了孙中山对美国宪政思想的模仿与照搬,对他的共和观念及其建立共和国的实践进行了考察,比较分析了他的五权分立与三权分立的异同,并介绍了他的其他方面的宪政思想。第四章论证了孙中山在“二次革命”失败后其思想犹豫和彷徨的过程,分析了这一时期孙中山对美国式共和国模式在中国实行的可行性的怀疑与反思。第五章对孙中山宪政思想发展的最后一个时期进行研究,主要分析了其宪政思想发展转变的原因。第六章主要对孙中山宪政思想发展的三个时期做了综合性的评析,最后得出研究结论。

关键词:孙中山　政治思想　宪政　思想评论

**2627**

**动荡政局下北平的贫民问题、政府治理与社会救助(1928—1937)** / 韩勤英著 ; 程歗,闫润鱼指导. -- 中国人民大学, 2009. -- 240 页

论文以民国时期北平贫民问题的发展为经线,以政局不断动荡中政府主导的贫民救助活动的依次展开为纬线,对动荡政局下北平的贫民问题、政府治理与社会救助展开讨论。全文共分为七章。第一章为论文导论,内容包括选题的学术意义与现实意义,学术史的回顾,理论框架的选择和梳理以及研究内容和研究方法的设定。第二章,故都北平的贫民问题。分析贫民问题在北平出现的原因,北平贫民的结构、贫民问题的社会影响,为下文提供历史背景。第三章,复杂的权力机构下开创现代救贫事业(1928—1930)。描述首都南迁后北平的复杂性,介绍改造政府与谋划贫民救助,统筹监督和管理各类慈善团体等从各个角度实施的贫民救助。第四章,宽松的治理环境和救贫

的多元化发展(1930—1933)。结合九·一八事变前后北平的社会形势,介绍当时多元化的贫民救助形式,包括取消崇文门关税以利商民,多种渠道紧急救济难民,创办东北难民子弟学校以及对慈善团体的利用与限制等;介绍乘时而兴的传统救济方式;描述以贫户家庭为救济对象的慈善救助类型。第五章,集权治理模式下救贫事业呈官营化趋势(1933—1935)。描述中央势力应对难民和贫民问题的历史情况,提出救贫事业以城市发展促贫民救济的措施,小本借贷业兴起助推难民救助以及强化对慈善救济机构的监督和管理。第六章,国难前特定治理格局下救贫向救难的转移(1935—1937)。描述华北危机下北平的社会变迁,提出当时社会背景下,以优化发展环境带动救贫,政府贫民救助事业的发展以及慈善团体的联合和难民救助等救贫举措。第七章,治理与救助的协奏:历史局限与现实其实。通过对国民政府前期北平贫民救助的实际效果以及国民政府前期北平贫民救助的特点,总结国民政府前期北平贫民救助的启示。

关键词:城市贫民　社会救济　北平

**2628**

**新时期中国公民政治社会化研究** / 何丽君著 ; 李良栋指导. -- 中共中央党校, 2009. -- 204 页

论文采用了唯物辩证研究法、描述性研究法、文献研究法、制度分析法、历史分析法和比较分析法等,以新时期中国公民政治社会化为研究对象,对新时期中国公民政治社会化的相关理论与现实问题进行研究。全文分为引论、正文六章和结束语等八个部分。引论部分介绍选题依据、研究现状、拟创新之处、研究思路与研究方法。第一章在对公民政治社会化相关理论进行解析的基础上,追溯了西方公民思想的演进脉络,提出了自己关于政治社会化的向度理论。第二章考察中国公民意识的流变,对中国公民意识从孕育、萌芽、发展和演变的全过程进行了综合梳理。第三章阐述了全球视域中中国公民意识的培育,论述了新时期中国培育公民意识的必要性以及国外公民意识的培育状况。第四章分析了新时期中国公民意识培育的内生资源与核心元素。第五章阐述了新时期中国公民政治社会化的向度系统,考察和分析了在教育过程、传播过程及政治参与过程中的公民意识的培育状况。第六章展望了新时期中国公民政治社会化的前景,并提出相应的策略建议。最后是结束语部分,总结全文,阐述研究结论。

关键词:公民教育　政治思想教育　政治文化

**2629**

**现代国家构建视野下乡村治理模式的变迁与重构** / 何沛东著 ; 闵春发指导. -- 苏州大学, 2009. -- 130 页

论文从国家构建的角度,对中国不同历史时期形成的乡村治理诸种模式进行描述、分析、比较和批判,从宏观上勾勒中国乡村治理的变迁逻辑和走向。全文共分为五章。导言部分介绍论文研究主体的概念,研究意义,相关文献与研究现状及写作框架。第一章,乡里制度与传统中国的基层控制。研究中国传统社会以乡里制度为主轴的乡村基层治理模式的变迁沿革,主要是给现代国家结构提供一个背景,梳理其依赖的路径。第二章,新政与国家政权的内卷化。论述自清末至民国时期作为新政的主要内容之一和基本支撑的乡村社会"国家建构"从初生、成长到断裂的过程。第三章,公社制度:全能治理架构与运动治理。分析中国共产党建政以后开启的从土改、合作化到人民公社确立的这种对社会彻底改造的"新国家构建"历程,重点对公社体制的组织架构、运作机制以及治理绩效、内在紧张进行分析。第四章,乡政村治与改革时代的国家构建。描述改革以来直到税费改革前形成和发展起来的所谓"乡村治理"这种新型治理模式的生长、发育及其带来的困境。第五章,新农村建设与合作治理。探索税费改革后,为了应对新的乡村治理难题,一种合作治理模式的建立成为必须,国家构建在乡村面临新的时代课题。最后为论文结语,得出论文结论,以统筹城乡发展统摄的国家各项涉农政策发生重大变革背景下,乡村治理需要构建一个"合作治理"模式,其关键是在乡村组织领导人的产生上引入民众的参与,让人民从下而上施加压力,如此,国家、乡村组织、农民才能实现多层次的实质性合作,乡村的"国家构建"才称得上稍有小成。

关键词:乡村　基层组织　人民公社

**2630**

**利益共享的理念与机制研究:和谐社会的视角** / 何影著 ; 张贤明指导. -- 吉林大学, 2009. -- 130 页

论文以社会主义和谐社会的价值体系为指导,综合马克思主义政治学、哲学、社会学多种学科的理论,运用制度分析、利益分析的研究方法,从理论和实践两个层面阐释构建和谐社会中利益共享的价值理念和实现机制问题。全文共分为四章。绪论部分介绍

论文的研究缘由、文献评述、研究内容和方法及论文的创新点和难点。第一章,利益共享:和谐社会的必然要求。介绍利益共享的涵义和内涵,利益共享与和谐社会的内在统一,提出利益共享与和谐社会在理念上契合,利益共享的机制是和谐社会的制度保障。第二章,利益共享的价值理念和实现机制。一是利益共享的核心价值理念,包括人本、公正和妥协;二是利用共享的实现机制,包括利益表达机制、利益整合机制、利益分配机制及利益补偿机制。第三章,中国构建和谐社会中利益共享的现实困境。首先介绍利益共享的理念羁绊,包括将利益共享与平均主义等同,利益共享与经济发展对立;分析利益共享的机制障碍,包括利益诉求渠道不畅、利益整合功能发挥不足、利益分配功能发挥欠佳及利益补偿机制欠缺;提出利益共享的权利低度均衡。第四章,中国构建和谐社会中利益共享的实现路径。提出首先应加强利益共享的理念培育,正确看待经济发展对利益共享的基础性作用,树立公共利益优先的价值观念,正确对待多维利益取向,树立合作共赢的价值理念;完善利益共享的实现机制,畅通利益表达渠道、健全利益整合功能、完善利益分配机制并创新利益补偿机制。最后为论文结论。

关键词:社会主义建设　利益分配　公平分配　和谐

**2631**

**政治行政分合视阈中的行政公共性:基于西方公共行政理论流派演进维度的考量** / 胡晓芳著 ; 乔耀章指导. -- 苏州大学, 2009. -- 166 页

论文基于西方公共行政理论流派演进维度的考量,对政治行政分合视阈中的行政公共性展开探讨。全文共分为六章。绪论介绍研究缘起与意义,国内外相关研究概况,相关概念界定,研究的内容与方法,论文可能的创新与不足。第一章,前威尔逊时期:蕴含于西方政治思想中的行政公共性。介绍自然法和社会契约论思想,代议制思想以及分权制衡的思想。第二章,管理行政的勃兴与行政公共性的迷失。探讨威尔逊与行政价值中立的初创,古德诺与价值中立的系统化,韦伯与价值中立的组织设计及行政价值中立的后果:行政公共性的迷失。第三章,回归政治的行政:行政公共性的获得。分析新公共行政学派产生的动因、新公共行政的要义及其公共行政性的获得;探讨民主行政的兴起、内涵与特征以及其行政公共性的彰显。第四章,新公共管理的神话与行政公共性的衰降。首先提出新公共管理的理论基石与基本观点;接着提出新公共管理:管理主义的神话;最后介绍行政公共性衰降与管理主义实践的后果。第五章,行政政治化:行政公共性的回归与张扬。分别对后现代公共行政:凸显行政公共性的话语途径及新公共服务:行政公共性是目标而非副产品两方面内容做出阐释。第六章,行政公共性嬗变之思辨及与中国相关问题的思考。首先对西方行政公共性嬗变做规律性总结,介绍西方行政公共性嬗变的思辨;接着对中国相关问题展开思考,并得出该部分的研究结论。最后为论文的主要结论和观点。

关键词:行政学　行政管理　公共管理

**2632**

**权力视域下的政策调整与思想论争:《盐铁论》的政治学解读** / 化涛著 ; 林存光指导. -- 中国政法大学, 2009. -- 200 页

论文采用历史分析法、文献资料法、比较分析法和逻辑分析法,并结合传统史学、政治学相关理论与分析方法,以西汉《盐铁论》为研究对象,力图从"王权支配社会"的权力视域,对《盐铁论》做深入系统的历史考察和具体的政治学层面的分析。全文分为导论、正文五章和结语三个部分。导论介绍研究的选题缘起和意义,结合以往学术界研究的基本状况的综述,说明论文的立论依据、研究方法、研究重点及创新之处。第一章阐述"王权支配社会"的理论内涵及其动态运作。第二章回顾《盐铁论》成书的历史环境,说明《盐铁论》的篇章结构与特征。第三章考察权力运作与西汉帝国盐铁政策的递变,具体阐述西汉帝国集权政治的强化与专营政策的定型、盐铁专营与社会阶层的流变、《盐铁论》中所见的盐铁政策之争等问题。第四章着重分析《盐铁论》中所反映的西汉时期权力影响下的政治观念与治理观念的分歧与争论。第五章分析《盐铁论》中解决匈奴问题的政策歧见与冲突,探讨了对匈奴问题的冲突背后所反映的对王权一统秩序的趋同。最后是结语部分,归纳《盐铁论》研究的初步结论,指出《盐铁论》研究的进一步思考与意义。

关键词:盐铁论　政治思想　君主制

**2633**

**冷战后西方人道干涉研究** / 黄海涛著 ; 张睿壮指导. -- 南开大学, 2009. -- 176 页

论文采用唯物辩证研究法、实证研究法、典型个

案研究法、文献研究法等,结合国际政治学、法学、外交学等学科的相关理论,以冷战后的西方人道干涉为研究对象,试图对西方人道干涉的理论与实践进行全面的评估与研究,并为中国处理相关问题提供政策建议。全文共分八章。第一章引言,介绍研究问题的提出与研究意义,结合相关文献的回顾说明论文的研究框架、研究思路、研究方法及结构安排。第二章在对人道干涉的定义和历史发展进行梳理的基础上,评估冷战后人道干涉的理论和实践。第三章主要展开对人道干涉的法理辨析,认为在无政府状态的国际社会中,人道干涉既不合法也不正当。第四章对冷战后以美国为首的西方国家人道干涉的实践进行评估,从实践的角度对其人道干涉的性质作出判断。第五章选取索马里人道危机、卢旺达大屠杀两个典型案例,对西方国家实施人道干涉的现实背景、决策过程和影响效果进行分析,进而在经验层面上检验对冷战后人道干涉实质的判断。第六章通过对科索沃战争的考察,解析西方国家的新干涉主义。第七章则考察达尔富尔问题与中国外交的应对,在梳理达尔富尔冲突的缘起与发展历程的基础上,考察西方介入的依据与动机,着重探讨中国面临的外交压力与应对措施。第八章结论与启示。

关键词:人权　霸权主义　西方国家

**2634**

**法国分权改革与地方治理研究** / 黄凯斌著 ; 黄百炼指导. -- 华中师范大学, 2009. -- 161 页

论文采用文献调查法、实证分析法、比较分析法、历史分析法、结构功能分析法以及制度分析方法等,以法国的分权改革与地方治理为研究对象,力图对法国进行分权改革、调和国家统一与地方自由的历史进程进行系统、深入的研究。全文分为导论和正文九章。导论介绍问题的提出及研究意义、国内外研究现状、论文所涉及的核心概念,并说明研究方法以及论文的写作框架。正文部分按照写作重点分为三大部分。第一、二、三章为第一部分,着重对法国地方自治的历史进行回顾。第一章概述法国形成高度中央集权的历史原因。第二章考察法国从高度集权的单一制国家转变为以地方自治为基础的分权的单一制国家的分权改革进程,分析法国分权改革的原因和所面临的诸多困难。第三章论述法国 1982—2004 年分权改革的背景、主要内容和成功的原因。第四、五、六、七章为第二部分,着重对法国地方自治的制度运作进行分析。第四章分析法国地方治理中基层政府的角色。第五章对法国地方治理中省和大区的作用进行比较分析。第六章考察民众在法国地方自治中的政治参与。第七章分析法国地方政府的财政能力、收入来源和开支分布。第三部分为第八章,着重分析 1982 年法国分权改革后以地方自治为基础的法国国家重建。第九章为结论与启示。

关键词:分权　地方自治　法国

**2635**

**政治代表研究:以美国革命和法国革命为考察对象** / 黄小钫著 ; 景跃进指导. -- 中国人民大学, 2009. -- 172 页

论文以美国革命和法国革命作为考察对象,结合两国革命的具体历史情境,以再现美、法两国革命人士实验代议制政体的历史,分析两国革命人士在代表理念上的争执,以及由此造成的不同制度后果。全文共分为五章。导论部分包括研究选题及其意义,关于政治代表问题研究的学术史回顾,关于美国革命和法国革命研究的学术史回顾,方法论及研究策略,论文结构及论文的可能创新之处。第一章,基本问题与核心概念。一是政治代表理论的若干重要问题,包括代表与选民的关系,议会的代表性,代表制与民主的关系以及代表与主权的关系;二是核心概念之辨析,包括代表、政治代表与政治代表制的辨析,代表、代议员、代理人、代言人与代表团之辨析,代表制、代议制与人民代表大会制度的辨析及实质代表制与实际代表制、强制委托代表制与独立代表制的辨析。第二章,美国革命时期的政治代表理念。分别分析实际代表制与实质代表制之争及反联邦党人与联邦党人之争,并对政治代表理念的文本进行分析,包括《独立宣言》、《联邦条例》、《合纵国宪法》。第三章,法国革命时期的政治代表理念。探讨政治代表理念的强制委托代表制与独立代表制之争,以及王政派与国民派之争,对政治代表理念的文本分析,包括《人权宣言》、《1791 宪法》、《1793 年宪法》。第四章,美、法革命时期政治代表观念之比较,比较内容包括代表人,代表形式以及代表对象。第五章,美、法革命时期宪政制度的比较。分别对美、法革命时期议会制度、选举制度以及政党制度做出比较和说明。最后为论文结论。

关键词:代表　政治制度　美国独立战争　法国大革命

2636

**社会资本视域下的政府治理问题研究** / 黄晓东著 ; 王惠岩,王彩波指导. -- 吉林大学, 2009. -- 136 页

论文以社会资本理论为分析视角,结合当代的公共行政改革实践,对政府治理问题进行讨论。全文共分为五章。导论介绍论题选择与研究意旨,已有研究文献现状及评价,论文的逻辑思路与立论方法。第一章,治理:公共行政变革的重要维度。对治理与统治、治理与善治等概念诠释,并甄别特征;提出治理理念下当代政府管理的重塑取向,包括市场式政府模式,参与式政府模式,弹性化政府模式及解制型政府模式;探讨中国语境下政府治理问题的理路辨识。第二章,社会资本:一种新的解释范式。首先介绍社会资本的理论积淀与演进:三个经典观点的界说,包括皮埃尔·布尔迪厄的社会资本理论,詹姆斯·科尔曼的社会资本理论以及罗伯特·帕特南的社会资本理论;对社会资本的属性,构成与类型做出解析;提出论文关于社会资本研究的切入点。第三章,社会资本与政府治理的结构关联。提出社会资本是政府治理构筑的牢固基点,政府治理是社会资本提升的持续驱动。第四章,中国社会资本存储的传统与现状——兼论当前中国政府治理构建过程中社会资本的缺陷。首先对中国资本存储的传统与现状,社会资本与中国社会变迁概述;探讨当前中国政府治理构建过程中社会资本的缺陷,提出制约因素的症结所在。第五章,以社会资本的整合推动中国政府治理的构建。提出当代中国社会资本的整合路径为传统与现代并行不悖,当代中国社会资本的整合模式为社会法团主义与国家法团主义,在此分析基础上,提出当代中国社会资本的整合的举措。最后为论文结语,提出社会资本应用于政府治理问题的研究的限度与愿景。

关键词:行政管理　社会资本　公民　参与管理

2637

**洛克权利理论再研究** / 霍伟岸著 ; 李强指导. -- 北京大学, 2009. -- 243 页

论文采用比较分析法、文献分析法、系统分析法等研究方法,以洛克权利理论作为再研究对象,力图揭示洛克权利理论内涵的丰富性,并在批判地研究当代西方洛克学界主要学派的方法与观点的基础上,对洛克权利理论做出比较持中和平衡的解释。全文由导论、正文七章和结论三个部分组成。导论介绍该课题的研究意义、施特劳斯学派与剑桥学派之争以及论文主体部分的逻辑结构,说明对洛克文献的研究范围和研究方法,并对相关研究现状进行综述。第一章介绍施特劳斯学派对洛克权利理论的解释,并做出评价。第二章介绍了剑桥学派对洛克权利理论的解释,并对其做出反思与评价。第三章通过对洛克著作的系统研究,分析洛克权利思想的发展历程。第四章重点分析洛克《政府论》及其权利理论中所蕴含的自然法、自然权利与自然状态等概念。第五章主要分析洛克权利理论中的财产权概念。第六章主要分析洛克权利理论中的权利与政治合法性的关系,重点阐述洛克关于政治社会形成的合法途径以及合法的政治权利的原则。第七章主要分析洛克权利理论中的反抗权的概念。结语部分得出研究结论与评价。

关键词:权利　政治思想　思想评论

2638

**中国大城市城乡结合部政府治理研究:以北京市为例** / 孔祥利著 ; 宁骚指导. -- 北京大学, 2009. -- 217 页

论文采用个案研究法、比较分析法、历史分析法、公共政策研究法、文献调查法、问题调查法、观察法、跨学科研究法等,以中国大城市城乡结合部为研究对象,力图从政治学和公共管理学的角度对大城市城乡结合部的治理问题进行深入、系统的研究。全文分为导论、正文六章和结语。导论阐述选题背景与研究意义,结合对既有研究现状的分析说明论文的研究主题、核心概念、研究方法与资料来源,以及研究思路与论文框架。第一章在对具体的城乡结合部政府治理问题进行审视与考察的基础上,探讨城乡结合部政府治理问题产生的制度根源。第二章分析大城市城乡结合部政府治理的目标与价值导向。第三章全面剖析城乡结合部政府治理工具由传统向现代转型的内容与特点,并以北京市 WJ 街道建设安全型社区为例,具体考察城乡结合部政府治理工具选择的发展历程、绩效及其存在的问题。第四章通过对改制前城乡结合部政府治理结构及其困境分析,探讨不断扩大的失地农民政治参与对政府治理转型的影响,进而分析中国大城市城乡结合部政府治理模式的结构特征及其要求。第五章以就业与社会保障政策为例,探讨失地农民视野中的城乡结合部政府治理机制重塑问题。第六章在以上分析的基础上,提出了大城市城乡结合部政府管理的回应互动模式。最后是结语,总结研究结论。

关键词:城市管理　城乡建设　行政管理

2639

**从自然之人到公民:霍布斯政治思想新诠** / 孔新峰著 ; 李强指导. -- 北京大学, 2009. -- 187 页

论文采用文献研究法、逻辑实证分析法、历史分析法、探索性研究法等研究方法,以霍布斯公民理论为研究对象,力图对霍布斯政治思想作出新的诠释与研究。全文共分六章。第一章导言,阐述霍布斯政治思想研究简况、论题的提出以及论文的结构与方法。第二章主要分析霍布斯的政治思想或所谓"公民科学"的形成及其背景。第三章阐释霍布斯关于自然之人的个体分析,霍布斯认为人既是"利维坦"的"质料"又是其"创造者",是"利维坦"赖以成立的前提,并且从"自然之人"到"公民"的转化并非易事,需要具备不同于古典德性的"美德",也需要对公民进行以此种"美德"为核心的培养或政治教育。第四章在第三章论证的基础上,阐明此种"美德"乃是一种"正确理解的恐惧",并就"恐惧"的定义、政治功效、分类与宗教批判及其与主权者、自由的关系进行了阐述。第五章主要阐述霍布斯公民理论的基本内涵,以及作为"利维坦"的"创造者"的公民及其美德。第六章论述霍布斯政治思想中所构建的"新政体"与"新人类"的"公民科学"的基本面貌,着重阐释了其"公民科学"的教育功效,最后得出研究结论与启示。

关键词:霍布斯(Thomas Hobbes)　政治思想　自然人

2640

**多民族国家和谐政府关系构建:关于中国民族自治地方政府关系的研究** / 匡自明著 ; 周光辉指导. -- 吉林大学, 2009. -- 166 页

论文的研究对象为多民主国家和谐政府关系的构建,重点对关于中国民族自治地方政府的关系展开研究。全文共分为五章。第一章,导论。介绍论文的研究价值,研究现状及述评,研究思路及方法及研究的创新与不足。第二章,中国民族自治地方政府关系的理论逻辑。首先介绍中国民族自治地方政府关系的理论基础,包括多民族国家建设理论,国家职能理论,地方自治理论,民族区域自治制度理论以及利益分析理论;接着探讨中国民族自治地方政府关系的结构;最后分析中国民族自治地方政府关系的政治根源并探讨其制度基础。第三章,中国民族自治地方政府纵向关系的问题及根源分析。结合中国民族自治地方政府纵向关系的演变,探讨中国民族自治地方政府纵向关系存在问题,并提出存在问题的根源所在。第四章,中国民族自治地方政府横向关系的问题及根源分析。结合中国民族自治地方政府横向关系的演变,探讨中国民族自治地方政府横向关系存在的问题,并提出存在问题的根源所在。第五章,中国民族自治地方和谐政府关系的构建。首先依据中国民族自治地方和谐政府关系的基本内涵和价值,提出中国民族自治地方和谐政府关系的价值诉求;分别提出中国民族自治地方纵向与横向和谐政府关系的标准;探讨中国民族自治地方和谐政府关系构建的路径选择,对中国民族自治地方政府纵向关系的调整以及横向关系的调试做出说明,探讨中国民族自治地方政府能力的提升,以及中国民族自治地方政府责任的切实履行。最后为论文结语。

关键词:民族自治地方　地方政府　关系

2641

**当代中国领导小组制度的变迁与现代国家成长** / 赖静萍著 ; 闾小波指导. -- 南京大学, 2009. -- 244 页

论文探讨当代中国领导小组制度的变迁与现代国家的成长,通过考察 1949 年中华人民共和国成立以来广泛而持久地存在于其中的一类特殊组织——领导小组及由此衍生的一整套制度的延续和变迁,来透视中国独特的现代国家成长路径。全文共分为六章。第一章,面貌:领导小组的存续与变迁。首先根据《人民日报》报道全面展现 2007 年领导小组在中国社会的分布格局,验证"党政军群、企事业单位普遍存在领导小组"这一许多人具有的模糊印象,然后勾勒出 1949 至 2007 年间领导小组活动频率的变化趋势,最后考察论文主要个案——血防领导小组曲折的演进历程。第二章,类型:领导小组类型的变化与现代国家职能的转变。再现新中国成立以来存在过的中央一级党政领导小组,观察其变化趋势及由此体现的国家职能的转变,并按照刺激领导小组成立的因素以及领导小组的任务的战略意义和时空性质,对其进行分类,并对地方政府领导小组的类型及其变化进行分析。第三章,归属:领导小组党政归属的变化与当代中国党政关系的演进。通过考察领导小组同时存在于党政机构中,按职能分布于党政机构,加强党对各种领导小组的领导党政归属变化过程,展现当代中国党政相对分离、以党代政、党政分开、以党领政的党政关系演进历程,并以血防领导小组来具体加以验证。第四章,结构:领导小组结构的延续与变迁。主要探

讨领导小组结构的延续与变迁及其与行为、功能之间的关系。第五章，过程：领导小组运作方式的承继与变化。主要从会议、文件、分责与督查、树立典型四个方面来探讨领导小组的具体运行，在考察当下领导小组的一般行为后，以血防领导小组在较长时段中的行为进行详细诠释，实现一般与典型、现实与历史的结合。第六章，解析：领导小组制度起源与变迁的动力。主要借鉴历史制度主义的制度生成和变迁理论来探讨领导小组制度的起源与存续，并对中央血防领导小组的产生、延续与变迁进行详细剖析。最后为论文结语。

关键词：政治制度　领导小组

**2642**

**国际移民及其政策研究** / 李芳田著 ; 蔡拓指导. -- 南开大学, 2009. -- 173 页

论文采用了历史分析法、制度分析法、实证分析法、案例研究法、文献调查法等，以国际移民问题为研究对象，探讨和分析国际移民及其政策的影响因素，以及国际移民政策与国际关系的互动。论文共分导论、正文五章和结论等部分。第一章导论，阐述研究问题的提出与研究意义，结合学术史回顾与对研究现状的评述，说明了研究的基本思路、概念与主要方法、创新点、框架结构与基本内容。第二章主要梳理并评价了国家移民及其政策的相关理论，说明了国际移民政策分析的框架和本研究的主要问题。第三章主要分析了国际移民政策制定的影响因素，通过对国家移民政策的考察，分析了国际体系与国际机制、国家对外关系、国内政治、国内经济，以及国内外社会文化等因素对国际移民政策制定的影响。第四章论述了世界主要移民接收国的移民政策，着重对美国、英国和法国在 19 世纪晚期到 21 世纪早期的移民政策的演进和发展进行考察与分析。第五章主要探讨了国际移民政策与国际关系的互动，认为在国际移民系统中，国际移民及其政策会影响国家安全、国家对外政策以及国际安全，而反过来国际关系也制约着移民政策的制定。最后得出研究结论。

关键词：移民问题　人口政策　国际关系

**2643**

**朱熹政治哲学研究** / 李锋著 ; 孙晓春指导. -- 南开大学, 2009. -- 155 页

论文采用了历史分析法、比较分析法、文献研究法和实证研究法等，并结合政治学、哲学和传统史学的相关理论与研究方法，以朱熹的政治哲学观点为研究对象，力图对朱熹政治哲学的伦理原则、政治结构、政治理想、理论价值及其局限性等方面进行剖析与解读。全文由导论、正文六章和结语等八个部分组成。导论说明了选题原因及研究意义，结合相关研究现状的综述，介绍了研究方法和研究路径。第一章分析了朱熹政治哲学的思想渊源与时代背景，简述了两宋以前儒家政治学说的哲理化进程及北宋道学的发展，并对朱熹政治哲学的社会历史背景进行解读。第二章探讨了朱熹构建起政治哲学的逻辑前提，论述了朱熹对于天理的形而上学的把握，以及“理一分殊”的政治哲学意义。第三章主要阐述了朱熹关于人性的前提假定，以及基于人性假定的人治与等级观念。第四章阐述了朱熹政治哲学的价值取向，剖析了其“穷理灭欲”“重义轻利”等主张的实质。第五章阐述了朱熹对传统儒家王道思想的发展，分析了朱熹王道思想的积极意义及其理论局限。第六章肯定了朱熹政治哲学的理论价值，并指出了其政治哲学的理论局限。最后结语部分总结全文，得出研究结论。

关键词：朱熹　政治哲学　哲学思想　思想评论

**2644**

**政治哲学的形而上学：西方超验型公共理性传统及其变迁研究——主要基于哲学王 VS 弥赛亚的高度** / 李峻登著 ; 乔耀章指导. -- 苏州大学, 2009. -- 649 页

论文采用文献资料法、逆推溯源法、历史分析法、比较分析法、逻辑分析法、系统分析法等，以西方超验型公共理性传统及其变迁为研究对象，以“广义形而上学”作为基本视角，力图对西方政治思想史上的“超验型公共理性传统”的历史变迁及其内在规律进行梳理与研究。论文共分十二章。第一章前言，介绍研究缘起，结合文献综述说明论文的研究思路、框架与基础、研究价值与研究方法。第二章主要对论文所涉及的基本概念、命题进行理论界定。第三章主要对作为西方政治文明的哲学师祖苏格拉底彼岸天国理性形而上学的主要思想进行分析。第四章阐释柏拉图政治哲学的形而上学基础及其公共理性意义。第五章阐释亚里士多德《政治学》的形而上学基础及其公共理性意义。第六章对斯多葛学派的自然法进行分析，并对实践性政治哲学家西塞罗及其学说进行考察与评价。第七章阐释基督教政治哲学的神学形而上学及其公共理性意义。第八章主要阐释希腊理性形而上学（哲学王）与基督宗教神学（弥赛亚）之间的联系

与区别。第九章阐释中世纪基督教的柏拉图主义与亚里士多德主义。第十章分析近代积极自由主义的形而上学基础。第十一章阐释西方超验型公共理性的近代化革命与马克思主义政治哲学之间的关系。第十二章为结论与评价。

关键词:政治思想　政治哲学　形而上学

**2645**

**政治发展研究的法团主义维度:威亚尔达政治发展理论研究** / 李力东著 ; 陈剩勇指导. -- 浙江大学, 2009. -- 201 页

论文采用逻辑分析法、历史分析法、文献研究法等,以威亚尔达的政治发展理论为研究对象,力图对威亚尔达法团主义政治发展理论进行深入和系统的研究。全文共分八章。第一章导论,介绍研究的选题缘起,结合法团主义研究的文献综述,说明论文结构、研究方法以及创新点。第二章回顾20世纪50年代西方政治发展理论的兴起,结合对威亚尔达生平及学术经历的简介,着重阐释威亚尔达政治发展观的演进,并对20世纪60年代政治发展研究的范式转型与"替代性范式"的兴起状况做分析。第三章主要概述威亚尔达对法团主义概念的分析及其对法团主义历史渊源的阐述。第四章主要概述威亚尔达对法团主义的类型及其动态变迁过程的分析。第五章主要阐释威亚尔达对民主转型背景下法团主义的分析及其对民主转型与法团主义之间关系的论述。第六章分析威亚尔达的研究案例,着重解读威亚尔达对拉美政治发展研究方法的总结,及其以法团主义模式的研究视角对拉美政治发展的探讨。第七章对威亚尔达法团主义政治发展理论作出评价,主要分析威亚尔达法团主义政治发展理论的价值与限度及其在西方政治发展研究中的地位。第八章结论与进一步探讨。

关键词:威亚尔达(Wiarda, H. J.)　政治思想　法团主义

**2646**

**当代中国政府回应过程研究** / 李严昌著 ; 陈红太指导. -- 中国政法大学, 2009. -- 144 页

论文主要运用政治系统论的分析方法,以当代中国政府回应过程为研究对象,力求对当代中国政府回应的理论基础、环境、动力、基本形式及其过程进行深入系统地解读与研究,并试图指出其存在的不足和问题,并探讨未来增强中国政府回应的发展方向。全文分为导论、正文五章和结论三个部分。导论介绍研究意义,结合国内外研究综述说明研究思路、分析框架、研究方法、主要内容、创新与不足。第一章介绍西方语境下政府回应的基本理论,并结合当代中国政治环境的实际,阐释当代中国政府回应的理论基础、要素、类型与功能等问题。第二章主要从政治文化传统、市场化改革、政治体制和意识形态、全球化时代的国际环境等角度,分析当代中国政府回应的环境及其影响。第三章分析当代中国政府回应的外部动力与内部动力。第四章对当代中国政府的被动回应进行分析。第五章对当代中国政府的主动回应进行分析,侧重研究政府主动回应过程的重点环节。结语部分在总结全文的基础上,指出未来增强中国政府回应性应坚持的发展方向。

关键词:国家行政机关　决策　参与管理

**2647**

**学术与政治:当代中国人文社会科学研究的政治效应分析(1978—2007)** / 李智著 ; 张凤阳指导. -- 南京大学, 2009. -- 187 页

论文参照伊斯顿的政治系统分析理论和拉卡托斯的科学研究纲领方法论,以当代中国人文社会科学研究的政治效应为研究对象,借用"输入"与"输出""硬核"与"保护带""修辞"与"话语"等概念构建起解释框架,按照历史脉络考察1978年以来学术话语与政治修辞之间的关系,以此对近三十年中国人文社会科学研究的政治效应进行剖析和阐释。全文由正文五章、结语部分构成。第一章绪论,介绍选题与立意,结合相关文献综述对核心概念进行诠释,并说明研究预设及分析方法、可能的创新与不足。第二章主要对1978—1981年间人文社会科学界的学术研究与政治的特殊关联做了分析,主要研究了这一时期政治路线的矫正与知识分子的卷入。第三章对1981—1989年这一时期重获新生的中国人文社会科学界凝聚和表达公共议题的学术自觉做了分析。第四章对1989—2002年这一时期的中国人文社会科学界学人"阐释者"的倾向做了分析,并通过回溯学术界对《物权法》问题的讨论,来对学人的"立法者"与"阐释者"的双重角色进行观察。第五章主要对2002—2007年这一时期互动中渐趋并行的学术话语与政治修辞之间的关系做了分析。最后是结语部分,归纳了主要结论,说明了有待进一步研究的问题。

关键词:人文科学　社会科学　学术研究　政治性

2648

**在 WTO 架构下之两岸经贸关系** / 梁伟胜著 ; 蔡拓指导. -- 中国政法大学, 2009. -- 168 页

论文采用文献资料法、比较分析法、访谈调查法、历史分析法、系统分析法、功能分析法和逻辑分析法等,以 WTO 架构下中国内地与台湾地区之间的两岸经贸关系为研究对象,力图在 WTO 的架构下检视两岸关系的发展状况,进而建构两岸经贸政策,探讨两岸关系发展的新途径。全文共分九章。第一章绪论,介绍研究动机与目的,结合相关文献研究综述介绍论文的研究方法与研究路径。第二章阐述探讨两岸关系的主要理论与模式,对整合理论、经济整合理论进行概述,并从整合理论中探讨两岸整合与两岸关系。第三章对区域整合下的大中华经济圈与大陆经济的兴起予以分析,并分析新东亚经济秩序对两岸关系的影响。第四章主要对全球最大的经济体系 WTO 的概况、成立背景、组织架构及其基本精神、协商机制等问题进行概述。第五章着重对两岸加入 TWO 的过程与各自的利益诉求进行回顾与分析。第六章对加入 WTO 前两岸经贸关系进行回顾,着重对两岸经贸政策的发展过程、两岸经贸关系的实况以及两岸经贸交流的困境予以分析。第七章在对两岸加入 TWO 之后对整体经济的影响予以分析的基础上,探讨两岸竞争的模式,并对加入 WTO 之后两岸的经贸关系进行展望。第八章阐述了两岸经贸互动的整合效应与政治考量。第九章结论与建议。

关键词:一国两制　经济合作　世界贸易组织

2649

**跨国公司对中国外资政策的影响研究** / 刘畅著 ; 杨龙指导. -- 南开大学, 2009. -- 220 页

论文采用历史分析法、文献调查法、案例分析法、实证研究法、比较分析法、归纳分析法、制度分析方法等研究方法,以跨国公司对中国外资政策的影响为研究对象,论文在对跨国公司行为的相关研究进行历史回顾的基础上,力求对其在华投资的行为特点以及影响政策的实现路径和最终结果进行较为系统的分析与探讨,并在此分析基础上,对中国当前外资政策的调整与完善提出建议。全文共分七章。第一章导论,阐述本选题的研究意义与价值,对相关基本概念进行界定,结合研究现状的综述说明论文的主要观点、研究思路、研究方法以及可能的创新之处与局限。第二章主要对跨国公司的相关理论进行综述。第三章概述跨国公司对华投资的历史,着重分析跨国公司对华投资的分布特征与投资动机。第四章探讨跨国公司影响我国外资政策的主要方式,并结合典型案例分析跨国公司与我国政府之间的博弈。第五章对中国外资政策进行分析,着重分析中国外资政策的目标与发展阶段、主要内容以及取得的成绩与存在的不足。第六章主要分析跨国公司对中国外资政策的影响。第七章提出中国外资政策的调整思路和未来走势,并对中国外资政策的调整与完善提出若干建设性的意见。最后得出本研究的结论,并提出进一步需要探讨的问题。

关键词:跨国公司　对华投资　外资政策

2650

**建构政制:思想与统治——以美国立宪为例** / 刘晨光著 ; 林尚立指导. -- 复旦大学, 2009. -- 278 页

论文采用了案例分析法、历史分析法、文献资料法、实证分析法、制度分析法及理论综述的研究方法等,以美国立宪历程为研究对象,论证思想在构建政制中的作用,揭示现代政制背后预设的价值和目标,并在此基础上,通过对现代政治文明及西方文明本身进行反思来增进对政制转型的理解。全文分为导论和正文四章。导论介绍研究问题的提出与研究目标,结合对本研究相关概念界定,说明了篇章结构、主要内容、研究方法与资料来源。第一章在分析政制的建构品性、政制的优劣标准的基础上,探究了思想在建构政制中的作用。第二章以美国立宪为例,论证了政制建构中的价值基础问题,探讨了美国立法者选择现代共和主义立国的现实需要与思想根源。第三章以美国立宪为例,论证了政制建构中的战略目标问题,在追溯对美国立宪具有重要影响的伟大政治思想家对现代政治及其目标的创造性论述的基础上,分析了美国立法者的"新政治科学"及美国立宪所要实现的政治目标。第四章在以上分析的基础上,通过一般性的理论探讨,对"自由政制"所代表的现代政治文明与西方文明传统进行反思,最后对美国共和政制及论文主旨做了总结,以此深化对政制转型的理解。

关键词:政治制度　制度安排　立法

2651

**制衡霸权:结构压力、霸权正当性与大国行为** / 刘丰著 ; 张睿壮指导. -- 南开大学, 2009. -- 197 页

论文在对相关文献进行批判性评估的基础上,选

择结构压力和霸权正当性两个变量解释大国制衡行为。全文共分为六章。第一章,国际政治中的制衡难题。首先介绍论文的研究问题、理论意义和现实意义;接着对既有研究评述,包括对制衡行为生成的解释和对制衡行为受限的解释;提出论文的理论基础和研究思路;最后提出论文的结构安排。第二章,解释制衡行为的理论框架。首先对制衡行为做出界定,包括均势与制衡,制衡的概念,制衡行为的操作化;探讨制衡行为变化的原因;提出假设检验与论文的案例选择。第三章,制衡升级——拿破仑国际体系下的争霸与反霸。介绍拿破仑争霸战争时期的国际体系,制衡还是追随——主要大国的行为反应,对制衡行为的原因进行分析,并得出该部分的总结。第四章,制衡僵持——冷战期间美苏之间的激烈斗争。首先介绍冷战初期的国际结构与两极均势,包括冷战初期的国际结构,美苏两极均势的形成与变迁以及两极均势的特点;接着探讨结构压力与冷战的根源;通过对马歇尔计划和经互会的建立,北约与华约的建立,以及意识形态领域的竞争方面的研究,介绍美苏霸权正当性竞争与两大阵营的形成;最后介绍美苏相互制衡的持续,并对美苏之间的斗争历史作出总结。第五章,制衡滞后——冷战后主要大国对美国霸权的回应。主要从次等大国对美国霸权的回应,结构压力、霸权正当性与制衡难题,霸权正当性的衰落与制衡复苏以及单极体系下的制衡趋势几个方面进行讨论。第六章为论文的主要结论。

关键词:国际政治　国际关系　霸权主义

**2652**

**婚姻中的政治:中共的婚姻政策与社会动员(1927—1976)** / 刘晖著 ; 陈明明指导. -- 复旦大学, 2009. -- 160 页

论文主要采用了历史分析法、逻辑分析法和文献资料法等,以 1927—1976 年中国共产党的婚姻政策为研究对象,对中国共产党在各个历史阶段通过对婚姻的改造,从而完成政治权力对社会成员政治认同感的更新、实现和高度有效的社会动员这一历史过程及其运行机制进行研究。全文由导论、正文四章和结语等六个部分构成。导论阐述问题的提出,结合相关研究现状述评说明了相关概念、分析范式、文章结构与研究方法等问题。第一章分析了 1927—1949 年中国共产党在武装革命中的婚姻政策,评价了这一时期中国共产党婚姻自由政策及其社会动员效果。第二章分析了 1949—1958 年中国共产党领导的国家政权的婚姻立法,分析与评价了这一时期国家权力对婚姻过程的强制性介入过程及其结果。第三章回顾与评价了 1958—1976 年"反右"与"文革"中基于激烈的"阶级斗争"的需要,中国共产党政治权力深入婚姻家庭内部,制造婚内政治隔离,严重扭曲了人们私人生活的最初价值的混乱的历史状况。第四章在对婚姻政策的社会动员机制进行探讨,强调了婚姻的象征——资本化是中国共产党在社会成员中塑造新的社会认同的重要策略,因而成为社会动员的有效机制。最后是结语部分,得出研究结论。

关键词:婚姻制度　婚姻问题　政治

**2653**

**宋代学校伦理道德教育研究** / 刘立松著 ; 柏桦指导. -- 南开大学, 2009. -- 144 页

论文以宋代学校伦理道德教育为主要研究对象,以伦理道德教育为中心展开探讨。全文共分为五章。第一章,绪论。介绍论文问题的提出和选题意义,研究现状,研究方法理论和内容。第二章,宋代学校教育基本状况。介绍中央官学,包括国子监与国子学,太学,京师各官学;介绍地方官学,包括府州军监学和县学;介绍私学教育,包括书院和私塾。第三章,宋代君主与教育家的伦理道德教育观。首先介绍北宋君主伦理道德教育观,包括宋太祖赵匡胤、宋太宗赵炅、宋真宗赵恒、宋仁宗赵祯、宋英宗赵曙、宋神宗赵顼、宋徽宗赵佶、宋钦宗赵桓的伦理道德教育观;后介绍南宋君主伦理道德教育观,包括宋高宗赵构、宋孝宗赵昚、宋光宗赵惇、宋宁宗赵扩、宋理宗赵昀、宋度宗赵禥及宋末三帝等。第三章,宋代教育家伦理道德教育观。对宋代教育家做出界定,并介绍北宋和南宋教育家的伦理道德教育观。第四章,宋代伦理道德教育观分析。探讨伦理道德教育的表面化和伦理道德教育律人不律己的具体情况。第四章,宋代学校伦理道德教育的实施。一是官学的伦理道德教育,包括学规反映出的伦理道德教育、教材反映出的伦理道德教育以及官学伦理道德教育的关注和缺失;二是私学的理论道德教育,包括书院理论道德的反映——学规以及书院理论道德的缺失——现实;三是蒙学的理论道德教育,包括蒙学教材体现的伦理道德观和蒙学伦理道德的缺失。第五章,学为圣人——宋代书院的人格教育。提出书院人才的培养观念,书院教育是最高层次的人格教育,书院教育最高人格境界等。最后为论文

结语,总结宋代学校伦理道德教育的启示。

关键词:学校教育　伦理道德　教学管理　宋代

2654

**中国基层公务员管理制度建设问题研究** / 刘琪著 ; 王惠岩,王彩波指导. -- 吉林大学, 2009. -- 130 页

论文研究对象为中国基层公务员管理制度建设问题,分析基础公务员及基层公务员管理的内涵、管理制度和管理现状,揭示中国基层公务员管理制度建设水平低下的客观事实,分析造成这种情况的因素,并就如何实现并提升中国基层公务员管理制度建设水平给出对策性建议。全文共分为四章。绪论部分介绍基层公务员管理制度建设问题的提出背景,基层公务员管理制度建设问题研究现状,论文的基本内容及架构。第一章,基层公务员管理制度建设概述。对公务员的范围,基层公务员内涵,街头官僚及基层公务员管理的内涵做出说明;分析基层公务员管理制度建设的历史轨迹,探讨基层公务员管理制度建设的意义。第二章,我国基层公务员管理现状。首先介绍基层公务员管理机构及管理体制;接着分析基层公务员管理过程制度,包括基层公务员录用制度,培训制度,考核制度,奖励制度,惩戒制度,薪酬制度以及基层公务员地域回避制度等;最后对基层公务员监督体制做出分析。第三章,基层公务员管理制度建设制约因素剖析,探讨基层行政管理的制约,提出基层公务员管理机构缺乏对现代公共人力资源管理理论的系统认识,基层公务员管理及监督体制运行方面的制约及基层公务员队伍整体能力素质不高等。第四章,基层公务员管理制度建设实现路径。首先介绍基层公务员管理制度建设指导思想和管理原则,进而提出法治化是基层公务员管理制度建设的必然之路,提出组建科学合理的基层公务员管理机构,建立健全基层公务员管理运行机制,逐步探索完善基层公务员监督机制,加强基层公务员的能力素质建设,努力做好基层行政文化建设。最后为论文结语。

关键词:公务员　人事管理　法治

2655

**政治控制、市场竞争与中国地方党报的影响力(1978—2009)** / 刘伟伟著 ; 张光指导. -- 南开大学, 2009. -- 204 页

论文采用历史分析法、文献调查法、典型案例调查法、比较分析法、实证分析法、信息研究法、跨学科研究法、结构功能分析法、系统分析法等,以 1978—2009 年间地方党报的影响力为研究对象,力求对这一时期的政治控制、市场竞争对地方党报的影响力的作用机制进行研究。全文共分七章。第一章导言,阐述研究问题的提出与研究意义,对论文的理论假设、创新之处、研究方法、数据来源、篇章安排等问题做说明。第二章主要结合相关研究文献,综述论文研究所涉及的传播政治经济学、政治控制、市场竞争、报纸的影响力等相关概念。第三章从宏观的角度,概述政治控制、市场竞争与中国党报的影响力的作用机制,并在此基础上,分析作为"标杆"的《人民日报》。第四章着重对《南方日报》、《广州日报》等广东地方党报进行研究,认为广东地区"弱政治控制—强市场竞争"的特征是导致广东党报一枝独秀的重要原因。第五章着重对《上海党报》进行研究,分析上海"强制政治控制—强市场竞争"的特征对上海地方党报影响力的作用机制及其党报特点。第六章着重分析天津地区"强政治控制—弱市场竞争"的特征对天津地方党报影响力的作用机制及其党报特点。第七章结论与展望。

关键词:经营管理　市场竞争　行政干预

2656

**走向职业共同体的中国法律人:以公共政策的悖论为视角** / 刘小吾著 ; 严强指导. -- 南京大学, 2009. -- 358 页

论文采用了唯物辩证分析法、文献资料法、历史分析法、案例分析法、系统分析法、公共政策研究法、实证分析法等,以中国法律人职业共同体为研究对象,以公共政策的悖论为研究视角对中国法律人共同体进行研究。论文分为导论和正文六章。导论阐述选题的缘由及意义,结合国内外研究述评介绍了创新之处、研究视角,并对研究路径、研究方法及研究困难做了说明。第一章对法律人共同体的内涵、外延及其整合进行论证,并就古罗马、现代德国与美国的个案考察,阐述了西方法律人的社会功能。第二章阐述了法律人共同体悖论的生成原因与历史渊源,并对共同体悖论的解释模型进行了理论说明。第三章对构建法律人共同体概念核心变量中的职业技能悖论、职业伦理悖论展开论述。第四章对法律人共同体核心变量中的职业信仰悖论、职业行动悖论展开论述。第五章对法律人共同体病态化及其妖魔化的表现进行论述,并重新审视与检讨法律人共同体的问题及其政策悖论。第六章结语与展望。

关键词:法律工作者　职业信仰　司法制度

2657

**事业单位人事制度改革研究** / 刘晓苏著 ; 吴志华指导. -- 华东师范大学, 2009. -- 253 页

论文主要采用制度分析方法、结构功能分析方法以及历史与现实相结合、实然与应然相结合的研究方法,并借用新制度经济学理论、战略管理理论以及人力资源管理等相关理论,以事业单位人事制度改革为研究对象,基于公共部门人事制度变迁以及事业单位体制改革的宏观背景对近年来事业单位人事制度改革的现状进行利弊分析,力图提出符合事业单位实际情况的人力资源管理运作机制的设计建议。全文共分七章。第一章导论,阐述论文的研究目的与意义,结合相关研究文献综述说明论文的研究方法、研究框架与创新点。第二章阐释事业单位及人事制度等概念,并对事业单位人事制度的功能与结构进行分析。第三章主要从制度变迁的宏观角度,考察事业单位体制变迁并对其作出评估。第四章主要回顾和分析事业单位人事制度改革的历程及其改革背景,并对事业单位人事制度改革现状进行诊断。第五章阐述国外公共服务组织的人事管理实践及其经验借鉴。第六章重点从宏观制度设计的角度阐述事业单位人事制度改革的目标、战略及其路径选择。第七章则从微观制度建设的实然与应然相结合的角度,认为事业单位人事制度改革应当导入人力资源管理的理念与模式,并对事业单位人事管理活动的主干环节,包括人事招聘、绩效评估和报酬制度建设作出初步的分析和阐释。

关键词:人事制度　政治体制改革　人力资源管理

2658

**国际规范影响下的国内制度改革** / 刘兴华著 ; 吴志成指导. -- 南开大学, 2009. -- 177 页

论文采用了典型案例研究法、实证研究法、制度分析法、系统分析法和历史分析法等,以国际规范影响下的国内制度改革为研究对象,对国际规范影响国内制度改革的路径、程度及面临的问题进行研究。全文共分八章。第一章导论,阐述研究问题的提出与选题意义,结合研究现状述评说明了论文的研究方法、框架结构与主要创新之处。第二章梳理了理论基础以及学术界的理论争鸣。第三章主要对国际规范及其权威性进行界定,分析了国际规范权威性的衡量标准,认为社会确认与制度化水平是衡量国际规范权威性的两个重要指标。第四章在分析规范团体的形成及其外部扩张倾向的基础上,探讨了规范团体对国家利益和国家行为的影响。第五章阐释了国家加入规范团体而必须取得的成员资格及其标准,论述了国家对国际规范的学习与国内制度改革、深入改革与国际规范的变动,以及成员资格的演化等问题。第六章回顾了在 FATF 的影响下中国、俄罗斯两国的反洗钱制度改革,分析了中俄两国为了追求成员资格而学习 FATF 和反洗钱制度改革的历程。第七章主要回顾和分析了 WTO 以及 TRIPs 对中国、印度和巴西的知识产权制度改革的推动作用。第八章总结全文,得出研究结论。

关键词:政治制度　体制改革　规范　国际关系　反洗钱　知识产权

2659

**俄罗斯民主化研究(1992 年以来)** / 刘洋著 ; 周光辉指导. -- 吉林大学, 2009. -- 160 页

论文以俄罗斯独具特色的传统价值观念的视角,对俄罗斯民主化进程轨迹的内在逻辑进行讨论,提出其对中国改革进程的有益启示。全文共分为五章。绪论部分介绍选题意义,基本概念与文献综述,研究思路、研究方法以及论文创新与不足。第一章,俄罗斯民主化的动因:三个维度的分析。一是俄罗斯民主化的政治动因,探讨政治基础的变化与价值理念的多元化;二是俄罗斯民主化的经济动因,包括经济基础的变化,俄罗斯人对民主与经济的关系的误解,以及经济模式市场化;三是俄罗斯民主化的社会动因,包括社会基础的变化,社会各利益群体与俄罗斯民主化。第二章,俄罗斯民主化的方式、路径。探讨“休克疗法”与俄罗斯民主化的方式,俄罗斯激进民主化方式选择的逻辑,俄罗斯民主化的路径。第三章,国家观念的整合与俄罗斯民主化。对消极的国家观自由主义以及国家主权为先的权威主义这两种国家观念进行比较,分析民主化进程中国家的作用;探讨俄罗斯国家观念的再现代化,包括俄罗斯民主化的权威主义的转向,俄罗斯思想中的国家观念,俄罗斯民主化进程与俄罗斯国家观念的再现代化。第四章,政治制度的变革与俄罗斯民主化。探讨俄罗斯的超级总统制,俄罗斯的代议制度以及俄罗斯的政党制度,并分别分析三者与民主巩固之间的关系。第五章,公民社会的发展与俄罗斯的民主化。分析公民社会与西方民主,俄罗斯的公民社会,以及俄罗斯民主化进程与政治文化的构建。最后为论文结论。

关键词:政治制度　民主政治　政治文化　俄罗斯

**2660**

**政治精英结构与民主巩固:菲律宾与印度尼西亚的比较** / 龙异著 ; 沈明明指导. -- 北京大学, 2009. -- 212 页

论文采用典型案例研究法、实证分析法、逻辑分析法、历史分析法以及比较与归纳相结合的研究方法,以东南亚欠发达民主国家菲律宾与印度尼西亚为比较研究对象,力图探寻影响民主巩固的关键解释因素,以期较好地解释民主巩固。全文分为导论、正文四章和结论共三个部分。导论介绍研究目的与意义,结合国内外相关研究述评说明论文的理论来源与基本观点、研究方法、资料来源以及整体结构与基本内容等问题。第一章对菲律宾与印度尼西亚的基本情况进行初步对比分析,认为菲律宾与印度尼西亚的背景因素存在诸多的相似性。第二章以"民主巩固"为判断标准,对菲律宾与印度尼西亚政治现状的差异进行分析,认为印度尼西亚的民主巩固程度高于菲律宾。第三章以"政治精英结构"为判断标准,对菲律宾与印度尼西亚政治现状的差异进行分析,认为菲律宾的政治精英结构呈近似同质状况,而印度尼西亚的政治精英结构呈近似异质状况。第四章着重对菲律宾与印度尼西亚两国的政治精英结构与民主巩固的关系进行分析,并结合典型案例,解析政治精英结构影响民主巩固的具体过程。最后得出研究结论。

关键词:民主　菲律宾　印度尼西亚

**2661**

**寻求消极保护与积极参与之平衡:西方参与民主理论发展研究** / 卢瑾著 ; 高建指导. -- 天津师范大学, 2009. -- 204 页

论文以马克思历史唯物主义和辩证唯物主义为指导,采用唯物辩证研究法、比较分析法、实证研究法、文献资料法、历史分析法、探索性研究法等,以西方参与式民主理论发展为研究对象,试图从消极保护个人权利与积极参与政治之间的张力入手,对西方参与式民主理论的发展以及民主协商的实质进行深入分析,从而为我国批判地借鉴协商民主理论提供依据。全文由导言、正文四章构成。导言介绍该研究的缘起及意义、结合国内外研究现状综述说明该研究的路径与方法。第一章通过分析自由主义民主的兴盛与危机,探讨参与式民主的理论渊源及其内涵。第二章分析参与式民主的理论建构及内在困境,指出其发展的根本困境是消极保护与积极参与之间的张力。第三章分析参与式民主的协商转向,论证协商民主是参与式民主发展的新阶段,强调协商民主是消极保护与积极参与的平衡机制。第四章是对参与式民主理论的反思,主要分析参与式民主理论的价值与局限,并结合近年来西方国家的协商民主实践,指出其发展面临的践行困境,展望其发展前景,最后指出参与式民主理论对我国的启示。

关键词:参与管理　协商民主　西方国家

**2662**

**自由的必然性与现实性:黑格尔的权利哲学研究** / 罗朝慧著 ; 张桂琳指导. -- 中国政法大学, 2009. -- 194 页

论文采用了逻辑分析法、系统分析法、历史分析法、描述性分析法、文献资料法等研究方法,以黑格尔的权利哲学为研究对象,力求对黑格尔权利哲学所论证的人类自由的必然性与现实性的内涵进行深入研究。全文共分六章。第一章主要介绍近代自由与权利政治思想的理论内容与论证方法的不足,即近代政治思想中三种必然性自由的分与合,并在此基础上着重阐释黑格尔政治哲学对近代自由与权利政治思想的突破。第二章主要阐述人类自由与权利,强调权利是人类自由本质的实践性客观存在。第三章主要阐述人类自由的自然必然性以及个人的自然必然性权利自身内在的自我困境,并论述黑格尔对个人权利观的合理性把握评价。第四章主要阐述人类自由的道德自然性,认为道德权利是自由本质的主观实在性,并分析纯粹道德的主体自治权利的自我叛离。第五章着重分析自由的理性必然性与现实性,并阐释黑格尔对市民社会理论的合理性把握分析。第六章主要分析黑格尔政治哲学内在的超越性意义与价值,着重阐述黑格尔对近代自由观及其认知方法的克服与超越、黑格尔的"理性狡黠"对自由主义难题的避免与超越,以及黑格尔对马克思实践批判哲学的影响与启示。

关键词:黑格尔　权利　法哲学

**2663**

**政治视野下的药品生产企业治理:以武汉 WJ 药业有限公司为例** / 聂伟迅著 ; 徐勇指导. -- 华中师范大学, 2009. -- 122 页

论文采用典型案例分析法、文献资料法、历史分析法、问题调查法、矛盾分析法等,以武汉 WJ 药业有

限公司为研究对象,基于政治的视角,对WJ药业与政府监管部门、利益相关人、同业竞争者之间复杂的博弈关系进行分析,力图以小见大,进而对政治视野下的药品生产企业的治理问题进行研究。全文分为导论和正文五章。导论介绍问题的由来及研究意义,结合研究现状和文献综述,说明论文的研究方法、资料来源、论文结构和创新之处,并对相关概念作了界定。第一章概述疾病、药品、政治三者之间的关系,强调药品安全是现代国家的政治问题,并阐述药品生产企业的公共角色。第二章分析国退民进中的药品生产企业以及政府对医药领域的治理,并对现代药企与政府关系的重构作解读。第三章考察政治在药品生产企业中的实践,分析药品生产企业的政策环境,以及企业权利的实现与社会责任。第四章分析政府对药品生产企业的治理困境,着重阐述产业链博弈对治理的影响,强调公众的缺位是造成药品生产企业处于不可治理状态的根源,只有通过公众治理才有可能达到对药品生产企业的有效治理。第五章反思与结论。

关键词:制药工业　政府职能　市场监管

**2664**

**中国农村基层行政合作研究** / 乔湘流著 ; 方世南指导. -- 苏州大学, 2009. -- 194页

论文结合农村基层行政合作相关理论和具体实践,提出农村基层行政合作的对策与思考。全文共分为五章。导论部分介绍研究的缘起,概念界定,研究现状与论文的研究方法。第一章,行政合作:乡镇人民政府与农民和谐关系的价值追求。分析并介绍农村基层行政合作的时代价值,目标愿景及基本原则。第二章,马克思主义行政合作观:农村基层行政合作的指导思想。介绍马克思恩格斯的行政合作观,列宁的行政合作观,毛泽东的行政合作观及邓小平的行政合作观。第三章,西方行政合作观:农村基层行政合作的借鉴资源。通过对西方管理主义行政合作观,西方宪政主义行政合作观的讨论,提出行政合作观对我国农村基层行政合作的借鉴意义。第四章,农村基层行政合作实践:中国特色的理性探索。主要包括改革开放前农村基层行政合作的实践探索,改革开放以来农村基层行政合作的改革创新,以及农村基层行政合作的制约因素的探讨。第五章,农村基层行政合作升华:对策与思考。提出应改革乡镇人民政府,规范政府行政权;推动农民组织化,增强农民自主权;建构行政合作文化,凝聚行政合作的精神动力,推动农村基层行政合作的升华。最后为论文主要结论。

关键词:农村　基层组织　行政管理

**2665**

**多元现代性与政治发展:S. N. 艾森斯塔特政治发展理论研究** / 饶义军著 ; 陈剩勇指导. -- 浙江大学, 2009. -- 204页

论文采用逻辑分析法、历史分析法、比较分析法、描述性研究法、探索性研究法等研究方法,以S. N. 艾森斯塔特政治发展理论为研究对象,力求对其政治发展理论体系进行科学分析与评价,并在此基础上探讨其政治发展理论对当代中国政治发展的启示。全文共分八章。第一章导论,阐述选题的意义,结合国内外相关研究述评说明论文的写作思路、基本结构与研究方法。第二章对艾森斯塔特的主要成就、学术经历进行回顾,并分析艾森斯塔特政治发展理论的特点。第三章阐述轴心文明中蕴含的多元现代性前提。第四章阐述艾森斯塔特对现代性的界定及其对各种现代进化理论的质疑与批判,并分析早期现代性的内在特征、传播与回应,以及多元现代性的成型与影响。第五章阐述发展中国家政治发展的困境,即现代性传播在政治领域中带来的中心与边缘之间关系的失衡。第六章主要阐述艾森斯塔特关于发展中国家在政治现代化过程中所应采取的促进政治发展与政治现代化的具体策略。第七章解读艾森斯塔特对中国政治发展的阐述,并分析中国现代性展开的阶段与回应特征以及当代中国政治发展所面临的挑战。第八章对艾森斯塔特政治发展理论作出评价,并提出其政治发展理论对当代中国的启示。

关键词:艾森斯塔特(Eisenstadt, S. N.)　政治思想　发展中国家

**2666**

**征地政治:被治理者的维权逻辑** / 阮思余著 ; 肖滨指导. -- 中山大学, 2009. -- 331页

论文采用了访谈调查法、实证分析法、案例分析法、逻辑分析法、问题调查法、比较分析法等,以征地政治为研究对象,结合政治学和社会学的相关理论,分析在征地过程中,作为被治理者的失地农民的征地维权逻辑。全文由导论、正文六章和结论等部分组成。导论部分介绍研究问题的提出,结合文献综述说明了论文的研究方法与论证逻辑。第一章结合相关文献评析阐述了被治理理论,并在此基础上分析了被

治理者的抗争逻辑。第二章结合具体案例分析了农民被迫卷入征地政治的浪潮并因此开启的征地维权行动,以及地方政府的征地政治与征地逻辑。第三章结合具体案例分析了因为征地维权引发的国家保护运动,论证了在国家的支持和保护下农民征地维权运动依然归结于失败的原因。第四章结合具体案例论证了当征地维权引起地方权力精英合流且形成一种庇护关系时,农民征地维权必然失败的原因。第五章论证了当失地农民的征地维权运动在遭遇政治化的司法审判时必然失败的原因。第六章阐述了农民征地维权抗争的焦点及其困境选择。最后是结论与建议。

关键词:国家行政机关　地方政府　土地征用　维权

**2667**

**城市多民族社区政府管理模式研究** / 单菲菲著 ; 高永久指导. -- 南开大学, 2009. -- 217 页

论文采用了比较分析法、案例分析法、田野调查法和定性研究法等,结合国家—社会关系理论,以城市多民族社区这一特殊的城市社区类型作为研究对象,对城市多民族社区政府管理模式进行分析与评价。全文共分六章。第一章绪论,说明选题缘由与选题意义,结合文献综述,介绍了论文架构与研究方法、研究的创新与不足之处等。第二章展开对城市多民族社区政府管理模式的理论分析,并以此为分析框架,提出了相关基本假设。第三章以个案研究的形式,对城市多民族社区的政府管理现状进行评析。第四章在对实践中国内外社区典型政府管理模式的特征进行比较分析的基础上,构建出城市社区三种政府管理模式的研判标准作为判断依据,并以此对城市多民族社区政府管理现状做进一步分析。第五章对城市多民族政府管理模式的影响因素进行分析,认为经济、国家、社会与民族四大方面的因素是造成城市多民族社区现有政府管理模式,以及其中不同管理倾向的主要原因。第六章在总结全文的基础上,对城市多民族社区现阶段实行的政府管理模式做出评析,并提出了未来的发展模式及其推动措施。

关键词:城市　社区管理　民族问题　管理模式

**2668**

**改革开放以来中国思想解放的比较研究:系统环境·思想·制度之渐进－动态调适** / 单继友著 ; 谢庆奎指导. -- 北京大学, 2009. -- 186 页

论文采用比较分析法、问题调查法、逻辑分析法、文献资料法、历史分析法等,以改革开放以来中国四次思想解放运动为研究对象,力求对其进行比较研究,以探析其内在逻辑与经验启示。全文分为绪论、正文六章和结语。绪论介绍本研究的缘起与问题的提出、研究方法、论文的结构设计与章节安排,并对思想解放等相关概念进行界定。第一章在对中西方相关理论范式进行综合评析的基础上,阐述研究定位与特点,进而提出"系统环境·思想·体制之渐进——动态调适"的理论框架。第二章分析与评估第一次思想解放运动(以 1978 年真理标准讨论和党的十一届三中全会为标志)的源起、系统环境的变迁、思想主题、体制改革、主体与动力源、路径等问题。第三章对第二次思想解放运动(以 1992 年邓小平南方视察谈话和党的十四大为标志)进行分析与评估。第四章对第三次思想解放运动(以 1997 年江泽民在中央党校5·29讲话和党的十五大为标志)进行分析与评估。第五章对当前新一轮思想解放运动(以 2007 年胡锦涛在中央党校 6·25 讲话与党的十七大为标志)进行分析与评估。第六章则在前文研究的基础上,对四次解放运动的缘起、环境、思想、体制、主体、路径进行比较研究,进而得出历史经验与启示。最后是结语部分,总结全文。

关键词:思想解放　体制改革　社会主义建设

**2669**

**转型时期地方城市政府执行力研究:以深圳政府执行力建设实践为分析个案** / 沈杰著 ; 严强指导. -- 南京大学, 2009. -- 192 页

论文以深圳市执行力建委个案为分析对象,对转型时期地方城市政府执行力问题进行研究。全文共分为六章。第一章,导论。介绍论文的缘起、问题的提出,问题的实质、关键、重点及研究的意义,国内外相关研究现状,研究思路、研究方法以及论文的创新之处。第二章,逻辑基础与实证模型。探讨提高城市地方政府执行力的逻辑基础,提出构建地方城市政府执行力的实证模型。第三章,核心问题与求解分析。结合我国关于地方城市政府职能定位的相关政策,分析西方地方城市政府的职能,转型时期中国地方城市政府职能,探讨提高地方城市政府执行力与地方城市政府职能定位;结合中国改革开放以来分权化改革与权责利统一,西方地方政府改革中的集权与分权,转型时间中国地方城市政府权责利的统一,对提高地方城市政府执行力与权责利统一做出讨论;最后分析提高地方城市政府执行力与地方城市政府官员平庸化

的治理,探讨提高地方城市政府执行力与执行技术的提升。第四章,深圳实践与现状评估。结合三年多来深圳市执行力的建设实践,对其执行力建设作出实践评估,包括深圳市执行力建设的总体评价、分项评价以及对深圳市执行力指标体系和评估方法的评价。第五章,未来挑战与路径选择。提出在转型时期明晰政府职能的挑战与路径选择;完善"大部制",改革的挑战与路径选择;探讨执行力建设的挑战与可能的方法;对精简行政层级的挑战与路径选择做出说明。第六章,基本结论与需要进一步研究的问题。

关键词:地方政府　行政管理　城市管理　社会转型期

**2670**

**"两会机制"研究** / 盛林著 ; 朱光磊指导. -- 南开大学, 2009. -- 243 页

论文采用了制度分析法、政治系统分析法、历史分析法、典型个案研究法、实证分析法、信息研究法、文献调查法等,以中国"两会机制"为研究对象,在国家和社会关系、政党政府的分析框架下,以党政关系和民意实现为主线,通过对中国政治过程的考察和对若干典型案例的分析,阐释"两会机制"在中国政治过程中发挥着"协调党政,接入社会"的基本功能。全文共分八章。第一章引言,介绍选题的缘起与意义,结合研究现状分析与文献综述,说明了研究框架、路径与方法及结构安排。第二章对"两会"的概念的做了话语分析。第三章在考察"两会机制"的形成与演变的基础上,阐述了"两会机制"的基本内涵与内在逻辑。第四章考察了在政治过程中的"两会机制",并对其进行政治学解析。第五章主要分析了"两会机制"对中国政治体系发展的推动作用,分析了其对中国多党合作制度、法制建设、民意实现、民主建设的推动。第六章结合物权法的立法过程、上海人大常委会否决政府医保议案、铁路春运价格提案等典型案例对"两会机制"进行解读。第七章分析了"两会机制"存在的问题,并在此基础上提出了完善"两会机制"的总体思路与具体的对策建议。第八章结论与思考。

关键词:全国人民代表大会　中国人民政治协商会议　政治制度　民主政治

**2671**

**文件与乡村治理:以 1949 年以来中央重大涉农文件为分析视角** / 施从美著 ; 闾小波指导. -- 南京大学, 2009. -- 232 页

论文从国家的视角出发,运用文件政治和乡村治理的相关理论和研究方法,探讨当代中国政治生活中特有的"文件治理"方式对 1949 年以来乡村治理中的重大制度变迁产生的功能和效果。全文共分为七章。导论部分介绍选题的背景和意义,国内外研究现状,主要理论和方法,主要思路及论文的创新方面和不足之处。第一章,文件与国家治理。介绍国家治理的嬗变,帝国时期"德主刑辅"范式下的文件治理,中共革命时期的文件治理遗产及新中国成立以来的文件与国家治理。第二章,当下中国的文件政治解析。首先是对文件政治的结构分析,包括文件政治的体制化结构和人格化结构分析;接着是对文件政治的功能分析,包括统治功能、利益表达功能、信息沟通功能、指令功能、执行功能和转换功能;最后探讨文件的制定过程和执行过程。第三章,1949—1977 年中央重大涉农文件与乡村治理。首先对 1949—1979 年间中央重大涉农文件进行梳理,接着对有关土地制度变迁的文件做出分析,对乡村组织制度变迁的文件分析,对农村税费政策变迁的文件分析,最后对 1949—1979 年间的乡村治理制度化水平评估。第四章,1978—1986 年中央重大涉农文件与乡村治理。通过对 1978—1986 年中央重大涉农文件的梳理,对土地制度变迁(突破期)文件,村民自治(草创期)的文件,农民税费的文件及乡镇企业(快速发展期)的文件进行分析,并对 1978—1986 年间的乡村治理制度化水平进行评估。第五章,1987—2003 年中央重大涉农文件与乡村治理。对 1987—2003 年间中央重大涉农文件梳理,对其中的土地制度变迁文件,村民自治制度文件,农村税费改革、减轻农民负担的文件,乡镇企业的文件进行分析,对 1987—2003 年间的乡村治理制度化水平评估。第六章,2004 年以来中央重大涉农文件与乡村治理。第七章,1949 年以来文件与乡村治理的总体性分析。包括 1949 年以来重大涉农文件制定的总体性分析,重大涉农文件执行绩效的整体性分析,探讨乡村治理水平的提升以及文件在乡村治理中的合理性与局限性。最后为论文结语。

关键词:地方政府　农村　文件

**2672**

**西方自由主义的社团与国家关系理论剖析** / 双艳珍著 ; 徐大同指导. -- 天津师范大学, 2009. -- 190 页

论文采用唯物辩证研究法、历史分析法、比较分

析法、经验总结法、文献研究法等,以西方自由主义的社团与国家关系理论为研究对象,力图对西方自由主义的社团与国家关系理论进行系统地剖析,进而对其进行批判与反思。全文分为导论、正文四章和结束语等部分。导论介绍选题的缘起,结合相关研究现状综述说明研究思路、方法、创新与不足等问题,并对论文所涉及的相关概念进行界定。第一章分析自由主义关于社团与国家关系理论的实践来源,论述自由主义关于社团制衡国家的理论架构以及社团制衡国家的自由主义民主功能。第二章考察传统自由主义到新自由主义的过渡,分别探讨传统自由主义和新自由主义视域中的社团与国家的关系,以及传统自由主义与新自由主义的缺陷与问题。第三章考察多元主义到法团主义的过渡,着重分析多元主义模式的当代困境及其解决方案以及法团主义所带来的新的问题,最后探讨多元主义与法团主义的自由主义局限。第四章在以上分析的基础上,着重对自由主义的社团与国家关系理论进行批判与反思,并指出我国构建社会主义市民社会的过程中应当注意的问题。

关键词:社会团体　自由主义　西方国家

2673

**传统与自由:柏克政治思想研究** / 宋雅浪著 ; 张铭指导. -- 苏州大学, 2009. -- 138 页

论文以柏克尊崇传统、捍卫自由为基本着眼点,阐明柏克的自由思想与其开创的保守主义思想之间是相辅相成的,两者共同构成柏克政治思想的核心。全文共分为五章。绪论部分介绍选题的依据与意义,研究现状与相关文献资料,研究基本方法与分析框架,论文的理论贡献与不足。第一章,柏克的生平及其思想渊源。首先介绍18世纪英国社会的政治架构与社会思潮;接着介绍柏克的生平,包括柏克的教育经历、宗教背景、法学素养、政治事件等;最后分析柏克思想的渊源,包括亚里士多德、西塞罗对柏克的影响,神学自然法思想对柏克的影响以及英国宪政传统和普通法对柏克的影响。第二章,柏克的传统观与理性观。首先介绍柏克的传统观,探讨传统的内涵,传统、理性与知识的含义,传统与法治,传统与变革;分析柏克的理性观,包括理性的限度,理性与经验,理性与伦理、道德以及理性与审慎、宽容。第三章,柏克的权利观与自由观。主要对天赋权利与人赋权利,自由与传统,自由与秩序做出探讨。第四章,柏克的保障宪政自由伦理。一是自然贵族与民主,介绍自然贵族与等级制,平等与民主;二是政党理论,包括政党制度的形成以及政党理论的具体内容;三是柏克的法律思想,包括法律的类别与功能以及柏克法律思想的具体内涵。第五章,柏克政治思想的影响与意义。介绍柏克保守主义政治思想在欧美的发展以及柏克保守主义与现代保守主义的异同;在思想互动与比较中看柏克思想;提出柏克政治思想的现代意义。最后为论文的主要结论。

关键词:柏克(Burke, Edmund)　政治思想　自由保守主义　思想评论

2674

**基于电子治理模式的政府创新研究** / 宋迎法著 ; 张永桃指导. -- 南京大学, 2009. -- 178 页

论文采用了实证研究法、比较分析法、功能分析法等,结合政治学的相关理论,以基于电子治理模式的政府创新为研究对象,在概述国外理论研究及电子治理实践方面的经验教训基础上,分析政府公共管理改革的发展过程中电子治理实施的价值和风险,对电子治理的实现途径进行研究。论文由绪论、正文七章和结语构成。绪论介绍了研究背景、研究现状,以及论文的逻辑框架、研究方法及创新点。全文从电子治理的基础、价值、应对等三个层面展开论述。第一、二章为基础层面的分析。第一章阐述电子治理的兴起是政府创新的现实选择。第二章探析电子治理的理论内涵及其对政府创新的意义。第三、四、五章为价值层面的探讨。第三章分析信息通讯技术在政府中的深入对传统官僚制组织结构的影响及效应。第四章从政府流程再造的角度剖析电子治理可能带来的政府效率变化。第五章研究电子治理为公民参与渠道的拓展带来的便利与民主意义。第六、七章为应对层面的分析。第六章探讨电子治理实践可能对政府创新造成的风险,着重分析发展中国家在向电子治理模式转型过程中在政治、经济、社会和技术等方面将会面临的挑战。第七章提出在政府创新过程中应对电子治理风险的若干对策。最后是结语部分,总结全文。

关键词:国家行政机关　行政管理　创新管理　电子政务

2675

**民主理念的转换与中国民主政治建设** / 孙明奇著 ; 徐大同指导. -- 天津师范大学, 2009. -- 134 页

论文采用唯物辩证研究法、系统分析法、实证分

析法、观察法、逻辑分析法、历史分析法、比较分析法、制度分析法等,以民主理念的转换与中国民主政治建设为研究对象,力求探讨民主理念进入中国,在与中国政治实践结合的过程中民主理念与实践模式不断转换的原因,论证共产党领导的人民民主是历史的必然,并论证在我国民主建设中,必须根据国情积极探索,走中国特色的民主发展道路。全文分为导言、正文四章和结束语。导言部分介绍选题的缘由、研究意义,结合研究现状综述说明了论文的基本框架和研究方法。第一章主要阐述20世纪70年代以来的第三次民主化浪潮对我国民主建设的影响,分析国内民主观念的主要分歧。第二章主要从历史纵向的角度,考察中国的百年民主历程,着重分析资产阶级的君主立宪、民主共和以及马克思主义民主在中国的传播与实践,并对民主模式转换的原因进行探讨。第三章主要从横向的角度,探讨我国目前社会上民主理念混乱的问题,着重对目前我国流行的五种民主理念及其错误与误区进行梳理与分析。第四章主要论证在中国民主建设过程中,不能照搬西方的民主模式,必须打破西方民主理念的束缚,探索中国自己的民主之路。最后是结束语。

关键词:社会主义民主　社会主义建设　民主政治

**2676**

**利益、参与与地方治理:基于改革开放30年中国经验的分析** / 汤玉权著 ; 徐勇指导. -- 华中师范大学, 2009. -- 138页

论文采用案例分析法、归纳分析法、实证研究法、文献调查法、经验总结法、历史分析法等,以改革开放30年以来我国公民参与地方治理的过程为研究对象,力求通过理论与现实经验相结合的分析视角,对公民如何参与影响地方治理并由此改善地方治理的过程进行深入、系统的研究。论文共分六章。第一章导论,主要交代论文的选题缘由、研究意义、研究现状、研究方法、资料来源以及论文结构等问题。第二章探讨了改革开放后我国公民利益兴起的原因、我国社会利益结构的变化及其利益延伸。第三章探讨了由利益的追求而驱动的公民参与兴起的背景,详细考察了公民参与扩展的路径与形式,并对公民参与扩展的现实性作了分析。第四章论述了由公民参与所引起的当前地方治理困境,指出摆脱困境的出路是构建参与式政府,并通过若干具体案例的分析对参与式政府的类型作了尝试性归纳。第五章从公民的利益指向及其变化入手,对公民参与改善地方治理的扩大范围、程度和路径进行了分析。第六章是结论及中国经验,在对论文主要观点进行概括的基础上,对改革开放30年来公民参与地方治理的经验作了初步总结。

关键词:地方政府　参与管理　利益关系

**2677**

**行政问责机制研究** / 田侠著 ; 刘春指导. -- 中共中央党校, 2009. -- 137页

论文采用了辩证唯物主义与历史唯物主义研究法、制度研究法、比较研究法、公共政策研究法、文献研究法等,以行政问责制为研究对象,从民主政治条件下对行政权力监督与制约的视角,对我国行政问责实践中存在的问题及其原因进行研究,从而构建适合中国政治体制特色的行政问责机制。全文包括导论、正文共六章和结束语。第一章导论,介绍研究现状、研究目的和意义、研究方法以及论文的创新之处。第二章论述行政问责机制的基本概念和基本理论。第三章对中外有关行政问责制度进行研究,考察古今中外有关行政问责方面的机制构成及运行方式。第四章阐述当代我国行政问责制度的发展,考察了从新中国成立以来我国行政问责制的历史脉络,分析了新时期我国行政问责问题凸显的原因,分析了我国行政问责实践发展中存在的主要问题。第五章从建立健全我国行政问责机制的基本原则、健全行政问责体系、明晰行政问责对象、明确行政问责事由等方面分析研究了我国行政问责机制建构问题。第六章从科学设计行政问责手段、健全行政问责责任形式等方面分析研究了我国行政问责机制建构问题。结语部分得出研究结论,并为进一步研究提出建议。

关键词:行政管理　问责　权力　监督管理

**2678**

**制度改造与人的改造:张申府社会改造论研究** / 田玉才著 ; 宝成关指导. -- 吉林大学, 2009. -- 152页

论文探讨制度改造与人的改造,对张申府社会改造论展开研究。全文共分为五章。开篇为论文的导论部分,主要介绍张申府生平和思想发展,张申府研究现状,选题的意义与论文研究方法。第一章,张申府社会改造论的理论来源和历史、思想背景。介绍"孔子、罗素与列宁":张申府社会改造论的理论来源,近代中国的意义危机与秩序危机:张申府社会改造论的历史背景,近代中国社会改造思想的变迁:张申府

社会改造论的思想背景,包括萌芽时期,政治制度改造时期,人的改造时期以及社会制度改造时期。第二章,"实"与理性:社会改造的哲学基础。一是"实"的哲学,包括求"实"论,"大客观主义"与"具体相对论","大中化"和"具体化";二是辩证理性观,包括理性的传承,理性的倡扬以及理性的辩证分析。第三章,科学与民主:社会改造的精神武器。介绍科学与民主的关系;对科学主义研究并反思,探讨"唯物论科学主义",科学的发展以及反思的科学主义;介绍综合民主论,包括系统民主论,自由民主论以及和谐民主论。第四章,启蒙与革命:社会改造的现实手段。首先探讨新启蒙论,包括新启蒙论运动的历史背景,新启蒙运动的新特征,张申府新启蒙论的特点;探讨从无产阶级革命论到一个革命论的具体变迁。第五章,"大同个人主义":社会改造的理想目标。提出社会改造的目标模式,共产主义大同与三民主义大同,并概括大同社会的主要特征。最后为论文结语。

关键词:张申府　政治思想　哲学思想　社会制度思想评价

**2679**

**移民与国家安全——威胁的衍生及其条件研究** / 田源著 ; 张睿壮指导. -- 南开大学, 2009. -- 272 页

论文采用了实证分析法、案例调查法、系统分析法、文献资料法、信息研究法、跨学科研究法、历史分析法等,以移民与国家安全问题为研究对象,通过分析移民在经济、社会、政治三个不同领域的影响,对导致移民威胁国家安全可能性提高的条件因素进行论证。全文共分六章。第一章引论,在对核心概念进行界定的基础上,介绍了本研究问题的提出、选题背景及意义,研究成果综述,基本假设、研究方法、研究思路和结构及创新之处。第二章在对国家安全的领域进行划分的基础上,分析了移民流入对输入国经济、社会、政治三大领域所衍生的积极性安全后果与消极性安全后果。第三章分析了移民威胁国家安全的条件,着重剖析了其内在因素、外部条件,以及影响移民安全后果诸因素间的关系,并探讨了移民威胁国家安全的风险控制。第四章针对南亚地区移民与国家安全问题的案例进行分析,认为移民能够构成对国家安全的威胁。第五章针对法国和德国的移民与国家安全进行分析,认为移民虽然没有引发严重的安全后果,但潜在的风险依然存在,并且在法、德两国,不同时期、具有不同身份特征和分布特点的移民对国家安全的影响也存在微妙的差别。第六章结论与启示。

关键词:移民　国家安全　国际政治

**2680**

**运动高压下的权力斗争陷阱:通渭"大跃进"运动研究** / 田仲勋著 ; 程歗,张鸣指导. -- 中国人民大学, 2009. -- 242 页

论文采用个案研究法、比较研究法、文献资料法、历史分析法等,以甘肃省通渭县"大跃进"运动为研究对象,从宏观历史结构约束下的个人与群体的行动选择的微观机制这一理论视角出发,深入探讨"大跃进"运动中省地两级领导、县级领导、乡村精英和普通民众等各自不同的行动选择和他们之间的策略互动关系及其对通渭县"大跃进"运动的影响,旨在通过个案探讨揭示出缺乏严格的制度性约束的策略互动过程是建国初期政治运动发展的最为关键的微观机制。全文共分五章。第一章导论,介绍研究的理论价值和现实意义、相关研究现状、理论视角和研究方法,说明论文的主要创新点及难点、文章结构和主要内容,并对有关该研究的文献及资料进行特别说明。第二章回顾 1953—1962 年通渭县"大跃进"运动的起源、发动和全面展开,阐述"通渭问题"和刨根运动。第三章考察通渭县"大跃进"运动中的县级政治,重点介绍县委内部的分歧与斗争。第四章考察群众积极分子和乡村精英的草根政治及其对通渭县"大跃进"运动的影响。第五章则从权力与人性的视角,考察"大跃进"运动中食物的分配次序以及最底层民众日常的反抗,最后得出研究结论。

关键词:政治运动　权力　"大跃进"运动

**2681**

**政策执行中的治理困境:基于政策网络理论的分析** / 涂锋著 ; 郭巍青指导. -- 中山大学, 2009. -- 135 页

论文将源于横向协调失败所导致的执行困境定义为治理困境,探讨如何解释治理困境的发生机制以及如何解释治理机制的作用机制。全文共分为六章。第一章,导论。介绍论文研究问题的缘起,研究问题的提出背景,研究方法和研究意义,研究论述框架。第二章,执行困境分析:治理与政策网络的视角。首先介绍执行理论的概念,并分析执行困境;接着提出新的执行困境:基于治理理论的解释;讨论政策网络理论的兴起、争论与发展;最后提出治理困境:一个基于政策网络的分析框架。第三章,减船转产国家方案

分析:传统视角。内容包括议程定位:减船转产方案的背景,政策机制分析:海洋渔业相关法规和行政体系,政策制定:减船转产政策方案的基本内容,政策执行:减船转产方案的执行流程分析。第四章,超越单一部门:从国家方案到广东省方案的转变。首先介绍国家方案的执行困境:目标冲突和资源不足;接着得到对治理视角的困境分析:单一部门的局限;对政策网络提出初步尝试:多个政策部门的参与;最后探讨部门间的博弈关系以及行政分割的关系。第五章,从行政分割到规则缺乏:治理困境的新挑战。介绍广东省方案的执行状况,行政分割下的治理困境,执行反思:社会参与者的作用以及政策执行中的社会参与:规则缺乏及其挑战。第六章,结论:从执行困境到治理格局。研究结合治理困境的基本形式,并对治理困境的机制进行分析,提出思考:执行研究中的机制性因素,并得出论文主要结论。

关键词:政策学　行政管理　公共管理

**2682**

**例外的挑战:卡尔·施米特的国家紧急权理论研究** / 王东明著 ; 陈炳辉指导. -- 厦门大学, 2009. -- 278 页

论文基于施密特文本和他的主权就是决断例外状态的论文,构建一个体现决断例外状态的主权在国内层面与国际层面内容的框架,将施密特国家紧急权理论置于这一框架之下进行梳理。全文共分为六章。导言部分介绍论文的论题、目的与意义,相关文献研究现状,论述的路径与结构安排。第一章,施米特的生平、著作及其例外论介绍。第二章,例外状态与权力。首先介绍例外状态下的主权者,包括例外状态与主权的概念,例外状态下的机器能否自行运转问题的探讨等;介绍例外状态下的宪法守护者,讨论提出法院不可能是宪法守护者,议会也不可能是宪法守护者,只有总统才能守护宪法;介绍例外状态下的特别立法者,包括例外状态与必要理由的特别立法者,例外状态下政治剩余价值的调配,例外状态下必要理由的特别立法者之权利。第三章,例外状态与权利。探讨例外状态下公民权利中止的范围,探讨个人自然权利与利维坦之死,社会组织的宪法权利与法治国家机器的毁灭等。第四章,例外状态与法治。首先介绍法治国的概念,法治国的两个原则,法律的概念以及法规范的普遍性意义;探讨例外状态、国民法治国与政治形势;介绍法学思维模式与例外"法"治,包括对规范论的批评,对 19 世纪的法实证论的批评以及例外状态下领袖守护法律。第五章,战争、国家与国际法。提出战争是一种始终存在的可能性,并对战争与帝国主义的国际法,游击战与国际法做出具体阐释。第六章,施密特的挑战与西方学者的回应。分析讨论共和主义紧急权理论和自由主义紧急权理论,提出施密特国家紧急权理论的实质。最后为论文结语。

关键词:卡尔·施米特　国家　紧急状态　宪法

**2683**

**交往德育研究** / 王冬云著 ; 陈秉公指导. -- 吉林大学, 2009. -- 130 页

论文为交往德育研究,探讨交往德育的基本理论,基本理念,基本范式及其意义。全文共分为七章。第一章,绪论。介绍论文选题依据,交往德育研究现状,论文的基本框架和创新点以及论文主要研究方法。第二章,交往德育的理论基础与知识实践,一是马克思主义哲学考察;二是现代西方交往理论透析,包括以洛克、休谟为代表的有经验主义交往理论,以孟德斯鸠、爱尔维修为代表的功利主义交往理论,以费尔巴哈为代表的人本主义交往理论,以胡塞尔为代表的认识论框架下的交往理论,以海德格尔、雅斯贝尔斯为代表的存在主义视野下的交往理论,以及以哈贝马斯为代表的交往行为理论;三是社会学理论的参照,包括库利的初级群体理论和米德的符号互动理论。第三章,中外交往德育理论评析。对杜威的新教育论,人本主义的道德教育理论,价值澄清学派的道德认知发展理论,德国的交往教育论,以及中国传统伦理道德中蕴含的交往思想展开讨论。第四章,交往德育的基本理论。介绍交往的涵义与特征,交往的德育价值及交往德育的基本内涵和特点。第五章,交往德育的基本理论。提出交往德育的存在之基,交往德育的核心理念以及交往德育的本质规定。第六章,交往德育的基本范式。对交往德育的目标,交往德育的过程,交往德育的师生关系以及交往德育的方法展开介绍。第七章,交往德育对传统德育的超越。提出交往德育是走向人性化的德育,走向"主—客—主"模式的德育,是走向生活化的德育,走向交往对话的德育。

关键词:思想政治教育　人间关系　德育

**2684**

**国际化、制度化与民主化:韩国政治发展与转型的国际因素研究** / 王非易著 ; 郭定平指导. -- 复旦大学, 2009. -- 213 页

论文采用了典型个案研究法、层次分析法、比较分析法和实证分析法等，以韩国民主化中的国际因素为研究对象，以国际化、制度化与民主化作为逻辑线索，从结构、情境和行为体三个层面对韩国政治发展与转型中的国际因素进行研究。全文共分六章。第一章导论，概述研究缘起、研究现状、核心概念与基本假设，梳理了影响韩国民主化的主要国际因素，说明了论文的研究空间、研究方法与分析框架。第二章考察了韩国政治发展与宪政体制的变迁，从历史的纵向脉络阐释了国际因素贯穿韩国政治发展过程的始终并影响着韩国宪政体制的结构与形态。第三章探讨国际结构因素与韩国威权政体的合法性危机之间的关系，分析了国际结构因素的演变对于韩国民主化的影响。第四章探讨国际情境因素与韩国国内制度结构变迁之间的关系，具体分析了经济全球化、第三波民主化、民主观念传播、全球公民社会对韩国政治结构、社会经济与政治文化的影响。第五章探讨国际行为体因素与韩国政治精英的战略选择之间的关系，论述美国、日本以及国际组织对韩国民主化进程的影响。第六章结论，对全文进行理论概括，并以国际约束力和国际参与度为指标对国际化进行类型分析，进而深入探讨国际因素对不同国家和地区造成不同程度影响的原因。

关键词：政治　政体　国际化　民主　韩国

**2685**

**干部国家：中国共产党的干部与国家建设** / 王海峰著 ; 林尚立指导. -- 复旦大学, 2009. -- 314 页

论文采用了描述性研究法、历史分析法、逻辑分析法、文献分析法、探索性研究法和结构功能分析方法等，以中国共产党的干部为研究对象，探讨干部与国家建设的关系，揭示与论证在现代国家的取向下，中国走进干部国家是历史的必然，走出干部国家是现实的需要。全文由导论、正文六章和结论构成。导论介绍选题缘由、研究对象、相关概念和理论工具等问题，并结合文献综述说明了研究视角和主要研究方法。第一章考察了干部的形成，强调共产党的干部是中共革命意识形态的担当者和自身组织结构的行动者。第二章考察中共政党——军队模式的兴起，强调政党型军队是在干部的支撑下运转起来并铸造了干部国家的强制保障。第三章分析了干部国家的形成，考察了干部在中国国家党、政、军三位一体的体系框架的构建过程中的作用。第四章从中共干部在国家发展、政治过程中的角色与作用的视角，考察了干部国家的运行。第五章从干部国家的价值取向、组织原则、制度逻辑等角度，考察了干部国家的运行。第六章从现代国家取向的角度，分析了干部国家运行机制的困境、运行结构的缺陷及其相关问题。结论部分在总结全文的基础上，指出了中国走向现代国家的基本路径与战略选择。

关键词：中国共产党　执政　干部

**2686**

**先秦政治文化：中国政治原初形态研究** / 王建华著 ; 张永桃指导. -- 南京大学, 2009. -- 313 页

论文采用了文献资料法、阶级分析法、逻辑实证法、经史合参法、形态发生法等政治文化的研究方法，以先秦政治文化为研究对象，通过对上古时代、夏商时期、西周王朝、春秋战国等时期的政治文化的解读，进而对中国政治原初形态进行研究。论文由导论、正文五章和结论等七个部分组成。导论部分介绍了选题缘由、研究现状，对相关概念进行界定，并说明了论文的研究框架与政治文化的研究方法。第一章主要阐述先秦政治文化的历史分期与思想渊源。第二章阐述了上古时代的政治文化，概述了三皇五帝的传说，以及尧舜时代对中华古典文明的贡献。第三章阐述了夏商时期的政治文化，认为在夏商时期中国社会由“公天下”转为“家天下”，王道政治成为主流，并且在这一时期华夏疆域进一步拓展，政治、经济和文化得到进一步发展。第四章阐述了西周王朝时期的政治文化，认为西周时期中国的封建制度进一步完善，封建社会达到了鼎盛。第五章阐述了春秋战国时期的政治文化，认为这一时期最大的文化成就就是诞生了原儒、原道等诸子百家，这是先秦政治文化留给我们的最大遗产。最后结语部分阐述了秦汉一统与文化复兴。

关键词：政治思想史　政治文化　政治制度　先秦时代

**2687**

**全球绿色治理如何可能？——论生态安全维护之道** / 王江丽著 ; 余潇枫指导. -- 浙江大学, 2009. -- 166 页

论文主要采用跨学科研究法和探索性研究法，以全球绿色治理为研究对象，力图探索全球绿色治理、维护全球生态安全的解决方案。全文共分六章。第

一章导论,介绍研究的问题与研究意义,结合生态安全研究述评说明论文的主要内容、逻辑框架、创新与不足之处。第二章在界定安全、传统安全与非传统安全等概念的基础上,阐述生态问题成为安全问题的过程,并探讨生态安全的定义、特点、实质及研究方法。第三章分析生态安全维护现状及其对现实政治根基的挑战,着重阐述安全与发展、权利与责任、主权与"球权"、人类终极文明与阶段性愚昧等造成生态安全维护的四大悖论。第四章强调绿色思维即全球生态价值观,是生态文明社会的价值基础,并阐述了全球绿色治理的基本原则。第五章着重阐述生态安全维护的层级策略,并就国家和非国家行为体探讨实现绿色治理的理想方案。第六章总结全文,号召建立全球安全共同体,从空间和时间上实现地球生态系统和人类社会的和谐发展、相依共存,展望生态文明社会和全球安全共同体的到来。

关键词:国际政治　生态环境　环境保护

**2688**

**跨国关系与跨国权威** / 王金良著 ; 蔡拓指导. -- 中国政法大学, 2009. -- 150 页

论文采用了典型案例研究法、实证分析法、历史分析法和比较分析法等,以跨国关系与跨国权威为研究对象,对跨国权威在全球政治、经济和社会领域的影响、跨国权威实施的具体限度和范围以及跨国权威与国家权威之间的关系等理论问题进行分析与解答。全文分为导论、正文五章、结论等部分。导论部分介绍问题的提出,结合国内外研究现状综述和学术史回顾,说明了研究意义、研究方法、分析路径和主要创新之处,并对各章内容做了概述。第一章阐述了跨国关系的基本理论,从概念上界定了跨国权威的具体内涵。第二章考察了跨国关系发展的历史形态,根据不同历史时期的技术和制度发展水平,划分了跨国关系的发展阶段,在此基础上指出当代的跨国关系是一种新现象。第三章论证了全球政治领域中的跨国权威的表现形式和特征。第四章论证了全球经济领域中的跨国权威的表现形式和特征。第五章论证了全球社会领域中的跨国权威的表现形式和特征,并在结合考察20世纪80年代欧洲的核裁军运动、菲律宾的政治社会转型及全球反对童工的跨国治理网络等三个典型案例的基础上,求证跨国权威发挥影响的限制性条件和具体影响,进而与国家权威进行了比较分析。最后是结论部分,归纳本研究的基本结论,指出进一步研究的空间。

关键词:国际关系　国际组织　国家　权威

**2689**

**当代中国政府社会性管制制度变迁研究:以当代城市户籍制度变迁为例** / 王清著 ; 王浦劬指导. -- 北京大学, 2009. -- 240 页

论文以当代中国城市户籍制度的变迁作为研究对象,从政府管制的视角,通过利益分析途径,分析制度变迁的初始动态、动力和主体、约束条件和路径、工具和效益,归纳和提炼出复合型制度变迁的独特方式。全文共分为六章。导论部分包括研究问题的提出,国内外研究综述,核心概念的界定,研究方法与数据,论文创新与不足,论文的框架安排。第一章,制度变迁的初始状态。基于全能主义的政府与社会的关系,探讨全能主义政府与社会互动过程中的制度需求,提出户籍制度的现实形态及户籍制度的功能。第二章,制度变迁的动力和主体。分析制度变迁的动力,包括经济发展的作用分析,生产力与生产关系的矛盾推动制度变迁;分析制度变迁的主体,包括政府供给主导型的户籍制度变迁及制度变迁的操作性主体,即地方政府。第三章,制度变迁的约束条件和路径选择。提出制度变迁的约束条件,对初始条件对路径选择的约束分析,市场经济对路径选择的约束分析,变迁主体结构对路径选择的约束分析;提出制度变迁的路径选择,包括复合型制度变迁的涵义,利益扩散式变迁及利益分流式变迁。第四章,复合型制度变迁的实施工具:地方性管制政策。探讨政策工具创新制度变迁,利益扩散中的政策工具创新以及利益分流中的政策工具创新。第五章,复合型制度变迁的效益。探讨地方政府利益的变化,原住民户口利益的变化以及新进入者户口利益的变化。第六章,讨论和分析。对复合型制度变迁分析,并提出复合型制度变迁的涵义与具体应用。最后为论文结语。

关键词:户籍制度　政府管制　利益

**2690**

**转型过程中的议程设置与政策间断:改革开放以来中国政府公共政策变迁的新解读** / 王雄军著 ; 谢庆奎指导. -- 北京大学, 2009. -- 182 页

论文采用实证分析法、信息研究法、比较分析法、案例分析法等研究方法,并结合政治学、新闻传播学、社会学等跨学科理论体系与研究范式,以改革开放以

来中国政府公共政策变迁为研究对象，试图在对中国转型过程中的政策议程设置与政策间断进行综合分析的基础上，提出解读中国政府公共政策变迁的新模型。全文共分六章。第一章绪论，阐述本研究的选题背景及意义，概述相关研究现状，并对论文的研究方法、资料来源、研究的创新点与难点等问题做了说明。第二章在考察中国社会转型过程中体制环境的基础上，着重对中国体制环境下的政策议程研究做了系统分析。第三章基于政策主体的分析视角，对社会转型过程中政策议程的参与主体进行分析，着重考察政策参与主体及其偏好的变化对政策议程的影响。第四章基于政策参与的分析视角，对社会转型过程中的政策参与机制进行分析，着重考察网络与现代通讯技术对议程设置与政策间断的影响。第五章主要结合SARS事件、禽流感事件，基于焦点事件的视角对政策议程的影响进行实证分析。第六章在总结以上三个维度的分析基础上，提出"间断—均衡"模式是以政策议程研究为视角的、对中国政府公共政策变迁的新的解读模式，并分析"间断—均衡模式"的理论意义及其制度启示。

关键词：国家行政机关　行政管理　政策

**2691**

**城镇化进程中的乡镇政府职能研究** / 王艳成著 ；齐卫平指导. -- 华东师范大学, 2009. -- 201 页

论文采用文献调查法、历史分析法、系统分析法、实证分析法等研究方法，以中国城镇化进程中的乡镇政府职能为研究对象，力求对城镇化背景下中国乡镇政府职能及其转变进行探讨与研究。全文分为导论、正文六章和结论。导论介绍研究问题的提出，结合国内外研究现状述评说明论文的选题背景、研究意义、研究方法与内容框架。第一章从历史与现实相结合的角度考察乡镇建制及其职能界定。第二章从中国乡镇政府职能转变的必然性出发，对中国乡镇政府职能转变的艰难历程及其体制障碍等制约因素予以探讨。第三章在对城镇化的涵义及其战略意义予以分析的基础上，尝试从城镇化发展的角度探讨中国乡镇政府职能转变。第四章阐述治理与善治理论是城镇化背景下中国乡镇政府职能及其转变研究的理论支撑，并论证了善治政府的施政理念。第五章强调服务型政府是城镇化进程中乡镇政府转变职能的新目标，在界定服务型政府内涵的基础上，探讨构建服务型政府的具体途径。第六章从引导促进乡镇经济发展、推进农村基层民主建设和文化建设、维护城乡社会稳定和社会公平三个方面阐述中国城镇化进程中乡镇政府的基本职能的目标定位。结语部分归纳说明论文的主要结论与创新之处，阐述今后继续研究的方向。

关键词：地方政府　城市化　行政管理

**2692**

**中国共产党内问责制研究** / 王一星著 ；张恒山指导. -- 中共中央党校, 2009. -- 129 页

论文采用了历史分析法、比较分析法、文献调查法等，以中国共产党党内问责制为研究对象，通过追溯中国共产党党内问责制的形成历史，在总结国外政党党内问责制的经验教训的基础上，探索中国共产党党内问责制未来的发展途径。全文由导论和正文六章构成。导论介绍选题意义，结合相关文献综述说明了研究目标、难点等问题。第一章论述了党内问责制的涵义与定位，并对党内问责制与相关概念进行比较分析。第二章分析了中国共产党党内问责制的思想渊源，着重论述了马克思、恩格斯、列宁以及中国共产党历届领导人关于党内问责制的思想。第三章考察了中国共产党党内问责制的历史演变，将其历史分为开创时期、全面加强时期、曲折发展与遭受严重挫折时期、恢复与发展时期、新时期等五个历史时期，并对各具体历史时期的中国共产党党内问责制进行研究。第四章主要分析了中国共产党党内问责制现存的问题及其影响因素。第五章论述了国外政党党内问责制的经验与教训，分别考察与分析了苏联共产党、现有社会主义国家执政党以及西方国家政党的党内问责制。第六章重点论述了中国共产党党内问责制的发展目标及发展途径。

关键词：中国共产党　组织建设　责任制　领导干部

**2693**

**改革开放时期中国首脑外交研究（1978—2008）：以国家利益为视角** / 王宇洁著 ；张光指导. -- 南开大学, 2009. -- 251 页

论文采用了文献调查法、比较分析法、典型个案研究法、历史分析法、实证分析法、信息分析法等，以改革开放时期中国首脑外交（1978—2008 年）为研究对象，以国家利益为视角对改革开放以来中国首脑外交的动因及变化特点进行深研究。全文共分六章。第一章导论，阐述选题意义与相关概念，结合文献综述说明论文

的研究方法、数据来源,结构安排与创新之处。第二章阐述了改革开放时期中国首脑外交研究的理论基础。第三章分析了邓小平时期中国首脑外交的总体特点与国家利益的判定,并将中日首脑外交作为邓小平时期首脑外交范例进行研究。第四章分析了江泽民时期中国首脑外交的总体特点与国家利益的判定,并将中俄首脑外交作为江泽民时期首脑外交范例进行深入研究。第五章分析了胡锦涛时期中国首脑外交的总体特点与国家利益的判定,并从国家利益的视角分析了这一时期中俄战略协作伙伴关系进一步发展的根本动因。第六章总结全文,得出研究结论。

关键词:改革开放　外交关系　国家利益

**2694**

**处级公务员能力建设的有效性问题研究** / 王玉玫著 ; 乔耀章指导. -- 苏州大学, 2009. -- 190 页

论文对公务员能力的基本理论、能力建设理论及公务员能力建设有效性等进行分析,归纳和概括公务员核心能力的构成及能力建设有效性的影响因素,并运用实证方法对公务员核心能力构成,以及能力建设有效性的影响因素进行分析,提出公务员能力建设有效性的可行思路和方法,并进行相关的机制设计。全文共分为七章。绪论首先分析国外公务员能力建设的基本原理,回顾国内外关于公务员能力建设与素质模型的研究,对目前理论界关于公务员能力的理论资源做概括,提出进行研究的必要性和必然性,以及论文的突破口和可能的创新之处。第一章介绍公务员、核心能力、能力建设的基本内涵和特点,分析处级公务员能力建设有效性的涵义和标准。第二章主要探讨处级公务员能力建设兴起的深层背景,并分析处级公务员能力建设对行政发展的作用,为我国公务员能力建设的管理实践提供切实可行的理论支持和政策指导。第三章对美国、英国、日本、澳大利亚等西方发达国家公务员能力建设中制度机制、能力架构以及培训方法等进行分析。第四章确立处级公务员能力指标体系构建原则,并借助深度访谈、量表编制、问卷调查和统计分析等实证研究方法,将处级领导干部的核心能力划分为政治能力、领导能力、管理能力和发展能力四个维度,对处级公务员能力建设发展历程做出介绍,并对公务员能力建设有效性现状做出分析。第五章在理论层面上从环境因素、制度因素、机制因素及技术因素四个方面探讨处级公务员能力建设有效性的影响因素。第六章首先通过理论分析,提出公务员能力提升的路径框架,后通过实证验证影响处级公务员工作绩效和能力提升的相关因素。第七章是公务员能力建设的路径分析。

关键词:公务员　创造力　能力培养

**2695**

**西方近代人权理念的起源与形成** / 王志泉著 ; 丛日云指导. -- 中国政法大学, 2009. -- 170 页

论文采用了逻辑分析法、历史分析法、实证分析法、文献调查法等,以西方近代人权理念的起源与形成为研究对象,力求对西方近代人权理念的历史渊源、形成的主要因素、基本轨迹与内在逻辑等问题进行系统、深入的研究。全文分为绪论、正文四章和余论三个部分。绪论部分介绍本研究问题的提出,结合相关研究综述,厘清论文所涉及的基本概念,并说明论文的研究方法与基本立场。第一章主要探讨人权理念的起源,重点从 11 世纪末罗马法复兴及权利意识萌芽的背景、教会法与权利概念的萌芽及弱势群体的保护、日耳曼传统与普通法的起源等方面分析西方人权理念的思想渊源。第二章考察经院哲学与近代人权理念的萌芽,着重剖析阿奎那的理性权利观以及马西利乌斯与奥卡姆对近代人权理念的贡献。第三章主要剖析文艺复兴时期西方个人精神上的独立与近代人权理念的成长,着重分析文艺复兴以及宗教改革对近代人权理念的推动。第四章主要阐述近代人权理念的确立,着重考察和分析格劳秀斯的理性主义自然法、霍布斯的个人主义权利观以及洛克的近代人权理念的确立历程。余论部分在总结全文的基础上得出研究结论,并提出有待进一步深入的思考。

关键词:人权观　西方国家　近代

**2696**

**转型期我国政治整合问题研究** / 王志勇著 ; 张永桃指导. -- 南京大学, 2009. -- 226 页

论文采用了马克思历史唯物主义研究法、比较分析法、实证分析法、系统分析法、制度分析法、文献资料法等,并结合政治学、心理学、社会学和管理学等学科的相关理论与分析方法,以转型时期我国政治整合问题为研究对象,从宏观的视角对其进行剖析。全文共分七章。第一章导言,阐述研究问题的缘起与提出,结合学术界相关研究现状综述,说明了论文的研究方法以及创新之处。第二章对核心概念做了界定,并简述了历史上有关政治整合问题的代表性理论。

第三章主要考察了转型时期我国政治整合所面临的新的社会形态,认为世俗化逐步成为转型时期我国社会基本的文化和价值取向,以及所有制形式的多样化导致了市场在社会资源配置中主导地位的初步形成。第四章主要考察了转型时期我国政治整合所面临的新的政治生态,分析了日趋明显的民众主动型政治参与的现象,以及国家政治整合的传统资源的严重流失。第五章在论述转型时期我国政治整合机制由来的基础上,考察了转型时期我国政治整合机制的现状。第六章主要分析了在新的生态下转型时期我国政治整合机制内在的不足。第七章结束语,提出了完善转型时期我国政治整合机制的若干思考。

关键词:社会转型期　政治建设　政治改革

**2697**

**宪政理论视野下现代政府制度研究** / 魏健馨著 ; 沈亚平指导. -- 南开大学, 2009. -- 195 页

论文采用了制度分析方法、比较分析方法、结构功能分析方法以及理论综述的研究方法等,结合宪政学说的相关理论,以现代政府制度及其相关问题为研究对象,在探讨有关宪政的发展线索和梳理宪政理论体系的前提下,对现代政府制度及其相关问题进行探讨与研究,并结合中国的基本国情提出构建现代政府制度的思路与具体途径。全文由导论、正文五章与结论等几个部分组成。导论阐述选题的目的和意义,结合研究现状及文献综述说明了研究思路、途径及方法、基本概念的界定及相关理论支持、基本理论假设及创新点等问题。第一章阐明现代政府制度的宪政意涵、宪政的渊源和不同的发展模式。第二章论述现代政府制度的基本理论,界定现代政府制度的内涵及特点。第三章分析现代政府制度的基本构成要素,从行政职能、行政体制、行政权力、行政程序和行政监督等方面对现代政府制度的构成进行解析。第四章结合中国的实际情况探讨中国构建现代政府制度的障碍,认识和把握在目前形势下影响构建现代政府制度的主要不利因素。第五章提出关于中国现代政府制度的具体构想,概括了实现中国政府制度现代化的建设性思路和具体途径。最后是文章的结语部分。

关键词:宪政　政府　政治制度

**2698**

**社会转型期中国公共危机管理预防准备机制研究** / 温志强著 ; 吴春华指导. -- 天津师范大学, 2009. -- 175 页

论文运用实证分析和文献分析的方法考察我国公共危机管理实践的成败,运用对比分析的方法,研究以处置为主的应急型公共危机管理与以准备为主的预防型公共危机管理的优劣,探索转型期如何构建公共危机管理的长效预防准备机制。全文共分为六章。第一章导论。从国内外关于公共危机管理的研究现状出发,在总结众多学者研究成果的基础上,提出论文研究预防准备型公共危机管理的理论价值和现实意义,提出论文的基本命题,研究的前提假设,并以假设为线索勾勒论文的总体框架。第二章,预防准备型公共危机管理的基本理论。内容包括公共危机管理过程的机构性分析,预防准备型公共危机管理的理论探源,预防准备型公共危机管理的特性分析,以及预防准备型公共危机管理的具体内容。第三章,预防准备型公共危机管理的价值分析。提出四个有利于,有利于培养危机预防文化,有利于降低政府的法制化治理的制度成本,有利于推进行政管理体制改革,有利于提高公共危机常态管理水平。第四章,社会转型对预防准备型公共危机管理的影响。通过基于转型理论的社会特点分析,风险社会理论的社会风险分析,社会转型对预防准备型公共危机管理的诉求分析,提出构建中国预防准备型公共危机管理机制的必然性。第五章,预防准备型公共危机管理对应急处理管理困境的弥补作用分析。分析提出,其能够提高由于强调应急而淡化了的预防关键性作用,能够改变由于应急规制分散导致的管理依据混乱状况,能够提高由于临时指挥机构而降低的应急效能,能够提高由于资源匮乏而降低的危机管理绩效。第六章,完善预防准备型公共危机管理机制的路径选择。提出基于非常态管理的《紧急状态法》的制度调整,基于大部制思想下常设公共危机管理职能体制建设,基于储备金制度的"社会发展风险基金"的预算,基于应急物资物流平台的"应急事物准备库"建设。

关键词:国家行政机关　公共管理　危机管理

**2699**

**中华民族建构中的政治斗争:以中国共产党为中心(1921—1949)** / 文明超著 ; 肖滨指导. -- 中山大学, 2009. -- 213 页

论文采用了历史分析法、个案研究法、比较分析法、文献调查法、实证分析法等,以 1921—1949 年中国共产党的民族政策,以及民族话语的变化为研究对

象,对这一时期中国共产党在中华民族建构上所做的努力进行历史考察与研究。全文共分七章。第一章导论,在阐述相关概念的基础上,说明了研究方法、资料来源、研究意义及各章简介。第二章从宏观的视角分析了中国清末民初从帝国到民族国家转变的困境,阐述了"清末新政"与族群分离主义、"排满"与民族同化主张、民国初期的民族构建困境与中国共产党的"苏联模式"。第三章结合"外蒙独立事件"分析了国共合作中的"民族自决"与"苏联模式",并阐述了联邦制设想及其争议。第四章考察了抗战中民族区域自治的状况,阐述了这一时期国共两党的政治斗争以及中国共产党对民族自治政策的选择,并以"回族"为例阐述了这一时期中国共产党建构"少数民族"的努力。第五章着重考察了抗战中的"多元一体"民族话语,分析了日本侵略者的"民族分裂"话语、国民党的中华民族"一体论"及中国共产党的"多元一体论"。第六章主要结合内蒙古和新疆等案例考察了抗战后中国共产党"延安道路"取代"苏联模式"的历史过程。第七章结论与建议。

关键词:政治斗争　中华民族　民族主义　中国共产党

**2700**

**中国改革视角下的党政干部管理模式研究(1978—1993)** / 巫烈光著 ; 关海庭指导. -- 北京大学, 2009. -- 307 页

论文采用比较分析法、实证研究法、历史分析法、文献资料法、系统分析法、功能分析法等,以 1978—1993 年这一时期的党政干部管理模式为研究对象,力求对中国改革视角下的党政干部管理模式进行研究。全文共分七章。第一章绪论,介绍本研究的缘由、主题、内容、创新点与难点,说明研究所涉及的基本概念与理论体系,并对所参考的文献进行综述。第二章是对干部管理模式改革的内容分析,在揭示传统干部管理模式所存在问题的基础上,详细阐述干部管理模式改革的目标、起点、措施及其改革取向。第三章是对干部管理模式改革的基础分析,重点分析干部管理模式改革的思想基础、经济基础、政治基础和民主基础。第四章主要探讨干部管理模式改革与中国特色科层制之间的关系,分析中国特色科层制的双重性,并在回顾 1949 年以后中国特色科层制的沿革的基础上,归纳当代中国特色科层制的基本特征。第五章主要探讨干部管理模式改革与干部的改革积极性之间的关系,侧重分析这一时期中国特色科层制对干部管理模式改革的作用。第六章则将本时期的中国与戈尔巴乔夫的苏联干部管理模式改革的结果及其原因进行比较剖析,从正反两个方面检验研究立论的科学性。第七章结论与建议。

关键词:中国共产党　国家行政机关　干部管理

**2701**

**基于信息管理的公共危机预警研究** / 吴建华著 ; 闫小波指导. -- 南京大学, 2009. -- 181 页

论文在对国内外有关公共危机预警理论的方法进行研究的基础上,从信息管理的角度,运用系统论、信息论、控制论的原理和方法,借鉴企业危机预警的相关原理,对公共危机预警的全过程进行系统分析,构建基于信息管理公共危机预警的研究框架体系。全文共分为七章。第一章,导论。在分析选题研究现状的基础上,阐述论文研究的目标,研究的理论基础,研究方法,研究内容及创新与不足。第二章,公共危机预警的含义与流程。首先界定公共危机预警及相关概念,阐述公共危机预警的流程,分析公共危机预警与信息管理的关系,提出信息管理是公共危机预警实质的观点。第三章,公共危机监测中的信息收集。在阐述公共危机监测内容与类型的基础上,系统研究公共危机监测信息的收集范围,探讨公共危机监测信息搜集渠道、要求和步骤,归纳公共危机监测信息搜集的方法。第四章,公共危机预测中的信息分析。提出公共危机信息分析的基本框架,探讨公共危机信息分析的指标体系构建,总结公共危机信息分析的方法。第五章,公共危机预报中的信息服务。首先分析公共危机预报的内容与要求,提出公共危机预报的两大类型;阐述公共危机预警信息服务的理论基础和实践基础;最后围绕预警信息公开,在进行动力学分析的基础上,探讨预警信息公开的方式、渠道和程序;围绕预警信息沟通,在论述其概念、特点与功能的基础上,探讨预警信息沟通的类型、方式以及政府治理视角下预警信息沟通的管理。第六章,公共危机预警信息系统的建立。提出公共危机预警信息系统的构建思路,分析系统的结构组成,探讨系统的运行模式和制度建设。第七章为论文结语。

关键词:公共管理　信息管理　危机管理　预警系统

**2702**

**政党下乡的行为逻辑:D 村的表达** / 吴素雄著 ; 徐勇指导. -- 华中师范大学, 2009. -- 180 页

论文采用逻辑分析法、文献研究法、问题调查法、案例研究法、访谈调查法、实证研究法、比较分析法和结构——功能分析方法等,以政党下乡的行为逻辑为研究对象,通过对通山县D村以及D村的地域背景的考察,从权力结构均衡的视角分析近现代以来中国的政党向乡村社会渗透的基本轨迹,力图把握其渗透过程以及它行动于乡村社会所遵循的基本逻辑。全文共分六章。第一章导论,介绍研究缘起、研究问题所涉及的西方逻辑、语境转换等概念以及相关问题的研究现状,并说明论文的研究方法与创新点。第二章对D村的社会历史背景作了考察,结合对传统治理逻辑的梳理,认为近现代中国政党向社会和国家两头渗透与传统社会士人群体的社会、政治行为具有类似的特征。第三章主要通过对D村的外部背景地域通山县的实地考证和文献检阅,探讨国民党在获取国家政治权力以后向乡村社会渗透的因果关联。第四章主要通过史料分析中国共产党自其创建到农村社会实行土地承包以前在通山县活动的行为事迹、遭遇的困难和存在的问题,对共产党乡村社会的组织及其动员状况作了分析。第五章通过对D村实地考察、访谈,以及对所收集资料的分析,来探讨农村社会实行土地承包责任制以后中国共产党村级组织的活动及其与村治机构的内在关联。第六章结论与建议。

关键词:政党　权力结构　政治制度

**2703**

**在人间建造天城:詹姆斯·麦迪逊制宪思想探源** / 席伟健著 ; 王乐理指导. -- 中国人民大学, 2009. -- 148 页

论文从麦迪逊的工作中分析麦迪逊及麦迪逊时代美国知识精英赖以制定联邦宪法的各种政治、法律思想来源。全文共分为五章。第一章,介绍詹姆斯·麦迪逊与1787年的美国宪法,麦迪逊制宪思想的渊源与研究意义,麦迪逊研究现状以及论文的目的、背景和研究框架。第二章,自由、秩序和美国联邦主义。介绍美国危机:现代民主国家的伟大立宪实践爱你,政治秩序与现代主体观,联邦主义:权利创制的杰作。第三章,美国政治中的加尔文主义传统。首先介绍麦迪逊与美国的宗教,包括麦迪逊政治思想的宗教渊源,北美殖民地的宗教传统,良知治理与良知自由;介绍从教皇革命到宗教改革,包括教皇革命的具体内容以及加尔文主义的兴起及其政治传统;介绍北美殖民地宗教思潮的演变,包括大觉醒运动、乔纳森·爱德华兹的理论及美国革命与美国宗教。第四章,自然法、自然权利与新共和主义。首先提出古典共和主义的继承与创新,包括马基雅维里的共和主义梦想,德性与腐化以及“千秋万代新秩序”;探讨辉格派共和理论与复合共和制,包括哈林顿与英国革命的共和理论以及复合共和制的伟大创造——麦迪逊时刻;分析自然法、自然权利与启蒙思想,包括从霍布斯到麦迪逊,唯名论与近代自然法哲学,两种自然法的含义,法国启蒙思想以及苏格兰启蒙思想。第五章,普通法心智、司法审查与宪政主义。主要从“英国人的权利”和普通法的实质两个方面做出说明和讨论。最后为论文结语:麦迪逊的困惑与希望。

关键词:詹姆斯·麦迪逊　宪法　政治思想　联邦制　共和制

**2704**

**苏格兰启蒙思想家的市民社会理论研究** / 项松林著 ; 高力克指导. -- 浙江大学, 2009. -- 241 页

论文探讨苏格兰启蒙思想家市民社会理论中涵概的对人、对社会、对国家、对道德生活、对经济发展的理论思考和思想启蒙。全文共分为八章。第一章,导论。介绍论文选题的缘起与意义,对国内外研究现状综述,提出论文的研究方法与内容结构。第二章,苏格兰启蒙运动概述。介绍苏格兰启蒙运动的历史背景和苏格兰启蒙思想家的生平与著作。第三章,“人”论。探讨情感主义的新路径,包括路径依赖与路径创造,人是情感的动物理论,理性与情感;结合哈奇森的仁慈主义与曼德维尔的畸形理论,讨论高调的人性与低调的人性;介绍人性新启蒙,包括休谟、斯密和弗格森的理论;提出道德感,公序良俗的新杠杆。第四章,社会观。探讨社会的起源是自然还是人为,社会的演进,并对社会的发展做辩证法的思考和讨论。第五章,市民社会之“经济体”图景。首先介绍苏格兰启蒙思想与古典政治经济学,接着分析其对商业社会的启蒙,提出商业植根于自由,商业能开出自由之花,商业能结出文明之果;结合对分工异化、财富与德性的腐化,以及公共精神的缺失与政治奴役的讨论,提出对“商人”社会的忧虑。第六章,市民社会的德性之维。介绍从 civil society 到 burgerliche Gesellschaft,德性的传统、德性论与正义论,探讨德性与规则之争。第七章,市民社会的政治与法律。包括市民社会与国家的关系,政治权威与政治义务,国家的职能与形式及自由观。第八章,结语:现代性与启蒙思想。

关键词:启蒙运动　市民　城市社会学　政治思想

苏格兰

2705

**一致与冲突:东盟与欧盟经济政治关系研究** / 肖斌著 ; 庄国土指导. -- 厦门大学, 2009. -- 303 页

论文通过对东盟与欧盟区域间经济政治关系的研究,分析和讨论东盟和欧盟经济政治关系的演变,归纳和总结东盟与欧盟在经济政治方面的合作形式及合作内容,找出东盟与欧盟关系中的问题及原因。全文共分为五章。开篇为论文导论,介绍论文的研究目的和意义,国内外相关研究现状,研究思路、研究方法和框架以及论文尝试的创新。第一章,国际政治中的东盟与欧盟。介绍东盟产生的背景、发展阶段以及东盟对外关系的发展;介绍欧盟产生的历史动因、现实发展以及欧盟的对外关系;对东盟与欧盟区域的一体化做出比较。第二章,东盟与欧盟关系现状及发展。分析东盟与欧盟关系的现状,提出东盟与欧盟关系的主要成果,从理论视野、政治现实以及历史因素几个方面探讨东盟与欧盟关系发展的动因。第三章,东盟与欧盟的经济贸易关系。分析东盟与欧盟发展经济关系的原因,东盟与欧盟的经济贸易合作,东盟与欧盟经济贸易中的问题。第四章,东盟与欧盟的政治安全关系。首先介绍东盟与欧盟政治安全关系的演变,后探讨东盟与欧盟政治安全合作形式,在此基础上,对东盟与欧盟的政治安全合作做出说明,并提出东盟与欧盟政治安全合作中遇到的问题。第五章,一致与冲突:东盟与欧盟关系的再思考。提出东盟与欧盟伙伴关系中的合作与障碍,包括战略合作与障碍、制度合作与障碍、地区稳定合作与障碍以及多边合作中的障碍;对东盟与欧盟冲突的本源性做出分析;对东盟与欧盟的关系展望,并得出论文的主要结论。

关键词:东南亚国家联盟　欧洲国家联盟　经济关系　国际政治关系

2706

**中国共产党与国家建设:以统一战线为视角** / 肖存良著 ; 林尚立指导. -- 复旦大学, 2009. -- 283 页

论文采用了唯物辩证研究法、历史分析法、文献资料法、政治系统分析法、比较分析法等,以中国共产党的统一战线为研究对象,运用马克思的现代国家理论,揭示中国共产党通过统一战线成为一个强大的政党,实现社会整合并使国家发生结构性变化的历程,以及统一战线对于中国共产党的政治意义。论文由导论、正文共六章和结论等部分组成。第一章导论,介绍问题的提出、基本理论与核心概念,结合相关文献综述介绍了研究方法和主要章节内容。第二章阐述了中国共产党将国民革命统一战线植入社会的历程。第三章考察了土地革命时期工农联盟统一战线的建立,分析了工农联盟统一战线与中国共产党的社会整合的历程及其对党建国家中的影响。第四章考察了抗战时期抗日民族统一战线与人民民主统一战线的形成,分析了抗日民族统一战线与中国共产党的社会整合的历程及其在党建国家中的作用。第五章考察了建国以来的统一战线,分析了改革开放前统一战线的弱化与党建国家的扭曲,以及改革开放以来的统一战线与党建国家的转型。第六章在分析统一战线的横向整合功能的基础上,强调统一战线是党建国家内在维系的基本政治框架。结论部分总结研究结论,并阐述了统一战线对于中国政治的意义。

关键词:中国共产党　统一战线

2707

**中国与联合国教科文组织的关系演进:一项关于国际组织对成员国影响的实证研究** / 谢喆平著 ; 张小劲指导. -- 中国人民大学, 2009. -- 187 页

论文采用了观察法、实证分析法、案例研究法、历史分析法和比较分析法等,以联合国教科文组织及其会员国中国之间的关系变化为研究对象,通过个案研究的方式,检验中国参与国际组织的单向进程与正反馈过程的具体路径,对中国与联合国教科文组织的关系的演进过程进行研究。全文共分八章。第一章导论,阐述了选题缘由,结合文献综述说明了个案选择的依据、研究方法与资料来源、回答和验证的命题及结构安排。第二章对联合国教科文组织自身演变进行历时性考察。第三章对中国与联合国教科文组织的历史关系的若干发展阶段进行考察,分析了中国重返联合国教科文组织之后两者之间关系的发展状况。第四章阐述了中国作为一个后发国家学习联合国教科文组织的具象化,考察了中国的对口机构与对口人员的设置与变化。第五章以个案研究的形式,剖析了联合国教科文组织所倡导的若干理念被中国接受并内化为政府政策的学习过程。第六章考察和分析了中国接受并参与联合国教科文组织的若干国际公约谈判、参与到该组织的政府间海洋委员会的过程。第七章分析了中国借助联合国教科文组织实现软实力

构建的实现路径。第八章得出研究结论,并指出本研究对既往研究的挑战与补充。

关键词:中外关系　联合国教科文组织　国际组织

2708

**日本天皇制研究** / 解晓东著 ; 韩冬雪指导. -- 吉林大学, 2009. -- 162 页

论文从历史学与政治学科的交叉点出发,利用历史学的文献分析法和马克思主义政治学的基本理论,从历史的纵向视野、比较的横向视野及政治文化视野、日本人的认知视野等对天皇制进行多维度的研究审视。全文共分为十章。第一章,绪论。介绍论文选题的研究意义,研究现状,研究思路以及研究可能的创新。第二章,天皇与天皇制内涵的考察。提出天皇与天皇制称谓的内涵及作为历史概念的天皇制内容。第三章,古代天皇制的形成与变化:从中国式皇帝制到皇式皇帝制。介绍古代集权天皇制的形成:中国式皇帝制的建立;古代象征天皇制的形成:教皇式皇帝制的建立。第四章,近代天皇制的形成与变化:从德国式皇帝制到法西斯天皇制。一是近代君主立宪天皇制的形成:德国皇帝制的建立,介绍王政复古,古太政官制的恢复与演变,内阁制的建立,明治宪法体制的建立及近代君主立宪天皇制的形成;二是近代君主立宪天皇制的发展变化:法西斯天皇制之路,分别介绍了近代君主立宪天皇制的四个阶段。第五章,现代象征天皇制的形成:英国式君主立宪制的建立。介绍美国政府对天皇与天皇制的态度,《日本国宪法》的制定,以及战后象征天皇制的特征。第六章,天皇制理论及其特征。介绍古代和近代天皇制的理论构成,分析天皇制理论的形成特征、内容特征和比较特征,对天皇制理论特征形成的原因做出说明。第七章,天皇制的体制特征。提出二元政治是天皇制稳定的体制特征,并分析天皇制二元政治形成原因及其影响。第八章,天皇制与日本政治文化传统。探讨政治文化及其功能,以及天皇制与日本政治文化传统的关系。第九章,日本人对天皇与天皇制的认知。主要对天皇制肯定论、政治家的态度、否定论、改造论以及国民对天皇制的认知几个方面做出讨论。第十章,天皇制的综合分析。分别讨论天皇制的政治功能,天皇制的文化锁定功能,天皇制与日本军国主义的关系,战后象征天皇制以及天皇制的未来走向。最后为论文结论。

关键词:天皇制度　政治文化　文化传统　日本

2709

**政治整合论** / 徐露辉著 ; 高力克指导. -- 浙江大学, 2009. -- 201 页

论文总结现代政治整合乃至政治发展的路径与经验,探讨作为民主政治的三大基础性制度——议会、政党、选举的整合功能。全文共分为七章。第一章,绪论。介绍论文的选题背景,论域的选择,国内相关文献研究现状,研究方法与反思以及论文的结构安排。第二章,政治整合:概念与理论。介绍政治整合概念与涵义,提出政治整合相关的古典理论和当代理论。第三章,政治整合与现代政治发展。首先介绍政治整合的背景,现代性的展开以及其后果;接着对民族国家的兴起与政治整合做出说明,包括国家与秩序,近代政治的转型及其后果;介绍作为典范的英国:历史社会学的维度,包括传统的社会结构,三大阶级的登场,议会里的整合等相关内容。第四章,民主政治的整合功能。首先介绍合法性与政治整合,包括合法性的具体问题,国家秩序的客观化及合法性的契约论视角,合法性的整合功能;探讨民主制度的整合功能,包括冲突与一致,议会,政党和选举;分析现代政治整合的局限性。第五章,中国社会政治整合的历史理性与局限。结合帝制中国的政治整合模式,包括传统社会组织方式的迷失,官僚政治与政治整合以及科举制的整合功能,探讨传统政治整合的内在局限。第六章,改革中的变迁:政治整合策略的转换。包括改革前中国政治整合的典型模式,以及政治整合策略转换的意义与限度。第七章为论文结语,提出在现代国家的基石上重建政治整合。

关键词:政治理论　政治体制改革　民主　政治发展

2710

**民主的社会基础:利普塞特政治发展理论研究** / 徐珣著 ; 陈剩勇指导. -- 浙江大学, 2009. -- 303 页

论文采用了逻辑分析法、信息研究法、历史分析法、系统分析法、文献调查法、比较分析法等,以利普塞特的政治发展理论为研究对象,力图对利普塞特关于民主的社会基础理论进行系统和深入的研究。全文共分八章。第一章导论,介绍选题的缘起与意义,结合相关研究文献综述说明论文的结构、研究方法与理论创新点。第二章在回顾利普塞特的生平与著述的基础上,对其学术渊源进行探究。第三章主要对利普塞特政治发展理论的相关概念进行界定,并阐述其政治发展理论的学术背景。第四章重点分析利普塞

特政治发展理论的基本理念，强调稳定的民主政体的社会基础论证是利普塞特政治发展理论的核心思想。第五章主要分析稳定民主所需的物质基础，对利普塞特关于经济发展奠定稳定民主政体之物质基础的内在逻辑进行阐释。第六章分析稳定民主所需的政治文化基础，对政治发展理论的政治文化研究及利普塞特政治文化研究的基本维度进行阐释。第七章主要分析稳定民主所需要的政治社会结构基础。第八章对利普塞特政治发展理论的成就、影响及局限进行评析，并指出其所诠释的构建民主政治所需的多元的社会基础对于中国民主社会主义民主政治发展的启示。

关键词：政治思想　政治发展　民主

**2711**

**东亚威权政治及其转型研究** / 许开轶著 ; 张永桃指导. -- 南京大学, 2009. -- 263 页

论文采用了文献资料法、典型个案研究法、历史分析法、比较研究法、结构分析法、制度分析法和探索性研究法等，以二战后东亚威权政治及其转型为研究对象，对二战后东亚国家（地区）政治现代化的历程、特点及其未来发展趋势进行剖析。论文分为导论、正文七章和结束语等部分。导论部分介绍选题缘由、研究意义、研究对象与范围，并结合国内外相关研究现状阐述了论文理论基础与研究方法。第一章对威权政治的内涵与特征、现代化的基本范畴与东亚现代化等核心概念进行阐述，考察了世界现代化进程中的威权政治现象，并对拉美威权政治与东亚威权政治特征做了比较分析。第二章主要从经济、历史、文化、社会、政治和国际等因素考察和分析了东亚威权政治形成的原因与背景。第三章分析了东亚威权政治的运行及特征，并对东亚威权意识形态进行具体阐述。第四章探讨了威权政治在东亚现代化进程中的积极功效与消极作用。第五章考察了东亚威权政治转型的发生，阐述了其转型的基本状况、表现、趋势及其动因。第六章结合政治转型路径研究的若干理论，对东亚威权政治转型的路径进行了现实分析。第七章结合民主巩固问题研究的若干理论，考察了民主在东亚的巩固的历史进程。结束语得出研究结论与进一步思考。

关键词：政治体制　体制改革　现代化　东亚

**2712**

**授权体制：改革时期政府间纵向关系研究** / 薛立强著 ; 朱光磊指导. -- 南开大学, 2009. -- 220 页

论文采用了文献资料法、问题调查法、观察法、系统分析法、比较分析法、历史分析法、探索性研究法、跨学科研究法等，以改革时期中国政府的授权体制为研究对象，对改革时期中国政府间纵向关系进行深入研究，并据此提出对这一关系进行改革的对策。全文共分七章。第一章导论，介绍选题的缘起与研究意义，结合相关理论述评说明了论文的理论框架与主要概念、研究方法、创新点、不足之处及后续研究设想。第二章根据政府间纵向关系理论分析框架，对欧美等典型国家的政府间纵向关系进行了横向的分析与比较。第三章分析了中国改革开放时期政府间纵向要素，剖析了中国政府"能够集中力量办大事"的结构性要素与以上制下的体制性要素。第四章回顾了中国改革前的政府间纵向关系，通过比较研究，分析了改革时期政府间纵向关系的变化与类型。第五章考察了授权体制的形态、运行与成效，认为在改革时期，通过灵活的授权，授权体制有效地促进了经济发展和体制完善。第六章分析了授权体制存在的授权不规范、体制性要素不协调、结构性要素不平衡等问题。第七章在前面研究的基础上，提出了授权体制改革的基本思路与对策建议。

关键词：中央与地方的关系　政治体制　体制改革

**2713**

**社会资本转换与社区建设的互动：中国的经验** / 薛文同著 ; 孙关宏指导. -- 复旦大学, 2009. -- 143 页

论文采用了文献分析法、实证分析法、案例分析法、历史分析法以及理论综述的研究方法等，以社区资本转换与社区建设的互动为研究对象，结合已有社区研究和社区资本研究的理论成果与案例分析，把握中国城市社区社会资本建设的脉络。全文共分五章。第一章导论，介绍选题的缘由与问题的提出，结合文献综述阐述了核心概念与理论意义，并对研究方法与理论框架做了说明。第二章主要从历史与现实相结合的视角，分析了城市社区的社会资本及其运作模式的转换，认为新的社会资本必然对社会建设和发展产生积极影响。第三章考察了社区空间与社会资本转换的互动，强调社区空间是社区组织和社区文化得以发展的制度前提。第四章考察了社区组织与社会资本转换的互动，强调社区组织是社区空间得以发展的组织资源，也是社区文化的主体，体现着社会资本的正式和非正式关系网络等组织因素。第五章考察了社区文化与社会资本转换的互动，强调社区文化是社

区空间和社区组织的价值基础，体现着社区社会资本中的规范、信任等文化要素，并探讨了社区公民文化的社会资本发展路径。

关键词：城市　社区建设　社会资本

2714

**中国县级政府公共产品供给问题研究** / 闫留义著 ; 高建指导. -- 天津师范大学, 2009. -- 178 页

论文采用问题调查法、功能分析法、文献资料法、经验总结法、比较分析法以及制度分析方法等，结合政治学和社会学的相关理论，以中国县级政府公共产品供给为研究对象，力图对中国县级政府公共产品供给的历史变迁、现状、存在的问题及其原因进行系统的研究，并尝试指出相应的解决思路与实现路径。全文分为导论、正文五章和结语。导论介绍研究问题的提出及研究价值，结合国内外研究综述，说明研究的重点、难点、可能的创新点、研究思路和方法。第一章阐述中国县级政府公共产品供给的相关概念与基础理论，梳理中国县级政府公共产品供给问题的分析框架。第二章追述中国县级政府公共产品供给的历史变迁，并对其不同历史阶段的绩效与问题进行评析。第三章对中国县级政府公共产品供给现状进行分析，侧重研究其存在的现实问题的制度性原因。第四章主要论述各国经验给予中国县级政府公共产品供给的启示与借鉴。第五章阐述中国县级政府公共产品供给应遵循的基本原则、目标模式及其实现路径。最后结语部分总结全文。

关键词：地方政府　公用事业　供给制

2715

**梁启超民族主义思想研究** / 闫伟杰著 ; 徐辉指导. -- 厦门大学, 2009. -- 200 页

论文采用了历史分析法、比较分析法和文献资料法，以梁启超民族主义思想为研究对象，对梁启超民族主义思想的产生与发展及其主要内容进行理论审视与分析，进而得出现实启示。全文共分六章。第一章绪论，论述选题的意义，结合对相关文献的梳理，阐释了核心概念、研究思路与方法。第二章主要对梁启超民族主义思想的萌生、确立与发展的各个历史阶段进行考察与解读。第三章论述了梁启超的自由民族主义思想，并在回顾胡适自由主义思想的历史轨迹的基础上，对梁启超与胡适自由主义思想进行了比较分析。第四章论述了梁启超的社会民族主义思想，并在回顾李大钊社会主义思想的形成与发展的历史轨迹的基础上，对梁启超与李大钊社会主义思想进行了比较分析。第五章重点论述了梁启超的文化民族主义思想，分析了梁启超的新民思想、中西方文化观，并在回顾梁漱溟文化思想的形成及其展开的基础上，对梁启超与梁漱溟文化民族主义思想进行了比较分析。第六章结语，对梁启超民族主义思想进行了理论审视，并提出了梁启超民族主义思想的现实启示。

关键词：梁启超　政治思想　民族主义

2716

**网络政治表达的法律规制：兼论网络政治表达中的匿名权** / 曾白凌著 ; 卓泽渊指导. -- 中共中央党校, 2009. -- 129 页

论文采用了文献资料法、政治系统分析法、公共政策研究法、系统分析法、制度分析法、历史分析法和跨学科研究法等，以网络政治表达的法律规制为研究对象，从学理的角度探讨在我国未来立法和司法对有关网络政治表达自由的规制中网络匿名权利的可能性、必要性和现实意义。全文分为引言和正文四章。引论部分介绍研究的缘起，结合相关研究现状综述说明了研究方法。第一章论述网络政治表达的特征及其影响，分析了网络政治表达及其对政治表达自由的变革，以及网络政治表达的政治价值与相关影响。第二章论述了网络政治表达对传统法律规制机制的挑战，并介绍了各国及国际公约对网络政治表达自由规制的立法实践。第三章重点对网络政治表达中的匿名权利进行解读，并分析了网络政治表达中匿名权与实名制的冲突。第四章探讨网络政治表达中匿名权的法律规制，阐述了匿名权与实名制冲突的实质以及限制网络匿名权的基本原则，并提出了关于我国网络匿名权与实名制的法律思考。

关键词：互联网络　言论自由　政治　法律

2717

**财政转移支付政策效应研究：以江西省分县数据为例** / 曾明著 ; 张光指导. -- 南开大学, 2009. -- 241 页

论文以江西省分县数据为例，对财政转移支付政策效应展开研究。全文共分为九章。第一章，导论。介绍论文研究背景与研究问题的提出，研究意义，论文涉及的主要概念，相关研究成果与研究现状，论文主要内容及创新以及研究思路和技术路线。第二章，理论框架与假设。理论框架包括论文研究的主要理

论基础,官本位影响下的官员利益最大化理论;通过中央财政政策目标变迁的分析,提出基本的理论假设。第三章,研究方法与数据。介绍嵌入式混合分析方法及因变量和自变量的操作化,并对定量研究数据来源和定性研究数据来源做出说明。第四章,江西省行政及财政体制的变迁。首先介绍江西省行政体制的变迁,包括政府体制的变迁和干部管理体制的变迁;接着对江西省财政管理体制的变迁做出说明,包括中央与江西省之间财政关系的变迁,省以下财政关系的变迁,乡镇财政体制的变迁,农村税费改革后的农村公共产品供给。第五章,江西省县级转移支付效应的截面数据分析。分别对 2001 年转移支付效应、2005 年转移支付效应做出分析,并得出主要结论。第六章,江西省县级转移支付效应的面板数据分析。包括对各类变量的时间序列描述性分析和对 1996 至 2005 面板数据模型分析。第七章,江西省 D 县财政转移支付过程。结合 D 县基本的财政收支状况,D 县与上下级政府之间的财政关系,D 县转移支付资金的主要构成及支出去向,D 县的财政预算管理过程,总结对 D 县实地调研的主要发现。第八章,江西省 D 县 C 乡财政转移支付过程。介绍 C 乡财政收支概况,政府主要职能,转移支付的获取过程以及转移支付的使用过程,提出 C 乡调研的主要发现。第九章,结论与政策建议。

关键词:财政制度　财政政策　支付方式　财政支出

2718

**共同善的镜像叙事:西方政治哲学视域中的公共利益研究** / 张方华著 ; 张永桃指导. -- 南京大学, 2009. -- 210 页

论文提出共同善的镜像叙事,对西方政治哲学视域中的公共利益展开研究。全文共分为七章。开篇为论文绪论,内容包括论题的确定,国内外研究现状述评,论文的思路与框架,论文的研究方法及论文可能的创新和不足。第一章,公共利益释义。分别介绍公共的涵义和利益的涵义,并对公共利益的概念做出界定,对相关概念进行辨析。第二章,公共利益的判定标准。提出公共利益判定的价值标准、实质标准、法定标准及程序标准。第三章,公共利益观念的源流考察。探讨公共利益观念的发源滥觞,公共利益观念的理性高扬及公共利益观念的功利飙升。第四章,公共利益与私人利益。分别探讨公共利益与私人利益的并行不悖,公共利益与私人利益的紧张冲突,达致公共利益与私人利益的横平。第五章,公共利益与政府利益。提出政府是公共利益的最重要代表主体,并分析政府利益与公共利益的背离,政府非正当利益加剧公共利益整合的难度。第六章,构建公共利益的宪政共和之维。内容分别介绍宪政共和与公共利益,协商民主"复兴某种形式的公共利益",法治:公益与私益的刚性平衡,公民美德:公益与私益的恰当情感定位,并做出这部分内容的总结。第七章,"有道德的政治"与公共利益。探讨作为道德判断活动的政治,提出公共利益:政治价值理念的终极关怀,并提出"有道德的政治"吁求所在为以公共利益为旨归。最后为论文的结语,公共性的回响。

关键词:利益　政治哲学　西方国家

2719

**社会资本视野中的村庄治理** / 张国芳著 ; 毛丹指导. -- 浙江大学, 2009. -- 222 页

论文采用文献资料法、实证分析法、案例分析法、访谈调查法、观察法等,以社会资本视野下的村庄治理为研究对象,力求系统地分析和研究乡村社会资本对村庄治理诸多方面的影响。全文共分八章。第一章导论,介绍问题的提出,结合相关文献综述说明论文的选题意义与研究方法。第二章梳理社会资本的理论谱系,着重介绍社会资本的类型、属性及其构成与功能。第三章在界定论文社会资本的意涵的基础上,考察乡村社会关系的特点以及乡村社会资本的主要表现形式。第四章主要分析社会资本与乡村社区治理之间的关联,探讨地方治理、自组织治理与乡村社区等主要治理方式。第五章重点分析社区精英社会资本的差异性与多元化经营治理模式。第六章结合实地调查情况,系统分析社区组织、社会资本与集体行动能力。第七章研究国家行为中的制度社会资本对乡村社区可持续发展的影响,认为制度性社会资本不仅仅体现为国家成文制度的制定,还体现为制度的执行方面。第八章在分析社会资本的来源的基础上,结合社会资本生长理论,考察国家与地方社会之间乡村社会资本的生长,最后得出研究结论与启示。

关键词:农村　基层组织　村民自治

2720

**当代中国非政府组织与人权保护** / 张晖著 ; 林喆指导. -- 中共中央党校, 2009. -- 134 页

论文采用了归纳分析法、比较分析法、案例分析法、实证研究法、跨学科研究法等，综合运用政治学、社会学、经济学、法学和公共管理学等学科的相关理论与分析方法，以当代中国非政府组织人权保护的状况为研究对象，对当代中国非政府组织在人权保护领域的活动及其所发挥的作用进行研究。全文由序言、正文七章和结语等九个部分构成。序言部分介绍研究的缘起，结合研究综述说明了论文的研究方法和理论基础。第一章分析了非政府组织和人权保护的基本概念。第二章论述了非政府组织涉及人权保护的主要领域，并对非政府组织人权保护的主要活动做了归纳分类。第三章考察了当代中国的人权发展和非政府组织的发展状况。第四章考察了当代中国非政府组织在妇女、儿童、老年人、残疾人、农民工等特殊群体的人权保护领域的活动状况。第五章重点分析了中国非政府组织人权保护的制约因素，指出这些因素主要包括非政府组织的法律制度、资金来源和筹资能力、人力资源等。第六章从人权保护的角度论述了非政府组织与政府组织之间的关系，通过政府人权保护与非政府组织的比较，分析了非政府组织在人权保护领域所具有的优势和限度。第七章对中国与国外非政府组织的人权保护进行比较分析。结语部分指出了中国非政府组织人权保护的优越性及其面临的挑战。

关键词：非政府组织　社会团体　人权

2721

**中国地方政府经济职能的转型研究：以苏州市为例** / 张建英著；靳辉明指导. -- 苏州大学, 2009. -- 221 页

论文运用经济与政治互动关系范式，把经济学分析方法与政治学分析方法结合起来，把经济因素和政治因素当作内生变量，从理论上定位转型期中国地方政府经济职能，从历史轨迹中寻找中国地方政府经济职能转型的必要性和必然性，从实证研究中探讨地方政府在履行经济职能过程中的经验与问题，提出中国地方政府经济职能实现成功转型的路径和策略。全文共分为四章。导论部分介绍论文研究背景与意义，国内外相关研究现状，相关概念的界定与阐释，研究方法与分析框架。第一章，地方政府经济职能的一般分析。介绍时代变迁与政府经济职能的转型，政府经济职能存在的依据，转型期中国政府经济职能的界定，地方政府经济职能存在的合理性问题，以及转型期中国地方政府经济职能的内容和手段。第二章，地方政府经济职能的嬗变与分析。分别探讨计划经济体制下地方政府的经济职能，地方包干体制下地方政府的经济职能，经济转轨前期地方政府的经济职能，以及转型中后期地方政府的经济职能。第三章，地方政府的经济职能转型的实证分析：以苏州市为例。通过对苏州地方政府的经济职能转型的探索，分析苏州地方政府履行经济职能的情况，对苏州地方政府主导经济发展展开思考，并做出小结。第四章，地方政府的经济职能实现成功转型的路径和策略。提出应理顺政府与市场的关系，弥补市场失灵；理顺政府与企业关系，促进市场主体发展；理顺政府与政府关系，重塑府际关系；理顺政府与社会的关系，促进非盈利性组织的发展。最后为论文结论。

关键词：地方政府　行政管理　经济职能　经济策略　经济转型期

2722

**合作式参与：国有企业在服务型政府建设中的作用** / 张蕾著；朱光磊指导. -- 南开大学, 2009. -- 232 页

论文采用案例分析法、系统分析法、实证分析法、历史分析法、比较研究法、文献分析法等，以国有企业和服务型政府建设之间的关系为研究对象，力求对国有企业在服务型政府建设中的作用进行探讨与研究。全文分为导论、正文六章和结论。导论部分介绍选题缘由，在梳理相关文献的基础上说明研究的基本框架，并对研究的基本概念、研究对象等进行界定。第一章对国有企业与政府关系、国有企业参与服务型政府建设的程度以及服务型政府建设的主体定位等问题进行界定。第二章主要论述国有企业参与服务型政府建设的理论基础，认为双向互动规律、企业社会责任理论以及国有企业的特殊性问题是国有企业参与服务型政府建设的主要理论支撑。第三章探讨国有企业如何借鉴西方的经验以参与服务型政府建设，论述西方国家国有企业的基本状况、对服务型政府建设的贡献及其经验借鉴。第四章主要从财政支持、社会保障、就业、软公共物品等方面探讨国有企业参与服务型建设的方式。第五章探讨国有企业学习借鉴西方公共服务市场化工具的可行性。第六章主要结合大庆油田案例与中国农业银行惠农项目等典型案例，对国有企业参与服务型政府建设的基本模式进行实证分析。最后得出研究结论与建议。

关键词：政府机构　国有企业　参与管理

2723

**当代中国财政国家演变的政治逻辑(1978—2008)** / 张龙平著 ; 肖滨指导. -- 中山大学, 2009. -- 174 页

论文采用典型案例研究法、历史分析法、实证研究法、系统分析法、逻辑分析法等,并借鉴财政社会学的理论分析范式,以当代中国财政国家演变的政治逻辑为研究对象,从国家、财政与社会的三维视角出发,在阐释改革开放以来(1978—2008 年)中国经历的由自产国家向非典型税收国家和预算国家演化的历史进程的基础上,力图深入分析当代中国政治发展进程中不同的政治逻辑转换对于行政模式与社会结构的影响。全文分为导论、正文六章和结论三个部分。导论对相关概念进行界定,结合文献综述说明论文的研究方法与论证思路。第一章阐述现代国家演化的政治逻辑。第二章对中国国家一体化、自产国家形成的历史、运作机理及其政治逻辑与经济绩效进行分析。第三章结合典型案例,考察与分析中国国家理性化与非典型税收国家的成长与演进。第四章分析中国双元财政结构与税收国家的"非典型化",并结合典型案例着重阐述国资委的角色冲突与非典型税收国家的逻辑悖论。第五章分析非典型税收国家这一财政经济现象背后的转型政治背景、过程及矛盾,揭示权威主义政治逻辑与非典型税收国家之间的内在关联,并阐述"第三条道路"的启示。第六章对中国国家民主化与预算国家的发展趋势进行分析,并结合中国公共财政的改革实践提出若干政策建议。

关键词:财政史　财政体制　财政管理

2724

**救济权及其在当代中国实现的制度研究** / 张维著 ; 林喆指导. -- 中共中央党校, 2009. -- 172 页

论文采用了文献资料法、制度分析法、实证分析法、比较分析法、文本分析法、社会阶层分析法、政治系统分析法等,以救济权为研究对象,对救济权及其在当代中国实现的制度进行研究。全文分为导论、正文五章和结论等七个部分。导论阐述论文的研究对象、研究意义、研究方法,并对相关理论做了说明。第一章救济权的基础理论研究,在对救济权概念进行界定的基础上,比较分析了救济权与相关概念的区别,并分析了救济权的权利属性及其价值。第二章探讨了程序性救济权的具体实现模式。第三章探讨了物质性救济权的具体实现模式。第四章结合当代中国的具体语境,从正当性、完整性、有效性、协调性四个方面对当代中国救济权实现制度进行考察和分析。第五章在对当代中国救济权实现制度做出全面考察的基础上,阐述了完善当代中国救济权实现制度的具体策略。最后得出研究结论。

关键词:人权　权利　救济　立法　司法制度

2725

**当代中国公共物品供给地区差距研究** / 张宇著 ; 沈亚平指导. -- 南开大学, 2009. -- 230 页

论文采用系统分析法、问题调查法、信息研究法、定量分析法和实证分析法等,以当代中国公共物品供给地区差距为研究对象,结合公共物品理论及区域经济理论、政府能力理论,在构建公共物品供给地区差距的评价指标体系的基础上,力求对中国东部沿海、中部和西部地区公共物品供给现状及其地区差距进行全面、系统和客观的审视与分析,并结合中央与地方的视角对中国公共物品供给地区差距进行探因,进而指出解决的方式与路径。全文共分七章。第一章导论,阐述选题缘由、研究意义,结合相关文献综述说明论文的研究方法、研究思路和创新、不足之处以及后续研究的设想等问题。第二章在阐述公共物品基本理论的基础上,分析公共物品的多种供给模式,并着重说明论文所构建的公共物品供给评价指标及其体系。第三章分析公共物品供给地区差距的现状,着重从数量与质量两个角度分析我国公共物品供给地区差距的现状。第四章重点对公共物品供给地区差距的负面效应进行理论与实证分析。第五章主要以中央与地方视角作为方法论,探讨我国公共物品供给地区差距的原因。第六章对缩小公共物品供给地区差距的对策进行探讨,分析政府主导下的公共物品多元合作供给对缩小公共物品供给地区差距的积极作用。第七章结论与建议。

关键词:公共物品　地方财政　区域差异

2726

**中国房地产市场中的利益群体与政府关系研究:一种利益分析的视角** / 张振华著 ; 杨龙指导. -- 南开大学, 2009. -- 291 页

论文以房地产市场为"场景",运用利益分析的方法来研究当代中国的利益群体与政府的关系。全文共分为七章。第一章,导论。介绍论文的选题及意义,相关概念的界定,相关文献研究现状,论文的理论框架、研究方法与论文创新点。第一章,政治学中的

利益分析方法。分别对利益的主体分析,利益的目标分析,集体利益属性及其实现方式,并探讨利益分析法在论文的适用性。第二章,我国城镇住房制度改革与住房利益格局演变。首先探讨我国福利住房制度下的住房利益格局,接着分析我国城镇住房制度改革的历程,并对我国商品住房制度的确立与住房利益格局的演变做出说明。第三章,房地产商:既得利益集团。介绍住房市场结构与房地产商的市场力量,房地产商群体的组织,并围绕 121 号文件的争论,探讨房地产商利益表达的有效性。第四章,地方政府:房地产商的利益联盟者。结合我国的土地产权制度与土地市场机制的构建,探讨地方政府与房地产商利益联盟的体制原因,提出地方政府与房地产商利益联盟的驱动力为绩效考核,并做出具体的研究分析。第五章,房地产市场中的利益受损群体。分别讨论购房者群体利益受损地位的形成,失地农民群体利益受损地位的形成和拆迁户群体利益受损地位的形成。第六章,中央政府:房地产市场的调控者。结合中央政府对房地产市场的宏观调控体系与具体过程,探讨土地调控中中央和地方政府间的利益博弈,并分析房地产市场宏观调控的效果与不合理利益格局的形成。第七章,对策研究:房地产市场过程中的利益整合。探讨住房市场过程中的利益整合机制,土地出让过程中的利益整合机制,协调群体间利益关系、构建社会利益整合机制,并对中央与地方政府间的关系进行理顺。最后为论文结语。

关键词:房地产市场　住房制度改革　利益关系　中央与地方

**2727**

**中国特色国家结构形式研究** / 赵伟著 ; 王惠岩,周光辉指导. -- 吉林大学, 2009. -- 120 页

论文对中华人民共和国建立以来的国家结构形式理论和国家结构形式建设的时间经验进行考察和总结,从总体上概括我国的国家结构形式建设的理论背景、现实依据及基本规律,全文共分为五章。导论部分介绍中国特色国家结构形式理论的研究意义,国内外相关研究现状,论文基本概念与结构安排,论文可能的创新之处。第一章,马克思主义经典作家关于国家结构形式的基本理论。一是马克思恩格斯有关国家结构形式的理论,包括单一制民主义共和国思想、联邦制的思想及自治制的思想;二是列宁关于国家结构形式学说的发展,包括"十月革命"前列宁关于未来国家结构形式的设想,"十月革命"后列宁对联邦制的肯定与地位,列宁关于民族区域自治的思想。第二章,中国特色国家结构形式的理论探索与单一制的确立。提出中国共产党对国家结构形式的早期主张及其背景;介绍"联邦制"到以民族区域自治为补充形式的单一制;提出对中国共产党的联邦制的设想及评价;提出民族区域自治是单一制的有效补充形式。第三章,中央与地方关系:中国特色国家结构形式的结构基础。介绍中央和地方关系的基本理论,改革开放前后中央与地方的关系以及中央与地方关系的理论反思和展望。第四章,国家结构形式分论:行政区划。结合行政区划的基本理论,新中国行政区划的确立与调整,提出新中国建立以来调整和改革行政区划的历史经验。第五章,国家结构形式分论:制度创新。提出民族区域自治是解决国内民族问题的成功新模式,探讨"一国两制"的复合单一制与国家统一问题的新创举,并提出一国两制与"复合单一制"的乏力阐释。余论部分对台湾统一问题做出理论探讨。最后提出论文结论。

关键词:国家结构　政治制度　民族区域自治　一国两制

**2728**

**反讽的自由主义:理查德・罗蒂政治思想的逻辑** / 郑维伟著 ; 王乐理指导. -- 中国人民大学, 2009. -- 182 页

论文的研究对象为反讽的自由主义——理查德・罗蒂政治思想的逻辑。全文共分为四章。第一章,导论。介绍罗蒂其人其说,关于罗蒂思想的研究现状,论文的研究背景,研究目的研究框架。第二章,新实用主义:罗蒂政治思想的理论基础。理论内容包括心身二元论的消解,认识论批判,解释学:一种新的可能性,从经验到语言,真理的颠覆,除魅的科学及偶然的自我。第三章,反讽的自由主义:罗蒂政治哲学的基本结构。首先介绍古典自由主义:公私领域的界分,内容包括理性与自由,古典自由主义者论公私领域,后哲学时代对古典自由主义的挑战;接着介绍创造性的民主:杜威对古典自由主义的回应,包括经验与自由主义,大众参与与创造性民主;介绍公共领域的复归:以阿伦特、哈贝马斯为例,内容包括把公共领域带回来:阿伦特伦现象学的政治维度,哈贝马斯论资产阶级公共领域,历史主义与普遍主义:罗蒂与哈贝马斯之争,"照料好自由,真理即可照料自身":罗蒂

论私人的反讽以及社会团结:希望政治学。第四章,反讽的自由主义之开展:女权、宗教、公民教育和政治左派。探讨内容包括女权主义,宗教多元论和私人化,公民教育精英与民主的探讨及改良左派(REFORMIST LEFT)抑或新右派(NEW LEFT)的探讨。最后为论文结语。

关键词:理查德·罗蒂(Richard Rorty)　自由主义　政治思想

**2729**

**农村籍大学生道德社会化问题研究** / 郑晓艳著 ; 陈秉公指导. -- 吉林大学, 2009. -- 136 页

论文运用历史研究与现实研究相结合、宏观研究与微观研究相结合、定性研究与定量研究相结合,以及系统综合分析等方法,对农村籍大学生道德社会化问题进行讨论。全文共分为六章。第一章,导论。介绍选题的提出背景,相关问题的研究现状,论文的研究方法、研究思路和研究的创新点。第二章,农村籍大学生道德社会化问题研究的基本理论。一是农村籍大学生道德社会化的涵义,包括道德社会化、大学生道德社会化以及农村籍大学生道德社会化的具体内容;二是农村籍大学生道德社会化的特征,包括纵向与自身人生的其他阶段社会化相比较以及横向与其他大学生群里的道德社会化相比较;三是农村籍大学生道德社会化的途径讨论;四是提出研究农村籍大学生道德社会化的价值。第三章,农村籍大学生道德社会化问题研究的理论基础与知识借鉴。理论基础主要包括马恩列斯关于道德社会化的理论和毛泽东、邓小平关于道德社会化的理论;知识借鉴主要是中国传统思想家的道德社会化思想和西方社会心理学学者的社会化理论。并探讨中西道德社会化的分歧与启示。第四章,农村籍大学生道德社会化的现状分析。分析农村籍大学生道德社会化的现状,提出农村籍大学生道德社会化过程中存在的问题,并针对这一问题,提出农村籍大学生道德社会化问题产生的原因。第五章,农村籍大学生道德社会化的相关影响因素。探讨社会政治、社会经济、高等教育以及社会文化方面对农村籍大学生道德社会化的影响。第六章,农村籍大学生道德社会化机制建设。首先提出农村籍大学生道德社会化的宏观建设机制,包括国家政策和社会舆论;接着提出农村籍大学生道德社会化的中观机制建设与微观机制建设,并做出总结。最后为论文结语。

关键词:农村　大学生　道德　社会公德

**2730**

**廉政视角下公职人员的利益冲突问题研究** / 庄德水著 ; 李成言指导. -- 北京大学, 2009. -- 302 页

论文采用逻辑分析法、案例分析法、文献资料法、信息研究法、实证研究法和制度分析方法等,结合政治学和行政伦理的相关理论,以廉政视角下公职人员的利益冲突问题为研究对象,以权力和利益为分析基点,从理论层面和政策层面建构起论文逻辑框架,力图深入研究公职人员的利益冲突问题,并针对中国廉政现状提出现实的发展对策。全文由导论、正文五章和结语三个部分组成。导论介绍选题缘由与意义,结合国内外研究综述对论文所涉及的核心概念进行界定,说明论文的研究思路、研究方法及可能的创新之处。第一章阐述公职人员利益冲突的基本理论及其本质,厘清利益冲突与相关概念的区别,并对利益冲突的结构要素与类型做了解析。第二章主要通过考察官僚制行政的伦理困境,分析公职人员利益冲突问题的制度性与非制度性根源。第三章深入分析利益冲突的行为后果——行政腐败、政策偏失与部门行政,及其发生过程和影响因素。第四章主要以 OECD 及其成员国的利益冲突政策为例来分析国际社会在管理和防止利益冲突方面的实践成果和经验。第五章则从政策层面,重点分析中国利益冲突政策的发展现状和对策。最后是结语部分。

关键词:国家机关工作人员　冲突　廉政建设

# 中外政治制度

**2731**

**国家与社区抗争:北京市小区业主抗争运动比较研究** / 李德满著 ; 张小劲指导. -- 中国人民大学, 2009. -- 338 页

论文在经验观察与分析的基础上,借鉴国家社会嵌入关系理论,主要采用个案比较的研究方法,将国家嵌入小区样式作为主要的分析框架,通过比较分析探讨业主抗争运动的内在逻辑,从而探究不同小区业主抗争运动形态差异背后的原因。全文共分为八章。第一章为导论,介绍研究背景,对相关研究做研究评述,引入关键概念的由来与界定,并提出经验研究过程。第二章为理论回溯与研究框架,包括抗争运动理

论检视、国家社会关系理论回顾和“国家嵌入小区”研究框架的设立。第三章至第六章为个案分析部分，个案均采自北京市小区。第三章以南阳小区为例进行全面嵌入式的实证分析，包括国家全面嵌入、逐渐孤立的抗争进程、孤立抗争运动形态及其分析。第四章以西山小区为例进行内部嵌入式的实证分析，包括国家内部嵌入、走向分散的抗争进程、分化抗争运动形态及其分析。第五章以东华小区为例进行外部嵌入式的实证分析，包括国家外部嵌入、逐步萎缩的抗争进程、柔化抗争运动形态及其分析。第六章以北海小区为例进行全面退出式的实证分析，包括国家全面退出、多方支持的抗争进程、联合抗争运动形态及其分析。第七章为比较分析，包括政府策略、业主参与、抗争策略和市场成分反应分析。第八章为国家与社会抗争。

关键词：社区管理　物业管理　行政干预

**2732**

**制度变迁中的地方政府自主性** / 李剑著 ; 俞可平指导. -- 中国人民大学, 2009. -- 152 页

论文运用理性选择制度主义的研究方法和历史比较研究方法，假定地方政府是追求效用最大化的行为体，物质利益、政治收益、地方公共利益等多元效用共同组合为地方政府的利益结构。论文着眼于地方政府行为面临的制度结构的变化，去探寻地方政府行为逻辑的变化，进而挖掘中央集权体制下地方政府自主性的内在悖论。全文共分为六章。第一章为导论，介绍问题缘起、核心概念、研究方法与论文框架，并将文献综述作为理解地方政府及其行为的多元视角。第二章论述地方政府自主性的生成过程及其在改革进程中的重要意义，包括财政分权、中央与地方权力关系的调整、地方政府自主性成长的逻辑。第三章集中探讨中国的政治集权结构，视其为确保地方政府自主性不致根本上威胁中央政府权威的约束机制，包括党管干部、政治流动中的激励与约束、政治集权的效能限制。第四章分析分税制的由来及其目标取向，包括分权的意外后果、地方财政自主性失范的体制缘由、财政衰弱的政治意蕴，以及分税制与央地财政关系的重构。第五章为地方政府自主性的异化，包括压力型体制由来及其影响、政绩约束下的地方政府自主性、财政集权中的政绩行动等。第六章为结论部分，认为中央与地方是非零和的博弈，讨论地方政府是攫取之手还是扶助之手，并阐述地方政府自主性的悖论。

关键词：地方政府　自主性　分税制

**2733**

**当代中国县政府行为逻辑研究** / 李伟南著 ; 张立荣指导. -- 华中师范大学, 2009. -- 284 页

论文通过对当代中国县政府行为的“应然逻辑”和“现实逻辑”的比较研究，在科学评价县政府现实行为的基础上，挖掘导致现政府行为失范的成因，进而探求校正和规范县政府行为的对策。全文共分为六章。第一章从总体上说明研究“县政府行为逻辑”的理论意义与实践价值，分别梳理国内外的相关研究成果，并介绍核心概念、基本思路和主要研究方法。第二章重点阐明研究的出发点是“需要”，“需要”和“满足需要的欲望”的客观必然性与资源、生产力的有限性之间的矛盾，形成对政府及其官员的巨大的“生存压力”，加上市场经济的“逐利”本性，决定了政府及其官员的“自利倾向”，这是论文的理论前提。第三章通过把当代中国县政府置于市场经济的大背景下，科学地定位“基层人民政府”的角色和职能，阐发当代中国县政府行为的“应然逻辑”。第四章通过对作者在 L 县的调研材料的分析，对当代中国县政府的现实行为进行深入解剖，进而揭示当代中国县政府行为的现实逻辑及其成因。第五章，作者运用“制度——利益——权力”分析方法，通过对“应然逻辑”和“实然逻辑”的比较分析，重点阐述当代中国县政府行为失范的表现、危害及成因。第六章基于对当代中国县政府行为失范的成因分析，提出作者对政府改革、校正和规范政府行为的对策建议。

关键词：县　地方政府　政府行为

**2734**

**英国工党地方性组织嬗变研究** / 李媛媛著 ; 林建华指导. -- 华中师范大学, 2009. -- 155 页

论文从历史的纵向视角入手，采用文献分析等研究方法，对英国工党地方性组织的嬗变进行研究，并指出这种嬗变发生时政治体制的演变、社会结构的变迁、大众传媒的发展、工党执政表现等一系列因素综合作用的结果，并据此提出其对我国党的建设尤其是地方与基层组织建设的启示。全文共分为五章。序言部分介绍选题缘起、研究现状、核心概念、研究思路与方法。第一章为工党地方性组织的初步形成，包括19 世纪末的工会和社会主义团体、工党成立之初的地方性组织、1910 年后工党地方性组织规模和影响的扩大。第二章为工党地方性组织的重组，介绍一战后英国的政治生态：自由党衰落、工会力量壮大、选举权普及、工党新党章确立，并讨论工党地方性组织的重组。

第三章为工党地方性组织的繁荣与回落,概述战后短暂的“黄金时代”、高峰的回落和危机初现。第四章为工党地方性组织的衰落与转向,包括1960—1983年的社会与政治变迁,工党地方性组织的衰弱与转向。第五章为工党地方性组织的现代化改革,包括金诺克与史密斯的初步改革、布莱尔“新工党”的现代化改革。结语部分为作者对工党地方性组织嬗变的思考,包括工党地方性组织嬗变的轨迹、工党地方性组织嬗变的影响因素和工党地方性组织嬗变的启示。

关键词:英国工党　党的组织　地方组织

**2735**

**基本公共服务均等化:过程与逻辑——基于社会保障的研究** / 刘志昌著 ; 陈伟东指导. -- 华中师范大学, 2009. -- 164页

论文选取基本公共服务中的社会保障作为主要研究对象,以宏观的政治、经济和社会文化因素为背景,通过对社会保障的制度变迁、均等状况的历史考察,来分析基本公共服务均等化的演变过程与逻辑,旨在对新中国成立后基本公共服务均等状况及其演变的历史过程、影响基本公共服务均等化的政治、经济和社会文化因素进行考察,以解释基本公共服务均等化的演变规律和内在逻辑。全文共分为导论、正文五章和结论部分。导论部分提出问题,介绍研究意义、研究现状、研究主题、研究框架与基本概念、研究方法、创新与不足。第一章为平均导向下的基本公共服务,包括社会保障的制度演变和社会保障均等化的实态。第二章为差异导向下的基本公共服务,包括社会保障的制度演变和社会保障均等化的实态。第三章为基本公共服务均等化的政治因素,介绍政权的合法性基础、中国共产党对平等理想的追求和对发展目标的追求。第四章为基本公共服务均等化的经济因素,包括经济因素对基本公共服务平均导向的影响和差异导向的影响。第五章为基本公共服务均等化的社会文化因素,包括社会矛盾演变与基本公共服务的变迁、生产方式的社会化对基本公共服务的影响、中国传统文化对基本公共服务的影响。最后为结论与讨论部分。

关键词:社会服务　供给制　平均

**2736**

**自治、代表与参政:澳门社团体制变迁研究** / 潘冠瑾著 ; 张小劲指导. -- 中国人民大学, 2009. -- 311页

论文以澳门社团体制变迁为研究对象,考察社团与政府的关系样式与社团体制变迁的因果关系及其实现机制。通过历史与逻辑相统一的论说方式,一方面着力于对澳门社团体制形成、发展和变迁的过程进行描述,另一方面又强调从特定的理论视角解释澳门社团体制的政治社会运作,探讨丰富有关政治学的基本知识和治理规则。全文共分为七章。第一章为导论,介绍选题的缘由、研究题域的学术史考察,以及研究所采用的理论框架。第二章从澳门独特的政治社会背景回溯澳门社团的历史,包括澳门社团发展的场境、澳门社团的起源、澳门社团的社会自治功能与“强”社团模式的出现。第三章描述澳门社团的发展,包括制度的变迁、利益代表功能的建立和“类”法团体制的出现及其社会政治影响。第四章则集中讨论澳门社团在回归后的演进,虽然澳门社团体制形成了一种“强”法团模式,但实际上其参政功能往往流于形式,最终导致社团治理社会逐步失效。第五章主要从政治决策、政治录用、政治社会化、政治整合四方面分析澳门社团参与政治的效果,提出由于制度嫁接和场域交错导致社团在政治参与中面临着种种挑战。第六章从比较的视野对澳门社团的体制进行总结、分析和展望。第七章指出现时澳门社团体制走向完善的可能方向。

关键词:社会团体　管理体制　澳门

**2737**

**征地纠纷的政治分析:以Q市H区城郊村为例** / 孙鹤汀著 ; 唐鸣指导. -- 华中师范大学, 2009. -- 109页

论文以Q市H区为例,对因征地引发的纠纷进行深入的调查研究,掌握大量第一手资料,并运用政治学的相关理论分析其性质、根源和后果,提出解决问题的相应对策。全文共分为导论部分、正文四章和结论部分。导论部分介绍研究缘由、选题意义、研究视角、路径、方法、研究样本和文献、叙述框架和概念体系。第一章为权力与权利,从农村土地制度安排的两个维度,首先从国家权力和农民权利关系的角度系统地梳理新中国成立以来以来农村土地制度,包括征地制度的历史沿革。第二章为表现与类型,对征地纠纷进行个案分析,首先对调查个案征地纠纷的情况做总体介绍,然后对征地纠纷进行分类。第三章为性质、根源与后果,介绍征地纠纷的生成与演进逻辑,首先分析征地纠纷的性质,然后从利益的角度分析产生征地纠纷的根源,最后指出征地纠纷的政治社会后果。第四章为制度保障与参与,介绍征地纠纷的防范措施

与化解方式，探讨了防范和化解农村征地纠纷的相关对策，提出要树立现代执政理念，改变落后思维方式；讨论完善征地制度的方式，从源头上解决被征地农民利益保障的制度性障碍；提出健全社会保障体系保证农民的基本生存权利；扩大被征地农民的政治参与，使其更好地表达利益诉求；建立专门的征地纠纷协调裁定制度，有效地化解征地纠纷。最后为结论部分。

关键词：土地征用　权利　补偿

**2738**

**新地区主义理论及实践的比较研究** / 邢瑞磊著 ；张小劲指导. -- 中国人民大学, 2009. -- 144 页

论文试图对新地区主义理论展开详细深入的探究，追溯其理论渊源，考察其发展过程和论证脉络，梳理不同时期不同学者所作出的诸多回应，并借此为中国语境下新地区主义理论之研究方面的空白予以弥补。全文共分为五章。第一章导言部分主要通过分析当前地区主义研究的现状和问题，特别是在国内学术界对新地区主义理论研究相对薄弱的现状基础上，提出论文主要解决的问题。第二章是地区主义基本概念和历史发展的梳理部分，从历史演进和学者认知两个角度对“地区”概念进行综合分析，对发生于冷战期间的“旧”地区主义现象和相关理论进行梳理。第三章通过对发生于冷战结束之后的新地区主义起源及其发展历程的梳理，以“新”“旧”地区主义比较的方法，从经验和理论意义上对“新”“旧”地区主义进行对比。第四章是新地区主义理论内部的比较研究，对新地区主义理论进行类型学分析，选择理性主义学派中的新现实主义和新自由制度主义以及反思主义学派中的新地区路径为比较体，从这些学派的元理论层次分析入手，在认识论、方法论和本体论三个角度进行全方位的比较，最后对新地区主义理论进行全面的整体性比较。第五章是对地区主义研究的新题域，即比较地区化理论框架的分析与检测。最后的结语部分是对中国地区主义研究现状的阐述，为中国当前和未来地区主义研究进行定位，并分析新地区主义对中国制定地区战略和解决相关问题的若干启示。

关键词：国际政治　国际关系　地区主义

**2739**

**清代六科行政监控机制研究** / 徐明一著 ；柏桦指导. -- 南开大学, 2009. -- 226 页

论文在《清实录》等文献资料以及一些清人笔记的基础上，结合今人的研究成果，对清代六科行政监控机制进行系统分析，并力图运用制度学、系统论和社会控制论等学科的一些理论与方法，采取宏观制度叙述与微观个案分析相结合的方法，进行必要的统计，举出一些有代表性的实例佐以论述，并在此基础上探讨六科行政监控机制在维护政治统治、保障行政运行方面的作用。全文共分为五章。第一章为绪论，主要阐述课题的选择依据、研究所具有的学科和现实意义、先行研究成果、运用的理论和研究方法以及论文的基本研究框架。第二章主要研究六科制度的历史沿革及演变过程，梳理六科在政治体制中的地位和作用，在对清代六科定制进行分析的同时，构建六科相对完整的制度架构。第三章通过对六科参入朝政的制度分析，了解六科在中央决策制定中的作用和局限，探讨六科在中枢决策过程中的地位，分析其监控中枢决策与政策执行过程中的作用以及存在的不足。第四章是对各科在具体政务中监控作用的叙述，以揭示六科是否适合六部政务。第五章意在分析评价，从制度构建期待预期的效果，制度实现过程及实施效果，以及与其他制度的关系等方面进行分析，总结经验教训，提出有益的启示。最后为结束语。

关键词：行政管理　监督管理　清代

**2740**

**当代西欧极右翼政党研究** / 杨云珍著 ；周淑真指导. -- 中国人民大学, 2009. -- 145 页

论文以全球化、后工业社会的来临为大背景，对20世纪80年代以来西欧各国极右翼政党进行考察，旨在回答以下问题：西欧社会极右翼政党产生的根源是什么？不同极右翼政党在选举中的表现并非整齐划一，那么造成这些不同选举结果的因素是什么？全文由导论、主体和结语三部分组成，其中主体部分分为六章。导论部分阐述论文的选题缘由，对国内外的西欧极右翼政党研究的现状做了细致的梳理和分类，说明了论文的研究方法、贡献以及不足。第二章分析极右翼的概念和意识形态，提出界定极右翼政党的两个维度，继而以极右翼政党对待移民问题、种族主义和民族制度、议会制度和多元主义的不同态度，将西欧极右翼政党分为五种不同类型。第三章将西欧极右翼政党置于全球化、后工业社会来临的大背景之中，分析极右翼政党出现的原因。第四章分析了极右翼政党的选民基础，并以性别、受教育的程度、阶层和年龄这四个社会学要素为分析指标，考察在西欧社会

中,对极右翼政党持支持态度的特定的选民群体。第五章着重分析同属一个政党家庭,但不同的极右翼政党在选举中的表现如此不同的原因。第六章主要从两个方面探讨极右翼政党对西欧社会的影响。结语对全文进行了总结,进一步指出西欧极右翼政党的出现是社会价值观变化的产物,是这场静悄悄革命的副产品。

关键词:政党　意识形态　西欧

**2741**

**公民网络参与和中国民主政治研究:1994—2008** / 尹冬华著 ; 杨光斌指导. -- 中国人民大学, 2009. -- 181 页

论文运用案例分析、抽样调查等研究方法,通过理论和实证分析,对 1994—2008 年间的公民网络参与和中国民主政治进行深入研究,并提出相关的政策建议。全文共分为五章。导论部分提出研究缘起,进行文献回顾,对相关概念进行界定,并介绍章节安排,对创新点进行说明。第一章为公民网络参与,介绍新政治系统理论的分析框架,包括政治系统论、议程设置理论、公共领域概念、新政治系统理论的公民网络参与分析。第二章为公民网络兴起的现实基础与制度背景,分别阐述网络参与的中国特色、网络参与兴起的现实基础、网络参与兴起的制度背景,并讨论对互联网的管制是否有效。第三章为公民网络参与的现状和影响因素,通过北京市的抽样调查,呈现公民网络参与的现状,包括网民肖像、参与方式、参与动机和内容、参与成效、作为参与环境的政府监管;并提出影响公民网络参与的因素,包括社会身份背景、互联网使用情况、政府监管、影响参与效能感的内部因素。第四章为公民网络参与和政府治理,在这一章中作者研究孙志刚事件、"乙肝携带者"维权和厦门 PX 项目事件。第五章为公民网络参与和民主建设的总体性分析,提出民主取决于公民参与,并讨论公共议程设置中的网络参与、政策形成阶段的网络参与、政策执行过程的网络参与和行政过程的民主化。最后为结语部分。

关键词:互联网络　参与管理　民主

**2742**

**清代官批民调制度研究** / 袁红丽著 ; 柏桦指导. -- 南开大学, 2009. -- 288 页

论文采用文本分析等分析方法,结合相关法学、历史学以及政治学的多视角研究方法,对清代官批民调制度进行深入研究,结合官批民调在司法中的具体实践,剖析清代的社会矛盾、政治制度、法律制度和宗法社会结构等促进官批民调实践发展并使之制度化的现实基础,并提出该制度对现代司法的启发。全文共分为五章。第一章为绪论部分,主要对调处的概念、官批民调的内涵及其性质等问题进行界定,阐述课题的研究意义、分析先行研究成果、运用的理论和研究方法。第二章分析清代官批民调制度的承受主体,包括清王朝州县一级的行政长官州县官拥有审理权,基层乡里组织、宗族组织以及会馆公所等为主要承受者。第三章分析官批民调在司法中的具体实践,以黄岩诉讼档案、巴县档案和户绝财产案例为主要史料,探讨官批民调的运行机制和特色,官方审判与官批民调在"情、理、法"上达到最终的契合。第四章探讨官批民调的制度分析,对其产生的现实基础、法律基础、经济基础和社会基础进行探讨,分析其现实必要性,也讨论其自身的局限性和先天不足。第五章探讨官批民调制度对现代司法的启发,说明人民调解在发挥其基础性作用的同时,还应与司法调解、行政调解有效衔接,共同构建多元化的纠纷解决机制,同时更是权力回归于民的表现。

关键词:民事纠纷　司法制度　清代

**2743**

**制度转型中的国际因素研究:以中国、波兰和斯洛伐克为比较个案** / 周忠丽著 ; 张鸣指导. -- 中国人民大学, 2009. -- 230 页

论文运用比较政治学的相关理论,采用案例分析、比较分析等研究方法,试图以中国、波兰和斯洛伐克的制度转型为个案,具体考察国际因素之于制度转型的影响。全文共分为绪论、正文四章和最后的结论部分。绪论部分说明论文要研究的问题,阐述选题的背景和意义,说明研究过程中采用的方法,并对个案国家做简要介绍,同时对文中涉及的关键概念做界定。第二章从理论上研究和分析国际因素与国内制度转型的关系问题,确立全文的理论基础和研究框架。第三章为对中国的个案研究,通过对中国对外开放的历史进程和特点,特别是对加入 WTO 的过程中实现的制度变革进行叙述,进而研究中国如何通过扩大对外交往来实现国内发展。第四章为有关波兰的个案研究,在对波兰的改革历程进行回顾的基础上,重点研究波兰如何在加入欧盟的过程中完成和巩固国内全面的制度转型。第五章为斯洛伐克的个案研究,首先对斯洛伐克的历史和国家概况进行介绍,随后分两个时间段研究欧盟制约性与斯洛伐克国内民

主政治的关系，研究斯洛伐克如何在融入欧洲的过程中完成民族国家的建构。第六章为结论部分，通过对前述三个个案国家进行比较研究，得出有关国际因素与国内制度转型的关系的尝试性结论，同时也提出有待于进一步讨论的问题。

关键词：政治制度　体制改革　国际关系

# 科学社会主义与国际共产主义运动

2744

**多维视角下人的全面发展及其实现途径** / 白立强著 ; 荣长海指导. -- 天津师范大学, 2009. -- 147 页

论文运用理论研究法与实证研究法，考察人的全面发展及其实现途径。文章通过回顾马克思等理论家关于人的全面发展的理论和特点，分析人的全面发展的历史解读和现代解读，并从计划经济、市场经济和社会主义等多个维度中看待人的全面发展问题。最后总结出人的全面发展的实现途径，提出人的全面发展过程是自然历史过程，也是自觉实现过程，是现实的过程。论文第一章是人的全面发展的逻辑维度，首先论述马克思关于人的全面发展理论的现实基点，其次论述马克思关于人的全面发展理论的基本内容，最后阐述人的全面发展的基本内涵。第二章是人的全面发展的历史维度，首先阐述人类社会演进历程中人的全面发展的基本规律性，其次论述人类社会演进过程中人的全面发展的主客体视角，最后论述人的全面发展的现代解读。第三章是人的全面发展的空间维度，首先论述计划经济、市场经济与社会主义的关系，其次阐述一般市场经济与人的全面发展，最后论述社会主义市场经济与人的全面发展。第四章是人的全面发展的实现途径，首先论述人的全面发展过程的理论探析与现实演进，其次阐述社会主义和谐社会构建中人的全面发展的价值意蕴，最后论述人的全面发展的基本途径，包括通过制度建设、完善所有制结构、建设和谐文化、完善教育体系等途径。

关键词：人的全面发展　社会主义　市场经济

2745

**俄国社会主义的思想起源：列宁革命思想研究** / 曹浩瀚著 ; 智效和指导. -- 北京大学, 2009. -- 276 页

论文采用唯物辩证分析法、文献资料法、历史分析法、实证分析法、个案研究法等，以列宁革命思想为研究对象，通过对列宁关于俄国革命的思想及其发展逻辑进行分析的基础上，力图在考察列宁革命思想与俄国革命实践互动的过程中总结俄国社会主义起源的经验教训。论文分为导论、正文六章和结束语。第一章叙述列宁对俄国革命的早期探索历程。第二章主要叙述 1905 年革命与工农民主专政，分析列宁对无产阶级历史革命经验的扬弃。第三章主要叙述列宁对俄国民主革命、世界革命与帝国主义大战的认识以及列宁与俄国革命的第一轮争论。第四章主要叙述俄国建立苏维埃政权的历程，分析《四月提纲》与列宁革命思想的新发展。第五章主要阐述俄国社会主义革命的开始与深化对列宁的渐进直接过渡思想和激进直接过渡思想的影响。第六章主要阐述十月革命后列宁世界革命思想的发展与策略的转变，并着重对列宁的新经济政策进行分析与评价，考察列宁与俄国革命的第二轮争论。最后是结束语，在对全文主要内容进行概述的基础上，对列宁革命思想进行客观评价，强调要区分对待列宁革命思想遗产。

关键词：列宁　社会主义　政治思想

2746

**马克思恩格斯的公平正义观研究** / 陈传胜著 ; 王立新指导. -- 南京师范大学, 2009. -- 138 页

论文采用唯物辩证分析法、文献资料法、实证分析法、比较分析法、逻辑分析法、系统综合分析法等，以马克思、恩格斯的公平正义观为研究对象，力图对马克思、恩格斯公平正义观的思想渊源、方法论以及历史价值等问题进行较为深入的剖析与研究。论文分为前言和正文六章。前言部分介绍研究问题的提出，说明论文结构、研究方法与创新之处。第一章在对公平、公正、正义等概念进行界定的基础上，评述国内外学者关于马克思、恩格斯的公平正义观的研究成果，进而探讨课题研究的发展趋势。第二章主要从德国古典哲学的公平正义思想、英法古典政治经济学的公平正义思想、三大空想社会主义的公平正义思想等角度出发，探讨马克思、恩格斯公平正义观的思想渊源。第三章主要分析马克思、恩格斯公平正义观方法论中的实践性原则和辩证性原则。第四章主要对马克思、恩格斯的公平正义观所实现的伟大变革进行分析，强调马克思、恩格斯的公平正义观的思想实质是“每一个个人的全面而自由的发展”。第五章分析马

克思、恩格斯关于公平正义的历史发展论,具体阐述以物的依赖性为基础的人的独立性中的公平正义和自由人联合体中的公平正义。第六章结语,阐明研究结论与进一步思考。

关键词:马克思　恩格斯　正义原则

**2747**

**社会主义核心价值体系研究** / 崔志胜著 ; 张晓红指导. -- 武汉大学, 2009. -- 201 页

论文采用文献资料法、历史分析法、系统综合分析法、比较分析法、个案研究法和实证分析法等,以社会主义核心价值体系为研究对象,试图通过对社会主义核心价值体系的一系列基本问题的研究,为其建设提供科学的理论支撑。论文由导论和正文八章组成。导论部分阐述研究的选题意义,结合国内外研究现状综述说明论文的研究方法、思路及框架。第一章主要探讨社会主义核心价值体系的内涵、特征及其意义。第二章考察社会主义核心体系提出的国际背景和时代背景,并着重论述社会主义核心价值体系提出的历史必然性。第三章论述马克思主义指导思想在社会主义核心价值体系中的地位等问题,并对相关错误观点做了评析。第四章主要围绕中国特色社会主义共同理想在社会主义核心价值体系中的地位等问题展开论述,并对相关错误观点做了评析。第五章探讨民族精神和时代精神在社会主义核心价值体系中的地位等问题,并对相关错误观点做了评析。第六章论述社会主义荣辱观在社会主义核心价值体系中的地位等问题,并对相关错误观点做了评析。第七章分析苏联、美国和新加坡等国的价值观建设及其经验教训。第八章主要探讨社会主义核心价值观体系的建设原则与路径。

关键词:社会主义建设　价值论

**2748**

**和谐社会视野中的我国城市社区建设研究** / 董欢著 ; 严书翰指导. -- 中共中央党校, 2009. -- 296,18 页

论文以中国特色社会主义理论体系为指导,采用系统分析法、案例分析法、实证分析法、历史分析法、制度分析法、归纳分析法等,以我国城市社会建设为研究对象,力图对和谐社会视野中的我国城市建设进行系统的剖析与研究。论文分为导论、正文九章和结束语。导论部分介绍选题意义,结合国内外研究现状综述说明论文的基本思路、创新点和研究方法。第一章对城市社区理论进行概述,并对国外若干类型城市社区建设经验做了介绍与评价。第二章通过对治理理论和国家与社会关系理论的回顾和分析,构建城市社区建设的理论框架。第三章论述构建社会主义和谐社会与我国城市社区建设的关系,并对我国城市社区建设的历史演进进行回顾与分析。第四章概述我国城市社区自治的基本内涵、发展历程、存在的问题与解决路径。第五章考察我国城市社区的管理模式,并分析改革城市社区管理的内在要求与现实选择。第六章分析我国城市社区公共服务的现状、理论基础及改革路径。第七章分析我国城市社区文化建设面临的主要问题及其解决路径。第八章阐述我国城市社区党的建设的基本思路。第九章分析我国城市社区建设发展的基本趋势,并提出对策建议。最后是结语与展望。

关键词:城市　社区建设　社区管理

**2749**

**中国特色社会主义公民社会若干重要问题研究** / 杜保友著 ; 严书翰指导. -- 中共中央党校, 2009. -- 132 页

论文以马克思主义为指导,采用系统综合分析法、结构功能分析法、制度分析法等研究方法,以中国特色社会主义公民社会为研究对象,力求对中国公民社会与中国特色社会主义市场经济、民主政治、先进文化、和谐社会之间的关系进行较为深入的探讨。论文分为导论、正文五章和结束语。导论部分介绍论文的研究背景及意义、研究现状、研究思路等问题,强调当前中国公民社会实践发展所面临的困难,需要从中国特色社会主义理论体系的层面加以解决。第一章梳理当代公民社会理论的基本要点,对中国特色社会主义公民社会的概念进行界定,并考察中国公民社会兴起的历史过程。第二章分析市场经济造就公民社会的内在机理,考察公民社会在发展社会主体市场经济中的多方面作用。第三章阐述公民社会与政治国家的关系模式及公民社会的政治学含义,并对公民社会在社会主义民主政治建设中的作用进行分析。第四章分析公民社会的文化内涵以及公民社会在中国特色社会主义先进文化建设中的重要作用和功能。第五章阐述公民社会的社会学含义,并从多角度考察了公民社会在社会主义和谐社会构建中的作用。结束语部分总结全文,并重申研究意义。

关键词:中国特色社会主义　公民　市场经济

2750

**建设社会主义新农村的主体:新型农民及其培育研究** / 房彬著 ; 赵汇指导. -- 中国人民大学, 2009. -- 158 页

论文采用实证分析法、问题调查法、文献分析法、系统分析法等,以新型农民及其培育为研究对象,力图对培育新型农民的主体、原则、对策及其意义等问题进行深入研究。论文分为导论、正文五章和结束语。导论部分阐述建设社会主义新农村的重大意义、研究问题的提出及研究价值,在对“新型农民”的概念进行界定的基础上,结合研究现状述评说明论文的研究内容、思路、方法、结构安排和创新之处。第一章主要论述我国农民素质的现状及其对社会主义新农村建设的影响。第二章主要分析新型农民是建设社会主义新农村主体的原因,强调新型农民是推进社会主义新农村建设持续发展的主体,是改造传统农业和发展现代农业的主体。第三章主要论述新型农民的多重培育主体,着重分析农民的自我发展、政府培育和企业培育的相关问题。第四章主要阐述新型农民培育的原则,强调新型农民的培育要遵循从农民实际出发原则、分类培育原则、重点培育与一般培育相结合的原则以及有利性原则等。第五章主要从加强农村教育、强化农民技术培训、加快农村文化建设和发展农民合作组织等方面具体论述新型农民培育的对策建议。最后是结束语,展望新型农民建设社会主义新农村的前景。

关键词:农村　社会主义建设　农民

2751

**列宁的革命思想与20世纪苏联社会主义的演进** / 冯青淑著 ; 李景治指导. -- 中国人民大学, 2009. -- 184 页

论文以马克思主义关于社会结构的分析方法为主,辅以历史规律与制度理论逻辑相结合的分析方法,并借鉴了政治学、哲学和历史学的相关理论与分析方法等,以列宁主义的革命思想与20世纪苏联社会主义的演进为研究对象,力图系统分析列宁的革命思想与苏联社会主义模式成败的思想根源。论文分为导言、正文七章和结语。导言部分界定论文的基本概念与研究范围,结合相关研究综述说明论文的选题缘由、论文框架和创新点。第一章分析列宁的革命思想形成的社会基础与19世纪中后期的俄国主要的社会思潮。第二章分析马克思主义传播与列宁革命思想的形成,探讨列宁对马克思主义理论的继承与突破。第三章阐述列宁的革命思想的理论内容,着重分析列宁对帝国主义时代的分析、对俄国革命性质和现实性判断及其“集中型”工人政党的理论策略等理论问题。第四章分析列宁的革命思想对苏维埃政权建设模式的影响。第五章探讨列宁的革命思想对苏联经济建设模式的影响。第六章探讨列宁的革命思想对苏联国防建设模式的影响。第七章探讨列宁的革命思想对苏联外交政策的影响。结语部分对列宁的革命思想的历史地位与局限性进行评价,阐明历史教训与启示。

关键词:列宁　社会主义革命　苏联

2752

**捷克斯洛伐克20世纪50—60年代改革研究** / 郭翠萍著 ; 孔凡君指导. -- 北京大学, 2009. -- 130 页

论文综合运用历史分析法、文献调查法、个案研究法、观察法、规范分析法、实证分析法、比较分析法等,以捷克斯洛伐克20世纪50—60年代改革状况为研究对象,力图在既有研究成果的基础上,对捷克斯洛伐克改革的演进历程进行深入分析,进而进一步揭示捷克斯洛伐克改革的曲折性和历史影响。论文分为序言、正文五章和结束语等部分。序言部分阐明选题缘由及研究意义,结合国内外相关文献评述说明论文的主要研究方法和创新之处。第一章论述二战结束后捷克斯洛伐克人民民主制度的确立和人民民主制度向苏联模式转变的过程。第二章探讨捷克斯洛伐克20世纪50年代的改革历程,包括捷克斯洛伐克社会主义实践中显露出的苏联模式的弊端,以及1953年短暂的“新方针”和1958年经济改革的初步尝试。第三章主要探讨捷克斯洛伐克20世纪60年代政治领域的变化和实行新的经济体制的过程和结果。第四章分析1968年全面改革的产生背景、改革纲领的出台过程以及改革实践中所面临的社会分歧与国际压力。第五章则论述苏联等国的政治干涉和军事干涉的过程。最后是结语部分,在概述前文相关论述的基础上,探讨捷克斯洛伐克20世纪50—60年代改革曲折发展的原因以及改革失败对捷克斯洛伐克社会发展的影响。

关键词:捷克斯洛伐克　政治体制改革

2753

**社会主义核心价值观与我国公民道德建设** / 蓝红著 ; 靳辉明指导. -- 南京师范大学, 2009. -- 135 页

论文采用唯物辩证分析法、历史分析法、系统综合分析法以及理论综述的研究方法等,以社会主义核心价值观为研究对象,力求深入探讨社会主义核心价

值观在我国公民道德建设中的作用和地位。论文分为序言、正文四章和结束语。序言部分阐明研究的选题意义,结合研究现状述评说明论文的研究方法、论文结构以及创新之处。第一章主要阐述核心价值观及其历史源流,着重剖析西方社会的核心价值观和中国传统文化中的核心价值观。第二章主要分析社会主义核心价值观的历史演进与主要内容。第三章结合社会现实,阐述个人主义、享乐主义、道德相对主义和道德虚无主义等当今影响公民道德建设的主要社会思潮,分析我国公民道德建设面临的形势与存在的问题。第五章分析社会主义核心价值观在公民道德建设中的整合与引领功能,强调公民意识是公民道德建设的源动力,保障公民权利是公民道德建设的基础,并对公民道德建设的民主形式进行探讨。结语部分概述全文,阐明研究结论,并进一步对我国公民道德建设提出了期待与展望。

关键词:社会主义　价值论　社会公德教育

**2754**

**历史进程与基本经验:马克思主义中国化研究(1927—1949)** / 李红军著 ; 梅荣政指导. -- 武汉大学, 2009. -- 242 页

论文综合运用历史分析法、系统综合分析法、文献资料法、个案研究法、实证分析法、比较分析法等,以1927—1949年马克思主义中国化的历史进程为研究对象,力图对这一时期马克思主义中国化的历史进程进行系统梳理和分析,进而总结与探讨马克思主义中国化的基本经验。论文分为导论和正文五章。导论部分阐述研究的选题意义,结合国内外研究现状综述说明论文的研究思路、方法与基本框架。第一章主要探讨了马克思主义中国化的基本理论问题,回顾中国共产党人对马克思主义中国化的相关论述,分析马克思主义中国化的鲜明特点与理论成果。第二章主要论述土地革命时期马克思主义中国化的艰辛开拓历程,着重阐述革命根据地建设理论,并对遵义会议在马克思主义中国化史上的地位进行评价。第三章主要概括抗日战争时期马克思主义中国化的理论成果,着重分析《新民主主义论》对马克思主义中国化的历史贡献,并论述延安整风运动和中共七大在马克思主义中国化史上的地位。第四章主要对中国化的马克思主义——毛泽东思想新的发展内容做了详细梳理。第五章主要总结1927—1949年马克思主义中国化的历史基本经验。

关键词:马克思主义　发展　中国共产党

**2755**

**马克思主义中国化的进程及其规律研究** / 林志友著 ; 荣长海指导. -- 天津师范大学, 2009. -- 200 页

论文采用规范分析与实证分析相结合、逻辑与历史相结合、整体与结构相结合的研究方法等,以马克思主义中国化的进程及其规律为研究对象,力求对马克思主义中国化的策略选择、制度构建及理念升华等阶段进行深入研究,进而探讨马克思主义中国化的基本规律。论文分为导论、正文五章和结束语三部分。导论部分阐述研究现状,对相关概念进行界定,说明论文的研究思路、方法与创新之处。第一章主要对马克思主义中国化的策略选择阶段进行回顾与分析,阐述这一阶段的理论创新与革命前途的抉择历程。第二章主要对马克思主义中国化的制度构建阶段进行回顾与分析,着重对社会主义基本政治制度的设计、社会主义基本经济制度的确立以及社会主义文化建设的构想进行阐述和分析。第三章主要对马克思主义中国化的理念升华阶段进行回顾与分析,着重阐释这一阶段的历史任务。第四章主要从马克思主义理论的自身发展规律及其与中国传统文化的结合规律的角度,分析马克思主义中国化理论形态的发展规律。第五章主要分析马克思主义中国化实践形态的发展规律。最后是结束语,阐明研究结论。

关键词:马克思主义　社会主义建设模式

**2756**

**井冈山道路及其理论贡献研究** / 刘付春著 ; 张晓红指导. -- 武汉大学, 2009. -- 177 页

论文采用唯物辩证分析法、历史文献分析法、历史分析法、实证分析法等,以井冈山道路及其理论贡献为研究对象,力图对井冈山道路理论所涉及的相关内容及其意义、时代价值进行研究与评价。论文分为导论和正文七章。导论部分介绍研究的选题缘由,结合国内外研究现状综述说明论文的研究方法、逻辑框架、主要内容、创新与存在的不足。第二章论述井冈山道路开辟的必然性、思想认识与实践探索,分析井冈山道路理论的科学内涵与内容。第二章回顾井冈山斗争时期土地革命,认为根据地土地革命是党的土地路线构建的实践基础与理论基础。第三章回顾井冈山斗争时期军事建设历程,认为根据地军事实践与理论是人民军队理论的奠基石。第四章回顾井冈山

斗争时期红色政权建设历程，认为根据地政权建设实践与理论是对马克思主义政权理论的新发展，并初步探索民主执政的新路子。第五章分析井冈山斗争时期党的建设的实践与理论，强调根据地党的建设丰富与发展马克思主义建党学说，并开创了党内调查研究的先河。第六章分析井冈山斗争时期统一战线的实践与理论，强调根据地统战理论对马克思主义统战理论做出新的发展与丰富。第七章分析井冈山道路及其理论的时代价值。

关键词：井冈山革命根据地　革命道路　革命理论

**2757**

**毛泽东统一战线理论及当代价值** / 刘海著 ; 靳辉明指导. -- 中国社会科学院, 2009. -- 123 页

论文运用理论研究法和定性研究法，对毛泽东统一战线理论的研究价值进行分析与论述。毛泽东同志在中国革命和建设的长期实践过程中，把马列主义统一战线基本原理应用于中国革命和建设，创造性地提出具有中国特色的统一战线理论，并以此为指导夺取了中国新民主主义革命的胜利和社会主义改造的胜利。研究毛泽东统一战线理论和策略，对于进一步了解中国共产党领导的革命统一战线史，进一步了解中华人民共和国建国史，具有重要的意义。论文第一章是毛泽东统一战线理论产生的历史条件与思想渊源，首先论述其历史条件，进而阐述其思想渊源。第二章是毛泽东统一战线理论的形成与发展，分别对初步形成期、逐渐成熟期、巩固完善期进行研究。第三章对毛泽东统一战线理论的哲学基础、特征与精髓进行研究，首先分析毛泽东统一战线理论的哲学基础，其次总结毛泽东统一战线的理论特征，最后分析毛泽东统一战线的理论精髓。第四章是毛泽东统一战线理论的历史作用，首先分析政治上取得新民主主义革命胜利并进行统战制度创新，其次论述经济上始终把经济安全放在首位，最后论述外交上建立国际和平统一战线。第五章是毛泽东统一战线理论的当代价值，首先讨论毛泽东统一战线的理论价值，其次论述毛泽东统一战线理论的实践价值。最后为结语，提出毛泽东统一战线理论研究后的思考。

关键词：毛泽东思想　统一战线

**2758**

**冷战后美国两个共产党研究** / 刘雅贤著 ; 高放指导. -- 中国人民大学, 2009. -- 252 页

论文主要采用比较分析法、观察法、文献资料法、历史分析法、实证分析法等，以冷战后美国国内两个共产党党派（美国共产党和美国革命共产党）为比较研究对象，力图对两者进行深入研究。论文分为前言、正文三章和结语三部分。前言部分阐述国内外研究现状与选题意义，说明论文的研究思路、研究方法、创新与不足之处。第一章主要对冷战后美国共产党的社会主义理论与实践活动进行系统分析，在对美国共产党概况进行简要介绍的基础上，分析冷战后美国共产党的党建理论、阶级斗争理论、过渡理论和联盟理论等社会主义理论，并对其主要实践活动进行考察，进而分析其与各国共产党的关系。第二章主要对冷战后美国革命共产党的社会主义理论与实践活动进行系统分析，在对美国革命共产党概况进行简要介绍的基础上，分析美国革命共产党的党建理论、革命理论、统一战线理论及其对社会主义政治经济的看法，并对其主要实践活动进行考察，进而分析其与国内其他左翼力量以及各国共产党的关系。第三章对冷战后美国共产党与美国革命共产党进行比较研究，分析两者的共性与个性，进而阐述两者在美国社会主义进程中所起到的作用与面临的困难。最后是结语部分，阐明研究认识。

关键词：政党　美国共产党　美国革命共产党

**2759**

**制度与路径依赖：社会主义经济制度变迁的历史与现实** / 马耀鹏著 ; 陈伟东指导. -- 华中师范大学, 2009. -- 215 页

论文运用理论研究法和实证研究法，考察社会主义经济制度变迁的历史与现实问题。论文第一章是马克思制度理论与诺斯的路径依赖理论，首先分析马克思制度理论的要义和方法论，其次论述路径依赖理论的基本要义及方法论，最后阐述理论指导与分析工具。第二章是理论社会主义的制度设想及其路径依赖效应，首先分析理论社会主义的制度设想，其次论述理论社会主义制度设想产生的路径依赖效应。第三章是列宁实践对理论社会主义的路径依赖及突破，首先论述战时共产主义政策，其次阐述新经济政策，最后对列宁实践社会主义制度安排的评价问题做出阐释。第四章是中国传统社会主义经济制度安排的路径依赖，首先论述中国实践社会主义经济体制制度安排的影响因子，其次阐述中国传统计划经济体制安排路径依赖效应，最后论述传统社会主义经济制度的

路径依赖效应。第五章是中苏冲破路径闭锁的选择及评价,首先论述苏联冲破路径闭锁的改革与最终选择,其次论述中国冲破路径闭锁的探索与最终选择,最后论述中苏冲破传统体制路径闭锁的基本结论。第六章是中国新社会主义经济制度的建构基础与原则,首先对理论基础和实践基础进行论述,其次阐述新社会主义经济制度安排的基本原则。第七章是新社会主义经济制度安排中的所有制,首先论述公有制是实现共同富裕最适合的方法这一命题,其次论述着力体制内的制度创新问题,最后阐述坚持市场化的制度创新方向。第八章是新社会主义经济制度安排中的政府作用,首先分析市场化制度创新中的政府,其次论述我国市场化制度重构过程中的制度政府。第九章是新社会主义经济制度安排中的意识形态,首先分析意识形态的制度性作用,其次论述新社会主义经济制度安排中的意识形态作用。

关键词:社会主义经济　经济制度　体制改革

2760

**中国特色社会主义文化建设机制研究** / 孟宪平著 ; 沈云锁指导. -- 中国人民大学, 2009. -- 198 页

论文采用文献资料法、实证分析法、规范分析法、历史分析法和系统综合分析法等,以中国特色社会主义文化建设机制为研究对象,力图结合中国当代文化建设现实,在借鉴国内外文化理论成果的基础上,对中国特色社会主义文化建设机制的构建进行深入研究和探讨。论文分为导言、正文六章和结束语。导言部分介绍研究问题的基础及意义,结合相关研究述评说明论文的研究思路、研究方法、重点难点以及创新之处。第一章主要对中国特色社会主义文化建设机制的若干概念和关系进行系统的理论梳理。第二章主要阐述中国特色社会主义文化建设体制的涵义、特征、基本定位和作用机理。第三章主要分析中国特色社会主义文化建设机制的制约因素,进而探讨现阶段中国特色社会主义文化建设机制中的缺陷与不足。第四章主要从中国特色社会主义文化建设机制的构建原则、价值取向、评价原则和指导体系等方面,着重阐述中国特色社会主义文化建设机制的总体要求。第五章主要阐述中国特色社会主义文化建设机制的理论借鉴与实践借鉴。第六章主要阐述中国特色社会主义文化建设机制的体系框架。最后是结束语部分,阐明研究结论与研究展望。

关键词:文化事业　社会主义建设　中国特色社会主义

2761

**中国共产党社会建设思想研究** / 潘嘉著 ; 王怀超指导. -- 中共中央党校, 2009. -- 149 页

论文采用系统综合分析法、文献资料法、历史分析法、制度分析法、归纳分析法、结构功能分析法、实证分析法等,以中国共产党社会建设思想为研究对象,力求对党领导人民在不同时期进行社会建设的历史进行系统梳理和理论总结,进而从中获得宝贵的历史经验与历史启示。论文分为导论和正文五章。导论部分阐述研究的选题背景和研究意义,结合研究现状综述说明论文的研究重点、难点以及创新之处和主要研究方法。第一章概述社会建设的内涵、地位及其作用等基本理论。第二章主要论述中国共产党社会建设思想的理论渊源,着重对马克思恩格斯的社会建设思想、国外与社会建设相关的理论进行了分析。第三章概述中国共产党社会建设思想的发展历程。第四章主要论述中国共产党社会建设思想的基本内容、战略目标、战略重点及基本原则。第五章结合前文相关论述,归纳总结中国共产党社会建设的基本经验。

关键词:中国共产党　社会主义建设

2762

**文化和谐研究** / 庞德英著 ; 李道中指导. -- 中共中央党校, 2009. -- 109 页

论文采用文献资料法、实证分析法、系统综合分析法、问题调查法、历史分析法等,以社会主义文化和谐问题为研究对象,力图在对文化和谐问题进行综合概述的基础上,提出实现文化和谐的基本思路和具体途径。论文分为导论和正文六章。导论部分阐述论文的研究对象和研究意义,对既有的研究成果进行了梳理和总结,说明论文的研究思路、方法以及创新之处。第一章概述文化和谐的相关概念,分析我国文化存在的主要基本矛盾以及实现文化和谐的基本思路和路径。第二章主要论述传统文化与现代文化的冲突与联系,提出正确处理传统文化与现代文化之间关系的基本思路。第三章主要论述本土文化与外来文化的冲突与联系,强调要正确地对待外来文化。第四章主要论述汉族文化和少数民族文化的关系,指出两者之间具有和谐共存的基础,也存在矛盾和冲突,并提出构建和谐民族文化关系的基本思路。第五章主要论述处理多元宗教文化之间关系的基本思路,强调

正确认识和处理宗教矛盾与冲突,是实现宗教文化和谐的前提。第六章将文化领域的不同文化归纳为主流文化与非主流文化,并在借鉴历史经验的基础上,提出正确处理主流文化与非主流文化的方针与政策。

关键词:社会主义建设　文化事业　和谐

**2763**

**新时期农村集体经济道路研究** / 彭海红著 ; 赵智奎指导. -- 中国社会科学院, 2009. -- 148 页

论文运用案例研究法、实证研究法和理论研究法,对新时期农村集体经济道路问题进行理论与现实两个层面上的研究。论文第一章是马克思主义经典作家关于小农改造的基本思想,首先论述马克思、恩格斯关于改造农民土地私有制的基本思想,其次论述列宁关于小农改造的基本思想及其实践,再次论述斯大林关于苏联农业发展道路的思考及其实践,最后论述马克思主义经典作家对小农改造问题的共同认识。第二章是中国农业社会主义改造与农村集体经济的产生,首先论述毛泽东关于农业社会主义改造的思想及其实践,其次论述人民公社运动的兴起及其弊端,最后提出对人民公社运动的总结与反思。第三章是新时期农村集体经济制度的改革,首先回顾家庭联产承包责任制的推行与人民公社制度的解体,其次论述农村基本经营制度的完善与稳定,最后阐述农村集体经济的现状,提出对农村集体经济体制改革的几点认识和思考。第四章是农村集体经济的典型实践形式分析,首先分析“集体所有,统一经营”的经典模式,其次分析“集体控股,村民做股东”的现代模式,再次分析集体经济与家庭经济充分结合的模式,最后论述农村集体经济发展壮大的条件。第五章是集体经济,首先论述邓小平关于农村改革和发展的思考,其次论述中国农村改革和发展必须坚持集体经济方向的问题,再次分析发展农村集体经济的现实可能性,最后总结发展壮大农村集体经济的途径。最后为结束语,对农村集体经济的发展前景给出结论。

关键词:农村经济　集体经济　经济体制改革

**2764**

**时代性质判断与社会主义实践选择** / 孙新彭著 ; 余金成指导. -- 天津师范大学, 2009. -- 144 页

论文采用逻辑演绎分析法、文献资料法、典型个案研究法、实证分析法、比较分析法以及历史与现实相结合的研究方法等,以社会主义市场经济为研究对象,力求从考察时代理论与社会主义实践的关系出发,探讨社会主义市场经济在人类发展中的定位问题。论文分为导论、正文四章和结束语。导论部分阐述研究的选题缘由,结合相关研究现状的综述说明论文的研究方法与框架结构。第一章主要回顾马克思主义产生的时代条件,分析马克思恩格斯关于所处时代性质的判断以及世界社会主义运动的展开。第二章主要阐述列宁、斯大林、毛泽东等人对马克思恩格斯关于时代性质判断的坚持与发展,并对社会主义运动的发展做了概述。第三章主要阐述20世纪中期以后人类时代的变化及其对社会主义运动曲折前进的影响,并对中国和苏联的社会主义建设状况进行比较分析,着重考察邓小平对时代问题的认识以及中国特色社会主义的发展。第四章主要阐述时代性质判断与社会主义实践历史考察的基本结论,并阐述马克思“三种社会形态”理论与社会主义市场经济的历史定位问题。最后是结束语,阐明研究结论与对中国社会主义建设事业的未来展望。

关键词:中国特色社会主义　社会主义市场经济　马克思主义

**2765**

**论协商民主与当代中国政治发展路径** / 唐青著 ; 俞思念指导. -- 华中师范大学, 2009. -- 94 页

论文采用制度分析法、文献资料法、历史分析法、跨学科研究法、系统综合分析法、比较分析法和实证分析法等,以我国协商民主为研究对象,力图对协商民主及当代中国政治发展路径进行深入的研究。论文分为正文六章和结语部分。第一章导论,主要介绍问题的提出及研究意义,结合相关研究综述说明论文的研究思路和研究方法。第二章主要分析我国政治协商的社会文化基础。第三章主要从历史的维度,考察政治协商制度在中国的历史发展过程,并着重探讨十一届三中全会后人民政治协商理论的创新与发展。第四章主要分析中国协商政治的现状,认为中国协商政治中已经形成民主与协商相结合的良好状态,并对中西方协商民主制度的原则与基础进行比较分析。第五章主要探讨政治协商制度在当代中国政治发展中的地位与制度价值。第六章主要阐述协商民主与选举民主相结合对中国政治发展走向的巨大意义,并提出对完善政治协商民主的对策思考。最后是结语,在总结前文相关论述的基础上,强调协商民主是当代中国政治发展的重要路径。

关键词:社会主义民主　协商　民主政治

**2766**

**生态文明与社会主义** / 王宏斌著 ; 王学东指导. -- 中国人民大学, 2009. -- 179 页

论文采用文献资料法、历史分析法、跨学科研究法、系统综合分析法、比较分析法、实证分析法等,以社会主义生态文明为研究对象,力图在借鉴西方发达国家生态文明建设经验的基础上,探讨符合社会主义性质和特点的生态文明建设的道路。论文分为导论、正文四章和结语。导论部分界定论文所涉及的基本概念,阐述论文的选题意义、研究概况与研究方案。第一章简要回顾人类文明发展的历史演变,阐述生态文明的本质特征及其理论来源。第二章主要分析生态文明在西方发达国家的缘起、发展过程及实践成就,并探讨影响生态文明在西方发达国家进一步发展的制度性制约因素。第三章对生态文明在社会主义条件下产生和发展状况进行历史考察,并对生态文明在传统社会主义条件下表现出的渐进性的基本原因进行分析。第四章分析当代中国所面临的主要生态环境问题及其原因,并着重阐述生态文明在社会主义条件下得以实现的具体路径,进而对当代中国建设生态文明的历史局限性和历史超越性进行分析与评价。最后是结语部分,阐明研究结论与进一步展望。

关键词:社会主义建设　生态文明　可持续发展

**2767**

**苏共执政时期意识形态工作研究** / 王克宁著 ; 秦刚指导. -- 中共中央党校, 2009. -- 158 页

论文以马克思列宁主义为指导,综合运用唯物辩证分析法、文献分析法以及史论结合、历史与逻辑相统一、“分析—综合”等研究方法,以苏共执政时期意识形态工作为研究对象,力图对苏共执政时期意识形态工作的成败得失经验教训进行研究。论文分为导论和正文六章。导论部分主要阐明意识形态工作的地位与作用,介绍课题的研究意义、研究现状以及论文的基本思路与研究方法。第一章主要对列宁时期的意识形态工作进行梳理与评价,认为这一时期苏共意识形态工作取得了很大成就。第二章主要对斯大林时期的意识形态工作进行梳理与评价,并分析其深刻的经验教训。第三章主要对赫鲁晓夫对斯大林时期意识形态工作的偏差所进行的积极调整进行了梳理与评价,认为赫鲁晓夫时期的意识形态工作为后来苏联意识形态的演变埋下伏笔。第四章主要对勃列日涅夫时期的意识形态工作进行梳理与评价,强调这一时期苏共意识形态工作进入停滞与困顿阶段,意识形态领域问题丛生、危机四伏,为戈尔巴乔夫时期意识形态工作的失控和崩溃种下祸根。第五章主要介绍与评价戈尔巴乔夫时期意识形态工作在指导思想、思想道德、舆论宣传和文化领域的全面性危机。第六章结论与启示。

关键词:苏联共产党　执政　意识形态

**2768**

**托派社会主义研究** / 王小军著 ; 李青宜指导. -- 北京大学, 2009. -- 197 页

论文采用文献分析法、实证分析法、历史分析法、观察法和比较分析法等,以托派社会主义思潮与运动为研究对象,以理论和现实的矛盾冲突为线索,力图对 20 世纪 90 年代以前托派社会主义运动的起源和发展进行梳理,并对 20 世纪 90 年代以来托派社会主义的新变化进行研究。论文分为导论、正文六章和结语三部分。导论部分介绍研究的历史、现状与研究意义,并对论文的研究方法、逻辑结构和相关问题做了说明。第一章主要考察 1933 年之前的托洛茨基及其思想,简介托洛茨基“不断革命”理论及其社会主义建设思想。第二章主要简述 1933—1938 年第四国际建立的历史背景及原因。第三章主要阐述 1938—1988 年间第四国际分裂的原因及主要派别,并着重分析第四国际中改革派、保守派、独立派的主要观点,以及托派对待“过渡纲领”的不同态度。第四章主要阐述 1988—2008 年间托派对斯大林主义、民主社会主义的批判,及其对 20 世纪社会主义运动的反思。第五章主要阐述托派对当代资本主义全球化、生态危机的批判。第六章主要阐述托派对未来社会主义的构想。结语部分明确指出托派虽然在 20 世纪 90 年代后出现新变化,但其思想与现实之间的矛盾没有得到解决,依然是资本主义社会的反主流文化的思潮与运动。

关键词:托洛茨基派　社会主义　第四国际

**2769**

**美国有效掌控意识形态问题研究** / 夏禹著 ; 王永贵指导. -- 南京师范大学, 2009. -- 150 页

论文综合运用唯物辩证分析法、文献分析法、个案研究法、观察法、实证分析法、比较分析法以及历史与现实相结合、逻辑与历史相结合的研究方法等,以

美国有效掌控意识形态问题为研究对象,通过对美国意识形态的内涵、功能及实质的考察,力图探讨和研究美国意识形态掌控的主要途径及美国意识形态外交的历史影响。论文共分六章。第一章绪论,阐述研究的选题理由和意义,结合研究现状综述说明论文的研究方法、基本框架和创新之处。第二章主要论述美国资本主义意识形态的内涵、功能与实质,并着重分析美国实施意识形态掌控的原因。第三章系统论述美国掌控意识形态的主要途径及其影响。第四章主要对美国掌控意识形态途径的特点进行分析,认为其意识形态掌控的途径呈多元化趋势,并具有隐蔽性、虚伪性等特点。第五章结合具体个案,主要阐述美国意识形态外交的表现及其历史影响,着重考察美国意识形态外交对中国的影响与新变化。第六章对美国实施意识形态掌控的双重标准进行评析,进而阐述其对我国当前社会主义意识形态建设的启示。

关键词:社会意识形态　思想政治教育　美国

**2770**

**当代中国民营资本的政治诉求对政治发展的积极影响** / 徐蕾著 ; 张惟英指导. -- 中国人民大学, 2009. -- 207 页

论文采用了观察法、系统综合分析法、问题调查法、实证分析和规范分析相结合的研究方法等,以我国民营资本的政治诉求为研究对象,通过对当代我国民营资本政治诉求的正面因素进行理论梳理和论证,试图探寻中国社会、经济、民主发展的资本逻辑。论文分为导论、正文五章和结语。导论部分介绍研究的选题缘由与意义,结合研究现状概述说明论文的研究方法、思路以及创新之处。第一章主要对中国民营资本的政治诉求的内涵、特征及其与政治发展之间的联系等相关理论问题展开论述。第二章主要从民主政治建设的角度,论证民营资本的政治诉求对行政体制改革、执政党变革、民主形式以及社会政策的民主化等四个层面的影响。第三章主要从政治稳定的角度,进一步论证民营资本的政治诉求对维护中国政治稳定、推动中国政治参与进程、促进中国政治制度化建设等方面的积极作用。第四章主要阐述民营资本的政治诉求对中国法治建设的推动作用。第五章主要从社会层面,论述民营资本的政治诉求对中国公民社会的形成和发展的积极影响。最后是结语部分,基于前文的分析试图寻找引导民营资本的政治诉求促进政治良性发展的途径。

关键词:民营企业　资本　社会主义建设

**2771**

**迈克尔·哈林顿的生平及社会主义思想研究** / 许宝友著 ; 孔凡君指导. -- 北京大学, 2009. -- 140 页

论文综合运用历史分析法、文献资料法、个案研究法、实证分析法、比较分析法等,以迈克尔·哈林顿的生平及社会主义思想为研究对象,力图对迈克尔·哈林顿的生平及其社会主义思想的发展历程进行系统的梳理,并对其社会主义思想遗产进行客观评价。论文分为导论、正文六章和结语等部分。导论部分介绍研究的选题缘由和意义,结合国内外相关文献综述说明论文的研究方法与创新之处。第一章回顾迈克尔·哈林顿早期思想产生的原因和背景,并对其早期思想及其特点进行分析。第二章阐述迈克尔·哈林顿思想向社会主义转型的历程,着重分析影响迈克尔·哈林顿思想转型的主要政治思潮。第三章阐述迈克尔·哈林顿社会主义思想的最终形成及其理论表达,并对迈克尔·哈林顿在美国民主左翼中的地位做了介绍。第四章主要论述迈克尔·哈林顿社会主义思想中关于"消除贫困"的观点。第五章主要论述迈克尔·哈林顿社会主义思想中关于"民主"的观点。第六章主要论述了迈克尔·哈林顿社会主义思想中关于"市场"的观点。最后是结语部分,总结归纳迈克尔·哈林顿社会主义思想的基本内容,并对其社会主义思想进行客观评价。

关键词:哈林顿(Michael Harrington)　政治思想　民主社会主义

**2772**

**乌托邦与现代性交织下的马克思主义中国化:20 世纪前半叶马克思主义中国化中的若干问题分析** / 杨静娴著 ; 董四代指导. -- 天津师范大学, 2009. -- 116 页

论文采用矛盾分析法、历史分析法、文献调查法、实证分析与规范分析相结合、逻辑与历史相结合的研究方法等,以 20 世纪前半叶马克思主义中国化进程为研究对象,力图对乌托邦与现代性交织下的马克思主义中国化的相关问题进行深入研究。论文分为绪论、正文四章和结束语三部分。绪论部分阐明研究的选题依据,结合相关文献和研究现状综述说明论文的研究思路、方法及创新之处。第一章主要阐述学术界与本课题相关的研究成果和论文的研究特点,认为乌托邦与现代性是马克思主义中国化过程中的内在矛盾。第二章主要分析马克思主义中国化的历史文化

前提,着重阐述中国传统的大同思想与社会主义的融会贯通,并考察早期国民党人对西方社会主义思想的认识与传播,以及马克思主义在中国的初期传播的历程。第三章主要分析马克思主义中国化的生长机制,着重阐述新民主主义理论与中国马克思主义中国化的关系。第四章主要对20世纪前半叶马克思主义中国化中具体问题进行现代解答,并阐述中国社会主义建设的历史经验与现实分析。结束语部分阐明了研究结论与进一步展望。

关键词:马克思主义　乌托邦　现代化

**2773**

**生态危机的困境与消解:当代马克思主义生态学表达** / 余维海著 ; 余金成指导. -- 天津师范大学, 2009. -- 203页

论文以马克思历史唯物主义和辩证唯物主义为主导,主要运用唯物辩证分析法以及规范分析与实证分析相结合、历史与现实相结合的研究方法等,以当代马克思主义生态学为研究对象,力求以生态危机根源探寻及其消解路径为中心论域,对当代马克思主义生态学理论进行系统梳理与深入研究。论文分为导论、正文五章和结语。导论部分介绍生态危机及其相关话题,结合学术界相关研究现状评述,阐明论文的研究思路与方法。第一章主要概述早期马克思主义者关于生态危机的思考以及当代国外马克思主义生态学思潮的发展。第二章主要对生态危机的根源进行多元探寻,简述西方理论界对生态危机根源的阐释,并着重阐述国外马克思主义关于生态危机根源的思想,并对国外马克思主义生态危机根源论的特点进行分析与评价。第三章主要探究生态社会主义的理想蓝图,并对生态社会主义的理论贡献、与传统社会主义的关系以及自身的理论困境等方面进行述评。第四章主要探讨中国社会主义生态文明的历史背景、建设的可能性、实现路径及其历史意义。第五章主要探究当代马克思主义的生态学贡献,并对生态学语境中的马克思主义的基本特征进行了探讨。最后是结语部分,提出研究结论与展望。

关键词:马克思主义　生态学　生态文明

**2774**

**世界托派运动:组织、理论及国别研究** / 曾淼著 ; 林勋建指导. -- 北京大学, 2009. -- 254页

论文采用历史分析法、文献分析法、实证分析法等,以世界托洛茨基派(托派)运动为研究对象,力求对托派的国际组织、理论及其国别进行深入研究。论文分为导言、正文和结语,其中正文分为三大部分共九个章节。导言阐述研究的选题缘由及意义,结合研究现状综述说明论文的研究思路与方法。前三章为第一部分,阐述托派国际组织的演变。第一章叙述托派在苏联的起源、各国托派团体的形成以及第四国际的建立历程。第二章叙述托派在二战中的组织与活动,分析第四国际以及托派运动分裂的原因。第三章对1965年后的托派组织的演变进行概述,并简要介绍当今世界上托派的主要国际组织。第四至六章为第二部分,主要阐述托派理论的发展。第四章阐述托派早期的理论发展,介绍托洛茨基的主要理论以及作为托派战时纲领的“革命的失败主义”。第五章阐述托派围绕苏联问题展开的争论,分析二战后托派的理论困境。第六章阐述托派关于资本主义危机的理论。第七至九章为第三部分,主要考察各国托派运动。第七章主要对法国托派运动进行历史考察。第八章主要对美国托派运动进行历史考察。第九章主要对玻利维亚托派运动进行历史考察。最后是结论与评价。

关键词:第四国际　政治运动　托洛茨基

**2775**

**中国社会主义生态文明建设研究** / 张剑著 ; 李崇富指导. -- 中国社会科学院, 2009. -- 151页

论文以马克思辩证唯物主义和历史唯物主义为指导,综合运用了文献资料法、比较分析法、系统分析法、历史分析法、个案分析法、问题调查法等,以中国社会主义生态文明建设为研究对象,在对马克思恩格斯的经典文献进行解读的基础上,立足中国实际,对中国社会主义生态文明理论的构建进行尝试。论文分为导论、正文六章和结束语三部分。导论阐述研究生态文明的理论意义和实践意义,结合国内外相关研究现状概述说明论文的研究视角、主要内容与观点。第一章主要阐述马克思恩格斯的自然观与资本主义生态批判思想及对生态文明研究的指导意义。第二章在分析生态马克思主义的主要观点及其进步性与局限性的基础上,阐述生态马克思主义对资本主义的批判及其对生态文明研究的借鉴意义。第三章主要论述中国生态意识的思想渊源和实践形式的历史发展,并对我国现阶段生态环境问题进行总体分析。第四章主要阐述中国社会主义生态文明的概念、性质、内在要求等方面,并论述科学发展观对生态文明建设

的指导作用。第五章主要论述中国社会主义生态文明建设的基本内容。第六章着重探讨中国社会主义生态文明建设与物质文明、政治文明和精神文明建设的实践关联。最后是结论与展望。

关键词:社会主义建设　生态文明　发展观

**2776**

**"列宁主义观"史论** / 张士海著 ; 周向军指导. -- 山东大学, 2009. -- 177 页

论文以马克思历史唯物主义和辩证唯物主义为理论指导,综合运用文献资料法、比较分析法以及历史与现实相结合、逻辑与历史相结合的研究方法等,以"列宁主义观"为研究对象,在系统梳理苏俄、中国共产党和西方学者的列宁主义观的历史流变的基础上,试图回答"什么是列宁主义、怎样对待列宁主义"的问题。论文分为导论、正文四章和结语三部分。导论部分介绍论文的研究对象、研究意义,结合研究现状和文献综述说明论文的研究方法。第一章主要对苏俄人的列宁主义观进行考察,系统地梳理早期苏俄人的列宁主义观以及斯大林、戈尔巴乔夫的列宁主义观以及苏联解体后俄国人的列宁主义观走向。第二章主要对西方学者的列宁主义观进行系统梳理与评价。第三章主要对早期中国共产党人、毛泽东以及邓小平等中国共产党人的列宁主义观进行系统梳理与评价。第四章在前文相关论述的基础上,分析研究列宁主义观历史流变的历史启示,强调要清醒地认识列宁主义的地位、全面把握列宁主义的内涵、真正地理解列宁主义的灵魂和深刻地领悟列宁主义的主旨。最后是结语,总结全文,并强调要确立并坚持科学的列宁主义观。

关键词:列宁主义　历史

**2777**

**列宁关于人类社会发展的世界联系思想** / 张晓忠著 ; 俞良早指导. -- 南京师范大学, 2009. -- 283 页

论文综合运用规范分析与实证分析相结合、逻辑与历史相结合、整体与结构相结合的研究方法等,以列宁关于人类社会发展的世界联系思想为研究对象,力求对列宁人类社会发展的世界联系思想的历史时代背景、内涵、当代意义及其历史启示等问题进行研究。论文分为前言和正文六章。前言部分介绍研究的选题背景和意义,结合国内外研究现状说明了论文的研究方法、分析思路和基本框架。第一章主要分析列宁人类社会发展的世界联系思想的理论渊源与时代背景,并探讨了列宁人类社会发展的世界联系思想形成的客观必然性。第二章主要考察俄国被卷入西方资本主义全球化的历史进程,并分析俄国革命与西方无产阶级革命的一般性和特殊性。第三章主要考察帝国主义时代资本主义世界体系的形成历程,具体阐述帝国主义时代资本主义世界体系的性质与结构,认为垄断资本国家化为社会主义运动的国际化创造了条件。第四章阐述俄国社会主义革命与世界社会主义革命的关系,分析列宁"世界联邦""世界苏维埃共和国"的思想。第五章主要阐述列宁时期苏维埃俄国与资本主义国家的对外贸易的基本原则。第六章阐述列宁人类社会发展的世界联系思想的历史地位与当代启示。

关键词:列宁　社会发展　全球化

**2778**

**关于当代中国社会公平的若干问题研究** / 张艳丽著 ; 张武指导. -- 武汉大学, 2009. -- 200 页

论文综合运用系统综合分析法、文献资料法、问题调查法、个案研究法、观察法、规范分析法、实证分析法、比较分析法等,以当代中国社会公平问题为研究对象,力图对当代中国社会公平的若干问题进行深入、全面和系统的研究,进而提出推进和实现社会公平的对策建议。论文分为导论和正文六章。导论部分介绍研究的选题缘起与意义,结合研究现状与研究动态的综述说明论文的研究方法、研究思路与基本结构。第一章在分析公平概念的基础上,阐述当代中国社会公平观的基本内涵和基本原则。第二章主要考察当代中国社会公平观形成的理论基础以及实践条件。第三章着重探讨毛泽东、邓小平、江泽民以及胡锦涛等党中央领导集体对当代中国社会公平观的形成、发展和创新所做的历史贡献。第四章主要对社会公平进程中公平与效率、公平与平均、公平与和谐、公平的相对性与决定性以及公平的理想尺度与现实尺度等方面的关系进行深入分析,进而为正确认识与处理社会公平问题提供方法论指导。第五章主要阐述社会主义初级阶段实现社会公平的制约因素和积极因素。第六章主要探讨推进和实现社会公平的基本思路,强调对待中国公平问题需要耐心和理性。

关键词:社会主义建设　平等　公平原则

**2779**

**科学发展观与中国特色社会主义发展** / 郑矿文著 ; 张晓红指导. -- 武汉大学, 2009. -- 213 页

论文以马克思辩证唯物主义和历史唯物主义为指导,采用唯物辩证分析法、文献资料法、系统综合分析法等,以科学发展观为研究对象,力图对科学发展观形成的历史背景、科学内涵及对中国特色社会主义发展的指导意义进行研究,回答科学发展观所指向的"实现什么样的发展,怎样实现发展"这一逻辑主题。论文分为导论、正文七章和结束语三部分。导论介绍研究对象、选题意义,结合研究现状综述说明论文的研究思路和方法以及研究框架。第一章在考察两种不同性质的发展观的基础上,从历史与逻辑相结合的角度,阐述科学发展观是中国特色社会主义发展的必然逻辑。第二章主要分析科学发展观形成的时代背景及其内在依据。第三章主要阐述科学发展观的第一要义,强调只有发展才能解决中国特色社会主义发展中存在的问题。第四章在解析马克思主义视野中人的科学含义的基础上,主要阐述科学发展观的内在本质是以人为本。第五章主要阐述全面协调可持续发展,是中国特色社会主义发展的基本要求。第六章主要阐述统筹兼顾,是中国特色社会主义发展的根本方法。第七章主要阐述科学发展观对中国特色社会主义理论体系的重要组成部分。结束语部分得出研究结论。

关键词:中国特色社会主义　社会主义建设　科学发展观

**2780**

**民本与民主交织下的新中国法治之路** / 祝庭显著 ; 余金成指导. -- 天津师范大学, 2009. -- 149 页

论文运用历史研究法、理论研究法和实证研究法,对新中国法治之路中的民本与民主问题进行研究与论述。论文第一章是民本思想是中国传统政治法律思想中的精华,对传统民本思想的历史发展、特征与实质等进行阐述,并分析传统民本思想的法理学进步意义,论述传统民本思想的局限性及其现代转化,并考察传统民本思想与西方人文精神的一致性及差异。第二章是民主精神的西方政治法律文化的核心精神,首先回顾西方民主思想的历史发展,其次论述民主政治的一般特征及现代民主的核心价值,再次论述马克思、恩格斯和列宁的民主观,最后阐述民主是现代国家立国的共同价值观,考察现代民主新理论。第三章论述法治的逻辑,首先回顾西方法治思想的源起与流变,其次论述权利保障与权力制约是现代法治的基本精神,第三阐述马克思、恩格斯和列宁的法治观,最后论述现代法治国家的基本特征,考察法治外来文化与本土资源的紧张关系。第四章是民本、民主、法治的三维互补及其意义,主要对民本思想和民主思想进行比较,考察民主与法治的互补性。第五章是民本、民主与中国法治实践,回顾毛泽东时代、邓小平时代和江泽民时代的民本、民主与法治实践。第六章是以科学理念为指导构建社会主义法治国家,首先论述从法制到法治的模式选择,其次论述中国 60 年法治建设的启示,最后提出构建以民为本与民主思想为内核、现代法治精神为依托的法治国家。

关键词:法治　社会主义法制　民本思想

**2781**

**论社会主义与自由** / 邹佰峰著 ; 秦刚指导. -- 中共中央党校, 2009. -- 143 页

论文以马克思主义基本原理为指导,综合运用哲学、政治学、社会学、法学和科学社会主义等多个学科的理论与研究方法,以社会主义与自由的关系为研究对象,力图以社会主义的历史和逻辑发展为视角深入研究社会主义与自由问题。论文分为导论、正文七章和结论。导论部分阐述研究意义、相关研究成果的评述以及论文所界定的自由概念。第一章主要阐述自由主义思想的历史渊源。第二章主要阐述马克思恩格斯的自由思想。第三章分析社会主义与自由的内在一致性,强调自由是社会主义建设的题中之意,社会主义制度为自由的实现提供更广阔的前景。第四章主要分析社会主义经济发展与自由的实现的关系,认为社会主义经济发展是自由的实现的基础条件,自由的实现是经济科学发展的本质。第五章主要分析社会主义民主建设与自由的实现的关系,强调社会主义民主是自由的实现的重要保证,并阐述发展社会主义民主建设的具体路径。第六章主要分析社会主义文化繁荣与自由的实现的关系,强调社会主义文化繁荣是自由的实现的重要条件。第七章主要阐述社会主义和谐与自由的实现的关系,强调社会主义和谐社会为自由的实现提供条件。最后是结论部分,强调人的全面发展是自由的最终目的。

关键词:社会主义　自由　民主

# 中共党史

**2782**

**毛泽东与湖南农业合作化运动** / 蔡抗衡著 ; 谭献民指导. -- 湖南师范大学, 2009. -- 161 页

论文采用传统史学的分析方法，以毛泽东对湖南农业合作化运动的指导和影响为研究对象，结合丰富的史实资料，史论结合，力求全面梳理毛泽东指导湖南农业合作化的具体情况，总结其历史经验教训，并做出客观评价。全文共分四章。第一章分析毛泽东指导湖南农业合作化运动的理论基础与历史背景，阐述马克思、恩格斯、列宁和斯大林关于农业社会主义改造的基本理论，并重点介绍新中国成立初期毛泽东与刘少奇关于农业发展道路的争论。第二章从成功与失误的角度，将湖南农业合作化运动分为前后两个阶段，详细论述毛泽东对湖南农业合作化运动前后两个阶段的指导情况，并归纳出毛泽东对湖南农业合作化运动指导的特点。第三章总结毛泽东指导湖南农业合作化运动的经验教训，重点分析毛泽东在后期指导湖南农业合作化运动过程中产生失误的深刻原因。第四章阐述毛泽东指导湖南农业合作化运动的历史启示，强调“走合作化道路”是中国农业历史的必然选择。

关键词：毛泽东　农业合作化运动　湖南

**2783**

**“文化大革命”史研究30年述评** / 陈建坡著 ; 柳建辉指导. -- 中共中央党校, 2009. -- 222 页

论文主要采用传统史学的研究方法，以“文化大革命”史为研究对象，通过对20世纪70年代末以来“文革”史研究的相关文献、著作、文章进行较为全面的搜集和分类整理，并在此基础上进行较为系统的分类述评，力图深入分析和研究30年“文革”史研究的发展脉络，了解其研究现状和发展趋势。全文共分四章，采用纵向分阶段梳理和横向分专题分析相结合的框架结构。第一章将30年的“文革”研究分为酝酿与艰难起步、第一个研究高峰、在“平静”中持续发展三个时期，并分别对各个时期的主要成果进行归类介绍和简要评述，并结合不同时期的史学背景和时代特征，总结归纳各个时期的特点。第二章主要对“文革”起源问题分初步开展、学术正常化、深入探讨三个阶段进行述评。第三章主要分析学术界对“文革”的概念、性质、分期以及经验教训总结等问题的研究状况。第四章分析和考察学术界对“文革”时期群众组织、群众运动的研究状况。

关键词：文化大革命　政治运动　群众运动

**2784**

**龚育之与中共党史研究** / 陈莉莉著 ; 柳建辉指导. -- 中共中央党校, 2009. -- 155 页

论文综合运用历史分析法、文本研究法、比较研究法和口述历史研究方法等，以龚育之从事中共党史研究的实践和成果为研究对象，在充分参考学界相关研究成果的基础上，力图准确把握和梳理其从事党史研究的发展轨迹，系统概括和反映其党史研究的成果与不足，科学提炼其党史研究的理念与风格，以深化对龚育之本人、中共党史学史以及改革开放以来党的历史和党史研究历程的研究。全文由绪论、正文六章组成。绪论介绍研究的选题意义，结合评析学术界相关研究现状，阐明研究的难点、创新点以及主要研究方法。第一章回顾龚育之从事党史研究的缘起和经历，并在系统梳理他各个时期的党史研究实践和成果的基础上，对其各个时期从事党史研究的主要特点进行分析与归纳。第二章主要从微观角度对龚育之在党史研究领域提出的创新观点进行分析和论证。第三章主要从宏观角度对龚育之在党史研究领域提出的新的理论分析框架和党史写作思路等创新观点进行梳理和研究。第四章主要从史料方面系统梳理并分析论证龚育之推动中共党史研究的学术贡献。第五章则从史实方面系统梳理并分析论证了龚育之推动中共党史研究的学术贡献。第六章在总结全文的基础上，对龚育之党史研究的理念和风格做了归纳与提炼。

关键词：龚育之　中国共产党　党史

**2785**

**执政党领导干部驾驭社会建设能力研究** / 陈位志著 ; 冯秋婷指导. -- 中共中央党校, 2009. -- 157 页

论文主要采用实证研究法等研究方法，以执政党领导干部驾驭社会建设的能力为研究对象，力图以提升执政党的组织战斗力、建设高素质干部队伍为目的，对领导干部如何认识社会转型与自身领导力的差距与弥补途径、现代社会条件下领导干部适应社会建设的科学能力模型进行探索。论文共分五章，在内容结构上，沿着“理论分析—背景分析—现状分析—原因分析—路径分析”这条主线展开论述。全文以理论分析与现实背景作为论述铺垫，以现状考察、原因分析以及措施方法为研究落脚点，核心在于论述社会转型时期领导干部如何科学认识与有效提升思想认识、能力素养与管理水平。第一章为理论分析，阐述党的领导与干部驾驭社会建设能力的内在联系。第二章为背景分析，阐述我国社会发展现状对领导干部的能力建设提出的现实要求。第三章为现状考察，具体考察和分析当前我国领导干部群体在社会建设工作中

具备的认识与能力水平以及存在的问题和不足。第四章为原因分析，深入分析领导干部群体在驾驭社会建设的认识与能力方面存在问题的原因。第五章为路径分析，即在考察现状与问题的基础上，寻求提高领导干部驾驭社会建设能力的具体方法与途径，最后得出研究结论。

关键词：中国共产党　领导人员　能力培养

**2786**

**中国共产党党内监督制度研究** / 丁清晔著 ; 梁妍慧指导. -- 中共中央党校, 2009. -- 169 页

论文采用唯物辩证研究法、系统分析法、实证研究法、经验总结法和探索性研究法等，以中国共产党党内监督制度为研究对象，在系统分析党内监督制度的相关概念和理论、总结党内监督制度发展的历史与现实经验基础上，提出党内监督制度的主体框架，并展开多角度的分析和论证，力求构建一个科学合理的党内监督制度体系。全文由前言和正文六章构成。前言简要说明论文的选题意义，评析课题的研究现状，介绍论文的研究重点、基本框架和思路、创新之处和研究方法。第一章是对党内监督制度的理论解析，分析和界定相关概念，提出并归纳构建党内监督制度的理论基础。第二章是对党内监察制度的历史考察，通过对苏共党内监督制度演变历程的考察及其弊端的剖析，以及对中共党内监督制度发展轨迹的回顾，揭示党内监督制度建设的历史启迪。第三章是对党内监督机制的分析和构建，提出改革完善党内监督机制的路径及其有效运行的基本模式。第四章是对党内监督具体制度的改革与完善，论述健全和完善党内非专门监督制度和专门监督制度的思路和措施。第五章着重阐释党内监督领导体制的内涵及其功能，在历史回顾的基础上，提出改革和完善党内监督领导体制的思路和建议。第六章就如何构建有利于党内监督制度建设的外部环境提出可操作性的对策建议。

关键词：中国共产党　监督　组织建设

**2787**

**中国共产党执政能力研究：结构—功能互动分析的视角** / 樊建政著 ; 桑玉成指导. -- 复旦大学, 2009. -- 137 页

论文主要采用结构——功能互动分析的研究方法与研究视角，以中国共产党执政能力为研究对象，通过对中国共产党执政能力的历史生成、当前状态及未来走向的分析，进而对当前加强中国共产党执政能力的方向进行系统化探讨。全文共分六章。第一章导论，概述现有对中国共产党能力的相关研究状况，并对其做出检视。第二章通过对诸主要流派的结构—功能分析理论的考察和比较分析，得出结构—功能分析理论对本课题研究的启示。第三章阐述结构—功能互动分析下中国共产党执政能力的生成，认为中国共产党的执政是中国社会机体重建与转型的历史需要，也是中国共产党自我优化结构、强化功能的结果。第四章阐述了结构—功能互动分析下中国共产党的结构与功能现状，分析中国共产党结构现状及其特点，以及中国共产党的功能现状及其差异。第五章阐述结构—功能互动分析下中国共产党执政的强化，提出国际国内新局势下的新机遇与新挑战，并从强化功能这一整体性角度，对当前中国共产党加强自身执政能力建设的方向提出可行性措施。第六章结论与建议。

关键词：中国共产党　执政

**2788**

**新中国工业化初始阶段的工农业发展关系研究** / 高军峰著 ; 王顺生指导. -- 中国人民大学, 2009. -- 204 页

论文采用案例分析法、文献资料法、历史分析法、比较分析法和数据调查法等，以新中国工业化初始阶段的工农业发展关系为研究对象，力图系统、深入地梳理和分析我国在工业化初始阶段处理工农业发展关系的理论、方针、政策以及经验教训，并得出历史启迪。论文分为前言、正文四章和结语三个部分。前言部分主要说明选题的缘由、理论意义和实践价值，资料来源和研究方法，国内外研究的现状和不足，论文的创新、不足之处以及研究框架等相关问题。第一章对国家工业化的若干问题进行说明，概述国内外学者依据不同的角度对工业化的定义、我国工业化的初始阶段、工农业发展关系的内涵等问题所提出的不同见解。第二章分析 1952—1958 年我国传统工业化阶段的工农业发展关系的特点，论述传统工业化阶段“工占农利”对工农业发展关系的影响。第三章分析 1979—1992 年我国工农业互利发展阶段的工农业发展关系的特点，着重对这一时期工农业互利性、工农业发展的各种比例关系进行分析。第四章分析 1993—2003 年我国工农业市场化阶段的工农业发展关系的特点，回顾影响我国工农业发展关系从“工占

农利”向“以工哺农”过渡的相关因素以及政策安排。结语部分归纳我国与先起工业化国家相比较在工业化初始阶段的特点，最后是总结与建议。

关键词：工业化　市场经济　农业经济

2789

**湖湘文化与毛泽东早年理想人格的形成** / 郭凤莲著；彭大成指导. -- 湖南师范大学, 2009. -- 116 页

论文主要采用实证研究法、历史分析法，并结合党史学、心理学和文化学等多学科的研究视角，以湖湘文化与毛泽东早年理想人格的形成为研究对象，力图通过对湖湘文化内涵及其特点、湖南人性格特质及其表现等进行多角度探讨，进而研究和解析湖湘文化对毛泽东早年理想人格的形成所产生的重要影响。论文共分六章。第一章导论，介绍论文的选题依据及意义、研究思路与方法、主要内容和研究框架，概述研究现状，并对论文的相关概念进行界定。第二章对毛泽东早年理想人格形成的社会文化背景进行探讨，重点分析湖湘文化及其特点，以及湖湘人物群体榜样、湖南人性格对毛泽东早年理想人格形成的影响。第三章重点对“以圣贤为祈向——毛泽东早年理想人格的道德追求”进行解析。第四章重点对“立德立言立功——毛泽东早年理想人格中的智慧谋略”进行解析，并对早年毛泽东的生活阅历与办事风格进行追述和研究。第五章重点对“尚武勤动——毛泽东早年理想人格中的意志磨炼”进行解析，在介绍湘军精神与湖南人人格的意志品质的基础上，追述早年毛泽东的坚忍精神及其顽强的体育锻炼的具体方法。第六章重点对“追求主义——毛泽东早年理想人格的自我超越”进行解析。

关键词：毛泽东　人格

2790

**论毛泽东邓小平的中国传统文化观** / 郭晓光著；栾雪飞指导. -- 东北师范大学, 2009. -- 104 页

论文采用比较分析法、历史分析法、文献资料法和系统分析法等，以毛泽东、邓小平的中国传统文化观为研究对象，力求对毛泽东与邓小平的传统文化观进行系统、深入的探讨，并做出客观评价。全文分为前言、正文、结语三部分，其中正文由四章组成。前言部分介绍选题依据，厘清相关概念，结合对相关研究现状的评述说明论文的研究方法和意义。第一章结合史实分析毛泽东、邓小平对中国传统文化的态度与见解，并探讨马克思主义中国化与中国传统文化之间的关系。第二章在介绍中国传统哲学及其特点的基础上，分析毛泽东、邓小平的中国传统哲学思想，着重探讨毛泽东、邓小平对传统实事求是观、传统中庸观的继承与发展。第三章在介绍中国传统政治思想及其特点的基础上，分析毛泽东、邓小平的中国传统政治思想，着重探讨毛泽东、邓小平对传统的民本思想、尚贤思想、忧患意识、大同思想以及大一统思想的继承与发展。第四章在介绍中国传统经济思想及其特点的基础上，分析毛泽东、邓小平的中国传统经济思想，着重探讨毛泽东、邓小平的重农思想和义利观。最后结语部分对毛泽东与邓小平的传统文化观做出较为客观的评价，并提出研究两者传统文化观对现实的启迪。

关键词：毛泽东思想　邓小平理论　文化理论

2791

**干部制度中“以人为本”理念研究** / 胡绿叶著；李民指导. -- 中共中央党校, 2009. -- 151 页

论文以辩证唯物主义和历史唯物主义为指导，运用历史与现实的角度相结合等研究方法，以我国干部制度中“以人为本”理念为研究对象，按照“是什么、怎么做、如何做”的思路对干部制度中以人为本理念的问题逐步展开研究，从实现好广大人民群众的利益，促进人的全面发展的高度来指导和推动干部制度的改革与创新。论文共分五章，第一、二章是全文论证的理论基础，主要解决以人为本理念在干部制度中是什么的问题。其中第一章主要论述以人为本思想的起源和演变，重点阐述以人为本思想的历史渊源、马克思主义以人为本思想的形成与发展及其在中国的继承与发展。第二章主要对干部制度中以人为本理念的基本内涵进行界定，明确指出以人为本是干部制度建设的价值取向。第三、四章是全文论证的实践基础，从历史和现实的角度对干部制度中以人为本理念的体现和实施状况进行分析，回答了“怎么样”的问题。其中第三章主要对干部制度中以人为本理念的历史发展进行简要梳理和回顾，分析正反两方面的经验教训。第四章主要以以人为本理念为指导，对干部制度的现状进行具体分析。第五章是全文论证的目的所在，针对当前我们党的干部制度中实践以人为本理念存在的问题与不足，对干部制度改革中如何坚持和体现以人为本的基本思路进行了探索。

关键词：中国共产党　干部政策　体制改革

2792

**1978年以来中国救灾减灾工作体系(体制)研究** / 蒋积伟著；刘晶芳指导. -- 中共中央党校, 2009. -- 164,12页

论文采用文献资料法、案例研究法和历史分析法等,以改革开放以来中国救灾减灾工作为研究对象,系统梳理1978年以来中国救灾减灾工作改革发展的历史脉络,力图揭示其背后深刻的历史背景及演变原因,并在此基础上总结中国救灾减灾工作改革发展的历史启示、教训和理念的变化。全文由导论、正文(四章)和结束语(第五章)构成。导论主要介绍选题的学术价值和现实意义、国内外研究现状、主要研究方法以及论文的基本框架。第一章简要回顾和分析1949—1976年中国传统救灾减灾工作的方针、政策和措施,并在此基础上总结传统救灾体制之下中国救灾减灾工作存在的问题。第二章主要梳理和分析1978—1989年中国传统救灾减灾工作的调整及其背景,并对这一阶段的工作调整做出评价。第三章主要介绍1989—1998年期间,即中国国际减灾十年委员会成立后中国救灾减灾工作的改革历程。第四章主要介绍1998年以来中国在自然灾害救助方面的体系建设和能力建设,并对其做出评价。第五章结束语,概括分析改革开放以来中国救灾减灾工作改革发展中存在的问题以及理念变化,最后总结改革开放以来中国救灾减灾工作的经验教训。

关键词:救灾　减灾　管理体系

2793

**论执政党的组织结构对党政关系的影响:以上海党组织结构变迁为视角** / 金红著；桑玉成指导. -- 复旦大学, 2009. -- 130页

论文运用历史分析法、比较分析法和个案研究法,以上海市党组织结构的历史变迁为研究对象,通过分析中国共产党执政前、新中国成立初期及计划经济时期、"文化大革命"时期、改革开放后等各个阶段的党组织结构设置,力图深入探讨执政党的组织结构变化引发的功能转变以及由此对党政关系的影响。全文分为导论和正文六章。导论介绍问题的提出和研究意义,结合国内外相关研究现状,说明论文的研究方法、基本路径、整体结构以及基本内容。第一章综述政党、政党组织结构及其理论,着重介绍马克思主义关于政党组织结构及党政关系的一般原理。第二章回顾中国共产党执政前的组织结构变迁历程,分析执政前党的组织结构对执政后组织结构及其党政关系的影响。第三章回顾新中国成立初期及计划经济时代中国共产党组织结构的设置,考察和分析这一时期党的组织结构特色与党政关系模式。第四章回顾了"文革"时期党组织结构的畸变,并对这一时期党组织结构遭受重大挫折提出反思。第五章对改革开放后党组织结构变迁的路径进行分析,阐述改革开放后上海党组织结构设置的新的探索与突破。第六章则围绕提高执政能力的执政党组织结构的调整,总结党组织结构变迁与发展的基本经验,进一步提出关于党政关系之宏观结构与微观结构的思考。

关键词:中国共产党　组织结构　党政关系

2794

**马克思主义中国化的早期探索研究** / 孔朝霞著；田克勤指导. -- 东北师范大学, 2009. -- 137页

论文以辩证唯物主义和历史唯物主义为指导,主要运用理论与实践、历史与现实、科学与人文、内容与方法、真理与价值相统一的研究方法,以马克思主义中国化的早期探索历程为考察和研究对象,力求通过界定马克思主义中国化早期探索的内涵、理论前提和客观依据等基础问题,系统梳理和回顾早期中国共产党人探索马克思主义中国化道路由失败到成功的艰难历程,进而深刻剖析马克思主义中国化早期探索的历史地位与价值,并提出坚持科学的马克思主义观对于21世纪继续推进马克思主义中国化伟大事业的重大意义。全文分为正文五章和结语部分。第一章主要对马克思主义中国化早期探索的基本问题加以宏观理析,对相关概念进行界定。第二章主要阐释马克思主义中国化早期探索的主体问题,重点分析毛泽东成为中国化早期探索主体核心的根源。第三章重点对马克思主义中国化早期探索的进程和成果进行系统的回顾与梳理。第四章主要评析马克思主义中国化早期探索的历史地位、价值意义及其历史局限性。第五章主要对马克思主义中国化早期探索的历史经验进行客观总结。结语部分对全文加以宏观凝练,通过分析科学马克思主义观与早期探索之间的关系,最终展望和论证科学马克思主义观指导下的中国特色社会主义的光辉前景。

关键词:马克思主义　发展　中国共产党

2795

**历史与现实的审视:中国资本主义工商业社会主义改造研究——以湖北为实证** / 李敏昌著；李良明指

导. -- 华中师范大学, 2009. -- 144 页

论文采用典型个案研究法、实证研究法、文献研究法、历史与现实相结合的研究方法等,以中国资本主义工商业社会主义改造为研究对象,以湖北为范例,力图系统揭示中国资本主义工商业社会主义改造的历史根源、思想基础、现实必要性等问题,并对其做出客观公正的评价。论文分为导论、正文五章和结束语。导论部分说明论文的选题缘由、研究对象和意义、研究现状、研究思路和方法、篇章结构以及主要观点与创新之处等问题。第一章分析资本主义工商业社会主义改造的理论渊源和社会历史背景。第二章回顾过渡时期总路线的形成,对国家资本主义的提出及其重要意义进行分析。第三章重点以湖北为范例,考察资本主义工商业社会主义改造在湖北的实践状况,并分析湖北资本主义工商业社会主义改造的特点与存在的问题。第四章则从历史与现实相结合的视角,对湖北资本主义工商业社会主义改造的历史功绩及其经验教训进行总结。第五章追述改革开放时期湖北资本主义工商业社会主义改造遗留问题及其解决状况。结束语部分揭示资本主义工商业社会主义改造缺失的主要根源,总结其经验教训和历史启示。

关键词:资本主义工商业社会主义改造　湖北

**2796**

**中国共产党与人民政协的关系研究(1949—1956)** / 李祥营著 ; 李君如指导. -- 中共中央党校, 2009. -- 130 页

论文主要采用传统史学的研究视角与分析方法,以 1949—1956 年中国共产党与人民政协的关系作为研究对象,以新中国成立初期若干重大政治事件的发展作为历史线索,以体现中国共产党与人民政协关系的统一战线、多党合作、民主政治三个方面为主要内容和分析视角,试图对这一时期中国共产党与人民政协之间的关系做出系统、深入的研究,并做出客观评价。全文共分五章。第一章论述中国共产党的民主追求与中国特色的人民政协制度,在分析人民政协对西方议会制的扬弃、对苏东统战政策与政党制度的超越的基础上,介绍在中国共产党执政实践中,人民政协的根本性质与运行机制。第二章回顾人民政协的创立过程,主要探讨中国共产党创建中国特色的协商机构和政治制度的历史渊源。第三章结合新中国成立初期中国共产党与人民政协关系稳定发展的相关史实,着重分析完成民主革命遗留任务中以及巩固统一战线进程中的中国共产党与人民政协之间的关系。第四章结合相关史实,分析中国共产党与人民政协关系的急剧变化。第五章主要分析中国共产党与人民政协关系的民主向度,分析人民民主专政向度、人民民主权利向度以及中国共产党与人民政协的使命,最后总结全文。

关键词:中国共产党　中国人民政治协商会议　统一战线

**2797**

**周恩来民族理论与实践** / 孟平著 ; 石仲泉指导. -- 中国人民大学, 2009. -- 244 页

论文主要采用历史与现实相结合、比较与归纳相结合的研究方法,以周恩来关于新中国社会主义民族工作的理论与实践为研究对象,力求对周恩来民族理论与实践进行全面、系统、深入的梳理和阐释,从而总结历史经验并提炼现实启示。论文由绪论和正文四章构成。绪论主要介绍论文选题的意义、研究现状概述、研究的学术创新性、研究手段以及研究中存在的不足和难点。第一章主要阐述周恩来民族理论的历史基础与理论渊源,梳理和阐述中华民族的形成、各民族的发展状况以及马克思列宁主义对民族问题的探讨。第二章主要对周恩来的民族工作实践进行历史回顾,详细梳理和阐述周恩来在五大省级民族自治区的民族实践活动、与五大民族自治区人民之间的感人事迹以及对五大民族自治区做出的丰功伟绩。第三章主要阐述周恩来民族理论的基本内容,分析周恩来民族理论体系的本质和特点,并对其理论地位进行评价。第四章主要阐述周恩来民族理论的当代意义,系统分析和总结周恩来民族理论的当代启示。

关键词:周恩来　民族工作　民族政策

**2798**

**市场经济体制下中国共产党社会公平思想研究** / 亓胜林著 ; 丁俊萍指导. -- 武汉大学, 2009. -- 160 页

论文主要采用历史分析法、探索性研究法以及比较与归纳、历史与现实、理论与实践相结合等研究方法,以社会主义市场经济体制建立以来中国共产党社会公平思想的发展进程为研究对象,力求通过梳理和分析中国共产党社会公平思想的发展脉络、主要内容及其重要作用和历史地位,结合现实剖析当前中国社会不公平现象,进而找出其原因并提出解决思路。全文由绪论、正文四章和结束语构成。绪论介绍选题缘

由,综述研究现状,对相关概念进行界定,并说明论文的研究思路和方法。第一章分析社会主义市场经济体制下中国共产党社会公平思想的理论基础和思想资源。第二章阐述社会主义市场经济体制下中国共产党社会公平思想形成的制度基础、现实背景及其发展的历史过程。第三章着重论述社会主义市场经济体制下中国共产党社会公平思想的主要内容。第四章分析社会主义市场经济体制下中国共产党社会公平思想的主要特点及其意义。第五章指出当前我国社会不公平现象的主要表现,剖析其产生深层次原因并提出相应的解决思路。

关键词:社会主义建设　市场经济　中国共产党

**2799**

**党政干部无为问责制研究:以湖南省岳阳市为例** / 盛荣华著 ; 谭献民指导. -- 湖南师范大学, 2009. -- 195 页

论文以马克思主义、毛泽东思想、“三个代表”重要思想、科学发展观为指导,以湖南省岳阳市推行的党政干部无为问责制为研究对象,运用政治学、党史党建学、行政学、哲学等相关学科的理论与方法,在调查研究的基础上,力求对党政干部无为问责制度的内涵、意义、运行状况、存在的问题和原因及其完善进行全面的分析与探讨。全文共分六章。第一章导论,主要论述研究的选题缘由、研究现状及其评价、研究思路与研究方法。第二章主要论述党政干部无为问责制的含义,并从主体、客体、程序、后果等方面阐述党政干部无为问责制的基本内容。第三章主要论述实施党政干部无为问责制度的重大意义,指出实施党政干部无为问责制的必要性。第四章主要从党的性质与宗旨论、人民至上及授权论、权力监督及制约论、勤政为民思想和人民监督政府思想等方面阐述党政干部无为问责制的理论基础。第五章主要对现行党政干部无为问责制的运行状况进行分析,论述现行党政干部无为问责制不完善的表现及其原因。第六章重点以湖南省岳阳市推行的党政干部无为问责制为例,论证完善党政干部无为问责制的思路及对策。

关键词:中国共产党　领导人员　责任制

**2800**

**中国经济特区发展阶段研究** / 宋爱茹著 ; 王顺生指导. -- 中国人民大学, 2009. -- 148 页

论文采用唯物辩证研究法、系统分析法、功能分析法、案例研究法等,并结合历史学、经济学、政治学等多个学科的理论与方法,以中国改革开放后第一批建立的深圳、珠海、汕头、厦门四个经济特区为研究对象,力图对经济特区发展的四个阶段进行全方位的历史考察。论文由导论、正文五章和结束语三部分组成。导论阐述选题的缘由与意义、研究现状,介绍考察对象的相关背景、论文的基本框架以及研究中的创新与不足。第一章简要分析经济特区建立的社会历史背景,并对经济特区发展阶段的划分依据进行分析。第二章考察 1978 年—1985 年经济特区的酝酿与起步阶段,回顾经济特区的建立、关于经济特区的第一次大争论,以及在此阶段取得的成就。第三章考察 1986 年—1991 年经济特区的基本成型阶段,回顾和论述经济特区进入基本成型阶段面临的新机遇与新挑战、20 世纪 80 年代末 90 年代初经济特区发展的外部环境,以及在此阶段所取得的成就。第四章考察 1992—2000 年经济特区的快速发展阶段,回顾邓小平视察南方与经济特区的发展、关于经济特区的第二次大争论,以及在此阶段取得的成就。第五章则考察 2001 年以后经济特区的战略调整阶段,回顾关于经济特区的第三次大争论以及四个经济特区在此阶段取得的成就。最后是结束语部分,总结全文,提出对四个经济特区未来的思考。

关键词:经济开发区　特区经济　经济史

**2801**

**中国各民主党派章程研究** / 孙照红著 ; 吴美华指导. -- 中国人民大学, 2009. -- 174 页

论文综合运用历史分析法、系统分析法、结构功能研究法和比较分析法等,以中国各民主党派章程作为直接的研究对象,对民主党派章程展开纵向和横向、现实与历史的研究,力图弄清民主党派章程的发展演变脉络,总结出民主党派章程建设的经验,为当前的民主党派章程建设提供借鉴,以更好地服务参政党建设。同时,力图以章程为切入点开拓出一个认识民主党派、认识中国特色政党制度的独特视角。全文由导言、六章正文和结语三个部分构成。导言说明研究现状与意义,介绍论文的研究思路和方法、创新之处与不足。第一章回顾民主党派章程的历史沿革和发展历程,揭示民主党派章程发展的特点。第二章主要分析民主党派的性质。第三章分析民主党派的纲领的发展及其内容。第四章分析民主党派成员和干部队伍建设的发展状况。第五章主要考察和分析民

主党派的组织制度与组织体系及其演变。第六章总结民主党派章程建设的经验和思路。结语部分总结全文,对当前参政党建设和提出可行性建议。

关键词:民主党派　章程　参政议政

2802

**中国乡镇体制变迁的历史考察与思考(1949—2008)** / 王晓飞著 ; 李瑗指导. -- 中共中央党校, 2009. -- 122 页

论文主要运用行政学和政治学的相关理论,以中国乡镇体制变迁的历史(1949—2008 年)为研究对象,从历史的角度,力图系统地考察和分析新中国建立以来乡镇体制的历史演变及其存在的问题,并提出相应的改革措施。全文由导论、正文五章和结语构成。导论部分主要介绍选题意义,综述乡镇体制改革的有关研究,介绍了论文的研究思路与研究方法。论文主体分为三大部分,第一部分为前三章,重点对新中国成立以来乡镇体制的发展演变进行比较系统的梳理。第一章主要对新中国成立初期的乡镇体制(1949—1958 年)进行历史考察,侧重分析农业合作化运动对这一时期基层政权的影响。第二章主要对人民公社体制时期的农村基层政权(1958—1982 年)进行历史考察和评价。第三章重点论述政社分开后的乡镇体制(1982—2008 年)的演变历程。第二部分为第四章,重点阐述当前乡镇政权在运作过程中存在的主要问题,并从财政体制、县乡关系、乡村关系、党政关系等四个部分对存在问题的原因进行全面和深刻的剖析。第三部分为第五章,重点阐释乡镇政权改革的可行性路径,根据当前和今后农村社会的发展要求,有针对性地提出推进乡镇体制改革的思路和建议。最后总结全文,得出研究结论。

关键词:乡镇　政治体制改革　社会变迁

2803

**1949—1966 年的中苏文化交流** / 文记东著 ; 谢春涛指导. -- 中共中央党校, 2009. -- 237 页

论文采用案例分析法、历史分析法以及比较与归纳相结合等研究方法,以 1949—1966 年中苏文化交流为研究对象,力图考察这一时期中苏文化交流的发展状况及其特点,总结中苏文化交流的经验教训,进而得出历史启示。全文由绪论、正文五章和结论构成。绪论部分主要论述选题意义,对相关概念进行界定,并简要介绍研究现状、论文的创新点和难点,以及基本框架和写作思路。第一章主要对新中国成立以前的中苏文化交流的历史进行回顾(1919—1949 年)。第二章主要介绍新中国成立后中苏文化交流的大发展(1949—1954 年),重点就这一时期中苏文化大发展的历史背景、主要内容及其特点进行分析。第三章主要介绍鼎盛时期的中苏文化交流(1954—1957 年),重点就这一时期空前繁盛的中苏文化交流的历史背景、各领域的交流及其特点进行分析。第四章主要介绍中苏文化交流的继续发展时期(1957—1960 年),重点就这一时期中苏合作的发展和双方分歧的产生进行回顾,并分析这一时期中苏文化交流的特点以及两国在文化交流中的不和谐因素。第五章主要介绍走向低潮的中苏文化交流(1960—1966 年),重点分析这一时期中苏文化交流环境的恶化及其影响。最后总结全文,得出研究结论和历史启示。

关键词:中苏关系　文化交流　文化史

2804

**民主革命时期中国共产党党内监察机制研究** / 吴珏著 ; 文选德指导. -- 湖南师范大学, 2009. -- 165 页

论文采用历史唯物主义的研究方法、比较分析法、制度分析法、系统分析法和实证分析法等,以民主革命时期中国共产党党内监察机制为研究对象,力图对这一时期党内监察机制进行较为深入和系统的分析和探讨,并提出具有一定独创性的思路和见解。全文由绪论和九章正文构成。绪论说明选题意义、研究现状,对文章所涉及的主要概念进行界定,介绍论文的研究方法、创新之处以及篇章结构。第一章探索民主革命时期中国共产党党内监察机制建立的理论依据。第二章探索这一时期党内监察机制的制度蓝本,介绍苏联列宁、斯大林时期的党内监察机制。第三章探索民主革命时期中国共产党党内监察机制的历史借鉴,介绍中国传统的监察制度和孙中山的监察思想。第四章考察 1921—1925 年党内监察机制在借鉴中试运行的历史阶段。第五章考察 1925—1927 年党内监察机制在探索中确立的历史阶段。第六章考察 1927—1935 年党内监察机制在曲折中调整的历史阶段。第七章考察 1935—1945 年党内监察机制在运行中定型的历史阶段。第八章考察 1945—1949 年党内监察机制在发展中完善的历史阶段。通过对 5 个阶段的分析、阐释,系统地反映和考察民主革命时期党内监察机制发展的完整历程。第九章对民主革命时期党内监察机制的主要特点、历史作用及其局限进行详细评析,并探讨其历史启示。

关键词:中国共产党　监察　制度建设

2805

**新民主主义社会论形成和放弃的理论探源:马克思关于落后国家非资本主义社会发展道路理论的中国化** / 吴茜著 ; 刘晶芳指导. -- 中共中央党校, 2009. -- 221 页

论文采用比较分析法、文献资料法、历史分析法、逻辑分析法以及理论综述等研究方法,以新民主主义社会论形成及其被放弃的理论根源为研究对象,力图根据历史和逻辑发展的脉络,对毛泽东新民主主义社会论形成与被放弃的理论根源进行研究。论文共分导论、六章正文和结束语三个部分。导论说明选题的理论和现实意义、国内外研究现状、论文的写作结构及主要观点,介绍论文拟突破的重点和难点,以及论文的研究方法和创新之处。第一章回顾毛泽东新民主主义社会论的理论来源——马克思主义经典作家关于落后国家非资本主义社会发展道路的构想,并对其进行理论反思。第二章主要研究马克思关于落后国家非资本主义社会发展道路理论在中国的早期传播及社会反响。第三章阐述毛泽东创造新民主主义社会论的理论准备。第四章探讨毛泽东新民主主义社会论对马克思关于落后国家非资本主义社会发展道路理论的继承、突破与创新。第五章剖析毛泽东对马克思关于落后国家非资本主义社会发展道路理论的曲解、背离以及新民主主义社会论被放弃的原因。第六章则比较分析新民主主义社会与社会主义初级阶段的联系和区别,阐述新民主主义社会论对社会主义初级阶段理论的政治意义和启示。结束语部分阐述落后国家非资本主义社会发展道路理论中国化的启示。

关键词:毛泽东　新民主主义　社会发展

2806

**中国特色政党制度的形成与运行(1949—1956)** / 徐兵著 ; 李君如指导. -- 中共中央党校, 2009. -- 298,15 页

论文采用传统史学、政治学和社会学等相关学科的理论与研究方法,以 1949 年至 1956 年间中国特色政党制度的形成与运行为研究对象,试图对这一时期中国特色政党制度的形成与发展、运行的社会生态以及运行方式进行深入、全面的考察和研究。全文分为绪论、正文四章和结语。绪论主要阐述选题意义、研究现状、相关概念、论文的研究方法以及基本框架。第一章分析中国特色政党制度形成的历史渊源,阐述现代政党的起源以及中国政党的产生、国共两党的产生及其关系的破裂、民主党派的产生以及民主革命中新型政党关系的逐步形成。第二章回顾中国特色政党制度在全国范围内确立、巩固和发展的历史过程,说明“长期共存、互相监督”八字方针提出的过程及历史意义。第三章采用社会生态一般理论分析中国特色政党制度形成的社会历史条件、多党合作的具体内容,以及这一制度对社会生态的影响,并详细分析中国特色政党制度与社会主义意识形态确立之间的相互关系。第四章详细分析新中国成立初期政党制度系统的运行方式。结语分析这一时期政党制度的主要价值及其不足,并就加强和改善中国特色政党制度建设提出建议。

关键词:政党　中国共产党　民主党派

2807

**新时期反腐倡廉视角下的舆论监督研究** / 于红著 ; 吴美华指导. -- 中国人民大学, 2009. -- 229 页

论文主要采用系统分析法和个案分析法,以新时期反腐倡廉视角下的舆论监督问题为研究对象,力求对反腐倡廉建设中舆论监督的独立性问题、数字化问题、执行力问题和法制化问题进行深入而系统的研究。全文分为绪论、正文五章和结束语。绪论介绍选题缘由与价值、结合研究现状述评说明研究的思路和方法、创新设想与困惑。第一章介绍反腐倡廉与舆论监督的一般理论,阐述反腐倡廉以及舆论监督的基本内涵,强调舆论监督是反腐倡廉的重要途径。第二章论述新时期反腐倡廉视角下的舆论监督的独立性问题,并通过对美国舆论监督的独立性与限制性的个案分析来阐述我国舆论监督的独立性与相对性。第三章论述新时期反腐倡廉视角下舆论监督的数字化问题,分析了舆论监督数字化问题的现实背景、信息公开与舆论监督数字化的互动,以及网络舆论监督等问题。第四章论述新时期反腐倡廉视角下舆论监督的执行力问题,并从舆论监督主体的执行力、舆论监督客体的支持力、主流媒体舆论的主导力和多种监督形式的联动力等方面对此问题进行系统分析。第五章论述新时期反腐倡廉视角下舆论监督的法治化问题,重点阐述舆论监督与名誉权、司法独立的冲突与平衡问题,并借鉴国外舆论监督相关立法,对我国舆论监督法治化做出前瞻性思考。

关键词:传播媒介　舆论监督　反腐倡廉

2808

**延安时期陕甘宁边区基层政权建设研究** / 张国茹著 ; 王顺生指导. -- 中国人民大学, 2009. -- 133 页

论文以马克思主义唯物史观为指导,主要运用传统史学研究方法,同时借鉴政治学和社会学等学科的理论和方法,以延安时期陕甘宁边区基层政权建设为研究对象,依据大量历史资料,充分吸收学术界相关研究成果,力图深入分析延安时期中国共产党基层政权建设的思想、原则、路径和目的,并为当前我国基层政权建设提供历史借鉴和启示。全文由导论、正文五章和结束语三部分构成。导论主要阐述选题的缘由及意义、研究现状、资料来源、研究方法、研究思路、研究的学术创新和不足。第一章主要对延安时期基层政权的新格局进行全方位考察,重点考察和剖析陕甘宁边区基层政权的行政结构和建制、乡村支部建设以及乡村群众团体的发展、“精兵简政”对基层政权建设的影响。第二章主要阐述陕甘宁边区基层政权的民主选举制度的基本原则,并对其贯彻和落实状况、历史作用进行考察与剖析。第三章主要考察和剖析延安时期中国共产党基层干部队伍建设状况。第四章主要考察和剖析了延安时期少数民族自治乡政权的建设状况。第五章主要阐述陕甘宁边区基层政权建设的特点——兼与国民党保甲制度进行比较。结束语部分阐述延安时期陕甘宁边区基层政权建设的历史定位、历史局限和历史启迪。

关键词:政权　基层组织　陕甘宁边区

2809

**农业学大寨运动研究** / 张昭国著 ; 张启华指导. -- 中国人民大学, 2009. -- 171 页

论文主要采用唯物辩证研究法、案例分析法和历史分析法等,以 20 世纪 60 年代兴起的农业学大寨运动为研究对象,力图从宏观的视角,按照运动发展的脉络,考察农业学大寨运动的发起、初兴、高潮和结束时期的状况,分析和探讨这场运动及其利弊得失。全文由绪论、正文五章和结语构成。绪论阐述选题意义、研究现状、论文研究方法及写作框架,并对选题分期问题做了说明。第一章主要考察农业学大寨运动发起的原因。第二章主要考察农业学大寨运动初兴时期学习的主要内容,并总结归纳运动初兴时期的主要特点。第三章主要考察从“文化大革命”爆发到 1977 年 11 月份安徽、四川率先改革之前农业学大寨运动的高潮时期,着重介绍运动的偏轨及其原因以及中央和地方的纠偏努力。第四章主要考察农业学大寨运动结束的原因和历史过程。第五章在综合研究的基础上,对农业学大寨运动进行评析,并总结其经验教训。结语部分总结全文,深化农业学大寨运动研究的主题,得出历史启示。

关键词:政治运动　农业学大寨　农村经济

2810

**中国共产党执政方式现代化研究:以科学执政、民主执政、依法执政为视角的探索与思考** / 周义顺著 ; 徐晨光指导. -- 湖南师范大学, 2009. -- 295 页

论文以马克思主义基本原理为指导,运用历史与逻辑相统一、比较分析以及系统分析等研究方法,以中国共产党执政方式现代化问题为研究对象,以科学执政、民主执政、依法执政为视角对中国共产党执政方式现代化问题进行探索和思考,力图初步勾勒执政方式现代化的基本路径。论文由绪论、四章正文和结语三大部分组成。绪论阐释相关概念,梳理近年来学术界相关研究成果,介绍和说明论文的研究思路、研究方法及基本框架。第一章分析中国共产党执政方式现代化研究的理论基础和实践基础。第二章主要从有利于加强党的建设和巩固党的执政地位的角度,分析执政方式现代化的理论价值和实践意义,并结合世情国情党情的变化论述中国共产党推进执政方式现代化的历史必然性。第三章是论文的主体部分,主要通过对科学执政、民主执政、依法执政各自的内涵、前提、基础及其实现途径等方面进行深入的分析和解读,从整体上初步勾勒执政方式现代化的基本路径。第四章主要对中国共产党在推进执政方式现代化的过程中可能遇到的问题进行理性分析和思考,并提供若干启示。结语部分主要简述执政方式现代化应遵循的基本方向与基本原则,同时对其前景寄予无限的憧憬和期望。

关键词:中国共产党　执政　现代化

2811

**转型时期“两新”组织党的组织建设创新研究** / 祝全永著 ; 宋俭指导. -- 武汉大学, 2009. -- 470 页

论文主要采用历史分析法和探索性研究法,以转型时期“两新”组织党的组织建设创新为研究对象,通过对转型时期“两新”组织党的组织建设的研究,旨在积极深入探讨转型时期“两新”组织党的组织建设发展的基本规律和基本经验,从而为进一步加强和推进

"两新"组织党的建设以及中国共产党执政党建设提供一个基本途径。全文由导论、九章正文和结束语构成。导论主要阐述课题研究的缘起和研究意义、相关概念和范畴、研究现状、研究的基本方法和创新之处。第一章阐述"两新"组织党的组织建设的学理基础和基本依据。第二章阐述"两新"组织的历史渊源和发展趋势,着重对"两新"组织党的组织建设进行历史考察。第三章主要对"两新"组织党的组织建设进行现状评析。第四章主要对"两新"组织党的组织建设存在的问题进行深入剖析。第五章阐述"两新"组织党组织的目标定位和职能定位。第六章阐述"两新"组织党组织的设置问题。第七章强调保持和加强"两新"组织党的组织建设的先进性。第八章对"两新"组织党的组织建设工作机制进行探索和构建。第九章主要阐述以改革创新精神探索和构建"两新"组织党的组织建设评价体系的基本构想。结束语阐述"两新"组织党的组织建设创新的基本经验和启示。

关键词:中国共产党　组织建设　社会转型时期

# 国际政治

2812

**中亚国家政治转型研究** / 包毅著 ; 邢广程指导. -- 中国社会科学院, 2009. -- 121 页

论文以中亚国家的政治转型为研究对象,重点探讨中亚国家政治转型轨迹的动态特征以及转型体制的静态特征,并通过类比与分类的方法,揭示影响中亚国家政治转型的诸多非政治制度性因素。全文共分为六章。第一章以苏联后期中亚国家的政治改革为起点,厘清中亚国家政治转型的总体脉络,概括分析中亚国家政治转型的五个时期及其主要内容。第二章着重分析中亚国家政治转型的基本特征,主要探讨政治转型轨迹特征与政治体制转型特征两个方面。第三章详细分析作为主要社会政治力量的政党与政治精英在中亚政治转型中的作用与影响。中亚各国政权党和亲政权党势力较大,而反对党长期被排斥在政权之外,造成各国的多党政治严重不对称的格局。同时,随着政治体制转型的深化,中亚各国体制内逐渐出现部分新型政治精英力量,新旧政治精英之间的争斗对中亚各国现政权提出严峻挑战。第四章主要分析经济转型对中亚国家政治转型的影响。转型时期经济改革的失败往往成为引起中亚各国政治不稳定的主要根源。在这种情况下,国家政权只能通过强硬的行政措施维护秩序、保持社会的稳定,以促进经济的增长,这在一定程度上为中亚各国普遍实施的总统治理提供可能性与合法性。第五章通过对中亚国家传统政治文化,包括部族政治、宗法制与伊斯兰教文化的分析,探讨它们对中亚政治转型的影响。第六章主要探讨地缘政治与大国因素对中亚国家政治转型的实际影响。苏联解体与各共和国的独立改变了中亚各国的地缘政治环境,西方和俄罗斯等大国以不同方式向中亚各国施加各种政治影响,以实现将其纳入自己主导的地缘政治阵营的目的。在中亚国家政治转型过程中,大国之间的博弈给中亚各国的政治发展带来诸多变数。

关键词:政治体制改革　政治文化　中亚

2813

**战后日本对华"议员外交"之研究** / 蔡亮著 ; 胡令远指导. -- 复旦大学, 2009. -- 291 页

论文以日本国会议员为考察对象,通过对议员在中日间的一系列外交活动进行描述与分析,对其在"议员外交"中所扮演的角色加以总括,并归纳这一非正式外交在战后日本对华外交中的地位,且建立相应的模型,最后提出相关结论。全文包括导论和正文两部分。导论部分主要介绍选题缘起及其意义、研究范围的界定及用语说明、文献回顾及综述、论文的理论与方法等内容。正文部分包括五章。第一章"'建前'与'本音'——日本国会政治之特征分析"。首先从"天皇中心主义"到"国会中心主义"对议会制度的理论渊源进行简单概述;然后阐明政党、国会与内阁及国会运作的特征,并指出政策决策过程中的议员角色。第二章"'议员外交':要素、模式与过程"。首先对"议员外交"出现的要素进行分析;然后考察日本"政经分离"原则的特征及困境,并指出"议员外交"的两种模式;最后对"议员外交"的轨迹及特征进行简要概括。第三章"沟通与代理:LT 贸易、'第二次吉田书简'与议员的角色"。简述"政治三原则"与"贸易三原则"提出的背景,阐明 LT 贸易与议员的角色,并对"第二次吉田书简"与议员的角色进行分析。第四章"沟通与搭桥:中日邦交正常化过程中议员的作用"。论述中日邦交正常化的政治原则,并分析中日复交与议员的"搭桥"作用。第五章"沟通与中介:日台航线'复航'过程中的议员因素"。考察从"日华协力委员会"到"日华垦"成立过程中,日本对华的原则

变化,并分析日台航线"复航"过程中的"日华垦"因素所起的作用。

关键词:对华政策　外交战略　日本

2814

**俄罗斯国家利益观嬗变及对其外交政策的影响研究(1991—2008)** / 陈宪良著 ; 郑羽指导. -- 中国社会科学院, 2009. -- 277 页

维护国家利益是一个国家制定和推行对外政策的基本依据,是其开展对外活动的出发点和归宿。理论上一个国家的内外政策由其国家利益决定,实际上国家的外交政策是由该国的国家利益观决定。论文力图从俄罗斯国家利益观嬗变的角度出发对俄独立以来的外交政策进行解读。全文包括导论、五章正文和结语七个部分。第一章论述国家利益和国家利益观。对国家利益和国家利益观概念进行界定,区分了二者的差异。着重阐述决定国家利益观的四个基本要素,简要介绍俄罗斯独立以来国家利益变化的几个阶段。第二章对"一边倒"时期俄罗斯的国家利益观及其外交政策进行分析。认为该时期俄罗斯理想化外交严重,以意识形态划线,实行向西方国家"一边倒"的外交政策,导致俄罗斯国家利益受损。第三章指出由于以美国为首的西方国家对俄罗斯经济援助"口惠而实不至",弱俄、遏俄的意图日益明显且不断挤压俄罗斯的地缘战略空间,使俄罗斯被迫放弃"一边倒"政策,开始努力谋求成为多极化世界中强大一极。第四章主要阐述谋求与西方建立反恐合作伙伴关系时期的国家利益观及其外交政策的影响。第五章主要阐述谋求自主外交政策时期俄罗斯的国家利益观及其外交政策影响。结语部分指出,任何国家利益的判定均受国内、国际、民族和文化等多方面因素的影响。同时也受该国领导人的性格、判断力及思维模式等因素的影响。俄罗斯的国家利益观之所以发生很大变化,还同俄罗斯与美国等西方国家的相互认知、双方对对方行为的解读有密切关系。

关键词:对外政策　国家利益　俄罗斯

2815

**地缘政治视角下上海合作组织研究** / 戴慧著 ; 刘清才指导. -- 吉林大学, 2009. -- 154 页

论文是对上海合作组织的产生根源、发展动力、合作方式及未来形态的研究。遵循研究的一般规律,以"空间维度—时间向度—功能扩展—全景的整体特征"为逻辑主线,对上海合作组织这一研究对象进行描述、解释和预测。全文共分为导论和五章正文。导论介绍选题目的与意义、国内外研究现状、研究思路与结构、理论方法和创新等。第一章上海合作组织的地缘政治分析,通过空间维度的分析界定上海合作组织的地缘政治区域,并将其作为一个整体系统,分析冷战后国际关系和地缘政治的重大变化,欧亚地区的战略地位、地缘政治结构,以及世界大国的地缘战略,为进一步的研究提供国际背景和地缘政治基础。第二章上海合作组织的发展历程,这是从时间向度上进行分析,着重分析上海合作组织合作机制建设的进程与机制本身的构成与特点,通过对上海合作组织发展过程进行阶段性考察,分析和把握上海合作组织不同阶段的特征,揭示出上海合作组织的发展是阶段性和连续性的统一这一内在规律。第三章上海合作组织的安全合作,以安全合作的"必要性—规划—实施"为主线,分析促使上海合作组织建立的安全动力和面临的各种安全挑战,论述上海合作组织的安全观,以及开展安全领域合作的架构和实践。第四章上海合作组织的经济合作。论述上海合作组织经济合作的近、中、长期目标和原则,以及自由贸易区作为长远目标实现的规划和步骤。系统地分析了上海合作组织经济合作发展计划的实施路径和实施机制。分析并探讨能源与交通合作的现状与问题以及能源与交通作为区域经济合作的优先发展方向。第五章上海合作组织的发展前景与对策。分析上海合作组织存在的问题,包括有些协议成果的落实问题、组织的扩大问题及人文合作的滞后问题等。在发展前景上,阐明在可以预测的未来满足战略需求、促进共同发展和引导和谐相处的目标选择。

关键词:上海合作组织　国际政治关系　国家安全

2816

**试论日本对华日元贷款的终结** / 关山健著 ; 李玉指导. -- 北京大学, 2009. -- 137 页

论文旨在分析日本于 2005 年决定终止对华日元贷款的原因,主要从对华日元贷款的费用效果关系的变化及 2005 年这一时间点的背景两方面来进行分析。全文包括绪论和正文两部分。绪论部分主要介绍问题的提出,相关研究的现状与论文的创新点,以及论文的研究方法与结构等内容。正文部分包括四章。第一章考察对华日元贷款缘起与效果。简述对华日元贷款缘起的历史背景,以及日本的政策目的。

指出在中日关系的不同发展时期对华日元贷款所发挥的效果,并对其进行评价。第二章阐述对华日元贷款费用与效果的不均衡化现象。费用的增加和效果的降低形成明显的不均衡现象。第三章考察日本政府对对华日元贷款的调整。首先指出日本政府对于对华日元贷款认识的变化;其次具体阐述针对这些变化,日本政府的应对措施,包括开展恳谈会,制订《对华经济合作计划》,以及对华日元贷款减额等措施;最后对2004年8月的对华日元贷款政策方针进行详细分析。第四章论述终止对华日元贷款的决策过程与町村信孝外相发挥的作用。简析对华日元贷款决策过程,依次介绍外务省的法令权限和实际作用,以及外相在外务省内部的位置。重点考察终止对华日元贷款的决策过程,分别论述町村信孝外相的“中国 ODA 毕业论”,町村信孝外相所带来的变化及其决断。最后探究町村信孝外相推动终止对华日元贷款的原因。

关键词:对华政策　国际贷款　中日关系

**2817**

**英国福利国家变迁中的执政党** / 郭静著 ; 周弘指导. -- 中国社会科学研究院, 2009. -- 128 页

第二次世界大战后,福利国家制度成为西方发达国家的一个内在组成部分。论文旨在通过观察和分析福利国家变迁过程中英国执政党的福利政策及其社会和体制根源,认识福利国家阶段竞争性政党制度的阶段性特质和作用。全文共分五章。第一章,导言,介绍当代西方国家政党政治研究现状,以及论文的理论意义、研究假设、研究方法和内容等。第二章,福利国家建成后英国执政党福利政策分析,梳理战后至今英国福利开支和福利待遇水平、具体福利计划和福利服务系统的发展变化,并与政党轮替过程进行比较,论证政党轮替与英国福利国家变迁的关系。第三章,福利利益群体格局和福利国家的双重转折,研究福利国家建立后福利利益群体的发展和格局,重点分析以工会组织为主的福利利益群体对执政党政策的制约作用,说明打破这一制约力量是撒切尔夫人政府福利国家改革的前提,但是,在原有福利利益群体格局改变后,形成新的福利利益群体格局。第四章,福利国家现代化中的福利利益群体,分析“第三条道路”理论和新工党福利改革进程中关于“福利利益群体及其组织”的观念和政策,说明在现代福利国家建设中,新工党重视、利用和引导“福利利益群体组织”,较为成功地推进福利改革,实现福利利益群体的转型。第五章结论,总结福利国家阶段英国执政党的行为特点以及导致这一特点的社会和体制根源在于福利国家在缓解社会风险和矛盾的同时,将阶级冲突转化为社会地位竞争,形成普遍而多样的福利利益团体。

关键词:执政党　福利国家　英国

**2818**

**苏联解体前后的苏美关系研究(1991—1992)** / 韩克敌著 ; 张盛发指导. -- 中国社会科学院, 2009. -- 164 页

论文关注特殊的历史时期——苏联解体过程中苏联(俄罗斯)与美国的关系问题。以苏美关系为线索,主要探讨三个案例:波罗的海问题、“8·19”事件、苏联解体。全文共分为导言、绪论和四章正文。导言简介苏联解体对外部世界的影响以及外部势力对这一过程的反应。绪论则简述苏美关系。第一章,波罗的海三国问题与苏美交涉。从波罗的海问题的历史考察、波罗的海事件期间的苏美关系和围绕三国独立问题的苏美交锋等方面探讨在波罗的海问题上苏美之间的争执。第二章,“8·19”事件与苏美关系调整。从“8·19”事件之前的苏美关系、“8·19”事件期间的苏美关系、“8·19”事件后苏美各自政策的调整、“8·19”事件后的苏美核交涉等方面探讨“8·19”事件上苏美关系的调整。第三章,苏联解体与苏美关系的变化。论述独联体成立前后的苏美关系(从别洛韦日到阿拉木图)和苏联正式解体(1991年12月26日)前后的苏美关系。第四章,苏美关系的终结和俄美关系的确立。论述俄罗斯对美政策思维、两国的核控制与核合作、休克疗法的美国背景和叶利钦访美,考察叶利钦政府成立初期的俄美交往,包括戴维营会谈(1992年2月)和叶利钦访美(1992年6月)。文章最后分析苏美关系的实质。认为落脚于地缘政治斗争和意识形态的对立,有助于解释1991年的苏美关系和后来的俄美关系,也有利于理解历史长河中的大国关系。

关键词:美俄关系　苏联解体　国际关系史

**2819**

**霸权压力下的“再度改造”:80年代中后期的美日政治经济摩擦** / 何晓松著 ; 时殷弘指导. -- 中国人民大学, 2009. -- 140 页

论文以霸权压力下的“再度改造”为研究对象,论述分析20世纪80年代以来日本为应对美国的霸权主义而采取的各项措施。全文包括导论和正文两部

分。导论部分主要介绍选题的理论和实践意义、国内外的研究和不足、论文所要突破的难题和创新等内容。正文部分包括五章内容。第一章“美日摩擦的政治经济学”。首先指出美国对日本推行霸权主义的手段是自由贸易；然后对美日摩擦从经济学上给予解释；最后分析美日在谈判模式上的差异及由此引发的问题。第二章“美国要求日本经济自由化”。首先依次阐述广场协议，美日钢铁、汽车、建筑业和半导体协议及MOSS协议的内容；之后指出乌拉圭回合谈判中存在的农产品贸易问题，并简述超级301条款的内容。第三章“美日框架协议和一揽子框架协议”。首先概述美日框架协议的起因、进行及最终形成的过程；然后论述克林顿上台后美国对日政策的变化，具体包括经济安全优先、自民党倒台后的美日交涉两个方面。第四章“美国对日的政治要求”。包括扩张军备和保护一千海里运输线，军费超过GNP的1%，增加对美国有战略意义的国家的经济援助，对美武器技术出口等内容。第五章“日本政治改革的美国因素”。首先阐述政治改革前的自民党一党优位与贸易保护问题。在此基础上，提出日本的政治改革的内容，具体包括导入小选区制、两大保守政党制和无党派化三个方面。

关键词：日美关系　国际经济关系　自由贸易

**2820**

**论构建大国关系作用下核不扩散机制的积极前景** / 胡九龙著 ; 李义虎指导. -- 北京大学, 2009. -- 194页

论文以冷战后核不扩散问题的演变为依据，对国际机制的一个重要代表——核不扩散机制的效果受大国关系影响的特点和走势进行较为系统的研究。论文包括导论和正文两部分。导论部分对国际机制和国际机制效果等核心概念进行界定，简述大国关系对核不扩散机制的关键意义，国内外的研究现状，研究方法的借鉴、创新和全文结构内容。正文部分包括六章。第一章概述核不扩散机制中的大国元素。指出核问题是大国间首要的政治课题，大国关系是核不扩散机制形成发展的政治和历史原动力，核不扩散机制的力量本质上来自大国，并指出核不扩散机制缺陷的根源在大国。第二章阐述大国关系影响核不扩散机制效果的两面性。首先论述大国关系影响国际机制效果的理论依据；然后依次分析大国关系影响国际机制的合法性及所面临的困境，并对朝核问题的产生和大国间博弈的实质进行个案分析。第三章阐明制约大国在核不扩散机制中合作的主要障碍，主要包括脆弱的安全观、具有高度不确定性的核问题领域和诱人的战略选择三个方面的问题。第四章探究构建核不扩散机制积极前景的路径选择。在充满不确定性的核均势及不容否认的霸权主义环境下，核不扩散机制的促进和完善成为路径选择的矛盾与难点。第五章阐释大国构建核不扩散机制积极前景的应有作为。首先简析大国对核不扩散机制的应有责任；然后以六方会谈为例，指出加强核不扩散机制对大国关系的要求。第六章是对中国政策的建议，包括尊重和增强冷战后核不扩散机制的合法性，提升自身核战略的合法性，巩固和扩大六方会谈机制的积极成果。

关键词：国际关系　核武器问题　核不扩散条约

**2821**

**在大国间寻求平衡：革新开放以来越南对华和对美外交** / 黄惠英著 ; 时殷弘指导. -- 中国人民大学, 2009. -- 133页

深处特殊的地缘环境，越南每时每刻都有可能成为各大国的矛盾与争夺的交汇点。论文从越南外交政策的革新，越南大国平衡外交如何体现在越南对华和对美的关系上等方面论述并分析越南的大国平衡战略，对越南大国平衡战略做了一些评价并提出优化建议。全文分为绪论和四章正文。绪论介绍选题的理论意义与实践意义、研究现状分析及主要参考文献、主要研究内容、研究中所要突破的难题、特色和创新、研究方法等。第一章，讲述国际关系理论中的均势理论以及越南大国外交的传统和从失衡走向平衡的越南外交的革新开放。第二章，从越中关系正常化、越中“同质”因素成就的友谊、越中遗存问题、越南对中国发展的态度等方面分析越南大国平衡外交是如何体现在越南对华的关系上。第三章，从越美关系正常化，“911”后美国对越南的政治、安全政策，越美经贸合作等方面分析越南大国平衡外交是如何体现在越南对美的关系上。第四章对越南的“小国大外交”的平衡战略做了一些评价，认为越南大国平衡外交还需要进一步理论化、规范化、和机制化，并且努力吸取和运用胡志明的“和平外交”“广交友、少树敌”“自力更生”和“以不变应万变”等外交思想精华。

关键词：中越关系　对华政策　对外政策

**2822**

**泰中关系发展史上的重大波折及其成因：侧重泰国对华政策的考量** / 黄瑞真著 ; 张锡镇指导. -- 北京

大学, 2009. -- 186 页

论文搜集大量泰文、中文及英文资料,从泰国的视角,重点探讨剖析1910—1975年这60多年中泰中关系出现一系列重大波折的原因,从学术的角度补充和拓展泰中关系史的研究,从现实政治的角度,用这段历史警示现实、防止重蹈覆辙。全文共分为六章。第一章绪言。主要说明论文的研究背景、研究方法和研究意义,以及对相关学术成果的简评。第二章“泰中关系史的主流与支流”。主要梳理泰中关系发展的历史线索,回顾泰中关系的发展历程。第三章“泰中关系第一次波折的成因剖析”。着重从狭隘民族主义、国家社会转型等方面,探讨拉玛六世、披汶排华的原因,并分析拉玛六世狭隘民族主义的根源及披汶政府掀起排华高潮的原因。第四章“泰中关系短暂起伏的成因剖析”。从国际形势的演变等角度,深入分析导致1949—1958年间泰中关系变化的原因,主要包括国际形势渐趋缓和,披汶政府见风使舵;适应国内政治经济发展需要,披汶改变政治思维;中国政府为改善双边关系做出积极努力三方面的原因。第五章“从有限缓和转向对抗的成因剖析”。主要从泰国、中国和国际三个角度探讨泰中关系走向对抗的缘由。第六章“对泰中关系支流成因的思考”。首先根据国际政治的相关理论和政治心理学的原理探讨泰中关系波折成因的共性;其次,总结泰中关系曲折发展的启示,提出坚持接触、坚持和平共处五项原则和坚持和平中立政策的建议。

关键词:对华政策　中外关系　泰国

**2823**

**中国跨国公司对美直接投资中的政治壁垒研究** / 黄一玲著 ; 樊勇明指导. -- 复旦大学, 2009. -- 188 页

论文选取中国跨国公司对美直接投资中的“政治壁垒”为研究主题,对中国跨国公司对美直接投资活动的发展过程和现状、中国跨国公司对美直接投资对中美两国经济政治的影响、美国外资国家安全审查制度、“政治壁垒”的构筑及运作机制、中国跨国公司对美直接投资中遭遇政治壁垒的原因及其应对等诸多方面进行分析。全文包括绪论和正文两部分。绪论主要介绍问题的提出、相关研究成果综述、论文研究路径与创新、论文主要内容等问题。正文部分包括六章。第一章是相关概念的界定与理论概述。解释跨国公司、对外直接投资、政治壁垒等概念,分析相互依存理论、利益相关者理论和博弈论等相关理论。第二章阐述中国跨国公司对美直接投资的发展与现状。首先对其发展历程、投资模式等进行简要概括;然后分析中国跨国公司对美直接投资的动力机制,并分析其政治与经济影响。第三章考察中国跨国公司对美直接投资活动中的政治壁垒。首先简述美国外资国家安全审查制度的形成与发展;然后重点分析美国外资国家安全审查制度与政治壁垒的构筑与运作;最后对中国跨国公司对美直接投资遭遇政治壁垒的典型案例进行分析。第四章探析美国对中国跨国公司对美直接投资设置政治壁垒的动因,主要从国际战略层面、国内政治层面和意识层面三个方面展开分析。第五章探究政治壁垒设置过程中利益相关者之间的互动与博弈。依次对跨国公司之间,美国政府、国会、利益集团间,美国政府与中国跨国公司间,以及中国政府与美国政府间进行博弈分析。第六章是应对政治壁垒的思考与建议。

关键词:跨国公司　对外投资　贸易壁垒

**2824**

**全球化时代的公共外交** / 李德芳著 ; 刘玉安指导. -- 山东大学, 2009. -- 158 页

论文以全球化时代的公共外交为研究对象,依次考察公共外交的兴起、发展及未来三个阶段。全文包括导言和正文两部分。导言部分主要介绍选题意义,研究对象与相关概念界定,国内外研究现状,研究方法和存在的问题,以及论文的框架等问题。正文部分包括三章。第一章,公共外交的兴起。首先概述公共外交理论,包括公共外交的理论路径和运作机制;然后简述公共外交兴起的历史进程;最后对其兴起的原因进行探究,主要包括全球化促进外交的民主化进程和公开化,并且改变其议程。第二章,公共外交的发展。首先对西方大国的公共外交实践进行论述,包括美国对“9·11”事件的反映,英国“重塑不列颠”公共外交战略及法国塑造“伟大法兰西”公共外交战略;然后是对加拿大、挪威等中小国家的公共外交实践进行论述;最后从中国的公共外交危机反映模式建构、“战略沟通”项目运作及文化外交实践三个方面对中国的公共外交政策进行论述。第三章,公共外交的未来。随着各国公共外交实践的开展,公共外交暴露出它的局限性和缺陷,主要表现在国家形象塑造和重塑的困难、跨文化沟通与认同的困难及公共外交与外交政策的关系难以处理等。进入21世纪以来,在全球化进程推动下的公共外交实践出现一些新的特征和趋势。同

时,各国相互依赖程度的加强也促使国际机构、体育外交等成为公共外交的重要形式。此外,全球化进程造成的国际、国内政治的趋同,也促使面向国外公众的公共外交和面向国内公众的公共事务出现趋同的现象。

关键词:国际关系　外交理论　国家形象

**2825**

**冷战后美国国会对华提案及其表决研究** / 李莉著 ; 徐以骅指导. -- 复旦大学, 2009. -- 191 页

论文以冷战后美国国会对华提案及其表决为研究对象,全文包括导论和正文两部分。导论部分主要介绍课题的研究意义与既有研究成果综述,相关概念界定、所要解决的问题、创新性及研究方法,以及论文的框架结构等内容。正文部分包括六章。第一章介绍冷战后美国国会的对话提案。首先指出冷战后美国国会对华"声音"增强,表现为国会外交权力的"复兴"及其对华政策的全面介入;然后从总量变迁、所涉议题与类别方面纵览美国国会的对华提案,并对其动因进行分析。第二章概述对华政治提案与美国国会的表决。首先对冷战后国会对华政治提案的发展进行简单介绍;之后阐明国会对华政治提案的表决特点,并对国会对华政治提案与表决的影响力进行评估。第三章考察对华安全提案与美国国会的表决。首先从国会对华安全提案的总量变迁、所涉议题和党派分布三方面对冷战后国会对华安全提案的发展进行简单说明;然后阐述国会在对华安全提案表决上的群决策规律;最后对国会对华安全提案与表决的影响力进行评估。第四章考察台湾问题与美国国会的表决。首先从总量变迁、内容、区域和党派等方面对冷战后美国国会对台提案的发展进行概述;然后分析国会对台提案的表决特点;最后对国会对台提案与表决的影响力进行评估。第五章考察对华经贸提案与美国国会的表决。首先从国会对华经贸提案的总量变迁、所关注的议题、党派与区域分布三个方面对冷战后美国国会对华经贸提案的发展进行简述;然后分析国会对华经贸提案的表决特征;最后对国会对华经贸提案与表决的影响力进行评估。

关键词:对华政策　国会　美国

**2826**

**制度变迁与美国国际经济政策** / 李巍著 ; 孙哲指导. -- 复旦大学, 2009. -- 356 页

论文将美国国内制度结构的特点及其变迁在美国国际经济政策选择中发挥重大作用的原因及其具体如何发挥作用作为核心研究问题。论文将集中考察美国国际经济政策的制度逻辑,强调国家政权和国内社会的区分,以及这两者的制度关系和互动模式所给美国国际经济政策带来的影响。全文共分八章。第一章导论:全球视角与制度分析。介绍社会科学的"分化"与"整合",美国国际经济政策的定义及其战略目标,制度结构与国际经济政策制定,论文的基本设计与行文安排等。第二章,讲述论文的研究路径和理论模式,即体系中心论、社会中心论和国家中心论。第三章国内结构与宏观制度理论,研究国家与社会关系的宏观制度结构层次的制度变迁是如何影响美国国际经济政策的制定,认为美国国内制度结构(国家与社会关系)的变迁塑造了体系、国家和社会三个层次的变量对美国国际经济决策发挥作用的次序和方式,决定了国内社会的利益与偏好和国际体系的压力与刺激。第四章政府决策与中观制度理论,从行政部门、中间部门、立法部门内部的决策系统和府会决策的制度逻辑方面,研究中观政府体系与部门内部微观决策系统两个层次的制度变迁是如何影响美国国际经济政策的制定。第五章走出保护主义,介绍自由贸易的初次胜利及其夭折,保护主义的迅速回潮及其顶峰和自由主义的最终胜利及其发展。第六章走向互惠主义,阐述金融民族主义的初现,贸易保护主义的涌动和经济互惠主义的确立。第七章应对全球化,解读美国应对全球化的措施,包括"新民主党人"积极的国际经济政策和"保守共和党人"的政策和外交。第八章结语:制度结构与政策选择。总结论文的论点,分析论文的学理贡献与研究不足,并做出对未来的预测。论文认为在一个"强国会,弱社会"的制度结构下,美国联邦政府将根据美国在国际体系中的总体利益理性的进行国际经济决策,努力实现经济利益与安全利益、国际利益与国内利益的平衡;在一个"弱国家,强社会"的制度结构下,美国联邦政府的国际经济决策更容易迎合国内社会的特殊利益,沦为国内政治过程的产物。

关键词:政治制度　对外经济政策　美国

**2827**

**大学国际联盟——高校国际化进程的一种模式研究** / 李岩松著 ; 王杰指导. -- 北京大学, 2009. -- 115 页

论文从国际政治和高等教育交叉学科的角度对

大学国际联盟这一现象进行研究,采取理论分析和个案演绎相结合的方法,借助我国改革开放三十年的契机,对大学国际联盟这一现象展开研究,对于中国的研究型大学建设有着积极的指导意义和实践价值。全文共分为五章。第一章绪论。梳理大学国际联盟的概念和研究状况,并将其放置在国际政治和高等教育两个学科的交叉点上,呈现其研究价值和理论意义。第二章阐述大学国际联盟的兴起与发展。分析总结大学国际联盟兴起与发展的几个阶段,并分别从"高等教育国际化"和"全球治理"的角度对这种阶段性予以解释。第三章论述大学国际联盟的组织模式。试图从组织机制的角度,详细地描述大学国际联盟的组织及管理,以及具体活动方式。选取重要的研究型大学国际联盟 APRU 为个案,对大学国际联盟活动的"国际性"加以充分地说明。第四章探究大学国际联盟与中国高等教育。将视点由世界移至中国,讨论在东亚地区崛起和中国改革开放背景下,中国高校参与大学国际联盟的情况,并以北京大学为个案,展现北大在参与联盟活动中所发挥的作用和经验得失。第五章展望大学国际联盟的发展趋势。指出随着大学国际联盟的不断发展,其有望成为未来世界极为重要的国际机制之一。大学国际联盟的出现与发展,与当今世界的国际化和全球化趋势一样,是不可逆转的。中国的高校唯有抓住机遇,努力在其中发挥作用,才能有效地分享世界一流大学的发展经验,促进自身的建设。

关键词:高等教育　高等学校　国际合作

**2828**

**阿根廷正义主义研究** / 李紫莹著 ; 徐世澄指导. -- 中国社会科学院, 2009. -- 118 页

阿根廷正义主义诞生于 20 世纪 40 年代,是由阿根廷前总统庇隆提出的一种政治学说。正义主义对战后阿根廷的发展进程起了举足轻重的作用,以此为基础的正义主义运动至今仍深刻地影响着阿根廷社会,同时对于整个拉丁美洲的政治思潮也有着重要影响。全文分为导言和五章正文。导言介绍阿根廷正义主义研究的背景和意义、文献综述、论文的主要内容与结构安排、论文的研究方法和主要创新点。第一章,讲述阿根廷正义主义产生的理论渊源及其历史背景。正义主义深受欧洲职团主义、拉美民众主义、阿根廷民族主义等各种思潮的影响,是一个内容庞杂的思想体系。第二章,介绍正义主义的确立——庇隆阶段,论述庇隆其人,庇隆阶段正义主义的理论要点、核心以及特点,并对庇隆阶段正义主义做出评价。第三章,阐述了正义主义的背离——梅内姆阶段。20 世界 80 年代末世界经济和政治局势发生巨大变化,在新自由主义思潮的冲击下,时任阿根廷总统梅内姆背离正义主义纲领和原则,在阿根廷进行一系列新自由主义的结构改革,导致阿根廷出现严重的危机。第四章,阐述正义主义的回归——基什内尔阶段。进入 21 世纪,拉美地区影响最大的政治变化就是左派政权的崛起,为阿根廷正义主义的重新崛起提供有利的区域环境。正义党基什内尔政府主张,随着全球化的发展,在新自由主义与民族主义矛盾日益尖锐的背景下,开拓一条市场经济与国家作用相结合、参与经济全球化进程与坚持民族利益并举的道路。第五章对阿根廷正义主义做了总的历史评价。半个多世纪政治斗争的实践证明,对于低中产阶级占人口绝大多数的阿根廷社会而言,正义主义的民众主义、民族主义主张符合大多数人民的愿望,这也是它能保持生命力的根本原因。正义主义的重新崛起,对阿根廷自身,也对拉美以及世界左派运动的发展产生了深远影响。但正义主义仍面临着各种各样的挑战,正义主义者还任重而道远。

关键词:阿根廷　正义主义　新自由主义

**2829**

**后冷战时期宗教与国家安全的关联性研究:兼论宗教对中国国家安全的影响** / 刘骞著 ; 徐以骅指导. -- 复旦大学, 2009. -- 251 页

论文以探讨导致宗教与国家安全相互关联的原因为中心问题。首先分析冷战后宗教对于国际政治的主要影响,并将宗教界定为一个自里向外由宗教思想、宗教规范和宗教行为构成的"同心圆"观念体系。然后,在借鉴既有理论的相关研究基础上,构建一套宗教与国家安全互动的分析框架。全文包括导论和正文两部分。导论部分主要介绍问题的提出与研究的意义,问题的研究现状,论文的研究假设、主要观点与研究方法等内容。正文部分包括六章。第一章阐述后冷战时期宗教的国际政治学意义及其研究界定。首先阐明宗教全球复兴的概念、内涵及其国际政治学意义,并简述宗教全球复兴时代下的宗教与国家安全;然后对宗教的国际政治学进行界定。第二章是宗教与国家安全的互动分析。首先建立观念与国家安全互动的理论模式,并指出两种分析模式的启示;然后建立宗教与国家安全的互动分析框架。第三章考察中国传统宗教文化对中国国家安全的影响。首先

提出中国的传统宗教文化及其对国家安全的基本主张;然后探索中国新安全观与中国传统宗教文化的关联,并以传统妈祖信仰与两岸关系为例进行分析说明。第四章考察中国政治意识形态宗教观对中国国家安全的影响。首先简述中国的政治意识形态及其宗教观;然后对中国政治意识形态宗教观的历史进行考察;最后对中国政治意识形态宗教观的发展轨迹进行分析。第五章分析宗教性安全威胁对中国国家安全的影响。首先对中国国家安全利益及其影响因素进行判定;然后指出宗教性安全威胁的内涵,阐明中国对当前宗教性安全威胁的认知与判断,并以"东突"伊斯兰主义与中国西部安全为例进行具体说明。第六章考察宗教问题安全化对中国国家安全的影响。首先阐述安全研究的"安全化"视角及其逻辑;然后分析宗教问题安全化及其对于中国国家安全的意义;最后对冷战后美国安全化宗教问题对中国的影响进行分析论述。

关键词:国家安全　宗教　意识形态

**2830**

**规范与安全:欧盟反核扩散政策研究** / 吕蕊著 ; 石源华指导. -- 复旦大学, 2009. -- 211 页

论文通过对欧盟的反核扩散政策进行研究,说明欧盟的反核扩散政策是内化国际反扩散规范与安全驱动两方面动因作用的结果。欧盟反核扩散政策体现规范建设与地区政策的统一,规范的内部化与对外政策的统一,规范的建设与维护的统一。全文分为绪论和五章正文。绪论介绍核武器出现后,限制发展核武器的观念随之产生,国际核不扩散机制也随之建立。第一章规范与安全——反核扩散国际规范的建立,讲述规范与安全的解析,反核扩散国际规范的建立等。第二章欧盟与反核扩散国际规范的制度建设,以规范约束核扩散活动最典型的行为体——欧盟为例,论述反核扩散国际规范的制度创建,欧盟(欧共体)与反核扩散国际规范的制度建设,国际核不扩散机制面临的挑战。第三章欧盟的反核扩散规范的确立与实施,分析欧盟的安全认知与反核扩散规范的建立,欧盟反核扩散规范的确立与实施,欧盟的出口管制体系等。第四章欧盟反核扩散政策与朝鲜问题,论述朝鲜核问题对欧盟安全的意义,欧盟说服与压服朝鲜弃核的努力。欧盟主要通过参与朝鲜半岛能源发展组织,以多边方式介入到核危机的解决中。第五章欧盟反核扩散政策与伊朗核问题,论述伊朗核问题对欧盟安全的意义以及欧盟对伊朗的接触、说服、压服与制裁等。欧盟通过与伊朗达成《德黑兰宣言》和《巴黎协定》,使伊朗暂停了浓缩铀等核活动。论文认为,安全是反核扩散规范启动的动力,而反核扩散规范反过来又促进欧盟的安全。

关键词:欧盟　国家安全　核扩散

**2831**

**宗教对冷战时期美国对外政策的影响研究** / 罗辉著 ; 徐以骅指导. -- 复旦大学, 2009. -- 169 页

论文以宗教对冷战时期美国对外政策的影响为研究对象,研究冷战时期宗教对美国外交政策的影响。全文包括导论和正文两部分。导论部分主要介绍研究的缘起,研究主旨、思路、方法与创新点,论文结构安排等内容,并对相关学术史进行回顾。正文部分包括五章。第一章是关于论文基本概念的研究界定。分别对宗教的政治学和冷战进行界定,并简述美国对外政策的复杂性认知。第二章考察宗教对美国对外政策的影响机制。首先建立宗教与对外政策的分析模型;然后依次指出宗教影响对外政策的文化通道,以及宗教群体影响对外政策的方式。第三章探究冷战时期的宗教对美国对外政策的影响。冷战时期宗教对美国对外政策的影响主要有两点,一是宗教作为观念体系影响和塑造了政治决策者对国家利益的看法及对外政策的主导信念,同时也是政策制定者的工具和手段;二是宗教利益集团通过游说达到影响国会从而影响对外政策的目的。第四章和第五章分别分析杜鲁门宗教信仰对其对外政策的影响,以及犹太教团体对美国对外政策的影响。指出宗教对美国对外政策的影响机制和路径主要有两条:一是无形的观念的影响,二是有形的组织的影响。宗教作为观念是世界观和价值观的重要来源,其影响对外政策的方式是通过"路线图""粘合剂"和"制度化"三种路径;宗教作为组织可以被视为利益集团,通过游说影响国会和公众从而影响对外政策。

关键词:美国对外政策　宗教　国际关系史

**2832**

**美国对印度尼西亚民主化进程的影响** / 仇朝兵著 ; 王缉思指导. -- 中国社会科学院, 2009. -- 244 页

论文以美国对印度尼西亚民主化进程的影响为研究对象,主要考察美国积极推动印度尼西亚民主化进程的原因和方法,美国的活动对印度尼西亚的民主

化进程所产生的影响,以及美国的对外扩展民主对中国的战略意涵等内容。全文包括绪论、正文和结论三部分。绪论部分主要介绍选题意义、概念阐释、研究综述及分析框架等内容。正文部分包括五章内容。第一章分析美国对外扩张民主的道德理想追求和现实利益追求,并分别分析美国积极支持和推动印度尼西亚民主化进程的深刻原因。第二章考察亚洲金融危机对印度尼西亚民主化启动的影响及美国在开启印尼民主化进程中的作用。第三章研究美国对印度尼西亚选举政治的援助和支持,包括选举援助、选举监督以及支持印尼政党发展等。第四章重点考察美国对印尼军政关系民主化改革的影响。第五章分析美国对印尼非集中化改革及地方民主治理活动的支持。结论部分认为,美国在印尼推进民主的活动确实影响印尼的民主化进程:既推动印尼民主制度的建设,也促进印尼社会的民主精神和民主意识的发展。这种影响以印尼民主化的内在规定性为基础,也就是印尼自身的社会政治发展决定印尼民主化进程的方向,美国作为一种外部因素只是给它施加一个巨大的推力。

关键词:民主　美国对外政策　印度尼西亚

**2833**

**欧盟与性别平等:女性决策参与发展中的欧盟制度因素** / 曲宏歌著 ; 郇庆治指导. -- 山东大学, 2009. -- 112 页

论文是关于欧盟女性决策参与发展的初步研究,除了探讨欧盟制度对于其内部女性决策参与发展的影响,也力图对女性政治参与发展的影响因素进行探索。在欧洲一体化的背景下,运用文献分析、定位分析与定量分析相结合、案例分析等研究方法,以女性决策参与为例,对欧洲一体化过程中欧洲制度在纠正决策过程中不平等的性别关系上发挥的作用做较为深入的分析。全文包括导言、正文和结论三部分。导言部分对问题的提出及研究意义的阐释、国内外研究现状的总结、研究对象与基本概念界定以及论文框架等做出介绍。正文部分包括三章。第一章概述欧盟制度与女性决策参与。首先简析欧盟制度与女性决策参与的影响因素;然后简单介绍欧盟制度推动女性决策参与发展的背景,在此基础上,指出欧盟女性决策参与现状。第二章考察女性决策参与相关的欧盟制度建设。依次概述欧盟女性决策参与的法律框架、机构框架和政策框架。第三章分析欧盟制度促进女性决策参与的效用及存在的问题。首先从评估欧盟制度效用的角度、欧盟层面和成员国制度层面对欧盟制度促进女性决策参与的效用进行评估;然后从三个方面对欧盟制度推动女性决策参与发展过程中存在的问题进行深入探讨。结论部分除总结论文的研究外,也对论文的研究结论给予进一步的经验性分析和理论解释。

关键词:女性　参与管理　男女平等　欧盟

**2834**

**苏联领土扩张研究** / 沈影著 ; 李静杰指导. -- 中国社会科学院, 2009. -- 193 页

论文以苏联领土扩张为研究对象,重点研究苏维埃政权时期苏联的领土变迁,特别是第二次世界大战期间苏联领土的扩张。全文包括导论和正文两部分。导论部分阐明论文选题的来源、研究现状、论文创新及论文结构等问题。正文部分包括九章。第一章是全文的理论架构,概述国际法中的领土及相关理论、国际政治理论中的地缘政治理论。第二章着重回顾俄罗斯帝国的领土扩张史,强调指出俄罗斯帝国通过对外发动战争进行领土扩张的特点,解释苏联领土扩张的历史渊源。第三章介绍十月革命后到第二次世界大战前夕苏联领土的变迁以及列宁"不割地、不赔款"的政策主张。第四至第八章论述苏联在第二次世界大战期间的领土扩张,是论文的重点。第四章至第五章论述第二次世界大战期间,苏联兼并波罗的海三国、罗马尼亚的比萨拉比亚和北布科维纳、波兰的西乌克兰和西白俄罗斯等地区,总面积近 72 万平方公里。第六章介绍苏联在第二次世界大战后为巩固领土扩张成果在外交和理论宣传上所做的努力,并对苏联提出的若干"理论依据"进行分析。第七章着重分析导致苏联走向领土扩张道路的各种因素,其中包括思想、历史、经济和地缘政治环境等根源。第八章集中分析苏联领土扩张给自身造成的严重消极后果。第九章介绍苏联解体后新俄罗斯即俄罗斯联邦所面临的领土及边界形势。俄罗斯既继承了苏联与一些邻国的领土边界问题,又出现与"新邻国"之间复杂的领土边界问题。

关键词:苏联对外政策　领土扩张　对外关系

**2835**

**韩国政治转型中的政党政治研究** / 宋国华著 ; 杨鲁慧,朴斗福指导. -- 山东大学, 2009. -- 138 页

论文在辩证唯物主义与历史唯物主义这一根本

方法的指导下，采用传统的政治学研究方法，即历史研究方法、规范分析与实证研究相结合的方法以及必要的比较研究方法来具体展开对韩国政治转型中政党政治的历史变迁、功能作用以及特点与问题的研究与分析。全文包括导论、正文和结论三部分。导论部分主要介绍论文的选题依据及研究意义，国内外相关研究综述，论文的研究思路与论文框架等内容。正文部分包括四章。第一章建立政治转型研究的理论模式。首先厘清政治转型理论的勃兴与概念；然后依次阐明政治转型研究的四种主要理论范式；最后简析韩国政治转型的理论分析逻辑。第二章考察韩国现代政治发展与政党政治变迁问题。依次对“民主实验”时期政党政治的确立和嬗变，权威统治时期霸权党体制的形成和发展，以及民主主义时期多党政治的恢复和调适进行说明。第三章分析韩国政治转型中政党政治的运作及功能。依次考察权威政治时期、政治转轨时期和民主主义时期政党政治的运作及功能。第四章探究韩国政治转型中政党政治的特点与问题。首先对韩国政治转型中政党政治的作用进行反思；接着对韩国民主巩固中政党政治的深层问题进行探索；最后分析韩国政党政治与政治转型的关系模式。结论部分从政治转型的政党政治视角分析发展中国家政党和政党政治的特点，并尝试从政党政治的角度对东亚政治转型问题进行初步的探索和研究。

关键词：政党　政治改革　韩国

**2836**

**马来西亚现代化进程中的政治稳定：政党制度的视角** / 宋效峰著 ; 杨鲁慧指导. -- 山东大学, 2009. -- 178 页

论文试图把政党制度作为变量，对转型社会中的民主化与政治稳定之间的复杂关系进行剖析。纵向及横向研究表明，政党制度与政治稳定之间存在着内在联系，其关键在于政党制度是否具备足够的韧性，从而与动态发展的社会生态系统相适应。全文包括导论、正文和结论三部分。导论部分主要介绍选题依据及研究意义、相关研究综述、研究思路与论文架构等内容。正文部分包括五章。第一章考察马来西亚政治稳定与政党制度的理论建构。首先对政治稳定的理论进行诠释，在此基础上，指出政党制度与政治稳定的内在联系。第二章考察马来西亚政党制度与政治稳定的历史关系。依次介绍非殖民化时期政党制度的雏形，独立初期的政党竞争与政治发展，以及巫统的威权统治与政治稳定。第三章考察政党制度与政治稳定的结构功能调适。首先简析政党制度的结构及其政治稳定功能；然后分析马来西亚怎样完成从经济绩效到政治稳定的功能转换，并对其政党制度与社会环境进行分析。第四章考察政党制度的合法化能力与政治稳定。从三个方面概述马来西亚政党政治的制度化与政治稳定问题，指出制度权威是政党权威的最优形态。第五章考察民主化进程中的政党制度与政治稳定。首先探究民主化的复杂效应；然后简述马来西亚政党制度的民主化进程及其政治转型与政治稳定。结论部分指出：变革的政党制度是政治稳定的缓冲器，开放的政党制度与多元制衡的治理结构是实现治理模式转变的需要。

关键词：政党　政治稳定　马来西亚

**2837**

**当代中国国际意识的变迁与国家认同的重构** / 苏晓龙著 ; 朱锋指导. -- 山东大学, 2009. -- 140 页

论文以国际格局的调整、国际社会对中国态度的变化及中国自身的崛起为背景，探究当代中国国际意识的变迁，以及当代中国人对国家认同思想的重构。全文包括导论、正文和结论三部分。导论部分主要介绍问题的提出及研究意义，研究现状综述和论文的结构等内容。正文部分包括四章。第一章“国家认同与国际意识：概念界定与发展”。对国家认同的概念重新讨论，分析国际意识的内涵，并考察国际意识与国家认同的相互关系。第二章“当代中国国际意识的变迁”。首先对当代中国国际意识变迁的现象进行描述；然后对当代中国国际意识变迁的特征进行分析；最后考察当代中国国际意识变迁的影响因素。第三章“国家认同变化中的国际意识因素”。首先对国内因素影响下国家认同发生的变化进行描述；然后依次阐述国家塑造认同和国民认同变化中的国际意识因素。第四章“在变化的国际意识中重构国家认同”。探讨当代中国国家认同所面临的困境及当代中国国际意识存在的问题，在此基础上，探究重构变化国际意识中的国家认同问题。结论部分指出，当代中国虽然在国际意识和国家认同两个方面都取得明显进步，但仍然存在一些问题，所以仍需要树立建设性的新思路、新眼光，进而寻找到切实可行有效的新途径。统筹国内国际两个大局，树立世界眼光，加强战略思维，通过两者的良性互动培育温和而不极端、理性而不狂热、开放而不狭隘的大国心态，为对内实现中华民族

的伟大复兴、对外推动建设和谐世界奠定良好的心理和思想基础。

关键词:国家认同　国际关系　中国

2838

**论埃德加·斯诺对中美关系的影响** / 孙华著 ; 龚文庠指导. -- 北京大学, 2009. -- 169 页

论文以文献分析的方法,把埃德加·斯诺对中美关系的影响分为三个时期进行解读,一是新中国成立以前,斯诺对中国共产党外交思想的传播;二是新中国成立后,1960 年和 1964 年斯诺两次访问新中国为中美关系的恢复做出的努力;三是尼克松时期斯诺最后一次访华对中美关系的影响。通过对斯诺作品和斯诺书信的深入研究,论文认为,斯诺通过不同时期新闻作品的传播,对中美关系的发展产生重要影响。全文包括导论和正文两部分。导论部分主要介绍问题的提出和研究的意义、文献综述、论文的研究方法等内容。正文部分包括五章。第一章"埃德加·斯诺来华后的思想变迁"。首先对埃德加·斯诺来华时的时代背景进行简单介绍,在此基础上,分析埃德加·斯诺来华后的思想变迁。第二章"罗斯福时期斯诺对中美关系的影响"。依次阐述斯诺对中国共产党外交政策、罗斯福美中政策及中美两国人民参加反法西斯战争的影响,并分析斯诺如何通过中国工合组织继续推动中美关系。第三章"冷战时期斯诺对中美关系的影响"。冷战期间,斯诺两次访问新中国,造成美国对其的排斥,但此时期斯诺的两次访问对中美关系也起到重要作用。第四章"尼克松时期斯诺对中美关系的影响"。首先简述斯诺最后一次访问新中国的情境;然后阐明斯诺对中美政要的影响;最后分析斯诺的去世在中美两国媒体中的反应。第五章"斯诺研究的启示"。指出斯诺的经验和教训对今天和平发展的中国在外传播方面具有借鉴意义。

关键词:埃德加·斯诺　中美关系　对外政策

2839

**俄罗斯独联体政策研究** / 谭德峰著 ; 刘清才指导. -- 吉林大学, 2009. -- 138 页

俄罗斯独联体政策是俄罗斯外交政策中的一个地区政策。论文以地缘政治为视角,以国际战略学方法论为指导,以政策分析的一般流程为逻辑主线,全面阐释俄罗斯独联体政策运行的主要规律和特点。全文共分为导论和六章正文。导论介绍研究的目的和意义、研究现状、论文结构设计与主要观点、研究方法与创新等。第一章深入分析冷战后俄罗斯与独联体国家关系的重构问题。从宏观到微观分为三个层面全面的揭示俄罗斯独联体政策目标。第二章,深入分析俄罗斯与独联体国家的政治关系。从权力、制度、观念三种视角深刻揭示俄罗斯与独联体国家政治关系的三个悖论。第三章,深入研究俄罗斯与独联体国家的经济关系。揭示俄罗斯与独联体国家的经济关系政治化的三种倾向:在经济关系中,强调以俄罗斯为主导;在经济机制建设上,强调以市场关系为基础;在经济合作上,强调以能源为重点。第四章,深入探讨俄罗斯与独联体国家的安全关系。提出独联体集体安全困境的三个维度:在全球维度上表现为俄美战略稳定的失衡;在欧亚大陆维度上表现为跨欧亚安全体系的战略博弈;在独联体地区的维度上表现为三个亚方向上的安全张力。第五章,深入阐述俄罗斯与独联体国家在人文领域里的合作。总结出俄罗斯在独联体地区发挥软实力影响的三种资源:软实力的物质载体是居在独联体各国境内的 2500 万人口的俄罗斯族裔;俄罗斯在独联体地区发挥软实力的手段和工具是俄语与东正教;俄罗斯文明是一种独特的软实力类型。第六章,总结俄罗斯独联体政策面临的问题,并对其前景进行展望。从面临的问题、前景探析、对中国的影响等三个层面对俄罗斯独联体政策进行评估。论文强调俄罗斯是运用硬实力(政治要素、经济要素、安全要素)和软实力(文化要素)的两种手段来发展俄罗斯与独联体国家关系、保障一体化的政策目标顺利运行的。这四种战略要素的运行构成当前俄罗斯独联体政策的主要内容。

关键词:国际政治关系　俄罗斯　独联体

2840

**普京时期俄罗斯新军事变革研究** / 王海滨著 ; 刘清才指导. -- 吉林大学, 2009. -- 254 页

20 世纪 80、90 年代以来,以信息技术为代表的一系列高新技术在军事领域的广泛应用和发展,引发世界新军事变革。普京时期的俄罗斯新军事变革,既是 20 世纪初期俄罗斯强国战略的重要举措,同时也是对世界的军事安全形势、国际政治格局和国际关系具有重大影响。论文从分析俄罗斯新军事变革的背景与原因入手,将全文分为五章。第一章,冷战后的世界军事形势。主要是对冷战后的国际安全形势、世界新军事变革的发展潮流以及俄罗斯面临的军事安全威胁进行

系统分析。第二章,俄罗斯新军事变革的战略构想,主要是全面论述普京时期俄罗斯新军事变革的总体战略思想。第三章俄罗斯军队体制编制的改革。首先对俄罗斯军队规模的压缩和职业化军队的建设进行研究,其次论述俄罗斯武装力量军兵种结构的改革,再次研究俄罗斯武装力量指挥系统的改革,然后论述俄罗斯部队编制的调整,最后研究俄罗斯军队后勤与技术保障体制的改革。第四章,俄罗斯军队武器装备的现代化建设。主要是系统论述21世纪初期俄罗斯军队武器装备现代化建设的总体情况。第五章,俄罗斯新军事变革的评价、走向和世界影响。首先论述普京时期俄罗斯新军事变革的成就、问题、困难和特点,其次对俄罗斯军事变革的未来走向进行分析和预测,再次分析普京时期俄罗斯新军事变革对世界的影响,最后论述俄罗斯新军事变革对中国的启迪和借鉴意义。

关键词:军事改革　国家安全　俄罗斯

**2841**

**跨国民主及其限度:欧盟制宪进程研究** / 王展鹏著 ; 宫力指导. -- 中共中央党校, 2009. -- 172 页

论文以欧盟制宪进程为研究对象,考察跨国民主及其限度,在实证研究中将欧盟机构、成员国政府、主要政党、公民社会、普通民众作为研究对象,既从不同层次分别研究,又注重其相互联系。全文包括导言和正文两部分。导言部分对相关概念进行界定,对国内外研究现状进行综述,并简单介绍研究的重点、难点、创新及突破之处。正文部分包括八章。第一章结合欧洲一体化理论和实践的发展提出认识制宪进程中跨国民主问题的理论框架。欧洲一体化理论研究长期以来存在着理论研究和政策实践紧密联系、相互推动的传统。同时,欧盟制宪进程所反映的民主理念、民主制度是欧洲一体化长期渐进发展的结果。第二章按时间顺序对制宪过程进行回顾、追踪与评析。其内容涉及欧盟制宪的背景、条约改革机制的创新与挫折、从《宪法条约》到《里斯本条约》文本的变化。第三至第五章以成员国维度为线索,结合制宪进程中与欧盟民主发展紧密相关的重要政策领域展开论述。为便于分析,这一部分将欧盟成员国分为三类国家分别讨论。在各类型成员国的案例研究中,选取德、法、英、爱、波等国进行案例研究,在全面分析的同时,尤其关注欧盟机构改革和社会政策在各成员国政治精英和民众偏好形成中的作用。第六至第八章是论文的对策研究部分。分别探讨欧盟制宪进程对欧洲一体化、全球/地区治理和中国民主政治建设的启示。首先探讨制宪进程对欧洲一体化发展和中欧关系的影响;然后讨论制宪进程所反映一些深层次问题对于其他地区一体化和全球治理的启示意义;最后,指出欧盟制宪进程中民主模式多样性的理论和实践,特别是注重社会协商对话、建立社会伙伴关系及其初步的协商民主尝试对于中国特色的民主政治建设也具有借鉴意义。

关键词:欧洲国家联盟　宪法　民主

**2842**

**中国海上贸易发展战略研究** / 魏书杰著 ; 刘德喜指导. -- 中共中央党校, 2009. -- 122 页

论文以中国海上贸易发展战略为研究对象。首先分析国外发展海上贸易的理论和战略,在此基础上,概述中国海上贸易的历史与现状,并分析中国发展海上贸易的意义与条件,最后提出中国发展海上贸易的战略构想。全文包括导论、正文和结语三部分。导论部分介绍论文的选题依据及意义、文献综述、研究方法、创新之处以及研究难点和存在的问题。正文部分包括四章。第一章概述国外发展海上贸易的理论和战略。首先明确海上贸易的定义,并从海上贸易的成本、时间、运量、范围和风险共五个方面分析海上贸易的特点;然后总结和分析马汉、戈尔什科夫和莱曼关于发展海上贸易的重要理论;最后重点阐述英国、美国和苏联等国发展海上贸易的战略。第二章简述中国海上贸易的历史与现状。首先对中国古代和近代以来中国在海上贸易方面的亮点和教训进行梳理和总结;之后对新中国成立以来的海上贸易政策进行简析,重点阐明改革开放与海上贸易的巨大成就。第三章分析中国发展海上贸易的意义与条件。首先指出中国发展海上贸易的重要意义;然后分别分析中国发展海上贸易的有利条件和不利因素。第四章探究中国发展海上贸易的战略构想。包括着力构建海洋战略,引领海上贸易发展;遵循世贸组织规则,推进海上贸易发展;引入特别仲裁制度,规范海上贸易发展三方面的内容。

关键词:对外贸易　经济发展战略　世界贸易组织

**2843**

**日本明治时期民权与国权的冲突及其归宿** / 邢雪艳著 ; 崔世广指导. -- 中国社会科学院, 2009. -- 173 页

论文主要论述民权与国权随着日本国内外环境的改变所出现的势力消长变化和最后民权被国权所吸收的历史过程,以揭示民权与国权在各个时期的发展特点和思想特色,以及最后民权思想转向国权的历史文化原因和给日本近代带来的影响。全文包括绪论和正文两部分。绪论部分主要介绍问题的提出,主要概念的由来和界定,论文的研究方法及主要内容等问题。正文部分包括四章。第一章分析启蒙期的民权观与国权观。主要以启蒙思想家中最具代表性的福泽渝吉和加藤弘之为例,通过分析其早期的思想作品来阐述其民权思想和国家观念的特点,以此来把握此时期日本民权和国家观念的总体特征、民权与国权的相互关系以及社会贡献和局限性,并通过分析明治初期的社会背景和启蒙思想家的生活经历来把握其形成原因,以及对此后日本的民权与国权冲突所造成的影响。第二章考察民权运动的兴起与国权派的对应。在介绍自由民权运动的产生及其背景后,主要通过分析此时期民权运动的发动者以及一些重要民权团体的纲领性文件来把握民权运动起始期民权思想的主要特点,并通过民权派与启蒙思想家之间的论战剖析民权思想家和启蒙思想家在民权问题上观点的异同。第三章考察民权论的高涨与国权派的反击。主要论述自由民权运动的发展带来民权论的高涨以及明治政府、福泽渝吉、加藤弘之等国权派对民权论的反击。第四章考察国权论的高涨与民权论的衰落。主要论述朝鲜事件、普鲁士宪法体制在日本的确立、福泽渝吉的国权扩张论、中日甲午战争等历史事件所带来的日本国权思想的高涨和民权派的低落以及民权最后消失在国权思想中的过程。

关键词:政治制度　日本　明治时代

**2844**

**关于20世纪80年代日美关系演变中汇率因素的研究** / 徐恺著；樊勇明指导. -- 复旦大学, 2009. -- 197页

论文以20世纪80年代日美关系演变中的汇率因素为研究对象,对汇率因素的理论、历史和汇率外交争论与启示等方面进行深入分析。全文包括导论与正文两部分。导论部分从问题的提出和研究意义、文献综述、论文结构、研究方法和主要观点几个方面进行阐释。正文部分包括六章。第一章主要从国际政治学的角度分析汇率的决定问题。首先分析汇率问题如何与政治相联系;其次分析各汇率政策的决策要素以及作用。第二章主要讨论日元升值和日美间经济格局的变动。主要概述日元均衡汇率的经济分析,以及政治经济学探索;其次是分析日美之间经济政治格局变动。第三章主要从日元汇率变动与美国国内政治的关系来分析。首先分析日元升值的国际因素,特别是美国的因素作用;其次详细分析美国在广场协议到卢浮宫协议前后对日元汇率变动的政治过程;最后,简单分析美国对日元升值的“政策组合”。第四章主要关注日元汇率变动与日本国内政治的关系。首先简述日本汇率政策决策的政治过程;然后详细考察在广场协议到卢浮宫协议前后日本的各种政治关切。第五章讨论“汇率外交”与日美关系。主要讨论汇率变动与大国关系,特别在二战后崛起中的大国的汇率如何变动及其对所处国际体系的角色决定汇率变动模式。第六章分析日美“汇率外交”对中国人民币升值的启示。把分析日美关于20世纪80年代的日元汇率争论框架等放在21世纪初的中美之间,并分析两者之间的异同。

关键词:日美关系　汇率　对外政策

**2845**

**地区主义与南太平洋地区秩序的构建** / 徐秀军著；程又中指导. -- 华中师范大学, 2009. -- 152页

论文以地区主义与南太平洋地区秩序的构建为研究对象,从地区发展的实践角度区分构建地区秩序的模式;并从南太地区主义的发展历史角度,分析该地区所经历的历史时期。全文包括导论和正文两部分。导论部分主要介绍问题的提出、研究现状综述、论文框架与研究限制等内容,并对南太平洋地区进行界定。正文部分包括七章。第一章概述国际关系研究中的地区层次,包括国际关系研究中的层次分析法和研究层次的划分等内容。第二章论述地区主义的理论与方法。首先对地区主义的概念进行厘析,并简述国际关系主流学派的地区主义理论;然后概述地区主义的研究方法,包括政治学、经济学和政治经济学三种方法。第三章建立地区主义与地区秩序的分析框架。解释说明地区秩序的内涵、要素与特征,并对地区主义与地区秩序的关联性进行分析。第四章探究南太平洋地区主义的演进历程。从南太平洋地区主义的发展历史来看,该地区经历了地区外大国主导的地区主义、地区主义的本土化时期和冷战后地区主义的新发展三个时期。第五章考察地区利益与共同观念的建构。首先概括指出南太平洋地区的战略目标,即经济增长、可持续发展、良政建设和地区安全与

稳定四个方面;然后指出南太平洋地区的共同观念,即“太平洋方式”。第六章介绍南太平洋地区的合作议题与制度体系的形成。合作议题包括经济一体化、功能合作、资源管理与环境保护、地区安全合作四个方面;制度体系包括地区和地区间的制度安排。第七章考察政治经济学视角下的地区主义与秩序。首先基于政治经济学的视角分析地区主义的作用与影响;然后依次分析地区主义与政治经济发展及与地区国际关系的关联。

关键词:国家安全　地区主义　南太平洋地区

2846

**美韩同盟与六方会谈的兼容:一种制度主义视角分析** / 许亮著 ; 石源华指导. -- 复旦大学, 2009. -- 186 页

论文从一种制度主义视角分析美韩同盟与六方会谈的兼容问题。全文包括导论和正文两部分。导论部分主要介绍问题的提出及研究对象、研究意义、国内外研究现状、研究思路与主要创新点等内容。正文部分包括五章。第一章简述国际制度主义理论,包括制度主义的源流、国际政治中的制度主义、国际制度的变迁和制度间的联系。第二章从一种制度主义视角阐释同盟安全与多边安全问题。指出权力分配、利益分配、观念分配和路径依赖是影响国际制度的四个因素。第三章考察美韩同盟的转型。美韩同盟是冷战的产物,进入后冷战时期美韩之间权力、利益和观念重新分配,同盟难以适应东北亚新的安全形势,陷入失衡状态,需要重新定义。但美国和韩国对美韩同盟的定义有所分歧。第四章探究东北亚多边安全制度的雏形,即六方会谈。朝核危机爆发后,六方会谈成为各方所能接受的最佳方案,也为在东北亚建立多边安全机制创造契机。第五章探究美韩同盟与六方会谈的兼容问题。在朝核危机中,同盟安全与多边安全发生制度碰撞,六方会谈地位提升,美韩同盟呈弱化趋势,六方会谈兼容美韩同盟,表现在:美日韩三方对朝政策协调机制日益弱化,美韩分歧难以愈合,美国立场节节倒退,中国“领导作用”凸显等。

关键词:国际政治　朝鲜问题　六方会谈

2847

**世界市场与国内冲突治理:后发展国家政治秩序研究** / 宣兴章著 ; 宫力指导. -- 中共中央党校, 2009. -- 145 页

论文主要研究后发展国家现代化过程中的国内冲突,就世界市场如何重塑后发展国家的国内政治秩序,以及新兴工业化国家如何在国内、国际两个大局的转换和互动中维护国内政治社会问题进行深入探究。全文包括绪论和正文两部分。绪论部分主要介绍世界市场重塑国内政治秩序、政治暴力与政治秩序等问题。正文部分分为八章。第一章“市场内在的冲突性质”。首先建立政治社会学的解释模式,然后依次对政治经济学、国家、社会与市场等概念进行解释,并概述市场的三重社会政治建构模式。第二章“权力、暴力与冲突的机制”。指出权力是一种正向的交易,亦即以一种物品换取对对象行动的干预,而暴力是负向的交易,以暴力或者暴力的威胁达到政治目的,暴力只出现在权力无效的地方。第三章“国际体系中的租与发展悖论”。该章指出,政治、经济、社会权力的滥用产生租,当租趋于无穷大时,产生交易主体间的不可交易情况,也就是部分参与者无法再继续参与游戏。在此情况下,暴力是大规模参与政治与经济交易的主要方式。在政治上,大集团之间的不可交易困局导致叛乱、革命等,小集团与大集团之间发生不可交易困局时,产生分裂主义、叛乱、恐怖主义等。第四章“国际体系与国内冲突”。分析体系权力分配与国内冲突的关联,并探究体系权力变化对国内造成的压力。第五、六章分别对韩国、菲律宾、墨西哥与巴西四个国家进行比较案例分析。指出这四个国家的不同发展绩效以及不同的国内冲突根植于国家所处的权力结构之中,并依次给予分析说明。第七章“中国的道路与科学发展”。指出中国走出一条国家孵化社会的道路,先是通过脱离世界市场体系构建自主性发展的基础,后是引入市场机制,逐渐建立以人为本的科学发展模式。第八章“后发展国家的政治秩序与治理”。提出后发展国家国内冲突的治理之道。

关键词:发展中国家　政治制度　社会秩序

2848

**中国外交中的观念因素** / 杨晓萍著 ; 刘建飞指导. -- 中共中央党校, 2009. -- 145 页

论文以中国外交中的观念因素为研究对象,运用比较研究和案例研究的方法,试图从观念的视角考察领导人观念变化与新中国外交演进之间的逻辑。全文包括引言和正文两部分。引言部分主要介绍研究问题及意义、文献回顾与评论、研究设计、创新点与难点,以及论文结构等内容。正文部分包括五章内容。第一章“观念:审视外交的新视角”。首先对外交视角

进行评议，并对相关概念进行界定；然后建立外交新视角的理论框架。第二章“中国的时代观与格局观”。在对时代主题的认知上，中国领导人经历了从“战争与革命”到“和平与发展”的转型过程；在国际格局观上，中国领导人经历了从“两大阵营”“三个世界”“多极化”直至“和谐世界”的漫长道路。第三章“中国的自我观”。在对自身定位上，中国实现了从“世界革命者”到“国际社会一员”直至“负责任的建设者”的历史飞跃。第四章“观念变化的原因分析”。包括国际、国内两个层次的因素。就中国外交而言，国际层次因素主要包括安全威胁的判断、国际战略格局的转变以及国际机制对国家行为的影响；国内层次因素则包括主要矛盾的判断、发展战略的确定以及发展路径的选择等。第五章“案例分析：中国对美外交中的观念”。论文在“新中国对美外交中的观念”案例研究中，侧重于从中国领导人的角度，剖析中国美国观的变化，以及这种观念变化在中国对美外交政策上的反映。在阐述中国领导人对美外交观念的变化时，除引证各种文本中所直接反映出的表述上的区别外，更注重结合国内、国际背景来验证外交观念的变化及其具体体现。

关键词：对外政策　国际关系　中美关系

**2849**

**冲突与联合：对主导性地缘政治观的分析与反思** / 张微微著 ; 刘雪莲指导. -- 吉林大学, 2009. -- 148 页

论文总结出地缘政治理论学所内含的两种观念：冲突性和联合性，并以此为视角从总体上分析地缘政治理论的精神实质，得出的结论是大部分地缘政治理论都体现冲突性的世界观，而冲突性的地缘政治观是导致地缘政治学无法超越自身向前发展的根本原因。全文共分为导论和五章正文。导论介绍选题意义、文献综述、概念辨析、分析路径与研究方法、论文结构与主要内容、论文的难点与创新等。第一章地缘政治学的历史和发展，主要对地缘政治学从古到今重要的思想和理论流派进行简要梳理和分析。地缘政治学的发展阶段总体上分为地缘政治学萌芽、传统地缘政治学与新地缘政治学三类。第二章冲突：地缘政治理论的主导观念。指出冲突是地缘政治学的主导观念，任何时期的地缘政治理论都能感受到冲突性观念的影响。论文从地缘政治学的三个阶段分析地缘政治理论与冲突性世界观的关系。第三章冲突性地缘政治观的现实主义内涵，这一章分为三个部分：第一部分总结冲突性观念指导下的地缘政治学的总体特征；第二部分分析冲突性观念下的地缘政治理论对现实主义哲学的依附性；第三部分指出这种依附性给地缘政治学的发展带来了消极后果。第四章联合的可能性：地缘政治哲学的重建。这一章分析多视角下考察联合性地缘政治观能够确立起来的可能性，也是对传统主导地位冲突性地缘政治观的反思。第五章“和谐世界”：中国对联合性地缘政治观的实践。这一章从理论和现实两个角度对和谐世界的地缘政治理论进行了解读，理论上分析证明和谐世界的“和平、发展、合作”思想的警示实质是非冲突性的理论内核、不追求控制力的权利来源与共有平等的和谐世界秩序，是一种联合性的地缘政治思想；并分析这种理论在现实中的可行性与优越性，论证中国和谐世界思想是符合时代潮流的新时期地缘政治理论。

关键词：国际政治关系

**2850**

**缓和时期的苏美关系研究(1969—1979)** / 张晓慧著 ; 张盛发指导. -- 中国社会科学院, 2009. -- 177 页

论文试图通过对 1969—1979 年缓和时期苏美政治、军事、经济和文化关系的研究，梳理缓和时期苏美关系的具体演变，解释苏美缓和产生和衰落乃至最后失败的根源与原因，论述缓和的经验与教训。全文包括导论、正文和结论三部分。导论部分主要介绍选题依据与研究意义、国内外研究现状以及材料的应用等内容。正文部分包括六章。第一章阐述苏美关系从对抗走向缓和的历史背景、国际和国内政治背景。第二章考察缓和时期的苏美政治关系，主要内容包括苏美构建秘密和公开的政治协商机制、推动政治缓和的发展以及苏美合作陷入困境。第三章考察缓和时期的苏美军事关系，包括苏美军控谈判的进程、军事合作中的相关问题。第四章考察缓和时期的苏美经济关系，包括苏美努力发展经济、建立经济合作的规范、合作的成果及关系的恶化等问题。第五章考察缓和时期的苏美文化关系，主要包括苏美建立文化交流的规则及文化交流的内容。第六章是对缓和时期苏美关系的若干思考。从认知错觉、实力不对称、军事上缺乏互信方面分析苏美缓和和衰落的原因；从国际体系、相互影响的作用力、苏美合作的启示探讨缓和的遗产。结论部分指出，苏美缓和的发展变化除深受各自政治价值观影响外，还受到以下因素的制约：一是提升在第三世界的影响力，减少在欧洲的竞争；二是苏联在东欧地区的利益；三是美国与西欧之间的信任

关系；四是坚持和控制军备竞赛。

关键词：美苏关系　国际关系史

2851

**宗教功能单位与地区暴力冲突：以科索沃冲突中的德卡尼修道院和希南帕夏清真寺为个案（1999—2009）**／章远著；徐以骅指导. -- 复旦大学，2009. -- 201 页

论文以宗教功能单位与地区暴力冲突为研究对象，探究冷战结束后，尤其是进入21世纪以来，宗教对地区暴力冲突所起的作用及影响。全文包括导论和正文两部分。导论部分主要介绍选题的源起、文献综述、相关概念界定、研究的意义及论文的章节架构等内容。正文部分包括六章，可分为三部分。第一部分考察宗教功能单位与地区暴力冲突，包括第一章和第二章。第一章构建国际政治中的宗教功能单位，分析宗教功能单位在国际政治关系中的角色定位，并指出宗教功能单位的形式特征。第二章简述当代宗教功能单位的行为与地区暴力冲突格局。阐述宗教功能单位的行为，分析冲突状态、冲突转向与宗教功能单位间的互动表现。第二部分考察科索沃十年暴力冲突中的德卡尼修道院和希南帕夏清真寺，包括第三章至第五章。第三章和第四章依次考察作为宗教功能单位的德卡尼修道院和希南帕夏清真寺。首先分析德卡尼修道院和希南帕夏清真寺的政治属性，包括其定位和特征。然后概述德卡尼修道院和希南帕夏清真寺的政治性行为，包括其政治进程、政治功能和行为模式。最后分别考察德卡尼修道院与基督教世界的互动，以及希南帕夏清真寺与伊斯兰教世界的互动。第五章探究科索沃与梅托希亚之间的争斗。第三部分考察宗教绵延问题，即第六章。第六章考察宗教功能单位与和平重建问题。首先概述宗教功能单位的聚合行为与冲突线的协同和交叉；然后分析宗教因素对国家安全与地区和平的影响。

关键词：宗教　国际政治关系　冲突

2852

**约瑟夫·奈的软权力理论研究**／赵为民著；李义虎指导. -- 北京大学，2009. -- 135 页

论文从理论的由来、体系、内核及其现实意图等方面对软权力理论进行全面梳理并做出评析，试图系统地总结新自由主义权力理论这一新的成果，旨在为全面把握软权力理论体系和推进关于权力理论的研究提供借鉴。全文包括绪论和正文两部分。绪论部分主要介绍问题的提出，相关文献回顾，研究难点、方法与创新，以及论文的基本结构与内容等问题。正文部分包括五章。第一章“软权力理论的由来与定位”。阐述“软权力理论”的历史、思想由来与它的理论定位，主要包括奈在特定历史背景下对权力问题阶段性研究的理论成果，在新自由主义思想基础上对传统“权力”概念系统改造而构建的软权力理论体系及其之所以成为“理论”的基本条件三方面的内容。第二章“软权力的根源：资源性权力及其变迁”。从软权力根源视角，突出论述导致行为性权力变化原因的“资源性权力及其变迁”的思想，并详细论述有形权力资源和无形权力资源的地位在当代两相消长的变迁。第三章和第四章重点论述作为资源性权力变迁结果的“行为性权力及其变化”。第三章从软权力被析出的角度，主要论述关于行为性权力变化概念的界定与划分思想及其相对于传统“权力行为观”的改进之处，阐述软权力的构成与特点以及资源性权力变迁与行为性权力变化的内在联系。第四章详细论述行为性权力变化的基本内容，即硬权力和软权力在当代地位的两相消长变化。第五章“软权力的析出：行为性权力及其变化的概念”。主要从美苏软权力的兴衰、欧亚其他国家软权力的兴起等方面描述当代主要国家的权力竞争新动向，并阐述美国当今忽视软权力的代价和软权力理论在这方面的政策建言。

关键词：约瑟夫·奈　国际关系理论　软权力

2853

**美国对华金融外交研究：以人民币汇率问题为例**／周叶菁著；孙哲指导. -- 复旦大学，2009. -- 188 页

金融外交在新时期已经成为美国对华整体外交中的重要组成部分。为什么金融外交会成为美国对华外交的一个核心部分？应该如何运用合法的制度手段有效应对美国的金融外交？——这就是本论文着力回答的核心问题。全文共分为导论和六章正文。导论介绍选题及其研究意义、文献综述、论文的主要假设、论文的研究方法与内容安排、论文的创新与不足等。第一章，对金融外交的概念进行界定，介绍金融外交的历史和理论渊源以及主要特质。第二章，分析中美关系与人民币汇率问题政治化，阐述中美关系视野中的人民币汇率问题，分析人民币汇率问题的经济根源，论述人民币汇率问题的政治化和金融外交的形成。第三章，论述利益集团与美国对华金融外交的关系，包括“受害”集团的抵制游说、集体行动困境的

破解、金融外交的共识集团这三个阶段。第四章，阐述美国国会与美国对华金融外交的关系，介绍行动中的美国国会、国会行动的动力机制和国会行动的效果评估。第五章，论述美国政府与美国对华金融外交的关系，介绍美国金融外交中的行政部门，分析美国对华金融外交策略——变化与根源，以及美国对华金融外交的主要形式。第六章，论述美国对华金融外交的政策过程和分析框架。认为美国金融外交的政策过程是不同阶段的角力，国际政治经济结构是不同视角的判断形成的，而金融外交分析框架则是从网络到三角的回落。

关键词：金融外交　中美关系　国际金融

**2854**

**巴西卢拉政府国际战略研究** / 周志伟著 ; 刘纪新指导. -- 中国社会科学院, 2009. -- 137 页

论文以巴西卢拉政府国际战略为研究对象，主要分析卢拉政府国际战略思维、战略框架、战略目标及战略特点，并对卢拉政府国际战略做出相应评估。全文包括导论、正文和结论三部分。导论部分主要介绍论文的写作意图、国内外研究现状综述、论文的主要内容和研究方法等问题。正文部分包括四章。第一章，国际战略理论综述。主要对“战略”“国际战略”等概念进行简要梳理，明确国际战略所包括的内涵。概述巴西国内对“战略”和“国际战略”概念的相关表述，旨在帮助读者了解巴西学术界对这些概念的认识。第二章，卢拉政府国际战略的确立及目标。首先从历史角度分析巴西国际战略的演化过程，从中总结卢拉政府国际战略确立的基础。并从卢拉政府外交决策层的角度出发，分析卢拉政府的相关战略思维和国际战略目标。第三章，卢拉政府国际战略。分析卢拉政府国家战略的框架，并从“地区战略”“国际多边参与战略”“南南合作战略”和“与发达国家的平衡战略”四个主要方面分析卢拉政府的相关战略构想、战略内容和政策手段。第四章，卢拉政府国际战略评估。首先通过比较研究的方法，分析卢拉政府和卡多佐政府在国际战略上的主要差异，同时总结卢拉政府国际战略的主要特点；其次通过辨证的分析方法，对卢拉政府国际战略做出相应评估。结论部分概括论文的主要观点，并对巴西国际战略的未来发展做出相应的展望。

关键词：对外政策　国家战略　巴西

# 国际关系

**2855**

**论印度的不结盟外交政策** / 陈才明著 ; 刘金质指导. -- 北京大学, 2009. -- 179 页

论文围绕印度不结盟政策的形成、变化论述，并由此扩展至对印度外交政策的研究。全文共四章。第一章探讨印度不结盟政策的形成及其历史背景。主要论述印度不结盟的确立及其历史文化、独立后国内的严峻形势、尼赫鲁的个人因素等；另一方面还分析当时的冷战国际环境，并指出印度不结盟追求的目标：即谋求国家利益的最大化、追求大国梦、为国家的发展创造和平环境。第二章分析印度的不结盟政策。首先阐释印度不结盟政策的内涵：不同权力政治军事集团结盟、独立自主制定与推行外交政策、同所有国家友好合作；其次对印度与中国共同倡导的和平共处五项原则进行探讨。第三章具体论述冷战时期印度不结盟外交政策的实施。首先积极推行和平外交，包括实行和平共处并同所有国家建立正常关系、反对核战争和争取裁军、反对殖民主义和种族主义、建立和发展同美苏的关系等；其次推动了不结盟运动的发展与壮大。另外，还探析中印边界战争后和 20 世纪 70—90 年代初印度不结盟外交政策的变化。第四章探讨冷战后印度不结盟外交政策的新目标与大国平衡外交。首先从印度安全形势的变化、国内的经济改革、不结盟运动面临的困难与挑战等方面介绍不结盟外交政策调整的背景；然后提出了印度不结盟政策的新目标；另外还探讨印度外交政策的发展方向：即推进以美国为重心的大国外交、推进以经济外交为核心的全方位外交和谋求核国家地位。最后是论文的结论部分，主要论述印度不结盟政策的特点和历史地位。

关键词：外交政策　不结盟运动　印度

**2856**

**跨境上市监管的国际合作与协调** / 陈楚钟著 ; 朱义坤，吴金平指导. -- 暨南大学, 2009. -- 136 页

论文采用定性研究法、双层博弈模型法、统计法、例证法等研究方法，对跨境上市监管冲突的问题进行研究，作者认为在全球化下，国家已无法单独解决监管冲突问题。在全球化治理的影响下，由多元主体参与、形成多层次的国际合作与协调正在兴起。硬约束

合作所存在的灵活性不足等问题使其在国际合作与协调中存在局限性,因而对软约束合作的分析有助于理解跨境上市监管冲突问题。论文第一章是跨境上市监管冲突问题的表现、根源、实质与影响。首先介绍跨境上市监管冲突的表现,包括监管重叠与监管漏洞。其次是跨境上市监管冲突的根源与实质,最后是跨境上市监管冲突对国家的影响。第二章是跨境上市监管冲突的解决之道,即国际合作与协调之硬约束合作。首先论述全球治理下的国际合作与协调及其分类,其次是国际合作与协调中的硬约束合作,最后是硬约束合作的局限性。第三章是跨境上市监管冲突的解决之道,即国际合作与协调之软约束合作。首先论述国际合作与协调中的软约束合作,其次是软约束合作兴起的证据和理由,最后是合作层次间的关系和在软约束合作中应注意的问题。第四章是中国的跨境上市监管问题及其对策,主要对中国所面临的监管冲突问题、中国所参与的国际合作与协调及其不足做了论述,并对相应对策提出看法。

关键词:证券市场　市场监管　国际合作

2857

**北美自由贸易区与美墨关系研究:区域经济一体化的"美墨模式"** / 程宏亮著 ; 朱瀛泉指导. -- 南京大学, 2009. -- 151 页

论文采用案例分析法、模型构建法和定性分析法等研究方法,以"美墨模式"为研究对象,对北美自由贸易区的构建和美墨关系等问题进行研究。论文第一章是南北美国家区域合作典型案例,即北美自由贸易区的案例研究,对北美自由贸易区形成和发展的历史进程进行回顾,并研究北美自由贸易区的区域经济一体化的"美墨模式"。第二章是推动美墨建立自由贸易区的认知背景分析,首先从历史角度出发分析美墨之间复杂认知,其次分析美国改变对墨西哥认知的动因,以及墨西哥改变对美国认知的动因。第三章是影响"美墨模式"内容的美国和墨西哥因素,主要分为美国内部大辩论和"美国因素"和"美墨模式"中的"墨西哥因素"两部分。第四章是"美墨模式"构成要素分析,首先对"美墨模式"中的经济要素进行分析,其次研究"美墨模式"中的政治与安全要素,最后构建"美墨模式"作为一种国际制度建构的尝试。第五章是《北美自由贸易区》的主要内容和成效,介绍《北美自由贸易区》的主要内容,并对协定实施之后的经济政治绩效进行分析,包括美墨在经贸领域的合作程度进一步加深、对墨西哥经济和政治产生的影响、对美国对外贸易政策产生的影响以及对美洲自由贸易区建设产生的影响等。章末分析"美墨模式"存在的问题,主要包括以移民和毒品为代表的安全问题依旧存在,北美自由贸易区的制度化合作缺乏进一步发展的动力等问题。

关键词:北美自由贸易区　美国　墨西哥

2858

**国际核危机及其管理研究:理论探讨与案例分析** / 程晓勇著 ; 曹云华指导. -- 暨南大学, 2009. -- 204 页

论文采用案例分析法、理论分析法和定性研究等研究方法,以国际核危机、当事各方管理和危机的行为方式、影响国际核危机进程及管理的因素为研究对象。在理论探讨的基础上,对国际核危机进行案例分析,试图回答国际核危机究竟是什么、有哪些属性特征、引起核危机的原因是什么、国际核危机演变有什么规律、国际核危机是否可以被管理及如何管理等问题。论文第一章是国际核危机概论,首先是国际核危机的概念与内涵,其次是国际核危机的特性与构成要素,并对国际核危机的类型、国际核危机的根源和国际核危机的演变过程进行论述。第二章是国际核危机的管理,主要对国际核危机管理的定义和基本范畴、国际核危机管理的层次与分段、国际核危机管理的基本原则、国际核危机管理中的预防与预警、国际核危机管理中的决策、国际核危机与第三方管理以及国际核危机管理的其他因素影响做了阐述。第三章是南亚核危机的案例分析,首先阐述南亚核危机的背景,其次分析南亚核危机的发生与演变过程,并总结南亚核危机的原因与影响,章末讨论南亚核危机管理问题。第四章是朝鲜核危机及其管理的案例分析,在介绍朝鲜核危机的背景和起因的基础上,阐述朝鲜核危机的发生与演变过程,分析朝鲜核危机及朝鲜核危机管理。

关键词:核武器问题　国际问题　国际关系

2859

**中国睦邻政策:类型分析与个案研究** / 达维场赛著 ; 张小劲指导. -- 中国人民大学, 2009. -- 132 页

论文采用案例研究法、历史梳理法和定性研究法,选取中国睦邻政策为研究对象,通过案例分析中国睦邻政策的变迁与特点,并分析中国睦邻政策应用于具体国际关系和国际问题中的作用及影响。论文

第一章是中国睦邻政策的形成与演变,主要包括新中国成立至改革开放前中国睦邻政策的发展与演变,其次是中国外交的新思维,即多边外交的兴起。第二章是中国睦邻政策的特征与类型分析,该章对中国睦邻政策的特征和中国睦邻政策的类型学分析做了论述。第三章是平衡性睦邻政策的战略关系,即中日俄的双边与多边关系,首先对中国外交战略与睦邻政策下的中日关系进行研究,其次论述中俄睦邻友好的战略协作伙伴关系。第四章是以印巴关系为例分析平衡性强关系睦邻政策,该章首先分析印巴冲突中的中国角色,其次论述中国平衡性强关系睦邻政策在印巴冲突中的体现。第五章以朝鲜半岛和平问题为例分析平衡性非强的睦邻政策。首先论述朝鲜半岛和平问题与中国的作用,其次分析中国平衡性非强睦邻政策应用于六方会谈的例证。第六章是中国睦邻政策变迁与老挝与中国关系的新发展。对老中关系的发展历程进行梳理,梳理老挝与中国合作领域与合作前景,重点论述中国睦邻政策与老挝双边关系,以及中国睦邻政策与区域合作中的老中关系问题。

关键词:中外关系　对外政策　友好往来

**2860**

**对和平解决国际争端的政治与法律方式的比较研究** / 窦仲晖著 ; 朱义坤,吴金平指导. -- 暨南大学, 2009. -- 140 页

论文采用案例研究法、比较分析法、历史研究等分析方法,通过分析解决国际争端的法律方式和政治方式,并比较两种方式的具体特点,对国际争端的解决方式提出结合法律方式与政治方式,在政治解决无法获得公平公正的结果,抑或有些争端很难或是无法通过政治解决时,应授予国际法院"非任意性强制管辖权",对主权国家予以强制管辖,以求国际和平的真正到来。论文第一章是当代国际争端的主要表现形式,主要论述霸权主义和强权政治、领土、边界及海洋争端矛盾、资源争端矛盾、生态环境恶化引发新的矛盾等一系列问题。第二章是和平解决国际争端的政治方式研究,依次对谈判的优势力量及负面作用、协商的预防争端作用、调查的促进争端解决作用、和解的基本作用、斡旋的作用和调停的作用等多种方式进行考察。第三章是和平解决国际争端的法律方式研究,首先研究国际仲裁的特殊作用,其次探讨前常设国际法院维护国际社会秩序的作用,再次论述国际法院维护国际社会秩序的作用与备受争议的强制管辖权,最后阐述国际海洋法法庭维护国际海洋秩序的作用与强制管辖权的最新发展。第四章是对和平解决国际争端方式的比较与建议,通过比较法律方式和政治方式,评价两种解决方式解决国际争端的特点。

关键词:国际争端　外交　法律

**2861**

**欧盟规范性外交对中东的影响** / 方晓著 ; 朱威烈指导. -- 上海外国语大学, 2009. -- 118 页

论文采取案例分析法、比较分析法和定性研究法,以欧盟规范性外交为研究对象,在梳理规范性外交的基础上,通过欧盟规范性外交与巴塞罗那进程、欧盟规范性外交与欧洲邻国政策、欧盟规范性外交与中东和平进程三个案例考察欧盟规范性外交的机理。论文第一章是欧盟规范性外交,该章主要论述规范与规范性力量、规范性外交、规范理论和欧盟对外关系中的规范性。第二章是案例分析,对欧盟规范性外交与巴塞罗那进程做了研究,首先介绍地中海国家的发展困境,其次论述《巴塞罗那宣言》及巴塞罗那进程,并对巴塞罗那进程的效用进行分析,讨论巴塞罗那进程的前景。第三章是第二个案例,欧盟规范性外交及欧洲邻国政策,对欧盟邻国政策的发展与特点、欧盟邻国政策在地中海地区的影响、欧盟邻国政策的评析和欧盟邻国政策的前景做了阐述。第四章是关于欧盟规范性外交与中东和平进程的案例研究,对欧盟在中东和平进程中的作用、经验、问题与前景进行论述。第五章是欧盟规范性外交的机理评析,主要包括欧盟规范性对外关系中力量的机制构建、欧盟在地区冲突中的规范性外交的限制性因素,以及欧盟规范性外交的经验与教训。最后为结语,包括欧盟规范性外交的国际背景、效用及其发展前景。

关键词:国际关系　欧洲国家联盟　中东

**2862**

**话语\文本,正义:后现代主义国际关系理论研究** / 甘均先著 ; 倪世雄指导. -- 复旦大学, 2009. -- 129 页

论文从话语文本和伦理两个角度出发,以探讨后现代主义国际关系研究的理论价值;同时也试图从霸权话语和国际体系两个角度揭示后现代主义国际关系理论对世界政治的现实意义。首先,论文分析后现代主义国际关系理论的话语和文本内涵,在此基础上,后现代主义国际关系重新思考传统国际关系理论中的主权、安全、外交等概念,并指出这些概念的内涵

不是一成不变的，而是被话语和文本不断地书写出来。其次，从霸权话语的角度分析话语对国际政治的现实意义。霸权话语不仅对政治现实进行切割，还划分出等级。霸权话语在一定程度上扭曲了国际政治的现实。再次，分析后现代主义国际关系理论的伦理内涵。在国际政治上，提倡以一种开放性的心态对待任何异端思维，反对任何霸权思维对边缘思维的压制；在身份政治上，主张平等对待他者的身份，特别重视保护被边缘化的身份。在面对未来的可能性上，主张解放僵化的思维，对未来的种种可能性给予重视，以可能的世界来替代当今不完美的世界。最后，论文借用后现代主义国际关系的伦理思想分析国际体系的正义问题。即在对维也纳体系、大陆联盟体系、凡尔赛—华盛顿体系和雅尔塔体系的历史分析中得出结论：一个符号伦理的体系应具有广泛的包容性，能够容纳国际体系中的多元行为体；一个符合伦理的国际体系不仅要让体系中的最小受惠者容忍这个体系，而且还要能够容纳那些新兴国家的发展雄心；一个符合伦理的国际体系应该具有相当的灵活性，以面对未来任何异质性因素的冲击。

关键词：国际关系理论　后现代主义　正义

**2863**

**秩序、规则、知识：批判建构主义视角下的美国大战略研究** / 韩志立著 ; 秦亚青指导. -- 外交学院, 2009. -- 142 页

论文在批判建构视角下展开对美国大战略研究，以探索美国霸权、美国知识和国际秩序之间的关系。全文共六章。第一章批判现实主义均势秩序的必然性。首先分析现实主义学者摩根索使均势秩序理论科学化的尝试存在明显缺陷；然后论述行为主义学者沃尔兹的理论大厦是建立在理性主义的假定之上，其可靠性不断遭到质疑。第二章批判自由主义宪政秩序的正义性。自由主义学者罗尔斯的正义论是当代重要的自由主义道德理论之一，但他的正义论的理论推导过程存在缺陷，对目的选择的合理性讨论也不充分。第三章提出一种批评建构主义研究框架，认为秩序由规则定义；规则由知识建构；知识是权力或沟通行动的结果。行为体是社会人，社会人的理性在于遵循规则。规则具有目的性，是在知识基础上设计的结果。第四章考察老布什到小布什的美国大战略研究。老布什、克林顿和小布什三位美国总统的国际战略，具有高度的一致性，都试图利用美国的权力优势，推行美国的民主和自由理念，要在世界范围内建立一个由民主国家、自由市场构成的国际新秩序。第五章考察奥巴马时期的美国大战略研究。伊拉克战争以后，美国依然是世界唯一超级大国，但其权力影响力有所下降。在这种情况下，美国智库进行了两项重要战略研究——“普林斯顿计划”和“管理全球不安全因素”项目，反映了美国智库对美国未来大战略的建议。此外，还探讨新任总统奥巴马的国际战略。

关键词：美国对外政策　外交战略　霸权主义

**2864**

**以道德的名义：赫尔姆斯与美国外交政策** / 胡菁菁著 ; 王缉思指导. -- 北京大学, 2009. -- 244 页

论文运用历史学实证分析的方法，借助大量第一手资料，围绕赫尔姆斯的思想历程和外交主张，再现他任外交关系委员会主席期间反对克林顿政府外交政策的这段历史，揭示其“道德外交”的原则与实质。全文共五章。第一章主要追溯赫尔姆斯当选外交关系委员会主席以前的经历，介绍其外交思想的酝酿和形成，以揭示“道德外交政策”的源头。第二章主要选取 20 世纪 90 年代后期联合国财政危机的案例，剖析赫尔姆斯对美国和联合国关系的定义。他主导提出的《赫尔姆斯—拜登法》最后授权支付大部分美国对联合国的会费欠款并迫使联合国接受它的改革条件。第三章考察赫尔姆斯为阻止美国批准两大国际军控条约做出的努力，分析“道德外交”在军控方面的保留。第四章选取美国对华政策作为探究赫尔姆斯反对共产主义的案例。首先总结赫尔姆斯在中国问题上的立场，然后将其主要关注分为台湾问题和人权问题两大部分，分析赫尔姆斯对历届政府制定和实行对华政策的不满和阻挠。第五章总结赫尔姆斯为实现“道德外交”设定的方式和手段。赫尔姆斯一上任就提出重组美国外交机构，将国际开发署、军控与裁军署和美国新闻署合并到国务院，以更好实现其“道德外交政策”；同时赫尔姆斯坚持采用强硬的制裁作为完成“道德使命”的外交手段和武器，《赫尔姆斯—伯顿法》的制定和实施是这一原则的典型案例；最后，还探析赫尔姆斯如何处理其“道德外交”与行政当局的外交政策之间的关系，从而扩大其外交政策主张的影响，使“道德外交”得到实现。

关键词：赫尔姆斯（Holmes, Kim R.）　美国对外政策　思想评论

2865

**中国国家形象塑造:理论·现实·路径** / 胡晓明著 ; 朱立群指导. -- 外交学院, 2009. -- 188 页

论文结合理论与现实,对中国国家形象塑造做出探究,并以全球性媒介事件、危机传播、软实力、框架理论、跨文化传播等为切入角度,展开立体的分析。首先,论文综述国际传播和国家形象理论,同时简述中国国家形象塑造的历程与定位,并对现状进行解读。论文认为中国国家形象塑造面对一个充满挑战的环境,必须统筹兼顾,以国际传播为基点,展开全方位的探索。其次,从跨文化传播主导下的形象塑造空间、软实力辐射下的形象塑造内核、框架理论视野中的塑造策略主线、全球性媒介事件打造的形象塑造现实、危机传播时的形象塑造"噪音"等几方面对中国国家形象塑造进行深入探讨。第三,比较中美国际传播中国家形象互构行为,同时进行中美媒体塑造差异的传播情境分析。第四,论述中国国家形象构建面对的挑战和问题:不合理的世界新闻传播秩序、中国国际传播力的不足、信息时代互联网传播的更高要求、社会进入危机多发期带来的形象易受损害等。第五,提出中国国家形象构建应该采取的策略:包括提升形象塑造的国际传播力、制定可靠的长短期策略、改进国际传播体制机制、优化国际传播的国内化效应、加大新媒体对国家形象塑造的力度等。最后,在总论部分总结对中国国家形象塑造的核心想法。

关键词:中外关系　国家形象　大众传播

2866

**欧盟对国际危机的干预及其作用** / 黄亮著 ; 严双伍指导. -- 武汉大学, 2009. -- 125 页

论文探讨欧盟对国际危机的干预及其作用。全文共六章。第一章首先论述冷战后国际危机的主要特点;其次分析国际系统结构的变化是引发冷战后国际危机的外部原因,而决策者因素则是引发冷战后国际危机的内部原因;再次,还讨论冷战后的国际危机特别是非传统安全领域的国际危机的凸现对国际关系的深远影响。第二章论述冷战后欧盟选择干预的国际危机,包括海湾危机、巴尔干危机、国际恐怖主义和伊朗核危机等,并指出欧盟干预国际危机的选择标准:危机是否威胁到自己主要的安全利益、是否在地缘上接近欧盟以及是否关系到其在冷战后的价值观目标。第三章探讨冷战后欧盟干预国际危机的方式,即主要通过经济、政治和军事这三种方式来应对国际危机;另外还对欧盟与美国干预国际危机的方式进行比较。第四章首先论述欧盟干预国际危机的作用;然后分析欧盟干预国际危机的局限性;另外对欧盟未能有效干预国际危机的原因进行探讨:欧盟对外干预存在合法性问题、欧盟对外干预通常奉行双重标准、欧盟缺乏对外干预的决断能力和军事行动能力。第五章论述欧盟共同外交与安全政策的确立和发展深受国际危机的影响,同时分析国际危机成为欧盟共同外交与安全政策推进器的原因。第六章探索冷战后发生的国际危机尤其是发生在欧洲境内的危机对欧盟对外关系产生的影响,其中主要考察欧美关系和欧俄关系。

关键词:国际问题　国际争端　欧洲联盟

2867

**族群战争的理性主义解释:族群安全困境下的讨价还价** / 焦兵著 ; 王逸舟指导. -- 中国社会科学院, 2009. -- 158 页

论文采取案例分析法、定性研究法和历史分析的研究方法,运用国际关系中的安全困境理论和战争的讨价还价理论,试图为族群战争提供一种理性主义的解释。为了检验论文对族群战争的理性主义解释,选取波斯尼亚战争(1992—1995)和苏丹达尔富尔危机(2003—2008)作为案例研究对象,通过案例分析展现论文所提出的因果机制。论文第一章是导论,依次对问题的提出、国内外研究现状、研究方法与结构安排做了说明。第二章是族群与族群战争,首先界定族群的概念,其次界定族群战争的概念,最后分析族群战争的理性逻辑。第三章是国家间战争,从安全困境下的国家间讨价还价问题出发,分析安全困境与战争的根本原因,提出国家间的讨价还价是战争的直接原因。第四章是族群战争,从国内安全困境下的族群讨价还价出发,讨论族群安全困境问题,族群讨价还价问题和族群战争的和平解决。第五章是波斯尼亚战争的案例分析,作者概述波斯尼亚战争,分析波斯尼亚战争发生的原因,并对"代顿协议"与波斯尼亚战争的结束做了论述。第六章是苏丹达尔富尔危机的案例分析,首先是苏丹达尔富尔危机概述,其次是苏丹达尔富尔危机爆发的原因,最后是达尔富尔危机的和平解决。第七章是结语,主要包括研究结论和文章的创新与不足。

关键词:国际关系　战争　理性主义

2868

**从分散、合作到集体行动:东盟经济合作治理研究** / 揭晓著 ; 邱丹阳指导. -- 暨南大学, 2009. -- 179 页

论文采用案例分析法、定性研究法和历史分析法等研究方法,对东盟经济合作治理的分散、合作与集体行动等层次进行研究,分析东盟经济合作治理的发展进程,进一步阐述东盟经济合作治理的动态变化。论文第一章是治理与东盟地区治理问题,对东盟地区治理和东盟经济合作的治理视角等问题进行论述。第二章是东盟经济合作治理的基础与动因,首先分析东盟经济合作治理的基础,其次是东盟经济合作治理的动因。第三章是东盟经济合作治理探索,从制度与变迁的角度出发,对东盟地区治理的制度进行分析,并对东盟地区早期经济合作治理问题和东盟经济合作治理的调整问题做了研究。章末分析东盟经济合作的巩固与完善。第四章是东盟经济合作治理的案例分析,从东盟—日本橡胶谈判问题和东盟共同有效特惠关税的治理两个案例进行分析。第五章是东盟经济合作治理的前景与挑战,主要论述东盟经济合作治理的经验与理念,包括东盟经济合作治理的适应性分析、东盟经济合作治理的“特征”、东盟经济合作治理与中国关系等问题。进而论述东盟经济合作治理的前景分析,提出四大观点:制度建设不断完善,经济一体化进程不断加快;合作意愿不断提高,治理规范的认同不断强化;经济实力不断提高,地区影响力不断强化;与周边国家的经济联系日益密切,大国对东盟的认同不断加强。章末分析东盟经济合作治理面临的挑战。

关键词:经济合作　国际合作　东南亚国家联盟

2869

**全球公共卫生治理中的国际机制分析** / 晋继勇著 ; 沈丁立指导. -- 复旦大学, 2009. -- 214 页

论文采用案例分析法和定性分析法等研究方法,对全球公共卫生治理中的国际机制问题进行理论梳理和案例分析。论文第一章是全球公共卫生治理的理论分析,依次从全球公共卫生治理的概念、背景与特点、全球公共卫生治理的必要性、全球公共卫生治理的路径以及全球公共卫生治理的主体等方面展开论述。第二章是世界卫生组织与全球公共卫生治理,首先介绍世界卫生组织成立背景与直列结构,其次分析世界卫生组织的“软权力”,即《国际卫生条例》(2005),再次分析世界卫生组织在全球公共卫生治理中的制约因素。第三章是世界贸易组织与全球公共卫生治理问题,首先论述世界贸易组织与全球公共卫生治理的关系,其次以 TR PS 为例分析二者关系,最后是世界贸易组织在全球公共卫生治理中功能不足的原因探析。第四章是国际人权机制与全球公共卫生治理问题,首先阐述国际人权机制的发展及其与公共卫生的关系,并阐述“国际人权两公约”与全球公共卫生治理、健康权与全球公共卫生治理以及国际人权机制在全球公共卫生治理中的缺陷。第五章是《生物武器公约》与全球公共卫生治理问题,主要包括《生物武器公约》的发展背景及阶段、《生物武器公约》与公共卫生的关系、《生物武器公约》存在的问题与困境等方面。第六章是中国在全球公共卫生治理中的作用,考察以“非典”危机为例,中国公共卫生外交的局限性等问题。

关键词:公共卫生　国际关系　对外政策

2870

**欧盟与北约关系研究:一种交叠式国际组织间关系的分析视角** / 孔凡伟著 ; 陈志敏指导. -- 复旦大学, 2009. -- 194 页

论文采用历史研究法、定性研究法、比较分析法和案例分析等研究方法,以交叠式国际组织间关系的分析视角出发,论述欧盟与北约关系问题。论文第一章是交叠式国际关系组织理论的探讨,首先对国际制度互动与交叠式国际制度间关系研究进行综述,其次讨论对交叠式国际组织间关系的分析框架。第二章是主要成员安全利益契合度与欧盟—北约关系问题,首先考察欧盟与北约关系中,美国的利益考量与战略选择,其次分析欧盟与北约关系中,欧盟主要国家的利益考量与战略选择。第三章研究危机管理功能重合状况与欧盟—北约关系,依次论述国际危机管理与欧盟、北约的危机管理使命、欧盟与北约危机管理功能的重合及其对二者关系的影响、从波黑维和行动看欧盟与北约关系。第四章是防御功能重合状况与欧盟—北约关系,对防御的新内涵与欧盟、北约内的防御合作问题进行研究,探讨防御功能的重合对欧盟与北约关系的影响,以及从阿富汗反恐问题看北约与欧盟关系。第五章是成员重叠程度与扩大进程中的欧盟—北约关系,主要考察欧盟、北约的扩大进程与组织成员重叠程度的变化,成员重叠程度上升对欧盟与北约关系的影响,成员重叠的下降倾向及其对欧盟与北约关系的影响等问题。

关键词:欧洲联盟　北大西洋公约组织　国际组织

2871

**水资源安全与南亚国际关系** / 蓝建学著 ; 孙士海指导. -- 中国社会科学院, 2009. -- 120 页

论文采用模型法、定性分析法、案例研究法、比较分析法等研究方法,通过对南亚国际关系有重要影响的水资源因素分析各国之间的关系互动,并分析水资源冲突引起的国际关系特点,以及水资源纠纷解决机制的特点。论文第一章是导论。第二章是核心假设、变量界定与理论路径。首先对核心假设与概念界定做了阐述,其次是理论框架和分析框架,通过非传统安全的理论,搭建分析主框架和分析次框架。主框架为环境稀缺与暴力冲突的关系模型,次框架是水资源与国际冲突的关系论证。章末提出创新所在。第三章是南亚地区的水资源安全问题,首先论述世界的水资源危机概况,其次是世界水资源危机的根源分析,最后重点从四个方面对南亚的水资源安全问题做了论述。第四章是水争端与南亚国家间关系互动,首先从国内层次分析南亚国家内部水争端的外溢,包括印度、巴基斯坦、斯里兰卡和尼泊尔等案例。其次从国家间双边关系的层次对南亚国家间的水政治做了分析,首先是印度—孟加拉国之间的水争端,其次是印度内河联网工程计划与孟加拉国关系,章末分析恒河问题和生态移民问题。第五章是南亚与周边的水交涉。依次对中印水短缺状况、中印关系互动以及中印水纠纷进行论述。第六章是水争端的解决手段,回顾世界上解决用水争端的主要手段,阐述南亚水争端解决机制的主要特点。

关键词:国际关系　水资源管理　南亚

2872

**从"强制遵约"到"自主遵约":关于联邦德国对《不扩散核武器条约》的政策研究** / 梁长平著 ; 朱明权指导. -- 复旦大学, 2009. -- 148 页

论文探讨联邦德国对《不扩散核武器条约》从强制遵约到自主遵约的演变过程。全文共五章。第一章是对遵约的理论分析,主要阐述遵约的基本概念和影响遵约的基本因素,同时还对强制遵约和自主遵约进行动力分析。第二章首先论述"爱尔兰会议"和"核不扩散原则"的确立,并梳理《不扩散核武器条约》的谈判历程。接着详细讨论《不扩散核武器条约》的主要条款及内容,同时指出在该条约下无核国负有两大任务:一是自己不发展核武器;二是不帮助其他国家发展核武器。第三章主要考察联邦德国在外力强制下的不发展核武器政策。在冷战时期,联邦德国是在苏联、美国、英国和法国等外部大国的压力下被迫签署和遵守《不扩散核武器条约》,这一遵约行为是外力作用的结果,而不是联邦德国想要的。第四章主要考察联邦德国在经济利益主导下的核出口政策。随着自身核工业的发展和外部限制的放松,联邦德国想方设法违反《不扩散核武器条约》,尤其是在 20 世纪 70、80 年代联邦德国利用条约的漏洞,为了自身的经济利益而执行宽松的核出口控制政策,结果导致核武器扩散。第五章考察冷战后联邦德国自主遵守《不扩散核武器条约》的核政策,主要包括继续遵守不发展核武器的义务,修订、改革和完善核出口控制政策等,这一系列政策与联邦德国想要获得外界尤其是西方大国对两德统一的支持是分不开的,而更深层的原因是联邦德国在与国际社会的互动中逐渐内化核不扩散的规范,改变对国际核不扩散机制的认识,从而自主遵守《不扩散核武器条约》,并推动国际核不扩散机制向前发展。

关键词:核武器问题　不扩散核武器条约　德国

2873

**融合与超越:约翰·赫兹的国际政治思想研究** / 刘旭东著 ; 蔡佳禾指导. -- 南京大学, 2009. -- 188 页

论文针对约翰·赫兹的国际政治思想进行全面而系统的研究。全文共五章。第一章探讨赫兹的"安全困境"思想。这一经典性思想是在二战期间提出的,它第一次从社会结构层面对国际关系进行诠释,并对包括现实主义在内的多种国际关系理论的发展产生深远影响,也为人们探索有关如何避免战争和维护安全等问题提出一个新的视角和更为科学的思路。第二章论述赫兹的"现实自由主义"理论。首先分析这一理论的哲学基础是人性论和生存环境;然后指出这是赫兹融合现实主义和理想主义的优点而提出来的崭新理论;此外还对现实自由主义进行实证分析和评析。第三章论述赫兹关于原子时代国际政治的一些原创性洞见。他指出,核武器的出现给传统的国际体系带来革命性的变化,核时代里国家之间的安全困境达到无以复加的程度。为解决原子时代人类生存困境问题,他还提出"护持"和"普世主义"两步走的战略。第四章首先分析国际政治是建立在技术发展基础上的"上层建筑";然后再阐述赫兹关于国际政治

中观念作用的思考。第五章考察赫兹的"生存伦理"思想。在20世纪60年代后，赫兹将研究重心转移到如何面对和解决全球资源、人口和生态危机给人类生存带来的巨大威胁上，倡导人类自身和民族国家都必须改变传统的狭隘和短视的思维方式，遵从"最低生存伦理"。这一思想实现了对政治现实主义和理想主义的双重超越，被称为是"规范主义"的转向。

关键词：赫兹（Herz, John H.） 政治思想 思想评论

**2874**

**中国和平崛起：概念、历史、环境、路径** / 卢兵彦著；陈乔之，曹云华指导. -- 暨南大学，2009. -- 150页

论文旨在通过对西方大国与古代中国崛起的不同特点、历史经验和文化背景以及当代中国所处的国际环境的分析从地缘政治的视角探索大国崛起的规律，研究中国和平崛起的概念、历史、环境和路径。全文共五章。第一章首先回顾"中国和平崛起"命题的提出，然后阐释中国和平崛起的内涵，接着论述中国和平崛起的方式，最后把中国崛起分为准备阶段、起飞阶段、冲刺阶段等三个具体步骤。第二章首先分析地理环境在大国崛起中的作用，同时具体探讨大国崛起的地缘因素和地缘战略。在此基础上，总结大国崛起的历史经验，包括民族国家的形成和稳定的国内政治环境是大国崛起的前提条件、海洋国家在海陆对抗中经常占据优势、制定正确的地缘战略是大国崛起的重要原因、面向海洋是大国崛起必然的战略取向、对地理枢纽的控制是大国崛起的关键。第三章主要论述古代中国在东亚的崛起。首先阐述古代中国的地缘政治思想，其次论述中国人地理空间的拓展，最后对中国古代地缘政治特点进行分析。第四章论述21世纪上半叶中国和平崛起所面临的国际环境，并认为霸权国美国的因素在中国和平崛起的道路上至关重要。第五章探讨当代中国和平崛起的路径。首先中国必须强大到足以遏制别的国家不敢用战争来遏制中国的崛起，其中实现中国统一和掌握对海、陆、天空、太空、网络的控制权是两个必要选项；同时还需要运用娴熟的外交策略经营周边，在全球范围内寻找朋友和伙伴，近睦远交，构筑多级格局；除了在硬实力方面内外兼修中国还应发挥软实力的作用特别要利用好国际机制和传统文化两个平台。

关键词：发展战略 国家战略 对外政策

**2875**

**中国国际关系理论研究的解读：语境视角与文本分析** / 陆昕著；王逸舟指导. -- 中国社会科学院，2009. -- 122页

论文采取定性分析法、实证研究法和理论分析的研究方法，考察改革开放以来的历史语境对中国国际关系研究的推动与塑造，选取国家利益、主权、安全观几个议题，突出"经典文本"的重要性，对中国国际关系研究的发展脉络、所取得的成就与存在的不足、推动中国国际关系研究发展的时代背景与内在动力等问题进行探讨。论文第一章是导论，对问题的提出、研究意义与研究现状、研究方法和论文结构等问题做了说明。第二章是语境与文本分析，首先介绍语境及语境主义，阐述历史语境的研究方法和历史语境下的文本分析问题。第三章是国家利益研究，主要对国家利益研究的历史语境、代表性文本分析以及国家利益研究的深化等问题做了阐述。第四章是主权研究，首先分析主权研究的历史语境，其次是代表性文本分析和全球化与主权关系的问题分析。第五章是安全观研究，首先阐述安全观研究的历史语境，其次是代表性文本分析，章末是中国新安全观研究。第六章是语境中的思想，即中国式的国际关系理解与关怀，包括发展中国家的立场与意识、科学主义与人文色彩等方面的研究。第七章是结语，首先指出中国国际关系研究确实受到历史语境的影响，其次是对中国国际关系研究的评价，进而提出未来中国国际关系研究的核心议题，最后是本文的创新与未来努力方向。

关键词：国际关系理论 理论研究 语境

**2876**

**论跨国银行法律规制对国家主权的影响** / 罗晋京著；刘颖，吴金平指导. -- 暨南大学，2009. -- 164页

论文主要采用分析比较、历史分析、案例分析等研究方法，通过系统的研究和论述，就跨国银行的法律规制对发达国家、发展中国家的主权（主要是金融主权）和金融稳定、金融安全的影响进行分析。并提出，国际社会应重视对金融主权的维护，完善法律规制，以良好的法律积极应对国际金融危机。通过研究，论文认为发展中国家，尤其是中国应完善银行的国内法律制度，积极参与国际金融事务管理，以更好地维护国家主权。论文第一章是跨国银行法律规制和国家主权的初步分析，首先对法律规制和国家主权的界定进行阐述，其次总结法律规制的主要框架，最

后论述法律规制对国家主权的可能影响。该章依次研究法律规制对发达国家主权的扩张和维护、法律规制对发达国家主权的制约、跨国银行法律规制和发达国家主权的互动等问题。第三章是跨国银行法律规制对发展中国家主权的影响,首先分析法律规制对发展中国家主权的保障和特殊保护问题,其次研究法律规制对发展中国家主权的抑制作用,最后分析跨国银行法律规制和发展中国家主权的相互作用。第四章是如何应对跨国银行法律规制对主权的挑战问题,首先提出发达国家的应对策略,其次是发展中国家的应对策略,最后是国际社会的应对之计。

关键词:跨国银行　国家主权　金融稳定

**2877**

**尼泊尔、印度水资源政治关系研究** / 芈岚著 ; 宫少朋指导. -- 外交学院, 2009. -- 281 页

论文在详尽的历史梳理的基础之上,探讨尼泊尔和印度之间的水资源政治关系。全文共六章。第一章在总体上对尼泊尔和印度的水资源政治关系进行论述。首先概述尼、印两国在社会、文化方面的密切联系以及两国关系中的相互制约因素;其次描述尼泊尔的水资源分布,包括其地形特点、主要水系和水电能源等;再次,讨论印度的水资源现状及其问题。此外还总结尼、印水资源政治关系的特点,并对两国的水资源政治关系进行历史回顾。第二章描述印度对尼泊尔水资源的垄断时期,主要介绍垄断局面形成的政治背景,以及特里布国王时期的尼、印双边关系,还讨论《科西工程协议》的签署及影响。第三章探讨尼泊尔借助外援维护自身水权的尝试。主要从马亨德拉国王执政初期的对外政策,1955—1960 年间尼、印水资源政治关系,无党派评议制的实行及对尼、印关系的影响,印度对尼泊尔及主要大国的新政策等方面来进行讨论。第四章论述尼泊尔通过多边合作开发利用水资源的情况。首先介绍尼泊尔实行水资源利用开发多边合作的政治背景,接着探讨 20 世纪 70 年代尼、印两国的水文政治,以及 70、80 年代尼泊尔接受的主要外来援助,此外还阐述尼、印关系的恶化。第五章在论述 20 世纪 90 年代初尼泊尔政局变化的背景下,主要讨论使尼、印政治关系陷入困境的《马哈卡利条约》。第六章则首先分析"后马哈卡利"时期尼泊尔的内政外交;然后进一步探讨尼、印水资源政治关系的未来走向。

关键词:国际关系　尼泊尔　印度

**2878**

**欧盟的中东民主治理研究** / 钮松著 ; 汪波指导. -- 上海外国语大学, 2009. -- 232 页

论文对欧盟的中东民主治理展开系统研究。全文共五章。第一章首先论述欧盟的国际角色:欧盟作为新的国际行为体,在新的历史时期积极参与全球治理;此外还探讨欧盟的民主治理。第二章阐述欧盟中东民主治理的逻辑过程。首先介绍欧盟中东民主治理的时代背景,接着分析欧盟中东民主治理的动力,并指出欧盟中东民主治理的动机和目标是弘扬欧洲民主观念与制度、维护欧洲及中东安全、促进与中东乃至伊斯兰地区世界和平相处。然后,探讨欧盟中东民主治理的方式,即欧盟以经济合作方式来实施中东民主治理。最后,还对欧盟民主观与国际社会核心价值观进行考察。第三章探讨欧盟中东民主治理的具体实践。包括欧盟在中东入盟国家和入盟候选国的民主治理、欧盟在马格里布国家的民主治理、欧盟在马什里克国家的民主治理、欧盟在海湾国家的民主治理、欧盟在大中东国家的民主治理等。第四章考察欧盟中东民主治理的效能。首先论述欧盟中东民主治理取得的成绩:中东国家对于民主和人权的保护有不同程度的进步、欧盟国家与本土穆斯林关系及中东国家间的关系都得到了缓和、欧盟与中东地区较大限度实现在经济与安全上的互利。其次还分析欧盟中东民主治理所面临的挑战和问题。第五章论述欧盟与美国在中东民主治理上的分歧与合作,同时也探讨欧盟在中东地区的民主治理对于世界和中国的积极意义。

关键词:中东问题　民主　欧洲国家联盟

**2879**

**冷战后日本"核武装论"研究:日本会走向核武装吗?** / 秦禾著 ; 朱锋指导. -- 北京大学, 2009. -- 153 页

论文通过对于核武装论这个影响日本核政策的案例的研究,来厘清核武装论的发展轨迹和主要特点,分析核武装论与核政策的关系,并以此小角度来对日本核政策这个大问题进行探讨。全文共五章。第一章首先阐释核武器、核政策,以及日本"核问题"的基本概念;其次对核武装与国际关系理论进行探讨。第二章首先论述日本核政策从谋求"拥核"到确立"无核三原则"的发展历程;同时也梳理日本核武装论的历史演变阶段和主要特点,此外还总结日本国内核议论的主要类别。第三章探析了后冷战时代日本"核武装论"兴起的根源。首先对日本核能力的发展

状况进行概括介绍，然后分别从核武装论的战略基础、军事基础和思想基础来进行讨论，分析认为追求政治军事崛起、增强自主防卫能力、对周边威胁的认知是推动日本核武装论发展的重要原因。第四章分析对日本核政策的制约性因素，包括制度因素——和平宪法、社会因素——反核和平主义、区域安全因素——美日同盟、国际机制因素——核扩散机制。其中，美日同盟的稳定及东亚地区安全中美国的霸权地位，是限制日本未来走向“核武装化”道路的最重要因素。这些因素使日本“核武装论”还难以实质性地走向“具体的政策层面”，日本政府核政策的巨大改变，目前来看，还依然缺乏现实的可能性。第五章是结论。论文指出，日本核武装论的实质和目标是维护国家利益方式的重新界定。而当日本维护国家利益方式重新排序的时候，日本核武装可能性就会增大。

关键词：对外政策　国际关系　日本

**2880**

**西非国家经济共同体在地区安全中的作用：以利比里亚和塞拉利昂为例** / 赛古（Sekou Conde）著 ； 金灿荣指导. -- 中国人民大学，2009. -- 204 页

论文以西非国家经济共同体两个成员利比里亚和塞拉利昂为例，运用分析论证法、问题解决法等研究方法，深入分析冷战结束后对西非的影响，同时分析并寻找避免地区冲突的途径。全文共六章。第一章通过对有争议性的问题进行分析来讨论对利比里亚的干预决策，而这个决策被很多国家认为背离西非国家经济共同体的不干涉草案。第二章论述西非国家经济共同体克服遇到的困难和挑战，并提出建议来解决维和任务中的后勤、培训、资金、交通和部队调动问题。第三章论述西非国家经济共同体的成就及其停火督察小组，尤其是带有提前预警系统的冲突管理和解决机构的建立。另外还探讨利比里亚和塞拉利昂选举中所存在的一些问题。第四、五章是个案研究。论文运用说服性的观点表明内战对利比里亚和塞拉利昂基础设施所造成的恶劣影响，以及对自然资源的掠夺和对妇女儿童的蹂躏。同时也指出其中的关键问题是经济问题，由于西非国家经济共同体不能资助国家政权的重建以及利比里亚和塞拉利昂的国家建设，因而这两个国家的重建需要联合国、国际捐助者及其他主要参与者，如美国、欧盟、中国等国家的帮助。第六章分析检验一些诸如中国“威胁”论的论题，并认为西非国家经济共同体和中国未来的关系将建立在双赢的基础上，建立在相互信任和尊重之上。最后，论文结论认为，西非国家经济共同体各成员国应从地区性组织发展成为一个联邦政府来有效解决种族、军事政变、腐败以及资源管理的混乱等问题，并进而促进地区经济的繁荣。

关键词：地区经济　经济一体化　西非

**2881**

**后冷战时期美国霸权战略的转型：以美国的朝鲜政策为案例** / 申耿焕著 ； 倪世雄指导. -- 复旦大学，2009. -- 209 页

论文从总体上叙述美国在冷战后全球霸权战略的转型及其在东亚地区的具体体现。全文共六章。第一章绪论，主要是进行文献综述，并介绍相关概念、理论基础、研究方法等。第二章主要探讨美国霸权战略的转型。在目前的国际国内形势下，美国已经不可能再延续其长期以来的权力霸权战略，即所谓硬霸权战略。美国地位下降的原因，一是美国本国经济、政治、军事实力的相对下降，即美国霸权边际效应的出现，霸权已经不能够继续形成更多的效益；二是中国、印度等国的崛起向美国提出了竞争性的挑战，霸权的伸张遭遇政治阻力，美国不能再为所欲为地行使霸权；三是美国对于霸权地位的忧虑使美国认为其实力已经下降，这些因素最终形成美国霸权战略转型的动因。在此基础上，论文提出美国的软霸权战略。第三章论述美国软霸权战略的经济支点。目前，中国、印度的高速经济增长已经成为美国的心病和隐忧。因此美国在继续保持经济优势的同时，也试图扩大这一优势地位的差距，如利用美元优势地位和国际组织的主导地位向其他国家输出通货膨胀、失业等风险，转嫁不利因素的影响。第四章论述美国软霸权战略的军事支撑。军事是实力的直接体现，也是霸权的最直白表达。在这方面，美国一直处于绝对优势地位。第五章论述美国软霸权战略的政治手段。政治手段是软霸权战略的最合适表达，美国在东北亚地区试图将中国拉拢进其规划好的国际政治构图，让中国成为顺从的对手，甚至是追随者。第六章以美国的朝鲜半岛政策为案例分析，阐述朝鲜半岛国家与美国东北亚战略的互动过程，并进一步明确美国新霸权战略的三大支点体系。

关键词：外交战略　霸权主义　美国

2882

**海权的国际政治运用与中美海权关系** / 师小芹著 ; 朱锋指导. -- 北京大学, 2009. -- 251 页

论文探讨海权的国际政治运用,并在此基础上,对中美海权关系进行研究。首先,论文从海权理论演变的角度切入,系统梳理以英、美为代表和以法、德、苏联为代表的两个海权理论流派,提出国家运用海权的方式主要体现在其如何认知海权的三个核心主题:一是海权观,即国家如何看待海权对国家命运的意义。二是海军的任务,即对决战、封锁和保护交通线三大任务的排序,这体现了一个国家运用海军实现政治目标的方式。三是舰队结构,它既是国家海权战略的物质载体,其相对稳定性又在一定时期内影响国家战略目标的选择和海军运用方式的调整。其次,通过分析中国海军的发展与政策宣示论述海权在现代中国的演变,指出作为陆海复合国家的中国的海权具有陆权国海权的特征,但是独特的地理条件、历史进程使得中国的海权变得更为复杂。再次,对中美海权关系进行评估。一是通过对美国海权观是强调霸权还是强调均势和美中航海自由原则与主权原则之争的分析,认为美国还是有可能在一定限度内容忍中国获得地区海权优势。二是通过对美国海军战略的两大支柱:濒海作战和前沿存在进行分析,并结合美国对中国"近海防御"战略和力量的评估,判断在可预见的未来中美交锋的主要舞台不是在大洋上,而是集中在东亚濒海。三是通过对美国几个海上安全合作倡议的内容及其背后的政治理念进行分析,同时从中国的角度评估这些合作倡议所提供的机遇和风险,认为中美海上合作已经拥有初步的认知基础,但在具体政策和操作层面仍面临很大挑战和障碍。最后,论文做了展望,中美海权的相遇在可预见的未来难以演变成大国战争,相反,中美之间可以在保持微妙的地区平衡的同时,在合作维护全球海上安全方面取得进展。

关键词:制海权　国际政治　中美关系

2883

**英美国际关系学的知识关系演变及其逻辑:基于国际关系学科史的比较研究** / 石贤泽著 ; 陈岳指导. -- 中国人民大学, 2009. -- 259 页

论文运用理论研究法、历史分析法和定性研究等研究方法,试图去探究作为国际关系学的知识中心英美国际关系学之间的知识关系的历史演变过程以及这一演变背后的动力因素。通过对一战以来的英美国际关系学各自内部知识状况的演变过程的历史叙述,发现英美国际关系学的知识关系的历史演变的特点与规律。论文第一章是英美国际关系学在知识领域的历史展开,首先回顾二战之前英美国际关系学的历史展开,其次对二战后英美国际关系学的历史进行回顾,章末是二战后美国国际关系学的"理论家族"的历史展开。第二章是英美国际关系学在知识关系层次上的历史演进问题,首先对英美知识构成模式的历史演变进行回顾与梳理,并对英美知识格局结构的历史演变做了总结。第三章是英美国际关系学在关系演变层次上的历史阐释,包括社会科学发展的三种阐释模式、知识合流——知识分流——知识对话的综合阐释以及英美知识共治——美国知识霸权——英美知识复合相互依赖的综合阐释。第四章是国际关系学在英美知识比较层面下的学科反思,分别论述以下问题:国际关系学是国际的学科还是国家的学科、国际关系学与社会学科、国家实力霸权与国家知识霸权、国家知识霸权与范式知识霸权、大争论与国际关系学科史的自我意象构建、国际关系学进步还是倒退等。

关键词:国际关系学　学科发展　学科学

2884

**国际关系中的荣誉因素** / 苏平著 ; 李少军指导. -- 中国社会科学院, 2009. -- 116 页

论文对国际关系理论中的荣誉因素进行系统研究。全文共六章。第一章在追溯荣誉概念的产生与形成的基础上,对荣誉概念进行界定,并分析荣誉的种种特征。第二章探讨荣誉与权力的关系。荣誉有助于获得和保持权力,然而荣誉一旦内化为文化价值系统的一部分时,就会变成制约权力的重要力量。第三章探讨荣誉与战争的关系。荣誉不仅是战争的动员口号,它还影响战争的每一个环节,从战争的动机、动员到战争的进行、结束,荣誉是很多大规模战争的罪魁祸首。第四章比较国际社会的荣誉和国家的荣誉。国际社会将荣誉给予为和平事业做出贡献的团体和个人,而国家却将大部分荣誉授予战争英雄。第五章论述荣誉理论的构成要素,并提出荣誉影响对外政策的模型:一是精英和民众都具有强烈的荣誉感,对外政策往往比较强硬,缺乏妥协的余地;二是精英具有强烈的荣誉感,民众不具备,对外政策的强硬或妥协,取决于对民众动员的效果;三是精英和民众都不具有强烈的荣誉感,对外政策往往比较软弱;四是民众具备强烈的荣誉感,然而精英不具备,那么民众

会对精英施加政治压力，迫使精英改变政策。第六章是对荣誉模型的案例分析。分别列举伊拉克战争、北京奥运会、韩国牛肉风波等事件，并参照荣誉模型探讨其中所涉及的荣誉因素。

关键词：国际关系理论　荣誉　战争　冲突

**2885**

**安全化与国家对国际合作形式的选择：以美国在艾滋病问题上的对外政策为例（1999—2008）**／汤蓓著；朱明权指导. -- 复旦大学，2009. -- 188 页

论文通过区分不同类型的安全化过程，构建一个简单的分析框架，并以此分析美国自 1999 年到 2008 年在全球艾滋病问题上对国际合作形式的选择问题。全文共五章。第一章首先论述国际合作的两种形式：双边主义和多边主义，并探讨两者的特征及相互关系；其次阐释安全化的含义，并把安全划分为了国家安全和国际安全两个层次；在此基础上，根据安全化的政策要求，讨论国际合作形式的选择。第二章主要论述艾滋病问题及其与安全议程的关联，同时阐述对艾滋病问题的初步应对和国际合作的必要性。第三章论述美国从 1999 年至 2001 年期间把艾滋病定位为一个国际安全问题，即认为艾滋病在发展中国家的流行可能破坏主权国家的能力与稳定，从而导致地区、乃至全球国际体系的动荡。据此，美国在国际合作形式上选择多边主义的形式，意图唤起各国对共同命运的关注，并采取集体行动应对威胁。第四章论述美国在“9.11”后，将“反恐”视作头等大事，并重新定位艾滋病问题，在此背景下，应对艾滋病流行对美国而言不仅有助于消灭滋生恐怖主义的基本条件，而且有助于改善国际形象。因而它被定位为一个关系到美国国家安全的问题。由于安全化的逻辑发生改变，美国调整对外合作政策，以双边合作的形式，在美国挑选的地方、按照美国偏好的形式，应对艾滋病流行，并降低对多边合作的承诺。第五章探讨美国国际合作的政策后果。美国在应对艾滋病流行上取得一定的成效，并赢得许多国家及其人民的好感。但在此过程中，其政策也不可避免地受到国内特殊利益集团的影响。尽管美国政府做出一些调整，但政策本质并没有改变。可以说，美国通过双边合作的形式，只是部分地实现国家安全的目标，从长远看，要真正解决艾滋病流行问题，还必须对现有政策进行调整。

关键词：美国对外政策　获得性免疫缺陷综合征　国家安全

**2886**

**动态的资源关系**／王海滨著；李彬指导. -- 清华大学，2009. -- 130 页

论文从具体的资源关系事件出发，探讨动态的资源关系问题。全文共六章。第一章导言，主要进行文献回顾，并介绍理论框架、变量关系、核心概念、研究方法等。第二章论述一战之后美国和英国在伊拉克的资源合作。从英国控制伊拉克石油业到美国不断努力进入伊拉克石油业，再到英国接受美国公司进入。这一进程的结果最终使美英两国在伊拉克实现石油合作，并且改善两国的石油资源困境。这是一个资源合作造就非零和的资源结果的例子。第三章论述达尔富尔的土地资源冲突。冲突各方对土地资源有强烈意愿，并且还受政府鼓励，因此加剧了各方资源困境。这是一个资源对抗造成零和的资源后果的例子。第四章论述萨尔瓦多和洪都拉斯之间的“足球战争”及其之后的资源关系现象。这个案例比较完整地证实动态资源关系理论。第五章对一些重大资源关系事件进行考察。首先分析三次石油短缺中西方国家间的石油关系；然后分析法国和德国的煤炭关系，从法德两国为煤炭发生激烈冲突到二战后法德开始煤炭合作，展示不同的资源关系观对不同时期法德煤炭关系的影响；另外还分析 20 世纪日本与中国、东南亚的资源关系，包括两个阶段：即 20 世纪上半期日本与中国、东南亚的资源战争，以及二战后日本与中国、东南亚的资源关系，并由此看出日本资源关系观的变化对其资源结果的影响。最后，论文得出结论，按照动态资源关系理论，即使资源出现严重短缺，人们如果应对得当，仍然可以争取到很好的资源结果。

关键词：国际关系　自然资源　资源开发

**2887**

**9.11 后美国边界安全政策变化研究**／王吉美著；熊志勇指导. -- 外交学院，2009. -- 155 页

论文针对“9.11 事件”后美国边界安全政策变化展开系统全面的研究。全文共五章。第一章首先探讨边界的基本概念；然后对美国边界的基本信息和特点进行概述。第二章介绍“9.11”后美国边界安全政策变化的背景。首先探讨了“9.11”后美国人国土安全意识的变化，其次分析“9.11”后美国人对恐怖主义威胁认识的提升，最后还讨论了“9.11”后美国人边界安全认知的变化。第三章首先指出“9.11”后美国边界安全政策变化的双重目标：一是将外部威胁档在美

国本土之外,二是促进合法的跨界流动;然后又对实现双重目标所要面临的挑战进行具体分析。第四章主要论述“9.11”后美国边界安全政策变化的表现。首先美国政府对边界安全政策进行调整,在国土安全部的组织框架内,美国的主要边界安全机构实现历史上的第一次整合。其次陆、海、空边界安全政策措施也发生深刻、细致的变化与调整。在美国的官方出入境口岸,美国边界安全机构加强对入境人员和货物的安全检查;在出入境口岸之间的边界地区,美国边界安全机构加强对各类非法跨界人员流动和非法走私活动的预防和打击力度。此外,签证政策作为将恐怖分子挡在美国本土之外的第一道防线,也在反恐和保卫国家安全的政策导向下日益严密。第五章主要分析“9.11”后美国边界安全政策变化的特点,包括将保卫边界安全的行动推进到其他主权国家的领土上;利用先进技术构建保卫边界安全的信息网络;集中边界安全保卫资源于重点目标,等等。

关键词:美国对外政策　国家安全　反恐怖活动

**2888**

**朝核问题和中国角色:多元背景下的共同管理** / 王俊生著 ; 蔡武,庞中英指导. -- 中国人民大学, 2009. -- 259页

论文主要采用层次分析法、比较分析法、文献分析法、个案分析法、历史分析法等研究方法,通过对中国对第二次朝核问题管理的分析,来论证对该地区新出现的热点问题的管理模式,从而进一步探讨这种管理模式的合理性以及推广的前景。全文共六章。第一章首先从历史上朝核问题的发展演变入手,总结过去曾经存在的几种管理模式;然后分析中国介入朝核问题的特点。在此基础上,引入理论框架“共同管理”,并从共同管理的前提、内涵、条件、途径四个方面对其概念进行界定。第二章首先分析中国在第二次朝核问题上角色的多元背景,其次探讨中国角色在朝核问题上的动因。第三章对六方会谈机制和共同管理进行分析。首先介绍从三方会谈到前三轮六方会谈的基本情况;其次论述艰难的第四轮六方会谈,以及《9·19共同声明》的出台;最后论述朝核试验及《2·13共同文件》的出台。第四章首先分析朝鲜发展核武器的动因;其次讨论中国与当事国朝鲜的协调与管理;此外还探讨中国与美国的协调与管理。第五章则首先探讨中国与韩国的协调与管理,再接着分析中国与日本的协调与管理,最后还讨论中国与俄罗斯的协调与管理。第六章首先分析多元背景的特点,然后探析中国走向共同管理模式问题,最后对在朝核问题上的中国角色进行总结与反思。

关键词:朝鲜　核武器问题　中外关系

**2889**

**布什反恐话语分析** / 王磊著 ; 熊志勇指导. -- 外交学院, 2009. -- 187页

论文以布什论述反恐战争的外交话语为例,分析美国外交话语中存在的主要话语规范,探寻建构话语规范的社会文化价值观念及现实因素,讨论特定话语规范对美国民众外交偏好的建构。全文共六章。第一章首先介绍话语分析方法基于语言学、哲学以及国际关系理论之语言学转向的理论基础;然后建立分析美国外交话语的理论框架。第二章首先论述美国外交话语的基督教规范主要包括:美国是“上帝的选民”、美国的行动是“上帝的意旨”、美国的使命是铲除“邪恶”;其次分析基督教信仰是美国人的主流信仰;再次讨论布什反恐话语中的基督教规范;最后探索布什反恐话语基督教规范的具体应用。第三章首先论述美国外交话语的民主规范,主要包括:美国是“民主的楷模”、美国对外干涉是为了“推广民主”、美国的敌人“不民主”;其次分析美国社会文化价值观念中的民主观念;再次讨论布什反恐话语中的民主规范;最后探索布什反恐话语民主规范的具体应用。第四章首先论述美国外交话语的保守规范;接着分析美国社会文化价值观念中的保守观念;然后讨论布什反恐话语中的保守规范;最后探索布什反恐话语保守规范的具体应用。第五章阐述布什的反恐话语使用多种语用策略,并且不惜歪曲事实。第六章探讨布什政府还以多种手段操纵媒体,而美国媒体出于对布什反恐话语的价值认同以及对利益的追求,也主动配合布什反恐话语的社会运作,不惜发表不实报道。美国媒体的这种报道,印证反恐话语的规范及主要论述。

关键词:美国对外政策　布什　反恐怖活动

**2890**

**地方因素对美国外交的影响:以中美关系为重点的考察** / 王勇著 ; 熊志勇指导. -- 外交学院, 2009. -- 188页

论文采用案例分析法、比较研究法、定性分析法等研究方法,对美国地方势力参与对外事务的问题进行研究,并分析地方参与外交对中美关系产生的影

响。论文第一章是地方政府对美国外交的参与，该章首先回顾地方政府参与对外事务的根源，其次对地方参与外交的合法性、轨迹与领域、禁止或支持的理由进行分析。第二章是地方势力对美国外交的影响，首先从经济视角分析地方势力对美国外交的影响，其次从政治视角分析地方势力影响美国外交的政治原理，最后从社会视角分析地方势力对美国外交的潜在影响。章末是地方势力同盟与美国外交政策的变迁。第三章是美国地方政府对中美关系的参与，首先分析地方政府参与中美关系的动因，其次是地方政府参与中美关系的经济领域、文化领域、政治和社会领域等各方面的情况。章末是通过案例阐述地区法院对中美关系的特殊参与分析。第四章是美国地方势力对中美关系的影响，首先从经济领域考察地方势力对中美关系的影响，包括洛基山区的白银集团与中国的经济危机和中西部农业与中国的最惠国待遇等案例。其次从政治领域考察地方势力对中美关系的影响，最后是从社会领域出发考察地方势力对中美关系的影响。第五章为结论，包括基本结论和对美国地方因素的思考。

关键词：美国对外政策　地方政府　中美关系

**2891**

**印度与南非关系研究** / 徐国庆著 ; 杨立华指导. -- 中国社会科学院, 2009. -- 130 页

论文主要通过对印度独立以来与南非关系的论述，关注印度与非洲的关系，并在此基础上，探讨印度与南非等新兴国家之间的合作。全文共四部分。第一部分主要论述印度独立前后至种族隔离制度结束前，出于国家利益与国家安全等因素的考虑，印度对南非白人政权的抵制情况。首先论述印度在支持非洲"非暴力"解放斗争的政策下，在关注印度裔人权益及非洲人利益优先原则的指导下，印度与白人南非之间展开的斗争；其次论述在20世纪60年代后，国际国内局势的变化，印南矛盾日益尖锐，印度恢复和扩大了对反对种族隔离斗争的支持。第二部分主要论述1994年至今，印度与新南非双边关系的恢复和深入情况。首先论述印度与新南非战略合作关系建立的过程；然后论述印南两国采取一系列措施，如推动双边经济、文化技术和防务合作的发展。印南日益密切的双边合作是适应印度战略需要和推动南南合作的重要体现。第三部分主要论述印度与新南非在国际领域合作的相关内容。首先论述印度与南非对非洲政策的调整，及两国在非洲的合作情况；其次论述印度与南非在不结盟运动、环印度洋地区合作联盟、印度—巴西—南非对话论坛等南南合作框架下的合作情况；再次认为作为发展中大国，印度与南非在世界贸易组织、联合国中的合作，一方面是印度致力于南南合作的体现，另一方面是扩大影响力，追求大国地位的表现。最后，第四部分是结论，即对印度与南非的合作关系进行总结。

关键词：国际关系　印度　南非

**2892**

**规范多边主义的生成：欧盟外交研究** / 徐龙第著 ; 李少军指导. -- 中国社会科学院, 2009. -- 201 页

论文从多边主义的视角出发，遵循现象观察、理论解释与案例研究的一般社会科学理论研究路径，探讨欧盟的对外关系问题。首先，通过对欧洲历史的考察，发现在相当长的历史时期内，多边主义是被作为一种政策工具而被加以利用的，但随着二战后欧洲联合与一体化进程的发展，多边主义逐渐由之前的政策工具转变为一种价值理念与规范，发生质的变化或转型。其次，通过借鉴国际规范形成与变迁的理论，论文认为促使欧盟规范多边主义得以生成的内在机制包括两个方面：欧盟的领袖群体"倡导者"与欧盟的制度网络。第三，按照战后欧洲联合的不同发展阶段，择取一些具有代表性的政治领袖，阐述他们对欧洲联合与一体化的认知，着重强调他们在欧洲联合与对外关系中的"倡导"和推动作用，即通过提出倡议、进行说服以及躬身亲为等方式来推动多边主义规范的发展、转型与生成。第四，先把欧盟的制度网络分为两部分：由各种组织机构组成的制度网络，以及由各种条约、法律组成的法律制度网络；然后着重阐述欧盟组织机构与法律、条约体系的创设、性质、功能及其发展演变等，突出强调它们对多边主义规范的形成所起的促进作用和保障作用。第五，选取洛美协定和亚欧会议为案例，通过对洛美协定和亚欧会议的个案研究来具体说明规范倡导者机制和制度网络机制在欧盟对外行为中的作用和表现，并以此作为对前述理论部分的一种验证。

关键词：国际关系　对外政策　欧洲国家联盟

**2893**

**"第三方外交"理论与实践：伊朗外交研究** / 杨明星著 ; 赵伟明指导. -- 上海外国语大学, 2009. -- 194 页

论文运用案例分析法、历史分析法和比较研究的方法，对伊朗外交中“第三方外交”的理论与实践做了详细研究。论文第一章是导言，第二章是伊朗“第三方外交”的理论考察，首先是“第三方外交”理论的思想内涵、发展历程及“第三方外交”理论产生的历史根源和现实动因，并论述伊朗开展“第三方外交”的资源、开展“第三方外交”的策略和手段以及“第三方外交”的特殊等问题。第三章是历史案例分析，对二战中伊朗“第三方外交”进行研究。首先论述伊朗开展“第三方外交”的国内外政治环境，其次是礼萨王的“第三方外交”情节和早起成功实践，并阐述具体的策略。第四章是现实案例分析，对核危机中的伊朗“第三方外交”进行研究。首先介绍对伊朗核危机的起源，其次对伊朗开展“第三方外交”的地缘政治环境和现实动因、伊朗“第三方外交”的策略、效能评估等问题进行研究，并比较近当代伊朗两个“第三方外交”案例。第五章是“第三方外交”理论价值和普遍意义。在考察西方传统均势理论的模型、传统手段与方法等基本概念后，分析“第三方外交”与西方传统军事外交的联系与区别、“第三方外交”的理论价值及在均势理论中的地位、“第三方外交”的普遍意义等问题。

关键词：对外政策　国际关系　伊朗

**2894**

**冷战后美国的南亚政策** / 杨永斌著 ；蔡武，金灿荣指导. -- 中国人民大学，2009. -- 282 页

论文以冷战后为时间起点，通过实证分析和横向纵向比较等方法，系统地梳理冷战后美国南亚政策的发展变化趋势，并对其进行全面而详尽的论析。全文共七章。第一章主要论述南亚在美国全球战略中的角色定位，以及影响美国南亚政策的国际、国内、南亚地区等因素，从动态影响因素的角度阐述美国制定南亚政策的动因。第二章论述冷战后美国在南亚的地缘、意识形态、经济和安全四个方面战略利益，从相对稳定影响因素的角度阐述美国制定南亚政策的根本原因。第三章从分析冷战末期的国际、美国国内、南亚地区形势入手，提出老布什时期，美国南亚政策是从冷战时期的“美巴对苏印”发展到冷战末期总体上“忽视”南亚，再到冷战后初期进行“升印抑巴”的政策微调。第四章分析认为克林顿执政初期并未有明确的南亚政策，在经过一年多外交实践和摸索后才提出“印巴平衡”的南亚政策。而在经过 1998 年印巴核试验、1999 年巴基斯坦军事政变后，克林顿政府将南亚政策正式调整为“重印轻巴”。第五章分析认为“9・11事件”使巴基斯坦作用凸显，小布什政府开始实行“重印顾巴”的南亚政策，不过在小布什的第二任期，美国把印度定位为全球战略伙伴，巴基斯坦则只是南亚地区的反恐盟友，“重印顾巴”政策实际上并不在一个层次上。第六章论述奥巴马执政后，美国的南亚政策还处于不断调整之中，但在反恐问题上，提出“阿富汗和巴基斯坦新战略”和“打击基地组织新战略”。第七章分析在“9・11 事件”后，美国开始不断深化与阿富汗、孟加拉国、斯里兰卡等南亚国家的关系，使美国南亚政策呈现出以印巴政策为主线、以反恐为重点、不断深化与南亚各有关国家关系的全面南亚政策的发展趋势。最后，论文集中扼要地概述冷战后美国南亚政策不同时期的阶段性变化，并从中得出具有一定哲理性的辩证思考。

关键词：美国对外政策　国家战略　南亚

**2895**

**论和平解决国际争端** / 游文玫著 ；陈乔之，曹云华指导. -- 暨南大学，2009. -- 207 页

论文从归纳国际争端的历史案例出发，依循以政治途径为主，以法律途径为辅的研究设计，试图丰富和平解决国际争端的具体研究，除归纳出既有和平争端解决模式外，进而建构和平解决国际争端的区域国际机制与全球国际机制。全文共四章。第一章首先对国际争端的概念进行清晰的界定；其次分析国际争端的成因；最后则是归纳总结出国际争端的类型。第二章论述和平解决国际争端的相关问题。首先梳理和平解决国际争端的思想演进，接着分析非和平解决国际争端所付出的代价与教训；在此基础上，论述和平解决国际争端是建构和谐世界的应有之义。此外，还根据国际和国内两方面因素探讨和平解决国际争端的可能性，同时也讨论领导人决策模式提供和平解决国际争端的可能性。第三章首先探讨和平解决国际争端的机制与途径；然后分析和平解决国际争端的机制失灵现象；最后归纳出中国的和谐世界观是和平解决国际争端的核心价值、失灵的制裁行为已非解决国际争端的良策、小国间的零和冲突是和平解决国际争端的难题、大国向小国展现解决争端的诚意是开启和平之钥、大国的介入协调是促进小国和平解决争端的催化剂与和平解决国际争端是国家利益理性算计的结果六大启示，呈现出和平解决国际争端研究的精髓。第四章则引进财经管理上的理论“蓝海策略”思

维,探讨建构和平解决区域性国际争端和全球性国际争端的策略思维。

关键词:国际争端　国际关系　国际法

**2896**

**从"保障安全"到"提升地位":对二战后澳大利亚追随美国的政策的分析** / 岳小颖著 ; 朱明权指导. -- 复旦大学, 2009. -- 168 页

论文通过对朝鲜战争、越南战争和 2003 年伊拉克战争的考察,发掘澳大利亚参战的决策和战争中的表现,对澳大利亚对美追随政策的特点做出分析和归纳。全文共四章。第一章对所采用的理论工具和澳美同盟的发展历程进行分析与概括。首先分析"追随"理论,对"追随"的概念做出界定,并对"追随强国"的原因、采取"追随强国"的政策的国家类型和"追随"的方式做出归纳与评述。同时对澳美同盟的发展演变做出概括性的介绍。第二章主要围绕朝鲜战争展开。澳大利亚追随美国出兵朝鲜,主要为"保障安全",借参战以争取《澳新美条约》的签订。1951 年 9 月,《澳新美条约》的签订标志着澳美同盟关系的正式形成。从此,澳大利亚可以依赖美国提供的军事保护和武器装备保证国家安全。第三章主要针对越南战争展开。澳大利亚由于西伊里安问题和马来亚联邦问题与印尼关系紧张,面对可能到来的冲突,为换取美国的军事支援,参加了越南战争。澳大利亚追随美国深陷越战,"尼克松主义"提出后,澳大利亚政府调整对美政策以适应新的现实。第四章主要以 2003 年伊拉克战争为研究对象。随着国力的增强,澳大利亚希望提升国际地位,争取在国际事务中发挥重要作用。澳大利亚借伊拉克战争拉近与美国的关系,从地区性盟友转变为美国全球战略伙伴,提升与其他国家打交道的自信。

关键词:美国对外政策　国际关系史　澳大利亚

**2897**

**东亚和平的终结:面向未来的大国预期制衡,1871—1886** / 张安著 ; 王逸舟指导. -- 中国社会科学院, 2009. -- 106 页

论文研究了 1871—1886 年的东亚国际政治史,重点考察那一时期东亚国际体系的结构变化及其未来发展趋势如何影响中、日两国在不同阶段针对朝鲜王国的国际政治地位和外交政策变化而展开的对外战略互动,以及由此所产生的国际结果。全文共六章。第一章导论,主要介绍文章的缘起以及体系目标、对外战略与国际结果、研究方法与文章结构等。第二章从古典现实主义、结构现实主义、新古典现实主义、现实主义理论发展的一个重要缺陷、大国在国际体系中界定国家利益几方面分析国际体系中的国家利益。第三章提出一个动态的结构现实主义理论:预期制衡理论。该理论突出强调大国在国际政治互动博弈过程中所面临的国际体系特征,特别是国家决策者对国际权力结构未来变化趋势的预期如何影响它们针对重要小国对外政策的制定、实施、互动和调整。第四章探讨东亚两级体系的开端。1871 年,当中国承认日本在东亚的大国地位并与之建立正式的外交关系后,以中国为唯一领导大国的东亚朝贡体系便逐步进入一个由中国和日本两个大国构成的两级竞争体系。第五章则论述 1879 年至 1884 年中国以多级均势求和平的东亚战略,主要讨论琉球王国的覆灭、朝鲜王国的对外开放以及壬午事变和甲申之乱等。第六章论述中国和日本在对东亚地区的稀缺性资源进行重新分配的过程中,始终面临俄罗斯的潜在威胁,并提出如果东亚出现一个由中、日、俄构成的最危险的三级权力结构,这不仅将严重威胁到中国的国家安全,而且也不利于日本以后在东亚实施其侵略扩张战略。

关键词:国际关系史　国际政治　东亚

**2898**

**"欧盟邻国政策"的缘起与发展:目标与效果分析** / 张学昆著 ; 许振洲指导. -- 北京大学, 2009. -- 164 页

论文采用欧洲一体化和路径依赖的研究视角,运用归纳、比较动态分析、案例研究、定量分析与定性分析相结合等具体研究方法,力争在经验事实的基础上对欧盟邻国政策的缘起、发展、目标、效果等进行实证研究。全文共七章。第一章着重论述欧盟扩大的边界和早期欧盟对邻区的政策,为接下来的论述提供背景和奠定基础。第二章分析欧盟邻国政策的缘起、形成及性质。第三章基于路径依赖的视角,分析欧盟邻国政策与扩大政策之间的连续性和变化。第四章从地缘政治出发,分析欧盟邻国政策的安全维度,认为欧盟邻国政策是欧盟共同外交与安全政策的地区实践。第五章分析欧盟邻国政策的经济维度,并指出促进邻区的经济发展、避免在欧洲划出新的经济分界线是欧盟邻国政策的一项基本目标。第六章以乌克兰为案例对欧盟邻国政策的缘起、发展、效用进行分析和检验。2004 年欧盟的扩大使乌克兰成为欧盟最重

要的东部邻国,欧盟邻国政策最初就是为处理欧盟与乌克兰的关系而构想的。第七章主要是对欧盟邻国政策的效用进行初评,并分析欧盟邻国政策的内在弱点。最后,论文得出结论:欧盟邻国政策是一项地区稳定政策;构建中心—半边缘—边缘的地区结构是欧盟邻国政策背后的逻辑;欧盟想通过欧盟邻国政策在更广泛的欧洲传播自身的价值观和规范;欧盟邻国政策的合作性目标和转型性目标之间存在内在紧张;欧盟邻国政策的制定和实施对界定欧盟边界的范围和性质有重要的意义。

关键词:对外政策　国际关系　欧洲国家联盟

**2899**

**日本外交决策的行政机制研究** / 张勇著 ; 高洪指导. -- 中国社会科学院, 2009. -- 118 页

论文从国际关系理论与外交决策分析相结合的角度,对影响日本外交决策的因素进行研究分析。全文共五章。第一章论述外交决策理论及日本外交决策。首先对作为政治学概念的决策进行系统梳理,并在此基础上提出分析日本外交决策的若干模式。第二章探讨日本首相官邸与外交政策关系。首先分析首相官邸的内部机制,接着具体讨论小泉执政时期的“首相官邸主导”模式和安倍执政时期的“国安会”构想。第三章探讨日本外务省与外交政策关系。首先分析外务省的主要决策行为体,然后分析外务省的决策模式,最后讨论外务省与首相官邸的关系:二者呈现出既竞争又合作的复杂关系。第四章为实证研究,以小泉首度访朝的决策过程作为案例来分析。主要从交涉者及交涉过程、美政权内部的质疑、首相官邸及外务省内的争议、小泉访朝决策的特点等方面来论述。第五章则针对《伊拉克特别措施法》与派遣自卫队为对象展开实证研究。首先讨论应对伊拉克战争的外交决策,其次论述《伊拉克特别措施法》的立法过程,并探讨派遣自卫队的政治过程,此外还对《伊拉克特别措施法》与派遣自卫队进行评价。最后是论文结论部分,主要总结转型期日本外交决策行政机制的属性与特征。

关键词:行政管理　管理决策　日本

**2900**

**欧洲议会在欧洲联盟条约框架下的扩权实践** / 赵丽著 ; 宋新宁指导. -- 中国人民大学, 2009. -- 139 页

论文采用比较分析法、定性研究法、案例研究法和历史分析法,选择欧洲议会作为研究对象,借助理性历史制度主义理论作为分析工具,以欧洲议会立法权力和预算权力的扩张过程为主要讨论对象,对欧洲议会的权力扩张过程和机制进行比较深入的探讨,从而深化现有的研究。论文第一章是导论,包括研究问题及意义、文献综述、研究内容与基本框架。第二章是制度主义视角下的欧洲联盟研究,首先介绍新制度主义政治学的兴起与分类,其次论述新制度主义在欧洲联盟制度研究中的运用,章末是论文的理论框架和假设。第三章是欧洲议会扩权路径的历史轨迹,首先总结欧洲议会扩权的历史动力,概述欧洲议会扩权的内部结构,最后是欧洲议会扩权的外部环境。第四章是欧洲议会单方面解释路径,通过对自主型扩权的内涵和发展阶段、自主型扩权在立法领域的实践、自主型扩权在预算领域的实践等三个方面的论述,解释欧洲议会单方面扩权路径。第五章是依附型扩权,及共同解释和第三方解释路径,首先介绍依附型扩权路径的内涵,其次论述双赢性依附型扩权在立法领域的实践、双赢性依附型扩权在预算领域的实践,以及单赢性依附型扩权实践。第六章是结语,首先对比三种扩权路径的比较,其次分析非正式制度的影响、非正式制度建立的原因,最后是欧洲议会扩权的常规策略。

关键词:议会　欧洲国家联盟　权利

**2901**

**菲律宾对东盟政策研究** / 郑蔚康著 ; 曹云华指导. -- 暨南大学, 2009. -- 111 页

论文考察菲律宾对东盟政策的演进过程以及影响菲律宾对东盟政策的各种因素,全面分析菲律宾与东盟和东盟国家在政治、经济、安全等方面的合作。全文包括绪论、正文三章和结语。绪论主要介绍研究的意义和目的、研究现状、研究内容及结构安排等,并对相关核心概念进行阐述。正文第一章全面梳理菲律宾对东盟政策的历史演进。受国际大环境、东南亚地区环境和菲律宾本国政治经济环境的影响,菲律宾对东盟政策的形成和发展是一个渐变的过程,主要经历从菲律宾独立到东盟成立之前、从东盟成立到冷战后期、从冷战结束前后到“9.11”事件前以及“9.11”事件后四个历史时期。第二章探讨菲律宾与东盟及东盟国家的合作。首先分析菲律宾与东盟及东盟国家的政治合作,其次分析菲律宾与东盟及东盟国家的经济合作,再次分析菲律宾与东盟及东盟国家的安全合作。第三章探讨菲律宾对东盟政策中的大国因素。

在影响菲律宾对东盟政策的美国、中国、日本三大国因素中,美国是最具影响力的大国,不过中国的影响力正在日益增强,而日本的影响力从单纯的经济方面转向政治和安全等方面,而且东盟是“大国平衡战略”中的重要一方。

关键词:国际关系　菲律宾　东南亚国家联盟

**2902**

**东盟决策模式及其相关因素研究** / 周玉渊著 ; 曹云华指导. -- 暨南大学, 2009. -- 183 页

论文采取案例研究法、定性研究法和历史研究等方法,从东盟的决策机制变迁的角度来回答东盟的相关性是否会消失这一问题,对地区组织的决策系统进行深入研究,考察地区决策系统对认识地区组织发展的内在逻辑、决策理性和决策者偏好。论文第一章是地区组织集体决策的政治学,主要包括地区主义与地区组织、地区组织决策系统的层次性、地区组织与国内政治、地区组织与地区非政府行为体等问题。第二章以东盟决策机制的历史变迁为例,分析从经营互动到系统决策问题。第三章是大国政治与东盟决策,对东亚格局的新变化做了阐述,分析外部环境在东盟决策中的作用,并从东盟的外交决策协调案例出发论述国家利益与规范认同问题。第四章是国内政治与东盟决策,对民主化与地区主义、议会与东盟选举、利益集团与东盟决策三个问题进行研究。第五章是地区非政府行为体与东盟决策,首先分析地区非政府行为体与第三轨道外交,分析地区非政府行为体在东盟决策上的参与,并讨论人民的东盟是否是虚幻的共同体。第六章是东盟的决策系统与相关性,分别论述东盟的决策系统与理想和东盟决策机制与东盟的相关性两大问题。最后为结论,主要包括研究的理论启示和对中国发展地区组织外交的政策启示。

关键词:东南亚国家联盟　区域性组织　决策

# 外交学

**2903**

**论“交织型”安全** / 姜维清著 ; 叶自成指导. -- 北京大学, 2009. -- 117 页

论文探讨“交织型”安全的内涵,对“交织型”安全的产生缘由、构成方式、内在特征和外在表征进行论述,以信息安全和核安全为研究案例,证明“交织型”安全类型存在的真实性。全文共分为五部分。导论部分提出论文研究的问题、文献综述、“交织型”安全研究内涵、论文的研究意义和论文的基本结构。第一章,对“交织型”安全的产生缘由进行阐述。提出冷战期间,西方集团在军事手段无法达成国家安全目标的情况下,采用大量的非军事手段对苏联集团进行分化、瓦解及和平演变,这就是“交织型”安全的雏形。对“交织型”安全威胁手段的构成方式进行分析,归纳出国家行为体与非传统安全手段的结合、国家安全体以非国家行为体的面目出现并与非传统安全手段结合等五种方式。第二章,对安全问题的因素进行分析,从威胁行为体、安全主体、威胁方式、威胁领域、应对手段、安全机构等角度对传统安全因素与非传统安全因素进行分类划分,并以此为工具,总结出“交织型”安全的三个内在特征:交织性、互动性、变质性,以“交织型”安全的内在特性为依据,分析和归纳出“交织型”安全的四个外在表征:行为体似是而非、过程精心策划、形式变化多端、目的间接体现。第三章选取信息安全和核安全两个问题进行案例研究,认为信息安全兼有传统安全问题和非传统安全问题,而两类问题之间有关联性,因而符合“交织型”安全的界定标准,是“交织型”安全问题;按同样方式证明核安全也符合“交织型”安全界定标准,是“交织型”安全问题;在此基础上,揭示信息安全的中心由非传统安全领域向传统安全领域转移、核安全的重心由传统安全领域向非传统安全领域转移的现象。

关键词:国家安全　国际关系　国家战略

**2904**

**国际非政府组织对中国的影响** / 金彪著 ; 李宝俊指导. -- 中国人民大学, 2009. -- 146 页

论文的研究对象为国际非政府组织对中国的影响。全文共分为四章。导论部分主要介绍选题的背景和意义,综述国内外研究状况,并说明当前对这一问题研究的缺陷和不足,说明论文的主要研究方法。第一章概述非政府组织的发展状况,界定非政府组织的概念,分析非政府组织的特点,并对其进行分类;概述非政府组织在国内外的发展现状;分析非政府组织在世界范围内兴起的原因。第二章,分析非政府组织的全球治理活动。一方面分析非政府组织活动的相关理论;另一方面分析全球治理中非政府组织与主权国家、国际组织、社会精英的互动关系以及非政府组织之间的关系,以联合国作为案例重点分析非政府组

织与国际组织的互动关系;分析非政府组织在全球治理中的积极作用和消极作用。第三章阐述国际非政府组织对中国的影响并提出应对策略。概述国际非政府组织在中国的活动现状,分析国际非政府组织在中国活动的积极影响和存在的问题;分析国际非政府组织的活动对中国外交的压力;探析如何应对国际非政府组织的活动。第四章探讨中国非政府组织的发展问题。在全球化背景下,参加全球治理是中国非政府组织发展的必由之路。分析中国非政府组织参与全球治理的现状;分析中国非政府组织参与全球治理的作用及意义;分析影响中国非政府组织参与全球治理的制约性因素;探讨中国非政府组织的能力建设及其建议。

关键词:非政府组织　社会团体　中外关系

2905

**冷战后中国参与国际制度研究:国家身份视角的解释** / 李慧著 ; 金灿荣指导. -- 中国人民大学, 2009. -- 129 页

论文以国家身份的视角,对冷战后中国参与国际制度情况展开研究。全文共分为六章。导论部分介绍论文选题的依据、论文的研究方案以及论文的研究框架。第一章,身份视角的解释框架。一是理论框架,包括前提假设、身份理论的产生和理论源流;二是身份在国际关系领域的内涵,包括体系层次的国家身份理论、单位层次的国家身份理论;三是对身份进行分类,分别为团体身份,类属身份,角色身份和集体身份;四是提出国家身份的构建。第二章,国家身份与国际制度。提出论文对国际制度的界定、国际制度的功能及运行模式;提出主流国际关系理论关于国际制度的研究。第三章,冷战后中国参与国际制度概述。对中国参与国际制度的国际环境因素分析,同时对国内因素分析,介绍中国参与国际制度的背景;对中国参与国际制度的历程回顾;提出中国参与的基本国际制度,包括中国参与国际安全机制、中国积极参与国际经济制度体系、中国积极参与与国际人权机制。第四章,中国参与国际制度进程中的身份与观念变化。提出类属身份的构建、角色身份的构建、集体身份的构建,并探讨中国参与国际制度进程中的观念认同与现实选择。第五章,对中国参与国际核不扩散机制的案例进行讨论,并以国家的身份视角对其做出分析。第六章,以中国与上海合作组织为案例做出讨论。并以国家身份的视角对其做出分析。

关键词:对外政策　政治制度　国际政治

2906

**英国学派的人道主义干预问题研究** / 刘波著 ; 李宝俊指导. -- 中国人民大学, 2009. -- 202 页

论文的研究对象为英国学派的人道主义干预问题。全文共分为六章。第一章,导论。包括研究的主题及意义、文献回顾与分析、研究目标和分析框架以及论文研究的难点与创新之处。第二章,人道主义干预概述。介绍人道主义由来及内涵,人道主义干预的概念界定以及人道主义的特征;对人道主义干预的历史回顾,介绍20世纪以前的人道主义干预、冷战期间的人道主义干预以及冷战后的人道主义干预。第三章,英国学派的多元主义和社会连带主义。介绍英国学派理论场景的基本脉络,在此基础上,提出英国学派发展的助力器——多元主义和社会连带主义的论证;提出多元主义和社会连带主义的人道主义干预观;最后探讨西方价值观藩篱的束缚、方法论研究上的排他性、理论立场和核心概念解释的模糊和非连贯性、国际经济领域研究的缺失,从而分析英国学派有关人道主义干预理论研究缺失及批判。第四章,两极世界的人道主义干预。一是国际社会下的人道主义干预,包括主权禀赋、不干涉内政原则以及禁止使用武力原则;二是世界社会下的人道主义干预,包括正义战争、政治自由主义、自然法场域以及国际人权的保护讨论。第五章,社会结构的人道主义干预。介绍人道主义干预与行为主体间的认知共享、人道主义干预的可行性菜单以及人道主义干预的限制性菜单。第六章,人道主义干预的未来:国际规范共识的构建。提出人权国际规范的社会化动力、人道主义干预的合法性问题及其规制性条件、中国应对人道主义干预的基本思路情况。

关键词:主权　国际关系　人道主义

2907

**国内舆论与中国公众外交:"国家—社会"的研究视角** / 任远喆著 ; 吴建民指导. -- 外交学院, 2009. -- 155 页

论文以"国家—社会"的互动为分析框架,从国内舆论对中国外交政策制定的影响以及外交决策、执行机构对国内舆论的引导两条线索出发,分析在社会变迁的背景下中国外交制度的转型。全文共分为四章。绪论部分介绍选题的内容、研究的相关概念的界定与

辨析、国内外研究的现状、路径及其问题、论文的创新点与难点、论文的研究方法以及论文的基本结构。第一章,“国家—社会”分析框架的构建。介绍“国家—社会”研究的来源及内涵,对“国家—社会”视角下的舆论与外交关系问题展开研究,并提出“国家—社会”两性互动分析模式的架构。第二章,中国外交领域国内舆论分析。探讨中国外交领域国内舆论作用的历史变迁,中国外交领域国内舆论的总体特点,舆论与中国外交联系途径分析以及新舆论环境下的中国外交政策。第三章,公众外交的兴起与中国实践。首先对公众外交的理论和现实分析,并对中国公众外交实践展开研究,提出中国公众外交的现实建构。第四章,中日关系中的舆论因素及其引导。基于中国对日国内舆论环境分析,提出舆论影响下的中国对日政策分析,探讨公众外交与中日关系的恢复与发展。最后为论文的主要结论,提出中国正在形成的市民社会与中国外交研究,提出对中国新出现的国内舆论动向的研究情况,并做出总结。

关键词:对外政策　公众　参与管理

2908

**论美国在伊战中的国际政治营销** / 孙鸿著 ; 牛军指导. -- 北京大学, 2009. -- 195 页

论文采用模型分析、统计调查和案例分析的研究方法,探讨美国在伊战中的国际政治营销。全文共分为六章。导论部分介绍选题和缘由,交代事件背景,包括美国在伊战中赢得了战争,输掉了舆论的原因探讨,介绍论文涉及的相关概念辨析、政治宣传与国际营销的区别与联系、关于美国国际政治营销的相关研究文献、论文研究的方法以及论文的结构安排。第一章,国际政治营销。介绍政治营销学的一般理论模型、国际政治营销的分析模型、关于论文的研究假定和理论假设。第二章,美国国际政治营销的战略发展、组织机构和运行模式。提出美国政府国际政治营销的追溯、美国政府国际政治营销的组织机构及其运行、美国伊战前国际政治营销的特点。第三章,反恐战略:伊拉克战争前美国的营销战略。一是对市场细分,提出伊战前美国政府的区隔策略;二是对象的锁定,锁定伊拉克民众,孤立萨达姆政权;三是政治的定位,提出为推翻萨达姆暴君的解放战争;四是营销的评估,定位为一场舆论一边倒的战争动员。第四章,解放战略:伊拉克战争中的美国营销战略。提出对伊拉克战争期间美国国际政治影响的评估。第五章,民主战略:伊拉克战争后的美国营销战略。包括对细分市场、锁定目标、政治定位的变化的探讨,并对美国在伊拉克战争后国际政治的营销进行评估。第六章,胜利还是失败,提出对美国国际政治营销战效果评估的讨论。

关键词:国际政治　美国对外政策　伊拉克战争

2909

**默克尔大联合政府对华外交政策研究** / 王彬若著 ; 李宝俊指导. -- 中国人民大学, 2009. -- 185 页

论文用国际关系三大理论的视角,对默克尔大联合政府对华外交政策展开研究。全文共分为五章。绪论部分介绍论文的选题依据、国内外研究现状、研究的框架、研究方法与研究的主要内容,介绍选题的意义和创新之处。第一章,外交政策研究的三种理论分析框架。首先介绍外交政策研究的发展,包括外交政策的涵义,外交政策分析的通常模式以及外交政策研究的理论化发展;介绍国际关系三大理论范式及其对外交政策研究的影响,包括现实主义的研究方法及其影响,自由主义的研究方法及其影响以及建构主义的研究方法及其影响;提出三种外交政策研究的框架并对外交政策研究框架的案例做出分析。第二章,默克尔大联合政府的对华外交政策。探讨德国外交政策的基本特征和传统,中国在德国外交中的地位,统一后的德国对华外交政策,提出默克尔大联合政府的产生极其外交政策的特点以及默克尔大联合政府对华外交政策内涵。第三章,默克尔大联合政府对华外交政策分析。首先分析外交政策的传统和理论分析的应用;然后提出默克尔大联合政府对华外交政策的三种理论分析视角,最终得到三种理论分析视角的初步结论。第四章,默克尔大联合政府对华政策带来的影响,包括对中德关系的影响,对德国国内的影响,对中国形象的影响以及对中欧关系的影响。第五章,对三种理论视角分析外交政策的评价和启示,得出论文主要结论。

关键词:对华政策　中德关系　默克尔(Angela Merkel)

# 社会学

2910

**街道办事处的权力运作:对北京宣南街道的个案研究** / 白杰著 ; 李汉林指导. -- 上海大学, 2009. -- 209

页

论文通过对北京宣南街道的个案研究说明街道办事处的权力运作。全文共分为十章。第一章，导论。介绍研究的问题，说明以往的相关研究，分析论文的研究内容和视角，阐述论文的研究方法，最后说明研究的理论和实践意义。第二章，首先介绍街道办事处的历史、性质与权力，然后介绍宣南街情。第三章，权力运作之一：内部结构的互动。说明街道办事处的科层体制，阐述街区中的类行政组织社区委员会，最后介绍街道办事处的组织场域。第四章，说明非法理权威的重要性，分析权力分割的后果，阐述再结构化，介绍制度成本与制度收益。第五章，权力运作之二：与地区行政执法资源的互动。第六章，权力运作之三：与街道党工委的互动。介绍街道党工委的历史演变，说明“除非违反四项基本原则”，阐述主任的话语“在工委的正确领导下”。第七章，权力运作之四：与上级的互动。说明刚性约束与柔性激励，阐述宣南资源存量：财权与事权不对称，介绍制度内的合理操作渡难关的过程，分析政策资源的重要性。第八章，权力运作之五：与驻街单位的互动。说明互惠背后的权力运作逻辑，阐述获得赞助性资源以及培育情缘的过程。第九章，权力运作之六：与社区的互动。说明与居委会的结构性互动，与社区精英和市民组织的非结构性互动，最后阐述权力的可言说性。第十章，结论。

关键词：基层组织　行政权力　北京

**2911**

**区域性主流媒体的场域研究** / 卜宇著 ; 宋林飞指导. -- 南京大学, 2009. -- 183 页

论文基于提升和优化区域性主流媒体影响力的基本取向，采用场域概念及分析视角，深入透彻地研究我国区域性主流媒体这一新闻场内部的运作规律，以及新闻场与政治场、经济场、公众生活场等场域之间的互动关系。全文共分为七章。第一章为导论，作者首先对区域性主流媒体进行界定，然后介绍文章的理论框架和研究方法。第二章为文献综述，作者对场域研究、媒体影响力研究的现状进行介绍，并对场域理论及媒体影响力研究进行评述。第三章阐述区域性主要媒体的源点，分析影响区域性主流媒体源点的因素，介绍区域性主流媒体源点的确立。第四章为区域性主流媒体的特质，作者就媒体社会角色的扮演、媒体普适性角色规范的确立和区域性主流媒体独特角色职责的履行等方面进行讨论。第五章介绍区域性主流媒体的场域，首先论述相关场域界定及内部运作逻辑，其次讨论场域之间的互动与博弈。第六章阐述区域性主流媒体的运作取向，而后从四个方面提出规范行动者行动的若干保障机制。第七章为总结与讨论，作者根据上述内容得出基本结论，提出文章创新点，并从政治场管理规则和经济场运作规则的强化两个方面指出有待未来研究的问题，提出相关建议。

关键词：传播媒介　新闻工作　新闻报道

**2912**

**社会建构论视角下的环境问题研究：以汾河（娄烦段）污染治理为个案** / 蔡萍著 ; 赵万里指导. -- 南开大学, 2009. -- 159 页

论文在社会学的语境下，将环境建构论作为社会学切入环境问题研究的重要视角，批判性地运用于我国的环境治理实践，通过对汾河污染治理的个案研究，一方面检验环境建构论的理论主张和研究进路，同时也探讨环境问题的二重性以及环境治理的复杂性。全文共分八章。第一章导论，介绍问题的提出与选题的意义、国内外相关研究、研究的目标、内容、难点和创新点、研究方法及资料的收集。第二章环境问题的社会建构论，论述环境问题之争、环境建构论的基本主张、环境建构论的方法论意义、建构论与中国环境问题研究。第三章汾河污染作为社会问题，阐释社会问题的界定、汾河污染被遮蔽的原因、汾河污染何以成为亟须治理的社会问题。第四章政府干预与汾河污染治理行动，讨论发展与环境保护的二元悖论、汾河水资源与城市用水安全、汾河污染治理的合法化。第五章市场机制与汾河治理行动，介绍汾河流域的经济结构、旅游业和第三产业的兴起、小城市、新农村建设的动力。第六章科学技术与汾河治理行动，分析汾河流域的水环境承载能力、对汾河水系污染成因的认识、汾河污染治理的技术方案。第七章从地居民、社会组织、媒体的角度，介绍了社会参与与汾河治理行动。第八章汾河民生与环境问题的二重性，介绍环境问题的二重性、环境建构论的再诠释、环境现实与汾河民生等内容。

关键词：生态环境　环境管理　环境社会学

**2913**

**统账结合的中国城镇职工基本养老保险制度可持续性研究** / 蔡向东著 ; 宋宝安指导. -- 吉林大学,

2009. -- 193 页

论文依据可持续发展理论,以系统论为研究视角,从现行制度的财务状况、制度设计、运行管理、目标实现程度以及外部影响等方面,对现行制度的可持续性进行实证分析。全文共分为五章。第一章,导论。说明问题的缘起,论文的研究意义和价值,阐述论文的创新与不足之处。第二章,养老保险制度的历史演变及文献述评。首先阐述世界养老保险制度的历史演进,以及中国养老保险制度的发展历程,然后分析养老保险制度可持续发展的主要理论与模式,最后说明国内外相关研究。第三章,现行基本养老保险制度的可持续性分析。首先说明制度财务层面、设计层面、管理层面的可持续性分析,然后分析制度目标的实现程度,以及制度对外部环境的影响,最后分析制度改进措施的可操作性。第四章,现行基本养老保险制度运行的障碍因素。首先分析现行制度不可持续的根源,说明现实"实证积累的统账结合"脱离现实的需要,分析现行基本养老保险制度的宏观环境,从政治环境、经济环境、文化环境以及社会环境四个方面进行阐述,最后说明构建可持续性养老保险制度的前提条件。第五章,现实的理性选择:"名义积累的统账结合"。文章认为"社会统筹 + 个人发展账户"是最终过渡到实账积累的部分积累制、实现养老保险制度可持续发展的明智选择,也是整合中国社会保险体系的理想路径。

关键词:城镇　职工　养老保险制度

**2914**

**变迁社会中的农村养老问题研究:关于山东省平陵村的个案分析** / 曹昭著 ; 陈新汉指导. -- 上海大学, 2009. -- 130 页

论文以山东省平陵村的老年人为研究对象,对变迁社会中的农村养老问题进行研究。论文对老年人的内心世界、思想观念和具体行动进行详细描述,指出家庭结构、家庭规模、家庭关系的改变对传统养老模式的挑战,并分析这些挑战给老年人生活带来的具体影响。全文共分为七章。第一章,导论。介绍选题缘由与背景,综述相关研究,提出问题,说明研究意义以及研究方法、研究框架并界定相关概念。第二章,概述调查地点的选择缘由及其地理状况,阐述平陵村的生产、生活方式及其变迁,分析平陵村的亲缘结构、社会关系及其变迁。第三章,首先回顾我国历史上不同的家庭养老方式,说明我国传统家庭养老有关的伦理道德,最后对比"反哺"与"接力"式两种养老方式,并对其进行反思。第四章,首先分析平陵村土地制度的变迁,然后介绍土地制度变迁以及农村的养老行为。第五章,分析农村劳动力流动的原因,并说明现状,然后说明农村家庭规模的变化,并对其变化原因进行分析,最后探讨劳动力流动、家庭规模对农村养老的影响。第六章,分别介绍婚姻模式的变革、农村家庭关系结构的变革以及农村文化价值观念的变革对家庭养老的影响。第七章,阐述农村老年人家庭养老的现实困境,并说明农村家庭养老问题的社会学思考。

关键词:农村　老年人　社会保障

**2915**

**珠三角农民工城市化意识研究:社会网络的视角** / 曹志刚著 ; 蔡禾指导. -- 中山大学, 2009. -- 188 页

论文基于课题组 2006 年 7—8 月在珠三角 9 城市 3086 份正式就业农民工的问卷调查,对农民工城市化意识状况及其影响因素进行定量分析。在对相关文献进行系统回顾的基础上,论文利用了个体主义视角、制度结构视角和社会网络视角的整合框架,来对农民工城市化意识中的两个关键问题——城市认同和迁移意愿进行分析。全文共分为八章。第一章提出问题和研究意义,介绍城市化意识及其基本概念,阐述研究视角。第二章从认同及其基本概念、认同的影响因素、国内农民工迁移研究和国外移民研究等方面进行相关研究文献回顾并简要述评。第三章作者指出研究逻辑和分析框架,强调社会网络在农民工城市化意识中的作用。第四章为研究设计,作者介绍资料收集和调查实施、统计方法及样本基本情况。第五章从市场能力、制度压力与城市认同和市场能力、制度压力与迁移意愿两个方面对既有研究进行再检验。第六章介绍社会网络与身份认同、空间认同、城市认同。第七章在提出理论假设的基础上,论述社会网络与行为层面迁移意愿、制度层面迁移意愿和四类迁移意愿的关系。第八章为结论、讨论、研究缺陷与政策建议。

关键词:民工　城市化　珠江三角洲

**2916**

**英美社会工作专业化模式及其对中国的启示** / 柴定红著 ; 关信平指导. -- 南开大学, 2009. -- 168 页

论文主要通过英美社会工作专业化模式及其成因的比较研究,结合我国实际探讨英美经验对我国社会工作专业化发展的启示。论文由两部分组成。第

一部分为理论研究,包括第一章和第二章。这一部分首先在文献回顾的基础上,通过完善和整合专业的特征要素研究视角和专业化过程论,建构社会工作专业化的特征—过程理论解释框架,为第二部分英美社会工作专业化模式及其成因的比较研究建立分析框架与测评工具。第一章为导论,第二章为新理论解释框架与要素指标体系。第二部分为实证研究,为第三章和第四章,通过对英美社会工作专业化发展状况及其成因的比较研究,探讨英美经验对我国社会工作专业化发展的启示。第三章分别研究英美社会工作专业化科学性、利他性、必需性、权威性、自主性要素的发展状况,并分别介绍英国和美国的社会工作专业化模式。第四章则从经济因素、文化因素、社会因素、政治因素和社会工作自身发展等因素对英美社会工作专业化发展的影响分析英美专业化模式的成因。第五章为启示与讨论,在前文的基础上提出中国社会工作专业自身应该积极地对社会工作发展的政策与制度支持做出回应,建立政府与社会工作专业自身的合作性建构模式,同时也要承认发展基础、发展环境和发展过程不同的事实。

关键词:社会工作　专业化　运行模式

**2917**

**中小私营企业主的社会网络研究:基于国内四地区中小私营企业主的访谈研究** / 陈岩著 ; 汪新建指导. -- 南开大学, 2009. -- 128 页

论文以社会网络与社会资本理论作为切入点,采用社会关系网络理论作为分析视角,把中小私营企业网络建构作为研究中心,以企业主的社会资本积累为研究出发点,利用具有中国文化特色的人情、关系、地缘、亲缘、面子等因素,结合经济体制转轨期间的市场的现实,试图探讨社会网络与企业发展的关系。全文共分为五章。第一章,引言。说明研究的缘起,阐述研究的意义和创新,最后说明研究的方法和结构安排。第二章,首先界定社会网络及社会资本的相关概念,然后回顾相关理论与文献评述,最后介绍研究设计方法与研究手段。第三章,案例分析:贵人网络的结构特征。阐述贵人网络的概念,说明贵人网络的特征。第四章,理论探讨:贵人网络的深度分析。分析贵人网络的形成原因,介绍贵人网络的现实功能,最后探讨贵人网络的变化趋势。第五章,合理建构:贵人网络的有效利用。说明贵人网络的合理建构,阐述贵人网络的运作导向,分析贵人网络的风险规避,文章分析认为国家经济体制转型期,贵人网络对中小私营企业的经营能力和企业的进击效益的确具有很大提升作用。但是,私营企业主在构建和运用贵人网络的过程中确实存在行贿受贿等违法行为和不健康的人际交往模式。因此,保持贵人网络的良性运作和实现其合法利用是贵人网络的未来发展方向,而这需要我国政府和私营企业主的共同努力。

关键词:中小企业　私营企业　社会资本

**2918**

**转型加速期中国养老保险制度变迁研究:一种社会学视角** / 陈云著 ; 郑杭生指导. -- 中国人民大学, 2009. -- 265 页

论文从社会学制度主义与社会互构论的理论视角出发,考察社会转型加速期中国养老保险制度变迁的实践过程,发现养老保险制度变迁中各种因素与主体行动的内在关联和运行机理,分析养老保险制度发展的“中国因素”,为中国养老保险制度的现状和进一步发展寻找合理的理论解释框架。论文共分为七章。第一章导论,提出问题并说明研究意义,解释文中涉及的基本概念,介绍研究思路和可能的创新点,并说明研究方法与资料来源。第二章为研究文献述评,包括国内外对于制度和中国养老保险制度等方面的不同研究。第三章对中国养老保险制度自建立以来的具体变迁过程和内容做了较为具体的描述,其中包括制度本身结构的变化、制度制定中的论争与决策过程等,以此作为研究的“社会事实”基础。在此基础上,文章按照经济、政治、社会、文化“四位一体”的社会系统结构分别从各个领域中择取几个主要变量,具体分析它们与养老保险制度变迁之间的关系。第四章论证经济与政治因素,包括经济体制变迁、经济发展水平、居民收入结构、财政制度、劳动就业等经济因素和执政党治国理念和发展方略、政治治理机制等政治因素。第五章论证社会与文化因素,包括人口、家庭结构、城乡结构与社会流动等社会因素和中国养老文化传统、价值观与意识形态等文化因素。第六章考察养老保险制度变迁与政府、企业和劳动者等不同制度主体之间的关系,重点分析这些主体在制度变迁过程中扮演的角色,分析制度变迁中的权力和利益结构、行动策略及其效果等。第七章得出研究结论,提出“基于收入分配的养老保险制度”的改进思路,并指出研究的不足之处。

关键词:养老保险制度　社会福利制度　经济体制改革

2919

**社会转型期家族团结的实证研究** / 董金秋著 ; 李汉林指导. -- 中国社会科学院, 2009. -- 193 页

论文对社会转型期家族的团结进行实证研究。全文共分为九章。第一章,说明选题的缘起,阐述选题的理论依据,最后介绍国内外相关研究状况及评述。第二章,提出研究的问题,说明研究对象:家族网络,阐述研究的概念设计,介绍研究的主要内容以及研究设计的方法。第三章,家族情感团结的调查分析。说明情感团结的测量与分布,介绍情感团结的回归模型。第四章,家族规范团结的调查分析。第五章,家族功能团结的调查分析。第六章,家族不满意度道德调查分析。第七章,家族失范度的调查分析。第八章,家族团结线性结构模型和家族未来预期。首先分析团结凝聚性和矛盾性的单维性,然后介绍团结矛盾性的线性结构模型,最后说明家族团结预期及其影响因素。第九章,结论和讨论。研究发现,在控制所有其他变量的条件下,家族规模、家族熟识度、互动密度、权威领袖以及家族文化象征资源是影响家族团结的重要因素,每个因素的作用情况则视不同的团结建构而不同,但是另外几个因素如空间临近、经济结合、职业结合、经济差异等却并未表现出统计上的显著性影响效应。另外,情感团结和功能团结明显具有弱化矛盾倾向的效应,而规范团结与失范倾向呈现正相关,与不满意倾向保持独立,调查数据未完全支持理论模型。同时,对于家族团结预期,分析表明,家族形态条件影响显著,而在团结的运作上,人们之间预期的差异更多的在于团结的矛盾倾向性方面,而不在结构的凝聚性层次上,家族团结未来形势的研究应更多地关注矛盾倾向性而不是团结凝聚性。

关键词:家族　团结　社会关系

2920

**老年志愿者活动:一个积极老龄化的重要实现途径** / 段世江著 ; 姚远指导. -- 中国人民大学, 2009. -- 144 页

论文采用质性研究方法,从宏观层面把握我国老年人参与志愿者活动的基本态势,从微观层面探究老年人参与志愿者活动这一参与形式的价值效应、特征和适应性机制,并且在此基础上深入洞察老年人参与志愿者活动与积极老龄化的关系,以达成"老年人参与志愿者活动——一个积极老龄化的重要实现途径"这一研究目的。全文共分七章。第一章为绪论,主要介绍本研究的必要性和意义,确定研究的框架、方法及资料来源等。第二章为研究回顾,通过对积极老龄化和老年志愿者活动等相关研究文献的回顾性分析,了解本领域国内外研究进展情况,从而明确研究的切入点和主要研究内容。第三章为理论框架,本研究以活动理论、角色理论和积极老龄化理念为基础,构建倒"品"型理论框架。第四章通过整理和分析所收集的相关文献资料,从宏观层面概括目前我国老年人参与志愿者活动的状况和类型,并进一步探析老年志愿者活动在我国的发展趋势。第五章运用深度访谈的质性研究方法,从微观层面探究老年人参与志愿者活动的动机、所产生的价值(包括对志愿者本身的价值和社会效益)以及老年人参与志愿者活动的制约因素。第六章通过对前文分析的提炼,从参与、健康、保障三个方面说明老年人参与志愿者活动实现积极老龄化的有效途径之一,是研究的深化和结论。第七章在前面的基础上通过考察我国现有老龄政策和美国及香港地区的具体做法,并借鉴其成功的经验,提出我国推进老年志愿者活动平台建设的具体建议。

关键词:老年人　心理健康　社会活动

2921

**城乡居民主观幸福差异及其影响因素研究:以成都市为例** / 方纲著 ; 风笑天指导. -- 南京大学, 2009. -- 169 页

论文对成都市 433 名城区、郊区和农村居民的结构式访问的基础上,以"整体生活满意度"和"具体生活满意度"作为主观幸福的核心维度,运用卡方检验、方差分析、因子分析以及多元回归分析等方法,对城乡居民的主观幸福及其影响因素进行较为全面而深入的分析。全文共分为七章。第一章,导言,说明研究背景,阐述城乡居民主观幸福的相关实证研究,分析城乡居民主观幸福研究的意义,最后说明研究的假设、研究方法以及资料获取。第二章,说明中西思想史上对幸福的理解,界定主观幸福,阐述主观幸福的理论解释,最后分析主观幸福的影响因素。第三章,主观幸福的测量。说明早期对幸福的测量,阐述幸福的客体测量法及其局限、幸福的主题测量法及其可能性,分析幸福测量方法的发展趋势。第四章,成都市城乡居民主观幸福现状。首先介绍城乡居民主观幸福得分差异及检验,然后分析影响城乡居民主观幸福各可能因素的差异及检验。第五章,影响城乡居民主观幸福的共同环境。说明影响主观幸福的成都自然环境和人文环境,然后阐述与改善民生相关的经济发

展和城乡一体化建设。第六章,影响城乡居民主观幸福的差异因素。分别分析城乡居民总体生活满意度、收入状况满意度、居住条件满意度、家庭生活满意度、人际关系满意度、闲暇活动满意度、生活城市满意度的影响因素。第七章,结论。

关键词:居民生活　幸福　社会分析

**2922**

**下岗失业人员小额贷款政策执行过程研究:以抚顺市为例** / 冯希莹著 ; 宋宝安指导. -- 吉林大学, 2009. -- 145 页

论文借鉴谢若登的"资产建设"理论,取其精华、为我所用并选取政策执行过程的研究视角,通过抚顺市的个案分析,重点探讨研究下岗失业人员小额贷款政策的执行过程。全文共分为五章。第一章,绪论。提出问题,阐述研究的理论意义与现实意义,界定相关概念,最后说明论文的研究方法与资料。第二章,评述生产性反贫困政策,分析小额信贷反贫困原理及其减缓贫困的实证,介绍国际小额信贷运作模式,对比国际小额信贷运作模式与本土化运作模式的差异,阐述我国小额信贷政策从农村到城市的发展过程,解析国内下岗失业人员小额贷款政策,最后分析现有研究的不足之处及论文的研究重点。第三章,分析小额贷款政策物质层面以及非物质层面的福利效应,阐述小额贷款政策的附带福利效应,介绍福利效应的产生过程,最后探讨政策工具对福利效应的影响。第四章,分析政策实施主体认知与目标的差异,说明政策微效的直观表现是年贷款金额增减差异过大,最后分析政策微效产生的原因。第五章,首先说明对下岗失业人员小额贷款反贫困理论的创新思考:借鉴西方资产建设理论为我所用,树立创业带动规模就业的理念,建构中国特色的反贫困理论。然后说明对下岗失业人员小额贷款实践的创新思考:打破二线运作模式,完善回收风险控制体系,强化创业项目的可行性分析。

关键词:下岗　贷款　就业政策

**2923**

**趋同性制度变迁的合法性博弈:2003 年北大人事制度改革的案例研究** / 葛婧著 ; 马戎指导. -- 北京大学, 2009. -- 161 页

论文以制度主义为理论工具,以文献分析为主、访谈分析为辅,比较完整、客观地呈现 2003 年北大人事制度改革从初稿到三稿变迁的过程 ,并以合法性机制和利益表达渠道来解释改革从渐进性制度变迁到间断性变迁的整个图景。全文共分为八章。第一章,导论。说明研究的缘起和研究意义,提出研究的问题并综述文献研究。第二章,说明研究的分析框架,提出研究假设,讨论文章的研究方法,说明论文资料的研究来源和结构安排。第三章,介绍利益表达的渠道,说明从渐进性到间断性的制度变迁。第四章,说明制度模式的选择。第五章,制度变迁中的路径依赖。首先介绍神圣传统与聘任实践,然后说明以神圣传统对抗经济理性,阐述从民族主义到职业主体性,最后说明校方范式的调整。第六章,合理的社会改革与制度设计的修正。首先介绍改革方案的标签化,阐述校方的反标签运动,分析劳动关系的实质性变化,最后介绍校方范式的调整。第七章,制度环境与行政合法性。首先说明改革的必然性和改革的组织基础,然后阐述法律的挑战和行政依据,分析改革的大方向,最后介绍从发展到兼顾稳定的过程。第八章,结论与讨论。说明文章的主要贡献与不足之处。文章最大的贡献是对大学组织制度环境多元合法性来源的类型学分析。

关键词:高等教育　人事管理　北京大学

**2924**

**环境问题呈现的社会过程与机制:基于城市垃圾污染问题的个案研究** / 龚文娟著 ; 洪大用指导. -- 中国人民大学, 2009. -- 220 页

论文以"社会转型加速期"为背景,在建构主义理论的基础上,结合利益相关者构想,采用嵌入式单案例研究方法剖析典型案例,展示环境问题呈现的社会过程和机制。作者希望通过细致地考察环境问题呈现的社会、政治及文化过程,发现特定的环境状况如何被判定为有危险的、不可接受的环境问题。全文共分六章。第一章"绪论",介绍选题缘起、研究意义与创新、文献综述、分析单位与研究主题和谋篇布局。第二章"理论建构与研究设计",讨论基本概念界定、理论视角、研究逻辑与分析框架、研究方法与资料来源。第三章"环境问题呈现的过程——大城'小'事:一个悬而未决的故事",从问题酝酿、问题集结、问题制度化、问题减弱与延续分析整个环境问题的呈现过程。第四章"环境问题呈现的主体——环境利益相关者",分析环境问题中的利益相关者,包括政府、公众、媒体、专家、民间环保团体。第五章"环境问题呈现的机制",分别讨论三个机制:群体利益冲突、人治差异

与主张竞争和权力、资源与策略的运作。第六章“结论与反思”,对全篇进行总结,提出作者自己的思考以及该研究的不足之处和未尽的探索。

关键词:环境社会学　环境意识　环境保护

**2925**

**从社会整合到政治整合:一个城郊村外发型整合机制的研究** / 郭馨天著 ; 谢立中指导. -- 北京大学, 2009. -- 126 页

论文以华北一个村庄从 80 年代初期实行家庭联产承包责任制至今的发展历史为材料,探讨村庄在由一个传统意义上的农业村向城郊村转变的过程中,村庄在整合机制上的演变。全文共分六章。第一章为导言,介绍问题缘起、研究意义并进行文献综述。第二章为研究设计,作者阐述其理论假设、方法程序和村庄的基本情况。论文主体部分借用卢曼的“系统—环境”的分析框架,以村庄土地被征用的情况将村庄划分为三个发展阶段。第三章分析村庄在传统农业村时期(20 世纪 80 年代初期至 90 年代初期)村庄的整合状况,指出在这一时期社会整合的主导性与政治整合的边缘性。第四章分析村庄在过渡时期(20 世纪 90 年代初期至 90 年代中期)村庄的整合状况,指出外部环境的变化所导致村庄在整合方式上发生变化以及村庄政治整合建构的两种途径。第五章分析村庄在城郊村时期(20 世纪 90 年代中期至今)村庄的整合状况,指出在这一时期村庄社会整合受到外部环境的影响进一步被弱化与福利型村庄的建构是政治整合持续强化的结果。第六章讨论城市化进程中村庄的整合程度,认为在村庄演变的三个时期中(传统农业村时期、城郊村时期、城中村时期),当村庄处于城郊村时期,其整合程度是最高的,这为今后村庄平稳的过渡创造条件。

关键词:农村社会学　社会整合　政治

**2926**

**我国突发事件应对型社会政策制定模式研究** / 韩丽丽著 ; 关信平指导. -- 南开大学, 2009. -- 169 页

论文提出突发事件应对型社会政策制定模式的二元分析框架,着重对突发事件应对型社会政策制定模式的影响因素进行深入研究,并在此基础上分析突发事件应对型社会政策制定模式的当前发展的优化路径和未来中国社会政策建设的战略选择。论文共分为五个部分。第一部分即第一章为导论部分。主要介绍论文的缘起和研究意义,通过对相关文献的梳理,分析前期研究的不足,对相关概念做出界定,提出突发事件应对型社会政策制定模式的二院分析框架,并介绍论文的研究内容、研究方法以及研究的创新点。第二部分即第二章为突发事件应对型社会政策制定模式绪论,对突发事件应对型社会政策制定模式的内涵、原因、特征及其对中国当前的社会政策的时间所产生的利弊影响进行分析。第三部分(第三、四、五章)为突发事件应对型社会政策制定模式的微观视角分析,分别对突发事件、公共舆论、政府回应三个核心要素在突发事件应对型社会政策制定过程中的角色和影响作用进行全面分析和解释。第四部分为第六章,对突发事件应对型社会政策制定模式进行宏观视角的分析。第五部分为第七章,对突发事件应对型社会政策制定模式的发展优化进行分析。从当前来看,突发事件应对型社会政策制定模式依然有其存在的现实空间。从长远来看,未来中国社会政策建设的战略选择应从突发事件应对型向发展型模式转变,强调社会政策制定的前瞻性、系统性和创新性。

关键词:突发事件　公共管理　社会政策

**2927**

**矿山社区分化与社区重构:云南大姚铜矿的变迁研究** / 韩全芳著 ; 李若建指导. -- 中山大学, 2009. -- 249 页

论文选取云南大姚铜矿为研究个案,采用文献法和访谈法,以制度理论为视角,研究在制度变迁背景下,国家力量与经济体制变迁的外部因素和社区内部结构变化的共同作用下,矿山社区的变迁是如何而来的。全文共分为八章。第一章为导论,对国内外关于社区理论和矿业城镇研究进展进行文献回顾,阐明研究问题、研究意义、理论视角、研究框架、研究方法。第二章为矿山社区的历史变迁,经历起源、形成和发展三个阶段。国家强大的行政控制、大规模社会运动和经济体制变革贯穿于矿山社区变迁全过程。第三章为矿山社区的变迁机制,自然资源和自然环境是矿山社区形成和发展的物质基础,国家与市场的关系决定着办矿模式,交通通讯技术扩大矿区居民活动范围,改变了社区居民的互动方式。第四章至第六章为矿山社区的结构分化。第四章从地表空间场域、井下空间场域和空间扩散等三个方面介绍矿山社区的空间结构。第五章从生产组织、生活服务组织、文化组织和企业社会功能剥离四个方面介绍矿山社区的组织结构。第六章从人口结构、国企职工、农民轮换工、

矿区农民等方面论述矿山社区的群体结构。第七章为矿山社区的重构针对矿山社区结构分化中产生的社区问题,着重强调矿区产业结构和社会结构的整合与重构。第八章为结论与讨论。

关键词:矿山　社区管理　社区建设

2928

**农民工市民化研究:一种社会互构论的视野** / 胡杰成著 ; 江立华指导. -- 华中师范大学, 2009. -- 136 页

论文试图从社会互构论的视野出发,运用实地研究和文献研究的方法,揭示农民工市民化的内在机制,具体展现这种机制在市民化不同领域的运作,并探讨由这种机制运作所决定的农民工市民化的现状与前景。研究认为,影响农民工市民化的社会/结构因素主要包括制度安排、经济环境和舆论态度,个人/行动因素包括农民工的市民化意愿和市民化能力,而农民工市民化的过程则体现为一种作为行动者的农民工与社会结构密切互构共变的过程。全文共分为五章。第一章为导论,提出问题并进行相关文献综述,介绍了理论视角与具体研究问题和研究方法。第二章阐述影响农民工市民化的社会/结构因素、影响农民工市民化的个人/行动因素和农民工市民化的互构机制。第三章通过对市民化不同领域的考察,论述互构机制的运作与展现,其中包括城市准入、就业、居住、子女教育和劳动权益等领域。第四章分析互构机制的运作与农民工市民化的现状和前景,阐述了互构机制的运作与农民工市民化的程度分化以及互构机制的运作与农民工市民化的代际差异。第五章进行了总结与讨论,在此基础上提出农民工市民化的"蓄水池"模型,并提出社会互构论的反思。

关键词:农民工　城市化　市民

2929

**农村空巢老人的社会排挤风险研究:以安徽二村四十个案例为基础** / 黄佳豪著 ; 景天魁指导. -- 中国社会科学院, 2009. -- 135 页

论文以安徽二村 42 个案例为基础,对农村空巢老人的社会排挤风险进行研究。全文共分为十章。第一章,导论。说明问题的缘起,阐述基本概念,介绍研究的理论以及实践意义。第二章,阐述关于农村空巢老人的问题研究以及关于农村养老保障的文献综述。第三章,说明关于西方社会排挤理论的研究,阐述福利三角理论的研究综述,介绍社会排挤与福利三角理论的兼容性。第四章,说明研究假设,介绍研究思路与研究方法。第五章,首先介绍农村的土地制度与养老问题,然后说明土地养老面临的排挤风险——土地征用,最后介绍土地养老制度的吸纳。第六章,首先阐述家庭养老制度的形成,然后说明家庭养老制度吸纳或排挤的前提条件。第七章,说明社会养老保险制度以及农村低保制度的排挤。第八章,介绍被排挤的消费者以及被排挤的孤独者。第九章,介绍反社会排挤的社会政策,说明反社会排挤政策的本土化。第十章,结论。当前要改变农村空巢老人的弱势群体地位、消除社会排挤、增强空巢老人福利的最便捷、投入最低且最为有效的途径莫过于将农村老人组织起来,建立类似老年协会的民间组织。而对于处于"原子化状态"的村庄,必须通过外部力量的介入,激活潜在的农村精英,充分利用现有的村庄内部资源,强调老人的社会参与,从而形成老人协会内源发展,最终实现老人福利的自我供给。

关键词:农村　老年人　风险分析

2930

**中国公民社会的新发展及其机制探析:以大型非公募基金会组织为个案的研究** / 黄俏著 ; 李路路指导. -- 中国人民大学, 2009. -- 152 页

论文通过典型个案研究的方法,提炼出大型非公募基金会与早期的官办 NGO 和草根 NGO 相比所具有的新变化和新特点,总结大型非公募基金会的出现对于中国公民社会发展的作用与影响。同时,该文还在回顾现代西方公民社会发展历史的基础之上,借鉴公民社会理论中的"国家—市场—社会"三元分析框架来解释为什么公民社会领域会出现新的组织形态,公民社会领域的新变化是如何产生的。全文共分七章。第一章导论,阐述研究背景、意义、方法、创新与局限。第二章理论工具与分析框架,论述了公民社会理论的历史演变与当代意涵、国家—市场—公民社会的三元分析框架、基本概念的界定。第三章国家、市场、公民社会及其相互关系讨论国家、市场、公民社会的作用与限度,市场与公民社会的关系以及国家与公民社会的关系。第四章中国公民社会的产生背景与发育状况,描述现代公民社会的产生背景与性质、功能,中国公民社会的产生背景与性质、功能,中国公民社会的发育状况及存在问题。第五章中国公民社会的新变化与新发展,论述中国公民社会在关键弱项上

的全面演进、市场力量主动参与并助推公民社会的发展、新型组织引领中国公民社会的新发展。第六章中国公民社会新发展的机制探析,分析中国公民社会新发展机制的现实需求、物质基础、政策支持。最后一章是总结与展望。

关键词:社会团体　基金会　组织管理

**2931**

**志愿服务意愿与行为的关系研究** / 黄伟才著 ; 向德平指导. -- 武汉大学, 2009. -- 139 页

论文运用定量研究与定性研究相结合的方法,试图以计划行为理论为主要分析框架,结合参与动机理论及相关研究,以广东省惠州市为例,调查人们志愿服务的意愿和行为状况,并在此基础上探讨影响人们参与志愿服务意愿和行为的因素。另外,论文通过对实证资料的分析构建起志愿服务行为与意愿之间关系的模型,以揭示志愿服务行为与志愿服务意愿之间的复杂性关系。最后,该文还探讨促进人们参与志愿服务的机制和动因,提出相关对策建议。全文共分七章。第一章导论,介绍研究背景及意义、文献综述、研究设计。第二章回顾志愿服务的发展历程和特点。第三章对志愿服务意愿与行为进行测定。第四章,从个体特征和认知态度的方面对影响志愿服务意愿的主体因素进行论述。第五章,主要探讨影响志愿服务意愿的社会因素,其中包括社会环境、制度环境、文化环境等方面。第六章,分析志愿服务意愿与行为之间的关系、志愿服务意愿与志愿服务行为的复杂性和基于计划行为理论的志愿服务意愿行为模型。第七章,从内在激励和外在支持的角度提出志愿服务意愿与行为的激发对策。

关键词:志愿者　社会服务　行为分析

**2932**

**慈善组织的兴起与发展:以慈辉为例** / 黄伟忠著 ; 向德平指导. -- 武汉大学, 2009. -- 254 页

论文从国家—社会视角下展开对我国慈善组织的考察,主要运用质性研究方法,在具体方法上采用文献研究、深度访谈与参与观察方法。通过对慈辉佛教基金会的深入研究,该文回顾慈善事业发展的历史,展示慈善事业发展的现状,分析慈善组织的动力机制,探讨慈善组织的运营与管理模式,考察慈善文化的建设,并且分析慈善组织与政府、社会之间的关系。全文共分六章。第一章导论,介绍问题的提出、文献回顾和研究设计。第二章"慈善事业发展的历史与现状",介绍慈善事业发展的历史、影响慈善事业发展的社会因素、慈善事业的社会功能、慈辉慈善之路。第三章慈善动力机制,分析慈善组织的动力机制研究、慈善组织发展的外部动力机制、慈善组织发展的内部动力机制和慈善组织的动力机制与慈善组织行为模式。第四章慈善组织的运用与管理,探讨慈善组织的构成、慈善资金的募集与管理、慈善项目的选择与实施和慈善项目的验收与反馈。第五章慈善文化建设,介绍慈善文化概念界定、慈善文化的形成与培育、慈善文化的表现、慈善文化的影响。第六章慈善组织与政府、社会的关系,分析慈善组织与政府的关系、慈善组织与社会的关系、政府与慈辉的互动、慈辉与社会的互动,并进行总结与思考。

关键词:慈善事业　组织机构　运营管理

**2933**

**中国老年教育参与者性别失衡研究:基于社会性别视角的分析** / 贾云竹著 ; 杜鹏指导. -- 中国人民大学, 2009. -- 162 页

该论文通过问卷调查和田野调查、深入访谈,采用定量研究和质性研究相结合的方式,对影响男女老年人教育参与差异的因素进行深入的分析。全文共分七章。第一章导言,交代研究背景、选题意义以及研究所依据的理论和研究设计及数据资料的情况。第二章文献回顾,在对老年教育相关概念进行界定后,重点对我国目前老年教育参与者的性别结构状况进行描述,并回顾相关研究的发现。第三章老年教育发展概况,介绍整个研究的宏观背景。第四章老年教育参与的性别差异状况,基于全国妇联妇女研究所2008年4—5月间在五省区开展的"老年教育参与状况调查"的数据,对当前老年教育活动参与状况进行分性别研究。第五章老年教育参与性别失衡的量化研究,利用各种可获得的数据资料,对以往研究中所提及的三种解释进行检验。第六章课程"女性化"和质性研究的发现,首先对以往研究提出的老年教育课程"女性化"这一观点进行深入的剖析,用课程内容性别倾向测度以及对课程设置原则和历史的分析,推翻了这一观点,并提出自己的论点。第七章对研究发现的讨论及总结,总结研究的主要研究发现,研究创新和不足。

关键词:老年教育　性别差异　女性主义

2934

**乡土秩序与家户工业发展:对昌五镇家户酒厂的案例研究** / 姜阿平著 ; 折晓叶指导. -- 中国社会科学院, 2009. -- 105 页

论文通过对于一个以村庄为核心的事业和文化社区的考察,集中讨论在市场化进程较晚的内陆乡村,家户工业生长发育的社会基础与条件。通过描述一个处于转型期的乡村工业制度发生发展的社会过程,揭示身处其中的普通村民的生产与生活方式,探寻一项家庭工业制度生发的乡土逻辑与意涵。全文共分为七章。第一章,导论。对城市化发展模式进行反思,理解家庭工业的思维定式,分析案例的形式与疑问。第二章,说明研究的视角与方法,阐述研究的分析框架与思路,介绍研究的方法与调研过程。第三章,阐述村落的地理条件与庭院经济,说明"作坊工业"的组织传统与延伸,介绍"酒"文化传统与社区生活方式,最后分析土地关系。第四章,首先分析家户酒厂的组织细胞,然后分析社区的种养结构、酒业与农业的共生关系以及村庄守护下的酒糟市场。第五章,阐述家户酒厂内部的亲属关系秩序,介绍酿酒的技术过程以及劳动关系秩序,最后说明酒业的金融关系秩序——借、抬、赊。第六章,介绍低端市场的特性,阐述"拾遗补缺"的机会结构,争取弹性税收政策,说明协会的实际运作:经营性社区网络的建构,最后说明酒业对地方性的贡献,增加村民的收入与村财,促进地方公共事业发展,丰富社区居民的公共生活。第七章,总结。

关键词:酿酒　产业链　经营管理

2935

**组织、网络与社区治理:基于北京市三个社区的实证研究** / 焦若水著 ; 夏建中指导. -- 中国人民大学, 2009. -- 222 页

论文主要采用比较分析的研究方法论,试图探讨20世纪90年代以来中国城市社区建设的历史变迁过程,社区怎样在微观层面反映出社会转型的时间进程,不同的社区形态及其内部构造上的转型又进一步怎样影响社区治理格局,它们与中国社会转型的总体变迁特别是与当代流行的市民社会理论有着怎样的关联。全文共分为七章。第一章为导论,提出以社区组织网络认识社区的问题,并对相关研究进行述评,介绍研究的主要问题与目的和论文的基本结构,最后点明研究意义。第二章为研究设计,作者介绍研究对象,指出采用的是资料收集和资料分析的研究方法,并对核心概念和社区组织网络分析的模型建构进行说明,最后阐明研究的难点。第三章通过对社区转型的社会生活视野、类型、推动力及其趋向和微观图景的阐述介绍了社会转型的社区谱系。第四章介绍社区组织网络中的行动者,包括社区组织网络中的个体、群体与组织以及跨越社区的社会行动者。第五章首先介绍社会网络研究理论与方法概略,以社会组织生态学的角度进行结构分析,展现社区组织网络的关系,并进行社区组织网络动态分析。第六章分别介绍社区治理的逻辑、社区组织网络结构与社区治理、社区组织网络的社会效应。第七章进行总结与讨论,并指出了研究存在的不足和未来的取向。

关键词:城市社会学　群众组织　社区管理

2936

**反馈模式的变迁:代差视野下的城市代际关系研究** / 康岚著 ; 沈关宝指导. -- 上海大学, 2009. -- 210 页

论文采取文化变迁的研究取向,以文化功能论为主要理论工具,以中国城市家庭代际关系为研究对象,采用深度访谈和问卷调查两种研究方法,考察中国传统的反馈模式在今日社会的变迁趋向,以及由此反映的中国家庭的现代化特点。该文提出的研究假设:今日中国城市家庭的代际关系表现为父母对子女的义务在家庭领域内、在子女成年后被有弹性地放大了,而子女对父母回报义务则被有弹性地缩小了。基于这一假设,该文认为,中国传统的反馈模式在现代城市家庭中,并非完全为西方的接力模式所取代,而成为融合现代生活和传统价值的变体,对中国亲子间权利义务实践产生深刻影响,并构成中国家庭现代化的特点。全文共分六章。第一章,介绍研究问题、研究取向、研究概况与视角、研究设计和核心概念。第二章,介绍研究的背景,包括中国文化背景、现代化背景。第三章,分析代际差异的协调性与代际互动,包括物质文化与适应文化、家本位与个人本位的分辨等内容。第四章,分析代际差异的客观性与代际互动,包括特定生命周期中相互联系的日常生活、一定时空下的压力和责任、年龄级角色等内容。第五章,则探讨家庭资源再分配和个体需求满足。第六章为结语部分,首先总结文化稳定性和变异性,然后阐释反馈模式的变迁及其特点,最后描绘未来研究的空间。

关键词:家庭　代际关系　文化

2937

**高校贫困生的社会支持及其对价值观影响的研究** / 黎春娴著 ; 金国华指导. -- 上海大学, 2009. -- 179 页

论文利用问卷调查和个案访谈获得的资料,分析高校贫困生的社会支持及其对高校贫困生价值观的影响作用,重点分析两种社会支持——非正式社会支持和正式社会支持对高校贫困生的人生价值观、道德价值观、金钱价值观和学习观四个方面的影响。全文共分为九章。第一章为导论,介绍研究缘起、研究背景,提出问题和研究意义。第二章为文献综述,分别分析对社会支持理论和价值观的研究。第三章为研究设计,作者阐述其研究思路和相关基本概念,指出研究方法,并针对问卷进行说明。第四章讨论包括非正式社会支持和正式社会支持的针对高校贫困生多元化的社会支持,并点出个人背景特征的作用。第五章到第八章从四个不同的方面阐述高校贫困生自身观念与社会支持的关系。第五章分别介绍高校贫困生人生价值观及社会支持对其产生的影响。第六章分别介绍高校贫困生道德价值观及社会支持对其产生的影响。第七章分别介绍高校贫困生金钱价值观及社会支持对其产生的影响。第八章分别介绍高校贫困生的学习观及社会支持对其产生的影响。第九章为结论、讨论及建议,说明高校贫困生社会支持实施中的不足,并认为高校贫困生问题的解决光靠单纯的经济扶助是远远不够的。

关键词:大学生　贫困　价值观

2938

**学术与时势:对作为公共学术运动的中国大陆乡村政治研究的知识社会学考察(1990—2000 年代)** / 李德瑞著 ; 吴毅指导. -- 华中科技大学, 2009. -- 283 页

论文将 20 世纪 90 年代以来的中国内地乡村政治研究作为一个特定的事件与学术运动,通过对这样一段公共学术运动的梳理分析与知识社会学考察,展现学术研究与社会时势之间的互动关系,解释这种互动过程之中的隐秘,同时对这段"学术运动"的特点、效应与影响作出反思和总结,并由此反观这近 20 年以来中国社会的变化,以及中国社会科学研究的演进历程、脉络图景机器中一些值得反思的问题。全文共分为七章。第一章为导论,介绍研究缘起于研究意义、理论依据与文献综述、基本思路与研究方法。第二章介绍作为"运动前史"的 80 年代改革与文化思想界。第三章阐述了时局转变中的"重心下沉"。第四章是乡村政治研究的"草根时代",介绍国际关系背景下的村民自治、村民自治研究由冷清走向热闹以及围绕村民自治的阐释与争论。第五章为乡村"田野"中的学术演练,分别为制度主义的分析视角、国家与社会的分析框架、社会人类学方法的乡村研究和问题进路的乡村治理研究。第六章则重点概述"三农"覆盖"村治"的世纪变奏。第七章为结语,以特定的时势与特定的学术为题展开讨论。

关键词:乡村　群众自治　社会分析

2939

**生存逻辑与治理逻辑的"交融":安徽农村改革口述史研究** / 李洁著 ; 郭于华指导. -- 清华大学, 2009. -- 162 页

论文以安徽省农村改革过程为例,选取在这一过程中扮演推进性作用的三个典型村庄作为具体研究对象。通过口述历史材料和文献档案材料的搜集,再现安徽省农村改革从包产到组到包产到户,到大包干到组,再到小包干到户的逐步深化的演变过程,力图帮助人们了解,在经历 20 余年的人民公社体制之后,作为中国市场转型第一步的农村改革究竟是在何种力量的推动下产生;这种转变遵循着何种逻辑,是农民的逻辑,还是国家的逻辑,抑或是二者都无法涵盖的一种逻辑。全文共七章。第一章引言:小岗故事的画外篇,介绍了研究背景。第二章如何理解中国农村改革的发端,解释了研究问题与意义、已有研究的观点、文章的研究思路、研究方法、生产责任制相关术语的界定。第三章农村社会的"国家化"及其后果,探讨了乡土社会如何成为国家社会改造的重要目标、农民的策略行动、陷入治理僵局的国家等问题。第四章转变的契机:灾害下的政策变通与村庄自救,描述灾害、危机与国家应对以及三种不同的叙述文本(基层干部的公开文本、农民的公开文本、双方隐藏文本)。第五章从试点到示范:国家改革派对农民意愿的调动,描述试点的拣选、确立、阻力、验收、示范与推广过程。第六章改革的推进:作为事件与作为符号的小岗,从事件和符号的角度探讨小岗村改革。第七章两种逻辑的"交融":社会转型的最初动力和基础,对全文的观点做出总结。

关键词:农业经济　家庭联产承包责任制　安徽

2940

**知识与社会的交互建构:知识社会学的解释社会学传统研究** / 李路彬著 ; 赵万里指导. -- 南开大学,

2009. -- 134 页

论文旨在阅读解释社会学经典文献的基础上,吸收国内外有关研究成果,离析出解释社会学核心人物和流派各自思想中的知识思想,并试图将这些思想加以比较和关联,揭示这一知识思想传统对知识社会学的贡献,认为解释社会学脉络下的知识社会学还有进一步发展的空间:各类知识之间的转化过程、认识转变与行动变化之间的关系等问题都有待研究,关于知识的社会影响范围的研究需要同心理学和生理学等学科的交流合作。全文共分为六章。第一章为导言,介绍知识与知识研究的困境、知识社会学的发展历程、解释社会学的独特视角,并对研究现状进行综述,指出研究内容与方法、创新与难点。第二章从意义与社会行动的内涵上介绍韦伯的知识社会学思想。第三章从情境知识、交互建构、扎根理论、共识真理、行动视角等几个方面讨论符号互动论中的知识社会学思想。第四章从日常知识与生活世界的内涵讨论现象学社会学中的知识社会学思想。第五章则是从理性知识与社会实践的内涵上论述吉登斯的知识社会学思想。第六章为知识与社会的交互建构:解释社会学促成的争议弥合。

关键词:知识社会学　知识论　实践

**2941**

**社会分层视野中的高等教育过程公平研究** / 李娜著 ; 王处辉指导. -- 南开大学, 2009. -- 141 页

论文采用历史回顾、调查研究、对比分析等研究方法,在关注高等教育起点公平性的基础上,进一步考察高等教育过程的公平性,以及高等教育最终结果与高等教育过程公平性之间的内在关联。全文共分为五章。绪论部分通过描述当前高等教育的现状和回顾学术界对高等教育公平性的研究成果,提出研究的关注焦点和理论视角。第一章简要梳理从传统社会到当代社会的高等教育历程,通过对比不同社会时期,从历史纵深探索当前高等教育面临的问题和困难。第二章重点阐述从社会分层视角研究高等教育过程公平性的理论路径和操作路径,以及调查对象的选取原则和调查具体实施的规则流程。第三章仔细分析高等教育的起点不公平,从学校选择和专业选择两方面入手,将侧重点放在考生的主观选择行为以及行为背后起制约作用的客观因素上。第四章具体阐述呈现高等教育过程不公平的诸项内容,主要考察不同社会阶层学生在知识学习、社会实践、人际交往三个方面的发展状况,通过半开放式访谈找出差异,揭示高等教育过程不公平的表现形式。第五章集中考察大学生的毕业去向选择,将研究的侧重点放在毕业生的选择行为以及主观行为背后起制约作用的客观因素上,由此通过高等教育的结果来考量高等教育的过程公平性,并探讨起点不公平和过程不公平是通过何种作用机制影响到高等教育的结果。

关键词:高等教育　公平　社会阶层

**2942**

**二元结构视野下对增长极理论的重新审视:以江苏城乡统筹为实例的研究** / 李小敏著 ; 张鸿雁指导. -- 南京大学, 2009. -- 171 页

论文梳理了西方人文社会科学界对城乡统筹关系的理论线索,以二元结构的理论视角,以对西方学界"增长极"模式的借鉴和评判为起点,旨在探讨以城市化为手段推动整个国民经济发展之思想合理成分和现实困境,随后将参照马克思经典作家关于城乡关系问题的深邃见解,结合新中国成立以来城乡统筹发展的历史经验和教训作宏观思考。全文共分为七章。第一章,城乡统筹与社会发展的研究。第二章,城乡统筹发展的理论思考,概述西方学界城乡关系理论,说明马克思主义理论启示与中国实践,介绍干预主义理论。第三章,介绍江苏统筹发展的历程。首先介绍江苏城乡发展的历史沿革,然后阐述江苏城乡发展的主要成就与经验,分析城乡差别状况与突出问题,最后分析城乡差别形成的根源。第四章,江苏省域城乡统筹发展策略。首先说明江苏省域城镇化现状,然后探讨构筑"都市带"策略,最后阐述江苏省域空间发展不平衡的对策。第五章,江苏省域城乡统筹的实践,分别介绍苏州、泰州、徐州的实践。第六章,江苏县域发展模式。介绍工商业驱动下的苏南县域经济模式以及争抓机遇的苏北、苏中县域经济,最后提出加快发展县域经济的对策。第七章,城乡联结纽带与新农村建设探讨。阐述城乡联结纽带的作用和特性,说明新农村建设的现实需要和具体目标,介绍新农村建设的政策保障和政府投入,最后分析新农村建设的社会动员要素。

关键词:经济发展　城乡发展　江苏

**2943**

**二胡音乐的社会生产与传播研究** / 李秀清著 ; 曾遂今,李华燊指导. -- 华中科技大学, 2009. -- 129 页

论文在梳理和反思国内外相关研究文献的基础上,通过学理分析与经验思考相结合的方式,运用个案访谈、参与式观察以及文献分析等方法,立足从音乐史学与社会学的角度,对二胡音乐进行专门研究。全文共分七个部分。第一部分为绪论,介绍选题缘起、研究评述、研究框架。第二部分为二胡音乐的社会根源与发展脉络,探讨二胡音乐的社会根源、历史沿革和主要派别。第三部分为二胡音乐的受众群体与传播机制,内容包括受众群体是二胡音乐的传播对象和载体、传播要素的相互作用构成二胡音乐的传播模型。第四部分为二胡音乐产生的结构动力学,描述二胡音乐的社会生产结构、二胡音乐生产的社会动力。第五部分为二胡音乐传播的社会动力学,认为音乐文本的发展是二胡音乐传播的内在动力、音乐媒介的发展是二胡音乐传播的外在动力。第六部分为二胡音乐传播的知识社会学,介绍集体性只是成为二胡音乐的解释性框架、二胡音乐的社会实践是知识建构的结果、二胡音乐的生产与传播是符合互动的结果。第七部分为结论,认为二胡音乐的产生与传播是中国社会与文化互动的结果,二胡音乐的社会生产与传播具有一定社会结构与动力,二胡音乐文化具有超生理性、复合性、象征性和传递性等特性。

关键词:二胡　音乐社会学　传播学

**2944**

**边疆地区 HIV/AIDS 扩散与控制之实证研究:以云南为例** / 李永松著 ; 张金鹏指导. -- 中国人民大学, 2009. -- 386 页

论文从社会学的视角以社会控制论为理论工具,应用 SPSS13.0 和 Excel 为分析工具对现阶段云南边疆地区艾滋病问题的以下方面进行分析、总结和探讨:艾滋病扩散与控制现状、艾滋病扩散的相关社会环境结构、艾滋病扩散模式、防艾实践经验、防控模式等。全文共分八章。第一章导论,介绍选题的背景、意义,提出研究设计,指出论文的创新所在和所要突破的难题。第二章,进行研究理论综述,详细地介绍西方有关社会控制的主要理论及中国本土主要的传统社会控制思想。第三章,对我国陆疆主要省区的艾滋病疫情进行描述,对开放形势下国际区域交通便利化云南边疆地区面临艾滋病挑战,当前的艾滋病疫情,AIDS 对个人、家庭和社区的主要影响等问题进行研究。第四章和第五章是实证研究重点,通过对艾滋病感染者的入户访谈,探寻其感染艾滋病途径、原因,患病之前来往最密切的伙伴及原因、政府部门实施关爱政策的情况等,从感染者自身经历出发,寻找控制艾滋病扩散的有效方法。第六章,研究云南边疆地区艾滋病扩散。第七章,探讨在禁毒防艾人民战争实践中,边疆地区村民自治的创新以及社会控制机制的重构对毒品艾滋病等社会问题的有效防控。第八章讨论边疆地区艾滋病防控模式与对策。

关键词:获得性免疫缺陷综合征　流行病学　社会控制

**2945**

**中国人际信任的文化传承及其在当前大学生中的体现** / 李悦著 ; 乐国安指导. -- 南开大学, 2009. -- 144 页

论文以文化心理学和科学心理学相结合的方法,对中国社会人际信任文化传承的表现形态和社会心理机制进行深入剖析,探讨中国传统文化以及社会交往风俗对中国人际信任心理和行为的影响。该文以理论研究和文化解释为主,但为验证研究的理论假设和研究结论,同时选取部分大学生为样本进行了实证性探索。全文共九章。第一章为导论,介绍了研究的缘起、研究的目的和意义、研究的重点和创新点。第二章人际信任研究的进展与评价,分析西方学者研究人际信任的不同视角、华人学者有关人际信任的研究、关于人际信任变迁的研究和对以往人际信任研究的评价。第三章,主要介绍课题的研究方法与研究模式。第四章,主要论述中国传统人际信任的特征及其社会文化基础。第五章,阐述计划经济时期中国的人际信任及其文化心理特征。第六章,描述改革开放以来社会转型中传统人际信任的变迁。第七章,详细分析以在校大学生为样本的对人际信任现状的调查。第八章,分析当前人际信任的变迁。第九章,分别从个体心理层面、社会心理层面、文化心理层面来看当前中国人际信任重塑。

关键词:人际关系　社会心理　社会变迁

**2946**

**社会分层视野下大城市老年人口的生存状态:以广州市为例** / 梁宏著 ; 李若建指导. -- 中山大学, 2009. -- 138 页

论文从社会分层理论的多元分层标准出发,以广州市老年人口为例,描述老年人口在主要养老资源占有方面的差异及其变化,探讨以经济资源占有为主导

的老年人口社会分层的标准,以及影响老年群体内部不平等的原因,最后分析这种社会分层将对老年人口晚年的生存状态产生哪些影响。全文共分为六章。第一章介绍研究问题,阐述研究缘起,对理论进行回顾,阐明研究目的及意义。第二章介绍研究设计与研究方法,包括资料来源与概念界定、变量的测量、研究框架与实证假设、研究方法与策略。第三章阐述广州市人口老龄化的过程与现状,指出广州市老年人口的基本特征。第四章探讨广州市老年人口的社会分层状况及其变化过程,探讨广州市老年人口社会分层标准和其影响因素及其变化。第五章首先阐述老年人口的职业背景与社会分层变量的关系,其次以广州市老年人口为例,讨论职业背景与广州市老年人口的收入状况、消费结构和健康状况的关系。第六章为讨论与结论部分,作者首先给出研究结论,提出对老龄政策制定的思考,最后说明研究的创新与局限。

关键词:老年人　社会阶层　广州

**2947**

**互联网对边远地区青少年社会化的影响:对内蒙古包头九原、土默特的实证研究** / 刘保卫著 ; 仇立平指导. -- 上海大学, 2009. -- 197 页

论文选择对内蒙古两城市青少年进行抽样调查,研究和分析边远地区青少年网络行为现状及其影响因素,重点从网络对青少年的道德认知、价值观念、行为倾向和交往能力等方面的影响入手,探讨网络环境下青少年社会化效果,及其蒙古族青少年社会化与民族认同和归属,针对青少年网络社会化问题进行了讨论。全文共分为六章。第一章,导论。介绍研究缘起,说明研究意义。第二章,介绍主动与被动社会化理论模式,说明发展生态学的社会化理论,概述国内外关于网络的研究,阐述网络与青少年社会化的研究情况。第三章,研究方法及设计。说明研究地点,介绍调查对象及抽样统计方法,最后阐述研究架构及研究假设并说明主要分析指标的操作化测量。第四章,首先分析青少年网络行为现状,然后分析青少年网络行为的影响因素。第五章,青少年网络行为的社会化分析。首先说明网络痴迷对青少年道德认知、价值观念、行为倾向、交往能力的影响,然后分析网络背景下各种社会因素与青少年社会化的关联,最后介绍网络背景下的蒙古族青少年社会化与民族认同和归属。第六章,结论。网络生活使沉迷于网络世界的蒙古族青少年视野开阔了,但是网络生活将淡薄他们的民族观念,弱化他们的民族意识,民族认同感减弱,民族身份逐渐消解。

关键词:互联网络　青少年　个人社会化

**2948**

**市场变迁中的分化与整合:义乌经验的表达** / 刘成斌著 ; 风笑天指导. -- 南京大学, 2009. -- 250 页

论文采用案例分析的方法,以产业结构变迁为切入点,以义务区域发展中的分化与整合因素为主题,展现与阐述义乌小商品业的发展过程中不同商业阶段的经济形态、社会基础、政府制度供给关系等内容,由此深入分析义乌区域发展成功的关键:文化上义乌特有的经商主体行动的实践实习性与制度供给上义乌地方政府的经验根植,这二者之间的良性互动展现义乌作为一个不具备多少先天优势的浙江中部县城在中国改革开放的大背景中是如何一步步走向“小商品海洋、购物者天堂”的。全文共分八章。第一章,介绍问题的提出、文献回顾、研究思路与方法。第二章,介绍小商品业的由来。第三章,阐释农民经济与经营性质的分化,对农民经济进行界定,分析四类经营性质单位的消长、户办经营利润的根源、农民经济的特征、“看得见的手”与经营性质的分化。第四章,探讨规模化与企业分化的问题。第五章,论述市场变迁中的村庄分化,包括非农化与义务村庄分化格局、义务村庄 1986 年分化状况、义务村庄 1997 年分化状况、集体主义与村庄发展、调查发现与补充说明等几部分。第六章,描述坐商时期的政府整合,探讨市场硬件建设、秩序整合、“放水养鱼”的税收政策、划行归市与市场体系的整合、坐商时期的整合效果等内容。第七章,描述厂商时期的政府整合,探讨“工商并举”的战略整合、争权与放权、经济与社会、厂商阶段的市场发展等内容。第八章,对义乌市场变迁过程进行总结。

关键词:区域经济　经济发展　产业结构

**2949**

**现代城市社区的发展与治理:一个比较视角的思考** / 刘钉沅著 ; 李汉林指导. -- 中国社会科学院, 2009. -- 164 页

论文结合分类研究、结构研究和实证研究等多种研究方法,探索三个不同地区的社会发展经验与社区发展的背景以及社区治理的现状,说明社会的持续发展是需要与社区发展、社区运动、社区建设同步进行的,政府—社会—社区—个体的联系在社区治理体系

的基础上才能实现。研究分为四个部分,共七章。第一章为导论,阐述论文中用到的基本概念和现代城市社区发展的背景,介绍研究假设与研究重点、研究框架与论文体系。第二章为正文第一部分,讨论现代西方社会结构的形成与现代社区发展,介绍现代西方社会的形成、现代社会成员的法定地位和现代社会的基层组织——社区。第三章为正文第二部分,讨论发展型国家的发展经验与社区运动,尤以韩国为例,介绍韩国的经济发展模式、发展型国家下的社会和韩国社区运动的三个趋势。第四、五章为正文第三部分,研究国家—社会一元化结构的中国社会结构转变和社区建设的过程,介绍中国城市社区建设的背景和中国城市社区的发展与治理。第六章为正文第四部分,利用实证研究,就北京社区历史和现在的变化趋势对老社区和新型社区进行访谈和调查以及分析,阐述北京社区治理的变迁、体系,进行典型案例的经验研究。第七章为讨论和结论。

关键词:城市　社区发展　社区建设

2950

**私人情感公开化:动因、策略及后果——情感电视节目的** / 刘辉著 ; 丁柏铨指导. -- 南京大学, 2009. -- 160 页

情感电视节目,作为一种以电视为媒介,以普通人真实经历与真实情感为内容的电视节目形态,成为电视媒体的新宠。而论文采用文献研究、案例分析等方法,主要研究情感电视节目私人情感公开化的动因、策略及后果,结论是隐私情感公开化的动因来自于媒体与当事人现实处境下的行动选择,情感电视节目是社会结构背景之下,媒体与当事人按市场逻辑行动的产物。全文有七章,包括导论和结语部分。导论部分主要介绍研究背景、选题、意义等。第一章则阐述相关理论和研究方法。第二章,从记者、当事人和情感消费的角度讨论私人情感公开化的动因。第三章,讨论协议背后的权力运作,包括说服的基础、策略性说服和一纸协议的诞生等部分。第四章,主要描述的是媒体操纵下的深度表演,分别论述聚光灯下的前台、无法放松的后台、前台与后台的融合。第五章,则探讨私人情感公开化的后果,首先讨论诉求的结局,然后展示极端案例,最后阐释暗示与模仿的效应。结语部分从社会与个体、权力与共谋的角度对全文进行总结,并延伸讨论私人情感的公开化:代表性与象征性。

关键词:电视节目　情感　人际关系

2951

**中国乡—城移民的社会融入研究** / 刘建娥著 ; 关信平指导. -- 南开大学, 2009. -- 159 页

论文以乡—城移民的社会融入问题为研究对象,通过政策分析、理论分析、经验研究与行动研究,探讨乡—城移民社会融入的理论模式与现实路径,提出促进移民社会融入的政策建议。全文包括六章。第一章导论提出研究问题与研究任务,阐释研究的基本概念、分析框架、研究内容和研究方法,概述研究创新与研究意义。第二章的研究分析移民融入城市的客观趋势和现实挑战,阐释国内外乡—城移民相关的政策与举措,讨论我国现有政策在解决移民问题中的成效和局限,提出构建移民社会融入政策体系的建议。第三章是关于理论研究,回顾欧美国家移民研究的基本理论,借鉴研究成果,拓展研究视野。重点引入社会排斥与社会融入理论,检视移民的社会关系与社会处境,探讨移民社会融入的理论模式。第四章是关于移民社会融入的经验研究,采用定量研究的方法,通过对抽样调查数据的分析,检视我国移民社会融入的状况及面临的问题,探讨移民融入的影响因素。第五章推动理论研究向着实践研究发展,探讨移民社区工作模式与行动策略,在实践中发展移民社区工作实务与评估方法,促进社区融入,带动社会融入。第六章是关于研究的结论、讨论和政策建议,重点阐释研究中对社会排斥与融入理论的应用与发展,提出发展移民社会融入政策体系的相关建议,强调启动移民社区工作,加强社会政策的社会基础。

关键词:农民　移民　城市化

2952

**社会资本与多元化贫困治理:基于广州市 F 街的研究** / 刘敏著 ; 刘祖云指导. -- 中山大学, 2009. -- 219 页

论文以广州市 F 街为个案,探究多元化贫困治理现象并从社会资本的视角分析它对于改善城市贫困治理的意义,分析社会资本的生成机制,发现国家与社会的良性互动与策略合作有助于社会资本的生成,从强化国家赋权与促进社会参与等角度提出完善多元化贫困治理、发展社会资本的政策建议。文章共分为七章。第一章为导论,提出问题并点出研究意义。第二章对贫困及其治理的相关研究和社会资本的相关研究进行文献回顾。第三章为研究设计,作者介绍研究架构、研究方法和资料的收集与分析。第四章为

F 街的多元化贫困治理,主要论述其兴起背景、特征与运作及其作用与意义。第五章从社会资本视角进行分析,论述 F 街多元化贫困治理与社会资本的关系,以及社会资本的生成机制。第六章论述 F 街多元化贫困治理的发展与社会资本投资,提出了 F 街多元化贫困治理的问题与进一步发展,指出社会资本的不足之处和进一步投资。第七章结论与讨论部分,作者得出主要研究结论,对相关问题进行讨论,并提出有待研究的问题。但论文的分析主要是基于广州市 F 街的经验,这种经验的独特性决定研究结论在推论上可能存在的局限性。

关键词:城市　社会救济　社会资本

**2953**

**高等教育与个体社会流动研究:以 1977、78、79 三级大学生为例** / 刘娜著 ; 闫广芬指导. -- 南开大学, 2009. -- 174 页

论文从围观个体层面,以 1977、1978、1979 三级大学生为例,探讨改革开放以来高等教育是如何影响个体社会流动的,并深入分析高等教育影响个体流动的社会条件与教育条件,探讨高等教育影响个体流动的结果,以引导个体科学认识高等教育的功能,合理定位高等教育的需求。全文共分为六章。第一章为导论,主要介绍论文的选题缘起、研究意义、关键概念、理论基础、文献回顾、方法与创新、内容与结构安排。第二章为高等教育与个体社会流动的理论研究。主要分析个体社会流动的影响因素、社会流动的规则,并从一般意义上探讨了高等教育促进个体流动的社会条件和教育条件。第三章为高等教育与个体社会流动的历史考察,以历史发展为脉络,分析古代、近代及新中国成立至改革开放前三个历史时期的社会分层、社会流动状况,重点研究高等教育在各个历史时期对个体社会流动的影响。第四章论述改革开放以来中国的社会分层、社会流动状况,并重点阐释了 1977、1978、1979 三级大学生借助高等教育实现流动的社会条件和教育条件,分析三级大学生的特殊性也即其取得成功的自身条件。第五章以三级大学生为例,从个体职业获得、经济收入增加、社会资本获得、身心健康养成、生活闲暇获得等方面论述高等教育促进个体社会流动的结果。第六章总结全文主要的研究结论,指出研究中存在的不足和未来研究的方向。

关键词:高等教育　教育职能　社会流动

**2954**

**聚合与分化:新蔡船民的地位获得与社会资本分析** / 刘群著 ; 张文宏指导. -- 上海大学, 2009. -- 143 页

论文是以第二代新蔡船民为主体来研究新蔡船民的地位获得,通过对影响地位获得的制度性因素、社会资本因素、人力资本因素进行系统比较分析,探讨形象船民社会经济地位获得的关键力量和内外在因素。全文共分为九章。第一章,导论。首先对论文的研究背景和研究主题做出说明;其次阐述研究论文的视角和研究的意义;最后详细交代论文的组织布局以及章节安排。第二章,首先,评述历史上、二十世纪和二十一世纪最近的船民研究的文献,最后对文献进行总结与讨论分析。第三章,阐述关于社会资本与地位获得的研究。首先,对地位获得的传统研究的进行简要介绍;其次,探讨社会资本研究的相关理论;然后分析社会资本与地位获得的实证研究;最后对中国人的地位获得研究的进行分析说明。第四章,主要介绍研究架构和研究设计。第五章,主要分析说明新蔡船民的人口状况、教育和技能、就业与收入和婚姻状况四个方面的生活状况。第六章,首先,从结构特征、社会网络资本的概念方面说明社会网络的一般特征,其次,对影响社会网络资本构成的各因素和新蔡船民的社会支持网进行分析,最后进行简要的讨论。第七章,主要从新蔡船民的社会地位基本特征、社会地位各构成要素的关系以及社会地位获得模型对新蔡船民地位获得的适用性和地位获得与社会流动的关系四个方面对新蔡船民的社会地位进行分析。第八章,阐述地位获得的社会资本模型以及分析比较古典模型和社会资本模型的比较。第九章,结论、贡献与局限。首先对论文进行总结性评述,分析探讨新蔡船民的地位获得的影响因素,然后指出全文可能的创新之处和贡献,最后说明论文研究的局限和未来研究中的问题。

关键词:水上居民　社会地位　社会资本

**2955**

**城市社区管理体制发展的制度分析:基于对上海十个居委会的调查研究** / 刘伟红著 ; 沈关宝指导. -- 上海大学, 2009. -- 295 页

论文以新制度主义和公共产品理论为主要分析工具,试图通过对上海市十个居委会的调查研究了解上海社区管理体制发展的现状、具体成效及存在的问题。全文共分为九章。第一章,导论。说明研究问

题、目的与意义，阐述相关研究综述，介绍论文内容结构与研究方法，说明论文个案选取的理由及调查对象的基本情况。第二章，城市社区与社区治理方式的发展。阐述城市的产生、发展及城市的特性，界定城市社区的相关概念，最后阐述城市社区治理方式的发展。第三章，我国城市社区管理体制的演变发展。阐述居委会自治体制的创建，说明基层管理的曲折退步，介绍社区管理的复苏和发展，最后说明上海市的社区管理体制变革。第四章，社区资源与社区管理。说明社区的类型与特征，分析社区管理的效果，阐述社区资源共治的边界。第五章，体制运行的基础性组织之一：双重身份的居委会。说明居民委员会组织的基础性地位，分析居委会的双重身份，最后说明居委会发展的制度性困境。第六章，体制发展的新型社区组织。首先说明业委会的生存空间，然后分析业委会行动的制度环境。第七章，体制转型的承接性组织：社工与社区居民组织。说明社区工作站的引入与发展现状。第八章，组织间的沟通协作制度。说明社区组织间协作制度的主题，分析社区组织间协作的基本现状，阐述社区组织间协作制度的发展空间。第九章，结论与思考。

关键词：城市　社区管理　管理体制

**2956**

**国家与城市棚户区的秩序建构：东北 C 市某棚户区的形成与改造的个案研究** / 芦恒著 ；田毅鹏指导. -- 吉林大学, 2009. -- 178 页

论文通过“东安屯”棚户区的形成与改造个案分析国家与城市棚户区的秩序建构。全文共分为八章。第一章，绪论。提出问题，辨析相关概念，阐述城市棚户区作为“中国问题”的特殊意义，介绍相关个案，说明论文的研究方法与论文结构。第二章，阐述贫困区传统的定位是失序的边缘，分析边缘秩序的功能主义视角，介绍边缘主体性反抗秩序，分析边缘差异性政治的诉求，最后说明国内关于贫困区的研究。第三章，首先，说明“国家—社会”分析框架在中国的演变谱系考察，然后阐述城市棚户区的“中国意义”，说明国家力量形塑城市秩序的基本机制是城市单位化，最后说明单位制内部的差异性与城市棚户区的特殊性。第四章，通过介绍“东安屯”棚户区的地理位置、人口自然情况以及棚户区的特点来说明城市边缘的生活状态。第五章，通过介绍“东安屯”起源：从闯关东的农业聚落到半城市化区域，再到新中国成立后国家对城市边缘的改造与动员，说明“东安屯”形成过程中的国家力量。第六章，阐述改革开放后东安屯“棚户区化”的过程，说明东安屯的“混合型社区”特征与棚户区的特殊秩序。第七章，阐述棚户区改造中的国家的力量，分析“生存伦理”与棚户区居民的集体行动，阐述棚户区改造中居委会在处理“国家—市场—社会”关系时的作用。第八章，说明单位制背景下的边缘秩序，阐述国家与城市棚户区的秩序建构，最后通过分析城市社会的复杂性探讨社会的建设问题。

关键词：居住区　旧房改造　社会秩序

**2957**

**中国民营企业的发展及社会资本的转型** / 陆丹著 ；沈关宝指导. -- 上海大学, 2009. -- 129 页

论文在社会转型背景下利用社会资本理论来考察民营企业的发展，关注的是我国社会转型及在此转型过程中国家和社会的关系、价值支持及动力机制等。全文共分为五章。第一章，导论。提出问题，阐述基本概念以及理论假想，介绍研究方法，说明理论参照是社会资本理论。第二章，介绍中国民营企业的发展研究。首先说明中国民营企业的发展背景，然后介绍民营企业的发展概况、起步阶段以及发展阶段，最后阐述费孝通先生、沈关宝先生以及樊纲先生的主要观点并对他们的观点进行分析，分别介绍市场转型理论、地方政府公司化理论以及集体土地所有制的资源配置模型理论的主要观点并对其进行分析。第三章，分析社会资本的理论关注因何而来，介绍社会资本理论及其实践意义，最后阐述论文对社会资本理论的理解，介绍对学者观点的概括与理解，说明社会资本理论在中国备受关注的三个原因，提出社会资本研究中存在的主要问题。第四章，首先介绍起步阶段的民营企业与家族制经营模式，分析民族家族制产生的内外因素，说明民营企业的原生性社会资本，然后介绍原生性资本走向沉重的过程，最后介绍次生性资本与发展阶段的民营企业。第五章，结论。说明论文的三个观点，阐述民营企业发展与国家是社会让渡关系，介绍民营企业变迁与其社会资本的变迁，说明民营企业次生性社会资本的建立以及条件，最后说明论文的余论。

关键词：民营企业　社会资本　社会转型期

**2958**

**双重合法性困境中的社团组织适应机制研究：以妇女联合会组织为例** / 陆阳著 ；沈关宝指导. -- 上海

大学, 2009. -- 141 页

论文运用“变迁的来源、变迁的动力机制、变迁过程、变迁结果”的分析框架和模型,以“双重合法性困境”为核心概念对典型的官办社团——妇女联合会组织的变迁过程进行探索,从组织变迁的视角出发,通过揭示社会转型期社团组织隐秘复杂的环境适应行动,对其适应机制进行探讨,以期发现和认识社会变革和组织现象间的结构关联。全文共分六章。第一章,介绍研究的缘起、研究意义和文献综述。第二章为研究框架,介绍理论框架与基本概念、基本命题、论证逻辑、文章结构及研究方法。第三章为妇联组织发展历史与转型期现状,介绍妇女运动、妇女组织与妇联组织,妇联组织的形成,计划经济时期的妇联组织,改革开放中的妇联组织。第四章为双重合法性困境分析——妇联组织变迁的作用因素,包括内部因素和外部因素两个方面的内容。第五章则探讨妇联组织变迁的动力机制,包括妇联组织的作用机制、妇联组织变迁的外部动力机制和妇联组织变迁的内部动力动机三个部分。第六章主要关于妇联组织的适应机制及组织弥散现象分析,包括妇联组织的适应机制、产生适应的组织行动方式和“组织弥散”现象及效应三个部分,是对全文的总结。

关键词:社会团体　组织建设　适应性

**2959**

**治理钉子户:农村基层治理中的权力与技术** / 吕德文著 ; 贺雪峰指导. -- 华中科技大学, 2009. -- 180 页

论文采用经验研究的方法,关注当代中国农村基层治理,通过分析钉子户的产生、构成及行为逻辑,揭示基层治理中的权力结构及技术特征,进一步检讨近代以来国家政权建设的成效。文章共分十个部分。第一部分导论介绍选题与立论依据、文献综述、田野与方法、篇章结构。第二部分介绍研究的背景,包括对扶沟县和京山县的介绍、客家地区的描述以及简单的比较。第三部分对钉子户进行分类,描述村庄生活中的钉子户、钉子户与村庄结构、钉子户与村庄治理。第四部分阐释边缘人的产生、转化、反制以及从边缘人到钉子户的过程。第五部分,分析社会变迁中的边缘人,包括压制边缘人、调动边缘人、边缘人的时势权力。第六部分是关于代理人的,具体来说阐释代理人的特征、变化与类型。第七部分,分析代理人与乡村治理,包括代理人的监控、代理人的作用和代理人的式微。第八部分,分析代理人与钉子户的治理,包括钉子户的确认、日常治理的策略、日常治理中的政治。第九部分是钉子户的治理与国家政治,分析农民负担问题的政策解读,特困户、钉子户与农民负担问题,税费改革的政治与治理逻辑。第十部分是结论与讨论,分析从边缘人到钉子户的过程、钉子户对基层治理的塑造、基层治理中的政治、钉子户与农村变革形式。

关键词:农村　群众自治　权力

**2960**

**社会转型与秩序变革:潜规则盛行的社会学阐释** / 吕小康著 ; 汪新建指导. -- 南开大学, 2009. -- 160 页

论文采用文献分析、比较分析等方法,从规则与生活的互动视角,以现代性对中国社会的重新组织化过程为观察纵轴,重新审视潜规则在中国社会中的悠久历史与现实状况,并从社会学角度阐释当下社会潜规则盛行的文化心理根源与社会结构动力。文章认为是否存在名实分离、形式主义等情形是判断社会是否存在潜规则的重要标志;潜规则的产生是一个普遍现象,古今中外,概莫能外,但是潜规则的盛行却是一个特殊的文化现象,只有在适宜的土壤里才能繁衍成立;在潜规则丛生的表象之下,实际上体现出现代性对社会的重新组织化过程;只有建立一个尊重个体权利、合理调节利益关系的制度公正的社会,才能切实缩减潜规则的作用范围,而这也将是一项长远而艰巨的任务。全文共分七个部分,包括引言和结语。引言部分包括选题背景与问题提出、研究方法与研究思路、研究创新与主要内容。第一章,探讨日常话语中“潜规则”的运用和学术话语中潜规则的研究。第二章,对潜规则进行定义与分类,对现有理论进行检视,并从规则与生活的角度分析潜规则。第三章,分析中国传统社会的秩序观与秩序形态。第四章,探讨 1949 年之前的秩序变革和 1949 年以来的秩序形态。第五章,分析社会转型中的整合危机与规则变迁、潜规则显现的现代性背景和潜规则爆发的结构性动力。最后结论部分,探讨应对潜规则的公正诉求:秩序建设的新问题。

关键词:社会秩序　社会关系　社会转型期

**2961**

**农民工夫妻流动与夫妻平等:基于福建省的多个案研究** / 罗小锋著 ; 刘祖云指导. -- 中山大学, 2009. -- 211 页

论文以社会转型期的农民工家庭为研究对象,采用定性研究中的多个案研究,运用正反个案进行比较

研究,运用关系取向的社会交换视角,对农民工家庭中作为两性的夫妻关系进行了深入的分析和解释。文章结合我国社会文化背景,对交换理论进行修正,对资源概念进行拓展。全文共分为六章。导论部分介绍文章的研究背景、研究问题、研究思路和研究意义。第一章作者进行相关文献回顾,主要涉及农民工跨域流动与性别研究、香港—内地跨境移民与性别研究、跨国移民与性别研究。第二章为研究设计,作者对文中涉及的基本概念进行界定,并说明研究的理论视角和研究方法。第三章介绍农民外出流动的宏观背景与微观动因:制度变迁与农民外出流动是宏观制度背景,家庭理性与农民外出流动是微观间接动因,而家庭经济多元化与农民外出流动是微观直接动因。第四章从单流动家庭的家庭决策、夫妻分工和夫妻关系维系等方面讨论单流动家庭的夫妻平等问题。第五章同样从上述三个方面讨论双流动家庭的夫妻平等问题。第六章为结论与讨论,全文阐述外出流动的制度变迁与家庭成因,并讨论流动家庭的夫妻平等问题。在此基础上,作者对研究进行反思,指出研究贡献、局限及有待进一步研究的问题。

关键词:农民　家庭　男女平等

**2962**

**虚拟与现实:网络时代青年社会化研究——以上海市为例** / 马春雷著 ; 沈关宝指导. -- 上海大学, 2009. -- 193 页

论文主要围绕着网络社会对青年社会影响的六大问题展开,反映出青年网络社会化问题的表现、特点、存在的问题、深层次原因等方面,并就典型社会化问题展开理论探讨。全文共分为八章。第一章,导论。提出问题,说明研究意义,回顾国内外关于网络及青年社会化问题的相关研究。第二章,阐述网络播的新特性,说明青年对网络日志的认知、评价和认知取向,阐述青年对网络广电的认知、评价和行为取向。第三章,说明网络交往的新特性,分别分析青年对网络语言以及网络聊天的认知、评价和行为取向。第四章,介绍横空出世的网络红人与网络文艺,分析青年对网络文艺、网络红人的认知,介绍青年对网络文艺的参与度和网络红人的关注度,阐述青年对网络文艺、网络红人的评价及自我取向。第五章,说明网络动员的特点及青年组织化的新发展,阐述青年参与网络组织化 的总体情况,分析青年参与网络组织化活动的自我取向,最后介绍青年对网络组织化活动的评价与展望。第六章,说明青年对网络恶搞以及网络犯罪的认知与评价。第七章,介绍青年对网络游戏以及网络成瘾的认知与评价。第八章,讨论如何解决青年网络社会化中的问题,既要破除"消极封堵",达成"主动融合",又要加强青年的网络道德教育,正面引导,更要从各个方面为青年的健康成长创造良好的环境,有效发挥网络对青年社会化的促进作用。

关键词:互联网络　青少年　社会化

**2963**

**教师社会化过程与教师角色适应的关系** / 马华维著 ; 侯钧生指导. -- 南开大学, 2009. -- 148 页

论文将问卷作为主要测量工具,通过 SPSS 中的多元回归程序和 Lisrel 中的结构方程模型两种方法进行分析,采用交互作用视角,同时考虑组织情景和教师个体因素对教师社会化结果的影响,并整合组织、团队和工作三层次结果,试图揭示教师社会化过程并解释教师社会化机制。全文共分为六章。第一章为导论,首先介绍问题的提出、研究的意义和价值,并介绍研究的预期目标。第二章为理论基础部分,作者对论文中出现的相关概念进行阐述,并介绍组织社会化研究中的不确定性降低理论、社会认知理论和认知—理解理论,以及教师社会化的机能主义研究范式、诠释主义研究范式和批判主义研究范式。第三章为文献综述部分,作者分别介绍组织研究化和教师社会化的研究现状。第四章为研究的总体设计,介绍研究的总体构想、主要研究内容和主要研究假设,提出了研究过程设计。第五章为全文的主体部分,即实证研究结果。作者首先建立教师社会化内容问卷,随后利用这一测量工具,从研究目的、研究方法、研究结果和分析等方面,对教师社会化的影响因素、教师社会化内容和策略的个体差异、教师社会化影响因素与教师社会化内容的关系、教师社会化影响因素和内容与教师角色适应结果的关系以及教师社会化过程的机制等方面进行研究,最后对高校教师社会化过程的特异性进行分析。第六章为研究总结,作者指出研究的主要成果、创新之处和不足与展望。

关键词:教师心理学　社会化　角色

**2964**

**人的城市化:农民工城市社会融入问题研究** / 毛哲山著 ; 陆学艺指导. -- 中国社会科学院, 2009. -- 140 页

论文基于前人研究的基础,明晰我国农民工城市

化发展的脉络和步骤,并运用社会结构理论,更进一步深入研究农民工"人的城市化"的现状和问题。全文共分为六章。第一章,提出研究问题,说明问题的缘起,阐述国内外既有的研究述评,最后介绍论文研究的意义。第二章,阐述研究的相关理论视角,说明研究的假设以及篇章结构。第三章,说明中国语境下的两个概念:城市化和农民工,然后分别阐述职业上、地域上、身份上以及人的城市化。第四章,首先说明户籍制度对农民工群体资源获得的排斥以及社会保障制度对农民工群体资源获得的影响,然后分析社会结构中教育资源获得的差异,说明资源与制度限制下文化生活的匮乏,最后说明农民工城市归属感的缺失,介绍城市居民对城市农民工的社会歧视。第五章,说明农民工对自身的定位是较低的自我认同感,阐述不同行业和居民地的农民工自我认同呈现差距的现象,然后说明农民工对城市的态度,分别从农民工对工作和生活的满意度,对城市管理的满意度以及对城市生活方式和观念的认同等方面说明分析,最后说明城市居民和城市农民工两个群体生活交往的逐步疏离,分析农民工的内卷化以及主动排斥倾向。第六章,推进农民工城市社会融入的对策。一方面要构建社会结构层面的良性外部环境,另一方面提升个体主体性与自身素质。

关键词:农民工　城市化　文化冲突

**2965**

**城市住区的社会空间分异研究:以南京城区为个案** / 孟祥远著 ; 张鸿雁指导. -- 南京大学, 2009. -- 285 页

论文选取南京这座典型性的城市作为住区社会空间分异的"试验场",以期明晰分异是否存在及分异程度与特征如何,住区存在哪些类型与类别化特征等问题,并对分化的动力机制和后果进行探讨。全文共分为八章。第一章,阐述社会学相关理论以及国内外研究成果,界定相关概念,说明研究对象,最后介绍研究思路与方法。第二章,城市发展与住区社会空间分异。首先介绍城市住区社会空间分异的背景,然后说明南京城市化进程以及空间结构变迁,阐述南京城市住区社会空间的分异,最后介绍改革开放至房改时期南京城市住区社会空间的分异。第三章,当代总体格局与住区社会空间的分异。说明南京城市住区社会空间分异总体格局,阐述南京住区八大板块的构造格局以及板块分异特色,最后介绍南京住区社会空间分异的基本特征。第四章,通过极高档住区个案分析说明其社会空间分异。第五章,首先说明普通商品房住区的分化,然后阐述中产阶级的崛起与房地产住区的高级化过程,最后通过不同档次的普通商品房住区的个案研究说明其空间分异。第六章,低档次住区的社会空间分异。第七章,探讨城市化与社会结构变迁深化的社会背景机制,说明城市功能区划与产业调整的政策背景机制,最后阐述资本与房地产市场发育的市场背景机制。第八章,前瞻与思考。

关键词:城市社会学　社会结构　南京市

**2966**

**网络舆论与社会引导** / 聂德民著 ; 陈新汉指导. -- 上海大学, 2009. -- 162 页

论文主要探讨网络舆论场与社会引导之间的关系问题,在此基础上,进一步说明国家应该通过什么样的方式使主流的意识形态渗入到网络舆论场内,并且和场内的其他话语势力进行平等博弈,从而实现网络舆论场内的话语和谐,为"理想话语环境"的实现扫平道路。全文共分为七章。第一章,说明网络舆论的研究范畴。第二章,阐述网络舆论产生的基础。说明网络舆论产生的技术条件、基本条件以及社会条件。第三章,网络舆论的民众评价论本质。首先界定网络舆论的民众评价性,然后说明网络舆论的主体及其特性,阐述网络舆论主体的草根特性,分析网络舆论主体的话语态势,最后阐述网络舆论客体的产生与消亡。第四章,网络舆论阵地分析。首先说明"3377 事件"的发生历程及其阵地转换特点,然后分别说明博客场内、BBS 场内、新闻组场内、聊天室场内以及电子邮件场内的评价博弈分析。第五章,网络舆论与现实社会。首先阐述舆论场及舆论的转化,然后分析网络舆论对社会的作用,说明现实社会场是网络舆论的现实解决场。第六章,风险社会中的网络民众评价偏差。第七章,博弈视角中的网络舆论引导。首先阐述博弈与评价博弈,然后分析网络舆论场内的话语整体势力,然后说明两个对话场的对话与博弈,最后介绍亚舆论与主流舆论。

关键词:互联网络　舆论　传播媒介

**2967**

**城市社区居民参与研究:以武汉市两社区的实地考察为例** / 彭惠青著 ; 郑杭生指导. -- 华中师范大学, 2009. -- 121 页

论文采用文献研究、案例分析等方法,在已有研

究的基础上，对居民参与的历程进行勾勒，特别对21世纪以来的居民参与的行动进程进行考察和分析，提出社区参与主体多元化，理性的行动加强社区参与主体互信与合作的趋势，通过对"熟人社区"和"陌生人社区"居民进行的个案访谈，了解行动—信任—合作的内在机理，为多方合作和社区社会资本的培育提供借鉴，对提升居民参与的能力提出对策和建议，为构建和谐社区、和谐社会尽自己一点绵薄之力。论文共分为五章。第一章"导论"，介绍选题的背景和意义、基本概念的界定、城市社区建设中居民参与的研究现状与综述、研究的分析框架和研究方法。第二章"城市社区建设中居民参与的历程与现状"，简要叙述在单位制、街居制主导下的居民参与的路径、内容与特点。第三章"武汉市社区居民参与的实地考察"，分别选择B社区(新型房地产开发型社区)和G社区(传统式街坊社区)作为"陌生人社区"和"熟人社区"的代表，通过个案访谈的形式，研究政府与居民之间、居委会与居民之间行动—信任—合作形成的内在机理。第四章"城市社区建设中多元参与主体与社区社会资本培育"，提出各参与主体在社区社会资本培育中的路径和内容。第五章"城市社区建设中居民参与的培育"，提出在社区社会资本逐渐增长的基础上，从制度创新和能力建设两方面加强居民参与的培育，走有中国特色的社区建设之路。

关键词：城市　社区建设　参与管理

**2968**

**中国老年公共性卫生服务供给制度研究** / 彭彦著；邬沧萍指导. -- 中国人民大学, 2009. -- 160页

论文通过比较论述等研究方法，对中国老年公共性卫生服务的供给制度进行研究，试图论述根据老年人口的健康特点，应当建立起城乡一体的卫生服务供给制度。全文共分为八章。第一章为导言，叙述选题的背景及意义，在文献回顾的基础上提出研究的目的、思路和基本框架，说明研究方法，并指出创新与不足之处。第二章阐述公共性卫生服务供给及其制度的范畴与特性，将其视为是老年人口健康的保证。第三章论述健康管理从个体健康观到群体健康观的转变，在此基础上介绍卫生服务供给制度。第四章提出老年公共卫生服务供给制度面临的挑战：人口老龄化，介绍其现状、特点与发展趋势。第五章进行老年卫生服务供给制度的国际比较，通过对英国、美国、德国等国家的老年卫生服务供给制度安排的介绍和比较，阐述其公共性趋势，并谈到国外老年卫生服务供给制度对我国的启示。第六章介绍中国老年公共性卫生服务需方制度——老年健康保障制度，分城镇和农村分析了该制度的变迁。第七章则介绍老年公共性卫生服务供方制度——卫生资源配置制度，并重点阐述老年人口的健康状况与卫生资源配置的关系。第八章介绍另一个老年公共性卫生服务供方制度——老年公共卫生筹资制度，并从卫生总费用的角度进行分析。

关键词：老年人　卫生体制　资源配置

**2969**

**社会转型过程中的族群认同与宗教认同：对三个山东回族社区的比较研究** / 邱兴旺著；陶飞亚指导. -- 上海大学, 2009. -- 195页

论文利用田野调查的第一手材料，从历史与现实的不同侧面入手，对分布在山东的三个散杂居回族族群的族群认同的基础、表现形式和族群认同的状况及发展趋势进行考察，试图说明散杂居回族在当前现代化背景下出现的族群意识复苏、族群认同高涨的社会历史原因及其族群内部结构原因。论文共分七章。第一章是对社会学族群认同理论和族群认同的研究综述，同时介绍与论文有关联的西方社会关系网络理论和方法，解释论文使用的关键概念——族群认同，对国内外关于回族和伊斯兰教的研究现状和前沿争议问题做了梳理和说明。第二章是关于论文的研究背景、研究对象、研究方法以及资料获取的说明。第三、四章，从历时性的角度，描述山东的两个回族散杂居社区——济南回民小区、临清黑庄的回族族群认同涨落的历史发展，总结两个地方的回族族群共同的认同发展趋势，即都面临族群意识复苏、族群认同增强的状况和趋势。第五章描述一个与上述两个地方的回族在族群认同发展趋势上完全不同的边缘性回族郓城县马楼村马氏家族的个案，在共时性的角度上，对该族群的内部结构与回民小区、黑庄进行比较，找寻该个案族群认同发展情况的内在结构原因。第六章和第七章，分析散杂居地区回族在当代呈现出的认同增强的状况和趋势产生的社会历史原因和内在结构原因，即对该现象的解释。并且对学术界关于现代与族群认同和族群关系的关系进行探讨，提出两者关系上的新观点，即现代化既推动也阻碍族群认同，族群认同和族群关系的现状是两种相反的力量博弈的结果。在此基础上，提出族群关联的概念，

指出族群关联是理解当前中国族群的一个具有统括能力的范畴。

关键词:族群　认同　社会生活

**2970**

**当代青少年价值观的发展研究** / 曲孝丽著 ; 乐国安指导. -- 南开大学, 2009. -- 175 页

论文通过对社会、家庭、学校三种主要教育途径下的价值教育现状的考察,分析比较三种途径下的教育内容与教育方法,查询问题,而后促进多途径的价值观教育融合互补,提高教育质量。全文共分为七章。第一章,主要阐述当代青少年价值观研究的理论与实际意义提出价值观在青少年的成长和发展中的重要性的问题。第二章,概述当代青少年价值观的研究。首先从心理学视野的角度对价值观进行研究;其次,阐述价值观教育研究的意义与价值、内容与主要途径三个方面;然后,说明论文拟研究的问题,主要是对价值观的现状调查、相关因素研究、子系统研究和眼动研究总结性的概述;最后指出论文研究的创新之处。第三章,考察当代青少年价值观的现状。首先论文研究编制的青少年价值观问卷包括自我发展、人际关系、名望和权力、学业成就、奉献精神、交往技能、自信、进取与创新、责任感和独立性十个分量表进行检验与分析,然后论文研究对青少年价值观的发展特点进行深入探讨与发现,分析说明青少年价值目标和价值手段存在显著的性别差异和年级差异。第四章,考察当代青少年价值观的相关因素。主要通过研究目的和假设、研究方法、结果、讨论和结论五个方面阐述价值观与动机和情绪两种因素的相关研究。第五章,考察当代青少年价值观的子系统,特别是知识价值观和道德价值观。第六章,进行当代青少年价值观的眼动研究。通过不同个体在相同情境下对不同价值取向刺激的注视时间反映被试的内在价值观,在此领域进行初步探索,总结与讨论分析大学生在总注视时间、次数、回视次数上进取与保守交互作用的显著以及在凝视时间、首次注视次数上的交互作用均不显著和在凝视时间、首次注视次数、总注视时间、总注视次数、回视次数上主效应都不显著的结果。第七章,讨论与结论。首先对全文的研究安排进行总结性的概述,然后指出论文研究的创新之处,最后阐述价值观在青少年的成长和发展过程中的重要性。

关键词:青少年　人生观　价值观

**2971**

**信息技术应用与组织文化变迁:以大型国企 C 公司的 ERP 应用为例** / 任敏著 ; 邱泽奇指导. -- 北京大学, 2009. -- 212 页

论文以大型国企 C 公司应用信息技术的过程,以及伴随着的企业文化转型的个案分析为例,通过两个维度展现信息技术应用前后组织文化的差异,着重探讨组织文化在信息技术应用前后的变革,以及由新技术应用所引发的组织文化变迁的机制是什么。全文共分为六章。第一章,导言。首先说明当前存在的现象以及提出相关的问题;其次,通过文献回顾 IT—文化研究;最后阐明论文的结构安排。第二章,首先对研究对象进行界定,明确研究对象的概念;然后阐述论文的研究方法以及调查的历程;最后介绍 C 公司的企业概况、组织结构图以及企业的信息化历程及现状。第三章,阐述信息技术(ERP)的文化内涵,通过随意性到规范性、资历优先到效率优先、形式主义到价值务实和消极被动到积极主动四个方面介绍个体工作行为中的文化变迁,总结性评述 IT 应用中的文化伴生。第四章,通过同级同事关系变迁和上下级关系变迁两个方向介绍个体间合作关系中的文化变迁,进而阐述 IT 应用中的文化调适。第五章,介绍组织文化变迁及其机制。首先从人情文化到职业文化介绍组织文化变迁;然后阐述 IT 应用引发组织文化变迁的三重机制,即技术对文化的强迫性改造、管理层的设计、员工群体的调适;最后简要的评述三重机制以及作用机理。第六章,结论与讨论。指出论文中的基本观点及其创新之处,进而对其研究方法的讨论以及深入探讨未来的研究课题。

关键词:信息技术　企业文化　组织管理

**2972**

**社会问题报道与受众心理引导研究:以天津大学生对就业问题报道的态度分析为例** / 荣荣著 ; 乐国安指导. -- 南开大学, 2009. -- 182 页

论文从心理学和传播学交叉研究的角度,通过调查研究的方法,了解我国社会问题报道中存在的问题,分析社会问题报道对受众心理产生的影响,并研究社会问题报道对受众心理引导的策略。文章选取大学生就业问题作为研究社会问题报道的突破口,主要依托在天津市开展的两项调查,共分五章进行论述。第一章“选题的提出”,介绍选题的背景、意义、研究现状及研究方法与框架。第二章“大学生就业作为

'社会问题'的框架报道分析",介绍理论背景与研究方法、媒介对大学生就业问题的意义建构。第三章"社会问题报道对受众心理影响的实证研究——以就业问题报道对大学生心理影响分析为例",介绍理论背景、研究方法与程序、大学生媒介使用情况、大学生对媒介就业报道议题的认知情况、大学生对媒介就业报道的态度分析以及相关访谈。第四章"社会问题报道过程中的受众心理引导策略分析",分析社会问题报道的社会效果、我国社会问题报道中存在的问题以及社会问题报道对受众心理的引导策略。第五章"总结与评价",总结全文,阐述研究的创新点、不足和今后研究的方向。

关键词:社会问题　新闻报道　观众　心理

2973

**治权与维权:和平乡农民上访与乡村治理 1978—2008** / 申端锋著 ; 贺雪峰指导. -- 华中科技大学, 2009. -- 399 页

论文从权威性资源角度入手,即乡村组织对农民上访的分类入手,来考察其分类治理能力,提炼出乡村治理模式的三种类型,并在乡村治理模式变迁中揭示"信访吸纳治理"的形成,在村庄语境中建立一个较为完整的关于非正常上访的分类体系,并在这一分类系统中考察维权与治权的关系,以及无法有效治理的原因。论文力图揭示出农民上访与乡村治权之间的相互塑造,通过"作为方法的村庄"重新表述对中国研究的基本取向,回应去政治化和后革命氛围中的重新政治化的根本性问题。全文共分为八章。第一章为导论,提出问题、已有范式和新范式、研究方法、资料来源、基本概念和表述框架。第二章介绍研究背景。第三章从结合治理、综合治理和没有治权的治理三个角度来论述治权和治理。第四章回顾 1978—2008 年和平乡信访的 30 年工作,并从信访吸纳治理和分类治理的角度进行阐述。第五章为非正常上访的建构与治理,主要涉及"不正常的人"及其上访、"危险的个人"及其治理、"必须保卫社会"及其困境。第六章介绍村庄结构与农民权利,其中农民权利又分为村庄成员权、公民权和生存权。第七章阐述村庄规范与上访者的规训。第八章为结论部分,得出村庄稀释农民上访的政治效应、乡村治权的弱化导致农民上访的增多、分类治理出现"有分类无治理"的格局的结论,并指出加强分类治理能力,强化乡村治权,是国家政权建设的当务之急。

关键词:群众自治　农民　信访工作

2974

**独生子女家庭关系及其影响因素研究:以镇江市为例** / 石燕著 ; 陈友华指导. -- 南京大学, 2009. -- 173 页

论文首先界定家庭关系的含义,并试图从两大方面、三个维度,来研究家庭关系,用交互分析的方法来展示独生子女家庭关系的基本情况、用多元回归分析的方法揭示独生子女家庭关系受到哪些因素的影响。全文共分为七章。第一章,引言,介绍研究的缘起,说明研究的目的及意义。第二章,文献综述。首先阐述国外关于结构功能理论、交换理论、冲突理论、符号互动理论以及发展理论的研究情况,然后回顾国内发展的五个阶段。第三章,界定成年独生子女的概念及其操作化,阐述家庭关系及其操作化,说明成年独生子女家庭关系的影响因素。说明研究假设以及研究的理论框架和方法,最后说明研究的样本与资料。第四章,子辈眼中的代际关系。首先说明经济往来的基本情况,分析代际经济支持的影响因素。然后介绍家务分工的基本情况,分析代际家务分工的影响因素。最后阐述代际间情感关系的基本情况,分析亲子关系主观评价的影响因素。第五章,阐述父辈眼中的代际关系。第六章,分别分析夫妻间的经济关系、家务分工以及情感关系。第七章,结论与讨论。论文认为独生子女与非独生子女在家庭关系上是"同"大于"异",这种情况主要是由于二者在"家庭角色"扮演上的趋同所导致。而独生子女与非独生子女在家庭关系上反映出来的相似之处是未来中国家庭关系的特征。

关键词:独生子女　家庭关系　经济关系

2975

**生命商品:社会学视野下的中原血液市场** / 苏春艳著 ; 景军指导. -- 清华大学, 2009. -- 136 页

论文通过在河南和安徽的实地田野调查和大量数据文献的整理分析,探究 20 世纪 90 年代中原地区血浆市场的形成和演变,力图研究中原血液市场的形成机制和动力,以此来探寻我国的市场和道德的边界。作者认为虽然中原地区血浆市场在 1995 年得到政府的强制整顿,其存在的历史过程之关键是市场不仅丧失道德底线,同时得到地方权力的联合。为了在新型生物技术发展中保证人的尊严和平等,作者还认为"生命商品"必须用"生命赠予"作为替代,而这一

替代必须有法律和伦理的支撑才可完成。全文共分七章。第一章为引言,介绍研究的背景。第二章,主要介绍研究的理论框架、血液供给和交换关系研究、对中原血液市场研究的文献综述、研究方法、资料收集和研究经历。第三章,从市场和权力两个方面来描述血站的相关情况。第四章,探讨"职业献血员"这一话题,包括献血与结构性暴力、献血与社会认同、血浆经济的生态描述和三民的口述故事四个方面的内容。第五章,论述血液制品的相关情况,阐释血液市场及其历史,以人血蛋白为例解释血液制品的消费,并讨论隐形的"吸血鬼":生物制药公司。第六章,解释血液污染、技术和流行病学监测。第七章为结论部分,反思中原血液市场及其道德界线,讨论无偿献血和买卖血浆的并存、器官捐赠和器官买卖的禁止。

关键词:制药工业　生物制品　献血

**2976**

**我国高等院校学校社会工作介入模式研究** / 孙跃著 ; 关信平指导. -- 南开大学, 2009. -- 165 页

论文采用比较分析、历史回顾、调查问卷和访谈等研究方法,通过对思想政治教育和学校社会工作的价值理念、功能和方法的比较分析,指出学校社会工作和思想政治教育之间存在互补性,并在此基础上提出通过大学生成长服务共同体的组建来实现对我国高校学生工作体制的创新。全文共分为七章。第一章为导论,提出问题并进行研究现状综述,介绍主要思路及构架,点出研究意义及创新之处,介绍研究方法和研究框架。第二章介绍学校社会工作在各国的开展,作者分别对美国、英国、德国、日本和我国的学校社会工作的历史和发展进行归纳和阐述。第三章通过与其他国家及地区学生事务工作的比较,介绍我国高等院校学生工作机制的形成与特点,并分析我国高校思想政治工作的传统与革新之处。第四章对重压之下的高校学生工作现状进行论述,分别分析学生对学生工作的评价与预期、高校学生工作人员对学生工作的评价。第五章首先分析学校社会工作的价值、理论与方法,指出新时期学生工作的挑战与学校社会工作的潜力。第六章对学校社会工作的思想政治工作进行比较分析,从理念、功能和相互关系方面进行论述。第七章讨论学校社会工作介入高校学生工作体系的路径选择,指出其制度契机和体系创新,并对我国高校学校社会工作开展的实施策略进行分析,进行未来展望。

关键词:高等学校　教育社会学　学生工作

**2977**

**加码的逻辑:B 市业主诉讼维权的行动策略研究** / 孙湛宁著 ; 孙立平指导. -- 清华大学, 2009. -- 167 页

论文采用了案例分析、比较研究等方法,以 B 市四个商品房小区业主诉讼维权胜诉案例为基础,得出相关结论并提出了"以行动策略为中心的制度主义"的研究路径,试图有效勾连具体社会情境、行动策略、行动逻辑、制度运作之间的关系。该论文认为,西方法律社会学的制度研究和新制度主体研究的前提是法律的高度制度化和制度的成熟化,而此前提并不合适于分析中国渐进式改革背景下缺乏稳定性和成熟性的制度,为此,"以行动策略为中心的制度主义"的研究路径强调透过行动者的行动策略理解具有中国特色的制度运作和形成。全文共分八章。第一章,介绍了研究背景、问题的提出、业主诉讼维权的概念说明与基本类型、文献综述、研究方法与资料来源和该文的主要观点及篇章结构。第二章,分析了法律制度实践形态的相关研究、新制度主义的整合研究、发展社会学的制度转型理论、以行动策略为中心的制度主义。第三章,分析了茉莉园案业主的诉讼策略。第四章,分析了天府案业主的诉讼策略。第五章,分析了世纪庄园案业主的诉讼策略。第六章,分析了业苑案业主维权诉讼策略。第七章,分析了 B 市业主诉讼维权的行动逻辑,具体来说包括行动者共同的"加码"逻辑、约束行动者制造筹码的具体情境、行动策略与制度之间的相互印证等内容。第八章是结论与讨论,包括行动策略与制度运作的契合与印证、改变诉讼力量结构的行动策略、勾连诉讼策略与司法制度的加码逻辑、该文的研究局限。

关键词:民事纠纷　物业管理　民事诉讼　权益保护

**2978**

**我国环境非政府组织公共参与行为研究** / 汪明军著 ; 付崇兰指导. -- 中国社会科学院, 2009. -- 116 页

论文采取理论分析与实证分析相结合的方法,以对中国环境非政府组织公共参与行为的综合考察为主线,对我国环境非政府组织公共参与行为进行研究。论文共分为八章。第一章,导论。阐述论文的研究问题、理论选择、主要概念、研究方法和研究意义,重点对文章相关问题的学科史进行较为全面的回顾,

在此基础上分析前人研究的若干薄弱环节。第二章，主要阐述环境非政府组织的理论基础、涵义和特征及基本结构等内容。第三章，主要阐述我国环境非政府组织产生的动因、模式及特点，并进一步阐述环境非政府组织公共参与的理论基础。第四章，主要阐述我国环境非政府组织公共参与的主要领域及其策略考察，在此基础上深入探讨我国环境非政府组织参与的定位问题。第五章，主要讨论我国环境非政府组织参与政策过程时对社会资本的过分依赖等特点。第六章，系统研究我国区域经济社会发展状况对环境非政府组织的影响，并分别阐述我国不同区域的环境非政府组织公共参与行为特点，在此基础上系统总结我国环境非政府组织公共参与行为的基本模式。第七章，在以上章节的基础上对我国环境非政府组织在公共参与实践中遇到的困境进行总结和探讨，并有针对性地提出若干政策和建议。第八章，通过对“怒江保卫战”中“绿家园”志愿者组织公共参与过程的分析，印证文章的观点。

关键词：环境保护　非政府组织　参与管理

**2979**

**中国城市异性性关系的实证研究：资源、脚本和空间视角下对多伴侣性行为、性生活满意度的考察** / 王东著 ; 潘绥铭指导. -- 中国人民大学, 2009. -- 221 页

论文采用实证研究的方法，从资源理论、性脚本理论和空间理论的视角，考察在改革开放30多年来，我国城市社会的宏观变迁背景下的“异性性关系”，并主要围绕“多伴侣行为”“性生活满意度”展开。前者主要关注长期性关系中伴侣间的“性忠诚”，主要考察影响一个人在长期伴侣之外寻求其他性伴侣的原因；而后者则关注长期性关系中性生活的质量，主要考察性生活中人们在生理、心理两个层面上的感受，回答哪些因素影响人们的满意程度、性生活生理和心理满意度的影响因素之间的差别。全文共分四个部分。第一部分界定研究对象、对性关系研究的相关理论做了综述、对三个研究视角做了解释，并详细介绍空间理论视角的内涵。第二和第三部分是实证分析的主体，分别以“多伴侣发生否”“性生活生理满意度”“性生活心理满意度”为目标变量建立涵盖三个理论视角的多层模型。主体部分的写作体例包括问题的提出、研究综述、研究假设、模型的建立、模型的说明等几个部分。第四部分对实证结果做了简明的总结，同时对实证发现做了探索式的解释。

关键词：城市　性问题　性社会学

**2980**

**黄河河南段水资源环境的社会治理研究** / 王军著 ; 傅崇兰指导. -- 中国社会科学院, 2009. -- 128 页

论文采用文献研究、比较分析、案例研究的方法，基于河流生态环境危机的解决不应该囿于科学、技术、工程甚或经济问题的前提假设，以社会治理理论为工具，从更为宽阔的社会学背景进行，主要集中在两个方面，一是构建黄河水资源环境社会治理的理论框架；二是以黄河河南段为样本区域，以社会治理理论为基础，探寻黄河河南段水资源环境社会治理的标本兼治之策。全文共分八章。第一章是绪论，内容包括问题的缘起、既有研究的述评、整体框架。第二章“水资源环境治理：相关理论分析”，回顾环境伦理理论、制度经济学理论、公共选择理论和治理理论以及发展。第三章“黄河河南段水资源环境治理的现状调研”，分析黄河流域河南段生态环境的现状、发展趋势、成就及问题分析。第四章“黄河河南段水资源环境治理问题的成因分析”，讨论过于偏重自然科学技术层面的工程管理、政府的单中心管制、“地方主义”的阻滞效应，认为问题信息传播力度不够。第五章“国外水资源治理的经验及其借鉴意义”，分析美国、法国、日本、澳大利亚的水资源治理经验。第六章“黄河河南段水资源环境社会治理的表层分析：治标之策”，分析建立以市场调节为主的水价形成机制、创新水权制度、改善污水治理制度。第七章“黄河河南段水资源环境社会治理的深层分析：治本之策”，内容包括治本的基本原则科学发展观、构建复合的社会网络治理结构、确立多中心的治理机制、健全相关的法律制度。第八章“案例实证分析：三门峡市黄河水资源环境的社会治理”，分析三门峡市的区域自然概况、社会经济发展概况、三门峡市资源型城市发展与黄河水资源的密切联系、三门峡市黄河水资源环境治理的经验。

关键词：黄河　水环境　水资源管理　社会管理

**2981**

**结构性、反思性与失地农民的自我身份认同** / 王亮著 ; 江立华指导. -- 华中师范大学, 2009. -- 136 页

论文以失地农民的自我身份认同为研究的切入点，通过分析影响失地农民自我身份认同的两种因素，即社会的结构性建构和失地农民自我的反思性建构，以及二者间的互动关系，来把握失地农民自我身

份认同的发展演进逻辑。全文共分为六个部分。第一部分为导论,主要阐明以失地农民的自我身份认同为研究主题的缘由,分析研究失地农民的身份认同的意义。在对国内外关于失地农民问题的研究进行梳理的基础上,阐述论文的分析概念和研究方法。第二部分为理论阐释,主要梳理关于自我身份认同的几种理论分析视角。通过对本质主义、结构主义、建构主义等关于研究自我身份认同的理论视角的分析评述的基础上,借鉴郑杭生教授的社会互构论,提出论文关于失地农民自我身份认同的研究视角和分析路径。第三部分概括性地分析影响失地农民自我身份认同的两个建构主体,以及其建构身份认同的具体依托因素。第四部分着重从社会的结构性架构这一影响失地农民自我身份认同的因素出发,通过分析社会的各种结构性设置与失地农民的身份及身份认同的因素出发,通过分析社会的各种结构性设置与失地农民的身份及身份认同之间的关系,来具体呈现社会的结构性因素是如何形塑和影响失地农民的身份认同的。第五部分则从失地农民个体的反思性建构出发,探讨失地农民自我是如何影响和塑造他们的自我身份的。第六部分通过对影响失地农民的自我身份认同的社会的结构性和自我的反思性二者互动关系的考察,来分析失地农民的身份认同变化的趋势,以及影响失地农民的身份认同的社会的结构性、失地农民的反思性的变化趋势。

关键词:土地问题　农民　自我意识

**2982**

**住房体制的两种逻辑从一个企业考察住房体制的转变** / 王美琴著 ; 李强指导. -- 清华大学, 2009. -- 160 页

论文通过对一家国有企业住房改革实践过程的个案分析,从微观层面考察中国城市住房体制的转变历程,试图回答的核心问题是住房体制的转变是如何实现的,并对住房体制转变所带来的社会影响所关注。作者最后得出结论:通过将住房从公有转变为居民所有,住房体制的变革将实物分配制度下形成的住房不平等结构从产权上固定下来,这不仅维续改革前形成的住房不平等,而且构建一种新的基于财产的不平等秩序。此外,住房改革带来的对产权的确认和择居自由,导致案例企业传统单位社区的杂化,也使其演变成为住房商品体制下城市空间居住分化格局中的底层聚集区。全文共分七章。第一章,介绍研究的缘起、相关研究综述、该研究的创新、研究方法与调研过程以及论文结构的安排。第二章,分析单位制与住房实物分配体制、中国城市住房制度改革历程、国有企业住房改革内容以及住房制度改革带来的重要转变。第三章,是有关于田野个案——Y 企业的房改故事的分析。第四章,讨论国有企业住房改革的经济社会背景、制度的内化——国家和政府的运作、Y 企业住房改革的实践过程。第五章,探讨国有企业改革中工人的行动选择、Y 企业住房改革中工人的回应与选择、工人行动选择的依据以及对实物分房是否是福利的思考。第六章,分析房改之后基于财产的不平等秩序的建立、传统单位社区的杂化与底层化演变。第七章为结语部分,首先概括文章的主要观点,其次分析了研究局限。

关键词:城市　住宅　经济体制改革　国有企业

**2983**

**中国城市居民主观生活质量影响因素的实证研究** / 王培刚著 ; 宋林飞指导. -- 南京大学, 2009. -- 158 页

论文采取应用统计的实证分析的研究手段,通过重点分析中国城市居民主观生活质量中的影响因素问题,试图帮助有关部门动态地把握城市民意的基本走向,为我国城市的经济和社会发展提供事前咨询与事后反馈,帮助有关部门根据人们的意愿更好地满足并丰富人们的多元需求。论文共分为七章。第一章为引论,就加强主观生活质量中的影响因素研究的重要性及其主观生活质量相关范畴进行梳理和探讨。第二章梳理并综合评价当下的四个主要理论流派:功利主义视野中的生活质量研究、审慎价值视野中的生活质量研究、需求视野中的生活质量研究、能力视野中的生活质量研究。第三章至第七章围绕主观生活质量中的核心要素的影响因素展开研究,分别探讨城市居民生活满意度的影响因素、城市居民主观幸福感的分割影响因素、城市居民主观幸福感结构的影响因素、影响居民主观幸福感的城乡因素等方面,研究发现当前职业结构或收入结构仍然像 20 年前一样被城市居民看作是影响他们生活质量满意度的主要影响因素,但主要仍是很多分割性的结构因素在影响着个体的社会经济地位和地位获得,最终影响到他们的生活质量感知。第七章是对全文的总结回顾,针对在主观生活质量研究中取得的研究成果给予介绍和说明,对其中存在的问题进行反思和检讨。

关键词:城市　居民　生活质量

**2984**

**弱势群体的利益表达机制研究** / 王文祥著 ; 邴正指导. -- 吉林大学, 2009. -- 130 页

全文通过社会结构转型、文化变迁以及社会风险的分配逻辑等社会学视角分析导致弱势群体利益表达困境的深层次原因,论证建立和完善弱势群体利益表达机制的必要性,系统全面地从政府、利益表达者和社会等多个角度深入探讨此表达机制。全文共分为六章。第一章,导论。首先对问题的提出和研究的理论与现实意义做出说明;其次对研究的对象进行界定,明确研究对象的总体范围和概念;最后阐述论文的研究框架和研究方法。第二章,阐述弱势群体利益表达的理论分析。首先从社会学的视角阐述说明,分析社会分层理论与利益表达、结构功能理论与社会和谐、冲突理论与“社会安全阀”机制、利益表达行动与表达制度的双向建构这四个方面的相关性;然后探讨其他学科领域对弱势群体利益表达的相关理论分析;最后评述相关领域的国外的理论与实践分析。第三章,介绍弱势群体利益表达机制的制度空间与社会空间。简要评述人民代表大会制度、政治协商制度、司法制度、信访制度四种表达机制的制度空间和社会组织、社会网络媒体两种社会空间。第四章,通过弱势群体利益表达的行为分析以及统计调查研究介绍其群体利益表达的社会活动。第五章,首先通过单位解体、文化失调和社会风险分析建立弱势群体利益表达机制的必要性;然后从政府、社会和利益表达者的角度阐述如何建立起利益表达机制;最后总结性的评述集体表意行为与群体性事件。第六章,结论。论文对国外相对成熟和完善的弱势群体利益表达机制从理论和实践两个层面进行系统的梳理为建立完善适合我国国情的机制提供借鉴,同时对规范和引导集体表意行为和防范性群体事件、建立社会危机的预警机制提出自己的见解。

关键词:边缘群体　权益保护　制度建设

**2985**

**媒介使用对村民政治信任和社会信任的影响研究:来自皖东农村的实证报告** / 王正祥著 ; 潘知常指导. -- 南京大学, 2009. -- 226 页

论文研究的目的是在中国社会转型和媒体变革的双重背景下,来探讨媒介使用对村民政治信任和社会信任的影响。全文共分为七章。第一章,导言。说明研究主题、研究的意义以及研究方法。第二章,文献探讨。首先探讨有关传媒对政治信任、社会信任影响的理论基础,说明有关信任的研究,阐述有关传媒对政治信任和社会信任的影响研究,最后回顾有关中国传媒转型及其效果的相关研究。第三章,说明研究的框架,阐述研究设计,最后介绍对样本个人基本情况的统计。第四章,乡村村民的媒介使用情况及影响因素。首先分析村民的媒介接触情况与影响因素,然后说明乡村村民的媒介使用时间及影响因素,最后阐述乡村村民的媒介内容使用及影响因素。第五章,媒介使用与村民的社会信任。分析乡村村民的社会信任状况,然后分析媒介使用对村民社会信任的影响以及媒介使用对不同年龄组村民社会信任的影响。第六章,媒介使用与村民的政治信任。首先介绍乡村村民的政治信任状况,然后分析媒介使用村村民政治信任的影响以及媒介使用对不同年龄组村民政治信任的影响。第七章,结论。

关键词:农村社会学　传播媒介　政治文化

**2986**

**转型期乡镇政权的运作逻辑研究:以豫东南 L 乡为例** / 魏华伟著 ; 贺雪峰指导. -- 华中科技大学, 2009. -- 116 页

文章在分析乡镇机构改革所处的具体的时空背景的基础之上,以豫中平原 Z 市 R 县 L 乡乡镇机构改革和乡镇机构改革之后的乡镇政权以及单列出来的乡镇事业单位的运作逻辑为例,来分析乡镇政权如何以及是否能够在后改制时代适应乡村社会发展的现实需要。在讨论研究结论之后,文章提出基于事件分析基础之上的“强警虚乡实村”政策建言。全文共分为八章。第一章为导论,介绍问题意识与研究缘起、研究现状及评述、研究方法与个案介绍、主要概念界定与文章结构安排。第二章介绍乡镇机构改革的时空背景,论述税费改革的倒逼效应、乡镇政权的内在原因、国家治理转型的时代诉求和时空交汇的乡镇机构改革。第三章论述乡镇机构改革政策逻辑和草根逻辑并存的双层逻辑及两大逻辑的博弈,并介绍乡镇机构改革后的部门设置及职能安排。第四章则阐述后改制时代乡镇政权的运作逻辑。第五章介绍后改制时代乡镇事业单位的运作逻辑。第六章论述乡镇主位的县乡关系和乡村关系。第七章则以村落视野来看待乡镇政权,分析伦理性危机和治理行为及并存及其影响,指出其酝酿新的政权合法性困境,拷问乡镇政权的治理能力。第八章为结论与讨论。

关键词:地方政府　机构改革　社会转型期

2987

**媒介交换网络中的新闻伦理研究** / 闻娱著 ; 丁柏铨指导. -- 南京大学, 2009. -- 197 页

论文借用“行动者”这一概念来定义位于媒介交换网络各个节点上的社会主体,通过媒介交换网络中的行动者之间的交换关系和流通资源来对媒介交换网络中的新闻传媒组织与新闻从业者所做出的新闻伦理抉择进行研究。文章共分为七章。在导论部分,作者介绍问题的缘起、核心概念、研究综述、理论框架与研究方法。第一章阐述媒介交换网络的理论来源,包括功利主义、行为交换论等。第二章介绍媒介交换网络的基本结构,从媒介交换网络中的行动者、流通资源、资源交换场域和间接交换关系等方面进行分析,并指出媒介交换网络中交换关系的特点和媒介内部交换网络的结构。第三章阐述新闻伦理现实问题产生的社会背景,包括中国社会的结构转型、媒体体制的“不变”与“变”和媒介自身结构的转型。第四章通过权力控制下的信息失真、失衡和新闻寻租的问题来分析渠道—权力资源交换场域中的新闻伦理。第五章对经济资源主导下的“有偿新闻”“有偿不闻”和广告新闻化等现象进行分析,从而讨论渠道—经济资源交换场域中的新闻伦理。第六章侧重论述渠道—信息资源交换场域中的新闻伦理。第七章从假新闻、新闻煽情化、娱乐化、炒作等角度来论述信息—注意力资源交换场域中的新闻伦理。在结语部分,作者讨论媒介交换网络的理性规范,提出交换资源的再分配与交换规则的再调整。

关键词:伦理学　传播媒介　大众传播

2988

**南京:1912 和现代性的增长** / 吴聪萍著 ; 周晓虹指导. -- 南京大学, 2009. -- 308 页

论文把南京城市置于中国城市早期现代化历史进程中,以近代南京城市的发展和现代性的增长为主题,讨论 1912—1937 年间即南京国民政府成立到全面抗战的 15 年,南京这个当时中国第一都市现代性的成长及其与传统的纠葛。着重观察在现代社会演变的过程中,城市某些现代特质的逐步形成以及如何形成,并探究城市现代性环境形成背后的机制以及对城市生活的影响。全文共分为八章。第一章,导论。介绍现代性关照下的民国南京并阐述论文的研究方法、分析框架以及资料分析。第二章,说明从清末新政到南京国民政府对现代性的诉求。第三章,阐述城市社会组织,分析民间社会的建构。第四章,介绍都市现代改造计划:城流乡动,说明现代性的人造物:道路,阐述城市空间结构的延续与变迁,分析民族主义建构与都市空间实践的意义表达。第六章,阐述物质文化的变迁与首都新生活运动,介绍青楼文化时代的终结与首都禁娼运动。第七章,阐述传统消费空间茶馆的变迁,说明新式休闲娱乐公园的出现,通过介绍衣食住行阐述一种文化对于异质文化的吸纳并且通过阐述婚嫁和丧葬说明从旧时尚到新时尚的变化。第八章,总结。阐述外部现代性的冲击,说明民族—国家的创建以及政府朝向现代化的推动,分析现代性的几个向度,最后介绍传统与现代性的纠葛。

关键词:城市化　现代化　南京

2989

**组织变迁中的意识形态整合研究** / 吴海琳著 ; 刘少杰指导. -- 中国人民大学, 2009. -- 156 页

论文采用文献研究、案例研究等方法,在新的时代背景下,从意识形态的阶级分析转向组织论分析,并在中国制度变迁的场景下,以社会学的视角对组织变迁中的意识形态整合实践展开具体过程分析。全文共分五章。第一章“导论”,介绍问题的缘起、核心概念、研究框架、研究方法与案例的选取、研究意义。第二章“意识形态理论与社会学视角下的意识形态研究”,阐述意识形态概念的形成和理论演变、社会学视角下的意识形态研究、社会学的研究范式与意识形态概念的界定和我国的意识形态研究现状。第三章“意识形态的现代转向与组织论视角”,讨论意识形态的现代转向、社会生活的组织化与意识形态研究的组织论视角、组织意识形态的建构性与嵌入性。第四章“制度变迁下的组织意识形态分化”,描述国有企业的原生性与代表性、计划经济的组织意识形态、市场经济时代的组织意识形态。第五章“组织意识形态整合实践——两个案例分析”,首先讨论组织意识形态整合路径,然后分析两个案例:内部整合为主——部落式组织的意识形态整合和外部适应为主——协变式组织的意识形态整合。

关键词:企业组织　社会变迁　社会意识形态

2990

**我国农村老年人口福利状况研究** / 伍小兰著 ; 杜鹏指导. -- 中国人民大学, 2009. -- 183 页

论文主要应用统计分析、文献研究及定性分析的

研究方法对我国农村老年人口福利状况进行研究。全文共分八章。第一章导言,介绍研究背景和研究意义。第二章,主要就福利的定义、福利的评价方法进行文献回顾。第三章,阐述研究的框架、内容、工具、方法、数据来源等。第四章,讨论农村老年人福利的评价空间和分析策略。第五章,就农村老年人口福利状况,进行分维度分析、不完全加总分析、贫困问题分析。第六章,分析农村老年人口福利状况的影响因素,主要有住房维度、健康维度、医疗维度、照料维度、社会关系和精神文化生活维度、社区参与维度以及收入维度。第七章,提出农村老年人福利的政策建议框架,从综合政策、法律法规、分项政策三个层次对我国与老年人福利相关的社会政策进行带有重点的梳理。第八章,对研究进行全面的总结,基于前文实证分析和政策分析的结论,在居住环境方面、健康和医疗、生活照料方面、社区参与、精神文化生活、支持性环境、收入支持、政策的落实和完善这八个方面提出具体的政策建议,并指出研究的主要创新之处、不足之处以及有待进一步研究的内容。

关键词:农村　老年人　社会福利

**2991**

**清末至民国时期中国服饰文化变迁与社会思想观念** / 夏目晶子著 ; 王处辉指导. -- 南开大学, 2009. -- 326 页

论文采用文献研究、比较分析、案例分析等方法,试图将清末至民国时期中国服饰文化变迁与同一时期社会思想观念的变化及发展结合起来进行考察,并解释其间的具体关联及意义。论文由绪论、上下两编(各有五章,共计十章)、结语与讨论以及附论等部分组成。绪论主要说明课题的缘起、学术意义、研究现状、研究设计。上编以"清末时期中国的服饰文化与社会思想变迁"为主题,分五章依次讨论中国服饰文化与清末各种社会思想之间的复杂关系,揭示清末时期服饰文化与各种社会思想之密切互动的历史进程。其中,第一章主要介绍传统农业文明时期的服饰文化。第二章主要介绍中国服饰文化向现代化方向起步转型的社会背景。第三章是关于新型知识分子阶层的形成及新社会思想观念的涌现。第四章讨论清末时期的"剪辫易服"运动与废止女子缠足运动。第五章集中讨论清末时期新军"易服"的成功及其对整个中国社会广泛而又深远的影响。下编的主题为"民国时期服饰文化的变迁与各种社会思想",也是由五章构成,从不同角度探讨当时中国服饰文化变迁的时代背景及其与各种社会思想的互动关系。第六章介绍民国时期的社会思想运动。第七章介绍中国历史上最后的服饰制度。第八章介绍剪辫易服与废止女子缠足运动的继续和基本完成。第九章分析西式服装的盛行与中山装的创制与影响。第十章探讨传统服装的改良、发展与服饰多样化趋势的初步形成。结论与讨论部分,对全文进行必要的归纳与总结,指出清末至民国期间中国的服饰文化及其变迁,确实是与当时社会的思想观念之间存在着非常复杂和密切的互动关系。

关键词:服饰文化　清后期　民国

**2992**

**都市报功能设置研究:以南京三家都市报为例** / 夏文蓉著 ; 丁柏铨指导. -- 南京大学, 2009. -- 171 页

论文以媒介社会学为理论框架,将都市报置于其所在的传播空间和媒介环境中考察其与城市社会的互动关系。通过对都市报的全面分析,探讨都市报如何表达和建构社会现实以及如何完成对自身角色的建构,从而揭示都市报在功能设置与功能呈现之间表现出一致性和差异性。全文共分为四章。首先,导论。介绍研究背景、研究对象,说明研究的问题与目标,界定相关概念,分析论文的理论框架,最后阐明研究方法。第一章,分析都市报的社会功能,研究都市报的"城市性",说明都市报的内容。第二章,首先介绍南京都市报的三轮报业大战,然后阐明都市报格局中的功能定位,最后分析都市报的功能框架。第三章,说明新闻报道中的城市主题,介绍都市报中的城市市民及城市事件。第四章,说明都市报的传播过程模式,阐述都市报与新闻来源的互动,与读者市民的互动,介绍编辑部的内部互动,最后说明都市报与社会的意见互动。论文研究表明,都市报文本体现出的功能设置取向与从业者对职业的理想化期待以及功能设置之间存在较大差异。在新闻生产社会学的框架内论文揭示出报纸新闻的生产受制于报纸与新闻来源、读者的外部信息互动机制,也受制于编辑部内部控制机制,此外,还会受到报纸与社会意见互动状况的影响。

关键词:报纸　新闻工作　社区

**2993**

**转型期行业协会社会角色建构研究:以上海 H 行业协会为例** / 肖炳南著 ; 李友梅指导. -- 上海大学, 2009. -- 142 页

在借鉴已有研究的基础上,该论文试图引入组织研究中的权变理论和资源依赖理论,从中观层面(而非宏观结构层面)出发,来勾勒出转型期中国行业协会是如何面对国家、市场、社会这三个不同的需求和制度环境,策略性的建构自身角色的。论文主要分为五章。第一章为"导论",主要研究背景、回顾已有研究、解释研究方法。第二章"国外行业协会的角色建构与启示",分析美国、法国、日本行业协会角色的建构及其原因;然后比较分析我国行业协会与上述三国行业协会的差异。第三章"快速市场化情境中的H行业协会",主要描述分析上海行业协会发展的制度背景、H协会的基本发展状况、H协会的工作开展情况、H协会的外部关系分析和H协会的多重角色的重叠;国家、市场、社会"三元"权力主体交互作用和H行业协会的"权变"理性是协会多重角色重叠的原因。第四章,"角色期待与回应互动",描述和分析政府、企业、社会(民间)多边权力主体基于各自需要对行业协会所形成的角色期待、原因及行业协会面对多变主体的"各自期待"所分别做出的策略性回应。第五章"行业协会的角色冲突与调整建构",主要阐述行业协会的角色冲突、在多边期待中行业协会策略性的行动以及由于"策略性行动"可能产生的后果——"三元性"一体的角色建构。

关键词:行业协会　社会角色　运行模式　经济转型期

**2994**

**农村独生子女与性别平等** / 肖富群著 ; 风笑天指导. -- 南京大学, 2009. -- 189 页

论文探讨在实行独生子女政策的农村地区,生育独生子女能否改善日常生活中的性别平等状况。全文共分为八章。第一章,导言。说明研究背景,提出研究问题,最后阐述研究意义。第二章,文献综述。阐述社会性别理论,说明社会性别经验研究以及独生子女研究,最后进行简短评价。第三章,研究设计。说明研究的理论基础与研究视角,阐述研究的分类比较框架,介绍变量的测量与研究假设,最后说明资料收集情况。第四章,性别平等与生育选择。首先说明论文的任务与研究思路,介绍两种生育现象及背后的性别态度,然后阐述子女的性别特征及父母的性别态度倾向,并且说明两类父母的生育性别观念,最后说明性别平等态度与是否生育独生子女。第五章,独生子女与家庭地位。首先说明父母以及子女的家庭地位状况,然后分析家庭地位差异的影响因素,最后分析独生子女与家庭地位平等的关系。第六章,独生子女与教育获得。说明两类子女的教育家庭条件以及受教育状况,分析子女受教育差异的影响因素,最后探讨独生子女与教育性别平等的关系。第七章,说明两类父母与两类子女的职业发展,分析职业发展差异的影响因素,阐述独生子女与职业性别平等的关系。第八章,结论。首先,生育独生子女不能明显改善父母的性别平等状况,生育独生子女能明显促进子女的性别平等;其次,农村独生子女优势明显,独生子女的家庭条件优越;最后是独生子女政策与性别平等的建构。

关键词:农村　独生子女　性别平等

**2995**

**土地价值与社会约束:以北京市崇文区旧城改造为例** / 肖林著 ; 李强指导. -- 清华大学, 2009. -- 340 页

论文引入西方新马克思主义城市社会学的相关理论和社会学对市场转型的研究成果,结合具体实践进行实诚分析,通过对北京市崇文区旧城改造的个案研究,试图探讨从计划经济走向市场经济转型时期城市空间产生的政治经济学逻辑,以加深对国家、市场与社会三者关系的理解。全文共分八章。第一章导言,介绍问题的提出、国内相关研究、该研究的问题概念与方法。第二章空间产生的政治经济学,讨论早期社会学家对于空间的论述片段、城市社会学的变化。第三章发展型地方政府与旧城改造,分析了国家与市场转型、地方政府与"经营城市"、北京市"危旧房改造"的历史演变。第四章崇文区的"崇商"之路,分析南北差距下的袖珍城区、崇文区的空间开发战略、开发商与旧城改造、城市空间的巨大转变。第五章"人与地":城市居民与旧城改造,分析了旧城居民的去与留、"绅士化"与中产业主维权。第六章微观空间产生:某危改小区开发逻辑与空间矛盾,分析城市社区阶层化、某危改小区案例、"房改带危改"政策下的空间开发逻辑、互嵌的社会空间、改造后的空间矛盾。第七章历史文化保护与旧城改造,讨论旧城的历史文化价值和保护政策的发展、参与保护的社会力量及其参与途径、前门地区案例。第八章总结和讨论,讨论空间的社会生产与价值冲突、中国特色的城市"增长机器"、城市发展观反思与发展模式选择、时间—空间—社会的三重辩证法。

关键词:城市规划　城市空间　北京

2996

**农民工随迁子女教育融入研究:一个发展主义的研究框架** / 徐丽敏著 ; 关信平指导. -- 南开大学, 2009. -- 186 页

论文基于一种发展主义的研究框架,兼顾社会因素和经济因素,对农民工随迁子女教育中的社会融入问题进行探索,试图通过建构一种发展型的农民工随迁子女教育融入政策,以达到全面提升我国工业化和城市化进程中未来劳动力市场上的人力资本素质的目标。全文共分为五章。第一章为导论,首先介绍研究背景,回顾过往研究,并介绍研究思路和研究内容,随后进行基本概念界定,最后概述研究方法、研究意义与创新点。第二章提出文章的发展主义研究框架,在系统梳理社会发展理论和社会融入理论的基础上,界定论文的核心概念——"教育融入",并提出关于农民工随迁子女教育融入的分析框架,包括教育起点融入、教育过程融入、教育结果融入、社会资本融入、文化与心理融入五个方面。第三章在教育融入的分析框架下,对当前我国农民工随迁子女教育融入发展中存在的问题进行研究。第四章对农民工随迁子女教育融入问题的原因进行分析,分别从教育、社会和经济方面进行论述。第五章构建农民工随迁子女教育融入政策框架,从教育的属性分析入手,认为教育兼具公共性与私人性的特点,前者是其主要的属性特点,这决定农民工子女教育融入政策框架的价值基础,包括发展主义、兼顾公平与效率、社会融入。

关键词:流动人口　农民　教育

2997

**西部农村留守妇女婚姻质量研究:以四川两县农村为例** / 许传新著 ; 风笑天指导. -- 南京大学, 2009. -- 181 页

论文通过对中国西部地区劳动力外出大省—四川省两个县四个乡镇 24 个行政村千余名农村妇女的抽样检查,获得第一手经验资料的基础之上,以非留守妇女做参照,对留守妇女的婚姻质量问题进行较为深入的分析。全文共分为十一章。第一章,导言。介绍研究背景以及研究方法,说明论文的研究主题与框架。第二章,阐述关于婚姻质量的定义、测量以及影响因素,最后说明婚姻质量对其他社会事实的影响。第三章,首先界定农村留守妇女以及婚姻质量,然后说明婚姻质量的测量方法。第四章,说明留守妇女的基本特征,阐述留守妇女婚姻质量各个侧面的状况与评估以及总体状况与评估。第五章,通过实验研究夫妻异质性与婚姻质量。第六章,研究社会性别观念与婚姻质量。第七章,研究妇女家庭地位与婚姻质量。第八章,分析家庭压力与婚姻质量。第九章,首先分析留守影响婚姻质量的中间环节,然后分析留守妇女婚姻质量的影响因素。第十章,通过实验阐述留守妇女的婚姻质量。通过研究发现留守不仅直接给农村妇女婚姻质量带来负面影响,而且还通过扩大夫妻之间人格特质差异、增强其家务负担,增大其精神压力和经济压力,从而间接促进农村妇女婚姻质量下降。第十一章,运用继续社会化理论、结构二重性理论、社会期望理论对研究发现进行理论上的分析与讨论,并指出了研究在方法上的不足以及有待进一步深入研究的问题。

关键词:农村　已婚妇女　婚姻问题

2998

**关系、策略与信任:一项关于信任建构过程的研究** / 薛天山著 ; 翟学伟指导. -- 南京大学, 2009. -- 154 页

论文采用个案研究的方法,通过对中国人信任建立过程的深入观察和理解,探索中国人信任的建立机制及其逻辑。全文共分为六章。可分为四部分。第一部分,相关理论的回顾与评述。通过对西方人际信任的理论与研究路径进行细致的梳理和分析,发现西方的人际信任研究陷入困境。第二部分,针对人际信任研究的各种路径的缺憾,在深入考察人际信任的真正意涵的基础上,论文提出一种新的研究路径——信任策略分析,并提出信任策略分析应包含三个层次。首先,必须对信任者与被信任者的行动策略进行动态描述和理解;其次,在社会结构、制度与文化的脉络中分析信任者与被信任者行动策略产生的根源;最后,还应该探讨信任者与被信任者的行动策略对社会结构、制度、文化的再生产的影响。第三部分,包括第三至第五章。通过个案的呈现与分析,发现中国人倾向于在关系中寻找信任策略。进而在分析各种形形色色的信任策略以后发现,虽然各种策略不尽相同,其所建立的信任的强度也不等,但隐藏在各种策略背后的信任逻辑并无二致。第四部分,结论和讨论。首先探讨中国人的这种信任逻辑的社会结构、制度与文化根源。接着探讨中国人的信任逻辑对社会结构的再生产问题,研究发现通过建构"圈子"或"派系",使得在封闭的乡土社会中生产出来的信任方式与逻辑依然有效,而"圈子"或"派系"地出现也改变了社会的

构成方式,构成了一种新的社会单元。

关键词:信任　人际关系

2999

**新员工期望与组织社会化早期的适应** / 姚琦著 ; 乐国安指导. -- 南开大学, 2009. -- 139 页

论文试图澄清新员工期望与适应的关系并对其机制做出解释。全文共分为四章。第一章,引言。提出问题,说明研究的目的以及理论和现实意义,介绍论文结构的安排。第二章,首先综述关于组织社会化的研究,包括组织社会化的研究历程、符号互动论对组织社会化的解释以及关于组织社会化研究的几个重要问题,然后说明社会心理学中关于期望内容和期望结果的研究,阐述动机研究的新发展:关于调节定向的内涵、测量,调节定向对基本心理过程的影响以及调节定向理论在组织中的应用,介绍关于新员工期望的研究:关于新员工期望的内容和结构以及新员工期望的作用机制、人格对新员工入职期望的影响,最后说明论文的理论框架、理论假设和研究方案。第三章,实证研究。首先说明新员工入职期望问卷的编制准备工作,然后阐述调节定向问卷的修订,分析新员工期望与组织社会化早期适应的关系,探讨新员工期望与组织社会化早期适应关系的机制,从调查问卷以及实验研究两个方面的数据分析说明调节定向对新员工期望和适应关系的影响,最后介绍个体差异、情景和新员工期望的匹配模型。第四章,说明研究成果,并且基于实证研究结果对新员工期望管理提出两点建议:差异化的期望管理策略以及新员工、期望和情景的匹配。

关键词:企业管理　员工　管理心理学

3000

**画架上的村庄:社会转型下的宋庄当代艺术群落现象研究** / 叶静著 ; 张鸿雁指导. -- 南京大学, 2009. -- 199 页

论文首先从社会学微观层面深入研究和探讨宋庄技术群落的产生脉络和内在生存状态,然后从宏观层面探讨在中国的整个社会大转型的背景下形成这个当代技术群落的深层次原因。全文共分为八章。第一章,绪论。介绍社会转型中产生的新型社会群体,说明转型社会的边缘群体与社会焦点性,最后阐述论文研究的理论以及实践意义。第二章,介绍国内外研究成果,阐述论文研究的理论基础。第三章,介绍选择的研究对象以及选择的原因,并阐述研究方法:个案访谈法、参与观察法、文献法。第四章,说明当代艺术家选择宋庄的理由:社会转型中的蜕变、低廉的居住成本、“老房子”情节以及艺术家的“群居效应”。然后阐述社会空间的侵入、隔离以及融入。最后说明艺术群落与村庄文化上、社会上、经济上的互动与共生。第五章,介绍艺术群落的社会分层:艺术精英层、艺术中间阶层以及底层艺术工作者。说明艺术群落的社会特征:边缘化的群落、自由的身份和原生态的活法、非主流艺术与国际的零距离。最后说明宋庄技术群落的价值取向及日常生活。第六章,阐述经济体制转型下的当代技术,介绍技术群落的产业化,最后分析政府与艺术群落的关系。第七章,首先分析城市与艺术的关系,说明艺术群落聚集大都市的模式,阐述当代艺术的“合法性”和“制度化”,最后介绍户籍及土地制度变迁下的宋庄。第八章,前瞻与思考。

关键词:亚文化　社会转型　宋庄

3001

**农民工的城市认同与定居意愿** / 叶鹏飞著 ; 李强指导. -- 清华大学, 2009. -- 160 页

论文以 2007 年在广东、福建、湖南、河南、广西、云南、重庆等 7 省收集的农民工职业技能培训的调查数据为基础,结合在北京市某农民工集中居住社区的田野调查,分别对农民工的城市认同和定居意愿问题进行量化和测量,考察影响农民工城市认同和定居意愿的结构性因素,围绕这两个主题研究提出一系列基本的观点和结论。同时,该文还涉及对于农民生活中的城市性的讨论,证明其生活中的城市特质并不明显;并从社会交往的角度,提出农民工在社会融合、感受社会歧视方面的变化情况。全文共分八章。第一章,介绍问题的提出、研究现状与文献评述、理论基础、研究目的和意义。第二章,主要介绍研究的分析框架、主要概念、基本假设、研究方法和调查地。第三章,分析农民工的生活及其变迁,包括制度层面的演进过程、农民工的代际更替、当前农民工的城市生存状况。第四章,主要分析农民工的社会支持,包括求助体系、社会交往、社会保障等方面。第五章,是关于农民工城市生活感受,从城市生活满意度和城市生活中的幸福感来分析。第六章,探讨身份认同问题,包括农民工的身份认同、农民工生活中的城市性、感受社会歧视方面的变化情况等内容。第七章,分析农民工的城市定居意愿,进行相关回归分析。第八章,对全文进行总结,对制度进行思考并对研究进行展望。

关键词:城市　农民工　社会生活

3002

**城市公共空间的变迁:以南京夫子庙地区为例的城市社会学研究** / 殷京生著 ; 张鸿雁指导. -- 南京大学, 2009. -- 245 页

论文以夫子庙这一典型城市公共空间为个案,纵向历史回顾,描述和分析夫子庙城市公共空间的传统意象要素和场域功能。全文共分为八章。第一章,绪论。说明城市化与空间变迁的困境,阐述城市公共空间研究的理论与现实意义,最后说明城市公共空间的概念范畴及其界定。第二章,理论与方法。说明国内外城市公共空间的相关研究,然后说明论文的研究对象和研究方法。第三章,中外城市公共空间的发展形态。分别说明西方城市、中国城市以及南京城市公共空间的发展形态。第四章,夫子庙街区空间的传统意象。首先说明夫子庙街区空间的主体意象要素,然后阐述夫子庙街区空间的"场域功能",最后说明夫子庙空间场域的现代变迁。第五章,夫子庙空间的现代生活方式型塑。介绍公共空间与现代生活方式需求,说明夫子庙的"休闲街区"属性,最后阐述夫子庙"交往空间"属性。第六章,夫子庙街区的现代特色商业空间建构。阐述城市商业街的结构变迁,说明夫子庙商业空间的场所属性,最后介绍夫子庙商业空间的分异与整合。第七章,夫子庙公共空间的城市文化生产功能与变迁。首先,说明公共空间文化理论的再认知,然后阐述夫子庙文化意象的空间表达,最后介绍作为城市集体记忆的夫子庙。第八章,前瞻与思考。

关键词:城市社会学　空间规划　社会变迁

3003

**老年受众对电视的使用与满足:一项传播社会学的考察** / 殷文著 ; 丁柏铨指导. -- 南京大学, 2009. -- 156 页

论文从主动的受众角度出发,研究日常生活中老年受众对电视的使用与满足。全文共分为四章。首先,绪论。交代研究缘起、目的和意义,介绍研究设计与方法。第一章,文献综述,包括对国外使用与满足理论的综述;对使用与满足的中心概念"受众主动性"的介绍;国外老年人受众电视收视行为研究综述;大陆及港台的相关研究等的介绍。第二章,老年受众的电视使用动机。结合电视使用与满足中对于使用动机的不同分类,通过访谈资料,分析中国老年受众对电视的使用动机,包括个体性动机、社会交往性动机以及电视本身所引发的动机,尤其突出了以往研究所忽略的社会交往性动机,同时指出动机之间的交织性。第三章,老年受众从电视中获得满足、不满足及主动性。特别是针对以往把满足简单地等同于动机的不足,探讨了老年受众对电视使用的不满足。并从九格分类法出发,研究老年受众在使用电视前、中、后的个人主动性。第四章,空间、互动与老年受众对电视的使用与满足:一个过程的视角。阐明互动情境中老年受众的主动性是如何与类社会互动交织在一起的,以及他们之间的互为主动性。最后是文章的结论,并在此基础上讨论日常生活脉络中电视对于老年受众的意义,强调了电视是如何通过想象的共同体的构建从而使得老年受众跨越日常生活。

关键词:电视　受众　老年人

3004

**关于青少年网络成瘾社会作用机制的一项质的研究** / 于春燕著 ; 丁伯铨指导. -- 南京大学, 2009. -- 138 页

论文将利用福柯的微观权利技术着重探讨我国家庭场域和学校场域导致青少年网络成瘾的权利作用机制。全文共分为五章。首先,导论。介绍研究的选题、相关文献、理论框架以及研究方法。第一章,以四个较有代表性的个案为依据,探讨我国网络成瘾青少年所处的家庭场域的权利关系状况及其日常运作,剖析我国青少年网络成瘾的过程。第二章、第三章,分别归纳家庭场域和学校场域导致青少年网络成瘾的重要因素,并运用福柯的微观权利理论论述家庭场域和学校场域对网络成瘾青少年的权利作用机制。第四章,揭示青少年网络成瘾的表现和后果,以及网络成瘾青少年对家庭、学校场域作用方式的解构。第五章,探讨我国网络成瘾青少年家庭场域和学校场域权利作用机制的社会根源。文章的主要结论有:首先,规训式的父母教养方式和不良的家庭环境对我国青少年不良习惯的形成起到基础性作用,直接或间接地造成了青少年网络成瘾;其次,教师的高压、打骂和忽视,往往使学习成绩不好或"不听话"的所谓"差生"产生巨大的压力和强烈的逆反心理,成为驱动他们沉迷于网络不可忽视的因素;最后网络的自主性、匿名性、开放性等特点使青少年把网络作为发泄、释放压力的工具,越来越依赖和沉迷于网络越是无法面对现实,这种恶性循环最终导致青少年上网成瘾。

关键词:互联网络　青少年　家庭

3005

**跨文化旅游情境中的多重话语:米德社会行为理论及其重要概念的经验论证** / 俞容龄著 ; 汪新建指导. -- 南开大学, 2009. -- 155 页

论文采用自然主义—建构主义的研究方法,基于多视角(多学科、多观点)、关系(场域)、历史的社会研究方法及其定性研究技术(如观察法、访谈法、文献分析法、话语分析、行动研究法、谱系学分析等)对米德社会行为理论进行经验论证。同时,论文以访问中国的英国旅游者与中国旅游接待人员互动产生旅游行为作为研究场域,考察两个具有不同文化背景的群体之间所发生的互动如何引发观点采择及自我反思,以及新的情景性认同如何在这个过程当中得到建构。研究集中探讨社会行为、位置交换与视角采择、重要符号与有声姿态、自我反思等社会行为理论当中的核心概念的基础之上,引入文化流、符号资源、社会表征以及对话自我等概念扩展了原有的理论,使之能够被应用于经验研究当中。全文共分七章。第一章介绍研究背景、研究兴趣、研究计划、研究方法和研究的创新点与论文结构。第二章则主要介绍社会行为理论。第三章探讨相关的理论拓展及问题。第四章从情景、形象与符号资源的角度论述中国旅游的发展情况。第五章探讨旅游行为,包括观察的背景与方法、观光行为、摄影行为、服务行为、自我叙事行为。第六章,讨论旅游行为中的多重话语。第七章为结语,主要总结反思社会行为理论的核心概念,包括三方面的内容:作为内部对话的自我反思、自我反思的主要形式、成为自我的他人。

关键词:米德　社会行为　文化交流

3006

**成年子女照料者的角色经历与社会支持研究** / 袁小波著 ; 杜鹏指导. -- 中国人民大学, 2009. -- 171 页

论文以个人——环境理论为指导,将成年子女照料者与照料环境之间的适应关系作为文章的主线,通过对如何协调照料者个人能力与照料环境压力之间的关系这一核心问题的回答,展开关于家庭照料者角色经历及社会支持的研究。全文共分八章。第一章"绪论",介绍问题的提出、研究的意义以及创新之处。第二章"文献回顾及研究设计",介绍国内外相关研究,探讨进一步研究的必要性,最后阐释研究方法。第三章"我国高龄老人的成年子女照料者现状",描述我国高龄老人的照料需求与供给、我国高龄老人的成年子女照料者现状。第四章"成年子女照料者的角色负担与角色收获",分析成年子女照料者的角色负担和角色收获。第五章"成年子女照料者的角色负担与角色收获的产生机制",论述成年子女照料老年父母的动力机制、成年子女照料老年父母过程中的应对机制以及互动机制。第六章"家庭照料者社会支持的理论阐释",阐释家庭照料社会支持的概念释析、必要性以及作用机制分析。第七章"探索建构中国家庭照料者社会支持体系",主要包括发达国家和地区照料者社会支持制度及对我国的启示、我国家庭照料者社会支持制度发展历程、构建我国家庭照料者社会支持体系。第八章"结论与讨论",主要包括研究结论与检验、研究对家庭养老理论的丰富、研究不足和进一步研究的方向。

关键词:老年人　社会保障　养老

3007

**学习不良少年习惯及其与目标关系的研究** / 曾盼盼著 ; 俞国良指导. -- 中国人民大学, 2009. -- 93 页

论文采用问卷、访谈、实验室实验等多种方法,从普通青少年日常习惯及其与目标的关系出发,重点考察习惯与目标在预测青少年学业行为时的交互作用,以及习惯与目标发生冲突的情况下青少年习惯调节的策略。全文共分七章。第一章"文献综述",主要论述习惯的概念、心理机制、习惯与目标的关系及其对习惯调节的意义和以往研究的不足与展望。第二章"问题提出和研究设计",对研究背景、研究内容与研究假设、研究设计的总体框架进行介绍。第三章"青少年的日常习惯及其与目标的关系",介绍研究过程并对结果进行分析讨论。第四章"青少年习惯与目标、执行意向的交互作用",介绍研究方法并对实验结果进行分析讨论。第五章"自我控制策略对习惯抑制的效应",介绍被试、实验任务的建构、实验程序并从训练频率的效应、习惯和有意识的控制对行为的影响等角度对结果进行分析讨论。第六章"综合讨论",阐述习惯在行为预测模型中的角色、习惯与目标交互作用模型的普遍性、习惯调节的动力与策略、研究对教育的启示、研究的创新、研究的不足以及研究展望。第七章阐述主要研究结论。

关键词:青少年　不良行为　自我控制

3008

**女性身体:从他者建构到自我管理** / 曾清林著 ; 丁柏铨指导. -- 南京大学, 2009. -- 125 页

论文以福柯的身体观和吉登斯关于晚期现代性的个人主义化趋势为理论架构，运用经验研究的方法，通过对当今中国女性的减肥瘦身、美容、追逐服饰时尚等“身体管理”实践的文献调查和个案研究，否认一些当今主流女性主义观点将女性的“身体管理”实践看成是女性接受男权文化和媒体洗脑的被动行为，从几个角度分析造成当今女性“身体管理”实践的原因，并在研究的基础上得出女性在“管理身体”的实践过程中强化女性主体性的结论。全文共分五部分。导言部分介绍研究的背景和问题的提出及研究假设。第一章，从“管理身体”和“自我认同”的角度分析了女性“管理身体”的内在动机。第二章，探讨身体知识与身体技术的全球传播，包括“美丽经济”的繁荣与身体的现代化，权力、知识和身体规训，身体知识传播的全球化与细分化，娱乐业与时尚业的亲密接触等内容。第三章，则探讨时尚传播对女性身体意义的改写，包括良家妇女的“去性化”身体以及传统服饰对身体的规训、时尚文化对女性身体意义的改写、时尚建构身体的性意味、职场女性的穿衣经解读。第四章，分析多样化知识的矛盾论述和自主空间的生成，包括现代规训与传统规训、知识的多重论述及其为女性创造的反思空间两部分内容。

关键词：女性　社会生活美　消费文化

**3009**

**县域城市化的发展路径研究：以山东邹平县为例** / 张登国著 ; 张鸿雁指导. -- 南京大学, 2009. -- 268 页

论文以邹平县为典型个案，从整体上对其县域城市化进行研究。全文共分为八章。第一章，绪论，说明研究背景以及研究意义，并对国内外相关研究做综述与回顾，并且阐述相关概念、研究方法、研究对象、研究思路和研究创新。第二章，主要从全国和山东省的实际情况出发，对全国和山东省县域城市化的类型、特征做总体的描述。研究发现，县域城市化具有多种发展类型，每种类型都有自身的特点，从整体上看，县域城市化最典型的特征是不平衡性，存在着梯度化差异。第三章，从时空的角度，对邹平县域城镇体系化的发展、邹平县县域城市化的发展历程做了描述，以了解整个邹平县县域城市化的发展变迁历史，邹平县城市化进程与国家城市化进程相比表现出一定的滞后性。第四章，主要考察邹平县域内的外来人口和邹平县域内的农村人口进城的动机、途径、城市化贡献和未来的发展取向等。第五章，主要考察邹平县域乡镇企业的发展变迁轨迹，分析这种轨迹与邹平县域城市化的必然联系，另外还分析县域乡镇企业对城市化贡献的维度，乡镇企业与职业转化、社会保障、职业培训、城镇建设关系的密切。第六章，主要考察邹平县域内社会制度对城市化的贡献层面，行政区划调整和规划、户籍制度、新农村建设制度、就业制度等都能推动县域城市化的发展。第七章，阐述县域城市化进程中的主要障碍。第八章，县域城市化的再认识与再思考。

关键词：县　城市化　城市发展

**3010**

**我国县域科技创新研究：以江苏省常熟市为例** / 张国平著 ; 陈家华指导. -- 复旦大学, 2009. -- 162 页

论文遵循从理论到实践，从宏观到微观的分析思路，采用典型调查与重点调查相结合，定性与定量相结合、纵向回顾与横向对照相结合、静态与动态相结合的分析方法，以江苏省常熟市为例，研究我国县域科技创新问题。全文共分九章。第一章“绪论”，介绍了研究背景和意义，该文的内容、结构、研究方法和创新之处。第二章“科技创新的理论与基本概念”，主要介绍目前国外、国内有关科技创新的主要理论、发展现状，并做了一定的评述。第三章“政府在科技创新中的作用与功能”，分析和讨论政府干预科技创新的依据，发达国家政府构建科技创新和技术转移体系中的经验，我国政府在科技创新中的作用与功能定位。第四章“县域科技创新的影响因素与模式选择”，阐述县域科技创新的重要性、特点、制约因素和模式选择。第五章“常熟市科技创新战略的形成”，分析常熟的经济地理特征、区位特色、经济发展状况，及常熟科技创新战略的形成和发展。第六章“科技创新与常熟经济社会发展的互动”，讨论科技创新与常熟经济社会发展之间的相关性。第七章“常熟科技创新能力的考察与评价”，对常熟科技创新能力和新技术产业进行实证分析，并阐释常熟企业科技创新活动的特点和现状。第八章“常熟市科技创新存在的主要问题及其面临的挑战”，主要阐释常熟目前在科技投入、科技创新的环境建设等方面存在的不足。第九章“常熟市加强科技创新促进区域经济发展的战略思考”，分析常熟市区域科技创新体系建设面临的问题与挑战，重点探讨常熟市区域科技创新体系建设的总体思路与设想，常熟市区域科技创新体系建设的路径选择。

关键词：县级经济　科技发展　科技创新

3011

**改革开放以来中国职业结构时空变迁** / 张国英著 ; 李若建指导. -- 中山大学, 2009. -- 195 页

论文综合社会学、人口学、地理学和经济学等学科,运用结构主义方法论和空间社会学方法论,结合抽样调查数据,应用 GIS 技术还原社会结构的空间变迁,采用宏观分析和微观分析相结合的研究策略,描述和分析改革开放以来中国职业结构时间和空间的变迁状况,考察 1978 年以来重大的社会经济政治变动和相关政策调整对职业结构时空变迁的影响,提出调整社会阶层结构的对策建议。全文共分为五章。第一章为导论,介绍研究背景和研究问题,对相关研究进行回顾,并给出研究意义和研究设计。第二章介绍 1982—2000 年中国职业结构时空变迁,在分析全国职业结构聚类和职业结构类型空间分布的基础上,阐述了全国各职业人口集中指数分布,并以广东省为例,对在业人口职业结构时空变迁进行了典型区域分析。第三章为职业群体变动分析,分别论述农业人口特征、公共部门负责人、流动工人与流动商业、服务业人员的变化变迁,对影响个人阶层地位的人口特征因素进行论述。第四章讨论职业空间结构形成的动力机制。第五章为总结与探讨,在得出主要结论的基础上,提出需要进一步探讨的问题,并针对政策转型、再分配与承诺可靠性进行政策探讨。

关键词:职业结构　就业　城市化

3012

**乡村旅游社区的社会变迁** / 张继涛著 ; 郑杭生指导. -- 华中师范大学, 2009. -- 101 页

论文从乡村旅游者以乡村新业态入手,探讨乡村旅游社区的综合性社会变迁,运用跨学科的研究方法和比较研究的方法分析社区变迁的表征和规律,解释社区变迁的原因和机制,批判性地分析变迁所导致的社会问题。论文共分为六章。第一章为导论,介绍选题背景与选题意义及国内外研究现状,阐述文章的理论视角、研究方法、核心概念与研究框架。第二章介绍乡村旅游社区社会变迁的维度,说明乡村旅游社区的社会变迁具有高度的综合性和复杂性,主要分为生产方式的变迁、生活方式的变迁和利益格局的变迁三个层次。第三章为乡村旅游社区的现代化和东道主的现代性,论述旅游与现代化的关系、乡村旅游社区的现代化与乡村旅游社区居民的现代性。第四章分为乡村旅游社区的社会分层与社会流动,阐述旅游化后乡村社区社会分层结构的变迁,论述乡村旅游社区社会流动频繁性、普遍性和进步性的特征,并分析乡村旅游社区妇女的社会流动。第五章为乡村旅游社区的社区参与,在当前条件下参与模式可分为政府主导型、居民自治型和多方合作型,三者相辅相成,并在多方面有积极意义。第六章为乡村旅游社区的社会失范,作者列举乡村社区社会失范的现实表现、乡村旅游社区社会失范的表征和其发生的原因。

关键词:乡村　旅游业　社会变迁

3013

**住宅议题新闻的框架研究:以《人民日报》(1978—2007)为例** / 张梅著 ; 丁柏铨指导. -- 南京大学, 2009. -- 208 页

论文将多层框架操作化为高层结构中的新闻主体框架、中层结构中的人物形象框架和底层结构中的叙述方式框架,结合量化分析及质化分析对相关文本进行深度挖掘,并寻求更具共性的社会科学资源支撑,将媒介转化为具有传播者特性的社会行动者来思考,以实现传播者在媒介系统中的特性与社会系统中共性的统一。论文共分为七章。第一章绪论,介绍研究动机、研究背景、研究问题的初步确立与研究对象的选择。第二章为理论基础与文献综述部分,介绍从社会建构主义到新闻建构论、新闻建构的机制等,介绍研究问题的具体化与研究假设的确立。第三章介绍作者的研究设计,首先指出研究方法,其次介绍内容分析法的六个研究步骤。第四章论述 1978—2007 年间《人民日报》住宅相关新闻的主体构成与主体变迁。第五章阐述 1978—2007 年间《人民日报》住宅相关新闻的主要形象构成及其建构及变迁。第六章介绍《人民日报》住宅相关新闻的叙述方式,从版面特增、互文性特征、类型特征与修辞特征等三个主要方面进行分析。第七章为研究结论部分,作者提出框架的存在是高度选择性的媒介真实,框架的功能是社会动员与社会控制,而框架的变迁与再生产是结构先限定下的框架运作。

关键词:住宅　新闻工作　新闻报道　人民日报

3014

**城市农民工养老保险政策研究:城乡一体化视野下的新型"统账结合"政策思路** / 张伟兵著 ; 关信平指导. -- 南开大学, 2009. -- 173 页

论文采用文献分析、案例分析、比较分析等方法,

通过认真分析城市农民工的就业特点、现行城镇职工基本养老保险制度的缺陷等前提条件，并借鉴瑞典、波兰、蒙古等欧亚七国实行的“名义账户制”改革思路，对如何建设城市农民工养老保险政策模式，提出自己的看法和相应的政策建议。具体来说，全文共分八章。第一章“导论”，介绍研究背景和选题、政策实践及研究取向的评述、分析思路与基本框架、资料来源、分析方法、重要概念及研究的创新和不足。第二章“城市农民工养老保险政策建立的必要性分析”，介绍城市农民工与农村社会的养老制度安排、城市农民工在就业地的养老保险状况、建立城市农民工养老保险政策的意义。第三章“城市农民工养老保险政策模式选择”，主要分析城市农民工养老保险政策模式选择的影响因素、城市农民工养老保险政策模式的确立、政策模式的思路来源及思想原则。第四章“城市农民工养老保险政策的筹资手段分析”，讨论养老保险的双重征缴体制及税、费之争，税、费的含义及本质区别，城市农民工养老保险的筹资手段。第五章“城市农民工养老保险政策的费用分担分析”，主要进行企业的养老保险缴费能力分析、城市农民工的养老保险缴费能力分析、政府建立农民工养老保险政策的财政能力分析、政府建立农民工养老保险政策的财政投入量估算。第六章“城市农民工养老保险政策的财务机制选择”，讨论 DC 型基金积累制下农民工养老保险政策面临的挑战、欧亚七国养老保险制度改革的实践与启示、农民工养老保险财务机制的选择。第七章“城市农民工养老保险政策的转移机制探索”，讨论养老保险关系转移难问题及人保部的解决方案、养老保险转移的国际经验、农民工养老保险关系转移的政策建议。第八章“城市农民工养老保险政策的影响力量及运行环境”，从价值与立场的角度，分析了相关政策行动者的影响，从关联与促进的角度，分析了农民工养老保险政策的外部优化。

关键词：养老保险　财政政策　城乡一体化

**3015**

**从“边缘”到“主流”：城市化进程中的社会阶层变迁研究（1995—2008）——以南京市迈皋桥地区为例** / 张戌凡著 ; 周晓虹指导. -- 南京大学, 2009. -- 243 页

论文基于中国都市化进程和体制转型的背景，对一个都市边缘区的社会阶层变迁过程进行描述和分析，属于典型的个案研究，选取迈皋桥——位于南京城市边缘区作为研究对象，在都市进程和体制转型的社会结构背景下，展现一个边缘地区中社会阶层发生的变化、背后的动力机制以及所产生的空间形态演变。全文共分为七章。导言部分介绍问题的缘起。第一章为国内外城市空间与社会阶层的相关研究，作者介绍“都市边缘区”“社会阶层”的概念与范畴，对相关研究和理论进行回顾并做研究述评。第二章介绍个案选择，对迈皋桥的社会时空背景进行描述，而后介绍基本方法与研究思路。第三章介绍从僵化到软化：等级社会、阶级社会、职业阶层社会的嬗变。第四章从农地非农化、人口非农化和农民的畸形终结几个部分论述从农民到新市民的新土地革命与身份制的打破。第五章为结构转型：城市产业发展与新社会阶层的崛起，论述城市化、产业化发展与社会阶层变迁，工业空间重组与新职业阶层的构型，都市新商业业态与职业阶层的复杂化。第六章为底层社会的雏形：真正的“穷人”在哪？作者从人口流动、低技术劳工和临时雇佣阶层几个方面进行讨论。第七章为城市住宅制度的市场化转型：“住房阶级”的兴起。最后的结语部分讨论都市化进程与社会阶层的再造。

关键词：城市化　社会阶层　社会变迁

**3016**

**社会学视野下教育功能优化与协调** / 张云霞著 ; 周长城指导. -- 武汉大学, 2009. -- 144 页

论文试图在社会学视角下对教育功能展开解释性和探索性相结合的研究，以教育方针、政策、法律法规、体制、结构、内容、课程、组织形式、实施方式等教育文本和教育事实能正确反映和体现一定社会对个人存在与发展提出的要求为教育功能研究的理论假设，在简要回答教育有哪些社会功能的同时，着力回答教育功能的社会学含义是什么、教育功能是如何形成的、教育功能优化和协调的条件和机制是什么这些重要的社会学问题。论文分绪论、六章和结语。绪论主要介绍研究背景、目的、意义、国内外研究现状、研究思路、分析框架、研究方法。第一章是基础部分，主要阐述基本概念和教育功能研究的社会学理论。第二章是建构教育功能社会学理论框架的逻辑起点，对教育功能进行分类研究。第三章阐述教育功能的内生与外生过程。第四章阐述教育功能的优化与协调。第五章以 1985 年以来我国高等教育体制改革为例，对高等教育功能的优化与协调进行实践分析，借以验证前面理论分析的可靠性。第六章探索了当前中国高等教育功能优化与协调存在的体制性障碍主要有：

高等教育调控手段的"市场"缺位、高等教育投资主体的"企业"缺位、高等学校自主办学评价、监督的"裁判"缺位等。结语部分主要归纳出研究结论和对教育功能社会学研究的展望。指出实现教育功能的优化、协调不仅是必要的,而且是动态的和可能的,教育部门和社会都要为此做出努力和贡献。

关键词:教育社会学　教育职能　社会功能

**3017**

**网络草根组织资源动员研究:以多背一公斤为个案** / 张志祥著 ; 杨俊一指导. -- 上海大学, 2009. -- 227 页

论文以多背一公斤为研究个案,以组织社会学、网络社会学理论为主,同时吸收资源动员理论和社会网络理论的观点,运用规范理论研究、参与观察和深入访谈等相结合的研究方法,通过探讨由组织参与者、组织的结构特征和组织间互动所形成的三个层次的资源动员过程,以及在此过程中有限理性与行动者反思性的中介作用,概括出网络草根组织资源动员的一般模式。全文共分为七章。第一章为导论,介绍研究缘起和研究意义,从 NGO 相关研究、虚拟社区研究和相关理论视角的角度进行研究文献回顾。第二章介绍研究框架,作者对相关概念进行梳理,介绍论文的分析逻辑和研究方法、个案选择、篇章结构安排。第三章介绍多背一公斤的生发背景,对其组织要素进行分析。第四章为组织参与者动员:开发志愿者利基市场,作者分析创立者的个人因素和参与者的参与动机,并阐述多背一公斤社会合法性的建构。第五章为组织结构的生成与变革,介绍网络草根组织、开放系统共享的知识管理平台、无为而治的松散的团队节点和组织再造的持续的公益创业。第六章为组织合作:外部支持性资源动员,对构筑组织间参与体系进行介绍,并论述网络草根组织与政府、企业、媒体和其他 NGO 的互动。第七章进行总结,并讨论网络草根组织的运作困境。

关键词:计算机网络　互联网络　社会组织

**3018**

**农民职业分化与社会结构转型:以定县实地调查为例的社会学研究** / 章东辉著 ; 郑杭生指导. -- 中国人民大学, 2009. -- 156 页

论文采用文献研究、案例分析、实地调查等方法,对如何理解和解释中国社会转型中农民职业分化的历史进程和现实状况、如何促进农民职业化和社会转型从而实现农民职业的平稳转换和社会协调发展、如何分析农民职业分化带来的社会结构新的变化从而建构农民流动中新的社会关系和制度体系进行了研究。全文共分七章。第一章导论,主要阐述选题、分析框架和研究方法。第二章农民问题的研究视角,认为农民问题研究需要以职业为基础,以身份为轴心,以居住地位参考综合分析农民,探究农民进入现代职业体系的可能性和现实路径。第三至第五章,以定县(定州市)实地调查为例,以 20 世纪 20、30 年代为研究起点,分别考察民国时期、新中国成立至改革开放前及改革开放后三个不同阶段社会结构的变迁和农民职业分化的过程。第六章翟城村农民职业分化的实证研究,为深入分析农民职业分化的过程和特点,作者对翟城村住户进行全面调查和社区实证研究。第七章,在定县历史考察和翟城村社区调查基础上,着重分析农民进入现代职业体系的制度整合。

关键词:农民　社会结构　劳动力转移

**3019**

**司法裁判的现实表达** / 赵朝琴著 ; 吴毅指导. -- 华中科技大学, 2009. -- 160 页

论文尝试从法社会学的角度,运用文本分析等方法,从整体上对我国改革开放以来的裁判表达的现状进行系统的考察与阐释,通过不同视角审视裁判表达的现实世界,勾勒我国当代裁判表达的基本轮廓,进而分析和总结裁判表达的现实逻辑。全文共分为六章。第一章为导言,首先阐述选题的背景与意义,进行研究综述,并指出研究的基本思路和关键词,说明研究方法、路径选择与参考资料,并提出重点、难点和主要创新点。第二章从刑事裁判表达模式、民事裁判表达模式和行政裁判表达模式三个方面介绍裁判表达的结构,并结合其历史变迁对裁判表达结构做出思考。第三章介绍诉讼角色及其沟通行动,其中诉讼角色类型分为当事人、律师、法官、审判委员会、证人,随后作者对诉讼角色的沟通与传递进行分析。第四章为裁判表达方式,作者阐述法条主义与裁判表达、裁判叙事伦理、裁判论证方法,并论述事实和法律之间的往返。第五章中作者介绍了裁判表达的可接受性,包括裁判表达被谁接受,裁判表达如何被接受,以及可接受性的建立,最后以台州模式为例,进一步对裁判表达的可接受性进行分析。第六章为结论部分,作者论述裁判表达的现实逻辑,包括基本构成及其关系、角色类型及其互动、主要方式及其特征、可接受性

及其建构等,最后展开裁判表达的现实图景。

关键词:审判　裁定

3020

**现代性与虚拟社区:虚拟社区交往和表达研究** / 赵联飞著 ; 郭志刚指导. -- 北京大学, 2009. -- 329 页

论文提出将虚拟社区现象作为整个社会现实的一部分,将虚拟社区的出现置身于具体的历史时空来进行分析,将虚拟社区作为一种个人社会关系网络意义上的新型社区纳入社会交往这一分析主题,从而使虚拟社区在社会学研究中获得更多意义。论文共分为九章。第一章,概述相关概念,回顾相关研究。第二章,说明研究的对象和问题,介绍研究的类型、研究步骤以及研究计划。第三章,分别介绍虚拟社区中的身份管理、虚拟社区中的交往以及虚拟社区中的自我表达。第三章,对虚拟社区交往和自我表达的初步探索。分析虚拟社区交往和表达的动因,说明从“现实”到“虚拟”的策略,探讨影响虚拟社区交往和表达的因素。第五章,介绍定量研究的准备。第六章,对有关变量的定量描述和初步检验。第七章,分析结构方程模型。第八章,讨论。第九章,结论。对典型虚拟社区活动的观察表明,虚拟社区是人们在互联网应用基础上建立起来的个人关系网络,其本质特征在于社会交往。探索性的定性研究表明,虚拟社区中的交往和表达受到个人现代性和个人传统性影响。虚拟社区和个体化之间具有内在的亲和性;个体化提供虚拟社区蓬勃发展的内在动因,虚拟社区则提供的个体化得以展示的空间,强化个体化的型塑。虚拟社区的出现意味着以社会关系网络为基础的个人社区在现代社会的迅猛发展,影响人类未来社会交往的发展图景。

关键词:互联网络　社区　心理交往

3021

**银行信贷交易的嵌入性分析** / 赵琼著 ; 丘海雄指导. -- 中山大学, 2009. -- 152 页

论文运用经济社会学的视角,从多重嵌入性的框架出发,采取方法论中观的立场,采用个案研究和档案法的实证研究,研究银行信贷交易现象,推进嵌入性可分析性策略的深化,试图为分析总结有中国特色的银行信贷交易模式,对政府继续推进银行体制改革,对银行业自身的发展提供一定的科学依据和理论参考。论文共分为八章。第一章为引言,介绍研究背景、研究问题与意义。第二章为文献综述,分析金融理论与经济学实证研究、经济社会学相关理论及实证研究、经济学与经济社会学研究视角比较。第三章为研究设计,阐述理论框架、分析视角、研究方法、个案选择和论文基本框架。第四章通过对三个具体案例进行描述分析,分别为GD银行与大型企业贷款合作、M银行信贷扶持小企业发展和HG公司巨额贷款诈骗案。第五章介绍银行信贷交易中的制度潜入,分为宏观体制性嵌入、微观制度嵌入、非正式制度嵌入和制度的多层次嵌入。第六章阐述银行信贷交易中的关系嵌入的转型及其原因、形成机制及其运作、两面性及其社会基础。第七章为分析与讨论,对银行信贷交易中的嵌入进行进一步讨论。第八章为结论和有待进一步研究的问题。

关键词:银行信用　信贷管理　商业银行

3022

**转型期东北区域社会突发事件生成原因及演化机制研究** / 赵廷彦著 ; 刘少杰指导. -- 吉林大学, 2009. -- 143 页

论文针对社会突发事件生成原因及演化趋势,以转型时期东北区域为研究场域,以社会现代性理论,特别是社会冲突理论与风险社会理论为理论视角,对于转型期东北区域社会突发事件的生成原因及演化机制进行研究,并在此基础上提出社会突发事件应对治理的建议。全文共分为五章。第一章,导论。介绍研究背景与选题背景,说明研究的问题及研究意义,阐述国内外相关研究,最后介绍研究方法。第二章,阐述中国社会转型的内涵及特点,然后界定社会突发事件的概念,说明社会突发事件的基本内涵以及基本特征,并介绍社会突发事件的基本类别。第三章,首先说明东北区域的空间特点以及时间特点,然后阐述东北区域的社会转型的风险背景。第四章,首先分析转型期东北区域社会突发事件生成的基本原因,然后通过分析社会转型的离心效应以及制度变迁的摩擦效应来探讨转型期东北区域社会突发事件生成的强化原因。第五章,阐述转型期东北区域社会突发事件演化机制的内涵是多元博弈演化机制,分析转型期东北区域社会突发事件演化机制的性质是动态非线性,探讨转型期东北区域社会突发事件演化机制的路径,最后通过分析社会突发事件应对治理的东北社会背景来探讨转型期东北区域社会突发事件的应对治理方法。

关键词:紧急事件　社会冲突论　东北地区

3023

**旅游场域中的乡村社会变迁:以徽村为例** / 周春发著 ; 杨俊一指导. -- 上海大学, 2009. -- 178 页

论文以乡村旅游社区为中心,分乡村旅游对社区的影响、乡村居民对旅游的感知与态度、乡村旅游与社区可持续发展三部分进行相关文献评述,采用布迪厄的场域理论为视角,以徽村的田野调查资料为基础,深入探讨了中国中部地区典型的徽文化古村落旅游开发前后十余年来的社会结构变迁的机制与过程。全文共分为八章。第一章,导论。介绍研究的缘起,综述关于乡村旅游社区的研究,并说明研究的问题以及研究意义。第二章,介绍研究的理论工具,概述基本概念,说明研究的方法,最后说明分析框架以及章节结构。第三章,说明徽村的区域背景,阐述徽村的自然以及人文地理概况。第四章,说明徽村旅游场域与权力场域的关系,分析徽村旅游场域社会资本、经济资本、文化资本的主要行动者并说明旅游场域的资本转换关系,阐述徽村旅游场域地方政府、村组织、村民、外来投资者、游客的习惯。第五章,通过老葛书记的生活史、拦车事件以及拆建房风波说明徽村旅游场域中行动者的行动逻辑。第六章,通过探讨是学者还是商人,蜜蜂还是蝗虫以及村落之内与村落之外来说明徽村旅游场域中行动者的行动逻辑。第七章,阐述徽村场域中徽村经济结构、文化结构以及生态环境的变迁。第八章,总结与讨论。乡村旅游是中国部分乡村地区社区发展的新选择,是中国乡村现代化过程中的第三条路。

关键词:乡村　社会变迁　旅游资源

3024

**中国区域城市化动力机制研究:以昆山、玉环为案例的比较** / 周蜀秦著 ; 张鸿雁指导. -- 南京大学, 2009. -- 288 页

论文采用个案研究的方法,选取两个经济发达区域——昆山与玉环作为研究对象,在全球化和中国体制转型的背景下,对中国区域城市化与工业化进程进行描述与模式分析。全文共分八个部分。第一部分首先介绍研究的缘起,即中国城市社会的来临、中国城市化发展的空间不均衡、区域城市化比较研究的意义。第一章"区域城市化发展的相关理论",回顾分析城市化与工业化理论、区域发展与区域比较理论、后工业社会与全球化理论、国内外关于中国城市化的研究。第二章"概念范畴、个案选择与研究方法",首先阐述"工业化""城市化"的概念与范畴,然后介绍昆山和玉环两个个案的选择,最后讨论研究的基本方法与研究思路。第三章"传统与变迁:地方工业化启动与城市化萌芽",分析农业文明的底色与区位禀赋、农转工、区位的重塑。第四章"制度投入与政策创新:工业化发展与城市化起步",分析地方的"现行""自费"的开发区、"全岛化股份"。第五章"跨界的治理:全球生产网络与地方的'联结'",分析出口加工区、外向型产业集群和全球生产网络中心的地方因应。第六章"城市的未来:世界城市网络中的地方'跃升'",分析地方政府的城市竞争战略、从"后花园"到长三角全球城市区的重要节点、从"全岛城市化"到"海湾时代"的海上战略。第七章"城市社会的浮现与农民的终结:可能与现实",分析城市化发展的绩效、当前城市空间成长与城乡一体化进程、农民职业与生活角色的转变。

关键词:区域　城市化　工业化

3025

**惩罚与规训:明清时期中国社会酷刑文化研究** / 朱红权著 ; 李银河指导. -- 中国社会科学院, 2009. -- 156 页

论文主要通过对明清时期中国广泛存在的酷刑文化现象进行研究,参照国内外有关酷刑和文化研究方面的成果和理论,特别是运用布尔迪厄的习性概念和福柯的《规训与惩罚》一书中的刑罚政治经济学、肉体政治经济学、权利微观物理学等理论,回答关于酷刑现象的一系列的问题。全文共分为十章,第一章,导论。主要介绍研究选题的背景、研究的问题、研究的目的、意义以及研究思路与方法。第二章,介绍用于分析现象问题的理论和国内外已有相关研究的文献综述。第三章,简要介绍中国从远古到清末主要的酷刑种类和典型的酷刑文化表现。第四章,分类详述明清时期中国社会各种酷刑文化表现。第五章,分别从政治因素、经济因素、社会因素、思想因素、宗教因素、心理因素方面分析明清中国社会酷刑文化成因。第六章,阐述酷刑的政治功能、司法功能以及社会功能并分析酷刑对明清文化以及对中国专制统治、历史混乱的影响。第七章,分析中国古代酷刑文化的实质以及分析中国古代酷刑文化的运行机制。第八章,阐述近代中国刑罚人道主义的变革。第九章,介绍当代中国反酷刑的状况与不足,并提出建议。第十章,总结。在当代中国,要想建设现代化民主法治化国家,根除酷刑文化现象和它的影响,不仅需要加强法律制

度层面的建设,还需要加强民众启蒙意识的熏陶,增强公众个体权利意识,倡导人人平等和互相尊重,最终实现“美美与共,人人大同”的和谐社会。

关键词:刑罚　法制史　明清时代

**3026**

**俄罗斯转型期的社会阶层研究**／庄晓惠著；侯钧生指导. -- 南开大学, 2009. -- 183 页

论文采用文献分析、案例分析等方法,利用大量有关俄罗斯阶层研究的第一手资料,对处于社会转型期的俄罗斯贫困阶层、中间阶层和富人阶层三个基本阶层的构成、数量、特征、心理感受等问题进行比较全面的论述,分析各阶层在新体制下的成因和他们在改革中的成败得失,得出俄罗斯社会阶层分化兼具功能分化和等级分化双重特征的性质,其中功能分化又占据主导地位的结论。全文共分五章。第一章为导论部分,介绍问题的缘起及选题意义、研究现状和研究思路与方法、论文框架与创新。第二章“俄罗斯社会的中间阶层”,分析俄罗斯中间阶层的构成及数量、俄罗斯中间阶层的特征和俄罗斯学者关于俄罗斯中间阶层的两个议题。第三章“俄罗斯社会的富人阶层”,分析俄罗斯富人阶层的结构、俄罗斯一般富人的特征、俄罗斯一般富人的自我感受。第四章“俄罗斯社会的贫困阶层”,分析俄罗斯贫困阶层的数量与主要构成、俄罗斯贫困阶层的生活特征、俄罗斯贫困阶层形成的原因。第五章“结论”,总结影响俄罗斯社会阶层分化的主要因素和俄罗斯的贫富分化与社会稳定。

关键词:社会阶层　社会转型　俄罗斯

## 人口学

**3027**

**中国城乡人口健康资本与医疗服务需求变动趋势及其政策意义**／崔斌著；郑晓瑛指导. -- 北京大学, 2009. -- 178 页

论文的研究对象为中国城乡人口健康资本与医疗服务需求变动趋势及其政策意义。全文共分为八章。第一章,序言。介绍论文的研究问题、研究背景、国内外研究现状、论文的研究思路与构建以及论文的内容与组织。第二章,基本理论回顾与分析。一是健康理念与度量,二是健康资本和健康生产函数,三是健康与医疗服务需求模型,四是健康与医疗服务需求的实证研究。第三章,研究方法与资料来源。介绍论文的研究目的与目标、研究框架、研究内容、研究相关概念的界定以及论文的研究方法与数据来源描述。第四章,我国城乡人口的健康资本以及影响因素。提出对我国人口健康资本综合平均指标的构建,包括健康资本指数的构建方法,健康资本指数与其他健康指标的相关性分析;对 15 岁及以上人口健康资本存量做描述性分析,并对 15 岁及以上人口健康资本存量的多因素进行分析。第五章,我国城乡人口的医疗服务需求及影响因素。分别从我国城乡人口的医疗服务需要及变化趋势、我国城乡人口的医疗服务需求及变化趋势、我国城乡人口的医疗服务利用的影响因素分析几个方面对问题展开讨论。第六章,2005—2050 年我国居民医疗服务总体需求总量变化趋势。提出对我国城乡人口的医疗服务需求的预测模型,并对 2005—2050 年我国居民就诊和住院的概率进行预测,提出对 2005—2050 年我国居民就诊和住院的需求量测算。第七章,我国人口健康与医疗服务需求变动的政策意义。探讨未来我国居民疾病经济负担变化趋势及其政策意义,并对居民医疗费用分担与卫生筹资政策分析,探讨其对城乡医疗保障制度的完善和发展的意义。第八章为论文结语。

关键词:卫生服务　服务需求　健康保障制度

**3028**

**社会福利社会化背景下的上海养老机构发展研究**／焦亚波著；桂世勋指导. -- 华东师范大学, 2009. -- 138 页

论文的研究对象为社会福利社会化背景下的上海养老机构发展研究。全文共分为九章。第一章,绪论。介绍研究背景、研究意义、研究主要过程、研究方法以及论文创新点。第二章,文献回顾。介绍关于福利多元主义理论和实践,社会福利社会化理论和实践以及其他相关理论。第三章,养老结构服务若干理论问题的探讨。提出养老机构服务的定位、养老机构服务的对象、养老机构服务的目标以及养老机构服务的性质与养老机构服务的运作机制。第四章,社会福利社会化背景下的三方角色定位。结合养老机构服务体系的变化,探讨社会福利社会化背景下的政府角色、行业协会角色以及其定位。第五章,上海市养老机构的发展规模。首先对上海市养老机构的发展作

出回顾,在此基础上探讨影响养老机构发展的规模的因素,并对未来上海市养老机构的发展规模作出测算。第六章,上海市养老机构的发展结构。分别对上海市养老机构的运营结构,上海市养老机构的所有制结构,上海市养老机构的功能结构以及上海市养老机构的档次结构做出分析和探讨,提出研究启示。第七章,上海市养老机构的布局结构。分别对上海市养老机构的分布结构,上海市养老机构的区位结构作出讨论分析。第八章,香港养老机构发展及其对上海的启示。结合香港养老机构发展的社会背景与历史回顾,提出香港养老机构的服务体系及其对上海建设的相关启示。第九章为论文的主要结论与思考。

关键词:养老院　社会福利　社会化

3029

**我国农村家庭养老支持行为研究:以山东省为例** / 廖少宏著 ; 郑真真指导. -- 中国社会科学院, 2009. -- 108 页

论文以山东省为例,对我国农村家庭养老支持行为展开研究,重点关注我国农村家庭养老支持中老人的劳动供给行为方面和子女的养老支持行为。全文共分为七章。第一章,绪论。介绍论文的研究背景,研究分析的框架系统、研究的目的及研究意义、研究的思路和理论基础以及论文研究的数据来源。第二章,国内外研究现状及相关文献的回顾。研究探讨老年人的自我支持行为、子女养老的支持行为以及两者的关系。第三章,农村老人子女间的代际互动。探讨农村老人与子女之间的代际经济支持、农村老人与子女之间的代际户主,农村老人与子女之间的双边互助情况,并提出对该部分的总结。第四章,我国农村老人的劳动供给行为。首先分析劳动供给行为的内容与内涵,进而探讨农村老年人劳动供给的影响因素,农村老年人劳动供给的模型,并展开对农村老年人劳动供给影响的实证分析。第五章,农村老年人劳动供给与代际支持的互动。提出农村老年人劳动供给与代际支持的基本模型,结合农村老年人劳动供给与代际互动的现状,提出农村老年人劳动供给与代际互动的关系与结论。第六章,农村家庭养老支持存在的问题及解决措施。首先提出农村家庭养老支持中关于老人自我支持中存在的主要问题,接着提出农村家庭养老支持中子女对老人代际支持中存在的主要问题。第七章为论文的总结。

关键词:农村　社会保障　家庭养老

3030

**低生育水平下中国人口惯性研究** / 茅倬彦著 ; 顾宝昌指导. -- 中国人民大学, 2009. -- 138 页

论文对低生育水平下的人口规律进行探索,对低生育水平下的中国人口惯性展开研究。全文共分为八章。第一章为引言,描述人口惯性研究的国际和国内背景,阐述研究意义和研究目的,介绍人口惯性的使用数据和方法以及论文的结构。第二章为文献综述,梳理国内和国际人口惯性的文献,并沿着人口转变的轨迹从不同角度进行评论和总结。第三章是基本概念,从人口惯性的概念的引入开始,介绍人口惯性的来源,详细解释与人口惯性的理解有关的几个人口学概念,并对低生育水平下的人口惯性定义进行拓展,讨论人口惯性产生的根源。第四章为人口惯性的测量方法。对人口惯性测量方法的发展进行详细的介绍和评估,并引入国外的较为成熟的方法,较为全面地讨论总人口惯性和年龄人口惯性的各种测量方法,并探讨分解人口惯性的产生机制的方法。第五章为模型稳定人口惯性分析。该部分利用模型稳定人口,在数据缺乏的条件下大致判断某地区的人口惯性大小。首先介绍模型生命表、稳定人口及其用途,并采用 Coale-Demeny 西区模型生命表与稳定人口,计算不同死亡水平和不同生育水平下的模型稳定人口的人口惯性,并大致估计 2008 年世界各国或地区的人口惯性,为克服人口惯性本身的弱点,提醒人们及早注意人口惯性对人口态势的影响作出尝试。第六章对中国人口惯性分析,包括中国总人口惯性、分城乡人口惯性、年龄人口惯性、中国人口惯性的产生机制以及人口惯性对中国未来人口变动的影响。第七章为省级人口惯性分析,开展中国地区间人口惯性的比较分析。第八章为论文主要结论。

关键词:人口增长　人口再生产惯性　生育率

3031

**我国就业歧视抑制制度研究** / 滕腾著 ; 高晋康指导. -- 西南财经大学, 2009. -- 162 页

论文的研究对象为我国的就业歧视抑制制度,以非制度性就业歧视和制度性就业歧视为主线构建我国就业歧视的抑制制度。全文共分为五章。导论部分介绍问题的提出、文献综述、研究框架以及论文的意义和方法。第一章,就业歧视的类型化。首先介绍

类型化分析的基础;然后通过市场机制与非制度性就业歧视的形成、非制度性就业歧视的实证考察探讨非制度性就业歧视;最后讨论政府管制与制度性就业歧视的形成并实证考察制度性就业歧视。第二章,就业歧视抑制基础:平等就业权的保障。一是对平等就业权的内涵和理念变迁进行说明;然后探讨就业平等与就业自由、就业平等以及就业效率之间的关系。第三章,非制度性就业歧视的制度化抑制。探讨法治保障与市场失灵、非制度性就业歧视抑制的切入点,并分别从政府的政策性衡平以及政府衡平行为之悖论与破解探讨非制度性就业歧视抑制的进路。第四章,制度性就业歧视的制度化抑制。探讨法治保障与市场失灵、制度性就业歧视抑制的切入点,并从制度藩篱的矫正、法律冲突的预防和裁决两方面对制度性就业歧视抑制的进路做出说明。第五章,就业歧视多元救济体系的建构。从非制度性就业歧视救济的失灵和制度性就业歧视救济的失灵两个方面对现有的就业歧视救济制度检查审视,并提出对非制度性就业歧视和制度性就业歧视的多维救济制度设计。

关键词:就业制度　平等　劳动法

**3032**

**中国社区老年教育研究** / 王英著 ; 谭琳指导. -- 南开大学, 2009. -- 172 页

论文在赋权增能理论的指导下,对社区老年教育的发展现状及其存在的问题展开研究,并提出社区老年教育赋权增能的实施策略。全文共分为七章。第一章,引言。介绍论文的选题背景和意义,国内外社区老年教育研究现状和述评,论文的主要内容、框架结构、研究方法以及论文的创新之处。第二章,中国老年人口的现状及教育需求。结合对老年人口的概念和特点分析,提出老年人口的需求和教育需求情况。第三章,社区老年教育的概念和框架理论。介绍社区教育的概念、特点和发展历程,老年教育的概念、特点和发展历程,并提出赋权增能的社区老年理论框架的建构。第四章,中国社区老年教育的赋权分析。分析社区老年教育的制度赋权、社区老年教育的机制赋权、社区老年教育的环境赋权以及社区老年教育的心理赋权。第五章,中国社区老年教育的增能分析。一是生活掌控能力分析,包括个人生活安排、婚姻生活协调、代际关系互动;二是变化适应能力分析,包括衰老与能力减弱、家庭变故处理、社会发展应对;三是社会参与能力分析,包括政治生活的关注、社区社火的融入以及社会公益服务。第六章,社区老年教育赋权增能的实施策略。提出社区老年教育赋权增能的基本实现策略,建议完善社区老年教育的制度保障,构筑社区老年教育的机制保障,优化社区老年教育的教育环境以及增进社区老年教育的心理赋权;提出社区老年教育增能实现的策略。第七章为论文结语。

关键词:社区　老年教育

**3033**

**京津冀一体化进程中的北京市流动人口问题研究** / 朱富言著 ; 段成荣指导. -- 中国人民大学, 2009. -- 190 页

论文的研究对象为京津冀一体化进程中的北京市流动人口问题。全文共分为八章。第一章,导论。介绍论文的问题提出、研究目的、研究思路与分析框架、研究内容、研究相关概念的界定、资料来源与研究方法以及论文研究意义。第二章,相关文献回顾。包括对关于区域一体化的研究,我国的城市流动人口研究以及北京市流动人口模型的研究现状综述。第三章,京津冀流动人口状况与调控方式的选择。对京津冀区域的流动人口状况做出说明,提出流动人口的调控手段,对行政力量调控流动人口的实施效果展开分析,探讨未来北京市流动人口调控方式的选择。第四章,京津冀区域经济与产业状况。结合京津冀区域的社会经济发展状况,京津冀地区产业发展状况,以工业产业区位熵衡量的区域就业吸纳能力状况,对三大都市圈社会经济与流动人口的状况进行比较,探讨三大都市圈经济发展水平,提出京津冀区域内流动人口问题的协调发展与解决。第五章,京津冀流动人口规模的影响因素分析。包括分析模型的建立、逐步回归模型的计算、模型的多重共线性处理和讨论的结果。第六章,北京市流动人口未来变动趋势分析。分别通过 Logistic 曲线拟合预测、灰色预测、微观角度的流动人口的来京与留京意象分析,提出对预测结果的分析判断。第七章,以京津冀一体化实现北京市流动人口分流。探讨以京津冀一体化实现北京市流动人口分流的战略、规划以及以京津冀一体化实现北京市流动人口分流合理分布的实施与保障机制。第八章为论文结论与建议。

关键词:流动人口　人口规划　北京

# 人类学

3034

**西宁东关回族社区的变迁研究** / 安定明著 ; 杨圣敏指导. -- 中央民族大学, 2009. -- 166 页

论文旨在通过对西宁东关回族社区的个案研究，考察东关回族社区变迁的问题。全文包括导论、正文和结论三部分。导论部分主要介绍研究缘起、宗教氛围浓厚的西宁东关伊斯兰文化、文献回顾、研究视角、研究方法、研究意义等内容。正文部分共包括五章。第一章“东关的历史形成与演变”。简述东关的地理环境和历史背景，通过叙述东关所在的西宁城的历史发展以及伊斯兰教在青海地区的传播，梳理东关地区的历史形成和演变，分析东关最终成为西宁全市回族的政治经济宗教文化中心的原因。第二章“东关中心——西宁东关清真大寺”。概述以西宁东关清真大寺为中心的社区民间权力和权威的形成与变迁过程，考察国家与社会关系的变化对社区变迁的影响，国家教育代替宗教教育使国家力量全面渗透于社区的过程和对社区及其成员所产生的影响。第三章“走进东关”。论述东关回族的传统和现代经济结构、东关回族的社区文化如饮食、婚姻、丧葬文化和独具特色的斋月文化等，分析它们对东关回族民族心理形成、族群认同、宗教归属等方面发挥的影响和作用。第四章“人文生态环境变化”。重点介绍和分析东关回族社区在城市化过程中所经历的人文生态环境方面的冲击，以及这些冲击对东关回族的婚姻、家庭、日常生活和宗教文化等产生的影响。第五章“社会调适”。通过重点介绍和分析男女清真学习班在东关的兴起和发展，以资助穆斯林教育为主的非政府组织的出现等文化现象，分析说明东关面对外来文化的强大冲击，为保持传统社区文化，加强社区凝聚力而开展的一系列文化修复和文化自救活动。结论部分：随着市场化程度不断加深，文化和经济互动发展，东关回族社区必然会经历一个由传统封闭的社区到一个开放性的社区的转变，将越来越多地呈现出多元性和包容性的特点，这既是东关在强大的外来文化冲击中得以存在的客观需要，也是东关社区发展的必然。

关键词：回族　社区　西宁

3035

**流动的关系：大襟岛的个人、亲属与社会** / 范涛著 ; 麻国庆指导. -- 中山大学, 2009. -- 191 页

论文以广东省台山市赤溪镇大襟岛为研究对象，通过对该岛村民日常生活的缜密观察与思考，重点探寻孤立的海岛村落社会运行的内在机制，进而发现海岛村落社会中关系运作的特点。全文共分为九章。第一章为绪论。主要介绍研究缘起、研究方法与过程、研究主题、研究意义及研究框架。第二章为文献综述。依次简述人类学对海岛的民族志研究和国内外学术界对关系的讨论。第三章概述大襟岛的生态环境和历史背景，以及人口的变动和构成。第四章论述大襟岛变迁中的婚姻形式和通婚圈，阐述婚姻形式从岛内婚向岛外婚的巨大转变，即人际关系不断向外界扩展的过程。第五章探讨“强关系弱组织”的社会，即亲属关系发达，组织式微的社会。第六章简述大襟岛渔业生产中的关系。“分”与“合”记录大襟岛村民渔业生产中的分工与合作以及改革开放后“分中有合”的渔业生产局面，说明大襟岛的渔业生产中照样离不开关系的作用。第七章“固化”与“流动”反映出大襟岛商品交换中关系的变化，即从固定性的关系向流动性关系的转变。第八章“公”与“私”反映出大襟岛村民在民间信仰活动中的不同选择，替罪羊更是大襟岛拟制亲属关系的特殊表现。第九章是结论部分。论文研究认为，大襟岛作为一个远离大陆的孤岛，其文化源头在大陆，但由于时空上的阻隔，这个相对封闭的海岛社会孕育出了独特的社会运行机制，外在表现为岛民的日常生活及交往方式与大陆乡村社会的诸多不同。在传统中国乡村社会孕育出的乡土性的“关系”概念也在海岛得以充分的发展，成为其社会运行的一个极其重要的因素。

关键词：村落　社会关系　社会变迁

3036

**清真寺的社会功能：兰州清真寺中的族群认同** / 高源著 ; 杨圣敏指导. -- 中央民族大学, 2009. -- 152 页

论文选取兰州市的清真寺为研究对象，尝试通过探讨清真寺与回族认同的关系，呈现出特定区域中回族的社会互动、伊斯兰宗教文化影响力的消长以及族群认同与边界变动等相关适应现象。全文包括导论、正文和结论三部分。导论部分主要介绍研究缘起及选题意义、研究背景、理论视角、田野点的选择与研究方法、文章框架及论文的创新点与不足等内容。正文

部分共包括五章内容。第一章回顾兰州回族社区历史。简单概述兰州市的建制沿革和历史图景中的兰州寺坊。第二章介绍当代城市哲玛提的文化现状。第三章分析城市回族的宗教实践。第四章论述清真寺与哲玛提意识、族群认同的建构,并探讨穆斯林内部的边界问题。第五章将研究上升到清真寺、社会与国家的角度。文章结论部分表明,某个社会的文化象征图式在某种程度上具有决定作用。清真寺作为宗教组织,在一定的空间和时间内,不仅规范了回族个体对"我"以及所属民族的认同,而且这一认同结合中华民族的共同理念整合了其伊斯兰教信徒和社会公民身份的二重性,成为其生存意义的根基。

关键词:清真寺　伊斯兰教　回族

**3037**

**族群的演进博弈:中国图瓦人研究** / 关丙胜著 ; 李明欢指导. -- 厦门大学, 2009. -- 347 页

论文以中国图瓦人为研究对象,力图通过对其的研究分析,指出在现实社会背景下族群的演进博弈特性与历史本相的关系。全文共分为前言和正文两部分。前言主要介绍选题理由、研究对象概况、研究及田野调查说明、相关研究成果回顾、论文的架构和主要内容。正文部分共包括八章。第一章"理论借用与讨论"。在依次分析演进博弈论、族群边界理论及族群认同理论的基础上,说明这些理论在论文研究中的借用情况,并对人类学研究中的一些常见问题进行讨论与思考。第二章"想象与发挥:族群内外精英表述下的中国图瓦人"。依次对文学表述下、地方精英笔下及学术界表述下的中国图瓦人进行分析说明,阐述不同知识层面和社会代表对中国图瓦人的理解与想象。第三章"口述与文本之间:族群的历史追认"。首先对图瓦族群历史分别依托口述和学术精英研究文本两方面进行说明;其次对中国图瓦人族源和历史的不同阶段进行追溯,包括突厥之前、突厥至蒙元以前及蒙元以来三个阶段,指出中国图瓦人的形成过程。第四章"文化的演进博弈:中国图瓦人文化现象"。依次对中国图瓦人的节日民俗、婚俗和丧俗、其他礼仪民俗及禁忌、宗教信仰四方面进行剖析。第五章"记忆的传述与拾回:射箭比赛的仪式过程及解读"。首先对记忆理论进行述评与讨论;其次简单介绍中国图瓦人射箭比赛仪式过程;最后对射箭仪式记忆进行重点考察,依次分析记忆的层次差异、性别差异、时代性差异及区域性差异。第六章"层叠的矛盾:族群区分与建构"。首先分析中国图瓦人族群区分的开始,即去蒙古化;然后对中国图瓦人族群建构现状进行调查分析与讨论。第七章"先来为主:左右族群关系的逻辑"。对中国图瓦人与俄罗斯人、哈萨克人的相互关系进行分析,并阐述汉族与当地人(图瓦人和哈萨克人)的关系。第八章"现代性的渐进与应对:风险社会中的中国图瓦人"。首先分析中国图瓦人的社会风险及因此而引发的社会问题;其次分别论述图瓦精英和普通大众如何应对风险社会;最后对多维演进博弈进行剖析论证,包括权力博弈、经济利益博弈、排异博弈及族群内部博弈四个方面。

关键词:图瓦人　族群　民族历史

**3038**

**满族"消失"了吗?:乌拉街满族镇社区研究** / 关凯著 ; 杨圣敏指导. -- 中央民族大学, 2009. -- 146 页

论文从社区研究的角度出发,考察当代中国社会的满族认同问题。全文包括引言、正文和结论三部分。引言部分主要介绍研究问题与意义、研究方法等内容。正文部分共分为五章。第一章"通古斯人的背影"。简述渐淡的血缘神话、八旗制度、清一代的民族政治遗产、民族主义话语中的满族镜像,以及柳条边外的汉族移民。第二章"城桓之墟的历史记忆:乌拉街地方志"。概述乌拉街的建制沿革和乌拉古城概况,并简单介绍打牲乌拉总管衙门,简析满族社会的衰落和社区的人口与民族现状。第三章"乡村社会的族群想象:制度、观念与文化体系"。在对口述史中的家族记忆进行简单介绍之后,又依次分析论述"办谱"、汉军旗人的后裔、"山东满族人"、变化中的家族意识及草根社会的族群观念。第四章"族群差异的社会制造:动力、机制与后果"。依次考察族群边界与社区的自我神话、乡村社会的传统力量、族群建构的现实行动及制度干预的社会后果。第五章"从乌拉街到互联网:满族认同的再生产与重建"。将研究视野放在乌拉街社区之外,考察在更为宏观的制度背景下满族族群认同得以重构的过程,重点是观察网络虚拟满族社区中的言论。论文通过研究得到的结论是:在21世纪的中国,满族并没有"消失",只是变换了族群的性质和认同的结构。它或许已经不再是历史上那个曾经作为中国统治者的"满洲民族",却成为当代中国社会一个有着共同的祖先想象和历史记忆的现代族群,其认同的根基是一种主观性的社会建构。

关键词:满族　社区　认同

3039

**被扭曲的身体:意大利文艺复兴时期规训与女性形象塑造** / 黄鹤著 ; 陈支平指导. -- 厦门大学, 2009. -- 219 页

论文从社会文化史的角度,试图在传统妇女史的研究基础上,将妇女按照主要社会角色进行分层,在男女两性辩证关系的指导下,运用较为宽泛的理论视角,对文艺复兴时期意大利社会对妇女的各项具体"规训"做出研究。全文正文共分为五章。绪论部分介绍选题的缘起,学术前史的回顾,研究区域的社会背景以及文中涉及的问题、理论、方法和相关概念等的介绍。第一章从价值观、空间、社交、物质和服饰五个方面考察社会对妻子和母亲的规训。主要探讨对妻子和母亲美德的规训,对他们所居空间的控制与弹性控制,对社交的控制和嫁妆等物质的限制以及服饰对人体的文化符码的标识等方面。第二章从价值观、空间、社交、物质和服饰五个方面考察社会对修女的规训。主要探讨对修女从出世到入世的价值观的规训以及对他们所居空间的限制,对其社交的控制以及修女的反抗和物质对修女的控制以及修女服饰如何体现过渡期特征的。第三章从价值观、空间、社交、物质和服饰五个方面考察社会对妓女的规训。第四章从价值观、空间、社交、物质四个方面考察社会对知识妇女的规训。第五章分别对规训得以施行的三大主要因素——男性的权力、规训的实施、驯顺的女性进行考察。

关键词:妇女　社会生活　社会地位

3040

**三岩"帕措"研究** / 廖建新著 ; 何国强指导. -- 中山大学, 2009. -- 304 页

论文以三岩为研究对象,试图从学术上探讨三岩"帕措"文化特质的成因、结构以及功能,并希望发现这一地缘和血缘的特点和规律。全文共分为七章。第一章导论。主要介绍选题的问题意识和选题意义、研究思路、相关问题的界定、相关研究成果回顾及论文的叙述逻辑。第二章"走进三岩"。首先简述三岩的由来、区域与变迁;然后依次介绍三岩的自然环境和资源、三岩人的物质经济基础、清末以来三岩的政治管制,以及三岩人的民间信仰和风俗习惯。第三章"山岩乡:金沙江东岸的'戈巴'"。首先对山岩乡的历史沿革与村落分布、地形与交通、人口等概况进行简要说明,在此基础上,分析山岩人的"家"与"族",指出"戈巴"的构成关系和内部组织与活动,并论述民间冲突与民间谈判,以及山岩"戈巴"与地方政府的认同。第四章"盖玉乡:山岩人在降曲河畔的迁徙地"。在对迁徙到盖玉的山岩人的迁徙概况和内在动因进行简单说明后,又依次论述迁徙者的人口与家庭构成、社会组织及生计模式,并对盖玉人和盖玉戈巴差异及互动原则进行探析。第五章"雄松乡:金沙江两岸的'帕措'"。首先对雄松和雄松人的历史概况进行简要介绍;然后依次剖析雄松人的"家"与"族","帕措"的构成关系及内部组织与活动,地方政府对"帕措"的认同。第六章"萨马、登龙、莫洛、阿旺:三岩外部与比较"。首先介绍各具特色的三岩外部人群,包括萨马人、登龙人、莫洛人和阿旺人;然后对一江两岸和"帕措"与国内外相关社会组织进行比较分析。第七章是论文的讨论与结论。首先分析"帕措"形成的原因、结构与功能;其次讨论一江两岸(山岩、雄松)的父系血缘组织的共性和差异性,以及地理区域的远近与文化传播之间的相互联系;最后阐明论文的主要观点和结论。论文经研究发现:一江两岸的"帕措""戈巴"名称不同,本质一致。地理区域的远近影响文化的传播,不同的传统习惯影响文化调适。两个相隔较远的区域会形成一些不同的"文化特质",不同"文化特质"的人群难以在短时间内进行文化上的调适。

关键词:藏族　民族文化　政治组织　青藏高原

3041

**文明的演进:一座所城的文化与仪式** / 林敏霞著 ; 徐杰舜指导. -- 中央民族大学, 2009. -- 130 页

论文用文明演进的视角,以历时性的叙述框架,对浙南沿海的一个始建于明代初年的卫所——蒲壮所城的地方社会过程进行探讨,通过探讨政治、经济、文化等要素的交互作用来理解这一地方社会形成的复杂性,研究结果一方面对汉人社区研究的国家—社会理论框架进行反思,另一方面也消解对于地方化与全球化关系对立性的理解。除绪论外,全文可分为三部分。绪论主要介绍选题缘起、研究思路和框架、田野经历和调查研究。第一部分"背景和视野",包括第一章和第二章内容。概述田野点的地理空间和人文略述,并对明代时期的沿海卫所进行剖析,分别论述军事性及去军事性的蒲壮所城景象。第二部分"华夏化——文明的演进上",包括第三章至第六章内容。主要考察明清以来蒲壮所城宗族组织的形成和变化以及地方崇拜体系的生成演变情况。前者属于血源性或拟血源性组织,后者属于地缘性组织,在以农业

为基础的传统时期,这两种组织是考察地方社会在华夏化的文明演进背景下的社会过程最基本和最核心的两个层面。第三部分"全球化——文明的演进下",包括第七章至第九章内容。主要考察产生于16世纪资本主义世界体系向全球扩展后,在其普遍化的过程中,对于蒲壮所城地方社会过程的影响,包括教育组织的现代化、民族—国家兴起后的地方社会与国家关系的变化以及地方社会文化旅游业的开发等情况,它们大体可以归纳为业缘性的组织或活动。

关键词:地方政府　地方文化　社区

**3042**

**信仰的无形之手:大瑶山盘瑶巫师群体权力研究** / 罗宗志著 ; 刘昭瑞指导. -- 中山大学, 2009. -- 294 页

论文通过对广西金秀大瑶山盘瑶社会巫师群体权力的实例分析,尝试在复杂的日常生活实践中对巫师如何获取权力和行使权力,如何保持权力及权力如何实现,以及巫师权力与国家权力之间如何纠结交错进行深层次的探讨。全文共分为八章。第一章为导论。主要介绍选题缘起、研究回顾、理论视角、田野工作及研究方法等内容。第二章"走进大瑶山"。依次对大瑶山的生态环境、政治建制、迁徙流布、村寨生活、宗教信仰和权力结构做简要概述。第三章"巫师生存状态"。简述大瑶山巫师的传承制度、生活方式、活动空间及社会地位。第四章"权力之路"。分析大瑶山巫师如何由俗世中人到仪式权威,又如何从公众巫师到政治首领,并探析巫师成为政治首领的权力基础。第五章"权力分层"。在简单介绍挂灯、度戒与权力配置问题后,分析巫师内部的阶序和神灵世界中的等级差序,并考察俗世社会中的权力差异,以及由此引起的权力之争。第六章"权力实践"。分析巫师与社会动乱,并指出盘瑶巫师在规范民众生活行事和控制病人生命危机上所起的决定性作用。第七章"权力再造"。在一定的时间脉络下审视国家权力下沉瑶族乡村社会后,分析指出盘瑶巫师如何再造他们的权力。第八章结语。

关键词:瑶族　信仰　巫术

**3043**

**增埗三十年:从革命到改革** / 骆腾著 ; 周大鸣指导. -- 中山大学, 2009. -- 206 页

论文作为一项人类学跟踪研究,以波特夫妇30年前关于增埗村的人类学调查为研究基础,反映在波特夫妇调查之后30年来增埗的发展和变化,力图通过30年后的回访来延续该田野点的学术生命,寻找跨时空对话的路径;并在新的历史时期重新审视同一田野点,寻求30年前波特夫妇留下的问题的答案。全文共分为导论和正文两部分。导论主要介绍波特夫妇的调查内容、增埗跟踪调查的意义与问题意识、研究综述与研究方法。正文部分共包括八章内容。第一章考察增埗农业社会经济生活的变迁。依次对1979年前的经济生活、初期的农业改革和工业化的起步进行简要说明。第二章主要分析2004年之后农业的转型及家庭经济现象,指出农业的重要性。第三章分析婚姻、家庭与妇女地位的变迁。首先对增埗传统的家庭与婚姻,以及三个时期女性的生活变迁与婚恋经历进行论述;然后对增埗通婚范围、婚外情与离婚、婚礼及相关习俗、家庭与家庭结构等婚姻家庭方面进行分析说明。第四章探究增埗社会中的宗族问题。首先阐述增埗的宗族与社会功能;然后分别对集体化时期的宗族和改革开放后增埗宗族的复兴进行概述,指出经济发展带来的新"族产";最后分析宗教与政治之间的利益与矛盾,以及宗族的象征和精神体系。第五章阐述土地的分配与利用。首先对建国前增埗传统农业社会的土地制度与社会关系进行简单介绍;然后从土改到文革的地权变更问题、土地的去集体化和土地资源类型的转变三方面论述土地制度的变化过程。第六章从农业管理到农村管理概述不同时期增埗村的政区沿革。第七章探讨增埗"二元社区"现象,即当地人与外地人在增埗形成的共处方式。第八章为论文结论,从人类学的视角,对近三十年增埗的发展和变化提出观察和思考。

关键词:农村社会学　社会调查　人类学

**3044**

**多重边界中的撒拉人** / 马成俊著 ; 周大鸣指导. -- 中山大学, 2009. -- 285 页

论文通过历史记忆、族群认同与文明对话理论对撒拉族及其与周边的族群关系、应对策略进行较为深入的研究,旨在探讨生存于大族群集团和强势文化集团夹缝中的人口较少民族,是如何通过建构自己的文化传统,维持自己的族群边界的。全文共分为十章。第一章为导言,叙述研究缘起、选题意义、问题意识、研究方法和田野点概况。第二章进行文献综述。在简要评述国内外族群及族群关系理论的同时,对国内外撒拉族状况也做出较为详细的论述。第三章从空

间布局状况,对撒拉族生存的循化县以及撒拉族、藏族、回族和汉族的空间布局与村落结构进行论述,指出循化县各民族的空间布局与其生态环境、文化传统有密切关系。第四章对循化县各民族的生计模式进行探讨,并对各民族在历史上形成的经济交往方式做出分析论证。第五章分别论述循化县四个民族的族群认同,并指出这些认同产生的原因。第六章重点论述撒拉族内部分化的原因。自乾隆年间各种教派和门宦陆续进入撒拉族社会以后,引起族群内部的分裂,在清朝到民国年间,各种教派和门宦组织纷纷在撒拉族社会中得到传播,于是民族内部因对教义解释不同,产生分歧,由于政府官员处置不当继而转化成民族起义,最终导致血腥镇压。第七章从循化地名来源的解释入手,探讨清政府是如何通过办学、教育等方式,试图教化处在边外地的撒拉族的努力,而撒拉族则通过拒绝接受汉语文教育,保持民族文化的独特性。第八章探讨在国家体制下撒拉族社会结构的变迁。第九章把撒拉族所在的循化县放到伊斯兰教文明、汉儒文明和藏传佛教文明的大背景中,讨论各文明之间是可以通过对话和理解和谐相处的。第十章进一步讨论生存在"民族小岛"上的人口较少民族在他的发展过程中,是如何应对周围的社会文化,又是如何完成族群建构的过程。

关键词:撒拉族　社会结构　民族文化

**3045**

**清代渠江流域移民社会变迁研究** / 毛伟著 ; 郭志超指导. -- 厦门大学, 2009. -- 213 页

论文以清代四川渠江流域移民社会为研究对象,以渠江上游的移民小城三汇作为田野点,从移民社会组织的变化入手,考察移民社会认同与社会关系的动态变迁过程。全文共分为五章。第一章为绪论。主要介绍研究对象概况,学术史回顾、主要理论、研究方法、资料来源,以及论文的主要框架。第二章阐述移民的历史及移民社会的初步形成。以湖广移民为主体的移民社会形成以"张献忠屠蜀"为历史记忆和以"麻城孝感乡"为主要祖籍地的区域认同,这种认同受到王朝认同的引导,并逐渐成为移民社会形成的主要标志。第三章以三汇镇为例介绍移民社会组织概况。移民社会形成后,经济、文教、社会等组织为融合各群体发挥了良好的凝结作用,社会活动空间和家庭生活当中的移民文化也在悄然形成;同时以不同社会关系为群体界限的社会组织的出现也为移民社会内部的竞争与冲突埋下伏笔。第四章考察来自移民地区群体性的反叛问题。早期移民与晚期移民之间出现等级差异,社会结构的转变带来社会组织的复杂化,社会的调适机制未能有效改善这一状况,最终导致一场对王朝的反叛运动爆发在渠江流域北部,即白莲教起义。这场以认同的名义所进行的反叛运动,对于移民社会的发展产生严重的冲击,直接后果就是移民社会结构和社会组织的重新调整。第五章探究移民社会的整合问题。由于时局变化,移民社会的整合不再以内部各群体之间的整合为主,而是将族群的界限延伸到地域范围之外,移民社会最终以统一的形象与全国的其他地区彻底融合为一体。

关键词:移民　社会变迁　清代

**3046**

**中国东南民间信仰的土著性** / 彭维斌著 ; 吴春明指导. -- 厦门大学, 2009. -- 282 页

论文以中国东南民间信仰为研究对象,通过考古学、历史学、民俗学、人类学的整合研究,从跨文化的角度考察民间信仰文化。全文共分为绪论和正文两部分。绪论主要介绍东南民间信仰研究的基础,人类学文化史分层理论的启发,东南民间信仰"土著性"问题的提出,以及论文的研究方法与步骤。正文部分共包括四章。第一章"东南民间信仰的土著原始宗教基础"。以考古发现与文献记载相结合的方法,分析先秦两汉时期百越先民鸟、蛇、青蛙、虎、水生物、天空、太阳等自然图腾崇拜,以及鬼魂信仰与原始巫术相结合的宗教文化内涵,探索东南民间信仰的土著宗教基础。第二章"从土著后裔民族志看东南民间信仰的文化渊源"。以民族志材料为主,结合田野调查与历史文献资料,研究东南土著后裔畲、黎、壮、高山族等各族群的传统宗教内涵,分析其传承于土著先民的鸟、蛇、青蛙、盘瓠、水生物、太阳、树木、石头等自然图腾崇拜,以祖先鬼、祖先神为核心的鬼神信仰和沟通人神的巫术,从一个侧面探讨东南民间信仰文化的土著文化来源。第三章"东南'汉人'社会民间信仰的分层考察"。以人类学的民间信仰文化分层理论为指导,研究东南"汉民"社会的民间信仰不同内涵的来源、性质,分析不同类型的族群文化特征,从民族史角度看待民间信仰的历史与文化分层,并分析文化分层的原因。第四章"比较与分析:从史前土著社会到现代汉民族群的文化传承与变迁"。探讨东南民间信仰中土著宗教文化传承的"人地关系",分析史前土著原始宗

教到现代土著后裔各族群传统宗教,东南"汉人"的民间宗教信仰文化传承、变迁以及分层存在的特征,从而揭示东南民间信仰的基层和主体文化与东南土著民族原始宗教一脉相承的文化史实。

关键词:信仰　本土化　东南地区

**3047**

**韩人社区与"韩味"青岛:对在青韩国人文化适应的人类学考察** / 孙亚楠著 ; 徐杰舜指导. -- 中央民族大学, 2009. -- 148 页

论文以在青韩国人社区为研究对象,旨在通过对青岛韩国人社区的个案研究,来考察作为迁移群体的韩国人在青岛的文化适应问题。全文共分为绪论、正文和结论三部分。绪论主要介绍论文的选题缘起、相关研究述评与研究视角和方法等内容。正文部分共包括六章。第一章"百年青岛:殖民者打造的现代滨海城市"。通过对青岛从其作为现代意义上的城市出现到今天东部沿海发达的滨海城市的历时性叙述,揭示城市文化性格,同时还从整体上勾勒出韩国人在青岛20年走过的足迹,为此后开展韩人社会形成和城市建构进行铺陈。第二章"走进'韩国村':'我们'喜欢青岛"。以白描手法将几个主要报道人在青岛的生活经历展现出来,同时走进韩国人聚居的社区,将关注的重点从中国城市(青岛)转入在青韩国人这个群体和他们的社区。第三章"适应很难:前韩人社区"。对最初到来的韩国企业和韩国人在这个时段的遭遇进行描写,并分析当时适应的困难和原因。第四章"行业集群化、生活聚居化:韩国人社区浮现"。在经过最初文化适应的磨合之后,韩人社区出现,形成行业集群化和生活聚居化社会关系网络。第五章"韩人社区与'韩味'青岛"。讨论韩人社区的构成和功能,以及依托韩人社区这个平台,韩国文化如何向青岛强势推进,建构"韩味"青岛,并从符号学的角度出发,提出韩国人在青岛文化适应的漂浮型模式。第六章"变调:韩国人跑了"。集中讨论近来发生的韩资企业撤资风波,此风波显现出韩人社区和汉人世界的矛盾,并指出韩人社区存在的危机和今后发展的方向。论文结论部分分析表明,韩国人作为有优势力的移民群体,通过构建韩人社区的方式适应着异国生活和文化差异,同时也给这个城市带来了新的文化元素,并且通过其20年的发展建构了青岛的文化空间。在全球化的时代背景下,青岛的韩人社区研究提供一个不同文化异质共存,和而不同的共处方式,即漂浮性文化适应。

关键词:社区　民族文化　韩国

**3048**

**建筑与地方营造:一个闽南土堡的历史与社会** / 吴世旭著 ; 王铭铭指导. -- 北京大学, 2009. -- 171 页

论文通过一个闽南土堡的历史与社会的分析,探讨建筑与地方营造。全文共分为六章。导论部分介绍论文研究的理论背景与问题意识,理论资源与文献回顾,总体观点与论述结构。第一章,发现赵家堡。提出赵家堡是旅游观光的地方,是文化保护的地方,并提出"发现"之道。第二章,赵家堡的最初营造。介绍漳浦与土堡、赵家堡的建造情况以及建筑赵家堡的原因。第三章,土堡景观与地方改造。分别介绍土堡的风水、建筑与地方,土堡的风景、建筑与地方以及景观的再造。第四章,房屋与地方营造。介绍社会变迁中的房屋、房屋的建造、房屋的居住情况并提出分析说明。第五章,祠堂、庙宇与地方营造。介绍祠堂与地方的营造情况以及庙宇与地方营造的联系。第六章,仪式中的建筑与地方营造。分别对人生仪式中的建筑与地方营造历史与现状以及年度仪式中的建筑与地方营造情况做出说明探讨。提出建筑为人们提供居住之所,但与其说人们生活在建筑之中,不如说人们生活在地方之中;建筑对地方的营造不仅存在于建造过程中,也存在于人们的居住生活中,甚至存在于不同主题的话语形式中,这种建筑地方营造的动力源于社会,物质形式与文化意义结合是其具体的表现;建造营造出来的地方并非一成不变,而是伴随着时间的流动始终处于不断的营造之中。最后为论文结语,提出研究的理论总结以及对研究的反思、批评与展望。

关键词:建筑史　建筑人类学　福建

**3049**

**变革社会中的人生与学术:围绕李绍明的中国人类学史个案研究** / 伍婷婷著 ; 王铭铭指导. -- 中央民族大学, 2009. -- 141 页

论文以李绍明为核心个案进行中国人类学史研究,通过理解这位新中国培养出来的学者的所作所为,探究被学界认为具有"人类学中国特色"的20世纪50、60年代中期的中国人类学的面貌。全文包括导论、正文和结论三部分。导论部分主要介绍选题定义和缘起、研究回顾、研究方法和论文框架等内容。正文部分共分为四章。第一章介绍新中国的第一代大学生。首先简述华西大学的入学机遇和新旧华西

教育的比较;然后简单介绍川大和民院的院系调整、川大历史系和西南民院研究班。第二章概述凉山彝族的社会历史调查,并对凉山彝族的社会性质进行分析。第三章对羌族组的民族史进行论述分析。以马长寿20世纪30—40年代人类学研究为例,在交往的历史中探讨两个时代和两种历史。第四章对1950年代的再现和深化进行研究,对凉山社会性质和西南民族族源进行再讨论。结论部分表明:中国人类学研究在服务于民族国家建设需要的情境下,其知识生产过程和西方人类学"殖民情境"可以构成密切的对话关系。首先,那一时期的民族研究是政治力量直接介入下的产物,人类学的知识生产过程背后也隐藏着外部权力的支配。但是,与西方后现代人类学史研究的发现有所不同的是,在中国,学术与政治的关系绝非用权力普遍性、决定性的观点就可以全然解释的。其次,西方"殖民人类学"主要旨趣在于正确认识他者,从而对其实行有效的治理;而这一时期的中国人类学研究,其目的是服务于新政权的民族—国家建设需要。

关键词:人类学　民族学　国家

**3050**

**从衙门到法庭:中国"法"机构与观念转变的历史人类学考察** / 肖琳著 ; 王铭铭指导. -- 北京大学, 2009. -- 141 页

论文探讨从衙门到法庭,对中国法机构与观念转变的历史人类学做出考察。全文共分为六章。导论部分介绍选题背景与定义、相关文献综述、论文的研究思路和论文结构。第一章介绍衙门体制及礼仪。首先介绍父母官的由来及考据,接着提出衙门的建筑特征、衙门的建筑布局、衙门中楹联官箴文化,最后探讨总理衙门与中国的近代化。第二章,昌平的衙门与法院变迁。以昌平为例,首先对昌平的历史做出说明,然后介绍狄仁杰与昌平,并对昌平的衙门历史及昌平法院的建立及其变迁做出说明。第三章,衙门的审判制度。分别对清代中央司法机关、清代的地方审级、清代的诉讼程序、清末司法制度改革以及民国政府时期的司法判断做出介绍。第四章,昌平法院及其法庭。介绍结构复杂的法院"回"字形大楼,法庭布局及其审判和模拟开庭的具体情况。第五章,昌平法院的档案及其案例。介绍不同时期类型相同的判决书、另类的尸体图以及案卷中的时代特点。最终通过一个具体的衙门和法院,呈现中国法结构和观念的转变,将两个看似不相关的事物加以并指,在关注清代昌平衙门向今日昌平法院变迁的过程中,发现历史断裂中的连续性,并用一个国家法律机关个案研究来反思法律人类学中习惯法范式的局限。第六章为论文的主要结论。

关键词:法制史　法律　人类学

**3051**

**差异与动因:青藏高原东部三江并流地区兄弟型一妻多夫制研究** / 许韶明著 ; 何国强指导. -- 中山大学, 2009. -- 282 页

论文以藏族的兄弟型一妻多夫制为研究对象,致力于阐述三个田野个案所呈现出的结构性差异,然后在存异求同的基础上,分析造成这种差异性的深层次动因。全文共分为五章。第一章为绪论。主要介绍论文的研究对象与内容、研究区域与调查点、研究方法与意义。第二章对高原牧区村"所日"进行阐述分析。从游牧到定居、亲属制度、手足情深、婚姻与家庭、情人制、宗教等几个方面展开论述。第三章对半农半牧村"龙西"进行概述。分别从亲属制度、婚姻与家庭、半农半牧的生活状态等几个方面剖析龙西村的生活架构。第四章对受旅游业剧烈冲击的"雨崩"村进行概括说明。依次从卡瓦格博转经圈、亲属制度、婚姻与家庭、劳动力的价值等几个方面进行论述。第五章是结论部分。首先指出造成藏族兄弟型一妻多夫制的动因,即是基因和觅母在动态地发生着作用。然后提出论文得到的五点结论:一是在藏区的不同地方流行的兄弟型一妻多夫制存在结构性差异;二是兄弟型一妻多夫制是一种以兄弟关系为优势亲属关系组织起来的婚姻制度,是在藏区恶劣的生态或社会条件下和文化复合体的共同作用下的产物;三是兄弟型一妻多夫制具有顽强的生命力,是种正在进程与发展中的婚姻制度;四是婚姻可以有多种形式,并非只能有一种单一的形式,实行兄弟型一妻多夫制的一个典型特征,不仅因为它必须与其他婚制并存,而且需要与其他婚制(主要是一夫一妻制)发生"蹊跷板"式的转化,在这一转化过程中,家庭的三种传递逻辑——垂直、水平和倾斜在其中起到决定性的作用;五是人类婚姻形式的选择是生物属性和文化属性的内在统一,其中有基因和觅母在一个深层的结构上动态地发生着作用。

关键词:藏族　婚姻　一妻多夫制

3052

**"落后"与发展:广西背陇瑶村寨的生计变迁研究**／杨建银著；周大鸣指导. -- 中山大学, 2009. -- 366 页

论文以背陇瑶为研究对象,以文化持有者为陈述主体,以发展者的发展政策、措施为地方性发展展开的社会背景,在文化持有者的实践中呈现地方性发展的内在文化机制。全文包括导论、正文和结论三部分。导论主要介绍研究缘起、研究意义和回顾、相关概念的界定、研究思路与田野工作及田野点概况。正文部分共分为六章。第一章"偷柴之惑:瑶山里的生计危机"。简单介绍偷柴故事及偷者的无奈与他者的言说,并对生计体系的规则进行概括说明。第二章"'丰裕'的耕猎生活"。描写背陇瑶不断迁徙和丰裕的"落后"生活状态,并对背陇瑶的生计保障进行简单概述。第三章"'落后'者的生计失衡:背陇瑶的人口与土地"。依次阐述背陇瑶计划生育的困窘,村落共同体的人口控制,移风易俗政策对背陇瑶生育制度的影响,以及人地矛盾问题。第四章"贫困与富裕——市场化发展与政策依赖"。首先简单分析瑶寨的市场化发展所带来的短暂富裕,以及禁止不绝的山羊饲养现象;然后论述背陇瑶"落后"者的发展选择。第五章"地方性发展中的社会组织"。主要对摩公与瑶老制度及一些扶贫组织进行概括分析。第六章"迁徙与回归:村寨的地方性发展"。首先对现代"漂泊"生涯及传统生活的持续现状分别分析说明;其次概述村寨的多样化生活。结论部分表明,在生计危机持续的情况下,背陇瑶超越自然资源的局限,通过周期性流动延续历史的迁徙传统,以此来解决生计问题。在全球化背景下,发展者参与到地方社会的发展历史过程中,而背陇瑶以自身的地方性知识及其文化体系实现具有本民族特色的发展。

关键词:乡村　瑶族　社会变迁

3053

**从难民到公民:花都华侨农场越南归难侨身份变迁研究**／姚俊英著；王建新指导. -- 中山大学, 2009. -- 367 页

论文在人类学已有身份认同研究的基础上,通过梳理大量档案资料和访谈材料,从归侨社区中的一个特殊群体——越南归难侨被迫回国、安置农场、非法跨国再流动、面临"三融入"改革等几个环节,对越南归难侨社会、文化事项进行描述,并透过对越南归难侨的经济生活、婚姻家庭、社会关系网络等方面的整理,展示越南归难侨从难民到公民的身份变迁过程,努力揭示越南归难侨群体的社会结构特点。全文包括导论、正文和结论三部分。导论主要介绍论文的选题意义、相关研究综述、研究的理论框架与创新点以及田野调查情况。正文部分共分为九章。第一章介绍研究问题意识的产生、花都华侨农场的历史与现状,概述田野点的状况。第二章通过介绍华侨移居越南的历史和越南华侨华人社会状态,回顾越南排华历史事件,着重描述越南归难侨由侨民到难民的第一次身份变迁。第三章通过回顾国际社会对印支难民的安置工作、中国安置越南归难侨情况,着重分析中国政府对越南归难侨群体身份认定和归难侨群体的身份意识,反映越南归难侨由难民到归难侨的第二次身份变迁。第四章描述花都华侨农场对越南归难侨的安置情况,以及国际社会对此问题的关注,揭示越南归难侨群体的难民身份认同。第五章描述越南归难侨安置农场早期的大规模非法跨国再流动基本情况、原因、条件、过程与结果,再现他们的多重身份意识。第六章通过描述农场内部归侨群体互动、归难侨与当地村民的矛盾冲突,反映越南归难侨群体边界的形成及其归难侨身份认同。第七章从婚姻家庭、亲属关系、民间组织及社区生活方面入手,全面描述越南归难侨的公民社会生活情况,并展示他们对难民身份的重新解释和对公民身份的认同。第八章主要描述越南归难侨的跨国关系网络的形成、建构方式及其对越南归难侨社区生活的影响,探讨跨国关系网络对公民身份单一民族国家认同模式的挑战。第九章从华侨农场行政、经济与社会管理体制改革方面,展示国家的"去侨化"意图和地方层面的相关实践,描述越南归难侨的漂泊心态及其土地情结,并对其侨民身份意识对公民身份认同的影响进行探讨。最后一部分是结论,对越南归难侨身份变迁及启示做出总结。

关键词:华侨　难民　越南

3054

**社会延续与族群认同:湘西南苗族村落研究**／于鹏杰著；麻国庆指导. -- 中山大学, 2009. -- 272 页

论文研究对象为湘西南苗族村落,通过对湘西南苗族村落与宗族的深入观察,揭示社会结构及其机制变化与延续,并以此为基础来讨论族群认同问题。全文共分为六章。导论部分介绍研究缘起、田野工作地点,相关研究回顾,研究主题、意义与方法。第一章介绍扶城河湾的苗族居民。包括扶城河湾的太平村,以

团为单位的太平村人,太平村民的苗文化特征,太平村民的生活。第二章介绍蓝氏宗族的流源、分布与发展。包括江西瓦厂坪的传说,扶城蓝氏宗族世系,蓝氏宗族的标志分析,蓝氏宗族典型标志的重构,宗族活动的规范化。第三章,社会延续的基本单位"家"。介绍家及其运行机制,延续的纵式社会基础,宗族社会中的女性。第四章,断裂与修复:影响社会延续的外在因素。介绍新中国成立前的太平村,土地改革、社会主义集体化、家庭联产承包责任制后的太平村。第五章,宗族与族群:基于社会延续的认同。首先介绍蓝氏宗族与中国宗教类型;接着提出社会延续的推动者,包括新中国成立前的地方精英以及蓝氏宗祠管理小组;从湖南绥宁、广西永福、湖南桂南三个地方提出寻宗溯源的族群认同;最后探讨宗族认同与族群认同的融合。第六章,结论与探讨。提出社会与文化延续中的认同观,促进认同构建的力量——情境因素、情感因素与地方精英,最后提出族群研究的中心与周遍视角。

关键词:苗族　村落　宗族

**3055**

**土司政治的世界图式:一项"中间圈"政治过程的历史人类学研究** / 曾穷石著 ; 王铭铭指导. -- 中央民族大学, 2009. -- 154 页

论文以四川省绵阳市平武县这一区域社会,在近700年的历史时间中,在官僚政治和土司政治之间往复变动的动态政治过程的探讨,来呈现位于"中间圈"的地方区域社会,如何在长时段的过程中与超越于地方之上的"中央"保持着"关系"。全文包括导论和正文两部分。导论主要介绍课题的界定、理论与方法、学术史回顾、论文的研究思路和文章结构、相关文献及选题意义。正文部分共分为九章。第一章介绍社区的地理和人文环境。第二章简述未有土司之前华夏与蛮夷之间的关系,以及蛮夷杂处之地平武的华夏化的努力。第三章概述土司政治的产生。南宋末期的帝国官僚政治动荡,使帝国把平武抛弃于帝国官僚政治之外,任命土司为这一区域的代理人。第四章分析汉人文明恢复后的土司政治,主要包括战争、礼物交换及土司的交际与应酬。第五章介绍汉人土司的生活世界,包括宗族、兴建学校、战争与宫观、赏银与报恩寺等内容。第六章论述帝国对土司政治的调整。从南宋到明代中叶,土司都是平武政治舞台的直接操纵者,帝国对平武实现间接统治。明代中叶后,伴随着明帝国的内向发展,对帝国监控的强化,平武土司因偶然事件引发明帝国的改土归流,平武重新进入帝国的直接控制,但在一定的区域之内给予土司活动的空间。第七章探究民国土司与地方政治问题。民国时期,国民政府进行过取消土司政治的努力,但很快就失败了。第八章分析 1949 年后土司政治的基层建设问题。1956 年,中华人民共和国进行的民主改革,平武土司退出历史舞台。第九章介绍口述史中的土司。从土司作为书写者和番人百姓眼中的土司两方面介绍土司留给前人的印象。

关键词:土司制度　地方政治

## 民俗学

**3056**

**关中影系叙论** / 梁志刚著 ; 康保成指导. -- 中山大学, 2009. -- 259 页

论文运用案例研究法和实证研究法,以关中影系为整体研究对象,以关中影戏为核心研究内容,既是对中国影戏三大体系之一的关中影系的总体研究,也是对中国影戏的区域性研究。论文第一章是关中影系的历史演变,首先论述关中影系的地理人文环境,其次论述"中国影戏源于陕西说"补证,再次阐述关于影系的形成及明清两代的流传情况,最后阐述清代以及其后关中影系的发展演变。第二章是关中影系的传播与分布,首先论述关中诸声腔的分布与传播,其次阐述关中影系其他省区诸声腔的分布与传播。第三章是关中影系的剧目与剧本,包括代表性剧目叙录和碗碗腔影系剧本作家李芳桂的论述。第四章是关中影系的音乐唱腔,依次论述阿宫腔、老腔、碗碗腔等 11 个音乐唱腔。第五章是关中影系代表性班社组织,首先论述组织结构,其次阐述代表性班社及艺人,最后论述组织经营和传承方式。第六章是关中影戏与民俗,考察影戏的信仰习俗与艺人地位,以及"请戏"习俗和"写戏"习俗,最后论述演出种类和演出程序等问题,考察行规行话和禁忌问题。第七章是关中影系的雕刻工艺,首先论述关中影偶的造型特征,其次论述关中影偶雕刻的工艺流程,再次论述关中影偶雕刻艺人与传承,最后论述相关知识和生产经营。

关键词:傀儡戏　皮影戏　陕西

3057

**广东妈祖信仰研究** / 王芳辉著 ; 叶春生指导. -- 中山大学, 2009. -- 196 页

论文综合民俗学、人类学的田野调查法与历史学的文献法,将妈祖信仰视为特定区域社会文化体系的构成部分,系统考察广东妈祖信仰的历史变迁、地域特性及其在地域历史结构过程中的位置,从而思考民间信仰存在的社会基础及其与大传统的关系,分析其社会文化意义,并进一步探究民间信仰在现代化语境下的复兴和延续问题。论文第一章是广东妈祖信仰的历史变迁,首先回顾宋元时期妈祖信仰传入广东的历史,其次论述明代妈祖信仰扎根广东的过程,再次论述清代妈祖信仰盛于广东的过程,最后阐述明清广东文人对妈祖信仰的态度。第二章是广东妈祖信仰的地区特性,首先论述广东的妈祖传说,其次论述广东的妈祖庙宇,最后论述广东的妈祖祭祀。第三章是妈祖信仰与区域社会,首先论述区域背景与社会历程,其次论述神庙系统与妈祖庙宇,最后论述妈祖信仰的仪式与象征。总之,妈祖信仰走过长达千年的文化历程,这一历程不同于以政治史为主线的宏观历史,它总是处于特定的社会和权力关系之中,既不断变动又自成体系。地域社会中的妈祖信仰既可以作为不同群体间认同或分化的象征,也作为区域文化体系的构成部分而存在。在非物质文化遗产观念的观照下,我们应当将妈祖信仰作为传统社会的文化遗产来对待,对其在历史和现实中的作用和意义做出公正的评价。

关键词:信仰　妈祖　广东

3058

**广东东莞卖身节研究** / 阎江著 ; 叶春生指导. -- 中山大学, 2009. -- 228 页

论文运用案例研究法和实证研究法,以广东省东莞市东坑镇地方民俗节庆——卖身节为研究对象,在文献资料的梳理基础上,通过历时六年的田野调查,综合运用民俗学、人类学、历史学以及城市文化研究的理论与方法,将卖身节置于国家权力、全球化与城市复杂关系的框架中,描述卖身节百年的流变过程,重构卖身节中城市与媒体完成"想象"的制造,展示地方信仰面对国家权力的维系与自我更新,同时探讨在全球化的文化整合中,地方节庆作为文化遗产的价值。论文第一章是东莞卖身节的历史流变,首先论述节庆的地域背景,其次考察卖身节的演变及记忆,最后论述卖身节的起源考辨。第二章是庆典与招商,首先论述城市形象的塑造,其次论述国家立场及其控制,最后阐述政府强势与村委的缺席。第三章是国家视域下的节庆重塑,首先论述学术研讨与改名争议,其次论述民俗教育的推行,最后论述非物质文化遗产的申报。第四章是传媒影像化的节庆重塑,首先论述媒体的立场,其次论述媒体的选择与重塑,最后论述视觉文化的介入及其意义。第五章是信仰、颠覆及传统的再造,首先论述日常生活与民间传说,其次阐述身体记忆与民间力量,最后对射水的颠覆进行研究,最后论述新东莞人的出现。最后为结语,论述城市背景中的节庆塑造。

关键词:风俗习惯　卖身节　东莞市

# 民族学

3059

**我国社会转型期民族利益协调研究** / 常开霞著 ; 贺金瑞指导. -- 中央民族大学, 2009. -- 203 页

论文运用马克思主义利益的观点和利益分析的方法对我国社会转型期民族利益协调进行研究。全文共分为五章。第一章为导论,主要介绍选题的根据和意义,在分析大量已有文献的基础上,明确论文的重心和方向,提出论文的分析框架,指出了论文创新与不足。第二章探讨民族利益与民族政治,主要通过梳理利益与民族的关系,从学理上探究利益与民族的天然联系,证明民族利益存在的合理性。提出民族利益是产生民族矛盾的根本原因以及民族利益矛盾影响民族国家认同、制约着民族国家政治稳定、决定民族国家合法性的构建的理论。第三章探讨民族利益矛盾的体现,并对其原因进行了梳理。在分析民族利益矛盾原因的基础上,提出必须对民族利益矛盾进行协调,否则会阻碍经济协调发展、政治和谐稳定、文化多元化共存。第四章主要对多民族国家民族利益协调实践模式进行比较分析。在对主要民族国家的民族利益协调实践考察的同时,对新中国成立以来我国协调民族利益实践进行追踪。总结我国民族制度和民族政策的优势,并分析我国民族政策制度和执行过程中存在的问题。第五章指出民族利益协调的路径选择。在"多元一体"作为当前我国民族利益协调的理论纲领的前提下,明确提出当前国家利益协调的价值取向,并在此基础上提出民族利益协调的机制建设

问题。这一章节是论文的落脚点，目标是建立一套相对完善的利益协调机制，以实现社会和谐、国家稳定。

关键词：民族政策　民族关系　利益

**3060**

**空间与西藏农村社会变迁：以西藏自治区曲水县茶巴朗村为例** / 陈默著 ； 拉巴平措指导. -- 中国社会科学院, 2009. -- 223 页

论文以西藏自治区曲水县茶巴朗村为例，对空间与西藏农村社会变迁进行研究。全文共分为八章。第一章为导论，主要介绍论文的研究意义、理论框架、资料构成、研究方法以及简要的文献回顾。第二章介绍田野调查点的空间位置、历史演变以及乡村生活。空间位置包括地理位置、气候特点、物候、水系、河道、资源以及自然灾害。第三章主要以空间为研究视角，对调查点不同时期家屋的物质构建和空间分割进行调查，以此为例来研究西藏农区家屋物质构建和空间分割的变迁以及家屋空间内涵的意义。第四章以空间为分析视角，对茶巴朗村村落地理空间的变迁、社会组织结构和村落内的生产生活进行研究，借此剖析西藏农区社会生活的开展。第五章以乡村现代化的交通、通讯的发展以及农业机械化为研究内容，探讨它们在社会空间变迁中的作用。第六章是有关空间与乡村社会的爱情、婚姻、家庭与亲密关系的研究。介绍变化中的择偶观、开放的空间与婚姻、家庭结构等方面的内容。第七章通过研究电视在乡村兴起的历史过程以及电视与人们日常生活的关系，来阐述电视在扩展社区空间中的重要作用。第八章介绍宗教信仰是西藏乡村生活的重要内容，特别是藏传佛教信仰构筑村民最基本的价值观念和社会观念。该章节主要是对乡村的宗教信仰空间进行研究。全文以社会人类学的空间理论为视角，通过对一个微观的西藏农村社区家屋、村落以及周边空间关系变化的研究，来透视西藏农村社会文化的变迁。

关键词：农村　社会变迁　曲水县

**3061**

**文莱与中国西北地区伊斯兰文化比较** / 邓伟倪著 ； 徐万邦指导. -- 中央民族大学, 2009. -- 194 页

论文对文莱与中国西北地区伊斯兰文化进行全面深入的比较和研究。全文共分为七章。第一章为绪论，介绍论文涉及的相关概念，阐述论文研究的意义和采用的研究方法。研究方法主要包括实地调查法、跨文献比较研究法、文献研究法和跨学科综合研究法。第二章是对伊斯兰教在中文两国的文化地位比较的研究，主要从伊斯兰教在文莱和中国的传播和地位、中国当前的宗教政策以及伊斯兰文化在中国的地位等方面进行阐述。第三章通过阐述伊斯兰教的相关教义、文莱马来人婚姻家庭及人生礼仪对婚姻家庭人生礼仪比较进行介绍。并列举中国穆斯林人生礼仪的例子加以说明，比较命名礼与姓名文化的不同。第四章是对服饰文化进行比较研究，主要包括伊斯兰教有关服饰的规范、文莱服饰简况、中国西北地区穆斯林服饰举要、新疆穆斯林民族的服饰、新疆穆斯林的帽子与头饰五个方面的内容。第五章是对饮食文化比较的研究，简述伊斯兰教有关饮食的规范和文莱穆斯林饮食，并阐述中国的清真饮食。第六章是对居住文化的比较，通过分析文莱居民特色、中国穆斯林居民的特点，阐述宁夏回族居民的建房与居住习俗的特点。第七章是对清真寺与节日文化的比较，中国在伊斯兰教节日中充分表现出节日法人综合文化的特点，节日娱乐、节日服饰、节日饮食、节日礼仪都表现得绚丽多彩，反映出多元一体和谐向上的优越性。最后的结语简单概括地总结了论文中涉及的文化事象及中西国家的不同之处。

关键词：伊斯兰教　文莱　中国

**3062**

**藏族本土法的衍生与成长：藏族法制史的法人类学探索** / 多杰著 ； 王洲塔指导. -- 兰州大学, 2009. -- 268 页

论文对藏族本土法的衍生与成长进行藏族法制史的法人类学探索。全文共分八章。第一章着重介绍有关藏族本土法研究的现状，并就藏族法制史研究中取得的成果以及存在的问题进行分析研究，同时在此基础上，根据藏族法制史的特点与资料状况，提出运用历史学法和法人类学的观点与方法。第二章介绍藏族史前社会的行为规范，主要依托考古资料、汉文史料和后人追记的历史传说，对公元前 6000 年至公元 7 世纪吐蕃王朝建立前吐蕃社会的生活规范和社会秩序进行分析与论述，并探讨藏族史前社会法律的起源、渊源、形态和特点。第三章分析吐蕃王朝本部的法律制度，概述吐蕃王朝本部的立法情况，并对吐蕃王朝本部的私法规范以及刑事法律进行分析研究。第四章介绍吐蕃王朝占领区的法律制度，首先概述吐蕃占领区的地域情况，随后介绍吐蕃占领区各族群的社会制度，分析其司法制度。第五章探讨群雄割

据时期吐蕃社会的法制状况，探索吐蕃王朝灭亡后，多、卫、康三区各割据政权的政体、法律形态以及法律运行状况，提出民间习惯法是当时各割据政权法律的主体的观点，并加以论述说明。第六章介绍中世纪吐蕃王朝法制的变革，将萨迦、帕木竹巴及藏巴汗"三代政权"的法律制度作为藏族法制史发展的一个阶段，并着重就这一时期的"三代政权"的立法活动、主要法律、法律实施状况及其特点进行梳理、分析和必要的论述。第七章分析甘丹颇章政权的法律制度，指出这一时期由于国内外政治环境的变化，西藏地方政权的法律制度也发生着巨大变迁。第八章为对全文的总结，分析藏族传统法制的文化特点和历史价值，提出有关建议。

关键词：藏族　习惯法　法制史

**3063**

**喀什维吾尔族妇女婚姻研究：以阿克提其村为例（1949—2009）**／冯学红著；徐黎丽指导. -- 兰州大学, 2009. -- 281 页

论文以阿克提其村为例，对喀什维吾尔族妇女婚姻进行深入全面的研究。全文共分为八章。第一章从人类学视野下村落研究合法性的不断追求、人类学研究中女性人类学发展的促动、全球化背景下维吾尔族妇女研究的缺失三个方面，对论文研究的背景予以介绍。从维吾尔族婚姻相关研究、女性婚姻相关研究两个方面，对相关研究现状进行学术史回顾与评述，同时对相关概念进行界定。第二章对田野工作地点的概况和选择这个调查点的理由进行介绍。第三章就维吾尔族妇女对婚姻的理解、维吾尔族妇女的恋爱观、贞节观、婚龄观、生育观、离异观进行分析。第四章对维吾尔族妇女的择偶权利、择偶标准、择偶方式、择偶范围或通婚圈进行分析，指出维吾尔族妇女婚姻的自主性越来越高，择偶权已有所改观，但是没有完全掌握在婚姻当事人手中。第五章是对维吾尔族妇女婚后的居住模式及其变化、主要的家庭关系进行分析，指出如果找到各对关系体中处理解决问题的契合点，就能减少矛盾、避免冲突，这对婚姻的稳定性至关重要。第七章通过大量田野个案，对维吾尔族妇女早婚的原因、早婚带来的问题、离婚的原因、离婚引发的问题、再婚的原因、再婚面临的问题，进行归类总结和分析。第八章是对全文概括、总结与提升。通过对前文的回溯，指出维吾尔族妇女婚姻与妇女发展相互影响、互为条件，由于维吾尔族妇女婚姻的顽疾和妇女发展的滞后，只有依靠国家在场的通力保障，充分调动维吾尔族妇女的主体性，营造多元互补的社会氛围，才能共同促进维吾尔族妇女的发展，改善维吾尔族妇女的婚姻，建立幸福的家庭。

关键词：维吾尔族　妇女　社会生活

**3064**

**语言权利和少数民族语言权利保障研究**／郭友旭著；徐中起指导. -- 中央民族大学, 2009. -- 288 页

论文运用理论研究和实证研究相结合的方法，对语言权利现状和少数民族语言权利保障的相关条约与问题进行研究与阐述。论文第一章是语言上的利益和语言权利问题，首先论述全球化对语言多样性的威胁和破坏，其次论述民族文化的语言，再次阐述语言是民族认同的载体，从次论述语言是一种资源，最后考察语言是为权利说话的问题，另外阐述语言权利问题凸显的背景。第二章是语言权利界说，首先论述语言权利的概念和分类，其次论述语言权利与相关权利的区别和联系，再次阐述语言权法律关系主体问题，然后论述语言权的性质和特征，最后考察少数民族语言权利。第四章是语言权利的规范原则，首先考察平等原则和效率原则，其次论述集体权利和个人权利并重原则，再次论述属地原则为主兼顾属人原则，然后阐述温斯托克的语言政策三原则，最后论述国家统一和领土完整原则。第五章是国际社会对一般语言权的探索，首先论述国际语言教师联合会《世界基本语言人权宪章》，其次阐述族群关系基金会《关于少数民族语言权利的奥斯陆建议书》，再次论述国际笔会《世界语言权宣言》，从次对《世界语言人权宣言》进行论述，最后阐述中国大陆学界关于语言权利一般内容的探索，另外论述《保障少数民族语言权利的北京——奥斯陆建议书》。第六章是语言权利的保障和救济，对相关文件和安排进行回顾与论述。第七章是中国少数民族语言权利保障的立法和实践，回顾中国的语言文字概况的基础上，对中国对语言权利的立法保障进行探究，考察《中国少数民族语言文字法》等立法问题。

关键词：语言政策　少数民族　权利

**3065**

**西北少数民族地区汉族村落文化变迁及其民族关系研究：以张家川恭门镇崖底村为例**／何生海著；徐黎丽指导. -- 兰州大学, 2009. -- 331 页

论文以张家川恭门镇崖底村为例对西北少数民族地区汉族村落文化变迁及其民族关系进行分析研究。全文共分二十二章。第一章绪论介绍研究的主题、思路与意义,分析相关研究的现状,并指出研究的难点与创新。第二章介绍村落布局结构及物候的变迁,具体阐述崖底村的基本情况与人口来源,探讨村落布局结构的变化。第三章介绍工具的变迁,阐述工具变迁的历史轨迹,分析其社会意义。第四章介绍房屋的变迁,指出新旧房屋凸显的不同特点,并介绍建房热引发的思考。第五章介绍嬗变中的生产方式,阐述由集体痛苦的记忆碎片向心灵释然的发展过程。第六章分析打工现象,指出外面的生活很精彩。第七章又从外面的生活很无奈的角度探讨打工对社会的负面影响以及工伤的悲哀情节。第八章探讨村落变迁中的突出问题及其发展对策,着重对当代农村发展对策进行预设。第九章探讨动态中的宗教信仰,分析宗教信仰的发展轨迹,并对宗教信仰的现状与调查进行讨论。第十章分析宗教文化的变迁,指出巫术是民间文化的底色,唱戏是地方文化的综合展演。第十一章探析神灵社区与民间宗教泛滥的原因,着重对山神庙进行研究。第十二章探讨婚姻、家庭的变迁,首先分析婚姻习俗的话语与国家意识的冲突与变革,随后对财婚进行调查与分析,指出妇女性越轨行为的变迁及其影响因子。第十三章分析村落社会控制与阶层结构的变迁,指出村落社会阶层变迁中的诸多问题。第十四章阐述了恭门镇回族聚落的形成。第十五章溯源历史上的民族关系。第十六章对当地民族关系的现状及因素进行分析。第十七章介绍民族间政治经济文化方面的对话,指出文化交流缔造共同认同的地域文化。第十八章对民族间多层话语群的实验进行分析。第十九章探讨当地民族关系的特点。第二十章分析制约当地民族关系的因素。第二十一章对当地的民族关系对策进行预设。第二十二章为对当地民族关系的个案研究。

关键词:村落　少数民族　民族关系

**3066**

**哈萨克斯坦社会变迁研究** / 胡尚哲著 ; 杨建新指导. -- 兰州大学, 2009. -- 161 页

论文从政治制度、经济制度、社会结构等多角度对哈萨克斯坦社会变迁进行较为深入的研究。全文共分为七章。第一章为论文的绪论,主要介绍选题的意义、国内外对论文选题的研究状况、研究所依据的理论、使用的研究方法、研究的思路和可能的创新之处。第二章是对哈萨克斯坦政治经济制度的变迁的研究,在简要分析苏联时期政治经济制度的基础上,重点探讨哈萨克斯坦独立后建立的政治经济制度的特点,分析哈国政治制度变迁的原因和经济制度变迁的效果。第三章研究的是哈萨克斯坦社会结构的变迁,对哈萨克斯坦在苏联时期和独立以后的社会分层机制、社会分层结构及其变化做了定性分析,利用大量的调查和统计资料对哈萨克斯坦家庭结构从传统型向现代型、从苏联时期到独立以后的转变做了定量分析,指出社会分层结构和家庭结构变迁的原因和后果。第四章是对哈萨克斯坦经济状况和民生状况变迁的研究,论文把视角转向经济和民生问题,分析苏联时期和独立以后哈国经济状况和民生状况的变化。第五章研究哈萨克斯坦独立前后民族宗教政策和民族结构的变化,分析民族结构民族化的得与失。第六章主要研究哈萨克斯坦社会各种文化的传承、适应和变迁等问题,论述俄罗斯文化、伊斯兰文化、哈萨克民族文化在哈萨克斯坦社会不同时期的发展、变迁,分析哈萨克斯坦独立后各种文化的此消彼长。第七章探讨哈萨克斯坦社会转型、变迁对中国的启迪和影响。

关键词:社会结构　社会变迁　哈萨克斯坦

**3067**

**法治视野下的民族自治地方政府研究** / 胡献旁著 ; 李鸣指导. -- 中央民族大学, 2009. -- 157 页

论文在法治视野的角度下,对民族自治地方政府进行深入全面的研究。全文共分为五章。论文开始部分为导论,主要介绍选题的意义,分析相关研究的动态,同时阐述论文的研究思路和主要的方法。第一章考察民族区域自治制度的基本理论,分析民族区域自治的原则和特征,比较地区自治和民族区域自治,探究民族区域自治的制度变迁。第二章是对民族地方自治政府构建的分析,通过概述民族自治地方政府,从自治区政府的建立与发展、构成和职权对自治区政府进行分析;从自治州政府的建立与发展及构成分析自治州政府;从自治县政府的建立与发展及构成分析自治县政府。第三章介绍民族自治地方政府的行政立法,主要内容包括中国行政立法体制与地方政府行政立法、民族区域地方政府行政立法以及民族地方政府行政立法程序三方面的内容。其中民族区域地方政府行政立法以新疆地方行政立法为例,概述行政立法的主体,分析新疆地方行政立法权

限,并确定新疆地方行政主体行政立法的法律责任。第四章介绍民族自治地方政府行政执法,阐述行政执法的内涵与民族自治地方政府行政执法的意义,分析民族自治地方政府行政执法中存在的主要问题,同时制定完善民族自治地方政府行政执法的相关措施。第五章分析民族自治地方政府行政的监督体系,阐述行政监督的概念和功能,探究地方行政立法的监督体制,对民族自治地方政府行政立法监督提出构想。

关键词:民族自治地方　地方政府　法治

**3068**

**双江县邦协布朗族的民间信仰研究** / 黄彩文著 ; 和少英指导. -- 云南大学, 2009. -- 203 页

论文对双江县邦协布朗族的民间信仰进行深入全面的研究。全文共分为六章。第一章为导论,阐述民间信仰的内涵和表达,对民间信仰研究进行再思考,总结田野点的情况,叙述调查经历。第二章是对邦协布朗族民间信仰的历史进行考察,介绍自然崇拜、图腾崇拜、鬼神崇拜以及祖先崇拜的邦协布朗族的民间信仰体系,分析了邦协布朗族民间信仰在历史合力中的流变,从村落扩展与信仰延伸、民间信仰与资源争夺、隐退的信仰与仪式三方面追忆历史记忆中的民间信仰。第三章描述民间信仰的现实图景,对神灵观的集体行动实践进行研究,分析私人生活领域中的鬼魂观。并介绍祖先之灵以及布朗族社会中的占卜。第四章介绍人生礼仪中的信仰,主要从诞生礼仪及命名、婚姻礼仪、丧葬礼仪三方面进行阐述。第五章介绍民间信仰的禁忌与功能,主要的禁忌有鬼神禁忌、婚俗禁忌、生育禁忌以及丧葬禁忌;主要的民间信仰功能包括社会教化功能、心理调适功能、生态保护功能、文化传承功能以及民族认同功能。第六章通过分析传统社会组织与村寨权威,研究作为文化象征符号的民间信仰及仪式对社会变迁中的民间信仰及仪式进行分析与研究。论文最后得出了一些基本结论:20 世纪 80 年代以来,随着布朗族本土知识分子的成长和布朗族族群意识的增强民间信仰及其仪式逐渐成为布朗族争取社会资源和生存空间的文化象征符号,开始参与到地方政府组织的相关活动中,充分展示了民间信仰面对社会变迁所表现出来的极强的适应性等。

关键词:布朗族　信仰　社会变迁

**3069**

**泡菜(KIMCHI)文化的民族学研究** / 吉美贞著 ; 徐万邦指导. -- 中央民族大学, 2009. -- 182 页

论文在归纳、总结以往相关历史资料的基础上,从民族学角度对泡菜文化进行分析研究。全文共分七章。第一章绪论对泡菜文化进行界定,指出论文的选题目的与意义,分析目前的研究动态,并介绍论文的理论基础与研究方法,最后阐述论文的障碍与不足。第二章分析泡菜文化形成的背景与地位,由介绍泡菜的起源、形成与发展入手,从自然环境、自然环境与农耕社会以及农耕共同体与泡菜文化角度阐释泡菜文化形成的背景,同时介绍多样的泡菜物产,最后分析泡菜在韩民族饮食中的地位。第三章介绍泡菜的分类及制作工艺,得出由于韩半岛不同的自然环境与生态环境,导致韩民族泡菜种类繁多,泡菜制作技术不断发展,以及储存技术与食具的日渐增多的结论,指出所有关于泡菜的材料选择、制作工艺、储存技术以及食用时摆放技巧等内容共同丰富和发展韩民族的泡菜文化,并使之不断变迁,逐渐成为韩民族的文化遗产之一。第四章分析了泡菜与精神文化的内在联系,分别从泡菜与文学艺术、礼仪、节日、宗教观念以及民族认同性的关系角度探讨其中展现的精神文化,指出泡菜始终代表着韩民族的饮食,从而通过泡菜文化可以增加韩民族的民族认同性,最后介绍泡菜文化的传承。第五章分析泡菜的营养与医疗保健功能,首先介绍泡菜是健康的发酵饮食,阐述泡菜的健康效果,分析发酵的原理,随后从泡菜与"非典"的实例出发,指出泡菜的保健功能,接着介绍泡菜的营养成分,具体阐述泡菜中营养成分的含量,并探讨发酵过程中营养成分的变化过程,最后介绍泡菜的医疗保健功能。第六章分析泡菜文化的传播、科研发展与市场开发,指出泡菜文化的传播方式包括文化传播、国际交流以及韩民族的移居,随后介绍泡菜的传播与"韩流"的关系,对"韩流"的概念进行界定,并分析"韩流"形成的原因,接着对中国人对泡菜文化的认识度进行调查分析,并归纳有关结论,结合对被调查者的背景的介绍,分析其对泡菜文化的认识度。第七章对泡菜文化进行比较,综合对各国各地泡菜的比较得出有关小结。

关键词:泡菜　民族文化　朝鲜族

**3070**

**安多藏区文昌神信仰的人类学研究** / 看本加著 ; 万果指导. -- 西南民族大学, 2009. -- 147 页

论文对安多藏区文昌神信仰的人类学进行深入全面的研究。全文共分为八章。第一章是对道教神

灵文昌帝的历史及其研究综述的介绍，主要阐述文昌神的由来，分析七曲山大庙的现状和文昌神信仰的仪式。第二章分析文昌神信仰在安多藏区的传播历史与分布特征，通过对文昌神信仰在安多藏区的历史进行考察，探析安多藏区的文昌神信仰分布格局，阐述文昌庙宇的组织形式与经济基础。第三章介绍安国藏区的文昌神信仰的体系，通过介绍文昌神与藏区地方的保护神，分析文昌庙宇中的神灵供奉体系与神灵的特征，解读文昌神祈愿文，阅读《文昌帝君阴骘文》的藏文译本。同时阐述安多藏区的文昌神与其他道教神灵的关系。第四章介绍安多藏区的文昌神信仰仪式，主要涉及日常信仰仪式、六月会、庙会、祭祀仪式、文昌羌姆、降神仪式、文昌神信仰仪式的特点等内容。第五章是对安多藏区的文昌信仰民俗的介绍，主要包括文昌禁忌、文昌签卜和文昌命名三方面的内容。第六章介绍文昌神信仰的社会功能。通过文昌神信仰与藏传佛教间的文化冲突反映文昌神信仰与民族的关系。第七章分析安多藏区的文昌神信仰的变迁，对文昌神信仰的发展现状、城市化中的文昌神信仰及其与当地的旅游和经济进行研究。第八章为论文的总结。做出文昌神信仰的本土化的理性选择，分析文昌神信仰与藏传佛教的等级关系。

关键词：神　宗教信仰　人类学

**3071**

**朝鲜民族稻草文化研究** / 李海英著 ；黄有福指导. -- 中央民族大学, 2009. -- 155 页

论文采用文献资料分析与调查访谈相结合的方法，对朝鲜民族稻草文化进行分析研究。全文共分六章。首先绪论介绍选题的意义，阐述相关研究的动态以及研究的主要内容，并指出研究的方法。第一章介绍水稻种植历史，对朝鲜半岛水稻种植的历史以及朝鲜族种植水稻的技术进行详细论述。第二章探讨稻草与物质文化的联系，分别从稻草与生活用具、生产用具以及饲养用具角度阐述朝鲜民族生活中稻草与三种物质文化的内在联系、其用途以及制作方法。第三章探讨了稻草与风俗习惯的关系，首先将风俗习惯细分为人生仪礼与岁时风俗，随后分别论述稻草与二者的联系。第四章分析稻草与民间信仰的关系，首先介绍稻草与禁绳的关系，列举禁绳的使用事例与制作方法，随后分析家神信仰的特点以及其与稻草的关系。第五章为对稻草文化的深层剖析，主要阐述稻草文化的深层内涵，即由稻草的特性联想到朝鲜民族的美学特征——曲线美，分别从稻草屋顶、传统舞蹈、传统音乐以及传统服装角度对朝鲜民族的美学特征进行分析，指出朝鲜民族美学特征的完美体现即稻草屋顶，朝鲜民族传统舞蹈动作中的含胸曲背也体现朝鲜民族的曲线美，与此类似，朝鲜传统音乐中的三拍子系统以及韩服的设计均体现朝鲜民族曲线美的美学特征。第六章探讨稻草利用的文化含义，重点阐释朝鲜民族稻草文化的社会功能，指出编制稻草用具是农民农闲时最主要的组合生产活动，其增进农民之间的感情，并强化村落共同体成员的认同性，同时在编制稻草用具的过程中把稻草编制技术代代传承。

关键词：民族文化　朝鲜族　稻草

**3072**

**变迁、互动与交融：新疆阿克苏地区汉族移民及民族关系研究** / 李洁著 ；杨建新指导. -- 兰州大学, 2009. -- 191 页

论文对新疆阿克苏地区汉族移民及民族关系进行深入全面的研究。全文共分为七章。论文开始部分为绪论，介绍研究的选题缘由及意义，对相关研究现状进行梳理，并对相关概念、个案选择及研究过程进行阐述和界定。第一章为新疆汉族移民概况，对新疆汉族移民从汉代至今的迁移活动轨迹作追述和研究，详细论述迁移行文的原因、类型、特点及影响。第二章对论文研究的区域范围内的新疆阿克苏地区汉族移民的迁移活动、所选个案的村落概况、村落中的汉族移民及其生产和生活进行阐述。第三章从汉族移民的生计方式、语言、风俗习惯、房屋建筑风格等四方面探究文化变迁，并对文化变迁的村落差异进行分析。第四章分析汉族移民文化变迁的特点、作用和影响因素，探讨汉族文化影响下的维吾尔族文化变迁，对汉族移民文化的代际差异与族群认同以及发展趋势进行阐述与分析。第五章主要选取居住格局、语言交流、社会交往、族际通婚、观念意识以及子女教育六个衡量指标对调查村落的维汉民族关系进行分析。第六章从六项衡量指标出发，综合分析维汉民族关系的融合与冲突，提出促进维汉民族关系交融的途径，并提出其发展趋势。第七章是对论文的总结和进一步深化研究，对移民、移民文化及民族关系等三个问题进行再思考。分析移民意愿和移民效果、非自愿性移民的风险以及新疆南疆农村汉族移民的可容纳性。对新疆维汉民族关系的南北疆差异与城乡做简要探讨，并对民族关系评价指标的适用性进行了分析。

关键词:汉族 移民 民族关系

**3073**

**当代湘西土家族苗族文化互动与族际关系研究** / 李然著 ; 段超指导. -- 中央民族大学, 2009. -- 341 页

论文对当代湘西土家族苗族的文化互动与族际关系进行分析研究。全文共分七章。首先前言,指出研究的意义,综述论题的相关问题研究进展,并阐述论文的内容、主旨与创新点,第一章介绍湘西的概貌,从自然环境、生计方式、经济社会状貌、民族格局等方面探寻湘西土家族、苗族文化的产生与发展的自然环境和人文环境,展示当代文化互动的平台。第二章回溯土司时期至新中国成立前的湘西土家族、苗族的族群关系史,从而与当代的文化互动与族群关系进行参照与对比,主要从湘西土家族、苗族在全国和湘西族群结构中的地位演变、族群边界变化、族群文化互动三个角度展示不同阶段的特点及其中的变迁。第三章概述当代湘西土家族、苗族文化互动的主要形式,分别从族群通婚、社区中的交往、政治领域的整合、经济交往、文化活动中的共同参与等方面探讨土家族、苗族发生文化互动的条件与场域。第四章分析土家族、苗族文化互动中的文化认同,首先分析两族的文化认同与文化趋同现象,随后探讨两族文化认同增强的原因,指出民族团结进步事业的发展、民族文化保护政策以及文化生态的共生性影响等因素共同推动两族文化互动的增强。第五章分析当代湘西土家族苗族文化的偏见,首先概括土家族、苗族文化偏见的变现形式,随后指出经济发展水平的差距、历史遗留下来的族群隔阂、教育水平的差距以及资源占有的不均衡问题共同导致文化偏见。第六章讨论当代土家族、苗族的族群关系,分析得出随着文化的趋同,当代族群边界主要依靠语言、风俗、信仰来维持,同时也包括文化边界的再创造的观点,指出族群边界的变化使得湘西族群关系呈现出族群的法律身份与文化身份的错位、多民族成分家庭的增多以及多民族家庭子女身份选择的多样化的新格局。第七章对构建湘西和谐文化与和谐民族关系进行思考,提出有关的政策建议。

关键词:土家族 苗族 民族文化

**3074**

**芭蕉箐基督徒集体行动研究** / 李昕著 ; 何明指导. -- 云南大学, 2009. -- 124 页

论文对来自云南昆明富民县的芭蕉箐苗族基督徒的集体行动关系进行分析研究。全文共分五章。首先前言介绍研究的现状,指出研究的意义与目的,对相关的概念进行界定,最后分析论文的框架结构。第一章导论阐述研究的主要内容与研究的方向。第二章对芭蕉箐的情况进行概述,分别从地理与历史的源流、社会经济现状角度展开讨论,指出芭蕉箐的历史渊源,随后分析基督徒在芭蕉箐地区的传播发展过程,简述滇北苗族基督徒的传播情况。第三章分析两个教众集体的形成及其行动的意义,首先探讨芭蕉箐教会教众集体分化的内外因,阐述分化的内部条件与外部原因,随后分析两个教众集体的形成过程,指出两个教众集体的最终形成经历社会关系的违犯阶段、危机阶段以及矫正行为阶段,最后阐释集体与行动的意义,并对集体进行反思。第四章阐述集体行动的表现形式和内容,首先分析日常生活中的集体行动,分述教堂教会与家庭教会日常的集体行动轨迹,随后探讨人生礼仪中的集体行动表现,包括出生与洗礼、婚礼、丧葬,最后研究节庆仪式中的集体行动,介绍传统节日娱乐中的信徒表现。第五章分析作为集体行动的宗教,阐述对于“集体行动”的认识与反思,随后围绕“宗教如何成为可能?”的问题进行探讨,试图找寻宗教在现实生活中如何达成集体行动的本质原因。最后为结语部分,指出个人与社会的对抗诱发行动与行动集体的出现,因而导致新的文化结构的出现。

关键词:基督教 民族文化 富民县

**3075**

**云南新平花腰傣花街节研究** / 李银兵著 ; 邵献书指导. -- 中央民族大学, 2009. -- 237 页

论文对云南新平花腰傣花街节进行深入全面的研究。全文共分为八章。第一章为导论部分,主要介绍论文的研究问题以及问题的确定、论文的理论基础、研究现状、研究方法等,归纳论文的重难点,简述论文的研究意义。第二章是对花街节文化存在的自然空间和文化空间进行简单的描述。分析花街节文化的生存域的描述,介绍花街节存在地区的历史沿革和生态环境以及花街节存在地区的文化背景。第三章对花腰傣族群及其文化进行溯源后,重点分析花街节文化产生原因及其文化特质。第四章主要把花街节作为一个仪式去认识,对这一仪式活动进行全方位的描述和分析。第五章是分析花街节在特殊时代缺失的具体原因,描述花腰傣在婚俗、节日和风俗等方面发生的相应变化。第六章重点分析花街节在现时

代的复活机制,复活中的文化表征中的诗学和政治学等相关问题。第七章主要通过对作为花腰傣标志性文化的花街节在花腰傣地区经济、文化、社会进步等方面做出引导作用,以及在“申遗”工作中的经验和教训等的分析,彰显花街节在花腰傣文化中的地位,关注花街节文化的保护现状。结论部分主要总结出在花街节文化变迁中涉及的重大理论问题。在此基础上,提出一条文化发展之路,就是在文化自觉基础上实现文化自由。论文通过对新平花腰傣花街节的分析,展示一个节日文化的产生、发展、缺失、复活的发展历程,分析节日在民族整体文化中的地位和作用。

关键词:少数民族　傣族　花街节

**3076**

**吐蕃王朝与周边民族关系研究** / 李中和著 ; 洲塔指导. -- 兰州大学, 2009. -- 230 页

论文以马克思主义唯物史观为指导思想,对吐蕃王朝与周边民族关系、进行深入系统的研究。全文共分为七章。其中绪论部分介绍论文的研究目的及选题意义、研究现状及研究方法,以及研究中的不足之处。第一章介绍吐蕃王朝的建立过程,主要涉及有关藏族祖源的几种传说、藏族的远古社会、西藏高原上一些势力较强大的部落。雅隆部通过对这些部落的兼并,结束西藏高原长期分裂割据的局面,从而建立吐蕃王朝。第二章介绍吐蕃对吐谷浑的兼并及统治状况,分析吐蕃与吐谷浑的关系。第三章讲述吐蕃与唐朝的关系,和亲、和盟及战争构成双方关系的重要内容。第四章介绍了唐朝与吐蕃之间的经济联系与文化交流。唐蕃在经济、文化艺术、佛教、历算、医学、建筑等方面的密切联系,大大丰富和改善汉藏两族人民的物质与文化生活,极大地促进汉藏两组人民的兄弟情谊。第五章通过分析“安史之乱”前的河陇形势和吐蕃对河陇地区的统治,论述吐蕃和其统治下的河陇地区的民族关系。第六章介绍吐蕃、唐朝及南诏三者在我国西南地区的复杂关系。主要包括唐朝初期的洱海诸蛮、吐蕃与唐朝在西海洱海的争夺以及吐蕃、唐朝与南诏三者的关系。第七章介绍吐蕃与南亚的泥婆罗、天竺及中亚诸国的关系。论文运用历史学与民族学的研究方法,在搜集、阅读和整理大量的有关汉藏古籍文献、考古资料的基础上,多视角地考察吐蕃与其周边民族的政治、经济、文化等方面的联系和发展过程。藏族人民与我国其他民族的密切联系与融合,为日后西藏纳入元朝中央政权直接统辖,为最终建立统一的多民族国家奠定深厚的基础。

关键词:吐蕃　民族关系　唐代

**3077**

**大俄罗斯主义研究** / 栗献忠著 ; 青觉指导. -- 中央民族大学, 2009. -- 148 页

论文对大俄罗斯主义进行深入全面的研究。全文共分为六章。论文首先为导论,主要阐述选题的意义、国内外研究现状、对“民族主义”的界定、研究方法和主要的内容及创新之处。第一章考察从防御性民族主义到泛斯拉夫主义再到大俄罗斯民族主义的演变历程,分析地缘因素、宗教因素、思想文化根源、社会基础以及民族性格等五种因素对大俄罗斯主义形成的作用。第二章探讨大俄罗斯主义的主导理念、基本特征及基本属性。大俄罗斯主义的基本内容有沙皇专制论、救世论、俄罗斯民族“优秀”论和遗产继承论等理念。大俄罗斯主义在外在的表现形式上又有领土扩张化、政治上高压化、经济上的掠夺化和文化上的俄罗斯化。第三章从族际关系、国际关系和党际关系等领域剖析大俄罗斯主义在苏联时期的表现形式,提出大民族主义、大国沙文主义和大党主义是大俄罗斯主义在不同领域的表现。第四章评析大俄罗斯主义的历史作用,既分析其社会功能,提出大俄罗斯主义是族内有效政治动员的工具,是社会一体化进程的加速器,也是俄罗斯民众的精神支柱,同时又指出大俄罗斯主义对社会造成的巨大危害,认为它是肢解民族平等政策的利器。第五章分析大俄罗斯主义对国际社会的影响,论述两极格局的终结、东欧易旗、中苏同盟关系的皲裂都是和大俄罗斯主义息息相关。第六章是对当代大俄罗斯主义的发展趋势进行分析,在回归民族传统的基础上,重建国家权威、重塑民族兴复之路是当代大俄罗斯主义实现强国目标的必然选择。

关键词:民族主义　俄罗斯

**3078**

**《联合国土著民族权利宣言》研究** / 廖敏文著 ; 徐中起指导. -- 中央民族大学, 2009. -- 349 页

论文对《联合国土著民族权利宣言》所涉及的法律问题进行全面深入的研究。全文共分为十二章。论文首先是导言,主要介绍选题的意义、研究范围、研究的理论框架,并对研究的创新之处与不足、相关的动态研究以及研究方法进行归纳。第一章解释国际

人权法上有关"民族"的法律用语和概念。第二章介绍民族人民的基本权利,主要权利有集体人权、原生权以及包括平等权、自决权等权利的基本权利。第三章是对谁是土著民族问题的界定,通过对关于"土著"的一般语义的考查,对关于法律用语"土著民族"的概念和定义的介绍,形成界定土著民族的标准。第四章介绍土著民族问题的来龙去脉,提出近代殖民主义全球性侵袭是土著民族问题的始作俑者和现代国家对现代性的追求是土著民族问题的深加工者的观点。第五章阐述土著民族与人类学,分析土著民族在全球分布的历史人类学并对成就人类学的土著民族与关怀土著民族的人类学家进行讨论。第六章介绍国际社会与土著民族人权事业,主要从走上国家政治舞台的土著民族、联合国与土著民族人权事业两方面进行研究。第七章分析土著民族的法律地位,介绍享有民族人民法律地位的土著民族拥有的权利,概述土著民族的权利,同时对土著民族与民族或种族、宗教和语言上的少数群体进行联系与区别。第八章探讨土著民族的自决权和自治权,界定民族人民自决权在后殖民时期的含义,并区分土著民族自主权和自治权。第九章是对土著民族的土地权利进行分析,主要包括土著民族土地问题产生的原因、《土著民族权利宣言》确认土著民族土地权利的法理依据以及维护土著民族土地权利的行动方案。第十章介绍土著民族的文化权利,对土著文化遗产国际保护法保护的原则、准则和标准进行探讨。第十一章介绍土著民族的生态环境权利,思考土著民族生态环境存在的问题,分析其权利要素以及国际法保护土著民族生态环境权的内容。第十二章是《土著民族权利宣言》对中国在现代化进程中启示。

关键词:人权　民族问题　国际法

**3079**

**中国少数民族地区政府投融资体制改革研究** / 刘颖著 ; 刘永佶指导. -- 中央民族大学, 2009. -- 207 页

论文对中国少数民族地区政府投融资体制改革进行深入全面的研究。全文共分为五章。论文开始部分为导论,主要研究选题的背景和意义,简述论文的主要内容,探讨论文研究的方法,对论文的创新点和不足进行归纳总结。第一章介绍民族地区政府投融资体制研究的理论基础,分析民族地区政府投融资体制范畴的形成,对相关概念进行界定,总结民族地区政府投融资体制改革的相关理论,介绍政治经济学、民族经济学、发展经济学、区域经济学等理论的相关性研究。阐述政府投融资体制在民族地区经济发展中的作用。第二章分析我国少数民族地区投融资体制的历史沿革及矛盾,分析 1949 年至今的我国少数民族地区政府投融资体制的历史沿革,归纳我国少数民族地区投融资现状,研究民族地区政府投融资体制存在的问题,并对我国少数民族地区投融资体制问题的成因进行分析,最后介绍国外区域经济开发中解决投融资问题的经验与启示。第三章研究少数民族地区政府投融资体制改革的原则、目标和路径,主要原则有有利于实现民族地区社会效益的最大化原则、统一性和差异性相结合的原则等。主要的改革目标有投融资主体多元化、资金运用集约化、体制规范法制化以及投融资管理科学化。第四章介绍改革民族地区政府的投融资方式,主要包括改革民族地区政府的传统投融资方式、民族地区政府融资方式的市场化创新以及改革、重构民族地区政府的投资方式三方面的内容。第五章是对民族地区政府投融资管理体制的完善,介绍完善民族地区政府投融资的决策机制、阐述完善民族地区政府投融资项目的管理方式以及对完善民族地区政府投融资约束监督机制的研究。

关键词:民族地区　政府投资　体制改革

**3080**

**论元明清王朝对回政策与回族的形成** / 马峻峰著 ; 陈玉屏指导. -- 西南民族大学, 2009. -- 174 页

论文对元明清王朝对回政策与回族的形成进行深入全面的研究。全文共分为七章。第一章为绪论,叙述论文研究的选题缘由及研究意义,对相关的文献进行归纳总结,分析论文的研究基本观点、创新和难点,确定论文研究的理论和方法,形成论文的基本框架。第二章是对回族基本问题的概述,主要阐述回族名称与民族的来源,分析回族人口与经济的关系,并介绍回族的文化。第三章介绍唐宋时期的回族先民与古代"回回"指向的演变历程。首先回顾唐宋时期的回族先民,然后分析古代回回指向的演变。第四章研究元王朝对回政策与回族雏形的形成,主要阐述元王朝对回政策的社会背景、元王朝对回政策及其特点以及元王朝对回政策作用下的回族共同体雏形显现三方面的内容。第五章论述明元朝对回政策与回族的形成,通过介绍明元朝对回族政策的社会背景,研究明元朝对回政策及其特点,最终确立明元朝对回政策作用下的回族民族的特征。第六章是对清元朝对

回政策与回族民族特征的加强措施的介绍,主要研究清王朝对回族政策的社会背景,分析清王朝对回族政策及其特点,提出加强清王朝对回族政策作用下回族民族特征的措施。第七章是对回族民族特征形成的分析,通过研究得出伊斯兰教"中国化"是回族形成的显著特征;大杂居、小聚居和"聚寺而居"是回族形成的地域特征;多元一体的文化是回族形成的又一特征以及以使用汉语语文而有别于其他穆斯林民族为特征。

关键词:回族　民族历史　民族政策

3081

**清末民初云南地方法治运行及相关问题研究** / 马雁著 ; 方慧指导. -- 云南大学, 2009. -- 305 页

论文运用案例研究法、历史研究法和定性研究法,对清末民初的云南地方法治及其运作的实际个案进行深入考察。论文第一章是清末民初云南地方法治运行的条件,首先分析社会现实条件,其次分析社会思想条件,最后论述社会现实条件与思想文化条件关系下的云南地方法治问题。第二章是行政法律制度中的法治运行,首先梳理近代云南行政法律制度的创生及其与地方政治的关系,其次论述清末官制改革与云南的地方行政法律制度,最后论述云南地方的司法机构与行政法律制度。第三章是民商事法律制度中的法治运行,首先讨论地方民族资本结构变化导致的法治要求,其次论述地方社会经济文化结构变化导致的法治要求,最后论述民商事法律制度的现实运行。第四章是刑事法律制度中的法治运行,首先讨论清末民初云南地方刑事法治及其法哲学意义,其次论述各方力量对比中的云南地方刑事法治,再次考察清末民初云南刑事法治的现实运作,最后论述清末民初云南刑事法治运行格局中的社会形态。第五章是诉讼法律制度中的法治运行,首先分析诉讼法律制度中的近代化法治因素,其次分析诉讼法律制度设置的非均衡状态及其原因,进而阐述法治场域内外的力量博弈和协商共识,最后讨论清末民初司法改革在云南边疆地区推行的"反司法"悖论。

关键词:地方法规　中央与地方的关系　云南

3082

**维吾尔族城乡女性比较研究:以切克曼村与乌鲁木齐市为例** / 努尔古丽·阿不都苏力著 ; 白振声指导. -- 中央民族大学, 2009. -- 172 页

论文以切克曼村与乌鲁木齐市为例,对维吾尔族城乡女性进行比较研究。全文共分为八章。论文首先为绪论,主要分析研究背景和研究起源、研究方法,对相关概念进行界定,以及对研究地点进行必要的论述。第一章通过概述吐鲁番地区托克逊县及郭勒布依乡切克曼村和乌鲁木齐市的基本情况,分析维吾尔族女性人口的特征。第二章介绍维吾尔族女性社会的教育,主要从传统教育、现代科学教育、切克曼村女性受教育情况分析以及传统教育和现代教育的交叉发展四个方面的内容进行阐述。第三章通过探究婚姻观念、婚姻的缔结、维吾尔族的性文化以及比较城乡维吾尔族女性婚姻文化对维吾尔族女性的婚姻文化进行研究。第四章介绍维吾尔族女性的家庭文化,主要包括家庭基本形式、家庭空间格局、家庭关系以及城乡维吾尔族女性家庭文化的比较。第五章分析维吾尔族女性在家庭经济中的地位与作用,主要研究切克曼村女性对家庭经济的贡献和现代经济生活中的女性角色。并对城乡女性在家庭经济中的地位进行比较。第六章通过生育文化、计划生育、生育文化的变迁三方面介绍维吾尔族女性的生育文化。第七章介绍维吾尔族女性的宗教文化,分析切克曼村女性的宗教行为、城市女性的宗教行为和维吾尔族女性宗教文化的社会功能三方面的内容。第八章通过分析新疆少数民族女性参政现况,探讨角色错位和冲突,对维吾尔族女性参政的问题进行研究。全文从民族学视野和女性学角度入手,探讨少数民族女性的生存境遇与发展具有现实意义。

关键词:维吾尔族　妇女　社会生活

3083

**民族学视野下的延边朝鲜族人口问题** / 朴美兰著 ; 黄有福指导. -- 中央民族大学, 2009. -- 188 页

论文从民族学、人类学的视角对延边朝鲜族人口问题进行深入的研究。全文共分为五章。论文开始为绪论,主要介绍选题的意义、研究综述以及研究方法,对论文进行理论分析。第一章回顾和梳理 1949 年以前朝鲜移民的迁入史以及移民人口的发展概况,分析朝鲜移民人口总量和结构。第二章介绍 1949 年至 1990 年延边朝鲜人口演变及特点,将 1949 年至 1990 年划分为多子时期、双子时期、独子时期三个时期。总结 1949 年至 1990 年延边朝鲜人口的特点。第三章是对 20 世纪 90 年代以来延边朝鲜族人口问题中的人口负增长特点进行分析,主要包括延边朝鲜族人口发展的新变化、延边朝鲜族人口负增长发生过

程、人口负增长状况下的延边朝鲜族人口结构以及延边朝鲜族人口负增长的特点及实质四个方面内容。第五章分析延边朝鲜族人口负增长引发的社会影响,主要分析人口负增长对民族人口发展、民族文化发展、区域社会发展的影响,提出延边朝鲜族人口负增长问题的解决途径。论文最后为结语部分,对全文进行归纳总结,主要结论包括延边朝鲜族人口负增长是人口自然负增长,是长期以来民族人口转变的必然趋势;长期以来,国家计划生育政策和朝鲜族重视教育的文化传统使人们的生育意愿发生彻底的改变等。

关键词:朝鲜族　人口负增长　延边

**3084**

**散杂居少数民族生活方式变迁研究(1949~2008):以湖北省仙桃市沔城回族镇为例** / 沈再新著 ; 许宪隆指导. -- 中央民族大学, 2009. -- 261 页

论文以湖北省仙桃市沔城回族镇为例,对散杂居少数民族生活方式变迁进行深入全面的研究。全文共分为十章。第一章为导论,分析研究的缘起及意义、研究的理论观点和研究方法,对研究现状进行评述,介绍研究的理论设想及基本思路以及主要内容、重点、难点、主要观点及创新。第二章为沔城回族散杂居各局的形成与发展的简述,主要对回族大分散、小聚居分布格局形成进行论述,分析湖北回族散杂居格局的形成与发展变迁,并且阐述沔城回族的源流和沔城民族关系史。第三章对沔城回族镇的面貌进行概述,主要包括自然地理概述、历史沿革、民族、宗教和传统文化的介绍,同时对当前沔城回族镇基本社会情况的研究。第四章是对经济生活方式变迁的介绍,主要变迁包括生产关系和经济结构的变迁。第五章从管理体制的变革、国家制度安排下的政治生活方式变迁、民族乡背景下的政治结构政治参与四方面进行阐述。第六章是对消费生活方式的变迁,主要变迁有经济收入、消费结构、消费观念三方面的变迁。第七章是对婚姻家庭生活方式变迁的介绍,从沔城回族传统的婚姻生活、择偶观念的变迁、婚姻的缔结与变动、性爱观念及其变迁、婚姻生活变迁的原因分析五个方面介绍婚姻的变迁,从宗教、家庭与家庭、家庭规模与结构、家庭关系、分家机制的运行、生育观六个方面介绍家庭生活的变迁。第八章介绍宗教生活方式的变迁,主要从沔城宗教信仰状况、清真寺和寺坊的结构变迁、回民宗教信仰的变迁、宗教生活方式变迁的特点以及影响宗教生活方式变迁因素五方面进行简述。第九章通过沔城传统闲暇生活方式概况和沔城回民闲暇生活方式的变迁两个方面对闲暇生活方式的变迁进行说明。第十章是对沔城回族生活方式变迁的模式的构建,通过分析生活方式变迁的原因与发展趋势,研究散杂居地区生活方式变迁的模式,构建散杂居少数民族新型生活方式。全文的研究有助于推进对散杂居民族关系和民族问题的研究。

关键词:少数民族　生活方式　社会变迁

**3085**

**俄罗斯族民族认同研究:以室韦俄罗斯族民族乡为例** / 时春丽著 ; 徐平指导. -- 中央民族大学, 2009. -- 171 页

论文以室韦俄罗斯族民族乡为例,对俄罗斯族民族认同进行全面深入的研究。全文共分为六章。第一章为绪论,主要介绍论文的选题意义,对重要概念和术语含义的界定、国内外民族认同理论回顾、文献综述以及研究方法等内容。第二章是对室韦俄罗斯族民族乡的简介,主要分析室韦俄罗斯族民族乡的概况,追溯室韦俄罗斯族民族乡的历史,研究俄罗斯族人口与分布。第三章研究俄罗斯族民族认同的形成,主要分析民族的源流、宗教信仰、语言文字、风俗习惯四个方面的内容。风俗习惯包括衣食住行、婚丧习俗以及节日习俗。第四章通过研究俄罗斯族民族认同问卷统计结果,分析维持民族认同的因素,探索俄罗斯族民族认同的变迁,研究俄罗斯族民族认同的发展趋势,进而对当代俄罗斯族民族认同进行分析与研究。第五章分析影响俄罗斯族认同的经济和社会文化因素,主要包括农业、畜牧业、副业、个案分析等经济因素;俄罗斯族教育史、俄罗斯族教育现状、教育问题等教育因素;医疗现状、医疗问题等医疗因素。第六章介绍从民族认同到国家认同的历程,主要包括当代俄罗斯族的国家认同、俄罗斯族民族认同与国家认同的关系、俄罗斯族从民族认同到国家认同的途径三方面的内容。其中俄罗斯族从民族认同到国家认同的途径主要有构建政治认同、发展民族经济和实现文化认同三种途径。论文最后为结语,主要提出俄罗斯族国家认同意识清晰,对中国的国家认同意识强烈;影响俄罗斯族认同的因素主要包括经济、教育和医疗;俄罗斯族从民族认同到国家认同的途径主要包构建政治认同、发展民族经济和实现文化认同等结论。

关键词:俄罗斯族　民族文化　民族认同

3086

**国外"苗图"收藏与研究** / 史晖著 ; 祁庆富指导. -- 中央民族大学, 2009. -- 188 页

论文运用文献分析法、阐释学方法、田野调查法以及比较的方法对国外"苗图"的收藏进行分析研究。全文共分三章。首先绪论,介绍选题的价值意义,对有关的文献进行综述,分析研究的目的与理论视角,指出研究中的难点与解决办法,最后对要点进行概述。第一章阐述20世纪以前国外对"苗图"的发现与研究,首先介绍以传教士为主体的"苗图"收藏、译介与研究,随后分析探险家、游历家的"苗图"记录与历史见证,指出19世纪以来,一批来华的西方政府官员、传教士、探险家、商人、学者出于不同的目的广泛收集"苗图",致使大量有价值的"苗图"珍本流落海外。第二章介绍当代国外出现的"苗图"研究热潮,首先以国别分类对国外的"苗图"收藏机构以及藏品进行概览,并具体对英国、意大利、美国、日本、德国、法国、苏联以及捷克斯洛伐克境内"苗图"的收藏情况进行分述,随后阐述"苗图"见闻录,对20世纪中后期的国外"苗图"的研究进行解读与阐释,重点对德国的"苗图"研究进行探讨,最后又从分析澳大利亚王富文与美国劳拉 · 霍斯特勒的研究入手,基于人类学视角与世界民族志视角对跨越21世纪的"苗图"研究进行文本"重读",指出随着人文学科的发展,苗图研究在国外呈现出民族史、艺术史、文化人类学等不同学科视域与方法交叉融汇的面貌,产生一定影响的代表人物和研究成果。第三章介绍中国历史文化语境下的国外"苗图"收藏与研究,首先对苗图的版本进行分类,包括黔苗图、滇夷图、楚苗图、琼黎图以及台番图,随后对中国历史文化语境下的"苗图"功能、价值、意义进行理解与阐释,并从文化批评角度,对作为整体的近代西方"苗图"的研究进行反思,提出对于"殖民论"和"苗图"中的"他者"理论视角的批评。

关键词:少数民族　图集　收藏

3087

**仪式象征意义的言语行为建构:湘西土家族婚礼中口头论辩的象征人类学研究** / 覃娜娜著 ; 瞿明安指导. -- 云南大学, 2009. -- 170 页

论文对湘西土家族婚礼口头论辩的象征人类学进行研究,并以此构建仪式象征意义的言语行为。全文共分为六章。论文开始为绪论,主要研究选题缘由、两点说明、研究综述、理论基础与研究方法、研究框架与田野情况。第一章对研究对象的背景知识做综合介绍,包括对口头论辩赖以存在的文化空间、湘西土家族文化的概述及其对口头论辩的特定演述场域以及对土家族婚礼仪式的概述。第二章以深描的方式详细叙述出现在婚礼仪式中三个不同的口头论辩环节及各自相异的论辩内容,以期对土家族婚礼中不同场景下的口头论辩逐一直接展示。第三章将口头论辩的内容详细分为四类,寒暄、周旋、盘问与交接,并分别探讨其言语内容背后的隐含意义。第四章论述作为一种"言语行为"本身的论辩过程以及它所象征的姻亲间的竞争、合作等关系。第五章阐述作为"言后之果"的论辩结果及其相对确定的胜出方式和惩罚方式"钻桌二进"与"交出红包"所隐含的象征意义。第六章把关注点集中在论辩中的人,以个案及分析相结合的方式展现生动鲜活的个体,进而讨论以不同身份角色参与口头论辩的个体、群体差异及其影响。论文最后为结语,这部分建立在个案研究基础上的一些理论方案探讨,提出在仪式语言的象征研究方法上,至少可以从言语内容、言说行为本身、言语结果及言说主体这四方面探讨仪式语言的象征意义构建过程。全文旨在对语言现象做出深层的意义阐释,并力图以此个案研究为例,将言语学的理论方法应用于仪式象征的研究过程中,以拓展仪式语言的象征研究方法。

关键词:土家族　风俗习惯　象征

3088

**新中国建立以来新疆若干重大问题研究** / 王慧敏著 ; 杨建新指导. -- 兰州大学, 2009. -- 181 页

论文以实证调查为依据,运用民族学等有关原理,对新中国建立以来新疆若干重大问题进行研究。全文共分为五章。论文首先为导论,主要介绍论文的研究及背景、研究现状及评述、研究内容与研究方法以及论文的创新与不足。第一章概述新疆多民族宗教的演化格局及新疆民族问题的基本现状,分析影响新疆民族问题的因素,然后从"政策"和"操作"两个层面提出解决民族问题的具体对策。第二章,归纳新疆民族传统文化的变迁历程,分析民族文化在历史演进过程中耗散现状及缘由,并针对性地提出解决思路。第三章探讨新中国建立以来新疆经济发展过程中得与失,重点分析"唯自然资源拉动型"和"一黑一白"战略对新疆经济造成的影响,系统提出新疆经济做大做强的对策建议。第四章对新疆生产建设兵团维稳固边的重要性进行全面的剖析,客观评价兵团的

历史地位,从体制、环境、法律地位几个方面论述制约兵团发展的因素,并对新时期兵团如何走出困境、如何重新定位,提出自己的思考和见解。第五章回顾新疆分裂与反分裂的历程,并从深层次对分裂源起进行探索。同时,系统分析当前的反分裂形势,点出影响新疆稳定的新因素,针对存在的问题提出解决方案。

关键词:民族政策　宗教　新疆

**3089**

**少数民族地区工业化进程中的汉族社会变迁研究:以甘肃甘南藏族自治州夏河县麻当乡汉族社区为例** / 王丽娟著 ; 徐黎丽指导. -- 兰州大学, 2009. -- 329 页

论文以甘肃甘南藏族自治州夏河县麻当乡汉族社区为例,对少数民族地区工业化进程中的汉族社会变迁进行研究。全文共分为九章。第一章为绪论,对研究概念进行简单的界定,分析选题缘由及选题的意义,研究国内外学术研究现状,最后得出论文的研究方法。第二章对麻当乡汉族移民的现状和特点进行简单的叙述,主要包括高原上的夏河县麻当乡的状况、麻当乡汉族移民来源的考证及其原因分析以及麻当乡汉族移民人口的传统从业类型和经济状况三个方面的内容。第三章概述工业化理论,分析工业化理论的产生和发展、农村工业化的特征以及对麻当乡工业化现状的分析。第四章阐述工业化进程中汉族移民生计方式与经济文化的变迁,深入剖析移民在工业化的背景下发展的生计方式的转变和经济文化变迁的轨迹。第五章从移民饮食对移民的文化传承和变化进行考察和论证,分析移民饮食的融合与变迁以及工业化进程中移民饮食的进步。第六章从移民的语言对移民的文化传承和变化进行考察和论证,移民的语言主要包括语音、语法和常用语三个方面。第七章开始从移民文化变迁的物质世界走向移民的心路历程,从“戎亢”、二郎庙、正月里等文化背景出发,探讨移民精神文化的表征与内核,提出工业化对移民精神文化变迁的“火车头”作用。第八章主要在麻当乡工业化的背景中探寻各民族关系的既有特征、另行互动的契机以及存在的问题。第九章是对全文的一个俯瞰和总结,在宏观的视野中肯定工业化发展对于包括移民在内的整个社区带来的物质文化生活的整体提升,同时提出在历史进步的车轮中,民族文化的固有性需要与时代相适应,趋利避害、因势利导,各民族应树立正确的发展观,齐心协力为振兴整个中华民族伟大事业添砖加瓦。

关键词:少数民族地区　民族关系　社会变迁

**3090**

**民族地区服务型政府建设研究** / 王连喜著 ; 贺金瑞指导. -- 中央民族大学, 2009. -- 189 页

论文从民族政治学的视角出发,对民族地区服务型政府建设进行全面深入的研究。全文共分为六章。论文开始部分为绪论,主要探析以“民族地区服务政府建设研究”为题的研究目的与意义,阐释国内外相关研究现状、研究思路和框架、核心概念界定以及主要研究方法,并对创新之处进行归纳和总结。第一章介绍民族地区服务型政府建设的理论前提,剖析民族地区服务型政府建设的理论基础和基本内涵,并阐释民族地区服务型政府的特征,服务内容与标准。第二章是对民族地区政府管理历史的探源,分析新中国成立前后民族地区政府管理模式的历史推进,详细分析封建社会中央王朝对民族地区的特殊统治方式和新中国成立后在民族区域自治下的政府管理模式的变迁。第三章介绍民族地区服务型政府建设的现实性、可能性与特殊性。重点分析民族地区服务型政府建设的特殊性。阐述服务型政府的构建需要与之相应的政治、经济、文化和社会环境。目前我国社会事业取得重大的成就,具备在民族地区构建服务型政府的现实性和可能性。第四章是对国内外服务型政府建设的实践考察,分析多族裔的加拿大、美国和澳大利亚政府公共服务改革的历程,阐述三国政府对土著居民在提供公共服务方面采取的不同模式。同时,对国内成都、南京、深圳和焦作的服务型政府的建设历程进行分析,并对具体做法和经验进行总结。第五章以内蒙古自治区呼伦贝尔市为例,对民族地区服务型政府建设进行实证研究,通过对其政府职能转变、公共财政改革、电子政务建设以及社会性公共服务提供的个案研究,探讨民族地区服务型政府建设的现状和存在的问题,并提出“强政府、强社会”的理念。第六章是对民族地区服务型政府建设的路径和对策的分析,是论文的重点研究内容,探讨西方和中国发达地区建设服务型政府的成功经验与不足教训,对民族地区服务型政府建设提供政策建议。

关键词:民族地区　地方政府　行政管理

**3091**

**甘丹赤巴研究:论甘丹赤巴的形成、发展以及在格鲁派政教系统中的作用** / 王维强著 ; 拉巴平措指导. --

中国社会科学研究院，2009. -- 173 页

论文对甘丹赤巴的形成、发展以及在格鲁派政教系统中的作用进行分析研究。全文共分七章。第一章对格鲁派政教的系统结构进行概述，简明扼要地勾画格鲁派的政教系统结构，并介绍西藏地方系统、班禅堪厅系统的有关内容。第二章分析甘丹赤巴的由来，首先分析甘丹寺的建立及其组织结构，随后探讨甘丹赤巴的产生，梳理甘丹赤巴传承制度的形成与发展历程。第三章阐述甘丹赤巴在格鲁派政教系统中的宗教作用，首先介绍相关文献的记载与具体实例，随后分析创建教派并奠定其教义学说的基础。第四章分析甘丹赤巴在格鲁派政教系统中的政治作为，分别从甘丹赤巴直接掌握西藏地方政权、以高僧大德形象扮演政治人物角色、担任驻京呼图克图直接参与朝廷事务管理等几个方面，论述甘丹赤巴在西藏历史进程中所发挥的政治作用。第五章介绍甘丹赤巴对藏族文化的贡献，指出甘丹赤巴对藏族寺院教育制度及藏族学风的影响。第六章阐述从甘丹赤巴转世出的活佛系统研究，对其产生原因进行具体分析，并以重点列举的方式讨论从甘丹赤巴转世出来的活佛系统在宗教、政治、文化方面的作用。第七章简述历任甘丹赤巴的生平。最后为结语部分，指出甘丹赤巴地位的荣衰升降，是明清以来西藏政治局势演变的一个组成部分，研究甘丹赤巴的历史，对于研究格鲁派的历史和西藏的历史，具有重要的意义。

关键词：藏传佛教　甘丹赤巴　格鲁派

**3092**

**新疆木垒县乌孜别克族游牧社会文化变迁研究** / 解志伟著 ; 祁庆富指导. -- 中央民族大学, 2009. -- 204 页

论文对新疆木垒县乌孜别克族游牧社会文化变迁进行深入系统的研究。全文共分为四章。论文开始部分为绪论，主要介绍研究的缘起和田野调查工作的状况、研究的对象、主题以及选题的意义，并对相关研究、基本理论进行归纳总结，分析论文研究的视角和主要结构。第一章阐述游牧业及其在乌孜别克族的民族过程中的作用和意义。分析游牧业与转场的起源，对乌孜别克族的族源、兴起与发展进行研究分析，论述乌孜别克族的伊斯兰化，总结游牧业在乌孜别克族民族过程中的作用和意义，并探析乌孜别克族在国内外的分布情况。第二章介绍木垒大南沟乌孜别克族的家族史及其转场史。分析木垒大南沟乌孜别克族民族乡的社会文化与自然生态背景，简述大南沟乌孜别克族游牧民的家族史，介绍波拉提哈吉部落、哈扎合拜部落、吐尔逊巴克部落以及霍加部落和热苏勒部落。并从家族史看乌孜别克族的国民化过程，划分木垒乌孜别克族游牧转场历史分期，介绍木垒乌孜别克族的游牧转场组织阿吾勒。第三章分析木垒乌孜别克族游牧社会四级牧场和转场期间的社会生活，主要包括乌孜别克族转场的时间与空间设置、转场牧道上的生活、四级牧场的生活以及乌孜别克族游牧转场现象的性质分析四方面的内容。第四章研究木垒乌孜别克族游牧牧民的传统文化及其变迁，主要介绍衣食住行方面的生活文化、婚姻家庭和人生礼仪文化、民间传承文化、科技与工艺文化、信仰崇尚文化以及节日文化六个方面的内容。

关键词：乌孜别克人　游牧民族　社会生活

**3093**

**云南白族新华工匠村调查研究** / 杨丽琼著 ; 徐万邦指导. -- 中央民族大学, 2009. -- 185 页

论文从村庄文化变迁视角出发，对云南白族新华工匠村进行调查研究。全文共分六章。首先绪论介绍选题的缘起，分析选题的意义，对相关研究进行述评，并指出有关的理论背景以及撰写的架构。第一章分析新华村的概况，分述新华村的地理情况与历史情况。第二章阐述新华工匠村的变迁，介绍村庄变迁和手工艺的发展，梳理工艺在历史进程中的演进过程，并重点描述近 60 年新中国经济发展情况，分析国家在村庄变迁中起到的关键作用。第三章介绍新华工匠村的工艺传承，首先考察了工艺传承的模式与变迁，指出日益扩大的市场使得新华村工匠的传承体系有家族血缘关系扩展到更为广泛的社会关系网络之中，随后详细记录工艺传承内容，包括制作技术、工艺种类以及工艺流程、工艺审美与价值观念，最后分析新华村手艺传承的重要因素。第四章分析资源利用与村庄经济的结构性变化，主要描述村庄的经济结构，指出在村庄的经济结构变化中，村庄兼有传统农业型、旅游型、市场型的多元经济结构，提出经济与政策环境对农村经济结构调整产生深刻的影响的观点，随后探讨旅游发展中存在的问题，并提出有关的对策建议。第五章探讨旅游开发下的相关群体利益关系，首先介绍新华公司的建立与景区发展，指出在景区的开发经营和社区居民参与旅游的过程中，利益冲突是最主要的矛盾，不仅有旅游开发商和社区的矛盾，社

区居民之间也存在着纠纷问题，进而得出利益关系的平衡成为解决矛盾的关键所在的结论，最后分析企业在获取高额利润的同时在文化保护、生态环境保护上应该承担的责任问题。第六章阐述有关的文化启示，重点讨论了现实社会环境之下的文化保护问题，并通过个案考察具体阐述了对文化保护的认识。

关键词：白族　民间工艺　社会变迁

**3094**

**贡本与贡本措周：塔尔寺与塔尔寺六族供施关系演变研究** / 张海云著 ; 宗喀·漾正冈布指导. -- 兰州大学, 2009. -- 261 页

论文从权力的角度对塔尔寺与塔尔寺六族供施关系的演变进行研究。全文共分为七章。第一章绪论对研究的选题背景、缘由及其意义加以说明，对相关的研究现状进行梳理，并对论文的研究过程、研究方法及相关概念做了界定。第二章概述塔尔寺的特殊地理位置、塔尔寺的权力结构及现在的变化、六族在塔尔寺的职权及塔尔寺僧人的语言使用状况；概述六族的名称、来源、地理环境、分布，分析塔尔寺与六族产生供施关系的契机。第三章分析国家场域中塔尔寺与塔尔寺六族的权力网络，简述罗卜藏丹津事件前各种政治力量在塔尔寺地方的博弈，研究罗卜藏丹津事件中六族和塔尔寺的应对措施，分析清政府善后事宜对塔尔寺和六族地方社会的影响。第四章研究塔尔寺与六族的政教关系演变，从僧院、赤钦、堪布、昂索、六族干巴、六族出身的僧人精英、六族活佛系统等方面分析 1958 年之前和之后六族在塔尔寺的政教权力，用田野资料说明六族的宗教信仰变迁和汉文化及汉族间信仰对六族文化的影响。第五章介绍塔尔寺与六族的经济关系演变，分析 1958 年之前塔尔寺寺院经济和六族传统生计方式以及六族对塔尔寺的经济义务、分配及用度。第六章用田野资料和论文的资料研究塔尔寺六族末代昂索、土司及其后裔与塔尔寺的往来关系及昂索后人、土司后人的现代处境。第七章是结语，分析塔尔寺与六族供施关系变迁的轨迹，探讨供施关系变迁的动因及塔尔寺与六族社会互动的新趋势，探讨民族志书写和历史人类学方法的研究意义。

关键词：塔尔寺　政教关系　宗教文化

**3095**

**文本、情境与族群认同：大理洱海地区一个村落的身份操演** / 赵玉中著 ; 和少英指导. -- 云南大学, 2009. -- 292 页

论文以大理洱海地区一个村落的身份，对文本、情境与族群认同三者之间的关系进行深入全面的研究。全文共分为六章。第一章为导论，主要简述论文的理论范式、研究方法、研究意义、研究背景以及理论基础。第二章是对地域网络中的洱村及其日常生活的简单介绍，概述洱村的情况，研究洱村内部的社会空间，探讨行政与仪式空间中的地域关系以及洱村的社会结构。第三章介绍摇摆在“汉/夷”之间的名家大姓，主要阐述姓氏、祖先与族群认同的关系，介绍喜洲与“名家大姓”及其姓氏来源，表述 15 世纪至 1980 年代“名家大姓”的祖源，简述祖源表述与社会情境，以及 1980 年代以来“名家大姓”的祖源表述，最后得出祖源表述与族群认同的“摇摆理论”。第四章介绍白族历史和文化的知识生产，主要包括 1950 年代以来白族历史的著述、民族历史的“溯源”研究、1950 年代以来白族文化的著述以及文化“本质主义”的潜在问题四个方面的内容。第五章是对以洱村的身份操演的文本、情境与族群认同的问题，通过分析洱村人讲述的村落历史与文化，介绍“汉人”祖源记忆与地域网络中的文化阶序，对文化与实践文化进行构建。同时阐述了洱村人的族群身份操演和文本、情境与族群认同。第六章为论文的结语，认为就洱村而言，村人对其“汉人”祖源的强烈记忆，所诉求的是一种地域社会内部的文化阶序意义。

关键词：白族　民族文化　大理

**3096**

**中国民族刑事政策研究** / 郑齐猛著 ; 徐中起指导. -- 中央民族大学, 2009. -- 183 页

论文运用理论研究和实证研究相结合的方法，对中国民族刑事政策的历史和现实问题进行深入研究。论文第一章是中国民族刑事政策的概念界定，首先论述刑事政策的概念，其次阐述民族刑事政策的概念。第二章是中国民族刑事政策的历史沿革，首先论述中国古代的民族刑事政策，其次阐述新中国民族刑事政策，最后论述新中国民族自治地方的民族刑事政策。第三章是中国民族刑事政策的结构，首先论述民族刑事立法政策，其次阐述民族刑事司法政策，再次论述民族刑事执行政策，最后讨论民族刑事社会政策。第四章是中国民族刑事政策的价值分析，首先对民族刑事政策价值进行概述，其次对民族刑事政策价值进行分析。第五章是中国民族刑事政策的制定，首先考察

民族刑事政策制定应遵循的基本原则，其次论述制定民族刑事政策需要考虑的因素，最后阐述中国民族刑事政策的制定情况。第六章是两少一宽的民族刑事政策，首先对“两少一宽”的民族刑事政策进行概述，其次论述“两少一宽”的民族刑事政策的涵义，再次阐述“两少一宽”的民族刑事政策的实践，最后论述“两少一宽”民族刑事政策法律化的问题。第七章是中国民族刑事政策体系的构建，首先阐述中国民族刑事政策体系构建的可能性，其次阐述中国族刑事政策体系构建的具体情况。

关键词：民族　刑事政策

**3097**

**当代中国少数民族政治发展研究** / 周玉琴著 ； 贺金瑞指导. -- 中央民族大学, 2009. -- 185 页

论文从发展政治学的角度，对当代中国少数民族政治发展进行全面的研究。全文共分为五章。论文开始部分为导论，主要介绍论文选题的意义、国内外相关研究综述、论文的结构及主要的内容、研究方法与创新以及存在的问题。第一章梳理民族与政治、发展与政治发展、民族发展与民族政治发展等概念及国内外主要民主政治发展模式。第二章以少数民族地区的政治形态变迁为研究对象，简要的回顾当代中国少数民族政治发展的历史演进。指出我国各少数民族在漫长的历史过程中，都经历过自己的政治发展，都对今天的民族政治发展产生深远的影响。第三章重点分析社会变革时期我国少数民族政治发展的现状、制约因素及其两者的互动关系当今中国正处于剧烈的社会变革，这引起文化、经济、政治等巨大的变革，不可避免地导致民族成员价值观的震荡以及政治文化传承的艰难，深刻地影响着我国少数民族政治发展的历程。第四章提出当代我国少数民族政治发展的价值目标，对现有的国家政治体系框架进行阐述，进一步完善民族区域自治的次级政治体系，真正实现各民族共同控制和管理国家政权以及少数民族自主管理本民族内部事务的权利。第五章重点探讨社会变革时期推动我国少数民族政治发展的实践策略，对少数民族政治的发展提出合理的发展战略和有效的发展途径，同时还对保障机制进行分析，完善利益表达与综合机制，构建民族利益秩序，重视民族传统文化资源在民族政治发展中的作用以及加强民族地区的政治防范能力建设。

关键词：少数民族　政治　社会变革

**3098**

**明清时期西南民族地区物权制度变迁研究** / 朱艳英著 ； 方慧指导. -- 云南大学, 2009. -- 307 页

论文运用历史研究法、文献资料法和案例研究法，对明清时期西南地区物权制度的概况和变迁进行考察与研究。论文第一章是明清时期西南民族地区物权制度变迁的背景，首先论述明代以前西南民族地区物权制度概况，包括元代以前西南民族地区物权制度概况、元代云南行省治理下西南民族地区的物权制度；其次阐述变迁的背景。第二章是明清时期西南民族地区物权制度变迁的体现，首先论述明清时期西南民族地区物权制度变迁的体现概况，其次论述明清时期西南民族地区土地所有权的发展变迁，再次考察明清时期西南民族地区佃权的形成和发展，最后论述明清时期西南民族地区典权的形成与发展过程。第三章是明清时期国家对西南民族地区物权关系的法律调整，首先阐述明清时期国家对西南民族地区所有权的法律调整，其次论述明清时期国家对西南民族地区佃权和典权的法律调整。第四章是明清时期西南民族地区物权习惯法的保留，对明清时期西南少数民族物权习惯法的概况进行论述，考察西南少数民族物权习惯法保留的典型地区，最后论述明清时期国家对西南少数民族物权习惯法的认可。第五章是明清时期西南民族地区物权制度变迁的特点和成因，首先论述明清时期西南民族地区物权制度变迁的特点，其次考察明清时期西南民族地区物权制度变迁的重要成因。

关键词：民族地区　法制史　时清时代

# 马克思主义民族理论与政策

**3099**

**新文化运动与 20 世纪初中国的民族理论** / 何宏珉著 ； 金炳镐指导. -- 中央民族大学, 2009. -- 109 页

论文对新文化运动与 20 世纪初中国的民族理论进行分析研究。全文共分四章。首先绪论，介绍选题的缘起，对相关概念进行界定，同时指出研究的动态，阐述研究的思路与方法，最后分析论文的结构与创新。第一章对新文化运动进行概述，首先分析新文化运动形成的社会背景，并指出“二十一条”的提出成为直接刺激新文化运动产生的重要因素。然后探究新文化运动的发展，包括新文化运动形成的条件与目的，并对 1917 年前的早期思想启蒙以及 1917 年后的

文学革命与思想革命进行详细阐述。最后介绍新文化运动的高潮,研究"五四"运动后新知识分子的活动以及青年组织的活动。第二章对新文化运动前的中国民族理论进行研究,具体可分为传统民族思想与近代民族思想,其中传统民族思想可分为族类思想与华夷一统思想,而在近代民族思想的介绍中,则分别阐述民族的概念、起源与分类,探讨民族平等、民族同化、民族主义与民族问题等方面的内容。第三章介绍新文化运动时的民族理论,首先介绍1915—1919年的温和改良民族主义理论,梳理温和民族主义由巅峰到最终破产的历程,随后阐述马列主义思想(包括民族理论)在1919—1921年的传播,具体可划分为五四运动前与五四运动后两个阶段,最后分析新文化运动时期代表人物的民族理论,即陈独秀、李大钊、孙中山以及毛泽东的民族思想。第四章分析新文化运动对20世纪初中国民族理论的影响,指出新文化运动的兴起为主要内容的中国民族理论的发展创造条件,是在亡国灭种的民族危机时期的中国民族主义情绪的衰而复盛,同时新文化运动的兴起与发展也为马列主义民族理论在中国的传播和发展创造条件。

关键词:新文化运动　马克思主义　民族学

**3100**

**跨界民族与我国周边外交** / 张兴堂著 ; 金炳镐指导. -- 中央民族大学, 2009. -- 143 页

论文对跨界民族与中国的周边外交进行分析研究。全文共分六章。首先导言,分析论文选题的意义,对相关研究进行综述,分析研究的思路,并指出论文的理论创新。第一章对跨界民族的相关理论进行概述,分别分析跨界民族的概念与其形成过程,指出跨界民族的属性在于其民族特征发展的不一致性、民族认同与国家认同的分离性以及在民族发展趋势上的不确定性,同时还探讨跨界民族与国际关系的相关问题。第二章通过对中缅边境跨界民族的调查,分析跨界民族关系的特殊性,论文分别对云南瑞丽市中缅跨界民族人口流动的频繁性、地区经济发展的共赢性进行调查,并对中缅边界跨界民族政治上的关联性进行分析,从而对中缅外交关系进行透视。第三章为对跨界民族问题特殊性的研究与考察,分别讨论跨界民族问题与领土争端、国家主权、地缘政治以及国防安全的有关内容,并列举非洲的部族冲突、大阿尔巴尼亚主义和科索沃战争、阿布哈兹和南奥塞梯问题以及西亚库尔德人问题等实例,说明跨界民族问题的严重性。第四章阐述跨界民族和中国的周边安全问题,分别对中国的东北方向、西北方向、西南方向以及华南方向的跨界民族状况与安全形势进行分析。第五章介绍中国周边外交的新思维,指出中国应提出新的国家安全观,而多边主义是维护中国周边安全的外交政策的最有利选择。第六章分析中国解决跨界民族问题的两种多边外交政策模式,即上海合作组织以及中国与东盟的安全合作。最后为结语部分,对中国跨界民族和跨界民族问题进行进一步的思考。

关键词:民族问题　中外关系　对外政策

# 中国少数民族经济

**3101**

**西部民族地区新型工业化研究** / 曹海英著 ; 施正一指导. -- 中央民族大学, 2009. -- 291 页

论文采用逻辑思维方法、比较分析法、文献资料法以及规范分析与实证分析相结合、定性分析与定量分析相结合的研究方法等,以中国西部民族地区新型工业化为研究对象,力求对西部民族地区工业化的现状和存在问题的根源进行探究,并提出西部民族地区推动新型工业化的对策建议。论文分为导论、正文五章和结语三个部分。导论阐述研究的选题背景与意义、相关研究动态、研究思路与研究方法。第一章回顾工业化的相关理论,考察世界与中国工业化的历史进程和现状,并阐明新型工业化的内涵、特征与评价指标。第二章回顾西部民族地区工业化的历史进程及主要特征,通过对西部民族地区工业化的现状考察明确其所处的工业化阶段,进而分析西部民族地区新兴工业化的优势和劣势。第三章强调"以人为本"是西部民族地区新型工业化的价值取向,并具体阐述该价值取向指导下的人力资源开发战略与充分就业战略。第四章分析西部民族地区新型工业化的实现机制,阐述西部民族地区新型工业化的结构创新、技术创新和制度创新的现状及问题,并提出相应的实践对策。第五章提出西部民族地区推动新型工业化的五种发展模式,并对其进行具体的论证和分析,最后得出研究结论。

关键词:民族地区经济　工业化　西部地区

**3102**

**中国西部地区风能开发研究** / 李保强著 ; 刘永佶指导. -- 中央民族大学, 2009. -- 149 页

论文采用文献资料法、系统分析法、问题调查法、公共政策研究法、探索性研究法等,以中国西部地区风能开发为研究对象,力图通过对西部地区特殊环境因素和风能产业现状与问题的考察,对西部地区风能开发进行系统分析,进而提出加快西部地区风能开发的战略构想。全文由绪论和正文四章组成。绪论部分介绍研究选题的目的和意义,结合相关研究文献综述,说明论文的研究方法、主要内容以及主要的创新点。第一章概述中国西部地区风能开发的战略地位和意义,强调西部地区风能开发是中国西部大开发战略的重要支撑,也是中国能源可持续发展战略的重要组成部分。第二章概述中国风能资源的分布与开发前景,着重分析中国西部地区风能发展的现状和特点。第三章分析目前中国西部地区风能开发中存在的问题,诸如缺乏科学整体规划、国家电网的布局体制制约风能开发以及在技术、政策、资金等方面所面临的问题。第四章在前文分析的基础上,提出加快西部地区风能开发、提升风能产业水平的战略构想与具体对策建议。

关键词:资源开发　风力发电　西部地区

**3103**

**人口较少民族旅游扶贫研究** / 李劲松著 ; 魏小安指导. -- 中央民族大学, 2009. -- 189 页

论文采用实证分析法、规范分析法、观察法、田野调查法、个案调查法、定量与定性分析法等,并结合经济学、旅游学、民族学、人类学等学科的相关理论与研究方法,以我国人口较少民族旅游扶贫问题为研究对象,力求探索和归纳人口较少民族旅游扶贫的相关特色理论、特有规律、独特模式及其具体对策。全文分为导论、正文五章和结论。导论部分说明选题意义和价值,结合国内外研究相关动态说明论文的研究方法、主要框架以及理论创新。第一章引用贫困经济学和民族学经济文化类型的相关理论,概要介绍 22 个人口较少民族的基本经济文化情况,并以此为基础,重点对人口较少民族的贫困问题进行综述。第二章概述旅游扶贫理论与实践,在阐述旅游扶贫的相关理论的基础上,考察国内外旅游业反贫困的实践案例。第三章具体论述人口较少民族旅游扶贫的相关背景、旅游业在人口较少民族反贫困工作中的重要战略地位和巨大作用,并对人口较少民族旅游扶贫工作进行评估。第四章在前三章论述的基础上,阐述人口较少民族旅游扶贫的具体对策。第五章以青海省循化县撒拉族为例,对当前撒拉族的贫困问题、旅游扶贫现状、存在的问题及对策进行分析。

关键词:少数民族　旅游资源　扶贫

**3104**

**利益视角下的当代佛教:立足于滇南傣乡与滇东汉地之考察** / 孙健灵著 ; 罗淳指导. -- 云南大学, 2009. -- 137 页

论文采用实证分析法、田野调查法、逻辑分析法、历史分析法、成本—利益分析法等,以利益视角下的当代佛教为研究对象,立足于滇南傣乡(西双版纳)与滇东汉地(曲靖)的实地考察,结合宗教经济学、宗教人类学、宗教社会学等宗教社会科学的理论成果,力图对利益视角下当代佛教的若干问题进行探讨与剖析。论文由绪论、正文四章和余论等六个部分组成。绪论部分阐明研究考察的基点和范围,说明研究视角与主题、论文的框架与主要观点等问题。第一章分析人类活动的利益诉求与宗教信仰,阐述围绕着宗教的多维利益的互补性和替代性,并对佛教产生及分化的利益动因进行剖析。第二章通过傣乡与汉地的实地调查,分析傣乡与汉地的佛教流变以及民众的民俗信仰与宗教信仰状况。第三章分析傣乡和汉地民众佛教信仰的生计基础和宗教贡献,并对“宗教消费”与“宗教奉献”进行理论辨析,阐明“宗教消费说”的局限与“宗教奉献说”的优势。第四章分析作为经济资源与伦理资源的当代佛教,并在考察傣乡与汉地的佛教伦理资源的基础上,认为中国佛教的伦理资源尚待开发。余论部分总结全文,进而提出了佛教“入世化”与“去世俗化”的反思。

关键词:佛教　宗教信仰　经济利益

**3105**

**内蒙古草原经济发展研究** / 特格西毕力格著 ; 施正一指导. -- 中央民族大学, 2009. -- 198 页

论文主要运用经济学、生态学和民族学等学科的理论与方法,以内蒙古草原经济发展为研究对象,从经济行为与生态环境的辩证关系、人与自然和谐发展的视角,试图探寻内蒙古草原经济发展的新模式与新思路。论文由导论、正文和结论三个部分构成,其中正文共分五章。导论部分阐述研究的选题背景与研究意义,结合相关文献综述说明论文的内容结构、研究方法以及创新与不足之处。第一章阐述涵盖多种学科的草原概念的重要性和现实意义,并对草原经济及其特点、基本原则和发展阶段、草原经济与其他经

济及草原文化的关系进行分析。第二章对内蒙古草原畜牧业的产生的时期、地区、过程、条件及其重要性等问题进行回顾,并分析草原畜牧业经营方式的变迁。第三章主要对内蒙古草原与草原农业的互动效应进行分析,在回顾内蒙古草原农业的产生、演变历程、积极作用和消极影响的基础上,分析内蒙古草原发展生态农业的现状、成就及其政策措施。第四章在对内蒙古草原工业及其特征、发展条件进行考察的基础上,强调内蒙古草原工业的发展必须坚持新型工业化道路。第五章在分析内蒙古草原旅游业的发展现状及其影响的基础上,探讨今后草原旅游业发展的新思路。

关键词:地方经济　经济发展模式　草原利用

**3106**

**中国少数民族地区居民生活质量与主观幸福感研究** / 王曲元著 ; 樊胜岳指导. -- 中央民族大学, 2009. -- 115 页

论文采用实证分析法、规范分析法、定性分析法、定量分析法、比较分析法、问卷调查法、田野调查法、系统分析法、跨学科研究法以及宏观与微观相结合、主客观指标相结合的研究方法等,以中国少数民族地区居民生活质量与主观幸福感为研究对象,力图对其进行深入、系统地研究,进而提升少数民族地区居民生活质量与主观幸福感的对策建议。全文分为导言、正文四章和结论等部分。导言部分阐述研究的背景与选题的意义,结合国内外研究综述及相关理论基础,说明论文的研究方法、技术路线、主要内容与创新点。第一章主要展开少数民族地区居民生活质量与主观幸福感的影响因素分析,具体论证经济发展、民族文化、地理环境、社会以及个人主观等因素对其生活质量与主观幸福感的影响。第二章着重阐述少数民族地区居民生活质量与主观幸福感评价指标体系的构建。第三章展开少数民族地区居民生活质量与主观幸福感指标体系的实证研究,主要对云南省古城区、北京市密云县以及甘南夏河县三地的居民生活质量与幸福感进行比较研究与评价。第四章展开提高少数民族地区居民生活质量与主观幸福感的对策分析,提出相应的对策建议。

关键词:少数民族　生活质量　幸福感

**3107**

**西部民族地区农村金融体系研究** / 闫妍著 ; 宋才发指导. -- 中央民族大学, 2009. -- 149 页

论文综合运用系统抽象法、实证分析法、比较分析法、文献资料法、历史分析法以及案例分析与整体分析相结合的研究方法,以我国西部民族地区农村金融体系为研究对象,力图在考察西部民族地区农村金融现状的基础上,对西部民族地区农村金融体系存在的问题及其原因进行剖析,进而提出相应的对策建议。论文由导论、正文五章构成。导论部分介绍研究的选题背景及意义,结合研究现状及文献综述说明论文的研究方法、研究思路和基本框架。第一章主要阐述农村金融体系的基本内涵及其理论基础。第二章分析西部民族地区农村金融体系的经济基础,并对西部民族地区农村金融进行需求分析与供给分析,进而考察农业保险与农产品期货市场的发展。第三章重点剖析西部民族地区农村金融体系存在的问题及原因。第四章阐述构建农村金融体系的国际经验与启示,强调要构建适合本国国情的农村金融体系,并营造良好的外部环境。第五章具体从完善农村正规金融体系、规范农村非正规金融发展、加快发展农业保险和农产品期货、加强政策扶持以及改善农村金融生态环境等角度阐述健全西部民族地区农村金融体系的对策。

关键词:农村金融　金融体系　民族地区

**3108**

**中国西部地区退耕还林政策绩效评价与制度创新** / 张卉著 ; 樊胜岳指导. -- 中央民族大学, 2009. -- 146 页

论文主要采用田野调查法、典型个案研究法、层次分析法、制度分析法、成本收益分析法、跨学科研究法以及规范研究与实证研究、定性分析与定量分析相结合的研究方法等,以中国西部地区退耕还林政策为研究对象,力图对西部地区退耕还林的政策绩效进行科学的评价,并在此基础上提出制度创新与构想。论文由导论和正文五章两个部分组成。导论部分介绍研究背景与选题意义、国内外研究状况,并对论文的主要内容和创新点做了说明。第一章主要阐述制度设计对西部地区生态环境的影响,分别考察农村土地制度变迁、生态补偿政策以及退耕还林政策对西部地区生态环境的影响。第二章主要展开西部地区退耕还林相关问题的经济学分析,具体阐述退耕还林行为主体的利益分析、退耕还林生态补偿的经济理论基础以及退耕还林政策中的产权制度安排。第三章对西部地区退耕还林的经济社会及自然生态背景进行考察,分析西部十二省区退耕还林工作的进展与成效。

第四章通过设计评价指标体系,选取甘南藏族自治州作为典型个案对该地区退耕还林政策的绩效进行评价,进而指出该地区存在的问题。第五章为制度创新,构建市场化的生态补偿模式,并对该模式下农民利益的保障机制进行探索。

关键词:退耕还林　林业政策　绩效评价

**3109**

**西南少数民族财富观念研究** / 张兴无著 ; 刘永佶指导. -- 中央民族大学, 2009. -- 197 页

论文采用文献资料法、历史分析法、实证分析法、描述性研究法、案例分析法、跨学科研究法等,以我国西南少数民族财富观念为研究对象,力图对西南少数民族财富观念的表现、特点及其形成的历史渊源等相关问题进行深入、系统的研究。论文分为导论和正文五章。导论部分阐述研究的选题意义,结合相关研究综述说明论文的理论依据、研究方法、论文架构、创新与不足之处。第一章主要考察西南少数民族社会的经济文化特点,指出西南少数民族社会因其特殊的地理、历史原因在文化上表现出山地文化、迁徙文化的特征,并在此基础上剖析西南少数民族社会形成注重集体的、互助的"村社文化"的原因。第二章阐述西南少数民族的基本财富观,并具体分析西南少数民族的财富标准。第三章阐述西南少数民族的财富生产观,并探讨西南少数民族文化中的农耕礼仪、神灵、财富之间的关系。第四章阐述西南少数民族的财富消费观,结合个案研究的方式分析傣族的夸富宴、佤族的剽牛以及西南少数民族对酒的消费,并在此基础上剖析西南少数民族社会反对资本积累的原因及其影响。第五章阐述西南少数民族的财富交换观和富裕观,最后提出对丰裕和发展的反思。

关键词:少数民族经济　消费　西南地区

# 中国少数民族史

**3110**

**民国时期土默特旗财政研究:以档案史料为中心** / 包银山著 ; 金海指导. -- 内蒙古大学, 2009. -- 118 页

论文主要采用历史分析法、文献研究法、信息研究法、比较分析法和实证分析法等,以民国时期土默特旗财政状况为研究对象,力图以档案史料为中心,从区域社会史的角度对民国时期土默特旗财政进行实证研究,并进一步深入剖析该旗财政危机及其深刻的社会历史根源。全文由引言、正文五章和结束语构成。引言部分阐述选题缘由及意义,结合相关文献综述说明论文的研究思路、研究方法与创新之处。第一章在对土默特历史进行概述的基础上,着重解读民国时期土默特旗财政管理体制的历史由来、基本内容及其演变历程等方面进行剖析。第二章主要对民国时期土默特旗的财政收入进行分析,具体论述财政收入中煤炭租税、地租、房租以及其他收入等状况。第三章主要对民国时期土默特旗的财政支出进行分析,具体论述民国时期土默特旗行政经费、教育经费、军费、抚恤赈济费、祭祀费等支出状况。第四章主要剖析民国政府时期、国民政府时期、日伪时期和解放战争时期土默特旗财政收支规模和结构。第五章在前文相关论述的基础上,探讨民国时期土默特旗财政危机及其深刻的社会历史根源。

关键词:地方财政　土默特旗　民国

**3111**

**守护民族的精神家园:湘西少数民族非物质文化遗产研究** / 陈廷亮著 ; 胡绍华指导. -- 中央民族大学, 2009. -- 205 页

论文采用文献资料法、田野调查法、描述性研究法、系统分析法、历史分析法、实证研究法、探索性研究法等,以湘西少数民族非物质文化遗产资源为研究对象,力求对湘西少数民族非物质文化遗产构成及其在保护与传承工作中存在的问题进行深入、系统的研究,进而提出湘西少数民族非物质文化遗产合理开发和利用的基本模式和对策。论文共分五章。第一章绪论,介绍研究的选题缘由,结合对国内外非物质文化遗产保护的历史与研究现状的综述,说明论文的研究视角、研究方法、有关术语的界定以及创新之处。第二章简述湘西少数民族地区的地理、气候和历史发展沿革,并结合湘西自治州非物质文化遗产的普查情况,对湘西土家族与湘西苗族非物质文化遗产进行概述。第三章参照学术界相关分类标准与分类方法,结合湘西少数民族非物质文化遗产的实际情况,对湘西非物质文化遗产做了具体分类。第四章主要剖析湘西少数民族非物质文化遗产保护与传承的现状与存在的问题,阐述进行非物质文化遗产抢救、保护与传承的具体对策。第五章针对湘西少数民族非物质文化遗产开发现状与问题,在对湘西少数民族非物质文化遗产的开发利用进行可行性分析的基础上,提出开

发利用的基本模式。

关键词:少数民族　文化遗产　湘西地区

3112

**明代云南民族发展论纲** / 段红云著 ; 王文光指导. -- 云南大学, 2009. -- 267 页

论文运用文献研究法、社会阶层分析法、系统分析法以及传统史学的研究方法等,以明代云南民族的发展历史状况为研究对象,力图在前人研究的基础上,从民族史研究的视角对明代云南民族地区的重大历史事件、重大社会变革等进行进一步的梳理与阐述。论文分为绪论、正文四章和结语等部分。绪论部分阐述研究的选题背景及价值,结合研究现状说明论文的主要内容、创新点和研究方法。第一章主要概述明代云南民族地区的行政区划的设置、调整以及在新的行政区划格局下的云南各民族的分布变化。第二章在回顾明朝中央政府在云南少数民族地区推行土司制度的背景的基础上,着重分析土司制度下明朝中央政府与云南少数民族上层势力的政治博弈,并对明朝处理民族问题的失当与明代云南边疆的变迁进行概述。第三章具体分析明代卫所屯田、汉族移民的进入所引发的云南社会经济的发展、民族成分和分布格局的重构、边疆开发的推进、地方城镇化进程的加速等划时代的变迁。第四章主要分析在汉文化渗透过程中,明代云南各少数民族的文化及其变迁。

关键词:民族发展　民族历史　土司制度

3113

**元明清时期滇东北彝族土司研究** / 顾霞著 ; 万永林指导. -- 云南大学, 2009. -- 207 页

论文采用文献资料法、历史分析法、比较分析法、个案研究法和制度分析方法等,以元明清时期滇东北地区彝族土司为研究对象,以元、明、清三代中央王朝对滇东北地区的治理政策为背景,力图对滇东北地区彝族土司的设置、土司与中央王朝的关系、滇东北地区彝族土司的特点等方面进行深入细致的研究,进而分析滇东北彝族土司地区的社会经济形态及土司政治对辖区内各少数民族的文化变迁与民族关系的影响。论文分为绪言、正文和结语三大部分,其中正文共分四章。绪言部分概述研究的意义,结合学术史回顾,说明论文的研究方法与主要观点。第一章主要论述元代滇东北地区彝族土司的设置及其与中央王朝的关系,并对其辖区内的民族关系进行分析。第二章重点论述明代滇东北地区彝族土司制度的发展与完善,并分析中央王朝与滇东北地区彝族土司之间的政治博弈及其对本区域的治理。第三章阐述清初中央王朝民族政策的历史变迁,探讨大规模改土归流运动中滇东北地区彝族的反抗及其影响。第四章则探讨大规模改土归流后滇东北彝族土司的政治、经济、文化及民族关系的发展变化。结语部分在总结全文的基础上,对滇东北地区彝族土司发展的特点与历史启示做总体评价。

关键词:彝族　土司制度　改土归流　云南

3114

**历史记忆与民族认同研究:以云南蒙古人的历史记忆为中心** / 宏英著 ; 白音门德指导. -- 内蒙古大学, 2009. -- 140 页

论文主要运用传统史学的相关理论与研究方法,并结合访谈调查法、田野调查法、个案分析法以及实证分析等研究方法,以云南蒙古人的历史记忆与民族认同为研究对象,力图对云南蒙古人的历史与现状进行综合研究。论文由序言、正文和结语组成,其中正文分为两大部分,四个章节。序言部分主要阐述研究对象与研究目的、研究概况与研究内容,并对论文所参考的主要史料与资料、拟待解决的问题与研究方法进行说明。第一部分为史料历史部分,分为两个章节论述。第一章主要结合相关史料,综合论述史学语境中的蒙古人入滇史。第二章主要结合相关文学资料,综合论述文学语境中的云南蒙古人的演绎史。第二部分为现世故事部分,分为两个章节论述。第一章对聚居在通海县兴蒙乡的蒙古人发现传统的过程进行论述,着重考察和分析兴蒙乡蒙古人重组的信仰及其所表现出来的边缘文化特征。第二章主要结合"铁改余"氏的个案研究,阐述散居在云南地区的蒙古人书写家谱的故事,并考察和分析"铁改余"式的古书中所蕴含的云南蒙古人的历史认同感与民族认同感。最后是结语部分,概述全文的主要内容,并提出历史记忆与民族认同的理论思考。

关键词:蒙古族　民族历史　云南

3115

**历史时期的土家女性与社会性别研究** / 黄秀蓉著 ; 胡绍华指导. -- 中央民族大学, 2009. -- 229 页

论文采用文献研究法、历史分析法、系统分析法、实证分析法等,以历史时期的土家女性与社会性别机

制作为研究对象，以土家社会世系传承演变为主线，力求对土家女性生活的历史变迁及其所反映的土家社会性别机制的演变进行研究。论文分为绪论、正文六章和结语。绪论部分阐述研究现状和研究视角，说明研究的选题意义与创新、研究方法、理论基础及研究素材等问题。第一章对土家族的历史渊源进行梳理，进而以土家社会世系传承的变化为标准，对土家女性历史进行大致的历史分期。第二章主要从神话传说、图腾崇拜以及考古遗存三个方面对史前时期土家区域的社会形态进行探讨，并探讨土家族母系氏族社会的性别机制的生成条件。第三章对廪君到巴国时期的土家女性与社会性别机制进行分析，认为该时期土家社会世系传承正经历着女性世系向男性世系的转型，并探讨该时期土家社会世系转型的条件。第四章主要探讨羁縻郡县到土司时期的土家女性生活及社会性别机制的状况。第五章主要对清代改土归流后的土家女性生活及社会性别机制进行考察。第六章结合近代中国女性运动的大背景，对近现代土家女性生活及社会性别机制进行探讨。

关键词：土家族　女性　性别

**3116**

**近代内蒙古行政建制变迁研究** / 孟和宝音著 ; 金海指导. -- 内蒙古大学, 2009. -- 152 页

论文采用历史分析法、比较研究法、文献调查法等，以近代内蒙古行政建制变迁为研究对象，在吸收前人研究成果基础上，充分利用相关资料，力求较为系统地探讨近代内蒙古行政建制变迁的起因、过程和影响。全文由前言、正文五章和结语组成。前言部分介绍论文的选题由来及其意义、研究现状、所利用的基本史料以及所采用的研究方法。第一章概述内蒙古行政建制的历史渊源，探讨和研究晚清时期内蒙古行政建制的变迁历程。第二章主要分析民国政府对内蒙古行政建制改变的原因与过程，并对这一时期民国政府大肆开垦蒙旗土地与蒙古族由此所遭受的深重灾难进行探讨。第三章主要分析南京国民政府时期对内蒙古行政建制改变的过程及其影响。第四章分析抗日战争时期内蒙古行政建制上的变迁，并对“满统区”“国统区”“蒙疆区”三个空间区内的盟旗行政建制的变化与调整进行探讨，并对三个空间区内的盟旗建制变化进行比较分析。第五章则对抗日战争胜利后国共两党对内蒙古民族问题的不同对策进行比较分析。

关键词：行政管理　内蒙古　近代

**3117**

**清代贵州女性生活研究** / 张磊著 ; 胡绍华指导. -- 中央民族大学, 2009. -- 113 页

论文综合运用历史学、人类学、社会学、文化学等多学科的研究方法，以清朝贵州女性生活为研究对象，力求对清朝贵州女性生活的各个方面进行全面的梳理与分析。论文共分绪论、正文五章和结语三个部分。绪论部分评述研究的选题意义与价值及相关研究动态，说明论文的研究思路、研究方法与创新点。第一章主要从社会的重构与嬗变、民族的迁徙融合与文化的多样性等方面入手，揭示了清朝贵州女性生活的社会背景。第二章主要对清朝贵州汉族与各少数民族女性的政治、经济生活进行综合梳理与分析，揭示汉族与各少数民族女性在政治生活方面存在着巨大的差异，而在经济生活方面又有着许多共性的特点。第三章主要考察清朝贵州汉族与各少数民族女性的服饰与饮食文化，并进行比较分析。第四章主要考察清朝贵州各族女性的节日与精神信仰，并对清朝贵州汉族与各少数民族女性在节日生活中的表现与精神信仰进行分析和对比，揭示清代贵州地区以儒家思想为代表的汉文化对各族女性生活的影响。第五章主要从恋爱方式、成婚礼仪、婚姻家庭中的两性关系等方面对清代贵州汉族与各少数民族女性的婚恋家庭生活进行论述与比较分析。

关键词：女性　贵州　清代

**3118**

**怒江流域巴尼人族属问题的再研究** / 张曙晖著 ; 王文光指导. -- 云南大学, 2009. -- 121 页

论文采用田野调查法、访谈调查法、口述历史分析法、文献调查法、实证分析法、比较分析法等，以我国怒江流域巴尼人族属问题为研究对象，在现有研究成果的基础上，综合运用客观文化特征研究法和主观认同研究法，力图从巴尼人的族源、族称、语言、宗教等方面对巴尼人的族属问题进行学术上的再探讨。论文共分导论、正文三章和结语三个部分。导论主要阐明研究缘起和研究意义、资料来源、研究思路，概述巴尼人生存的自然历史背景，并结合巴尼人相关研究的综述说明研究的创新点。第一章主要通过巴尼人的口述史以及与巴尼人有着密切渊源关系的滇西北澜沧江流域白族支系那马人的史籍记载，试图从族称、族源的角度考察和分析巴尼人的族属问题。第二章主要在现有研究的基础上，进一步比较分析巴尼语

与古代史籍记载中的白语及今天各地的白语之间的关系，试图从语言的角度考察和分析巴尼人的族属问题。第三章主要通过对比分析巴尼人和滇西北澜沧江流域白族支系那马人、大理白族三者之间的原始宗教信仰仪式、活动等细节，试图从宗教信仰的角度考察和分析巴尼人的族属问题。

关键词：巴尼人　白族　怒江流域

**3119**

**明后期对蒙古策略探究** / 赵文著 ；达力扎布指导. -- 中央民族大学, 2009. -- 176 页

论文采用历史分析法、文献研究法、比较分析法和实证分析法等，以明朝自万历年间至明末这一时期对蒙古的策略为研究对象，力求对这一时期明朝对蒙古的策略及其影响进行深入系统的研究。论文分为绪论和正文六章。绪论部分介绍论文的选题意义，结合档案史料及相关论著的综述说明相关研究动态，并阐述预期的研究目标、研究方法、研究限制以及论文框架。第一章主要概述嘉靖朝以前的明蒙关系以及嘉靖时期明朝与蒙古的关系，并分析“隆庆合议”后明朝对左、右翼蒙古的策略。第二章主要探讨明朝对蒙古右翼的策略及其战略性微调以及对蒙古左翼的“拒贡”政策，并通过史料考证明神宗的“逆革顺赏”策略及其负面影响。第三章主要分析明后期辽东局势的变化以及明朝对蒙古策略的走向，阐述后金崛起的影响及其对明朝对蒙策略的制约，进而探讨明朝最终失去辽东的深层次原因。第四章探讨天启时期明朝对蒙古的策略与效果，并对后金与明朝在争夺蒙古的过程中的策略进行比较分析，得出后金采取的策略比明朝更为实用的结论。第五章论述崇祯时期明朝对蒙古的策略与效果，并阐述该策略失败的原因。结论部分主要对明朝后期对蒙古策略的变化及其得失做进一步的归纳、分析和总结。

关键词：民族政策　蒙古族　晚期

## 中国少数民族艺术

**3120**

**傣族佛寺壁画研究** / 安佳著 ；李魁正指导. -- 中央民族大学, 2009. -- 182 页

论文对傣族佛寺壁画进行系统研究。全文共分五章。首先绪论，介绍课题的缘起，分析研究的意义，同时指出研究的方法与主要内容。第一章对傣族佛寺壁画进行概述，首先分析傣族佛寺壁画的发展沿革，梳理佛寺的兴建与壁画的演变过程，随后对傣族佛寺壁画的内容题材进行研究，指出傣族佛寺壁画的题材包括佛本生题材、地狱变相与戒律题材、神话传说题材、世俗生活题材以及动植物题材，然后探讨傣族佛寺壁画的类型，具体分为粉墙壁画、板底壁画、布画以及“金水”壁画。第二章对傣族佛寺壁画的风格类型进行研究，首先介绍傣族佛寺壁画风格分析的前提，分别阐述按时代划分风格类型以及以行政区划分风格类型的局限之处，然后介绍傣族文化的交融型，以沧源县广允寺壁画为例，指出其宗教题材世俗化、地方化的表现，同时分析其独特的行式风格与表现手法，进而研究壁画中的悖理，最后分别探讨傣族本土型、现代傣族画工表现型、现代境外样式模仿变异型以及现代境外画师型。第三章探讨傣族佛寺壁画的造型意匠，在构图意匠中着重分析傣族佛寺壁画的构图特征，从而进一步对比构图中与汉、藏佛教壁画的差异之处，在构形意匠中简要概述傣族佛寺壁画的构形特征——夸张变形的内在特征，从而进一步探讨傣族佛寺壁画变形的方法，而在构色意匠中重点分析与汉、藏佛教壁画的差异，最后指出傣族佛寺壁画是集体性与个性的统一，既包括集体意识的认同，又包含有限度的个体表述。第四章对傣族佛寺壁画的创造心理和审美意境进行探讨，指出傣族佛寺壁画的功利性和神圣性的表现，同时分析壁画中的世俗化与生活化表达，最后探析傣族佛寺壁画中的审美意蕴。第五章对傣族佛寺壁画的生存现状和“活态”发展进行系统研究，首先阐述现代化背景下的佛寺壁画现状，分析商业化发展对佛寺的影响，最后对傣族佛寺壁画“活态”生存和良性发展进行了前瞻。

关键词：傣族　佛教　壁画

## 马克思主义基本原理

**3121**

**邓小平的社会发展积淀论** / 鲍雪松著 ；曲庆彪指导. -- 辽宁师范大学, 2009. -- 114 页

论文对邓小平在领导中国社会主义发展中形成的有关社会发展积淀问题的论述进行梳理与研究。全文共分六章。首先前言介绍研究的背景、目的与意

义,对相关的概念进行界定,综述有关文献,并指出研究的具体思路与方法。第一章介绍邓小平社会发展积淀论的理论渊源,首先分析马克思、恩格斯社会发展积淀思想的要义,由此引出列宁有关社会主义发展积淀问题的论述,最后介绍毛泽东关于中国社会主义发展积淀问题的阐说。第二章介绍邓小平社会发展积淀论形成的实践基础,包括对苏联社会主义发展经验的借鉴、对中国社会主义发展经验的总结以及中国特色社会主义发展的需要。第三章探讨中国社会主义发展的自身积淀,包括中国社会主义发展的自身蝉蜕、中国社会主义发展的现实基点以及中国式现代化的发展积淀指出中国社会主义发展史自身积淀的过程,即是在自身基础上的发展与提高。第四章阐述中国社会主义发展对世界文明成果的横向提取,指出世界文明成果是人类社会的共同财富,中国社会主义发展要借鉴和吸取世界一切文明成果尤其是发达资本主义国家取得的成果,以转化为自身的积淀,并在此基础上进行创造,最终实现对资本主义的超越。第五章分析邓小平社会发展积淀论的现实指向即实现中国特色社会注意的兴起,走中国特色社会主义道路。第六章研究邓小平社会发展积淀论的当代价值,指出邓小平社会发展积淀论是对马克思社会主义发展积淀思想的继承和发展,对发展中国特色社会主义具有深远的指导意义。

关键词:邓小平理论　社会发展　中国特色社会主义

**3122**

**中国共产党人民利益观研究** / 孙继军著 ; 许征帆指导. -- 中国人民大学, 2009. -- 188 页

论文对中国共产党人民利益观从理论渊源、历史发展、经验教训、主要内容、基本特征、实现机制等多个方面进行全面考察与研究。全文共分五章。首先导论,介绍选题的缘由及意义,分析国内外研究的现状,指出研究中的难点与论文的创新点,并说明拟采用的研究方法。第一章介绍人民利益观的基本概念和理论渊源,首先对人民利益的基本概念进行界定,划定人民利益的基本范畴,随后分别阐述马克思、恩格斯的人民利益思想、列宁的人民利益思想以及马克思主义人民利益思想在中国发展的文化基础,以此来解释中国共产党人民利益观的理论渊源。第二章对党的人民利益观进行纵向考察,首先阐述革命战争时期党的人民利益思想及实践,具体划分为创建时期至土地革命时期、抗日战争时期以及解放战争时期三个阶段,随后论述社会主义建设时期党的人民利益思想实践,突出强调人的全面发展的历史发展过程,并对党在不同历史时期的人民利益观进行归纳和总结。第三章为对党的人民利益观的横向考察,主要介绍国外执政党执政代表机制的主要做法、基本特点、优缺点,并专门对苏共丧权的深刻教训进行反思,总结"文化大革命"的历史教训,归纳党的几代领导人探索跳出历史周期率的思想历程。第四章分析党的人民利益观的基本内涵和主要特征,首先介绍人民利益的主要内容,包括经济利益、政治利益和文化利益三个主要方面,随后对党的人民利益观的基本内涵和主要特征进行归纳总结。第五章考察人民利益的实现机制,通过对人民经济利益、政治利益、文化利益实现机制的历史经验与现实要求的分析,提出实现人民利益的具体措施,指出实现人民利益的根本途径是科学发展。

关键词:中国共产党　人民群众　群众路线

**3123**

**马克思主义民族理论中国化及在内蒙古实践研究** / 乌恩奇著 ; 许征帆指导. -- 中国人民大学, 2009. -- 173 页

论文全面论述中国共产党三代中央领导集体及新一届中央领导集体的马克思主义民族理论中国化的成果,并对马克思主义民族理论中国化在内蒙古的实践进行分析研究。全文共分五章。首先导论,介绍论文的研究意义,整理该论题国内外的研究成果,并指出论文的创新之处以及研究运用的基本方法。第一章介绍毛泽东民族理论及其在内蒙古的实践,首先分别阐释关于"民族"的理论创新、关于民族问题的理论创新以及关于解决民族问题的理论政策发展与创新问题,随后介绍中国第一个民族自治区的诞生过程,指出乌兰夫开创性的工作以及对毛泽东民族理论的贡献,并评析毛泽东民族理论在内蒙古实践的主要经验,最后分析毛泽东民族理论在内蒙古实践的曲折发展以及被全面否定的发展过程,以此总结对"左"倾错误的反思及"文化大革命"的深刻教训。第二章介绍邓小平民族理论在内蒙古的实践,指出邓小平民族理论是马克思主义民族理论中国化的新突破与新发展,也同时对改革开放新时期内蒙古的经济社会发展经验进行评析。第三章阐述第三代中央领导人集体民族理论及其在内蒙古的实践,着重分析第三代中央领导集体民族理论的形成及其对马克思主义民族理

论的创新与贡献,并通过对该理论在内蒙古的实践评价各项事业繁荣发展的经验以及社会主义市场经济对民族问题的影响。第四章介绍新世纪新篇章,即新一届中央领导集体民族理论及其在内蒙古的实践,列举新一届中央领导集体推进马克思主义民族理论中国化的最新成果,详细描述新一届中央领导集体中国化马克思主义民族理论在内蒙古的实践。第五章对中国化马克思主义民族理论国际比较与发展趋势进行评价,指出国际背景下中国民族工作面临的挑战。

关键词:民族工作　马克思主义　内蒙古

**3124**

**科学发展观视域下的人才强国战略** / 吴长春著 ; 曲庆彪指导. -- 辽宁师范大学, 2009. -- 183 页

论文从科学发展观与人才强国战略的基本关系入手,阐述如何实施好人才强国战略的不同方面的建议,对科学发展观视域下的人才强国战略进行探索与研究。全文共分四章。第一章分析科学发展观与人才强国战略的基本关系,首先阐述科学发展观的科学内涵及其重大意义,同时分析人才强国战略的基本内容与重大意义,从而强调指出实施人才强国战略是科学发展观的内在要求和必然选择。第二章提出搞好"五个统筹"的关键是人才的观点,分别论述统筹城乡发展与人才、统筹区域发展与人才、统筹经济社会发展与人才、统筹人与自然和谐发展与人才以及统筹国内发展和对外开放与人才的关系,同时也指出搞好五个统筹涉及多方面的复杂工作,任务艰巨。第三章指出科学发展观对人才素质提出新的要求,强调人才素质是随着实践发展而不断发展变化的,是确定人才作用、识别人才标准、制定人才开发规划、制定人才选拔、培养、保障等各种具体管理内容与程度措施的基本出发点和具体依据,从而应当按照提出的新要求来开发培养鉴别和使用管理各类人才。第四章提出应在落实科学发展观的实践中大力推进人才工作,首先介绍中国人才工作取得的基本成就是明显的,但面临着许多急需解决的问题与新的挑战,强调只有重视并认真研究解决此类问题,才能保证人才强国战略的有效实施,因而需要按照党的十七大对人才工作的新思想新任务新要求,积极推进人才工作的创新发展,注重处理好其他各方面相关的工作,保证科学发展观的真正落实。

关键词:科学发展观　人才管理　人才培养

**3125**

**1918—1920 列宁著作及重要理论研究** / 俞敏著 ; 王永贵指导. -- 南京师范大学, 2009. -- 169 页

论文对 1918—1920 年列宁的著作及重要理论进行分析研究。全文共分十一章。第一章介绍 1918—1920 年苏俄面临的严峻形势,分析国内战争的情势,阐述其严重的社会危害,并由此引出建立和巩固新政权的伟大任务的重要性。第二章对 1918—1920 列宁重要著作进行概述,包括应对当时苏俄特殊形势和环境而产生的重要著作以及研究和反映社会历史发展一般规律的重要著作。第三章探讨《论革命空谈》与区分两种"妥协"的理论的有关内容,首先介绍《论革命空谈》等著作的产生,对"空谈"进行具体的界定,并指明空谈的原因与危害,随后分析区分两种"妥协"的方法,最后强调了列宁理论的现实价值。第四章分析《苏维埃政权的当前任务》与转变工作中心的思想,指出转变工作重心是国际国内形势及革命的事业发展的需要,同时也意味着进入同资产阶级斗争的新阶段,并做出关于转变工作重心的当代思考。第五章阐述《论"左派"幼稚病和小资产阶级性》与国家资本主义的理论,对"左派"错误进行揭露与批评,同时分析国家资本主义理论的现实意义。第六章介绍《无产阶级革命和叛徒考茨基》与无产阶级民主及专政的理论,点明无产阶级民主与专政理论的当代价值。第七章探讨《皮季里姆·索罗金的宝贵自供》与无产阶级同其他阶级及政治派别"联盟"的理论,指出应该善于同中农"妥协",以巩固无产阶级同小资产阶级民主派的"联盟",并学会利用旧社会遗留下来的机构和利用旧专家的作用。第八章讨论《共产主义运动中的"左派"幼稚病》与共产党建设的理论,指出其理论意义与实践意义。第九章介绍《民族和殖民地问题委员会的报告》与东方社会理论。第十章介绍《青年团的任务》与共产主义道德建设的理论。第十一章阐述《关于粮食状况和军事形势》与粮食工作的理论,分析列宁思想的现实意义。

关键词:列宁著作研究　政治思想　苏维埃国内战争

## 思想政治教育

**3126**

**思想政治教育目的研究:基于马克思主义人学的视角** / 曹清燕著 ; 张耀灿指导. -- 华中师范大学, 2009. --

196 页

论文采用系统分析和辩证思维的方法，从马克思主义人学的视角对思想政治教育进行研究，从人存在的维度看，对思想政治教育目的进行研究。全文共分七个部分。第一部分导论，对思想政治教育目的概念进行厘定，对思想政治教育目的与相关概念进行辨析，指出思想政治教育目的研究的必要性，考察思想政治教育目的研究的视角，并指出论文的研究的基本思路和使用的主要研究方法；第二部分找出彰显思想政治教育目的人学意蕴的现实依据，包括时代呼唤，社会性质和学科定位三个方面；第三部分对思想政治教育目的的人学意蕴进行逻辑求证，思想政治教育是人的一种精神生产实践和精神交往实践，对思想政治教育发生的人学进行探源，思想政治教育为人所需要，由人所创生，为人所推动，并概括出思想政治教育本质、功能、价值中"建设人本身"的元素；第四部分从人的存在维度对思想政治教育目的进行阐释，指出人存在的三重形态，人存在的根本方式是实践，论述思想政治教育是人存在的重要方式和向度，思想政治教育的目的在于促进人存在形态的协调，促进人存在状态的改善，并指出人存在对我国思想政治教育目的的现实诉求；第五部分从人本质论维度对思想政治教育目的进行阐释，指出人的类本质和类特性，群体本质和社会性，个体本质和个性，论述思想政治教育是人本质生成和人性完善的重要推动力量，思想政治教育目的在于促进人本质生成和人性完善，并指出人本质对我国思想政治教育目的的现实诉求；第六部分从人发展论维度对思想政治教育目的进行阐释，对人的发展内涵和发展阶段进行了研究，指出思想政治教育是人发展的重要手段和途径，目的指向人的全面而自由的发展，并指出人发展对我国思想政治教育目的的现实诉求；第七部分论述思想政治教育目的的实现，指出实现思想政治教育目的应坚持的原则，实现的途径；第八部分结束语，指出思想政治教育的黄金规则是以人为目的。

关键词：思想政治教育　教育目的　人学

**3127**

**当代中国文化冲突视阈中的心灵和谐研究** / 曹亚琴著 ; 郭文亮指导. -- 中山大学, 2009. -- 178 页

论文坚持马克思主义理论的基本观点和立场，主要采取理论与实际相结合的方法、矛盾分析法、比较分析方法进行研究。从厘清文化冲突和心灵和谐的概念入手，研究文化冲突的类型和特征，剖析当代文化冲突中心灵不和谐的现实和成因，并提出实现心灵和谐的措施。全文包括导论和正文两部分。导论部分主要介绍选题缘由及意义、国内外相关研究综述及研究思路与方法等内容。正文部分包括六章内容。第一章简述当代中国文化冲突图景，指出文化冲突的类型及特点。第二章分析当代中国心灵和谐问题的凸显。第三章考察文化冲突中心灵的和谐发展。依次论述文化冲突在心灵世界中的投射，以及从文化冲突到文化融合的价值取向问题。第四章对文化冲突中心灵和谐问题进行现实考察。指出文化冲突中心灵不和谐的类型，包括在人与自身关系中呈现出精神乌托邦之虚妄型、意义追寻之迷茫型、生活需求之虚假型；在人与人的关系中呈现出情感缺失型、道德迷失型；在人与环境的关系中呈现出失落型、怀乡型和异乡型三个维度。分析文化冲突中心灵不和谐的特点，包括非线性、自觉性和自发性交织、异质性的特点。第五章从传统文化与现代文化的冲突、现代文化内部的矛盾与张力、人文教育的局限三个角度探究文化冲突中心灵和谐问题的成因。第六章指出心灵和谐的实现途径。包括营造文化认同的外在环境、完善人文教育的内在机制、树立"和而不同"的文化意识三个方面。

关键词：思想政治教育　人的全面发展　文化冲突

**3128**

**马克思恩格斯国家建设思想研究** / 陈君著 ; 夏建国指导. -- 武汉大学, 2009. -- 186 页

论文采用历史唯物主义方法，从社会历史发展的角度和中国革命与建设的经验，对马克思恩格斯国家建设思想进行研究。论文共分七个部分。第一部分导论，指出论文的研究目的、研究意义，对国内外相关研究进行综合论述，对基本概念进行界定，说明论文的主要理论、逻辑结构、创新空间、研究方法；第二部分阐述马克思恩格斯国家建设思想的一般理论，追溯马克思恩格斯国家建设思想的理论渊源，介绍马克思恩格斯国家建设思想的历史背景，并分析马克思恩格斯国家建设思想的特点、方法和内在逻辑；第三部分对马克思恩格斯国家建设思想的内在逻辑——民主国家建设进行研究，对马克思恩格斯的民主国家内涵与特征进行介绍，分别论述了对马克思恩格斯关于资产阶级民主国家和无产阶级国家产生，说明马克思恩格斯民主国家产生的历史意义和产生条件，分析马

克思恩格斯关于民主国家消亡的一般规律和历史条件;第四部分对马克思恩格斯国家建设思想的内在逻辑二——主权国家建设进行研究,阐述马克思恩格斯关于主权国家的一般理论,论述马克思恩格斯论主权国家的形态演变,对马克思恩格斯论主权国家的形式人民主权思想的理论渊源和基本内容进行介绍;第五部分对马克思恩格斯国家建设思想的内在逻辑三——民主国家建设进行研究,对马克思恩格斯对资产阶级民主国家虚伪性进行了揭露,阐述民主国家思想的形成,分析马克思恩格斯民主国家思想的内涵与特点;第六部分阐述马克思恩格斯国家建设的主体论和马克思恩格斯建设的路径观;第七部分结语,论述马克思恩格斯国家建设思想与列宁国家建设理论及实践,以毛泽东、邓小平为代表的中国共产党人,实现马克思恩格斯国家建设思想的中国化,领导中国人民取得新民主主义革命的伟大胜利,建立新中国,在中国国家建设的道路上取得伟大的成功。

关键词:马克思　恩格斯　国家建设　政治思想　民族国家　主权　民主

**3129**

**思想政治教育与通识教育结合刍论** / 陈艳红著 ; 肖巍指导. -- 复旦大学, 2009. -- 120 页

论文坚持以马克思主义理论为指导,从通史教育的视角,以大学生全面发展为主线,采用比较思想政治教育学方法,研究思想政治教育与通识教育的关系及其结合。全文共分五个部分。第一部分前言,提出论文的研究问题,研究方法和研究框架,并对相关研究进行综合论述;第二部分分析通识教育的新形势,梳理通识教育的谱系,探讨通识教育的概念、性质和目标,通识教育的实践历程及内容演变,以及我国目前通识教育的基本态势;第三部分梳理思想政治教育与通识教育的关系:"取代论"即通识教育取代思想政治教育论;"平行论"即思想政治教育与通识教育两者之间互不隶属,永不相交;"融入论"即思想政治教育被融入到通识教育之中;"叠加论"即思想政治教育被叠加到通识教育之上,这四种关系论都有可取之处,但亦都存在潜在冲击;第四部分探讨思想政治教育与通识教育结合的必要性:思想政治教育的创新要有通识教育的支持,通识教育要体现思想政治教育的价值观,该"结合论"表明,两者的教育逻辑一致,教育功能互补、教育内容相互渗透,可以达到两者在社会主义核心价值观主导下的有效结合;第五部分展开对思想政治教育与通识教育有效结合的若干思考:思想政治教育改革是向人的本位回归;两者在"第一课堂"的结合要考虑到课程设置、教学内容及教学方式;在"第二课堂"的结合要充分发挥第二课堂的养成作用,并选择合适的结合点。

关键词:大学生　思想政治教育　通识教育

**3130**

**理解德育研究** / 陈志兴著 ; 王丽荣指导. -- 中山大学, 2009. -- 187 页

论文以马克思主义人的全面发展学说和交往实践观为理论基础,立足于当代全球化、城市化和信息化的历史进程,牢牢把握道德教育必须"关心人、理解人、发展人"的根本宗旨,围绕"什么是理解德育、理解德育何以必要以及理解德育如何可能"等基本脉络展开论述。全文包括导论和正文两部分。导论部分主要介绍选题缘由、国内外研究现状综述、研究思路和研究方法等内容。正文部分包括五章内容。第一章"道德教育的范式嬗变与理解德育的提出"。首先对道德教育范式的历史嬗变及其现代困境进行分析;然后阐述个人主体性德育的现代性哲学范式基础批判及其转换;最后简述"理解"的涵义、特性,以及理解德育的内涵诠释。第二章"理解德育的时代境遇"。依次考察全球化时代呼唤理解德育的建构、城市化进程呼唤理解德育的建构及电子媒介时代呼唤理解德育的建构三方面的内容。第三章"理解德育建构的规训化瓶颈审视"。概述现代德育规训化的主要特征,并阐明现代德育规训化的主要根源及其后果。第四章"理解德育的理论阐释"。首先指出对"德育系统复杂性"的理解是理解德育建构的理论基础;然后分析德育理解的生成机制;最后指出理解德育建构的基本要件。第五章"理解德育建构的实践路径"。首先指出道德对话时理解德育建构的根本途径;然后提出构建道德学习共同体,即理解德育的情境创设。

关键词:理解　德育　道德

**3131**

**我国市场经济条件下诚信问题研究** / 丁建凤著 ; 张澍军指导. -- 东北师范大学, 2009. -- 96 页

论文运用历史唯物主义观点,分析我国市场经济条件下诚信问题。论文共分五个部分。第一部分诚信的概念解析,以"诚信"的源流考察作为研究的基点,从历史的角度建立起对诚信的宏观认识。通过对

传统诚信与现代诚信的比较，获取诚信的一般涵义，即"真实""真诚""守信"，阐明现代诚信在继承传统诚信思想的基础上，更多地嵌入契约的精神、理性的精神、法治的精神以及人类终极关怀的精神；第二部分市场经济条件下诚信失范状况及其原因探析，对我国诚信失范现象进行列举与归纳，从历史传统与现实层面分析市场经济条件下失信的原因，并提出诚信随着时代的变迁而发生新的变化；第三部分市场经济条件下诚信建构的制度安排，认为任何一个社会都不可能完全杜绝失信行为的发生，但可以通过规制的手段减少其发生的几率，诚信的确认离不开工具化管理方式和法律倾向的行为规范的约束，制定严密合理的法律信用制度，建立社会信用体系是诚信建构的根本举措；第四部分市场经济条件下诚信建构的道德教化，认为诚信的建构离不开法律的规制，但法律并非无所不能，即使在法律与信用相当健全的社会中，失信现象也会发生，因此，诚信的建构离不开道德的教化；第五部分结语，通过对我国市场经济条件下诚信问题的研究，对诚信问题有一个总体性认识，诚信问题的解决一靠正式制度的规制，二靠道德、习俗等非正式制度的约束。

关键词：市场经济　公民教育　道德修养

3132

**社会主义核心价值体系建设研究** / 董朝霞著 ；袁银传指导. -- 武汉大学, 2009. -- 156 页

论文采取定性和定量方法，对社会主义核心价值体系建设进行研究。全文共分七个部分。第一部分导论，分析社会主义核心价值体系建设的理论意义和现实意义，梳理国内外学术界的研究现状，提出论文研究的基本思路和研究方法、研究重点、难点和创新；第二部分主要阐述社会主义核心价值体系建设的时代背景，对价值、价值观、核心价值、价值体系、社会主义核心价值观、社会主义核心价值体系等相关概念进行界定和梳理，并阐释社会主义核心价值体系的科学内涵和基本内容；分析当代中国意识形态领域的现状特点，探讨多元意识的现状对马克思主义构成的挑战、当代中国社会主义市场经济发展对民族精神和道德价值观的新需求，在此基础上论证社会主义核心价值体系建设的紧迫性和现实性；第三部分主要分析社会主义核心价值体系建设的主要内容，从社会主义核心价值体系建设的四个方面来看，马克思主义指导思想建设，就是要坚持用马克思主义理论体系武装全党，在发展中国特色社会主义中贯彻落实马克思主义的基本价值原则；第四部分主要探讨社会主义核心价值体系建设的根本任务，结合中国特色社会主义发展实际，分别对巩固马克思主义指导思想、树立中国特色社会主义共同理想、构筑中华民族共同精神家园、培育社会主义荣辱观方面从相应的角度进行任务分析；第五部分主要探讨社会主义核心价值体系建设的原则和方法；第六部分尝试性地探讨社会主义核心价值体系建设的效果评价，针对社会主义核心价值体系建设自身的思想性、政治性和效果评价的模糊性特点，对社会主义核心价值体系建设效果评价进行了尝试性探究。第七部分结束语，紧扣论文主题，围绕大力加强社会主义核心价值体系建设的主旨，对论文的主要内容进行整体性把握。

关键词：社会主义建设　价值论

3133

**思想政治教育的音乐之维** / 付宏政著 ；胡海波指导. -- 东北师范大学, 2009. -- 103 页

论文从人的存在入手，在反思当前思想政治教育误区的基础上，结合音乐艺术的人文价值对音乐和思想政治教育的关系加以理解。对如何通过音乐进行思想政治教育的理论基础和实现途径进行研究。全文包括引言和正文两部分。引言部分主要介绍思想政治教育的抽象理性化误区，当代思想政治教育以人为本的核心价值理念，以及音乐艺术实践对思想政治教育的启示三方面的问题。正文部分包括五章内容。第一章"马克思关于艺术、音乐与人的基本思想"。分析马克思关于人与艺术、人与音乐的基本思想，揭示音乐艺术对于"创造具有丰富的、全面而深刻的感觉的人"所具有的人文价值。第二章"中西传统文化的音乐观念"。回顾中国儒家礼乐合一的音乐观和道家道法自然的音乐观，以及西方音乐哲学产生、发展的历程和重要的思潮、流派。分析音乐观念发展与人自我认识发展的关系，在历史逻辑上对音乐的功能和价值进行理解和把握。第三章"音乐之于思想政治教育的价值"。对音乐与人的精神世界关系进行具体分析，藉此建立音乐与思想政治教育全面联系的理论基础。第四章"主旋律音乐的思想内涵与精神力量"。指出主旋律音乐的思想内涵是国家认同、文化认同与文化自信；其精神力量是弘扬民族精神，展示时代精神，凝聚人心、鼓舞士气，提升精神境界、塑造优良品格。第五章"音乐思想价值的实现"。着重探讨实现

音乐思想价值的教育观念,实现音乐思想价值的主要维度,以及实现音乐思想价值的思想政治教育方式三个方面的内容。

关键词:音乐　思想政治教育　价值

**3134**

**论以人为本的人才观:人才观念的前提反思与当代变革** / 高宗泽著 ; 胡海波指导. -- 东北师范大学, 2009. -- 90 页

论文以人才问题为研究对象,指出"人才观及价值观"的理论预设,为重新审视当代中国人才观问题及其变革找到打开新视阈的钥匙,使论文可以在人性观的理论深度、中西人才观念比较的思维广度、马克思主义与中国社会发展相结合的意义上探索当代中国人才观问题的实质及其变革。全文包括引言和正文两部分。引言部分指出知识经济时代的人才问题,人才观问题是人才理论与实践的根本问题,人才观问题作为价值观问题的重新审视等问题。正文部分包括四章内容。第一章概述人才观问题的工具理性根源。在"人才观即价值观"的研究视角下,当代中国的人才问题源于工具理性人才观将人才视为现代社会富有效率的工具性存在,这种人才的工具性价值理解必将带来人才的荒芜,同时给当代中国提出在现代性生成的发展阶段如何超越工具理性人才观的价值抉择。第二章探究人才观的人性追问。"才性"的实质是人之"类本性",在现实性上表现为人的"个性",人才具有人才与自然、人才与社会和人才与自身三个方向的价值关系,在实质的意义上,工具理性人才观是"物化"的无人性本质和前提的人才观。第三章阐述以人为本的人才观及其生成的历史逻辑。以人为本的人才观是变革以物为本的人才观的应然价值选择,有其生成的历史必然性。人的发展的不同形态的价值追求决定人才观念演进的历史逻辑。因而,中国传统人才观的演进源于中西人才思维方式的不同,既具有人类性的历史逻辑,又有着个性化的本土特质。第四章考察当代中国以人为本的人才观。指出以人为本是当代中国人才观的价值抉择,并依次阐述以人为本的人才观的理论内涵、观念变革及践行模式。

关键词:马克思主义哲学　人才观

**3135**

**德育教师道德人格研究** / 葛畅著 ; 李萍指导. -- 中山大学, 2009. -- 152 页

论文立足于德育教师人格的历史文化及现实状况,围绕"德育教师人格的价值及修养"问题展开论述。全文包括导论和正文两部分。导论部分主要介绍问题提出的背景、相关研究综述及研究的基本思路等内容。正文部分共分为五章。第一章"教师道德人格:文化背景与概念考察"。教师人格是一定文化积淀的产物,因此研究教师人格首先需要进入中西教师人格的文化背景之中,总结与比较中西文化背景下教育人格的传统差异,进而在此基础上对教师人格进行概念的总体考察。第二章"德育教师道德人格的理论基础与现实背景"。该章在职业伦理、德育教师专业化、教育道德、教师身份的嬗变四个方面指出教师道德人格的价值与意义,并指出当代德育教师中存在着物化、知化、面具化人格危机的现实。第三章"德育教师道德人格的德育外形"。对德育教师道德人格的要素进行分析,试图展开德育教师道德人格的核心要素,即知识与智慧、信仰、和谐,给内在化的道德人格勾勒外在要素,以便更为准确地把握德育教师的道德人格。第四章"德育教师道德人格的德育价值"。德育教师人格的价值是发生在德育教师人格与德育活动这对关系中,指向德育教师人格对德育活动的作用与意义,更深层是对受教育对象的作用与意义。德育教师人格的价值主要表现在三个方面:增加课程吸引力、和谐师生关系的建构和师生人格的互相提升。第五章"德育教师的道德人格修养"。从身心修养、文化修养、终极价值修养和多向反思四个方面探究德育教师的道德人格修养。

关键词:德育　教师　人格

**3136**

**马克思社会教育思想研究** / 龚超著 ; 佘双好指导. -- 武汉大学, 2009. -- 192 页

论文以马克思经典文本为依据,以社会历史发展为线索,以马克思社会教育思想发展史为核心,运用历史与逻辑相统一的方法、文献研究方法和理论联系实际的方法,对马克思社会教育思想进行研究。全文共分七个部分。第一部分从理论和现实需要出发,分析研究马克思社会教育思想的意义,评述学界研究马克思社会教育思想的状况,明确马克思社会教育思想的概念,并对研究思路和研究方法逐一加以说明;第二部分回顾马克思所处时代经济、政治、文化条件,以及马克思社会教育思想的渊源,探讨马克思个人社会实践活动对其社会教育思想的影响;第三部分依据马

克思著作中关于社会教育的论述,将马克思社会教育思想划分为萌芽时期、形成时期、成熟与发展时期三个时期;第四部分从马克思关于人与社会环境关系的理论,社会实践教育的思想,社会生活教育的思想,职业教育思想等几个方面,系统梳理马克思社会教育思想的具体内容;第五部分归纳马克思社会教育思想的三个特征:实践性特征、社会性特征和人民性特征;第六部分马克思社会教育思想自始至终关注劳动群众的现实需求,强调社会教育实践遵循的三个原则;第七部分马克思社会教育思想的现代启示,马克思在实践基础上探讨社会因素对个体与社会发展的影响。

关键词:马克思　社会教育　教育思想

**3137**

**传统文化与我国思想政治教育的创新** / 顾友仁著 ; 张祥浩指导. -- 东南大学, 2009. -- 180 页

论文采取历史考察与逻辑分析的方法,对传统文化与我国思想政治教育的创新进行研究。全文共分六个部分。第一部分绪论,阐述我国思想政治教育的重要语境——传统文化,并对传统文化与我国思想政治教育创新研究的现状进行描述,梳理传统文化与我国思想政治教育创新研究的脉络;第二部分论证文化化人是传统文化与我国思想政治教育创新的前提,思想政治教育是传统文化软实力的重要组成,指出传统文化思想政治教育里的历史积淀,提出传统文化思想政治教育里的现代启示,设定传统文化与现代思想政治教育的目标,整合传统文化与现代思想政治教育的内容,确立传统文化与现代思想政治教育的原则,探索传统文化与现代思想政治的教育方法;第三部分阐述传统文化与我国思想政治教育创新的背景:反传统的传统,论述反传统是现代中国的独特景观,以及反传统与民族文化虚无主义的关系;第四部分指出传统文化与我国思想政治教育创新的历程:反传统的超越,论述传统文化视域下我国思想政治教育创新的基础,对传统文化视域下我国思想政治教育创新的起点,传统文化视域下我国思想政治教育创新的推进,传统文化视域下我国思想政治教育创新的新高度,以及传统文化视域下我国思想政治教育创新的历史机缘进行了研究;第五部分论述传统文化与我国思想政治教育创新的使命:新时代的新路向,要推动当代中国思想政治教育文化本性的富贵,促进当代中国思想政治教育文化源流的疏浚,实现当代中国思想政治教育文化生态的优化。

关键词:思想政治教育　民族文化　传统文化

**3138**

**行政人格及其塑造** / 郭冬梅著 ; 田秀云指导. -- 河北师范大学, 2009. -- 203 页

论文采用逻辑与历史相结合方法、系统分析和辩证思维的方法、理论分析与实证研究相结合的方法,综合运用伦理学、社会学、行政学、心理学等学科的最新研究成果和方法,从对行政人员的人性关怀出发,立足行政人员的主体需要和发展,在历史反思和现实客观分析的基础上,提出独立行政人格的价值指向,探索独立行政人格塑造的现实途径。论文共分五个部分。第一部分引言,指出论文的选题意义、研究方法、研究思路、研究重点、研究难点与创新点,并对国内外研究现状进行论述;第二部分对行政人员存在方式和社会规定性进行分析,这是进行人格研究的前提和基础,对行政人格的概念进行界定,并指出行政人格的结构、特质和功能;第三部分分析行政人格形成的因素和条件,从中选取最具影响力的行政人员自我、行政组织、行政制度和行政文化因素,进行具体的分析。在行政人格的形成和发展中,行政人员的自我认识、自我情感体验以及自我控制是行政人格形成的前提、动力和基础,行政组织为行政人格的形成和发展提供外部环境,行政制度为行政人格形成和发展提供外部制约;第四部分对行政人格进行历史考察,厘清行政人格发展的历史轨迹,阐述我国行政人格发展的现状,指出行政人格存在着的权威型、依附型、虚假型、贪腐型、厚黑型、冷漠型和无为型等病态人格;第五部分对独立行政人格进行塑造,以马克思主义关于人的全民发展理论为依据,批判吸收我国古代德政文化的有益成分,并借鉴西方国家公务员职业精神培育的经验,使独立行政人格的塑造建立在深厚的理论依据和思想资源之上。

关键词:行政管理　人格　道德

**3139**

**社会主义核心价值体系的文化透视** / 韩柱著 ; 李毅指导. -- 南开大学, 2009. -- 165 页

论文以当代中国文化发展为背景,运用文化研究的相关理论,按照"提出问题—分析问题—解决问题"的总体思路,对构建社会主义核心价值体系何以必要,何以可能以及如何可能等问题进行初步探索。全文包括导论和正文两部分。导论部分主要介绍选题

意义、研究现状，以及研究思路、基本框架、研究方法和创新点等内容。正文部分包括六章。第一章概述社会主义核心价值体系提出的文化背景。对社会主义核心价值体系的相关概念进行界定，并对中国当代文化发展的基本特点和主要问题进行概括，阐述社会主义核心价值体系的文化功能。第二章简述社会主义核心价值体系的文化内涵。对社会主义核心价值体系的基本内容进行阐释，并在此基础上对社会主义核心价值体系的内在结构进行研究，概括社会主义核心价值体系的基本特点。第三章分析社会主义核心价值体系的文化渊源。对近代以来中国核心价值体系的变迁进行总体回顾，论证社会主义核心价值体系是中国近代以来文化变革的必然结果，并对社会主义核心价值体系建设的文化资源进行具体分析。第四章探究社会主义核心价值体系建设的文化证明。对社会主义核心价值体系建设的必要性、可能性和现实基础进行全面论证，对于价值建设中"一元"与"多元"的问题进行探讨，对于影响社会主义核心价值体系建设的错误认识进行理论破解。第五章阐述社会主义核心价值体系建构的文化机制。分析传统社会主义价值构建机制面临的困境，对核心价值体系传播与实现的一般过程进行具体研究，对社会主义核心价值体系建构的文化机制进行初步探讨。第六章探究社会主义核心价值体系建设的文化进路。提出社会主义核心价值体系建设的具体文化路径，即加强主导文化建设，以校园文化建设推动核心价值体系构建，以核心价值体系引领大众文化和社会思潮。

关键词：社会主义建设　价值论　文化发展

**3140**

**列宁东方理论与毛泽东思想关系研究** / 胡运锋著 ；肖贵清指导. -- 河北师范大学, 2009. -- 200 页

论文运用纵向研究与横向研究相结合、理论与实际相结合以及比较研究等方法，深入分析和研究列宁东方理论与毛泽东思想之间的内在联系，科学评价列宁东方理论在毛泽东思想形成和发展中的历史地位，总结毛泽东运用列宁东方理论解决中国革命和建设实际问题的历史经验，进一步探讨列宁东方理论的现实启示。全文共分六个部分。第一部分引言，说明论文的选题意义、研究思路、研究方法、重点、难点及创新之处，并对国内外研究现状进行论述，对基本概念进行界定；第二部分分析和研究列宁东方理论的科学内涵及其在中国传播的历史条件；第三部分重点分析和研究列宁民族殖民地学说与新民主主义革命理论之间的内在联系，毛泽东依据列宁关于殖民地半殖民地国家革命的主要任务是反对中世纪残余的论断，指出新民主主义革命是资产阶级性质的革命，依据列宁关于无产阶级必须争取民主革命领导权的思想，强调新民主主义革命必须由中国共产党领导；第四部分主要分析和研究列宁过渡时期学说与社会主义改造理论之间的关联，列宁过渡时期学说包括战时共产主义政策的合理内涵和新经济政策，国家资本主义理论和新经济政策是其核心内容，党中央和毛泽东以列宁过渡时期学说为依据，制定党在过渡时期的总路线；第五部分着重研究列宁社会主义建设思想与毛泽东探索中国社会主义建设道路之间的关系，列宁社会主义建设思想是毛泽东探索中国社会主义建设道路的理论依据，毛泽东把列宁社会主义建设思想与中国国情相结合，在借鉴苏联社会主义建设经验的基础上，初步探索出一条符合中国国情的社会主义建设道路；第六部分从整体上评价列宁东方理论与毛泽东思想的关系。

关键词：列宁主义　毛泽东思想　社会主义建设

**3141**

**经济利益多元化视角下的思想政治教育研究** / 贾海丽著 ；范树成指导. -- 河北师范大学, 2009. -- 107 页

论文采取理论联系实际、跨学科、历史和逻辑相统一等方法，从理念、功能、内容、方法等思想政治教育构成要素入手，对思想政治教育如何实现转型与创新问题进行综合分析和系统研究。全文共分六个部分。第一部分引言，提出论文的研究问题、研究价值、研究思路和研究方法，并对研究现状进行分析；第二部分在厘清利益、经济利益等概念的基础上，对经济利益多元化的内涵进行分析，论述经济多元化包括主体多元化、客体多元化、利益关系复杂化、利益实现途径多样化四方面内容，在此基础上，对利益与思想政治教育的关系进行研究；第三部分在客观认识思想政治教育发生变化的基础上，辩证分析经济利益多元化对思想政治教育的影响；第四部分探讨经济利益多元化背景下思想政治教育应该反思的问题，着眼于理念方面，分析教育对象变化与思想政治教育理念的矛盾，研究思想政治教育功能发挥存在的问题，探讨思想政治教育内容选择存在的问题，分析思想政治教育方法运用的诸多不合理之处；第五部分对经济利益多元化背景下思想政治教育理念的转变和功能的转型进行深入探究，认为其在理念转变方面需要克服五方

面弊端,在功能转型方面,提出经济利益多元化条件下,应充分重视思想政治教育的个体性功能,发挥思想政治教育在个人生存、发展、享用方面的作用;第六部分探讨经济利益多元化背景下思想政治教育内容和方法的创新问题,在内容创新方面,阐述经济利益多元化条件下思想政治教育内容创新的原则,在方法创新方面,主张坚持综合性、主体性、发展性、民主性等原则,创新思想政治教育的方法体系。

关键词:经济利益　多元化　思想政治教育

**3142**

**马克思全球化思想研究** / 雷江梅著 ; 袁银传指导. -- 武汉大学, 2009. -- 164 页

论文采取理论分析方法和历史逻辑分析法,对马克思全球化思想进行研究。论文共分五个部分。第一部分导论,说明了论文的选题意义、文章结构、写作思路、主要研究方法、创新及有待深化之处,论述论文的研究现状;第二部分考察马克思全球化思想的时代背景,近代历史上出现的第一、二次工业革命加速资本主义生产方式的发展和扩展,直接促成世界经济的形成,同时由于资本主义生产关系的建立、资本主义生产的发展和交往的普遍化,历史正由各民族国家的发展史向世界历史转变,在客观上推动全球化的形成;第三部分考察马克思有关全球化形成的动力、历史进程、本质等问题上的基本观点,生产力的巨大发展和资本的运动推动世界历史的进程,构成全球化形成的两大动力,全球化分为两大历史阶段,即资本主义全球化历史阶段和社会主义全球化历史阶段;第四部分着重从东方社会发展道路、现代化道路以及社会形态等视角深入阐述马克思全球化思想的基本观点,马克思的社会形态理论包含着对社会历史发展阶段的多视角的划分,主题是"五形态论",科学地把握马克思全球化思想的丰富内容,就必须正确、全面地把握马克思社会形态理论与我们所处的世界历史时代间的关系;第五部分分析马克思全球化思想的当代启示,结合当代经济全球化的一系列新特征,运用马克思的全球化思想的基本原理准确把握和分析全球化与当代资本主义、社会主义的历史命运。

关键词:马克思　全球化　社会主义

**3143**

**论马克思哲学的后形而上学维度** / 李冬梅著 ; 马捷莎指导. -- 北京师范大学, 2009. -- 101 页

论文以马克思哲学的后形而上学维度为研究对象,指出后形而上学与形而上学的联系和区别,并提出后形而上学的两个样态。全文包括绪论和正文两部分。绪论部分主要介绍国内外研究现状与评析,论文的思路及结构,论文的研究方法、创新之处及研究意义等内容。正文部分共包括五章。第一章"哲学从形而上学向后形而上学的转向"。首先说明形而上学与后形而上学是形上之思的不同样态;之后介绍形而上学的终结与后形而上学的开启;最后引出后形而上学的基本内涵。第二章"马克思哲学与形而上学的颠覆"。依次概述马克思对黑格尔哲学和费尔巴哈哲学的批判。第三章"马克思哲学后形而上学维度表征之一:实践的思维方式"。首先分析马克思实践的思维方式是如何确立的;然后依次阐述马克思实践 的思维方式的形上之思维度、现实性维度及批判性维度。其中,形上之思维度主要介绍马克思实践的思维方式的抽象性和超越性,现实性维度主要介绍马克思哲学思维的主体的现实性、运思过程的现实性及归宿的现实性,批判性维度主要介绍马克思实践的思维方式是彻底的实践批判、马克思实践的彻底性体现在马克思实践批判内涵的否定性、马克思彻底的实践批判性体现马克思哲学的后形而上学维度等内容。第四章"马克思哲学后形而上学维度表征之二:'物''历史''感性生活世界'"。依次论述马克思哲学的"物"的范畴、马克思哲学的"历史"的范畴以及马克思哲学的"感性生活世界"。第五章"马克思哲学后形而上学维度表征之三:马克思哲学的现实展开和未来指向"。首先从形而上学批判到对资本逻辑的批判对马克思哲学的现实展开进行论述;然后指出马克思哲学的未来指向为人的自由与解放。

关键词:马克思主义哲学　形而上学　思维形式

**3144**

**平民化自由人格:梁启超新民人格研究** / 李金和著 ; 安云凤指导. -- 首都师范大学, 2009. -- 198 页

论文以梁启超新民人格为研究对象,系统阐述梁启超的以独立、自由、平等、责任为基本内容的新民人格,就其深层内涵而言,即是平民化自由人格。全文共分为六章内容。第一章"'过渡时代'与'新民说'"。首先介绍我国 3000 年未变的局势,从而引出"新民说",并分析"新民说"的思想汇涌,包括传统思想文化的启迪、明治日本思想的渗透及西方近代学说的激发。第二章"新民的人格本质:主体性"。首先简

介中西方文化中的主体性；然后依次说明新民人格的个体主体性和群体主体性；最后从表现形式、发生学、旨趣、质性四个方面对梁启超新民之主体性和马克思人的主体性进行对比分析。第三章"新民的人格取向：平民化"。首先简述"平民化"思想的源与流；然后指出新民人格的平民化取向具体表现为三个方面，即人格理想由"圣"入"凡"、由"德性"走向"自由个性"、塑造适于时代之用的"芸芸平等之英雄"。第四章"新民的人格培育：日常化"。人格修养层面，发扬王阳明的"致良知"理论并对其进行转换性创造，提出"辨术""立志""知本""存养""省克""应用"的自我修养法；人格教育层面，主张"德、智、力、群"四育，强调具有生活原动力作用的个体情感和趣味及其相应的情感教育与趣味教育；人格社会生成层面，提倡通过制度变革和现代报刊舆论等传播媒介手段为新民人格创设一个民主、自由的良好成长环境。第五章"新民：团体目的论平民化自由人格"。依次分析以立人为宗旨的平民化自由人格、梁启超平民化自由人格的团体目的论及平民化自由人格的近代社会"困境"。第六章"平民化自由人格的现代析取"。分别论述平民化自由人格的现代社会"解困"、平民化自由人格意涵的现代拓展、现代平民化自由人格的日常生活塑造等内容。

关键词：梁启超　人格　平民化

**3145**

**思想政治教育的人文视野** / 李岩著 ; 沈壮海指导. -- 武汉大学, 2009. -- 217 页

论文以马克思主义为指导，以"人文视野"为切入角度，综合运用文献研究法、比较研究法、历史与逻辑相统一的方法、跨学科研究法等多种研究方法，深入探讨思想政治教育的人文本性、人文价值、人文关怀、人文精神和人文资源。全文共分六个部分。第一部分导论，介绍论文的研究意义、研究现状、研究思路、研究方法，并对相关概念进行界定；第二部分论述思想政治教育的人文本性，思想政治教育作为一种重要的社会现象和生动的教育实践活动，是人类社会延续和发展的基本方式，是社会群体形成和发展的必要方式。思想政治教育的人文本性，具有服务于人的生存和发展，对人进行价值和意义引导，推动人建构丰富的精神世界的特性。思想政治教育人文本性的核心在于其属人性、为人性及化人性；第三部分探讨思想政治教育的人文价值，从广义和狭义两个角度论述思想政治教育的人文价值，思想政治教育的人文价值具体表现为助推人生智慧的成长和发展，使人保持精神生活的平衡与充盈，作为达致美好生活的导引和动力；并归纳出思想政治教育人文价值的特征和影响因素；第四部分探讨思想政治教育的人文关怀，人文关怀是马克思主义的一个重要维度，中国共产党的思想政治教育一以贯之地体现着人文关怀意蕴及思想政治教育自身蕴含深厚的人文关怀，思想政治教育要注重人文关怀，强化以人为本的教育理念，坚持社会价值与个体价值的统一，坚持适应性与超越性相结合；第五部分探讨思想政治教育的人文精神，对思想政治教育人文精神的概念进行解读，无论是弥合思想政治教育人文精神的缺失，还是促进社会的全面进步与和谐发展、实现人的自由全面发展的价值目标要求思想政治教育弘扬人文精神，要更加有力地弘扬人文精神；第六部分探讨思想政治教育的人文资源，对思想政治教育人文资源的概念进行解读，指明思想政治教育人文资源开掘的意义，探讨应如何开掘思想政治教育人文资源。

关键词：思想政治教育　教育思想　人文主义

**3146**

**思想政治教育与大学生群体发展研究** / 刘宏达著 ; 秦在东指导. -- 华中师范大学, 2009. -- 183 页

论文采取理论分析与文献分析的研究方法，对思想政治教育与大学生群体发展进行研究。全文共分七个部分。第一部分导论，提出论文的研究问题、研究的基本思路以及研究意义，并对中外学者研究大学生群体的现状进行分析；第二部分主要包括思想政治教育学中大学生群体的概念厘定，大学生群体的形成和发展，大学生群体功能和大学生群体的分类与特征；第三部分对中外大学生群体发展的历史进行回顾和对比分析，介绍当代大学生群体发展的时代背景，并指出当代我国大学生群体发展现状及存在的主要问题，并对当代大学生群体发展的趋势进行分析；第四部分论述大学生群体在思想政治教育中的地位，包括理论地位与实际工作定位、当代大学生群体发展对思想政治教育的促进作用、思想政治教育对当代大学生群体发展的促进作用；第五部分对大学生群体思想政治教育现状进行分析，包括当前大学生群体思想政治教育的主要经验总结与规律探讨，当前大学生群体思想政治教育存在的主要问题及原因分析；第六部分从宏观上分析当前大学生群体思想政治教育优化的基本思路，重点分析四种类型大学生群体思想政治教

育优化的重点，包括以扩大学生参与为重点不断优化大学生组织群体思想政治教育，以营造群体和谐氛围为重点优化大学生非组织群体思想政治教育，以强化道德实践为重点优化大学生优势群体思想政治教育，以促进公平发展为重点优化大学生弱势群体思想政治教育；第七部分对论文的主要观点进行小结，还对大学生群体思想政治教育的发展趋势进行大胆探讨。

关键词：大学生　思想政治教育

3147

**当代中国大学生道德学习研究** / 刘莉著 ；张森林指导. -- 东北师范大学, 2009. -- 177 页

论文以马克思主义哲学、思想政治教育学、伦理学和心理学学科交叉为视角，以马克思主义理论、教育心理学规律为依据，以社会时代特征和特定文化传统为背景，以大学生道德实践为基础，以国外先进的道德学习经验为参照，以多元的研究方法为手段，以大学生道德学习理论探索和模式建构为目标，从四个方面对当代大学生道德学习进行研究。全文共分五个部分。第一部分引言，介绍论文研究缘起、研究意义、研究架构、研究方法和创新，并对国内外研究现状进行综合论述；第二部分以马克思主义哲学、思想政治教育学、伦理学、教育学、心理学等学科为理论源头，对道德学习进行概念考察。在此基础上重新界定道德的概念、学习的分类和道德学习的理论指导，采用历史研究方法，解读考量中西方道德学习理论，建构扎实的道德学习理论基石；第三部分论证当今中国最显著的时代特征就是全球化的迅猛发展与中国社会转型的并肩而行、中国高等教育大众化的快速发展和中国和谐社会建设的稳步推进，深入剖析当代中国大学生的道德学习必须审照时代特征，客观分析当代大学生道德学习的意识增强、能力提升、条件优化的有利条件，并以开放的国际视野，对美国和日本当代道德学习进行比较，指出对我国的启示；第四部分以公正团体法完善大学生道德认知使其“知善”，以情感体验法培育大学生的道德情感使其“欲善”，以榜样示范法优化大学生的道德使其“行善”，最终实现道德学习的发展功能、塑造功能和个体享用功能；第五部分以全新的视角，审视当代大学生延展性的生存样态，创造性地提出建构大学生延展式道德学习模式。

关键词：大学生　道德　德育

3148

**思想政治教育合力研究** / 刘社欣著 ；郑永廷指导. -- 中山大学, 2009. -- 229 页

论文以思想政治教育合力为研究对象，立足于构建思想政治教育合力运营体系，以“什么是思想政治教育合力”和“如何构建思想政治教育合力”为文章结构的基本主线进行论述展开。全文包括导论、正文和结语三部分。导论部分主要介绍研究意义、相关概念、研究综述及研究取向等内容。正文部分共分为五章。第一章“马克思主义思想政治教育合力论述及实践”。对马克思恩格斯等经典作家和我党几代领导人的思想政治教育合力观论述的特点及发展脉络分别进行原创性的梳理，对我党相关文件中关于思想政治教育合力的表述与要求进行总结，从而为思想政治教育合力提供宽阔的理论视野和重要的历史资源。第二章“继承借鉴思想政治教育合力的有益成果”。从时间和空间两个维度，对我国古代和国外的思想政治教育合力的理论与实践以及研究成果进行梳理与概括。第三章“思想政治教育合力的理论基础与形成机制”。阐释思想政治教育合力的理论支撑，探讨思想政治教育合力的形成机理，分析思想政治教育合力的原则和特点，就思想政治教育合力的层次与结构、作用与功能、机理与原则、特征与特点进行理论上的创新研究。第四章“思想政治教育合力形成的条件与保证”。从“同向与协力”这一条件性措施、“制度与保证”这一保障性手段，以及“管理与创新”这一发展性根本，对思想政治教育合力形成的策略进行对策性思考。第五章“增强思想政治教育合力的策略与方式”。对强化思想政治教育系统的自组织建设与结合力，以及增强思想政治教育系统的聚合力与影响力，进行理论探讨。结语部分提出进行思想政治教育文化场域的探索，具体包括关注思想政治教育文化场域探索的新视角、新思路和新模式三个方面的内容。

关键词：思想政治教育　教育理论　合力

3149

**现代思想政治教育社会生态研究** / 卢岚著 ；王威孚，张怀民指导. -- 武汉理工大学, 2009. -- 164 页

论文采取理论分析的研究方法，以马克思主义理论为指导，以探求现代思想政治教育社会生态的涵义、结构及内在关系为突破口，对现代思想政治教育社会生态进行研究。全文共分六章。第一章导论，介绍论文研究的缘起，指出思想政治教育社会生态的研

究意义、研究思路、基本框架、主要观点、主要内容、重点难点、主要研究方法和创新点；第二章对思想政治教育社会理论进行界定，指出思想政治教育社会生态系统研究的原则和现代思想政治教育社会生态的建设原则，以及我国现代思想政治教育社会生态的研究价值；第二章介绍思想政治教育社会生态系统的结构及它的构成要素，阐述当代思想政治教育发生的现实社会生态过程，指出当代思想政治教育社会生态发展的境遇，并从社会需求、社会问题诊治刺激、各种社会比较上对思想政治教育现实社会生态进行评析，分析思想政治教育社会生态的特殊社会属性——复杂性和草根性；第四章分析思想政治教育草根性的缘起、含义和特点，并从学科特点、教育生命机制和本体论、方法论意义上审视现代思想政治教育草根性的学理基础，指出现代思想政治教育草根性的价值及意义，以及现代思想政治教育草根化的路径；第五章论述当代思想政治教育变革的生态过程，指出现代思想政治教育社会生态结构创新的理论依据，并介绍生态主体的创新和社会生态环境循环互动链运行模式，分析两条生态链之间的循环互动。阐述生态主体与生态环境两条互动循环链之间的关系是互塑共生，信息传输是思想政治教育社会生态系统的血液。

关键词：思想政治教育　生态学　伦理学

**3150**

**近十年来高校学生党建工作研究** / 马宁著 ；王炳林指导. -- 北京师范大学, 2009. -- 98 页

论文以近十年来高校学生党建工作情况为研究对象，探究近十年来高校学生党建工作所取得的成绩，存在的主要问题，以及加强高校学生党建工作的工作重点等问题。全文包括绪论和正文两部分。绪论部分主要介绍选题意义、研究综述、研究方法与创新之处等内容。正文部分共包括六章。第一章对高校学生党建工作进行概述。主要包括高校学生党建工作的概念分析、指导思想、主要内容，以及加强高校学生党建工作的意义。第二章简述高校学生党建工作的现状。包括近十年来高校学生党建工作的主要成绩，高校学生党建工作中存在的主要问题及归因分析。第三章至第六章依次介绍切实加强高校学生党建工作的四条措施。第三章提出要深入学习实践科学发展观，牢固树立以人为本、全员育人和创新三大理念，并将其付诸高校学生党建工作的实践。第四章提出要通过探索高校学生党建队伍建设的长效机制，全面提高党务工作者的素质，建设一支结构科学的学生党建队伍。第五章提出要加强工作载体建设，切实增强党建工作实效性。充分利用主渠道空间，加强学生党校建设；利用网络虚拟载体，建设大学生“红色网站”；以实践促党建，创新学生党建工作的新思路；开展党建进社团活动，促进党团的和谐发展；以宿舍为载体，开辟学生党建工作的新阵地。第六章提出要大力构建长效机制，促进党建工作的科学发展。主要是通过建立健全领导机制、教育培训机制、质量保证机制、监督约束机制和经费保障机制，分别实现领导科学化、育人制度化、发展制度化、监管制度化和保障有力化。

关键词：高等学校　党的建设　学生

**3151**

**中国大学德育课程发展研究** / 彭小兰著 ；李萍指导. -- 中山大学, 2009. -- 200 页

论文以中国大学德育课程的发展为研究对象，分析中国大学德育课程的历史变迁与现状，指出新形势下大学德育课程发展存在的问题、课程发展的模式与原则，并进一步提出中国大学德育教育课程发展的趋向和路径。全文包括导论和正文两部分。导论部分主要介绍研究问题的提出、国内外研究综述、论文的研究方法等问题。正文部分共分为五章。第一章对大学德育课程发展相关概念进行界定。包括德育、课程、德育课程、现代化、公民文化、公民意识等相关概念。第二章阐述中国大学德育课程的历史变迁与现状。首先简述近现代中国大学德育课程历史变迁的四个阶段，即臣民教化阶段、权威危机阶段、徘徊中前进阶段和渐进式发展阶段；然后论述中国大学德育课程的现状，包括公民意识教育的缺失和公民素养教育的淡薄，并对大学德育教材进行简要分析。第三章考察大学德育课程要素的发展。依次阐述大学德育课程目标、内容、方法及机制的制约因素及发展。其中，对目标的考察包括社会体制的制约、教学主体的影响和知识形式的预制三个方面；对内容的考察包括文化价值转向、公民文化的变迁及人的现代素质三个方面；对方法的考察包括隐性课程观、教育模式的变更和教学方式的扩展三个方面；对机制的考察包括内在机制的完善和外在机制的提升两个方面。第四章概述大学德育课程发展的模式与原则。大学德育课程模式分为德目主义、全面主义及隐性教育三种模式；大学德育课程发展遵循课程编制、课程设计、课程内容选择等原则。第五章探究大学德育课程发展的趋

向与路径。从主体德育课程、生态德育课程、网络德育课程三方面分析大学德育课程发展的趋向,并指出大学德育课程发展的路径主要从理念更新、内容预测、教师素养及教法创新四个方面展开。

关键词:高等学校　德育　教学研究

3152

**我国大众传媒道德失范及其治理研究** / 彭颜红著 ; 陈占安指导. -- 北京大学, 2009. -- 168 页

论文采取理论分析研究方法,以马克思主义理论为指导思想,以我国当代大众传媒为研究对象,研究我国大众传媒的道德失范及其治理,特别探讨大众传媒道德失范的表现与原因。全文共分五个部分。第一部分导论,指出论文的研究意义、研究创新之处,论文的框架及研究方法,并对已有研究进行述评;第二部分大众传媒与道德的相互作用,大众传媒是信息传播的重要载体,大众传媒需要道德教育,指出大众传播活动在不同领域的道德影响;第三部分大众传媒道德失范的表现和原因,论述大众传媒道德失范的表现是有偿新闻、虚假报道、传媒炒作和偏见、低俗报道,大众传媒道德失范的原因是对物质利益的片面追求、制度规范的缺失以及新时期道德观念的困惑。从历史上来看,大众传媒道德失范始终与传播活动相伴;第四部分大众传媒道德失范的有效治理,提出了解决道德失范问题必须完善的四个机制:当前大众传媒道德的维护机制、大众传媒道德的预警机制、大众传媒道德的立体化管理机制和大众传媒道德的刚性监督机制;第五部分倡导要积极建构道德传媒,要把自律和他律充分相结合,积极培养大众传媒的精神品质,加强大众传媒的社会责任,严格进行自我规约,同时要全面提高社会成员的道德水平,从而让大众传媒更好地为人类社会服务。

关键词:大众传播　传播媒介　道德建设

3153

**毛泽东的马克思主义理论教育思想研究** / 钱风华著 ; 阎治才指导. -- 东北师范大学, 2009. -- 96 页

论文采取逻辑分析方法和历史研究方法,对毛泽东的马克思主义理论教育思想进行研究。全文共分四章,第一章论述毛泽东的马克思主义理论教育思想的形成和发展,它在中国共产党的创建时期和国民革命时期萌芽,在土地革命战争前期形成,在土地革命战争后期和抗日战争时期得到多方面的展开而达到成熟,在解放战争时期和中华人民共和国成立后得到继续发展;第二章论述毛泽东的马克思主义理论教育思想的科学体系,包括四个方面,即关于马克思主义理论教育重要性的思想,关于马克思主义理论教育基本要求的思想,关于马克思主义理论教育方法的思想,关于在马克思主义理论教育问题上所应克服的错误倾向的思想;第三章论述毛泽东晚年在马克思主义理论教育问题上的错误思想,主要包括两个方面:一是背离马克思主义基本原理的错误理论观点,二是在马克思主义理论教育实施问题上的错误观点和错误倾向,这些错误思想不是他在马克思主义理论教育问题上的科学思想的发展,而是对他在马克思主义理论教育问题上的科学思想的背离;第四章对毛泽东的马克思主义理论教育思想做了评价,肯定毛泽东关于马克思主义理论教育的科学思想的历史地位,分析毛泽东在马克思主义理论教育问题上的错误思想产生的原因,并通过对他在这一问题上的科学思想和错误思想的比较,说明毛泽东的马克思主义理论教育思想的现实启示。

关键词:毛泽东教育思想　马克思主义　科学思想

3154

**思想政治教育话语理论探要** / 邱仁富著 ; 王天恩指导. -- 上海大学, 2009. -- 256 页

论文采取案例分析法和历史分析法,对思想政治教育话语理论进行探析。论文共分九个部分。第一部分导论,提出论文的研究问题、研究意义、研究目的、研究思路、研究方法,并对国内外研究进行述评;第二部分对思想政治教育话语的概念进行界定,阐述思想政治教育话语的基本命题;第三部分讨论思想政治话语的构成,包括思想政治教育话语间性、思想政治教育话语语境、思想政治教育话语预设、思想政治教育话语交往、思想政治教育话语内容、思想政治教育话语形式;第四部分追溯思想政治教育话语的理论渊源,揭示话语描述和话语评价的传统,对古代思想政治教育话语思想和马克思主义经典话语思想进行介绍;第五部分对新中国 60 年思想政治教育话语演变的历史进行了考察,1949—1977 年是思想政治教育话语的曲折发展时期,1978—2008 年改革开放 30 年是思想政治教育话语的新拓展时期,总结 60 年思想政治教育话语发展的基本经验及启示,指出新时期思想政治教育话语面临的机遇与挑战;第六部分以苏东为例,对国外思想政治教育话语建设的基本经验及教

训进行总结;第七部分论述思想政治教育话语的改革创新,包括思想政治教育话语理念创新、思想政治教育话语内容创新、思想政治教育话语形式创新、思想政治教育话语转译创新和思想政治教育话语权共享创新;第八部分阐述思想政治教育话语失效体系的建构,包括思想政治教育话语内容实效、思想政治教育话语形式实效、思想政治教育话语转译实效、思想政治教育话语共生实效、思想政治教育引领实效、思想政治教育话语自觉实效;第九部分对思想政治教育话语的和谐共生进行研究,界定和谐共生的内涵,讨论思想政治教育话语和谐共生的可能,及思想政治教育话语和谐共生路径的开拓。

关键词:思想政治教育　学科建设　话语

3155

**当代中国国家权力纵向配置问题研究** / 任广浩著 ; 张继良指导. -- 河北师范大学, 2009. -- 174 页

论文以当代中国"超大国家"的基本国情为出发点,把立法、行政、司法三大国家权力系统之间的横向分权与中央和地方之间的纵向分权有机结合起来,从国家权力横向、纵向和纵横交错的"双重分权""立体分权"的权力"网络结构"入手,通过分析中国当代特别是改革开放30年以来国家权力纵向配置的发展、演变及其制度困境,探索国家权力纵向配置未来改革的走向和制度化的方案设计。全文共分七个部分。第一部分引言,说明论文的选题意义,研究的基本思路、论文框架、研究方法、研究创新与不足,并对核心概念进行阐释,对国内外研究现状进行综述;第二部分讨论国家权力纵向配置的基本理论,包括中央集权理论、地方分权与地方自治理论、中央与地方均权主义理论,马克思、恩格斯、列宁的集权分权观和有关国家结构的理论,中国共产党的三代领导人包括毛泽东、邓小平、江泽民和新一届中央领导集体提出的对当代中国国家权力纵向配置具有现实指导意义的思想和理论;第三部分讨论国家权力纵向配置的基本制度形态,国家权力的纵向配置与国家结构紧密相连,单一制趋向集权、联邦制趋向分权。权利纵向配置在实践中体现为三种具体模式:即中央与普通行政区的权力配置模式、中央与民族区域自治地方政府的权力配置模式和中央与特别行政区的权力配置模式;第四部分介绍当代中国国家权力纵向配置的历史沿革、制度困境与变革思路,当代中国国家权力纵向配置的历史沿革经历纵向权力结构的宏观构建阶段和改革开放后国家权力纵向配置两大阶段;第五部分介绍立法权力的纵向配置,中央与地方立法权力的配置问题是纵向配置中的核心组成部分;第六部分论述行政权力的纵向配置,需要重构行政区划与政府层级,建立合理的中央和地方财权配置格局;第七部分司法权的纵向配置,把司法权力地方化的问题放在中央与地方关系的大背景下去思考,"优化司法职权配置"是下一步司法体制改革的重要内容。

关键词:政治制度　权力结构　行政管理

3156

**中国特色社会主义观研究** / 邵宪梅著 ; 李毅指导. -- 南开大学, 2009. -- 144 页

论文采取理论分析方法和综合方法,从"特色"角度,系统探讨中国特色社会主义观。全文共分五章。第一章引言,提出中国特色社会主义观及其命题,对相关研究文献进行综合论述,指出论文的研究思路、创新之处、研究方法和研究结构;第二章论述中国特色社会主义观的理论依据——马克思主义经典作家的社会主义观,阐述经典作家社会主义观的核心内涵,并对经典作家社会主义观进行评价,认为经典作家的社会主义观是中国特色社会主义观的理论依据;第三章对中国特色社会主义观的历史借鉴——苏联模式社会主义观进行阐述,分析列宁社会主义观的主要内容及其影响,分析苏联模式社会主义观的核心内涵,表现为"公有制＋计划经济＋按劳分配"的经济模式观、高度集权化的政治模式观、教条化和泛政治化的思想文化观。对苏联模式社会主义观进行评价,并对其进行借鉴,认为把苏联模式当作样本只能导致社会主义的僵化,以改革冲破苏联模式成为一种现实选择,走自己的路是我国痛定之后的必然选择;第四章论述中国特色社会观的历史发展,毛泽东奠定中国特色社会主义观的思想基础、理论基础和物质基础,邓小平开创中国特色社会主义观,改变时代主题,转移工作重心,转换建设思路,转变认识视角,"三个代表"重要思想拓展经济领域,深化政治领域,完善社会领域,科学发展观进一步丰富中国特色社会主义观;第五章论述中国特色社会主义观的基本特色,分别从特殊的起点、特殊的发展模式、特殊的发展道路、特殊的两制关系、特殊的社会理想等方面进行研究;第六章论述中国特色社会主义观是对科学社会主义观的继承与发展。

关键词:中国特色社会主义　社会主义建设

3157

**非理性因素与思想政治教育** / 沈大光著 ; 万光侠指导. -- 山东师范大学, 2009. -- 180 页

论文以马克思主义人学理论为基础,结合现实的思想政治教育的实际以及学术界关于非理性问题的研究成果,把非理性因素和思想政治教育结合起来加以研究。通过反思传统唯理性思想政治教育模式的局限性,从现实人的非理性因素出发,提出非理性思想政治教育这一新的形态,目的在于从个体非理性因素中寻找现代思想政治教育提高实效性的新路径。全文包括导论和正文两部分。导论部分主要介绍选题缘由、研究综述、研究思路、研究方法和主要内容、创新观点与研究意义等内容。正文部分包括五章内容。第一章分析思想政治教育中的非理性因素。指出思想政治教育中非理性因素的含义,简述其一般特征,并指出非理性因素在思想政治教育中的作用。第二章阐述思想政治教育的新形态,即非理性思想政治教育。首先概述非理性思想政治教育的基本内涵及其意义;然后指出非理性思想政治教育提出的依据,并分析非理性思想政治教育的基本特征。第三章论述非理性思想政治教育的主要内容,具体从欲求教育、情感教育和挫折教育三个方面展开论述。第四章考察非理性思想政治教育的发展规律,包括差异与趋同的控制规律、尊重与升华的协调规律及排斥与接受的互动规律三个方面,并对每个规律展开进行论述分析。第五章探究非理性思想政治教育实现的方法论原则,包括共性与个性的统一原则、理性因素与非理性因素的渗透原则及现实性与超越性的结合原则。

关键词:思想政治教育　教育理论　理性

3158

**行政伦理法治化研究** / 姒鹭著 ; 王淑芹指导. -- 首都师范大学, 2009. -- 161 页

论文以行政伦理法治化为研究对象,通过对不同国家的行政伦理法治化的建设历程进行全面系统梳理,对行政伦理法规内容、监督保证机制进行综括和分析,探究其行政伦理法治化建设的可操作性和实践性。把脉目前我国行政伦理制度建设现状,针对在建设服务型政府中出现的现实问题,借鉴其他国家实践经验,尝试提出我国行政伦理法规建设框架模式。全文包括导言和正文两部分。导言部分主要介绍问题缘起及研究述评。正文部分包括五章内容。第一章简述行政伦理法治化之功效。首先简述行政伦理法治化界说;然后依次说明行政伦理法治化的社会整体功效、行政个体道德功效及行政组织道德贡献;最后指出行政伦理法治化是时代发展的趋势,并进行举例说明。第二章和第三章分别以美国、加拿大、韩国和新加坡四国的行政伦理法治建设状况为例证,通过系统梳理,分别概述上述国家行政伦理法治建设的历程和立法情况,探究其行政伦理法治建设的可操作性和实践性,以期对我国提供借鉴和启示。第四章从阐述我国行政伦理法治建设现状出发,剖析存在的问题,指出我国的行政伦理法治建设正日渐推进、发展和完善,各种行政伦理相关制度法规不断出台,但是仍存在亟待解决的问题。第五章探究和谐社会视阈中的行政伦理法治化模式的构建。针对我国行政伦理法治建设中出现的现实问题,在把脉我国目前行政伦理法治建设现状的基础上,借鉴其他国家实践经验,尝试提出"一规两法"的行政伦理法规建设框架模式。

关键词:行政学　伦理　法治

3159

**论马克思的正义观** / 涂良川著 ; 胡海波指导. -- 东北师范大学, 2009. -- 112 页

论文以马克思的正义观为研究对象,立足于马克思哲学的思维方式、理论意境和价值理想,以人类生存与发展的正义问题为现实背景,研究马克思的正义观,并从马克思正义观念的思想源流、理论主体与主题出发,在整体上把握马克思的正义观。全文分为四个部分。第一部分"'人的观点'的正义观念"。首先概述面向人本身的"人的观点"及以"人的观点"为核心的正义观念;然后分析正义观念的人性本质及正义观念演进的人性逻辑。第二部分"'历史观点'的正义原则"。马克思以"历史观点"的正义原则,不仅是对历史中正义内容、方法和框架的理论表述,而且是从人类的社会生活和历史发展本身出发,对正义观的理论内容、思想方法、逻辑架构和理想追求的价值判示。第三部分"'社会观点'的正义理论"。马克思的"社会观点"的正义理论是在批判资本主义的过程中具体展开的,他从现实的生产、分配、交换和政治层面深入地批判资本主义制度的非正义性。马克思从现实的历史的人出发,深入地探讨自由与平等、发展与进步、自由与解放等与人类生存和发展密切相关的正义性问题。马克思的正义观,不是抽象形而上学的思辨,而是在人的社会生产和社会生活中寻求人类生存与发展的理想目标、价值原则和现实途径。马克思的生

产、分配、交换、政治等范畴,不仅是描述社会正义的重要概念,而且是批判资本主义制度的哲学范畴。第四部分"实践观点'的正义理想"。马克思以人的自由与解放为其正义观念的理论主题,表达了他"实践观点"的正义理想。以人的自由与解放为正义观的主题,是马克思改变世界哲学观念的必然结论。

关键词:马克思主义哲学　正义　哲学思想

**3160**

**青年农民工文化技能教育研究:以珠江三角洲贵州籍青年农民工为例** / 汪勇著 ; 郭文亮指导. -- 中山大学, 2009. -- 262 页

论文以珠江三角洲贵州籍青年农民工为例,对青年农民工文化技能教育进行深入研究。全文包括导论和正文两部分。导论部分主要介绍研究的缘起与意义,研究文献综述,研究对象与概念的界定,研究方法与思路,以及研究重点、难点及创新点与不足等内容。正文部分包括五章。第一章简述青年农民工文化技能教育的价值。首先指出其对青年农民工个体和阶层的意义,包括改善生存困境、维护自身权益及提高竞争力三个方面。之后指出其对国家和社会的意义,包括提高人力资本,推动产业升级;普及政治文化,扩大政治民主;提高国民文化素质,繁荣文化;缩小不合理差距,融合群体关系四个方面。第二章阐述青年农民工文化技能水平及其教育现状。依次论述青年农民工文化技能水平及其需求现状和青年农民工文化技能教育供给现状,并指出青年农民工与社会发展落差的具体表现。第三章分析青年农民工文化技能偏低的原因。从历史根源与现实困境、青年农民工自身的局限和用工方重用轻养三个方面阐明青年农民工文化技能偏低的原因。第四章论述青年农民工文化技能教育的经验借鉴。首先分别阐述发达国家和发展中国家农村劳动力转移及其教育状况,并从中提出可借鉴的经验教训;然后分析青年农民工文化技能教育的国内经验。第五章考察加强青年农民工文化技能教育的对策。首先指出加强青年农民工文化技能教育是公平正义的呼唤;随后指出要想加强青年农民工文化技能教育,首先要加强青年农民工文化技能教育的责任分解;最后提出加强青年农民工文化技能教育的具体对策,包括确定教育目标、调整教育内容、筹措教育经费、改革教育形式、建设师资队伍五个方面的内容。

关键词:文化教育　技能学习　技术培训

**3161**

**《资本论》现代发展观之哲学维度研究** / 王多吉著 ; 林娅指导. -- 北京大学, 2009. -- 165 页

论文采取理论分析方法,对《资本论》现代发展观的哲学维度进行研究。全文共分六个部分。第一部分导论,提倡以一种哲学的方式阅读《资本论》,指出《资本论》是马克思经济学批判与哲学批判的双向建构,指出论文论题的处境与任务,及面临的困难,基本思路与创新之处,并论述国内外研究的状况;第二部分论述《资本论》现代发展观的出场前提,传统形而上学批判为《资本论》现代发展观厘清本体论前提,唯心主义历史观批判为《资本论》现代发展观厘清历史观前提,唯心主义辩证法批判为《资本论》现代发展廓清方法论前提;第三部分《资本论》现代发展观的哲学视域,指出马克思视野中的"现代"概念,包括现代的划分标准、指证对象和本质要素,并将现代发展置于社会形态的历史分期中研究其阶段,将现代发展置于"商品—资本"的理论嬗变中阐释其逻辑,将现代发展置于人的解放和全面发展的框架中审视其限度,将现代发展置于现代经济规律的运动中考察其内容,以此来观察《资本论》哲学视域中的"现代发展";第四部分论述《资本论》现代发展观的基本意涵,指出现代发展的方位是历史向世界历史的转变,现代发展的动力是以机器和大工业为标志的现代生产,现代发展的动态结构是社会有机体,现代发展的基本条件是世界市场,现代发展的走向是现实的现代危机与极限,现代发展的扬弃是共产主义;第五部分指出《资本论》现代发展观的根本方法,是从抽象上升到具体的逻辑演绎,并以《资本论》第一卷第一章为例进行阐释,《资本论》的逻辑结构和范畴序列都是从抽象上升到具体;第六部分阐释《资本论》现代发展观的当代论域现代性批判,对现代性进行基本规定,理性是现代性观念的核心,自由构成现代性的根本价值,世俗化是现代性的过程表征,资本主义现代性的本质是以物的依赖性为基础的人的独立性,马克思对资本主义的现代性现象进行多维透视,从分工和大工业的产生审视现代性的根源,为我们构建中国特色的现代性提供理论借鉴和方法论启迪。

关键词:马克思　资本论　历史唯物主义

**3162**

**人力资源的人学研究** / 王锋著 ; 林娅指导. -- 北京大学, 2009. -- 167 页

论文从马克思主义人学的基本原理出发,运用主体性与客体性相统一的原则、历史唯物主义的基本观点、历史考察与逻辑分析、理论与实践相结合的方法,从人学的角度对人力资源的历史发展、人力资源范畴的科学规定、人力资源与人的本质、人力资源与人的存在、人力资源与人的发展、中国人力资源的建设等问题进行深入的探讨。全文共分六个部分。第一个部分导论,提出人力资源研究的人学维度,指出论文的选题价值、研究意义、选题的研究方法,并对人力资源理论的历史与现状进行述评;第二部分对人力资源的基本问题进行哲学解读,论述人力资源兴起的历史必然性,对人力资源的概念进行界定,并对人力资源和人力资本的概念进行辨析,指出人力资源理论与实践的发展趋势;第三部分分析和阐释人力资源理论的哲学基础,对人性和人的本质进行科学的论述;第四部分从人的存在角度考察和分析人力资源实践的影响,分别分析人力资源实践对人与自然的关系,以及人力资源实践对人与社会关系的影响;第五部分从人的发展角度解析人力资源实践产生的影响,表现为人力资源实践促进人的主体性的发挥,人力资源实践促进人的能力的全面发展,人力资源实践促进人的需要的全面发展;第六部分对我国人力资源的现状和我国企业人力资源发展的现状进行分析,并提出以人为本、全面促进中国人力资源建设的对策。

关键词:人力资源　人学　以人为本

**3163**

**马克思主义中国化的起源语境研究:20世纪30年代之前马克思主义在中国的传播及中国化** / 王刚著 ; 宋进指导. -- 华东师范大学, 2009. -- 299页

论文采取理论分析研究方法,对马克思主义中国化的起源语境进行研究。全文共分八个部分。第一部分导论,对语境的概念和“马克思主义中国化的起源语境”文本研究范围进行界定,对国内外研究现状进行描述,并指出论文的研究思路、研究框架、研究方法、研究意义、创新与不足;第二部分论述马克思主义早期在中国的传播及中国化的内外语境,中国社会要接受马克思主义的内在语境,中国社会的政治经济环境、革命环境、思想文化、民族心理、时代主题等因素综合形成的语境,确保马克思主义能在中国传播及中国化;第三部分对早期马克思主义经日本、欧洲(法国)、苏俄以及美国传入中国的四条路径进行介绍,每条路径的社会主义者都依据其特定语境对马克思主义进行解读,形成日本语境“学理的”马克思主义、欧洲语境“行动的”马克思主义、苏俄语境的“革命的”马克思主义以及美国语境的“空想的和基督教的”社会主义;第四部分论述早期中国知识精英对马克思主义的选择性传播,早期具有初步共产主义思想的知识分析,在无产阶级革命语境下,选择性地传播马克思的唯物史观、科学社会主义、经济学、辩证唯物主义以及阶级和国家理论等,这种选择性传播使马克思主义的某一部分理论被优先传播造成马克思主义中国化的不同步;第五部分阐述马克思主义进入中国语境历程的思想交锋,交锋过程伴随着三次对话。通过与工读互助主义、新三民主义、自由主义等当时中国社会影响较大的社会思潮对话,给马克思主义中国化带来许多启示;第六部分通过思想交锋,马克思主义进入中国语境,形成马克思主义的文本视野与马克思主义理解者视野之间的“视界融合”;第七部分论述在中国的革命环境、社会政治环境、思想文化环境以及当时国际环境等因素的综合作用下,形成马克思主义中国化命题提出的新语境,在这新语境的氛围下,毛泽东向全党提出马克思主义中国化的命题,形成马克思主义中国化理论;第八部分结语,从两个不等式到两个等式阐释语境与马克思主义的中国化。

关键词:马克思主义　大众传播　民国

**3164**

**大众传媒价值取向对青年思想影响的研究** / 王俊华著 ; 李毅指导. -- 南开大学, 2009. -- 191页

论文采取理论分析与实证研究相结合的方法,着眼于先进文化建设,在对大众传媒的价值取向现状、大众传媒对青年思想的积极作用和消极影响以及产生的根源进行客观考察的基础上,探讨大众传媒价值取向对青年思想的影响。论文共分六个部分。第一部分导论,介绍选题价值、写作思路和研究方法,并对大众传媒、价值取向、青年等相关概念进行界定;第二部分分析我国大众传媒价值取向现状,对大众传媒的两种表现形态进行阐述;第三部分分析大众传媒价值取向对当代青年思想的影响,一方面大众传媒为青年提供了多方位、多层次的知识信息,丰富青年的认知、娱乐方式和途径,拓宽青年视野,增进青年的身心健康,激发青年独立思考、奋发进取的自主精神,另一方面,某些大众传媒传播的消极信息,也对青年的思想产生着消极影响,使部分青年道德价值观扭曲、行为失范、心灵封闭,知识结构“扁平化”,审美情趣降低

等；第四部分探讨大众传媒价值取向影响青年思想的根源，论述大众传媒角色定位和功能诉求的变化，文化建设过程中消极因素的存在，文化建设制度管理的不足，大众传媒管理者及从业人员素质的良莠不齐，我国青年媒介素养偏低等因素是大众传媒价值取向影响当代青年思想的根源；第五部分探讨以社会主义核心价值体系引领大众传媒价值取向促进青年健康成长的策略，按照社会主义核心价值体系要求，传媒加强自律、政府加强调控、青年充分自觉三位一体，达成以社会主义核心价值体系引领大众传媒价值取向，发挥大众传媒积极的文化功能，促进青年健康成长的目标；第六部分结束语对坚持社会主义核心价值体系引领大众传媒价值取向促进青年健康成长需要正确认识和处理的几个理论问题进行澄清。

关键词：大众传播　价值取向　青年　人生观

**3165**

**西柏坡精神的当代价值** / 王荣丽著 ；田秀云指导. -- 河北师范大学, 2009. -- 148 页

论文运用历史继承与时代创新相结合、理论归纳与实际分析相结合、结构分析与变迁分析相结合的方法，以西柏坡精神的形成和历史地位为切入点，对西柏坡精神的当代价值进行研究。全文共分六个部分。第一部分引言，说明论文的选题依据、选题意义、选题价值，指出论文的研究视角、研究方法、研究重点和创新点，并对国内外研究现状进行论述；第二部分西柏坡精神的形成与历史地位，论述西柏坡精神是在中国革命伟大历史性转折时期，中国共产党带领全国各族人民群众在实践中培育形成的革命精神，溯源于抗日战争后期，形成于解放战争中后期；第三部分西柏坡精神的科学内涵与内在逻辑，论述西柏坡精神的内涵是一个科学体系，包括五个方面的内容，核心是“两个务必”，宗旨是依靠群众、立党为公，品质是敢打必胜、勇克时艰，表征是发扬民主、团结统一，特质是与时俱进、科学创新。分析西柏坡精神的内在逻辑与基本结构；第四部分西柏坡精神是实践科学发展观的精神动力，提出西柏坡精神与科学发展观密切联系、内在统一，西柏坡精神和科学发展观的价值追求是为了实现人民利益，弘扬西柏坡精神是实践科学发展观的内在要求，是加强干部队伍建设的基本要求，是培育服务人民的政治情怀；第五部分西柏坡精神是社会主义核心价值体系的思想基础，论述它与社会主义核心价值体系具有紧密的内在联系，是建设社会主义核心价值体系的助推力；第六部分西柏坡精神是新时期党的建设的思想保障，提出是中国共产党道德修养的思想瑰宝，是党防腐拒变的理性长城，是党长期执政的精神力量。

关键词：中国共产党　党的作风　价值论

**3166**

**毛泽东国家安全观研究** / 王素立著 ；张骥指导. -- 河北师范大学, 2009. -- 161 页

论文采取历史考察与逻辑分析、案例分析方法对毛泽东国家安全观进行研究。全文共分五个部分。第一部分引言，说明论文的选题依据、研究现状、研究方案，并对相关概念进行辨析；第二部分分析毛泽东国家安全观形成的时代背景，包括国际背景和国内背景，追溯毛泽东国家安全观形成的思想渊源，并梳理毛泽东国家安全观形成的基本脉络，创建革命根据地前是毛泽东国家安全观的孕育时期，土地革命和抗日战争时期是毛泽东国家安全观的萌芽时期、解放战争和新中国成立时期是毛泽东国家安全观的形成时期；第三部分对毛泽东的国家政治安全观、军事安全观、国家经济安全观和国家文化安全观的主要内容和实践路径进行了研究；第四部分指出毛泽东国家安全观的主要特征和毛泽东国家安全观的重大意义，以及毛泽东国家安全观存在的历史局限性；第五部分分别论述邓小平、江泽民、胡锦涛对毛泽东国家安全观的发展，并谈毛泽东国家安全观对当前国家安全实践的启示，启示之一，必须坚持物质防范与精神防范有机结合，把加强国家文化安全放在更加突出的位置；启示之二，必须立足于现代化高科技战争的需要，大力发展世界先进的尖端武器；启示之三，必须着眼长期战略，狠抓国家安全基本建设和基础性工作；启示之四，必须运用积极防御的安全战略，走中国特色的维护国家安全之路。

关键词：毛泽东　国家安全　毛泽东思想

**3167**

**抗日战争时期中共在职干部教育研究** / 王艳春著 ；王树荫指导. -- 首都师范大学, 2009. -- 154 页

论文以抗日战争时期中共在职干部教育为研究对象，对抗日战争时期的历史进行分析与研究，不仅可以重现抗战时期在职干部教育的辉煌，而且对于在职干部教育事业的发展具有极为重要的理论与实践意义。全文可分为绪论和正文两部分。绪论部分主要介绍论文的选题意义、研究动态、研究方法、相关界

定和论文创新等内容。正文部分共包括五章。第一章简述抗战时期中共在职干部教育的背景与挑战。对抗战前在职干部教育的历程与特点进行简单回顾之后,指出抗战时期国内主要矛盾变化对干部产生的影响;然后提出抗战时期"干部恐慌"现象较为突出,且新老干部的素质亟待提高。第二章阐述抗战时期中共在职干部教育的理念与原则。首先分别简述抗战时期在职干部教育的指导思想、哲学基础、教育方针、战略地位及培养目标;然后指出抗战时期在职干部教育的三大原则。第三章论述抗战时期中共在职干部教育的基本内容和主要方法。第四章概述抗战时期中共在职干部教育的发展阶段。抗战时期中共在职干部教育的发展经历了普遍发动阶段、提高质量阶段及整风改革阶段三个时期,每个时期的教育内容和模式均有所不同。第五章分析抗战时期中共在职干部教育的经验与启示。抗战时期在职干部教育的成功经验有以下五点:党的高度重视是教育成功的重要前提;健全的组织系统是教育成功的可靠保障;设置教员和指导员是教育成功的基本条件;适时的督导检查是教育成功的必备环节;干部的自身努力是教育成功的关键因素。但抗战时期在职干部教育也存在历史局限,如:"丙类干部"教育相对薄弱、教条主义在一定范围内存在等。抗战时期在职干部教育的现代启示主要有以下几点:科学安排教育内容,增强干部教育的时效性;加强对教育的监督,健全教育质量评估体系;发扬刻苦学习精神,引导干部树立终身学习理念。

关键词:中国共产党　干部教育　抗日战争

**3168**

**思想政治教育价值取向研究** / 王颖著 ; 王树荫指导. -- 首都师范大学, 2009. -- 120 页

论文以思想政治教育价值取向为研究对象,在明确思想政治教育价值取向基本理论框架的基础上,通过分析工具性思想政治教育的工具主义、功利主义和机械适应性所成的困境,根据时代价值取向的总体性变迁,说明思想政治教育价值取向变迁的外部动力和内部动因,论证本体性思想政治教育的时代适应性,对本体性思想政治教育的实施和推行提出理论上的建设性意见,为实现思想政治教育本质和增强思想政治教育有效性疏浚理论通道。全文包括导论和正文两部分。导论部分主要介绍国内外研究现状综述,选题意义,基本思路、理论创新与研究方法等内容。正文部分包括四章。第一章概述思想政治教育价值取向的概念。首先简述思想政治教育价值取向的定义、基本特征及影响因素;然后阐述思想政治教育价值取向的基本类型。第二章考察工具性思想政治教育的现实境遇。依次论述思想政治教育的实际落差,灌输论遭遇解构和实践阻力,思想政治教育的时滞性,思想政治教育资源配置失衡和流失等问题,并对工具性思想政治教育进行评价。第三章澄明本体性思想政治教育。主要从人的根本就是人本身、依托知识教育实现价值教育、自成目的性的思想政治需要、调整思想政治教育认同路线四个方面展开论述。第四章考察本体性思想政治教育的实践要求。首先指出要明确思想政治教育的基本追求和教育目标,改善思想政治教育的呈现形式;然后提出转化思想政治教育基本矛盾的途径。

关键词:思想政治教育　价值取向　本体论

**3169**

**高校思想政治理论课程学习研究** / 吴学兵著 ; 佘双好指导. -- 武汉大学, 2009. -- 221 页

论文采取理论和实践分析相结合的研究方法,对高校思想政治理论学习进行研究。全文七个部分。第一部分导论,阐释论文的研究意义、研究现状、研究思路和研究方法,并对思想政治理论课程的基本内涵进行界定;第二部分在探析思想政治理论课程的概念、性质和形态的基础上,根据学习的一般含义,界定思想政治理论课程学习的涵义。从思想政治理论课程性质和功能看,课程学习实质是一种价值性学习,并由其道德性学习和整合性学习等内容反映其本质属性,由此概括出思想政治理论课程学习的三个外在特征;第三部分从由内在到外在、从宏观到微观等思路分析和探讨时代境遇下思想政治理论课程学习的要求和挑战,这些探析实质是从"现实主义"的视角阐明该课程学习的有效开展必须具备良好的学习条件和学习环境;第四部分探讨高校思想政治理论课程学习主体的学习素质,学习素质涵盖学习动力系统、学习能力系统和学习品格系统三个层面。学习动力是以学习动机为核心的素质系统,学习能力系统主要由自主学习能力、理论思维能力和价值分析能力三个基本成分构成,推动学习活动的有效开展。学习品格是由学习态度和学习道德两方面因素体现的,是学习者在学习中的精神状态、治学态度,以及处理与学习活动相关关系的思想作风和品质;第五部分运用马克思主义认识论原理,并结合教育心理学相关原理分析思

想政治理论课程学习的内在过程,从分析和确证思想政治理论课程学习过程的矛盾入手,阐明学习过程演进的动因和根源,从作用机制原理集中探讨学习者是如何获取、体验、认同、接受和整合内化学习信息的;第六部分结合理论认识和思想政治理论课程本身的性质和特点,界定思想政治理论课程学习策略的涵义和特征,对学习策略体系进行分类;第七部分提高高校思想政治理论课程有效学习的相关对策。

关键词:高等学校　思想政治教育　教学研究

**3170**

**马克思伦理思想的本质与特征研究** / 辛慧丽著 ; 高国希指导. -- 复旦大学, 2009. -- 142 页

论文采取历史研究与文献分析的方法,以及比较分析的方法,对马克思伦理思想的本质与特征进行研究。全文共分五章。第一章对马克思与道德、马克思与伦理学以及国内外研究现状进行分析;第二章对马克思伦理思想的起源和进路进行研究,主要研究马克思对西方伦理思想巨匠康德、黑格尔和费尔巴哈的继承和超越,分别从历史动源、道德原则和道德目标三重意义上对马克思与康德的伦理思想进行比较。从不同的思想时期进行分析,总结出马克思伦理思想的逻辑进路;第三章着重分析马克思伦理思想的本质,将马克思伦理思想的本质归纳为人的自由全面发展,马克思对以往的伦理学思想进行了清理,将思想起点确定为"现实的人",通过对人的发展的"三阶段论"和人的本质的研究,将马克思伦理思想的基础归结为人的本质,同时对人的自由全面发展的实现路径进行分析;第四章对马克思伦理思想的特征进行研究,在马克思伦理思想众多特征中选取现实性、批判性和人道性特征来进行论述;第五章阐述马克思伦理思想的当代意义,从道德建设的指导原则——以人为本来探讨马克思伦理思想对社会主义道德建设、社会主义运动的指导意义,马克思伦理思想对人的自由全面发展的实现具有重要意义,能够唤醒自然历史进程赋予人的各种潜能素质,使之获得最充分的发展。

关键词:马克思　伦理思想　哲学思想

**3171**

**大学生思想政治教育过程具体规律研究** / 徐建栋著 ; 王秀阁指导. -- 天津师范大学, 2009. -- 98 页

论文运用系统分析和逻辑与历史相统一的方法,从大学生思想政治教育具体过程入手,对大学生思想政治教育主要过程的规律及遵循规律的实践要求进行探讨。全文共分八个部分。第一部分导言,对选题进行界定,阐述论文的研究意义、研究思路、研究方法及创新点,并对国内已有研究进行综合论述;第二部分对新中国建立后大学生思想政治教育规律实践探索进行历史考察,提出对发达国家大学生思想政治教育规律探索研究的借鉴;第三部分阐述大学生思想政治教育目标确立的规律——适应超规律的内涵、研究意义及遵循规律的实践要求;第四部分阐述大学生思想政治教育内容确定的规律——社会个人统一律的内涵、研究意义及遵循规律的实践要求;第五部分阐述大学生思想政治教育实施的规律——双向互动律的内涵、研究意义及遵循规律的实践要求;第六部分阐述大学生思想政治教育接受的规律——内化外化统一律的内涵、研究意义及遵循规律的实践要求;第七部分阐述大学生思想政治教育过程的规律——要素协同律的内涵、研究意义及遵循规律的实践要求;第八部分阐述大学生思想政治教育评估的规律——过程结果统一律和质量统一律的内涵、研究意义以及遵循规律的实践要求。

关键词:大学生　思想政治教育

**3172**

**中国共产党党内监督历史考察** / 徐伟著 ; 王炳林指导. -- 北京师范大学, 2009. -- 166 页

论文以中国共产党党内监督历史为研究对象,运用历史分析和逻辑分析相结合的方法、文献研究的方法以及多学科综合研究法,试图对党内监督的形成、发展、深化的过程,进行具体的、历史的、逻辑的梳理分析,从而把握党内监督的来龙去脉、经验教训、现存问题的症结所在及历史带给我们的启示,为目前的党内监督实践提供借鉴。全文包括绪论和正文两部分。绪论主要介绍选题缘由、国内对于中国共产党党内监督的研究现状、研究的着力点和研究价值、研究方法等内容。正文共包括六章。第一章对党内监督的理论进行概述。简述党内监督的研究现状,对现有研究成果进行分析整理,并在此基础上对党内监督的基本理论做出阐述,具体包括界定和阐释党内监督等概念的基本涵义、党内监督的结构要素、内容特征、实施党内监督的条件及原则,探寻中国共产党党内监督的理论渊源。第二章考察 1921—1949 年中国共产党党内监督的起步探索。从 1921 年中国共产党成立至 1949 年中华人民共和国成立,党内监督经历从无到有,不

断发展的过程,初步构建起党内监督的结构体系。第三章考察1949—1976年中国共产党党内监督的曲折发展。新中国成立后至1976年"文化大革命"结束,党内监督经过20多年时间的探索,历经曲折,取得很大的成绩,建立起执政党党内监督的组织、制度和运行体系,但也遭受重大的挫折,造成挫折的最主要原因是高度集中的领导体制破坏了党的民主集中制原则。第四章考察1976—1997年中国共产党党内监督的稳步推进。随着中国共产党领导下的社会主义各项建设事业的不断发展进步,党内监督作为党的建设伟大工程的重要组成部分,经历从恢复、健全到不断深化的过程,取得显著成效,积累起丰富的经验。第五章考察1997年至今中国共产党党内监督的全面发展。1997年"依法治国"方略的确定,为党内监督的发展指出新的发展方向,在依"法"监督原则的指引下,党内监督法规制度建设有序推进、监督方式改革创新、纪检监察机关的专职监督作用日益突出、惩防并举反对腐败,中国共产党党内监督建设在民主化、规范化、科学化的轨道上不断加快发展,取得历史性的进步。第六章是推动党内监督深入发展的思考。当前中国政治监督体系中,无论从理论还是实践,党内监督仍旧是一个薄弱环节。因此,论文在总结中国共产党党内监督历史经验教训的基础上,分析目前党内监督存在的问题及其深层原因,结合中国政治监督体系建设的大环境,提出应对挑战的路径思考。

关键词:中国共产党　监督

**3173**

**论社会主义核心价值体系教育** / 许爱凤著 ; 石云霞指导. -- 武汉大学, 2009. -- 150页

论文采用逻辑分析方法,对社会主义核心价值体系教育进行论述。论文共分七个部分。第一部分导论,介绍社会主义核心价值体系教育的研究对象、研究意义、研究现状、研究方法与逻辑框架;第二部分论述社会主义核心价值体系教育的现实基础和理论基础;第三部分阐述社会主义核心价值体系教育的主客体,介绍价值观教育主客体系统及教育主客体的关系,社会主义核心价值体系教育主体系统的新变化及建设,社会主义核心价值体系客体系统的新变化,提出对其价值观教育的创新要求;第四部分论述社会主义核心价值体系教育的内容,指出社会主义核心价值体系教育内容的表现,探寻社会主义核心价值体系教育内容与大众文化表现统一的社会主义大众文化的和谐价值;第五部分阐述社会主义核心价值体系教育的形式和方法,提出当前我国价值观教育存在的形式问题和方法问题,对其形成原因进行分析,探寻社会主义核心价值体系教育的有效形式和方法,指出社会主义核心价值体系教育要以生活教育为基础,形成教育形式的合理,要以"道德"的方法养成"道德";第六部分阐述社会主义核心价值体系教育的载体及其利用现状,探寻社会主义核心价值体系教育载体的合理利用方式;第七部分指出社会主义核心价值体系教育对我国社会发展和价值观教育自身发展具有重要的意义。

关键词:社会主义建设　价值论　思想政治教育

**3174**

**我国公务员行政道德建设研究** / 杨鑫著 ; 戴焰军指导. -- 中共中央党校, 2009. -- 110页

论文采取历史分析、对比分析的方法,在吸收借鉴其他研究成果的基础上,立足我国国情,以马克思主义伦理思想指导,对我国公务员行政道德建设进行研究。全文共分六个部分,第一部分导论,重点对论文的选题背景、研究现状、研究意义、研究思路等问题做了分析;第二部分公务员行政道德的概念界定,简要介绍公务员相关问题及公务员行政道德的内涵与特征;第三部分中国传统文化中官德思想的发展与评价,介绍传统官德思想,并对传统官德建设情况进行评价,揭示出传统官德建设对今天公务员行政道德建设具有的启示意义;第四部分文官制度及国外公务员行政道德建设的发展,对奠定公务员制度基础的文官制度进行介绍,选取几个国家做典型,归纳出国外公务员行政道德建设的特点和局限性;第五部分公务员行政道德建设的现状和发展,对公务员行政道德失范的现象和原因进行客观分析,指出公务员行政道德建设取得成就和存在的问题;第六部分公务员行政道德建设的路径选择,结合我国公务员行政道德建设的现状与发展,提出公务员行政道德建设要以教育为基础,围绕提高教育实效性、推进公共行政道德化进程、加强行政道德制度化建设、建立科学的道德考核体系和提高公务员行政道德修养五个方面综合加以推进。

关键词:公务员制度　职业道德　道德行为

**3175**

**民族主义的全球维度考察** / 杨赞著 ; 刘小林指导. -- 北京师范大学, 2009. -- 127页

论文以民族主义的全球维度为考察对象,指出民

族主义研究的重要性及意义，分析民族主义对中国的重要影响，并探究中国民族主义的价值评判与理性路径选择等问题。全文包括绪论和正文两部分。绪论部分主要介绍民族主义研究意义、民族主义研究综述、研究思路与论文框架、研究方法与创新之处等内容。正文部分共包括五章。第一章对民族主义概念进行概述。依次简述西方和国内对“民族”的认识与理解，提出民族主义的概念，并对民族主义进行分类与评析。第二章阐述冷战后民族主义兴起的表现。首先概述美、俄、日等世界主要大国的民族主义外交政策；然后简析东南亚地区、南亚地区、中东地区等发展中国家的民族主义诉求；最后对民族主义盛行的原因进行析辨。第三章分析民族主义对国际政治的影响。首先概述民族主义对国际秩序的冲击；然后探究民族主义的消极作用，即导致国际矛盾的增生；最后分别阐述全球化对民族主义的影响及民族主义对全球化的回应。第四章考察民族主义对国内政治的影响。首先对民族主义与国家利益关系进行概说；然后简述民族主义对国家利益促进作用的表现及民族主义对国家利益的消解。第五章对中国民族主义进行探析。首先介绍中国民族主义的实然状态，主要包括民族主义在中国的历史轨迹、民族主义在当代中国的复兴及中国民族主义的走向；然后阐明中国民族主义的价值评判与理性路径选择，包括中国民族主义的积极与消极作用两个方面。

关键词：民族主义　全球化　国家利益

**3176**

**马克思主义人的自由全面发展理论中国化历史进程研究** / 姚巧华著 ; 武东生指导. -- 南开大学, 2009. -- 211 页

论文采取历史分析方法，对马克思主义人的自由全面发展论中国化进程进行研究。全文共分七个部分。第一部分导论，介绍研究问题的缘起，阐述研究意义和研究创新，研究结构及研究主线，并对研究现状进行评述；第二部分介绍毛泽东对人的自由全面发展理论形成的时代背景；第三部分毛泽东对人的自由全面发展理论的艰辛探索，毛泽东围绕救亡图存的革命斗争，充分阐发马克思的人学思想，带领中国人民进行艰苦卓绝的革命战争，最终推翻了“三座大山”，斩断捆绑中国人民的“四大绳索”，建立社会主义新中国，创造中国人民当家作主的政治前提，实现中国人民解放道路上具有里程碑意义的第一次飞跃。不过受当时中国特定的时代任务、社会发育程度所限，加上主观上的失误，毛泽东的探索过程中也出现失误；第四部分中国特色社会主义人的自由全面发展理论的演进方位，对人类社会发展的历史长河进行审视，阐述人的自由全面发展理论演进的国际和国内背景；第五部分邓小平对人的自由全面发展理论的开拓与创新，以邓小平为核心的党的第二代领导集体打破既往从基本物征上认识社会主义的思维定势，在对“什么是社会主义、怎样建设社会主义”的追问中，把满足人的需要确立为社会主义的根本价值追求，提出以“共同富裕”为最终目的的社会主义本质论，开创中国特色社会主义人的自由全面发展理论的新起点；第六部分江泽民对人的自由全面发展理论的深化与推进，以江泽民为代表的第三代领导集体首次在中国共产党的纲领性文件中确认“共产主义社会是每个人全面而自由发展的社会”，提出人与社会发展“两个历史过程相统一”的思想；第七部分以胡锦涛为核心的党的中央领导集体提出科学发展观，确立以人为本的科学内涵，将以人为本置于科学发展观的本质和核心地位。

关键词：马克思主义　社会主义革命　社会主义建设

**3177**

**十六大以来思想政治教育新进展研究** / 张瑞芬著 ; 刘建军指导. -- 中国人民大学, 2009. -- 202 页

论文采用理论分析和实证研究方法，对十六大以来思想政治教育新进展进行研究。论文共分六章。第一章导论，对十六大以来思想政治教育新进展的重要意义和十六大以来思想政治教育新进展的研究现状进行阐述，并指明论文的主要内容、研究方法、研究的重点难点以及创新之处；第二章思想政治教育指导思想的与时俱进，阐述科学发展观提出的背景及科学内涵，科学发展观包含着丰富的思想政治教育，作为马克思主义中国化的最新理论成果，从宏观上为思想政治教育提供着方向指引，从中观上为思想政治教育提供着理论指导，从微观上为思想政治教育提供着直接指示；第三章思想政治教育任务的重新定位，阐述思想政治教育的地位作用，并进行任务定位，并重新确定思想政治教育建设全面小康社会、推动科学发展以及促进社会和谐的新定位；第四章思想政治教育内容的全面刷新，思想政治教育必须始终着眼于坚持和巩固马克思主义在我国意识形态领域的指导地位，必须坚持用中国特色社会主义共同理想凝聚力量，引导

人们坚定不移地走中国特色社会主义道路,必须在全社会大力弘扬和培育以爱国主义为核心的民族精神和以改革创新为核心的时代精神,以鼓舞人们的斗志;第五章思想政治教育原则的充实发展,提出“以人为本”的原则、“三贴近”原则和“尊重差异、包容多样”的原则。“以人为本”是科学发展观的核心和本质,“三贴近”原则是改进和加强思想政治教育的重要突破口,“尊重差异,包容多样”原则是思想政治政治教育必须坚持的原则;第六章思想政治教育思路的探索求新,不断发展变化的思想政治教育、任务、内容,必然要求积极开辟新途径、探索新方法。

关键词:思想政治教育　中国共产党

**3178**

**和谐社会构建中的社会主义意识形态建设研究** / 张艳新著 ; 郑永廷指导. -- 中山大学, 2009. -- 166 页

论文以和谐社会构建中的社会主义意识形态建设为研究对象,阐明和谐社会的基本概念,指出加强社会主义意识形态建设的重要性和必然性,在此基础上,重点分析我国社会主义意识形态建设面临的挑战与考验,并提出应对策略。全文包括导言和正文两部分。导言部分主要介绍问题的提出与研究的意义,和谐社会构建中的意识形态建设研究综述,以及研究的基本思路和方法等内容。正文部分包括五章内容。第一章“社会主义和谐社会与意识形态建设概述”。分别对和谐社会和意识形态进行多维解读和理论阐释,并指出意识形态建设在构建和谐社会中的重大作用。第二章“社会转型与社会主义意识形态创新的历史机遇”。指出社会转型是中国现代化的新进程,分析社会转型与意识形态创新的双向互动,并提出社会转型时期社会主义意识形态创新的实现路径。第三章“多元文化激荡与社会主义意识形态主导性的时代课题”。首先阐述改革开放进程中多元文化激荡问题的凸显及其主要表现;随后分析多元文化激荡对我国社会主义意识形态主导性的挑战和影响;最后提出多元文化激荡下坚持社会主义意识形态主导性的对策。第四章“利益分化与社会主义意识形态整合的新课题”。首先指出当前我国利益分化问题的凸显及其价值体现;随后考察思潮迭起中发挥社会主义意识形态整合功能面临的新课题,并梳理利益与思潮多样化背景下发挥社会主义意识形态整合功能的思路。第五章“和谐社会构建中社会主义意识形态建设的发展”。依次探究和谐社会构建中社会主义意识形态理论的发展、领域的发展及功能的发展。

关键词:社会主义建设　社会意识形态　和谐

**3179**

**流动与犯罪:转型期中国农民流动的社会秩序研究** / 张勇濂著 ; 秦在东指导. -- 华中师范大学, 2009. -- 191 页

论文采取实证分析的研究方法,以马克思主义的基本原理和方法论为指导,对转型期中国农民从“流动”到“打工”,再到“犯罪”的过程做出实证性的考察和分析。全文共分七个部分。第一部分导论,揭示研究问题的缘起,对国内外学者对农民工犯罪及其相关问题的研究进行综合论述,指出论文的创新之处、研究方法和技术路线,并对核心概念进行界定;第二部分回顾历代中国农民流动的状况与流动的背景,讨论改革开放后中国农民的流动由限制到放开的政策过程,指出这种城乡壁垒的松动不仅促使农民的流动,同时也为农民在流动中可能会引发的社会问题——犯罪创造条件;第三部分在经典理论作家和国内外学者对农民流动动因分析的基础上提出自己的见解,认为中国转型期农民的流动是社会结构调整、社会变革、个人因素等综合作用推动的结果;第四部分对转型期中国流动农民犯罪进行实证调查,以北京市、广州市、郑州市为例,分析农民工犯罪的状况及特点,阐述转型期中国农民的流动性和犯罪的关系,指出转型期中国农民工犯罪的总体特征;第五部分分析农民流动进城后的犯罪既有历史遗留的制度性因素,同时更是不同环境下的文化冲突造成的,这种文化的冲突是农民进城后的流民意识与主文化的冲突;第六部分提出对农民工犯罪的控制是减少农民流动、改革城乡二元体制、构建农民工社会支持体系;第七部分构建转型期中国农民工的思想状况及思想政治教育策略体系,加强农民工思想政治教育工作。

关键词:农民　劳动力转移　思想政治教育

**3180**

**马克思社会批判理论及其当代价值** / 张振鹏著 ; 李士菊指导. -- 河北师范大学, 2009. -- 246 页

论文采取辩证唯物主义和历史唯物主义的世界观和方法论为指导,采取历史与逻辑辩证统一的方法、理论与实际相结合的方法和跨学科分析的方法,对马克思社会批判理论及当代价值进行全面、系统的阐释。全文共分六个部分。第一部分绪论论及选题

的理论与现实意义、国内外研究现状、研究方法和概念厘定；第二部分阐述马克思社会批判理论的形成和发展，马克思社会批判理论有自己形成发展的基本历程，马克思社会批判理论诞生于富含批判精神的时代和国度；第三部分阐释马克思社会批判理论的基本内涵，马克思对资本主义社会的意识形态、经济基础、政治制度、社会理论和人的生存状态展开批判，形成一个较为系统的理论整体，实现对社会批判理论内涵的基本建构；第四部分论证马克思社会批判理论的基本特征和方法，揭示马克思社会批判理论的五个基本特征：彻底性、价值性、实践性、整体性和开放性，介绍马克思社会批判理论的五个基本方法：理性批判、异化批判、辩证批判、实践批判和自我批判；第五部分论及西方马克思主义社会批判理论对马克思社会批判理论的发展和背离，马克思社会批判理论中的理论构成几乎都遭受到西方马克思主义社会批判理论的指责和诟病，主要集中于社会历史决定论、社会历史观、社会历史理论构成等几个方面；第六部分探讨马克思社会批判理论的当代价值，在马克思社会批判理论的视域下，当代资本主义社会的新变化、资本主义的局部调整并不能保证它彻底地进步，而资本主义的进步不可能消解它的根本的矛盾，当代资本主义的新变化证明它向社会主义过渡的长期性和曲折性；在马克思社会批判理论的视域下，社会主义革命获得其独特的认知效应，马克思社会批判理论的时代拓展使得社会主义建设进程的改革和发展等重大课题获得新的认识，马克思社会批判理论在人类社会共同面临的问题和挑战上彰显时代价值。

关键词：马克思　社会批判论　马克思主义

**3181**

**马克思主义思想政治教育理论中国化探析** / 赵化刚著 ; 武东生指导. -- 南开大学, 2009. -- 177 页

论文采取理论分析和逻辑分析的研究方法，对马克思主义思想政治教育理论的中国化进行探析。全文共分七个部分。第一部分导论，主要说明马克思主义思想政治教育理论中国化的研究意义、研究现状、创新之处与不足、研究思路及研究方法；第二部分从总体上揭示马克思主义思想政治教育理论中国化的形成不可缺少的三个基础，马克思、恩格斯、列宁、斯大林所创立的思想政治教育基本理论，为马克思主义思想政治教育理论中国化提供基本的指导，是马克思主义思想政治教育理论中国化的理论基础；第三部分从动态的纵剖面对马克思主义思想政治教育理论中国化进行考察，梳理马克思主义思想政治教育理论在中国 80 多年的演化历史过程；第四部分、第五部分和第六部分分别论述马克思主义思想政治教育目标理论中国化、马克思主义思想政治教育内容理论中国化和马克思主义思想政治教育原则方法理论中国化，分别从目标、内容、原则方法等构成要素横断面的解剖，对马克思主义思想政治教育理论中国化是“如何化的”进行破解，这一问题的解答，也是通过探寻马克思主义思想政治教育理论中国化构成要素的理论基础、实践基础和文化根基来完成的；第七部分结语，论述马克思主义思想政治教育理论中国化的发展趋向，包括实践特色趋向、民族特色趋向和时代特色趋向。

关键词：马克思主义　思想政治教育　教育理论

**3182**

**论德育的社会心理环境** / 周宏著 ; 邱柏生指导. -- 复旦大学, 2009. -- 111 页

论文采用理论构建与实例分析相结合的研究方法，剖析诸种社会心理环境要素之间以及其与意识形态之间的关系，并对社会心理环境要素的特殊形式——政治时尚进行独立的分析。全文共分五个部分。第一部分引言，提出论文的研究问题、研究思路、基本内容，并对相关研究进行了综合论述；第二部分对影响德育的社会心理环境要素进行分析，包括社会心态、社会时尚、社会舆论和社会思潮，分别对它们的内涵进行界定，并对其特点、功能、样态、形成模式进行学理分析；第三部分以稳定性和层次性两种视角切入到对社会心理环境的总体特征的分析，在此基础上，剖析诸种社会心理环境要素之间以及其与意识形态之间的关系；第四部分对社会心理环境对德育的影响进行分析，包括社会心态对德育效果的正面影响和负面影响，并对其进行综合评价，社会时尚对德育的正负方面的影响，社会舆论对德育的积极和消极影响，以及社会思潮对德育的影响与冲击的积极和消极影响；第五部分分析德育对社会心态、社会时尚、社会舆论、社会思潮的影响，并提出德育对社会心理环境的调控策略：通过德育调控社会心态，引领有利于德育开展的社会时尚与政治时尚，发挥社会舆论对社会心理环境的优化功能，整合群体心理的连锁影响，引领社会思潮。

关键词：德育　社会心理　社会环境

3183

**历史主体的建构:马克思主义农民理论中国化研究(1921—1949)** / 周建伟著 ; 陈金龙指导. -- 华南师范大学, 2009. -- 275 页

论文采取历史分析的研究方法,从主体建构的视域出发,对中国化马克思主义农民理论逻辑建构进行探讨和总结,对马克思主义中国化的揭示模式进行反思和探索。全文共分六个部分。第一部分绪论,简要交代论文的研究意义和总体思路,对当前党的农民理论的研究进展进行介绍,对主体建构、话语分析等核心词汇进行界定,并扼要介绍论文的研究方法;第二部分对马克思、恩格斯、列宁的农民观进行简要概括,分析1921—1936年间党的农民话语的演变情况和中国社会史论对党的农民话语演变的作用;第三部分阐述延安时期党的农民话语发展和成熟的情况,分析毛泽东“严重的问题是教育农民”这一著名论断的产生背景、话语逻辑及理论蕴含,并对党的农民话语的演变过程进行分析总结;第四部分讨论农民主体地位建构与中国民族—国家建构之间的复杂关系;第五部分讨论毛泽东等领导人对中国农村社会阶级结构的认识、阶级划分方法的演进,以及农民主体地位和革命性的认识和塑造,分析阶级话语在村庄的实践及阶级建构的微观过程;第六部分探讨马克思主义农民理论中国化的路径、特征、成效及其存在的内在紧张,并对如何继续推进中国化马克思主义农民理论的发展提出看法,同时结合马克思主义农民理论中国化的历程,对马克思主义中国化的解释模式进行梳理和反思。

关键词:马克思主义　农民　主体

3184

**中共对历史方位的认知与党建理论创新** / 周善红著 ; 王炳林指导. -- 北京师范大学, 2009. -- 152 页

论文以中共对历史方位的认知与党建理论创新为研究对象,时间跨度包括从党成立到党的十七大之前,将党对历史方位的认知与党建理论创新的关系分为三个阶段,揭示科学判断党的历史方位对于推进党的建设具有重大意义,为思考党成立以来的党建理论的创新问题提供一个新的角度。全文包括导论和正文两部分。导论部分主要介绍选题的缘由和意义、论题概念的理论分析、选题研究现状和思路等内容。正文部分包括三章。第一章阐述革命时期党对历史方位的认知与中国特色革命党建设理论的发展。中国共产党从其在中国社会中担当的角色来看是一个为夺取政权而奋斗的革命党;从其所处的国际国内环境来看,在国际上是处在帝国主义和无产阶级革命的时代;在国内是处于半殖民地半封建社会。在这种特定的背景下,形成以着重从思想上建设党为主要特点的中国特色的革命党建设理论——毛泽东建党思想。第二章探究建国以后党对历史方位认知的艰辛探索与执政党建设理论的曲折演进。从新中国成立到十一届三中全会召开前的执政时期,刚刚获得执政地位的中国共产党对所处的国内外环境和执政党的角色及其二者关系作了有益的探索,但是由于党对共产党执政规律缺乏理性认识,党对所处的国内外环境和执政党的角色的认识彻底陷入了迷途,执政党建设理论自然也走上错误的轨道,留下深刻的历史教训。第三章考察改革开放以来党对历史方位认知的逐步深入与执政党建设理论的形成和发展。此时期,党为使自己能够担负起领导推进中国特色社会主义的历史重任,对自己所处的历史方位进行深入探索,并最终做出正确判断,在此基础上推进执政党建设理论的发展,先后形成邓小平党建理论、“三个代表”重要思想党建理论和党的先进性建设等思想,为推进新时期党建新的伟大工程提供重要理论指导。

关键词:中国共产党　党的建设　创新

3185

**美是道德善的象征:文学道德教化论** / 周双丽著 ; 高国希指导. -- 复旦大学, 2009. -- 177 页

论文采取理论研究与实证分析相结合的研究方法,针对文学形式与道德精神二者本质的相关性,以道德化为主要研究对象,以文学的视角为参照,对文学形式和道德精神二者的内涵与互动性方面深入展开对道德教化和文学价值进行思考与研究。全文共分七个部分。第一部分前言,说明论文的研究缘起、研究现状、研究重点和研究方法;第二部分对道德、教化、文学的含义和本质进行探析,并对它们的途径和载体进行阐述,论述文学的本质与其道德教化的传统;第三部分就文学道德教化实施路径、具体表征等出发,系统分析文学本源性与道德教化之间的内在联系;第四部分针对文学道德教化的实质与内涵进一步展开较为详细、透辟的理论剖析;第五部分结合中西思想史与文学创作史,系统地分析文学道德教化的文化基础与价值基础,探讨如何运用道德教化的理论来分析和评价文学的内在价值,同时也在实践应用层面进一步揭示出文学道德教化的深刻内涵;第六部分试

图将审美本源性和道德本源性的探讨直接联系起来，通过对美与善二者的联系与区别进行学理的分析和说明，深入文学道德教化的有机联系；第七部分是文学道德教化的目的论的思考，将结合当前伦理道德现状与文学创作负面影响，再次强调文学为社会道德建设应当承担应有的责任提供思想依据，也对作家的价值取向形成基本的美学规定。

关键词：品德教育　文学思想

3186

**德育的道德合理性研究** / 朱飞著 ; 李萍指导. -- 中山大学, 2009. -- 167 页

论文以德育的道德合理性为研究对象，指出德育在教育领域中的重要作用，分析德育的道德合理性存在的问题，并探究寻求还原自身道德合理性的路径。全文包括引言和正文两部分。引言部分主要介绍德育的道德合理性问题的呈现，德育的道德合理性问题研究的现状，核心范畴的界定及研究思路等内容。正文部分共包括五章。第一章论述德育的道德价值与危机。依次阐明德育的道德价值和价值危机，并指出德育的道德不合理性存在的根源。第二章探究何谓德育的道德合理性。首先简述道德合理性视阈下合理性的内涵；然后分析教育和道德的价值共契；最后分别阐述道德论域下和教育论域下合理性的价值取向。第三章考察德育的道德合理性的价值依据。首先探求人的生存与发展，即德育的价值本原；然后探究理性自觉，即德育方法论的价值要求；最后考察德育的价值皈依。第四章论述德育的道德合理性向度。依次考察德育的生命价值向度、关系价值向度及主体性价值向度。第五章是对德育的还原，即道德合理性的归位。德育寻求还原自身道德合理性的路径，必须关注人的生命发展，关注生命个体的现实生活，赋予个体以生命的自由，尊重生命的个性；以交往对话作为教育关系的基本存在形式；并以培养学生的道德个性、主体性为目标，以实现德育的民主和自由精神。

关键词：德育　道德　合理性

# 国外马克思主义研究

3187

**凯·尼尔森激进平等主义正义观研究** / 傅强著 ; 黄继锋指导. -- 中国人民大学, 2009. -- 145 页

论文对凯·尼尔森的激进平等主义正义观进行分析研究。全文共分五章。首先导论分析论文的研究意义，介绍国内外的研究动态，最后阐述论文的研究构想。第一章分析尼尔森激进平等主义的产生与研究方法，首先分析激进平等主义产生的历史背景，介绍何谓当代资产阶级正义论无法解决的问题，并梳理左翼运动与左翼理论在当代加拿大的发展历程，随后介绍尼尔森的主要研究方法，包括马克思主义阶级分析方法以及广义反思平衡方法。第二章介绍尼尔森对马克思主义正义观的梳理和阐释，具体包括尼尔森对马克思恩格斯正义观的梳理与阐释以及尼尔森对列宁正义观的梳理与阐释。第三章阐述尼尔森关于激进平等主义的基本主张，首先分析激进平等主义的核心内容，包括激进平等主义的四个争议观念与两个正义原则，随后对平等可实现性问题进行分析，具体进行实现平等的成本分析、实现平等的可能性分析，并介绍尼尔森平等可实现性论证的得失，最后探讨作为目标的平等与作为权利的平等，归纳尼尔森“目标权利统一论”的相关启示。第四章探讨尼尔森在批判借鉴中的补充激进平等主义，首先介绍对应得正义观的批判借鉴，指出应得观的三种类型，随后探讨对“古典平等主义”的批判借鉴，分析“古典平等主义”与新式平等主义的关联，接着阐述对精英主义的批判借鉴，介绍精英主义的理论旨趣，并对精英主义社会的图景进行勾勒，最后为对诺奇克权利正义论的批判借鉴，概述诺奇克权利正义论的相关内容。第五章介绍尼尔森对激进平等主义的结论性阐释，指出激进平等主义的正义目标，分析激进平等主义强调平等与自由的相融性问题，同时探讨实现激进平等主义社会的依靠力量和策略。

关键词：尼尔森（Nielsen, Kai）　西方马克思主义　平等观

3188

**卢卡奇社会存在总体思想研究** / 彭德林著 ; 俞吾金指导. -- 复旦大学, 2009. -- 134 页

论文对卢卡奇社会存在总体思想进行分析研究。全文共分五章。首先导论分析卢卡奇社会存在总体思想研究的意义，对相关文献进行综述，指出论文的新思路与新观点，同时阐述论文的研究方法。第一章介绍卢卡奇社会存在总体思想的理论渊源，包括黑格尔的精神总体与马克思的现实生产关系总体——与拜物教在资本主义商品生产的普遍性、特殊性和个别

性上的对立。第二章分析《历史与阶级意识》的社会存在总体思想，首先探究以没有变为商品的人的灵魂本质为基础的社会存在总体的普遍性、特殊性与个别性的关系，随后介绍阶级意识的可能性和现实性，即抽象的社会存在总体的个别性。第三章阐述《关于社会存在的本体论》的社会存在总体思想，首先探讨以社会和自然的并列关系为基础的社会存在总体的抽象普遍性，随后分析人的生物学意义的肉体再生产是社会存在的基础——虚假的社会存在总体特殊性，接着分析社会存在整体及局部整体对个别劳动目的论设定的规定，主要研究抽象的社会存在总体特殊性与个别的矛盾运动，最后研究抽象的个人与意识，即非现实的个别性问题。第四章阐述卢卡奇社会存在总体思想的总体评价，首先梳理卢卡奇社会存在总体思想发展的逻辑进程，并在此基础上指出卢卡奇社会存在总体思想的内在矛盾与错误，最后分析卢卡奇社会存在总体思想的贡献作用。第五章分析卢卡奇社会存在总体思想的影响，具体分为阿多尔诺的社会存在总体思想、科西克的社会存在总体思想以及詹姆逊的社会存在总体思想。

关键词：卢卡奇（Lukacs，Gyorgg） 哲学思想 社会存在 思想评论

**3189**

**西方新马克思主义的消费社会理论研究** / 闫方洁著 ; 黄继锋指导. -- 中国人民大学, 2009. -- 180 页

论文对西方新马克思主义的消费社会理论进行分析研究。全文共分五章。首先导论分析论文的理论与实际意义，介绍目前主要的研究状况，阐述论文的研究框架与创新之处，同时指出论文的研究方法。第一章分析西方新马克思主义消费社会理论的话语来源，分别对马克思恩格斯的消费、异化与意识形态理论、早期西方马克思主义的文化批判理论以及西方的符号学理论进行概述。第二章探讨法兰克福学派与异化境况中的消费社会，首先介绍阿多诺对消费社会大众文化的批判，分析文化工业的商品化生产，研究大众文化的同一性问题，并指出大众文化的意识形态功能，随后分析马尔库塞对“单向度”消费社会的批判，分析虚假需求及消费社会的欺骗性，最后介绍弗洛姆对异化消费的批判，阐述异化消费的与特征与危害，同时研究现代反思中消费社会理论的构建。第三章探讨列斐伏尔与“消费受控制的官僚社会”，首先指出列斐伏尔消费社会批判的基点，介绍关于新资本主义社会性质的争论，随后分析“消费受控制的官僚社会”的仪式形态批判，主要介绍消费社会中的“次体系”及其统治，接着介绍“消费受控制的官僚社会”的符号拜物教批判，指出语言异化的具体表现，分析语言技术的恐怖主义统治，从而引出对日常生活语境中消费社会理论的转向问题的研究。第四章介绍鲍德里亚与符号世界中的消费社会，探讨消费社会的本质与深层逻辑问题，最后对消费社会意识形态的符号学进行解码。第五章探讨西方新马克思主义消费社会理论与中国语境，分析西方新马克思主义消费社会理论的演变轨迹。

关键词：西方马克思主义 消费理论 异化

# 马克思主义发展史

**3190**

**恩格斯晚年社会发展理论研究** / 常艳著 ; 张新指导. -- 中国人民大学, 2009. -- 139 页

论文对恩格斯晚年的社会发展理论进行分析研究。全文共分五章。首先导论介绍选题的缘起，分析研究课题的意义，概述选题的前沿动态以及论文的创新之处，同时指出论文的逻辑思路与主要内容，最后阐明研究的方法。第一章对恩格斯社会发展理论进行系统梳理，分别从恩格斯社会发展思想的萌芽、形成、系统化等角度展开研究，并介绍恩格斯晚年的社会发展思想。第二章阐述社会发展方式论，首先介绍社会发展的规律性与主体选择性的统一，指出社会主义必然取代资本主义是社会发展的规律，而主体在必然性的条件前提下可以对社会发展方式进行选择，随后分析恩格斯晚年关于社会发展方式的主要观点，包括要重视渐进式发展、要辩证对待两种发展方式以及无产阶级对发展方式的选择要根据条件而改变，最后分析历史与现实中的争论及辨正，指出争论的核心在于无产阶级选择何种社会发展方式，并通过对《导言》与《爱尔福特纲领批判》中的论据的辨证，得出恩格斯晚年并未否定爆发式飞跃的发展方式。第三章分析社会发展道路论，阐述恩格斯晚年对社会发展道路一般规律的补充与完善，随后介绍恩格斯晚年关于俄国社会发展道路的基本思想以及恩格斯与马克思关于俄国社会发展道路思想的比较，指出其中的一致性与区别之处。第四章阐述社会发展动力论，指出生产力

和生产关系的基本矛盾、经济基础与上层建筑的基本矛盾是社会发展的基本动力，而生产力在社会发展中的作用以及科学技术在社会发展中的作用是社会发展的根本动力，同时强调社会发展的总动力论为精神因素在社会发展中的作用以及人民群众在社会发展中的作用。第五章分析社会发展目标论，指出共产主义的实现是社会发展的必然，并介绍恩格斯晚年对共产主义社会的科学预测。

关键词：恩格斯　社会发展　历史唯物主义

# 教育学

## 教育学原理

**3191**

**我国公立高等学校的公共性问题研究** / 蔡海龙著 ; 劳凯声指导. -- 北京师范大学, 2009. -- 130 页

论文研究的对象为我国公立高等学校的公共性问题。全文共分为四章。第一章绪论,介绍新自由主义思潮下的教育市场化改革以及我国高等学校的公共性问题,提出论文研究的方向;总结相关研究现状与文献综述;提出研究的相关概念,包括公立高等学校、公共性与高等学校公共性、国家公共性、社会公共性、制度变迁;提出研究的基本理论工具、主要研究方法和研究思路。第二章,公共性与教育。首先介绍公共观念的起源、多维语境下的公共性以及公共性的概念与基本内涵;提出公共性变迁及其两种不同的类型,一是国家公共性,二是社会公共性;介绍公共性与现代教育,内容包括公共教育理论的产生、民族国家的兴起与公共教育体制的建立、现代教育的公共性及其后果。第三章,教育体制改革中的高等学校公共性问题。首先介绍计划经济体制与高等学校公共性问题的确立,探讨对旧中国高等学校的接管和改造问题、计划经济体制的建立及其在高等教育领域的复制、高等学校公共性的建立;提出教育体制改革与高等学校公共性的分裂问题,分析教育体制改革的宏观背景、80 年代的教育改革与高等学校公共性的松动、90 年代的教育改革与高等学校公共性的分裂;探讨国家逻辑与市场逻辑下的高等学校公共性危机,提出放松规制与高等学校自主权的权利失控,重新规制与高等学校自主权的过度干预,并分析高等学校公共性的两难选择。第四章,高等教育的重新定位与高等学校公共性的重构。介绍教育变革的社会背景、变革社会中高等教育的重新定位、重构高等学校的公共性及其法律保障机制。

关键词:高等学校　教育体制改革　办学形式

**3192**

**媒介批评之路:文化研究取向的媒介素养教育研究** / 李凡卓著 ; 檀传宝指导. -- 北京师范大学, 2009. -- 109 页

论文以文化研究取向的批评为逻辑起点,沿着价值取向与实践取向两种向度的构建方式,从文化立场、教育目的、教学内容、教学模式四个维度构建媒介素养教育理论,以实现文化研究取向的媒介素养教育理论构建。全文共分为五部分。导论部分主要厘定媒介素养教育的内涵,指出当前媒介素养教育研究存在的问题,在此基础上提出媒介素养教育文化转向的构想并阐明研究的理论基础与思路框架。第一章主要探讨媒介素养教育的文化立场,提出论文所要建构的媒介素养教育理论的核心。第二章主要探讨媒介素养教育的目的。论文认为媒介素养教育要培养理想人的社会角色是现代媒介社会的公民,媒介素养教育的目的是培养拥有文化研究取向的批评能力,从而可以过优质的媒介文化生活,进而可以积极并有效地介入和干预社会公共事务的现代媒介社会公民。第三章主要探讨媒介素养教育内容,结合文化研究理论对媒介、文化、文本这三个层面的批评理论与媒介素养教育的实践案例,对这三个层面的媒介素养教育进行描述。第四章主要探讨媒介素养教育的教学模式,最后提出论文的主要结论。

关键词:传播媒介　素质教育　文化研究

**3193**

**初中数学"实践与综合应用"领域课程研究** / 李清著 ; 史宁中指导. -- 东北师范大学, 2009. -- 142 页

论文立足我国当前初中实践与综合应用课程实施的实际,运用问卷调查、测试、深度访谈、座谈、内容分析法与统计分析法,对初中数学实践与综合应用领域课程展开研究。全文共分为七章。第一章导论,介绍研究背景、研究问题、研究框架以及研究的意义。第二章,文献综述,介绍相关的课程理论、初中数学实践与综合应用领域课程的研究现状。第三章,研究过程与设计。介绍研究的过程安排,研究的设计思路,

包括研究样本的选取、研究问卷调查与测试的设计以及数据的整理和分析。第四章,初中数学实践与综合应用领域课程设置的必要性。首先通过问卷调查与访谈结果分析提出课程的认同度;介绍课程的实施效果,包括对数学学习的认识、提出问题的能力、数学推理的能力、数学应用的能力几个方面;提出初中数学实践与综合应用领域课程设置的必要性。第五章,初中数学实践与综合应用领域课程的实施现状。一是介绍初中数学实践与综合应用领域课程实施现状,包括教师与学生对初中数学实践与综合应用领域课程的认知情况、初中数学实践与综合应用领域课程的教学情况、教材中的课程设计情况;二是教师与学生在课程实施中面临的困难及其原因的提出和讨论。第六章,初中数学实践与综合应用课程实施对策。提出评价对策、资源开发对策、课程目标对策、课程组织对策和其他对策的情况。第七章,研究的结论、研究建议和研究反思。

关键词:初中　数学课　教学研究

3194

**底层家长与学校教育关系之解构与重建** / 林玲著 ; 郑新蓉指导. -- 北京师范大学, 2009. -- 117 页

论文的研究对象为底层家长与学校教育关系之结构与重建,以新的视角来检视、反思底层家长与学校教育之间的关系,建立起互动新模式。全文共分为七章。第一章,导言。介绍研究问题的提出、研究框架、研究意义。第二章,文献综述。一是教育研究中对底层学生家庭背景的关注,包括家庭阶层背景与学生的学业表现、家庭阶层背景与学生的学习过程;二是底层家长与学校关系的相关研究,包括有关家校合作的研究、底层家长与学校合作关系的研究。第三章,研究设计。首先对研究相关概念界定并解释,包括底层家长、家校关系、社会迷思以及能动性;提出研究的方法论和研究方法,包括文献分析法、个案分析法以及访谈法。第四章,底层家长遭遇的社会迷思。一是分析美满的家庭和理想的家长,分析幸福家庭、好父母的形象,理想家庭的意象的解构;二是探讨家校的合作,包括家校关系的发展与演变、家校合作概念的解构、家校关系中底层家长的境遇;三是探讨"万般皆下品,唯有读书高",讨论教育的社会流动功能、教育的再生产以及我国的教育状况;最后分析迷思的合法性与强制性。第五章,底层家长的教育实践。以六个故事介绍劳动爸爸、妈妈的样子,并对故事作出不同角度的解读,最后提出未被书写的能动性。第六章,底层家长与学校,教育关系的改变之道。介绍和讨论底层家长与学校互动的状况,结构层面的改造以及个人行动层面的转变。第七章为论文结语。

关键词:学校教育　家庭教育　家长

3195

**家庭文化资本与农民工子女成就动机内驱力** / 林宇著 ; 檀传宝指导. -- 北京师范大学, 2009. -- 169 页

论文以文化资本理论和内驱力理论等相关理论为指导,采用思辨和实证相结合的方法,研究家庭文化资本与农民工子女成就动机内驱力。全文共分为六章。绪论部分介绍论文研究的缘起与研究价值,农民工、农民工子女、文化资本、家庭文化资本、成就动力内驱力等相关概念的界定,关于农民工子女问题研究的文献综述,论文研究的基本假设、写作思路和研究方法。第一章,研究的理论基础。一是文化资本理论,包括文化资本的基本形态、文化资本的符号暴力、文化资本与文化的再生产、文化资本与区隔;二是成就动机及内驱力理论;三是需要理论,包括马斯洛需要层次理论、需要层次理论的发展;四是突变理论,包括突变理论与质量互变规律、突变理论与文化资本再生产建模。第二章,农民工子女成就动机内驱力的实证分析。提出农民工子女学习成绩与内驱力存在高度正相关,农民工子女成就动机内驱力的量化分析,并进行测量总结。第三章,家庭文化资本与农民工子女认知内驱力。结合农民工子女成就动机认知内驱力存在的具体问题,探讨家庭文化资本影响农民工子女认知内驱力的机制和原因。第四章,家庭文化资本与农民工子女自我提高内驱力。结合农民工子女成就动机自我提高内驱力存在的问题,提出家庭文化资本影响农民工子女自我提高内驱力的机制,家庭文化资本影响农民工子女自我提高内驱力的原因。第五章,家庭文化资本与农民工子女附属内驱力。探讨农民工子女成就动机附属内驱力存在的问题,提出家庭文化资本影响农民工子女附属内驱力的机制,家庭文化资本影响农民工子女附属内驱力的原因。第六章,从家庭文化资本角度完善农民工子女成就动机内驱力的措施。

关键词:农民工　普及教育　家庭文化

3196

**教学理论建设的方法论比较** / 路书红著 ; 徐继存指导. -- 山东师范大学, 2009. -- 192 页

论文对教学理论展开研究,对教学理论建设的方法论进行比较研究。全文共分为七章。导论部分介绍论文问题的提出、选题意义、文献综述、研究方法和研究的基本框架。第一章,教学理论释义。介绍理论的内涵与特征、教学理论的基本理解。第二章,教学理论的意识形态化及其批判。一是意识形态与教学理论的理解和研究;二是教学理论意识形态化的表征,介绍国家主义式的方法论,政令、政策解读式的研究取向,政治化的剪裁标准;三是探讨教学理论的意识形态化影响。第三章,教学理论的科学化及其影响。首先介绍教学理论的科学基础,接着介绍教学理论科学化的表征,并探讨教学理论科学化的影响。第四章,教学理论的经验分析取向及其意义。介绍经验分析的涵义,教学理论经验分析取向的特征以及教学理论经验分析取向的影响。第五章,教学理论的"体系化"追求及其分析。首先分析教学理论体系与教学理论的"体系化";二是探讨教学理论"体系化"追求的表征,包括关注概念的逻辑推演,强调演绎、思辨,热衷体系构建;三是提出教学理论体系化追求的影响,探讨教学理论概括水平和解释力提高,教学理论宏达叙事,教学理论自主性受损。第六章,改革开放以来我国教学理论研究的问题与讨论,介绍其发展历程、现状和相关问题的讨论结果。第七章,关于我国教学理论建设的方法论思考。提出应强化问题意识,追求理论的自主性,倡导方法多元,加强理论论证。最后为论文结语。

关键词:教学理论　方法论　意识形态

**3197**

**教师教育发展困境的制度研究:个人教育选择视域** / 马艳芬著 ; 曲铁华指导. -- 东北师范大学, 2009. -- 172 页

论文从个人需求入手,以教育选择为手段,用制度分析寻求教师教育发展困境的解决,为摆脱困境寻求研究视角上的方法。全文共分为五章。第一章从研究的奠基性工作入手,对于与研究相关的基本概念与伦理进行阐释与解读,并在此基础上形成研究的方向定位。第二章是研究思路的构建,提出人力资本视域下个人教育选择的内在逻辑——效益优化。通过人力资本理论的介入,对教育及教育选择进行全新的诠释与解读。提出教育不仅是一种消费行为和服务,还具备经济价值和生产功能,对个体而言,是其知识、技能、身体素养等提升的途径,并能通过货币收入的提升转换为经济收益。第三章是对教师教育发展困境的描述以及个体教师教育选择效益的探寻。研究首先通过现状的描述对于当前个体教师教育选择意愿的状况进行呈现,并认为人们对教师教育的选择意愿孱弱,接着又通过教师教育选择的投入与产出项目的分析,得出教师教育选择的效益具有局限性,为教师教育选择意愿的孱弱进行合理的解释,也为研究的进一步开展指明方向。第四章对于教师教育选择效益低下的成因进行探寻和挖掘,主要从教育制度的变迁、教育制度的缺失、教育制度的低效三个维度对教育制度进行分析和探求。第五章提出对教师教育发展困境的尝试性解困措施,并得出研究结论。

关键词:教师教育　教育制度　行为选择

**3198**

**信息技术环境下中小学教师教学设计能力研究** / 齐媛著 ; 何克抗指导. -- 东北师范大学, 2009. -- 123 页

论文研究信息技术环境下中小学教师教学设计能力,针对问题一是概念界定不清、行为研究与认知研究脱节等理论上的问题,二是尚未开发出可以对教师教学能力进行科学测评的工具。全文共分为六章。第一章引言,介绍研究背景、文献综述与研究方案。第二章,教学设计的概念及其本质。首先介绍设计的本质与属性;接着提出教学与教学交往,包括教学本质研究的理论基础、教学的本质、信息技术环境下的教学及其交往特征;三是提出教师的教学设计,包括教学设计与教师内涵、教师需要考虑的内部因素与外部因素、教学设计的过程、信息技术对教学设计的影响。第三章,教师教学设计能力框架。探讨教师教学设计能力、教师教学设计能力研究取向、教师教学设计能力模型的初步构建、教师教学设计能力模型的验证与修订。第四章,教师教学设计能力的发展模式。一是提出教师教学设计能力发展的基本取向,包括基本取向及三种取向对教师教学设计能力的启示;二是提出教师教学设计能力的发展,包括教师教学设计知识的发展和教师教学设计技能的发展;三是提出信息技术环境下的教师教学设计能力发展,包括信息技术环境与教师能力发展内涵,以及信息技术对教师教学设计能力发展的支持。第五章,促进教师教学设计能力发展的实践研究——跨越式试验个案。提出跨越式试验概况、跨域式试验发展教师教学设计能力的主要举措,并对跨越式试验促进教师教学设计能力发展的效果进行分析。第六章为论文的结论与展望。

关键词:教师　教学设计　信息技术

3199

**教育知识的性质研究** / 任永泽著 ; 邬志辉指导. -- 东北师范大学, 2009. -- 119 页

论文在对教育知识的发展、界定模式进行反思的基础上,讨论教育知识与教育经验、教育目的、教育对象之间的关系,对教育知识的性质展开研究。全文共分为六章。导论部分介绍论文问题的提出、研究的现状、研究的意义、研究的思路与方法、研究的问题的阐释以及论文的结构。第一章,教育知识的历史考察与概念的重新界定。介绍教育知识的发展演进与历史深思、教育知识的几种界定模式、教育知识的的重新概念化、教育知识性质的内涵及其规定。第二章,教育知识性质的对象规定性。提出人是教育知识的出发点和归宿,儿童观的差异与教育知识的生产;分析现代社会需要什么样的儿童观,并确定对象规定下教育知识的性质。第三章,教育知识性质的意象规定性。探讨教育价值观的差异与教育知识的生活内涵、应然的教育知识的内涵与特征,以及意向规定下教育知识的人文性与道德性。第四章,教育知识性质的经验规定性。探讨教育知识普适化的危机、教育知识的合法化过程,分析教育理论者应如何生产知识,并对教育实践工作者应该如何看待自己的教育知识相关问题展开讨论,提出经验规定性下教育知识的性质。第五章与第六章为教育知识的性质与教师的教育实践的探讨,包括教师的教育实践、教师的智慧实践、教师的生命实践以及教师的人文实践。最后为论文结语。

关键词:教育理论　知识　教育实践

3200

**和谐教育论** / 王秀成著 ; 张全新指导. -- 山东师范大学, 2009. -- 216 页

论文以破立结合的方式,从四个方面整体构建和探讨和谐教育理论。全文共分为六章。引论部分介绍论文选题的缘由和意义,理论研究与实践探索的现状述评,研究的目的、方法和研究创新之处。第一章,和谐教育概念的厘定与历史考察。介绍和谐、和谐教育以及和谐教育相关词的概念和辨析;对和谐教育思想历史进行考察,包括我国和谐教育思想的历史演进、西方和谐教育思想的历史嬗变、中西方和谐教育思想发展比较。第二章,当代教育的价值偏失批判。一是知识论的张扬,包括自然造戕害、技术的宰制、知识论激越;二是个体主义的泛滥,包括虚无主义人生观、怀疑论的人生观、自由主义人生观;三是人的自我整体性的丧失,包括现代生命观等。第三章,和谐教育的哲学基础论证。首先介绍马克思主义关于人的全面发展学说和矛盾论,包括划时代意义的人的发展问题学说、马克思主义的和谐教育思想起源、关于矛盾驱动事物发展的新境界;提出塑造论为构建和谐奠基,介绍由实践论走向塑造论的现代哲学转换、塑造论哲学蕴含的和谐思想及其启迪;探讨系统论现代哲学方法视域下的和谐教育,包括哲学意义上的系统论的表达、教育的系统论特征、教育实施的系统优化。第四章,和谐教育的目的审视。介绍人与人、人与社会、人与自然的和谐,和谐教育目的的表达,和谐教育的旨归探寻。第五章,和谐教育的价值取向。提出东西方文化互通视野下的和谐教育理念,人的和谐教育的三维价值观,和谐教育的社会价值定位。第六部分为和谐教育的筹划与研究结论。

关键词:教育理论　教育思想　和谐教育

3201

**论美好生活与学校教育** / 杨进著 ; 柳海民指导. -- 东北师范大学, 2009. -- 147 页

论文从人性论出发,检视现代学校教育对人的影响,并解读人与人性的原生样态,重申教育应当关涉人的美好生活的问题。全文共分为五章。第一次从教育与人、教育与生活的应然关系入手,提出教育关涉美好生活的论题。回溯历史上众多学者对人性讨论的基础上,将视野投射在现代社会中人的范围汇总,探讨现代学校教育对人性的碎片化、抽象化、断层化、权力化等消极影响,批判教育现实对人性的扭曲,使人们无法实现美好生活。集中阐明人的自然完整性、现实实在性、生长连续性、生存和谐型等属性特征。第二章,首先界定美好、美好生活及直面美好生活的学校教育的内涵,后分别从教育目的、教育价值、教育方式、教育过程、教育结果诸方面分析其特征,并明确指出直面美好生活的学校教育的价值意蕴。第三章检视当前学校教育中学生生活,描绘学生在不得不面对的学校领域中的痛苦生活样态,包括被规定的自我生活设计、被剥夺的积极生活体验、被殖民的当下生活状态、被架空的日常生活智慧。第四章,学校教育缺席美好生活的社会归因检视。介绍现代主义和后现代主义夹攻下对学校教育的冲击、理性教育与非理性教育的双重缺失、日常生活与非日常生活割裂的现状。第五章,学校教育对实现美好生活的三维理性构建。探讨三维的内涵和影响,一是社会之维——

归还教育本质,二是教育之维——倡导专业管理,三是主体之维——践行美好生活。最后为论文结语。

关键词:学校教育　教育理论　人性说

3202

**数学教师教育本科专业课程体系与教学模式统整研究** / 张守波著 ; 史宁中指导. -- 东北师范大学, 2009. -- 173 页

论文采用问卷调查法、文献研究法,探讨数学教师教育本科专业课程体系与教学模式统整问题。全文共分为五章。导言部分介绍论文问题的提出、概念界定、文献综述、研究方法。第一章,数学教师教育本科专业素养的再确证。提出基础教育课程改革对教师素养的新要求;对数学教师教育本科专业素养指标体系展开实证分析;提出数学教师教育本科专业素养的重构,包括数学教师教育本科专业学生的知识结构、能力结构、数学素养以及教育科学研究意识的培养等。第二章,数学教师教育本科专业课程体系与教学模式存在的问题。首先对职前数学教师教育本科专业课程现状展开实证分析,在此基础上,提出宏观层面职前数学教师教育本科专业课程与教学问题的表征,并对数学教师教育本科专业"去专业化"的问题进行归因。第三章,职前数学教师教育本科专业变革的理念诉求。提出理论够用应作为职前数学教师教育本科专业的基础理念,实践为重作为职前数学教师教育本科专业核心要务,体系创新作为数学教师教育本科专业的系统思维,素养本位作为数学教师教育本科专业的精神指向。第四章提出数学教师教育本科专业课程体系的初步样态。第五章,数学教师教育本科专业教学模式的合理构建。结合数学教师教育本科专业的培养模式,提出数学教师教育本科专业理论性教学模式的构建以及数学教师教育本科专业实践性教学模式的构建。最后为论文结语。

关键词:数学教学　课程体系　教学模式

3203

**高等教育区域优化研究** / 张志刚著 ; 戚万学指导. -- 山东师范大学, 2009. -- 190 页

论文针对的问题为高等教育区域的优化研究。全文共分为八章。第一章,高等教育发展的区域性与区域优化概述。提出高等教育的区域性及区域优化的定义、高等教育区域优化的内容、高等教育区域优化的特点以及高等教育区域优化的意义。第二章,我国高等教育问题与高等教育区域优化的问题剖析。结合我国高等教育发展及问题、高等教育区域发展存在的问题,对我国高等教育区域优化存在的问题和原因进行讨论分析。第三章,高等教育区域优化的理论依据。探讨系统论视野、结构功能论视野以及协同论视野下的高等教育区域优化。第四章,高等教育区域优化的模式与模型。通过模型与模式介绍,解决高等教育区域优化"怎么样"的问题。第五章,高等教育区域优化的目标与原则。介绍高等教育区域优化的目标、实现原则和限度,意在分析高等教育区域优化的"应为"。第六章,区域优化的高等教育体制创新。介绍区域特色的高等教育办学体制创新、投资体制创新和管理体制创新,意在对高等教育区域优化的机制进行创新性探索。第七章,高等教育区域优化发展的实践探索。结合发达国家和国内高等教育区域优化发展的实例,提出高等教育区域优化的宝贵经验,用案例提供事实参照,并进行经验总结。第八章,高等教育区域优化的发展策略研究,包括高等教育区域优化策略的问题分析、高等教育区域优化的途径与措施。最后为论文结语。

关键词:高等教育　教育改革　区域布局

# 课程与教学论

3204

**"以学生为本"高中地理教学理论与实践研究:以山东省威海市为例** / 常华锋著 ; 王民指导. -- 北京师范大学, 2009. -- 129 页

论文运用问卷调查法、案例分析法和实证研究法,以山东省威海市为例,把"以学生为本"作为基本教学立场与思想基础,立足于山东省威海市当前高中地理教学实际,探索构建具有一定时代性的高中地理教学理论。论文第一章是论题的缘起,论述选题背景、研究意义及相关概念。第二章是国内外相关研究现状与进展,首先讨论国内"生本教学"研究现状与进展,其次考察国外"生本教学"研究现状与进展。第三章是"生本教学"研究的基本框架,首先讨论研究的主要问题、基本立场和具体方法,其次阐述研究思路。第四章是"生本教学"理论基础与假设,对"生本教学"的哲学基础、心理学基础作出阐释,并考察教学论研究的基本成果和当代脑科学研究成果。第五章是"生本教学"理论构建,首先分析生本教学系统的成

份，其次分析影响“生本教学”效能的基本因素，论述“生本教学”系统，对“生本教学”的基本观点进行梳理与总结，最后论述“生本教学”基本教学策略和教学模式。第六章是“生本教学”的实证研究，本章说明了对实验学校的选择，论述实验班和对照班的选择，分析实验教学效果，得出结论。第七章是结论与思考。

关键词：高中　地理课　教学研究

**3205**

**功夫论：书法“旧题”重说** / 陈航著 ; 章祖安指导. -- 西南大学, 2009. -- 140 页

论文运用文献分析法和历史研究法，以“功夫”为探讨核心，辅之以关乎“功夫”表征与创生的“迹”与“艺”二者的分别探讨，并在此过程中彰显“功”、“迹”、“艺”三者间的相互关系。以期对书法自身的研究提供较清晰的思考与判断基础。论文第一章是关于功夫的论述，对功夫释和功夫析两个方面展开论述，具体包括有师承方见功夫、有积岁方言功夫、积学、天资、功夫等方面。第二章是功夫的图性存留问题，首先讨论迹的品质，其次分析历史上迹的表现，最后以迹见迹，讨论迹形变易图释问题。“迹”作为书法的最终呈现，它能够验证一切书法思想可以以语言将其玄微化，而终赖于“迹”的呈现。“功夫”推动“迹”的呈现状态，反过来“迹”的结果稽考亦有助于“功夫”的提升。第三章是艺说——功夫的活化自在，首先论述人品书品，其次论述艺的局限，最后分析艺品及其功、艺的关系。“艺”作为“功夫”的活化自在，是“功夫”的最鲜活的存在方式，“艺”的特征是其对“功夫”呈现的鲜明的个性化指向，并由无数的个性化指向的汇集与渗透形成庞大的“功夫体”。最后为全文结语。以共性“功夫”和“艺”的二位一体之辩证关系作为前提，以“迹”的品质追寻作为鉴别，我们便可以辨清不同艺术家的类型、特征以及成就之高下。

关键词：书法　教育理论　美术评论

**3206**

**英语词汇教学“石化”消解研究：基于兰盖克语法理论的分析** / 陈建生著 ; 李森指导. -- 西南大学, 2009. -- 199 页

论文基于兰盖克语法理论的分析，对英语词汇教学“石化”消解进行了深入全面的研究。全文共分为五章。论文开始部分为导论，提出论文研究的问题，分析论文研究的目的和意义，阐述论文研究的内容和方法。第一章是对兰盖克语法理论的概况，主要研究认知语言学理论在中国的发展，分析兰盖克语法在中国的发展，研究兰盖克语法理论的实践价值。第二章分析英语学习中的“石化”现象，主要包括英语学习“石化”成因，分析心理论、生物论、文化迁移论、认知模式论和相互作用论，并探究英语学习“石化”表征。第三章分析我国英语词汇教学存在的问题，阐述小学阶段、初中阶段以及高中阶段的英语词汇教学存在的问题，论述高职高专英语词汇教学、大学英语词汇教学和大学英语词汇教学“石化”的成因存在的问题。第四章总结兰盖克语法理论得出的启示，主要介绍兰盖克语法的方法与英语词汇教学“石化”消解，分析原型理论与基本词汇的确定，阐述象似性理论和英语词汇教学，探究了范畴化、非范畴化理论与词汇动态教学。第五章分析了隐喻理论观照下的一词多义教学；从语法化理论下的实词虚化教学、句法结构词汇化和复合词教学以及语法化和词汇化理论消解学生词义的教学实例分析了语法化和词汇化理论烛照下英语词汇教学。同时阐述了意象意义理论下的词汇教学。论文最后为结语与建议部分。主要结论包括词汇教学“石化”消解有赖于词汇教学理论研究；消解词汇教学“石化”，能够提高英语教学效果等。

关键词：英语　外语教学　词汇　教学研究

**3207**

**意境化课程研究** / 陈静著 ; 靳玉乐指导. -- 西南大学, 2009. -- 135 页

论文对意境化课程进行了深入全面的研究。全文共分为六部分。第一部分梳理了意境思想，讨论意境思想对课程研究的启示，界定意境化课程的内涵并分析意境化课程的意义。第二部分分别从教育学、文化学、心理学以及生命美学的角度分析意境化课程的思想渊源。第三部分从五个方面论述了意境化课程的基本理论，指出意境化课程以促进学生的精神生命自由生长为课程价值观；倡导动态生成的个体性和境域性课程知识观；秉持教材是对话的文本理念；在课程实施中践行对话与体悟的教学；在课程中强调导向美学精神的理解和鉴赏。第四部分讨论意境化课程的教材设计策略。借鉴艺术作品的创作手法，教材设计无论是版面设计还是内容选择上都应适度“布白”；教材内容面向学生的生活。第五部分阐述意境化课程的课题教学策略，主要包括虚实相生和教学布白、立象尽意与情境教学、情景交融与以情优教三个方面

的内容。第六章讨论课程评价的问题,指出了意境化课程的评价以主体性、多元性、过程性以及人文化为特征,并且举例说明意境化课程评价的维度和具体的操作步骤。全文对分析意境化课程具有重要的理论意义和现实意义,有助于课程理论的丰富和完善。

关键词:课程设计　意境　教材

**3208**

**语文课堂教学研究:基于“学情分析”的视角** / 陈隆升著 ; 陶本一指导. -- 上海师范大学, 2009. -- 346 页

论文基于“学情分析”的视角,对语文课堂教学进行深入全面研究。全文共分为八章。第一章为论文的引论,通过问卷调查揭示了课堂的困境,分析教师听课现场凸显的症候,基于“学”的语文课堂教学研究,探究了“学情分析”。第二章是对相关研究的综述,主要对“学习内容”“学情分析”“学习状态”“学习结果”进行探讨,研究语文独立设科以来对“学”的探讨;并对中外课例研究对“学”进行探索。第三章是对语文课堂教学设计层面的“学情分析”,主要包括 115 个教学设计的统计分析、问卷调查提供的印证、失去关联的“学情分析”的个案评议以及从“描述学习”到“改进学习”的改进路径四方面的内容。第四章是对语文课堂教学实施层面的“学情分析”,对语文课堂里的“学习状态”问题进行了课例比较,分析了依据“学习需要”关注课堂“学习状态”,阐述了“学生提问”所显示的“学习状态”,并通过“关键事件”关注课堂里的“学习状态”。第五章对语文课堂教学评估层面的“学情分析”,主要包括日渐模糊的学习结果评估功能的介绍,重建语文作业的评估立场,作业批改与分析以及作业与教学的有效关联。第六章是对学情分析的两个制约因素的探讨,主要分析教师专业能力问题和教材内容的教学化问题。第七章是基于“学情分析”的语文课堂教学的实践探索,主要介绍构建基于“学情分析”的语文课堂教学研究循环圈和基于“学情分析”的语文课堂教学研究循环圈运行。第八章为结论,主要包括论文研究的主要结论、课题研究的不足以及后续研究的初步设想。

关键词:中学　语文教学　课堂教学　教学研究

**3209**

**高中物理实验教学条件和实施过程的调查研究** / 陈庆朋著 ; 廖伯琴指导. -- 西南大学, 2009. -- 120 页

论文运用案例分析法、比较研究法、访谈法、问卷调查法和实证研究法,选取 5 个省份的 22 所学校作为调查对象,对实验员和教师进行问卷调查,对 8 所学校学生进行问卷调查,对 3 所学校的老师和学生进行访谈,分析并调查物理课程标准和三套新课程教材中的实验个数和实验特点,以及这些实验对实验教学仪器的需求,论文考察我国高中物理实验教学条件的现状,找出物理实验教学与物理课程标准要求存在的差距。论文第一章是绪言。第二章是新课程理念下物理实验教学特点,首先对物理课程标准对物理实验教学的要求进行论述,其次对新课程理念下物理实验教学的作用进行考察。第三章是物理实验教学条件的调查,论述研究目的、研究方法、实验室和实验仪器的配置要求等问题,对调查问卷的编制与实施加以阐释,最后分析问卷调查结果和访谈结果。第四章是高中物理实验教学实施过程的调查,对研究目的、研究方法进行论述,讨论高中物理实验的开设要求,分析问卷调查结果和教师访谈结果。第五章是学生问卷调查和访谈,对研究目的、研究方法、问卷编制进行说明,分析调查结果和学生访谈结果。第六章是调查总结和建议,论述了实验教学条件情况,提出实验教学条件改进的建议,论述实验教学实施过程的情况,最后提出实验教学建议。最后论述研究的不足。

关键词:中学物理课　实验教学　教学条件

**3210**

**幼儿园教师课程决策的个案研究** / 陈蓉晖著 ; 马云鹏指导. -- 东北师范大学, 2009. -- 156 页

论文运用案例研究法和实证研究法,对一所普通幼儿园教师课程决策的基本状况进行考察,分析该幼儿园教师课程决策的基本特征及相关影响因素,最终形成基本结论并提出相应的建议。论文第一章是课程决策理论及其相关研究综述,对相关概念进行界定,提出课程决策的基本问题,并回顾关于教师课程决策的研究和幼儿园教师课程决策的相关研究。第二章是研究方法与研究过程,阐释研究的基本框架、研究方法、研究对象、研究方法和研究效度等问题。第三章是 A 幼儿园课程决策的基本状况,分析 A 幼儿园的基本情况,介绍幼儿园课程改革的状况,并对幼儿园课程决策的层级进行研究。第四章是 A 幼儿园教师集体层面的课程决策,首先论述课程计划阶段的教师领导决策,其次论述集体备课中的教师课程决策。第五章是 A 幼儿园教师个人层面的课程决策,首先论述教学活动中的教师课程决策问题,其次考察幼

儿园日常活动中的教师课程决策。第六章是A幼儿园教师课程决策的基本特征,首先总结教师集体课程决策的一般特征,其次分析教师教学活动中课程决策的一般特征,最后论述日常活动中教师课程决策的一般特征。第七章是A幼儿园教师课程决策的影响因素,依次对幼儿因素、教师自身因素、幼儿园因素和家长因素展开论述。第八章是结论与建议。

关键词:学前教育　教师　课程设计　教学研究

3211

**新课程背景下高中化学教师教学观念向教学行为转化的机制及策略研究** / 陈颖著 ; 王磊指导. -- 北京师范大学, 2009. -- 190 页

论文对新课程背景下高中化学教师教学观念向教学行为转化的机制及策略进行深入全面的研究。全文共分为七章。第一章为论文的引言,介绍论文研究的背景,对论文研究的问题进行阐述,总结论文研究的意义,概括论文的研究结构。第二章是对论文相关文献的综述,主要包括教学理论的研究、教师教学观念的研究、教师教学行为的研究、教师教学观念向教学行为转化的研究、教师知识—PCK研究以及对高中化学课堂教学中学生认识发展的研究六方面的内容。第三章介绍论文的研究设计,对相关概念进行界定,阐述模型构想,从文献研究及前期调查、问卷研究、课例研究、个案研究四个方面介绍研究方法,同时介绍论文的研究工具。第四章是对高中化学教师教学观念与教学行为现状的调查,主要包括问卷的信度和效度、问卷的样本分布、教师对教学观念和教学行为脱节现象的认同及归因、教师对具体教学观念的理解及相应教学行为的实施状况以及问卷调查结论四方面的内容。第五章介绍教学观念向教学行为转化机制的静态构成—定向机制的研究,介绍了教学观念向教学行为转化的定向机制的理论预设,针对《甲烷》《反应速率》进行定向机制的课例研究,并总结了教学观念向教学行为转化的定向机制研究的结论。第六章是对教学观念向教学行为转化机制的静态构成—执行机制的研究,主要包括教学观念向教学行为转化的执行机制的理论预设、执行机制的个案分析以及关于定向机制和执行机制的进一步研究结论。第七章为研究的讨论和展望,主要介绍了论文研究的创新、不足以及对未来的展望。

关键词:高中　化学教学　教师　教育观念

3212

**我国中小学社会科课程统整研究** / 段俊霞著 ; 刘义兵指导. -- 西南大学, 2009. -- 178 页

论文运用案例分析法、理论分析法和实证研究法,聚焦于我国社会科课程标准和教科书的课程统整设计问题,依据为什么、是什么、怎么办的分析框架展开,对我国当前社会科学课程统整的背景和价值取向进行探讨,针对当前我国社会科课程统整设计中的一些问题提供若干建议。论文第一章是导论。第二章是我国中小学社会科课程统整的背景与价值取向。首先论述我国中小学社会科课程统整的背景和价值取向。第三章是我国中小学社会科课程统整的理论探讨,首先论述课程统整的内涵,其次论述课程统整的基本理念,总结课程统整的基本模式。第四章是我国中小学社会科课程统整的现状与反思,论述我国中小学社会科课程统整的理念和模式。第五章是我国中小学社会科课程统整的建议,提出关注课程统整的不同层次,包括基于知识的统整、基于经验的统整和基于社会的统整;其次提出选择合宜的课程统整模式,包括依据课程特点兼顾部分统整与整体统整、依据课程特点灵活寻找课程统整模式、依据模式特点正确运用课程统整模式;第三,提出培育社会科课程统整成功运行的土壤,包括培育学校合作文化、注重教师专业发展、营造社会支持氛围等。

关键词:中小学　社会科学课　课程改革

3213

**高中数学教师数学专业素养研究** / 方勤华著 ; 孙名符指导. -- 西北师范大学, 2009. -- 220 页

论文运用理论研究法、实证研究法、问卷调查法和访谈法等研究方法,围绕高中数学教师专业素养问题,考察以下四个问题:确认高质量数学教师对教师数学专业素养的具体要求、测定教师对这些素养内容的重要程度和他们具备程度的认识、测定教师专业背景变量对重要程度和具备程度认识的影响、建构教师数学专业素养框架。论文第一章是导论。第二章是相关文献研究,对数学专业素养内涵及构成、数学知识构成、数学能力构成和数学情意构成的研究进行回顾与总结。第三章是研究的思想框架,首先论述基本概念,其次对数学专业素养内容选择假设作出论述,最后对数学专业素养各成分理论建构进行考察。第四章是整体设计与方法,阐述研究整体设计、主体研究方法、研究的限制和局限性等问题。第五章是调查

问卷的建立部分，论述专家访谈和问卷的相关情况。第六章是研究结果中国框架内容确认的统计分析，对教师背景资料进行分析，对项目测试结果及各种关系的统计检验加以阐释，并提出教师对框架内容的修改意见。第七章是研究结果中的框架内容确定及阐释，对框架内容的确定、框架内容结构及组织方式和框架内容分别加以论述。第八章是研究的结论、启示和建议，分别提出对数学教师专业发展的启示和对继续研究的建议。最后为结语。

关键词：数学教学　教师素养　高中

3214

**当代我国基础教育外语课程价值取向研究** / 付安权著 ; 刘要悟指导. -- 湖南师范大学, 2009. -- 244 页

论文运用文献分析法、规范分析法和定性研究法，以外语课程价值取向在课程设置、课程目标、课程内容、课程实施和课程评价等方面的表征为主要分析维度，对当代我国外语教育课程价值取向问题进行研究。论文第一章是外语课程设置及其价值取向，首先分析外语课程设置及其价值取向隐喻的问题，其次分析我国外语课程设置变革中的价值取向流变，最后分析我国外语课程设置价值取向之应然性。第二章是外语课程目标及其价值取向，分析外语课程目标的价值取向表征；研究我国外语课程目标表述及其价值取向流变；论述我国外语课程目标价值取向的应然性。第三章是外语课程内容及其价值取向，首先分析课程内容及其选择与组织的问题，其次论述我国外语课程内容变革中的价值取向流变问题，最后考察我国外语课程内容价值取向的应然性。第四章是外语课程实施及其价值取向，首先分析外语课程实施价值取向的探视路径，其次论述我国外语教学法变革及其价值取向，最后对我国外语教学法变革价值取向的应然性问题做出论述。第五章是外语课程评价及其价值取向，对课程评价的理念及其价值取向进行阐述，总结我国外语课程评价理念及其价值取向流变，最后阐述我国外语课程评价价值取向之应然性。

关键词：基础教育　外语课　价值取向

3215

**数学直观的认知分析及对教学的启示** / 傅赢芳著 ; 喻平指导. -- 南京师范大学, 2009. -- 183 页

论文运用实证研究法、理论研究法、案例研究法和比较研究法，围绕直观策略使用的影响因素、直观解题的认知过程和不同空间推理能力使用直观策略的差异等问题进行研究与论述。论文第一章是数学直观概念界定，首先进行观点的梳理，其次对概念进行辨析，最后总结数学直观的特点。第二章是相关研究综述及问题提出，首先概述数学直观理论研究，其次论述数学直观化的主要研究取向，最后提出研究的问题提出及研究思路。第三章是数学直观表征与推理的实证研究，分析数学直观表征使用的影响因素，对使用直观策略解题的认知过程进行分析。第四章是研究结论的综合分析与进一步的理论假设，首先对研究结论进行阐释，包括现状、影响因素、直观表征的形式与作用、直观解题认知模式图等；其次分析数学直观表征的认知问题，对数学直观表征特点、功能等问题进行论述；最后论述数学直观解题认知模式。第五章是数学直观教学分析，对数学直观教学的基础、研究现状和数学直观教学的建议分别进行阐述。第六章是基于数学直观教学的实验研究，首先分析“直观—言语”概念教学实验，其次分析“直观—言语”解题过程教学实验。最后为结语，结果表明直观与言语相结合的教学方式或方法，能显著提高中等数学的教学效率与学习效率。

关键词：数学教学　直观教学　学习心理学

3216

**普通高中物理模块课程教学实施调查及比较研究** / 高山著 ; 廖伯琴指导. -- 西南大学, 2009. -- 128 页

论文对普通高中物理模块课程教学进行实施调查及比较研究。全文共分为五章。第一章为论文的绪论，主要阐述问题的提出，分析论文的模块、模块课程、课程实施概念的界定、国内外高中模块课程实施研究的综述，研究模块课程的结构及其特点，分析论文研究的设计，阐述论文结构与研究框架。第二章是对我国普通高中物理模块课程教学实施现状进行普查。主要介绍论文问卷调查的维度和对象，分析教师对物理模块课程结构认识调查，阐述高中物理模块课程实施中的重要环节调查。第三章是对共同必修模块课程学时设定及实施的深入调研，主要从绪论的课时安排、运动的描述的课时安排、匀变速直线运动的研究的课时安排、相互作用的课时安排、力与平衡的课时安排以及力与运动的课时安排六方面分析了《物理 1》和《物理 2》的课时安排情况以及对结果进行分析与讨论。第四章对普通高中模块课程实施的国际比较，包括英国高中模块课程的实施特点探析、芬兰

高中模块课程的实施特点探析以及中英芬三国高中模块课程实施的比较研究三方面的内容。第五章是对研究结论与实施建议,主要包括研究总的结论、关于普通高中模块课程实施的几点建议、研究的创新之处、研究的不足之处四方面的内容。为了让普通高中模块课程的实施能够充分发挥独特的功能和实现既定的目标,论文根据以上研究结论在配套政策、模块设计、课程管理、选课指导等方面提出了若干的参考建议。

关键词:高中　物理教学　课程建设

**3217**

**中学初任物理教师专业成长研究** / 高忠明著 ; 廖伯琴指导. -- 西南大学, 2009. -- 201 页

论文运用案例分析法、理论分析法、比较研究法和规范分析的研究方法,着眼于中学初任物理教师在专业成长现状,直面初任物理教师在教育教学过程中所遭遇的困难,剖析困难成因,检视初任物理教师专业素养之不足,旨在探讨初任物理教师专业成长的有效路径。论文第一章是文献综述,分别对关于教师职业发展阶段理论、教师资格证制度和教师职业标准、教师素养、教师教育、新手教师和专家教师的比较等方面的研究进行回顾与总结,并分析现有研究成果的缺陷。第二章是研究设计与实施,主要阐述研究问题、研究方法和研究工具等内容。第三章是合格物理教师的专业素养,首先对有效教学与有效教师进行论述,其次分析初任物理教师应具备的专业素养,最后分析了影响教师专业素养形成的因素。第四章是初任物理教师专业成长考察,首先分析初任物理教师专业成长历程,其次阐述初任物理教师遇到的主要困难,最后论述初任物理教师专业素养不足的表现。第五章是初任物理教师专业成长个案分析,对三个案例依次展开分析,并得出启示。第六章是初任物理教师专业成长路径,对物理教师的职前教育问题、初任物理教师入职引导和职后校本指导等问题依次进行阐述,并对网络指导和专业自主发展的问题作出阐释。最后为结语。

关键词:中学　物理教学　教师　师资培养

**3218**

**土家族传统体育校本课程开发研究:对重庆市土家族传统体育校本课程开发的田野调查** / 龚坚著 ; 朱德全指导. -- 西南大学, 2009. -- 152 页

论文运用案例研究法、问卷调查法和实证研究法,对土家族传统体育校本课程开发的相关问题进行深入研究。论文第一章是文献述评,对少数民族传统体育课程相关研究等文献进行总结。第二章是研究设计,阐释研究对象、研究方法、研究工具、研究思路、研究过程等内容。第三章是土家族传统体育校本课程开发模式的理论基础,依次论述斯坦豪斯“过程”模式课程理论、施瓦布“实践”模式课程理论、多元智能课程理论、多元文化教育理论、民族多元文化整合教育理论。第四章是重庆市土家族传统体育校本课程开发调查研究,论述重庆市土家族传统体育校本课程开发问卷编制情况,讨论重庆市土家族传统体育校本课程开发现状调查结果。第五章是重庆市土家族传统体育校本课程开发田野调查,对土家族相关内容进行田野调查,论述具体案例的传统体育校本课程开发背景与开发过程,最后分析重庆市土家族传统体育校本课程开发的成绩与问题。第六章是多元立体土家族传统体育校本课程开发模式构建,对校本课程开发理论研究与实践探索进行考察,并分析土家族传统体育校本课程开发思路,总结多元立体土家族传统体育校本课程开发模式的构建。第七章是多元立体土家族传统体育校本课程开发模式综合分析,阐述土家族传统体育校本课程开发的基本研究和模式。第八章是土家族传统体育项目的个案研究。第九章是结论与反思。

关键词:土家族　民族形式体育　体育课

**3219**

**小学生数感的发展与特征研究** / 郭民著 ; 史宁中指导. -- 东北师范大学, 2009. -- 123 页

论文立足我国当前小学数学课程数感内容设定及实施的实际通过深度访谈,对小学生数感的发展与特征进行了研究。全文共分为六章。第一章为论文的导论,提出论文研究的问题,对论文研究的问题进行分析,阐述论文研究的意义。第二章是对相关文献的综述,主要通过论述数的来源及其表示、数感的内涵、数感与感数和估算与精算、数感的构成要素等,对关于数和数感的有关问题进行分析,阐述皮亚杰的认知发展阶段论、皮亚杰数学思维的心理发展轨迹理论以及分析学生认知发展水平的模型对关于数学思维的有关理论进行介绍,同时进行文献综述。第三章通过研究思路与研究的基本步骤、研究过程设计、测试的设计与实施、研究方法四方面介绍论文的研究设计与研究方法。第四章是对数感的理论与实证研究,主

要阐述数感的内涵、构成要素、小学生数感的形成及其发展阶段，对两套小学数学实验教材有关数感内容设置及呈现方式进行了比较研究，围绕数感问题对小学数学教师进行了调查与访谈，最后进行课堂观察与案例分析。第五章描述小学生数感发展的基本规律和特征，对小学生数感发展规律和特征进行总体分析，对数的意义要素、表示要素、关系要素、运算要素、估算要素以及问题解决要素进行具体研究。第六章是对全文的总结，主要包括论文研究的主要结论以及对小学数学课程、教材相关内容设置的思考和建议，同时阐述论文对研究的反思和展望。

关键词：小学生　数学课　教学研究

3220

**基于中学生地理空间素养培育的 GE 运用策略研究** / 韩金荣著 ; 袁孝亭指导. -- 东北师范大学, 2009. -- 188 页

论文对基于中学生地理空间素养培养的 GE 运用策略进行了研究。全文共分为五章。第一章是文献综述，从地理空间素养和 GE 及其在地理教学培育中的责任与义务、空间素养培育在培养公民必备的地理素养过程中的重要价值和地理空间素养培育需要提高信息工具辅助的有效性等角度，阐述研究背景。在此基础上，明确研究意义、研究内容、研究方法和研究过程。第二章是中学生地理空间素养研究，界定了地理空间素养的内涵，详述其构成要素。从地理空间概念构建是地理空间素养形成的基础、地理空间表述是地理空间要素中的关键技能、地理空间推理是地理空间素养中的核心能力阐述地理空间素养构成要素的价值，对初高中地理空间课程标准中适宜地理空间要素培养的内容标准进行分析，论述美国地理课程标准对空间素养的关注及带给我们的启示。第三章是 GE 运用于地理空间教学的适应性分析，就对 XX 中学师生的访谈和学生学习行为的观察结果进行分析，从学生的回答得出 GE 对地理空间素养的培育有着积极的影响，确定制定基于地理空间素养培育的 GE 运用策略的必要性。第四章是基于中学生地理空间素养培育的 GE 运用策略，首先归纳地理空间素养培育的系统性，提出 GE 在地理空间素养培育中的功能、运用原则及其运用形式。继而提出了利用 GE 丰富地理空间表象、运用 GE 进行地理空间位置的定位和描述等等给予地理空间概念建构的 GE 运用策略。第五章是基于中学生地理空间素养培育的 GE 运用策略的成效研究，主要包括研究设计与流程、实验条件分析、研究工具、地理教育实验的测试结果分析以及地理教育实验结论五方面的内容。

关键词：中学生　地理课　地理教学　素质教育

3221

**初中综合科学课程的实施：基于两个地区、两种模式的调查研究** / 郝琦蕾著 ; 王鉴指导. -- 西北师范大学, 2009. -- 216 页

论文运用案例分析法、实证研究法和比较研究法，对两个地区、两种模式的初衷综合科学课程的实施进行全面考察。论文第一章是导论，分别阐述研究背景、研究缘起、研究目的与研究意义。第二章是文献综述与研究思路，论述关于课程变革与课程实施内涵的研究；论述关于课程实施取向的研究；论述关于课程实施的影响因素研究；论述综合课程实施方面的相关研究；提出研究的基本思路。第三章是研究方法与研究实施过程，阐述研究方法；阐述研究实施的过程；阐述研究的信度与效度。第四章是综合课程的理论探讨，考察综合课程与课程整合；考察综合课程的理论基础；考察分科课程与综合课程。第五章是理想的科学课程设计，即综合科学课程的理论，对综合科学课程与科学课程进行研究，论述 A 市的科学课程；论述 B 市的科学课程；论述综合科学课程教师应具有的主要观念与教学行为表现。第六章是 A 市科学课程实施现状研究及结论，首先对 A 市科学课教师观念现状进行研究，其次对 A 市科学课教师课程决策现状进行研究，最后对 A 市科学课程实施中存在的问题、影响因素及有益经验进行总结。第七章是 B 市科学课程实施现状研究及结论，首先论述 B 市科学课教师观念现状研究，其次论述 B 市科学课教师课程决策现状，最后论述 B 市科学课程实施中存在的问题、影响因素及有益经验。第八章是思考与建议。

关键词：初中　课程　教学研究

3222

**名—动转类的转喻理据与词汇学习** / 何爱晶著 ; 文旭指导. -- 西南大学, 2009. -- 228 页

论文运用理论研究法和实证研究法，在认知语言学框架下，探讨名—动转类的转喻理据及词汇学习的问题，提出转喻是名—动转类最根本的构词理据，并据此对名—动转类的词汇学习展开研究。研究目的在于探究转喻理据在名—动转类构词过程中的运行

规律,从名—动转类的转喻理据出发探讨这类词的词汇学习特征和学习策略。论文第一章是绪论。第二章是文献综述。第三章是理论框架,阐述元理论的一般说明、认知语言学、心理模型理论、外延内涵传承说等理论和学说,并提出本研究的理论框架。第四章是作为构词理句的转喻,首先对不同视角下的转喻进行研究,其次论述转喻的本质属性,最后论述转喻思维和转喻理据。第五章是名—动转类的转喻理据分析,首先对作为构词法的名—动转类进行研究,其次论述从转喻看名—动转类,最后分析名—动转类的转喻理据。第六章是概念化与名—动转类的词汇学习,论述词汇与概念结构,阐述构词和概念化的关系,得出概念化对英语词汇学习的启示,最后讨论名—动转类词汇学习的有利和不利因素。第七章是名—动转类的学习策略和方法,首先研究词汇学习策略,其次分析名—动转类词汇策略研究的问题和方法,最后阐述试验过程和试验结果。第八章是结语,对论文的发现、结论以及研究的问题进行论述,提出后续的发展方向。

关键词:词汇　构词法　转喻

**3223**

**数学:意义的领域——数学教育的哲学审视** / 胡典顺著 ; 郭元祥指导. -- 华中师范大学, 2009. -- 217 页

论文运用问卷调查法、访谈法、理论分析与实证分析相结合的研究方法,围绕"数学意义"这一中心论题,以数学哲学和数学教育哲学的前沿成果为背景,力图从一个新的视角—数学意义—探求数学价值,反思数学教育中存在的突出问题,探讨数学教育回归数学意义的基本路径,并分析这些基本路径的教学意蕴。论文第一章是数学本质的探求,论述数学的性质、数学知识的特征和把握数学本质问题。第二章是数学意义的研究,论述意义与数学意义,并从科学的立场阐述数学意义,从教育的立场阐述数学意义。第三章是数学意义的缺失,首先论述数学教育的异化问题,其次对数学教育进修实证研究,最后探求意义缺失的原因,提出回归数学意义。第四章是从"数学对话"中回归数学意义,首先论述对话与数学对话,其次论述数学对话的价值,再次论述数学的对话性,最后阐述基于数学对话的教学意蕴。第五章是从"数学文化"中回归数学意义,首先讨论文化与数学文化,其次论述数学的文化性,审视数学知识教育,最后阐释基于数学文化的教学意蕴。第六章是从"数学经验"中回归数学意义,首先讨论经验与数学经验,其次论述数学经验的价值,第三考察数学经验对数学发展的影响,进而考察数学的经验性,最后论述基于数学经验的教学意蕴。最后为结语。

关键词:数学教学　意义　教育哲学

**3224**

**基于三维目标的化学教学策略研究** / 黄梅著 ; 宋乃庆,孔凡哲指导. -- 西南大学, 2009. -- 192 页

论文基于理论的实证研究,采用从实践到理论再回实践的研究思路,对基于三维目标的化学教学策略进行了研究。全文共分为七章。第一章为问题的提出,主要内容是关于研究缘由、研究意义和研究问题。通过对当前化学教师教学策略现状的调查,了解当前课程改革中教师面临的具体问题和困惑,为论文的选题寻找到实践的来源,并通过当前政治、经济、文化对教育要求的分析,明晰了新课程改革提出三维目标的要求是具有时代意义的。第二章为文献综述,通过对三维目标以及教学策略的基本概念进行界定,对化学教学的策略的国内外研究现进行综述,并对已有的研究存在的问题进行反思和展望。第三章为研究设计,主要确定研究的思路与内容、研究对象的选取、研究的信度、效度,资料收集的法方法过程,资料整理与分析过程等内容,并对预研究过程进行了概述。第三章为理论研究,深入研究三维目标的本质和三维目标的分类来源,提出基于三维目标的化学教学策略的理论基础,并用维尔伯意识谱理论整合各种理论。第五章为策略研究,是在理论研究的基础上的方法操作指南。首先提出基于三维目标的化学教学策略,其次对化学课程三维目标如何整体实现进行了研究。第六章为实验研究,主要通过深入教学实践,进行了基于三维目标的化学教学策略的实验研究和效果验证。第七章为结论与建议,主要得出了基于三维目标的化学教学策略的研究总结论,为新课程改革、建设高效课堂和教师的专业发展提出了有益的建议。

关键词:中学教育　化学教学　教学理论

**3225**

**中小学音乐课程的民族性研究** / 金顺爱著 ; 尹爱青指导. -- 东北师范大学, 2009. -- 201 页

论文运用比较分析法、案例分析法和实证研究法,从关注中小学音乐课程的民族性入手,对音乐课程民族性理论内涵和依据进行分析,通过对我国中小学音乐课程实施现状进行分析,找出存在的问题。从

比较研究的视角对韩国、日本和俄罗斯等国家的中小学音乐课程民族性理论与实践进行研究,对我国中小学音乐课程传承音乐民族性研究提出具体建议。论文第一章是绪论。第二章是基本概念界定与理论依据分析,首先对基本概念进行界定,其次对音乐课程民族性的研究依据作出阐释,最后分析音乐课程民族性的价值。第三章是我国中小学音乐课程民族性现状研究,论述研究对象的选择、研究方法与过程,分析影响因素和研究结果。第四章是20世纪国外中小学音乐课程民族性研究,首先论述三种民族音乐教育理念,其次分析韩国、日本和俄罗斯的实践情况,最后总结相关的启示。第五章是彰显中小学音乐课程民族性的对策研究,提出要提高对民族音乐课程价值的认识,建设具有民族特色的音乐教材,构建有效的民族音乐教学模式,完善以人为本的多元评价体系,加强民族音乐教学的师资培训。第六章是优秀案例分析,对以情感体验为教学引导、以民族音乐为内容主线、以风俗文化为学习拓展的三个案例进行论述。第七章是结论与建议。

关键词:中小学　音乐教育　音乐课　民族音乐

**3226**

**新课程实施中的教学文化研究** / 晋银峰著 ; 蔡宝来指导. -- 西北师范大学, 2009. -- 221页

论文从解读教学文化入手,对新课程实施中的教学文化进行深入全面的研究。全文共分为六部分。第一部分为论文的引论,主要阐述论文研究的缘起,分析论文研究的意义,总结论文研究的目的,介绍研究思路和研究设计以及论述研究方法。第二部分是对教学文化的解读,主要包括教学文化的理解、教学文化的历史发展、国内外教学文化的研究评述。第三部分从教学文化的心理学基础、教学文化的文化学基础、教学文化的社会学基础以及教学文化的人类学基础四方面,阐述教学文化的理论基础。第四部分介绍传统教学文化的形成,主要对教学文化形成的因素进行分析,从传统教学文化的价值追求、基本要素分析传统教学文化的价值观及其影响因素;从中国传统文化负面影响的根深蒂固、本质主义思维方式的强大影响、课堂教学中的教师文化遮蔽了学生文化以及工具性课堂教学评价体制的推波助澜四方面探究传统教学文化形成的机理。第五部分是对新课程实施中的教学文化现状的调查,确定研究方法,阐述研究工具的设计和检验,选择研究对象,分析资料收集的方法,对资料进行整理和分析,研究论文的局限性。对新课程实施中的教学文化类型和教师对影响教学文化因素理解的差异进行分析与研究。第六部分是对现代教学文化构建的介绍,主要对现代教学文化进行解析,研究传统教学文化向现代教学文化的蜕变,分析现代教学文化构建的依据、机理和策略。

关键词:中小学　课程改革　课堂教学

**3227**

**初中语文教科书的人生观研究:以人教版、苏教版和沪教版为例** / 康海燕著 ; 谢利民指导. -- 上海师范大学, 2009. -- 316页

论文以人教版、苏教版和沪教版为例 ,对初中语文教科书的人生观进行深入全面的研究。全文共分为七章。第一章为论文的导论,主要介绍论文研究选题的缘由,分析论文研究的意义,阐述论文研究的范围、问题以及基本假设,对相关的研究概念进行界定。第二章为论文的研究背景与文献综述的介绍。第三章阐述论文的研究方法和研究设计,主要介绍知识社会学、社会变迁理论、国家权力再生产和文化再生产理论以及分析哲学和社会语言学理论,分析论文研究的具体方法,对研究设计进行概述,描述样本,介绍人教版、苏教版、沪教版等。第四章和第五章通过介绍选文主副题、单元活动主副题及选文任务统计结果和对统计结果进行分析,对研究过程和结果分析,主要对人教81教版、人教版、苏教版、沪教版的研究过程结果进行研究。第六章对研究问题进行比较分析,通过“生命意识”与“生活命运”、“家庭亲情”和“爱情”和“友情”、“童年少年”和“教育”主题比较等主题比较对选文主题、单元活动主副题及选文任务总体情况进行比较。对生从何来、生活世界、应做何事、人生与社会以及死归何处等方面的问题进行讨论。第七章为论文的结语,主要包括论文研究的基本结论,研究的创新点、研究不足以及研究展望。

关键词:初中　语文　价值取向　人生观

**3228**

**数学素养生成的教学研究** / 康世刚著 ; 罗增儒,宋乃庆指导. -- 西南大学, 2009. -- 213页

论文采取文献分析法、系统分析法等方法对数学素养生成的教学进行深入全面的研究。全文共分为七章。论文开始部分为导论,主要介绍论文的研究缘起,阐述研究问题,分析论文研究的意义与价值,总结

论文的研究思路与方法,归纳论文的研究结构。论文第一章为文献综述,主要对国内外数学素养及其教学研究进行分析。第二章为研究的理论基础,主要介绍生成性相关理论和现实数学教育理论。第三章介绍数学素养的内涵及其构成,主要包括数学素养的本质属性、数学素养的内涵、数学素养的构成要素等内容。第四章介绍数学素养生成的机理。第五章分析数学素养的现状及其影响因素,主要包括样本选取、调查工具、数据的收集与处理、初中生数学素养现状数据分析、初中生数学素养现状调结果分析、数学素养教学生成的影响因素调查结果及其分析六方面的内容。第六章是对数学素养生成的教学策略初步构建及其实验的介绍,主要阐述数学素养生成的教学策略构建的依据,分析数学素养生成的教学策略,介绍数学素养生成的教学策略的实验。第七章为论文的结论和建议。

关键词:中小学　数学教学　素质教育　教学法

3229

**语文高考阅读测试内容研究** / 乐中保著 ; 陶本一指导. -- 上海师范大学, 2009. -- 263 页

论文从系统论的观点和发展的视角出发,对语文高考阅读测试内容进行深入全面的研究。全文共分为五章。论文开始部分为论文的绪论,主要介绍论文的研究缘起,阐述研究的现状,归纳研究的目的、内容与方法。论文第一章介绍语文高考阅读测试内容研究的定位,概述语文高考阅读测试,阐述语文高考阅读测试的组成要素与运行框架,研究语文高考阅读测试的内容研究的维度。第二章是对语文高考阅读测试内容的测试目标的介绍,分析语文高考阅读测试内容的应然目标,阐述阅读能力的构成要素和组成层级,论述语文高考阅读测试的基点。第三章分析语文高考阅读测试内容的课程取向,主要介绍阅读测试内容的课程取向内涵和表现,对语文高考阅读测试内容的课程取向的分析,阐述了国际学能测试中阅读测试内容的课程取向分析。第四章为语文高考阅读测试内容的要素层级,主要包括语文高考阅读测试试题的形成与发展、古诗文阅读测试内容的要素和层级以及现代文阅读测试内容的要素与层级三方面的内容。第五章为语文高考阅读测试内容的表征,主要概述了阅读测试内容的表征,分析额语文高考阅读测试的主观与客观题型,阐述了语文高考阅读测试的标准与非标准化的考察。论文最后为结语。

关键词:语文　高考　阅读教学

3230

**多元文化视域中的教师专业发展研究** / 李纯著 ; 李森指导. -- 西南大学, 2009. -- 174 页

论文基于多元文化视域,对教师专业的发展进行了深入系统的研究。全文共分为四章。论文开始部分为导论,主要阐述问题的提出,对相关文献进行了综述,分析论文的研究目的与意义,归纳论文的研究思路和方法。第一章介绍民族教育中教师专业发展的现状和分析,主要以贵州省的"民族文化进课堂"为例分析多元文化教育的现状,对"民族文化进课堂"中的教师专业的发展现状进行调查和分析,从教师态度与教学实践有落差、教师准备不足及其后果、教师课程开发参与不够、教师的文化敏感性较弱、教师教育尚未落实多元化议题五个方面对民族教育中教师专业发展的多元化文化进行检讨。第二章分析多元文化与教师专业发展,对多元文化进行了历史、社会、哲学解读;剖析了教师专业发展的内在动因、重要影响因素以及理解;分析多元文化对教师专业发展的影响;从一元与多元的分析视角对教师专业发展的范式进行了比较并介绍理论基础。第三章是对多元文化视域中教师专业发展的认定与辨析,主要包括多元文化视域中教师专业发展的含义、多元文化需要什么样的教师变革、教师人文素质的时代要求、从多远文化视角看教师的专业素养四方面的内容。第四章分析了多元文化视域中教师专业发展的路径,从音乐历史的呈现、辩证对话的展开、民族文化的学习、多元文化的协调四方面分析了多元文化视域中推动教师专业发展活动的基本概念,同时分析了师范教育中多元文化的教师专业发展活动形态;通过分析多元文化的在职教师专业发展活动的基本主张和在职教师专业发展活动的主要形态分析了多元文化的在职教师专业发展活动形态。

关键词:中小学　师资培养　多元文化

3231

**改革开放以来中学政治课程价值取向变化研究** / 李寒梅著 ; 韩震指导. -- 北京师范大学, 2009. -- 92 页

论文运用历史分析法和定性研究方法,结合规范分析和实证分析,探讨的主要论题是改革开放以来中学政治课程价值取向的变化,力求在中国社会变革的大背景下,揭示出中学政治课程价值取向变化的轨迹:从单一国家政治意识形态价值取向到兼顾服务经济发展价值取向,再到以人为本的价值取向。文章在

对中学政治课程价值取向基础理论的具体分析的基础上，阐释中学政治课程与改革开放以来中国社会进步与人的发展之间的价值关系，进而揭示中学政治课程价值取向的变化过程。论文第一章是导论，第二章是中学政治课程价值取向的嬗变，首先论述中学政治课程发展的各个阶段；其次论述课程设计的发展进程，以及中学政治课程价值取向变化中的矛盾运动；最后论述中学政治课程价值取向嬗变的内在逻辑。第三章是中学政治课程价值取向变化的动因，首先分析中国社会结构转型中课程价值取向变化的内在动因；其次分析课程价值取向变化的直接动因，考察社会思维方式转变推动中学政治课程思维的转向；最后对中学政治课程价值进行再定位。第四章是中学政治课程价值取向的发展趋势；首先论述课程价值取向发展的趋势，其次论述中学政治课程要实现社会进步与个人发展的统一；最后分析中学政治课程目标的确立和课程内容的选择问题。

关键词：中学　政治课　价值取向

**3232**

**教师信念的文化研究** / 李家黎著 ; 刘义兵指导. -- 西南大学, 2009. -- 136 页

论文运用定性研究与定量研究相结合的方法，在梳理教师信念的内涵特征、结构层次、发展阶段等基本问题的基础上，分析教师信念的文化品格所在，探讨其对于教师专业成长、自身改变的重要价值与意义。论文着重从文化学的视角对教师信念的内外部影响因素、生成机制以及行为策略方面进行探讨，论文第一章是导论。第二章是教师信念的意涵解析，对教师信念的内涵做出阐释，论述教师信念的结构与发展层次，考察教师信念与教师专业发展的关系。第三章是教师信念的文化品格分析，对教师信念的价值取向、观念导向、行为标向依次进行分析。第四章是教师信念的现实困境与影响因素分析，讨论教师信念的现实困境与问题，分析教师信念的影响因素。第五章是教师信念的生成机制探析，对教师信念的引领机制、教师信念的保障机制、教师信念的支持机制依次进行论述。第六章是教师信念的行为策略探析，提出培养教师反思意识，书写教师个人生活史；建立教师工作坊，增进对话与合作；鼓励教师融入学校文化，参与校本培训；注重与大学的伙伴协作，共同支持和引领教师信念的完善等。

关键词：教师　教育工作　信念　价值取向

**3233**

**英语运动动词的认知研究：基于语料库方法** / 李康著 ; 文旭指导. -- 西南大学, 2009. -- 120 页

论文基于语料库方法，对英语运动动词的认知进行深入全面系统的研究。全文共分为七章。第一章为论文导论，主要阐述论文研究的内容及目的，分析论文研究的问题和方法，论述论文的研究框架和创新点。第二章为相关文献的综述，主要对文献进行概述，从语法角度、形态学角度、语义角度以及基于 COBUILD 语料库对英语动词进行分类。阐述英语运动动词的定义和分类，分析国内外英语运动动词的研究现状。第三章是对运动动词的认知语言学进行研究，主要对相关理论进行概述，描述了认知语言学的相关理论，并进行章节小结。第四章为论文的研究设计方案的介绍，主要包括概述、研究方法、研究问题、研究过程等内容。第五章是对基于 BNC 语料库对英语运动动词使用的分析，主要对其进行概述，从 escape 的搭配和意义、认知分析对英语运动动词 escape 进行分析；从 leave 的搭配和意义以及认知分析阐述英语运动动词 leave；从 roll 的搭配和意义以及认知分析，描述了英语运动动词 roll 和 run。第六章是基于 CLEC 语料库对中国学习者使用英语运动动词的分析，主要从英语运动动词在 CLEC 和 LOB 语料库的分布对比、英语运动动词的介词搭配状况以及英语运动动词的使用失误三方面分析单词 escape、leave、roll 和 run，最后章节进行小结。第七章为全文的总结。

关键词：英语　外语教学　动词　认知

**3234**

**基于专业发展的教师精神文化研究** / 李清臣著 ; 蔡宝来指导. -- 西北师范大学, 2009. -- 221 页

论文运用案例分析法、调查研究法和实证研究法，基于生命哲学与文化学的视角，对三所中小学教师精神文化现状进行个案考察，解读中小学教师精神文化在课堂教学改革、教师专业发展中存在的问题，并进行深层次的分析，进而尝试提出构建良好教师精神文化的策略。论文第一章是问题陈述，交代研究背景、研究目的与研究意义。第二章是研究综述，分析国内和国外有关教师文化研究现状。第三章是研究设计与方法，提出研究问题、研究方法、研究过程与方式、研究思路与论文基本框架。第四章是文化与教师精神文化阐释，主要对文化进行解读，对精神文化的释义进行阐述，并对教师精神文化作出阐释。第五章

是教师精神文化基本理论分析,考察生命哲学关照下的教师精神文化,论述教师精神文化的价值取向,最后阐述教师精神文化变革的动因与阻力。第六章是教师精神文化内在构成要素的现状考察,对案例进行背景介绍,分析教师精神文化内在构成要素,并考察其现状。第七章是教师精神文化内在构成要素分析,对教师精神文化各要素存在的问题进行分析,阐述各要素在教师精神文化建设中的作用。第八章是教师精神文化的构建策略,提出构建具有个性追求的、合作向度的、生命本性的、德性追求的和发展性的教师精神文化。

关键词:中小学教师　教师素质　师资培养

3235

**语文体悟论** / 李霞著 ; 周庆元指导. -- 湖南师范大学, 2009. -- 237 页

论文对语文体悟论进行深入全面的研究,意在突出体悟的生存价值和语文教育价值。全文共分为五章。第一章为论文的导论,主要分析论文研究的缘起,阐述论文研究的意义,分析论文研究的现状,对相关文献进行综述,介绍论文的研究基本方法,总结论文的研究内容。第二章对语文体悟的本体进行阐述,主要探析何谓"体"和"悟"及"体悟"的性质和教育价值。介绍"体悟"的性质、"象"性、整体贯通性、生命精神性、模糊性、创生特征。第三章是对人性的识读,反映语文体悟的哲学根基。提出对人与教育生存论根基的叩问,彰显人的本源性生存状态。第四章是对语文的解读。在传统语文中,无论教学本质、教学目的、教学内容和教学方法都体现出体悟的理念。体悟是契合汉语的特征,首先,体悟契合汉字"象形"和"会意"的基质;其次体悟契合汉语语法修辞的以神射形性;第三,汉语传统经典文本是体悟思维的产物;第四,从语文教学来看,在文学文本教学中,体悟,使人达致本真,回归诗意的存在。第五章为走向体悟,主要包括理念突破:去除观念遮蔽,回归原发境域;路径探析:打破僵化孤立,彰显万有相通;生发机制:有无相生,虚实相涵。

关键词:语文课　语文教学　教学研究

3236

**高师音乐学研究生课程体系建构** / 李晓玲著 ; 郭声健指导. -- 湖南师范大学, 2009. -- 159 页

论文运用实证研究法与规范研究法相结合的研究方法,力图从高师音乐学研究生培养目标的现实困境入手,分析现有课程体系存在的问题,并通过比较分析借鉴发达国家高师音乐学研究生培养的课程思想,探索构建高师音乐学研究生新的课程体系。论文第一章是引言。第二章是高师音乐学研究生课程体系建构的现实背景,介绍高师音乐学研究生课程体系建设的成就,分析方向设置下的培养目标困境,并对现行高师音乐学研究生课程结构的失衡问题和音乐学研究生课程实施质量低效问题进行分析,最后论述课程评价的弱化问题。第三章是高师音乐学研究生课程体系建构的理论支撑,首先论述建构主义课程知识论,其次论述音乐教育哲学理论,最后论述创新教育理论。第四章是高师音乐学研究生课程体系建构的策略,首先论述确立"一专多能"的复合型通才培养目标定位,其次阐述构建以课程板块为核心的课程结构,提出构建关注全程和创新的课程实施体系以及课程评价的多元化。第五章是高师音乐学研究生课程体系建构的保障条件,提出建立高师音乐学研究生课程资源共享机制、实施高师音乐学研究生完善的学分制管理、着力提升高师音乐学指导教师和研究生的研究能力、加快高师院校音乐学研究生课程管理信息平台建设等建议。

关键词:研究生教育　音乐学　课程体系

3237

**从对立到和合:语文课程基本问题研究** / 李学著 ; 张楚廷指导. -- 湖南师范大学, 2009. -- 237 页

论文以中华传统和合文化为背景,运用文献研究、比较研究等方法对语文课程的基本问题进行深入的研究。全文共分为五章。第一章分析二元对立语文课程问题,追溯二元对立的历史源流及主要特点,界定二元对立语文课程的内涵,分析语文课程中二元对立的具体体现,并探究这些对立思想存在的问题,分析二元对立语文课程形成的主要原因。第二章解释"和"和"和合"语文课程,主要对"和"和"和合"的思想源流及其应用领域作了简要的回顾,并明确阐释了"和"与"和合"语文课程的内涵,探讨"和合"思想对语文课程的适切性。第三章提出"和合"语文课程的支撑理论。认为"和合"语文课程的建构需要从相关学科研究成果中寻求理论依据,人的发展连续性观点、格式塔心理学、接受美学思想及课程统整思想都体现出"和合"特性,能够为"和"语文课程理念构建和实施提供必要的理论支撑。第四章建构"和合"语

文课程基本理念,针对第一章提出的问题提供解决方案。主要包括"和合"语文课程本体探寻、"和合"语文课程价值取向以及"和合"语文课程内容研究三方面的内容。其中"和合"语文课程内容的研究主要包括课程内容的内涵解释、语文课程内容的界定等。第五章是对语文课程实施和合诉求,通过对话与语文课程对话、语文课堂对话的举措以及语文课程对话的功能对平等对话达成视界融合进行了分析,从中国传统意境理论的概述、意境理念与语文教学结合、语文教学情境设计的策略三方面对营造情境促进体验生成进行研究。

关键词:语文课　语文教学　和合

**3238**

**中学教师专业认同研究** / 李彦花著 ; 刘义兵指导. -- 西南大学, 2009. -- 142 页

论文运用问卷调查法、案例研究法和实证研究法,在梳理澄清教师专业认同的主要内容、类型、发展阶段等基本问题的基础上,分析探讨其对于教师生命意义、专业成长和课程发展的重要价值。论文第一章是导论,阐述问题的提出、研究意义、研究思路和研究方法。第二章是教师专业认同的基本理论问题,首先论述教师专业认同的内涵,其次阐述教师专业认同的层次与类型,最后论述教师专业认同的主要内容与发展阶段。第三章是教师专业认同的价值分析,首先对教师专业认同与教师生命意义的关系进行论述,其次分析教师专业认同与教师专业成长的关系,最后分析教师专业认同与课程改革的关系。第四章是教师专业认同的现状与困境,分析中学教师专业认同的现状研究与结果,考察中学教师专业认同存在的问题及原因。第五章是教师专业认同发展的制约因素,对教师个体层面的影响因素、任教学校层面的影响因素、课程改革层面的影响因素依次展开论述。第六章是教师专业认同发展的策略与条件,对教师专业认同发展的策略和条件进行论述,提出教师专业认同发展的内在策略,最后考察教师专业认同发展的外部支持条件与保障。

关键词:中学教师　认同　课程改革

**3239**

**科学哲学视域下反映真实科学的理科教学策略研究** / 李艳梅著 ; 郑长龙指导. -- 东北师范大学, 2009. -- 158 页

论文运用理论研究与实证研究相结合的方法,对以科学哲学为指导理论对科学探究和概念转变教学的相关探讨进行了综合论述。论文第一章是理科教育自由传统影响下科学哲学与理科教学的融合,首先对作为内容的科学哲学——HPS 教育及其实践进行论述,其次论述科学哲学作为理科教学的指导理论的研究与实践,第三总结相关研究对我国理科课程与教学改革的启示,最后分析已有研究的局限性,提出研究思路和方法。第二章是科学哲学本体价值和工具价值在理科教学中的统一问题,首先论述内容形态与方法论形态科学哲学在理科教学中的统一,其次阐述作为内容的科学哲学与作为指导理论的科学哲学。第三章是反映真实科学的一般教学策略探讨,对内容选择、活动设计与环境创设等三个层面依次作出阐释。第四章是反映真实科学的科学事实教学策略,首先论述认识真实的科学知识,对科学事实性知识的本体把握与事实呈现进行研究;其次论述建构真实的科学观念,对科学事实性知识所承载的基本观念及其选择做出阐述;最后体验真实的科学过程,从科学事实获取类活动的基本过程设计角度展开论述。第五章是反映真实科学的科学概念教学策略,首先分析认识真实的科学知识,论述科学概念性知识的本体把握与概念呈现;其次建构真实的科学观念,论述科学概念性知识所承载的基本观念及其选择;最后体验真实的科学过程,论述科学概念获取类活动的基本过程设计。第六章是反映真实科学的科学理论教学策略,首先论述认识真实的科学知识,其次论述建构真实的科学观念,最后阐述体验真实的科学过程。第七章是结语与反思。

关键词:理科　课程改革　教学研究　科学哲学

**3240**

**中学英语教师校本合作模式研究** / 陆敏著 ; 李力指导. -- 西南大学, 2009. -- 136 页

论文运用文献分析法、问卷调查法、案例分析法等研究方法,结合理论与实践,对中学英语教师校本合作模式及相关问题进行研究。论文第一章是导论。第二章是文献综述,对校本及校本教师培训、教师合作、教师合作的形式、教师合作的因素、外语教师合作的相关研究分别进行回顾与总结,最后分析文献的总体特点及需要进一步研究的问题。第三章是教师合作的理论基础,对教师合作的哲学基础、社会学基础、心理学基础、组织行为学基础、教育学基础依次展开论述,并分析中学英语教师校本合作模式构建的方法论基础。第四章是中学英语教师校本合作现状,首先阐述基于问卷调查的中学英语教师校本合作现状,对

教师合作的经历、意愿、需求、意义、困难和理想等方面进行阐释;其次以某中学为例,基于个案研究分析中学英语教师校本合作现状,对该学校的教师合作进行考察与总结。第五章是中学英语教师校本合作模式的理论构建,首先对模式的要素及各要素之间的关系进行阐述,进而阐释模式的目标、基本特点和模式运行的基本规律等问题。第六章是中学英语教师的校本合作模式的实践探讨,首先分析模式的实践条件,其次研究模式实践的基本程序,进而对模式实践中的学校和教师等主体进行分析。最后为结语。

关键词:中学教师　英语课　师资培养

**3241**

**语文教学参考书功能之考察** / 陆平著 ; 夏惠贤指导. -- 上海师范大学, 2009. -- 292 页

论文以语文学科为例,对语文教学参考书的功能进行了研究与考察。全文共分为七章。论文开始部分为导论,阐述论文研究的缘由,提出论文的研究问题,总结论文的研究目的和意义,剖析论文的主要问题和研究价值。第一章为文献综述,主要概述语文教学参考书的发展历史和国外语文教参开发的概况;分析国内外语文教参研究的文献综述。第二章介绍语文教参的角色与功能定位,主要包括教学参考书在教学要素中的位置及关系、相关教学要素和新课改与语文教参的功能以及语文教参功能分析框架与功能定位三方面的内容。第三章是对基于问卷调查的功能考察,主要从调查目的、研究对象、研究工具和数据收集与处理介绍了调查方法;从现行语文教参使用状况以及对现行语文教参分项内容的看法分析了调查结果。第四章是对基于课堂观察的功能的考察,主要概述了教学文本,以《百合花开》《我们家的男子汉》进行两个课例考察。第五章介绍基于深度访谈的功能的考察,主要包括倾听语文教参使用者的心声、倾听语文教参编者的声音以及评述“存”与“废”的争论三方面的内容。第六章是对语文教参编制的变革的阐述,主要包括我国语文教参总体结构考察、我国语文教参“一课书”层面编制的分析、我国历史上典型语文教参的个案分析、语文教参编制类型及其功能特征以及我国语文教参编制的变革五方面的内容。第七章为研究结论和反思,主要阐述论文研究的基本结论、创新之处以及不足和展望。全文的研究对分析语文教学参考书的功能具有重要的意义。

关键词:中小学　语文教学　教学参考书

**3242**

**中国当代中学数学课程发展的历程及其启示** / 吕世虎著 ; 王尚志,史宁中指导. -- 东北师范大学, 2009. -- 270 页

论文对中国当代中学数学课程发展的历程及其启示进行深入的研究与分析。全文共分为六章。第一章为论文的引论,介绍论文研究的背景及意义,对相关概念及其范围进行界定,表述论文的研究问题。第二章为相关文献的综述,主要介绍文献收集的思路,分析收集到的主要文献及其评述,对文献评述进行总结。第三章为研究方法和过程的论述,主要分析论文使用的历史研究法、文献法、比较法、文本分析法以及访谈法,介绍论文的研究过程,阐述论文的结构。第四章介绍中国当代中学数学课程发展的历程,对中国近现代中学数学课程发展进行了简要回顾,主要时期有学习外国数学课程时期、探索本土化数学课程时期。对选择数学课程发展道路时期进行分析,介绍探索中国数学课程体系时期,论述建立中国数学课程体系时期。第五章是对中国当代中学数学课程发展的特点的总结,主要从课程目标看数学课程发展的特点、从课程内容看数学课程发展的特点、从课程选择性看数学课程发展的特点以及从课程编排方式看数学课程发展的特点。第六章介绍中国当代中学数学课程发展的历史对当今数学课程改革的启示。

关键词:中学数学课　课程体系　课程改革

**3243**

**性别视角下的东乡族中小学潜在课程研究** / 吕晓娟著 ; 王嘉毅指导. -- 西北师范大学, 2009. -- 259 页

论文运用文本研究法、访谈法、案例法和实证研究法,将研究限定在学校潜在课程领域,运用人类学田野工作的研究范式和人种学的描述方式,对两所个案学校潜在课程中各种性别信息的具体表现及其对学校两性个体造成的影响进行全面的、深入的挖掘与剖析。进而对学校潜在课程性别理念的形成机制与发展模式进行探索。并在此基础上,探讨发挥学校潜在课程积极作用的有效途径。论文第一章是导论。第二章是文献探讨,对性别研究文献、潜在课程研究文献、教育与潜在课程中的性别问题研究文献进行述评。第三章是研究设计。第四章是进入研究现场的讨论,对走进东乡、走进唐汪、走进达板、走进旺集依次展开论述。第五章是田野研究发现的第一部分,论

述师生互动中的性别信息、生生互动中的性别信息、师师互动中的性别信息。第六章是田野研究发现的第二部分,论述学校教科书文本中的性别信息、学校规章制度文本中的性别信息、学生作业文本中的性别信息等问题。第七章是田野研究发现的第三部分,论述学校有形环境中的性别信息和学校无形环境中的性别信息。第八章是研究结果的阐释与模式构建,讨论东乡族中小学潜在课程性别理念发展模式的构建。第九章论述发挥东乡族中小学潜在课程积极作用的有效途径。

关键词:中小学　课程评价　性别差异　东乡族

3244

**中国百年教育研究制度审视** / 聂劲松著 ; 石鸥指导. -- 湖南师范大学, 2009. -- 202 页

论文基于教育研究制度分析的边缘化问题等现实问题,运用制度分析的方法论对中国百年教育研究制度审视进行深入的研究。全文共分为五章。第一章为论文的引言及文献综述。分析论文选题的依据,介绍论文的研究设计及框架,阐述论文的研究思路,对已有的研究进行评述。第二章研究中国教育研究制度的发端和成型,从中国教育研究制度发端的时机和条件、政府学术研究机构和相关政策考略以及对历代教育研究形态及内涵的分析阐述中国教育研究制度的发端。同时从政治体制与教育制度的巨变、动力机制及主要活动以及战争时期的教育研究制度的运行分析中国教育研究制度的成型。第三章介绍中国教育研究制度的转型和规范,主要从政府主导型教育研究制度的建立、积重难返的教育研究制度方面分析中国教育研究制度的转型;从规范化发展的相关背景与前期工作以及建设方面分析了中国教育研究制度的规范化发展。第四章介绍中国教育研究制度的成熟与创新,包括机构系统与规范系统初步形成的阶段、制度环境和制度运行的状况,通过分析教育研究制度创新的实践点击、面临的挑战以及制度化问题三方面阐述中国教育研究制度的创新。同时还分析新中国教育研究制度的成就与经验,阐述中国特色教育研究制度的历史功绩和基本经验。第五章分析中国教育研究制度的应然求索,包括中国教育研究制度的多重属性、中国教育研究制度的伦理精神以及中国教育研究制度的当今与未来。

关键词:教育研究　教育制度　体制改革

3245

**课堂文化的批判与建设** / 潘光文著 ; 李森指导. -- 西南大学, 2009. -- 150 页

论文运用理论分析法、历史分析法、定性分析法等研究方法,围绕"课堂文化在功能上为什么会由理性启蒙、精神解放异化为精神控制"这一核心问题展开对课堂文化的讨论,提出新型课堂文化的建设策略。论文第一章是课堂的文化透视,对课堂教学活动的文化透视进行考察,论述课堂环境的文化透视问题。第二章是课堂文化的本体追寻,首先分析课堂文化的本质与特征,其次论述课堂文化的结构域功能。第三章是课堂文化的异化及其反思,首先分析课堂文化的异化及其路径,其次论述对课堂文化异化的反思。第四章是课堂文化建设的理论基础,首先研究"单向度"理论,其次论述"文化霸权"理论,最后论述生态伦理。第五章是课堂文化建设的现实依据,首先分析教学改革的文化特性,其次分析现有课堂文化的特性。第六章是课堂文化的建设策略,首先论述了课堂教学文化的建设策略,提出注重实践智慧生成的课堂教学目标、发展互惠友好的师生关系、平等对话与自主建构的课堂教学过程、注重能力和创新的课堂教学评价等;其次论述课堂环境文化的建设策略,提出要尊重个人权利的课堂群体文化、求异和宽容的课堂教学氛围等策略。

关键词:中小学　课堂教学　教学改革

3246

**中学英语职前教师专业知识建构研究:以上海地区英语本科师范生为例** / 盛迪韵著 ; 顾大僖指导. -- 上海师范大学, 2009. -- 183 页

论文运用问卷调查法、访谈法、文献资料法、定性分析与定量分析相结合的研究方法,关注中学英语职前教师的专业知识建构问题,调查并分析上海地区中学英语职前教师知识建构的现状与成因,探讨并提出中学英语职前教师专业知识建构的具体核心机制方案。论文第一章是导论。第二章是文献述评,对职前教师教育研究、教师专业知识研究、英语教师专业知识研究、英语职业教师专业知识研究等文献进行回顾与总结。第三章是研究的理论框架,对研究概念进行界定,提出研究的理论基础。第四章是研究的设计与过程,首先对研究主题、研究假设、研究对象等问题给出说明,并对研究过程中涉及到的调查问卷、课堂观察和访谈提纲进行阐释。第五章是研究结果与分析,首先

分析英语师范生只是构建的效能感，其次论述英语师范生专业知识的来源情况，最后对英语师范教育的课程设置及实施情况进行分析，论述英语职前教师专业知识构建的意识形态。第六章是以主体性学习为核心的英语职前教师专业知识建构机制，首先对主体性学习的知识建构形成框架进行说明，考察中学英语职前教师专业知识建构的现状与问题、基本原则、重点要素和知识建构框架；其次对主体性学习的实施方案进行论述；最后考察主体性学习的保障机制。最后为结束语。

关键词：中学　外语教学　师范教育

**3247**

**中国英语学习者惯用语块习得研究：基于隐喻认知的视角** / 石洛祥著 ; 李力指导. -- 西南大学, 2009. -- 257 页

论文基于隐喻认知的视角，对中国英语学习者惯用语快习得进行深入的研究。全文共分为七章。第一章为引言，阐述选题的缘由，对研究的背景中国英语学习者学习难点以及惯用语块习得的现状调查，分析研究视角和理论依据，阐述论文的研究方法和基本观点及创新点，总结论文的研究框架及简要内容。第二章是对相关文献的综述，主要包括二语词汇习得研究综述、二语心理词汇研究、多词单位和语块与搭配与短语学研究综观、传统的英语惯用语研究、惯用语的理解、惯用语的可构造观点、惯用语习得研究以及词汇和语块及惯用语研究小结八方面的内容。第三章是对惯用语认知研究的理论支持，主要介绍了哲学基础、语块研究的理论基础、隐喻认知理论、惯用语研究的认知语言学视角、惯用语的心理语言学视角。第四章介绍认知语言学视角下惯用语块可学性的实证研究，主要对相关问题进行了研究，针对假设1、假设2、假设3，分别进行实验研究。第五章是对研究结果的分析，主要从数据统计结果、结果描述、结论三方面分析实验1、实验2、实验3的结果。第六章为结论与讨论。

关键词：英语　外语教学　惯用语　隐喻　认知

**3248**

**课堂场域中的学生社会性生成：一种交往视角的分析** / 史铭之著 ; 裴娣娜指导. -- 北京师范大学, 2009. -- 239 页

论文从一种交往视角，对课堂场域中的学生社会性生成进行了分析与研究。全文共分为四章。第一章是对课堂场域学生社会性研究的历史溯源。在纵向的历史梳理和横向的跨学科研究的基础上，对已有关于学生社会性发展的研究进行方法论反思；从历史发展的角度来看，学生社会性的培养具有鲜明的时代特征：培养具有自主精神的社会人是当代社会对学生社会性发展的要求。第二章是对课堂场域学生社会性生成的现实考察，以小学阶段学生作文考察对象，通过课堂观察、师生访谈、问卷调查和案例分析等研究法方法，对课堂场域小学生社会性发展水平、发展问题、社会性生成的具体表现做以呈现。第三章是对课堂场域中学生社会性生成的理论分析，揭示了学生社会性的表现形态、内在结构、生成机理和影响因素。第四章提出了课堂场域学生社会性生成的实践策略。在课堂场域中学生社会性生成进行了历史梳理、现实考察和理论分析的基础上，提出促进课堂场域学生社会性生成的实践策略：彰显课程文本的价值，尊重学生的选择与体验；重建课堂规范的内涵，赋予学生自我管理的权利；提升群体文化的意义，实现共同体中的主体生成。全文以交往为研究视角，借鉴哲学、社会学、心理学和文化学的相关研究成果，主要研究了课堂场域学生社会性生成的历史溯源、对其进行现实考察、理论分析以及提出促进课堂学生社会性生成的实践策略四方面的内容。全文的研究对分析课堂场域中的学生社会性生成具有重要的意义。

关键词：小学　课堂　学生　社会性

**3249**

**高中生"与生活相关的化学素养"的构成、评价及发展研究** / 宋万琚著 ; 王磊指导. -- 北京师范大学, 2009. -- 162 页

论文对课程标准、教材及文献分析的基础上，对高中生"与生活相关的化学素养"的构成、评价及发展进行了研究。全文共分为十章。第一章提出论文研究的问题，主要涉及社会经济的发展需要公民具备良好的科学素养和高中化学新课程实施需要研究与生活相关的素养问题。第二章介绍已有研究基础，主要包括对科学素养的定义、科学素养的构成及分类研究、科学素养的测评研究、化学科学素养构成的研究、化学科学素养的测评研究、化学科学能力的研究以及当前研究存在的问题七方面的内容。第三章为论文研究的总体设计，主要包括论文的研究问题和内容，阐述了论文研究的意义和方法。第四章是对与生活相关的化学素养的理论构想，主要对相关概念进行了界定分析与生活相关的化学素养和科学素养的关系，

介绍与生活相关的化学素养的构成,对与生活相关的化学素养的概念和构成模型进行实证研究,阐述与生活相关的化学素养的概念和构成模型的价值。第五章是对与化学相关的生活问题的构建与确认,主要包括问题的提出、研究目的、研究结果。第六章是对高中生与生活相关的化学素养评价工具的开发,主要介绍与生活相关的化学素养的评价模型和评价工具的开发。第七章是对高中生与生活相关的化学素养的实测研究,通过样本的选取、测查的实施,分析了高中生与生活相关的化学素养测查结果,阐述了《化学与生活》模块课程修习对学生 CLRL 水平的影响,研究依据测试结果验证 CLRL 的构成模型,总结全体样本高中生解决 5 种水平类型生活问题的典型表现,并对结论进行讨论。第八章是对促进学生与生活相关的化学素养发展的教学设计与实施研究,分析《化学与生活》模块教学实践和研究的现状、促进学生与生活相关的化学素养发展的教学设计模式,对促进学生与生活相关的化学素养发展进行教学实践研究。第九章为论文的结论和展望。第十章为参考文献的综述。

关键词:高中生　化学教学　文化素质

**3250**

**英语句子论元结构的构式语法研究** / 宋雪松著 ; 文旭指导. -- 西南大学, 2009. -- 121 页

论文以“中国英语学习者的英语句子学习”为核心问题,对英语句子论元结构的构式语法进行深入研究。全文共分为六章。第一章为论文的导论,阐述论文研究问题的提出背景,总结论文研究的目的和意义,论述论文研究的构想。第二章为论文研究的理论框架的介绍,主要从构式语法的理论基础、内涵和特点、研究焦点和形式化等角度研究构式语法的研究现状和趋势。通过论述论元角色与论元的研究,分析论元结构的存在形式及构成原则,阐述论元结构的转换和语义制约。第三章介绍论元结构构式的语义分析,主要包括构式语法对双及物结构的研究以及构式语法对英语中动结构的句法和语义的分析。分析中动句的判定及作格句的关系,介绍中动句的独立性及其构式义,阐述中动句的句法特征及语义类型,描述中动句的语义特征,对中动句同相应的被动句在语义上进行辨析。第四章是对句子理解的论元结构构式的研究,主要从动词中心观和构式中心观分析句子理解的两种研究路向,同时论文还研究构式义与词汇义的互动关系。第五章总结认知理论对语言习得研究的启示意义,主要从语言类型学研究方式和普遍语法理论研究方式分析基于语言本体的研究。同时从习得的基本过程和所习得的语言规则表征方式和语言习得认知加工过程两方面分析基于个体认知加工过程的研究。第六章为全文的结束语。

关键词:英语　句子分析　语法结构

**3251**

**7—9 年级学生数学符号语言的理解与表示** / 汤强著 ; 宋乃庆指导. -- 西南大学, 2009. -- 135 页

论文运用“表示—联系”的理解理论等理论分析框架,对 7—9 年级学生数学符号语言的理解与表示进行了研究。全文共分为六章。第一章为论文的导论,主要介绍论文研究的背景,对论文相关的文献进行综述,提出论文的研究问题,阐述论文的研究意义,介绍论文的研究框架。第二章为论文的研究基础,主要包括对数学符号语言的基本认识和论文相关的理论基础。对数学符号语言进行界定,分析数学符号语言与数学文字语言、图表语言的关系,对数学符号语言进行了分类,阐述其功能,介绍语义和语法。第三章为论文的研究设计,主要包括研究的基本思路、研究方法以及研究对象三方面的内容。第四章是对学生的数学符号语言理解的介绍,主要阐述了数学符号理解的广度,加深对符号之间关系的理解,论述字母意义,总结理解的策略。第五章是对学生的数学符号语言表示的研究,从实例、数据、访谈对符号表示的多样性进行了阐述,分析符号表示的系统性,以及符号表示的准确性和策略性。第六章是对全文的总结和思考,主要总结论文研究的基本结论,基于结论和思考分析学生在数学符号语言理解与表示上的不同表现,探究不同表现的本质。通过教师访谈、教学设计分析以及习题讲解分析,描述教学现状,总结教学建议,在此基础上,对数学符号语言教学进行反思。总结论文研究的不足及其进一步研究的建议。

关键词:数学教学　初中生　符号

**3252**

**小班化教学:走向“个性自由”——一种文化哲学的考察** / 陶青著 ; 黄甫全指导. -- 华南师范大学, 2009. -- 169 页

论文通过对一种文化哲学的考察,对小班化教学走向“个性自由”进行深入全面的研究。全文共分为四章。论文开始部分为论文的导论,分析文化哲学研究范式下的小班化教学,主要阐述事物在一定的研究

范式中展开自身的过程,对已有研究范式进行实证化的特征研究,从静态式考察、单一式考察以及科学式考察分析了已有研究范式对"人"的遗忘的研究,分析文化哲学史小班化教学研究的必然选择。论文的第一章是对"人的存在"与小班化教学的本体追问,主要阐述"人的存在"作为本体的实际内涵和标尺意义,研究"人的存在"作为本体的要素构成与作用边界,对学生存在的境遇进行深度的关切。第二章介绍"人的存在"与小班化教学的历史演进,从诞生的根源、发展的性质、教育的特征三方面分析了"群体主体"的诞生、"个体主体"的发展以及"类主体"的生成。第三章介绍"个体生命"与小班化教学的结构整体,主要介绍小班环境下"个性化目的"的孕育、小班环境下"个性化课程"的开发、小班环境下"个性化教学"的生成以及小班环境下"个性化评价"的实现四方面的内容。第四章阐述"个性自由"与小班化教学的理想图景,分析"自由"的发展性,从"真的自由"之域、"善的自由"之域、"美的自由"之域三方面分析小班化教学的"个性自由"之域;从群体教育、大班教学、小班化教学分析了小班化教学的"个性自由"之旅。论文最后部分为结语,阐述学习形态的性质区分,分析自在自发的学习和自由自觉的学习,研究小班学习的"异化受动"和"和谐共生"。

关键词:课堂教学　教学模式　文化哲学

3253

**中学物理课程中科学本质教育的研究** / 田春凤著 ; 郭玉英指导. -- 北京师范大学, 2009. -- 205 页

论文采用理论研究与实证研究相结合的方法,对中学物理课程中科学本质教育进行深入的研究。全文共分为九章。第一章介绍论文的研究背景,主要包括科学本质教学是当前国际科学教育领域的热点、我国新课程改革对科学本质教育的关注以及科学本质在中学物理教育中未受到应有的重视。第二章介绍论文研究问题的历史与现状,主要分析了科学本质及其引入科学教育的过程,阐述了国内外的研究。第三章介绍了论文的研究问题和研究设计,主要包括问题的提出、研究思路的设计。第四章介绍科学本质教育的地位和价值,从科学素养的课程价值取向的要求、物理学发展及学生学习的要求以及专家和教师的观点分析科学本质教育的地位,同时论文还论述了科学本质教育的价值。第五章阐述科学本质教育的目标,主要包括理论分析结果、课程目标中的科学本质教育、中学生科学本质观发展的现状、专家和教师的观点以及科学本质教育的目标五方面的内容。第六章是基于物理学史的科学本质教育内容的构建,主要阐述内容标准中的科学本质教育、教材中的科学本质教育内容、教师对教材中科学本质教育内容的认识以及科学本质教育内容的构建四方面的内容。第七章介绍论文科学本质教育的教学设计,阐述了教学设计的原则,分析教学设计的方法和步骤,介绍初中、高中的教学设计的案例。第八章是对科学本质教育的教学实验,主要包括实验过程、初二教学实验结果与分析、初三教学实验结果与分析以及高二教学实验结果与分析。第九章是对全文的总结,主要总结有科学本质教育的地位和价值、目标、内容、教学设计、教学实验以及初高中衔接与差异,并阐述了实施的建议。

关键词:中学　物理课　科学教育学　教学研究

3254

**网络文化对大学生伦理道德影响的研究** / 万峰著 ; 林樟杰指导. -- 上海师范大学, 2009. -- 265 页

论文运用理论推理和实证分析相结合的方法,对网络文化对大学生伦理道德影响进行深入全面的研究。全文共分为六章。第一章为论文的绪论,主要分析国内外对网络文化对大学生伦理道德影响的研究现状,介绍论文的研究思路和研究方法,总结论文的创新点和对未来的研究展望。第二章介绍网络文化与网络伦理道德,主要分析网络文化的形成和发展,阐述网络文化的特征,介绍网络文化的主要功能,概述网络伦理道德的基本特征、表现形式和内容,区分网络伦理道德与现实伦理道德的关系。第三章分析网络文化对大学生道德观念和行为的影响,主要包括网络文化对大学生道德观念的积极影响和消极影响、网络文化对大学生行为的积极影响和消极影响以及网络文化促进大学生的全面发展。第四章是对网络文化影响对大学生伦理的实证分析,主要包括 CEB 理论模型的构建和研究假设的设立、调研方法、数据分析及相关结果、CEB 理论模型的验证分析、不同地区和不同学科专业大学生网络道德观和行为的比较分析以及实证分析总结六方面的内容。第五章介绍网络文化对大学生伦理道德的影响机制,主要分析人类道德意识及行为的心理机制,对网络文化对大学生伦理道德影响机制进行剖析,阐述大学生自我世界、现实世界和网络世界的互动关系。第六章介绍网络背景下大学生德育的创新,阐述网络文化背景下大学生德育的新认识、大学生网络德育的新机制以及大学生

网络德育的新途径。

关键词:大学生　德育　道德修养　互联网络

**3255**

**大学课程治理问题研究** / 王晨光著 ; 谢利民指导. -- 上海师范大学, 2009. -- 293 页

论文运用文献分析法、历史研究法、比较研究法等具体方法,对大学课程治理制度的内在规律和特征进行了系统研究,从中揭示出课程治理模式的理论依据、作用空间和运行机理,并在比较和总结国内外经验的基础上,尝试着对构建符合中国特色的大学课程治理理论体系进行系统的理论探索。论文第一章是导论,第二章是大学课程治理的涵义,对相关概念的含义加以阐释,分析大学课程治理中的利益相关者,总结大学课程治理的目标设计。第三章是大学课程治理方式与治理机制,首先论述大学课程治理的内部治理,其次对大学课程外部治理问题进行研究,最后论述大学课程治理机制。第四章是大学课程治理模式建构,首先比较德国、日本和美国的大学课程治理模式,其次对我国大学现行课程管理模式进行分析,最后考察我国大学课程治理模式建构的问题。第五章是培育中国特色的课程治理文化,论述课程治理文化的涵义与意义,分析课程治理文化中的基本矛盾,并提出对培育中国特色课程治理文化的思考,作者把治理文化纳入大学课程制度的研究范畴,并期望通过规范治理文化提升大学课程治理的总体水平。作者在系统分析中国传统大学文化各种有利和不利因素的基础上,提出了以"民主"和"仁爱"为旗帜,引领和建设中国特色大学课程治理文化的一些初步构想。

关键词:大学　课程　教学研究

**3256**

**中学教师物理教学科研发展特点及影响因素研究** / 王慧君著 ; 廖伯琴指导. -- 西南大学, 2009. -- 171 页

论文运用问卷调查法、访谈法、统计分析法和实证分析的研究方法,基于物理学科的视角,以中学教师的物理教学科研为研究对象,通过对大量实证数据的分析探讨中学物理教学科研的发展特点以及中学教师物理教学科研的主要影响因素。论文第一章是绪论。第二章是文献综述及物理教学科研概念辨析,首先综述物理教学科研的历史、现状及发展趋势,其次综述中学物理教学科研基本问题,最后对物理教学科研的概念进行辨析。第三章是中学教师物理教学科研现状分析,对研究目的、工具制定、统计分析和调查结果做出阐述。第四章是中学教师物理教学科研的发展特点分析,对研究目的、研究样本、研究过程和研究结论依次展开论述,并总结了中学教师物理教学科研研究内容和研究方法的发展特点。第五章是中学物理教学科研发展的影响因素分析,对研究目的、研究思路、工具制定等概念进行论述,最后考察影响中学教师物理教学科研发展的主要因素,提出研究的结论与建议。第六章是结论,主要结论为:参与物理教学科研的教师人数迅速增加,中学教师正在成为物理教学科研的主力;中学教师物理教学科研的研究内容在不同时期呈现不同特点;中学教师物理教学科研的研究方法在不断发展和完善之中;影响中学教师物理教学科研的因素有社会、教师和学校等方面。

关键词:中学教师　物理课　教学研究

**3257**

**实践与反思:课堂教学行为研究——以六所中小学校为个案** / 王姣姣著 ; 张传燧指导. -- 湖南师范大学, 2009. -- 256 页

论文运用案例研究法、理论分析法、调查研究法等方法,对六所小学的课堂教学行为进行实地调研,分析课堂教学行为的现状与问题。论文第一章是绪论,介绍研究缘起、研究现状、研究概念、研究价值以及研究创新之处。第二章是研究设计,介绍研究问题的设计,对问题的阐述及基本思路进行阐释;论述研究方法的选择,介绍理论分析法、个案研究法和问卷调查法等研究方法;确定研究对象;阐述资料搜集的过程及其分析方法;是研究的效度及伦理问题的阐释;对研究的理论支撑进行回顾与提炼。第三章是课堂教学行为的现状透视,分析现状,阐述中小学课堂教学行为;分析存在的问题,对课堂教学行为进行整体剖析;研究影响因素,阐述课堂教学行为的深层因素;阐释调查反思,对课堂教学行为转变的艰巨性与迫切性进行研究。第四章是课堂教学行为的愿景构建,论述课堂教学行为愿景的构建理念、构建原则以及愿景图。第五章是课堂教学行为的转变策略,阐述课堂教学行为转变的整体支持策略和具体实施策略。

关键词:中小学　课堂教学　教学研究

**3258**

**中俄普通高中体育课程标准及实施的比较研究** / 王韶峰著 ; 孙庆祝指导. -- 南京师范大学, 2009. --

183 页

论文运用文献资料法、比较研究法和案例研究法,以中俄两国普通高中体育课程标准及实施作为研究对象,比较分析两国普通高中体育课程的历史与现实,并考察中俄两国普通高中体育课程标准自身的历史演变过程。论文第一章是问题进行阐释。第二章是中俄学校体育课程背景的对比分析,首先论述政治背景的对比研究,其次是经济背景,最后对文化背景和教育背景依次进行对比论述。第三章是中俄普通高中体育课程标准演变进行历史分析,首先论述我国普通高中体育课程标准的演变历史,其次论述俄罗斯普通高中体育课程标准的演变,最后对中俄两国体育课程标准演变进行对比分析。第四章是中俄普通高中现行体育课程标准进行比较分析,首先论述体育课程性质的比较,其次对体育课程的基本理念进行比较,最后对体育课程目标和体育课程内容标准进行比较。第五章是中俄普通高中现行体育课程标准实施的案例分析,选取我国黑龙江省同江市第一中学和俄罗斯远东地区乌苏里斯克市第二十五中学的体育课程实施为案例,分别进行研究和对比分析。第六章是中俄普通高中体育课程标准及实施比较的反思与启示,论述我国普通高中体育课程标准发展中的历史与现实反思,对中俄普通高中体育课程标准及实施进行比较后得出启示。第七章是结论与建议。

关键词:高中　体育课　课程标准　中国　俄罗斯

**3259**

**教科书审查法律制度研究** / 王郢著 ; 孙霄兵,宋乃庆指导. -- 西南大学, 2009. -- 171 页

论文运用规范分析与实证分析相结合的研究方法,试图从教育学和社会学的角度出发,设计教科书审查的多个领域,建立在教育社会学、课程评价学、教科书理论等多种理论基础上,取向于教科书审查这一教育现象的本身属性和规律,基于我国当前中小学教科书开发和建设的现实背景,探讨教科书审查的理论基础、原则、具体操作方式和程序等内容。论文第一章是导论,第二章是基本概念的探讨,分析研究问题的起点,对教科书、教科书审查、教科书审查法律制度等问题进行论述。第三章是教科书审查的理论基础,首先探讨教科书审查的合理性,其次论述教科书审查的理论基础,并分析推动教科书审查发展的内在动力,提出要区别对待基础教育阶段和高等教育阶段的教科书审查。第四章是教科书审查的基本制度,对教科书审查的原则、教科书审查的主要模式、教科书审查的主体、教科书审查的主要方式等问题依次展开论述。第五章继续研究教科书审查的基本制度,主要考察了审查的内容、教科书审查的程序、审查法律建设的原则和审查发展的特点。第六章是问题与建议,总结我国当前教科书审查制度中存在的问题,提出相关的法制化建议、审定队伍建议、评价主体建议、审定机制建议、审定监督建议、审定结果建议和具体操作建议。最后为结语。

关键词:教材　审查　法制　教育法

**3260**

**语文科真实写作教学研究** / 魏小娜著 ; 靳玉乐指导. -- 西南大学, 2009. -- 230 页

论文以情境认知理论等理论为研究的理论基础,对文科真实写作教学进行深入的研究。全文共分为五章。论文开始部分为论文绪论,主要阐述论文研究问题的由来,分析论文相关的文献综述,总结论文研究的主要问题和思路,阐述论文的研究方法和研究的创新点和意义。第一章是对语文科传统真实写作的理性反思,主要阐述语文科传统真实写作的内涵,分析语文科传统真实写作的理论基础,对语文科传统真实写作的理论基础进行反思,同时总结论文研究的问题和启示。第二章介绍语文科真实写作的基本理论,分析语文科“真实写作”的本质,阐述语文科真实写作的基本内涵及其理论基础,在课程论视角下对语文科真实写作内涵进行了理论辩护。第三章介绍语文科真实写作教学的目标体系,主要包括语文科真实写作教学目标的价值取向和对语文科真实写作教学目标体系的表述。第四章介绍语文科真实写作的教学内容,阐述语文科真实写作教学内容对课程内容的依赖,分析语文科真实写作课程内容的结构,总结语文科真实写作的课程内容要素,介绍语文科真实写作的教材设计以及描述语文科真实写作课程内容想教学内容的转化。第五章为语文科真实写作的教学策略及评价,主要从以“任务型教学”为统领、以“新概念”修改为支点和以多元课程开发为驱动三方面阐述了语文科真实写作的教学策略,并对语文科真实写作教学进行评估。

关键词:中小学　语文教学　写作　教学研究

**3261**

**清末民初教科书的启蒙诉求** / 吴小鸥著 ; 石鸥指导. -- 湖南师范大学, 2009. -- 375 页

论文运用文献分析法、历史分析法和实证研究法,将教科书放在历史发展的长河之中,充分关注传统与变革、继承与发展的辩证关系,寻求清末民初教科书的启蒙诉求。论文第一章是清末民初教科书的发展历程,首先回顾清末民初教科书发展的基本过程,其次分析清末民初教科书发展的影响因素。第二章是清末民初教科书的巨大影响力,首先论述教科书作为非常关键的启蒙文本的作用,其次考察清末民初教科书声势浩大的编辑出版情况,第三分析清末民初教科书辐射广泛的受众群体,最后论述清末民初教科书的深远影响。第三章是清末民初教科书的科学理性启蒙分析,首先对李约瑟难题和科学理性启蒙的历史进行回顾,其次对教科书中现代学术范式的形成进行总结。第四章是清末民初教科书的民主政治启蒙,梳理从有限渗入到广泛传播的过程,阐述教科书中民主政治的理想图景。第五章是清末民初教科书的现代伦理精神启蒙,梳理从沉潜到激活的伦理精神启蒙思想,论述教科书营造全新的价值偏爱系统。第六章是从“崇本抑末”到“四民之纲”,考察清末民初教科书中的现代商品经济启蒙思想。第七章是清末民初教科书的现代文明生活方式启蒙研究,对教科书强调健康身体的情况加以阐述。第八章是清末民初教科书启蒙之审理的论述,对清末民初教科书中的变革性、现代性和独特性进行论述。最后为结语。

关键词:教材　教育史　清末民初

**3262**

**追求自然的体育教学** / 夏成前著 ; 田雨普指导. -- 南京师范大学, 2009. -- 163 页

论文运用文献资料法、案例研究法和实证研究法,选择7所中小学作为实践考察的对象,将自然主义的体育教学观及当前体育教学中的某些不自然现象作为研究对象,考察中小学体育教学中合乎自然以及某些违背自然的现象,在事实基础上找寻隐含在教育事实背后的自然规律。论文对自然主义体育教学精神进行辨析,诠释体育教学的自然观,对当前体育教学理论提供有益启示。论文第一章是自然主义体育思想的解读,对相关概念进行界定,讨论近代欧美的自然体育思想,最后论述近代中国的自然体育观。第三章是中小学体育教学实践考察,主要研究两所城市小学体育教学的实践情况,对中学体育课堂教学记录进行研究,论述中学体育教学实践访谈情况。第三章是体育教学中不自然现象的剖析,首先论述体育教学中不自然现象的表现,其次分析体育教学中不自然现象的缘由。第四章是当代自然体育观的方略举要,提出关注学生兴趣、倡导自主体验、重视直观教学、提倡合作交流、注重游戏比赛、走进生态自然等建议。第五章是新课程背景下自然体育观的应然追求,依次论述当代自然体育观是近代自然体育观的一种复兴、体育教学的自然目标是追求人的健康和快乐、传递健身和娱乐方法是体育教学的自然价值、建立课堂常规是学生体育社会化的自然起点等方面。第六章是结论。

关键词:体育教学　教学理论　自然主义

**3263**

**学校课程与家庭教育价值取向研究:以高中思想政治课程为例** / 肖强著 ; 马云鹏指导. -- 东北师范大学, 2009. -- 134 页

论文以高中思想政治课程为例,对学生课程与家庭教育价值取向进行深入全面的研究。全文共分为七章。论文开始部分为导论,主要阐述论文研究问题的提出、研究背景、研究意义、研究问题以及论文的研究创新。第一章是对相关文献进行了综述,主要包括对学校课程、家庭教育、家庭教育功能、学校课程功能、家庭教育价值取向、学校课程价值取向等概念进行界定,阐述学校课程价值取向研究综述,分析家庭价值取向研究综述和学校课程与家庭教育。第二章介绍高中思想政治课程的发展与特征,主要包括新中国成立时期、十年“文革”时期、“十一届三中全会”以来高中思想政治课程的演变过程以及高中思想政治课程的特征。第三章从分析框架、研究方法、高中思想政治教科书价值取向研究设计、高中生家庭教育价值取向研究设计三个方面阐述研究设计。第四章是对高中思想政治教科书价值取向的分析,对数据和结果进行研究。第五章介绍高中生家庭教育价值取向,对家庭教育价值取向三大类别及每个类别中各项别重要程度进行排序,分析家庭教育价值取向的基本情况差异,同时分析家庭教育价值取向来源。第六章对学校课程与家庭教育价值取向进行了比较分析,主要包括价值取向三大类别综合比较分析、价值取向三大类别各项别比较分析以及论文与插图任务价值取向类别比较分析。第七章为论文的结论和建议,主要建议有家长和家庭参与学校课程、学校通过一定的方式知道家庭教育、采取措施引导家庭教育的价值取向等。

关键词:高中　政治课　家庭教育　价值取向

3264

**网络课堂协作知识建构模式研究** / 谢幼如著 ; 宋乃庆,刘鸣指导. -- 西南大学, 2009. -- 186 页

论文对网络课堂协作知识建构模式进行深入全面的研究。全文共分为八章。第一章为研究概述,主要阐述论文的研究背景,提出论文研究的问题,介绍论文的研究目标和意义,对相关概念进行界定与辨析,论述研究过程、方法和结构。第二章是对相关研究的评述,主要包括协作知识建构的研究、基于问题学习的研究、网络课堂协作学习的现状以及国内外相关研究的启示等内容。第三章为研究的理论基础,主要理论包括社会建构理论、情境学习理论、奥苏贝尔教学理论以及教学设计理论。第四章为理论探究,分析网络课堂协作知识构建的基本过程、共同体和活动以及研究网络课堂协作知识构建的群体动力。第五章分析模式构建,主要包括基于问题的网络课堂协作知识构建的模式、基于问题的网络课堂协作知识构建模式的行动研究以及行动研究小结与模式研究三方面的内容。第六章通过概念图支持协作知识构建的支架策略、会话工具支持协作知识构建的交互策略以及电子学档支持协作知识构建的评价策略三方面对支持策略进行分析与研究。第七章是对应用效果的分析,主要包括概念性问题协作知识构建模式的应用实验、解释性问题协作知识构建模式的应用实验以及设计性问题协作知识构建模式的应用实验。第八章为论文的研究结论和展望。

关键词:中小学　课堂教学　网络教学

3265

**基于认知模式转化的高中物理概念教学研究** / 徐宁著 ; 郭玉英指导. -- 北京师范大学, 2009. -- 212 页

论文基于认知模式的转化,对高中物理概念教学进行深入全面的研究。全文共分为八章。第一章为论文的绪论,主要介绍论文的研究背景,分析论文研究的现实意义、理论意义以及应用价值。第二章为概念教学研究的历史和现状,从概念形成到系统知识角度对物理概念的研究、对学生的研究、物理概念教学的理论、概念教学的过程等方面对国内概念教学进行了研究,同时分析了国外力学概念教学。第三章介绍了概念转变研究的历史和现状,主要包括前认知相关研究、概念转变模型及其发展、评述三方面的内容。第四章介绍研究的主要问题及研究预设,主要包括对相关概念的界定,对研究的主要问题和研究内容的分析,从概念的建立是在一定基础上的意义构建、对认知模式构成因素的分析能够描述概念的发展变化以及优秀的传统物流概念教学中蕴含当代科学教育思想三方面介绍研究的预设,同时论文还介绍研究方案。第五章阐述概念支撑体系的理论研究,主要包括已有研究成果的借鉴、需要进一步研究的问题、对概念转变理论基础的分析、科学哲学研究对“概念支撑体系”的启示以及概念支撑的体系和认知模式和支持体系的建立。第六章是对“加速器”概念支撑体系的实证研究主要包括研究设计、前认知纸笔调查结果分析、教学前“加速器”认知模式分析、“加速器”教学效果的检验、教学后“加速器”认知模式的研究、“加速器”教学分析六方面的内容。第七章是对摩擦力概念支撑体系的实证研究。第八章为论文综合讨论和研究结论的总结,主要讨论关于概念支撑体系、关于学习中认知模式及困难等级、关于教学分析等。此外还介绍关于教学的建议以及需要进一步研究的问题。

关键词:高中　物理教学　概念教学　认知方式　教学研究

3266

**师范生面向教学的数学知识之研究:基于数学发生发展的视角** / 徐章韬著 ; 顾泠沅指导. -- 华东师范大学, 2009. -- 202 页

论文运用问卷调查法、访谈法、理论分析法和实证分析法,以六名有志于从事教师职业的师范生为对象,选取数学发生发展的视角,给出“面向教学的数学知识”的分析框架,在参照数学理解水平的分析框架和数学认知水平分析框架的基础上,构建四水平的面向教学的数学知识的分析框架,并用此框架分析师范生面向教学的数学知识水平。论文第一章是研究引论。第二章是文献述评,主要对教师知识研究的三种取向、数学教师知识研究的三种取向、学科教学知识的研究、面向教学的数学知识、教育取向的数学史的研究等文献进行回顾与总结。第三章是研究的思想框架,首先论述面向教学的数学知识,其次论述认知的历史发生原理及其教育意蕴,最后论述面向教学的数学知识的水平分析框架。第四章是研究的设计与过程,对研究对象、研究工具、数据收集、数据处理等问题进行阐释,最后讨论研究方法的优点和局限。第五章是研究结果,重点分析对数学知识的理解达不到方法探究水平问题。第六章是研究结果的第二部分,重点分析对教材的理解停留在概念和解题水平问题。

第七章是研究结果的第三部分,重点分析对学与教的理解有明显的缺失问题。第八章是研究结果的总结和建议,提出培养师范生一种可能的模式:关注知识的发生发展、关注知识从学术形态走向教育形态的转换。

关键词:师范教育　数学教学　教学研究

**3267**

**课堂教学实现学生社会化的困境与出路** / 杨清著 ; 裴娣娜指导. -- 北京师范大学, 2009. -- 121 页

论文对课程教学实现学生社会化的困境与出路进行了深入的研究。全文共分为四章。论文开始部分为论文的导论,提出论文研究的问题,分析论文研究问题与研究价值,阐述论文研究的设计思路、方法和限制及突破。第一章论文从历史的视角对课程教学实现学生社会化问题进行了分析,探讨不同历史阶段课堂教学实现学生社会化所关注的不同重点,同时对课程教学实现学生社会化这问题从功能主义视角、冲突论视角以及互动论视角三个方面作理论考察。第二章从现实的视角对我国课堂中有"问题行为"的学生进行探讨,有"问题行为"的学生具体表现为外向型问题行为和内向型问题行为,基本特点是未参与到课堂教学中。教师对此主要采取加强与学生个人沟通、寻求其他支持以及将学生隔离的应对策略。第三章从理论的视角对课堂教学实现学生社会化所面临的的困境进行了分析。课堂教学在实现学生社会化过程中面临两个方面的变化:课堂教学实现学生社会化的地位从"边缘"到"核心",课堂教学在实现学生社会化过程中关注的重点从"角色化"到"个性化"。同时论文还介绍了由此带来的两种困境和课堂教学实现学生社会化的困境本质。第四章从实践的视角探讨了如何走出课堂教学实现学生社会化的困境。主要阐述了课堂教学实现学生社会化困境的具体原因和可能出路。结合我国课堂教学实践,要建立促进学生社会化的课堂教学,应该有限度的开放课堂教学的边界,扩展教学内容、改变学生课堂教学的参与方式并重塑教师权威。

关键词:课堂教学　个人社会化　教学研究

**3268**

**语文课程中人文精神的传承研究** / 杨晓著 ; 王嘉毅指导. -- 西北师范大学, 2009. -- 247 页

论文对语文课程中人文精神进行深入全面的传统研究。全文共分为八章。第一章为论文的绪论,阐述论文研究的缘由,提出论文的研究问题,总结论文的研究目的和意义。第二章是对相关文献的综述,主要阐述语文课程中人文精神的研究,分析人文精神的研究和课程实施研究。第三章介绍语文课程中人文精神的理论基础和基本内涵。第四章阐述了论文的研究设计和方法,确定论文研究的基本思路,对研究问题进行进一步的阐述,分析研究方法,阐述研究的时间安排和注意的事项。第五章是对语文课程标准中的人文精神的介绍,主要包括不同时期初中语文课程标准中人文精神的分析、中美语文课程标准中人文精神的比较以及对现行语文课程标准中人文精神的反思三方面的内容。第六章是对语文教材中的人文精神的探究,主要分析了初中语文教科书编排体例,探析初中语文教科书中课文内容,分析初中云纹教科书中语文知识,研究了初中语文教科书中练习的设计,对语文教材与课程标准的关系进行了反思。第七章是对语文课堂教学中的人文精神的研究,主要包括教师对语文课程及其人文性的理解、教师对语文课文内容中人文精神的讲解、学生对课文内容中人文精神的理解、教师培养学生人文精神的教学方法、学生学习的态度和方法、教师对学生的管理与评价、教师的课程理念与教学行为的来源分析以及对语文课程标准、教材、教师和学生之间关系的思考八方面的内容。第八章是对全文的总结,主要包括研究结论和基本的建议。

关键词:中小学　语文课　课程标准　人文精神

**3269**

**数学教师教学决策研究:基于小学高年级教师的个案研究** / 杨豫晖著 ; 宋乃庆指导. -- 西南大学, 2009. -- 201 页

论文运用案例研究法、文献分析法、观察法、访谈法、比较分析等研究方法,对个案教学计划决策的具体过程进行追踪研究,基于小学高年级教师进行案例研究,分析数学教师教学决策问题。论文第一章是导论。第二章是文献综述,对教学决策的理性表征、教学决策的影响因素、教学决策研究的特点进行总结与梳理,评述关于教学决策的相关研究。第三章是研究设计,阐释个案研究、资料收集方法、总体分析框架、研究效度等因素。第四章是数学教师教学计划决策研究,首先论述数据来源及范畴,其次阐述数据分析与讨论结果,得出初步结论。第五章是数学教师教学交互决策研究,介绍数据来源与范畴,分析数据结果,并进行讨论。第六章是对数学教师教学决策重要影

响因素之教学信念的检视，讨论教学信念检视的内容与思路，考察燕老师的“本土概念”、燕老师关注的焦点教学因素、燕老师教学信念系统等问题，得出初步结论。第七章是研究结论，论述教学思维方式是数学教师教学决策的重要影响因素，讨论数学教师教学信念由“知识传授为本”取向走向“知识传授与数学思维发展相融合”取向的问题，最后分析数学教师教学思维方式由“知识给予型思维”转向“教育学思维”，最后为结语，提出研究的不足和未来的研究方向。

关键词：小学教师　数学课　教学研究

3270

**中国课程论研究现状透视：一种元课程论的分析** / 于康平著 ; 强海燕指导. -- 华南师范大学, 2009. -- 165 页

论文运用案例分析法、计量经济学研究方法和实证分析法，对近十年来课程论研究论文的相关问题进行比较全面的考察与论述。论文第一章是绪论，主要论述问题的缘起、研究背景、研究意义、研究方法等基本概念。第二章是国内学者对课程论研究的已有探索，论述对我国课程论研究的历史追溯、基本主题、存在的问题及未来走向。第三章构建分析框架，基于课程论本体论的视角，论述课程论的研究对象与逻辑起点和研究领域；阐述课程论的学科性质。第四章是基于课程论认识论的视角建构分析框架，论述课程论认识论中的几种基本关系；论述课程研究方法论；考察课程论研究共同体的问题。第五章是中国课程论研究现状描述，对课程论研究论文的文献进行计量分析，分析论文的数量变化、作者构成等问题；对课程论研究论文的内容进行分析，考察 1997—2007 年课程论研究论文的研究类型、研究主题、方法类型和研究视角等问题。第六章是中国课程论研究现状评价，论述中国课程论研究的本体论透视；论述中国课程论研究的认识论透视。最后为结语。

关键词：课程论　本体论　认识论　研究现状

3271

**中学物理课程中数学知识的支持性研究** / 袁丽著 ; 廖伯琴指导. -- 西南大学, 2009. -- 134 页

论文以基础教育课程改革所倡导的“改变学科本位”“强调学科渗透”思想为指导，对中学物理课程中数学知识的支持性进行研究。全文共分为六章。第一章为论文的引言，阐述论文研究的缘起，提出论文研究的问题，分析论文研究的意义和方法，论述论文的研究设计。第二章是对相关文献的评述，主要概述数学与物理学的关系，分析与数学有关的物理教育研究。第三章对中学物理课程中数学运用的现状进行调查研究，主要从研究目的、程序、结果对中学物理课程理解类内容和中学物理教学设计体现的数学需求进行调查。第四章是对高中物理学习中存在的数学困难调查研究，主要从高中数学知识滞后问题的教学进度对比调查和高中物理学习中数学基础不足问题的问卷调查方面分析数学基础不足的问题；从调查目的、调查方法、调查结果以及分析与讨论四方面对数学知识运用困难情况进行分析与研究。第五章是对问题解决的探索性研究，主要进行三角学知识不足对物理学习影响的教学实验研究，阐述实验研究的目的、方法和结果。同时对函数图像运用困难的表现与原因进行了研究。第六章为论文的结语。

关键词：中学教育　物理教学　课程　数学

3272

**“教与数学对应”原理研究** / 曾小平著 ; 涂荣豹指导. -- 南京师范大学, 2009. -- 222 页

论文运用理论分析法和规范研究方法，对“教与数学对应”原理的各个方面进行深入而广泛的探究。论文第一章是“教与数学对应”原理提出的现实背景，阐述“教与数学对应”实践中偏离频繁、“教与数学对应”实践中亦有闪光、“教与数学对应”受制于数学修养等问题。第二章是“教与数学对应”原理的理论基础，阐述“教与数学对应”原理的数学本质基础、数学特征基础、数学价值基础、学科数学本质基础、学科数学特征基础、数学教育目标基础等问题。第三章是“教与数学对应”原理的四个内涵解析。第四章是基于“教与数学对应”原理的核心概念教学，分析数学核心概念的教学案例、教学现状、教学认识、教学设计和教学过程。第五章是基于“教与数学对应”原理的基本结论数学，对数学基本结论的教学案例、教学现状、教学认识、教学设计和教学过程进行阐述。第六章是基于“教与数学对应”原理的数学解题教学，分析数学解题的教学案例、教学现状、教学认识、教学设计等问题。第七章是“教与数学对应”原理的教学原则与策略，对“教与数学对应”原理的教学原则和相关思考进行论述。第八章是“教与数学对应”原理的实施要领，总结相关要点。第九章是结语。

关键词：中小学　数学教学　教学理论　教学法

3273

**参与式教学设计研究** / 张广兵著 ; 朱德全指导. -- 西南大学, 2009. -- 156 页

论文对参与式教学设计进行深入全面的研究。全文共分为七章。论文开始部分为导论,提出论文研究的问题,对论文的研究问题进行界定,对相关文献进行综述,阐述论文研究的价值与意义、研究思路和方法。第二章阐述参与式教学设计的立论基础,主要包括参与式教学设计的哲学基础、社会学基础、心理学基础、教育学基础、设计学基础,分析参与式教学设计的现实基础。第三章介绍参与式教学设计的基本理念与基本特征,主要理念包括从权威决策到民主决策、从目标导向到过程导向、从知识本体到学生本位、从"为学生"设计到"由学生"设计等等。描述了参与式教学设计的多元性、整体性、开放性、交互性、协作性、差异性。第三章是对参与式教学设计的现实问题进行了调研,主要进行研究设计、研究样本的选取、问题查证、讨论四方面的内容。第四章介绍参与式教学设计实施框架的构建,主要包括参与式教学设计实施框架构建的整体思路、参与式教学设计的实施过程和方法以及策略构建、维持参与式教学设计过程良性循环三方面内容。第五章是对参与式教学设计的实验研究,主要分为实验目的与前提交涉、实验设计、实验实施、实验结果、讨论、结论以及实验反思七方面的内容。第六章为研究结论,主要阐述参与式教学设计的实质、实施、现实和前景,分析参与式教学设计与传统教学设计的分野。第七章为论文的思考与建议,主要建议包括开展配套改革参与式教学设计注入源泉;实现参与式教学设计与学生升学之间的良性互动;参与式教学设计应以类似教育教学活动为鉴等。

关键词:中小学　参与式教学　教学设计

3274

**高中城市地理知识选择、组织及教学策略研究** / 张广花著 ; 王民指导. -- 北京师范大学, 2009. -- 160 页

论文对高中城市地理知识选择、组织及教学策略进行研究。全文共分为六章。第一章为论文的引论,主要阐述论文研究问题的提出,分析核心概念及研究范围的限定,论述论文研究的目的、意义及创新,总结论文的研究思路和框架,介绍论文的研究方法。第二章是对相关文献的综述,主要包括高中城市地理知识选择的研究、高中城市地理知识组织的研究、高中城市地理教学的研究三方面的内容。第三章是对高中城市地理教学现状的调查与分析,主要包括调查问卷的设计、调查样本的选择、调查结果的分析以及调查结论和启示。第四章是对高中城市地理知识选择的研究,论述城市地理研究的主要内容,确定教材中城市地理内容分析的主题,对我国高中城市地理知识选择进行历史回顾,比较中外高中城市地理知识选择,研究高中城市地理知识的选择。第五章是对高中城市地理知识组织的研究,分析我国高中城市地理知识组织的历史回顾,对一些国家和地区高中城市地理知识组织结构进行分析,阐述高中城市地理知识的组织结构类型和组织原则以及对高中城市地理知识组织结构进行调查分析。第六章是对高中城市地理教学策略的研究,主要综述了关于高中城市地理教学策略的已有研究,对高中城市地理教学策略进行实证分析,探究案例法在高中城市地理教学中的运用,探讨研究法在高中城市地理教学中的运用。论文从高中城市地理教学的现状、高中城市地理知识的选择、组织及教学策略方面进行了探讨,以期进一步完善高中地理课程中城市地理内容的设计,推动高中城市地理教学的顺利实施。

关键词:高中　地理课　教学研究

3275

**高中综合科学课程研究** / 张红洋著 ; 吴俊明指导. -- 上海师范大学, 2009. -- 261 页

论文运用文献分析法、问卷调查法、案例分析法和访谈法等研究方法,探讨高中接管综合科学课程的相关理论,透视我国高中科学教育存在的主要问题。论文第一章是绪论。第二章是文献述评,首先分析综合课程的有关概念,其次论述综合课程研究的总体情况,最后阐述对文献的分析和理解。第三章是研究问题和研究设计,首先对研究问题进行界定,其次对研究框架、研究方法、研究价值和意义进行论述。第四章是增设高中综合科学课程的必要性探讨,论述综合科学课程的理论基础,考察综合科学课程的国际发展趋势,并对分科课程的局限性进行探讨。第五章是高中《科学》课程的现实考察,对高中《科学》课程进行实证调查研究,分析高中《科学》课程的推广情况及有关问题讨论,并对高中《科学》课堂教学实施进行案例分析。第六章是高中综合科学课程的建构,首先分析建构高中综合科学课程的现实基础,其次论述综合科学课程建构的理论基础,第三论述建构综合科学课程的几种理论模式,最后讨论实践高中综合科学课程的有

关问题。第七章是高中综合科学课程的理论与实践思考,首先论述分科科学课程与综合科学课程的设置问题,其次考察课程评价和理科综合考试的改革,最后论述高中综合科学课程教师队伍的建设。最后为结语。

关键词:高中　课程　教学研究

3276

**数学诊断式教学设计研究** / 张辉蓉著 ; 朱德全指导. -- 西南大学, 2009. -- 199 页

论文对数学诊断式教学设计进行深入的研究。全文共分为九个部分。“导论”部分,首先说明数学诊断式教学设计研究的基本缘由、理论与实践价值,进而界定论文研究的核心概念和明确论文研究的理论支持,在此基础上提出论文的研究框架。“文献综述”部分,重点对国内外关于教学诊断、诊断式教学、教学设计与诊断式教学设计既有研究成果进行分析,意在继承中创新、借鉴中完善。论文第三部分到第七部分分别对诊断式教学设计系统的基本构成要素的操作规范、设计方法及设计要求等进行研究。“背景系统设计”部分,阐明数学身段式教学设计视域中教学背景的基本内涵、教学价值,提出了数学教学设计中背景诊断的本体维度与操作方法,形成诊断式教学设计的具体课例。“目标系统设计”部分,阐明数学诊断教学设计视域中的教学目标观、教学目标价值,在完成中学数学教学设计实践中的现实问题与本体问题诊断的基础上,形成中学数学诊断教学设计的操作提现。“内容系统设计”部分,从教学内容诊断的必然性切入,系统地建构中学数学教学内容诊断的基本内容与诊断方法,并将其运用于教学设计实践之中。“策略系统设计”部分,在明确提出数学诊断式教学设计的策略观和教学策略设计的实践价值等基础上,建构中学数学教学策略诊断的内容与向度,提出了教学策略设计的基本操作规范与方法。“组织系统设计”部分,阐明数学诊断式教学设计视域中组织形式的基本内涵和学科价值,对中学数学教学组织形式的实现问题与本体问题进行了系统的分析,构建中学数学教学组织形式设计的操作体系。“评价系统设计”部分,阐明数学身段式教学视域中教学评价的现实价值与基本概念,开发教学评价诊断的内容和方法,形成数学诊断式教学评价设计的操作体系,例举诊断式教学评价设计课案。第八部分为实验研究,根据数学诊断式教学设计的基本原理与操作规范,进行了完整的实验验证。论文第九部分提出数学诊断式教学设计的三大原理。

关键词:中学　数学教学　教学法　教学设计

3277

**教学网络组织系统研究** / 张家琼著 ; 朱德全指导. -- 西南大学, 2009. -- 178 页

论文运用案例研究法、实证研究法和理论研究法,对网络组织系统问题进行系统研究。论文第一章是教学网络组织系统研究的理论诉求,首先论述知识与知识组织,其次阐述教学组织设计与非线性教学设计的提出,最后论述网络组织系统与内化教学设计的提出。第二章是教学网络组织系统的基本假设,首先对问题假设展开论述,其次对理论假设做出阐释。第三章是教学横向组织系统中的知识结构元,讨论知识分类的标准,论述教学系统中的知识分类和知识分类结构元原理。第四章是教学纵向组织系统中的逻辑序,首先对知识逻辑做出阐释,其次考察教学逻辑与学习逻辑,最后论述认知逻辑。第五章首先分析教学组织系统逻辑转化的本质、程式和原理。第六章是教学系统中的网络组织,论述教学系统网络组织的特性,阐述教学系统中的网络类型。第七章是教学网络组织系统的个案评析,对知识网络及其价值的个案评析、网络师生关系的个案评析、网络教学设计思想的个案评析依次做出研究和论述。第八章是教学网络组织系统的原理归结,对教学网络组织基于知识网络、问题网络、教学网络、主体网络和认知网络产生的原理进行论述。最后为结束语。

关键词:教学模式　教学组织　教学法

3278

**现代思想政治教育精神资源开发与利用研究** / 张其娟著 ; 罗洪铁指导. -- 西南大学, 2009. -- 169 页

论文运用文献研究法、比较研究法、矛盾分析法和系统研究法等方法,对现代思想政治教育精神资源开发与利用进行广泛而深入的研究,揭示现代思想政治教育精神资源的内涵、类型、特征与构成,分析现代思想政治教育精神资源开发利用的现状,进而研究现代思想政治教育精神资源开发的意义、原则、方法与重点。论文第一章是现代思想政治教育精神资源的界说,首先分析精神资源和现代思想政治教育精神资源的内涵;其次介绍现代思想政治教育精神资源的类型,总结现代思想政治教育精神资源的特征;最后阐述现代思想政治教育精神资源构成。第二章是现代思想政治教育精神资源开发利用的内涵与现状分析,

首先阐述现代思想政治教育精神资源开发利用的内涵;其次论述现代思想政治教育精神资源开发的现状和利用的现状;最后分析现代思想政治教育精神资源开发利用存在问题的原因。第三章是现代思想政治教育精神资源的开发,阐述现代思想政治教育精神资源开发的意义与原则,论述现代思想政治教育精神资源开发的方法,并总结现代思想政治教育精神资源开发的重点。第四章是现代思想政治教育精神资源的利用,分析现代思想政治教育精神资源利用要处理好的几对关系,对现代思想政治教育精神资源利用的措施进行总结。最后为结束语。

关键词:思想政治教育　精神文明　资源开发

**3279**

**教师培训教材设计研究:基于实践－反思取向的设计模式与策略** / 张恰著 ; 马云鹏指导. -- 东北师范大学, 2009. -- 188 页

论文运用案例分析法、问卷调查法、访谈法和实证研究法,分析我国房钱教师培训教材设计中存在的问题,探究存在问题的原因,提出相关建议。论文第一章是相关研究综述,首先对核心概念进行界定,其次对教师知识的主要特征进行归纳与总结,分析教师学习的主要特征,并对教材设计的相关研究进行考察。第二章是教师培训教材的国际视野与本土历程,首先论述国外教师培训教材设计的分析与启示,其次讨论我国教师培训教材的发展阶段与趋向。第三章是我国教师培训教材设计的现状考察与问题分析,对研究的理论框架与方法进行说明,对教师使用教材的基本情况及对教材的需求与评价进行考察,并考察教师培训教材设计的现状,分析问题与原因,提出解决问题的启示与途径。第四章基于实践—反思取向对教师培训教材的设计理念、设计原则、设计模式及其操作程序,以及典型个案进行研究。第五章基于案例研究,提出根据教师的培训需求确定选题、制定明确具体的教材目标等策略。第六章是结论与建议。

关键词:教师　师资培训　教材

**3280**

**实践性课程视野下小学科学课程与"做中学"对接的理论与实践研究** / 张荣华著 ; 吴俊明指导. -- 上海师范大学, 2009. -- 252 页

论文运用调查法、实证分析法和理论分析法,研究小学科学课程和"做中学"对接的可行性以及相关的理论与实践问题。论文第一章是研究的课程理论基础。第二章提出小学自然课程生存与发展的历史之路的问题,分析理想科学课程缺乏、正式课程几经变更等问题,分析实践性课程徘徊在探究性科学教育的大门之外的问题,最后考察经验课程尚未获得科学真谛。第三章提出小学科学课程面临的挑战与机遇的问题,分析文艺复兴以后的科学教育思想及其影响,概述 19 世纪国际小学科学课程的发展历史,论述 20 世纪国际小学科学教育和课程发展特点,最后总结我国新一轮小学科学课程改革概况及凸显的问题。第四章分析"做中学"探究式科学教育实验项目及其特点,对"做中学"进行深层分析,讨论小学科学课程与"做中学"对接的必要性与相应的方案。第五章研究对接条件,具体对师资队伍状况进行考察,分析年龄结构、性别比例及平均年龄,论述职称机构、第一学历机构、教龄结构、兼职情况等相关方面。第六章是对接条件研究的第二方面,重点考察实践性课程状况的调查与研究,分析科学教师个人课程、科学教师实施课程、科学教师实际课程的观察与研究等方面的问题。第七章是对接条件的第三部分,着重对现实基础进行考察。第八章主要对对接的理论问题进行讨论,分析了小学科学课程的性质问题和地位问题。第九章是对接的实践问题讨论。第十章为对研究的评述及后续问题的研究。

关键词:小学　课程　自然科学　实践

**3281**

**中国英语专业学生多义词习得的认知语言学研究** / 张绍全著 ; 文旭指导. -- 西南大学, 2009. -- 197 页

论文以认知语言学多义性理论为基础,对中国英语专业学生多义词习得的认知语言学进行深入研究。全文共分为八章。第一章为论文的导论,主要介绍论文的引言,对论文研究的多义词概念进行介绍,分析多义词习得的研究现状,阐述论文的研究思路和结构。第二章是对语义演变和多义词的介绍,主要进行章节引言,分析词义演变的方式,探究词义演变的动因,研究词义演变的认知机制。第三章是对多义词的多学科研究,对多义词的结构主义语言学进行了深入的研究,分析多义词的语用学研究,从多义词的心理表征和提取对多义词的心理语言学进行研究。第四章为多义词的认知语言学的研究,主要包括典型范畴化理论与多义词、多义词项之间联系的认知理解。第五章是对英语专业学生多义词习得的现状的分析,主

要介绍研究背景，从研究问题、研究对象和数据收集分析研究设计，并对研究的结果进行分析和归纳。第六七章是对英语专业学生多义词习得的实证研究，通过实验设计，分析目标词义项，对实验结果进行分析，阐述通感的生理和心理基础，分析通感隐喻和通感式词义的延伸，剖析目标词义项，阐述实验结果和分析结论。第八章是对全文的总结和讨论。

关键词：英语　词汇　多义词　教学研究

**3282**

**语篇理解中核心概念的建构与整合及教学应用研究** / 张水云著；周爱保指导. -- 西北师范大学，2009. -- 196页

论文运用理论研究法、实验研究法和模型法，回顾语篇理解研究的基础上，通过四大实验研究，探讨了段落与篇章理解过程中核心概念的建构与加工整合过程，探讨基于学习策略的阅读教学研究，在实验研究和教学研究的基础上建构核心概念标记模型理论。论文第一部分是语篇理解研究概览，首先阐述语篇理解研究背景与意义，其次对语篇理解研究进行述评，最后对外语阅读教学研究进行述评。第二部分是语篇理解实验研究，对问题的提出、研究目的、研究框架、段落理解过程中信息建构加工、篇章理解过程中信息整合加工等问题进行阐述，并讨论语篇理解实验研究。第三部分是语篇理解教学研究，首先对教学实验班的确定给出阐述，其次分析段落核心概念建构加工与学习风格、学习策略和学习归因的关系，第三分析篇章核心概念整合加工与学习风格、阅读策略和学习归因的关系，最后论述基于策略的段落与篇章阅读教学研究。第四部分是核心概念标记模型理论的建构，依次讨论核心概念标记模型理论框架、核心概念标记模型的重要性、核心概念标记模型的理论依据、核心概念标记模型的表征、核心概念标记模型的加工过程、核心概念标记模型的信息处理形式、核心概念标记模型的主要功能等问题。第五部分是总讨论及结论。

关键词：英语　阅读教学　理解力　教学研究

**3283**

**资源型城市可持续发展教育现状研究与模式建构：以山西省临汾市为例** / 张旭如著；王民指导. -- 北京师范大学，2009. -- 181页

论文运用调查法、访谈法、案例分析法、规范分析与实证分析相结合的研究方法，选取临汾市作为案例研究的对象，着眼于资源型城市的可持续发展教育现状问题，考察资源型城市如何开展可持续发展教育及相关问题。论文第一章是可持续发展教育模式研究的回顾与借鉴，介绍可持续发展基本理论与实践；综述可持续发展教育研究；对相关概念进行界定；论述区域可持续发展教育模式的实践及经验借鉴。第二章是临汾市可持续发展教育背景分析，论述资源型城市的涵义及临汾市城市类型定位；介绍临汾市可持续发展状况；最后分析临汾市可持续发展的能力。第三章是临汾市可持续发展教育现状研究，对分析框架的构成和教育机制进行介绍，分析临汾市可持续发展教育目标，以及临汾市可持续发展教育内容，最后阐述临汾市可持续发展教育方法。第四章是临汾市可持续发展教育模式的应然分析。首先介绍问卷的基本情况和数据收集；其次分析调查结果。第五章是临汾市可持续发展教育模式的构建，依次论述临汾市可持续发展教育机制的构建、可持续发展教育目标体系的构建、可持续发展教育内容体系的构建和可持续发展教育方法的构建。最后为结论。

关键词：教育事业　教育制度　教育方法　临汾

**3284**

**新课改视域下教师课程意识研究：来自一所小学的个案研究** / 赵炳辉著；熊梅指导. -- 东北师范大学，2009. -- 186页

论文根据一所小学的个案研究，对新课改视域下教师课程意识进行深入系统的研究。全文共分为六章。第一章为论文的绪论，主要阐述论文研究的缘起，分析论文研究的方法和研究过程，阐述研究的价值定位。第二章介绍教师课程意识的本体论探源，对相关意识及概念进行分析；从课程意识、课程与教师、教师课程意识的界定以及教师课程意识与课程专家的课程意识四方面分析教师课程意识的内涵，总结教师课程意识的主体性、自律性、通约性、开放性以及时代性。第三章为教师课程意识的生成，主要包括职业实践中的“舞台”与“心灵剧场”、教师课程意识的动力两方面的内容。第四章介绍学校职业环境与教师的课程意识，从学校对课程改革的理解与实践、教师的业务管理与评价两方面分析学校文件中的课程；从学校关于教案的设计思路、教师教案对课程内容的取舍对教案中的课程进行分析。第五章介绍职业实践与教师的课程意识，主要包括教师职业生活的改变、理想与实践差异的透视两方面的内容。第六章是对

全文的总结和启示,主要包括源于职业生活实践中的教师课程意识、教师课程意识的现实样态、教师课程意识的未来预测以及教师课程意识回归条件与路径四方面的内容。

关键词:小学教师　教师素质　课程改革

3285

**生命化音乐课程与教学研究** / 钟恩富著 ; 尹爱青指导. -- 东北师范大学, 2009. -- 147 页

论文运用文献分析法、比较分析法、理论研究与实证研究相结合的方法,借鉴哲学、社会学、经济学和人类学等研究成果与方法,以音乐教育学科课程与教学现状与存在的问题为核心,以生命教育的本体论解读和音乐教育的本质和特征为两条主线,以生命化音乐课程与教学研究的必要性为切入点,考察音乐教育和音乐课程与教学的发展历程,总结其发展规律和特点,集中探讨生命化音乐课程的相关问题。论文第一章是研究背景、主题与方法。第二章是生命化教育的嬗变,首先回顾关于生命观的历史演进,其次对生命化教育的概念进行界定。第三章是生命化音乐课程与教学的本质和特征,首先分析生命化音乐课程与教学的理论支点,其次论述生命化音乐课程与教学的特征。第四章是生命化音乐课程与教学的问题与使命,首先对音乐课程与教学的历史沿革进行回顾,其次对生命在音乐课程与教学中的失落进行论述,最后分析生命化音乐课程与教学的使命。第五章是生命化音乐课程与教学的理想构建,首先论述生命化音乐课程与教学目标,其次论述生命化音乐课程与教学内容,第三论述生命化音乐课程与教学方法,最后论述生命化音乐课程与教学评价。第六章是生命化音乐课程与教学的实现条件,一方面分析学校条件,另一方面分析社会条件。

关键词:生命哲学　音乐教育　教学研究

3286

**"学会关心"取向的教学价值观研究** / 周先进著 ; 靳玉乐指导. -- 西南大学, 2009. -- 270 页

论文运用理论研究法和规范研究法,以哲学价值论作为分析问题的起点,用教学价值论和教学伦理学作为分析和解决问题的两种重要动力,来揭示"学会关心"取向的教学价值观的形成、诉求、构建和实现。论文将处于教学价值论视域中的"学会关心"看做一种教学价值观的存在,考察"学会关心"作为一种教学价值观的存在来源、思维主张、理论命题、言说方式和行走路线。第一章是当前教学价值观的困惑与挑战,分析教学价值和教学价值观、及其表现和困境。第二章是"学会关心"取向的教学价值观的形成,阐释"学会关心"的教学价值观;论述"学会关心"取向的教学价值观形成的思想基础;阐述"学会关心"取向的教学价值观的形成条件。第三章是"学会关心"取向的教学价值观的诉求,论述敬畏学生生命;论述崇尚人文关怀;论述塑造健全人格。第四章是"学会关心"取向的教学价值观的构建,考察身体发展、理性发展和非理性发展相统一的问题;论述预设与生成相结合的问题;论述"主体间性"存在;第四节论述差异性与多元性。第五章是"学会关心"取向的教学价值观的实现,主要考察教育爱和践行关心的问题。

关键词:教学理论　价值观　生命

3287

**数学教育哲学视野下的 GX 实验研究** / 朱福胜著 ; 黄翔,宋乃庆指导. -- 西南大学, 2009. -- 160 页

论文运用理论研究法、实验法和定性研究法,从多个层面对 GX 实验进行剖析和解读。论文第一章是导论,首先论述 GX 实验产生的背景,其次介绍 GX 实验的主要内容与成绩,对 GX 实验的相关文献进行综述,提出本研究的目的和意义,最后阐释研究内容与方法。第二章是 GX 实验的数学观,首先论述数学哲学上关于数学对象存在性的争论,其次论述数学认识上的先验论与经验论,考察 GX 实验的数学本质观,最后论述数学的真理观问题,阐释数学活动的分析及其认识,对 GX 实验的数学认识特征进行研究。第三章是 GX 实验的数学教育价值观,首先论述数学教育的若干基本矛盾,其次论述数学教育的价值取向,最后论述 GX 实验的教育价值观取向。第四章是 GX 实验的学习观,首先论述认知理论及对数学学习的启示,其次论述数学学习中的知识转化,第三论述 GX 实验的学习策略,最后考察 GX 实验的学习特征。第五章是 GX 实验的教学观,首先研究数学教学过程的认识,其次论述 GX 实验对数学教学过程的认识,第三论述数学教学的认识特点,第四论述 GX 实验的教学认识特点,第五论述数学教学的认识方式,第六论述 GX 实验的教学认识方式。第六章是 GX 实验的实践观,首先总结数学教育实验的若干基本问题,其次对 GX 实验的实践活动进行阐述,最后总结 GX 实验的实践特征。第七章是研究的结论和启示。

关键词:数学教学　课堂教学　教育哲学

3288

**教师的实践性格** / 朱桂琴著 ; 郭元祥指导. -- 华中师范大学, 2009. -- 173 页

论文运用案例分析法、比较研究法和实证研究法,深入剖析教师的实践性格,从教师的伦理性实践、认知性实践和实践智慧三个层面分析教师实践性格的构成。论文第一章是导论。第二章是基本概念阐释,首先对实践进行界定,其次对教师的实践性格的涵义、表现和意义进行论述。第三章是教师伦理性实践,首先阐述对教师伦理实践的认识,其次阐述教师伦理的特征,最后论述教师伦理实践的核心内容,提出教师伦理实践的修炼问题。第四章是教师的认知性实践,首先分析知识与教师知识的研究,其次分析教师实践性知识的研究,第三论述我国教师教育中实践性知识的缺失,最后论述教师实践性知识的培养。第五章是教师的实践智慧,首先对智慧的涵义进行界定,其次对实践智慧加以阐释,并分析教师的实践智慧,最后论述教师实践智慧的基本特征。第六章是教师实践性格的界定,首先论述教师个人自我修炼,其次论述开展校本教研,第三论述塑造自由民主合作的学校文化,第四论述创建教师学习型组织,最后考察建立发展性教师评价机制。第七章是建立大学与中小学"学习—实践共同体",促进教师实践性格生成的基本模式的讨论,分析美国的教师专业发展学校的情况,并对我国信阳师范学院的"预岗实习,双向培训"的模式加以考察和论述。最后为结语。

关键词:教师　师资教育　伦理　性格

3289

**感性的呼唤:音乐教育中的道德教化问题研究** / 资利萍著 ; 刘要悟指导. -- 湖南师范大学, 2009. -- 309 页

论文对音乐教育中的道德教化问题进行深入全面的研究。全文共分为六章。第一章为论文引子,实际上就是绪论,从问题的提出开始,阐述论文研究的理论意义、实践意义和后续延伸意义,约定论文研究的语境并对相关文献进行综述。第二章是对基本问题的回顾,对音乐道德教化问题涉及到的一系列基本问题进行梳理和反思。澄清音乐与道德这一范畴的关系,主要从思想史、哲学、现实这三个维度进行了探讨。然后再探讨了音乐教育和道德教化这对范畴的关系,进而提出我国音乐教育中道德教化存在的最大问题,分别从音乐教科书的准入标准、音乐课程的实施以及对音乐音声形式本身的感性无视三个方面予以论证。第三章为有关感性是什么的论述,主要从思想史的脉络,即古典本体论时期、近代认识论时期、现代存在论时期三个阶段来梳理"感性"概念的历史变迁,再结合维特根斯坦的"家族相似"原理和雷默的观点进行了探析。第四章为为何强调感性,主要从音乐及音乐教育的感性本质、基于感性的音乐教育中的道德教化两方面的内容进行阐述。第五章从拒斥感性的中国传统文化、无视感性的传统乐教思想和意识形态控制音乐教育的政治三个方面深入分析音乐教育中的感性为何遭到遮蔽的根本原因。第六章主要是从策略的角度对音乐教育中的道德教化在课程理念和方法论层面所做的构想。分别从视角和取向的转换、感性的课程目标、课程实施的"感性还原"三个方面予以阐述。

关键词:音乐教　德育　道德

# 教育史

3290

**新中国来华留学教育结构研究(1950—2007 年)** / 程家福著 ; 金林祥指导. -- 华东师范大学, 2009. -- 190 页

论文基于大量的一手资料,综合运用统计分析、国际比较、个案研究等研究方法,通过对建国以来来华留学教育结构的历史考察,在勾勒来华留学教育发展轨迹的基础上,深入探讨新中国来华留学教育的国别结构、科类结构和类别结构的演变过程、特点、成因及其相互关系等,并据此提出优化来华留学教育结构的主要对策。全文共分为六章。第一章为绪论部分,包括研究缘起与意义、研究文献综述、概念界定、研究目标、思路与论文框架、论文研究方法与主要资料来源、论文创新与不足之处。第二章为国际背景下新中国来华留学教育的发展概况,包括来华留学教育发展的国际背景、来华留学教育的历史演进、来华留学教育的基本特点。第三章为留学教育国别结构从单一走向多样化,包括来华留学教育国别结构的演变、影响留学教育国别结构变化的主要因素、留学教育国别结构现状的国际比较、生源大国的类别与专业分布状况。第四章为留学教育科类结构的重心由理工转向

人文学科,包括留学教育科类结构的发展轨迹、留学教育科类结构变化的主要影响因素、中美日留学教育科类结构的比较、以上海市为例的科类与院校及洲别和性别的相关性研究。第五章为留学教育类别结构的核心由学历生转为非学历生,包括来华留学教育类别结构的历史沿革、中美日留学教育类别结构的国际比较、留学教育类别与国别可累分布状况研究、以上海市为例的类别与院校及洲别和科别的相关性研究。第六章为结语。

关键词:留学教育　教育结构　教育史

**3291**

**中国传统学校教育生态系统的历史变迁** / 邓小泉著 ; 杜成宪指导. -- 华东师范大学, 2009. -- 174 页

论文基于生态学、生态学交叉学科和系统科学的方法,尝试提出教育生态系统的研究方法。全文共分为四章。绪论部分,作者简要介绍选题缘由、内容与结构和研究方法,并做了相关研究综述。第一章为中国传统学校教育生态系统的形成与演变,介绍了中国早期教育生态系统的形成与演化,阐述了中国传统学校教育生态系统的初步形成,以及中国传统学校教育生态系统的调节。第二章作者讨论了中国传统学校教育生态系统与社会生态系统之间的关系,包括经济与中国传统学校教育生态系统、政治与中国传统学校教育生态系统、文化与中国传统学校教育生态系统、科技与中国传统学校教育生态系统,以及中国传统学校教育生态系统与社会生态系统的适应性。第三章为中国传统学校教育生态系统的亚系统,作者分别论述了教育层次生态系统、教育类别生态系统、教育区域生态系统三个部分的内容。第四章为中国传统学校教育生态系统的演化和中国传统社会生态系统的演化。

关键词:学校教育　教育史　生态系统

**3292**

**日常生活变迁中的教育:明清时期杂字研究** / 顾月琴著 ; 丁钢指导. -- 华东师范大学, 2009. -- 236 页

论文从大量原始资料入手,追溯杂字从古至今的历史轨迹,力求透析商品经济发展下,明清杂字盛行原因及其特点,并寻求杂字与社会变迁的内在张力,以期为当今中国的教材改革、扫盲教育及农村教育提供借鉴作用。全文包括正文和结语部分,正文部分共分五章。第一章分别论述论文的研究缘起、研究综述、研究方法及论文基本框架等内容。第二章主要追溯了杂字的历史轨迹,其起源是在两汉魏晋南北朝的蒙学识字教材与字书,发展于隋唐宋元时期的各种杂字,明清时期的各类杂字为高潮时期,而民国时期及建国后的各类杂字是其承继。第三章叙述了明清时期杂字在民间流行的原因,包括商品经济发展与城乡生活的变迁、价值观念转变与市民阶层的壮大、印刷术的改进推广与书坊的发达、明清时期私塾教育的发展。第四章系统地分析了明清时期杂字的特点,包括杂字编者及体例的特殊性、杂字教育对象及内容的大众化、杂字中的各类契约与明清民间生活、杂字语言特点及教法的灵活性、杂字思想教化分析。第五章研究了杂字在国内外的发展情况,包括中原西北部边疆少数民族及日本等地的杂字,介绍与杂字类似的明清商业书,分析杂字与传统识字教材“三百千”的异同。结语部分指出杂字与社会变迁密切相关。

关键词:杂字　社会变迁　明清时代

**3293**

**20 世纪英美文官培训发展与比较研究** / 贾科著 ; 贺国庆指导. -- 河北大学, 2009. -- 146 页

论文从时间的纵向角度进行梳理,采用文献分析法、对比分析法等研究方法,从历史的角度探讨、分析英美文官培训制度的主要特征,比较两国文官培训制度的不同表现,试图全面理解两国的文官培训制度,把握西方民主国家文官培训制度的基本格局,并以此为健全我国的现代公务员制度提供经验借鉴。全文共分为五章。前言部分介绍研究意义、研究基础、研究内容、方法及创新点。第一章为 19 世纪英美文官制度的建立,介绍“前文官”时代英国政府的官员选任和 19 世纪中后期英国文官制度的确立,以及美国联邦政府早期的人事制度和 1883 年《彭德尔顿法》的颁布与美国文官制度的确立。第二章分别介绍了英美文官制度的改革完善及其对文官培训的影响,以及文官培训的兴起及其实施。第三章为二战后英美文官培训的制度建构,包括二战后英美文官培训制度的形成建立与发展,英国 1968 年《富尔顿报告》和美国《政府雇员培训法》对英美文官培训制度的影响。第四章介绍了 20 世纪 80 年代以来英美文官培训的进展,包括英国撒切尔政府的文官制度改革及其影响、20 世纪 80 年代以来英国文官培训的发展趋向、文官学院的改革及其培训工作的实施,以及美国卡特政府的文官制度改革及其对文官培训的影响、20 世纪 80 年代以来美国文官培训的主要进展和美国著名文官培训机构

举要。第五章为英美文官培训的比较及其借鉴,包括其共同特征、主要差异和对我国的启示。

关键词:文官制度　比较研究　英国　美国

**3294**

**北宋书院研究** / 李劲松著 ; 黄书光指导. -- 华东师范大学, 2009. -- 241 页

论文以辩证唯物主义与历史唯物主义为指导思想,以翔实史料为依据,注意哲学、教育学、社会学、政治学等多学科的研究视野,着力运用文本解读、个案考察、人物性格分析等方法,将北宋著名书院及其相关学术大师、书院教育家作为重点考察对象,努力揭示北宋书院的时间变化和空间分布状况、运行机理、书院教育与学术文化传承的内在关联,以及早期中国书院的社会历史效应。全文共分为五章。在绪论部分,作者介绍了论文的选题缘由、研究的内容框架、研究方法,并做了研究综述。第一章为北宋书院发展的历史文化背景,作者对唐、五代时期书院的发展做了概述,介绍了宋初政体构建与文教政策,并阐述了作为北宋书院发展背景的佛道影响。第二章为北宋书院发展的时间变化与空间分布状况,包括北宋时期诸路书院发展概况、北宋书院发展之时间变化分析和北宋书院发展之空间(地理)分布分析。第三章为"宋初六先生"与书院发展,作者分别介绍了戚同文、范仲淹与睢阳书院、李觏以"礼"论为基石的书院教育思想、胡瑗、孙复、石介与书院。第四章为周敦颐、二程与北宋书院发展,包括理学之"开山祖师"周敦颐与书院,以及程颢、程颐与书院。第五章为北宋书院历史地位辨析,包括北宋书院对北宋教育及其社会发展的意义,以及北宋书院对后世书院发展的影响。

关键词:书院　学术研究　教育史　北宋

**3295**

**清代台湾的闽南移民家族教育研究** / 刘殊芳著 ; 黄新宪指导. -- 福建师范大学, 2009. -- 204 页

本文运用文献分析、个案分析等研究方法,对清代台湾的闽南移民家族教育进行了研究,从清代闽南益民家族教育初步形成开始讨论,试图从发端、构成、区域发展、师资经费、成效与不足、影响和意义等方面对其进行深入探讨。全文共分为八章。第一章为绪论,介绍了研究缘起、研究方法和研究资料、研究范围和名词释义。第二章为闽南移民与家族教育的发端,包括闽南向台湾的移民、台湾闽南移民家族的初步形成、台湾闽南移民家族教育的发端。第三章闽南移民家族教育的构成,包括闽南移民家族教育的类型、教学内容、德育,以及闽南移民家族的文教祭祀。第四章为闽南移民家族教育的区域发展,分别介绍了台北府、台湾府、台南府及台东直隶州闽南移民家族教育的发展。第五章对闽南移民家族教育的师资与经费进行了研究。第六章为闽南移民家族教育的个案分析,分别介绍了竹堑郑氏家族与明志书院、板桥林家与大观义学、张士箱家族对科举教育的重视。第七章分析了闽南益民家族教育的成效,并讨论了闽南移民家族教育的缺失与流弊,如思想受到钳制、沦为科举附庸、教学肤浅僵化、师资素质不齐等问题。第八章为闽南益民家族教育对台湾的影响,包括延续原乡的家族传统,促进重读之风的形成,加速社会文运的提升,形成有影响力的士绅阶层。

关键词:移民　家族　教育史　台湾　清代

**3296**

**制度的输入与体制的构建:20 世纪中国高等师范教育体制的演变** / 陆道坤著 ; 杜成宪指导. -- 华东师范大学, 2009. -- 216 页

论文运用文献分析和对比研究的研究方法,通过对日本、美国、苏联教育模式在中国的发展的研究对比,分析 20 世纪中国高等师范教育体制的演变,从而深入地探讨制度的输入与体制的构建之间的联系,并试图为中国高等师范教育体制的发展提供借鉴。全文共分为四章。绪论部分介绍选题意义、概念的界定、文献综述、研究思路和方法。第一章为"日本模式"的建立和完善,包括"日本模式"构建的背景、日本师范教育制度的输入、"日本模式"的构建与完善。第二章为"美国模式"的起落,包括"美国模式"起落的背景,美国师范教育制度的输入与解读,"美国模式"的构建,师范学院制度的形成与"美国模式"的衰落。第三章为从"苏联模式"到"中国特色",包括从"苏联模式"到"中国特色"的背景转换,苏联师范教育制度的输入,"苏联模式"的构建,"中国特色"高等师范教育体制的构建。第四章为中国式教师教育体制的构建,包括"师范教育"与"教师教育"的关系、教师教育理念和制度的输入、中国式教师教育体制的构建之旅。结语部分为中国高等师范教育的世纪之思,作者提出中国高等师范教育体制演进历程中的"钟摆现象",对"钟摆现象"进行历史审视,并提出规避"钟摆现象"实现教师教育体制中国式发展。

关键词:高等师范教育　教育改革　教育制度

3297

**理想与现实:中国近代小学教师任用制度研究** / 汪丞著 ; 余子侠指导. -- 华中师范大学, 2009. -- 270 页

论文以小学教师任用制度发展演变的三个历史时期为经,以教师任用过程的三个阶段即"入职→在职→离职"为纬,多侧面、全方位地展示小学教师任用制度的发展历程,追寻其实施成效,并探讨造成其制度理想与实施现状差距的原因,以为当前教师任用制度建设提供历史借鉴和现实参考。全文共分为五章。导论部分介绍选题缘由、研究意义、研究现状、研究对象和范畴、研究思路和方法等。第一章梳理中国传统教育教师任用制度的发展源流,介绍中国近代小学教师任用制度的发展概况。第二章追溯清末、民国前期、民国后期小学教师任职资格制度,聘任制度和职务保障制度的发展脉络及实施效果,探讨近代小学教师任用之入口管理制度理想与现实差距的原因。第三章追溯近代小学教师资格检定制度、小学教师培训制度发展演变的历程及实施情况,探讨造成其制度理想与实施现状之间矛盾的因素。第四章梳理小学教师激励制度、小学教师待遇制度发展演变的历程,呈现其实施现状,探讨造成其制度理想与现实差距的原因。第五章介绍近代小学教师退休制度、抚恤制度和淘汰制度的发展概况,追溯制度实施的现状,探讨制度理想与现实差距的原因。结论部分探讨近代小学教师任用制度发展演变的特点;追寻近代小学教师任用制度理想与现实差距的原因;探索其对当今教师任用制度建设的启示。

关键词:小学教师　人事制度　教育史

3298

**中国新教育运动研究(1912—1930)** / 汪楚雄著 ; 周洪宇指导. -- 华中师范大学, 2009. -- 203 页

论文试图从当代中国社会转型期的视角,就晏阳初"平民教育"理论与实践进行历史的梳理和研究,细致探讨晏阳初"平民教育"理论与实践对当代中国社会转型期的教育、社会以及新农村建设的价值和现实意义,以期在宏观与微观方面促进学术界对于晏阳初"平民教育"理论与实践的全新审视与深入研究,并且希望引起政府对它的关注。全文共分为四章。绪论部分阐述论文的研究对象、研究的主要内容和要解决的主要问题、研究目的、研究意义、研究思路和方法以及创新之处。第一章主要讨论晏阳初"平民教育"思想产生的历史背景与远期,背景分为一战、欧洲新教育运动和美国进步正义教育运动的国际背景和新学教育的国内背景,而促使晏阳初从事"平民教育"的直接动力来自于"三 C"的影响。第二章主要阐释晏阳初"平民教育"时间的历史过程,包括 1920—1990 年内的五个阶段,随后对晏阳初"平民教育"在国内国外的影响做了比较深入细致的研究。第三章从教育主体论、教育价值论、教育目的论、教育公平伦、教师道德论、课程教学论六个方面对晏阳初"平民教育"理论进行了较为系统的理论探讨。第四章继续深入考察晏阳初"平民教育"的当代价值,选取了和当代中国社会转型期密切相关的四个问题:信仰、知识分子、公民社会、"三农"问题,以晏阳初"平民教育"理论和实践为依据,进行深入分析与论述。

关键词:教育改革　教育史　民国

3299

**苏南乡村教育研究(1905—1937)** / 杨娟著 ; 黄书光指导. -- 华东师范大学, 2009. -- 228 页

论文在辩证唯物主义和历史唯物主义的指导下,借鉴历史学、社会学、文化学、经济学等多学科的理论,运用区域研究、文献分析、访谈口述、个案考察、历史比较等研究方法,以 1905—1937 年的苏南乡村教育为研究对象,分析在相对发达的区域经济、社会、文化条件下的乡村教育现代化发展脉络,努力解释苏南乡村教育现代化的内在逻辑与基本特点,深入探讨教育与区域现代化发展的复杂互动关系。全文共分为六章。绪论简要说明了论文的选题缘由、观察视野、分析理路、研究方法等,并对论文的重要概念、时间断限、地域范围作了界定。第一章从"整体的历史"视角出发,论述了苏南乡村传统教育的生态环境。第二章从历史纵向的视野梳理和探讨了 1905 年到 1937 年这段历史时期的苏南乡村教育发展,划分为现代化起步阶段、发展时期、停滞与反思时期三个阶段。第三章和第四章着重对传统与现代性在乡村教育现代化进程中的作用进行文化考察,选取乡村士绅、乡民、现代教师作为切入点,通过他们的活动与文化选择,阐述传统在苏南乡村教育的现代化过程中发挥的复杂作用。第五章从现代化发展的角度分析苏南区域的乡村教育运动。第六章通过苏北、苏南乡村教育现代化的区域比较,努力探讨乡村教育现代化的区域文化特点和地理环境因素。结语部分总结了 1905—1937 年苏南

乡村教育现代化的基本特点,并提出了相关建议。

关键词:乡村教育　教育现代化　教育史　苏南地区　民国

**3300**

**从"词章"到"语文":由名称演变看语文课程内容的递嬗** / 尹逊才著 ; 王炳照指导. -- 北京师范大学, 2009. -- 146 页

论文从 1902 年至 1958 年,中国语文课程的名称多次发生变更的事实入手,介绍语文课程名称的频繁变动,并探索语文课程名称的演变与内容的变动之间的密切联系,试图呈现语文学科自身发展的规律,对语文课程内容的复杂系统作科学、明确的界定,重新确定言语研究的重心。全文共分为五章。首先是绪论,介绍研究缘起、概念界定、研究对象、研究综述、研究思路。第一章为语文课程名称演变的轨迹,从"词章"开始,经历"中国文字、中国文学","国文","国语","语文","汉语、文学",并最终定名为"语文"。第二章为词章到国文——语文课程内容与读经的剥离与隔断,作者将其分为四个阶段:词章为剥离的构想,中国文字、中国文学为剥离的实施,国文为剥离的完成,封建复辟为读经的最后挣扎。第三章为国文到国语——语文课程内容的转变与重构,这一部分分为三个阶段:1992 年新学制为语文课程内容的转变,1929—1940 年的课程标准为语文课程内容的完善,1941 年的课程标准为语文课程内容非常时期的调整。第四章为国语、国文到语文——语文课程内容的民族化、科学化、大众化与政治化,作者从"语文"定名初期和汉语、文学分科两个阶段进行讨论。第五章为语文课程名称的演变与内容的递嬗,包括名称的演变与内容变动、语文课程内容的变动线索、语文教育史的时期划分问题、语文课程的科学化研究和"习字"问题的补论。

关键词:中小学　语文教育　语文课

**3301**

**民国时期广东国语教育研究(1920—1937 年)** / 喻忠恩著 ; 袁征指导. -- 华南师范大学, 2009. -- 167 页

论文以民国时期广东国语教育为切入点,试图从区域国际教育的角度,勾勒出民国时期国语教育政策在广东省实施的基本过程、具体形态,并对制约国语教育政策在广东发生变形的主要因素进行分析,并结合当代中国语言教育的相撞,为国家语言规划、语言改革以及语言教育政策的制定与实施提供了参考性的建议。全文共分为五章。导言部分介绍研究缘起、概念界定、研究综述、研究思路、研究方法和论文框架。第一章为广东国语教育的源流,包括语言变革思潮和语言教育新风气。第二章为广东国语教育的起步,包括国语教育机构的产生、国音与白话文教育、方言与文言文教育、政治"角色"与国语教育。第三章为广东国语运动的勃兴与困境,包括国民党"二大"与国语运动、国语运动大会余波、南京政府初期的国语教育、政治语言与国语教育的困境。第四章为广东国语教育的边缘化,包括文言文教育、国语教育、从英语世界语到方言拉丁化、独立王国的国语教育边缘化。第五章为广东国语教育的回光返照,包括"新广东"与国语统一、官方国语教育运动、民间国语运动及成效、国语教育政治化及其悖论。结语部分讨论了广东国语教育的制约因素及后果、中国国语教育的另一个镜像、从历史看当代中国语言教育。

关键词:地方教育　国语　教育史　广东　民国

**3302**

**京师大学堂师范馆考论** / 张洪萍著 ; 于述胜指导. -- 北京师范大学, 2009. -- 169 页

论文以京师大学堂师范馆为中心,考察其制度的建构与运行及其影响因素,以及在制度的运行过程中师范馆的管理者、教师和学生与制度规定之间的顺应与背离,以点带面,以期深化对清末教育制度及早期师范教育的理解。全文共分为五章。前言部分介绍缘起和意义、研究思路,并对学术史尽心管理回顾。第一章为师范教育的兴起与京师大学堂师范馆的成立,包括近代师范教育的萌芽、近代师范教育的兴起与京师大学堂师范馆的创办。第二章为管学时代:师范馆在政治制约下的积极探索,论述师范馆艰难的创建,包括人员聘请的标准和师范馆建制考察;论述师范馆早期运行中的矛盾,包括师范馆早期的开拓以及政治权利对教育变革的制约。第三章为监督时代:师范馆对旧学儒道的坚守及其裂变,包括对旧学儒道的坚守,重订学章,确立师范教育体系和师范馆课程体系,严防流弊;以及旧学儒道的裂变,其中谈到监督管学、师范馆的课程设置与教学实践考察以及怀柔加大棒的防流弊政策的失败。第四章介绍了师范馆的终结与京师优级师范学堂的建立。第五章为学生的身份认同及其文化意向,包括学生的身份认同,以及学生的职业选择及其研究取向。最后为结语部分。

关键词:北京大学　师范教育　教育史

3303

**临时教育会议与日本私立大学的发展** / 张如意著 ; 朱文富指导. -- 河北大学, 2009. -- 167 页

论文通过对文献的大量查阅与分析,深入分析临时教育会议在日本历史上的地位和影响意义,并着重研究了临时教育会议与日本私立大学发展之间的关系,概括四点临时教育会议对日本私立大学发展产生巨大推动作用的主要原因,并试图以此经验为今天中国民办高校发展提供借鉴。全文共分为五章。第一章为临时教育会议之前私立大学的发展状况及存在问题,包括私立大学的初创和发展、私立大学发展中存在的内部问题和外不至于因素。第二章详细介绍临时教育会议,阐述临时教育会议的产生及其历史使命、审议过程、内容及其作用。第三章为临时教育会议与私立大学制度改革,讨论包括井上毅、久保田让、鸠山等人的改革方案在内的临时教育会议前的大学制度改革方案,介绍临时教育会议对私立大学问题的审议、审议结果,以及学位制度的审议与私立大学。第四章为临时教育会议后私立大学的发展,包括《大学令》《大学规程》和《学位令》与私立大学,以及《大学令》后私立大学的升格与发展,并阐述了私立大学升格和发展的意义坐在。第五章为临时教育会议与私立大学发展关系解析,包括临时教育会议与私立大学的互动关系、临时教育会议对私立大学发展发挥巨大推动作用的原因等。最后为结语部分。

关键词:私立大学　教育史　日本

3304

**晏阳初"平民教育"理论与实践研究:基于当代中国社会转型期的视角** / 张颖夫著 ; 廖其发指导. -- 西南大学, 2009. -- 358 页

论文试图从当代中国社会转型期的视角,就晏阳初"平民教育"理论与实践进行历史的梳理和研究,细致探讨晏阳初"平民教育"理论与实践对当代中国社会转型期的教育、社会以及新农村建设的价值和现实意义,以期在宏观与微观方面促进学术界对于晏阳初"平民教育"理论与实践的全新审视与深入研究,并且希望引起政府对它的关注。全文共分为四章。绪论部分阐述论文的研究对象、研究的主要内容和要解决的主要问题、研究目的、研究意义、研究思路和方法以及创新之处。第一章主要讨论晏阳初"平民教育"思想产生的历史背景与远期,背景分为一战、欧洲新教育运动和美国进步正义教育运动的国际背景和新学教育的国内背景,而促使晏阳初从事"平民教育"的直接动力来自于"三 C"的影响。第二章主要阐释晏阳初"平民教育"时间的历史过程,包括 1920—1990 年内的五个阶段,随后对晏阳初"平民教育"在国内国外的影响做了比较深入细致的研究。第三章从教育主体论、教育价值论、教育目的论、教育公平伦、教师道德沦、课程教学论六个方面对晏阳初"平民教育"理论进行了较为系统的理论探讨。第四章继续深入考察晏阳初"平民教育"的当代价值,选取了和当代中国社会转型期密切相关的四个问题:信仰、知识分子、公民社会、"三农"问题,以晏阳初"平民教育"理论和实践为依据,进行深入分析与论述。

关键词:晏阳初　平民教育　教育理论

# 比较教育学

3305

**基础教育教研室制度创新研究:基于山东的案例** / 董绍才著 ; 吴刚指导. -- 华东师范大学, 2009. -- 202 页

论文借鉴新制度主义、组织社会学、教师专业发展等理论,采取文献法、调查法、比较法等研究方法,以山东省为个案分析,对我国基础教育教研室制度创新进行了研究。全文共五章。第一章首先讨论了选题的三项主要缘由,接着对相关的文献资料进行了认真梳理和剖析。另外还对重要的概念进行了界定和区分,对研究方法作了说明。第二章对教研室制度的演化历程进行了历史的考察和审视,通过对教研室制度的萌芽、酝酿、成型、完善、演变的历史背景、基本线索和制度文本内容的考察与分析,指出了教研室制度演化的特点和价值取向,并提出了其存在的问题和不足,为制度创新指明了方向。第三章通过对不同时期教研室制度规约下教研员的教研实践活动行为模式的历史考察和分析,指出了教研室制度在实践运作中外控式教研活动管理机制与工具理性取向的教研活动行为模式存在的问题,对制度创新提出了一些思考。第四章从教研室作为一个中小学教师在职培训机构的视角,通过对苏联、美国、英国和日本四个国家中小学教师在职培训机构的制度建设、具体实践活动的比较研究,提炼出了对我国教研室制度创新有益的理念、先进的经验和做法。第五章根据教研室制度建设与在实践运作中存在的主要问题,结合国外培训机

构制度建设的镜鉴，将促进教师专业发展作为教研室制度创新的核心价值观，并就指向教师专业发展的教研室制度如何创新进行了实证分析和论述。在具体的创新实施策略上，力求在保持和改革原有教研室行政管理制度的同时，建立一套"教研员参与的教师群体专业发展与教师个体专业发展相互促进"相匹配的新型教研室制度。

关键词：基础教育　教研室　制度创新

**3306**

**跨国教育的国际比较研究** / 冯国平著 ; 李其龙指导. -- 华东师范大学, 2009. -- 371 页

论文以跨国高等教育为研究对象，对跨国教育进行了比较研究。全文共七章。第一章导论阐述跨国教育兴起的全球化背景。第二章综述国内外相关研究问题，并介绍了研究问题、内容及方法。第三章主要是对澳、英、美、德、法等教育出口国的跨国教育输出进行了仔细研究，并在对以上各国跨国教育发展的历史背景、现状、特点、特色等方面深入分析的基础上，总结跨国教育输出的三种模式，包括英澳模式、美国模式、德法模式。第四章以与中国同列跨国教育四大目的的新加坡、香港、马来西亚，以及中东地区为讨论对象，深入分析了这些地区在引进外来教育，提升当地高教能力、科技水平、经济竞争力，甚至从单纯教育进口转为进口与出口并举、成为地区教育中心的措施。第五章首先梳理了主权、教育主权概念并分析了服务贸易总协定对教育开放的可能影响后，提出应少提或不提教育主权这类涉及意识形态的概念，多关注质量保证及消费者保护之类的实际问题。接着又讨论了跨国教育的外部质量保证机制。另外，还总结了跨国教育的模式及其特点；同时探析了政府对跨国教育的宏观管理。第六章则用中外合作办学的具体案例，探讨了地区和机构层次的跨国教育实践。第七章是结论，论文主张秉持"和而不同，各美其美"的多元文化观，以开放的态度欢迎外来教育的进入，通过消化、吸收、融合，努力使中国的教育、科学、技术进入世界先进之列。

关键词：留学教育　联合办学　教育质量

**3307**

**当代国际高中施行学分制研究** / 郭华邦著 ; 冯增俊指导. -- 华南师范大学, 2009. -- 269 页

论文探讨高中学分制对基础教育的帮助，并借鉴国内外高中发展学分制的经验，试图为澳门的基础教育发展提供理论和实践的依据。全文共九章。第一章导论，解释提出问题的理由、选题的意义，对研究高中施行学分制的意义、研究现状、研究设想、研究方法等做出了简要的说明。第二章分析学分制的理论、从理论层面了解高中阶段实施学分制的意义。第三章介绍了学分制的起源，高中推行学分制的教育意义等。第四、五章主要介绍了美国、德国、芬兰等国家在高中推行学分制的情况。美国是全球首个推行学分制的国际，德国的选课制则是学分制的源头，而芬兰高中推行的学分制从理论到实际操作都有很多值得其他国家学习的地方，因此论文选择这三个国家来讨论国外高中发展学分制的经验，并透过这些经验的分析来研究学分制的基本理论。第六、七章探讨国内学分制的发展经验，透过实地考察及对当地中学校长的访谈，掌握华人地区于高中阶段推行学分制的第一手资料，并在此基础上，分析高中阶段推行学分制的利弊。第八、九章从澳门特区政府的教育政策审视澳门的教育现状，认为高中阶段推行学分制对于澳门基础教育具有重大意义，而要更好地在高中阶段推行学分制必须要有更深入的研究和了解。此外，还将各地高中发展学分制的经验和澳门的实际情况相结合，研究了适合澳门施行的学分制模式。

关键词：基础教育　高中　学分制

**3308**

**美国高校服务学习研究** / 郝运著 ; 饶从满指导. -- 东北师范大学, 2009. -- 136 页

论文以"服务与学习之间的关系"为论述核心脉络，对美国高校服务学习展开了系统性研究。全文共分七章。第一章首先从学校教学、学生成长及政府的不同角度，对服务学习进行了界定；然后探讨了服务学习与志愿服务、社区服务的关系；接下来论述对服务学习的基本理念，并总结了服务学习的类型。第二章系统梳理了美国高校服务学习的历史渊源与发展历程。第三章首先探讨了美国高校服务学习的学理基础，包括教育学基础、心理学基础、社会学基础、哲学基础等；另外还从慈善模式、公民参与模式、社群模式三方面阐述了美国高校服务学习的理论取向。第四章首先论述了美国高校服务学习的实施途径、然后讨论了美国高校服务学习的实施原则，最后论述了美国高校服务学习的实施程序。第五章首先探讨了美国高校服务学习的组织机构，接着分析美国高校服务

学习的保障,主要有法律保障、资金保障、政策保障、网络保障等。第六章归纳总结了美国高校服务学习的特点:注重学生、学校、社区和政府间的互惠,强调学生、学校与社区组织间的合作,体现服务项目与方式的多元,实施方法上彰显学生与社区的参与,实施过程中凸显反思环节的再认识,终极指向关注责任公民的塑造。同时还指出了美国高校服务学习的效果,以及面临的问题,并提出了改进措施。第七章首先梳理中国大学生实践活动的发展历程,并指出其中面临的主要问题;然后归纳总结美国高校服务学习对中国大学生实践活动的启示。

关键词:高等学校　教学法　社会实践　美国

**3309**

**教育公平视角下美国多元文化教育研究** / 靳淑梅著 ; 孙启林指导. -- 东北师范大学, 2009. -- 152 页

论文从教育公平的视角,对美国多元文化教育进行了全面的研究。全文共分为六章。引言阐述论文的研究背景、研究意义、研究现状与研究方法,界定了论文涉及的核心概念。第一章明晰教育公平的内涵,学者以"公平的正义"为依据,对教育公平的实施原则达成共识,即教育公平包含教育资源配置的三种合理性原则:公平原则、差异原则和补偿原则。第二章介绍美国多元文化教育理念研究,阐明美国多元文化教育的兴起,美国多元文化教育理念的蕴含及嬗变,剖析多元文化教育的实质。阐明多元文化 教育的主体、目标及理念是对教育公平的回应与诉求。第三章介绍教育公平与美国多元文化课程的改革,分析少数民族学生享有课程资源的不公平等现状,论述多元文化课程的理论基础、理念及目标,阐明实施多元文化课程的灌输途径、转化途径及社会途径。第四章介绍了教育公平与美国多元文化教育的成就提升途径,分析了少数民族学生学业成就状况及解释成就失败的理论,在此基础上论述了基于公平原则的双语教育等提高学生学业成就的措施。第五章分析了教育公平与美国多元文化教师教育,分析了少数民族学生享有教师资源的状况,多元文化背景下的实施教育公平,教师在知识目标、感情目标、技能目标方面必须具体的多元文化素质及教师职前、在职教育所做的改革。第六章是对美国多元化教育的反思,论述多元化教育发展面临的困境,剖析陷入困境的原因,并提出相应的策略。论文通过对美国多元文化教育的全面研究,明晰其反种族主义的立足点及社会正义的核心理念。

关键词:教育理论　文化教育　公平　美国

**3310**

**当代西方教育与国家关系思想研究:基于国家利益观的视角** / 乐先莲著 ; 朱旭东指导. -- 北京师范大学, 2009. -- 286 页

论文基于国家利益观的视角,对当代西方教育与国家关系思想研究进行了剖析。全文共分为六章。论文开始部分为导言,主要介绍了问题的提出与研究意义,对相关文献进行了梳理和综述,界定了相关的研究概念,总结了论文研究的理论基础,介绍了论文的研究方法和思路。第一章阐述当代西方教育与国家关系思想的历史基础,主要从古典时期西方教育与国家关系思想、近代(17—18 世纪)西方教育与国家关系思想、近代(19 世纪)西方教育与国家关系思想以及现代西方教育与国家关系思想四个方面进行了介绍。第二章基于公共论国家利益观的教育与国家关系思想的介绍,阐述了国家教育职能有限论,论述了国家公共教育神话论,分析了民主国家的教育道德角色论。第三章介绍了基于工具论国家利益观的教育与国家关系思想,主要阐述了教育国家霸权再生产论、教育意识形态国家机器论、教育社会冲突论、教育发展与国家形成论。第四章介绍了基于精英论国家利益观的教育与国家关系思想,主要分析了教育与国家政治发展互动论、国家官僚控制与公共教育制度重建论。第五章分析了基于多元论国家利益观的教育与国家关系思想,主要包括国家是多元利益集团的协调者、国家教育体系中的多元利益集团、多元利益集团对国家教育政策制定和执行影响以及多元主义教育与国家关系思想的影响及评价。第六章分析了全球化时代西方教育与国家关系思想的发展,分析了全球化时代民族国家的发展走向,阐述了全球化时代西方教育与国家关系思想的基本构架和影响及评价。论文最后为结语。

关键词:教育　国家　利益观　西方国家

**3311**

**信息社会视阈中的学校信息伦理教育研究:以美国为案例** / 刘彦尊著 ; 孙启林指导. -- 东北师范大学, 2009. -- 251 页

论文以美国为案例,对信息社会视域中学校信息伦理教育进行深入全面的研究。全文共分为五章。第一章介绍了信息伦理教育的必要性。主要包括信

息伦理教育是培养信息社会理想公民的内在需要、信息伦理教育是解决信息社会青少年学生信息伦理问题的有效手段之一、信息伦理教育是对传统道德教育的改造、新解和采用三方面的内容。第二章阐述信息伦理教育兴起的背景与理论基础，分析世界性的青少年信息伦理缺失的现状，阐述信息社会对学校教育提出的机遇与挑战，并简述世界范围内学校信息伦理教育兴起的背景。第三章研究传统道德教育理论在信息社会中的效用。对信息社会传统道德教育的功能进行探究，解释传统道德教育资源在信息社会理想公民培养中的局限性和积极作用，比较系统地阐述"道德认知发展理论""关怀伦理理论""价值澄清理论"以及"品格教育理论"对信息社会伦理道德建设的适用性，并且对美国传统道德教育理论在学校信息伦理教育中的具体运作进行分析。第四章介绍信息社会中的信息伦理教育的建设，主要包括信息伦理教育的功能价值、美国学校信息伦理教育的目标、美国学校信息伦理教育课程与教学以及美国信息伦理教育整体的环境建设四个方面的内容，并对美国学校信息伦理教育的个案进行剖析。第五章介绍学校信息伦理教育未来视野与模式建构，对全球的公民和共同性进行了关注，对我国学校信息伦理教育模式进行了初探。

关键词：学校教育　社会公德教育　伦理学

**3312**

**文化视野中的藏区小学与社区关系研究：以邛山村小平小学"文化孤岛"现象为个案** / 龙藜著 ；巴登尼玛指导. -- 西南大学, 2009. -- 134 页

论文综合运用教育学、文化学、社会学、人类学的理论，采用田野调查法、文献法、比较法等研究方法，探讨了文化视野中的藏区小学与社区之间的关系问题。全文共六章。第一章导论，主要阐述了研究问题的缘起、研究对象及研究设计，并对相关研究进行了综述。第二章主要考察邛山小平小学与邛山村的关系。首先探寻了学校与社区的生存背景，包括自然生态、人文历史、变迁情况等；接着继续考察了学校的基本状况，并讨论了学校与社区在人才培养和需求、人员交流及相关重要事件中的关系；最后分析了社区对学校的态度。第三章分析认为，导致藏区小学与社区的关系存在表面和谐，深层不和谐状况的因素主要有三方面，一是外部因素，包括政治环境、经济环境、文化环境；二是教育内部因素，学校的教育目的和教师观念、教学内容、教学语言和评价体系等方面存在问题，影响了学校与社区关系的和谐；三是社区内部因素，学校承担了所有的教育责任，但社区在整个教育活动中是失声的。第四章论述学校和社区的合作是人性的需要，是文化发展的需要，更是教育自身的需要，并提出"和谐共生"应该成为调节学校与社区关系的基本指导思想。第五章则详细阐述了藏区小学与社区和谐共生关系的构想，即应从调适学校教育内部因素做起，建议建全相关的社会保障机制，制定出学校与社区合作的具体措施和实施策略。第六章是论文的结论部分，同时对民族地区的学校教育进行反思。

关键词：民族地区　小学教育　社区　文化关系

**3313**

**中美教师教育实践课程比较研究** / 骆琤著 ；王斌华指导. -- 华东师范大学, 2009. -- 360 页

论文以教师知识理论、教师反思理论和教师专业社会化理论为视角，并选择美国教育实践课程作为参照对象，对中美教育实践课程展开全面与深入的比较研究。全文共七章。第一章从生长背景、支撑理论、内在本质、价值和作用等四方面分析教育实践课程的理论诉求。第二章论述中美教师教育实践课程从19世纪至今几乎同步经历了课程的萌芽期、生长期和稳定期，并于20世纪50年代分别进入"重构"和"变革"期。其中在演进过程中，"艺徒"模式、"实验"模式、"临床"模式、"反思模式"等在中美教育实践课程中都发挥了重要作用。第三章比较中美教育实践课程的目标。首先论述两国教育实践课程的目标与本国教师教育的总目标是高度一致的，然后分别阐述中美两国教育实践课程的目标领域。第四章比较中美教育实践课程的内容。两国教育实践课程的内容选择包括各类实习、演习和实习活动，以及相关教学经验。不过两国的课程内容在课时比例上存在较大差距。此外，两国教育实践课程的活动或模块组织也显示出不同的逻辑顺序。第五章则从课程的实施模式、中心环节、具体手段和课程参与四个角度考察了中美教育实践课程的实施现状。第六章首先叙述了中美两国通过不同的开发手段，形成了各层次的课程评价标准；接着分析在中美教育实践课程的评价模式中，作为评价主体的指导教师和准教师，在两国的评价过程中起着不同作用。此外，还阐明了教育实践课程的评价既包括对准教师的评价，也包括对课程自身所展开的项目评价。最后，第七章在对中美教育实践课程进行全方位比较和反思的基础上，指出了我国教育实践

课程的变革趋势。

关键词:师范教育　教育实践　课程设置

3314

**西方教育创新理论研究** / 孟照海著 ; 项贤明指导. -- 北京师范大学, 2009. -- 173 页

论文以综合的视角对西方教育创新理论进行了研究。全文共分为七章。论文的导论介绍论文研究的缘起、研究问题及意义、对相关概念进行界定,综述相关研究文献,阐述论文研究的方法和思路以及框架。第一章介绍了教育创新话语的形成过程,主要包括创新话语的形成、教育创新话语的形成、国际教育创新的时代背景三方面内容。第二章阐述教育创新研究的理论基础,主要论述教育创新研究的哲学基础,分析教育创新研究的社会学基础,概括教育创新理论研究的认知论。第三章研究教育创新研究的技术视角,分析技术视角兴起的社会背景,概述技术视角的理论表征,对技术视角进行评述。第四章研究教育创新研究的政治视角,主要包括政治视角转向的社会动因、政治视角的理论表征、政治视角的评述三方面的内容。第五章研究了教育创新研究的人文视角,通过论述研究范式转换的社会背景,描述了人文视角的理论表征,对教育创新研究的人文视角进行了评述。第六章介绍教育创新的组成要素,静力学的视角。从创新主体的演变和教育创新的主体分析了教育创新的主体;通过分析一般创新的属性和教育创新的属性研究了教育创新的客体;从教育创新的时间维度和空间维度分析了教育创新的时空结构。第七章介绍教育创新的内在过程,即动力学的视角,分析教育创新研究的过程转向,主要包括扩散研究及其批判、创新过程研究的表征、过程研究的两种范式。同时阐述教育创新过程的个体视角和组织视角。

关键词:教育改革　创新管理　西方国家

3315

**美国远程高等教育质量认证制度研究** / 潘康明著 ; 陈时见指导. -- 西南大学, 2009. -- 170 页

论文采用制度分析法、比较研究法、个案研究法、因素分析法等,开展了对美国远程高等教育质量认证制度研究,以学习和借鉴美国的先进经验,促进我国远程高等教育的改革和发展。全文共分五章。第一章分析和探讨了远程教育、远程高等教育以及与它们相关或容易混淆的概念,并在此基础上论述了远程高等教育质量认证制度的理论基础,包括制度分析理论、全面质量管理理论、高等教育评价理论和第三部门理论。第二章以历史研究法描述了美国远程高等教育质量认证制度的变迁,包括认证制度的结构体系、制度性文化和实施机制三个方面。其中以因素分析等方法,从美国学校高度自治和自由、实用主义价值观、个人主义价值观和多元文化价值观等方面讨论了影响美国远程高等教育质量认证制度的文化价值因素。第三章从认证制度的类型、目的和标准、内容和程序、性质和功能等方面,讨论了美国远程高等教育质量认证制度。第四章从机制、高等教育认证机制、远程高等教育质量认证机制、机制的各个要素和具体实施的机制等几个方面,探讨了美国远程高等教育质量认证制度的执行问题,即实施机制,主要包括缓冲器机制、服务器机制和交换器机制。第五章从中美远程高等教育质量认证制度的历史进程、结构体系、社会背景和实施机制等四个方面,对中美两国的远程高等教育质量认证制度进行了比较分析,在此基础上,对我国借鉴美国远程高等教育质量认证制度进行了分析和思考。

关键词:高等教育　远程教育　教育质量　认证

3316

**俄罗斯教育发展对其国家竞争力影响之研究** / 单春艳著 ; 肖甦指导. -- 北京师范大学, 2009. -- 216 页

论文对教育发展与国家竞争力之间的关系进行了梳理和探讨。全文共分为五章。论文开始部分为前言,主要介绍研究的背景与意义,文献综述,对相关概念进行了界定,总结论文研究的思路与研究方法。第一章是对教育发展与国家竞争力之间关系的理论探究,主要介绍教育与国家的关系,分析国家竞争力理论及其评价体系,阐述教育发展与国家竞争力之间的关系。第二章论述俄罗斯教育发展对其国家竞争力产生影响的历史根基和现实环境。分析俄罗斯国家形成和发展中的教育特质和优势的形成,阐述俄罗斯教育发展对其国家形成和建设的贡献,以及重要意义。总结21世纪以来俄罗斯教育发展的现实环境,主要包括普京的执政风格及其对教育的态度、俄罗斯国家发展思想对教育发展的保障作用。第三章对俄罗斯教育发展对其国家竞争力产生的影响的可能性进行了分析与研究,主要包括教育发展对国家竞争力产生影响的方向引导、教育发展对国家竞争力产生影响的潜在力量以及教育发展对国家竞争力产生影响

的关键因子这三方面的内容。第四章对俄罗斯教育发展对其国家竞争力产生影响的成效进行了研究，主要分析俄罗斯教育发展的指标，对指标进行了界定，分析俄罗斯高等教育、科学研究发展指标。同时，反映俄罗斯教育发展指标及其在国民生产领域的作用。第五章是对教育发展对国际竞争力产生影响的因素分析及基本特征的阐述，从教育的传统优势、国家的外部环境、教育自身的生命力分析了教育发展对国家竞争力产生影响的因素分析。

关键词：教育事业　国际竞争力　俄罗斯

**3317**

**世界银行对发展中国家高等教育的政策及影响：以亚非四国为例** / 沈蕾娜著 ; 顾明远指导. -- 北京师范大学, 2009. -- 203 页

论文以亚非四国为例，分析世界银行对发展中国家高等教育的政策及影响。全文共分为六章。第一章为论文的导论，详细地阐述论文研究的缘起，对相关的文献进行综述，从研究问题、研究思路、研究方法三方面阐述论文研究的设计，分析论文的结构。第二章从历史和趋势分析了世界银行的高等教育政策的演变历程，主要分析 20 世纪 60 至 70 年代、20 世纪 80 年代、20 世纪 90 年代以及知识经济时代四个时期的重要文件，从教育理念、援助方式、援助内容、援助目的分析了世界银行高等教育援助的趋势。第三章介绍了世界银行和中国的高等教育的发展历程，分析了世界银行和中国的历史转折点，提出了世界银行对中国高等教育改革的建议，探究世界银行对中国的高等教育发展的实际成效及作用。第四章研究世界银行和印度的高等教育发展，主要分为世界银行与印度合作中的冲突、世界银行对印度的高等教育贷款和成效、结构调整政策对印度高等教育的影响三方面的内容。第五章通过分析世界银行对撒哈拉以南非洲的高等教育政策、世界银行和尼日利亚的高等教育发展以及世界银行和肯尼亚的高等教育发展，对世界银行和撒哈拉以南非洲的高等教育发展进行剖析。第六章分析世界银行对亚洲四国高等教育发展的影响，从权力的角度阐述世界银行对亚非四国的影响能力，从权力运用方面介绍世界银行对亚非四国的影响机制以及分析世界银行对亚非四国的影响实质以及世界银行权利运用的约束条件。

关键词：高等教育　世界银行　教育政策

**3318**

**语言教育与国家战略：多维视角下的美国语言教育研究** / 孙渝红著 ; 陈时见指导. -- 西南大学, 2009. -- 141 页

论文通过多为视角下的美国语言教育研究，分析了语言教育与国家战略。全文共分为五章。第一章为论文的导论，提出论文研究的问题，分析国内外研究现状，对相关概念进行了界定，总结论文研究的思路，归纳论文的研究方法。第二章介绍权利视域下的少数民族语言教育。阐述盎格鲁新教文化价值观支配下的语言教育、教化式同化主义的语言教育、语言资源推广原则指导下的语言教育以及多语主义概念倡导下的语言教育。分析语言权利视域下语言教育的价值取向。第三章分析民族主义观下的移民语言教育，主要介绍压制性政策导向影响下的语言教育、容忍性政策导向影响下的语言教育、英语中心主义影响下的语言教育以及政治性意识下的语言教育，并且研究民族主义观下的语言教育的价值取向。第四章分析国家利益主导下的外语教育，分析语言教育培养目标的转变，确立标准化思想，阐述战时环境影响下的语言教育、国家安全视角下的语言教育、经济全球化背景下的语言教育，并对国家利益主导下的语言教育价值取向进行了分析与研究。第五章介绍美国语言教育发展带给我们的反思与启示，分析美国语言教育的特点，描述美国语言教育面临的困境，分析美国语言教育的变革走向，总结了美国语言教育发展带给我们的启示。论文从多维视角，分析美国语言教育，并从中得到经验。

关键词：语文教学　国家战略　少数民族　美国

**3319**

**我国比较教育学的学术生态研究** / 田小红著 ; 项贤明指导. -- 北京师范大学, 2009. -- 159 页

论文以社会生态系统理论为篇章结构的内在理论基础，对我国比较教育学的学术生态进行了深入全面的研究。全文共分为四章。论文开始部分为绪论，主要对相关研究文献进行了综述，对主要的研究概念进行了界定，介绍了论文的基本理论分析思路，总结了论文研究的方法。第一章介绍了比较教育学知识的现状，主要阐述了当前比较教育研究的内容体系，分析了比较教育学学科建设的措施，总结了概念视野中的比较教育学的相关知识，对比较研究论述的形成进行了内容分析，从论文分析的角度研究了比较研究

论述的形成。第二章介绍了人文社会科学中的比较教育学的知识，主要包括比较教育学知识与比较性人文社会科学、比较教育学与相关“学科”的关系以及比较教育学知识与教育学知识之间的关系三方面的研究。其中比较教育学知识与教育学知识之间的关系包括比较教育学是教育学的分支学科、比较教育学就是教育学本身、比较教育学是教育研究的高级形态三方面的关系。第三章阐述了比较教育学的社会认同，主要分析了比较教育学的学科制度的认同，从社会心理学的视角分析了比较教育学的社会认同，以教育全球化为例，分析了比较教育学的实践认同。第四章介绍比较教育学知识的进步，阐述了知识进步理论与比较教育学知识进步的分析框架，从比较教育学的本体论、认识论、方法论分析了比较教育学理论体系的进步。同时，还阐述了全球结构中中国比较教育学派的建立。对中国比较教育学派创立进行了思考，认为跨文明的中国比较教育学的实践是中国比较教育学派创生的源泉。

关键词：比较教育学　知识体系　生态学

**3320**

**中美理科教师对科学探究及其教学的认识**／王晶莹著；钟启泉指导. -- 华东师范大学, 2009. -- 268 页

论文将研究问题聚焦在中美理科教师对科学探究及其教学的认识上，对教师自身的探究意识进行了系统研究。全文共六章。第一章基于科学探究相关概念的辨析，系统追溯了科学探究在美国基础科学教育领域的发展历程，并探讨了科学素养、科学本质、教师知识和信念等理论的研究取向。第二章以美国科学教育标准为指导，纵向地回顾了美国基础科学教育改革的历程，阐释了科学教育的教学标准和内容标准，进一步考察了探究教学的研究状况，涉及到探究教学的实施和评价。第三章基于科学教育标准实施过程的发展导向，系统梳理了从科学本质聚焦到科学探究的研究路径，从方法论层面重点分析了科学认识论中的科学本质和科学探究两个核心领域，涉及到研究内容和路径上的内在逻辑，为实证部分提供了研究取向和方法上的引导。第四章以混合研究并行法调查了中美理科教师对科学探究的认识，得出他们在科学探究具体议题的认识上存在显著性差异，而且中国教师对科学探究的认识还存在许多关键性问题的迷思。第五章以探究教学录像为载体，实证调查了中美理科教师对探究教学的认识，得出了他们在“做探究”方面存在显著性差异。第六章以美国 ICAN 探究教学培训项目为例，详细阐释该项目的设计和组织，考察了该项目对教师科学探究和科学本质的认识以及教学实践的影响，并进一步分析了教师的认识和实践的关系。最后，论文基于中美理科教师的认识差异和美国培训项目的分析，对我国理科教师的探究教学培训提出了科学探究内容知识和教学知识并行的策略，以及通过实践与反思来“做探究”的培训方式。

关键词：基础教育　科学教育　教师　教学法

**3321**

**西方比较教育方法论研究**／王黎云著；项贤明指导. -- 北京师范大学, 2009. -- 104 页

论文对西方比较教育方法论进行了深入全面的研究。全文共分为四章。论文开始部分为绪论，主要阐述了比较教育方法论研究的性质、结构和任务，分析了相关研究现状以及思考的起点，介绍了论文的研究思路。第一章是对实证主义与比较教育方法论的研究，主要总结了实证主义方法论的特点，分析了实证主义思想的起源和发展。论述了实证主义取向的比较教育方法论，主要包括比较教育方法论中的实证主义的萌芽、比较教育研究方法的程序化与量化、结构功能主义和比较教育方法论。同时对比教育方法论实证主义的取向进行了批判，修正了实证主义取向的比较教育方法论。第二章阐述人文主义和比较教育方法论的研究，主要分析了人文主义的发展传统与基本特征，对客观人文主义传统与历史的文化因素进行了分析，介绍了比较教育研究的目的、原则。同时还对现象学、民族志与比较教育方法论进行研究，阐述现象学与埃德蒙金的比较教育方法论思想。第三章对批判理论与比较教育方法论进行了研究，界定了批判理论的内涵、二重性。探究了依附论、世界体系分析与比较教育方法论的关系，阐述了批判民族志、批判诠释学与比较教育方法论的关系。第四章是对全球化、后现代与比较教育方法论的反思与构建，主要总结全球化与后现代中比较教育方法论面临的新挑战，运用社会制图学对比较教育研究的空间转向进行了探析，从重新创造比较教育中的历史维度以及融合历史与比较两方面分析了比较教育方法论的历史进程。

关键词：比较教育　方法论　西方国家

**3322**

**当代国际小学外语课程发展研究**／王淑杰著；冯增俊指导. -- 华南师范大学, 2009. -- 325 页

论文采用历史文献研究法等比较教育研究的方法,在国际视野下,对当代国际小学外语课程发展进行深入的研究。全文共分为七章。第一章为论文的绪论,阐述论文的选题缘由与意义,对小学外语课程国内外相关研究进行了综述,分析论文的基本框架和主要观点,总结论文的创新之处和不足。第二章是对国际小学外语课程进行实践探析,主要对国际小学外语课程的发展进行回顾,分析国际小学外语课程的焦点问题,总结小学外语课程的理论基础。第三章分析当代韩国小学外语课程发展的研究,主要包括纷争中的韩国小学英语课程、韩国小学外语课程体系分析以及韩国小学外语课程的实施策略三方面的内容。第四章对当代美国小学外语课程的发展进行研究,主要分析纷争中的美国小学外语课程,探究美国小学外语课程体系,对美国小学外语课程进行实践探析。第五章是对当代英国小学外语课程发展的研究,分析纷争中的英国小学外语课程、英国小学外语课程体系以及英国小学外语课程的实践和其带给我们的启示。第六章介绍当代中国小学外语课程的发展研究,主要对中国外语课程发展的历史进行了溯源,分析纷争中的中国小学外语课程,对国际合作综合英语教学实验的个案进行了分析,探究中国小学外语课程改革与实验。第七章是对走向全人发展的小学外语课程体系的探究,主要包括国际视野下小学外语课程新发展的认识以及中国特色小学外语课程体系的构建两方面的内容。

关键词:小学　外语教学　课程设计　课堂体系

**3323**

**大学教师流动的中日比较研究** / 吴培群著 ; 吴忠魁指导. -- 北京师范大学, 2009. -- 157 页

论文运用社会学的理论和方法对我国大学教师流动的中日比较研究进行实证研究。全文共分为七章。第一章介绍大学教师流动的相关研究领域与先行研究评述,主要从大学教师职业研究、大学教师市场研究、科学社会学、大学教师流动与一般的社会流动相结合的研究四方面分析了关于单个国家的大学教师流动,同时进行国家比较研究。第二章分析了大学教师流动的概念界定和研究框架,主要包括大学教师与大学教师社会、大学教师流动、大学教师流动的定义及其维度设定等内容。第三章阐述大学教师流动的实证研究方法及实施,主要对先行大学教师流动的相关研究的实证方法进行分析,总结论文的研究方法及实施方案,对大学教师流动进行量化指标的设定。第四章对大学教师流动的数量进行了统计分析,探究大学教师校际流动量的平均情况,论述大学教师的校际流动量的各种差异,对教师校际流量的差异进行了进一步讨论。第五章对大学教师校际流动的方向进行分析,主要包括校际地域流向、大学层次的流向分析以及大学教师校际流向的中日比较分析三方面的内容。第六章对大学教师校际流动进行了归因分析,分析对象包括现职校学术层次地位获得和大学地域地位获得。第七章为大学教师校际流动的研究结论及其进一步研究讨论。

关键词:大学　教师　人才流动　对比研究

**3324**

**美国研究型大学技术转移政策研究** / 武学超著 ; 徐辉指导. -- 西南大学, 2009. -- 187 页

论文依公共政策分析的一般逻辑,运用三重螺旋理论、利益集团理论和政策网络理论,采取历史分析法、文献法、个案法、比较法等研究方法,对美国研究型大学技术转移政策进行了系统性研究。全文共六章。第一章论述了美国研究型大学技术转移政策的历史发展,其最早可追溯到 19 世纪中后期的“赠地运动”,大致经历了萌芽期、探索期和成熟期三个历史阶段。其中社会经济环境和科研思想变革是影响美国研究型大学技术转移政策发展的主要因素。第二章讨论了美国研究型大学技术转移政策的内容,包括与技术转移相关的科学研究资助政策、与技术转移相关的科研成果所有权政策、美国研究型大学技术转移程序与项目开发政策、利益冲突协调政策。第三章首先分析了美国研究型大学技术转移政策制定的背景、程序及影响因素;然后论述了《贝多法案》的实施政策、实施机构及其实施策略;最后分析了美国研究型大学技术转移政策制定和实施过程中各利益相关者在创议网络、决策网络和实施网络中的角色关系。第四章探讨了美国研究型大学技术转移政策的实施结果,即首先使美国高等教育获得了新的发展,同时这些政策的实施也促进了美国产业创新和经济的快速发展。另外,《贝多法案》在美国的成功实施也给其他国家大学技术转移政策产生了一定影响。第五章阐述了美国研究型大学技术转移政策与实施的价值取向、经验及问题。第六章则最后论述了美国研究型大学技术转移的启示,并根据上述研究成果和我国的现实需求,提出了相关的政策建议。

关键词:高等学校　技术转让　美国

3325

**当代英国海外英语推广的政策研究:以英国文化委员会为中心** / 徐波著 ; 徐辉指导. -- 西南大学, 2009. -- 188 页

论文以英国文化委员会为中心,对当代英国海外英语推广的政策进行了分析与研究。全文共分为五章。论文的导论介绍问题的缘起和研究价值,对国内外相关研究进行综述,阐述研究的理论基础,归纳论文的研究方法、思路与重难点。第一章阐述了近现代英语的全球传播与推广的历史,主要包括英语在英伦三岛地位的确立、英美两国的崛起与英语的海外扩张以及作为全球通用语的英语及影响三方面的内容。第二章介绍当代英语海外政策的文本解析。分析了《德罗赫达报告》和《海外英语教学指导委员会报告》的出台与解读,总结了对海外教学规划大会及建议,同时阐述了其他有重要影响的政策文本。第四章介绍当代英国海外英语推广政策的落实途径,从英国海外英语教学与培训的简要回顾、当前英国海外教学与培训的现状以及英国文化委员会对海外英语教学事业的推动三方面的研究分析海外英语教学和英语培训。同时阐述标准化考试和证书发放系统,探究师资培训和海外输出,阐述教材出版和图情服务,同时章节还对留学生资助和奖学金设置进行研究。第五章分析当代英语海外英语推广的典型经验与政策调整,通过分析英语语言的现实与未来、海外英语推广对英国国家利益的实现对当代英国海外英语推广政策的实施成就进行阐述。其次,介绍当代英语海外英语推广的典型经验,主要包括将英语海外推广视为强国战略的重要组成部分,设立专门的语言推广机构以统筹海外英语推广工作,不断完善其海外英语推广政策体系,构建起立体化的海外英语推广实施体系等。同时分析当前英国海外英语推广面临的挑战以及英国文化委员会在新形势下的政策调整。

关键词:英语　语文教学　教育政策　英国

3326

**审美现代性视角下的美国音乐教育研究** / 徐敦广著 ; 张贵新指导. -- 东北师范大学, 2009. -- 141 页

论文选择审美现代性的视角,探讨美国音乐教育的理论与实践问题,并对美国音乐教育审美现代性教育价值进行了反思。全文主要包括引言和正文五章。引言,阐述问题的缘起和审美现代性的选择原因,并介绍美国音乐教育的研究现状和理论背景。第一章,音乐教育中的审美现代性。论述了审美现代性的基本特征及救赎意义,并参照后现代语境,对审美现代性思想进行了批判研究。第二章,审美现代性对美国音乐教育的影响,包括主体性与审美主义的历史困境及主体性在审美现代性教育领域的提出,审美现代性与多元文化、实践品性、情感体验的关系。第三章,美国音乐教育的历史发展进程分析。列举出美国音乐教育具有历史意义的事件及美国音乐教育史的历史特点,从而揭示出从传统审美到现代审美的历史转型。第四章,审美现代性视角下的美国音乐教学与实践。比较审美现代性思想与美国《国家艺术教育标准》的理念,并以一些个案展开了《艺术标准》实践中多元音乐教育的思考,概括出美国音乐教育审美现代性"创造"的内在特征,针对奥尔夫教学模式做了审美现代性的内涵分析。第五章,美国音乐教育的反思。对美国音乐教育中的审美现代性进行了反思,阐释了审美现代性音乐教育理念的教育价值对我国音乐教育的启示。

关键词:音乐教育　音乐史　审美　美国

3327

**从隔离到全纳:美国残疾人教育研究** / 杨柳著 ; 陈时见指导. -- 西南大学, 2009. -- 151 页

论文系统地探讨美国的残疾人教育问题。全文共五章。第一章论述美国残疾人教育的发展历程。从当初热心于残疾人教育的人士专门为残疾人创建特殊教育学校,到在普通学校设立特殊班级,再到如今寻求建立一个能够满足所有学习者的教育需求的全纳教育体系。第二章阐述美国残疾人教育的理论基础。从保障残疾人受教育权利的残疾人教育走向加强学生的参与,减少学生被排斥的全纳教育,教育理念的转变有着坚实的理论基础,包括多元智力理论。第三章考察美国残疾人教育的法律保障。在不同历史时期,根据残疾人教育存在的问题及发展走向,美国国会都会颁布或调整相应的法律,以推进残疾人教育的发展。第四章论述美国残疾人教育的有效实施。残疾人教育在实施中始终坚持零拒绝、非歧视评估、免费与合适的公立教育、最少受限制环境、家长参与以及正当程序保护原则,由特殊教育学校、特殊班级、资源教室和全纳学校等实施机构采取个别化教育方式对残疾人提供教育支持和相关服务,并采取

有针对性的课程体系。第五分析总结美国残疾人教育的经验及尚待解决的问题,并从其中得到了有益的启示:树立新的残疾人观、加强特殊教育立法、提高教师的专业化水平、建立家庭、学校、社区三位一体的支持体系。

关键词:残疾人　特殊教育　教育事业　美国

3328

**当代教育国际化基本进程及不同发展模式研究** / 杨启光著 ; 冯增俊指导. -- 南京师范大学, 2009. -- 277 页

论文主要通过考察当代世界与代表性国家教育国际化的基本进程中的不同发展模式,重点分析教育国际化进程的基本规律,进而探讨中国教育国际化发展模式的选择问题。全文共分十章。第一章导论主要介绍了研究问题的缘起、意义,以及国内外的相关研究概况等。第二章首先综述教育国际化概念,并在教育国际化概念的发展演进中分析了该概念的内涵及其特征。第三章介绍并评析对当代教育国际化实践有重要影响的理论,提出当代教育国际化的多样化动因理论。同时以教育国际化动因为核心,确立教育国际化进程与发展模式的分析框架。第四章主要从历史的维度,以宏观发展的视角来梳理了当代世界教育国际化不同阶段的发展模式及其转型。第五、六、七、八章则分别选取不同经济发展水平与历史文化特征有差异的一些代表性国家,实证分析美国、澳大利亚、新加坡、南非以及拉美各国等国家的教育国际化进程,揭示出各具特色的不同发展模式。第九、十章在各国比较分析研究的基础上,回归到一般,揭示当代不同国家教育国际化发展模式的基本特征,重点从各国国际教育比较优势与能力要素的差异上来比较不同发展水平的国家教育国际化一般发展模式及其特点、问题与发展。在这些研究的基础上,将中国教育国际化发展放置在中国近现代教育现代化发展进程中,分析其基本特征与新的现实挑战,以此提出了中国教育国际化应该选择的发展战略模式。

关键词:教育　国际化　发展模式

3329

**比较教育的范式研究** / 杨素萍著 ; 陈时见指导. -- 西南大学, 2009. -- 197 页

论文运用范式理论,展开了对比较教育的范式研究。全文共五章。第一章探讨范式与学科发展。第二章考察比较教育研究的历史变革。从 20 世纪 60 年代以前历史主义范式独占鳌头,到六七十年代实证主义范式盛极一时,再到 80 年代多元三足鼎立,进入 90 年代以来比较教育研究的发展动向更是趋于复杂多变。与此相伴的是出现历史主义、实证主义、文化相对主义等研究范式。第三章论述比较教育范式的现实境遇。一方面是文化多元化和后现代主义对比较教育的冲击,另一方面是比较教育本身出现的身份危机。同时还从比较教育研究范式的内在缺陷即本体论假设的缺陷、认识论假设的缺陷、方法论主张的缺陷等方面进行自我检视。第四章论述比较教育范式的发展动向。一方面,新的研究范式不断被人们所探索和发现;另一方面,许多比较教育学家积极探寻比较教育研究方法论的系统建构。在此基础上,还探讨比较教育与以往不同的变革特征。第五章首先讨论用"历史体系"的视野去寻求一种新的研究范式的可能性;然后分析了比较教育研究和历史体系的内在关联;最后则考察了历史体系视域下比较教育范式的图景和基于历史体系的范式转换。

关键词:比较教育学　研究方法　学科建设

3330

**治理理论视域下现代美国大学共同治理理念与实践研究** / 于杨著 ; 张贵新指导. -- 东北师范大学, 2009. -- 203 页

论文基于治理理论的视域,对现代美国大学共同治理理念与实践进行研究。全文共分为六章。绪论主要介绍论文研究的问题、研究现状、文章思路与研究方法,并对论文涉及的核心概念进行解读和辨析。第一章为治理理论研究的综述,通过对治理理论的兴起、治理理论的界定、治理何以代替管理以及治理的失灵与善治等进行论述,系统、深入地对治理理论进行研究与分析。第二章研究现代美国大学共同治理理论,通过美国大学共治理论的形成、美国大学共治理念的价值意蕴以及大学共治理论与学术自由、大学自治、教授治校关系辨析,对大学共治理念进行历时态与共时态纵横两方面的分析。第三章对现代美国大学共同治理的实践结构进行研究,从利益相关者视角出发,对现代美国大学共治如何实施权利分配、所有利益相关者如何参与大学共治决策过程进行了分析。探讨大学董事会、校长、学术评议会、教师评议会、行政职员评议会、学生评议会、校友会等在现代美

国大学共治结构中地位、权利及其相互关系。第四章第现代美国大学共治的实践过程进行了研究。从控制、协调与激励三个方面介绍、研究现代美国大学共治过程中的重要法律法规与组织制度。第五章介绍现代美国大学共治危机及其发展趋势,提出美国大学共治面临的危机与挑战,解释了其发展趋势,以及在治理理论视域下如何解决这些危机。第六章总结中美大学治理结构与过程比较及其启示,得出现在美国大学共治构建的建议与启示。

关键词:高等学校　学校管理　美国

3331

**本体存在与视域融合:比较教育本体研究** / 袁利平著 ; 陈时见指导. -- 西南大学, 2009. -- 230 页

论文以考辨比较教育"存在"为始点,以追求比较教育终极实在为依归,将比较教育从本体存在层面延伸至比较教育本体超越层面,力求在本体论上有突破,构建一种比较教育学理范式的可能性。全文共四章。第一章首先论述比较教育的本源,并从起源学和发生学两方面进行分析;接着对比较教育的"工具—目的"和"目的—方法"形态及其发展所面临的一些根本性问题进行反思;再次,还对比较教育的属性进行了分析和解剖。第二章首先探讨了比较教育本体生成的前提性问题;其次从比较教育中"比较"的涵义和"教育"的文化逻辑,及比较教育作为"存在者"的存在特征等方面,分析了比较教育本体生产的合理性;再次论述了比较教育中的"比较"不仅是一种思维方式、一种研究方法、一种研究模式、一种比较视域,更是内化成一种高智慧的理论集成,是具有本体价值和学理性的专业术语;最后还讨论了比较教育生成动力机制,包括学理动因和社会动因。第三章首先讨论了比较教育的本体存在,它表面上是固定的、特殊研究范畴的术语,实质上是物或意义的生成过程;其次论述比较视域的基本释义,探析其层次,其不仅具有历时性、文化性和逻辑性向度,而且具有跨越性、整体性、开放性、超越性等特质;最后阐述了比较教育对其价值取向、知识形态和学科智慧进行总体性的本体论承诺。第四章阐释了比较教育视域融合的涵义,在此基础上,探讨了比较教育视域融合的旨趣和理路,并指出视域融合是比较教育进行本体论创新所依据的重要条件。

关键词:比较教育　本体　教育理论

3332

**公平的追寻:英国高等教育扩大参与政策研究** / 苑大勇著 ; 马健生指导. -- 北京师范大学, 2009. -- 153 页

论文以高等教育公平为主线,结合英国东英格兰地区的个案,探讨英国如何保障高等教育公平,为扩招背景下中国高等教育发展中出现的公平问题提供启示和借鉴。第一,对英国高等教育扩大参与政策进行了历史梳理。1900 年以前是扩大参与政策的缺位时期,这一时期的高等教育只属于精英阶层而为少数人所拥有;1900 年到 1962 年是扩大参与政策的萌芽时期,这一时期教育公平问题开始受到关注;1963 年至今是扩大参与系列政策的形成期,这一政策的形成是高等教育公平理念不断推进的结果。第二,主要研究作为英国高等教育扩大参与政策目标群体的非传统学生,包括 30 岁的成年人、女性、少数族群和工人阶级家庭的学生,并深入分析了他们在高等教育入学方面存在的诸多障碍。第三,探讨了英国高等教育扩大参与政策中的政府角色。英国政府在机构设置、立法等方面全力支持政策的实施,并且在高等教育拨款和学生资助等方面给予全力的保障。第四,分析了英国高等教育扩大参与政策的理念。尽管扩大参与政策一直将实现公平作为这一政策的出发点,但精英与大众价值取向间的长期对立,使扩大参与在改善弱势群体生存境遇方面并未实现最初声称的目标。第五,论述了英国高等教育扩大参与政策的实施效果。在扩大参与政策实施之后,不同社会群体的高等教育入学率都发生了变化,对英国全纳社会建设和阶层的流动产生了积极成效,为实现高等教育的公平发挥了积极作用。第六,以英国东英格兰地区为个案,对高等教育扩大参与政策的制定和执行情况进行了详细的介绍。第七,最后对英国高等教育扩大参与政策进行分析总结,并通过对英国扩大参与政策的讨论,为解决中国高等教育扩招中出现的类似问题提供一些启示和借鉴。

关键词:高等教育　教育政策　英国

3333

**德国高等学校分层研究** / 张帆著 ; 马健生指导. -- 北京师范大学, 2009. -- 135 页

论文以时间为线索,对德国高等教育分层的现象进行深入全面的研究。全文共分为六章。第一章为论文的导论,介绍论文研究的基本问题,对相关文献

进行综述，阐述论文研究的理论基础，分析了论文研究的基本思路、框架和方法。第二章介绍1945年前的德国高等学校，界定大学的概念，介绍无等级差异的大学、德国大学的发达与等级的形成以及德国大学的衰微及大学内部等级差异化缩小。阐述了高等技术学校的前身和发展及其地位，分析师范学院的出现形式。第三章介绍两个德国时期的高校分层。分析联邦德国高校重建时期和高等教育大众化时代，对联邦德国高校的分层特点进行归纳总结。同时，阐述了民主德国高校高等教育发展的四个阶段、大学生的入学和毕业、高校数量和结构的变化以及民主德国高校的分层特点。第四章论述了1990年以来的德国高校分层的现状，主要包括高等教育系统的扩大和大学排行榜的出现及金字塔层级的清晰和固化两方面的内容。分析了东部高等教育的改造和重建以及德国私立高校的发展，阐述德意志研究联合会第三方经费排行榜、高校发展中心研究排行榜、洪堡基金会排行榜以及应用科学大学排行榜等。第五章介绍2005年以来卓越计划的实施，主要阐述卓越计划出台的背景和经过，分析卓越计划的评选和中期评价，探究“卓越计划”存在的问题以及卓越计划与精英大学的关系。第六章介绍德国高校分层的特征，主要包括历史的作用、政治的影响、经济的力量、与校外科研机构的结盟、不平等的根据、科研以及站在边缘上的德国私立高校七方面。

关键词：高等学校　高等教育　德国

**3334**

**羌族学校教育价值取向研究** / 朱晟利著 ; 巴登尼玛指导. -- 西南大学, 2009. -- 177页

论文采用历史文献法、比较研究法、访谈调查法、问卷调查法等研究方法，探讨羌族学校教育价值取向问题，希冀为羌族学校教育的办理乃至我国人口较少民族的学校教育的办理提供基本思路。全文共四章。第一章全面梳理羌族学校教育价值取向的变迁历程。即对清末新政以来羌族学校教育价值取向进行了历史考察，划分了百余年来羌族学校教育价值取向的几个阶段，并分析了各阶段价值取向的特点。第二章考察羌族学校教育价值取向的现状。即通过对当前政府的学校教育价值取向、民众的学校教育价值取向等进行调查，概括了羌族学校教育价值取向的主要问题及原因。第三章从分析国家、社会、人的关系以及教育的特点出发，基于羌族人对自身生存价值和意义的理解以及和谐社会建设多民族共生互补文化的需要，提出羌族学校教育的合理价值取向应定位于每一个羌族人生存质量的优化。明确了这一价值定位的具体内涵后，再结合羌族学校教育的实际，对优化每一个羌族人生存质量的羌族学校教育价值取向的实现提出初步建议。第四章论述羌族学校教育合理价值取向的实现必须从多方面入手：确立优化羌族人生存质量的学校教育目标；改革羌族学校教育的管理体制；将羌族文化纳入羌族学校教育；建立优化羌族人生存质量的学校课程体系；创设与羌族学生文化背景相适应的的学校教育环境；加强学校和社区、家庭的合作。

关键词：羌族　学校教育　价值取向

# 学前教育学

**3335**

**农民工家庭对儿童入学准备影响的个案研究：人类发展生态学的视角** / 苍翠著 ; 冯晓霞指导. -- 北京师范大学, 2009. -- 128页

论文以个案研究法、文献法等研究方法，以农民工家庭对儿童入学准备的影响为研究对象，将农民工家庭的学前儿童作为研究的个案，把一个农民工家庭的儿童和其他两个不同背景家庭的儿童的日常生活和家庭教育片断展现出来并加以比较。在此基础上，将人类发展生态学理论作为研究的视角，分析在农民工家庭所处的四个不同的生态系统中，各种因素相互作用，共同影响儿童入学准备的动态过程。论文可分为导论、主体部分、结论与建议三大部分。第一部分导论，介绍研究的缘起、相关研究的启示与不足、研究的视角与思路、研究方法与过程。第二部分主体部分，第二章至第三章，第二章以二宝为个案，详细地记录二宝的家庭教育状况，主要从二宝的入学准备状况、“流动的家”、学习活动、枯燥与无聊的休闲时光，以及二宝家的教养方式、教育期望与教育投入六个方面来展示。第三章是农民工家庭对儿童入学准备影响过程的解读与分析，主要有四个方面：家庭及家庭教育对儿童入学准备的影响，幼教机构与社区对儿童入学准备的影响，农民工阶层的底层社会地位对其家庭教育的影响，社会发展及传统文化对农民工社会地位及家庭教育的影响。第三部分为结论与建议。

关键词：农民工　学前儿童　家庭教育

3336

**汉语儿童图画书阅读眼动研究** / 高晓妹著 ; 周兢指导. -- 华东师范大学, 2009. -- 241 页

论文运用实证研究法和定量研究法,探讨汉语学前儿童阅读的发展状态,揭示汉语儿童图画书阅读的发展过程。论文第一章是导论,第二章是文献综述,首先论述儿童阅读能力发展的研究成果,其次论述儿童图画阅读研究,最后论述眼动法和眼动阅读研究成果。第三章是研究设计,依次论述研究问题、研究对象、研究方法和数据的分析处理过程。第四章是汉语儿童图画书阅读眼动的基本状况研究,首先阐述汉语儿童图画书阅读眼动注视点个数报告,其次阐述汉语儿童图画书阅读中眼动视线集中区域的特征研究。第五章是汉语儿童图画书阅读的视线集散状态研究,主要对汉语儿童图画书阅读眼动的实现集散状态和儿童图画书阅读眼动视线集中区域的特征进行研究。第六章是汉语儿童图画书阅读的视觉阅读模式研究,首先对儿童图画书视觉阅读模式进行研究,其次对不同视觉阅读莫好似的眼动轨迹特征进行研究。第七章是汉语儿童图画书阅读眼动的视觉关键信息研究,首先对儿童图画书阅读的视觉关键信息数量进行研究,其次对儿童图画书阅读的视觉关键信息眼动情况进行研究。第八章是结论与讨论。

关键词:学前教育　图画书　视觉　眼动

3337

**通过班级教育环境质量评价促进幼儿教师专业能力发展的研究** / 胡彩云著 ; 刘焱指导. -- 北京师范大学, 2009. -- 149 页

论文运用调查研究法、案例研究法和实证研究法,对班级教育环境质量评价促进幼儿教师专业能力发展的有效性进行检验。第一章首先论述幼儿教师专业发展与幼儿教师专业能力,其次论述幼儿教师专业能力的特殊性及能力框架构想,最后论述促进幼儿教师专业能力发展的途径。第二章首先考察幼儿教育质量评价是迈向意义生成还是坚持质量话语,其次论述班级教育环境质量评价为何可以成为促进幼儿教师专业能力发展的途径,最后论述通过班级教育环境质量评价促进幼儿教师专业发展的基本原理。第三章首先论述幼儿园班级教育环境质量现状,其次论述班级教育环境质量映射出的教师专业能力现状。第四章首先论述班级教育环境质量评价的实施及能力的发展,其次论述创设教育环境专业能力的提高,最后论述组织一日活动能力的发展问题和合作能力的发展问题。第五章首先论述 ECERSC 支持下的幼儿教师自我评价的过程,其次论述以 ECERSC 为基础的幼儿园人际支持,最后论述一 ECERSC 为核心的专家引领。最后为结语,提出研究结论与后续研究的意义。

关键词:幼儿教育　教师　教育环境　班级

3338

**论儿童德性:从规训到"去规训"** / 孙晓轲著 ; 刘晓东指导. -- 南京师范大学, 2009. -- 140 页

论文运用实证研究法和历史研究法,通过对规训背后教育力量的剖析和规训在场的幼儿教育中德性异化的原因分析、反思与追问,试图建立一个"去规训"的德性培育体系:以儿童身体为"去规训"的教育基点,以叙事为"去规训"的教育载体,在身心和谐的对话中,在集体道德叙事和个体道德叙事和谐的对话中,启蒙德性,实现儿童精神的自由创造和德性的生长。论文第一章首先阐述德性,其次论述规训。第二章论述规训是教育场域中的不到的因素,其次论述幼儿教育中规训在场的现状分析,最后论述规训在场的幼儿教育中儿童德性的异化。第三章是反思,对规训在场的幼儿教育中德性异化的原因进行分析,首先论述规训背后的教育权力,其次论述规训在场的幼儿教育中儿童德性异化的原因。第四章是在去规训的教育过程中成就儿童的德性,首先论述"去规训"意义上的教育兴起和儿童的发现时同一的过程,其次论述以儿童身体解放为"去规训"的教育基点成就儿童的德性,最后论述以叙事为"去规训"的教育载体成就儿童德性,阐述以对话为"去规训"的教育理念成就儿童德性。最后为结语,论述成就优质的儿童,而不是合格的公民这一问题。

关键词:儿童教育　品德教育　教育思想

3339

**幼儿园教研活动中园长—教师互动研究** / 田燕著 ; 许卓娅指导. -- 南京师范大学, 2009. -- 152 页

论文运用文献资料法、案例研究法、实证研究法和问卷调查法,对园长—教师互动的现状进行调查分析,通过研究案例,以期能够寻找出可能改善教师、园长参与状态的具体途径。论文第一章是绪论,首先论述选题的缘由,其次论述研究背景和研究范围,最后论述研究目的与研究内容。第二章是研究设计与研究方法,首先论述对教育研究的反思,其次论述本研

究的设计思路,最后论述具体研究步骤与研究阶段。第三章是园长—教师互动参与心理的调查研究,首先论述研究问题,其次论述研究设计,第三阐述调查问卷的信度与效度,第四论述调查结果,最后进行讨论与分析。第四章是园长—教师互动内容的调查研究,首先论述研究问题和研究设计,其次对结果进行分析,阐述园长—教师互动内容,最后进行分析与讨论。第五章是园长—教师互动的案例研究,阐述研究问题和研究设计,并对研究结果进行分析。第六章是园长—教师互动行为特征分析,首先论述研究问题与研究设计,其次对研究结果进行分析。第七章是研究结果的启示,从建构互动者道德领导力的层面出发,论述了在幼儿园教研活动中发展道德领导力的问题,提出发展道德领导力的条件与建议。最后为结束语,主要讨论了研究意义、主要研究结论、研究反思与研究的不足之处。

关键词:幼儿园　幼儿教育　教师

**3340**

**农村混读班早期教育现状研究:对贫困地区学前教育质量的考察** / 王晓芬著 ; 周兢指导. -- 华东师范大学, 2009. -- 203 页

论文运用访谈法、观察法、调查法、实证研究法、案例研究法、定量与定性相结合的研究方法,对农村混读班早期教育状况进行深入考察。论文第一章是导论。第二章是研究背景和文献综述。第三章是研究设计,首先对混读班早期教育的环境进行研究设计,其次是混读班早期教育的课程研究设计,最后是混读班早期教育的课堂互动研究设计和混读班儿童认知准备发展及其对后期学业成就影响的研究设计。第四章分析混读班早期教育的外部环境和内部环境。第五章是混读班早期教育的课程分析,依次介绍混读班早期教育的课程目标、课程内容、课程实施、课程评价和课程资源、第六章是混读班早期教育的课堂互动分析,概述混读班课堂互动状况,论述混读班课堂互动中的情感支持、活动组织和教育支持问题。第七章是混读班儿童入学认知准备发展及其对后期学业成就影响的分析,论述混读班儿童入学认知准备的发展过程,预测混读班早儿童入学认知发展对后期学业成就的预测。第八章是讨论与建议,首先探讨有关混读班学前儿童早期教育公平的问题,其次论述有关混读班早期教育产生原因,再次探讨有关混读班早期教育质量能否改进的问题,最后提出提高混读班和贫困地区早期教育质量的建议,并提出研究意义、局限和展望。

关键词:学前教育　班级编制　贫困区

**3341**

**音乐教育视野与学前儿童经验音乐教育** / 王秀萍著 ; 许卓娅指导. -- 南京师范大学, 2009. -- 211 页

论文运用理论研究与实践研究相结合的方法,对音乐教育视野层面下的学前儿童经验音乐教育问题进行全面考察与论述。在理论研究部分,论文第一部分为音乐视野,第一章论述偏向心灵、精神、一般、共性、唯一—极的音乐思想谱系,论述柏拉图的音乐观、康德美学、黑格尔艺术哲学和现代审美音乐学说。第二章是尊重脑、身体、具体、个体、多元—极的音乐思想谱系,首先论述了亚里士多德的音乐观,其次对自然主义经验美学进行研究,第三对批判理论与音乐社会学问题进行考察,第四对当代音乐哲学进行论述。第二部分为音乐教育视野,第三章研究音乐教育审美范式,考察音乐教育审美范式形成的社会背景,对音乐教育审美范式的理论模型和实践框架分别加以阐述。第四章是音乐教育反思行实践范式,首先论述音乐教育反思性实践范式产生的社会背景,其次论述音乐教育反思性实践范式的理论模型,最后论述音乐教育反思性实践范式的实践框架。第五章是理论篇讨论,首先论述音乐哲学讨论,其次讨论音乐教育哲学,第三论述两种方式的条件与时代性分析。在实践研究部分,第一部分是学前儿童主体经验音乐教育的性质,第一章考察学前儿童经验音乐教育的出发点,第二章研究杜威的经验原理,第三章阐述学前儿童的音乐欣赏特性,第四章论述学前儿童制作音乐的特性。第二部分是学前儿童经验音乐课程,第五章论述音乐课程的取向阶段,第六章论述学前儿童经验音乐课程的准备与计划。第八章考察学前儿童经验音乐课程的教学,第九章阐述学前儿童经验音乐课程的评价。

关键词:学前教育　音乐教育　课程设置

**3342**

**学前教育研究方法的历史发展及现实分析** / 徐琳著 ; 刘晓东指导. -- 南京师范大学, 2009. -- 179 页

论文运用文献研究法、定量研究法和计量分析法,对学前教育研究方法的历史进行追溯,分析现状及相关问题。第一章首先论述古希腊古罗马时期的教育方法,然后论述中世纪的儿童教育方法、文艺复兴时期的教育方法,最后回顾 17 世纪以前中国儿童教育研究方法。第二章是近代儿童教育研究方法,分

别对17世纪、18世纪、19世纪和中国明清时期的儿童教育方法进行论述。第三章是现代学前教育研究方法,首先论述20世纪前中期的教育研究方法,其次论述20世纪中后期的教育研究方法,并对科学研究方法、文化人类学研究方法、多学科综合化研究方法和定量与定性相结合的研究方法依次加以阐释。第四章是学前教育研究方法的历史演进,首先论述学前教育研究方法历史演进的脉络,其次论述学前教育研究方法历史演进的规律及其启示。第五章是我国学前教育研究方法的现实分析,首先对"学前教育研究方法"教材的内容进行分析,其次对学前教育学硕博士论文中研究方法的计量统计和内容分析,最后讨论我国学前教育研究方法存在的问题。第六章是基于历史研究和现实分析的反思与评论,首先论述学前教育研究方法与学科发展的关系,其次论述学前教育研究方法与认识论、方法论的关系,最后论述学前教育研究中的理论与实践的关系。

关键词:学前教育　研究方法　认识论　方法论

**3343**

**通过作品取样系统促进幼儿教师教学评价能力发展的研究** / 张婷著 ; 刘焱指导. -- 北京师范大学, 2009. -- 130页

本论文采用定性研究与定量研究相结合的研究方法,以作品取样系统对幼儿教师教学评价能力发展的影响为研究对象,通过描述作品取样系统的实施过程,以及这一过程中教师的发展,来呈现作品取样系统对教师教学评价能力的影响,并在对教师发展的诠释与分析中探索教师教学评价能力发展的途径。大量相关的材料和鲜活的事件描述相互呼应,呈现作品取样系统对教师教学评价能力的促进作用。论文可分导论、主体部分、综合讨论为三大部分。第一部分导论,阐述了问题的提出、研究思路与方法、研究意义与创新之处。第二部分为正文,从第一章至第五章,主要为了澄清教师对档案袋评价的误解与误用,提高教师的教学评价能力,以作品取样系统作为研究中介,通过描述教师实施作品取样系统的心路历程——从混乱到接受、从茫然到适应、从惊喜到质疑、从发现到反思,揭示教师实施作品取样系统过程中遇到的问题以及解决问题的策略。并在此基础上,以"教师教学评价能力的评价标准"为分析框架,通过对比、分析教师运用作品取样系统前后的不同表现和反映,深入剖析作品取样系统对教师教学评价能力—观察与记录能力、分析与评价能力、利用与反馈能力的促进作用。第三部分综合讨论,在理论探讨与实践考察基础上,从幼儿发展指引与检核表对教师观察与评价的支架、档案对教师利用评价信息改进教学的支持、围绕作品取样系统的同事间的交流与合作、基于作品取样系统的自主反思与发展四个方面分析作品取样系统促进教师教学评价能力发展的途径,并反思研究的不足。

关键词:幼儿教育　教师　教学评价

## 高等教育学

**3344**

**政策变通与政策同情:独立学院政策执行研究** / 陈汉聪著 ; 陈学飞指导. -- 北京大学, 2009. -- 163页

论文选取独立学院政策为研究案例,对独立学院的政策执行现象进行考察。首先,介绍研究的问题,并对国内外的相关研究文献进行了综述。其次,阐述研究设计思路,包括理论基础的选择、研究方法及资料收集、理论框架的构建等。第三,对独立学院政策目标进行了深入的分析,认为独立学院政策包含了"规范性目标"和"发展性目标"的双重目标。第四,通过文本解读、实地调研、深入访谈等多种资料收集方式,对样本省份独立学院的发展历程和基本特点进行梳理,在此基础上,对独立学院政策颁布之后的执行情况进行考察,重点分析了政策执行过程中存在的政策变通现象。第五,论文在理性选择理论和制度变迁理论的基础上,对研究收集的资料进行分析,并提出了"政策同情"这一本土概念来对独立学院政策执行现象进行解释,梳理了政策同情的逻辑进路及其作用机制。此外还对独立学院政策的演进前景进行了展望。最后,对教育政策执行研究进行理论探讨,在对以规则和自由裁量权为研究主题的研究路径的优势和不足进行分析的基础上,提出了"政策参与者的三角分析框架",该分析框架重点关注权威部门、代理机构和目标群体三类政策参与者的利益诉求及其实现情况,从而有助于人们加深对政策执行过程的理解和认识。

关键词:高等教育　教育政策　独立学院

**3345**

**中国高校布局结构变革研究** / 陈慧青著 ; 史秋衡指导. -- 厦门大学, 2009. -- 200页

论文此用文献法、实证分析和规范分析等研究方法,以高校布局结构为研究对象,从时间和空间两个维度考察高校布局的动态结构和静态结构,遵循高校布局结构为何变革、如何变革以及变革什么逻辑主线,在系统论、教育的内外部关系规律和高等教育变革等理论的观照下,对高校布局结构变革的理论基础、发展历程、形成机理、空间演变规律以及空间形态等内容进行深入研究。论文由六部分组成。第一部分为绪论,介绍选题缘由和意义、研究现状及述评、相关概念与研究范畴界定、研究方法及框架。第二部分为高校布局结构变革的历史回顾,重点探讨高校布局结构在不同时期和社会背景下的变革历程,并将加过后高校近60年的演变总结为"两程四段"。第三部分是高校布局结构变革的机理分析,通过对高校布局结构变革主体的力量变化,实现方式以及形成机制等问题的探讨,指出高校布局结构变革在国家、社会和高校三大主体相互作用的动力下,在实施手段或方式的措施保障以及作为约束条件的系统环境的变化中最终得以实现。第四部分从空间演变的角度设施高校布局结构变革,研究指出高校布局结构在宏观空间、中观空间和微观空间上的演变规律。从宏观上看,高校布局结构的四个演变阶段实质上市一个空间重构、空间断裂、空间延伸和空间整合的过程;从中观上看,高校布局结构域城市的关系表现为集聚—扩散—再集聚的过程;从微观上看,高校与城市的空间关系随着城市化进程逐渐密切。第五部分是从空间形态上总结高校布局结构变革的规律,通过"共时态"分析,胡高校布局结构分为六种空间模式,并对集中分布与分散分布两种经典模式的表现形态与形成原因进行分析,指出向心力与离心力的共同作用、历史惯性的路径依赖、高校发展的内在诉求 外部效应的客观需要是其形成的主要原因。第六部分为结论。

关键词:高等学校　规划布局　教育改革

**3346**

**高深知识论:基于大学的研究** / 陈玉祥著 ; 胡建华指导. -- 南京师范大学, 2009. -- 227 页

论文对在高等教育机构中传授、学习、研究、运用的知识即高深知识进行了系统研究。全文共六章。第一章导言,主要介绍研究的现状和研究的意义,并对研究的假设进行分析论证。第二章探讨高深知识本质论。首先对高深知识的研究从历史演变着手,介绍了学者们从不同角度对高深知识的研究,然后建立一个认识高深知识的认知框架,最后对于高深知识相关的一些概念做对比分析。第三章探讨高深知识价值论。首先对高深知识的价值发展历程进行回顾,接着分析高深知识的价值构成,讨论高深知识的个体价值,社会价值和本体价值,然后对高深知识价值的多样性、互补性做考察,最后对大学应如何对高深知识进行价值选择做分析研究。第四章探讨高深知识生产论。首先对高深知识生产的历史进行回顾分析,接着对高深知识的生产过程进行分析,讨论大学知识生产的主体、知识生产的模式,并对两种不同的生产模式进行分析研究,最后对高深知识生产新模式对大学的影响展开研究。第五章探讨高深知识教学论。首先从高深知识的学习入手,分析高深知识习得的心理机制,阐述高深知识学习的特点,接着对高深知识的教学进行历史回顾,讨论高深知识类型对大学教学的影响,最后对知识观的演变与大学教学改革的关系进行分析研究。第六章探讨高深知识管理论。首先分析大学组织与高深知识管理的适切性,并从高深知识的特点入手分析大学高深知识管理的要求,最后对我国大学高深知识管理中的问题与对策进行研究。

关键词:高等教育　教育理论　高等学校

**3347**

**高职院校人才培养的社会适应性研究** / 崔清源著 ; 文辅相,贾永堂指导. -- 华中科技大学, 2009. -- 120 页

论文以高职院校人才培养的社会适应性中存在的问题未基点,从生物学、社会学的视角出发,采用历史描述与分析方法、比较研究法、文献研究法等方法,对制约我国高职院校人才培养的内外部原因进行探讨。全文共分为七章。第一章为引论,介绍问题提出的背景、研究的意义,并结合文献综述,阐明研究的思路和方法。第二章建构社会适应性理论分析框架,界定基本概念和判断标准,阐明影响社会适应性的因素和增强社会适应性的途径。第三章梳理我国当代高职教育发展的历史进程,对我国高职教育发展的历史进行总结,得出高职教育发展存在着主动适应与被动适应的两种倾向的结论。第四章为我国高职院校人才培养的社会适应性状况分析。首先介绍我国高职院校人才培养的社会适应性的总体状况,其次分析其存在的深层问题,最后论述影响我国高职院校人才培养的社会适应性的主要原因。第五章分析欧美国家的职业教育思想以及西门子技术学院、悉尼理工学院、西雅图中央社区学院的办学经验和特点。第六章

提出增强高职院校人才培养的社会适应性的对策。主要包括梳理正确的指导思想和目标,改善知识结构和培养过程,建立符合高职教育实际的教师规范,拓宽人才培养途径,完善相应的法律法规,建立以国家为主的经费投入渠道,改革办学体制等。第七章为结语,总结研究的结论,并指出研究的创新点和不足。

关键词:高等职业教育　教育思想　人才培养

3348

**找回失去的"道德自我":生命·实践立场下个体道德自我培育的研究** / 戴岳著 ; 易连云指导. -- 西南大学, 2009. -- 164 页

论文采用理论研究、实践分析、文献研究和历史研究等方法对个体道德自我培育进行探讨。导论介绍问题的提出,阐述理论假设与研究目的,陈述了研究的逻辑、方法与构架。论文除导论,共分为三部分。第一部分为第一章到第三章,论述"什么是道德自我"。第一章首先回顾了探寻"自我"的历史轨迹,从哲学、心理学、社会学等诸多学科树立了与"道德自我"有关的思想,得出作为教育概念的"道德自我"的含义,从生命·实践教育学对生命自觉的理解得到启示,阐释"道德自我"在道德教育中的意义。第二章对作为教育学概念的"道德自我"的生命形态进行了探讨,分别从解放性、独立性、时间性等方面对道德自我进行了抽象结构的教育学分析,并进行整合性的认识。第三章对作为践行结构的道德自觉做初步探讨,并结合教育个案进行分析。第二部分包括第四章和第五章,从生命意义的角度论述"道德自我是如何丢失的"。其中第四章从社会因素分析对"自我"的扭曲,第五章分析了教育因素对"自我"的异化。第三方面包括第六章,论述"学校教育如何作为",主要从大学道德教育层面探讨应该如何培育各体的道德自我,提出要以生命·实践作为思维方式,及其对道德教育的要求和培养路径。

关键词:大学生　个人品德　道德修养

3349

**高等教育管理的价值问题研究** / 董立平著 ; 潘懋元指导. -- 厦门大学, 2009. -- 370 页

论文采用哲学方法论、中观范式论、文献研究法、思辨研究法、多学科研究与跨学科研究的统一等方法对高等教育管理的价值问题进行探究。全文共分为七章。第一章为导论,介绍选题缘由,界定"高等教育""高等教育管理"等核心概念,并通过综述相关文献,阐述研究的意义、方法、路线与架构。第二章梳理高等教育管理理论的历史发展,介绍西方教育管理理论的历史发展以及教育管理学理论的发展趋势,以1949年为界,剖析我国高等教育管理研究的状况。第三章是对高等教育管理的特殊性的研究,阐述高等教育管理的目的与本质,探究高等教育管理的逻辑起点,对高等教育系统——大学组织的特殊性进行分析,考察高等教育管理的价值基础。第四章是对高等教育管理的价值探究,首先解读价值的含义,界定价值世界与价值认识,介绍高等教育管理的价值内涵、价值属性及其价值的存在形式。第五章剖析高等教育管理的工具性价值,主要论述高等教育管理的效率价值、秩序价值和民主价值三方面内容。第六章是对高等教育管理的目的性价值的研究,主要从高等教育管理的公正价值、自由价值和发展价值三方面分析。第七章是对高等教育管理的价值冲突与价值实现的探究。首先对高等教育管理价值冲突进行解读,叙述高等教育管理价值冲突的表现及解决;其次对高等教育管理价值实现的研究意义、尺度和障碍进行分析;最后为结语。

关键词:高等教育　教育管理　价值

3350

**论院校资源配置的国别特点与学术职业发展** / 杜驰著 ; 沈红指导. -- 华中科技大学, 2009. -- 152 页

论文采用文献研究、比较研究、个案研究、调查与访谈等研究方法,围绕着院校资源配置对学术职业发展的影响这一主题,对德国、美国及中国的学术系统进行探讨。全文共分为八部分。第一部分为导论,陈述问题的提出与研究意义、对以往的文献及相关研究进行综述,介绍研究思路和研究方法,界定了基本概念。第二章是研究范式和理论框架,首先对新制度主义经济学与组织分析的新制度主义两条理论路线进行论述,其次介绍社团主义、多元主义、国家主义三种公共政策理论倾向,最后概述研究范式与理论框架的具体建构。第三章是德国的院校资源配置对学术职业发展的影响,研究社团主义理论倾向影响下缺失的院校资源配置主体,论述院校主体缺位下的资源配置模式对德国学术职业发展的影响,阐述此种作用机制的特点——强制性同形与规范性同形的协同。第四章是美国的院校资源配置对学术职业发展的影响。探讨多元主义理论倾向影响下院校资源配置主体地

位的确立特点，论述由市场竞争推动的院校资源配置模式对美国学术职业发展的影响，阐述此种作用机制规范性同形的特点。第五章是中国的院校资源配置对学术职业发展的影响，分析国家主义理论倾向影响下院校资源配置主体地位的确立特点，论述由行政认可推动的院校资源配置模式对中国学术职业发展的影响，最后阐述此种作用机制的特点——强制性同形与模仿性同形的交互。第六章是对中国个案的研究，具体介绍CH大学的背景分析，学科资源配置与学术职业发展，财力资源配置与学术职业发展。第七章是院校资源配置与学术职业发展的关系及规律，阐述学术职业发展程度以来院校资源配置的合理程度，深入分析院校资源配置从两个层面作用于学术职业发展，探寻院校资源配置影响学术职业发展的规律。第八章为结论。总结全文并提出研究的创新之处与局限。

关键词:大学　资源配置　学术研究　职业化

3351

**中国高校自主招生研究**／樊本富著；刘海峰指导. -- 厦门大学，2009. -- 289页

论文采用文献资料法、比较法、案例研究法、实证分析等研究方法，以中国高校自主招生为研究对象，遵循宏观阐述与微观剖析、理论分析与实践例证、历史考察与国际借鉴相结合的研究思路，既从宏观上和理论上分析了高校自主招生的本质内涵、影响因素、发展脉络、运行机制、发展趋势，又对目前高校自主招生改革试点展开问卷调查，并以试点高校的招生人员为个案访谈对象，从微观上和实践上解析目前中国高校自主招生的特点、社会影响及未来的发展趋势，力求全面把握中国高校自主招生改革的发展方向，以期为中国高校自主招生改革的完善提供理论依据和实践参考标准。论文为七章。第一章为绪论，介绍研究缘起及意义、研究的问题及思路、研究方法、研究综述和相关概念的界定。第二章通过对支撑起中国高校自主招生改革的权力制衡理论、治理理论、公平与效率理论、多元智能理论的分析，讨论这四大理论对高校自主招生的知道作用。第三章和第四章分别通过清末、民国、建国后三个历史时期的考察与美、英、日、韩、台等国际比较，分析高校自主招生产生的原因与运行的环境及其内在规律。第五章和第六章，通过现实探讨与实证分析，探讨高校自主招生改革试点的成效、存在的问题及改革趋势。第七章提出论文的六条研究结论与八条改革建议。

关键词:高等学校　招生　自主性

3352

**中国普通高校专业选择的研究:基于学生主体的视角**／樊明成著；谢作栩指导. -- 厦门大学，2009. -- 274页

论文采用文献法、调查法、统计分析法、比较法等方法，对我国普通高校的专业选择进行研究。全文共分为七章。第一章是高等学校专业选择的研究文献综述。介绍国内外高等学校专业选择的研究，并对已有的研究进行总结、补充与拓展。第二章是中国普通高校专业选择研究的理论基础。分别介绍社会学理性选择理论、文化再生产理论、需要层次理论的主要内容及其各自对中国普通高校专业选择研究的适切性。第三章是中国普通高校专业选择概述。首先回顾中国普通高校专业选择的历史，简述其现状，并对当前专业选择的途径与机制进行论述；其次分析中国普通高校专业选择对学生、对高等学校和社会的重要意义。第四章是对中国普通高校专业选择的影响因素分析。重点对普通高校专业选择和不同类型高校专业选择进行总体分析，其次对普通高校专业选择影响因素的性别差异、城乡差异和阶层差异进行解读。第五章是中国普通高校专业选择的结果分析。主要分析专业选择的达成度，以及专业选择的性别布局、城乡布局和阶层布局。第六章是对中国普通高校专业选择结果的满意度分析。深入分析中国大学生对就读专业满意度的群体差异性以及影响大学生对专业满意度评判的因素。第七章分析中国普通高校专业选择的问题及对策建议。

关键词:高等学校　专业　大学生

3353

**世界一流大学战略联盟的理论与实践:国际比较的视角**／郭鑫著；洪成文指导. -- 北京师范大学，2009. -- 186页

论文采用文献法、比较法、案例研究法、历史法等研究方法，以世界一流大学战略联盟为研究对象，通过对美国大学联合会（AAU）、英国罗素集团（Russell Group）澳大利亚八校联盟（Group of Eight）等世界一流大学战略联盟的发展历程、组织理念和运行机制等方面的深度剖析，总结和比较各自的特征和共同性质，从而提出适合我国国情的高等教育发展战略和组建世界一流大学战略联盟的发展模式。论文主要分

为三部分。第一部分为导论，对战略联盟相关理论、概念进行界定和梳理，分析战略联盟应用到高等教育领域的理论和实践基础，从动因、性质、模式与类型、目标、职能、组织机构与运行机制、外部关系八个方面阐述世界一流大学战略联盟的性质和特征。第二部分是对世界一流大学战略联盟的案例研究。选取美国大学联合会、澳洲八校联盟、英国罗素集团三大联盟为案例，主要从联盟的发展背景，联盟的组织理念、宗旨与目标，组织的管理机构及运行机制，联盟的基本职能，联盟的未来发展五方面来对世界一流大学战略联盟进行分析，比较并总结并出世界一流大学战略联盟的主要特征。第三部分是对我国一流大学联盟的构建与设想。首先，从时代需求、现实参照、实践基础和技术可行性上对我国一流大学战略联盟的可行性进行了分析，指出我国构建一流大学战略联盟并非虚幻；其次，说明了当前我国创建一流大学战略联盟的障碍；再次，从一流大学战略联盟的合作要素、原则、目标构想三方面对我国构建中国特色的一流大学战略联盟进行了战略部署；最后，提出推进我国一流大学战略联盟的保障措。

关键词：大学　高校管理　战略管理　联盟

**3354**

**大学治理结构研究** / 洪源渤著 ; 刘献君，周光礼指导. -- 华中科技大学, 2009. -- 132 页

论文采用制度分析法，对大学治理结构进行全面研究。全文共六章。第一章绪论，主要论述选题及其意义，并综述相关文献，还界定概念与研究范围。第二章探讨大学治理结构的基本原理。首先探索大学的本质属性，其次描述大学的委托代理现象，并指出大学治理结构实际上是基于委托代理理论，使大学所有权与使用权分离的产物。再次，对大学治理结构的作用机理进行阐述。最后还讨论大学治理结构的特殊维度。第三章梳理大学治理结构的历史演变。首先，选取并回顾五个典型国家大学治理结构的历史变迁；其次对这几个国家大学治理模式进行比较分析，同时根据现代大学的本质属性和委托代理关系的理论研究发现，各国大学在内部权力结构中，都比较重视行政权力与学术权力的平衡与互补，学术权力和行政权力基本上是分离的，各司其职、相互渗透、双向协调。此外还讨论大学治理结构演变的基本规律和发展趋势。第四章对大学共同治理模式进行了理论分析。首先探讨公司共同治理模式，并探寻其中可供大学共同治理值得借鉴之处。然后，阐述大学共同治理的理论基础。第五章探讨大学共同治理结构的构建。首先论述大学共同治理结构构建的基本问题，其次论述大学共同治理结构的一般形式，最后提出了关于完善我国大学共同治理结构的几点建议。第六章是结论和研究展望。

关键词：高等学校　学校管理　权力结构

**3355**

**我国高等医学院校教育制度改革研究** / 黄子杰著 ; 刘海峰指导. -- 厦门大学, 2009. -- 148 页

论文采用文献资料法、比较法、案例研究法、实证分析等研究方法，以我国高等医学院校教育制度为研究对象，首先对我国高等医科学院校教育制度进行了历史回顾及国际比较与借鉴，然后对我国临床医学专业在专业培养方面、专业就业方面、专业服务方面的问题进行问题解析，最后对我国高等医学现行教育制度提出了改革政策。论文共有七章。第一章伟绪论，简要介绍论文的研究主题、研究内容和文献回顾。第二章为中国高等医学院校教育制度的历史演变，主要从高等医学院校学制的演变历程、主要特征、存在的问题、发展历史带来的启示四方面来阐述。第三章描述国外医学教育学志的现状，并对它们进行评析和借鉴。第四章是对我国临产医学专业培养方面的问题进行解析。一是从统计学视角来看课程体系问题；二是从历史学的视角来看专升本问题；三是从法理学的视角看实习医生问题。第五章是对我国临床医学专业就业方面的问题进行解析。一是从心理学的视角看择业压力问题；二是从经济学的视角看个人收益率问题。第六章是对我国临床医学专业服务方面的问题进行解析。主要有三方面：一是从流行病学的视角看资源配置问题；二是政策学的视角看农村卫生问题；三是从管理学的视角看全科医学问题。第七章是对我国高等医学院现行的教育制度的改革提出对策。

关键词：高等学校　医学院校　教育制度

**3356**

**我国高考政策变迁研究：基于“利益相关者理论”的分析** / 李峻著 ; 张应强指导. -- 华中科技大学, 2009. -- 181 页

论文运用利益相关者理论，对我国高考政策变迁进行了研究。全文共六章。第一章绪论，介绍问题来源、研究意义、研究思路与内容等。第二章分析高考

政策的利益相关者。首先按照“利益相关者”理论建立分析框架，接着指出高考政策的变迁中存在中央政府、地方政府、高校以及考生等核心利益相关者，他们之间存在着不同的利益诉求以及争取自身利益的行为选择。第三章梳理高考政策变迁与利益格局的演变，主要分成三个时期：国家利益主导时期、过渡时期和多方利益博弈时期来讨论。第四章论述高考政策变迁与利益相关者的博弈。通过截取招生计划政策、反“高考移民”政策以及保送生政策变迁中利益相关者博弈的过程进行分析后发现，中央政府、地方政府、高校以及考生之间为了各自利益最大化存在着非法合作博弈行为。第五章从高考政策变迁的主要内容、发生机制、外部动力、主要路径等角度出发，对高考政策变迁的机理进行分析。第六章论述了未来的高考政策变革应该致力于建立中央政府、地方政府、高校以及考生之间的利益均衡机制，促使各个利益相关者在利益均衡点上寻找“合作之路”。因此高考政策的公平性建构必须在遵循合法性、合理性与现实性的基础上，通过科学界定各个利益主体的权利、建立利益主体的政策参与和利益协商机制以及扩大利益供给等途径实现。

关键词：高等学校　招生　教育政策　利益关系

3357

**世界科学中心的转移与一流大学的崛起** / 李铁林著 ; 孙俊三，雷鸣强指导. -- 湖南师范大学, 2009. -- 176 页

论文采用文献分析法、历史与比较分析法、个案研究法、计量分析法等研究方法，探讨世界科学中心的转移与一流大学的崛起问题。全文共分为六章。第一章为绪论，介绍问题提出的缘由、国内外相关研究现状及论文的研究思路、方法和创新点。第二章对近代以来世界科学活动中心的五次转移进行回顾，并分析了科学活动中心兴起的历史条件，介绍世界科学活动中心转移规律、转移现象以及转移的过程，对世界科学活动中心转移的原因进行初步分析，探讨社会政治革命、社会生产以及社会的科学能力与科学活动中心的转移的联系。第三四章分别从功能特征和时空特征两个方面，进一步深入分析一流大学在世界科学活动中心转移中的推动作用，探讨世界科学活动中心和高等教育中心的互动机制和互动模式。第五章选取意大利、德国和美国作为典型案例，具体论述世界一流大学的形成和世界科学中心的转移问题。

关键词：高等教育　科学研究　教育改革

3358

**教师经验及其生成** / 李晓阳著 ; 李太平指导. -- 华中科技大学, 2009. -- 156 页

论文对教师经验及其生成进行全面研究。全文共五章。第一章是导论，主要介绍研究问题、研究思路，并界定核心概念，此外对国内外文献进行了综述。第二章主要探讨经验。首先论述经验是主体在生活世界中通过自我与他人、自我与世界的交互作用所生成的知识、思想与体验的统一体。其次讨论经验及其特征，经验具有实践性、建构性、不可重复性和可共享性。第三章主要探讨教师经验。首先比较认识教师经验的几种思维方式。其次，讨论了教师经验及其特征。第四章探讨教师经验生成。主要论述教师经验是通过教师经验主体对自己经验“视域”内的自然文本、人文文本、人际文本的理解而生成的，同时以此为思维指导，指出教师需要树立终身学习的观念，向自然、社会、他人、自我学习，以丰富自我的经验基础；教师研究要走向“教师经验研究”，重在以整体性的思维方式开展研究，努力实现从关注教师知识与能力并重到注重教师经验及其生成的范式转型；教师教育要走向内涵式和整体性道路，从专业维度追求教师知识、技能、思想的三位一体，以保证教师经验的连续性与整体性。第五章是结束语。

关键词：教师　师资培养　教学经验

3359

**20 世纪 90 年代以来日本大学本科教育改革** / 李昕著 ; 胡建华指导. -- 南京师范大学, 2009. -- 162 页

论文采用文献研究法、历史研究法、案例研究法等方法对 20 世纪 90 年代一拉日本大学本科教育改革问题进行研究。论文共分为六章。第一章介绍本科教育的背景。首先从战后的改革与大众化以及 90 年代大学系统的主要特征、大学组织环境和教育改革的条件等方面交代教育改革的历史必然性；其次分析本科教育改革的理念与政策。第二章研究入学考试多样化及其保证。梳理二战后日本大学入学考试制度的变迁，从提出背景、发展历程、基本内涵、意义等方面，阐述入学考试制度的形成过程，通过推荐入学和 AO 入学考试两个个案，介绍入学考试的特殊选拔方式，并对美国、日本的大学学历问题及其应对机制进行分析。第三章是本科生课程改革。介绍一般教

育和90年代以前课程模式的转换、设置基准大纲化与课程改革政策的演进以及院校水平课程改革的状况,对课程改革的效果、问题和趋势进行研究。第四章是引入与实施FD制度。阐述日本的大学教师及FD概念的形成,梳理FD的引入与制度化历程,并对大学FD活动的发展与实践进行探讨。第五章介绍日本政府的质量监控与经济激励。论述“教育学”标准的认证评价和国立大学法人教育研究评价;深入分析了高质量大学教育推进计划(教育GP),梳理教育GP的发展历程、审批机制及其特征与意义。第六章是对日本大学本科教育改革的特征与经验分析。

关键词:高等学校　本科　教育改革　日本

**3360**

**高校教学评估管理机制研究** / 李子华著 ; 张应强指导. -- 华中科技大学, 2009. -- 178页

论文立足于高校教学评估管理机制设计,着眼于高校自我建设与发展,对高校教学评估管理机制进行系统探讨。全文共七个部分。第一部分为导论部分。主要是提出研究的问题,阐述研究的意义,相关的研究进展以及研究的视角和方法。第二部分讨论高校教学评估管理机制的基本理论问题。首先阐释高校教学评估管理机制的概念内涵,然后还探讨高校教学评估管理机制的基本预设和理论基础。第三部分对设计和建构高校教学评估管理机制的合理性进行了理论辩护。首先论述建立高校教学评估管理机制的必要性,其次阐述高校教学评估管理机制的价值追求及现实可能性,最后探讨需要注意与处理的矛盾关系。第四部分着重分析高校教学评估管理机制的内容。首先论述高校教学评估管理机制的构成要素,然后分别讨论高校教学评估管理的决策机制、运行机制和激励机制。第五部分讨论高校教学评估管理机制有效运行的保障条件。首先分析高校教学评估管理机制运行的主观条件,其次分析高校教学评估管理机制运行的客观条件,最后探讨主客观诸条件的总体性特征以及相互关系。第六部分通过对高校教学评估管理机制的个案分析,尝试以具体案例来验证理论阐述所得出的有关原理。第七部分为结语部分。对全文进行概括性总结,概括了研究的基本观点和主要结论,并指出论文的创新与不足之处,也回答了还有待进一步研究的问题。

关键词:高等学校　教学评估　教学管理

**3361**

**高等学校品牌经营论** / 刘芳著 ; 雷鸣强指导. -- 湖南师范大学, 2009. -- 138页

论文对高等学校的品牌经营展开系统研究。全文包括三部分。第一部分绪论,主要是介绍研究问题、研究意义、研究设计等,并对相关文献进行综述。第二部分为正文三章。第一章探讨高校品牌的定位。首先关注我们高校在品牌经营方面的经验和环节,可发现高校品牌经营中存在错位现实,诸如视觉识别的贫乏化、行为识别的趋同化、理念识别的单一化等;其次论述高校品牌在经营中更重要的并不是重新定位,而是契合性地归位;最后尝试性地给出了一个运用消费者细分与提供者细分相结合的定位方法,以获得协同效应。第二章探讨高校品牌建设。首先论述高校的“品牌力”需要通过制度建设、文化建设和策略建设三个方面来共同完成;其次指出高校品牌是由不同的品牌支柱,如校长、师资、学术、学生等品牌组成的;此外还讨论了高校品牌还存在后续的延伸管理及权益保护问题,因而其建设过程和策略是复杂而又细致的。第三章探讨高校品牌的传播。高校品牌的真正拥有者应该是利益相关者,包括政府、用人单位、学生、家长、教职工等,不能忽视利益相关者的满意度对高校品牌形成的影响,他们的积极参与和支持是建设高校品牌的重要条件。所以,要综合运用有效、创新的传播策略向目标受众传播高校的品牌。第三部分是结语,梳理了全文,总结了主要论点,还指出论文的不足及对“高校品牌传播经营”这一课题今后进一步研究的方向。

关键词:高等学校　高校教育　品牌战略

**3362**

**我国不同群体大一学生的择校原因差异之调查研究:以2007级为例** / 刘自团著 ; 谢作栩指导. -- 厦门大学, 2009. -- 269页

论文采用文献分析法、问卷调查法、数理分析法和个别访谈法等研究方法对我国不同群体大一学生的择校原因进行探讨。全文共分为五部分。第一部分为引论,主要介绍研究的背景与意义,说明研究对象的选择、研究的目的、思路,阐明研究的内容及研究方法。第二部分是已有研究综述,即第一章,主要是对美国和我国对该问题的已有研究做梳理和简要评析,论述国内外已有研究的特征,并在此基础上明确研究的立足点和切入点。第三部分是不同群体大一

新生择校原因研究的理论基础,即第二章,主要是对研究所使用的理性选择理论和文化再生产理论等主要观点及分析框架作了评述,并分析这些理论运用于研究的适切性问题。第四部分是不同群体大一新生择校原因的调查分析,即文章的第三章到第六章,分别对不同家庭居住地、不同社会阶层、不同家庭经济背景和不同家庭文化背景的大一新生群体的择校现状和原因做调查和分析,并进一步用相关理论来解释。第五部分是结论与讨论,即第七章,这一部分是主要对前面第三部分的研究结论做进一步梳理和总结,并在此基础上,为高校制定招生策略和改善内部运行机制提出相关的建议、对策,最后还提出关于研究的后续问题的进一步探讨。

关键词:高等学校　大学生　毕业生

**3363**

**基于问题解决的大学生团队学习认知互动分析** / 彭杜宏著 ; 刘电芝指导. -- 苏州大学, 2009. -- 115 页

论文采用文献法、实证分析和规范分析等研究方法,以高效率团队学习为研究对象,从其根本过程—认知过程来展开探索。论文由三部分组成。第一部分是序言,介绍论文的研究背景、概念界定、研究现状和研究构想。第二部分是正文。研究在社会文化学习理论及"支架"概念启发下,先从理论上探索高校团队学习认知互动的实质及其分析思路。实证研究在对142人个体测试和17人团队测试的预研究中展开。与此同时,进行两项不同类型团队的情景化访谈,包括17位来自大学生优胜团队和33位大学生自愿组合临时问题解决团队成员。从11个团队合作问题解决结果中选出分别代表"完全解答""部分解答""完全错误"的3个典型个案,对其微观认知互动过程进行个案分析,从而提供事实的综合描述与深刻分析结果。进一步实证研究通过系统观察获取变量数据并进行统计检验。具体而言,按规定时间内解答程度与结果,将团队的全程讨论转录为文本,进行内容分析与差异性检验。最后,采用被试间设计,尝试对团队学习互动过程进行实时干预。第三部分是结论。

关键词:大学生　青少年心理学　问题解决

**3364**

**新建本科院校专业设置与调整研究** / 彭旭著 ; 谢作栩指导. -- 厦门大学, 2009. -- 287 页

全文共分五章。第一章是新建本科院校专业设置与调整的理论基础,首先对新建本科院校、专业、专业设置等核心概念进行界定,其次介绍教育的内外部关系规律以及课程编制理论。第二章是高校专业设置与调整的相关经验。梳理中国大学专业设置和调整的历史,介绍国内高校以及德国的应用科技大学在专业设置和调整方面的相关经验。第三章是对新建本科院校专业设置与调整的现状分析。介绍新建本科院校的类型分布和基本特点,及其在我国高等教育中的地位和作用;总结新建本科院校专业设置与调整的五个特点;从专业设置和内容调整、专业设置和调整方式两个视角分析新建本科院校专业设置与调整中存在的问题;论述新建本科院校专业设置与调整的独特性,及其与人才培养模式、学校自身可持续发展的关系。第四章着重考察新建本科院校专业设置与调整的主要影响因素,包括办学理念、学校的分类和定位、学校自身改革发展的需要以及当地经济社会发展特点。第五章为新建本科院校专业设置与调整的对策分析。介绍设置与调整过程中遵循的五个原则——系统性,规范性,地方性,灵活性和特色性;从专业设置和调整内容、专业设置和调整方式两个视角分析设置与调整的七点建议。

关键词:高等教育　本科　专业设置　人才培养

**3365**

**我国普通高校定位的理性选择** / 邱德雄著 ; 孙俊三指导. -- 湖南师范大学, 2009. -- 162 页

论文采用文献资料法、案例研究法、理论研究等研究方法,以我国普通高校的定位为研究对象,针对我国普通高校定位中存在的严重错位和越位问题,从高校定位的现状分析入手,对我国普通高校定位的依据、原则、内容和策略进行探讨,并通过典型案例的分析,对我国普通高校的合理定位提出理性思考。论文共分为七个部分。第一部分为引论,简要阐述研究的目的和意义、研究现状、相关概念的界定、研究方法和论文思路。第二部分为高校定位的相关理论,探讨研究的理论基础,为进一步论述和建构合理定位的原则、途径和策略提供理论支撑。第三部分为我国普通高校定位的现状和问题分析,首先阐述我国普通高校所取得的成就,然后分析了我国普通高校定位中出现的一系列问题。第四部分为影响我国普通高校合理定位的因素,既有政府管理因素,又有市场因素,更离不开普通高校自身的因素。第五部分为我国普通高校定位的理性选择。从办学目标定位、国内外高校发

展状况、学术主导性等方面论述我国普通高校合理定位的依据、内容、原则。从树立正确的办学理念、形成合理定位的内部机制、引进市场竞争机制、完善政策设计、完善定位的保障机制、推进自主办学等方面提出我国普通高校合理定位的恰当策略。第六部分为案例分析,首先介绍湖南师范大学合理定位的背景和过程,然后分析了湖南师范大学合理定位的特点,在此基础上呈现合理定位促进学校跨越式发展所取得的成效,最后是湖南师范大学合理定位带给我们的启示。第七部分为结语。通过以上各章节的研究,得出研究的结论、研究的不足,以及有待进一步研究的问题。

关键词:高等学校　学校管理　定位

**3366**

**我国大学院长的角色冲突研究** / 任初明著 ; 刘献君指导. -- 华中科技大学, 2009. -- 205 页

论文采取定量与定性相结合的研究方法,对我国大学院长的角色冲突状况进行实证研究。全文共六章。第一章绪论,主要阐述问题的缘起、选题背景、研究方法、相关概念和理论基础,等等。第二章论述学院和院长角色性质的历史演变。首先分析学院制的三种类型,其次探讨美国大学院长的角色性质演变,最后讨论我国大学院长的角色。第三章对我国大学院长的角色冲突现状进行分析,发现我国大学院长存在中等偏上程度的角色冲突。同时在对院长角色冲突进行因子分析的基础上,归纳出要求期望和资源供应两类因子。另外还分析院长角色冲突的表现,包括不一致的角色期望和要求引发的角色冲突、前后矛盾的角色期望和要求引发的角色冲突、个体与角色不匹配而引发的角色冲突等类型。第四章探讨影响我国大学院长角色冲突的因素。首先在开放多元的环境下,人们形成对院长多样化的角色期望;其次多元组织文化、多样的组织目标、内在管理体制及内在制度不完善等组织因素影响院长的角色扮演行为;再次院长角色间的依赖性、过重的角色负荷和角色资源约束等也会影响我国大学院长角色冲突;最后让院长产生角色冲突的还有个体人格特质、任职时间等个体和人际关系因素。第五章首先分析我国大学院长角色冲突的影响。角色冲突的影响既具有消极破坏性影响,包括带来巨大的心理压力,影响院长的身心健康;分散院长的精力,影响学院组织目标的实现等;同时也具有积极建设性影响,包括促使院长更多地考虑不同功能团体的期望和要求;帮助提高院长的角色扮演能力等。其次,从组织和个体两个层面着手,深入探讨了院长角色冲突的管理与应对。第六章是论文结语。

关键词:大学　院长　高校管理　社会角色

**3367**

**中国近代大学教师专业素质研究:以大学职能演化为视角** / 孙存昌著 ; 周川指导. -- 苏州大学, 2009. -- 156 页

论文采用文献资料法、史料分析法、历史研究法等研究方法,以中国近代大学教师专业素质为研究对象,从大学职能演化的视角,透过中国近代大学教师的专业素质随着中国近代大学职能变化、拓展也随之发生相应的变化的这一过程,从而提出大学职能影响大学教师专业素质发展的机制。论文共为七章。第一章为绪论,介绍研究缘起及意义、研究的问题及思路、研究方法、研究综述和相关概念的界定。第二章为中国近代大学职能演化的轨迹,分化三个阶段:培养人才职能的彰显、发展科学职能的彰显、社会服务职能的彰显。第三章为培养人才职能阶段大学教师专业素质的要求,主要体现在教学素质方面,尤其是教学能力和教学态度。第四章为发展科学职能彰显后大学教师专业素质的新变化,大学教师不仅要具备良好的教学素质,而且还要具备从事学术研究的能力和水平。第五章为社会服务职能彰显后大学教师专业素质的新发展,大学教师不仅要进行教学和学术研究,同时还要力所能及地为社会服务,笼统地说就是,要具有服务社会的意识和能力。第六章为大学职能影响大学教师专业素质发展的机制。中国近代大学职能的不断变化,对大学教师专业素质也不断提出新的要求,并促使大学教师专业素质及其专业行为发生改变。大学职能的演变对大学教师专业素质产生的影响,是通过高等教育制度、大学管理实务、大学教师群体内部关系、大学教师个体教育实践反思等机制实现的。第七章为结论。

关键词:大学　教师素质　教育职能　近代

**3368**

**东盟一体化进程中认同建构与高等教育政策演进研究** / 覃玉荣著 ; 谢安邦指导. -- 华东师范大学, 2009. -- 207 页

论文主要采用文献法和比较历史法对东盟一体化进程中认同建构与高等教育政策演进进行研究。论文的主体部分共分为五章。第一章主要讨论和分

析一体化相关概念与高等教育政策环境,如全球化、国际化、区域化对高等教育政策关系;探讨东盟一体化主要思想如区域主义、新区域主义、认同思想、建构主义与东盟高等教育关系。第二章主要探讨东盟一体化动因及认同建构必要性、可行性、路径与主要内容,分析东盟高等教育政策制定动因与制约因素分析东盟高等教育政策价值目标,指出研究现实与理性思考。第三章研究东盟一体化进程中认同建构与高等教育政策不同阶段演进与变化,对东盟和成员国两个层面政策实施情况进行微观研究,以验证东盟认同建构与高等教育政策相互依存、互为作用和影响关系及推动东盟一体化进程发展的事实。第四章欧洲一体化进程中高等教育政策严禁与实施比较与借鉴,深究欧洲一体化进程中高等教育政策演进与实施过程,剖析其发展基础、动因和政策演进历程及出现的问题与对策,并于东盟情况进行比较,寻找它们的相同性、差异性与独特性,揭示其本质问题。第五章东盟高等教育政策发展趋势及对中国和东亚的影响,依据前述理论与事实及比较,分析东盟高等教育政策面临的问题,推演其发展趋势及对中国及东亚将产生的影响,从此留下进一步思考的问题。

关键词:教育政策　一体化　东南亚国家联盟

**3369**

**高等教育发展代价研究** / 汤晓蒙著 ; 卢晓中指导. -- 华南师范大学, 2009. -- 277 页

论文运用哲学、社会学、发展学、高等教育学的理论和方法对高等教育发展代价的内涵与原因、本质与分类、高等教育学的理论和方法对高等教育发展代价的内涵与原因、本质与分类、高等教育发展与代价的关系、合理付出高等教育代价的途径等进行探讨。全文共五章。第一章在论述代价的范畴定位及定义的基础上,明晰了高等教育发展代价的范畴地位及定义。第二章首先探讨高等教育发展代价的本质。其次分析高等教育发展代价的特征,包括客观性、必然性、普遍性、主体背离性等。最后从客观与主观两方面,探析高等教育发展代价的原因。第三章论述高等教育发展代价的分类。首先提出高等教育发展代价的分类标准,包括单一视角分类法和多重视角分类法。其次论述高等教育发展代价依据不同标准分为不同类型,其中必然性代价与或然性代价、不可避免代价与可避免代价、必要代价和非必要代价、模式代价与过程代价是主要分类。第四章探讨高等教育发展的代价规律。首先阐述高等教育发展代价规律研究的思想基础。其次指出,高等教育发展与代价是对立统一的,高等教育通过扬弃代价获得发展,这是高等教育发展的规律之一。最后论述高等教育发展代价规律的理论意义和实践意义。第五章首先论述高等教育发展的代价意识,其次讨论高等教育发展代价的合理性及其标准,最后则是提出合理付出和调控高等教育发展代价的方法。

关键词:高等教育　教育事业　教育成本

**3370**

**美国精英文理学院研究** / 王春春著 ; 赵炬明,余东升指导. -- 华中科技大学, 2009. -- 257 页

论文采用文化人类学的研究方法,通过参与式观察、访谈、查阅文献证物等途径,对美国一所精英文理学院麦克莱斯特学院进行了为期四个月的实地调研,以期揭示其博雅—文理教育的实质、内涵、方法与途径,进而对中国的重点大学本科教育提供建议。全文共三个部分,第一部分首先介绍案例学校麦克莱斯特学院所处的大背景,即:美国文理学院的发展历史。其次论述了美国文理学院的特征及分类情况,并探讨当代文理学院在美国高等教育中的地位。再次分析美国小型精英文理学院的独到之处。最后对麦克莱斯特学院做了简介。第二部分是论文的主体,主要从三个维度对文理学院进行了描述。首先是以学生在大学四年里的主要经历为线索,系统描述和分析了文理学院在招生、专业设置、课程安排、出国留学、毕业规定及毕业仪式、校友关系等方面的特色做法和制度安排。其次以教师为主角,结合具体案例,系统描述了文理学院在教师招聘、终身教职评审、教授治校、教学理念和方法、教学过程特点等方面的制度安排与具体做法。最后,主要从学院的文化及其氛围、物质环境和组织与制度三个方面来描述文理学院所特有的教育环境:一种旨在促进学生参与和融入的、积极的、具有支持性的共同体氛围。第三部分是结论,主要是结合相关理论对美国文理学院这种博雅—文理教育内涵、特点及性质进行了总结。

关键词:高等教育　本科　教育研究　美国

**3371**

**需要德育论** / 王仕杰著 ; 刘献君指导. -- 华中科技大学, 2009. -- 272 页

全文共分为八章。第一章阐述需要德育论研究

的背景,对相关的核心概念进行界定,并结合文献综述说明研究的意义、方法以及逻辑结构和创新点。第二章深入分析需要理论与人的需要的基本特征,阐述理论视阈,基于需要视阈的德育即需要德育。对人的需要的基本特征进行论述说明。第三章阐明道德教育的理论困境以及道德教育的现实难题,并对道德教育的出路进行探索,提出现代道德教育的人性复归。第四章着重分析德育的人学立场与生命关照。从人的立场出发,关注生命,关注现代德育的人性诉求,重视人的需要与精神动力。第五章探索需要理论与德育本质的契合即需要德育,首先分析人的需要与道德的关联,其次基于价值哲学,思考人的需要与道德教育,最后探讨宗教给德育的启示,即信仰需要的德育价值。第六章论述需要德育的人本理念,多位解读了人的概念,探讨人性的本质特征,阐述人性的欲望与制度的博弈,提出需要德育的必然选择,即规训与教化的统一。第七章介绍需要德育的理论建构,分析理论从"技艺德育"到"需要德育"的转换,介绍道德教育与需要的同构,需要教育的任务、一般原则以及方法论策略。第八章以 H 学院为例分析需要德育的实施,简述 H 学院实施需要德育的基本情况,对 H 学院实施需要德育进行总结与分析并得出启示。

关键词:德育　道德　人性　生命

**3372**

**我国不同类型高中毕业生升学机会差异的调查与原因分析:以高中学生的家庭和高中生涯为背景** / 王香丽著 ; 谢作栩指导. -- 厦门大学, 2009. -- 172 页

论文主要采用实证研究的方法,通过对不同类型高中学生的家庭背景、高中学习生涯以及最终升入高校情况的调查,探讨造成不同高中类型学生升学机会产生差异的原因。全文共分为四章。第一章是我国高等教育发展中入学机会差异性问题研究概述,首先梳理建国以来我国高等教育入学机会差异性的历史演变过程,其次综述高等教育入学机会差异性问题研究,再次概述教育公平理论,最后阐明研究提出的现实依据和研究特点。第二章是对不同类型高中学生入学机会的调查结果与原因的分析,论述不同类型高中学生升学机会的差异,并从城乡视角、家庭背景、学生的学习情况、选择的高校和专业等各个角度来探究不同类型高中学生升学机会的差异问题。第三章是对影响不同类型高中学生入学机会的宏观因素的分析,主要包括基础教育阶段的重点学校制度、城乡和区域之间教育资源的配置、教育的城市化倾向、教育投入和学费标准和高校地理分布等。第四章是对解决高等教育入学机会差异性的思考。研究得出一系列措施:一是继续扩大高等教育规模,二是提高基础教育质量,促进中学教育均衡发展,三是大力发展高等职业教育,四是重点解决农村子女接受高等教育的问题,可以通过政策倾斜或是建立有针对性的高职高专学校来满足农村子女的高等教育需求。

关键词:高中生　升学　高等教育　公平原则

**3373**

**中国大学学术职业制度变迁研究** / 王应密著 ; 冯向东指导. -- 华中科技大学, 2009. -- 225 页

论文以新制度主义的视角为切入点,采用制度分析法、历史研究法、动态分析方法对大学学术职业制度变革进行研究。以大学学术职业制度变革理论分析为主线,全文共分为七章。第一章为导论,简述研究动机、视角、范畴、创新点与难点,并对研究中设计的核心概念进行界定,对相关文献进行综述、评价,定位研究的学术位置。第二章是研究的理论基础,概述新制度主义概念、方法论特点以及制度变迁理论、制度变迁类型,并介绍研究的分析框架。第三章是大学学术职业制度概述,界定大学与学术职业的概念,分析大学学术职业制度的特殊性与内涵,考察西方学术职业制度的起源与发展演变。第四章是对大学学术职业制度的演变历程及其机制的研究,回顾大学学术职业制度发展的历史及其发展演变机制,介绍演变过程中的影响因素。第五章是中国大学学术职业制度的发展与演变,根据中国大学学术职业制度的发展演变历史,分阶段研究不同历史时期大学学术职业制度发展的状况。第六章是中国大学学术职业制度发展演变的特征。对中国大学学术职业制度发展演变的影响因素进行分析,在历史考察的基础上研究其演进过程中所呈现的特点,深入探究大学学术职业制度发展演变的特殊性。第七章是对中国大学学术职业制度的危机与变革的研究。考察了中国大学学术职业制度发展的现实问题,提出构建现代大学职业制度的设想与路径。

关键词:高等学校　学术工作　教育制度

**3374**

**高等院校组织趋同的机制研究** / 王占军著 ; 王英杰指导. -- 北京师范大学, 2009. -- 231 页

论文把大学组织放到生态层次进行分析,结合种群生态学、资源依附理论和制度理论三个分析范式探讨院校的分化与组织趋同问题。全文共七章。第一章导论,主要介绍研究对象、组织结构,并对相关文献进行了综述。第二章阐述论文的理论基础,并对组织趋同进行概述,此外还从定性研究和定量研究两方面探讨研究设计问题。第三章探析高等院校分化的形态与机制。首先梳理高等院校分化的演进历程,然后从院校层次、社会需求层次、系统层次等三方面论述高等院校分化的意义,最后则讨论高等院校分化的测量。第四章探讨高等院校组织趋同的过程。指出除政府和市场对院校的制度结构和行为产生影响外,社会文化所形成的非正式压力对院校组织趋同有间接影响,这些因素助长院校的升格和学术漂移。第五章论述高等院校组织趋同的形成机制。首先讨论高等院校组织趋同的强迫机制,其次讨论目标模糊所导致的模仿趋同,再次探索办学资源配置规则的诱致。第六章以国内X学院成为综合大学的案例,对中国高等院校学术漂移进行案例研究。第七章则对美国高等院校趋同的案例进行分析讨论。最后,论文指出在高等教育系统协调过程中,政府必须发挥协调和规划的功能,抑制院校升格冲动,鼓励院校办出特色,引导市场需求和社会文化,进而以多样化的需求机制促使院校多样化。

关键词:高等教育　高等学校　组织结构

**3375**

**中国近代大学本土化研究:基于大学校长的视角** / 吴立保著 ; 谢安邦指导. -- 华东师范大学, 2009. -- 229 页

论文采用文献法、历史研究法、个案研究法等研究方法,以我国近代大学为研究对象,对中国近代大学本土化的问题进行研究。全文共分为八章。第一章为导论,首先阐明研究的背景与选题的意义,其次介绍国内外研究的现状与相关述评,再次界定研究的核心概念,最后阐述研究视角和研究方法。第二章为中国近代大学制度的本土化研究,界定中国近代大学制度的概念,分析中国近代大学制度产生的社会动因,梳理中国近代大学制度的形成过程——从师法日本创立制度,到日欧融合进行调适,再到借鉴美国实现转向,最后为大学校长与中国近代大学制度的本土化建构问题。第三章为中国近代大学精神的本土化研究,首先界定大学精神的含义,其次阐述西方大学精神的源流,再次梳理中国传统大学精神的演进,解读中国近代大学精神,最后介绍大学校长与中国近代大学精神的本土化选择。第四章至第七章分别是对蔡元培与国立北京大学的本土化模式的研究、张伯苓与私立南开大学的本土化模式的研究、梅贻琦与国立清华大学的本土化模式的研究以及陈垣与私立辅仁大学的本土化模式的研究。分别介绍各个大学的本土化发展历程,然后梳理各个大学精神的形成与发展,最后分别探讨它们的本土化特征。第八章为结语,总结中国近代大学本土化的历史经验。提出大学校长的教育理念应与大学精神相耦合,阐明大学本土化发展的基点、核心、文化使命以及全球视野。

关键词:高等教育　教育制度　本土化　教育史

**3376**

**西方自由教育的流变与分化:政治哲学视域下的自由教育研究** / 吴妍著 ; 崔延强指导. -- 西南大学, 2009. -- 136 页

论文通过文献分析法、历史比较法、矛盾分析法等方法,将自由教育的演变与分化置于政治哲学的视角进行研究。全文共分为七部分。第一部分为导论,介绍选题的研究对象以及中心命题,阐明研究的意义、研究方法与结构,并对国内外的相关文献、研究进行综述。第二部分是自由教育及其古典时代的确立,梳理自由教育的产生与孕育过程,分析自由教育的发展演化,说明中世纪自由教育的传承与转折以及特征。第三部分是自由教育的社会契约选择,对比洪堡和纽曼——对社会契约论的反叛和传统继承两种不同选择。第四部分是自由教育的公民社会基础,研究了美国民主传统下的自由教育运动、走向普通教育的自由教育以及自由教育的合法地位的调整等三方面内容。第五部分是自由教育的大众民主救赎,介绍回归古典政治哲学的自由教育,分析精英民主对大众民主的回应,以及善对权利的优先。第六部分是自由教育于我国的现实意义,通过对比东西方教育,阐明教育与政治的双边关系,分析自由教育在我国的立足之基即公民教育,另外对自由教育的可行性进行探索,解读自由教育于我国的现实瓶颈:一是认识上的局限,自由教育自身的政治属性自短时间内还没有被深刻挖掘出来,二是我国长期以来教育传统下的教育资源与观念制度上障碍,如教师的教育背景、教育系统内部社群观念相对薄弱等。第七部分为结语。

关键词:自由教育　政治哲学　社会契约

3377

**中日本科课程的比较研究与课程理论探索** / 闫飞龙著 ; 史秋衡,黄福涛指导. -- 厦门大学, 2009. -- 364 页

论文采用比较研究、文献分析、思辨与实证等研究方法,以中日大学本科课程为研究对象,从历史到现在,从宏观到微观,从实践到理论的研究思路,分析并比较中日本科课程现象,探讨本科课程构成与开发的基本理论。论文分为绪论、主体部分、结论三个部分。第一部分为绪论,介绍选题缘由和意义、研究现状及述评、相关概念与研究范畴界定、研究方法及框架。第二部分为主体部分。首先从课程基本概念入手,在探讨课程相关概念的同时揭示不同概念背后所隐含的教育理念及其价值取向,提出本科课程研究应该以责任为理念,重视满足社会与个人两种基本需求。其次,从历史的角度出发,考察了大学课程形成、中日本科课程模式演变的历史,发现大学课程的产生于发展基本形成了三条轨迹,一条是职业性的,一条是学术性的,另一条是素质性的。在此基础上,进一步探究了引起本科课程模式变革的内外部主要影响因素。第三,从现实的角度出发,考察厦门大学与广岛大学的本科课程现状,发现厦门大学本科课程属于"模块式"本科课程模式,广岛大学属于教养教育与专门教育相融合的"一贯式"本科课程模式,通过比较发现,两者在本科课程目的及其相似,可在课程设置方面,存在较大差异;最后,在理论层面上探讨本科课程构成与开发的基本理论,并构建本科课程的基本模式。本科课程的构成与开发,要通过透视本科课程现象,挖掘其根本性的东西,从理论层面上去解决本科课程现实问题。第三部分为结论。把哲学、教育社会学和心理学等作为本科课程开发的理论基础进一步探索本科课程开发的可能性、阶段性选择、多样化发展趋势和由谁来开发扥基本理论。在内外部影响因素的基础上,阐述了21世纪学士应该具有的基本素质,为本科课程开发提高方向和理念,从而构建本科课程开发的基本模式。

关键词:高等教育　本科　课程理论

3378

**中国高校后勤管理改革的行动研究:以渤海大学为案例** / 杨延东著 ; 赵炬明指导. -- 华中科技大学, 2009. -- 111 页

论文采用现代管理理论和行动研究法,以渤海大学为例对后勤管理改革的行动进行研究,全文共分为八章。第一章为引言。介绍问题的提出背景,结合文献综述介绍文章的研究方法和论文思路、结构。第二章是对当代质量管理理论的发展与应用的研究。阐述质量管理的实践与理论,综述当前质量管理的发展趋势以及在我国高校后勤改革被广泛采用的四种质量管理模型。第三章是对中国高校的后勤管理体制改革的研究。简述我国高校后勤管理改革发展历程,分析后勤社会化改革的逻辑与现实,并对后勤企业化改革和ISO9000体系进行论述。第四章是对行动研究的回顾和思考。厘清行动研究的概念,回顾行动研究的历史,并对行动研究法的逻辑、价值、实施要点、实施程序进行了总结和分析。第五章介绍高校后勤管理改革的基本背景,阐述确定思路制定改革方案的历程,分析在不断推进改革的过程中,得到的明显效果,最后提出了反思与建议。第六章是对全面质量管理改革的分析。介绍全面质量分析的基本背景,论述全面质量管理改革的实施方案以及效果分析,并对此提出反思与改革建议。第七章是对精细化管理改革的分析。考察精细化管理模式的设计与实施,并对效果进行了分析与反思。第八章为总结与创新。

关键词:高校管理　后勤管理　体制改革

3379

**生命视域下的传统道德与高校德育变革** / 杨洋著 ; 易连云指导. -- 西南大学, 2009. -- 98 页

论文以生命为切入点,深入剖析当前高校德育问题存在的种种问题,并从文化传统的角度,对传统道德的生命意义进行多方位的挖掘,以探讨高校德育如何触动个体生命的深层结构的问题。全文共五章。第一章是绪论,主要介绍研究背景、相关研究、研究意义及研究思路等。第二章以生命理念来反观当前高校德育,同时采取实证研究的方法,从德育主体、德育目标、德育内容、德育评价四个方面对高校德育的现存问题进行较为深入的梳理和分析。第三章主要是对传统道德中的生命意义的挖掘。首先从概念的角度对于传统道德的生命层次性,生活本源性和生命内涵进行分析,其次从内容角度挖掘出传统道德在生命的物质性与精神性、个体性和社会性、有限性与超越性三个方面的统一,最后从方法角度来解读传统道德教育在探询道德价值、确定教育方法以及设定教育目标方面是如何体现对于个体生命的尊重与激励的。第四章在对高校德育问题的现状分析和对传统道德生命意义解读的基础上,以生命实践作为高校德育体

系整合的总目标,从德育目标、德育过程、德育环境和德育策略四个方面归纳总结出了构建生命实践高校德育体系的四个策略:以情感感化为目标,以回归生活世界为德育环境,以开放的德育过程为归宿,以对话为德育策略,从中体现高校德育变革对于生命的回归与展现。第五章是结论部分。

关键词:高等学校　德育　生命　道德

**3380**

**社会性别视角下的高校女教师发展研究** / 禹旭才著 ; 孙俊三指导. -- 湖南师范大学, 2009. -- 312 页

论文从社会性别视角出发,探讨中国高校女教师的发展问题。全文共五章。第一章通过对与社会性别和高校女教师发展这两个概念相关的基本理论问题进行细致的厘定与论证,为论文研究的全面展开提供了基本的理论根基。第二章从历史的维度,遵循垂直与水平两条路径对高校女教师的发展历程进行较为详细的梳理、分析与阐释,重点论述中国三个不同历史时期,所呈现的三种较为典型的社会性别制度,并提出在"男女有别"、"男女平等"、"男女一样"三种社会性别制度的规制下,高校女教师的发展经历了缺席者、失语者、言说者三个阶段。此外还归纳出高校教师发展的性别异步差主要体现在发展的起点、内容及其阶段性目标追求等三方面。第三章在历史分析的基础上,从学术职业能力、社会性、精神性、个性等四个方面全面分析新世纪中国高校女教师发展的现状,提出了当下高校女教师发展中存在的两个主要问题:一是边缘化危机,主要表现为显性、隐性与反向三个方面;二是性别迷思,主要表现在能力依赖、形象认同、个性发展三方面。第四章对中国高校女教师的发展困境进行了剖析。一是理论因素的制约,重点阐述西方女性主义提供的性别平等发展模式为什么不能拿来直接引领中国高校女教师走出困境;二是历史因素的制约,指出中国女性经历的是一条"男性主导"与"国家特色"的解放与发展的道路及其对高校女教师发展的双重影响;三是现实因素的制约,主要从高等教育系统内、外及女教师自身来分析。第五章对我国高校女教师发展的理论形态与实践路径进行了详细的论证,并提出了论文的核心论点,即在当前的社会背景下,性别敏感发展是高校女教师发展的理论诉求。而这一诉求的实现,有待于性别敏感发展在高等教育系统内、外与女教师自身三个场域的协同实践。

关键词:高等学校　女性　师资培养　性别差异

**3381**

**我国大学本科教学管理制度问题研究** / 张波著 ; 冯向东指导. -- 华中科技大学, 2009. -- 212 页

论文采用案例研究法、文献研究法和历史研究法对我国大学本科教学管理制度问题进行探究。全文共分为六部分。第一部分为导论,主要介绍问题提出的背景及此研究的意义,对相关文献进行综述,并阐述研究的视角、思路和方法。第二部分大学本科教学管理制度现存的问题,主要探究大学本科教学管理制度的外控管理、大学本科教学管理制度的趋同、大学本科教学管理制度的泛化以及大学本科教学管理制度的结构性失衡等四方面内容。第三部分大学本科教学管理制度问题成因的探析,介绍大学本科教学管理制度合理性的基础,阐述大学本科教学管理制度选择中的路径依赖,剖析大学本科教学管理制度运行中的动因。第四部分大学本科教学管理制度改进的理念,对变功利性教学管制为学术性教学管理和以完整性制度结构实现制度功能耦合两种理念进行论述。第五部分大学本科教学管理制度体系的建构,阐述大学本科教学管理制度体系建构的依据、基本框架、意义和作用。第六部分为结语,提出主要的创新和不足,并得出结论。

关键词:高等教育　本科　教学管理　管理制度

**3382**

**我国高等学校教师津贴制度研究** / 赵映川著 ; 别敦荣,周艳指导. -- 华中科技大学, 2009. -- 187 页

论文采用文献研究法、案例分析法、访谈法对我国高等学校教师津贴制度进行研究。全文共分为五部分。第一部分为导论,介绍问题提出的缘由、背景,以及研究的意义,综述相关文献,阐释研究思路和研究内容、研究方法。第二部分是论文的第二章和第三章。第二章是对高等学校教师工资制度及其存在的问题的研究,回顾高校工资制度的四次改革历程,厘清历次改革的背景、内容和效果,并分析造成高校教师工资制度问题的原因及影响。第三章是对高等学校教师津贴及其制度化的探究,回顾高校教师津贴制度发展的历程,对三种津贴制度的背景、模式和制度化进行叙述,并为下面的分析作铺垫。第三部分包括第四章和第五章。第四章分析高等学校教师津贴制度的合理性,对收入分配理论进行梳理,根据劳动特点和劳动方式的不同,分析出适用于高校教师职业特点的收入分配理论,以及校内津贴是否遵循这种分配

理论,从而在理论上探讨高校教师校内津贴制度的合理性。第五章剖析高等学校教师津贴制度导向的偏差,阐明高校教师津贴制度偏差的消极影响。第四部分是对高校教师津贴制度的完善的探究,即第六章。此章先对德国、美国、印度和中国香港地区高校教师的薪酬制度进行介绍,并总结成功经验,在借鉴其他国家和地区高校教师薪酬制度成功经验的基础上,针对校内津贴制度存在的问题,提出完善高校教师津贴制度的策略。

关键词:高等学校　教师　工资制度　津贴

**3383**

**公立研究型大学的战略规划与变革管理:杜德斯达特高等教育改革发展的实践与理论探究** / 郑旭东著 ; 桑新民指导. -- 南京大学, 2009. -- 291 页

论文以当代著名大学校长杜德斯达特为个案研究,探讨了高等教育改革发展的实践与理论问题。首先,论述了杜德斯达特从工程科学家到研究型大学掌门人的跨越。杜德斯达特在耶鲁大学和加州理工学院的求学经历不仅为其成为一名工程科学家奠定了基础,而且为其成为一位具有战略思想的研究型大学管理者埋下了种子;而三十多年的密西根岁月,则最终让杜德斯达特实现了从工程科学家向研究型大学校长的转变,其间的一波三折不仅形象展现了他如何成为一位优秀大学校长的成功之道,还给世人展示了大学校长之路所潜藏的种种职业风险。其次,论述了杜德斯达特从大学校长到高等教育战略思想家的跨越。杜德斯达特在卸任校长后,继续留在了密西根大学当一名普通教授,他远离学术行政管理之纷扰与校园政治风云之变幻,超越个体与个别学校的经验和眼界,致力于高等教育的理论创新与战略谋划,引领了21世纪高等教育发展的新潮流,从而实现了其职业生涯的第二次转变。再次,考察了杜德斯达特以战略规划和变革管理推动公立研究型大学跨世纪转型这一独具特色的高等教育思想。其中美国公立大学的变革发展是其思想产生的土壤和条件,信息化和全球化两大潮流是其产生的宏观时代背景,密西根振兴计划、媒体联合体项目和新千年计划这三个重大项目的策划与实施则是这一思想形成与发展的实践基石。最后,还探讨了杜德斯达特高等教育改革发展的实践与理论对我国一流大学建设的启示。

关键词:公立学校　高等教育　教育改革

# 特殊教育学

**3384**

**自闭症谱系儿童模仿能力系列研究** / 陈光华著 ; 方俊明指导. -- 华东师范大学, 2009. -- 203 页

论文运用理论研究法、案例研究法和实验研究法,通过梳理国内外相关研究资料的基础上,通过三个系列的实验,逐步深入地探讨自闭症谱系模仿的行为特征、认知功能、神经基础;并根据这些实验研究结论,针对性地开展早期干预的个案研究,探讨交互模仿训练方法对于提高自闭症模仿能力的可执行和有效性,从而初步验证基础实验研究的结论。论文第一部分是问题提出与研究背景,首先论述模仿问题的研究背景,其次论述自闭症儿童的动作模仿能力的研究综述,第三论述自闭症谱系儿童模仿能力系列研究的总体构思。第二部分是实验研究,实验系列一是行为观察实验,探讨自闭症谱系儿童动作模仿水平和特点;实验系列二是认知功能实验,考察自闭症谱系儿童动作模仿的认知功能;实验系列三是脑成像的实验,考察自闭症谱系儿童动作模仿的神经机制。第三部分是干预研究,首先论述模仿干预的背景,其次论述模仿干预中的概念理解和干预思路,第三论述交互模仿训练对自闭症幼儿社会交流能力发展的干预研究。第四部分是综合分析,考察对于自闭症谱系模仿缺陷的理解,阐述对于自闭症儿童模仿缺陷认知机制和脑机制的综合性分析,最后论述对于自闭症儿童交互模仿干预绩效的分析。第五部分是总结和展望。

关键词:儿童　自闭症　模仿　认知

**3385**

**自闭症谱系障碍学生汉语句子理解过程的实验研究** / 李伟亚著 ; 方俊明指导. -- 华东师范大学, 2009. -- 184 页

论文运用实验法、案例法和模型法,以句子阅读理解为研究中心,采用系列认知实验的方法,主要着重考察以汉语为母语的自闭症谱系障碍学生句子理解的加工模型、动词的角色和代词的理解等方面的问题。论文第一部分是研究概述与问题提出,首先论述自闭症谱系障碍个体阅读研究综述,其次对句子理解研究、汉语句子理解研究、儿童句子理解研究进行论述,最后提出研究问题的提出和研究思路。第二部分

是实验研究,研究一提出自闭症谱系障碍学生汉语简单句理解的模型探讨,主要对词序和词义在听觉输入汉语简单句理解中的作用、词序和词义可逆性对视觉输入汉语简单句施事判断的影响、词序和词义可逆性对视觉输入汉语简单句句子判断中的作用、不同句法对汉语简单句加工的影响、不同句法对母语汉语简单句再认记忆的影响等问题进行论述。研究二是自闭症谱系障碍学生句子理解中动词作用的研究,首先论述听觉词汇监听任务下动词的"宾语选择行限制信息"在句子加工早期的作用,其次论述动词的"宾语选择型限制信息"作用的眼动研究,第三阐述句子可继续性的即时影响眼动研究。研究三是自闭症谱系障碍学生汉语复句中代词加工的影响因素研究。第三部分是综合讨论,考察自闭症谱系障碍学生汉语句子理解的结论和比较研究的结论。第四部分是启示与展望。

关键词:缄默症　语言障碍　特殊教育

**3386**

**唇腭裂术后腭咽闭合功能不全患儿言语障碍矫治的相关研究** / 万勤著 ; 黄昭鸣指导. -- 华东师范大学, 2009. -- 160 页

论文运用理论研究法和实证研究法,针对唇腭裂术后腭咽闭合功能不全患儿的言语障碍矫正治疗进行相关研究。论文第一部分的第一章是研究背景,第二章叙述研究框架。第二部分的第一章是构建唇腭裂术后腭咽闭合功能不全患儿言语障碍矫正质料框架的理论基础,包括正常腭咽生理与唇腭裂说胡腭咽闭合功能不全患儿腭咽生理的比较,以及唇腭裂术后腭咽闭合功能不全对言语功能的影响及其临床表现。第二章是唇腭裂术后腭咽闭合功能不全患儿言语障碍矫正治疗的框架。第三部分的第一章是唇腭裂术后腭咽闭合功能不全患儿发声障碍的矫正治疗方法,第二章是唇腭裂术后腭咽闭合功能不全患儿共鸣障碍的矫正治疗方法,第三章是唇腭裂术后腭咽闭合功能不全患儿构音障碍的矫正治疗方法。第四部分的第一章是唇腭裂术后腭咽闭合功能不全患儿言语障碍的评估指标,第二章论述唇腭裂术后腭咽闭合功能不全患儿鼻流量测试的补充研究,第三是唇腭裂术后腭咽闭合功能不全患儿言语障碍矫正治疗的跨被试个案研究。第五部分的第一章是研究总结,提出研究的初步结果与研究意义。第二章是研究的创新之处,第三章是后续的研究展望,提出唇腭裂术后腭咽闭合功能不全患儿言语障碍矫正治疗的后续临床研究,以及鼻流量测试的后续研究。

关键词:特殊教育　儿童教育　语言矫正　裂腭

# 成人教育学

**3387**

**海派学习文化研究:来自成人生活世界的考察与分析** / 李洁著 ; 高志敏指导. -- 华东师范大学, 2009. -- 351 页

论文对海派学习文化进行了分析研究。全文共分十一章。第一章绪论,分析研究的缘起,指出研究的目的意义,同时阐述研究的方法与过程。第二章为文献综述,分别概述关于上海的研究、关于海派文化的研究以及关于海派学习文化的研究,并对相应的研究成果进行探讨。第三章对相关概念进行厘定,首先对文化与学习文化的概念进行了界定,随后探讨了海派文化的变迁历程与本质特征,接着研究了海派学习文化的特点及其形成过程。第四章以"觉新族"为研究重点,首先分别阐述"上海滩"风云与"红楼梦"家族,最后重点分析"觉新族"的学习文化及其特点。第五章研究"幸运儿"的学习文化及其特点。第六章从"农民"后代、"叛逆"女孩等角度分析"开拓者"学习文化的特点。第七章从个人的自然因素影响和个人的内需求驱动两个方面对海派学习文化的动因进行挖掘,其中个人的自然因素影响包括健康状况、文化程度和职业特点等,而个人的内在需求驱动则包含了对物质生活的渴求、对生活压力的应对以及对自我实现的追求。第八章从非个人的客观因素影响与个人生活情境作用两方面探讨了海派学习文化的动因,指出在非个人的客观因素影响中家庭成员、同辈群体以及大众传媒的影响是非重要,而个人的生活情境也起着十分重要的作用。第九章从家庭生活观念变迁、组织文化观念变迁以及社会生存方式变革等方面分析了海派学习生活的形成原因,其中家庭生活观念变迁又可分为文化多元化背景下的家庭生活观念变迁、性别文化重构背景下的家庭生活观念变迁两个方面。第十章对海派学习文化的形成进行了反思,指出应呼吁性别平等,倡导社会公平与自主创新,同时应构建民主的家庭养育环境以及和谐的社会支持系统。第十一章为建议与思考,对现状提出了若干建议,并对研究进行了后续思考。

关键词:成人教育　学习能力　地方文化　上海

3388

**现代远程教育5S学习支持模式研究／薛伟著；高志敏指导. -- 华东师范大学, 2009. -- 229页**

论文对现代远程教育5S学习支持模式进行分析研究。全文共分十一章。第一章引论,对研究进行了概述,对有关文献进行综述,同时对相关概念进行了界定。第二章介绍学习支持模式构建的理论要求,包括建构主义理论、主体间性理论、教与学再度整合理论以及系统方法论。第三章介绍学习支持模式构建的实践启迪,分别探讨基于国际视野的学习支持实践研究、基于国内视野的学习支持实践研究,同时对国内外的现代远程教育发展特点进行分析,从而得出有关学习支持模式构建的启迪。第四章分析了5S学习支持模式的构建,首先阐述模式构建的基本理论,并对现有的学习支持模式进行综述,随后分析5S学习支持模式的理论起源与基本要素,最后具体探讨5S学习支持模式的构建问题。第五章研究5S学习支持模式要素之一——学习者,以上海电大为例具体分析了学习者特征的有关研究,指出了学习者调查特征的目的与结果。第六章探讨了5S学习者支持模式要素之二——支持者,首先对支持者进行定位,随后着重分析支持者的角色转换问题。第七章分析5S学习支持模式要素之三——学习支持内容,辨析目标支持与标准支持的联系与区别。第八章探究5S学习支持模式要素之四——学习支持策略,重点描述学习支持的策略与方法,同时指出学习支持的核心方法——交互。第九章探讨5S学习支持模式要素之五——学习支持环境,对学习支持环境的主要内容进行概述。第十章探讨5S学习支持模式的运行机制,对学习支持模式的运行机制进行了概述,同时介绍5S学习支持模式的相应的反馈机制与协调机制。第十一章对5S学习支持模式的应用进行了深入研究,并在此基础上,提出有关的政策建议。最后为结语部分,归纳全文的主要观点。

关键词:远程教育　教学模式　运行机制

# 基础心理学

3389

**面孔表情知觉的时间整合效应／陈本友著；黄希庭指导. -- 西南大学, 2009. -- 94页**

研究从时间整合的视角,通过刺激异步呈现范式,以人类三种基本的面孔表情(喜悦、愤怒和悲伤)为材料来系统考察面孔表情知觉中的实践整合问题。全文共分为四章。第一章为文献综述,论文分别介绍引言、时间整合概念辨析、面孔表情的研究进展。第二章提出问题、理论假设、研究目的与方案。第三章论述面孔表情知觉的时间整合效应。研究一分析面孔表情知觉的时间整合的时间进程。实验1研究不同间隔时距下面孔表情知觉的时间整合效应。实验2研究不同呈现时间条件下面孔表情知觉的时间整合效应。实验3研究不同面孔表情知觉的时间整合的分界点探讨。研究二分析部分特征在面孔表情知觉的时间整合中的作用。实验4研究部分呈现时间对面孔表情知觉的时间整合的影响。实验4a研究眼睛呈现时间不同条件下面孔表情知觉的时间整合效应。实验4b研究鼻子呈现时间不同条件下面孔表情知觉的时间整合效应。实验4c研究嘴呈现时间不同条件下面孔表情知觉的时间整合效应。实验5研究刺激特征对面孔表情知觉的时间整合的影响。实验5a研究不同刺激特征组合在时间整合中的作用。实验5b研究眼睛部分在面孔表情知觉中的作用。研究三分析空间关系在面孔表情知觉的时间整合中的作用。实验6研究刺激顺序和呈现位置对面孔表情知觉的时间整合的影响。第四章为总讨论和结论。论文分别阐明创新之处、研究的理论与实践意义、研究中的不足及未来研究展望、结论。

关键词:心理过程　情绪　表情　知觉

3390

**基于认知诊断的小学儿童图形推理能力的动态评估研究／陈德枝著；戴海琦指导. -- 江西师范大学, 2009. -- 133页**

研究主要考察基于认知诊断的小学儿童图形推理能力的动态评估研究。全文共分为八章。第一章介绍文献综述,首先介绍动态评估的基本理论与发展概况,其次阐明认知诊断与动态评估简介,最后对小学儿童图形推理能力发展研究进行评述。第二章提出研究问题与研究的总体设计,分别介绍选题意义、研究的总体内容与总体流程设计、研究的预期成果。第三章论述基于认知诊断的动态评估方案的设计研究。论文分别分析设计目的、总设计思想(MLTM for MS和MRMLC的结合)、分项设计研究、讨论与小结。第四章论述基于认知诊断的动态评估测验的编制研究。包括研究目的、编制方法与过程研究、三套标准图形推理测验的等结构验证、认知成分测验的编制。第五章论述 MRMLC 模型参数估计方法的确定。包括研究目的、MRMLC 模型参数估计方法的设计、两种 MRMLC 模型能力估计方法的实现、两种 MRMLC 模型能力估计方法的模拟比较研究。第六章论述动态评估结果的宏观和微观分析与研究。包括研究目的、研究方法与过程设计、宏观分析结果、微观分析结果。第七章论述动态评估结果的质量分析。包括研究目的、信度分析的过程与结果、效度分析的过程与结果。第八章阐述总结、研究中存在的不足与展望。

关键词:认知心理学　心理过程　儿童　推理

**3391**

**广东省民众宗教心理对建设和谐社会的影响与对策研究** / 陈绿平著 ; 刘鸣指导. -- 华南师范大学, 2009. -- 123 页

论文探析了广东省民众宗教心理与心理和谐的关系,并查找了其中存在的问题,在此基础上提出相应对策和建议。首先,系统总结国内外在宗教心理与心理和谐方面的研究成果。主要包括:概述国内外宗教心理的相关研究,全面分析西方宗教心理的发展历程、研究取向、研究内容、研究方法和国内学者在宗教心理上的研究进展;同时对心理和谐的研究进行了考察;此外还对广东省宗教发展特点及其对社会的影响进行了全面分析。其次,修订"宗教态度量表",编制了"宗教体验量表"。有关的心理测量学特征考察表明,两份量表均为可靠的团体测量工具。第三,从宗教态度、宗教体验、宗教行为、获取宗教信息的途径等角度,分析和讨论了广东省宗教信仰者的心理特点。第四,对广东省宗教信仰者心理和谐状况进行了研究。研究发现,总体上宗教信仰对心理和谐具有积极作用,宗教态度各维度与心理和谐总分及其自我状态、家庭氛围、人际关系这三个维度表现出显著的正相关,不过"宗教信念"维度对心理和谐总分有负向预测作用。最后,论文进行了综合讨论,并提出要理性认识宗教的社会功能,发挥宗教对建设和谐社会的积极作用;要加强宣传教育,帮助民众认识宗教心理调适功能的两面性;要加强心理服务,构建社会支持系统;要突出信仰教育,加强对青少年的引导。

关键词:社会主义建设　和谐社会　宗教信仰

**3392**

**德性之知:宋明理学认知心理思想研究** / 陈四光著 ; 郭斯萍指导. -- 江西师范大学, 2009. -- 126 页

论文重点对宋明理学认知心理思想做研究。全文共分为十章。第一章探讨现代心理学的体系问题与宋明理学认知心理思想研究的意义。论文首先分析现代心理学的体系问题包括从心理过程的分类理论看心理学的科学体系、从知/意的平衡发展看心理学的科学体系。其次探讨宋明理学认知心理思想研究的意义。第二章论述宋明理学认知心理思想研究的方法论。论文分别介绍中国心理学史方法论研究的综述、方法论诠释学对中国心理学史研究的启示、方法论诠释学在本次研究中的应用。第三章为宋明理学认知心理思想研究综述。论文分别介绍许梦虞教授、朱永新教授、杨鑫辉教授、燕国材教授的研究。第四章研究"心"及其认知相关概况包括"心"与心理学、宋明理学中"心"的内涵、"心"与德性之知、德性之知的两层内涵。第五章论述形而上德性之知的内涵及其在宋明理学中的发展。论文首先界定形而上德性之知的内涵包括张载的宇宙论与性体论、张载的德性之知内涵。其次研究宋明理学家对形而上德性之知的继承和发展。第六章研究形而上德性之知工夫论。论文首先研究程(颐)朱理学德性之知工夫——格物致知,包括程朱的"理一元论"思想及格物致知的内涵、对象、过程、前提、本质。其次研究陆王心学德性之知工夫——涵养本心,包括程颢的诚敬工夫、陆王"心一元论"思想、静坐、克己。最后研究程朱理学与陆王心学共有的德性之知工夫,包括读书、践行。第七章对形而上德性之知进行分析与总结。论文分别分析实现形而上德性之知的两种路径、形而上德性之知工夫论的心理机制、形而上德性之知的认知特点。第八章研究形而上德性之知及其表现,包括见闻之知与形而上德性之知、形而下德性之知的具体表现。第九章分析形而下德性之知的特点包括知有差等、道德判断、知情合一。第十章为比较与反思,反思关于中西方认知心理思想的比较及反思宋明理学认知心理思想。

关键词:理学　认知心理学　天人合一

**3393**

**社会两难情境中惩罚影响合作的心理机制研究** / 陈欣著 ; 叶浩生指导. -- 南京师范大学, 2009. -- 129 页

论文采用行为博弈的实验范式,对社会两难情境中惩罚影响合作的心理机制进行了探讨。全文共四部分。第一部分首先描述社会两难中合作研究的现状,接着分析惩罚在合作研究中的体现,并讨论惩罚与合作关系研究中的一些争议,最后介绍研究问题的形成及研究思路。第二部分开展对惩罚与合作关系的实证研究。首先是探讨惩罚与公平、互惠、信任、合作之间的关系,包括2个实验。实验1是议价投资实验。考察设置第三方有代价惩罚条件时,利己决策、信任决策、公平决策的分布情况,评定信任程度和可信赖程度。实验2是信任投资实验。通过增加惩罚条件设置,比较有、无惩罚条件下,信赖、可信赖和互惠的差异,探究信任是基于个人特质还是外在的惩罚条件。其次是讨论惩罚对合作的影响作用,也包括2个实验。实验3是公共物品投资实验。主要是比较无惩罚条件设置到有代价惩罚条件,再到撤销有代价惩罚条件设置三个阶段的合作差异和比较三种不同的其他人合作程度下,投资水平差异。实验4是资源投资实验。比较两种不同人际熟悉度下投资差异,及两种不同惩罚强度下投资差异和三种不同其他人合作程度下的投资差异。第三部分是综合讨论。研究结果表明,公平、互惠、信任是惩罚影响合作之间的中间变量,而惩罚是通过证明公平互惠规则的正确性,增加人际之间的制度信任,从而保证较高水平的合作。第四部分是论文的结论和进一步展望。

关键词:社会心理学　惩罚　合作　公平　认知

**3394**

**健全人格取向大学生心理健康量表的编制** / 程科著；黄希庭指导. -- 西南大学, 2009. -- 94 页

论文力求以理论探索与实证研究相结合,采用多方法、多视角系统地探讨了适合于中国大学生的积极心理健康的结构和内涵,并编制了测量工具。全文共六部分。第一部分从西方积极心理学、中国传统文化、当代心理和谐等角度进行文献综述,并梳理国内外新近的一些研究,厘清积极取向心理健康的内涵。又通过对心理健康测量工具的综述,发现大多数评估工具缺乏系统的方法学研究,缺乏具有中国文化特色的方法学依据。第二部分采用文献综述和开放式问卷调查的方法逐步厘清适合当代大学生的心理健康观。数据表明,心理健康具有广泛的行为表现,以健全人格理论为基础的大学生心理健康量表能够反映大学生心理健康的特点。第三部分在总结先前研究的基础上初步建立了大学生心理健康的理论框架,根据大学生心理健康的现实结构,采用封闭式问卷调查与探索性因素分析、验证因素分析、相关法,编制出包含6个维度,共27个项目的健全人格取向大学生心理健康量表。第四部分采用相关法探讨当代大学生的心理健康状况的特点,比较不同性别、年级、学校和生源的大学生在心理健康各维度上的差异。第五部分从心理健康的人格基础到心理健康的功能为基本线索展开,包含4个研究。研究工具包括自编的大学生心理健康量表、自信问卷、自尊量表、青少年学生自立人格量表、领悟社会支持量表、青少年时间管理倾向量表、拖延量表、实际课业分数。第六部分是总讨论与结论。

关键词:大学生　心理健康　人格　心理测量学

**3395**

**人格测验的项目反应过程与数据分析方法研究:以生活取向测验及其修订版为例** / 邓稳根著；戴海琦指导. -- 江西师范大学, 2009. -- 165 页

论文选取生活取向测验(LOT)及其修订版(LOT—R)作为例子,对人格测验的项目反应过程与数据分析方法进行了研究。全文共分为三章。第一章为文献综述。论文首先介绍数据理论与项目反应过程、概率展开模型的提出和发展、拓广等级展开模型的参数估计、展开数据的单维性检验和GGUM的模型—数据拟合指数、人格测验的项目反应过程研究、乐观的研究和乐观测验的维度争议。其次提出问题,形成假设,探讨研究意义。第二章论述实证研究。研究一研究采用传统的因素分析方法对乐观维度的验证。研究二研究采用理想点方法验证LOT和LOT—R的单维性。研究三研究GRM、GPCM和GGUM之间的比较。研究四研究GGUM和2PLM的比较。研究五研究阈限参数施加限制后项目参数估计值的变化。研究六研究GGUM中项目参数MCMC估计值的考查。研究七研究GGUM拓展后模型的参数估计值及模型—数据拟合。最后综合探讨关于人格项目反应过程、关于人格反应数据的维度、关于参数估计的方法、关于模型—数据拟合、关于模型的简洁性和准确性、关于模拟研究和实际研究、关于人格测验的编制方法、需要进一步研究的问题。第三章阐述结论。论文在中国文化背景下采用传统的因素分析方法和理想点方法同时对两个测验的维度和反应过程进行验证,结果验证LOT和LOT—R的项目反应过程是一种

理想点过程,LOT—R 的单维性之所以违背主要是由于因素分析方法对它的项目反应过程错误地限定为优势过程。

关键词:人格测验 数据处理 极大似然估计

3396

**特征间因果关系在归类中的作用** / 丁小斌著 ; 阴国恩指导. -- 天津师范大学, 2009. -- 165 页

论文采用具有现实合理性的人造类别测验的方法,对较为复杂的类别特征因果网络中、不同因果关系强度下以及类别特征因果网络与“类别本质”有无因果联系条件下,各种理论对特征权重变化的预测进行进一步的检验,并尝试结合类别“本质论”观点对实验结果进行解释。全文共五章。第一章是文献概述。首先对知识效应进行了概述,接着分析类别特征间因果关系在归类中的作用,最后探讨因果关系在归类中作用的方法。第二章在指出前人研究中存在的问题基础上,阐述论文的研究思路和研究意义。第三章是对特征间因果关系在归类中的作用的实验研究,共包括三个研究。研究一探讨多因多果链式特征因果网络中特征权重的变化。结果表明,复杂类别特征因果网络中因果位置效应的强弱与类别因果网络模式有关。研究二对因果关系强度和“类别本质”进行操纵,考查因果位置效应和一致性效应随之发生的变化。结果显示,因果位置效应随着因果关系强度的增加单调递增,“类别本质”不仅能增强因果位置效应还能在整体上提升因果网络中特征在归类判断中的重要性。研究三则对实验中几种额外变量的影响进行了检验。第四章是总讨论。首先讨论依存模型、关系中心假设、因果模型理论对复杂特征因果关系网络中的归类行为的解释,其次讨论基于类别“本质论”观点的理论和实验结果的评价,随后讨论了“类别本质”在归类中的作用,最后讨论了因果位置效应与一致性效应。第五章是总结论。

关键词:认知 归类 因果性 心理过程

3397

**媒体形象对女大学生身体满意度的影响** / 付丹丹著 ; 许燕,王建平指导. -- 北京师范大学, 2009. -- 93 页

论文通过问卷调查、干预研究及实验研究相结合的方式,考察瘦理想内化和社会比较在媒体对女大学生身体不满的影响中所起到的重要作用。全文共分为八章。第一章为研究综述,分别介绍身体满意度的相关概述、媒体与女大学生身体满意度之间的关系、瘦理想内化理论、社会比较理论及小结。第二章提出研究问题,论文分别介绍研究现状,探讨研究的创新之处及研究意义。第三章至第六章论述研究一至研究四的研究目的、研究假设、研究方法、研究结果及讨论。研究一采用问卷调查的方式,探讨女大学生身体不满的现状及影响因素,并确定各主要变量之间的关系。研究二的目的为发展出有效的瘦理想内化的干预方法,降低被试的瘦理想内化程度,同时考察直接干预被试的瘦理想内化之后,被试的身体不满水平的改变。研究三通过实验处理进一步考察操纵的社会比较的调节效应。研究四通过实验研究,进一步考察社会比较的调节效应是如何被瘦理想内化所中介的。第七章为综合讨论,探讨女大学生身体满意度现状、瘦理想内化的中介作用、社会比较的调节作用、被瘦理想内化中介的社会比较的调节效应、研究局限与展望。第八章阐明结论,研究以“身体不满”作为女大学生身体满意度的指标,探讨媒体中的瘦女性形象如何影响女大学生的身体满意度。

关键词:女性 大学生 心理健康 新闻媒体

3398

**客体表征在视觉工作记忆中的构建:eng** / 高在峰著 ; 沈模卫指导. -- 浙江大学, 2009. -- 84 页

论文从视觉工作记忆的功能出发,着重探讨客体表征在视觉工作记忆中的构建。首先,论述对客体视觉工作记忆的相关研究,并提出研究问题和研究构思,还阐释了研究意义。其次,采用变化觉察范式,分别考察基本特征、细节特征,以及由同种特征构成的基本特征与细节特征作为无关维度时,是否可被自动选择、存储至视觉工作记忆。第三,采用延迟匹配范式,以指示工作记忆中已存储表征与知觉输入信息间冲突的 N270 为指标,分别考察基本特征、细节特征、以及由同种特征构成的基本特征与细节特征作为无关维度时,其变化是否可诱发 N270,以检验无关维度信息是否得到加工。第四,采用变化觉察范式,以指示视觉工作记忆中信息存储的 CDA 幅值为指标,通过操纵记忆材料类型、任务要求、客体加工时间,考察客体基本特征与细节特征在视觉工作记忆中的存储机制。最后,得出论文结论。

关键词:心理过程 视觉 记忆 注意

3399

**理解他人信念的认知神经机制及计算模型** / 葛鉴桥著 ; 韩世辉指导. -- 北京大学, 2009. -- 99 页

论文采用功能核共振成像和脑电时频分析等脑成像技术,记录与理解他人信念任务相关的神经活动,并根据脑成像结果,提出一个基于自我和他人视角竞争的计算模型,模拟大脑在理解他人信念时做出正确决策时的认知神经机制。全文共六章。第一章介绍研究背景。首先对相关理论进行了概述,其次论述了研究工作假设与工作概括。第二章通过对理解人类智能和人工智能的比较,探讨了理解他人信念的特异神经机制。第三章探讨了自我信念在理解他人信念中的影响及其神经机制,其中包括三个实验,即行为实验、功能磁共振成像实验、基于自我和他人视角竞争的计算模型。第四章通过对功能磁共振成像研究,探讨了自我参与程度在理解他人信念中的影响。结果发现,当自我视角信息包括他人视角信息时,相对于推理任务,信息理解任务引起楔前叶活动的增强和腹侧内前额叶活动的减弱,并且两个脑区之间的功能连接增强;这种神经活动方式在理解人类信念时发生,在理解人工智能时没有观察到;当他人视角信息包括自我视角信息时,信念理解任务还引起背侧内侧前额叶和右测额叶活动的增强,以及这两个脑区之间功能连接增强。第五章通过对脑电图研究,探讨了自我参与程度在理解他人信念中的影响。结果发现,额叶 alpha 频段神经活动在信念理解任务的早期表现为去同步化,顶叶 alpha 频段神经活动在信念理解任务的较晚时程则表现为同步化。基于楔前叶神经活动强度自我—他人信念竞争的计算模型,能够预测信念理解任务的行为反应时延迟,提示这一脑区在调控自我—他人信念相对权重中的作用。第六章是综合讨论。

关键词:认知心理学　脑机制　磁共振成像

3400

**婴儿生气情绪及其对行为发展的作用** / 何洁著 ; 唐孝威,徐琴美,Nathan A. Fox 指导. -- 浙江大学, 2009. -- 95 页

论文基于一项从4个月开始至4岁的追踪研究,探讨婴儿生气情绪的发展,同时结合前额脑电非对称性和气质,考察生气与同期的趋近行为,与幼儿阶段的问题行为、努力控制等其他行为的关系。首先,对情绪的起源、趋近—回避动机理论、生气和行为发展、婴儿生气的测量,以及中美婴儿生气情绪差异的相关文献进行了综述。其次,阐述研究的总体构思,包括研究问题、研究内容和研究假设。第三,探讨婴儿在挫折情景中生气情绪的发展及其与趋近行为的关系。可发现对于具有积极气质类型的婴儿,生气频率从4个月到9个月呈显著增长;在4个月和9个月的手臂受束缚中,高生气频率的婴儿比低生气频率的婴儿表现出更多和更强的趋近行为。第四,探讨婴儿生气情绪对趋近行为、努力控制和问题行为的预测。结果表明,9个月的前额脑电非对称性对4个月生气频率和9个月趋近行为或4岁抑制控制的关系起到调节作用;4个月和9个月的生气频率在2岁时的内向性问题行为和4岁时的努力控制上存在交互作用;生气频率从4个月到9个月具有一定的稳定性。第五,对中美四个月婴儿的情绪进行了比较。结果显示,在手臂受束缚情景和母亲报告中,中国婴儿比美国婴儿较少表露生气;在中国婴儿中,高强度生气与高强度的趋近行为相关;在美国婴儿中,高强度的生气却与低强度的趋近行为相关。最后,对上述研究进行总体讨论,进而得出论文的结论。

关键词:儿童心理学　发展心理学　婴儿　情绪

3401

**课堂情境下师生人际互动研究** / 何源著 ; 朱永新指导. -- 南京师范大学, 2009. -- 189 页

论文系统梳理人际互动的有关概念及研究脉络,并基于经典符号互动理论,展开相关研究。全文共六章。第一章是前言,主要介绍研究背景、研究目的、研究方法与意义等。第二章首先分析人际互动的概念,然后探讨国内外关于师生人际互动的相关研究。第三章论述人际互动研究的理论基础,并阐述了论文的研究思路和总体研究框架。第四章对课堂情境下师生人际互动的期望与现状进行分析与探讨。首先编制师生人际互动期望与现状的调查工具,即《课堂情境下师生人际互动期望》问卷以及《课堂情境下师生人际互动现状》问卷,得出两个问卷均由课堂互动公平、师生情感联结等八个因子组成;其次对“教师知觉”与“学生知觉”的师生人际互动现状做了比较研究,并分析了学生不同性别、学历、科目、年级等因素对期望与现状的影响;再次构建教师人格、教师对师生人际互动的期望以及师生人际互动现状三者的结构模型。第五章对课堂情境下师生人际互动的语言符号进行了定量观察与定性观察。首先采用定量课堂观察的方式,利用 FIAC 言语互动分类分析体系对

课堂情境下师生人际互动之言语互动行为进行了分析;其次对六年级两个班的语文课进行了定性观察,总结出课堂情境下师生言语互动模式为课堂言语互动的潜在模式——IRE结构;同时探讨了课堂情境下师生言语互动在知识传承过程中的重要作用与功能,呈现了课堂情境下师生人际互动的存在状态并揭示了它们所表达的心理学意义。第六章是论文的研究总结。

关键词:课堂教学　教学心理学　师生关系

3402

**感觉寻求者的前注意加工机制** / 贺金波著 ; 郭永玉,赵仑指导. -- 华中师范大学, 2009. -- 99页

论文主要采用ERP技术、综合运用经典Oddball和近年来发展的Control MMM实验范式,对高、低感觉寻求者的听觉前注意加工特征进行了比较研究,以探讨感觉寻求特质的前注意加工机制。全文共八章。第一章是文献综述。首先论述感觉寻求的概念提出过程,并讨论感觉寻求的定义和测量,其次阐述感觉寻求的生理基础,同时分析感觉寻求与青少年问题行为,接着又探讨感觉寻求与注意、前注意研究的关系,最后则阐述MMM的概念及相关研究。第二章提出研究问题和研究假设。第三章探讨高、低感觉寻求者对声音强度变化的前注意加工。结果表明,高感觉寻求者对声音强度小方向变化的前注意自动探测能力显著强于低感觉寻求者。第四章探讨高、低感觉寻求者对声音强度变化大方向偏差的前注意加工。分析结果说明,要确定高、低感觉寻求者对声音强度大方向偏差的前注意自动加工是否存在差异,还需进一步的实验来证实。第五章探讨了高、低感觉寻求者对声音强度大小的知觉判读。第六章探讨高、低感觉寻求者对感觉寻求相关声音的前注意加工。结果表明,高感觉寻求者对感觉寻求相关声音的前注意自动探测能力显著强于低感觉寻求者。第七章探讨了高、低感觉寻求者前注意加工的感觉适应现象。研究显示,高感觉寻求者对声音强度小方向变化的前注意自动探测具有较快的感觉适应,而高感觉寻求者对感觉寻求相关声音诱发的MMM,则没有表现出预期的适应现象。第八章是总讨论和总结。

关键词:认知心理学　脑机制　注意　感觉

3403

**大学生智慧的内隐理论研究** / 侯祎著 ; 刘昌指导. -- 南京师范大学, 2009. -- 131页

论文对大学生智慧的内隐理论进行了探析。首先,通过预调查收集智慧者特征,编制初始问卷;同时抽取了1400名大学生对初始问卷项目进行等级评定,然后对评定结果进行探索性因素分析,以获得大学生智慧内隐概念的初步因素模型。另外,又抽取400名大学生进行调查,数据用来对初步因素模型进行验证性因素分析,最终获得指标良好的修正模型。其次,采用与智慧内隐概念相同的被试与研究方法获得大学生智力与创造力的内隐概念,并在此基础上,将被试的智慧内隐概念与其智力、创造力的内隐概念进行比较。第三,通过预调查收集有利于培养、提高智慧水平的因素,编制初始问卷;同时抽取1400名大学生对初始问卷项目进行等级评定,然后对评定结果进行探索性因素分析,以获得大学生智慧内隐观的初步因素模型。另外,又抽取400名大学生进行调查,数据用来对初步因素模型进行验证性因素分析,最终获得指标良好的修正模型。第四,是对日常生活背景下大学生智慧的内隐观研究,包括两个研究。一是大学生提名智慧者研究,即通过选取472名大学生,调查其心目中的智慧者、高智力水平者、高创造力水平者,统计被提名频数最高的前15位智慧者,高智力水平者、高创造力水平者;同时又重新选取33名大学生,分别对前15位被提名的智慧者,高智力水平者、高创造力水平者进行分类,并采用多维标度法对分类结果进行分析。二是大学生智慧内隐观的访谈研究,即选取了15名大学生进行半结构化深度访谈,访谈涉及"智慧是什么""自己做过的智慧的事情""智慧与文化的关系"等问题,希望借而探究智慧的性质、智慧发生的领域与情境、智慧与其它概念的关系,智慧在解决复杂问题时的作用。最后是论文的研究总结。

关键词:大学生　智慧　内隐反应

3404

**数量模块的理论与实验研究** / 胡林成著 ; 熊哲宏指导. -- 华东师范大学, 2009. -- 176页

论文对数量模块的理论与实验展开系统研究。全文可分为三部分。第一部分是理论研究,其研究目的是论证数量模块存在的可能性。该部分以数量模块的三个构成标准,即天赋性、领域特殊性、信息封闭性为主线,从已有的数量加工的研究文献入手,对数量加工的相关研究成果进行分析和综述,用数量模块假设解释已有的相关发现。第二部分是实证研究,共包括五个研究。研究一用面积和亮度作为比较刺激

来考察存在于数字比较中的SNARC效应是否存在于模拟量的比较任务中;研究二探讨在数字的物理大小的比较任务中是否存在启动效应,数字物理大小的无意识比较任务中是否存在类SNARC效应;研究三探讨数字个数和数字语义之间是否存在类Stroop效应,在个数比较任务中是否存在类SNARC效应;研究四以尚未接受数学技能训练的5岁左右幼儿为被试,采用数字大小比较和面积比较两类任务,以SNARC效应以及距离效应为指标来测试5岁左右的幼儿是否能够对数量进行空间表征;研究五用数字个数作为比较任务,来考察5岁幼儿在个数比较任务中能否产生个数数量的空间编码。第三部分是总讨论部分,用数量模块的三个特性对实验研究的结果进行了详尽合理的解释,并且在已有的解释SNARC效应模型的基础上,提出了数量模块内部加工机制的新模型。

关键词:数量　认知　信息加工　心理过程

3405

**嘈杂混响环境下知觉整合去掩蔽作用的机制** / 黄莹著 ; 李量,吴玺宏指导. -- 北京大学, 2009. -- 155页

论文同时采用心理物理、事件相关电位(ERP)及功能磁共振成像(fMRI)对嘈杂混响环境下知觉整合去掩蔽作用的机制进行跨加工层次的研究。全文共分为七章。第一章为概论,阐明研究目的及意义、研究现状和基本概念、问题的提出和论文的组织、研究方法说明。第二章研究频率和双耳延时对初始听觉"记忆"的作用。论文首先采用ERP研究对频率和双耳延时对初始听觉"记忆"的作用进行初探。其次采用心理物理研究频率和双耳延时对初始听觉"记忆"的作用。最后采用心理物理和ERP研究对初始听觉"记忆"保持时间的测量。第三章研究言语在时间轴上的即时幅度波动和该幅度波动的载体在知觉整合过程的作用。第四章为言语直达声和反射声知觉整合的fMRI研究。第五章研究知觉整合去掩饰的作用及其与初始听觉"记忆"的功能关系。第六章研究与老龄相关的听觉加工变化。论文首先研究初始听觉"记忆"的老龄变化。其次研究目标直达声和反射声的知觉整合对目标识别掩蔽减少作用的老龄变化。第七章为结语。论文分别阐述初始听觉"记忆"的动态过程和功能、言语直达声和反射声知觉整合的影响因素以及大脑对言语知觉整合的特殊性、嘈杂混响环境下言语识别的机制、与老龄相关的听觉加工变化、研究的创新点和未来的工作。

关键词:听觉　声音识别　信息加工

3406

**基因与人性** / 孔宪铎著 ; 王登峰指导. -- 北京大学, 2009. -- 160页

论文重点探讨基因与人性、人格、文化、环境的因果关系,并从基因的角度上来分析中国的人性论,特别之处与中国文化相悖的性恶论是正确的。群文共分为十章。第一章为前言。第二章介绍基因的构造、功能、天性、习性及基因工程。第三章介绍人性概况包括人性中的动物性人的天性、人性中的文化性人的习性、人性中动物性和文化性的消长与表达、基因的天性与习性和人性的天性与习性、孔子的人性论、孟子的性善论、荀子的性恶论、人性本恶论、中西文化上的人性论与其对人的影响。第四章论述基因与人性。论文分别分析人类行为遗传学的研究、对影响人性基因的探索、影响人性的基因。第五章论述基因与人格,论文分别分析人格的定义、西方人"大五"人格结构的建立、中国人"大七"人格结构的建立、中国人的人格特点、从基因到人格、人格的天性(基因)与习性(环境)、影响人格的基因。第六章论述基因对配偶的影响包括配偶的形成、选择、禁忌、后裔及出生的次序。第七章论述基因与文化,包括基因与文化有没有关系、语言是文化中的重要一环、饮食文化、饮酒文化、性行为文化、人性的双重性、基因和文化同步进化说、乱伦回避和禁忌、文化基因。第八章论述基因与环境,包括基因与环境对立的时代、基因与环境并重的时代、基因与环境相依的时代。第九章探讨基因是人性/人格的原动力。第十章阐述结论与讨论。论文指出很多昔日认为是由教养而来的人性/行为,实际上是由基因主导的。

关键词:人类基因　人性　人格

3407

**音乐意象加工水平研究** / 李杰著 ; 赵伶俐指导. -- 西南大学, 2009. -- 190页

研究主要探讨在音乐实践活动中,音乐意象加工方式是否存在不同的水平,是否对音乐实践活动有显著影响,以此来证明音乐意象认知的作用。全文共分为十二章。第一章提出问题包括音乐意象在音乐实践活动中的应用问题、音乐心理学、音乐美学中有关音乐意象深层研究不足、音乐是纯感性活动么?第二章为文献综述,论文分别介绍音乐意象存在证据的研究、音乐意象内涵研究、音乐意象作用研究、音乐意象

心理加工水平研究、音乐欣赏研究、音乐意象及加工水平研究评价及存在的问题、音乐意象的定义及理论结构。第三章论述研究的构成与价值。论文首先阐述研究的基本问题、基本假设、基本板块、基本思路与技术路线。其次探讨研究的理论价值、实践价值及创新价值。第四章分析研究一:音乐审美和音乐意象审美词频考察。研究分别进行了音乐意象美感判断词频文献考察、音乐欣赏中听觉表象和视觉表象维度及词频问卷调查。第五章分析研究二:音乐欣赏中听觉表象和视觉表象生成水平考察。第六章分析研究三:音乐意象结构探讨。研究分别探讨音乐意象的理论结构、预备性研究、音乐意象结构探索性因素、音乐意象验证性因素、音乐意象结构及释义。第七章分析研究四:音乐意象加工水平实验。第八章分析研究五:音乐欣赏探索性因素分析。研究分别探讨音乐欣赏,音乐欣赏结构预备性研究,音乐欣赏结构探索性、验证性因素分析,音乐欣赏结构与释义。第九章分析研究六:音乐欣赏水平测试。第十章分析研究七:音乐意象加工水平与音乐欣赏水平相关研究。第十一章阐述总讨论、总结论与未来展望。第十二章列出参考文献。

关键词:音乐欣赏　意象　审美心理

**3408**

**认知发展:汉字输入中信息代码加工的理论与实践** / 李宁著 ; 梁宁建指导. -- 华东师范大学, 2009. -- 140 页

论文从汉字的性质出发,以汉字的键盘输入为对象,主要探讨汉字输入中信息代码加工的原理,分析形码和音码在汉字输入过程中的不同加工特点,并考察汉字输入中信息代码加工的学习和训练对儿童认知发展和语言发展的影响。第一,是对形码的加工研究,包括两个实验。实验一以单字和双字两种实验材料,分析在不同的范式下被试对汉字的知觉加工的区别;实验二通过分析被试将不同频级、笔画数、部件数和结构方式的汉字单字加工成输入码的认知过程,探讨形符转化成形码的认知加工活动规律。第二,是对音码的认知加工研究,包括两个实验。实验三探索被试在单字、双字词组、双字非词组三种范式下汉字音符的知觉加工特点;实验四则考察被试将知觉的汉字音符转换成音码的认知加工过程。第三,是对汉字输入中的认知技能发展的研究,包括三个实验。实验五探索不同技能水平的被试建构汉字输入码与键盘图式映射的差异;实验六分别考察不用技能水平的被试在输入高频字材料、低频字材料和词组材料三种不同认知负荷的文本时眼动指标的差异;实验七分析不同输入法、不同技能水平的被试在输入同一文本材料时的眼动指标,从而探究汉字输入过程中认知技能的具体差异。第四,是汉字输入学习与语言发展关系的研究,包括两个实验。实验八通过汉字输入的速度测试、识字测验、语文测验来分析儿童汉字输入技能水平的提高与识字、阅读等语言能力提高的关系,寻找汉字输入学习可促进儿童语言能力提高的有力佐证;实验九通过眼动研究比较不同汉字输入技能水平的儿童在看图作文中的差异,探索汉字输入对儿童写作能力提高的影响。第五,主要通过汉字输入的速度测试、儿童注意稳定性测验、认知风格测验,综合考察汉字输入与注意稳定性、认知风格的关系。最后,是论文的总讨论。

关键词:认知心理学　汉字　信息加工

**3409**

**绑定于身体和绑定于环境的空间信息处理过程: Body-and environment-stabilized processing of spatial knowledge** / 李晓鸥著 ; 牟炜民指导. -- 中国科学院研究生院, 2009. -- 69 页

论文通过七个实验探讨运动中人如何运用绑定于身体和绑定于环境的处理过程来追踪周围物体的位置。全文共六章。第一章是文献综述。首先论述空间表征的内在参照系理论,其次探讨空间更新的自动化及其加工过程,此外还分析空间记忆与运动的关系。第二章论述研究的问题和研究意义,并提出了研究方案。第三、四、五章是对具体实验的探讨,共包括七个实验。首先,实验一的结果发现,在缺省情况下被试使用了绑定于环境的空间信息处理过程处理放在地面上的目标物体。其次,实验二至实验七使用一个可以转动的圆桌面,桌面分为两部分:中间部分固定不动,外圈可以转动,目标物体放在外圈。第三,实验二和实验三对比考察被试能否看到桌面转动对使用绑定于身体的处理过程的影响;第四,实验四至实验六考察绑定于身体的处理过程的特性。结果发现,视觉是激活使用绑定于身体的处理过程的关键,并且仅通过指导语是不能激活被试使用绑定于身体的处理过程。而实验六中当被试只看到一个可以转动的空间桌面就足以激活被试使用该过程。第五,实验七的结果发现,绑定于身体的处理过程一旦被激活后被试不能忽略该过程而使用绑定于环境的处理方式。人通过运动过程所带来的不同的感知觉效果而激活绑定于身体或绑定于环境的处理过程进而追踪周围

物体的位置。第六章是综合讨论和结论。

关键词:心理过程　认知　空间　信息处理

**3410**

**快速序列视觉呈现中面孔加工的神经机制** / 罗文波著 ; 罗跃嘉指导. -- 西南大学, 2009. -- 112 页

论文采用高密度的 ERP 技术并结合偶极子源分析,从横向与纵向两个方面来研究快速序列视觉呈现中面孔加工的神经机制。全文共分为六章。第一章为文献综述。论文分别介绍面孔身份和面孔表情的定义、快速序列视觉呈现范式与注意瞬脱效应、面孔加工的神经心理学研究、面孔加工的神经生理学研究、面孔加工的电生理学研究、注意与面孔加工的点生理学研究、面孔加工的脑成像研究、面孔加工的有关模型。第二章提出问题和研究框架。首先提出问题,其次阐明研究假设及研究方案,然后探讨研究的目的、意义和创新。第三章论述研究一:RSVP 中面孔表情加工的神经机制。实验一试图通过高兴、恐惧和中性面孔表情在 RSVP 任务中的 ERP 效应和偶极子源定位技术来初步推论出面孔表情加工的神经模型。第四章论述研究二:RSVP 中面孔身份加工的神经机制。实验二分析 RSVP 中面孔与房屋加工的 ERP 研究。实验三分析 RSVP 中面孔倒置效应的 ERP 研究。第五章论述研究三:RSVP 中面孔表情与身份加工关系的神经机制。实验四通过把 GARNER 干扰范式的逻辑思想植入 RSVP 范式中来进一步揭示面孔表情和面孔身份加工的关系。第六章论述总讨论和结论。论文首先探讨面孔加工中的注意效应、面孔表情加工的 ERP 效应、面孔身份加工的 ERP 效应、面孔表情和身份的干扰效应、面孔加工的神经系统模型。其次阐述总结论。最后提出研究不足及展望。

关键词:脑机制　视觉　事件相关电位(ERP)

**3411**

**发展性口吃者的言语听知觉功能以及听知觉学习效应的认知神经机制** / 马振玲著 ; 彭聃龄指导. -- 北京师范大学, 2009. -- 91 页

论文采用行为学以及脑成像技术,考察了口吃者的言语听知觉功能、言语听知觉功能的神经机制以及言语听知觉学习对口吃者言语听知觉和言语产生过程的影响。全文共四部分。第一部分是文献综述。首先介绍了口吃研究的相关概况;其次论述言语知觉理论及其神经机制;再次,分析口吃者的言语知觉功能缺陷及其神经机制;最后则探讨了听觉语音学习对言语知觉和言语产生功能的影响。第二部分主要是提出了研究问题和研究方案。第三部分是实验研究,包括一个行为学研究和三个脑成像研究。研究 1 通过两个行为学实验考察了口吃者的听知觉功能是否存在缺陷,以及这种缺陷是否受任务难度、任务类型的影响;研究 2 采用 fMRI 技术,通过听觉音素判断任务和听觉语义判断任务考察了口吃者言语听觉缺陷的神经机制;研究 3 采用 fMRI 技术考察了听觉语音辨别学习对口吃者言语听知觉功能的影响及其神经机制;研究 4 进一步采用口吃组/对照组前、后测设计,考察了言语听觉语音辨别学习对口吃者言语产生过程中异常脑激活模式的影响。第四部分是综合讨论与结论。论文指出,发展性口吃者的言语听知觉功能存在一定程度的缺陷,而且这种缺陷主要源于听觉运动整合通路的功能异常;发展性口吃者的言语听觉和言语产生缺陷可以通过听觉语音辨别学习得到改善。

关键词:口吃病　听觉　言语识别　影像诊断

**3412**

**走向人文科学心理学:人本心理学研究方案之研究** / 孟娟著 ; 彭运石指导. -- 湖南师范大学, 2009. -- 376 页

论文探讨人本心理学的研究方案。全文共八章。第一章首先探讨人本心理学研究方案的生产,其次论述人本心理学研究方案的基本特征。第二章探讨人本心理学现象学研究方案。首先阐释现象学研究方案的内涵与基本特征,其次追溯现象学研究方案的思想渊源,再次梳理现象学的研究过程,最后分析讨论现象学研究方案的贡献与局限。第三章探讨人本心理学启发式研究方案。首先阐释启发式研究的内涵与基本特征,其次追溯启发式研究方案的思想渊源,再次构建启发式研究的概念框架,并梳理启发式的研究过程,最后分析讨论启发式研究方法的贡献与局限。第四章探讨人本心理学解释学研究方案。首先阐释解释学研究方案的内涵与特征,其次追溯解释学研究方案的思想渊源,再次梳理解释学的研究过程,最后分析讨论解释学研究方案的贡献与局限。第五章探讨人本心理学体验研究方案。首先阐释体验研究方案的内涵与特征,其次追溯体验研究方案的思想渊源,再次梳理了体验研究过程,最后分析讨论了体验研究方案的贡献与局限。第六章探讨人本心理学对话研究方案。首先阐释对话研究方案的基本特征,其次追溯了对话研究方案的思想渊源,再次梳理对话

研究过程,最后分析讨论对话研究方案的贡献与局限。第七章探讨现象描述研究方案。首先论述现象描述研究方法的起源与内涵,其次阐释现象描述研究方法的基本特征,再次梳理现象描述研究过程,并讨论现象描述研究理论的新发展,最后分析讨论现象描述研究方法的局限与贡献。第八章讨论人本心理学研究方案的历史地位。首先论述人本心理学研究方案的贡献,其次指出人本心理学研究方案的局限,最后探讨了心理学的未来。

关键词:人本心理学　人文科学　科学主义

**3413**

**不同领域风险认知的神经机制** / 秦军刚著 ; 韩世辉指导. -- 北京大学, 2009. -- 106 页

论文结合风险认知的心理测量范式和神经科学技术,从风险后果表征和风险识别任务两个方面研究人们对不同领域风险的认知是否存在不同的神经基础。全文共分为七章。第一章论述研究背景,分别介绍风险、风险认知与风险决策、领域特定的风险认知与风险决策、风险认知与风险决策的双过程模型、风险认知与风险决策的神经成像研究、脑成像研究方法的发展。第二章提出研究问题并策划研究方案。第三章论述使用核磁共振成像技术(fMRI)研究社交和身体风险认知的神经机制。第四章论述结合 fMRI 和事件相关电位(ERP)技术研究环境和个人风险认知的神经机制。第五章论述通过 EEG 研究识别环境和个人风险的神经基础。第六章论述通过 fMRI 和 ERP 实验的结果研究与环境和个人风险识别任务相关的神经活动。结果发现,相对于语义控制任务,环境和个人风险识别任务均引起在内测前额叶和上边缘回的持续神经活动的增加。第七章为总论。总讨论包括风险后果的表征、风险识别任务中的认知过程与情绪反应、与决策中风险认知的相似和不同之处、风险认知神经模型、研究局限。研究结果表明,人类对不同领域风险的加工存在不同的神经基础,用脑成像结果证实了风险认知心理测量范式关于风险认知是领域特定的观点。最后阐述研究展望。

关键词:风险分析　认知心理学　决策学

**3414**

**类比推理的转换机制** / 邱琴著 ; 胡竹菁指导. -- 江西师范大学, 2009. -- 92 页

论文对类比推理的转换机制进行系统研究。全文共九章。第一章导论,首先论述类比推理的基础,其次从哲学、心理学、计算机三个领域梳理了类比推理研究的发展历史。第二章论述类比推理的理论基础。首先讨论早期的相关理论,包括差异理论、信息加工理论、成分理论等;其次讨论一些经典理论,包括结构映射理论、实用图式理论、增强类比理论等。第三章探析类比推理的影响因素。主要讨论表面和结构相似性对类比推理各阶段的影响、表面和结构相似性影响类比推理的个体差异、两个以上源问题的不同相似性对类比推理的影响等问题。第四章探讨国内关于类比推理的研究。首先论述类比推理研究的变化趋势,并从理论和实证两方面对研究内容进行了分析,另外还讨论国内研究的相关问题。第五章首先辨析两组概念:一是类比、类推与类比推理,二是类比迁移和类比推理;然后又对类比推理做了广义与狭义的区分;最后在此基础上,提出了拟研究的问题。第六章探讨映射转换的实验研究。首先阐述研究的总体思路,接着对瑞文高级推理测验进行了定性分析,最后详细讨论了两个具体实验。第七章探讨推理过程转换的实验研究。首先阐述了实验研究设计,其次再讨论两个具体实验。第八章探讨关系结构转换的实验研究。即也通过两个具体实验对研究对象展开了分析讨论。第九章则是综合讨论与研究展望。

关键词:类比　推理　思维　心理过程

**3415**

**心理旋转中的整体优先效应及其机制** / 邱香著 ; 傅小兰指导. -- 中国科学院研究生院, 2009. -- 108 页

论文分别采用分配注意和集中注意范式探讨心理旋转过程中的整体优先效应,并通过心理旋转特有的行为指标旋转速率和 ERP 成分探究心理旋转过程中整体优先效应的内部机制。全文共六章。第一章从视知觉整体优先效应、视觉表象与视知觉的机能等价、心理旋转、表象加工的理论等方面对相关文献进行了综述。第二章提出论文的研究问题和研究框架。第三章探讨心理旋转中的整体优先效应。首先通过两个预实验表明,延长刺激的呈现时间可以削弱甚至消除正/镜像判断任务中的视知觉整体优先效应,随后在两个正式实验中,复合刺激的大/小字母分别旋转了不同角度,并且一直呈现在屏幕上直到个体按键反应。第四章采用 ERP 实验技术利用心理旋转的电生理指标探讨心理旋转中整体优先效应的整体/局部旋转发生的先后关系,其行为数据表明存在心理旋转

的整体加工优势,电生理数据表明整体旋转任务中的差异波始潜时显著短于局部旋转任务中的差异波始潜时。第五章以影响视知觉整体优先效应的刺激呈现视角和呈现时间作为自变量,以整体优势的效应值为主要因变量,进一步考察心理旋转整体优先效应,以及它与视知觉整体优先效应的关系。结果发现,刺激呈现视角和呈现时间对心理旋转的整体优势均没有显著影响。第六章是综合讨论和结论。

关键词:视觉　知觉　认知　心理过程

**3416**

**知觉组织在拥挤现象中的作用** / 冉恬著 ; 傅小兰,陈文锋指导. -- 中国科学院研究生院, 2009. -- 81 页

论文旨在通过对拥挤现象中知觉组织作用的考察,探讨从知觉组织角度解释拥挤现象的可能性。全文共五章。第一章是文献综述,概述拥挤现象的定义及其影响因素,并做出了理论解释,此外还阐释知觉组织中的"图形背景分离"观点。第二章在分析以往研究中存在的问题基础上,提出新的研究方案。第三章探讨自下而上的知觉组织对目标干扰子分离的影响。即通过分别操纵目标干扰子间特征相似性和干扰子的知觉完形,考察这些知觉组织因素能否促进拥挤现象中目标干扰子的分离,关注刺激驱动的自下而上知觉组织对拥挤现象的影响,借此探索利用知觉组织解释拥挤现象的可能性。第四章探讨自上而下和自下而上知觉组织对目标干扰子分离的影响。即通过关注自下而上和自上而下的知觉组织过程如何共同作用,考察这两种知觉组织能否促使拥挤现象中目标干扰子发生组合,干扰目标干扰子分离的过程,对拥挤现象产生影响。第五章是总讨论。经过上述研究发现,知觉组织的"图形背景分离"可以用来解释拥挤现象,并且自上而下和自下而上的知觉组织同时在起作用。干扰子的知觉组织关系能够使得所有干扰子被知觉为一个整体的背景,与目标分离开来,目标相应地成为知觉的前景,这种"图形背景分离"能够促进目标的识别。操作刺激呈现整体的知觉结构或是对知觉结构进行模式启动,能够自下而上或自上而下地促使目标干扰子发生知觉组合。

关键词:知觉　目标识别　物体识别　分子机制

**3417**

**完形取向组织咨询心理学的理论与实践研究** / 任亚辉著 ; 叶浩生指导. -- 南京师范大学, 2009. -- 132 页

论文采用理性分析与实践应用相结合的方法,并借助与其他咨询取向的扩展比较,力求完整勾勒完形取向咨询战略的理论特征,澄清有待深化的研究主题和未来发展的可能方向。首先,系统梳理"完形"传统在心理学领域关注焦点的演化历程,完整呈现出完形取向组织咨询心理学的理念传承逻辑,并形成一个有关该取向内涵理解的工作框架。其次,横向考察与完形取向的成长紧密相关的思想氛围,肯定了时代精神、哲学理念、组织研究、及学科内在发展潮流等,在促进完形视野更新与组织主题定位上的客观推动作用。第三,通过归纳组织病理学的完形诊断与干预流程,系统呈现该取向的整体工作特色,并指出对于组织系统的过程性关系理解、回归现实经验世界,构成了完形取向咨询实践的出发点和归宿。在此基础上,通过现场个案研究,对完形取向的策略主张进行了实践验证,并对相关理念、主题加以反思讨论。第四,将完形与其他取向的组织咨询心理学加以比较。基于元理论预设、实践定位等多维层面的分析,论证了与经验实证取向之间的根本分歧;在临床治疗学的共同框架下,澄清与精神分析取向之间存在的干预机制歧见;在与实践—知识创生取向的关系上,承认由学理传统引发的咨询模式差异,但更强调双方理念互动的广阔空间。第五,总结提取出完形取向组织咨询心理学的 4 个基本特征;认为该取向的贡献在于客观推动了咨询领域对组织—环境关系整体的价值关怀,并促成了元理论研究与应用领域的现实贯通;但同时指出,其在实践过程中也面临着效度标准、本土适切性、特别是干预引发变革的伦理合宜性等方面的质疑。能否坚持与相邻学科领域开展对话,从当代社会科学"实践转向"、组织话语研究等思潮中汲取养分,是该取向应对挑战、实现未来发展的首要课题。

关键词:咨询心理学　心理咨询　咨询服务

**3418**

**心智游移现象及其脑机制研究** / 宋晓兰著 ; 唐孝威指导. -- 浙江大学, 2009. -- 145 页

论文在系统分析心智游移认知成分和相应特性的基础上,针对主要的心智游移成分,分别开展模拟心智游移的 fMRI 实验,在一定程度上得到心智游移各主要成分的脑活动模式。全文共分为八章。第一章介绍前言。第二章介绍文献综述,分别阐述全局工作空间理论与全局神经元工作空间理论,心智的无意识活动的种类及有关无意识加工是实验研究,心智游

移的现象、本质及其意义,静息态脑功能及默认网络。第三章提出研究问题与研究构思。论文首先提出问题,对心智游移核心特征进行分析。其次说明研究目的及研究构思。最后探讨研究意义。研究主要包括四个部分,首先通过经验取样研究对自然情境和实验室静息态情境下的心智游移进行取样分析,得到心智游移的主要成分和相应特征。在此基础上构建三个模拟心智游移子成分:非自主情景想象、非自主内部言语以及非自主视觉表象,对每一个成分分别进行fMRI 实验。第四章对心智游移的经验取样进行研究。研究探讨心智游移的成分、心智游移子成分的核心特征及模拟心智游移子成分的构建。第五章分析实验研究一:非自主情景想象的 fMRI 研究。第六章分析实验研究二:非自主内部言语的 fMRI 研究。第七章分析实验研究三:非自主视觉表象的 fMRI 研究。第八章论述综合讨论与结论。首先探讨心智游移的特征分析与机制、心智游移的脑机制、默认网络与心智游移的关系,其次做出总结,最后分析不足之处和研究展望。

关键词:认知心理学　心理过程　脑机制

**3419**

**非面孔物体识别倒置效应** / 陶维东著 ; 孙弘进指导. -- 西南大学, 2009. -- 160 页

论文重点考察非面孔物体识别倒置效应。全文共分为八章。第一章为前言,介绍面孔物体识别位置效应、自然存在的物体识别倒置效应、人造物体识别倒置效应、专家识别假设、整体布局识别加工连续量假设、体内在参照系在物体识别中的作用、物体识别中的眼动研究。第二章提出研究问题。第三章探讨研究意义。第四章为研究一,研究身体姿势识别倒置效应。实验一采用控制身体姿势呈现重复次数和眼动追踪设备来进一步考察身体姿势识别倒置效应。实验二探讨身体姿势识别倒置效应是否由于干扰变量,即身体姿势中面孔信息或头部信息导致。实验三采用 10 迫选 1 辨别任务,探讨身体姿势识别倒置效应是否具有跨任务一致性。实验四系统地操纵身体姿势偏离保准角度的程度,结果发现被试识别成绩随着偏离身体姿势保准角度的增加而逐渐降低。第五章为研究二,研究人手姿势识别倒置效应。实验五采用控制人手姿势呈现重复次数和眼动追踪设备来考察人手姿势识别是否存在倒置效应现象。实验六采用多次重复测试方式探讨实验五最后出现的人手姿势识别倒置效应是否稳定。实验七采用 5 迫选 1 辨别任务。实验八采用训练测试方式。第六章为研究三,研究人造物体 DONGLE 识别倒置效应。实验九采用多次重复测试方式。实验十采用训练测试方式。第七章论述总讨论。第八章阐述结论。实验结果表明物体特定角度体验程度存在差异是物体识别倒置效应产生与否的决定性因素。

关键词:认知心理学　心理过程　视觉

**3420**

**科学意象加工水平对高中生物理问题创造性解决的影响** / 滕瀚著 ; 赵伶俐指导. -- 西南大学, 2009. -- 131 页

研究主要考察科学意象加工水平对高中生物理问题创造性解决的影响。全文共分为十一章。第一章提出研究问题,包括科学家科学活动中的意象和美感体验、一般科技工作者科学活动意象与美感体验的缺乏、青少年科学学习枯燥性与问题解决创造性的不足、科学意象教学与学生创造性学习的关系。第二章论述文献综述,包括表象和意象、审美意象和科学意象,问题解决、创造性问题解决、物理问题创造性解决,科学意象在创造性问题解决中的作用,美与美感体验在创造性问题解决中的作用,创造性的测量与创造性问题解决的测量,并分析已有研究存在的问题。第三章论述研究内容与研究价值,包括基本问题、连带问题、基本假设、研究方法、研究框架与技术线路、研究的理论及实践价值。第四章至第十章分析七个实证研究。研究一研究科学家创造性成果中的科学意象分析;研究二研究高中生物理问题创造性解决中科学意象调查;研究三研究科学意象的内隐结构因素分析;研究四研究实验材料:高中生物理问题筛选;研究五研究物理问题创造性解决中科学意象加工水平;研究六研究科学意象加工水平对物理问题创造性解决的影响;研究七研究科学意象中美感体验对物理问题创造性解决及学业成绩的影响。第十一章论述总讨论与总结论,并分析研究的创新之处和主要贡献、研究的不足之处和未来研究展望。

关键词:认知心理学　学习心理学　高中生

**3421**

**获取无意识结构知识的机制:主观熟悉感与刺激重复结构在人工语法学习中的作用** / 万璐璐著 ; 傅小兰指导. -- 中国科学院研究生院, 2009. -- 95 页

论文通过两个研究考察与无意识结构知识有关的主观熟悉感是否能被有意识的运用,以及刺激的重

复结构在人工语法学习中的作用,并采用ERP的方法来探究知识获取意识性的神经机制。全文共五章。第一章是文献综述。分别从人工语法学习实验范式、人工语法学习的无意识知识、人工语法学习的熟悉感、人工语法学习中获取的知识、人工语法学习的神经机制等方面对相关文献进行了概述。第二章提出研究问题和研究的总体方案。第三章是研究一,主要探讨主观熟悉感在人工语法中的作用。即通过让被试学习并根据指导语来区分两种人工语法,并对每个字符进行熟悉感评价,同时报告规则判断是否基于熟悉感,考察熟悉感在人工语法学习中的作用。结果表明,被试不仅能够根据要求选择出符合指定语法的字符串而忽略符合另一种语法的字符串,更重要的是,当被试认为自己正在运用熟悉感进行这种选择判断时,对符合指定语法的字符串的熟悉感评价值显著高于对符合另一种语法的字符串的熟悉感评价值,进而说明主观熟悉感在运用已获取的知识的过程中起着重要作用。第四章是研究二,主要探讨刺激的重复结构在人工语法学习中的作用。即通过操纵字符串本身的结构特征,发现被试能够获得关于重复结构的知识;而ERP实验的结果表明,违反重复结构的字符串在额区诱发更大的N2成分,被试获取有意识的结构知识比获取无意识的结构知识在额—中央区诱发更大的P300成分,从而进一步揭示了人工语法学习中知识获取意识性的神经机制。第五章是综合讨论和结论。

关键词:学习　语法　内隐记忆　心理过程

**3422**

**大学生成人依恋内部工作模型的表征和变化** / 王斐著 ; 许燕指导. -- 北京师范大学, 2009. -- 88页

论文在成人依恋理论的基础上,对依恋理论的核心概念——内部工作模型的内涵和影响因素进行研究。全文共五部分。第一部分是文献综述,主要对依恋理论及其内部工作模型的相关文献进行概述。第二部分提出研究问题和研究的总体思路。第三部分进行具体研究,共包括四个研究。研究一根据依恋理论编制内部工作模型外显层面的测量问卷和内隐层面的EAST测量工具。其中,问卷具有较好的信度和效度指标,符合心理测量学要求;内隐测量程序能够得到独立的内隐自我模型和他人模型分数,信度指标符合要求。研究二在对依恋内部工作模型的外显和内隐层面内涵进行描述的基础上,进一步比较不同依恋风格个体内部工作模型的差异。结果显示,在内部工作模型内隐层面,安全型个体与其他三种非安全依恋风格不存在显著的差异;焦虑型个体的内隐他人模型得分显著高于恐惧型。研究三探讨安全基地启动对内部工作模型的作用。结果表明,安全基地启动能够使被试对中性刺激和关系质量的评价更加积极,并且安全基地启动对内部工作模型的作用还受到被试依恋回避程度的调节,对于依恋回避的被试,通过安全基地的启动能够提高个体的自我模型和他人模型得分。研究四探讨回忆重构对内部工作模型的作用。结果发现,积极重构条件被试的内部工作模型外显层面均边缘显著地高于无关事件回忆条件,细节再现条件下,被试积极情绪显著高于无关事件回忆;积极重构条件被试对消极关系事件的归因和关系满意度比细节回忆条件和无关回忆条件积极。第四部分是综合讨论。第五部分则是研究结论。

关键词:大学生　成人心理学　自我

**3423**

**任务维度和任务无关维度干扰信息的同质性影响视觉搜索的神经机制** / 魏萍著 ; 周晓林指导. -- 北京大学, 2009. -- 93页

研究通过3个实验,利用功能性磁共振成像(fMRI)技术,重点考察任务维度和任务无关维度干扰信息的同质性影响视觉搜索的神经机制。全文共分为七章。第一章论述研究背景。介绍注意选择和视觉搜索概况,探讨基于特征及基于客体的注意选择。第二章提出研究问题包括任务维度的干扰信息对视觉搜索的影响、任务无关维度的干扰信息对视觉搜索的影响、关于有目标试次和无目标试次的区分。第三章论述实验方法。论文分别分析3个实验的被试、实验设计和刺激呈现、数据采集和空间预处理、fMRI数据统计分析。第四章探讨实验结果。论文分别分析3个实验的行为实验结果与成像实验结果。第五章论述总讨论,分别探讨过滤任务维度不同质干扰项的神经机制、过滤任务无关维度干扰信息的神经机制、目标存在试次和目标不存在试次、任务维度干扰项同质性与目标存在性的交互作用机制、任务维度与任务无关维度干扰信息同质性的交互作用。第六章阐述结论,论文分别总结额顶区域负责剔除任务无关干扰信息、颞顶联合区在视觉搜索中负责侦测干扰项同质性、目标存在和不存在试次的加工过程存在不同的神经基础、干扰项同质性与目标存在性的交互作用、任务无关维度干扰信息与搜索定势的关系。第七章列出参考文献。

关键词:视觉信息　目标检测　认知心理学

3424

**大规模任务式语言测试编制研究** / 吴慧红著；余嘉元指导. -- 南京师范大学, 2009. -- 166 页

论文从心理学视角对任务式语言测试编制进行了系统研究。全文共有三部分。第一部分论述大规模任务式语言测试编制的理论基础。首先简单介绍了任务式语言测试的产生背景、两种取向、以及特点与优势等;其次系统整理用于指导大规模任务式语言测试编制的理论,其中尤其介绍目前被广为认可的 Bachman 关于交际语言能力测试的相关理论。第二部分阐述大规模任务式语言测试编制的原则与流程。从心理测验编制的视角,利用心理测验编制中严紧的时间序列性,为语言测试编制整理出系统而又便于操作的流程,并在对流程细节展开中采用了访谈、问卷调查等诸多心理学方法;同时还创造性地提出了研发过程评估的概念,即编制了一套针对测验研发的过程性评估工具,并采用遗传算法解决了模糊评判中指标权重非确定性的难题。第三部分是对大规模任务式语言测试编制中若干问题的探讨。主要从语言学和心理测量学多个角度在理论和方法学层面进行了深入讨论,不仅回答了为什么必须采用任务式对语言能力进行评估、如何界定和呈现"语言任务"等问题,同时采用一些新技术来解决任务式语言测试中出现的难题,如提出了"灰色关联度"的概念,这不仅克服了预测样本太小带来的有效信息不足,同时也规避了题目相依性带来的 IRT 模型的不适性。

关键词:语言　测试　心理测量　外语教学

3425

**电网安全关键职种心理胜任素质模型研究** / 奚珣著；梁宁建指导. -- 华东师范大学, 2009. -- 146 页

论文选择与电网安全相关性最强的五大关键职种着手,对该领域的从业人员的心理胜任素质进行探讨,开展人岗匹配的心理学研究。首先,从安全概念的发展、影响安全的外在心理状态、影响安全的内在心理因素、职业适宜性研究等方面对国内外相关文献进行了研究综述。其次,阐述论文的理论依据与总体设计,并探讨实证研究的内容与方法。第三,提出对电网安全关键职种的安全绩效产生影响的认知能力、操作能力、人格特质、心理健康、压力应对方式等方面进行研究,并建立假设模式。第四,在上述研究的基础上,运用成熟量表、设备仪器等对样本进行施测,将样本按照安全绩效评价分为高安全型和低安全型,同时将两组被试在 16PF、SCL-90、压力应对方式、认知能力、操作能力数据进行统计处理和分析,筛选出胜任模型中对安全绩效产生实质性影响和有效的心理胜任素质,最终确定电网安全关键职种的心理胜任素质模型。最后,在建立该模型的基础上,整合已有心理测验量表,开放网上测评工具,进而实现对电力从业人员的心理胜任素质的在线测评,通过统计检验,确定信度和效度,从而为电力从业人员上岗选择和在岗工作人员的心理干预提供有效依据和手段,为电力企业人力资源管理实践提供理论依据和为电网安全关键职种人员职业辅导提出参照标准和培养目标。

关键词:电力系统　安全工程　工程心理学

3426

**教师效能感:从个体和组织两个层面的考察** / 夏春著；朱永新指导. -- 南京师范大学, 2009. -- 194 页

论文通过多层线性模型,考察影响教师效能感的因素,以及效能感对其他重要变量的影响,为从组织和个体两个层面来提高教师效能感、促进教师发展提供理论依据。全文主要包括三个研究。首先,研究一主要讨论教师效能感的测量问题,分别使用探索性因素分析和验证性因素分析,结果发现,我国教师效能感是一种两维度的结构,第一个维度是教师的个人教学效能感(PTE),表示教师对自己有能力完成教学目标的信念和知觉;第二个维度是教师的一般教育效能感(GTE),表示教师对教育影响学生的作用的信念。另外,论文得到的教师效能感问卷结构清晰,表达准确,项目数量合理,可以作为有效测量教师效能感的工具。其次,研究二从组织和个体两个层面分析了影响教师效能感的因素。在组织层面上,影响 PTE 的因素有校园同事氛围、学校领导认同、学校中教师的自主权、学校政策、教师日常工作丰富性、学校规模等,而影响 GTE 的因素有:校园控制、学校整体薪资水平、学校办学经费、学校规模和学校所在区域等;在个人层面上,教师反思、工作中获得的成就感和使用的教材等对 PTE 和 GTE 均有显著的影响。再次,研究三使用结构方程模型和多层线性模型分析教师效能感对职业倦怠和幸福感的影响。研究显示,PTE 对教师职业倦怠三个维度均有显著的负相影响,其中对低成就感和情感衰竭的斜率受到学校层面因素的调节作用;GTE 对情感衰竭和去个性化两个维度有显著的负相影

响。PTE 和 GTE 对教师幸福感均有显著影响,其中 PTE 对幸福感的作用更大,PTE 和 GTE 对幸福感的预测力未发现学校间的差异。最后,是总的讨论与结论。

关键词:教学心理学　教师　能力

**3427**

**基层党政领导干部对创造力人才特点的内隐认知** / 肖震宇著 ; 王登峰指导. -- 北京大学, 2009. -- 80 页

论文探讨基层党政领导干部对创造力人才特点的内隐认知问题。全文共四部分。第一部分是文献综述,首先对创造力进行概述,其次论述创造力的理论模型,再次探讨创造力的测量问题及公务员的创造力。此外还分析以往研究中的局限,并阐述了论文的研究构想和创新之处。第二部分是具体的实验研究,共包括四个实验。研究一讨论基层党政干部对创造力概念的理解。结果发现,中国基层领导干部对于创造力的理解更侧重于“问题解决”而非“无中生有”,在他们看来,创造力就是如何将现有的资源加以整合利用,在既定条件的约束下,用独特的方法来解决公共服务过程中面临的各种新老问题,并取得成效。研究二论述基层党政干部创造力人才特点量表的编制。其中中国基层领导干部创造力特点包含工作灵活、激励带动、掌握新技术、敢于突破、善于学习 5 个基本因素,以及问题解决、技术支持、无中生有 3 个高阶因素,各因素之间有一定的相关。研究三考察了基层党政干部创造力人才特点对绩效的影响。结果显示中国基层领导干部的创造力人才特点对于其绩效有一定的预测效果。研究四分析基层党政干部创造力人才特点和中国人人格之间的关系。结果表明中国基层领导干部的创造力人才特点受人格特质中才干维度的影响很大,同时人格中其他一些因素对创造力人才特点的各因素也有影响。第三部分是综合讨论,并指出了论文的不足和今后的研究方向。第四部分是论文的结论。

关键词:基层干部　领导心理学　人格

**3428**

**多维数据的 IRT 等值研究** / 谢晶著 ; 张厚粲指导. -- 北京师范大学, 2009. -- 93 页

研究旨在将已成熟的 IRT 等值方法用于考察多维数据,检验其稳定性,力图拓展 IRT 等值方法的应用范围。全文共分为十一章。第一章为文献综述。论文首先介绍前言包括等值的一般概念、IRT 等值、MIRT 等值研究、文献综述小结、问题的提出及研究意义、研究局限,其次探讨研究的实践价值。第二章分析研究设计,提出整体研究框架。第三章至第七章论述研究一至研究五的研究目的、研究方法和设计、研究分析、研究结果及研究小结。研究一根据一套真实多维测验参数,模拟 10 个总体条件,每个总体重复 5 遍,共生成 50 组数据作为理论研究材料。研究二用 4 种 IRT 等值方法,根据 12 种锚题设计方案对研究一生成的 50 组数据进行等值研究。研究三和研究四对等值方法、被试总体分布以及锚题组特征等等值结果影响因素进行了检验。最后研究五通过对两套真实测验参数进行等值,以检验模拟研究的结果。第八章阐明综合讨论。论文分别探讨蒙特卡罗模拟过程、多维数据的 IRT 等值、多维数据 IRT 等值结果的影响因素、研究创新之处与展望。第九章阐明研究结论。研究结果表明,多维数据情况下,IRT 等值结果也可以达到稳健。四种等值方法的等值结果存在差异,均数方差法和特征曲线法的等值结果较好,而均数均数法在多维数据情况下不宜使用。第十章列出参考文献。第十一章列出附表。

关键词:测验　等值　统计分析　数据处理

**3429**

**理论心理学的使命及其健康发展之路:心理学元理论思想的历史反思与现实重建** / 谢立平著 ; 彭运石指导. -- 湖南师范大学, 2009. -- 226 页

论文基于心理学元理论思想的历史反思与现实重建,探讨理论心理学的使命及其健康发展之路。全文共分为七章。第一章研究理论心理学的使命及其健康发展之路,论文分别介绍理论心理学的困境与心理学的危机、理论心理学的内涵与使命、理论心理学的健康发展之路及提出大力加强元理论研究。第二章分析心理学元理论研究兴起的背景,包括自然科学背景、哲学背景及相关学科背景。第三章研究罗伊斯的元理论——元理论与实体理论的二维分野,论文分别阐述元理论与心理学的发展,元理论的内涵、使命与途径,心理学理论之理论力分析,并简要评析罗伊斯元理论思想。第四章研究麦德森的元理论——心理学理论解释框架的解构与重建,论文分别阐述麦德森关于元理论的一般观念、麦德森元理论思想的科学哲学基础(库恩的范式论)、麦德森的元理论为心理学理论的一种解释框架、以斯金纳与马斯洛为例分析元理论。第五章研究米尔的历史计量学元理论——心理学家视野中的科学哲学图景,论文分别阐述历史计

量学元理论的内涵、科学家们用于理论评价的标准及其合理性探析。第六章研究一种心理学研究包括的可靠性检验工具即元分析,论文分别介绍元分析的涵义、目的和意义、应用范围、研究步骤、不足与改进方法。第七章研究心理学元理论的内涵、使命与路径,论文分别介绍心理学元理论的内涵与价值、使命与路径、多维视野。

关键词:心理学　心理学理论　元理论

**3430**

**中国人抑郁易感人格的初步研究** / 徐华春著 ; 黄希庭指导. -- 西南大学, 2009. -- 94 页

论文秉持"心理学要服务于社会"以及"心理学研究中国化"的宗旨,采用多种研究方法,对中国人抑郁易感人格进行初步研究。全文共四部分。第一部分是文献综述,主要对相关概念、理论及研究成果进行了介绍。第二部分提出所要研究的问题,并设计了研究方案。第三部分主要论述六个实证研究。研究一以中国人典型抑郁易感个体——抑郁症患者为目标,以临床咨询经验较丰富的精神科医师为主要调查对象,使用开放式问卷调查和深度访谈的方法,对中国人抑郁易感人格的基本特征与结构进行探索;研究二在研究一的基础上形成条目,条目的整理和修订中充分考虑抑郁易感个体的特殊性,随后对一般大学生进行施测,通过项目分析、探索性因素分析、因素分析等编制中国人抑郁易感问卷,并以内部一致性、重测、验证性因素分析、有抑郁症病史者与无病史者的比较等获得问卷的信效度;研究三基于自编问卷,对刚入学的大一新生采用纵向追踪的方法考察了中国人抑郁易感人格及其各维度、应激与社会支持对抑郁的影响;研究四以自尊为切入点,初步考察了中国人抑郁易感人格与中国人的"自我"概念稳定性之间的关系;研究五通过考察个体对父母的依恋关系与抑郁易感人格的关系,初步探索了易感人格的形成因素;研究六以自编问卷为基础筛选出抑郁的高易感组和低易感组,首次使用 EEG 和 ERP 技术考察具有抑郁易感人格特征的正常个体的大脑神经活动特异性。第四部分则是总的讨论和结论。

关键词:民族心理　人格特征　抑郁　易感性

**3431**

**反社会人格障碍的共情缺陷及其干预研究** / 徐凯文著 ; 钱铭怡指导. -- 北京大学, 2009. -- 196 页

论文考察反社会人格障碍的共情缺陷的特点,并发展出了相应的干预方法。全文共五部分。第一部分是文献综述。首先阐释人格障碍的概念,并梳理反社会人格障碍的历史、概念和发展状况等;其次论述共情的历史、定义、分类及其研究现状等;最后讨论了心理创伤、反社会人格与共情之间的关系。第二部分论述以往研究中的问题,并提出论文的研究设想。第三部分是具体的实验研究,主要包括五个实验。研究一对 2690 名服刑人员运用人格障碍问卷进行了人格障碍的筛查;研究二对 182 名反社会人格障碍筛查阳性的服刑人员运用个性障碍访谈进行半结构访谈,根据访谈的评分,做出明确诊断,并进一步运用人际关系指数对反社会人格障碍者的共情进行了研究;研究三考察共情缺陷对反社会人格障碍的预测作用;研究四通过研究共情缺陷的脑功能机制来验证研究二和研究三的结果,运用共情(痛苦)研究范式以脑电图测量对反社会人格障碍者进行了研究;研究五在上述研究的基础上,设计制定了对反社会人格障碍共情缺陷的团体干预方案,以提高反社会人格障碍者的共情能力,进而探索反社会人格障碍的心理治疗新途径。第四部分是总讨论,提出反社会人格障碍的共情双缺陷理论以及共情的情绪调节理论,并对上述研究成果特别是共情缺陷在反社会人格障碍发生中的重要作用进行了讨论。第五部分是最后结论。

关键词:人格障碍　情绪　事件相关电位

**3432**

**妒忌的内隐特性:理论与实验** / 杨丽娴著 ; 杨治良指导. -- 华东师范大学, 2009. -- 113 页

论文对妒忌的内隐特性及其影响机制进行系统而深入的研究。全文共三部分。第一部分对研究背景进行综述,主要阐述了妒忌的理论和实证研究现状及现有研究中存在的问题,结合内隐社会认知和内隐情绪的相关理论,指出妒忌研究的新取向。在此基础上,提出所关注的问题。第二部分围绕问题展开妒忌的相关研究,包括三个研究六个实验。研究一借助任务分离逻辑通过两个实验来证明妒忌具有内隐性。实验 1 中运用直接测量和间接测量来考察两种测量条件下妒忌分离;实验 2 则在实验 1 的基础上结合信号检测论法进一步考察被试对妒忌对象的敏感性与偏好指标。研究二也包含 2 个实验,其在研究一的基础上进一步探讨了妒忌的两种成分:控制与自动化成

分。研究三同样包含两个实验,主要借助妒忌对群际关系的影响来揭示妒忌的潜在影响机制。第三部分综合对理论与研究进行梳理与整合,具体体现在:通过妒忌诱发问题串联了传统的妒忌理论与当代内隐社会认知理论之间的联系;结合自动化的理论与特点提出了妒忌的自动化模型;基于妒忌与文化的密切关系,进一步探讨性别文化因素及自动化控制问题;对妒忌、群体与自尊关系进行了综合和归纳。最后,对论文的不足进行反思和分析,并在此基础上对未来的研究趋势进行展望。

关键词:嫉妒　情绪状态　内隐反应　心理分析

3433

**大学生的生涯不确定感类型与症结研究:生涯混沌论的视角** / 曾维希著 ; 张进辅指导. -- 西南大学, 2009. -- 146 页

论文主要采用文献综述、理论思辨、开放式问卷调查、结构化问卷测查、方格技术、隐喻启发式团体辅导等研究方法,对大学生的生涯不确定感类型与症结展开了系统研究。全文共七章。第一章主要是对相关的研究背景进行介绍。第二章综述相关文献,并提出研究假设。第三章从大学生最切身的生涯体验入手,以不同类型的生涯体验界定大学生的生涯发展状态,并分析认为大学生生涯不确定感的状态存在性别、年级、专业、生源上的差异,从而对大学生的生涯不确定感作清晰的描述。第四章旨在挖掘大学生可能存在的诸种生涯信念,包括盲从成功、忽视规划、路径定势、角色定势、盲目乐观、完美匹配、工作至上、依赖他人、决策了结、职场幻象、考试依赖、绝对把握、性别刻板等 13 种典型生涯理念,并通过探索大学生深层的心结,发现导致生涯适应不良的认知根源,进而为后面的合理信念的塑造提供方向。第五章通过生涯适应良好者与适应不良者的相互比较,分析出生涯适应之胜任力模型,即达成良好的生涯适应,积极应对生涯不确定感需要具备的心理特质——生涯灵性。而不同生涯适应状态的大学生其生涯灵性表现出显著的差异,这种差异表明生涯辅导的重点应该因人因时而异。第六章通过隐喻与启发式的团体辅导,着重从个体的认知开放性入手,使来访者重新审视生涯发展中的不确定性,以获得对不确定性的辩证认识,减轻不适应症状,并积极接纳、创造和利用不确定性。第七章是总的讨论与结论。

关键词:大学生　职业选择　混沌理论

3434

**时序知觉的重复启动效应** / 张锋著 ; 黄希庭指导. -- 西南大学, 2009. -- 99 页

论文通过五个子实验,系统考察重复启动对时序知觉的影响及其认知机制和脑机制。全文共分为九章。第一章为文献综述。论文分别介绍时序知觉研究概况、时序知觉的重复启动效应研究概况。第二章提出研究问题解决、假设、目的与方案、意义。第三章研究重复启动对图形时序知觉的影响。实验 1a 研究重复启动在时序判断任务中对图形时序知觉的影响。实验 1b 研究重复启动在时距估计任务中对图形时序知觉的影响。实验 1c 研究重复启动在较长时限中对图形时序知觉的影响。第四章研究反应选项对时序知觉的重复启动效应的影响。实验 2a 研究三项时序判断法对时序知觉的重复启动效应的影响。实验 2b 研究"同时出现"判断的使用限制性对时序知觉的重复启动效应的影响。第五章研究决策偏向对时序知觉的重复启动效应的影响。实验 3a 研究不同判断任务("先"和"后"出现)对时序知觉的重复启动效应的影响。实验 3b 研究启动呈现时间较长时不同判断任务对时序知觉的重复启动效应的影响。第六章研究时序知觉的重复启动效应的认知机制。实验 4a 为对双加工表征匹配调节模型的实证检验Ⅰ。实验 4b 为对双加工表征匹配调节模型的实证检验Ⅱ。第七章研究时序知觉的重复启动效应的脑机制。实验 5 研究时序知觉的重复启动效应的 ERP 研究。第八章为总讨论。第九章阐明结论、贡献与未来的研究方向。

关键词:认知心理学　心理过程　知觉

3435

**学校心理辅导的效果评价研究** / 张倩著 ; 郑涌指导. -- 西南大学, 2009. -- 141 页

论文采用心理辅导研究中的共同成分研究取向,以效果产生的系统结构假设为出发点,以中学个体心理辅导为切入点,运用多种研究方法对学校心理辅导效果的相关问题做了全面、深入的探讨。全文共八章。第一章介绍问题研究的背景,并确定研究内容,此外还提出了研究理论构想。第二章论述共同成分问卷的编制。其中,修订工作关系分问卷,并编制了当事人分问卷、辅导师分问卷、环境力量分问卷、辅导策略分问卷。经检测,各分问卷信、效度良好,可作为评估心理辅导共同成分的有效工具。第三章论述学校心理辅导结果问卷的编制。其中,修订青年结果问

卷和Schwartz结果问卷,并编制青少年发展问卷。经检测,各分问卷信、效度良好,可作为评估学校心理辅导结果的有效工具。第四章对学校心理辅导效果进行评价。结果显示,在症状方面,心理辅导对攻击、注意分散和抑郁有显著改善效果;在健康方面,心理辅导对愉悦感和满意感有显著提升效果;在发展方面,心理辅导对超越品质提升效果明显。第五章则利用Amos7.0建模软件建构了心理辅导共同成分与辅导结果之间的关系模型。第六章用准实验法研究了辅导中的早期反应效应的存在与否,及给辅导老师提供会谈结果的反馈对最终辅导效果的作用。另外还采用质性研究方法对辅导有效因素再次进行了研究,以期对之前的研究结果进行验证与获得新的发现。第七章是总讨论。第八章是全文结论。

关键词:教育心理学　心理辅导　心理健康

**3436**

**记忆源检测的特征与机制研究** / 朱磊著 ; 杨治良指导. -- 华东师范大学, 2009. -- 122页

论文对记忆源的特征与机制问题进行深入探讨。全文共七章。第一章介绍源检测研究的起源。首先阐述源检测的概念及分类,然后对源检测研究的历史进行梳理。第二章探讨源检测研究的发展,并指出源检测研究从直接范式走向间接范式是出于更好地模式现实生活中的源检测过程。第三章探讨源检测的三大特征——脆弱性、监控性和先验性,与诸如无意识抄袭等许多生活现象间存在着密切的关系。第四章通过对源检测的机制分析,揭示出构成源检测三大特征的内部机理,从而为指导生活实践提供更多的帮助。第五章是对源检测特征的实验研究,共包括三个实验。实验一证明了即便在类似于日常生活的情景——学生品德评价中,仍可以发现源检测的相对脆弱性,而这种相对脆弱性似乎是错误观念的主要成因;实验二关注与证人证词可靠性有着莫大联系的先验性倾向——图片倾向,结果发现源检测的先验性图片偏向是跨任务存在的稳定倾向;实验三发现和无意识抄袭现象中一样,在经典的源检测范式中,源信息的编码仍无法自发产生,且检测的监控性随源信息本身编码强度的提高而降低。第六章是对源检测机制的实验研究,包括二个实验。实验四借助于任务分离法验证了源检测的双加工机制,即不同的任务依赖于两种不同的加工,且两种加工在加工速度和底层工作模式上分离;实验五借助于加工分离程序揭示即便同一种源检测任务仍需依赖于启发式和系统式两种加工,且随着刺激呈现时间的增长,系统式加工增长的幅度大于启发式加工,这进一步验证两种加工在底层加工模式上的区别。第七章是总结,再次强调了源检测是生态效度极强的研究领域,深入分析源检测的特征与机制必将对现实生活提供启示。

关键词:认知心理学　记忆　心理特征

**3437**

**大脑面孔加工网络的发展和面孔认知的遗传起源** / 朱棋著 ; 刘嘉指导. -- 北京师范大学, 2009. -- 114页

论文重点考察大脑面孔加工网络的发展和面孔认知的遗传起源。全文共分为八章。第一章介绍研究背景。论文首先介绍成人面孔加工的认知神经机制、面孔加工的认知神经机制的发展、面孔加工的认知神经机制的发展的异常。其次提出研究问题。第二章论述大脑面孔知觉加工网络的框架研究。论文首先阐明前言。其次提出实验方法包括被试、实验刺激与设备、实验过程、fMRI数据分析。最后为结果与讨论。第三章论述大脑面孔知觉加工网络的功能意义研究。论文首先阐明前言。其次提出实验方法包括被试、实验刺激与设备、实验过程、数据分析。最后探讨结果与讨论包括行为测试结果、静息连接与行为能力的相关。第四章论述大脑面孔知觉加工网络的发展研究。论文首先阐明前言。其次提出实验方法包括被试、实验刺激与设备、实验过程。最后探讨结果与讨论包括行为上所表现的儿童和成人之间的差异、面孔之间加工网络的功能和静息功能连接的发展。第五章论述面孔失认症与大脑面孔知觉加工网络的发展异常研究。论文首先阐明前言。其次提出实验方法包括被试、实验刺激与设备、实验过程。最后探讨结果与讨论包括问卷调查与行为结果、面孔失认症患者面孔选择性脑区的静息连接与功能选择性。第六章论述面孔知觉加工的行为遗传学研究。论文首先阐明前言。其次提出实验方法包括被试、实验刺激与设备、实验过程、数据分析。最后探讨结果与讨论。第七章论述总讨论。第八章阐明结论,包括面孔加工网络的特点、神经机制、系统发展及遗传起源。

关键词:认知心理学　脑机制　知觉

**3438**

**中国大学生的坚韧性:结构与作用机制的研究** / 邹智敏著 ; 王登峰指导. -- 北京大学, 2009. -- 158页

研究在借鉴西方以往研究的基础上,结合在国内开展的一手调查,提出并验证中国大学生坚韧性的结构与作用机制,以及它与中国人"大七"人格结构的关系。全文共分为九章。第一章为序言,介绍问题的提出背景、坚韧性的概念、研究的理论和实践意义。第二章为文献综述,介绍西方关于坚韧性的研究、认知坚韧性、与坚韧性相关的几个概念(心理弹性、心理硬度、统合感SOC、心理资本)、中国人对坚韧的理解、尚待解决的问题。第三章介绍研究的理论构建与研究思路,分别分析理论基础、研究策略及研究的总体思路。第四章论述特质坚韧性结构的探索与验证研究。研究分别编制特质—认知坚韧性问卷,分析特质坚韧性结构的探索性研究、特质坚韧性结构的验证研究、特质坚韧性量表的信度和效度分析。第五章论述认知坚韧性结构的探索与验证研究。研究分别编制认知坚韧性问卷,分析认知坚韧性结构的探索性研究、认知坚韧性结构的验证研究、认知坚韧性量表的信度和效度分析。第六章论述坚韧性作用机制的研究。研究1研究心理健康的促进者:坚韧性的直接作用。研究2研究应激与心理健康:以特质坚韧性为中介变量。研究3研究应激、应对与心理健康:以认知坚韧性为调节变量。第七章论述坚韧性与中国人"大七"人格的关系研究。第八章为综合讨论。第九章为结论。总结论文的主要结论、理论意义及实践意义、创新点、局限及未来的研究方向。

关键词:大学生　人格　心理健康

# 发展与教育心理学

**3439**

**分类材料记忆任务中儿童"记"、"忆"策略的发展及影响因素研究** / 毕有余著 ; 张向葵指导. -- 东北师范大学, 2009. -- 117页

研究以幼儿园大班到小学三年级为被试,对"记""忆"策略的发展及影响因素进行探查。全文共分为六章。第一章介绍研究背景。第二章为文献综述。论文分别阐明记忆的概念及相关模型、记忆的加工过程、编码和提取的相互独立性、儿童记忆发展的研究、儿童记忆策略的研究、儿童记忆策略缺陷的研究及策略发展的影响因素。第三章提出问题与研究构思。论文首先分析以往研究中存在的问题及原因。其次提出研究预探明的问题。然后探讨研究意义。最后阐明研究方法。第四章论述关于儿童"记""忆"策略发展与影响因素的研究。论文首先分析预备研究:儿童记忆材料库的建立及测验材料的制作。其次分析研究一:5—9岁儿童"记""忆"策略的发展的横断研究。然后分析研究二:儿童"记""忆"策略发展的影响因素研究。最后分析研究三:儿童分类"记""忆"策略的有意识使用对回忆成绩的影响。第五章论述综合讨论。论文分别阐明儿童"记""忆"策略的发展趋势与特点、元记忆与工作记忆对"记""忆"策略使用的影响、儿童"记""忆"策略发展的性别差异、儿童"记""忆"策略发展的年龄与年级效应、使用"记""忆"策略的意识对策略使用效力的促进作用、研究的创新之处及存在的不足。第六章论述总结论。论文着重总结分类材料记忆任务中儿童"记""忆"策略的发展及影响因素。

关键词:儿童心理学　记忆能力　记忆方式

**3440**

**任务相关性,反应—刺激和任务间隔时间对事件档案特征激活、捆绑的影响** / 陈桃著 ; 林崇德指导. -- 北京师范大学, 2009. -- 105页

研究采用计算机控制呈现的"预览任务"。对121名大学生进行单独施测,在三个研究,5个子研究中考察任务相关性,反应—刺激和任务间隔时间对事件档案特征激活、捆绑的影响。全文共分为六章。第一章论述文献综述,分别阐明从特征捆绑到事件档案、主流捆绑理论、捆绑的事件档案理论。第二章提出问题,介绍以往研究的问题、研究目的、内容和假设、研究方法。第三章论述研究设计与结构分析。研究1研究任务相关性在事件档案特征激活、捆绑中的作用。分别分析3个子研究。子研究1A分析提示线索条件下的任务相关性对事件档案特征激活、捆绑的影响。子研究1B分析记忆任务条件下的任务相关性对事件档案特征激活、捆绑的影响。子研究1C分析客体显著性特征对事件档案特征激活、捆绑的影响。研究2研究反应—刺激间隔时间对事件档案特征捆绑的影响。提出问题,阐明研究目的、研究方法,分析结果及讨论。研究3研究事件档案中特征捆绑的保持时间和消退规律。提出问题,阐明研究目的、研究方法,分析结果及讨论。第四章论述综合讨论。论文分别探讨事件档案中特征激活、捆绑以及捆绑的保持模型,位置特征在事件档案中的调节作用,事件档案是由多个二元捆绑组成的捆绑网络,研究的不足及未

来展望。第五章阐明主要研究结论。第六章列出参考文献。

关键词:感觉　知觉　信息加工　行为选择

3441

**中美大学生自我意识情绪跨文化研究** / 冯晓杭著 ; 张向葵指导. -- 东北师范大学, 2009. -- 98 页

论文在中美跨文化背景下,探讨自我意识情绪的事件类型、情绪体验、反应模式,以及情绪事件的影响结果等相关问题。全文共分为七章。第一章论述前言。第二章论述文献综述。介绍情绪理论,以及自我意识情绪的概念、与基本情绪的关系、产生条件、功能、研究方法及类型、实证研究,最后介绍文化、自我与自我意识情绪。第三章提出问题、研究设计与研究的理论及实践意义。第四章论述实证研究。论文分别阐明四大研究的研究目的。研究假设与研究设计,研究方法,结果分析,讨论与结论。研究 1 研究中美大学生自我意识情绪事件类型特点。研究 2 研究中美大学生自我意识情绪归因与评价方式比较。研究 3 研究中美大学生自我意识情绪反应的一致性与文化特性。研究 4 研究中美文化下自我结构对自我意识情绪的影响。第五章论述综合讨论。论文分别探讨自我意识情绪类型的文化差异,羞耻、内疚、自豪的情绪归因与评价的差异,自我意识情绪反应存在关联性,自我结构对自我意识情绪的影响。第六章论述研究创新、不足及未来展望。第七章论述研究总结论。研究采用内容分析技术,发现个人型事件更多地引发中美大学生自我意识情绪,在体验自我意识情绪时,均以内部归因为主,中美两国大学生具有不同的自我结构特征,中国大学生以互倚型自我为主,美国大学生以独立型自我结构为主。

关键词:大学生　个性心理学　自我意识

3442

**初中生动机自我调节策略的类型与作用研究** / 付宗国著 ; 金盛华指导. -- 北京师范大学, 2009. -- 112 页

论文以我国初中生为被试,采用开放式问卷调查法、测量法及实验法,探讨了动机自我调节策略的类型与作用。全文共分为九章。第一章为引言。第二章为文献综述与概念界定。论文首先阐明理论背景,包括认知动机理论、现代意志理论及传统自我调节学习领域的有关研究。其次界定相关概念。最后介绍相关实证研究,包括动机自我调节策略的类型、测量与作用。第三章提出问题、总体设计及研究意义。论文分别阐明既有研究存在的不足,提出问题,分析总体研究设计,探讨研究的理论及实践意义。第四章论述初中生动机困难情境开放式问卷调查。研究一以主题内容分析法分析调查资料,探讨了初中生完成学习任务过程中的典型动机困难情境,被试为初一、二、三年级学生共 198 名。第五章论述初中生动机自我调节策略类型开放式问卷调查。研究二探讨初中生在完成学习任务过程中所使用的动机自我调节策略的类型及其相对多少,被试为初一、二、三年级学生共 180 名。第六章论述初中生动机自我调节策略量表的编制。研究三采用测量法,以探索性因素分析。验证性因素分析和相关分析处理测量数据,编制《初中生动机自我调节策略量表》,并获取其多种信度。效度资料,3 次施测的被试分别为被试为初一、二、三年级学生 283 名、303 名和 284 名。第七章论述动机困难情境中初中生动机自我调节策略对任务坚持时间和成绩的影响。研究四采用实验法,以方差分析和协方差分析处理数据,实验任务为代数应用题,被试为数学成绩中等水平的初二学生共 83 名。第八章为综合讨论。第九章阐明研究结论。论文探讨了初中生的动机困难情境及其与动机自我调节策略的关系,阐明了初中生动机自我调节策略的类型与作用。

关键词:初中生　学习动机　调节

3443

**多媒体学习中认知负荷的优化控制** / 龚德英著 ; 张大均指导. -- 西南大学, 2009. -- 130 页

论文在已有研究基础上,探讨优化控制外在、内在和相关三种认知负荷的数学设计方法,构建多媒体学习中认知负荷的产生与结果模型。全文共分为五章。第一章为文献综述,阐明认知负荷理论及多媒体学习的认知理论,介绍认知负荷的评价指标、测量方法及分别测量,探讨多媒体学习中控制认知负荷的研究,最后分析教学设计与认知负荷的关系。第二章主要提出问题与研究设计。论文分别阐明已有研究存在的问题、研究的理论基础、研究目的与意义、研究的基本假设及研究的总体设计。第三章论述四个研究共七个实验。研究一是研究个体差异对多媒体学习中认知负荷的影响。实验 1 研究工作记忆容量对多媒体学习中认知负荷的影响,包括词语工作记忆容量与客体工作记忆容量。研究二是研究降低外在认知

负荷。实验2研究文本呈现多少对外在认知负荷的影响。实验3研究屏幕保留内容多少对外在认知负荷的影响。研究三是研究减少内在认知负荷。实验4研究材料呈现方式对内在认知负荷的影响。实验5研究先行组织者对降低内在认知负荷的作用。研究四是研究增加相关认知负荷。实验6研究教学解释对增加相关认知负荷的作用。实验7研究自我解释对增加相关认知负荷的作用。第四章研究构建多媒体学习中认知负荷的产生与结果模型。论文首先介绍模型构建的基础。其次探讨模型构建的意义。最后提出模型。第五章阐明总讨论、结论、研究启示、创新之处及局限与展望。

关键词:多媒体　计算机辅助教学　学习心理学

3444

**3—5岁幼儿认知灵活性的发展** / 洪雷著 ; 方格指导. -- 中国科学院研究生院, 2009. -- 104页

研究以3—5岁幼儿为研究对象,通过系统地操纵和改变课题任务条件,探查幼儿认知灵活性的发展过程和特点。全文共分为七章。第一章论述文献回顾和提出问题。论文首先回顾相关文献。然后提出问题及研究意义。第二章论述研究的总体构想。论文首先介绍研究目的和研究假设。然后提出研究思路与研究框架。第三章论述研究一:一维条件下3—5岁幼儿认知灵活性的发展过程及特点。论文首先分析实验一:刺激物逐一呈现时幼儿在不同概念任务下认知灵活性的发展。其次分析实验二:刺激物同时呈现时幼儿在不同概念任务下认知灵活性的发展。最后比较一维条件下逐一呈现和同时呈现的幼儿认知灵活性。第四章论述研究二:二维条件下3—5岁幼儿认知灵活性的发展过程及特点。论文首先分析实验三:刺激物逐一呈现时幼儿在不同概念任务下认知灵活性的发展。其次分析实验四:刺激物同时呈现时幼儿在不同概念任务下认知灵活性的发展。然后比较二维条件下逐一呈现和同时呈现的幼儿认知灵活性。最后比较逐一、同时呈现及不考虑呈现方式的条件下,一维和二维之间的比较。第五章论述研究三。实验五分析语言标记对幼儿认知灵活性的促进作用。第六章论述研究四。实验六分析幼儿认知灵活性与分类能力、抑制能力、工作记忆能力的相关研究。第七章论述总结。论文分别阐明总讨论、总结论、创新。不足与展望。

关键词:幼儿　认知　记忆　儿童心理学

3445

**2—6年级小学生数学认知能力测验的编制与应用** / 黄大庆著 ; 陈英和指导. -- 北京师范大学, 2009. -- 99页

论文以小学二至六年级学生为研究对象,基于数学困难儿童的认知表现,编制一份适用小学的数学认知能力测验。全文共分为八章。第一章为绪论,阐明了研究源起与研究目的。第二章为文献综述,首先阐明数学能力理论观点与课程标准,其次介绍MD研究包括MD的界定与鉴别、认知表现与缺陷、类型,最后分析项目反映理论。第三章论述研究设计,包括提出问题与总体思路。第四章论述数学认知能力测验的编制。首先研究数学认知能力理论结构的建构,其次研究数学认知能力理论结构的修正包括结构细化与测验预制,最后研究数学认知能力测验的编制。第五章论述数学认知能力测验的IRT分析。分别阐明正式测试样本特征分析、数据计分方式、IRT单维性假设检验、模式选择、难度参数估计、项目特征曲线、测验信息函数、被试的能力估计。第六章分析儿童数学认知能力表现特点。分别研究数学困难检出率、MD学生在数学认知能力上的表现差异、有无MD学生在数学认知能力测验上的表现差异、不同性别及不同年级MD学生在数学认知能力测验上的表现差异、不同年级MD与非MD学生在数学认知能力测验上的表现比较、不同年级非MD学生的数学认知能力发展。第七章论述讨论。第八章论述研究展望与结论。论文根据自编的数学认知能力测验,探讨数学学习困难学生数学认知能力的发展特点、性别差异,比较数学学习困难与正常学生在数学认知能力上的异同,了解正常学习数学认知能力的发展状况。

关键词:小学生　数学　认知　能力测验

3446

**预先信息、时间间隔与刺激类型对任务切换的影响** / 黄四林著 ; 林崇德指导. -- 北京师范大学, 2009. -- 87页

研究根据反应时相加因素法的理论,采用被试内因素设计和任务线索范式,对149名大学生进行个别施测,从行为层面来考察预先信息、时间间隔和刺激类型对任务切换的影响机制。全文共分为六章。第一章论述文献综述。首先对任务切换进行概述,其次介绍任务切换研究范式的发展,然后分析对任务切换机制的争议及其相关研究,最后对已有观点进行整

合。第二章提出问题,阐明以往研究的不足、研究目的、理论依据与假设、研究范式及研究内容。第三章论述实验研究。研究一考察预先信息与时间间隔对任务切换的影响,以揭示任务设置重构与任务设置惯性之间的关系。实验1研究预先信息对任务切换的影响;实验2研究准备时间与预先信息对任务切换的影响;实验3研究延迟时间与预先信息对任务切换的影响。研究二分析了刺激类型与预先信息对任务切换的影响,以整合联结竞争与任务设置重构两种观点。实验1研究刺激类型对任务切换的影响;实验2研究刺激类型与预先信息对任务切换的影响。研究三考察不同延迟时间条件下预先信息与刺激类型对任务切换的影响。第四章论述综合讨论。论文分别探讨切换代价的可分离性、对切换代价认知加工的识别及其影响因素、切换代价的序列加工过程及其内在关系、任务切换中执行控制的作用机制即本次研究存在的问题。第五章论述主要研究结论。第六章列出参考文献。

关键词:认知　刺激　心理过程

**3447**

**基于PASS理论的小学数学学习困难儿童应用题问题表征研究** / 李清著 ; 李其维指导. -- 华东师范大学, 2009. -- 193页

论文通过对数学困难亚类型学生在问题表征的认知机制及问题表征发展特点加以研究、比较,并基于PASS理论对小学数学困难亚类型学生的应用题问题表征加以探究,全文共分为三个部分。第一部分主要为文献综述。论文首先对问题表征进行研究综述。其次对数学困难进行界定、诊断,分析其核心缺陷与亚类型。然后对PASS理论进行概述,包括PASS理论产生的背景、内涵、操作比(认知评估系统CAS)及基于PASS理论的数学困难理论的研究。最后提出研究构想,包括提出问题及研究内容。第二部分论述实证研究。论文分别阐明五大研究的引言、研究方法、研究结果、讨论与小结。研究一比较小学数学困难学生应用题问题表征方式及有效性的差异。研究二探讨小学数学困难学生应用题列式成绩、表征水平与PASS各认知过程的关系。研究三比较小学数学困难学生应用题问题表征注意倾向的差异。研究四分析小学数学困难学生应用题问题表征的计划水平。分研究包括分析小学数学困难学生应用题问题表征的预期水平及调控水平。研究五探讨小学数学困难学生应用题问题表征过程的同时性加工特点。第三部分主要为总讨论和总结论。论文首先对选题及研究结果进行讨论。其次阐明本研究的创新、不足与进一步的研究。最后为总结论,研究表明造成小学生应用题列式成绩与问题表征差异的:一是在信息感知提取阶段的注意选择性和注意转换能力的差异,二是问题表征过程中的同时性加工差异。

关键词:小学生　数学课　学习困难　应用题

**3448**

**大学生创造力发展的特点及其与科学素养、人文素养关系模型的建构** / 李艳玲著 ; 林崇德指导. -- 北京师范大学, 2009. -- 119页

论文对运用问卷法和测验法,以517名综合型大学1—4年级的大学生为被试,考察大学生创造力的特点,科学素养和人文素养的现状,借助现代统计——结构方程模型,揭示科学素养、人文素养、创造性人格和创造力之间的关系。全文共分为五章。第一章为文献综述。论文首先介绍创造力的概念、结构、影响因素、评价及国内外培养方法、特点与现状。其次阐明科学素养与人文素养的内涵与现有研究。第二章论述问题提出及研究的总体设计。论文首先分析已有研究的不足。其次阐明研究要探讨的问题。然后说明研究的理论与实践意义。最后分析研究的总体设计与目标。第三章论述具体研究。论文分别论述三大研究的研究目的、研究假设、研究方法、研究结果与分析、讨论及结论。研究一为大学生创造力发展特点的研究。研究二为大学生科学素养、人文素养特点的研究。研究三为大学生创造力与科学素养、人文素养结构模型的构建。论文首先对创造性与创造性人格、科学素养和人文素养的进行相关分析及多元回归分析,在此基础上,构建关系模型。第四章为综合讨论。首先探讨大学生创造力的特点与培养、大学生科学素养与人文素养的特点及大学生创造力与人文素养、科学素养的内在关系,其次对研究进行评价与反思。第五章为研究结论。论文指出专业类别、学科差异对大学生创造力的发展、科学与人文素养的提高有显著影响,三者构成的结构模型是可以接受的。

关键词:大学生　创造能力　素质教育

**3449**

**汉语隐喻理解的认知加工过程与神经机制研究** / 李莹著 ; 张学新,莫雷指导. -- 华南师范大学, 2009. --

178 页

论文以区分隐喻性质和其发生的言语水平为切入点，采用行为技术和功能脑成像技术探讨隐喻的加工过程与神经机制。全文共分为五章。第一章介绍隐喻认知过程研究概述。论文首先阐明研究隐喻认知过程的意义。其次介绍隐喻认知过程研究成果概述，包括隐喻认知加工的经典理论、比较观、综合观、意义显著性分级假设、计算模型。最后阐述隐喻理解的神经机制。第二章总结已有研究并提出问题。论文首先对各种隐喻理论、隐喻理解神经机制研究进行总结和分析。其次阐明研究目的和理论构想、实验设计框架。第三章研究词汇水平不同类型隐喻的加工过程与神经机制。分别探讨实验一：对不同语义关系词对的材料筛选；实验二：词汇水平不同类型隐喻加工过程的行为学研究；实验三：词汇水平不同类型隐喻加工过程的 fMRI 研究。第四章研究句子水平不同类型隐喻的加工过程与神经机制。分别探讨实验四：不同语义内容句子的材料筛选；实验五：句子水平不同类型隐喻加工过程的行为学研究；实验六：句子水平不同类型隐喻加工过程的 fMRI 研究。第五章阐明总论与结论。论文分别探讨词源性隐喻和引发性隐喻的加工过程与神经机制，言语水平对隐喻加工过程和神经机制的影响，对当前隐喻理论与实验研究的再思考，从神经机制探讨隐喻加工的特殊性，未来隐喻认知研究的拓展方向。

关键词：认知心理学　脑机制　汉语　隐喻

**3450**

**婴儿自我认知的发生、发展及其与母婴依恋的关系** / 刘凌著 ; 杨丽珠指导. -- 辽宁师范大学, 2009. -- 107 页

论文在综述以往有关婴儿自我认知的理论与实证研究的基础上，对婴儿自我认知的发生、发展及其与母婴依恋的关系问题做了深入的实证研究。全文共分为五章。第一章理论研究与文献综述，界定自我认知及相关概念，介绍儿童自我认知发生发展的理论研究，探讨婴儿自我认知发生发展的研究，最后分析以往研究存在的问题。第二章论述研究的总体思路、研究问题与研究意义。论文首先介绍研究遵循的指导思想及总体思路。其次提出研究问题与假设。最后探讨研究的理论意义及实践意义。第三章论述四大实证研究。研究 1：婴儿自我认知发生的纵向追踪研究。研究选取 15 名 15 个月的婴儿，纵向追踪观察至 23 个月，咔嚓婴儿自我认知的发生时间和个体差异。研究 2：婴儿自我认知发生的横向研究。论文采用实验室试验、情境观察与母亲访谈相结合的方法考察中国文化背景下 14—24 个月婴儿自我认知的发生年龄。研究 3：18—24 个月婴儿自我认知的发展特点。论文采用实验室试验和情境观察相结合的方法考察 18—24 个月婴儿自我认知的发展趋势及在这一过程中发展速度的个体差异和性别差异。研究 4：母婴依恋与婴儿自我认知发展的关系。探究母婴依恋安全性水平是否与婴儿自我认知发展有重要的关系，是否是预测婴儿自我认知发展中个体差异存在原因的重要因素之一。第四章论述总讨论。论文分别阐明研究的创新之处、对婴儿早期教育实践的建议及研究局限。第五章阐明研究结论。阐明婴儿自我认知的发生、发展及其与母婴依恋的关系。

关键词：婴儿心理学　认知　个别差异

**3451**

**青少年自我提升的发展及其与适应的关系** / 刘肖岑著 ; 桑标指导. -- 华东师范大学, 2009. -- 193 页

论文通过跨文化研究、发展性研究、关系性研究，分别探讨中国人是否存在自我提升动机，青少年时期自我提升的发展状况，自我提升与自恋、谦虚、自尊、个人适应、人际适应的关系等问题。全文共分为四章。第一章主要为文献综述与问题提出。论文首先对自我提升的内涵、表现与测量进行概述。其次在中国文化背景下探讨自我提升及青少年自我提升的发展。然后阐明自我提升与个人适应、人际适应的关系。最后提出问题及研究构思。第二章论述三大类八小项实证研究的引言、方法、结果、讨论与结论。第一类为自我提升的跨文化研究。研究一为中加两国大学生自我提升的跨文化比较研究。第二类为青少年自我提升发展研究。研究二主要研究青少年过分宣称表现的发展。研究三主要研究青少年特质自我提升的发展——基于社会关系模型（SRM）的分析。研究四主要研究青少年自利归因的发展，分别为青少年自利归因发展的调查研究与实验研究。研究五主要研究青少年自我保护性记忆的发展。第三类研究自我提升与适应的关系。研究六主要研究自我提升与个体适应的关系。研究七主要研究自我提升与人际适应的关系。第三章为总体讨论，分别阐明综合讨论、研究价值与创新之处、研究局限与展望。第四章论述主要结论。结果发现，中国青少年具有自我提升动机，并且其表现受制于人际关系；多种自我提升表

现均可以正向预测自恋，然而它们与谦虚和自尊的关系却较为复杂；自利归因和谦虚对个人适应有利，而特质自我提升和自恋有碍于人际适应。

关键词：青少年心理学　自我评价　适应行为

3452

**维吾尔语发展性阅读障碍儿童认知机制研究** / 买合甫来提·坎吉著 ; 刘翔平指导. -- 北京师范大学, 2009. -- 151 页

论文试图以维语发展性阅读障碍儿童为研究对象，结合维吾尔文字本身的特点，设计一系列认知测验和实验任务以考察维语阅读障碍的认知机制。全文共分为 11 章。第一章为文献综述。论文分别介绍文字阅读、阅读障碍的界定、阅读障碍研究的理论基础、阅读障碍相关研究、透明文字中的阅读障碍相关研究。第二章论述维吾尔文字特点与学习。论文分别介绍语言特征、文字特征、初学者如何学习维语阅读（维吾尔文字教学）。第三章提出问题和研究思路。论文分别阐述前期研究不足及研究拟解决的问题和研究框架。研究一和研究二为现象学描述研究。第四章论述研究一：不同阅读水平的维语儿童阅读特点。第五章论述研究二：维吾尔语发展性阅读障碍的检出率及其阅读能力的落后程度。研究三、四、五为认知机制研究。第六章论述研究三：维吾尔语发展性阅读障碍儿童语言水平的认知加工过程研究。第七章论述研究四：维吾尔语发展性阅读障碍儿童基本内部认知过程研究。第八章论述研究五：维吾尔语发展性阅读障碍儿童认知缺陷整合分析。第九章论述综合讨论。论文分别探讨现象学描述、维吾尔语阅读障碍的认知机制、语言文字特点与发展性阅读障碍。第十章阐明研究结论与建议。第十一章论述研究总结与反思。论文分别阐述研究的创新之处及研究的不足和今后努力方向。

关键词：儿童心理学　维吾尔语　阅读障碍

3453

**视觉注意条件下数字加工能力发展的实验研究** / 潘运著 ; 沈德立，白学军指导. -- 天津师范大学, 2009. -- 203 页

研究通过操作注意类型、注意水平、SOAs 和任务难度四个变量，重点探讨不同视觉注意条件下 SOA 变化对数字加工的影响、中小学生数字加工能力的发展特点及数学学优生和学差生数字加工能力的差异。全文共分为五章。第一章为文献综述，分别介绍数字加工的研究综述即视觉注意的研究综述。第二章提出问题、研究思路及研究的理论与实践意义。第三章论述视觉注意条件下数字加工能力发展的实验研究。研究一研究内源性注意和外源性注意条件下 SOA 变化对数字加工的影响。实验 1 研究内源性注意条件下 SOA 变化对数字加工的影响，包括对数字距离效应的影响及对 SNARC 效应的影响；实验 2 研究外源性注意条件下 SOA 变化对数字加工的影响，包括对数字距离效应的影响及对 SNARC 效应的影响。研究二为中小学生内源性注意条件下数字加工的发展研究。实验 3 研究中小学生内源性注意条件下数字加工的距离效应；实验 4 研究中小学生内源性注意条件下数字加工的 SNARC 效应。研究三为中小学生外源性注意条件下数字加工的发展研究。实验 5 研究中小学生外源性注意条件下数字加工的距离效应；实验 6 研究中小学生外源性注意条件下数字加工的 SNARC 效应。研究四为数学学优生和学差生不同注意条件下数字加工的眼动研究。实验 7 为数学学优生和学差生内源性注意条件下数字加工的眼动研究。实验 8 为数学学优生和学差生外源性注意条件下数字加工的眼动研究。第四章为综合讨论。第五章论述研究结论。论文总结视觉注意条件下数字加工能力的发展研究。

关键词：学习心理学　数学教学　视觉　中小学

3454

**童年期同伴交往与心理理论的关系研究** / 孙晓军著 ; 周宗奎指导. -- 华中师范大学, 2009. -- 140 页

论文采用同伴提名法、同伴评定法、情境故事法、友谊质量问卷、“班级戏剧”问卷和自编“童年期心理理论测量任务”工具，考察童年期同伴交往与其心理理论间的复杂联系。全文共分为五章。第一章论述文献综述。介绍儿童同伴交往、儿童心理理论的相关研究，以及儿童同伴交往与心理理论的关系研究及机制探讨。第二章提出问题与研究总体设计。论文首先提出问题，包括以往研究的不足、研究拟探讨的问题及研究意义。其次提出总体研究思路。最后介绍总体研究假设。第三章论述实证研究。研究一研究童年期同伴交往的发展趋势：稳定性分析。研究二研究童年期儿童心理理论测量工具的编制及信效度检验。研究三研究童年期儿童心理理论的发展特点。研究四研究童年期同伴交往与心理理论的相关机制。研究五研究童年期同伴交往的发展趋势对心理理论的

影响。研究六研究童年期儿童心理理论的训练对同伴交往的影响。第四章论述综合讨论。论文分别探讨童年期同伴交往的稳定性,自编童年期儿童心理理论测量工具的思考,童年期儿童心理理论的一般发展特点,童年期同伴交往与心理理论的作用机制,同伴交往与心理理论因果方向的思考,研究的创新与不足之处。第五章论述研究结论。论文阐明童年期儿童心理理论的一般发展特点,同伴交往与心理理论的关系,同伴交往的发展趋势对心理理论的影响及心理理论训练。

关键词:儿童心理学　心理交往　同伴关系

**3455**

**教师职业活动幸福感的研究** / 谭贤政著 ; 卢家楣指导. -- 上海师范大学, 2009. -- 274 页

论文在广泛对具有幸福感的教师进行开放式调查和查阅相关理论研究的基础上,提出教师职业活动幸福感的概念,对其特点、作用和结构进行理论构建。全文共分为八章。第一章为引言,分别阐明题目来源、研究理论与实践的意义、研究范围、研究基点、研究构想、研究方法、研究创意、研究框架及需要解决的关键性问题。第二章为教师职业活动幸福感的研究综述。第三章研究教师职业活动幸福感的理论构建。论文首先阐明教师职业活动幸福感的本质、特点与作用。其次论述教师职业活动幸福感的理论结构,包括成就性活动幸福感、人际性活动幸福感、期望性活动幸福感及自主性活动幸福感。第四章研究教师职业活动幸福感的问卷编制。论文首先形成教师职业活动幸福感的正式问卷。其次分析问卷的验证性因素。然后对问卷的信度与效度进行检验。最后阐明讨论与结论。第五章主要为教师职业活动幸福感的调查研究。论文首先阐明研究目的、研究背景与假设、研究方法及研究结果。其次为讨论与分析,包括学历、性别、教龄、年级、职称、学科、行政职务、班主任、学校类别等与教师职业活动幸福感的关系。第六章论述教师职业活动幸福感的相关研究。研究包括教师职业活动幸福感与教师教学效能感、教师个性焦虑感、教师自尊感、教师工作满意度、教师情绪调节策略、教师教学风格的相关研究。第七章为教师职业活动幸福感的实验研究。研究包括学生积极反应、教师积极反应、师生积极互动、职业成就强化对教师职业活动幸福感影响的实验研究。第八章为总结与展望。论文分别阐明综合讨论、研究启示、主要贡献、不足与展望、结论。

关键词:教师心理学　幸福　职业活动

**3456**

**道德行为自我管理研究** / 唐芳贵著 ; 岑国桢指导. -- 上海师范大学, 2009. -- 192 页

论文从建构理论模型切入,通过系列实证研究探讨了个体道德行为自我管理的一些重要的基本问题。全文共分为八章。第一章论述研究背景综述。论文分别介绍自我管理、心象研究、道德情绪及道德行为自我管理。第二章论述研究意义与构思。探讨研究意义,提出问题,阐明研究构思。第三章论述关于德性践行的研究。构建德性践行度的测量模型,编制德性践行度问卷,分析调查研究。第四章论述关于德性自我意象的研究。分析意象与德性自我意象,编制德性自我意象量表,分析调查研究,探讨德性自我意象的内隐效应。研究表明,大学生的德性自我意象整体情况较好,但存在"三高二低"的不平衡状态。第五章论述道德行为自我管理与有关因素。研究一论述交叉滞后研究:德性自我意象、道德情绪对道德行为自我管理的影响。交叉滞后分析表明,德性自我意象、内疚和羞愧很可能是道德行为自我管理的前因变量。研究二论述移情、德性自我意象对助人行为自我管理的影响。第六章论述网络情境与道德行为自我管理。研究一论述以网络欺骗为情境的研究。研究二论述以网络色情为情境的研究。第七章论述干预对德性自我意象的影响。第八章阐述主要结论,研究的主要贡献,局限与展望。

关键词:道德　自我教育　人格心理学

**3457**

**不同经验教师的课堂教学场景知觉差异:来自眼动的证据** / 王福兴著 ; 申继亮指导. -- 北京师范大学, 2009. -- 115 页

论文选取专家教师、新手和经验教师作为不同经验水平的被试,采用 Tobii1750Eyetracker,让被试在比较自然的状态下观看课堂教学场景,并记录被试的眼动信息。全文共分为五章。第一章为文献综述,首先介绍场景知觉的认知加工方式及研究的不同范式,其次分析教师对课堂信息的知觉与加工,然后阐明专长研究的方法、发展阶段、实质及其解释,最后说明眼动技术及其应用。第二章提出问题与研究设计,阐明对以往研究的总结、研究问题及研究设计框架。第三章论述研究结果。研究 1 研究不同经验教师的课堂教学场景加工策略。实验 1:不同经验教师对静态课堂教学场景的知觉差异;实验 2:不同

经验教师对动态课堂教学场景的知觉差异。研究2研究不同经验教师对课堂教学场景的信息提取。实验3:不同经验教师对课堂场景中学生行为的知觉差异。实验4:不同经验教师对课堂问题行为的知觉差异。实验5:课堂问题行为的位置对课堂场景知觉的影响。研究3研究不同经验教师课堂教学场景知觉差异的原因分析。第四章阐明综合讨论。论文分别讨论不同经验教师的课堂教学场景加工策略、不同检验教师对课堂教学场景的信息提取、不同经验教师的课堂教学经验的差异。第五章论述结论与意义。

关键词:教师心理学　课堂教学　知觉　眼动

**3458**

**中小学教师心理授权研究** / 王金良著 ; 张大均指导. -- 西南大学, 2009. -- 185 页

论文在我国现实教育背景下,参考借鉴相关研究成果,从教育心理学角度,采用综合研究取向,对中小学教师的心理授权现象进行系统的探索性研究。全文共分为七章。第一章为引言,分别介绍问题提出、研究的理论与实践意义、文献综述、国内外已有研究的不足、研究总体构思。第二章论述量表编制及修订。首先研究中小学教师心理授权量表的编制的研发过程、验证性检验及效度检验,其次研究学校组织氛围问卷的修编。第三章主要分析中小学教师心理授权的特征,阐明研究目的、研究方法、研究结果、讨论及结论。第四章主要分析中小学教师心理授权的影响因素,阐明研究目的、研究方法、研究结果、讨论及结论。第五章主要为教师心理授权后果变量的研究,阐明研究方法、研究结果、讨论及结论。第六章主要为低心理授权教师的认知特点研究,阐明三大研究的研究目的、被试选择、研究方法、结果与分析、讨论、小结。研究一为低心理授权教师编码特点的实验研究;研究二为低心理授权教师再认特点的实验研究;研究三为低心理授权教师启动效应的实验研究。第七章为总讨论。论文首先探讨关于教师心理授权的结构与测量工具、特点,关于学校组织氛围、自尊对教师心理授权的影响、关于教师心理授权与工作绩效的关系、低心理授权水平教师的认知特点研究。其次分析研究的特点及创新之处、局限及对未来研究的建议。最后阐述总结论。

关键词:小学教师　中学教师　教师心理学

**3459**

**大学生道德人格的结构、特点及其干预研究** / 王云强著 ; 郭本禹指导. -- 南京师范大学, 2009. -- 156 页

论文采取理论分析为辅、问卷测量为主的方法策略,对大学生道德人格的结构、特点与干预进行系统研究并得出相关结论。全文共分为八章。第一章主要提出问题。论文分别探讨道德心理研究的转向、人格心理研究的深化、道德教育研究的必需、当前社会发展的要求。第二章为文献综述。论文分别介绍国内外的道德人格研究及大学生道德心理研究。第三章阐明研究构思。论文分别说明研究目的、研究内容与研究方法。第四章分析道德人格的心理内涵。论文首先对道德人格进行道德哲学分析、道德心理学分析及人格心理学分析。其次对道德人格的概念进行界定,阐明基本特征及概念辨析。第五章主要为大学生道德人格的结构研究。论文分别对研究一:大学生道德人格结构的初步分析及研究二:大学生道德人格结构的确认的研究方法与研究结果进行论述。第六章主要为大学生道德人格的特点研究。论文分别阐明研究方法、结果、讨论与结论。第七章主要为大学生道德人格的干预研究。论文分别阐明研究方法、结果、讨论与结论。第八章探讨主要结论和存在不足。论文总结大学生道德人格的组成因素及特点,大学生道德人格形容词评定量表(CMPAS)的测查,道德认知水平高是道德人格水平高的必要条件,干预对于提高大学生的道德人格具有一定的效果。

关键词:大学生　人格　道德修养　道德心理学

**3460**

**道德领导的概念建构及其有效性** / 许晓勇著 ; 施建农指导. -- 中国科学院研究生院, 2009. -- 141 页

论文采用质化和量化相结合的方法,对道德领导的结构、测量及其有效性机制等进行研究。全文共分为六章。第一章为文献综述与突出研究问题。论文首先介绍领导研究的基本问题、领导效能(领导研究的核心)、领导理论、道德领导、华人文化背景下的领导研究等文献综述。然后提出研究问题。第二章论述研究的总体设计。论文首先阐明研究目的、总体框架和研究内容。其次介绍研究方法与研究程序。第三章论述道德领导的结构和测量。论文首先阐明道德领导结构的质化研究。其次研究道德领导问卷的编制。项目分析、信度分析、EFA、和 CFA 结构表明,

包含11个项目的“道德领导量表(ELS—C)”的信度、效度均达到心理测量学标准,但ELS—C是单维结构,没能反映出质化研究中“道德律己”和“道德律他”二维度结构。第四章论述道德领导效能及其与关心人和公平领导之比较。论文分别阐明研究目的、理论背景和研究假设、研究方法与程序、研究结果及分析。第五章论述道德领导的作用机制:下属个人认同的中介作用,下属知觉到的工作机会和工作价值的调节作用。论文分别阐明研究目的、理论背景和研究假设、研究方法与程序、研究结果及分析。第六章阐明总体讨论,研究的结论、贡献和创新,研究的局限和未来研究展望。

关键词:领导人员　领导行为　道德建设

**3461**

**情绪效价强度效应及神经机制研究** / 袁加锦著 ; 李红指导. -- 西南大学, 2009. -- 80页

研究以正常大学生为被试,采用适合内隐情绪研究的高生态效度双选择oddball范式,包括4个ERP研究。全文共分为七章。第一章论述文献综述与引言。介绍情绪的定义及负性偏向的早期研究,阐述人类情绪加工的个体差异,最后提出问题,分别阐明四大研究的前言、方法与对象、实验结果、总体讨论。第二章论述效价强度效应及其神经基础研究。研究一通过两个oddball实验,考察人类对正、负情绪刺激效价强度的情绪感受性及初步探讨其神经基础。第三章论述负情绪效价强度影响视觉新异性加工的ERP研究。研究二考察不同效价强度的负性情绪对视觉新异性加工的影响及其时间特征。第四章及第五章论述情绪强度感受性的性别差异研究Ⅰ、Ⅱ。研究三通过两个层次的实验,考察效价强度变化条件下,男女个体对情绪图片的情绪感受性差异,以此探讨负性情绪识别的女性优势,以及情绪障碍发生率男女差异的认知与神经机制。第六章论述外倾性影响情绪强度感受性的ERP研究。研究四通过两个实验考查,在效价变化条件下,外倾性人格特质如何影响个体对正、负刺激的情绪感受性,以此探讨外倾个体的情绪感受性特点以及外倾性与主观幸福感的关系。第七章论述结论及研究展望。论文主要考察人类如何加工情绪刺激的效价强度差别,以及效价强度变化条件下人类情绪感受的个体差异。

关键词:情绪　认知　脑机制　心理过程

**3462**

**大学生父母依恋及其对学校适应的影响** / 曾晓强著 ; 张大均指导. -- 西南大学, 2009. -- 143页

论文以中国大学生为研究对象,探索大学生父母依恋的主要维度,初步检验依恋的内部工作模型理论,并在此基础上构建父母依恋影响学校适应的多变量关系模型。全文共分为八章。第一章论述研究背景。论文分别阐明研究意义、文献综述、已有研究缺陷及研究的总体结构。第二章研究大学生父母依恋的维度与量表编制。论文首先研究大学生父母依恋问卷的形成。其次对大学生父母依恋问卷信、效度进行再检验。最后进行讨论,得出结论。第三章主要分析大学生父母依恋的特征,包括保持亲近、分离痛苦、避风港、安全基地等核心特征。第四章主要编制简明大学生学校适应问卷。论文首先对大学生学校适应初始问卷进行分析,根据课题研究的需要编制包括学习适应、人际适应、身心适应三个方面的简明大学生学校适应量表。其次对大学生学校适应问卷的验证性因素进行分析。最后进行讨论,得出结论。第五章主要分析大学生学校适应的特征。第六章主要对依恋内部工作模型理论进行初步检验。研究以自主性、人际关系能力、社会支持感知等三个适应能力变量为典型,初步检验依恋的内部工作模型理论。第七章论述父母依恋对大学生学校适应的影响机制。论文运用结构方程模型的方法构建并检验父母依恋经由自尊、信任他人、自主性、人际关系能力、社会支持感知影响学校适应的关系模型。第八章论述总讨论与总结论。论文指出大学生父母依恋主要包含“依恋亲密”和“依恋自主”两个维度,初步检验依恋的内部工作模型理论,构建父母依恋影响学校适应的多变量关系模型。

关键词:大学生　学生心理学　适应能力

**3463**

**学习不良少年的污名效应研究** / 张宝山著 ; 俞国良指导. -- 中国科学院研究生院, 2009. -- 143页

论文主要采用实验法和问卷法,系统地考察污名对学习不良少年所产生的效应。全文共分为七章。第一章为文献综述。论文分别介绍污名的概念、污名形成的原因、污名效应的相关研究、学习不良的相关研究。第二章阐明研究背景,提出问题及研究方案。第三章主要对学习不良少年污名化的特点进行研究。论文首先研究学习不良学生的态度,分别阐明研究假设、研究方法及研究结果。其次对污名问卷的编制及

信效度进行检验，分别阐明污名知觉和自我污名问卷编制及施测过程、被试、工具、研究程序及研究结果。最后研究学习不良少年的污名特点，分别阐明研究假设、研究方法及研究结果。第四章论述污名对学习不良少年的影响。论文首先分析污名对学习不良少年学业目标的影响，分别阐明研究假设、研究方法及研究结果。其次分析刻板威胁情境对自尊的影响，分别阐明研究假设、研究方法及研究结果。第五章研究学习不良少年隐匿污名的心理控制。论文首先探讨隐匿学习成绩对学习不良少年认知过程的影响，分别阐明研究假设、研究方法及研究结果。其次探讨隐匿学习成绩对学习不良少年自我监控的影响，分别阐明研究假设、预研究（状态自我监控问卷的改编与探索性因素分析）及正式研究。第六章阐明总讨论。第七章阐明主要研究结论。论文检验了青少年对学习不良学生的态度和学习不良少年污名化知觉的特点，通过建立模型和情境实验探讨了污名对学习不良少年产生影响的机制，通过个体访谈的实验情境揭示了学习不良少年通过隐匿学习成绩应对污名的心理特点。

关键词：青少年心理学　教育心理学　学习成绩

**3464**

**儿童从4岁到14岁社会能力的发展及其影响因素** / 张光珍著 ; 陈会昌指导. -- 北京师范大学, 2009. -- 87页

研究通过对173名儿童历时12年的追踪研究，考察儿童社会能力的连续性，以及气质、养育方式及其交互作用对儿童社会能力的影响。全文共分为五章。第一章论述文献综述。论文首先介绍理论背景。其次阐明社会能力相关研究（概念、测量、文化差异、发展及其连续性和稳定性、影响因素包括气质与父母养育方式）。第二章提出问题。论文首先探讨社会能力的发展及其连续性、发展中的社会能力、父母养育方式的变化及其对儿童社会能力的影响、气质的维度、气质对儿童社会能力的影响。其次阐明研究意义与研究目的。最后构建研究的整体框架。第三章论述三大实证研究的研究目的、研究假设、研究方法、结果分析及讨论。研究Ⅰ研究4—14岁儿童的社会能力的连续性。研究Ⅱ研究儿童的气质对其社会能力的影响。研究Ⅲ通过要求母亲填写养育方式问卷来考察养育方式的变化及其对儿童社会能力的影响。第四章论述综合讨论。论文首先探讨社会能力发展的连续性及其机制、社会能力的连续性、社会退缩行为的适应性意义、从发展和文化的角度来看待儿童社会能力的变化、生态系统理论对本次研究的启示。其次阐明研究创新及有待进一步解决的问题。第五章阐明结论。论文通过实验室情境模拟，调查问卷、多元统计分析等方法探索儿童从4岁到14岁社会能力的发展（连续性）及其影响因素（气质及养育方式）。

关键词：儿童心理学　社会生活　适应能力

**3465**

**父母婚姻、自我分化与城市夫妻婚姻质量、稳定的关系** / 张锦涛著 ; 方晓义指导. -- 北京师范大学, 2009. -- 103页

论文通过三个相互关联的研究对城市夫妻的婚姻质量、稳定现状和特点；原生家庭父母婚姻对夫妻婚姻质量、稳定的影响及个体自我分化在父母婚姻对夫妻婚姻质量、稳定影响关系中的中介作用进行了研究。全文共分为五章。第一章介绍文献综述。论文首先对核心概念（婚姻质量、婚姻稳定）进行界定及测量。其次介绍与原生家庭影响有关的婚姻质量及婚姻稳定理论。然后阐述婚姻质量与婚姻稳定的影响因素研究。最后介绍父母婚姻。自我分化相关研究的综述。第二章提出问题。论文首先探讨已有研究的不足。其次阐明研究的理论意义和现实意义。最后分析研究的主要问题及总体思路。第三章论述实证研究。论文分别阐明三大研究的研究目的、研究问题及假设、研究方法、研究结果、讨论及小结。研究一研究城市夫妻婚姻质量及稳定的现状和特点。研究二研究父母婚姻与夫妻婚姻质量、婚姻稳定的关系。研究三研究自我分化在父母婚姻对婚姻质量及婚姻稳定的影响关系的中介作用。第四章阐明综合讨论。论文分别探讨方法学上的思考、理论上的思考、本次研究的创新之处和局限、未来的研究方向。第五章论述结论。论文指出，父母的婚姻质量、婚姻离异倾向均可以显著地正向预测个体自身的婚姻质量和婚姻离异倾向；个体的自我分化水平可以显著地正向预测自身的婚姻质量；丈夫、妻子的父母婚姻可以显著地直接正向预测自身的自我分化水平及婚姻质量水平。

关键词：家庭学　婚姻　成年人心理学

**3466**

**教师专业发展能动性：结构、特点及发展机制** / 张娜著 ; 申继亮指导. -- 北京师范大学, 2009. -- 99页

论文选取小学教师为研究对象，采用访谈法、问

卷法。以522名小学教师为被试，心痛考察教师专业发展能动性的测量学结构、基本特征及发展机制等问题。全文共分为五章。第一章为文献综述，首先阐明能动性的缘起与内涵等相关研究，其次说明教师专业发展的历史演变、内涵、相关概念及阶段研究，最后分析教师专业发展能动性的内涵、相关研究及发展机制研究。第二章为理论探讨，首先界定教师专业发展能动性的内涵、类别与特征，其次探讨教师专业发展能动性的理论基础与结构分析，再次分析教师专业发展能动性的功能与作用机制，然后说明教师专业发展能动性的形成发展及影响因素(个体内部与环境)，最后基于以上研究提出具体研究问题。第三章为具体研究。研究1是教师专业发展能动性结构的测量学研究，主要编制教师专业发展能动性量表并对其信效度进行检验。研究2主要探讨小学教师专业发展能动性的基本特征。研究3基于个体中心的研究视角，通过考察影响不同水平专业发展能动性教师群体的外部环境因素与个体内部因素的作用机制，来探求教师专业发展能动性的发展机制。第四章为综合讨论。论文首先分别从能动视角下看教师专业发展，从教师专业发展能动性的本质看相关量表的编制。其次探讨教师专业发展能动性的发展机制对教育的启示。最后分析研究的不足之处与未来展望。第五章阐明研究结论。论文总结教师专业发展能动性的结构、特点与发展机制。

关键词:小学教师　教师心理学　师资培养

**3467**

**儿童从2岁到11岁自我控制和主动性的发展变化及社会适应** / 张萍著 ; 陈会昌指导. -- 北京师范大学, 2009. -- 94页

研究采用追踪设计考察206名儿童从2岁到11岁期间主动性和自我控制发展的稳定性与变化，自我控制和主动性与父母养育方式之间的相互影响，以及这两种个体特征与父母养育方式交互影响社会适应的过程。全文共分为五章。第一章论述文献综述。论文首先介绍社会适应的界定、相关研究及理论。其次介绍教养方式的概念、相关研究、作用模式即理论。然后阐明自我控制的研究回顾、研究方法及概念。最后介绍作为气质与作为人格的主动性。第二章提出问题。论文首先阐明本次研究关注的问题。其次分析研究目的与总体设计。最后探讨研究意义与创新。第三章论述实证研究。研究Ⅰ研究儿童2—11岁期间自我控制和主动性的发展特点。研究Ⅱ采用父母教养行为Q分类卡片(问卷)(CRPR)测量父母的养育方式，研究儿童的自我控制、主动性与父母养育方式的交互影响。研究Ⅲ研究主动性自我控制及父母养育方式对社会适应的影响。研究表明，主动性和自我控制在父母养育方式预测社会适应的过程中起调节作用。第四章论述综合讨论。论文分别探讨自我控制和主动性研究的文化适应意义、不同养育方式对不同儿童的适应意义、适应的相对性、不足和展望。第五章论述结论。论文总结了儿童从2岁到11岁自我控制和主动性的阶段发展特点及与社会适应和父母养育方式的相互影响。

关键词:儿童心理学　自我控制　适应能力

**3468**

**教师情感能力的探索** / 张庆著 ; 卢家楣指导. -- 上海师范大学, 2009. -- 174页

论文在相关研究分析的基础上，采用文献资料分析法、访谈法、观察法、调查法、个案分析法、实验法等方法，对教师的情感能力进行探索性研究。全文共分为九章。第一章为文献综述。介绍教师情感相关概念及研究，辨析教师情感能力相关概念及研究。第二章提出问题。提出以往研究的不足，阐明研究目的、研究假设及研究方法，探讨研究的理论及实践意义，最后说明研究流程图。第三章研究教师情感能力的理论构建。论文首先分析教师情感能力的开放式问卷调查。其次论述教师情感能力的访谈研究。最后构建教师情感能力结构，包括教师情感理解能力、沟通能力、管理能力及创造能力。第四章论述实证研究一:教师情感能力问卷的编制及信效度检验。第五章论述实证研究二:教师情感能力的现状调查。第六章论述实证研究三:教师情感能力的相关研究。论文分别分析教师情感能力与快乐感、接纳他人、平衡式情感、职业倦怠的关系。第七章论述实证研究四:优秀教师情感能力研究。论文首先对优秀教师情感能力特点进行案例分析。其次对优秀教师情感能力进行调查研究。最后对优秀教师情感能力进行实验研究。实验一为优秀教师情感理解能力特点的研究包括情绪识别的反应时研究及眼动研究。实验二为优秀教师情感赋予能力特点的研究。第八章为总讨论与总结论。第九章探讨研究创新与未来展望。

关键词:教师心理学　情绪　情感教育

3469

**传递性推理认知与神经机制研究** / 张仲明著 ; 李红指导. -- 西南大学, 2009. -- 152 页

研究通过"好朋友"任务结合传统的传递性研究任务,进行行为研究和 ERP 实验研究来具体探讨真传递性推理和社会性传递性推理及否定传递性推理的推理过程、策略运用和影响因素以及神经机制。全文共分为七章。第一章论述文献综述。论文分别介绍传递性推理的概念界说、发展阶段、类型、难度问题、策略研究、意识度研究、能力发展研究、神经机制研究以及研究范式。第二章提出问题与研究框架。分析已有研究尚待解决的问题,提出研究的设想及研究框架,然后界定研究内容的操作性定义,最后探讨研究意义。第三章论述实验一:意识度对不同类型的传递性推理的影响研究。研究以大学生为对象,以真传递性推理任务和社会性传递性推理的"好朋友"式任务来考察不同意识度下传递性推理过程。第四章论述实验二:难度对不同类型的传递性推理的影响。研究以大学生为被试,采用与实验一相似的任务设计来考察不同难度下的传递性推理过程。第五章论述实验三:不同类型的传递性推理的发展研究。研究从发展角度重点研究从 3 岁到 7 岁儿童在解决三类传递性推理任务时,推理能力的发展、发展速度和策略发展状况。第六章论述实验四:传递性推理的脑电实验。研究以大学生为被试,采用 ERP 技术来研究三类传递性推理任务所诱发的事件相关电位,进一步确定参与传递性推理的脑区情况。第七章论述总体讨论与总结和展望。论文总结了传递性推理与神经机制的相关研究。

关键词:认知心理学　推理　脑机制　心理过程

3470

**量表编制与测量等价性检验:基于中学生自我概念量表** / 赵必华著 ; 顾海根指导. -- 上海师范大学, 2009. -- 176 页

论文按照量表编制的规范程式,编制中学生自我概念量表,运用均数与协方差结构模型方法,探查中学生自我概念量表跨组测量等价性。全文共分为五章。第一章为绪论。提出论题,阐明研究内容、方法与持续,分析基本概念的厘定,包括量表编制、测量等价性、自我概念和中学生。第二章论述论文的理论基础与文献综述。论文分别介绍自我概念结构的相关研究、学生自我概念重要性的相关研究、自我概念的性别差异与年龄差异的相关研究、自我概念测量的相关研究、测量等价性的相关研究。第三章论述中学生自我概念量表的编制。论文首先对量表进行结构规划与项目初拟。其次对量表项目进行预测分析。复次对量表结构进行验证。然后对量表的信效度进行检验。最后对量表分数进行常规参照与标准参照的解释。量表由学业自我、道德自我、社会自我、家庭自我和身体自我五个领域自我和一个二阶的总体自我构成。第四章论述中学生自我概念量表的测量等价性检验。论文首先提出问题与思路、研究方法。其次研究中学生自我概念量表跨性别测量等价性检验。然后研究中学生自我概念量表跨学段测量等价性检验。最后为讨论与结论。第五章论述研究的主要贡献与未来展望。论文丰富量表编制的技术与方法,实施二阶因素模型的测量等价性检验,编制高质量的中学生自我概念量表。

关键词:教育心理学　心理测验　中学生

3471

**和而不同:大学生人际和谐的心理机制与行为** / 赵菊著 ; 佐斌指导. -- 华中师范大学, 2009. -- 120 页

论文结合人际理论和社会认知理论两种观点来考察相似性假设与互补性假设对人际和谐的作用机制,匹配了关系类型,采取自评和他评的方式,对理论假设进行检验。全文共分为七章。第一章为绪论,分别阐明研究问题的提出、研究动机与目的、研究的理论与方法理念。第二章为文献综述。介绍传统文化下人际和谐理念,探讨中西方人机互动理论,分析相似性互动和谐理论,最后分析互补性互动和谐理论。第三章论述研究整体设计,包括对以往研究的总结、研究的理论构思与主要假设及研究的整体设计。第四章论述研究一:人际和谐的结构。研究一采用质化和量化相结合的方法,首先通过对人际故事进行话语分析,形成关于人际和谐的理论建构,然后通过量化的方法,用实证的数据来验证理论建构。结构验证人际和谐的结构基本符合中国儒家传统的和文化。第五章论述研究二:人际特质的环形结构研究。研究二以人际环为理论基础,采用多元变量分析和随机化测验的方法检验关系个体的人特质。结果基本验证人际特质的两个主要维度和环形的结构。第六章论述研究三:相似、互补与人际互动和谐的关系。研究三探讨不同人际特质的匹配方式、人际方向和人际特质强度对和谐的预测作用。结果显示,互补控制和互补亲和均能显著地预测关系互动和谐。第七章为总讨

论与理论总结。论文分别阐明总结论、研究的创新点和研究意义、研究的局限及今后的研究方向。

关键词:大学生　心理健康　人际关系　和谐

**3472**

**学习不良少年的自我意识情绪研究** / 赵军燕著 ; 俞国良指导. -- 中国科学院研究生院, 2009. -- 141 页

论文以初中阶段的学习不良少年和一般少年为研究对象,采用情境实验法探查学习不良少年对自我意识情绪理解的特点,自我意识情绪的生成机制与影响机制,并对学习不良少年自我意识情绪理解进行干预。全文共分为八章。第一章为研究综述。论文首先阐明自我意识情绪的概念、类型、研究方法、生成机制与发展。其次自我意识情绪和学习不良。第二章提出问题和研究方案。研究设计包括研究假设、研究整体构思、研究意义及对学习不良进行界定。第三章论述研究一:学习不良少年对自我意识情绪的理解。论文分析了学习不良少年对自我意识情绪的理解实验的研究假设、研究方法及研究结果。第四章论述研究二:学习不良少年自我不一致的自我意识情绪效应。论文分析 2 个实验的研究假设、研究方法及研究结果,分别为学习不良少年学业自我不一致、人际自我不一致的自我意识情绪效应。第五章论述研究三:学习不良少年自我意识情绪对自我表征的影响。论文首先分析 2 个实验的研究假设、研究方法及研究结果,分别为自我意识情绪对学业、人际自我表征的影响。其次为分析与讨论。第六章论述研究四:学习不良少年自我意识情绪理解的干预研究。论文分析了学习不良少年自我意识情绪理解的干预实验的研究假设、研究方法及研究结果。第七章为综合讨论。第八章探讨主要研究结论。论文指出:自我意识情绪训练课程,能够有效提高学习不良少年的自我意识情绪理解水平。

关键词:青少年心理学　自我意识　情绪　学习

**3473**

**西南少数民族心理压力与应对:结构、特征及形成研究** / 植凤英著 ; 张进辅指导. -- 西南大学, 2009. -- 195 页

论文以西南少数民族群众(18—60 岁)为研究对象,采用问卷调查法、文献法、访谈法、实地观察、民俗和艺术分析等多种研究方法全面考察西南少数民族心理压力与应对方式。全文共分为七章。第一章为文献综述。界定基本概念的内涵,介绍压力与应对的研究进展,探讨少数民族心理压力与应对的研究现状。第二章提出问题及研究构想。依据已有研究存在的问题、研究目的及意义提出问题,阐明研究构想包括研究总设想、思路、对象、方法及方案。第三章为西南少数民族心理压力研究。论文首先对少数民族心理压力结构进行初步构建。其次编制少数民族心理压力问卷。然后研究西南少数民族心理压力特点。最后对西南少数民族心理压力进行进一步研究即少数民族农民工城市适应压力研究。第四章为西南少数民族心理压力应对方式研究。论文首先对少数民族压力应对方式结构进行初步构建。其次编制少数民族压力应对方式问卷。最后对西南少数民族压力应对方式特点进行研究。第五章为西南少数民族心理压力、应对方式及相关影响因素的关系研究。论文主要探讨乐观、社会比较方式对西南少数民族心理压力与应对方式形成的影响机制。第六章为西南少数民族心理压力与应对方式的实地个案调查。第七章为总讨论与总结论。论文对西南少数民族心理压力与应对方式的结构、特点及形成机制进行了系统研究。

关键词:少数民族　民族心理　心理压力

**3474**

**大学生情绪调节策略的结构、特点及有效性研究** / 朱艳新著 ; 张日昇, 杨丽珠指导. -- 辽宁师范大学, 2009. -- 110 页

论文在综述以往情绪调节及情绪调节策略理论和实证研究的基础上。对大学生情绪调节的结构、特点及有效性进行探讨。全文共分为五章。第一章为文献综述。首先对情绪、情绪调节、情绪调节理论、情绪及情绪调节的测量指标进行概述,其次对情绪调节策略的相关概念、相关理论、结构及其特点、有效性研究进行回顾和概述,并分析研究方法。第二章提出问题。分析以往研究存在的不足,阐明研究的总体思路,然后提出研究问题与假设,最后探讨研究的理论与实践意义。第三章论述实证研究。研究一:大学生情绪调节策略的结构。论文采用深度访谈法和问卷法,自编大学生情绪调节策略问卷,考察大学生的情绪调节策略,以探讨大学生对日常生活和学习中常见的三种情绪(悲伤、愤怒、快乐)调节策略的结构。研究二:大学生情绪调节策略的特点。论文采用大学生情绪调节策略问卷考察大学生的情绪调节策略的使用次序差异和性别差异。研究三:大学生情绪调节策略的有效性研究。论文采用实验室实验法考察愤怒、悲伤和快乐情绪调节策略中的共同策略——认知重

评和表达抑制策略的有效性,通过其生理指标及主观体验探讨两种策略在三种情绪下的差异。第四章论述综合讨论。第五章论述研究结论。论文总结大学生情绪调节策略的结构、特点、有效性,研究的创新点,对大学生情绪调节的教育建议,研究不足及未来展望。

关键词:大学生　情绪　心理调节　性别差异

3475

**情绪影响反应抑制的发展研究** / 朱昭红著 ; 白学军指导. -- 天津师范大学, 2009. -- 123 页

论文以小学生为被试,将金钱激励延迟任务和停止信号任务相结合,从生理和行为两个层面考察情绪自主神经唤醒及其影响反应抑制能力的发展特点,并探讨情绪影响行为所蕴含的心理机制。全文共分为六个部分。第一部分为文献综述。论文首先阐明奖罚引发情绪的研究范式、情绪和奖惩关系的实证研究。其次介绍情绪和自主神经关系的相关理论、实证研究及发展研究。最后阐述情绪和反应抑制的理论及实证研究。第二部分介绍问题提出与研究计划。论文首先介绍以往研究存在的主要问题。其次阐明本次研究拟解决的具体问题。然后提出研究方案与研究计划。最后说明研究的理论及实践意义。第三部分为实证研究,包括两个研究共五个实验。研究一探究奖惩刺激引发自主唤醒的发展特点。分别阐明三个实验的方法、结果与分析、讨论。实验一探讨价值相等的奖惩刺激引发自主唤醒的发展特点。实验二探讨高奖励、低惩罚刺激引发自主唤醒的发展特点。实验三探讨低奖励、高惩罚刺激引发自主唤醒的发展特点。研究二探究情绪对小学生反应抑制的影响。分别阐明二个实验的方法、结果与分析、讨论。实验四探讨情绪对优势反应和非优势反应的影响。实验五探讨情绪对反应促进和反应抑制能力的影响。第四部分阐明总讨论。第五部分阐述总结论。论文提出,小学生在高奖励凸显和高惩罚凸显条件下引发了较为显著的生理唤醒,而且情绪仅对反应阶段具有促进作用。情绪双加工理论和背景适宜性注意平衡假设可以很好地解释小学生情绪影响反应抑制的特点。第六部分列出参考文献。

关键词:奖励　惩罚　情绪反应

3476

**中学生学习投入与产出的评价模型研究** / 邹敏著 ; 谭顶良指导. -- 南京师范大学, 2009. -- 136 页

论文以中学生为研究对象,通过相关文献资料的搜集与分析、团体焦点访谈、问卷调查、数据分析等手段探讨中学生学习投入与产出的指标体系,依据不同的评价目的尝试性地构建了多种学习评价模型。全文共分为八章。第一章论述选题缘由与文献综述,阐明国内外有关学习投入与产出的研究现状与发展趋势。第二章提出问题及研究方案。第三章介绍当前我国当代中学生学习负担现状及分析其原因。论文首先阐明我国当代中学生学习负担现状。其次分析中学生学习"减负增效"的对策。然后分析中学生学习负担过重与"减负增效"对策受阻的原因。最后对目前我国中学生学习评价进行思考。第四章探讨中学生学习产出的指标体系。首先探讨中学生学习产出的一级指标,其次探讨中学生学习产出的二级指标,包括学业成就具体指标的探讨与体质健康指标的理论探讨。第五章探讨中学生学习投入的概念内涵与结构。首先对认知投入概念、情感投入概念及行为投入概念进行界定,其次对中学生学习投入指标进行初步探讨及对投入结构进行确定。第六章主要为中学生学习投入与产出评价模型的理论构建。首先提出问题,其次构建模型,包括有关学习的综合评价及有关学习投入产出的效率评价,最后分析模型。第七章对中学生学习投入产出评价模型的应用进行研究。首先探讨中学生学习综合评价,其次探讨中学生学习效率评价,最后对中学生学习低效进行诊断研究。第八章为研究总结与展望。论文指出在学习评价中,应综合采用多种评价方式对学生的学习进行评价。

关键词:中学生　教学评估　学习效率

# 应用心理学

3477

**个体主义—集体主义的结构及跨文化研究** / 陈玲丽著 ; 金盛华指导. -- 北京师范大学, 2009. -- 158 页

论文致力于理清个人主义—集体主义概念的实质内涵,把握个体主义—集体主义的结构,以区分参照对象的研究视角,进行个体主义—集体主义问卷的编制;并采用自编问卷对中西方被试进行测量,深入探讨并揭示中国人是否是集体主义,以及中西方被试在个体主义上的差异的具体体现,为理解中国人的性格,为跨文化心理学研究积累实证依据。全文共分为五章。第一章文献综述。阐述个体主义—集体主义

研究的历史进程,说明以往对个体主义—集体主义所进行的研究,介绍中国人"非集体主义"的国民性研究,阐述对中国人是否为集体主义的矛盾观点、原因及解决途径,说明本土心理学研究者对中国人性格的积极探索。第二章说明论文研究的问题及研究意义,阐述论文的框架以及创新程度。第三章说明相关概念以及参照对象的划分,阐述个体主义—集体主义的问卷编制,跨文化比较研究中国和西方被试的不同。第四章综合讨论学者的观点和民众的内隐观,阐述个体主义—集体主义的内涵,探讨中国人是否是集体主义,最后比较自编问卷与效标问卷,说明论文研究的不足与研究方向。第五章,结论。论文主要得出两个结论,首先中国人既是集体主义的,又是个体主义的,表现出双元文化取向。西方人是个体主义占主导;其次,文化间在个体主义—集体主义上的差异,会随着参照对象的不同而改变。进一步推论:个体主义—集体主义的实质可能是种人际距离的反应,随着人际距离的增大,人们越倾向于表现个体主义。

关键词:社会心理学　个体　集体主义

**3478**

**寻求专业性心理帮助的预测模型与干预实验** / 郝志红著 ; 梁宝勇指导. -- 天津师范大学, 2009. -- 157 页

论文为寻求专业性心理帮助的预测模型与干预实验。全文共分为五章。第一章文献综述,介绍寻求专业性心理帮助的理论,以及寻求专业性心理帮助预测因素的研究相关进展。第二章为问题提出和研究意义。首先介绍目前研究存在的问题,包括量表信度和效度的问题、预测因素分析的单一性、被试选择的局限性、实践运用的缺乏;介绍研究思路和研究内容;提出论文的研究理论意义与现实意义。第三章为实证研究。研究一为寻求专业性心理帮助行为的预测因素量表的编制,提出量表项目,预测,正式施测的内容,提出自我表露的语气结果量表修订,提出寻求专业性心理帮助的行为意向量表修订;研究二为以研究行为理论为基础对寻求专业性心理帮助行为意向的预测因素研究,提出研究的目的么研究的问题与假设,研究方法以及对研究结果的人口统计学分析、相关分析、回归分析与结构模型验证,并作出讨论;研究三为寻求专业性心理帮助行为意向的中介模型研究,提出寻求专业性心理帮助的态度在污名和行为意向间的中介效应,寻求专业性心理帮助的态度在应对效能和行为意向间的中介效应,寻求专业性心理帮助的态度在自我表露的预期效用和行为意向间的中介效应,并构建寻求专业性心理帮助行为意向的预测模型;研究四为临床样本寻求专业性心理帮助行为的预测因素研究;研究五提出对大学生寻求专业性心理帮助行为意向的干预实验。第四章为论文的总讨论。第五章为论文的最终结论。

关键词:心理疾病　心理卫生　预测

**3479**

**基于拇指操作的中文手机键盘布局的工效学研究** / 何灿群著 ; 张智君指导. -- 浙江大学, 2009. -- 130 页

论文采用工程心理学的研究方法,通过改变拼音字母的排列顺序来建立新的拼音文本输入方式,通过与原有文本输入方式的比较,探究用户在不同的手机键盘布局中文本输入的拇指操作绩效。全文共分为五章。第一章为引言,主要介绍研究背景和研究思路。第二章论述研究系列一即基于拇指操作的手机键盘文本输入研究。研究分四个子研究。论文首先分析研究一:按键位置对中文键盘拇指操作绩效的影响。其次分析研究二:连接输入的字母位置对中文输入键盘拇指操作的绩效影响。然后分析研究三:相邻按键与母键的相对方位对中文手机键盘拇指操作绩效的影响。最后分析研究四:相邻按键的相对方位对中文输入键盘拇指操作绩效的影响。第三章论述研究系列二即基于统计规律的汉字字母频次关系模型的研究。研究分二个子研究。研究五:建立常用汉字拼音字母频次之间的关系模型。研究六:建立常用手机中文短信拼音字母频次之间的关系模型。第四章论述研究系列三即基于新的手机键盘布局的中文文本输入绩效研究。研究分三个子研究。论文首先分析研究七:NEW001、NEW002 新的手机键盘按键布局的建立。其次分析研究八:预测 NEW001、NEW002 手机键盘按键布局的操作绩效。最后分析研究九:考察三种按键布局下文本输入的实际操作绩效。第五章为总讨论和结论。论文分别阐明研究的创新点、不足与展望及总结论。

关键词:工效学　手机　键盘　中文输入法

**3480**

**运动技能内隐学习的特征、机制和应用研究** / 胡桂英著 ; 许百华指导. -- 浙江大学, 2009. -- 137 页

论文验证和发展国外关于运动技能内隐学习的理论,提出运动技能内隐学习机制和特征的理论模型,并提出和检验基于内隐学习理论的 Chocking 现象

干预策略,对运动实践具有较好的指导意义。论文共分为六章。第一章绪论。概述运动技能的概念和分类、运动技能学习的理论,介绍运动技能学习的阶段模型以及运动技能学习的特点,阐述内隐学习的概念、研究范式、测量方法以及特征,分析运动技能内隐学习的起源、范式、优势以及理论假说,提出关于内隐习得运动技能的特征、运动技能内隐学习的机制以及运动技能内隐学习的应用等一系列的问题,最后说明研究的目的、研究内容以及研究结果。第二章分别通过阐述内隐习得运动技能的抗干扰性研究、内隐习得运动技能的抗应激性研究以及内隐习得运动技能的长期保持效果研究三个实验来探讨内隐习得运动技能的特征。第三章主要介绍语言环、中央执行系统以及视空间模版在运动技能内隐学习的作用三个实验来探讨运动技能内隐学习的机制。第四章,通过研究运动员 Choking 现象发生的机制、个案分析优秀运动员 Choking 现象以及研究基于内隐学习理论的 Choking现象干预机制三个实验来说明运动技能内隐学习的应用。第五章总讨论。说明有应用价值的内隐学习范式,阐述运动技能内隐学习的特征是抗干扰性和抗应激性,学习机制是较少占用工作记忆资源,学习的应用是少即多,说明言语报告并非是最可靠的测量方法。第六章提出展望。

关键词:运动心理学　运动技能　内隐反应

**3481**

**青少年核心心理弹性的结构及其特征研究** / 胡寒春著 ; 邓云龙指导. -- 中南大学, 2009. -- 119 页

论文的研究对象为青少年核心心理弹性的结构及其特征。全文共分为四章。第一章文献综述与问题提出。一是介绍西方心理弹性研究的历史演进;接着提出心理弹性的涵义与结构,心理弹性的机制与模型,心理弹性的测量与评估;提出心理弹性研究领域研究现状,国内心理弹性研究现状,论文研究拟讨论的问题以及本研究的意义;最后提出研究的总体框架,研究目的,研究内容与研究思路。第二章深植于中国历史文化中的弹性人格脉络。探讨《周易》心理弹性思想,儒家思想蕴含的弹性思想以及相关历史人物的启示,从而提出中国传统文化中的"逆境有为者"以及个人核心心理弹性的构建。第三章青少年核心心理弹性的结构探索。研究青少年核心心理弹性问题,提出少年核心心理弹性的开放式问卷并进行实验,在调查基础上,提出青少年核心心理弹性的特征,弹性青少年核心心理弹性的作用机制。第四章总的讨论。首先介绍研究的方法与问卷的编制,提出关于方法学的思考,青少年核心心理弹性问卷编制的原则与程序;构建青少年核心心理弹性的构建,包括青少年核心心理弹性的内涵,结构以及弹性问卷的信度与效度;介绍弹性青少年特征,包括弹性青少年的识别与青少年心理弹性影响机制;最后提出论文对咨询与教育的启示以及论文研究的特色与不足,提出论文进一步的研究方向与展望。

关键词:青少年心理　心理测验　心理特征

**3482**

**动机性信息加工取向的谈判心理模型机制** / 胡琳丽著 ; 郑全全指导. -- 浙江大学, 2009. -- 159 页

论文融合谈判的"机动性信息加工模型"和"共享心理模型"理论,主要采用实验室模拟谈判的方法,探讨基于机动性信息加工取向的谈判心理模型的适应性转换机制。全文共分为八章。第一章为绪论。第二章主要为文献综述。论文首先介绍谈判的基本概念。其次阐明心理模型与团队共享心理模型,谈判中的心理模型与共享心理模型 。然后构建有关谈判心理模型的理论模型。最后分析三大理论基础。第三章主要为研究的整体设计。论文首先对以往研究进行总结。其次阐明机动性信息加工取向的谈判心理模型概况。然后对心理模型进行测量与分析。最后阐述论文的总体思路。第四章论述研究一,借用脚本分析法,考察谈判心理模型的内容。论文分别阐明研究目的、研究方法、结果(创建类别及内容编码)、讨论与结论。第五章论述研究二,采用双边多议题买卖谈判,验证共享心理模型相关变量之间的关系。论文分别阐明研究背景、谈判任务设计、预备实验及正式实验。第六章论述实验三,采用经典的塔形集市任务为谈判材料,通过实验室模拟谈判,分别在小组水平和个体水平上,探讨动机性信息加工取向下,谈判心理模型的形成与转换。论文分别阐明研究背景、谈判任务设计、预备实验及二个正式实验。第七章论述总讨论。第八章为总结。论文阐明三大研究的主要结论、理论意义与实践意义、创新点、局限及未来研究方向。

关键词:管理心理学　谈判　动机　心理过程

**3483**

**我国投资者心理账户及对风险决策的影响研究** / 扈岩著 ; 车宏生指导. -- 北京师范大学, 2009. -- 103 页

论文结合经典行为理论的研究范式,以采用因素分析和聚类分析等方法,对心理账户的构成进行分析,探讨我国投资者心理账户及对风险决策的影响。全文共分为八章。第一章前言,介绍选题的背景与问题的提出,提出研究的意义。第二章文献综述。介绍心理账户概念的提出、心理账户的运算规制、心理账户投资领域内的研究;二是风险决策,包括风险偏好对风险决策的影响、框架效应对决策的影响、成就动机对风险决策的影响;三是回顾与总结,提出对已有文献的总结和有待研究的课题。第三章问题提出与总体研究思路。介绍以往研究中的不足与问题的提出,包括投资者心理账户的分类及结构问题,投资者心理账户的影响因素研究,投资者心理账户的发展问题;提出研究的设计,设计内容包括研究结构探讨,对问卷的信效度检验,横断研究,投资者心理账户水平及投资组合倾向和风险偏好水平两变量的发展模式。第四章研究一:中国投资者心理账户的调查及结构研究。介绍中国投资者心理账户的分类,中国投资者对投资相关心理账户的感知,对个体投资者心理账户特征的检验与问卷编制;在研究基础上,探讨中国投资者的投资决策受到"心理账户"的影响情况,投资者心理账户存的分类结构,稳定收入账户和投资账户均有"与有形资产相关的账户",心理账户的层次结构,投资者对收入投资心理账户认识。第五章研究二:对研究工具信度和效度的检验。介绍研究目的,研究假设,研究方法与结果分析。第六章与第七章为研究三:投资者特征、心理账户和风险决策的横断面研究以及研究四:心理账户及风险决策的发展模式研究。分别介绍该两项研究的研究目的,研究假设,研究方法与结果分析。第八章为论文的综合讨论。

关键词:投资　经济心理学　风险决策

**3484**

**心理学研究中假设检验理论方法的深度构建:样本容量、样本分布对显著性结论及效果量的影响** / 焦璨著 ; 张敏强指导. -- 华南师范大学, 2009. -- 153 页

论文是关于心理统计学理论层面的研究。由三个相对独立又互为补充的子研究组成。这三项研究分别是虚无假设检验新模式的构建,样本容量、样本分布对单样本 t 检验的影响与样本容量、样本分布对独立样本 t 检验的影响。归纳分析研究一、二、三的结果,得到具有统计理论和方法意义的结论。这些结论一方面回答关于虚无假设检验中的一些理论问题以及为何有"显著性差异"而成果可靠性不足的问题;另一方面也为心理学研究者正确及更为恰当地使用统计分析方法提供理论和方法的建设意见。全文共分七章。第一章引言。第二章虚无假设检验的基础理论及发展沿革,界定虚无假设检验的相关概念,包括两类错误、统计功效和效果量,综述虚无假设检验的历史发展沿革,总结概括虚无假设检验的学术观点、学术争论、学术共识、学术变革以及学术关注。第三章总体研究设计,阐述论文的研究思路和研究框架。第四章虚无假设检验新模式的构建,介绍统计功效的理论基础及其应用以及效果量的理论基础及其应用,构建了虚无假设检验新模式,并进行了实例分析。第五章样本容量、样本分布对单样本 t 检验的影响。第六章为样本容量、样本分布对独立样本 t 检验的影响。研究结论表明在存在偏度和峰度的情形下,无论样本容量大小,都容易得到"显著性差异"和"大"效果量。从而证实样本分布状态影响虚无假设检验的"显著性差异"和效果量。心理学的许多研究忽视抽样的系统误差,将某一区域、某一特征的亚群体当作研究总体,此类研究的研究结论不可随意扩大到其他群体或其他样本。

关键词:心理测量学　心理测验　假设检验

**3485**

**企业女性经理人性别角色认同和领导效能感之实证研究** / 李六珍著 ; 耿文秀指导. -- 华东师范大学, 2009. -- 122 页

论文结合量和质的研究,通过三个个案,探讨女性经理人的性别角色认同和领导效能感之间的数量化关系,通过访谈收集资料,探讨女性经理人群体的性别角色认同特点和领导效能感特点。论文共分为七章。第一章为研究设计,论文主要介绍研究目的、研究对象、研究框架及研究的理论及实际意义。第二章为主要概念和相关文献综述。第三章主要研究性别角色认同和领导效能感。论文分别论述研究目的和假设、研究工具、样本、问卷信度和效度分析、结果及小结。第四章主要研究女性经理人的性别角色认同和领导效能感。论文分别论述研究目的、研究方法、访谈样本、访谈分析及小结。第五章主要研究个案 C 和个案 L。第六章为讨论。论文首先介绍研究方法和研究者本人。其次阐明领导效能感和性别角色认同。然后分析双性化的定位和策略。最后探讨变革型领导风格对女性发挥领导力的意义。第七章为结论与展望。论文首先阐明研究的结论,分别为

一:大多数女性经理人对于自己担任中层管理岗位的效能感强,但对于自己担任高层管理岗位则意愿不足,效能感较低。二:女性的性别敏感度和领导效能感有显著的负相关。三:性别自信能促进个体的领导效能感。四:男性化和双性化的女性经理人其领导效能感较高。五:女性被调查者的角色冲突和领导效能感有明显负相关。六:家庭和工作平衡作为一条原则已经深入现代女性经理人的理念和行动之中。七:"双性化"的定位和策略有助于企业的女性经理人发挥领导力。

关键词:管理心理学　企业领导　女性

**3486**

**观音意象的心理分析研究** / 李英著 ; 申荷永指导. -- 华南师范大学, 2009. -- 161 页

论文从心理学视角,以观音意象为研究对象,探索人们对于观音的形象、特质和关系的认知与态度,分析观音意象的原型及其心理象征意义,去除心理积淀中的迷妄,而还其作为精神性象征的本来面目,具有重要的理论和临床实践意义。全文共分为八章。第一章绪论。介绍研究的缘起以及研究原因,并对观音已有的研究进行总结与分析。第二章说明心理学相关研究。介绍从神灵到神灵意象的构成,探索神灵意象对心理治疗的启示,挖掘神灵原型意象的本质,说明观音研究的重要性,阐述论文研究的内容及意义。第三章阐述大学生心目中的观音意象。研究观音的形象,探求观音的特质,最后总结人与观音的关系。第四章介绍现代大学生观音意象的内隐态度。第五章采用内隐社会认知研究中的反应时范式,运用观音意象单一目标内隐测试和外部情感西蒙作业,说明在集体心灵中,观音意象已经与各种 积极特质概念紧密联接。第六章,从心理方面分析从佛陀意象到菩萨意象的演进过程以及观音意象的印度起源与发展,解析大母神原型意象,通过妙善公主的传说解读中国文化中的观音意象。第七章,对个案进行分析,透过一个童年创伤的个案的心灵治愈过程,发现观音意象从受创自我的拯救者和保护者到自我康复过程中的教导者,再到与凡间母亲的整合形象,观音意象伴随着个案的心灵成长,其形象和功能也在不断的发生变化,无意识透过观音意象实现着对意识自我偏颇的发展的补偿与修正,推动着心灵趋向完整性发展。第八章总结。论文通过对于观音意象从集体到个人、从意象到意义的系统扫描,将丰富人们对于类似神灵意象的理解,促进心理学对于宗教的研究,也有助于临床治疗当中对类似神灵意象所具有的心理功能的关注。

关键词:宗教心理学　精神分析　佛教　观音

**3487**

**大学生职业决策社会生态模型的实证研究** / 刘亚著 ; 龙立荣指导. -- 华中师范大学, 2009. -- 158 页

论文采用多角度、多方法和多情境的策略,总体上采用问卷法、情境模拟实验法和联合分析法三种范式的研究设计,对大学生职业决策社会生态模型进行初步的实证研究。全文共分为五章。第一章为文献综述。论文首先介绍强调结果的个人—环境匹配的单维度职业决策理论。其次阐明注重过程的职业决策研究、关注职业决策困难(职业未决)的研究及国内有关大学生职业价值观的研究。最后探讨职业理论的新进展即构建主义的影响和理论整合。第二章主要为问题的提出与研究总体设计。论文首先阐明研究拟探讨的问题。其次介绍研究的总体构想及假设。最后分析研究方法与研究思路。第三章论述大学生职业决策价值因子研究。论文分别对预备研究及两种结构化问卷项目的编制,应用两种结构化问卷初步探索大学生职业决策价值因子,大学本科毕业生工作状况问卷调查,复合价值因子的词汇联想研究,工作地点、工作单位、专业对口及兴趣的联合分析研究等五个研究的研究目的、研究方法、研究结果及讨论做出分析。第四章为大学生职业决策的情境模拟实验研究。论文分别分析五个实验的研究目的、研究假设、研究方法、研究结果及讨论。实验 1:地域、组织行业及专业对口对职业决策预测作用研究。实验 2:地域、组织行业及兴趣对职业决策预测作用研究。实验 3:地域、组织、兴趣、能力对职业决策预测作用研究。实验 4:主动操作职业因子实验(管理学专业)。实验 5:主动操作职业因子实验(心理学专业)。第五章为综合讨论与总体结论。论文首先对职业决策生态理论背景进行再认识。其次阐明主要结论。最后探讨大学生职业决策生态理论的意义与启示。

关键词:大学生　职业选择　价值观

**3488**

**基于工作记忆内容的视觉注意捕获及其自动性研究** / 潘毅著 ; 许百华指导. -- 浙江大学, 2009. -- 121 页

论文探讨基于工作记忆内容的自上而下的视觉注意机制,并且重点考察视场中与当前工作记忆内容

匹配的无关刺激是否能够自动捕获注意,共包括十个实验,系统地考察工作记忆内容对视觉选择性注意的自动引导作用。全文共分为六章。第一章为绪论。论文分别介绍引言、工作记忆概述、视觉注意概述、工作记忆内容对视觉注意的引导作用、问题提出及研究内容。第二章为基于视觉工作记忆内容的视觉注意捕获研究。论文分别对五个实验的方法、结果与分析、讨论进行阐述。具体为实验一 A:基于客体表征的匹配;实验一 B:排除重复启动解释;实验二:基于特征值的匹配;实验三 A:基于特征维度的匹配;实验三 B:排除转换代价解释。第三章为基于言语工作记忆内容的视觉注意捕获研究。论文分别对二个实验的方法、结果与分析、讨论进行阐述。具体为实验四:基于特征值的匹配;实验五:基于特征维度的匹配。第四章为基于工作记忆内容的视觉注意捕获的自动性研究。论文三个实验的方法、结果与分析、讨论进行阐述。具体分为实验六 A:有提示信息的中央箭头线索;实验六 B:排除眼动解释;实验六 C:无提示信息的中央箭头线索。第五章为总讨论。论文分别探讨主动的与自动的注意引导,具体的与抽象的匹配,强健的与有条件的自动化过程,工作记忆、注意与意识。第六章为结语。论文分别阐明主要结论、创新贡献与未来研究。

关键词:认知心理学　视觉　记忆　注意

**3489**

**手机使用行为及其影响因素** / 沈勇著 ; 沈模卫指导. -- 浙江大学, 2009. -- 109 页

论文采用因素分析、线性回归、社会网络分析和结构方程建模等研究技术,对用户使用手机的行为模式及其影响因素进行探讨。全文共分为九章。第一章引言。提出手机使用行为的界定,手机使用行为的影响因素。第二章手机使用行为。通过调查问卷和研究程序,对大学生手机使用行为的结构分析,探讨使用行为与人口属性的关系。第三章用户需求及其与使用行为的关系。对大学生手机用户需求结构分析,探讨用户需求与使用行为的关系,用户需求与人口属性的关系。第四章用户体验及其与使用行为的关系。对大学生用户体验结构分析,并提出用户体验与使用行为的关系,用户体验与用户需求的关系,用户体验与人口属性的关系。第五章行为控制及其与使用行为的关系。对大学生手机用户行为控制结构分析,探讨行为控制与使用行为的关系,行为控制与用户需求的关系,行为控制与人口属性的关系。第六章社会网络及其与使用行为的关系。提出大学生手机用户社会网络一般特性,提出社会网络与使用行为的关系,社会网络与用户需求的关系,社会网络与人口属性的关系。第七章手机使用行为影响因素模型。探讨网络应用影响因素模型,休闲娱乐影响因素模型,工具扩展影响因素模型,通讯联系影响因素模型,个人管理影响因素模型。第八章综合讨论。探讨手机使用行为模式,手机使用行为的人口学特征,用户需求及其对手机使用行为的预测作用,用户体验及其对手机使用行为的预测作用,行为控制及其对手机使用行为的预测作用,社会网络与手机使用行为,影响手机使用行为是心理模型构建,并提出对手机设计和评估的心理学建议。第九章为结论及进一步研究设想。

关键词:社会心理　移动通信　手机

**3490**

**北京市市属福利院护士职业倦怠及相关因素研究** / 苏英著 ; 郑日昌指导. -- 北京师范大学, 2009. -- 116 页

论文旨在了解北京市市属社会福利院护士职业倦怠水平,探索职业倦怠影响因素和后果,及市属福利院护士职业倦怠水平纵向发展规律。全文共分为五章。第一章主要为文献综述:医护人员职业倦怠研究。论文首先阐明职业倦怠的定义、理论模型、测量、原因及后果。其次分析影响职业倦怠的情境因素和个体因素。最后探讨预防与干预职业倦怠的针对个体与组织的策略。第二章提出问题。论文分别阐述已有研究中存在的不足、研究拟探讨的问题,研究的意义及研究的整体框架。第三章分别论述五大研究的研究目的、研究假设、研究方法、研究结果、议论及小结。研究一:福利院护士工作压力质的研究;研究二:福利院护士职业倦怠水平及相关因素;研究三:福利院护士与医生职业倦怠水平及其相关因素比较;研究四:福利院护士与综合医院老年病房护士职业倦怠及其相关因素比较;研究五:福利院护士职业倦怠纵向研究。第四章主要为综合讨论。论文首先探讨职业倦怠三维度关系,职业倦怠的原因,职业倦怠、离职意愿与离职行为。其次阐明研究的创新点、存在的问题和未来研究方向。第五章说明研究结论。论文阐明职业倦怠与工作压力(来源:工作性质、管理体制、人际关系、个人影响)密切相关,不同人口学特征福利院护士职业倦怠水平有差异,情绪耗竭水平是护士离职意愿最主要的影响因素。

关键词:护士　职业　工作压力

3491

**组织变革领导力的概念模型及其效能机制研究:基于ASD理论的视角**／唐琳琳著 ; 王重鸣指导. -- 浙江大学, 2009. -- 212页

论文从ASD成长模型的角度出发,研究组织变革背景中的变革领导力多维度构思及其效能机制。全文共分为七章。第一章为前言。第二章介绍研究背景与文献综述。论文分别介绍组织变革理论、企业转型升级理论、组织变革的成长模型、领导理论、变革领导力理论、组织绩效及其测量综述。第三章介绍研究构思与框架。论文分别阐明研究目的、理论框架与构思框架、研究设计及技术路线。第四章对组织变革领导力结构维度进行探索研究。论文首先介绍研究目的与问题背景。其次阐明研究方法。然后对数据进行分析,包括开放性编码、主轴性编码及选择性编码。最后对结果进行讨论。第五章主要为组织变革领导力结构维度的验证研究。论文首先介绍研究目的、理论背景及研究假设。其次分别论述三大子研究,分别包括组织变革领导力问卷开发及维度构思的探索性研究、组织变革领导力维度构思的验证性研究、组织变革领导力维度构思的交叉验证。第六章主要为组织变革领导力的效能机制研究。论文首先介绍研究目的、理论背景及研究假设。其次阐明研究方法。然后对结果进行分析。最后为讨论与解释。第七章为结论。论文分别构建组织变革领导力的四维构思模型、探讨不同变革阶段下变革领导力与组织绩效的作用模式、分析下属感知领导力对组织绩效的中介作用。其次阐明理论进展与实践意义。最后说明研究局限与未来展望。

关键词:管理心理学　领导　企业管理

3492

**从字形到语义:跨语言Stroop效应的ERP研究**／王葵著 ; 翁旭初, Axel Mecklinger指导. -- 中国科学院研究生院, 2009. -- 97页

论文以双通路模型为理论基础,采用N450为ERP指标,通过两个跨文字的Stoop实验比较中文和德文熟练读者的语义激活过程,考察语音在语义通达过程中的影响以及考察字形在语义通达过程中的影响。论文共分为六章。第一章引文。第二章理论基础。从字词水平说明书面德语和汉语的特点,介绍双通路模型,并且在双通路模型上比较中文和德文的语义通达过程,阐述和语音相关的ERP成分,利用ERP技术探讨语义通达过程。第三章阐述研究的目的以及实验设计的方法。第四章研究语音在中德文语义激活过程中的作用。实验使用的关键材料是四种颜色词和色词的同音词。实验的重点是观察同音词是否引起和色词相似的行为效应和EPR效应。结果表明语音在德文的语义通达过程中扮演着非常重要的角色。第五章探讨字形在中德文语义通达过程中的作用。结果表明两组被试的色词和形近词均引起了显著行为和EPR的Stroop效应:不一致条件下的反应时比一致条件的反应时长,且不一致条件均引起了显著的N450,这表明词形在两组被试的语义通达过程中均起到重要的作用。第六章讨论。研究发现汉语单字词直接的词形—语义通路和德文词语的词形—语义和语音—语义两条通路提供了来自EPR的数据。

关键词:心理语言学　语义　语音　字形

3493

**中国社会对应阶层间的心理融合机制研究:社会认同理论的视角**／王新波著 ; 金盛华指导. -- 北京师范大学, 2009. -- 116页

论文以社会认同理论为研究视角,综合运用综合访谈法、故事投射法、实验室实验和现场实验等多重方法,以实验方法为主,对阶层关系进行研究,这对重建民众心态和建设和谐社会具有重大意义。全文共分为七章。第一章概述国内外相关研究。阐述中国当代的阶层研究,说明社会认同理论及其相关研究。第二章说明研究意义与价值,提出对应阶层、心理融合等核心概念,最后阐述论文的基本框架。第三章介绍中国民众对社会各阶层的总体态度研究。通过访谈记录以及数据分析来说明受访者关于十大阶层的总体认知、受访者对于十大阶层的总体评价、受访者个人社会流动预期以及受访者对子女归属的阶层期望。第四章研究对应阶层间心理融合的现状及影响因素以及社会认同威胁影响对应阶层间心理融合的机制。第五章探讨对应阶层间心理融合的机制与途径。第六、七章为结论。中国民众对各主要阶层的总体评价存在显著差异;在阶层心理融合上,社会认同威胁是导致心理距离增大、心理融合程度降低的重要原因之一,并且表现为动态的可变过程;在现实情境中,人为贴定的阶层标签足以产生认知分类,并在经济、文化对应阶层上产生内群体偏好效应,但个体对人为贴定标签的认同程度因标签水平的不同而存在

差异;对群际互动而言,对象身份中其他群体标签的加入和其他范畴信息的引入都会弱化阶层标签的作用,可以起到弥合认知分类导致的心理区隔,促进对应阶层间心理融合的作用。

关键词:社会心理学　社会关系　社会阶层

**3494**

**主管—下属关系及其效果的多层次研究** / 王忠军著 ; 龙立荣指导. -- 华中师范大学, 2009. -- 165 页

论文采用社会资本与社会交换的理论视角,构建组织中主管—下属关系的社会交换模型,并对主管—下属关系的交换效果与机制,及其对关系运作的下属、群体中第三方员工以及群体的影响效果进行一项多层次的实证研究。全文共分为八章。第一章为文献综述、主要介绍关系的概念、关系的研究视角、组织中对偶关系研究、关系与社会资本。第二章论述基于社会交换视角的主管—下属关系。论文首先对主管—下属关系的概念进行界定。其次阐明基于社会交换视角的主管—下属关系的三个方面。最后构建主管—下属关系的社会交换模型。第三章介绍研究设计。论文分别阐明研究问题的提出、研究目的、研究意义、研究内容、研究假设、研究方法及研究对象。第四章研究下属关系投入与主管资源回报问卷的修订。论文首先阐明调查过程与样本。其次介绍研究工具。然后分析研究结果。最后讨论。第五章主要为主管—下属关系的社会交换模型实证研究。论文分别介绍研究目的、研究假设、研究方法、研究结果及讨论。第六章论述主管—下属关系对下属及群体的影响。论文首先阐明研究目的与研究假设。其次分析研究 1:主管—下属关系对下属的影响。然后分析研究 2:关系导向 HRM 对群体信任的影响机制。最后讨论。第七章论述主管—下属关系对第三方员工的影响。论文分别介绍研究目的、研究假设、研究方法、研究结果及讨论。第八章阐明综合讨论与总体结论。论文首先构建主管—下属关系的社会交换模型。其次运用多层次检验分析主管—下属关系的效果。然后阐明研究对管理实践的启示。最后探讨研究的贡献与不足及有待进一步研究的问题。

关键词:企业管理　管理心理学　人力资源管理

**3495**

**青少年病理性互联网使用者的认知加工特点研究** / 吴文丽著 ; 郑希付指导. -- 华南师范大学, 2009. -- 173 页

论文采用行为实验研究范式和问卷调查等方法,通过四大方面的实证研究,共包括 7 个实验和 1 个相关研究,系统探讨病理性互联网使用者的认知加工特点,以及影响病理性互联网使用者认知加工的相关因素。全文共分为四章。第一章主要为文献综述。论文首先阐明网络的特点、病理性互联网使用的概念与类型、病理性互联网使用的诊断与测量。其次构建病理性互联网使用的理论模型。然后回顾病理性互联网使用的相关研究。最后探讨病理性互联网使用的干预与治疗。第二章论述研究构思。论文分别介绍研究意义、研究目的、实验对象的选择及实验材料的选择。第三章为实证研究。研究一为病理性互联网使用者的认知加工特点研究。其中分别分析 3 个实验的引言、研究方法、研究结果、讨论及结论。实验 1 为病理性互联网使用者对网络相关信息的认知加工特点。实验 2 为病理性互联网使用者对情感效价信息的认知加工特点。实验 3 为病理性互联网使用者的内隐自我信息认知加工特点。研究二为情绪对病理性互联网使用者认知加工的影响。其中分别分析 2 个实验的引言、研究方法、研究结果、讨论及结论。实验 4 为情绪对病理性互联网使用者语词信息认知加工的影响。实验 5 为情绪对病理性互联网使用者语句信息认知加工的影响。研究三为压力对病理性互联网使用者认知加工的影响。其中分别分析 2 个实验的引言、研究方法、研究结果、讨论及结论。实验 6 为压力对病理性互联网使用者语词信息认知加工的影响。实验 7 为压力对病理性互联网使用者语句信息认知加工的影响。实验四研究青少年情绪、压力、应对方式与网络成瘾的关系。第四章为综合讨论与结论。论文主要论述结论、对临床实践的启示及研究不足与展望。

关键词:青少年心理学　互联网络　认知　情绪

**3496**

**中小学学生心理虐待及受虐学生心理健康研究** / 向秀英著 ; 邓云龙指导. -- 中南大学, 2009. -- 110 页

论文的研究对象为中小学生心理虐待及受虐学生心理健康相关问题。全文共分为五章。第一章文献评述与研究构思。首先介绍中小学学生心理虐待的检出率、学生心理虐待的方法学研究、学生心理虐待的相关因素分析、心理虐待与受虐学生的心理健康相关研究情况;接着提出研究问题的具体内容、研究

目标、研究方法与思路以及研究的意义。第二章学生心理虐待自评量表的编制及信效度检验。首先提出学生心理虐待理论模型的构建,对学生心理虐待理论模型进行探索与验证,最后对学生心理虐待自评量表的信效度进行检验和讨论。第三章学生心理虐待现状及其相关因素的研究。提出该项研究的研究目的、研究对象与研究方法,接着对结果进行探讨,包括学生心理虐待的检出率,心理虐待在学生人口学变量、个性特征、家庭环境上的差异分析,对学生心理虐待的相关因素进行研究分析。第四章心理虐待对学生心理健康的影响。提出探讨心理虐待对学生心理健康的影响的目的,在此基础上提出研究被试的选择、研究工具与测量程序,并对研究做相关分析与差异比较,最后讨论心理虐待对学生自尊、自我效能感的影响,提出心理虐待对学生心理健康的影响。第五章综合讨论。探讨学生心理虐待的测量工具、学生心理虐待的内涵与结构、学生心理虐待的检出率、学生心理虐待的相关因素、受虐学生的心理健康问题。最后提出论文研究的不足以及研究展望。

关键词:中小学生　心理卫生　心理健康　虐待

**3497**

**买卖交易中的参照背景选择及其对谈判的影响** / 谢天著 ; 郑全全指导. -- 浙江大学, 2009. -- 159 页

论文共分为两个部分,研究一采用情境问卷的方法检验了个体决策者在买卖交易情境中非两个参照背景,金钱与物品的偏好与选择;研究二主要采用实验室模拟谈判的方法检验了参照背景选择对谈判者知觉与绩效的影响。全文共分为六章。第一章为绪论。第二章为文献综述。论文分别阐明谈判研究概况、赋予效应及框架效应。第三章介绍研究的整体思路。论文首先对以往的研究进行总结。其次对研究进行理论构建。最后探讨研究的整体设计。第四章研究个体决策中的参照背景选择。论文首先介绍研究目的及总体思路。其次分别分析实验一:金钱与物品的选择偏好。实验二:单独评价与比较评价中金钱与物品的不同价值。实验三:参照背景选择在卖家中及买家中的影响因素。第五章研究买卖交易谈判中的参照背景选择。论文首先介绍研究目的及总体思路。其次分别分析实验一:买卖交易谈判中金钱作为参照背景的初步验证。实验二:卖家权力大于买家权力条件下金钱作为参照背景的验证。试验三:金钱作为参照背景对谈判中知觉与谈判结果的影响。实验四:买卖交易中金钱作为参照背景的影响因素。实验五:补充实验。第六章为总讨论及主要结论。论文检验决策者在买卖交易情境中对参照背景的偏好与选择,及其对买卖交易谈判中谈判者知觉与绩效的影响。其次探讨研究对行为决策研究、谈判研究及经济学理论的贡献。最后探讨研究的创新点、实践意义及未来展望。

关键词:商业心理学　市场交易　决策　谈判

**3498**

**组织变革背景下团队主动性特征与效能机制研究** / 薛宪方著 ; 王重鸣指导. -- 浙江大学, 2009. -- 206 页

论文结合组织变革背景,在团队水平上开展主动性研究,探索团队主动性的内涵及其主要特征和效能机制,共开展四个子研究。全文共分为七章。第一章为前言。论文首先提出问题并介绍其意义。其次分别论述个人主动性研究综述、团队相关研究综述、团队行动相关研究综述、组织变革相关研究综述及Lewin的相关理论综述。第二章介绍研究理论结构与整体思路。论文首先论述以往研究取得的进展及存在的局限。其次分析此次研究拟解决的理论问题、构思框架与实证研究步骤及技术路线。第三章主要为团队主动性的结构研究。论文首先阐明研究目的、研究方法、研究过程。然后对研究结果进行评价。最后探讨研究结论。第四章主要为组织变革背景下团队主动性的结构验证及多方法比较研究。论文首先阐明研究目的、研究假设、研究方法。然后对研究结果进行分析。分别为组织变革背景下团队主动性结构的探索性与验证性因素分析,组织变革背景下团队主动性的回顾式行为测量分析,团队主动性的多方法测量比较分析。第五章主要为组织变革背景下团队主动性影响因素及效能机制的现场研究。论文首先阐明研究目的、研究假设、研究方法。然后对研究结果进行分析。分别为研究工具的信度及效度分析,集合水平数据加总检验及描述统计及两个子研究。第六章为组织变革背景下团队主动性效能机制的实验研究。论文首先阐明研究目的、研究假设、研究方法。然后对研究结果进行分析。第七章论述研究总论。论文分别阐明研究讨论、研究结论、此次研究取得的进展、局限及展望。

关键词:企业管理　管理心理学　人力资源管理

**3499**

**认知偏差与抑郁症关系研究** / 薛云珍著 ; 梁宝勇指导. -- 天津师范大学, 2009. -- 158 页

论文研究对象为认知偏差与抑郁症的关系，探讨认知偏差与抑郁症的内在联系，通过实证研究对抑郁症的心理病因做出合理解释。全文共分为七章。第一章文献综述，介绍应激与抑郁症、负性认知图式与抑郁症、归因方式与抑郁症、认知评价与抑郁症、其他认知相关变量及理论的文献研究情况。第二章提出研究的问题、研究意义和研究方案。第三章为应激评价量表的修订，介绍应激评价量表的修订原则与步骤、研究方法与分析方法，提出项目的区分度、验证性因素分析、量表的效度检验和信度检验，最后对 SAM 的测量学特征进行考量并对 SAM 展开评价。第四章研究认知偏差与抑郁症症状的关系。通过对被试的研究和统计分析，探讨被试的人口学统计资料，SAM 在抑郁症患者中的适用性，应激、乐观人格倾向、认知偏差、抑郁症状与正、负性情绪间的相关分析以及抑郁症认知偏差的结构方程模型，并展开讨论。第五章为抑郁症心理治疗结合药物和单纯药物治疗的临床干预研究。提出研究的方法，在研究基础上，对被试一般状况作出均衡性检验，探讨干预前后两组抑郁症他评、自评症状的改变，干预前后两组认知偏差及乐观人格倾向的改变，干预前后两组神经心理测验指标的改变以及干预前后两组脑诱发电位指标的改变。第六章为总体讨论。探讨应激评价量表的修订及在抑郁症患者中的适用性，认知偏差与抑郁症症状的关系，抑郁症心理治疗结合药物和单纯药物治疗的临床干预研究，并提出本研究的创新与局限。第七部分为研究的结论。

关键词：抑郁症　认知　应激　心理疗法

**3500**

**抑郁症负性偏向的脑电生理机制研究** / 杨文辉著 ；姚树桥指导. -- 中南大学, 2009. -- 112 页

研究根据抑郁症负性偏向产生的背—腹侧系统认知情绪交互作用模型，通过行为学和事件相关电位(ERPs)以及选择性五羟色胺再摄取抑制剂(SSRIs)抗抑郁治疗追踪研究，探讨抑郁症负性偏向的脑电生理机制。全文共分为六章。第一章为前言。论文主要介绍负性偏向的概念、负性偏向神经机制及背—腹侧系统作用模型、抑郁症认知控制和情绪偏向行为学研究现状、抑郁症注意和情绪偏向 ERPs 研究现状、研究问题的提出、研究思路及研究意义。第二章论述研究一：抑郁症认知控制与情绪偏向行为学研究。论文首先阐明研究目的、材料和方法。其次分析研究结果。分别为一般临床资料，抑郁症组治疗前后认知控制功能与对照组的比较，抑郁症组治疗前后情绪词选择任务与对照组的比较，抑郁症组治疗前后认知控制功能与情绪词选择指标相关分析，认知控制和情绪词选择指标与抑郁症状、负性思维相关分析，认知控制和情绪词选择指标对抑郁症状变化的预测作用。第三章论述研究二：抑郁症负性偏向脑电生理机制的 ERPs 研究。论文首先阐明研究目的、材料和方法。其次分析研究结果。分别为临床资料比较，行为学数据结果，ERPs 结果，行为学和 ERPs 数据与抑郁症状、负性思维评分相关结果。第四章论述研究三：抑郁症负性偏向与选择性五羟色胺再摄取抑制剂治疗效应的 ERPs 研究。论文首先阐明研究目的、材料和方法。其次分析研究结果。分别为临床资料比较，行为学数据结果，ERPs 结果，治疗前 ERPs 成分与治疗后抑郁症状和负性思维相关结果。第五章为综合讨论。论文分别探讨 ERPs 实验范式的有效性，负性偏向产生的脑电生理机制，对临床治疗的指导意义，思考和不足。第六章阐明结论。论文总结了抑郁症负性偏向的脑电生理机制。

关键词：抑郁症　脑电图　电生理学　生理机制

**3501**

**工作匹配性对工作满意度、工作绩效与工作转换倾向效应机制的研究** / 杨杏著 ；金盛华指导. -- 北京师范大学, 2009. -- 125 页

论文研究工作匹配性对工作满意度、工作绩效与工作转换倾向效应机制。全文共分为五章。第一章绪论。介绍研究背景，包括现实需要、单位企业需求、个人的职业生涯发展和身心和谐健康；提出问题的提出以及研究的意义；提出研究目的和内容；提出研究的思路和结构安排。第二章文献综述。介绍工作匹配性概念内涵以及其研究的范畴，介绍工作匹配性理论的研究情况；提出研究的概念界定与测量，包括工作匹配、工作满意度、工作绩效、工作转换倾向、内部整合以及领导成员的交换关系；提出有关研究的最新进展。第三章研究设计。首先提出研究的整体框架，对被试及个人背景资料展开分析，在此基础上，依据测量工具和变量的操作定义，探讨个人与组织匹配度、个人与群体匹配度、个人与职务匹配度、工作满意度、工作绩效、工作转换倾向、工作转换频率、内部整合与领导成员交换关系、控制变量、工作匹配性的客观(间接)测量方法，最后提出资料的分析方法，包括文献探讨法、调查研究法、统计分析法。第四章，实证

研究。研究一为工作匹配度与工作满意度、工作绩效与工作转换倾向的相关以及回归分析；研究二是技术层次、工作转换频率、内部整合、LMX在不同匹配程度上的差异分析；最后是对工作匹配与工作满意度、工作绩效和工作转换倾向的结构方程模型构建以及中介和调节效应的检验。第五章为论文的讨论、结论与建议。

关键词：企业管理　管理心理学　人力资源管理

**3502**

**广泛性焦虑个体的注意偏向及认知行为干预** / 杨智辉著；王建平，许燕指导. -- 北京师范大学，2009. -- 94页

论文的研究对象为广泛性焦虑个体的注意偏向及认知行为干预，主要针对广泛性焦虑个体的症状影响因素，注意偏向和认知行为干预三个部分进行研究。全文共分为五章。第一章文献综述，包括关于广泛性焦虑障碍的概述、理论模型、影响因素、注意偏向、认知行为治疗相关探讨以及论文今后的研究方向。第二章问题提出。提出当前研究的状况、研究的创新之处以及论文研究的主要意义。第三章具体研究。一是广泛性焦虑症状的特点与其影响因素的研究，结合被试基本情况，做问卷的信度和效度分析，对大学生广泛性焦虑症状进行分析，对人格与广泛性焦虑症状的关系进行讨论，探讨不确定性忍受力与广泛性焦虑症状的关系，元担忧与广泛性焦虑症状的关系，最后对广泛性焦虑症状的影响因素作出综合分析，并提出结论；二是探讨广泛性焦虑个体的注意偏向，包括一般情况下广泛性焦虑个体的注意特点以及不确定情境下广泛性焦虑个体的注意特点；三是认知行为疗法对广泛性焦虑个体团体干预的效果研究，对被试的脱落情况分析，对实验组与对照组干预前的均衡性作出比较，对实验组与对照组干预后情况作出比较，探讨实验组与对照组干预后六个月的比较情况。第四章为论文的综合讨论。第五部分提出论文的主要结论。

关键词：心理过程　焦虑　注意　认知

**3503**

**社会形势预警的几种建模方法比较** / 周佳树著；王二平指导. -- 中国科学院研究生院，2009. -- 81页

论文基于近五年来课题组对全国部分县的社会调查数据，采用多元回归分析（MRA）、判别分析（DA）和支持向量机（SVM）等建模方法构筑多个预测模型并分层次比较各模型的预测能力。论文共分为七章。第一章主要介绍研究问题。论文首先用群体态度表征来预测群体行为趋势的可行性。其次提出两大问题。一是个体水平的观测如何整合为代表地区的群体行为趋势。二是不同预测方法的统计效力何者更优。最后分析研究方案。论文分别介绍数据来源与结构、构造整合数据集、构建并比较预测模型。第二章主要介绍研究方法。论文分别确定因变量及其衍生因变量、整合两大部类数据、对整合后数据进行预处理。其次探讨数据的量数与方法的适用性。最后分析元分析方法与统计效力。第三章研究多元线性回归（MLR）的效力分析比较。论文首先对迫入法回归与逐步法回归的统计效力进行比较。其次对整合统计量对应回归模型效力进行比较。最后对近期回归与远期回归模型效力进行比较。第四章对判别分析方法进行比较。论文首先对迫入判别与逐步判别进行比较。其次对整合统计量对应判别分析模型效力进行比较。最后对近期判别与远期判别模型效力进行比较。第五章研究数据挖掘方法即支持向量机。论文首先介绍支持分类机（SVC）与支持回归机（SVR）及其适用问题。其次分析支持向量机的最优参数选择。然后阐述支持向量机整合模型统计效力结果。最后对支持向量机近期与远期预测模型效力进行比较。第六章研究统计效力的比较与整合。论文首先对元分析进行概述。其次阐述统计效力效果量及其关系假设。最后探讨异质性检验。第七章为研究结果与讨论。论文主要对社会形势预警下的不同建模方法的统计效力进行分别比较。

关键词：社会心理学　社会调查　社会问题

**3504**

**月经周期对于情绪和认知活动影响的神经影像学研究：月经周期对于性唤起和认知判断的脑功能定位研究** / 朱洵著；胡佩诚指导. -- 北京大学，2009. -- 103页

论文通过功能核磁共振成像的方法，研究16名健康女性在一个月经周期内性唤起和进行判断活动时有关脑区活动性的变化。全文共分为六章分别论述引言、实验设计与方法、实验结果、讨论与分析、结论、文献综述（进化中的性行为、神经系统概论、功能核磁共振成像）。论文通过比较被试在月经期第二天、排卵期，以及月经周期其他时期进行上述活动时大脑的活动差异，初步得到以下结果。一、阐明与性唤起相关的脑区。二、观察到被试处于排卵期时，大

部分相关脑区的兴奋性会降低。三、对奖赏的期盼将引起一系列脑区的抑制。四、与犹豫/决策相关的大脑脑区在月经期的兴奋性会降低,但这一相关没有上列第二项结果中相关显著。在月经周期中,以月经前后的外周激素浓度变化最激烈。这一激素水平的变化可能对于躯体的心理活动有一定的干预。研究发现,在女性排卵期时,与性唤起相关的脑区在接受同样的视觉性刺激时其兴奋程度不如月经周期其他时期;而在包括月经期在内的周期其他时期之间则无显著差异。或者说,女性在排卵期最不容易被性唤起;另外,月经期并不影响大脑对于性刺激的处理。研究结果表示,在月经期附近,与判断有关的脑区的兴奋性会受轻微的影响。由于该脑区并不是性激素受体富集的区域,因此其机制还有待进一步研究深入。

关键词:女性　月经　性生理　核磁共振成像

# 体育人文社会学

**3505**

**新疆学校体育发展史研究与展望** / 阿不拉·玉素甫著 ; 毛振明指导. -- 北京师范大学, 2009. -- 182 页

论文以新疆学校体育历史发展作为研究对象,对新疆学校体育的整个历史发展过程以及其现状进行全面的研究与分析。全文共分为七章。第一章,绪论。介绍论文的研究缘起与意义、研究命题的提出、重要概念的界说、研究的基本思路以及研究的框架与创新。第二章,基本概念释义。包括教育与学校、体育与学校体育、民族与民族教育的定义阐释说明。第三章,新疆古代学校体育。对新疆原始社会形态的体育教育现象,新疆古代学校体育的萌芽以及古代学校体育的特征以及其未能延续到近代的历史缘由作出分析,为后卫讨论作出铺垫。第四章,新疆近代学校体育的形成。首先对近代学校体育的传入作出说明,接着提出近代学校体育在新疆内实行的地区间的时间差异,并探讨不同政治制度对近代学校体育发展的影响,最终提出制约近代学校体育发展的主要原因。第五章,新疆现代学校体育的发展。分别对建国后17年终新疆学校体育的发展,“文化大革命”时期的新疆学校体育以及新时期的学校体育发展作出介绍,提出现代学校体育发展过程中存在的问题。第六章,新疆学校体育现状。从体育师资队伍现状、体育场馆器械现状、体育教学现状、不同民族学生体质现状几个方面对现状展开分析,并提出学校体育现状中存在的问题。第七章,结合前文讨论,提出新疆学校体育发展史的结论和未来发展的建议。

关键词:学校体育　体育工作　新疆

**3506**

**上海社会阶层休闲体育文化模式研究** / 柏慧敏著 ; 肖焕禹指导. -- 上海体育学院, 2009. -- 195 页

论文从文化学视角,运用文化模式理论,通过文献资料法、问卷调查法、深度访谈法、田野调查法、数理统计法等研究方法,以上海社会阶层的休闲体育文化模式为研究对象展开讨论。全文共分为八章。第一章,导论。介绍研究问题的提出,研究的目的与意义,研究的理论依据,研究的对象、方法、内容及思路,研究的创新点、重点和难点以及研究的综述。第二章,文化研究视野下的休闲体育。对休闲的概念和体育的概念作出界定,对文化的结构和内涵作出说明,并对社会分层理论以及阶层的特征作出解释。第三章,休闲体育阶层差异的文化解读。探讨休闲体育的文化资本、休闲体育的社会资本、休闲体育的经济资本、休闲体育的身体资本,并提出休闲体育是资本转换的场域。第四章,上海各阶层休闲体育差异的特征分析。首先提出休闲体育参与人群的分层类型,接着对休闲体育场所的分级类型和休闲体育项目的特征分类加以阐释。第五章,上海各社会阶层休闲体育文化的历时性特征。提出海派文化的历史底蕴为二元解构的发展模式,二级融合的文化情结是市民意识的传统承袭;在此基础上,探讨海派文化对上海市民阶层的影响以及上海都市休闲体育的文化结构。第六章,上海各阶层休闲体育文化模式的共时性特征。结合对上海各阶层调查样本分布基本情况的分析,对上海都市社会各阶层休闲体育的价值观的分析,探讨上海都市社会各阶层休闲体育的参与行为以及消费特征与障碍。第七章,上海各社会阶层休闲体育文化模式的透析。结合各阶层休闲体育文化模式的理论范式,分别探讨以文化、以娱乐和以健身为特质的文化模式。第八章为上海都市各阶层休闲体育发展对策的探讨,并提出论文主要结论。

关键词:群众体育　休闲娱乐　体育文化　上海

**3507**

**“长三角城市”农民工体育研究** / 陈玉忠著 ; 肖焕禹指导. -- 上海体育学院, 2009. -- 155 页

论文为对“长三角城市”农民工体育的研究。全文共分为十章。第一章,导论。介绍选题的依据、选题的背景、研究的目的与意义、研究相关文献综述,并提出论文的结构与伦理假设。第二章,农民工体育研究的理论基础。分别对人口流动理论、社会分层理论、人的需求与发展理论、结构功能理论、人的社会化理论以及社会排斥理论作出阐释与说明。第三章,我国农民工相关政策。首先提出我国建国以来农村人口流动的演进历程,分五个阶段进行描述,一是人口迁移的活跃阶段,二是人口迁移水平低下的阶段,三是农村人口自发流动,四是农村人口流动的快速增长,五是21世纪初到现在的阶段;接着对改革开放后长三角地区城市人口流动状况作出描述;探讨我国农村人口城市流动相关管理政策的演进,并提出针对农民工问题的主要政策。第四章,农民工体育权利的属性与归属。首先介绍国际社会对公民体育权利的保护与启示,探讨农民工体育权利的属性以及农民工体育权利的归属;最后提出政策法规完善与农民工体育权利的城市归属。第五章,农民工阶层结构嬗变与农民工体育。介绍城市流动人口体育的几个相关概念,并对农民工阶层的代际嬗变,农民工流动动机的代际差异以及农民工的代际结构变化与体育观念行为作出解释。第六章,社区与农民工体育。通过对社区发展与社区的理解,提出社区与农民工的城市居留特征,农民工君主特征与农民工体育;对依托社区发展的农民工体育作出讨论。第七章,企业与农民工体育。结合我国经济社会发展与职工体育模式的变迁,探讨企业农民工体育的意义以及企业单位开展农民工体育的法律职责,介绍企业农民工体育健身的条件;提出改善企业体育设施状况的思路,企业工会组织与企业体育发展模式,并对企业与农民工体育组织发展的关系作出讨论。第八章为政府在农民工体育中的职责探讨。第九章对社会资源与农民工体育的关系作出分析与总结。第十章为论文主要研究结论与建议。

关键词:民工　群众体育　体育社会学

**3508**

**韩国武道馆市场营销分析及武术推广方案研究** / 成百千著 ; 李艳翎指导. -- 湖南师范大学, 2009. -- 190 页

论文为韩国武道馆市场营销分析以及武术推广方案的研究。全文共分为六章。第一章,绪论。介绍论文研究的必要性、研究目的、研究问题、研究模型以及研究的范围和局限性,并对研究的术语进行解释。第二章,理论背景。对武术的特性和效果、武术教育项目、服务质量理论、体育市场的细分化、顾客满意度的理解、顾客忠诚度的理解、服务质量与顾客满意度和顾客忠诚度之间的关系作出说明。第三章,提出论文的研究对象、研究调查工具、研究调查的顺序以及对数据处理的方法。第四章,研究结果。一是提出武道馆消费者的服务期望值、服务满意度、选择理由、顾客忠诚度、参与动机的差异;二是提出各武道馆项目消费者的基于人口统计学变量的服务期望值、服务满意度、选择理由、顾客忠诚度和参与动机的差异;三是提出武道馆消费者的市场细分进行说明;四是对武道馆消费者的服务质量期待值和满意度间的差异说明;提出武道馆选择理由对服务期望值、顾客满意度、顾客忠诚度产生的影响;提出武道馆服务期望值对顾客满意度、顾客忠诚度产生的影响以及武道馆满意度对顾客忠诚度产生的影响;最后分析武道馆选择理由、服务期望值、顾客满意度以及顾客忠诚度之间的因果关系。第五章,分析及推广方案。基于研究的分析基础,提出武术体育馆的激活方案。第六章为论文的主要结论和建议。

关键词:武术　市场营销　韩国

**3509**

**延安体育之研究(1935—1948)** / 党挺著 ; 虞重干指导. -- 上海体育学院, 2009. -- 252 页

论文运用文献资料法、专家访谈法和逻辑分析等方法,注重理论研究与实证研究相结合,将延安体育融入中国近代社会和延安时期的历史文化背景中,进行立体的、多层面的研究,全景式展现其历史面目,从更广阔的角度来探讨延安体育的产生极其开展,阐述其形成、发展、演变的社会原因、社会地位和影响。论文第一章是导论,第二章是延安体育的产生,回顾延安时期的社会历史环境,总结新民主主义体育思想为延安体育提供了理论基础,最后论述苏区体育为延安体育奠定了实践基础。第三章是延安体育的开展情况,首先论述体育组织管理机构的建立,其次论述体育思想逐渐成熟和丰富,第三论述体育实践内容逐步拓展,第四论述场地器材等体育设施建设情况,最后分析延安体育得以开展的原因。第四章是延安体育的交流与传播,首先论述延安体育的交流情况,其次阐述延安体育的传播情况。第五章是延安体育的特征与启示,分别阐述延安军队体育、学校体育、群众体育、体育竞赛的主要特征,并总结其启示。第六章是

延安体育的历史贡献与深远影响。第七章是延安体育精神的传承与发展,论述延安体育精神是延安精神在体育事业中的集中体现,提出中华体育精神与延安体育精神一脉相承,最后总结对于新时期弘扬延安体育精神和中华体育精神的思考。

关键词:体育事业　延安　体育精神

**3510**

**奥运会媒体服务的历史演变研究** / 范帆著 ; 任海指导. -- 北京体育大学, 2009. -- 110 页

论文采用文献资料法、专家访谈法、实地考察法以及归纳法等,对奥运会媒体服务的历史演变展开研究。全文共分为五章。第一章为选题依据。第二章,文献综述。介绍奥运会媒体服务、奥运会与媒体关系以及媒体服务等相关研究现状与内容。第三章,研究对象和研究方法。介绍论文的研究对象和研究方法,包括文献资料法、专家访谈法、实地考察法以及归纳法等。第四章,分析与讨论。首先对研究相关概念界定,包括组织、媒体、媒体服务以及奥运会媒体服务等概念;对论文研究采用的相关理论作出说明,包括系统论与博弈论;介绍研究的阶段划分;对平面媒体主导时期、电视媒体主导时期以及电视主导——新媒体兴起分别作出说明。探讨平面媒体主导时期、电视媒体主导时期以及电视主导——新媒体兴起的服务接受者,平面媒体主导时期、电视媒体主导时期以及电视主导——新媒体兴起的服务提供者,平面媒体主导时期、电视媒体主导时期以及电视主导——新媒体兴起的服务运行机制,平面媒体主导时期、电视媒体主导时期以及电视主导——新媒体兴起的具体服务内容以及平面媒体主导时期、电视媒体主导时期以及电视主导——新媒体兴起的影响因素,并分别对三者时期作出评价和说明,得出其对论文研究指导意义。第五章为论文的主要结论。

关键词:夏季奥运会　传播媒介　新闻工作

**3511**

**体育产业集群研究** / 方春妮著 ; 张贵敏指导. -- 上海体育学院, 2009. -- 150 页

论文采用实证分析与规范分析、定性分析与定量分析相结合的研究办法,研究体育产业集群的理论与实践。全文共分为九章。第一章导论,介绍论文的研究目的和意义、研究假设、研究内容,研究方法。第二章分别提出关于体育产业和关于产业集群的国内外相关研究现状。第三章体育产业集群的基本理论。对体育产业集群的概念、体育产业集群的分类、体育产业集群的特征以及体育产业集群的识别与判定方法做出说明。第四章体育产业集群的形成机理以及竞争优势。从产品特征、人文环境、区域优势、政府主导、历史机遇几个方面提出体育产业集群的形成因素,并对体育产业集群形成过程中的各行为主体的功能作出分析,提出体育产业集群的竞争优势。第五章国外体育产业集群的案例研究。分别以美国别卡罗莱纳州的赛车产业集群和意大利蒙特贝卢纳运动鞋集群展开研究讨论。第六章我国体育用品产业集群的实证分析研究。分别对我国体育用品产业集群的发展现状和我国体育用品产业集群的具体个案展开研究和讨论。第七章我国体育服务业集群研究。一是以北京和上海为例探讨我国体育服务业城市集聚,二是探讨我国体育服务业集群的主要发展模式的构建。第八章我国体育产业集群的发展思路与建议。分析我国体育产业集群的发展机遇与挑战,提出对我国体育产业集群的发展思路与发展建议。第九章为论文主要结论。

关键词:体育产业　产业集群　发展模式

**3512**

**体育赛事综合影响事前评估研究** / 黄海燕著 ; 张林指导. -- 上海体育学院, 2009. -- 232 页

论文运用规范研究与实证研究相结合的方法,对体育赛事的综合影响事前评估进行研究。论文第一章是绪论,第二章是体育赛事综合影响评估的基本理论,依次介绍体育赛事的起源与发展、定义和分类、特征、利益相关者以及综合影响。第三章是体育赛事综合影响框架体系研究,首先论述研究方法、研究步骤和研究标的,其次对体育赛事综合影响内容分析表进行设计,最后是信度检验和结果分析,构建其体育赛事综合影响框架体系。第四章是体育赛事综合影响事前评估指标体系的构建,首先论述体育赛事综合影响事前评估指标体系构建的原则,其次阐述体育赛事综合影响事前评估指标体系构建的方法,最后论述体育赛事综合影响事前评估指标体系的建立,以及体育赛事综合影响事前评估权重系数的确定。第五章是体育赛事综合影响事前评估指标分析,首先考察体育赛事经济影响类事前评估指标,其次阐述体育赛事社会影响事前评估指标,最后阐述体育赛事环境影响事前评估指标。第六章是体育赛事综合影响事前评估模

型与方法，首先论述体育赛事综合影响事前评估的多指标评价办法，其次论述体育赛事综合影响事前评估的模糊综合评判模型和步骤，最后进行实证分析。第七章是结论与研究展望，得出论文主要结论，阐述研究的创新之处和局限性，最后提出进一步的研究展望。

关键词：运动竞赛　组织管理　评估

**3513**

**先秦身体观语境下的中国古代体育文化研究** / 刘媛媛著；熊晓正指导. -- 北京体育大学, 2009. -- 132页

论文以中国古代体育文化为研究对象，在身体观成为当代学术研究中心的背景下对研究对象展开讨论。全文共分为五章。前言部分介绍问题的缘起以及论文的理论构建。第二章，文献综述。首先介绍中国古代身体观的研究现状，包括儒家身体观研究现状、道家身体观研究现状、医家身体观研究现状以及其它重要的著述观点；提出中国古代体育文化的研究现状，包括史学著述、论文研究以及民族传统体育文化研究；阐释中国古代身体观与中国古代体育文化结合的研究现状；提出文献综述的小结。第三章，介绍论文的研究对象与研究方法，主要包括文本分析法、专题研究法以及逻辑分析法。第四章，分析与讨论。一是对先秦身体观的基本语境分析，包括儒家身体观的基本语境、道家身体观的基本语境以及医家身体观的基本语境，并提出述评与小结；探讨先秦身体观语境下的中国古代体育文化，分别对儒家身体观语境下的中国古代体育文化，道家身体观语境下的中国古代体育文化以及医家身体观语境下的中国古代体育文化作出讨论，并得出该部分的思考与总结；最后通过中国古代体育文化与中国当代体育文化的对比，先秦身体观语境下的中国古代体育文化的局限以及先秦身体观语境下中国古代体育文化对当代体育文化的反拨，提出现实关怀与时代意识。第五章为论文的主要结论与建议。

关键词：古代体育　体育文化　身体　先秦时代

**3514**

**中国国家体操队运动员心理调控的应用研究** / 卢敏著；殷恒婵指导. -- 北京师范大学, 2009. -- 141页

论文运用理论研究法和实证研究法，围绕以下三个问题展开研究：第一，运动员在日常训练生活中经常会出现情绪障碍、教学关系问题、自信心等心理问题；第二，运动员在赛场上出现压力过大、过度紧张、思维混乱等问题归根结底是因为情绪调控能力较弱；第三，在比赛上场前的几分钟非常关键，此时运动员技能水平已形成自动化，却可能会因受到与任务无关的内外刺激的干扰而影响其运动表现。研究针对以上问题结合体操项目比赛、训练的特点以及重点运动员实际情况，进行国际体操队重点运动员心理调控的应用研究。论文第一部分是体操研究综述，首先论述体操的源起和发展，其次阐述我国竞技体操研究现状，最后论述我国竞技体操心理学研究现状。进而对运动员心理调控进行概述，以及对心理咨询研究展开综述。第二部分是问题的提出。第三部分是实证研究，第一个研究是对国家体操队重点运动员的心理咨询研究，其次是对国家体操队重点运动员的心理训练和监控研究，第三是对国家体操队重点运动员赛前行为程序的研究，对这三项研究分别阐述研究目的、研究方法、研究结果与分析，最后得出结论。

关键词：运动心理学　体操　运动员　心理调节

**3515**

**大众传媒构建的“拟态”体育环境研究** / 马希敏著；陈伟指导. -- 北京体育大学, 2009. -- 125页

论文为大众传媒构建的“拟态”体育环境的研究。全文共分为五章。第一章，前言。介绍论文选题的缘由，选题的意义以及论文的创新之处。第二章，文献综述。首先介绍关于“拟态环境”的研究，包括对“拟态环境”的概念的阐释，探讨大众传媒构建的“拟态环境”消费环境，关注构建“拟态环境”的传播主体等的探讨说明；提出关于大众传媒与体育互动关系的研究，包括关注大众传媒如何推动体育产业化，大众传媒与体育的互动关系，分析大众传媒是否对体育生态有副作用；提出关于大众传媒所构建的“拟态环境”体育环境的研究。第三章提出论文的主要研究方法。第四章，分析与讨论。一是“拟态环境”与体育“媒介化”的探讨，包括“拟态环境”理论的提出，相关环境的概念介绍，“拟态环境”理论的演进，“拟态环境”与现实环境的辩证关系以及“拟态环境”体育的评价：大众传媒为现代人构筑的信息环境的组要成分；二是大众传媒构建“拟态环境”的维度，包括意识形态对体育传播的控制，经济利益对体育传播的控制，传者的职业素养，符号因素对“拟态环境”的影响；三是“拟态环境”体育生态失衡现象的探微，包括对体育报道中的信息倾斜，性别化空间的构建，全球信息化对体育传

播的影响和冲击,信息污染等的讨论;四是“拟态环境”独特景观:消费文化与传媒共谋,体育成为商业产品的探讨;最后提出应提高“拟态”体育环境的现实真度性。第五章为论文结论。

关键词:体育运动　生态环境　传播媒介

**3516**

**广西城市老年人休闲体育行为研究** / 莫再美著 ; 许宗祥指导. -- 上海体育学院, 2009. -- 180 页

论文的研究对象为广西城市老年人休闲体育行为。全文共分为八章。第一章,导论。介绍论文研究现实背景与问题的提出、研究的目的、研究任务与意义、研究思路与方法。第二章,文献综述。阐明休闲体育研究综述、老年体育研究综述、体育行为研究综述。第三章,休闲体育行为的理论探讨。分别对行为理论、体育行为理论以及休闲体育行为理论三个方面的概念、分类和特征进行解读。第四章,广西城市老年人休闲体育发展的环境。首先分析宏观社会环境,包括政治经济与文化环境、城市化和老龄化环境以及场地设施和消费环境;二是微观环境,包括家庭体育环境和社区体育环境;三是政策法规环境,对构建和谐社会政策、老龄化法规政策以及体育法规政策作出说明。第五章,广西城市老年人休闲体育行为现状调查。结合抽样调查概貌和调查对象的构成两个方面,对广西城市老年人休闲体育行为的时空特征,广西城市老年人休闲体育行为动机与效果,广西城市老年人休闲体育行为愿望,广西城市老年人休闲体育行为的差异性以及广西城市老年人休闲体育行为价值展开研究和讨论。第六章,广西城市老年人休闲体育行为模式。结合社会学行为模式理论,心理学行为模式理论,政治经济学行为模式理论以及国内外休闲体育的模式和启示,探讨广西城市老年人休闲体育行为模式的依据、目标、条件、内容和效果。第七章,对广西城市老年人休闲体育行为的影响因素与支持系统作出分析和说明。第八章为论文主要结论。

关键词:城市　老年人　群众体育　广西

**3517**

**体育法的价值研究** / 秦毅著 ; 周爱光指导. -- 华南师范大学, 2009. -- 181 页

论文运用文献资料法、价值分析法和逻辑分析法对体育法的价值进行研究。全文共分为七章。绪论部分介绍论文的研究目的、研究内容、研究方法、论文创新之处以及国内外相关研究综述。第一章,价值和法的价值。介绍价值的概念和法价值的定义。第二章,体育法价值的概念。对体育法价值的内涵和体育法的价值属性作出说明。第三章,体育法的价值分类。分别从体育法的公平价值、体育法的自由价值、体育法的秩序价值、人的全面发展价值以及体育法的手段价值五个方面展开论述。第四章,体育法的价值冲突。基于对体育法价值的冲突解读,对体育法价值冲突的原因展开分析,并提出解决体育法价值冲突的原则问题。第五章,体育法的价值实现。首先提出体育法价值实现的实质与意义,接着对价值实现的方式作出说明,并指出体育法价值实现的条件。第六章,体育法的价值评价。对评价和价值评价的内涵作出说明,提出体育法价值评价的意义,体育法的价值与体育法价值评价的关系以及体育法价值评价的作用;在此基础上,探讨体育法的价值评价标准,提出主体价值评价尺度、一般价值评价尺度以及对体育法价值评价的目的性和合规律性的统一,最终提出影响体育法价值评价的主体因素与环境因素。第七章,《中华人民共和国体育法》价值的探讨与反思。分别从《体育法》的应然价值和实然价值两个方面进行解读。最后为论文的主要结论。

关键词:体育法　价值论　公平　自由

**3518**

**中国男子篮球职业联赛发展路径研究** / 师灿斌著 ; 鲍明晓指导. -- 上海体育学院, 2009. -- 184 页

论文运用实证研究法和比较研究法,对中国男子篮球职业联赛发展路径和现状进行研究,对比国际先进经验提出结论与建议。论文第一章是导论,第二章是职业体育夙愿和 NBA 及其他职业篮球联赛分析,论述职业体育历史,阐述职业篮球的兴起,分析欧洲职业篮球联赛,阐述法国职业联赛,论述西班牙职业篮球联赛。第三章是中国男子篮球职业联赛历史沿革,首先论述 CBA 职业联赛起源,其次论述 CBA 职业联赛存在的问题,第三分析 CBA 职业联赛发展前景。第四章是中国男子篮球职业联赛发展环境分析,论述中国篮球职业联赛发展环境的 PEST 情况,对 CBA 职业联赛发展战略进行 SWOT 分析,分析 NBA 强势进入对 CBA 职业联赛的影响,最后分析中国篮球文化的特征,以及中国篮球文化的历史使命,阐述 NBA 中国联赛计划的应对策略。第五章是 CBA 职业联赛管理体制,论述 CBA 职业联赛管理的

基本理论问题,阐述联赛股份公司和董事会制度,论述联赛公司组织结构、运营权限和范围,考察俱乐部内部管理问题,论述赛场管理与控制,论述本土精英球员储备,分析联赛中球队实力的制约性平衡。第六章讨论 CBA 职业联赛盈利率模式,依次分析市场模式和财务盈利模式。第七章是 CBA 职业联赛基础建设,比较 CBA 联赛和 NBL 职业联赛的关系,比较 CUBA 和 CHBL、CBO 的关系,并研究训练营和夏季联赛,最后论述专业人员入伍问题、裁判员和俱乐部经理等问题。第八章是 CBA 职业联赛品牌的概念。第九章是结论,阐述关于中国男子篮球职业联赛发展路径的相关建议。

关键词:篮球运动　联赛　职业体育

**3519**

**社区公园休闲生态系统研究:北京通州西海子公园个案考察** / 孙风林著 ; 任海指导. -- 北京体育大学, 2009. -- 98 页

论文从生态学的视角切入,选取公园个案进行长周期不间断考察,对社区公园休闲生态系统展开研究。全文共分为五章。第一章,前言。介绍论文问题的提出以及论文研究意义。第二章,文献综述。介绍论文的主题理论框架:生态学理论,并提出研究的假设,对一些相关概念的操作性定义作出说明,并提出相关研究的综述,包括关于公园休闲体育的研究以及关于休闲和体育生态系统的研究。第三章,研究对象和研究方法的说明。第四章,分析与讨论。首先说明从自在到自觉——社区公园休闲生态系统的认知与探源,包括对社区公园休闲生态系统认知的具体说明以及提出系统存在内涵以及演替的探源;提出从实践到理论——社区公园休闲系统理论的构建,介绍系统组分和外环境、公园休闲生态系统的结构、公园休闲生态系统的功能、公园休闲生态系统的演替以及公园休闲生态系统“稳态机制”与调控;三是总结从理论到应用——西海子公园目前存在的问题及调控建议,首先指出调控主体(西海子公园管理处)存在的问题和建议,接着提出系统的资源使用效率问题及建议,系统功能间的矛盾问题及建议,系统演替存在的主要问题及建议,系统外环境面临的主要问题及建议以及休闲主体方面的主要问题及建议。第五章,提出论文的主要结论与建议。

关键词:社区　公园　群众体育

**3520**

**体育学力论** / 万茹著 ; 毛振明指导. -- 北京师范大学, 2009. -- 197 页

论文以体育学力为研究视角和研究对象,运用文献资料法、访谈法、问卷调查法、逻辑分析法、数理统计法等研究方法,对体育学力的概念、特征、结构、影响因素、学力观和现状和培养方略等问题作出探讨。全文共分为七章。第一章导论,介绍论文问题的提出、研究目的、研究意义、研究综述、研究设计、研究的理论基础以及研究的基本理论范畴、研究对象与方法。第二章分别对体育学力的概念、体育学力的特征、体育学力观、体育学力的结构以及体育学力的影响因素作出说明。第三章体育学力的现状与问题分析。一是对体育知识的调查分析,二是对运动技能的调查与分析,三是对体育态度的调查与分析,四是对体育行为的调查与分析。第四章体育学力的培养。首先对体育学力培养存在的问题分析,在基础上,提出体育学力培养的策略,提出应认清体育课程的主要人物,明确体育课程的基础指向,建立具有层次性的体育教材体系,形成有教学指导性的体育教材分类体系,积极促进正确体育价值观的建立,加强健身意识的培养,加强基本健身知识和健身方法的教学,提高体育的学习性,让学生形成了解、入门、擅长的层次性体育文化素养结构,并加强课内外一体化的教学。第五章为论文的主要结论和未来研究的展望。

关键词:体育课　学力　能力教育

**3521**

**城市小学生休闲体育教育研究** / 王必琪著 ; 沈建华指导. -- 上海体育学院, 2009. -- 234 页

论文采用文献资料法、问卷调查法、质性研究法、数理统计等研究方法,以城市中小学生休闲体育教育为切入点,对城市小学生休闲体育教育展开研究。全文共分为七章。第一章,导论。介绍论文的研究背景、研究目的和意义、研究思路。第二章,休闲与休闲教育。一是介绍休闲的内涵、休闲的基本特征、中外休闲的发展史;二是介绍休闲教育的内涵、国内外的休闲体育相关研究概况。第三章,休闲体育与休闲体育教育。对休闲体育的概念、休闲体育在中国的兴起与发展、休闲体育的社会文化功能作出说明,并对休闲体育教育的概念、国外休闲体育教育研究现状以及我国休闲体育教育现状展开说明,提出休闲体育教育的理论基础。第四章,我国城市小学生休闲体育现

状。对我国城市小学生的休闲状况,包括休闲时间情况、休闲时间参与活动的情况以及对休闲生活的满意度几个方面作出介绍,并对城市小学生休闲体育参与现状与动机作出说明,从而提出影响城市小学生参加休闲体育的主要因素。第五章,城市小学生休闲体育教育价值与模式。提出城市小学生休闲体育教育价值是促进学生对休闲时间的合理利用和休闲素养的提高,促进学生自由、健康全面的发展;城市小学生休闲体育教育价值模式包括学校休闲体育教育、家庭休闲体育教育以及社区休闲体育教育。第六章,城市小学生休闲体育教育实证研究。介绍实证研究的过程,结果与分析以及城市小学生休闲体育教育性质的研究与分析。第七章,结合前文研究基础,提出对我国城市小学生休闲体育教育发展的目标与策略。最后提出论文的主要结论。

关键词:城市　小学生　群众体育　体育教育

**3522**

**公共服务视野下的中国体育行政管理体制改革** / 王会寨著 ; 任海指导. -- 北京体育大学, 2009. -- 117 页

论文结合中国社会实践,剖析体育公共服务的基本框架在中国体育行政管理体制改革中的应用与路径选择问题。全文共分为五章。第一章,前言。介绍论文的研究缘起与意义、研究命题的提出、重要概念的界说、研究的基本思路以及研究的框架。第二章,文献综述。分别对公共服务的内涵与供给、体育公共服务的国内外研究现状、中国体育管理体制的改革等内涵作出说明。第三章,研究方法的说明。第四章,分析与讨论。一是对体育公共服务的研究逻辑起点的分析,包括体育公共服务产生的历史和逻辑、体育公共服务的属性以及体育公共服务内容体系的说明;二是对体育公共服务的环境分析,包括体育公共服务环境以及当代中国社会转型与中国体育行政管理体制的改革与现状探讨;提出体育公共服务供给模式与体育行政管理体制改革的目标选择,探讨体育公共服务供给的多元主体、多中心理论、多中心理论与中国体育行政管理体制改革的现实要求、多中心理论在中国体育行政管理体制改革中的适用性以及中国体育行政管理体制改革的目标取向和权利配置;对体育公共服务供给机制与体育行政职能界定,探讨体育公共服务可抉择供给机制的引入,体育公共服务可决策供给的机制选择,体育公共服务可决策供给机制的启示与体育行政职能的界定;最后探讨体育公共服务绩效评估与体育行政权力运行机制的优化。第五章为论文的主要结论和建议。

关键词:体育工作　行政管理　管理体制

**3523**

**不同观察学习和身体练习比例对追踪任务技能学习的影响** / 王晓波著 ; 章建成指导. -- 上海体育学院, 2009. -- 69 页

论文探讨不同示范呈现和不同示范类型对追踪任务技能观察学习的影响、不同观察学习和身体练习比例对不同复杂程度和不同性质追踪人物技能学习的影响以及不同观察学习和身体练习比例对不同年龄者追踪人物技能学习的影响。全文共分为四章。第一章引言,介绍研究的背景,研究目的与研究意义。第二章,文献综述。一是运动技能方面,包括运动技能的定义,运动技能的特征,运动技能的构成成分以及对运动技能的分类;二是运动技能的学习,包括运动技能学习的定义、运动技能学习的阶段、运动技能学习过程的变化;三是运动技能学习的理论,包括闭环理论和图式理论;三是运动技能观察学习理论,包括符号表征理论和观察学习理论;五是运动技能观察学习方面的研究现状,分别是对运动技能观察学习效果的研究、任务特征对运动技能观察学习影响的研究、结果反馈对运动技能观察学习影响的研究、录像示范和现场示范对运动技能观察学习的影响、学习型示范和熟练型示范对运动技能观察学习的影响以及观察学习和身体练习比例对运动技能学习的影响等相关探讨。第三章,研究内容。分别介绍与讨论录像示范和现场示范对追踪任务技能学习的影响,学习型示范和熟练型示范对追踪任务技能学习的影响,不同观察学习和身体练习比例对不同复杂程度追踪任务技能学习的影响,不同观察学习和身体练习比例对不同性质追踪任务技能学习的影响以及不同观察学习和身体比例练习对不同年龄追踪任务技能学习的影响。第四章为论文的结论、理论贡献、研究不足的说明和对未来研究展望。

关键词:运动心理学　练习　运动技能

**3524**

**我国竞技运动项目的优势定位、优势转移及发展策略研究** / 肖平著 ; 徐本力指导. -- 上海体育学院, 2009. -- 236 页

论文运用实证研究法和案例研究法，对我国竞技运动项目的优势定位、优势转移问题进行考察，提出相关发展策略。论文第一章是概论，第二章是国内外研究现状文献综述，首先考察关于以优势转移一般规律及科学基础的理论研究现状，其次论述影响竞技项目优势转移的相关动因的研究现状。第三章是竞技运动项目优势转移一般规律的理性思考，主要考察项目优势的相对性、动态性转移现象，分析项目优势的可逆性转移规律，并依次对项目优势的良性转移与不良性转移规律、项目优势的渐变式、突变式转移规律、转移中的自组织与外组织交互作用、特殊优秀运动员在项目优势夺取中的个体作、不同竞技项目优势发展中的相互迁移规律等问题展开论述。第四章是我国竞技运动项目优势定位方法的确定，考察我国竞技运动项目优势定位的依据和原则进行研究，对比雅典和北京奥运会周期中各项目优势定位。第五章是我国23—29届奥运会优势、潜势和薄弱项目的演变进行分析和比较。第六章是影响我国竞技运动项目优势转移的分析探讨，讨论我国发展竞技运动举国体制因素。第七章是对我国举重奥运竞技项目优势转移的个案研究，考察我国举重项目保持和扩大优势的历史轨迹。第八章是对提升我国竞技运动项目优势跌日的战略思考和发展策略，提出进一步推进我国各类奥运项目优势地位良性转移的战略思考和策略建议。

关键词：竞技体育　运动项目　奥运会

**3525**

**文化生态学视野下的城市体育休闲环境系统研究：以上海市为例** / 徐波著 ; 沈建华指导. -- 上海体育学院, 2009. -- 168 页

论文运用文献资料法、问卷调查法、访谈法、数理统计法等研究方法，以上海市为例，对文化生态学视野下的城市体育休闲环境系统展开研究。全文共分为七章。第一章，绪论。介绍论文研究的缘起、研究的目的和意义、研究方法、研究的基本思路和研究框架以及研究中的创新点和难点。第二章，相关理论基础及其研究现状与评述。介绍研究中的核心概念既定、研究的主要支撑理论概要，并对相关研究内容进展作出综述。第三章，城市文化生态系统中的体育休闲及其发展环境。首先介绍城市文化生态系统，包括城市文化生态系统的组成要素及其结构特点、城市文化生态系统的机构、城市体育休闲环境的地理层级划分；对城市体育休闲及其发展分析，包括城市体育休闲的系统解构与分析、城市体育休闲的发展过程分析；探讨文化生态学视野下体育休闲发展的属性及其环境影响因素。第四章，城市体育休闲环境系统组成。探讨构建城市体育休闲环境系统的文化生态学基础、城市体育休闲环境建构的基本原则、城市体育休闲环境构成的基本要素以及城市体育休闲环境系统的结构。第五章，城市体育休闲环境系统的发展演进过程。结合城市体育休闲环境系统演进的动力机制与城市体育休闲环境系统的演进过程，分析城市体育休闲环境系统的演进。第六章，上海市体育休闲环境系统的现状与优化策略。分析上海市城市体育休闲环境系统的现状，提出城市体育休闲环境系统的优化策略。第七章为论文的研究结论以及进一步研究的问题展望。

关键词：城市　群众体育　社会环境

**3526**

**力竭运动过程中大鼠皮层运动区—纹状体神经调控作用的研究** / 杨东升著 ; 乔德才指导. -- 北京师范大学, 2009. -- 77 页

论文运用理论研究法、实验法和实证研究法，对力竭运动过程中大鼠皮层运动区—纹状体神经调控作用展开研究。论文第一章是运动与中枢能量代谢的研究进展，介绍中枢能量代谢，考察运动与中枢能量代谢的关系，并分析中枢能量代谢与运动性中枢疲劳问题，提出脑能量代写与运动中枢疲劳研究的问题与展望。第二章是运动疲劳与中枢单胺类神经递质的研究进展，首先分析运动性中枢疲劳，其次论述运动性中枢疲劳与多巴胺，最后论述运动性中枢疲劳与5-HT\DA。第三章是微透析技术在运动性中枢疲劳研究中的应用，首先阐述微透析技术概况，其次论述微透析技术的组成及原理，第三分析微透析技术的特点和不足，最后阐述微透析技术在运动性中枢疲劳研究中的应用。第四章是目前运动性中枢疲劳研究中存在的问题。论文进行实验研究，首先进行大鼠力竭运动过程中脑皮层脑电的动态变化特征研究，其次进行力竭运动过程中大鼠纹状体及其代谢产物的动态变化研究，第三进行力竭运动过程中大鼠纹状体葡萄糖、乳酸代谢的实时在线观察研究，第四进行乳酸抑制剂干预对大鼠运动耐力及皮层脑电的影响分析。结果提示，运动疲劳的形成过程中大脑皮层电活动的改变是一个极其复杂的过程，中枢神经递质及能量代谢系统均具有重要的调控作用。

关键词:运动生物化学　运动性疲劳　纹状体

**3527**

**中国高尔夫产业发展研究:基于 SCP 框架的分析** / 詹新寰著 ; 靳英华指导. -- 北京体育大学, 2009. -- 119 页

论文以产业组织理论中的 SCP 分析框架为理论基础,采用文献资料、专家访谈、逻辑分析、数理统计等研究方法,对中国高尔夫产业发展现状和趋势进行研究。全文共分为五章。第一章,导论。介绍研究的经济、社会背景,研究的意义和目的,研究的基本思路和技术路线以及研究的创新之处。第二章,已有研究成果及文献综述。包括对 SCP 分析框架的解释和对国内外高尔夫产业的相关研究进展综述。第三章,提出论文的研究对象和研究方法。第四章,结果与分析。首先介绍现代高尔夫运动的兴起和发展,现代高尔夫运动的特征以及高尔夫运动的社会文化特征;进而对高尔夫产业的形成与高尔夫产业的发展情况进行说明;结合讨论,提出高尔夫产业的定义,以及高尔夫产业结构在广义和狭义上的定义;对中国高尔夫产业发展的历史展开回顾,分别介绍新中国成立前高尔夫运动发展的情况,改革开放后高尔夫运动的引入和产业形成阶段,高尔夫产业的快速发展阶段以及转型时期高尔夫产业发展的困境;在前文讨论基础上,提出中国高尔夫产业的市场结构,对中国高尔夫产业的市场集中度、中国高尔夫产业的产品差异化以及中国高尔夫产业的进入和退出壁垒作出说明;并分析中国高尔夫产业中的企业行为,保姆哦中国高尔夫产业中的定价行为,中国高尔夫企业的合谋与联盟化以及中国高尔夫产业的组织调整与并购;最后分别对中国高尔夫产业的市场绩效以及中国高尔夫产业中的结构、行为以及绩效关系作出说明,并探讨中国高尔夫产业的未来发展趋势。第五章为论文的结论与建议。

关键词:高尔夫球　产业发展　市场结构

**3528**

**体育团队有效性研究** / 张锋周著 ; 殷恒婵指导. -- 北京师范大学, 2009. -- 104 页

论文对体育团队、体育团队有效性、体育团队有效性理论模型以及培育提升体育团队有效性的策略进行研究。全文共分为六章。第一章,绪论。介绍论文的研究背景、研究的问题、研究目的与意义、研究内容与假设、研究方法以及论文的研究创新点。第二章,体育团队的研究。一是对体育的理解与解读,二是对团队的理解与分析,三是对体育团队的概念界定及其特征分析,四是对体育团队精神与集体主义精神的辨析,提出体育团队的优势以及体育团队的劣势。第三章,体育团队的有效性研究。首先对有效性的概念以及有效性的衡量标准作出说明,接着对体育团队有效性的概念界定并体育团队有效表现的特征进行分析。第四章,体育团队有效性理论模型的研究。首先指出体育团队有效性理论模型建立的方法与步骤,接着对体育团队有效性理论模型的相关理论作出说明;对体育团队有效性理论模型的模型作出界定,并对体育团队有效性模型的假设模型展开实证。第五章,体育团队有效性培育与提升的对策。首先探讨改善体育团队的外部影响因素,提出体育组织管理层应提供支持,应提高体育团队的整体凝聚力,体育团队领导应提高领导水平,重视对体育团队成员的培训教育,建立科学的体育团队绩效管理体系,并提出设置清晰和具有挑战性的团队目标,制定体育团队规范;对优化体育团队互动效果作出描述。第六章,研究结论与展望。

关键词:体育组织　团队　有效性

**3529**

**新中国体育广播发展研究:北京奥运会视野下的回顾与展望** / 张矛矛著 ; 孙葆丽指导. -- 北京体育大学, 2009. -- 151 页

论文通过对比北京奥运会视野下的回顾与展望,对新中国体育广播的发展展开研究。全文共分为六章。第一章为研究问题的提出,提出论文的选题是考虑到现实生活的需要和理论研究的需要。第二章,文献综述,介绍关于体育广播的相关研究、体育广播频率专业化发展的研究、中国体育广播学的研究等。第三章,研究对象和研究思路。对体育广播的概念作出界定,对地域和时间界定,提出研究要解决的主要问题,并提出论文研究思路。第四章,研究原则与研究方法的说明,研究主要用文献资料法、专家访谈法、个案分析法以及逻辑分析法。第五章,分析与讨论。首先是对体育广播的传播学结构,包括体育广播的传播模型介绍、体育广播的传播要素分析;对中国体育广播发展进行回顾和分析,对奥运前中国体育广播专业频率分析;探讨北京奥运会的广播报道,提出北京奥运会是一场媒体的奥运会,在基础上探讨包括北京奥运会对中国广播事业发展的影响,北京奥运会广播报

道的个案分析以及北京奥运会广播报道的评估,从而作出评价与反思;在前文研究基础上,提出中国体育广播发展面临的机遇和挑战,体育广播优势和劣势分析以及中国体育广播发展的策略。第六章为论文的主要结论和建议,并提出未来进一步研究的发展方向。

关键词:体育　广播工作　奥运会

3530

**社会转型期退役运动员职业地位获得研究:以广东省为例** / 张三梅著 ; 吕树庭指导. -- 上海体育学院, 2009. -- 168 页

论文以广东省为例,对社会转型期退役运动员职业地位获得展开研究。全文共分为九章。第一章,导言。首先提出问题,分析论文选题的缘起和背景,然后指出在当前中国转型的社会背景以及国家鼓励退役运动员自主择业、自谋职业的政策背景下,研究退役运动员职业地位的获得问题的理论意义和应用价值。第二章,理论回顾与相关文献综述。首先回顾和梳理国内外关于职业地位获得的人力资本理论、社会资本理论等相关理论研究,然后对我国退役运动员求职就业问题的研究现状进行综述,并对当前我国退役运动员就业问题的研究现状作简要评述。第三章,研究设计。构建论文分析框架,提出研究假设,界定主要概念并选择相关研究变量,选取研究方法与研究重难点。第四章,退役运动员求职途径选择及职业状况。对退役运动员的求职就业途径进行分类并对通过不同就业途径获得的职业的状况进行统计描述,分析受调查退役运动员当前的客观职业地位及他们对自身职业地位的主观评价。第五章,退役运动员职业地位获得的人力资本分析。首先描述受调查退役运动员的人力资本状况,然后运用多元回归方法分析人力资本各因素对退役运动员职业地位获得的影响,筛选其中对因变量具有显著影响的因素并根据回归分析结果就人力资本的效用等问题进行讨论。第六章,退役运动员职业地位获得的社会资本分析。描述受调查退役运动员的社会资本状况,分析社会资本各因素对退役运动员职业地位获得的影响,筛选出其中对因变量具有显著影响的因素并对退役运动员在社会资源利用及效果方面的特点进行分析和讨论。第七章,退役运动员职业地位获得制度性印务分析。分析户籍、单位类型、干部身份和党员身份等制度因素对退役运动员职业地位获得的影响。第八章,构建退役运动员职业地位获得的模型,在此基础上,对不同类型因素的作用大小进行分析。第九章为论文结论与建议。

关键词:运动员　退役　再就业　职业选择

3531

**复杂性范式与运动训练理论建设** / 诸葛伟民著 ; 徐本力指导. -- 上海体育学院, 2009. -- 164 页

论文运用理论研究和实证研究相结合的方法,对复杂性范式与运动训练理论进行研究与讨论。论文第一章是导论,主要介绍研究目的、研究意义与创新点、研究方法与对象、研究思路与内容、相关研究综述和概念界定等问题。第二章是运动训练科学范式的确立与困境,首先论述运动训练的历史渊源,其次论述近代运动训练的兴起,第三论述运动训练科学范式的确立,最后阐述近代运动训练科学范式的困境。第三章是复杂性范式与运动训练复杂性探索,首先介绍复杂性科学的产生背景,阐述复杂性科学的确立与范式的形成,最后论述运动训练的复杂性探索。第四章是复杂性视野中运动训练理论的基本问题,首先论述运动训练规律观,其次阐述运动技能形成的理论基础,第三对超量恢复原理、运动训练周期理论进行阐释,最后梳理训练理论与训练实践的关系。第五章是复杂性范式与立体化训练调控模式,首先分析当代运动训练的基本特征与内容,其次论述立体化训练调控模式的构建,第三论述立体化训练计划的构建,最后阐述赛前训练立体调控的理论模式。第六章是赛艇运动员大赛前竞技状态调控的研究,首先阐述运动员竞技状态,其次论述我国赛艇水平与国际最高水平的比较,第三论述影响赛前训练成效和运动员竞技状态的主要因素,第四归纳我国赛艇教练员大赛前训练安排的经验模型,并分析中外赛艇运动员的特征,最后分析影响我国赛艇运动员训练满意度的主要因素。并分析实例。

关键词:运动训练　复杂性　赛艇运动

# 运动人体科学

3532

**中国女子手球运动员比赛能量代谢特点及月经异常的生理学研究** / 丁轶建著 ; 曾凡星指导. -- 北京体育大学, 2009. -- 86 页

论文运用实证研究和定性研究的研究方法,针对中国女子手球运动员备战北京奥运会过程中所遇到

的体能和月经异常的问题,对她们的比赛能量代谢特征及月经异常的生理学特点进行分析,旨在探索女子手球专项能量代谢特点,进一步阐明女子手球运动员月经异常的生理学原理,为女子手球训练提供一定的科学理论依据。论文第一章论述前言,包括选题依据,研究目的,研究假设和实验设计。论文第二章论述中国女子手球运动员比赛能量代谢的特点,包括研究对象和方法,研究成果和分析和讨论。论文第三章论述中国女子手球运动员月经异常的生理学研究,包括研究对象和方法、研究成果和分析和讨论。首先论述月经期内分泌的特点,然后论述四周训练对女子手球运动员免疫稳态的影响。研究结论:1. 中国女子手球运动员整体有氧能力较好,但无氧爆发力和无氧耐力较差,从位置能量代谢需求特点分析,边锋的最大摄氧量水平较低。运动员赛后乳酸水平不高,有的下半场比赛心率下降,可能是产生"下半场体能问题"的原因。

关键词:手球　女子项目　运动员　能量代谢

3533

**运动参与与个体社会化进程:体育社会学研究方法论的实践分析与理论探讨** / 高强著 ; 季浏指导. -- 华东师范大学, 2009. -- 135 页

论文运用案例分析和实证研究的研究方式,在论文上编中对实践调查和历史考据等材料分析,在概念定义上及其历史变迁层面上,对运动参与体育的概念进行了一定的诠释。进而,在运动参与与个体社会化的讨论背景下,对结构—功能主义,冲突论与历史文化主义在家庭、学校、同济群体问题上的实践调查和理论分析进行一定的探析。论文第一章论述基本议题与讨论,包括体育与社会的关系和争取并拓展中运动的参与方式。另外论述方法论的探究。首先论述方法论探究的意义,然后论述方法论探究的双重维度。第二章论述社会学实践调查视野下的运动参与与个体社会化的进程,包括实践调查、体育历史考据与机构性体育概念的定义和运动参与中实现个体社会化的机制的概念界定及研究方向,然后论述调查对象与调查内容的确定。第三章论述理论研究视野下的运动参与个体社会化的进程,包括场域论视野下的运动参与与个体社会化的进程和运动参与场域的供求关系。研究结论:论文对国内体育社会学研究方法论的理论继承和实践应用这两个方面进行反思性的讨论,并结合方法论在哲学层面上所具有的批判性和局限性,整体形成了对国内体育社会学研究方法论的几个维度的认识,具体体现在议题—理论,历史—理论和研究主体这三个具有一定的建构性意义的方法论探讨维度的提出上。

关键词:体育社会学　体育理论　方法论

3534

**大负荷运动后减量训练对大鼠腓肠肌和坐骨神经影响的实验研究** / 李晓红著 ; 周里指导. -- 上海体育学院, 2009. -- 96 页

论文运用实证研究的研究方法,对动物进行大负荷游泳耐力训练后,建立运动频率减小的减量训练动物模型,主要观察减量训练对骨骼肌和坐骨神经的影响,探讨减量训练对骨骼肌和坐骨神经形态结构及机能的影响,为减量训练在运动实践中的正确运用及科学健身和训练提供理论和实践依据,也为大负荷运动后组织机能恢复和提高提供理论参考。论文第一章论述研究进展,包括减量训练和运动对骨骼肌和坐骨神经的影响。第二章论述实验研究。包括大负荷运动后减量训练对大鼠腓肠肌的影响。第三章论述实验研究,包括大负荷运动后减量训练对大鼠坐骨神经的影响。研究结论:1. 大负荷运动后进行运动频率减小的减量训练可提高腓肠肌的抗氧化能力,有氧代谢能力,但对于腓肠肌的无氧代谢能力影响不大。2. 大负荷运动后进行运动频率减小的减量训练有利于骨骼肌,坐骨神经,运动终板和肌梭结构的恢复和机能的提高。

关键词:运动训练　减量训练　腓肠肌　代谢

3535

**现代五项运动员运动能力和机能状态监控与评价的研究** / 邱俊著 ; 陈文鹤指导. -- 上海体育学院, 2009. -- 81 页

论文运用实证研究的研究方法,针对现代五项五个单项项目在比赛中的权重关系,通过各种指标测试评价不同训练周期和训练手段对现代五项运动员的运动能力和机能状态的影响,以期达到发现薄弱环节,帮助教练员进行可行性调控,提高训练的科学性,保证运动员的体能和训练水平的不断提高。论文第一章论述文献综述,包括现代五项训练的生理学基础和应用生理生化指标对运动员运动能力的评价。论文第二章论述实验研究,首先论述应用血液生化指标对现代五项运动员准备期和竞赛期机能状态的监控,其次论述现代五项运动员有氧和无氧代谢能力的评

价，接着论述高住低训四周对现代五项运动员运动能力的影响的研究和优秀运动员个案分析，然后论证四周高原训练对现代五项运动员综合能力影响的研究和优秀运动员个案分析，最后论证现代五项新规则后对运动员专项运动能力训练的探讨及 1km * 3 跑射联项的运动能力监控。论文第三章论述全文总结，包括论文主要研究成果和论文创新性。研究结论：高住低训促进现代五项运动员红细胞和血红蛋白含量增加，并改善心肺功能和最大摄氧量。高住低训前后现代五项运动员闪光融合频率，简单反应时和选择反应时测试值无明显差异，但对技能性项目的影响仍需通过一系列专项指标来做出评定。

关键词：现代五项全能运动　运动员　运动能力

**3536**

**高水平跳水运动员备战重大比赛心理干预模式的理论构建与实证研究** / 赵国明著 ； 张忠秋指导. -- 上海体育学院, 2009. -- 72 页

论文运用案例分析和实证研究的研究方法，在对以往运动心理干预模式研究成果、心理干预理论和技术发展现状进行探讨的基础上，结合中国跳水运动项目特点、管理体制以及多年科研的实践经验，构建高水平跳水运动员备战重大比赛心理干预的理论模式。论文第一章论述引言。第二章论述基本框架。第三章论述研究内容，首先论述高水平跳水运动员备战重大比赛心理干预模式的理论构建，然后论述系统心理技能训练对高水平跳水运动员心理机能水平影响研究，以及表象训练对于跳台运动员关键技术和难点动作操作绩效影响研究，接着论述赛前行为程序对高水平跳水运动员竞赛表现影响的个案研究，最后论述焦点解决短期心理咨询技术在高水平跳水运动员赛前心理咨询中应用效果研究。第四章为结论。第五章是参考文献和附录。研究结论：1. 高水平运动员重大比赛心理干预模式对备战奥运会的国家跳水运动员进行心理干预，证明此干预是有效的。2. 以目标设置，表象演练，放松训练和自我谈话四种心理技能训练为手段的综合心理干预显著地提高了运动员的心理技能水平。3. 表象演练对于高水平跳水运动员表象能力具有改善和提高作用，对其难点技术动作质量的改进和操作稳定性的提高具有积极影响，为今后类似研究提供了有利的借鉴。

关键词：跳水　运动员　运动竞赛　体育心理学

**3537**

**我国同场对抗性集体项目青少年运动员体育道德认知与行为研究** / 祝大鹏著 ； 姚家新指导. -- 北京体育大学, 2009. -- 98 页

论文运用实证研究的研究方法，旨在探究通常对抗性集体项目青少年运动员体育道德认知与行为的现状和特征。论文第一章论述前言，包括道德概念的界定和道德的本质。第二章论述道德研究的现状和体育道德的内涵与研究现状分析。第三章论述研究方法，首先论述问题的提出，然后是研究目的和意义，最后是研究设计方法。第四章为分析讨论，包括部分项目比赛中常见的反体育道德与亲体育道德行为调查研究和运动队道德气氛量表的编制和检验。第五章论证结论和建议，包括研究结论和研究局限。研究结论：1. 不同同场对抗性集体项目运动员对体育道德的理解不同，在体育道德认知与行为表现上也存在差异。在研究不同运动项目运动员体育道德时需要编制结合具体项目的研究工具。2. 从亲体育道德行为，反体育道德行为，亲体育认知和反体育认知四个维度可以较好地解释运动员体育道德认知与行为的内涵。良好的体育道德行为主要表现为运动员在比赛过程中关注和尊重的规则和裁判，社会规范，对手，对比赛的全力以赴，对所有体育参加者没有消极表现。3. 运动队道德气氛包括合作学习，重要角色，运动项目特征，教练员家长及运动员的动机方向，教练员及较有影响的运动员的领导方式，运动情境中的道德对话及运动员的经验等。

关键词：集体项目　青少年　运动员　体育道德

# 体育教育训练学

**3538**

**体育课程制度的现代性审视** / 杜伟著 ； 董新光指导. -- 苏州大学, 2009. -- 158 页

论文以历史唯物主义和辩证法的思想，对体育课程制度的发展史和现实问题进行了分析研究。全文共分五章。首先导论，提出研究的问题，介绍研究的目的与意义，并阐述研究的内容与方法。第一章介绍现代化体育课程制度的立法基础，对现代化与教育现代化的理论进行概述，分析教育现代化与教育现代性的特征，随后比较分析教育制度与课程制度的有关内

容,最后介绍体育课程制度体系及其研究的理论基础。第二章梳理体育课程制度的现代化进程,首先介绍中国近代体育课程制度的建立,分析体育课程制度产生的社会背景,探讨近代体育课程制度的历史成就与局限性,随后分析新中国大纲时代的体育课程制度发展过程,指出在当时背景下体育课程制度的贡献与局限,最后比较分析中外体育课程制度的异同,从而得出体育课程制度应走向现代化的启示。第三章介绍体育课程制度的现代性思辨,围绕对自在性、强制性以及自主性三种形态的教育制度的基础理论的介绍展开论述,分析中国体育课程制度的形态特征,并对强制性体育课程制度进行反思,探讨强制性与自主性的冲突,并分析向自主性体育课程制度发展的空间。第四章阐述体育课程制度的现代性内涵与特征,从教育现代性的价值观、体育课程理性追求以及体育课程的人文关怀三个角度分析体育课程的理性追求与人文关怀,随后具体阐述课程制度的现代性特征,最后分析体育课程制度的现代性学科内涵,并对课程进行评价。第五章介绍现代性体育课程制度的构建思路与途径,分别介绍现代性体育课程制度构建的基本原则与外部条件,阐述与时俱进、全员参与的生成机制,并对体育课程制度运行的保障机制进行了研究。最后为结论部分。

关键词:基础教育　体育课　教育制度

**3539**

**体育课程实施主体论** / 胡庆山著 ; 王健指导. -- 华中师范大学, 2009. -- 195 页

论文采用文献资料法、逻辑分析法、调查访谈法等方法,对体育课程实施主体进行分析研究。全文共分五章。首先为导论,介绍研究的缘起与意义,概述了相关研究,阐述研究的对象与方法,并指出研究的逻辑架构。第一章从边缘融入中心对体育课程实施研究兴起的的必然性进行分析,首先从介绍课程实施研究的边缘地位入手,指出课程实施研究的历程短暂、成果有限的特点,随后分析体育课程实施研究的缺失,指出研究中的问题与不足之处,而后从体育课程改革实践的呼唤角度阐明体育课程实施研究的迫切性、必要性与重要性,最后探讨体育课程实施研究的意义及其本质问题。第二章介绍课程实施的主体,指出体育课程实施研究的核心问题,首先对体育课程实施研究的范畴进行界定,并在此基础上,剖析体育课程实施研究范式的弊端及其规避问题,强调要重视对体育课程实施主体问题的研究,最后论述体育课程实施主体的地位、作用及其构成。第三章聚焦现实的主体,对体育课程实施主体参与的现状进行了剖析,以 21 世纪初开始的新一轮基础教育体育与健康课程改革实施为现实背景,通过实证调研和访谈所获取的资料,分别对体育教师、学生、校长、体育教研人员和家长等多元主体参与体育新课程改革实施的现状及其呈现的问题进行探讨。第四章透视实然的主体,体育课程实施主体参与的理论进行了厘析,具体分析体育课程实施各主体参与体育课程实施的双向共赢关系,并根据体育课程实施各主体参与体育课程实施的现状,归纳了影响体育课程实施各主体参与的主要因素,最后提出促进体育课程实施各主体参与体育课程实施的若干意见。第五章整合应然的主体,对体育课程实施多元主体进行了融合,首先阐释融合体育课程是海水多元主体的一个视角与一个机制,进而勾勒体育课程实施多元主体的整合路径,提出了有关建议。最后为对全文的总结。

关键词:体育课　课程建设　课程改革　主体

**3540**

**有效体育教学的理论与实证研究** / 胡永红著 ; 周登嵩指导. -- 福建师范大学, 2009. -- 213 页

论文对有效体育教学进行理论探讨与实证研究。全文共分八章。首先绪论,介绍选题的依据与研究的意义,并对相关文献进行综述。第一章概述有效体育教学的涵义及相关理论,指出教学行为的选择与目标的确立要立足于多学科依据,强调有效体育教学是一套策略,随后对有效体育教学的理念进行介绍,指出有效体育教学应以促进学生学习为宗旨,需要教师具备效益意识与反思意识。第二章介绍有效体育教学的理论基础,分别对教学过程最优化理论、适应性绩效理论、管理方格理论等理论进行概述。第三章分析有效体育教学的特征,包括充分的教学准备、科学的组合内容、清晰明了的教学过程以及高效利用时间等方面,指出有效的教学应促进学生的体能、技能、身体素质等多元发展,并关注学生身心成长的全面性,最后对有效体育教学的多样性进行了介绍。第四章探讨有效体育教学的影响因素,具体分为体育教师因素、学生因素、教学内容、体育教学环境因素、现代化的体育教学手段以及自然条件因素,最后归纳得出小结。第五章对有效体育教学的标准进行研究,首先分析有效体育教学指标体系构建的原则,随后对有效体

育教学指标体系的筛选方法进行介绍,包括经验选择法与德尔菲法,进而初步建立有效体育教学标准指标体系,并对有效体育教学的标准指标权重进行确定,对有效体育教学的标准构成指标进行解释说明。第六章在体育课堂对有效体育教学标准进行验证,首先概述体育课堂观察理论与方法学基础,指出课堂观察的一致性,随后阐述了样本学校的选择方法,介绍体育课堂观察的具体结果并加以分析。第七章提出提高体育教学有效性的策略,包括选择和优化教学内容策略、优化体育课堂时间管理策略等。第八章为结论部分,指出研究的不足之处,并对未来的研究方向进行了展望。

关键词:体育教学　教学效果　有效性

**3541**

**论运动员竞技子能力发展的非同步性特征** / 李赞著 ; 田麦久指导. -- 苏州大学, 2009. -- 208 页

论文基于运动员竞技子能力的发展具有非同步性的假设,对不同竞技子能力之间的相互关系与非同步性特征的价值体现进行分析研究。全文共分六章。第一章导论,介绍研究的背景与选题的依据,阐述了研究的意义与目的,对相关文献进行综述,并指出研究的主要任务。第二章概述研究的设计思路,介绍了研究的主要对象,对研究内容进行界定,阐述研究的方法,包括文献研究法与调查研究法,最后指出研究的创新点与局限性。第三章对竞技子能力及其发展的非同步性特征进行概述,首先评述了各竞技子能力的内涵,分析不同竞技子能力之间的相互关系,并对不同竞技子能力在构成整体竞技能力中的地位与作用进行探讨,随后对非同步性特征进行了简述,指出非同步性特征的哲学基础。第四章对运动员竞技子能力发展的非同步性特征的理论进行了解析,首先介绍运动员竞技子能力发展变化非同步性特征的命题缘起,对运动员竞技能力的非均衡结构进行了追问,并介绍了田麦久关于运动员竞技子能力在多年训练过程中的发展构想,随后对运动员竞技子能力发展变化非同步性的内涵特征进行了诠释,指出运动员竞技子能力的非同步性发展具有多维的表现形式,且其表现形式具有个体差异性与项目差异性,最后阐述运动员竞技子能力非同步性发展变化致因的有关理论,并对运动员竞技子能力非同步性发展的影响因素进行了排序。第五章阐述运动员竞技子能力发展非同步性特征的多维展示,包括运动员竞技子能力发展非同步性特征的时间展示、空间展示、主体展示与专项展示,分析集体类项目不同比赛位置或运动员竞技子能力发展的非同步性。第六章探讨运动员竞技子能力发展非同步性特征的训练学价值,首先介绍运动员竞技子能力发展非同步性特征的理论价值,随后阐述运动员竞技子能力发展非同步性特征的训练学要求,并对其效果进行评价。最后为结论部分。

关键词:运动员　运动训练　竞技状态

**3542**

**长三角地区高校区域体育课程资源开发与利用** / 王红英著 ; 杨再淮指导. -- 上海体育学院, 2009. -- 163 页

论文结合区域经济学以及相关教育学、体育学方面的理论研究,对长三角地区高校区域体育课程资源开发与利用进行分析研究。全文共分六章。第一章导言,介绍选题的依据,阐述了研究区域的选取方法,分析研究的意义与目的,并指出了研究的对象、方法与视角。第二章对长三角地区高校区域体育课程资源开发的理论进行研究,首先对相关概念进行了界定,随后探讨了区域体育课程资源开发与利用的相关理论研究进展,最后对区域体育课程资源开发与利用的分类体系进行了构建。第三章对长三角地区高校区域体育课程资源开发与利用的现状进行分析,首先阐述长三角地区高校体育课程的内容设置原则与现状调查结果,进而指出长三角地区高校体育课程的内容需求,并对长三角地区高校新开发的体育课程的开设效果进行了评价,随后分析长三角地区高校体育课程物力资源的开发与利用,对高校体育场馆设施配备的相关文件内容进行了解读,接着分别对长三角地区高校体育课程的人力资源、环境资源、信息资源以及财力资源的开发与利用进行讨论,分析了有关的影响因子。第四章分析长三角地区高校区域体育课程资源开发与利用的影响因素,分别从教师与学生的视角入手得出相应的影响因子,并对二者进行对比分析。第五章介绍长三角地区高校区域体育课程资源开发与利用资源共享模式的构想,首先指出长三角地区区域资源共享的制度与可持续发展机制是资源共享的前提,随后围绕“长三角地区经济、教育、体育的一体化是资源共享的基础”展开了论述,最后对长三角地区高校体育课程区域资源共享的一体化模式进行了构想。第六章为结论与建议,对全文的主要结论进行总结,并提出对后续研究的相关建议。

关键词:高等学校　体育课　资源开发

3543

**我国运动员参加世界大学生运动会的研究** / 尹从刚著 ; 姚颂平指导. -- 上海体育学院, 2009. -- 99 页

论文对中国运动员参加世界大学生运动会的有关问题进行分析研究。全文共分六章。第一章导论,介绍选题的依据及其必要性,分析研究的意义,并对相关现状进行分析,最后指出研究的对象、方法与论文的研究框架。第二章阐述世界大学生运动会的历史以及中国参赛的情况,首先分析世界大学生运动会的历史概况,对历届世界大学生运动会的竞赛项目设置进行研究,随后通过对历届世界大学生运动会参加的国家与参赛者数量的探究概述了中国参加历届世界大学生运动会的情况,进而得出了小结。第三章分析部分国家参加世界大学生运动会的状况,主要对美国、俄罗斯、澳大利亚以及日本的情况进行比较说明,首先分析美国组织备战世界大学生运动会的基本情况,分别对美国大学生体育联合会与 NACC 的项目设置进行了介绍,指出美国大学的学训矛盾问题,随后分别对俄罗斯、澳大利亚以及日本组织备战世界大学生运动会的基本情况进行了比较分析,进而得出四国组织备战世界大学生运动会对中国的启示。第四章研究中国教育部组织参加世界大学生运动会的策略,首先指出参加世界大学生运动会的目的与任务,探讨世界大学生运动会竞赛项目在中国高校的布局,指出中国高校竞技体育项目布局的历史沿革分为三个阶段,即曲折发展阶段、探索发展阶段以及加快发展阶段,随后分析世界大学生运动会竞赛项目在中国高校的布局现状,分析高校自身对项目布局的态度,最后对中国参加世界大学生运动会的组对与选拔机制进行阐释。第五章分析高校高水平大学生运动员的培养,对中国体教结合的形成原因进行了探究,指出体教结合培养高水平大学生运动员的问题,包括高水平运动员的学训矛盾问题,生源状况问题等。第六章为结论与建议部分,对全文的内容进行总结。

关键词:世界大学生运动会　选拔运动员　集训

3544

**中学体育教师专业道德及其建设研究** / 曾广林著 ; 陈俊钦指导. -- 福建师范大学, 2009. -- 152 页

论文对中学体育教师专业道德以及建设进行分析研究。全文共分五章。首先绪论,介绍选题的意义,对国内外的相关研究现状进行分析,指出研究的方法与基本框架。第一章介绍中学体育教师专业发展的灵魂——专业道德,首先围绕“体育教师专业化是体育教师发展的必然趋势”展开论证,对教师专业化的概念进行界定,并对体育教师职业的专业性进行分析,随后指出体育教师专业道德建设的必要性和紧迫性。第二章介绍中学体育教师专业道德界说,首先对道德进行探讨,界定道德的概念,阐述道德的起源与本质,并分析道德与其他意识形态之间的关系,随后介绍教师职业道德的概念、内涵、结构与特点,最后通过对中学体育教师专业道德的概念、内涵与结构的分析,归纳教师专业道德与教师职业道德的区别,指出中学体育教师专业道德的特点及其与其他教师专业道德的不同点,进而得出小结。第三章对中学体育教师专业道德的现状进行调查分析,首先指明研究的目的与意义,阐述了调查问卷的研制过程,并对问卷的与探索性因素进行分析,对其信度与效度进行检验,随后概述了教师问卷调查的结果,分析不同人口学特征的体育教师对自身队伍专业道德评价的差异问题,并对学生与教师对中学体育教师队伍专业道德的评价情况进行比较分析。第四章阐述中学体育教师专业道德建设的途径,首先分析中学体育教师道德建设的科学内涵,指出中学教师职业道德建设的局限性以及传统中学教师道德教育的低效性,进而对中学教师的道德建设进行历史反思,最后提出中学体育教师专业道德建设的途径。第五章为结论部分,归纳全文的结论,指出论文的创新点。

关键词:中学教师　体育教师　道德建设

3545

**我国体育学硕士研究生培养模式研究** / 张瑞林著 ; 黄汉升指导. -- 福建师范大学, 2009. -- 319 页

论文综合运用文献资料法、问卷调查法、专家座谈法等方法,从四个部分对中国体育学硕士研究生培养模式的构建进行了研究。全文共分五章。首先绪论,介绍研究背景与研究意义,分析相关研究现状并指出其存在的问题,最后阐述了研究的思路与研究的方法。第一章对中国体育学硕士研究生的培养现状进行分析,首先概述中国体育学硕士研究生的培养情况梳理中国体育学硕士研究生教育的发展历程,随后对中国体育学硕士研究生的培养现状进行调查,介绍调查的设计思路,并对调查结果进行分析,最后探讨中国体育学硕士研究生培养中存在问题的原因,分别对理论原因、制度原因、观念原因以及市场原因进行分析。第二章对体育学硕士研究生培养的理论进行

探索，首先分析体育学硕士研究生教育的本质特征，并对本质特征的影响因素及其内在运行机理及其内涵进行论述，随后阐述体育学硕士研究生教育的目的，探讨体育学硕士研究生培养类型划分的原则与影响因素，最后介绍体育学硕士研究生培养的原则，指出体育学硕士研究生培养应以社会需求为基础，符合科学发展规律，并坚持理论与实践的结合，自由与民主的结合。第三章探讨了体育学硕士研究生培养模式的建构，首先通过对现代教育理论的研究得出有关构建体育学硕士研究生培养模式的启示，随后分别对培养目标、课程设置、培养过程以及评价体系与淘汰机制进行阐述，最后讨论体育学硕士研究生培养模式的保障条件，指出氛围是体育学硕士研究生培养模式的环境基础，资金则是其物质基础。第四章阐述体育学硕士研究生培养评价体系与淘汰机制的构建，指出体育学硕士研究生评价体系与淘汰机制的现状是目标单一、方法简单、内容空洞、工具落后，进而分析评价体系与淘汰机制的功能与意义，并对评价体系与淘汰机制的动因进行了分析，随后阐述评价体系与淘汰机制实施过程中各因素的特点，最后介绍评价体系与淘汰机制的实施过程。第五章介绍体育学硕士研究生培养模式的建构结论，并提出相应的建议。

关键词：体育学　硕士研究生　培养模式

**3546**

**复合型训练团队的合作研究** / 赵岱昌著 ； 叶国雄指导. -- 上海体育学院, 2009. -- 117 页

论文对复合型训练团队的合作进行分析研究。全文共分六章。第一章导论，提出研究的问题，介绍了研究的目的、任务与意义，提出相应的研究假设，对相关文献进行综述，并指出研究的对象与方法，阐述论文的逻辑结构。第二章对复合型训练团队进行介绍，首先阐述复合型训练团队的产生，分析运动训练实践发展的客观需要问题，介绍科学技术发展对科学训练的推动与保障，随后对复合型训练团队的本质进行探究，分析复合型训练团队产生的时代特点与功能，指出复合型训练团队的目标，最后探讨复合型训练团队的结构，比较分析国外训练团队的组织结构特点与中国国家层面训练的组织结构特点，由此归纳复合型训练团队的一般结构。第三章介绍实践科学训练的团队合作模式，首先分析科学训练的实践途径，对科学训练的涵义与一般思路进行了阐释，随后探讨基于科学训练的团队合作路径，指出复合型训练团队的合作特点，最后分析复合型训练团队合作模式的未来趋势，罗列了影响团队合作模式发展的主要因素，设想了未来训练团队合作的特点。第四章分析复合型训练团队的合作行为，首先阐述训练团队合作的行为学基础与动机，随后介绍教练员的需求特征，最后通过对复合型训练团队的合作范围、合作方式以及影响复合型训练团队合作的部分因素的分析讨论复合型训练团队的合作行为问题。第五章介绍复合型训练团队合作的动力机制，从概述合作理论入手，指出了合作产生的条件、发展规律及保障，随后探讨了团队合作的动力机制，对合作动力进行整合与控制，最后提出了提高团队合作水平的建议，对促进团队合作的途径进行了分析。第六章为结论与建议部分。

关键词：竞技体育　运动训练　团队

# 民族传统体育学

**3547**

**论中国武术的国际化发展：从韩国跆拳道推广模式的角度分析** / 崔秉珍著 ； 虞定海指导. -- 上海体育学院, 2009. -- 160 页

论文运用实证研究法、案例研究法和比较研究方法，在对跆拳道国际化发展经验的基础上，探寻中国武术国际化进程中的缺失，从中探索中国武术国际化进程中可能涉及的西方总体思维中对多元文化的渴求与苛求，为武术国际化开拓前进之路，探索中国武术国际化之路。论文第一章是韩国民族思维方式的基本特征，首先论述东北亚地缘文化版图中的韩国，其次论述韩国文化的历史源流及特征，第三论述韩国民族的思维方式。第二章是跆拳道的国际化推广，首先论述跆拳道的概况，其次论述跆拳道的国际化推广模式。第三章是中国武术在韩国的发展现状研究，首先论述现代中国武术的引入路径，其次论述中国武术在韩国发展的现状分析，第三论述韩国人眼中的中国武术。第四章是中国武术的国际化发展，首先论述中国武术国际化发展的历史回顾，其次阐述中国武术国际化的意义，第三论述中国武术国际化的背景，第四论述中国武术在国际上的发展现状。第五章是中国武术与跆拳道发展方式上的异同与借鉴，首先分析制度和组织因素，其次分析系列的传播因素，包括文化的传播因素、产业化的传播因素等。第六章是后奥运中国武术国际化发展方式，首先论述后奥运时代中国

武术改革与发展的主题,其次论述后奥运的武术国际化发展方式。

关键词:武术　跆拳道　国际化　中国　韩国

**3548**

**武术之现象学论译** / 付文生著 ; 邱丕相指导. -- 上海体育学院, 2009. -- 64 页

论文运用现象学的研究方法,结合发生学、逻辑学等研究方法,以海德格尔的本体论、胡塞尔的超越论,以及思维的历史形成过程与人类形成过程中最基础的生活思维本身的生存意识展开剖析,把汉语言字词、诗歌等表现形式与武术套路、动作相结合,沿用东方民族崇拜、信仰、实际的思维定势,绘画显像、舞蹈实践、艺术形成与变现等,结合近年来出现的多种武术假象认识,反复论证研究的主题:武术是生存意识,是身体语言,动作若词汇,套路似诗词,武术以多种功能形式表现和书写着中国传统文化的篇章。论文第一篇是武术直白三论,首先论述文化竞争论,对休养生息加快和谐理念建设和加强学校教育力度做出研究;其次论述武术研究论,包括文化学的探讨、系统学的探讨和经济学的探讨;第三论述真假武术论,包括对武术的常识性认识的阐述、主观与客观辨析问题、温和与判断的参照等问题进行研究。第二篇是武术之本体论释义,首先论述明证武术的显像,其次论述剔除武术的假象,第三论述生存是武术产生的基本意识取向。第三篇是武术之超越论释义,首先论述英雄幻化与武术思维的超越,其次论述直觉、幻觉与知觉意识中的武术,第三论述艺术性武术。第四篇是武术文化意识论,首先论述武术文化的基本因子,其次论述武术文化的必要词汇,第三论述武术文化的诗词阶段。

关键词:武术　现象学　意识　生存

**3549**

**道家养生功法之研究** / 蔺志华著 ; 虞定海指导. -- 上海体育学院, 2009. -- 151 页

论文运用文献资料大、逻辑分析法、专家访谈法,并结合实地考察,从道家思想开始探源,对其理论基础进行探讨,在将道家功法归类的基础上,对每一类功法中抽取个案从中医学、生理学、心理学等不同角度进行分析。论文第一章是前言,阐述问题的提出、研究方法和相关概念的界定等。第二章是分析与讨论,首先论述道家养生思想的渊源,主要对《老子》和《庄子》的养生思想进行探究;其次论述道家养生功法的分类与理论基础,依次阐述了道家养生功法的分类、道家的生命观、道家修炼的境界说等;第三分析功法案例,对形体调节类、气息调节类、意识调节类分别进行阐释;第四分析了内丹术,包括内丹术的起源于修炼阶层、内丹术的健身机理、内丹术的特点及在现代社会中的意义等。第三章是结论与建议,主要结论为,形体调节类功法是道家天人合一思想的具体体现,提出应利用练功作与经筋运动的符合程度,梳理其养生功法设计之原理,提出养生运动处方建议。气息调节类以胎息法为例,指出呼吸与心理状态切相关,胎息是心理状态至虚时于外在呼吸系统的表现。另外,意识调节类以守一、守窍、存想为例。内丹术则是一种独特的系统训练方法,通过内向性意识的调节,一方面通过改善认知尽可能减少外界事物对身心的刺激产生的情志变化,另一方面通过神经系统的训练,与其它各个系统之间建立更加细微的联系,促进整个机体的稳定性和有序性。

关键词:道家　养生(中医)　健身运动

**3550**

**竞技武术套路运动异化研究** / 彭鹏著 ; 邱丕相指导. -- 上海体育学院, 2009. -- 100 页

论文运用实证研究法和历史研究法,对竞技武术套路运动异化问题展开研究。论文第一章是导论,第二章是异化理论概述及文献综述,首先论述异化的涵义和演进,其次论述相关竞技运动异化研究的启示和相关武术异化的研究,最后提出研究的理论基础——一般异化理论。第三章是竞技武术套路的本体理论,首先对竞技武术套路的概念进行界定,其次对武术套路的本原特征进行分析,进而分析武术套路的民族文化性。第四章是竞技武术套路异化之路,首先论述近代武术套路异化之路,其次阐述现代竞技武术套路异化的历史。第五章是竞技武术套路异化的辩证分析,首先论述竞技武术套路异化的客观表现,其次论述竞技武术套路异化对武术发展的消极影响,最后论述竞技武术套路异化对武术发展的积极影响,并对竞技武术套路运动异化现象进行辨证分析。第六章是竞技武术套路异化的实证分析,首先论述竞技武术套路本质的异化,其次论述竞技武术套路功能的异化,第三论述竞技武术套路现时活动的异化,第四论述竞技武术套路结果的异化。第七章是竞技武术套路异化归因,首先论述社会形态的转变与武术为之服务的关系变更,其次论述冷兵器时代的结束之于现代现代竞技

武术,第三论述西方文化在中国的传入对武术的影响,第四论述体育的制度化之于竞技武术套路。第八章是规避竞技武术套路异化的理性思考,分析了消解竞技武术套路异化的现实性,对竞技武术套路异化的有限消解问题进行阐述,并分析化解竞技武术套路异化的消极影响。第九章是结论与建议,提出竞技武术套路的异化的武术运动自身发展的必然等结论。

关键词:武术　运动竞赛　套路(武术)

3551

**荆楚武术文化研究** / 王家忠著 ; 郭志禹指导. -- 上海体育学院, 2009. -- 163 页

论文运用案例研究法和实证研究法,对荆楚武术的历史概况进行全面研究。论文第一章是导论,阐述研究的缘起、目的、内容、理论假设和相关文献综述。上篇是古代荆楚武术文化寻绎,第二章是楚国先民的烈烈武风,首先论述楚人尚武的历史,其次阐述相关兵器的情况,第三论述楚人善射的情况,最后论述引导养生的问题。第三章是金戈铁马的武术文化历史,首先对楚汉争霸进行研究,其次阐述三国风云和岳家拳法,进而论述内家拳法、农民起义及武艺教习等方面的问题。第四章是文学作品中的武术文化,依次对兵法武艺中的荆楚武术文化、文学作品中的荆楚武术文化、成语故事中的荆楚武术文化进行研究。中篇是近代荆楚武术文化解读,首先讨论民风民俗,对荆楚地域民间演武概况进行综述,阐述地方戏曲杂技中的武术文化和民间祭祀中的武术文化。第六章论述精武精神,首先论述国术会馆的概况,其次论述文武之道,第三论述国术竞赛,最后阐述武术名家。第四章是荆楚武术在革命文化中的表现,首先论述武术仁人的历史,其次论述荆楚革命实例。下篇是当代荆楚文化巡礼,第八章是荆楚武术拳种体系,对湖南武术、湖北武术的拳种概况进行研究,阐述荆楚竞技武术概况。第九章是当代荆楚武术教育,对学校武术教育和社会武术馆校进行研究。第十章是当代荆楚武术科学研究,主要论述武当拳法研究会和武术科研的情况。第十一章是当代荆楚武术文化的传播,研究武术的对外交流情况和武术影视作品。第十二章是荆楚武术的个案分析,研究武当武术、梅山武功和荆楚地域少数民族武术。第十三章是荆楚武术文化的精神价值及其信息概要,论述荆楚武术文化蕴涵的民族精神和现代社会价值,阐述荆楚武术文化信息概要。

关键词:武术　文化　体育运动史　湖北

3552

**健身气功推广策略研究** / 王林著 ; 虞定海指导. -- 上海体育学院, 2009. -- 218 页

论文运用实证研究法、比较研究法和案例研究法,从健身气功推广现状出发,梳理健身气功推广工作中存在的问题,运用相关学科的理论知识为健身气功推广提供策略支持。论文第一章是研究缘起,介绍研究的概念、目的、意义和方法。第二章是研究现状及文献综述,首先论述健身气功的研究现状,其次论述相关运动项目推广文献综述,对太极拳、木兰拳、跆拳道和瑜伽推广的文献依次展开论述。第三章是健身气功推广现状,首先论述健身气功在国内的推广现状,其次阐述健身气功的海外推广现状。第四章是传播学理论与健身气功推广,首先论述信息的概念、接受理论与健身气功的推广,其次论述人际传播与健身气功推广,第三论述组织传播与健身气功的推广,最后论述大众传播与健身气功推广。第五章是营销学理论与健身气功推广,首先阐述了解消费者及其对于健身气功推广的启示,其次对市场细分问题进行研究,第三考察健身气功推广的国家非营利营销问题。第六章是社会学理论与健身气功推广,首先论述需要——认同理论,其次论述社会交换理论,第三论述社会互动,最后研究社会分层。第七章是健身气功推广策略分析,首先阐释推广与策略,其次阐述健身气功推广策略。

关键词:气功　健身运动　推广应用

3553

**中韩两国东方武技形象认知差异的文化研究** / 赵诚均著 ; 郭志禹指导. -- 上海体育学院, 2009. -- 129,38 页

论文运用问卷调查法、文献研究法、比较分析法、案例研究法和实证研究法,试图考察研究东方武技在世界运动发展历史上的地位和现实意义,东方武技修炼的哲学意义。通过考察比较现代世界各种武技修炼思想、价值观,解决新的运动哲学和价值观问题。此外,还要阐述东方武技在概念上、武技形象上和修炼方法上的特点。论文第一章是东方武技的本质,首先论述东方武技概念的解释,其次讨论关于武艺、武术、武道的问题。第二章是东方武技主要内容的理解和解释,首先论述对中国武术的理解,包括古代中国的军事武术和民间武术并存、中国武技的近代化进程、现代竞技武术的形成过程等问题;其次论述对韩

国武艺的理解;最后阐述对日本武道的理解。第三章是东方武技修炼的修炼特点及现代意义,首先论述重在品德修养的修炼,其次论述重在道和技术的修炼,第三论述重在教育的武技修炼,最后论述武技修炼的现代意义。第四章是中韩两国对东方武技形象的差异,首先论述中韩两国对东方武技印象的差异,其次论述各武技项目的喜好度、理解度等问题,第三论述各个武技项目的人群表现,第四论述各武技项目形象的分析,第五是讨论,对武技的全体形象、跆拳道形象、竞技武术形象、柔道的形象、空手道的形象等问题依次展开论述。

关键词:武术　形象　认知　中国　韩国

# 文 学

## 文艺学

3554

**理查德·罗蒂的文化观念和文学理论研究 / 安佰鸿著；曾繁仁指导. -- 山东大学, 2009. -- 153 页**

理查德·罗蒂可谓当代西方最有影响的哲学家之一,其新实用主义思想在文化各个领域中都产生了重要的影响。结合自己的新实用主义思想,罗蒂较多地论述了文学在后哲学文化中的作用,对于文学的各个层面也颇为关注。梳理罗蒂的文化观和文学理论,厘清其中存在的局限,发掘出其独特的效用和价值是论文的主要目标。论文第一章介绍罗蒂的学术生涯以及论文的研究意义、方法和创新。论文应用实证描述与理论的归纳演绎相统一的方法,既注重对罗蒂理论著作和核心观点的实证描述,又进行适当的理论演绎。第二章论述罗蒂文化观和文学理论的理论基础——新实用主义哲学。罗蒂的新实用主义有三个思想渊源:古典实用主义、分析哲学和欧陆后尼采哲学——罗蒂各取其精要加以综合。通过对这些思想的综合,罗蒂对于新实用主义哲学做出了基本的界定,即它在根本上反对本质主义,反对传统的认识论和真理观。第三章阐述和分析罗蒂的后哲学文化观念。罗蒂在褫夺了哲学的文化基础地位之后,想要建立一种富于文学性的文化——文学文化。它的突出特点在于,罗蒂消解了哲学的权威,提升了文学的地位,使文学成为这种文化的导向学科,体现着这种文化的主要性质。第四章着重讨论罗蒂新实用主义的文学理论。依托罗蒂的文学文化观,论文梳理了其对文学各个层面的关切。通过分析,论文试图表明罗蒂实际上继承和应用了很多文学要素——比如隐喻、想象力和移情——的传统内涵,只不过赋予了它们新的功能。第五章总结分析罗蒂新实用主义思想存在的问题和给予我们的启示。它具有后现代理论的主要特征,即“去中心”和“非稳定性”。这使它自身内部充满着矛盾和不一致的同时,也为我们提供了诸多启发。

关键词:罗蒂(Rorty, Richard Mckay)　文化思想　文学理论　文化交流　思想评论

3555

**论中国古代文论创作心理研究中的言意问题 / 陈洪娟著；冯宪光指导. -- 四川大学, 2009. -- 184 页**

论文受近20年来现代文艺心理学和语言哲学中一些新理论的启发,采取心理学和语言哲学相结合的方法,提出了一个中国古代文论具有当代意义的研究课题——中国古代文论创作心理研究中的言意问题。论文按照内在的逻辑顺序分为五章。第一章主要论述文论对哲学领域言意问题的吸收和发展。文论在吸收哲学思想的同时,根据文学自身性质,使哲学上的言意问题成为了一个重要的诗学论题。第二章主要讨论文学创作产生中的言和意问题。“物感”是物触和有感同时进行的双向交流活动。在此活动中,创作产生心理中的“意”是在触物与有感的共时性和历时性建构中形成的饱含知觉情感的“物象”。创作产生心理中的“言”,即感知中的语言状态。第三章主要讨论文学创作构思中的言和意问题。笔者根据苏联心理学家维果茨基“内部言语”的理论对文学创作思维中的语言性质以及与意象思维的关系做了补充,进一步论证意象思维和内部言语没有隔阂,可以融为一体。第四章主要讨论文学创作传达中的言和意问题。作为艺术对象使用的语言不同于一般日常语言,它的主要职能是“有序”地表达主体的审美经验。笔者通过举引历代诗人不同性质的优秀代表作品为个例,总结出“言随意遣”和“意随笔生”的创作原则。第五章主要讨论文学创作心理中的“兴”的问题。触物而起兴的思想贯穿于中国古代灵感论的始终。“兴”的创作状态,想象活动和文辞运用都畅顺自如、灵活圆通,是创造不落痕迹、自然灵妙之作品的理想方式。笔者在论述过程中,尽量忠实于原汁原味的中国古代文论话语,同时还采用观察自身和他人的心理、行为、语言的方法,以及结合国内外美学、心理学、语言哲学等相关理论抽象思辨的方法,以做出细密的分析。

关键词:古典文学　文学理论　文学创作

3556

**“文学终结”之后:西方电子文学文本性研究** / 陈静著 ; 周宪指导. -- 南京大学, 2009. -- 122 页

论文是在信息时代的语境之下,力图对“文学终结”之后的西方电子文学的文本性议题进行探讨。通过对电子文学形态的分析以及阐述和梳理具有代表性观点,并基于对印刷时期的作品和文本观的反思,试图提出这样的观点:西方电子文学作为“文学终结”之后的新兴文学形态是计算机与文学相互作用的产物,呈现出印刷文学所不具有的特征。电子文学的文本性是根植于西方电子文学实践之中,基于对印刷文学的作品及文本观的反思之上,以超文本性、赛博文本性和代码作品文本性为主要形式。研究分为三个部分:第一部分是从“文学终结”的问题开始,从德里达及米勒等人的解构主义观点着手,论证“文学的终结”实际上宣告与西方逻格斯中心主义的密切联系的“文学本质观”的终结。电子文学作为“文学终结”之后的一种新生的变革力量,是信息时代社会语境的产物,也代表着 21 世纪的文学。第二部分则从印刷时期的作品—文本观入手,说明印刷术作为媒介及书写技术对于印刷文学观及作品观所产生的影响,并指出,印刷文学中的文本观是一种被建构的文本观,是基于文学实践中的作者、编辑意图之上的产物。而以德里达、巴特等人的后结构主义文本观解放了文本,并与超文本理论形成了聚合,构成了电子文学文本观的重要思想源泉。第三部分针对在具体特定媒介中具体化的电子文本性进行分析。超文本作为最早出现的电子文本形式,更多地体现出与印刷时代理论之间的联系性;而在此后新兴的赛博文本则更多地体现出与印刷时代的断裂和对确立自身合法性的强烈意愿;代码作品的文本性则呈现出与前两者不同的特征,形成了一种超越。

关键词:文本　文学理论　西方国家

3557

**新诗“口语”问题研究** / 陈亮著 ; 吴思敬指导. -- 首都师范大学, 2009. -- 105 页

论文希图对新诗“口语”问题做出历史化的梳理,对新诗“口语”问题的发生作出一个解释,还原新诗“口语”问题在具体历史语境中的内涵。对新诗“口语”问题历史的考察,同时也反对了将新诗“口语化”本质化,普遍化的倾向。第一章,厘清文言、白话、书面语、口语的概念,对现代汉语的生成和发展作出了梳理,对新诗语言在现代汉语发展中的位置作出了描述,同时讨论口语和文学语言的关系问题。第二章,考察新诗“口语”问题在新诗发生期的凸显:以胡适的新诗理论为中心,讨论口语为诗的可能性;考察后期诗人对早期新诗语言口语化倾向的反拨和建设新的诗歌书面语的努力,讨论他们对新诗理解的歧异。新诗“口语”问题的争议,就是在这种对新诗语言的不同想象中展开的。第三章,讨论同新诗“口语”问题紧密相关的新诗话题:“大众化”“方言入诗”和“散文化”。“口语”问题与这些新诗话题有重合之处,而又在历史语境的变迁中走上不同的道路。讨论它们在不同历史语境下既彼此缠绕又彼此辩驳的张力关系,从而呈现出新诗“口语”问题的复杂的历史内涵。第四章,研究“口语写作”在新的历史语境中的发生,考察“口语写作”形象的建构过程,对“口语化”的界限作出反思。对于新诗“口语”问题来说,新诗发生的上世纪初,和 1980 年代以来,是两个关键而又值得比较的时代。论文认为,新诗“口语”问题应放入新诗语言建设的背景中讨论。新诗应该以一种开放和包容的姿态,朝向广阔的语言天地撷取诗歌语言,而不应将某一种语言资源神圣化或绝对矮化。同时,新诗应该积极总结自己的语言传统,在诗歌史和世界文学的视野中,确立自身的位置,开拓诗歌新的表意和审美可能性。

关键词:新诗　诗歌语言　口语　文学研究

3558

**守护与超越:中国画学研究会与中国画的现代转换** / 陈美珍著 ; 黄宗贤指导. -- 四川大学, 2009. -- 190 页

论文试图从 20 世纪上半叶美术界中出现的众多社团中,选取中国画学研究会这一微观个案来审视中国画现代转换过程中的复杂现象。论文一方面通过大量珍贵的史实文献,还原其丰富的历史真相,同时基于中国画学研究会所处的文化情境,深入探索中国画学研究会在中国画现代转型时期所具有的地位和影响,就此以其作为微观个案审视传统派在中国画现代转型时期的意义和价值。在此基础上,论文由以下几个章节构成:前言部分对本课题的研究现状、选题意义、预期目标作简单介绍。第一章主要是关于中国画学研究会成立的语境研究。这一部分主要从时代背景、社团现象以及个人影响来阐述中国画学研究会出现的必然性。第二章主要在总结前人研究成果的基础上,深入原始材料,通过资料搜集发掘中国画学研究会被埋没的历史,力图做出准确的历史描述。第

三章是对中国画学研究会文化品位的研究。通过对此研究会的成员、组织机构、教学方式和美术交流的描述看其所具有的浓郁的国粹主义情结。第四章是关于中国画学研究会艺术主张的研究。其对传统中国画的超越在其"博采新知"的艺术主张中体现出来。第五章论述中国画学研究会在中国画现代转换中的意义和地位。结语部分简要总结中国画学研究会对于中国画现代转换的意义,肯定中国画学研究会在美术史上应有的地位。对于学术界普遍存在的评价偏低、偏颇的看法作了辨析与修正。

关键词:中国画　绘画　民国

**3559**

**审美超越性研究** / 陈雪梅著 ; 王元骧指导. -- 浙江大学, 2009. -- 133 页

论文从现代人的生存处境入手,较为全面地阐述了审美超越性的意义和价值。第一章"导言"部分是对论题的先行阐释和时代背景交代。首先从宏观的角度分析了现代人精神迷失的生存状态;接着从日常生活审美化争论出发对当前的审美超越性研究作了简要的述评;进而预期论文对审美超越性研究的理论价值和现实意义;最后逐章交代论文的方法论指导和运思路径。第二章"审美超越的中西传统"是对审美超越性思想传统的梳理、比照和评析。这一部分,选取中西方美学史上的代表性理论,剖析它们各自的审美超越性思想,并从生存论的视域出发进行了简要的评述,为后文的理论建构提供基本的思想资源。第三章"审美超越的理论意蕴"是对审美超越的全方位论证、阐释和描述。首先从哲学的角度多方论证,审美超越的根据深植于人性自我成长、生存意义的创造以及人的价值追求的诉求中。在阐释审美超越内涵时,结合具体的艺术审美经验展开论述,并最终尝试性地提出审美超越的双层构架。第四章"审美超越的独特性"是在比较的视野中论述审美超越和宗教超越、道德超越的异同,并且分别指出宗教审美化以及道德审美化的文化发展趋势。但论文并不主张过度拔高审美超越的功能,在该章节的最后,结合对审美救世主义和审美乌托邦的批判,提出要辩证地看待审美超越的价值和意义。第五章"审美超越的当代境遇"将研究的视域放在当前,全面透视、评析审美泛化的文化景观,继而以杜威的审美经验论为突破口,辨析了日常经验和审美经验之间不可抹杀的质的区别,指出在后形而上学的时代,审美经验也不可能全然丧失其理想性和超越性;论文最后提出要重新缔造审美现代性的传统,赋予审美超越性以应有的地位。

关键词:审美　美学　现代性

**3560**

**中国古代诗学的空间问题研究** / 邓伟龙著 ; 方克强指导. -- 华东师范大学, 2009. -- 262 页

论文尝试从空间的维度,择取中国古代诗学中具有统摄性的赋比兴、言象意和意境等范畴来探讨中国古代诗歌艺术中有关空间或空间性的问题,并试着对其加以理论和系统化,进而揭示中国古代诗歌艺术的空间或空间性特质。论文除导论、结论、余论和结束语之外,正文分三编共八章。上编分三章,着重从空间思维的角度重新阐释古代诗学传统中的赋、比、兴范畴。研究认为,人类思维的两种最基本的方式是时间思维和空间思维,同是空间思维的赋比兴则又有区别,这就是古人为何重"兴"而轻"比""赋"的原因。第一章着重阐释作为铺陈、扩展的空间思维——"赋";第二章着重论证作为二象并置、隐喻的空间思维——"比";第三章则探讨作为瞬间、直觉的空间思维——"兴"。中编亦分三章,着重从空间的建构途径角度来探讨传统的言、象、意范畴。第四章论述作为"依存时间的空间性媒介"的"言",以及和"言"相关的空间语法和"字思维"等问题;第五章论证"跨度言意之间的空间性组合"的"象",并阐释与象紧密联系的中国古代诗学的相关概念,以及意象组合和意象思维问题;第六章则论述"依象而存的空间性混沌"的意,同时阐述与之联系的"道""气"等范畴或概念。进而得出"言、象、意"是空间构建的途径之结论。下编共两章。第七章从意境之"境"及其空间生特征,构成意境的三个最主要因素及其空间性特征,意境的三个主要结构层次及其空间性特征来探讨意境的空间性本质。第八章则从空间或审美空间的角度检讨当代有关意境的现代化、泛化问题,并主要评析现代关于意境的六种界说,以期突出意境的空间性特性。综此,论文认为,在中国古代诗学思想视界中,诗歌艺术乃是一种空间性的艺术,每多空间或空间性视角之阐发,故空间可谓解读中国古代诗学的一有力维度。进而言之,空间或空间性可能就是中国古代诗歌艺术的特质。

关键词:古典诗歌　诗学　空间　文学研究

**3561**

**审美文化关系研究** / 丁筑兰著 ; 姚文放指导. --

扬州大学, 2009. -- 217 页

论文试图从审美文化与宗教、政治、经济、科技、社会心理等其他文化领域的关系探讨中,通过梳理他们之间的关系,从整个社会文化整体视野来观察审美文化的外在表现和内在特征,以期为审美文化自身建构提供思考维度。前沿部分对审美文化的概念、研究的必要性、研究方法、研究思路等作了一个简要交代,阐释选取宗教、政治、经济、科技和社会心理作为审美文化关系讨论核心的原因,通过探究它们与审美文化的关系能够更好地理解当代审美文化的内涵。第一章讨论的是宗教与审美文化之间的持续互动关系。宗教与审美这对从原始时期就紧密相连的"孪生子",一起经过了从发生、发展到世俗化的互动历程。第二章探讨的是审美文化与政治的关系。第三章讨论的是审美文化与经济之间从过去的疏远到现在相互融合的关系。第四章讨论的是审美文化与现代科技的关系。叙述科技与审美文化之间由早期历史的基础推动,到工业社会的推动性加强,再到当前社会现代科技的强力推动或决定性关系。第五章讨论的是审美文化与社会心理的关系。叙述无论是传统的审美活动还是当前的审美文化都是社会心理深层意识影响的结果,这种作用效果随着现代社会对个人因素的强调而不断加强。结束语部分为论文做出了一个简要的总结。

关键词:审美分析　文化特征　文化关系

**3562**

**审美视阈中的土地崇拜文化研究** / 樊淑敏著 ; 陈伟指导. -- 上海师范大学, 2009. -- 252 页

论文研究的是土地崇拜及其文化美学思想。除导言外,共分为五章。第一章为地神信仰的演变与文化阐释。土地崇拜的逻辑起点是"以地为母"的原始思维,核心思想则是浓厚的生命底蕴与生殖的崇拜意识,不仅体现为各代不同的土地神崇拜和仪礼习俗,而且外化为回归地母子宫的土葬方式和习俗。第二章为土地崇拜文化的发生及其审美文化特征。从两个方面展开论述,一是土地崇拜文化的缘起与文化解读,二是土地崇拜文化的民族特征和审美精神。第三章为土地崇拜文化与中国传统美学思想。分别从五个方面进行论述,一是天地父母与阴阳和合的文化辨析;二是天地崇拜与"天圆地方"说的文化解读;三是天地崇拜与古代中国的"尚色"观;四是天地崇拜与儒家人伦物理;五是土地崇拜与道家生态美学观。第四章为从土地神话传说看中国文化的民族特性与审美精神。一方面从神话母题和神话原型的角度阐释泥土造人神话的审美文化内涵,另一方面从跨文化角度对中国、希腊、希伯来、印度等神话说中的土地和地神进行比较研究,通过比较中西文化的不同,从而凸显中国本土土地崇拜文化的民族特征和审美特性。第五章为从生态美学的角度反思土地崇拜的现实意义。生态问题是当前社会普遍关注的热点难点问题。中国传统文化中尤其是土地崇拜文化蕴涵有丰富的生态智慧,中国传统文化中人对土地和自然万物的亲和体验,以及由此滋生的"天人合一"观、有机自然观、整体宇宙观等作为中国主流思想儒家、道家的立论支柱,典型代表了中国人对待自然的态度和认识。其中所蕴含的人与自然的和谐共存意识,无疑对今天人类社会的可持续发展具有重要的借鉴意义。结语重申了土地崇拜在中国古代文化中的重要影响以及对当下生态危机的借鉴意义。

关键词:土地神　信仰　审美文化

**3563**

**英国浪漫主义与中国五四浪漫主义诗学比较研究** / 范丽娟著 ; 罗振亚指导. -- 哈尔滨师范大学, 2009. -- 180 页

论文从中西方比较的视角,探讨英国浪漫主义诗学与中国五四浪漫主义诗学的异同点和关联性。绪论部分阐释诗学、比较诗学的概念,目的是建立比较诗学理论和接受美学理论框架下的中英浪漫主义研究体系。并概述国内外对浪漫主义诗学研究的现状,阐明论文进行中英浪漫主义诗学比较研究的必要性、科学性和现实性。第一章在剖析浪漫主义概念和主要内涵的基础上,把浪漫主义置于文艺思潮发展演进的历史语境中,探讨浪漫主义同古典主义、现代主义以及后现代主义等关系。第二章分别具体论述了英国浪漫主义和中国五四浪漫主义的发生和诗学特点。第三章分别从自然观、语言观、诗人观,以及表现客体的转向等方面对比分析中英浪漫主义诗学的相似性与差异性,详实地论述了英国浪漫主义的影响广度与深度以及中国浪漫主义作为接受主体的创造性表达。第四章主要从女性主义视角探讨中英浪漫主义诗学的异同。结语部分站在中国诗学现代化的立场,总结、提升中国五四浪漫主义诗学与西方话语,尤其是英国浪漫主义思想的紧密联系以及在中国文学现代化过程中的地位。认为英国浪漫主义和其他西方话

语,始终是中国五四时期浪漫主义诗学演进中的主要理论资源,是构成中国诗学由古典走向现代建构的重要知识背景。概述了中国五四浪漫主义诗学对中国诗学现代化的促动作用,引申我们在今天这样一个全球化的语境中,对文学乃至文化的民族性传承和发展问题,对异域文化的影响和接受等问题的进一步思考。

关键词:浪漫主义　文学研究　英国　中国

**3564**

**中国古代绘画中的隐喻现象研究**／范美霞著；冯宪光指导. -- 四川大学, 2009. -- 270 页

论文从绘画的视觉功能角度出发,研究中国古代绘画最具特色的意义表达方式——隐喻。致力于从纷繁复杂的中国古代美术史史实中辨析出绘画隐喻现象,并梳理绘画隐喻在中国绘画历史上的发展变化历程。导论部分主要是在对国内外相关研究现状的综述的基础上阐明论文的选题来源及其意义。正文分为上下两篇,共八章。上篇:绘画隐喻的界定及其基本问题,主要致力于从纷繁复杂的绘画历史中梳理出绘画隐喻现象,并对绘画隐喻的基本问题作简要探讨。上篇包括三章:第一章,绘画中隐喻现象的界定;第二章,绘画隐喻的适用语境与修辞手法,主要讨论了两个问题:其一是绘画隐喻的适用语境问题,分析在具体语境下中国文化所赋予绘画的诸多功能之中,哪些功能的履行需要绘画采用隐喻手法;其二,绘画隐喻的修辞手法,讨论绘画隐喻的具体实现手法;第三章,隐喻性绘画的创作与理解,主要从绘画创作与理解两个角度探析隐喻性绘画中隐喻意义的生成和理解路径问题。下篇:中国古代绘画中隐喻现象的发展历程,主要是从绘画的视觉功能角度梳理绘画隐喻在中国绘画史上的发展变化过程,在时间上从原始社会时期直到清末。下篇分为五章:第一章讨论原始社会时期绘画中的隐喻问题,以岩画和彩陶绘画为范本。第二章讨论夏商周至到隋唐时期的绘画隐喻。第三章就是主要梳理五代至明代中叶这个时期的绘画隐喻理论建构,第四章梳理五代至明代中叶绘画隐喻使用的常态化现象。第五章讨论明代中晚期至清末时期的绘画隐喻。最后,概括全文,对中国绘画史上绘画隐喻现象的发展特点做出归纳,并简要分析其形成原因。中国绘画史上绘画隐喻现象的发展呈现出"两峰夹一谷"的态势。

关键词:绘画评论　隐喻　中国画　绘画史

**3565**

**李健吾文学批评思想的现代阐释**／范水平著；李益荪指导. -- 四川大学, 2009. -- 184 页

论文认为,李健吾的文学批评思想是以自然主义文学理论为主导的,同时又结合现实主义的某些合理成分,并借鉴、采纳某些当代西方文学理论的方法或视角。所以,李健吾的文学批评思想在现代性诉求的基点上,既以自然主义为主导,又在某种程度上突破了传统自然主义和传统现实主义原则的限制,他的批评思想呈现出巨大的理论张力和强烈的现代意识。论文由绪论、正文五章和附论组成。绪论对国内外关于李健吾文学批评的研究概况进行了梳理和评析,并概述论文的基本内容、研究方法及论文的创新之处。第一章考察李健吾文学批评思想的学殖渊源。以福楼拜与自然主义的关系为切入点,再从李健吾对于福楼拜的研究和接受出发,分析福楼拜对李健吾文艺思想的深刻影响,从而揭示出李健吾的文学批评是以自然主义原则为主导的真面目。第二章具体论述了李健吾以自然主义为主导的文学批评方法。具体认为:李健吾批评的基石是对"人性""人"等问题的思考和论析;其批评中也很重视作家的"观察";其文学批评中基本不作结论,体现出自然主义式的客观精神。第三章主要阐释李健吾文学批评思想的现代意识的几个方面。在文学的形式与内容的关系问题上,李健吾持的是"形式"决定论。其文学批评透露主体间性思想的端倪。从李健吾关于作品之间的"影响"的观点,论述了他互文性思想的寓意。第四章主要展现 1948 年后李健吾文学批评思想的变异。新中国成立前后,李健吾文学批评的现代性诉求受到压抑,然而,只要政治氛围稍微宽松,他的批评又回到属于他自己富丽"人性"的底色。第五章是结语,从自然主义的功过说起,以对李健吾文学批评的意义与不足的大致评价作全文的总结。附论从李健吾文学批评的态度和批评论文的写作等方面,概括论述李健吾的职业操守及对我们今天学人的启示。

关键词:李健吾　文学评论　文学思想

**3566**

**未完成的主体性:新时期以来中国文学理论对主体性的思考**／方亭著；孙文宪指导. -- 华中师范大学, 2009. -- 143 页

论文写作的思路是将中国文学理论对主体性的思考置于全球化的视野中加以研究,寻求中西理论的

结合点和差异处。并不仅仅停留在对文学主体性的一般描述和介绍上,而是深入主体性研究的文化机制和社会历史语境,通过阐释不同的主体性理论构成方式,分析为何呈现这种主体性的解读方式,这种解读方式涉及何种理论问题,回避了何种理论问题,有哪些问题得到了很好的解答,又有哪些问题在历史的考辨中沦为伪命题。全文分为四章,具体如下:第一章,自律性与文学主体性。新时期文学主体性理论率先由刘再复明确提出,理论提出的背景有社会历史发展的需要,有李泽厚来源于康德哲学的理论支撑,有文学创作的先在启蒙铺垫,更体现为文学自律性和审美性的吁求。第二章,现代性与文学主体性。文学自律性在现代化进程中得以集中的体现,同时中国文学主体性研究逐渐拥有了开阔的理论视野和深化的思想内涵,但同时表现为论述的离散化倾向。第三章,主体间性与文学主体性。主体间性是反思现代性的路径之一,旨在以对话、交流的方式打通主体之间的关系,是对现代形而上的理性主体研究思路的反驳。第四章,多元化的文学主体性研究。论文的结论表现为:1. 主体性研究深化了文学理论研究,使中国文论从西方17、18世纪的启蒙浪漫主义时代重视作家、作品而一跃拥有了现代性的眼光。2. 主体性研究强化了对文学活动特性的认识,使文学活动具备了跨学科的视野,哲学、社会学、心理学、文化学等学科的丰富成果被吸收接纳。同时,由于主体性研究深受政治、经济、文化的制约,而表现为不同的时代有不同的主体性,对主体的不同解读影响了文学生产和流通的境遇。3. 与西方理论相比,中国文学主体性理论的中介环节比较欠缺。

关键词:当代文学　文学理论　主体性

**3567**

**从影像到拟像:图像时代视觉审美范式研究** / 高宇民著 ; 李西建指导. -- 陕西师范大学, 2009. -- 188 页

论文紧扣影像的技术美学特征,联系媒介文化发展的社会历史背景,立足观者主体的视觉审美心理,来多维地透视和剖析图像时代人类视觉审美范式的演变进程和内在逻辑。在方法上,论文把视觉媒介的技术分析、审美主体的心理分析和当代社会的文化分析三个方面有机结合。在具体论述中,又将现象描述、个案分析和逻辑思辨相结合,力图呈现出图像时代视觉审美范式发展演变的多侧面像,并以此为据,展开对当代社会文化现象的反思与批判。论文具体内容如下:第一章,论题核心概念的内涵界定和关系分析。第二章,回顾前图像时代的两个重要的视觉对象——"像"与"象"。辨析它们的区别与联系,并结合造型艺术和文学艺术具体考察"像"与"象"所对应的视觉审美范式。第三至六章,进入图像时代,结合影像的技术美学变迁,具体描述视觉审美范式的演变历程,并剖析演变背后隐含的技术学逻辑和社会学逻辑。根据审美心理分析、媒介技术分析和社会文化分析三结合的方法论预设,这一部分在标题设定和论述分析时,都力求呈现出不同媒介阶段的视觉审美范式的三维立体像。通过对图像时代视觉审美范式的描述分析,论文认为,从影像到拟像,实际上是影像自身不断拟像化以及拟像逻辑不断向现实世界转化和泛化的过程。在此过程中,观者主体深受机器性媒介技术理性、工具理性和资本逻辑的控制,其审美在不自觉的状态中掉入了拟像的拟仿逻辑陷阱。

关键词:艺术美学　审美　视觉　电影　电视

**3568**

**民族性格与意识渗透:日本动漫文化生成及影响批评** / 龚莉萍著 ; 欧阳宏生指导. -- 四川大学, 2009. -- 324 页

研究共分为发展轨迹、民族性格、美学品格、艺术精神、衍生文化、衍生群体、意识渗透七个部分。第一章是生成历史的阶段梳理。对日本动漫的发展轨迹进行纵向的阶段梳理。第二章开始向前追溯,探究日本动漫文化滋生的土壤和源泉:民族性格。第三章开始剖析日本文化的美学魅力,即动漫文本的美学品格。分析紧扣日本民族"物哀情结"的审美意识,创新性的把日本动漫的美学品格归纳为:物哀美、集合美、深邃美、死亡美四个部分。第四章接着分析日本动漫文本的艺术精神,进一步解读文化生成的深层原因。第五章开始分析日本动漫衍生的庞杂次文化。日本动漫在几十年的发展过程中,其庞大的产业链以漫画为市场基石、动画为市场核心、游戏为市场延伸,衍生出了极其庞杂的次生文化。第六章研究动漫文化的忠实拥趸:衍生群体。充分运用心理学、社会学、文化学、符号学的分析方法,对中国漫迷群体的形成和发展做了系统解读,分析时下热门的 COSPLAY 文化、同人群体,以及"漫迷"对动漫文本意义系统的发烧解读。第七章探讨日本动漫的意识渗透,这是一种向后延伸的隐性力量。系统分析日本前外相麻生太郎的"动漫外交"策略;批评日本动漫从戏仿到恶搞,解构

和重构别国国家文化，造成各国之间的文化误读；对日式动漫暗示的文化霸权、折射的极端民族主义和军国主义主张表示隐忧。

关键词：动画　文化　民族性　日本

**3569**

**网络社会环境下的当下中国文学研究** / 顾宁著 ； 高凯征指导. -- 辽宁大学, 2009. -- 110 页

论文围绕当今网络社会环境下"文学为何"的中心命题，通过对当下中国文学诸要素的解析，从而达到形成关于网络环境下文学存在形式及意义的。发展中的文艺学正面临着新的历史语境，从 4 个方面对当下网络环境中的文学形态加以论述，对几个具有代表学科前沿性的问题做出原创性的论证：1. 数字化媒体戏剧性地验证了上世纪 60 年代由麦克卢汉提出的"地球村"的大胆想象。2. 面对数字化媒体的强劲挑战，文艺学该如何担当起自己阐释抑或引导文艺现状的使命。3. 在传统价值观的合法性遭到质疑后，如何重建新的价值立场，已成为网络化社会环境下的文艺学无以回避的新命题。4. 网络使用者在享受大自由度的创作空间的同时，"文责"与"自律"成为无可回避的问题所在。在对网络媒体的特征进行较全面分析的基础上，对其在网络文学的兴起、发展、现状以及未来发展趋势等方面所起到的作用逐一进行了探讨。对今后网络文学的发展方向加以探讨和预测。首先从网络文学的创作内容来看，未来网络文学的创作倾向将更趋于类型化创作。其次从网络文学的载体——创作平台来看，新兴媒体技术为网络文学的繁荣带来新机遇。

关键词：网络环境　当代文学　文学研究

**3570**

**莎乐美形象的历史演变及文化解读** / 关涛著 ； 陶东风指导. -- 首都师范大学, 2009. -- 158 页

论文写作的主旨是对莎乐美的形象演变从历史发展的角度进行梳理，并就其展开文化层面的解读和阐释。第一章对莎乐美在《圣经》福音书中的艺术原型和《犹太古史》中的历史原型进行考证和描述，并试图还原曾激起后世艺术家创作灵感的神秘的"莎乐美之舞"的历史真相。第二章梳理莎乐美在中世纪 1000 多年来视觉艺术中的形象演变，探讨莎乐美如何从攀附着伟大圣徒的小人物逐步演变成绘画艺术表现主体的文化原因。论文从第三章转入对 19 世纪后期莎乐美进入西方文坛的形象描述。主要论述海涅、福楼拜和马斯涅笔下的"浪漫主义"的莎乐美形象。故事情节虽然各不相同，但这一时期的莎乐美散发出浓郁的浪漫主义风采。第四章挖掘"象征主义扮相"的莎乐美形象，所涉及的画家和作家——莫罗、于斯曼和拉佛格——都是法国象征派的领军人物。第五章是论文的重中之重，论述"唯美—颓废主义"的莎乐美形象。19 世纪和 20 世纪之交的王尔德的悲剧、比亚兹莱的插画和施特劳斯的歌剧携手打造了莎乐美的巅峰形象，使唯美—颓废的莎乐美在当时的西方社会家喻户晓。第六章探讨了唯美—颓废主义的莎乐美在 20 世纪初期的中国所受到的两种截然相反的解读，一种是以田汉为代表的"去颓废"解读，另一种是以邵洵美为代表的"颓废"解读。尽管二者互为矛盾，却见证了中国现代文学家为中国的现代性所做的最大努力。结语部分从西方宗教、东方主义、女性主义和审美维度等几个方面重新总结了"莎乐美情结"的文化意义。

关键词：文艺　作品　人物形象　审美

**3571**

**作家生态位与 20 世纪中国乡土小说的生态意识** / 韩玉洁著 ； 鲁枢元指导. -- 苏州大学, 2009. -- 173 页

论文尝试以生态批评的方法，对中国 20 世纪"乡土小说"的生态意识作综合性的考察和研究。论文从"作家生态位"的角度出发，以与生态批评有着天然因缘的中国 20 世纪"乡土小说"的生态意识为研究对象，归纳出"乡土小说"复调的生态意识。论文除导言和结语外，共分为五个章节。第一章主要指出生态意识是"乡土小说"的灵魂。重点阐述"乡土小说"生态意识作为研究对象的合理性和必要性。第二章主要分析"乡土小说"的作家"生态位"。文艺学对"生态位"的借鉴和使用凸显了生态批评异与其他批评方法的特征：跨学科、历时性与共时性结合的动态的研究模式。第三章是论文的重点章节，主要分析归纳乡土小说中复调的生态意识。第四章也是论文的重点章节，主要是对"乡土小说"的复调生态意识进行反思。"乡土小说"的复调生态意识基本上体现了东方文明的生态智慧，是"乡土小说"作家在各自独特的"生态位"中关于"人与自然"思考的合理化表达，从而高度概括了中西方文化冲突和人与自然冲突中知识分子的典型心态。第五章是对"自觉的生态意识"的构建。论文认为，"自在的生态意识走向合理地自觉"是我们构建生态批评理论的重要课题。人与自然本来就是

二律背反的关系。本质上的从属关系和现实中的主客关系要求我们既不能自私傲慢,也不能一直沉迷于生态乌托邦幻想。

关键词:乡土小说　生态环境　文学研究

**3572**

**网络博客的主流化研究** / 侯宏虹著；蒋晓丽指导. -- 四川大学, 2009. -- 269 页

论文着眼于对博客作为网络中一种后起、新型、强势的传播样态的主流化问题进行较为全面系统的研究。全文共分为6章。第一章,博客的科学内涵及主流渐变。对博客概念进行辨析,分析其技术基础的特点以及它主流渐变的过程,廓清博客作为传播新形态"新"在哪里,与"旧"的传播方式有哪些差别,为后文的研究和论述奠定基础。第二章,博客传播的后现代生存。重点研究博客传播文化的后现代主义特征。首先讨论了后现代主义文化的主要特点并对承载博客这一新的传播形式的载体——网络——进行后现代性分析。第三章,博客传播的主流形态。从传播学的角度,分析在博客这一种传播方式中,包括了人类传播活动的各种形态,包括人际传播、组织传播和大众传播等。第四章,博客传播的主流应用。讨论博客作为后现代性的传媒,如何在后现代化的今天迅速融入社会生活各个主流领域并发挥重要的作用。第五章,新闻博客:博客传播的主流趋势。博客作为新兴传媒,最重要的价值还应体现在新闻传播中,因此特别在第五章专章讨论作为博客传播主流趋势的新闻博客,包括其传播优势、传播缺失、与传统主流媒体的关系等。第六章,博客管理现况与策略。为了发挥好博客作为未来的主流媒体所应该发挥的主导作用、引导作用和榜样作用,笔者提出了一些建议。论文研究博客文化传播的问题,文中只论及博客,其实所论应不限于博客,凡是具有自由、开放、共享的文化特征,以网络为载体,可以简易迅速便捷地发布自己的作品,及时有效轻松地与他人进行交流的传播方式,举凡播客、拍客等应当都在此列。

关键词:互联网络　大众传播　博客

**3573**

**黄老之学与汉初文学思想研究** / 胡海迪著；许志刚指导. -- 辽宁大学, 2009. -- 108 页

论文研究黄老之学与汉初文学思想之间的关系。论文共分五章。第一章为绪论。主要回顾近现代以来关于黄老之学与文学思想关系的研究状况。论文拟从文学的角度重新审视黄老思想,挖掘其中的文学思想;同样,又根据黄老思想的哲学原理分析某些文学现象的成因。第二章是对黄老之学的概述部分。主要介绍黄老思想的理论内涵和在先秦的发展历程。其中比较重要的内容有两点:一是以黄老帛书为代表的先秦文献所呈现的政治思想;二是先秦黄老著作如《管子》、马王堆汉墓黄老帛书中,已出现了有关言辞、创作心理、灵感等文学艺术方面的论述。第三章对黄老之学在汉初的发展传播状况进行宏观分析。论文从汉初的经济特点、政治格局等方面分析其盛行的原因,从学术、政治等方面梳理其盛行的表现,勾勒出一幅有关汉初黄老思想发展状态的历史画卷,也为这一时代文学与黄老思想的结合寻找社会历史方面的原因。第四章是黄老之学在汉初文学作品中的表现。汉初文学作品,如《新语》《淮南子》《七发》《韩诗外传》《史记》等,都体现黄老思想的渗透与影响。第五章是黄老之学对汉初文学思想的影响。黄老思想以"道"为最高的理论范畴,所以汉初文学中就出现了关于道与六经、道与"说""辞"之关系的论述,这对后来的文学原道观起到了导夫先路的作用。此外,汉初部分作品在传播黄老哲学、政治思想的过程中,也流露出一些文学理念和文学主张。在结束语中,论文把上述汉初文学作品置于更广阔的历史坐标中,可以看到,在黄老之学影响下的汉初文学,与后来曹操的《对酒》、柳宗元的《种树郭橐驼传》、苏轼《盖公堂记》等作品,形成了一种以倡导无为政治为主要题材的作品系统,表现了道家对文学多方面的影响。

关键词:黄老学派　文学思想　文学研究　汉代

**3574**

**作为文体的颂赞与中国美颂传统的形成** / 胡吉星著；蒋述卓,刘绍瑾指导. -- 暨南大学, 2009. -- 136 页

论文就是通过魏晋以前的颂赞体的流变来探讨中国文学的美颂传统与美颂精神。论文分为三大部分:第一部分是绪论,说明研究的缘起、意义、现状和研究的方法。第二部分是论文的主体部分,共分为四章。第一章主要论述西周以前先民美颂观念的产生与其"颂"的迷狂特征,以及后世某些"颂"诗中所体现的迷狂色彩,并简要论述颂、颂诗、颂文和颂体之间的关系。第二章主要分析《诗经》中的雅颂诗篇中体现的美颂精神,分析中国文学美颂传统的产生。其中包括对《周颂》《鲁颂》《橘颂》和《秦刻石文》等颂体的

艺术特点和美颂思想的分析，周代礼乐文化与美颂传统的关系和先秦儒家对雅颂之乐的推崇及美颂之声的美学意义和其教化作用。第三章主要分析两汉的颂体与中国文学美颂传统的形成。包括汉代颂体概况，美颂在汉代其他文体中的体现，以及中国古代美颂理论的形成。第四章主要论述颂体的程式化、世俗化倾向以及当代文学中的美颂传统。第三部分是结语，说明在当下社会中我们依旧需要美颂之声，论述美颂在当代的价值与意义。

关键词：颂　文体　文学研究

3575

**爱德华·索雅的空间文化理论研究** / 黄继刚著 ；曾繁仁指导. -- 山东大学, 2009. -- 222 页

论文以爱德华·索雅的空间文化理论为研究对象，目的是通过对索雅空间想象力的引入，为重新思考现代性和后现代性提供新的切入点，赋予当前的都市空间文化、审美文化和文学研究以新的方向。论文主体框架分为绪论、正文、结语以及附录部分，其中论文正文部分分为五章：第一章主要是对社会空间思想的一个廓清和梳理，并以此来理解索雅空间理论提出的文化语境。第二章主要是研究索雅提出的后现代地理空间思想。第三章主要是对索雅影响广泛的第三空间思想进行研究。他认为"第三空间"作为空间地理学的一种变革性的方法，激励着人们以不同的方式来思考空间的意义。作为一种哲学思考向度，"第三空间"代表着当代思想对传统空间观念及其蕴涵的思想方式的质疑。第四章主要是从文学场域来看待和研究索雅的空间思想。第五章主要是对索雅的都市空间思想的文化艺术角度解读。各章节的小结部分主要是总结和分析索雅空间理论自身的局限性，而余论部分主要是分析索雅空间理论"适用性实践"的局限性和对当前文化研究语境的现实意义。

关键词：索雅(Soja, E. W.)　文化哲学　空间

3576

**"诗人"与"现实主义"：贾平凹小说论** / 黄平著 ；程光炜指导. -- 中国人民大学, 2009. -- 182 页

论文从"诗人"与"现实主义"这一整体性的视角出发，通过对贾平凹作品的细读，讨论贾平凹三十年来的作品中这"两个世界"的"相遇"所呈现的复杂关系。论文将贾平凹的写作分为四个阶段，对应于本文的四章。第一章："潮流化"的"现实"。本章首先分析贾平凹的"写作前史"，指出《满月儿》等作品如何契合主流文学的规划以及《满月儿》之后贾平凹与当时的文学成规的"冲突"与"转向"。在此基础上，分析贾平凹如何以"改革文学""寻根文学"的方式叙述"商州"的"现实"。最后，分析《浮躁》如何以混杂的状态呈现对"改革文学"与"寻根文学"的总结。第二章："唯有心灵真实"。以贾平凹《废都》前后的小说观念为中心，分析贾平凹如何放弃"现实主义"的叙述方式以及确立新的"真实观"。第三章：意象与写实的结合。首先分析贾平凹这种"自我倾诉"的小说舰所存在的不可避免的缺陷。随后的三节，笔者分别以《土门》《高老庄》《怀念狼》为分析中心，分析贾平凹在具体的作品中如何落实他的"意象"与"写实"。第四章："实"与"虚"的分裂。从《秦腔》的叙述视点与叙述风格入手，指出第一人称限制叙事与第三人称全知叙事的分裂，以及"故事"与"反故事"悖论般地并行不悖，是一种高度"历史性"的"症候"。附录部分分析贾平凹的近作《高兴》。笔者从贾平凹对于主人公"高兴"对抗"悲情"的叙述、"菩萨"对抗"左翼"的思想资源的安排、对于资产者的"温情脉脉"的改写，将其概括为"左翼"之外的"底层文学"。

关键词：贾平凹　小说　诗人　现实主义

3577

**论西方马克思主义文学生产论的意识形态维度** / 黄芸著 ；赖大仁指导. -- 中国人民大学, 2009. -- 147 页

论文的主要内容是，以西方马克思主义文学生产论的历史发展概述为经，以西方马克思主义文学生产论的关键概念系统的概述为纬，对西方马克思主义文学生产论进行较为系统的梳理阐发。在此基础上，对西方马克思主义文学生产论中的意识形态理论内涵做了较系统深入的开掘。论文细分西方马克思主义文学生产论的意识形态诉求及其在不同理论家的论述中的三种有代表性的偏向，并具体落实到不同的层面。最后，论文联系中西文论的发展史论述西方马克思主义文学生产论的意识形态维度的意义。论文聚焦于西方马克思主义主要理论家从文学生产的角度对文学与意识形态的关系问题的论述，包括动态的文学生产过程总体与意识形态的关系；也包括从理论上看相对静态的文学各要素的意识形态性的论述。论文选择在文学生产理论方面有代表性的西方马克思主义理论家的理论，聚焦于他们从文学生产的角度对

文学与意识形态的关系问题的论述,试图梳理西方马克思主义文学生产论的历史线索和逻辑线索,找出其共同特征,深入地认识和批判地吸收其理论成果。论文的研究涉及的理论家包括三个层次:第一层即核心层是西方马克思主义中明确提出文学生产论并且有突出理论成果的理论家,包括瓦尔特·本雅明(Walter Benjamin)、皮埃尔·马歇雷(Pierre Macherey)和特里·伊格尔顿(Terry Eagleton)。第二是层是西方马克思主义理论家中没有明确提出文学生产论,但是与第一层的理论家的理论密切相关的人物,包括布莱希特、阿多诺、阿尔都塞、雷蒙·威廉斯、詹姆逊和早期的让·波德里亚等。第三层在是西方马克思主义阵营之外的但在文学生产论方面有突出贡献且与马克思主义形成对话的理论家,包括彼得·比格尔和皮埃尔·布尔迪厄等。西方马克思主义文学生产论的意识形态维度至少包括四个方面的意义:对文学与意识形态关系有新的认识,为文学研究提出新的命题和开拓新的视野,也对一些传统批评问题提出新的解决途径,还为我国的文论建设提供理论的参照系。

关键词:文学理论　西方马克思主义　文学创作

**3578**

**中国当代消费意识形态研究:以《中国广告年鉴》为例** / 金华著 ; 冯宪光指导. -- 四川大学, 2009. -- 212 页

论文意在借助中国大陆新时期广告作品代表作的文化认识平台,全面研讨中国大陆消费意识形态的理论。论文还在消费意识形态和传统意识形态的理论辨析基础上,系统阐释当下中国消费意识形态的特征、类型和发展趋势以及当下的社会意义等。论文由绪论和五章正文组成。绪论部分揭示了国内外消费意识形态研究总体状况、中国消费意识形态研究存在问题和本论文选题意义及研究思路等。第一章,消费意识形态的诞生。第二章,广告作为消费意识形态之镜。广告作为一种意义消费的意识形态,“召唤与认同”是为广告的消费意识形态的作用机制。其功能在于:它维护与强化个体与他/她的生活条件之间的想象性的、虚假的关系。第三章,《中国广告年鉴》与中国消费幻象(一)。从社会历史、物质符号、社会心理三个维度,分别阐释中国的广告与消费意识形态。第四章,《中国广告年鉴》与中国消费幻象(二)。从符号学角度,分析《中国广告年鉴》中的广告文本。中国广告幻象有其修辞策略,涉及特定的思维方式和意义诉求模式。更重要的是中国广告幻象同时也是一个社会心理、社会观念的问题。第五章,中国消费社会的意义。中国社会转型有深层的结构性原因:与中国改革开放导致的社会结构与消费模式转型相关,与当代社会文化价值观的“真空”状态有关,还与西方消费文化渗透密切相关。西方消费社会批判理论对消费社会、消费异化的指责表现在人文危机和生态危机,但有其片面性。消费社会对中国当下,仍有着重要的积极的一面:在社会层面上,消费社会、消费主义实现社会生产目的、推动对经济社会发展;在国家政治层面看,中国的小康社会建设需要消费社会,这是一种社会公平的某种体现;从个体层面看,消费社会有利于个人的发展。

关键词:消费文化　意识形态　广告

**3579**

**美育与大学生人格养成** / 金昕著 ; 王确指导. -- 东北师范大学, 2009. -- 141 页

论文顺应时代特征与社会发展需求,从历史上关于美与人格理论的比较分析入手,探讨美育在人格养成中的必要性与可能性;以马克思主义人学思想中美与人格理论为理论基础和理论指导,试图对以大学生人格养成为指归的美育的特质、功能,以及实践方法等问题进行阐释,构建起以大学生人格养成为指归的美育的基本模式。全文主要分七个部分:导言主要讨论破题及研究域的说明,介绍论文的框架结构,梳理国内外研究现状,介绍论文研究方法。第一章,美与人格。这部分梳理古今中外重要的人格理论。第二章,美育与人格养成。美育是一种以美学理论为基础,通过美的事物的熏陶、感染,培养受教育者鉴赏美、接受美、创造美的能力,提高审美素养,形成审美态度,学会审美生存,最终达到培养完整人格,提升人生境界的一种特殊教育。第三章,美育与大学生人格养成。理解以大学生人格养成为指归的美育特质要把握好以下七对关系:坚持指向性与无功利性的辩证统一、独立性与渗透性的辩证统一、共性与个性的辩证统一、引导与体验的辩证统一、时代性与高尚性的辩证统一、课内与课外相结合、校内与校外相结合。第四章,以大学生人格养成为指归的美育目标与内容。实施以大学生人格养成为指归的美育,要始终坚持促进人的全面发展和美好生存,始终围绕人格养成、人格完善而进行美育目标的选择设计。第五章,

以大学生人格养成为指归的美育原则与方法。论文认为,以大学生人格养成为指归的美育要坚持乐中施教、潜移默化、因材施教、循序渐进四个基本原则。第六章,以大学生人格养成为指归的美育载体与运行。主要包括四个基本载体:文学艺术课堂教学,美的校园文化,教师的人格魅力,网络平台和其他学科的美学渗透。

关键词:大学生　美育　人格

3580

**"审美日常化"理论话语辨析** / 康艳著 ; 王春荣指导. -- 辽宁大学, 2009. -- 127 页

论文以当代中国社会文化转型为背景,通过西方"审美日常化"理论脉络展开及核心问题的梳理,反观当代文论界对这个问题的论争和当代作家的文本实践,以大众话语权的确立、日常生活的重新认知、知识分子的民间寻找、学科重建等问题为切入点,借助话语的合理性内涵及其所指向的深层权力关系的辨析,来探讨在消费文化来临的时代里,美学的使命和我们无所不在的日常生活的关联,并最终落脚在"审美日常化"理论话语所具有的中国意义上。西方的日常生活批判理论和关于"日常生活审美化"的思考从哲学与美学的双重维度为研究提供理论基础和学术资源,同时,西方消费文化理论也成为课题研究的重要的理论前提。论文运用跨学科的文化研究方法,将社会学、哲学维度的日常生活理论与美学维度的审美反思结合起来,透过对当下的文化现象与文学表征的思考,力求准确、细致、客观地对"审美日常化"理论话语作以辨析,试图展示消费文化语境下当代作家关于日常生活的理解、历史感的追寻及物化世界里人的生存状态,并从理论上探讨现代性社会理论的缺失,审视"审美日常化"理论话语所面临的困境和具有的现代意义。

关键词:审美　日常生活　消费文化

3581

**暴力与启蒙:晚清至 20 世纪 40 年代文学"暴力叙事"现象研究** / 黎保荣著 ; 宋剑华指导. -- 暨南大学, 2009. -- 242 页

"暴力叙事"不仅是中国近现代文学的一种审美现象,同时也是中国近现代思想启蒙的一种文化现象。论文的实际研究意义,就是要将客观存在于中国现代文学史全过程的暴力叙事现象,与民族文化的特殊历史背景相结合,以求深刻地揭示暴力叙事与思想启蒙之间的辩证关系,探讨中国文学现代性价值观的获取方式与民族情感。论文注重分析中国传统文化"尚武"思想的历史因子,与此同时,也注重分析东洋留学生对日本近代"尚武"文化的积极引进,以及东洋"尚武"文化对于中国现代文学与思想启蒙的巨大历史推动作用。论文突破过去只着重单一文化影响的研究模式,辩证、深入分析中日"尚武"文化是如何共存而有所侧重地分别影响不同阶段的中国近现代文学的暴力叙事:它呈现出一条相对清晰的线索,整体上是现象(日本)与本质(中国传统)的关系,过程分别是日本浪潮与中国传统暗涌(晚清、五四),日本表象与回归传统(三十年代,如左翼、新感觉派、准左翼作家、沈从文等),以及传统主流与多样资源(四十年代);并且进而充分论述中国现代文学暴力叙事在现代民族国家建立过程中的现实意义与潜在影响。总之,论文具有角度新(暴力叙事)、中心新(暴力与启蒙)、线索新(中日尚武文化精神)、史料新和分析新等特点。

关键词:近代文学　现代文学　暴力　文学研究

3582

**中国佛教的生态审美智慧研究** / 李琳著 ; 陈炎指导. -- 山东大学, 2009. -- 172 页

论文研究的主要意图就是通过研读中国佛教典籍,仔细思索其中可能影响生态观与审美观的宗教教义。以生态审美智慧为切入视角,剖析它们在古代中国历史的流变中,在与儒道并存的特定生存环境中,是如何实际地模塑信众的环境态度与审美方式。论文试图从这五个方面来阐释佛教中的生态审美智慧。第一章主要介绍中国佛教的生态哲学观。中国佛教哲学观是中国佛教徒追求人生解脱的理论基石,是中国佛教徒在本土文化语境中,对印度佛教基本哲学理念的创新性阐发。第二章主要研究中国佛教的生态伦理观。阐释佛教伦理发展的每一阶段,对于儒、道传统伦理观念的吸收与变更,对于当时受众的影响程度,以及对于现代生态伦理的智慧贡献。第三章集中探讨中国佛教心性特质下的生态审美观照。第四章着重探讨中国佛教现象圆融的生态审美境界。任何一种系统的审美观,都会集中而强烈的体现在审美理想上,佛教审美观自然也不例外。第五章主要探讨中国佛教徒在"禅定""般若"中获得的深层生态体悟,及其对于个体精神生态的修复与治疗问题。"禅定"是通过内向性调心的训练,集中思绪以探究宇宙实

质，平衡心理以反观真实自性，运用超越性的般若智慧来破除宇宙间的束缚与隔阂，并最终达到与自然万物共生共荣的自由解脱。第六章主要考察中国佛教的生态审美践行。中国佛教不仅在教义中含有丰富的生态审美智慧，其更重要贡献在于，将原本纯理论领域的生态审美智慧置入了实践之中，并将其作为日常生活的准则来加以实施，进一步形成了独特的环境伦理实践模式，从而对古代中国的环境保护与治理起到了重要作用。结语中，将对中国佛教所蕴含的生态审美智慧所具有的当代价值做出一定的评价。

关键词：佛教　宗教思想　生态学　审美

**3583**

**论"诗无达诂"** / 李有光著 ; 金元浦指导. -- 中国人民大学, 2009. -- 377 页

论文旨在以"诗无达诂"为研究的基础和重心——厘清"是什么"的问题；同时展开论证中国诗学关于理解与阐释的基本取向——解决"为什么"的问题；并大致归结出中国诗学多元理解与阐释的民族特征——回答"怎么样"的问题。引论部分。在指出"诗无达诂"话语与生俱来的解释学旨趣和内涵的基础上，说明解释学理念和方法具有世界性与普适性。上篇部分。借鉴西方现代解释学的核心理念，运用大量中国诗学和美学中的相关材料，分别从哲学、美学、文本和读者四个方面对读者接受诗歌的规定性，充分论证中国诗学解释学以多元论为基本理解与阐释取向的必然性。第1章，如果不从道家的语言哲学里汲取本体的支撑，我们很难明白深受道家言意观影响的中国诗学在理解与阐释的向度上为何毅然祈向多元论。第2章，以情为诗，诗便成为非确定性的文本；以情解诗而非以意解诗，更促使中国诗学走向"诗无达诂"式的多元理解。第3章，大量单音节词的自由组合、省略成分多、没有时态和语态的变化、语句间的关系缺少严格的限定、甚至没有明确的语法规则束缚，古汉语这些柔软而富有弹性的语法特点使得意义的理解必需依赖读者的内运与意会。第4章，经验的开放性和前理解的不断丰富又让读者的理解活动呈现由浅入深、由低到高、由粗至精的升进，这是一个越来越远离作者的意图并致使"文无定价"和"诗无定论"的过程。中篇部分。这是对"《诗》无达诂"及其相关的历代诗学解释话语和命题的专章研究。第5章，对"《诗》无达诂"出场的时域无论是持"前代说"还是"同代说"，重要的是廓清其理论蕴涵和精神向度。第6章，春秋是一个言必称《诗》的时代，一个大量用《诗》的时代。第7章，随着文学自觉时代的来临和文学批评自主意识的高扬，由"《诗》无达诂"演变为"诗无达诂"其实是一个于情自然、于理必然的过程。下篇部分。一言蔽之，中国诗学审美主义多元解释方式主要表征为一以贯之的譬喻性解释，甚至以诗解诗。

关键词：诗学　诗歌　阐释学

**3584**

**现代性视域中的中国当代审美主义文艺理论** / 李育红著 ; 陆贵山指导. -- 中国人民大学, 2009. -- 150 页

论文对文学与审美的关系、尤其是当代文学界对文学与审美关系问题的处理，尝试着进行一种宏观地、历史主义地梳理。这种梳理大致集中于以下方面：问题兴起的思想文化背景；当代文学理论中文学与审美关系的变化考察；一般文学创作和大众文化中的审美主义问题；对审美主义文学理论的反思。论文的第一个主要问题就是把文学与审美的关系问题置放于现代社会和现代文化转型的现代性背景之中，考察它的实质、价值和存在的问题。论文的第二个主要问题是考察中国当代文艺理论的审美转向和存在的审美主义问题。这一双重转变经过了三个阶段。第一阶段是转型的全面启动期。第二阶段是审美化文学理论的初步理论建构阶段。第三个阶段是审美化文学理论深化也是极端化时期。论文对这种文艺思潮首先从整体上进行了一定辨析，又从局部分析了它的纯审美主义、俗审美主义和泛审美主义变体。另外论文还着力分析当代大众文化中的审美主义问题，尤其对当代影视和网络文化中"大话式""恶搞式"的审美游戏主义和审美消费主义进行了一定的批判。论文的结论是，建立文学与审美的关系，使文学在凡俗的祛魅化现代世界找到了自己的生存基地，而文学的审美主义化则完成了文学在已经祛魅的现代世界中的再魅化，文学因此在某些理论和思考中变成了无神世界的现代宗教。

关键词：文艺理论　文学理论　审美

**3585**

**如何讲述"文学"的故事：民族的和现代的** / 练暑生著 ; 张帆指导. -- 福建师范大学, 2009. -- 168 页

论文选择"重写文学史"为切入点，研究八十年代文学和文学史观念的状况。研究在"重写文学史"过程中提出的各种文学和文学史观念发生的结构性条

件，讨论各种文学观念在特定的结构关系中如何提出，又如何存在，它们回答了什么问题，又遇到哪些困难。论文的方法论主要是性结构性研究，即把历时性存在的观念放在一个结构平面上考察，思考它们之间的互动关系。此外，论文的论证过程还采用了文本材料和理论材料相结合的方式，通过大量阅读和收集原始的文本材料，采用结构分析的方法，对材料中所隐含的观念形式进行结构性分析。收集材料的过程围绕研究的基本框架，寻找相关的原始素材，采用用相关的理论方法进行分析。通过研究，论文认为，80年代各种文学和文学史观念的提出及其存在形式，不能从观念自身出发去理解，必须放置于一种结构性关系中才能获得相应的理解。在这种结构关系中，中国现代文学史上曾经存在的各种观念，包括“五四”时期、延安时期、“文革”时期等出现的种种文学和文学史观念，这些在历时性存在的各种观念，落实在80年代的文学空间中，在它们的相互关系中，与当年的各种问题性相互结合，形成了它们各自的内涵及其所能够回答的问题面。其中，建设现代中国“民族文学”作为一种核心的目标也是作为一种核心范畴，深刻限定了80年代人们的提问和解答的基本视阈。这个问题视阈形成于中国“现代性”追求过程，并且成为其核心目标。80年代被称为“新启蒙”时代，期间形成的种种文学和文学史问题或观念最终都会与“民族形式”“民族性”“民族化”等概念发生联系。这些联系深刻影响了当年人们对于“个人主义”“纯文学”“知识分子”“乡村”和“世界”的理解与认知。

关键词：当代文学　文学理论　民族性　现代性

3586

**从毛姆的小说创作看画家高更对其的影响** / 梁晴著 ; 刘绍瑾指导. -- 暨南大学, 2009. -- 107 页

论文“从毛姆的小说创作看画家高更对其的影响”即是在吸取前辈学者的研究和论述的基础上，将英国小说家毛姆的创作生涯放置于跨学科的比较视野中，透视后印象派画家高更对其产生的影响。为严谨起见，论文将首先采用历史传记批评的方法，找出实例证明毛姆对绘画艺术的喜爱和他对高更的浓厚兴趣，以确立此影响研究的历史依据。同时，论文将结合心理批评、文学人类学、叙事理论与接受理论，重点分析毛姆在小说创作中，其作品主题、人物、艺术审美观、表现方法和叙事技巧等方面从高更其人和其画作中获得的启示，进而呈现不同门类的艺术之间因为有着一致的审美追求而产生相同的美学特征。由于选题的独特，因此论文为目前国内的毛姆研究打开一个全新的视角，也为诗画融合理论提供了一个有力的明证。

关键词：毛姆（Maugham, William）　小说创作　高更　绘画评论　文学研究

3587

**文化传播与文化景观：以重庆江津为例的中国农村电影放映研究** / 刘广宇著 ; 蒋晓丽指导. -- 四川大学, 2009. -- 327 页

论文从微观的视角出发，对作为经验事实的重庆市江津县农村电影放映展开深入的田野调查；并把这一经验事实置于更为广阔的宏观视野之下，完成对中国农村电影放映历史的较为全面的描述与阐释；文章最后从中观思维出发，在明确了农村电影放映对当代中国农村文化建设所具有的传播学、社会学和文化学意义的前提下，提出了坚持“三个面向”的放映才是解决农村电影放映发展的关键之举。绪论部分：研究对象及研究缘起、研究现状及评述、研究方法与问题、研究样本与效力等。第一章，放映性质研究：中国政府以及一些文化先觉者也先后在不同的历史时期展开了一次次文化下乡运动，并取得了一定的成就。农村电影放映就是其一。第二章，放映机构研究：论文深入考察了江津县农村放映队与它的管理机构是怎样建立和发展的。第三章，放映机制研究：论文分别从农村放映队是如何在以县为单位的行政管理和经济运行中开展的一系列为放映作准备的社会活动与经济活动。第四章，放映功能研究：论文揭示了农村电影放映的功能发挥主要取决于不同时期对不同文化内容的传播。第五章，放映观众研究：论文考察了农村电影放映对农民文化需求的满足情况。第六章，放映成果研究：论文分别从纵、横两个方面总结和发现了农村电影放映的历史成果与现实意义。结语部分针对农村电影放映自身存在的问题提出一个较为新颖的解决思路。这就是坚持“三个面向”，即面向在村农民的放映、面向农村中小学生的放映和面向农民工的放映。

关键词：农村文化　文化传播　电影放映　重庆

3588

**周来祥和谐自由论美学思想研究** / 刘继平著 ; 张玉能指导. -- 华中师范大学, 2009. -- 149 页

论文研究周来祥的“和谐美学及其学派”主要特征与内涵；周先生在中国当代美学的创新、独特之处，

他在中国美学发展过程中的作用及美学发展史上的地位,以及他的理论的独特贡献与理论局限以及对后人产生的影响等。论文从六个部分对以上问题进行了较为详细的论述。绪论部分首先分四个阶段对周来祥先生和谐自由论美学思想的形成与发展进行了概述。第一章从中外的文化、审美现象与审美理论等方面阐述了周来祥先生和谐自由论美学思想的理论渊源。首先是其美学思想对中华文化的吸收。其次,对于西方文化,周先生主要从三个方面进行了吸收与内化。最后,他在兼容并蓄前哲时贤的基础上,建构了和谐自由论美学思想体系。第二章从三个方面简述周先生和谐自由论美学思想的具体内涵:第一,和谐自由论美学思想形成了以主体辩证思维模式为构架,以关系思维为轴线,以逻辑推理和历史意识为特征的独特的方法论;第二,阐述和谐自由论美学思想的核心——审美关系说,论述了它的几层含义,指出它的提出弥补了主观派与客观派的片面性,在一定程度上也深化了实践美学;第三,还论述美是和谐自由在中外历史上的具体表现及周先生对美学范畴的新解。第三章探讨周先生文艺美学思想的理论内核。第四章分析周先生对中西方美学思想的独到见解。结语部分总结周来祥先生和谐自由论美学思想的学术贡献、意义及理论局限:首先从十个方面总结了周先生的学术贡献;其次从理论与现实两方面论述了和谐自由论美学思想所蕴涵的意义;最后客观地指出了和谐自由论美学思想的某些理论局限。

关键词:周来祥　美学思想　和谐　自由

**3589**

**当代视觉文化的审美透视** / 刘刻著 ; 王岳川指导. -- 北京大学, 2009. -- 272 页

论文以当代视觉文化为研究视野和背景,以审美\本体性思维为立足点,对当代视觉文化的滥觞、发展、整体态势、症候群以及前景、趋势等问题丛结进行思考和分析。第一章从西方视觉理论滥觞即古希腊的感知理论开始,一直追溯至 19 世纪末期,理论分期为现代社会的早期,剖析视觉文化的历史脉络和关键节点。第二章从现代理论开始,结合现代性的思考,分析当代视觉文化的理论基础。第三章从宏观角度分析当代视觉文化的理论背景,着重考察当代视觉文化作为后现代文化这一命题的合法性,把视觉文化理论带入一个更为宏观和学理性的大框架中。第四章从内容层面入手,分析当代视觉文化以及视觉文化研究的内容范畴,选取当前关注度最高的视觉消费主义、性别与身体、种族身份等问题进行深入探讨。第五章以视觉文化的自然化这一总体症候为背景,考察视觉文化在当代呈现出的种种文化、社会和精神生态问题症候群。第六章专论中国形象与西方中心视觉政体之间的理论和现实张力,考察西方视觉思维下呈现的中国形象,以及中国视觉美学和视觉思维在当代的实现可能性和出口。第七章从审美本体角度召唤视觉性在当代的本体性回归,在文\图、视\听、意\象几种审美感知方式的对比中探讨视觉本体性的当代实现方式。结语从历史、文化、政治、审美四个维度探讨了当代视觉文化的透视方式,以及深层差异性重构的可能性。在视觉文化话语泛滥的今天,论文以“损之又损”的还原性思维为立足点,从审美/本体的角度出发,避开当代对视觉和文化的过度阐释这一通病,从原初和本体的角度对当代视觉文化进行深度的透视,并对其问题丛结和出路进行了独立的思考。

关键词:文艺美学　审美　文化　视觉艺术

**3590**

**中国现代版画艺术的传播学研究** / 刘立策著 ; 李杰指导. -- 四川大学, 2009. -- 159 页

论文以中国现代版画为研究对象,采用传播学和文化研究的思维和方法,从一个新的研究角度对中国现代版画的发展状况进行历史与现状的解读、剖析,通过论证发现媒介的积极选择与否是版画继续沉寂下去和走出困境的关键因素所在。全文主要分为引论、六个章节和结论。引论部分阐述选题的缘由、研究的对象、采用的方法、课题有关的文献综述、课题的价值、创新与不足。第一章介绍课题的社会背景并阐述其理论起点。立足于全球化、消费文化、媒体社会与我们的世界感三方面的关系论证,提出版画研究在本土文化传播中具有的现实意义。第二章指出中国现代版画的失语现状并分析其原因。首先从版画创作存在的三种状态入手分析版画目前的“失语”症结所在,然后从版画本体、艺术本质、时代特质、市场现状、期刊媒介等不同角度出发,对版画的沉寂现状作出了多方面视角的探讨。第三章纵向考查不同历史阶段、不同文化语境下版画传播发展过程中采用的传播类型与有效媒介选择的传播效果,主要采用了数据统计、内容分析等传播学方法。第四章选取“1976—1990 年版画繁荣期”为对象,运用文化研究方法对之进行了个案分析。此章还引入“范式”概念,将文化表

象与其表征运作过程做详细论述，为文化研究分析和解读中国当代视觉艺术领域提供新的例证。第五章在对版画现状考察和70年来传播历程考察的基础上，针对消费文化的语境和目前版画的传播现状，提出版画理论研究重心应由版画本体研究向版画的传播学研究转移的构想。并对国内第一个版画化产业化的试验基地——观澜版画原创基地模式进行了分析。结论认为版画之所以从最具有群众广泛性的广袤地盘，萎缩到只在高等美术院校课堂和铁杆版画家画室相对狭窄的圈子，大众传媒也渐对版画艺术开始疏远的关键原因在于传播管道的堵塞，版画内部血液无法实现良性循环。

关键词：版画　绘画　传播学　全球化

**3591**

**审美自律性的历史考察与反思** / 刘琴著 ；朱立元指导. -- 复旦大学, 2009. -- 137 页

论文通过历史地考察审美自律观念的发展，梳理自律美学的理论资源，试图通过历史的和逻辑的分析来阐明自律性观念的理论内涵和围绕自律性所展开的话语碰撞。论文第一章追溯审美自律性思想的起源和奠基阶段的相关美学理论。包括作为自律观念源头的英国经验派美学的审美无利害思想、康德对自律美学的全面奠基和席勒对自律美学之自由维度的发展。第二章审美自律观念的发展，主要探讨了19世纪到20世纪几种典型的具有自律倾向的美学理论，包括叔本华的非功利的审美静观、克罗奇的直觉的审美感知方式和心理学派布洛的审美距离说以及敏斯特堡的审美孤立说。第三章从美学理论转向审美自律观念在文学艺术创作和批评中的体现，讨论浪漫主义文学思潮中的自由和天才等观念，唯美主义"为艺术而艺术"的创作思想，以及20世纪以来强调审美形式和"文学性"的具有形式倾向的批评理论，包括英国形式主义、俄国形式主义和新批评派的美学与批评理论。第四章讨论的是具有现实批判倾向的审美自律理论，或者说半自律的自律论，即法兰克福学派的阿多诺和马尔库塞的审美思想，通过对否定性、审美形式等独特概念的再考察，探讨审美的自律性与艺术的批判功能相结合的可能性。第五章讨论反审美自律的理论。审美自律性发展到极端形态所产生的要求绝对自律的无内容的形式主义、割裂与现实联系的高雅艺术等，遭到了各种质疑和批评。通过历史考察，第六章总结审美自律性的内涵，探讨审美自律性产生的社会历史机制和文化背景。第七章在审美自律性问题的当下语境中展开，探讨审美自律性与现代性的关系、审美的现代性对启蒙现代性的批判以及在当前语境中审美自律性的理论潜能。结语部分总结了对审美自律性的价值判断：它是一个历史的概念，又是一个逻辑范畴，同时又具有现实指向和当下性。

关键词：文艺美学　审美　自律　他律

**3592**

**复调的叙事：叙事学在中国的接受研究(1979—2005)** / 刘亚律著 ；冯宪光指导. -- 四川大学, 2009. -- 195 页

论文旨在以叙事学在中国的接受为切入口，在现代性的背景里检视西方叙事学的诗学生成语境与发展轨迹，勾勒它(1979—2005)在中国20余年间的传播、接受与应用历程，通过描述其在中国特定时空条件下的发展与变异情况，探求叙事学引进于解决西方文论中国化问题的可能意义，以及其在中国文论话语的现代性转型所起的作用。论文绪论部分主要交代课题研究的基本情况，具体内容包括课题的理论意义、研究现状与可能性、研究所采用的方法与希望达到的目标，以及关键概念的必要界定，为课题的进一步开展勾勒基本轮廓。第一章主要从语言学转向、结构主义对现象学与存在主义的批判，以及科学主义文论传统的影响三个方面考察法国结构主义叙事学产生的基本语境，在此基础上，概括性地探讨经典叙事学与后经典叙事学的主要类型、特征及二者之间的关系。第二章按布迪厄"文学场"理论对中国接受西方叙事学的诸场域因素进行分析。根据接受的实际情况，对这一历史进程进行必要的理论分期，总结每一阶段的主要特点，在历时性的概要描述中把握其共时性规律。第三章通过分析话语的具体表现，一方面探求它们在接受环境里的实际效用，廓清理论界的某些迷思，另一方面深入追溯话语表现背后深层的民族文化心理成因。第四章从主体身份、应用心态以及理论融汇三个层面概括叙事学接受过程中的突出特点，考察叙事学的理论武器在中国文学批评实践中的应用情况，验证理论观念与批评实践的契合程度。第五章概要探讨了中国学界于叙事学理论建设方面的若干尝试，着重考察中国引进叙事学而产生的理论意义。结束语是对本课题研究的必要概括，同时考察叙事学研究在中国繁盛的深层原因，以及对其未来的发展趋势作出粗浅的判断。

关键词：叙述　当代文学　文学研究

3593

**审美能力·审美境界·经世致用:中国当代美育问题研究** / 刘艳梅著 ; 李益荪指导. -- 四川大学, 2009. -- 146 页

基于对美育基础—提升—回归这三个层面的认识,论文认为美育的目的也应由以下几个层次构成:1. 审美能力的培养 2. 审美境界的提升 3. 回归实践,走向“经世致用”。论文由导论、正文两章和结语组成,具体结构安排如下:导论部分主要包括研究现状、存在问题、可能出路和研究思路。第一章将在概述美学学科建立历程的基础上,分析美学学科建立的方法论基础(二元对立思维)、体制基础(区分),并重点剖析现代美学的关键词——“审美无利害”,进而指出美学学科的悖论:既是现代知识学日臻完善的标志,同时又是对人类精神活动的机械的、形而上学的分割,导致审美活动与日常生活的距离。第二章将在对知性思维的弊端进行分析的基础上提出一种由基础—提升—回归三个层面所组成的多元化、多层次的总体性美育观。这种美育观以审美经验的有机统一作为基础,强调美育功利性和超功利性的统一,重视美育多重目的之间的内在联系,旨在阐明美育最终必须回归实践、走向经世致用。结语部分总结论文的主要内容,再次强调美育回归实践的意义。

关键词:美育　审美　美学理论

3594

**经典与民间:水浒叙事的多重文化意蕴** / 卢永和著 ; 高小康指导. -- 中山大学, 2009. -- 195 页

文学史知识描绘的水浒叙事“地图”有很大缺陷,论文重绘水浒文学“地图”的目的即是纠文学史知识之偏。以“经典”与“民间”作为梳理水浒叙事的两条基本线索,在论述思路上做到总分结合:总——凸显水浒叙事作为一个文化原型所深具的民族审美文化精神;分——呈现两个故事系统所表达的文化趣味的异质性。论文具体内容展开如下:绪论部分通过反思中国文学史上关于“水浒”文学书写的弊端,引出论文选题的依据与意义,概述论文构思。第一章探讨水浒故事的经典化书写——《水浒传》及其批评阐释。首先探讨中国小说经典形成的文化图景;然后以金圣叹的批评为中心,探讨《水浒传》的经典化过程;最后讨论“以西律中”批评观与《水浒传》的现代阐释问题。第二章以武松故事为例,探讨民间水浒叙事的艺术文化特质。民间水浒叙事的艺术活力,体现为方言的审美趣味以及文化活动过程中的情感交流互动等与经典艺术迥异的文化特质。第三章探讨水浒叙事所蕴涵的侠义精神。作为一个民间文化想象的符号,李逵形象在不同时地的故事叙述中发生很大变异,但侠义精神仍是其基本的文化内核。作为一种民族审美文化,水浒故事中的侠义精神能够在跨时代的文化语境中焕发出新的艺术光泽。第四章讨论水浒故事衍生叙述的文化活动意义。水浒故事叙述不断衍生发展,由此构筑一个具有民族文化趣味的大水浒叙事空间。结语部分,概述水浒叙事在经典与民间层面上的文化意蕴,凸显本论文的创新点。

关键词:水浒　叙事学　民间艺术　审美文化

3595

**汉代文体问题研究** / 吕逸新著 ; 周均平指导. -- 山东师范大学, 2009. -- 202 页

论文选取汉代文体的发展,文体批评,文体与经学及文体拟作四个方面作为切入点,力图从总体上把握汉代的文体问题,揭示汉代文学走向自觉的历程。第一章重点考察汉代主要文体的发展状况、文体特征及其所体现出的文学自觉意识。从总体上说汉代文体已经冲破先秦礼乐文化的束缚,改变了文学观念,文学更重视自我情感、个体生命价值的表达和对新的语言形式的追求,文学的自觉意识获得极大的提升。第二章从文体批评的角度分析了汉代的文体意识、文体分类的方法,文体规范及汉赋之“丽”的文体意义等问题。考察了汉代文体批评发展的内在逻辑,展现了汉代文体批评逐渐走向自觉的过程。第三章重点考察汉代文化因素特别是经学对文体的影响。汉代道家思想、神仙观念、风俗文化以及音乐绘画等文化因素均从不同方面在不同程度上影响着汉代文体。第四章着重考察汉代拟作发生的原因、拟作的状况、拟作与文体发展创新的关系。拟作是汉代文体发展中独特而重要的创作现象,汉代主要文体均被反复拟作,汉代的主要文人也均有模拟之作。拟作是汉代述与作的矛盾冲突、经学保守思维以及文人的创作观念、审美情趣、好胜心理在创作中的反映。论文研究发现汉代文体开始冲破先秦礼教文化的束缚,自觉地寻求文学本身的审美特征和美学价值,表达个人的生命意识和情感体验,文学存在的意义和文学的形式因素受到重视。文学在汉代诸文体中逐渐凸显出来,透露出自觉的信息并开始走向独立。

关键词:文体　文学创作　文学研究　汉代

3596

**新时期中国美学的复苏（1978—1985）**／罗成著 ；王一川指导. -- 北京师范大学, 2009. -- 206 页

论文尝试从思想史的视野出发,以朱光潜与李泽厚两位美学家的思想文本为主要对象,深入考察1978—1985年间中国美学的复苏,希冀在一个反思与批评的识度之中,揭示出新时期初期"美学热"潮流之下中国文化主体性的起源与流变的成因与脉象、价值与意义、全文分三个部分:导言,正文五章与结语。导言首先提出考察新时期美学的思想史视野,确认研究的价值。其次对新时期中国美学学术史的已有研究成果进行梳理和归纳。最后界定论文的研究对象、思路与方法。第一章重构中国美学复苏的历史情境。新时期美学复苏所面对的历史困境是,自五四以来整个中国现代美学三次浪潮所造成的极端境况,去人性化、去主观化、去传统化,标示出了这样一种美学乃至文化危机的主要特征,它们构成了新时期美学复苏的历史与逻辑起点。第二章梳理中国美学复苏的问题进路。中国美学复苏的根本问题,是对美好生活与健全社会的追求。它的具体实现依赖于感性与沟通两个重要因素,从而美学显露出了"感通学"的潜在意义。第三章开始进入中国美学复苏的内在演进道路,考察回到康德的思想意义,它所标识的是中国美学复苏的主体论问题。第四章考察回到马克思的思想意义,它所标识的是中国美学复苏的人性论问题。第五章考察回到维柯的思想意义,它所标识的是中国美学复苏的传统论问题。结语对中国美学复苏的文化意义作出总结,认为它有着强烈的使命感与厚重的承担感。美学复苏与文化主体性开启,其实是同一个问题的两个方面。由回到康德、回到马克思、回到维柯,中国美学重新接引进主体性、共同人性、传统性,这既是对现代美学历史困局的重新解答,更是对未来整体文化建设的执著追问。

关键词:美学史　主体　人性　中国

3597

**蒋孔阳美学思想新释**／罗曼著 ；李衍柱指导. -- 山东师范大学, 2009. -- 188 页

论文立足在"思维方式"的视野中来重新审视蒋孔阳的美学思想,从而探讨蒋孔阳美学思维方式的不同以及由此带来的美学思想的独特性和对当代美学建设的启示性意义,这是论文的一个基本着力点。全文共分为四章。第一章着重从总体上介绍蒋孔阳的学术经历以及美学思想的前后期变化,力图对蒋孔阳美学思想做一整体概述,并阐释其美学思想的发展变化,在这种变化中,掌握蒋孔阳美学思想的全貌,从而为全文的论述奠定基础,揭示蒋孔阳美学特色的根本所在。第二章重点阐释蒋孔阳实践美学方面的思想特色,在对蒋孔阳的生成—创造论、审美关系论、美感论、艺术美论的分析中,揭示蒋孔阳实践美学的生成—创造性特征,并以此全面展开对蒋孔阳实践美学的分析。第三章注重对蒋孔阳中国古典美学思想、西方美学思想以及中西美学思想的比较研究做出分析及阐释,在这种全面分析的基础上突出蒋孔阳中西美学思想的特色以及这一思想在他整体美学思想中的地位。第四章着重阐释蒋孔阳美学思想的主要成就、历史地位,并将蒋孔阳美学思想的特色凸显出来。

关键词:蒋孔阳　美学思想　思维形式

3598

**中国现代文论与德国古典美学**／罗伟文著 ；俞兆平指导. -- 厦门大学, 2009. -- 208 页

论文以史实为据,从知识学层面探索、辨析 1904 至 1949 年间中国现代文论与德国古典美学之间的深层关联。论文对两者之间这种关联进行了相对全面和深入的研究,既展示德国古典美学对中国现代文论的显性或隐性影响,又尽力揭示中国现代文论自身生成和发展的新面貌。论文第一章研究德国古典美学在现代中国的传播状况,从整体上考察中国现代学人与德国古典美学的精神遇合,及中国现代文论呈现出的崭新质素。第二章探讨文学观念论,从文学的本质、文学的价值和文学的发生三个方面阐述中国现代文论与德国古典美学的联系。阐明了中国现代学人对文学审美本质和认识本质的理解,对文学审美价值和认识价值的厘定,对文学起源于游戏的学理阐释。中国现代学人在这些方面的开拓性研究,构成了文学观念现代转型的标志性内容。第三章探讨文学创作论,阐述了中国现代学人对创作主体、创作客体和形式创造问题的解读,辨析这些解读与德国古典美学的内在关系,指出这些阐释为现代文论增添了具有现代性内涵的理论新质。第四章探讨文学作品论,分析现代学人在德国古典美学启悟下,在文学形态和文学体裁两个领域进行的别具匠心的革新。在文学形态领域,他们诠释和建构了意境和典型这两个诗学范畴。在文学体裁领域,他们创造性地探讨了诗词和小说的基本特征。第五章探讨文学批评论,从德国古典美学

的视域梳理现代学人在批评理论、批评方法和文本批评三个方面所做的探索,认为现代学人在批评论方面卓有成效的理论探索,为文论的现代发展奠定了坚实的基础。认真总结先驱者们探索中的成功经验,为处于文论失语时代的当代学人,能提供有益的启示价值。

关键词:文学理论　文学创作　美学史　德国

**3599**

**诺曼·布列逊符号学艺术史理论研究** / 闵锐著 ; 黄宗贤指导. -- 四川大学, 2009. -- 158 页

论文旨在通过对布列逊理论的核心,即符号学艺术史理论的研究,揭示这一理论的学术背景和独特个性,并为继续深入布列逊艺术理论和符号学视觉理论提供一个切入点。论文立足于布列逊的学术文本,在忠实于作者理论原貌的前提下,力图在理论结构、核心概念、理论参照与创新以及逻辑和体系的自洽性上对布列逊符号学艺术史思想进行梳理。导言部分主要涉及布列逊符号学艺术史的研究价值、研究的现状以及论文的研究路径和创新点。第一章首先介绍西方艺术史学发展到20世纪六七十年代所面临的问题以及当时社会科学和人文学科领域的新发展,这是新艺术史产生的两个背景。通过的研究建立起布列逊符号学艺术史的理论坐标。第二章探讨布列逊对图像作为符号这一事实的论证。首先梳理贡布里希的知觉心理学图像理论,随后从本质的复制、逼真性等方面分析布列逊对知觉主义以及模仿理论的批判,逐渐呈现图像作为符号而非知觉转录的理由。第三章考察布列逊对图像所作的"话语性"和"图形性"的结构性划分,归纳布列逊对话语策略类型的区分,以及他在艺术史研究中对这一概念的运用。第四章讨论布列逊的图像空间理论。第五章着重研究布列逊的"转义"理论。论文总结转义类型及其具体运用,并比较了布列逊的转义理论与哈罗德·布鲁姆"误读"和"诗的影响"理论的渊源关系以及改进。结论部分扼要总结布列逊的符号学艺术史理论以及作者的观点。

关键词:布列逊(Bryson, William Norman)　学术思想　艺术史　符号学　思想评论

**3600**

**延安鲁艺:我国文艺教育的新范式** / 庞海音著 ; 程正民,童庆炳指导. -- 北京师范大学, 2009. -- 186 页

论文是以延安时期鲁迅艺术文学院为研究对象,对延安鲁艺的文艺教育进行综合研究。以延安整风和《讲话》为关节点,并将其与"五四"以来至新中国成立后的文艺教育进行比较,试图严肃认真地总结延安鲁艺文艺教育的成败得失的历史经验,概括出对当代文艺教育有借鉴作用的艺术教育规律,达到对"延安鲁艺"的历史总体定位。绪论部分主要是介绍论文的研究对象、前人的研究成果及论文的研究方法和思路。第一章展示延安文艺生成语境的复杂性,以及鲁艺与中共意识形态的关系,考察鲁迅和毛泽东对鲁艺的影响,探究鲁艺文人在政治诉求与自我表达之间的徘徊和困惑的原因。第二章比较鲁艺内部的课程设置、领导机构的调整等,探究意识形态内部对于抗战和建国、长期性和现实性之间的分歧对这所艺术院校的影响。第三章以整风前后鲁艺的变化为关节点,揭示鲁艺内部对于中共文艺政策的不同理解,探究知识分子思想改造的实质,《讲话》诞生的必要性,肯定鲁艺的专门化提高,剖析文艺创作政治化、一体化的原因。第四章总结和分析延安鲁艺文艺教育的特征:文艺教育为政治服务、教育与实际相结合、探索文艺教育民族化、大众化方向以及民主教学和管理。第五章通过建国后社会主义文艺建立曲折历程的展示,分析归纳延安鲁艺对建国后文艺的影响,从中反思当代中国文艺教育的得失与经验,正确认识社会主义文艺教育制度建立的复杂性和艰巨性。

关键词:鲁迅艺术学院　文艺　教育模式

**3601**

**中国文论的中国化研究** / 邱明丰著 ; 曹顺庆指导. -- 四川大学, 2009. -- 197 页

文章立足于中国文论话语建设这一学术前沿,探究中国当代文论话语的建设路径。在研究中,又以思考中国古代文论学科史为切入点,揭示中国文论所面临的古今、中西维度,发现中国文论古今传承与中西传受出现了重大的价值偏差,重建的路向必须对古今、中西之间的关系进行有效调适,以应对"失语症"。文章分为绪论、主体和结语三大部分。绪论部分,主要对课题的相关前提作一说明,并呈现学界对主要问题的研究现状。文章的主体部分共分为五章。第一章梳理中国文论的西化历程,以"中国文学批评史"的写作为线索,揭示了中国古代文论在西方科学思维的催化下,呈现出学科化、体系化、范畴化等具体的西化维度。第二章集中揭示中国文论西化的内在本质。中国古代文论的封闭化是随着中国现代文化转型而

逐步累积的，由此造成的中国文论"失语症"亦可视作现代性变异的结果。第三章重点论述中国古代文论话语的当下直接有效性。发掘中国现当代文论中的古代文论话语，从细微处论述古代文论话语在诸多方面的有效性。第四章阐述西方文论中国化，阐明中国文论的主要学术规则，"以我为主"地去融汇西方文论，进一步确立中西文论的平等意识，以便中西文论对话的开展。第五章说明让中国文论话语在当代中国成为主流话语的重要性。随着"提高中国文化软实力"命题的提出，中国传统文化迎来了一次良好的发展时机。中国文论的理论言说方式能够更有效地彰显中国传统文学的迷人魅力。结语主要是对文章的总结，再度重申重建中国文论话语的立场及其积极意义，指出重建中国文论话语的核心在于重新树立中国文论的主体性，重估中国古代文论话语的当代价值。

关键词：古代文学　文学理论　文学研究

**3602**

**人的文学与人民文学** / 师会敏著 ; 冯宪光指导. -- 四川大学, 2009. -- 182 页

论文以科学发展观这一有中国特色的社会主义理论为指导，用知识社会学的方法将人的文学与人民文学还原到中国化马克思主义文论发展的历史文化语境当中，来进行比较研究。论文由引论和五章正文组成。引论部分揭示了人的文学与人民文学这一选题的缘由及意义，详细梳理了此选题的总体研究现状，并对论文中所涉及的关键概念如人的文学、人民文学进行初步界定。第一章中国化马克思主义文艺理论的知识谱系学考察。主要从中国化马克思主义文论的初步构建、发展与高峰这样三个阶段，对其发展进程作了知识谱系学的梳理。第二章人的文学。人的文学观以西方人本主义为理论基础，构成文学现代化的重要标志。但它过分强调自我表现，在某种程度上忽视并遮蔽了文学的社会学价值。第三章人民文学。人民文学以马克思、列宁的美学思想为理论基础，是中国革命对马克思主义现代性的选择在文化上的体现。但是，它也有着一定的历史局限性，因此，人民文学的思想也必须在新的实践中不断丰富和发展。第四章人的文学与人民文学(一)，从理论话语转型及二者的异同观两个方面，来具体讨论人的文学与人民文学的关系问题。第五章人的文学与人民文学(二)。深入探讨以人为本和人本主义的异同，充分论证以人为本的科学性及其普遍性的指导意义。在此基础上，以"以人为本"思想为指导，从文学价值论和文学本质论两个维度出发，重新审视了人的文学与人民文学的关系。在以人为本思想的指导下，正确处理人的文学与人民文学的关系问题，科学把握文学在人的全面发展、人的灵魂塑造等方面所起的作用，对于在全球视野下建构具有鲜明现代性和深厚人文底蕴的中国特色的马克思主义文艺学学科体系，具有重要的现实意义。

关键词：马克思主义　文艺理论　文学评论

**3603**

**刘师培文学思想研究** / 施秋香著 ; 佴荣本指导. -- 扬州大学, 2009. -- 179 页

论文即以"文"作为研究刘师培文学思想的切入点和内在逻辑，着力梳理刘氏文学思想的重要特征，并努力发掘其文论观念之于"五四"和当下的历史价值和现代意义。论文的绪论部分对刘师培的人生历程、等身著述以及学界对刘氏的研究现状等方面进行梳理和综述。还对刘氏的创作实绩和理论著述，以及学界关于其人其学的研究成果及现状进行综述。主干部分分为六章。第一章对刘师培的文学思想进行文化语境方面的探析。刘师培不仅在经学研究方面传承了刘氏家族"三代传经"的家学传统，而且在文学修养、治学精神等方面吸收了书香之家的深厚陶养，为以后的厚积薄发提供了理论积淀。第二章重在对刘师培所论之"文"进行本体解读。对刘氏的这些文学本质观念进行提炼概括和本体解读，同时认为，这种对"文"的理解蕴含了论述主体接受当时新学并加以改造后所形成的美学观念，从而体现刘氏文学思想的审美内涵。第三章侧重对刘师培的文体研究进行理论提升。还原刘氏对于小说的否定性审美价值评判，在此前提下，彰显论述主体基于启蒙大众实用目的对这一文体所进行的理论研究的客观价值，进而对有关文体等级观念的问题进行了一定的思考。第四章主要研究刘师培的文学史理论和实践。刘氏的文学史理论体系既包括独具特色的文学史观，也涉及求真务实的史料搜集方法，更离不开其堪称经典的中古文学史编纂实践。第五章主要分析刘师培在文学研究方法层面的特色。在刘氏的诸多研究方法之中，着重分析他以比较研究的方法所进行的理论表述，进而发掘其中所蕴含的比较文学研究意识的萌芽和初步尝试，借以折射近代文论领域的现代性光芒。第六章旨在阐发刘师培文学思想的价值意义。刘师培对"文"的审美观照，使文学的审美价值和独立地位得到

一定彰显,客观上成为"五四"时期对文学进行理论界定热潮的先声,而且与文学研究以作品为中心的向内转趋势正相吻合。结语部分再次点明刘师培文学思想中"文"的内核意义。

关键词:刘师培　文学思想　文学研究

**3604**

**清代扬州文艺场域研究** / 石艳艳著 ; 王臻中指导. -- 南京师范大学, 2009. -- 111 页

论文试图运用布尔迪厄场域理论以及传播学理论、女性主义等相关方法,从一种全面、整体、综合的角度,考察清代扬州文学艺术在不同时间段中的存在形态,探讨其中某些文艺现象的本质。论文共分为五个部分,其主要内容如下:第一、二部分试图从扬州文艺活动的历史回顾、清代扬州文艺活动的概况和影响、清代扬州文艺场域的形成基础等诸多方面考察和分析文艺主体或文艺现象的前历史时代政治经济文化因素。第三部分在清代初年遗民文化的背景下考察扬州文艺发展的特点。在历史的长河中,扬州已然成为一种富有深意的文化符号,这种特性使得它在与具有浓厚政治色彩的遗民文化相遇时,成为了文人宣泄在明清换代过程中所产生的盛衰悲凉之情的特有对象。第四部分分析在清代中叶商业经济发展的浪潮中扬州城市结构变迁所带来的文艺特殊现象:士商从传统的敌对状态转而亲密契合。出于诸多原因,扬州商人对于士商结合具有较之其他地域商人更加浓厚的兴趣和复杂的动机,体现出功利与非功利相结合的多重社会诉求,由此形成清代扬州独有的人文环境(比如"文艺淘金"现象)和审美趣味的重要变革(比如文艺主体的改变与彰显以及趣味分化);表现出文艺创作者在与社会需要之间的矛盾中不断自我调适时所具有的主导作用;也印证了艺术发展与物质发展所具有的不平衡关系这一本质特点。第五部分通过清代后期扬州文艺主体的边缘化状态,分析这种边缘化的缘由、表现以及所产生的文艺影响。清代扬州文人的边缘化形成是多种因素合力促成的结果,遗民文人的避世行为与淘金文人的矛盾心理都使文人身份的边缘化态势悄然隐藏于其中。边缘心理催生了扬州文艺的狂狷之风、女性情结和狭邪潜流,其本质都是文艺主体为满足自身心理和社会需求而出现的文艺自赎行为。

关键词:文学史　艺术史　扬州　清代

**3605**

**西方批评线索中的《麦克白》及其经典化过程** / 史晓丽著 ; 杨慧林指导. -- 中国人民大学, 2009. -- 153 页

论文依据近四个世纪以来西方对《麦克白》的文学评论,考察这部莎士比亚戏剧的经典化过程。论文分三章论述。第一章主要论述的是西方文学评论思想在莎剧经典化的两个重要阶段所表现出来的巨大差异,借此考察《麦克白》经典化的成因。第二章和第三章阐述的是《麦克白》经典性意义生成的过程。第二章指出该剧如何在 20 世纪之前成为现代欧洲文学基石的一部分。在这一经典化的过程中,评论人依据他们对现代人生存状况的理解,提出反映现实人生的现代文学观,也就是"浪漫主义反讽"的理念:《麦克白》因为契合了这一新文学理念,而生成了它的典范性意义,展现出它的规范性价值。第三章主要阐述的是《麦克白》经典化的第二阶段的状况,即 20 世纪以来《麦克白》被诠释成西方文化的一个象征。在这个过程中,评论人提出一个重要观点,即文学语言意义生成于文化习俗和规范,文学作品因而是文化文本,从这个观点出发,莎评人依据各种人文学理论重新诠释文学作品的文化寓意。简而言之,《麦克白》经典化的过程是西方文学评论思想依据社会文化状况变化而不断更新的过程,也是不同时期莎评人的历史感和《麦克白》的文化视野不断契合而生成新的经典意义的过程。在这个过程中,《麦克白》显现了它巨大的可诠释空间。

关键词:麦克白　戏剧　文学评论　文学思想

**3606**

**梅洛—庞蒂的美学思想研究** / 宋羿著 ; 王汶成指导. -- 山东大学, 2009. -- 156 页

梅洛—庞蒂是 20 世纪法国杰出的思想家、哲学家。论文在详细阅读、理解梅洛—庞蒂重要原著文本的基础上,对梅洛—庞蒂的整体思想作一个全景展示。论文共分五章。第一章是绪论。主要介绍梅洛—庞蒂的生平、著作、思想脉络及其思想渊源。对国内外相关梅洛—庞蒂思想研究状况的综述,指出其美学的研究意义和难点。第二章是对梅洛—庞蒂《行为的结构》一书思想的评析和借助其思想对心理学美学的反思以及个人对美学几个基本问题的新认识。全章分为三节,第一节是对梅洛—庞蒂《行为的结构》一书中的主要思想的评述。第二节是借助之前对行为结构思想的认识,来重新反思心理学美学,内容涉

及实验心理学美学、格式塔心理学美学和弗洛伊德心理学美学。第三节则是在《行为的结构》中所揭示的"身体是意义的扭结"层面上来重新看待美学的一些基本问题,主要结论就是要从存在的角度来重新看待美和美学。第三章是对梅洛—庞蒂《知觉现象学》一书的评述,相关的以此为基础对梅洛—庞蒂哲学的几个关键词的美学意蕴的评述,以及对身体、知觉和美学关系的探讨。包括对《知觉现象学》主要思想的评述,主要涉及现象学、对传统知觉理论的批判、身体和被感知的世界四部分;对在世存在的美学意蕴的评述;重新反思身体、知觉和美的关系问题。第四章主要是对梅洛—庞蒂表达观的评述。包括对身体行为的表达;针对梅洛—庞蒂的中后期著作《世界的散文》,着重评析表达过程中沉默的语言问题;对梅洛—庞蒂绘画研究的评述。结语部分着重分析梅洛—庞蒂哲学中最后一个,也是最重要、最基础的一个概念,肉身。从而在一种肉身本体论的前提下重新审视了梅洛庞蒂的整体思想,同时还针对梅洛—庞蒂思想对美学发展的所能带来的启示进行总结和评析。

关键词:庞蒂(Merleau-Ponty)　美学思想　美学史

**3607**

**艾柯文艺思想研究** / 孙慧著 ; 周均平指导. -- 山东师范大学, 2009. -- 177 页

论文力图结合艾柯的创作实践和理论批评,分析背景、厘清概念、理顺关系,对其文艺思想做出学理性的系统阐释和评析。由专题研究入手,采用实证材料分析与理论分析相结合的方法,较为完备地呈现艾柯文艺思想的全貌。全文共分为六个部分。导论部分简要概述艾柯文艺思想在西方研究的现状,表明艾柯在西方重要的地位,彰显其重要思想价值。同时分析我国艾柯研究现状,即资料的局限与研究的匮乏对拓展国内艾柯研究提出新需求。在此基础上,提出论文的研究目的、方法、创新点和逻辑结构,借此建立研究的科学平台。第一章分析艾柯文艺思想产生的时代背景,考察其文艺思想的理论渊源,进而梳理艾柯文艺思想的发展历程,这是了解其文艺思想全貌的前提,也是论文的逻辑基础。第二章探讨艾柯的文艺符号学理论。分析艾柯关于符号本身的理论、代码理论与符号生产理论,力图在展现其符号学理论全貌的同时,客观审视其符号学理论的价值。第三章分析艾柯的文艺阐释学理论。将艾柯的符号学理论与阐释学理论并置研究。对艾柯关于"阐释"与"过度阐释"等问题进行探讨。这一章与第二章是平行关系,都是对其思想进行解读的专题研究。第四章探讨艾柯的小说创作。以艾柯小说为实证评述其理论观念,这是考察其文艺思想的一个实践角度。学者与作家的双重身份为艾柯提供了一个独特的空间。第五章试图对艾柯文艺思想进行较为全面、辩证、合理的评价,在正视其不足与缺陷的同时,挖掘、品茗艾柯文艺思想中有价值的因素,通过共识性审视与历时性观照对艾柯文艺思想进行正确的评价。经过深入探讨,我们可以看出,作为"协调者"与"综合者"的艾柯以开放而综合的世界观,发展了在多种意义上协调的,突破片面想法的立场。

关键词:安伯托・艾柯(Umberto Eco)　文艺思想　符号学　阐释学

**3608**

**文学体验论** / 孙淑奇著 ; 高凯征指导. -- 辽宁大学, 2009. -- 151 页

论文主体部分共五章。前三章主要是文学体验理论获得理解的理论建构部分。第一章对体验理论在西方语境下进行追本溯源的历史描述,主体内容是西方体验理论的特点、西方体验理论的发展,并着重对在西方语境下体验概念的含义进行归纳分析,为与第二章中国文论的体验特点给予鲜明的对比。第二章中国文论的体验特征,主要从体验与中国传统文化的思维特点、体验与传统文学创作的关系的角度,论述中国传统文论的体验特点,并对重体验的根源进行概要分析,以突出中国文论的体验特性与西方体验艺术理论的不同之处。第三章是论文的重点,主要论证在生存论下如何对文学体验进行理解、文学体验作为一种理论如何在生存论下而"言其所是",所以,体验在生存论下如何被理解,文学与生存的关系、文学与生存体验的关系等都是这章所要解决的重点问题。体验本身就是生存的体现同时也是对生存认识的一种整体把握方式。而文学是人的生存超越性的体现。在文学体验论中,超越性体现为对真善美、生存的尺度、原则、价值的追求。生存体验在文学中,主要从两个主体的角度介入文学,一个是作者生存体验,一个是读者生存体验,研究它们在文学活动中的表现形式及现象。论文第四章和第五章是文学体验论的具体阐释部分,主要集中在文本和读者接受的层面。第四章主要论述体验之具体的文本形态,以四个常见的体现文学特性的概念为主,即情境、形象、意境、意象,重

点探讨它们在文本中所具有的体验特点,并结合作者和读者以展示其在文本中的体验功能,并辅之以具体的文本分析,给出体验理论文本分析的方式及特点。第五章主要描述接受体验的心理过程,重点是读者体验过程的形成原因及其特点。这个心理过程被描述为期待、理解、反思、再体验等几个互为基础生成的阶段,并结合文学文本对几个心理阶段的文学阅读特点进行分析,以突出体验在读者阅读中的特点及其生成的原因。

关键词:体验　生存论　文学理论

**3609**

**中国转型期信用消费文化与新闻传播** / 孙炜著 ; 李杰指导. -- 四川大学, 2009. -- 200 页

全文共分七章。第一章导论从社会现实出发提出了研究的原因和需要在论文中深入研究和解决的问题。第二章,中国当代的消费文化转型:从节约到负债。阐述信用消费文化的特点:从本质上讲是消费主义意识形态的一种表现,从表现形式上讲是一种生活方式,从存在状态上讲是传播的、流动的,从产生原因上讲是一种商业文化。第三章,中国转型:信用消费大众化的社会基础。中国当代的社会转型是信用消费文化在我国产生的背景。总结中国社会转型具有的三个重要特点,阐述信用消费文化产生的政策基础,分析现代化转型目标下国家政策对信用消费的促进和推动作用。第四章,大众传播:信用消费大众化的关键。通过实证分析揭示大众传媒尤其是新闻报道对消费者消费观念和行为的关键影响,论述大众传播对大众文化的影响,提出我国信用消费文化与大众传播关系研究的核心假定。第五章,信用消费新闻传播话语符号分析。依据新闻文本详细论述信用消费现象如何通过新闻话语意义化过程取得意识形态上的合法性和正当性,从而对受众和广大消费者的消费观念和消费行为产生巨大影响,进一步证明大众传播对信用消费大众化起的关键作用。第六章,信用消费新闻传播动力与机制,从政治经济学的角度阐述了新闻媒体传播和建构信用消费文化的动因和传播中的各种关系。第七章,结论与反思。一是得出总体性的结论,回答文章导论中提出的疑问;二是分析当前信用消费大众化过程中存在的一些问题,提出有针对性的解决措施。

关键词:消费贷款　信用　文化　大众传播

**3610**

**晚清小说旅行叙事研究** / 唐宏峰著 ; 王一川指导. -- 北京师范大学, 2009. -- 208 页

论文尝试探讨晚清小说中的旅行叙事,由此发掘现代中国人主体的形成轨迹,进而就晚清小说的现代性问题提出一些新的观察。导论"通向晚清小说旅行叙事"。首先为旅行划定一个精神文化的系谱,指出旅行在古代社会和现代社会所具有的既有联系又有区别的主体意义。导论进一步分析旅行叙事与现代性的关系,为全文建立框架,指出旅行叙事在外向空间与内向主体两方面深切关涉到小说现代性的形成。第一章"绘制空间与想象国族",从外向空间意义与体验着手,探讨旅行叙事怎样对晚清社会空间进行表征和构型。第二章"怪熟的遭遇",晚清大量的跨界旅行生产出一种特有的体验类型——怪熟(uncanny),这种心理悖论的感受乃是现代主体性的重要表征。第三章"旅行者与现代人",进一步探讨旅行的现代主体意义。晚清小说中的旅行者总是被塑造为一个与环境尖锐对立的独异的陌生人形象,这样,现代个体之独立性、自我意识、价值内转、对外面与内面的深入探索,都在旅行者形象上得到值得重视的体现。第四章"旅行叙事与晚清小说文体",讨论旅行叙事所形成的特殊小说文体。论文将对具体文学现象的研究,经由对主体性的发掘,复归到了一个文学文体的层面。结语总结全文,再次清理全文思路与结论。同时延伸到对目前晚清小说研究中的核心问题和热点倾向进行阐发和评价。

关键词:古典小说　叙事学　文学研究　清后期

**3611**

**邓以蛰美学思想研究** / 唐善林著 ; 王德胜指导. -- 首都师范大学, 2009. -- 177 页

邓以蛰(1892—1973),安徽省怀宁县人,清代书法家和篆刻家邓石如的五世孙,与同时代著名的美学家宗白华享有"南宗北邓"之美誉。论文拟通过以下几个方面来揭示和探讨邓以蛰美学思想。全文分为引言、正文和余论三个部分。引言主要通过对邓以蛰美学思想研究现状的综述,指出邓以蛰是一个被忽视的中国现代美学家和美术史家,并阐明论文研究的思路方法和主要观点。正文部分包括四章。第一章探讨邓以蛰"心本"艺术审美本体论,认为其"心本"之"心"包含"人心"和"道心"两个方面的内涵,并指出邓以蛰美学"心本"特征的形成并不是一蹴而就的,其

中大致经历从“光线颜色”到“情感生命”再到“意境气韵”的三个阶段。第二章旨在探讨邓以蛰美学思想的文化渊源，认为邓以蛰美学及其“心本”特征的形成主要受到了老庄的“心论”哲学的影响，同时黑格尔的“理想论”和克罗齐的“表现论”美学思想也对其产生了较大影响。第三章通过对邓以蛰与宗白华美学思想比较，认为“南宗北邓”这一流行的提法并非空穴来风，而是有学理根据的，因为他们都学贯中西，并各在其美学中形成了标志性的“生命”与“心本”本体特征。第四章通过与滕固“风格进化论”美术史观比较，认为邓以蛰以“体—形—意(理)”和“创—述—变”的理论框架建构了其“辩证发展论”美术史观，这在中国现代美术史观中是极富理论创造性的。余论部分主要以邓以蛰美学为焦点，从审美、启蒙和革命三个角度论述了邓以蛰及中国美学现代建构内蕴的多元性。

关键词：邓以蛰　美学思想　文化

**3612**

**中国诗学“空”范畴研究** / 田淑晶著 ；刘俐俐指导. -- 南开大学, 2009. -- 167 页

论文以中国诗学“空”范畴为研究对象。研究现状表明，中国诗学中的“空”在概念上尚晦昧不明。鉴于此，论文对其进行系统考察，以使之澄明。论文主体部分共分为五章。第一章从作为一般语词使用的“空”谈起，探讨中国文化中“空”这个语词的使用层次。通过词源学考证，揭示“空”作为一般性语词使用的诸种内涵。而探寻作为哲学范畴的“空”——中国佛学的“空”义，论文追本溯源，从印度佛学“空”思想论起。第二章探讨从佛学“空”范畴到诗学“空”范畴的转换生成。苏轼在《送参寥师》中提出空静说，诗学“空”范畴由此诞生。回到空静的提出语境，对《送参寥师》进行文本细读，诗学“空”的佛学渊源被确认。从佛学之“空”到诗学之“空”，“空”范畴的领域转换，与北宋时期佛学“空”思想的发展状况、文人对佛学“空”思想的接受以及苏轼基于诗禅两通对诗禅一致性理论的具体化密切相关。立足以上几个方面，论文探讨诗学“空”范畴的生成原因。第三章、第四章勾勒诗学“空”范畴的发展轨迹。诗学“空”是由空静、空悟、清空、空圆、空灵等子范畴构成的范畴序列。这些子范畴表现为历时性的理论建构。探析子范畴的生成，阐释子范畴的内涵，论文勾勒出诗学空范畴的发展轨迹。第五章在明确思想源出、生成发展轨迹、范畴序列构成，尤其是“空”范畴子范畴内涵的基础上，探讨诗学“空”的内涵与思维模式。诗学空不同于日常理解的表示虚无、空洞的“空”，也不是文学创作对空寂境界的描写、对隐逸出世主题的崇尚。

关键词：诗学　审美感　佛学　文学研究

**3613**

**宗白华的精神人格与美学之路** / 田智祥著 ；杨守森指导. -- 山东师范大学, 2009. -- 183 页

研究立足于对文献的细心品读，从现象学、发生学的视角去审视宗白华其“人”、其“文”，力求还原出宗白华的精神人格以及他进行美学探求的心路历程，在厘清“为什么”的前提下再去看他的美学思想“是什么”，追求一种立体的、综合的研究效果。全文共分四部分。上编立足于对影响宗白华人格生成的先天因素与后天陶染以及这两者之间的有机联系的分析论述宗白华的人格生成，总结其人格风貌及其以救世为旨归的人生价值观根基，为全文的展开做好准备。综观宗白华的文学艺术研究，他总是立足于自己以人格为核心范畴的美学观念，对研究对象的人格境界、内在精神进行深透的体悟、解说，并在此基础上进行理想人格的营造与对世人人格追求的引领。中编论述宗白华在其救世情怀及内在人格的影响下美学思想的发生、发展，指出其对以救世为目的的“宇宙人生真相”的追寻对他美学思想的发生、发展所产生的决定性影响，阐明宗白华以“人格”为中心范畴，以人格建构为核心意旨，以人格体悟为基本研究途径的美学思想及其以救世为最终目标的美学追求。下编分析宗白华在生活中对自己美学理念的践行以及他对自己的美学追求、美学方法所进行的哲理思辨，以呼应中编对其以救世为价值根基的美学思考的论述。宗白华强调对宇宙人生真相的追寻，强调人格境界的提升。结语部分立足于前文对其精神人格、美学思想、人生实践与哲理思辨以及这三者之间的有机联系的分析与论证指出了宗白华建国前的美学探求是始终关注着现实的社会人生的，他是在力图通过美学手段实现自己救世济人的理想抱负，他建国前的基本人生状态可以概括为济世的“执”与审美的“醉”，在文章的前后勾连中还原出宗白华美学探求的心路历程，显现出鲜活的宗白华的个性形象。

关键词：宗白华　美学思想　人格　思想评论

**3614**

**北朝文学思想研究** / 佟艳光著 ；王巍指导. -- 辽

宁大学, 2009. -- 107 页

论文以北朝文学思想为研究对象,利用历史文献与理论分析相结合、知人论世、南北朝横向比较与历史纵向比较等方法,旨在理清北朝文学思想的发展脉络,探析其中重要理论问题的成因、内涵、历史价值以及影响,为全面、系统、深入地评价北朝文学思想的历史价值奠定基础。第一章探讨民族大融合背景下的北朝文人心态及文学观念变迁。按照北朝历史的自然分期分别考察了北魏时期、东魏北齐时期以及西魏北周时期鲜卑族或鲜卑化汉人统治者的民族、文化政策及其对以汉士族为主体的北朝文人心态的影响,并在此基础上理清北朝各个时期内文学观念变迁的历史脉络。第二章围绕北齐杨愔发表的《文德论》和由南入北的思想家颜之推的文人文德论展开,结合时代背景、家学传统等方面,着重分析考辨了北朝文人关于文德观问题进行理论探讨的原因、本质内涵、历史意义及影响。第三章重点以北魏孝文帝文质观和西魏柳虬《文质论》为研究对象,分析考辨北朝文人的文质观产生的时代背景、具体内涵及历史意义。孝文帝文质观的最大意义,在于明确提出文质并重的文学创作主张,为文学的发展指明了方向。第四章主要考察北朝对南朝声律论的接受和发展状况。北朝文人接受四声论的过程中,投入了极大的热情,积极从各自的角度,或从理论角度质疑解惑,或在实践中为四声论的顺利应用做好各种准备。第五章通过对北周滕王逌和庾信的文学思想的具体观照,深入研究北朝末年南北杰出文人于齐聚北周都城后在文学观念上发生的碰撞和交融。“沉郁文章”说是宇文逌文学思想的核心,主张提倡既服务于政治风化又兼顾及吟咏情性,既具社会功利价值又具审美性的文学,主张文学要表达浓郁深厚的情感和深刻的思想。庾信的文学思想最主要的特征就是融合南北文风自成一家。

关键词:文学思想史　文人　文学研究　北朝时代

**3615**

**英美新批评细读法研究** / 汪维维著 ; 赵宪章指导. -- 南京大学, 2009. -- 90 页

论文将从新批评关于细读的问题史出发,对细读法的作品观、核心概念、与科学实证主义和文学教学等方面展开讨论。论文首先梳理了新批评细读法的作品观——有机整体论,对作品有机整体理论的发展进行了历史描述,指出新批评有机论对前人有机思想的继承和抛弃之处,然后深入探讨了新批评有机思想的具体内涵。其次,论文讨论了新批评细读法的三个核心概念:复义、反讽和张力。这三个概念分析了作品内各个层次之间的相互关系,有步骤地展示了作品的有机整体性。再次,论文探讨了细读法的科学性和实证性问题。新批评与科学之间潜存着既对抗又吸引的悖论关系,它一方面公开反对科学,揭露科学给世界和人类带来的毁灭性破坏,另一方面它又暗中接受科学中备受推崇的科学性、客观性、准确性和实证性等特征。论文最后讨论了文学细读与文学教育的关系问题。细读法与文学教育的关系密不可分。细读法以其独特的优势满足了大规模教学的需要,推动了大众教育的兴起,已经沉淀为文学教育的基本方法之一,在文学教育中产生了积极的影响。“余论”部分是对新批评细读法与我国古代小说评点的比较研究。这两种中西不同的批评方法都表现出对作品本体的关注,在批评方法上都自觉采取以作品为中心的细读。但是这两种批评方法都有各自的缺陷,对二者异同点和优劣处的比较可以帮助我们找到更完善、合理的文学批评方法。

关键词:文学批评　细读法　美国　英国

**3616**

**论纪念性雕塑** / 王鹤著 ; 刘俐俐指导. -- 南开大学, 2009. -- 134 页

论文通过对纪念性雕塑的现有实体、历史资料、现有研究理论进行归纳和深层次发掘,以求在学理层面上明确纪念性雕塑的共性,并为今后中国的纪念性雕塑实际建设提供一定的参考作用。第一章为引言,首先介绍了选题的意义和目的,提出了需要重点研究的问题,并对国内外有关纪念性雕塑的相关著作资料进行梳理综述。随后提出主要研究目标和扩展研究目标,并进一步提出了准备采用的研究方法。最后简要提出论文的创新点和存在的不足之处。第二章着重探索纪念性雕塑作为一种独立艺术形式出现的社会需求以及技术背景,通过对其起源的明确来强调纪念性雕塑沿用至今的基本特征,以为后续分析论述打下基础。第三章深入分析纪念性雕塑的艺术生产过程,并总结出纪念性雕塑建设流程中的三大主要参与者——赞助者、创作者和接受者,明确纪念性雕塑艺术生产的全过程以及三大参与者的互动途径和程度,有利于在其后的章节中探讨纪念性雕塑的内容、形式以及命运问题。第四章着重分析赞助者在纪念性雕塑内容与形式选择过程中的影响。首先论述了具有

相对独立性的发起者因素，其后分析了所在地传统对赞助者选择纪念对象的影响。第五章着重探讨纪念性雕塑创作者的表现对象运用方式。第六章着重运用大量现实例证解释纪念性雕塑遭受毁坏、误解等物质命运及再解读过程中遇到的问题。

关键词：雕塑　雕塑评论　艺术设计

**3617**

**寻根文学理论的人类学批评** / 王宏根著 ； 姚文放指导. -- 扬州大学, 2009. -- 161 页

绪论部分，首先对寻根文学运动、寻根文学理论进行界定，归纳出寻根文学理论的发展阶段，并从人类学的视角进行论证，得出寻根文学理论具有人类学性质的结论。其次，分析了中国寻根文学研究状况。再次，点明研究的方法。最后指出了研究的范围，即参与寻根文学运动的作家和批评家的理论作品。第一章，寻根，作为一种人类学向度。寻根文学理论反对文学批评标准政治化，"寻根"文学运动的出发点和方法都显示出人类学的性质。第二章，原始文化观及其实践。寻根文学理论认同原始文化，并有具体的措施。第三章，原始思维和神话意识。寻根文学理论在原始思维和神话意识的重新发现和认同上做出了颇有成效的努力。第四章，原型的发现和阐释。寻根文学理论自觉地用"原型"批评的方法分析作品，并在文体样式上采取回归的策略。第五章，语言人类学批评。寻根文学理论对语言特别重视，并自觉地运用人类学知识进行分析，强调汉语写作的意义。第六章，审美的人类学特质。寻根文学理论的美学观是以原始美学经验为参照，结合本民族的文化传统而形成的审美态度。第七章，生态批评。寻根文学理论关注自然，始终强调"天人合一"。寻根文学理论论述了人和自然关系的三个方面：各自独立却又和谐相处；自然和人因精神同构而互化；自然具有一种原始的精神，是人类学习的对象。

关键词：寻根文学　文学理论　人类学

**3618**

**中国现代乡土文学的境界叙事和意象叙事：兼论沈从文和贾平凹** / 王建仓著 ； 陈学超，李继凯指导. -- 陕西师范大学, 2009. -- 280 页

论文是关于中国现代乡土文学叙事的民族品格范式论。通过理论与实践相结合的论证，论文认为境界叙事和意象叙事是 20 世纪中国现代乡土文学叙事中由民族文化底蕴养成并逐渐成熟的两种重要的民族范式，而沈从文和贾平凹则是这两种叙事范式的典型个案。论文对这两个关键性概念做了学理规范，对两者之间的特征关系进行对照比较分析，还从文体形态之间的互设，中国传统叙事的演绎发展以及《红楼梦》叙事的现代传承和影响等几方面进行论证。论文选择从现代乡土文学叙事特别角度切入，着力于考察其民族品格，遂又抽象概括出现代乡土境界叙事和乡土意象叙事两种范式。论文认为境界叙事和意象叙事既是现代乡土叙事的特征也是整个现代文学叙事的重要品质构成，既是民族的也是世界的。

关键词：乡土文学　现代文学　叙事　文学研究

**3619**

**迈克·费瑟斯通的消费文化理论研究** / 王敏著 ； 阎嘉指导. -- 四川大学, 2009. -- 183 页

论文主要研究费瑟斯通的消费文化理论，分为六章依次展开研究。第一章绪论。概述选题缘由、国内外的研究概况及论文的基本结构、研究方法和难点、创新点。第二章费瑟斯通对消费文化的研究视角。主要讨论费瑟斯通对消费文化的总体把握。费瑟斯通把消费文化放在后现代这一具体的文化语境中进行研究，同时对一些基本定义进行了区分，如"现代性"与"后现代性"，"现代主义"与"后现代主义"等。第三章消费文化的美学表征：日常生活审美化。费瑟斯通首次明确提出了"日常生活审美化"的概念。重点分析了"日常生活审美化"的文化事实，费瑟斯通从现代性中寻找"日常生活审美化"的种种迹象及原因。第四章费瑟斯通的生活方式理论。分析生活方式成为选择对象的过程；消费文化中的享乐型生活方式；分析生活方式与自我认同之间的关系；分析健康生活方式的重要性；费瑟斯通关注生活方式中不平等的一面。第五章消费文化中完美的身体形象。介绍费瑟斯通的身体观，揭示完美身体的反面：衰老。第六章结语，讨论费瑟斯通的消费文化理论对中国消费文化理论研究的启发和意义。

关键词：消费文化　生活方式　费瑟斯通（Mike Featherstone）

**3620**

**中国古代文法研究** / 王明强著 ； 周群指导. -- 南京大学, 2009. -- 155 页

论文力图挖掘文"法"范畴的基本理论内涵，确定

其研究领域,探索其在中国古代文章学中的地位与价值。研究分五个部分。第一章通过对哲学文化范畴“法”向文论范畴“法”延展、演变的考察,探究文法的基本内涵和研究领域。通过考察,哲学文化范畴的“法”在向文论范畴“法”演变过程中,其原有义项与文章创作逐步渗透、结合。开拓形成师法、法度、技法三大文法领域。第二章对师法论展开探讨。根基于“天人合一”文化基因的“师法”论,随着古代社会文化的发展,出现了从“法天”向“宗经法古”的转换;出于文章创作的实践需要,宗经从重道逐渐转向重文章技法;随着古代典籍累积日多,出现师法对象的选择与论争,并在论争中逐步形成取道唐宋古文而探寻秦汉文章精蕴的师法理论;虽然法古理论与实践构成古代文章发展主流,但基于中国文化本身所蕴涵的生生不息的创新通变基因,历代文章家致力于文法的创新与变化。第三章从思想、结构、文体、创作四个方面考察古代文章法度的内涵,并从文化与才性两个视角分析奇变存在的原因,进而论述法度与奇变之间辩证融通的关系。第四章梳理文章技法论的历史发展脉络,并从命意、篇章布置与行文、择字炼句三个方面考察古代为文技法。最后对“道进乎技”命题进行深入探讨,认为该命题的涵义不是一般学者所理解的“熟能生巧”,而是“忘”技,达到“形全精复,与天为一”的境界,自然成文。第五章论述古文与时文文法的渗透与会通。古文与时文作为古代文章二种极为重要的文类,是古代文法论建设的主要奠基文体。古代文章家在以古文之法为时文以提高时文水平的同时,也极大地推进了古文文法的深入探讨和总结,使得古代文法论得以繁盛和成熟。

关键词:文章学　语法　古代文学

**3621**

**书写的痕迹:对“书写”观念的一种梳理** / 王涛著 ; 章安祺指导. -- 中国人民大学, 2009. -- 182 页

论文将“书写”作为人文学科的一个重要交叉概念,主要参考德里达、巴特和苏珊·汉德尔曼等人对书写观念的理论梳理思路,尝试对西方文学、哲学、神学、社会人类学、精神分析学、语言学等人文学科中涉及书写的主要思想和观点进行一种梳理,这些思想和观点主要以现当代理论,以及被现当代理论所重读的古典经典理论为主。论文主要分为五个部分:第一章“被压抑的书写”梳理了传统形而上学和早期基督教对书写的基本态度,以及由此形成的压抑书写的历史。参考德里达就书写问题对言语中心主义进行批判的思路,首先对柏拉图《斐德若篇》中的“书写神话”进行重读,指出柏拉图实际上是将书写比作具有双重性的“药”,但同时又努力将其单义化并加以贬抑。第二章“书写的解放与重新认识”主要分析对德里达书写理论产生重要影响的几位思想家的相关理论,并阐述德里达的书写理论要点。同样以重读一则神话开始,说明书写作为一种“技术”是人所必需的一种属性。第三章“异端与传承:对犹太教书写观的重新思考”,主要参考苏珊·汉德尔曼对犹太教书写观的理论梳理,在德里达和罗兰·巴特等后结构主义思想家的书写理论与犹太教书写观念之间建立一种理论关联。第四章“书写的‘边缘’与‘边缘’的书写”主要借由德里达和巴特的书写理论探讨哲学与文学之间的“边缘”问题,以及各种被边缘化的书写形式,如欲望(身体)书写、女性书写、种族书写与狭义书写以外的一些物质性书写。最后一部分的余论“书写人生的痕迹”,主要在精神伦理层面上对书写和自传,书写和死亡之间的关系进行探讨,并将问题的讨论最终引向“他者”。

关键词:文学理论　书写　他者

**3622**

**科学与人文:中国现代作家的价值选择** / 王文勇著 ; 俞兆平指导. -- 厦门大学, 2009. -- 146 页

论文力求对中国现代作家关于科学与人文问题的思考,作一番历史性的梳理,以便从中获得有益的启示。论文的重点是梳理中国现代作家在科学与人文方面的阐述,及对其价值选择作出相应的判断。在五四之前,王国维与梁启超有关科学与人文之困惑,是中国现代思想史及文学史上有关这一问题的萌发时期。而后,1923 年轰动一时的“科玄论战”与其一脉相承。在 20 世纪前半叶,中国现代作家有关科学与人文的论争与价值选择大致可分为三大派别:科学与人文的和谐派、科学主义派、人文理想派。一、科学与人文和谐派。其代表性作家为鲁迅与林语堂。二、科学主义派。其代表性作家为胡适和郭沫若。三、人文理想派。其代表作家为丰子恺和梁宗岱。总之,论文对中国现代作家在科学与人文二者对峙中价值选择的研究,不过是探索性地迈出了小小的一步,力求在这一课题前沿有所拓展。文章的核心内容主要体现在以下几个方面:1. 对科学与人文问题的历史脉络做出了简要的梳理;2. 对中国现代作家在科学与人文

对峙问题上的价值选择进行了大致的归纳;3. 对一些在科学与人文问题阐述方面的代表性作家进行了个案分析,从而支撑中国现代文学领域中关于科学与人文问题研究的整体建构。

关键词:作家　现代文学　科学技术　人文主义

**3623**

**大众文化的后现代语境研究:以影视文化和网络文化为例** / 王小平著 ; 冯宪光指导. -- 四川大学, 2009. -- 184 页

论文是对最重要的几种大众文化形式,如电视娱乐节目、方言电视剧、电影、网络的后现代文化语境研究。论文的导论部分概述电视的发展历程和电视娱乐节目的兴起,分析悲剧终结、喜剧登场的社会、历史、文化、哲学原因,研究文艺的娱乐化与感性解放的潮流的关系,考察巴赫金诗学对 20 世纪狂欢文化的影响。第一章分析全球化语境下的文化互动和交往的重要性,地方性文化在多元文化中的价值。第二章研究大众文化与文艺大众化的关系,并对西方的大众文化理论进行分析批判。第三章论述作为大众文化的方言电视剧的"文化政治"功能和在建构后现代"文化地理"上的价值。第四章分析影视文化的后现代语境问题,研究图像文化与身体美学的关系问题。第五章论述后现代语境. 中的中国电影叙事。第六章研究网络文化的大众化与民主化的问题。

关键词:群众文化　互联网络　后现代主义

**3624**

**文学与解构:德里达论作为他者的文学** / 王昕著 ; 余虹,张永清指导. -- 中国人民大学, 2009. -- 137 页

论文以"寻找语言的他者"作为全文论述的基本线索,并以此结构全篇。第一章,基本命题。首先是绝境问题,另外两个问题涉及语言和文学。第二章,将着重清理德里达对西方传统逻各斯中心主义模仿与再现论的解构,以及对列维纳斯早期他者理论的批判。对列维纳斯他者问题的批判构成了对他者问题现象学根源的梳理。第三章,讨论文学与法的基本关系问题。文学与法的关系,可以被理解为文学与他者的关系。而"与他者的关系"也将成为以下几个章节讨论的基本内容。在第四章,重点讨论签名结构的基本内涵,以及反签名所包含的"派出又派回"的自我与他者独特的关联结构。在第五章,德里达通过对乔伊斯文本《尤利西斯》的解构性阅读揭示这一文本内在的他异性和他者之维,这为《尤利西斯》这一文本的现代意义提供了独特的阐释维度。第六章,通过对德里达发明问题的阐释,进一步揭示与他者的关系在一般语言层次上的不可能性,以及文学与解构在这一不可能中的意义。第七章和结语部分,重点讨论德里达有关他者问题的一些极端的观点和论述,并由此引发对文学与他者根本性关系——秘密、责任、宽恕以及死亡的思考。虽然论文以"寻找语言的他者"作为结构全篇的线索,但这一"寻找"最终证明并没有真正到达它的目的地。它在这一"寻找"的途中并没有发现、发明语言的他者,却被延搁在"与他者的关系"中。

关键词:德里达(Derrida, Jacques)　文学理论　解构主义

**3625**

**《妇女杂志》研究:关于中国现代女性话语的个案分析** / 王鑫著 ; 蒋原伦指导. -- 北京师范大学, 2009. -- 197 页

论文将民国时期出版时间最长、影响最大的女性刊物《妇女杂志》作为研究对象,通过对杂志主编更迭形成的三个不同历史时期的主流取向和特征进行分析,呈现 1915—1931 年媒介中女性形象的流变,和媒介如何通过女性话语回应特定历史时期的文化和思想变迁,以及《妇女杂志》在特定的历史文化背景中重构女性社会图景的重要意义,并在矛盾中找到女性解放自身的力量。具体从以下几个方面论述:王蕴章时期的主要特征是"微物新知"策略下实现开蒙启智的宗旨,并由此确立"新贤妻良母"的女性叙述。章锡琛时期最鲜明的特征就是"新性别伦理"语境中的"新女性"塑造。杜就田时期《妇女杂志》的明显特征是"新感觉经验"中"准摩登女性"的出现。以"征文"为主导的内容呈现了女性在 20 世纪 20 年代后期的情感经验,也在潜移默化中将章锡琛时期的激荡和新锐的问题平和化、深入化。最后,论文探讨《妇女杂志》的传播机制与话语空间建构。从"新贤妻良母"—"新女性"—"准摩登女郎",《妇女杂志》提供了这样的女性身份叙述模式,并在"微物新知"—"新性别伦理"—"新感觉经验"的话语空间中,呈现男性知识精英通过传媒进行的文化资本的争夺,获得对女性发声的权力。媒介通过播撒思想、展布情感经验、提供现代性的体验,参与了女性从传统向现代的转换。

关键词:妇女杂志　妇女地位　话语　文学研究

3626

**库利科夫斯基文学创作心理学研究** / 吴玉英著 ; 曾繁仁指导. -- 山东大学, 2009. -- 119 页

库利科夫斯基的研究范畴十分广泛,除了文艺学之外,语言学、神话学、文化史学和心理学也一并囊括在内。论文以库氏的这种研究思路为出发点,选择其焦点问题——文学创作心理学为题,以期把握他的基本学术思想。论文除导论和结语外,正文部分主要包括五章内容。第一章主要介绍库利科夫斯基文学创作心理学形成的理论渊源。这一章主要从库利科夫斯基与波捷布尼亚、历史文化学派的关系问题入手,对其文学创作心理学思想的理论渊源进行了详细的梳理和研究,并进一步指出了其理论思想的变革和超越。第二章考察了库利科夫斯基文学创作心理学形成的时代历史语境。俄国"学院派"最有影响的是四个派别:神话学派、历史文化学派、历史诗学、心理学派。第三章梳理辨析了库利科夫斯基文学创作心理学的基本对应范畴。第四章主要考察了库利科夫斯基文学创作心理学的理论建构。结合库利科夫斯基文学创作心理学的理论阐述和批评实践,总结出其在文学创作心理学理论建构中想要解决的一些重要问题。第五章考察库利科夫斯基文学创作心理学的批评实践。论文从库利科夫斯基的文学心理批评出发,从艺术批评实践的角度来看他的文学创作心理学理论。库利科夫斯基的文学创作心理学没有断然斩断作品历史文化语境的血脉,一定程度上超越了欧美同时代的文艺心理学理论学说,具有极高的学术价值。最后部分是结语,概括总结库利科夫斯基文学创作心理学的研究特点、历史意义,并指出了其存在的局限性。总之,无论是就库利科夫斯基思想本身的价值而言,还是他作为学者治学的精神而言,都是值得我们重视和借鉴的。

关键词:文学创作　文艺心理学　库利科夫斯基

3627

**中国少数民族题材电影叙事文化研究** / 谢婉若著 ; 蔡尚伟指导. -- 四川大学, 2009. -- 207 页

论文以 20 世纪 90 年代中后期以来的少数民族题材电影为主要的研究主体,对其体现出来的叙事文化,主要从其叙事策略、叙事语言和叙事主题(文化表征)三个方面进行研究。全篇论文由六部分组成。绪论部分主要交代研究的对象,对相关概念进行界定,并阐述论题的研究现状、论题的论述结构与研究方法,以及论题的研究的理论意义和实践意义,以形成论述的逻辑框架与线索。第一章梳理和概括阐释了叙事、电影叙事的理论背景,以及少数民族题材电影叙事的特殊之处,旨意在于站在历史的高度和社会文化大背景下,对中国少数民族题材电影有一个宏观上的认识和了解。第二章从"战略"的意义上分析少数民族题材电影所体现出来的主要的叙事策略。通过对众多文本的细致阅读、分析,发现为了展示少数民族独特的异域文化,少数民族题材电影在叙事策略上借鉴了文学作品中的意象叙事的手法,意图在于凸显少数民族的特色文化。第三章从"战术"的角度,从电影基本构成元素影像和声音这两个电影叙事表层结构的层面分析了少数民族题材电影的叙事语言。少数民族题材电影"战术"意义上的叙事技巧的本质在于从影像和声音两个方面具体展示和结构少数民族的视觉文化和听觉文化。第四章通过对 20 世纪 90 年代中后期以来的少数民族题材电影进行细致的文本分析,对其叙述的内容层面如故事、人物等的综合考察,进而粗略的概括了故事背后的"共叙事"主题。结语部分通过对少数民族题材电影叙事策略和叙事语言及叙事主题内涵的阐释分析,得出:少数民族题材电影叙事特征总的倾向是影片所讲述的故事和叙事主题多是大众所熟悉的,不太具有陌生性,对故事的讲述并非是电影的重点艺术追求;在叙事中展示少数民族特色的自然景观和人文风情才是最主要的目的;采用的叙事策略和叙事语言主要是为了表现和建构少数民族特色文化。

关键词:电影评论　少数民族　叙事学

3628

**话语演变及其语境规约:中国电视剧创作理念批评的研究** / 熊国荣著 ; 欧阳宏生指导. -- 四川大学, 2009. -- 266 页

论文是对中国电视剧创作理念批评格局失衡状况的形成轨迹和形成原因的历时性研究。所谓"失衡状况",指的是电视剧批评界从新时期之初对"世界""创作者""欣赏者"等多个维度的关注,逐渐演变到目前主要侧重"欣赏者"维度的批评格局。论文首先梳理分析批判性现实主义理念批评。论文发现,批评界对真实性和典型性的看法,经历一个从回归—强化—质疑—挪用—转移题材领域的过程,表明了许多批评者逐步从对现实主义"真实性"的强调,转移到对"真实感"的提倡,关注的维度从"世界"转移到"观

众”。其次,梳理分析纪实性理念批评。论文发现批评界经历了一个从侧重“真人真事”标准到侧重“纪实风格”标准的变化过程,这个过程反映批评者对观赏性的重视,表明批评者从“世界”维度转向“欣赏者”维度。第三,梳理分析表现性理念批评。表现性理念处在艾氏分析框架中的“创作者”维度。表现性理念批评的式微和向市场转型,表明关于“创作者”维度的批评的衰退,以及批评话语向“观众”维度的转化。每个阶段的特征都是特定的政治、文化和经济环境造成。第四,论文梳理分析社会主义现实主义理念批评。这种理念虽然名称上有“现实主义”,但是从根本目的来看,它不是为了“模仿世界”,而是带有很强的革命功利性或者政治功利性,因而,是属于艾氏分析框架中“欣赏者”维度的理念。最后,梳理分析通俗性创作理念批评。与上述其他理念批评的曲折变化过程不同的是,通俗性创作理念批评自新时期以来,一直保持越来越活跃、越来越强势的发展趋势,通俗性理念批评的强劲势头从正面表明了观众在整个电视剧批评界话语系统中的崇高地位。总之,新时期以来三十年的中国电视剧创作理念批评格局演变历程,是一个逐步从多维度批评向单一的观众维度批评演变的过程。诸种批评话语的演变过程,既揭示了整个社会的变迁和转型过程,也为这个转型过程所深刻形塑。

关键词:电视剧评论　语境特征　创作理论

**3629**

**启蒙精神与现实主义** / 熊敬忠著 ; 陈继会指导. -- 中山大学, 2009. -- 175 页

现实主义的冷落,与当代学术背景下现代、后现代与文化研究的挑战存在密切联系。这与以往现实主义创作和文学批评的热闹场景相比,形成明显反差。但作为文学创作的基本方法、原则和风格,现实主义是不可能消失的。启蒙精神与现实主义就是在特定条件下,哲学精神与文学形式相互结合形成的某种特殊关系。论文对这一问题做详细讨论,一是强化了文艺学基本理论的问题意识,二是体现创新精神,力图开辟新的研究视野。绪论分析讨论现实主义的背景和前提,以及启蒙精神与现实主义关系的建构两个方面。第二章,通过现实主义与浪漫主义为何与启蒙发生不同连接,以及现实主义与自然主义有无启蒙的条件分析,揭示启蒙精神与现实主义的联系是以特定条件、特殊方式为前提的。第三章,以狄德罗和莱辛的市民剧思想为例,探讨市民剧与现实主义启蒙精神的关系。市民剧不仅在反对古典主义过程中,弘扬现实主义启蒙精神,而且也是唤醒民族意识、民族认同、创建民族文化的重要形式。第四章,启蒙精神与现实主义文学批评,联系 19 世纪俄国现实主义文学与别林斯基、车尔尼雪夫斯基、杜勃罗留波夫的文学批评,来研究 19 世纪俄国文学是如何在特殊的条件下,使文学与启蒙精神密切联系起来。第五章,现代性背景下,卢卡契质疑启蒙现代性,也对法兰克福学派以非理性主义重建启蒙的思路进行了批判。最后一章,启蒙精神与现实主义在我国的两次历程,是以文化选择为前提的。五四时期,现实主义启蒙精神体现为“为人生”。新时期,现实主义启蒙精神体现为对人性、人道主义的回顾和反思。论文以启蒙精神与现实主义的关系为内在逻辑线索,揭示了二者在怎样的条件下如何形成了特定的关系和语言表述形式。同时,多种研究方法的采用,将观点与材料、内容与形式、整体结构和各个章节有机融合起来,从而使论文的核心观点与框架较好地汇通起来了。

关键词:当代文学　文学理论　人道主义

**3630**

**审美意识形态理论研究:问题域与核心概念的解析与反思** / 许娇娜著 ; 王杰指导. -- 南京大学, 2009. -- 107 页

论文在结构安排上体现为审美文化批判和理论总结两条线索,并围绕意识形态、美与崇高三个核心概念来集结审美意识形态视域中的主要问题。论文分为绪论、正文和结语三个部分。绪论说明审美意识形态问题如果被提出并成为马克思主义意识形态理论中一个独立的问题域,同时解释论文选题的缘由,指出审美意识形态理论的梳理和运用,但它是服务于对近年来中国关于审美意识形态的论争中所暴露出来的问题和危机加以回应这个目的的。正文部分分为四章。第一章从中国的问题谈起,对新世纪以来围绕着“文学作为一种审美意识形态”的主张所发起的论争加以梳理,分析其实质和问题所在,指出作为一种文学本质规定的审美意识形态理论依据面临破产。第二章梳理马恩之后意识形态概念所发生的变化,着重分析在后现代“意识形态终结论”的冲击之下,审美意识形态话语如何坚持意识形态概念的理论价值和现实解释力。论文采用否定性的意识形态概念,因为意识形态总是对特定阶级或阶层的利益、对统治关系的掩盖。第三章是对意识形态与美的关系的探讨。

第四章讨论了意识形态与崇高的关系。美受到质疑，崇高取代美成为艺术作品追求的目标和后现代美学关注的焦点。结语部分指出西方审美意识形态理论的局限性，并结合对西方审美意识形态理论走出后现代的努力的考察，对中国美学和文化研究如何找到一条属于自己的发展审美意识形态理论的道路这个问题提出初步的思考。

关键词：审美　意识形态　文化

**3631**

**潮剧—泰潮剧历史与艺术的研究** / 许为岳著 ; 俞兆平指导. -- 厦门大学, 2009. -- 156 页

论文以"历史与美学相统一"的文艺原则作为研究的宗旨，力求从多侧面、多角度，详尽而深入地对潮剧—泰潮剧，做出全局式的考察、论述与判断。在肯定其艺术成就的同时，并揭示出它在中泰文化交流及两国关系上的重要意义与价值。论文共八章，分三大部分。第一部分，包括第一至四章。主要从历史的角度出发，界定潮剧—泰潮剧的概念内涵，回顾潮剧形成的历史渊源，追溯潮剧在泰国的传播和泰潮剧的演化及形成，以及剖析潮剧—泰潮剧与潮汕文化之间的血脉关系。第二部分，包括第五至七章。主要从美学的角度出发，考察潮剧—泰潮剧的艺术革新进程，论析潮剧—泰潮剧演出的审美特征，以及对潮剧—泰潮剧中的喜剧、悲剧、正剧三种美学类型，进行具体文本及演出实践的美学分析。潮剧—泰潮剧历史与艺术的研究第三部分，包括第八章。主要从中、泰两国政治、文化交流的大背景中，来揭示潮剧—泰潮剧缔造两国友好关系，沟通两国人民情缘的重要意义与价值。

关键词：潮剧　戏剧史　戏剧艺术　泰国

**3632**

**后殖民理论与赛义德"对位阅读"批评研究** / 许晓琴著 ; 冯宪光指导. -- 四川大学, 2009. -- 210 页

论文以赛义德后殖民批评经典著作《东方学》和《文化与帝国主义》为研究基础，立足后殖民文学与文化批评实践，以赛义德对欧洲传统经典小说文本的阐释为切入点，着重对后殖民理论以及赛义德独树一帜的"对位阅读"批评进行研究。论文分为六个部分。导论简要梳理国内外后殖民理论的研究状况，介绍迄今为止后殖民理论研究的三种主要途径，针对国内现有研究存在的一些不足，提出论文的研究论点、研究思路、研究目的和和以期达到的学术意义。第一章论述后殖民理论与文学批评的整体联系。着重对赛义德后殖民批评经典著作《东方学》进行解读，探讨后殖民批评理论与文学批评的关系，进而论述赛义德后殖民理论与文学批评的整体关联：文学与文化批评是后殖民理论不可分割的组成部分。第二章评析后殖民批评家的文学批评实践。着重于对后殖民批评家齐努瓦·阿契贝、爱德华·赛义德以及盖亚特里·斯皮瓦克的文学批评实践及批评成果进行梳理，阐述后殖民理论与文学批评实践密不可分的关系。第三章着重研究赛义德"对位阅读"批评理论。从三个方面对其进行探讨、研究和论述：一、源于音乐的文学经典解读方式。二、融合的文本批评方法与策略。三、文本的文化政治抵抗实践。第四章着重研究赛义德"对位阅读"批评实践。从赛义德解读分析的众多经典文学作品中，遴选出两部具有代表性的作品——简·奥斯丁的小说《曼斯菲尔德庄园》和鲁迪亚德·吉卜林的小说《基姆》作为分析文本，以点盖面地领略和鉴赏赛义德对小说文本的精彩解读和独到分析。结语总结全文。"对位阅读"批评不仅是赛义德后殖民理论的重要组成部分，更是赛义德后殖民理论体系的精粹。赛义德把文本置于文化历史政治语境中的"对位阅读"批评开启了一种新的认知、思考和解释方式。

关键词：赛义德(Said, E. W.)　文学理论　文学评论　后殖民主义

**3633**

**明代诗学与文学经典意识的成熟** / 闫霞著 ; 高小康指导. -- 中山大学, 2009. -- 268 页

论文以文学经典意识为切入点进入明代诗学研究。论文中所涉及的"诗学"，主要指与"诗"有关的领域，"明代诗学"指明人关于诗歌的研究，包括明人关于诗歌文本产生的各种理论及批评，及明人围绕着"诗"产生的各种文学活动，包括诗学论争。论文共分五章，主要从两条线索对明代诗学进行研究。第一条是诗学发展逻辑线索，研究中国古典诗学发展至明为何发生转向，明代诗学在文学经典意识之下如何展开与发展，及在明代诗学发展过程中文学经典意识是如何变得成熟的；第二条是论争辩难线索，考察明代诗学在争论中深入发展及明人文学经典意识的明晰与深化。第一章，阐述中国古典诗学发展至明时发生转向及萌生文学经典意识的原因，包括社会原因、诗学自身发展逻辑、明人创作面临的现实困境。第二章，界定"文学经典""文学经典意识"的概念，阐述中国

古典诗学中文学经典意识发展的过程,明代诗学中文学经典意识的萌生,及明代诗学在文学经典意识之下开始建构。第三章,阐述明代诗学的主流——七子派从寻求创作的师法对象出发,形成了“格调理论”,在其“格调理论”不断发展过程中及诗歌批评实践中,他们初步的文学经典意识开始逐步发展成熟。第四章,阐述竟陵派的诗学理论及其文学经典意识的成熟。第五章,阐述唐宋派与七子派,公安派与七子派之间的诗学论争。唐宋派与七子派论争的焦点是文宗秦汉还是宗唐宋八家,围绕于此,他们展开“辞道之争”,唐宋派对七子派的“模拟文辞”观也进行了批评。结语部分,对本课题将来所要做的延伸研究提出设想,并简要论述了明代诗学对清代诗学的影响。

关键词:诗学　文学理论　文学研究　明代

**3634**

**萨特的叙事之旅:从伦理叙事到意识形态叙事** / 阎伟著 ; 胡亚敏指导. -- 华中师范大学, 2009. -- 165 页

论文以“叙事”为切入点,展示萨特文学理论中对文学形式因素的思考和探索,以及文学实践中叙事形式的发展与变革,并在指出萨特前后期叙事形式的不同后,揭示这些形式的变化如何体现了其文学观念的变革。通过叙事时间、叙事角度和叙事结构等方面的考察,论文认为,萨特的文论和创作存在着两个阶段。一是早期的“伦理叙事”阶段,二是后期的“意识形态叙事”阶段。论文分析这两种叙事模式的形式特征,并具体说明不同叙事模式下不同的审美效果。论文除前言和结语外,主要内容分为六章。前言部分介绍了国内外萨特研究的成果,论文的研究思路、方法和创新之处。第一章“萨特早期伦理叙事的哲学基础”,首先介绍萨特的生平和著述情况,在不同时期,他的人生观和哲学思想的变化直接影响到文学观念的发展;然后对他早期伦理叙事的哲学基础予以说明。第二章“伦理叙事的话语模式及特征”,着重于萨特伦理叙事的话语分析。从叙事视角、人称及结构几个方面,说明伦理叙事的方法和技巧。第三章“伦理叙事中的时间与身体”,旨在说明伦理叙事中时间技巧和大量出现的身体意象特点。第四章“介入文学与意识形态叙事”,进入到萨特后期的意识形态叙事阶段。第五章“意识形态叙事的话语模式及特征”,着重于萨特意识形态叙事的话语分析。第六章“历史意识与文体之变”,分析萨特历史意识的产生与文体风格转变的关系。结语部分总结了萨特两种叙事模式的特点,并将他的叙事理论与中国新时期文学叙事模式的演变过程进行比较。

关键词:萨特　叙事　伦理　意识形态

**3635**

**宋词中的时空意识:宋代词人的生存体验** / 杨吉华著 ; 周裕锴指导. -- 四川大学, 2009. -- 328 页

论文选择以宋词文本为依托,立足于宋词中的时空意识问题,通过对宋词中的时空意识问题进行阐释分析,从而尝试性地探讨宋代词人的生存体验问题。论文的结构框架如下。第一章:天上人间的同源同构,论述宋词中“时间的现身与空间的开显”问题。解读宋词中大量自然时间的情感色彩及其出现的原因,并且对宋词中频频出现的各种节庆词和反映日常生活的生活时间意象,分析它出现的原因和表现特点。分析宋王朝为获取自身统治合法性过程中,表现出对“天”的敬畏之情,说明对“天”的意识,不仅具有时间的维度,而且有空间的维度。然后用宋词中反映各种祭祀、封禅、明堂礼等的作品解读,分析在这些仪式活动中体现出来的宋代君臣对空间图式的文化抉择,并分析这种空间图式的文化意义。第二章:象天法地的异质同构,论述宋词中“时间中的空间存在”问题。集中分析宋词中的建筑空间意象,如庭院楼阁、宫殿、园林等特征及其出现的原因。围绕着宋词中出现的大量生活空间意象,如都市、帝都和家园等,分析文化空间意识在宋代的反映。第三章:永恒的存在之思,论述宋词中“空间中的时间主题”问题。集中分析宋词中,词人对自我生命的强烈意识,如死亡焦虑、生日词、寿词等,以及对自我历史生命意识,如怀古题材中的时间意识等的深刻思考,反映宋代词人在空间存在中对自我生命时间的深刻关怀问题。第四章:天人相参:“世”的空间领会,论述宋词中“时间中的空间开拓”问题。分析宋代词人对出世、入世、隐世及游世的不同文化抉择,从而反映儒、释、道三家对宋代文化的渗透与塑造作用。还分别从性别文化身份方面分析男女词人对“世”之不同情状的体验问题。顺便探讨所谓豪放词与婉约词二者在时空意识方面的简单比较问题。第五章作为补充论证,从心理学与文学的角度分析宋词中特殊的时空存在:梦,以此结束全文。

关键词:宋词　作家　生命哲学　文学研究

**3636**

**乔伊斯与西方文论** / 杨建著 ; 王先霈指导. -- 华

中师范大学, 2009. -- 173 页

论文以批评史研究、文论研究和“症候式阅读”“文本细读”相结合的方法考察、梳理乔伊斯的文论思想,以美学研究方法考察、建构乔伊斯的美学思想体系,以广义的诗学研究方法描述、阐释、建构乔伊斯的诗学思想体系,以比较诗学研究方法比较乔伊斯文论和西方文论中出现的一些重要概念和理论观点。论文第一章考察乔伊斯的文学身份和文论特点。第二章从乔伊斯与西方文论传统关系角度考察乔伊斯美学思想体系的形成过程以及前后期美学观念的嬗变规律,揭示其美学思想体系的继承性和叛逆性特点。第三章考察乔伊斯与当代西方文论(以精神分析批评、英美新批评、巴赫金的文化诗学批评为代表)之间参考或借鉴、挪用或变形、暗指或预测、阐释或引证等互文性同步对话关系,描述了乔伊斯诗学思想体系的形成过程,并揭示其对话性与现代性特点。结语部分从乔伊斯与解构主义批评角度进一步考察了乔伊斯文论的后现代性问题,并在“全球化时代的文学与文论发展”语境下重新审视了“乔伊斯现象”“乔伊斯工业”“乔伊斯精神”等问题。

关键词:乔伊斯(Joyce, James)　文学理论　美学　诗学　西方国家

**3637**

**庄子审美体验思想阐释** / 杨鹏飞著 ; 王巍指导. -- 辽宁大学, 2009. -- 151 页

论文试图采取中西结合的研究方法,借用西方审美体验理论里有关审美体验主体、审美体验对象、审美体验的方法与过程以及中国传统美学审美体验的最高境界等视角切入庄子的美学思想,将庄子的美学思想作为审美体验理论具体阐释为“至人”“神人”“圣人”——审美体验的主体;“齐物”——审美体验的对象;“心斋”——审美体验的方法;“坐忘”——审美体验的过程;“物化”——审美体验的最高境界五个部分。引言分为文献综述和题解两部分。在对历代庄子研究的成果进行详尽梳理的基础上,着重阐述审美体验“超越”性的本质。第一章阐述作为审美体验主体的“至人”“神人”“圣人”的形象与内涵。第二章主要论述作为审美体验的对象“物”。首先,从“道”和“物”的关系、“人”和“物”的关系两方面论述庄子“以天为量”的思想。其次,“以天为量”具体可以表现为“以物为量”,即以审美对象的自然性为标准。第三章主要论述作为审美体验方法的“心斋”。对于“心斋”,主要从虚、静、明三个根本切入点来具体阐释。第四章在论述作为审美体验过程的“坐忘”的内涵时从两方面进行。其一是“堕肢体”方面着重强调“重德忘形”“去欲尽性”;其二是“黜聪明”方面则指出世人眼中的“大知”和“小知”都并非庄子认可的真知。第五章首先论述作为物化的本质和桥梁的“气化”。其次具体论述了物化的三重内涵:万物皆化;外化而内不化;艺术创作层面的“指与物化”。

关键词:庄周　审美　美学思想

**3638**

**八十年代“重写文学史”思潮研究** / 杨庆祥著 ; 程光炜指导. -- 中国人民大学, 2009. -- 215 页

论文的研究对象为80年代“重写文学史”思潮。研究主要从以下几个方面进行:一、从整体性的角度考察80年代“重写文学史”思潮与80年代的历史语境之间的多重关系。二、考察不同的社会文化话语与“重写文学史”话语之间的复杂关系。三、分析“重写文学史”思潮参与主体的知识构成、美学旨趣和行为实践。以一种带有综合性的方法论来谨慎地规避各种条条框框的方法论的区分,是论文在方法论上的尝试。论文的每一章都可以视作为一个独立的部分,第一章以唐弢、严家炎主编的《中国现代文学史》为个案描述80年代“重写文学史思潮”的“前史”,并引出对现代文学性质的讨论。第二章讨论“二十世纪中国文学”提出的历史背景、参与主体和现代化叙事之间的关系。第三章分析上海作为特殊的“文化空间”与“重写文学史”思潮之间的关联。第四章对“重写文学史”思潮的两个重要理论命题“审美性”和“主体性”进行理论上的分析和讨论,并反思“重写文学史”思潮所建构起来的“专业主义”和“主体意识”。这些独立的部分将统一于“重写文学史”思潮与80年代中国的社会文化、意识形态和知识分子话语复杂互动的关系格局中。

关键词:文学思潮　文学史　叙事

**3639**

**走向艺术美学:论王朝闻对毛泽东文艺思想的独特阐释** / 杨晓青著 ; 童庆炳指导. -- 北京师范大学, 2009. -- 114 页

论文以文本细读为基础,围绕王朝闻文艺思想与毛泽东《在延安文艺座谈会上的讲话》之间的关系,以及王朝闻与周扬在阐释《讲话》的过程中的不同路径来展开讨论。论文主要包括五个有机组成部分:绪论

部分分两个部分:第一部分是综述王朝闻美学思想的研究现状;第二部分主要说明论文的研究视角和方法。第一章主要围绕毛泽东《在延安文艺座谈会上的讲话》展开论述,分析《讲话》的历史成因以及王朝闻与《讲话》的关系。第二章具体讨论王朝闻其人及其转行之谜。第三章主要论述王朝闻对毛泽东文艺思想的阐释兼论毛泽东军事哲学对王朝闻文艺思想的影响。第四章讨论王朝闻对毛泽东文艺思想的延伸与发展。王朝闻对毛泽东文艺思想的延伸主要表现在提出了艺术四说,分别为:矛盾说、审美说、再创造说、读者说。第五章,以《讲话》为线索,对周扬与王朝闻文艺思想进行比较,突显出王朝闻美学的历史语境及其理论意义。

关键词:王朝闻　毛泽东　文艺思想

**3640**

**郑玄诗乐思想研究** / 杨允著 ; 许志刚指导. -- 辽宁大学, 2009. -- 187 页

论文集中研究郑玄的诗乐思想,从其生成条件到理论内涵,进行全方位地、深入地考察,给予历史的、实事求是的阐述与评价。论文共分六个部分。绪论部分系统地梳理20世纪以来的郑玄研究状况,分析研究的进展及所留下的课题,明确研究的突破点与学术宗旨。第一章概述郑玄的人生与思想形成,剖析时代、自身的境遇、师承对郑玄诗乐思想形成的影响。第二、三、四章为论文的主体部分,集中论述郑玄诗乐思想的构成与内在理路。郑玄的诗乐思想表现在诗乐生成与诗乐功效两个部分的论述中。第二、三章阐述郑玄有关诗乐生成的思想观点,集中论述郑玄对诗乐生成中重要规律的认识,他的这方面认识体现为诗乐的"正变""美刺""比兴""情志""通政""阴阳"六论。第四章阐述郑玄对诗乐功效的思想观点,这是郑玄对诗乐生成后,在流传中社会作用的认识。郑玄的诗乐功效论思想主要包括"诗乐移情论""用乐尊卑论""资政兴衰论"三个方面。第五章论述郑玄的诗乐思想对后代的影响。这些影响分为直接、间接两类,又进而细分为四个方面:郑玄著作的传播、郑门衣钵的传承、郑玄思想观点的引用与延伸、理论范畴的启迪。方式、程度虽有差异,却都归结为对郑玄思想的接受与传播。

关键词:郑玄　诗歌　文学研究

**3641**

**品味闲适:晚明小品中所蕴含的文人情趣研究** / 俞香云著 ; 李壮鹰指导. -- 北京师范大学, 2009. -- 140 页

论文主要研究晚明小品文中的文人闲适情趣,其内容包括绪论和六章共七个部分。绪论部分首先介绍晚明小品的发展概况、文体特点和闲适主题,其次综述晚明小品的研究现状,最后阐述论文的研究视角、研究内容、研究目的和研究方法及研究史料等。第一章,晚明文人闲适情趣产生的社会历史文化语境,主要考察晚明的政治经济状况、心学和禅学的发展状况、文人的生存困境和心态的嬗变。第二章,晚明小品中所表现的文人闲适的生活情趣,主要论述晚明文人在美食养生,游赏山水,读书参禅和隐逸生活等方面的生活情趣。第三章,晚明小品中所表现的文人闲适的艺术情趣,主要论述晚明文人在诗文书画创作、艺术品鉴和建造园林等方面的艺术情趣。第四章,晚明文人闲适情趣的时代特点,首先追溯文人闲适的思想渊源,主要论述庄子、魏晋名士和白居易、苏轼等人的闲适思想和闲适生活以及对晚明文人的影响;其次论述晚明文人闲适情趣的时代特点、即世俗化、娱乐化和人性化等特点。第五章,晚明文人的闲适情趣在文论上的反映,主要论述晚明文人提倡的"以文自娱"的创作目的论、"独抒性灵,不拘俗套"的创作方法论和"真""趣""淡"的审美旨趣等。第六章,晚明文人闲适情趣的历史价位,主要论述晚明文人闲适情趣的价值、历史局限性和当下意义。

关键词:小品　文人　文学研究　晚明

**3642**

**诺思洛普·弗莱文本思想的研究** / 喻琴著 ; 杨恒达指导. -- 中国人民大学, 2009. -- 195 页

诺思洛普·弗莱(Northrop Frye,1912—1991)是20世纪享有盛誉的加拿大学者,被誉为北美最著名的批评家,也是英语世界有史以来最杰出的文学理论家和文化批评家之一。论文的研究思路为:首先,对"文本"一词的内涵进行追根溯源,从而界定弗莱的"文本"内涵。其次,探寻弗莱文本思想的起源;再次,从文学文本的存在方式与结构态势两个方面概括弗莱文本思想的独特之处。最后,在具体范例的研究中审视弗莱文本思想的孕育、形成和发展,以及在比较的视野中整体观照弗莱的文本思想。各章具体内容概述如下:第一章,纵观西方文学理论发展的过程,发现亚里士多德的文本观念为弗莱文本思想的生成提供了重要的思想来源。他批判地接受了亚氏"情节结构

论”“有机整体论”等文本观。第二章,将文学文本定义为一套“词语秩序”,实质上规定了文学文本的客观性与内在规律性,这涉及文学文本的存在方式。第三章,弗莱和结构主义批评理论都企图寻找一个结构性模式来解释所有的文学现象,弗莱赋予“结构原型”以连贯性、动态性和文化性。第四章,如果说布莱克诗作文本的研究是弗莱文本批评的起点,并为弗莱文本思想的形成奠定了基础的话,那么圣经文本的研究则是弗莱文本批评的终点,集中、完整地体现了他的文本思想。第五章,在比较的视野中审视弗莱文本思想的出场、形成与发展过程。文本观能折射各大批评流派的理论宗旨、批评风格,若以文本观为中心展开批评流派之间的比较不仅可以将弗莱还原到当时的社会语境,将他的文本思想与时俱进,而且还可以透过弗莱的文本观反观其他文本理论的不足与缺陷。

关键词:弗赖(Frye, Northrop)　文学评论　文本

**3643**

**中国古代文论的生命化批评** / 袁文丽著 ; 蒋述卓指导. -- 暨南大学, 2009. -- 154 页

研究首先本着追根溯源的态度入手,从中国哲学、人类文化学和文学实践的多个层面,挖掘生命化批评范式的渊源,并逐渐勾勒出生命化批评范式的大致形态。接着从“说什么”的角度,以纵向的时代流脉为线索,以各个时期具有代表性和重要性的生命化范畴为个案,阐释生命化批评范式的义理内涵和生命精神。然后又从“怎么说”的层面,探讨生命精神是怎样内化在中国人特有的思维方式和古代文论的言说方式当中,并提炼出与之对应的具有生命特质和民族特色的表达方式。这也正是学界所疏于探讨的。学界大都聚焦于古代文论的义理内涵,却很少有人能从表达方式和话语特色入手,对富于诗性灵动特色的古代文论作一个系统的探讨,进而概括出古代文论富有民族特色的话语形式。最后,以西方诗学的“生命之喻”作为比较和参照,从生命化批评的民族特性和当代意义加以总结和深化。总之,文章立足于“生命”的角度,通过古今中西比较的潜在视角,对古代文论的生命化批评进行了全面系统的梳理,从而窥见古代文论的核心特质。通过深入掌握古代文论的特色与成就,扬其所长弃其所短,使之为建设有中国特色的当代文学理论添砖加瓦。

关键词:古典文学　文学理论　生命

**3644**

**身体绽开:梅洛庞蒂文化现象学研究** / 岳璐著 ; 冯毓云指导. -- 哈尔滨师范大学, 2009. -- 158 页

论文的研究路径是从梅洛庞蒂现象学的文化表征出发,对其文化表征问题进行现象学的理论建构与分析。从而对其以身体在世表征为主线解决二元分裂问题的过程进行深入系统的评介。论文从当下语言环境出发,在梅洛庞蒂的文本中找到关键词“文化”来进行后现代解读与突破,并对极其丰富而又具有争议的文化概念从“表征性”层面进行了本位界定。从文化表征在当下语境中发生的危机出发,思考在这个过程中主体是如何坍塌,表征的在场性如何被拆解。这是论文绪论现代语境下文化现象学研究的生成中要分析和厘定的逻辑体系。第一章建构文化现象学研究的基本理论框架。主要从现象学理论基础和身体在世本体内涵两个层面进行建构。第二章主要探讨梅洛庞蒂文化现象学理论的表征性内涵。在理论建构基础上进一步以表征性为载体展开对文化现象学的具体内涵研究。第三章主要探讨梅洛庞蒂文化现象学的语言表征。分别从言语和语言的角度进行探析。第四章主要探讨梅洛庞蒂文化现象学的视觉表征。梅洛庞蒂以塞尚的疑惑为始,开启并张扬了自己的视觉表征建构。结语主要对梅洛庞蒂的文化现象学进行身位解读。对梅洛庞蒂文化现象学的研究及其发展趋向所作的深入反思,是参与性而非拒斥的研究。

关键词:梅洛庞蒂(Merleau Ponty)　文化哲学　文化理论　现象学

**3645**

**审美文化问题研究** / 张爱凤著 ; 姚文放指导. -- 扬州大学, 2009. -- 213 页

选题注重从审美文化现象中发现和提炼出有价值的问题进行理论的论述,同时又结合相关的审美文化现象进行批判性的分析。引言部分从学术与现实分离的角度论述审美文化问题研究的学术价值和现实意义,并重点提出论文的研究思路。论文所论述的审美文化“问题”着重关注在以往的研究成果中被忽视的却又是十分重要的审美文化问题。正文共分五章:第一章是“性别与审美文化——审美文化的基点问题”。论者首先从性别、身份相结合的学术立场出发,梳理中国百年文艺学的发展历程,从中发现文艺学教学和研究中的“性别”忽略。第二章是“私人审美与公共审美——审美文化的空间问题”。论文提出:

公共领域和私人领域应保持适当的分离界限和话语自律，兼具私人性和公共性的人文知识分子应当引导传媒空间的公共传播意义；面对公共审美活动的萎缩带来的文化认同危机，论文提出应以弘扬传统节日文化来重塑公共审美空间。第三章是“泛娱乐化——审美文化的价值问题”。论文从哲学、社会文化、社会心理等多维背景对“泛娱乐化”现象进行了多层次的分析，并提出了以“公共电视”抗衡电视泛娱乐化，以“审美—娱乐相结合的教育方式”培养大众健康的审美、娱乐价值观。第四章是“文字表征与视听符号表征——审美文化的传播问题”。论文认为当代审美文化是由“文字主因”转向“视听主因”，这是视听符号在当代的本性回归而非僭越。第五章是“都市文化与乡村文化——审美文化的生态问题”。论文提出文化建设是新农村建设的核心，而重塑乡村文化认同则需要通过建设具有现代意义的乡村审美文化来实现。结语部分回顾总结五章的内容，再一次提出审美文化作为一个不断运动、变化、发展的历史性概念，在从前现代—现代—后现代的发展过程中，有一条清晰的“合—分—合”的发展变化轨迹，而“矛盾”是贯穿审美文化发展的内在逻辑。

关键词：审美文化　性别　价值　传播学

**3646**

**叶嘉莹中国古典诗词诠释体系研究** / 张春华著 ；马龙潜指导. -- 山东大学, 2009. -- 133 页

论文以叶嘉莹对中国古典诗词的诠释为研究对象，目的是通过叶嘉莹对中国古典诗词和诗学理论的继承与发扬、对西方文论娴熟精到的把握来考察叶嘉莹的“兴发感动”说、对于词的“要眇宜修”之美的解析以及中西融会的诗词评赏方式等，以期从宏观上把握叶嘉莹中国古典诗词诠释体系的建构过程和理论渊源。第一章重点论述叶嘉莹对中国诗学优秀传统的坚持与继承。叶嘉莹的诗学理论受到了张惠言与王国维说词方式的启发，更多的是王国维诗学理论的影响。第二章主要阐述叶嘉莹借鉴与融会西方文论来鉴赏中国古典诗词的理论与实践。叶嘉莹认为，中国传统诗学在很多地方与西方文论有暗合之处，她凭借自己对西方文论特征娴熟独到的把握，深深扎根于中国传统诗学之中，对中国传统诗学作了独辟蹊径的反思与探讨，形成其诗学理论的一个突出特征。第三章阐述叶嘉莹在前人学术成果的基础上，首创词的“兴发感动”之说，并将“兴发感动”看作是词之生命所在。“兴发感动”说是叶嘉莹中国古典诗词诠释体系的核心与枢纽，在叶嘉莹看来，“兴发感动”是一个有着丰富内涵，包含作品的创作、阅读及欣赏诸环节的诗学概念，在中国文学史中，词的成就之所以能独树一帜，原因就在于中华民族的心灵深处一直有一种生生不已的感发生命在不断延续着。第四章主要探讨叶嘉莹提出的词之“要眇宜修”的美学特质。在叶嘉莹看来，要眇之美是指一种最适于精微细致的富于女性“锐感”的“特美”，此种特美最适于表达人类心灵中深微幽隐的品质，同样最易引起读者心灵中深微幽隐的感发与联想。

关键词：叶嘉莹　古典诗词　诠释　文学研究

**3647**

**审美乌托邦的辩证法：恩斯特・布洛赫美学研究** / 张芳著 ；童庆炳，曹卫东指导. -- 北京师范大学, 2009. -- 152 页

布洛赫（1885—1977）是一位专注乌托邦领域，有宏大而连贯的思想体系的德国现代思想家。他以“尚未”范畴为基础建立了自己独特的“乌托邦”理论。论文试图在审美乌托邦的现代性语境中，参照黑格尔的哲学体系和美学思想，围绕黑格尔的“显现”（Schein）概念与布洛赫的“前显现”（Vor-Schein）概念，研究布洛赫乌托邦美学的特征，从而摸索出一种审美乌托邦的辩证法。论文导论部分主要介绍布洛赫的生平著作，提出审美乌托邦的现代性问题，以及论文主题“布洛赫的审美乌托邦美学研究”。第一章“现代性中的审美精神与乌托邦精神”部分，主要在现代性语境中，追溯美与乌托邦的源头，展现审美乌托邦的理论图景，为后面进一步探讨布洛赫的审美乌托邦勾勒出历史脉络。第二章“布洛赫的审美乌托邦建构”部分，参照黑格尔的思想体系和美学理论，具体探讨布洛赫的审美乌托邦建构。第三章“希望风景：审美体验的乌托邦辩证法”部分，从主体与客体、人与自然的审美体验角度，探讨布洛赫以希望风景为特征的审美体验理论。布洛赫提出从希望的美学视角出发的希望风景美学。第四章“客观想象：审美创造的乌托邦辩证法”部分，从想象与想象力的区分，以及艺术创造的过程，探讨布洛赫以客观想象为特征的审美创造理论。布洛赫在黑格尔对想象与想象力概念区分的基础上，进一步提出以客观实在的可能性为基础的客观想象概念。结语部分探讨布洛赫的审美乌托邦美学理论在艺术和思想的实践领域中的一次大检验，即“为表现

主义论争”。

关键词:布洛赫　美学思想　乌托邦　辩证法

**3648**

**类型电影与意识形态** / 张劲松著 ; 冯宪光指导. -- 四川大学, 2009. -- 162 页

论文由导论、正文、结语三部分组成,其中正文分为五章。导论部分首先指出研究的缘起和意义,随后对研究现状进行综述和介绍,最后说明论文的思路和突破点,并对相关概念进行正名。第一章“类型电影:理论与批评”。在借鉴、引用不同理论家对类型电影下的定义后,笔者尝试对其进行界定,并阐述它的程式性、定型化人物、叙事结构及生产流通和消费特征。随后结合好莱坞片厂制说明类型电影的出现是电影发展和成熟的必然结果。第二章“意识形态的现代性之维”。辨析和梳理意识形态概念的产生、发展、流变过程。第三章“类型电影与意识形态”。首先强调艺术电影在某种程度上是反意识形态的,类型电影则承载着更多的意识形态内涵。在内容上,类型电影以文化和反文化(就是意识形态与反意识形态)的二元性策略来隐藏其意识形态目的;在形式上,类型电影是以“意识形态腹语术”或“意识形态的缝合体系”实现观念隐身,从而使观众自然而然、潜移默化地接受。第四章“中国类型电影发展与意识形态”。根据文化受众的接受心理与争美机制,把审美文化分为化感文化、美感文化和快感文化,与此相对应的是中国电影的三分天下:政治电影,艺术电影和商业电影。第五章“类型电影的意识形态批评举隅”。该章主要就电影史上最成功的类型影片 007 系列和电影《色戒》进行具体的意识形态批评。结语部分就电影的三大属性——商业性、艺术性和意识形态性——进行了总结比较,指出国产电影的困境与危机背后其实是意识形态的困境与“合法性”的危机。

关键词:电影理论　类型　意识形态　审美

**3649**

**文学的自然之根:生态批评视域中的文学寻根** / 张守海著 ; 鲁枢元指导. -- 苏州大学, 2009. -- 187 页

论文共七部分,主要内容为:导论:本论文将在前人研究的基础上,采用跨学科的研究方法,立足生态世界观,综观自然、社会与精神三大系统,进一步揭示文艺与自然的深层关联,从而促进文学与自然的良性互动。第一章,地球生态危机与文学终结论。文学终结论问题的提出,说到底与人类面临的生存危机是一体的。自然是文学生命最深层的根,只要滋生和滋养文学的“根”还在,文学就不会终结。第二章,自然作为文学的根。首先在生态批评的视野中重新界定“自然”内涵,当代生态自然观突破近代以来的机械自然观,吸收古代活力论自然观的思想精华,认为自然是一个生命共同体,一个自身圆满的生态系统。生态文艺学立足生态自然观,揭示文论中“自然”的存在论和方法论两方面内涵。存在论意义上的大自然滋养着文学精神,孕育着艺术物种,培育作家诗性的心灵、想象力、同情心和诗性语言的表现力。在方法论的意义上讲文学根于自然,就是强调文学活动要顺应天地之道,养天地正气,得性情之真与纯,才能创作出有益于天地人心的作品。第三章,文学的失根状态。过度理性主义、实用主义、功利主义的时代精神堵塞了人心通向自由与天然的渠道,造成了文学的无根状态,从而致使当代文学生产力出现实质性的衰败。第四章,文学自然之根的培护。恢复文学艺术的生命力与创造力,积聚文学艺术的精神能量,必须从培护文学的自然之根做起。第五章,文学的自救与救赎。面对日益严重的生态危机与文学自身的危机,文学既要自救,又要承担起救赎的使命。结语,对“根”的探寻是生命的一种本能,也是人类存在与发展的根本需要。自然是包括人类在内的一切生命的根之所在,人类的一切精神创造从本原上说也都是植根于自然的。在当下生态危机和精神危机日益严重情况下,我们只有抓住文学艺术的自然之根才能看清艺术生命的底色,更加明确地认识到文学在当代文明生态转向中的处境、出路与使命。

关键词:文学理论　生态环境　文学研究

**3650**

**论《作为“符号形式”的透视》中的解释方法** / 张玮著 ; 张永清指导. -- 中国人民大学, 2009. -- 205 页

论文的主要目标是分析潘诺夫斯基《作为“符号形式”的透视》的解释方法。导论部分,笔者主要对国外主要的几本研究论著做了一个比较详细的综述,以说明《作为“符号形式”的透视》的理论内涵和方法论上的重要价值,以及国外对它的关注程度和研究现状。第一章主要从观念史角度并结合潘诺夫斯基的主要思想和著述来铺陈论文论述所需的理论背景以及对基本概念做出陈述。第二章开始将潘诺夫斯基这一时期的理论探索和方法论实验分为四个阶段,第

一个阶段是潘诺夫斯基对沃尔夫林经验论的形式主义理论方法的批判,由此他转向里格尔的理论。第二阶段主要是潘诺夫斯基运用康德知识学对里格尔的问题构架及其“艺术意志”进行批判与提纯,这是第三章笔者所要致力的。第三阶段,从各种具体艺术史研究的视角出发,潘诺夫斯基尽可能地开发“艺术意志”这一概念所蕴涵的解释性潜能,另一方面,潘诺夫斯基运用康德知识学对前一方面加以严格的形态化。总的目的是希望将艺术史建立为一门严格的艺术科学,因此我将第四章命名为“艺术史问题形态的建构”。第四阶段,笔者认为潘诺夫斯基在20年代末对他这一时期的所有理论探索和艺术史研究做了一个批判性反思,其代表作即是《作为“符号形式”的透视》,某种程度上可以说,它是潘诺夫斯基这一时期的一个归结点,也是导向其美国时期的一个起点,这是我最后一章要探讨的。结语部分,笔者大致认为潘诺夫斯基在这一时期艺术史研究的主要理论依据是康德哲学和里格尔的理论,他的最终目的是希望将艺术史转变为一门解释性的艺术科学。很有可能《作为“符号形式”的透视》是这一探索的典型体现。

关键词:潘诺夫斯基(Erwin Panofsky) 艺术理论 艺术史 符号

**3651**

**艺术“裂变”时代的美学:从艺术转型角度来阐释本雅明的艺术理论与文化美学思想** / 张文杰著 ; 张德兴指导. -- 复旦大学, 2009. -- 218 页

德国20世纪文艺批评家瓦尔特·本雅明,思想独特,才华卓著,他的许多原创性的概念,如“灵韵”“震惊”“寓言”“复制”“技巧”等,以全新的思维方式给西方文化理论和美学界带来许多震惊。论文以本雅明美学思想中的几个核心概念来建构全文,主要抓住本雅明的“艺术裂变”的转型理论和大众接受理论展开论证,并结合西方艺术与美学发展演变的历史事实来考察、分析、旁证和阐释本雅明的现代艺术理论和文化美学思想。第一章围绕本雅明的“灵韵”概念的特征,如“灵韵”艺术的膜拜价值、神秘感、独一无二性及其距离感来展开全文,主要结合早期的史前艺术与宗教礼仪、“灵韵”与古典美学的和谐、整一、完美的诗意境界、“灵韵”的神秘感与天才创造的“灵感说”等之间的关系来论证,旨在揭示本雅明所谓的“灵韵”艺术大概与古典美学时代的和谐氛围的诗意境界的吻合一致。第二章根据本雅明对德国哀悼剧的“寓言”特征和现代艺术形式的变革的评价,揭示本雅明接受马克思主义历史唯物论、阶级革命论影响之深刻,以及与他想通过艺术形式的变革来批判和揭露资本主义社会现实的救赎企图。第三章论及本雅明对复制技术和大众文化的观点。通过分析来阐明他不仅丰富和拓展了马克思的艺术生产论,而且将艺术技巧看作是一种艺术生产力的观点,无疑是对艺术自律性和作家主体性的一种捍卫。第四章阐释本雅明的诗学政治和救赎美学。分析本雅明的犹太血统出身、弥赛亚的救世主义的信仰对其放弃单纯精神层面的“抽象理论”研究,而转向尘世关注的现实情怀的深度影响。当然,本雅明的文化艺术批评理论和救赎美学思想并非完美无缺,比如,他对“灵韵”消逝的态度所显出的文人对传统的依恋和矛盾心理,他对技术复制和大众文化的过度自信而忽视其负面影响,以及他想用神学美学和诗学政治来实现其乌托邦式的救赎理想,都致使他的思想迷离复杂,文风晦涩难懂。

关键词:本亚明(Benjamin, Walter) 美学 艺术

**3652**

**谢榛的时代及其诗学** / 赵旭著 ; 涂光社指导. -- 辽宁大学, 2009. -- 239 页

论文以谢榛的时代及其诗学作为研究对象,本着“知人论世”的原则,从谢榛所处时代特征、谢榛的生平遭际、价值取向和理论建树等方面展开论述,对谢榛在中国诗学史上的地位作出客观评价,并对明代诗学的相关问题作出阐释。绪论部分明确论文的研究意义和研究方法,介绍当前的研究状况。第一章通过对弘治末年到万历初年社会时代特征的考察,从君主性情、党社斗争、藩府制度和文学思潮等方面归纳谢榛诗学形成、发展的原因和特点。第二章结合谢榛及其友人的著述,对其家庭、交游、人生价值取向和著述情况进行考察梳理。第三章探讨谢榛对诗歌本体的认识。他明确指出抒发情志是诗歌的本质特征。重视情感与景物的结合,肯定诗歌“乃模写情景之具”,主张“文随世变”,认为不同时代的诗作自有其时代特征。第四章到第六章从诗歌的师法、评鉴和创作三个方面对谢榛的诗学体系的构建特点进行分析。这三个方面彼此交融在一起,它们构成谢榛诗学体系的基本框架。第四章探讨谢榛对诗歌师法的主张。他确定学习对象,即古体诗师法汉、魏以前,近体诗师法盛唐,并归纳了行之有效的方法和原则。第五章探讨谢榛对诗歌评鉴的主张。通过对大量例证的分析,谢榛

对评鉴者应具备的素质和评鉴的尺度都提出了明确要求。第六章探讨谢榛对诗歌创作的主张。从创作主体素质的培养到艺术构思再到修辞的运用,谢榛都提出了全面而有针对性的意见。结束语部分明确谢榛的主要成就是其诗学理论,并对他在中国诗学史上承前启后的重要地位作了强调。此外,论文通过对大量史料的查考,并对谢榛本人及其交往者的著述进行梳理,编制谢榛年谱,理清其主要社交关系,作为“附录”。

关键词:谢榛　诗学　诗歌　文学创作

**3653**

**追寻罗曼司的内在化:哈罗德·布鲁姆的浪漫主义研究** / 郑晓韵著 ; 阎嘉指导. -- 四川大学, 2009. -- 152 页

论文以美国当代著名文学批评家哈罗德·布鲁姆为研究对象。论文系统阐述布鲁姆在新的历史语境下,通过重新认识浪漫主义的本质和内涵来强调民族文化传统的重要性;同时突出布鲁姆作为文化精英和高校教师的知识分子现世情怀对我们当下的重要启示意义。论文以布鲁姆对浪漫主义本质所做出的独特诠释为核心,对他的诗歌批评展开系统的评述。全文共分五章。第一章导论,概述选题缘由、国内外研究研究状况和论文的结构。第二章根据布鲁姆的定义,对浪漫主义的概念进行历史回溯,着力指出罗曼司是欧洲民族文化的根源。通过布鲁姆对英国浪漫主义的定义,着重指出英国浪漫主义和德国、法国浪漫主义的区别。第三章和第四章分别讨论追寻罗曼司内在化的第一阶段和第二阶段不同的主体特征。第一阶段是普罗米修斯阶段。布鲁姆用这个阶段来象征广泛参与政治和社会革命的浪漫派精英型先锋的形象。作者着重分析普罗米修斯作为英国浪漫派知识分子象征的文化意义和英国浪漫派知识分子无法进入第二阶段内在化的困境。第二阶段是真正的精英化阶段。布鲁姆提出,修正主义(revisionism)是当代社会精英知识分子新的策略。当代的精英知识分子一方面应对大众文化持冷静的批判态度,另一方面又要使传统更具包容性和开放性。第五章结语简要讨论布鲁姆的浪漫主义研究对中国文学批评发展的启示。总之,浪漫主义不仅曾经是中西方共同关注的重要话题,也将继续成为中西方关注的重要话题。本论文选择布鲁姆作为研究对象,就是试图通过他对这些问题的思考为我们今天文学学科的建设做出有益参考。

关键词:布鲁姆(Bloom, Harold)　诗学　浪漫主义　文学研究

**3654**

**罗兰·巴尔特文论思想解读:从文本分析入手** / 钟晓文著 ; 冯寿农指导. -- 厦门大学, 2009. -- 190 页

在20世纪西方现代与后现代思潮中,罗兰·巴尔特无疑是一位非常重要的代表性人物。论文立足于文本分析,选择十多部有代表性的作品,从微观细读入手,解读巴尔特的文论概念、思想的涵义,对巴尔特文论思想进行一次全面、深入而系统的捋理与阐释,试图理解“罗兰·巴尔特在说什么”。论文共分三个部分共11章,按时间顺序把巴尔特30年的批评生涯分为三个时期,分别选择各个时期的理论观点与方法。第一部分通过分析《写作的零度》(1953)、《米什莱》(1954)与《神话集》(1957),解读巴尔特前结构主义时期的文论特点:主要着重于文学与文化的意识形态批评,并逐渐引进结构与符号分析方法,基本形成其文本理论雏形,为其结构主义作了理论与实践准备。第二部分通过分析《论拉辛》(1963)、《批评与真实》(1966)、《符号学原理》(1964)、《叙事作品结构分析导论》(1966)与文章“作者之死”(1968)展现巴尔特结构主义文学批评、符号理论、结构分析等理论及发展轨迹,其文本实践与理论探索积极推动结构主义思潮的发展并达到顶峰,成为法国结构主义一个重要组成部分。第三部分通过分析《S/Z》(1970)、《文本的愉悦》(1973)与《恋人絮语》(1977)呈现其后结构主义文论思想的总体特点及发展:逐渐突破结构主义束缚并走向思想前沿,开始转向后结构主义,质疑并揭示结构主义的局限性,更倾向于关注文学符号与结构后面的意识形态、社会关系对文学文本的影响,强调读者的主动性、阅读的创作性等新的文论思想。

关键词:巴尔特(Roland Barthes)　文学理论　结构主义　符号学　解构主义

**3655**

**“意”范畴衍生中的三个向度** / 周德波著 ; 涂光社指导. -- 辽宁大学, 2009. -- 196 页

论文研究的主要内容为“意”范畴衍生中的理论状态,及其在特定的文化语境中所承载的理论价值。研究的阶段主要集中在先秦,其后“意”范畴演化发展的状况虽稍有涉及,然非论文之重点,主要以之辅助

说明不同的理论向度为“意”范畴发展提供的可能。论文共分三个部分，分别以“意”范畴的接受向度、审美向度和意义创生向度为切入点展开论述：一、“以意逆志”是“意”范畴衍生中的接受向度。“以意逆志”是文本接受视野影响深远的理论范式。力图在文化语境中，还原儒家视野里“意”之道德伦理规定和主体心性论的特征，以期厘清“意”在儒家哲学思想中的位置，以及与“文”“辞”“言”“志”“仁”“道”“理”“心”“性”“气”等哲学范畴的关系。在阐述中，对心性论和推恕观念做了充分论述。二、“得意忘言”是“意”范畴衍生中的审美向度。“得意忘言”是道家语言哲学的重要基元，也是其体性悟道的重要理路。力图在道家的哲学体系中挖掘“意”范畴的审美意义，并着力厘清“物”“性”“情”“知”“言”“体”“道”等哲学观念与“意”的关系。在阐述中对“情”范畴作了全面的把握，对“情”“意”关系形成了新的理解。三、“立象尽意”是“意”范畴的意义创生向度。“立象尽意”是“易学”意义创生观念的总结，也是体现华夏民族文化心理的重要理论。力图在文化史的角度完成对“立象尽意”的考察，着力厘清“物”“道”“气”“情”“象”“辞”与“意”的关系。在阐述中对“类”“比”的研讨用力尤深，渗透在各观念的解释之中。三者在不同的向度赋予“意”范畴多侧面的哲学特质，合力完成“意”范畴的塑造。

关键词：文艺理论　解释学　接受学　审美

# 语言学及应用语言学

**3656**

**汉语与乌尔都语量范畴研究** / 阿珠（Syeda Arzoo Riaz）著 ； 周建设指导. -- 首都师范大学, 2009. -- 186 页

论文主要基于类型语言学、认知语言学、对比语言学的理论，对汉语和乌尔都语两种语言中的常用量词（乌尔都语没有量词，应当称为量范畴，论文为了和汉语的提法对应，所以称之为量词）进行对比分析。力图通过对两种语言常用量词的具体描写、比较，寻找乌尔都语这种由多语言“聚合”而成的语言在量词使用方面的规律。论文第一章为绪论，主要介绍乌尔都语的一些基本情况，以及前人对于量词研究的现状和本论文的基本思路和方法。第二章我们从类型语言学、认知语言学和语法化的角度对汉语和乌尔都语量词进行了解读。第三章和第四章则是具体对比分析两种语言的常用量词。第五章对两种语言中的表量词所带的修辞色彩对比分析。第六章主要对两种语言表量词语的对应性与非对应性进行全面的分析。总之，论文是以汉语量词为参照，将乌尔都语与其进行比对。作为对汉语和乌尔都语两种语言表量系统异同的初探者，我们不敢奢求此研究尽善尽美，只想尽本人所能尽量详细、清楚地对两种语言的表量系统进行描写、分析。

关键词：汉语　乌尔都语　数量词　语法

**3657**

**汉蒙形容词重叠比较研究** / 奥特根苏仁著 ； 萧国政指导. -- 武汉大学, 2009. -- 110 页

论文拟从对比语言学的角度，对汉蒙两种语言的形容词重叠进行静态的对比研究，以便找出两种语言形容词重叠在形式、意义和功能等方面的异同。全文共分为四章。第一章，绪论。阐述选题的缘起和意义，对前人的研究成果和汉蒙形容词重叠研究成果进行阐述并做出评价，介绍论文的主要研究理论和写作思路，对论文中涉及的重要概念进行界定，最后对论文的语料来源进行说明。第二章，汉蒙形容词重叠对应形式比较。该章描述汉蒙古形容词重叠三种对应形式：AA，AXA，AXAB。汉蒙形容词 AA 重叠式在语法意义上有所不同，前者表示度量的同时往往带有说话人的感情色彩，在不同的句法位置上表示的语法意义有所不同。后者不管在什么位置都表示数量的增加，无感情意义，程度意义比较模糊；汉蒙形容词 AXAB 式在形式构成和语法功能方面比较相似，但语法意义有所不同，汉语 AXAB 式是贬义形容词专用格式，其重叠后的语法意义除了表示轻视的意义外还表示程度高，而蒙古语 AXAB 式的语法意义比较单一，只是形容词程度强化的手段；汉蒙形容词 AXA 式在形式上有所不同，汉语中的嵌成分 X 只能是中缀“乎其”，而蒙古语的 AXA 中可嵌入两种不同类型的 X，从而形成 AXA1 式和 AXA2 式。但两者在语法意义和语法功能上十分相似，同样表示程度加深之义，既无数量意义也不表情感意义。第三章，汉蒙形容词重叠非对应形式比较。第四章，余论。论文在研究过程中发现，汉语方言和现代蒙古语及阿尔泰语系蒙古语族一些语言的形容词重叠式存在着不少的相同之处，对二者的重叠类型，语法功能和意义上的异同进行比较对类型学的研究上有一定意义。最后，对论文的结论

进行概括,展望未来全面建设汉蒙“形容词重叠”对比研究应该努力的方向。

关键词:汉语　蒙古语　形容词

**3658**

**元江苦聪话参考语法** / 常俊之著 ; 戴庆厦指导. -- 中央民族大学, 2009. -- 326 页

论文以“参考语法”所倡导的语言描写与研究原则为理论指导,吸收融入传统语法的语言描写与研究方法,以伯纳德·科姆里的《语法手册》为语法调查和描写框架,对属于汉藏语系藏缅语族彝语支的苦聪话进行全面深入的共时观察、分析、描写和研究,内容涵盖苦聪话语言本体的主要方面。全文共分十七章。第一章,导论。简述拉祜族苦聪支系的概况、前人研究概况、语料来源、理论框架和研究方法、研究的意义和价值。第二章,音系。描写苦聪话的声母、韵母、声调以及音节结构类型。第三章,词汇。对苦聪话的构词方法、外来词及隐语进行描写。第四章至第十三章,分别对名词、代词、数词、量词、动词、形容词、副词、助词、连词、感叹词十大词类的语法特点进行比较详细的描写。第十四章,简单结构。对并列短语、名词性短语的语序、句中其他成分的语序、谓语动词的结构及句子的基本语序进行描写。名词性短语的语序和连动结构是描写重点。第十五章重点描写苦聪话的系词句,差比句和话题句。第十六章,句类。主要对苦聪话的四种语气类型进行考察和描写,即陈述句、疑问句、感叹句和祈使句。疑问句是描写重点。第十七章是复杂结构,对关系从句、补足语从句、状语从句和并列复句进行详尽地分析和描写。

关键词:苦聪人　语法　语序

**3659**

**汉语人称代词考论** / 陈翠珠著 ; 骆小所指导. -- 华中师范大学, 2009. -- 238 页

全文共分七章:第一章主要介绍选题缘由,概述汉语人称代词研究的理论意义和实践意义,综合汉语人称代词研究的历史和现状,总结这一领域研究的历史成就,也指出研究的困难和不足。第二章首先界定“人称代词”这一概念,理清由于人称代词和名词相交叉而产生模糊的两大关系:一是人称代词与称谓词的关系,二是谦敬辞、倨傲辞与人称代词的关系。然后,对人称代词进行归总分类,为后面的论述和研究理清线索,打下基础。第三章考论典型人称代词。自称代词的考论以传统难点“我”“吾”的区分为重点,着重对比考察了上述自称代词的产生、发展演变过程及其语法、语用等方面的特点和相互间的差异,并补入以前很少论为自称代词的“某、某甲、某乙”。第四章考论话题人物代词。旁称代词主要考论“人、人家、别人、旁人”四个,它们词汇意义相同,但语用条件和语用意义却存在差异,当二者的称代指向逐渐明确时,可以转指他称代词。统称代词的产生相对较晚,现在汉语中都有使用,但其自身发展也还不够完善和稳定。第五章考论非典型人称代词。非典型人称代词是人称代词的借用形式,是典型人称代词谦敬功能的补充形式,是普通名词或称谓名词借用而来的一类人称代词,其本质特征是词性的双重性,是否作人称代词,较多地依赖于语境,具有较强的社会属性。第六章考论汉语人称代词的变异使用与发展。人称代词的语用变异,实际上是指在语用中对人称的性质和数量的违反上,人称代词所称代的对象不再是原当代指的人称、性和数,而是转而代指其他人称、词性、数量,或者只是起到区别、任指或强化语气、暗示等作用,主要包括转化、泛化和虚化三种情形,转化有包括人称转指、数量变异,词性活用三种情况。我们还简要考论了近年来出现的自称代词“我”的网络变体——偶。第七章结语。对论文的汉语人称代词研究作出总结,对前面各章的研究进行梳理,归纳出研究的主要结论。

关键词:汉语　代词　人称

**3660**

**上海手语动词及类标记结构方向性研究** / 陈小红著 ; 龚群虎指导. -- 复旦大学, 2009. -- 241 页

论文的研究对象为上海手语动词及类标记结果方向性研究。全文共分为四章。第一章,引言。详细说明论文的研究意义,研究现状及研究中存在的主要问题,研究目的,研究方法,并对论文中“方向”一词的涵义和论文对上海手语中的词、类标记与类标记结构的标写。第二章,上海手语方向性动词研究。首先介绍手语方向性动词的研究现状,包括手语方向性动词的含义及其名称起源,手语中牵涉方向性的动词分类、方向性动词的及物与不及物问题。接着阐释上海手语空间方向动词的研究。第三部分是上海手语予夺方向动词的研究,包括予夺方向动词概述、予夺次类,得失次类和交叉次类。第四部分为上海手语施受方向动词研究,包括施受方向动词概述、施受方向动词分类、施受方向动词与语义方向的关系,一种特殊

的施受方向:相互施受方向,上海手语中的位置不是代词以及施受方向动词词形变化中的疑难之处。第三章,上海手语包含方向、方位的类标记结构研究。一是为上海手语类标记研究,二是为上海手语中包含方向、方位的类标记结构概述,三是上海手语方向性类标记结构研究,四是上海手语类标记方位结构研究,五是方向类标记结构和类标记方位结构的交叉,六是上海手语中不涉及方向、方位的类标记结构。第四章为结论,总结方向性动词,包含方向、方位的类标记结构以及论文的不足之处。

关键词:手势语　动词　语法　上海

**3661**

**立足于对外汉语教学的类推研究** / 陈晓宁著 ; 于根元指导. -- 中国传媒大学, 2009. -- 214 页

论文从汉语自身特点以及对外汉语教学特点的双重角度出发,对在对外汉语教学中有效运用类推的理论依据、正面作用和实践应用进行研究并探讨对过渡类推的看法。全文共分为六章。第一章,类推的定义及前人研究。第一节为广义的类推定义;第二节为语言学、第二语言习得、对外汉语教学视野中的类推;第三节是第二语言习得中类推存在的必然性和作用的重要性;第四节为前人研究,包括基于汉语本体的类推研究成果综述,第二语言习得中的类推研究成果综述以及对外汉语教学中的类推研究成果综述;第五节介绍研究意义;第六节介绍论文的布局、要点及主要研究方法。第二章为类推法在当前对外汉语教学中的应用研究,第一节是类推法在对外汉语教法中的具体语用,第二节是类推法在对外汉语学法中的具体语用,第三节是类推法在对外汉语教材中的具体运用。第三章为利用类推法进行对外汉语教学的理据研究,一是汉语语音系统的内在类推性质,包括汉语普通话音节的内在类推性质、汉语普通话声母系统的内在类推性质、汉语普通话韵母系统的内在类推性质以及汉语声调系统的内在类推性质;二是汉字系统的类推性质;三是汉语词汇系统的内在类推性质;四是汉语语法系统的内在类推性质,其原则包括时间顺序原则、时间范围原则、整体先于部分原则、修饰限定成分先于中心语(或语素)原则、偏句先于正句原则、相对先于绝对原则以及已知先于新知原则。第四章为利用类推法进行对外汉语教学的理论研究,包括教法原则、学法原则以及教材原则。第五章为对外汉语教学中的过度类推现象,内容包括对外汉语教学中的过渡类推及其阶段和特点,对外汉语教学中过渡类推的成因分析以及积极面对过度类推。第六章,利用类推发进行对外汉语教学的实践研究,包括语音类推教学、汉字类推教学、词汇类推教学以及语法类推教学的介绍。

关键词:类推　语言学　对外汉语教学

**3662**

**现代汉语索取双宾句研究** / 程乐乐著 ; 萧国政指导. -- 武汉大学, 2009. -- 144 页

论文的研究对象为现代汉语索取双宾语。全文共分为七章。第一章绪论,首先对论文的研究对象、意义、目的、原则与方法等进行阐述,然后从"性质研究""类型研究""层次研究""语义研究"及"认知研究"五个方面对已有的相关研究成果进行梳理,指出不足。最后介绍论文的研究思路、使用的基本术语及语料来源。第二章介绍事件范畴向语言投射的过程,论述索取事件的特点,然后在分析"领属说"与"动宾可搭配原则"不足的基础上,讨论索取双宾句的性质和类型。第三章主要研究三价索取双宾句的句法语义问题,重点探讨三价索取双宾动词的特点、类别及其对句子的影响、事件标示成分对句子的影响。第四章对二价索取双宾句的句法语义特点进行分析,重点探讨二价索取双宾动词与二价索取双宾句的类型、特点及其内部典型性问题。第五章对索取双宾句结构进行组形研究。以"组形语法"为理论基础,对索取双宾句的组形模式、结构层次以及组合规则进行分析,讨论索取双宾结构存在规则句法结构与不规则句法结构的区别。第六章对索取双宾句的运用进行研究,在前人已有成果的基础上进一步探讨索取双宾句的运用问题,重点研究索取双宾句的成句因素、成分的省略问题以及习得情况。第七章为结语,概括全文的主要观点及结论,并指出现代汉语索取双宾句研究中还需要进一步研究的问题。

关键词:汉语　语法　双宾语

**3663**

**三音节结构中副词、形容词、名词作状语研究** / 崔四行著 ; 冯胜利指导. -- 北京语言大学, 2009. -- 105 页

论文运用韵律句法学及语体学相关理论研究三音节中副词、形容词、名词作状语的情况,揭示出:不同语体中韵律和句法之间的交互作用,句法决定韵律、韵律制约句法。第一章,概述三音节及三音节状

中关系研究成果,进而总结目前国内外关于三音节的相关理论研究,从而奠定论文理论基础。第二章,进入论文的核心研究章节,重点研究三音节中副词作状语的韵律句法特征。文章引入了语体学的相关概念,并基于冯胜利(2006)语体研究的基础上,区分书面正式语体和非正式语体,其中非正式语体包括书面非正式语体和口语语体两部分。第三章,重点研究三音节中形容词作状语时的韵律句法特征。对形容词能否作状语,以及区分"形+动"还是"副+动"提出了新的见解,认为"乱批评""老打架"中的"乱"和"老"发生了附缀化,并从句法和韵律角度对这一现象进行解释,由此认为"老""乱"等词是处于副词和形容词之间的一类词。在此基础上进一步对比研究[1+2]和[2+1]的句法属性,揭示韵律和句法之间的交互作用。第四章,重点研究三音节中名词作状语时的韵律句法特征。文章首先澄清了关于名词作状语的一些基础问题,并提出名词作状语应当在语体框架下进行研究。在此基础上重点研究了三音节中名词作状语,分析说明[1+2]出现于谓语位置与定语位置时合法与非法的成因,分析说明[2+1]时不同的句法属性,以及[1+2]和[2+1]的对立等等,充实了目前三音节中名词作状语的研究。第五章结语,总结三音节中副词、形容词、名词作状语概况,以及论文的研究背景。提出三音节研究中,"句法决定韵律、韵律制约句法"乃是论文的研究思路,通过韵律和句法之间交互作用来探讨三音节状中关系。强调"不能离开结构谈韵律,亦不能离开韵律谈结构",同时区分了状中关系时不同语体的作用范围,认为综合运用韵律、句法和语体理论,厘清各自作用范围,方能探得三音节本质。

关键词:汉语　状语　句法

**3664**

**汉语作为二语的"得"字句习得研究** / 邓小宁著 ; 周小兵指导. -- 中山大学, 2009. -- 209 页

论文考察 100 万字的中介语语料,得到 1309 个"得"字句以及 165 个回避使用"得"的偏误句,研究的是汉语作为第二语言的学习者习得"得"字句的过程、特点、规律以及如何使该句式的教学更为科学有效。全文共分为八章。第一章,绪论。介绍选题意义,研究范围及研究对象,研究内容与方法,论文使用的符号说明。第二章,"得"字句的研究评述,包括研究概貌,"得"的来源、定性及"得"后补语的名称与分类,"得"字句的句法结构,"得"字句的句法特点,"得"字句的语义研究,VOV 得 R 句,(N1) + V1 + 得 + N2 + V2P 句式的研究,"得"字句的汉外对比及习得研究以及其他研究。第三章,"得"字句的语义限制条件,包括引言,"得"字句的语义限制,"得"后补语转换成状语的限制,重动句与前受事句的限制条件。第四章,中介语"得"字句的总体研究,包括中介语"得"字句的句式,本族语与中介语各句式的分布,格句式习得情况分析以及不同母语背景的学习者习得"得"字句的共性与特性。第五章,重动句中段的习得研究,包括引言,自然语料与语音测试,中介语中 V2 的变异及余论。第六章,重动句与前受事句的习得比较,包括引言,对自然语料的考察,语法测试与相关分析,影响两种句式习得的因素。第七章,偏误分析,分析了句法偏误,语义偏误和语用偏误。第八章,"得"字句的教学研究,包括各句式的习得顺序,对教材、大纲的考察及教学建议,"得"字句句式的选取与排序。最后为结束语。

关键词:汉语　语法　句法

**3665**

**孙樵研究** / 丁恩全著 ; 刘真伦指导. -- 华中科技大学, 2009. -- 269 页

论文研究的主要内容为孙樵接受研究、《孙可之文集》版本源流考、孙樵年谱、孙樵思想、孙樵散文内容、孙樵散文的艺术特色等。全文共分为六个部分。第一部分,孙樵接受研究,包括孙樵研究述评、汪师韩《孙文志疑》评、可之巨筏论——论孙樵对韩愈的继承与创新。第二部分,《孙可之文集》版本考,包括版本的著录和版本的源流。第三部分,孙樵年谱。第四部分,孙樵的思想,包括孙樵的史学思想及其散文的精神实质,孙樵对孟子思想的继承,孙樵对中晚唐"怪奇"散文理论。第五部分,孙樵散文的思想内容,内容包括其胸怀天下,积极参与当时的重大政治事件;语重心长,抒写沿途见闻;高洁其行,怒批世风日下。第六部分,孙樵散文的艺术特色。主要有:摭意必深——论孙樵散文的立意结构,摛辞必高——孙樵散文的语言特色。最后为结论。论文研究从史官意识、采撰标准、史笔传统和史著语言四个方面论述孙樵的史学思想,认为他是晚唐最为突出的史学家之一,而史学思想也是孙樵散文创作的精神实质;孙樵把孟子思想具体化到现实政治生活中,提出"换君心之非"的助长,到宋代成为理学家门讨论的重点问题之一;孙樵的散文理论是对韩愈、皇甫湜的发展;孙樵的散文有三个方面的内容,一是积极参与重大政治事件的讨论;二是书写沿途见闻,表示深

深忧虑;三是怒批世风日下;孙樵散文的怪奇特色表现在两个方面,一是"摭意必深",二是"摛辞必高"。文章得出的结论是孙樵和皇甫湜等人的创作构成中国文学史上一个独特的风景,是一个有益的尝试。

关键词:孙樵　史学　文学研究

**3666**

**"有"字领属句及其衍生句式** / 董祥冬著 ; 冯广艺指导. -- 华中师范大学, 2009. -- 140 页

论文以"两个三角"思想作为理论指导,主要考察"有"字领属句和与其有衍生关系的涉量句和比较句,以及相关的固定结构。全文共分为五章。第一章是绪论部分,首先对"有"字句的研究现状进行分析评述,然后阐述论文的研究思路、研究对象,最后说明论文的语料来源及文中相关符号所代表的具体含义。第二章主要考察"有"字领属句。依次讨论"领属"的语言学含义,"有"字领属句的概念结构、句法结构、语义类别,以及表示领属的"有"字语义泛化的共时和历时过程。第三章主要考察"有"字涉量句。"有"字涉量句式经过漫长发展过程而形成的专门表示人、事物或行为数量的句法结构,并具体分析涉量句 a 的表意类别、结构义、结构关系和历史来源,涉量句 b 的表量类别及其历时发展,涉量句 c 的结构特点、来源及其发展,涉量句 d 的结构义、结构限制和历史来源。四类结构各有其独特的价值和不同的发展过程,但是它们之间不是彼此孤立而是相互关联的,在这些涉量结构中,动词"有"发展处涉量义。第四章主要考察"有"字比较句。首先分析"有"字比较句的概念结构及其句法体现,其次讨论"有"字比较句从涉量句 d "名 1 + 有 + 名 2 + 形"分化出来的原因及其从简到繁的具体发展过程,后探讨该结构中"有"字的性质、"有"字比较句的结构关系、比较点的游移及其后果,以及句法成分简化操作导致的结构不对称性。第五章主要考察与"有"相关的固定格式。

关键词:汉语　语法　句法

**3667**

**假设句的跨语言比较研究** / 董秀英著 ; 徐杰指导. -- 华中师范大学, 2009. -- 123 页

论文以原则与参数理论、语言类型学理论为指导,采用跨语言比较的方法,围绕假设句的共性和差异,主要从假设句的语法操作系统、假设句的优势语序、假设标记的语法化来源、假设句的语义关系四个方面对假设句展开深入研究。全文共分五章。第一章绪论,首先离析出论文研究的假设句特征,结合假设句语义分类的研究现状及相关文献与指导论文研究的理论方法,指出论文研究的意义并对文章中相关学术语的使用及语料来源做出说明。第二章是"假设句的语法操作系统",介绍句法操作的三种手段和三个位置,以句法手段和句法位置的匹配为参项,跨语言考察假设句的句法操作类型。结果得出假设句主要采用的句法操作手段为前置标记和后置标记的添加标记;假设标记的位置与语序类型是和谐的,并且此种和谐在汉语方言中有着不同程度的反映;有的语言通过在动词上附加形态标记表达假设等结论。第三章是"假设句的优势语序及其形成的原因"。两个小句在组成假设句的时候,线性位置上应有一定顺序是语言的共性。其中从句位于主句前在不同语言中占绝对优势,称为优势语序。第四章是"假设标记的语法化来源",归纳出假设标记语法化来源的八种类型:时间词、言说动词、系动词、愿望义助动词、使令义动词、象似义动词、是非问标记、话题标记,解释汉语假设标记的语法化来源与假设标记三个位置的对应关系。第五章是"假设句的语义关系",评述关于假设句语义关系的各种说法,介绍复句三域理论,并根据该理论对假设句进行分类,用因果关系检测每类的语义关系,从语用角度对言域中假设句存在的合理性进行解释,指出三域中假设句在语义关系上的差异反映它们在主观化程度上的不同。从复句三域来看,假设句深化笔者对假设句内部差异的认识。

关键词:假设(语法)　句法　语法

**3668**

**汉语和泰语个体量词对比研究** / 番秀英著 ; 赵金铭指导. -- 北京语言大学, 2009. -- 186 页

论文从汉语和泰语个体量词的基本功能对比入手,考察汉、泰语个体量词在来源、分类和句法功能等方面的共性与个性特征。全文共分六章。第一章绪论,介绍选题的缘由,对汉、泰语量词研究展开概述,并介绍课题的研究目标、研究范围、研究方法、语料来源及研究框架。第二章对汉、泰语个体量词展开对比,首先介绍汉、泰语个体量词的来源并对来源进行比较,后分别就汉、泰语个体量词用于有生命物、用于无生命物、用于计量抽象物做出分类,三是分别介绍汉语特有的个体量词——联想取象量词和泰语特有的个体量词——拷贝型量词,最后介绍汉、泰语个体量词的

语法特征,包括由个体量词构成的数量短语的语法功能,由个体量词构成的指量短语的语法功能,汉、泰语数量短语与形容词的组合,个体量词及由个体量词构成的数量短语重叠形式的语法功能以及汉、泰民族思维方式差异在数量句法结构中的映现。第三章对汉、泰语个体量词的语义做出分析和比较,包括汉、泰语个体量词语义范畴的介绍,原型理论与隐喻、转喻在语义分析中的应用,汉、泰语"长条状"范畴的语义对比,并对上述内容做出总结。第四章为汉、泰语个体量词语法化对比研究,分别对具有代表性的汉语泛用量词和泰语泛用量词的语法化展开相关分析,并得出结论。第五章对泰国学生汉语个体量词偏误展开分析,对其教学提出建议。首先基于《汉语中介语语料库系统》泰国学生汉语个体量词偏误分析,并对泰国学生学习汉语个体量词展开问卷调查,得出调查结果与分析结论,对产生偏误的成因做出分析,最后针对泰国学生汉语个体量词的教学提出对策与建议。第六章结语,介绍论文的特点与创新之处,并对未来研究做出展望。

关键词:汉语　泰语　数量词

**3669**

**《刘氏语通》研究** / 范德忠著 ; 李葆嘉指导. -- 南京师范大学, 2009. -- 96 页

论文研究主要是从词法、句法两方面分别梳理研究《语通》的"新语法体系";将《语通》与《文通》、文化语法研究、汉语教学语法分别比较;指出《语通》的研究成果和运用价值。全文分六章及绪论和结语。绪论部分说明论文的学术背景和研究价值,研究目标和研究内容,研究步骤及论文创新之处。第一章,汉语语法学体系研究的回溯,包括汉语语法学体系的研究线索以及对外汉语教学语法体系的研究现状。第二章,《刘氏语通》的词法研究,一是《刘氏语通》的词法理论,包括词类和词性,词类与词性的关系;二是《刘氏语通》的词辨类法,包括定类标准,辩类公式和词类鉴定和级别;三是《刘氏语通》的词接合法,包括词的接合形式、合词的作用以及合词的序。第三章,《刘氏语通》的句法研究,一是《刘氏语通》的句法理论,包括句的定义和鉴定,"引、申"结构框架;二是《语通》的句分析法,包括基于"引申"框架的句子分析法,五种句子成分;三是《语通》的句法应用,包括句的构成发,句的定型法,句的接合法和句的变式法。第四章,《刘氏语通》和《马氏文通》的比较。一是研究目标、思路方法的比较;二是词法研究的比较;三是句法研究的比较。第五章,《刘氏语通》与文化语法研究的比较,一是文化语言学的形成和演变;二是研究思路和方法的异同;三是语法研究的比较。第六章,《刘氏语通》与教学语法的比较,包括《暂拟系统》、《提要系统》和《等级大纲》以及《暂拟系统》《提要系统》《等级大纲》和《语通》的异同,另有《语通》在对外汉语语法教学的运用价值。最后为结论。

关键词:汉语　语法　刘氏语通

**3670**

**语法化视角下的现代汉语单音方位词研究** / 付宁著 ; 盛玉麒指导. -- 山东大学, 2009. -- 146 页

论文在真实文本语料库的支持下,考察现代汉语单音方位词的语义多样性和语法多功能性,以语义变化和语法功能为变量描写单音方位词语法化的共时表现,探讨其语法化途径、动因及程度判定。全文共分五章。第一章绪论,介绍语法化视角下现代汉语单音方位词研究的缘起、相关研究综述、意义以及论文的理论基础和研究方法。第二章首先介绍语料库在语法化研究中的作用,然后从语料收集和语料处理两个方面介绍研究中所用语料库的建设情况。第三章从语义多样性角度探讨现代汉语单音方位词语法化的语义途径。一是从"泛向性"、不对称性以及文化相对性三个角度分析单音方位词的词义属性;二是从义项呈现角度将静态描写与动态考察结合起来,利用语料库对 14 个单音方位词在语言使用中的具体义项呈现归纳分类,统计各个义项的使用频次,以义项呈现为主线分析单音方位词的语义表现。三是讨论单音方位词词语法化的语义途径;四是从语义变化角度提出现代汉语单音方位词语法化研究对于语言共性特征探讨的意义,同时对《语法化的世界词库》中缺乏汉语例证的两个语法化模式补充了汉语材料。第四章从语法功能多样性角度探讨现代汉语单音方位词语法化的形态——句法途径。包括从词法层面考察单音方位词的构词功能;分析单音方位词的句法功能;标记功能的考察。第五章包括两个方面的内容:一是从使用频率、认知因素以及语言内部因素三个角度讨论现代汉语单音方位词语法化的动因;二是以语义虚化、后置句法行为、去范畴化以及语音弱化为参数探讨现代汉语单音方位词语法化程度的判定。论文认为 14 个单音方位词的语法化程度是不均衡的,并且提出单音方位词语法化过程中的句法语义具有相关性表现,即语义的虚化和功能的分化具有一致性。结

语部分对论文的研究思路及结论进行总括说明，并指出研究中存在的不足。

关键词：现代汉语　方位词　单音词

**3671**

**汉语会话语篇中的反问句研究** / 郭娟著 ; 邢欣指导. -- 中国传媒大学, 2009. -- 153 页

论文从语篇的视角出发，对会话中的反问句进行重新审视和考察，探讨反问句的语篇功能及特点，通过多层面的研究力图丰富汉语反问句研究的成果。论文的主体框架及各部分的主要内容包括：绪论部分简要介绍论文的研究对象、研究目的、理论依据、研究方法及语料来源。第一章，反问句研究综述。本章把学者们关于反问句的研究进行总结，梳理从句法、语义到语用。篇章等各方面的主要研究成果。第二章，反驳行为中的反问句及其语用功能分析。从汉语中表示反驳的多种表达形式入手，分析反问句主要用来实施间接反驳言语行为，指出表示反驳是反问句的核心语用功能，并讨论其衍生功能。第三章，反问句的语篇功能及使用动因。分析反问句在会话中主要充当应答语，表达说话者的主观观点和态度，其语篇关联功能大于信息功能。第四章，反问句的结构特征分析。分析反问句的结构特征，指出与一般的疑问句相比，反问句是一种有标记的问句，同时以是否带有疑问代词对反问句进行了分类。第五章，反问句的语法化分析。分析反问句的语法化特征，指出反问句是语用语法化的产物，而很多反问句结构都是经过重新分析后形成的固化用法。第六章，反问句中固化的应答衔接语研究。分析固化为应答衔接语的反问结构的话语功能，并讨论这些反问结构作为话语标记语的语用功能。第七章，否定性反问应答语与简单否定应答语的比较。从否定的确定性、对语境的依赖性、主观性、否定强度、语体分布等方面对否定性反问应答语和简单否定词进行了对比分析。第八章，反问应答语的篇章研究。分析反问应答语的前接成分和后续成分，进一步揭示反问句的篇章特征。第九章，结论。对全文进行了总结，概括论文的主要观点和结论，并指出了需要进一步研究的问题。

关键词：汉语　会话　反问句　语篇

**3672**

**湖北西南官话音韵研究** / 郭丽著 ; 潘悟云指导. -- 复旦大学, 2009. -- 161 页

论文立足于湖北省西南官话，采用历史层次分析法，比较湖北省各县市方言的音韵特点，探讨声韵调演变的历史层次；并与川黔滇等地西南官话的音韵特征进行比较，找出西南官话的共同特点和湖北西南官话的独有特征。全文共分七章。第一章是绪论，介绍论文的研究对象、研究方法、研究思路及材料来源。第二章讨论声母。在对湖北西南官话声母概述的基础上，重点讨论了中古声类在西南官话中演变的例外现象、阳韵邪母字的塞擦化和舌齿音的演变。认为阳韵邪母塞擦化是南宋通语的特征，它作为白读仍旧保留在西南官话中。第三章和第四章讨论韵母的音韵特征和层次。分列阴声韵、阳声韵和入声韵三部分来讨论。阴声韵主要论述了鱼虞韵、蟹止摄的历史层次，从中可以观察到湖北西南官话的早期层次来自于黄孝方言。在阳声韵部分主要分析了通摄舒声韵主元音为非圆唇-əŋ/-ɤŋ 的现象，探讨了该音变的来源。入声韵是第四章的重点，首先将湖北西南官话各方言点的阴入分合关系归为五类，除宕江入、曾梗入外，这五类同《中原音韵》中阴入分合类型基本一致，这说明官话方言分化的起点至晚可推至在元代。此后深入讨论了宕江入的历史演变，以及曾梗入今读 ie、ia 的现象。第五章简要介绍湖北西南官话声调的特点，以及入声、去声的分布与发展趋势。第六章主要探讨了湖北西南官话与周边方言的关系。湖北西南官话区别于川滇黔等地西南官话的一项重要特征是：中古合口韵端系字在湖北西南官话部分方言点发生开口化的变化，这也是湖北西南官话内部分区的一条重要的同言线。然后通过剖析黄孝方言鱼虞韵和蟹止合的历史层次，发现鱼虞韵和蟹止合精组字今读 i 见于西南官话武襄片的白读和鄂东赣语、部分湘语区，这说明出现此类特征的方言曾经历过共同区域变化。第七章是文章的结论。在前文论述的基础上，将湖北西南官话分为四片。此外，对黄孝方言的性质进行深入的探讨。结论认为黄孝方言是官话方言同赣语、湘语的过渡方言。

关键词：西南官话　音韵学　湖北

**3673**

**外国留学生动宾式离合词习得研究** / 何清强著 ; 周小兵指导. -- 中山大学, 2009. -- 166 页

论文在比较汉语母语者和外国留学生动宾式离合词的使用情况以及对个体外国留学生动宾式离合词的习得过程的跟踪调查的基础上，考察并总结外国留学生动宾离合词的习得特点，讨论并明确动宾式离

合词在对外汉语教学中作为“词”的特性，最后探讨对外汉语教材里编排动宾式离合词的一些原则方法及其教学模式。全文共分为八章。第一章，绪论。包括研究对象的界定，前人相关研究综述，论文的研究意义、目的，理论接触和研究方法等，以及其他一些需要交代的问题，如语料来源、例句的标注方式等。第二章，汉语母语者动宾式离合词的使用情况。第三章，外国留学生动宾式离合词的使用情况。第四章，外国留学生使用动宾式离合词的偏误分析，通过对中介语语料和一些特定测试中的偏误用例的分析，发现动宾式离合词偏误的一条新规律。第五章，动宾式离合词的分离度和动宾语义关系对习得的影响。第六章，离合词在对外汉语教学中的性质。首先讨论对外汉语教学的基本单位，然后讨论离合词在对外汉语教学中的性质，认为在对外汉语教学中，离合词应当作为“词”这一级单位来进行教学。第七章，对外汉语动宾式离合词的教学模式。在上文总结的动宾式离合词的习得特点的基础上提出对外汉语教材中编排动宾式离合词的原则。在综合各种高效率学习心理机制的基础上提出第二语言词汇教学的“认知——动机”模型，根据动宾式离合词的特点，该模型是动宾式离合词教学的有效模式。第八章，结语。总结全文的创新点和不足之处，展望动宾式离合词在本体和对外汉语教学两方面的研究，提出一些研究设想。

关键词：对外汉语教学　词汇　留学生

**3674**

**先秦楚系简帛语音研究** / 胡杰著 ； 尉迟治平指导. -- 华中科技大学, 2009. -- 207 页

论文考察先秦楚系简帛中的通假字、异体字等材料，将涉及语言的材料制成 Access 数据库，利用计算机对先秦楚系简帛的语言进行穷尽性研究。全文共分五个部分。第一部分绪论，介绍选题缘起、相关研究综述以及研究的意义和创新之处。第二部分为材料的选取和研究方法。第三部分为先秦楚系简帛声母研究，包括先秦楚系简帛声母研究的基础，唇音、舌音、齿音、牙喉音和鼻音。第四部分为先秦楚系简帛的韵部系统，包括先秦楚系简帛韵部研究的基础，先秦楚系简帛韵部的分合以及先秦楚系简帛的声调系统。第五部分结语，做出论文的结论和今后的研究方向介绍。研究主要得出以下结论：声母部分。1. 通过考察与唇音相关的材料，认为单声母唇音有四个，是 p、ph、b、m，其中包括部分从 kw、pr-、phr-、br 演变而来的单声母唇音字，复辅音声母 pr-、phr-、br、mr，在楚系简帛音系中有部分残留。2. 通过考察与舌音相关的材料，认为单声母舌音包括 t、th、d、n、r 等五个声母；复辅音声母包括 Pr-、Tr-、Kr-、mr-四大类，其中 thr-、mr-比较有生命力，其他类都处于消亡之中，在楚系简帛中仅有少量残存。3. 通过考察与精组、庄组的相关材料，认为两组在楚系简帛中尚未分化。4. 单声母的牙喉音包括两套。5. 通过考察与鼻音相关材料，认为在楚系简帛中鼻音有三套。韵部部分。6. 通过考察与之、幽、宵类相关材料，认为职部字的一部分并入之部，蒸部字的一部分，后鼻韵尾消失并入文部；觉部字的一部分进入幽部；中部字的一部分并入东部。7. 通过考察与侯、鱼类相关资料，认为东侵两部接触频繁，鱼部、铎部接触频繁。8. 通过考察支类、歌类，认为祭部字和月部字接触频繁，侵部字的一部分并入真部。9. 通过考察脂类、微类，认为微部字的一部分进入脂部，质部字的一部分进入物部，真部字的一部分进入文部。10. 通过考察缉类、叶类，认为四部应分立，部分侵部字变成-n 韵尾，葉部的一部分和谈部合流。

关键词：汉语　上古音　声母　韵部　楚国

**3675**

**瑶语研究** / 胡晓东著 ； 黄树先指导. -- 华中科技大学, 2009. -- 285 页

论文主要从比较语言学的角度对瑶族勉语进行比较研究。全文共分为十章。第一章绪论，主要内容说明研究的目的和意义、瑶语和瑶族语言的区别，以及研究的材料和方法。第二章，瑶族的历史及其传说。内容主要叙述瑶族和苗族早期的共同历史、瑶族历史来源的传说和近年来学者们对于瑶族历史所进行的新探索。第三章，苗瑶语的早期历史。内容主要是回顾苗瑶语早期系属及来源的争论，并对苗瑶语的早期来源提出自己的几点构想。第四章，当代瑶语语音概述。内容主要是对当代瑶族勉语的声母、韵母和声调进行简单的介绍。第五章，当代瑶语声母比较。内容主要是按“唇音声母”“舌音声母”“齿音声母”和“牙喉音声母”4 种分类对当代瑶族勉语的声母进行共时比较。第六章，当代瑶语韵母比较，通过研究指出瑶族勉语中江底、梁子、东山、大坪、庙子源、滩散和牛尾寨等方言土语的韵母对应关系。第七章，当代瑶语词汇分析，内容主要是从当代瑶语词汇的构成、当代瑶语词汇的来源、当代瑶语词汇的差异和当代瑶语

词汇的核心词比较等4个方面,分别对当代瑶族勉语的单音节词、多音节词、苗瑶语同音和土语之间的词汇上的一些差异,同时还指出瑶族勉语中的汉语借词至少包含有"古代汉语借词""现代汉语借词"和"汉语方言借词"3个方面的内容,并对当代瑶族勉语的部分核心词进行比较。第八章,苗瑶语的古音及其构拟。内容主要是对国内外学者关于苗瑶语古音的研究和构拟进行分析,并提出关于苗瑶语古声母和古韵母的一些看法。第九章,当代瑶语的发展趋势,内容主要是从语言的接触和影响、语言的濒危和保护等方面,对当代瑶语的语音变化和未来发展趋势进行简单的讨论。第十章,结束语。内容主要是对论文研究内容进行简单总结,归纳论文研究的基本结论,指出论文的研究创新指出和不足所在。

关键词:瑶语　语音　词汇

**3676**

**汉语量词研究** / 惠红军著 ; 蒋宗福指导. -- 四川大学, 2009. -- 282 页

论文综合借鉴认知语言学理论,以通史性研究与应用性研究相结合,本体性研究与应用性研究相结合,以及定量研究与定性研究相结合的方法,选取120多个量词,从认知和功能的角度将其分为实体型、结构型和形状型三类,系统考察它们的各种系统性差异及其动因,考察量词、名词、动词等所形成的概念网络层次,探讨量词与名词、动词的深层搭配规律。全文共分为七部分。第一部分,绪论。通过汉语量词的研究现状评述,发现对量词用法的产生、量词结构的类型和功能变化、量词词类成员的消长以及量词习得的系统研究还有明显不足,得出研究的目的意义。第一部分和第二部分皆为对汉语名量词历时搭配的研究,且分为三个方面考察。第三部分是对名量词结构的多角度分析,首先把现代汉语的名量词结构分为自足结构与分自足结构两种类型,并对其历史演变进行分析;其次借助语法等级的概念来考察名量词充当各种句法成分的等级变化;最后是对其语用功能的分析。第四部分是对动量词的历时搭配进行分析考察。首先以现代汉语动量词现象为着眼点,厘清其历史发展线索。在此基础上,对这些动量词称量用法的产生和发展过程中所涉及的转喻和隐喻机制进行分析,采用分析名量词的方法,从三个方面进行。第五部分对动量词结构进行研究。第六部分是对量词的应用研究。通过对量词范畴成员消长替换现象的研究,发现各个时代的典型量词都处于那个时代概念网络层次的基本范畴层次,非典型量词则都处于非基本范畴层次。受量词修饰的名词、动词也具有这样的概念特征。受人类不断变化的范畴化认知的影响,量词范畴各成员所处的概念网络层次也在不断发生变化,这种变化正是量词词类成员兴替的深层原因,也是量词成员非范畴化的一种重要原因。这种概念网络层次结构同时也反映出量词的词类特征,影响着量词的超常搭配,并使汉语量词的习得表现为一种整体习得模式。

关键词:汉语　语法　词汇　数量词

**3677**

**现代汉语时间副词的形式语义研究** / 贾改琴著 ; 黄华新指导. -- 浙江大学, 2009. -- 292 页

论文以形式语义学理论为工具,以现代汉语时间副词为研究对象,以具体的汉语实例为重要依据,分析各类时间副词的形式语义,并在此基础上构建一个包含时间副词的现代汉语部分语句系统。全文公分七章。第一章绪论,简单介绍论文的选题意义、主要理论依据、语料来源、研究思路以及研究的重点和难点。第二章着重回顾时间副词的相关研究,包括时间副词本体研究的回顾、现代汉语时间系统的研究现状以及形式语义学理论应用于现代汉语所取得的研究成果,并在此基础上陈述论文的研究路径。第三章到第五章是论文的核心内容,即时间副词的形式语义研究。把时间副词分为表时、表频和表序三大类,并对此类副词的概述、部分时间副词的形式语义进行分析。对三大类时间副词的形式语义分析采取相近方法:首先深入探析此副词本身的语义特征,结合大量语料分析给出此副词的句法规则;把这些自然语言翻译成逻辑语言得到其逻辑翻译规则;最后给出该副词的模型论语义解释。在对其句法规则分析时,考虑该副词对其所修饰动词的要求,对可与之共现的时间词的要求,对可与之连用的其他时间副词的要求,与时态助词"着""了""过"共现的情况,与否定词连用的情况等。第六章给出包含时间副词的现代汉语部分语句系统,该系统由句法部分,时间逻辑语言和翻译规则三部分组成,对已有汉语部分语句系统做了一定程度的简化,同时增加大量刻画时间副词语义的技术手段,是论文的重点和难点。此外给出副词的语义解释,讨论它们相互之间的可推导关系及其他推导义,最后在总结归纳时演示一个语句在系统中的运作方式。第七章为结语,总结论文的研究步骤和发现的规

律,分析论文的创新点和不足之处。

关键词:语法 副词 语义

3678

**汉语告知范畴研究** / 姜向荣著 ; 邢欣指导. -- 中国传媒大学, 2009. -- 131 页

论文是关于言语行为系统的一个专题研究,旨在以言语行为理论为基础,将告知行为范畴化,从多个不同角度对汉语告知性话语进行考察。为此,论文以言语行为理论为指导,吸收范畴理论的合理部分,首次站在范畴的高度上对告知性话语进行了整体性、系统性的描写和分析,明确地提出并确立了一个相对完整的汉语告知范畴。论文主要内容如下:绪论部分,简单介绍研究对象、研究目的、研究的理论依据、研究的论述范围、研究方法、语料来源以及标注形式等。第一章主要是从“关于‘告知’性质的理论研究”和“关于‘告知’事实的具体研究”两大方面,对前人时贤的研究成果进行了梳理与评述,指出了其中存在的问题及应进一步研究的内容。第二章主要是一句言语行为理论及范畴理论,从语义入手,建立了汉语的告知范畴。第三章主要是对汉语告知话语的构成进行了比较全面、深入的研究。第四章主要是依据原型理论,考察了汉语告知范畴的分类问题。第五章主要考察了汉语告知范畴的语篇功能。第六章主要是从言语行为脚本理论入手考察了隐性告知的机制问题。第七章主要是依据语法化理论,考察了告知范畴中处于语法化过程中的表达形式。第八章结语部分,我们概述了论文得出的主要结论,同时归纳论文的不足之处,为今后做进一步研究提供了引导和参考。

关键词:汉语 言语行为 语篇

3679

**小句补语句概念整合研究** / 蒋静著 ; 张旺熹指导. -- 北京语言大学, 2009. -- 105 页

论文以现代汉语小句补语句为研究对象,在认知语言学理论背景下,以概念整合等理论知识为指导,基于大量真实语料统计,旨在揭示小句补语句的整合特征。全文共分为八章。第一章,绪论。主要说明选题的缘由及论文的题旨,介绍论文的研究对象和研究方法,对论文所使用的语料进行说明。第二章,概念整合理论介绍。包括对有关概念整合理论的介绍以及对概念整合理论的评价。第三章,汉语语法的概念整合研究和小句补语句研究综述。第四章,句式意义和语义类别。第五章,整合方式和整合度层级。包括内部事因类型的整合方式,外部事因类型的整合方式,两种整合方式中成分的特点以及整合度层级。第六章,整合的句法语义表现,包括句法成分的复杂性,短语化和句法语义降级。第七章,概念整合理论与歧义现象,包括“这孩子追得我直喘气”类歧义句式,前人的相关研究,整合产生的歧义。第八章,结语。介绍论文的基本工作及研究成果,论文的不足及今后的研究展望。研究立足于前人的研究成果并通过对大量语料观察分析,认为小句补语句均由两个事件整合而成;以整合后的句式语义为基础,将小句补语句分为内部事因型和外部事因型两大类;结合小句补语句整合前后的语义及形式特点,认为小句补语句的整合方式主要分两种;立足于不同的整合方式,给出小句补语整合度等级标准;从整合结果出发认为整合过程给小句补语句带来很多句法语义上的影响;最后探讨有关小句补语句的歧义问题,主要从概念整合的角度对小句补语句歧义形成的原因进行分析,认为主要是由于整合方式以及整合的两个小句不同而导致的。

关键词:汉语 语法 补语

3680

**基于社会文化理论的互动与第二语言学习者词汇习得效应的研究** / 蒋荣著 ; 王建勤指导. -- 北京语言大学, 2009. -- 117 页

论文采用实验研究的方法,从词汇习得入手,探讨非汉字文化圈的汉语学习者采取不同的调控方式、支架类型和词汇学习方式对汉语词汇习得效果的影响。全文共分为九章。第一章绪论,介绍选题缘起、研究的价值和意义以及研究的框架。第二章研究概述,包括互动理论与第二语言习得研究和基于社会文化理论的第二语言习得研究。第三章介绍论文研究的问题。第四章为三种调控方式对词汇习得的影响,包括实验目的、实验方法、实验结果以及分析讨论得出的结论。第五章主要介绍他人调控对汉语学习者词汇习得的影响,从实验目的、实验假设、实验方法的介绍到实验得出的结果,并对结果进行分析,得出实验结论。第六章为自我调控对第二语言学习者词汇习得的影响,通过实验目的、实验假设、实验方法、实验结果等方面的介绍,获取结论。第七章是对上述实验的综合讨论和结论,一是从调控方式看第二语言词汇习得过程的阶段性和倾向性,二是从支架合作方式

看第二语言词汇习得的机制，三是内隐学习和外显学习对词汇习得的影响。结果表明，对于初级水平的第二语言学习者，外显的学习对于语言规则的学习效果优于内隐学习，但内隐学习也是语言能力与语言知识获得的重要途径。第八章是研究对教学的启示，包括第二语言教学的过程中教师作用的再思考，第二语言教学过程中互动关系和互动过程的再思考以及在对外汉语教学过程中，基于互动的支架式教学模式。第九章为余论，说明研究存在的问题以及今后需要进一步研究的问题。

关键词：课堂教学　词汇　教学研究

**3681**

**声调感知的研究：汉语方言典型个案的实验** / 金健著 ；施其生指导. -- 中山大学, 2009. -- 285 页

论文再传统方言学调查和声学分析的基础上，用范畴感知实验的方法对广州、陆丰东海、杭州、潮阳谷饶、湖南祁阳、重庆垫江等 6 个方言点的单字调进行声调感知实验，论文选择的 6 个方言点在声调格局上有较大特色，常有同一调型多个调类并存的情况，便于挖掘声调在感知上有价值的声调区别性特征。全文共分为七章。第一章，绪论。着重介绍论文的研究背景、声调感知研究的现状、论文研究内容和意义以及论文的研究方法。第二章，广州方言和东海方言平拱调的感知研究。第三章，杭州方言升拱调的感知研究。对在同一个声调格局中存在 4 个升拱调的杭州方言的单字调进行感知实验的研究，着力考察各项辨调特征对杭州方言 4 个升拱调感知的作用，并对杭州方言的其他 3 个单字调以及驰声的辨调作用进行感知实验。第四章，谷饶方言降拱调的感知研究。第五章，祁阳方言弯拱调的感知研究。第六章，垫江方言单字调的感知研究。第七章是结论及余论，对论文的主要发现进行总结。研究通过对六地方言单字调的感知实验，发现两项声调区别性特征："拐前段时长"和"凹直度"。通过对比杭州方言、谷饶方言、祁阳方言及垫江方言升拱调的感知实验结果，提出根据"拐前段时长"的不同可将升拱调分为三种——"直拱升调""短弯拱升调""长弯拱升调"。

关键词：汉语方言　语音　声调

**3682**

**空间形容词"深"的研究** / 金美顺著 ；崔希亮指导. -- 北京语言大学, 2009. -- 142 页

论文运用认知语言学的相关理论，选择空间形容词"深"进行详细深入的分析，目标研究问题如下：(1)"深"具体包含哪些义项？它们之间存在着哪些隐喻与转喻现象？其隐喻和转喻的路径如何？(2)和"深"有家族相似性的形容词有哪些？"深"和同族成员之间在语义上有何异同？(3)"深"在构词和句法上有何特点？(4)"深"和"浅"之间具有哪些对称与不对称现象？这些现象产生的动因是什么？(5)汉语的"深"和韩语中的同义词有何异同？全文共分为七个部分。第一部分，绪论。介绍论文的选题缘由、"深"的研究概况、研究目标及研究内容、理论基础、研究思路和研究方法。第二部分和第三部分从认知的角度对空间范畴"深"进行详细的分析，系统地探讨"深"的基本义、转喻义和隐喻义，进而考察"深"与其他语义相近的同族形容词成员之间的异同。第四部分探讨"深"在构词和句法上的特点，包括"深"的度量格式："深" + 形容词/形容词 + "深""深" + 名词/名词 + "深""深" + 动词，动词 + (得) + "深"和"深"的否定式以及相关的总结。第五部分讨论"深"和"浅"的对称与不对称问题。第六部分对汉语的"深"与韩语中该义的词语进行比较，考察二者在空间隐喻上的异同，包括基本义的比较、转喻义的比较、隐喻义的比较、通感隐喻上的比较、构词上的比较以及对称与不对称上的比较等。第六部分是结语，对论文提出的问题做出解释，并总结论文的创新之处、研究价值以及不足之处。

关键词：汉语　形容词　构词法

**3683**

**媒体服饰话语中身份认同的建构与消解：《时装》杂志三十年服饰话语研究** / 金艳著 ；何锡章指导. -- 华中科技大学, 2009. -- 158 页

论文将媒体服饰话语中构建的"身份认同"作为问题提出，借鉴话语分析方法，围绕文本、话语实践和社会时间三个向度开展媒体服饰话语的分析。研究以"身份认同"的建构为问题点，在近 30 年社会变迁的语境中分析媒体服饰话语的文本描述及意义阐释，关注话语实践的构建功能，发掘不同历史阶段中媒体服饰话语是如何通过制造意义来建构服饰与人身份认同之间的关系，以及这种建构的结果及影响。全文共分为七个部分。第一部分导论，包括话语与话语分析，媒体服饰话语以及论文的研究对象、视角和方法。第二部分，服饰、服饰话语与身份认同。包

括身份认同、身份认同的构成与考察维度、服饰与身份认同以及媒体服饰话语与身份认同。第三部分为背景:身份认同的困境与追寻,内容包括服饰政治:集体身份的遮蔽;一种现实:集体身份遮蔽下个体的隐秘坚守;社会转型期身份认同的危机与重构的可能。第四部分为80年代初至90年代初:"他者"文化参照中集体身份认同的重构。介绍初期媒体服饰话语中的"他者"文化呈现和"差异":身份认同重构的基础和来源;其次提出"流行"的力量:身份认同重构的社会心理机制;再次对"解放思想":身份认同重构的社会推动力作出说明;最后探讨身份认同重构的集体属性。第五部分为90年代初至新世界初,身份认同的多重建构。内容包括社会文化语境:消费时代的到来;媒体服饰话语文本形式的变化;媒体服饰话语中产阶层认同的建构;媒体服饰话语中性别认同的建构;媒体服饰话语中自我认同的建构。第六部分为21世纪初,游戏化建构中身份认同的消解,包括媒体服饰话语文本层面的转向:从意义建构到语言游戏,张扬的自我:自我认同的建构,以"族"相分:群体认同的建构以及秩序重整,女性性别认同的重构。第七部分结语,一是在建构中走向消解:媒体服饰话语中的身份认同;二是媒体服饰话语的受众总结。

关键词:传播媒介　服饰文化　话语语言学

**3684**

**英语国家留学生汉语语篇衔接手段使用研究** / 孔艳著 ; 张公瑾指导. -- 中央民族大学, 2009. -- 109页

论文在大量语料的基础上,以篇章语言学、认知心理学和中介语理论理论为指导理论,采用数据统计法、描写分析法、偏误分析法等研究方法,分析英语国家中高级学生语篇衔接手段使用的偏误情况。全文共分为四章。第一章绪论,分别介绍国内外语篇的研究、国内外语篇衔接手段的研究以及英汉语篇衔接手段的对比研究。在这些研究的基础上介绍我国对外汉语教学界对留学生语篇衔接手段偏误的研究情况,指出目前该领域研究中的不足之处,提出文章研究内容、价值以及研究方法。第二章在大量语料的基础上对英语国家中高级留学生语篇衔接手段的偏误进行具体分析。首先对论文所研究的语篇的概念进行界定,并在国内汉英语篇衔接手段理论的指导下,将语法手段、词汇手段和链接成分几种语篇衔接手段细化分类,具体分析留学生在使用这些手段中出现的偏误情况。第三章对语料中留学生的这几种衔接手段使用的偏误情况进行数据统计,讨论留学生偏误特点,并对产生这些偏误的原因进行分析。第四章根据留学生语篇衔接手段使用的偏误原因提出教学建议。对于学习者个人,可以通过改变思维方式和改进学习策略来防止偏误产生;从教材教法方面,结合偏误分析结果,从三个方面提出教材编写的建议;在篇章语言学理论的指导下,结合个人实践,对语篇的整体教学进行设计和安排;最后提出具体的教学方法以及具体的练习形式。

关键词:对外汉语教学　语篇　教学研究

**3685**

**现代汉语动宾搭配的语义分析和计算** / 李斌著 ; 陈小荷指导. -- 南京师范大学, 2009. -- 129页

论文在对国内外动宾搭配相关研究分析整理的基础上,针对动词对非施事名词宾语的语义选择限制问题进行多角度的分析和计算,提出"语义类、属性、主观性、认知事件框架"四个层面组成的分析框架,对《现代汉语辞海》中的1462个动词的38119条动宾搭配进行了较为系统的考察,对选择限制层面和范围产生一定的认识。全文共分为七章。前言内容为课题的提出、研究的意义、问题的定义和研究思路、论文结构和使用资源以及研究成果和结论。第一章,动宾搭配的研究现状,包括词语搭配的定义及类型、汉语固定搭配的特殊性、词语搭配及动宾搭配的研究现状。第二章,动宾搭配的分析体系。包括动宾搭配的界定、语义选择限制的主要因素和分析策略、动宾搭配的分析体系以及基于知网的辅助分析软件平台的设计实现。第三章,《辞海》的动宾搭配考察,包括问题的提出、相关研究、数据资源、义原自动标注算法、宾语语义类的考察、宾语义原的考察、动宾搭配的手工标注及分析、从宾语看主观性限制的作用。第四章,动词搭配和动词认知事件框架。首先认知事件框架的定义、认知事件框架角色的认知关系、认知事件框架和认知语境、认知事件框架和多义动词、认知事件框架与动词的叠加。第五章,动词及其他褒贬词语的褒贬指向。包括褒贬指向的界定、词语褒贬指向的分析、词语褒贬指向的理论意义和使用价值。第六章,名词宾语转喻自动理解。包括搭配限制和名词转喻、转喻本体的自动理解、自动理解的计算结果。第七章,"像"的比喻框架识别。包括比喻义的界定和语料考察、实验及分析。最后为结语。

关键词:现代汉语　词语　语义

3686

**日本学习者汉语词汇习得研究:以《汉语水平词汇与汉字等级大纲》为考察对象** / 李冰著 ; 周小兵指导. -- 中山大学, 2009. -- 226 页

论文采用二语习得研究常用的对比分析、偏误分析,以及调查、访谈、实验等多种研究方法,研究日本学习者汉语词汇习得的相关问题。全文共分为八章。第一章,绪论。介绍论文的选题价值、研究对象、研究方法和主要研究内容。第二章,研究综述。对汉字的词研究概况、研究现状进行回顾和评述,总结出汉日汉字词研究中存在的问题。第三章,汉日汉字词的发展历程的梳理,理清汉日汉字词的关系。第四章,以《汉语水平词汇与汉字等级大纲》为考察对象,对《大纲》中的词语及其和《大纲》中词语相对应的日语汉字词语进行对比分析。先论述同形词的形成,然后从形式、意义类型方面对同形词进行对比分析。此外还详细对比分析《大纲》中一类特殊的词——同素异序词的异同。在对比分析的基础上,对各类词的难度等级进行了预测。对比分析的成果作为教学的参考,也为论文的研究做出铺垫。第五章,以二语习得中的"中介语"理论为背景,进行日本学习者汉语词汇习得偏误分析。氛围同形词偏误分析和生造词偏误分析两部分,详细分析偏误类型和成因。第六章,设计以"纸笔测试"为主要形式的实验,分别考察学习者水平、词形及词义关系对学习者汉语词汇习得的影响。第七章是实验研究。基于出声思考的研究方法,对阅读中日本学习者的词汇理解过程进行分析,考察各方面因素对学习者词汇理解的影响,观察学习者对不同类词分析的特点。第八章是在前文研究的基础上,针对学习者词汇习得过程中存在的问题,提出比较合理的教材建议和教学建议。

关键词:对外汉语教学　词汇　日语

3687

**笔记小说所录词汇现象的语言学分析** / 李娟红著 ; 雷汉卿指导. -- 四川大学, 2009. -- 222 页

论文主要对笔记小说中所记录或讨论的、非行文中出现的词汇现象分别从词汇学、语义学、语用学三个方面进行分析整理。全文共分为五章。第一章,引言。主要从论文的选题缘起、研究材料的确定、笔记小说研究概况、研究对象的确定及原因、研究的任务及目标、研究的方法和理论六个方面,对论文的研究背景及选题意义做出介绍。第二章,笔记小说所录词汇现象之词汇学分析。结合形式聚合、缩略等理论,分别从笔记小说所录词汇现象及研究现状、笔记小说对词语系统性的探讨、笔记小说所录之形义不对称现象、笔记小说所录之原词改造现象以及笔记小说所体现之汉语词汇的特点五个方面论述,力求通过对相关材料的分析整理发现其背后存在的规律。第三章,笔记小说所录词汇现象之语义学分析。结合语义场、语义演变、俗形义学、语言理论等理论,分别从笔记小说所录释词现象之类别、笔记小说所录释词现象之释词方式、笔记小说所录之俗形义学现象、从笔记小说所录词汇现象看词义的演变以及从笔记小说释词现象看词语的理据五个方面来对相关例证分析整理。第四章,笔记小说所录词汇现象之语用学分析。结合格赖斯的"合作原则"、钱冠连的智力干涉以及语境等理论,分别从语境干涉现象、附着于人的符号束参与语用现象、智力干涉现象、合作原则、得体原则五个方面对所见的相关例证进行分析归纳。第五章,结论。在全文分析整理的基础上,再次从词汇学、语义学、语用学三个方面强调笔记小说所录之词汇现象在汉语语言学研究上的重要作用。

关键词:汉语　词汇　笔记小说

3688

**知识驱动的语义角色自动标注研究** / 李丽著 ; 冯志伟指导. -- 中国传媒大学, 2009. -- 106 页

论文以词汇语义知识库为主要的语料资源支持,从分析汉语的句法结构与语义结构间的对应关系入手,提出一种以汉语句法语义对应只是驱动的语义角色自动标注方法。全文共分为七个部分。第一部分为引言。第二部分为语义角色与句法语义对应关系,包括语义角色与语义关系、句法结构与语义结构的对应关系以及语义角色自动标注研究三方面内容。第三部分为词汇语义知识库。介绍汉语情境知识库、原型角色描述体系,建立的词汇语义知识库包括语料的组织和标注以及语料特点。第四部分为语义角色自动标注方法,包括汉语动词的分析、输入与输出、句法语义对应的关系以及语义角色自动标注方法。第五部分为自动标注实验与结果分析,一是自动标注实验,包括人工总结规则集的封闭测试分析、补充规则集及封闭测试分析、错误分析以及开放测试;二是相关研究的对比,并得出一定的结论。第六部分是复杂

名词短语的语义角色自动标注方法,首先对该方法做出介绍,然后介绍复杂名词短语类输入、复杂名词短语类输入的语义角色自动标注以及自动标注实验与结果分析,结果分析包括有封闭测试分析、开放测试分析以及自动标注实验分析,最后对类似的研究展开比较。第七部分为结语。研究表明,实验中建立的语义角色自动标注系统对句子层面的事件中主要语义角色的标注正确率能够达到93%,与目前使用统计机器学习方法在类似语料资源上进行的自动标注研究最高正确率相当(94%)。论文分析了从予以角度划分的动词类别在论文研究中的适用性,从词汇语义知识库中语料的特点进一步说明研究中对汉语动词从语义角度的分析方法。

关键词:自然语言处理　信息处理　自动标注

**3689**

**鲁迅的语言思想及其实践** / 李敏著 ; 何锡章指导. -- 华中科技大学, 2009. -- 149 页

论文研究的对象为鲁迅语言思想及其实践。全文共分为四个部分。第一部分,绪论。主要介绍了选题的目的和意义。第二部分,中国语言思想的流变。介绍古代的"言意之辨",介绍近代晚清的白话文运动,介绍五四白话文运动,这部分梳理了中国传统语言观和晚清及五四以来语言观的发展变化。第三部分,鲁迅的语言思想,为语言和存在,为语言和思想的同构,为语言和历史的关系。这部分从四个方面对鲁迅的语言观进行阐述:一是语言和攒在的关系;二是语言和历史的关系;三是语言和思想的同构;四是全力和话语的关系。第四部分,鲁迅的语言建构与创作时间。这部分从鲁迅的创作实践出发,着眼于文本,进行细读,从"小说、散文诗、杂文"三种文体的创作探析了鲁迅的语言建构实践。最后做出结语。研究表明,鲁迅的语言思想核心是"语言即存在",倾向于语言本体论。论文得出结论为:鲁迅的语言观是在两个向度上建立起来的,一是指向文言书写的传统文化和历史的解构,一是自己创作实践的作为书写主题的语言结构。鲁迅用语言敲碎了历史,还原了中国人的荒谬生存状态。

关键词:鲁迅　文学创作　语言理论

**3690**

**汉英广告语言的若干对比研究** / 李娜著 ; 于根元指导. -- 中国传媒大学, 2009. -- 152 页

论文在总结各专题、各部分现有研究成果的基础上,以应用语言学的语言理论和语言观为指导,参照对比语言学的研究方法,对汉英广告语言从发展简史、词汇、句式、修辞等各角度进行了比较详细的考察和分析。论文分为八章。第一章绪论部分,厘清"对比"和"比较"研究的异同,对论文研究的基础、原则、方法、现有成果等进行了综述。第二章发展简史比较部分,总结汉英广告在历史发展中体现的相同点和不同点。第三章对于词汇创新性进行论述,提出广告语的创新性,主要是通过对语言常规常识的有意偏离,从音、形、义方面进行超常使用,造成受众语言理解与感受上的陌生,从而激发起人们对于广告内容的兴趣。第四章对于广告句式的经济性特点进行了论述,提出这主要通过语言的模糊化和省略性来体现。第五章对汉英广告语言修辞多样化的特点进行对比研究,总结汉英广告修辞中体现的鲜明文化特质。第六章通过对两个个案分析,解释在全球化的背景下,广告语言设计多采取全球化和本土化相结合的策略。第七章从语用认知的角度进行总结分析,汉英广告语言在全球化的时代背景下,体现鲜明的文化交融性和文化独特性。并都具备:审美愉悦功能、时代同步功能、信息压缩功能和文化承载功能。第八章总结论文研究的主要结论,指出了研究中遭遇的障碍、存在的不足和未来的研究方向。

关键词:汉语　英语　广告　语言艺术

**3691**

**现代汉语功能祈使句研究** / 李圃著 ; 萧国政指导. -- 武汉大学, 2009. -- 184 页

论文将所有行使祈使功能的句子置于"功能祈使句"的大框架下,对其进行系统研究,论文中所说的祈使句是指表达祈使内容或履行祈使功能的句子个体和句子链接而不是传统意义上的语气祈使句。全文共分为七章。第一章为绪论,介绍研究缘起及研究意义、研究思路及使用的相关理论,并对语料进行说明。第二章,祈使和祈使句研究综述,对前人和时贤在该领域内的研究成果进行分类概述和客观评价,主要从祈使句的性质和语气研究、功能和结构类型研究以及使用研究和习得研究论述。第三章,祈使行为及祈使结构,将祈使行为之于人类社会活动中,将祈使看作由说话方和听话方共同参与和促成的社会交际活动,从该角度出发发现祈使都是由祈使指令和祈使策略两部分构成的,由此提出"祈使元素"概念,并在此基

础上构建语言的祈使结构,最后从功能角度重新定义祈使句。第四章,祈使语气祈使句。考察该类句子的指令结构、祈使语气的表达手段以及各手段的组配和构成规律,并分别考察肯定祈使句和否定祈使句的形式特点、功能分类和语气表达手段,尤其是对表达手段中的语气词进行重点考察。第五章,非祈使语气祈使句,主要考察陈述语气祈使句、疑问语气祈使句及特殊祈使句。第六章,祈使分析及祈使应用,分为三个部分,"祈使分析"在小句范围内考察祈使指令结构和策略结构的具体提取方法,在超句范围内则分别从祈使句和非祈使句的连接与祈使句和祈使句连接两个方面考察其连接类型;"祈使应用"从句法策略和语用策略两个方面考察策略选择的具体要素,提出在祈使策略使用中应根据语境是当地选用祈使策略,并提出"得体的礼貌"是祈使使用的最高原则;"祈使句的习得及教学"对教学中的相关问题进行具体分析,并结合留学生的偏误对其实策略中的个例——敬辞"请"进行全面研究。第七章为结语。

关键词:汉语　祈使(语法)　句法

**3692**

**基于 HNC 理论的汉英逻辑组合变换研究** / 李千驹著 ; 许嘉璐指导. -- 北京师范大学, 2009. -- 108 页

论文以《毛泽东选集》前三卷的汉英对照语料为主要素材,以 HNC 理论为指导,把汉英逻辑组合变换分为常规变换和非常规变换,并重点研究了常规变换的相关问题,提出了汉英逻辑组合变换处理的策略。论文的研究内容主要有以下四个方面:1. 从 HNC 的视角总揽逻辑组合形式的全貌,提出界定的标准,分析了逻辑组合和句蜕的区别与联系,阐释相关的语法逻辑概念,对汉英两种语言中的逻辑组合进行了分类描述。2. 从整体上把逻辑组合变换分为常规变换和非常规变换,并进一步细分逻辑组合变换的各种形式,提出了汉英逻辑组合变换处理的总体思路。3. 分析汉英逻辑组合非常规变换的原因,提出了识别和处理的策略。4. 在对汉英逻辑组合常规变换进行研究时,先提出了混合形式的识别和处理策略,主要论述了混合形式的组合优先级的确定原则问题,然后把研究重点放在单纯形式的汉英逻辑组合变换上,从组合单元的确定、组合单元的排序原则、逻辑连接词的选用和习用上阐述单纯形式的汉英逻辑组合变换的一般性原则。语义块变换处理是 6 项过渡处理中最频繁的操作,而逻辑组合是语义块构成中最常见的形式。论文对汉英逻辑组合变换的研究将有助于在语义块层面提高汉英机器翻译的准确率。

关键词:英语　机器翻译　语义　组合分析

**3693**

**全元曲用韵研究** / 李蕊著 ; 尉迟治平指导. -- 华中科技大学, 2009. -- 303 页

论文利用计算机辅助和数理统计的方法,以流传下来的元曲为研究材料,研究元曲的用韵。全文共分为十个部分。第一部分为绪论,包括前人对元曲和《中原音韵》的研究,课题的来源、意义和目的,全元曲用韵研究的研究材料,全元曲用韵研究的研究方法。第二部分为北曲概说,包括曲的起源及发展,现存的元曲选集和别集,曲律和曲谱。第三部分为全元曲的计算机处理,包括全元曲电子文本的校勘,韵字的摘录,全元曲数据库的建立和韵部的系聊。第四部分为全元曲的阳声韵部,介绍内容包括东钟、江阳、真文、寒山、桓欢、先天、庚青、监咸、廉织、侵寻。第五部分为全元曲的阴声韵部,包括支思、齐微、鱼模、皆来、萧豪、歌戈、家麻、车遮、尤侯。第六部分为全元曲的異部通押,包括阳声韵之间的通押,阴声韵之间的通押,阴声韵与阳声韵之间的通押以及元曲十九部的亲疏关系。第七部分为全元曲用韵中的中古入声字,包括前人对元曲用韵中入声字的研究,全元曲用韵中的入声字以及中古入声字在元曲中的归派。第八部分,全元曲用韵与《中原音韵》音系比较,包括全元曲用韵与《中原音韵》的韵部比较,全元曲入韵字与《中原音韵》的韵字比较以及全元曲中入声字的归派与《中原音韵》的"入派三声"的比较。第九部分为结语,包括元曲音系的性质,研究的结论,论文的创新点以及尚待改进的问题与研究展望。第十部分为韵谱,包括阳声韵、音声韵和通押韵谱。

关键词:元曲　语音　音韵学

**3694**

**现代汉语并列四字格及其习得研究** / 李少虹著 ; 丁石庆指导. -- 中央民族大学, 2009. -- 110 页

论文的研究对象为在汉藏语系语言中普遍存在的四字格,并对四字格中的并列四字格这一类词在语义、语法、语用上的特点以及外国留学生和少数民族学生在习得这类词过程中出现的问题展开探讨。全文共分为五章。第一章绪论部分指出研究的意义,确定论文的研究对象,介绍论文所采用的理论和研究方

法及语料来源。第二章为并列四字格的产生机制及结构类型,认为并列四字格的产生是语言发展到成熟阶段的表现,其产生机制主要有:语音表意精确性、丰富性和经济性要求;适应汉语表意复杂性需要;符合人脑的认知记忆;与汉语的韵律和对称有关;与语言的羡余机制有密切关系等。第三章为并列四字格的语义格局,首先探讨并列四字格的语义分类。并列四字格可分为语义值不变、语义值减少、语义值增大、语义值引申。研究并列四字格的语义值情况可揭示其内部语义关系以及这种语义关系对语法产生的影响,并列四字格这种独特的格式及其所负载的汉语文化意义揭示出更多的民族文化信息,从而窥视出民族思维发展的过程以及汉民族独特的二元思维方式。第四章为并列四字格的语用特征。并列四字格是语言交际中很活跃的单位,在书面语和口语中的使用频率高,具有形象色彩、感情色彩、语体色彩等能提高语言表达效果。第五章为习得研究及教学策略。分析学生在使用这一类词中出现的种种偏误,包括回避使用、语义、语法、语用等方方面面。针对学生的偏误,提出在教学中应采取的适当方法,以有意识地培养学生的汉语意识和汉语表达习惯,提高使用汉语的能力,掌握地道汉语。

关键词:现代汉语　词语　语义

**3695**

**汉维多重定语语序对比研究** / 李素秋著 ; 丁石庆指导. -- 中央民族大学, 2009. -- 93 页

论文在梳理汉维语定语构成的基本情况后,通过对比分析两种语言在多重定语语序上的共同特征和个性差异,探寻制约该种语序的内在机制和动因,并将其放在世界语言范围的共性中进行探讨。全文共分为五部分。第一部分绪论,确定论文的研究缘起,说明理论基础、研究方法、材料来源以及维语转写问题。第二部分"汉维多重定语研究综析",详细回顾汉维语定语、多重定语的研究历程。可以看出汉语研究成果较为丰富,但描写语言现象的较多,解释现象成因的较少;维语相关研究很少,制约语序动因的研究无人涉及。第三部分"汉维多重定语语序的共同特征和个性差异"。梳理汉维语定语的构成情况,指出汉维语定语都可以由名词、代词、动词、形容词、数词、象声词、主谓短语、述宾短语、偏正短语、联合短语、连谓短语、同位短语、方位短语、量词短语、固定短语和复句形式的短语充当,同时汉语定语还可由区别词、述补短语、兼语短语、介词短语、助词短语充当,维语不行。亦对维语的情况和两者的对比情况作出介绍。第四部分"制约汉维多重定语语序的内在机制和动因"本章分析名词、形容词、代词、数词、短语、动词在多重定语中的分布规律及其动因,以及板块组合对语序的制约作用。第五部分为结论,总结论文要点,提出尚未解决的问题。研究通过汉维语多重定语语序的分析,验证 Seilor、Greenberg、Hawkins、唐正大等人提出的语言共性,可以看出汉维语多重定语语序符合世界语言范围内的共性特征。

关键词:汉语　维吾尔语　定语　语序　对比研究

**3696**

**汉语阳泉方言语音变异研究** / 李伟著 ; 陈章太指导. -- 中国传媒大学, 2009. -- 140 页

论文在传统方言研究的基础上,对阳泉方言语音的变异现象进行社会语言学考察和分析,并对比分析阳泉城区及其隶属县平定县在阳泉方言使用中语音变异的城乡差异,反映当前阳泉方言的语音面貌,结合社会因素进行变异归因分析,预测阳泉方言语音未来发展趋势。全文共分为六章。第一章绪论,介绍阳泉和阳泉方言的基本情况,论文的选题意义、选题依据、文献资料、调查的具体实施和语料情况,以及研究的创新点和研究的不足等。第二章是阳泉方言语音系统。介绍阳泉方言音系的声母、韵母、声调系统,并附有同音字表。第三章阳泉方言语音变异考察。主要描写分析阳泉方言语音中出现的声母变异、韵母变异、声调变异及入声变异。第四章阳泉方言语音变异的社会语言学分析,主要运用统计学的方法分析、论述各种社会因素对阳泉方言语音变异的影响,具体设计性别、年龄、文化程度、职业、人们的语言使用、语言能力、语言态度和媒介影响。第五章是阳泉方言语音变异的城乡差别分析,对考察的两个点——阳泉市城区及其所属平定县的语音变异做了对比分析,结合地域、年龄、职业、教育程度、语言使用、语言态度等社会变量,分析城乡差异情况及原因。第六章为结论和思考,对全文内容加以总结,得出文章的主要结论,包括阳泉方言语音变异研究的基本结论和阳泉方言语音变音研究的共时差异结论,并对方言社会语言学、建立方言社会语言学的意义、方言社会语音变异的问题展开思考,阐述具体的意见。

关键词:方言　语音　阳泉

3697

**当代历史比较语言学的理论与方法** / 李艳著 ; 李葆嘉指导. -- 南京师范大学, 2009. -- 421 页

论文在收集当代西方历史比较语言学的重要论著的基础上,对当代西方学者有关东亚语言关系的假说、理论和方法进行梳理,探讨当代历史比较语言学的理论和方法。全文共分为十章。第一章为历史比较语言学研究的回溯,对传统历史比较语言学的主要成就、当代超级语系的研究线索、东亚语言的谱系和汉语系属的研究以及中国学者的历史比较语言学研究展开说明。第二章为白保罗与马提索夫的汉藏语系研究,介绍白保罗的汉藏语系研究和马提索夫的汉藏语系研究,以及对白保罗假说的评论,对白保罗与马提索夫系统的比较。第三章为汉—蕃语族:德里姆的假说及其证据。包括汉藏语系与汉语系属假说的分歧,德里姆汉—蕃语族假说的提出,汉语与蕃与的同源证据以及该假说的反响。第四章为沙加尔东亚—南洋语言关系观的演进。包括东亚—南洋语言关系研究的学术背景、白保罗的澳泰语系假说、最初的假说、改进的假说、证据的增加以及囊括的假说。第五章为蒲立本的汉藏—印欧语系假说,内容为假说的研究现状,汉藏—印欧语对应的形态证据、词汇证据,汉藏语与印欧语联系的纽带及两者发生学关系的探讨。第六章为斯塔罗斯金的汉—高加索语系假说,包括该假说的提出、假说证据以及关于该假说的思考。第七章为格林伯格的语系假说。包括格林伯格的非洲语系假说、印度—太平洋语系假说、美洲印第安语系假说、欧亚语系假说,并对格林伯格语系假说做出评论。第八章为中国学者的超级语系研究,包括华澳语系假说及其论证、东亚南洋语言文化圈假说、汉—印欧语同源假说新证、高晶一的汉—乌同源假说。第九章为当代西方学者语言同源研究的理论与方法,包括当代西方学者的语言同源研究理论、当代西方学者的语言同源研究方法、西方学者理论与方法的借鉴作用。第十章为历史比较词表、词例的对比研究,包括历史比较词表与基本词的特点、东亚历史比较的关系词例分类以及历史比较基本义位建构的尝试。

关键词:汉藏语系　语言分析　历史比较语言学

3698

**美国语言政策研究** / 李英姿著 ; 李宇明,马庆株指导. -- 南开大学, 2009. -- 141 页

论文对美国政府工作报告、法律条文等进行细致的查阅,并辅以大量相关文献,在宏观描述的同时结合社会历史背景、发展演变、内在特点、重要思潮等方面进行综合考察,对美国从殖民时期到现在的语言政策的历史发展变化进行大体的梳理,放眼美国对移民、土著居民、外语、英语的境内境外推广等几个角度构成的立足于英语的对内对外语言政策进行横向考察,在每一个横面,根据政策的主要特征和倾向,进行历史分段的纵向考察,以描写美国语言政策的面貌,并做出分析评价。全文共分为七章。第一章绪论,介绍语言规划和语言政策研究的大概发展脉络,界定语言规划及语言政策的概念和范围,明确论文的选题缘起、研究现状和研究意义。第二章,以英语为立足点和出发点的语言政策。分析自殖民地时期开始直到现在英语在美国的地位以及形成的原因,梳理美国语言政策的类型。第三章,从语言灭绝到语言保护——针对印第安语的语言政策。由于秉承英语优越性的观点和对印第安语言的偏见,美国一直奉行对印第安语的打击兼以英语同化的政策,直至 20 世纪中后期,面对印第安语的不断消亡,才开始实施积极的挽救政策。第四章,始终如一的同化——针对移民的语言政策。美国是由移民构成的国家,不同的历史时期,随着美国社会对移民态度的变化,语言政策也随之不同,有相对宽容的时期,也有极端限制的时期,该章梳理自殖民地时期开始的对移民的语言政策变化的历程,也指出同化的本质。第五章,从忽视到重视的外语教育政策。第六章,20 世纪中期以来美国的英语国际推广政策。二战以后,美国开始大力施行从民间到官方的对外推广英语政策,该章对美国英语的国际推广所采取的措施和主要特征进行分析。第七章为结语,总结全文内容和观点,指出研究的局限和不足。

关键词:语言政策　英语　美国

3699

**对外汉语教学国别化交际语法大纲制定原则:基于韩国汉语学习者互动语料的研究** / 林升圭著 ; 徐大明指导. -- 南京大学, 2009. -- 205 页

目前对外汉语教学界的重要论点就是"国别化(country-specific)汉语教学",不少研究者已经认识到了学习者的母语、本族文化是在教学实践中应考虑到的重要因素。论文正式从这种认识出发提出"国别化对外汉语教学"和"国别化交际语法大纲"这两个论题的。我们在"交际性第一、结构性第二"原则的指导

下，使用社会语言学的科研方法分析有关资料后，建立了两个"国别化"理论原则，并提出两种实践性结论。论文除结语外，共分七章。第一章主要是"国别化对外汉语教学""交际语法大纲"的研究综述和论文的研究方法。第二章和第三章是关于"交际语法大纲"与大纲设计模式的理论依据。在该理论框架的指导下，可以设计"交际性第一、结构性第二"的交际语法大纲。第四章是对语言功能的学习需求问卷调查分析结果。分析后，我们发现不管韩国还是中国的基础汉语学习者对语言功能的学习需求具有高度一致性，这可以说明语言在功能方面具有一定的"共性"、这种"共性"对大纲设计具有指导性作用。第六章是对语料中学习者的2808个单句的句型使用率和习得顺序分析结果。论文认为，虽然"宾语前置"和"主谓谓语句"是汉语句型中的一种"变式"，但受到母语(韩语)迁移，具有较高的交际功能。最后，我们基于上述分析结果，建立了两个国别化理论原则：一是"对外汉语教学国别化原则"，即针对性、实证性、包容性、合作性；二是"国别化交际语法大纲制定原则"，即沟通性、真实性、阶段性、最少性。我们又提出了两项实践性成果："国别化对外汉语教学交际语法大纲"的制定模式和"对韩基础汉语交际语法大纲(句型)"。

关键词：对外汉语教学　语法　教学大纲

**3700**

**《史记》语序研究** / 刘海平著 ; 李崇兴指导. -- 华中科技大学, 2009. -- 112 页

论文的研究对象为《史记》，研究的内容为《史记》的语序研究。全文共分为六章。第一章首先交代语料选取的原则，论文以《史记》中记载秦朝和汉代历史人物的本纪、世家、列传部分作为主要考察对象，概述学术界对于语序及《史记》语序研究情况。第二章讨论《史记》双宾语结构语序，从双宾语语义角色出发，分《史记》双宾语为九类，讨论《史记》双宾语语序安排。第三章讨论《史记》中所处结构的语序，所处结构分为两类。第四章讨论《史记》数量结构的语序，数量结构分为以下几类：1. 数+量+名，其中量词可为借用量词、度量衡量词、个体量词和分体量词；2. 名+数+量，其中量词可为借用量词、度量衡量词、个体量词、集体量词和分体量词；3. 名+量+数，这种类型数量很少，其中量词为度量衡量词和分体量词；4. 数+名；5. 名+数。最后探讨"数+量+名"结构的来源。第五章讨论《史记》特殊宾语的语序。特殊宾语包括以下四类：1. 疑问代词宾语；2. 否定句中代词宾语；3. "是/之"复指的宾语；4. 无形式标记的宾语，调查发现，疑问代词宾语基本上前置，否定句中的代词宾语基本上后置，"是/之"复指的宾语和无形式标记的宾语在《史记》中出现的用例不多，对于特殊宾语前置的原因，也提出了一定的看法。第六章讨论《史记》"者"字结构定语语序，首先对"者"字结构做了概述，接着介绍"NP·之·VP/AP者"结构、"NP·VP/AP者"结构和"VP/AP者·NP"结构。最后对全文做出总结。

关键词：史记　词序　语法　句子分析

**3701**

**汉语主观视角的表达研究** / 刘瑾著 ; 周建设指导. -- 首都师范大学, 2009. -- 141 页

论文是以说话人的主观视角在汉语中的表达作为研究对象。全文共分五章。第一章语言的主观性及其视角问题。首先从哲学的角度对主观性和客观性进行说明，指出语言的主观性是一个程度问题和共性问题，然后再根据语言主观性的研究概况提出论文的研究对象。第二章参照和完形：量度表达的视角主观性。语言中存在着主观量和客观量的表达。就主观量的视角成因提出了三个量：常态量、期待量、完形量。这三个量可以作为说话人表达主观量的视角出发点和主观视角标准。第三章移指和虚指：人称代词表达中的视角主观性。讨论人称代词使用中的两类主观性表现——移指和虚指。主要基于语用移情、语言顺应论和交互主观性理论，讨论了以下几种移指情况：第二人称向第一人称的移指、第一人称复数移指第二人称单数、第一人称复数移指第一人称单数、第一人称向第二人称的移指；"人家"的移指；话语标记"X+说/想/看"的移指表现。而虚指指的是人称代词没有确定的所指对象，它既不存在于说话现场，也无法从上文或下文语篇里找到回指或反指的对象。重点分析了含虚指代词"他"的双及物式——"V+他+P(数)"结构中"他"所体现的视角主观性。第四章移动和距离：时空范畴内的视角主观性。主要从视角的感知特征出发，提出并讨论了时空范畴内的两类视角主观性表现模式——移动模式和距离模式。在移动模式上，主要讨论"等明天"和"赶明儿""来"和"去""下来"和"下去"及"空间虚拟运动"在说话人话语中的视角主观性表现。在距离模式上，重点讨论"来"和"去"、"这"和"那"在说话人话语中的主观视角距离表现。第五章结语。总结全文主要观点，指出

今后有待进一步研究的问题。

关键词:汉语　主观性　代词　语法

3702

**面向教育领域的固定短语提取方法研究** / 刘荣著 ; 张普指导. -- 北京语言大学, 2009. -- 123 页

论文以北京语言大学“国家语言资源监测与研究中心”(平面媒体分中心)的动态流通语料库中的2006—2008年15份主流媒体报纸的教育领域文本作为考察对象,对教育领域“结合紧密、使用稳定”的固定短语进行提取研究。全文共分九章。第一章绪论,介绍论文动因、论文对固定短语的界定、研究目标、研究内容和研究重点以及研究方法在中文信息处理领域、语言资源监测领域、汉语语言学领域、词典编纂领域、对外汉语教学领域以及舆情分析领域的意义,并对研究的特色加以阐释。第二章是短语提取相关研究综述,包括国内语言学界对固定短语的定义和研究方法,信息处理界对短语的研究综述,国外短语提取的最新进展三个方面。第三章为固定短语提取的基础平台,介绍基础数据资源——DCC语料库,介绍论文研究所用的工具,基础数据资料加工——语料的准备和预处理流程方法。第四章利用特定领域的高频种子词提取固定短语候选串,包括教育领域高频种子词的提取,面向特定领域的固定短语提取长度的确定和固定短语候选串的提取。第五章对固定短语候选串展开定量考察并分析,叙述“结合紧密”和搭配的关系,对国外搭配研究、国内语言学界对搭配的研究、国内外语界对搭配的研究、国内计算语言学界对搭配的研究展开综述,并按照频次、互信息结合的方法提取两个切分单位固定短语候选串,利用频次、互信息、熵值结合的方法提取固定短语候选串。第六章对固定短语候选串的句法角度展开考察和分析,包括对固定短语候选串从定量到定性分析、句法角度的考察、类连接模式对固定短语候选串的提取以及相关的数据分析。第七章是基于语义的方法对固定短语候选串的考察,包括搭配与语义的相互关系、知网简介、基于知网的考察和过滤以及基于知网的实验。第八章为固定短语候选串的历时考察,主要是历时中包含有共时和共时中包含有历时的相对时间观、时点和时段的相对性、历时考察相关研究工作等。第九章为结语,对全文总结并介绍进一步的工作。

关键词:自然语言处理　教育学　短语

3703

**汉语儿童早期语言发展个案研究** / 刘颖著 ; 盛玉麟指导. -- 山东大学, 2009. -- 216 页

论文采取语料库语言学方法和实验测定法,在语言实施的基础上,以儿童早期(两岁半以前)语言发展作为研究对象,在细致描写该时期儿童所处的语言环境及其理解与表达状况的基础上,将儿童的理解与表达、儿童的语言输出与所接受的输入加以对照,探讨后天语言环境对儿童习得语言的影响和作用。全文共分七章。第一章绪论,首先说明论文的研究缘起和术语使用情况,概括介绍国内外儿童语言研究和汉语儿童早期语言研究的历史与现状,指出儿童语言研究的不充分之处及方法上存在的问题,最后对在研究过程中涉及的主要理论和研究方法、重难点进行介绍。第二章介绍语料库建设情况,包括预料采集、录音转写、文本处理、分词校对四个方面。第三章对语前阶段儿童听到的成人话语进行全面描写,通过从词、短语和句法结构三个层面进行分析,发现语前阶段的承认话语中包含丰富多样的语言知识,儿童在语言出现之前就已接受这些语言知识的刺激。第四章是对语料库中成人与儿童语料的计量分析。首先以词句数量为基础,分别统计成人话语输入量、成人与儿童话语句长、儿童话语类型。第五章是对儿童早期理解状况的详细描写,包括对非言语行为和言语行为的理解两方面。第六章是儿童的表达状况,首先描写儿童运用体态和简单语音等进行交际的非言语表达行为,然后在严格界定习得为自发说出的基础上分析儿童最早习得的50个“词”的类别构成情况及其深层原因,最后描写儿童表达领属结构、“把”字句、问句的状况,并与儿童理解相对照,发现儿童表达的格式、语义类型都在语言输入范围内,甚至绝大部分都在儿童理解范围内。第七章为结语,阐明论文的研究结论,概况创新点及意义所在,并指出研究中存在的不足以及后续研究的情况。

关键词:汉语　儿童语言　语言能力

3704

**基于语料库的韩国学习者汉语连词使用研究** / 卢智暎著 ; 赵金铭指导. -- 北京语言大学, 2009. -- 172 页

论文从语料库语言学及中介语理论的角度出发,以汉语母语者的口语语料作为参照,探讨韩国学习者在汉语口语和书面语中汉语连词的使用特点和规律。

全文共分九章。第一章绪论,说明研究的目的和意义、研究的材料和方法以及论文的理论基础。第二章为韩国学习者使用连词的总体情况,对九类汉语连词的分布情况以及偏误情况进行统计分析。第三章为联合关系连词使用情况分析,探讨四类联合关系连词的使用情况,分别为“并列类”“承接类”“递进类”“选择类”。论文对每一类连词进行使用频率统计和偏误情况分析,在此基础上对每类连词中偏误最多的一个连词进行偏误分析。第四章为偏正关系连词使用情况分析。探讨五类偏正关系连词的使用情况,分别为“因果类”“转折类”“假设类”“条件类”以及“让步类”,其中“还有”“然后”和“而且”三个联合关系连词是韩国学习者在学习过程中出现问题相当多且存在着交错关系的连词。第五章对联合关系连词“还有”的分布情况、语义关系、语用功能和偏误情况进行较为详尽的描写与解释。第六章对联合关系连词“然后”的分布情况、语义关系、语用功能和偏误情况进行描写和解释。第七章对联合关系连词“而且”的分布情况、语义关系、语用功能和偏误情况进行描写和解释。第五章至第七章的分析发现,韩国学习者在三个高频率连词的使用上,具有与汉语母语者不同的特点,连词本身的重要作用决定着连词的研究和教学需要进一步加强和深化。第八章探讨“还有”“然后”“而且”的共性与个性,并且讨论产生偏误的原因,包括韩语连续副词的负迁移、对连词理解不足与汉语语感的缺乏、回避策略的影响以及教学因素的影响,最后为汉语教学提出一些建设性意见。第九章为结语,对论文研究的问题进行简略总结,并指出文章的不足之处。

关键词:对外汉语教学　语法　教学研究

**3705**

**与全句功能范畴相关的语法标记的类型学考察:以全句否定标记为例** / 马宏程著 ; 徐杰指导. -- 华中师范大学, 2009. -- 169 页

论文以全句否定标记为代表,根据谱系分类,考察了 29 种语系或孤立语言的否定标记,重点是否定标记的语法类别、语义特点、线性序列中的位置等方面。通过考察全句否定标记,论文详细描述了三类语法手段之一的添加手段在表达否定范畴时的应用,并进一步证实了句法上确实存在着的三个敏感位置:句首、谓头和句尾。论文共分六章。第一章是绪论。首先简单对论文的论题做了阐释,明确全句功能范畴涵盖的范围。其次指出论文研究的对象、创新点、方法和语料来源。接着对研究的理论基础做重点介绍。第二章进一步界定论文所要讨论的对象,是以全句否定标记为例。首先对全句否定范畴做了限定,根据设定的判别标准区分了否定句和非否定句。接着明确了对全句否定标记进行考察的内容,排除了那些已确定属于句法成分的否定、构成词汇否定的实义否定词、独立使用的否定叹词以及大部分从属小句的否定,只关注否定标记的语法类别、线性位置等问题。最后对国内外相关研究概况做了简单回顾。第三章开始系统描写具体语言中的否定标记。把汉藏语系单独列出,尽可能地对各语族的代表语言都做了描写,具体考察了 122 种样本语言的 245 个标记,内容主要是常规句中否定标记的语法类别、语义分类和线性位置,有时也包含音系特征,偶尔使用其他句类形式的语料。第四章讨论印欧等语系语言的否定标记。考察 119 种样本语言的 186 个标记,涉及除 OSV 之外的其他五类语序的语言。另外,还有一种以重叠手段表达否定的语言没有使用否定标记。第五章概括全句否定标记的类型学特点,并给予了相应解释。总结否定标记形式的语法类别及在各类语序语言中的使用比例,证实了否定标记只能出现在句子的三个敏感位置上,线性序列上的动词前、动词后、动词前和后(框式)位置,其实都是谓头位置在具体语言中的实例化。实际语序的不同,是由移位造成的。否定标记句法位置的发展趋势是向动词前谓头位置靠拢。

关键词:语法　句法　否定　范畴

**3706**

**现代汉语“X + N 役事”致使复合词研究** / 孟凯著 ; 张博指导. -- 北京语言大学, 2009. -- 143 页

论文采用循句法、词法与语义相结合、历时研究与共时研究相结合的研究思路,以词汇语义学为研究背景,借鉴构式理论,在现代汉语词法层面对“X + N 役事 ”致使复合词展开系统的专题研究。全文共分为七章。第一章绪论,介绍选题缘起和研究主旨,综述关于“致使”的研究以及关于“X + N 役事 ”的研究,介绍研究的思路及意义。第二章为“X + N 役事 ”致使复合词的确定与分布,包括“致使义”的判定,研究范围的确定以及“X + N 役事 ”致使复合词的分布。第三章为“X + N 役事 ”致使词式的构建与探源,包括致使词式的理论基础——构式理论,古汉语致使句式及其发展,现代汉语致使词式及其历史来源之证。第四章为“X + N 役事 ”致使词式的语义再析,包括

"X+N役事"致使词式语义再析的基础,现代汉语致使词式的语义类型以及致使词式义与构成成分义的互动关系。第五章为"X+N役事"致使构式的作用力,包括"X+N役事"致使构式的历时作用,"X+N役事"的共时作用,"X+N役事"致使构式促成致使复合词的原型范畴。第六章为"X+N役事"致使复合词典型性的影响因素,一是"X+N役事"致使复合词的语法语义属性,包括"X+N役事"致使复合词的词性、离合性以及词义抽象化;二是X与N役事的语法语义属性,包括两者的句法独立性、X[+动作]/[+状态]的消长以及有生N役事的生密度。第七章为结语,总结研究的基本结论,构建"X+N役事"致使词式的理论价值,并对"X+N役事"致使复合词与对外汉语词汇的教学展开说明。

关键词:现代汉语　复合词　语法

**3707**

**事件建构与现代汉语结果宾语句研究**/孟艳华著;张旺熹指导. -- 北京语言大学, 2009. -- 189页

论文从语言表征事件建构并对事件建构具有规范作用这一研究理念出发,结合词汇语义学与认知语义学的相关理论,对现代汉语结果宾语句的相关现象进行研究。全文共分为八章。第一章,绪论。介绍论文的研究对象与基本思路、研究方法与语料来源以及论文的基本框架。第二章,结果宾语句研究综述。一是结果宾语的性质、范围与分类;二是结果宾语句的内部成分考察;三是结果宾语句与相关句法语义现象的关系;四是结果宾语的跨语言研究。第三章,事件建构及其语言表征与句法结构。包括事件建构、语法形式与认知,动词语义与句法结构,情状类型转变与复杂结果宾语句,事件建构中的认知因素。第四章,简单结果宾语句。首先是对简单结果宾语句中动词与结果分析;其次对简单结果宾语句共现成分与句式变换展开讨论;最后是简单结果宾语句中"补语"的考察。第五章,复杂结果宾语句部分。关于前人相关研究与该章的考察视角的介绍,"V+成"结果宾语句以及"V+出"结果宾语句。第六章是复杂结果宾语句中,关于"V+定语"结果宾语句、"V+量词"结果宾语句以及"V+定语/量词"结果宾语句的综合分析。第七章,与结果宾语句相关的同义现象。包括结果宾语表达的同义动宾结构以及结果性定语与状语换位现象。第八章,结语,介绍论文研究的结论、尚待解决的问题以及未来研究的方向。论文的研究提出时间建构的顺时观察规约,并认为造成两种不同表达的原因在于说话者所建构的事件不同,在对非现实事件的建构时,事件建构顺序与虚拟扫描顺序一致。

关键词:汉语　句法　宾语

**3708**

**"看"类动词词义聚合网络的认知研究**/欧阳晓芳著;萧国政指导. -- 武汉大学, 2009. -- 174页

论文以"词群—词位变体"理论为理论基石,利用语言与认知的相关原理,通过选取一个小范围词义聚合网络的建构为研究对象,探索和论证认知语义网建构的可行性,以及建构的有关理论和方法。全文共分为六章。第一章,绪论。阐释选题的缘起和选取"看"类动词进行研究的原因。对国外影响最大、最具代表性的几种词汇语义知识库进行简单评述,引出论文的研究思路,最后对论文的语料来源进行说明。第二章,词义聚合网络的理论基础和构建方式。介绍论文的理论基础——"词群—词位变体"理论以及语言和认知的相关原理,认为词义聚合网络的构建是对人类认知范畴发展的溯源性推求和过程构拟,即以基本范畴为基点,根据人类的认知规律和认知模式来系联上、下位范畴词,以及复杂抽象概念。以此为依据,提出词义聚合网络构建方式。第三章,"看"及"看"类词群的纵向构建。通过考察"看"的词义表现,基于"力"的认知意向试图发掘出"看"类动词的三大上层义位,从而确定"看"类词群体系的大体框架。然后从上层义位的核心图式中确定基本要素或核心属性,通过对核心属性进行细化、对边缘属性进行细化或改变来产生下层节点,再根据细化后的图式来确定义位、求取词位,分别对"看"三个上层义位的同位变体、下位变体和邻位变体进行探求,构建起三个相对独立的"看"类词群。第四章,"看"及"看"类词群的横向系联。从分析基点词位"看"的"一词多义"认知根源入手,用转喻隐喻理论揭示出"看"词义演变的内在规律和模式之后,对"看"类词群所有成员在语料中的转喻隐喻用法进行考察和分析。第五章,"看"类概念范畴发展的语言表现。第六章,结语。概括论文的主要创新点及结论,总结论文研究工作的不足以及指出今后需要进一步深入探讨的问题。

关键词:自然语言处理　动词　词义

**3709**

**现代汉语移动义动词的句法语义研究**/潘泰著;

吴振国指导. -- 华中师范大学, 2009. -- 145 页

论文以现代汉语中的移动义动词作为研究对象,根据动词的语义和句法特征,以动词义项为考察单位,穷尽式考察《汉语动词用法词典》中所有动词及动词义项,对其句法语义展开研究。全文共分为五章。第一章为理论准备,首先介绍格语法研究的基本情况和配价语法研究的基本情况;其次是讨论汉语格语法研究的争议及论文的基本观点;第四节是汉语配价语法研究的争议及论文的基本观点;最后部分介绍介词的格标记和语序格标记,介绍格语法和配价语法的关系。第二章为移动义动词的界定,包括狭义移动与广义移动的概念,以及移动与相关现象;其次介绍移动与处所的涵义;第四节确定移动义动词的标准;最后阐释义项和义项变体以及移动义动词和移动义句子方面的问题。第三章是移动义动词的分类。一是移动义动词的分类标准,分别介绍了按包含移动义的项目不同分类,按移动义动词涉及的对象不同分类以及按移动义动词涉及的处所不同分类;二是狭义移动义动词的分类,包括狭义移动义动词的分类情况以及关于分类情况的说明。第四章,与狭义移动义动词相关的语义角色的句法分布,首先介绍语义角色的优势分布和非优势分布,包括优势分布与非优势分布的区别,与狭义移动义动词相关的主要语义角色的优势分布概述;其次介绍与狭义移动义动词相关的语义角色的句法优势分布和非优势分布,包括可以同时突显起点和终点的移动义动词,只能突显终点的移动义动词以及特殊的移动义动词;最后探讨制约与移动义动词相关的语义角色句法非优势分布的因素,包括动词的制约,名词的语义特征对其句法分布的影响,句式的制约以及语用因素的制约。第五章,结语和相关理论问题的探讨。

关键词:汉语　动词　语义　句法

**3710**

**伊斯兰教的传播对维吾尔语词汇形式特点及规则变化的影响** / 彭凤著 ; 张公瑾指导. -- 中央民族大学, 2009. -- 176 页

论文的研究对象为伊斯兰教的传播对维吾尔语词汇形式特点及规则变化的影响。全文共分为六个部分。第一部分绪论,概述论文的选题意义、价值、研究思路、研究方法及论文创新之处。第二部分是研究理论基础和研究方法,内容包括概述文化语言学研究的任务;评述德国学者洪堡特及美国学者沃尔夫对语言世界观的研究;对比结构主义和混沌学理论研究语言的视角,认为混沌学理论的引入,将会改变语言文化研究的局面;提出运用揭示不同民族文化特质的语言研究方法挖掘古今维吾尔语言中蕴含之文化观念变迁的特点。第三部分是论文观点的构拟,包括维吾尔语言研究的文化背景介绍,在对维吾尔语言词汇体现宏观、整体把握的基础之上,运用异源联想的方法构拟整个研究的观点,即维吾尔语言词汇规则形式的形成可能受到伊斯兰文化观念的影响。第四部分是观点的验证。其中第三章内容包括材料选定,选定材料的价值,对古今表示人或事物性状否定意义范畴的词汇形式的描写、对比及认知分析,对古今心理范畴词汇形式的古今描写、对比及认知分析,这部分侧重于语言本体的研究。第四章是在以上认知分析结果的基础上和伊斯兰文化观念展开类比,以范畴作为考察的视角,使词汇形式的规则和文化观念之间有类比的基础,语言形式指称的对象和文化理解的对象是相同的。第五部分是观点的再验证。这部分从宏观转向微观,将以上研究的结论做前提,结合苏菲神秘主义的认主学及宗教学一般理论,从民族精神内在要求出发,解释构成上述两个范畴词汇形式特点和结构规则之具体词汇形式的形成。第六部分为总结,综述研究结果。研究表明,维吾尔语言词汇形式的规则变化是受到伊斯兰宗教文化观念影响的结果,是对神秘宗教体验象征性表达的产物。

关键词:维吾尔语　词汇　伊斯兰教

**3711**

**成都客家话研究** / 郄远春著 ; 曹志耘指导. -- 北京语言大学, 2009. -- 134 页

论文采用实地调查的方法,结合前人的研究成果,运用传统语言学和社会语言学的方法,从历时和共时两个方面,对成都客家话进行系统的描写和分析研究。全文共分为五章。第一章,引论。简要介绍程度客家人的分布情况、来源、入川背景和原因,总结前人对成都客家话的研究,并对论文的研究目的、意义、方法和材料进行说明。第二章,成都客家话的特点和内部差异,在大量调查材料的基础上对成都客家话的语音、词汇、语法特点进行总体梳理,继而对其内部的语言和词汇差异进行比较分析,以期较为深入地探讨成都客家话的共性和差异。第三章,成都客家话语料。收录成都客家话语音、词汇和语法的基本语料。第四章,成都客家话语音的变化和变异。分别从历时

和共时两个层面分析成都客家话语音的变化和变异。第五章,成都客家人的语言生活。以十陵客家人为对象,调查成都客家人的语言生活状况,重点介绍成都客家人语言使用和语言态度情况。在语言使用情况中,分别对家庭内部、家庭外部一般社交场合和正式社交场合中的语言使用进行考察。客家人在家庭内部一直或经常使用客家话,很少使用成都官话。在家庭外部一般社交场合中,使用客家话的情况随着交际场合和对象的变化而有所不同。在去政府办事等正式社交场合中,一般使用成都官话。客家人对客家话的态度与使用者的年龄、职业和文化程度密切相关。有一半以上的客家人认为客家话将被成都官话所取代。

关键词:客家话　语音　成都

**3712**

**《后汉书》核心词研究** / 施真珍著 ; 黄树先指导. -- 华中科技大学, 2009. -- 297 页

论文以斯瓦德什的《百词表》为依据,运用语义场理论,采用共时和历时相结合、统计分析、计算机辅助研究等方法,对《后汉书》中的一百核心词进行穷尽式搜索和最基本的分析,整理同一个概念的早期形式及其它们在语义、语用、语法等方面的发展演变并作出相应的解释。全文共分为八章。第一章绪论,一是《后汉书》核心词研究概述,包括选择《后汉书》核心词研究的缘由,范晔和《后汉书》,《后汉书》的语料特点,《后汉书》的研究现状及其核心词的研究价值;二是研究的材料、方法和步骤;三是研究的特色。第二章为《后汉书》核心词研究:代词篇,包括"我""你""这""那""谁""何"。第三章,《后汉书》核心词研究:副词篇。包括"不""都"。第四章为《后汉书》核心词研究:数词篇,包括"一""二"。第五章,《后汉书》核心词研究:名词篇。一是生物类名词,包括"女""男""人""鱼""鸟""狗""虱""树";二是生物体的组成部分,包括"果""叶""根""皮""肉""血""骨""油""卵""角""尾"等;三是自然现象及物质名词,包括"日""月""星""水""雨""石"等;四是颜色词,包括"红""绿""黄""白""黑"。第六章,《后汉书》核心词研究:动词篇,包括饮食行为、认知行为、行走起居和其他(死、杀、给、烧)。第七章,《后汉书》核心词研究:形容词篇,包括与"量"有关的形容词、温度、状态。第八章,结语。介绍《后汉书》核心词特点及其语言状况,论文创新、不足和展望。

关键词:后汉书　词汇　语义

**3713**

**现代汉语篇章回指的认知功能研究** / 石艳华著 ; 岑运强指导. -- 北京师范大学, 2009. -- 140 页

论文借鉴 Jeanette K. Gundel (1993)、Andrej A. Kibrik (1999) 和 Russell Tomlin (2007) 等学者的研究成果,从语篇生成的角度,运用认知功能语言学的理论,研究现代汉语语篇章回指现象。论文共有六章。第一章绪论,介绍论文的研究对象、研究目标、理论假设、研究方法和语料来源,并对论文中使用的一些常用术语进行界定。第二章综述国内外篇章回指研究的状况。首先介绍国外学者篇章回指研究的三种模式:话题连续模式、语篇层级模式和认知激活模式,接下来概述国内学者对现代汉语篇章回指所进行的研究。第三章建构记忆激活模式,论述该模式的理论基础和理论假设。记忆激活模式包括三个模块:语篇实体的认知状态分类,实体的认知状态同指称语编码形式的关联,制约实体认知状态的语篇因素和实体特征。第四章讨论语篇实体的引入。分析说话者首次和再次引入语篇实体时,使用的名词的编码形式以及它们指称的实体的认知状态。第五章是篇章回指分析。首先统计先行词在 3 种句法位置时回指形式的分布情况,统计数据表明语篇间隔距离影响回指语的选择。接下来,从修辞结构的语义特点、间隔名词的句法特征和实体语用特性等角度对零形回指、代词回指和名词回指进行了详细的分析。第六章总结论文的主要观点,指出研究的局限和今后进一步研究的方向。

关键词:现代汉语　语篇　语法

**3714**

**新闻英语第三人称代词语篇回指研究** / 宋宏著 ; 王远新指导. -- 中央民族大学, 2009. -- 178 页

论文研究基于语用综观论的理论框架,对英语新闻语料进行定量和定性分析,从英语新闻语篇中第三人称代词回指选择问题的微观角度入手展开研究。全文共分为六部分。第一部分为绪论,介绍回指研究的理论背景、既有研究的局限性以及本研究的目的内容与方法,并对论文结构进行简单说明。第二部分为回指研究的综述,显示对概念界定的分歧和存疑做出叙述,二是对回指的分类和功能的介绍,后又分别介绍人称代词回指的语义解释模型、代词回指研究的理论路径,最后对国内研究情况和研究的方法论和理论框架做出说明。第三部分是人称代词语篇回指的常规分布模式,包括句法结构上的分布、语篇距离对回

指分布的影响、候选先行成分的干扰性对回指分布的影响以及人称代词语篇回指的编码原则。第四部分为人称代词语篇回指的非常规分布，一是句法结构上的非常规分布；二是语篇距离的非常规分布，包括名词回指用于短距离以及代词回指用于长距离；三是语篇结构上的非常规分布，包括人称代词回指和后指的关系、人称代词回指和外指的关系以及指称关系的全景视角；四是与片中的人称代词间接回指，包括间接回指的类型和特征，语篇中的人称代词间接回指；五是人称代词回指的社会语言变异，包括语法变异、词汇变异和语义变异，并对使用情况做出调查总结。第五部分是人称代词语篇回指的释义机制，包括语篇指称释义模式及其缺陷、语篇回指中的歧义表现、句法歧义回指的释义机制、人称代词语篇间接回指的释义机制以及人称代词语篇回指的语用综观解码模式。第六部分为结语，对研究做出回顾，并提出研究存在的问题。

关键词：英语　代词　语篇

**3715**

**走向濒危的语言个案研究：以“藏彝走廊”贵琼语为例** / 宋伶俐著 ； 俞理明指导. -- 四川大学, 2009. -- 264 页

论文以“藏彝走廊”羌语支语言——贵琼语大量田野调查材料为基础，尝试从语言接触角度探索濒危语言演变的规律。全文共分为五章。第一章介绍使用贵琼语的社会文化环境和贵汉接触的历史。贵汉接触早期，移民聚居点零散分布，只形成小范围的双语制；后期教育移民的大量涌入改变了鱼通的人口比例，催生语言兼用和语言转用。第二章全面描写贵琼语的语音系统、构词法和语法类型，并和羌语支语言及汉语进行对比，包括鱼通贵琼语音系的声母、韵母、声调、音节、元音和谐以及音系的羌语支语言特征和音系受到汉语的影响的介绍；鱼通贵琼语词汇和词法概况和语法类型、语法类型的羌语支语言特征。第三章通过大量问卷和访谈记录对贵琼语使用功能的衰退原因进行定量分析，认为杂居、汉语教育两个主要因素使贵琼藏族的双语化程度升高以至于转用汉语，导致贵琼语走向濒危。第四章记录濒危语言系统的衰变表现，考察语言借贷、语言变异和语言趋同三个方面。论述替换性借贷深入到核心词领域；母语言系、语义和语法类型有标记项大量被替换，进而证实导致贵琼语濒危的主导力量是汉语的深度渗透。第五章总结濒危语言与目标语言的接触规律，认为语言接触“无界有阶”理论适用于分析贵琼语的濒危进程。“界”是语言相互影响的深度，贵琼语和汉语接触的深度超越“有界”论者的界限，这个界限是核心词语、音系结构和语义；“阶”是语言在接触后有序变异的进程，汉语渗透到贵琼语的过程中，既受到“语义阶”的作用，同时受到“结构阶”的作用。

关键词：藏缅语族　贵琼语　语言演变

**3716**

**工业化过程中的语言变异与变化：江汉油田言语社区调查** / 孙德平著 ； 徐大明指导. -- 南京大学, 2009. -- 156 页

论文运用社会语言学的变异理论，以“江汉油田”言语社区为个案，通过定量分析，探讨工业化过程中语言变异与变化的影响因素及演化模式。全文共分六章。第一章是绪论，介绍工业化同语言变异与变化的关系，回顾前人的相关研究，并阐明论文的研究内容、研究方法和研究意义。第二章是社区调查，内容包括江汉油田的简介、变项的确立、问卷的编制和田野调查。第三章是变异与变化，主要运用变项规则分析法从声、韵、调三个方面对油田语言的变异进行了定量研究。研究证实声、韵、调间存在一定的相互制约关系。第四章是语言认同，从语言态度入手，研究油田移民对普通话和潜江话的认同情况。研究发现油田移民对普通话非常认同，而对潜江话极不认同，造成这种认同差异的原因：一是国家对普通话的大力推广使普通话的声望得到不断提高；二是油田作为新工业区的特殊性使油田移民与当地人缺乏交流与融合。第五章论证了油田语言演变的过程和方式，并在此基础上归纳了工业化过程中语言演变的一般模式。工业区语言演变的一般模式是：工业区“初始语言状态”受“工业区所在的位置”“移民特征”“与当地的互动程度”三个主要社会因素的影响，变为“目前语言状态”。第六章是结语，总结全文，认为油田通语形成，油田社区意识形成，油田言语社区形成。

关键词：社会语言学　语言调查　语言分化

**3717**

**国际音标符号系统之元音声学特征分析** / 孙雪著 ； 石锋指导. -- 南开大学, 2009. -- 268 页

论文使用原因格局的方法，通过比较归纳 11 位中外语音学者实际所发国际音标符号系统中的主要原因的声学表现，并结合与 26 种自然语言主要单元

音声音特征的对比,试图发现国际音标元音符号在不同时代、不同人所发音中声学表现的拱形,试从语言学、语音学、统计学角度证明国际音标在其设立原则、使用理念上的科学性及其与人类语言规律的吻合。全文共分为八章。第一章,引言。内容包括国际音变及其研究概述,选题依据和研究的目的,主要内容和研究步骤、研究手段。第二章,实验步骤和统计分析过程。包括发音样本的选取和声学参数的获取,声学参数的处理和实验仪器和工具。第三章,诸发音人所发国际音标声学特征初步描述。首先对国际音标18个标准元音做基本描述;其次对诸发音人所发国际音标声学特征初步描述,包括日语母语者、英语母语者和汉语母语者所发国际音标的标准元音。第四章,几种语言一级元音和母语者所发相应国际音标比较。内容包括:日语一级元音与日语母语者所发国际音标的分布特征,英语一级元音与英语母语者所发国际音标的分布特征,汉语普通话一级元音与汉语母语者所发国际音标的分布特征。第五章,相同母语背景发音人所发国际音标比较。分别介绍日本学者、英国学者、美国学者和中国学者所发国际音标的主要元音比较。第六章,不同母语背景发音人所发国际音标比较,包括不同母语背景间的分别比较和全部母语背景学者所发国际音标的分析。第七章,二十六种语言主要单元音与相应国际音标比较,包括自然语言声学特征的分析和自然语言与国际音标主要元音声学特征的比较。第八章,结语,包括国际音标元音实际发音的个性表现与系统表现,从国际音标元音实际发音与自然语言单元音比较看人类语言元音共性,对国际音标符号系统性质的再认识以及论文的不足之处与展望。

关键词:国际音标　元音　声学　统计分析

**3718**

**建构主义视野下基于网络的大学英语写作教学:课堂行动研究** / 谭清著 ; 张公瑾指导. -- 中央民族大学, 2009. -- 122 页

论文通过行动研究、研究设计与实验、样品采集的方法,在构建主义理论的指导下,探索以培养思维能力、协作能力、语言交际能力并进而带动语言技能提高为目标、以网络技术为手段的新型教学模式。实验在中央民族大学理学院2008级某英语班实施,属探索性的课堂行动研究,研究者为该班英语课的任课教师,实验为期三个月。全文共分为六章。第一章导言,介绍研究的四个背景及研究的问题。第二章文献综述,叙述现代技术支持下的大学英语建构性写作教学的理论基础和方法论思考以及网络技术与过程协作和情境写作的相关实验与研究。第三章介绍研究方法,包括行动研究、实验设计、实验过程介绍以及样品的采集。第四章为个案描述与分析,通过分别对合作型学习者、外部动机驱动型学习者、思考型学习者的实验,对不同案例代表人物进行访谈、协作学习以及情境学习,根据其具体表现进行分析和总结。第五章为全班情况的概述与分析。第六章为结语。研究表明,总体而言,网络技术与课程活动的有机整合对大学英语写作教学有益。首先是网络技术的应用使得以同伴互评和文章修改为主要环节的过程性写作成为可能;其次网络平台使得讲究“和谐”“面子”的东方文化背景的学生得以避免面对面评议的尴尬。通过过程性写作,学生得以有机会以批判性思维来分析同伴的作文并反观自己的文章。

关键词:英语　写作　教学研究

**3719**

**《中原音韵》与《洪武正韵》比较研究** / 童琴著 ; 尉迟治平指导. -- 华中科技大学, 2009. -- 317 页

论文以讷庵本的《中原音韵》和隆庆本的《洪武正韵》为工作底本,参校其他版本,对两书进行比较研究。全文共分为九个部分。第一部分,绪论。介绍研究的来源和意义、国内外研究状况、论文研究方向、课题的研究材料与方法以及论文的结构。第二部分,《中原音韵》与《洪武正韵》概说,分别对两书进行概括说明,并做出小结。第三部分为材料的计算机处理,包括地《中原音韵》与《洪武正韵》两书的电子文本的处理,数据库的设计与研制,反切系聊的计算机处理和小结。第四部分为《中原音韵》与《洪武正韵》的声母系统比较。包括浊音清化之异同、知莊章分合异同、唇音分化异同、影响喻母分合异同、见系声母腭化之异同、泥日娘母分合之异同、崇船禅母分合异同以及《中原音韵》和《洪武正韵》的声母系统及其特点的比较。第五部分为《中原音韵》与《洪武正韵》的韵母系统比较,包括分韵的异同、小韵的比较、等呼的比较、《中原音韵》与《洪武正韵》韵母系统及其特点比较。第六部分,《中原音韵》与《洪武正韵》的声调系统比较,包括对《中原音韵》和《洪武正韵》的声调系统介绍及比较。第七部分为《中原音韵》和《洪武正韵》声韵调配合关系比较,分别介绍《中原音韵》和《洪武正韵》的音节结构表。第八部分为《中原音韵》

与《洪武正韵》的语音性质。第九部分，结语，包括研究的主要结论，研究的意义与创新之处，研究的不足之处以及今后研究的展望。

关键词：中原音韵　洪武正韵　声母　韵母

**3720**

**汉语方言声调分化研究**／王莉宁著；曹志耘指导．-- 北京语言大学，2009．-- 227 页

论文利用北京语言大学语言研究所“汉语方言地图集数据库”930 个调查点的材料，通过与中古音进行比较，对汉语方言的声调分化现象进行考察，同时利用地理语言学绘制方言特征地图的方法，展现各种声调分化类型的地理分布，并对各种声调分化现象的分布特征、扩散方式、演变机智等问题进行分析解释。全文共分七章。第一章绪论，首先介绍论文的研究对象——由声母、韵母所导致的汉语方言声调分化现象，对汉语方言声调演变的总体趋势、汉语方言声调分化的研究概况进行评述，并绘制反映汉语方言单字调数目的方言地图，最后介绍论文的研究目的、材料和方法。第二章介绍清浊分调，首先说明清浊分调的概念、以往研究情况以及汉语方言清浊分调的类型和地理分布，其次分别介绍古平声、上声、去声、入声清浊分调的类型和地理分布，最后利用调值和调型的比较方法对阴调与阳调的调值和调型进行分析和介绍。第三章介绍全次浊分调，首先说明全次浊分调的概念、以往研究情况以及汉语方言中全次浊分调的类型和地理分布，其次介绍古平声、上声、去声、入声全次浊分调的类型和地理分布，最后说明全次浊分调调类演变的不平衡性以及全次浊分调的性质。第四章介绍送气成调，首先介绍送气成调与气流分调的概念、以往研究情况以及汉语方言送气成调的类型和地理分布，后分别介绍今塞音、塞擦音声母送气成调，今擦音声母和零声母的归向，“送气调”的调值、调型和调类。第五章韵尾分调，首先介绍韵尾分调与韵摄分调、元音分调的概念、以往研究情况以及汉语方言韵尾分调的类型和地理分布，其次分别分析以辅音韵尾的音值为条件分调，以辅音韵尾的存失为条件分调，以有无鼻音韵尾、元音韵尾为条件分调，最后总结韵尾分调的性质。第六章元音分调，首先说明元音分调和韵摄分调的概念、以往研究情况和汉语方言元音分调的类型和地理分布，其次分别介绍高短元音与低长元音分调以及高元音与低元音的分调，对元音复化导致声调分化进行分析。第七章为结语。

关键词：汉语方言　声调　语言分化

**3721**

**基于语用学的语文教学模式研究**／王元华著；王宁指导．-- 北京师范大学，2009．-- 327 页

论文研究的对象是基于语用学的语文教学模式。全文共分为八章。首先，序论部分介绍研究的背景、目的和方法，包括百年语文教学改革的演进与困局，教学规律的探讨和语用学的介入，基于语用学的语文教学模式的内涵与定位，密切注视社会现实和实践经验。第一章，语用教学理念的基础地位及其基础构架，包括“语用”的三种含义，“语用”概念在语文教学中的全面应用，语用教学理念反映的教学本质，语用教学理念模式的基础构架。第二章，御用教学的基本单位——话语。首先探讨话语及话语意义，并对话语及话语意义的多层面理解；其次对语用教学中的话语及话语意义作出说明；最后提出话语是语用教学的基本单位。第三章，语用教学的核心——语用体验，介绍语用体验的枢纽作用，语用体验是语文教学的本体，三种基本的语用体验方式，语用体验的精髓：传意，语用教学以语用体验为核心。第四章，语用教学的体验性原理，包括体验性原理的基本含义，体验性原理在语言文字中的体现，体验性原理的应用原则以及体验性原理的具体运用。第五章，语用教学的关联性原理，包括什么是关联性原理，具体感受话语的关联性，关联性原理的具体运用。第六章，语用教学的公度性原理，提出语文课程“标准”急需一个基本取向，并讨论为体现“标准”一致性的公度性原理应如何实施；其次是公度性原理的可行性探究和对公度性原理的应用原则和实用价值的讨论；最后是公度性原理的具体运用。第七章，语用教学的基本境界，包括人文精神光照下的语文教学，为了人生的语文教学以及走向社会的语文教学。第八章，语用教学内外基本关系的处理，包括口语、书面语，以及听、说、读、写的关系，语言、文学、文章、文化的关系，语感、语理、语力的关系，积累、感悟、训练的关系，高考与教学的关系以及课堂教学如何整合各种关系。结语为建构高中语用教学模式的教学改革实验。

关键词：基础教育　语文教学　教学模式

**3722**

**幽默言语的多维研究：语言·逻辑·语用·认知**／尉万传著；方一新指导．-- 浙江大学，2009．-- 218 页

论文是以语言为主线,对幽默言语现象从语言、逻辑、语境、认知机制等方面进行的多维综合考察。文章的大体框架和内容如下:第一章为引言,介绍论文的缘起、意义、内容、理论及方法。第二章对幽默的概念进行追溯和界定,对国内外幽默研究的成果(主要是与语言学相关的成果)进行综述和评析,并指出当前幽默言语研究的不足以及进行多维研究的必要性。第三章侧重对幽默言语的事实描写,以语言要素为纲,从语音、词汇、句法、语篇、文字等方面对幽默的外在表现形式进行较为全面的梳理和分析,揭示幽默在语言层面的变异规律。第四章侧重对幽默中逻辑思维规律的探讨,主要从传统逻辑出发,以概念、判断、推理和逻辑的基本规律为纲,对幽默在思维层面的表现手段和运用规律进行考察。第五章对语境与幽默语义的相互关系进行探讨,首先简要介绍语境概念的发展、认知语境及其特征,然后阐述认知语境对幽默语义的制约作用和动态建构过程,重点探讨社会文化语境的制约作用;此外,还结合弗洛伊德心理分析理论在社会文化语境中对另类幽默"荤段子"和攻击性幽默进行具体分析。第六章在前文考察的基础上,对幽默认知机制进行理论探讨。第七章为结论,总括全文的内容,指出论文的创新要点和不足之处,并展望未来幽默研究的方向和前景。

关键词:幽默　语言表达　语言逻辑　语境学

**3723**

**省略与汉语语法化** / 文苹著 ; 俞理明指导. -- 四川大学, 2009. -- 261 页

论文借鉴三个平面、语篇语言学、认知语言学、语法化、主观化等现代语言学理论,立足于现代汉语,选取有代表性的范例展开考察和研究,以汉语材料为印证,从历时和共时相结合的角度出发,对省略在汉语语法化过程中的促动作用做了系统的描写和介绍,通过主语、宾语、谓语、偏语、正语、兼语等句法成分省略对汉语语法化促动作用的实例分析,试图说明省略是汉语许多语法化现象发生的一种推力和机制,省略这种带有普遍意义的语法创新模式,可以合理解释汉语语法史上某些词、短语、格式的产生和历史发展过程。全文共分为五章。第一章,绪论。介绍研究的选题意义、已有的研究成果、研究范围、研究理论背景、研究手段和方法、语料来源、省略对汉语语法化的各种作用等。第二章,在前人研究的基础上,主要借鉴三个平面理论、语篇语言学和认知语言学的观点,介绍省略,包括省略的定义、省略的判定、省略的条件、省略的实质、省略的功能、省略的类型等。第三章,讨论省略对汉语狭义语法化的促动作用,涉及主语省略、动词宾语省略、介词宾语省略、数次"一"的省略、正语省略,揭示省略是汉语许多狭义语法化现象得以发生的一种推力和机制。第四章讨论省略对汉语词汇化的促动作用,涉及主语省略促动偏正短语、动宾短语、动补短语、介宾短语、跨层结构等的连词化,揭示省略是汉语许多复合词形成的一种推力和机制。第五章讨论省略对汉语构式化的促动作用,涉及主语省略、述语省略、宾语省略,揭示省略是许多句式和固定格式形成的一种推力和机制。

关键词:汉语　语法　省略

**3724**

**汉语基数词语义和语用的实验研究** / 吴庄著 ; 方立指导. -- 北京语言大学, 2009. -- 139 页

论文采用实验语用学的研究方法考察以汉语为母语的儿童对基数词的理解,试图以此说明数词的语义和语用问题。全文共分六章。第一章为导论,陈述研究的目的、意义和方法。采用实验语用学方法考察数词的语义和语用问题,其意义是多层面的。此外,还对"限度""语义"和"语用"等几个关键的术语进行了界定。第二章简要回顾有关基数词语义和语用问题的理论争鸣。还着重讨论方法论问题,分析内省法和语料库途径在研究数词意义问题时可能存在的缺陷,并提出实验法可以有效地避免这些问题。第三章提出研究的总体思路和研究设计。如果基数词的确切解读是语用产生的,那么儿童就不易捕捉到这一隐含的意义。他们应该倾向于接受基数词的下限解读。第四章报告了本研究的实验过程和结果。研究一主要是通过三个实验证实汉语儿童对于量化词"一些"、逻辑连接词"或者"和模态词"可能"所产生的等级含意不敏感,他们在判断包含这些词语的句子的真值时所依据的是其逻辑意义。研究二的结果表明,汉语儿童对数词的理解与他们对量化词的理解存在显著差异。研究三进一步验证了研究二的结果,在单调递减语境等抑制等级含意的情境中,汉语儿童和成人都仍然坚持对数词取确切解读。第五章集中讨论研究结果的理论启示。我们认为数词之所以在某些情况下与等级谓词有相似的表现,是因为它们属于 Horn 所说的秩序词。量化词启动假设认为,幼龄儿童在习得基数词之前先将其等同于量化词来看待。但研究发

现,汉语儿童在理解数词和量化词的方式上存在显著差异。这表明,语言习得系统对于基数词和量化词所做的处理是不同的。儿童在习得基数词的意义之前就已经知道基数词所表征的是确切的数量概念。第六章总结全文,归纳主要观点、创新点,指出存在的不足以及后续研究要解决的问题。

关键词:汉语　数量词　语义　语用学

**3725**

**山西大同县东南部方言及其变异研究** / 武玉芳著 ; 王远新指导. -- 中央民族大学, 2009. -- 284 页

论文研究的对象为山西大同县东南部方言及其变异,根据大同县东南部方言特点及大同县方言的内部差异性伟大同县方言内部分区,根据古入声字在不同性别、年龄段、社区的使用情况,分析影响不同群体“入声舒化”的原因并揭示其社会分化状况,预测其发展趋势。全文共分七部分。第一部分为绪论,介绍研究目的、意义及方法,对大同县概况、晋语研究、大同县方言研究的概况以及大同县方言分区及部分语言项目的地域分区做出介绍,对语料来源及体例做出说明。第二部分为语音,介绍大同县各方言小片的语音系统、东南部方言声韵调配合关系、东南部方言今音与中古音乐的比较,以及东南部方言(老派)的同音字汇。第三部分词汇主要介绍几个常用词缀、分音词和合音词、东南部方言(老派)与普通话词汇比较,并做出分类词表。第四部分为介绍副词和代词。第五部分为句法,包括介绍句首的“把/不”及补证相关研究结论、反复问句、补语以及体貌系统。第六部分为中古入声字使用情况的个案调查,对西册田村民、许堡村居民、西坪居民的入声字使用情况做出调查总结。第七部分为余论,介绍论文存在的不足及调查体会。研究发现,贺登崧神父当年发现的、存在于桑干河南岸地区的方言边界线依然存在,但已向东发生了位移;大同县方言内部存在较大的差异,只有西坪话为代表的西部方言和大同市城区话相近,东南部方言和大同市城区话有很多不一致的表现;处于方言过渡区的东南部方言的变化,主要受到西部权威方言的影响;从入声字使用的社会语言学调查看,女性尤其是年轻女性较之于男性、年轻人较之于中老年人、县城青少年较之于乡村青少年更多地出现“入声舒化”现象。

关键词:方言　变异(语言)　句法

**3726**

**汉语方言古全浊声母演变研究** / 夏俐萍著 ; 曹志耘指导. -- 北京语言大学, 2009. -- 178 页

论文在“汉语方言地图集数据库”93 个地点方言古全浊声母语料的基础上,结合现有文献和实地考察,对古全浊声母在汉语方言中的演变进行考察。全文共分六章。第一章绪论,介绍古全浊声母研究的现状,重点对汉语方言古全浊声母研究的现状进行评述,同时确定文章研究的范围,交代论文写作的目的、方法、材料。第二章为今读浊音,从今音音值的角度描写汉语方言古全浊声母今读浊音的地域分布、语言表现,解释吴湘语古全浊声母在保留浊音方面的差异。第三章浊音弱化,首先介绍语音弱化的定义、类型、表现形式,描写汉语方言古全浊声母弱化的类型,并提出,弱化是古全浊声母演变过程中一种常见的语音演变现象,是不同方言或语言中普遍的语言演变机制。从声类的角度来说,浊擦音最易弱化,浊塞擦音次之,浊塞音最难弱化。除此之外,古全浊声母的弱化还受到与其相拼的音节结构的影响。本章还重点对益阳地区方言古全浊声母舒声字的弱化现象进行考察。第四章为浊音清化,从动态方面了解汉语方言浊音清化的过程。汉语方言古全浊声母的清化是按扩散的方式进行的,不同的声类,不同的调类清化的进程并不一样,跟弱化一样,古全浊声母的清化大致也按照“浊擦音——浊塞擦音——浊塞音”的顺序进行,这一顺序可以被看作是汉语方言浊音清化的共性,但不同的方言可能会依据调类的不同而出现清化速度的不一致,体现出古全浊声母在清化方面的个性。文章同时还对古全浊声母清化过程中出现的一些不规则现象进行探讨。第五章为浊音清化的第二部分,对今读塞音塞擦音声母送气/不送气的考察。从静态方面分析汉语方言古全浊声母清化后,今读塞音塞擦音声母送气/不送气的各种类型及其分布。第六章阐释两种演变模式的竞争与消长,强调弱化和清化是汉语方言古全浊声母演变的两种模式以及之间的竞争关系。弱化和清化在同一方言内部以及不用方言之间的竞争,会造成不同的语音演变层次,也会形成语言演变过程中的残留现象。

关键词:汉语方言　声母　语言演变

**3727**

**现代汉语语气词语的行、知、言三域研究** / 肖治野著 ; 沈家煊指导. -- 浙江大学, 2009. -- 221 页

论文根据认知语言学区分不同概念域的观念，建立行域、知域、言域的语义描写框架，在这一框架内对“语气词语”的语义特征进行深入细致地分析，考察其语气义与其他意义之间的联系，并对语义演变等相关问题做出解释。全文共分为五章。第一章，绪论。先介绍论文的研究对象和目标、研究方法，后对国内外的相关研究进行概括性介绍，接着借助实际语例说明研究的意义，最后介绍论文的语料来源。第二章，分析语气副词的语义三域。第一节和第二节考察副词“也”“倒”的三域特征，指出其语气义的产生与“类同关系”“不一致关系”在三域中的分布有密切联系。第三节先分析“大概”“多半”“总”这类副词表范围与表估测语气的三域联系，然后分析“到底”类副词表示“最终”义与探究语气的三域联系。第四、第五节考察重读的“并”“又”“可”表语气的用法。第三章分析句末语气词的语义三域特征，内容包括语气词“了”的三域研究、语气词“的”的三域研究和语气词“吗”的三域研究，当前语气词研究面临的主要问题是研究方法上需要有新的突破。第四章分析其他一些语气义词的三域义。第五章为结语，共分三部分。第一部分探讨与言域有关的“说”和与知域有关的“想”；第二部分对前面的分析中提到的不同概念域在形式上的区分方法进行总结，并进一步分析三域交叉的典型语境。第三部分总结论文的主要成果，指出存在的不足，并对下一步的研究。

关键词：汉语　语气　词语

**3728**

**当代汉语新词族研究** / 杨绪明著 ; 俞理明，杨文全指导. -- 四川大学, 2009. -- 334 页

论文的研究对象为当代汉语的新词族，包括每一个新词族所能聚合的新词语数量、音节分布及结构形式，仿拟词语和简缩词语的比例，“模标”的构词义项，“词语模”的类型，成族新词语的衍生机制及成族原因等方面的不同特点。全文共分为六章。第一章，绪论。对词族的概念及演变进行梳理，界定论文的“当代汉语新词族”概念，并对汉语词族的研究现状进行回顾，提出论文研究所运用的理论、方法与研究的意义和目标。第二章，考察当代汉语新词族的整体面貌。在语料统计的基础上，分别对当代汉语新词族的数量、分布状况、形式特征及功能特征进行统计，并以词语模为基础，对当代汉语新词族的整体特征进行概况描写。第三章，对当代汉语新词族进行分类考察。分别考察数字模标词族、颜色模标词族、对义模标词族、新意模标词族和外源性模标词族五大类，对每一个词族的音节分布、意义关系、结构形式、仿拟词语与减缩词语比例、新词语族群化衍生的机制与原因等进行具体考察。第四章，对当代汉语成族新词语的整体特征及衍生机制进行理论总结。提出同族新词语都以模标为基点形成一个复杂而系统的意义关联网络，由同一义项按相同类型词语模构成的新词语一般具有相同的结构形式，意义关联程度高。第五章，讨论当代汉语新词语族群化现象的影响与词族的研究价值。当代汉语新词语族群化现象主要有四个方面影响，且当代汉语新词族研究可以产生六个方面的价值。第六章，结论。对全文进行总结，指出可以进一步研究的问题。

关键词：汉语　新词语　词族

**3729**

**博杜恩·德·库尔德内语言学理论研究** / 杨衍春著 ; 季永海指导. -- 中央民族大学, 2009. -- 113 页

论文通过研究博杜恩·德·库尔德内的语言学思想，理清他的语言学思想脉络，透视一个伟大历史比较语言学家和普通语言学家对语言学发展的影响，对其学术思想和学术地位展开评价。全文共分为六章。绪论部分介绍博杜恩·德·库尔德内语言学理论研究的意义、创新点及研究方法，介绍国内外研究动态。第一章，博杜恩·德·库尔德内与喀山语言学派。分别介绍博杜恩·德·库尔德内的生平、喀山语言学派、语言学和毗邻学科的关系、语言学的结构以及语言学的研究方法。第二章，博杜恩·德·库尔德内对历史比较语言学的反思与贡献，一是博杜恩·德·库尔德内对“谱系树理论”和“波浪理论”的质疑和批判；二是语言混合理论；三是语音规律；四是语言规律及其语言的发展原因；五是个体语言和群体语言；六是语言的发展与历史；七是语言的外部历史和内部历史；八是语言类型研究，包括谱系分类法、形态分类法和语言同盟的内容。第三章，博杜恩·德·库尔德内进行语言研究的重要原则。第四章，语言的本质概述。首先介绍博杜恩·德·库尔德内的心理语言观，进而阐释语言的心理和生理方面之间的联系；其次讨论语言的个体性和社会性；最后介绍博杜恩·德·库尔德内对新语法学派的心理语言观。第五章，博杜恩·德·库尔德内语言学理论及其贡献。首先对语言和言语进行界定，接着对人类语言的特点——分节音和符号性展开说明，第三节是语言的系统性介

绍,最后对语言的静态和动态说和音位理论以及语音交替理论作出对比,对博杜恩·德·库尔德内对语言教学提出若干问题的思考。第六章是博杜恩·德·库尔德内——历史比较语言学——现代语言学,包括博杜恩·德·库尔德内与历史比较语言学,博杜恩·德·库尔德内与现代语言学。最后为结语。

关键词:博杜恩·德·库尔德内　语言学

3730

**现代汉语比喻的语法和逻辑研究** / 于辉著 ; 李宇明指导. -- 中国传媒大学, 2009. -- 121 页

论文运用现代汉语语法基本理论和逻辑推理的有关方法,对现代汉语比喻进行集中研究。文章主要从语法和逻辑两个方面地现代汉语比喻展开研究,分析比喻的构成、特点,描写现代汉语比喻构成成分之间的语法关系以及利用成分之间的相似点所进行的逻辑推理,从而确定现代汉语比喻在语法上和逻辑上是如何实现的。第一章为绪论,讨论论文所研究的现代汉语比喻的定义、特点,确定了论文的研究对象、研究目的、研究思路和研究方法,介绍语料来源。第二章为综述部分,一方面梳理现代汉语比喻的研究思路和研究脉络,另一方面总结当前对现代汉语比喻从构成成分角度、内部分类角度、认知阐释角度以及逻辑角度的研究成果及研究特点,指出当前研究的不足和进一步研究的方向。第三章为语法实现,总结出经常使用的比喻结构作为典型结构,介绍这类典型结构与变式结构之间的对应关系和转换方法,归纳出了比喻的结构类型并且分析了作为比喻成分之一的喻展的语法功能,全面考察现代汉语比喻的语法实现过程。第四章为隐现情况,在自己创建的小型语料库中穷尽式量化统计不同出现情况和出现顺序所占的比例。第五章为逻辑实现,主要在比喻和思维关系的指导下,指出比喻的逻辑基础是相似推理。第六章为结论,对全文内容加以总结,得出了文章的主要结论,指出论文研究的缺点与不足,以及未来研究的方向。

关键词:现代汉语　比喻　语法　逻辑

3731

**文化、语言学视角下的中国古镜研究** / 曾甘霖著 ; 何锡章指导. -- 华中科技大学, 2009. -- 150 页

论文从文化、语言学的视角,对古代铜镜镜背、镜面两方面进行较为深入的研究。因古代铜镜铭文以汉唐为盛,故论文在对历代镜铭进行概述的基础上,主要研究汉唐镜铭文化。论文共分为七个部分。第一部分,引论。包括历代铜镜著录和研究的概况以及论文研究的对象、研究角度及研究方法。第二部分,古代铜镜的起源及“镜”字源流,包括镜子的起源,“镜”字源流及铜镜的别称。第三部分,古代铜镜中的铭文文化。首先对历代镜铭做概述;其次讨论古代镜铭与古代诗歌发展的关系;再次对汉代镜铭体现出的广告意识进行分析;然后对汉镜铭文与汉人的社会追求展开介绍;最后探讨汉镜铭文的用字特点及原因,并总结归纳隋唐镜铭内容形式的新特点。第四部分,古代铜镜中的纹饰文化。包括汉镜人物纹饰与儒道思想,隋唐铜镜纹饰中的佛道色彩。这两部分研究对象为镜背的铭文和纹饰文化。第五、第六和第七部分研究的是文学中的镜子。第五部分,古典文学中的镜意象研究,包括作为伴侣的镜子,作为信物的镜子和作为神器的镜子。第六部分,古典文学中的镜喻,包括以镜喻物、以镜喻人、以镜喻道。第七部分,古典镜意象在现代文学中的传承及影响——以张爱玲小说为例,文学中的镜子描写是丰富多彩的,该部分包括两点,一是“说不尽的苍凉——从镜意象解读张爱玲的《倾城之恋》”,二是从镜意象解读张爱玲小说的苍凉意蕴,认为张爱玲笔下的人物在面对镜子时,自信和自省的成分少了些,而更多的是对镜时候的顾影自怜、扭曲变形、脆弱易碎以及内心苍凉情感的真实流露。

关键词:古镜　铜器　语言学

3732

**非规约间接否定:作为语用策略的言语行为** / 曾莉著 ; 程邦雄指导. -- 华中科技大学, 2009. -- 111 页

论文采用语料调查和文献阅读的方法,运用Sperber&Wilson 提出的关联理论,对汉语言语交际中的非规约间接否定言语行为进行全面、系统的研究。全文共分为九个部分。第一部分概论,介绍选题依据、目的及意义,研究问题和研究目标,语料来源和研究方法以及全文的结构。第二部分是研究的现状和问题,包括国内外的研究现状以及前人研究的主要成就和问题。第三部分是非规约间接否定言语行为的定义和范围,包括非规约间接否定言语行为的定义、非规约间接否定言语行为的研究范围。第四部分,非规约间接否定言语行为的分类,包括分类标准和理论基础、论文的分类、汉语非规约间接否定言语行为的分类描写及小节。第五部分为非规约间接否定言语行为意义的特性,分别为非规约性、显新奇性、可消失

性、重整体性、强推理性、高语境性。第六部分为非规约间接否定言语行为的理解过程，理解模式为：明示—推理，理解步骤一：识别间接度，理解步骤二：建构语境假设，理解步骤三：获得否定含意，并介绍间接度、理解难度与语境效果的关系，理解非规约间接否定言语行为的前提条件，非规约间接否定言语行为理解模式的认知依据。第七部分为非规约间接否定言语行为产生的原因，首先介绍前人的观点和论文的理论基础，之后介绍非规约间接否定言语行为产生的原因一：顾及面子需要，非规约间接否定言语行为产生的原因二：保护自我需要，非规约间接否定言语行为产生的原因三：表达情绪需要，非规约间接否定言语行为产生的原因四：增加美感需要，并做出总结。第八部分为非规约间接否定言语行为的跨文化调查和分析。第九部分为总结，包括全文要点，论文的创新与不足之处。

关键词：语法　句法　否定　汉语

**3733**

**镇宁布依语语音研究** / 占升平著；张洪明，曾晓渝指导. -- 南开大学，2009. -- 266 页

论文采用历史比较法和内部构拟法，研究布依语语音的历时演变，并对原始布依音系进行构拟，力图解释布依语语音演变的轨迹，从对镇宁布依语音系自身演变研究和语言接触演变研究两个方面展开。全文共分为七章。第一章是布依语研究综述，包括对布依族概况的介绍、布依语研究概况的介绍、布依语研究中有待解决的问题以及研究的相关说明等的叙述。第二章是对镇宁布依语三个土语音系的对比研究。第三章是对镇宁布依语三个土语音系格局的描写，包括的声母比较、韵母比较和声调比较。第四章主要描写布依语语音的历时演变轨迹，首先介绍布依语的缘起，然后依次介绍布依语元音系统的演变和声调系统的演变，并做出分析和相关总结。第五章对布依语中的汉语借词层次进行探讨，一是判定不同历史层次借词的研究方法回顾，二是镇宁汉语方言音系，三是镇宁布依语中汉语借词的现代层，四是近代汉语借词，五是中古汉语借词，六是布依语中的上古汉语借词。第六章是专题研究，对布依语第三土语中的送气音来源进行初步探讨，同时对布依语第三土语中的舌边清擦音来源以及布依语中塞音韵尾的演变进行考证，该章最后是对镇宁汉语音系描写。第七章是论文的结语，内容包括对布依语语音演变模式的认识，观察布依语语音演变的角度及层次分析方法的应用，对布依语中一些特殊音变现象的解释以及论文存在的问题和对未来研究的展望。

关键词：布依语　语音　语言演变

**3734**

**基于动态性认知的语用预设研究** / 张峰辉著；周昌乐，Istvan Kecskes 指导. -- 浙江大学，2009. -- 139 页

论文的研究目标就是揭示语用预设的动态性并在此基础上建立新的语用预设理论。论文研究以预设动态性为主线，围绕三个基本内容展开：提出新的语用预设理论，考察预设与公共背景的关系，解决预设调整问题。全文共分六章，各部分内容如下：第一章为绪论。简述预设研究的三个维度，论述预设的动态性为语用预设研究带来的问题和挑战，指出预设动态性分析是推动语用预设研究、认识预设与公共背景关系、解决预设调整问题的关键。提出论文的研究目标、理论来源及研究方法，最后提供全文的组织结构。第二章是基于预设动态性的说话人主导预设理论建构。首先介绍预设动态性分析的三个重要概念（信念、意图、公共背景）。然后详细分析交际者在认知加工预设时需遵循的行为准则，包括真诚性准则和意图性准则。最后，建立说话人主导预设的工作机制——预设认知加工原理，形成预设在话语交际过程中的整个动态认知加工全貌；预设是说话人对公共背景的提议，预设可能但并不一定成为公共背景部分。第三章基于说话人主导预设理论重新探讨预设与公共背景关系。首先阐述根据说话人主导预设理论形成的预设动态性认识，然后介绍假定公共背景理论以及公共背景动态性的认识。在此基础上重新探讨预设与公共背景关系。最后根据预设与公共背景关系认识提出语用预设、文化预设、会话涵义、逻辑前提等的区别应给予重新理解。第四章对预设调整问题给予重新解释。旨在运用说话人主导预设理论及预设与公共背景关系认识重新解释预设调整问题，并以此验证理论研究及关系探讨的解释性、正确性。第五章对语用预设的策略性进行分析。首先概述以往的语用预设在语用策略中的应用研究，然后基于论文的理论研究分析预设的策略性，并结合三种语用文本（广告语、幽默语、侦查讯问）进行实例考察。第六章为结论。阐述论文研究的主要创新点，指出论文研究存在的问题，并提出今后研究的展望。

关键词：语用学　语言逻辑　动态分析

3735

**汉英颜色词语文化属性对比研究** / 张淑慧著 ; 许嘉璐指导. -- 北京师范大学, 2009. -- 204 页

论文采用汉英对比分析以及定性定量分析相结合的研究方法,分别以汉英语中"白/white""黑/black""红/red""黄/yellow""绿/green""蓝/blue""灰/gray""紫/purple"八个基本颜色词为核心构成的颜色词群为研究对象,从汉语和英语语料库的真实文本中选取具有文化属性意义的汉英颜色词语语料,得到汉语含有文化属性意义颜色词语的句子共 30738 条,英语含有文化属性意义颜色词语的句子共 28467 条。第一,在对语料进行统计的基础上,采用认知语言学隐喻、转喻以及语义域的概念,分别对汉英语每个颜色词群的文化属性意义进行分类,并对每一意义类别所含有的语料量进行统计和排序。第二,以语义域为对比单位,分别对八个颜色词群的文化属性意义内容、语料数量、意义性质进行系统而深入的汉英对比分析,考察和总结汉英各颜色词群文化属性之间的跨语言和跨文化的共性和个性。第三,从认知和文化模式的角度对汉英颜色词群文化属性的异同的动因进行了系统化、全面而深入的阐释。我们认为,颜色词语的文化属性义,是在基本义的基础上进一步进行词义范畴化的结果,进而形成了以各基本颜色词为核心的颜色词群及其文化属性意义网络。一方面,人们认知的客观对象世界是词义形成的客观基础,同时人们自身的生理、认知机制等因素也会对词义的形成产生重要作用,这些都是不同语言中词义形成的共同因素,是词义跨语言共性产生的主要原因。另一方面,不同民族文化模式的个性是汉英颜色词语文化属性跨语言差异产生的根源。

关键词:汉语　英语　颜色　词汇

3736

**电视商业广告的语体研究** / 张武江著 ; 李佐丰指导. -- 中国传媒大学, 2009. -- 107 页

论文对电视商业广告语体进行了尝试性的研究。全文包括以下五个部分。第一章是绪论。简要介绍广告语言研究现状及存在问题,以往的研究以及研究汉语电视商业广告语体的必要性,研究的目的。第二章研究电视商业广告的语音。借鉴传统语音学的研究方法,我们从音色的性别因素、平均语速、句子节奏模式和押韵等四个方面论述了电视商业广告的语音特征。第三章研究电视商业广告的代词。语篇的人际功能可以部分地实现为第一、第二人称代词。从这个角度出发,我们分析了第一、第二人称代词在电视商业广告语篇中的指称意义。第三人称代词和指示代词在电视商业广告中主要反映语篇关系,其所指实体只能在语篇中得到确认。我们对第三人称代词和指示代词的分析主要集中在以下几个方面:1.第三人称代词的照应;2.第三人称代词的话题延续性;3.第三人称代词的代词单位;4.指示代词的照应;5.指示代词的不对称标记;6.指示代词的直接指示。第四章研究电视商业广告的感叹句、祈使句和疑问句。我们对不同语体的句类分布情况进行比较,分析差异形成的原因。我们把电视商业广告的感叹句分为有标记感叹和无标记感叹,把祈使句分为肯定式祈使句和否定式祈使句,把疑问句分为真性问和假性问。在统计三种句类各种形式出现频率的基础上,分析其形成原因和功能。第五章是结论。通过对电视商业广告语体的语音、代词、句类的研究,总结研究的理论意义和实用价值,同时,也指出了研究的不足和进一步研究的方向。

关键词:电视　广告　语体　语言艺术　语音

3737

**《说文》谐声源流研究** / 张新艳著 ; 尉迟治平指导. -- 华中科技大学, 2009. -- 236 页

论文以大徐本《说文》为研究对象,吸收近年来古文字学、音韵学和训诂学的研究成果,从谐声字形体演变、声符来源、李世杰雷和同一谐声系列各谐声字之间的亲疏关系等方面综合探索《说文》谐声系统的动态变化。将《说文》制成电子文本,使用计算机辅助的方法,建立《说文》谐声数据库,制成《说文》谐声信息查询软件,在此基础上对《说文》谐声系统进行多角度观察。全文共分为八章。第一章绪论,主要介绍选题的缘起、研究的价值、研究所涉及的材料、理论依据、研究方法、研究的难点和处理方法、相关研究综述。第二章,"谐声字和谐声理论",主要介绍对谐声字和谐声原则的认识。第三章,"材料的计算机处理",讨论材料的处理办法,《说文》谐声数据库的建立方法。第四章,"《说文》谐声字辨正",主要是从形体的演变上讨论《说文》谐声系统的动态变化,具体探索各种原因造成的《说文》谐声错误,考证《说文》谐声材料的可靠性。第五章,"《说文》声符的来源",主要从声符的形成途径上讨论《说文》谐声系统的动态变化。第六章,"《说文》谐声字的历史积累",主要考订

《说文》谐声字和声符字的创制时代。第七章,"《说文》谐声系列的源流分合",主要从同源分化和异源合流两个角度对《说文》谐声系列当中谐声字的亲属关系进行动态观察。第八章,结语,总结论文的主要研究成果。

关键词:说文　古文字　形声字

3738

**汉语受事前置有标记构式研究** / 张怡春著 ; 段业辉指导. -- 南京师范大学, 2009. -- 123 页

论文以功能学派的句法演变观为研究视角,综合运用了构式语法理论、标记理论等多种研究理论方法,对汉语受事前置有标记构式作了系统研究。全文共分为四章以及前言和结语。前言部分说明研究对象和研究价值,研究现状和存在问题,研究内容和论文结构,研究视角和研究思路。第一章,汉语受事前置有标记构式的界定,包括构式语法的基本观点和局限性,构式的标记性,有标记构式的界定标准以及汉语受事前置有标记构式的界定,其中界定的内容为汉语小句结构的基本语序类型、汉语受事前置句是有标记匹配和汉语受事前置有标记的构成。第二章,汉语受事前置有标记构式类型。首先对复杂受事构成的汉语受事前置有标记构式的第一类进行探讨,在此基础上对标记度展开比较;其次是对复杂谓语构成的汉语受事前置有标记构式类型的第二类展开说明,最后得出本章小结。第三章为汉语受事前置有标记构式的形成动因(上),首先介绍周遍性构成的形成,包括形成原因分析,前置受事的语义演变进程和构式化与周遍性构成的形成;其次讨论话题化与D类构式的形成,包括D类构式与周遍性构式的区别,D类构式形成的"左偏置结构"说,D类构式中前置受事的话题话和D类构式的话题化程度,最后为小结。第四章,汉语受事前置有标记构式的形成动因(下)。包括谓语动词复杂形式使受事强制前置的促成因素,异形同构的角逐与E类构式的形成,F类构式的形成,历史延续与G类构式的形成以及语言经济性与H类构式的形成。最后为结语,包括论文的主要研究结论和进一步的思考。

关键词:汉语　句法　语法

3739

**词汇文化语义的认知研究** / 张再红著 ; 何锡章指导. -- 华中科技大学, 2009. -- 226 页

论文的研究对象是汉英两种语言中词和短语的文化语义。全文共分为八个部分。第一部分,引言。介绍文化语义学的诞生、发展及其现状;文化语义研究的新视角;该研究拟解决的问题;该研究的语料来源以及该论文的机构。第二部分,文化词语、文化语义及其特征的分析。包括术语的界定和使用、文化词语类型、文化词语的结构特征、词语的意义类型、文化语义在语义学中的位置、文化语义的特征以及文化语义的差异模式。第三部分,认知语义学范式下的词义研究,包括认知语义学及其研究重点、认知语义学的主要观点、认知语义学与一词多义研究以及认知语义学在词义研究方面的局限性。第四部分,词义的文化模式表征。包括文化人类学的文化模式观、认知人类学的文化模式观、文化模式的特征、文化模式的成因、文化模式的知识表征、文化模式对语义的作用、文化模式与词语释义以及文化模式与认知模式的关系。第五部分,文化词语的意义关系模式,包括文化语义的建构模式,文化语义的隐喻性在语言结构层面的体现,文化语义的喻源类型,文化语义的认知结构和文化语义的常规映现方式。第六部分为问候语义认知分析的实例,一是"手"和 hand 的语义分析,二是"吃"和 eat 的语义分析。第七部分,文化语义认知研究的应用,包括文化语义认知研究与外语教学,文化语义认知研究与双语词典编撰,文化语义认知研究与汉英互译,文化语义认知研究与跨文化交际。第八部分为结束语。

关键词:词汇学　语义学　认知

3740

**墨江哈尼族卡多话参考语法** / 赵敏著 ; 戴庆厦指导. -- 中央民族大学, 2009. -- 281 页

论文以汉藏语系藏缅语族彝缅语支的哈尼语卡多方言(以下简称"卡多话")为研究对象,借鉴参考语法的描写分析原则,综合运用现代语言学的基本理论,并兼顾传统语法的研究范式,对墨江哈尼族自治县孟弄乡石龙村哈尼语卡多话的语法结构及其特点进行较为全面、系统、深入的共时描写与分析。全文共分十二章。第一章绪论主要介绍论文的研究对象、研究意义、理论框架及具体的研究方法;简述哈尼族的民族概况、哈尼语及卡多方言的总体特征和现阶段哈尼族卡多人的语言使用状况;回顾并简要评价迄今为止对卡多话的研究情况;对论文的语料来源做说明。第二章音系主要描写哈尼语卡多话的声母、韵

母、声调以及音节结构类型。第三章实词对卡多话的实词,包括名词、代词、数词、量词、形容词、动词和副词进行详细的描述。第四章虚词对卡多话的虚词,包括助词、连词和感叹词进行详细的描述。第五章短语主要描写卡多话的八种短语成分。第六章句法成分本章主要探讨了能够允当句法成分的各种语言单位,并从语义角度对各句法成分做了进一步的分析。第七章简单句对动词性谓语句、形容词性谓语句、名词性谓语句、主谓谓语句进行分析。第八章复杂句把复杂句分为并列句和主从句两大类。以分句间的语义关系为依据,详尽描述五类并列句;七种主从句分。第九章句子类型本章对卡多话的四种语气类型进行了考察,从形式、语义和语气的角度对四种语气类型做了进一步的细分。第十章特殊句式对卡多话的六种特殊句式做了专题性的描写及研究。本章对卡多话的构词方式、借词来源与使用进行了说明;对多义词、同音词、同义词、反义词和近义词等进行了详细的分析与论述。第十二章全文结语。归纳论题研究的成果和重点、研究的创新;指出研究的不足;明确后续研究中需要深化的问题。论文的末尾附有长篇语料(附录一)和分类词汇(附录二)。论文的撰写是建立在大量丰富翔实的语料基础之上的。

关键词:哈尼族　哈尼语　语法

3741

**赵庄白语参考语法** / 赵燕珍著 ; 戴庆厦指导. -- 中央民族大学, 2009. -- 294 页

论文以"参考语法"所倡导的语言描写与研究原则为理论指导,结合语言学基本理论,用"参考语法"的写作范式,同时借鉴传统语法的描写方法,对赵庄白语的语法结构及其特点进行比较系统、全面和深入的共时描写。全文共分九章。第一章绪论。介绍研究对象、内容以及研究意义;交代论文的理论指导、研究方法以及语料来源。回顾并简要评价前人对白语的研究情况。第二章赵庄人文社会概况。介绍赵庄自然地理、经济文化,以及宗教、节庆、婚丧嫁娶、饮食服饰、禁忌等社会文化和赵庄语言使用概况。第三章语音。描写赵庄白语的声、韵、调系统以及音节结构类型;归纳赵庄白语连读变调、元音同化、合音等音变类型。第四章构词法。分形态构词法和复合构词法两节。形态构词法部分重点描写赵庄白语的名词前缀;复合构词法部分介绍赵庄白语的并列式复合词、修饰式复合词和支配式复合词,着重分析赵庄白语并列复合词的结构特点及其组合规律。第五章词类,对赵庄白语的名词、代词、数词、量词、动词、形容词、副词、连词、助词、语气词、叹词进行详细描写,突出介绍各种词类的语法特征和句法功能。其中突出介绍名词的指称和类别、人称代词的数和格、疑问代词和指示代词的构成、数词系统及其用法、名量词的强制性和分类性、拷贝型量词的发展、动词的语法化、动词的体和貌、动词重叠及情态助动词的句法位置、形容词的情状范畴、形容词的重叠;介词、副词、连词、助词、语气词、叹词的类别及其句法功能。第六章是短语。描写赵庄白语的五种短语类型,即名词短语、动词短语、形容词短语、介词短语和量词短语,重点归纳各种短语的组成成分及组合顺序。第七章是句类。重点考察赵庄白语陈述、疑问、祈使、感叹等四种句子功能类型。重点分析正反问句的结构特征及其语法化趋势。第八章句型。分析和描写赵庄白语的判断句、否定句、处置句、被动句、比较句、话题句六种句子结构类型。重点分析判断句的类型及其结构特点、否定句中否定词的句法位置、被动句的多种句式变换及话题句的语义类型和结构特点。第九章复杂句。分析和描写赵庄白语的关系从句、补足语从句以及并列关系、主从关系。从句部分突出关系从句的限制性及核心词的相对位置、补语从句的标句词;并列关系介绍等立、顺承、转折、选择四种类型的句子结构;主从关系介绍条件句、假设句、因果句、目的句、让步句和时间句。第十章话语分析。主要对赵庄白语话语标记和话语结构进行考察。前者着重分析句首话语标记和句尾话语标记,后者分析首尾相连和首尾呼应两种话语结构类型。附录部分包括3000常用词汇表和长篇故事、自然对话、食品制作、儿歌、谚语、祭词等长篇语料。

关键词:白语　语法　词类　句法

3742

**汉字姓名之社会语言学研究:中国、韩国、马来西亚汉字姓名的调查和比较** / 郑圣宪著 ; 徐大明指导. -- 南京大学, 2009. -- 123 页

论文研究运用统计和比较的方法来分析几个地区的姓名资料,突破目前对姓名研究的地域局限,将中国、马来西亚、韩国等亚洲华人地区人名进行横向比较,并对它们各自的特征进行分析,试图在不同的历史背景、地域与社会环境和语言环境中的姓名变异入手,具体探讨语言与社会的紧密联系。全文共分为七章。第一章,重点提出研究的目的和意义,阐述目

前中韩两国姓名研究的现状，总结出这类研究的既有成果和不足；在前人研究的基础上，作者提出研究假设；并介绍主要的研究方法，即问卷调查法和比较法。第二章，主要讨论姓、氏、名的定义，以及人名的详细分类，如小名、大名、字、号、地望名、宦地名、官爵名、谥号、绰号、笔名、艺名、网名等；归纳出上述人名的符号系统的特点与其在社会语用和评价色彩上的关系。第三章，主要讨论中、韩和海外华人地区姓氏用字的演化，分析中韩两国姓氏用字现状，总结这些国家因受到不同的历史发展和社会环境等影响而在姓氏使用上产生的共性与差异。第四章，主要根据汉字姓名的组成结构、人名用字的语言和字形特征、人名用字的时代、地域、性别、社会语义特征等方面研究人名用字的特点，着重对韩国和中国人名的时代特征进行比较分析。第五章，通过对中国、马来西亚、韩国汉字姓名样本的统计分析，研究三个国家汉字姓名用字的实际使用情况。第六章，主要报告在中国、韩国、马来西亚和香港地区进行的问卷调查的结果。第七章，总结研究的研究结果，并预测未来姓名发展新趋势，指出研究的局限性。

关键词：汉语　姓名　社会语言学

**3743**

**现代汉语中歧义的识别与消解的认知研究** / 周明强著；徐大明指导. -- 南京大学，2009. -- 186 页

论文以社会语言学基础理论言语社区理论为指导，以现代汉语歧义的认知情况为研究对象，通过社会调查方法，调查词汇歧义和句法歧义的识别情况，运用认知语言学的认知域理论、认知模式理论等论证人的认知在歧义识别中的作用，运用认识模式理论、句法组块加工理论等论证认知在歧义消解中的机制。全文共分为五章。第一章绪论，回顾近60年来歧义研究的基本情况，对歧义研究的视角与方法做出评析。从语言表达、语言理解两方面界定歧义，探讨语言认知的基本特点。然后介绍论文研究的目的和研究方法。第二章为词汇歧义的认知差异，分析歧义词语认知的基本特点，分析对词语歧义识别调查的基本情况，并从词义的隐现、社会认知特点、受教育程度等方面分析词语歧义认知的个性差异产生的原因。第三章为句法歧义的认知差异。分析句法歧义的形成和认知的基本特点，分析句法歧义认知调查的基本情况，分析不同言语社区对歧义句法结构认知的特点，重点探讨语义整合、主体突显、意象图式、性状特征等认知模式在歧义句法结构中的认知效用。第四章，词汇歧义消解的认知机制。分析词汇歧义的成因，认为词语多义是词汇歧义形成的内因，词语所在的语境是形成词汇歧义的外因。归纳词语歧义消解的心理过程，突出认知在歧义消解中的作用，探讨词语歧义消解的认知模式。通过对调查材料的分析，发现在语义类型特点上的认知差异和性别上的差异等。第五章为句法歧义消解的认知机制，分析句子理解中的认知加工与就发歧义消解的心理机制，分析句法结构歧义消解调查结果，着重讨论不同原因造成的句法结构歧义在认知过程中各种意义被激活与被小姐的程度等。研究表明，歧义现象是与人们的认知密切相关的，歧义的产生与认知有关，歧义的消解也与认知有关，因为人们的认知水平有个性差异，所以对不同歧义现象的认知会出现识别程度、消解程度的个性差异。

关键词：汉语　语法　句法　认知

**3744**

**现代汉语"V个N/VP"结构与隐性量研究** / 周清艳著；崔希亮指导. -- 北京语言大学，2009. -- 165 页

研究从"隐性量"角度出发考察分析"V个N"及其变体形式，以求解决"V个N/VP"结构"是什么"及"为什么是这样"两个根本问题。全文共分为七章。第一章是绪论部分，主要介绍论文的研究对象、研究角度、研究思路和研究方法及论文的语料来源。第二章为综述部分，一方面对国内外量范畴和隐性量的研究作了全面系统的介绍，另一方面梳理前人对"个"的特殊用法、"V个N"及其变体形式"V个VP"的研究情况，最后指出前人研究的不足。第三章分析"V个N"结构内部存在的不对称现象，将"V个N"结构的内部分为三类S1、S2、S3，并用形式的办法将三者作出区分，最后指出前人"二分说"存在的问题。第四章研究S2结构中"个2"的语法意义、S2与S1语义理解的区分、S2的形成动因和机制及S2表量的特殊性等问题。论文指出"个2"为特殊动量词，本质属性在于有界化"VN"所代表的抽象活动，使之成为某一个具体的事件，并具备帮助表达动作小量的功能；S2与S1相比，结构中"N"和"VN"都有着明显的特殊性；S2是S1的语法化形式，"个2"后"N"不能个体化是S2形成的直接动因；S2是"V个N"结构从显性量表达到隐性量表达的过渡形式。第五章分析讨论S3结构中"个3"的语法功能，S3出现的外部句法环境、S3的本质属性及S3形成的外部动因。第六章讨论"V个VP"结构的量

性特征及其形成动因。"V个VP"结构内部语义关系复杂,其中表达动作和结果关系意义的"V个VP"(记为S4)在量上有着特殊性,S4是一个表达主观异态量的构式,具体表现为超常大量和反预期量两种类型。S4构式意义的形成与焦点凸显(salience)和距离象似性原理密切相关。第七章是结语,对论文的基本结论和创新之处加以总结,揭示论文研究的理论启示和应用价值,最后指出文中存在的不足之处和有待进一步研究的问题。

关键词:现代汉语　语法

**3745**

**"秀水街英语"及其使用调查** / 左雁著 ; 王远新指导. -- 中央民族大学, 2009. -- 117页

论文采用调查法和描写归纳法,以现实生活中的"异质"语言变体及其使用为观察对象,联系语言使用者、使用语域等社会因素,对"秀水街英语"以及使用展开调查分析。全文共分七个部分。第一部分为绪论,对秀水街概况、秀水街英语产生的条件及主要特点、论文研究方法和研究价值展开介绍。第二部分为洋泾浜英语与秀水街英语的研究,一是洋泾浜英语的界定、中国洋泾浜英语发展历程、中国洋泾浜英语研究概况以及世界其他地区洋泾浜英语研究概况;二是秀水街英语研究的概念和社会学语言性质。第三部分是秀水街英语语言采样、语音、词汇、语法以及特有表达方式及辅助交际手段的介绍。第四部分为秀水街英语语用研究,一是秀水街英语御用研究的理论指导,包括生物"适应/选择"学说、语言顺应理论、语言使用得体性与适应/选择过程;二是秀水街英语交际功能中关于招揽顾客的话语与策略分析;三是秀水街英语交际功能中关于介绍商品的策略分析,有模糊策略、赞誉策略及预设策略三个方面;四是秀水街英语交际功能中关于议价成交的行为分析,从请求行为到拒绝行为直至成交。第五部分为秀水街英语的语言态度调查,介绍调研的背景,对调研进行设计,并分析调研结果。第六部分对秀水街英语的发展趋势展开探讨,包括秀水街英语的发展——克里奥尔化发展和洋泾浜与反洋泾浜化发展,后通过英语的发展、英语的地域化发展以及多种英语变体的和谐共存对英语的传播与多变体的和谐共存展开说明。第七部分为结语。

关键词:英语　口语　商业服务

# 汉语言文字学

**3746**

**吕梁方言语音研究** / 白静茹著 ; 李小凡指导. -- 北京大学, 2009. -- 153页

论文以吕梁方言为对象,在实地调查的基础上,结合前人研究成果,综合运用描写归纳法、历史比较法和历史层次分析法等多种方法对吕梁方言语音特点及其历史演变做全面性研究。论文分为绪论和正文四章。绪论部分包括吕梁地区概况,吕梁方言研究现状,论文的研究范围、目的、意义、方法及材料来源。第二章研究声母,分别详述声母概说、吕梁方言泥娘母字声母的读音空演变、吕梁方言知庄章组字声母的分合及演变、吕梁方言影疑母字声母的分合及演变。第三章解析韵母,具体包括吕梁方言韵母概述、吕梁方言一二等韵的分立、阳声韵白读韵尾的丢失及其与阴声韵的纠缠、吕梁方言的元音高化现象。第四章研究声调,首先介绍吕梁方言声调概况,然后介绍吕梁方言的入声调,最后分析吕梁方言声调格局的形成与发展,在介绍这一地区的声调格局及特点后,重点分析入声调的情况和吕梁方言声调的发展趋势。第五章解析吕梁方言在晋语中的地位及隰县片的归属,包括吕梁方言在晋语中的地位,即吕梁方言保留晋语的一系列古老特点,也集中晋语的绝大多数基本特点,其语言特征保持较早的历史面貌,在晋语中有着极为重要的地位和吕梁方言隰县片的归属,考虑到入声作为划分晋语的一项决定性特征,隰县片方言仍归晋语比较合适。

关键词:西北方言　语音　吕梁地区

**3747**

**古汉语肯定和否定语法形式的对称性与平衡性专题研究** / 白雁南著 ; 柳士镇指导. -- 南京大学, 2009. -- 155页

论文综合运用历史语言学、认知语言学、语义学和语用学等相关的现代汉语言学理论,以大量的文献为基础,采用个案分析的方式讨论古汉语肯定和否定语法形式的对称性与平衡性问题。文章共分为五章。第一章为绪论部分。主要介绍文章的研究内容和概况、研究意义和方法、使用语料和相关说明。第二章在词和结构的层面上分别选取中古汉语副词"了",以

及一组结构“险、险些”和“险、险些不”作为对象，讨论肯定和否定的对称性问题，分别代表肯定和否定结构不对称以及语义不对称情况。第三章主要对“比，如”字句肯定和否定的对称性与平衡性进行研究。文章首先对“比”字句的肯定和否定的对称性与平衡性进行研究，接着对“如”的相关性质进行研究；并对“比，如”字句固定句式的对称性与平衡性进行探讨，最后，分析“比”字句和“如”字句的不对称与不平衡。第四章则主要探究“将，把”字句肯定和否定的对称性与平衡性进行研究。首先分别分析“将”字句与“把”字句肯定和否定的对称性与平衡性，接着又对“将，把”字句肯定和否定的不对称与不平衡进行探讨，最后，文章还介绍“将”字句和“把”字句历时竞争中肯定与否定的不平衡性。最后，通过五个个案的调查讨论，总结出肯定和否定对称性与平衡性的影响因素。第五章为结语部分。

关键词：古代汉语　语法　肯定　否定

**3748**

**汉字字族研究** / 蔡永贵著 ； 马重奇指导. -- 福建师范大学, 2009. -- 216 页

论文对汉字字族进行研究，旨在从动态上把握汉字，揭示汉字内部的孳乳规律，有利于编写汉字字族谱系字典，有利于提高汉字教学和训释古籍的水平。文章分为绪论和正文，其中正文分为七章。绪论主要探讨汉字字族的概念、性质、特点以及与相关学科的关系与纠葛，旨在为汉字字族研究正名、定位。第一章在研究汉字的时代特征及字族与汉语词汇派生阶段的关系的基础上，既从一个侧面揭示字族存在的第一个理据，又探讨汉字字族研究的角度、原则、方法，力求使字族研究科学化。第二、第三章梳理从汉代到近现代学者关于汉字字族研究的丰富材料，目的在于梳理搜集历代字族研究资料，凸显今天字族研究的必要性，并总结前人研究的成败得失，以求在前人研究的基础上创新理论，发展学科。第四章主要探讨汉字字族的孳乳过程、孳乳规律及孳乳条例，同时通过揭示字族形成的过程，从另一个侧面说明字族存在的第二个理据。第五章主要根据“思维认识、语言、文字”三者的互动关系在理论上验证字族的存在，这也是汉字字族的第三方面的理据，并证明字族说的科学性。第六章介绍同族字和同声符字的联系与区别，通过研究形声字形成的历史过程，在本源上揭示字族与形声字的不同性质、特点，并进一步强化字族理论的科学性和适用范围。

关键词：汉字　字族　形声字

**3749**

**《摩诃僧祇律》复音词研究** / 柴红梅著 ； 方一新指导. -- 浙江大学, 2009. -- 249 页

论文以《摩诃僧祇律》复音词为研究对象，首次对其复音词进行较为全面系统的整理和研究。全文共分为五章。第一章为绪论，主要介绍《摩诃僧祇律》总论、研究现状综述、复音词的判断以及选题缘由及研究方法和预期。第二章具体地论述《摩诃僧祇律》的语言特点和复音词研究价值，在说明《僧祇律》的语言特点及词语构成的基础上，进一步阐述《僧祇律》复音词研究的价值，并探究《摩诃僧祇律》复音词构词法的研究，最后探讨《摩诃僧祇律》复音词来源的研究。第三章探讨《摩诃僧祇律》复音词构词的研究，考察单纯词概貌及发展机制，并进一步分析合成词概貌及其动因。第四章综述《摩诃僧祇律》复音词来源的研究，分别详述继承词、新词及词义、余论三部分的内容。第五章概述《摩诃僧祇律》复音词演变的研究，首先阐述词语的消亡，然后进一步探究词语的保留，最后对该章进行余论。文章最后的结语部分介绍研究总结、存疑、不足与展望。同时，结合《僧祇律》复音词继承性强、比较常用、生僻词语少等特点，论文对《僧祇律》复音词的论述不以考释开发疑难词语、词义为重，而以探寻其中大量常用词的产生时代，发展演变的特点及动因为目标。在借鉴现代语言学研究成果的基础上，通过对大量浅显易懂的常用词词义各种发展情况的分析，更深刻地体察其反映出来的规律。

关键词：古汉语　复音词

**3750**

**《醒世姻缘传》语序类型研究** / 常瑛华著 ； 张树铮指导. -- 山东大学, 2009. -- 196 页

论文主要采用定量与定性的方法相结合、归纳与演绎相结合、单篇语料描写与历时比较相结合的方法，选择定语语序、介词语序、比较句语序三个参项对《醒世姻缘传》的语序特征进行分析研究。论文分为引言和正文五章。引言部分包括《醒世姻缘传》的语言研究价值、语序类型学研究概述、以文献资料为基础的近代山东方言语法研究、论文的研究目的与方法、论文研究的要点和难点。第二章解析《醒世姻缘传》定语参项语序特征，首先介绍《醒世姻缘传》中可

充当定语的成分，然后说明《醒世姻缘传》定语参项的语序面貌及规律，最后分析《醒世姻缘传》定语结构中结构助词的使用特点。第三章解析《醒世姻缘传》介词参项语序特征，首先对《醒世姻缘传》介词的分类，然后分析《醒世姻缘传》介词语序的总体情况，最后对《醒世姻缘传》特殊介词语序进行研究。第四章解析《醒世姻缘传》比较句语序类型，首先判定研究的范围，然后分析《醒世姻缘传》比较句的语序表现及规律，最后对比较句的具体句法成分进行研究。第五章历时研究：从《醒世姻缘传》看近代汉语比较句语序类型的发展演变，分别详述历时研究的范围及概述、比较句语序安排规律的发展与演变、比较词的更替和从比较句语序特征看《醒世姻缘传》的作者之辨

关键词：汉语　词序　醒世姻缘传

**3751**

**《史记》问句系统研究** / 陈静著 ；林玉山指导. -- 福建师范大学, 2009. -- 193 页

论文全面分析《史记》问句系统各子系统的具体情况，同时探流溯源，做纵向历时比较和动态分析，探讨学术界关注已久的问题，并力求在静态描写的基础上探讨汉语问句系统中重要句式和词语的历时发展演变过程。还尝试利用现代语言学理论和方法分析古汉语中的某些现象。文章主要分为七章。第一章“特指问句”。详细描述《史记》中的特指疑问句，关注疑问代词、语气词的句法和语义功能，探讨学术界关注的宾语前置的原因及向后置演变的动因，梳理《史记》之后特指问句的发展概况。第二章“是非问句”。详细描写《史记》中的是非问句，对其句型结构和语气词的使用做了穷尽式的描写分析，此外，论文还对《史记》之后的是非问句发展做了勾勒。第三章“选择问句”。文章先对古汉语选择问句研究做了阐述，然后综合各家意见把选择问句分为：范围选择问句、分项选择问句，比较选择问句。对先秦与秦时汉语选择问句的概况做了介绍，并详细地描述分析《史记》中的选择问句。第四章“反复问句”。文章对反复问句的来源做了探讨，对《史记》中的反复问句做了详尽的描写和分析。第五章“反问句”。首先描述先秦反问句的概况，然后具体描写《史记》中的各类反问句，并关注《史记》后反问句的简要发展。第六章“设问句”。对《史记》前的设问句做了简要的介绍，对《史记》中的设问句做了详细描述，并把其与现代汉语的设问句做了简要的对比。第七章得出文章的结论。

关键词：史记　疑问（语法）　句型

**3752**

**清末吴方言字研究：以《何典》、《海上花列传》为中心** / 陈源源著 ；方一新指导. -- 浙江大学, 2009. -- 183 页

方言字自古有之。但对目前方言字的研究不够全面和系统，也很少有人对历史上的方言字进行研究，目前方言字的研究还处于十分薄弱的阶段。作者对清末吴方言字进行研究，这不仅是清末吴方言研究的空缺，也是近代汉语文字研究中的一个缺口。全文共分为五章。第一章是绪论，介绍选题缘由和研究概况，论述方言字的界定和分类，并交代论文的语料选择和研究方法。第二章论述方言字的研究价值，分别论述方言字研究在方言研究、古籍整理和方言词典与小说词典的编纂这三个方面的研究价值。第三章和第四章分别对《河典》和《海上花列传》进行方言字考释。《河典》和《海上花列传》是清末吴方言白话小说的代表，其任务对白多用方言俗语，较真实地反映了当时吴方言语音、词藻、语法各方面的面貌，对研究当时的吴方言有着极其重要的价值。论文以这两部吴语小说为研究的切入点，同时参考明清时期其他的方言白话小说、俗语著作、方志、笔记、字书等吴语文献，对《何典》和《海上花列传》中方言记音字、训读字等进行详尽考释，对其中涉及的语音、语义等相关问题进行探讨。这在方言史、方言语音、方言词、方言本字考证等方面都具有一定意义。第五章是关于方言字及其研究的一些思考，依据论文的考证和研究总结出方言字的特点，在此基础上对方言字的分类提出自己的观点。另外，论文还分析方言字存在的问题，尝试归纳出方言字的认知理据，并指出方言字研究存在的困难。

关键词：吴语　方言字　清后期

**3753**

**现代汉语多项式定中短语优先序列研究** / 程书秋著 ；储泽祥指导. -- 华中师范大学, 2009. -- 207 页

论文采用“优先序列”的研究视点和“定量分析”的研究方法重点考察多项式定中短语中“的”字的隐现规律问题和多项定语语序问题。论文分为引论和正文六章。引论部分包括相关研究文献综述，以往研究中存在的问题，论文研究内容、思路及方法，语料的选择与处理。第二章介绍多项式定中短语在现代汉语短语系统中的地位，首先说明现代汉语短语使用频

率优先序列统计报告，然后介绍定中短语在现代汉语短语系统中的地位，最后分析多项式中短语在定中短语系统中的地位。第三章分析定语项数、语义类别及“的”字使用频率统计报告，首先说明关于多项式定语项数的统计报告，然后介绍关于定语语义类别的统计报告，最后介绍关于多项式定中短语中“的”字使用频率的统计报告。第四章进行多项式定中短语中“的”字隐现规律的优先序列研究，首先进行研究范围的限定及语料的扩展，然后对多项式定中短语中“的”字隐现规律的优先序列进行研究，最后研究“兼用定语标记”对多项式定中短语中“的”字隐现的影响。第五章进行多项定语语序的优先序列研究，分别详述现代汉语名词短语的总体语序特点、从定语项数看不同定语语义类别之间的同现规律、定语“三域”与现代汉语多项定语“优势语序”、定语“漂移”现象考察、多项定语语序对“的”字隐现的影响。第六章分析语体对多项式定中短语优先序列的影响，首先分析语法研究中的语体意识，其次分析语体对不同短语结构类型的优先选择，然后分析语体对多项式定中短语中“的”字隐现的影响，最后研究语体对多项定语语序的影响。第七章是论文的结语部分，对论文主要结论、研究意义、创新之处、存在不足以及今后研究方向等进行全面总结。

关键词：汉语　句法　语序

3754

**魏收《魏书》语法专题研究** / 程亚恒著 ; 柳士镇指导. -- 南京大学, 2009. -- 142 页

论文选择被动句、双宾语句和称数结构等三个专题，综合运用生成语法、认知语言学、语言类型学及三个平面语法观等理论，采用描写与分析解释相结合、抽样调查等方法对北齐魏收的《魏书》进行深入探究。文章分为绪论、正文和附论以及结语部分。绪论主要针对文章选题的价值以及各个专题的研究状况进行概括性的交代。在评价前人研究所取得成就的同时，指出古汉语的被动句、双宾语句和称数结构都还有讨论价值。第一章是对《魏书》中被动句进行的研究。文章把语义被动句看作被动句最早的形式，属于零标记式被动句，是有标记被动句的语义基础。文章对于有标记被动句的研究并未局限于《魏书》范围之内，文章还把《魏书》中的被动句跟一些中土文献和汉译佛经从某些角度进行比较，在比较的基础上深入分析《魏书》中有标记被动句的特点。第二章对《魏书》双宾语句的研究也与以往泛双宾语结构的看法不同。论文对双宾语句的研究立足于动词的语义配价，把双宾语句式看作三价句式，认为动词的配价成分属于语义平面，他们在句法平面既可以变现为宾语类形式，也可以表现为空语类形式。第三章，在分析《魏书》称数结构的组合和句法功能的基础上，除了继承前人观点外，还进一步从修辞角度阐述《魏书》中称数结构的消极和积极修辞 15 种类型以及各种修辞手段的特点及其表达效果。第四章还对《魏书》点校方面存在的问题如“班庄”“玉印一方”等内容进行辨析，并提出自己的看法。

关键词：魏书　语法　句型

3755

**王念孙《读书杂志》研究** / 程泱著 ; 吴金华指导. -- 复旦大学, 2009. -- 107 页

论文对《读书杂志》的历史贡献和现代意义作进一步阐释，并借鉴西方阐释学理论，着重对传统训诂学、新训诂学进行比较，对以往评议加以检验，提出新的见解。论文主要分为六章。第一章为绪论部分。主要介绍文章选题缘起、预期目标以及论文的研究方法。第二章对《读书杂志》的历史贡献进行评价。文章指出，《读书杂志》是一部前无古人的教释学巨著，是中国式“文艺复兴”的产物，此外，文章还对《读书杂志》的实证研究与“阐释之循环”进行探讨。第三章主要探究《读书杂志》与校勘学的关系。首先对《读书杂志》中提及的古典版本问题进行分析；其次，阐明《读书杂志》与理校派校勘学的现代意义；最后，文章指出《读书杂志》的突出贡献为新出土文献所证实。第四章则主要分析《读书杂志》与训诂学的关系。首先介绍《读书杂志》在训诂学方面的突出贡献，接着分析共时与历时的实证研究，最后对总体与局部的双向循环问题进行探究。第五章则主要介绍《读书杂志》与《汉语大词典》的修订问题。文章详细介绍词目的补遗和订补、义项和释义的补充、书证的修订及其他说明等几个问题。第六章则主要分析《读书杂志》的时代局限。首先介绍其对王氏父子教释学的批评，继而提出论文对于《读者杂志》时代局限的看法。

关键词：王念孙　古籍　训诂

3756

**现代汉语虚词的主观性、主观化及其机制研究** / 崔蕊著 ; 郭锐指导. -- 北京大学, 2009. -- 110 页

论文在主观性和主观化理论的背景下，对现代汉

语中"还、也、又""够、怪""只是、不过"以及"其实"的主观性及其主观化机制进行研究。文章除绪论和结语部分之外,正文共分六章。绪论部分介绍主观性和主观化的概念,论文的研究对象、方法、目标和意义。第一章介绍国内外在主观性和主观化研究所取得的成果及存在的不足,说明对主观性进行进一步研究的必要性。第二章详细论述近义重复副词"还、也、又"的主观性及其形成机制问题。文章指出:"还"的主观性意义都是从客观义"条件"义发展出来的,其机制有语境吸收、情理诱导的推理、伴随状况的独立化等。还解释"也"和"又"表示辩驳语气时语气的强弱不同跟他们所由发展而来的客观性意义的不同有密切联系。第三章的研究对象是"够、怪"。文章,首先介绍以往的研究及问题;其次,分析"够"和"怪"的主观性;再次,对"够"和"怪"的主观性形成机制进行考察;最后,比较"够"和"怪"主观性程度的差异。第四章讨论"只是"和"不过"的主观性及其形成机制。二者经历相同的语法化和主观化过程,但是,在基本意义上,"只是"侧重于限制,"不过"侧重于转折。第五章讨论"其实"的主观性和主观化。认为"其实"主观化的基础是词义本身,其主观化的机制是认知推理。第六章解释和梳理个案分析中所涉及的主观化机制。结语部分总结前面讨论的内容,并指出论文研究所取得的成果及存在的不足。

关键词:现代汉语　虚词　主观性

**3757**

**日语上代、中古音韵与汉语中古音的比较研究** / 范淑玲著 ; 张树铮指导. -- 山东大学, 2009. -- 124 页

域外译音的研究向来为汉语音韵界所重视。日语中有许多汉字音是从中国汉语中古时期传入的,而且吸收自汉语不同的时代和地区。鉴于汉字在日语中的特殊地位,分析日译汉音对研究汉语中古时代的标准音和方言有重要意义。论文分析日语上代、中古时期中日语汉字音的历史,并和同时期的汉语中古音进行比较研究。全文共分三章。第一章是绪论。介绍万叶假名等日本上古、中古时期语音资料,论文主要依据《古事记》《万叶集》《日本书纪》和字典、佛书及汉籍资料,对国内外研究现状进行了综述,最后交代了论文的研究目的和方法。第二章分析万叶假名并和中古声母进行比较。《古事记》和《万叶集》采用吴音音系,《日本书纪》采用汉音音系。吴音以魏晋南北朝时期的南方方言为母胎音,反映的是当时吴语区的音韵情况;汉音以隋唐五代的西北方言为母胎音,反映的是当时西北方音。通过共时和历时比较,我们发现万叶假名反映中古汉语声母的一些特点。第三章将万叶假名和中古汉语韵母进行比较。作者仍然依据《古事记》《万叶集》和《日本书纪》的万叶假名,特别是"上代特殊假名遣",还采用字典、佛书及汉籍资料。通过分析"上代特殊假名遣"中甲类、乙类的不同对应和合流,可以看出它们反映中古汉语的重纽现象和韵的合流。分析字典、佛书和纪传等汉文资料中日语汉字音标记的不同和变化,可以看出中古汉语韵尾的一些真实情况。

关键词:日语　汉语　音韵学

**3758**

**唐兰的金文研究** / 韩军著 ; 徐超指导. -- 山东大学, 2009. -- 187 页

论文以唐兰先生在金文研究领域的相关论著为研究对象,利用当代金文研究的最新成果,试对唐兰金文论著中重要的具体问题进行讨论和评价,对唐兰研治金文的主要创获和方法特色进行梳理和总结,进而为准确界定唐兰在20世纪金文研究领域的地位提供实据,以裨益当代金文研究继续向前发展。论文由绪论和正文三章组成。第一章绪论部分包括唐兰的生平事迹、学术研究和治学背景,唐兰学术的研究现状与论文选题。第二章进行唐兰的金文文字考释研究,包括研究唐兰的金文文字考释理论、唐兰对金文未识字考释例析。第三章进行唐兰的金文文献释读研究,章首总结唐兰先生释读金文文献的整体特色,即立足前沿,尤重新出铜器铭文的释读;系铭于史,善于将铭文释读与古史研究紧密结合;多有突破,在铭文释读的具体讨论中不墨守成规,敢于提出新见。首先研究唐兰对金文文献旧释之考察例解,然后研究唐兰对金文文献新释之创获例探,最后解析唐兰对金文文献释读之疏失例辨。第四章进行唐兰的金文断代研究,准确细致地对金文进行断代,是进行断代词汇学、语义学、文字学、书法构形学研究的前提和基础,唐兰建立以金文词语"康宫"为核心的西周金文断代体系,自成一派,影响巨大,分别详述唐兰的金文断代方法、唐兰西周金文断代的康宫标尺、唐兰西周金文断代成果之分期分器述评。

关键词:唐兰　金文　断代

**3759**

**现代汉语副动搭配的韵律研究** / 洪爽著 ; 沈阳指

导. -- 北京大学, 2009. -- 120 页

论文主要探讨现代汉语中副词与动词构成的副动搭配结构的韵律问题,论文通过考察《现代汉语词典(第五版)》中所收录的全部副词,将他们按照修饰动词时的音节搭配情况进行分类,并试图对这些韵律现象进行解释。论文由前言和正文五章组成。前言部分包括论文的研究对象、论文的研究内容、论文的研究意义。第一章分析同一单音节副词与动词的搭配,首先是问题的提出,其次是前人的研究,然后分析同一单双音节副词 + 动词,最后是提出解决方案。第二章研究单一表达的副词与动词的搭配,包括单音副词 + 动词和双音副词 + 动词。第三章解析副词共现时与动词的搭配,首先研究同义单双音节副词 + 同义单双音节副词 + 动词,然后研究单一表达的副词 + 单一表达的副词 + 动词,最后研究同义单双音节的副词 + 单一表达的副词 + 动词。第四章解析副词带"地"与动词搭配,包括修饰动词时可以带"地"的副词、修饰动词时不可以带"地"的副词。第五章是论文的余论部分,分别详述三音节副词修饰动词、四音节副词修饰动词、只能修饰复杂动词结构的副词、语体的影响。

关键词:汉语　语音　韵律

**3760**

**转述话语研究** / 黄友著 ; 刘大为指导. -- 复旦大学, 2009. -- 166 页

论文考察转述的性质、类型、各类转述的转述规则和策略、转述的忠实度连续统以及制约忠实度的修辞动因。论文由绪论和正文七章组成。第一章绪论部分包括选题缘由、文献综述、研究方法、选题价值、预料来源。第二章介绍转述行为,首先描述转述行为的性质与界定,其次介绍转述行为对被述行为的述说方式,然后分析转述行为的构成规则,最后分析转述的递归嵌套与篇章视域、语义分层。第三章研究转述语,分别详述转述语的分类,直接引述语——模拟实示,间接转述语——视角转换,略述语、概述语、详述语——详略度转换,换述语——改变词语、句式、顺序等,自由引语,理想状态下转述语忠实度连续统。第四章分析描述语,具体分析言说动词的论元结构、言说动词、必有论元、可有论元、不能纳入论元结构的情境要素、描述语参与对被述行为的解释。第五章解析自主修辞动因与转述语的忠实度,包括通讯结构与修辞动因的两大分野、修辞动因与转述分类、建构动因与策略、曲释动因与策略、自主修辞动因对转述语忠实度连续统的影响。第六章研究顺应修辞动因与转述语的忠实度,首先分析顺应动因,其次分析误释动因,然后分析习非成是现象,最后说明顺应修辞动因对转述语忠实度连续统的影响。第七章研究间接转述的转换规则,分别详述指示语转换、语气语调及句类的转换、副语言特征的转换、情态的转换、元话语标记语的转换、特殊句式的转换。第八章是论文的结语部分,首先说明转换话语的忠实度,其次分析论文的创新之处,然后分析论文不足,最后引出有待继续研究的课题。

关键词:汉语　转述　修辞学

**3761**

**西周金文动词研究** / 寇占民著 ; 黄天树指导. -- 首都师范大学, 2009. -- 404 页

西周金文是最早的成系统的汉民族书面语之一,保持这当时语言的原貌,是这一时期语言的真实的记录,因此它是研究上古汉语里文字、词藻和语法等方面的重要语料。论文选择西周金文动词为研究对象,对其词藻意义和语法功能进行全面的梳理。全文共分为七个部分。第一章是绪论,概述金文的语料价值,介绍金文研究的历史和现状,阐明西周金文动词研究的意义和方法。第二章对西周金文动词的判定标准、数量和分类进行论述说明,确立研究对象为单音动词 493 个,复音动词 102 个;依据语法功能,将动词分为九类。第三章对西周金文动词词义进行多角度的阐述,从单义和多义、本义和引申义、同义和反义、虚化四个方面加以论证。第四章对西周金文单音动词的组合功能进行论述,从行为动词、趋止动词、情感动词、存现动词、能愿动词与宾语的关系,以及谓语动词与主语、状语和辅语的关系等方面加以归纳总结。第五章对西周金文复音动词进行整理,从复音动词的判定标准、结构方式和组合功能等方面加以论证。第六章对西周金文动词字与词的孳乳分化关系进行整理,从假借分化、引申分化和异体分化加以归纳总结。结语部分总结论文的主要结论。另外附录部分对西周金文动词进行疏证,从文字的形义和词语的语法功能角度,对 33 个动词进行综合论证。

关键词:金文　动词　西周时代

**3762**

**现代汉语双音节介词成词研究** / 李德鹏著 ; 骆小

所指导. -- 华中师范大学, 2009. -- 131 页

论文以现代汉语常用双音节介词为研究对象,在对其成词过程详细描写的基础上,总结成词方式,分析成词机制,并对现有相关理论进行商补。论文分为绪论和正文七章。绪论部分包括双音节介绍研究综述、选题缘由、研究重点、研究方法和语料来源。第二章说明双音节介词的范围,首先是对双音节词与双音节结构的划界,然后对双音节介词与动词、连词的划界。第三章解析同义并列双音节介词的成词,首先介绍同义并列双音节介词的成词过程,然后分析同义并列双音节介词的成词方式,最后研究同义并列双音节介词的成词机制。第四章研究“X 着”类双音节介词的成词,首先介绍“X 着”类双音节介词的成词过程,然后说明“X 着”类双音节介词的成词方式,最后分析“X 着”类双音节介词的成词机制。第五章研究“X 于”类双音节介词的成词过程,分别详述“X 于”类双音节介词的成词过程、“X 于”类双音节介词的成词方式、“X 于”类双音节介词的成词机制。第六章是对双音节介词成词方式与其他成词方式的比较,包括双音节介词成词方式、其他直接成词方式和非直接成词方式。第七章是对双音节介词成词机制与其他成词机制的比较研究,分别详述隐喻、转喻、创造性的用典和意义缺失机制,比较意义缺失机制与其他成词机制在双音节不同成词方式中的解释力。

关键词:现代汉语　介词　构词法

**3763**

**《尔雅》同训词语释读及语义研究** / 李凤兰著 ; 王贵元指导. -- 中国人民大学, 2009. -- 394 页

论文在释读《尔雅》前三篇所列词语时,以周祖谟先生所著《尔雅校笺》为研究底本,运用以出土的古文字新材料,适当补正传世文献之纸上材料的“二重证据法”,以具体的文献语言材料考释为依据,从语义系统的横向、纵向两个层面出发,考证词义;同时吸收文化语义学的研究成果,解析义位间的联系所渗透的社会历史、民族心理因素。论文分为绪论和正文四章。第一章是论文研究综述,包括历代注疏的相关研究、《尔雅》同训词语的语义研究与新证理论的结合、现有研究的不足。第二章是论文绪论部分,主要介绍基本概念,研究任务、基本理论和方法,同训词语的释读方法。第三章是对《尔雅》同训词释读的研究,首先分析基本语料及问题,然后分别解析《释诂》释读、《释言》释读、《释训》释读。第四章分析训语与被训语的语义关系,首先判定分析标准,然后进行训语与被训语的语义关系描写,包括同义、相通义、类义、内在含义、对词义、语法义的描述、言语义、假借字和异体字,最后是余论部分,包括虚词的释义、训语的特殊形式和同训纂集。总之,就其内容和作用来说,《尔雅》是一部训诂资料集,是在一定的编则统帅下,客观的、按随文训释的本来面貌纂集训释材料。从编撰整理语言文字的自觉意识与体例的细密程度来说,低于现代辞书。《尔雅》不是现代意义的同义词典,是古代训诂材料的汇集,其训释的训语与被训语,虽然同训,却未必都同义。严格来说,《尔雅》前三篇应是同训纂集。

关键词:古汉语　训诂　尔雅

**3764**

**隋唐五代石刻楷字的传承与变异:基于“魏晋南北朝石刻楷字”的比较调查** / 李海燕著 ; 臧克和指导. -- 华东师范大学, 2009. -- 261 页

论文将隋唐五代石刻楷字作为调研对象,在比照魏晋南北朝石刻楷字的基础上,全面地探讨隋唐五代石刻楷字的传承与变异情况。为了克服该时期石刻文字资料繁多的困难,论文在魏晋南北朝石刻语料库的基础上,以构建隋唐五代石刻语料库作为调研平台,首先实现中古石刻文字材料的关联、对照,保证资料分析的科学准确性。论文分为绪论和正文六章。绪论部分包括隋唐五代石刻楷字研究概述、隋唐五代石刻材料的整理、隋唐五代石刻楷字研究的意义和方法、隋唐五代石刻楷书语料库的建立。第二章进行异体比较,首先介绍异体及隋唐五代石刻楷书异体,然后分析异体书的类型,最后进行魏晋南北朝石刻楷字中异体字的比较。第三章进行整字比较,首先分析隋唐五代石刻楷书整字概貌,然后解析整字的传承,最后研究整字的变异。第四章进行构件比较,分别详述隋唐五代石刻楷书构件的功能、构件变异类型、隋唐五代石刻楷字构件新增变异情况、隋唐五代石刻楷书构件的特点。第五章笔书比较,包括笔书的类型和笔书的功能。第六章进行隋唐五代石刻楷字的历史地位及发展的分析,总结隋唐五代石刻楷字整体的特点,从汉字发展史的角度对隋唐五代石刻楷字进行定位描述,分析该文字类型对后世楷书产生的影响,最后探讨其传承与变异的原因。

关键词:石刻　楷书　汉字

3765

**纳西东巴文非单字结构研究** / 李静著 ; 王元鹿指导. -- 华东师范大学, 2009. -- 352 页

论文以《纳西象形文字谱》《纳西族图画文字〈白蝙蝠取经记〉研究》《丽江么些象形文〈古事记〉研究》为材料,选取其中图画、准文字、单字混合在一起使用的非单字结构作为研究对象。论文分为绪论和正文五章。第一章绪论部分包括选题的缘由、研究的历史与现状、作为研究对象的材料。第二章介绍纳西东巴文非单字结构的含义及其相关术语,包括纳西东巴文非单字结构的含义、非单字结构所采用的术语。第三章进行纳西东巴文合文的研究,首先进行合文的判定,其次是对合文的考察,然后进行东巴文合文与会意字、形声字的比较,最后进行东巴文合文与汉古文字合文的比较。第四章进行纳西东巴文字组与字段的研究,分别进行字组的判定、字组的考察、字段的判定、字段的考察。第五章对纳西东巴文复合字形的研究,首先进行复合字形的判定,接着分析复合字形的构件,最后研究复合字形的读音及其与语言单位的对应关系。第六章是论文的结论部分,包括非单字结构的构件、读音及其与语言单位的对应关系和非单字结构产生的原因及非单字结构研究的意义。

关键词:纳西语　东巴文　复合字　文字学

3766

**西周金文修辞研究** / 李义海著 ; 许嘉璐指导. -- 华东师范大学, 2009. -- 238 页

论文对西周长铭金文所见修辞格式进行系统描写,论文在前辈学者关于西周金文修辞现象所做的指注或者考释的基础上,对 20 世纪 90 年代以前出土的西周时期 50 字以上长铭金文的修辞格式进行全面系统的描写。论文由引言部分和正文八章组成。引言部分包括课题研究的缘起、研究现状、预期目的或研究的意义、研究的方法与过程、关于预料及参考文献来源的几点说明、关于论文结构框架的说明。第一章研究字词句篇修辞,分别详述异字合写与连读成字、比喻与术语、变性、移位、纲领、顶针、更端。第二章研究简明省约修辞,主要包括省称、概括、并提、共用、省略与总言总承。第三章解析繁缛复沓修辞,分别分析同义连文、字词复叠和连类而及。第四章研究错综律整修辞,包括错综和律整。第五章进行情景再现修辞的研究,首先是列举,接着是形况,最后是存真。第六章叙事插说修辞,分别详述以事纪时、循旧概古、视角变换、镶嵌、自释、附注、补注、附缀和叙义并行。第七章研究人物称谓修辞,主要包括人称、敬称、美称、委婉、复称、代称和别白。第八章对修辞学视点下的西周金文释读检讨举例,包括前辈学者依据修辞释读西周金文范例举例和修辞学视点下的西周金文释读学步。最后是论文的馀说部分,包括古文字研究的不足及其原因、修辞对学习古文的意义、修辞学对于训释古代文献具有意义的原因、以修辞为视点的古文字资料释读应注意的问题。

关键词:金文　修辞学　西周时代

3767

**情感类同义词素并列式复合词研究** / 李铁著 ; 柳英绿指导. -- 吉林大学, 2009. -- 142 页

情感类同义词素并列式同义词是同义词中的一类,这一类同义词区别小、与类义词之间边界模糊、数量大、常用词多,在语言使用和语言教学中是难点。对这类词的词典释义大都采用同义词之间彼此训释的方式,无法区别词义;同义词辨析对这类词常常忽略,少量的辨析也大都是以个体为单位,缺少系统性。论文在现代词义与心理学理论指导下,对现代汉语常用词中的情感类同义词素并列式同义词进行比较和研究。对情感类常用同义词素复合词进行、筛选和分类;对词素义的来源、语义认知、语义特征等方面进行比较和分析,探讨词素义之间的差别,探讨词素义对词义的制约;对各类同义词素复合词的词义进行异同辨析,确定每个词在其所在同义场中的地位,初步建立起所分析各类情感同义词素复合词的语义区别系统。全文内容分为四个部分:第一部分是绪论,概述已有的研究成果和存在的问题,提出论文的研究思路和研究方法。第二部分结合心理学知识,论证情感义位的意义,对情感义位加以分类,列出情感类同义词素并列式同义词的词表,从整体上观察常用情感类同义词素复合词的全貌。第三部分是各类情感类同义词素复合词的具体研究,论文选择悲凉类、忧愁类、愤怒类和欢喜类进行具体的分析研究。第四部分是结论,阐明所研究各类同义词之间的语义关系。

关键词:同义词　复合词　情感

3768

**湘江流域汉语方言地理学研究** / 李永新著 ; 鲍厚星指导. -- 湖南师范大学, 2009. -- 182 页

论文从方言地理学的角度对湘江流域汉语方言

进行研究。论文分为概述和正文十章。第一章概述部分包括湘江流域和湘江流域的汉语方言,方言地理学与汉语方言研究,论文研究的主要内容、基本思路、方法及研究意义,论文的体例说明。第二章介绍湘江流域汉语方言中常见的语音现象,首先是口音化,然后是展唇化,最后是单韵母化。第三章分析湘江流域汉语方言的几个声母,首先分析"柱""猪""帐"的声母,然后分析"蜂""鸟""梨"的声母,最后分析"牛、银、五、鸭"的声母。第四章是湘江流域汉语方言的流摄和效摄,分别详述流摄和效摄今读相混的情况、文献对方言中流效摄相混的解释、音韵学家对流效摄的处理、中古流效摄关系再讨论。第五章强调湘江流域汉语方言中的几个词的声调,首先介绍"尾""白""饭""漏"声调分布,然后说明调值在声调演变中的作用,最后是对"尾""白""饭""漏"声调分布的分析。第六章介绍湘江流域汉语方言中的几个儿语常用词语,分别详述儿语"肉、蛋、屎"的词形分布、词义分担和演变的残存、后缀之间的语言冲突。第七章研究湘江流域汉语方言中几个常用的称谓,具体分析"父子""兄弟""妯娌"词形的分布和合称词形分布。第八章介绍湘江流域汉语方言中几个身体部位的词形,包括"腋窝""肘""膝盖""大腿"和"腿肚子"的词形分布和演变。第九章介绍湘江流域汉语方言中的几个农具名称,首先分析"棚簟"的词形,然后分析大小"簸箕"的词形,最后分析"禾枪"的词形。第十章解析湘江流域汉语方言重复体的分布及其演变,分别详述宁远平话中的重复体表达的意义、宁远平话重复体标记的用法、周边方言中的重复体、相关方言类似用法的比较和重复体在湘江流域汉语方言中的演变和传播。第十一章为论文结语部分,包括方言的传播、混合形式的产生、方言和方言项目传播的阶段性、区域方言的趋同和方言区域的重新划分。

关键词:方言　地理语言学　语音

**3769**

**《儿女英雄传》的文学语言审美** / 李贞著 ; 李国正指导. -- 厦门大学, 2009. -- 155 页

论文研究的是清代后期的小说《儿女英雄传》的文学语言问题,其特点是以文本为核心,从语言底层出发,采用语言学、文艺学、美学、符号学等多学科交叉融合的研究方法。论文由绪论和正文七章组成。第一章绪论部分包括文字语言、汉语文学语言的研究视角、《儿女英雄传》文学语言研究综述。第二章进行《儿女英雄传》的描写语言审美,分别进行场面描写、肖像描写、心理描写、动作描写。第三章进行《儿女英雄传》的人物语言审美的研究,首先是侠女十三妹的个性化语言的研究,其次是书生安公子的个性化语言研究,然后是儒士安老爷的个性化语言研究,最后是义翁邓九公的个性化语言分析。第四章进行《儿女英雄传》的叙议语言审美解析,包括叙述语言和议论语言。第五章进行《儿女英雄传》的语词审美分析,分别详述匀整灵活四字格、京味醇厚儿化词、丰富多彩叠音式、风格独特满语词。第六章是对《儿女英雄传》的句式审美。第七章是《儿女英雄传》的辞格运用研究,第八章进行《儿女英雄传》文学语言的文化审美研究,主要从民俗文化、儒家文化、道教文化、科举文化四个方面进场研究。《儿女英雄传》的文学语言审美是具有一定创新性的研究课题,论文的研究对后世研究《儿女英雄传》有着深远的意义。

关键词:儿女英雄传　文学语言　审美

**3770**

**几组趋向动词演变研究** / 刘芳著 ; 王云路指导. -- 福建师范大学, 2009. -- 225 页

论文详细描写"出"组、"起"组、"到"组趋向动词各个历史时期的语义、入句情况、述语类型、宾语类型,全面梳理这几组趋向动词的历时演变过程;运用三个平面、认知理论、语法化理论,讨论历时发展中句法结构与语义演变的关系,分析几组趋向动词语法化的过程、机制,揭示其语法化等级和方向的差别及其原因。论文分为绪论和正文四章。绪论概述趋向动词的性质、范围及分类,回顾研究现状,提出关于动趋向的判断标准,简要介绍论文研究的主要问题、研究的意义、研究的方法等。第一章主要讨论"出""出来""出去"的演变问题。根据"出""出来""出去"的句法功能,以入句情况为纲,结合语义,分别从做谓语和做补语两个方面对其发展演变过程进行细致的描写和分析。第二章主要讨论"起""起来""起去"的演变问题。选取各时期的代表作品 1—2 部进行穷尽性的调查,以比较详实的数据比较客观地勾勒它们在历史上发展演变的轨迹。第三章讨论"往、至、到"的历时演变。详细描写该组趋向动词的历时演变过程,分别分析其语法化的句法和语义条件,着重分析同一语义场中的同义趋向动词在句法、语义、语言系统性等多方面的影响下,向不同方向演变的事实和原因。第四章是基于前面各章节研究研究内容的一个简短的结语。

关键词:汉语　语法　动词

3771

**章太炎《文始》研究** / 刘丽群著 ; 李国英指导. -- 北京师范大学, 2009. -- 298 页

论文从《文始》的核心理论和概念和出发,采用定量分析与定性研究相结合的方法,重点解析《文始》"初文""变易"与"孳乳"的性质和内涵,初步探讨《文始》的同源组群关系,力求将《文始》放在章太炎整个思想体系和汉语词源学史的宏观背景下,阐释太炎先生词源研究的理论和方法。文章分为绪论、正文和结语,其中正文分为四章。绪论部分简要说明论文的选题宗旨与意义、理论依据、研究方法、古音标准,并就章太炎语言文字学研究情况和《文始》研究状况进行综述。第一章对章太炎与《文始》进行简介。概述章太炎的生平、学术渊源和学术追求,并介绍《文始》的创作背景、写作缘由、内容体例以及版本流传情况。第二章对《文始》"初文""准初文"进行考察。依次考察《文始》初文、准初文的界定和提取、类别构成、多义与异读现象、内部关系以及设置排布情况,在此基础上论证初文、准初文的性质既非字根,又非语根。第三章对《文始》"变易""孳乳"考察。文章分别对《文始》"变易"和"孳乳"两大条例进行考察,分析他们的音义关系类型和总体特征,讨论二者的性质及其间的界限。第四章是《文始》同源组群关系初探。首先对《文始》系源单组的建构原则以及结构类型进行描写和分析;然后以"分并"族为例,从组群关系角度讨论《文始》词族的分与合,以期管窥《文始》词族网络的整体面貌。

关键词:章太炎　汉语　词源学

3772

**《太平经》动词及相关基本句法研究** / 刘文正著 ; 蒋冀骋指导. -- 湖南师范大学, 2009. -- 296 页

现代汉语语法学界对于动词系统本身缺少反思;在汉语语法的历史研究中,对动词本身不够重视。道藏文献《太平经》残本是反映东汉时期语言面貌的重要资料,迄今未见对其动词系统进行全面研究的论著。作者以《太平经》动词及相关基本句法为研究对象进行研究,论文共分为正文八章和结语。第一章是绪论。概要介绍《太平经》文献语言的特点,回顾汉语语法史的动词研究概况,提出《太平经》动词研究的范围和方法,并给出凡例。第二章介绍《太平经》的行为动词,根据能否侧重几个论旨角色之间的关系将动词分为非关系动词和关系动词。第三章介绍《太平经》的言语动词,分不侧重关系的、侧重交际双方的、侧重话语所涉及对象的、侧重话语内容的和侧重直接引语的五类依次介绍,然后归纳《太平经》的言语动词的特征。第四章介绍《太平经》的心理动词,将心理动词分为感知动词和情感动词两类依次介绍,然后分别归纳各种类型的特征。第五章介绍《太平经》的致使动词,将致使动词分为致使—行为动词、致使—情状动词和使令动词三类依次介绍,并分别归纳各种类型的特征。第六章总结《太平经》动词系统的特点,归纳《太平经》动词系统与现代汉语动词的共性和个性。第七章谈《太平经》动词对《汉语大词典》修订的价值。第八章在《太平经》动词系统的基础上考察汉语动词的历时演变问题。

关键词:太平经　汉语　动词

3773

**《类篇》新收字考辨与研究** / 柳建钰著 ; 李国英指导. -- 北京师范大学, 2009. -- 183 页

论文以《类篇》新收字为研究对象,着力从字理及文献两个角度对每个新收字的形、音、义、用以及新收字所关涉到主要字际关系进行考辨,并分析一些特殊的新收字现象。在此基础上,又将新收字分为异体字和分化字两类并分别进行研究,还探讨影响新收字行用与发展的各种因素。论文分为绪论和正文五章。绪论部分包括选题宗旨、研究内容、文献综述、字书新收字的认定及其分类、新收字的提取方法及流程。第一章分析《类篇》及《类篇》新收字概况,分为两个部分,第一部分介绍《类篇》,第二部分介绍《类篇》新收字。第二章解析新收字中的异体字,分别详述新收字中异体字产生的动因和新收字中的异体字的主要特点。第三章研究新收字中的分化字,首先分析新收字中的分化字产生的动因,包括词义引申、命名造词和文字借用;然后分析新收字中分化字的主要特点,主要是在汉字构形上的特点和在文献使用上的特点。第四章解析新收字中的特殊文字现象,分别详述多音节单纯词用字、单音节拟声词用字、类化字和几种比较特殊的构形方式。第五章进行《类篇》新收字行废现象略论,包括行用至今的新收字分类考辨和新收字行废原因略论。论文认为只有那些能够顺应语言文字发展要求,自身条件优越,又生逢其时的新收字,行用的可能性才会比较高。

关键词:类篇　汉字　考辨

3774

**东汉魏晋南北朝译经语料整理研究** / 卢巧琴著 ; 颜洽茂指导. -- 浙江大学, 2009. -- 165 页

论文阐述东汉魏晋南北朝译经语料整理的内容、方法及整理过程中应注意的若干问题。论文分为绪论和正文八章。第一章绪论部分包括选题缘由、研究材料、研究方法。第二章进行东汉魏晋南北朝译经语料概述,分别详述东汉魏晋南北朝译经概况、东汉魏晋南北朝译经版本概况、东汉魏晋南北朝译经语料的性质和引用译经语料时的若干问题。第三章分析东汉魏晋南北朝译经预料的价值,首先分析译经语料在词汇学上的价值,然后说明译经语料在文字学上的价值,最后分析译经语料在大型字书编撰中的价值。第四章解析东汉魏晋南北朝译经语料整理内容,首先进行单篇语料微观整理内容,然后进行译经语料宏观整理内容,最后进行译经语料的注释。第五章介绍东汉魏晋南北朝译经语料整理方法(一)——失译语料鉴别,分别介绍文献学鉴别、文化学考察、语言学考察和综合考察。第六章说明东汉魏晋南北朝译经语料整理方法(二)——俗字考辨,具体的方法为审察文义、演绎类推、版本对比、综合考辨。第七章介绍东汉魏晋南北朝译经语料整理方法(三)——校勘学整理,分别详述译经语料句读整理方法、译经语料讹误整理方法和其他方法。第八章解析译经语料整理时应注意的若干问题,首先说明语料鉴别应注意的问题,然后介绍译经语料注释应注意的问题,最后介绍译经语料校勘应注意的问题。

关键词:佛经　翻译　东汉　魏晋南北朝时期

3775

**吐鲁番出土文书语言研究** / 陆娟娟著 ; 张涌泉指导. -- 浙江大学, 2009. -- 213 页

论文即从文体的角度对吐鲁番出土文书的语言进行考察,总结文书中各种应用文体的格式特点,并辑释各种文体文书中的格式套语、术语以及俗语词。全文分为七章。第一章为绪论,包括吐鲁番出土文书及其研究、吐鲁番出土文书语言研究的价值,简要回顾吐鲁番出土文物的发现及出土,并结合实例讨论吐鲁番出土文书语言研究的价值。第二章立足吐鲁番文书本身,介绍吐鲁番出土文书的特点,首先阐述出土文书的问题特点,然后说明出土文书的用字特点,最后探讨出土文书的用语特点。第三章考察公文类文书词语,在概述公文文书的基础上,进一步阐明公文文书的类型和特点,最后评述公文文书用语特点。第四章论述契约类文书词语的考察,首先概述契约文书,然后探究契约文书的类型和特点,最后契约文书用语特点。第五章综述籍账类文书的词语考察,在概述籍账文书的基础上,进一步介绍籍账文书用语特点。第六章综合考察随葬衣物疏词语的考察,概述随葬文物疏,并讨论随葬衣物疏的格式和特点,简述衣物疏用语特点。第七章总结书信及其他类文书词语的考察,概述书信及其他类文书,并进一步考察书信等文书用语,辑释其中的格式套语和俗语词。结语部分,对上述讨论进行总结,并分析吐鲁番文书各种文书语言的异同。

关键词:出土文物　文书　吐鲁番地区

3776

**《金刚经》灵验记词汇研究** / 陆琳著 ; 董志翘指导. -- 南京师范大学, 2009. -- 126 页

论文考察《金刚经》灵验记研究的重要意义,确定研究方法;分析《金刚经》灵验记词语的历史来源,关注单个词语成分的继承与发展,理清它们发展演变的脉络,论文以《续藏经》所收《金刚般若经集验记》为底本,参照相关文献,对其重新整理,提高研究材料的准确性。论文分为绪论和正文四章。绪论部分包括选题的缘由和意义、研究现状、研究对象和研究方法。第二章介绍《金刚经》灵验记词语来源,首先说明上古词语的继承,然后分析上古词语的发展,最后研究唐代词语的运用。第三章分析《金刚经》灵验记的特色词语,分别详述佛教词汇、典故词语和官职词语。第四章着重于比较研究,首先进行《持诵金刚经灵验功德记》与《金刚般若经集验记》比较,最后进行《金刚经》灵验记与《观世音应验记三种》比较。论文首次将唐代有关《金刚经》的灵验记收集在一起,通过细致地整理,采用统计、描写、共时和历时比较等方法对《金刚经》灵验记的词汇进行全面、系统的研究,勾勒唐代中土佛教文献的概貌;将《金刚经》灵验记与中古时期同类文献相比较,以探索有唐一代佛经灵验记的语言特征,揭示佛经灵验记词汇系统的特点、发展及演变规律,旨在为唐中土佛教文献的进一步研究积累经验,提供一些参考和借鉴。

关键词:金刚经　词汇　词语

3777

**《红楼梦》中的修辞造词研究** / 栾妮著 ; 唐子恒指导. -- 山东大学, 2009. -- 155 页

论文以修辞造词类型、数量丰富的经典巨著《红楼梦》为基本语料,综合运用词汇学、修辞学、认知语言学和心理学的相关理论,通过对《红楼梦》中修辞造词概貌的整理、统计、分析,描写出不同类型修辞造词的静态分布;通过结合具体的上下文,分析出《红楼梦》修辞的特点——丰富性和唯美性与整部小说语言艺术风格形成的不可分割的关系。论文由前言和正文四章组成。第一章是汉语修辞造词概说,首先说明造词、造词理据与修辞造词,其次分析汉语修辞造词发展的历史和现状,然后分析汉语修辞造词研究的历史和现状,最后研究汉语修辞造词研究的必要性和意义。第二章研究《红楼梦》修辞造词概貌,分别详述比喻造词、借代造词、其他修辞造词法、修辞造词的兼格现象。第三章解析《红楼梦》修辞造词的特色,包括《红楼梦》修辞造词的多样性和唯美性。第四章分析《红楼梦》修辞造词所体现的一般规律,首先解释从具体的修辞格到在词汇系统中的固化是一个过程,然后介绍修辞格在词汇系统中的固化的方式,最后研究影响修辞格在词汇系统中固化的因素,语言内部机制的自我调节、民族的审美观念、词语本身的语体风格、情感色彩等很多因素都可能对修辞格在词汇系统中的固化与否产生影响。

关键词:修辞　造词　红楼梦

3778

**唐代景教文献词语研究** / 聂志军著 ; 唐钰明指导. -- 中山大学, 2009. -- 229 页

论文对唐代景教文献词语进行深入研究,对国内外景教研究的现状进行归纳总结,对汉语言文字学的研究具有重要意义。文章共分为六章。第一章首先对景教进行简单的概述,包括景教的教义、在中土的传播过程及其消亡。其次对目前学术界认可的景教文献逐一进行点评,指出存在的问题和不足。第二章主要介绍景教文献词语研究的方法,包括文内互证、背景考察等内容。第三章重点论述景教文献词语研究的价值。景教文献时间可靠,语料真实,是揭开景教神秘面纱的第一手资料,具有同时代其他文献不可比拟的研究价值。同时,景教文献的词语研究对辞书编纂具有补充性,能够提供词典等大型工具书没有收录的条目、提前书证的年代、讹字,解决了一些长期困扰研究者的疑难问题。第五章对景教文献的疑难词语进行解释。首先,景教文献中存在一些前贤忽视或者认为简单而没有注释的疑难之处,往往影响对文意的理解。因此,祛除景教文献中的这一类疑难问题就成为当务之急。其次,景教文献中有些疑难问题,前贤已经进行过考证。但是,由于各种原因导致结论并不让人信服,需要对这一类谬误进行匡正。第六章详细分析景教文献的词语来源。对景教文献进行词语切分,剔除掉当时的习语之后,对来源于道教、儒教、佛教、景教的词语进行详细的介绍。

关键词:景教　文献　唐代

3779

**古代刑名诠考** / 彭文芳著 ; 黄金贵指导. -- 浙江大学, 2009. -- 235 页

论文尝试以新的视角为切入点,将中国古代刑名看作古汉语词汇系统的一部分,采用语言文化相结合的方法对中国古代刑名进行研究。具体方法为,在充分利用现有法律材料的基础上渗入语言分析因素,诠考每个刑名的命名、演进、特征、相关词语、文化背景等方面内容。既有对刑名的解释说明,也有对一些疑点难点的考证。这些研究可使刑名研究在概念上更趋准确严密,在内容上更加丰富翔实,因而对法学领域具有一定的参考作用。另外,由于刑名研究不足,使得部分字典辞书中的有关刑名词条的注解也存在一些不准确、错误、漏释等问题、论文对此进行分析并提出自己的意见,希望对辞书的进一步完善有所帮助。论文分为绪论和正文。绪论部分介绍古代刑名的研究现状和意义、研究材料和方法。正文部分研究65 个刑名,这些刑名根据性质特征分为五类,即生命刑、身体刑、自由刑、财产刑和耻辱刑,具体包括:死、戮、焚、烹、绞、脯醢、辕、支解、凌迟、磔、坑、弃市、炮格、斩、枭、族、鸩、定杀、射、囊扑、具五刑、敲、凿颠、击脑、剥皮、投崖、赐死、笞杖、宫、墨、贯耳、刵、馘、劓、膑、鞭、饿、断手、断脚筋、铁梳、矐、徒、流、胥縻、鬼薪、城旦、司寇、候、圜土、嘉石、钳、釱、枷、赎、罚、没、汙潴、顾山、髡、耐、完、谇。

关键词:汉语　名词　刑罚

3780

**《周礼正义》所见孙诒让名物训诂研究** / 钱慧真著 ; 徐超指导. -- 山东大学, 2009. -- 160 页

论文以《周礼正义》为例,在前人已有成果的基础

上,在新时代名物研究的背景下,对孙诒让名物训诂的方法和内容进行归纳和总结,进而对孙氏名物训诂的意义和不足予以分析和纠正。论文分为绪论和正文六章组成。绪论部分包括“三礼”名物训诂史简述、孙诒让与《周礼正义》、论文的有关说明。第一章分析“名物”的定义域《周礼正义》所涉及“名物”的物类系统,分别详述“名物”的定义、《周礼正义》所涉及名物的物类系统。第二章进行孙诒让对名物“名”与“实”的研究,首先进行对名物名称的研究,然后说明对名物文化意义的阐述,最后分析对名物名实关系的总体关照。第三章解析孙诒让名物训诂对传统训诂方法的运用,分别详述“以形索义”方法的运用、“因声求义”方法的运用、类比方法的运用、“散文”与“对文”的运用、历史文献考证法的运用。第四章进行孙诒让与郑玄、程瑶田名物训诂的比较研究,首先进行孙诒让与郑玄名物训诂的比较研究,然后进行孙诒让与程瑶田名物训诂的比较研究,最后解析传统礼学名物训诂的系统性演变及其分析。第五章研究孙诒让名物训诂的价值,首先研究孙诒让名物训诂的词义学价值,然后分析孙诒让名物训诂的辞书学价值,最后研究孙诒让名物训诂的考古学价值。第六章研究孙诒让名物训诂的局限,分别详述方法运用保守、音义关系认识不准确、理论体系匮乏。

关键词:周礼　训诂　孙诒让

**3781**

**《元典章》词语研究** / 阮剑豪著 ; 方一新指导. -- 浙江大学, 2009. -- 199 页

论文以《元典章》词语为研究对象,它的语言是元代白话文和文言文的混合体,其中包含有大量的俗语词和公文用语,体现那个时代的语言风格,特别是有些蒙汉混合语词语,更具有特殊的研究价值。论文由正文五章组成。第一章概说部分,对元代社会和语料概况进行简介,包括元代社会概貌及其在汉语史上的地位,元代的语料,《元典章》的内容、版本、语体和研究价值,选题缘起和研究方法。第二章分析元典章的研究价值,首先分析《元典章》词汇研究与近代汉语,然后介绍《元典章》词汇研究与古籍整理,最后说明《元典章》词汇研究与辞书编纂。第三章分析《元典章》词汇的来源,通过实际用例对《元典章》中部分词语的产生途径进行描述和分析,具体包括承古、创新和外来词。第四章进行《元典章》蒙汉混合语词汇研究,首先说明词汇精简现象,然后分析三音词现象,最后研究同词别义现象。第五解析《元典章》词语考释,对《元典章》中已见而《大词典》《元语言词典》未收及补正词语的意义加以考释和补充。通过对《元典章》词汇的深入研究,我们可以对近代汉语词汇的概貌有更清晰的认识,也可以为元代古籍整理工作中遇到某些问题找到解决办法。最后,《元典章》的词汇研究也会有助于近代汉语专书词典及综合性语文词典的编纂,使词典的质量更上一层楼。

关键词:汉语　词汇　元典章

**3782**

**现代汉语同位短语的多角度研究** / 阮氏秋荷著 ; 储泽祥指导. -- 华中师范大学, 2009. -- 101 页

论文从多角度对现代汉语同位语进行研究。论文分为绪论和正文七章。绪论部分包括同位短语的研究现状,存在问题,论文对同位短语的研究范围、研究方法以及语料来源。第二章介绍名词和名词构词的同位短语,首先说明能够构成同位短语的名词,然后介绍上位词前置型同位短语,最后研究上位词后置型同位短语。第三章介绍名词和代词构成的同位短语,分别详述能够进入同位短语的代词、名词和代词构成同位短语的语义基础、“名词 + 代词”式的结构形式和语义关系、“代词 + 名词”式的结构形式和语义关系、“代词 + 代词”式同位短语的结构形式和语义关系、人称代词和指人名词同位短语的歧义排除。第四章介绍标记类同位短语,包括标记类同位短语的构成情况和带谓词的标记类同位短语。第五章研究关于同位短语的相关问题,首先分析同位短语与其他短语的区别,其次分析同位短语的语法功能,然后分析单项式同位短语和复杂式同位短语,最后研究同位短语的最大语用功能——称谓功能。第六章进行现代汉语和现代越南语的同位短语比较,分别详述越南语同位短语研究概况,汉语、越南语名名式同位短语的比较,汉语、越南语名代式和代代式同位短语比较、汉语和越南语同位短语的结构理据。第七章是论文的结论部分,包括研究的过程和思路、研究的价值和贡献、研究的用途和意义。

关键词:现代汉语　短语　语法

**3783**

**基于 EGG 的吴语阻塞音发声研究** / 宋益丹著 ; 刘俐李指导. -- 南京师范大学, 2009. -- 177 页

论文在对语音信号及 EGG 信号分析的基础上,

研究绍兴、温州、仙居三个方言点中阻塞音的声学特性及嗓音特性。论文由绪论和正文七章组成。绪论部分包括理论背景、语言发声研究综述、吴语阻塞音研究现状、课题的意义和价值、章节安排。第二章介绍EGG信号在语言学研究中的应用级实验方案,分别详述EGG信号的滤波与降噪、EGG相关参数的定义及提取、基频与开商的相关性、实验方案。第三章解析吴语的全浊塞音,首先进行实验说明,其次进行吴语塞音VOT分析,然后是吴语塞音基频分析,最后是吴语浊塞音开商分析。第四章研究吴语分浊内爆音,包括引言、实验说明、浊内爆音的定性研究、吴语浊内爆音VOT分析、浊内爆音的基频和开商分析。第五章分析吴语的塞擦音,首先进行实验说明,其次进行吴语塞擦音VOT分析,然后对吴语塞擦音基频分析,最后进行吴语塞擦音开商分析。第六章研究吴语的擦音,包括引言、实验说明、吴语 擦音音长分析、吴语擦音基频研究、吴语擦音开商研究和本章小结。第七章是论文的总结和展望,总结论文,提出不足之处和对未来的展望。论文所提取的三个参数——VOT、基频、开商都与阻塞音的发音类型相关,其中基频与开商具有稳定的强负相关关系。不同发声类型的开商值在分布范围上存在交叠,反映出从紧喉嗓音到气嗓音之间是一个发声连续统。开商值的大小具有个人化特征,在绝对值上因人而异,但在相对关系上具有稳定性。

关键词:吴语　语音　辅音

**3784**

**《上海博物馆藏战国楚竹书》文字羡符研究** / 孙伟龙著 ; 李守奎指导. -- 吉林大学, 2009. -- 191 页

羡符广泛存在于古汉字发展演变的各个阶段,尤其在战国楚文字中,不仅数量繁多,种类也更为多样。但学界关于羡符的研究尚不够深入,不仅异称颇多,如饰笔、贺笔、羡书、装饰符号等,而且对其性质、研究对象也都认识不一。论文结合上博简文字中的羡符,在明确羡符的研究对象及其性质之后,重新界定羡符的概念。羡符是指在文字的发展演变过程中,添加的与文字所记录的语言单位的音、义无关,并在其所处的文字系统中也不具备区别功能,纯属羡余成分,可有可无的字符。增添羡符和不增添羡符的两个字形为一字异体。有些羡符具有装饰美化文字形体的功能,有些羡符是因为文字类化等原因而增添。羡符既包括笔书也包括偏旁,其中的笔书可称为羡书,偏旁可称为羡旁。论文还讨论羡符的功能及其产生的原因;并依据不同的分类标准对羡符做了分类;在充分重视书手、地域等因素的基础上,详细分析一些特殊的羡符;结合文字考释的实例,说明羡符研究在古文字考释的作用,进一步彰显羡符研究的价值。论文共分为前言和六章正文。前言介绍选题的背景和意义。第一章对相关研究进行综述。第二章为羡符正名。第三章论述羡符的功能及其产生的原因。第四章论述羡符的分类。第五章进行羡符辨疑。第六章论述羡符在古文字考释中的作用。

关键词:竹简文　古文字　战国时代

**3785**

**西周金文构形研究** / 陶曲勇著 ; 王贵元指导. -- 中国人民大学, 2009. -- 194 页

论文在编撰《西周金文分期字形表》的基础上分析西周金文构型系统的基本特征和实践运用论文由绪论和正文五章组成。绪论部分包括研究缘起与动机、研究方法与目的、研究材料与整理、研究成果与综述。第二章是对西周金文构形系统基本特征分析,分别详述构件特征和结构特征。第三章进行西周金文构形系统历时演变论析,首先分析单字构件的定性化演变,包括选择式同义定形和改变式类化定形;然后分析构形系统的形声化发展,具体解析注形式、注声式、改造式和形声同取式,其中形声同取式是形声化方式发展成熟的重要标志,也是整个汉字构形模式发展成熟的主要标志;最后是对历时演变的动因探讨,西周金文构形系统的演变发展是服从整个汉字构形系统发展规律的,汉字构形的发展规律就是由直接以形表意、通过字形直接反映物象向以字记词、通过记录词的音义来记录语义的方向发展,这是西周金文构形系统发张演变的内在动因。第四章对西周金文异构字研究,分别详述字样的整理(包括字样整理原则、字样之间关系)和异构字研究(包括异构构意分析、异构动因与目的)。第五章进行西周金文构形研究的实践运用,首先对文字演变辨析,然后进行讹变、改造与混乱辨析,最后是西周金文字形时代标记笺释。

关键词:金文　字形　古文字　西周时代

**3786**

**《汉简》、《古文四声韵》新证** / 王丹著 ; 赵平安指导. -- 北京师范大学, 2009. -- 124 页

论文在前人的基础上,以《汉简》和《古文四声

韵》二书中的传抄古文为对象,进行新证工作。文章主要分为三大部分。第一部分为绪论部分。比较全面地介绍《汉简》《古文四声韵》研究概况,主要包括以往对他们的评价和研究方法;并简单阐述论文的研究意义、目的及方法等。第二部分是对《汉简》和《古文四声韵》中重点的考察。这部分内容以晚清郑珍的《汉简笺正》和近人黄锡全的《汉简注释》两部专著为基础,他们成书的时代,像九店简、郭店简等大宗竹简材料都是作者当时没机会见到的,关于这些新出古文字的研究成果更是丰硕。第一节,是利用新出材料及研究成果补证旧说;第二节主要利用新出材料及研究成果纠正旧说;第三节分析旧说未涉及的古文字形。利用新出简帛材料与传抄古文合证发现,部分古文形体奇诡但嬗变之踪可循,而有些字形讹变过甚,一时仍难廓清其形体演变轨迹,有待以后进一步探讨。第三部分是对《汉简》《古文四声韵》重文关系的考察。论文将两书中传抄古文全面整理的基础上,把楷字字头与古文及古文与古文之间的关系分为四种:构形关系、假借关系、同义换读关系、误写与误置。目的在于明确他们的来源、性质、结构,恢复《汉简》和《古文四声韵》的本来面貌、寻求其中的规律,为正确理解、充分利用这批宝贵的传抄古文材料做出努力,为古文字学的研究提供更加丰富的资料。

关键词:汉简　竹简文　古文字

**3787**

**区域变异与互动视角下的华语新词新义研究** / 王洁著 ; 郭熙指导. -- 暨南大学, 2009. -- 177 页

论文以"华语新词新义"为研究对象,力求拓展汉语新词语的研究维度。在区域变异和互动的视角下,对汉语新词语进行新的理论思考,并突出定量研究和定性研究的结合以及语法观念的导入,对新词语现象进行描写和解释,以着重深化对普通话新词语的认识,并推进对华语区域变体中新词语的研讨。论文共分为七章。第一章为绪论部分。主要介绍"华语"视角下的新词语、相关研究文献综述、研究目标、研究方法和语料来源。第二章阐述华语新词语的构词单位。首先是对构词单位进行界定;其次,文章阐述华语核心内新词构成单位的状况;再次,从区域差异和互动看华语新词语的构词单位。第三章主要介绍华语新词语的构词法。首先,文章从新词语看构词法中不同类型的比例消长;然后分析新动词的成素配列;最后文章还介绍华语新词语中的新生构词方式,以及华语区域变体构词上的一些特点。第四章主要介绍华语新词语的造词法。首先介绍三字格新词的造词模式;其次对华语区同义异形新词的造词比较;最后,提出一些关于华语新词语造词主体和造词力问题的一些思考。第五章则阐述华语新词语的词义发展变化。文章重点介绍华语核心内的新词多新义现象,并在华语视角下对当代词语中褒贬色彩义变化进行再认识。第六章介绍华语新词语的传播扩散与区域互动。第七章则提出文章的结论。

关键词:新词语　构词法　词义

**3788**

**中国医书语词研究** / 王前著 ; 王云路指导. -- 浙江大学, 2009. -- 177 页

论文以《伤寒论》《金匮要略》《脉络》《肘后备急方》《诸病源候论》五本书为研究对象,旨在对中古医书语词做较为系统的研究,为整个汉语词汇史研究提供一定的参考。论文分为绪论和正文五章。绪论部分包括上古医书文献及研究概况、中古医书文献及研究概况、论文研究的语料范围及版本和论文的研究思路及方法。第一章是对中古医书语料特点研究,首先介绍中古医书语料的专业性,然后说明中古医书语料的口语性,最后分析中古医书语料的复杂性。第二章解析中古医书语词的研究价值,分别详述中古医书语词研究与文本校勘和中古医书语词研究与辞书编纂。第三章对中古医书同义词研究,首先是一般同义词研究,然后是对同素异序同义词的研究,最后是对特殊结构同义词的研究。第四章是对中古医书构词语素研究,具体研究单义语素和多义语素,既分析这两类构词语素本身的含义,也对其构词的机制做了初步的探讨,从中可以看出这些构词语素的构词能力极强。第五章介绍中古医书专语词研究,中古医书中涉及很多指称病症名称、身体部位名称及其相关的语词,该章主要分析这些专类语词的使用情况及发展演变过程,并尝试探究其中蕴含的一些规律,从中看出同一概念可以有多个不同称谓以及同一语词可以指称不同的事物。

关键词:中古汉语　词语　词汇

**3789**

**汉语将来时标记的来源和语法化问题研究** / 王统尚著 ; 卢烈红指导. -- 武汉大学, 2009. -- 180 页

论文以跨语言和类型学的视角,运用原型范畴和

语法化理论，探讨汉语史上先后出现和使用过的12个将来时标记的来源和语法化过程。论文由引言和正文六章构成。第一章引言部分包括时间、将来时和将来时标记，将来时和将来时标记研究概况，论文的研究内容、目标和方法，论文所使用的语料。第二章研究源自情态动词的将来时标记，分别详述将来时标记“欲”、将来时标记“当”、将来时标记“要”、准将来时标记“会”。第三章研究源自远向动词的将来时标记，首先是将来时标记“将”，然后研究准将来时标记“行”。第四章解析源自近向动词的将来时标记，首先介绍将来时标记“垂”，然后分析将来时标记“待”，最后研究准将来时标记“来”。第五章解析其他来源的将来时标记，考察暂未明其来源的三个将来时标记“其”“且”“方”。“其”作为出现得最早的将来时标记，由于时代久远，难以有足够的语料去考察它语法化为将来时标记的过程，“且”是一个带有方言色彩的将来时标记。第六章对将来时标记的类型学考察，分别考察汉语方言的将来时标记、中国境内民族语言的将来时标记、世界主要语言的将来时标记。第七章是论文的结语部分，对论文的考察研究进行总结概括并提出未来的发展方向。

关键词：汉语　语法　时态

**3790**

**现代汉语形谓句优先序列研究** / 王文格著 ; 储泽祥指导. -- 华中师范大学, 2009. -- 162 页

论文通过详细论证，确定现代汉语的内涵和外延，在此基础上，对形谓句重新定义，扩大形谓句的外延，这是论文研究的基点。论文在研究过程中，综合运用“两个三角”的研究理论，即重视用“表—里—值小三角”理论对语法事实本身进行静态的分析，也重视用“普—方—古大三角”理论进行动态的对角验证。论文分为导论和正文六章。导论部分包括形谓句的研究概况及存在的问题、小句的研究概况和存在问题、巨型句式的优先序列概况、文章的选题价值、论文使用的理论和研究方法、论文的研究思路、语料说明、论文的符号说明、论文图表说明。第二章研究小句的判定及形谓句的结构形式，首先进行现代汉语小句的判定，然后形谓句的结构形式。第三章分析形谓句在句型优先序列中的情况，首先进行统计数据的收集与处理，然后判断形谓句在句型优先序列中的位置，最后分析形谓句的优先序列。第四章是形谓句优先序列的句法语义分析，分别详述影响形谓句优先序列形成的几个因素、语法优选论下的形谓句优先序列的评估条件、优先序列的评估结果和解释、形谓句下位句式优先序列与语义序列的对于情况。第五章是形谓句短语化优先序列研究，首先分析形谓句短语化的形式、语义及相关的影响因素，然后研究形谓句短语化的优先序列，最后分析形谓句优先序列和形谓句短语化优先序列之间的联系。第六章是论文结论部分，包括研究的过程和思路、研究的价值和贡献、研究的用途和意义、余论。

关键词：现代汉语　句法　小句

**3791**

**先秦汉语时间词汇形成发展的认知·文化机制** / 吴芳著 ; 周光庆指导. -- 华中师范大学, 2009. -- 144 页

论文以先秦时期卜辞和文献中收录的时间词为研究对象，从动力、方式、结构、效应四个方面完整的考察时间词汇的形成、发展，进而探索汉语系统词汇研究的多维度视角和多向思路，突出人与生存空间互动这一主要视角，突出“认知·解释—文化—哲学”这一基本思路。全文分为绪论和五章正文。绪论指出时间词汇研究的对象、系统词汇研究和时间词汇形成机制研究的价值；对时间研究的哲学、文化学、认知学、词汇学学术成果进行回顾，对时间研究的理论背景进行介绍，最后交代论文用到的研究方法。第一章主要是收集和整理卜辞和典籍中出现的时间词。第二章的主要观点是人与生存空间的互动成为语词符号形成发展的根本动力。这一根本动力在人的社会生活的不同层面上有着不同的表现形式，却共同推动远古时期人类社会语词符号系统的产生、发展和完善。第三章主要从四个方面来探讨时间词汇的形成方式，即分类与实践感知的类型化，概括与时间观念的词义化，表征与时间词汇的词符化，记录与时间词汇的字符化。第四章主要分为两个部分。第一部分整理时间词汇的系统结构，第二部分整理时间复合词义关联结构。该章旨在对先秦时期时间词的框架结构做些基本的梳理工作。第五章主要考察时间词汇的语言效应、认知效应和文化效应。

关键词：汉语　时间词汇　先秦时代

**3792**

**粤东闽语-n、-ŋ韵尾的方言地理类型研究** / 吴芳著 ; 伍巍指导. -- 暨南大学, 2009. -- 169 页

阳声韵尾-n 向-ŋ 的合并是今天粤东闽语普遍呈现的趋势，前人已做了不少分点的调查研究。论文立

足于客观方言事实,对粤东闽语山、臻、宕、江、曾、梗、通七摄两类阳声韵尾-n、-ŋ的历史动态演变进行全面的探讨。全文主要分为六章。第一章是绪论。介绍文章的研究对象、研究价值、调查材料来源、调查形式和研究方法,并对相关符号体例、术语进行说明。第二章是对相关研究的述评。主要包括:其他汉语方言阳声韵尾-n、-ŋ研究对粤东闽语的启发和粤东闽语自身研究的不足。第三章对粤东闽语-n、-ŋ两类阳声韵尾做共时方言平面考察。通过166个粤东闽语方言点的田野调查,得出当代粤东闽语-n、-ŋ两类阳声韵尾分合的类型及分布,并对调查对象的具体语音情况进行分析。第四章对粤东闽语阳声韵尾-n、-ŋ文白异读的历史发展进行探讨。通过对粤东闽语-n韵尾文白异读层次的分析,并结合粤东闽语文白异读的特点,得出粤东闽语阳声韵尾-n、-ŋ向-ŋ韵尾合并是一种必然的演变趋势。第五章对粤东闽语阳声韵尾-n、-ŋ演变的轨迹及演变机制进行分析。通过对现代粤东闽语六片-n韵尾方言现状的分析,结合相关史料,探讨六片方言内部-n尾韵母的具体演变轨迹,得出粤东闽语-n韵尾消变成为-ŋ韵尾的共同语音规律及演变的语音机制。第六章是结语。对全文的论述结论进行概括,并总结论文研究的不足。

关键词:闽语　方言　韵尾

**3793**

**汉语标数结构研究** / 吴思聪著 ; 骆小所指导. -- 华中师范大学, 2009. -- 135页

论文应用邢福义先生关于现代汉语语法研究的“表—里—值”三角的理论与方法对汉语标数结构进行聚焦考察,论文分为导论和正文六章。导论部分包括关于标数结构的定义和称谓、关于标数结构的古今传承和一致性、标数结构的研究现状、选题的意义和研究路数与方法。第二章说明标数结构的性质、类型及范围,分别详述标数结构的性质、标数结构中的量词、标数结构的类型和标数结构的范围。第三章研究形式概括型标数结构,首先分析形式概括型标数结构及其受限成分,然后说明形式概括型标数结构的句法功能,最后研究形式概括型标数结构的语用功能和价值。第四章解析语义概括型标数结构,首先是语义概括型标数结构的受限成分与概括方式,包括直接概括、借代概括和比喻概括,然后介绍语义概括型标数结构的句法表现,最后分析语义概括型标数结构的指称特点。第五章研究形义概括型标数结构,首先分析形义概括型标数结构的受限成分,包括名词和名词性自由语素、名词性半自由语素、词汇意义没有完全虚化的名词性词缀,然后研究形义概括型标数结构的句法、语用功能和价值,具体为形义概括型标数结构的句法功能、形义概括型标数结构的语用功能和价值。第六章为论文结语部分,总结全文的主要观点并指出论文的不足和今后的努力方向。

关键词:汉语　句法　数量词

**3794**

**汉碑文字研究** / 吴文文著 ; 林志强,马重奇指导. -- 福建师范大学, 2009. -- 156页

论文以汉代碑刻文字为主要研究材料,从不同角度对其进行研究,论文把汉代碑刻文字放在秦以后文字流变的动态进程中来考察,同时与汉时其他文字进行横向的比较。论文由绪论和正文六章组成。绪论部分包括汉碑材料的文字学研究价值、研究内容与研究方法、研究材料。第一章进行汉碑文字研究综述,即汉碑研究概述。首先对宋代以前的汉碑文字进行研究,其次说明宋代的汉碑文字研究,然后介绍清代汉碑文字研究,最后说明清代以后的汉碑文字研究。第二章分析与汉碑文字有关的字形演变研究,首先从汉碑等材料考察笔书的演变,然后进行与汉碑文字形有关的历时比较研究,最后进行与汉碑文字有关的共时比较研究。第三章介绍汉碑隶体古文研究,主要是研究汉碑中的隶体古文。第四章从汉碑材料探讨隶变对文字、训诂方式的影响,包括隶变导致一些文字讹混现象的产生、隶变导致声训的训诂方式在汉代流行。第五章解析汉碑文字中的字形演变规律,分别详述汉碑文字中与字义有关的字形演变规律、汉碑文字中与字音有关的字形演变规律、汉碑文字中的类化现象。第六章以东汉碑刻中的通假字为材料探讨东汉语音。论文的结语部分包括以汉碑文字为主要材料的字形演变举例和东汉碑刻中的通假字研究。

关键词:汉字　古文字　汉代

**3795**

**张斌语法思想研究** / 吴晓芳著 ; 林玉山指导. -- 福建师范大学, 2009. -- 236页

论文把张斌及其语法活动放到历史和现实的学术背景里进行讨论,考证张斌语法思想的生成、发展及其特点,指出张斌语法思想的理性特质和当代意义。论文分为绪论和正文十四章。绪论部分包括张

斌和现代汉语语法研究、课题研究现状、课题使用资料及研究构想、几点说明。第一章介绍张斌词类划分标准观，分别详述提倡广义形态论、从广义形态分类说到单一功能分类说、对“词汇·语法范畴”的看法、张斌对词类的划分、张斌谈兼类问题。第二章是对多视角的虚词研究，首先分析张斌虚词研究理论，然后说明张斌虚词研究实践。第三章是对张斌不同时期短语分类的比较研究，首先介绍短语名称的沿革，然后分析张斌不同时期短语分类比较，最后分析提出类固定短语。第四章研究张斌析句法嬗变及其理论背景，分别阐述采用句子成分分析法，改良“暂拟系统”，首创句型分析法，首倡句法、语义、语用三个平面分析法。第五章分析抽象性、生成性、递归性和“修饰语不影响句型”，分别详述“修饰语不影响句型”的理论基础、“修饰语不影响句型”提出的时间和出处、各家对修饰语与句型构建关系的看法、老问题新视角：基于语料库的句型研究方法。第六章研究张斌和三个平面理论，包括符号学与三个平面语法理论，析句法与句法语义语用分析方法，三个平面理论的提出与发展，句法语义语用间的关系及语用平面研究内容，与逻辑学、信息论相关的语用因素，张斌三个平面观的方法论意义。第七章说明张斌关于三个平面理论的实践，分别阐述动词的“向”、关于句子的合法度：搭配关系分析、语序研究、主语和话题。第八章分析句子模式和句子理解策略，首先是对汉语句子理解的认知研究，然后分析句子的理解因素，最后研究句子和句子理解策略。第九章剖析格律诗的语言结构与接受，包括格律诗的语言结构和理解。第十章节律制约句法及诗歌节奏的表现形式，首先是对节律研究的简单回顾，然后分析张斌的节律研究。第十一章张斌关于语言单位的辨识和再分类，首先是语素的辨识，其次是词和短语的切分，然后是张斌的句子性质和分类观，最后分析张斌的复句观。第十二章张斌教材（语法部分）编写实践，首先介绍张斌参编《现代汉语》（胡裕树主编）语法部分内容简介，然后说明张斌主编的《现代汉语》电大本语法部分编排特点。第十三章研究张斌语法思想的来源，首先分析张斌语法研究的学科基础，然后研究张斌语法研究的语言学理论基础，最后分析国内语法学家对张斌语法研究的影响。第十四章是论文的结语：张斌语法研究的特色，包括着眼于综合的理论视野、倡导自我创新的学术意识、重视语法研究的理论和方法。

关键词：张斌　语法　短语

**3796**

**老舍作品礼貌语言研究** / 吴昡姓著 ; 周一民指导. -- 北京师范大学, 2009. -- 97 页

论文运用系统功能语法理论、语用学和社会语言学理论等，尽可能地搜寻老舍作品中的礼貌语言，对其进行分类描写、解释、试图找出汉语礼貌语言的基本特点和语用规律，从而为外国人学习汉语、进行跨文化交流提供参考。论文由绪论和正文五章组成。论文绪论部分包括论文的研究意义、中国国内外礼貌语言研究现状、论文研究方法及计划。第一章介绍礼貌语言概述，包括礼貌语言的定义和礼貌语言的范围。第二章是对礼貌词语的研究，分别详述礼貌称谓语、敬语、谦语、客套语、问候语、祝福语、致歉语、道谢语、告别语。第三章分析礼貌用语的特定表达方式，具体研究句子的选用、礼貌意义的增量、改变动词的语法形式、表达批评或否定意见时的礼貌用法、运用语气词。第四章对礼貌语言的特点和语用分析，首先分析礼貌语言的特点，包括礼貌语言的民族性、礼貌语言的时代性、礼貌语言的相对性；然后进行礼貌语言的语用分析，具体表现为礼貌语言使用的制约因素和礼貌语言的语用功能分析。第五章是论文的结语部分，认为礼貌语言是一个生动、复杂的系统。因为其意义生动，所以形式内容复杂；又因为它的形式内容复杂，所以底蕴丰厚。

关键词：汉语　敬语　语用分析

**3797**

**现代汉语因果复句优先序列研究** / 肖任飞著 ; 储泽祥指导. -- 华中师范大学, 2009. -- 136 页

论文对现代汉语的因果复句展开优先序列研究，论文既有对理论方法的宏观思考，又有对典型个案的微观分析，将现代语言学的先进理论和朴学精神结合起来，论文以“小句中枢理论”“语法优选论”与“搭配理论”为背景，综合运用“两个三角”研究方法、搭配研究方法、统计手段等研究方法。论文分为绪论和正文六章。绪论部分包括选题原因、运用的理论和方法、意义和价值、要研究的问题和论文布局、符号的公式说明。第二章研究因果复句优先序列总览，首先说明论文的复句标准，其次介绍因果复句在复句序列中的地位，然后分析语序视点下各语体中的因果复句，最后是关联标记视点下各语体的因果复句。第三章解析“因—果”复句及其优先序列，分别详述各语体中的“因—果”复句、说明性“因—果”与优先序列、前带

"又"字的"因—果"复句和推论性"因—果"与优先序列。第四章是对"果—因"复句及其优先序列的研究，首先研究各语体中的"果—因"复句，然后说明断定性"果—因"复句与优先序列，最后介绍补充性"果—因"复句及其优先序列。第五章解析前后分句的照应及其制约因素，分别详述照应的四种模式、前分句视点下关联标记的照应强度、后分句视点下关联关系标记的照应强度和照应的不对称现象及其相关解释。论文第六章为结语部分，概括论文研究得出的结论、由论文研究得到的几点启示，对文章的不足和今后的工作也做了交代。

关键词：现代汉语　复句　语法

**3798**

**明代邸报词汇研究** / 熊辉著 ; 向熹指导. -- 四川大学, 2009. -- 228 页

论文以明代邸报为研究对象，以《万历邸钞》为主要研究语料，采用归纳、统计、分类、比较与分析的方法对明代邸报的词汇首次进行全面系统的研究。论文分为绪论和正文四章。绪论部分包括语料简介、语料特点、研究价值、明代邸报的研究状况、研究步骤与方法、创新之处和其他说明。第一章讨论有关政令、文书的词语，首先阐述上行文书名称及呈送文书行为，然后讨论与文书处理相关词语，包括一些公文用语，最后是下行文书名称及传达行为。第二章探究有关处置官吏的词语，分别详述与科举有关的词语，与任命、派遣、调动、辞退官吏有关的词语，与考察官吏有关的词语和与罚处官吏有关的词语。第三章研究有关"税物"的词语，包括苛捐杂税、与"矿、店、房、铺、厂"有关的词语、贡物和与国家经济有关的其他词语。第四章研究有关"边事"的词语，首先分析战事，包括称谓、与军事斗争有关的词语和有关军队粮饷有关的词汇，然后说明和平往来。论文结论部分说明，论文属于汉语史断代体裁语言研究，立足于邸报这一特殊语料，结合明代社会的诸多特征，通过历时与共时的双向比较，对近 700 个词语进行语义分析，最终勾勒出明代邸报词汇使用的基本框架，这是研究所要完成的主要任务。力争在专书研究与断代研究不断进取的时代，开阔体裁语言研究的新领域，为汉语史的构建做出一些有益的探索。

关键词：词汇　邸报　明代

**3799**

**《国语解》词汇语法专题研究** / 徐朝晖著 ; 吴金华指导. -- 复旦大学, 2009. -- 171 页

论文全面考察《国语解》中的韦昭注文，着重从词汇和语法两个方面对《国语解》进行专题研究，以期对三国时期语言的大致面貌有个基本的了解，为汉语史整个发展链条补上三国这一环。论文分为绪论和正文四章。绪论部分包括选题缘由、预期目标、主要内容、研究方法。第一章说明韦昭简介及《国语解》研究现状，首先介绍韦昭生平及其成就，接着说明《国语解》的研究现状及论文的意义。第二章从《国语解》看汉语词汇的复音化，分别详述联合式复音词，包括从语义看构成、从词性看构成；偏正式复音词，包括从语义看构成、从词性看构成；支配式复音词；表述式复音词；补充式复音词；附加式复音词；重叠式复音词；非重叠式单纯词；综合式复音词。第三章解析《国语解》所反映的语法发展演变，首先解析词法，具体包括名词、数词、量词、代词、副词；然后解析句法，具体包括被动式、递进式、宾语前置、词类活用。第四章分析《国语解》的现实意义，分别详述《汉语大词典》引《国语解》为首例的新词，《国语解》可补《汉语大词典》之不足，即词目失败、义项漏列、书证不当、释义欠允、书证滞后。

关键词：古汉语　词汇　语法

**3800**

**四种现存托名汉代小说语料鉴别研究** / 许菊芳著 ; 王云路指导. -- 浙江大学, 2009. -- 224 页

语言研究离不开语言材料，材料的选择和运用是研究的根本。以往的汉语史研究多偏重语言现象的研究而缺少对语料本身的关注，面对问题重重的语料，大家常常觉得无从下手，直接采用文学、文献学的研究成果又不适用于语言研究。论文试图在语料整理研究方面做些尝试，选取语料问题较为突出的现存托名汉代小说作为研究对象。流传至今的汉代小说数量很少，而且大多为托名作品，其语料情况十分复杂，是进行语言研究的一大障碍。因此，论文从语言的角度辨别其真伪、时代，分析语料的构成和来源，进而揭示其语言上的特点和价值，希望以此促进汉语史特别是小说语言的研究。全文共分为三个部分。第一部分是第一章：概论。主要通过对语料鉴别研究的界定、研究回溯，以确定论文的研究对象，指出现存托名现代小说语料鉴别研究的价值。其中还论及现存

托名汉代小说语料鉴别研究在方法上的探索。第二章到第五章是论文的第二部分:个案研究。分别对《燕丹子》《神异经》《汉武故事》和《西京难记》进行语料鉴别,通过选择底本、异文比较、语言年代的考察等给语料定性,并揭示其在语言研究方面的价值。最后是结论部分,总结托名汉代小说的语料特点,同时也对一些论文未论及的问题做了说明。

关键词:古代小说　语言分析　汉代

**3801**

**《红楼梦》完事体研究** / 严宝刚著 ; 唐钰明指导. -- 中山大学, 2009. -- 104 页

论文把共时和历时的描写相结合,追求系统性的研究方法,对《红楼梦》完整体进行研究。文章共分为七章。第一章为序论部分。主要介绍《红楼梦》的版本、语言,以及选题价值、写作体例和研究方法。第二章,阐述体范畴概说。首先简述体范畴研究,继而对情状体和视点体进行论述,最后分析体与时态的关系。第三章对实现体"了"展开研究。首先介绍"了"的语法意义和语法格式,接着阐述最早的实现体"V + 却"的起源和发展,以及实现体"V + 了"的起源和发展。对"了"进行语法化分析,最后从方言比较的角度看"了"的语法化程度。第四章阐述完成体"V + 完成类动词",对完成动词做全面研究,描写完成动词这个系统从产生、发展到今天的全过程。《红楼梦》时代,主要的完成动词有两个,即"完、毕"。其次,文章还对"罢、讫、已"等完成类动词进行探究,分析"V + 完成类动词"的起源和发展,并对完成类动词进行语法化分析。第五章主要对结果体进行分析,别出心裁地把结果补语当作完整体的一种加以研究。首先介绍前人的研究,阐述对结果体的定义,其次分析结果体的时间结构和语法特点,最后从方言比较的角度看普通话唯补词"见、到"的特点。第六章主要介绍经历体。首先阐述前人研究,然后对"过"的产生和发展进行探究,最后从方言比较看"过"的语法化。第七章为余论。

关键词:红楼梦　语法　词汇

**3802**

**话题链语篇构建机制的多角度研究** / 杨彬著 ; 李熙宗指导. -- 复旦大学, 2009. -- 132 页

论文是一项偏向应用的研究,试图对话语中的话题链展开多角度分析,主要考察话题链的衔接、组配情况,对链际和链内的衔接手段进行比较细致的描写和归纳,并从元认知和认知的角度讨论话题链的组配机制,重点讨论元认知在话题链的形成和维护中的作用。论文由引论和正文五章组成,第一章引论部分,包括问题的提出,论题研究概述,话题链研究简述及论文的操作性定义,论文的理论基础、研究思路与资料来源,论文的结构。第二章进行话题链的语符标记分析,首先分析元认知与元话语,其次介绍话题链的链际衔接手段,然后介绍话题链的链内衔接,最后进行话题链的递归套叠及其解析。第三章是话题链组配形式的认知分析,首先是言语研究的认知性转向,然后对元认知机制与话题链的典型形式的分类,最后分析元认知在话题链的形成与维护中的作用。第四章进行话题链的信息结构分析,分别详述信息结构思想的发展及信息结构的内涵、信息结构理论框架及相关分析、话题链的层级结构与基本话语层话题链的延展和余论。第五章解析话题链研究的篇章功能,包括作为意识镜像的语篇、话题链结构域语篇分析。第六章是论文的结语部分,主要概述论文的主要内容及具有新意的方面、论文的基本价值、论文的缺陷与不足以及将来的努力方向。

关键词:话语　语篇　认知

**3803**

**唐诗异文研究:以李白诗歌异文为例** / 杨冰郁著 ; 郭芹纳指导. -- 陕西师范大学, 2009. -- 199 页

论文以唐诗异文为研究对象,以李白诗歌异文为主要语料,从校勘学、文字学、音韵学、训诂学、语法学、修辞学、文学、文化学、古典诗歌注释学等方面对其进行多角度研究。论文由绪论和正文九章组成。绪论部分包括研究的实用价值和理论意义、唐诗异文研究综述、研究视角及研究方法、研究目标、研究内容和资料平台。第二章进行异文与文字研究,首先介绍异体字异文,其次分析古今字异文,然后分析通假字异文,最后是讹混字。第三章是对异文与词汇研究,分别详述异文与词汇研究概述、异文与同义词、异文与反义词、几类特殊类异文、异文与辞书编纂。第四章进行异文与语法研究,首先分析唐诗异文中涉及的几类"虚词"情况,然后分析唐诗异文与名词、动词词缀,最后进行唐诗异文与句法研究。第五章进行异文与音韵研究,包括异文与音韵规律、音韵规律在唐诗异文研究中的应用。第六章异文与修辞研究,分别详述异文与避讳。异文与变文避复、异文与夸张对仗、异文与典故、异文与韵律。第七章进行异文与文学研

究,首先研究异文与文学的对话——基于解释的视角,然后分析异文在文学欣赏中的作用,最后列举与文学欣赏有关的几类异文。第八章异文与文化学研究,首先分析异文与物质文化,然后分析异文与典章制度,最后分析异文与精神层面的文化。第九章异文与注释研究,包括清代唐诗异文注释的形式、方法与特点,当前异文注释中的问题。

关键词:汉字　异体字　唐诗

**3804**

**上古汉语非宾格动词研究** / 杨作玲著 ; 洪波指导. -- 南开大学, 2009. -- 255 页

论文借鉴非宾格动词理论,认为非宾格动词是由语义决定而由句法表现的,探讨上古汉语非宾格动词的句法功用及相关问题,表明非宾格性现象既有语言的现实基础,同时也具有相当的复杂性。文章共分为十章。第一章,绪论部分。简要评述上古汉语动词的研究现状及不足,介绍论文的研究取向、研究思路、研究方法及意义。第二章考察状态动词的句法功用,以"败""折""断""尽""坏"等 19 个动词为代表。第三章考察趋向动词的句法功用,以"入""出""去""来""朝""迁"为典型代表。第四章考察存现义动词的句法功用,以"起""作""兴""立"为代表。上古汉语的存现义动词能够形成自动和使动的句法配对,从跨语言的角度来看具有特殊性。第五章考察心理动词的句法功用,以"怒""惧""畏""服""悦""喜"为代表,通过展现其句法功用,提出在非宾格性上心理动词内部表现不一致,从致使义心理动词到非致使义心理动词可能是一个连续统。第六章考察形容词的句法功用,以"顺""乱""深"等为代表。第七章归纳典型非作格动词和及物动词的句法功用,对比得出上古汉语非宾格动词的句法实现确实有自身的特点和规律。第八章探讨非宾格动词的派生方向。提出上古汉语存在两种清浊别义,并对"见"类非宾格动词是清声母的完成体形成进行阐述。第九章探讨上古汉语语言类型的指向。最后是论文的结语部分,总结论文的收获和不足。

关键词:汉语　古代语法　动词

**3805**

**汉语穿戴类联合双音词(短语)的历史演变研究** / 余桃桃著 ; 杨逢彬指导. -- 武汉大学, 2009. -- 223 页

论文以穿戴类联合双音词(短语)为切入点,对12 个穿戴类的联合双音词(短语)(其中动词性、名词性各 6 个)的历史演变进行详细描写,并在此基础上归纳总结,理清其引申演变脉络,解释和分析演变规律和原因。论文分为上篇、下篇和结语三部分,共八章。上篇是对穿戴类动词性联合双音词(短语)的历史演变的讨论。第一章"佩服"组的历史演变,首先说明"佩"的历史演变,然后说明"服"的历史演变,最后综述"佩服"的历史演变。第二章研究"顶戴"组的历史演变,包括"戴"的历史演变和"顶戴"的历史演变。第三章"解释"组的历史演变,分别详述"解"的历史演变、"释"的历史演变和"解释"的历史演变。第四章探究"免脱"组的历史演变,主要对双音短语"免脱"和双音词"解脱"的历史演变过程进行描写和归纳。第五章"结束"组的历史演变,首先分析"结"的历史演变,然后说明"束"的历史演变,最后探究"结束"的历史演变。下篇详述穿戴类名词性联合双音词(短语)的历史演变。第六章论述"冠冕"组的历史演变,主要对双音词(短语)"冠冕"的历史演变进行详尽描写和分析归纳。第七章解析"领袖"组的历史演变,主要是对"领袖"和"要领"两组双音词的历史演变进行描写和研究。第八章对"襟带"组的历史演变研究。首先说明"襟带"的历史演变,然后分析"巾帼"的历史演变,最后探究"履屐"的历史演变。论文最后为结语部分,包括关于穿戴类联合双音短语词汇化问题的辨析、从古代服饰文化看穿戴类联合双音词(短语)的演变基础和从认知的角度看穿戴类联合双音词(短语)的演变机制。

关键词:双音词　短语　语言演变

**3806**

**汉蒙教育类成语比较研究** / 扎亚著 ; 周光庆指导. -- 华中师范大学, 2009. -- 194 页

论文选择汉语和蒙语这两种非亲属语言中的教育类成语进行对比研究,力求深入分析汉蒙两个民族语言、文化和思维的差异,以促进两个民族教育理论的交流。论文由绪论和正文四章组成。绪论部分包括研究意义、研究现状、方法目标和研究语料。第一章对汉蒙教育类成语概述,首先说明汉蒙教育类成语概念,然后说明汉蒙教育类成语来源,最后介绍汉蒙教育类成语表达方式。第二章进行汉蒙教学类成语比较研究,分别详述汉语教学类成语和蒙语教学类成语。第三章进行汉蒙学习类成语比较研究,首先分析汉语学习类成语,然后分析蒙语学习类成语。第四章

进行汉蒙学识类成语比较研究,分别进行汉语学识类成语研究和蒙语学识类成语研究。论文的研究一是可以反映汉蒙两个民族传统教育思想以及独特的语言文化,二是可以对教育学、词汇学、语义学、翻译学等方面的研究做出贡献,为高等学院汉语专业该领域的课程供学习资料、论文的汉蒙教育类成语自成体系,挑选出的成语组可以用来编写汉蒙语翻译或解释词典。在对汉蒙教育类成语具体深入的研究分析方面,论文还需要进行进一步的更全面的研究,并需要加强相关理论方面指导,形成更完善的研究体系。

关键词:汉语　蒙古语　成语

**3807**

**《史记》动词相关句法结构研究** / 张明莹著 ; 张双棣指导. -- 北京大学, 2009. -- 255 页

论文选择《史记》作为观察点,把动词相关的句法结构作为观察和描写的对象,将观察的范围限定在《史记》中的动宾结构和连谓结构。文章主要分为七章。第一章简要综述《史记》动词相关句法结构研究的成果以及这篇论文研究的目标,对《史记》预料的处理,以及论文各章内容的简述。第二章观察和描写《史记》动宾结构的语法形式,包括动词带各种体词性宾语、谓词性宾语以及双宾语。能愿动词与其后谓词性成分构成能愿结构,能愿结构也是一种动宾结构。第三章讨论《史记》的双宾语结构、动宾结构带由介词"於""于""以""乎""自"等引导的介宾补语的结构以及《史记》中大量存在的动宾结构后带处所成分、时间成分的用例。第四章介绍《史记》的四种连动结构,观察描写其语法形式和语义关系。第五章主要介绍《史记》中的连动共宾结构,观察描写其语法形式和语义关系。"V 为 O"结构实际上也是一种连动共宾结构,论文将其独立出来进行观察描写,最后还讨论《史记》的肯定连动结构。第六章讨论《史记》的兼语式,观察描写其语法形式、句法成分之间的语义关系、各种结构复杂的兼语式以及兼语式和连动结构复杂套叠的用例。在讨论兼语式的语义结构关系时会涉及连谓语重合、受事兼语、处所、时间、工具兼语等用例。第七章为结论部分,对论文的研究做了总结。

关键词:史记　动词　句法结构

**3808**

**现代汉语焦点结构研究** / 张全生著 ; 马庆株指导. -- 南开大学, 2009. -- 157 页

论文通过梳理和评述文献中对焦点和信息结构的关系、焦点界定和分类、焦点表现形式的研究,明确焦点信息结构的表现形式,重新界定焦点的概念,讨论汉语中焦点和焦点结构的句法表现形式。文章分为八章。第一章引言说明全文的理论前提和研究方法,概要介绍所要讨论的主要内容,指出可能存在的问题和不足以及今后研究的方向。第二章从语言信息结构出发,讨论分析焦点信息结构的两个来源。第三章首先梳理评述现有焦点概念和焦点类别的研究;然后,以信息结构关系为标准重新界定焦点概念;最后讨论句子中的焦点数量问题,通过分析"多个焦点论"的三种情况和"单一焦点论"的相关表述,论述单句遵循一句一焦点原则。第四章首先对焦点和句法上的焦点结构做出认定,然后主要讨论分析焦点的语言表现形式。第五章通过讨论分析"来"从趋向动词的语法化历程,确定其内因是动词结构"VP1 + (NP1) + 来 + VP2 + (NP2)"提供的句法格式以及"来"在该结构中表空间位移义的语义消退。第六章主要介绍否定句的焦点关联。首先是对有关否定和焦点的内容进行讨论,然后对否定句的解释规则进行阐述,此外,文章还介绍否定词的释义条件以及否定句的焦点和预设。第七章主要对"还"字句的焦点结构进行分析。第八章则对焦点副词的连用和一句一焦点原则进行探讨。

关键词:汉语　句法　语言结构

**3809**

**《红楼梦》词汇研究** / 张夏著 ; 杨端志指导. -- 山东大学, 2009. -- 188 页

论文以《红楼梦》专书词汇作为研究对象,从词汇发展史的角度可以将其看作是对近代汉语词汇这个大平面上的一个点的研究,通过对《红楼梦》专书词汇的研究,有助于考察汉语词汇在清代前中期的发展状况以及探寻近代汉语向现代汉语过渡的轨迹。文章分为绪论、正文和结语三部分,其中正文分为四章。第一章主要探讨《红楼梦》词汇的构成,即《红楼梦》中包含哪些类别的词,观察的角度不同,得出的结论也会有所差异,主要从词的使用频率、词义内容、音节数量、通行范围、历史发展等角度分别进行分析,力求全方位地展现《红楼梦》的整体词汇面貌。第二章主要运用语义场理论来探讨《红楼梦》词汇的词义聚合系统。论文将《红楼梦》专书语义场划分为名物、动作行为、性质状态、人称四个大类,从宏观上进行描写,

并对其中几十个突出体现汉语词汇发展面貌以及《红楼梦》专书词汇特色的最小语义场进行分析。第三章主要从三个方面来探讨《红楼梦》词汇较之前代的发展变化。首先,《红楼梦》中出现相当数量的新词,同时一部分承前词在《红楼梦》中发展出新的义位,新词与新义的产生突出反映《红楼梦》词汇相对于前代的发展变化。其次,《红楼梦》词汇的造词法与构造法较之前代有所发展。第三,《红楼梦》词汇的语法功能较之前代有所发展。第四章主要从异形词、同素逆序词及《红楼梦》与现代汉语同形异义词三个方面来探讨《红楼梦》词汇的词形问题。

关键词:红楼梦　词汇　词义

**3810**

**现代汉语重动"得"字句考察** / 张仙友著 ; 沈阳指导. -- 北京大学, 2009. -- 99 页

论文主要在穷尽性描写的方法的基础上,对重动"得"字句进行句法、语义以及语用的等方面的研究。重点对句子中每个句子成分在"得"字句重动形式的限制情况进行系统的考察。论文由引言部分和正文五章组成。引言部分主要阐述为什么研究重动"得"字句。第一章介绍前人研究及论文研究范围,主要包括前人研究成果及存在问题、论文的研究思路和研究范围。第二章分析重动"得"字句的句法制约,首先说明重动"得"字句可用条件和成立条件,其次分析"VOV 得 XP"句式前段成分的句法特征,然后分析"VOV 得 XP"后段 XP 句法特征,最后进行附加成分对句式的制约。第三章研究重动"得"字句的语义制约,首先从语义角度看重动"得"字句成立条件,然后分析"VOV 得 XP"句式前段成分的语义特征,包括动词 V 语义类别和宾语 O 作用,最后解析"VOV 得 XP"后段 XP 语义特征,包括补语 XP 语义指向和从指向倾向看句式成立的制约。第四章解析重动"得"字句的语用制约,包括重动"得"字句和话题句、重动"得"字句上下文语境关联程度。第五章解析韩国语宾语在"得"字句中相应成分,首先介绍研究范围,然后说明汉语"得"字句和韩国语对应形式,最后进行重动"得"字句教学的分析。

关键词:现代汉语　句型　句子分析

**3811**

**现代汉语疑问范畴和否定范畴的相通性及构式整合** / 张晓涛著 ; 刘富华指导. -- 吉林大学, 2009. -- 157 页

论文从两大方面系统地考察疑问范畴同否定范畴的相关性。一是考察疑问范畴和否定范畴的语义相通性,对特指问、是非问、选择句等疑问句表否定的情况进行全面、系统的考察,并针对目前研究相对不足的疑问表否定的动因和机制以及疑问句表否定和一般否定句的区别加以分析;二是考察疑问范畴和否定范畴的构式整合,从疑问代词和否定词的共现特征入手,对含有疑问代词和否定词的否定疑问句和否定陈述句做了疑问与否定的构式整合分析,从宏观角度和微观角度探讨现代汉语疑问和否定的构式整合问题。目前对疑问和否定的两大范畴而言,针对每一范畴的研究不少,而关注二者相通性的疑问却并不多,关于两个范畴构式整合的研究更是几乎看不到。因此对于否定疑问句和否定陈述句是疑问和否定构式整合的研究与分析是论文的创新之处。全文共分十章。第一章是引论,介绍选题的缘由和相关研究现状,对相关问题做了说明,并交代研究的主要内容、基本思路和方法。第二章分析表否定意义的特指问。第三章分析表否定意义的是非问。第四章分析表否定意义的选择问。第五章分析疑问句表否定用法的产生机制。第六章分析疑问表否定与一般否定句否定功能的差异性。第七章分析疑问和否定的构式整合。第八章分析疑问和否定整合的否定疑问句。第九章分析疑问和否定整合的否定陈述句。第十章是总结和余论。

关键词:现代汉语　疑问(语法)　否定(语法)

**3812**

**古代汉语使动用法历时研究** / 张艳著 ; 柳士镇指导. -- 南京大学, 2009. -- 205 页

论文在充分占有语料的基础上,对古代汉语使动用法的历时演变情况做了详尽调查,运用历史语言学、语言类型、认知语言学和生成语法学的相关理论,就使动用法的性质、演变原因、语义特点、句法结构进行分析,并讨论使动用法与动补结构的关系问题。文章主要分为七章。第一章绪论部分。介绍论文的选题意义和课题的研究概况,并限定使动用法的内涵,明确使动用法的判断标准。第二章介绍上古汉语使动用法的概况。文章具体从殷商西周的使动用法和春秋至西汉的使动用法两个层面展开论述。第三章主要分析中古汉语使动用法概况。首先,文章分析东汉至隋的单音节使动词;其次,文章还对东汉至隋的

使动性复合短语。第四章主要介绍近代汉语使动用法概况。分别介绍唐代至明清的单音节使动词,以及唐代至明清的使动性复合短语。第五章讨论使动用法的性质、演变原因、语义特征和句法结构。古代汉语中的使动用法数量众多,发展具有持续性,并不是语言中的临时现象,而是人类致使范畴的表达方式之一。第六章为专题研究。首先讨论心理使役类动词的句法和语义,区分心理使役类动词和心理状态类动词的不同;其次,讨论使动用法和动补结构的关系;最后,通过对动补结构产生前后使动用法的发展情况的考察,得出单音节使动词的有限性减少并不是动补结构产生的原因,而是动补结构成熟以后的结果的结论。

关键词:古代汉语　句法　语义

**3813**

**现代汉语"这/那"研究:从语义到语法、篇章及语法化** / 张振亚著 ; 郭锐指导. -- 北京大学, 2009. -- 134 页

论文从指示词"这""那"的外指用法入手,来观察"这""那"在语法、篇章及语法化等层面的表现。全文共分为六章。第一章是文献综述,综述国内外对指示词"这""那"的研究成果,指出一些论文将要讨论的问题。第二章讨论能够影响"这""那"外指的若干因素。除了以往所公认的"空间距离远近"以外,还存在着一些其他因素也会影响到外指时"这""那"的选用。第三章讨论"这""那"在语法层面的不对称。这种不对称表现在时间、人称及动作方向性上的不对称,也表现在"这""那"修饰存现句宾语,"这""那"与形容词之间的语序变化,"这""那"在修饰"参照体""目标"等方面所体现出来的不对称上。第四章继续讨论指示词与名词短语其他修饰语之间的语序变换问题。指示词与其他修饰语的相对语序体现出这样一种倾向:指示词后面的修饰语有可能离开自身的无标记位置,向前移动越过指示词,但不能越过领属定语;指示词后面的修饰语不能向后越过指示词。第五章讨论"这""那"在篇章功能上的表现。通过对"这""那"四种篇章功能的分析,发现外指用法的一些因素对其篇章功能的影响。第六章讨论"这""那"向定冠词的虚化。在原来判定冠词存在的两条标准上补充一个参考性的标准:非零形式的无定标记蕴含非零形式的有定标记。

关键词:现代汉语　指示词　语法

**3814**

**近代汉语象声词研究** / 赵爱武著 ; 卢烈红指导. -- 武汉大学, 2009. -- 253 页

论文主要研究近代汉语象声词的语音结构、语义特征、语法功能及修辞功能,考察汉语象声词生动的产生和发展,总结出近代象声词演变的动因以及象声词生动形式产生的机制,论文的研究思路是以近代汉语为基点,结合古汉语和现代汉语从历时和共时两个层次上对汉语象声词展开研究。论文分为引言和正文六章。第一章引言部分包括选题缘起和选题意义、象声词研究现状、关于象声词的几个问题、论文的研究范围与方法、论文的基本语料。第二章分析语音结构和韵律特征,包括语音结构形式、语音规律和韵律特点。第三章分析语义类型和语义特征,首先介绍语义类型,其次提出语义与标写形式的关系,然后分析语义特征,最后研究语义的虚化与转移。第四章解析语法功能,首先是句法功能,然后是组合功能,最后是造句功能。第五章分析修辞功能,分别描述鲜明的形象色彩、丰富的感情色彩、特定的语体色彩、神奇的通感效果、独特的语音效果。第六章解析近代汉语生动形式的产生与发展,主要包括生动形式在近代汉语中的分布、几种重要生动形式的历时发展。第七章是论文的余论:象声词发展与演变的动因,认为影响象声词演变的动因主要包括社会文化动因(社会与历史的发展、语体的变化)、语音系统内部的动因(语音系统的简化、语义的复杂化与精确性、语用强化)。

关键词:汉语　词汇　象声词

**3815**

**慧琳《一切经音义》韵类研究** / 赵翠阳著 ; 麦耘指导. -- 中国社会科学院, 2009. -- 151 页

论文以慧琳《一切经音义》韵类为研究对象。论文由绪论和正文四章组成。第一章绪论部分包括慧琳生平、慧琳《一切经音义》的流传及其版本、《慧琳音义》在语音史上的研究价值、慧琳《一切经音义》语音研究综述、论文选材范围及研究方法。第二章分析各韵类被音字在慧琳《一切经音义》中的韵类分布,分别详述通摄阳声韵、江摄阳声韵、止摄、遇摄、蟹摄、臻摄阳声韵、山摄阳声韵、效摄、果摄、假摄、宕摄阳声韵、梗摄阳声韵、曾摄阳声韵、流摄、深摄阳声韵、咸摄阳声韵、通摄入声韵、江摄入声韵、臻摄入声韵、山摄入声韵、宕摄入声韵、梗摄入声韵、曾摄入声韵、深摄入声韵、咸摄入声韵。第三章从概率的角度来看慧琳

《一切经音义》韵类的分合,分别详述通摄阳声韵、江摄阳声韵、止摄、遇摄、蟹摄、臻摄阳声韵、山摄阳声韵、效摄、果摄、假摄、宕摄阳声韵、梗摄阳声韵、曾摄阳声韵、流摄、深摄阳声韵、咸摄阳声韵、通摄入声韵、江摄入声韵、臻摄入声韵、山摄入声韵、宕摄入声韵、梗摄入声韵、曾摄入声韵、深摄入声韵、咸摄入声韵。第四章分析慧琳《一切经音义》中的重纽及相关问题,包括《慧琳音义》中的重纽情况、重纽音韵中的舌齿音与重纽两类的关系、重纽诸韵与普通三等韵及四等韵之间的关系、与三等韵有关的几个问题。第五章论文结论和余论,首先介绍慧琳《一切经音义》的韵类系统,然后分析慧琳《一切经音义》所代表的音系,最后论韵图创制的年代。

关键词:中古音　韵母　一切经音义

**3816**

**中古汉语主从连词研究** / 郑丽著 ; 林玉山指导. -- 福建师范大学, 2009. -- 230 页

论文选取中古时期的主从连词作为研究对象,试图从共时和历时两个角度对其进行全面、系统的研究,通过细致描写展现中古汉语主从连词的大致面貌,总结特点,勾勒演变轨迹,归纳发展趋势,并对某些句法、语义现象加以解释。文章分为绪论和正文,其中正文分为十章。绪论部分重点论述对连词的界定、分类的看法,总结前人的研究成果,明确文章的研究对象、目的及使用的研究方法。第一章介绍中古主从连词概况。对假设连词、条件连词、因果连词、目的连词、让步连词及转折连词六类连词进行分类讨论,考察每个连词产生的年代,力图还原出中古时期主从连词的面貌。第二章介绍假设连词的来源及语法化过程,具体介绍了“若”“或”“假”等六类假设连词。第三章阐述条件连词的来源与语法化过程。第四章对因果连词的来源与语法化过程进行阐述。其中重点介绍了“自”“既”“于是”等连词。第五章重点介绍目的连词的来源与语法化过程,阐述“用”与“持用”。第六章阐述让步连词的来源与语法化过程。第七章则介绍转折连词的来源与语法化过程。第八章主要分析转折连词的语法化机制及特点。第九章介绍中古连词的句法位置。描写中古时期较常见的主从连词,并进行解释。第十章得出文章的结论。

关键词:汉语　连词　语法

**3817**

**《左传》复合词形成的认知机制研究** / 钟力明著 ; 周光庆指导. -- 华中师范大学, 2009. -- 142 页

论文以《春秋左氏传》中的 1797 个复合词为研究的语料对象,借鉴认知语言学、文化语言学、认知心理学的相关理论,对复合词形成从认知的视角进行新的分析和解释。论文分为绪论和正文四章。绪论部分包括复合词研究概述,研究的目标、对象与方法、研究涉及的相关理论。第一章分析先秦复合词形成的动因,分别详述命名指称的需要、再分类的需要、复合思维的推动、隐喻的力量。第二章解析《左传》复合词形成的主要方式,首先是通过范畴扩充形成的构词方式,其次是通过显现事物现象间关系形成的构词方式,然后是通过特征映射形成的构词方式,最后分析复合思维联结方式的影响。第三章解析《左传》复合词的结构,首先介绍《左传》复合词结构研究的两种途径,其次分析词素义对词义的认知构建,然后是词义对词素义的认知整合,最后分析语义结构的层次。第四章解析《左传》复合词形成的效应,分别详述复合词形成的语言效应、复合词形成的认知效应、复合词幸存的文化效应,复合词形成的哲学效应。论文的结语部分简要总结论文的主要观点和结论,并提出文中尚未分析和尚未解决的若干问题,以期在今后研究中得到完善。通过对《左传》复合词形成的动因、方式、结构和效应四个方面的重点探讨,我们可以发现在复合词的形成过程中,复合词与人类的外部生存空间、人类的内部思维空间紧密地结合,由发生而发展,逐步形成独特的结构形式,并在语言的内部和外部产生着重要的作用。

关键词:汉语　复合词　认知

**3818**

**小句中枢视点下的现代汉语感叹句研究** / 周毕吉著 ; 邢福义指导. -- 华中师范大学, 2009. -- 157 页

论文以小句中枢视点下的现代汉语感叹句为研究对象。论文由导论和正文八章组成。第一章导论部分包括汉语感叹句研究概况、论题的阐述及选题意义、论题关注的焦点与运用的理论方法、语料来源。第二章说明汉语感叹句的性质、功能及范围,主要分为两个部分:第一部分回顾前人在句类划分时所参照的一些依据和准则,针对这些标准逐一进行分析;第二部分探讨感叹句的性质、功能和范围。第三章分析感叹句的语义结构和语形结构,以语言研究的“小三

角”理论为指导，分别描述感叹句的语义结构和感叹句的语形结构。第四章解析叹词与感叹句，分析详述前人关于叹词的研究、叹词的语形特征、叹词的语用功能、叹词与感叹句的关系。第五章分析汉语中的包孕感叹句，首先说明关于小句独立性问题的思考，然后分析汉语中的包孕感叹句，最后对“你不知(道)+S”进行分析。第六章感叹句与其他句子的搭配，包括两个部分，第一部分分析感叹句的语气搭配模式，第二部分研究感叹句语气搭配模式下的句间关系。第七章进行汉英感叹句对比研究，分别详述广义的感叹句与佚义的感叹句、汉英感叹句的共性与差异、汉英包孕感叹句的对比、汉英名词性感叹句的对比，指出二者的共性与差别。第八章为论文的结语部分，是对前面各章节内容的一个归纳和总结。

关键词：现代汉语　感叹句　语法

**3819**

**清代新词新义位发展演变研究**／周琳娜著；杨端志指导. -- 山东大学, 2009. -- 347 页

论文以《汉语大词典》作为语料来源，将清代新生的新词新义位作为研究对象，尝试构建清代的新词、新义位的系统。论文由绪论和正文七章组成。绪论部分包括新词新义研究综述、论文语料、研究方法、论文结构及内容。第二章介绍清代新词、新义位概貌，分别详述关于亲属称名的新词、新义位，关于称谓的新词、新义位，关于人和人体部位的新词新义位，关于物质生活的新词新义位，关于精神生活的新词新义位，关于生产劳动的新词新义位，关于行为的新词新义位，关于人的情感的新词新义位，关于性状的新词新义位，关于时间、空间的新词新义位，关于自然现象、自然物的新词新义位，清代新词新义位的语义分布。第三章分析清代新词的产生，首先说明新词的产生方式，然后介绍新词的来源。第四章研究清代新义的产生——引申，分别研究清代引申的义素运动、义素运动与构词词素、清代新义位引申的轨迹、义位引申的心理机制——联想、清代义位引申的结果。第五章进行清代新词、新义的构词研究，包括音节形式和句法——语义构词法。第六章解析清代熟语，首先介绍清代新成语，其次说明清代新惯用语，再次分析清代新歇后语，最后研究清代新谚语。第七章研究清代义位系统的运动，首先进行词汇系统研究综述，然后研究清代义位运动——独用词的演变，最后分析清代新义位的演变轨迹。第八章解析清代新词新义位的特点，包括清代标准性新词语场、清代新词的语体特征。

关键词：词汇　语义　清代

**3820**

**现代汉语状态形容词语义研究**／朱翠萍著；张卫国指导. -- 中国人民大学, 2009. -- 243 页

论文在继承前人研究的基础上，搜集 548 个状态形容词，并在此范围内做穷尽性计量分析，从语义角度考察状态形容词，并且对其逐一分析，在一定程度上补充状态形容词的释义和语义关联的不足。论文分为绪论和正文六章。绪论部分包括状态形容词研究综述、研究对象及材料来源、研究方法及辅助工具、选题的意义、依据的理论——现代语义学理论、实践创新、基本概念的界定。第一章分析状态形容词结构类型及意义特点，首先说明 AA 类状态形容词的构词方式及意义特点，其次分析 AABB 类状态形容词的结构特点，然后分析 ABB 类状态形容词的结构方式及意义特点，最后分析 BA 类状态形容词的结构及意义特点。第二章状态形容词词典释义状况研究，分别详述语言色彩标注、释义指示语分析、释义固定格式、三部词典在状态形容词释义方面的特点及不足。第三章是对状态形容词释义元语言的研究，首先提出“元语言”，其次介绍不同领域对“元语言”的理解，然后分析释义元语言的特点与作用，最后研究状态形容词的释义状况及修改。第四章是对状态形容词义征的分析，具体解析义征概说，义征提取的基础、原则及方法，释义基元词及提取，基元词提取结果。第五章解析状态形容词聚合语义网络，首先分析语义系统论，然后研究语义聚合网络可计算机化实验，最后介绍知识网库范本——大英百科全书。第六章是论文结论部分，包括内容回顾、研究背景及创新之处、不足之处。

关键词：现代汉语　形容词　语义

**3821**

**上古汉语常用指示代词研究**／朱淑华著；殷国光指导. -- 中国人民大学, 2009. -- 132 页

论文借鉴现代语言学有关指示的理论，以春秋战国时期《左传》《国语》《论语》《墨子》《晏子》《孟子》《庄子》《荀子》《吕氏春秋》9 部传世文献为基础语料，采用穷尽性的统计分析与比较相结合的方法细致描述“此(斯)、是、彼、夫、之、其”常用指示代词的指示类型。论文分为绪论和正文五章。绪论部分包括研

究意义与目标,以往的研究(包括指示代词的性质、界定、分类、功能、时代和地域问题的讨论、冠词化、不对称现象),研究特点,研究方法,基本语料。第二章研究相关概念及理论框架,首先研究指示代词的界定,包括此(斯)、是,彼、夫,之、其;然后是对指示代词的分类,包括指示类型和指示对象的确定。第三章是对指示代词的指示功能研究,在句法分析描写研究的基础上,从语用、篇章等角度,着重考察"此(斯)""是""彼""夫"指示类型,进而总结出这些指示类型的指示特点及其规律。第四章是对指示短语中指示代词的功能研究,着重考察上古汉语指示代词短语的形式、"指示代词+NP"的指示功能、"指示代词+NP"中指示代词的功能、指示代词短语发展为话语标记的功能。第五章为论文余论部分,首先分析近指代词与远指代词的不对称,然后分析近指代词内部使用的差异,最后研究远指代词内部使用的差异。

关键词:古汉语　语法　代词

**3822**

**汉语时间感知模式与相关汉语因素研究** / 祝东平著 ; 刘富华指导. -- 吉林大学, 2009. -- 188 页

论文探讨汉语的时间感知模式,并以之解释汉语中与时间相关的语言因素:与时间相关的趋向动词、时间词、时体的表达及与时间相关的副词。主要论点:时间是由于人的时间位置绵延变化形成的时间流,说话时是变动不居的;时间流相对于时间轴运动,公元纪年是最广泛使用的时间轴;"去"表时间义为"离开","过日子"是常态的生活方式,是作为主体的人随着时间流"过"一个个的日子,"过去"就是过去的日子,等等。全文共分为十一章。第一章是绪论,提出问题,并对研究范围、各章节的内容安排以及语料做了相应的交代。第二章概述汉语的时间感知模式。主要包括:关于时间的哲学思考,从空间位移到时间位移,时间之流与时间测度,人在世间中的姿态,与时间信息相关的语言因素。第三章论述与时间相关的位移动词。主要有:"去""过去"与"来""未来",时间相关的"v下来"与"v下去","起来"与异常态。第四章论述时间词的相关功能与作用,首先介绍时间轴与时间流,接着论述时间词的句法和语用功能,最后探讨时间词的谓词性。第五、第六、第七章主要研究汉语中的时体,通过对时体的研究,作者认为时体是在时间流中观察事件进程中的状态。第八、第九、第十章主要探讨与时间相关的副词。与时间相关的副词包括与时间相关的,也包括与事件相关的,还包括表示时间与事件之间关系的等。第十一章是结论,对论文的研究结论做了总结。

关键词:现代汉语　语法　时间

**3823**

**河南中原官话的知庄章** / 左玉瑢著 ; 麦耘指导. -- 中国社会科学院, 2009. -- 153 页

论文以中原官话核心地区的方言"河南中原官话"为研究对象,从知庄章组字入手,根据实际方言调查材料来拟构现代河南中原官话祖语的知庄章组字,考察知庄章组声母的演变规律,立足于此来看文献信息所反映出知庄章组声母的演变。论文由绪论和正文五章组成。第一章绪论部分包括河南中原官话的定名与区域范围、河南中原官话知庄章的相关研究、研究材料。第二章介绍研究方法,分别详述原始河南中原官话假说、归纳类型法、历史比较法、音变的相对年代学、历史比较与文献研究的结合。第三章说明河南中原官话知庄章组声母的读音类型,一共有八种。第四章是河南中原官话知庄章组字的历史比较,分别详述早期滑县——柘城话、早期巩义——兰考话、早期杞县——上蔡话、早期淮阳——项城话、原始河南中原官话:四个早期方言对比、明代大移民与河南中原官话的接触性音变。第五章进行原始河南中原官话与《交泰韵》知庄章组字的对比,首先进行舒声韵的对比,然后进行入声韵的对比,最后进行入声韵配阴声韵情况的对比。第六章从河南中原官话的比较看知庄章组声母的流变。包括明中叶以前知庄章组声母的流变和知庄章组声母在现代的发展。

关键词:官话　语言演变　河南

# 中国古典文献学

**3824**

**嘉业堂刻书研究** / 陈谊著 ; 吴格指导. -- 复旦大学, 2009. -- 199 页

论文通过上海图书馆所藏刘承幹所撰《求恕斋日记》《求恕斋函稿》及所辑《求恕斋友朋手札》三种稿本,发掘整理嘉业堂刻书校书有关的第一手资料,对嘉业堂刻书事业重要参与者,如前期主持缪荃孙,校勘者杨钟义、许湝祥,《影宋四史》主持者叶昌炽、王舟瑶等人的活动进行钩稽排比,并对嘉业堂所刻约

200种书籍序跋进行仔细梳理，编排嘉业堂刻书的基本史实。嘉业堂所刻书籍书版现存南浔刘氏嘉业藏书楼中，研究者两次进入嘉业藏书楼书版库，调查研究现存嘉业堂刻书书版，选取有代表性的书版，抽样著录，分析其行款版式，对其雕刻工艺进行具体而深入探讨；部分书版已有残损蛀蚀现象，论文亦进行客观描述，分析出现此类现象的原因。嘉业堂刻书书版背后少量有"背书"，详细记录板材传递过程中刻书销与板材商间的交往细节，经过分析，探索雕版印刷书版交易过程中各个环节的相关事宜。论文由绪论、正文六章、结语及两个附录构成。第一章嘉业堂刻书之原委，主要介绍嘉业堂刻书缘起、旨趣、要求。第二章嘉业堂刻书之底本，主要介绍嘉业堂刻书底本的类型、来源及选定。第三章嘉业堂刻书之校勘，主要介绍参与嘉业堂刻书校勘者之聘任与薪酬，嘉业堂刻书校勘中的自校与他校及编辑校勘者小传等。第四章嘉业堂刻书之刻工，主要介绍承办嘉业堂刻书刻工的雇用和工资，以及刘承幹对他们的管理与督责。第五章嘉业堂刻书之书版，主要介绍嘉业藏书楼现藏嘉业堂所刻书籍之书版的数量与现状、来源与采办、版式与尺寸等。第六章嘉业堂刻书校书编年事辑，主要依据上海图书馆藏刘承幹《求恕斋日记》稿本钩稽嘉业堂刻书校书史实，按年编排从1912年到1936年24年中所有关于刘承幹嘉业堂刻书校书文献。

关键词：刻本　校勘　印刷史

**3825**

**王闿运选批唐诗研究** / 程彦霞著 ; 朱易安指导. -- 上海师范大学, 2009. -- 260页

王闿运是晚清汉魏六朝诗派的代表人物，但他并非谨守汉魏六朝诗歌，亦诗学三唐。他历时50多年先后三次选录唐诗并两次自费出版《唐诗选》六卷本和十三卷本，并对所选唐诗进行多次批点。从王闿运的选本和批语中不难看出其对唐诗研读和接受的情况：年轻时主盛唐重田园风格；中晚年以后对中唐诗歌有较多反省。其代表诗歌选本《唐诗选》十三卷的选诗标准也非如选家所言"不出八代之外"，而是一种要尽可能展现唐诗风格和流变的选本，在晚清颇为独特。王闿运以审美为标准，在对唐诗流变的考察中寓优劣高下之品评，五言古诗多以六朝诗歌为衡量标准，七言歌行则是"唐诗推挹东川，裁抑杜陵"。但这并不足以涵盖王闿运的唐诗学，对于不同的诗歌体式中，王闿运的评价有很大差别。王闿运还有较为鲜明的诗歌史意识，他通过选本、批语和论文，不仅打通了从汉魏、六朝、唐至宋的诗歌自然发展史，也开辟了一条以艺术审美为标准而不以儒家思想为主导的追求诗歌自然美学的诗学途径，在推重变风变雅诗歌精神的晚清尤具个性。作为诗坛"旧头领"的王闿运在晚清诗坛成就显赫，地位颇高。王闿运和汉魏六朝诗派的邓辅纶、"唐宋调和派"张之洞及"不名一家"之李慈铭等诗人在疏离宗宋诗风、追求诗歌雅正清丽之风上趋于一致，但在对待杜甫的态度上则有很大差异；王闿运和宗宋诗人是影响与被影响的关系，诗学中有相依的成分亦有相离之处，两者最大的不同在于对韩愈诗歌的接受。王闿运和晚清诗人思想的差异源于审视诗歌的出发点不同，王闿运以审美为标准，而其他诗人多从诗歌教化的功用出发。王闿运影响之下的学风多趋于唐诗，尤以宗中晚唐诗为特色。或主孟郊，或宗李商隐，或调和盛唐、中唐，总之是各执一端，使得晚清唐诗学异彩纷呈。只不过因为他们诗歌成就不高，故而影响不大。笔者把他们梳理出来，一方面可以看出他们对王闿运的传承，一方面亦可以更深入了解晚清唐诗学的现状。

关键词：王闿运　唐诗　文学研究

**3826**

**木鱼书研究** / 关瑾华著 ; 黄仕忠指导. -- 中山大学, 2009. -- 353页

论文的研究对象是广义的木鱼书，即粤方言诗赞系说唱文学，涵括木鱼歌、龙舟歌、南音等单一样式，与小调、山歌等相区别。研究木鱼书的发展传播，能更好地勾勒明清以来国际文化交流的脉络。由于现代生活方式的挤压，方言说唱艺术的表演空间萎缩、伎艺失传，目前，以木鱼书为主要代表的岭南说唱文艺已处于高度濒危状态。通过研究木鱼书，可以对于如何保护开发这类非物质文化遗产保护，提出切实可行的建议。论文从发掘、整理现存木鱼书唱本入手，分作上、下篇，对木鱼书做一个全面的研讨。上篇分4章。第一章"绪论"，首先从"粤方言"和"诗赞系说唱文学"这两个层面阐释木鱼书的定义，然后回顾木鱼书已有的研究成果。第二章"辨体"，梳理"河调"是不是木鱼书、木鱼书是不是弹词等问题。第三章"木鱼书的出版"，从书页与开本、封皮与装订、广告三个角度，揭示木鱼书在坊刻本、民国印刷业发展等层面所具有的代表性。第四章"个案研究"，第一节，分析

《第八才子花笺记会评会校本》校录上存在的问题,进而探讨校勘俗文学文献的方法。第二节,介绍善书坊刻印的木鱼书《百八钟》,并结合中山图书馆藏稀见粤版宝卷7种,阐述木鱼书在广府地区作为善书流播的情况。第三节,整理知见的南音《客途秋恨》文本及录音版本19种,归纳其唱词系统与唱腔系统,分析传唱的过程中发生变化的原因,进而指出,演唱者、演唱场合、演唱目的等多种因素共同作用于每一次南音表演,使一首南音版本纷陈,却又循规律定型、传播。下篇分两章,详细描述木鱼书文献的流布特点及现状,并重点介绍中山大学民俗学会、广东省立中山图书馆、北京地区、台湾傅斯年图书馆以及日本、欧洲等海外地区若干藏地的情况。不仅尽量以最新的数据呈现各处藏地现今入藏了什么木鱼书,更分析该藏地及其所藏书籍的特异性,并相应地指出前人提供的信息的错漏之处。附录《现存木鱼书收藏情况一览表》,呈现全球43处公私藏木鱼书的篇目信息。

关键词:木鱼书　说唱文学　文献学

**3827**

**宋代文选学研究** / 郭宝军著 ; 王立群指导. -- 河南大学, 2009. -- 371 页

从发生学而言,选学内核是注释学,且唐代文选学的成就主要体现于此。唐代科举考试中进士科地位的渐被重视使得《文选》作为示范功能的意义更加突出。开元六年五臣注问世且在很长的时期成为士子学习《文选》的首要选择。唐代的《文选》是以口耳相传的讲课方式与记录、传抄的方式进行传播的。从五代孟蜀时期毋昭裔整理刊刻五臣注开始,《文选》传播就进入雕版印刷的时代。五臣之后,李善注由国子监刊刻,对二家之注的不同需求以及二本的不同层面特征,促使合并本出现。元祐九年秀州州学的编纂与刊刻六家本使唐代公孙罗的努力方向真正落到实处。此后的明州州学刊本,则是在秀州本系统内的局部修补。南宋初年的赣州本,则是颠倒六家,强调李善注。由于李善注的广博适应宋人重知识的需求,导致淳熙年间又一次出现李善单注本。同时,在宋代《文选》传播之中,五臣注一直作为一种深层背景的方式进行流布。宋代《文选》的刊刻成就卓著,其刊刻的诸本成为后来众多本子的祖本。一是由于宋代文化社会的建构与定型,二是因为国家政治系统中权益诱惑之下,科举考试中诗赋科目的地位被不断彰显。此后,文选学重获新生,终宋一代,《文选》的传播也相对表现为一种非常平稳的态势。同时,对宋代不同注本的历时性考究,能够展现出时代因素、回报程度、文人领袖倡导等因素对《文选》不同版本选择的差异。宋代《文选》研究缺乏专著,并不意味着对其研究的缺失,而是散入当时众多的笔记等著作中以短章的方式呈现的。从"长时段"而言,这个时期成为文选学从注释转向考订的萌生并初步发展的阶段,也由此发现,清代文选之学的重兴在学术理路上不是突兀而至的。宋人对《文选》接受的深度与影响可以通过宋代对《文选》的改编、续书方面进行效果史的研究。而《文选》的编纂体例与编纂方式,则在深层影响宋代及其以后的总集编纂。

关键词:选集　文献学　宋代

**3828**

**传记·肖像·文化史:《清代学者象传》研究** / 何奕恺著 ; 程章灿指导. -- 南京大学, 2009. -- 140 页

《清代学者像传》,共369幅画像,分两集。第一集,169幅,由叶兰台(衍兰)及其弟子黄小泉所绘,并由叶氏为每一幅像以工整小楷撰写小传,一些有两幅肖像的传主,其一则往往从简。可惜叶氏有生之年未能见到其书之刊行,逮其文孙叶遐庵(恭绰)于1982年交予上海商务印书馆影印问世。第二集由遐庵编,搜罗200幅,并请江西画师杨鹏秋摹绘,但至今有像无传。全书所收以"学者"为限,然定义颇宽,并不限于学术方面的学人,尚有不少文学家及艺术家,如诗人、词人、散文家、书画家等。该书为一部"完整"的传记集,传文资料杂采各家,内容涵盖面颇广,从生卒、仕途、著述、轶事到学术成就与文艺特点等都有一定的涉及,尽管繁简不一。论文主要分为三部分:先对《象传》全书作整体研究,包括其体例、特点等;考证其中传文、肖像之参考依据及其文献价值;拓宽研究领域,以《象传》为中心探讨传体、图像学,乃至图文研究等范畴。全文附图50幅,随文插入,以辅说明。文末所附论清人绝句60首,乃笔者在研究过程中一些感触的记录。

关键词:学者　列传　清代

**3829**

**何良俊及其《何氏语林》研究** / 胡海英著 ; 程章灿指导. -- 南京大学, 2009. -- 196 页

论文在前人已有的基础上,对何良俊的生平及其文化活动进行新的梳理,重点对《何氏语林》的成书、

刊刻、流传及其影响做进一步的研究。全文分七章。第一章考察何良俊的生平,探讨其家庭背景、经历、思想性情与学术之间的关系。并附何良俊生平年表。第二章考察何良俊的著述、典藏、书籍刊刻等文化活动。第三章探讨《何氏语林》的成书,包括文献来源、正文与注文的编写方式等,重点归纳正文的编写条例,并以其按语为例,介绍其体例上的创新。第四章举例考察《何氏语林》对《世说新语》形式上的模仿与内容的继承:关于形式的模仿,以书中人物称谓的特点为例做重点考察;关于内容的继承,则在前人论述的基础上全面考察《何氏语林》引用《世说新语》的情况。第五章详细分析《何氏语林》的文献讹误,归纳致误的原因。举例分析其编撰方面的不足,对其归类的失误以及材料的入选与时代排列等做法有所商榷。第六章探讨《何氏语林》的流传与影响,重点在其版本流传与后世对此书的使用,廓清关于此书嘉靖刻本的不少讹误,订正前人的一些误说。第七章考察《何氏语林》影响的一个重要部分——《世说新语补》的成书、流传与影响,重新梳理《世说新语补》的版本系统,订正若干误说。

关键词:何良俊　何氏语林　文学研究

**3830**

**元明易代之际江南诗人研究** / 贾继用著 ; 杨镰指导. -- 中国社会科学院, 2009. -- 187 页

在文学史上,元明易代是中国历史上相当特殊的历史时期,不惟是由夷入夏、华夏重光,而且更重要的是,与以往的改朝换代相比,此期士人的遭际和出处除了具有鼎革时期的共同特征外,时代性和地域性的特点更为突出。在至正洪武之际,亦即元明鼎革时期,江南集中了当时绝大部分的优秀诗人,在一定意义上亦可代表当时的诗坛,他们的仕隐抉择及其命运和遭际都与此期的历史变革有极大的关系,而元末明初的江南诗坛格局和面貌也不可避免地受到易代的影响。鉴于此,论文旨在考察元明易代对江南诗人出处和遭际的影响,理清元明诗歌过渡中江南诗坛的面貌,进而希望为元明易代之际诗歌史的研究提供基础性的线索。论文从以下几个方面展开:至正中后期江南诗人的出处和遭际,洪武初年江南诗人的动向,由元入明的江南诗人的命运,元明之际江南的失踪诗人。以上四个方面主要是考察至正洪武之际江南诗人命运和处境以及由此带来的江南诗坛的变动。元末至正时期是元代诗歌最为鼎盛的时期,元末的乱世在一定意义上推动和促进了江南诗坛的繁荣,这是中国历史上每逢鼎革之际必然反映在诗坛上的共同特征和趋向。明初,朱元璋的重典治国和极端的文化政策,使明初诗坛在继元诗鼎盛之后出现短暂的繁荣而趋于消歇和衰落,明初诗歌也从一个很高的起点坠入低谷。政坛之外不允许一个独立的文坛存在,这是朱元璋的文化专制使然,注定了洪武年间诗人的悲剧命运和遭际,也同时潜藏着明初诗风转变的契机。

关键词:诗人　元代　明代

**3831**

**赴日宋僧无学祖元研究** / 江静著 ; 王云路,王勇指导. -- 浙江大学, 2009. -- 334 页

论文在充分发掘与整理祖元相关资料的基础上,考察、分析祖元的生平事迹、著述思想及在日本文化史上的贡献和影响。全文由三篇十一章组成。上篇是对祖元赴日前后中日两国政治关系与文化交流情况的阐述。包括忽必烈的遣使与东征、宋元时期中日贸易往来及僧侣间的交流,借此将祖元放在一个大的历史文化背景中进行考察。中篇是对祖元传记资料及生平事迹的研究。第一章探讨十种祖元传记资料的由来、特点及彼此间的关系。第二章是对祖元生平事迹的考察。重点是对祖元赴日后事迹的考察,除了住持建长、开山圆觉这类众所周知的事实,主要对其教化僧俗、祝圣祈祷的事迹做了比较全面深入的探讨。此外,专门介绍祖元赴日传说,并首次探讨此传说出现的原因。第三章通过对祖元在日期间与僧俗交游情况的考察,进一步阐述祖元在日活动的形式与内容,以及他为推进禅宗在日传播所做的努力。下篇旨在对祖元著述、思想及影响进行考察和分析,是论文论述的重点。第一章是对《佛光国师语录》的编者、内容、版本及流传情况的研究。第二章是对日本现藏祖元墨迹和文物的研究。在对墨迹的解读上,纠正日本学者对祖元墨迹的若干错误判读。第三章是对祖元禅法思想、弥勒信仰、儒家思想及神道信仰的研究。首次对祖元的禅法思想进行全面深入的讨论;探索学界未曾注意的弥勒信仰对祖元思想的影响;比较系统地分析祖元儒学思想的来源与表现;探讨祖元与日本传统神道信仰的关系。第四章以祖元的法脉传承为中心,讨论其在日本禅宗史上的影响。第五章通过对祖元文学理论与文学实践活动的探讨,通过对其作品的分析和研究,以及佛光派弟子在五山文学僧人数及作品数上所占比例的量化分析,全面论述祖元在五山

文学史上的地位和影响。

关键词:佛教　禅宗　人物研究

3832

**西周金文军礼初步研究** / 金美京著 ; 李家浩指导. -- 北京大学, 2009. -- 342 页

论文主要利用西周金文资料,辅以商代甲骨文、东周金文等出土资料,结合先秦文献,初步探讨西周金文所反映的军礼制度,希望最大限度地揭示西周时代的军礼面貌,并探讨它在西周文明中的地位、作用及其历史意义。全文由五章组成。第一章对军礼研究的历史做了简单的回顾、总结,并说明论文的研究范围和研究方法。第二章探讨跟渔猎相关的礼制。这部分主要包含两方面的内容。一方面是从历史的角度探讨先秦文献中的四季田猎名称的若干问题,对渔猎的时令、地点等问题进行讨论。另一方面着重分析西周渔猎行为的复杂性质,探讨渔猎和军事演习之间的关系。第三章讨论射礼的分类及其性质问题。根据对西周金文的研究,论文认为礼书中将“射礼”分为“礼射”和“主皮之射”反映的是春秋晚期的历史情况,并不反映西周时代射礼的实际面貌。对比西周金文和先秦文献所记载的射礼内容,可以认为礼书中属于“礼射”的“大射”和“燕射”是西周王室贵族和贵族子弟的习武之射,而“宾射”才是“礼射”,参加习武之射的西周王室贵族和贵族子弟就是西周王朝的骨干“武士阶级”。第四章讨论征战过程中的礼仪制度。对商代甲骨文、西周至春秋战国金文中有关军队出兵之礼、出师之礼以及征战结束之后举行的献俘礼等资料做了归纳整理,探讨与此相关的军礼的渊源以及它的发展变化。此外,还以古代希腊、罗马历史作为参照,探讨古代中国军礼的特点。第五章是论文的结论。

关键词:军礼　金文　西周

3833

**天一阁藏明代文献研究** / 柯亚莉著 ; 崔富章指导. -- 浙江大学, 2009. -- 299 页

中国古代藏书家和藏书楼在保存文献、促进学术和传播文化方面起到重要作用。宁波范氏天一阁是我国现存最古老的私家藏书楼,足称藏书家之巨擘,论文选取天一阁藏明代文献为研究对象,重点便是为了突出其学术史和文化史上的价值与意义。论文分五章。第一章综述天一阁及其藏书研究的概况,指出其中的不足。第二章分析天一阁藏明代文献的背景和条件,考述天一阁创建者范钦的从政简史、交游情况及其藏书目的、藏书来源和建阁时间,追踪考察天一阁藏书散出的三条线索以及天一阁原藏明代文献在今天各图书馆的庋藏情况。第三章集中阐述天一阁藏明代文献的主要内容,主要是奏议类、政书类、传记类、地理类、科举文献和明人文集六类。第四章接着举出其中的 93 种明代文献,细致地分析其内容、版本和学术价值等。第五章在前文的基础上总结天一阁藏明代文献内容上的学术价值、版本上的特征及在版本学上的意义和天一阁藏书的文化意义。作者立足于原始文献,一方面钩稽通行之史料,另一方面进行实地考查,搜求前人未见或少见之材料,运用历史学与文献学的研究方法,在天一阁藏书研究、中国藏书史研究和明史研究等方面做出一些新的探索。

关键词:天一阁　藏书　明代

3834

**朱熹易学思想研究** / 雷喜斌著 ; 张善文指导. -- 福建师范大学, 2009. -- 201 页

论文总共分为六个部分:第一章引言部分主要分析朱熹易学思想产生的客观“场域”和主观能动性因素,并回溯朱熹之生平学术历程,以及易学在其中的角色定位和作用转向。同时,从《易》之角度提出,朱熹援《易》立论实乃《易》之独特之性质所决定的。引言最后部分对朱熹易学思想研究之情势做了研判,并形成论文立论。第二章论证思路乃循“《易》书性质(功能)”“《易》书文本结构”“《易》之内容”至“解《易》之法”的逻辑进路,分别论述朱熹“《易》为卜筮作”命题、“经传相分、四圣一心”之看法、“《易》乃空的物事”及“须求经文之本义、大义”之最核心见解,最终达致理解“《易》本卜筮之书”命题之真含义。第三章论及朱熹易学之象数观。首先阐述朱熹反观前人治《易》的成绩与不足,取长补短,进而明确厘清朱熹的对象数易和义理易之折中调和,亦即朱熹易学的学派归着问题,最终建构自己独特的象数易学体系。第四章首论朱熹“理”与“义理”之命指和同异,及义理易学之建构。就义理易学的主体而言,该章随之从形而下阴阳之气逐层论及形而上阴阳之道(理),分别称之为“《易》以道阴阳”和“一阴一阳谓之道”,阐明朱熹对“阴阳”与“道”本质及关系的拿捏,第三节引出对朱熹易学之“总脑”太极以及它与阴阳之关系的论说。最后分析朱熹的理气论,以及脱胎于理气论的“理事论”“道器观”。前述三章大致再现朱熹易学之

"体",末章则从朱熹易学之"用"角度阐发朱熹的易学思想,命之为"经世易学"。朱熹治《易》的逻辑程序为由易学进入理学,而后"易""理"合一,最终达到儒学所设定之终极目标。结语部分对朱熹的易学体系和思想进行勾勒,概要说明该体系或思想的起点、旨归、核心、结构、内容、易学和理学关系,系统还原它的本来面貌。同时,总说笔者在该研究领域的"短板",并斗胆提出当前朱熹易学研究需要突破的个中不成熟建议,以就正于方家。

关键词:朱熹　周易　理学

**3835**

**《初学记》引经考** / 李玲玲著 ; 张涌泉,许建平指导. -- 浙江大学, 2009. -- 350 页

《初学记》是唐玄宗时官修的类书,徐坚等人辑集经传,按以类相从的方式编辑而成。分天、岁时、地、州郡、帝王、中宫、储宫、帝戚、职官、礼、乐、人、政理、文、武、道释、居处、器物、宝器、果木、兽、鸟、鳞介、虫二十四部类。前人对《初学记》评价颇高,其引文具有文字、词汇、文献、辑佚等多方面的价值。论文以《初学记》所引《十三经》相关内容为研究对象,全面整理《初学记》所引经文,考镜文字源流,剖析语汇变迁,辑录佚文佚注。同时也对《初学记》引经的错误进行归类分析。全文分四部分。第一部分为第一章至第二章,讨论《初学记》的成书、作者、体例及研究情况。第一章通过对相关材料的梳理,考定《初学记》的作者,对《初学记》的研究情况做了简要的回顾,确定论文的研究方向。第二章介绍《初学记》全书的体例和引经的特殊体例。第二部分为第三章至第五章,以具体实例的方式分析《初学记》引文与今本的歧异,主要从字形、语音、词义三方面加以考察。第三部分为第六章至第七章,以个案的方式全面分析讨论《初学记》引经的价值和存在的问题。第六章从纠谬、存古、明异、补正辞书及辑佚五方面分析引经的价值;第七章从意引、脱字、衍字、误倒、讹误、杂糅及引文题识错误等方面分析《初学记》引经存在的问题。最后是附表,把《初学记》所引每一经的文字按经文顺序汇总成表,以便读者检索利用。

关键词:初学记　经文　汉字

**3836**

**先秦黄老之学渊源与发展** / 李笑岩著 ; 王承略指导. -- 山东大学, 2009. -- 311 页

论文包括绪论、上编、中编、下编、结语共五个部分。绪论主要介绍从 1972 年马王堆帛书出土之后,学术界对先秦黄老之学研究的概况,以及目前黄老之学研究存在的不足。上编主要阐述黄老之学的渊源与产生。通过分析诸子产生之前的"原始学术",从而厘清先秦诸子学术内容同原始学术的关系。论文对黄老之学的内涵总结如下。黄老之学主要是以《老子》道家思想为本,以黄帝方术之学为用,整合儒法,参用刑名,兼顾内修与外炼,形成一种指约易操、事少功多的君人南面之术。中编主要确定论文的研究对象的载体:黄老文献。黄老之学的出土文献主要有:马王堆帛书《老子》乙本卷前古佚书——《经法》《十六经》《称》和《道原》,马王堆帛书《老子》甲本卷后古佚书《九主》,上海博物馆藏楚竹书《恒先》和《三德》。黄老之学的传世文献主要有:《管子》四篇及《管子·枢言》诸篇、《庄子·天道》诸篇、《尹文子》《鹖冠子》《韩非子》诸篇,《慎子》《申子》的辑本。下编主要从三个方面分析黄老之学发展过程:天道观念、政治理念、君臣观念,以及黄老之学对诸子学、特别是儒家和法家学术的吸收。黄老之学利用黄帝方术之学的技术,对《老子》道家的道论做了充分的改造。不但扩展"道"的作用范围,使无为、因任等"道"的特征扩展到人类社会;而且改造扩充"法"的内涵,完成法天而治的理论构建。黄老之学政治理念,通过借鉴吸收法家"法""术""势"及刑名观念,形成一整套从天道出发,通过"理""度""纪""数""法"等概念从而在人间落实,再转化为可具体操作的法术刑名的政治观念。黄老之学的君臣观念,突出体现其作为君人南面之术的本质。黄老之学在君臣关系上,主要主张明确君臣分工、君逸臣劳等。黄老之学兼采儒墨名法,特别是对法家和儒家学术,有多方面的吸收。结论部分提出,黄老之学作为先秦诸子之学的一支,其产生渊源同原始学术的民间方术之学及政府官学都有密切联系。

关键词:黄老学派　思想评论　先秦时代

**3837**

**明清戏曲序跋整理与研究** / 李志远著 ; 郭英德指导. -- 北京师范大学, 2009. -- 191 页

研究主要内容包括:第一章从宏观的视角对明清戏曲序跋进行审视。首先从史的角度把明清戏曲序跋的发展划分为四个时段,并对各时段的戏曲理论特色予以探讨。其次分析戏曲序跋作者的不同类型和戏曲文献的不同类型对于明清戏曲序跋创作的影响。

最后分析明清戏曲序跋与社会文化之间相互揭示与制约的关系。第二章从文献学的视角对明清戏曲序跋进行审视。在肯定明清戏曲序跋整理具有文献整理共性的前提下，分析它所具有的写刻字体的难识辨性、墨笔题识的唯一性、版本相同而序跋数量不同及版本不同所引起的序跋数量和序跋位置的变化等个性特点，并专门对明清戏曲序跋整理的版本问题进行深入剖析。在对明清戏曲序跋的"同文异主"现象进行个案分析基础上，得出造成此种现象的原因主要有三：书坊主人在刊刻过程中有意所为；序跋作者有意更改别人之作而题以己名；序跋题署识辨不统一或失误。第三章对明清戏曲序跋所具有的戏曲研究功用进行剖析。主要从四个方面进行：一是明清戏曲序跋具有揭示明清时期戏曲创作动因的功用；二是明清戏曲序跋具有揭示明清时期戏曲题材来源与处理方法的功用；三是明清戏曲序跋具有揭示明清戏曲传播特点的功用；四是从明清戏曲序跋可以得知明清时期人们的戏曲史观。第四章是用比较的方法对明清戏曲序跋的戏曲理论价值进行评判。主要分为两部分：一是通过明清戏曲序跋与明清戏曲评点的对比，得出明清戏曲序跋具有丰富的理论史料性价值；二是通过明清戏曲序跋与明清戏曲论著的对比，得出明清戏曲序跋具有理论批评开拓性和前瞻性价值。研究的创新点：在对明清戏曲序跋整体把握的基础上，从史的角度对明清戏曲序跋的发展及呈现的理论特色进行归纳阐释；在校订和增补现有明清戏曲序跋整理成果的实践基础上，首次从理论层面论述明清戏曲序跋整理所具有的个性特点，提出并分析明清戏曲序跋中的"同文异主"现象；利用理论形态对比的方法，对明清戏曲序跋所具有的戏曲理论价值进行定位评判。

关键词：戏剧文学　序跋　明清时代

**3838**

**现存南宋别集中所见宋人佚著考述** / 林日波著 ；程章灿指导. -- 南京大学, 2009. -- 311 页

论文主要以所搜录的宋人佚著为基础，分上、中、下三篇展开研究。上篇论述部分包括五章，第一章对现存南宋别集中所见宋人佚著繁盛的原因及其表现、特点等问题做了简要论述。以下各章分别就经、史、子、集四部中一个相关问题展开论述。第二章则以搜录的经部佚著为主，对清儒朱彝尊《经义考》一书的疏误做了补充、订正，借以展示经部佚著价值之一斑。第三章以搜录的22家南宋《通鉴》学著作为主，结合《郡斋读书志》《直斋书录解题》《宋史·艺文志》等书目所著录的18家，略分七类，探讨南宋《通鉴》学著作的内容概况，说明《通鉴》学的规模在南宋时大体已具，并为后世学者的深入研究和开拓范围奠定坚实的基础。第四章围绕搜录的16家南宋兵书，对南宋的军事形势、兵书特点做了论述，揭示南宋兵书门类发展的些微脉络。第五章以现存南宋别集中所见宋人文集为中心，讨论宋集的自编和他编、焚稿和投进等问题及相应的文化特点。中篇辑考部分选择205种宋人佚著一一做了考述，其中包括经部59种、史部47种、子部27种、集部72种。首先对作者生平做出考察，包括其生卒年、籍贯、履历等；然后对全书的撰写过程、大体内容、刊刻流传、后世评价等情况进行论述。其中，对传世文献中的疏误做了必要的订正。下篇辑佚部分选择10家经部著作，包括吴如愚《准斋明象》、王炎《尚书小传》、陈鹏飞《诗解》、林之奇《周礼讲义》、蔡元定《燕乐本源辨证》、许瀚《春秋集传》、倪思《大学解辩》、郭忠孝《中庸说》、郭雍《中庸说》、蔡模《论语集疏》，在尽力恢复诸家著述面貌的同时，期望对学者进一步探讨诸家的经学思想，如"兼山学派"代表郭忠孝、郭雍父子的《中庸》思想有所助益。

关键词：古文献学　别集　南宋

**3839**

**医易相通之辨证研究** / 林胜勤著 ；张善文指导. -- 福建师范大学, 2009. -- 235 页

论文为学科交叉之研究，跨越易学、中医学与现代医学三个领域，融和易学理论、中医学理论与现代医学实验，从医易相通理论到科学实验论证，采用宏观的理论思维来探讨医易相通的研究，并透过微观的医学实验室观察数据和图谱，用易理来阐述细胞受到环境改变之后所呈现的各种现象，以印证医易相通关系。易学，广大悉备，唯变适从。通过易理之阐发与象数之推衍，来归纳与探讨万物生生之理。天下之理广博，但易学可以通过阴阳变化来执简驭繁，由博返约。天下之理深邃，但易学通过象与数来取象比类，探啧索隐。易学以阴阳刚柔变化为核心，佐以五行卦象，序以先后天方位，配以河图洛书，其独特理论体系与思维方式广泛影响着各个学科。中医学凝聚着东方文明的智慧与结晶，其理论体系，经历近代实证科学之挑战，没有被西方医学替代与征服，显示着顽强生命力。近年来，许多有识之士注重变革自身知识结构，吸取交叉学科研究成果，来研究中医学理论。中

医学与其他学科之关系中,最密切的莫过于与易学的关系,医易会通为许多研究者的共识,当然,也成为学术争鸣的焦点之一。现代医易领域研究者有医易相通之共识,历代医家早有此论,不少医家还援易入医以完善中医学理论体系。明代医学家张介宾是这方面的集大成者。现代医学研究者,则更注重结合现代医学理论与实验方法来探讨医易关系,在现代化科学中发展中医学理论,并试图将中医学与易学会通相关理论纳入实证范围。论文试图从相关理论与实践两个角度出发,首先研讨医学与易学两者在基本范畴与思维方式上的相通性;其次对医易会通相关理论进行深入探讨,在实践层面上,通过现代医学实验,以实证方式,依据具体数据与图谱,来探索中医学临床疗效与易学的原理会通之处。研究从中医学理论出发,借鉴现代实验方法以融合医易,依据精确的数据来绘制相关图谱,既注重理论归纳又参照易理,可为易医会通研究提供新的思维方式。

关键词:中医学　周易

**3840**

**明代庄子学研究** / 刘海涛著 ; 谢谦指导. -- 四川大学, 2009. -- 293 页

除"绪论"外,论文分六章以及余论七个部分来对明代庄子学的若干问题进行阐释。在论文的"绪论"部分,首先借由对明代庄学定位的辨析指出明代庄学既非完全等同于宋代庄学,又非清代庄学所能融摄,而是具有自身特色的一个重要的发展阶段,因此学界应该给予重新的审视与关注。第一章是对明代庄学做进一步的整理与分析,即在严灵峯先生的《周秦汉魏诸子知见书目·明代庄学书目》的基础上进行考论、补遗与辨伪。第二章主要是对明代庄学发展的历程进行梳理。在概述明以前庄学发展的情况时,对金、元庄学颇费笔墨,重点论述李纯甫的《鸣道集说》以及元代焚毁道教"伪经"之事在庄学史上的影响。而对于明代庄学的发展历程,将其分为三个阶段,即正德前庄学的衰败,正德、嘉靖时期的复苏以及隆庆后的繁荣。第三章首先探讨明代庄学在正德前衰败的原因。通过考察朱元璋、宋濂、曹端、吴与弼、胡居仁、薛碹以及宗泐、来复、恕中无愠等人与《庄子》的关系,论析明正德前帝王、儒林、丛林对《庄子》的冷落,而科举考试指定用书《性理大全书》将《庄子》视为异端之辞,更是表明统治阶层对《庄子》的排斥。第四章论析明代庄学在正嘉复苏时的特点。该章以杨慎以及朱得之的庄学着述为讨论对象,探讨杨慎突破正德前视庄子为异端的观念,将儒、庄会通,从而打开明代庄学复苏的大门;而朱得之在会通儒庄时,则用阳明心学的"良知"来释庄,显示出明代庄学的新变。第五章探讨明代科举、丛林重新接纳《庄子》的情形,并通过考察王世贞、胡应麟的《庄》论,论析庄学相关问题。第六章是通过论析以佛解庄的情形来对明隆庆后庄学的繁荣做进一步的说明。首先对明以前的"以佛解庄"现象进行扫描,然后从三个方面总述明代"以佛解庄"的特色。最后分别对陆西星的《南华真经副墨》、袁宏道的《广庄》、憨山德清的《庄子内七篇注》做个案式的分析。论文的最后一部分是余论,探讨明代庄学在清代的影响及其终结。

关键词:庄子　哲学思想　明代

**3841**

**汉语非句法结构的词汇化** / 刘红妮著 ; 徐时仪指导. -- 上海师范大学, 2009. -- 454 页

论文以汉语非句法结构的词汇化现象为研究对象,从汉语的实际出发,立根于扎实的语言文献,采用共时和历时、词汇和语法,特别是传统语言学和现代西方理论相结合的方法,以概论和典型个案专论考察相结合的形式,在这个封闭的范围和系统内具体考察汉语非句法结构词汇化研究中关注较少或虽有关注但还需进一步探讨的 10 个类别、30 多个非句法结构词汇化的现象。第一章是全文论题的背景部分。理清语法化和词汇化的概念、国内外研究概况、词汇化和语法化的关系和界限、汉语双音虚词的演变归属等热点和难点问题。第二章是全文的基础部分。在讨论汉语句法结构的词汇化及其主要的几种构成方式之后,重点讨论汉语非句法结构概念的提出、研究现状、范围与性质、分类标准及类别等。除了前人已经深入研究过的类别和个案外,将汉语非句法结构的词汇化共分为 10 个类别,具体探讨 30 多个非句法结构形成的词语,其中不少是虚词,也包括一些实词。这 10 个类别分别体现在第三章至第十三章中。每一部分采取总论和专论的形式,旨在揭示现象,发掘规律。第三章探讨"动 + 助"非句法结构的词汇化。第四章探讨"动 + 介(于)"非句法结构的词汇化。第五章探讨"动/形 + 介(以)"非句法结构的词汇化。第六章探讨"动 + 连"非句法结构的词汇化。第七章探讨"形 + 连、动"非句法结构的词汇化。第八章探讨"副 + 连"非句法结构的词汇化。第九章探讨"连 + 动"非句

法结构的词汇化。第十章探讨"反诘副+动"非句法结构的词汇化。第十一章探讨"名/动+副"非句法结构的词汇化。第十二章和第十三章探讨一类经由实词省缩形成的比较特殊的非句法结构的词汇化。总之,每一章都围绕汉语非句法结构的词汇化进行论述,形成一个有机的整体。第十四章通过对10类非句法结构的30多个典型个案的深入考察,总结出汉语非句法结构词汇化的总体特点和规律、共性与个性、形成动因和机制、互动影响的因素、学术价值和意义等方面,并且探讨英语中类似的同类现象。

关键词:汉语　语法分析　词汇

**3842**

**元代上京纪行诗研究** / 刘宏英著 ; 杨镰指导. -- 北京师范大学, 2009. -- 164 页

元代有两个都城,一个是大都,一个是上都。从元世祖忽必烈中统年间开始,直到元顺帝后期上都被红巾军烧毁为止,元代一直都实行两都巡幸制,即春季的时候,皇帝带领皇族和文武大臣,浩浩荡荡地前往草原城市上都清暑,到了秋季,又带领他们返回大都驻冬。每年一次,从未中断过。在陪同皇帝巡幸的官员中,有相当一部分是文职官员。这些人在来往两都期间,一路走,一路写诗,创作了大量的诗歌,这些诗歌在元人的文献中被称为上京纪行诗。在中国古代诗歌发展史上,上京纪行诗是元代诗歌特有的现象。从上京纪行诗的整个发展状况来看,以仁宗皇庆年间为界,元代上京纪行诗可以分为前后两个时期,前期是形成和发展时期,后期是成熟和繁荣时期。从写作内容来看,大都到上都有四条道路,路中几乎各个驿站,都被途经这里的文人们集体描写着、歌咏着;塞外的罕见动植物,也是诗人们描写的主要内容。此外,天马和诈马宴、游皇城也是文人集体歌咏的对象。上京的文化活动很活跃,上京一些文人密集的馆阁,如翰林国史院和国子监,成为诗人们吟歌赋诗的重要场所,甚至在崇真观和华严寺里,文人和寺僧们联诗唱和也形成了风气。在元代,许多诗人把自己的上京纪行诗诗作结为集子刊行,这是上京纪行诗在元代富有影响的见证,也使得上京纪行诗流传更广,影响更大。比较有名的上京纪行诗诗集主要有柳贯的《上京纪行诗》、胡助的《上京纪行诗》、袁桷的《开平四集》、周伯琦的《扈从集》和杨允孚的《滦京杂咏》。总而言之,上京纪行诗是元代诗歌中不可忽视的一个部分,它极大地丰富了元代的诗坛,使元诗更加富于民族特点和时代意义。

关键词:诗歌　文学研究　元代

**3843**

**艾儒略与《口铎日抄》研究** / 罗群著 ; 何俊指导. -- 浙江大学, 2009. -- 189 页

论文从传播学的角度出发,以《口铎日抄》为主要研究文本,围绕艾儒略在1630—1640年间在福建期间与当地士人的对话,尝试探讨天主教东传过程中中西文化在特定时间和区域内的交流与融合。论文认为:由于利玛窦之后耶稣会传教政策开始倾向民间,这使天主教在其传播主客体、传播媒介、所传信息等方面都与早期有了明显的不同,集中体现在中下层士人教徒群体已经代替上层士大夫,成为天主教传播的主要对象。不仅如此,他们已作为地方的"意见领袖"(opinion leader),在传教士与广大平民教徒之间起着中介作用,他们对天主教教义的理解,直接影响着当地天主教存在与发展的状况。以艾儒略为核心的福建教区可被视为这一阶段天主教传播状况的一个典型。论文一方面关注艾儒略等传教士的言论与活动,讨论他们在具体的传教过程中如何看待和处理文化差异所带来的实际问题,使天主教走向本土化;另一方面着重研究福建中下层士人群体的宗教活动与修炼状况、他们对中西文化差异的理解以及他们是如何调和两者之间的矛盾,将两者结合起来的。在研究方法上,论文除继承传统的文本分析之外,主要以传播学方法为主,从传者、受者、传播信息、传播手段及结果入手,兼用社会学与人类学的方法,以传教士——福建中下层士人教徒为主体,尝试进行跨学科视野的理论考察:包括从艺术史角度讨论传教士所展示和出版的宗教艺术作品;从比较文学角度讨论传教士及中国士人教徒的证道故事;从伦理学角度讨论西方伦理道德的中国化;从宗教社会学角度讨论中国民间宗教对天主教社群的影响,等等。全文分为四部分:关于《口铎日抄》的文本、内容分析;关于接受者的群体研究,即对福建中下层士人教徒的活动及言论的考察;关于传播方式研究;艾儒略在福建社会中的身份定位及其在南明隆武朝的传教情况。

关键词:天主教　文化交流　福建

**3844**

**元好问唐诗学研究** / 孙达著 ; 佟培基指导. -- 河南大学, 2009. -- 192 页

元好问唐诗学的发展历经着一个长期的探索过

程。早在初期他所著的《诗文自警》当中，就曾涉及宗唐实践的一些经验范畴；到了后来三乡时期的《论诗三十首》时，他更是联系诗学史对大量的唐代诗人进行审慎的批评；而闲居嵩山所作的《杜诗学》一书，则更代表遗山对唐诗学探索的一次集中和总结，是其唐诗学的核心；继《杜诗学》之后，元好问又编纂《东坡诗雅》一书，作为对其唐诗学的参考和补正，表明遗山对唐诗学认识的深入；丧乱之际，元好问开始编写的《中州集》诗人小传，又将当代诗学中诗人的宗唐实践纳入批评，并以文献为载体，以诗存史，为“诗史”说探索了一个新的途径。在理论探索的同时，遗山在诗学实践方面也取得丰硕的成果，这就同普通的诗论家有所不同。元好问的诗学尤其是唐诗学，以风雅为正统，以唐诗学为旨归，同时宗唐而不废宋。在创作论的出发点上，他认为诗是创作主体真实情感的表达，提倡以诚为本，表露心声；在创作的方法论上，他以杜诗为例，进一步探讨法至于无法的理想境界；在审美的取向方面，他秉承传统，以中和为美；而在诗学创作方面，他以杰出的“诗史”之作，继承老杜的诗学传统，很好地实践着他的诗学理论与理想。元好问唐诗学代表着辽金时期特别是金末唐诗学的最高成就，首先，其唐诗学是金代唐诗学最为系统的总结。其次，元好问唐诗学在诗学宗唐的发展史当中，首次提出“杜诗学”等一系列概念，并以“杜诗学”或“唐诗学”作为其诗学专书的命名，从而很明显地在唐诗学史上成为较早专门探讨唐诗学的专著，对唐诗学这一传统诗学下重要学科之确立，打下非常坚实的基础。最后，元好问的诗学宗唐最终推动和完成北方诗学由宋而唐的反拨和折回，并比持同样观念的南方诗学界早了半个世纪左右；并在此后的唐诗学史当中，继续发挥着不可忽视的影响力，其以诗存史、以宋补唐等诸多实践则为后人提供有益之诗学参考。

关键词：元好问　唐诗　文学研究

**3845**

**《华夷变态》研究** / 孙文著 ; 王云路，王勇指导. -- 浙江大学，2009. -- 166 页

论文对《华夷变态》所存录 1644—1728 年间 2300 多件“风说书”，进行文献学的梳理，并初步尝试运用其史料对清初历史中的几个问题进行探讨。“序论”部分主要对学术史进行评述，并指出《华夷变态》所具有的多方面价值，在此基础上提出论文的研究任务和研究方法。正文分四章。第二章对《华夷变态》和《崎港商说》的编纂者林春胜和林信笃进行考述，着重探讨他们参与幕府海外情报解析的工作情况，并进一步阐述林氏父子辑录风说书的过程。在浦廉一对《华夷变态》所作的文献学研究的基础上，论文对风说书的传世辑本及其存佚做了探讨。第三章考察风说书采录者“唐通事”的制度化过程，并从风说书与“唐船”的关系入手，认为“唐船风说书”的缘起在于明清鼎革之际剧烈变动的时局带给日本幕府的冲击，明确风说书作为国际时事报道的属性，而非一般意义上的贸易文献。通过对风说书内容结构演变及制作方式的分析，运用统计学的方法对风说书与唐船的数量、出发港、唐船的成分及船客的身份等进行考察。第四章围绕欧洲商船在中国沿海的活动、风说书中的郑成功一族、三藩之乱及其对外关系等问题，考察《华夷变态》所反映的时代，通过对英国商船活动情况的考察，对早期中英贸易关系提供一些有意义的数据；通过《华夷变态》存录的“阿兰陀风说书”，考察荷兰与东南割据势力及清朝政府的关系。第五章论述风说书虽然不是贸易史的文献，但毕竟是在中日贸易活动中产生的。通过对其内容的考察，从清日贸易的角度，对《华夷变态》中所反映的山东、江苏、浙江等地区不同时期商船的活动情况做了初步的梳理。“结论”部分主要对进行简单归纳概括，明确论文取得的成果。

关键词：华夷变态　贸易史　日本

**3846**

**桂馥研究** / 孙雅芬著 ; 刘晓东指导. -- 山东大学，2009. -- 232 页

论文通过对桂氏家世、生平、交游、著述、成就之系统研究，意在填补此领域之空白，更欲借此反映乾嘉之际士风、学风之概况，以收知人论世之效。论文分六章。第一章，桂馥之家世及生平，于桂馥之家世及生平做详尽之考述。第二章，桂馥之交游，择桂氏生平重要师友门人之事迹及与桂氏相关者，做深入考证。参照桂馥生平，交游大致分为三个时期，即早年里居时期、壮年出游时期及远宦云南时期，重点是壮年居京时期，桂馥得以与当时众多汉学家如翁方纲、戴震、阮元、朱筠、王念孙等交流治学心得，从而确定自己的学术道路并有所成就。同时与当时汉学家的交游，也为我们展示了清代乾嘉学人的风采，他们的治学思想及重心得以一一展现。第三章，桂馥著述考，就笔者所见桂氏之著述，做客观之介绍，分为五小节论述：训诂文字类、诗文杂剧类、批校题跋类、篆隶

碑版类及其他,考桂馥著作之内容、刊刻源流及版本情况。第四章,桂馥的《说文》学,通过桂馥文字学方面的著作对桂馥文字学思想做统一梳理,涉及桂馥文字起源观、六书理论、汉字演变理论以及《说文》学史观。对于桂馥研治《说文》的方法进行深入研究,参照《广韵》《玉篇》及金石文字以证《说文》。第五章,主要论述桂馥书法及篆刻方面的成就,结合桂馥所处的乾嘉时代,深入分析当时文字学及金石学对其书法的影响。第六章,主要论述诗文及杂剧方面的成就,桂馥作为乾嘉时期知名的学者,在诗文、杂剧方面也颇有建树。桂馥的学术分类思想影响其诗文的成就,诗文及杂剧创作为桂馥遣兴抒怀提供了途径。桂馥的诗文及杂剧创作也受到乾嘉治学风气的影响,显示出考据入诗、以学问为诗的特征。最后是桂馥年谱。以资料翔实、考证谨严为目标,凡前所述所未及者,皆见于年谱。

关键词:桂馥　生平事迹　著作

**3847**

**日本明治大正时期(1868—1926)的中国戏曲研究** / 仝婉澄著 ; 黄仕忠指导. -- 中山大学, 2009. -- 189 页

论文选取日本明治至大正时期的中国戏曲研究作为探讨对象,勾勒日本明治大正时期中国戏曲研究的概况,并选取其代表人物进行研究,意在了解中国戏曲研究在日本从初始至确立的整个过程,并探讨其对中日两国戏曲研究的意义。全文共分五章。第一章"江户时期传入的中国戏曲文献及研究",下分两节。第一节"江户时期传入的中国戏曲文献",根据搜集的资料,分析江户时期传入戏曲文献的特点及影响;第二节"江户时期的中国戏曲研究"介绍这段时间中国戏曲研究的概况。第二章"明治年间中国戏曲研究兴起",下分两节。第一节"学术背景",从汉学革新和日本戏剧改良两种角度切入分析中国戏曲研究应时而起的背景因素;第二节"研究概况",从四个不同方面力图清晰描述此期研究的状况。第三章"明治时期治曲代表人物",下分三节。分别探讨森槐南、幸田露伴和笹川临风的中国戏曲研究。第四章"大正年间戏曲研究走向成熟",下分三节。第一节"外部环境"从对华政策、研究主体和体制的确立、资料的公开、中国学者介入等方面探讨;第二节"内在动因"从日本学者开拓学术新领域的志向以及借助戏曲来认识中国的动机两方面展开;第三节"总体特点"从四个方面讨论这一时期的研究不同于明治时期的特质。第五章"大正年间的治曲者",下分七节。分别对狩野直喜、盐谷温、铃木虎雄、金井保三、宫原民平、久保天随、辻听花、波多野乾一等代表人物进行论述。

关键词:戏曲史　日本　近代

**3848**

**敦煌变文作时作者考论** / 王伟琴著 ; 伏俊琏指导. -- 西北师范大学, 2009. -- 100 页

论文的研究内容包括四个部分:第一章主要是变文正名,也就是解决敦煌写卷中哪些是变文、变文的本质特征是什么的问题。笔者依据写卷上原名标有"变""变文"及因缘类作品也称"变"等特征来判断,认为属于"变文"的共有 25 篇:《汉将王陵变》《舜子变》《秋胡变文》《前汉刘家太子传》《八相变》《破魔变文》《降魔变文》《大目乾连冥间救母变文》《频婆娑罗王后宫彩女功德意供养塔生天因缘变》《伍子胥变文》《孟姜女变文》《李陵变文》《董永变文》《王昭君变文》《张议潮变文》《张淮深变文》《太子成道变文》《目连变文》《地狱变文》《目连缘起》《欢喜国王缘》《丑女缘起》《四兽因缘》《悉达太子修道因缘》《难陀出家缘起》。关于变文中的"变",论文认为是"变更""变化"的意思。变文是一种综合艺术形式,它的本质特征是配图讲唱故事。该章接着分析变文产生、成熟的原因及变相与变文的关系,以便我们能对变文有更深入的认识。第二章的内容是考察 25 篇变文涉及的 66 个卷子的写卷情况,其中非佛教类变文 11 篇,涉及 24 个写卷;佛教类变文 14 篇,涉及 42 个写卷。对于写卷上有时代信息的卷子,论文做了简单的写卷抄写年代考证。第三章的内容是考证非佛教类变文的创作年代和作者。第一节至第五节考察的对象分别是:《伍子胥变文》《孟姜女变文》《李陵变文》《王昭君变文》《张淮深变文》。其他的非佛教类变文放在第六节中来考察。第四章的内容是考证佛教类变文的创作时代和作者。重点考察的作品是《破魔变文》《降魔变文》《目连变文》《频婆娑罗王后宫彩女功德意供养塔生天因缘变》和《欢喜国王缘》。

关键词:变文　作者　考证

**3849**

**墨家军事学说及其对中国军事史发展的影响** / 王震著 ; 郑杰文指导. -- 山东大学, 2009. -- 163 页

该课题研究旨在全面揭示墨家军事学说的形成过程、主要内容及其在中国军事史发展进程中所发挥

的历史作用。墨家军事学说是见诸《墨子》记载的关于战争与战争指导规律、战争准备与实施的理论体系,这一体系以墨家战争观为指导,涵盖军事理论和军事技术两大系统。墨家军事外交思想是晋阳之战历史经验下为推行非攻学说而形成的产物,其斗争艺术为纵横家所推重。墨家战争指导理论的形成与战国前期争城夺地的战争形势密切相关。墨家的武装力量建设理论反映郡县征兵制度下的征兵政策、军队编成以及军官编制,是战国军事制度历史变革的产物。在各国普遍实施军功授爵制度的背景下,墨家军队管理规定体现严行赏罚的理念。墨家又主张重刑与慎刑、宽刑的结合,这实际上是对战国法律制度,尤其是秦律中重刑与宽刑两大指导思想在军事刑罚领域的继承。墨家的军事刑罚实为秦律法理精神的践行者,它以专门法的形式对秦律的完备和健全起到积极的推动作用。先秦时期,在军事技术方面,墨家一方面在总结前人军事理论成就和军事实践经验的基础上,大大推进城防技术的发展和丰富,使之达到一个全新的水平,另一方面在改进、重组和整合传统武器的基础上,建立起一整套进攻、掩蔽、防御、突击四位一体的守城武器系统,极大地推进战国武器系统的完善。秦始皇统一六国,标志着中国历史和中国军事史的发展进程都迈入一个新的纪元。首先,在大一统的历史语境中,墨家军事学说在秦汉战争实践中获得新的发展。其次,墨家军事理论对后世小生产者利用民间宗教从事反抗统治者的武装斗争也产生重要影响。再次,墨家军事技术在秦以后军事工程和武器装备中的应用仍然十分广泛。鸦片战争以后,墨家战略和战役指导由于早已内化为中国古代战争指导规律和作战指挥理论与方法的重要元素在这一时期仍然被自觉不自觉地加以运用。总之,墨家军事学说对中国军事史发展的影响是重要而深远的。

关键词:墨家　军事思想　军事史

**3850**

**马疏及"日损益斋"诗文研究** / 王忠禄著 ; 郝润华指导. -- 西北师范大学, 2009. -- 112 页

论文共分四章。绪论部分,结合陇右地域文化,对陇右文学的研究现状进行梳理。从第一章开始,论文进入对马疏的研究。首先详细介绍马疏的家世、生平事迹及交游。该章还对马疏的家世、谱系做了考论。第二章,介绍马疏诗文集的成书及版本,并对其创作分类做了研究。重点研究《日损益斋古今体诗》和《日损益斋古文》。文章从农事诗、题画诗、赠答诗等三个方面,对其诗歌内容及特色进行论述。第三章,对他的文学观做了详尽的阐述。马疏的文学观颇值得关注,其理论大体有以下三个方面:文学创作应有"风骨""风雅";文学创作应抒写"性情";文学创作当求创新。马疏的诗文还具有深厚的文化意蕴,这种意蕴包括:反映陇右历史,尤其是他的家乡陇中地区的历史;文化价值,在他的有些诗文中,保存了秦陇地区的一些珍贵史料,对现在修地方志很有用处,《定西县志》中的许多人物传,都来自于他的《日损益斋古文》;民风、民俗方面的价值,陇右地处内陆,以农为主,这里民风朴素,人情厚道。从马疏诗文,可以看出陇右人的思想和精神。以上三部分是全文的重点。第四章,从对马疏这个个案研究引申到对陇右文学的宏观把握。马疏的文学具有突出的地域特征,具有一定的代表性。所以,他的文学同时也体现清代陇右文学的创作现状和陇右文学精神。通过他的创作情况,我们完全可以看出清代陇右作家创作的一般性。陇右清代文学的现状,大体有如下特点:其一,文学体裁单一,但诗歌成就突出。其二,继承传统多,创新少。其三,描绘陇右山河风貌的多,关注社会现实的少。陇右文学精神主要体现在以下几个方面:期望世风真淳,关心民生疾苦,克俭于家的优秀品质,不屈不挠、开拓进取的自强不息精神,尚武精神。最后是附录部分。将马疏年谱、有关马疏的研究资料和"日损益斋"诗的校点附于文后,以便同仁做进一步研究之用。

关键词:马疏　诗歌　文学研究

**3851**

**《法苑珠林》分类思想研究** / 吴福秀著 ; 王齐洲指导. -- 华中师范大学, 2009. -- 224 页

论文以《法苑珠林》的分类为中心,将撰者分类思想与时代思潮结合起来。唐初相对宽容的宗教政策,使一些宗教活动者得以将自己的学习成果撰著成书,客观上促进了宗教典籍的发展。唐初佛寺经济的稳定和逐步繁盛,使一大批佛教僧侣得以潜心整理佛教文献。唐初兴盛的佛寺经济使佛教文化进入时代的知识体系成为可能。唐初政治的逐步稳定、经济的恢复与发展以及对外交往的扩大,使其在意识形态方面具备了吸收、消化异域文化的能力。释道世生于隋开皇十六年(596)之前,卒于唐弘道元年(683)。现存本《诸经要集》即道世所撰《善恶业报论》,是《法苑珠林》初本。在《法苑珠林》百卷与一百二十卷(《嘉兴

藏》本)两种不同的版本中,百卷本更接近道世所撰原貌。《嘉兴藏》刊刻过程中可能使用了部分民间的版本。《艺文类聚》和《法苑珠林》二书的分类差异实际上是中国传统知识体系与佛教知识体系之间的差异。从《经律异相》到《法苑珠林》分类的发展,反映佛教知识从依靠印度文化传统向整合不同文化方向的转移。《法苑珠林》的编纂不仅完善佛教自身的知识体系,还广泛吸收中土的文化内容,体现出整合中印文化的价值取向。《道教义枢》与《法苑珠林》的分类差异体现在不同的宗教立场上弘传知识方式的差异。从《诸经要集》到《法苑珠林》分类的变化,反映唐初佛教的社会文化基础和撰者知识价值取向的变化。《法苑珠林》内典分类反映唐初弥陀信仰盛起、弥勒信仰继续保持强势以及慈悲思想、末法思想在唐初普遍流行的社会现状。《法苑珠林》"感应缘"分类集中体现撰者广泛吸收多种文化弘法的思想,客观上促进惩恶扬善社会意识的发展。《法苑珠林》广泛征引《搜神记》文献揭示撰者借重史的征实性弘法的编纂意图,并借传统阴阳五行思想的巨大社会感召力以达到其弘道明教的目的。《法苑珠林·传记篇》对中土佛教撰述也做了较为详细的记载,这对佛教知识体系的完善具有一定的作用。

关键词:佛教　分类　法苑珠林

**3852**

**《古文观止》选评研究** / 武汉强著 ; 伏俊琏指导. -- 西北师范大学, 2009. -- 155 页

论文从选和评两个方面对《古文观止》的教科书性质和为科举考试服务的目的以及与八股文写作的关系进行初步研究。全文分四章。第一章主要讨论中国古代古文选本的类型和选本中古文概念的演变。按照选本的选编目的、作用和功能,古文选本大致可分为重文类、尚道类、辑佚类和科举教科书类四种基本类型。《古文观止》科举教科书的性质决定其所选之文为"载道之文",与八股文在精神实质上具有同一性。第二章论述《古文观止》成书的背景。首先,清初"崇儒尊孔"的文化政策和理学的官化所形成的"醇雅"文风限定《古文观止》选编文章内容的"雅正"特点;其次,自南宋以来"以古文为时文"的实践使得古文和时文既双向互动又互相交融和渗透,《古文观止》正是古文和时文这种关系的体现;再次,南宋以来的古文选本对古文的选评积淀下来的经验和评点成果为《古文观止》的选评提供大量可资借鉴的优秀古文篇目和评点理论及术语。清代初年调和"秦汉派"和"唐宋派"的文学思潮倾向也是影响《古文观止》选文的一个重要因素。第三章通过对《古文观止》选文特点的考察,从选编思想、选编体例、选文类型等方面论述其为科举考试服务的实用性特点。《古文观止》所构建的古文体系是在适应清初文化政策的基础之上又与八股文写作密切相关的历代"载道之文"。这个体系是靠古文的"义理"来维系的。因此,它所选的古文是统治者的政统和道统相结合而形成的新统系。第四章主要研究《古文观止》的评点与八股文写作的关系。《古文观止》的评点充分吸收前人及同时代人的评点成果,但不是全部承袭,而是有鉴别的采纳,并融入自己的见解。《古文观止》对古文的评点与清初八股文理、法、辞、气的衡文标准完全一致,充分说明其为科举服务的性质。《古文观止》评点所构筑的文章学理论既不是纯粹的古文理论,也不是纯粹的时文理论,而是古文与时文融合下的产物,是一种新的文章学理论,对我们今天的文章学观念产生深远的影响。

关键词:古文观止　古典散文　八股文

**3853**

**飞鸟与诗学:以中国古代飞鸟诗为例** / 杨滨著 ; 曹旭指导. -- 上海师范大学, 2009. -- 250 页

在中国古诗的传统分类中并没有"飞鸟诗"这一类,而是将那些以鸟为题或以鸟为主要描写对象的诗,都按照咏物诗的概念称之为"咏鸟诗"。除了大量的"咏鸟诗",还有许多并不是以鸟为主要对象的诗歌,它们只是以鸟为意象与其他诗歌意象共同构成诗歌动人的意境或抒情场景。这类诗歌尽管不符合传统咏物诗的要求,但在实际的创作中却往往能创造出意广象圆、情景交融的美妙意境。此外,还有一类以鸟拟人或人借鸟言的诗歌,钱钟书将它们区分为鸟语诗和禽言诗的两类诗歌(《宋诗选注》),也应是古代"飞鸟诗"中一个重要的组成部分。因此,论文研究的对象就是包括上述三种类型的所有诗歌,即符合论文为"飞鸟诗"所做的界定范围的古代诗歌。全文由以下八章组合而成,分别从意象研究、母题研究、作家研究再到诗性思维、表达,以及与人的生存关系的研究等几个方面,构成一个相互关联的整体。第一章概论。回顾与"飞鸟诗"相关的研究进程和主要成果,提出有待研究解决的问题,并对"飞鸟诗"做出明确的界定。第二章"飞鸟诗"的创作实践与语境。对中国古代"飞鸟诗"创作做历时性的叙述,理清其发展脉络,

并概括出自先秦至宋以后不同时期“飞鸟诗”创作的风格、特征和变化规律。第三章“飞鸟”意象的母题特征和主题意义。借鉴西方母题研究的理论和方法,对古代“飞鸟诗”中具有历史传承和文化积淀的部分意象进行研究,揭示其所蕴含的母题特征和主题意义。第四章“飞鸟诗”的意象并置。“飞鸟诗”中的意象与之并置的多是自然之物,且具有鲜明的时空变化方式和审美特点。第五章“飞鸟诗”的创作典型及其特点。第六章飞鸟与诗性思维。古代“飞鸟诗”中体现出不同历史时期丰富的诗性思维的成果。第七章飞鸟与诗性表达。主要表现为视角的多重性、形象的丰富性和风格的多样性,因而创作出许多各具风采的诗歌佳作。第八章飞鸟与诗性存在。古代诗人借“飞鸟诗”的创作,形象表达对人的诗性存在的感悟和追求。

关键词:诗歌　意象　文学研究

**3854**

**洪迈笔记小说与宋代社会** / 姚海英著 ; 戴建国指导. -- 上海师范大学, 2009. -- 348 页

论文的总体思路是以洪迈笔记小说为视角,结合宋代社会转型演变的特点,对洪迈笔记小说所反映的宋代社会做一蠡窥,并对洪迈笔记小说成书的社会背景做反向分析。第一章对洪迈笔记小说所折射的宋代商业经济进行考察。第二章着重探讨洪迈笔记小说对宋代社会结构的反映。指出宋代社会结构发生了明显的变革:市民阶层兴起壮大,传统的门阀士族已经瓦解,取而代之的是新兴的官僚地主阶级,科举制度作为选拔官僚的主要形式之一,开始向社会下层开放,使得大量平民跻身仕宦行列,整个社会处于一种较开放的状态。除了物质方面,宋代的士人也有精神方面的困惑,小说对“入庙祈梦”的描写真实地再现了宋代士人在科考之前祈梦神灵的现象;小说对士人与异类婚恋的描写,更揭露了下层士人对婚姻与爱情追求的力不从心进而转化为一种企盼心理。第三章论述洪迈笔记小说对宋代宗教观念与信仰的反映。第四章对洪迈笔记小说所折射的宋代家庭伦理、教育情况进行考察。指出宋代专治主义中央集权的加强,使得以孝为核心的家庭伦理得以进一步强化。小说对夫妻关系、妻妾关系、主仆关系也给予多侧面的映射。第五章对洪迈笔记小说所反映的宋代社会生活、风俗做一透视。指出宋代的生活风尚显示出地域性的特点。在婚育礼俗方面,婚姻论财风气浓厚,招婿婚较为普遍。在丧葬礼俗方面,民间盛行火葬,讲究风水下葬的习俗。此期,市民娱乐文化生活丰富多彩。而市民休闲意识的提升,带动了整个社会的游玩风尚。小说对大量药方及医疗案例的记载,反映宋人的医疗活动及行医方式。余论部分从小说与社会双向互动的关系出发,对洪迈笔记小说所反映的宋代社会做一总结,同时探讨社会变迁对洪迈笔记小说创作产生的影响,如笔记盛行的创作风气提供了创作动机,雅俗文化的转型决定了小说的取材及审美,印刷术的发展促进了小说的刻印传播等。总而言之,洪迈的创作与当时社会形成一个良性互动的循环体系。

关键词:洪迈　笔记小说　宋代

**3855**

**《新序》《说苑》文献研究** / 姚娟著 ; 王齐洲指导. -- 华中师范大学, 2009. -- 209 页

论文对《新序》《说苑》二书文献进行比较研究,同时将二书与传世文献、出土文献相结合,进行全面具体的分析,力图揭示《新序》《说苑》的文献来源与文献价值。绪论综述《新序》《说苑》文献研究现状,确定论文研究的范围与重点。第一章考证《新序》《说苑》的成书与流传,《说苑叙录》的真伪,对二书中重复文献进行界定并分析其特点,总结前人的辑佚情况并做出自己的判断与分析。第二章得出《说苑》与今本《孔子家语》互见文献皆来自古本《孔子家语》,今本《孔子家语》并非伪书的结论。第三章得出《新序》以结尾句归类文献、二书与《韩诗外传》分别有着儒道两种思想倾向、《新序》与《说苑》有着不同的节士观的结论。第四章统计二书与《吕氏春秋》互见文献数量,考察二书与《吕氏春秋》文献的思想共同点,了解《新序》《说苑》因体例不同对处理引用文献方式的影响。第五章是关于二书与《左传》等四部史书互见文献研究。二书与《左传》文献本事相同,文字大异,应属于不同文本系统的说类历史故事;《新序》注重《战国策》与《史记》中反映春秋战国辨士风采的故事,没有引《国语》文献。第六章是二书与《大戴礼记》《礼记》《晏子春秋》《荀子》《韩非子》《贾谊》《淮南子》七部书籍的互见文献分析,发现除《晏子春秋》为《说苑》所引,其他六部书不一定是二书的文献来源。第七章是关于二书与出土文献的研究。得出结论:《说苑》与出土文献相近,文字更原始,《孔子家语》则有着重组、加工的痕迹。《说苑》以出土文献为底本,通过分篇标目、增删评语的方法,使之成为主旨明晰的新书。论文的结论是:二者成书于不同时间,主旨、引书皆有同

有异;《说苑》与今本《孔子家语》互见文献来自古本《孔子家语》,《孔子家语》并非伪书;二书在引《韩诗外传》与《吕氏春秋》文献时,通过改变结尾议论来凸显儒家政治理想。二书与《左传》《国语》《战国策》《史记》等史书的历史故事多来自不同的文本。

关键词:新序　说苑　文献学

**3856**

**李慈铭年谱** / 张桂丽著 ; 钱振民指导. -- 复旦大学, 2009. -- 355 页

越缦是晚清著名文学家、学者。著有《越缦堂日记》《白华绛跗阁诗》等,藏书、校书亦具特色。学界对越缦之关注较多集中在《越缦堂日记》、诗歌创作与主张、史学研究成就。但对越缦之著述散佚状况、爱情诗词、藏书校书等未有人做研究。20 世纪 60 年代陈仲瑜编有《李慈铭年谱》,约 4 万字;近年傅振照编有《李慈铭年谱》,仅编至谱主 20 岁;两谱皆仅从越缦《日记》中征引材料。至今,尚未有关于越缦全面而深入之生平研究成果。论文完整梳理越缦及其同时代人著述,考证其生平部分公案,展现越缦人生轨迹与性格思想之复杂及变化。首次考察越缦之婚恋、交游、著述之散失、藏书积聚与归宿、学术成长历程、诗歌创作与主张之变化。笔者搜辑越缦佚札百余通、诗文数十篇,并将部分篇章纳入论文。论文亦着重考察越缦其他散佚作品之篇名,以待进一步访觅。希望通过综合各种相关材料,考证事件之本相,客观全面反映越缦生平,推动越缦相关研究深入展开。

关键词:李慈铭　年谱　生平事迹

**3857**

**清代西游戏研究** / 张净秋著 ; 郭英德指导. -- 北京师范大学, 2009. -- 268 页

在众多清代西游戏中,清宫廷连台本戏《升平宝筏》意义最为重大,堪称"猴戏之源"。论文将以此剧为中心,以清代西游戏文本文献为研究对象,对西游戏的生成方式、版本流变,题材发展做重点的分析。本研究分为六个部分。绪论部分主要介绍论文的研究对象、研究意义、研究方法、研究内容,并对近百年来西游戏研究状况做一述评。第一章重点考察历代戏曲文献中著录的西游戏,从作者、著录、存佚、馆藏、版本、故事本末、剧情内容等角度着眼对其进行归纳整理,撰写叙录。第二章主要探讨清宫廷大戏《升平宝筏》的版本源流。第三章论述《升平宝筏》的成书过程,阐述清初特殊的历史环境,清宫特有的戏曲文化氛围,西游题材自身的不断发展对《升平宝筏》生成产生的重要影响。通过《升平宝筏》与前代西游题材作品,特别是小说《西游记》的比较,揭示出该剧的思想主旨和作者创作意图。第四章对《升平宝筏》后的西游戏做整体的归纳和描述,主要研究西游俗曲杂剧的生成方式、流传途径和思想内容,并以《钓鱼船》为例,对这一阶段的西游戏做个案分析。结论部分对全文进行总结,并扼要地勾勒出清代西游戏的发展历程。研究的创新点表现在:(1)第一次对西游戏进行全面的总结和归纳,修正前人文献著录中的一些讹误,对西游题材产生、发展、演变的过程做有益地探讨。(2)在傅惜华先生版本著录的基础上,进一步搜集、整理现存《升平宝筏》的版本信息,发现十分珍贵的康熙朝全本《升平宝筏》,即"岳小琴本"。通过对近 30 种版本的对勘,考证出《升平宝筏》的版本源流,同时对清内廷连台本戏的文本形态、成书过程进行尝试性的研究。(3)整理现存西游杂戏俗曲,对其版本、内容、来源进行分类叙述,初步理清清代中后期民间及宫廷西游戏的表演剧目。

关键词:西游记　古代戏曲　文学研究

**3858**

**《昭明文选》用学研究** / 张鹏飞著 ; 罗积勇指导. -- 武汉大学, 2009. -- 222 页

《文选》是文章总集,我们以研究文章的三个层面为经,分五个纬目展开研究《文选》之"用"。第一,历代《文选》的流传与《文选》学述评。梳理前贤研究成果,这是我们所有研究得以展开的文献普查基础。第二,《昭明文选》与唐代的科举诗文。通过对《文选》与唐代科举诗文的比对研究,发现唐人试律诗、试策文对《文选》语言辞藻、文章体式、行文笔法、思想义理等内容都有明显的继承。伴随着科举考试制度的改革,《文选》一书在在唐代逐渐成为科考教科书,上升到经典的崇高地位,是文人们说话、写作、考试的言辞渊薮、文章典范。第三,《昭明文选》与杜、李、韩诗文创作。第四,《昭明文选》辞藻类纂之书述评。一是《文选》辞藻类书,主要是《文选双字类要》等。一是《文选》辞藻辞书。程先甲的《选雅》仿《尔雅》体例集汇《文选》辞藻和李善注,目的在于"存古义""资译学";丁福保的《文选类诂》作为"《文选》李注通检",既方便人们学习《文选》,又有利于辞书编纂,可以帮助索引文例或补充义项。第五,《昭明文选》与辑佚、校勘、注释和辞典编纂。李善《文选注》注引群书和单

篇文章及旧注总数达到1636种，今多已散佚，通过辑佚可以勾勒出已经湮灭的古籍真容。《文选》用于校勘，顾炎武《日知录》、四库馆臣编修前四史时多有发现和征引，《文选》用于对校、他校、理校甚至于本校的功用极大。李善注解"征引式注释方式"和"举先以明后"的体例，有利于辨章语源；大量语典事典在《文选》中都有身影，这是后代注解家们可以借用的资源。《文选》对于词典编纂的功用，主要表现为：用于确立语汇的新生义项和用于词条解释时之文例，《文选》是《汉语大词典》引用文例最多的九大引书之一。总之，《昭明文选》作为一部经典文学总集，其令人叹为观止的诗赋文作品、其精彩艳艳的文学语言、其39种文体模式以及李善等注解的零金碎玉，将给文人学子以永远的营养。

关键词：文选　体用　文献学

**3859**

**六朝羁旅诗研究** / 张喜贵著 ; 曹旭指导. -- 上海师范大学, 2009. -- 291页

研究应属于文学的本体研究，即文学的内部研究，其中有着一个明确而又集中的问题意识：羁旅。论题将探讨羁旅诗歌中所流露出的故乡意识、家国意识、群体意识、诗学意识等问题，揭示过去羁旅诗研究中未能开垦的领域。研究主要从以下几个方面展开：绪论中先对文学中的羁旅现象加以剖析，然后对六朝羁旅诗的百年研究做一整体回顾。第一章先对"羁"与"旅"两个词的文化意义加以剖析。其次又认为羁旅并不是一个人发出的声音，而是历代诗人共有的吟唱。再次讨论类书对六朝羁旅诗类型形成的意义。最后是对羁旅诗概念的界定。第二章先对羁旅诗歌进行溯源，主要论及《诗经》《楚辞》《苏李诗》《古诗十九首》中的羁旅与羁旅诗，然后探讨六朝羁旅诗产生的原因，一为动乱的时代，二为文人的流寓。第三章主要为羁旅诗人的个案研究，重点选取建安诗人王粲、晋代诗人陆机、宋代诗人鲍照以及由南入北诗人庾信和王褒。可以说每个人都代表了一种相对独特的羁旅类型。第四章为讨论六朝羁旅诗人的羁旅意识，羁旅他乡刺激了诗人原本平和的心态，羁旅也激发了诗人内心的不平之感。一个作家的羁旅与非羁旅文学，同一作者羁旅前与羁旅时期的文学都会有很大的不同。这集中体现在羁旅诗人的羁旅意识上。这其中包括羁旅诗人的离群之叹、深沉的回归之念、诗人生命的困顿体验、诗人角色的变迁、诗人的怨旷之悲几个部分。其中表现出的是羁旅诗人生命的沉沦与抗争的过程。第五章讨论羁旅诗歌的抒情方式，主要归纳为以下几点：一为登高而望的方式，二为以典故来抒怀的方式，三为以声音来引发羁旅之情的方式，四为以悬旌与飘蓬来抒情的方式。第六章讨论羁旅诗与中国诗学的关系。研究着重展示六朝诗人丰富的内心世界，关注诗人离开故园之后在异地的生存状态。羁旅作为一种文化现象并不是孤立的纯文学研究，还要加进文化社会学、伦理学、心理学等内容，所以在论文中更强调各种文化因素对羁旅诗歌的渗透与影响。

关键词：古典诗歌　文学研究　六朝时代

**3860**

**唐五代文学家入蜀考论** / 张仲裁著 ; 周裕锴指导. -- 四川大学, 2009. -- 300页

论文立足基本的文献考证，从清理本事做起，力图全面勾勒出这一重要文学现象的大体轮廓；复从历史和人文地理的角度对其进行深入探究。全文包括引论部分和正文五章。引论分三小节。第一小节对"自古诗人皆入蜀"的说法来源进行考察。第二小节在辨析"巴""蜀"两个概念的基础上对论文的"蜀"这一概念做出界定，并参考相关研究成果对蜀地的地理环境与文化特征做了简明概括，同时附带简介唐五代巴蜀的政治地理、社会经济和文化发展方面的基本情况。第三小节为课题研究现状综述。第一章依据文、史一手文献，参考大量已有研究成果，对唐五代全部作家进行逐一清理，钩稽707位作家的入蜀本事，并据其"时间先后"和"空间离合"编成《唐五代文学家入蜀编年史稿》。第二章从时间维度对唐五代文学家入蜀现象进行考察。第一小节是基本数据统计。在把唐五代三个半世纪等分为11个时段的基础上，制作《唐五代文学家入蜀分时段名单》和相应的图表，揭示入蜀现象在时间维度上的基本特征。第二小节从宏观角度就其深层的支配因素进行追问。论文认为唐五代时期驱动大批文人入蜀的主动力在于外部因素，即有唐一代帝国全局性的政治风云。第三小节复从微观角度考察文人入蜀动因的具体构成及其动力机制。第三章主要讨论"移出场"和"移动路径"。文章认为，从全局动态的角度看，文人入蜀的主要流向是自北而南；以地域文化的角度观之，唐代巴蜀文学在发展过程中接受外来地区文学的影响，主要来自关中、河南、河东、河北几大地域，以州府论，京兆府、河

南府、蒲州、幽州、趟州、太原府等传统的人文荟萃之地是文人入蜀的主要“移出场”。北线和东线作为文人入蜀的两大移动路径,乃是各地域文学与巴蜀文学之间相互接触和彼此影响的空间途径。第四章的内容包括唐五代巴蜀文学的外来输入性特征及入蜀文人“移入场”的论述。第五章仍从“人”“地”关系的角度出发,以贾岛和杜甫二人为例,略论唐五代文人入蜀在后世代代形成的文化积淀。

关键词:文学家　巴蜀文化　唐代

3861

**春秋官制研究:以宗法礼治社会为背景** / 赵晓斌著 ; 束景南指导. -- 浙江大学, 2009. -- 446页

春秋官制是官制史研究的重要组成部分,也是当前官制研究中的薄弱环节。论文尝试在借鉴现有成果的基础上,将春秋官制置于宗法礼治社会的宏观背景下,进行一次相对全面、系统的整理和研究。考察对象主要包括:春秋列国的职官体系、列国职官的职掌、列国的任官制度、诸侯卿大夫爵位等级制、官员的俸禄、奖惩制度等。文共分九章,绪论部分主要概述春秋官制研究的历史和现状,交代论文的研究对象与方法,并对涉及春秋官制的主要文献及其史料性质做了介绍和辨析。第一章是全文的总论,概述春秋官制的相关社会背景(包括政权结构、地方行政制度、社会阶层、思想文化及其轴心)、宗法礼制背景下的任官制度、春秋时期的爵位等级制、官员赏罚制度、食禄制度,以及礼仪规范对官员职能的影响和渗透。第二章至第九章是论文的主体部分,分别考述周王朝和鲁、卫、晋、郑、宋、齐、楚7国的职官设置和任官情况。由于材料多寡不均,对列国官制的考察角度、考察对象和详略程度也各有不同。对其中每一职官的考察范围包括:该职官的基本源流、具体职掌、地位高下、与他国同一官职的异同,等等。

关键词:官制　宗法制度　春秋时代

3862

**敦煌佛教愿文研究** / 赵鑫晔著 ; 黄征指导. -- 南京师范大学, 2009. -- 238页

论文主要分为上、中、下三编。上编为综论编。此编结合传世愿文、敦煌佛教愿文和日本愿文,考察佛教愿文之由来、定义、形制等问题。作者认为佛教愿文的愿包含誓愿、祝愿和对佛所许的酬谢三个含义,佛教愿文就是佛教徒表达誓愿或做法事时施主表达祝愿之文,包含有誓愿愿文和祝愿愿文两大类。上编还对佛教愿文与发愿文、佛教愿文与祭文、佛教愿文与斋文的关系进行探讨。作者认为:愿文即发愿文,丧葬类和礼神类愿文不能归入祭文,斋文可以称作愿文但不能包括愿文。上编还将敦煌道教愿文与佛教愿文做了比较分析,道教愿文与佛教愿文从内容到形式基本相同,当是改造自佛教愿文。中编为叙录编。此编将《俄藏敦煌文献》中的佛教愿文写卷进行介绍和录文,提供写卷的图版页码、定名、研究状况、参校写本等情况,并将某些敦煌残片进行缀合,为研究者提供一些便利。下编为校勘编。此编主要涉及《敦煌愿文集》的校勘、俗字的考证、异文的考订和部分疑难词句的训诂。《敦煌愿文集》作为第一部敦煌愿文的辑录本,其录文和校勘方面不可避免地存在着一些问题,论文对其进行校勘,以利于该书的进一步修订。此编还总结敦煌愿文校勘中需要注意的一些问题、敦煌写本的书写条例等,对敦煌文献的校录也能起到一定的作用。

关键词:敦煌学　佛教　校勘

3863

**明初经学研究** / 甄洪永著 ; 郑杰文指导. -- 山东大学, 2009. -- 324页

论文以明初经学为研究对象,以朱元璋征召刘基、章溢、叶琛的1358年为上限,以发生靖难之役的1402年为下限。第一章主要介绍明代经学研究现状,总结明代经学研究的发展脉络及利弊得失。第二章论述洪武政治与经学的关系。洪武政权对经学的根本要求是适用,基本原则是因时制宜,因此洪武政权加强对知识分子的控制和对经学的改造。洪武政治要求下的经学发展出现汉学倾向,这与整体宋学潮流是有所区别的。第三章主要分析浙江籍学者的经学思想及主张。浙江籍学者以金华府的宋濂、刘基、王袆为主要代表,三人经学思想核心是经世致用。另外,金华府尚有多位学者于经学有所发明,但影响不如上述三人。其中胡翰之复古思想、苏伯衡之不废小学、以文学视角研究经学的主张以及戴良的不迷信宋儒、融汇经史的主张是其中富有启发意义的经学主张。第四章主要分析江西籍学者的经学成就和主张。第五章主要分析徽州籍学者的经学成就和主张。第六章主要分析游离于学术中心的福建、江苏籍学者的经学成就。福建张以宁的经学成就最高,张氏以史证经,《春秋王正月考》是其代表作,并取得了较高成就,对长期以来一直存在的对“春王正月”的疑问多有解

答。江苏与广东籍学者的成就则不及福建。第七章主要分析明初经学的发展特征。首先,明初经学尚有笃实之风,诸多学者多以经世致用为经学研究终极目的。在政权的干预下,明初经学经过重构呈现通俗化特征。其次,明初经学的发展是不平衡的。从地域上说,南方经学占据学术主流,尤其以浙江、江苏、徽州的经学成就最高,而北方经学则呈现荒芜状态。靖难之役的发生使南方经学发展遭受挫折,北方成为政治中心以后促进北方经学的复兴。从研究对象上分析,汉学所依赖的《五经》系统的经书得到重视,《春秋》学研究的成就最高。

关键词:经学　哲学思想　明代

**3864**

**袁枚年谱新编** / 郑幸著 ; 陈正宏指导. -- 复旦大学, 2009. -- 445 页

论文以年谱的形式,通过利用反映袁枚早年生活的单刻别集《双柳轩诗文集》,以及其他早年史料,力求呈现一个更真实、更全面的袁枚形象。除此之外,论文也通过爬梳、整理大量前人未曾涉足的文献史料,对袁枚的社会交游、文学活动等进行全方位的考察,并对其辞官原因、与沈德潜的论战等具体问题,提出全新的解答。年谱分上、下两编,以袁枚的 33 岁,即其辞去官职、寓居随园这一年作为分界,来表现其前后不同的创作和思想面貌。上编分为两卷。第一卷为 1 岁至 26 岁,考述袁枚从幼年、少年到青年时期的生活、学习过程,尤其注重对其科举经历的考察。第二卷为 27 岁至 33 岁,考述袁枚庶吉士散馆成绩不佳、外放江南、四历知县,并最终乞病辞官的过程。这一阶段的经历充满起伏,是引发袁枚思想变化的重要时期。对《双柳轩诗文集》的运用也主要集中在这个阶段。下编分为三卷。第一卷为 34 岁至 42 岁,袁枚在这一时期逐步明确自己放弃仕途的态度,并通过经营田产、收放贷款等方式,为长期退居随园做了经济准备。第二卷为 43 岁至 62 岁。袁枚在 43 岁时通过 3 封《与友人书》发表自己对古文写作的看法,随后又陆续通过与沈德潜展开论争、撰写《续诗品》32 首等举动,表达自己的诗歌主张。在 60 岁时,袁枚首次完成全集编纂,并加以刊刻传播。他的文坛地位在此阶段逐步得到确立。第三卷为 63 岁至 82 岁。袁枚在 63 岁丧母、得子,完成了人生责任。从 64 岁开始,袁枚遍游东南名胜,同时开始着手编写、刊行《随园诗话》及《随园诗话补遗》,从而进一步扩大"性灵"论的影响。通过这一阶段的活动,袁枚不断树立、强化自己的文坛影响,并最终将自己塑造成为清代文学史上举足轻重的文人之一。

关键词:袁枚　年谱　生平事迹

# 中国古代文学

**3865**

**中唐乐府诗艺术研究** / 安善晶著 ; 陶文鹏指导. -- 中国社会科学院, 2009. -- 75 页

乐府诗采取民歌的形式来反映政治,带着强烈的现实色彩和深刻的讽刺意味,导致以前的乐府诗研究者大部分着重强调和研究乐府诗的思想性,而忽略了其艺术特征。然而不可否认,从汉代到中唐时期,乐府诗的发展与演变构成了自身独特的艺术形态,其不可掩饰的光芒铸就了乐府诗在整个中国古代文学长河中的辉煌。第一章,首先叙述中唐以前乐府诗从形成到发展的情况。汉代的乐府诗发生在民间,历经不同时代和文人的演绎,在形式和艺术性上都得到了发展;到了唐代,出现新乐府诗形态,李白和杜甫等优秀诗人也开始创作乐府诗。论文着眼中唐时期,阐述此期间代表诗人乐府诗的艺术特征。经过安史之乱,中唐时期流行新乐府诗,特别是白居易和元稹两大诗人,以新乐府诗的形式来表现政治主张,揭露社会矛盾,有的学者为此否定了新乐府诗的艺术性。其实不然,白居易和元稹在新乐府诗中使用的语言、描写方法、题材、人物形象和修辞手法等都体现出强烈的艺术美。而且,韩愈、孟郊、刘禹锡、李贺等诸多诗人的乐府诗也呈现出多种多样的艺术色彩。第二章,在第一章叙述各个乐府诗人艺术特征的基础上选取需要特别关注的方面进行重点阐明。谈到中唐时期的乐府诗特征,有鲜明的人物形象、戏剧的描写手法、强烈的色彩语言与幽默的比喻等,据此来综合分析中唐乐府诗的艺术成就。第三章,阐述中唐乐府诗对晚唐以后的文学甚至韩国文学的深刻影响。在中晚唐时期,诗人受到中唐乐府诗的影响,随着隋唐燕乐的流行,诞生了词。到了宋代,乐府诗影响到词人,长短句的词发展兴盛。同时,中唐乐府诗还影响到韩国诗人,韩国诗人的创作成为独特的海东乐府形态。论文的结论是:中唐时期乐府诗的艺术特征鲜明,风格多样,不能忽视其独特的艺术成就,其对韩国乐府诗的形成有直接的影响,功不可没。

关键词:乐府诗　文学研究　唐代

3866

**清初贰臣心态与文学研究** / 白一瑾著 ; 卢盛江指导. -- 南开大学, 2009. -- 591 页

清初的贰臣,是已经在明朝出仕为官,又在明清易代后再仕于清朝,因而违反了儒家君臣伦理道德的士人。论文描述这一群体的形成过程、其特有的苦闷心态,以及在精神重压下的发展变化,试图勾勒出这一群体心态的大致面貌,以及由此导致的文学创作和文学思想倾向。全文共分为五个部分:引论界定论文的研究范围——明清之际先后出仕于明清两朝的士人,论述贰臣这一概念随社会道德观念而演化的过程;回溯历代贰臣的历史,特别是某些贰臣现象多发的历史时期贰臣的普遍心态;论述贰臣因仕于异族政权而背负更大心理压力的特殊情况。第一章论述清初贰臣群体的形成,对这一士人群体形成的过程,其范围和成员身份的划分,以及形成这一群体的各种政治文化因素做了说明。第二章分析清初贰臣改节再仕后的心理状态,在曾经的人格理想被自己亲手损毁后的精神创痛。这个群体由于具有相似的性格弱点和人生经历,面对着相同的生存困境,因而具有普遍的群体性心态。第三章着重分析清初贰臣在人格理想损毁后,重新寻求自身价值的努力。有的贰臣通过积极从政、建立功业,来实现儒家政治理想和自我意识;有的贰臣通过修史撰述,以保存故国史料文化、反思明朝灭亡的原因;也有的贰臣在与大节未亏的遗民士人的交往中,寻求其谅解和慰藉。第四章论述清初贰臣文学的特点。贰臣文人通过唱酬交往、提携后辈的方式,普及自己的文学观念。清初贰臣的文学创作有较鲜明的本群体特征,其内容以故国之思和失节之恸交织在一起的双重主题为主,表现形式则是半吞半吐、含蓄曲折的"失啼之鹃"的抒写方式,其作品中往往还蕴含着隐秘的自我意识。在文学传承方面,清初贰臣的承上启下地位尤为突出,创作上表现为从悲慨沉郁的黍离诗风,到清正闲雅的庙堂诗风的演变过程;文学思想方面,则表现为对明代各种文学流派观念的反思,和对未来文学发展趋势的整体关照。

关键词:大臣　文学研究　明清时代

3867

**宋代生态诗学研究** / 曹瑞娟著 ; 罗时进指导. -- 苏州大学, 2009. -- 228 页

论文借鉴现代生态批评的理论和方法,将"生态"视角和生态理念引入宋代诗歌研究,对宋代诗歌文本进行一种生态美学的审视和解读。宋代诗人普遍具有较高的文化修养与赏悦自然的审美情趣,创作大量具有生态意味和生态美感的诗歌。论文的研究对象即宋代具有某种生态意蕴或曰生态色彩的诗歌,兼及讨论宋代诗学话语的生态特色。综览有宋一代诗歌,为了便于分析和解读,把宋代具有一定生态意蕴的诗歌分为四类:山水诗、田园诗、时节诗、咏物诗。对于山水诗,解析宋代诗人倾心自然、怀恋山水的林泉之志与"野性"生态意识,展现宋代生态环境状况及宋代诗人与自然山水呼朋唤友的和谐相处之美。农耕时代以田园诗为主导的田园主义诗学是最富于生态意味的诗学,它迥异于科技时代破除了人对自然界的依赖和皈依之感的技术化诗学。自然界气象与人类的生活时刻相伴随,并会对人的活动和心理产生相应的影响,于是产生了诸多时节吟咏之诗。诗人们热情歌咏生态气象之美,并常在诗歌中叹造化之奇,究天地之理,体现出一定的生态觉识。宋代咏物诗为读者展现了一个五彩缤纷的生物世界,反映出当时的动植物生态状况,具有一定的认识价值。同时,在咏物诗的创作中,由起初的单纯吟咏生物的自然属性到借咏物寓托诗人的种种志向和情愫,自然物的文化象征意蕴不断得到强化。论文探讨宋代诗学话语的生态特色。这种特色具体表现为:在创作发生论上,注重自然界物色之变给诗人心灵带来的触动和感发作用;在诗歌文本分析上,往往以自然风物或生命有机体来譬喻性地阐释诗歌文本结构和创作机理;在诗歌风格品评方面,常常用自然界的生态情境来比拟诗歌的风格境界。探寻宋代诗歌和诗论中的生态意蕴,并尝试构建我国古代的生态诗学体系,是在现代生态危机背景下对人类自身行为的反省和对我国古代生态文化积淀的重审,是对人与自然和谐相处、人在自然界中惬意生存的一种诗意展望。

关键词:诗学　文学研究　宋代

3868

**北宋诗歌之形成:以欧、梅、苏、黄对元和诗人的接受为研究中心** / 陈斌著 ; 诸葛忆兵指导. -- 中国人民大学, 2009. -- 157 页

论文主要探讨欧阳修、梅尧臣、苏轼、黄庭坚等师法以韩愈、柳宗元、白居易为主元和诗人诗学的情况,通过辨析其师法的重心,以及创变的关捩点,来分析

北宋诗歌形成演变的过程及其特质。全文分五章。总论回顾学术界关于唐宋诗转型,尤其是北宋诗歌形成及特质的相关研究成果,阐释论文有关论题研究范围、论证策略与基本内容。第一章梳理北宋中前期政治思想文化背景,指出宋人追慕汉唐、回响“三代”这一社会心理激励北宋帝王与士人渴望变革,在变革思潮中,北宋士人涌现出对中唐,尤其元和时代的认可。在此背景下,从社会状况、士风、时代使命,个体的遭遇以及诗学祈向等方面,分析欧、梅、苏、黄等人接受元和诗人的基础,并总结元和诗人对欧、梅、苏、黄“文道”观和政治人格的影响,以及宋人的超越。第二章从欧阳修师法韩愈、苏轼师学白居易的角度切入,分析欧阳修师学韩愈诗歌“以文为诗”这一特点对北宋诗歌产生的影响;同时指出,欧阳修诗学韩愈取其“以文为诗”的技法,改变了其险怪的诗风,变为平易,奠定了宋代诗学反对险怪、取尚平易的诗学趣味。第三章总结以欧、苏、黄为代表的北宋诗人和元和诗人贬谪诗的不同旨趣,指出北宋贬谪诗对传统贬谪文学的超越,在于北宋诗歌“因诗见道”的诗学观,其要求诗歌创作扬弃悲哀,倡导风雅精神,反对骚怨,力求展现诗人刚健明朗的精神风貌。第四章主要分析最具“宋调”特点的诗人黄庭坚师古创新的理论,以及其“自成一家始逼真”的创作心态造成的诗歌奇峭生新风格;此外,总结黄庭坚晚年诗歌趋向“平淡”的特点及成因。第五章从文人群体交游角度,分析欧、梅、苏、黄交游的诗学意义,欧梅、苏黄、欧苏并称的意义,以及与文学史上“庆历诗学”“元祐诗学”的关系。指出欧梅苏黄的群体意识、盟主意识、自觉传承文脉的责任感,对北宋诗歌的形成产生了不可忽视的作用。

关键词:古典诗歌　诗学　北宋

**3869**

**梦窗词语言艺术研究**/陈昌宁著 ; 陶文鹏指导. -- 中国社会科学院, 2009. -- 155 页

全文共分五章。第一章从创作的角度总论梦窗语言的三个特色:表现方式的间接化、叙写角度的侧面化及人物行为叙写的淡化。认为梦窗与柳、周不同,描写事物和抒发感情不是用白描和直抒胸臆,而是借助一套修辞手法,间接地、侧面地抒怀状物。其叙事不完整,状物不分明,表意不明确,目的就是为了含吐不露,追求深长之味。梦窗表达的情意就这样被一层修辞外壳包裹着,加之语境不明,读者在解码时常会出现错误,以误读为基础评价梦窗就难免褒贬两极。第二章论及梦窗的词语与意象。他的词语与意象都是很普通的。词语一般是典雅的文学词语,而意象也非奇非怪。该章着重分析梦窗的三个重要意象:燕意象、尘意象和瘦意象。这些意象代表梦窗生活的不同方面同时又有联系。第三章分析梦窗句法,这是梦窗给人混乱印象的一个重要方面。颠倒、相邻的短语成分互换、修饰成分异位等在他的词中都屡见不鲜,阅读梦窗词必须对他的词语重新组合。该章还分析梦窗句法的成因、对误读的影响和文学意义等。认为梦窗使用这样的句法是出于修辞的需要,而不仅是为了平仄,他受宋诗影响追求生新不俗。第四章论梦窗修辞。梦窗词很重视修辞,使用多种修辞手法,代字、用典、比喻、拟人最多,且这对他风格的形成有一定的影响。他的修辞特色一是巧,巧表现在用典切题,比喻的本体与喻体不仅有相似点,还有共同点,以及嵌字、双关等手法的运用。二是密,大量使用典故、代字、比喻、拟人,有过度修辞倾向。他几乎是句句比、步步代、层层典。真实的意思被一层修辞外壳包裹着,理解时必须剥开这层修辞外壳。该章认为代字、典故、比喻在梦窗词里,不仅仅被用作修辞手法,还与意境的创造相关。代字使用的不足是过多,且有时本体、借体不易区分,属性代指代对象不明。用典的不足不是一般认为的用僻典,而是用典的角度不清,读者不明白作者借典故表达什么。梦窗使用比喻也有特色,同一物体往往比后再比,另外,也比一般的比喻更为贴切。

关键词:词　修辞　文学研究

**3870**

**《红楼梦》的宗教书写分析与探源**/陈国学著 ; 陈洪,孙昌武指导. -- 南开大学, 2009. -- 238 页

论文致力于这部古典小说巅峰之作与宗教的关系的研究。序论部分分析《红楼梦》宗教书写的复杂性、研究现状和拓展空间。论文主体部分展开如下:第一章讨论僧道框架,涉及僧道合一现象与佛道教超凡脱俗的共同追求等相同点的关系,及小说通过对佛道教度脱文学传统因素的继承而构建的度脱文学框架,预示着主人公贾宝玉出家的结局。第二章谪凡框架,主要探讨神瑛侍者与绛珠仙子的三世情缘与因果报应思想的关联,分析它对劝惩与教化思想的突破,认为其特点在于突出“情”的缠绵悱恻,此不灭之情与佛家“十二因缘”思想中“爱”之所生有关。第三章主要探讨太虚幻境框架的内涵。该章还分析“薄命司”

的历史文化渊源——明清才女的崛起与才女薄命的共同感受,以及此框架作为一个梦的描写对历代梦文学的集大成。第四章对《红楼梦》宗教书写进行整体观照,指出三重他界框架之间存在的矛盾、互补、呼应等复杂关系,小说的宗教书写中包含的谶验色彩及其渊源,全书宗教书写的整体立场与特点:对超现实世界描写的荒唐感与对涉足佛门的青年女性的人文关怀色彩。第五章论述《红楼梦》整体上的性灵文学色彩与宗教思想的关系。第六章专门探讨贾宝玉形象与宗教思维的关系。第七章就后四十回的有关问题进行探讨。先看后四十回从整体上有没有偏离三大框架的范围。后四十回紧扣通灵宝玉意象,完成宝黛钗爱情婚姻悲剧和通灵宝玉回归青埂峰的描写,尤其对于贾宝玉出家前后的经过写得比较成功。后四十回有回归到以因果报应来劝善惩恶的模式的特点,特别是对赵姨娘、王熙凤的描写,这与前文并不完全矛盾,因为前八十回也利用过因果报应框架。惜春、紫鹃的出家描写与贾宝玉的结局一样,包含着对于人世之情的价值的否定,是小说一种无可奈何的结局,也许是符合曹雪芹原意的。不足之处在于,与其他描写一样缺乏自然灵气,整体艺术水平比不上前八十回。

关键词:红楼梦　宗教　文学研究

**3871**

**元代南方词坛研究** / 陈海霞著 ; 刘扬忠指导. -- 中国社会科学院, 2009. -- 173 页

论文主要研究元代南方词坛的发展概貌、地域特色以及在中国词史上的地位。在与北方词坛的比较中,展示元代南方词坛的创作风貌和词学追求。第一章论述元代南方词坛的兴起。首先对唐五代南方词坛进行回溯,然后介绍唐五代和元代南方词人的地理分布情况,最后剖析元代南方词坛兴起的原因。第二章及第三章论述元代南方词坛的发展概貌。论文将元代南方词坛分为三个大的词人群体,他们分别是:本土词人群、大都词人群和游寓词人群。在第二章中,文章重点介绍本土词人群,并且按照本土词人的身份将他们分为隐士词人群、学者词人群和释道词人群。在第三章中,文章重点介绍大都词人群和游寓词人群,并且对刘基、高启、杨基等入明词人进行介绍,因为他们的大部分词作写于元代,是对那段历史的真实反映。第四章论述元代南方词坛的地域文化特征。文章在揭示元词地域性的同时,通过怀古咏史词、节序词和咏物词,表现出南方词坛所蕴含的地域风情。第五章论述元代南方词坛与北方词坛的不同。文章通过北方词坛衰落、南方词坛独盛这样一个发展历程,说明南北词坛发展过程中的不平衡性。第六章论述元代南方词坛之承祧和新交。对于元代南方词坛而言,仇远是打通宋元的关睫人物。正是在他的影响下,元代南方词坛能够延续南宋词风。由上可见,南方词坛正是在元代确立了自己的主导地位,并且决定了在明清词史上的核心地位。所以说,元代南方词坛在中国词史上有着承上启下的重要转折意义。

关键词:词　文学研究　元代

**3872**

**蔡邕研究** / 陈海燕著 ; 罗国威指导. -- 四川大学, 2009. -- 312 页

蔡邕,字伯喈,陈留圉人,他生于东汉顺帝阳嘉二年(133),汉献帝初平三年(192)因董卓被诛受牵连,下狱而死,享年 60 岁。他的一生,大约与汉末顺、桓、灵三朝相始末,正值东汉王朝从衰败走向覆灭的时期。作为汉代乃至中国历史上少有的通才式人物,蔡邕在各个领域都达到了当时的最高成就,代表着东汉时期的最高水平,不仅绝冠当时,且流风所及,影响深远。论文正文分为五章。绪论部分对课题的研究现状、选题意义、预期目标等做简要介绍,当前对蔡邕研究大多集中在几个较为显著的论题上,对蔡邕文学的整体成就和文学史地位等,缺乏足够的重视和适当的评价。正文第一章考察蔡邕的家世及生平。蔡邕生活在东汉末年一个战乱频仍、灾祸不断的时期。蔡邕可谓是生不逢时,以他的才华名气和学识地位,势不可免地受到了牵连,被卷入复杂的政治风云和争斗中。他的一生,名高难隐,随乱世浮沉,动荡而多舛,两仕两隐,两次下狱,最终受董卓的牵连,死于王允之手。第二章则较为全面地考察蔡邕的交游活动,重点考察他与党魁羊陟、曹操、董卓、王允等人的关系,借以揭示他生活历程中重大事件发生的背景,探析他个人的政治立场,剖析决定他人生走向的重要因素等。第三章考察蔡邕的思想。在蔡邕身上,既有着鲜明的时代特征,同时也具有浓厚的独特个性。他既心怀天下,又向往泉林;既是典重文章的高手,是末代汉事的自觉记录者,同时,绮思狎念也在他的文章中时有表露。第四章考察蔡邕的碑诔等文。今存《蔡中郎集》中碑诔、铭箴、颂赞这些文章有 60 多篇。蔡邕以自己的史笔和文学才华,为碑文树立了一座高峰。第五章考察蔡邕的赋作。作为汉赋史上变化最大最彻底的

人物，蔡邕以自己高超的文学才华创作了不少作品，对建安及整个魏晋赋风有直接而明显的影响。

关键词：蔡邕　古典文学　文学研究

**3873**

**《史记》中的黄老学研究** / 陈金霞著 ；袁济喜指导. -- 中国人民大学, 2009. -- 187 页

《史记》不仅是一部伟大的史学和文学著作，也是作者司马迁的"一家之言"。司马迁在"百虑一致、殊途同归"的思想指导下，在中国文化学术史上第一次把从先秦到汉初的学术文化进行了大规模的清理和整合。司马迁具有开阔的学术视野，举凡人类精神文化财富都在他著述的范围内。卷帙浩繁的《史记》隐含着一部先秦至汉初的学术文化史，黄老学术史也不例外。《史记》不仅有史实的记录和理论的概括，作为纪传体通史，更重要的是塑造了活生生的黄老人物，如张良、陈平，这些人物的行事、言谈可弥补其理论阐释的不足。道家思想对中国古典文学在思维方式、审美倾向、艺术追求等方面的影响是巨大的，在秦汉文学中，对屈原和汉赋的影响都相当典型。而司马迁在文学上受益于屈原和汉赋，他本身又对道家黄老学具有很深的研究，因此在文学观念和文学实践上也具有道家特点。研究司马迁和黄老学的关系对于我们全方位地深入研究《史记》，从而提升文学角度的探讨，也是很有意义的。论文主要研究《史记》中有关黄老学的问题，论文分为以下几个部分。其中第一章《绪论》主要介绍黄老学、司马迁和《史记》有关黄老学问题研究现状。首先，第二章讨论在司马迁父子的心目中，黄老学是一种什么面目。第三章分析司马迁对黄老思想的接受和发展。第四章分析《史记》记载的重要黄老人物。第五章主要探讨《史记》所见的黄老学和秦汉重要学术的关系。总之，论文通过深入挖掘司马迁思想体系中对黄老学接受与发展的内容，为司马迁思想研究增添新的内容；通过深入分析司马迁笔下的黄老人物，为《史记》人物研究增添新的内容；通过清理《史记》中有关黄老学说的内容，为黄老思想研究增添新的内容，从而更好地观察与分析《史记》，包括其中的文学蕴涵，开掘其中的人文思想。

关键词：司马迁　史记　黄老学派

**3874**

**"沈诗任笔"：沈约任昉比较研究** / 陈伟娜著 ；林家骊指导. -- 浙江大学, 2009. -- 306 页

论文通过任沈二人的比较研究，以期从新的视角认识齐梁文坛的创作情况，并更加深入地阐述永明声律论及文笔之辨等中古文论中的重要课题。共同的历史背景与文化语境，使得沈约与任昉的生平经历、思想体系及文学观念等有着许多相似之处。但任沈二人又分守"诗""笔"界域，凫短鹤长，各有所能。沈约善撰诗篇，与谢朓等提出以四声定韵、避八病和声为主要内容的永明声律论，并大力运用于新体五言诗的写作中，形成了"好诗圆美流转如弹丸"的美学理想。任昉虽以学问为诗自觉的创作取向，使得其作呈现出渊雅典正的风格，与讲究声色藻采的沈诗相较体现出了"学人之诗"与"诗人之诗"的个性差异。任沈之作，讲究事义藻采。任笔多涉繁复的典故，故而其风格偏于隐秀，沈笔字句轻清，更多地体现出逸秀的面貌。他们的创作都属永明新变之体的范畴，而任笔之所以能取得更为显赫的盛名，是因为任昉在其作品中融入了更多新变的因素。"沈诗任笔"作为当时南北文坛公认的一个批评标准与评价体系，在某种程度上引导了南北朝中后期文学发展的重心方向以及批评格局。沈约与任防在"诗"与"笔"的领域，各自树立了时人心目中的典范。"沈诗任笔"，也在特定的时期作为批评标准与评价体系而流行。而围绕任沈二人的比较研究，正是为了更加深入地阐述作为楷式的"沈诗"与"任笔"的特征，以更好地把握当时文坛主流的审美倾向与创作趋势。

关键词：沈约　任昉　文学研究

**3875**

**杨家将故事考述：以《北宋志传》和《杨家府演义》为中心** / 陈小林著 ；廖可斌指导. -- 浙江大学, 2009. -- 229 页

论文重点考证明代两部杨家将小说——《北宋志传》和《杨家府演义》的版本和成书问题。同时，以杨家将小说为代表的杨家将故事与三国、隋唐、五代、狄青、水浒、岳飞、神魔等故事的关联，以及杨家将故事的后世影响和传播，也属论文的考察范围。通过考察这些问题，把杨家将故事的演化情形，以及杨家将故事和其他故事相互影响的实际情况描述清楚。更重要的是，揭示杨家将故事演变、杨家将小说成书的典型性和独特性，充分说明世代累积型小说成书过程的复杂性。全文包括绪论、正论和余论三部分。绪论部分主要概述研究的价值和现状，说明论文的构想、内容和研究方法。正论部分共分四章。第一章考察杨

家将小说的版本问题,重点探索明代两部杨家将小说之间的可能关系。同时对两种世德堂本《南北宋志传》之间的版本渊源,以及三种明刊本《南北宋志传》之间的承袭关系进行考述。第二章研究明代两部杨家将小说的成书问题。第一节追溯杨家将故事兴起的历史背景。第二节描述杨家将故事在民族争战中不断壮大的情形。第三节细致分析播州杨氏征战事迹的渗入导致杨家将故事产生巨大变异这一事实。第四节分析平播之役和杨家将小说刊刻之间的关联。第三章探讨杨家将故事和其他故事的关联问题。分别叙述杨家将故事和三国、隋唐、五代、狄青、水浒、岳飞、神魔等故事相互影响和借鉴的关系。第四章讨论杨家将故事的后世传播问题,主要描述杨家将故事通过小说、戏曲、说唱、文人题咏、地方古迹,民间祭祀信仰等途径广为传播的情况。讨论以杨家将小说的影响为焦点,时间上以清代为主要范围。余论部分总结杨家将故事三个系统之间的关系,以及它们对于杨家将小说成书的影响。最后尝试提出杨家将故事研究仍然值得深入探讨的一些问题。

关键词:历史故事　章回小说　古典小说

**3876**

**城市与文学:以唐代洛阳建筑景观与唐诗关系为中心** / 陈燕妮著 ; 罗时进指导. -- 苏州大学, 2009. -- 247 页

论文主旨是唐代洛阳城的公共建筑景观和私家建筑景观来论述洛阳城与唐诗的关系,其基本内容分为上下两篇:上篇从城市的标志建筑景观来分析洛阳与唐诗的关系。标志建筑景观之一事总体和细节意义上的“洛阳道”(含“洛阳桥”)。它是一个最为全面地展示人生百态的场所景观。第一个观察点是城外“洛阳道”。它是四方来往的各条陆路、水路,它将城外四方怀有各种欲望的唐人引向道路尽头的欲望之城。第二个观察点是城市之中的“洛阳道”。论文选取洛水之上,连接洛阳南北两段城区的三座主要桥梁天津桥、中桥、浮桥加以叙述。标志建筑景观之二是洛阳城中以及洛阳城市圈中的“洛阳宫”。论文选取了唐行宫中最为有名的兰昌宫、连昌宫、绣岭宫加以论述。标志建筑景观之三是城市之中的“洛阳楼”,主要是出现在唐人诗文之中的“五凤楼”。此楼地处方位在文献中众说不一,结合唐人诗文可大致考其位置在城市中轴线上端门附近。标志景观之四是洛阳城中以及附近的“洛阳寺”。这些城市的标志建筑景观的意义在于它们将这个城市乃至这个时代的命运雕刻其中。论文试图以传统的城市文学研究中“强调城市之于作家的经验性”的思路,从“文学再现城市”这个角度来考察城市建筑景观与城市文学(诗歌)之间的联系,进而考察这种联系对城市的意义。

关键词:唐诗　城市景观　文学研究

**3877**

**唐前《史记》接受史论** / 陈莹著 ; 张新科指导. -- 陕西师范大学, 2009. -- 213 页

论文借用西方接受美学和接受理论,从文学接受的角度切入,以读者为中心,考察唐前《史记》在传播与接受过程中,不同群体的接受行为的发生、发展、演变过程及其在各个历史阶段的特点,在此基础上探索《史记》被接受的目的、内在因素和外部环境,追踪《史记》在各个时代存在的历史原貌。全文由八章构成:第一章唐前《史记》传播述略。第二章唐前史书对《史记》的接受,主要探讨《史记》在编撰体例、著述思想、写作方式及内容题材方面对史书的影响。第三章唐前诗歌对《史记》的接受,主要通过考察唐前诗歌对《史记》所载人物的选择和吟咏情况,探索唐前诗歌对《史记》的接受特点、接受方式及诗歌对《史记》题材内容的突破与拓展,展现审美客体的时代气息和个体特色,进而揭示时代的审美趣味和读者的期待视野。第四章唐前小说对《史记》的接受,主要探索《史记》在观念、体例写法和内容题材方面对唐前小说的影响。第五章唐前文学理论对“发愤著书”说的接受。第六章唐前学者对《史记》的研究,该章以扬雄的《法言》、王充的《论衡》、裴骃的《史记集解》和刘勰的《文心雕龙·史传篇》为例,通过他们对《史记》的研究与评价,展示学者对《史记》的接受风貌。第七章唐前班马优劣论的演变轨迹。第八章唐前《史记》传播与接受中的儒化现象。

关键词:史记　传播学　接受学

**3878**

**清初“国朝六家”诗学研究** / 陈宇舟著 ; 马卫中指导. -- 苏州大学, 2009. -- 203 页

“国朝六家”指的是清初的六位诗人:宋琬、施闰章、朱彝尊、王士禛、查慎行、赵执信。六人主要活跃于顺治、康熙诗坛,是当时卓有声望、极具影响的诗歌名家。乾隆间人刘执玉选六人之诗为《国朝六家诗钞》,充分肯定了他们在清初诗坛的代表性意义。“国

朝六家”也是后人研究清初诗歌无可忽视的重要对象。“国朝六家”不是一个诗歌流派,他们的创作风格各异,有着各自的诗学主张,其年龄跨度也很大。但是,作为一个诗人群体,他们是清初诗歌最高成就的一个象征。同时,他们都是由清廷选拔的官吏,“国朝六家”地位的确立,是诗坛主导权由“在野”转变为“在朝”的一个标志。六家所处的时代,是历史上一个特殊的时代。他们中的大部分人都经历了明清易代的巨变,与前朝有着不可割裂的情感与联系。他们服务于清廷,但对新朝又刻意保持了心理距离,士之价值观与道德感的矛盾与冲突,以及他们在新朝中的彷徨失措,是六家乃至清初很多仕清汉族文士共同面临的现实境遇。六家是清初诗坛新势力的中坚人物,引导和影响着清初诗学的发展嬗变,与此同时,他们的诗学思想也与明末的文学思潮有着千丝万缕的联系。论文着重考察了六家成长的家族和文化背景,考索出他们与东林、复社间一脉相承的内在关系,显现出他们对于明代诗学的“承上”意义;另一方面,则从他们对前代诗歌的总结与批判,在清初宋诗风中各自的态度与看法,以王士禛“神韵说”为代表的新诗风产生,以及赵执信对诗歌“在朝”势力的叛离等方面,凸显出他们对于清代诗学的“启下”作用。

关键词:古典诗歌　文学研究　清前期

**3879**

**世俗化潮流中的五代文学:以诗词为中心** / 陈毓文著 ; 林继中指导. -- 福建师范大学, 2009. -- 169 页

论文将五代文学置于唐宋文学转型的大背景之下,从中唐以来的世俗化运动入手,深入探讨五代文学在这场世俗化潮流中的种种表现,从而对五代文学做出较为客观的文学史定位。导言部分主要对世俗化与五代文学做出界定,综述五代文学的研究现状及存在不足,提出研究论题。第一章主要分析五代文学发生的大背景。社会风气的变化、经济的发展、市民意识的增强、文学的平民化进程等促成了市井文化圈的形成。温庭筠虽不属于五代,但其文学创作承前启后,对五代文学影响巨大,故作为个案分析。第二章进一步分析五代文学的地方特色,主要围绕五代文学的南方化进程、文人分布的地域性特征及文学发展的不平衡情况三方面。第三章从创作主体方面分析五代文人的角色转换及创作中情志关系的变化。文人心态的变化带来角色的变化,传统诗言志的观念逐渐被淡化,个人的主体意识摆脱儒家诗教束缚,体现了明显的主体性色彩。作为个案,花间别调比较集中体现了词体创作中情志合一的倾向。第四章主要分析审美趣味的变化。文人角色的转换与情志离合促使审美趣味发生转变。艺术上开始出现突破,在绘画、书法等方面出现了个体意识的苏醒。影响到文学上,体现为文学功能发生变化,表现为娱乐功能、慰藉功能与实用功能,由此对五代艳体诗词、苦吟之风、酬唱作品做出解释。第五章主要以诗词在五代时期的演变为观照对象,进一步分析世俗化运动对五代文学的实际影响,把握其在唐宋文学转型中所起的重要作用。得出以下结论:作为由唐至宋文学世俗化潮流中重要组成的五代文学,尽管由于种种原因不可避免带上过渡性质,却不是唐宋文学之间的简单过渡。相反,它收唐音,启宋调,表现了身处低谷却努力爬升的态势,具有重大的转型意义。因此,我们有必要重新审视五代文学,恢复其应有的文学史地位。

关键词:文学研究　五代十国时期

**3880**

**魏晋南北朝民间信仰研究** / 储晓军著 ; 张弘指导. -- 西北大学, 2009. -- 329 页

民间信仰是流行于普通民众间的具有宗教性质的信仰传统和社会习俗。论文即以志怪小说、考古材料为对象,从巫术活动、神灵崇拜以及生死、灵魂观念等方面努力“复原”魏晋南北朝时期的民间信仰的真实状态,进而为魏晋南北朝时期的文学研究提供更为广阔的精神层面的背景。论文共分五章。第一章,论述魏晋南北朝民众的心理状态和宗教活动。通过对魏晋南北朝民众生存环境的描述,认为他们的心理状态呈现出:生存的困窘与无奈、死亡恐惧下的心灵皈依、文化碰撞的冲突动荡以及传统颠覆后的信仰多元化四个特点。他们的宗教活动主要有四个方面:造像、写经、祭祀以及慈善活动。第二章,论述魏晋南北朝民间信仰中的巫术活动。认为在魏晋南北朝时期,巫术活动成为民间信仰的重要组成部分,呈现出传统巫术、佛教巫术以及道教巫术融合并存的场景,且具有宗教光环的佛、道巫术渐渐成为巫术的主要形式。第三章,论述魏晋南北朝民间信仰中的神祇崇拜。认为民间信仰中民众崇拜的神祇包括自然神祇、人物神祇以及宗教神祇。尤其是对该时期新出现的神祇形象如盘古形象、蒋侯神形象以及观音形象进行详细论述。第四章,论述魏晋南北朝民间信仰中的生死与灵魂观念。由于受到佛教和道教的影响,魏晋南北朝民

众生死观与东汉时期既“事死如生”却又“骇鬼”不同,呈现出人鬼之间和谐与沟通的特点。对司命信仰的演变、魏晋南北朝时期敦煌的镇墓文、魂归泰山等问题提出意见。第五章,以魏晋南北朝时期民间信仰中的精怪形象、紫姑形象、鬼形象为个案,讨论魏晋南北朝民间信仰对当世文学以及后世文学的影响。结论:魏晋南北朝民间信仰是中国民间信仰发展史上的重要时期。既继承了战国秦汉以来民间信仰中的传统因素,又在佛教、道教影响下发生着变化,甚至在一些根本问题如生死观念上,这些变化也影响了文学的创作。

关键词:民间宗教　文学研究　魏晋南北朝时期

**3881**

**明清小说选本研究**／代智敏著 ；程国赋指导. -- 暨南大学, 2009. -- 222 页

明清小说选本是指明清时期以作品集的形式出现的、按照一定的取舍标准进行选择、对原作篇目顺序加以重新编排而形成的小说文本。论文通过分析明清小说选本兴盛的原因、小说选本的特征,并对不同时期小说选本的代表作品进行比较研究,总结出明清小说选本对小说创作及小说观念的影响,讨论明清小说选本的价值。全文分七章进行论述。第一章阐述明清小说选本的发展阶段以及不同阶段兴盛或衰落的原因。论文将明清小说选本分为三个阶段:明初到嘉靖万历时期、明泰昌到清乾隆时期和清嘉庆到清末三个时期,分别论述每一阶段小说选本的产生原因和特点。第二章为明清小说选本类型论。该章分析明清小说选本题材方面的总体特征,将明清小说选本进行分类,分别讨论唐传奇类、中篇传奇类、人物传记类和白话短篇类小说选本的特点,并对选本中的“系列”现象如“艳异”“虞初”系列选本进行重点阐述。第三章为明清小说选本艺术论。讨论明清小说选本的艺术特色,通过选本与原作的比较,分析人物形象、性格塑造的变化以及语言变化和诗词改换等特点。第四章为明清小说评点论。此章以“虞初”系列选本评点和《青泥莲花记》评点为例进行个案分析,讨论小说选本评点的特色。第五章论述明清文化思潮与小说选本的关系。明清时期的复古思潮、王学思想与清初实学思潮、清代小说禁毁政策等都对小说选本的编选产生了较重要的影响,通过不同时期的选本特点可以看出时代政策在小说选本中的反映。第六章探讨明清小说选本与小说观念的关系。通过文言小说选本的自娱性增强与白话小说劝惩教化功能增强这两类不同特点,分析小说选本编选家小说观念的变化。第七章论述明代小说选本的价值,并分析小说选本编选所反映的明清之际文人心态。

关键词:小说　文学研究　明清时代

**3882**

**袁宏道与晚明性灵文学思潮研究**／戴红贤著 ；熊礼汇指导. -- 武汉大学, 2009. -- 225 页

晚明诗文界的性灵文学是晚明文学思潮的重要组成部分。袁宏道是晚明性灵文学思潮的领袖人物,其性灵说在当时风靡一时。晚明性灵诗文与戏曲、小说等一起汇聚为近代色彩浓厚的晚明文学。论文探讨袁宏道性灵说的具体内涵及其与晚明性灵文学思潮勃兴之关系。袁宏道性灵说的基本内涵是论文探求的第一个重点。袁宏道性灵人学思想尊崇王阳明良知学说,解决什么是真我真性以及如何获得的问题;其性灵文学思想主张诗文“独抒性灵,不拘格套”,确立了个性的文学和自由的文学的创作精神;其性灵诗文抒发了作者个性被束缚的痛苦和被解脱的痛快。综合考察性灵说与晚明性灵文学思潮的勃兴关系是论文研讨的第二个重点。这涉及三个方面的内容。第一,论文详尽考察公安派主要成员的文学思想对袁宏道性灵说的呼应、补充、修正等各种接受关系。第二,论文考察以钟惺为代表的竟陵派对袁宏道性灵说的继承和改造,钟惺和谭元春提出“厚”“灵”结合的原则,以期同时解决复古派和性灵派之不足;钟、谭把袁宏道称颂的自然个性提升到“真精神”的艺术个性高度。第三,论文考察袁宏道性灵说与晚明小品兴盛的关系。袁宏道性灵说所确立的自由表现作者真我真性的创作原则,促进了晚明小品的兴盛。性灵说确立了晚明小品的文体和自由抒发个性的创作精神。性灵说还深刻影响了晚明小品主张以怡情和美来衡量小品文艺术价值的审美思想。在以善衡文的审美传统基础上,晚明诗文审美理论强调以真衡文和以美衡文。至此,文学审美标准的真、善、美三大内涵全被揭示出来。这是晚明性灵文学思潮对古代文学理论的卓越贡献。性灵说登上晚明文坛,是明代学术与文学自身发展的必然结果。性灵说虽随晚明学术的变迁出现了一定的理论调适,但性灵说受个性启蒙思潮影响而确立的自由抒发作者个性的文学精神则深深扎根在中国文学传统之中。袁宏道倡导自由的文学和个性的文学是他对中国文学的最大贡献。

关键词:文学研究　袁宏道　明代

**3883**

**宋代文学选本研究：基于"选学"立场的返观与重构** / 邓建著 ; 王兆鹏指导. -- 武汉大学, 2009. -- 280 页

宋代文学选本的编纂活动与批评、传播行为，表现出鲜明的理论意义与学术价值，对宋代文学选本进行一种基于"选学"（意为选本之学，非特指《文选》研究）立场的全面、系统研究具有重要意义，将有益于中国古代文学选本研究的进一步深入。论文分流变论、动因论、形态论、批评论、传播论五大板块展开研究。"流变论"部分，论文首先根据历代主要书目文献所载，整理出《宋代文学选本简目》（以下称《简目》），《简目》显示，有宋一代共编纂文学选本约 529 种。进而以《简目》为依托，根据选本自身的发展变化规律，将宋代文学选本的嬗递流变历程大致划分为因循与探觅期（宋开国至哲宗朝）、成熟与务实期（徽宗朝至孝宗朝）、分化与争胜期（光宗朝至宋亡）三个阶段。"动因论"部分，主要探究宋代文学选本层出不穷、编纂活动高潮迭起的原因。宋代之所以出现选本编纂的高潮，主要是受到政治动因、文化思潮、文学本位等方面因素的影响。"形态论"部分，主要讨论宋代文学选本的文本形态。选本在逻辑层面上可以被拆解为物质外壳（文本形态）和理论内核（批评功能）。在讨论选本形态时，须先行讨论择录标准，因为选家的择录标准直接规约着选本的文本样态。宋代文学选本的择录标准大体上可以分为审美标准和其他标准。宋代文学选本的形态主要有单一形态、复合形态、新兴形态三种类型，单一形态包括分体编录、依人系篇与分门别类，复合形态表现为层级结构与区分等次，新兴形态是指在选本中附加评点。概而观之，宋代文学选本形态既有对前代选本的继承、接续，又多有变化、拓新之处。"批评论"部分，主要致力于发掘、梳理与归纳宋代文学选本的文学批评功能。文学批评作为文学选本的理论内核，乃是其本质性功能。"传播论"部分，主要探讨宋代文学选本作为一种重要的传播手段，所具有的一些传播规律和特点。

关键词：选本　文学研究　宋代

**3884**

**侠文化在中国古代小说中的嬗变** / 冯媛媛著 ; 赵望秦指导. -- 陕西师范大学, 2009. -- 227 页

论文重点探讨的是中国古代的侠义小说。其基本思路是，在前人和今人研究的基础之上，以"文化之侠"的观点统辖全文，通过对"历史之侠"与"小说之侠"的梳理，建构山一个侠的文化谱系；然后以此为坐标，对侠义精神在古代小说史上的嬗变，做出勾勒；最后，对古代侠义小说史上的两条发展线索——侠与政治文化、侠与情文化的结合，从类型学的角度，做出清理和建构。论文凡六章二十节，另设绪论和结语。首先以"侠文化溯源"为题，对"历史之侠"和"文学之侠"做出梳理和区别，并在此基础上，提出"文化之侠"的概念。第二章和第三章，以"侠文化在中国古代小说中的嬗变"为总题目，分别遵循"文言侠义小说"和"白话侠义小说"各自的表现形态和发展路径，以分期的方法，重点勾勒侠义精神的演变轨迹。第四章和第五章是对古代侠义小说表现形式的线索勾画和谱系建构。侠义小说有两条明晰的发展线索："侠"与政治文化（"忠"）的结合，最终产生出"为国为民"的"侠之大者"；"侠"与情文化的结合，最终产生出"侠骨柔情"的"英雄儿女"。这两大文化谱系，对后世影响深远。第六章是对《三侠五义》及其系列小说的个案分析。其一，用话语分析的方法和路径，重点发掘深含于侠义行为中的"报"的观念。其二，在人物塑造特点的分析上，重点抓住曾被胡适高度赞扬的"既是他之为他，他之中决不可有你，也不可有我"的写人之法，力求发掘其中隐含的"他者性原则"，可望为当前"主体性"的反思提供一个重要的本土资源。其三，在文体特征的分析上，另辟蹊径，重在窥探"平话"的叙述立场和趣味设定，发掘它对艺术"区隔"的颠覆、对文化规范的挑战、对话语权力的消解、对审美原则的冲决、还其说话的本来面目和民间性特点。

关键词：侠客　小说　古典文学研究

**3885**

**己未博学鸿儒科与清代顺康年间的诗风演变** / 高莲莲著 ; 叶君远指导. -- 中国人民大学, 2009. -- 152 页

论文本着文学研究与历史研究相结合的原则，综合运用心态分析与数量统计方法，对博学鸿儒科与清代顺康年间诗风演变的关系进行系统地研究。全文大体包括以下几个部分：第一部分对清初博学鸿儒科诏举之前的诗坛概况进行系统梳理，并分析清初诗坛"千岩竞秀"风貌形成的社会原因及其"量变"情况。第二部分将博学鸿儒分为故国遗民、布衣处士和"新朝士人"三类士人群体，通过对这三类士人群体在博学鸿儒科诏举前后思想观念、心灵态势变迁的考察，分析博学鸿儒科对士人社会产生的影响。第三部分以博学鸿儒科期间京师交游雅集为研究对象，辨析当

时的诗风流变情况。通过选取以王士禛和冯溥为中心的交游雅集,考察"大人物"领导的"小圈子"的雅集活动透露出的诗风流变信息,并由此洞察当时诗学宗尚及诗坛风气的流变。第四部分从诗歌创作主体、创作内容与风格及诗歌理论三个方面,考察博学鸿儒科后的诗坛走向。博学鸿儒科后,诗歌创作主体缙绅化,诗歌内容庙堂化,风格淳雅化、淡远化,"宗唐"的诗学宗尚成为主流,诗学观念向"温柔敦厚"的儒家诗教观回归。第五部分选取博学鸿儒邓汉仪编选的《诗观》初、二、三集作为考察对象,通过对《诗观》所选博学鸿儒诗的内容题材及审美风尚的观照,考察和印证顺康年间诗风流变的情况。

关键词:诗歌　作品风格　清代

**3886**

**在传统与个性之间:苏东坡诗学研究** / 高云鹏著 ; 冷成金指导. -- 中国人民大学, 2009. -- 170 页

苏东坡诗学在继承前代诗学理论和创作所取得的成果的同时又体现出鲜明的个性化色彩,在中国古代诗学史上有着十分重要的意义。苏轼诗学继承传统而又独具特色这一特点集中体现在八个诗学命题上:(一)"诗以奇趣为宗,反常合道为趣"。苏轼的"趣"论继承了前代"趣"论的基本内涵,并融入了苏轼本人对"诗趣"的理解。(二)"诗穷而后工"与"诗能穷人"。苏轼对"穷"与"工"关系的认识继承了孟子、司马迁、韩愈、欧阳修等人的相关理论,同时又与个人的仕途经历和生命体验密切相关。不仅如此,苏轼还大胆修正了前人理论中的一些失误,使得后人对"穷"与"工"关系的论述能够沿着苏轼所开辟的道路前进。(三)"无不尽意"和"深观其意"。苏轼从中国古代文本自身的特点和言说方式出发,摸索出在创作和接受两个过程中实现"尽意"的具体方法,提出了很多颇具创见的理论主张,使传统的"言""意"关系理论又一次焕发了生机。(四)"诗中有画"与"画中有诗"。苏轼建立了以"诗画一律""诗画略同"为核心思想的诗画关系理论体系。不仅如此,苏轼还突出强调了"文人意气"在创作中的主导作用,并从"法"的层面上分析了如何做到"诗中有画""画中有诗"。(五)"随物赋形"。苏轼所说的"随物赋形"与前人的相关表述有很大的不同,更多地体现出一种原创性。(六)"以丑为美"。苏轼在中国古代美学史上第一次从正面揭示了"丑"所蕴含的审美价值,并提出了"以丑为美"的具体原则,真正建立起中国古代的"审丑"理论体系,在后世产生了很大的影响。(七)"枯淡"。苏轼发现了陶渊明诗歌"质而实绮,癯而实腴""外枯而中膏,似淡而实美"的特点。另外,苏轼还对陶渊明诗风在后代的传承情况进行了考察,并创作了大量的"和陶诗"。(八)"萧散简远"与"高风绝尘"。苏轼用"萧散简远"与"高风绝尘"来批评六朝艺术,并对六朝的"无法之法"推崇备至。

关键词:苏轼　诗学　文学研究

**3887**

**岭南古代小说史论** / 耿淑艳著 ; 吴承学指导. -- 中山大学, 2009. -- 231 页

岭南古代小说上迄汉唐,下至 1898 年戊戌变法,是中国小说中极富地域特色的重要分支。论文对岭南古代小说作家和作品进行微观研究,在微观研究基础上进行宏观研究,勾勒出其发生、发展的历史过程,总结其基本特征,正确评价其历史贡献。岭南古代小说的发展历程是缓慢而曲折的。汉唐期间,岭南小说处于萌生阶段。此时期最早的最具代表性的小说文体是地理博物体志怪小说,此外,还产生了轶事小说和传奇小说,但这两类小说没有得到充分发展。两宋时期,岭南小说作家仍以客居岭南的中原作家为主,他们使岭南小说得以继续发展,但也使岭南小说走向了一条畸形发展之路,最突出的就是中原作家仍对岭南奇异之物之事抱有浓厚的兴趣,因此小说文体仍以志怪为主。明代,岭南小说终于获得了突破性进展,孕育出了一批本土小说作家,数量虽不多,但他们的出现打破了岭南小说由中原作家一统的局面,为明代以及后世岭南小说的健康发展做出了重要贡献。清前期,岭南小说并没有延续明代小说的发展势头,而是跌入了低谷期。清中期,岭南小说进入了黄金期。岭南本土作家异军突起,成为岭南小说的主要创作力量。清后期,岭南小说再次跌入低谷期。面对国家和民族的危亡,岭南小说没有延续清中期小说直面社会现实的精神,而是试图以劝惩说教的方式劝人民安分守己,因此,小说中充斥着大量的因果报应和陈腐说教,与清中期相比,此时期岭南小说是大大退步了。岭南古代小说对中国文学的发展做出了一定贡献。它为中国古代小说和戏曲提供了大量优美独特的创作素材,明清时期的岭南小说还对中国古代小说发展产生了一定影响。因此,岭南古代小说在中国文学史上应占有一席之地。

关键词:古典小说　文学研究　岭南

3888

**晚唐诗歌艺术识要:以温李诗为中心** / 关龙艳著 ; 邹进先指导. -- 哈尔滨师范大学, 2009. -- 202 页

论文梳理晚唐诗坛以温李一派为中心的诗歌创作,论文由绪论与正文两部分组成。绪论部分主要明确研究范围和对象,对晚唐诗歌在时间上加以界定,在时段上区别开晚唐诗歌与唐末诗歌。正文部分为论文的主体,分为七章。第一章介绍晚唐诗坛的概况。第二章展示晚唐诗歌的情感世界。以温李为代表的一代诗人出离社会现实和政治生活的中心,向心灵世界回归,拓展了诗歌艺术的表现领域。第三章探讨晚唐诗歌的意象抒情。第四章呈现晚唐诗歌的语言艺术。晚唐诗歌在语言出现了律化、骈化、散文化、词化的多种趋向。第五章分析晚唐诗歌的审美风格。主要论述晚唐诗歌呈现的情调韵味和独特的审美风貌。晚唐诗创造的是细腻精致的情感意绪之美,是比优美更为复杂的审美感受。晚唐诗溢于文字之表的是秾丽的色泽和幽怨的情味,在流美圆转的音韵声调与精巧工致的对仗格式中又形成了一种回肠荡气之美,精巧绮艳,含意深曲,值得咀嚼深味的是其内里多层又飘忽的意蕴。第六章探讨晚唐诗歌对后世的影响。主要从历史的承传的角度关注晚唐诗歌艺术风貌对唐末五代及宋初诗坛的影响,同时论及晚唐诗对词的影响。可以说,晚唐诗歌所承载的艺术美质一直接续到新诗的时代,论文第七章"温李新声"的现代余响,关注晚唐诗歌对20世纪30年代"现代诗派"的影响。

关键词:诗歌　文学研究　晚唐

3889

**李梦阳研究** / 郭平安著 ; 霍有明指导. -- 陕西师范大学, 2009. -- 227 页

论文除绪论和结语外,分八章对明代前七子领袖李梦阳的生平、文学交往、学术思想、文艺观、美学观、创作实践及李何之争公案等进行探究。具体内容如下。绪论部分介绍论文研究的内容、意义和研究方法。第一章对李梦阳的家世、生平、个性和志向等进行考察。第二章对李梦阳在弘治时期与前七子的文学交游进行考察。李梦阳与前七子交往密切,主要是以诗歌唱形式和与前七子进行交流,以加深他们之间的友谊。第三章对李梦阳的学术思想进行分析研究。李梦阳是一位深受儒家思想影响的传统文人,是一位有科学思想的学者。他把古典历史著作当作文学作品来看,认为六经中的历史著作主题是以教育为中心的。第四章对李梦阳倡导的文学复古运动进行分析研究。李梦阳复兴儒学的目的是主要的,其复兴古诗是其复兴古学的内容之一。第五章对李梦阳的文学观进行详细分析。他认为,诗以抒志、文以言理,认为文学兼有反映、教育和审美的功能。第六章对李梦阳的美学观念加以系统观照。李梦阳崇尚和谐美,认为诗歌应主要表现和谐美;李梦阳还崇尚民歌,认为民歌是表现自然美的真正诗歌。第七章对李梦阳的散文、诗歌创作进行探讨。第八章,李何之争公案探讨,着重解读有关"李何之争"的四篇文章,对李何之争公案的是非加以判断。结论部分指出,李梦阳文学思想的重要意义在于,它改变了中国古代文学批评以言情、载道为中心的传统本体论批评模式,使明清文人把文学批评的注意力重点投向了文学审美方面。

关键词:李梦阳　文艺思想　文学研究

3890

**清代晚期唐宋诗之争流变史** / 郭前孔著 ; 王英志指导. -- 苏州大学, 2009. -- 274 页

论文以清代晚期的唐宋诗之争为研究对象,研究分为六个部分:第一章论述道咸同年间宗宋风气的兴起。第二章揭示道咸同年间宗唐势力的式微态势。第三章探讨道咸同年间唐宋融通势力的发展。该时期唐宋融通势力承接乾嘉之际的融通趋势,继续有所发展,但以理论为主,创作实践体现出显著兼融倾向的是龚自珍。第四章讨论光宣民初的宗宋潮流。该时期宗宋潮流继道咸宗宋诗风之后再次掀起风潮,以同光体为代表。第五章论述光宣民初调和唐宋潮流的情况。这时期主张融通唐宋思想的人员和派别较多,有以张之洞为代表的"河北派""诗界革命"派,以及李慈铭、樊增祥、易顺鼎师徒,还有不少诗话著作,以朱庭珍的《筱园诗话》为其翘楚。他们有的是在宗唐的基础上有条件地接纳宋诗的,因而,对部分宋代诗人持赞赏态度,而对其他诗人或诗派则强烈不满,予以抨击,如张之洞。他们在创作倾向上以宗唐为主,如李、樊、易等人。"诗界革命"派在力图开创新"诗界"的同时,平视甚至超越唐宋诗之争,也有的诗人如金天羽对同光体不满并加以批评。与道咸同时期相比,此期融通唐宋势力有上升势头。第六章论述光宣民初宗唐风气的状况。道咸年间宗唐低迷的状态到光宣民初有了改观,宗唐风气变得较为活跃。王闿运及其弟子依然活跃于诗坛,诗坛还渐次出现了宗法晚唐李商隐的西昆派、具有革命倾向宗唐的南社,

崇尚汉魏六朝及盛唐诗学的诗人还有章氏师徒(章炳麟、刘师培、黄侃)以及李详、李瑞清、文廷式等人,另外,分散在江左的宗唐诗人群体尚有若干。他们在肯定甚至崇尚唐诗的同时对宋诗及同光体严厉抨击,与唐宋调和势力一起,形成了与宗宋势力对立的阵营。尽管如此,其势力仍难与宗宋势力相争锋。

关键词:诗学　文学研究　清后期

**3891**

**东坡故事的流变及其文化意蕴** / 郭茜著 ; 宁稼雨指导. -- 南开大学, 2009. -- 349 页

论文主要应用由主题学发展而来的叙事文化学方法,在对东坡故事的相关资料进行尽可能充分地占有与梳理的基础上,从思想文化、制度文化、政治文化以及商业文化、大众娱乐等不同的方面切入,尝试对不同时代所呈现出来的特征进行初步的社会、文化的解析。历史上的苏轼就是一个丰富多元却又内在统一的文人,他的人生模式甚至是体现民族文化性格的最典型的模式。士林文化中的东坡故事以历史中的苏轼为基础进行构建,主要围绕仕隐、穷达、道德风骨以及日常审美等与士人们息息相关的话题展开。在历代东坡故事中,都有对于苏轼人生中某些方面的强化,熔铸着不同时代的士人们在不同境遇之中的思考与选择。宋代文人们多以兼济为怀,往往借由东坡故事来高举敢言直谏、忠义填骨髓、兢兢业业、担当民瘼的道德风骨。元代文人们的则在东坡故事中充溢了贬谪之苦,沉郁之悲,以及穷快活的浪子风流。在明代文人笔下,更加崇尚行藏自若,尽享风雅繁华。至清代,东坡故事被文人们加以整理、考证,平实质朴。同时,笑谑宴游、诗酒茶石的文人风雅,美人歌舞、东坡肉酒的欲望浮华,都在东坡故事的流传与重构中体现了时代的色调。相对于士林文化中的东坡故事,市井文化中的东坡故事更加丰富多元、异彩纷呈。物质财富的增长,商业贸易的繁荣,都市经济的发展,市民娱乐的勃兴,都为市井中的文化景观的多元发展提供了较为自由的空间与来自民间想象的张力。在市井的东坡故事中,东坡既是高才被贬的官员的典型代表,在戏剧舞台上尽显失意文人的落魄与寂寥,又是多嘴多舌、爱管闲事的长舌邻居,还是沉湎于酒色歌舞、高官厚禄、荣华富贵,最终悟却前生、安心修道的转世高僧。在苏小妹故事中,东坡作为才女的哥哥,面目相对模糊。市井文化之中的东坡故事,表达了人们对于文人群体的洞察、同情或讽刺。作为供人们娱乐消遣的名人传奇,市井中的东坡故事呈现出庸俗化,狂欢化的特点,却也充满着活泼热闹的市井气息。

关键词:苏轼　民间故事　文学研究

**3892**

**汉代非主流文学与汉代社会** / 郭铁娜著 ; 张世超指导. -- 东北师范大学, 2009. -- 214 页

论文由绪论、正文、结论、附录共四部分组成。在绪论中主要对汉代文学的研究情况做了简要梳理,并对论文的选题依据等相关问题做以交代。正文共分五章,此部分又分为两个大的部分。第一部分是第一章汉代社会与汉代非主流文学综论,主要从汉代社会思潮和汉代社会风俗文化两个方面探讨汉代社会对汉代非主流文学的影响。第二章到第五章是第二部分。这部分主要是分文体对汉代非主流文学做具体的研究。第二章:汉代非主流叙事散文。该章主要对作为汉代非主流叙事散文代表的《史记》做以考察,从非主流视阈、非主流话语分析《史记》非主流特质的表现。第三章、第四章:汉代非主流诗歌。此部分分为汉代非主流乐府歌诗、汉代民间歌谣、汉代文人五言诗、汉代铜镜铭文四部分。第五章:汉代民间故事与小说。该章主要是对以韩朋故事与《焦仲卿妻》、《神乌赋》为代表的汉代民间故事进行叙事学研究,以及对汉代小说的一点说明。第三部分是结语。通过对汉代各种文体非主流文学的较为全面和深入的探讨和研究,论文得出如下结论:当主流的正统的经学文化及以汉大赋为代表的主流文学陷入困顿之时,正是非主流文学与其反映的非主流文化的活跃才保持社会不再委顿,各阶层人士的生活不再困乏。长久以来的文学史往往着重记述主流文学,以主流文学的发展流变作为文学的发展流变,对于汉代非主流文学仅仅关注汉代民间乐府歌诗,都是不够客观和科学的。最后是附录部分,包括:《史记》与《尚书》相关章节对照表,《饮马长城窟行》"蔡邕作"献疑,已出土汉代常见铜镜类型与铭文简表。

关键词:民间文学　文学研究　汉代

**3893**

**汉魏晋辞赋接受研究** / 郭子峰著 ; 尚学锋指导. -- 北京师范大学, 2009. -- 106 页

论文的主要研究对象是辞赋在汉魏晋的文学接受和非文学接受两种情况。主要观点和结论如下:作为主要的辞赋接受群体,汉代帝王和诸侯在辞赋的发

展起到了很大的作用。赋家在诸侯身边主要以幕僚身份和作用出现。诸侯和帝王之间在文化建设上的竞争客观上刺激了辞赋的创作和接受,并为大赋盛世的到来做了充分的铺垫。赋家在创作的时候,把自己和帝王的关系往往从社会角色的角度进行定位,讽谏的意识,经学内容就成为赋作内容自然的选择;但帝王作为娱乐需求的接受者,对辞赋的定位决定了他也在接受的实践当中淡化辞赋的讽谏功能。这样形成就形成了创作口的和接受期待的矛盾,由于接受者和作者地位的不平等,就决定了赋家创作向经学靠拢的悲剧性结局。东汉中后期,由于经学思想的禁锢逐渐松弛,辞赋创作和接受的价值取向走向表达个人情志和娱乐的表达。作为大赋主要接受者的帝王兴趣发生转移,赋家也有意识地剥离辞赋的政治讽谏功能,让它更多地成为个人怡情娱性的工具。建安曹魏时期,从接受者时代构成来看,占主导地位的帝王接受群体辞赋修养和汉代相比进一步提高,并能站在文人的角度和辞赋作者平等交往来进行辞赋的创作和接受,形成了辞赋接受者和创作者的高度统一的互文本性。在理论上,人们对辞赋的认识也逐渐淡化其政治意识形态性质,转而重视起独立的文学审美性质。晋代辞赋的接受处在复杂的文化情境中:门阀世族对皇权和现实的冷漠造成了传统辞赋和上层士人的进一步疏离;玄学思潮和玄谈活动对辞赋的接受有着巨大的冲击;诗歌创作和接受活动也挤压着该时期辞赋接受的空间。从创作目的上看,晋代辞赋的创作和接受放弃了追求辞赋社会功能的传统理念,转而追求个体情感的抒发和生活中娱乐享受的细节。前代辞赋中抒发的时代群体感情被私人化的世情、隐逸等代替;体物辞赋也改变了汉代辞赋的风格,追求事物本真的风物之美,抒写感官本能的感受。辞赋文学文体的特点得到进一步体现,并出现了和诗互相影响的趋势。

关键词:赋　接受学　文学研究

**3894**

**元稹与元和文体新变** / 郭自虎著 ; 余恕诚指导. -- 安徽师范大学, 2009. -- 186 页

论文绪论部分重在描述中唐诗文变革的大背景。第一章为元和文体文风转变与当时政治、思想、文化的关系,亦即元和文体文风转变的时代原因。第二章论述元稹敏锐的问题意识。首先,元稹生性锋锐,对时代脉搏有较为准确的把握,对文坛上的新动态能作出及时反应。其次,元稹凭借其敏锐的文体革新意识及杰出的创作才华,使其创作具有引领时代潮流及可仿效特征。第三,元稹对多种文体作明晰的分类。第三章论述元稹对制诰的革新。第四章论述元稹对乐府诗的革新。第五章论述元稹律诗的新变特征。第六章论述元稹对律赋的革新。第七章论述元稹对唐传奇的创新。其创新之处主要表现在:一是诗歌成分的融入,以诗歌推动情节烘托气氛,诗化意境与叙事的抒情化;二是内容的日常化与叙事的平常化:不追求题材的离奇,脱去怪异色彩,使小说这种文体更贴近大众的正常生活,初步奠定了中国小说的才子佳人的爱情模式。第八章论述元稹对女性题材的革新。元稹女性题材创作从内容来看主要包括艳诗和悼亡诗,其革新不仅表现为文体的新变,更主要表现在思想观念的突破和创新。总之,论文不同于学界将注意力主要放在对元稹的所谓道德节操及少数名篇的研究,而是结合元和文体新变大背景,全面论述元稹在诗、文、小说等多种文体方面所作的新变,以期将元稹研究乃至元和文体新变研究推向深入。

关键词:元稹　文体　文学研究

**3895**

**陈与义诗研究** / 杭勇著 ; 邹进先指导. -- 哈尔滨师范大学, 2009. -- 253 页

论文将陈与义放在两宋之际社会与诗坛大动荡的背景下,以陈与义诗歌文本和当时的历史文献为主要依据,对陈与义和江西诗派的关系进行认真的考察,力求对陈与义的诗进行全面、系统的探讨研究。论文由绪论和正文两部分组成。绪论在总结学界关于陈与义诗歌研究的成就与不足的基础上,阐述论文研究的重点和研究方法。正文部分是论文的主体,分为四章。第一章,两宋之际的社会与诗坛。第二章,陈与义诗歌的创作历程。陈与义的诗歌以靖康之难为界,分为南渡前和南渡后两期。南渡前又可分为两个阶段,第一个阶段为政和三年到宣和六年,凡十二年。南渡后,陈与义的诗歌创作也可以分为两个阶段。第一个阶段为靖康二年到建炎元年初,第二个阶段为建炎元年夏。第三章,陈简斋体的审美特征。具体内容主要包括以下几个方面:一,在思想内容上,陈与义南渡后的诗歌创作继承了中国古代诗歌的风雅精神。二,善于营造意象是陈与义南渡后诗歌创作的又一特点。三,疏淡自然简、洁工切是陈简斋体的语言特点。四,简斋体的审美风格以雄浑悲壮为主,又

呈现出多样化的倾向。第四章,陈与义与江西诗派。论文认为陈与义不属于江西诗派,着重从三个方面加以论证。第一,从生平与创作关系看,陈与义与江西诗派的开山人物黄庭坚属于隔代人,与黄陈的后学属于两代人。第二,从诗学主张看,陈与义和江西诗派虽然都主张学杜,但江西诗派主要学习杜甫夔州后的诗风,而陈与义主要学习杜甫在安史之乱期间的诗风。第三,从总体诗风看,陈与义南渡前的诗风的确有与江西诗风相近的一面,但这并不是陈与义的主导或代表风格。

关键词:陈与义　诗歌　文学研究

**3896**

**刘克庄的文学世界:晚宋文学生态的一种考察** / 侯体健著 ; 王水照指导. -- 复旦大学, 2009. -- 231 页

论文讨论的是"刘克庄的文学世界"。作为晚宋重要的文学家,刘克庄享高寿、居高位,经历了南宋中、晚期的许多重大历史事件与文学风会,是晚宋文坛诸多方面"执牛耳"者,也是晚宋文学风貌的重要塑造人,其本身具有"符号""桥梁"性质。论文以晚宋文坛整体为坐标系,以地域空间、士人活动、作家经历、政治局势、学术思想、经济环境为切入口,密切结合刘克庄的文学文本,力图通过对刘克庄文学的个案研究,重现晚宋文学生态的重要方面,以为整个晚宋文学的综合研究做一定的学术准备。论文的结构分为五个部分,即绪言、绪论、五章分述、结语、附录三种。绪言部分就该领域的研究成绩与问题进行必要的反思,并就论文的视觉选择与思路展开做了简单的交代。第二章以刘克庄社会角色的转换为切入视觉,以游士、乡绅、朝臣三个重要身份为逻辑序列,依此对其重要的文学活动以及因身份转换而带来的文学创作变化,做了详细的介绍。第三章以政争为观察点,审视刘克庄经历政治漩涡而逐渐变化的心态,阐明政治生态对文学生成的重大影响。第四章,重点就刘克庄散文中理学与古文创作、学派与文派关系进行扼要的阐述。第五章跳开一般意义上的文化层面,以文学生态的物质环境为着眼点,首先探讨刘克庄在读者与作者双向维度上,因刻书产业的繁荣而产生的文学创作新变现象;其次以涉及刘克庄文学作品的两部宋刻选本及晚宋各类总集为对象,分析其中所包括的文学意蕴与接收情况。

关键词:刘克庄　文学研究　南宋

**3897**

**先秦诸子散文文体研究** / 侯文华著 ; 过常宝指导. -- 北京师范大学, 2009. -- 178 页

先秦是中国散文文体发生的重要阶段,各种文体的生成都与特定的文化传统、政治制度、行为方式有关。这一文体生成规律,在先秦诸子散文当中表现尤为明显。春秋君子文化和"立言"传统,催生了"语"体文献。上古"言"和"语"是两种不同的文类。"语"本身所带有的俗文化色彩,使《论语》编纂者自觉以"语"命名,并书之于短策,体现了孔门弟子对自身非官方文化的自我体认。箴是先秦时期即已存在的一种文类。从散佚在《逸周书》、《吕氏春秋》以及《左传》中的箴体文献看,其主要的文体特征是:句式整饬,以四言句居多,间有五言、三言、七言等杂句,亦有整齐的对句;大抵用韵;其内容具有强烈的箴诫作用,意在规范君王或其他被箴诫者的德行。问对体是先秦诸子散文的一个重要文类,主要有三种基本类型:君臣问对、君士问对、师徒问对。先秦有"说书"传统,即通过口说的方式传播典籍文献。在口说经典的过程中,传播者掺入了自己的理解和阐释,于是产生了传释体文献。战国时期俳谐风尚浓郁,主文谲谏思维风行。先秦寓言和小说都是在俳谐风尚和主文谲谏思维中诞生的文体样式,它们与现代寓言和小说概念不能完全等同。自古以来,艺术与文学关系甚密,某些文学样式的发生可能就与某种特殊的艺术表演形式相关。"卮言"是《庄子》的一种写作方式。"卮言"即"优语",包括插科打诨、谜语、神怪故事和诙谐说唱等,具有随意性、趣味性特点,而俳优可以利用"言无邮"的职业特权表达劝谏等内容,因此,"优语"又是一种有所承担的语言形式。"优语"因其置意义于可无之间的特殊表达方式,得到道家的认同。先秦时期,"论"体完成了从萌芽到定型成熟的整个过程。先秦诸子对"言"都不约而同地表现出极大关注。"言"是否能够"尽意",在多大程度上"尽意",不同的看法将导致不同的文献表述方式。儒家、墨家、道家、法家各自不同的文体形态,与他们各自不同的言意观念密切相关。

关键词:古典散文　文学研究　先秦时代

**3898**

**科举文化与明清小说研究** / 胡海义著 ; 程国赋指导. -- 暨南大学, 2009. -- 500 页

科举文化对明清小说产生了深远影响。同时,明清小说也反作用于科举文化。论文绪论部分主要是

研究现状、概念界定、研究思路与意义。正文分为八章。第一章《明清科举论析》,将明清科举史分为探索期、发展期、繁荣期、衰败与终结期四个时期。并探讨明清科举的特点,及其与小说关系研究的可行性;第二章《科举文化与明清小说流派》,讨论科举文化对历史演义小说、才子佳人小说与清末教育小说兴起的影响;第三章《科举文化与明清小说创作》,运用统计方法分析科举功名与小说创作的关系,重点讨论学官、山人与小说创作的关系,小说家对科举的整体态度;第四章《科举文化与明清小说艺术》,讨论金榜、题名录与小说结构,八股文与才子佳人小说的结构程式,科举文化与讽刺艺术的关系;第五章《聊斋制艺对〈聊斋志异〉的影响》,论述"孤愤"的艺术内涵与聊斋制艺对《聊斋志异》的叙事结构、语言、题材风格与人物塑造的影响;第六章《科举文化与明清小说传播》,论述明清小说的选本、评点、禁毁与科举文化的关系;第七章《状元文化与明清小说》,论述明清状元的尊荣影响了明清小说的状元情结,明清状元对小说状元形象塑造的影响,明清小说在促进状元文化繁荣中的作用;第八章《明清小说戏曲对科举文化的影响》,论述明清小说戏曲与游戏八股文兴起的关系,八股文在虚构故事情节,引用小说家言,采入小说、戏曲人物与题材等方面受到前者的影响。

关键词:小说　科举　明清时代

3899

**中国古典戏剧叙事技巧研究:以西方古典戏剧为参照** / 胡健生著 ; 吴国钦指导. -- 中山大学, 2009. -- 343 页

叙事学试图探究和解决的核心问题,不在于"作品说了什么(故事内容的要素)",而在于"作品怎样说(铺叙故事的形式要素)"。单就戏剧范畴来讲,叙事技巧作为铺叙故事的形式因素,对于戏剧艺术而言具有不可或缺的重要作用。迄今虽有某些学者对叙事技巧予以关注,但多限于对个别作家作品的零散化探究,针对中国古典戏剧叙事技巧进行的专题性研究尚为缺乏。不仅如此,尽管古今中外的叙事文学具有不同的文化渊源与表现形式,但许多叙事技巧却是相通的。中西方戏剧艺术之间在叙事技巧方面概莫能外地具有一定相通性。因此以西方戏剧艺术为参照探究中国戏剧艺术,是一项很有意义的研究工作。有鉴于此,论文尝试借鉴、吸纳叙事学有关理论与当前戏剧叙事学的相关研究成果,运用比较的研究方法,遴选以元杂剧、明清传奇为代表的中国古典戏剧,和与古希腊戏剧、莎士比亚戏剧及莫里哀戏剧为代表的西方古典戏剧,作为研究范畴与具体对象,从停叙、道具、戏中戏、幕后戏、发现与突转、巧合与误会、预叙与延宕七个论题切入,从以西方古典戏剧为横向参照坐标的视点出发,就中国古典戏剧叙事技巧问题展开专题性探究。论文探究的几种叙事技巧之间,并非彼此隔绝、各行其道,而往往具有一定的内在关联。论文最后从戏剧艺术兼容的代言性、叙事性、抒情性视角,着重比较元杂剧与明清传奇运用叙事技巧的差异性,辨析叙事技巧与戏剧艺术"戏剧性"之间的关系,借此窥探中国古典戏剧创作所经历的,日渐削减抒情性、充分发挥叙事性、刻意强化戏剧性(如演员的代言性表演等)的历时性嬗变轨迹。

关键词:叙事学　对比研究　文学研究

3900

**明末清初西泠词人群体研究** / 胡小林著 ; 张宏生指导. -- 南京大学, 2009. -- 229 页

在明末清初词学嬗递,并逐渐中兴的过程中,明末清初西泠词人群体是一个不容忽视的环节。明、清两朝,西泠即指杭州府。明末清初西泠词人群体的存在时间,以明天启五年(1625)徐士俊、卓人月定交,并唱和《徐卓晤歌》为形成标志,至清康熙六十年(1721)徐逢吉与厉鹗定交,并皈依浙西词派为解体标志,前后绵延近百年。这一群体阵容极为庞大,其成员多达 351 人。另外,它的成员也较为复杂。这一庞大的词人群体,在明末清初词坛交游唱和,操持选政,进行各种词学活动,盛极一时。西泠词人群体拥有较为明确的词学思想,在始终保持着"和而不同"生存状态的同时,与明末清初词坛先后出现的众多流派或群体,如云间词派、柳州词派、毗陵词人群体、广陵词人、阳羡词派、浙西词派,均以词为媒介进行交游,或唱和,或序评,或在词学问题上进行争论,或合作编选词选。西泠词人群体的创作极其繁荣,仅据陆进、俞士彪所编《西陵词选》和《西泠宦游词选》所收,西泠词人创作的词集就达 67 部,呈现出多姿多彩、异质并存的特点,可谓人擅苏、辛,家工周、柳。西泠词人群体还是一个最热衷于词选之政的群体,它的成员在近百年内,一共编选了九部词选。基于丰富的选词经验,西泠词人群体最早对词选学进行理性反思,提出"作词难,选词亦难"等观点,主张选词时婉约与豪放并重,并要求出之以公允之心。西泠词人群体的词学思

想,既有明代词风的烙印,又孕育着新的词风,是明清词风嬗变中的关键一环。西泠词人群体有如此精深的词学理论识见,正是由西泠一地源远流长的词学传统,以及西泠词人自身精通音韵、词曲兼擅的文化素养所决定的。

关键词:词人　文学研究　明清时代

**3901**

**南宁前期文章研究** / 黄威著 ; 巩本栋指导. -- 南京大学, 2009. -- 135 页

宋室南渡这一历史事件对中国文学产生了深远的影响。论文试图在此历史背景下,在对南宋前期文章作家的个案研究的基础上,对南宋士人的生活遭际,心理状态及文章创作实绩等,做初步的探讨。论文共分为绪论、总论、分论、结论四部分。绪论介绍课题的研究价值、研究目的、研究方法及前人已有之研究成果。总论分四章,第一章研究南宋初年的战和之争与此时期文章创作的关系。第二章研究南宋初年的政治斗争对作家个人命运及文章创作的影响。第三章研究以《能改斋漫录》为代表的南宋前期笔记,并总结南宋前期笔记相对北宋的新变。第四章论述南宋前期的一部重要的四六批评著作《四六谈麈》的价值。分论为作家个案研究,共五章。第一章研究宗泽的文章创作,指出其文章词气激烈、慷慨激昂的特色。第二章论述汪藻的散文创作成就。他的散文体制严谨、结构工整,议论深刻,深入时弊。第三章研究孙觌的文章及生平。其文章众体兼备,骈散结合,是南宋初期破体为文风气的典型代表。第四章对翟汝文四六文典重高古的特色进行论述。第五章则是讨论綦崇礼的四六文,强调他的四六在政治生活中所起到的"中兴之助"的作用。最后一部分为结论,对南宋前期文章创作的题材和主题、整体风貌和风格,及其与政治和文坛风尚之间的关系等问题,做了论述。

关键词:古典文学　文学研究　南宋

**3902**

**唐代胡人故事研究** / 纪军著 ; 黄永林指导. -- 华中师范大学, 2009. -- 192 页

论文在发掘、整理历史文献里的胡人故事及对其源流、发展和演变的宏观考察中全面总结唐代胡人故事的发展状况并归纳其基本类型;在民族、外交、宗教、文学等交织而成的历史文化语境的考察之中揭示其繁荣的根本原因;在对其主要母题与传统文学固有母题的分析、比较中重点阐释其特有的文化意蕴;在对五代之后的唐代胡人故事流传状况的考察中揭示其持久的生命力和广泛的影响力。全文首置绪论,尾置结语,正文分为五章。绪论主要说明唐代胡人故事的研究现状和选题意义,明确论文的研究目的、研究范围以及将采用和借鉴的研究方法,简要说明论文的资料来源以及写作过程中所涉及的关键术语。第一章写胡人故事的源流。简要梳理唐以前(先秦至隋代)的胡人故事,勾勒出胡人故事流传的历史脉络,分析不同时代胡人故事流传的具体原因。第二章是对唐代胡人故事的概述。从人物形象角度归纳故事类型及各类型主题和情节特点;依据故事数量和流行程度划分其发展阶段并总结相应阶段特征;在与前朝历史典籍和两《唐书》有关人物传记的比对和唐人碑铭、墓志及故事撰述者的生平考证之中分析研究其多样化的资料来源。第三章阐述唐代胡人故事产生的背景。从民族、外交、宗教、文学等方面分别考察唐代胡人故事流传的历史语境。第四章是对唐代胡人故事主要母题的阐释。对代表性类型进行分析和研究,并在文化大交流的背景下探讨其在主题和母题方面的继承性和创新性。第五章阐述唐代胡人故事的后世流传。结语对研究成果进行归纳并对唐代胡人故事进行整体评价。

关键词:唐代　胡人故事　母题

**3903**

**唐代科举试策与文学** / 贾丹丹著 ; 巩本栋指导. -- 南京大学, 2009. -- 191 页

论文以唐代科举试策为研究对象,从文化演进的动态历程,研究有唐一代科举试策的发展脉络、士人科举道路的选择及其不同时代的社会心态变化,考察策文文体的基本面貌与文献流传,及其与"诗赋取士"、古文运动、新乐府创作的关系。论文旨在文献学和史学考证的基础上,尽可能地还原唐代试策的原貌,并将试策与唐代文学的发展联系起来,从一个侧面揭示唐代文学发展演进的动因。论文主要内容分为五章:第一章主要对唐代科举策文进行文献整理和文体考察。第二章研究科举试策在初盛唐社会的面貌和发展。第三章研究唐代科举试策在中晚唐的方向。另外,盛唐"吏治"和"文学"之争也明显地表现在吏治派与文学派对待科举的不同态度上,该章就这些问题也做了一定的探讨。安史之乱是唐代历史的转折点,这也同样体现在科举考试中。这一时期科举

试策从盛唐的低谷中走向再一次的繁荣和复兴。第四章是关于唐代科举策文文学性及其与诗歌等文学关系的研究。策文在唐人心目中,具有深厚的文学意蕴,它的考察标准讲究“文”“理”并重。从整体上看,唐代策文呈现出三个不同的发展阶段,上官仪、张说、元稹的策文可以看作是不同阶段的典型代表。该章第三节针对科举策文对唐代诗歌创作的影响进行初步研究。论文第五章是对“唐代科举与文学”研究中相关问题的考证。

关键词:科举考试　诗文创作　唐代

**3904**

**辽金元时期耶律楚材家族的文学文化研究** / 贾秀云著 ; 胡传志指导. -- 安徽师范大学, 2009. -- 238 页

论文拟通过对家族重要人物的研究,探寻耶律家族持续显赫的原因,分析这一家族在中国文化发展史上的重要作用。耶律倍是辽开国皇帝耶律阿保机的长子,他精通汉语,喜好读书,对中原文化非常仰慕。但他生活的草原文化背景与他所接受的中原儒家文化发生碰撞,他把自己的痛苦倾诉在绘画中,取得了很高的艺术成就,得到中原士大夫的高度评价。耶律履精通契丹、汉、女真等几种语言文字,在契丹史料的保存方面做出了重要贡献,在历法研究方面也颇有成就。耶律楚材是耶律家族的骄傲,在元代的政治、经济、文化等方面都做出了重要贡献。他的诗歌记录了西域的田园风光,表达了他的社会理想,抒发了他的高洁志趣。耶律铸得到父亲耶律楚材的精心培养,他的诗歌独具特色,在边塞诗的发展史上具有重要地位。纵观耶律家族的重要人物,他们身上有着共同的特征:他们都把家族的荣誉放在了首要位置,为了家族的荣誉奋力拼搏;他们都具有开放的民族观,积极促进民族融合;他们都站在了文化碰撞的前沿,为推进民族文化的融合起到了重要作用;他们积极进行文学和艺术创作,走进中原士大夫群体,得到了士大夫群体的高度评价,他们的创作成了中国文化的重要因素。正是这些共同特征铸就了耶律家族长时期的辉煌。

关键词:耶律楚材　文学研究　辽宋金元时代

**3905**

**班昭及其著述研究** / 金璐璐著 ; 鲁洪生指导. -- 首都师范大学, 2009. -- 176 页

论文以班昭为研究对象,拟全面考察班昭及其文学创作,目前学术界对这一课题系统而深入研究者,尚不曾见。基于此,论文拟在前辈及时贤研究的基础上,在东汉前中期社会的政治、经济、文化、学术和文学这一大的历史文化背景下,就班昭的家世生平、同学交游、思想和创作实践及相关问题进行较为全面、客观的钩稽、考证和研究,力求展示班昭文学创作的全貌,对其文学成就给予较为准确的定位。论文除绪论之外,共分五章来全面展开对班昭的研究。绪论为概述部分。首先说明选题的缘由、意义和研究方法等。其次,在全面回顾班昭研究的基础上,总结分析出学界对班昭研究的成绩和存在的主要问题。再次,在确定汉代“文学”概念的特定内涵和外延的基础之上,界定论文关于班昭文学的研究范围。第一章对班昭的家世、生平和交游进行客观、细致地梳理和总结。并总结班氏家族传统,作为我们认识和研究班昭的家庭背景因素。第二至第四章主要采用分类研究的方法,根据班昭作品文体的不同分上中下三章来分别系统、深入地分析和总结班昭的文学创作,对作品的创作特点、艺术风格给予剖析和探讨,并进行较为细致而全面地总结。第五章总结班昭在汉代女性文学史上的意义。以文学史的视角,在前人研究的基础上,从继承和创新两个角度,对班昭的文学作品在内容、体式与风格上突破以往女性文学的陈范,表现出的创新性进行总结,以突出其在汉代女性文学中的重要地位和突出贡献。结语部分总结班昭文学创作的特点及其意义,论文认为她的文学创作以女性的独特视角和表达方式来展现东汉社会,丰富了汉代文学的风格和色彩,因此在文学史上具有不可替代的重要价值。

关键词:班昭　生平事迹　文学研究

**3906**

**清代《左传》考证研究** / 金永健著 ; 田汉云指导. -- 扬州大学, 2009. -- 264 页

《左传》学演进至清代,以其重考据的特质,进入总结和开新的历史时期。近 300 年间的《左传》研究,可谓学者辈出,成果丰硕,但主流无疑是以考证的方法研治《左传》,考据贯穿其流变递嬗的全过程。清初顾炎武扭转时代风气,倡导为学经世致用,崇尚征信求实,以考据的方法研究《左传》,是清代《左传》学的发端,在研究的内容与方法上,启朴学之途径,为清代《左传》考据学的发展提供了良好的范式。受崇实致用思想的影响,清代前期的《左传》学,逐步由义理转向了考据,在历史、地理、历法、礼制诸多方面,形成一系列专题性考证成果。随着汉学思潮的兴起与考据

学的兴盛,清代《左传》学在乾嘉时期走向了考据的顶峰。学者以汉儒去古未远,家法相承,七十子之大义犹存,开始以汉学治经,并蔚为风气。论文选择从清初顾炎武到晚清刘师培,凡十三家的《左传》著述为研究对象,他们都是以考据的方法研治《左传》,都是清代《左传》学不同时期或不同领域的代表。论文以个案分析为基础,重点考察有清一代最具影响力的《左传》考据学成果,研究他们考证《左传》的内容要义、学术思想和方法,兼顾其他《左传》著述,适当做横向和纵向比较,力求点面结合,前后联系。清代《左传》学的繁荣与考据学的兴盛密切相关,与政治也密切关联,论文注重考察《左传》考据学内在理路的发展,同时结合社会政治和学术思潮的外缘考察,由微观到宏观,研究清代《左传》学流变形态的特点,总结清代《左传》考证的成就,探索清代《左传》学发展的规律。不为凿空之谈,据实以求是,是清代学者研治《左传》的学术风尚,重考据成为清代《左传》学的主流。清代《左传》考证成就卓著,学者以其精纯的考据方法,于经义传文旁征曲喻,得其本义,使古圣贤见之而必解颐,堪称旷古绝今。清代《左传》学,全面总结历史而达到了历史的最高峰,其学术成就和价值,为现代《左传》学奠定了厚实的基础。

关键词:左传　考证　清代

**3907**

**"神话历史化"假说之再省察:以《天问》"多奇怪之事"为个案** / 李川著 ; 吕微指导. -- 中国社会科学院, 2009. -- 172 页

基于文化实践论立场,反思认识论的中国神话学的基本问题,以《天问》"多奇怪之事"为个案探讨译自域外的"神话"概念之本土对象化现象——"语怪"。在对"不语怪"的儒家理性所包蕴的内在矛盾进行阐释的基础上,重审王逸《天问章句》的注疏学问题。现代以来,中国学者引进西方"神话"概念处理中国古代文化问题,漠视本土重"雅驯"、轻"奇怪"的理性文化主流意识,将经史传统内部视为异端的"语怪"经验为"神话"学研究对象,于是有"神话历史化"假说。这种神话—语怪对应方案背后隐藏的是按照西方模式重建本土现代意识形态(文化认同)的政治诉求,却因忽视了本土实践的主体性而不能确诊中国文化的问题。鉴于此,论文采取还原研究的策略将"神话""语怪"放还各自所在的古典文化语境加以勘察。通过对王逸《天问章句》之儒家正统立场的解读,论文指出儒家"不语怪"立场与前儒家"非语怪"立场之间的对立和联系,并说明与西语"神话"一词对应的本土传统话语不是《鲁论》以后"语怪"注疏的具体指涉,而是逻辑上(非时间上)前(超)"语怪",即"语怪"和"不语怪"尚未分离"前"的"非语怪"传统。在"非语怪"假说观照下,"不语怪"之儒家自我确认的主体实践(文化奠基)特征便凸显出来,进而通过世本—图谱双重诗学机制假说,给予《天问》"多奇怪之事""文义不次序"等传统注疏学经典问题以新的阐发。

关键词:神话　古代文学　民间文学

**3908**

**词体语言研究:以语言形态和言说方式为中心** / 李东宾著 ; 叶嘉莹,陈洪指导. -- 南开大学, 2009. -- 286 页

词体是中国诗歌发展至唐宋时期,伴随着当时流行的燕乐而产生的一种有着鲜明的外在语言形态和独特文化内涵的诗歌体裁。论文从词体语言的外在形态和言说方式两个方面来考察词体,尝试着对词体特质以及词体在产生和演进过程中出现的诸多语言现象进行阐释。全文除引言外共四个部分:第一部分从中国诗体发展的角度将词体概括为"诗体穷变的音乐文学"。第二部分从共时的角度将词体概括为一种散文化的诗体。语言和体制近于散文化的书写是词体区别其他诗体的最鲜明的外在表征。这一部分比较集中地从字法、句法以及章法三个方面论述词体散文化的诸多表征。第三部分是从语言发展的角度对词体特质的解说内容。词体有着诸多散文化的表征,也体现了语言通俗化的倾向,然而就在这浅近易晓、通俗明白的言辞语体背后,却深蕴着"要眇幽微"的词体美质。论文将这一现象归结为语言的通俗化的直露"发越"趋势与中国诗歌含蓄蕴藉的美学传统之间,相互冲突、融合的结果。第四部分是从言说方式转型的角度对词体演进规律的考察。词体既包含着诗歌传统含蓄的潜质,又以音乐和市井情调为依托,顺应语言俗化的"发越"趋势。表现于词体的演进,就是一个诗歌含蓄传统的意象抒情手法的回归和散文式的直言无隐抒写手法的拓展,两种言说方式矛盾冲突共进的发展过程。论文以文体学一般原理为依据和指导,联系当时的文学及语言面貌,并结合当前词学已取得的研究成果,以解释词体特质及其在产生和演进过程中出现的诸多语言现象。

关键词:词　语言　词曲史

3909

**周必大研究** / 李光生著 ; 马德富指导. -- 四川大学, 2009. -- 356 页

论文拟对周必大进行系统综合的研究。第一章对周必大的家世、生平及著述进行考察。第二章重点考察南宋前中期的政治环境和周必大的政治主张。该章把周必大放在南宋前中期深广的政治大背景中，分析其在南宋乾、淳年间的党争中所扮演的角色，重点探讨身居相位的周必大与道学集团之间政治同盟关系瓦解始末，旨在挖掘周必大身处党争漩涡所体现出来的作为一流政治家特有的稳重温和的政治素养和政治性格。通过阐述周必大之人才论、谏议论、官吏久任论、重农主张及对和战的看法等一系列政治见解，旨在反映其对南宋中兴局面的稳定所起到的举足轻重的历史作用。第三章周必大的交游，以胡铨、杨万里、范成大、陆游、程大昌、辛弃疾等这些南宋精英人物为考察重点。在周必大的交游考述中，还涉及杨万里、范成大、陆游等人个别作品系年的考证。第四章讨论周必大的学术思想，重点探讨周必大的"知行观"，深入解读周必大、朱熹关于《范(仲淹)公神道碑》的论争。第五章是对周必大的文学思想进行深入研究。论文从周必大的文章功用说、理气说、才性论、文体观、作家批评论等几个方面展开，寻绎出他度越时辈的文艺见解以及对"文坛盟主"的自我期待。该章还对《二老堂诗话》进行深入分析。第六章至第八章是对周必大的诗歌、散文、四六的研究。论文从唱和、送别、追挽等题材类型角度对其诗歌进行细致入微的剖析。第七章文章深入分析周必大各类散文的特征，如政论文周详温雅、题跋文精审覃思、序记从容温纯、碑誌文得史家笔法、日记体展随意之姿。第八章主要就周必大的四六进行深入的探讨。附论部分由两篇单篇论文构成，《周必大与杨万里政治关系考》一文，既是对史书记载的纠谬，也是对周必大与杨万里交游的补充与深化；《周必大全集"瀛本"源流考述》一文则对周必大全集"瀛本"的源流问题进行细致的梳理。

关键词:周必大　文学思想　南宋

3910

**晚清粤西词坛研究** / 李惠玲著 ; 彭玉平指导. -- 中山大学, 2009. -- 256 页

论文试图对晚清粤西词坛进行整体研究，在对粤西词坛全貌予以勾勒的基础上，重点介绍道成年间粤西四词人群体及同光年间临桂词人群体，既就两大词人群体内部的趋同性和差异进行概括分析，也对两大群体之间的传承关系予以揭示，系统梳理出晚清粤西词坛的发展轨迹，客观评价其在中国词学史上的地位。论文由绪论、正文、结语三部分组成。绪论主要介绍研究现状、研究方法及创新之处；结语简要谈及对地域文学的几点思考。正文分为四章，第一章为粤西词坛概述。从社会环境和文化背景、发展演进和地域分布、词学理论的概况等方面展开论述，对粤西词坛的整体风貌做一番巡视。第二章为道咸词坛粤西四词人群体研究。通过对该词人群的交往情况进行全面梳理和细致分析，对该群体核心人物王拯的词学思想、创作及影响予以概括归纳，对该词人群创作的趋同性及差异进行比较，阐明道咸粤西词坛的总体特征。第三章为同光词坛临桂词人群体研究。首先对"临桂词派"的提法进行辨析，言明以"临桂词人群"称之更符合实际。其次，对临桂词人群的人员构成及词学活动展开论述，其中关于"觅句堂"词学活动的考论较为周详。再次，比较分析临桂词人群词学思想的异同，并从查阅到的一些珍贵文献中探讨该词人群核心人物王鹏运早期的词学思想。第四，深入研究该词人群创作的趋同性及差异。第五，揭示该群体与粤西四词人群体的内在联系，从重视粤西地域文献的整理、词学理论和创作三方面分析他们之间的传承关系。第四章主要阐明晚清粤西词和词学的影响与地位。先论述粤西词及词学对晚近词坛的重要影响，并将其放置于粤西词学史、晚清粤西文学史和晚清词学史上进行纵横比较，合理评价其地位。论文主要采用归纳法、比较法等方法，既从宏观上把握粤西词坛的整体概貌，关注各词人群体在词学思想和创作上表现出来的趋同性，又从微观上突出群体成员的个性差异。

关键词:词学　广东　清后期

3911

**汉代骚体诗赋研究** / 李慧芳著 ; 林家骊指导. -- 浙江大学, 2009. -- 187 页

科学的文体概念应当是指一定的话语秩序构成的文本体式和文本风格的复合体。文体的形式有可能随着时代和语境的变化而变化，也有可能因为别的因素而在当时没有呈现出原貌，因此文体的界定要考虑时代因素。从汉代已经确知为骚体的作品中提炼共性，并以此作为基本特征去界定汉代骚体的概念，是一种可行的方法。黄老思想中含有道、法两家成

分,黄老思想在汉初因统治者提倡而大盛,并以此奠定其在民间的生存基础。汉代骚体诗赋的抒情目的主要包括达幽怨、通讽喻、表称颂三种,其中达幽怨一类又可细分为述不平、哀无常、诉情思三种,并在抒情中体现出述志倾向。汉代骚体诗赋的文体艺术独特性主要体现在体式和风格两方面。从体式上看,汉代骚体诗赋都呈现出动静并存的状态。就骚体诗而言,皇家骚体诗的楚歌体本色贯彻两汉始终,而文人骚体诗由散趋整;就骚体赋而言,《楚辞章句》中汉人作品体式相对严谨,而《楚辞章句》外的骚体赋句式呈现齐言与杂言此消彼长的动态发展趋势。另屈骚体式与先秦散文体式在汉代的传承和相互影响,促成了骚散相间体赋的产生、发展和发扬光大。风格又包括文风辞藻和美学理想两方面。骚体诗风以自然为主,融合优柔与典雅;骚体赋风以清雅为底蕴,以华丽文辞作点缀。综合骚体诗赋的美学理想来看,可知两汉美学思想继承了先秦楚骚美学的幽怨、道家美学的自然、儒家美学的中和,而使骚体诗赋呈现出以悲为美、以自然为美、以理为美的审美风尚。汉代骚体诗赋的发展轨迹呈现出复合性特征。汉代骚体诗赋与宋玉《九辩》情感上有共通,体式上有细微差别。汉以后的骚体作品体式上更转精致,情感上更趋世俗,体现出汉骚在屈骚流变史中的过渡作用。

关键词:古典诗歌　文学研究　汉代

**3912**

**鲍照诗歌专题研究** / 李鹏著 ; 魏耕原指导. -- 陕西师范大学, 2009. -- 160 页

鲍照作为刘宋时期一位在文学创作上取得突出成就的作家,在整个南朝乃至中国文学史上,都具有十分重要的地位。论文从多个角度对其作品,特别是诗歌作品进行分析。在论述时注意勾勒其与整个时代的社会思想、美学及文学发展等之间的关系,力图对其创作及成就进行一个较为深入的把握。全篇由引言、正文及结论三部分组成。引言主要是对 20 世纪以来关于鲍照的研究情况的介绍,论文研究的重点与方法,研究的思路以及需要解决的问题。文章的主体部分共设五章。第一章主要讨论鲍照诗文创作中所反映的心路历程,以及其思想与时代精神之间的离合关系。主要从其人生困局的超越、侠义思想及忠孝观念等方面展开论述。第二章在辨析鲍照思想的基础上,继续探讨社会政治对其创作的影响。该章主要从鲍诗的博学倾向,以及歌颂与讽刺入手探讨探讨政治因素对其创作的影响。第三章则论述鲍照诗歌的艺术风貌与刘宋时期的审美风尚之间的联系。主要从诗、书、画三种艺术融合的角度来讨论。第四章主要谈学古风气下的鲍诗创作。鲍照的"学古"具有鲜明的主体性倾向。第五章主要以七言诗为中心,从文体发展的角度来探讨鲍照的创作。刘宋时期文学的发展与文体融合之间的关系紧密。该章又从鲍诗的声韵体系、七言的风格特征等方面,具体分析鲍照对七言诗的贡献以及对七言歌行的影响。总之,鲍照是一个创造力极强的诗人:他的作品众体皆备,风格多变,涵盖万方,是一个独特的存在。然而从其思想表现及诗歌创作来看,又与他的时代有着不可分割的联系。他是独特的,但他首先属于他的时代。

关键词:鲍照　诗歌　文学研究

**3913**

**盛世悲音:"浙派"中期词研究** / 李庆霞著 ; 丁放指导. -- 安徽师范大学, 2009. -- 266 页

中期"浙西词派"兴盛于"康乾盛世"。厉鹗是中期"浙西词派"的代表人物,他的词作以表现中下层寒士的思想情绪为主。他的词作是一种"盛世悲音",真实地反映出一代士人在社会价值被消解、人格尊严被践踏的历史背景下的心灵之痛;也反映出他们有意疏离皇权政治、维护人格独立、追求心灵自由的价值观念,体现着那个时代知识阶层的思想水平。厉鹗词作的艺术特征主要表现为:骚雅清空的艺术情致、清寒幽淡的艺术境界、曲折跌宕的章法结构、精炼生新的语言文字。厉鹗词作的缺陷是较少关注现实世界,艺术境界比较狭小,情思相对淡薄,堆砌典故。总之,厉鹗词作艺术呈现出"清幽冷寂"的特色,既继承前期"浙派"词的基本特征,又有所不同。在厉鹗的影响之下,浙江的杭嘉湖地区、江苏的扬州地区、吴中地区先后形成了三大词人群体,他们在时间上先后接续,又彼此交流沟通,形成非常复杂的态势。中期"浙西词派"词是清代社会文化的重要组成部分,它进一步发展了"雅词"的抒情功能,比较真实地反映出"康乾盛世"时期文人士子的生活状态和心灵状况;既具有远离正统皇权的积极意义,又带有恪守传统伦理规范和审美趣味的保守性。中期"浙派"词人均以姜夔、张炎等人为旨归,在阐释和传播南宋雅词方面贡献突出,他们的理论和创作又为晚近"常州词派"的兴起,提供了艺术经验和理论准备,在清代乃至整个词史上占有重要的地位。

关键词:浙派词　文学研究　清代

3914
**《西游记》的传播接受研究** / 李蕊芹著 ; 项楚,沈伯俊指导. -- 四川大学, 2009. -- 282 页

按传播媒介分类,《西游记》的传播大致可分为文本传播、口头传播和电子传播。论文以传播媒介的不同而分别对《西游记》的文本、说唱、戏剧、影视传播与接受情况进行研究,并附以海外传播接受的综述性研究。论文共分三大部分:绪论、正文、余论。绪论介绍当前中国文学研究的学术背景。第一章分析文本传播的社会文化背景、传播技巧和传播过程。社会文化背景既包括科学技术层面的客观环境,又包括思想观念层面的文化环境。文本传播技巧主要有评点、插图、改编、翻译、大众评论等。第二章考察从明代至今不同的接受主体对《西游记》文本的接受情况。《西游记》文本的接受主体大体可分为消费型的读者、批评型的专家、创作型的作家,其中消费型读者又可分为普通民众和文人士大夫两个阶层。第三章介绍"西游戏"的剧本情况,成书前、成书后"西游戏"与小说《西游记》有不同程度的疏离。第四章先概述《西游记》成书后的说唱改编。这些改编的曲艺作品,以其特有的表演方式,如演出场所、表演技艺和音乐魅力等,故事化的表演内容和强烈的艺术感染力,促进了《西游记》在民间的传播。第五章分别论述《西游记》的影视剧改编情况、影视传播优势和特征、影视《西游记》的现代接受。第六章综述《西游记》在欧美国家和东方国家的海外传播与接受。《西游记》在欧美的传播主要表现为英、法、德、俄、捷克、丹麦等译本的流传,其文本形式,从全译本到节译本。余论对全文进行总结。论文全面系统地阐述《西游记》从成书至今在各个时期、通过各种传播媒介、以各种形式、在不同地域进行的传播过程及传播特征,并考查《西游记》传播后各类型受众的接受过程及接受特征,同时分析传播与接受二者的互动关系。

关键词:西游记　文化传播　文学研究

3915
**莲池书院与后期桐城派** / 李松荣著 ; 吴承学指导. -- 中山大学, 2009. -- 271 页

论文主要研究后期桐城派在莲池书院的文学活动,分五章。第一章主要研究莲池书院在后期桐城派传播过程中所起的作用。该章认为后期桐城派在直隶的传播过程中,莲池书院是一个重要的平台,吴汝纶、张裕钊等人正是借助书院这个平台,构建起一个有效的传播体系,把后期桐城派的学风、文风传播到直隶各地。第二章较为详尽地考察张裕钊在莲池书院的文学活动。张裕钊在莲池书院任教的六年是他创作生命的黄金时期,这期间他的文学思想趋于成熟,诗文创作和学术交流达到了顶峰。第三章对吴汝纶在莲池书院 14 年间的文学活动做了全面的论述。通过深入分析他的文论思想,考察其思想和文论中前后矛盾和相互抵牾之处,再现以吴汝纶为代表的后期桐城派文人在晚清"西学东渐"背景下从事古文创作及教育所面临的困境。第四章通过张裕钊、吴汝纶的往来书信考证他们的交游经过,探讨他们文学、学术、教育思想中的共同之处,为莲池书院在他们二人带领下的蓬勃发展勾勒出一条清晰的线索。第五章莲池余韵分两节。第一节主要梳理莲池学子在直隶各大书院的诗文唱和活动,指出这种唱和是以吴汝纶、范当世为中心,以莲池书院、信都书院为平台的。第二节集中研究莲池书院停办以后,贺涛、吴闿生等后期桐城派文人在"直隶校士馆"和"直隶文学馆"的文学活动。

关键词:桐城派　莲池书院　文学研究

3916
**李翱生平与思想新论** / 李小山著 ; 韩理洲指导. -- 西北大学, 2009. -- 196 页

谓李翱复性思想本于佛,《宋高僧传》力倡此说,朱熹习焉而不察,阮元择焉而不精,冯友兰论焉而未审,弟子张跃述之,众人承之,遂使此说推阐于学术界,弥漫以至于今。而李翱思想之深衷隐义,遂汩没不彰。笔者有鉴于此,试图通过三重解读,打开李翱复性思想之义理架构,还李翱思想之本来面目给学术界。此外,论文还从《春秋》学、礼学这两个全新的角度入手,对李翱思想之研究领域进行扩充。引言部分对论文的选题意义、研究现状做了一个简单的梳理介绍,并明确论文的内容设置及研究方法。第一章针对李翱生平研究中留存的若干重大疑点和空白点进行详细考论。第二章至第五章是对于李翱复性思想的研究。第二章对李翱心性哲学的国内外研究现状进行详细回顾,依据各派学者着眼点的不同,从儒、释、道三个方面对前贤的李翱思想研究工作进行分类介绍和述评。第三章、第四章、第五章是论文的着力点所在,笔者以傅斯年先生、牟宗三先生等所揭示的李翱的儒家本位、儒学底蕴为基点,以唐君毅先生、陈弱

水先生等所阐明的道家、道教学说在李翱复性思想中的重要作用为考察重点，以冯友兰先生、张跃先生等所指出的佛学影响为具体分析对象，分别从儒、道、释三家不同角度和不同层面入手，采用三重解读的方法，对李翱复性思想进行全面系统和有层次的深入解析，这在有关李翱思想研究的工作中尚属首次。要而言之：李翱复性思想，是以孟学为底蕴、以荀学为辅翼、以《乐记》为发端、以《易传》为桥梁、以《中庸》为骨架、以《大学》为标的，融通儒道，兼及佛学，而万流归宗，宗于孔门，万象朝圣，朝于孔子，此即李翱所谓“如有圣人焉，不出乎此也”“夫子复生，不废吾言矣。”第六章、第七章分别从《春秋》学和礼学的角度入手，对李翱思想研究工作进行拓荒和扩充，同时也对唐代古文运动提出一点自己的看法。

关键词：李翱　古文运动　唐代

**3917**

**陈子龙诗文创作与文学思想** / 李新著 ; 张毅指导. -- 南开大学, 2009. -- 239 页

论文分别从文学创作和理论批评两个方面入手，较为详备地探讨陈子龙诗文思想所蕴涵的以复古为创新的文学史意义。通过对陈子龙具体作品和诗论、文论的分析，发掘其文学思想的内在涵义及其价值，进而将其与明末相关文学社团成员的文学思想做比较，重估陈子龙在明末第三次文学复古运动中的影响和地位。引言部分陈述关于陈子龙研究的现状及其存在的问题，提出研究的重点、难点以及突破创新处，说明论文的研究方法和基本框架，并对陈子龙家世、生平及其著述做简单介绍。第一章以体裁为纬，以题材为经，论述陈子龙各体诗歌创作的艺术特色，分析其前后期诗歌风格的变化。第二章通过对“风雅之旨”“比兴”等观念内涵的重新阐释，透视陈子龙诗歌复古思想的内涵，并通过对其“情”“志”“文质齐驱，内外一致”、诗法等具体概念的梳理，揭示他所赋予传统诗论的时代意义和创新理念。第三章评述陈子龙散文的写作特色，分别从辞赋类、序记类以及传记类等较能代表陈子龙散文艺术风格的文体出发，探求陈子龙复古思想在散文创作中的体现，进而就其中的得与失，分析其散文思想前后期变化的原因。第四章是对陈子龙散文理论批评的论述。通过分析陈子龙“文以载道”的散文思想，描述出陈子龙从早期注重文辞修饰，到回归传统儒家文论的过程，并通过陈子龙对汉学和宋学学术本质和文学创作的批评，探析其“道”的实质及其表现在文学批评中的功利思想。第五章集中描述陈子龙与明末清初文学社团的关系，说明明末社会政治以及文坛本身存在的问题，探讨明末第三次文学复古运动发生的历史必然性。以此为思想线索，分析陈子龙与复社、几社的联系，及其文学思想对西陵十子等作家的影响，揭示陈子龙在明末文学社团活动中所起的作用，进而说明陈子龙在明末第三次文学复古运动中的领袖地位。

关键词：陈子龙　文学思想　文学研究

**3918**

**袁宏道诗歌语言结构研究** / 梁静著 ; 郑利华指导. -- 复旦大学, 2009. -- 229 页

袁宏道是明中后期大力反对“模拟”、开启“师心”一脉从而促使明代诗歌结构发生转折性变化的最关键的人物。论文以“变”著称的袁宏道作为研究对象，目的即是想探讨在明代这样一个变革时期，作为传统雅文学主要样式的诗歌其内在结构是否发生了变化并且是如何变化的。具体来说，也就是袁宏道在理论上所宣扬的“创变”与其作品所客观呈现出的语言结构之间到底存在怎样的关系。第一章试图建立论文的两个分析坐标：一是静态的诗体格局坐标，标示出近体诗与古体诗的结构差异；二是动态的诗史演变坐标，标示出“唐诗”与“宋诗”的结构差异。第二章到第四章从声韵、语法、象与境等三个层面，具体探讨袁宏道诗歌语言结构的特征，并与经典的唐诗结构及宋诗结构进行比较，从而得以在诗史演变的框架内对袁诗结构的变化趋向进行定位。第五章在对之前章节进行整合的基础上，探讨袁宏道诗歌语言结构的整体特征及其所呈现出的审美价值趋向。第六章在袁宏道个人生平以及诗歌史的动态演变中探讨其诗歌语言结构的开放趋向的意义。袁宏道诗歌语言在整体上呈现出白话的、自然的以及开放的结构特征，这一特征内在地指向了一种现代审美结构。古典诗歌向近现代的转型是中国诗歌史自身演变的漫长过程的结果。袁宏道诗学思想中的革新精神及其诗歌语言结构的开放特征，在古典诗歌史向近现代的演变过程中具有标志性与转折性的意义。

关键词：古典诗歌　袁宏道　明代

**3919**

**茅坤与明中期散文观的演进** / 林春虹著 ; 左东岭指导. -- 首都师范大学, 2009. -- 191 页

茅坤是明中期的散文家兼批评家，不但在创作上取得较大成绩，在理论上也颇有建树，他所评选的《唐宋八大家文钞》对后世散文创作与批评影响深远。然而，无论是在明中期散文的研究中，还是在唐宋派的研究中，茅坤都未能受到学界足够的重视。论文选取茅坤作为研究对象，论述其散文观的丰富内涵及独特意义，并探讨茅坤在明中期散文观演进中的作用。文学观念与个人的人生经历及思想息息相关。论文第一章以茅坤人生理想及心态演变作为论述核心，从茅坤的人生经历与人生价值观两个层面展开论述。第二章讨论茅坤的文统观。文统观是茅坤对古代载道思想的继承与发展，由正统定位、文道统一、散文史观三个层面构成，标志着茅坤散文观的初步建立。第三章讨论茅坤的“情至说”。“情至说”是茅坤散文观的核心，该命题的提出意味着其散文观念由“道”向“情”转移的新趋势。第四章讨论茅坤的文法论。茅坤坚持“法”与“意”的统一，并成功运用于古文评点，这就使唐宋派的“师法唐宋”主张趋向完善。第五章讨论茅坤所提出的“风神”范畴。“风神”最初受叙事艺术启发而成，它的提出使茅坤散文观提升到一个新高度。“风神”是茅坤对“情至”“文法”的综合凝练，包含情韵、神态等美学内涵，它对散文美学的贡献决定了茅坤在散文发展史上的重要地位。第六章将茅坤与明中期几位有影响作家的散文观做了比较，总结茅坤在明中期文坛的地位，并分析其被相对忽视的原因。论文采用文学思想史的研究方法，结合茅坤之散文创作、评点及理论，系统研究其散文观并给予客观评价。基本观点为：就其具体的历史作用而言，茅坤散文观是对秦汉派与唐宋派散文观的折中，在明中后期之间起到了一种过渡性作用；以一种更加宏阔的视角来看，茅坤散文观在继承前代散文观的基础上又有所创新，对后世散文观产生了深远的影响。

关键词：茅坤　散文　文学思想

**3920**

**王慎中研究** / 林虹著 ; 陈庆元指导. -- 福建师范大学, 2009. -- 160 页

王慎中（1509—1559），字道思，号遵岩，又号南江，福建晋江人，生活于明代嘉靖年间，与唐顺之、陈束、李开先、熊过、吕高、任瀚、赵时春等号称“嘉靖八才子”，他既是八才子的核心人物，又是著名散文流派唐宋派的首倡者，《四库全书总目提要》认为：“自正、嘉之后，北地（李梦阳）、信阳（何景明）声价奔走一世，太仓（王世贞）、历下（李攀龙）流派弥长，而日久论定，言古文者终以顺之及归有光、王慎中为归。”《明史》认为王慎中的散文“演迤详赡，卓然成家”；明清时代著名文人或学者如王世贞、胡应麟、朱彝尊、施闰章、汪琬、李光第、艾南英等，对王慎中的文章都有过肯定。王慎中同时也是福建文学史上罕见的著名散文家。研究这位作家，显然对整个明代文学及福建文化的研究都极具意义。遗憾的是，新中国成立以来，王慎中之研究几乎是一片空白，近年虽有一些研究唐宋派的论文，以及较多涉及唐宋派研究的专著如《复古派与明代文学思潮》《明代文学复古运动研究》《王学与中晚明士人心态》《明清散文流派研究》等，但对于王慎中的研究，仍相当薄弱。因此，论文希望能抛砖引玉，引起学界对王慎中及唐宋派作家的更多关注。论文以王慎中现存数十种相关版本的创作为依据，以王慎中的传记、行状、专集序跋等丰富材料为参考，在对其家乡进行实地考察之后，第一次把王慎中的生平、家世、交游等情况真实地展示在读者面前。同时，论文还把这位作家放在当时政治、军事和社会生活的客观环境中，加以系统的认识与研究，从而第一次全面、深入、细致地分析与总结他在文学理论，以及散文、诗歌创作等方面的特色与成就。此外，结合正在进行的王慎中《遵岩集》的点校出版工作，论文作者以收录其诗文较为齐备的康熙五十年闽中同人书社本《王遵岩先生文集》为基础，详细参阅其他数十种版本，将该本未录之诗文，以辑佚的形式附于文后，从而也是第一次将王慎中之稀见作品公之于众。

关键词：王慎中　文学研究

**3921**

**洪亮吉诗歌理论及创作研究** / 林少琴著 ; 吴承学指导. -- 中山大学, 2009. -- 264 页

洪亮吉是清朝乾嘉时期在诗歌理论和创作两方面都具有突出贡献的诗人。洪亮吉博学多才，于经学、史学、地理学诸方面皆有卓越建树，由是长期以来其诗歌成就反不为学术界所重视。目前学术界有关洪亮吉诗歌理论和创作的系统研究仍然薄弱，实则洪亮吉在乾嘉时期诗歌流派纷呈之际，颇能在诗坛上独树一帜，创一家之言，值得学术界重视。论文共分六章。第一章介绍洪亮吉的生平和思想性格，这是洪亮吉诗歌理论和创作的基础，论文重点梳理对洪亮吉的诗歌、思想有重大影响的生平大事，例如其家世及师学渊源、游幕生涯、为官及流放事件，通过该章介绍，

可以大致了解到洪亮吉由词章一步一步走上学术道路及其诗歌理论、主题取向、艺术特征的形成轨迹。第二章考察洪亮吉的交游，这是其诗歌理论与创作的另一重要基础，论文考察洪亮吉与屠绅、黄景仁、孙星衍、张问陶、赵翼以及邵晋涵的交往，分析交游对洪亮吉诗歌、思想、学术的影响。第三章探讨洪亮吉与格调、肌理、性灵各诗歌流派之间的关系以及洪亮吉对各派的批评，为下一章论述洪亮吉的诗歌理论做准备。第四章论述洪亮吉性情、人品、学问三位一体的诗歌理论，深入剖析洪亮吉诗歌理论各主要元素的内涵，揭示其诗歌理论由早期重才情到后来兼重性情、人品与学问的变化，并辨析其诗歌理论与袁枚性灵说的根本区别。第五章探讨洪亮吉诗歌的渊源、主题取向及艺术特征，重点是其流放伊犁期间的边塞诗歌。第六章论述洪亮吉诗歌理论与创作的文学史意义，揭示洪亮吉与道、咸时期宋诗派之间的师学渊源及两者之间诗歌理论之传承关系，客观评价洪亮吉的诗歌成就及其影响。

关键词:洪亮吉　诗歌　文学研究

**3922**

**世说体小说考论** / 林宪亮著 ；张锦池，关四平指导. -- 哈尔滨师范大学，2009. -- 299 页

论文首次对世说体小说做整合一体的研究，梳理中国古代世说体小说的发展轨迹，确立其在中国小说史乃至文学史中的应有地位，探索其独特的发展规律。论文共分八章，第一和第二章侧重对世说体小说总体特征的宏观把握。第三章至第八章侧重对世说体小说发展史中主要环节的综合考察，以及每个环节中主要作家的考证、代表作品的剖析。第一章，世说体小说述要。第二章，世说体小说特征论。该章从四个层面探讨世说体小说的独具特征。第三章，世说体小说之发轫。该章主要探讨“名士传”《语林》《郭子》本身的特点以及它们对《世说新语》产生的影响。第四章，世说体小说的巅峰之作。该章重点从世说体小说的宏观角度考察《世说新语》。第五章，唐代世说体小说考论。该章考察《世说新语》在唐代的刊刻、流传情况，考察唐修《晋书》、诗文与《世说新语》的密切关系，以透视唐代世说体小说创作文化背景。第六章，宋代世说体小说考论。该章考察《世说新语》的版本以及在宋代诗词的用典，以透视宋代世说体小说创作的文化背景。第七章，明代世说体小说考论。该章从明代的文化事业、出版业以及《世说新语》的刊行考察探讨明代世说体小说繁盛，进一步考察明代世说体小说的类型及其代表作品。第八章，清代世说体小说考论。该章初步考察清代社会背景对世说体小说的影响，并进一步论述清代世说体小说的类型及作品。

关键词:古典小说　世说新语　文学研究

**3923**

**明末清初杜诗学研究** / 刘重喜著 ；张伯伟指导. -- 南京大学，2009. -- 274 页

论文聚焦在以明末清初杜集为主的杜诗笺释与接受诸问题，以对其所寄寓的时代背景、历史条件以及注家的个体生活经验暨其中所体现出来的种种“心理”的考察为线索，在杜诗学与时代文化互涵互动的双向关系中，寻绎其作用于杜诗学的种种进路，由此呈现明末清初 100 多年间杜诗学发展的大致脉络。文章不仅致力于挖掘杜诗阐释过程中出现的各种现象，亦且努力寻绎支配这些现象的自主性、非自主性因素。这样，便可以在众多的杜诗注本中，求得一个一以贯之的视角以透看明末清初杜诗学的历史进程。论文分上下两篇。上篇从明末清初杜诗学者的古籍考察入手，揭示作为注杜主体的杜诗学者在特定历史阶段所表现出的群体特征，进而探察这一“群体”其活动方式、共同的学术追求是如何施于杜诗学以具体的影响，从而引发杜诗学风貌的改变的。下篇着眼于杜诗学的历史流变，从明末清初杜诗学者大量的注杜论述与实践中，归纳出最能体现该时期杜诗辑注进程的三个发展阶段，在每个阶段中选择两个最有代表性的杜集逐一剖析，在“史”的整体视野观照下进入微观的细致论析，从而也为我们理解这段杜诗学史提供具体扎实的细节支持。

关键词:杜诗　文学研究　明清时代

**3924**

**清初京师贰臣诗人研究** / 刘丽著 ；叶君远指导. -- 中国人民大学，2009. -- 272 页

论文力求立足历史与文本，对清初京师贰臣诗人群体进行综合、深入的研究，以期尽量还原历史人物在特定历史时空内的真实面貌，给予他们在清代文学史一个公正的定位。全文共分七个部分。第一部分是绪论，指出清初诗坛的创作主体为遗民诗人与贰臣诗人；在赞同清初的诗坛应是以贰臣诗人为主的前提下，认为这种观点还须进一步补充、完善，即认为是贰臣诗人群体中的京师贰臣诗人在清初的诗坛发挥了

更为重要的作用,他们对清初的诗歌繁荣做出了极大的贡献。第二部分对清初京师贰臣诗人群体进行了较为详细的论述。该部分首先对贰臣及贰臣诗人的概念给予明确的界定,并从地域文化的角度把清初京师贰臣诗人分为南、北两大诗人群体。第三部分论述清初京师贰臣诗人形成的社会历史背景及其入清初期的心态。认为清初京师贰臣诗人在当时并存的南明、大顺及大清三个政权之间选择与清廷合作,是出于权衡三方用人政策及个人利害两方面的考虑。第四部分论述南方贰臣诗人的诗歌创作特征。分别从诗歌主题及艺术特色两方面进行详细的分析。第五部分论述北方贰臣诗人的诗歌创作特征。相对于南方贰臣诗人,北方贰臣诗人诗歌的时代性及抒情性都不是太显著,也具有鲜明的地域特色。第六部分对京师贰臣诗人群体进行诗歌创作与理论上的内部与外部比较。该章所做的是在具体比较中,明确京师贰臣诗人在所处之时代诗坛之中的独特意义。第七部分作为全文的总结,对京师贰臣诗人的文学史地位进行论述。该章首先将京师贰臣诗人置于明清诗歌史的坐标系中,既说明其承上启下的过渡价值——他们上接明代诗风,下开清代诗风;又详细论述京师贰臣诗人在清初的诗坛上的重要的地位。以上论述都说明了京师贰臣诗人有能力开一代风气,也是影响清初诗坛走向的重要因素之一,是研究清诗不可忽略的一个诗人群体。

关键词:古典诗歌　文学研究　清代

**3925**

**后期浙西词派研究** / 刘深著 ; 张宏生指导. -- 南京大学, 2009. -- 211 页

浙西词派是清代词史上影响最大的流派之一。以嘉庆七年《国朝词综》的刊行及嘉庆八年郭麐正式登上词坛两大事件为标志,浙西词派的发展可分为前后两期。与前期相比,后期浙派所处的时代环境已有很大恶化,词坛对浙派词风逐渐不满并直斥其弊端,同时,浙西词派还面临常州词派日益兴起的挑战。然而,在新的时代,仍然有众多词人宗奉浙派词风,使得后期浙派长期占据词坛的统治地位,直至光绪九年之后,后期折派才进入衰落阶段,降及民国词坛,仍可见其流风余韵。论文共分五章。第一章讨论浙西词派的分期及后期浙派的发展背景。第二章主要考证后期浙派重要代表性词人。从词人词学活动时间、词作词论,亲友师承、前贤观点等四个方面出发,结合词集,对照黄燮清、丁绍仪、林葆恒三部《词综》中的词人,兼顾施议对《今词综》中所录的词家,确立 146 名词人为后期浙派的重要成员,57 名词人为融通浙、常词风的代表。第三章主要论述后期浙派的师法问题。第四章详细论述后期浙派的词学理论。第五章,论述后期浙派在创作上的新变。通过对清代后期浙西词派的研究,论文希望能理出浙派发展的线索,勾勒出浙派词人群体的清晰图像,说清后期浙派的特点,揭示近代词坛风会变迁,促进学界对浙西词派认识的深化,推动词派研究的进一步发展。

关键词:词　文学研究　浙西

**3926**

**唐人编选诗文总集研究** / 卢燕新著 ; 傅璇琮指导. -- 中国人民大学, 2009. -- 400 页

研究唐人编选诗文总集,其意义涉及文学史、编撰史、文学批评、文化传播等各个领域。论文分三编。第一编,总论部分,计五章。第一章,主要探讨前唐诗文总集及其对唐人编选总集的影响。第二章,主要研究唐人编纂诗文总集的政治文化背景。第三章,考察唐代诗文总集的编纂者及其心态。第四章,研究唐人编选诗文总集的选本批评功能及其价值。第五章,研究唐人编选诗文总集与文献传播。第二编,分论部分,共四章,大致以传统学术意义上的四唐分期,探讨唐人在各个历史时期编纂诗文总集及其特点等。第六章,选初唐选三部总集为研究对象,《续诗苑英华》考论主要研究该集编纂人、编纂时间、选本内容、编纂体例及慧净选学观、诗学观及其影响,旨在对该集做全面考察。第七章,讨论盛唐诗文总集的编纂状况。第八章,研究中唐诗文总集的编纂状况。第九章,晚唐五代部分,《极玄集》《诗例》与《极玄律诗例》考辨主要研究姚合《极玄集》与《诗例》编纂内容特点,考辨《通志》《崇文总目》等重出误收现象。第三编,辑考部分,分两章。第十章补考唐人编选诗歌总集,在吴企明、陈尚君等学者研究的基础上,补考唐人选编诗歌总集,计 19 种。第十一章,唐人编选唐文总集辑考,考述唐人选编文总集 70 余种,其中存疑 19 种,可考确属唐人选编的文总集 58 种。另,唐人编纂未选唐代诗文者 2 种。总计可考知唐人选编诗文总集达 234 种。论文旨在对唐人选编诗文总集做全面整体的研究,把唐人编纂诗文总集视为一种文学文化现象,结合唐代政治、经济、文化教育以及文学创作等,将宏观和专题研究相结合,探讨其产生、发展变化过程中各个阶段的特征及其影响,考察唐人编纂总集与唐

文学运动的关系、唐人的选学观及文学批评观、唐人选编诗文总集的政治文化背景、选编人员及其心态、唐人选唐诗和唐人选唐文及其意义、唐人选编诗文总集与文学传播等。研究过程中,力求将理论与材料考述结合,以窥探唐人编纂诗文总集发展特征之全豹。

关键词:古典文学　文献学　唐代

**3927**

**明代士人游幕与文学研究** / 吕靖波著 ; 陈书录指导. -- 南京师范大学, 2009. -- 158 页

明朝是中国古代幕府制度发展史上一个重要的转折时期,随着辟署制的取消,士人游幕从传统的入仕行为逐渐演化成以经济驱动为特点的谋生手段。与此同时,士人游幕与文学之间仍有着密切的联系。作为一种特殊的人生经验,明代士人的幕府经历继续对以诗文为主的文学创作与交流发生着深刻的影响。明代士人游幕的发展可以分为四个阶段,在不同的阶段,它与文学的关系呈现出不同的表征。洪武初至弘治末(1368—1505)是明代士人游幕的低潮期。明初政治环境的恶劣、辟署制的废止和政府对人口流动的严格限制等因素都直接影响到士人阶层对游幕的热情,包括文学之士在内的游幕士人异常稀少,刘彦昺、唐愚士、周鼎、王训是这一时期有游幕作品传世的重要诗人。正德初至嘉靖末(1506—1566)是士人游幕的复兴期。士人游幕经过漫长的沉寂之后突然兴起,尤其是嘉靖中期以后,由于东南抗倭的战时需要,使得胡宗宪幕府等军事幕府一下成为东南士人云集的中心,包括徐渭、沈明臣、王寅等在内的众多文人留下了数量可观的游幕之作;而明世宗对青词的异常热衷,使得大臣们纷纷延纳文士入幕代笔,这些文人幕客们不仅代撰青词及应制诗文,也积极参与京师的各种文学活动。隆庆初至崇祯末(1567—1644)为明代士人游幕的发展期。这段时期内士人游幕的地域趋向,除了京师之外,便主要是西北和东北的边塞幕府。游幕文士的移入,对当时边塞地区的文学发展起到了积极的推动作用,而其中的边塞诗文可以说最能代表这些游幕之士的文学成就。明亡后的弘光、隆武、永历等政权(1644—1662)是历史上的南明时期,也是士人游幕的高潮期。曾经在南明政权下有过游幕经历的重要文士包括侯方域、韩绎祖、邢昉、彭士望、应廷吉、阎尔梅等,他们创作的主旨多与时局紧密相连,有的将自己幕府亲身经历与见闻记录成文,有的则在诗歌中寄以中兴之望,慨叹时局之艰,为明代游幕文学史画上最后的句号。

关键词:古代文学　文学研究　明代

**3928**

**济公故事演变及其文化阐释** / 吕堃著 ; 宁稼雨指导. -- 南开大学, 2009. -- 197 页

济公本为南宋佛教临济宗的一名异僧,法号道济,因行为疯癫而被称为济癫,民间则习惯尊称其为济公。论文主要借鉴主题学的研究方法,在对大量济公文献梳理综述的基础上对济公故事演变给予文化上的阐析,主要着眼点在以下三个方面:一,济公故事由历史而文学。济公,经过民间传说的不断附会,逐渐由历史真实人物走向文学中的虚构神侠形象。随着越来越多的文学表现手法的加入,济公故事从平实的史传文体逐渐演变为虚构的章回体通俗小说。二,济公故事雅俗之变。济公故事分为杭州与北京两大系统,分别以二者作为独立单元来考察,会发现故事的雅俗演变有着相似的轨迹。从故事的外部形态来看,故事的传播媒介均由口头故事到文本小说,同时,济公故事内涵中道德伦理成分逐渐加重,小说教化功能愈发明显。三,济公故事宗教信仰演变。济公本为佛门弟子,早期济公形象带有浓重的佛教色彩,《钱塘湖隐济颠禅师语录》中仍然保留了比较明显的禅宗思想,但这种禅宗思想在后来的济公小说中逐渐淡化,《醉菩提》中已消失殆尽,而《评演济公传》主要反映了三教合一的社会现实。济公作为民间信仰的神祇,其信仰经历了由舍利信仰到神子信仰再到巫术信仰的演变过程。另外济公罗汉信仰也比较值得注意。济公故事中他的罗汉身份一以贯之,不过他由普通金身罗汉变成降龙罗汉,实质上反映了济公罗汉信仰的变化。济公故事与济公形象的演变,反映了历史与文学、雅俗文化、民间信仰与制度化宗教等多方面的文化内涵。在这种演变的背后,起支配作用的是错综复杂的社会文化力量,主要包括文人阶层、佛教团体和地方民众,多种社会力量以其自身的文化传统整合济公故事,推动济公故事与济公形象的发展演变。

关键词:民间故事　济公　文学研究

**3929**

**宋代小说与宋代民间商贸活动** / 罗陈霞著 ; 李剑国指导. -- 南开大学, 2009. -- 296 页

论文主要探讨宋代民间商贸活动与宋代小说之

关系。除去导言与结语部分,论文共分为六章。导言部分主要确定课题的研究范围,探讨课题的研究目的和意义,梳理其研究历史与现状,说明论文的研究方法和创新意义。第一章以宋代民间商贸活动的典型场所——店铺、早市与夜市、庙市与墟市和民间商贸活动的主体——专业商贩、牙侩和自产自销者为切入点,意在勾勒和再现宋代小说中呈现的两宋民间商贸活动的真实图景和具体特色,并为下一章对商贸小说的论述提供社会历史方面的原因和背景。第二章旨在阐述商贸小说的叙事特色和其中蕴含的文化内涵。在两宋的商贸小说中,选取数量较多、较典型的海外奇遇类、发家传闻类和义商型故事,分析这三类故事的主要情节要素和其中包含的商人冒险精神、暴富心态、报应命定观念以及对"重义轻利"道德倾向的强调。作为宋代民间商贸活动的典型场所,酒肆和茶肆比其他商业店铺更为发达,有鉴于此,第三章和第四章分别以宋代小说为主要文本,对其中呈现的两宋酒肆和茶肆的种类与地域分布、建筑装饰、经营策略进行分析和描述。第五章主要从叙事学、类型学的角度对酒肆故事和茶肆故事进行具体的分析,并探讨其中呈现的两宋民间社会生活的图景及其蕴含的文化内涵。第六章是对宋代民间商贸习俗的个案考察。关扑习俗是两宋时盛行的商业交易方式,该章对这一习俗的性质、所用工具及具体的操作过程进行分析说明;卦影轨革术(简称卦影)是两宋商业迷信活动中的显术,该章对卦影的释义、卦影的由来及与周易的关系、卦影的形式特点、卦影在宋代的流行情况和预测内容做了一番梳理与考辨。结语部分主要对论文论述的内容进行简单总结,并对未及阐述的相关问题,如酒肆故事与茶肆故事叙事策略的系统阐述,民间商贸活动对宋代小说的生成、传播及发展的影响等进行相关说明。

关键词:小说　贸易　宋代

**3930**

**清代《庄子》考证研究** / 罗彦民著 ; 田汉云指导. -- 扬州大学, 2009. -- 215 页

在清代学术繁荣的大背景下,《庄子》研究得到空前发展。论文分别从《庄子》文本的辑佚、校勘、训诂、辨伪等几个方面入手,论证清人考证《庄子》的成就,揭示其得失,判断其价值。论文正文分为五章。第一章分析清代《庄子》考证的发生与其时代学术背景的关系。众多学者认为清代学术分为三个发展时期:清初实学、乾嘉考据学、清后期今文经学和诸子学;三个时期的学术与《庄子》考证都有联系,特别是乾嘉以后的学术与之关系更为紧密。第二章主要论述清人对《庄子》佚文佚注的辑录。清代从事于《庄子》佚文佚注辑录的学者主要有孙冯翼、茆泮林、郭庆藩、孙志祖、徐廷槐等。第三章探讨清代《庄子》文字校勘的成就。清人对《庄子》文本做了比较全面的校勘,订正其中不少讹误,包括文字的误、脱、衍、乱及句读不清等。以王念孙父子和俞樾为代表的清代学者总结和归纳古书许多致误的原因。第四章对清代《庄子》文字训诂成就进行研究。得益于方法的科学,清人对《庄子》书中前人未及或误训等疑难字词做了比较准确的训释。从训释《庄子》文字数量和运用的方法上看,王氏父子和俞樾的成就超过他人。因此,在《庄子》文字校勘和训诂领域,王氏父子和俞樾代表清代学者的最高水平。第五章主要讨论清人对《庄子》篇章真伪及分篇标准和内、外、杂三篇关系的辨析。通过该章的讨论发现,清代学者的辨伪多从文章学角度立论,从文章的语言、文体、结构等方面进行辨析。

关键词:庄子　校勘　训诂

**3931**

**屠隆诗文观研究** / 孟斌斌著 ; 黄卓越指导. -- 北京语言大学, 2009. -- 136 页

屠隆(1543—1605),字长卿、纬真,号溟涬子、冥寥子、一衲道人、鸿苞居士等,鄞县(今浙江宁波)人,明代著名文学家。他活跃于隆庆、万历年间,是晚明文学思想史上的一位重要作家。论文探讨屠隆思想的形成与发展,分析他受儒、佛、道三家思想影响的过程;论述屠隆文学思想的复古与性灵两个发展阶段,并对其文学思想具体发展阶段进行分期研究;总结屠隆的诗文功能观。首先,探讨屠隆思想的形成与发展的轨迹。屠隆早年受儒家入世思想的影响,连年落第却始终坚持不辍。入仕后,受政治环境影响,理想与现实之间出现矛盾,屠隆疏离政治,并逐渐疏离儒家的人生价值观,开始用佛道思想来排遣人生的苦恼。中晚年屠隆更沉迷佛道。其次,论文探讨屠隆的文学思想。屠隆早年受复古论影响并有所超越。他提出了很多与复古派相似的文学理论观点,表明了他的文学复古旨趣。但他也注意到复古派理论与创作的缺陷。后期,屠隆拈出性灵论。值得注意的是,屠隆文学思想进程颇为复杂,此后并未完全放弃文学复古的理念。屠隆以性灵"论文学,讲佛理",主张"文与道合

为一”。佛学与文学的性灵有共通之处。屠隆的“性灵说”还受到阳明“良知学”影响。再次,论文探讨的是屠隆文学思想转变的原因。屠隆早年与复古派诸文人有密切交往,这些人的文学复古观念深刻影响了屠隆。万历十一年前后,屠隆沉迷佛道,文学思想也随之发生变化,加之与冯梦祯、汤显祖、袁宏道等新派文人频繁交游、互相影响,促使其成为“性灵说”的前驱者。最后,论文探讨屠隆的诗文功能观。第一,屠隆认为诗文能够体现时代的发展。第二,屠隆认为诗文能够彰显创作主体。第三,屠隆认为诗文能够展示地域风情。论文主要从文学思想、转变原因、诗文功能观等方面探讨屠隆的诗文观,对屠隆在晚明文学史上的作用进行定位,并通过对屠隆个案的剖析,揭示晚明文学思潮的变化历程与原因。

关键词:屠隆　诗文　文学研究

3932

**文章骈散对立与互融的历史演变** / 莫山洪著 ; 刘学锴,余恕诚指导. -- 安徽师范大学, 2009. -- 281 页

骈散对立与互融是中国古代文章发展中的一个重要现象。至汉代,文章趋于骈化,逐步形成骈体,骈散开始分途。魏晋南北朝,骈文兴盛,各种文章几乎全用骈体写作。也是在这个时候,出现了反对骈文的声音。这可以被看作是骈散对立互融的第一个阶段。这个时期的骈散对立互融延续到隋及初唐。骈散对立互融的第二个阶段出现在中唐到宋代。清代是骈散对立互融的第三个阶段。这个时期出现了真正意义上的骈散相争。清嘉道以来,更多人主张骈散结合。这些争论,一直延续到民国时期。新文化运动到来后,白话文取代文言文,骈散对立也就自然消亡。但是,文章中依然存在着骈散结合的情况。骈散对立互融产生的原因,与社会政治有着密切的关系,也与儒家思想的变迁有着紧密的联系,当汉学兴盛时,骈体相对得到重视,当宋学兴盛时,散体则得到推崇。骈散对立互融,还与文学自身的发展有一定关系。文章骈散对立互融的历史演变,体现出文章在发展中的几个规律。首先,文章的发展以骈散结合为基本方向,纯骈或纯散都或多或少有碍于思想的表达,骈散互融也体现了文人对文章形式美的追求。其次,任何一种文体发展到极限时必然会出现新的变革。再次,文体形式相互渗透、相互影响是中国古代文学发展的基本态势。

关键词:骈文　散文　文学研究

3933

**南宋湖湘学派的文学研究** / 宁淑华著 ; 陈庆元指导. -- 福建师范大学, 2009. -- 266 页

南宋湖湘学派的文学研究以其主要大家胡安国、胡寅、胡宏、张栻、彭龟年、游九言的文集为研究对象,以他们的文学思想、作品内容及艺术特色为研究内容,从中透视整个学派的文学风貌。论文共分六章。第一章概述湖湘学派发展历程、弟子概况及学术思想特征。第二章至第五章是胡安国、胡寅、胡宏、张杭文学思想及其文学作品的专章论述,主要揭示他们各自的文学思想、文学作品的内容与艺术特色。具体而言,胡安国具有重道轻文和为文尚简的文学观念,为文内容以时政为主,以《春秋》为则,具有精严有法特色;胡寅持“文本于用”“当切时务”“有德者必有文”的文学观念,还有关于苏轼的词论,为文内容以经世论政为主,以辟佛为次,具有尚气、尚实、尚理特色;胡宏具有“斯文即斯道”和“正情”的文学观,文以论道为主,论政为次,论道言约义精,论政剀切详尽,诗歌以明道和忧国为主,其中体道诗达到了较高艺术成就;张栻的文学思想是理学家的文学观和教育家文学观的合一,持“文妨于道”思想,论文尚平和之气,强调含蓄有味。其作品以论学为主,表现出“知道而健于文”特色,文风和平含蓄。诗歌成就最高,其一部分山水诗堪称宋代诗歌的极高成就。第六章主要是湖湘学派文学的总论,首先是略论彭龟年和游九言文学成就,其次是概论湖湘学派学术思想对其文学观念的影响,最后总结湖湘学派文学的四个总体特征,即重道轻文的文学观念,论学论道的本色追求,慷慨论政的经世趋向以及以诗歌明道节情的特点。论文主要以作家文集的文本分析为主,采取知人论世、以意逆志的方法,注重文学作品和历史背景的结合,同时采用统计、归纳的方法,力图从微观和宏观两个层面上揭示南宋湖湘学派文学的内涵和总体成就。

关键词:文学流派　文学研究　南宋

3934

**“清诗学问化”研究** / 宁夏江著 ; 魏中林指导. -- 暨南大学, 2009. -- 360 页

在中国古典诗学的形成和发展当中,与“性情化”相对平行,始终存在一个“学问化”过程,这一过程的基本趋向是以踵事增华的方式由弱渐强,并在诗歌创作和诗学理论批评两个方面展开。清代是学术集大成的一代,也是诗学集大成的一代,清诗的学问化倾

向比先前任何一个朝代都明显，对性情与学问的争论也最为完备和激烈。文章绪论部分对古典诗学关于性情与学问的争论做了简概的回顾，对清末民初至今关于清诗学问化问题的研究成果进行总结，归结出已取得的研究成果，也指出对清诗学问化问题的研究一直是个争论未平的诗学话题，还有许多问题有待于做进一步的探讨。第一章力图回答古典诗歌学问化的表现、古典诗歌学问化的历程以及古典诗歌学问化的原因。第二章探讨清代繁盛的学术氛围对清诗学问化的影响，清诗学问化被强化的原因。第三章在学人之诗与诗人之诗的对比中着重探讨学人之诗的内涵、特征、审美和学人之诗研究的缺位。同时架构从三个方面对清诗学问化问题进行研究的思路，即清代诗人之诗与学问化、清代学人之诗与学问化、清代学究之诗与学问化。第四章分析清代诗人之诗学问化的表现，钱谦益和袁枚基本上代表了清代诗人之诗学问化的两种不同的倾向。第五章分析清代学人之诗的学问化的表现。第六章分析清代学究之诗的学问化表现，学究之诗好以韵语形式来做学术文章，其诗歌很大部分有诗形而无诗质，他们不仅是以学问为诗，而且诗为学作，可以说是把以学问为诗发展到了极端。这类诗人以汪师韩、翁方纲的诗歌为代表。第七章是全文的收束，反映出古典诗歌学问化之路并不是简单的线性结束，呈现出一种末势反弹、蜕变求新和僵而不“死”的多元化状态。

关键词：诗学　文学研究　清代

**3935**

**中唐文人日常生活与创作关系研究** / 彭梅芳著 ; 戴伟华指导. -- 华南师范大学, 2009. -- 203 页

中唐以来，在特定的政治环境下，文人身受社会世俗化浪潮和佛教禅宗思想等方面的影响，心态渐趋务实并日益走向世俗和日常生活世界。与此相对应，日常生活题材在中唐文学中增多，文学呈现出崇实、尚俗的趋向。在此前提下，论文尝试从中唐文人日常生活的角度，考察处于现实生活中的文人的生活心态、审美情趣以及在这些心态和情趣影响下的文学创作特点。围绕论文两方面的研究对象以及它们之间的关系，论文分五章进行论述。第一章综论中唐文人日常生活和创作之间的关系。第二章从总体着眼，根据社会历史、文学演变的进程，分中唐前期、中唐中后期两个阶段对中唐的主要文人的诗歌创作进行分析，由此考察日常生活因素在中唐诗歌中的生长、演进情况，认为随着时间的推移，中唐诗歌的日常化和世俗化的特征渐趋明显。第三章以中唐文人的日常饮食、服饰、居住环境等日常物质生活层面为切入点，通过考察中唐文人在衣、食、住方面的习惯以及相关审美趣味的转变，进而探讨这种转变给中唐文人的文学创作风格和文学思维带来的影响。第四章围绕中唐文人的日常文化生活层面，从雅琴、棋弈、书法等三方面观察中唐文人的文化喜好和由文化偏好透露出来的文艺审美趋向。第五章以中唐文人的日常公共生活为中心，从亲友日常交往的角度分析中唐“父子兄弟同以文名”现象以及中唐文人的结群现象；中唐文士在仕宦生活中，从早期的关心时务渐渐变得不乐曹务，他们日益疏离公共领域生活并走入私人小天地，精神偏于收敛、低调，而文学视域也变得狭窄，这对中唐文学的风貌不无影响。余论补充探讨中唐文人日常生活的打破与重建给他们的文学创作所带来的影响。

关键词：古典诗歌　文学研究　唐代

**3936**

**《乐府杂录》研究** / 亓娟莉著 ; 李浩指导. -- 西北大学, 2009. -- 221 页

《乐府杂录》成书于唐末昭宗乾宁（公元 894—898）年间，其成书与晚唐士人心态、唐代史传小说的发展、《教坊记》及《羯鼓录》的影响以及段安节本人的音乐修养等有关。《乐府杂录》所谓“乐府”是对唐代音乐机关及其乐舞活动的总称。《乐府杂录》在唐五代已有流传，其传本较多。宋赵希弁所藏《乐府杂录》与其他”三书为一集”是文献所见《乐府杂录》最早的刊本。现存最早的版本是南宋曾慥所辑《类说》本。其海外传本有日本静嘉堂文库所藏《乐府杂录》三种。清钱熙祚曾对该书详加校勘，颇有补正。《乐府杂录》的价值和影响是多方面的，但其珍贵的资料性和文献价值无疑是最为突出的。《乐府杂录》涵盖面广，叙事周详，有许多问题唯赖此书得以流传。书中多处文字被《新唐书·礼乐志》所采用，其唐代雅、俗二乐思想也对后世产生了较大影响。论文从文献考证的角度对其进行考辨和校勘，并对不同版本中的异文进行辨析，对前人增删的部分内容以及存疑的一些问题推本溯源，详加辩证，考证出衍、脱、错、讹数十处，补充佚文数条。《雅乐部》《鼓架部》《胡部》等唐乐部名称仅见于《乐府杂录》，但其中一些记载与《唐六典》《通典》等其他唐史文献存在较大差异，其原因

或是晚唐国势衰落之时其乐舞实际状况即是如此，或是文献流传中出现了讹误。唐胡部乐是盛行于中晚唐乃至五代的一个新乐部，与“胡乐”并非一事。论文统计书中所载80多位唐代艺人的信息，从性别、活动时间、来源、归宿等方面对其活动予以考察。唐宫廷艺人主要有三种来源：一是从民间吸纳；二是从艺人后代中选取；三是部分触犯刑律的罪犯家属。宫廷艺人归宿主要有两种：一是流落民间；二是退入寺观（以女性为主）。就西域乐人及乐舞在唐廷的地位及流传特点看，西域乐人在当时并不是主流，主要从事琵琶、俳优等表演。论文对骠国献乐、胡姓乐人、西域乐舞等问题从文献以及文字训诂、实物考证等不同角度进行探讨。

关键词：段安节　音乐史　唐代

**3937**

**魏晋玄学与文学情性观** / 秦秋咀著 ; 袁济喜指导. -- 中国人民大学, 2009. -- 229 页

论文在前人研究的基础上，选择情性这一视角切入，通过检视魏晋玄学影响文学的情感本位的确立过程，发掘转型时期人文领域的独特蕴涵，以求对当今社会文化转型有所启导。论文主要内容包括以下几个方面：第一章导论。概述已有研究成果和论文基本思路。第二章论述以王弼、向郭为代表的玄学自然之性与自然之情的具体内涵、相互关系。王弼关于情在性和欲之间运动的论述，是论文的核心理论。在此之前，先简要描述先秦两汉儒家性情的大致走向，刘劭的才性论是魏晋玄学的理论起点，而东晋佛学的性情思想与玄学思潮有着内在关联。第三章论述魏晋玄学性情观如何影响文学情感的本位确立。第四章论述魏晋六朝文学观念中的情感本位的具体内涵。魏晋时期，文学之性实现了由教化到自然的格位转变；齐梁时期，为人与为文的分离促成了情感本位的最终确立。第五章论述魏晋时期文学作品中的情感走向。从建安文学到东晋文学，文情的格位在不断推移。建安文人和嵇康都意识到自己与外界的紧张关系，他们总在寻求纾解情感困境的方法。建安文人的突围意识，嵇康的脱序人身份，体现出魏晋文人对命运压迫的抗争。嵇康的失败，预示着西晋文学情感将走向世俗化，事实也证明了这一点。东晋文学的寡淡无味很大程度上是因为情感的缺位。在探析王羲之的人生志愿时，发现东晋文人其实有着丰富而敏感的情感体验，但他们有意将其深隐在非主流的文学品类中。第六章结语。全文的终极旨归在于人的觉醒和文学自觉问题。魏晋南朝时期，玄学所启引的自然情性广泛表现在各个层面，文人已经意识到作为个体的独立价值。文学自觉是人的觉醒的必然结果，而自然真情与审美意识的觉醒是六朝文学自觉最根本的地方。在当下的社会文化转型中，我们应从魏晋文化思潮中吸取有益的启示。

关键词：玄学　文学研究　魏晋南北朝时期

**3938**

**苏轼理趣诗研究** / 沈广斌著 ; 冷成金指导. -- 中国人民大学, 2009. -- 260 页

论文尝试从宋诗与宋学（宋代思想文化）的关联视角切入，综合运用文学研究与文化研究、微观与宏观研究结合的方法，系统解读苏轼诗的理趣，希望通过苏轼理趣诗的研究，对苏轼研究和宋诗研究都能有所裨益。论文大体包括以下几个部分，现将要点摘录如下。第一部分，从文艺的内部动因、宋学对宋诗的外部影响以及苏轼的主体因素三方面探讨苏轼理趣诗的背景成因。第二部分，通过诗歌题材类型的具体变化，揭示出苏轼以理入诗在题材和体式上的表征以及贯穿其中的理性精神的发展：其山水纪行诗以景入理，达到哲理层次；咏物诗能够即物究理，写出物之情性；对日常生活的书写则能即事即理，在日常生活中发现人生哲理和乐趣；人文题材的发达则表现了苏轼悠游俯仰的精神和游心翰墨的人文旨趣；咏史怀古、社会政事诗则体现出苏轼积极贴近现实的欲望与历史理性的交汇。苏轼理趣诗不仅开拓了宋诗的题材，增强了宋诗的表现力，而且提升了宋诗的品格。第三部分，从宋诗与宋学构建的关联入手，探讨苏轼理趣诗的思想内涵。苏轼对三家思想的融合、浸润在宋代文人士大夫群体中极具代表性。论文根据苏轼的思想构成，将苏轼诗的理趣划分为以儒、释、道之理入诗和融通三家入诗两大类四部分，然后结合诗作具体分析理趣内涵，并归纳其以理入诗的特点。第四部分，将议论化置于理趣之下，从诗歌的表达方面探讨苏轼理趣诗的艺术特点。第五部分，将苏轼的理趣诗置于宋代思想文化的大环境下，揭示出苏诗理趣中所蕴含的三种文化内涵：文化人格的构建、悲剧意识的消解以及士大夫主体精神的凸显。三者均能与对个体生命存在的价值和普泛意义的思考结合在一起，从而使其诗文具备了丰富的理趣，并产生了一种超越时空的影响力。最后是结语，总结苏轼理趣诗的数量、特点

以及地位影响。

关键词:宋诗　苏轼　文学研究

3939

**宋代道士诗歌研究:以内丹道诗人为中心** / 沈杰著 ; 詹杭伦指导. -- 中国人民大学, 2009. -- 191 页

一个时代有一个时代的文学。宋代作为一个文化极度繁荣和发达的时代,宋诗一方面学习唐诗,一方面又自主创作,使得宋诗在文学史上继唐诗产生了广泛的影响。宋代的崇道,推动了道教的兴盛,道教所反映的宗教生活和现实生活,既在文学作品中得到表达,也影响到文学的表现形态和审美情趣。宋对道教的整饬,使道门中人的文化素质普遍提升,加之不少文人弃儒入道,多方面地催生了道士诗歌的产生。宋代道士诗歌,少了对形之于外的神仙世界的盲目乐观与激情,而是回归到理性的自得体悟与超越。在道教中,“真”在某种意义上等同于道,是所有神仙理论的核心范畴,对“真”的寻找和对“真人”的憧憬,则成为道士们生命意义的全部。在心性学主导下的宋代,得真成仙的歌咏,自然脱离不了身心两方面的淬炼与复归。由于成仙理论与心性学说的相互融摄和吸纳,宋代道士诗人的诗歌创作,丹道的心性化和现实生活的诗化品格都体现的十分明显。神仙内求的实践探索,在道士诗人诗歌创作中反映的十分明显。在宋统治地区,以先命后性的南宗为最显。他们用诗歌这一体裁,阐释修仙理论,诗化修道生活。南宗诸祖除了用诗歌传达他们汲汲于不死生命的理论论证和技术技巧的实践探索外,还用诗歌抒写他们自己人生经历的感悟。可以说,宋代道士诗歌追求的永恒的生命,来自于心灵自悟的快乐。这种快乐,是人生的看透,生命的参透,是一种立足于自我的当下超越。宋道士的诗歌,无论追求成仙的丹道诗还是摹写仙界诗化生活的感怀诗咏题诗,都反映出直指心源涵泳自得的心灵走向,生命内在体验与艺术表现的结合。由于道教有超然的处世哲学、复杂的人生意识、齐物的观照方式、存思玄想的驭物方法、崇尚自然的审美理想、泛神论的思想体系,反映在诗歌的表现上,其境界必然追求神仙境界的华丽或者人之心性的空灵,其风格必然显示严峻淡雅,其理想必然显示出自然朴素,其语言必然显示出奇特多采,这为中国古代诗歌园地增添了不少风韵。

关键词:诗歌　文学研究　宋代

3940

**唐代传记文学研究** / 史素昭著 ; 张玉春指导. -- 暨南大学, 2009. -- 240 页

论文对整个唐代传记文学,包括唐代的史传,唐代的散传,唐代的专传,唐代的传记文学理论进行一番梳理和研究,总结出唐代各类传记文学的特点和价值。更重要的是,论文把唐代传记文学置于整个中国古代传记文学的发展过程中来考察,探索其历史渊源、发展轨迹,研究它与其他文学现象的内在联系,做到上下勾连、横向比较,使读者对唐代传记文学有一个全面而深刻的了解。研究分为六个部分:第一章、第二章是对唐代的史传进行研究。唐代的史传主要是指唐初八部史书,即《晋书》《隋书》《南史》《北史》《梁书》《陈书》《周书》《北齐书》中文学色彩浓郁的人物传记篇章。这两章主要着眼于唐初八史文采与史笔的结合、唐初八史对传统史传的继进与新扬、唐初八史与其他文学现象的关系等方面的研究。第三章、第四章是对唐代散传进行研究。散传是指唐代离史独立、篇幅短小的单篇人物传记,由魏晋南北朝的杂传发展而来。对于唐代散传的研究,论文主要着眼于从史传到唐代散传的历程和唐代各体散传两个方面的研究,既有整体的把握,又有个案的分析。第五章是对唐代的专传进行研究。专传是指篇幅较长的单篇人物传记,唐代只出现过一部专传,即《慈恩传》。对于《慈恩传》的研究,论文主要着眼于《慈恩传》与唐代文化之关系、《慈恩传》独特的叙事成就和《慈恩传》对明清话本、小说的影响等方面的研究。第六章是对唐代传记文学理论的研究。唐代没有专门的传记文学理论,它们都散见于各种性质完全不同的典籍之中。对于唐代传记文学理论的研究,论文主要着眼于《史通》的史传文学理论和唐代古文家的传记文学思想两个方面的研究。

关键词:传记文学　文学研究　唐代

3941

**魏晋士人的悲剧意识与诗化人生境界** / 宋颖著 ; 袁济喜指导. -- 中国人民大学, 2009. -- 236 页

论文研究的主要内容,是魏晋士人的悲剧意识与诗化人生境界。悲剧意识是魏晋士人建构新的价值体系的内在驱动力,而诗化人生境界则是魏晋士人价值追寻的最高境界,它们共同构成了魏晋士人精神世界的两大基本特征。论文以二者的关系为基本线索,以王弼、嵇康阮籍、郭象、僧肇等具有代表意义的个案

为对象,阐发士人悲剧意识与诗化人生境界的内容、特点,考察二者相互作用的流程,对魏晋士人的价值追寻和精神世界进行深度探索,以期对既有研究有所裨益。全文大体可以分为三个部分。第一部分主要考察魏晋新价值追寻的思想和方法论资源。导论在既有研究成果的基础上重新界定悲剧意识和诗化人生的概念。第一章研究儒道两家悲剧意识和道德境界的关系,辨析道德境界与诗化境界的区别和联系,重点阐释先秦道德境界中对魏晋诗化人生境界追求发生重大影响的内容和内在超越的价值追求方式。第二部分主要研究魏晋士人是如何在悲剧意识的推动下,在思想领域展开对诗化人生境界的追寻之路的。汉末弥漫于士人心中强烈的悲剧意识催生了对新的价值信仰的渴求,王弼在这一背景下,围绕自然名教这一现实主题构建了以无为本的本体论。正始时期,名教异化现象的加剧宣告了对名教自然调和的失败,现实没有出路了,自我意识和精神的问题突出出来,嵇阮把这"无"这一追求具体落实到个体精神和心灵自由的追寻之上。西晋出现了短暂的"中兴"表象,相应地,郭象以"崇有"论为"名教即自然"的观点寻求本体依据。东晋时期,由于士族庄园经济的发展和相对优裕的生活,价值悲剧意识不再以强烈的形式表现出来,生命悲剧意识成为悲剧意识的核心问题。第三部分主要考察弥合悲剧意识的诗化人生境界的主要特征在现实行为领域的表现,如重深情、神会妙悟、重超脱玄远等,以及弥合悲剧意识、实现诗化人生的主要手段,如酒、自然等。以现实践履的实例加深对士人精神领域悲剧意识和诗化人生境界的认识和理解。

关键词:知识分子　玄学　魏晋南北朝时期

**3942**

**南社苏州诗人研究** / 孙立新著 ; 王英志指导. -- 苏州大学, 2009. -- 158 页

南社地域色彩很浓,地域文化对南社文学具有重大影响,但迄今为止的南社研究对此重视不够。论文从地域文化角度,运用文化地理学与社会历史学、文艺心理学等相结合的方法,主要探讨苏州文化与南社苏州诗人诗歌活动的关系及其当代意义,以此为例,观察地域文化与南社文学的关系及其现实启示。第一章"南社、南社研究、南社与苏州"主要探讨南社的定义与意义,南社研究的状况、成果与不足,南社与苏州的不解之缘。南社属性,众说纷纭,但它的根本属性在于文化。结合南社的实际运作状况,论文总体上把南社定义为具有鲜明革命倾向的以文学为主要文化样态的先进文化社团,在此基础上具体推出文学南社的定义:南社是具有鲜明革命倾向与南方文化风格的全国性文学社团。南社在中国历史上开创了以文化、文学参与革命的道路,引导了五四新文化运动和文学革命。第二章"苏州文化视野中的南社苏州诗人"以"问题线"为主要线索,试图解决以下问题:苏州文化与南社苏州诗人的关系,南社苏州诗人的地位、格局,南社苏州诗人的群体特征,南社苏州诗歌的总体特点。第三章"南社苏州代表性诗人"以"人物线"为主要线索,选取有代表性的南社苏州诗人做出个案分析,从诗人、诗作的角度对第二章的问题提供具体论证。第四章"南社苏州诗人与当代诗歌建设"主要研究南社苏州诗人的现实意义与当代诗歌建设问题。南社诗歌,包括南社苏州诗歌,既是对中国《诗经》以来关注国计民生诗史优良传统的继承和发扬,又与当代诗歌总体逃离宏大叙事的状况形成鲜明对照。南社苏州诗人不仅是一群敢于担当天下的诗歌英雄,他们还是由中华文化优秀标本苏州文化构筑成的一处文化园林。因为教育体制长期失调等多种原因,当代诗人普遍缺乏中国历史、文化的丰厚学养。重建历史的纵深感和文化的厚重感,加强民族传统的历史文化教育,培养一代又一代学者型诗人,也应该是学习南社苏州诗人的题中应有之义。

关键词:南社　地方文化　文学研究

**3943**

**《大戴礼记》传习考** / 孙显军著 ; 田汉云指导. -- 扬州大学, 2009. -- 202 页

《大戴礼记》主要内容形成在春秋末期至战国晚期,最迟不晚于汉昭帝时代;它与《礼记》同源,但更注重保存文献。其编撰者戴德与《礼记》的编撰者戴圣为从师侄关系,戴德年长于戴圣,二人先后师事后苍习礼,并获得后苍所藏礼学《经》《记》等文献(包括《后世曲台记》)。由于卢植、郑玄对《礼记》进行了编辑、整理、注释,其遂成为"三礼"之一,越来越受到重视,《大戴礼记》则受到冷落。这可以被称为《大戴礼记》的成书期。魏晋而下迄至晚清,是《大戴礼记》的传习期,可划分魏晋南北朝、隋唐、宋、元明、清五个阶段。魏晋南北朝时期,尽管《大戴礼记》未列于学官,难以受到普遍的重视,但传习者尚多。隋唐之际,《大戴礼记》被冷落的命运难以逆转,传习更少。宋代《大戴礼记》研究出现了一个小高潮。元明时期,《大戴礼

记》研究总的来说仍处于依附地位，未能形成独立的局面，但其经典地位已得到巩固。清代作为我国古代学术的总结期和集大成期，也是《大戴礼记》的高峰期。清代《大戴礼记》研究取得的丰富成就，为今后的研究奠定了坚实的基础、提供了最好的文本，其中最为典型的应是孔广森《大戴礼记补注》、汪照《大戴礼记补注》、王聘珍《大戴礼记解诂》三家。

关键词：大戴礼记　经学　文献学

**3944**

**宋代科举考试文体研究** / 孙耀斌著 ; 吴承学指导. -- 中山大学, 2009. -- 180 页

文学与科举历来联系紧密，科举考试对古人生活的影响极大。学界对科举的研究一般把重心放在科举制度及其社会意义等方面，着重史学的阐述。研究者们在一定程度上忽略了对科举考试所产生的作品文本的研究。但作为科举不可或缺的一部分，这些文本却最直接地反映了科举考试的考试内容。对考试作品文本研究的不足，或多或少地影响了人们对科举的全面了解和正确认识。基于此，论文选择从文体学的角度切入，对宋代科举考试所产生的文本进行深入的研究。第一章是"唐宋科举的考试科目与考试文体"；第二章是"宋代科举考试的试诗"；第三章是"宋代科举考试的律赋"；第四章是"宋代科举考试的试论"；第五章是"宋代科举考试的试策"；第六章是"宋代科举考试的经义"。各章主要就宋代科举考试的试诗、试赋、试论、试策、试经义等五种文体进行个案研究。对每一种文体，首先是先理清其成为科举考试文体的线索；其次是通过对这种文体文本的深入研读，把握其文体形态和文体特征；再次是对宋人在这种考试文体方面的文法和理论进行归纳和总结；最后是对这种文体的文化内蕴或影响进行总结。论文较为完整地呈现宋代科举考试文体的面貌，回答宋代科举考试考什么的问题，一方面或有助于完善对宋代科举文化的研究，另一方面也可观察考试作品文本对宋人日常文学创作的影响，从新的视角开拓宋代文学的研究。

关键词：文体　科举制度　宋代

**3945**

**晚清小说家和"士"的近代转型** / 汤克勤著 ; 陈文新指导. -- 武汉大学, 2009. -- 184 页

论文的研究对象是晚清小说家，研究视角是"士"的近代转型，意图考察晚清一代小说家在中国传统之"士"向知识分子的近代转型过程中所踩踏出的生动足迹。论文分为四章。第一章宏观论述"士"与小说家。中国"士"向知识分子转型，近代是一个不可跨越的时期。晚清小说家标举"小说界革命"，彻底地打破了小说为"小道"的传统观念，表明了小说家"士"的属性的终结，而科举制度的废止，又明确终结了小说家"士"的身份。晚清一代小说家较早转型为近代知识人，新旧杂糅仍是他们的主要特点。第二章具体论述晚清士大夫出身的小说家，以梁启超和曾朴为论述重点，其他小说家如邱炜萲、狄楚青、刘鹗等作为次要论述部分。分析他们怎样走上小说创作之路，笔下的知识人形象具有什么特点。第三章具体论述晚清以报人身份为主的职业、半职业小说家，先就李伯元和吴趼人做个案分析，然后概观这类小说家的群像。第四章具体论述晚清留学生小说家和晚清小说中的留学生形象。留学生小说家是晚清留学大潮中涌现出来的新型知识人，他们融汇中外新知，站在"士"的近代转型之前列，以罗普、张肇桐、陈景韩、陈独秀、徐卓呆、陈天华、陈墨峰为知名人物。晚清一代小说家，对于考察"士"的近代转型有着十分重要的意义。通过晚清小说家的小说创作和其笔下的知识人形象，我们可以看到"士"在近代转型过程中鲜活的身影和明晰的足印。这一考察还有助于我们理解现代小说家和现代知识分子的思想或形象，因为他们正是从中国古代小说家和传统之"士"中孕育、走出，跨过晚清小说家和近代知识人，吸收西方现代科学文化思想，而转型成为具有民主意识和科学头脑的现代小说家和现代知识分子的。

关键词：古典小说　小说家　清后期

**3946**

**宋末元初节序词研究** / 万静著 ; 诸葛忆兵指导. -- 中国人民大学, 2009. -- 227 页

论文以宋末元初政治文化环境为背景，以文本分析为基础，从作为节序词传统审美内涵的节日景物的描绘、时代主题情感的抒写和审美意境的建构入手展现此时节序词的审美风格，再站在审美精神流变的全局上为宋末元初节序词做出定位。论文总共分为三个部分。第一部分：导论和论文第一章。导论首先对宋末元初的节序词人及其节序词加以界定。其次，确定论文的基本概念，将公元 1279 年定为南宋正式灭亡的时间，以原宋金地界作为划定南北方词人之界。最后，分析节序词研究现状。第一章，阐述宋末元初

节序词创作的时代背景。第二部分:论文第二至第四章。以分析词作为基础,分别从节日景物及其描写手法、时代主题情感及其表达方式、传统意象和典故意象建构审美意境的方法三个方面展现宋末元初节序词的整体审美风貌。第三部分:论文第五章。从不同流派的词学渊源和风格走向入手,为宋末元初节序词寻找审美风格的词史定位。元前期的雅正派节序词则体现了对景物细致描摹和情感中正的回归。对于豪气派词风,辛派遗民节序词继承了南宋辛派的爱国主义,转化为痛彻心扉的亡国之恨。同时,豪气派节序词语言通俗、情调豁朗的本性,对于元代前中期以后词作"曲化"大环境的出现,又具有一种"前瞻"的意味。宋末元初节序词创作,与之前后两个时期的创作相比,体现出对雅正派之"雅"的弱化和对豪气派之粗豪的进化。

关键词:宋词　文学创作　文学研究

**3947**

**清人选清诗与清代诗学** / 王兵著 ; 黄卓越指导. -- 北京语言大学, 2009. -- 269 页

论文旨在梳理清人选清诗的发展脉络及其特征的基础上,重点研究清人选清诗与清代诗学之间的关联,深入发掘清人选清诗的批评功能,以期准确定位清人选清诗在清代诗学中的地位和价值。全文共分六个部分:绪论部分一方面从理论的角度论证选本的批评特性,另一方面也梳理当代人选当代诗的脉络以及清人选清诗的研究现状,并对研究对象及其相关概念进行界定。第一章具体描述清人选清诗的发展概况,逐一介绍清人选清诗的分期情况及其每个时期的具体特征,同时对其文本收集模式、编选体例以及刊刻动机等进行全面的梳理、辨析,并且认为清人选清诗的繁荣主要源于社会政治的影响、诗歌创作及批评成果的推动以及选家类群的兴起。第二章至第五章依次选取清代诗学中的若干重要范畴,充分论证清人选清诗在这些诗学范畴所发挥的批评职能。第二章主要探讨清人选清诗在清诗史构建过程中的作用。部分清人选清诗不仅具有明确的文学史意识,而且还通过选家个体的主观选择和选家类群的集体筛选等手段参与了清诗史的构建过程,同时在作家的经典化生成中也起到了重要作用。第三章重点关注的是清人选清诗在清代宗唐、主宋两种诗学思潮中所扮演的角色。论文认为,清人选清诗既是这两大诗学思潮的宣传阵地,也是二者论争的主要载体。当然,这两种诗学思潮有时在清诗选本中也能得到调和。第四章主要论述清代官方诗学话语如何体现或渗透于清诗御敕选本及试律选本之中。论文认为,清诗御敕选本是清廷官方诗学话语确立标准的载体,而清诗试律选本则是官方诗学话语全面渗透的产物。第五章重点考察清诗地域选本、女性选本分别在清代地方诗学、女性诗学中发挥的批评功能。这两种选本样式在清代均达到了繁盛状态,其中,清诗地域选本不仅有力地促使了清代诗歌地域性特征的形成,而且还通过与主流诗学话语的附和或疏离等多种方式表达了其地方诗学话语的诉求;同样,清诗女性选本也是清代女性诗学话语的一种言说方式。

关键词:诗学　文学研究　清代

**3948**

**说唐故事演变研究** / 王剑著 ; 查良镛,廖可斌指导. -- 浙江大学, 2009. -- 180 页

"说唐"故事的发展经历了正史—讲史—历史演义—英雄传奇这文体转变的过程。在这一过程中,故事的始末顺序、整体结构、叙事主线、人物形象、重大关目乃至道德观等都发生了巨大的转变。论文所做的,则是就故事的全局发展进行观照,跳出具体作品之外,对衍生出整体故事的各部分材料,包括史传、笔记、话本、小说乃至戏曲进行相关主题的分析,提炼梳理出一条"说唐"故事的发展脉络。在这一演变过程中,"说唐"诸小说的结构从编年体史书的线型逐渐转变为故事的圆型。不管是历史演义还是英雄传奇最终都归向了这一形态。而故事的叙事时序,也由真实的历史时序转变为艺术的故事时序。叙事主线的变化在这一过程中是最明显的。因为以秦王功业为叙事主线的历史演义大都是以自然时序来排列情节、组织结构,相互之间的逻辑联系比较松散;而以秦叔宝发迹变泰的经历为叙事主线的英雄传奇则选择以故事时序来设计情节、组织结构,使得故事因为紧密的逻辑关系而成为一个整体。而对于选择秦叔宝而不是早期"说唐"故事中更为重要的尉迟恭作为故事主角,也并非出于偶然,而是由于故事的内在需要所做的自然选择。当故事的结构和主线都呈现出故事化的趋向时,故事对人物形象的选择也逐步脱离了历史的束缚,可以自由地按照故事情节的需要来塑造人物,不必考虑是否符合历史真实。同样的选择也体现在故事情节重大关目的选材取舍中。选材的原则不再是"信实",也非"传奇",而是合乎故事逻辑。以上

这些变化在改变故事结构，故事内容的同时，故事中蕴含的道德观念也随之潜移默化地发生了改变。历史演义吸收民间说话的因素而生成英雄传奇的同时，也吸收接纳了民间的道德标准和价值观，并体现在小说中。但这些吸收同化同样是有选择性的，如果过于偏重某一方面，也会导致故事主题思想的畸变。尽管“说唐”故事经历了漫长的演变发展，在各种文体中都有代表作品出现，但始终未能产生一部可与《三国演义》《水浒传》相比肩的作品。

关键词：历史故事　章回小说　古典小说

3949

**《史记》战争文学研究** / 王俊杰著；熊礼汇指导. -- 武汉大学，2009. -- 176 页

司马迁是一位通晓兵略的历史学家，非后代书生所能及。《史记》系统地叙写了上古的战争，具有战争史的规模体制。司马迁对战争描写的广度与深度是空前的，《史记》五体都载有战争的内容，有史有论。《史记》载有战争内容的篇目达 82 篇，重要的有 54 篇，有关战争内容的文字有 10 余万。《史记》是对先秦战争文学的集大成之作，是中国古代战争文学的成熟形态，奠定了中国古代战争文学的基本风貌。《史记》在世界战争文学发展史中具有崇高的地位。司马迁的战争观是其“一家之言”的重要组成部分。司马迁从人性的角度揭示战争的起因，认为战争源自人类被激怒、被触犯后的本能的暴力冲动。司马迁到古战场实地考察，进行凭吊。他扈从汉武帝巡幸天下，观瞻盛大阅兵。他渡越关山，征略西南，为他写民族史传及战争史传积累了感性经验。司马迁对战争的叙写是全方位的立体式再现。司马迁用天象灾异影射天下形势，天命（天道）观与“三五之变”观是他天时观的两只翅膀。以言叙战、以文存史、载录军功简牍是《史记》战争叙事的特殊形态。司马迁对孔子的学习，最根本的是学习孔子以布衣之身敢为万世立法的宏伟气概，以及与之相匹应的“春秋笔法”。战争人物以“系列化”的面貌出现于书中。圣君与暴君是就其道德水准而言，雄主与庸主划分的依据则是其军事才能，对帝王而言，政治道德的重要性要优先于军事才能。司马迁善于在战争环境中揭示人性。历史写作的目的是以古讽今，而历史写作的手段则是以今度古。“以兵驭文”是《史记》战争文学最为鲜明的艺术特征。战争文学与兵家有种天然的联系，兵家的“奇正相生”注定了传奇性是战争文学必然的美学属性。英雄传奇是《史记》浪漫精神的重要表现形式，是形成整部《史记》奇气四溢的重要因素。战争的悲剧性注定了阳刚悲壮成为战争文学的内在美学属性。阳刚悲壮作为《史记》的美学特征，在以中和之美占主流的传统文化中显得格外抢眼，司马迁为阳刚悲壮的美学风范在中国文化土壤中扎根，做出了突出贡献。

关键词：史记　司马迁　战争理论

3950

**南宋辞赋分体研究** / 王立洲著；徐兴无指导. -- 南京大学，2009. -- 183 页

论文以南宋辞赋为研究对象，以分体讨论的形式，采用文史结合为手段，考察南宋辞赋的整体状况和重要的现象。论文第一章讨论律赋体。在科举史和文化史的背景下对南宋科举律赋进行研究，梳理宋代科举考试的“经义”与“诗赋”两科之争，并对此一事件的文化和学理背景稍做展示；对南宋律赋的考校程式、文体样式进行详细的钩沉和探讨；揭示科举律赋的命题、文风与南宋道学、史学等社会思潮的关系；最后，选取楼钥和方大琮两位代表作家，通过作品分析展示南宋前、中期科举律赋的细微创作面貌。论文第二章讨论大赋体。对现存南宋以京都、宫室、典礼、祥瑞等为主题的辞赋作品进行解读，展示汉、唐国家礼乐观念在南宋辞赋中的表现，分析“体国经野”“润色鸿业”为宗旨的汉大赋体在南宋创作衰微的原因。说明地理风俗之赋由政治、经济地理向文化、人文地理的转变。以王十朋山水赋为代表，揭示南宋士大夫的江南山水情节；以葛长庚赋为代表，探讨南宋游仙赋中的三教合流现象、情感表达中的个体意识、情境塑造中的审美倾向。论文第三章讨论骚赋体。选取李纲、胡铨、高似孙、刘克庄等几位代表作家，分析他们的理论和创作。一方面揭示出南宋士大夫骚体作品的情感基调；另一方面揭示出南宋骚体创作的创新意识及改造骚体的手段、方法。论文第四章讨论文赋体。首先，探讨宋代文赋的特征，认为“骈散结合，随时押韵”只是宋代少数文赋的特征，而抒情、记事、议论相结合和“个体意识”的彰显才是宋文赋的根本特征。其次，揭示宋文赋是古文运动、各种文体碰撞、士大夫情趣转移、尚理之风等多种因素相互作用调和的结果。再次，将南宋文赋分为两类，并对二者进行讨论，总结其手段和得失。最后，指出宋文赋失败的原因在于传统的赋体“体物”功能的观念对宋人赋体创作的束缚。

关键词:赋　文学研究　南宋

3951

**形式与细读:古代白话小说文体研究** / 王凌著 ; 孟昭连指导. -- 南开大学, 2009. -- 241 页

国人对于"文体"认识的传统由来已久,但针对小说作品进行专门的文体分析则至明清时期力始盛行。当时的小说评点家们在对作品进行细读鉴赏的基础上,总结、归纳出不少有关小说文体的理论概念。这些成为我们进行古代小说文体分析的宝贵材料。不过,由于我国古代小说文体本身所具有的特殊性和复杂性,学界对它的研究并未达到尽善尽美的程度,对某些问题的探讨还有待加强,因此仍存在一定的研究空间。论文选择文体分析作为古代白话小说研究的基本切入点,目的就是要通过"细读"分析的批评方法来对白话小说独有的文体特征进行整体的全面描述,以期达到对我国白话小说文体的更深入之认识。论文由绪论、正文和结语三部分组成。绪论部分主要介绍论文的选题依据,学界对此问题的研究现状以及论文写作中的重点和难点。结语则是对正文部分的简略回顾,并再次总结、强调"说书体"对于白话小说文体特征的重要影响。正文部分共分为五章:第一章,语言形式。主要从通俗易懂的白话语体,常见的说书套语以及韵散结合的叙述体制三个方面来论述古代白话小说的"表层"文体特征。第二章,修辞形式及人物话语表述形式。第三章,人称与视角。分别由有关"视角"的理论问题,白话小说对叙述人称的特殊选择,白话小说叙述视角类型以及白话小说对视角的综合运用情况四部分组成。第四章,顺序与节奏。该部分主要是针对小说的"叙述时间"而论。此章分为三节:顺序与节奏概述(主要包括中、外对顺序、节奏问题的不同看法),白话小说叙述顺序状况分析,白话小说叙述节奏特征。第五章,叙述结构。论文首先对"结构"观念进行溯源(包括中、外不同的叙述结构观念),然后从"'说话文本'与'小说文本'的总体结构特征""白话小说结构宏观类型"以及"白话小说微观结构技巧"三个方面加以论述。

关键词:古典小说　白话文　文学研究

3952

**明代小说序跋研究** / 王猛著 ; 项楚,沈伯俊指导. -- 四川大学, 2009. -- 305 页

古代小说序跋起源于汉代,经过漫长的准备期,随着通俗文学的发展,大盛于明清。明代是古代小说序跋走向鼎盛与转折时期。论文在把古代小说序跋视为一种自具自足的文学、文化现象的前提下,全面考察它在有明一代的发展、变化及规律、特点,深入探讨其蕴含的丰厚的小说理论价值和多方面的史料、文化价值等。第一章主要从整体上对明代小说序跋进行多维透视,先是追本溯源,探讨序跋在明前的发展状况、特点以及到明代如何一步步走向兴盛;然后考察其文体风貌、内容分类、价值作用等各方面情况,并重点研究明代学术思潮对其产生的深刻影响。第二章和第三章从具体序跋作品入手,在两个方向上展开,分析和发掘明代各体小说序跋的发展规律、特点、价值。文言小说序跋中,以"剪灯系列"和"世说系列"小说序跋最具特色。它们展现了古代小说在明代前期的生存环境和中期以后的发展变化,揭示了时人小说观念的变迁和审美趣味的特点,理论上则对小说的价值论、功能论和本体论有一定的发明。通俗小说序跋主要涌现于明代中后期,它们围绕虚实、奇常、真幻等范畴,对小说的功用、小说的语言、小说虚构与实录的关系、小说与生活的关系、小说的创作方法等问题都进行了有价值的探讨。最后两章,分别就明代小说序跋最主要的两方面价值——史料文化价值和小说理论价值,予以重点研究和探讨。第四章对明代小说序跋中的作者、成书、版本、传播四方面的文献史料价值进行开掘和论述,探究其在小说基础研究和相关考证方面的意义。第五章选取本体论、创作论、艺术论展开研讨,论述明代小说序跋中理论价值的丰厚,它们虽然零散、直观,概括性不足,但却不乏理论的丰富性和深刻性,对古代小说批评理论是一笔不可或缺的宝贵财富。

关键词:序跋　文学研究　明代

3953

**彊村词人群体研究** / 王纱纱著 ; 邓红梅指导. -- 南京师范大学, 2009. -- 145 页

朱祖谋(1857—1931),又名孝臧,字古微,号沤尹,一号彊村,是继王鹏运之后公认的词坛领袖。以朱彊村为核心的词人群体(简称"彊村词人群体")是清末至民国时期一个颇具特色的群体,论文即以这一群体为研究对象,讨论其发展历程、理论建树、创作情况及词史意义等相关问题。彊村词人群体形成于清末民国动荡的社会局势与新旧文化的激烈矛盾中,这对他们的思想和创作都产生了直接的影响。朱祖谋

以其卓越的词学成就与领导才能在群体形成中也发挥了号召和组织作用。彊村词人群体的词学主张以朱祖谋为代表。彊村提出由"人籁"到达"天籁"的理论。对于况周颐"重拙大"理论,彊村不仅有理论上的认可,并且付之于创作,"重拙大"也成为彊村个人词学观的组成部分。但二人在"重拙大"与艳词的关系上,看法并不相同。他们对"重拙大"的阐释,丰富了传统词学理论。彊村词人群体生活在动荡的时局中,饱经忧患,内容倾向于抒写家国多难的悲思,离乡漂泊的孤独,友朋分离的怅惋,词作呈现出哀伤凄婉的情调。随着中外交流的日渐频繁,在词作中也大量采用了"异域题材"。作为群体领袖人物,彊村以自己的创作为群体树立了典范。举迩见远、幽忧怨悱是彊村词显著特点。到了晚年,朱祖谋治东坡甚为用力,他的词调和了梦窗的密丽与东坡的疏宕,达到了艺术上的新高峰。随着彊村词人群体的不断扩大,形成了以朱祖谋为社长的词社。词社每次社集有专人主持,活动定期,词作由彊村评定甲乙,促进了群体的词学交流与创作繁荣。彊村词人群体是最后一个古典词人群体,同时也是含蕴向现代词学转变因子的一个重要词人群体。龙榆生作为朱祖谋的传砚弟子,对彊村词学有传承也有创新。

关键词:词人　词学　文学研究

**3954**

**柳氏家法·东坡境界·清真范式:北宋词艺发展新论** / 王维若著 ; 韩经太指导. -- 北京语言大学, 2009. -- 282 页

"柳氏家法""东坡境界""清真范式",本是北宋词坛三位代表词人各自独立的创作风格,论文将这三位词人词风间的影响关系贯穿起来加以审视,旨在揭示北宋词艺术发展的内在脉络,同时深化对三家词作的审美把握。对柳永词的雅俗评价应该分而视之:柳永的羁旅行役词大多格调高雅,开北宋慢词之先。他率先将"登高悲秋,落帽披襟"的诗文化心理融入词的创作,追求"模山范水,详切自然"的风景描写效果;他笔下的风景逼真生动,"词中有画",追求荒寒山水的艺术表现,在令人神清骨冷的山水世界里寄托士大夫的清高之气;在其大量的闺情词中,柳永注重现场情景的刻画,以铺叙的手法为我们呈现出"这一个"的艺术效果;同时,自柳永词始,已经在有意识地将"以诗入词"的元素引入慢词创作,拓展了词的题材,咏怀和议论的方式增加了词的表现手段。正是有了柳永这一系列的创新与追求,才有了苏轼对于词境的进一步拓展与提升,"柳氏家法"由此成为了北宋词人们争相效仿的范式之一。指出"向上一路"的东坡词在对"柳氏家法"借鉴基础上实现了进一步的超越。他以"澄怀味象,平淡超旷"的美学追求实现了对柳永词精神境界上的超越;他以对历史的观照,对壮阔豪情的抒发完成了对柳词气势上的拓展;他又以冰清玉洁、意蕴丰富的情感世界完成了对柳永闺情词境界上的提升;最后,苏轼另辟议论入词蹊径,"以诗为词,理趣入词",使柳永词咏怀与议论之端倪,至此蔚为大观。周邦彦的创作实践则在"柳氏家法"与"东坡境界"的基础上,超越"柳苏对峙"而实现艺术整合,从而确立了一种新的词作范式。"清真范式"以"顿挫则有姿态""愈勾勒愈浑厚"的笔法完成了对柳永词章法布局的精思化与缜密化,以"健笔写柔情"的沉郁和雅回归了词委婉细腻的审美规范,因此,周邦彦成为北宋词坛上"集大成"的词人,并为南宋词坛开辟了一片新的创作空间。

关键词:柳永　苏东坡　周邦彦

**3955**

**唐代京兆韦氏家族与文学研究** / 王伟著 ; 李浩指导. -- 西北大学, 2009. -- 221 页

京兆韦氏是唐代最重要的士族家族之一。进入隋唐,韦氏家族政治、社会地位得到空前提高。表现为:有唐一代韦氏家族成员拜相者共计 20 位,势冠全唐;家族仕宦率极高,尤其是高品级官吏的仕宦人数急剧增加;家族成为皇室通婚之重要对象;家族广泛与山东、江南、关陇地区的一流士族联姻,此举密切其与各地士族的交往,扩大家族影响,韦匡伯、韦嗣立家族可谓典型。导致家族繁盛的主要原因有二:一,凭借门荫与科举,双轨并进,占据宦途要津,保持家族政治地位之不坠。二是充分利用家族固有影响,通过婚姻关系,扩充其政治关系和影响。由于受到科举取士制的影响,韦氏家族文化的文学性逐渐加强。此外,从其交往的情况看,有唐一世但凡知名的文学家皆与韦氏成员有过诗文交往。而且,从唐代文人的接受角度看,韦氏家族成员的作品亦多为雅俗两界所称赏。最后,就具体创作情况言,韦氏共有诗文总数千余首(篇),留有姓名的文学家近百人,为后世所激赏的作品数十篇,并产生两位著名的诗词名家,即韦应物和韦庄。有唐一代,韦氏家族在文学创作方面,无论是数量还是质量,都取得良好的成绩,并于当时享有盛誉。韦应物、韦庄、韦绚、韦瓘等是韦氏家族诗(文)名

较著的成员。论文在相关章节对韦絢生卒年和平生宦迹进行考证,并对其作品《刘宾客嘉话》的版本和文学意义加以阐发。通过对韦瓘生平考辨,推定其为《周秦行纪》的作者,并又对《周秦行纪》的主题和创作时间加以研究。韦应物是唐代文学研究的热点,成果颇多,通过对韦应物诗的深入分析,着重探讨韦应物的族内交往诗和悼亡诗中所透射出来的家族情怀和家族意识。韦庄是晚唐时期韦氏的重要人物,通过对其文学活动进行研究,着力发掘晚唐五代社会文化背景对其文学创作的影响和其相关文学活动的文学史意义。整体来看,韦氏家族在唐代不仅具有较高的家族地位,而且其家族文化也异常繁荣,其家族文学活动更是对唐代文学发展具有重要贡献。

关键词:家族　古典文学　唐代

**3956**

**张衡诗文研究** / 王渭清著 ; 霍松林指导. -- 陕西师范大学, 2009. -- 184 页

论文是对张衡现存诗文一个较为全面的鸟瞰,力图展示这位杰出人物诗文创作丰富的文化内涵以及在中国古代文学发展史上所具有的标界性的承启作用。论文从六个部分展开,在引言之外,共设五章。引言部分阐述选题的意义及研究方法,着重回顾张衡研究的学术现状。第一章是张衡诗文与东汉中叶政治学术背景的链接。第二章全面考察张衡诗文所展现出的情感历程。他的诗文是那个时代的缩影,是东汉中叶士大夫阶层生存状态的真实再现,是东汉初叶以来培育因染下谨固自敕的作风在新的环境下的变异。张衡的诗文还展示了人的自觉:士人远离政治,对朝廷的亲附感趋向淡漠,其自然结果就是士人的自重,这种自重,标志着个体生命意识的觉醒。第三章探讨在儒道互补,"诗""骚"融通,南北合流,文化大交融背景下张衡诗文对南北二学的承启作用。第四章讨论张衡诗文新变与文学的自觉。该章从三个方面对这一问题进行探讨:一是张衡诗文创作观念的新变;二是张衡诗文创作风格的新变;三是张衡诗赋中文体形态的新变。由此观之,张衡作为汉代文风转变的代表性人物,其诗文创作所具有的标界意义在汉代乃至整个中国古代文化史上都具有不可替代的特出地位。第五章挖掘张衡诗文中所展示的风俗文化景观。张衡诗文创作的超拔性还在于他对俗文化的精通与热爱,作为著名的博学通儒,其诗文中涉及大量的风俗文化,不仅为后人研究历史民俗留下了弥足珍贵的文字材料,而且还构成了张衡诗文波澜壮阔、五彩缤纷艺术世界之不可或缺的一部分。合此五章,我们可以发现:张衡诗文创作不仅展现出这位"三才理通"的全才打通学科门户,有容乃大的博大气象,而且在中国文学发展史上,张衡所具有的承启意义是特出的,其所具有的开拓性、先锋性对后世产生了积极而深远的影响。因此,我们可以毫不夸张地说,斯人斯文衣被万代,芳泽千古,对这位伟人的研究与关注也将任重而道远。

关键词:张衡　文学研究　东汉时代

**3957**

**明清江南文人结社研究** / 王文荣著 ; 罗时进指导. -- 苏州大学, 2009. -- 294 页

明清两代,江南地区的文人结社非常盛行,这对于社团史、地域文化史、文学史都有着重要的认识意义,但是目前对于明清时期文人结社的研究,仍显不足,尤其是江南地区的结社研究,亟须进一步加强。全文大致可分为三个部分:第一部分为第一章,总体论述明清江南文人结社的情况,分别对结社的渊源、发展状况、社团的地域分布及结社的一般活动形式进行研究。第二章至第五章为第二部分,分别论述几种典型的文人结社,旨在从不同的角度来深入认识江南文人结社的内涵。第二章研究的是八股文社:在梳理明清江南文社发展脉络的基础上,论述影响文社的科举等诸因素以及文社的影响、意义。第三章以家族为视野,考察明清江南家族与文人结社的关系:首先概述江南家族的基本情况,然后分析家族对结社的促进因素,再次论述家族结社的类别、特点及意义。第四章研究明清江南的怡老诗社:首先解释怡老诗社的概念,然后介绍江南怡老诗社概况,再分别论述怡老诗社的兴盛原因、活动特征,并进而对怡老诗社的诗歌创作进行评价。第五章研究的是清初遗民结社:在考证明遗民结社概况的基础上,论述遗民结社的特点、活动内容,并以莲社《顽潭诗话》为代表,分析遗民结社的文学创作。第六章为第三部分,研究文人结社与文学群体的关系,在不考虑社团活动差异性的前提下,综合考察文人结社与文学之间的互动关系。在综合研究和个案分析的基础上,文章论述明清江南文人结社在结社史上的地位,揭示其对地域史、文学史、文化史的意义以及对民国初年文人结社的影响。综而言之,明清江南文人结社是江南士人诗化的生活方式,是一种逝去的风雅。

关键词:文人　知识分子　明清时代

3958

**晚清民国词籍校勘研究** / 王湘华著 ; 彭玉平指导. -- 中山大学, 2009. -- 292 页

晚清民国,词籍校勘于经史校勘之外,卓然一家,出现像杜文澜、江标、王鹏运、朱祖谋、王国维、郑文焯、吴昌绶、陶湘、陈匪石、赵万里、周泳先、朱居易、易大厂、杨铁夫、唐圭璋等词籍校勘之家,他们继承发扬乾嘉以来的朴学传统,将勘校经史之法用之于词籍校勘,从而形成并完善词籍校勘之学。晚清民国的词籍校勘,在校勘内容、原则及校勘方法与校记处理上有独到之处,论文对晚清民国词籍校勘做系统研究,进行学理归纳与理论阐释,从而形成较为具体的词籍校勘之学。研究的主要内容有词籍讹误类型与原因分析,词籍校勘方法与校勘资料,词籍校勘原则与校记处理等。研究重点为朱祖谋词籍校勘、晚近梦窗词校勘。对朱祖谋词籍校勘研究,重在探讨《彊村丛书》序跋与校勘以及独校与共校,朱祖谋与词籍校勘之学,朱祖谋词籍校勘之学的学术渊源与影响;对晚清民国梦窗词校勘研究,结合晚近梦窗词品评之风与校勘之风,研究王鹏运、朱祖谋合校梦窗词,郑文焯与梦窗词校勘,杨铁夫与梦窗词校勘。依律校词是词籍校勘的特殊方法,乃词籍校勘的当行本色,更切合词文体特征,是词籍校勘上的独绝之处,尤为论文研究之重点。晚清民国词籍校勘之兴盛,一方面受到晚近词学昌明的客观因素促动,如词词籍校勘与词创作的双水并流、词籍传播与词籍校勘的双向促动;另一方面还有其他一些原因诸如学术渊源、对词籍文献的钟爱、师徒相授或父子相传、丰富的词籍文献藏本、同乡友朋的慷慨襄助。这些因素的合力作用使词籍校勘至晚清民国形成蔚为大观之势,遂为专门之学。对晚清民国词籍校勘研究,具有学术价值和实践应用价值,对于建构完整的词学体系具有积极意义。

关键词:词学　校勘　清后期

3959

**朱自清学术思想研究** / 王晓东著 ; 邓乔彬指导. -- 暨南大学, 2009. -- 330 页

朱自清是20世纪上半叶十分重要的一位学者,他的学术研究涉及诸多领域,论文对此进行整体的分析与总结。研究分为七个部分:第一章对朱自清的学术历程做出简要分析,不仅展示他的学术成绩,更力图从中探求他的学术建设理念与拓展轨迹。此外,还对他的人生、学术转型做出分析。第二章主要分析朱自清的基本研究方法,在民国“意义学”实践的整体学术背景下,展现他借鉴西方“新批评”理论,并致力于西学“中国化”的方法论建设。第三、第四两章对朱自清的诗学研究做出分析,尤其关注他在古典文学研究领域的成就。通过“诗学笺释”的研究方法建设,他在“名家研究”“诗史研究”等方面都取得了突出的成绩。第五章重点分析朱自清对中国文学批评的横向体系建设,新近整理出版的《朱自清中国文学批评研究讲义》将促使我们对他的批评研究乃至民国批评学术史做出全新的分析。在整体学术实践分析的基础上,《诗言志辨》也得到更为切实的定位,其纵向诗论梳理为横向体系建设提供了依据,“意念”考辨的实践也确立了朱自清文学批评研究的基本方法。第六章简要介绍朱自清在歌谣研究领域的实践,重点突出他的学科理念和体系建设,并与诗学研究取得连贯性分析。第七章对朱自清的“新古典”思想做出分析,《经典常谈》缘于“整理国故”的学术背景,体现出他研究与普及兼备的学术品质。结语疗分将对朱自清“通学”的学术理念、学科创建和研究现代化转型的贡献做出简要总结。

关键词:朱自清　学术思想　文学研究

3960

**晚明休闲文学研究** / 王晓光著 ; 王平指导. -- 山东大学, 2009. -- 262 页

论文以晚明休闲文学为研究对象,从休闲学角度阐述晚明文学,重新解读晚明文学,发掘古代文学中的休闲因素,更好地展示中国古代文学的当代意义,使之在当代得到更好的普及与利用,为当代休闲文学的发展提供有益借鉴。第一章是从词源学的角度对休闲进行文化意义上的追溯。第二章对各阶段的休闲文学进行追溯,梳理休闲文学的历史发展脉络,以便更好地了解晚明休闲文学对于前代文学中休闲因素的继承与发展。第三章从物质环境压力的解脱谈起。明朝商品经济的发展和城市的发达,使文人从物质压力中解脱出来,为休闲文学的产生摆脱了来自物质环境的压力。第四章论述的是文化环境压力的解脱。晚明文人开始追求内心的快乐与自由,这使休闲文学得以从文化环境的压力中解脱出来。第五章研究的是社会休闲活动对于晚明休闲文学的影响。休闲文化多样化和休闲空间的扩大,使文人热衷于各种

社会休闲活动。第六章论述的是地理环境对晚明休闲文学的影响。晚明休闲文学的作家、作品都以南方为主要产地,南北方在休闲文学的产生和创作上出现了明显的地域差异。第七章从左右社会文化风气的文人为切入点,在有关资料或数据的基础上,科学地论证晚明休闲文学产生过程中的文人作用。第八章研究晚明休闲文学的主体创作特征。晚明文人在文学上表现为自然天真,直截了当地向人们传达着童真童趣,真情实感,语言生动活泼,读起来痛快淋漓。第九章研究休闲文学的艺术特征。晚明休闲文学具有明显的诗意的美、宁静的美和智慧的美。第十章从功能转变角度论述晚明休闲文学的特征。休闲文学透露出一种信息,即文学的远离功利,这是文人创作更加理智化的结果,而不是愤世嫉俗的逃避,是对健康、平衡状态的回归,是对崇高、和谐的文学的回归,这也意味着文学开始由避世转向适世。

关键词:古典文学　文学研究　明代

**3961**

**宋代石刻与文学** / 王星著 ; 王兆鹏指导. -- 武汉大学, 2009. -- 282 页

论文从传播学角度入手,探讨宋代石刻的多元功能,石刻与文学创作、传播的相互关系,以加强对宋代文学的动态把握。全文分为上下两编。上编为宋代石刻功能的多元透视,共四章,分别阐述宋代石刻的政治功能、文化功能、文学创作功能 、文学传播功能。第一章以帝王石刻为中心,分析宋代石刻的政治功能。第二章主要探讨宋代石刻的文化功能。第三章阐述宋代石刻对文学创作的促进功能。第四章探讨宋代石刻的文学传播功能。论文下编为石刻与文学个案研究。是对石刻与文学微观功能的探索,也是对石刻与文学研究方法的尝试与探寻。第五章分析苏轼对石刻的审美态度与运用情况,剖析苏轼一生只为五人铭、徐州大刻黄楼诗赋、黄州独爱《海棠诗》、定州尤赏《中山松醪赋》的特别心理原因。第六章则深入分析湖南祁阳浯溪石刻与宋人中兴理想之间的相互关系,揭示由唐到宋,浯溪石刻主题由“隐逸”到“中兴”的转变。第七章研究欧阳修《醉翁亭记》石刻。欧阳修滁州刻石有追求不朽、调节贬谪心态、表白政治理想的多重心理动机。《醉翁亭记》在宋代的有寄赠唱和,石刻传播,以音乐、建筑等方式间接传播与结集板行四种主要传播途径,而石刻是此记成功传播的关键。这说明石刻这一传播方式所特有的化精神为物质的特点,也就是说石刻的文化凝定与文化衍生功能,是其它文学传播方式所无法替代的。总体来说,宋代石刻影响到宋代政治文化生活大背景,进而影响到宋代文学的兴衰变迁与本质风貌,对形成宋代文学重道明理的基调有重要作用。

关键词:石刻　文学创作　宋代

**3962**

**《礼记·乐记》研究论稿** / 王祎著 ; 张玉春指导. -- 暨南大学, 2009. -- 274 页

论文旨在对《礼记·乐记》进行相对全面、相对深入的研究。《乐记》是我国第一部古典文艺美学的奠基之作。课题的研究共有六章,主要分为两部分:一部分为《乐记》的文献、文本方面,一部分为《乐记》的文化、文论、文学方面。在《乐记》文献、文本方面,论文从三个角度入手。第一,对《乐记》文献中的争议问题进行考释。主要解决三个方面的问题:《乐记》的篇次归属和章节划分、《乐记》作者与成书过程的考辨、《乐记》佚文的存留和分佚的原因。第二,对《乐记》与先秦典籍中关系密切的著作,进行渊源探索与异同比较。其中,包括《诗经》《周易》《荀子·乐论》和《史记·乐书》,并对《乐记》所涉所有史料,进行辑述。第三,从史的角度,纵向梳理历代研究《乐记》的情况,展现各个经学分期的《乐记》研究特点与新进展、不足与时代根源。在《乐记》文化、文论方面,论文亦从三个方面着手。第一,从文化的角度,追溯《乐记》的史前文化渊源及相互影响。包括巫卜文化的内核、地域文化的观念和《乐记》中上古传说的原型三个内容。第二,从文论的角度,探讨《乐记》中的审美观照及其后世的嬗变。主要有:“地域文艺观”“文质论”“遗音遗味”说。第三,从逻辑与思想的角度,思考《乐记》的“比类”逻辑体系、“中和”思想基础和“体用”哲学结构。研究遵循先扫清文献障碍,再阐释发明的步骤,力争使自己的每个结论建立在可靠而详实的史料、全面而深刻的思考、科学而缜密的论证基础之上。课题既努力成为一部扎实的专研《礼记·乐记》之作,也努力为古典文艺学、音乐学、美学、哲学等领域提供较完备的《乐记》研究成果。

关键词:乐记　礼记　文艺美学

**3963**

**张华研究** / 王媛著 ; 袁行霈指导. -- 北京大学, 2009. -- 220 页

论文以张华作为研究对象。首先对《张华集》和《博物志》进行文献整理和校注,在此基础上,对张华的生平经历、文学创作,以及与魏晋文坛之间的关系进行综合研究。试图通过个案现象的探讨,观察正始文学向太康文学发展的具体进程。张华在魏晋政坛上地位相当重要。他自觉地参与了这个时代的许多大事,倡导伐吴战争,推动了西晋的政治统一。西晋统一之后,许多南方文士应征来到洛阳。张华积极为他们提供各种条件,对南士的文学创作进行具体指导,使他们熟悉北方文坛的创作风尚,从而引领着太康文学时代的到来。张华的诗文创作风格体现了从正始文学向太康文学过渡的特征。他的辞赋代表作《鹪鹩赋》作于入仕之初,是典型的"体物写志"之作。语言清省典雅,体现了魏晋辞赋向着哲理性的方向发展。他的杂诗代表作《情诗》五首承接了汉魏情诗的主题,写情真切浅近,而词语更为华丽,描写更为细致,可以看出魏晋杂诗向藻采化、重情化的方向发展。他的乐府诗创作坚持采用五言和杂言的形式,与荀勖提倡乐府复古形成明显的对比,有利于维护建安以来"文学自觉"的成果。张华《博物志》在流传过程中散佚严重。论文梳理以往对《博物志》流传情况的三种说法,通过辨析材料,认为《博物志》经过后人删节,而今本乃宋代的删节本。古籍中保存的佚文出自古本《博物志》。今传《博物志》两种版本系统分别是士礼居刻本系统和贺志同刻本系统。士礼居刻本系统的底本是北宋连江叶氏本,而贺志同刻本系统的底本是南宋时的刻本。两种版本系统的内容相同,但体例有别,连江叶氏本体例不明,贺志同刻本则是按照内容分类部次材料。可以看出,贺刻本是在连江叶氏本的基础上重新整理而成。《博物志》的文献来源广泛,类型丰富,不局限于"说"类文献,归入小说家已然不太合适,归入志怪小说类更为不妥。《博物志》对后世产生深远的影响,历代都有续作,从而构成了一个"博物小说"的谱系,跟志怪小说、志人小说同为小说史上的重要类别。

关键词:张华　文学研究　西晋时代

**3964**

**水浒续书研究** / 魏永生著 ; 张锦池,刘敬圻指导. -- 哈尔滨师范大学, 2009. -- 265 页

论文遵循"打古通今"的研究思路,将古今水浒续书作为一个研究整体,既重点剖析几部续书,又进行通盘观照和全方位考察,系统梳理水浒续书的历史演变,以文本细读的方式寻绎续书与原著之间的差异与相似之处,依循相关文献,从而得出对续书文化意义的理解认识。全文包括前言、正文六章十三节与附录几部分。前言,涉及论文研究的目的、意义、现状、原则与方法,创新点与难点。第一章从水浒续书整体着眼,指出水浒续书艺术上存在的问题,并对每部续书艺术表现方面的特点进行简评。第二章,分析《水浒后传》"海外立国"这个关键问题包含的丰富的意蕴;分析《水浒传》中燕青形象易被忽视的多重内涵与《水浒后传》中燕青形象的新变化。第三章对比《后水浒传》杨幺与宋江的同而不同,重点突出杨幺的新特质;研究转世再生的构思与其关注现实的创作意图。第四章,通过对《结水浒传》(《荡寇志》)主要内容的分析,归纳其主旨是"颂扬真忠真义,揭露假忠假义与真忠真义必然战胜假忠假义";陈丽卿形象的分析重在探寻其构成渊源,指出其形象具有"儿女英雄"的特点。第五章,重点研究晚清陆士谔《新水浒》针对社会改良形势下的种种罪恶与丑陋所进行的高超的揭露与讽刺,重新审视其艺术价值,给予较高评价。第六章,以《水浒新传》作为现代水浒续书的代表,对其进行较全面的研究。除《水浒后传》《结水浒传》(《荡寇志》)外,大多数水浒续书流传不广,故以一个水浒续书的回目作为附录,以备研究者参考。

关键词:水浒　古典小说　小说研究

**3965**

**汉代乐府古辞与魏晋六朝文人拟作的历史流变** / 文晓华著 ; 张采民指导. -- 南京师范大学, 2009. -- 183 页

汉代乐府古辞及魏晋六朝文人拟作构成一个具有直接影响关系的创作系列,论文称之为"乐府古辞系统"。在大量史实的基础上,论文勾勒出这一系统的纵向发展脉络,揭示文学史的某些基本发展规律,并作出文化审视。第一章通过对文献的梳理,确定"古辞"在"乐府学"中的含义,确认以《乐府诗集》为基础所认定的古辞篇目。介绍魏晋六朝文人拟作概况,提出"乐府古辞系统"概念。第二章讨论"乐府古辞系统"的初起阶段。民间歌谣被乐府采集、整理后,进入上层文化圈,从而导致其社会身份及运行方式、存在状态的变化,这是民间音乐文学向上层文化圈的渗透。汉代"军乐歌辞"是这一转变的典型个案。第三章讨论"乐府古辞系统"的形成过程。在"文学自觉"的背景下,曹操第一个尝试拟乐府创作,其巨大的示范作用使文人纷纷仿效,造成拟乐府创

作的盛况。第四章讨论"乐府古辞系统"的发展阶段。六朝文人拟作呈现出鲜明的以"文"为主的创作倾向,无论是文学内容还是文学形式,拟作均对古辞表现出更多的解构,并重构出一个唯美的文学世界。拟乐府转变为文人抒情言志的重要写作方式,古辞完成了从民间音乐文学向文人书面文学的转化。结语,对这一系统的发展过程做出审视,揭示文学史发展的基本规律。

关键词:乐府诗　汉代　魏晋南北朝时期

**3966**

**白居易生平与创作实证研究** / 文艳蓉著 ; 胡可先指导. -- 浙江大学, 2009. -- 267 页

论文以唐代著名诗人白居易为主要研究对象,运用实证的研究方法,对白居易的生平与创作展开讨论,试图在域外文献、出土文献与传世文献结合探研的基础上,对白居易研究做出新的开拓。论文共有六章,主要包括四个方面的内容:其一是白居易家世与交游研究。利用新出土文献对于学术界长期争议的白居易家世问题进行再探讨,以厘清其远祖世系与子嗣延续;对于前人涉猎较少的白居易家族婚姻状况详加研讨,通过白氏家族与杨氏、皇甫氏以及张氏家族婚姻的考证,展示白氏家族的婚姻特点;在白居易的交游方面,侧重于梳理他与牛、李党争人物之间的关系,并对其党争属性与表现进行新的审视。其二是白居易诗文版本研究。重点利用域外文献,尤其是日本所藏的珍贵文献,分大集本、单行本和各类选本,对其源流进行全面的考证,以拓展白居易著作的版本研究。同时对白居易诗文的石本与墨本,进行详尽的钩稽,以探讨白居易作品这一独特的流传方式,并清理出流传过程中产生的问题。其三是白居易诗实证研究。重点定位于两个方面:一是《长恨歌》与《琵琶行》的专题研究。二是白居易诗分类原论。白居易元和十年(815)编集时分为讽喻、闲适、感伤、杂律四类诗,通过现有资料还原其作品的原生状态,是论文致力的重要方面。诗歌四分类对古律之分和情志之辨有着重要的作用,但也明显地存在着有始无终与体格混杂的阙失。其四是白居易诗在日本的受容研究。论文尽量利用日本存留的相关文献以及研究成果,以阐述不同时期白居易诗在日本的受容特点:平安时代,白居易在日本的受容异常深广,呈现全面展开的态势;五山时代,日本汉文学侧重于对闲适诗和闲适精神的受容;江户时代,由于受我国明代文学思潮影响,白诗受容主要表现为对"白俗"的贬低,但主流之外也有欣赏热爱白诗之人。此外,诗媒意识、佳句情结和选本受容,是各个时期日本对白居易诗受容的共同特点和主要方式。

关键词:白居易　文学创作　文学研究

**3967**

**学海堂与岭南文化** / 翁筱曼著 ; 吴承学指导. -- 中山大学, 2009. -- 230 页

学海堂,是阮元担任两广总督时,在广州创办的以经史实学为教学旨归的朴学书院。学海堂与岭南文化的密切联系,围绕着学海堂文人群体的形成和发展,围绕着学海堂人的学术活动,得到了淋漓尽致的体现,并进而以独特的姿态在大文学传统的视野中绽放光彩。论文主体部分分为四章:第一章谈阮元莅粤后所进行的文化、政治活动,以及与这些活动息息相关的学海堂的创建。阮元实行的一系列文化举措,为进一步推动岭南的学术文化发展,打下了坚实的基础。阮元对地方文化的重视,是集结各方面力量,建立朴学阵地的有效而深远的文化行为。学海堂的创建,为广东学人开创了一个跻身学术圈的重要平台,并逐渐建立起一种新的身份认同方式。第二章则探讨阮元莅粤之前的广东文坛状态。通过对文人交游和唱酬的描述,关注围绕着学海堂人建立起来的学术和文人交游圈。对学海堂人交游的描述,实际上也是对当时文人的真实生活状态,以及创作情况的一种反映,呈现出当时岭南的社会图景和文化气象。学海堂的学术理念和宗旨更主要是凭借着书院教学进行传播,不断扩展和构建一个具有学术引导性的阵地。第四章通过对《南海百咏》及其后世追和之作、学海堂刻书、学海堂人参与地方志编纂、文集编刊等专题的分析,更为具体地去透视这批学海堂人,是如何将自己的乡邦情怀、将自己的学术事业与文献保存结合在一起,在行使历史话语权的同时,也承担起话语权背后的责任,从而进一步深化学海堂在岭南近代学术乃至全国学术发展链条上的重要作用。学海堂人积极参与到文化建设中,所流露出的桑梓情怀和文化传承精神,十分突出。地域文化的建构是在地域意识和乡邦情怀驱动下进行历史编纂的过程,更是文化自觉与文化责任感的外化,这也是学海堂与岭南文化密切联系的重要体现。

关键词:阮元　文化史　学海堂

3968

**班固文学思想研究** / 吴崇明著 ; 巩本栋指导. -- 南京大学, 2009. -- 324 页

论文通过对班固诗赋文论及其诗歌、辞赋、文章、《汉书》等作品的综合考察,深入探讨班固的文学思想及其影响。全文共分九章。第一章,对班固的思想性格进行综合考察。第二章,探讨班固的《诗》学观。第三章,探讨《汉书·艺文志·诗赋略》所体现的班固诗学观,《诗赋略》的设立表明班固文学思想与经学思想的分离。第四章,探讨班固诗歌创作和《汉书》中所体现的文体观念。第五章,探讨班固鲜明而独特的赋学观。第六章,探讨班固《汉书》创作中所体现的文学叙事观念,包括儒家正统思想和尊汉意识等。第七章,根据《汉书》引录诗赋文章,探讨班固的多元文学观。第八章,考察班固文学思想对后世文学创作和批评的影响。第九章,总体上看,班固的文学思想具有包容、通达、进步、开放的特点。班固对屈原和司马迁的批评采用的是"二重视角":即依经立论与文学批评的分离;班固在《汉书·艺文志》中设立《诗赋略》,首次让诗赋独立,表明其文学观念同经学观念分离;班固《诗》学观有折中色彩;班固诗赋创作中经学文艺观与文学审美兼容并;在文学作品功能认识上有包容倾向。这些都体现出班固文学思想包容通达的特色。班固的突出成就,奠定了他在中国文学史上的重要地位。

关键词:班固　儒家　文学研究

3969

**洛阳伽蓝记研究** / 吴晶著 ; 曹虹指导. -- 南京大学, 2009. -- 134 页

论文主要从文献、佛教、史学、文学四方面展开讨论。第一章考论此书体例与版本。通过陈寅恪"合本子注"说的辨正,指出这个概念实等同于"合本",《洛阳伽蓝记》仅第五卷符合"合本"体例,说明该书并非子注体,文风具有枝蔓的特点。版本方面,通过发掘汲古阁本《说郛》,指出《说郛》本《洛阳伽蓝记》是该书两大系统分离前更早版本。第二章观照佛教史视野中的《洛阳伽蓝记》。通过对崇真寺条惠凝冥游故事的分析,指出北朝义学并未衰落,该故事是佛教内部人士所发出的整肃声音。杨衒之的宗教情感是与其家国之思紧密结合的,书中对洛阳寺庙保存之念多过批判之意。第三章追究此书的史学价值。《洛阳伽蓝记》的历史记录可补正史之不足,其记北魏社会生活画卷,尤为研究中古民间社会生活的重要史料。史学思想上,杨衒之以曲折之笔批评庄帝的权力欲望,以记录元徽、刘宣明事迹表达对正史歪曲事实的不满。第四章衡定此书的文学成就。将"秾丽秀逸"分作"秾丽"和"秀逸"分别加以探讨,杨衒之通过对汉大赋的吸收和扬弃,最终将两种风格成功统一。该书常以"京师迁邺"作结,造成语意结构的对立,曲折表达故国之思。推测杨氏写作情境,指出其写作中多取资于地志、辞赋、杂史等作品,非皆由实地考察。

关键词:洛阳伽蓝记　佛教　文学研究

3970

**唐前语类文体研究** / 夏德靠著 ; 尚学锋指导. -- 北京师范大学, 2009. -- 278 页

"语类"文主要是指以"语"的形式存在的作品。论文的主体部分由七章构成,第一章论述"语类"文体的生成及其在先秦时期的形态演进,着重考察原史群体记言传统对于早期"语类"文生成及其形态所发生的影响。第二章至第六章属于个案研究,其中第二章论述《国语》的文体特征,首先分析周代规谏风尚与《国语》文本之间的关系,进而重点探究《国语》文本的生成及文体特征。第三章论述《论语》的文体特征,《论语》记载的主要是有关孔子的言论,从深层次来看,孔子的"述作"意识实际上反映的是史官的著述传统,因此,这一传统在一定程度上制约《论语》文本的构成。事实上,《论语》记言、记行的文体特征与原史群体"言事相兼"的传史方式有着很密切的关联。第四章讨论的是出土"语类"文献的文体问题,不同于世传文献,出土文献因没有经历流传过程中的诸问题而更接近其本真形态,简帛文献中"语类"文提供对于理解春秋战国时期的"语类"文体形态的有效资料。该章着重论述郭店简与上博简中的"语类"文体特征,并对《语丛》的文体做了分析。第五章论述《新语》的文体,不同于《国语》《论语》等"语类"文献,《新语》具有明确的作者。陆贾是汉初有名的政治家、文学家,他所创作的《新语》不但对汉王朝的政治实践发挥重要的作用,同时从文学史的角度来看,它在继承前代专论文体的基础上确立了奏议文体的新典范。第六章论述《世说新语》的文体,在"语类"文体的发展过程中,《世说》是继《新语》之后又一个在文体方面发生重大变化的作品,《世说》这种的变化主要体现在其内容、语言风格方面。该章着重探讨汉末至魏晋论议风气的新变化(即"清谈")与《世说新语》文本之间的内在联系。第七章论述"语类"文与其他文体之间的关

系，重点探讨的是"语类'文与箴铭体、连珠体之间的相互影响。

关键词：语类　文体　文学研究

**3971**

**南宋四明史氏家族及其文学研究** / 夏令伟著 ; 邓乔彬指导. -- 暨南大学, 2009. -- 303 页

南宋四明史氏家族号称相门，政治个性与表现较为突出，文学创作及影响也自有特色。绪论部分主要介绍论文的研究对象、研究现状及研究思路。研究分为五个部分：第一章"史氏家族的发展与评价"。史氏家族的发展经历了从一介寒族到地方望族再到相门之家并迅速衰落的过程，其中关键成员如史才、史浩、史弥远等以出色表现直接促进了家族的政治崛起、经济上升与文化塑造。第二章"史氏家族的政治崛起与表现"。史氏家族与赵宋皇权之间的密切关系是史氏相权的强大保证。这一政治传统由史浩首建，经史弥远发扬光大，并惠及后世。为相期间，史浩与张浚纷争不断，在战守异议的表面下隐藏着国是之争、职权之争及处事之争的本质；作为与之关联密切的一段公案，王十朋论史浩虚实互存，值得辨析。史弥远废济王、立理宗，引发了相权与公议的对抗，胡梦昱案是个中典型。第三章"史浩文集与诗词创作"。史浩《鄮峰真隐漫录》由周铸编集于绍熙二年，以《四库全书》本与《宋集珍本丛刊》本最为常见，应用性、政治性突出，在家族文献、地方文化、文艺研究方面具备重要价值。其中的诗词作品深受某种制度或文化的影响，如宫廷供奉诗之于王府官制、酬唱诗之于休沐制度、归隐诗词之于四明仙隐文化等，皆是如此。虽文学性不高，个性特点却很突出。第四章"史浩《鄮峰真隐大曲》"。史浩大曲之变表现在以摘遍为大曲、以词调入大曲，据此可以纠正王国维的若干误断。以宫廷宴飨文化相观照，史浩大曲的创作背景、主体条件及艺术特征可得以说明。第五章"史弥远与江湖诗案及滑稽戏"。围绕着江湖诗案，史氏相党与江湖诗人之间存在分立、冲突与消解的关系，与之相适应，诗也实现了群、怨或颂的功能转换。滑稽戏以宰相为主要嘲谑对象，史弥远与它的关系是其中的一个缩影。

关键词：古典文学　文学研究　南宋

**3972**

**《金瓶梅》中的婚嫁礼俗研究** / 辛银美著 ; 于天池指导. -- 北京师范大学, 2009. -- 73 页

论文以《金瓶梅》为研究对象，主要是运用文艺民俗学的方法进行研究。研究分为三个部分：第一部分是绪论部分。这一部分梳理《金瓶梅》民俗研究述略，由于前人对此研究较少，可以借鉴的成果不多，所以又梳理明清小说及其民俗研究的成果。在写作正文前，对礼俗这一中国文化的根本特征之一做了简单的历史考察，作为行文的基础。第二部分是论文的主体部分，共分五章。第一章，从主婚人看《金瓶梅》中寡妇再嫁的自主性，详细考察主婚人的历史发展，分析明代的主婚人制度，重点结合作品，分析作品中寡妇婚嫁的自主性，探究其深层次原因。在行文过程中，注意比较前朝后代文学作品中的同类人物。第二章，从媒妁看《金瓶梅》中媒人的市侩性，详细考察媒妁的历史发展，依次分析作品中的众多媒婆形象，得出无论是官媒还是私媒，都唯利是图，本应神圣却充满了市侩性的结论。第三章，从相看看《金瓶梅》中纳妾的倾向性，仔细分析相看这一礼俗，推断出此俗与纳妾相联系而产生，并结合作品，论证那个时期纳妾的看重小脚的习俗以及由此产生的"恋鞋癖"情结。第四章，从下茶看《金瓶梅》中婚姻的买卖性，详细考察下茶的来源与历史发展，指出中国社会由来已久的重聘陋俗，结合作品分析封建买卖婚姻的实质，论述茶与婚恋题材文学作品、中国"以茶为礼"的茶文化，并指明插定与下茶的关系。第五章，从铺房、撒帐及婚后诸俗看《金瓶梅》描摹婚俗的完备性，通过研究从铺房、撒帐、妇见舅姑、完饭、吃会亲酒等礼俗，考察出每一礼俗的由来及与之相近的礼俗的联系与区别，结合作品论证《金瓶梅》描摹礼俗的完备性。第三部分是论文的结语部分。这一部分对论文进行总结，并指出运用民俗学研究文学作品的价值意义，点明以后的研究方向。

关键词：金瓶梅　婚姻　文学研究

**3973**

**黄庭坚散文研究** / 徐建平著 ; 洪本健指导. -- 华东师范大学, 2009. -- 188 页

论文为首次对黄庭坚散文进行全面、深入和系统的研究。论文在对黄庭坚近 2900 篇散文编年的基础上，将其创作分为游学期、下僚期、馆阁期和贬谪期。游学期为嘉祐五年至元丰二年，黄庭坚散文创作起点较高，直抒胸臆，挥洒自如，但有仿效的痕迹。下僚期为元丰三年至元丰八年，黄庭坚沉沦下僚。散文理念的形成、个人风格的追求，标志着散文创作的自觉。

馆阁期为元祐元年至绍圣元年,黄庭坚和苏门盟主苏轼,以及同门汇聚京师,创作富于激情,散文数量首次超出同期的诗歌,呈现奇崛顿挫的艺术特色。贬谪期为绍圣二年至崇宁四年,黄庭坚受到党争的牵连,被贬荒凉之地,散文创作达到了鼎盛。黄庭坚对人生和散文创作的真谛领悟深刻,为文无意而意至,语言质朴,蕴藉有味,形成了平淡、老成的创作风格。黄庭坚的散文理论自成体系。《答洪驹父书》三首为黄庭坚散文理论的代表作,丰富了北宋的散文理论。黄庭坚把"治心养性"当作文学创作的关键所在,注重自我修养,塑造理想的人格,将外在的伦理规范化为内心的自觉要求。其次,黄庭坚强调师古独创,学习文学大家的优秀作品,特色鲜明,自成一家。再次,黄庭坚讲究作文,提出了著名的"点铁成金"之说,强调自作语,务去陈言。黄庭坚具有强烈的开拓创新意识,重视散文创作的艺术表现技巧。黄庭坚的散文创作具有蕴藉有味的艺术特征,倡导散文的本以新意,强调以理为主,将经术、议论和性理融为一体,言理不言道。在散文创作中有意于奇,立意谋篇、人物形象的塑造和情感的表达等有不同凡响之处。黄庭坚散文创作必谨布置,终始关键,曲折致意。强调创作的整体性和有机性的结合,表现手法丰富多彩。黄庭坚工于语词,注重散文的声韵之美,善于运用比喻、对仗、比拟等艺术手法,给人以审美的趣味和愉悦。黄庭坚在辞赋、序跋、杂记、书简、碑志、铭文和字说创作中有突出的成就,成为北宋后期散文创作的优秀成果,在中国散文史上留下了光辉的篇章。

关键词:黄庭坚　古典散文　文学研究

**3974**

**秦文学与文化研究** / 延娟芹著 ; 赵逵夫指导. -- 西北师范大学, 2009. -- 272 页

秦文学既是一个历史概念,又是一个地域概念,论文力图从时间和空间两个角度入手探讨秦文学的内容、特点以及发展历程。论文由八章组成。秦文化的形成是秦文学发展的基础,因此,第一章重点对秦文化形成的有关问题做总体阐述,同时就一些有争议的史料进行辨析。秦文化的形成受多种因素的影响,尤以地理环境、政治制度和社会风俗等的影响最为明显。第二章至第六章,是在秦文化的视野下,对有关秦文学史料的梳理、考辨和讨论,也是论文的重点。通过对《毛诗序》的仔细分析发现,《秦风》十首,除《蒹葭》《无衣》二首外,其余八首《毛诗序》的说法符合或某种意义上符合诗歌本义,诗歌内容反映了秦国君臣之间由和谐到不和的变化过程,这与秦国历史发展的特点相一致。秦国辞令中少数篇目并不落后于其他国家,但是总体上长篇较少,简单质朴,就事论事,不做过多的引申发挥,文体也不够丰富。大量的战国时期秦文献的出土,大大拓展了秦文学的内容。这一时期秦文学内容丰富,形式多样。《商君书》和《吕氏春秋》是战国时期秦国的重要著作。《商君书》说理的最大特点是逻辑性强,思路清晰,层次条理,总体表现出明显的理性色彩,但也不乏用形象来说理的精彩片断。语言不太讲究藻饰,质直浅白,有的酷似法律条文。第七章总体阐述秦文学的发展历程与特点。秦文学具有现实性、质朴性、唯大尚多的特点。最后一章是秦文学、文化与周边文学、文化的横向比较。秦文学、文化经历了由西北逐渐传布到全国的发展历程。春秋时期秦文学与秦文化的关系较为简单,秦文学大体反映了秦文化的来源与特点。战国时期,秦文学与秦文化的关系变得复杂起来,秦文化对秦文学的影响是双重的。秦代文学与文化的关系则基本沿着战国的趋向发展。

关键词:古典文学　文化　文学研究

**3975**

**明代科举文化与文人结社** / 阳达著 ; 欧阳光指导. -- 中山大学, 2009. -- 240 页

科举取士是隋唐以来最重要的遴才方式,它改变了汉魏以来选拔人才的标准,以统一的考试作为选士的规范,极大地激励了广大寒俊士子通过科举考试走上仕途。科举文化衍生最重要的文化现象,莫过于文人结社。与唐代通榜、不糊名等科举文化不同,宋代实行诗赋与经义并行取士的政策,固定的考试书目及经义内容的增多使得士人结社为科举成为可能;而且随着宋代文人结社风气影响的扩大,这种与科举相关的结社逐渐兴盛起来。明代则更为繁盛,这主要在于明代特殊的科举文化特色。明代科举考试的程式化及考试文体的模式化,更激发了士子们为科举而结社的动机。为了更好的交流学习心得、揣测考试题目,士子们便相互结社切磋。事实上,结社对他们的登第确实也起到了很大的作用,故而文社、文会、讲会等结社形式便在社会上扩散开来。同时,在科举文化作用下,为了加强相互之间的联系或是在政治上相互提携,很多登第士人便结成同年会,这种科举文化现象在唐代便初见端倪,并在宋代逐渐兴盛。在明代科举

文化繁盛的大背景下，这种因科举而结会的科举文化现象也达到了极盛。随着这些科举文化现象的流行，又带来了很多泛科举文化现象，如因科举而结成的朋党、有关科举考试书籍的刊刻、由科举引发的社会思潮等等。明代科举文化造就了结社这种文化现象，不仅在社会、政治上产生了较大的影响，如明末复社的政治活动，直接关涉到朝廷大臣之间的争斗；同时在文学领域也掀起了一场文学复古运动，并引起了知识分子与朝廷在文学发言权等方面的争夺。尽管清代统治者禁止文人结社，但是结社之风在民间却仍广为流传，成为很多小说中的重要素材。

关键词：科举制度　文人　明代

**3976**

**宋代诗歌对“桃源”主题的接受与传释** / 杨宏著 ；周裕锴指导. -- 四川大学，2009. -- 222 页

陶渊明晚年作品《桃花源记并诗》，给后人留下了一个神奇而美丽的梦幻“桃源”世界。桃源意象成为后世文学、绘画、音乐等艺术形式中引人注目的重要原型母题。引言部分回顾自 20 世纪以来学术界对历代以桃源爲主题的诗歌进行的研究工作。论文拟在前人研究基础之上，在具体研究过程中，以历史分期为经，以传统文学鉴赏批评为基础，借鉴结构主义、新批评理论、阐释学和接受美学的研究方法，结合时代、社会背景、作家生平等相关内容，从字意、情感、语调、用意等层面对每一时期主要作家的代表作品文本进行全面解读。对宋代桃源诗歌进行全面分析讨论，力图在桃源诗歌研究领域中有所突破。正文部分分为六章。第一章分析研究桃源传说的发生、发展及定型，从考察中国传统的桃文化入手，分析武陵桃花源和天台桃花源两种不同桃源故事体系发生、发展及定型的过程，探讨它们之间产生融合的原因。第二章讨论宋以前的桃源诗，追溯宋以前的桃源诗歌接受与传释情况，主要是对唐代桃源诗歌的分析研究。第三章进入对宋代桃源诗的分析。第四章是论文主体部分，本章对除了王安石、苏轼等已经为古今学者所熟知且详细研究过的作家作品研究之外，对前人没有或者讨论甚少的一些诗歌作品也没有忽视。在文本详解、新解的基础之上，重点考察作品和时代、社会、文化与文人创作之间的关系问题，建立起一套新的宋代桃源诗歌批评理论体系。第五章分析研究宋人桃源理想成因，从历史与现实的互动、理想与个人遭遇的关系、理性与疑古、出仕与隐逸等多个角度对宋人桃源理想形成原因及发展演变进行研究探讨。第六章是创作方法研究，从宋人提出的以故为新、翻案成章、夺胎换骨等方面文学理论对宋代桃源诗歌的创作方法进行探讨。最后是论文的结语部分，考察宋以后，元明清三代诗人创作的一些桃源诗歌，与宋代桃源诗相较，没有脱离宋人的创作，可以说是宋代桃源诗的余绪。

关键词：古典诗歌　文学创作　宋代

**3977**

**《庄子》在越南的传播与接受** / 杨俊英著 ；尚学锋指导. -- 北京师范大学，2009. -- 123 页

在长期的历史中，越南深受中国文化的影响。至今，在越南的社会生活中，汉文化的影响依然随处可见，庄子及其书对越南文化的影响亦是毫无疑问。根据史料记载及其他证据，可以肯定《庄子》一书已经在越南文化中存在了 2000 年左右，跟着道家、方仙道与道教在越南领土传播，《庄子》亦不断推广其影响，不少汉字与越南字的《庄子》版本被越南读者欣赏。《庄子》对于越南文化来说是一个外来的文化成就，但在越南传播的过程中并没有强迫性的传播表现. 文化强迫同化的对象选择及其根深蒂固的文化歧视. 但是文化同化通常分为强制同化和自然同化两类。《庄子》在越南传播与接受是属于后者. 因此，《庄子》跟着道家、方仙道与道教进入越南之后，并未遇到本土文化歧视，渐渐与本土文化融合起来，甚至成为越南本土文化的一部分。通过各种各样的传播途径与传播方式，《庄子》文本及其影响已经输入到越南的各个阶层，从统治者、文人及大众平民。《庄子》大体上受到越南人的欢迎与羡慕。《庄子》的语言、文学风格、人生观、世界观等同时输入越南文化的各个方面。其影响虽然往往比不上儒教对越南文化的影响，但显然颇有贡献，不可忽略。国与国之间的交流、特别是文化领域中的交流是国家发展、人类进步必不可少的一个层面。至今，越南与各国的文化交流完全是自愿的、主动的，不受任何因素的强迫. 加强对档案世界文献遗产利用方式、文化价值的开发研究，发挥其对社会发展与文明进步的推动作用，挖掘和展示其历史载体的社会功能等都是当前档案学科研究的重要内容和紧迫任务。因此，将《庄子》与其他世界文献遗产来研究就是实现这个任务的一部分。通过这种交流，越南社会、文化、文学等领域都取得了良好的效果。

关键词：庄子　传播学　越南

3978

**唐代“长安—洛阳”文学地理与文学空间研究** / 杨为刚著 ；陈尚君指导. -- 复旦大学, 2009. -- 298 页

论文以“京—洛”区域的文学现象与文学活动为研究对象,选择几个具有代表性的地理区域与地理空间,对其文学活动的发生与发展情况展开研究。在第一章中,把两京都城作为一个完整的地理空间,研究都市文学空间的形成及其运作。其中,第一节是以街鼓制度为中心,研究都市文学空间在街鼓制度下所显现的时空特征,从而对唐代都市文学尤其是都市小说创作意识的成熟与文体的独立做出分析。第二节选取兴庆宫花萼相辉楼与勤政务本楼为研究对象,研究以两楼为空间依托的文学事件与文学创作,以及作为文学意象与文学空间的演变历程,以此观照建筑空间、政治空间与文学空间的关系。第二章是以骊山华清宫为研究对象的行宫文学研究,重点研究玄宗时期的华清宫作为一个政治空间对文学创作的影响,以及玄宗之后,华清宫作为一个文学空间与历史空间在文学作品中的反映,以此观照政治空间与传奇叙事空间的关系。第三章是以馆驿为中心,选取京洛之间文学活动比较活跃的三个地区——长乐驿、灞陵与金谷园为研究对象。长乐驿代表了唐代新兴馆驿的文学创作;而灞陵道文学作为一个具有历史积淀的文学空间,显示了汉唐以及唐宋文学递承的过程;金谷园文学空间体现更多的是晋唐文学的嬗变轨迹。第四章是以华山为中心的山岳文学地理与文学空间研究。作为广义的文学区域,华山山岳文学与以两京为文学空间的都市文学形成相辅相成的比较。作为狭义的文学空间,华山文学空间又分为华山庙文学空间与华山山体文学空间。华山庙文学与华山庙文学空间形成的过程显示了物质空间对于文学创作的重要意义,从而与华山山体的仙道文学空间形成了有意义的比读。另外,华阴杨氏作为文学士族在华山地区的墓葬与迁徙也是该章涉及的内容。最后一章是以京洛交通区间为研究对象,选择洛阳至长安南道“寿安——福昌”路段为一个单元,研究这一区域作为都畿文化区域形成与发展的过程,以及东西交通、人员流动对文学创作的影响。

关键词:古典文学　文学研究　唐代

3979

**宋代东莱吕氏家族及其文献考论** / 姚红著 ；沈松勤指导. -- 浙江大学, 2009. -- 208 页

家族作为社会的基本细胞,其研究一直颇受学术界关注。宋代东莱吕氏家族簪缨世家,文献相继,是中国历史上最令人瞩目的世家大族之一。论文力图对宋代东莱吕氏家族的政治活动和文献著述做系统梳理和总结,并对其源流做清晰描述,然后从家族文化层面予以解释。同时,通过对这个家族的研究,指出在“唐宋变革”说之外,还存在一种家族生存发展的新的范式。通过以上研究,为以后进一步从学理上挖掘吕氏家族的政治活动、文学成就及学术地位奠定基础。论文主要包括以下内容:绪论部分阐述选题动机和主要研究内容及思路、研究现状与选题价值,对相关概念进行梳理,也介绍论文的主要研究方法。特别是揭示论文的主要创新点,第一次对宋代东莱吕氏家族的政治活动和文献著述做了系统梳理和总结,为人们全面了解这个“簪缨”世家和“巾箱”世家提供可靠的资料,第一次对宋代东莱吕氏的源流做了清晰描述,同时,通过对宋代东莱吕氏家族的研究,指出在“唐宋变革”说之外,还存在一种家族生存发展的新的范式,在具体写作过程中,细节方面也出现不少创新之处。第一章通过对墓志铭、行状、史传、笔记小说以及家谱等诸多资料的搜检,对东莱吕氏渊源、宋代世系行状及姻亲关系做详细考论。东莱吕氏在唐五代就较为发达,由五代入宋发展成一个有着全国影响力的大家族,在普遍“君子之泽,五世而斩”的宋代显得十分突出。第二章将宋代东莱吕氏作为一个整体,考察其在宋代政权建设中的作用和主要成绩,也对一代名相吕夷简的任相政绩重新加以审视和评价。第三章对吕氏家族的著述进行全面考察,也钩辑其家族成员部分散佚之文献,以期尽可能多地还原家族著述,并对现存善本文献做一综述。第四章分析吕氏的家族文化,吕氏是科宦世家,家风严谨,家学淳厚,这三者是家族能维持二百余年门风不坠的重要原因。该章还从经史集三个方面阐述吕氏家学及其特点。

关键词:家族　文献学　宋代

3980

**庄子逍遥义演变研究** / 叶蓓卿著 ；方勇指导. -- 华东师范大学, 2009. -- 140 页

历代学者对于庄子逍遥义都极为重视,但至今未有学者对逍遥义的历史演变进行过系统的爬梳与论证,即使偶有涉及也多半集中在辨析逍遥本义上,对其演变脉络则分析得不够透彻,所涉及的庄子学著作也不够全面。论文按照纵向的庄子学历史轨迹,把握

横向的逍遥义时代发展趋势,系统梳理相关文献,综合论述演变规律,力求填补该领域内的学术空白。论文导言部分介绍《逍遥游》在《庄子》全书中提纲挈领的重要地位,并对历代学者的逍遥义研究情况进行综述。第一章重点分析郭象的"适性逍遥"说。郭象在其《庄子注》中,以"独化论"为理论基础,得出"有待""无待"皆是逍遥的"适性逍遥说"。第二章论述东晋名僧支遁的"明至人之心"说。即色派代表人物支遁以"格义""连类"的方法,引入佛教般若性空学说以阐释庄子逍遥义,提出以"明至人之心"为标准,"物物而不物于物"的逍遥义,从而推翻郭象"适性逍遥说"。第三章先追溯魏晋南北朝诗文中的大鹏形象,再以李白《大鹏赋》为重点,阐述唐代文人以"大鹏"为逍遥的阐释指向。第四章阐述王雱、吕惠卿等的"无累逍遥"说。王雱等宋代文士多以易学象数派理论及易学阴阳思想来解析庄子逍遥义,而宋末林希逸则对这种以易解庄的思潮进行彻底反叛,转而以具有儒学化倾向的"乐"字来阐释庄子逍遥义。第五章重点分析宋末罗勉道的"优劣逍遥说"。罗勉道执"化"字以释逍遥,将逍遥游分为优等逍遥游与劣等逍遥游,并以"至人无己"为最优等的逍遥游境界。第六章探讨明清时期庄子学著作中以"大"为纲阐释庄子逍遥义的风气。林云铭、宣颖、胡文英、刘凤苞等从文章学的角度,对庄子逍遥义进行深入细致的分析,并由刘凤苞将逍遥义重新回归到了"无待逍遥"的庄子本义上。而另一方面,吴世尚、林仲懿、孙嘉淦、梅冲等,则以新儒家思想来解说庄子逍遥义。结语部分简要介绍部分近现代学者对于庄子逍遥义的论述,并对上文内容进行小结。

关键词:庄子　道家　文学研究

**3981**

**明代中央文官制度与文学** / 叶晔著 ; 陈广宏指导. -- 复旦大学, 2009. -- 406 页

论文的首要目的,是还原馆阁制度及其文化内涵下的中央士大夫文学,修正文学史上相对传统、保守、体现权力意志的僵化形象。避免文学主流被文学史叙述边缘化,还原其应有的文学地位;避免作家作品被文学史概念模式化,强调社会各阶层之间的文学元素的流动,进而挖掘其多维度的文学意义。第一章重点论述明代翰林院制度与文学的关系,考察国家如何通过翰林院的职掌,来有效地掌控中央文学权力。第二章重点论述明代庶吉士制度与文学的关系,考察国家如何通过庶吉士的培养,在翰林院基层建立一套官方文学标准。第三章以同馆、同曹、同年、同乡为四条主线,以线代面,考察明代300年来京城的士大夫诗文集会活动,提出明代馆阁、郎署、山林三层文学结构的理论。第四章选取辞赋、四六文、箴体、连珠、乐章体词曲五种纯文学的文体样式,考察它们在明代馆阁背景下的历时发展趋势。既在"政""道"思维模式下固守儒家文学本位,又展现出多方面的功能创新特征。首先,以明代馆阁赋为例,探究政治空间中士大夫对文学作品的理解和书写。其次,馆阁四六曾因明初公文改革的去骈策略而销声匿迹,又因嘉靖年间的青词风气而率先崛起,进而通过对其他文体的侵蚀,逐步向社会下层及私人空间拓展。最后,从礼乐制度切入,结合礼部、翰林院等中央文化机构的职掌,考察明代各类官方礼仪中乐章、乐歌的创作及文体变化,重现乐章这一被忽略的文学样式在明代的发展历程,进而探讨其对宋元以来兴起的词、曲等俗文学文体的借鉴与改造意义。

关键词:文官制度　文学研究　明代

**3982**

**明代折子戏研究** / 尤海燕著 ; 张燕瑾指导. -- 首都师范大学, 2009. -- 197 页

明代折子戏是中国戏曲从全本戏到折子戏发展的初始阶段,是我们了解折子戏的产生、形成过程的窗口。对明代折子戏的形态、内容进行梳理、描述是对戏曲发展史的有益补充。论文第一章探讨明代折子戏产生的原因。论文第二章梳理、分析明代折子戏的整体状况。该章以明代折子戏选本为主要参考资料,结合各种笔记、小说、方志等资料中透露出来的有关信息,以时间为主轴,将明代折子戏分成明初到嘉靖时期、明万历时期、明天启崇祯时期、明代折子戏余绪期四个阶段来分别进行描述、分析,力图把握明代折子戏的发展脉络,并对各阶段折子戏的表现、特点进行探讨和总结。论文第三章探讨明代折子戏自身的发展演变。明代折子戏在主题、曲词、宾白等各方面都留下了发展演化的痕迹。论文第四章从明代折子戏的发展看戏曲角色、声腔等方面的变迁。论文第五章探讨明代折子戏的影响。一方面,该章通过明代折子戏与一折戏在形式、内容上的异同的比较,表达对戏曲的舞台性和文学性的关系的思考。另一方面,明代折子戏是很多近现代地方戏的源头。明代折子戏往往要经过大幅改造才能进入地方戏,改造后的地方戏在叙事性、地方性、时代性上都与原作有了相当

的距离,但明代折子戏的首创之功仍不可磨灭。结语部分对明代折子戏的地位和作用进行总结。明代折子戏应该是中国戏曲史上重要的一笔,对它的进一步探讨无论在戏曲文学还是戏曲表演的研究领域都是必要而令人期待的。附录部分首先对明代折子戏选本做了考辨和整理,尤其是对选本的成书时间和同名异书的情况做了大量的考证和辨析,以更为客观地掌握明代折子戏研究的第一手资料。其次,附录部分对各个时期选本中的折子戏出目、剧目做了梳理,并以表格形式列出,这样,各种折子戏在不同阶段的表现即可一目了然,在研究中使用起来非常方便简捷。

关键词:折子戏　文学研究　明代

**3983**

**唐代礼官与文学研究** / 于俊利著 ; 傅绍良指导. -- 陕西师范大学, 2009. -- 255 页

论文系统地研究唐代礼官的官职设置与制度沿革,分析礼官与唐代文人、文学演进之间的互动关系,并从文化与文学的结合点上,考察在制度文化背景下,唐代礼官文人所特有的从政方式、生活状态及其创作趋向。论文主体部分共分为七章。第一章系统地考察唐代礼官的体系设置,分析有唐一代礼官的地位升降与实际职权变化。第二章主要分析唐代太常博士、礼部四司郎官、礼部侍郎等主要礼官的选任及其职事活动。第三章主要分析唐代礼官的职业素养。第四章主要论述唐代知贡举礼官的选士活动对唐代文人的重要影响。第五章集中分析礼官的精神品格与中唐文学思潮的内在关系。第六章较全面地探讨唐代礼官的文学创作。第七章通过个案研究,讨论担任礼官的经历对唐代文人所产生的重要影响。作为与唐代礼仪、教育、文化密切相关之职,礼官文昌列曹,职清秩美,文人一经此职,遂践清途,跻身名流,加之在礼官任上的长期参政议礼的磨炼,不仅拓展宽阔的政治视野,涵养广大深厚的礼学素养,而且使他们得以进一步历练器业,成就功名。许多文人以此或升任至重臣宰相,或成长为诗文名家。对文学创作而言,礼官任上频繁的诗酒文会,使这段时期成为文人们唱和酬赠诗作的高峰期。而与台阁文坛名宿交流切磋,也大大提高了他们的诗歌技艺。更为内在的影响是,礼官经历通过影响文人的人格理想、文学观念也影响到文学创作的精神内容。可以看出,礼官经历对文人的仕途人生与诗文创作都有着重要意义和特殊影响。

关键词:礼仪　文学研究　唐代

**3984**

**"张籍王建体"研究** / 于展东著 ; 张学忠指导. -- 陕西师范大学, 2009. -- 209 页

论文的研究对象是"张籍王建体",是对张籍、王建诗歌的整体性研究,考察"张籍王建体"的含义,考察张王二人与中唐两大诗派代表诗人韩愈、白居易的交往,探讨张王二人在中唐诗坛的地位和意义,分析其诗歌的创作背景、渊源、内容、成就以及影响。论文在绪论、附录之外,共设有三编七章。绪论部分简述有关诗体的概念、研究选题的意义,评述以往的研究成果。上编"张籍王建体"综论。第一章为张籍、王建述略,首先论述张籍、王建并称的由来及其含义。其次分别考察张籍、王建和中唐两大诗派的代表人物韩愈、白居易之间的交往情况。再次考察张籍、王建的影响、贡献,及其诗歌在唐宋时期的流传。第二章为张籍、王建诗歌的创作背景,主要阐述张籍、王建所生活的安史之乱后的时代背景,论述张籍、王建诗歌创作的渊源来自于安史之乱后由理想到写实创作手法的变化,可以上溯到杜甫、元结等人的影响。中编"张籍王建体"最基本的含义:乐府诗创作的成就及特点,是一些概述性质的内容,阐述唐人的乐府概念,论述初盛时期的乐府诗的创作概况,分析在中唐大的文化背景下张王二人大力创作乐府诗的原因、张王乐府在当时被传唱的情况以及张籍、王建乐府诗中的唱和现象。第四章,结合具体作品详细分析张籍、王建二人的乐府诗。下编"张籍王建体"的另一层含义——近体诗创作的成就及特点。第五章为张籍、王建的五言律诗,张籍有五言律诗 140 余首,王建有五言律诗 60 余首,内容多涉及普通的日常生活和细腻的人情体验。第六章为张籍、王建的七言律诗,阐述了初唐到中唐期间七言律诗的发展概况,结合具体作品分析张籍、王建的七言律诗创作。第七章为张籍、王建的绝句。张籍、王建二人的绝句从内容上讲大多是一些写景、抒怀、寄赠之作,不乏一些清新明快、韵味隽永、以风神取胜的上乘之作。另外,论文将张籍王建有关佛道的作品、唐代一些诗人写给二人的赠诗以及张籍王建古体诗论析附录于后。

关键词:张籍　王建　文学研究

**3985**

**浦起龙《读杜心解》研究** / 余洁著 ; 傅刚指导. -- 北京大学, 2009. -- 126 页

浦起龙《读杜心解》是清代杜诗学的重要著作,它

与钱谦益《钱注杜诗》、仇兆鳌《杜诗详注》、杨伦《杜诗镜铨》等皆为现在较通行的杜诗注本。但目前学术界对杜诗注本的研究还不够深入,对浦氏《心解》的研究更为少见。这对于解读杜诗、研究杜甫都是一种缺憾。论文针对此状况,对《读杜心解》进行系统研究的尝试。力图在清代杜诗学发展的大背景下,通过对浦起龙生平学术的介绍、对《心解》注释体例的分析、对《心解》在注解评方面特殊成就的论述,探悉浦氏《心解》在杜诗学史中的地位、影响及其局限性。浦起龙身处清代康雍乾三世,其时正是清代政治最为稳定、经济最为繁荣、文化学术成就最高的时代。浦氏深受程朱思想熏陶,致力学术,为人淳笃,在史学、文学等领域均取得了重要研究成果。其所著《史通通释》《读杜心解》成为史学和杜诗学研究方面的重要参考文献。浦氏的学术功底奠定了其注杜的严谨考证功夫。《读杜心解》以"还杜以诗,还杜之诗以心"为注杜宗旨,上承仇注之集大成而更趋精简,体例上突破固有传统,寓编年于分体,并将诗文合列,虽有"怪异"之讥,却体现了浦氏对杜诗编次注解的独到认识。而注、解、评兼备的体制,使《心解》注杜既具有背景考证的谨严确切;又具有诗意阐释和章法分析的深入细致。在具体注解过程中,浦氏首先通过历史、地理、编年、交游等诗歌背景考证来考镜世变、疏通诗意;其次,以详细的章法分析及巧妙的诗法点评串解诗意,钩抉作者构思匠心,展示诗人艺术造诣,以诗法、诗艺之精体现诗人匠心之妙、人格之真;并且以深入的识见、细腻的感悟体解诗人流露于字里行间的真意,切入诗人的本怀。其中有许多浦氏独得之"心解",或纠正众谬,或廓清旧说,或阐发新意,对杜诗阐释的进一步深化、细化和确切化,起到了重要的促进、补充和启发作用。

关键词:浦起龙　杜诗　文学研究

**3986**

**唐宋作家与唐前经典** / 余祖坤著 ; 蒋寅指导. -- 北京师范大学, 2009. -- 201 页

唐宋时期是中国古典诗文发展演进最为丰富复杂的一个历史阶段,而在唐宋诗歌和散文的革新过程中,前代的很多经典起到了十分关键的推动作用。论文采取系列专题的形式,通过对作家与经、史、子、集各部经典之间关系的考察,揭示唐宋诗文革新过程中的一些具体的文学现象和文学规律。第一章"陈子昂与《墨子》"指出墨学作为陈子昂的家学,对陈子昂的政治思想、文学思想和诗文创作产生了深刻影响。第二章"张九龄与陶诗"主要通过对张九龄与陶渊明之间渊源关系的考察,指出张九龄是唐代最先全面学陶的诗人,他的这一审美情趣,对盛唐诗歌的健康发展起到了不可低估的作用。第三章"颜真卿与《颜氏家训》"从颜真卿的家学与交游入手,还原其在古文运动和诗歌革新中的重要地位,指出颜真卿实为唐代诗文演进过程中的一位承前启后的重要人物;同时通过考辨,指出杜甫在诗中只字不提颜真卿的原因,在于正是颜真卿的刚直行为,直接导致了杜甫在政治上的悲剧命运。第四章"杜甫与《春秋》"指出杜甫秉承家学,继承《春秋》的著述精神,借助"春秋书法",彰显"春秋大义",从而一方面大力提高了诗歌的记事功能和写实功能,同时又在南朝诗人割断诗歌与经史之间的联系之后,再次使诗歌与经史血脉相连,从而重新高扬了儒家诗学中的伦理内涵和社会功能。第五章"韩愈与《孟子》"主要分析孟学对韩愈思想、人格及古文创作的深刻影响,认为韩愈古文的千万化、"笔最曲折"很大程度上渊源于《孟子》。第六章"苏轼与《史记》——从'苏轼不喜《史记》'说谈起"通过对苏轼传记文的分析,指出陈师道、黄庭坚等人的"苏轼不喜《史记》"说有其合理性,进而论证苏轼对《史记》实深有研究,并受其艺术和思想的影响甚深。第七章"唐宋作家与《檀弓》"指出《檀弓》在唐宋古文运动的背景下,实现由经学到文学的文本转变,并且成为古文创作的最高典范之一,对唐宋诗文以及后世的文学创作产生了深远的影响。

关键词:作家　古典文学　文学研究

**3987**

**楚辞水神研究** / 曾凡著 ; 钱宗武指导. -- 扬州大学, 2009. -- 219 页

《楚辞》是战国时期产生于南方的一种充满地域特色的诗歌,有着极为丰富的文化内涵。楚辞除了融汇楚地风物之外,也吸收了大量北方文化的精髓。水神信仰与远古以来的生殖崇拜、祖先崇拜观念有关。楚辞中保留了部分北方水神神话,其水神在形象上、内涵上多与北方水神一脉相承。神话中,被奉为始祖神的伏羲和女娲"蛇身人面(首)",这是龙神最初的形象。上古时期的蛙、蛇等水神崇拜是生殖器官崇拜的具象化、隐喻化的外部表现形式,这位龙的诞生提供了观念上的可能。黄河祭祀的习俗有着古老的传统,这一文化现象的萌芽可以追溯到新时期早期的伏

羲、女娲的渔猎采集经济时代。由于生存地域关系，河宗氏以黄河为标志，河神作为他们的宗神接受祭祀。殷商卜辞中有不少祭祀河神的记载，河神的地位仅次于祖先神。在楚辞里，《九歌》与《天问》中的河伯形象截然不同。河伯部落以猪为崇拜物，猪神也是具有生殖意象的水神，河伯崇拜与猪神崇拜有关。中原文化系统的河伯是楚辞河伯神话的主要来源。屈原的生命哲学观受道家、儒家、神仙家、法家等思想影响，其中道家、儒家、神仙家对他的影响尤为深刻。屈原对生与死的态度，同先秦时代普遍存在的万物发端于水又复归于水的生命永恒观念相一致。诗人超越生与死的抉择，正是水神崇拜、生殖崇拜观念下的无意识表现。这种行为本身，是先民生命回归原始的观念在现实中的具体实现。

关键词：楚辞　神话　崇拜

3988

**《国语》研究** / 张鹤著 ; 方铭指导. -- 北京语言大学, 2009. -- 184 页

《国语》相传为春秋末年鲁国人左丘明所作，是先秦时期一部重要的文献。论文利用传统考据和历史文献学的方法，逐一考察《国语》的成书、内容、思想、文体、文学成就等问题，从而揭示《国语》所兼有的历史、文学、经学、政教的多重性质。第一章和第二章内容为《国语》的成书研究。在前贤研究的基础上，对传世文献和出土文献材料进行梳理，辨析《国语》作者、版本与注本问题中的难点与疑点。第一章通过对先秦史官职守的转变和瞽矇讲史的辨析认为，《国语》的作者应是一个系统，这其中包括有《国语》的作者、编者和传诵者。第二章通过考察《国语》版本流变情况和《国语》各时代注本特点，彰显其文献学价值。第三章通过对《国语》内容的辨析和思想的研究，证明《国语》为《春秋外传》的合理性。第四章着力考察“语”体渊源，进而对《国语》文体做出界定：“语”“言”在周代都为乐语，是周代的诗教形式，具有政教功能。《国语》是关于王道观念和事件的记录。和《左传》单纯的记事不同，《国语》在“史”的品格以外，还具有“左史记言”的咨政意义，显现出其源自周代诗教的政教本质。并且与先秦诸“语”相比，《国语》规模最大，内容最丰富，体例最完善，是先秦“语”之集大成者。第五章从语言运用、谋篇布局、人物形象、情节结构、风格特征五个方面，论述《国语》的文学成就。《国语》语言平易，文风流畅，全书不乏精彩的人物对话、出色的外交辞令、严密的说理散文。第六章将《国语》《左传》从三个方面进行比较研究。一，内容比较：从规模上看，《国语》记事时间广，《左传》叙事力度深。二，风格比较：《左传》全书语言风格统一，《国语》则比较复杂，全书既有共性，又有个性。三，写作特点比较：《国语》重在记言，《左传》详于叙事。《国语》善于集锦法塑造人物形象，《左传》长于多角度叙述事件。《国语》《左传》分别代表了先秦时期“语”体作品与史传散文的最高成就。

关键词：古典文学　文学研究　文体

3989

**冯溥与康熙京师诗坛** / 张立敏著 ; 蒋寅指导. -- 中国社会科学院, 2009. -- 157 页

论文着重考察冯溥在康熙十七年至二十一年在京师的社会活动与诗坛整饬，论述期间诗歌领域的诗风与诗学评论。论文分两编。上编共三章，以冯溥为核心，探讨冯溥的社会活动、诗歌领域的整顿工作。第一章论述冯溥何以成为圣祖推行文治的最佳人选，借用布尔迪厄的话，考察冯溥在文治中的配置，从家族、宦途、个人素养、人望、社会人际关系网络与诗歌创作诸方面予以论列。第二章考察冯溥在康熙十七八年间的博学鸿词科中的活动，论述社会意义。正是由于有力地推动文治政策，博学鸿词才大致完成最初意图，成为清朝历史上一件大事。第三章侧重于考察冯溥对诗坛的干预与影响。下编通过具体个案分析诗坛变化，力图具体清晰地描述康熙十七年之后圣祖推行文治之后诗坛的变化。第四章康熙十七年拜谒冯溥对于王嗣槐来说意义非凡，冯溥的礼待与人格魅力、诗学影响以及受冯溥所托编选当代诗选，使王嗣槐产生整饬诗坛的动机，在冯溥的影响鼓励下，王嗣槐开始大力提倡唐诗，反对时下盛行的宋诗风，他的诗歌创作、诗学批评都围绕着这一主题展开。第五章论述徐嘉炎。康熙年间徐嘉炎的诗风变化是京师诗坛风尚变化的一个缩影。第六章论述毛奇龄。博学鸿词科对毛奇龄的一生来说意义非凡，这不仅体现在博学鸿词科改变了毛氏身份与精神归属，使他从明遗民摇身一变成为衷心拥护清朝统治的官员，同时促使毛奇龄的诗学思想发生了巨大变化。第七章论述文治背景下的一个命题的反思。论文认为博学鸿词是清朝文治的一个重要举措，而诗坛的整饬是文治背景下的产物，诗歌领域的变化是清朝文化权力整合的一个结果，这既有诗歌内部发展的因子，也是政治干预

诗坛的一个产物。透过诗歌领域内的变化反映文化整合,同样是论文的一个目的。

关键词:诗学　文学研究　康熙

**3990**

**满族女作家顾太清及其诗词研究** / 张淑蓉著 ; 刘敬圻,张锦池指导. -- 哈尔滨师范大学, 2009. -- 244 页

顾太清是我国清代文坛上一位颇为引人注目的闺秀文人,也是满族文学史上一位杰出女性文学家。太清善诗词,工书画,懂金石,诗、词、戏曲、小说乃至绘画书法都有作品传世,并取得了突出成就,在晚清近代文坛,尤以词名为高,被誉为清代词后。她还是目前所知的中国文学史上第一位女性小说作家,其《红楼梦影》在《红楼梦》续书中别具一格,典型地展现了一位女性作家的文化视角与婚姻家庭理念。论文分为上下两编,分别从作家论和文学论的角度进行研究。作家论部分主要探讨顾太清的身世、经历和婚姻家庭关系。综观太清一生,除了青少年时期生活无法考知外,其婚后的生活完全是一个宗室朱邸贵妇的悠悠闲适的富足生活,吟诗作画、鉴赏古玩,京郊畅游、夫妇联吟、以文会友,娴雅而富有文化气息。下编侧重顾太清文学艺术研究。顾太清文学艺术才能相对全面,诗、词、小说、戏曲、绘画、书法都有真迹流传,是我国文学史上难得一见的女性艺术全才。太清终身运笔不辍,具有以文学见证生命的自觉意识,在文学领域建树很高,尤其词和诗歌成就突出。太清诗、词文体意识相对明晰,作词自觉恪守着幽约抒情的文体特征,题材内容丰富,主要以展现贵族妇女日常生活感受和自我心灵为主,反映贵族文化妇女生活的闲情逸致,具有鲜明的社会时代色彩。在身世经历、文化艺术修养乃至文学建树方面,顾太清和李清照有着一定的相似之处,她是继李清照之后女性文学创作的又一座高峰。

关键词:顾太清　古典诗词　文学研究

**3991**

**长安与唐小说** / 张同利著 ; 李剑国指导. -- 南开大学, 2009. -- 240 页

论文旨在论述长安与唐小说的关系。论文由绪论和正文(共五章)构成。绪论部分旨在探讨论文的研究缘起,梳理其研究现状,提出论文的学理依据,并指出其基本思路和创新点。论文第一章从长安的历史追溯入手,意在理清唐代长安所赖以建立的历史文化背景,并进而对唐长安的区域范围、区域特征和长安的中心地位等做出论证,而这些作为唐小说产生的环境,对下文的唐小说材料的取舍以及论题的阐释等都会产生重要的影响。论文第二章主要论述唐小说家在长安的生活样态、素材搜集和小说创作。其生活样态和素材搜集主要有:京中坐曹与当直期间的叙谈、饮宴中的话谈、街巷闲游时的主动访得;对小说创作则主要从劝诫与补史阙的创作冲动、闲职和闲居等为创作提供充足的时间、聚会对创作的直接推动三方面论述;此外,该章还讨论居处长安的唐小说家创作的群体特征,主要包括同一家族关系内之小说家的共同兴趣和同一朋友圈内之小说家的相互砥砺两方面。第三章首先对"长安小说"的概念进行界定,指出"长安小说"是以长安为背景,长安必须是作为对小说的叙事、寓意、风格等产生意义的文化符号;分析说明长安小说的三个特性:都城里坊空间、政治中心场景、都城历史记忆;阐释长安小说的都市风情描写;联系唐代长安的地理空间和社会空间背景对长安小说做了进一步的分析论述。第四章和第五章是一个论题的两个方面,即"唐小说里的长安城"的两种形象:神异之城和双城形象。神异之城主要从仙人降临的神奇之城、异人云集的神奇之城、精怪集聚的怪异之城等三方面做阐述;双城形象则又分为长安城与鬼神主宰的虚幻之城和追忆之双城,前者主要论述鬼神主导下的虚幻之城与长安城的关系及其文化蕴涵,后者则从开天之际的理想之城、安史之乱后的失落之城两方面论述,认为:追忆之双城形象的形成,乃缘于士人于安史乱离前后对长安城的心理比照,实际上具有"国家"政治寓言的特征。

关键词:小说创作　长安　唐代

**3992**

**《阅微草堂笔记》之宗教文化研究** / 张伟丽著 ; 陈洪指导. -- 南开大学, 2009. -- 234 页

《阅微草堂笔记》(五种)是清代中后期一部很独特的文言志怪小说,创作于乾隆五十四年(1789 年),终于嘉庆三年(1798 年),前后延续十年之久。作者纪昀(字晓岚)乃是乾隆、嘉庆两朝的重要文臣和文化名人。《阅微草堂笔记》是他生前著录的唯一一部文学作品集,期间谈狐说鬼、间杂考辨,多有真知灼见、解颐妙语,形成了写实、诙谐、深刻的特点,成为我国清代文言小说史上的代表之作。20 世纪 80 年代以来,学界逐渐认识到《阅微草堂笔记》的价值,研究成

果亦不少,但总体来看,研究内容鲜少涉及《阅微草堂笔记》中的宗教文化内容描写和纪昀的宗教观念等,论文对此拟做初探。作为一部志怪小说,宗教文化内容在《阅微草堂笔记》中的作用和地位很独特也很重要,具有一定的研究价值。《阅微草堂笔记》宗教文化内容主要包括佛教仪轨、果报轮回观念、禅僧形象、道教法术、成仙故事的变异、道士形象等。纪昀对佛教仪轨的关注,其实寄托的是"慎终追远"的愿望,他希望借此用儒家之"礼"来规范社会秩序、重整世道人心。对于道教法术"牒"和民间法术"扶乩"的记录是《阅微草堂笔记》中很有特色的故事,纪昀在创作中继承了这些法术原有的神奇作用,还增加了时代因素,深入挖掘了其文化内涵,突出劝导惩戒功能。纪昀追求"实录"的创作风格,《阅微草堂笔记》从故事内容到写作风格都显示出鲜明的"求实"的审美品格,故事内容多取材于实际生活、语言简洁、文风平实。《阅微草堂笔记》不少故事颇富讽刺意味,纪昀借助宗教文化的力量辛辣地讽刺了道学家、儒林、官吏。留下了许多文学色彩突出、思想深刻、见解独到的优秀讽刺故事,形成了《阅微草堂笔记》天趣盎然,妙语解颐的风格。最后,《阅微草堂笔记》与《聊斋志异》宗教文化内容描写的比较研究,也是目前学界鲜少涉及的一个角度。《阅微草堂笔记》创作受到了《聊斋志异》的影响,但是两者重点却截然相反,显示出不同的创作动机和创作目的。

关键词:阅微草堂笔记　宗教文化　文学研究

**3993**

**宋词题序研究** / 张晓宁著 ; 刘锋焘指导. -- 陕西师范大学, 2009. -- 201 页

论文是针对宋词题序进行的专项研究。全文可以分为两大部分:整体研究和个案研究。整体研究包括绪论和第一、第二和第三章。绪论是对宋词题序概念的界说、对研究现状的综述和对论文研究意义与方法的描述。第一章是对宋词题序流变史的宏观描述。论文以王兆鹏《唐宋词史论》对宋词的分期为依据,该章以时间为纲,描述宋词题序的线性发展流程,为下面几章做好材料铺垫。第二章是对宋词题序发展原因的探求。第三章是对宋词题序功过的讨论。接下来的第四至第七章是个案研究。第四章是东坡词题序研究。第五章是稼轩词题序研究。这些题序忠实记录了他的人生,这也是中兴时期题序的一个共同特点。这些题序,在传统印象之外补充创造了稼轩形象。第六章是白石词题序研究。白石词的题序是文学史上公认写得最好的,姜词题序极具美文特色,连题序的长度风格也与词的体裁相一致,题序与主词达到了水乳交融的境地,它是题序史上用心创作的最美的题序,是宋代的优秀山水小品,极富文学史和音乐史价值。第七章是草窗词题序研究。草窗周密是宋末遗民词人的代表,他的题序可以视为宋词题序的完美殿军,其题序风格优雅,是宋末题序的典型代表。因他所处的特殊时代和他的特殊身份,透过他的题序可以了解他的创作视野、他的遗民心态、管窥一代遗民的生活,并由此发现宋末词坛的一些特点。

关键词:宋词　序　文学研究

**3994**

**唐宋贬谪词研究** / 张英著 ; 杨海明指导. -- 苏州大学, 2009. -- 249 页

论文对唐宋贬谪词史进行勾勒描绘,展现中唐、北宋、南宋三个阶段贬谪词的风貌;分析唐宋贬谪词中感伤、执著、达观这三大情感类型及文学传承,并以文人贬谪为视角探讨文人词兴起和词体诗化的原因。研究分为五个部分:第一章在描绘中唐贬谪词风貌的同时探讨中唐文人贬谪与文人词兴起之间的关系。第二章以北宋党争中文人个体命运的升降沉浮为背景,考察北宋贬谪词的风貌。总的来看,北宋贬谪词的主题是个体生命在苦难中的感性挣扎与理性救赎。由于词人在性格上和贬谪处境上的不同,他们在贬谪词中所表现出来的风格也各有特点。基于对词作数量、词史影响力以及风格的代表性等考虑,该章将选择秦观、晁补之、黄庭坚、苏轼这四位词人作为个案重点论述。第三章将在南宋朝廷中主战主和之争的背景下介绍南宋贬谪词的风貌。南宋贬谪词人集中在高宗和孝宗两朝,高宗朝贬谪词人以南宋四名臣为中心,孝宗朝贬谪词人以张孝祥、陆游、辛弃疾这三大词人为代表。和北宋贬谪词相比,南宋贬谪词在主题上增添了"黍离之悲"即抗金爱国情怀;在面对个体命运的坎坷时表现出更加闲适旷达的情调。第四章通过分析宋玉、屈原、陶渊明对唐宋贬谪词的影响,对唐宋贬谪词中的三大情感类型进行归纳论析。辛弃疾贬谪词对屈原与陶渊明的继承均具有代表性,该章将对此做专门的探讨,并以其为例观照宋代贬谪文人对屈原和陶渊明精神的扬弃与融合。第五章将论述词人贬谪与词体诗化的关系。贬谪中的畏祸心理使文人将诗文中的题材转移到词体当中,形成了词体在题材

上的拓宽;词人贬谪中行遍千山万水的经历使词境由狭小变阔大,由柔媚变刚健;贬谪使词人更加注重自我情感的抒发,使词体中香草美人的寄托表现得更加明朗可解,从而使词作的意蕴更加丰厚;贬谪词人们以词酬唱,表现出情感上的共鸣和志向上的共勉,提高了词体的功能。

关键词:唐宋词　贬谪　文学研究

**3995**

**南宋理宗词坛研究** / 张潆文著 ; 肖占鹏指导. -- 南开大学, 2009. -- 208 页

在宋词发展史上,理宗在位的 40 年(1224—1264)是词史高峰期过后的沉淀与发展期。相比此前中兴词坛对词体的创新,理宗词坛的主要贡献在于继承与总结。吴文英和刘克庄是此期最杰出的词人。以理学家为主的庙堂词人和以江湖游士为主的江湖词人是词坛创作的两大阵营,他们的词作分别代表了重世用与重艺术的两股文学思潮。两大思潮的对峙与并存又使理宗词坛产生了兼收并蓄的词学思想。在辛、姜过后,遗民词之前,这种众体兼备、兼收并蓄的词坛格局和词学观念无疑是一种总结与探索中的演进。因而,理宗词坛在整个宋代词史中不啻为一段值得深入探究的独特时期。基于此,论文希望通过历史、文化、文学等多角度的观照来还原与阐释宋代词史中这样一个特殊的发展阶段。全文大致包括如下四部分内容:第一章从政治经济形势、学术思潮与士人心态三方面阐述理宗时期的历史文化背景,并兼及文坛状况。第二章和第三章从词人身份入手,将理宗词坛的创作主体分为庙堂词人和江湖词人两大类。首先在概说中分别论述两类词人的分类依据、群体特征;其次就该类词人的创作倾向做一总论,突出其最具特色的部分,庙堂文人,即为词作风格上的步武辛派与思想内涵上的崇尚理学;江湖词人,则是坚守词体美感特质和探讨词法;再次,对两类词人中成就最高的刘克庄与吴文英予以专论。第四章为理宗词坛整体特色的综论,主要从创作、词论、词选三方面展开。在创作方面,这一时期有着稼轩、清真、白石三派词风并存、消长与融合的多元动态格局;从词论来看,理宗四十年为词话的丰富期,除《乐府指迷》外,其他词论从整体上呈现出兼容并包的思想倾向;在词选方面,从《花庵词选》《阳春白雪》到《绝妙好词》,不同时期的选词范式进一步证实宋末元初词学思想的演进轨迹。余论部分就理宗词坛的词史地位与影响做一简论。

关键词:宋词　文学思想　宋理宗

**3996**

**汉代祭祀文化与汉代文学** / 张影著 ; 张世超指导. -- 东北师范大学, 2009. -- 133 页

汉代文学无论从创作实践,还是从创作理论来看,都显示出不同于前代文学的性质和特点。总的来看,是政治化、哲学化的文学。非文学的因素贯穿于两汉文学的始终,同时它又具有文学自觉化的倾向,在中国文学史上起着承前启后的重要作用。“国之大事,在祀与戎”。祭祀是古代人生活的重要组成部分,所以研究古代文化不能不关注祭祀文化。两汉时期宗教、谶纬迷信猖獗,巫术方士盛行,祭祀活动频繁。并且各项祭祀活动,在上承古制的基础上,有了很大的发展。祭祀文化对汉代社会方方面面都产生了一定的影响,同样汉代祭祀文化对汉代文学也产生了很大的影响,促进并丰富了汉代文学的发展。论文试图从宏观、系统的角度考察汉代祭祀现象在文化与文学中的表现、汉代祭祀文化与文学的关系、祭祀对文学创作的影响等。论文主要分为以下几部分。第一部分绪论,回顾和综述本课题已有的研究成果,并对课题的写作缘起、研究意义及研究方法等相关问题加以阐述。第二部分即本文的第一章,考察和梳理对汉代祭祀产生重要影响的几种思潮。第三部分即本文的第二章至第四章,汉代祭祀兴盛促进了《郊祀歌》《安世房中歌》等祭祀文学作品创作的兴盛,因此,论文第二章对汉代的祭祀文学进行梳理和研究。祭祀礼仪不仅是国家的一项政治礼仪活动,同时也是人们思想文化的展现。论文第三章对汉代的重要祭礼,如郊祀、封禅、农业祭祀进行研究和考察,力图发掘其祭祀的文化内涵和兴盛的原因。汉代祭祀的发达促进了神灵崇拜的兴盛,神灵崇拜兴盛在丰富了人们的精神生活的同时也促进了汉代文学的发展。在研究汉代文学时不能不关注这一重要的文化现象,所以第四章对汉代的一些重要神灵,如太一、伏羲、女娲、西王母等诸神进行研究,考察汉代这些神灵祭祀崇拜兴盛的原因及这些神灵信仰兴盛给汉代文学所带来的影响。

关键词:祭祀　文学研究　汉代

**3997**

**墓葬与古小说** / 张玉莲著 ; 李剑国指导. -- 南开大学, 2009. -- 279 页

墓葬就是土葬。在历史进程中,随着灵魂观念、

鬼神信仰、祖先崇拜等的产生并逐渐深入人心，墓葬的形制经历了“不封不树”的“墓”到“聚土隆起”的“坟”的演变。相应的，墓葬亦由一种“臧尸于土”的掩藏行为变成一种按照某种信仰和仪式处理死者尸体的丧礼活动。由此产生了一系列墓葬行为，如择茔相地、营建墓室、制作棺椁、随葬物品、筑墓守坟、祭拜祖先等。这些内容反映至古小说中，便形成了以相墓、迁葬、盗墓等为题材的小说作品。反过来，古小说又对墓葬起着映射功能。具体说，是古小说反映了古人的墓葬制度、丧葬习俗及其背后所蕴含的社会文化内涵。但这种反映又不是刻板生硬的，而往往充满离奇灵动之美。论文试图在墓葬文化的基础上，对与墓葬相关的古小说做出全面系统地解读。除去绪论、结语及参考文献，全文共分为七章。绪论部分对墓葬及有关墓葬的古小说进行概述，并对“墓葬与古小说”这一论题的研究现状、方法及意义进行论述。第一至七章从题材出发，将有关墓葬的古小说分为七类进行解析，即相墓、迁葬、盗墓、发墓复生、冢墓幽情、古冢狐以及其他相关作品。具体阐述中，一方面，结合墓葬发掘古小说中所蕴含的文化意义，另一方面，立足于小说文本，以文学审美的眼光，分析关涉墓葬的小说的思想内容，并揭示出这些作品的艺术特质。

关键词：古典小说　墓葬　文学研究

**3998**

**道教与北宋诗歌** / 张振谦著 ；张海鸥指导. -- 中山大学，2009. -- 300 页

论文研究道教对北宋诗人、诗歌的影响。涉及道教与政治文化、道教服饰与诗人生活、道教称谓与诗人心态、诗人对道教经典的接受、诗人与道士的交往、诗歌与道教宫观、道士诗歌、道教与诗学及诗人心态、道教文体等问题。第一章，北宋崇道的政治文化背景。该章论述北宋诸帝对道教的尊崇政策及行为，北宋社会上层的崇道现象。第二章，道教世俗化与北宋诗人生活。第三章，宋代文人对《黄庭经》的接受。第四章，北宋诗人与道士交往的方式及因为。二者交往方式包括寄赠诗作、登门拜访、临别送行、别后怀念。道士丰富的道教养生知识，文学艺术上共同的审美追求，交往中获得超越世俗的精神满足和心理安慰是北宋诗人乐于与道士交往的三个主要原因。第五章，北宋诗歌与道教宫观。第六章，北宋道士诗歌初探。第七章，北宋文人游仙诗探析。随着北宋文人梦游仙现象的盛行，以“梦”游仙为题材的诗歌比前代增多，而文人对神仙的怀疑与否定也使得他们在创作游仙诗时常以“戏笔”写游仙。随着道教世俗化倾向的加强，北宋文人游仙诗也表现出寄托政治寓意、以艳情写游仙等世俗化倾向。第八章，道教与北宋诗学及诗人心态。从“夺胎换骨”的道教术语渊源与“学诗如学仙，时至骨自换”的内涵讨论宋代诗论中的以仙道论诗。一些诗人在内丹炼养风气的濡染下，人生态度、价值观发生了相应变化，形成自信、娱乐心态，这种心态流露于作品而影响其诗歌风貌。诗人受“我命在我不在天”影响，高扬主体精神，用内丹炼养中贵生乐世、闲静恬淡的思想和心境驱遣烦恼忧愁。内丹炼养对诗人心态的渗透，是造成北宋诗学娱乐倾向的因为之一。第九章，苏轼与道教。在概述苏轼学道及其表现后，考证出与苏轼交游的道士 38 名。苏轼相信并修炼道教内丹养生方术，并以诗文形式积极宣传道教内丹养生思想、实践和学说，苏轼诗文创作一定程度上受道教内丹的影响。

关键词：道教　文学研究　北宋

**3999**

**王文诰《苏文忠公诗编注集成》研究** / 赵超著 ；莫砺锋指导. -- 南京大学，2009. -- 175 页

论文主要对清代苏诗注家王文诰及其《苏文忠公诗编注集成》展开研究。全文分为六个部分：绪论部分简要论述与论题有关的苏诗注本情况以及研究现状、研究价值、写作思路等问题。第一章探讨王文诰的生平、字号以及编撰《苏文忠公诗编注集成》的经过同时对王文诰苏诗注的特点、成绩与意义进行分析。第二章探讨王文诰在苏诗编年方面的成绩、特点与得失。第三章重在讨论王文诰注本与冯应榴注本的关系问题。该章通过具体例证仔细分析王文诰、冯应榴二人在注释理念、方法等方面的差异，就冯宝圻的指责进行深入辨析，探讨了王文诰对前注的删改方式、对冯注的明删与暗采以及删削的主要类型和重点，最后指出王文诰对前注删削失当之处。经过分析可以看出冯宝圻对王文诰的指责部分成立但也有很多失实之处对此问题应该辩证看待不可一概而论。第四章讨论王文诰对纪昀苏诗评点的引用和辩驳问题。王文诰对纪昀的苏诗评点多有采用其主要因为是二人对苏诗善于变化、不守故常等特点有着相近的看法，同时都注重对苏诗艺术的阐释和解析。但王文诰对纪昀评点也多有不满和驳难，王文诰反对纪昀以温柔敦厚的诗教传统评论苏轼，同时反对纪昀对苏诗用

语、用韵方面的指责，还指出纪昀在诗意理解和艺术分析方面存在的不足。通过这一问题的探讨从一个侧面透视王文诰的诗学宗尚、注释特点及其注释的心态。第五章对王文诰的《编年总案》展开研究。

关键词：王文诰　苏轼　诗歌

**4000**

**王维诗歌与"诗中有画"艺术研究** / 赵东丽著 ；韩经太指导. -- 北京语言大学, 2009. -- 192 页

论文从王维诗歌与相关讨论切入，一方面在美学理论上确认"诗中有画"的内在规定性，另一方面在诗歌艺术分析中凸显王维诗歌创作的独到造诣。论文主体共由五个部分组成。第一章，"诗中有画"的美学讨论。论文将"诗中有画"的内涵确定在"直观性"与"美观性"两个方面，由此形成对以绘画手段分析"诗中有画"之传统的修正。第二章，主要从绘画技法方面辨析"诗中有画"的形成因素。该章首先分析王维诗中人物在构成画面景致中的几种作用，并揭示出王维诗歌通过人物的描绘达到主客体交融为一的效果。然后，从"画面"呈现的效果与主体的创作心态两方面分析王维诗歌"静"的特色，并揭示出这种"静"与绘画理论的联系。最后，辨析绘画中色彩、线条、构图等方面对"诗中有画"形成的不同作用：鲜明亮丽的色彩冲击内在视觉感官，线条与构图使"画面"的视觉呈现更加清晰直观。第三章，从语言艺术方面分析"诗中有画"的成因。论文首先注意到王维诗歌语言风格的自然与简练有利于"诗中有画"的呈现。其次，发现王维诗以名词、形容词与方位词的构成为主，动词运用较少，而且多集中在表现状态的动词如"积""凝""横"等运用上，并通过具体语言实例"倚"字的解析来探讨特殊词汇对于"诗中有画"的作用。再者，论文注意到情感节奏与剪裁因素亦能够影响诗中"画面"的生成。最后，研究王维诗歌的体裁特色。第四章，深入王维诗中之"画"的内部，区别"画境""画意""画趣"三种层次类型。第五章，试图分析这些"画面"对于表现情感的意义，并认为这是情景交融理论中一种更加具体的"情景"结合方式。

关键词：王维　诗歌　文学研究

**4001**

**清代顺康雍时期唐宋诗之争流变研究** / 赵娜著 ；王英志指导. -- 苏州大学, 2009. -- 253 页

论文在具体研究诗人的宗尚变化和创作实践的基础上，论述唐宋诗之争所涉及的诗学思想，梳理此期宗唐、宗宋之风的发展历程。研究分为六个部分：第一章和第二章分别写明末至康熙前期宗唐之风的流布和宗宋之风的兴起过程。此时的宗唐之风延续明末复古思潮，云间派宗盛唐、斥宋诗的主张广泛流行，影响西泠十子等人。稍后的明遗民诗人出现普遍的宗杜倾向，他们注杜、评杜，对杜诗的精神世界有较深的阐释，并在创作中以抒真性情为主，摆脱形式模拟之病。第三章和第四章分别写康熙至雍正年间宗唐之风的发展和宗宋之风的广泛传播过程。吴伟业与云间派诗学渊源相同而有所发展，后期创作中开始兼取宋诗，影响到太仓十子、吴兆骞、陈维崧等人。随清人对前代诗史研究的理性化，中晚唐诗得到了合理的肯定，冯班、冯舒、贺裳、吴乔等人在诗论中提倡中晚唐诗，一系列唐诗选本肯定了中晚唐诗的诗史地位。康熙十年左右宋诗风兴起之后，京师宋诗风蓬勃发展，汪琬、田雯、宋荦、邵长蘅、汪懋麟等人都经历了由唐入宋的过程，并开始理性审视唐宋诗之争。叶燮《原诗》的出现，为清代诗学走向融通唐宋之路奠定了理论根基。康熙中叶，查慎行以宋型诗卓立诗坛，在创作上强化了宋调的艺术魅力。康雍年间，宋诗选本陆续出现，是宋诗风广泛传播的具体体现。第五章写康熙中叶以后唐音回归的状况。康熙本人对盛唐气象的推崇是唐音回归的直接动力。徐乾学、冯溥、毛奇龄、朱彝尊等人坚定宗唐，力斥诗坛宗宋诗风。王士禛神韵说主宗盛唐，兼取宋元，对康熙诗坛影响深远。第六章探讨清初人选清初诗所反映的唐宋诗之争的状况。清初唐宋诗之争的演变直观地体现在清初人选清初诗的历程中：顺治朝选本以宗唐为主，康熙前期宗唐与宗宋对立并存，从康熙后期至乾隆初年，兼容唐宋的思想占主流。

关键词：诗学　文学研究　清代

**4002**

**唐代《毛诗》学** / 赵棚鸽著 ；王长华指导. -- 河北师范大学, 2009. -- 274 页

唐代《毛诗》学的研究大致可分为专著和征引两条线索。《毛诗正义》对《诗经》诸学案既有继承更有发展，这是《毛诗》在唐代很长时期内人无异词的内在因素。论文分五章论述这两方面的内容，以求尽可能全面地展现唐代《毛诗》学的具体特征。第一章以《诗经》学案为中心，探讨《正义》的《诗序》作者观、"孔子删诗"观、《诗》篇编次观、"疏不破注"观、"诗缘政"观

和“六义”观。第二章探讨四个问题:唐代《诗》学著作亡佚流传情况、敦煌唐抄本《毛诗》卷子、日藏唐抄本《毛诗》残卷、现存除《正义》之外的《诗》学成果等。第三章考察唐代诏令、礼乐的引《诗》情况。第四章探讨教育、科举中的《毛诗》问题。第五章分析三位士人的《毛诗》阐释情况。陈子昂积极依《诗》构建其儒学思想,描绘宏伟的治世治国蓝图。权德舆努力维护《诗》的经学统治地位,但遵奉与变化已经同时存在。皮日休在更广泛的范围内,质疑《毛传》,仅仅认为《诗》之文本才是可信的。总之,《毛诗》作为重要经典,与唐代政治、文化产生了深入、广泛的联系。帝王诏令、臣僚奏疏、科举考试和士人文章中,《毛诗》都得到普遍运用。只是随着时代的不同,其地位有所变化,基本走势就是最初被奉为圣典,中期被视为工具,晚期广遭质疑,一步步由崇高滑向没落。

关键词:诗经　文学研究　唐代

**4003**

**宋人笺注宋词别集研究** / 赵锐著 ; 赵仁珪指导. -- 北京师范大学, 2009. -- 141 页

对宋人笺注宋词别集进行研究,不但可以深入了解词体笺注的起源与发展,也可以借此把握到宋人与宋词关系的诸多命题,对于更深入地梳理宋词史上的许多问题具有重要的意义。研究分为三个部分:第一章对现存最早的宋词注本傅幹《注坡词》进行深细地考辨。傅注近千年以来一直受到人们的歧视,从宋代以后便未见传刻,幸赖抄本方存于天壤间。这种歧视大多来自误解与偏见,事实上傅氏之注全面而精详,不但在开创时期为整个宋词的笺注奠定了基本的规范与体制,而且基本疏通了苏轼词作的典故,时至今日,苏词的经典性注本仍然有相当比例的笺释源于傅注,这不能不说是其生命力与价值的最好体现。而作为一部涉猎文献极多的宋人著述,它在古代文学系统中又显示出多方面的意义来,至于文献保存与辑佚的价值反为其轻了。第二章考论陈元龙及其《详注周美成片玉集》。周邦彦也与苏轼一样,幸运地拥有一个质量相当高的词集注本。陈元龙注本的产生有了更多的凭借,词体笺注的大体框架已经由《注坡词》奠定,而且,在此之前,似乎还存在过一些周词的注本可以取资。而陈元龙也没有辜负这种有利的条件,其笺注取得了很大的成就:一方面集前注之大成,另一方面也创为新注,在笺注体例上亦有新的发展。第三章以陈与义《无住词》的两个相关注本为对象,虽然陈氏《无住词》仅仅十八阕,但胡穉与无名氏的注却体现出了一些新的特征,比如与诗集合刻从而产生向诗注的倾斜,诗注对词注的施惠在这里有了同化的结果。宋人笺注宋词的数量虽然不多,却成为宋词乃至词体笺注的辉煌开端,并使词注有了循诗注之途昌大的可能,但这种可能随着宋代的灭亡基本消失,此后一直到清末,宋词笺注便再也没有出现过能与宋人注宋词相颉颃的新注本了。

关键词:宋词　注释　别集

**4004**

**游冥故事与中国古代小说** / 郑红翠著 ; 张锦池,关四平指导. -- 哈尔滨师范大学, 2009. -- 227 页

游冥故事是中国古代叙事文学中的一个故事类型,在中国古代小说史的分布极为广泛。游冥故事的出现,源于古代中国人对死后世界的思考。论文主要梳理佛教地狱观影响下的游冥故事,描绘游冥故事的整体风貌,寻绎游冥故事的历史演变,探讨其对中国古代小说的建构。全文包括序论、正文共四章十六节与附录几个部分。论文第一章从游冥故事中的冥界主宰机构构成与功能及冥界之主的演变等方面分析故事的主要内容,考察故事反映的冥界观念。第二章勾勒游冥故事的发展演变轨迹。游冥故事经过宋代宗教色彩淡化期以后,与宗教的关系日益疏离,开始脱离宗教的束缚,游冥故事成为小说家的一种叙事手段,地狱阎王被游刃自如地运用于小说中,在推动小说情节发展、构架小说结构、完成小说主题等方面起到了关键性的作用。第三章从叙事模式、劝惩模式、团圆结局方式、地下空间想象等方面探讨游冥故事对中国古代小说的影响和建构。游冥故事的结构特点是因果相属的连环套式结构形态。第四章为游冥故事系列个案分析,考察“唐太宗入冥故事系列”和“秦侩冥报故事系列”这两个影响较大的游冥故事的发展演变,分析故事在历史发展演变过程中创作主旨、人物形象、冥界观念、故事功能等方面的变迁,探寻民间传闻对于文人小说创作的影响。

关键词:民间故事　古典小说　文学研究

**4005**

**宋代都市笔记研究** / 郑继猛著 ; 霍松林指导. -- 陕西师范大学, 2009. -- 192 页

论文将着重讨论都市笔记的文学价值,探讨其对

宋代文学发展的重要意义。绪论部分,就研究意义、研究价值、当前的研究状况以及研究方法进行讨论。论文的主体部分,则分为如下七章:第一章,通过对城市发展史的梳理,考察宋代都市汴梁、临安在城市发展史中地位和状况。第二章,对宋代都市社会生活做全面考察,主要讨论国家政治理想对城市生活的作用。第三章,考察宋代都市笔记记录的城市声音和城市影像。第四章,主要考察都市笔记记录的城市"奇""观"与都市文化。第五章,主要讨论都市笔记的文学价值。第六章和第七章,分别讨论两部重要的都市笔记:《东京梦华录》及《武林旧事》。分别考察作者生平、成书过程、作品主要内容和艺术特色。关于《东京梦华录》的艺术特色,主要突出其三个特点:一是开创性的时空结构特点和"逼近审视"的叙事特点;二是作品的情感表达方式;三是使用俗语俚语的写作心理。关于《武林旧事》的艺术特色,主要突出其记事方法:详略得当的剪裁、插叙、诗文互证等艺术手法和典雅的表现风格等。总之,宋代都市笔记在内容上全面反映宋代都城的宫廷文化活动、市井生活、都市娱乐、都市伎艺、民俗活动以及部分的政治生活,多角度、多方位展现宋代都市的太平景象、娱乐精神和创造精神,同时也流露出作者的惆怅情怀。在艺术上开创性地使用都市生活题材,重视都市市井生活,塑造众多的下层百姓形象,为后世的都市文学开创了新路:在表现手法上采用以纪实为主,兼用插叙、类叙、逼近审视、诗文互证等多种手法,形成了雅俗共赏的风格,极大地丰富了宋代文学的表现畛域。

关键词:笔记小说　文学研究　宋代

**4006**

**宋代地志与文学关系研究** / 郑利峰著 ; 巩本栋指导. -- 南京大学, 2009. -- 271 页

宋代地志在我国地志发展史上占有重要的地位,其编纂随着两宋时期的政治、经济、军事和社会情势的发展变化显示出不同的撰修特征;这些特征可以从这一时期地方志的编修时间、体式类别和所隶属的空间地域这三个方面展现出来。两宋地方志的撰修如此繁荣的原因,与地方志修撰的主持者及其编修地方志的目的、寄寓与整个社会修史的风气和时代环境息息相关;这些影响地方志纂修的因素,在北宋与南宋这两个不同的时期,又显示出时代的变化和差异。宋代地方志中蕴含着大量的文学史料,论文从补遗、考订与校勘三个方面对《全宋诗》进行补正;从"漏收之人"和"漏收之文"两个方面,对《全宋文》做了补充。宋代地方志和文学的关系密切。我们以范成大为例,讨论地志与诗歌的关系,发现二者相互影响,地志为诗歌提供了题材和主题,丰富了诗歌的表现手法,进而还影响到诗歌的风格。以地志解诗,可以更好地了解诗歌创作的情况;反过来,诗歌也从笔法、意境等方面影响到地志的写作。论文以陈耆卿为例,讨论地志和散文的关系,发现地志中所呈现的文章特征,与陈氏散文的文章特征一致,而这源于陈耆卿对永嘉学派思想与文章特色的继承和发扬。论文还以王十朋为例,讨论地志与赋的关系,发现王十朋以地志入赋,倡导实录的赋风,与左思《三都赋》前后相应,实现对赋本义的回归。赋作与实录赋风的背离与否,也显示着文学与史学在不同历史条件下不同的发展气度。

关键词:地方志　文学研究　宋代

**4007**

**清初清词评点研究** / 朱秋娟著 ; 张宏生指导. -- 南京大学, 2009. -- 255 页

论文以清初清人对清词的评点为研究对象,探讨它的生成、特征,评者与词人的词学交游,评者的词学思想,当时的词学论题等五方面的内容,另外,对清初清词评点本进行编年和叙录。论文第一章是对清初清词评点生成的研究,包括词学评点的历史发展、清初词学复兴与当代评点的俗尚、清初词学评点的生成方式三个方面。第二章探讨清初清词评点的特征,包括评点形态、内容特征、传播特性。清初清词评点本主要采用圈点、评语。圈点基本是单圈、单点的结合,双圈、双点用得少,其他形式的评点符号使用得更少。评语的形式以尾评为主,次为总评,再次为眉批、夹批、旁批等形式。清初清词评点的内容非常丰富,具有理论性、文献性、评比性、历时性的特征。第三章考察清初词学评点与词人、评者之交游。该章选取清初清词评点的重要评者,王士禛、邹祗谟、陈维崧、尤侗四人作为个案研究,因为他们的清词评点本数量远远多于其他评者。这一部分除了考证他们与所评词人,以及与他们词集中评者的交游,还进一步讨论他们评点的变化情况与其交游、文坛(词坛)地位变化的联系。第四章总结邹祗谟、陈维崧、尤侗的词学思想,以他们的评点为基本文献,结合词话、序跋、词学书信等,进行研究、分析。第五章是结合词学评点、序跋及其他文献,对清初词坛论题进行专题研究。另外,论文对笔者目前所见清初清词评点本作有简单的编年叙

录,希望能为清初清词评点研究提供一份较为完备的文献目录。通过以上多方面的考察,论文力图探究清初清词评点本体和评者的评点活动对清初词坛的推动作用,以及评点中的词学理论对清初词论的贡献。

关键词:词　文学研究　清前期

**4008**

**《诗经》"雅"、"颂"考论** / 祝秀权著 ; 钱宗武指导. -- 扬州大学, 2009. -- 163 页

论文以《诗经》"雅""颂"诗篇为研究对象,以考、论为写作方式,以《诗经》研究领域的学术前沿问题、疑难问题、争论的焦点问题为主要关注对象,以深化研究、推陈出新为原则,力争使《诗经》"雅""颂"的研究有所推进和深化。论文所考论的重点内容如下。西周《大武》乐章曾经过武王、成王、康王三代的演变和逐步增益。《大武》所奏六诗均保存于今《诗经·周颂》中。《诗经·周颂》部分诗篇所咏是周初各类仪式中的诰词。《诗经》三"颂"的主旨是颂人而非颂神,颂时王而非颂前王,颂"今"而非颂"古"。《大雅》中部分诗篇是据周礼乐教中的"乐语"而创作,这些诗篇与《周颂》部分诗篇有一种对应关系。《雅》诗是对相应的《颂》诗诗义而阐发。这种对应是由礼仪的性质决定的。周代献诗制度中有一种"以美为谏"现象,即以颂美之辞讽谏君王,把讽谏之意隐于颂美言辞的外表下。这种现象决定了《诗经》温柔敦厚的特质,对后世诗歌创作亦有深刻影响。《小雅》部分诗篇是为礼而作。以礼仪为背景对这些诗篇加以分类考察,可以揭示这些诗篇创作的真实情况,揭示这些诗篇的本义,纠正关于这些诗篇的一些误解。论文分别从"养老乞言"礼、觐见礼、燕礼、军礼、籍礼五个方面,对《小雅》据礼仪而作的诗篇加以分类阐释和论述。

关键词:诗经　文学研究

**4009**

**张籍诗歌研究** / 宗瑞冰著 ; 潘百齐指导. -- 南京师范大学, 2009. -- 184 页

论文以张籍诗歌为研究对象,力图在继承学界研究成果的基础上有较大的突破。论文首先对张籍的诗学思想予以全面的阐释。论文首次衡定张籍诗歌的"江南文学"特征。一方面,张籍的乐府诗再现了江南优美的自然风光,并反映了对江南地域文化中的艳情、享乐、商贸等几大人文主题。另一方面,张籍诗歌对江南的音乐文化——吴歌有较多的继承。张籍诗歌表现出典型的江南文学特征,是张籍诗歌清丽深婉与平淡流荡风格的重要渊源。论文还首次就张籍诗歌题材的两大特征:"吟苦"与"酬赠"进行探讨。张籍的酬赠诗在其诗歌中数量很大,而且具有一定的体例特征,为我们提供了透视张籍及其诗歌多层次、多角度的视角,对今天我们了解中唐社会风貌、诗坛风尚、文人情趣、诗人创作情态等多方面内容具有重要参考意义和价值。论文首次对张籍诗歌的艺术特征进行多维透视。张籍诗歌兴寄讽喻与化妆代言的抒写方式,"娇弦玉指"的刻画描写艺术、语警思深的语言和章法艺术,都有其独到的艺术魅力和价值。张籍诗歌在风格上的兼容并蓄,既有清丽深婉共容,又有平淡与奇崛兼具,表现出转益多师的渊源特征。论文还首次对张籍诗歌的接受史进行扫描,并以张籍诗歌的共时性接受和历时性接受为纲,探讨张籍诗歌影响下的张籍诗派问题。对"张籍诗派"予以梳理辨析,在广泛吸收参考学术界研究成果、作家个体研究成果的基础上,首次对张籍诗派各成员的诗歌创作与张籍诗歌的关系予以考论。并对张籍诗歌的历时接受情况进行梳理总结,揭示张籍诗歌遭遇毁誉参半评价的历史原因,展示张籍诗歌被广泛拟作的盛况。对张籍诗歌中一直都受到高度关注的《节妇吟》诗"经典化"的过程及其范式意义做了翔实的探讨。

关键词:张籍　诗歌　文学研究

**4010**

**唐传奇时空艺术研究** / 祖国颂著 ; 林继中指导. -- 福建师范大学, 2009. -- 243 页

论文以探讨唐传奇的时空艺术为突破口,运用叙事学相关方法对唐传奇文本进行细致的分析和讨论,努力探寻其独特的表现方式和艺术品格。论文从三个大的方面展开讨论:在第一章中,以唐传奇小说的时间特点及其审美意向为题,从唐传奇小说故事内容所体现的时间特点,以及唐传奇小说叙事形式所含有的时间意义两个大方面,研究讨论唐传奇小说对时间的认识和表现形式。指出唐传奇小说的时间表现具有相对性的特点。在第二章中,主要研讨唐传奇小说的空间特点及其审美意向。论文对唐传奇小说的空间表现形式,唐传奇小说的空间场景转换形式,以及唐传奇小说时空关系的特点及意义进行较详尽的论述。并指出,唐传奇小说的时间和空间关系,表现着空间对时间的主导性、支配性的特点,空间可以制约时间、并可改变时间性质。第三章的论题为唐传奇小

说的叙事建构及其时空意义，主要讨论三个问题：一是从叙事的发生、传播和接受的角度来看，唐传奇小说的叙事主体，已与从前小说完全不同，不但在文中的存在方式多种多样，而且真正实现了小说叙事上，叙事主体价值体系的相对独立和多元化表现，从而表现出了“有意为小说”的创作意义。二是从唐传奇小说的语言层面来看，唐传奇小说对叙述性语言、人物对话性语言及描写性语言的使用方面，不但表现出了叙事话语的节奏变化，也带来了小说叙事在展现情节、刻画形象、描写环境三个领域的进步。三是从唐传奇小说的文体层面来看，所谓唐传奇小说的“文备众体”说，其本质的涵义是讲故事的特殊方法，是对中国传统叙事形式欠缺的补充和完善。

关键词：传奇小说　文学研究　唐代

# 中国现当代文学

**4011**

**中国80年代文学批评研究** / 安静著 ; 张清华指导. -- 北京师范大学, 2009. -- 178 页

论文将20世纪80年代文学批评的历史、观念、主体构成以及对于同期文学生产的作用，纳入到一个整体中来予以系统考察，力求以历时性和共时性的结合，依据“回到历史现场”的原则，从四个方面试图“重返”80年代的文学批评。第一章从国家意识形态作为强力介入文学批评的外部历史逻辑和文学批评自身具有的自律性两个方面考察80年代文学批评的历史流向，力图呈现80年代文学批评特有的历史节奏感。第二章主要探讨80年代文学批评的四种主要观念形态。将大量的批评实践与文本归结为社会学批评、文化心理批评、审美批评及形式批评为四种观念类型予以理论考察。第三章是对80年代文学批评主体群落的社会学研究。主要依据年龄代际，将80年代文学批评主体划分为三个群落：“既成权威的一代”“转型中的中年一代”和“新一代的青年批评家”。通过进入每个群落的内部，从整体上发现其群落的特质、走向及意义，并选择一些个案做例证式分析。第四章主要考察文学批评与文学生产之间的互动关系。该章以“歌德”与“缺德”、朦胧诗论争、现代派之争、寻根文学、先锋文学等主要论争事件和文学思潮为考察对象，探讨这个年代批评和创作之间微妙而复杂的互动关系。通过以上四个方面的探讨，论文将多维度地呈现80年代文学批评的动荡性和生长性的面貌，同时力求发现以往其中被遮蔽的东西，进而从整体上反思并还原这时期的历史真实，以推动当代文学批评研究继续走向深化。

关键词：当代文学　文学批评　文学理论

**4012**

**性别语境中的土族民间叙事研究** / 白晓霞著 ; 程金城指导. -- 兰州大学, 2009. -- 125 页

论文以20世纪80年代土族地区的民间叙事为基本的研究对象，将民间叙事置于性别语境中进行相应的文化分析。“性别语境”是指与“社会性别”紧密联系的文化语境，按照女性社会学家的理解，社会性别是同人的生物性别相区别的一个概念，它强调性别的文化特征，是社会与文化赋予男性气质与女性气质的种种意义。“性别语境中的土族民间叙事研究”即从社会性别文化的视角去关注土族民间叙事，把握叙事主体在接受、重构、传承民间叙事时的性别倾向及由此产生的社会文化意义。论文涉及的与口头叙事作品相关的民俗文化背景均来自于笔者的田野作业，结论即建立在对第一手资料分析研究的基础之上。土族是一个有着自己独特文化传统的民族，不仅有自己特殊的文化表象，更有着自己深刻的文化内涵。80年代土族女性的发展是一种裂变式地发展，即女性一方面不得不中规中矩地守望着传统，另一方面却又不能不奋力萌生出现代意识的幼苗，开始思考关于自身文化的诸多问题。由于文字的缺失，民间叙事成为表达社会性别意识、体现社会性别文化的重要方式。至此，论文得出一个结论，性别语境中的民间叙事展现了女性和男性对于人的现代性问题的感性认知与理性思考，于是，一场关于现代性的思想交锋与文化论争在民间叙事中逐步展开。在这样一个过程中，民间叙事作为土族性别文化的晴雨表，体现出如下的文化动向：(1)民间叙事中女性现代性意识的集体萌生与个体的初步突围。(2)民间叙事中男性对女性现代性意识的集体焦虑与个体情感认同。综上所述，论文得出这样一个结论：80年代土族女性关于自我的表述出现了现代性的突围，而这种文化潮流则引起了男性的警觉与焦虑。对于没有文字的土族而言，这种思想交锋的潮流或者说潜流，只能以民间叙事的方式得到保存和彰显，在这里，民间叙事成为一种意味深长的文化运动，女性表达着自我，而男性则作为性别政治中的统治者，做出了相应的回应。

关键词：民间文学　土族　文学研究

4013

**“十七年”暨“文革”时期文学批评研究** / 曹霞著 ； 张清华指导. -- 北京师范大学, 2009. -- 214 页

在文学批评思维上,“十七年”暨“文革”时期的文学批评受到左翼文学批评的政治功利化影响,形成了二元对立的“革命”化评判思维,吸纳了阶级斗争话语,将想象的“大众”衍变为“工农兵”政治主体。由于中国的政党建设和社会主义革命都是在苏联的影响与支持下完成,加上本土原生理论和经验孱弱,“十七年”文学批评引入了“社会主义现实主义”“典型”“党性”等概念,汲取了苏联文学理论中的政治实用成分。由于中苏关系的跌宕起伏,这种汲取表现为不稳定的状态。意识形态对文学批评的规训是这一时期的主要特征,但它并不能覆盖所有的批评范畴。在这一时期,批评家多以“立法者”自居,以《讲话》和政治形势为标准,以行政组织机构为依托,使文学批评具有了组织惩罚的隐性功能。在主流批评家的批判下,创作主体呈现出“衰竭”之态。作家依照批评意见,对“不合格”的文本进行修改。在批评家和作家的双重努力下,文本变得“清洁”、纯粹和一致,使“十七年”的文学创作总体呈现出单一化趋势。到“文革”时,诗歌、小说和戏剧都以革命样板戏的原则为标准,逐渐消弭了自身的审美特性,惟余作为“阶级斗争”胜利成果的“革命样板戏”占领艺术舞台。如何在 20 世纪文学批评的背景下,洞察“十七年”暨“文革”时期批评的发展,清理出它在“本质论”与“工具论”之间游走、接受意识形态“询唤”的异化历程,是当代文学研究面临的不可回避和必须深入的工作。论文力求在原有研究的基础上,尽量贴近历史现场,以丰富翔实的资料和鲜明的问题意识生成新的解读评析格局,廓清对这一时期文学批评原生面貌及其发展规律的认识。

关键词:文学批评　文学理论　文化大革命

4014

**傅雷文艺批评研究** / 曹莹著 ； 杨扬指导. -- 华东师范大学, 2009. -- 171 页

傅雷深受中国传统的儒家思想的影响,他将人生与艺术视为不可分割的统一整体,将艺术创造的主体视为研究艺术、评价作品的基础和起点。他要求人格与作品的品格高度统一,把人格视为艺术存在的本质要素。在人格当中他最注重的特质有三:首先真诚是开启艺术之门的第一把钥匙。其次在伦理上导向至善的强大精神力量是艺术创造的动能,也是作品具备深刻崇高的审美特征之保证。最后,通过超越的途径实现理智与情感的平衡是艺术创造的最高境界。傅雷还要求艺术家坚持不懈地进行专业技术的修炼。艺术家一方面应继承前人的经验,并借鉴外来艺术;另一方面应从自然中吸取材料和暗示,创造“自然”的、富有生命力的作品。在对待宏观的文艺现象方面,傅雷的批评深受法国批评家丹纳的影响,从科学和历史两个主要向度上吸取了其中的精髓——“种族”“环境”“时代”三因素理论。傅雷认为要在以文学形式表现人性之前必须明确三个前提条件:揭示人物的现实意义乃小说创作的一大目的;作家须通过经历生活的苦难磨砺人格以达到对人物的同情,但又要从自己创造的人物的情欲中超脱出来;斗争的人生观是理解和评价人物的思想来源。傅雷还认为,要塑造典型的人物形象,突出“主要特征”,必须达到四个基本要求。第一,人物形象要合乎逻辑与客观现实;第二,人物的极端情欲最好通过祸害的方式表现出来;第三,须用“光暗”作为核心技巧来实现作品的悲剧美学风格;第四,细节的完备应与情节的紧凑和结构的完整相配合。勤勉毕生的翻译事业深刻影响了傅雷的文艺批评,为其别开生面。首先,翻译影响了傅雷对作品的选择和理解。其次,通过翻译傅雷得以深入抉发作品语言层面的微观视界。最后,傅雷从事文学翻译的目的有一个从训育到审美的发展过程;通过翻译,形成了他特有的批评习惯和趣味倾向;翻译还为他提供了一个反省批评本身的“诠释者”立场。

关键词:傅雷　文学批评　文学翻译

4015

**中国现代象征主义诗学研究** / 柴华著 ； 罗振亚指导. -- 南开大学, 2009. -- 245 页

论文把对“诗本体”的探求作为现代象征主义诗学的阐释起点,以其在诗歌本质、艺术形式、审美价值等方面的核心命题为主脉,展示它们在不断提升的本体自觉中获得的饱满的诗学内涵,考察它们在诗歌写作、诗歌批评、诗歌论争等领域的真实存在状态,试图揭示现代象征主义诗学体系建构的复杂情境及其“合法”地位获得的曲折历程。绪论部分主要对现代象征主义诗学的阐释起点、品格特质以及研究思路与方法等预设层面的问题进行说明。第一章首先对研究对象予以整体性观照。第二章侧重考察现代象征主义诗学对“纯诗”之路的本体探寻,以期揭示“纯诗”这一诗歌本质观念丰富的存在样态。第三章通过对象

征、意象、音画、陌生化等象征主义形式法则的诗学整合,展现现代象征主义诗学对诗本体的探究在艺术创造上所达到的深度。第四章以颇具争议的"晦涩"话题作为阐释核心,意在廓清"晦涩"作为现代象征主义诗学审美观念的真实面貌,在复杂的言说中辨识其所获得的价值认同。结语部分对中国现代象征主义诗学的重要意义及其在当下所具有的影响力进行综合审视,并就建构主体的诗学思考做出批判性认识。

关键词:诗学　象征主义　文学研究

**4016**

**大众传播视阈中的大众文本研究** / 常庆著 ; 王万森指导. -- 山东师范大学, 2009. -- 162 页

大众文本,是指现代社会文化工业生产出来、拥有大批量消费者并兼备标准化与创新性特点的文本。大众文本的"模式",具有两层涵义:一是作为常规意义上的、与"因袭"同义的内涵;二是作为大众文本所特有的一种因袭与创新兼具,而因袭占据主要地位的文本素质。大众文本的模式大体存在着一个从"配方模式"到"模式配方"再到"配方模式"的历史发展过程。"模式配方",就是打破原有配方模式,然后对各种模式以及精英文本中的构件随心所欲地加以拣用,然后用新的配方重新加以组织、合成的文本模式。从配方模式到模式配方、再到新的配方模式的大众文本发展过程,其实又体现为从类型文本到反类型文本、再到更高层次的类型文本的过程。这个过程,就是大众文本的类型化之路。"无厘头"型结构的经典表现是,从多方面模仿、移植精英文本或故事型大众文本的故事、情节及其他表现因素,然后进行拼贴、戏拟、反写或改编,以达到一种破坏秩序、解构正统的语义,风格上肆意狂欢、嬉笑怒骂、玩世不恭,是一种"戏说"加"模式配方"的文本结构形式。大众文本的类型是给予一种文本以特定意义的媒介。它在意义传达过程中具有传递性、空洞性等性质。大众文本的作者是"模式中的作者"或"类型中的作者",即运用模式、类型来进行艺术创新的文本创作者。大众文本的模式与类型,是文化产品的生产标准与质量规范。而这种生产标准与质量规范的存在,使得大众文本的生产呈现出一种配方式生产(formulateproduction)方式,即一种根据大众文本的"配方模式"或"模式配方"等各种产品规范所进行的标准化生产。有不少大众文本已经或正在被"经典"化,这种现象的发生,实质上是作为文本接受者的大众、专家学者以及现代社会多元化语境共同"协商"的结果。现代社会的"经典",已经成为"收藏"一切文本"发明"的"仓库",用以保存各种文本的"技巧范例",和反映人类各种"智慧的模式"。

关键词:大众传播　文学研究　文本

**4017**

**回到"事物"本身:论"新写实"小说兼及1990年代文学转型** / 陈小碧著 ; 王光东指导. -- 上海大学, 2009. -- 157 页

新写实小说思潮作为一个文学事件已经随同历史的潮流而远去,但却给我们留下了无数话语阐释的可能性。在各种话语的构建过程中,都投射着话语主体的内在思想、情感的演绎过程和心灵图景,从而也不可避免的使其呈现为一种语境性的阐释。如何穿越以往种种话语阐释的基础上,在一种总体性视野的观照下,建立自己的一种言说方式是论文的核心。第一章主要讨论各种话语构建中的"新写实"。论文通过返回文学现场,对当时各种批评话语进行细致分析,并以文学史叙述中的"新写实"为参照,在当下的历史语境中,给予"新写实"一种新的诠释:从起源上为"新写实"小说溯源和钩沉,寻找被以往历史叙事所遮蔽、遗漏的作品,并探讨其背后的权力关系。第二章主要讨论"新写实"在当时的历史语境之下如何成为可能。"新写实"小说应和着时代世俗化潮流的波澜,在与各种与"新写实"写作风格相类似小说的微妙差异比较中,找到了自身存在的意义。第三章主要是通过文本细读的方式,抓住人的三大欲望核心:物欲、情欲、权力欲,探讨"新写实"小说如何在日常性的生活领域中展示人类这最本质的三大欲望,并思考它的呈现方式在整个文学史中所具有的独特性和意义。第四章揭示"新写实"小说与20世纪80年代文学继承和超越的关系,具体讨论"新写实"与80年代的启蒙话语、现代主义以及现实主义的关系,从中发现80年代小说叙事类型为"新写实"小说提供了丰富的精神文化资源,以及随着语境的变迁,在各种新旧文化的撞击下,"新写实"小说产生出许多不同于以往叙述的新质的文化因子,从而实现了某种意义上的转型。余论主要是简单讨论"新写实"小说作为90年代文学转型的几个症候式表述,从而表明"新写实"小说在90年代文学转型中具有过渡性的意义,并进一步讨论"新写实"小说以及"新生代"等具有个体化倾向小说如何处理公共性和个人性的问题。

关键词:新写实小说　日常生活　文学研究

4018

**论闻一多的文化阐释批评** / 陈欣著 ; 许祖华指导. -- 华中师范大学, 2009. -- 110 页

文化阐释批评是从文化人类学引申出来的一种文学研究和批评的方法,它形成于 20 世纪 20—30 年代,其基本特点在于"还原"。20 世纪上半叶,闻一多受西方新兴的文化人类学影响,融合清代朴学的实证方法和西方人类文化学、社会学、民俗学的研究方法,形成其独特的具有现代意义的文化阐释批评方法,以文化人类学的视角对中国古代的社会文化进行整体性的观察和跨学科的综合考证。在闻一多的学术研究中,几乎涉及了全部的中国上古时代的典籍。闻一多是我国第一个用神话学、民俗学、文化人类学等综合研究的方法研究《诗经》等古代典籍的学者。他在吸收西方科学理论的同时,得出了许多富有创见的结论,奠定了他在中国古典文化研究领域的开创性地位。闻一多运用文化阐释批评的方法,研究《诗经》和《楚辞》和中国古代神话传说,揭示了古代人类社会生活的真实情状,以及古代中华民族诗性思维的形象性、情感性和想象性特征。论文共七章,第一章主要论述闻一多文化阐释批评的起点,即闻一多对训诂学的创造性运用。第二章至第四章主要论述闻一多所揭示的中华民族诗性思维的特征:象征性、情感性和想象性,以及闻一多文化阐释批评视野下的原始巫术和原始图腾研究。第五章主要论述闻一多文化阐释批评下的神话研究。第六章主要论述闻一多所揭示的原始人类在生活习俗和诗歌艺术中体现出了强烈的生命意识。第七章主要论述闻一多在其学术研究的表述方式上,仍然延续了中国传统的诗性的批评方式,即以形象化的、情感化的、语义模糊化的诗性语言对文学作品加以评述;以个人感性式的描述来表达对文学和艺术的见解。闻一多运用整体的视角和综合的研究方法,从不同角度解读原始初民的生存状态和文化心理,揭示古代文学典籍真实的思想内涵;并由此揭示出古代中华民族的文化心理特征:强烈的生命意识。论文主要以闻一多对中国古代典籍的研究成果为分析对象,探讨闻一多文化阐释批评的内涵和外延,评述其成就、价值和意义。

关键词:闻一多　文化理论

4019

**意识形态与范式转换:北京大学中国现代文学学者现代文学史观研究** / 陈正敏著 ; 唐金海指导. -- 复旦大学, 2009. -- 248 页

论文考察 1949 年以来中国现代文学研究中的几种文学史观,并进一步逼问出其文学史的元叙事。第一章,首先分析王瑶的《中国新文学史初稿》,认为王瑶的这部重要的文学史著作,反映王瑶的新文学史观与革命意识形态的同构,本质上是革命意识形态对文学符号与象征系统收编与征用的结果。然后论述"文革"后王瑶文学史观的重要变化。第二章,先分析严家炎的现代文学史观,认为流派研究显示了严家炎多元文学史观念,不过其文学研究的模式,主要还是 20 世纪 80 年代的现代化模式。然后,论述孙玉石的文学史观,其诗歌研究具有一种追求体系化、系统化的倾向,而且他的中国现代主义诗歌史的研究,显示了他建构东方民族现代诗的构想和雄心。最后,指出谢冕的中国现代文学史叙事,是一种以悲情为主题和主调的文学史叙事。第三章主要论述钱理群、陈平原、温儒敏的文学史观。文章认为,在钱理群的中国现代文学史研究中,"苦难"是他文学史叙事的一个最为重要的主题。然后论述陈平原的文学史观,认为其中国现代文学史研究,始终都走着一条独特的道路,而表现出自己的独特思路——寻求中国文学发展自身的"剧情主线"。另外,其文学史研究,具有一种力求意识形态退隐的自觉追求,表现出一种承续五四以来的现代学统的自觉意识。温儒敏的现代文学史研究表现出一种稳健的特点,但反映了现代文学学科要求保持学科内部稳定性的要求。这一代现代文学史家的文学史观和他们的文学史研究,与上一代学者的不同在于,他们的文学史研究、文学史观,反映现代文学学科的自我反思——元叙事意义上的自我反思。第四章主要是以孔庆东和李杨为中心,分析"新左派"文学史观,指出它与革命意识形态文学史观的联系:他们都把现代文学史与权力相联系,最终使现代文学史成为权力的工具和附属物。第五章主要结合前文论述中国现代文学史研究中的超越关怀问题,就实现现代文学史的超越关怀的方式,提供一些有价值的思路。

关键词:现代文学　文学史　文学思想

4020

**左翼文学资源的当代阐释** / 程鸿彬著 ; 温儒敏指导. -- 北京大学, 2009. -- 168 页

论文论及的左翼文学概念并非当下流行的广义左翼文学,它具有严格的时空限定,即以 20 世纪 30 年代的上海为中心,延及 40 年代的革命文学实践。

第一编,革命的辩证法(1949—1977)。"工农兵方向"一统新中国文坛学界,成为社会主义文学想象的根本原则。30年代左翼文学被纳入社会主义文学的历史序列之中,经历了一个不断被删削改造的过程,最终在社会主义文学想象臻于极致的"文革"期间遭罹全面消解的厄运。第二编,现代性的诱惑(1978—1992)。"文革"结束以后,新启蒙主义凭借思想解放运动的政治助力逐渐成为时代主潮,五四启蒙文学"改造国民灵魂"的主题被提升到现代文学总主题的高度。在这一时期,左翼文学资源阐释呈现出"大起大落"的戏剧化局面。第三编,世纪之交的喧哗(1993—)。90年代中期以后,随着中国社会市场化进程的全面展开,各种现代性弊端渐次浮出水面,从而导致知识分子群体急剧分化,左翼文学阐释呈现出多元并竞的复杂态势。通过对80年代现代性和新启蒙主义的反思,持"新左派"立场的学者认为,中国的社会主义实践是一种"反现代的现代性",是对全球资本化趋势的批判和反抗。他们高度评价左翼——社会主义文学实践史无前例的开创意义,并对市场意识形态和文学私人化、商品化倾向展开了猛烈抨击。90年代兴起的"再解读"为左翼文学资源阐释提供了另一种思路。如何在文学史中叙述左翼文学,取决于我们试图从中获取什么样的精神资源。在左翼文学的"复调"结构中形成了两种传统:主流传统和非主流传统。这是从历史夹缝中生成的一种传统,它的历史建构还远远没有完成,而它的自身性质也决定了这一建构永远无法最后完成。这种传统的延续既是左翼文学资源历久弥新的深层原因,也是它对于当下现实的意义所在。

关键词:左翼文化运动　文学研究

**4021**

**鲁迅纪念研究(1936—1949)** / 程振兴著 ; 商金林指导. -- 北京大学, 2009. -- 111 页

论文的研究对象是1936年至1949年之间的鲁迅纪念史。论文试图探讨的问题是:高度意识形态化的鲁迅形象,是如何建构起来的?论文主体部分共三章。分别以鲁迅纪念史上的一场葬礼、一套全集、一次纪念大会为典型个案,试图勾勒出鲁迅形象在时势的推动下,分别被民众、亲友和政党等不同力量塑造的生动的历史图景。第一章主要考察1936年鲁迅逝世时盛况空前的"民众葬"。鲁迅葬仪是此后一切鲁迅纪念大会的原型,同时又是鲁迅形象建构的历史起点。论文力图描绘出在民族主义视野中的鲁迅形象,其象征内涵逐渐凝聚为"民族魂"的历史过程。论文认为,在民族生存面临重大危机的时代,处于民族主义思潮笼罩一切的时代氛围之中,主要是民众的力量,决定了鲁迅葬仪中"鲁迅"意义的生成。第二章以1938年版《鲁迅全集》的出版为考察对象,描绘在《鲁迅全集》的出版过程中,"文学者"鲁迅形象被鲁迅亲友塑造的历史脉络。显然,在民族危亡的时代,《鲁迅全集》的出版,寄托着民族复兴的情怀。与此同时,在作品集成的意义上,《鲁迅全集》是鲁迅文学形象的自我呈现;作为传记材料,《鲁迅全集》的出版也是鲁迅亲友精心塑造鲁迅形象的历史过程。该章从《鲁迅全集》的出版缘起、出版过程、《鲁迅全集》中的文学者鲁迅形象、《鲁迅全集》的经典化等几个方面,呈现《鲁迅全集》的出版这一宏大的纪念事业,与文学者鲁迅形象的建构之间错综复杂的历史联系。第三章以上海鲁迅逝世十周年纪念大会为中心,考察在国共两党即将爆发内战的1946年,鲁迅形象的象征内涵由"民族魂"变为"民主之魂"的历史过程。论文认为,鲁迅逝世十周年纪念大会对于鲁迅形象的建构,主要体现在以下三个方面:纪念大会"有意义的形式"中所承载的"和平民主"的政治诉求;"孺子牛"的隐喻中所体现出的鲁迅形象的变迁;从郭沫若到闻一多,中共对鲁迅"继承者"的重新阐释和不同选择。

关键词:鲁迅　文学研究

**4022**

**重塑雕像的权力:当代戏剧交流语境的危机与交流重建** / 邓菡彬著 ; 曹文轩指导. -- 北京大学, 2009. -- 260 页

论文通过对当代戏剧种种现象的分析,并结合戏剧史、戏剧理论和外部文化环境的视角,梳理当代戏剧危机的根源在于交流语境的危机,并进而探讨交流重建的可能性。论文研究方法的关键就是"缝隙",论文将从历史的缝隙开始,继而探索理论的缝隙、文化背景的缝隙,直至演出和排练现场的缝隙作为结尾。论文的第一章,将选择以元杂剧和明清戏曲开始,进行"知识考古"。第二章就从三种不同的西方戏剧理论倾向与其实践之间的缝隙来入手,探讨交流的危机。第三章将深入到交流危机的背后,探讨文化背景的裂缝——宏大社群性与围观社群性及个人存在之间的裂缝。因为戏剧问题不仅仅是戏剧内部的问题。诉诸身体的戏剧比诉诸文字的文学更脱离不开与外

部社会文化的关系。而且戏剧的交流重建归根到底也是与戏剧的社会功能联系在一起的。第四章重点深入当代演出和排练现场,透过剧场的缝隙,从实践的角度来探讨戏剧交流重建的可能。这一章将打破前面三章的叙述樊篱,将戏剧理论问题、文化问题与具体的操作及其效果结合起来展开论述。总之,论文希望打开更开阔的视野,同时切实立足于戏剧实践,使对当代戏剧交流问题的讨论在更多的思想冲击之中能够被真正"显影",并经受多重投射的戏剧细节的反复印证或诘问,最终使问题的讨论能够具有一定的现实意义,促进当代戏剧的交流重建。

关键词:戏剧　表演　文学研究

**4023**

**中国现代文学的出版平台:晚清民国时期文学出版情况统计与分析(1902—1949)** / 邓集田著 ; 杨扬指导. -- 华东师范大学, 2009. -- 618 页

论文主要以数据统计的方法,对晚清民国时期的文学出版情况进行大致摸底,并以这些统计数据为基础,对中国现代文学出版情况进行扼要描述与分析,目的是为今后的中国现代文学出版研究和中国现代文学史研究提供一些基本数据和宏观视野上的参考,同时也试图揭示出文学出版和中国现代文学史之间的深刻联系。论文第一章选取四个事关中国现代文学史全局的角度,对文学出版在中国现代文学的发生、发展和中国现当代文学的转型中所起的重要作用进行探讨。论文第二章至第四章即主要对晚清民国时期我国的文学期刊、文学书籍出版情况和各主要出版机构的文学出版情况进行具体的统计和分析。其中,第二章讨论文学期刊出版情况,主要包括文学期刊出版的总体规模、发展阶段、平均存活时间、办刊形式和地域分布情况等;第三、第四章讨论文学书籍出版情况,其中第三章主要讨论文学书籍出版的总体规模、变化趋势和地域分布情况,第四章主要讨论从事文学书籍出版的出版机构数量和一些主要出版机构的文学书籍出版情况、现代作家人数和主要作家的出书数量和排名情况以及翻译文学书籍的译源国分布情况等。这三章的统计数据证明,中国现代文学的出版平台是一个向上海和江浙作家严重倾斜的平台。这对中国现代文学史的发展和空间分布格局具有决定性的影响,具体表现在:其一,在晚清民国时期我国的文学出版格局中,上海确实占据着显赫地位。其二,从作家角度来说,在晚清民国时期我国文学出版资源的占有上,江浙作家占据了绝对的优势。

关键词:现代文学　出版工作　文学研究

**4024**

**西南联大诗人群研究** / 邓招华著 ; 魏建指导. -- 山东师范大学, 2009. -- 241 页

作为一个校园诗人群体,西南联大诗人群一直没有得到应有的重视和充分的研究。甚至连命名都没有获得学界的一致认可。多数研究者将西南联大诗人群视为"九叶诗派"或"中国新诗派"的一个组成部分,没有将其视为一个独立的研究对象。在某种意义上,西南联大诗人群依然是一个被遮蔽的诗人群体。论文力图在历史情境的还原中,厘清、界定西南联大诗人群的具体存在;在对既有的诗歌研究范式的突破中,分析、阐释西南联大诗人群的艺术成就,从而使西南联大诗人群从被遮蔽的状态中凸显出来。在战争的非常环境之中,是西南联大这个具有浓厚文化气息的大学校园的存在,促成了西南联大诗人群的产生。其诗歌创作与西南联大的文化氛围、精神传统、文学传承等文化精神要素密切相关。第一章考察西南联大诗人群生成的历史情境。这主要从西南联大诗人群的学院文化背景以及西南联大的精神、文化氛围等两个方面展开。第二章是对西南联大文学教育与文学活动的考察。西南联大诗人群以"学生诗人"为主体,西南联大时期的学习尤其是文学教育与文学接受奠定了他们的文学视野与文学品格。第三章论述学院空间中的现代体验及其抒写,这是西南联大诗人群独特的现代经验的重要组成部分,也是其诗歌质地的核心所在。第四章论述西南联大诗人群对现代诗形的探求与建构。这主要考察联大诗人对新诗形式的探求,或者说一种现代诗形建构的贡献。论文的结语部分先对西南联大诗歌创作的一种独特形态——朗诵诗进行探讨。然后阐述西南联大诗人群的地位与价值。在某种意义上可以说,西南联大诗人群突出的意义正在于对现代新诗这一中心诗学课题的一次成功回应。这也凸显出西南联大诗人群在新诗发展历程中的独特地位和价值。

关键词:诗人　文学创作　文学研究

**4025**

**历史在差异中复活:二月河、高阳清代历史小说比较研究** / 樊燕著 ; 曹惠民指导. -- 苏州大学, 2009. -- 144 页

论文是首篇以比较的视角对二月河和高阳进行

专门研究的博士论文，分别从历史小说取材、历史氛围营造、历史小说叙事及历史小说与文化四个方面，对二月河、高阳的清代历史小说进行新的探索和研究。第一章主要是从历史小说取材的角度展开论述。论述二月河的“落霞”系列何以选择以康熙、雍正和乾隆为创作题材的原因所在。对高阳历史小说进行全面整理，确认以清代为背景的小说，并指出清史小说在高阳历史小说中的重要地位。第二章主要探讨的是历史氛围的营造问题。二月河始终以读者作为营造历史氛围的着眼点，注重人物言谈的政治性、通俗性，注重空间描写与自然环境的结合，对人物服饰描写以粗笔勾勒为主，在细节上出现了一些失误。高阳以细节描写见长，善于将历史人物的言谈与个人感受有机融合，注重对庭院及庭院建筑内部进行细致描绘，注重从人物身份的角度来描写服饰。第三章致力于二月河、高阳历史小说叙事风格的研究。该章着重探讨二月河章回小说中的叙述人、插叙、预叙和追叙的特点。高阳的现代笔记体小说，是他对中国文人笔记的创造性转换。小说启用了一个满腹经纶有着“现代翰林”口吻的叙述人，叙述人是高阳清史小说中最自由、最活跃的叙事元素。对两种文体的叙事机制进行比较，旨在发掘出作家及其作品与文人传统之间联系。第四章主要研究地域文化、儒家文化与作家的关系。该章着重挖掘二月河历史小说与三晋文化之间的必然联系，挖掘高阳历史小说与以吴越文化为主体的江南文明之间的关系。高阳继承了乾嘉学派开创的考据传统，扩大了考证的范围，以小说成就考证，为扩大清代朴学的影响做出了贡献。二月河受儒家文化的影响，主要反映在人物形象的塑造上。他按照儒家“内圣外王”的理念塑造了勤政爱民的帝王，塑造了一批秉持“达者兼济天下，穷者独善其身”理念的知识分子。

关键词：二月河　高阳　历史小说

**4026**

**艰难的生成与暧昧的整合：1990年代中国小说宏大叙事研究** / 房伟著 ; 吴义勤指导. -- 山东师范大学，2009. -- 265页

“宏大叙事”，是解读20世纪90年代小说关键词之一。对“宏大叙事”的理解，直接影响20世纪90年代以来文学史面貌、整体框架和内在评定标准。然而，对该概念的使用范围、内涵、局限、在当代中国的复杂意义生成状态，我们还缺乏清晰认识。在绪论与上篇部分，论文首先梳理宏大叙事理论的概念生成，以及围绕它而产生的争论。这里强调了两点，一是后现代理论下宏大叙事概念的内涵，二是指出这种以解构姿态出现的“宏大叙事”语义的缺陷。其次，论文研究宏大叙事与现代小说结合的过程，并分析现代小说中宏大叙事的美学因素。再次，论文从总体上，重新指认90年代中国小说宏大叙事的特点。具体而言，在90年代中国小说中，有两种非常明显的宏大叙事性质素。一是启蒙宏大叙事，二是国家民族叙事。启蒙宏大叙事可以大致划分为批判性个体、世俗性个体、和谐性个体三个类型。同时，还以“余华小说的两次转型”与“王小波小说中的革命+恋爱”为个案，进一步分析启蒙宏大叙事在“解构”与“建构”并置，“前现代、现代、后现代”杂糅情况下新的可能性与表述困境。国家民族叙事，也是90年代小说宏大叙事的重要表征。就其整体性特点而言，90年代小说中国家民族叙事最鲜明特色，就是“文化复兴现代中国”。这是继五四以来“他者的启蒙焦虑”“建国神话”后，国家民族叙事新的核心内涵。“现代强国梦”的国家史诗，是延续80年代改革小说的新主流意识形态宏大艺术策略，从属于“文化复兴的现代中国”设计。再次，就“民族文化史诗”而言，国家民族叙事，从启蒙史诗与革命建国史诗中挣脱出来，在“文化复兴的现代中国”主题下，不断拓展史诗的空间和时间建构，从而形成现代小说的史诗主体。最后，该论文又进一步说明西方意义下的后现代小说形态以及其缺陷。论文指出，宏大叙事，作为一种人类思维方式，并不能简单以解构或消亡论，就可以消除。同时，90年代小说宏大叙事形态，也深深影响了21世纪中国小说的表述方式。

关键词：小说　叙事　文学研究

**4027**

**新月考论** / 付祥喜著 ; 林岗指导. -- 中山大学，2009. -- 379页

论文研究的“新月”，指新月派及其相关内容。论文从文学和历史两个视阈整体观照新月，对其做实证研究。全文分成上、下两篇，上篇辨析、澄清新月派及其相关若干史实，通过考述新月派刊物及书店，透显新月派及其文学活动之特征；下篇是侧论之部，考察新月派、新月派刊物及书店、新月文学。具体如下：论文上篇对新月派及其相关内容中若干长期存在争议或模糊不清的问题进行考辨，理清新月社、新月诗派与新月派之间的关系，爬梳与澄清徐志摩、林徽因、刘梦苇等新月派成员若干史实，考辨新月派刊物及书店

存在争议的若干问题，最后，对新月派散佚作品予以考订、汇校与辑录。新发现新月派各类佚作共247则，其中：徐志摩诗文信共6则、沈从文文1篇、臧克家诗2首、凌叔华诗文信共4则、《胡适全集》未收诗文信共119则、卞之琳佚诗文共28则、《储安平文集》未收作品87篇。在对《新月》等新月派刊物的研究中，论文使用计量统计法分析刊物登载的文章，并对《新月》编辑群体、作者群体做了整体考察，在此基础上试图还原他们的文学群体意识、独特视阈里的个体命运状态，同时从一个侧面展示他们与政治文化的复杂关系。显然，上篇关注的不是新月派的文学创作尤其作品本身。这些游离文学之外的研究，尚不能还原新月派的全貌。要使新月派历史地、完整地呈现，关键还在于恢复其作为文学流派所具有的特征，这就需要回到作品。因此在下篇中，除了考察新月派人事关系，论文还从一些被学界忽视或尚未涉及的方面，讨论新月派刊物及书店、新月派诗歌和散文作品。下篇分为四章，前一章从新月派人事关系看新月派聚合与解体的显性和隐性原因；第二章侧论新月派刊物及书店；此后两章分别讨论新月派对诗歌语言“土白入诗”的探索与试验、新月散文转向与创作心理动因及其文学史意义。

关键词：新月派　现代文学　文学评论

**4028**

**“故事”的多重讲述与文艺化大众：“十七年”长篇战争小说的文本发生学现象研究** / 龚奎林著 ； 孙先科指导. -- 河南大学, 2009. -- 438页

“十七年文学”（1949—1966）非常丰富而驳杂，许多从战火硝烟中走出来的革命文艺工作者既是战争的目击者，又是战争的参与者，积蓄了大量的战争素材。战争文艺尤其是长篇战争小说成为一种的社会主义文化资本，进而确证社会主义新政权的合法性、有效性与优越性。论文把这种文本演变发展的动态流变过程称为“文本发生学现象”，而论文就是对这种现象进行研究。论文结构分为导言、上篇（三章）、中篇（四章）、下篇（四章）和余论五个部分，主要从历时性与共时性的时空场域和版本修改与艺术改编两个维度进行文本发生学现象的知识考古和演变探讨。导言对“十七年”长篇战争小说半个世纪来的文本传播、版本变异与艺术改编进行问题归纳，明确论文的研究对象，界定核心概念“战争小说”“版本校勘”“艺术改编”和“文本发生学现象”及“文本发生学现象研究”的理论内核，梳理研究目的、研究意义以及研究现状，进而确立研究的视角、层次、方法与价值立场。上篇试图对文本发生学现象的起点语境进行必要的外围梳理，阐释承载革命起源与革命意义的“十七年”长篇战争小说不断经典化生产和通俗化传播的过程。中篇主要以4部长篇战争小说《铁道游击队》《保卫延安》《红日》《苦菜花》为个案研究对象，从半个世纪来的文本发生学现象的变迁轨迹考察版本生成、版本校勘、艺术改编和意义传播等问题。下篇则从“十七年”长篇战争小说的修辞策略、正文本修改、副文本变迁、艺术改编策略四个角度进行共时性的文本发生学现象探询，寻找这种流动叙述的背后缘由、动机以及意义，总结其文本发生规律。总之，“十七年”长篇战争小说的文本发生学现象作为一种“真理”和“经典”的生产、实践、传播与应用的过程，在当下的社会主义核心价值体系的建构中依然能够发挥作用，对其研究也永远是未完成状态。

关键词：长篇小说　文本　文学研究

**4029**

**“解构”语境下的传承与对话：鲁迅与1990年代后中国文学和文化思潮** / 古大勇著 ； 邓国伟指导. -- 中山大学, 2009. -- 316页

20世纪90年代后中国的文化语境具有明显的“解构性”特征，这种特征是与20世纪80年代相对而言的。90年代后是价值多元化的时代，80年代的一元化启蒙主义传统在1990年代后走向瓦解，鲁迅传统在很多作家那里遭到冷落，鲁迅在90年代后多种文化思潮论争中亦遭遇不同程度的解构。但事实上，鲁迅传统并没有被彻底解构，而是由原来的一元主导地位变为多元格局中的一元，对90年代后的文学与文化思潮的影响始终存在着。就文化思潮而言，90年代后绝大部分文化思潮的涌现，都无法避开鲁迅。另外，只有在90年代后的文化语境中，鲁迅与新儒家、自由主义、后殖民主义等的关系的话题才有可能被提及思考或重新定位。鲁迅与新儒家在多元化的当今时代，完全可以由“对抗”走向“对话”。鲁迅与自由主义之间并非“水火不容”，而有深刻关联。就文学创作而言，在小说创作方面，虽然鲁迅传统没有像在80年代那样影响到大部分作家的创作，但在一部分作家的创作中有明显体现，如余华、残雪、莫言、刘震云、高晓声、张炜以及“新乡土小说”作家等在90年代后的小说创作。在杂文随笔创作方面，90年代后产生了一个与现代文学史上“鲁迅风”杂文相对应的“后鲁迅风”杂文随笔

创作流派,主要作家包括何满子、邵燕祥、鄢烈山、牧惠、摩罗、余杰、王开岭、张承志等数十人。批判性的杂文随笔在90年代后的兴盛,与作为"知识分子"的鲁迅在此时期受到重视与推崇有关。鲁迅文学具有经典性的意义,具体表现为原创性、独异性、丰富性、多元性、开放性、超越性、民族性和人类性的特征。鲁迅同时是中国文化史上一种独异的精神资源。经过时间的检验和绝大多数读者的公认,鲁迅文学的经典性和鲁迅精神资源的地位已经基本确立,这是"解构"语境中任何解构主义者都不能解构的。鲁迅的独特价值更在于他的当代意义,鲁迅遗产并未随着时间的流逝而过时,而能一定程度上影响着当代文学与文化,和当代展开穿越时空的缺席对话,这是鲁迅遗产的巨大生命力所在。

关键词:鲁迅　当代文学　文艺思潮

**4030**

**性别、族群、宗教与文学:妇女主义圣经批评视野下的五四女性文学研究** / 郭晓霞著 ; 梁工教指导. -- 河南大学, 2009. -- 253 页

五四女性文学是现代文学的重要组成部分,也是现代意义上的中国女性文学的开端。就外部而言,五四女作家深受基督教文化的影响。就五四女作家而言,她们大都接受过基督教文化教育和影响,同时又深受中国传统文化和五四新文化的影响,加上个体独特的经历和情感体验,因此,五四女作家和基督教文化具有密切关系,基督教文化深深影响了五四女作家的创作。但是,五四女作家对基督教文化的体验既具有鲜明的民族特色,又具有鲜明的性别特征。五四女作家对基督教文化的接受和表现与第三世界的妇女主义者对圣经的批评具有内在的关联。她们对圣经和基督教文化的认识基于相似的经验——本土妇女经验,包括民族经验,本土宗教、神话、文化遗产,女性的经验三个方面。她们都关注相似的主题。在时代影响下,五四女作家舍弃了基督教上帝学说中不合中国观念且不合常理的神秘部分,在创作中表现了更具情感色彩、人格色彩、性别色彩的上帝形象。关于"基督论",和中国男性知识分子不同的是,女作家从本土妇女经验出发,看到了男性耶稣身上所具有的女性品质,如自我牺牲、受难、宽恕、博爱等,所以,她们更愿意把耶稣当作一个女性基督。五四女性文学中出现了一系列女性基督形象,其意义在于:以耶稣的男女平等思想和女性基督形象对抗父权等级思想,并最大限度地肯定女性的传统价值。五四女作家还对基督教的人性论、人与人的关系进行了独特理解和表现。在基督教博爱思想影响下,五四女作家表达了建立超越性别、种族、阶级和不同见解的姐妹情谊的理想。受基督教文化影响,五四女作家对妇女解放运动大都持温和态度,没有将批判矛头直接指向中国男性,而是将男性看作妇女解放的同盟军。她们试图通过有效地处理好家庭与事业的矛盾,与中国男性一起建造一个男人与女人、人与人和谐的伊甸园。以妇女主义圣经批评理论研究五四女性文学,最终揭示了性别、族群、宗教与文学之间的张力关系。

关键词:现代文学　妇女文学　基督教

**4031**

**重构历史的现实文本:历史题材话剧(1917—1949)改编研究** / 郭玉华著 ; 邹红指导. -- 北京师范大学, 2009. -- 137 页

论文以马克思主义历史唯物论作为指导,立足于历史题材民族化、现代化的价值目标,以社会学、文艺学的学理方法,采用综合分析和个案研究相结合的方式,把现代文学时期(1917—1949)历史题材改编话剧置于历史情境中考察。研究主体分为三个部分:第一章首先考察现代文学时期影响历史题材改编话剧兴起的原因:社会史观变迁、政治审查制度及大众审美口味等。第二章从叙事角度分析现代文学时期剧作家在择取历史题材、提炼主题时,如何借助历史人物、事件叙事重心的调整,表达其改编意图。第三章从主题分析角度研究现代文学时期历史题材话剧改编。这一章将通过复仇、爱情、兴亡等三类代表性剧作的解读,分析其改写、变更传统主题的趋向。结语部分则主要探讨现代文学时期历史题材话剧改编的现代价值,揭示其对当代改编的意义和启示。总之,现代文学时期的历史题材话剧改编因其特殊的时代、特定的社会问题、文化指向,成果丰富,在艺术上达到了一定高度。无论其改变策略、叙事方式,还是历史阐释及意义提炼,都对当代历史题材话剧的改编有重要的借鉴价值。历史在不断生成,改编剧作也在阐释中继续出现,而只有在历史性与戏剧性的互动中,历史才能趋向澄明,而话剧才能日渐成熟。

关键词:话剧　改编　文学研究

**4032**

**战争政治与中国抗战话剧** / 韩传喜著 ; 邹红指导. -- 北京师范大学, 2009. -- 108 页

战争政治是抗战时期中国文学的生态场域，论文试图从战争政治视角对抗战时期国统区、沦陷区和解放区三个政治区域的抗战话剧进行整体考察，呈现抗战话剧和战争政治之间的互动关系，即战争政治以何种方式规范和推动着抗战话剧运动的发展，如何影响到抗战话剧的叙事，抗战话剧又是如何应对战争政治的时代规范，同时也可窥探到在动荡的战争年代作家内在心灵的真实跃动。研究主体分为三个部分：第一章论述战争政治与抗战话剧运动之间的互动关系。抗战时期，文艺大众化最重要的组成部分便是话剧大众化，话剧大众化以抗战为中心，以组织大众为目的，强调了话剧的政治宣传功能。在战争政治的时代规范下，中国话剧的演剧形式也从剧场走向了广场，戏剧舞台、观众群体、演员群体、戏剧观念和内容都发生了变化，围绕话剧大众化所进行的旧剧改革也带有强烈的意识形态询唤性质。在战争的不同阶段，在不同的政治区域，抗战话剧运动的繁荣程度和表现形式也有着不同的特征，呈现出发展的不平衡状态。第二章论述抗战时期剧作家的文学选择与政治文化心态。在战争政治的时代环境下，戏剧抗战成为众多作家战斗武器的选择，不少剧作家的创作也出现了转型，这些都体现出典型的政治功利性的文学取向。面对政治时剧，作家的“国家至上”的政治关怀得到了最大程度的体现，剧作家们的政治激情又导致了审美选择的偏颇，同时，自由心灵的异化又是他们在战争政治面前付出的惨重代价。第三章论述抗战话剧的叙事形态。战争政治的时代环境对抗战话剧的叙事起到了规约作用，这种规约突出地体现在话剧叙事模式的形成、叙事话语的选择以及历史剧的创作上。结语部分既是对论文的总结，又是反思。抗战话剧以及抗战作为文化资源给我们留下了无尽的思索，在如何处理政治移情与审美转换等层面为我们提供了诸多启示。

关键词：话剧　抗日战争　文学创作

**4033**

**新世纪中国乡村叙事研究** / 韩文淑著 ；张福贵指导. -- 吉林大学，2009. -- 201 页

论文的主要研究方向和目标，是全面梳理、分析、论述21世纪以来中国乡村叙事的文本特征、价值维度、审美新变、修辞特征等。鉴于学界对21世纪中国乡村叙事系统性、整体性研究的缺乏，论文力图在20世纪中国乡村叙事的坐标与延长线上，通过对数量甚丰的21世纪以来的乡村叙事文本的宏观面貌与微观性征的学术分析与学理阐释，勾画、描绘出乡村叙事在此时间段内的艺术特点和发展趋向。绪论部分主要阐释论文立论的基点。包括研究对象、研究现状、研究方法、意义等的介绍。第二章是对21世纪乡村叙事的整体把握与立体描摹。论文从创作主体、文学文本、审美特点、创作新变等不同角度切入乡村叙事内部；同时，还运用统计学的方法，以几组相对客观化的数据说明乡村叙事在21世纪里的发展态势。接下来的第三至第五章，分别从三个具体方面，即农民主体现代化主题，乡村主体表征问题，乡村叙事艺术特征问题，详细解读21世纪乡村叙事所呈现出的状貌。论文的最后一章对与研究对象相关的当下文化现象、文学意识、创作观念进行必要的反思与批判，指出21世纪以来乡村叙事作家、作品及其生存环境存在的弊病，并对乡村叙事未来的发展给予热望。

关键词：叙事学　乡村　文学研究

**4034**

**“抗战演剧”与演剧队研究（1937—1945）** / 何吉贤著 ；汪晖指导. -- 清华大学，2009. -- 228 页

论文将“抗战演剧”作为一个相对独立的、具有具体历史内容的概念来理解和处理，它在“抗日（民族解放）战争”的条件下发生，是一种区别于剧场演剧、“文学性”/阅读性戏剧、传统精英戏剧乃至民间戏剧的艺术实践形式，“戏剧游击战”是其实践形式的具体体现。在现代中国戏剧和艺术实践中，它构成了一种特殊的传统。论文首先简要梳理和分析“抗战演剧”与20世纪30年代早期文艺实践的历史关联，然后梳理和分析作为“抗战演剧”的主要承担者和特殊组织形式的移动演剧队的组织方式、生存方式和基本活动情况等，同时又逐一分析抗战演剧中探索和产生的具体演剧实践形式：独幕短剧、活报剧、街头剧等，并从表演形式、舞台创新等方面进一步分析“抗战演剧”的具体形态和特点。在这部分的分析中，“戏剧游击战”是一个核心的概念，高度的机动灵活性，注重地方性知识和实践，打破文艺形式限制、高雅低俗分隔等是其重要特点。在论文的第五章，作者分析抗战演剧中体现和形成的特殊的观/演关系，这种不同阶层互相融合，共同创造一个新的历史主体的努力，也正是现代中国民族意识和社会革命形成和深化的重要特点之一。在对一些抗战戏剧的作品分析的基础上，作者认为，“家—国之恋”作为一种共同的情感结构，是在高

度流动性的抗战时期,达成这种特殊的观/演关系的认同基础之一。

关键词:戏剧史　戏剧评论　抗日战争

**4035**

**现代中国女性诗文中的典型意象研究** / 何字温著 ; 乔以钢指导. -- 南开大学, 2009. -- 131 页

论文以现代中国女性诗文中的典型意象为主要研究对象,立足于性别视角,综合运用美学批评、心理分析、性别批评、神话—原型批评等多种研究方法,重点考察审美主体投注于意象之中的性别经验、性别意识和性别观念,在此基础上呈现女性文本中的意象在思想内涵和艺术形式方面的审美价值。论文共分七部分。绪论部分,主要说明论文的选题缘由、研究范围和研究对象,梳理与课题相关的国内外研究成果,阐明论文的基本目标、研究思路和方法。第一章通过对中外诗学范畴内意象概念的厘定,提出对意象概念及其与性别之间内在关联的基本理解。论文认为,意象是主观情思与客观物象的审美融合,其中渗透了作家的审美意识和其他深层文化意识,在作品中以语词符号的形式呈现出来,是极富审美意蕴的统一作品形式与内容的关节点;由于性别因素对文学创作的影响,当意象将作家经验加以形式化时,会透露出具有性别身份的审美主体的性别意识,一定程度上映射出时代、民族的性别文化观念。正因为如此,从性别角度出发进行意象研究有其合理性。第二章至第四章选择女性诗文创作中具有典型意义的若干意象塑造进行具体分析。第二章阐释女性诗文中“月亮”意象的多重意蕴。第三章论述女性诗歌中的“镜”意象与女性存在之思的审美融合。第四章探讨女性文本中“黑夜”意象的审美特质。第五章揭示女性诗文作品在意象营构过程中的艺术创造。结语部分对以上研究进行概括和总结。论文认为,由于文学文化传统中积淀的性别文化意蕴以及创作者性别感悟的渗透,女性诗文中的典型意象显露出富于性别意味的审美特征。“月亮”“镜子”“黑夜”等意象传达出审美主体丰富的性别经验和人生感受,从一个侧面反映出女作家的性别意识与性别观念,体现了女性创作的写作特色和她们的艺术创造。在这个意义上说,从意象角度进入女性文学创作,有助于进一步解读作品,展示女性文学世界的独特性和丰富性。

关键词:诗歌　女性　意象

**4036**

**文学场域中的“农民工”叙事** / 贺芒著 ; 李怡,易丹指导. -- 四川大学, 2009. -- 250 页

论文以文学场域理论为主要研究方法,以文学生产机制为切入点,由外向内地深入研究农民工文学,寻找精英知识分子的“农民工”叙事与农民工的自我书写——“打工文学”之间的内在逻辑、演变过程,动态地呈现农民工文学的价值形态与审美形态。论文包括绪论、正文四章,以及对全文进行总结的第五章。绪论从研究农民工文学的重要意义入手,通过农民工文学的研究现状,提出论文的研究思路与研究方法,并对基本的概念进行界定,确定论文的研究范围。第一章将打工文学置于文学场域中,研究打工文学的产生与发展,呈现打工文学的基本形态。第二章主要从文学生产机制的角度研究“农民工”书写多元化格局的形成。这一章是全文的重点与难点,需要梳理文学场中打工文学与精英文学的逻辑关系以及动态的发展轨迹,并探寻核心的影响因素。第三章和第四章是由外部研究转向内部研究,将农民工文学的美学特性置于文学生产机制中进行开放式研究。进行精英作家他者视域下的“农民工”与打工作家自我表述的“农民工”的差异呈现,并探寻精英文学与打工文学在美学地位上的力量转化。论证在精英文学的强势影响下,打工文学在美学上的他者化倾向。第三章深入到文本内部,研究在文学场域中,精英知识分子作家的“农民工”叙事的美学特征。第四章深入到文本内部,研究在文学场域中,打工文学的美学特征。第五章是对全文的总结。在文学场域中探寻打工文学与精英知识分子“农民工”书写的关系,认为二者的关系和地位主要通过对道德合法性与美学合法性的争夺而形成,打工文学的精英化趋向是主要表现,从而挖掘出打工文学精英化趋势背后的核心因素:政治因素与市场因素的合谋。得出结论:文学生产机制使农民工这一书写主体的出现成为可能,从而打破了精英知识分子作家对底层民众进行言说的一体化格局,“农民工”叙事也表现出多方位、多层次的审美特性与文化内涵,农民工文学是具有开放性特征的、动态的文学现象。

关键词:农民工　叙事学　文学研究

**4037**

**鸳鸯蝴蝶派的群体想象与自我认同** / 胡安定著 ; 李怡,毛迅指导. -- 四川大学, 2009. -- 214 页

论文拟从外在区分与自我确认的双重视野中,结

合传播空间的争斗与分化，来考察鸳鸯蝴蝶派群体想象与身份认同的过程。论文主要从以下三个方面进行探究。第一部分主要探讨鸳鸯蝴蝶派群体的形成与划分。从鸳鸯蝴蝶派、正宗鸳鸯蝴蝶派以及“蝙蝠派”这样“派中有派”格局的形成中，来考察群体划分的机制与标准。第二部分主要探讨鸳鸯蝴蝶派传播空间的开创与变迁。首先，新文学与鸳鸯蝴蝶派群体区分的过程其实也贯穿着传播空间的变迁与分化，这从不同时期鸳鸯蝴蝶派杂志的形态调整即可看出。其次，正宗鸳鸯蝴蝶派是再次区分的产物，他们的代表报刊历来与民初哀情骈体小说联系在一起，而实则这些报刊与同时期的其他刊物一样也具有多重面目，如《民权报》与《小说丛报》；而且，正宗鸳鸯蝴蝶派之所以被视为单独一群，除了报纸杂志的聚合，还与民权出版部的运营、策划有着密切关系。最后，在新文学发生初期，尽管新文学刊物与鸳蝴报刊一般宗旨、形态迥异。而实际上，还有一些试图跨越新旧的“蝙蝠派”报纸杂志。第三部分主要探讨鸳鸯蝴蝶派的自我确认。首先，在鸳鸯蝴蝶派群体意识形成中，私谊网络、会社网络和传播网络这三个彼此重叠的人际网络显然发挥着相当重要的作用。其次，鸳鸯蝴蝶派作家多以旧派才子自我定位，在这一身份想象中，由生存处境所决定的职业、文化裂变中的精神取向以及面向新文学的策略性定位都是重要因素。最后，面对新文学这个强大的“他者”，鸳鸯蝴蝶派的应对十分灵活。

关键词：鸳鸯蝴蝶派　小说　文学评论

**4038**

**现代感悟批评研究** / 胡昌平著 ; 李怡指导. -- 四川大学, 2009. -- 160 页

论文认为，现代感悟批评是最为接近文学本身的一种文学批评，它在一定程度上能弥补实用性和科学性的文学批评中存在的缺陷与不足，因而对于当前文学批评的多元发展及相互补充有着重要的意义。论文由引言、正文四章和结语组成。引言部分对“现代感悟批评”做了界定，并简略地考察20世纪的中国文学批评，将王国维、周作人、李健吾、李长之、沈从文、朱光潜等人归为现代感悟批评家。第一章“艰难萌芽与曲折发展”，具体考察王国维、周作人、李健吾、李长之、沈从文、朱光潜等批评家的文学批评在现代感悟批评的萌芽与发展中的基本情况与特点。第二章“直观感悟的审美批评”，分析现代感悟批评的基本特征。文学批评即艺术，这是现代感悟批评的核心观念。在这一核心观念的支配下，现代感悟批评否定了指导式、判断式和说教式的文学批评，它体现了文学批评的独立、自由与创造的特点。第三章“在中西文学批评之间”，论述中国传统文学批评与西方文学批评对现代感悟批评的影响。中国传统文学批评对现代感悟批评的影响主要是间接的，而西方文学批评的影响则较为直接。第四章“在实用性与科学性之外”，分析现代感悟批评的价值与意义。现代感悟批评是审美批评，它与实用性的文学批评形成了对照。结语部分，考察现代感悟批评在20世纪80年代的短暂复苏，分析现代感悟批评不能兴盛的原因。虽然现代感悟批评萌芽艰难、发展曲折、复苏短暂，但它对艺术与人生的真切与深挚的体验和感悟而预示着21世纪里文学批评的一个重要的可能方向，也使我们相信科学性的文学批评与艺术性的文学批评能够互补与结合。

关键词：文学评论　审美　文学研究

**4039**

**清末民初狭邪小说中的妓女形象** / 胡璟著 ; 於可训指导. -- 武汉大学, 2009. -- 113 页

论文从狭邪小说的兴起、历史传承入手，对具有代表性的狭邪小说作品进行文本细读，在此基础上，对狭邪小说中妓女形象的传承、演变，男性对女性想象的青楼幻梦的延续与破灭，青楼男女关系的变化，妓女与上海都市之间的关系等问题做出论述。第一章，首先对清末民初狭邪小说的兴起环境做出分析，指出狭邪小说发展繁荣的几方面原因。其次论文对以“妓女”为主角的小说，由青楼文学到狭邪小说的延承做了回顾，总结发展演变中的青楼文学不同阶段妓女形象的特质。最后论文通过对主要狭邪小说作品的描述，勾勒出清末民初狭邪小说的发展轨迹。第二章，从文学“想象”入手，指出以“女性为中心”，“想象女性”是古典青楼小说，以及狭邪小说叙事的特征与主脉络，狭邪小说发展的几个阶段的不同作品体现了古典青楼女性“想象”的延续与终结。第三章主要研究海派狭邪小说中的女性形象，着重论述妓女与上海都市之间的关系。海派狭邪小说首次把上海和女性这两个形象相联系，以吴语为妓女语言的文学叙事则将狭邪小说的妓女形象与上海这个五光十色的都市融合在一起。第四章着重探讨狭邪小说中妓院男女关系格局的表现与转变。从海派狭邪小说《海上花列传》开始，狭邪小说男性主角的身份由传统的文人士

子转变为商贾之人，小说亦抛弃了古典青楼小说延承已久的男女格局，对其进行了重构。总而言之，对于清末民初狭邪小说中的妓女形象进行研究，不仅有助于了解狭邪小说本身，更提供了以往不为人所注意的，研究近、现代文学中女性形象的另一种途径与思路，可供现阶段现代文学研究做比较、参考。

关键词：小说　人物形象　文学研究

**4040**

**跨语际实践中的新诗"戏剧化"研究** / 胡苏珍著；吴晓指导. -- 浙江大学, 2009. -- 206 页

论文从跨语际实践这一视域进行观照，在考证史实的基础上辨析中西诗学交汇过程中的借鉴、接受及内化，力求准确地把握新诗史上各种"戏剧化"话语的指涉内涵及信息价值，并在此基础上，通过文本细读阐释"戏剧化"实践的不同层面及审美质素。论文具体观点如下：和"小说诗化""小说戏剧化"等文类融合现象机制相似，新诗"戏剧化"实为"化戏剧"，即现代汉语诗人分别在不同的写作当中借鉴"角色"和"面具"等戏剧理念，融汇"矛盾冲突性""综合性"等戏剧精神，建构"在场"，直观的戏剧化场景，以特殊的诗思和手法达到了"诗"的另一些层面。论文的主体部分包括历时性梳理和共时性阐述，具体章节及内容依序如下：绪论部分厘定概念，在整合不同诗人的诗学及写作经验论的基础上首次将"新诗戏剧化"提升到文类美学融合层面进行考察，并介绍论题的研究现状，阐明论文的写作意图及思路构架。第一章，概述诗歌"戏剧化"论说在中西之间的跨语际实践过程，整体性地考察本土诗人对异域诗学译介和接受中的直译、转述、筛选及信息误读情况，并从新诗实际面临的问题、写作主体的态度及新诗形式发展的需求等方面论证新诗戏剧化写作的生成机制。第二章，根据新诗戏剧化写作实践的阶段性特征，梳理三个时段的"戏剧化"写作的具体渊源和表现形态。第三章，从诗人和文本言说者的关系，阐析"主体的戏剧化"出于对节制性、非个人性的追求，一些现代汉语诗人搁置直接的自我抒发，借鉴"角色""面具"的言说方式。其中主要分为"他即我"与"'我'非我"两类形态。该章还首次提出布莱克的"自我分化"思想对穆旦写作中的主体戏剧化的深刻影响。第四章，论述"诗思的戏剧性"。第五章，阐析戏剧化手法的表现形态。

关键词：新诗　诗学　文学研究

**4041**

**论先锋作家的死亡叙事** / 胡西宛著；张健指导. -- 北京师范大学, 2009. -- 214 页

绪论中指出研究先锋作家死亡叙事的意义和价值，认为"死亡"与"暴力""罪恶""苦难""命运""存在"等主题相联结，是先锋小说的主要题材和中心主题之一，对先锋小说的思想价值和美学品质具有规定性意义。第一章分析先锋作家死亡叙事的哲学、人性和社会历史内涵，认为先锋小说在死亡叙事中表达了特别的存在体验。其中的先锋性话语显示出先锋小说对西方现代主义思想资源的使用，它们对于中国当代文学多元化精神格局的形成，具有建设性作用。第二章"先锋作家死亡叙事话语的构成机制"，认为先锋小说的死亡叙事有四种叙事单元：暴力致死、自杀、自然死亡和意外死亡，这些叙事单元及其秩序体现了先锋作家关于人性批判、社会批判和认识世界、体验存在的创作意图。第三章"先锋作家死亡叙事文本的美学风格"，认为先锋小说对死亡题材的处理，在表现方式、审美理想、情感特征和价值观念等诸多层面，都体现出现代社会的精神征候和现代文学、现代艺术的审美品格，它们所表现的悲剧可称为现代意义的悲剧或现代悲剧。第四章"先锋作家死亡叙事的价值和意义"，认为先锋作家热衷于表现死亡的创作现象，既是新时期文学主题流变的结果，也有西方现代主义文学影响的因素，既可见出中国社会的历史和现实背景，也体现了先锋作家的艺术策略。余论认为，先锋小说及其死亡叙事可能成为中国文学史上绝无仅有的小说创作现象，是它终结了中国文学在题材和主题上的一个弱项，并造成了那个时代独异的文学景观，这一文学行动或许再也无法复制，但它的精神已融入中国当代文学所体现的精神价值和文学观念中并实现常态化，成为给后世文学留下的多彩的遗产。

关键词：先锋小说　死亡　叙事

**4042**

**理性话语与中国现代文学的理性精神** / 黄林非著；罗成琰指导. -- 湖南师范大学, 2009. -- 263 页

论文抓住"理性"这一与中国现代文学有着复杂而深刻联系的关键词，运用实证和话语分析的方法，在"理性"的指称意义与评价意义的张力结构中对中国现代文学的理性精神做了整体的观照和深入的探讨。全文共分六章。引论部分包括"缘起与意义""问题与方法"以及"逻辑原点的确立"三个层次，梳理中

国现代文学中理性话语的行进轨迹，指出以往的相关研究中存在的不足，并提供考察中国现代文学理性精神的原则性框架。在联系西方哲学中的“理性”和中国传统哲学中的“理”，考察“理性”一词在现代中国的话语实践，从语用、语义的层面对中国现代文学史上的“理性”做出仔细辨析的基础上，第三章至第六章展开对中国现代文学理性精神的探寻。首先，从文学的功用观入手，以王国维、周氏兄弟和早期创造社主要成员为考察对象，探究中国现代文学中“不用之用”的康德式命题所透射的理性精神。其次，中国现代文学整体上呈现出理性精神与合理性冲动的抗衡。合理性是一种开拓性、工具性的理性，它追求确定性、可控性、有效性，功利性，所以它在本质上是不合于文学的。复次，注重文学的道德性是对文学理性精神的维护。在新旧对立的语境中，学衡派对将文学和道德做进化论理解的流行理论提出了批判，他们注重文学的道德性，认为文学的最高境界是与“善”相通的，文学虽然不等同于道德，但它引人向上，提升人的精神境界，提供乌托邦式的人生道德理想。最后，从理性对诗性的看护这一视角讨论中国现代文学的理性精神。文学需要一种看护性的操作理性，因为文学不可能自动完成。这就是说，作为一种写作行为的文学，它需要一种应用中的智慧，以便使创作主体在这一行为进程中保持一种倾听、领会和能控制的状态。

关键词：现代文学　理性　文学研究

**4043**

**论白先勇小说的命运意识与悲剧人生际遇** / 黄伟雄著 ; 何言宏指导. -- 南京师范大学, 2009. -- 228 页

论文从白先勇的小说整合出其感悟命运意识的思路重点，提出人类悲剧人生际遇的这一主题并将之作为研究对象，意在引入另一层深刻的学术剖析原理与秩序，弥合与改变目前对白先勇小说研究中存在的某些不足和误区，为白先勇小说研究重新提供一种更为整体性与概括性的研究思路。论文通过细读与剖析白先勇的小说文本，并且延伸与扩展先前学者们的研究，深入探讨白先勇小说的命运意识与悲剧性人生际遇。论文共由五个篇章组成。第一章拟从命运意识与悲剧发展流变的格局、东西方文学史上的缘起与演变，以及历史语境与转换动力的宏观背景，考察白先勇小说的命运意识与悲剧人生际遇。第二章是对《台北人》的悲剧人生际遇与存在意识的分析与归纳，主要是探讨命运如何利用时间，作为戏谑与捉弄“台北人”悲剧人生际遇的致命武器。第三章则是在探讨海外华人与学子在中西文化冲击困境中面对的取舍问题，如何引发并且构成他们在异国他邦充满悲剧意蕴的人生际遇。第四章是针对同性恋者坎坷的人生际遇进行更加深入的探索与研究，拟在同性恋神秘的课题中钻研其隐藏的无奈与困境，力图感悟同性恋者的悲剧人生际遇并且企图破解形成同性恋团团不解的迷思。第五章则是探索白先勇后期的研究走向与最新的创作状况，对白先勇一生的创作历程以及后期的研究走向进行一个整体性的观照，为白先勇小说的未来研究，留下一个更具完整性的参照系，以及更富有理性色彩的研究启示。

关键词：白先勇　小说　文学研究

**4044**

**“革命样板戏”研究** / 惠雁冰著 ; 赵学勇指导. -- 兰州大学, 2009. -- 135 页

论文共三大部分，主要由绪论、正文及附篇构成。绪论主要阐述论题的选题依据、研究意义以及 40 多年来国内“样板戏”研究的现状与局限。正文共四章。第一章，论文将“样板戏”置于 20 世纪 40 至 60 年代中国戏曲现代化探索的艰难历程中来考察，从戏曲现代化路向的艰难追寻起笔，详细梳理三个时期三种阶段性的戏改成果。由此得出，“样板戏”是 40 至 60 年代中国传统戏曲现代化实验的最终成果，其出台体现着中华民族特定现代性的种种印痕。尽管其建构方式极度彰显出其国家意识形态的本质，但客观上激活了传统戏曲的生命力，为传统戏曲的现代化转型提供了可资效尤的途径。第二章，论文将“样板戏”置于无产阶级革命文学的生成关系中来考察。最后得出，左翼文学、解放区文学、“十七年文学”与“‘文革’文学”中的“样板戏”是无产阶级革命文学发展阶段中四个内涵不断封闭、结构日趋严整的有机环节，四个阶段并没有本质上的差异，只有艺术表现程度的不同，分别对应着不同历史状态下文学与政治的亲缘关系。第三章，论文以“样板戏”对传统京剧艺术质素的历史性置换与对芭蕾艺术品格的本土化改写两大板块，集中考察其在艺术方面的巨大突破。并指出其在唱腔、表演、程式运用、唱词、音乐等方面的种种艺术缺憾。同时，就“样板戏”对革新当下戏剧艺术的启示也进行了理性的归纳。此外，还清理“样板戏”与“文革”及江青的关系问题。第四章，论文主要阐述“样板戏”独特的结构内涵，分别以“显在的政治意义秩序”与“潜

在的民族文化内质”两部分展开。由此得出,“样板戏”是“文革”时期民众精神心理的典型表达,在结构上体现为政治胞衣与民族文化内质的深层扭结。其所葆有的这种极富张力的艺术格局,为当时的流行及后来的回潮奠定了民众心理接受的逻辑起点。时下“样板戏”的热行不过是其特殊的结构形态与90年代特殊的人文困境历史性遇合的结果。论文以“附篇”形式专门考察《二月纪要》的出台始末及主要内容。

关键词:革命样板戏　文学研究

**4045**

**险滩中的夜航:20世纪80年代中国“现代派”小说历程** / 晋海学著 ; 李新宇指导. -- 南开大学, 2009. -- 177页

论文以20世纪80年代中国内地的“现代派”小说为研究对象,兼及当时理论批评,展示“现代派”小说在80年代中国的发展轨迹和基本走向,进一步厘清“现代派”小说与文学批评、意识形态之间的力学关系,对“现代派”小说缘何会在80年代的历史环境中如此地发展、变化,做出力所能及的分析和回答。中国当代的“现代派”小说是指从“文革”结束以来那些在艺术上具有实验性和探索性,在精神上具有反叛性和创新性的文学作品。它们和西方现代派文学有着千丝万缕的血缘联系,也是当代中国知识分子实现人格独立、追求个性解放在文学领域的表现。1985年之后,文坛上涌现出了刘索拉的《你别无选择》、徐星的《无主题变奏》、莫言的《透明的红萝卜》、残雪的《山上的小屋》等一批“现代派”作品。这些小说延续了“现代派”小说的“反抗”传统,但是在反抗的方式上更讲究策略。批评家通过强调文本的审美属性唤起人的主体性,作家则通过不断创新的艺术风格实现人的自由和解放。1987年之后,余华的《十八岁出门远行》、苏童的《一九三四年的逃亡》、孙甘露的《信使之函》、格非的《迷舟》等小说的出现,进一步颠覆了传统文学观念。批评家更偏爱那些具有语言个性风格和文体探索意识的作家。语言和叙事问题,成为当时置身于这一思想氛围的批评家和作家的首要兴奋点。一部分批评家把“现代派”小说中的语言和叙事技巧当作美学意义上的“创新”,并进而把它理解为关于“人”的解放行为,也把传统的写作风格看作是应该被超越和抛弃的美学规范。“现代派”小说不仅为他们直接提供了有效的文本,而且还与批评家展开了“猜谜”游戏和叙事的智力竞赛。沿着这一思维逻辑,“现代派”小说最终在形式主义的道路上越走越远。这样,80年代初期“现代派”小说的艺术特征在经历了中期的“审美”倾向之后,最终滑向了小说的“形式主义”,为文学留下了足够的教训。

关键词:小说　现代派文学　文学研究

**4046**

**竹内好的鲁迅研究** / 靳丛林著 ; 刘中树指导. -- 吉林大学, 2009. -- 262页

素有“竹内鲁迅”之称的竹内好的鲁迅研究,是日本鲁迅研究界的一座“不可逾越的高峰”,战后日本所有的鲁迅研究者都曾或多或少地受到过“竹内鲁迅”的影响。在中国,虽然“竹内鲁迅”也一直为我国学界所关注,但却缺少全面研究“竹内鲁迅”的专门著作,论文试图对竹内好的鲁迅研究进行系统的梳理、解读与阐释,以弥补国内学界这方面的研究空白。论文在绪论中对竹内好的《鲁迅》出现之前的战前“日本鲁迅研究”做了历史钩沉,并对“竹内鲁迅”的用语何时在中国的出现、传播以及研究的历史与现状做了缜密考证与梳理。第一章以简要的描述性文字,勾勒竹内好的成长历程与研究经历,尤其是较为详细地译介1934年竹内好的东京大学本科毕业论文《郁达夫研究》的内容,同时对战前竹内好所处的时代以及与同时代人如武田泰淳等人的诸多关系做了深入探讨。第二章全面解读竹内好战前最重要的研究性著作《鲁迅》,对其框架、内容及其独特的方法与内涵做了深入剖析。其中主要对“竹内鲁迅”的核心词汇“回心”“挣扎”与“赎罪”做了深入探讨;并尝试着借助伊藤虎丸对竹内好的阐释来对鲁迅的“回心之轴”做出新的阐发:即从留学日本“弃医从文”到五四时期踏上文坛,开始真正“文学的自觉”的这一漫长而沉默的历史时期内,鲁迅经历了“主体性意 识”获得的两个阶段;第三章专门探讨竹内好对鲁迅作品的评价,这是国内“竹内鲁迅”研究的盲点。该章凭借自译过来的竹内好战后撰写的其他几本研究鲁迅的重要专著(结集为《竹内好鲁迅研究译文集》),对竹内好的鲁迅作品批评做了深入探究,指出“竹内好与鲁迅的相遇,其实最主要的就是与鲁迅作品的相遇”;剖析竹内好战前、战后对鲁迅作品的褒贬变化乃至于一生致力于鲁迅作品在日本的翻译、与宣传工作的独特价值与意义。终章对竹内好“凭藉鲁迅”而对日本的战争、日本文化和日本人的“奴隶”心态进行的反思加以探讨,借以发微“竹内鲁迅”的特殊内涵以及对我国学界的有益启示。

关键词:竹内好　鲁迅研究　文学研究

4047

《方片A》与《阿Q正传》的比较研究 / 卡布·法伊萨著 ; 王富仁指导. -- 北京师范大学, 2009. -- 76页

在中国,鲁迅的相关研究非常多,这当中包括把鲁迅与其他国家民族的作家作品一起比较。然而,鲁迅与阿拉伯国家的作家作品的比较研究较为稀少。这篇论文,就是尝试将鲁迅与阿尔及利亚的民族作家瓦塔尔的作品进行比较,希望从中可以看出两个国家在社会文化等各方面的异同之处。研究分为五个部分。第一章总体上介绍瓦塔尔和鲁迅的生平和作品、阿尔及利亚和中国的文化传统、社会背景等,并着重介绍《方片A》和《阿Q正传》以及梳理它们的研究历史。瓦塔尔和鲁迅都对人有着执著的认识和追求,都有着人道主义情怀,在这样的基础上,将两个作家进行比较具有一定的意义,以此窥探两个民族在社会文化等方面的异同。而《方片A》和《阿Q正传》作为两个作家的代表作,则是比较的切入点。第二章从革命观入手,分别分析这两部作品当中农民、知识分子、封建阶级对于革命的理解以及在革命中的表现。虽然在这两部小说中,革命的最终结果是不同的,但是瓦塔尔和鲁迅却提出了一个相同的问题,那就是对人的思想启蒙的关注,认为思想革命在革命当中起着重要的作用,应该重视思想革命。第三章从妇女观入手,分别分析这两部作品中不同阶层妇女的遭遇,并从中探讨妇女所受压迫的来源以及作者对此的态度。由于两个作家所处的文化背景和时代背景的差异,鲁迅更加倾向于从完全解放的角度为妇女问题谋出路,尤其是强调经济独立对于妇女解放的重要。而瓦塔尔则更强调从革命的角度看问题,认为只有推翻殖民统治,只有民族解放革命,妇女才有独立的希望。第四章从宗教信仰观入手,分别分析这两部作品中不同阶层的人的宗教信仰观。在瓦塔尔眼中,各种信仰的人之间应该是互相尊重的,同时宗教信仰也是重要的,是能够给人带来希望的力量。而鲁迅的宗教信仰观念则与他"立人"的思想是分不开的,强调立个人的真正的信仰对于塑造人的精神的重要。第五章主要分析这两部小说的艺术风格,分别从语言风格、悲喜剧风格以及体裁结构方面进行比较。

关键词:鲁迅　瓦塔尔(Ouatar, Tahar)　文学研究

4048

现实的与中国的:贾平凹长篇小说人物形象研究 / 康新慧著 ; 孟繁华指导. -- 中国社会科学院, 2009. -- 150页

贾平凹作为新时期文学贯穿性的人物,以自己的创作为我们提供了解读现代性进程中乡土中国的典型文本。他的作品尤其是长篇小说反映了社会转型期人们的生存状态和精神风貌,揭示了中国现代性的复杂性,质疑并反思了现代性的后果,不仅具有强烈的现实性,而且体现出鲜明的民族特色,它们的"畅销"和"长销"以及屡屡获奖在很大程度上都要归因于此。贾平凹对中国现代性的表现和反思、其作品的现实底蕴和中国特色在很多时候是通过作品中的诸多人物实现和完成的,因此,对这些人物形象进行系统的梳理、分析就显得非常必要,这正是论文所进行的工作。论文共分五章。第一章在对贾平凹作品中知识分子群体进行总体扫描、归类的基础上,选取庄之蝶、高子路、夏天智三个代表进行重点分析,联系对照20世纪中国文学中的知识分子形象可以发现,庄之蝶作为与传统文学中引领众生的文化英雄截然不同的知识分子,他的苦闷颓废正是人文知识分子经过80、90年代之交的社会转型由中心滑向边缘的产物。第二章分析贾平凹作品中的女性形象。第三章分析贾平凹笔下的底层农民和基层干部形象。第四章分析贾平凹笔下的农民工和商人形象。贾平凹在表现农民工这一近年来底层写作常见的书写对象时,更注重挖掘他们的精神世界;商人形象的单一雷同使其成为贾平凹作品中最为单薄的一类人物。第五章分析贾平凹作品中的神秘人物。他们作为贾平凹增加作品维度、营造地域特色的手段和途径出现在文本中,使作品氤氲出浓郁的东方特色,在增强趣味性的同时也因为作家在表现上的缺乏节制落入东方奇观的展示。

关键词:贾平凹　人物形象　文学研究

4049

近现代湖南报刊与现代文学:以《湘报》、《大公报》、《力报》为例 / 赖斯捷著 ; 谭桂林指导. -- 湖南师范大学, 2009. -- 200页

论文以近现代湖南报业史上有着重大影响的《湘报》《大公报》《力报》三份日报为考察对象,以这些报纸副刊与湖南现代文学的互动关系为主要研究内容。第一章为导论。这一章分为区域文学和区域媒体、近代湖南士绅阶层的兴起、湖南报刊与现代文学三个小

节,主要是对论文的写作方法、思路和所要解决的问题进行一个总体梳理。论文认为,中国文化的现代转型一个突出的标志就是文化媒介和出版业的兴起。在中国现代文学产生发展壮大过程中起到十分重要作用的媒体,虽然都以宣传推广新文学为责任,但在具体的形态方面,也会因为媒体所在地域的不同,而呈现不同的特色。第二章以《湘报》为对象,主要论述《湘报》为湖南现代文学发生确立的基调。通过分析,论文认为《湘报》在湖南近代思想启蒙过程中,体现出几种独特的质素:强烈的忧国意识与忧省意识的纠结,激进、速变的革命思想,女性自我启蒙意识的率先觉醒。思想启蒙一直是中国现代文学肩负的重要使命,湖南亦不例外。而以上几种质素的存在,势必影响到湖南现代文学的发展状况,并使之显示出不同于其他的独特气质。第三章以《大公报》副刊为研究对象,着力讨论现代文学诞生初期,湖南特色是如何借由湖南媒体,来规范湖南本地现代文学的发展,以及这种发展与整个现代文学发展的关系。论文认为,湖南的现代文学的变革与新文化运动有着密切的关系,湖南现代文学的新的特质无疑也是由新文化运动所赋予。另外,校园刊物与副刊的联姻,有着重要意义。第四章以《力报》副刊为对象,主要论述抗战时期文艺副刊上文学的发展状态。第五章将从区域媒体研究角度入手,以三份报纸为整体,分为地方媒体的局限、不成熟的市场运作模式两小节。这一章主要阐述地方媒体的局限性以及不成熟的市场运作模式给文学带来的影响。交互的影响,给湖南的现代文学发展带来这样一种局面:一是对现实主义文风的始终坚持;二是短篇作品多,中、长篇作品少;三是作品多欠缺深度。

关键词:报业　新文学　湖南

**4050**

**饥饿叙事的意识形态建构:以中国现当代文学的若干节点为例** / 赖英晓著 ; 王鸿生指导. -- 上海大学, 2009. -- 194 页

论文以新时期以来小说中的饥饿叙事为主要研究对象。通过考察现当代文学史上关于饥饿的文学表述,试图理清新时期文学中饥饿叙事的逻辑起点及演变历程,并探讨诸种话语模式的建构及其意识形态蕴含。新时期是在否定极左倾思潮并重新肯定个人日常生活合法性的政治变革中拉开帷幕的。与此相对应,新时期的文学书写开始对利益个体和存在意义上的个体重新进行价值赋义,这便形成了改革意识形态规范下的主流书写和规避宏大叙事的纯文学书写这样两种路向。但是,这两种书写却在 20 世纪 90 年代中后期以来新的饥饿叙事语境中变得难以维系:改革意识形态所塑造的价值主体开始变得可疑;而纯个体叙事的文学与文化价值则开始丧失。论文试图还原现代以来饥饿叙事文本背后的话语冲突与整合,在历史经验与当下困境的对照中,反思现代性意识形态询唤出来的主流文学书写和纯文学书写。寻找当代文学转型的可能,是论文所期望达到的一个内在目标。论文第一章回溯新时期文学前史,分别对革命语境中饥饿书写的几种话语形态进行分析,从而揭示出"饥饿"在不同时期所承担的不同语义功能,以期为新时期的文学发展脉络提供一种历史参照。第二章重在勘察新时期以来在现代化发展思路指导下,文学如何借助饥饿表述突破了社会主义集体主义的价值系统,并通过"财富"尊严观和先富合法性的话语选择而缔造了"效率优先,兼顾公平"的改革意识形态。第三章试图揭示文学在极力摆脱政治束缚、划定自我边界的过程中,某些回归"个体存在"的"小叙事"的演变逻辑及其遭遇到的悖论。第四章则在分析 90 年代中期以来新饥饿叙事样态的基础上,考察自 80 年代被确立起来的那种改革意识形态的偏颇性以及个体化写作的某些局限,并进而从现代化反思的角度对目前"底层叙事"的多种面向做出审理。

关键词:饥饿　叙事　意识形态

**4051**

**危机寻根:现代性反思的潜性主调——中国当代生态小说研究** / 雷鸣著 ; 房福贤指导. -- 山东师范大学, 2009. -- 196 页

以人与自然关系作为叙写中心的当代生态小说,蔚然成观的现实背景是日益严重的生态危机。而生态危机的真正内在根源是现代性的文化危机。通过对当代生态小说的研究,可以发现:当代生态小说通过严峻的生态危机现状的揭示,生态危机发生根源的探察,呈露出了一个不可移易的事实——生态危机的发生往往与对世界的"祛魅"、人的主体性、工业化和科技等现代性的几个维度密切勾连。与之相应,生态小说的作家们当然亦对这些引致生态危机的现代性维度表现出反思与超越的态度。同时,当代生态小说作为一种审美表意实践活动,呈现出与社会现代性的一种向背的张力状态。基于此,论文把当代生态小说定位于一种现代性反思话语,把它们置于对现代性质

疑与反思的视阈之中,进行全面剖析与深入考察。把当代生态小说与现代性问题联系起来考察,揭示出生态小说的现代性症候,不但能提升对生态小说这一小说样态的认识;更为重要的是,能助益于我们深刻彻悟生态危机发生的内在深层社会机制和文化机理,从而充分认识中国现代性的复杂性,提示和警醒我们在中国现代性设计中需要审慎对待的方面。导论部分主要剖析生态危机发生的现代性根源,指出生态文学的出现与繁兴的最重要的现实原因是日益严重的生态危机。第一章着重分析当代生态小说通过叙写自然世界的神性,追求自然的返魅,构成了对现代性的"世界的祛魅"的一种反拨。第二章探讨当代生态小说在揭示生态危机的现状与深层原因时,所表现出来的对现代性的"主体性"质询拷问的姿态。第三章主要阐释当代生态小说毕现了工业化与科技发展所裹挟而来的负质效应。第四章参照建设性的后现代主义理论对当代生态小说寻求人类诗意栖居的美好家园——"生态乌托邦"进行分析。第五章从审美层面对当代生态小说的缺憾进行探析,进而讨论生态小说提高艺术品格的问题。结语对于当代生态小说的现代性反思所表现出来的偏至进行探讨。

关键词:小说　生态环境　文学研究

**4052**

**观念与文学的双向"形塑":个人主义视角下的1980年代文学** / 李定春著 ; 刘祥安指导. -- 苏州大学, 2009. -- 180页

论文旨在对个人主义思想观念与20世纪80年代文学的互动关系(论文称其为双向"形塑")做一些讨论。论文的主要研究内容有三:(1)以个人主义观念为视角,探讨80年代部分文化和文学现象中个人主义观念的具体表现;(2)探讨个人主义思想观念给80年代文学本身带来了怎样的影响;(3)进一步探究80年代文学和个人主义的这种双向"形塑"背后所蕴含的深层的文化意蕴。绪论部分主要解决了三个问题:(1)以观念史的研究方法界定和把握"个人主义",把它"分析"为一些基本观念;(2)从观念的层面看,个人主义可以成为"重返80年代"的一个有效视角;(3)这个视角具有较大的学术价值和现实意义。第一章主要揭示了个人主义思想观念与"当代文学"之间的互动关系。第二章以"人道主义讨论""潘晓讨论""萨特热""主体性"理论及其"批判"这几个在80年代具有代表性和轰动性的文学、文化现象为具体切入点,论述"个人主义"在这些文学或者文化事件或现象中的话语状况和表现情况,展示个人主义观念在80年代语境中的发生、遭际以及衍变的情形。第三章是论文的重心,以80年代叙事文学为中心,集中论述诸种个人主义观念在80年代叙事文学中的发生、发展、禁限以及嬗变等多种情形,深入挖掘影响和决定80年代个人主义文学叙事具体表现与走向的背后社会文化意味,描述80年代叙事文学因此而带来的自身的变化。该章论述揭示个人主义思想观念在80年代文学发轫阶段就已经参与到文学实践当中,而且80年代初期个人主义及其文学叙事也具有多样性和丰富性,并从多个角度探讨它在向90年代个人主义叙事发展过程中的多种可能性是如何被阻塞以致丧失的问题,从中揭示80年代个人主义文学叙事变迁背后深层的文化和社会根源。结语部分进一步申论,个人主义和个人主义文学叙事的嬗变以及各种征兆根源于更大或更高层面上的"优势阶级"的"形塑",因此,关于中国个人主义和个人主义文学叙事的根本问题要到文化和社会层面上去探询。

关键词:个人主义　叙事　文学研究

**4053**

**老舍的文化心态与其话剧创作** / 李刚著 ; 邹红指导. -- 北京师范大学, 2009. -- 93页

论文旨在从老舍文化心态的视角对老舍的话剧创作进行整体观照,结合老舍其他体裁的文学创作,发掘老舍的话剧创作在题材选取、主题意蕴和结构布局等方面的内在动因,并对影响作家创作活动的社会、文化因素进行探讨。第一章集中探讨老舍文化心态构成的三维:中国传统文化、西方文化和新中国成立后意识形态。第二章从老舍文化心态的视角,对老舍抗战期间的话剧创作进行分析。首先探讨老舍在抗战时期突然转向话剧创作的原因,即爱国情感的驱动、对话剧艺术的崇敬以及功利主义心态的介入。其次,老舍抗战时期的话剧创作影响到老舍抗战结束后文学道路。老舍的文学观念由自由转向功利,对文学技巧的掌握由单种体裁走向各种体裁的贯通,其作品的主题由文化渐渐向政治侧重。第三节讨论老舍抗战期间的话剧作品在主题上延续了"剖析和批判国民性"的内涵,体现出强烈的民族自尊感和积极乐观的行文风格。最后,论文将老舍抗战时期的话剧创作放入抗战话剧整体中探讨,发现老舍的话剧观渐趋于左翼戏剧的纲领标准,主要围绕抗战谈文学。同时,老

舍的剧本具有强烈的实践性和实验性,这为其建国后的话剧创作打下基础。第三章对老舍新中国成立后的话剧创作展开研究。首先着重分析老舍的思想意识以及创作作品时的焦虑感,由此来看建国后老舍文化心态的矛盾性。其次,老舍建国后的话剧创作呈现出明显的阶段性,由狂喜下的书写,到痛苦中的赶写再到反思下的创作。第四章论述老舍文化心态的演变与其文学道路发展之间的关系。首先,论文认为,文化心态和作品这一双向的交流和观照,可以作为深入文本和理解作家个体的途径之一。其次,以老舍一生中的几个重要年代,1919 年、1924 年、1937 年、1949 年和 1956 年为点,将老舍文化心态的演变划分为四个时期进行论述,发现老舍文化心态的演变与其文学道路起伏存在对应性。在此基础上,笔者认为,作家在保持主体意识的前提下,其文化心态构成越复杂,其作品越可能呈现出较为丰富的审美意蕴。

关键词:老舍　话剧　文学研究

**4054**

**唯美主义与中国现代文学** / 李红霞著 ; 吴定宇指导. -- 中山大学, 2009. -- 224 页

论文拟在前人相关研究资料的基础上,对唯美主义在中国现代文学史上的价值、地位做出基本定位和评价,对唯美主义在 20 世纪现代文学中的主要表现及其特点进行一次全面而系统的研究。绪论中探讨唯美主义作为一种世界文学现象的重要意义以及唯美作为一种普遍因素在人类文化中的存在,研究两者的微妙关系,总结该选题的意义、价值,回顾以往相关研究状况,并分析其中存在的几个弊端,在结论中对唯美主义的现代中国气派进行概说。除绪论和结语外,共分三章。第一章对唯美主义在中国的发生和流变过程进行梳理。首先捕捉唯美主义最初悄然进入中国产生的“星星之火”;其次探讨唯美主义在现代文学中逐渐彰显的体现,主要在浪漫文学创作中的唯美体现;再次,考察唯美主义在现代文学中的创新和变异,从文学思潮的混合性角度探讨唯美主义的存在状态。第二章对唯美主义在中国的主要审美类型——静美、纯美、幻美、颓废美的艺术特征及其呈现方式进行深入探索,尤重探索唯美主义到底为现代作家创作带来了哪些艺术表现方面的因素。第三章主要从中国现代唯美理论的总体特点、基本观念思想特征、演进逻辑等方面,探讨中国学者关于唯美主义在学理上、价值层面上的收获和局限。论文的基本结论是:唯美是根植于人类自由天性的共通的审美情怀,作为人类文学中的普遍因素,它在唯美主义思潮产生之前已经活跃于世界文学之中,在中国古代也有其深远的渊源。唯美主义进入现代中国的根本因为,是伴随自我、生命的重新发现而产生的对艺术极境所蕴含的人类自由的憧憬。唯美主义与现代文学发生了广泛而深刻的联系,是现代文学的一脉传统,它在创作上逐渐积淀为静美、纯美、幻美、颓废美等审美类型,在理论上贡献出中国化的艺术自律和人生艺术化观念。

关键词:现代文学　文艺思潮　唯美主义

**4055**

**中国翻译文学与本土文学的互动关系研究** / 李琴著 ; 武文指导. -- 兰州大学, 2009. -- 203 页

中国翻译文学历史源远流长,最早可以追溯到汉代的佛典翻译。中国翻译文学自诞生之日起就与本土文学有着千丝万缕的联系,进行着频繁而复杂的互动交流,在对本土文学形成重大影响的同时,自身也在不断地完善和进步,近年来更是兴起了对于翻译文学的本体价值的认知和讨论,翻译文学作为中国文学史上非常重要的一个文学现象,它的生成机制、存在形态、阅读与传播方式、与原语文学和文化的互动关系、与译入语文学和文化的互动关系等相关课题正在引起越来越多的学者的关注。学界对于以上问题虽然已有不少讨论和研究,并产生了一些非常重要的结论,但总体而言还不够全面和深入。就中国翻译文学与本土文学的互动关系而言,学界现有的讨论大多集中在中国翻译文学对本土文学的影响方面,即使有互动关系方面的探讨,也是或仅就文学事实谈互动,或截取某一历史时段谈互动,难免零星散落,未成系统。论文旨在对中国翻译文学与本土文学互动关系做一个较为深入和全面的研究和总结。中国翻译文学与本土文学的互动,首先表现为中国翻译文学与社会文化的互动。中国翻译文学的生成离不开文学翻译活动,而中国社会文化,特别是社会意识形态,与文学翻译实践之间也存在着非常重要的互动关系。中国翻译文学与本土文学的互动还表现为文学层面上的互动。在中国文学发展史上,中国翻译文学与本土文学作为文学多元系统中的两个子系统,它们的主客体地位时刻处于互动和互相转化的过程中。论文从上述中国翻译文学与社会文化的互动,中国社会意识形态与文学翻译的互动,中国本土文学接受语境对翻译文学的选择与接受,中国著名翻译家兼文学家的文学翻

译实践和文学创作活动之间的互动等方面对中国翻译文学与本土文学的互动关系进行研究。

关键词:翻译　文学研究　文学史

**4056**

**走进新时代:试论若干现代作家建国后的心路历程** / 李荣秀著 ; 郑春指导. -- 山东大学, 2009. -- 219 页

面对新中国成立后大至社会制度和体制的变革、社会环境的变化、文学规范和出版制度的调整,小到个人身份、地位、生活的变化,正值中年的现代作家们,在适应环境和转变自我方面都做出了很大的努力,他们一生的创作和生活因此被分成了差别较大的两段。论文选取丁玲、赵树理、茅盾、老舍、沈从文五位作家,着眼于他们整个创作过程,重点论述新中国成立后的发展变化,在个案分析的基础上探讨现代作家新中国成立后的成败得失,思索一代作家留给我们的启示。丁玲、赵树理、茅盾、老舍、沈从文既是庞大的现代作家队伍中普通的成员,又是独具标志性意义的"这一个"。他们为研究现代作家新中国成立后的思想、创作提供了不同的类型代表。五四退潮后,有的作家在抗战期间到达延安等解放区,思想和创作从此开始转变,兴奋—失落—忏悔—改造是这部分作家典型的思想发展历程。经过了延安整风,许多作家实现了脱胎换骨式的改造,成为解放区文艺力量的一支。对许多一直待在国统区、大后方的作家来说,他们思想、创作的变化大致从新中国成立前夕开始。面对即将建立的新政权、对共产党缺乏认识的自由主义知识分子和作家充满了疑惑、忧虑,思之再三,有的忍痛南下,有的挥泪去国,更多的是选择了留下,投身到新时代中。1949 年之后,殊途同归的各路作家们跨到了新的时代,开始了人生的又一段征程。许多解放区作家走上新中国文化事业的领导岗位。国统区作家中虽也有许多人受到新政权的欢迎和重用,但他们在担任领导职务的同时又进行自我批判。整风运动的掀起,使处于不同地位的作家们认识到继续进行思想改造的必要性,随着"极左"政治的愈演愈烈,许多作家都受到冲击。现代作家新中国成立前后的创作呈现出较大差异,既有丁玲、茅盾等基本没有新作问世的作家,也有老舍这样创作多产且不乏杰作的作家,而沈从文、钱钟书这样的"转业"人员也不少。除了种种差异,新中国成立后现代作家在否定和修改旧作、留下许多未完成之作等方面表现出许多共性。

关键词:作家　思想改造　文学创作

**4057**

**多维视野中的动物小说研究** / 李蓉梅著 ; 王泉根指导. -- 北京师范大学, 2009. -- 99 页

论文的研究吸纳前人研究的优秀成果,从文化和文学的层面,从审美、叙事、生态伦理、生命哲学、宗教等几个方面,力图对动物小说进行比较全面的研究。研究分为四个部分:第一章动物小说动物形象研究,主要探讨动物精怪形象、人类社会中的动物形象,以及丛林世界中的动物形象,力求比较全面地呈现千姿百态、内涵丰富的各种动物形象。动物精怪形象起源于原始宗教,它的发展又和佛道二教紧密相连,文章探讨动物精怪的发生发展,并以狐狸精怪为例,剖析借精怪写现实人生的本质特征。人类社会中的动物形象主要有两类:报恩型和伙伴型。丛林世界中的动物形象主要有象征型、本体型和原生态型三类形象。第二章动物小说叙事视角研究,通过动物小说创作的多种视角剖析不同视角对人认识动物的意义。有"人看动物的视角",包含两个方面:人从一己之私利来看待动物和客观公正地看待动物。"动物看人的视角"是呈现人的卑劣、狂妄的一面。"动物间互看的视角"主要表现动物跨越物种的偏见对其他物种的新认识。最后探讨动物能否开口说话的问题,论文认为动物小说中动物完全可以开口说话。第三章动物小说生命哲学研究,探讨动物对生命价值的追求,对生命去往何处的追寻,对自由的执著,以及动物小说的悲剧美。生命与价值、生命与归宿、生命与自由,这些人类关注的问题在动物身上同样存在。第四章动物小说生态伦理研究,通过分析人与自然的关系,各大宗教哲学派别的生态伦理观,来探讨人类从与自然的对立走向与自然的和解。动物小说从根本上来说是在写人,通过动物来了解自然、了解人,倡导人与动物的和谐、人与自然的和谐,最终是要实现人与人的和谐。

关键词:小说　动物　文学研究

**4058**

**清末民初的粤语书写** / 李婉薇著 ; 陈平原指导. -- 北京大学, 2009. -- 174 页

晚清自由开放的语言状态,给大量粤语作品和书刊提供了写作、阅读和出版的空间。审视这些一直被学术界忽略的作品,有助我们更完整地了解清末启蒙运动的开展。论文的导言和总论另设两章。导言的内容包括概述研究目的、研究方法、研究综述及各章内容,并分析粤语书写在晚清出现的原因;在总论部

分，将总结清末民初粤语写作的特点、贡献和局限，并剖析其原因，展望方言写作的可能。论文主体的内容共分五章，以人物夹带文体（如粤讴、粤剧）或媒界（如报刊、教科书），形成五个主要的个案。第一章首先介绍晚清粤语书写的主要阵地：革命派报刊的情况，并以郑贯公、黄世仲的二人报刊和作品为中心，考察他们启蒙和非启蒙的粤语文章，如何改造传统文体和唱说文艺，并达到以诙谐作反抗的目的；第二章以廖恩焘为中心，揭示他的粤讴写作如何达致民歌和文人作品共融的境界，拜介绍粤语格律诗如何挑战传统诗体的写作；第三章以梁启超的粤剧剧本《班定远平西域》为起点，考察粤剧语言如何从桂林官话转向粤语；第四章以《俗话倾谈》和《天路历程》两部粤语小说为例，分析宣讲和传教的活动如何影响其叙述策略和文学色彩；第五章则介绍陈子褒编写的童蒙教科书，从他选择粤语作为教学工具的考量中，体味其用心和所承受的压力。

关键词：近代文学　方言　粤语

**4059**

**新世纪文学中的底层叙事** / 李新著 ; 刘雨指导. -- 东北师范大学, 2009. -- 144 页

20 世纪末期，《天涯》《南方文学》率先刊登一些关注底层生存境遇的打工文学作品和底层生存实录。一些专业作家也纷纷开始视点下移，或书写自身的平民化生存记忆，或表现现实生活中底层人的血泪辛酸，体现出知识分子所特有的悲悯情怀。《文艺理论》《上海文学》《北京文学》《文艺争鸣》《当代作家评论》《当代文坛》《文学评论》等专业文学理论批评期刊对底层文学进行了大规模的热烈讨论。在现代性话语笼罩下，底层文学以一种“先锋”的姿态，揭示出重写文学史的“洞见”与“盲视”。底层文学的发展对当今的文学史提出了质疑。在当今的文化视野下，底层文学关注对现实问题的文学表述，在题材上反映出现存的各种社会问题。在浩瀚的底层文学作品中，不乏闪耀着时代精神的扛鼎之作，在这些作品中，塑造出许许多多丰满的、栩栩如生的人物形象，透过这些人物的日常生活与情感婚姻等琐碎片段，折射出底层群体的人格与命运，更反映出时代的发展与社会的进步。现实主义传统在中国文学的历史长河中源远流长，21 世纪的底层文学带给我们对文学发展的深入思考，在这个物欲横流、惟实惟利的时代，消费文化、市场文化，个性化写作、欲望叙事、追求奇幻、追求形式与技法等文学现象被炒作得天翻地覆的时候，我们是否该沉静下来，反思历史。20 世纪末至今十几年来，我们可喜地看到底层文学作品在中国文坛如一朵朵现实主义的奇葩，竞相地吐露芬芳，带给我们一个生机勃勃的春天，让我们期待更多更好的底层文学作品绽放出朵朵幸福之花，让人文关怀的馨香洒满天下。

关键词：当代文学　底层　文学研究

**4060**

**现代中国女性小说的梦幻书写** / 李萱著 ; 乔以钢指导. -- 南开大学, 2009. -- 156 页

“女人天生爱做梦”是日常熟语之一。这里的“梦”，并非仅指日常睡眠中的生命活动现象，而是有着独特的文化意味，其中包含着有关女人性别特征和性别角色的认识，并融入了复杂的社会文化因素。可以说，“梦幻”作为人类情感体验中一个较为隐秘多变的层面，与女性的生命体验有着密切的联系；文学中的“梦幻”，特别是女性文学中的“梦幻”，更是适于透视和分析女性生命存在之独特性的领域和平台。论文即以现代中国女性小说中的梦幻书写为研究对象，以中国传统文学特别是女性创作中的梦幻书写为背景，对这一领域有关梦幻的典型文本进行综合性的文化解读与分析，尝试从“梦幻”这一特定的角度，对文学与性别之间的关系进行探寻。论文共分六个部分，其中正文四章。导言部分首先明确论文的研究对象，对文本中出现的各种“梦幻”形态和相关概念进行界定，进而考察国内外有关“梦幻”的理论阐释，重点关注其中与性别相关或受传统性别文化影响的部分，并在对国内有关“梦幻”文学书写的研究现状、存在的问题进行梳理的基础上，阐明论文的研究意义和价值所在。第一章主要考察梦幻书写与女性主体性探寻之间的关系。第二章关注的是梦幻书写与女性形象的塑造之间互相支撑的具体情况，结合文本分析现代女性小说中的“梦中人”“梦”中人、“梦幻人”女性形象，以“梦幻”镜像为参照点和以“梦幻”为中介并形成对位关系的女性形象，以及具有“梦魇”或“梦幻”特征的“疯女人”形象。第三章考察现代女性小说梦幻书写的叙事模式及其文本功能。第四章从艺术表达和性别策略的角度，具体论述现代女性小说创作借鉴各种“梦幻”形态的基本特征和文化功能所进行的艺术创新。结语部分对现代女性小说梦幻书写的基本特征加以整体把握，在肯定其成绩的同时，指出其中的局限和不足。

关键词:小说　女性文学　文学研究

4061

**不是之是:李锐小说研究** / 李彦文著 ; 张志忠指导. -- 首都师范大学, 2009. -- 169 页

在中国当代作家中,李锐对全球化带来的文化淹没具有清醒的警惕和反思意识。李锐彻底的反思性不仅在很大程度上决定了他文学写作的题材和形式,而且使他的小说创作表现出两两相对的对偶式互文关系,在一部小说或小说集完成之后,他会从相反的角度再次书写,其结果就是后一部小说成为前一部小说的续完和补充。李锐在《厚土》和《太平风物:农具系列小说展览》这一对小说集中,呈现了乡土中国和中国农民在前现代和现代化中的双向煎熬。在《无风之树》和《万里无云》这一对小说中,李锐借鉴福克纳的多人第一人称叙事方法,创造性地拆解了知识分子与民间大众之间的知识等级关系。李锐的"文革"叙事不是道德化的,也不是知青式的"拒绝忏悔",而是从民间的愚昧和迷狂、知识分子的非反思性、"文革"意识形态的现代特征三个层面反思"文革",达到了相当的深度,他对知识分子与民间复杂的观看、质疑、拒绝、收编、神化等关系的叙述,是对五四以来的隔膜主题的深化。在《旧址》和《银城故事》这一对小说中,李锐自觉背离了革命历史小说的叙述模式,他通过时间设置拆解了进步历史观,以历史力量的多元化和频繁的视角转换表达了文化相对主义立场,以圈套和死亡、偶然性和不可知解构了"历史脚本"论。李锐的历史观介于批判历史哲学和叙述主义历史哲学之间,是一种中国式的悲伤意识。总之,李锐以自觉的中国作家的身份进行的小说写作,是他作为中国作家同第一世界的文化淹没进行的"生死搏斗",也是他作为当代作家对前辈作家的写作模式的反思和疏离,是由他的全部独特性构成的迥异于其他作家的"不是之是"。

关键词:李锐　小说　文学研究

4062

**论中国现代文学中的"革命话语"** / 李跃力著 ; 马俊山指导. -- 南京大学, 2009. -- 161 页

中国现代文学对"革命"的陈述及其陈述方式形成了独具特色、影响深远的"革命话语"。革命话语多方面影响着中国现代文学的生产方式、生存机制、基本格局和审美品格。从革命话语的角度切入中国现代文学研究,将为其提供新的研究范式和新的理论阐释。论文以革命话语的生产与再生产为主线,在展示中国现代多元"革命话语"相互竞逐的文坛景观的同时,力图将革命与文学之间依靠想象性勾勒而形成的虚线联系变为实线的联结,真正落实革命与文学之间的深层互动关系。论文按照革命话语的生产方式、生产者、生产内容三个方面来布局谋篇。第一章阐释革命话语的生产、复制、传播方式;第二章探讨革命话语的生产者与政治权力之间的复杂关系;第三章至第五章深入剖析革命话语再生产出的革命信仰、革命伦理、革命美学,揭示其中深藏的权、利关系。政治权力往往通过正统与异端的二元区分来排斥异己,控制革命话语的生产者,进而将革命话语纳入政治权力期待和预设的轨道,使其成为政治权力与意识形态再生产的工具。革命话语的一个重要任务是对革命信仰的再生产。革命信仰的建立与植入人的灵魂,是借助宗教的形式而达成的。通过神圣与世俗的二元区分,革命话语展示了革命信仰拯救个体灵魂的伟大力量。革命伦理包括革命组织自身的伦理和革命组织中人的伦理两个层面。革命话语借用民间伦理资源,从公平的丧失、法律的失效、暴力的非正义等方面来凸显革命的正义性。革命的情爱伦理表现出强烈的以男性为中心的男性崇拜倾向,革命情爱伦理中"阶级"统辖着"爱情","情"为"力"所排斥,男性统治着女性。革命美学具有独特的美学原则和审美品格。它以审美与意识形态之间的密切关系为出发点,提倡对"现实"的逻辑再现,以此揭示出"历史的必然性"。这一美学原则使革命的"现实主义"用观念"现实"规避和放逐了实在"现实",将"现实"简化为"黑暗"和"光明",拆散了艺术对现实的依从关系。

关键词:现代文学　革命　文学研究

4063

**古典诗艺在当代的新声:新文学作家建国后旧体诗写作研究** / 李仲凡著 ; 常文昌指导. -- 兰州大学, 2009. -- 100 页

论文以新文学作家在新中国成立以后的旧体诗写作为研究对象。论文的主体部分分为四章。第一章考察的是新文学家新中国成立后旧体诗的文化语境。20 世纪 50、60 年代关于新诗的评价以及发展道路问题的讨论,构成新文学家新中国成立后旧体诗写作的重要诗学背景。毛泽东诗词的发表,使旧体诗词存在与发展的合法性不证自明,营造了宽松的旧体诗词写作氛围,改变了人们新旧体诗对立的思维模式,

并且产生了强烈的示范效应,在客观上鼓励了包括新文学家在内的广大诗人尝试、转向写作旧体诗词。第二章梳理的是新文学家的新旧文学观念、新旧文学经验之间的矛盾与互动关系。新文学家的旧式教育,不但培养了他们与旧体诗情感上的亲近,而且深刻地影响了他们对包括旧体诗和新诗在内的汉语诗歌的看法。新文学家的旧体诗创作普遍伴随着一种非常复杂的矛盾心态。新文学家对新旧文学的文体特点、文体功能的区分往往非常明晰,新旧文学有着各自不同的定位。新文学家的新旧体文学创作之间相互影响,写作能力相互迁移。第三章简述新文学家旧体诗在表现内容和表现形式上对传统诗歌的创新、改造和突破。表现对象上,新文学家的旧体诗突破了古典诗歌的题材范围,出现了古典诗歌中未曾表现过的现代题材。新文学家的旧体诗在语言和格律方面对传统诗歌都有所创新和突破。在语言方面,吸收了大量鲜活口语、科技名词、政治词语等新词语入诗。在格律方面,打破了"体有定句、句有定字、联有定韵"的成规,表现出了向民歌和新诗靠拢的趋向。第四章对新文学家旧体诗的艺术品格和内在价值从几个方面做了评析。新文学家旧体诗的"谐谑化",是传统诗词样式向俗文学和新文学靠拢的结果。新文学家的旧体诗中表现了不少非常传统的思想感情,在精神上有与古代文人的精神世界更为相近的一面。不应该片面强调新文学家旧体诗的现代性。新文学家的旧体诗写作,证明了20世纪并不是许多人眼中的纯粹的新文学的世纪,而是一个新旧文学交替、过渡的世纪。

关键词:古体诗　诗学　文学研究

**4064**

**审美的诉求:沈从文文论研究** / 梁桂莲著 ; 周晓明指导. -- 华中师范大学, 2009. -- 137 页

沈从文作为"京派"一员,坚持文学的审美追求,其思想主张和艺术观念,既体现了文学之为文学的本原性特征,为我们提供了文学立足于时代话语坚持自我表达的可能性经验;同时又以自我主体意识的张扬表现了文学可以不载道的审美表达。按照沈从文文学审美思想的建构与关联,论文分四个部分进行论述:首先,论文从"离散"的角度入手,分析沈从文从湘西到北京,从"乡下人"成长为一个有着对文学自觉追求的作家的心路历程,以及"离散"对他文学审美观的形成和影响。其次,论文考察沈从文以个人表达为主体的文学审美建构。本着文学表达自我的要求,沈从文不仅对文学的历史观、真实观,及感性、无意识心理等有着自己的独特理解,而且还主张文学成为情感的载体,要求文学独创、自由。沈从文的这种文学理解,显示了作家以个人主体存在来抗拒"依附性"的现代化生产的能动性和文学审美坚持本体自律的自由品格。再次,论文对沈从文与中国传统文学的关系进行思考。在这方面,沈从文有效地吸收了传统文化的精髓,对传统文化实行了现代性转化,表现出集古典理想与现代文化于一体的文学审美理想。复次,论文还对沈从文与中国现代文学的互动关系进行考察。沈从文对文学的思考,反映了他对现代文学的审美期待和可能设想,充分体现出现代知识分子积极参与现代文学建设的文学责任感和使命感。沈从文对文学的表达与思考,贯穿于社会、时代、人生、民族等诸多层面,充分显示出作家以自我主体能动精神沟通文学本体层面的审美自觉,和以文化改变现实人生的审美救赎。这种思考,虽然在风雨飘摇的现代中国,有些不切实际,但它却以其存在,丰富了现代文学的发展,在现代文学的功利追求之外提供了文学作为主体存在的话语建构的可能。

关键词:沈从文　审美　文学研究

**4065**

**创伤记忆:自述、代述与混合叙述——对1990年代以来纪实类"反右"作品的叙事伦理研究** / 梁艳芳著 ; 王鸿生指导. -- 上海大学, 2009. -- 228 页

论文主要是借助叙事伦理批评的方法,对20世纪90年代以来的纪实类"反右"叙述在呈现历史经验及经验主体的样态、可能、意义与局限等方面的问题进行研究。依据叙述人与故事之间的关系,研究对象可分为三类:自述、代述与混合叙述,这种分类也是论文章节划分的主要依据。全文共分导论、上篇、下篇、结语四部分。导论部分主要解决三个问题:一是对90年代以来的"反右"书籍热,特别是纪实类的"反右"书籍热现象,加以成因探讨和透视分析;二是对比80年代的虚构类"反右"叙述与90年代的纪实类"反右"叙述,认为文体演变背后是历史与个人关系的位移,以及以语言重构经验模式的转变;三是对研究对象、研究现状、问题意识、研究方法及相关研究成果,做简要的界定、回顾和说明。上篇"自述与自我经验"主要研究自述,共分五章。第一章界定何谓自述,认为自述不仅是一种同故事叙述,也可被看作是建构经验主体的一种叙事。由于词语本身的表态与创化功能,自述中反思性的有与无、强与弱,将通过自述话语外在

的修辞特征表现出来。因此论文在第二至第四章重点分析坦白、自省、忏悔、控诉、祈祷、宽宥、超越等几种语态。第五章探讨自述者的境遇伦理、读者的接受伦理与当前自述写作的伦理困境。下篇"代述、混合叙述与他人经验"主要研究代述与混合叙述,也分五章。第一章界定何谓代述。认为代述是指由完全独立于故事之外的非故事亲历者或非故事见证人的人,代为讲述别人的故事。第二章分析三种不同的代述形式:即史料展示、"口述实录"与转述。第三章探讨代述话语的语用伦理特征。第四章探讨代述者的境遇伦理与代述的伦理困境。第五章以《往事并不如烟》为例探讨混合叙述。结语部分解决两个问题,一是对与论文相关的三个问题,即叙述历史的限度、"故事化"与"散文化"叙述历史的方法,纪实与虚构,进行了再思考;二是对论文研究做阶段性总结,并对纪实类"反右"叙述与研究加以展望。

关键词:纪实文学　叙述学　文学研究

**4066**

**十七年小说的农业合作化叙事** / 林霆著 ; 李新宇指导. -- 南开大学, 2009. -- 321 页

论文力图在还原历史语境和十七年文学创作生态的基础上,从历时性和共时性的角度,全面揭示农业合作化题材小说叙事模式的构建和演进过程,及其参与社会形态建构的方式、策略和效果。第一章主要按照时间的顺序,以长篇小说为主、中短篇小说为辅,梳理十七年小说中农业合作化叙事模式从初建到发展、完善的过程,揭示出十七年文学的批评机制、作家组织形式等外在力量对小说叙事模式建构的巨大影响力,还原出十七年的文学生态。第二章以提供社会学、历史学资料的方式,将历史事实与文学作品交融互现,映照十七年小说合作化动力之源叙事存在着对真相的遮蔽、改写和无意中的泄露两个叙事维度。第三章论述十七年农业合作化题材小说所建构的人物网络与现实政治的关系。通过分析现实与文本之间存在的裂隙,有侧重点地论述小说在人物塑造上对于现实所进行的转换及其意识形态目的。第四章分析其对于家庭的两种不同叙事方式:对阻碍农业合作化运动的家庭采取改写、解构和批判的态度,对顺应合作化运动的家庭则大力赞美。在此过程中,十七年文学一方面彻底否定传统家庭伦理,另一方面建立起一整套的革命伦理。第五章探讨其中的身体叙事,从身体的"在场"与"缺席"两个方面,论述小说在身体与政治之间建立起来的对应关系,揭示出身体叙事中身体被权力寻租的普遍规律。

关键词:小说　叙事　文学研究

**4067**

**闻一多国学研究论** / 刘殿祥著 ; 王富仁指导. -- 北京师范大学, 2009. -- 394 页

论文以闻一多古代文学和古代文化的学术研究为论题,在学术史背景和现代文化语境中说明闻一多的国学价值取向和国学研究的文化思想意义。全文分三编十章。第一编"从中国学术史到国学意识的形成"论述闻一多的学术研究既植根于古代文化又在古代学术史的影响下展开,并在近代学术生成的国学的学术话语中产生了国学意识,重点论述闻一多学术研究与各时代学术的联系。第二编"现代学术语境中的国学研究形态"则主要阐发闻一多在现代文化和学术语境中国学研究的成型过程,以此说明闻一多国学研究的现代化特性。重点指出,新文化运动后的现代文化思想、北京大学的以"整理国故"和"古史辨派"为代表的国学研究、从清华国学研究院到"清华学派"的国学研究构成了闻一多国学研究的现代学术背景。同时,现代政治生态和现代学术格局在总体上深刻地影响了闻一多的国学研究取向,形成了他既吸收传统国学研究理念和方法论又融入西方现代思想和科学方法论且初步接受了马克思主义思想和方法论的国学研究范型,体现出国学研究的现代形态和现代化的价值取向。第三编"主体性和现代化的国学研究"意在说明闻一多在学术史基础上国学研究的独创性,为此,论文特别选择闻一多在国学研究中体现出开创性特征的学术领域进行论述,说明各研究领域的学术史意义,在此基础上,从共时性角度总结出闻一多的"国学研究结构",包括国学研究内容结构、国学研究态度结构、国学研究思想结构,并指出这一结构的矛盾性特征和结构的文化功能。最后,在总结闻一多国学研究与中国学术史关系特征的基础上,论析闻一多国学研究是从"诗"到"思"的"史"的过程。闻一多国学研究从典籍文本文字的考据学研究到最后文化思想层面的综合研究,以古典诗歌研究为出发点,经过漫长的研究历程,国学研究的归宿点是"杀蠹的芸香"式的文化思想批判。

关键词:闻一多　国学　主体性

**4068**

**乡土中国的续写:论新世纪乡村叙事的新变** / 刘海军著 ; 王又平指导. -- 华中师范大学, 2009. -- 160 页

论文是以2000年至2008年间发表出版的农村生活小说为研究对象,以社会学批评为主要的理论方法、结合艺术手法的分析,参照“十七年”和新时期的乡村叙事,着重论述21世纪农村生活小说的审美新变,并探讨它为何会发生新变以及如何看待这些新变等问题,旨在更好地理解当代乡村叙事的延伸演变,提升有关21世纪乡村叙事的认知。论文共分为五个部分,各部分主要内容如下:绪论部分主要界定“乡村叙事”的概念,介绍论题的研究现状,并阐述新世纪乡村叙事产生的历史语境以及论文的思路框架。综合叙事主体、客体以及历史文化语境的不同,论文拟探讨21世纪乡村叙事最主要的三个变化:乡村脱序的全貌、城乡冲突的文学表征与农民底层身份的建构。这三个变化构成正文的三章,每章的第一节主要以“十七年”和新时期的乡村叙事为背景铺垫,第二节着重论述21世纪乡村叙事的新变,第三节深入分析21世纪重要乡村小说家的代表性作品,最后一节简析21世纪乡村叙事的艺术手法。第一章集中论述21世纪乡村叙事的脱序全貌。第二章侧重探讨21世纪乡村叙事中的城乡冲突。第三章重点考察当代作家关注的视线和聚焦如何由“主人”到“底层”的身份嬗变,主要探讨21世纪乡村叙事如何表现在中国当代乡村大变革中农民身份认同的焦虑和农民底层身份的建构以及底层被如何表述的问题。结语部分指出乡土诗意的消散是21世纪乡村叙事总的发展趋势,并略论21世纪乡村叙事的成就与不足。

关键词:当代文学　乡土文学　文学研究

**4069**

**革命中的启蒙困境:20世纪30—80年代左翼启蒙派文艺思潮研究** / 刘骥鹏著 ; 吴福辉指导. -- 河南大学, 2009. -- 298页

左翼启蒙派文艺思潮产生于20世纪30、40年代的左翼文艺运动中,在五四启蒙思潮和鲁迅思想与创作的影响下,一批被称为“鲁迅后期弟子”的左翼作家与其他有共同思想倾向的作家一道,逐步形成了一个松散的文艺派系,他们在左翼文艺向工农兵文艺转型过程中仍然坚守着相对自由开放的思想观念和文艺理念,力图将五四启蒙思想融进日益意识形态化的理论与创作中去,从而呈现出与左翼功利派倡导的工农兵文艺思潮明显差异的理论品格和文艺形态。左翼文艺运动不仅是20世纪30—80年代中国文艺领域的重大历史现象,而且也是该时期中国思想文化领域的关键问题,甚至还是同时期中国政治生活中的主要问题之一,因此,提出“左翼启蒙派文艺思潮”这样一个语词具有跨学科的重大学术意义。具体来说,左翼启蒙派发端于左联后期,并逐渐在20世纪40年代的解放区和国统区呈现出不同的存在样态,解放区左翼启蒙派是毛泽东《讲话》精神所规训的主要对象,而国统区左翼启蒙派则无意中成为《讲话》精神统一文坛的主要障碍。在与左翼功利派文艺思想的对峙过程中,左翼启蒙派逐渐形成了一系列独具特色的文艺思想。左翼启蒙派还澄明了左翼功利派对五四主流文学观念的遮蔽,捍卫了启蒙主义文学传统的价值与存在意义。无论是在中国现代的思想文化版图上,还是在中国现代文坛上,左翼启蒙派作家都是相当独特的、不容忽视的一种精神现象。作为具有启蒙主义和人道主义色彩的革命者,左翼启蒙派作家在审视革命中的个体生存状态时发现,革命在打破既有的封建奴役之后又重新使个体陷入被忽视被奴役的状态,其根本原因在于,革命并没有祛除革命者意识深处的封建观念,没有建构起对于个体的人道关怀。尽管左翼启蒙派作家先后都遭到清洗,但他们却以自身的追求彰显了鲁迅开创的中国现代知识分子传统。

关键词:左翼文化运动　革命文学　启蒙主义

**4070**

**龙蛇之蛰　以存身也:建国后施蛰存的文学活动** / 刘军著 ; 王铁仙指导. -- 华东师范大学, 2009. -- 184页

在现代文学史上,施蛰存是一位十分独特的作家,他在小说、诗歌、散文等方面均有所建树,特别是他的现代派小说创作,是其文艺生命中最精彩的一部分。1949年以来,施蛰存分别在外国文学翻译、金石碑版整理、古典文学研究和散文创作等方面取得了经得起时光淘洗的成就。尤其重要的是,施蛰存历经新中国成立初期知识分子的思想改造运动、反右和“文革”等历史阶段,他的这段曲折的人生遭际和所表现的气节和风格,恰可反映一部分现代知识分子进入当代社会后的精神和思想之轨迹,有非常重要的文化史上的意义。论文以新中国成立后施蛰存的文化活动为考察对象,试图拓展施蛰存研究的格局,丰富施蛰存研究的整体面貌。论文由前言、正文和余论三部分组成。前言部分介绍目前施蛰存研究的现状,阐明论文选题的价值和意义。正文分为三章。第一章的时间跨度为1949—1956年,分别考察施蛰存与新中国成立初期的文学会议、大学体制、文学批评和文学翻

译之间的关系,重点分析施蛰存在这一阶段与新生的国家体制之间的磨合与交融之过程,凸显过渡时期作家的精神特质和文化创造。第二章的时间跨度为1957—1976年,着重考察施蛰存在反右运动中的命运遭际,试图还原当时各大报刊对施蛰存批判的历史情境,将目光聚焦于这一非常时期施蛰存与众多文人之间的关系,肯定他在寂寞年代里坚守知识分子独立的精神品格,分析权力场对文学场的支配地位。第三章的时间跨度为1977—2003年,主要讨论20世纪80年代以来施蛰存重现文坛的具体情况及其他一以贯之的精神品格,试图以纷繁的报刊报道为考察对象,深入分析晚年施蛰存的内心世界。重点考察施蛰存在此一阶段的散文创作和编辑活动,以《新民晚报》《随笔》和《外国独幕剧选》为考察点,探讨晚年施蛰存散文的文学魅力,及其编辑活动的大家手笔。余论意在考察施蛰存逝世后各界媒体对他的报道情况,探讨施蛰存与海派文化和海派精神的关系。

关键词:施蛰存　文学创作　文学研究

**4071**

**媒介制约下的“后新时期”文学:以先锋、晚生代、女性小说为中心的考察** / 刘茂华著 ; 王又平指导. -- 华中师范大学, 2009. -- 220 页

论文主要讨论媒介传播对于20世纪90年代中期以来即“后新时期”文学的影响。首先,论文从外部探讨媒介传播与文学创作之间所形成的一种前所未有的互动空间——媒介化环境,这种空间和语境的形成直接影响了先锋、晚生代和女性小说。媒介尤其是大众媒体,通过市场化导向推进文学贴近生活,走近大众,激发文学的创新热情和思路更新。许多作家不仅渴求得到媒介尤其是大众媒体的关注,而且善于借助、操纵大众媒体的传播能量来扩大自己的影响,媒介的传播和话语权成为文学新的动力源和增长点。其次,论文从内部论述具体的作家作品。先锋小说依托于媒介的大力扶持和推动得到迅猛发展,随后因市场经济和媒介市场化的影响又迅速转向,其转向后所呈现的特征具有代表性,在晚生代和一些“女性写作”身上有共同的表征,直至影响21世纪的小说创作。这些小说作家的创作有一个很重要的趋势是一部分作家自觉追逐文学产业化、商业化的浪潮;作家的生活素材来源和生活体验很大一方面来自于媒介传播。媒介传播按照市场化的传播机制制约文学创作,导致部分创作走向模式化、平面化。最后,论文总结了“后新时期”小说以至整个文学所表现出来的一种“时代文体”特征,针对整体上的发展态势,尤其是所呈现出来的文学个性逐步丧失、作家底层意识隔膜、文本信息化和类型化,提出四点思考:一是重建“把关人”的责任意识;二是适度运用“议程设置”;三是打破“沉默螺旋”规律;四是警惕媒介娱乐化趋势。

关键词:传播媒介　文学创作　文学研究

**4072**

**“日本视角”与中国现代文学研究:以竹内好、伊藤虎丸、木山英雄为中心** / 刘伟著 ; 刘勇指导. -- 北京师范大学, 2009. -- 283 页

论文试图通过竹内好、伊藤虎丸和木山英雄的个案分析,考察日本中国现代文学研究的历史过程,总结中国现代文学研究的“日本视角”的独特个性与内在规律。论文考察“日本视角”与日本中国现代文学研究,探究在其视角和研究的背后所坚持的学术思想、理论背景,对其个性特点和研究规律进行历史总结和理论阐发,试图为中国现代文学研究提供有益的借鉴和参考坐标。论文主要由六部分组成。绪论指出研究“日本视角”和日本中国现代文学研究的意义,解明以竹内好、伊藤虎丸和木山英雄为中心进行个案分析的标识性和代表性,并对中国学界对上述三位日本学者研究的情况做了概括性的描述。第一章简略考察日本战前、战中和战后,以及近30年来日本的中国现代文学研究的历史与现状。第二章在对日本鲁迅研究历史比较细致地梳理的基础上,揭示竹内好鲁迅研究的特点与意义,探讨“竹内鲁迅”的内涵、《鲁迅》中的“竹内视角”和“文学主义”,以及在学术基础上与李长之的《鲁迅批判》和西田几多郎哲学的精神联系。第三章在日本中日现代文学关系的研究语境中,凸显伊藤虎丸对于鲁迅和创造社与日本文学关系研究的特征与意义,重点讨论“伊藤鲁迅”的形成、伊藤虎丸对于鲁迅“原点”的思考和以“文化的观点”对鲁迅“个”的思想的揭示,以及与作为其“思想资源”的竹内好和丸山真男的关系。第四章在梳理日本周作人研究的基础上,考察木山英雄的研究特点,重点突出木山英雄与众不同的研究视角、学术立场和个性特色,以及思想文化背景里的中国文化传统的影响及其对竹内好“政治与文学”框架的突破。结语总结“日本视角”和日本中国现代文学研究给予我们的启示与借鉴,以及对其进行反思和批判。

关键词:现代文学　文学研究　日本

**4073**

**中国当代小说中的"饥饿"谱系** / 刘稀元著 ; 张颐武指导. -- 北京大学, 2009. -- 153 页

论文以中国当代小说中的"饥饿"主题为研究对象,在序论部分论文试图说明,20 世纪中国的灾难历史如何为当代小说中的"饥饿"叙写奠定历史基石,"饥饿"主题如何成为一种中国现代性方案的象征,以及"饥饿"主题与同样具有深远文学史脉络的"疾病"主题、"情"主题的本质区别。同时,论文以早期左翼文学为发端,简要地梳理"饥饿"主题与中国当代文化政治语境的关系,以及"饥饿"叙写怎样影响了中国当代小说的美学范式转变的文学史脉络。在第一章和第二章中,论文以"饥饿—死亡"的崇高之美这样一个审美体验为中心,论叙社会主义现实主义与 20 世纪 50—70 年代小说中的"饥饿"主题的内在联系,以及 20 世纪 50—70 年代小说如何通过"饥饿"叙写在农业、工业和国防领域里的诸多衍生形态,把"饥饿"主题在阶级斗争领域里发挥的原始力量,转化为社会主义现代化生产的强大动力。在这部分中,论文还论叙 50—70 年代的文学消费与"饥饿—死亡"的崇高之美之间的内在矛盾,以及在当时的历史境遇中,"饥饿—死亡"的崇高之美如何耗尽了它最后的力量。在第三章和第四章中,我们主要考察,在"改革开放"的历史境遇中,80 年代小说中的"饥饿"主题与"以经济建设为中心"这个主流意识形态之间的隐喻关系,以及"饥饿"叙写怎样把"人的物质、文化需要"提升到问题的视野中来。并且以此为基础,考查"饥饿"叙写在继承与改造了社会主义现实主义传统的同时,怎样极大地扩展了现实主义的边界。在第五章中,论文以"饥饿—满足"的审美狂欢这样一个美学范式为中心,论叙 90 年代以来小说中的"饥饿"主题与不断兴起的"新意识形态"之间潜在关系,以及此时的"饥饿"叙写对现实主义传统的转变产生了怎样决定性的影响,也展示 90 年代小说在不断兴起的"物的世界"面前的焦虑与决断。

关键词:小说　现实主义　文学研究

**4074**

**现代中国诗歌的城市抒写** / 卢桢著 ; 罗振亚指导. -- 南开大学, 2009. -- 220 页

从文学生成的层面看,城市文化改变了诗人认识世界、感觉世界的基本模式,促进着他们的现代精神体验和审美经验的形成。除了诗人精神状态的"现代"之外,现代中国诗歌自身同样离不开物质状态的"现代"转换,在这种转换过程中,城市文化对其产生举足轻重的影响,为现代中国诗歌铺上了浓厚的底色。论文正试图从新诗的百年发展与流变中,抽取它与城市文化形态的观念联络,以"城市抒写"为研究重心,对"文本中的城市"与"城市中的文本"展开探讨。绪论部分主要从"城市抒写"在新诗百年发展中的表现形态入手,简要梳理它在各个文学时间段落中的话语背景和呈现方式。第一章着重从历时的纵向角度出发,在历史文本的淘洗和爬梳中,全面剖析新诗百年城市抒写在各个时段的基本品貌、代表诗人以及作品,并归纳其美感特征,厘清新诗在近百年流变中如何对城市这一话语资源进行吸收和再现,进而形成相应的特质。第二章围绕抒情主体观察城市的诗学视角,探讨其多维的表达方式。第三章将诗学研究与文化研究的方法相整合,透视咖啡馆、酒吧、地铁、公路、广场等几组典型的城市意象符号,借助它们在中国城市文化中所分别代表的典型属性深入诗歌文本,探悉诗人如何透过对它们的记忆与缅想,建立起对城市观念化的历史认识,构筑现代性的情感空间。第四章主要针对消费主义的时代风潮,抽取几组典型的审美主题进行论析。第五章回到诗歌作品的内部研究范畴,把握城市抒写的诗歌美学特征。结语总结全篇,对百年新诗的城市抒写做一整体评价,并客观指出其缺陷、不足以及它在新世纪诗歌现场中的表现。笔者认为,现代中国诗歌的城市抒写既是"他方"的艺术大陆与母体文化交融的产物,同时始终还是世界城市文学的重要一环。

关键词:诗歌　城市　文学研究

**4075**

**追索与建构:论海外华人文学的身份认同** / 吕红著 ; 黄曼君指导. -- 华中师范大学, 2009. -- 136 页

论文试从身份认同这个角度切入,以个体的现实身份、群体的族裔身份、性别身份、语言身份和艺术身份等几方面来透析海外华人文学的特点及成就;阐释移民作家的个性特征,群体与流派之形成、发展与影响,其作品主题、风格之变化等。通过对海外移民作家作品的观照,结合传统文本细读批评和文化研究的方法,分析在多元文化语境中的身份建构之意义。移民作家的曲折经历以及创作绩效宣示他们如何以传统及社群、民族等稳定的范畴为纽带建构文化身份的努力,也宣示了跨文化的书写对母国文化发展变化所产生的影响。绪论部分对海外移民文学的研究状况

进行综述，说明在这种背景下各种研究理论的意义及影响；同时介绍论文的立论依据、主要观点和篇章结构。论文的主体部分大致沿用“概念”到“现象”到“个案”的思路，分七章来论述移民文学的身份寻索与建构。第一部分从身份焦虑到认同危机的角度切入，阐述海外华人文学更新换代及影响。第二部分探讨语言身份问题。移民首先感受到的失语症和语言混杂现象。文学地缘的变动，虽有因疏离本土文化而生出的隔膜和痛苦，但也促使在异域产生新的变化，反而成为海外作家得天独厚的条件和机缘。第三部分简述族裔身份从隔膜到融入，表现移民为世界文学宝库提供新的特质。第四部分讨论艺术身份及人性透视。由于全球化与信息化的迅猛发展，使思想文化交流超越时空的限制。多元化的生存空间和个体身份立场，产生了多元语境中的文学，赋予作家更加灵活多样的表达方式。第五部分讨论性别身份与性别话语。第六部分重点阐释华人移民文学的跨文化影响。包括各种西方文化思潮对文学发展的影响。第七部分介绍多元文化观形成与新时代运动。交叉渗透相互影响的东西方文化，不仅对世界文学产生影响，同时包含了无限丰富的人学内容。在人类社会现代进程中，异质文化相互融合为新的文化特质。海外移民作家逐渐建立新的文化身份，并在多元文化融合中承前启后，进而推动人类实现自由和平理想。

关键词：华人　身份　文学研究

**4076**

**百年文学之“匪”色想象** / 罗维著；罗成琰指导. -- 湖南师范大学，2009. -- 263 页

20 世纪初期的中国帝制终结，民国肇始，政治空前动荡，造成了乡土中国各地政治权力真空状态，这就给各种民间的武装力量以机会，于是各地匪患猖獗，“土匪世界”之名由此而来。“匪”成为了乡土中国一个深深的伤口，亦成为中国 20 世纪文学中的一道黑风景。论文借鉴历史学、文化学、社会学和哲学等学科理论对 20 世纪中国文学中的匪色文学叙事进行思考和分析，力图揭示出匪色文学想象作为政治、文化的审美镜像，所反映的作家与社会、政治与文学、作家与文学之间种种互动关系。论文首先从文字学的角度考察“匪”的概念起源、发生和历史变迁。匪文化作为一种民间的亚文化，其思想渊源可以追溯到兼爱天下的墨家精神，而《水浒传》作为集大成的绿林文学的代表，是民间匪性文化心理的一次审美的集中表现。20 世纪初期，由于民族危机造成的文化焦虑，民族自信心的空前匮乏以及知识分子的政治边缘化状态，也由于他们精神和思想结构中的西学资源和民间传统的共同作用，致使匪性文化意识不经意地出现在那些最具有现代性特征的新思想和新文化主张中，并且不为知识分子们自身所察觉。文化语境的形成势必影响关于匪盗的文学想象。在现代启蒙话语中，现代作家开始以全新的现代意识、历史精神以及现实批判精神展开匪色想象。根据匪色想象在 20 世纪的嬗变过程，也由于匪现象与政治史的密切关系，论文主要分三个时期来论述，即“民国时期”“十七年文学”时期和“新时期”，它们分别对应了匪色想象的三个各具特色的时代。论文力图对 20 世纪匪色文学想象进行细致描述和精确勾勒，同时对脱离匪的现实继而进入形而上层面的民族匪性文化意识进行揭示和反思，得出的结论是：深植于民间内部的匪性文化意识没有可能成为更新民族气质、推动民族发展的文化品格，其匮乏—仇恨—暴力的产生机制注定了其悲剧性的命运。我们需要反思匪性赖以形成的仇恨和暴力根源，创建一种更为健康和开放的民族文化心理。

关键词：现代文学　当代文学　文学研究

**4077**

**二十世纪三十年代北平（北京）小报与故都革命文艺青年：以《觉今日报·文艺地带》为线索的历史考察** / 马俊江著；温儒敏指导. -- 北京大学，2009. -- 136 页

论文研究革命文艺青年于 20 世纪 30 年代在北平（北京）的文学生活。关于 30 年代的文学史，通常的研究思路是采取“双城记”式的分类，以北京和上海这两座城市为大本营，分别叙述上海文坛的左翼、现代派和海派三个作家群以及由此产生的文学现象，而北平文坛受人关注的则是“京派”文人群体。论文借助对革命文艺青年的历史考察，将左翼革命文学与北平这座城市联系起来，旨在突破上述研究思路与模式，补充并丰富关于左翼文学、北平文坛的文学史想象。对故都革命文艺青年的历史考察，论文围绕其群体构成以及他们活动的城市空间而展开。小报这一报类历来声名不佳，但论文第一章的考察证明，在 30 年代大众化运动中，小报，尤其是北平小报，不但为报界关注，而且其文艺副刊也成为革命文艺青年在北平重要的创作园地和凝聚社团的重要空间。论文其余三章皆以小报《觉今日报》副刊《文艺地带》为线索进行讨论。第二章以《文艺地带》为例，讨论北平小报文

艺副刊的精神眉目、革命文艺青年与京派文人群落的对立以及在对立中呈现出的文学观念、审美趋向与文体选择。在发现始终未署编者姓名的《文艺地带》与北方左翼团体“泡沫社”之间的联系后,第三章与第四章以追索这份小报副刊的编者以及“泡沫社”的人员构成为中心,分别考察故都革命文艺青年的亚群体——流浪青年与中学生在会馆与中学等城市空间的文学活动,并由此展现革命文学运动在北平的历史图景。不管是北平的革命文学,还是北平小报,至今还是学界较少涉足的领域;作为文化符码的会馆,在现代性的视野中也常被视为旧文化的遗迹;比起大学,中学里的文学活动,也鲜为人重视。因此,论文在具体写作策略上,避实击虚,不求全面,而是在大家较少谈及的问题上做较为细致的考察;较多地征引原始文献与后人回忆资料,也是期望能走近历史现场:将革命文艺青年的文学活动置于新闻史、城市史与中等教育史等交错的历史场域中,期待能呈现那一历史时段的时代风习与一代青年文学生活的一角。

关键词:油印小报　革命文学　左翼文化运动

**4078**

**城乡视阈中的知青文学** / 马绍英著 ; 古世仓指导. -- 兰州大学, 2009. -- 116 页

论文试图考察的是中国当代城乡视阈中的“知青文学”现象。第一章侧重考查新中国成立以来的“城乡二元对立结构”的形成和“上山下乡”运动的历史背景,认为“知青文学”的产生根植于中国社会主义现代化进程中的特殊城乡关系,同时它又深深地卷入了对这种关系的阐释中。论文从第二章到第六章梳理“文革”前至20世纪80年代中期“知青文学”发展的基本脉络,并从“城乡叙事”的角度,对一些重要“知青文学”作品进行重新解读。其中第二章主要分析“文革”之前和“文革”时期“知青文学”的城乡叙事。论文第三章至第六章主要分析“新时期”知青文学的城乡叙事。第三章主要考察的对象是“伤痕”型知青文学,论文认为在这种类型的知青文学城乡叙事中城乡关系完全断裂。第四章主要考察知青大潮过后出现的一大批描绘知青主人公身在“终点”(城市),心在“彼岸”(乡村)的作品,论文认为乡村之所以成为返城知青主人公心灵的支撑,主要原因在于城市对自我的压抑以及个人精神价值的失落。第五章主要分析知青文学中乡村被建构为“诗意家园”的审美生成机制,论文认为乡村被建构为“诗意家园”体现的是知青创作主体与乡村划清界限以后对乡村“对象化”的审美态度。第六章主要考察20世纪80年代中期出现的以农村为背景、以农民为主人公的知青小说,认为这些作品参与了当时文学界对农民“本质”的重新塑造。余论部分主要联系20世纪50年代以来的“回乡知青”的遭遇分析《人生》等回乡知青作家的文本,认为物质及文化资源高度集中于城市、乡村失去自身意义空间的“现代化”是造成“高加林”悲剧的深层原因。而80年代以来建立在城乡不平等秩序基础上的现代化进程在文学叙事中遭到广泛的质疑。

关键词:知青文学　城乡关系　文学研究

**4079**

**中国当代先锋诗歌“语言论转向”研究** / 毛靖宇著 ; 蓝棣之指导. -- 清华大学, 2009. -- 179 页

中国当代先锋诗歌的“语言论转向”,是在20世纪80年代整体性的思想文化氛围中发生的。从内因来说,在80年代的先锋诗人中产生了一种对于“本真自我”和“本真世界”的形而上学追求,这种形而上学追求激化了语言的痛苦,从而产生了诗歌表达的危机;从外因来说,在80年代整体性的思想文化氛围中,西方哲学、诗学的“语言论”思想,又通过各种渠道为先锋诗人所接受。西方哲学“语言论转向”对先锋诗人的启示是:主体和世界都是语言建构的,我们不能有意义地谈论语言之外的存在。这种“语言本体论”为先锋诗人划定了一条语言的界限,使先锋诗人将其形而上学追求转移到语言的维度上进行。基于这种语言维度的“语言论诗学”探索可以分为四个向度。其中前三个向度可分别以杨黎、于坚、欧阳江河为典型个案。杨黎侧重的是反对文化语义,突出对能指声音和语言“逻辑形式”的强调和体验;于坚在海德格尔思想的影响下,强调写作中一种本真性的“命名”“语言说话”的体验;欧阳江河注意到了现代语言的多义性、语言子系统的复杂性,强调对共识语境中的词语的个人用法,以达到一种对新的意义发生的诗性体验。另一个向度是先锋诗歌写作中的一种普遍性的现象:自指性写作,即词语的所指、文本的主题与内容,反过来指向词语能指以及“语言说话”本身。在这种写作中,语言本身突显出来,使作者沉浸在一种新的意义发生的体验中。这种“语言论诗学”探索对一种传统的“象征诗学”造成了巨大的挑战。它在给中国新诗建设提供了宝贵经验的同时,也带来了诗歌的哲学化、读者和作者的脱离等弊端。

关键词:诗歌　当代文学　文学研究

**4080**

**波斯人笔下的中国** / 孟娜(Elham Sadat Mirzania)著 ; 商金林指导. -- 北京大学, 2009. -- 120 页

论文以波斯人写的四个游记作为研究的对象,对波斯人在不同时期对于中国的见闻和观感进行分析和考察。论文第一章,笔者对中国唐代时波斯人所写的关于中国的游记《中国印度见闻录》进行研究。论文在描述唐代波斯和中国海上交流状况的同时,对于该书的作者及书中的内容进行详细的考察,揭示这部游记与《一千零一夜》等文学作品的关系,并通过对内容的分析,论述作品的真实性和可靠性,展示波斯人眼中的中国唐朝社会。论文第二章对于明朝初期波斯画家火者·盖耶速丁·纳哈昔的中国游记《沙哈鲁遣使中国记》进行考察,叙述盖耶速丁在中国的旅途见闻,并且探讨他的中国之旅在伊朗绘画史上的影响。这部游记有三种版本,该章一一进行比较和研究。论文第三章,研究明朝中期阿里·阿克巴尔写的中国游记《中国纪行》,对《中国纪行》以及著作者的身份进行考察。在介绍前人的研究成果的同时,尽量纠正其中不准确的观点。阐述明王朝时穆斯林在中国社会的地位,探讨明代中国瓷器与伊斯兰文化的关系,以及《中国纪行》的文学价值。论文第四章,对于20 世纪初,马赫迪·古里·汗·赫达雅特的环球旅游的见闻《麦加游记》中有关中国部分进行梳理和分析。这一章先介绍赫达雅特的身份及其思想,叙述他在中国的所见所闻,包括他当时所看到的中国社会中存在的种种问题,以及他所提出的解决问题的各种方法。论文通过对上述游记,以及它们在当时波斯社会中所起的影响进行详尽的考察,展示伊朗人在不同历史阶段的中国观,同时也可以探寻中国人对于来自波斯地区的游客采取什么样的态度。通过对这些游记进行研究,也可以给汉语文献提供新的资料。论文强调以细读的方法来考察波斯人笔下的中国文化、经济及社会等方面的历史事件。

关键词:游记　文学研究　伊朗

**4081**

**《人民文学》杂志与中国当代文学** / 欧娟著 ; 罗成琰指导. -- 湖南师范大学, 2009. -- 174 页

创办于 1949 年新中国成立时的《人民文学》是当代文学期刊的代表。作为中国作协机关刊物的《人民文学》彰显着国家的主流意识形态,在中国当代文学界的重要地位不言而喻。《人民文学》以其不可替代的地位和权威,直接或间接地引导和规范着中国当代文学的发展方向,深刻地影响和真实地见证了中国当代文学格局的形成和发展。论文选择《人民文学》作为研究对象,以中国当代文学为背景,对《人民文学》创刊至今的发展历程进行整体观照和细致梳理,通过对《人民文学》与中国当代文学内在关系的深层探讨,以期从《人民文学》这一窗口探视中国当代文学的发展变迁。论文的正文部分由五个章节组成。第一章是对《人民文学》的历史回顾,分析《人民文学》的创刊背景与角色定位,并梳理《人民文学》三个时期的发展历程。第二章从编者主体、作者个体、作品载体、读者受体四个层面来分析《人民文学》的构成要素。前两章是对《人民文学》主体的考察,后三章是在此基础上对《人民文学》与中国当代文学内在关系的研究。第三章从"文以载道"的传统文化情结、"为民请命"与"为民代言"的实用主义、文化启蒙与教育功能、宏大叙事与理想主义、"替代性满足"或自娱自乐五个方面论述《人民文学》与中国当代文学的创作特征。第四章主要分析《人民文学》与中国当代文学的精神气质。具体表现在底层视角与平民意识、来自民间的草根精神、集体神话与典型人物的励志性、深沉的忧患意识、时代镜像五个方面。第五章是对《人民文学》与中国当代文学的审美取向的探讨。博大、真实、生动的现场感,庄重、厚重、高蹈的主题,明晰而硬朗的叙事风格,壮美为主、柔美为辅的审美追求,格调清雅,气韵生动的文本意境是其审美取向的五大侧面。论文以《人民文学》杂志作为中国当代文学的缩影和切入点,从微观与宏观的角度全面考察《人民文学》的发展历程、构成要素、创作特征、精神气质与审美取向,以此探寻中国当代文学的发生、发展和跌宕起伏的时代镜像。

关键词:中国文学　当代文学　文学研究

**4082**

**论近二十年中国乡土小说中的怨恨心理** / 庞秀慧著 ; 丁帆指导. -- 南京大学, 2009. -- 107 页

20 世纪 90 年代以来,社会转型所带来的冲突急剧上升。市场经济的推行,非但未能如愿缩减原有的城乡分化,反而因为城市优先占有了文化资本和社会资本,使得乡村在现代化进程中日益边缘化。时至今日,整个社会都似乎充满了哀怨和愤怒。而乡土小说

恰恰是反映价值差异和怨恨心理的绝佳想象域。乡土文学自诞生之日起,所表述的恰恰是社会转型与价值差异所造成的生存苦难。总体而言,乡土文学的发展始终伴随着观念的冲突和价值变迁。论文共分三章。第一章是梳理怨恨心理的理论渊源,“怨恨”最初不过被认为是一种普遍的情绪体验。论文把怨恨心理置于启蒙精神和乌托邦思想之间,以此考察启蒙精神和乌托邦思想的发展和变化。第二章社会心理分析的方式来谈主体生成过程中的怨恨情结,分析怨恨心理的类型及其主体特质。论文将文本中怨恨心理的激发机制分为三种类型,分别是贫富分化、阶层分化和城乡分化。第三章是考察作家自身的价值差异和“理想的冲突”,即什么是人的杰出品质或什么社会是最好的社会这样一些重要的、基本的信念。论文着重指出,由于乡土文化的宗法特质使得启蒙精神的真谛无法深入中国社会,造成了作家内在的身份危机和精神孱弱症,表现在作品中的就是零度叙事和审美焦虑。

关键词:乡土小说　情绪　文学研究

**4083**

**当代中国侦探小说的文类流变** / 彭宏著 ; 樊星指导. -- 武汉大学, 2009. -- 237 页

论文试图从文学类型的角度,梳理50多年来中国内地涉及类侦探题材创作的重要作家、作品,分析其文类流变的规律,总结其中的文化意义。论文由引论和正文四章组成。引论分三个部分:(1)简述西方侦探小说的大致面貌,纵览百年中国侦探小说的整体发展历程。(2)分析侦探小说的主要类型特征,提炼出其“主因素”和“支配性规范”;指出在其发展演变过程中,文类特征会出现变异和延展。(3)介绍研究现状,指出论文分析的问题、研究的重点。第一章主要论述十七年“反特小说”。首先以程小青为个案,分析他于1949年之后的创作转换和终止。正是以程小青为标志,侦探小说的样式和名目在这一时期的中国被迫消亡,“反特小说”取而代之。第二章主要论述“文革”时期的类侦探小说。在极端政治化的背景下,激进派的“夺权”运动,特别是“砸烂公检法”,让社会全面动荡失序,彻底铲除了侦探小说产生的土壤。第三章主要论述新时期类侦探小说。在“思想解放”和“拨乱反正”的背景下,新时期文学全面复苏,中国类侦探小说也进入新的发展时期。第四章主要论述“玄学侦探小说”。受20世纪80年代以来各种国外思潮、文学的影响,特别从博尔赫斯、罗布·格里耶、埃科、马尔克斯等那里获得借鉴,中国先锋作家、纯文学作家纷纷介入侦探题材,“仿拟”侦探小说,在“迷宫”“错误”“暴力”等命题上,进行形式实验、玄学哲思、命运审视,写出一批侦探为表、先锋为里的“玄学侦探小说”。马原、余华、王朔、格非、方方等都创作了各具特色的“玄学侦探小说”,显示出某种跨越雅俗的趋势。而麦家的创作,则对雅、俗等多种文类进行了较为圆熟的融合。

关键词:侦探小说　文学创作　当代文学

**4084**

**沈从文自然意识研究** / 邱苑妮著 ; 黄发有指导. -- 南京大学, 2009. -- 122 页

沈从文视域中的“自然”这一概念,既指向具有审美特质的自然山水景物或人类处身其间的自然环境;同时又指向人类未经文明污染的生命本真状态,意即人的内在自然属性这两种审美维度。论文在绪论中对论文选题在国内外研究现状进行论述,并提出选题依据。同时也对论题研究的基本思路进行梳理。论文正文共分五章。第一章通过对湘楚文化特征的细致梳理、湘楚自然环境的影响、熔铸作家自然意识的生命历程和始于童年及少年时期自觉的审美追求来勾勒沈从文自然意识的多元成因。第二章深入探索沈从文自然意识最核心的思想,即“生命”与“自然”这两个环环相扣的命题。该章侧重论述其生命视野的辽阔与博大,即“爱有生一切”的命题;其皈依自然,重造生命的理想;刻画作家致力讴歌的两种自然生命的表现形态。最后深入探索情欲作为自然本质诉求所寄寓的生命和谐理想。第三章通过对沈从文泛神思想的探索,即湘楚文化自然拜物教的影响,重点阐发“神即自然”之内蕴。第四章通过作家自然景物描写中的绘画性显现,对其自然美的营构进行细致的观照。该章同时通过对自然景物描写与人物形象塑造、自然美景与性爱萌动的诗性铺陈、自然景物描写中的音籁美及受难中的景物描写等几方面的梳理对其景物描写的诗性审美功能进行勾勒。第五章把研究对象置放于宏观的现代性语境中探究其自然意识对现代文明的反思给中国现代文学史所带来的意义和价值。以此同时引入生态学视域中的生态伦理学和生态女性主义思潮,论述其自然意识对中国当代生态文学的发展所带来的承先启后之意义。在结论部分总体论述沈从文思想及创作实践中的自然意识对中国现当代文学的贡献与价值。

关键词:沈从文　审美意识　文学研究

**4085**

**论张洁创作的演变及其文学史意义** / 饶翔著 ; 陈晓明指导. -- 北京大学, 2009. -- 140 页

论文对张洁作品的重新解读,试图为张洁研究寻找某些新的角度,以揭示她创作演变的内在逻辑,及其所具有的文学/文化意义,确定她在“新时期”文学以及女性文学史上的位置。论文选取了几个不同的层面进入张洁的创作,一是其精英知识分子话语的形成与突变。论文首先考察张洁创作的“前史”,十七年期间张洁虽然没有创作,但却是她主体结构形成的关键时期。论文的另一重角度是考察张洁创作中性别话语的发展变迁,尤其是紧紧扣住张洁创作中的两个关键词“父亲”与“母亲”展开论述,这两个核心词代表了作者的心理情结。张洁笔下的男性形象基本可区分为理想男性和反理想男性两类。前一类凤毛麟角,并呈现为一个“权威父亲”的形象,张洁使用人道主义话语对新中国成立前三十年的革命者形象进行了改写,名之为“真正的共产党人”,视之为理想男性。而更多的男性则作为理想男性的对立面,成为张洁批判的对象。作为具有强烈女性意识的作家,张洁创作演变的另一个方面,是她重复而又具差异的女性书写。在弑父仪式之后,作家“重投”母亲的怀抱,返回“前俄狄浦斯”状态,致力于女性谱系的书写,这是张洁对于女性历史的发现。作者从“恋父—寻父”到“审父—恋母”的创作演变,折射出作者性别意识的形成与转变,并具有深度的象征意义,它与作者对于现代性理想追寻过程交织在一起。论文在纵横两个方面展开,既跟踪作者的创作演变,又在某一阶段拓展开去,挖掘时代的纵深内涵,从而形成较为宽广的研究视域。

关键词:张洁　女性文学　文学研究

**4086**

**个体精神之“诚”与鲁迅的“中国的人生”:晚清思想对“诚”的论述与鲁迅的文学人物形象塑造** / 任慧群著 ; 汪晖指导. -- 南开大学, 2009. -- 239 页

鲁迅在东京弘文学院留学时认为,中国国民性最缺乏“诚”和“爱”。论文提出并试图回答以下三个问题:第一,鲁迅论述的“诚”与国民精神的哪些特定内涵相关;第二,在五四时期的文学人物形象塑造中,鲁迅如何通过他眼里的“中国的人生”显示他有关“诚”的思考;第三,通过文学人物形象塑造,鲁迅又如何展现他在求“诚”途中的思想矛盾,这些矛盾又怎样提供了他对“诚”与国民精神的关系的态度。对第一个问题的回答,需要梳理中国传统思想所论述的“诚”与鲁迅所论述的“诚”的关系,分析鲁迅谈到改造国民性时提及“诚”的原因。论文认为这与“诚”在晚清以降社会文化语境中的特定内涵有关。这一内含既是卷入现代进程的中国社会文化语境的产物,也提供了在这一进程中“诚”应担负的历史使命。对第二和第三个问题的回答,需要在鲁迅五四时期的文学人物形象塑造中寻找。他眼里所经过的“中国的人生”,与晚清以降的个体精神之“诚”的伦理要求存在着不同的关系。这种不同首先产生于人物形象对这一伦理要求是否“知”,其次产生于在“知”的前提下,人物形象对这一伦理要求是否“行”。由此,可以将鲁迅“五四”时期的文学人物形象塑造分为三类:不“知”不“行”的愚弱国民、“知”而不“行”的伪士、试图“知行合一”的异端。在个体精神之“诚”的伦理要求这一视角的观照下,人物形象处于“时俗”和“革命”两种样式的状态,可以说明鲁迅的“中国的人生”塑造与晚清思想对“诚”的论述的密切联系。大部分小说中的叙述者在批判人物形象居于“诚”的反面时,也往往呈现出其与被批判者在“诚”与否上的一致性。这应该与鲁迅对“诚”的理解有关,既有他对个体精神之“诚”的伦理要求的持守,又有他在“毋自欺”的“自省”中对此伦理要求的“反身而诚”,这两者也是形成鲁迅思想矛盾的原因之一。

关键词:鲁迅　文学思想　文学研究

**4087**

**章太炎与新文学** / 任珊著 ; 郜元宝指导. -- 复旦大学, 2009. -- 118 页

作为“五四”时期“文学革命”的思想发源地,清末的文学复古主义思潮以异常丰富的思想资源参与了中国现代文学基本性格的生成。尤其是章太炎举全部民族文化以应付时代危机的“文学复古”论,由于揉入了鲜明的个人生命体验,成为中国近现代知识分子探求民族文化复兴的努力中最独特的一支,同时也为随后到来的新文学做了思想与文化上的准备。而周氏兄弟在章氏启发下形成的文学与文字的体验、对传统与西方的理解,都与胡适之等留学欧美的现代知识分子有很大不同,这也为 20 世纪 20 年代以后的新文学发展提供了潜在的多种可能性。论文的思路,一方面期待对章太炎与周氏兄弟的关系做进一步的补

充和拓展,并借助周氏兄弟的沟通梳理章太炎与20、30年代新文学的潜在关联,另一方面,论文并不局限于影响研究,而试图带着章太炎的问题来看新文学,通过几代知识分子在这些问题上的冲突与碰撞来尽可能展现历史的复杂性。因而在结构上,"上篇"主要是以周氏兄弟为主的个案研究,集中探讨他们在文学思想上对章太炎的承接;"下篇"则从语言文字的诸多问题出发,梳理章太炎与周氏兄弟乃至整个新文学的沟通与矛盾,在这部分中,鲁迅与周作人虽然仍是关注的重心,但在此之外,康有为、梁启超、刘师培、王国维、胡适之、陈独秀、钱玄同、蔡元培、陈寅恪、朱光潜、冯至等人的声音也有所渗入,借此论文希望从整体上呈现新文学与清末知识界的关系。

关键词:章太炎　新文学　文学研究

**4088**

**《民国日报·觉悟》研究** / 史建国著 ; 沈卫威指导. -- 南京大学, 2009. -- 139 页

论文选取位列五四新文化运动"四大副刊"之一的《民国日报》副刊《觉悟》作为研究对象,将其放置在思想史视野中来考量其对五四新文化和新文学的贡献,力图对这样一份在新文化运动中起过重要作用的副刊做出初步的探索。引论部分讨论中国现代文学报刊研究的现状以及《民国日报·觉悟》的研究现状及研究意义。第一章梳理《觉悟》创刊的过程。《民国日报》从创办伊始就不是严格意义上的"机关报",在"爱民国"的旗帜下,它实际上充当了一个自由言说的公共论坛。而《觉悟》创办后这种开放的姿态也得以延续,在"集思广益"的方针指引下,《觉悟》致力于新文化运动,革新中国固有的文化,俨然成了一块探讨新文化的公共空间。研究《觉悟》作为新文化公共空间并结合《觉悟》上讨论过的问题进行分析便成为论文第二章的主要内容。第三章探讨复旦大学与《觉悟》作者群的关联。第四章主要呈现《觉悟》对五四新文学发展的推动和贡献。结语部分对主编邵力子离职后《觉悟》的编辑更迭及发展状况进行研究。自从充当了西山会议派的传声筒之后,《民国日报》及《觉悟》的声誉一落千丈。期间虽有陈德徵接编《觉悟》后的试图"中兴",但随着陈氏的蜕变,《觉悟》终于彻底完成了从一个新文化公共空间到专制政党"自己的园地"的转变。

关键词:报刊　文学研究　五四运动

**4089**

**论早期革命文艺的快感及形态(1927—1947):左翼、苏区和延安文艺的三个面相** / 司晨著 ; 陈晓明指导. -- 北京大学, 2009. -- 192 页

论文需要实现两个目标:一,从新的角度——"快感"入手,梳理早期革命与文艺之间的关系;二,在快感、文艺、革命的理论框架内,通过对左翼、苏区和延安文艺的分别考察和对三者之间彼此联系的探讨,发现一条与主流文学史叙述有所不同的早期革命文艺历史发展脉络。在第一个目标中,"快感"是个体意志被解放和满足时的情绪感受,它能够有效促进个体实践活动的开展;文艺以审美的手段解放个体意志、培养和激发快感情绪,鼓舞个体参与实践;革命需要具体理念的指导,更需要个体以热烈情绪进行实践。因此,快感、文艺、革命三者间的逻辑关系得以建立。革命文艺在革命理念与革命实践中扮演着审美桥梁的角色,能够创造出审美的快感愉悦,达到"解放个体意志"和"灌输革命理念"之双重目的。它以审美的方式将革命理念传输给个体,促使个体在审美欣赏中自觉的认同革命,并以极度的热情参与革命实践。革命文艺为革命理念的实现和个体意志的实践提供了一个互动平台。它给个体带来快感享受,让个体在现实物质条件的改善基础上,形成精神上的快感情绪,从而更加坚定地接受认同革命真理。在第二个目标中,论文根据审美快感的革命功用,具体分析三种革命文艺的形态——左翼、苏区和延安文艺。苏区文艺为延安文艺提供了早期的组织形态和方针政策,定下了政治标准决定文艺标准的精神基调,开启了革命文艺发展的主流方向,也为延安文艺大众化运动提供了历史经验。左翼文艺为延安文艺的繁荣提供了知识者的智力支持。延安文艺在整风前主要受到左翼文艺的影响,而在整风后开始延续苏区的文艺传统,同时借助了左翼文艺提供的智力资源,对苏区文艺形成了艺术上的超越,早期革命文艺在此最终发展成形。论文因此提出一个新的观点:早期革命文艺发展史不能仅被叙述为"左翼—延安"的单线发展,它在现代时段呈现出"苏区—延安""左翼—延安"这样双线分立、纠结、斗争、前进的发展面貌。革命文艺在现代时期存在一个分进与合流的现象。

关键词:革命文学　现代文学　文学研究

**4090**

**俄苏翻译文学与中国现代文学** / 苏畅著 ; 张福贵指导. -- 吉林大学, 2009. -- 179 页

外国文学译介是中国现代文学得以成为“现代”的重要条件，这其中俄苏文学的影响尤为深远。然而，我们所说的影响不是传统的“刺激—反应”模式下的单向度运动，也不是主体完全主动摄取的结果，而应理解为主体意志下自我与他者经过复杂地对抗、交流、转换与改写后的结果。外来文化作为他者凝聚了文化自我的投射，并且仅仅在主体文化内部才能发挥作用。现代翻译理论认为，对翻译文学的文化研究恰恰是揭示跨语际实践中自我与他者、异域文学与本土文学、文学与政治意识形态等其他领域复杂关系的最佳场所。因此探究中俄文学关系，自然首先应将注意力集中于俄苏翻译文学的研究之上。俄苏翻译文学研究的领域极为广阔，论文选择几个重要侧面做初步的探究。首先，作家作品的译介是翻译文学的基础，论文以现代中国译介最多的托尔斯泰为中心，在梳理译介史实的基础之上，集中描述分析各个时期国人眼中托尔斯泰形象的演变与产生的原因，对托尔斯泰作品的不同关注与解读，以及“托尔斯泰批判”的译介和左翼文学批评模式的关系等问题。其次，现实主义作为20世纪中国文学中最重要的文学思潮，在它从写实主义到新写实主义再到社会主义现实主义的流变过程中，俄苏文学一直以各种方式参与塑形。俄苏文学作品与理论文本的译介具体发挥了怎样的作用，导致何种结果，特别是反思翻译选择和阐释策略在其中的关键作用，是这一部分论述的重点。再次，列宁的“党的文学”的观念，是几十年里中国最具权威性的思想。重新审视这一理论从俄国到中国的旅行轨迹，为我们更好地理解文学自身特性提供了一个很好的个案。最后，论文将以“国民性”“人民性”话语为中心，探讨翻译活动所具有的政治性。

关键词：现代文学　俄罗斯文学　文学翻译

**4091**

**灵魂漂浮与人格矛盾：论中国现代作家的身份困惑与20世纪中国现代文学的几个悖论性问题** / 苏美妮著；宋剑华指导. -- 湖南师范大学，2009. -- 224页

论文以现代作家的身份困惑为研究切入点，通过对现代作家身份困惑的表征的概括与描述，揭示现代作家群体内在的人格矛盾，并探讨作家的身份困惑与现代文学的“传统与现代”“精英化与大众化”“工具性与主体性”等悖论现象之间的关联。论文的研究重点是作家的身份困惑与现代文学上述悖论之间的联系以及对现代文学创作产生的影响。全文共分五个部分：绪论部分主要研究两个方面的内容：一是界定作为分析工具的“身份”的含义；二是梳理现代文学的“文学工具论”理论范式的形成，阐释其对现代作家的身份困惑和人格矛盾的影响。第一章主要论述现代作家“乡下人”与“都市人”的身份困惑对现代文学“启蒙现代性”的影响。说明正是由于现代作家们自身的文化身份困惑导致现代文学思想启蒙目标的虚妄以及文学精神在现代与传统之间摇摆的特点。第二章主要论述现代作家由启蒙者到被启蒙者的身份转换与现代文学的精英化向大众化转换之间的联系。第三章主要论述现代作家在“时代战士”与“浪漫诗人”之间的身份迷失导致现代文学工具性与主体性的矛盾。结语部分则试图通过对文学启蒙运动中集体意识对个体意识的驱逐的进一步分析，探讨启蒙终成未竟之业的主要原因。论文认为：正是片面强化对知识分子的资产阶级意识的改造，忽视了对知识分子和工农的小生产者意识（封建意识）的改造，以及现代文学的“工具”命运，导致了文学启蒙未能抵达向内思索的现代性深度。

关键词：作家评论　意识形态　文学研究

**4092**

**陈独秀与中国新文学运动** / 隋晓莹著；逄增玉指导. -- 东北师范大学，2009. -- 96页

陈独秀作为新文学运动的首倡者之一，其推动作用以及对后来中国现代文学、现代文化乃至整个当代中国思想发展都有着重要的影响。作为备受争议的历史人物，他一生之中不断发展变化的思想观念直接决定了他与新文学运动的关系以及对新文学运动的影响。1920年以前的陈独秀，由于受到西方启蒙主义以及梁启超小说革命的影响，特别看重文学革命的启蒙意义，具有明显的资产阶级民族民主主义思想特征。1920至1928年间，他从资产阶级民族民主主义的改良派转向了代表无产阶级利益的社会主义革命派。在不断的自我否定与更新中，随着1928年陈独秀正式脱离党内活动，他在思想上转向了批判的马克思主义者时期。陈独秀生活的社会环境、当时的科考制度以及他的人生阅历都决定了他的文学观念和社会理想不会甘于平庸，也为他发动这样一场声势浩大的文学运动奠定了基础。《新青年》的创刊作为文学革命和新文化运动兴起的标志，是陈独秀思想与文学革命主张的结果。以此为阵地，陈独秀在发动青年一代反抗旧制度、旧文化方面做出了巨大努力，对辛亥

革命后的反动倒退政治进行了文化和伦理的批判。陈独秀的文学主张主要是:坚决与传统的封建主义文学决裂,开创新的、中华民族的现代文学;扫荡文坛陈规陋习,冲荡一切腐朽保守势力,为新文学开拓道路;坚持白话在新文学中的主导地位;并指出文学革命中的古今之争、新旧之争乃是事关民族存亡、历史进退的原则问题。基于民主主义立场,他还提出了大众文学观;在小说理论中,他更看重通俗的、大众的无功利艺术,站在自由主义的立场上。关于新的语文,陈独秀提出了科学的方略,得到"文言一致"的思想。在美学观念上,陈独秀提倡感情冲动、利导本能、注意美术音乐、了解生活活动的本源,使知识和本能相并发达,以求"人间性完全发达"。另外论文还通过从他历来发表的文章以及其他社会实践中,从他的同时代人的论述与评价中,真实地反映他在文学革命运动中起到的作用和占有的地位。

关键词:陈独秀　文学思想　新文学运动

**4093**

**夏志清文学批判研究** / 汤振纲著 ; 房福贤指导. -- 山东师范大学, 2009. -- 223 页

毫无疑问,作为一个文学批评家,夏志清是 20 世纪中国文学批评史上著名的"异见"分子,批评者认为夏志清的文学批评充满了"偏见",赞同者和文学接受的事实却又肯认他文学批评所具有的"洞见"的魅力。夏志清的文学批评是一个复杂的现象,关于其文学批评的研究应当是一个"在批评"的动态发展的过程。论文从批评观念、批评空间、批评方法三个方面展开研究。夏志清文学批评观念的首要特征是"纯文学"批评,他以"纯文学"批评来抗衡左翼教条主义文学和功利主义文学,然而其"纯文学"批评又有着注重人道关怀、主张写实主义、强调以个体的"人性"与"道德"为视角等复杂内涵。夏志清的文学批评常从道德视角论评人物和作家、挖掘作品的思想内涵和批评缺陷,"道德视景"(moral vision)是其批评语汇中的重要概念,他的文学批评广泛关注人性道德的各种问题,其思想标准和艺术标准常常在道德这个层面上扭结在一起,呈现出非常复杂的"景观"。宗教精神是夏志清文学批评观念中的又一个基本特征,他的文学批评的观念和标准渗透着浓郁的宗教意识。具体表现在他的"中国现代文学肤浅论",以及他对中国传统文学和文学传统的审视和批判当中,也广泛分布在他的众多的作家作品论中。夏志清的中国现代小说批评影响最大,其中"感时忧国"说和"文坛新四家"是他在这一批评空间最具影响力的观点。在当代美华小说和港台小说这一批评空间夏志清也有重要建树。文学批评和文学史写作虽有不同,但却密切相关。夏著《小说史》是其最有代表性的批评文本,也是一部优秀的文学史。夏著《小说史》因为其文学批评的个性化风格,更像是一个批评家的文学史,其方法论的意义不可忽视,这对文学史写作理论和实践都大有裨益。

关键词:夏志清　文学评论　文学研究

**4094**

**现代革命语境中的复仇叙事研究** / 万杰著 ; 吴义勤指导. -- 山东师范大学, 2009. -- 155 页

论文的研究对象即为革命复仇叙事,是指从复仇与革命的关联角度切入关于革命的发生、革命的起源、革命主体的动机及革命的效用等问题阐释而形成的一种革命叙事模式,归属于革命叙事范畴。论文的出发点与归宿就是试图对革命复仇叙事作为一种革命叙事模式所蕴含的"形式的意识形态"进行研究,描述革命复仇叙事如何成为无产阶级革命话语支配下的经典革命叙事形态的历史演变轨迹,揭示其中隐藏的叙事张力与话语悖论。鲁迅开启了中国现代文学史中的革命叙事。鲁迅的革命叙事中主要呈现了两类生命个体,他们分别被宏大叙事命名为革命的先觉者和革命的后觉甚至不觉者。革命参与者们的仇恨目标并不一致,然而经过革命话语的转换,将贫富不均的社会制度指认为造就所有不幸的根源而成为仇恨的统一目标,乡间的富有阶层就成为具体的复仇对象。1942 年毛泽东发表的《在延安文艺座谈会上的讲话》成为中国无产阶级革命文学的法典,展现革命对无力完成复仇的复仇者的巨大救助力量成为这一时期革命复仇叙事的目的与价值所在。革命历史小说的作者们都有着寻找革命起源、追问历史脉络的冲动,而几乎都不约而同地将"复仇"视为革命的起源。从学理层面而言,无论是植根于自然情欲与自卫本能的复仇,还是作为儒家伦理义务的复仇,与社会政治领域的革命都有着截然的分域,将二者做同一化处理的是革命话语的逻辑,但存在着"完全同一化"与"同质异阶"这两种不同的处理策略。革命复仇叙事中从复仇到革命的转换主要有三种修辞策略:进步论、成长论与拯救论。"革命 + 恋爱"叙事模式在早期普罗文学中曾盛极一时,模仿"革命 + 恋爱"的构词与概括方式,论文将革命复仇叙事转换为"革命 + 复仇"

的命名,可以说,“革命+恋爱”与“革命+复仇”叙事模式构成了20世纪中国文学关于革命的两种典型修辞形态,而随着革命文学叙事规范的建立,后者更具有合法性。

关键词:现代文学　革命文学　文学研究

**4095**

**面对失落的文明:论中国文学现代转型中的人文主义倾向** / 王昉著 ; 张华指导. -- 山东大学, 2009. -- 139 页

论文试图对人文主义的相关理论进行系统性的历史考辨,其中包括对西方人文主义理论的考察和对中国人文主义特别是中国历史现代转型时期的人文主义思潮做必要的历史考察并对其做出类型分析。中国文学的现代转型是一个贯穿于现当代的漫长的历史过程,论文着重关注的则是其前期即现代时期。并对其某些有代表性的作家进行深入细化的个案研究。全文分为两大部分,第一部分是总论,由对“人文主义”核心范畴的把握,对人文主义思潮的重点历史考察和人文主义倾向在中国现代文学创作实践中的丰富表现三个层面结构而成。文章的第二部分是个案研究,对中国现代时期的几个具有代表性的重要作家进行个案分析并分章进行论述,其中包括老舍、沈从文、冯至、张爱玲。论文试图对人文主义这一概念进行进一步廓清。中国文学现代转型时期所形成的人文主义思潮大致可以划分为两种类型,一种是伦理型人文主义,另外一种是自然型人文主义,而这两种类型不仅恰好暗合了文学的本体价值对人性维护的两个方面:即伦理型人文主义维护人性自身人与社会的和谐,自然型人文主义则重在观照人与自然宇宙的关系平衡与交流对话,而且也是对中国现代历史转型时期历史缺失的自觉应对。这种两种人文主义的类型在中国社会现代转型中思想文化层面的表现就是20世纪20年代的“科玄论战”与学衡派的“新人文主义”思潮的涌现。

关键词:现代文学　人文主义　文学研究

**4096**

**现代中篇小说研究** / 王晓冬著 ; 温儒敏指导. -- 北京大学, 2009. -- 155 页

论文试图以1917—1949年间的中篇小说为研究对象,从文学史的视野,梳理中篇小说创作与概念的演变及其复杂内涵,并从文体学的角度探讨这一文学现象。论文采取史论结合,即在文学史梳理中展开问题探究的办法,分为“历史篇”“比较篇”“叙事篇”三个部分:“历史篇”主要在文学史的脉络中展现中篇小说概念的演变。第一部分梳理中篇小说概念的出现,以及如何从中西小说史上寻找“合法性”的理论资源。第二部分从期刊发表和单行本出版两个方面,考察中篇小说的篇幅容量问题,并为论文的研究确定相对的篇幅标准。第三部分在文学史具体的历史语境中,考察中篇的文体概念和当时文学思潮之关联,勾勒出中篇小说在现代文学史上独特的文体价值定位。第四部分是对课题研究可以深入开展前景的展望。总之,“历史篇”努力从文学史角度回答中篇小说是否能成为一种独立小说样式的问题。“比较篇”将论述聚焦于创作实践,通过文本分析与个案考察,从比较性和过渡性等方面揭示出中篇小说的文体结构特征。第一部分讨论新文学第一个十年里中篇小说创作的混杂生成的状态,其多以“成长型”小说模式,在纵向延展上扩充小说表现的社会范围,形成以《芝兰和茉莉》和《旅途》为代表的两种中篇小说样式。第二部分探究“长短篇小说”现象,以茅盾的短篇为代表,揭示短篇和中篇之间交互影响转换的关系。第三部分着重分析“短长篇小说”现象,从题材和人物两个角度,分析这类小说的结构特征及其深层的历史动因。“叙事篇”转向讨论叙事结构问题,借助叙事学方法,结合代表性文本分析中篇小说叙事的特点。第一部分讨论中篇小说受制于篇幅容量,在叙事时间、叙事结构和叙事视角方面所做的创新。第二部分以许钦文、老舍、赵树理等创作为个案,考察“讲故事”的叙事方式,分析现代中篇小说怎样将传统的叙事艺术与现代叙事技巧结合,成就了中篇小说的一种特色。

关键词:中篇小说　现代文学　文学研究

**4097**

**“取今”“复古”之间的文化穿越:从章太炎到鲁迅** / 文宗理著 ; 黄万华指导. -- 山东大学, 2009. -- 195 页

章太炎与鲁迅是在中国近现代文化史上产生了巨大影响力的两位思想巨人。在广泛汲取西学的基础上,章太炎为中国传统的思想文化做了一个光荣的结束;同时,在深入研究传统文化的基础上,鲁迅则为中国现代文学做了一个伟大的开端。他们二人之间不但存在着事实上的师兄弟关系,同时他们之间在文化思想上也具有明确的传承关系。他们的思想涵盖了政治、历史、哲学、文学等各个方面,在许多方面即

有传承,又有交叉,更有变异和发展。在对东西文化双重批判的基础上,章太炎汲取古今中外各种哲学流派的精髓,努力建构自己的哲学思想体系。由于身处中国社会古今更替、中西交会的大转折时期,章太炎的思想和学术具备了过渡性时代的全部复杂性,不但是一个博大、复杂甚至矛盾的理论体系,而且与中国20世纪流行的民族主义、文化激进主义和文化保守主义之间有着种种复杂的纠葛。炽热的民族主义感情是章太炎与鲁迅之间产生思想共鸣的文化基础。章太炎的学问和道德,对青年鲁迅的审美趣味、精神气质、文化思路均产生了重要影响。在章太炎的影响下,鲁迅不但和"全盘西化"论者彻底划清了界线,而且接受了"文学复古"的主张。《破恶声论》这篇文章,是青年鲁迅接受章太炎"文学复古"主张的标志。在"文学复古"过程中,章太炎一直是鲁迅不断进行对照、反思、挑战和超越的精神对象。鲁迅的"文学复古",既是一个对传统文化不断深入和展开的过程,又是一个不断偏离、质疑、否定和超越的过程。鲁迅服膺"文学复古"的目的,就是要从传统文化的源头采撷能够点燃现代文明的火种。然而,在"文学复古"的过程中,鲁迅深刻认识到民族文化原创力丧失和种文化残缺状态生成的历史原因。同时,也使他认识到"汉唐气魄"是造就历史上文化繁荣局面的重要原因。鲁迅虽然于20世纪20年代放弃了"文学复古"主张,并转向对传统思想和文化的激烈批判,但"文学复古"却在他的文学生命中留下了深刻的印记。

关键词:章太炎　鲁迅　新文学

**4098**

**走出"现代"的迷思:中国后现代主义文学思潮与"现代"关系的考察** / 伍方斐著 ; 林岗指导. -- 中山大学, 2009. -- 215 页

论文以中国后现代主义文学思潮为研究对象,遵循唯物史观的研究理念,并适当借鉴话语理论和对话理论的研究方法,对中国后现代主义文学思潮与"现代"的关系做历史的考察和辩证的分析。研究包括七章。第一章是引论,对论题做学术史清理,并交代论文的理论方法和基本框架,提出如何突破"后现代"与"现代"关系认知上的二元对立思维模式问题。第二章和第三章分别从历史叙事与文学史叙事两方面对论题作概括性探讨,指出"后现代"是对以启蒙与革命、启蒙话语与革命话语为内核的"现代"及其问题与后果的根本性反思和超越,涉及经验、知识与权力等各个层面,由"现代"的迷思导致的中国"现代性"困境,是"后现代"在中国发生、传播与本土化的经验和知识前提。第四章至第六章是分论,具体讨论中国后现代主义文学思潮中的译介话语、创作与批评话语、理论话语同"现代"构成的动态关系,勾勒出中国后现代主义文学思潮"从'现代'中诞生""解构'现代'""重构'现代'"的发生和流变轨迹;指出有关"文革"的荒诞的历史记忆,20世纪80、90年代之交的社会历史巨变,市场经济与全球化的推进和本土化回应,是中国后现代主义文学思潮不断调整与"现代"的关系,并完成话语形态从"解构"向"建构"的富有中国特色的转型的外在动因;对启蒙精英叙事与主流意识形态叙事的解构和对个人叙事与民间叙事的重构,构成话语演变的核心"话题"和内在动因。第七章是结语,从"后现代"与"现代"在对话与互动基础上的相互影响和渗透这一状况出发,通过对"现代"与"后现代"的双重反思,提出"是后现代的现代,还是现代的后现代,还是……"这一新的问题,并围绕如何在"解构"的前提下进行"建构",探讨走出"现代"的迷思和重建"现代"需要避免的"后现代"误区。

关键词:当代文学　文学思潮　后现代主义

**4099**

**中国古今家族小说中三个主题的演变** / 夏雪飞著 ; 陈思和指导. -- 华东师范大学, 2009. -- 155 页

论文以现代家族与古代家族小说三个主题的演变为研究课题,以其中各具代表性的12篇家族小说(旁及一些其他小说及散文等)作为主要的分析对象,从这些主题在这些小说中表现出的各自特点,考察它们在不同时代背景下的联系和演变。除导论外,论文共分为三章,第一章"叛逆者与家变"分为三个小节,第一节主要分析的是这些家族小说中逆子的形象变化,他们对家庭伦理的背叛各自有着什么不同的特征。第二节分析古今家族小说中,离家出走作为一个对抗家庭或者告别过去的重要手段,在其内涵上有着怎样的发展变化。第三节考察古今家族小说中父亲形象的嬗变。第二章"女性世界的声光色相"分为三节,第一节主要分析这些家族小说中贤良的女性形象。第二节考察这些家族小说中种种恶女人的形象。第三节主要考察的是在这些小说中女性如何跨越自己在男权社会中的身份定位。第三章"作为一种文化心理的疾病"分为三节,第一节主要考察在家族小说中,古代和现代的作家在运用疾病隐喻社会疾患时的

变化。第二节主要考察这些小说所描写的疾病生成的原因。第三节主要考察古今家族小说中肺病和精神病在美学上和隐喻意义上的演变。结束语部分回顾以上三章的内容,并在此基础上延伸一些对于新文化运动的思考,新文化运动在激烈的反传统的态度下,其实没有与传统决裂,而是在诸多方面实现着对传统的继承和超越。

关键词:小说　主题　文学研究

4100

**遭遇"西方":1980 年代文学中"现代"故事的几种叙述方式** / 项静著 ; 蔡翔指导. -- 上海大学, 2009. -- 172 页

在论文的阐述中,"西方"不仅是相对于东方及其文化或文明而言的对象或客体,而且是 19 世纪以降中国和世界置身时势的一个内在的、具有相当支配性的要素。论文以 20 世纪 80 年代中西碰撞的历史情势下,部分文学作品中的现代故事为主要研究对象,选取海外(主要是西方国家)游记文学,王蒙、张贤亮、高晓声等人的小说,寻根文学中的韩少功、王安忆部分作品,以《河殇》、陈丹燕的《慢船去中国》为主要个案,从不同角度探讨 20 世纪 80 年代西方参照系下的中国现代故事的讲述方式,不同叙事资源的处理和整合,遮蔽与凸显,探讨现代故事讲述的多种可能性,以及不同的叙事资源此消彼长的动态关系。对于 80 年代现代故事的几种讲述方式的重新考察,绝对不是要否认"现代"的意义,并试图通过某种方法找出一个单纯的"中国方式"的现代故事,而是探讨在讲述现代故事中如何处理各类叙事传统和资源、现实,以期给当下的文学症状带来一点启示。论文第一章以 70 年代末 80 年代初期的西方游记为研究对象,中国作家通过对西方的"游历","看见而描绘"的西方世界,确立论文的基本问题:现代化与西方化界限逐渐模糊,曾经作为我们另一个建立主体性的他者——第三世界淡出视野。在第二章中,主要讨论在西方空间出现在我们的文学叙述视野以后,当代作家们如何讲述一个西方在场的故事,他们如何以西方为参照物想象、堪认中国的未来空间,该章主要以几个有重要影响的小说家王蒙、张贤亮、高晓声等为例子,重新梳理中国"自我"的未来想象。第三章主要解决现代故事的讲述中,除了物质现代化,需要怎样的文化、政治空间。第四章分别以《河殇》《慢船去中国》为分析对象,阐释 90 年代对 80 年代的"离开",这是不同于 80 年代的"中国"故事,是我们讲述中国现代故事时需要反思的重要趋势。

关键词:当代文学　西方文化　文学研究

4101

**困顿与寻找:身份认同和审美现代性阐释视野中的 80 年代小说** / 谢雪花著 ; 郑家建指导. -- 福建师范大学, 2009. -- 146 页

论文从创作主体和审美客体双向角度进入,研究 20 世纪 80 年代小说。以对典型作家文本的分析来阐述 80 年代作家的身份认同困顿和艺术审美现代性的寻求,意在将形而上层面的知识分子身份认同问题探讨落实到审美层面的文学本身。在具体的文本诗学分析中,主要运用关键词研究的方法。第一章对 80 年代小说进行总体描述,首先从 80 年代小说创作的潮流归类,前期小说创作注重"写什么",后期小说创作注重"怎么写"的特点,来阐明前期作家注重思想层面而非对小说艺术空间自觉开拓,中后期作家才逐渐产生自觉的审美现代性意识。第二章和第三章分别论述 80 年代小说创作的身份认同和小说创作的审美现代性追求问题。对二者进行概念理解,然后阐释二者之所以发生的各自潜在因素和现实诱因。其中,重点论述 80 年代文学审美现代性发生的现实诱因,包括国内的多次文化论争和国外文学资源的影响。前三章是第四章的总体文化语境阐述,作为第四章文本探析的理论背景。第四章是全文的重点。深入 80 年代小说文本,以典型作家文本来阐释不同经历作家,在 80 年代小说创作中产生了怎样的身份认同困顿,又寻找到了怎样的艺术审美现代性追求之路。具体阐述 80 年代四个小说审美空间自觉开拓的潮流及潮流之中作家的不同表现:现代派的两次高潮,前期现代派作家重点探析王蒙。后期现代派以刘索拉、残雪为代表,她们的小说尝试对文学发展起到推动作用。寻根小说重点阐释莫言和韩少功的文本。对于先锋小说,主要论述其遮蔽性,以余华的转变来探析先锋小说的前行。第五章是对第四章的补充,谈第四章所阐述潮流作家之外的其余艺术自觉追求的作家。文章最后谈审美现代性追求的延续性及提出反思的意义。

关键词:小说　审美　文学研究

4102

**严歌苓小说研究** / 邢楠著 ; 逄增玉指导. -- 东北师范大学, 2009. -- 114 页

论文以严歌苓的作品为研究对象,对其写作的主

题、方式、意义进行阐述,全文分五部分展开论述。绪论部分简述严歌苓的生平及创作,同时对近十年的严歌苓研究进行综述,以便厘清严歌苓研究的重点与盲点。第一章论述严歌苓小说的文化主题,首先运用文化理论梳理严歌苓在中西文化间的文化身份及其对她作家身份的影响,然后分析严歌苓作品中的文化认同与文化疏离现象,并从历史角度并置阅读其新历史主义作品《第九个寡妇》和《小姨多鹤》,试图从中剥离出作家独特的历史意识。最后细读《扶桑》,分析它如何打破以往倡优叙事的单纯浪漫程式,将妓女扶桑置于东西方文明冲突之中,通过书写扶桑对自我命运的掌控完成女性经验的表达。第二章通过对变态性心理的阐释解读严歌苓作品中畸恋题材的情感叙事。严歌苓都抱之以平和理解的心态,从人道主义的悲悯情怀出发,深深关注着人的生命意识,敏感的捕捉个人生存的痛苦与矛盾,并以聚焦的手法加以展现,来探讨人类情感的多种可能性。第三章运用女性主义理论分析严歌苓笔下的女性形象。女性的牺牲和奉献、坚韧和痛苦、挣扎和包容是严歌苓笔下不断萦绕的画面。她由女性意识出发,思考着女性的社会处境,这种思考既面向着时代也同样是面向着她自身的困境,而她日后作品最重要的主题走向——女性关怀也由此明朗化。第四章是对严歌苓小说艺术特点的论述,分别从行文风格、叙述视角、意象设置来解读严歌苓作品,力求对严歌苓的美学诉求做宏观把握。第五章以电影改编理论为支柱,以严歌苓的文学作品及据此改编的影视作品为对象,阐述其在改编过程中的增减损益及所传达的信息。综上所述,严歌苓在多年的小说创作实践中形成了自己成熟的小说观念,其小说具有丰厚的主题意蕴及独特的语言特点和美学特征。她小说创作的成功,在于将民族意识糅合在自身的性别经验和日常生活经验中,传达出女性作家在特定社会历史语境下的家国之思,张扬一种深沉的人道主义精神。

关键词:严歌苓　小说　文学研究

**4103**

**20世纪90年代女性诗歌研究** / 修磊著 ; 张福贵指导. -- 吉林大学, 2009. -- 129页

作为一个批评概念,"女性诗歌"是对20世纪中后期形成的一个诗歌写作思潮的归纳和命名。20世纪80年代中期以来,女性诗歌创作一直处于一种活跃且边缘的状态。一批女诗人以独特的方式抒写着当代女性的体验与思索,成功地建立起女性主体的视角和立场。90年代以后,在个人化写作深入诗歌写作内部的同时,女性诗歌创作也面临着时代转型的复杂影响,女性诗歌消解了那种集体的、同一的言说方式,而把写作建立在一种更为独立的、沉潜的个人的基石上,在告别集体态势的前提下,呈现出多元化的取向。论文以90年代女诗人诗歌文本为研究对象,在将其语境化的过程中,力图梳理与呈现90年代女性诗歌所具有的特质。将女性诗歌置于90年代的文化语境中,我们可以看到,"女性诗歌"在对爱情、身体、日常生活的想象中,有对现存性别秩序的质疑,也有对男权文化分派给女性的既定角色的认同;有对个人主体精神独立的诉求,也有质疑女性身份的意识流露。如果说舒婷一代和翟永明、伊蕾、唐亚平一代分别完成了女性写作觉醒、确认的前两个阶段,那么90年代女性主义诗歌则进入了回归词语本身、直面词语世界的语言写作时期。在80年代关注"说什么"的激情本身的基础上,又开始关注"怎么说"的技术问题,或者说已经进入了激情和技术对接的混凝时期。同时,20世纪90年代女性诗歌中的身体写作已不同于80年代中后期那种单一意识形态性质的身体写作,而是产生了一种深刻的断裂、转型与分化,呈现为一种多元化的写作态势。

关键词:诗歌　女性　文学研究

**4104**

**近三十年中国小说对政治苦难的叙述和反思** / 徐阿兵著 ; 王彬彬指导. -- 南京大学, 2009. -- 110页

历史的灾难给人们留下沉重的记忆。作为一种高强度的精神活动,文学创作对人们切身的苦难体验的叙述,不仅有助于记录和传续历史真相,而且有助于追问苦难背后的复杂根源,有助于灾难之后的精神重建工作。绪论部分从探讨文学创作和苦难体验之间的精神关联入手,结合20世纪中国文学与政治之间的密切关联,尤其是当代中国社会进程与激进的政治实践之间的密切关联,指出对于近30年叙述政治苦难的小说文本进行研究的重要意义。第一章借助对"新时期"之初众多小说文本的考察,归纳出几类具有代表性的反思话语及其叙事功能和价值弊端。第二章论述的是,由于成长背景、学识修养特别是体验苦难的方式及程度的不同,不同代群的作家表现出不同的苦难意识。虽然代群的共性并不能完全遮蔽其中成员的个性,但从历史情结和青春伤痛这两类苦难

意识来看，如果作家不能对自身的苦难体验和精神历程作出个人化的理解与表述，那么他所拥有的苦难意识终将消泯于集体归属感与代群认同感之中。第三章以“呈现”和“寻找”这两种典型的叙述姿态为例，探讨作家个体的表达方式如何体现出告别苦难的集体特征。结语部分总结近30年小说叙述和反思政治苦难的特点，并且表达出对于苦难意识的挽留，以及此类小说创作前景的期待。

关键词：小说　叙述　文学研究

**4105**

**远逝的村庄：新时期文学中的“村庄”意象研究** / 许玉庆著 ; 王万森指导. -- 山东师范大学, 2009. -- 208 页

论文立足于新时期社会转型这一特定语境，试图对改革开放30年来文学中的村庄意象进行细致考察，以发掘其独特的文学价值和审美内涵，并反思现有村庄意象的局限性，从而为村庄书写拓展出一片新的天地。绪论部分主要对选题意义、研究现状、创新点、研究方法等问题展开论述。论文认为，村庄意象构成于乡土文学、都市文学和小城镇文学研究的基础之上。第一章意象与村庄界说，该章主要对“意象”“村庄”两个概念的内涵、历史沿革做出相应的界定，以确保论述中理论阐释的科学性。第二章作家与村庄意象，该章主要运用传记学、心理学、“外部研究”等理论来分析作家与村庄书写的关系。第三章村庄意象的构成，该章主要借鉴文艺社会学、民俗学、乡村调查等方面的理论，分析村庄意象的结构特性（或者也可称作村庄意象系统，因为村庄是由一系列意象构成的有机体，包括房屋、树木、民俗等多重意象类型）。依据村庄社区构成特性，该章拟从三个方面展开论述。（一）物态意象这是村庄世界的“显在”形态；（二）精神意象它是村庄世界的“隐性”构成；（三）人物意象独特人物的塑造是村庄书写的核心部分。第四章村庄意象的特性，该章主要借鉴文化地理学、乡村社会学、叙事学等理论探索新时期文学中村庄意象的文化特性和审美特性。第五章村庄的象征意蕴象征性是中国意象美学的重要特征之一。该章以象征意蕴作为村庄研究的视角，对新时期文学中村庄的美学内涵进行深入探究。结语村庄，一个没有终结的美学命题。依照现有文学村庄的创作实绩看，“乡土文学终结”“村庄终结”等论断的提出为时尚早，实际上是对西方“终结论”的移植。无论是对中国文学来讲还是从文学本质角度着眼，作为一个社区意象，村庄书写应该始终与人类自身的认知程度保持同步，是人类永恒的精神家园。

关键词：乡村　意象　文学研究

**4106**

**中国1990年代以来当代文学批评研究** / 薛红云著 ; 张清华指导. -- 北京师范大学, 2009. -- 195 页

论文的研究对象为20世纪90年代以来的当代文学批评，社会文化语境以及由此所引起的知识分子身份认同的变化使这一时期的文学批评呈现出与以往不同的特点。第一章以知识分子的精神演变、身份认同为主线，对90年代以来的文学批评做历时考察，勾勒出其从由初期的低迷徘徊到中期的喧哗分化再到世纪末以来的在沉静中重建的发展历程。第二章考察90年代以来文学批评的观念形态。90年代文学的无名性质以及批评的个人化增长的方式，使得批评观念非常多样，论文选取四类比较有代表性的批评观念进行考察：后现代主义批评、文化批评（包括女性主义批评、新历史主义批评、后殖民主义批评以及“再解读”的批评实践）、本土化批评和形式主义批评。第三章对90年代的批评主体从代际、性别、地域、职业等方面进行社会学考察。90年代文学批评家的主体可以分为三代。90年代批评主体中的一大特点是女性批评家的大批“浮出历史地表”，女性和女性主义的理论话语丰富了文学批评的话语类型。90年代文学批评地域化特征非常明显。90年代批评的三大群落中，学院群落成为严肃的文学批评的主流，编辑批评则因其及时追踪和善于制造热点而成为与学院批评分庭抗礼的一支，作协批评仍发挥不小的作用但同时陷入尴尬的困境。第四章考察90年代以来文学批评与文学生产的关系。由于政治意识形态的淡出，政治批评相对陷入无效的状态；但道德批评因其惯性仍然对文学生产有较大的影响。文学批评观念的论争以“人文精神”讨论中作家的价值取向为主要考察对象，看他们的取向与文学批评的取舍。在文学现象中既有批评与创作的互动，也有因批评自身的分化而难以引导创作的情况，也有因为知识分子价值立场的缺失而使得创作陷入重复的情况，等等。

关键词：当代文学　文学批评　文学理论

**4107**

**周作人晚期散文研究（1949—1967）** / 严辉著 ; 王庆生指导. -- 华中师范大学, 2009. -- 93 页

论文的研究对象为周作人的晚期散文创作。所谓“晚期”,即是和一般研究者已经划分的“前期”和“后期”相区别,指周作人1949年被保释出狱至1967年去世这段创作时期。论文认为这是周作人文学创作的一个全新的历史时期。论文采取的主要研究方法是社会历史的研究方法,在论述中用大量的史料和作品来说话。论文共分为五章。第一章是对周作人晚期散文创作经历的概述。该章结合当时的政治环境和文学环境,以及周作人自身的生活和创作境遇,概括出周作人晚期散文创作的三个主要的创作阶段:即1949—1952年、1956—1958年和1961—1964年。论文第二章、第三章和第四章主要论述周作人晚期散文的思想内容和意义。论文把周作人的晚期散文创作按思想内容分为三大类:即时论类、说理状物类、怀人叙事类。这三类散文写作在周作人晚期散文创作中都占有十分重要的地位。论文第二章对周作人晚期时政类散文的论述,一方面具体分析其散文中表现出的对新的时代和新的政权思想上的“趋同”,另一方面也深入挖掘部分作品中表现出来的与那个时代的主流思想保持一定距离的独立思考,进而分析周作人晚期思想的意义。论文第三章对周作人晚期说理状物类散文的论述中,重点论述其说理状物类散文创作的发展和变化。这种变化主要表现在两个方面:一个是注重内容的“有所用”,一个是情感态度更加宽容。论文第四章对周作人晚期怀人叙事类散文的论述中,梳理关于鲁迅、关于历史中的同时代人和自己的回忆性文字,发掘其中的文学意义和思想意义。论文第五章论述的是对周作人晚期散文的文学反思。该章将重点探讨周作人晚期散文创作与十七年散文创作主潮的关系,反思周作人晚期散文的“寂寞”命运的根源。结语部分则补充交代周作人的晚年经历和人生结局,以及一些与周作人相关的有争议的话题。

关键词:周作人　散文　文学研究

**4108**

**1935—1941:《天下》与中西文学交流** / 严慧著 ; 范培松指导. -- 苏州大学, 2009. -- 232页

论文从比较文学、中国古典文学、中国现当代文学的学科特点出发,结合译介学、传播学的理论与方法,在20世纪初中国文学西传活动的大背景下,全面详实地考察20世纪上半期中国最重要的全英文思想文化刊物 T' ien Hsia Monthly 的中西文学交流实践,从中外文学交流史的角度,在国内学界首次系统展现20世纪30年代中西方学者和文化界人士以《天下》月刊为传播媒介进行的中国文学译介与研究活动。论文从五个方面展开论述。第一章是从媒介史的角度,运用传播学理论,全面考察《天下》的源起、办刊宗旨、刊物性质、编辑部构成、撰稿队伍特点,运用大量一手资料,通过细致的考证,澄清不少学界之前对《天下》的认识讹误,还原《天下》的真实面貌。第二章到第五章具体考察《天下》对中国古代思想典籍,中国古典诗歌,中国传统戏剧、散文、小说,中国现代文学所做的译介与研究活动,对每一领域内的译介与研究活动的内容、特点、意义做了阐述。论文最后得出结论,《天下》是现代中西文化交流史上中国第一次有组织、有目的地主办一份旨在向西方(主要是英语世界)传播中国文化的全英文思想文化类刊物。刊物以国民政府资金与人事支持作为刊物正常运转的基础,以公平性与思想性保证刊物在中西文化交流中的公正立场。《天下》在20世纪30年代的中国建立起一个同时具备学术性与普及性的国际文化公共空间,从而实现了东西方学术界与文化界的对话与交流,丰富、拓展、提升了双方观察对方文化的视野,同时也通过刊物的传播功能,整体系统地将中国文学译介到西方,实现了“向西方介绍中国”的办刊宗旨。《天下》的中国文学西传实践具备了高度的主体性、自觉性、组织性与计划性,由此打破了16世纪以来中西文化交流史上,中国文学西传过程中西方“独语”的局面,从根本上改变了中方长期“缺场”的状态。

关键词:东西文化　文化交流　文学研究

**4109**

**新时期历史小说的表述形态** / 杨建华著 ; 王又平指导. -- 华中师范大学, 2009. -- 136页

论文主要从新时期历史小说与现实社会互动关系的梳理、作家选择不同表述形态原因的分析以及具体作品的分类解读中展开对新时期历史小说表述形态的论述,旨在探寻各表述形态的个性特征以及创作上的价值意义,并试图最终建立起一个相对完整的历史小说类型谱系。论文分为六个部分:绪论部分梳理基本概念和理论范式。第一章“官方表述”,分析主流意识形态借助历史叙事表达自身合法性存在的必要性和必然性。第一节分析的是反映历史进步观的农民革命叙事与历史改革叙事。第二节立足“想象的共同体”观念,依次分析民族—国家认同背景下的反抗

外族侵略、维护国家统一、展现人国情怀等方面，突出历史书写对于建构民族认同的特殊意义。第二章“知识分子表述”，分析知识分子作家通过表现“士”（传统知识分子）的形象来言说内心的共鸣与认同。第一节探求作家们对春秋战国时期的智者形象的表现以及二者跨越时空的心灵对话。第二节主要围绕晚明历史，强调知识分子的文化启蒙价值观及其变化。第三节表现的是文化自救，立足点取在晚清阶段，主要通过《曾国藩》等作品反思社会转型时期中西文化的碰撞与民族危难之际的文化救国行为，作品多体现出一种忧患意识与悲剧情怀。第三章“大众表述”，分析20世纪90年代以来以二月河为代表的大众化历史小说的兴起的独特意义。第一节重点分析围绕读者展开的趣味中心。这种趣味至上态度包括趣味化、故事化与世俗化三层含义。第二节主要从杂糅的民间风格展开探讨。第四章“女性表述”，分析中国女作家们所采取的特有的历史叙事策略。第一节考察女性主要是站在男性对立面来书写属于“她们”自己的历史。第二节则跳出男女对立视角，从双性同体角度探讨女性历史小说对生命意识的表现力度。在结语部分，主要是立足20世纪90年代以来全球经济一体化的大背景，分析历史小说各表述形态的多元互通以及当下意义，同时也指出其中隐含的一些问题，正是这些问题阻碍了历史小说的进一步深入和走向经典化。

关键词：历史小说　叙述　文学研究

**4110**

**文学现代形态的修复与重建：论“现代”作家对新中国文学的审美期待** / 杨亚林著 ; 王又平指导. -- 华中师范大学, 2009. -- 164 页

论文主要从文学形态入手讨论“现代”作家对新中国文学所做的努力，通过文学现代形态的修复与重建表达他们对于新中国文学审美期待。全文分七个部分。引论部分对选题的缘起、意义和研究方法做了说明，同时对相关概念进行梳理，探究“现代”作家对新中国文学的现代形态关注的主要特点。第一章探讨中国文学现代形态的型构历程。着重描述30年间文学现代形态的产生、成熟和发展历程，尤其是20世纪30、40年代文学形态与阶级斗争、民族战争联系在一起所造成的文学形态的巨大变化。第二章讨论新中国文学的形态成绩与问题。主要从文学秩序和文学大众化方向的确立中显示新中国文学形态新变。第三章探讨新中国小说现代形态问题。主要探讨一些“现代”作家对新中国小说形态的关注，揭示现代传统对新中国小说形态建设的影响。第四章讨论新中国诗歌现代形态问题。主要探索“现代”作家针对新中国诗歌中民歌主导倾向，用更加开放的诗歌形式建构新的诗歌格式的思路。第五章论述新中国散文与现代散文的风格搏斗。结论部分主要对论文未论述的话剧作一说明。考虑到论文从新中国文学与现代文学关系角度讨论新中国文学形态问题，针对新中国文学形态方面出现非现代倾向，“现代”作家谈论文学形态建设话题，这种情况在话剧创作中不太典型。新中国话剧创作主要由现代作家完成，由西方引进的话剧文学没有出现向传统和旧形式回潮的倾向，所以论文没有重点考察话剧这一文学类型。“现代”作家对新中国文学形态的修复与重建工作总体说来是当代文学形态的有益补充，常常出现在文学环境相对宽松时期。新中国成立初、20世纪50年代中期和60年代初期是“现代”作家谈论文学形态的活跃期，而进入“文革”时期，文学环境的严峻，文学形态建设失去了最后的弹性。

关键词：现代文学　当代文学　文学研究

**4111**

**从“半侬”到“半农”：刘半农对中国现代文学的贡献** / 姚涵著 ; 栾梅健指导. -- 复旦大学, 2009. -- 185 页

论文主要讨论1913至1934年间的刘半农在中国现代文学发展过程中的意义和价值。这一时期，刘半农以独具个性的文学创作和多方面的文学活动沟通了通俗文学、民间文学和五四新文学，他独特的创作实绩也开辟了中国现代文学的发展道路。论文试图站在新旧文学的转折点上全面评价刘半农的文学成就，分析刘半农对中国现代文学的贡献，以及他如何沟通了通俗文学、民间文学与五四新文学。论文从概述刘半农的生平以及主要著作成就开始，重点讨论、分析刘半农被研究者忽视的原因，在此基础上阐发论文的内容以及选题的意义；然后，论文主要围绕刘半农在民国初年（约为1913—1917年）的小说理论和创作，将刘半农早期的小说理论和创作放入具体的历史情境之中，分析其对通俗文学理论的理解及不同于鸳蝴派的创作特点，认为这是刘半农实现第一次“转变”——“跳出鸳蝴派，骂倒王敬轩”的重要前提。由此，论文试图指出，刘半农对文学形式的兴趣及其对通俗文学艺术表达方式的自觉，为他其后转向民间文

学寻求新文学的精神资源,奠定了坚实的基础。论文继而详细叙述1918年刘半农首倡的“歌谣”运动,其意义在于对传统的“另类发现”。论文认为,学习“歌谣”的过程激发了刘半农对诗体变革的浓厚热情,就在这一时期,刘半农彻底脱离了鸳蝴派,尝试着将民间文学、歌谣与新诗的发展联系在一起。其后,论文主要探讨“五四”前后刘半农所参与的文学论争以及杂文创作。“实事求是的战斗精神”支撑着刘半农在五四时期成为文学改良的实践者和新文学的建设者,成为新文化的战斗者。直到《语丝》时期,刘半农依然坚持了五四时期的战斗精神。最后,论文尝试讨论刘半农后期的第二次“转变”。很多研究者都认为,刘半农1921年留学欧洲之后,从新文学阵营渐渐“退隐”。但是,论文认为,直到刘半农和《语丝》关系终结,在《人世间》《论语》等刊物上发表大量打油诗、文言小品开始,他才与新文学发生了真正的疏离。

关键词:刘半农　新文学　文学研究

**4112**

**小说中的重庆:国统区小说研究的一个视角** / 尹莹著 ; 许祖华指导. -- 华中师范大学, 2009. -- 142页

论文以《小说中的重庆》为题,是以抗战时期国统区的文学为基础,以书写重庆的小说为研究对象,勾勒小说中的重庆形象。透过作家个人的重庆生活经验及其文学作品,分析作家所关注的城市问题,考察作家在小说中所构建的“文学重庆”及其所蕴涵的象征意义,观照作家对现实城市的情感态度和赖以评判城市的价值标准,探讨国统区小说叙事的特殊的审美特征,为国统区的小说研究提供一个新视角。论文共有引论、主体部分的五章和结语三个部分。引论部分,对问题的缘起、选题的意义、研究的现状以及研究的方法做了详细的说明。第一章,“重庆与文学”,主要是分析文学重庆艺术生成的主客体条件。从客体上讲,抗战时期重庆的崛起与繁荣对重庆文学的发展有着重要影响。从主体上讲,由于作家的世界观、文化素养、思维方式、知识结构、生活阅历以及性格气质等各方面的差异,他们对生活认识的深度、广度不一,探讨重庆的侧面也各不相同。第二章,“‘大家’笔下的重庆:在政治与文学之间”,选择茅盾、巴金和老舍这三位我国现代文学史上无可争议的“大家”的作品,探讨他们笔下的重庆形象。第三章,“通俗作家笔下的重庆:在消闲与责任之间”,分析的是张恨水作品中的重庆形象。在他的笔下的重庆,不仅仅是非理性的各色欲望的化身,而且也是处处有着象征意味的文化之都的形象。第四章,“‘边缘’作家笔下的重庆:在浪漫与现实之间”。这一章主要是选取端木蕻良、徐訏这样无法归于某一个流派或团体的、散兵游勇式创作的作家,研究他们的作品。第五章,“年轻作家笔下的重庆:在激情与理智之间”,主要是以来自民众、来自战地、呼吸着抗战大时代的空气而成长起来的一批年轻作家书写重庆的作品为主。

关键词:小说　重庆　文学研究

**4113**

**中国现代乡土文学理论流变论** / 余荣虎著 ; 朱晓进指导. -- 南京师范大学, 2009. -- 172页

中国现代乡土文学理论(1917—1949)大致经历了早期带有“阐释”性质的理论建构,以及后来带有“立法”性质的理论言说两个阶段。在借鉴西方现代思想的基础上,早期乡土文学探索者从各自的文学理念、政治立场、人生态度出发,阐发三种不同的乡土文学功用观,即鲁迅的“乡土启蒙论”、周作人的“地方趣味论”、茅盾的“悯农论”,它们按两条线索发展:以鲁迅的观点为主调的早期左翼乡土文学功能观,在20世纪30年代遭到激进的左翼批评家的否定;而后来的自由主义者则在一定程度上超越了周作人的地方趣味论。总体而言,自由主义者推崇“认知的趣味”,左翼作家主张“实践的趣味”。后起的自由主义者在“认知的趣味”的基础上,生发出现实情怀;20世纪30年代激进的左翼作家则把“实践趣味”推向了极致,并相应地建立了一套理论话语,到40年代,左翼文坛的审美趣味走向实用化和政治化。30、40年代左翼批评家几乎一致否定了早期乡土文学在形式上的探索,而主张折回传统和民间。从周作人到沈从文的自由主义乡土文学理论,与从鲁迅到延安文坛的左翼乡土文学理论,并不是平行、对立发展的,而是发生了汇流与断裂。鲁迅的乡土启蒙论抓住了中国社会现代性追求中的主要问题,成为乡土文学的经典理论,实质上,它是乡土本位论;苏雪林、沈从文等后起的自由主义者超越了周作人等人的局限,表现出相当的现实情怀,从而使之呈合流之势。30、40年代左翼批评家创立了“革命的乡土文学”理论,其本质是革命本位论。经典乡土文学理论主张乡土批判,革命的乡土文学理论推崇美化农民,因为其最根本的立场是相反的,因而后者必然消解、颠覆前者,后者对于实用性、政治性与艺术性关系的处理,以及对于乡土文学的主要创作

方法现实主义的理解，都有一定的权宜色彩，但是，包括乡土文学理论在内的现代文学理论的立足点是无庸置疑的，当代文学和文学理论的发展只有在坚持现代文学传统的前提下，才会有新的、有意义的发展。

关键词：现代文学　乡土文学　文学理论

4114

**形式的表象与深意：20世纪末中国小说艺术形式研究** / 俞敏华著；杨扬指导. -- 华东师范大学，2009. -- 178页

论文选择的20世纪末期，具体指20世纪80、90年代。论文主要建构于大量作品的阅读基础上，采取通过分析小说文本来透析文学现象，探讨小说艺术特征，结构小说艺术演变史的研究方法。论文由导言、正文和结语三部分组成。导言部分主要探讨论文选题的起因、形式的概念、形式批评的概念、论文的研究方法和任务等。正文由上、中、下三篇构成。上篇主要探讨20世纪80年代的小说艺术形式的变化，中篇和下篇主要探讨20世纪90年代小说艺术形式的变化。上篇共四章，分别以“现代派”的写作手法，“寻根文学”“先锋小说”和“新写实小说”为中心，探讨小说的艺术形式。认为，这一时期，体现出从叙述技巧到叙述策略的变化轨迹；“先锋小说”和“新写实小说”的形式变革，较彻底地改变了以往长期存在的小说艺术观念，开创了当代中国小说的新景观。中篇共三章，分别以“新历史小说”“王朔、王小波的小说”“新生代小说”为中心，探讨80年代艺术形式变革观念影响下的90年代小说艺术形式。认为，在80年代已出现的展现小说虚构性的叙事特征、调侃意味的语言，以及个体经验的表达，在90年代有了进一步的显现，从而说明了历史的延续性。下篇共三章，分别以“现实主义冲击波”“影视小说”“网络小说”为中心，探讨90年代小说受市场经济影响，大众审美趣味性越趋明显的形式特征。正文的阐述都以文本解读为基础，在具体分析过程中，吸收叙事学的方法基本采用了这样的思路：选择叙述者作为进入文本的视角，以叙述者的存在形态或叙述口吻作为进入叙述方式的一个切口，然后，进入对结构、语言等诸要素的分析，并最终完成对作品所建构的精神世界的理解。同时，在文本解读中，概括每个时期突显出来的形式要素的特征，对这些特征做整体性考察，勾勒形式的流变史。结语部分，进一步地概括论文中的一些结论，并探讨研究过程中发现的一些问题。

关键词：小说　当代文学　文学研究

4115

**论新时期以来都市小说中的现代性与后现代性** / 袁楠著；丁帆指导. -- 南京大学，2009. -- 115页

多重概念的歧义已成为20世纪中国文学阐释的艰难。论文所依据的理论是，现代性不是重构历史总体性的巨大的脚手架，相反，它是质疑业已建构的历史总体性的可信的理论资源。基于对西方现代性概念的考察与清理，论文力图反思新时期以来都市小说的现代性与后现代性，从而穿越文学现代化神话的废墟，以批判性立场形成新的知识和文学叙述体系。从晚清到五四，西方从此不是“他者”而是自我想象。20世纪20、30年代“新感觉派”集体呈现了非同寻常的早熟的都市敏感。30、40年代张爱玲借助日常追问终极意义；老舍“艺术的北京”是现代市井小说的起源。50—70年代，《我们夫妇之间》受批判预示着都市小说暂时消失，此后相当长时间，都市文本都在非日常逻辑上展开。80年代是极具思想活力和丰富可能性的时代。革命和市场作为中国现代性的双刃剑，结构了都市小说的框架、叙事和传播。90年代文学在权力与资本之间微妙转换，最终目的是满足市场欲望。后现代文化开始渗入巨型的消费的都市，知识分子主动撤离中心，文学生产出现重要的结构性变化。90年代后期以来，中国内地工业文明覆盖农业文明，后工业文明亦局部进入，社会参差不齐地进入人类新的文化困境。都市小说的现代性从某种角度说仍在中断状态。最为重要的是，小说家要恢复对文学本身，对自我和存在，对世界真相的追问。重构小说家的本土意识、主体意识、虚构意识和个性，是新时期以来都市小说留给这一个世纪的叩问。

关键词：都市小说　现代主义　后现代主义

4116

**主体建构与困境救赎：王小波及其文学世界** / 张川平著；张志忠指导. -- 首都师范大学，2009. -- 308页

王小波是一位特立独行的知识分子，他在“文学即人学”的意义上投身文学创作，其人生和文学主题与主体问题互相呼应和叠映。论文围绕自我主体的建构和救赎展开对王小波创作活动和文学作品的研究，深入剖析作家在主体建构的实质、要素、途径、困境、救赎方式等多侧面的文本试验和人生实践。在王小波的人生和文学世界中，自我主体的确立是一个剥除“自我的重负”和“给定的自我”的过程，“自我的重负”的重要表征是“角色意识”对“主体意识”的取代

和挤压,"角色意识"是对"做人"(to be)之表演要求的顺役,"主体意识"则代表着"成为自己"(be)的强烈意向。王小波在其现实人生中亦受制于"角色"规约,他的困境是一个有着自主意识和自由意志的主体必然会碰到的悖论性境遇,即,身处特定社会的角色系统和演出体系之中却又拒绝归属和认同,针对这种两难,王小波利用小说创作中的文本镶嵌和镶嵌文本,将主体后发的批判精神和反思成果"回注"于当时的"角色"身上,使主体意识得以维护和阐扬。王小波的主体建构有几种要素:作为本能诉求的"性",探索"确定性"的理性要素,追求差异性和可变性的感性要素以及"向死而生"的死亡叙事。针对权欲、物欲、情欲三种基本人欲的现状和实现阻力,论文考察并探讨王小波关于两组欲望对立的关系——父与子所代表的秩序与自由、生存法则和存在之道的冲突,他以欲望中的主体作为小说的观照对象和表现焦点,从匮乏和泛滥的欲望以及欲望流转的交易渠道中实施主体救赎。王小波的身体叙事亦围绕主体困境及其救赎,揭示了身心矛盾的实质和文化渊源在于身心分离的设计,"心脑冲突"是其主要方面,具体诉诸"礼乐"和"刑政"两种规训手段,迫使处于绝对弱势的知识分子走向了"弃身""保身"和在身心错位中"苟活"等应对方式,呈现出主体受控与身体被虐互为因果、相互加强的关系。论文以肯定王小波在主体的建构、执守和救赎这一(现代个)人的核心命题上所做的不懈努力和卓异贡献作结。

关键词:王小波　小说　文学研究

**4117**

**论"故事集缀"型章回体小说** / 张蕾著 ; 方锡德指导. -- 北京大学, 2009. -- 187 页

故事集缀型章回体小说是从《儒林外史》发展而来的一类现代小说。这类小说在晚清开始兴盛,通过在一部作品中叙述多个故事的方式映照出时代社会的生动图景。论文即以故事集缀型章回体小说为研究对象,运用小说类型学、叙事学和社会史的研究方法,在跨越雅俗分界的基础上,探讨这类小说的现代意义。故事集缀型章回体小说的兴起既与时代的多故事性相联,也与小说传播途径的改变息息相关。报刊故事为集缀型小说提供了丰富的材料来源,同时小说的报刊连载也使故事集缀体式的形成具备了条件。写作集缀故事的小说家与报刊的联系同样密切。故事集缀型章回体小说的作者大多是报人小说家,最典型的就是张恨水。集缀型小说的作者身上还带有着说故事人的传统。从说故事到写故事,是一个自然程序,浓缩了从说话到章回体小说的中国小说发展史历程。用章回体来写故事集缀型小说,为故事的叙述和故事之间的切换衔接提供了便利。故事集缀型小说的结构有两种:一种是把几个或多个故事并置起来,这些故事在小说中的地位是平等的,不分主次,如《留东外史》;另一种是有一个主要故事,在其周围聚集着很多次要故事,即故事有主次之分,如《人间地狱》。故事集缀型小说里的人物是群体的人物。士、宦、商、妓、伶既是那个时代十分活跃与生动的人群,也是小说最常涉及的人物。人物群体的这些表现使得故事集缀型章回体小说具有两种显在的叙事特征,一种是众声和弦,一种是重复原则。章回体小说从晚清开始的衰落和蜕变,与故事集缀型小说的兴起是同步的。而在五四文学家和后来研究者所提到的黑幕小说中,绝大部分又都是故事集缀型的章回体小说。未尝不可以从被现代文学列为专有问题的现实主义角度来看取这类小说。它们的群体叙事在现代文学的个人/国家理念之间开创出了一个社会空间,以容纳现代人的生存之道与生命活力。

关键词:章回小说　文体　文学研究

**4118**

**现代中国"短篇小说"的兴起:以文类形构为视角** / 张丽华著 ; 陈平原指导. -- 北京大学, 2009. -- 208 页

作为现代中国文学格局中的主要文类"短篇小说",其兴起并不始于1917年的文学革命。随着晚清报纸杂志的发行、新式学堂的兴起以及逐渐展开的对西洋小说的翻译,"短篇小说"早已在清末民初的文学实践中占有一席之地。伴随着"短篇小说"兴起的清末至"五四"这短短20年间,正是中国社会与文化经历激烈变革的时代。"短篇小说"的兴起,离不开这一作为大背景的文类格局的重组过程;换一个角度来看,则"短篇小说"的文类形成,正见证着这一对已有的文学结构进行拆解、重建一种新实体的现代中国的文类整合过程。论文的着眼点在于提出一种"文类变迁"的新视野来重新考察并反思现代中国的"文学革命","短篇小说"的文类形构是为此所选取的一个研究范例。论文主要借鉴德国学者提出的"作为文学——社会制度的文类"理论以及由此形成的以制度的解构与建构为基础的文类史研究,分别从报刊、翻译、创作实践以及理论建构四个共时的层面,来考察

清末至“五四”的“短篇小说”的文类形构过程。第一章导论从文类的角度来破除“一代有一代之文学”的迷思;第二章以清末报刊为研究对象,考察新式印刷媒体对“短篇小说”的孕育;第三章讨论域外短篇小说形式如何被译入中国;第四章在中西小说比较的视野里考察鲁迅的短篇小说创作,以揭示其“形式的意味”;第五章则在新教育的范畴中讨论“短篇小说”理论话语的建构。通过对形构“短篇小说”这一具体文类的文学制度与社会制度的方方面面的考察,将这一文类兴起的过程充分历史化,从而有效地将“文学革命”的线性逻辑,转化成一种将晚清与“五四”纳入同一个文学时期的结构性的视野,呈现出中国现代文学起源的更复杂的历史性语境,并对文学史上关于“文学革命”的普遍性论述有所质询。

关键词:短篇小说　文体　文学研究

**4119**

**通向创造的“模仿”:论中国现代新诗对外国诗的借鉴** / 张敏著 ; 李怡指导. -- 四川大学, 2009. -- 193 页

论文以中国新诗的前30年为时限,以新诗对外国诗歌的形式模仿为考察对象。从语言,诗体,表现手法和修辞技巧等方面追踪新诗对外国诗歌形式模仿的轨迹。以翻译诗歌和外国原文诗歌为比照的媒介,以作品的细读为主的平行研究与文化的影响研究相结合的方法,来考察新诗形式模仿的具体痕迹,其论述框架如下。第一章,新诗语言的欧化。新诗对欧化语言的模仿主要是通过译诗,伴随着汉语欧化的同时,是新诗人对欧化语言的中国化的改造。第二章,新诗对外国诗体的移植。新诗在诗体模仿的过程中存在误读的现象,但模仿带来的积极影响也是巨大的,尤其是对十四行诗体的引入。第三章,新诗对外国诗歌表现手法的借鉴。出现了以表现自我情绪和抽象意念为对象和以戏剧化为表现模式的诗歌。同时,新诗在模仿中借戏剧化的模式去完成对古典意境的改造,并通过对传统“以物起兴”表现模式的转换创造出独有的表现技法。第四章,修辞手法的借用。只有那些与中国传统形式技巧存在暗合之处的手法方能受到新诗人的青睐:如拟人、通感和比喻等修辞手法。此外,新诗对这些外国手法也不是纯粹机械的模仿,而是结合自身个性进行创作。此外,修辞模式呈现出多层次多角度的倾向,修辞的目的也打破了借物抒情的传统,代之以表现主观意志。第五章,新诗与传统诗歌的形式差异。这一个部分,笔者以诗形,语言,诗体,表现手法和修辞手法的比较为例。结语部分,笔者将从文化差异的角度对新诗模仿外国诗歌形式这一历史现象做出总结。有许多诗人和学者担心模仿会割断与传统的联系,会丧失掉自己的独创性,论文是对这种观点的一个反驳。首先,语言,审美等异质文化的差异决定了模仿也是有限的。其次,通常情况下,新诗对外国诗歌形式的模仿都不是机械的,而是有一个从幼稚到成熟的生长过程,并在模仿的同时进行创造性的转化。再次,对外国诗歌形式的模仿过程,也是一个对传统诗歌的现代性元素重新激活的过程。

关键词:新诗　艺术手法　文学研究

**4120**

**大地伦理的诗意呈现:世纪之交的中国生态文学研究** / 张鹏著 ; 葛红兵指导. -- 上海大学, 2009. -- 199 页

论文引用利奥波德的大地伦理思想体系,作为考察生态文学的理论内核。论文力求对世纪之交中国的生态文学进行宏观梳理和微观细读,通过对文本内外人与自然的思考,达到把握其精神流向和整体发展趋势的目的。以更好地清理和探寻文学与生态的双向互动关系,为未来中国生态文学的创作和批评提供可资借鉴的理论资源。论文分为导论部分和正文六章。导论部分宏观透视文本内外的中国生态现状。把中国当下的生态现状置于文章之首,生态文学和生态批评正是对这一问题的文学应答。第一章进行生态思想资源的历史追溯。从西方、中国本土和新时期以来三个层面挖掘生态伦理思想的根源,理清生态思想的脉络。第二章对生态文学中“人”的位置进行重新定位。批判狭隘的人类中心主义思想,把“诗意的栖居”作为人类生存的生态化目标。第三章通过对生态文学的细读厘定人和天地的关系,指出人定胜天思想的局限和虚妄,呼唤人与自然的和谐。第四章描述生态文学中人与动物的关系,结合史怀泽的“敬畏生命”的思想和《怀念狼》等生态文学作品中的论述,力求汲取动物的智慧,促进人与动物的和解,寄托人性的关怀。第五章通过生态文学作品《玉米大地》《屠杀的血泊》等的解读,探求文学创作中人类和植物的关系,呼唤绿色文学。第六章对世纪之交的中国生态文学进行评价和定位。对作家的生态观、生态文学的语法形式、生态文学的发展前景给予观照。

关键词:生态观　文学研究

4121

**民国自然灾害与现代文学书写** / 张堂会著 ; 杨义，张中良指导. -- 中国社会研究院, 2009. -- 267 页

自然灾害与人类的生息行止相伴而行，一部中华文明史就是中华民族同自然灾害不断斗争的历史。文学是反映社会生活的一面镜子，远古时期许多神话和传说都闪烁着自然灾害的身影，中国文学对自然灾害的书写一直不绝如缕。民国时期自然灾害不断，饥饿与苦难丛生，深深地影响了作家的创作。现代文学从各个方面真实形象地刻画了哀鸿遍野、饿殍塞途的社会现实，对自然灾害下的经济与民生、人与自然、人与社会、人与人之间的关系做了全面的书写，同时对自然灾害中的社会变革也做了有力的揭示。论文从文学角度切入民国时期的灾害史，从灾害史同文学的互文中深入、具体地去观察近现代社会，揭示人们面对灾害时的精神影像，展现了文学形态的多样性及其具有的丰富功能。人们对待自然灾害往往表现出不同的态度，随着人们面对灾害时心境的变化，人与自然之间的审美关系也会发生相应的变化。自然灾害下，一方面是人性发生变异，人与人之间感情麻木，缺乏温情；人性发生扭曲与畸变，产生了卖妻鬻子、掘墓盗尸、"人食人"等有违人伦的惨剧。另一方面，自然灾害也能照亮人性光辉的一面，显示了人与人之间的温暖情怀。民国时期的自然灾害带给人们的不仅仅是灾难，它还促进了人们的觉醒与反抗，同时起到移风易俗的作用。书写灾害的文学作品体裁形式多样，既有新文学观念的小说、戏剧、散文、诗歌等，也有传统形式的民谣、旧体诗词等。现代文学对民国时期的自然灾害作了丰富的描绘，体现了文学关怀社会人生的现实主义精神。现代文学让我们重新审视了民国时期的灾害史，加深和丰富了我们对生活的理解，对将来的防灾、救灾工作提供了有益的借鉴和启示，使得我们能够正视自身的弱点，面对灾害不再惊慌与怯懦，变得更加的坚韧与顽强。

关键词：现代文学　自然灾害　民国

4122

**左翼文学：从阶级话语到民族话语** / 张武军著 ; 李怡指导. -- 四川大学, 2009. -- 228 页

论文就是要梳理左翼文学由阶级话语转向民族话语的复杂过程，探讨、分析这一过程中的分歧与争议。论文分为两个大的部分。上编首先分析探讨"国防文学"口号的产生、意义以及所存在的问题。"国防文学"口号的提出，是左翼文学从阶级话语转向民族话语的发端，这一口号是在党的政策指引下配套"国防政府"主张而被提出，并以党团组织名义贯彻和宣传。这就造就了"国防文学"的迅速流行和扩展，另一方面，也因此形成了对作家实际的人生体验、文学感受的挤压。然后是有关左翼文人心目中的"国防文学"题材、作品的分析解读。"国防文学"一经提出，就有在文艺上的界定和把握。然而在左翼阵营中，鲁迅等人对于特定作品和题材的理解与"国防文学"提倡者有很大不同。这才有了左翼内部民族话语的分歧，也就有了"民族革命战争的大众文学"口号的形成以及由此引发的"两个口号"论争。左翼文学界民族话语分歧实质是选择信奉政策至上还是坚守个人主体性的问题。左翼文学界民族话语分歧焦点在于鲁迅，鲁迅的逝世也使得分歧走向结束。"中国高尔基"成为左翼对于鲁迅的盖棺论定，这一称号也蕴含了阶级性、民族性以及世界性的复杂纠缠。鲁迅之后郭沫若成为文艺界的民族旗帜。这也意味着左翼文艺界因先前民族话语产生的分歧，在以郭沫若为首的名义下得到一定程度的解决。郭沫若从革命文学的代表到民族旗帜的象征再到被认为是左翼新文化的前进方向，这大约可以被视为左翼文人尤其是国统区左翼文人共同文化选择的体现。标志着左翼文学民族话语最终走向的是新启蒙运动以及由这场运动所引发的连贯反应。之后在延安引发的文艺界民族形式运动也可被视为左翼文学民族话语的最终走向。最后论文以"余论"的形式探讨党中央和一些领导人对于左翼文学民族话语转向中"两个口号"之争的表态。并进一步分析其后来对延安和国统区左翼文学运动产生深远影响，以及对于新中国成立后文艺的影响。

关键词：左翼文化运动　阶级性　文学研究

4123

**中国先锋小说精神血统和文本来源的考辨** / 张晓琴著 ; 雷达指导. -- 兰州大学, 2009. -- 92 页

作为 20 世纪后半叶在中国当代文学发展历程中引起重大反响的文学思潮，先锋派文学改变了 30 年多年来人们心目中关于文学的概念，此功不可没。但相比于拉丁美洲及其他国家引入先锋文学概念后产生的巨大文学成就，中国当代文学中的先锋文学思潮却未能与他们比肩。这其中的原因是什么？论文侧重通过先锋小说的创作来研究先锋文学对外国作家作品的借鉴，探讨先锋文学的得与失。全文共有四

章，第一章对中国先锋小说的发展脉络做了基本梳理；第二章探讨中国先锋小说的精神血统，通过卡夫卡的佯谬或梦魇与中国当代先锋文学，博尔赫斯的迷宫或叙事圈套与中国当代先锋文学，加西亚·马尔克斯的魔幻现实主义与中国先锋文学，以及被忽视的拉美先锋文学大师安赫尔·阿斯图里亚斯来探讨中国先锋文学在思想资源上受到的影响及其局限；第三章讨论中国先锋小说的文本来源，通过典型文本的分析，探讨马原、洪峰、格非、余华、残雪等人对卡夫卡、博尔赫斯、加西亚·马尔克斯等人的作品的模仿与变通使用。通过讨论 20 世纪 80 年代先锋小说家对卡夫卡、博尔赫斯等人的继承与借鉴，以及卡夫卡、博尔赫斯的作品对先锋作家创作及其思维产生的巨大影响，来探讨先锋派小说家在小说形式上对当代文学观念的冲击，也探讨先锋文学一味模仿后面的深层原因，指出先锋文学在思想资源上的欠缺。第四章讨论中国先锋小说作家在 20 世纪 90 年代以后的分化，探讨虽不被文学史归入先锋派，却在创作中灌注了先锋文学精神的几位作家，他们是王小波、徐小斌、莫言等，从文本产生巨大、持久影响的层面上看，这几位作家无疑超越了我们一般所指称的先锋派小说家。

关键词：先锋小说　文学创作　文学研究

**4124**

**世纪之交的诗歌传播研究** / 张延文著 ；辜也平指导. -- 福建师范大学, 2009. -- 235 页

世纪之交的中国社会进入到一个信息化的新时代，社会变革为诗歌传播带来了全新的语境，诗歌写作也相应出现了一系列的变化。从传播的角度来理解诗歌活动，并进入到诗歌写作和传播的第一现场去观察和探寻背后的原因，这是一个迫切而颇有意义的新课题。将诗歌研究放入到一个大的社会背景下来展开，本身也是一种文化人类学的新尝试，可以为诗歌发展中新出现的现象做出更为深入和有效的解读。诗歌的体内传播是诗歌传播活动的起点和最为核心的环节，主要发生在诗歌写作者的内部，涉及个人主体性相关的元素，如心理认知、性别意识、文化身份认同等，个体化倾向和叙事性因素等也与此相关。诗歌的人际传播主要发生在个人与个人之间，影响因素为主体间的身份和地位、传播的具体语境等。媒介形态变化会对诗歌的人际传播的接受行为带来影响。不同类型的诗歌接受者是诗歌人际传播当中重要的影响因素。诗歌的群体包括自然形成的诗歌群体和研究为目的来假定的诗歌群体。诗歌群体传播当中的代际问题是一个目前诗歌传播活动中的热点话题。诗歌组织传播中的诗歌传播活动的承担者有着组成成员的身份，传播的目的也体现了组织的特性和意图。诗歌教育和诗歌评奖活动是主要的诗歌组织传播内容。诗歌的大众传播需要以大众传媒作为媒介来进行，包括诗集和诗歌期刊（正规出版物和非正规出版物）等的传播。新媒介条件下的诗歌传播改变了诗歌传播原有的特性，包括卫星通讯技术和互联网等的数字化的传播，以手机短消息和互联网为主要媒介。大众文化带来了商业化、个人化和平等自由的意识，消费文化中诗歌可交换价值的缺失影响了诗歌传播的内在动力，信息文化中符号化的趋势以及虚拟时空的产生等降低了诗歌作品的象征作用。这些合力最终使得诗歌写作出现了一种片面“求真”的美学倾向，导致了诗歌写作当中“善”的纬度的缺失。应该让诗歌写作在真善美之间找到平衡，并恢复诗歌写作的尊严和价值。

关键词：诗歌　传播学　文学研究

**4125**

**论现代文学“民族形象”的生成与建构** / 张翼著 ；吴秀明指导. -- 浙江大学, 2009. -- 177 页

当中华民族以弱者身份，由自我中心的传统语境进入“自我—他者”互动竞争的现代语境时，民族自我形象，即在“他者”参照下认知、判断和规划“自我”成为了普遍的焦虑。而当知识分子纷纷选择文学作为表达手段时，“民族形象”，即通过文学来进行对自我的现状判断和未来规划，成为了现代文学的题中之义。全文由绪论、正文（四章）和结语三部分构成。绪论通过概念厘定，提出研究方法和研究思路。在对“中华民族”进行词源梳理的基础上，从民族意识与文学追求的双重角度对“民族形象”的内容与特点进行归纳。根据民族形象的特点确定论文研究的范围与阶段性分期。第一章，现代文学民族形象历史传承的清理与甄别。第二章，现代文学民族形象自我认知的多维精神原则的展现与分析。中华民族在 1917—1949 年经历了移植他者、对抗他者与超越他者的艰难跋涉，其间国民性、政治、民间日常生活经验等多种精神原则竞争、互渗，共同规划了民族自我意识的走向。第三章，现代文学民族形象表征谱系的归纳与反思。民族形象总是会以凝聚着某种精神原则特征的人物形象作为表征来进行传达。当多重精神原则竞争之

时,民族形象相应地形成了由“沉默的大多数”“农民阶级”“民族英雄”等表征构成的表征谱系。第四章,现代文学民族形象形式诉求的总结与思考。民族形象为了达到示范与普及的目的,需依托能够有效进行大范围传播的语言形式。结语论述,现代文学民族形象的影响力直达当今,这既说明了现代文学民族形象的重要意义,也提醒我们要对其中的经验、教训进行历史地甄别。一个开放的、良性的民族形象需要建立在自我与他者良性互动的基础之上,满足民族意识与文学追求的双重需要。

关键词:现代文学　民族意识　文学研究

**4126**

**现代小说类型批评实践检视与类型学建构** / 张永禄著 ; 葛红兵指导. -- 上海大学, 2009. -- 257 页

“类型”作为一种研究方法和思维观念,有着深刻的哲学理据,自古以来中西方被包括文艺在内的很多领域广泛应用。论文在总结近百年来中国现代小说研究的类型经验的基础上,结合结构—文化类型学方法,试图建立现代汉语小说类型学理论。论文分两大部分(上、下编)展开,上编是对中国现代小说类型研究做基本的系统的学术史梳理。上编的基本内容分为:一,类型学视野下的中国古典小说研究,既鸟瞰古代学者对古典小说研究的类型观念,又检视现代学者用类型的观念重新研究古典小说的成就;二,晚清新小说类型的引进和现代小说类型的兴起,分析晚清引进的新小说类型对传统小说类型的冲击和在中国的命运,特别是通过管达如和吕思勉两位代表性研究者在西学影响下的小说研究中显示出来的现代类型思维分析,剖视现代小说类型和现代小说类型思想对中国小说界的创作和出版的初步影响;三,重新研究鲁迅的中国小说史研究的艺术和思想资源,认为古代刘勰、刘知几等人的类型思想、盐谷温的中国小说史框架和晚清的类型命名热共同烛照了鲁迅的天才之思,对鲁迅范式和走出“鲁迅时代”的焦虑做了必要回应;四,对新中国成立以来的类型研究做基本概括,重点归纳和剖析四种“中国经验”,通过得失评判,使之成为建构现代汉语小说类型学理论比较坚实的本土理论资源。下编旨在初步建立现代小说类型学理论,分三个组成部分:现代小说类型学的方法论、价值论和本体论。价值论分为两个层面:一是类型小说的价值,它包含了类型稳定与价值生成,类型语法与价值表达式,类型多样化与价值多元化等命题;二是小说类型研究的价值与意义,这包括了为中国小说史的阐释提供新的方法论;为鉴别新的小说类型提供科学尺度;为具体小说文本解读提供基本参照系;为读者、作家和出版界提供相应理论标准;为比较文学研究提供重要方法等至少五个方面。

关键词:小说　类型学　结构主义　文化　文学研究

**4127**

**在传统和现代之间:新笔记小说研究** / 张舟子著 ; 孙先科指导. -- 河南大学, 2009. -- 233 页

新笔记小说形成了 20 世纪 80 年代文坛上一个独特的景观,不仅取得了突出的成就,产生了一些优秀的作品,而且为中国文学如何继承传统做出了有益的尝试,其中的经验教训,都值得认真总结。但是,对新笔记小说的研究,与新笔记小说的创作成就和影响却显得不太相符,新笔记小说还存在广阔的研究空间。论文分绪论、正文和结语三个部分。其中,正文又分为上、下编,上编四章为个案研究,下编三章在个案研究的基础上对新笔记小说进行综合研究。绪论首先对新笔记小说创作概况进行描述,指出新笔记小说已经成为新时期文坛上一个无法忽视的创作潮流,产生了一定影响,完全有深入研究的必要。上编选择四位有代表性的新笔记小说作家孙犁、汪曾祺、林斤澜、贾平凹,对他们的新笔记小说做了深入研究。“民族传统的多重影响”一章,主要探讨了孙犁对传统文学的继承和借鉴。“‘回到民族传统’的小说创作”一章,从小说的选材、小说语言的文化内涵和“文气”追求以及小说中的艺术意境几方面研究汪曾祺的新笔记小说的民族风格。“笔记与诗魂的交融”一章研究林斤澜《矮凳桥风情》的民族风格。“东方美与民族形式的追求”一章则研究比较年轻的新笔记小说作家贾平凹在“商州三录”和《太白山记》中形成的民族风格。下编分为三章,分别从审美范畴、作家的主体精神以及新笔记小说的文学史意义几个方面对新笔记小说继承中国传统文学艺术的创作成就及文学史影响进行综合论述。结语在整个研究的基础上,认为新笔记小说在很大程度上复活了传统的审美精神,创作出了一些具有中国风格的作品,对以后的文学创作带来了深远的启示。新笔记小说对于传统文学的继承,无论是成功的经验还是存在的不足,都是一笔弥足珍贵的文学史遗产。

关键词:文学创作　文学传统　文学研究

4128

**书话与现代中国文学** / 赵普光著 ; 杨洪承指导. -- 南京师范大学, 2009. -- 222 页

全文的论述分为两大部分展开。书话的文学审美、历史内容、思想内蕴和学术含量构成现代中国文学研究的重要对象。所以第一部分基于此展开论述，主要紧扣书话创作作为现代中国文学创作及研究的重要部分提供的极有意义的启示。第一部分分为四章论述:第一,书话丰富和拓展了散文的空间与内涵;第二,书话是一种迥异于现代理论化体系化文学批评的特殊批评体例,具有很强的传统批评特色;第三,作为历史的记录描述方式,书话构成了现代中国一种重要的文学文献史料,其文献价值值得进一步开掘、研究和阐释;第四,书话所描述的现代中国文学的图景,所给予的现代中国文学的定位评价,影响着人们对现代中国文学的想象和认知,书话从而成为现代中国文学经典化的重要途径。论文还将书话作为研究途径和角度,分三章来考察现代中国文学尤其是 20 世纪初的文学文化变革中所发生的诸种面相。首先,处于现代中西文化交汇时期的作家文人阅读视野空前开阔,大量书话记录他们的读书、译书心得体会。在第五、第六两章中,通过书话这个中介,研究现代中国文学在"汲古求新"的文学变革模式中的变化过程及其"新"与"旧"的交杂与斑驳;论述书话对域外文化引介过程中的选择、误读及其给 20 世纪中国文学所带来的新的生长契机和资源。第二,书话还展示了读书人购书、藏书、失书、得书的欢欣悲喜的心路历程,体现出作家独特的精神气质。第七章要揭示:书话写作活动体现出作家文人与传统的深刻联系,隐含着作家丰富而矛盾的文化心理,现代作家文人的文化困境、精神世界在书话中更富有典型性。

关键词:书评　文学评论　现代文学

4129

**鲁迅杂文与中国杂学** / 赵献涛著 ; 杨义,张中良指导. -- 中国社会科学院, 2009. -- 185 页

开拓鲁迅杂文研究的新局面取决于对鲁迅的重新定位,鉴于鲁迅知识结构的繁杂,鲁迅可谓一代杂学家,鲁迅杂文与其杂学存在密切关系,中国杂学是鲁迅杂学的主要构成。所谓杂学,意指非正统文化与经史之外的学问,即乡邦文献、野史笔记、古典小说、集部文集与民俗学等。鲁迅辑录乡邦文献,有时代因素、个人因素、家族性格遗传与章学诚的影响。这次辑录活动,使得鲁迅感性地接触了地方性文献,养成了地方性的方法和视野。地方性方法和视野的形成,为鲁迅自觉地接受野史和民俗学提供了准备。读经与读史的问题,是鲁迅终生焦虑的一个问题。因为近代以来传统儒学的衰微与墨学王学的复兴,也因为鲁迅其乡先贤章学诚对经学史学的重新认识,同样因为经 学的倡导往往与现实政治专制和文化复古潮流的结合,鲁迅截然反对读经,而主张读史,尤其读野史。野史笔记的传统支持着鲁迅的杂文创作,野史文化浸润着鲁迅的思想,从而赋予一种他人所不具有的野史视野与幽暗意识。鲁迅的杂文创作,受到中国优秀的小说传统的影响,其杂文所体现的小说气,显示了鲁迅杂文所受中国古典小说的潜在影响。鲁迅杂文同样受到集部文集的影响,这表现在其杂文创作情感意蕴的生命飘零感与艺术形式骈偶化的形成上。因为历史文献的民俗记载、自幼生活其中的民俗环境与现代民俗学的发展,民俗学成为鲁迅杂学中的一个重要组成部分,它渗透在鲁迅的杂文世界里,使得鲁迅杂文具有民俗化倾向,这不仅表现为其杂文借用无以量计的民俗事象,而且表现为民俗事象成为其杂文思想与艺术的构成力量。鲁迅杂文借用民俗事象展开社会批评和文明批评,由此开拓了民俗学学术研究、文艺创作之外的第三条路径。与传统杂学家追求雅正不同,鲁迅追求的是一种混杂性的文化,这突出表现在对怪力乱神因素的肯定上。鲁迅与 20 世纪文学史上的杂学家也存在这样那样的区别。

关键词:鲁迅　杂文　文学研究

4130

**20 世纪三四十年代女作家的上海叙事** / 郑积梅著 ; 王铁仙指导. -- 华东师范大学, 2009. -- 161 页

论文以辩证和历史的观点,重返中国现代特殊的历史文化场域,考查女作家的上海都市叙事,以此建构女作家们上海文学叙事的丰富的历史图景,重新审视她们的上海文学叙事与女性解放、社会关怀乃至民族国家叙事的密切协作所形成的独特遗产,评析这一文学叙事的独特价值,挖掘文本中包含的时代风貌及其历史和文化内涵。全文共分四章。第一章考查 20 世纪 30、40 年代的女作家群体。租界及租界文化的影响、国民政府的严密统治及其文化专制、日伪入侵及其文化钳制,都是女作家们文学叙事的历史背景。她们中有幸运一族,有为了女性的解放和自由的"出走"一族,有离家或离婚而走上自立之路的女性,还有

一批革命女作家。她们的文学叙事模式是多元的,如女性叙事、日常生活叙事,还有一些革命叙事。第二章分析女作家们文学叙事中彰显的上海都市意象。她们依赖或曰凭借一定的政治、文化理念,来审视上海这个国际化的大都市,创造了在新感觉派作家视域之外的别种都市意象。无论把上海写成凡俗、混乱之城,还是囚困女性的情色陷阱,甚至是一个幽闭的都市荒原,它们都是具有特定的象征和隐喻意义。第三章分析女作家们塑造的全新的男女人物形象。女作家们一反传统文学对女性"天使""圣母""妖女"角色的界定,塑造了追求自由独立的新女性、离婚女人、妓女、无望的寡妇、父权夫权的帮凶等女性群像系列。同时,她们以一种俯视男性世界,以一种女性主义思想观点,把传统文学中高大、权威、完美的男性形象拉下神坛,对男性形象进行去势、阉割,丰仪、伟岸的传统男性文学形象被她们改写和涂抹,男性肢体的残缺和灵魂的空洞暴露无遗。第四章分析女作家们的日常生活叙事。分别从"物欲炽张的市民人生""艰难的生存主题"和"战争的背景化书写"等角度来分析论证。

关键词:女作家　文学研究　民国

**4131**

**中国现代新诗与民间文化** / 郑娟著 ; 高永年指导. -- 南京师范大学, 2009. -- 107 页

论文就是从民间文化的角度进入新诗本体研究,详尽分析民间文化在参与现代新诗建构中的作用和重要文学史意义。从宏观上来看,现代知识分子对民间意义的发现,对民间文学的重视和借鉴,直接加速了新诗的现代化进程,改变了中国诗歌的功能与形态。具体来说,新诗与民间文化形态之间错综复杂的关系,影响了诗人的主体性追求以及与此相适应的审美观念,由此也带来了诗歌题材内容、精神和文体形式等方面的变化。论文主体部分共分五章:第一章首先界定"民间文化"的概念并与相关概念进行区别与联系,然后论述现代新诗民间化的渊源和发生背景。第二章论述现代诗人在民间化潮流中几种不同的民间理念。一种是文化与启蒙的民间理念,主要以"五四"时期的胡适、刘半农、周作人等为代表;一种是"革命"诗人的民间理念,这部分诗人倾向民间的目的是为了革命的宣传,为了唤醒民间沉睡的力量;还有就是抗战时期诗人的民间理念,其目的在于团结民众,共同抗日;最后,还特别提到部分诗人利用民间资源纯粹是从艺术的角度,只是从诗歌创作本身出发的民间理念。第三章论述民间文化影响下的诗歌的主题和审美形态。分析民间倾向的新诗在主题和内容的选择上的民间特性,并突出诗人的民间情怀,还着重研究民间自由自在的精神对新诗审美形态的影响,最后分析神话与传说在新诗中的传承和变异以及它们所具有的时代和文化意义。第四章探讨新诗在形式方面所受的民间影响。主要从现代新诗对民间语言的利用和现代诗体建设所受民间文化影响两方面进行研究,此外,还专门对受民间文化影响最大的叙事诗体进行专节探讨。第五章探讨民间文化对新诗创作的深远影响和深刻启示。新诗的民间化既为新诗建设做出了重要贡献,同时也带来了一定的负面影响,尤其是对当代诗歌。深刻地反思两者之间的关系,可为新诗的发展提供重要启示。

关键词:新诗　传统文化　现代文学

**4132**

**"病"与"药":清末新小说中的"救国"想象** / 郑丽丽著 ; 耿传明指导. -- 南开大学, 2009. -- 286 页

论文以文史互证为方法,以"救国论"为诠释学题域,以"病"与"药"为写作线索,在历史语境与文学文本描述、诸文本的对勘式勾连中,以互文性理论为诠释学依据,试图还原"历史情境",以厘清清末新小说中的"救国"想象,从而对时代与文学的互动性关系做出个人化的理解与评说。论文意欲突破习见的意识形态的囿限,在历史复杂性还原的语境中,展开文学—政治的关系性梳理。论文旨在以 1902—1911 年间创作的新小说作为分析对象,讨论渗透其间事关"现代民族国家"建构的政治文化心理。论文在进行文本细读的基础上,佐之以相关学科的学理性说明,诸如对上海进行社会学层面的公共空间的起源论分析,以期解释小说期刊的繁荣原因,以及具有近、现代性特征的知识人群体的出现。论文坚执"意向性客体"的文学文本观,认为清末新小说的"救国"想象,实潜隐着帝国心态。天下观念并未随朝贡体制的冰消而瓦解,大一统的政治理念的现代回声,尤在以黄帝为中心的历史观,以及诸如大同世界的文学想象里得以复苏。清末新小说的研究,因其论域的繁复而开启着诸多富于启示性的题域,诸如"启蒙者的悲剧"问题。或因其知识结构的褊狭,或因其文人话语的痼疾,或因其思想视域的逼仄,使他们令人感佩的爱国激情,要么流于文化辩护方案幼稚的陈说,要么昧于常识性的疏漏,甚至以"医国圣手"自许而遮蔽了自身

专制的一面。反映于清末新小说其间的问题意识的累积，为日后中国现代性的进程预设了相当的伏笔，中国现代、当代文学的主题已在彼时尽皆揭示。

关键词：小说　文学研究　清后期

4133

**现代性悖论与被压抑的物质言说：论中国现代小说中的金钱书写** / 周丽娜著 ；朱德发指导. -- 山东师范大学, 2009. -- 273 页

货币是人类文明发展进程中的重要事物。货币的出现，促进了人类从野蛮的初民社会向文明社会的转变。伴随货币经济的发展，货币功能的普遍化和深入化，"金钱"大量而频繁地出现于文学文本中。在人类的文化领域和精神领域，金钱所表征的是"经济理性"与"道德理性"之间的"现代性悖论"。论文以此为理论依据采用内外结合、点面结合的方式分析论述中国现代小说金钱书写的主要特征、价值和意义。全文分为十部分。导论部分阐明"经济理性""道德理性""现代性悖论"以及"中国现代小说中的金钱书写"的涵义，介绍选题的研究现状和研究价值及论文的逻辑框架和创新性。论文主体部分首先描述和分析中国现代小说金钱书写的具体历史语境和书写主体的特征。第一章主要总结中国现代小说金钱书写的社会现实语境和思想文化语境的特征。第二章主要分析中国现代小说金钱书写主体的产生、特征及其金钱观念。第三章主要分析中国现代小说金钱书写的首要特征："罪财意识"。第四章主要分析中国现代小说金钱书写中的"工具意识"。它与"罪财意识"相反，是从积极的意义上将金钱视为现代人生存必需的重要工具和手段，是从现代经济理性的角度肯定金钱对人类生存和发展的正面作用和意义。第五章、第六章、第七章分析论述在传统道德理性与现代经济理性双向影响下，中国现代小说在穷人与金钱、知识者与金钱、女性与金钱关系的书写中，所体现出的现代性悖论。第五章分析中国现代小说的金钱书写主体对生存权，尤其是底层劳动者的生存与命运的关注。第六章论述中国现代知识者与金钱的复杂关系，这也是书写主体自身金钱体验的表达。第七章论述在中国现代经济环境中，女性与金钱之间的复杂关系。第八章分析论述六位代表性作家小说文本中金钱书写的特征和意义。论文以金钱作为切入中国现代小说文本的一种经济维度，分析研究中国现代小说中的金钱书写，改变了以往经济视角的现代文学研究中过分注重外部研究的倾向。

关键词：小说　货币　文学研究

4134

**论李慈铭与樊增祥的诗歌理论及其创作** / 周容著 ；张寅彭指导. -- 上海大学, 2009. -- 146 页

论文以素有晚清文史渊薮之称的《越缦堂日记》以及洋洋近百卷的《樊山诗文集》为文本基础，系统阐发李、樊师兄弟二人在诗学领域的传承关系。以辞章成就而论，李慈铭以杜诗为根柢之学，提倡不专一家，不名一代，打破唐宋以来的门户纷争。其门下汇聚了沈曾植、袁昶、樊增祥等一大批后起之秀。尤其是弟子樊增祥，不但打破了传统诗坛的门户，更把视野扩展到西学领域。关注此二人，对理解晚清民国以来传统诗歌的发展有很大参考价值。李慈铭与樊增祥身处的晚清诗坛，名家辈出，与清初诗坛前后辉映。如李慈铭瓣香老杜，张之洞以唐意入宋调，王闿运师法六朝，而他们的弟子，也风格各异，自成一家。如袁昶取径山谷，樊增祥不拘唐宋，沈曾植上溯元嘉。而诗人之间，往来密切，思想交流频繁。或是融合，或是冲突。如张之洞与李慈铭经历了从至交好友到反目成仇，再到复合的过程。张之洞与王闿运始终往来不断。李慈铭对王闿运又始终轻视。而袁昶、樊增祥二人，同是张之洞与李慈铭的弟子。而又形成各自的诗歌风格，与老师所尚，并不相同。同辈诗人之间的相互影响如何，师弟之间的诗学传承关系如何，凡此种种，目前的研究尚不足以全面反映那段时期的真实面貌。对民国以来的旧体文学关注不够，就难以对五四以来新文学的发展有合理的定位和评价。论文以李慈铭樊增祥的诗学关系为中心，试图将李慈铭、樊增祥的传统诗学观念置于中西学冲突融合的背景之下，探究晚清诗歌的发展情况。

关键词：李慈铭　樊增祥　诗学

4135

**民间文化与"十七年"戏曲改编** / 周涛著 ；王光东指导. -- 上海大学, 2009. -- 179 页

论文从民间阐释维度出发，以 1949—1966 年传统戏曲的文本改编（这里所说的戏曲文本包括幕表、各种原始的演出本、口述本、整理改编本等）作为研究对象，探讨民间文化与"十七年"戏曲改编的关系。"民间"或"民间文化"在论文中至少包括三层含义：一，首先它是指相对于官方或上层文化的一种文化形

态和空间,反映了普通民众自在的生活状态和精神世界,以及他们对于生命自由的想象和追求;二,其次它是指一种审美的资源、表现形式和动力,包括各种具有或能够生成审美意义的民俗风习,以及神话、传说、民间故事等民间文艺形式及其人物、母题、意象、结构等民间原型;三,论文主要关注这些民间性要素进入戏曲文本后的存在方式和审美表现形态,认为它们主要是以各种原型和母题的方式建构了戏曲的民间生活世界和民间想象传统,并进而构成了戏曲本身。论文首先讨论“十七年”戏曲改编的动力机制。“十七年”戏曲改编呈现了由现实自在的日常生活所规定的民间文化内容及其审美表现形态,主要从“家庭”“社会”“国家”三个层面建构了传统戏曲的民间生活世界。它一方面是由文本(语言)和行为符号(表演动作)建构的文化和审美的空间;另一方面又联系了人们由衣食住行、婚丧嫁娶等日常行为组成的现实生活空间以及渗透其中的风俗传统、常识经验、伦理规范等认识内容。“十七年”戏曲改编同时见证了民间想象传统的在场。从总体上说,中国传统戏曲具有民间意识形态的内容和性质,表现在“十七年”戏曲的改编过程中,民间生活世界和想象传统既拥有满足或符合政治意识形态需要的审美资源或力量,可以在“阐释”的视野或“改编”的过程中支撑或生发出新的政治内容和意义,同时又具有独立的精神价值以及由它们所赋予戏曲的审美表现力

关键词:戏曲文学　改编　文学研究

**4136**

**意识形态的焦虑:“非政治”视野下的十七年文学研究** / 周维东著 ; 张健指导. -- 北京师范大学, 2009. -- 121页

“非政治”视野下的十七年文学研究,目的是为这一时期文学进行“政治祛魅”,打破因政治因素而出现文学史断裂的局面,呈现出十七年文学的内在复杂性,并在20世纪中国文学发展的整体立场下对其取得的成就进行梳理。研究分为四个部分:第一部分主要探讨十七年文学在世界无产阶级文学运动与中国革命文学运动中呈现的独特性,并阐明“意识形态的焦虑”的文化内涵。“意识形态的焦虑”是世界无产阶级文化运动中普遍存在的现象,它的本质是无产阶级革命对文化的需要与无产阶级文化自身准备不足的矛盾,在中国革命文学发展过程中,左翼文学和延安文学处于革命“进行中”的状态,革命对文学的现实需要消解和淡化了这种矛盾;十七年文学发生在新中国建立之后,文学意识形态功能的凸显使这种矛盾变得激化,从而使“意识形态的焦虑”成为这一时期文学的典型特征。第二部分主要探讨“意识形态的焦虑”在十七年文学中的具体表现:它使十七年文学的“规范”在空间、时间、话语层面都出现了“裂缝”。“规范”和“规范裂缝”的并陈构成了十七年文学的整体语境,“规范”以权威的姿态实现文学与意识形态的结合,而“规范裂缝”又对规范的权威性不断进行消解,这是十七年文学发展中一直存在的内在矛盾。第三部分以十七年文学中的“交叉体验”为个案,探讨“意识形态的焦虑”下的作家生态问题。“交叉体验”表现为两个层面:当不同背景、不同出身的作家进入十七年统一的文学环境下,他们的体验在横向上表现出交叉互补的特点;在“意识形态的焦虑”整体语境下,十七年很多作家表现出多种体验交叉并存的心理特征。第四部分主要梳理十七年文学在文学翻译、文学艺术探索和文学理论探索上取得的成就。

关键词:意识形态　焦虑　文学研究

**4137**

**艾青诗歌与西方印象主义绘画** / 周翔华著 ; 王富仁指导. -- 北京师范大学, 2009. -- 152页

论文从“印象派绘画深刻地影响到艾青诗歌创作”问题的考察出发,立足于诗歌文本,通过设置“西方印象主义绘画”这一参照系统,对艾青的诗歌和西方印象主义绘画进行比较研究,凸显艾青诗歌的特质,在审美的、心灵的、艺术史的三种维度上,对现代诗人艾青予以重新审视的新视角。研究分为四个部分:第一章引论部分主要阐释论文研究的可行性、研究的角度和对象以及研究思路与研究方法。第二章考察艾青的美术历程。对“印象派”的接受和理解,伴随艾青的整个生命历程,为他的诗歌创作中形成“画与诗”的互动关系,铺垫下具有现代艺术精神的特质。第三章侧重形式语言层面上的研究。首先阐明西方印象主义绘画的基本特征,设置起“西方印象主义绘画”这一参照系统。然后,在作品本体论的层面上,考察艾青的诗歌和西方印象主义绘画之间的关系。第四章论述在作品深层意识的层面上,艾青诗歌和后印象主义画家(主要以凡·高为例)的绘画之间存在着深刻的内在的精神联系,形成呼应关系。从精神意蕴的相通性入手,集中探讨三个问题:对苦难的解读、对生命的表达、对现代文明的思索,由此审视艾青诗歌所具有的审美深度及空间。而这正是艾青区别于其

他也有西方美术背景的闻一多、李金发等诗人的最大特征。此外,艾青的诗与凡·高的绘画在精神意蕴上存在一些奇妙的暗合和对应之处,比如,类似的题材中情感和意蕴相通、相似:艾青《手推车》——凡·高的《手推车》、艾青的《旷野》——凡·高的《旷野》等。论文对此展开具体比较分析,力图从中找出不同媒介、不同文化背景下的异同点,考察中国现代诗人如何运用各种手段吸收和转化外来艺术精神领域的内容和形式来表达自我,又确立起中国新诗的哪些独创性审美价值和审美方式。同时,中国新诗复杂的成长过程和审美取向也折射其中。结语提出中国现代文学史上这种"由画而诗"现象将留给我们怎样的启示。未完成的研究将开启中国现代诗歌研究中的何种可能性。

关键词:艾青　诗歌　印象主义

**4138**

**赵树理阐释史:赵树理创作价值变迁与时代文化思潮之关系** / 朱凌著 ; 席扬指导. -- 福建师范大学, 2009. -- 210 页

论文围绕"赵树理与'现代启蒙传统'""赵树理与'大众化'""赵树理与'民间'""赵树理与'时代政治'""赵树理与'现代性'""赵树理与山药蛋派"等几个重要问题,全面梳理自20世纪40年代以来赵树理的阐释历史,重点考察赵树理在20世纪中国文学追求"现代性"的历史过程中其身份与角色的复杂位移和其文化意义的生成与变迁。"赵树理"是20世纪每一次时代转折的独特映像,对他的褒贬毁誉都和不同语境下历史转折的复杂性密切关联着,赵树理有别于其他作家的独特文化姿态,也同时便在每一次历史转折所依托的文化资源和知识谱系中被凸现。赵树理与"现代启蒙传统"关系的复杂性,具体呈现为他对这一传统继承与超越的叠加状态。"赵树理方向"中被规约的"大众化"与赵树理创作中所呈现的"大众化"价值取向有着重大差异。赵树理以其对"自我民间"的一以贯之的坚守,从而使自己的"民间意义"归属既超越了左翼范畴,又实现了在"现代性"中对民间意义的重构;赵树理创作所表征的文化精神,显然有着鲜明的"五四"以来的"现代"胎记,但同时他又以貌似传统的方式对精英化写作姿态进行了自觉解构。将"赵树理阐释史"作为一个独特现象置于"现代性"视野中进行考察,真正实现对赵树理文学史价值的客观衡定。

关键词:赵树理　文化思潮　文学研究

**4139**

**延安文学传播形态研究** / 朱秀清著 ; 郑春指导. -- 山东大学, 2009. -- 191 页

延安文学独立于国统区、沦陷区之外,在自成一体的传播系统中遵循着独特的规律不断发展,并取得了重大历史成就。它是一种具有强烈意识形态色彩的文学,强烈的政治意识形态属性,使延安文学研究经常陷入政治问题的纠缠,这就需要我们走出纯文学研究的封闭视野,代之以综合多元的文化观察方式。而现代传播学理论向来注重对信息传播系统各构成要素之间的互动、对话与合作的整体研究,其开放、客观的理论视角可以有效避免从纯文学角度观照探索延安文学可能导致的局限和偏颇。论文以延安文学传播形态作为研究对象,研究延安文学传播系统中各传播要素的存在形态及其相互关系,进而总结延安文学各传播要素相互制约、相互影响所构成的特定传播模式。论文除绪论和结论之外,共包括五章。第一章主要分析延安文学的传播环境。延安文学生成、传播于以延安为中心的特定环境之中,其政治的、经济的、文化的、科学技术的条件与延安文学传播各要素之间相互影响、相互作用,共同构成延安文学的传播语境。第二章着重讨论延安文学传播主体构成,并试图与不同区域、不同时期的现代文学传播主体进行比较,以考察延安文学传播主体的心态特点与变化。第三章为延安文学的受众研究。第四章集中讨论延安文学的传播渠道和媒介,阐释延安文学传播系统突出的政治意识形态属性和功利性的由来与必然。论文第五章讨论延安文学传播的主要控制策略与方式,分析延安文学传播系统中各要素是如何被精心组织与控制起来的,最终形成了操作性非常强的传播模式,使延安文学成为取得民族战争与解放战争胜利的另一支军队。延安文学传播实践为现代文学的传播提供了一种新的经验与模式,作为当下文学生产与传播的理论和实践资源,这种传播模式也具有重要的启发意义。

关键词:延安　意识形态　文学研究

**4140**

**论延安文学的文化构成与嬗变** / 祝学剑著 ; 陈国恩指导. -- 武汉大学, 2009. -- 142 页

论文从文化的角度来研究延安文学,分析延安文学的文化构成与嬗变。论文共分为六个部分。引言部分着重论述民族战争与20世纪40年代文学格局的形成以及解放区、国统区、沦陷区文学关系,为探讨

延安文学的文化源头构建时代背景,提供逻辑起点。第一章论析延安文学的文化源头,即探讨延安文化是怎样来源和发生的。在此基础上,分别论述五四文化、左翼文化、民间文化、西方现代文化、民族主义文化几种主要文化思潮传播到延安的路径及其主要表现形式。第二章论述延安各种文化思潮的融合与碰撞,具体研究五四文化与左翼文化、西方现代文化与民间文化、左翼文化与民族主义文化之间的融合与碰撞。第三章论述延安作家的心路历程。首先论述延安文学制度对作家的规训,然后分别以丁玲、何其芳、周扬、赵树理作为五四作家、西方现代作家、左翼作家、民间文人的标本,来管窥这四类作家延安时期的心灵史。第四章分析延安文化思潮的嬗变与延安文学传统的形成。结语部分讨论从文化角度研究延安文学传统所具有的新意、从文化角度考察延安文学传统所具有的意义以及对延安文学传统的一些反思。从文化角度来研究延安文学,拓宽延安文学的研究视野,具有方法论上的意义。从文化角度研究延安文学传统促进了延安文学传统民族现代性的追求;推进了延安文学传统的丰富性言说;加速了延安文学传统的政治化进程。

关键词:延安　文化思潮　文学研究

**4141**

**过渡时代的炬火:周作人散文文体理论** / 庄萱著 ; 汪文顶指导. -- 福建师范大学, 2009. -- 197 页

周作人是与鲁迅并立的中国现代散文的两大奠基者与杰出代表。他对小品散文的提倡与试验,从一个侧翼呼应了20世纪中国文学体制变革的历史主旋律,不仅吟唱出张扬主体个性、崇尚人情物理、表现自我情感的文学咏叹调,而且从文化人类学的崭新角度,对现代散文的审美领域进行了创造性的艺术开拓,从而引领了一种以平和冲淡、博识理趣、闲适苦涩为其风神的小品散文派别,开创了与以鲁迅为代表的匕首投枪式杂文迥然有别的创作路向与文体型范。周作人秉执独特的现代"文心"、散文文体观与散文创造体制,别具匠心地融合中外,推陈出新。他以提倡"美文"来应对西方奔涌而至的近现代文学思潮,以反思传统接通本土散文的固有血脉来融合域外新体,从而彰显了"取今复古、别立新宗"的文体创造的总体方略。他一方面在小品散文的长期实践中逐渐淀积,同时批判地汲取中外古今散文创作与散文学的历史和新鲜的经验,二者融通整合,从而形成了富有理论个性的散文生成说、创作论及批评。周作人的散文文体创造和文体理论的整体研究与历史评估,是中国现代散文史上一个复杂综错的文学现象,也是有待学界深入垦殖与开拓的领域。论文将它作为众语喧哗的周作人研究的生长点与突破口,在认真阅读、探讨周氏作品与大量原始资料的基础上,秉执美学与历史相结合的理论观点与方法,综合运用文艺学、文体学、文本学、语言学、修辞学等理论观点,同时借鉴西方形式主义、新批评、结构主义等批评方法,试图在20世纪中外文化交汇撞击的历史语境中,从文体与人的关系这一中心问题切入,较集中深入地考察、探究周作人如何秉执主体的现代文化理念与文体意识,兼纳古今中外,营构独特的散文文体观与文体理论,同时反思、总结其"取今复古,别立新宗"的艺术经验与教训,力求较客观地论述周作人散文文体理论的独特性、复杂性及其历史贡献,也指陈其缺憾与不足,阐发其对当下散文创作与理论建设的镜鉴作用。

关键词:周作人　文体论　文学研究

# 中国少数民族语言文学

**4142**

**维吾尔语构词词缀历时比较研究:以构成静词的词缀为主** / 阿布都那扎尔·阿布都拉著 ; 买提热依木·沙依提指导. -- 中央民族大学, 2009. -- 242 页

论文主要从历时角度研究维吾尔语中构成静词的词缀在古代突厥语、早期回鹘语、晚期回鹘语、察合台语和现代维吾尔语等5个时期的文献语言中的形式和用法等方面的演变过程。论文除了绪论、总结和附录外,共分四章。绪论部分介绍选题的目的、意义,维吾尔语构词法的研究概况,采用的研究方法,所选定的文献及文献名称的缩写及采用的符号等,并探讨维吾尔语的历史分期。第一章维吾尔语词素的分类。论述每一类的特征及它们之间的关系,着重论述附加词素的特征及其相互关系,最后论述维吾尔语的词干并列出它的10种构成形式。第二章由静词构成静词的词缀的历时比较研究。论文将构成静词的词缀分三组研究,即由静词构成静词的词缀、由动词构成静词的词缀和外来构词词缀,论述维吾尔语中由静词构成静词的47个词缀和其他4个词缀。第三章由动词构成静词的词缀的历时比较研究。论述维吾尔语中由动词构成静词的37个词缀。第四章外来构词词缀

的历时比较研究。论述在维吾尔语历史发展的不同时期,从不同语言进入维吾尔语,而且到目前为止还在使用,并且比较常用的36个外来构词词缀。还探讨常用维吾尔语语法书中指出为构词词缀的其他4个外来成分。论文认为,维吾尔语中的附加词素(词缀)可以分为构词词缀、构形词缀和构形构词词缀。维吾尔语中的构词词缀一般不能附加在构形词缀之后,但少部分构词词缀(+sXz、+1XG、+can、+ca、+GUr、+mAn等,主要是前两个)有时附加在构形词缀之后。然而构词词缀都能附加在构形构词词缀的前和后。论文研究维吾尔语5个时期具有代表性的文献和相关资料,筛选出120个构成静词的词缀(其中84个是维吾尔语原有的构词词缀,36个是外来构词词缀),并论述它们在各个时期的形式、用法和来源。由此可以看出,现代维吾尔语是从古代突厥语和回鹘语直接发展而来的。还可以看出,从晚期回鹘语时期开始,维吾尔语原有的构词词缀的数量开始减少。同时,外来构词词缀的数量开始增多。

关键词:维吾尔语　构词法　词缀

**4143**

**蒙古族和满族神话的比较研究** / 包哈斯著 ; 那木吉拉指导. -- 中央民族大学, 2009. -- 142页

论文通过运用母题和类型等故事学及比较文学的研究方法,对他们进行比较分析和解读。论文第一章为自然神话比较,展示出两个民族先民对天体日月星辰的形成的理解和解释、有关天文知识以及祭礼仪式的内涵等。第二章为天神神话比较。蒙古族的天神主要由萨满教的东西方神组成,也有外来宗教最高神的痕迹;满族的天神神话中天神多以女性神为主,并且和萨满教密切相关。第三章为祖先神话的比较。蒙古族和满族的祖先神话虽然大多是关于其中一个部落或一个氏族祖先的神话故事,但也能从中窥见早期先民祖先崇拜、图腾崇拜的痕迹。在从氏族部落社会走向形成同一民族的历史进程当中,满族的统治者出于意识形态的需要把原本属于氏族部落的祖先神话提升为民族国家的起源神话,而蒙古族的祖先神话则仍停留于氏族部落的起源神话。第四章为起源神话的比较。蒙古族满族的起源神话主要在类型方面呈相同特点;但起源神话中创世者们的身份分配、性别差异、创世手段等方面呈不同的特点。蒙古族起源神话有自己民族文化的深层积淀,同时受外来文化的影响较明显,满族神话呈现出较单一的萨满创世特征。第五章为萨满神话传说的比较研究。蒙古族和满族的萨满神话传说中鹰和萨满的来历有密切关系。蒙古族的保护神主管保护牲畜,满族的保护神主司渔猎,这和两个民族生产方式及长期以氏族部落为单位的社会组织形态有着密切的联系。结论归纳总结两个民族神话发展演变的特征,即蒙古族神话文化深受佛教神话影响,满族古神话受其他民族神话文化影响相对较少仍保留着原始自然的风格;蒙古族神话故事化、史诗化特征明显,满族神话作为各氏族部落神谕神话神歌主要通过世代萨满口耳相传的形式保留下来;天鹅仙女神话故事在两个民族中得到不同层次的发展;两个民族萨满神话中鹰鹫崇拜的形态和萨满产生母题来源于共同信仰的萨满教。并再次强调神话在民族文化中不可忽略的重要地位,呼吁保护和发展民族文化。

关键词:神话　蒙古族　满族

**4144**

**蒙古族现代小说社会性别研究:以内蒙古地区蒙古族现代小说为例** / 包英华著 ; 全福指导. -- 内蒙古大学, 2009. -- 215页

论文以内蒙古地区蒙古族现代小说为例,以社会性别视角,结合现代认同问题,研究20世纪内蒙古地区蒙古族小说叙事中的性别意蕴。论文由前言、正文和结语三部分组成。前言部分主要阐述社会性别和现代认同、选题目的、研究现状和研究方法。第一章,论述启蒙话语中,提倡女性教育的精英分子(男性知识分子),在小说叙事中以“外来者”的主体身份形象,引领传统女性步入现代社会(1903—1949)的过程。第二章,阐释现代国家主义(1949—1980)政治话语中,“外来者”以共产党或革命人士身份出现,女性用情爱方式步入革命行列,一切听从党的安排,党成为“象征性父亲”,引领人民步入强盛时代,在此基础上,探讨小说叙事中塑造的数量可观的“铁姑娘”形象,提出在政治引领一切的时代,传统的性别秩序受到冲击,象征着性别的模糊甚至是性别被否定。第三章,探讨随着“拨乱反正”,知识分子的社会地位的提高,小说叙事中“外来者”的身份又转换为男性知识分子,民族认同意识的复苏催生了男性知识分子主体身份的回归,女性的自然功能受到前所未有的重视,论文认为女性身体(1980年代以来)成为欲望的对象。第四章,讲述20世纪80年代后,男性叙事中以寻求自我为目的,映醒“乞颜精神”时可塑造的女性形象,在

文化上,以其回归"传统"为主要特征;20世纪80年代末女性叙事,在为否定传统角色的前提下,传统与现代相结合的新时代"知识型铁姑娘"被塑造,蒙古族女性叙事中出现"女性意识"模糊现象。

关键词:蒙古族　少数民族文学　性别

**4145**

**蒙古叙事民歌的悲剧性研究** / 包玉荣著 ; 苏尤格指导. -- 内蒙古大学, 2009. -- 348页

论文通过分析近代时期发生在东蒙古地区叙事民歌的悲剧性及其历史文化环境、多元文化碰撞所形成的地域性特点,分析和阐释叙事民歌的叙事内容与时代特色、艺术结构与表现形式等。全文共分为五章。第一章,着重分析论述"起义英雄悲剧"的悲剧性特点,并根据"起义英雄悲剧"事迹以及他们的民族意识觉醒和民主启蒙思想意蕴的差异性,将其细分为"民族英雄悲剧"和"民间好汉悲剧"两种,进行具体分析和探讨。第二章,"女性爱情悲剧"中,着重分析和阐释近代蒙古族女性对自由、爱情和个性解放的追求与放抗屡遭失败的悲剧性及其根源,阐述他们在面对沉重的社会境况与自身文化意识的矛盾冲突中,勇敢地走向觉醒的艰难心灵历程。第三章,"喇嘛情爱悲剧"中,论文从新视角重新解读和分析蒙古喇嘛群体反叛黄教精神禁锢,叛逆自身信封的宗教清规,追求爱情与自由生活,力争唤起人性本原的反抗与失败的悲剧性,并肯定这一悲剧所体现的积极意义。第四章"从军男子悲剧"中,通过剖析众多从军男子叙事民歌所陈述的具体内容及其社会与时代的内涵,阐释不同历史语境中,从军男子由于种种原因,牺牲自由爱情生活和所向往的美好人生中所蕴含的悲剧性及其社会价值和审美意义。第五章,"生态悲歌"一章中,通过对这一类型的"叙事民歌"的分析,深入剖析和反思自近代以来,崇尚自然、人与自然和谐共存的传统生态伦理逐渐被破坏的根源。

关键词:蒙古族　民歌　文学研究

**4146**

**朝鲜稗说文学文体研究** / 车海兰著 ; 文日焕指导. -- 中央民族大学, 2009. -- 292页

论文以朝鲜稗说文学为研究对象,宏观、系统地考察其概念、类型及产生和发展动因,全面分析雅俗兼容的主题内容,从而梳理出谐谑美为主的美学特点,客观地评价出稗说在朝鲜文学史上的文学成就及文学史地位。论文把稗说文体从朝鲜古代诗歌、古小说整体中切割出来,并将把稗说与诗歌、近代小说等文体相提并论,作为一个独立的研究对象加以考察。在研究的视角上,论文更重视对文本创作技法的研究,并以此作为区分稗说文学不同表述的方法,进而将稗说分为士大夫文人稗说和平民稗说这两个不同的研究模块进行研究。第一章为绪论。第二章主要考察传统时代稗说概念和范围的演变情况,并进而探讨稗说的类型。第三章主要考察稗说文学的缘起和隆盛动因。李朝时期士大夫文人面对的社会环境与此前相比,在两个方面有显著的变化:一是国家的稳定和稗说类的流通;二是刊行业的普及。第四章重点分析雅俗兼容的主题内容。第一节展现稗说与士大夫文人表现旨趣。第二节论述稗说与庶民适俗文化视角。第五章主要考察稗说的谐谑美。它把正统文学无法表达的士大夫文人的内心世界以及下层人民被压迫的感情升华为一种审美表现方式,充分表达出稗说文学的审美性价值。第六章考察稗说在朝鲜古典文学史上的地位和意义。从以下几个方面来考察稗说文学的叙事化特点:一是在朝鲜叙事文学史上稗说是以谐谑美为主要表现方式存在并演变而来的;二是稗说从产生到衰退经历了600—700年的发展历史,期间不断地与其他文学样式交叉并互相影响;三是稗说不断地进行自我更新,并反映了各时期的社会面貌;四是在完成叙事化过程中稗说对民间文学的收容起到了重要作用;五是到了李朝后期稗说的叙事化最终出现了野谭这一文学样式。总之,论文旨在研究被传统文学所忽视的、作为"非正统文学"的稗说体文学,把其作为过渡期文学放在整个朝鲜古代诗歌、小说文体的大背景下考察,通过稗说文体系统地宏观把握,透视其独特的文体规范和艺术构造方式和形态

关键词:稗说　文体　朝鲜

**4147**

**贵州松桃大兴镇苗语研究** / 陈宏著 ; 曾晓渝指导. -- 南开大学, 2009. -- 199页

论文对贵州省松桃苗族自治县大兴镇苗语方言和汉语方言进行讨论。全文共分为七章。第一章,绪论。说明论文的选题缘由、研究内容和研究方法以及语言材料的来源。第二章,大兴苗族与大兴苗语的概况。基于对苗族历史的简要回顾,以及松桃苗族自治县大兴镇的苗族的概要叙述,着重从语音、语法和词汇三个方面来描写当地苗语的语言系统。第三章,描

写分析大兴苗语的形态。提出大兴苗语存在附加词缀、重叠以及语音屈折三种类型的形态，属于广义形态的范畴。第四章，详细分析大兴苗语的语音特点。主要描写分析大兴苗语的前缀变调及韵律特点，鼻冠音声母、鼻音自成音节、鼻音和谐等特有现象以及不同年龄层次、不同性别的母语者之间的语音差异。第五章，对大兴苗语与苗语东部方言传统代表点——湖南湘西花垣县吉卫镇的苗语语音系统进行对比，发现声韵调之间存在的对应规律。第六章，大兴镇苗语中汉语借词历史层次分析。在借鉴采用前辈学者们关于少数民族语言韩语借词历史层次分析方法原则的基础上，针对大兴苗语中汉语借词的具体情况，以声母为纲，对大兴苗语中汉语借词的历史层次做出分析，将大兴苗语中的汉语借词区分为现代、中古和上古三个层次。第七章为论文的结论部分，对全文中各章节的观点加以概括说明，并提出论文的主要结论。

关键词：苗语　语音　贵州

**4148**

**嘎达梅林之歌研究** / 代兴安著 ; 呼日勒沙指导. -- 内蒙古大学, 2009. -- 317 页

论文从文化、艺术的多重视角入手，对嘎达梅林之歌展开研究。全文共分为五章。导论部分交代选题的缘由、研究方法、研究目的、研究意义和前人研究概况。第一章，对嘎达梅林之歌产生的社会历史根源、嘎达梅林之歌的主题思想进行论述。第二章，理清嘎达梅林之歌和蒙古族民间文学的关系，探讨在嘎达梅林之歌形成发展过程中吸收到的蒙古族英雄史诗、忽而乌力格尔、好来宝、民歌等的影响，提出这些民间口承文艺从内容、形式、艺术、主题和文化等方面影响嘎达梅林之歌，对其成熟产生不可忽视的作用，加深该民歌的民族特点和地方特色。第三章，集中阐述嘎达梅林之歌中的风俗习惯和文化现象。提出嘎达梅林之歌的变体多、版本杂、规模较为庞大，探讨嘎达梅林之歌中反应的蒙古族人民尚圆意识、尊老习俗、鸿雁象征心理、兄弟结拜、宣誓利益、祭祀礼仪以及妇女观等文化习俗、现象、心理，对嘎达梅林之歌的民歌文化含量做出讨论。第四章，重点分析嘎达梅林之歌的艺术特点，提出嘎达梅林之歌以叙事歌和抒情歌的两种形式流传，探讨其乐曲的多种变体以及在表现方式上的说唱结合情况，提出以唱为主，并以抒情的方式可以在嘎达梅林之歌中交代人物、情节和主体，这些艺术特点反映出嘎达梅林之歌在传播过程中的特点，并决定其吟唱风格。第五章，论述嘎达梅林之歌的影响和作用。提出嘎达梅林之歌对艺术文学产生的极大影响以及作品的衍生发展。

关键词：少数民族文学　民歌　蒙古族

**4149**

**十一世纪藏族瑜伽师米拉日巴研究** / 更尕著 ; 多识指导. -- 西北民族大学, 2009. -- 322 页

论文的研究对象为 11 世纪藏族瑜伽师米拉日巴研究。全文共分为六章。第一章，阐述研究的目的和意义、研究的相关研究方法和文献材料、存在的问题和如何解决问题的方法等，提出以目前为止大多数国内外学者所进行的米拉日巴研究中使用的文献材料单一化造成的片面性结论和主观化现象；介绍论文所参考的米拉日巴的资料书目，不同资料中存在的问题和产生问题的原因所在，指出未来研究的主要对象和建议。第二章，主要研究米拉日巴生逝年限和姓氏渊源、家族背景以及由此延伸的若干问题，如有关地名和人名的认识、父母生平、米拉日巴的死因和他的秉性、当时的社会制度和米拉日巴在藏族社会中的地位等。第三章，研究产生道歌的主观原因与客观原因和具体社会文化背景，米拉日巴道歌与印度道歌之间的联系性，米拉日巴道歌是否集成和发扬了吐蕃赞普时候的道歌形式等。第四章，研究 11 世纪和 12 世纪产生的米拉日巴道歌的艺术表现手法是否受到《诗镜》和后期文学作品的影响，民间的道歌整理者、整理过程、整理目的中存在的问题等，重点研究论文所介绍的 40 多种米拉日巴道歌本的由来和内容上存在的问题，以及某些后来提出的新概念出现在道歌之后的原因并由此推出结论等。第五章，研究米拉日巴道歌的中心思想，道歌所阐明的菩提道次和当时许多噶当派大师在民间以因缘观来宣讲佛理的情况，《菩提道灯论》及其注释之间所存在的直接或间接关系。第六章，研究米拉日巴道歌的内容和形式特点，即形式上不受《诗镜》的任何影响，在完全集成藏名族固有艺术表现手法的基础上有所创新。

关键词：米拉日巴　喇嘛宗　宗教文学

**4150**

**回纥汗国古突厥文碑铭语言和历史研究** / 洪勇明著 ; 耿世民指导. -- 中央民族大学, 2009. -- 159 页

论文以语言历史学和民族语言学理论为指导，采用语言对比、史料归纳、对照辨别的方式，对漠北回纥

汗国时期的《磨延啜碑》《铁尔痕碑》《铁兹碑》《九姓回鹘可汗碑》《塞富列碑》《苏吉碑》的语言特点和历史资料进行重新梳理。正文部分按照传统上的碑铭创作年代依次叙述。第一节关于语言特点,论文认为古代突厥语的 s/s 方言的结论为时过早。关于历史资料,论文认为 cik 是鞠,而非学界所认为的炽俟。同时,论文还认为 idg 是阿跌,而三旗突厥人则是突厥的核心部族。第二节关于语言特点,论文认为古代突厥语中的换位复合法实际就是现代哈萨克语中谐音构词法的前身;γ 可作为动词过去时第一式附加字。关于历史资料,论文认为早在 4 世纪时回纥先民的可汗已经登基;早期回纥汗国的官职并不完善;回纥早在 756 年就侵入塔里木盆地;对于 oγuz/uyγur 这对同音名称,区别的关键必须依靠时间、地点和记录人。第三节关于语言特点,论文认为古代突厥语第三人称代词产生较晚,格的构词能力在下降。关于历史资料,论文认为 yolluyqaγan 与北魏拓拔之间可能存在一定的联系;7 世纪分裂的一部分乌古斯与 8 世纪分裂的乌古斯汇合后,成为伏尔加河—南俄草原上人口最多的突厥族;裴奇内格就是由 7 世纪分裂的一些回纥属部联合锡尔河流域的一些部族组成的;可萨分为鲜卑系和突厥系,大约 8 世纪,他们在里海汇合,并建立国家。第四节关于历史资料,论文认为:摩尼教进入漠北,主要有三条路线:河中地—塔里木—中原—漠北、河中地—高昌—漠北、河中地—西突厥—漠北。第五节关于历史资料,论文认为:在西迁以前,回纥的一部分就已经进入甘州地区,并经营此地;8 世纪后,回纥国势开始西倾,同时也加强了在高昌、焉耆、龟兹等地的统治。第六节关于语言特点,论文认为:该碑的写作手法显然有别于叶尼塞碑铭,用韵形式与回纥汗国碑铭也有所不同。关于历史资料,论文认为:摩尼教在不同的部族间发展是不平衡的;黠戛斯人使用的是鲜卑语,它是比古代突厥语还要早的一种语言。

关键词:突厥语　碑铭学　语言史

**4151**

**阿美语偏正短语研究** / 姜莉芳著 ; 曾思奇指导. -- 中央民族大学, 2009. -- 183 页

论文的研究对象为阿美语偏正短语。全文共分为十章。第一章,绪论。介绍论文的选题缘由、意义、研究对象、目的、语料来源、研究方法以及理论的依据,对论文中常用的符号和意义做出说明。第二章,文献综述,对前人的相关研究现状做出说明。第三章,介绍阿美语的基本情况,语法部分是该章节的重点。对偏正短语的研究是基于对阿美语语法整体的认识,在研究中作者提出个人对阿美语语法观点的不同认识,以及作者对偏正短语的认识和探究方向。第四章,研究偏正短语的分类。阿美语偏正短语的分类主要有三个不同的角度:一是根据语序氛围偏正结构和正偏结构;二是根据语义关系和结构可以分为性质偏正短语和领属偏正短语;三是根据短语的整体功能可以分为名词性偏正短语和动词性偏正短语。第五章,用比较的方法,通过比较偏正短语和其他短语的异同探讨阿美语偏正短语的特点。介绍联合短语、偏正短语、述宾短语、谓主短语、动补短语、介词短语六大类短语,辨析动词性联合短语和动补短语的异同,提出动补短语与动词性偏正短语的本质区别和联系。第六章,研究呼应的问题。提出部分类型的偏正短语的修饰语和中心语之间,或者中心语和句子的主语之间要有形态的呼应,偏正短语的修饰语和中心语之间可以有插入成分,包括联系词、格位助词、时态助词等。第七章,探讨名物化问题。提出阿美语动词性成分做修饰语时要名物化,动词性成分充当中心语时,如果中心语和修饰语之间是领属关系,中心语也要名物化。第八章讨论阿美语的复杂偏正短语,提出由修饰语层层低价中心语是阿美语复杂偏正短语扩展最基本的方式。第九章研究台湾南岛语的偏正短语,主要从语法标记的角度看台湾南岛偏正短语的特点。第十章为论文结语。

关键词:高山语　短语　偏正(语法)

**4152**

**东方传统思想与朝鲜古时调的关系研究** / 金振杰著 ; 文日焕指导. -- 中央民族大学, 2009. -- 228 页

作为东方三大传统思想的儒、佛、道思想对东方国家社会各方面的影响是巨大而深远的,这不仅表现在东方各国历来的政治和经济生活、文化传统方面,也表现在文学创作方面。因此,可以说朝鲜所接受的东方三大传统思想都是从中国传过去的,由此历来深受这些东方传统思想的影响。时调是朝鲜古典国语文学史上最受欢迎的抒情短诗体裁,可谓代表朝鲜民族诗歌形式。回顾朝鲜古典诗歌的发展史,唯有时调这一诗歌形式流传至今,这一点也说明时调这一诗歌形式确实很适合反映朝鲜民族的思想感情和艺术感觉。因而在朝鲜半岛,20 世纪初起有关朝鲜国语诗歌研究中最受关注的就是和时调有关的研究,其研究成

果也颇丰。但通常它所得到的研究结论也不太客观、全面甚至是错误的,是一种不可取的研究态度。实际上,虽然当时的上层社会政治生活中儒家思想占据绝对主导地位,但是日常的人民生活中佛教和道教思想依然深深地影响着李氏朝鲜社会,尤其是包括社会上层在内的人们的思想观念上它的影响可谓根深蒂固,这又很自然地表现在他们的文学创作中。因此,我们应该从三大思想的角度同时予以研究才能得到准确又客观的研究结论。选题的目的和意义就是对这一目前尚未涉及到的相关领域进行探索性研究,从全新的角度出发重新考察以往研究分析过无数次的古时调作品,通过作品及其创作背景的客观合理的分析和推测,正确理解时调作品的作者想表达的真正含义,而不被作品的表象所迷惑,能让大家更好地欣赏这些优秀的时调作品。论文主要以李氏朝鲜王朝各个时期的重要历史人物的作品以及广为传唱的代表性的优秀时调作品作为研究对象,从这些作品的内容着手,首先找出作品反映的传统思想因素,之后再和作者的生平以及他所处的社会时代背景联系起来,准确地把握这些思想体现在时调作品中的原因和目的,对其思想体现的合理性加以说明,从而达到从整体上把握李氏朝鲜王朝的社会发展与古时调发展的内在规律之目的。

关键词:古典诗歌　文学研究　朝鲜

**4153**

**居都仡佬语参考语法** / 康忠德著 ; 李锦芳指导. -- 中央民族大学, 2009. -- 299 页

论文的研究对象为汉藏语系壮侗语族仡央语支仡佬语居都土语为研究对象。全文共分为十一章。第一章,绪论。介绍论文的研究对象、内容以及研究意义,交代论文的理论研究方法,综述该领域的研究现状,说明论文的语料来源,然后介绍仡佬语族情和语言使用情况。第二章,仡佬语的音系。描写仡佬语的辅音、元音和声调的构成、数量和特点,并对仡佬语的音变现象进行归纳与分析。第三章,仡佬语的词汇。分析仡佬语词汇的基本特点,对借词的来源与借代方式进行分析,对词汇的同音现象、离合词、习惯用语以及同义词、近义词等词义关系进行分析。第四章,形态。该部分主要分析仡佬语的构词法的基本类型,并对仡佬语的各种构形形态进行分析。第五章,仡佬语的词类。根据前人的研究成果,采用十个词类的划分方法,分别对各类词定进行详细的描写与分析,介绍各类词的语法特征。第六章,仡佬语的短语结构。从八种短语结果来对仡佬语进行描写分析,重点分析短语姐结构的前项、后项在姐欧股内部中的关系。第七章,仡佬语的句法成分。仡佬语的句法成分依据传统语法,分为主谓宾、定状补六种成分,该部分探讨能充当各种句法成分的各种语言单位并对其进行归纳总结。第八章,仡佬语的简单句。先简述词序在仡佬语中的表现和类型学意义,主谓句的类型和语法特点,然后对仡佬语的兼语句、连动句、被动句等句法结构进行专题研究,最后讲述省略句和非主谓句的特点。第九章,仡佬语的复杂句,介绍仡佬语复杂句的类型和语法特点。第十章,仡佬语的句类。根据语气类型,把仡佬语的句类分成四种类型,对其形式、语义、语气等进行详细的考察。第十一章为论文结语。

关键词:仡佬语　土语　语法

**4154**

**朝鲜近代自由诗形成过程研究** / 全春梅著 ; 文日焕指导. -- 中央民族大学, 2009. -- 202 页

"韩日合并"之后,越来越多的人开始尝试创作自由诗。诗人们陆续发表大批形式多样、韵律自由的诗词作品。1910 年至 1920 年中期是自由诗的探索、形成时期。朝鲜的近代自由诗的创作是从散文诗的创作开始的,究其缘由这与散文诗概念与自由诗概念的相混淆有一定的联系。反封建主义性质的辞说时调与反殖民地性质的开化期诗歌形态为近代自由诗的最终成形打下了基础。当时以诗论与创作引领朝鲜文坛的金亿、朱耀翰、黄锡禹等人把破坏定型律以使其散文化视为创作自由诗的尝试。在解释象征主义的"音乐性"的过程中,人们开始追求呼吸律与内在律。他们探索自由诗的过程是着眼于传统将朝鲜民族的情感寄于充满个性的韵律中以规范自由诗的过程。"韩日合并"之后,诗人们开始努力将西欧移入的自由诗形势发展成为把"朝鲜的魂"与情感寄托于"朝鲜的韵律"的自由诗形式。随着西欧象征主义的移人,诗人们渐渐意识到"内在律"的重要性并做了大量将"朝鲜之心"寄于"朝鲜的韵律"的尝试。这在自由诗形成过程中发挥了积极的作用。在分析近代自由诗形成过程时,不可不提申采浩的自由诗与其文学观。当时,初期自由诗坛的诗人们在探索"自主文学论"的同时还将这一理论运用于实践。在打破对音乐的依存性的过程中,自由诗逐渐具有了其独立性,韵律感有所弱化,但其音乐性并没有就此完

全消失。进入近代,出版印刷业的发展使得诗人们开始从视觉空间美的角度去审视诗词行与段的排列。1910年“韩日合并”之后,现实丧失感所引发的回归意识表现为传统和谐美,而由对现实的直视所引发的抵抗意识则被变为传统节义美。但在近代自由诗的形成期,在表现这种节义美之时,诗人们并没有着重表现先验式形象,而是着重表现自我体验式的充满个性与感觉的形象,这便是“血”。在西欧文明与传统文化相碰撞的过程中,朝鲜的自由诗逐渐克服盲目散文化与西欧指向化,且以朝着适合自己的规范化方向继续发展着。

关键词:自由诗　文学研究　朝鲜

**4155**

**土族《格萨尔》研究** / 王国明著 ; 王兴先指导. -- 西北民族大学, 2009. -- 256页

论文的研究对象为土族《格萨尔》。全文共分为六章。第一章,绪论。从整体的角度简要介绍土族历史,土族《格萨尔》的发现与研究历程,史诗的主要内容、说唱形式,土族《格萨尔》的说唱艺人以及土、藏《格萨尔》的源流等。第二章,土族《格萨尔》中的创世史诗。分别介绍土族民间的创世神话、土族《格萨尔》中的创世史诗、土族民俗和相关的考古发现、土族创世史诗与创世神话的比较研究。第三章,土族《格萨尔》中的生产与生活。从土族的农业风俗文化,古歌谣与农业生活,吐谷浑、鲜卑的农业经济以及土族《格萨尔》中的农业起源神话四个方面对土族《格萨尔》中的生产与土族《格萨尔》中的生活情况做出说明。第四章,土族《格萨尔》中的宗教信仰。首先介绍土族《格萨尔》中的原始宗教信仰,对萨满信仰的具体表现做出描述;介绍“尼玛卓娃”与神箭崇拜;探讨土族和土族《格萨尔》众的萨满教文化遗俗。第五章,土族与土族《格萨尔》中的风俗文化、从土族《格萨尔》中探讨土族的婚俗文化、土族的丧葬文化以及土族的禁忌文化。第六章,土族《格萨尔》中的语言表现形式。分别对土族《格萨尔》中的土族语和藏语做出介绍,探讨土族《格萨尔》中的土族语与藏语词汇的构词与运用特点,土族《格萨尔》中的土族语与藏语词汇的变异形式及其特点;分析土族《格萨尔》所体现的语言观,提出土族语和藏语是土族《格萨尔》史诗中的共同语,土族语和藏语是从事土族《格萨尔》研究的必要工具,土族《格萨尔》是研究土族语和藏语相互借鉴、交流的源泉和土壤。

关键词:土族　格萨尔　民族文化

**4156**

**广西融水诶话声调形成的优选论分析** / 王晓梅著 ; 曾晓渝指导. -- 南开大学, 2009. -- 221页

论文以声调的形成为切入点,对广西融水诶话声调形成的优选伦展开分析。全文共分为七章。第一章,绪论。介绍诶话研究概述、选题意义、研究思路、研究方法等。第二章,融水诶话声调的描写与分析。首先对诶话的语音做出简介;介绍诶话的单字调,包括单字调的语音实验,单字调的音系表达;介绍诶话两字组连续变调,诶话两字组连续变调的语音实验和两字组连续变调的音系分析。第三章,土拐话声调的描写与分析。介绍土拐话的语音、土拐话的单字调,包括单字调的语音实验和单字调的音系表达;讨论土拐话两字组的连续变调,包括两字组连续变调的语音实验和两字组连续变调的音系分析。第四章,桂柳话声调的描写与分析。介绍桂柳话的单字调、桂柳话单字调的语音实验及描述、桂柳话单字调的音系表达;介绍桂柳话两字组的连续变调,包括练字组连续变调的语音实验及分析、两字组连续变调的音系分析以及优选论对自由变体的解释。第五章,壮语声调的描写与分析。概述壮语的语音,并介绍贵港壮语的声调系统,包括贵港壮语的语音、贵港壮语的单字调、贵港壮语两字组的连续变调、贵港壮语两字组的连续变调变化的优选伦分析。第六章,白话声调的描写与分析。首先介绍粤语的语音,然后对白话的声母和韵母、白话的单字调以及两字组连续变调做出说明。第七章,融水诶话声调形成的优选伦分析。探讨塞音尾和音节分量的关系,并对优选论层级做出比较。

关键词:方言研究　声调　广西

**4157**

**“朝天录”中的明代中国形象研究** / 杨昕著 ; 李岩指导. -- 中央民族大学, 2009. -- 131页

论文结合“朝天录”的历史价值、文化思想价值与学科价值,对“朝天录”中的明代中国形象展开研究。全文共分为五章。绪论部分介绍“朝天录”的研究现状、论文研究的意义、论文的研究方法以及论文的主要内容。第一章,“自我”的形象及特征。首先介绍高丽后期的社会状况以及14至17世纪朝鲜半岛的社会状况;然后探讨“自我”的思想理论体系;最后结合出使的任务、使节团的构成及使节团身份的多重性和

使节团的路线三个方面介绍“自我”的观察载体——朝天使臣。第二章，“朝天录”中的中华形胜。对其中秀美旖旎的山川河野、意蕴深远的名胜古迹、雄奇壮丽的天险边关以及富丽堂皇的城郭宫阙做出介绍与讨论。第三章，“朝天录”中的中国人。介绍“他者”的基石——平民、“他者”的智库——儒生、“他者”的支柱——官员、“他者”的主宰——皇帝。第四章，“自我”对“他者”的塑造。对朝鲜对明朝的社会集体想象做出说明，从狂热的乌托邦，想象与真实交织的“他者”，渐行渐远的天朝以及大明最后的挽歌四个方面介绍“自我”对“他者”的塑造过程；从崇佛重道和丧制松弛两个方面提出“他者”的负面特征。第五章，“朝天录”的价值。分别从“朝天录”在文学史上的特殊地位、“朝天录”的历史价值以及“朝天录”的思想于文华价值三个方面展开论述，并提出论文主要结论。

关键词：中国　形象　文学研究　朝鲜

**4158**

**中国新时期少数民族文学前沿研究** / 杨玉梅著 ；梁庭望指导. -- 中央民族大学，2009. -- 254 页

论文尝试在新时期中国文学总体发展背景下对新时期少数民族文学做出综合性考察。论文以梁庭望教授提出的中华文化板块结构理论为文化划分标准，从每个文化圈中选取抵达中国文学前沿的少数民族作家代表作为研究对象。结合每个作家的民族文化背景探析其所开辟出的独特文学道路，为此而勾勒出少数民族文学的发展轨迹，归纳出中国新时期少数民族文学的独特性及其在中国文学的地位作用，以及提供的成功经验与启示。在研究方法上，论文坚持美学的和历史的观点，从文本出发，结合社会—历史批评、感性批评、心理批评、文本批评和文化批评的方法来对每个作家的创作进行解读和诠释。论文的绪论部分简单介绍新时期少数民族文学及民族文学研究的情况，以及论文研究的目的意义、研究内容和方法。第一章归纳介绍新时期中国文学的转型。第二章重点研究北方森林草原狩猎游牧文化圈的三个代表作家张承志、乌热尔图、郭雪波的文学创作。他们的文学题材、主题思想、主体情感等都深深镌刻着民族文化的烙印，充满着深沉的文化焦虑。第三章重点研究西南高原农牧文化圈的代表作家扎西达娃、阿来、吉狄马加和鲁若迪基的文学创作。第四章重点研究江南稻作文化圈的代表作家蔡测海、叶梅和冯艺的文学创作，他们的作品充满浓郁的南方生活气息。第五章总结部分，概括新时期少数民族文学的发展趋势，以及作家创作抵达文学前沿提供的经验的经验和启示，认为少数民族文学的独特力量就在于民族性与文化的差异性，真正的民族性要展现民族精神，要在独特的民族性中灌注以普遍性的世界性的意义，以获取人类共通性的内涵；而文学的根本问题是生活，文学作品的成就在于生活的深度、广度及真实程度，在于人物、故事和感情所承载的思想内涵的厚度，在于揭示出生活的本质，充满时代精神；同时，作家的多向度艺术求索、吸收借鉴融会贯通能力、语言水平、思想素质、艺术修养等，也是文学创作获得成功的关键。这是未来的少数民族文学走向繁荣发展的根本途径。

关键词：少数民族文学　民族文化　文学研究

**4159**

**壮侗语族民族叙事长诗的生命意识及文化价值** / 朱国佳著 ；梁庭望指导. -- 中央民族大学，2009. -- 161 页

论文从整体视角对壮侗语族民族叙事长诗进行研究，探寻其生命意识和文化价值。全文共分为五章。第一章，叙事长诗产生的环境。叙述壮侗语族民族叙事长诗产生的自然环境和社会环境，包括各民族地理分布状况、自然环境总体状况、相应的生产生活方式、社会形态的演变与民俗的形成、民族传统文化教育与宗教概况以及相应的社会文化氛围。第二章从整体视角审视叙事长诗的基本情况和整体特点，包括对叙事长诗的概况描述、对历史上农民起义及其他各种战争的记忆、百姓的日常生活和风俗等，提出叙事长诗的总体特点是具有民族性和区域性，洋溢着丰富而微妙的感情色彩，体现浓厚的稻作文化特色。第三章主要从具有特定意义的词句程式、情节程式和结构程式来阐述叙事长诗的生命意识。第四章从美学的角度审视壮侗语族民族叙事长诗，发现其在虚构世界中展示超越现实的生命情感，以自主的人生理念构建自由的人生境界，同时表述民众对今生的无比热爱，甚至以超越死亡的生命意志去追求今生的价值，即使这些价值只表现在世俗人生中；此外，该部分还从根本上把所有的生命认识、生命情感和生命意志都融入了对和谐人生的追求。第五章探讨叙事长诗的娱乐功能、教育功能、交际功能、刺政功能和研究功能的现代变迁和传承的问题。最后为论文结语。

关键词：壮族　侗族　叙事诗

# 比较文学与世界文学

**4160**

**柯勒律治莎评的有机美学论** / 白利兵著 ; 邱运华指导. -- 首都师范大学, 2009. -- 161 页

论文对柯勒律治莎评的有机美学论进行分析研究。全文共分八章。第一章绪论,分析选题的缘由,阐述研究的现状,指出柯勒律治莎评的原创性,最后点明文章的题旨。第二章探讨莎评的机械论时代,首先分析柯勒律治之前的莎评,随后讨论新古典主义机械论美学观的困境。第三章分析柯勒律治的有机论转向,从探究浪漫主义文学有机观念的渊源入手,重新审视柯勒律治的有机整体思维,最后归纳总结柯勒律治莎评的有机整体观。第四章探讨有机语言论,比较分析有生命的语言和象征的语言,同时研究莎翁的语言特色。第五章介绍有机形式论,首先分析诗的定义以及莎剧的定位,随后探讨作为模仿的莎剧的地位,最后研究莎剧中的想想,指出莎剧中的兴趣的统一,点明其是主客体融合的诗学。第六章阐述有机天才论,着重讨论莎士比亚的判断力,同时研究莎剧中的道德辩白。第七章分析有机人物论和心理论,首先分析个体化的类型人物,指出人物性格的有机整体性,随后对哈姆莱特的性格进行详细的分析,最后提出戏剧幻觉论。第八章为结语部分,着重分析柯勒律治莎评的灵魂所在,同时指出有机整体观的价值与局限性,然后研究柯勒律治之后的相关莎评,从而给予柯勒律治莎评总体评价,指出柯勒律治莎评终结莎评的新古典主义时代,其有机整体性是德国与英国两大传统结合的产物,具有前所未有的广度和深度,是莎评史上的一座里程碑,但同时也存在其局限性。

关键词:柯勒律治(Cderidge, Samuel Taylor)　莎士比亚　文学评论

**4161**

**本真之路:凯鲁亚克的"在路上"小说研究** / 陈杰著 ; 曹顺庆指导. -- 四川大学, 2009. -- 210 页

论文以存在主义的本真思想作为视角,通过文本细读和分析的方式,在"垮掉的一代"文学的背景中,全面考察凯鲁亚克"在路上"小说的人物、主题和写作方法,从中揭示"垮掉的一代"的精神内涵。第一,从"垮掉的一代"文学诞生的社会文化语境出发,讨论"垮掉的一代"和"垮掉"这两个关键词的界定问题,为研究凯鲁亚克的"在路上"小说提供背景参照。第二,把凯鲁亚克的《在路上》和《达摩流浪者》这两部小说界定为"在路上"小说,其学理依据在于它们都是采用第一人称叙述,以漂泊流浪为题材和线索,围绕"寻找"主题展开,并在小说中塑造"垮掉的一代"的典型形象和典型的生活方式。第三,讨论"在路上"小说中的人物,这些人物的一大共同点就是反叛中产阶级非本真的生活方式,而致力于创造自己的生活。第四,论述"垮掉的一代"文学与爵士乐,尤其是与博普爵士乐有着深刻的联系,两者都是美国土生土长的文化现象,共同的时代背景使它们在精神上彼此相通。第五,论述"垮掉派"作家对性和毒品的描写是他们"自白"的一个内容,也是他们灵魂袒露的表现。把性与身体从受压抑的状态中释放出来,是"垮掉的一代"反抗传统思想束缚,追求人性自由的一种表现。第六,运用佛教哲学思想和存在主义本真思想,对凯鲁亚克佛教思想在《达摩流浪者》中的表现做了较为详细的考察。同时还研究"景象"和"它"这两个与"垮掉的一代"的精神追求密切相关的要素。第七,分析凯鲁亚克的自发式写作不仅是文学创作思想上的创新,也是"垮掉的一代"本真追求的表现。最后,论文结论提出"在路上"的启示。

关键词:凯鲁亚克(Kerouac, Jack)　小说　文学研究

**4162**

**个体意志的守望:论弗·马卡宁 1990 年代以来的小说创作** / 陈静著 ; 余一中指导. -- 南京大学, 2009. -- 120 页

论文以作家 1990 年代以来的小说创作为研究对象,揭示作家在这一时期立足于俄罗斯所特有的社会现实、历史文化,守望人类个体意志、呼唤丰富生动人性的书写特征。全文共分三章。首先导论,分析并描绘影响弗·马卡宁文学创作的人生坐标,探讨弗·马卡宁 1990 年代以来创作的研究现状以及相关问题。第一章从"反乌托邦文学"的角度,分析弗·马卡宁在 1990 年代上半期创作的三部"反乌托邦小说"——《路漫漫》《洞口》和《铺着呢子,中央放着长颈玻璃瓶的桌子》,首先通过呈现《路漫漫》和《洞口》中所描摹的乌托邦世界的虚假与虚妄,揭示乌托邦实践过程中所造成的消磨个体意志的可怕局面,继而分析《铺着呢子,中央放着长颈玻璃瓶的桌子》中所展现的苏联政治乌托邦实践中的社会审查制度,点明这一制度所

具有的压抑人类主体意志、异化正常人性的本质。第二章分析与乌托邦情境相关的个体选择问题，首先结合小说《洞口》中具体的乌托邦情境，分析小说主人公依凭自我意志、责任之心抗拒乌托邦集体对他施以同化的过程，展示主人公守望生命、坚守自我的艰难选择历程，然后又在呈现《地下人，或当代英雄》中潜在的苏联政治乌托邦历史因素的基础上，梳理主人公彼得罗维奇为代表的个体意志坚守自我、抗拒权力者的生命情态，分析主人公在特殊情境下所经历的人性善之因子的巨大考验。第三章分析作家以个人叙事呈现俄罗斯人、俄罗斯社会现状的文学书写，揭示"后乌托邦时代"背景下的俄罗斯人获得释放的主体意志，展示"后乌托邦时代"俄罗斯社会外在现实和内在精神的变化与发展。最后为全文的结语部分，对全文的主要内容进行了总结。

关键词：马卡宁（Makanin，Vladimir） 创作思想 文学研究

**4163**

**论狄更斯小说的和谐家庭主题** / 陈智平著 ; 聂珍钊指导. -- 华中师范大学, 2009. -- 151 页

论文以文学论理学批评为主要路径，围绕狄更斯小说中的和谐家庭主题展开系统研究。全文共分三章。首先绪论，提出研究的问题，对国内外的研究现状进行分析，最后阐述创作的道路、研究思路以及基本框架。第一章论述狄更斯小说中的和谐家庭主题，从分析维多利亚时代的社会文化环境出发，探讨狄更斯的道德观与和谐家庭主题的成因。指出对狄更斯和谐家庭主题有着直接或间接的影响主要来自三个方面：一是个人生活经历以及时代的影响；二是植根于狄更斯内心的人道主义追求是其道德观的重要组成部分，这对他的善恶观有着重要的影响；三是狄更斯所受的基督教的思想。同时还论述狄更斯小说中和谐家庭主题表现的三个主要方面，即爱是美满家庭的根基、温情是幸福家庭的催化剂和谐是幸福家庭的保障。第二章分析狄更斯作品中和谐家庭的爱恨情仇，着重论述狄更斯小说中和谐家庭主题是如何通过人物的爱恨情仇来进行展现的以及作者如何通过人物的爱恨情仇来来表现和谐家庭主题的实质内涵等问题。第三章阐述狄更斯小说中和谐家庭的道德标准，重点讨论小说中和谐家庭主题所承载的道德判断，指出家庭和谐则人物命运顺利、事业发达、精神升华，而家庭不和谐则导致人物命运多劫难，甚至走向毁灭之路。最后为论文的结语部分，归纳狄更斯和谐家庭主题的内涵，指出狄更斯小说中人物所表现的道德精神与命运结局彰显了和谐家庭的主题，表达了人们的普遍期盼，与时代所要求的寓教于乐的写作目的相吻合。

关键词：狄更斯 小说 文学研究

**4164**

**狂欢化视域中的威廉·福克纳小说** / 董丽娟著 ; 王立新指导. -- 南开大学, 2009. -- 137 页

论文基于狂欢视角对威廉·福克纳的小说进行全面的分析与研究。全文共分三章。首先绪论，分析福克纳的研究现状，分别从国内外的有关福克纳的研究综述以及用巴赫金理论对福克纳的现状分析两个角度入手加以研究，指出论文的创新之处，最后探讨狂欢理论与福克纳小说的关系。第一章介绍诙谐怪诞的约克纳帕塔法的小说世界，首先分析巴赫金的狂欢化理论视野中的诙谐与怪诞，分别探讨中世纪狂欢节与民间的诙谐文化以及"拉伯雷式的"怪诞，随后分析诙谐怪诞的福克纳小说，阐释福克纳小说中笑的狂欢性，同时探讨巴赫金的怪诞人体观念以及福克纳小说中的怪诞人体的关联，并以《八月之光》和《我弥留之际》为例分写其中的怪诞人体形象，最后研究约克纳帕塔法小说的讽刺性摹拟，具体研究《我弥留之际》对严肃文体的讽拟。第二章研究福克纳小说中双重性的跨越式人物的构建以及角色的悖论，剖析克瑞斯默斯的悲剧之源在于找不回的身份，同时分析疯癫与正常的悖论，指出不疯的疯子是由于疯狂中的权力因素作祟，而达尔疯狂的本质在于自我的失落，最后辨析叙述者达尔与人物达尔的关系。第三章讨论小说中的对话，分析对话中被延展的"真相"，同时对《八月之光》进行重新审视，分析其中的深刻内涵。最后为结语部分，概括狂欢化理论视域中福克纳小说美学的意义。

关键词：福克纳 小说 文学研究

**4165**

**接受美学与象思维：接受美学的"中国化"** / 窦可阳著 ; 张锡坤指导. -- 吉林大学, 2009. -- 186 页

论文以中国传统的"象思维"为参照，深入探讨接受美学理论的"中国化"问题，在具体的批评实践中进一步阐发对美学中国化的具体想法。全文共分五章。首先绪论。第一章对"象思维"进行通说，对"象思维"的概念进行界定，分析原象与"象思维"的关系问

题,同时指出“象思维”的运思是整体直观,最后研究“象思维”的包容性。第二章对接受美学进行初探,指出接受美学史一个开放的理论体系,期待—视野是接受美学的读者之维,召唤—结构是接受美学的本文观,最后强调对话—交流是生命的交融与阐释的循环。第三章探讨接受美学与象思维之间的内在联系,首先简要概述接受美学中国化的历程,随后对接受美学的“中国化”进行深刻反思,并研究“象思维”学理体系的形成过程,从而分析指出接受美学与“象思维”之间的契合性。第四章讨论《易传》对《易经》的接受,首先通过对“易与天地准”的研究探讨作为接受本文的《易经》,然后分别从“生生之谓易”“尽意莫若象”以及“吉凶存乎辞”角度对“意”“象”以及“言”层面上的经传接受过程进行研究。第五章分析李白诗歌对《庄子》的接受,首先分析作为接受本文的《庄子》,随后从定向与创新角度研究李白对《庄子》的期待视野,从雪泥鸿爪层面分析李白诗歌对《庄子》的直接感受,以及从历史之链视角探讨李白诗歌对《庄子》的间接接受。最后为文章的结论部分,总结全文的中心思想,归纳主要研究结论。

关键词:古典文学　接受美学　文学研究

**4166**

**美国批判人文主义研究:白璧德、特里林和萨义德** / 段俊晖著 ; 王晓路指导. -- 四川大学, 2009. -- 315 页

论文以近百年美国社会的发展、人文思想的演变为背景,集中论述以白碧德、特里林和萨义德为核心的美国批判人文主义思想。首先,从社会背景、文学或文化批评背景和思想特征三方面对美国现代人文思想、二战后美国人文思想及当代美国人文思想进行清理,从宏观上展示各个阶段人文主义的社会和思想背景,并分别阐述白碧德、特里林和萨义德的批判人文主义思想。其次,以人文主义的核心观念“道德想象”为主线,细致分析白碧德、特里林和萨义德在各自的历史时期对道德想象的理解,阐释不同理解之间的肌理关系。第三,分析三位人文主义知识分子在与反人文主义思潮的抗争中如何重塑自我,恢复人的主体性。第四,揭示出美国人文主义知识分子的现实诉求对象和理想的追求目标就是促进美国的民主化进程。它既可以从民主与领袖的角度入手,也可以从文学的政治化或政治的文学化等维度着手,还可以从民主批评与政治实践的相互关系出发,通过不断拓展人文主义的开放性和包容性来促进美国的民主化进程。最后,论文指出,以白碧德、特里林和萨义德三人为代表的批判人文主义思想一方面对美国人文主义的建构起了积极的推动作用,一方面对美国各个历史时期的极端和反人文思潮起到制衡作用。但它们自身的历史局限性又致使其在内部产生了矛盾和对立。因此,从东方的人文思想和经验出发,为美国批判人文主义构想一个可资参考的新途径:集内修外服于一体的新人文主义。

关键词:文学评论　文学思想　人文主义

**4167**

**“环境的想象”:劳伦斯・布伊尔生态批评理论研究** / 方丽著 ; 王宁,高旭东指导. -- 北京语言大学, 2009. -- 148 页

论文试图将劳伦斯・布伊尔的理论建树置于生态批评在全球蔓延扩张的大背景下,围绕布伊尔的生态批评“三部曲”,对布伊尔的生态理论话语进行较为全面系统的探讨,分析其生态批评话语的主要特点,评价其学术价值和现实意义。第一,以布伊尔第一部生态批评专著《环境的想象》为重点,对布伊尔以“环境的想象”为核心,以“濒危的世界写作”为目的的生态批评思想进行详细的梳理和阐释。第二,着眼于布伊尔生态批评策略与批评实践。布伊尔认为环境文学是生态中心思想的代言人,可以通过不同的方式传递生态中心思想。包括环境文学如何在作品中安置“人类”和“世界”;生态中心思想的文学想象如何实践“放弃的美学”和赋予“自然的人格”;作家如何感知季节、地方和灾难。第三,主要阐释布伊尔生态批评的文本框架和解读范畴,布伊尔生态批评的基本范畴是“地方”和“地方感”。第四,以布伊尔《为濒危的世界写作》为主要分析对象,进一步阐释布伊尔生态批评思想的发展轨迹。第五,对布伊尔和贝特进行对比研究,重点对布伊尔“环境的想象”思想和贝特“浪漫主义生态学”思想进行比较,并评述两人对生态批评的贡献。最后,主要是结合布伊尔等生态批评理论与批评中出现的问题,分析生态批评如何能够更充分发挥其文学、文化的批评功能,探讨生态批评未来面临的挑战。

关键词:布伊尔(Lawrence Buell)　文学评论　生态环境

**4168**

**弗吉尼亚・伍尔夫生命诗学研究** / 高奋著 ; 殷企平指导. -- 浙江大学, 2009. -- 222 页

论文以中西诗学为研究语境,全面观察英国作家弗吉尼亚·伍尔夫的小说理论,对其诗学进行系统研究。全文共分七章。第一章绪论,分析对弗吉尼亚·伍尔夫的研究现状与研究存在的问题。第二章探讨小说的本质,通过对"现代小说是什么?小说人物是什么?小说形式是什么?小说是什么?"等一系列问题的思考指出小说是记录生命的艺术形式,强调小说的重要性。第三章对创作进行定位,探讨如何走出现代小说的困境的方法,提出要用直觉感知"现实",学会重建"创作构思"的观点。第四章分析小说批评的要义,首先通过对"普通读者"的批评立场的分析,探索批评的意义所在,随后借助"透视法"的批评视角,同时阐述"比较与批评"的批评方法以及"趣味"的准绳,指出批评是从观到悟的审美情趣,最后着重分析伍尔夫的批评思想及其价值。第五章着重论述小说文学的形式是情感的艺术,首先介绍"情感说"的渊源,分析情感的关系和情感的表现,最后探讨"情感说"的价值所在。第六章分析小说艺术的境界,指出小说是探索"真实",表现"物镜""情境"和"意境'的艺术形式,它超以象外,得其环中。第七章以《海浪》为经典例证,分析《海浪》中生命精神的构思与构成,同时阐述其艺术表现方法。最后为结语部分,在西方诗学和中国诗学中重新审视弗吉尼亚·伍尔夫的生命诗学,指出伍尔夫所以能洞察西方诗学的局限,是因为其思想融艺术与美学为一体,而回归伍尔夫的思想以及作品本身,论文重在反思西方诗学对基于艺术感悟的诗学思想的忽视,促进国际学界对中国传统诗学的认识。

关键词:伍尔夫(Woolf, Virginia)　诗学　文学研究

**4169**

**追寻现代性:李欧梵文学与文化理论研究** / 高慧著 ; 高旭东指导. -- 北京语言大学, 2009. -- 151 页

论文以华裔学者李欧梵为研究对象,对他的文学和文化理论展开研究。第一,大致描述李欧梵其人及其关于中国现代文学与文化的研究,并介绍李欧梵的学术背景、学术选择及所引起的学术反响,还综述国内的相关研究状况。第二,论述现代性的追求是贯穿李欧梵几十年学术生涯的理论红线,无论是对"五四"经典作家的研究,还是对"晚清"印刷媒体、上海都市文化的考察,李欧梵都以中国传统社会的现代转型为一切思考、论述的基点,并以"世纪末的华丽"来概括中国现代性的特点。第三,在雷蒙德·威廉斯"乡村""城市"以及"大都市"等理论话语及空间批评理论的启发下,李欧梵以"现代性"为基点发掘中国现代文学批评的空间维度,揭示"新文学"传统中以乡村为核心的空间叙事对城市文学的压制。第四,通过对哈贝马斯"公共领域"概念的创造性转化,考察近代印刷媒体在"公共空间"的拓展方面所起的作用。第五,"中国现代作家的浪漫一代"是李欧梵中国现代文学研究的起点,他用文学的材料探讨"五四"时代文人的浪漫心态,书写一部集体传记,也是心态史,从情感、主观、个体角度论述浪漫精神对现代知识分子的塑造。第六,颓废是浪漫心态的另一面,也是"现代性"的一维,李欧梵追溯颓废在现代中文语境中被边缘化的境遇,重画了颓废文学谱系。并通过梳理现代文学"浪漫"和"颓废"的线索,李欧梵从审美现代性角度丰富了中国现代文学史叙事话语。最后,论文还认为夏志清、李欧梵、王德威以独特、新颖的理论视角、跨学科的研究方法形成20世纪中国文学研究的海外视野。

关键词:李欧梵　现代文学　文学评论

**4170**

**利维斯与英国小说传统的重估** / 高兰著 ; 杨冬指导. -- 吉林大学, 2009. -- 133 页

论文选择利维斯的小说批评为主要研究课题,力图通过对其小说批评实践的细致梳理,辨析其小说批评的基本概念,在充分肯定利维斯批评成就和启示意义的同时,也对他的种种缺憾进行分析与评价。全文共分三章。首先绪论,分析弗·雷·利维斯的批评生涯,并对国内外的研究成果进行综述,最后指出基本的研究思路与内容。第一章探讨利维斯眼中的英国小说家,分别阐述利维斯对与乔治·艾略特和亨利·詹姆斯、约瑟夫·康拉德、查尔斯·狄更斯以及戴·赫·劳伦斯的观点。第二章分析利维斯小说批评的基本概念,依次探讨利维斯小说批评中所分析的小说与"道德关怀""肯定生活""伟大传统""非个性化"以及"成熟性"之间的关联。第三章探讨利维斯小说批评中的盲视部分与洞见内容,在分析利维斯小说批评的缺憾的基础上,也归纳总结利维斯小说批评的启示意义,指出在文学研究趋于边缘化的时代,需要的正是利维斯这样的批评家,以便唤醒一种毫不含糊的甄别意识,重新认识伟大的文学传统在当今文化建设中的不可替代的作用。最后为文章的结语部分,总结全文的主要观点,同时作为对利维斯研究的补充,探讨利维斯的夫人简·奥斯丁的相关评论。

关键词:利维斯(Leavis, F, R) 小说 文学研究 英国

4171

**福克纳小说的叙事话语研究** / 葛纪红著 ; 方汉文指导. -- 苏州大学, 2009. -- 125 页

论文从叙述学的理论视域对福克纳的作品中的多视角叙事模式、叙事结构中的外部叙事者、人物话语叙述和非理性叙事等方面进行分析研究。全文共分四章。首先导论,介绍关于叙述学理论的基本描述,分析国内外对于福克纳小说的研究状况,指出论文的研究视角以及创新之处,最后对论文的内容进行概述。第一章介绍多视角的叙事模式,参照有关叙述视角模式的理论,特别是热奈特和申丹的叙述学理论,对福克纳叙事作品中多视角的转换与融合、叙述声音、叙述时间与节奏等方面进行全面的探讨,指出叙述视角是当代叙述理论关注的一个重点,是决定叙述话语特征的一个重要因素。第二章分析叙事结构中的外部叙述者,论述福克纳小说叙事结构外部叙述者的作用,分析外部叙述者的三种叙述类型以及它们在叙事结构中的融合,指出在福克纳的叙事作品中,外部叙述者是一个极其重要的叙事成分,任务叙述者和外部叙述者共同叙事融合实验和传统小说的结构形式,是福克纳小说叙事的特点。第三章介绍人物话语叙述,首先论述福克纳叙事作品中人物话语叙述的特征,指出人物话语叙述不仅是讲述故事的重要手段,也是刻画人物和阐明主题的重要手段,随后探讨人物话语叙述的可靠性以及福克纳在《押沙龙,押沙龙!》这部小说中运用的一种别具一格的故事的讲述方式——人物话语叙述链。第四章分析福克纳独特的非理性叙事方式,研究福克纳作品中三种不同语体的非理性叙事。最后为结语部分,概述福克纳独特时空观的形成及其在小说叙事形式上的体现。

关键词:福克纳(Faulkner, William) 叙事 文学研究

4172

**亨利·詹姆斯小说的成长:认知主题研究** / 关重著 ; 宁一中指导. -- 北京语言大学, 2009. -- 148 页

论文旨在通过分析和解读亨利·詹姆斯笔下的成长故事文本,包括《黛西·米勒》《贵妇画像》《梅茜所知道的》《专使》《华盛顿广场》《镀金碗》《美国人》等,阐释和挖掘其中所折射出的成长策略及认知理念。首先,简单梳理和总结了有关詹姆斯的历史评价和研究现状,同时对他以及他的作品与成长主题的关系做出必要的说明和阐述。其次,分析作品中个体在成长过程中可能遭遇的认知困境,这种困境不仅来自外部力量的作用,个体自身存在的弱点和不足也是造成他们走入认知误区的一个重要的原因。再次,对詹姆斯通过作品中的人物向读者传达的几个认知策略做了详细的解读和阐释,即游离于关注的中心,冷静旁观,以理性的态度约束自己的欲求,以及投入到现实的生活中通过经验、觉悟、反省和否定更深刻地理解人性和认识自我。在此基础上,论文最后得出结论,成长个体认知成熟的标志就是他善于在生活中约束自己,同时对他人宽容;在处理危机时,要从事件中把自己的主观情绪剥离出来,对犯有过失的人要做到公正、温和;面对生活赋予我们的责任和负累,我们更要坚持自己的正确判断、具有敢于承担的勇气。

关键词:詹姆斯(James, Henry) 小说 文学研究

4173

**英国文学经典中的商人和商业:以乔叟到司各特时代的经典文本为例** / 管新福著 ; 靳明全指导. -- 四川大学, 2009. -- 226 页

论文运用比较文学形象学理论、文学社会学理论,以乔叟到司各特这一时段的文学经典文本为依托,探讨英国文学经典中描写的商人和商业。第一,主要论述英国重视商业的历史缘由。英国商业一方面继承西方以古希腊文明为根基的海洋贸易和重商传统;另一方面抓住历史机遇,利用国家政策,促使英国成为商业强国,由此对商业贸易和商人及其看重。第二,主要进行历时的社会背景扫描。即在宏观的历史背景之下审视欧洲文艺复兴时期对商人的塑造情况。第三,主要研究英国文学经典中对商人经商活动的描写情况。作家对商人的商贸活动进行生动展现,特别强调商人经商的风险,也说明商人积累财富之不易。但作者也对贪婪的商人进行批判,并上升到金钱批判的高度。第四,主要关注英国文学经典中对商人社会活动的描述。商人的社会活动动机非常明确,那就是要给他们的经商活动带来好处;同时还描写商人发财后的心理动机,他们利用手中的财富进行地位的转换,很多人就向上流社会流动。第五,主要研究英国文学经典中对商人感情状况的描写。同时还有对商人妻子和子女的描写,关注商人的后代,展示他们复杂的感情、婚姻等,对商人这一阶层进行了全方位

的审视。第六,主要研讨英国文学经典中展示的外邦商人的和商事。通过商人海外经商的见闻,展示具有异国情调的东方国家和人民的画面,特别是梳理对中国的看法;另外也对犹太商人进行细致的刻画。

关键词:英国文学　商人　商业

**4174**

**阅读的伦理:希利斯·米勒批评理论探幽** / 郭艳娟著 ; 王宁指导. -- 北京语言大学, 2009. -- 123 页

论文以"阅读"概念作为研究基点,考察美国当代著名文学理论家希利斯·米勒的批评理论学说。第一,总体上概述希利斯·米勒的批评理论,探索米勒批评理论的异质性特征及分期问题,并探讨米勒的宗教背景对其批评理论的影响。第二,描述了希利斯·米勒在新批评时期,即就读于欧柏林学院和哈佛大学时的相关经历。第三,论述希利斯·米勒在霍普金斯大学时期开展的现象学批评研究。第四,论述希利斯·米勒的解构主义批评研究,并包括与艾布拉姆斯的论证、为德·曼观点进行辩护等。第五,论述希利斯·米勒转向伦理问题的研究,他指出从认识论意义上获得文本全部意义的不可能;转而从与阅读的认识论维度做比较的角度上来讨论阅读的伦理学维度。第六,还阐述德里达对奥斯汀的批判研究。最后,论文认为,伴随着米勒的观念从"阅读的不可能性"到"阅读的伦理"的转移,其批判理论的关键词也相应地从"解构"转向"修辞性阅读"。希利斯·米勒的伦理批评就是要将对文学的修辞性研究结合进入对文学的历史、社会和意识形态等维度的研究中。也就是说,他从来没有偏离过对"修辞性阅读"的坚持。

关键词:米勒(Miller, J. Hills)　阅读　伦理

**4175**

**中岛敦文学的比较研究:以怀疑主义为中心** / 郭勇著 ; 严绍璗指导. -- 北京大学, 2009. -- 184 页

论文以原典实证和发生学为方法,旨在从比较文学的角度来探讨蕴含在中岛敦文学中具有形而上学意义的怀疑主义思想的实质及其在多元文化语境中的生成过程,并借此来提示现代日本精神史的一个侧面。第一,从中岛敦的汉学世家背景、少年时期在朝鲜的经历、在中国的见闻、哮喘病对他的负面影响等四个方面出发,勾勒出中岛敦走向作家的精神历程。同时贯穿比较文学视点,将中岛敦最初的精神气质的形成置放在具体的文化语境中来考察。第二,结合当时的时代背景,详细考察中岛敦邂逅法国思想家帕斯卡尔的经过及必然性,并重点分析帕斯卡尔《思想录》对中岛敦的影响。第三,以中岛敦的第一个作品集《古谭》为中心,详细地考证中岛敦带有浓厚的怀疑主义思想的文字观、历史观及其与庄子哲学的关系。第四,考察中岛敦与英国作家斯蒂文森、日本民俗研究家土方九功之间的关系以及他在南洋的生活经历等。以此为基础,在太平洋战争后日本对南洋所进行的帝国主义殖民统治的历史语境中,考察中岛敦怀疑主义思想最终形成的心路历程。第五,抽取中岛敦从南洋返回日本后,在晚年所创作的《李陵》《弟子》《盈虚》三篇取材于中国古典的作品,在细读文本的基础上,指证在这些名篇中所爆发出来的怀疑主义的主题,并通过作品来印证中岛敦文学思想的完整的自洽性。最后,论文结论指出,中岛敦文学关于自我、存在的怀疑主义思想开启战后现代主义文学的先河,具有重要的先驱意义。

关键词:中岛敦　怀疑主义　文学研究

**4176**

**菲茨杰拉德小说叙事研究** / 胡国威著 ; 靳明全指导. -- 四川大学, 2009. -- 186 页

论文从叙事学的角度出发,对美国现代小说家司各特·菲茨杰拉德的小说的叙事艺术进行详细的研究。第一,探讨菲茨杰拉德小说的叙事时间。论文一方面运用热奈特的理论对菲茨杰拉德小说中的时间做出形势分析,讨论其如何在小说中运用多种方式来打破时间的线性顺序,使时间呈现出无序化和空间化等特点;另一方面依据后经典叙事学的理念,讨论菲茨杰拉德小说中的时间所蕴含的人文内涵。第二,分析菲茨杰拉德小说中叙述主体的设置策略。即结合经典叙事学和后经典叙事学的理论探讨菲茨杰拉德小说的叙事策略和文化意蕴。第三,分析菲茨杰拉德小说叙述视角的设置特点。既运用经典叙事学的理论探讨菲茨杰拉德小说中四种不同形态的叙述视角和视角变化特点及对塑造人物和表现作品主题的作用;又运用后经典叙事学理论论述菲茨杰拉德小说中叙述视角所体现出来的意识形态内涵。第四,分析菲茨杰拉德小说的叙事声音。着重以女性主义叙事学和修辞性叙事理论为参照,探讨菲茨杰拉德小说中叙述者声音与不同性别的人物的声音之间的关系及其体现的意识形态内涵,并且将性别因素作为影响叙事技巧的因素之一来考察。同时将"声音"置于整个叙

事交流情景中,探讨作者与读者交流的技巧。最后,论文概括菲茨杰拉德小说的叙事特色,并强调其小说叙事艺术在文学史上的价值和意义。

关键词:菲茨杰拉尔德(Fitzgerald, Francis Scott) 小说 叙事学

4177

**行走在理想与现实之间:索尔·贝娄中后期五部小说对后工业社会人类生存困境的揭示** / 籍晓红著 ; 殷企平指导. -- 浙江大学, 2009. -- 294 页

论文从贝娄作品对后工业时代社会问题的表现这一角度切入,考察其小说中的消费主义和拜金现象的社会根源以及小说所表现的消费社会背景下人们身上体现出的物质追求和精神追求之间的矛盾以及由此导致的精神危机。全文共分七章。第一章引言。第二章以《更多的人死于心碎》为例,分析消费语境下的审美超越,首先分别对小说中的消费的狂欢与爱情的缺席、"两个世界"问题进行研究与分析,然后由此探讨小说中的审美超越。第三章基于对小说《赫索格》的解读,分析异化时代的家园信心,首先探索赫索格的人物形象,指出其是一颗孤寂的灵魂,随后分析异化的深刻内涵,阐明所谓"异化"是指孤独背后的灵魂,并由此探讨异化的渊源,梳理异化主题的演变过程,重点研究后工业社会中的异化现象,然后研究癫疯与文明的悖论,最后强调要走出异化的世界,这是爱的呼唤以诉求。第四章解读"成功"语境下的怀旧情结,以小说《洪堡的礼物》为实例,首先介绍"成功"与"失败"的悖论,阐述现实主义者的"进步"神话,随后指出诗人的梦在美国碎了,并分析其中的缘由。第五章研究文化沙漠中的心灵绿洲,分别以小说《赛姆勒先生的行星》和《院长的十二月》为例,首先描述贫困时代的荒原景象,指出在此时代一切受人尊敬的东西都"翻了个个儿",而艺术则被荒原化,随后引出诗人的思考,即文明额忧思、灵魂的关注以及道德的焦虑,最后阐述诗人的情感信念,指出他们强烈想要寻找家园、诗意栖息的渴望。第六章研究流浪灵魂的乡愁意识,分析贝娄对时代的回应,即他对科技、文明和文化的反思,同时也对家园信心进行讨论,分析比较乌托邦情怀与文学理想主义的关联,阐述贝娄的"药方",最后探讨人道主义情感的救赎方式。第七章为结论。

关键词:贝洛(Bellow, S.) 小说 文学研究

4178

**欧洲游历小说研究** / 亢西民著 ; 孟昭毅指导. -- 天津师范大学, 2009. -- 96 页

论文对欧洲游历小说,即以主人公的游历活动为基本内容的一种小说类型进行研究探讨。第一,讨论游历小说的概念,并阐述其与流浪汉小说、成长小说、教育小说的联系和区别。第二,论述游历小说生成的历史语境。在文艺复兴时期,求知进取、冒险开拓的时代精神,漫游旅行的时代生活方式给游历小说提供重要的生成发育契机。同时它的崛起与新的读者群体的出现,同现代造纸术、印刷术的发展也有密切关系。从文体生成发展的角度来看,它与前小说时代的叙事文学创作有着一定的渊源承袭关系。第三,论述游历小说的渊源演变。游历小说与西方小说的发展几乎相伴始终,且伴随着西方小说发展的不同阶段,呈现出明显的阶段性特征。第四,阐释游历小说的思想内涵:它主要以再现客观、反映现实为旨归,暴露批判社会现实、揭示人生悲剧、张扬殖民主义精神、颂扬英雄冒险、构筑理想家园等。第五,在人物塑造方面,游历小说的人物类型主要有英雄型人物、流浪型人物、最求型人物以及成长型人物等;他们在小说中承载着串线功能、再现生活功能和意识形态功能等。第六,还论述移动性、公众性、宏阔性、怪异性与异域性是游历小说空间建构的突出特色,同时游历小说主要采用"陌生化"、对比、缺憾补偿等原则进行空间建构。

关键词:小说 游记 欧洲

4179

**冲突与融合:阿瑟·韦利的文化身份与《论语》翻译研究** / 李冰梅著 ; 王宁指导. -- 首都师范大学, 2009. -- 186 页

论文以 20 世纪阿瑟·韦利翻译的《论语》为论证基础,旨在揭示韦利在翻译和介绍中国文化和文学经典中的独特意义以及对中国经典外译的启示。全文共分五章。首先绪论,分析选题的来源,分别讨论国内外对韦利《论语》的研究,同时指出论文的研究思路、方法与研究意义。第一章对韦利的文化身份进行溯源,首先指出韦利具有盎格鲁和犹太人的双重身份,也因此在盎格鲁—犹太人身份中陷入困惑与挣扎,随后分析韦利中国诗歌译者中的权威地位的确立过程,然后研究韦利与新诗运动的两个圈子,分为在"布鲁姆斯伯里"的边上和庞德与艾略特的诗人圈,最后探讨韦利从译者到汉学家身份的认同过程,指出

"东方研究院"的成立最终确立韦利的汉学家身份。第二章分析《论语》英译世界与韦利译本的地位,首先将《论语》英译分为三个主要阶段,介绍近20年来内地《论语》译本的高峰态势,然后研究《论语》语内翻译的限制与语际翻译的开放性,从而具体分析韦利对所译的《论语》的建树与特色,指出其所译的《论语》是源于语境的注释。第三章分析译者的文化身份对"仁"的多元阐释与韦利普适性的意义构建,具体阐释"仁"之意义在西方生成中的阻碍,同时分析不同的文化身份对"仁"的不同阐释,包括理雅各基督教义的"仁"、辜鸿铭人伦道德之"仁"以及林语堂人性自觉之"仁",继而探讨韦利对儒家核心思想的普适性解释,介绍韦利普适性的翻译策略。第四章研究韦利的文化身份对其翻译的影响,讨论韦利汉学家的身份与归化翻译策略之间的关联,同时介绍韦利构筑的东方梦幻与其学者的良知。第五章为结语部分。

关键词:阿瑟·韦利　文学翻译　汉学

**4180**

**论泰戈尔思想和文学创作中的宗教元素** / 李金云著 ; 徐志啸指导. -- 复旦大学, 2009. -- 146 页

论文将泰戈尔的文学思想、文学创作与他的宗教思想、宗教实践相对照,发掘其思想与文学创作中的宗教元素,揭示宗教在泰戈尔文学作品中的具体存在方式,从而进一步探索文学和宗教之间的深层关系。论文共为三个部分。第一部分为前言,主要回顾泰戈尔研究在中国的发展阶段,讨论学术史演进过程中泰戈尔研究视角的变迁和被忽视的问题,然后提出目前阻碍中国泰戈尔研究的主要困难,并阐明论文使用的研究方法。第二部分为正文,共分为四章。第一章主要是对泰戈尔的宗教思想进行寻根溯源,首先论述影响泰戈尔宗教思想形成的印度传统文化,然后具体描述当时的社会思潮对泰戈尔宗教思想的形成和发展所产生的重要作用,之后又论述印度传统教育与西式教育的结合给泰戈尔带来的影响,使他的宗教思想能兼采印度和外国传统文化之长。第二章首先探讨泰戈尔对于"人格"的定义,人格论的特点和宗教渊源,并指出泰戈尔人格论对印度传统文化思想的继承和发展,还揭示人格论在泰戈尔文学思想与创作中的核心地位;其次概述印度传统的"味论学",同时从情味论的新视角等方面论述泰戈尔对"味论"诗学的新发展,揭示泰戈尔情味论与其宗教思想、宗教体验的内在联系。第三章首先探讨泰戈尔的宗教体验与他的诗歌创作的关系,然后以泰戈尔作品中的女性形象为切入点,论述泰戈尔独特的妇女观和爱情观,从而揭示出泰戈尔隐藏在女性形象背后的宗教世界。另外还从文化史角度考察泰戈尔女性宗教观点的由来。第四章首先分析泰戈尔和佛教结缘的主要原因在于寻求解决宗教问题的出路,然后讨论泰戈尔作品中的佛教故事和佛教思想,指出影响泰戈尔文学创作的佛教因素。最后从佛陀对泰戈尔的人格引导和泰戈尔对佛教教义的吸收两方面论述佛教对泰戈尔宗教思想的影响。第三部分为结语,指出泰戈尔思想和文学创作与他的宗教思想相互影响,互融共生。同时对今后的研究方向做了一定的展望。

关键词:泰戈尔(Rabindranath Tagore)　文学思想　宗教

**4181**

**论艾柯的符号学小说** / 李静著 ; 赵毅衡指导. -- 四川大学, 2009. -- 239 页

论文主要从符号学的理论视角出发,运用符号学理论分析研究翁贝托·艾柯的长篇博学小说,以试图给他的小说一个合理的符号学诠释。全文共分七章,第一章导论梳理中西博学小说的传统以及这类小说在当前的发展,并指出艾柯是博学小说的集大成者。然后对艾柯进行宏观性的介绍。另外还综述国内外对艾柯的研究状况,介绍选题的价值意义、研究方法、理论依据及创新之处。第二章首先介绍《玫瑰之名》的出版情况、主要内容及围绕《玫瑰之名》的相关争论,然后从无名的修道院、无名的少女、无名的凶手以及无名的怪书来论述该部小说能指与所指关系。第三章首先对《傅科摆》进行题解并介绍小说的故事内容,同时对代码理论进行论述。然后以巴尔特的五种代码即阐释代码、行动代码、语义代码、象征代码和文化代码为理论依据来具体分析小说文本。第四章首先介绍《昨日之岛》的故事内容、主题意义、指出小说的符号学关注对象即隐喻,并对隐喻理论进行分析。然后分别从小说的修辞隐喻、文化隐喻两方面对小说进行分析。最后论述这部小说的元小说技巧。第五章也首先介绍《波多里诺》内容,及艾柯的符号概念和当今学界的叙述转问题。然后分别从符号和谎言两方面具体分析文本中的各种符号及历史与谎言、真实与想象的关系,最后从叙述转向谈起,论述小说中对于叙述化的具体体现和形象讨论。第六章首先对《洛安娜女王的神秘火焰》进行题解并介绍故事内容,然

后分析失忆症与失语症的雅各布森的符号双轴理论的关系。最后从三个方面即失忆与符号双轴的平行位移、大众文化与符号的横向移动以及记忆与符号双轴的平行位移来具体分析阐释文本。第七章是结论部分,总结艾柯小说的总体特征。

关键词:艾柯(Eco, Umberto) 小说 符号学

4182

**跨界与想象:近代旅外游记与民族国家建构** / 李涯著 ; 刘亚丁指导. -- 四川大学, 2009. -- 287 页

论文以 1861 年到 1927 年间中国人旅欧、旅美、旅俄、旅日的游记为研究对象,探讨中国近代旅外游记与中国现代民族国家建构之间的深刻联系。首先,分析近代旅外游记的历史机缘。1861 年后,清政府分批外派官员出洋考察以了解西方主导的现代民族国家体系,这些官员们写作的旅外游记就成为近代旅外游记的最初作品,同时还有其他人也因各种原因得以游历海外,所有这些人留下了不少珍贵的游记,从不同的角度展开对西方形象的描述,从中体现出他们对中国现代民族国家建构的焦灼心态。其次,论述近代旅外游记作者的写作心态。近代以来中国数千年的"帝国天下"想象遭到了重创,被迫采纳西方主导的现代民族国家标准。近代旅外游者由于最早、最直观地感受到这一切,因此他们所承受的压力也就远比国内的中国人要强烈的多。他们内心的矛盾与困惑主要包括三方面:一是"游与不游";二是"注视与被注视";三是"承认与不承认"。再次,论述近代旅外游记中记录的西方形象,即近代旅外游者在游记中主要记录四种西方形象:地理形象、器物形象、制度形象和文化形象。最后,阐述近代旅外游记的书写和传播,其中主要包括四种不同的书写形式和传播方式:一是以郭嵩焘、黎庶昌和薛福成为代表的旅外官员游记的书写与传播;二是以王韬为代表的平民旅外游记;三是以梁启超为代表的维新派旅外游记;四是以"五四"新文化运动时期的旅外游记。这四种不同风格的游记的书写形式与传播途径有密切关系,都受到目标受众或"隐含读者"的影响,并从不同的角度和层次参与了民族国家想象与建构。

关键词:游记 文学研究 近代

4183

**电影的转折:比较文学视野下二十世纪四五十年代电影研究** / 李阳著 ; 戴锦华指导. -- 北京大学, 2009. -- 196 页

论文在比较文学的框架中,以不同导演作为线索,探讨 1949 年以后苏联蒙太奇学派冲击并替代好莱坞模式在中国电影中的支配地位的过程,以及其间引发的问题,并进而与 20 世纪 80 年代二元对立的话语对话。首先,选择孙瑜作为研究对象。作为在新电影运动中确立好莱坞模式的电影人,孙瑜不断试图向马克思主义靠拢,却又始终无法割断自由主义的诉求,孙瑜所遭遇的是马克思主义与自由主义自新电影运动开始便发生的漫长的彼此缠绕、结盟与否定的过程。其次,以汤晓丹为线索人物。作为一个童年即远涉南洋,不断经历民族身份危机的电影人,汤晓丹从影以来先后经历了各种不同的民族主义诉求,这促使他在漫长的电影历程中不断进行着筛选和否定,这也正是穿越 1949 年转折的另一个可以讨论的面向。再次,对于蔡楚生的讨论主要集中于马克思主义言说方式的层面,从左冀电影运动到新中国电影,马克思主义的话语本身经历了不同语境的多重变迁。1949 年后,不仅电影的结构性位置发生了转变,马克思主义的相关话语也发生了转换,蔡楚生不得不在新的语境中再度确认言说方式和可能。最后,选择的是凌子风导演,以此探讨四九年转折的另一脉络,即电影编码方式的转变,苏联电影开始了对好莱坞模式的冲击。凌子风在从延安到东影,再到新中国的转换中,呈现出了一条"无需改造"的格外顺滑的脉络。考察凌子风正是要考察新中国在电影编码方式上的转折,及其对电影资源的借鉴和延续。

关键词:电影史 电影评论 比较文学

4184

**郭沫若西方戏剧文学的译介研究** / 廖思湄著 ; 曹顺庆指导. -- 四川大学, 2009. -- 273 页

论文在主要研究郭沫若的戏剧文学翻译实践和翻译理论的基础上,试图从一个全新的系统视角探讨翻译文学的内在实质性特征。全文共分七章。第一章综述郭沫若戏剧文学译介的前提和特征,研究郭沫若寻求中西方戏剧交流产生契合的基本条件,包括对西方文学文化意识的接纳与反叛,尤其对于基督教的"中国式"的辩证理解,同时也对于郭沫若戏剧文学译介活动做了较为系统的综述;第二章对于郭沫若的德国戏剧文学的译介、从与歌德和习勒思想的契合与共鸣、歌德的《浮士德》和席勒的《华伦斯坦》的译介以及两人戏剧文学作品的译介对郭沫若

创作的影响方面进行综述。第三、第四章分别系统论述郭沫若对于爱尔兰戏剧家约翰·沁孤和英国戏剧家高尔斯华绥戏剧文学作品的译介特征,体现出郭沫若对这两位西方戏剧家作品的同感与作品社会历史意义的许可。第五章对于郭沫若的戏剧文学翻译思想进行系统的综述,包括他的戏剧文学翻译思想总体特征的介绍、"创作论"蕴涵的翻译美学的价值探讨、"再创作"翻译理据的挖掘以及"创作论"对于中国文学翻译思想的贡献等方面。第六章把郭沫若的"创作论"翻译方式论,立于逻辑起点和理论核心展开研究,探讨作为翻译家的郭沫若的良好的翻译境界和高超的文学翻译技巧。第七章则站在"创作论"翻译艺术论的高度,对于文学翻译中美的表现与鉴赏做出系统总结。

关键词:郭沫若　戏剧　文学翻译

**4185**

**日本江户汉诗对明代诗歌的接受研究** / 刘芳亮著 ; 高文汉指导. -- 山东大学, 2009. -- 155 页

论文采用实证的方法,以明七子派和公安派文学及其主张在江户诗坛的流传与接受为轴心探讨江户汉诗对明代诗歌的接受情况,并揭示其在这两派文学影响下的变迁。全文由三章构成。第一章首先论述明代诗歌的流变,并把笔墨重点放在明七子复古派和公安派的文学主张上;然后阐述江户汉诗在三个阶段的发展状况、诗风及代表诗人,进而指出江户诗坛具有的与以往不同的几个特点,即诗社的兴起、总集的编撰、诗话的大量出现、专职诗人的涌现。同时分析江户汉诗繁盛的原因,即印刷技术的提高和出版业的发展、德川幕府的文教政策、学问比武功更易出世、前代汉文学的积淀、汉籍的输入。另外进一步围绕江户汉诗接受明代诗歌的桥梁——汉籍的输入,特别是江户初期对明代典籍的引进状况展开详细的调查,发现江户初期引入明代书籍不仅数量可观,而且速度亦往往令人惊叹,这保证江户诗坛能够及时了解并跟进新近的中国文坛动向。第二章就明代最具影响力的诗歌流派即明七子复古派在江户诗坛的流传与接受进行深入探讨。首先从幕初学者的文集及一些文献目录出发调查江户时期明七子派流传的踪迹,发现几乎在江户时代开始日本国内就对明七子派有所了解,该派的主要诗文集基本都已传入日本。然后围绕江户诗坛最具影响力、势力遍布全日本的萱园派接受李攀龙、王世贞等明七子派的情况展开研究。第三章围绕公安派在江户诗坛的流播与接受进行探讨。首先仍先从幕初学者的文集及一些文献目录出发调查萱园派统治诗坛以前公安派流传的踪迹。然后叙述公安派性灵学的重新标举,并论述在江户诗坛上与萱园派对立的清新性灵派。最后阐述公安派性灵说的整合与消退,即幕末诸诗家对公安派性灵说的态度大多是在批判的同时又认可其中合理因素,这可被认为是公安派性灵说通过清新性灵派的推广已经不同程度地内化整合于后期诗人身上。

关键词:诗歌　文学研究　江户时代

**4186**

**索尔·贝娄小说中的受难意识与犹太伦理取向** / 刘兮颖著 ; 聂珍钊指导. -- 华中师范大学, 2009. -- 141 页

论文通过分析美国著名犹太作家索尔·贝娄的五部代表作来探讨其创作中存在着的犹太民族中特有的受难意识和犹太伦理取向,指出犹太道德在美国社会受到的冲击及其特殊的启示意义。论文共分为六章。第一章"贝娄与犹太伦理"论述犹太民族的受难意识和犹太伦理思想,并指出索尔·贝娄充分地吸收犹太传统文化,"伦理一神教"思想贯穿在他的整个创作生涯中,以艺术化的方式得以呈现,伦理和道德问题是贝娄创作的核心。第二章,小说《受害者》展现苦难对于受害者的积极意义,它能促使人更加努力地奋斗并最终改变自身状况,摆脱苦难。第三章,小说《只争朝夕》展现犹太人在美国寻求身份认同而失败的历程,同时也反映出犹太移民在美国化的过程中呈现出的种种矛盾心态。第四章,小说《赫索格》通过主人公失败的婚姻展示传统犹太婚姻伦理道德的崩溃,而这在一定程度上应归因于女权运动的兴起,男性对自身地位的不确定感以及传统犹太家庭的瓦解。第五章,小说《洪堡的礼物》中剧作家西特林因诗人洪堡的礼物而获得宽恕,不仅展示西特林的救赎之路,洪堡也以自己的死亡获得最终的救赎。第六章,小说《更多的人死于心碎》展现犹太知识分子在当代美国社会面临的伦理困惑和精神危机。最后,论文总结贝娄小说中传达出的犹太伦理取向:如果生命是神圣的,那么无论遭遇怎样的磨难也必须坚持下去,因为活下去是一种道义职责。

关键词:贝娄　犹太教　文学研究

4187

**拒抗、吸纳、杂糅与重构:美国华裔女性文学文本中的华裔文化研究** / 刘熠著 ; 王晓路指导. -- 四川大学, 2009. -- 200 页

论文选择具有代表性的反映华裔生活历史的女作家的文学文本,通过对这一系列文本的研究,历时地考察美国华裔文化的发展轨迹,以期对美国华裔文化独具的族裔性特色和总体面貌有一个较为深入和全面的认识。第一,运用空间理论分析作品对华人活动的公共空间和私人空间等两类空间的再现,揭示出空间书写中铭刻的时代烙印和族裔色彩。第二,将服饰置于华人历史变迁的纬度中,考察其作为历史见证的隐形象征意义。第三,分析华裔儒、道、佛与祭拜祖先等多元结合的信仰特色及其对基督教的接纳,以及接纳中又倾向于实用主义的复杂态势。第四,分析美国华人华裔在婚姻、家庭、教育等方面的思想观念,揭示出老一代保留了更多的源于儒家传统的影响,而新生代则日趋西化。第五,分析贯穿于族群关系书写中的解构白人种族主义的鲜明意向及其有破、有立的书写策略。第六,分析女作家们解构男性中心主义的主题书写,并对将她们视为东方主义的女性主义的观点做了辨析。第七,着重分析华裔作家探寻与建构文化身份的历程及在多元文化语境下对族裔性的比较自觉地认知与建构。第八,分析文学文本在表征形式上,在承传与建构华裔文化的策略与手法方面,呈现出的族裔特征和时代色彩。最后,总结对美国华裔文化的总体状貌和特色的认识,并对几种不同的见解作了辨析。

关键词:华人　文学研究　美国

4188

**《老子》与中国诗学话语** / 刘占祥著 ; 曹顺庆,傅勇林指导. -- 四川大学, 2009. -- 281 页

论文围绕《老子》的思想体系,从意义生成方式、言说方式这两个诗学话语最为重要的组成部分入手,系统研究《老子》与中国诗学话语的关系。全文共分五章。第一章首先研究“道”这一《老子》最高范畴的由来和演变,并比较孔子之道和《老子》之道在源点上的不同。然后又分析《老子》“无——道——有”思想体系的具体内容。最后,探讨《老子》的消解性解读模式和“无中生有”的意义生成方式,并与孔子的“依经立义”的意义生成方式进行比较。第二章探讨《老子》的意义生成方式与中国诗学话语之间的关系。《老子》的意义生成方式对中国诗学话语的影响主要体现于对语言和意义关系的阐述,以及“大音希声”“大象无形”“虚实相生”等命题的提出上。为进一步弄清楚这些问题,论文还从中西比较融通的视野,进行中国诗学和西方诗学的对话。第三章探讨《老子》的意义生成方式和西方意义生成方式的不同。《老子》的“道”和赫拉克利特的“逻各斯”,分别是中国诗学和西方诗学的源点,各自生成着不同的意义。两者尽管有许多相似特征,但《老子》之道倾向于“无”,而赫拉克利特的“逻各斯”则倾向于“有”,从这一不同源点出发,中国诗学和西方诗学各自走上不同的路径,并形成不同的诗学话语体系。第四章探讨《老子》的诗性言说方式与中国诗学话语之间的关系。分析诗性的内涵及其特征和中国早期的诗性的表现。之后,讨论《老子》的诗性言说对中国诗学话语的影响。第五章对《老子》的言说方式和西方的言说方式进行比较。相比于“道”的不可言说、只可体悟,“逻各斯”是可以言说,可以分析的,从这两个不同源点的基本倾向出发,中国诗学走向诗性言说,而西方诗学走向理性言说。

关键词:诗学　道德经　文学研究

4189

**当代奇卡纳代表作家研究** / 吕娜著 ; 付景川指导. -- 吉林大学, 2009. -- 166 页

论文分析当代墨裔女性在奇卡纳文学创作中表现出的鲜明的主题、与众不同的内容与写作风格,探讨其呈现的不同于奇卡纳文学和美国其他少数民族裔女性文学的特征。全文共分四章。首先绪论,对拉美裔美国人的崛起与奇卡纳文学进行介绍,对奇卡纳文学的有关研究现状进行综述,同时指出研究的主要内容与研究方法。第一章对当代奇卡纳文学进行界定,首先分析奇卡纳运动及奇卡纳文化的传播,随后从奇卡纳女性主义与对奇卡纳文学的界定两个角度介绍当代奇卡纳文艺的复兴,然后分析奇卡纳文学中的女性文化原型。第二章对格洛里亚·安扎杜尔进行研究,首先分析格洛里亚·安扎杜尔的“新女性混血意识”,探讨“新女性混血意识”的由来,同时对“双重意识”与“新女性混血意识”进行比较辨析,然后分析其作品中表现的体裁和语言的混血,最后着重研究从男权主导的“阿兹特兰”到“蛇群女神”的民族的转变过程,对阿兹特兰的母系传统进行回溯,同时对墨西哥传统文化中的女性神话人物进行重塑。第三章对桑德拉·西斯内罗斯进行研究,首先分析白人女性

文学与奇卡纳文学的区别与联系，同时对个人主义价值观与集体主义观念进行探讨，分析阶级意识的差异问题，随后围绕“是圣母还是荡妇?”这个问题对奇卡纳文化中二元对立女性形象进行解构，描述奇卡纳文化中的新原型，最后探讨美墨边境的国度跨越与身份超越问题。第四章着重研究安娜·卡斯特罗，分析其作品中体现的奇卡纳的家庭观，指出其对母性角色的认同，随后分析奇卡纳的宗教观，指出奇卡纳文学中对基督教的公开挑战。最后为结语部分。

关键词：女性　文学研究　美国

**4190**

**操纵与构建：苏珊·巴斯奈特“文化翻译”思想研究** / 罗承丽著；王宁指导. -- 北京语言大学，2009. -- 143 页

论文全面关注并立足于英国著名翻译理论家苏珊·巴斯奈特的理论文献，采用文本细读与理论概括相结合的研究方法，力图把握巴斯奈特“文化翻译”思想的全貌及核心构成，同时将之引入中国语境加以检验。第一，概要介绍巴斯奈特开阔的学术研究视阈及其主要的翻译研究著作，并将国内外译学界就巴斯奈特“文化翻译”思想进行研究的现状进行综述。第二，讨论为巴斯奈特的“文化翻译”思想提供理论营养的各种资源，其中包括比较文学学科提供的独特研究视角，多元系统论的深刻启示，解构主义的强力冲击以及文化研究的全面影响。第三，厘清“文化翻译”的两种含义以及巴斯奈特“文化翻译”思想涵盖的两个层面，随后对第一个层面，亦即其文化功能对等论进行讨论，同时引进尤金·奈达的功能对等论，将二者进行比较并提出批评。第四，讨论翻译与文化之间的互动关系，即重点阐发巴斯奈特“文化翻译”思想的核心：“操纵论”和“文化构建论”。第五，总结巴斯奈特有关后殖民翻译研究的三种论点，并对巴斯奈特针对劳伦斯·韦努蒂异化论的回应进行详细讨论，另外还涉及中国语境对巴斯奈特“归化”立场的严重误读。第六，探讨巴斯奈特“文化翻译”思想的具体实践。在诗歌翻译部分，围绕巴斯奈特的“种子移植”论展开论述；在戏剧翻译部分，讨论的重点则是巴斯奈特对戏剧翻译的“可表演性”原则前后迥异的立场。最后，论文还指出巴斯奈特翻译研究的不足，并对翻译研究的范式更替进行总结。

关键词：巴斯内特（Bassnett, Susan）　翻译理论　文化传统

**4191**

**加里·斯奈德与禅宗文化** / 罗坚著；曹顺庆指导. -- 四川大学，2009. -- 217 页

论文主要探讨加里·斯奈德与禅宗文化的关系。全文共六章。第一章分析斯奈德所处时代的社会文化背景，主要涉及“垮掉的一代”、旧金山文艺复兴及反正统文化运动。通过分析这些文化、文学运动，可以看出反抗与叛离资本主义—基督教正统文化是美国新青年一代在 20 世纪 50、60 年代的整体倾向。第二章分析禅宗在美国的传播过程，尤其是日本禅僧对禅宗传播到海外的重要贡献。同时探析斯奈德与禅宗结缘的内在原因。第三章探讨自修禅阶段斯奈德对禅宗文化的理解，这些理解在《神话与文本》《砌石与寒山诗》中的呈现，斯奈德对资本主义—基督教文化的激烈批评，以及斯奈德与中国唐朝诗僧寒山的文化共鸣。第四章研究斯奈德在日本禅院学禅的过程。其中探寻斯奈德在京都禅院修行时所得到的体验与收获，也研究他通过艰苦的修行所获得的禅学境界的提升。此外，还分析了斯奈德创作的《搭便车俳句》中的禅意。第五章探讨斯奈德重返美洲大陆及修建骨圈禅堂，带领民众修行禅宗的过程。由此，他也完成一个禅宗弟子自我习禅、赴禅院学禅、返回本土传禅的圆满形成。第六章从比较文学变异学的角度研究斯奈德与禅宗文化的关系。首先分析斯奈德对禅宗文化的变异性解读，这主要表现在斯奈德对传统佛教的批评与现代性解读上。其次分析斯奈德对禅宗文化的变异性运用，探讨他对佛教的“杀生戒”等理念的变异性解读，尤其重点分析斯奈德模仿佛经创作的《大棕熊经》。

关键词：斯奈德（Snyder, Gary）　禅宗　文学研究

**4192**

**戴维·洛奇对话小说理论与创作实践** / 罗贻荣著；曾艳兵指导. -- 天津师范大学，2009. -- 108 页

论文对戴维·洛奇对话小说的理论与创作实践进行系统性的探讨。首先，总结巴赫金的“复调小说”概念在美学上、在文体与风格上、在情节结构上、在技巧上、在内容上的不同特征，并阐述一些国内有争议的问题。同时总结戴维·洛奇从语言、文体、创作方法和作者与读者的关系等方面对“对话小说”的阐述，并认为他在两个方面对巴赫金的复调小说理论有所发展，即对话小说是多种创作方法的对话，特别是传统现实主义和现代—后现代主义的对话；对话小说是

作者与读者之间的对话,这种关系使对话小说的意义生成跟后现代小说区别开来。其次,从多个方面分析戴维·洛奇小说创作的“对话”特色,并将其概括为“一切全是对话,一切为了对话”。同时重点分析戴维·洛奇在创作实践中有意识地将现实主义创作方法和现代—后现代主义结合起来,增强了小说的生命力;在描写各种声音和观念的对话时,善于表现它们由互动而产生变化的过程,使对话具有“建构”和“重建”的意义,使狂欢化时空体既有共时维度也有了历时维度。以上两方面正是戴维·洛奇在创作上对巴赫金复调小说概念的补充和发展。最后,论文结论认为,对话造就了戴维·洛奇在英国文坛独树一帜的小说创作风格,甚至成就了他迄今为止最著名、最有创造性的小说——《小世界》;戴维·洛奇发展巴赫金复调小说理论以及对话拓展小说的疆域、增强小说生命力的努力,对小说的发展是有益的;在当今全球化背景下又存在多元文化和族群对立的时代,戴维·洛奇对话小说对我们有着启示意义。

关键词:洛奇(Lodge, David)　小说　文学创作

**4193**

**中国现代小说中的日本形象研究** / 马宁著 ; 靳丛林指导. -- 吉林大学, 2009. -- 173 页

论文通过对中国现代小说中日本形象创造的三个不同阶段中代表性作家作品的研究,剖析这些作家作品在构造相关情节、描写日本状况、塑造人物形象时的特点及其变化。全文共分三个部分。首先绪论,分析课题的缘起,对国内外的研究现状进行述评,同时指出课题研究的基本思路与方法,并对研究的范围与“日本形象”进行界定,最后分析课题研究的理论意义与实用价值。第一部分为上编,分析“五四”一代的日本情结和自叙,首先以郁达夫为代表人物,指出他的身份是一名对日情感矛盾纠结的留学生,研究他的作品中的日本人物形象与日本国家形象,分析他对日本形象消极描写的根源,一是自身性格的阴郁、自卑和消极;二是其内心的爱国主义情结;三是其深受日本“私小说”的影响,随后以郭沫若为典型代表,分析他在日本留学苦海中的苦闷挣扎,介绍其小说中的日本女性和日本男性形象,并探究其小说中日本形象描写倾向性的问题,最后以张资平和郑伯奇为研究对象,指出他们的小说中表现的情感是理智与情感之间的徘徊。第二部分为中编,分析“九·一八”之后的对日的斥责与记录,首先分析茅盾笔下中国社会的“日本”阴影,描述中国乡镇平民悲惨生涯背后的日本魔爪,随后分析东北特殊创作群体记录的侵略者的丑相,着重介绍萧红小说中残暴的日本兵的形象以及在《八月的乡村》中对日本的强烈控诉。第三部分为下编,介绍全面抗日战争中的感触与描摹,分别分析端木蕻良小说中的日本军官形象、老舍笔下的日本兵形象以及张恨水眼中的日本士兵,从而得出了有关小结。

关键词:现代小说　人物形象　文学研究

**4194**

**日本小说家与郁达夫** / 倪祥妍著 ; 方汉文指导. -- 苏州大学, 2009. -- 172 页

论文以重原典材料和科学实证的“影响研究”为主,审美评价为辅的方法全面系统地探讨郁达夫的文学观及小说创作受几位日本近代小说家影响的事实。全文共分五章。首先导论,分析选题的依据,阐述研究的现状,指出论文的研究方法、研究价值及特点,最后说明论文的结构安排。第一章对郁达夫在留学时期所处的流派纷呈、争奇斗艳的日本文学语境进行研究。第二章简要介绍田山花袋的生平及其所受到的西方自然主义文学思潮及相关文学理论的影响,通过两位作家小说文本的比较,指出郁达夫的相关小说在主人公的身份设定、情节安排、人物行为及心理描写、道具使用等方面的相似之处,同时也指出其中的差异所在,最后通过对两位作家的比较,指出郁达夫无论是在文学观念的形成,还是在写作时间方面,都受到了田山花袋影响的事实。第三章分析佐藤春夫与郁达夫的复杂关系,首先通过比较佐藤春夫的《田园的忧郁》对《沉沦》的具体影响,指出郁达夫的小说创作受到了佐藤春夫的影响,但同时两位作家对主人公忧郁病根源的暗示及对自然景物处理的方法又存在着差异,随后指出因国情及个人处境的原因,两人最终以绝交收场。第四章分析塑造“零余者”的葛西善藏与郁达夫的关系,分析葛西善藏影响郁达夫的现实因素,探讨两位作家作品的表象的相似及潜在的差异性。第五章首先简要介绍谷崎润一郎的生平与创作情况,追溯两位作家所受到的西方唯美主义思想的影响,同时探讨两位作家各自的唯美主张,具体通过对文本的比较分析,指出谷崎润一郎文学对郁达夫小说创作的影响所在。最后为结语部分,总结郁达夫受几位日本小说家影响的原因及其差异之处,进一步分析出现此种变异的原因。

关键词:郁达夫　小说创作　文学研究

4195

**拜伦创作艺术论** / 倪正芳著 ; 曾思艺指导. -- 天津师范大学, 2009. -- 194 页

论文对拜伦的创作艺术进行系统的探讨。第一,梳理拜伦的诗学思想,提出重新认识和评价拜伦想象观的问题,既可由此一观拜伦诗学思想之全豹,还能纠正某些对拜伦想象观不太符合实际的评价。同时对拜伦诗学思想的讨论及对想象观的解剖,可对关于拜伦创作艺术的具体阐述起到纲举目张的作用。第二,认为拜伦是一个具有典型的浪漫主义风格同时兼具强烈的现实主义关怀的诗人,这与他的社会政治活动家的身份有关。同时也关注了拜伦创作中的哥特风格。第三,论述科技革命与工业革命的时代特征使得拜伦的创作具备新的内涵,包括对他的艺术思维方式也产生影响。具体而言,在时代精神影响下拜伦创作在知识结构、思维特征等方面都表现出复合性,显露出科学精神与人文意识相结合的气质。第四,阐述拜伦的创作非常活跃,体现在文类意识上就是他不仅涉及文类广,堪称诗、剧、散文创作的多面手,而且对传统的文类规范还有所发展和创新。最后,论文认为,拜伦众多作品创造的人物形象虽然受到人们的普遍关注,但存在研究领域狭窄、评价陈陈相因等不足。"拜伦式英雄"存在着现实型、残疾型及巨人型等多种类型;唐璜形象也需要放在西方文学传统唐璜形象序列中区认识,同时他与"拜伦式英雄"又并非完全无关系;拜伦笔下的女性形象被赋予了丰富的思想内涵,体现了拜伦复杂的女性观。

关键词:拜伦　创作风格　文学研究

4196

**直面虚无的灵魂救赎:约瑟夫·康拉德创作精神主体研究** / 庞伟奇著 ; 孙绍振指导. -- 福建师范大学, 2009. -- 195 页

论文以康拉德创作的精神主体为研究对象,以康拉德小说中的骑士精神为切入点,以文学人学批评为主要路径,兼容文学伦理学、美学、心理学、后殖民批评、叙事学和社会历史批评的研究成果,探察康拉德创作的精神主体的实质和特征,同时兼顾康拉德精神主体的多面性和复杂性,力图对康拉德的精神主体以准确的描述和定位,并以此为核心展开相关的探讨。第一,简要综述国内外康拉德研究的历史和现状,重点就国内外关于康拉德精神主体的研究做总结分析,并指出存在的问题,在此基础上提出论文的研究特色。第二,主要描述康拉德创作总的精神面貌,并认为康拉德骑士精神的提出,挑战利维斯的海员精神观,同时从外部和内部两个方面阐述康拉德骑士精神的形成。还讨论骑士精神主体的几个侧面,包括康拉德的伦理观的本质、精神骑士的人性观、厌世隐士的世界观与人生观、保守贵族式的政治哲学、男性中心主义的女性观等。第三,从以康拉德的丛林小说、海洋题材小说、政治小说为基础,系统阐述康拉德创作精神主体的悲剧性,并探讨康拉德小说悲剧性的特点和发展脉络,以及康拉德的思想轨迹。第四,同样从康拉德的丛林小说、海洋题材小说、政治小说出发,阐述康拉德创作精神主体的内在矛盾性。最后,论述康拉德精神主体这两大特征的内在逻辑和相互关联,并认为康拉德的精神探索告诉我们:要放弃自我中心主义,以谦卑之心对待他者,以自省和忏悔之心对待自我,在现实磨难中保持清醒,在精神的炼狱中达到灵魂的升华,在自我放逐中回归精神的家园。

关键词:康拉德　创作思想　文学研究

4197

**继承与超越:纳博科夫俄语长篇小说与俄罗斯文学传统** / 邱静娟著 ; 朱宪生指导. -- 上海师范大学, 2009. -- 175 页

论文在文本细读的基础上,从比较的视角切入,通过考察纳博科夫早期俄语长篇小说与俄罗斯文学传统的关系,指出他正是在对传统借鉴和扬弃的基础上,才完成创新和超越。首先,通过选择个案逐一剖析,探讨纳博科夫作品与传统既亲近又背离的关系,同时分析其如何制作和拆穿他的带有"典雅谜底"的谜语,由此论证纳博科夫早期俄语长篇小说对俄罗斯传统的继承和发展;其次,介绍俄罗斯的诗意小说,并论证纳博科夫早期俄语长篇小说对俄罗斯诗意小说的继承和发展;再次,论及纳博科夫早期俄语长篇小说的自由主题及其与俄罗斯文学人道主义传统的联系,以驳斥认为纳博科夫作品缺乏"对人的关爱"和"俄罗斯性"的错误认识。事实上,纳博科夫继承和发展了俄罗斯文学的人道主义传统,他的自由观既呼应了俄罗斯文学的自由主题,又体现了它自己的特色。最后,论文结论认为,纳博科夫早期俄语长篇小说与俄罗斯文学传统又血肉联系,他汲取了传统的精华,最终开创了自己的天地,也开拓了一个文学新格局。

关键词:纳博科夫(Nabokov, V. V.)　文学创作　长篇小说

4198

**斯蒂芬·格林布拉特诗学思想研究**／邱岚著；曹顺庆指导. -- 四川大学, 2009. -- 150页

论文以大量的一手英文文献和中文文献为基础，结合国内外学界对格林布拉特诗学理论展开的相关研究，就格式诗学思想的理论性质、特征、价值、意义、贡献和影响等方面展开分析。第一，主要从“形式主义诗学的困境”“后现代诗学的挑战”“马克思主义诗学的影响”三个方面分析格式走向新历史主义和文化诗学研究的原因。第二，着重分析格式诗学的体系构成，也就是其新历史主义与文化诗学的形成，以及他对文学与历史、政治、意识形态等传统话题的重审。第三，主要阐述的是格式在文学基本理论方面的贡献，即他对理论概念、术语的创新，包括对一般文化概念意义的重塑、对其他学科概念在诗学领域里的移植、独创新的概念等。第四，就格式在文艺复兴研究和莎士比亚研究两个方面提出的批评观念进行分析讨论，主要围绕文学史的阐释模式、批评的对话理想、解构方略、叙事建构以及批评风格的表现等方面展开。第五，主要讲述的是格式与欧美一些文论家之间的关系探讨，借此来表现一些欧美文论家对格式诗学思想的影响。最后，主要讨论格式诗学思想带来的思考，也是作者本人从自己对格式诗学思想的研究中得到的一些微小的启发，包括观念上是“把握时机、创新诗论”，方法上是“科际综合、综合创新”，模式上是“寻求一种符合中国自身理论建设的独立的理论模式”。

关键词：格林布拉特（Greenblatt, Stephen）　诗学　文学研究

4199

**郭沫若历史剧《屈原》的创作、演出以及在日本的流变**／权五明著；曹顺庆指导. -- 四川大学, 2009. -- 249页

论文以郭沫若的历史剧《屈原》为研究对象，探讨该剧的创作、演出及在日本的流变情况。第一，从中国历史剧的创作时代、郭沫若的社会地位和活动角度，分析郭沫若历史剧的创作历程与作家的内在动机，屈原忧国的愤怒与郭氏对蒋介石政权反民主性的愤怒是一样的，借古代讽刺了现代。第二，按照时间顺序，比较郭沫若历史剧在民国时期和新中国时期的上演和影响。第三，分析戏曲《屈原》的变化，郭沫若改写的理由及目的，即为了提高作品的思想性和艺术性。在修改中，也有迎合政治潮流的改写。第四，分析历史剧《屈原》的内容，郭沫若借昏庸的楚怀王象征蒋介石，屈原的语言就是郭沫若自己愤怒的表现，这种愤怒也代表国民政府统治地区的广大人民的心声。第五，探讨郭沫若历史剧在日本的流变，其原因首先是郭沫若自身的不断努力，进行文学创作后取得辉煌业绩，后由日本人翻译介绍了他的许多优秀作品。其次是他20余年的日本生活，以及跟日本人的婚姻。另外，译者田祯一也功不可没。与此同时，论文还分析郭沫若历史剧流传到日本后的变化，并且考察日本民众对郭沫若历史剧的接受情况。第六，探索郭沫若历史剧在日本的上演与影响。《屈原》在日本的四次上演都获得了巨大的成功，也吸引了广大的日本观众。也就是说，《屈原》中体现出来的爱国主义、民族主义精神，不仅在中国，而且在日本也给人们很大影响，对中日友好、中日文化交流活动起到了积极的推进作用。

关键词：郭沫若　历史剧　文化交流

4200

**“洋货”在中国近现代文学中的形象建构**／任小娟著；曹顺庆，邓时忠指导. -- 四川大学, 2009. -- 189页

论文从“洋货”这个角度切入中国近现代文学，探讨一个通过“奇技淫巧”即现代西方物质文明塑造出来的异国形象。第一，考察“洋货”及其相关词汇的源流，厘清其中的重要因素“洋”字所表示的“外国”含义的历时发展，并通过词汇的演变，追溯中国人国家观念的“自我”与“他者”关系的变化过程。同时叙述“洋货”在中国商品经济的“身份”是如何被确认的。第二，描述“洋货”所构造的近现代文学形象具有多面性：一是官方话语体系下的“洋货”，代表“帝国主义侵略中国的经济手段”；二是代表物质文明和进步的“洋货”形象，与西方现代性相关，被赋予拯救国家和民族的责任；三是普通人消费体系下的“洋货”，是具有实用性的生活必需品。第三，论述“洋货”对现代生活的重塑，即各式各样的“洋货”构成的“洋式”生活场景，在现代中国人的时间、空间维度的重构方面发挥重要的作用；同时也重塑个人与他者的关系，近现代作品充分反映个人与物、个人与他人的关系的变迁。第四，从更微观的层面，讨论鸦片、洋装、“洋场”这几种对近现代中国社会人生影响尤为深刻的“洋货”典型及其相关物。最后，论文认为在中国，对“洋货”的社会集体想象存在两种倾向：一种是与土货相比，“洋货”被认为是一种负面因素，因此对“洋货”的感情是憎恶的，这就是所

谓的意识形态的社会集体想象；另一种是乌托邦的社会集体想象，包括两种不同的态度，即理性主义的友善态度和崇拜“洋货”的狂热态度。

关键词：洋货　艺术形象　文学研究

**4201**

**川端文学的精神分析阐发：以俄狄浦斯情结为中心** / 宋琛著 ; 于长敏指导. -- 吉林大学, 2009. -- 171 页

论文用现代西方心理学后弗洛伊德主义关于俄狄浦斯情结理论为学理凭据，糅合法国学派与英美学派，重新批评审视了川端文学。全文共分四章。首先绪论，分析问题的缘起，回顾课题的研究历史与现状，同时指出论文研究的主要问题和方法。第一章分析从集体无意识到极端化的个体无意识的发展过程，首先分析日本的文化恋母情结问题，分别从神话和宗教两个方面看待日本父系社会结构下的母性意识结构，同时分析日本母性原理的二重性，然后讨论川端康成的俄狄浦斯情结，分析其内心的返婴心理和对母性的依赖性，并指出川端康成的自我界限与精神贯注，最后得出有关小结。第二章分析俄狄浦斯情结的本土化现象，分析川端的心理特征与其文学创作的基本关系，梳理从新感觉派到新心理主义的变化过程，指出川端的诗情是其的自我写生，他以“中间小说”作为守护心灵的故乡，最后着重研究恋母主题的恶变与凸显。第三章研究川端康成的压抑符码与女体诗学，从身体缺失的抽象美图腾与精神缺失的官能美标本分析川端康成的欲望、压抑与女性书写的关联，重新描述川端康成心中的完美理想母亲形象，最后探讨“武家疯女”与俄狄浦斯母亲所引发的双重缺失问题。第四章研究川端文学的俄狄浦斯要素，首先分析川端文学的要素设置与自然意象，通过研究川端文学描绘的世界，窥视其内心表现，随后讨论阅读心理学语境下的川端文学，指出其文学是情感的宣泄与激发。最后为文章的总结。

关键词：川端康成　俄狄浦斯情结　文学研究

**4202**

**泉镜花浪漫主义小说的幻想空间** / 孙艳华著 ; 宿久高指导. -- 吉林大学, 2009. -- 249 页

论文以泉镜花对传统文艺的继承与超越为主线，探讨泉镜花的幻想空间的特质，并对泉镜花在日本近代文学史上的位置和作用进行研究。全文共分三章。首先绪论，对泉镜花研究的历史与现状进行分析，指出论文的研究方法与结构，同时阐述关于泉镜花“冷热不均”的评价，介绍关于泉镜花的幻想空间是“前近代”还是“超近代”的争论。第一章分析了泉镜花幻想空间的“幻想”，首先探讨幻想与浪漫主义文学之间的关联，分析何谓“幻想”的问题，指出幻想与想象之间的区别所在，同时点明幻想是浪漫主义文学的灵魂，随后对幻想与泉镜花的浪漫主义小说的相关内容进行研究，对泉镜花浪漫主义小说的流变进行区分，同时分析泉镜花浪漫主义小说的三大主题，阐述其浪漫主义小说的特质，并对泉镜花的浪漫主义小说与明治浪漫主义文学的关系进行探讨，最后通过将泉镜花幻想的特质与法国、德国浪漫主义幻想的比较，分析得出其小说中黄昏与黑暗的具体内涵，指出泉镜花幻想与法国浪漫主义幻想是共同幻想和个人幻想的对峙。第二章探讨泉镜花幻想空间的文化渊源，点出泉镜花的镜花取自“水月镜花”，并分别分析泉镜花的幻想世界与“能乐”“和歌”“草双纸”以及“读本”之间的关系，且通过分析泉镜花作品中的民俗世界是以口碑传说为主轴，得出民间传说对泉镜花的幻想世界同样起到一定的作用的观点。第三章研究泉镜花幻想空间的建构，首先从叙事学角度对泉镜花的幻想世界进行再解读，分析泉镜花作品中的叙事时间的代表类型，指出其中叙事人称的更迭以及叙事视角的转换，随后由对泉镜花作品中典型意象的研究，分析泉镜花幻想世界的意象机理，最后阐释泉镜花幻想世界的音乐性与视觉性。

关键词：泉镜花　浪漫主义　文学研究

**4203**

**体验终结：雷蒙·卡佛短篇小说的结尾研究** / 唐伟胜著 ; 宁一中指导. -- 北京语言大学, 2009. -- 126 页

论文借鉴“芝加哥学派”的修辞叙事理论，聚焦雷蒙·卡佛小说的结尾如何决定、引导或者阻碍读者对叙事终结感的体验。首先，简要介绍雷蒙·卡佛的生平及他的短篇小说和极简主义，同时概述国内外卡佛研究现状和短篇小说的“结尾”研究，在此基础上进一步探讨卡佛小说结尾的基本特色。其次，主要考察读者如何体验雷蒙·卡佛小说的四类不同结尾，即封闭式的结尾、“故事”层面封闭但“话语”层面开放的结尾、“故事”层面开放但“话语”层面封闭的结尾、“故事”层面和“话语”层面都开放的不确定式结尾，其中“故事”层面的“开放”被定义为“叙事内含某个重大冲突没有得到解决”，“话语”层面的“开放”则意味着

“读者需要付出一定的认知努力才能与隐含作者进行交流,或即使付出努力仍然无法完全与隐含作者交流”。再次,论文又以卡佛小说《洗澡》和《一件好事儿》为例,对这两篇小说的结尾进行比较分析。最后,通过对“极简主义”代表作家博比·梅森的作品《夏依洛》的结尾进行对比分析,可看出对宏达叙事的抛弃是“极简主义”作品结尾呈现开放性的根本原因,而抛弃宏大叙事又与20世纪70—80年代美国弥漫着沮丧情绪的历史语境有关。因此卡佛及其他“极简主义”作家使用的开放式结尾不单纯是一个叙事手法的问题,更与广阔的社会历史背景紧密联系在一起。

关键词:卡佛(Carver, Raymond) 叙事学 文学研究

**4204**

**韦恩·布斯与西方文学批评的修辞视角** / 汪建峰著 ; 刘亚猛指导. -- 福建师范大学, 2009. -- 258 页

论文对韦恩·布斯与西方文学批评的修辞视角进行系统的分析研究。全文共分五章。首先绪论,介绍选题的缘由,分析研究的意义,同时对相关文献进行综述,指出研究目标、内容以及研究的方法。第一章分析修辞、语言、话语、学术与文学批评的关系,首先介绍西方修辞的起源,分析西方修辞的定义,随后对西方修辞的概念化历程进行梳理,从而说明修辞的本质属性及其应用范围,最后探讨西方古典与当代修辞理论对“受众”的不同界定,并通过对中国文学批评的修辞视角概述,比较中西修辞观念的不同。第二章详细分析韦恩·布斯——在修辞与文学批评领域卓有建树的两栖学者,首先简要概述布斯的生平,分析其学术身份,随后分析布斯对亚里士多德修辞思想的批判性继承与发展以及对表现修辞的重新解读过程,最后介绍布斯的修辞思想基础,指出布斯对现代主义教条的严厉批判,点明其修辞思想的核心是“同意修辞”,同时分析布斯与文学批评的多远视角的关系。第三章从修辞与叙事角度对《小说修辞》进行再解读,通过分析《小说修辞》的理论基础,阐述《小说修辞》中对现代主义小说观和新批评的批判,并研究《小说修辞》之后修辞思想的发展。第四章论述布斯是当代西方伦理批评的旗手,首先对伦理批评进行重新的定位,并提出“互导”的概念,最后着重分析当代西方美学与伦理批判的争论,阐述引发争论的背景,同时介绍论辩双方的主要观点以及其论辩的策略。第五章分析布斯的启示以及西方文学批评的修辞化传统,预测当代文学批评回归修辞批评的趋向。

关键词:布斯(Booth, Wayne C.) 文学评论 修辞学

**4205**

**弗朗索瓦·于连研究** / 王超著 ; 曹顺庆指导. -- 四川大学, 2009. -- 375 页

论文对法国著名学者弗朗索瓦·于连进行系统性研究。全文由七章组成。第一章前言交代研究的目的、方法和策略,并简单介绍于连其人其事及其思想影响。第二章交代于连思想体系的中西文化渊源及其整体性的理论框架。首先从西方文明的现代性危机开始论述,从信仰价值、意识形态、解构思想三方面分析西方思想的病态性症候;其次从五四运动的思想革命、中国文论的西化之路、失语症与话语重建三方面讲述中国传统思想的话语危机;最后又从中国形象的误读、文学翻译的问题、译介学的创造性叛逆三方面分析中西文化对话交流过程中所存在的文化误读及其大致出路。第三章主要围绕中西思想意义策略问题而展开论述。首先探讨迂回作为一种意义策略在中国的发生、发展及其主要体现形式,同时把它与西方的意义策略进行对比参照;其次分析以间接迂回作为进入手段是如何体现在中国的战争艺术、文学艺术乃至政治艺术中的;最后从“言意之辨”进入中国思想中的意义策略问题,分析儒家、道家、佛家的迂回观念。第四章谈论中国文论话语的智慧型问题。首先主要论述变通与中国文论话语的意义生成模式;然后分析中国文论中的中庸与智慧规则;最后研究中国文论话语在智慧领域的具体形式。第五章研究中国文论话语的道德性。首先分析良知的起源及其展开之域的诸环节过程,其次论述作为良知的高峰体验的怜悯;然后深入到中国伦理学的关键范畴,即“礼”与“仁”,并把“仁”放在西方背景下的法律、宗教之框架下来进行比较和解读;最后则把天与上帝、圣道与公道、良知与良为进行比较阐释。第六章研究文学和艺术领域中国话语的无关性。首先从裸体这个艺术形式开始,把其视为一个文化符号来分析;其次分析在文学和哲学领域,中国是如何用“道”回避形而上学,继而拥有了自己的一套生成方式和话语规则的;最后论述中国话语的无关系如何形成独特的关联域来实现中西思想的双向还原和互补对话。第七章结语对论文做出大致的总结。

关键词:于连(Jullien, Francois) 比较文学 文学评论

4206

**西方文化影响下的胡适文学思想** / 王光和著 ; 林精华指导. -- 首都师范大学, 2009. -- 184 页

论文对西方文化影响下的胡适文学思想进行分析研究。全文共分五章。首先导言,对西方文化影响下的胡适文学思想的研究现状进行分析,探讨发生在美国的偶然事件与胡适的文学革命之间的内在联系,同时指出论文的研究方法与研究思路。第一章分析进化论与胡适的语言文学观,论述进化论对胡适语言观和文学观的影响,指出胡适是以进化论为核心观念对中外文学史进行阐释的,从而认识到中国的语言和文学已经到达必须改革的地步。第二章分析欧洲文艺复兴与胡适的白话文学史观,旨在阐述文艺复兴以来的欧美文学史对胡适撰写白话文学史的启迪和示范意义,同时解析世界平民主义思潮对胡适的白话文学史观和平民文学观的影响。第三章研究西方浸润与胡适的现代文学观念,主要探讨西方文化思想对胡适的现实主义和自由主义文学观念的影响,并对胡适的这两种文学观念的内涵进行阐述,指出它们各自在中国现代文学史上的价值与地位。第四章介绍英美诗歌和胡适的白话诗实验,探讨胡适白话诗理以及创作与西方文学资源的渊源关系,重点论述胡适的《文学改良刍议》和《谈新诗》中的诗歌主张与华兹华斯、惠特曼和英美意象派等诗学理论的关联。第五章探讨实证方法与胡适的文学批评,指出西方文化给胡适文学批评所带来的现代意识,首先从批评话语、批评思维、批评标准和批评方法四个方面阐述西方文化对胡适文学批评所产生的潜移默化的浸染作用,随后论述科学主义、实用主义哲学以及欧洲近代传记批评对胡适进行的中国古典小说考证的影响。

关键词:胡适　文学思想　西方文化

4207

**佛克马研究** / 王蕾著 ; 曹顺庆指导. -- 四川大学, 2009. -- 228 页

论文以当代西方文学理论的多元变奏为背景,从系统、整合以及渊源探求的角度出发,在大量阅读第一手外文资料的基础上,采用现代文本分析、宏观观照以及跨文化研究的方法,对佛克马学术思想、理论渊源以及批评立场进行比较全面和翔实的论述。第一,论文分析佛克马文学理论在当代中西文学理论界的影响,并界定佛克马学术思想的内涵与外延,还详细梳理佛克马文学理论的国内外现状。第二,以佛克马的文学语言研究为论述重点,勾勒佛克马文学语言研究的三个关键词——互文性、跨文化互文性、重写,指出三者之间的区别及联系,同时探讨这三者与主体性、审美体验的关系。第三,着重探讨佛克马在文学接受领域内的研究创新。佛克马的文学接受研究以讨论“接受文献”为主,体现出明显的历时性与共时性,对文学接受史的撰写和跨文化文学接受中的文学成规差异、文化身份认同以及经典的形成均具有一定的指导意义。第四,通过梳理阻碍文学史发展的几种观点,介绍佛克马对文学史性质的认识以及他的文学史观,并讨论佛克马对当代文学史上的几种主要社会话语或符码的界定与研究。第五,梳理文化相对主义的起源,参照国内外学者的相关研究,论述佛克马对文化相对主义概念的改造和移植,并探讨佛克马的比较文学研究方法及其对新世界主义和世界文学的研究。最后,通过对佛克马文学理论体系的建构,全面地认识和评价佛克马文学理论体系的意义和局限,并指明佛克马文学理论研究对我们提供的借鉴意义。

关键词:佛克马(Douwe Fokkema)　比较文学　文学理论

4208

**乔治·奥威尔创作主题研究** / 王晓华著 ; 任从巨指导. -- 山东大学, 2009. -- 141 页

论文在吸收已有研究成果的基础上,对奥威尔的文学创作主题及其所体现出的文学价值与当代社会意义做了较为系统的研究。第一,论文认为奥威尔的文学创作始终贯穿着一条主线,即人道主义思想,而公共知识分子的情怀则是其人道主义思想的重要载体。第二,论述贫困是奥威尔整个创作生涯中一直关注的问题,这也形成了他文学创作的一个重要主题。在不同作品中,他对贫困问题都有不同程度的表现,并在此基础上强调平等的重要性。而且不难看出,奥威尔所理解的贫困不仅包括物质贫困,还包括精神贫困。第三,论述殖民话语是奥威尔早期文学创作的另一个重要主题。从逻辑关系上讲,奥威尔对于殖民主义的态度大致经过了两个阶段:一是从接受殖民话语到怀疑之;二是从怀疑到批判殖民话语。第四,论述奥威尔后期文学作品的另一个主题,即极权主义。奥威尔坚持自己心目中的民主社会主义理想,高举反极权主义的大旗,对一切反对社会公正与政治民主的极权主义制度进行无情的揭露与批判。第五,阐述对大众传媒的专制,掩盖事实真相的揭露与批判,同样是

奥威尔文学创作极力表达的主题。第六,论述生态意识的萌芽与精神家园的追寻,是奥威尔文学创作的又一个无法忽略的主题。这一主题体现奥威尔思想深处对现代文明的担忧和对传统文明的眷恋。最后,论文认为奥威尔的文学创作超越了单纯的文学范畴,而具有广泛的社会意义与人文价值。

关键词:奥威尔　创作主题　文学研究

**4209**

**哥特之魂:哥特传统在美国小说中的嬗变** / 王晓姝著 ; 付景川指导. -- 吉林大学, 2009. -- 190 页

论文以纵、横双向展开研究,探讨不同时期的代表作家在不同的文学视野下对哥特传统的继承与发展。全文共分四章。首先绪论,对课题研究中的基本概念进行界定,对国内外的研究现状进行分析,同时指出论文研究的思路与方法。第一章分析哥特传统的继承与发展,梳理从欧洲哥特传统到美国哥特小说的诞生的过程,首先分析哥特"舶来品"在美国本土的影响和接受情况,随后指出哥特在英国的经典的异域书写,最后分析《威兰》对英、德哥特传统的继承与发展。第二章分析哥特传统在美国浪漫主义经典中的繁荣状况,首先介绍美国浪漫主义文学经典中的哥特传统,并由此阐述坡的心理哥特对美国哥特传统的贡献作用,随后分析霍桑对美国历史的哥特式书写,最后讨论"乱伦"母题在黑色哥特经典中的传承。第三章研究美国南方文艺复兴时期的"南方哥特",分析南方哥特的产生与繁荣,同时从"约克纳帕塔法"分析威廉福克纳的南方哥特世界,指出从"约克纳帕塔法"到世界是福克纳的哥特遗赠,最后着重研究南方哥特"女王"奥康纳和她的"畸人"世界,探究其作品中的"天主教作家"与"基督魂摄"的关联,并分析其指出的从亚当、撒旦到耶稣的救赎之路。第四章探讨后现代视野下的美国当代哥特,首先分析美国当代哥特与后现代主义之间的联系,随后着重探索史蒂芬·金的战栗世界,最后研究安妮·赖斯的别样哥特——吸血鬼哲学,分析了其作品中的吸血鬼的"成长史"。

关键词:小说　哥特艺术　文学研究　美国

**4210**

**解放政治与后殖民文学:V. S. 奈保尔、J. M. 库切与纳丁·戈迪默研究** / 王旭峰著 ; 王立新指导. -- 南开大学, 2009. -- 184 页

论文以"解放政治"为核心,对 V. S. 奈保尔、J. M,库切与纳丁·戈迪默三维后殖民作家在解殖问题上的态度进行分析研究。全文共分五章。首先导论,对理论进行回顾与重构,分析研究对象的选择过程,指出论文的基本结构与创新之处。第一章分析解放政治视野下的理论重构,首先探讨后殖民研究与相关的权力问题,指出重构后殖民研究的理论框架,随后阐述后殖民研究中的政治经济学方法及其基本范畴,阐释后殖民理论与阶段政治的有效性,最后围绕法农的争论,探讨作为解放的革命的意义所在。第二章讨论殖民认同与解放政治之间的内在联系,对 V. S. 奈保尔进行了具体研究,着重分析《浮生》中的殖民主义空间政治学,指出其中英格兰的意义是帝国主义中心的权力构造和主体召唤,最后从《世间之路》中研究消散的乌托邦,指出作家的个人奋斗与殖民价值观。第三章对自由主义与解放政治进行研究,着重分析 J. M,库切的有关文学作品,阐述自由主义于文学中的政治身份,分析自由主义立场与话语权力理论的解构局限,最后讨论瘸脚的自由主义的文学表现及其局限性。第四章从激进主义与解放政治角度对纳丁·戈迪默进行研究,通过对《我儿子的故事》的研究探讨激进立场的种族纬度,同时由《七月的人民》分析过渡时期的政治经济学与南非的未来。第五章介绍后殖民之后的无边的解放,通过对《河湾》的研读分析,指出后殖民国家的历史困境,点明后殖民是跨国的资产阶级,是依附与并未终结的殖民主义,同时解析《无人伴随我》这部作品,指出其实后种族隔离时代的政治书写,宣扬后革命时代的革命者。最后为文章的后记。

关键词:后殖民主义　文学研究

**4211**

**北美华裔新生代女作家小说研究** / 魏全凤著 ; 赵毅衡指导. -- 四川大学, 2009. -- 192 页

论文筛选出八位具有代表性的北美华裔新生代女作家做细读式精心分析,并应用后现代文化研究理论和列维拉斯存在主义哲学对作品中的身份建构,及自我与他我的关系进行分析。第一,以刘琦芬和刘恺悌的作品为解读对象。刘琦芬作品的突出特点是日记自传式的自我书写,作者借用日记的真实来书写压抑的自我;而在刘恺悌的作品中,自我建构则表现为意识流技巧中的无意识书写。第二,以张岚和伍美琴的作品为解读对象。在张岚的作品中,华裔与传统文化的矛盾关系通过主人公与父母的冲突表现出来,在

反叛的最后，她们都走向原乡；在伍美琴的作品中，华裔孩子也回到家庭，针对华裔家庭和主流文化中的霸权，作品采取不同声部的复调叙述，来进行与他者的对话和协商。第三，以邱静瑜和黄锦莲的作品为解读对象。在邱静瑜的作品中，华裔个体同时进行着主流反抗和自我反思；在黄锦莲的作品中，中国性的追寻逐渐变成时尚的调侃，而跨文化交流的使命逐渐凸显。第四，以拉丽莎·赖和何舜廉的作品为解读对象，她们作品中的突出特点是前文本重写。拉丽莎·赖重写中国神话中的狐狸精、女娲和历史传奇人物鱼玄机，对中国文化进行异域移植，以展开中西文化的对话；何舜廉则运用后现代的迷宫叙述，戏仿式地重写西方经典童话人物睡美人和玛德琳，把浪漫的童话人物置换成边缘的流浪个体，使压制个体的主流文化被颠覆。最后，论文对上述这些作品中各不相同的身份建构策略、不同风格的叙述技巧以及对自我的存在思考进行总结和评述。

关键词：华人　当代文学　文学研究

**4212**

**论乐黛云比较文学研究的理论与方法** / 文治芳著 ；马龙潜，余光中指导. -- 山东大学, 2009. -- 141 页

论文对乐黛云比较文学研究的理论与方法进行系统性的探讨。全文由绪论、正文和结语三部分组成。绪论是对中国当代文学的发展状况和乐黛云对中国比较文学贡献的概述。正文第一章梳理并分析乐黛云比较文学理论和方法的学术渊源。乐黛云从法国学派所开创的影响研究中吸收丰富的理论营养，并且把接受美学引入影响研究。同时她还受到美国学派平行研究的影响，关注跨文化和跨学科研究。另外中国比较文学传统也对乐黛云产生重要影响。第二章具体论述乐黛云在中国当代比较文学学科建构方面所做的贡献。首先阐述乐黛云对中国当代比较文学的学科建构过程可分为三个阶段：对西方比较文学理论的了解和借鉴；结合中国文学研究的实际对比较文学学科建构所做的探索与创新；创建作为交往诗学的比较文学。其次，还分析乐黛云对中国当代文学学科特征的探讨。第三章论述乐黛云在创建交往诗学的比较文学基本理论上的贡献。乐黛云所建构的中国当代比较文学，提倡跨文化研究，试图打通原先缺乏内在联系的东西方异质文化之间的界线，使比较文学成为沟通东西方文化的桥梁，为实现这一目标，她继承中国传统“和而不同”的思想，对其进行现代性的诠释和改良，并借鉴哈贝马斯的“交往理性”，将“和而不同”和“交往理性”引入比较文学研究，把其作为跨文化对话和多元文化共处的具体原则和行为方法。第四章从中国文学研究、中外文学关系研究、比较诗学研究、比较文化研究等方面详尽分析乐黛云在具体的文学研究实践中所体现出来的开阔视野和独特的学术风格。最后，论文结语部分总结乐黛云比较文学研究的理论与方法，同时论述她对中国比较文学的发展所起的重要作用，并对这种作用和价值做出展望。

关键词：乐黛云　比较文学　文学研究

**4213**

**《源氏物语》的家族意识：以女性形象为中心** / 吴松梅著 ；高文汉指导. -- 山东大学, 2009. -- 122 页

论文以《源氏物语》的女性形象为研究对象，参照日本摄关时代的社会现状与婚姻形态，就相关材料进行梳理分析，以期厘清《源氏物语》试图由女性形象传达的家族意识，以更好地理解这部小说的内涵。全文共分四章。第一章主要考察弘徽殿女御、葵姬、胧月夜三名女性在左、右大臣两大家族中起到的作用。首先分析弘徽殿女御作为右大臣家的长女为其一家实现“摄关政治”的梦想起到的关键作用。其次讨论左大臣的女儿葵姬对烘托父亲左大臣正直形象的功能。最后还探讨在家族利益与爱情的矛盾中挣扎的胧月夜。第二章主要分析在桐壶更衣入宫背后隐藏着的复杂的家族背景，以及明石道人对明石姬的婚姻提出苛刻要求的原因，考察这个家族的两系为了完成祖上遗志，复兴家门所做的努力，以及两位女性在实现复兴家门的大业中所起到的作用。论文认为，尽管这种婚姻有违常规，但却是她们实现先祖遗愿的必要途径。第三章首先着重分析“雨夜品评”的蕴含与它在作品中的影响。然后探讨同样遭遇家门不幸的空蝉和夕颜两个女性完全不同的生活方式，由此凸显作者对空蝉的门第观念和伦理道德的褒扬，其底蕴与儒家的“女训”思想是一脉相承的。第四章则主要探讨没路亲王家的女性及其门第观念。首先分析在没路中坚守家风的亲王之女——末摘花。其次论述大君、中君对八亲王门第观念的继承。论文认为，虽然这三个女子做法有别，但都在一定程度上继承了父亲的门第观念，守护了家门尊严，尽到了“孝女”的责任。

关键词：源氏物语　女性　文学研究

4214

**追寻精神的上升:丁尼生创作中的历史进步观** / 吴兆蕾著 ; 王志耕指导. -- 南开大学, 2009. -- 110 页

论文对丁尼生创作中的历史进步观进行分析研究。全文共分四章。首先绪论,对有关研究进行综述,分析进步观念的历史。第一章考察丁尼生进步观的整体形态及其发生的过程和原因,首先介绍丁尼生作品中体现的乐观进步观念,指出19世纪科技和社会的巨大变化在很大程度上支持进步论的观点,而丁尼生在这个时代中创作,必然受到很大的影响,同时研究丁尼生进步观念的形成过程,分析丁尼生在其早期和中期的作品中体现出得对进步论的认同,并指明丁尼生认同的进步是一种温和的渐进,并非以激进的方式改变社会。第二章主要介绍丁尼生在进步观念中对精神价值的重视和由此而引入的神圣的超越作为框架,分析丁尼生对过去的迷恋,同时指出神圣历史框架保存过去的重要意义,探讨个体和精神的绝对价值,点出丁尼生肯定进步的一个重要原因是进步是人类知识积累和改善世界的结果,体现人类的精神价值。第三章探讨丁尼生对人类能够达到的历史的完善的深刻怀疑,指出丁尼生在创作的中后期对乐观的进步论表现出疑虑,其根源来自于相信人有根深蒂固的非理性特征,同时他认为当时社会中普遍的拜金、弱肉强食的风气来自于人类的疯狂的本性。第四章讨论丁尼生的创作中的矛盾倾向,指出其创作既有肯定经验科学,一定程度上承认物质本原的一面,也有把信仰置于理性之上,强调精神本原的一面,两种倾向在丁尼生作品中的交汇,是丁尼生对西方科学与哲学思想传统的继承,也是来源于其性格中内在的矛盾。最后为文章的结语部分。

关键词:丁尼生(Alfred Tennyson)　诗歌　文学创作

4215

**十九世纪俄国古典小说中的儿童形象研究** / 夏益群著 ; 刘亚丁指导. -- 四川大学, 2009. -- 239 页

论文将19世纪俄国古典小说中的儿童形象放在整个19世纪俄国文学史的历史长河中作为一个体系,进行整体性分析研究。第一,对19世纪俄国儿童的发现与19世纪俄国古典小说中的儿童形象的生成背景进行考察,分析19世纪俄国古典小说中儿童形象的出现与18、19世纪欧洲各国文学的某种联系,与作者的儿童情节、儿童关怀和童年经验的关系生成,以及作家在儿童身上所体现出来的人道主义关怀。第二,对19世纪俄国古典小说中儿童形象的嬗变从文学史的流变过程中做一历时性的分析,依据不同时期儿童形象所突显的共同特点将此嬗变过程分为四个时期,并分别对各时期儿童形象的特点做出分析。第三,对19世纪俄国古典小说中的儿童形象的东正教文化特色做共时性的分析。第四,对19世纪俄国古典小说中的儿童叙事进行分析,把19世纪俄国古典小说中儿童形象作为观照的整体,具体分析小说文本中儿童叙事功能问题、儿童叙事"视点"问题及儿童叙事模式问题,并对小说中"孩子似的"人物叙事做出分析。第五,对19世纪俄国古典小说中不同作家笔下儿童形象表现的语言特色进行分析。最后,论文进行总结性的论述:儿童书写,一方面是作家批判黑暗俄国社会的一种符码,它们的问题实质上就是社会学意义上的问题;另一方面,19世纪俄国文学中的儿童书写还是一种写作策略,同时也是对儿童个体性和独立性的探讨。

关键词:古典小说　人物形象　儿童

4216

**《三国演义》在韩国的传播与影响** / 肖伟山著 ; 严绍璗指导. -- 北京大学, 2009. -- 190 页

论文借鉴文学发生学理论,采用原典性的实证研究方法,探讨《三国演义》在韩国的传播与影响。首先,考察《三国演义》在韩国的传入和植根问题。根据现有资料表明,《三国演义》传入韩国的时间大致是朝鲜宣祖三年(1569)之前,其在韩国的流传递变也并不是在某一特定时间完成的,而是经历一个渐进的过程。其次,讨论《三国演义》在韩国的影响问题。《三国演义》在传入韩国之后,对于韩国文学的创作产生了深远的影响,以《三国演义》的故事情节或人物为底本的派生作品相继问世。同时韩国军谈小说的产生也与《三国演义》有着密切的关系。另外《三国演义》对于韩国文学的影响还不仅仅停留在小说的层面上,在韩国的诗歌、俗语、绘画、漫画、民间故事中都可以发现与《三国演义》相关的内容。最后,对韩国《三国演义》相关作品在发生学层面上进行考察。一部文学作品所呈现出来的样态是由其所处的文化语境所决定的,而这一产生文学作品的文化语境包含诸多内在和外在的要素。从文化传递和变异的问题视角出发在文化语境中还原文学作品才能接近并揭示文化现象的本质。

关键词:三国演义　传播学　文学研究　韩国

4217

**后现代语境中的村上春树** / 杨炳菁著 ; 靳丛林指导. -- 吉林大学, 2009. -- 178 页

论文从目前国内外村上春树的文学研究现状中存在的问题为起点,分析村上春树文学的思想内容与艺术形式。全文共分四章。首先绪论,分析问题的缘起,探讨村上文学的研究的历史与现状,最后指出研究的目的、方法与构成。第一章分析后现代语境中的村上春树创作,首先探讨村上春树的成长与日本后现代语境的形成过程,随后分析村上春树的创作之路,具体分为洗练的"都市文学"——第一个十年的创作,从"不介入"到"介入"——第二个十年的创作,以及寻求责任与拯救——进入新千年的创作,最后介绍作为翻译家的村上春树。第二章分析村上春树小说的后现代特征与艺术突破,首先指出其文学中的后现代特征包括对现代性的反思、书写历史的欲望以及自我主题的继承,随后梳理村上小说对日本现代文学的叙事变革起到的影响,着重分析二分法与日本现代文学的叙事传统的关联。第三章分析村上春树小说中的自我形象化与他者化,首先通过对《世界尽头与冷酷仙境》的研究,探寻村上文学形象中的自我,研究其作品由"失败之作"到探寻自我的鸿篇巨制的发展过程,具体阐述自我形象的延伸以及自我认知的多元化,然后论述《挪威的森林》中的向他者投射自我的写作方法,并从"森高羊低"看待《挪威的森林》中的特殊性。第四章讨论其作品中历史的桥梁化与隐喻化,分别通过对《奇鸟形状录》《海边的卡夫卡》的研究,讨论其中历史的桥梁作用于隐喻作用。

关键词:村上春树　后现代主义　文学研究

4218

**辛克莱·刘易斯小说的文化叙事研究:以《大街》等四部小说为例** / 杨海鸥著 ; 宁一中指导. -- 北京语言大学, 2009. -- 217 页

论文从文化叙事的角度出发,通过对辛克莱·刘易斯的小说研究,揭示刘易斯小说中所呈现的美国民族文化的特征。第一,对文化叙事、刘易斯小说文化叙事所涉及的美国历史背景、刘易斯的成长经历及美国文化发展的历程做了相关的论述,提炼出学界所忽略的刘易斯文化叙事的主题:对美国民族"集理想主义与实用主义于一体"的矛盾文化特征的深刻呈现。为刘易斯小说的文化叙事研究构建一个三维一体的语境时空,弥补以往学界或者脱离历史语境,或者从单一历史语境之研究的不足。第二,探讨刘易斯的叙事策略,认为刘易斯将小说创作的叙事手段与"集理想主义与实用主义于一体"的文化特征的"逃逸"的表现形式巧妙地嵌合在一起,形成"现代现实主义"的、反叛的文化叙事特征及其多元化的叙事策略。第三,根据富兰克林的实用主义哲学观和爱默生的超验主义思想观,分析"集理想主义与实用主义于一体"的文化特征在《大街》等小说中主要人物身上的表现特征。第四,运用消费文化理论,探讨美国民族"集理想主义与实用主义于一体"的文化特征在 20 年代社会群体中的表现。第五,从叙事伦理的视角,讨论通常为学界所忽视的刘易斯小说中对美国社会文化精神的肯定和赞美的一面。

关键词:刘易斯(Lewis, Sinclair)　小说　叙事

4219

**反东方主义面具后的东方主义:谭恩美作品叙事模式分析** / 于秀娟著 ; 王志耕指导. -- 南开大学, 2009. -- 125 页

论文运用文本细读的方法,从叙事学角度剖析了谭恩美作品中的东方主义阅读感受的形成因素。全文共分六章。第一章绪论,介绍选题的对象与目的,概述国内外的有关文献,并分析谭恩美的写作背景与主要作品。第二章分析谭恩美作品的结构模式,指出谭恩美作品结构的最大特点是具有双叙述层,两个叙事者各自对历史与现实生活进行描述,同时分析双叙述层结构表达婚姻、种族、文化等多重主题,但由于作家对这些主题的笔墨的分配不均,导致其作品呈现出东方主义色彩的原因之一。第三章探讨谭恩美作品叙述者及叙述视角,指出谭恩美作品中的叙述者基本都是同故事叙述,其叙述职能、思想职能、焦急职能都是围绕婚姻、种族、文化的主题进行的,多重第一人称有限视角的使用造就真实而神秘的自传效果,正好印证西方对中国的集体想象。第四章分析谭恩美作品中的叙事时间模式,点出谭恩美作品中叙事时间不遵循故事时间的制约,从而详细刻画冲突的场面,彰显时速背后的政治性,而在叙事频率上,谭恩美运用不断重复的食物意象,通过食物与文化的亲密接触,展示"异国情调",进一步强化作品中的东方主义色彩。第五章探讨谭恩美作品中的叙事空间模式,着重分析谭恩美作品中的地理空间散发着的浓重的中国味道,

从大的空间趋势看来,作品呈现出明显的由中国到美国的空间运动轨迹,同时分析隐藏在作品深层次的从苦难走向幸福的情感历程。第六章总结性讨论谭恩美的东方主义叙事模式,指出谭恩美的叙事模式形成的艺术效果是东方主义与反东方主义并存,表现具有双重身份的作家的双重写作态度。

关键词:东方文化　文学研究　谭恩美

**4220**

**种族身份的思考及其复杂心态的书写:哈莱姆文艺复兴的越界小说研究** / 张德文著 ; 付景川指导. -- 吉林大学, 2009. -- 126 页

论文通过文本分析挖掘哈莱姆文艺复兴时期越界小说的主题,揭示越界小说的本质——抗议性和反越界性,并从肯定的角度给予越界小说以综合评价,阐述其在哈莱姆文艺复兴运动中的重要地位。全文共分四章。第一章对哈莱姆文艺复兴及其越界小说进行概述,首先从对黑人大迁徙、黑色哈莱姆与"新黑人"的崛起以及哈莱姆文艺复兴正式形成的标志的探究,分析哈莱姆文艺复兴的产生,随后研究哈莱姆文艺复兴时期的文学创作,探讨哈莱姆文艺复兴对美国黑人文学发展的影响,最后分析越界与越界小说的情况,阐述越界的主题及其表现形式。第二章分析哈莱姆温吸附性时期越界小说的典型范式,指出越界小说是对种族制度的抗议,并对杜波伊斯的双重意识理论进行解读与修正,同时考察越界小说中体现的黑人情结、双重声音以及滑稽的模仿。第三章研究女性的越界,首先对黑人女性的传统形象进行否定,对野蛮人和淑女形象进行双重的拒绝,介绍原始主义女性和中产阶级妇女的抗争,并重新描绘真正的新黑人女性形象,随后探讨越界小说的对自我价值的执著追求,阐述从徒劳的挣扎、象征性的胜利到自我的实现的艰难过程,最后研究越界小说中的婚姻、家庭和母亲身份。第四章分析种族群体的越界,指出由于种族认同感的缺失导致种族群体的越界,同时描述光环退去后的真实,并对白人优越论进行解构。最后为文章的结语部分,指出哈莱姆文艺复兴标志着美国黑人文化艺术的崛起和整个黑人民族的兴起,而越界小说则集中反映美国黑人的种族意识、身份困惑和认同危机,同时叙述他们为追求自我和种族平等所付出的艰辛努力。

关键词:哈莱姆文艺复兴　小说　身份

**4221**

**一代知识分子心灵与命运的抒情史诗:帕斯捷尔纳克的《日瓦戈医生》研究** / 张纪著 ; 汪介之指导. -- 南京师范大学, 2009. -- 146 页

论文对俄罗斯著名作家帕斯捷尔纳克的史诗性小说《日瓦戈医生》进行系统性研究。全文共分五章。第一章论述帕斯捷尔纳克在创作《日瓦戈医生》之前的文学工作。帕斯捷尔纳克以抒情诗创作步入俄国文坛,他的诗歌以深刻的哲理内涵和形象的独特性而闻名于世。同时帕斯捷尔纳克的散文创作也在他的创作生涯中占有特殊地位。因此,论文认为在帕斯捷尔纳克的早期诗歌、散文创作与《日瓦戈医生》文本的相互关系中来揭示后者在作家全部创作中的重要地位与价值,便有了极大的可能性。第二章论述《日瓦戈医生》是一部描写俄罗斯知识分子悲剧命运的史诗性小说,它在20世纪上半叶俄罗斯历史时代的宽阔背景下,以同名主人公这个人道主义的永远守护者为中心,刻画了在历史风云变幻之际一代俄罗斯知识分子的艺术肖像。第三章分析认为《日瓦戈医生》同时也是一部展现那一时代俄罗斯知识分子心灵史的抒情性作品,它以浓郁的抒情笔触艺术地展示跨越十月革命的俄罗斯一代知识分子复杂、敏感、孤独、极富思考能力的心灵世界,并由此而深入思考时代、历史、宗教和艺术等领域的一系列基本问题。第四章探讨《日瓦戈医生》的艺术特质。该作品运用传统叙事文学的某些基本手法,同时又采用诗的抒情笔法,从而创造出一种别样的史诗形式,即以主人公为中心的抒情性的心灵史诗。可以说,《日瓦戈医生》在艺术上的独特性集中体现在它兼具"史"的规模和"诗"的意蕴。第五章阐述《日瓦戈医生》在人道主义情怀、知识分子形象的塑造以及诗意的现实主义特色这三方面对俄罗斯文学传统的继承与超越,显示出小说与俄罗斯古典文学的内在关联。

关键词:俄罗斯文学　文学研究　小说

**4222**

**诺曼·梅勒的存在主义及其前期小说主题研究** / 张涛著 ; 仵从巨指导. -- 山东大学, 2009. -- 186 页

论文借助新感性理论,对诺曼·梅勒的存在主义思想进行概括,将梅勒的存在主义思想界定为对新感性人格的追求,并认为梅勒前期小说主题的发展和变化反映了其存在主义的形成和发展过程。全文共包括五章。第一章着重分析梅勒的存在主义思想。首

先辨析“存在主义”,并论述存在主义在美国的影响与传播。然后,以梅勒的《白色黑人》为范本进行解读,分析认为梅勒的存在主义思想大致属于弗洛伊德—马克思主义的思想体系,同时认为梅勒的存在主义思想还具有现实的社会历史基础和神秘主义内涵,即黑人文化特征和犹太主义特征。第二章讨论梅勒的人性观。论文认为“裸着与死者”体现梅勒对人性的基本观念,死亡的无意义和生存的“没有尊严”成为梅勒对人性的最深刻理解,这构成梅勒发展自己的存在主义思想的人性基础。第三章讨论极权主义主题。梅勒将战后美国社会的社会环境称作极权主义,并对大众文化、中产阶级价值观进行深刻的批判。梅勒的极权主义并非一个严格的政治概念,而是一个在文化层面使用的概念,用来特指战后所谓后现代主义社会中压抑个性的文化特征。第四章讨论理性的反抗。梅勒所塑造的理性的反抗者大多是自由主义者,他们将理性、共同人性作为思想和行动的指南,但他们的反抗大多以失败告终,并没有获得所期望的尊严。对这种结局的处理,体现了梅勒对人道主义,或者说理性反抗的最终抛弃。第五章讨论非理性的反抗。论文认为尼采的权力意志和超人理论对梅勒的非理性思想产生了重要影响,权力意志所具有的自然主义色彩,使梅勒能够将权力意志和精神分析学的本能结合,将其共同作为非理性反抗的人性基础。

关键词:梅勒(Norman Mailer)　存在主义　文学研究

**4223**

**互文性理论及其对中国的影响** / 赵渭绒著 ; 曹顺庆指导. -- 四川大学, 2009. -- 256 页

论文从比较的视角,综合运用理论分析、文本分析、社会批评、实证研究、文化研究等批评方法,对西方互文性理论及其在中国的译介、传播、影响和研究等方面进行全面深入的考察和研究。论文包括三部分。第一部分为绪论,说明选题目的、意义,国内外有关互文性的研究现状;提出论文的基本框架、研究方法及创新点。第二部分由五章组成。第一章论述互文性理论诞生的西方社会文化语境。首先指出互文性产生的历史文化背景,即后现代主义,同时区分后现代主义与后结构主义这两个概念。其次描述互文性理论诞生时的社会背景,即 1968 年五月风暴及其引起的解构思潮,探讨这些对互文性在理论上的启示作用。然后又论述互文性产生的哲学背景,即当代西方美学史上的两大转向之一——语言学转向,对互文性理论出炉所起的催化作用。最后分别从索绪尔的语言学思想、巴赫金诗论、洛特慢文化符号学思想三个层面论述互文性理论的渊源。第二章主要论述互文性理论的基本思想及其诗学嬗变。首先论述克里斯蒂娃的互文性概念其实是在巴赫金诗学理论基础上的吸纳与转换,然后主要论述互文性沿着结构主义与解构主义两条路线的转换路径。第三章详尽介绍互文性在中国的传播及国内的研究情况,把国内的互文性研究分为三个阶段,即 1980—1990 年的初步译介阶段,1990—2000 年的继续发展阶段和 2000 年以来的深化拓展阶段。第四章首先从比较诗学的角度论述中西文论打通的可能,并系统综述目前国内的研究成果;其次辨析出现在西方的互文性理论与中国修辞格“互文”的不同;然后论述互文性与中国文论的关系,还梳理中国文论中的相关思想资源,同时着重阐述互文性与用典、互文性与诗注的挖墙脚的相通及差异之处。第五章首先描述互文性进入中国时的历史语境,然后论述互文性对中国的影响,最后则讨论互文性的局限性及互文性在国内研究的不足。第三部分为结语,对全文进行总结。

关键词:比较文学　文学理论　解构主义

**4224**

**近代翻译思想之演进及其现代阐释** / 郑意长著 ; 徐志啸指导. -- 复旦大学, 2009. -- 152 页

论文以“描写翻译理论”为理论参照,对中国近代翻译思想的演进进行全方位的学理审视和现代性解读,努力描摹出其演进的脉络和主干,捕捉其演进的规律性,进而获得对这一特定历史阶段翻译思想的全新认知。全文共分六章。第一章对已有研究成果进行回顾,并阐述论文的理论基础和选题意义。第二章首先通过论述康有为、梁启超等的小说翻译观,认为近代翻译思想的小说翻译观走过了一条从“广中土之见闻”到“小说为国民之魂”再到“顾以中西文异,虽欲私淑,亦莫得所从”直至“异域文术新宗,自此始入华土”的演进道路。然后运用多元系统理论对这一演进进行阐释,并指出这一嬗变过程实质上是翻译思想及翻译文学努力地在强大而又衰落的文化系统中进行着的“自我定位”。第三章首先从小说类型、小说品位、小说篇幅以及所译本语言四个不同的角度描述文本选择观的演进;其次在吉迪恩·图里“预备规范”的理论视阈下对这一问题进行审视与解读。第四章讲

述近代翻译的方法论发展路线,并以劳伦斯·韦努蒂"文化他者"观为出发点,从"信还是达"和"直译还是意译"两方面分析翻译方法论的演变。第五章分别从叙事时间、叙事角度、叙事结构三方面来论述翻译思想的叙事模式之变化,同时在对上述嬗变的阐释中运用勒菲弗尔的"改写理论",认为近代翻译作品叙事模式的发展变化处处离不开在特殊文化语境下的文化改写。第六章首先从译本语体和新名词之输入两个层面来对近代译本文体进行研究;然后以弗劳利的"第三语码"论为理论基础指出:这种介于文言和白话之间半文半白的、既不像文言那么古奥也不像白话那么浅白、杂糅进西方新鲜句法及词汇特征和时代特征的中间性、过渡性话语应被视为近代文学话语建设中的"第三语码"。

关键词:翻译理论　近代

**4225**

**赫尔岑与中国** / 周琼著 ; 陈建华指导. -- 华东师范大学, 2009. -- 187 页

论文从接受影响的角度出发,探讨赫尔岑与中国文化的关联。第一,简略地介绍赫尔岑的生平,综述俄国和西方对赫尔岑的研究状况,也相应简单地介绍赫尔岑在我国的接受情况。第二,主要介绍赫尔岑的社会思想和文学活动,包括从村社思想和个人自由理念两个方面来解析赫尔岑提出的民粹主义思想;从文学创作—批评和文学思想两个方面来探讨赫尔岑的文学活动;从民粹主义在俄语中的定义出发,通过三方面分析赫尔岑的民粹主义思想在文学中的体现。第三,历史性地梳理赫尔岑在中国的接受,共分四个时段。通过史料分析,归纳出各个时段对赫尔岑的接受重点,时而偏重社会思想,时而侧重他的文学,对他的两方面接受交替缠绕,逐步上升,出现这种现象与时代、文学翻译以及社会等因素有关。第四,主要探讨中国文学与赫尔岑的关系。分别从文学思潮和作家的角度对中国接受赫尔岑作个案研究。即先采用影响接受和平行比较的研究方法,从赫尔岑的角度分析中国文学作品中的民粹主义表现,并对两者中的民粹主义联系和差异做重点探讨。同时从接受、翻译和影响出发,以《往事与随想》为纽带,对巴金与赫尔岑的文学关系做全面、系统地整理和分析。最后,结论强调研究赫尔岑的价值,并总结性地谈到赫尔岑与中国的关系。

关键词:赫尔岑　民粹派　文学研究

**4226**

**批评史的多重启示:试论韦勒克的《近代文学批评史》** / 宗圆著 ; 杨冬指导. -- 吉林大学, 2009. -- 137 页

论文对批评史家韦勒克的八卷本巨著《近代文学批评史》在内容、范围、方法以及理论基础和学科意义等发面进行分析研究。全文共分四章。首先绪言,分析韦勒克的学术生涯,同时对韦勒克的批评史进行研究,阐述选题的国内外研究现状与研究意义,梳理论文的研究思路。第一章介绍韦勒克批评史研究的宏观层面,具体分为新古典主义的尾声时期、浪漫主义时代、19 世纪中后期以及 20 世纪前期,分析近 200 年的西方批评主潮。第二章探讨韦勒克批评史研究的微观层面,分别对不同批评家进行学术肖像描述,讨论韦勒克眼中的歌德、施莱格尔兄弟、德·桑克蒂斯、克林斯·布鲁克斯等人的形象。第三章介绍韦勒克批评史研究的理论立场与价值尺度,首先回顾批评史研究的文学性问题,随后阐述批评史研究与价值判断的关联,讨论批评是科学还是艺术的问题,分析价值判断在批评中的核心地位,同时对标准及阐释的重要性进行强调,最后分析批评史研究与文学批评的学科地位。第四章讨论韦勒克批评史研究的方法论问题,首先介绍"透视论"视角下的批评史研究方法,分析批评史研究的阐释方法,指出应坚持立场、表达观点,随后阐述韦勒克对批评史研究范式的看法,指出演化范式是从坚持到放弃的过程,并提出韦勒克的研究"范式",然后提出批评史应当坚持围绕文学批评的范畴的观点,最后讨论比较文学视野下的批评史研究方法。最后为文章的结语部分,总结韦勒克在其著作中所表达的理论立场与价值尺度。

关键词:韦勒克(Wellek, Rene)　文学批评史　文学研究

# 英语语言文学

**4227**

**莫比乌斯魔带:凯萝·邱吉尔戏剧艺术论** / 毕凤珊著 ; 傅俊指导. -- 南京师范大学, 2009. -- 252 页

论文共分六章。第一章在追溯二战后英国剧坛概况的基础上突出邱吉尔创作的独特地位和价值。第二章论述邱吉尔在戏剧上的推陈出新。她的作品充分利用传统和当代不同戏剧结构中的元素,并重新组合形成自己的特色。第三章探讨邱吉尔游走于角

色的可能和不可能之间，对传统戏剧角色安排的挑战。第五章分析邱吉尔剧作中现实主义和超现实主义戏剧手法的无缝焊接。论文最后一部分研究邱吉尔创作模式的发展变化。戏剧创作活动本身如同一莫比乌斯带，取材于生活，经过作家创作，直达观众，最后回归生活。邱吉尔在独自构思、创作剧本的同时，她的很多剧本都是与剧团合作的成果。集体创作对她的戏剧创作的内容和艺术手法都产生了重大影响，并帮助她形成了多元化的批评视角。综上所述，邱吉尔的戏剧艺术犹如立体的莫比乌斯带。她在戏剧结构、语言、角色、创作模式、风格等方面将对立的手法融合起来并使之升华。其剧作的结构、语言和主题也展示了莫比乌斯带所具有的循环反复特征。此外，她通过多种超现实主义手法的运用实现了从不可能到可能的超越。她的戏剧手法并不是单一的、一成不变的，而是流动的，一直处于发展变化之中。这一风格正体现了她所处的这个时代的特征：不稳定，不可预知，既让人困惑不安又令人着迷。

关键词：凯萝·邱吉尔　戏剧创作　文学研究

**4228**

**女性身份的嬗变：海尔曼和诺曼戏剧研究** / 岑玮著；郭继德指导. -- 山东大学, 2009. -- 190页

论文以唯物女权主义和精神分析女权主义为理论支持，对海尔曼和诺曼的原创剧作进行解读，旨在透视作品中女性人物在社会伦理范畴、家庭生存环境和个人心理空间的存在状态，进而探索两位剧作家作品中女性身份由依附到独立的嬗变。论文由五部分组成。引言部分阐释了本选题的成因、研究意义和研究方法；简要介绍与主体分析有关的背景信息；总结了国内外已有的研究文献；分析了现实主义和女权主义的关系，为论文的主体分析奠定了基础。第一章聚焦于两位作家作品中所表现的父权社会中女性在道德层面的弱势地位。海尔曼揭示了传统社会对未婚的职业女性的偏见和排斥，重申了她的一贯主题：在父权伦理的统治下，追求自主行为的女性没有生存的空间，难以立足于社会。第二章探讨两位剧作家作品中所表现的女性在生存空间中的无能为力和无所选择。海尔曼最成功的作品《小狐狸》和诺曼的普利策奖获奖作品《晚安，妈妈》均以家庭为背景呈现女性的生存困境。海尔曼将女性生存空间的局限性归结于经济原因。诺曼在《晚安，妈妈》中强调本剧的重点不在于讨论自杀，而是肯定生命个体捍卫自主生活的权力，即使是以自杀为代价。论文的第三章深入到两位剧作家作品中女性人物的心理状态。海尔曼的最后一部作品《阁楼上的玩偶》和诺曼的《洗衣房》中的女性人物有一个共同点，就是以与男性的关系来定义自己的社会身份。这种附属关系不可避免地导致了她们的心理失落。总之，论文将莉莲·海尔曼和玛莎·诺曼的创作探讨置于美国戏剧的历史框架之内，旨在彰显她们对美国戏剧的繁荣所作出的卓越贡献。而论文所揭示的诺曼对海尔曼的继承和发展则从一个侧面书写了美国女性戏剧的不断成长。

关键词：莉莲·海尔曼　玛莎·诺曼　戏剧文学

**4229**

**缪里尔·斯帕克的后现代主义小说艺术** / 戴鸿斌著；李维屏指导. -- 上海外国语大学, 2009. -- 120页

论文作者从后现代主义小说艺术的角度切入，通过分析斯帕克小说中具有特色的互文性、新小说和元小说技巧的应用，试图得出结论：就小说技巧的角度而言，斯帕克的创作具有明显的后现代主义倾向。论文作者以具体的小说理论——关于互文性、新小说及元小说技巧的理论为指导，从斯帕克小说创作的艺术技巧入手，以文本细读为基础，借鉴前人的研究成果，对代表其主要创作阶段的三部小说进行细致深入的系统研究。论文包括导言、正文和结论三部分。其中正文分为三章，每章选定一部小说，对其中的一种后现代主义技巧进行深入探讨。研究范围仅限于三部小说和三种技巧，目的在于体现每种技巧的典型性和详细深入地解读相应文本。导言部分首先肯定斯帕克的成就及其地位；然后提出论文的研究主题、研究目的、选题意义；随后提出论文研究所借鉴和采用的理论方法——与互文性、新小说和元小说相关的具体小说技巧理论；最后简要介绍论文的框架结构，总结各章主要的思想内容，阐述作者的观点及结论。第一章讨论斯帕克长篇小说的开山之作——《安慰者》中的互文性技巧。小说的互文性体现出斯帕克创作的后现代主义倾向。第二章聚焦斯帕克本人的至爱小说——《驾驶座》，讨论该文本中的新小说技巧。作者超然客观的写作态度有助于读者的阅读，使之摆脱来自外界的感情影响，进行独立思考，通过自己对文本的理解做出客观公正的价值判断。小说的后现代主义特征借此得到体现。第三章讨论《带着意图徘徊》的元小说技巧。斯帕克在小说《带着意图徘徊》中时常发表对文学创作的评论，体现了其典型的元小说特

征。结论部分简要回顾和总结了各章主要观点以及相关论据,并得出结论:就创作艺术而言,由于在小说中大量使用互文性、新小说及元小说技巧,斯帕克的创作具有明显的后现代主义倾向。

关键词:斯帕克(Muriel Spark) 小说 文学研究

**4230**

**桑顿·怀尔德戏剧和小说中的寓言叙事研究** / 但汉松著 ; 刘海平指导. -- 南京大学, 2009. -- 214 页

论文从寓言叙事的视角考察桑顿·怀尔德的小说及戏剧创作,试图阐释两个核心问题:怀尔德的寓言叙事经历了怎样的历时变化,他的跨文类写作与现代寓言的发展有何深刻关联。研究的前提是将"寓言"从偏见中剥离,厘清对怀尔德的批评定势。论文以时间为序,将其创作历程分为三个阶段。"绪论"论述选题的视角和意义,并在追溯"寓言"这一概念的历史沿革后,提出了该术语在研究中的内涵与外延。第一章主要分析怀尔德20年代的小说和戏剧创作。在对散文虚构作品进行重新分类后,论文主张在传统"小说"概念之外建立阐释空间,不仅将其早期小说视为以揭示抽象观念为目标的寓言叙事,并剖析作者早期的古典主义风格对其寓言模式的意义和影响。接下来讨论他的三分钟短剧,认为作者对神话和宗教题材的挪用和改编,既体现了他对柏拉图主义以及基督教中"理念"论的继承,也彰显了他试图超越传统寓言范式的努力。第二章考察了怀尔德在三四十年代的独幕剧和两部长剧。通过独幕剧的实验,他成功地将抽象说理具象化为适合舞台演出的戏剧寓言,并昭示了在日常生活中揭示崇高意义的寓言美学。《我们的小镇》和《九死一生》分别在简约主义和宏大叙事两个方向上,代表了这一时期怀尔德戏剧寓言的巅峰。第三章研究怀尔德陷入困境的晚期创作。其从强调"救赎"的西方寓言传统中抽身而出,转而拥抱一种主体"逍遥"的生命哲学。论文试图重申马尔科姆·考利早年的判断,即"怀尔德是当代美国最难缠、最复杂的思想者之一",同时也是那一代人中"最被忽视的杰出作家"。论文另一结论是,怀尔德被忽视、被误读的历史,亦与寓言本身的曲折际遇有关。

关键词:桑顿·怀尔德 戏剧 小说 寓言 叙事

**4231**

**英语儿童的特殊疑问句习得研究** / 邓劲雷著 ; 戴炜栋指导. -- 上海外国语大学, 2009. -- 128 页

论文运用 CHILDES 数据库,对儿童在学习英语过程中特殊疑问句的发展情况进行调查。共进行四项研究。第一项研究调查特殊疑问句在语言输入中的分布情况。这一分布情况表明儿向语在一定程度上随着儿童语言能力的发展而发展,因为 how、why 和 when 问句无论从语言结构还是从所表征的概念来说都比 what、where 和 who 问句复杂。另外,调查发现儿向语中存在不移位的特殊疑问句,这些疑问句可能是为了减轻儿童回答问题的负担而对语言形式进行调整的结果。这些现象从侧面表明儿向语不仅不是如天赋论者所认为的那样贫乏,而且从某种程度上可以说是为儿童语言习得"量身定做的"。第二项研究调查特殊疑问句在儿童语言产出中的分布情况。这一项研究表明儿童语言的习得不仅受语言输入的影响,还受概念复杂度等因素的影响。第三项研究调查儿童在语言习得过程中是否习得 wh-移位规则。这一研究表明儿童的特殊疑问句的产出可能并不需要进行移位操作。另外、这一项研究还发现在儿童语言中存在带 what is that/this 结构的非规范疑问句。这些问句不仅表明普遍语法所假设的语言产出框架可能存在问题,还表明频率在语言习得过程中起着重要作用。第四项研究调查 I 至 C 移位的习得情况。论文认为 I 至 C 移位的习得还有以下两点需要进一步调查。(1)先前的研究主要从移位比率的角度进行考查,还缺乏从习得顺序的角度对上述解释进行调查的研究。(2)还缺乏对基于用例的习得模式进行验证的研究。总的说来,调查数据表明语言学习是学习词汇、构式的过程,在语言习得过程中的频率起着重要作用。这些结果与基于用例的语言习得模式和认知语言学理论更为相符。

关键词:儿童语言 英语 语言学习

**4232**

**译者风格形成的立体多元辩证观:赛珍珠翻译风格探源** / 董琇著 ; 冯庆华指导. -- 上海外国语大学, 2009. -- 203 页

论文基于因果模式,采用历史批评观,通过定性与定量相结合的方法,对赛珍珠的翻译风格进行分析以期探求影响赛珍珠翻译风格形成的各方因素。论文共分为六章。第一章绪论,介绍研究目标、研究方法与范围和研究意义。第二章介绍赛珍珠的双重文化身份及起源,分析了双重文化身份对赛珍珠的文学成就,及人类贡献的影响和双重文化身份对赛珍珠的

宗教立场和内心世界的作用。第三章分析在不同历史时期国内外人们对赛珍珠创作、翻译的评价。第四章首先借助软件 Concordance 3.0 和 Concordancer for Windows 2.0,将赛珍珠 70 回译本与沙博理译本前 71 回以美国国家语料库 ANC(American National Corpus)为参照进行整体词频对比,统计赛译的高频词语和独特词语,分析译者的语言风格及其形成的原因。接着抽取实例,分八个类别对赛珍珠、沙博理、登特杨、杰克逊的译本作横向对比,多元化地进行剖析、总结赛珍珠的翻译风格。第五章从中国小说及语言风格的影响、中国文化的熏陶、中国传统哲学的作用以及个人语言能力的条件四个方面立体多元地探究赛珍珠采取"异化"翻译策略,形成独特翻译风格的缘由。本章最后还运用布瑞恩·摩梭普(Brian Mossop)的"声音类型三分法",笔者在此基础上提出了"译者风格球体模型"。假定原著的精神内核为"O"点,原著风格或原作者风格为"A"点。以"O"为圆心,OA 为半径,作一空心球体,球面上的任意一个点 C 都代表理想状态中的一种译者风格。点 B 代表百分之百地利用英文母语读者习惯的表达方式,并恰如其分地反映了原著的"内核"的译者风格,AOB 在一条直线上。研究三角形 ABC 定位的过程就是探求各种历史、个人因素如何影响译者风格形成的过程。第六章结语。从研究中我们认识到通过定性、定量分析译者风格,能够获得更为客观、直观的结论;探究译者风格形成背后的"道理"须采用立体多元的视角。

关键词:赛珍珠　文学翻译　翻译理论

**4233**

**20 世纪以来克里斯托弗·马娄的传记建构研究** / 冯伟著 ; 程朝翔指导. -- 北京大学, 2009. -- 142 页

论文研究早期现代英国剧作家克里斯托弗·马娄的传记建构问题。论文试图以 20 世纪以来马娄的传记批评作为切入点,探究马娄传记形象的建构策略,关注史料考证。戏剧批评以及马娄生活的文化语境对其形象塑造的影响,并最终对当今马娄传记形象的成因做出解释。论文的主体部分由四章组成,分别论述的是:20 世纪以来马娄传记建构策略述评、马娄传记建构中的史料阐释、马娄的传记研究与戏剧批评之间的相互影响以及马娄传记形象的文化建构。第一章通过对 20 世纪马娄传记的总体回顾,探究马娄传记中的建构特征,重点归纳马娄的三种传记建构策略。第二章考查马娄传记建构中的史料考证和阐释的问题,从中我们看到,纯粹客观中立的传记研究几乎是不可能的。第三章通过对马娄传记研究和戏剧批评之间相互影响的研究,认为:纵观整个 20 世纪的传记建构,马娄的传记建构过程同时见证了漫长的马娄戏剧批评中不可分割的一部分。甚至可以说,马娄的传记建构过程同时见证了漫长的马娄戏剧批评史。在第四章中,通过对马娄传记中的文化建构方式的研究,认为:通过文化建构出的传记形象只是一种"折射",无法展现马娄的真实面貌。结语部分是对上述内容的总结。作者认为,我们今天看到的马娄绝不会是他的最终形象,任何新史料的发现,新批评方法的出现,或将马娄放置于一个新的文化语境之中,他的传记形象都将随之改变。

关键词:克里斯托弗·马娄　传记形象　文学研究

**4234**

**《圣经》叙事人物塑造的认知文体研究** / 宫英瑞著 ; 梅德明指导. -- 上海外国语大学, 2009. -- 130 页

论文从认知文体的角度对叙事语篇人物塑造进行较为深入的研究。该研究以《圣经》叙事为研究对象,主要采用理论思辨和例证等定性分析方法考察语篇阅读中读者对人物的理解过程。目的是要为认知文体的人物观提供一个整体框架和分析模式。全文主要对以下几个方面开展研究:首先,回顾作为叙事语篇的《圣经》,指出对《圣经》叙事的研究主要是在文学领域中进行的。回顾传统批评和结构主义叙述学的人物观,指出文学评论中虽然有比较系统的人物塑造理论,但它们大多以文本为出发点,是静态的,而认知文体学的人物理论是动态的,考虑作者、文本、读者三方面的互动关系。其次,探讨"思维风格"问题,对传统和最近的思维风格问题进行研究,运用认知语言学的图式和隐喻理论分析亚希多弗和户筛故事中 Hushai 在对话中使用的隐喻,揭示其思维风格。然后,探讨《圣经》叙事中的视角问题。在对文学评论和语言学中视角研究进行评述的基础上,提出一个《圣经》叙事视角研究的理论模式,对明显、重要的《圣经》叙事视角的语篇标记进行归纳和分析。最后,运用认知文体学的图式理论,分析与《圣经》"求/订婚场景"有关的七个故事,从语篇的层面探讨《圣经》叙事中的类型场景和人物塑造的关系。论文将以 Culpeper 认知文体学的人物塑造理论为基础,阐释读者对人物的认知建构过程;同时,针对其理论的不足,进一步对其完善和发展,提出一个新的理论框架。与 Culpeper 的

人物塑造模型相同的是,我们的人物塑造模型也由五大部分组成,即背景知识、情境模型、文本基表征、表层表征和控制系统。但我们的背景知识即读者信息不单指读者的社会知识,而是将读者的现实世界知识细分为社会知识和文学知识,另外还考虑读者的情感以及读者对小说人物的价值评价。我们在表层结构即文本信息中增加叙事语篇的两个重要的文体分析层面:叙述视角和思维风格。

关键词:圣经　人物形象　文学研究

**4235**

**塞缪尔·约翰逊伦理观念之探究** / 龚奕著 ; 黄梅指导. -- 中国社会科学院, 2009. -- 143 页

论文主要聚焦于约翰逊的社会道德观、政治观念和文学批评,兼及宗教思想研究。第一章分别从家庭、作家职业和妇女三个角度来分析约翰逊最著名的期刊《漫步者》。论文借助现今18世纪英国历史研究的材料来证明约翰逊伦理观念的现代性。第二章先梳理约翰逊和"托利主义"间的复杂关系,然后明确指出:约翰逊毕竟不是政客,他的"托利主义"与其说是一种政治态度,不如说是针对社会转型所表现出来的一种文化或思想态度。接下来分别讨论约翰逊早期政论和晚期政论,论述重点是政论背后的伦理内涵。第三章先来概括约翰逊关于传记和文学批评的看法。重点在于解释《诗人传》如何沟通人生和艺术。这一章的分析依循两条路径:一是重视"性格特写"的桥梁作用;二是抓住文学批评部分几个重要的术语(想象力、学识、修辞和"自然")。接下来分别以弥尔顿和德莱顿传记为个案进一步探讨约翰逊对人生和艺术间关系的辨证认识。结论部分指出约翰逊经验主义思想方式、散文化写作以及某些文献的缺失使得全面系统的研究工作有待进一步展开。探讨约翰逊的伦理观念,其意义不在于他思想新颖,而恰恰在于这写思想反映了18世纪的社会、文化生活的方方面面。故论文总是将约翰逊的观点置入具体的历史背景中。笔者一方面认真阅读约翰逊的文本,从文字上把握约翰逊原文的主旨,同时尽可能利用较新的约翰逊传记等研究材料和18世纪历史、政治、文学和社会的研究成果来证明约翰逊伦理思想同英国现代化情境的相关性。

关键词:约翰逊(Johnson, Samuel)　伦理思想　文学研究

**4236**

**性别差异的诗意书写:埃莱娜·西苏"女性书写"理论研究** / 郭乙瑶著 ; 刘象愚指导. -- 北京师范大学, 2009. -- 182 页

研究采用宏观的理论阐述和微观的文本分析相结合的方法,通过细读西苏具有代表性的理论文本,以"女性书写"理论为中心,探讨作为其根基的"性别差异理论"和"语言观",同时也关注其后期诗学转向。论文分为五章。第一章探讨性别差异理论,从总体上区分弗洛伊德和西苏的性别差异理论。第二章聚焦语言观问题。从拉康的语言观以及英美—法国女性主义的语言观之争出发,探讨西苏语言观的形成背景、理论特色以及对妇女语言的建构。第三章梳理"女性书写"理论。重点在于澄清对"身体"和"书写身体/用身体书写"的误解。而对"女性书写"理论本身的讨论则围绕"谁来写(号召妇女)""写什么(书写他者)"和"怎么写(挖掘无意识)"三个维度展开。第四章关注"女性书写"的三个阶段。第五章阐释西苏的隐喻思维。选取西苏最具代表性的三个隐喻"绘画""音乐"和"橙子",探讨它们与"女性书写"的关系,以期体现西苏理论的"诗性"。西苏以"女性书写"为核心理论的"对性别差异的诗意书写"从某种程度上说是西方女性主义思潮中具有划时代意义的宣言。它是对"诗思合一"的实践,是(性别)差异的宣言书,其"孤标傲世""口角噙香"的特质使其在20世纪理论思潮中至今仍占据着不可替代的位置。

关键词:西苏(Cixous, Hélène)　文学理论　性别差异　女性　文学研究

**4237**

**基于语料库的话语标记语分析** / 国防著 ; 周流溪指导. -- 北京师范大学, 2009. -- 268 页

论文综合语篇学、功能语言学和语用学多个视角,并运用语料库的研究方法,对选定的三个英语目标标记语 well, oh 和 you know 的使用情况进行全面分析。论文首先交代了话语标记语研究的背景,并对论文的研究目的、研究方法及现存的有关话语标记语的争议问题进行了简单介绍。同时,对论文所选用的伦敦—隆德英语口语语料库也进行简要描述,并简单分析研究的分析步骤。论文继而对相关文献进行综述从而挖掘以往在话语标记语研究方面的成绩与不足,找到解决问题的理论基础、研究角度及研究方法。论文以 well, oh 和 you know 出现频率为依据,依次对三

个标记语在不同语境中的出现频率、搭配规律、出现位置及使用功能进行详尽的分析。分析证实:谈话方式越不正式,话语标记语使用频率越高;谈话者之间的关系越近,话语标记语使用频率也越高。就搭配规律而言,well 与 oh 频繁与其他标记语搭配使用,而 you know 与其他标记语搭配使用频率较低。研究结果表明:利用基于语料库的方法,以综合视角为出发点对话语标记语在语篇中的作用获得充分的认识。

关键词:英语　话语语言学　会话语言

**4238**

**从"我是谁?"到"我们是谁":论奥古斯特·威尔逊戏剧中的美国黑人身份认同** / 黄坚著 ; 费春放指导. -- 华东师范大学, 2009. -- 174 页

黑人身份认同的困惑是美国文化与文学中的一个特殊现象,它体现在以盎格鲁—撒克逊白人种族占主导地位的美国社会中黑人对自身文化身份认同的迷惘。很多早期的黑人文学作品在不同程度上反映了这个现象,其中尤以杜波依斯提出的黑人身份的二重性最具概括性。二次世界大战以来,美国政府对外宣传民主政策、对内推行种族歧视,这种巨大的社会差异激发了黑人强烈的种族意识。美国文坛涌现出越来越多的黑人作家,以犀利的文笔针砭社会弊端。论文以亨利·泰弗尔和詹姆斯·J·特纳的社会身份认同理论为主要理论参考,从黑人的以往经历、南方情结、布鲁斯音乐及对上帝的接受与否这四个方面对奥古斯特·威尔逊剧作中黑人身份的建构进行分析。美国黑人的以往经历实则就是他们的命运抗争史。威尔逊的剧作不仅能让他的同胞记住自己经历的以往,同时也展示了美国黑人族群的独特性,进一步巩固了黑人的身份认同。南方情结是威尔逊戏剧的一大特征。美国黑人眼中的南方与白人眼中的南方可谓大相径庭。某种意义上,南方既是黑人的梦魇,又是黑人的梦乡。内战结束后,许多黑人选择了离开,在北方重新开始自己的新生活。然而他们身处北方,南方却如影相随。他们的生活习惯、思维方式乃至名字,都深深地烙上了南方的印记。20 世纪 60 年代伊始,南方种族关系的改善及就业机会的增加导致不少黑人渴望回归南方并付诸行动,这种行为见证了他们对南方的再次认识。将布鲁斯音乐融入戏剧创作是威尔逊的一大创举。对于黑人来说,布鲁斯音乐是一种宣泄情感的方式、一剂抚慰灵魂的良药,更重要的是它承载了黑人的文化,为黑人认识自我打开了一扇方便之门。文章结尾部分肯定威尔逊在戏剧上取得的巨大成就。威尔逊通过他的世纪之作完成了自我身份的认同。同时作为一个有社会责任感的剧作家,他引导美国黑人去寻找自我并鼓励他们完善自我,逐步完成从"我是谁"到"我们是谁"这一黑人身份认同的转变。

关键词:威尔逊(Wilson, August)　戏剧文学　美国黑人

**4239**

**当代西方翻译理论科学评价探索:基于三个全面性翻译理论的研究** / 黄远鹏著 ; 孙迎春指导. -- 山东大学, 2009. -- 232 页

拉卡托斯的科学研究纲领正是对科学理论的科学性问题提出通用的条件和标准。用这些通用条件和标准对翻译理论进行评价,正是研究所关注的主题,也是该研究不同于以往的任何研究之处。在梳理现代翻译理论的基础上,研究选择三个具有代表性的理论作为评判的对象,即奈达的图里的和格特的理论。论文的第一部分由第一章构成,是关于对现代翻译理论评价的理据。论文的第二部分由第二章、第三章以及第四章构成,是对三个全面性翻译理论的理性重建。第二章对奈达的理论的理性重构,围绕着奈达的三本重要著作《翻译科学探索》(1964/2004)、《翻译理论与实践》(1969/2004)和《语言与文化——翻译中的语境》(2001)来进行的。该章分析奈达理论的'硬核',以及奈达是怎样围绕'硬核'进行'保护带'的建构的,论证奈达理论的进步性的发展过程。论文的第三章是对图里的理论的理性重构,主要围绕着图里的《翻译理论探索》(1980)和《描述翻译学及其他》(1995/2001)来进行的。该章分析图里理论的'硬核'和'保护带',以及图里是如何围绕'硬核'来构建'保护带'理论的。论文的第四章是对格特的理论的理性重构,主要围绕格特的《翻译与关联——认知与语境》(2000/2004)来进行的。本章分析格特理论的'硬核'和'保护带',以及格特如何围绕'硬核'来构建'保护带'理论的,以及格特如何通过调整'保护带'理论最终建立统一的翻译解释理论的过程。论文的第三部分由第五章、第六章构成。这一部分主要通过拉卡托斯关于一个研究纲领替代另一个研究纲领的标准来评判图里的理论能否替代奈达的理论、格特的理论能否替代奈达的理论以及图里的理论能否替代格特的理论。论文的第四部分是结论部分,由第七章构成。

该章总结了论文所做的工作，阐述用拉卡托斯的科学研究纲领方法来建立通用翻译批评理论意义。论文提出借用拉卡托斯的科学研究纲领建立通用翻译理论批评，并进行初步的尝试。

关键词：翻译理论　翻译学　批评

**4240**

**典籍英译标准的整体论研究：以《庄子》英译为例** / 黄中习著；汪榕培指导. -- 苏州大学, 2009. -- 312 页

研究基于典籍英译理论与实践的详细概述，以整体论观点，圆观遍照地考察翻译之道、典籍英译标准之道和译者的整体翻译标准，并以《庄子》英译为个案研究，以整体论新视角分析译者整体翻译标准在忠实性（信）、可读性（顺）和创造（创）三元要素上的中心取向。论文第一章概述典籍英译与研究的现状，指出其中的机遇和挑战，对关键词进行界定，介绍研究的结构、内容、方法和意义。第二章详细概述海内外典籍英译的历程，重点介绍主要译家及其译作情况，对典籍英译的范围和历史分期作了划分，并勾勒出典籍英译与研究历史发展的四个特点。第三章综述考察典籍英译译者所提出和遵循的翻译标准，并简短回顾英语国家译入西方经典的历史和译者论者关于经典翻译理论的关切点，作为典籍英译标准概述和典籍英译标准整体观探讨的有益参照。第四章首先指出以整体论视角研究典籍英译标准的价值和意义，并从五方面论证了典籍英译标准整体论研究模式的新颖之处和特点所在。作者以动态关联和圆融整体的视角把典籍英译标准作为一个整体来探讨，认为翻译之道是翻译和翻译理论的圆融整体，它兼指翻译（translation）行为、翻译过程（translating）和译作（translations）。作者接着审视典籍英译的目的和标准，还构建了典籍英译标准的整体论研究模式，进而以这一新视角综合考察典籍英译译者的整体翻译标准及其对三元要素的中心取舍趋势。第五章是“典籍英译标准的整体论研究”模式的个案运用和论证分析。作者选取了四个典型的《庄子》英译本，以整体论视角来考察译者翻译整体标准在“信顺创”三元要素上的中心取向。研究本质上属于哲理思辨的定性翻译理论研究。作者的研究路径是从源语出发，以原文为本，以译者为中心，以整体论视角来探讨译者的整体翻译标准。论文的个案运用分析表明，“典籍英译标准的整体论研究”模式颇具解释力，可以更全面合理地描述、分析和解释典籍英译标准、典籍英译的现象乃至其他翻译现象。

关键词：古籍　英语　翻译理论　翻译标准

**4241**

**还原真实的大卫·洛奇：论其文学批评与文学创作中的叛逆性与保守性** / 黄宗贤著；常耀信指导. -- 南开大学, 2009. -- 225 页

论文的目的在于探索并回答围绕洛奇作为一个作家、一个天主教徒以及一个知识分子所产生的一系列问题，并尝试从迷雾中勾勒出一个更为清晰和真切的洛奇的形象。洛奇是个独树一帜的作家。他的作品主要分成两个类别：其一，学术文学批评作品；其二，小说作品。作为一个文学批评家，洛奇借用巴赫金的对话理论极力为作家身份的有效性以及小说作品的意义与功能进行辩护。作为一个小说家，他身体力行现实主义文学表现手法的规则，并通过不断实验探索，努力拓展丰富现实主义文学表现的多样性。论文详细探究洛奇对天主教教义在现代社会所面临的问题和危机的刻画以及在死亡、永恒与来世问题上天主教与人文主义的对话。洛奇作为一个天主教徒与人文主义者的矛盾性主要体现在三个相互联系的方面。首先，这种矛盾性体现在洛奇在其小说作品中对后梵蒂冈第二届大公会议时代天主教徒所面临的问题的态度；其次，这种矛盾性体现在洛奇对天主教教义与自由人文主义之间对话性关系的分析；最后，这种矛盾性体现在当洛奇发现天主教已无法给人们带来安抚与慰藉时其为提供人文主义的关怀所做的努力。论文研究洛奇对于身份危机的意识，指出这种意识乃主要源自他“分裂性的存在”，即同时既是高校教师又是小说家的双重的身份。总而言之，真正的洛奇总是抱有一个清醒的头脑，他从来不盲从主流，相反，当某个潮流可能会对人类自我意识造成灾难性的后果时，他会毫不犹豫地努力遏制或朝一个有利的方向引导这股潮流，同时，他歌唱那些他认为能够有益于人类存在并丰富人类经验的古老传统和信仰。每次开始时洛奇都会叛逆地讥讽挖苦现代社会的变化给文学与文学研究、人们的信仰以及身份意识带来的问题和挑战，而结尾时的洛奇都会是一个善良的认真的作家与学者，教导人们并展示给人们人类传统中最美好的并被广为珍爱的希望。

关键词：洛奇（Lodge，David）　文学评论　文学研究

**4242**

**过渡语语用学视角下的我国大学生语用能力评估研究** / 姜占好著 ; 梅德明指导. -- 上海外国语大学, 2009. -- 144 页

论文旨在探索我国大学生语用测试方法,构建我国大学生语用能力评估体系。论文在回顾交际能力模式的过程中引出和描述语用能力概念,并归纳出我国大学生语用能力的特征。论文从静态和动态层面对语用能力进行了细分。在静态层面上,论文结合语用学的内容,进一步细分了学习者的语用知识,如学习者对预设、语言的间接性、礼貌知识、时空指示词语知识等;在动态层面上,论文分析了构成"批评"性言语行为语言形式所具有的特征,通过"交集语境"为篇章完型提炼评分标准,为语用能力评估提供内容效度保障。论文在回顾国内外已有的语用能力数据收集方法的基础上,尝试了多项选择、判断正误和篇章完型评估我国低年级大学生语用能力的方法,旨在迅捷地评估众多学习者的语用能力。通过专家评估、相关分析、因子分析、结构方程和被试答题心理分析,论文发现三种方法为语用能力评估提供了构念效度保障。论文认为大学生的语用能力可以通过静态语用知识的测试和动态言语行为实施评估折射出来。语用能力的评估也可以像传统外语测试中通过多项选择、判断正误和篇章完型那样完成,借助机器阅卷迅捷地计算出学习者的语用得分、相关的信度和效度。本研究希望语用能力评估成为外语教学过程中既注重语言形式又注重语言实际应用的桥梁,其反拨作用会引导师生更加关注学习者英语的实际应用,从而为避免"哑巴英语"和"聋子英语"现象,改变我国外语教育的"费时低效"的尴尬境地做出一定贡献。

关键词:英语　大学生　过渡　语用学

**4243**

**当代奇卡诺文学中的边疆叙事** / 李保杰著 ; 郭继德指导. -- 山东大学, 2009. -- 207 页

论文尝试建立奇卡诺文学边疆研究的构架,既研究边界的客观存在,又探讨其喻义,从这两方面研究边界概念的文化延伸及其对奇卡诺心理的影响。通过考察不同形式的跨越边界行为,文章试图从不同角度透视文学再现中活力四射、丰富多彩的边疆风貌。通过研究叙事结构框架下的各种边疆叙述形式,结合当代奇卡诺文学从"无形"到"有形"的发展,力图对这一族裔文学进行的全面理解。论文对以往奇卡诺文学边界研究中的二元论提出质疑,并试图通过三位一体的构架来证明边界和边界再现的广泛性。第一章以边界的存在为基础对边界研究和奇卡诺文学发展进行系统的梳理。第二章主要从后现代主义角度分析边疆叙事、从后殖民主义角度分析混血儿意识的杂糅特征。第三章在前一章理论分析的基础上详细研究涉及混血儿意识的几种边疆叙事模式。该章大致以弗朗兹·法农对民族文化三个发展阶段的论述为理论支持,这三个阶段分别是同化阶段、对土著文化的想象阶段以及斗争阶段。该章主要以时间顺序为线索研究边疆叙事中两种完全不同的模式:同化模式和抗争模式。第四章围绕边疆叙事中的综合模式展开。基于以上这几章的讨论,文章得出结论:边界是当代奇卡诺文学中的重要理念,边疆风貌同样与众不同。边界概念源于墨美边界,但其影响渗透到美国生活的经济和文化表征之中。边疆叙事虽然具有不同的模式,但本质上是探索边疆概念对奇卡诺人生活和心理双重影响的话语叙事,其具体方式取决于作家不同的经历、认识及各自钟爱的技巧,也取决于奇卡诺文学诸分支在时间和空间上的差异性。后殖民主义语境下的文化杂糅身份成为一个重要的主题,它经常是通过对自我身份的碎片式叙述来体现。这种杂糅身份或者以个人的文化历史为代价被全盘接受,或者遭到强烈抵制以反抗文化霸权或父权制权威,或者以辩证理解奇卡诺身份的不同层面为基础被接纳为生活现实。这三种模式从本质上反映了奇卡诺人对自我认知的探索,只是其时间顺序有时不甚明确。

关键词:边疆　叙事学　文学研究

**4244**

**语法隐喻的认知功能阐释** / 李杰著 ; 姜望琪指导. -- 北京大学, 2009. -- 224 页

论文旨在以英语为语料,从认知和功能两个角度进一步探讨语法隐喻现象。笔者把认知语言学和功能语言学这两种理论加以整合,构建一个解释语法隐喻现象的理论模型。在这个模型中,语法隐喻是一种对人类经验表达的认知功能建构,它通过不同语法域之间的映射而最终在语言层面上表现出来。我们也可以说,语法隐喻实际上就是体现某一语义内容或概念的一种隐喻表达式。笔者的这个模型也把语言的功能性和认知性结合起来。语言系统的功能性主要同语言使用者的具体需要有关,语言系统是受其功能决定的。同时语言又具有认知性,因为语言系统是人

类认知必不可少的一部分。对语言使用者来说,认知是他们在大脑中建构语言形式的重要因素;而功能的重要性则体现在他们为某种交际目的而建构的语言形式中。论文对功能语言学和认知语言学的有关理论进行整合,并以此对英语中的语法隐喻现象进行分析,说明语言是为了满足人类的需求而进化的,语言的结构形式也是为了满足人类的各种需求而不断变化的,因而是功能性的;同时,语言的结构形式也是人类认知活动的反映,是概念化的语言体现形式。这样的探索无疑对于我们进一步认识语法隐喻现象,以及探索语言的本质,都具有重要的理论意义。另一方面,因为语法隐喻在任何语言中都是一个十分普遍的现象,这种探讨对我们的语言教学也有一定的实际指导意义。

关键词:英语　语法　隐喻

4245

**露易斯·厄德里克"北达科他州五部曲"中千面英雄人物形象研究** / 李靓著 ; 郭棲庆指导. -- 北京外国语大学, 2009. -- 188 页

论文将探讨厄德里克的五部小说中的千面英雄形象对印第安民族的消极模式化形象的改写,以及这些当代千面英雄的故事如何成为当代印第安人提供面对文化困境时的生存策略的问题。厄德里克小说中主要以印第安奇普瓦族口头文学中的千面英雄人物为原型。厄德里克在其小说中体现出印第安民族的口头文学传统,她的千面英雄人物以讲故事的形式向下一代传递民族文化。在厄德里克的小说中千面英雄人物面对种族迫害、生活悲剧表现出的幽默感是面对强势文化的生存技巧。厄德里克在小说中塑造了独立、自主的女性千面英雄人物形象,打破了西方的性别模式,试图恢复印第安民族由来已久的母系传统。改写西方的性别模式有利于男女和谐相处,对母性的强调也是印第安民族延续的重要途径。厄德里克认为,强化与家庭、部落的联系是保持个人文化身份的重要方式。有别于强调种族压迫、歧视,以控诉白人罪行为主的写作方式,厄德里克在作品中主要通过千面英雄认为解构西方观念中对印第安人的模式化形象,并通过强调印第安人对爱、家庭和集体的重视,不仅将千面英雄人物从原有的与社会对抗的边缘化地位中解放出来,还因为强调各个文化共有的主题和引起众多的非印第安读者的共鸣,扩大了读者群,使更多人了解印第安文化。厄德里克的创作策略不仅体现了她本人作为少数族裔作家所具有的千面英雄人物特点,也是她的作品具有持久艺术感染力的原因所在。

关键词:厄德里克(Erdrich, Louise)　印第安人文学研究

4246

**保罗·奥斯特的追寻:在黑暗中寻找自己的位置** / 李琼著 ; 杨仁敬指导. -- 厦门大学, 2009. -- 186 页

论文侧重考察奥斯特的创作主题,采用辩证的批评方法,将历史分析、哲学理论研究和具体的文本阐释结合起来。论文涉及奥斯特的八部被公认为经典佳作的小说,但论文并未对它们进行全面系统地研究,而是选取其中与作品相契合的理论部分进行分析和引用。此外,论文还引用与作品相关的其他哲学和文学理论,为理解奥斯特的小说主题提供了恰当的理论背景。论文包括绪论、四个章节和结束语。绪论部分介绍了奥斯特的生平经历和文学成就、他身处的历史文化背景、相关的哲学和文学理论影响以及他的作品在法国、美国和中国的反应。第一章主要探讨奥斯特的发轫之作《孤独及其所创造的》。这部回忆录具有明显的犹太文学特性。它的中心思想是对过去的追忆,尤其是对犹太家庭历史和犹太民族历史的追忆。因此,这部作品可以解读为奥斯特对于自己历史身份和历史处境的追寻和理解。第二章侧重对自由的探讨,它体现了奥斯特在社会政治语境中追寻对人类处境的理解。第三章考察奥斯特从语言本质的角度追寻对知识和身份的理解。第四章探讨奥斯特追寻的反体裁叙述模式。论文的结束语部分总结了奥斯特的诗学特征和局限性。对存在意义的执著追寻是奥斯特区别于其他当代美国作家的最基本特征。

关键词:保罗·奥斯特　后现代主义　存在主义

4247

**态度意义构建世界:布什总统反恐演说的态度意义研究** / 李晓康著 ; 李基安指导. -- 上海外国语大学, 2009. -- 119 页

论文将评价理论(Appraisal Theory)和概念隐喻理论(Conceptual Metaphor Theory)相结合,从词汇和概念两个层面分析了政治演说中的态度意义的传递,旨在完善从态度意义角度进行语篇分析的语言学视角。全文如下:第一,论文首先回顾分析政治语篇时通常采用的三种途径,即修辞、语篇分析和概念隐喻,并指出各自的不足之处。第二,论文的理论框架基于

评价理论,它是在韩礼德提出的系统功能语言学中的人际功能(interpersonal function)的基础上,发展起来的,旨在研究语篇中态度意义的一个行之有效的理论框架。评价理论包含三部分:一个主系统——态度系统(Attitude)和两个从系统——介入系统(Engagement)和级差系统(Graduation)。本篇论文的重点是态度系统。论文运用评价理论对政治语篇进行了分析,从词汇的层面上清楚地揭示出语篇中的态度意义。第三,论文的主要贡献在于将概念隐喻理论补充进入评价理论中,并对语篇的态度意义进行了分析。在概念层面上构建态度意义,这一点是评价理论无法企及的。鉴于此,论文将评价理论中的态度系统与认知语言学中的概念隐喻理论相结合,构建出一个新的模型——扩展型态度模型(Extended Attitude Model),并用它来分析政治演说中的态度意义。第四,论文的语料分析是用扩展型态度模型来分析美国总统布什的十篇反恐演讲中的态度意义。论文将评价理论与概念隐喻理论相结合,构建出一个新的模型—扩展型态度模型,并尝试性的将其用以研究政治语篇中态度意义。同时,论文中评价理论与概念隐喻理论的结合也加强了两个理论分属的领域——系统功能语言学和认知语言学之间的联系,为今后两个不同语言学流派间的跨学科研究做了一定准备。

关键词:英语　隐喻　语篇　语言分析

**4248**

**英汉移动动词词汇化模式的对比研究** / 李雪著 ; 白解红指导. -- 湖南师范大学, 2009. -- 171 页

论文以 Talmy 的移动动词类型学理论为基础,对英汉移动动词的词汇化模式进行对比研究,旨在阐明汉语移动动词词汇化模式所反映的典型类型,探讨英汉移动动词词汇化模式的共性和差异及其成因,并且对 Talmy 理论中有关汉语移动动词词汇化模式类型的部分观点作出适当的修正。研究采用定量与定性研究相结合的研究方法。首先,我们通过对 20 部中英小说(中英各 10 部)中描述移动事件的例句进行随机抽样以及对 4 部英汉常用工具书(英汉各 2 部)中的移动动词进行调查,建立语料库。定量研究主要用于对语料中英汉移动动词所反映的词汇化模式进行统计分析,以确定汉语移动动词词汇化模式所反映的典型类型。定性研究主要以定量研究的结果为基础对英汉移动动词的词汇化模式进行对比。研究的主要成果如下:①通过定量研究,发现汉语在移动动词的使用上表现出许多不同于英语的特点:首先,虽然汉语同英语一样,方式动词的使用频率高于路径动词,但是其方式动词和路径动词的使用频率之比却低于英语。其次,虽然汉语也使用更多类型的方式动词,但是其方式动词和路径动词的类型之比却远低于英语,而更接近于属于“路径语言”的土耳其语和西班牙语。再次,汉语更多地使用方式动词以外的方式表达法,而这却是“路径语言”的典型特征之一。②采用定性研究分别讨论英汉方式动词和路径动词的共性和差异,并深入探讨了导致它们之间共性和差异的深层原因,从一定程度上揭示了英汉概念化方式的异同。③确定汉语移动动词的词汇化模式类型,并对 Talmy 移动动词类型学理论中有关汉语的部分观点作出了适当的修正。

关键词:英语　汉语　动词　词汇

**4249**

**自然·女性·栖居:罗伯特·弗洛斯特诗歌中的生态美学** / 李应雪著 ; 王守仁指导. -- 南京大学, 2009. -- 200 页

论文以理论构建和文本阐释相结合的方式双向展开对弗洛斯特诗歌生态美学的研究,力求从弗洛斯特的诗歌作品中整合出一个较为完整的美学体系,从而展现诗人生态思想中的美学意蕴,同时发掘其诗歌美学中的生态内涵。论文围绕弗洛斯特诗歌中自然、女性、栖居三个主题范畴展开对弗洛斯特诗歌生态美学的系统论述,从生态审美批判、人与自然主体间性审美关系、生态存在美和生态理想美等多个方面构建其诗歌生态美学系统。论文共分五部分。导论部分重点讨论弗洛斯特诗歌研究和生态美学的重要联系。第一章讨论弗洛斯特自然诗中人与自然的主体间性审美关系,揭示其自然诗中“反浪漫主义”“反田园”“对话性”的特点,指出弗洛斯特的自然写作是在“生态中心主义”和“生态对话主义”的思想框架中展开的。第二章讨论女性的生态存在美学和弗洛斯特的“平衡诗学”。以弗洛斯特叙事诗中几类女性人物为研究对象,详细分析其命运变化与实现自然欲望的辩证关系,展现了诗人独特的女性观和存在美学。第三章研究弗洛斯特诗歌生态美学中的生态理想美,即“诗意栖居”的美学理想。结论部分回顾弗洛斯特诗歌生态美学研究的主要内容,在此基础上探索弗洛斯特诗歌美学研究的理论和现实意义。

关键词:弗洛斯特(Frost, Robert)　诗歌　美学

4250

**英国浪漫主义诗歌情感论** / 刘春芳著 ; 刘建军指导. -- 东北师范大学, 2009. -- 171 页

论文以英国浪漫主义诗歌情感为研究对象,旨在以情感为研究视角,对浪漫主义进行全面而系统的研究。研究目的则是通过探讨浪漫主义情感的源流、本质、载体,指出情感在当今社会的价值,同时揭示情感拯救灵魂的局限性。论文的核心概念是"情感理性"。论文认为,理性就是指人思考问题、判断、推理等活动的能力。从这个意义上说,并不存在完全没有理性的人,除非是疯傻之人。在此基础上,根据浪漫主义诗人的思维特点,论文提出"情感理性"的概念。论文认为,以情感理性为思维模式的英国浪漫主义诗歌情感有两个重要的本质特征,即自我解放和自我删除。由于情感的作用,浪漫主义者们的心灵自由和自我解放只有在纯粹的情感领域才能实现,因此,浪漫主义诗人在经过热烈的情感释放后,最终或是选择避开现世,遁入不问世事、隐居自乐的封闭世界中,或是燃尽热情后英年早逝,或是在狂热情感的推动下向死亡发出召唤。为了进一步把握和解读浪漫主义情感,论文以大量的文本为研究基础,深入研究浪漫主义情感的载体——意象。并对意象的概念、诗歌意象的特征与本质进行梳理,之后根据浪漫主义诗歌的特点及情感结构与情感机制的不同,将浪漫主义意象分为自然意象、心灵意象和虚拟意象。在此分类的基础上,论文对浪漫主义不同意象所指涉的情感功能进行探讨,并结合不同浪漫主义诗人的不同文本进行详细分析,指出映照情感、宣泄情感、建构情感理想是浪漫主义意象的主要功用。根据上述浪漫主义情感的两个本质特点,论文还提出情感在当今社会的拯救意义。研究以情感为核心的思维方式,便是希望能够使人部分地摆脱物的压迫,回归心灵本身,像浪漫主义者那样关注情感领域是否得到满足。同时,论文还指出情感的拯救价值的局限性。即它只能在精神领域达成解放,而无法改变现实世界。

关键词:诗歌　浪漫主义　英国

4251

**取效行为与诗歌语篇:语用文体学方法** / 刘风光著 ; 张绍杰指导. -- 东北师范大学, 2009. -- 175 页

研究采用语用文体学方法,在言语行为理论的框架内,将取效行为的概念应用于诗歌语篇分析,旨在研究诗歌作为特殊的文学语篇与取效行为之间的关系。在文献综述的基础上,研究梳理出取效行为概念的本质,进而提出取效行为模式,并从该模式的三个不同层面来分析诗歌语篇的形式、语力和呼唤功能。研究表明,言语行为理论中的取效行为这一概念不仅具有较高的应用价值,而且为文学语篇分析提供了新的研究视角。论文共分七章。第一章是引文,主要概述研究的理论基础、目的、方法以及组织结构。第二章主要对相关理论进行文献评述,为取效行为模式的提出奠定理论基础。相关理论包括语言与文学的关系问题、语用学与文学的互补问题以及取效行为与诗歌语篇的解释问题。在此基础上,作者归纳了不同理论和观点,指出现有研究的局限性,进而提出新的方法。第三章梳理出取效行为的本质并建立了研究的理论框架,提出诗歌语篇分析中作者、文本与读者互动的取效行为模式。该模式从三个层面为阐释诗歌提供了全面、统一的方法。这三个层面分别是明示取效、隐性取效和受动取效。该模式能够验证取效行为应用于诗歌语篇分析的解释力。第四章讨论诗歌形式和明示取效之间的关系。从视觉艺术、听觉艺术和措词艺术等三个方面探讨诗歌形式与明示取效之间的关系。第五章主要解析诗歌语力和隐性取效之间的关系。主要以规约概念隐喻统摄下的诗歌语料加以阐发。第六章探讨诗歌呼唤功能和受动取效之间的关系。主要探讨读者在与文本及作者交互作用时的主体性和多重性。第七章为结论部分。对研究进行全面总结,再次阐释取效行为模式对诗歌语篇研究的重要意义,提出二者结合所引发的一些相关课题思考。同时指出研究的主要贡献和不足之处并对今后语用文体学的发展研究作出展望。

关键词:英语　语用学　文体　诗歌

4252

**推理交际的认知语义视角** / 刘丽华著 ; 周流溪指导. -- 北京师范大学, 2009. -- 268 页

论文从认知语义角度研究语用推理,探讨最佳关联假设的形成机制。全文主要分为七章。第一章引言部分,介绍语用对推理的关注,研究的话题,选题的意义,研究范围和研究方法。第二章文献综述,首先介绍了演绎推理和语用推理,提到了格莱斯的"合作原则"、荷恩的"数量—关系"原则、莱文森的"数量—信息—方式"原则、斯波伯和威尔逊的"关联"原则。第三章建构了解释交际推理过程的精细推理模型。首先对模型建构依据的理论进行概述,包括该模型的

理论背景、主要特征以及建构原则。在此基础上形成论文研究推理交际的理论模型。模型以参照点、场景、具体场景为主要构件,详细探讨了推理过程中建构图式形成结论的心理过程。第四章和第五章以精细心理模型为出发点,从国内外报纸、网站以及电影中选取典型事例,详细分析了非修辞话语和修辞话语理解过程中的图式建构过程。第六章探讨语境扩展和交际者因素在认知推理过程中的作用。听话人在当前的认知语境中无法获得对说话人话语的最佳关联假设时,就需要对当前的语境进行扩展。然而语境扩展过大,会有大量假设可能具有一定程度的关联,但其程度都不能让听话人据此得出任何有把握的结论。第七章为结论,论文认为人们建构图式而不是依据原则进行推理,寻求对说话人话语的最佳关联解读。精细推理模型的建构有助于提高关联理论对推理过程中最佳关联假设形成过程的解释力,弥补关联理论推理过程不够清晰的不足。这种模型整合认知语义学的主要图式理论,尝试从认知语义的视角探讨交际过程中的推理问题。

关键词:语言交流　推理　认知过程　语义学

**4253**

**玛格丽特·劳伦斯的社会福音:圣经原型悲剧、福音童话与人文传奇的交织** / 刘阳阳著 ; 刘意青指导. -- 北京大学, 2009. -- 160 页

玛格丽特·劳伦斯(1926—1987)是加拿大后殖民主义时代最重要的女作家之一。她的作品具有深切的人文关怀,同时又充满丰富的圣经典故、劳伦斯称自己是"社会福音"的坚信者,这一自我定位表现出一种介于人文主义与正统基督教信仰之间的双重性、而恰恰是这种双重性使劳伦斯的作品视角既充满矛盾暧昧,又极为丰富深邃。这一点在劳伦斯以其故乡旎帕瓦为原型所创作的玛纳瓦卡系列小说中表现得尤为突出。其中有几部经典代表作更是为读者呈现出圣经原型悲剧、福音童话与人文传奇这三种叙事的细腻交织。从文艺复兴以来,人文主义与基督教理念的矛盾共存始终贯穿在西方社会的集体与个体意识中,因为也成为西方文学中最具有生命力的主题之一。玛格丽特·劳伦斯的作品实质上是通过一种非常独特而现代的叙事视角与叙事方式展现了西方文学中这两种不同精神体系之间恒久的张力。虽然有不少评论家或多或少地关注过劳伦斯作品中的这种双重性,但迄今为止,尚未有学者就此课题展开过深入、系统的讨论。有鉴于此,笔者大胆尝试担当起这一要任。由于篇幅所限,论文只挑选玛格丽特·劳伦斯最优秀的代表作,玛纳瓦卡系列的开山之作《石头天使》作为讨论的对象,旨在对该著作中的三种叙事:圣经原型悲剧、福音童话和人文传奇,进行细致深入的探讨和比较,以期能够充分展示劳伦斯小说世界中这种蕴藉丰富的双重性。

关键词:小说　文学研究　劳伦斯(Margaret Laurenee)

**4254**

**英国第二代浪漫主义诗人"交融式"宗教范式研究** / 龙瑞翠著 ; 李增指导. -- 东北师范大学, 2009. -- 209 页

论文提出以马克思主义宗教观和库恩的"范式"哲学思想为理论基础,建构一种"宗教范式"的研究策略对第二代浪漫主义诗人宗教范式进行研究,因为一方面宗教是他们文学创作的重要思想源泉,对其宗教观进行深入探讨必然对理解诗人其人其作具有重要价值;另一方面,以范式的形式对他们的宗教观进行研究也可以使第二代浪漫主义诗人创作思想的来源、表现状态得以更清晰、深刻地呈现出来。具体而言,论文由五个部分组成。引言部分对国内外研究现状进行调研,并提出论文的中心论题及预期目标。第一章确立马克思主义宗教观为论文的基本指导思想,以库恩"范式"哲学思想为方法论基础,建构"宗教范式"这一研究策略。然后在这一研究策略指导下,论文第二章对影响第二代浪漫主义诗人宗教观形成的社会历史尤其是思想史进行综述,探讨西方两大传统宗教范式(南方宗教范式、北方宗教范式)的嬗变,从社会、历史发展的角度探讨第二代浪漫主义诗人共同分享、并受之制约的"交融式"宗教范式形成的原因及其表征。紧接着在第三、第四和第五章,论文以拜伦、雪莱和济慈等诗人为典型范例进一步阐释第二代浪漫主义诗人"交融式"宗教范式的成因与表征,以努力做到对整体与部分都进行关照。结语部分对论文进行总结,并评价第二代浪漫主义诗人"交融式"宗教范式的价值与不足。由此通过对第二代浪漫主义诗人宗教观进行跨学科研究,论文期望能加深对这些诗人言行思动、诗作散文的理解,从文学的角度更好地把握19世纪初之英国历史与文化。同时通过建构"宗教范式"并以之为研究策略对第二代浪漫主义诗歌进行多视角研究,期望能拓宽、拓深英国浪漫主义诗歌研究;同时通过此一研究,本论文也期望能为浪漫主义

文学的跨学科研究提供有效、有力的借鉴案例,以促进浪漫主义诗歌研究的系统整合,使浪漫主义诗歌研究建立在更科学、全面、具体的基础之上。

关键词:浪漫主义　创作思想　英国

**4255**

**淡妆浓抹总相宜:明清传奇的英译** / 潘智丹著 ; 汪榕培指导. -- 苏州大学, 2009. -- 352 页

理论的主要功能是其认识功能,为了深刻地认识和解释明清传奇英译的翻译实践、揭示明清传奇英译的翻译规律,论文以描述性翻译研究为基础,通过对明清传奇的文本分析和对《琵琶记》《牡丹亭》《长生殿》和《桃花扇》四部明清传奇的七个英语译本进行的案例分析,建立明清传奇英译的翻译原则和翻译模式。为了确保研究成果的可靠性,论文在进行明清传奇的英译理论研究时把与翻译相关的文本分析、翻译语料库、翻译转换研究和翻译规范等手段有机地结合起来,既注重定性分析也注重定量分析,既注重系统分析也注重综合分析,使整个研究集描述性、分析性、比较性、解释性、评价性和统计性六种属性于一身,目的是确保所建立的翻译原则和翻译模式具有真正意义的学术价值。具体来说,论文的描述性翻译研究以对明清传奇的文本分析为起点。确定文本特征之后的工作就是以研究所选择的案例为语料建立翻译语料库,并参照所挑选出的文本特征设计语料库的标注方案,然后根据标注方案对语料库中的语料进行文本特征与翻译特征的人工标注。标注后的语料库就可以通过检索提取所需的数据,对研究对象进行定量分析。通过定性分析和以语料库为基础的定量分析,论文建立明清传奇的总体翻译原则、各个层面特征的具体翻译原则及同时处理明清传奇不同层面特征的动态翻译原则。另外,论文还在系统、综合分析的基础上建立明清传奇英译的翻译模式,包括自然主义模式、现实主义模式、印象主义模式和唯美主义模式,论文所选的七个译本分别是这四个翻译模式的典型代表。总的来说,论文认为,不论采用哪种翻译模式,只要译文能够实现翻译的交际目的,能够体现明清传奇的基本特征,就是有价值的翻译作品。如果译文能在此前提下最大限度地再现明清传奇的美学特征,就可以称为佳作。明清传奇的英译就是要求在满足“淡妆”的最低标准的基础上不断向着“浓妆”的最高标准前进——“学无止境”,艺术更无止境。

关键词:英语　传奇文学　文学翻译

**4256**

**深陷重围的骑士精神:高文诗人及其《高文爵士和绿色骑士》** / 戚咏梅著 ; 刘乃银指导. -- 华东师范大学, 2009. -- 178 页

论文在文本细读的基础上,从意识形态批评角度追溯“骑士精神”背后的三大权力构成:封建君权、宗教神权和贵族妇女,探讨三大权力倡导的“骑士精神”作为主流意识形态对骑士个人行为的塑造作用以及各种非主流意识形态与主流意识形态之间的对抗性。论文指出,这三种权利体系的内部矛盾和外部矛盾导致“骑士精神”最终走向衰落。论文分为五章。第一章首先分析“骑士精神”作为意识形态,其背后的权力构成是君权、神权和贵族妇女这三个封建社会的特权阶层。第二章论述“骑士精神”作为意识形态的三重内部矛盾性。第三章指出“骑士精神”的衰落不仅仅源于其内部矛盾。《高文爵士和绿色骑士》充分体现不同意识形态之间的激烈斗争,从而使“骑士精神”受到前所未有的颠覆。论文在现有的对高文诗人身份的研究成果上,指出其作为“诗人”的“个人”身份超越了其“宫廷神职人员”的社会身份,并且具体分析其诗歌中所体现的超越主流价值观的人文主义因素。作者不愿意受到意识形态束缚的诗人气质和作为知识分子所具备的社会良知使得高文诗人严肃地审视“骑士精神”,这种对意识形态严肃地审视以及对“生命价值”的积极肯定正是其人文主义思想的具体体现。第五章讨论 14 世纪末浪漫传奇创作在形式上的流变。随着“骑士精神”的衰落,“骑士精神”的文学载体“浪漫传奇”也必然经历新的变化。浪漫传奇突破固有的模式化创作,体现出个性化的创作趋势。论文从人物塑造和情节安置两个方面探讨构成浪漫传奇模式化的创作的基本要素如何被一一彻底颠覆。无论从精神上,还是从形式上,《高文爵士和绿色骑士》均展现出突破单一性思维与模式化创作的独特魅力。

关键词:骑士　文学研究　英国

**4257**

**基于语料库的英汉动名化对比研究** / 曲英梅著 ; 杨忠指导. -- 东北师范大学, 2009. -- 174 页

结合认知语法和系统功能语法的相关理念,论文提出动名化的认知—功能研究模式,为英汉动名化对比分析提供理论支撑。基于认知—功能研究模式,论文首先对英汉动名化的类型、构成和使用频率以及名化度特征做整体分析,然后进一步对比分析英汉动名

化在语言系统不同层面的表现,包括英汉动名化在短语层面的认知语义功能、小句层面的句法功能和语篇层面的建构功能。对比分析的目的是对英汉语言中动名化语言现象的异同进行描写、分类和阐释,同时从跨语言视角揭示动名化语言现象的本质。论文采取基于语料库的研究方法,运用英汉平衡语料库FLOB和LCMC中的丰富语料,对短语、小句和语篇三个不同语言层面上的英汉动名化现象做分类描写,对比分析,并得出以下结论。第一,各种类型动名化在英汉语言中普遍存在,这说明"过程"的概念物化是人类认知的普遍规律。第二,名化度是动名化的本质特征,不同的动名化因其所标示事物的典型程度的差异而具有不同的名化度。第三,英汉动名化短语的认知功能都是"例示"一种非典型事物,但是在具体的意义功能组织,即类型、具体化、量化和语境定位中,英汉动名化短语存在差异。第四,英汉动名化的句法功能具有很大的相似性:作为小句的参与者,动名化往往位于"尾重"或者"说明"部分;动名化作为参与者,受到所在小句的谓语动词的语义特征的限制,即具有"关系"和"心理"意义的动词对动名化的支配性更强。第五,英汉动名化的分布与语篇的功能变体密切相关,动名化成为语篇正式程度的标志。此外,动名化具有表达客观,间接反映说话者的意识形态的人际意义,以及衔接连贯的语篇意义,这些特征使英汉动名化在语篇的意义构建中起着重要作用。

关键词:英语　汉语　语料库

**4258**

**中国女性英语教师在课堂话语中的身份建构研究** / 荣红著 ; 田贵森指导. -- 北京师范大学, 2009. -- 247 页

研究致力于探究中国女性英语教师在课堂话语中的身份建构过程,细致解读中国女性英语教师身份建构的多重性、复杂性和冲突性特征,阐释中国高校英语教学的宏观语境和具体教学情境对英语教师身份建构的影响。并强调英语教师是从事"跨文化"职业的特殊群体,研究其身份建构具有重要意义。研究立足于社会建构论,认为身份是人们在语言及社会实践中不断建构的动态过程,在具体情境中的语言运用对身份建构发挥着重要作用。在研究方法上,尝试将民俗志的方法与多种话语分析方法相结合。实地观察期为半年,研究对象为中国北方一所师范大学英语专业的八名女性英语教师,语料包括课堂录音、录像及转写文字,课堂听课和观察笔记,师生访谈的转写文字,官方文件,以及与参与研究的师生交流的笔记、电子邮件等。在语料分析过程中,首先对课堂交际策略在教师身份建构中所具有的索引意义(the indexical meaning)进行系统分析;在此基础上提取出中国女性英语教师身份建构的主要类型,并分别阐释其社会文化含义;最后分析和讨论性别和非本族语教师身份这两个因素对中国英语教师身份建构的相互影响作用。在此基础上,研究揭示出一系在列课堂交际策略对教师身份所具有的索引意义。提出中国女性英语教师在课堂上的四种交际模式和教师身份建构的四种主要取向,阐释其与权威型、知识型、亲切型、平等型教师身份之间的联系。同时表明研究对象在面对边缘化身份努力成为胜任者,建构更加丰富多彩的职业生活。

关键词:英语　外语教学　教师　话语语言学

**4259**

**"爱邻如己":论 W. H. 奥登诗歌主题的一贯性** / 邵朝杨著 ; 区鉷指导. -- 中山大学, 2009. -- 148 页

W. H. 奥登是20世纪最伟大的英语诗人之一,对中西现代诗歌产生过重大的影响。然而奥登却长期受到批评界的指责,其诗歌被指责为缺乏连贯性,而他本人常被指责移民美国后放弃20世纪30年代的政治诗和政治责任,转而创作宗教诗,陶醉于稳定生活所带来的舒适安逸。选题旨在探讨奥登诗歌主题的一贯性,指出奥登是一位富有社会责任感的诗人,他一生的诗歌创作均围绕"爱邻如己"的信念。奥登曾多次表达"爱邻如己"的观点,他将这一信念与时代相结合,从人的外部和内心世界等角度,探索解除人类苦难的途径。奥登的名字与20世纪30年代"奥登一代"紧密地联系在一起。20世纪30年代的战争和政治环境使奥登意识到诗人的社会责任,创作了一些揭露社会问题和战争的著名诗篇。然而这些诗歌的深层内涵并非政治性,而是他对人类困境的担忧。奥登独特的诗歌技巧是他成为当时青年作家代表的真正原因,他巧妙地将外部现实与内心情感相结合,准确地表达了一代人的心声。奥登目睹战争带来的灾难,意识到诗歌应与政治无关。他借助自己童年时期的宗教信仰和所感兴趣的心理学,进一步探索解决人类苦难的途径。他考察了人们的心理状态,指出宗教对解除人类苦难无能为力,揭示出整个时代的焦虑特点。在探索外部政治、人们内心状态和精神信仰之

后,奥登依托童年时期便感兴趣的人与自然的关系,利用深层生态学,跳出了以往以人为中心的视角,获得了更宽广的世界观,最终为人类找到诗意的栖居之所。对人类的关怀贯穿着奥登的诗歌,政治、宗教、精神分析学、生态学等都是他为人类苦难寻找解决途径的媒介,他的诗歌始终体现着他"爱邻如己"的信念。奥登的诗歌对同代和后代诗人产生了巨大的影响。中国的西南联大九叶派诗人便借鉴其诗歌技巧,巧妙地将社会责任与内心情感相结合,走出了中国20世纪40年代末期中国诗歌的困境。

关键词:奥登(Auden, W. H.)　诗歌　文学研究

**4260**

**回望失落的精神家园:神话-原型视阈中的文学翻译研究** / 苏艳著 ; 王宏印指导. -- 南开大学, 2009. -- 242页

研究试图将神话—原型理论引入文学翻译研究,通过回归本源、结构、共性和整体,在解构主义范式走入困境之后,为译学研究提供的一种新的建构策略。论文主要遵循学源追溯—合理性论证—基本理论问题研究—翻译批评方法建构—典型译作评析的研究思路,形成由远及近、由理论向实践转化和落实的研究路径。文章第一章对神话和原型的研究史做了一番简要的回顾与梳理,也初步总结翻译界目前与神话—原型理论相关的一些隐性研究。第二章从哲学、语言、文学和文化四个方面为将神话—原型理论引入文学翻译研究提供了合理性论证。文章的第三、四、五章探讨了文学翻译研究中的三个基本理论问题,包括文学翻译的可译性、文学翻译的本质及译者的精神结构。第三章在论述文学作品的可译性时,依据原型的稳定性特征,在弗莱对原型具体形态描述的基础上,将原型具体化为主题、结构、意象和语言四个文学作品要素。第四章遵循从起源考察事物本质的思路,基于文学是神话或隐喻思维的产物以及翻译语言转换的普遍本质,尝试将文学翻译的本质界定为一种创造诗性隐喻的艺术。第五章从集体无意识、社会无意识和个人无意识三个层面论述了译者的精神结构。第六章将弗莱提出的文学的"后视"批评法引入文学翻译批评研究,获得了文学翻译批评中的层次意识、文类意识和互文意识。第七章按照"后视"法,选取两部具有神话—原型特质的隐喻性文学作品的译本予以评价。评价过程有意识地贯穿了层次意识、文类意识和互文意识,试图通过对具体译作的评析,证明本文提出的翻译批评体系具有一定的实践转化能力。研究展现了当代文化与古老文化传统之间的承继关系,凸显了翻译过程中的无意识层面,强调了文学翻译批评的层次意识。

关键词:文学翻译　神话原型　隐喻

**4261**

**开放的戏剧:论山姆·谢泼德戏剧意义的不确定性** / 孙冬著 ; 刘海平指导. -- 南京大学, 2009. -- 223页

论文从戏剧文(本戏剧风格、戏剧叙事和主题)和读者(观众)反应的角度来阐释这种不确定性,并探讨不确定性所反映出来的剧作家的审美思想、文化视野和伦理观念。研究分为三个部分。第一章运用戏剧符号学和现象学的方法分析了谢泼德戏剧中不确定的感性语言以及它对观众的接受造成的影响。第二章运用戏剧符号学并结合"奇幻性"的概念来分析贯穿于谢泼德整个戏剧创作当中的后现代奇幻叙事风格。第三章解读谢泼德后期戏剧中思想的矛盾性。谢泼德在戏剧中预设了冲突的机制。通过设置和解构"二元项""成对人物"和"戏仿"等手段进行逆向和反思性思维,重新阐释美国西部神话、两性关系以及美国家庭和社会的命运等问题。在再现各种矛盾冲突的角力之中,剧作家反拨旧有的等级概念,打破二元对立思维,让各种观点既相互否定又相持并存。这种不确定性在他的剧中形成无法解决的张力,却并没有否定价值诉求。相反,它确立了一种后现代的价值体系,号召人们打破各种幻想,接受现状,认清善恶的多面性,接受"道德他律",不断地进行道德选择,并为人类的未来承担更多责任。不确定性是谢泼德戏剧的一个显著特征。但是在一些戏剧中,不确定因素也会使戏剧流于表面和陷入混乱,成为肤浅喧闹的平庸之作。

关键词:谢泼德(Sam Shepard)　戏剧创作　戏剧评论

**4262**

**对莎士比亚及其作品的文化物质主义解读** / 孙艳著 ; 史志康指导. -- 上海外国语大学, 2009. -- 102页

文化物质主义理论是20世纪80年代出现的一种理论运动,与发源于美国的新历史主义文学理论有诸多相似之处。论文运用这一理论解读莎士比亚及其作品。正文共包含六部分。简介部分简要介绍文化物质主义理论的概念、特征以及运用这一理论解读

文艺复兴时期文学巨匠尤其是莎士比亚的原因及可行性。第一章阐明在伊丽莎白和詹姆斯统治时期，莎士比亚积极地表达自己的政治诉求并有意识地帮助反映主流意识形态。莎士比亚变革性地赋予他的女主角们之前文学作品中女性角色极少享有的优秀品质和能力，然而这只不过是莎士比亚展现父权合理性和必要性的策略而已；莎士比亚的《亨利八世》创作风格改变正分别迎合了作品创作时当政者伊丽莎白女王和詹姆斯一世的不同政治理念和个人喜恶。研究旨在说明文学作品创作者不能、某些时候也不愿超越创作环境。第二章转而关注文学作品的受众。回顾伊丽莎白时期著名的在举事前夜要求王室剧团上演《理查二世》的“伊赛斯伯爵叛乱”，以及伊丽莎白女王将自己比作理查二世的史实。在文艺复兴时期政治和文学艺术的界限并不明晰，当政者将文学作品与创作环境关联，普通受众亦是如此。第三章以一个极端的例子，即德国纳粹对莎士比亚的挟持，展示莎士比亚如何被有意识地误读并转化为政治工具，以及文学作品歪曲性解读可能达到的惊人程度。第四章介绍莎士比亚的中国之旅。在中国，对莎士比亚的解读经历了革命性解读、艺术性解读和商业性解读三种形式。将莎士比亚作品改编成中国戏剧和电影的尝试丰富了中国和西方的艺术领域，然而这些尝试目前仍存在不少争议，并处于继续研究之中。结论部分总括了文化物质主义理论的主张和特征，并描勒出论文运用文化物质主义理论解读莎士比亚的进路，即从创作者、诠释者到受众。最后，论文分析了文化物质主义理论的理论缺陷，并尝试提出解决的办法。

关键词：莎士比亚　文学创作　物质主义　文学研究

**4263**

**文本意识形态批评分析及其翻译研究** / 孙志祥著 ；吕俊指导. -- 南京师范大学, 2009. -- 124 页

论文认为翻译导向的文本意识形态是一个中性的概念，即为不对称的权力关系服务的意义，而且不对称并不意味着不平等。借此，论文主要借鉴批评话语分析和深度解释学的研究成果，提出包括语境分析、话语/形式分析和解释/再解释三个维度的文本意识形态批评分析解释方法论架构。课题研究的主要发现包括以下几个方面。第一，分类所隐含的常识发挥着潜移默化的意识形态功能；第二，从及物性视角来看，译者主要关注物质过程、心理过程和关系过程等主要过程的意识形态意义潜势来源，研究过程、参与者和语态的选择在意识形态意义编织过程中的作用；第三，情态系统的意识形态意义的批评分析主要在于知识/权力基础、主/客观取向、视点和人际关系的建构等方面；第四，文本生成者往往通过虚饰化和具体化等意识形态模式在词汇层隐喻化转换和语法层隐喻化转换中建构特殊的意识形态意义。意识形态翻译的研究并不排斥翻译意识形态的研究。基于《骆驼祥子》的三种不同英文译本，围绕以上四个系统的意识形态意义的翻译比较分析可以得出如下结论。首先，不仅译者意识形态内部结构并不是稳固不变的，而且译者的选择并不一定是意识形态或其他外部因素的有意识的作用结果，而是译者无意识的选择；其次，意识形态的翻译是文本内意识形态和文本外的意识形态博弈的过程和结果。

关键词：翻译理论　文本　意识形态

**4264**

**赛珍珠《水浒传》翻译研究：后殖民理论的视角** / 唐艳芳著 ；张春柏指导. -- 华东师范大学, 2009. -- 214 页

论文运用后殖民理论的视角及历史研究与汉英对比研究等领域的成果与方法，对赛珍珠在翻译选材和翻译策略上的主体性，其翻译策略的真实面貌以及她的翻译策略的文化、伦理和当下意义等做一全面的探索与研究，试图将一个完整、真实的译者赛珍珠的形象呈现于读者面前，并为翻译批评研究提供建设性的理论视角与启示。全文内容分五章展开。第一章为引论，介绍论文的研究背景、意义、基础、目的与内容、方法、范畴以及全文框架等。第二章研究综述主要解决研究基础的问题，内容包括：(1)赛珍珠研究回顾；(2)近年赛译水浒研究述评；(3)后殖民理论概述。第三章对赛珍珠的翻译主体行为进行较为深入的剖析，论述由两部分构成：(1)关于译者主体性的理论探讨；(2)赛译水浒的译者主体性分析。第四章重点揭示赛珍珠差异性翻译策略的真实面貌。首先阐述后殖民翻译理论的差异诉求，指出“和而不同”精神的核心本质，以及此种文化差异思想在翻译中的体现。其次，通过深入的文本调查，证明赛珍珠的陌生化翻译策略贯穿词语、句法和篇章话语等三个维度。最后对赛珍珠翻译策略的文化价值、翻译伦理意义以及对当前汉外翻译的启示等进行探讨，指出她的差异性翻译策略是对中国小说价值的肯定与弘扬，对于全

球化时代和后殖民语境下的跨文化交流有着重要的价值。第五章为结语,总结论文的主要发现及研究结论、指出研究的不足并提出后续研究设想。

关键词:赛珍珠　水浒传　文学翻译

**4265**

**运用信息技术优化大学英语教学模式** / 王斌著 ; 周流溪指导. -- 北京师范大学, 2009. -- 237 页

论文以教学和学习理论的发展、现代信息技术在大学英语教学中的应用、《大学英语课程教学要求》为基础,尝试提出如何运用教育信息技术优化大学英语教学模式。论文分析相关学习理论、教育技术理论以及教育技术在大学英语教学中的应用,为优化大学英语教学模式提供研究的理论基础。对基于网络的大学英语教学的实验和调查为这种新模式的研究提供了必要的实验基础。此外,通过对大学英语教学改革路线和中期审查期间的调研和访谈进行分析,进一步支持了教育信息技术与大学英语整合的必要性。基于这些理论和实证基础,论文提出了对大学英语教学模式的优化。这种优化不仅仅是运用现代教学方法和技巧,而必须结合传统教学的优势。大学英语教学的理论基础应该把行为主义、认知主义和建构主义学习理论的有效要素结合起来,教学过程应当充分利用信息技术创建覆盖更广的、有意义的学习环境。要建立一套符合信息化要求的总体管理框架。同时大学英语教学的评价体系必须符合修订的教学模式,为提高教学效果服务。论文最后认为优化教学模式的建议不能穷尽当今大学英语教学面临的挑战和问题,仍有进一步研究和完善的必要。

关键词:大学　英语　教学模式　信息技术

**4266**

**基于语篇结构分析的回指优选解析** / 王大方著 ; 姜望琪指导. -- 北京大学, 2009. -- 256 页

论文受中心优选理论的启发,以语篇结构的多层次分析为基础,提出一个侧重于篇章回指处理的优选理论模型,并利用小型英文语料库验证了它在回指解析中的出色表现。针对中心优选理论的不足和缺陷,论文尝试以语篇的整体结构为基础,利用源自不同结构层面的回指制约因素构建一个更为理想的优选解析模型。笔者对语篇结构进行较为系统和深入的阐释。笔者分别利用修辞结构理论和中心理论中的核心内容对意图结构和注意力状态进行了更具体的阐释。根据回指研究的需要,论文建立一个包含 8 种广义修辞关系的集合并从多个角度对它们进行详细分类,为进一步探究语篇宏观结构与回指现象之间的关系奠定了理论基础。笔者将中心理论融入层级性的修辞结构分析之中,从四个方面对其加以补充和完善,力求在局部和宏观这两个密切相关的结构层面上提升这一理论在回指解析中的表现。受中心优选理论的启发,笔者在第五章将不同结构层面的回指制约因素转化为生成器(GEN)和评估器(EVAL)的具体工作机制,建构了一个更为完善的回指优选解析模型。笔者进而建立了一个包含 3 种语篇类型、共计 17311 词的英文语料库,对这一优选模型的工作效度进行检验。在人工标注的基础上,它在处理远距离回指、模糊回指和反向回指(预指)这三种相对特殊和复杂的回指现象时表现十分出色。

关键词:语言学　语篇　回指　英语

**4267**

**中国语境下的系统功能语言学研究** / 王红阳著 ; 黄国文指导. -- 中山大学, 2009. -- 243 页

研究探讨的是过去 30 年来系统功能语言学在中国内地的研究状况,研究内容主要包括三个方面:(1)中国系统功能语言学研究的现状,主要调查系统功能语言学在中国的三个发展阶段,以及每个阶段所涉及的研究领域和研究内容、出版物、学术会议和学术活动等;(2)分析和评估研究现状,通过分析出版物、问卷调查结果和访谈内容来评价现有的研究状况和中国系统功能语言学学者所做出的努力和贡献;(3)预测未来十年中国系统功能语言学研究的趋势。研究在传统做法的基础上,运用实证研究方法,通过文献分析、问卷调查和访谈三种途径收集语料和数据。研究得出如下主要结论:第一,中国系统功能语言学者在过去 30 年中所做出的主要贡献表现在这几个方面:(1)向中国学者引介系统功能语言学思想和理论;(2)把该语言理论主要应用于语言教学、语篇分析、文体研究和翻译研究等领域;(3)把在衔接和连贯、人际意义方面的研究加以理论化;(4)从系统功能语言学视角研究汉语。第二,中国系统功能语言学者在中国语境中的系统功能语言学研究活动中扮演着各种重要的角色。第三,中国系统功能学者 30 年来的不懈努力和辛勤耕耘换来了丰硕的研究成果和凝聚了一支力量强大的研究队伍。第四,中国的系统功能语言学研究也存在一些问题,主要表现在:(1)大多

数研究论文和专著缺乏创新性,重复性研究较多;(2)与国际系统功能学者交流不够;(3)应用研究范围较窄,有些过于集中在几个有限的方面,有些应用领域乏人问津。最后,未来十年中国的系统功能语言学研究重点仍将是对语言(尤其是英语)的某些方面进行描述。基于系统功能的汉语研究将吸引更多的研究者的兴趣,但研究重点会放在体现汉语语言特点的研究上。中国的系统功能应用研究的范围会有所拓宽。

关键词:语言学　功能　英语

**4268**

**翻译的折衷主义及伦理视角:纽马克翻译理论的再审视** / 王莉娜著 ; 何刚强指导. -- 复旦大学, 2009. -- 196 页

论文对纽马克翻译理论进行重新审视,通过分析该理论的性质、基本假设、语言哲学基础、合理性以及适用范围,尝试对纽马克翻译理论做一个全面、客观、系统的研究。论文的基本论点是纽马克翻译理论从本质上来讲是一种折衷主义及伦理视角。纽马克翻译理论中的折衷主义主要体现在:首先,纽马克翻译理论吸收许多其他学科的理论、观点和方法;其次,纽马克翻译理论试图弥合翻译研究中源语导向与译语导向之间的差距;再次,纽马克翻译理论强调翻译理论与翻译实践之间的紧密联系;从次,纽马克翻译理论试图涵盖所有的文本类型而不是单独针对某一种文本类型;最后,翻译过程不仅仅涉及各种两元对立范畴,而且还涉及一些中间力量或因素。论文共分为四章。第一章回顾中西方学者对纽马克翻译理论所作的研究工作并指出以往的纽马克翻译理论研究所存在的不足之处。论文的第二章揭示纽马克翻译理论的语言哲学基础,指出该理论以下述语言哲学家的语言哲学思想为基础:戈特洛布·弗雷格、卡尔·布勒、罗曼·雅各布逊、列夫·维果茨基、J. L. 奥斯汀、爱德华·萨丕尔以及本杰明·沃尔夫。第三章论述纽马克翻译理论中的折衷主义思想。第一部分总结纽马克翻译的折衷主义特色;第二部分分析纽马克的翻译理论观。第三部分探讨纽马克翻译理论从两元主义到折衷主义的转变。第四章围绕纽马克的翻译伦理思想展开。第一部分集中探讨纽马克翻译伦理思想的三个主要组成部分:“翻译的终极目的”“紧贴原文的翻译”以及“五项中间真理”。第二部分,首先将纽马克夫人“五项中间真理”与诺德的“功能加忠诚”、皮姆的“交互文化空间”以及彻斯特曼的“四种价值”进行对比;其次通过对四种翻译伦理思想以及四种翻译伦理模式进行对比分析。总而言之,论文揭示纽马克翻译理论的语言哲学基础,探讨该理论的折衷主义思想以及伦理思想,以期使人们能够更全面地了解纽马克的翻译理论。

关键词:折衷主义　伦理　纽马克(Peter Newmark)

**4269**

**中文小说和散文中英语码转换的前景化特征:语码转换研究的功能文体学视角** / 王璐著 ; 张德禄指导. -- 山东大学, 2009. -- 218 页

论文以韩礼德的前景化理论为基础,从功能文体学的角度对书面语码转换进行探讨。研究语料来源于我国 2000 年以来出版的中文小说和散文中的中英语码转换实例。实例表明,语码转换类型包括句内转换和句间转换两种。鉴于书面语码转换在语篇中的突出效果是作家有意识的行为促成的结果,论文认为对其当以前景化对待。语码转换前景化特点的分析主要涉及语码转换的纯理功能和文体功能两个方面。具体的研究方法包括结合话语范围、话语基调、话语方式等情景因素对语码转换的三个纯理功能。研究将定性分析与定量分析结合起来,既具有理论价值,义有实践意义。语码转换成分经验意义的前景化与语篇的话语范围息息相关。由于此种形式的语码转换可使叙述和描写更为生动、更能引起关注,因此从整体上具有前景化特征。语码转换人际意义的前景化特点体现在小句的语气成分、零句和转换成分的评估意义。另外,语码转换人际功能的前景化还可以通过其评估意义得以体现。语码转换成分的评估意义按照评价理论体系可以从情感、判定和鉴别等感情表达方面进行分析。这些表达感情的语言不仅可通过分级得以润色加强,还可以体现出语篇中实际的或潜在的观点的对话性或多声性。此外,语码转换还有助于他们达到表达自己的感情和态度或增强语势的目的。从语篇意义上讲,语码转换的前景化特点主要体现在衔接、主位结构与信息结构的相互作用与互文性。此外,语码转换语篇意义的前景化特点也可以通过其在主位结构中的显著位置和信息结构中的核心地位得以见证。值得指出的是,语码转换的语篇意义只构成语篇的一个部分,它们在具体的语境中产生并得以解释,其意义是整个语篇的意义链接中不可缺少的环节。语码转换语篇意义的前景化特点与语篇的话语方式有着密切的联系。论文通过以上理论论证

和语料分析证明中文小说和散文中的语码转换不是边缘或任意现象,而是中国当代文学中一种特别的突出现象,是文化不断接触所产生的直接必然结果。

关键词:英语　小说　散文

**4270**

**反馈、注意与二语发展** / 王宇红著 ; 戴炜栋指导. -- 上海外国语大学, 2009. -- 183 页

论文以互动假说(interaction hypothesis)为理论框架,结合学习者注意(noticing)因素,研究不同类型的纠正性反馈(corrective feedback)对二语发展的作用。全文共分五章。第一章介绍了互动论与二语学习之间的关系。同时简要说明研究目的、理论背景及基础、概念术语等。第二章阐述反馈在互动型二语学习研究中的价值。论文从多个角度入手,结合学习者注意因素,研究和比较显性纠错、重述和澄清要求对二语发展的作用,以此丰富反馈研究。第三章提出了一些问题和对其的假设,详细介绍了验证实验的方法步骤。该研究采用前测—后测实验设计,反馈处理通过 2 次任务型的对话互动进行。分别对前测、即时后测和延时后测的口语任务进行录音,对两次处理进行录像,并对受试者的刺激回忆报告进行录音和定性分析、编码。最后对三次测试和回忆报告的成绩统计分析。第四章揭示了实验的结果。研究发现显性纠错效果明显优于重述和澄清要求。重述具有短期效果,澄清要求的效果表现在延时后测的某一部分笔语产出。纠正性反馈能够刺激学习者对目的项的注意。澄清要求促发的学习者注意程度高于重述,但两者差别不显著。在学习者准确注意的情况下,提供输入型的隐性反馈具有短期效果,促使输入型的隐性反馈呈现部分延时效用。第五章首先讨论了实验结果,显性反馈的显著效果说明纠正性反馈自身的显著程度对复杂的语法结构的习得有显著促进作用。同时也指出输出型反馈对二语发展的作用可能受到学习者有关目的项的现有知识、目的项复杂度以及任务等因素的制约。

关键词:第二语言　反馈　教学研究

**4271**

**指称方式及其认知状态** / 毋亚勤著 ; 李基安指导. -- 上海外国语大学, 2009. -- 143 页

主位/述位、已知/新知的研究历来术语繁多、观点各异。论文作者认为,语种之间的差异也是造成这种纷繁复杂局面的诱因之一。与此同时,我们发现,英语语言学对信息状态已知/新知的研究在关注指称的有定性(Definiteness)这一颇具英语特色的语言现象,尤其是指称方式(Referring form)与指称对象(Referent)的认知状态之间的对应(Matching)关系。一般认为,说话者依据对指称对象的认知状态的判断来选择适当的指称方式。也就是说,说话者首先对指称对象当时在听话者意识中的激活程度做出判断,然后据此选择合适的指称方式。指称方式和认知状态各自按等级排成一定的序列,同时,这两种等级序列(Scale or Hierarchy)之间被认为存在一定的对应关系。通过比较不同学者对这一问题的研究,我们发现彼此之间存在一些不同点。面对搜集来的自然语言的语料,我们发现必须先澄清几个最基本的概念、解决几个最为根本的问题。指称对象(Referent)一般定义为子句所表述的事件或状态的参与者。指称对象一般由名词词组表达,但句中出现的名词词组并不全都起指称作用。因而,有必要区分名词词组的指称与非指称情形。另外,我们借用 Langacker(2001)所提出的当前话语空间(CurrentDiscourse Space)概念模型,对其另作诠释,构造出上下文语境与情境语境中指称对象的认知状态等级。通过分析语料,观察各种指称方式在自然语言应用中的表现,我们发现如下几点。指人的第三人称代词 he/she 与指物的第三人称代词 it 指称对象的认知状态分布基本相同;人称代词 it 与指示代词 this/that 的指称对象在认知状态上也没明显差别,所不同的是指示代词所携带的指示意义;而这一点也同样体现于带定冠词 the 与指示限定词 this/that 的名词词组;带指示限定词 this 的名词词组所表现出的预指(Cataphoric)功能被看作类似于指示代词 this 的预指。最后,定冠词 the 所携带的唯一识别性(Uniquely-Identifiable)与不定冠词 a 所携带的类别识别性(Type Identifiable)被发现与指称对象的认知状态之间并非直接的对应关系。

关键词:英语　指称方式　认知

**4272**

**中国学生对英语笑话的理解与欣赏** / 吴霞著 ; 刘世生指导. -- 清华大学, 2009. -- 210 页

中外学者关于幽默理论的研究从不同的视角探讨幽默的特点和机制,在实证研究方面也做了大量关于幽默的理解和生成的研究。然而,由于各种幽默研究纷繁复杂,结论多种多样,有关幽默的许多关键问

题并无定论。而在有关幽默的实证研究中,主要是关于母语学习者的研究,关于外语学习者的研究尚不多见。论文旨在研究中国学生作为外语学习者对于英语笑话的理解与欣赏问题。论文根据结构和内容分类原则提出一个新的笑话分类框架,把笑话分为乖讹—消解—语言类、乖讹—消解—命题类、乖讹—消解—混合类、乖讹—语言类、乖讹—命题类、乖讹—混合类、无乖讹—消解—语言类、无乖讹—消解—命题类和无乖讹—消解—混合类九种类型,并以此为基础进行实证研究,建立中国大学生对于英语笑话的理解与欣赏模型。论文采用数据统计分析法建模,用于建模的数据来自问卷调查和个人访谈,采用的方法包括基本统计分析、独立样本T检验、皮尔逊相关分析和一元线性回归分析等。研究结果表明,就理解而言,笑话结构比笑话内容的影响更显著;乖讹—消解—语言类笑话最易于理解,无乖讹—消解—混合类笑话最难理解。就欣赏而言,语言水平和文化背景知识比性别的影响更大;乖讹—消解—语言类笑话最幽默,无乖讹—消解—语言类笑话最不幽默。不同的受试群体对于英语笑话的理解与欣赏呈现一种普遍趋势:女生比男生好,二年级学生比一年级学生好,英语专业学生比非英语专业学生好,T检验表明这些差异有显著性意义。另外,通过相关分析和回归分析,研究发现中国学生对英语笑话的理解与欣赏之间存在一种正线性相关,不同于以往关于本族语笑话研究得出的倒U型关系。总之,论文研究外语学习环境中,我国大学生对于英语笑话的理解与欣赏问题,提出新的笑话分类框架,建立笑话理解与欣赏的模型。通过揭示中国学生理解与欣赏英语笑话的规律,论文所建立的理解与欣赏模型对于英语学习与教学有一定的启发意义。

关键词:英语　幽默　教学研究

**4273**

**霍克斯英译《红楼梦》细节化的认知研究** / 谢军著 ; 黄振定指导. -- 湖南师范大学, 2009. -- 221页

论文通过对霍克斯和杨宪益两个全译本前80回英译的比较,将全部的语料加以梳理和归类,用大量的语料证明霍克斯的英译具有细节化的特点。论文尝试借助认知语言学的相关理论,采取定量与定性、归纳与演绎相结合的方法,力求对译者翻译操作的内在心理机制作出较为系统深刻的阐明,从而为翻译理论研究提供一个新的视角。论文在导言中概述《红楼梦》原作的主要特征,并通过对两个全译本的对比,从霍译本300多处细节化处理的事实,概括出霍译本细节化的显著特征;同时说明研究的目的。第二章回顾前人的相关研究以及有待解决的问题。借鉴前人从文化学视角、语言学视角和接受美学视角研究的成果,提出从认知语言学视角来深入研究霍译内在机制的新思路。第三章简述研究的理论框架与研究方法。在必须涉及的相关翻译理论的基础上,着重阐释认知语言学的体验哲学观。第五章具体讨论霍克斯在文本构建方式的细节化补偿,让读者建立起应有的理想认知模型。第六章从人类认知能力的五个方面,即背景化、选择、视角化、详略度和突显性,深究霍克斯英译细节化的认知机制,说明这种细节化补偿十分符合人类的普通认知规律。第七章进一步通过比较传统翻译理论视角与认知语言学视角下霍译的研究,论证认知语言学途径的翻译研究可以阐明细节化的必要性、解释细节化的合理性,并揭示译者翻译操作中内在的认知活动及其巨大的主体性。简言之,认知语言学视角可以揭示出特定译者特定译法的内在必然性,及其同时不失忠实又充分有效地译介原作文化的有力理据。这对于翻译理论和翻译实践的启迪应该是不可小视的。

关键词:红楼梦　英语　翻译

**4274**

**人际投射小句的语篇行为特征:以英语语言学书评为例** / 辛志英著 ; 杨信彰指导. -- 厦门大学, 2009. -- 312页

论文试图在系统功能语言学框架下,从人际意义出发研究投射现象。论文通过考察人际投射小句在英语语言学书评这一特定语类中的语篇行为特征,旨在论证人际投射小句是语言使用者用来加强主体间的有效资源。论文涉及两个重要概念:人际投射小句和主体间。前者指通过投射识解人际意义的小句。论文把概念投射和人际投射看作互为补充的关系,它们共同协作对经验做不同的识解。后者指语言使用者对交际双方的参与程度、关注程度,以及适合特定社会文化语境的社会规约这三者的间接调控。论文提出人际投射小句的概念,并通过对真实语料的考察,识别人际投射小句的种类,并建立较为完善的分析框架。论文指出,人际投射小句特有的句法特征和语义特征使其成为有效的主体间加强语资源。论文同时认为,人际投射小句的语篇行为特征受制于特定

语篇的语类属性。论文识别四种人际投射小句。由于人际投射涉及交际双方,因此论文识别和划分人际投射小句的标准是依据作者—读者在语篇中的“可见程度”以及与投射者之间的关系。具体而言,第一种人际投射小句,即I类人际投射小句,通过I/you将作者—读者直接识解为投射者。第二种人际投射小句,即we类人际投射小句,通过we/one/reader等资源将作者—读者识解为投射者中的一员。第三种人际投射小句,即无交互方类人际投射小句,不出现投射者。第四种人际投射小句中,即非交互方类人际投射小句,投射者识解的是非作者——读者的“第三方”。论文的主体部分实证研究各类人际投射小句的词汇语法体现资源。同时,论文还对人际投射小句进行英语语言学书评和英语语言学杂志编者按的语类对比研究。通过这两种不同语类的对比,论文指出作为主体间加强语的人际投射小句的语篇行为受制于特定语类的语类属性和社会交际功能。文章还讨论各类人际投射小句的作者—读者联盟、读者取位和人际衔接等主体间加强功能。论文的研究说明,人际投射小句的实质是语言使用者加强主体间而实施的有效手段。

关键词:英语　句法　人际关系

**4275**

**托妮·莫里森小说的文学伦理学批评**／修树新著；刘建军指导. -- 东北师范大学, 2009. -- 151页

论文的中心概念是伦理。“伦理”是指人或事物之间、或事物内部形成的天然的关系、秩序或结构。伦理的演变是随着“人”的概念的本质内涵的演变决定的。在历史的漫漫进程中,“人”的本质内涵主要经历了“自然人”“社会人”和“文化人”的变迁,因此按照人与人之间的关系所维系的基础不同,伦理在历时的角度上可以分为“自然伦理”“社会伦理”和“文化伦理”等。在共时的角度上,按照人与人之间所处的背景不同,其关系所涉及人们生活、活动的侧重面不同,人们之间的伦理又可以分为“生存伦理”“性爱伦理”“家庭伦理”和“人际伦理”等。文学伦理学批评的首要任务就应该是反映文本中人与人之间伦理关系的演变过程,这个过程也体现着作者的伦理观之核。莫里森富于无限象征意义的语言世界以及小说中鲜活的女性形象——虽命运多舛却拥有宁折不弯的生存意志,宁为玉碎、不为瓦全的反抗精神,共同构建了一个瑰丽无比的艺术世界。这些女性形象的生活经历跨越了美国从奴隶制时代到20世纪90年代的百余年历史。从生存伦理、性爱伦理、家庭伦理和人际伦理等四个共时的纬度分析莫里森的小说,就会发现黑人女性的伦理观分别呈现出命重于理、个人满足、女人可以当家长以及力量就是地位等相应的特点。因为一直不被当人待,黑人女性也就采取了不同于常人的反抗方式——以身体为武器的反抗。她们的身体反抗也就具备了政治意义。黑人女性之间的伦理关系在历时上也经历了人性伦理、理性伦理到文化伦理的演变过程。这种演变符合美国文化既强调个人主义,又重视个人与集体协调的特质。莫里森的文化伦理观的价值之核是高度张扬自我之下的与他人的和谐。

关键词:莫里森(Morrison, Toni)　小说　伦理学

**4276**

**英语学习动机自我系统:基于中国大学生的结构方程模型研究**／许宏晨著；高一虹指导. -- 北京大学, 2009. -- 146页

论文从二语习得动机研究的社会心理学派立场出发,以人格心理学家Markus&Nurius(1986)的可能自我理论以及Higgins(1987)的自我不一致理论为基础,针对D？rnyei(2005)提出的二语动机自我系统理论分类标准不统一,忽略学习者当前自我的缺陷,以中国大学生为被试,提出了一个修正性的英语学习动机自我系统。论文首先给出了假设:第一,英语学习动机自我系统由英语学习可能自我、英语学习当前自我和英语学习过去自我三部分构成,其中当前自我是动机自我系统中不可或缺的一部分,具有重要的中介作用。第二,该理论模型具有整体稳定性和内部差异性。第三,该理论模型能够解释动机强度的变化。通过结构方程模型检验、跨组不变性检验、T和One-way ANOVA检验,论文指出英语学习当前自我和过去自我共同构成英语学习现实自我。这种现实自我与英语学习可能自我之间相互作用、不断转化,英语学习者通过努力缩小现实和理想之间的差距,使可能自我变为现实自我。论文的贡献在于提出英语学习当前自我,并验证了其在动机自我系统中的重要中介作用,从而弥补了D？rnyei(2005)二语动机自我系统理论忽略当前自我的不足。此外,论文将动机视作自我系统地一部分,一方面印证了动机和自我认同之间的紧密联系,另一方面为今后将动机及自我认同的研究整合在一个理论框架下提供了基础。

关键词:英语　学习动机　自我

4277

**爱默生与美国教育思想** / 杨靖著 ; 钱满素指导. -- 南京师范大学, 2009. -- 103 页

拉尔夫·瓦尔多·爱默生(1803—1882)是美国19世纪著名文学家、诗人,也是大力倡导改革与进步的教育思想家。作为超验主义的代表人物,他倡导个人主义学说,强调精神的力量远过于物质,相信个人潜能的无限性。在他的周围,聚集了一批立志改造社会的有识之士。他们积极投身到开启民智的教育改革洪流中,锐意进取,勇于创新,造就了新英格兰地区教育文化繁盛的局面。与此同时,超验主义教育思想也成为美国教育思想的一个重要组成部分。爱默生的教育思想,一方面受到古希腊柏拉图教育思想,以及以卢梭为代表的法国浪漫主义和以康德为代表的德国古典主义教育思想的影响,另一方面也植根于具有浓厚清教背景的新英格兰土壤之中。此外,他还受到富兰克林实用教育和杰斐逊民众教育思想的启发。他提出的若干教育理念和主张,不仅有助于自由平等的价值观在整个社会的确立,也昭示了以培养创新思维能力为主旨的美国教育改革的方向。19世纪末、20世纪初爱略特校长在哈佛创建的选修课制度,赫钦斯在耶鲁推广的名著阅读计划,特别是杜威实验学校总结出的一系列民主教育思想,都在不同程度上说明爱默生在美国教育思想史上持久而深入的影响。值得注意的还有与爱默生同时代的教育思想家——"美国公立学校之父"贺拉斯·曼。曼主张以整齐划一、高度行政集权的方式推进马萨诸塞州乃至全美的教育改革,而爱默生则提倡活泼生动、富于创造精神的自我教育。这一场"美国学者"针对"美国学校"的论争,促使人们进一步认清了教育的本质:自由与体制,个人与社会,只有有机的融合,形成巨大的合力,才能加速促进知识的普及推广和社会民主化的进程。

关键词:爱默生(Emerson, R. W.)　教育思想　美国

4278

**英语科研论文中的言据性** / 杨林秀著 ; 杨信彰指导. -- 厦门大学, 2009. -- 241 页

论文从人际功能的角度探讨英语科研论文中的言据性。基于目前研究的不足,论文将研究扩展到科研论文语类和言据性的人际功能两个方面,具体探讨英语科研论文中言据性的人际功能。论文以系统功能语言学为理论基础,并借助语言学研究中的其他几个概念,采用定性和定量结合的方法,建立了一个多层面的"三成分"人际功能模式来研究英语科研论文中的言据性。主要内容包括以下三个方面:第一,在以往言据性分类的基础上考虑到科研论文的语类特点,提出了自己的言据性分类,并指出不同语类成分的交际目的决定了言据性的使用模式,而言据性的使用模式又加强了不同语类成分的交际目的。第二,论文探讨了言据性作为一种语篇策略在科研论文中的三种人际功能:作为评价手段的言据性、作为元语篇的言据性、体现作者身份的言据性。论文还讨论言据性的选择和使用与其在科研论文中的人际功能之间的双向影响和制约关系。第三,论文对言据性在以英语为母语的科研论文中和中国研究者科研论文中的使用作出了比较研究。研究结果中的相同点可以说明言据性现象在科研论文中的普遍性,不同点则显示了文化因素对作者言据性选择的影响。这种实证和比较研究有助于提高论文写作者的言据性意识,认识到它在科研论文中的作用,尤其认识到言据性体现出的人际功能。

关键词:英语　科研论文　语篇　言据性

4279

**当代中西译学范式比较研究** / 杨平著 ; 王东风指导. -- 中山大学, 2009. -- 121 页

自20世纪60年代以来,美国科学哲学家和科学史家托马斯·库恩(Thomas S. Kuhn)提出的"范式"(paradigm)理论,在自然科学与人文科学领域,均产生了重大影响。论文借助这一理论,对当代中国和西方翻译研究中的语文学范式、语言学范式、文化研究范式以及可望形成的哲学范式进行纵向和横向的考察。研究参考库恩的关于范式理论的基本要素,在对中国和西方翻译研究范式进行比较分析和研究的过程中,主要关注以下问题:研究范式的理论与方法,延吉范式在不同阶段的特点或研究重点,研究范式的危机阶段,研究范式存在的不足。通过对上述问题的研究分析,试图探索当代译学范式演进的理论基础、发展过程和基本规律。通过对当代中西译学范式进行对比研究与考察,论文得出以下结论:库恩的范式理论适于考察翻译研究范式的转换和发展规律,翻译研究各范式内部呈现出的阶段性、进行性特点,是范式内部跨文化、跨学科发展的结果,促使译学研究各相关科学共同体的成长和壮大,并最终导致译学范式的转换。各国翻译学者从不同的领域、不同的角度、以不

同的方法论对翻译现象进行跨学科、跨文化的历时共时的动态研究,不同国家、地区译学理论研究的多元互补共存以及各国译论的接轨与融合是未来翻译学发展的总体态势。

关键词:翻译理论　对比研究

**4280**

**词典的原型释义模型建构** / 杨蔚著 ; 张柏然指导. -- 南京大学, 2009. -- 222 页

论文属于词典学的应用研究,研究对象为英语单语词典释义。研究的指导思想就是在反思传统释义理论的基础上谨慎地寻求原型理论在编写实践中的应用。论文在主体部分首先论述原型范式下语义范畴和词典释义范畴的原型结构及扩展机制。明确语义范畴与词目释义范畴之间的对应关系,指出:(1)语义范畴中的原型义对应于释义范畴中的核心义项,(2)次原型义对应于次核心义项,(3)引申义对应于次义项,(4)语义范畴扩展的隐喻、转喻和转隐喻机制体现为核心义项与次义项之间的隐喻关联、转喻关联、转隐喻关联。在此对应的基础上得到建构词典原型释义模型的几项基本原则。论文论述原型义理想认知模型(ICM)的构成及其在词典义项语义描述中的建构方式。语义范畴的隐喻引申机制、转喻引申机制、转隐喻引申机制,以及这三种机制在释义范畴中的体现。语义范畴的隐喻引申机制、转喻引申机制、转隐喻引申机制,以及这三种机制在释义范畴中的体现。在此四章论述基础上,形成词典的原型释义模型。指出原型释义模型是对词典词目释义建立过程的抽象,其结构表现为语义描述、义项划分及义项排序组成的词目释义。作者提出区分词性的单次引申原则和非交织原则。对于释义结构层次较多的词目需采取分列词性的编排方式。最后说明模型的四点特性,阐述建立原型释义模型的意义,并指出研究的进一步发展空间,为全文做出总结。论文将原型理论应用于词典释义的编纂,尝试创建词典释义的原型认知模型,以期解决词典释义中语义表达含混、义项关系不明晰等问题。

关键词:词典　词汇　注释

**4281**

**冲撞·融合:莱斯莉·玛蒙·西尔科与美国印第安身份构建** / 叶如兰著 ; 张冲指导. -- 复旦大学, 2009. -- 138 页

论文通过对西尔科的《典仪》《死者年鉴》《花园沙丘》三部小说及《说故事的人》和《黄女》两部散文故事集的解读,借助生态女性主义等理论工具,探讨印第安身份在现代社会中构建的问题。第一章分析本土美国人的身份特点,探讨印第安传统对西尔科和她文学创作产生的影响。第二章探讨西尔科作品中的印第安传统元素。通过对印第安文化和传统的追溯,西尔科试图重构现代社会背景下的本土美国人身份,即一种适应发展的具有生命力的综合多种元素的本土性。第三章通过分析西尔科作品,阐述印第安人与自然的关联、非线型的时间概念以及女性形象在印第安传统中的位置,指出强调这些特点有助于将印第安文化从主流文化的大潮中区分出来,独树一帜。综合考察西尔科的作品后,论文认为西尔科的作品反映了现代本土美国人在现代社会中面临的身份危机,回归印第安传统对寻回本土身份起着至关重要的作用。西尔科在其作品中反复借助口述故事和神话等本土元素以及印第安人和自然的关联性突出印第安身份和印第安文化的特质及价值,而与主流文化相互融合、和谐共存是充实印第安身份、传承印第安传统的关键。论文提出,西尔科对印第安文化价值和发展模式的探索为本土美国人和其他文化共融、共通点亮了一盏明灯;印第安文化中对自然的崇仰已经不仅局限于印第安这个概念本身,人与人、人与社会、人与自然之间和谐的相互联系和依赖关系是任何一种文化、传统、身份生存发展的基础。

关键词:西尔科(Leslie Marmon Silko)　印第安人　文学研究

**4282**

**东西方思维模式的交融:杨宪益翻译风格研究** / 禹一奇著 ; 冯庆华指导. -- 上海外国语大学, 2009. -- 185 页

论文将杨宪益在毕生的翻译生涯中时如何既积极地再现原作的风格,又恰如其分地展现译者的风格,如何将原作风格与译作风格有机地结合起来的。全文共分八章。第一章介绍了杨宪益翻译研究的现状,杨宪益与戴乃迭古典文学英译领域的成就,包括西方文学名著的汉译和中国文学名著的英译,研究的目的、意义和基本框架。第二章讨论翻译风格论,提出风格翻译的理论基础、必要性、困难、可能性与必然性、先决条件以及共性。论文也探讨个人风格与思想性格的关系,翻译风格与思维结构的关系,个人风格

与生活经历的联系等,涉及杨宪益的爱国情怀与其选题、翻译策略的关系。第三章首先从杨宪益的民族主义、历史理性主义、沉重的历史感与忧患意识、民众与现实立场入手,进而探讨其翻译观。接着对新中国成立后杨宪益的翻译实践活动进行了梳理,并进行了评价。还根据杨宪益汉语作品英译与外语作品汉译两个模块进行深入、细致地分析。第四章从总体分析了戴乃迭、霍克斯与许渊冲三位翻译大家与杨宪益在翻译风格上的差异。第五章从文化力量、原文地位与起始规范入手,然后剖析翻译委托人、预期读者对象与翻译目的,接着探讨道德规范、评价、诠释与文学观的差异,最后着重比较了在人物语言风格翻译上的差异。第六章从乐府、唐诗、宋词三方面入手,分析杨宪益与许渊冲的翻译风格,探讨造成翻译风格差异的深层原因。第七章结合上述六章的内容,提出影响杨宪益依着风格形成的主要因素有教育经历、社会背景、翻译目的、出版商或翻译组织机构、预期读者与意识形态。第八章对研究进行回顾之后,介绍研究的意义、研究价值、局限性及其研究的发展空间。

关键词:杨宪益　英语　文学翻译　翻译理论

**4283**

**解构与建构:吉尔曼女权主义乌托邦研究** / 曾桂娥著 ; 虞建华指导. -- 上海外国语大学, 2009. -- 174 页

论文主要探讨吉尔曼女权主义乌托邦小说的先驱特征及其乌托邦小说在解构与建构过程中对个体和社会的救治功能。论文选取吉尔曼的乌托邦三部曲《移山》《她乡》《与她同游我乡》以及中篇小说《黛安莎的作为》以及一些短篇小说作为分析文本,以文化研究方法将文学与服饰、建筑及环境结合起来,考察吉尔曼女权主义乌托邦作品中的服饰乌托邦、建筑乌托邦与环境乌托邦,得出:吉尔曼不仅是女权主义者,还是倡导生态和谐、物我合一的生态女权主义者。其次考察吉尔曼在乌托邦作品中构想的母职乌托邦,得出另一结论:吉尔曼在乌托邦作品中揭示了制度性母职对女性的压迫,在文本中为母亲构想自主选择,并建构女权主义母职观。在论证过程中还运用心理分析理论,将吉尔曼的乌托邦作品以及作家的人生经历和时代特征结合起来,提出:乌托邦的希望原则不仅能够帮助治疗个人心理创伤,而且还可能在批判的基础上推进社会进步。论文共包括五部分。绪论部分首先梳理美国乌托邦小说和女权主义乌托邦小说的发展脉络,介绍吉尔曼的乌托邦小说创作背景和国内外研究与译介状况。第一章从社会与个体角度考察吉尔曼乌托邦文学创作的心理机制,讨论其女权主义乌托邦小说与作家经历之间的张力以及作品在主题以及叙事上的先驱特征。第二章主要讨论吉尔曼乌托邦作品中体现的“家园”意识,探讨吉尔曼的妇女解放思想和生态和谐观念。第三章集中讨论吉尔曼对于母职乌托邦的构想,考察她如何揭示“母亲的奥秘”,并最终在乌托邦小说中建构母亲的胜利。

关键词:吉尔曼(Gilman, Charlotte Perkins)　小说　女权主义　乌托邦　文学研究

**4284**

**CR 与 CC 在汉语方言连读变调类型构建中的交互作用** / 翟红华著 ; 马秋武指导. -- 南开大学, 2009. -- 202 页

研究以优选论为理论基础,以分析山东方言连续变调类型为切入点来进一步探讨 CR 与 CC 即调域与调型制约条件在汉语方言连续变调类型构建中的交互作用。论文提出调型制约条件 CC 与调域制约条件 CR 的交互作用在汉语方言连续变调类型的分析和描写中起着关键性作用。论文从分析山东方言连续变调现象入手,通过对山东方言连续变调模式的分析和描写,进而分析和说明山东方言以外的其他汉语方言的连续变调类型和模式。在分析山东方言时,发现其三调方言的连续变调表现出一定的规律性。进一步扩展研究还发现,该制约条件等级排列对于潮州方言、普通话、西安方言、徐州方言等汉语方言的连续变调类型具有同样的解释力。通过分析,还证明平山久雄(1998)所提出的德州方言轻声前呈现的逆时针循环型连续变调现象也属于连续变调只发生在调型层面而不涉及调域层面这一模式。研究发现由于山东方言地处官话方言区,四声调占方言声调的近 80%,声调存在明显的对立性,连续变调绝大部分只发生在调型层面而不涉及调域层面,而这一现象亦是汉语方言连续变调模式的共性所在。综上所述,论文采用优选论对汉语方言不同类型连续变调模式进行了探讨和分析,提出了连续变调类型的构建是在调域制约条件和调型制约条件的交互作用中完成的。通过对汉语方言特别是山东方言中一些具有代表性的连续变调类型的考察、研究和分析,论文提出不同连续变调模式的制约条件等级排列方式,从中可以不难看出各层面上不同力量在连续变调类型构建中所起的作用。

关键词:汉语方言　变调　发音

**4285**

**托妮·莫里森宗教思想研究** / 张宏薇著 ; 刘建军指导. -- 东北师范大学, 2009. -- 138 页

论文从宗教的视角,以三重文化——美国文化、黑人文化和女性文化为背景,以四个相互紧密联系的基督教的核心观念——上帝观、罪观、救赎观和爱观为切入点,以莫里森的前八部小说为依据,对莫里森的宗教思想进行系统的梳理和分析。莫里森的宗教思想是在美国文化、黑人文化和女性文化三重背景下形成的,具有鲜明的种族和性别政治色彩,以爱为旨归的一种宗教思想。从整个发展历程来看,在上帝观、罪观、救赎观那里,她的宗教思想有对传统基督教的继承,但更多的是对传统基督教的改造甚至是颠覆,而到了“爱”那里,则与基督教思想合流,与基督教耶稣的“博爱”思想如出一辙,她的宗教思想走过了与传统基督教从对抗到合一的历程。莫里森经过不断的精神和思想探索,找到了自己心目中真正的上帝和真正的宗教:这就是“永恒的爱”的上帝和“爱”的宗教,由此还原和强调了基督教中上帝的公义与耶稣基督的爱,“爱”成为莫里森全部宗教思想的核心和最高价值指向。在她看来,“爱”是解决种族、性别、文化冲突的手段和途径,依靠它可以打破两性的壁垒、种族的界限和文化的疆域,达成两性和谐、种族平等和文化共存与融合,显然这里面含有世界大同的理想和乌托邦的色彩。在莫里森的作品中,“爱”的内涵远远超过国家、民族、政治等社会形态而具有更为广阔的世界背景和普遍人性的内容,不仅是个人的,更是人类的,因此对我们在全球化背景下处理种族、性别问题和文化冲突必定有很大的启示意义。

关键词:莫里森(Toni Morrison)　美国黑人　当代文学　文学研究

**4286**

**高健翻译协调理论研究** / 张慧琴著 ; 冯庆华指导. -- 上海外国语大学, 2009. -- 219 页

论文对年逾八旬、精神矍铄的全国资深翻译家高健的文学翻译思想进行梳理,探寻其翻译轨迹,彰显其翻译协调理论。全文分为六大部分。第一部分绪论,简述20世纪文学翻译之研究成果,从翻译家研究的缺憾入手,阐述翻译家高健研究之缘起,介绍其丰硕的翻译成果,阐述其翻译思想研究的意义。第二部分阐述协调理论产生的历史背景与客观需要,探究协调理论与中国传统哲学以及西方语言学、心理学研究的契合之处。分析论证了协调理论是文学翻译的指导思想,并贯穿于文学翻译过程的始终。对高健协调理论的定义、对象与策略进行了详细的论证。第三部分从文学翻译中五组对立关系、八组对话关系的协调统一入手,分析论证了文学翻译中十对主要矛盾的协调统一。该部分是协调理论指导翻译实践的具体例证。第四部分论证了高健协调翻译的广泛性与实用性。也论证了协调理论在英汉互译中的指导作用。同时补充以协调理论指导的自我实践,多角度论证协调理论的可行性与科学性。第五部分论述了协调理论与高健其他四论之互补性,结合高健翻译实例,论证协调理论的发展与完善。第六部分以访谈的形式回顾全文,围绕高健协调理论的起源、发展、完善进行深入探讨与论证,真实、全面、客观地再现高健协调翻译实践与协调理论形成的历程。

关键词:高健　文学翻译　翻译理论

**4287**

**英语学术论文摘要中的情态配置** / 张曼著 ; 杨信彰指导. -- 厦门大学, 2009. -- 240 页

论文以英语学术论文摘要为语料,从功能的角度研究摘要中的情态配置。研究发现,摘要作者主要选用表示可能性、低值和隐性主观取向的情态助动词来判定摘要中的观点成立的可能性低,而且,他们对此种判断承担较多责任。情态一直是语篇分析中的热门话题,而且学者们对其进行了多方探究。然而,该话题仍有急待探明之处。在此背景之下,论文从功能的角度提出情态系统框架,并在该框架下研究摘要中的情态配置。该框架包含位于三个层次的三个情态系统:位于语境层次的情态态度系统,位于语义层次的情态意义系统和位于词汇语法层次的情态形式系统。情态态度包括说话人的情态角色、情态承诺和情态责任。情态意义包括意义类型、值和取向。情态形式包括情态小句、情态短语、情态词和非自由情态形式。情态配置是指各个情态系统和子系统间的配置关系,分为跨层和层内情态配置两类。跨层情态配置指位于不同层次的情态系统之间的配置关系,即情态态度、情态意义和情态形式之间的配置关系。层内情态配置是指位于同一个层次的情态系统之间的关系,包括情态态度之间的配置关系和情态意义之间的配置关系。在此框架下,论文利用任选自8种学科40种学术期刊的1600篇摘要,结合定性和定量的方法探究情态配置。研究结果表明,摘要中情态配置的总

体特点以及各语类成分和各学科中情态配置的特点具有较多共性。摘要中绝大多数情态形式是情态助动词,它们体现可能性、低值和隐性主观取向。另外,几乎所有含有情态形式的小句都是陈述语气。这些特征表明,摘要作者主要利用情态形式来判定命题成立的可能性较低,但是他们愿意对这些判断承担较多的责任。不同语类成分和学科中情态配置的差异主要在其分布。总的来说,各类情态配置常常出现在结论和引言部分,较少出现在结果部分,很少出现在方法部分,而且它们在软学科中出现的频率高于硬学科。另外,摘要作者仅仅在软学科的引言中利用疑问语气来求取情态判断。

关键词:英语　情态　功能语言学

**4288**

**英语时体习得中的类比运用:中国非英语专业学生案例调查** / 张宁宁著 ; 沈黎指导. -- 复旦大学, 2009. -- 207 页

研究总体上来说是定性研究,但是采用定量与定性相结合的混合方法。借助 Langacker 的认知语法理论,论文对英语时体系统进行新的描写,其中包括对英语时体表达至关重要的语言单位的概述,对构建英语时体意义所必需的认知操作的概述,以及一个对英语词汇体和语法体的认知阐释。这些描写随后被运用于描写传统语法所谓的英语一般现在时与现在进行时,因为这两个时态结构是论文所研究的二语习得的对象。根据 Fauconnier 和 Turner 所提出的概念整合理论,研究建立一个认知模型,将认知对比、概括与类比统一起来。如此一来,研究就突出对第二语言语法习得有极其重要意义的两大问题:第一,二语学习者如何识别已知的语言单位和新碰到的语言单位之间的相似之处;第二,二语学习者如何推测出新碰到的语言单位的用法。语法习得与类比/概括之间的关系也因此得以建立。研究的实证部分采用一个改进过的"语法判断测试"(以下简称 GJT),在参与者的选择、试题设计与数据采集方式方面,都与传统的 GJT 有所不同。由此研究搜集到五类数据:语法判断、修改内容、判断理由、翻译作业,以及后续调查访问的结果。论文认为,最容易被忽略的语言成分是那些不容易觉察、但是对确定第二语言在用法方面的限制有决定性作用的成分,最主要的就是语义成分和话语/语用成分。借助概念整合理论,研究同时也解释"过度概括"如何产生:通过整合空间,二语学习者以他们所熟悉的方式构建二语语言单位或构建意义,从而推测所学第二语言的用法,如果由于类比失误(即选择了不妥当的标准),或者是投射失误,整合空间继承不该有的成分,而应该继承的成分却缺席,"过度概括"也就随之产生。通过对过度概括的认知本质的揭示,研究为"过度概括"提供一个全新的解释。研究展示认知语言学在二语习得领域(尤其是在第二语言语法习得领域)的描写与解释能力,(证明)与其他语言学范式相比,认知语言学在研究范围、研究视角、描写手段与解释力方面,有着鲜明的优越性。

关键词:英语　外语教学　语法

**4289**

**尤金·奥尼尔戏剧生态意识研究** / 张生珍著 ; 郭继德指导. -- 山东大学, 2009. -- 182 页

论文在系统梳理奥尼尔剧本中体现出的生态意识的基础上,对其生态意识做出分析和评价。论文作者认为,奥尼尔对美国戏剧乃至整个文学史的影响是巨大的,奥尼尔深刻的生态意识渗透在他的剧本中,并呈现出历史性、继承性、前瞻性和超越性。该论文正文共包括五章。第一章从奥尼尔对工业化背景下人与自然关系的反思,尤其是工业化对人与自然和谐关系的影响以及工业化所带来的问题展开论述。第二章围绕商业主义价值观对人与自然关系的影响来论证奥尼尔的生态意识。第三章从奥尼尔谴责战争的角度分析其生态意识。第四章通过对奥尼尔剧本中自然主体性地位的探索来论述奥尼尔的生态意识。第五章旨在探讨奥尼尔生态意识形成的根源。结论部分指出奥尼尔对人类思想文化领域中造成生态危机的根源和人与自然关系失衡问题的批判和反思是充满生态意识的。通过论证,论文作者认为在西方传统生态思想文化和道家生态思想的共同影响之下,奥尼尔的生态意识既体现出历史性和继承性,又彰显出前瞻性和超越性。

关键词:奥尼尔(O'Neill, Eugene)　戏剧文学　生态环境

**4290**

**济慈追寻经典化之路与浪漫主义后世书写传统** / 张鑫著 ; 史志康指导. -- 上海外国语大学, 2009. -- 196 页

论文主要以浪漫主义时期英国作为阅读之邦的事实为出发点,以浪漫主义时期"读众焦虑"和"后世书写"为背景,研究济慈追求经典化或"跻身英国诗人

之列”的成因;通过探讨“积极影响”的历史和分析“作为负担的过去”的概念,通过细读济慈所有书信和诗歌,在济慈的焦虑和其独特的成就经典之路间建立起一个被坊间长期忽视的联系。考虑到济慈业已成为最年轻经典浪漫主义诗人的身份和有史记载最短创作生涯的史实,论文充分肯定了济慈在通往成就经典之路上对自己不幸身世和突出焦虑的清醒认识。其面对的压力是双重的:“同侪压力”与“先辈压力”。论文将讨论的重点放在三位“威廉”身上:威廉·莎士比亚,济慈的“诗歌主宰者”;威廉·赫兹利特,济慈的“自封导师”;威廉·华兹华斯,济慈的同代“诗歌巨擘”。传统上,济慈从浪漫主义的“后世书写”信仰中受益匪浅,并深为当时的观众焦虑所打动。历史上,济慈挑选莎士比亚作为自己的诗歌主宰,他作为理想诗人的典范影响了济慈成就经典诗人的始终。在同代诗人中,华兹华斯力压其他而成为济慈从对立面效仿和学习的楷模,济慈从他身上学到了众多通往经典不可或缺的诗艺创作之道。理论上,几乎济慈所有的评论都源于他自封的诗歌评论导师赫兹利特。济慈之所以能在短暂时间里摆脱消极影响成就个人经典化,一部分原因在于他对经典作品的研习和对诗歌巨擘的批判性阅读,另一部分在于他对阅读之邦“后世书写”文化的充分理解和正确创作态度的形成。

关键词:济慈(Keats, John)　诗人　浪漫主义

**4291**

**级差含义:基于索绪尔系统思想的解释** / 张延飞著 ; 张绍杰指导. -- 东北师范大学, 2009. -- 205 页

论文以索绪尔的语言系统思想为理论框架试图证明级差含义是基于语言规约系统产生的默认意义,听话者依靠规约推理无意识地、自动地推导级差含义。研究旨在从一个新的理论视角探求解释级差含义的不同方法。论文共分七章。第一章介绍级差含义的概念以及格赖斯会话含义理论对级差含义解释的不足,指出级差含义的双面性与所言和所含的严格划分的相互矛盾,进而提出论文研究的目的和探讨的问题。第二章是关于级差含义研究的背景,主要考察后格赖斯语用学中关于级差含义的争议及存在的理论分歧。虽然后格赖斯语用学者提出了不同的解释,但都没有提供一个统一的解释模式。因此,研究提出用索绪尔语言系统思想解释级差含义的可行性。第三章以索绪尔系统思想为理论基础构建了分析级差含义的理论框架。第四章分析构成联想关系的集合作为语义关系的整体而存在的系统与符号的关系。首先具体分析了荷恩级差存在的问题,指出以非蕴含关系组成的语义集也能产生含义。根据系统与符号的关系,论文提出“联想集合”这一概念,它是一个由相互对立的符号构成的语义子系统。第五章从符号与符号的关系分析联想集合内部符号和符号之间的语义关系。发现存在两种语义关系:蕴含关系和非蕴含关系由蕴含关系组成的联想集合称之为“等级联想集合”。由非蕴含关系组成的联想集合称之为“非等级联想集合”。联想集合产生的含义,我们称之为“联想含义”。由等级联想集合产生的含义称之为“等级联想含义”,而由非等级联想集合产生的含义称之为“非等级联想含义”。第六章提出级差含义是语言系统产生的含义,因为从系统与符号的关系看,符号间的意义由系统所决定;从符号与符号的关系看,符号间的语义关系也是由系统决定的。第七章对全文进行总结,并指出本研究的不足。研究的贡献在于首次从索绪尔系统思想的角度分析级差含义,从理论上弥补了荷恩级差的缺陷,同时为当今级差含义的研究提供了一个新的解释方法。

关键词:索绪尔(Saussure, Ferdinand)　语言学　系统思想

**4292**

**多丽丝·莱辛小说的“空间”研究** / 赵晶辉著 ; 王守仁指导. -- 南京大学, 2009. -- 164 页

论文将“空间批评”运用于莱辛作品研究以期实现对莱辛文学世界中“空间”呈现方式的综合考察,在社会、文化分析当中将空间描述与空间叙事相结合分析和阐释莱辛小说中的“空间”问题。论文共分三章。第一章着眼的是莱辛小说中的家庭空间。莱辛对家庭住宅空间的书写,实际上是对这个空间进行意义赋予的一个过程。第二章以城市为研究对象。在莱辛小说中,反映城市地理空间的方式除了以真实城市空间为基础的方式之外,还有以大量虚构的地理空间来展开叙事的方式。小说中虚拟的地理空间是因为作家不满足当下的现实空间而对理想空间的建构,展示了作家的社会理想与价值取向。第三章指向作家的空间叙事。莱辛用小说丰富的时空表现方式以及对时空意识的深度挖掘将外在社会的生活文化机制折射和转喻为文学的内在结构功能布局,并把它凝结为富有精神冲击力或审美魅力的叙事形式,从而使得小说的形式与思想内容融合在一起。“空间”的文学透

视在莱辛及其文学作品中表现得最为生动,也最有代表性。作家对于空间的探讨,既注重空间元素在小说思想内蕴上的体现,又将空间思维用于小说肌理的形成中,引起人们观感上的新奇。因此,在解读莱辛小说中的“空间”时,我们除了从表层的具象空间入手,即那个呈现出物质化的外观,但其中蕴含着人的活动、意识和情感的空间,还应理顺抽象空间的逻辑关系,进而达到对空间深层意义的洞悉。从“空间”本身出发透析莱辛文学世界的多元多面,不仅可以从中探究社会如何为空间所结构以及空间如何为社会行为所界定,还可以显示作家本人对自身的生存困境和精神危机、对社会和时代风云变幻的深刻思考。

关键词:莱辛(Doris Lessing)　小说　文学研究

**4293**

**语言习得中的发现程序**/赵亮著;林允清指导. -- 北京师范大学, 2009. -- 217 页

论文从发现程序的角度探讨语言习得的机制。全文共分为六章。第一章导论,介绍研究对象、方法,以及论文的结构布局。第二章文献综述,梳理了以往相关的研究成果。提到了 Harris 的“发现程序”和林允清的理论思考,并且讨论了语言和发现程序的本质,假设发现程序是先天的语言习得机制。第三章用儿童语言发展中的研究成果对比和补充发现程序发现语音和语法的过程。第四章把 Harris 的“发现程序”应用于语料分析。在一个英语语料的背景下分析一篇英语短文,生成不同等级的语法单位,并与我们已知的英语语法进行对比。在对比过程中,发现程序被进一步的补充和调整。第五章设计出两个计算机程序来模拟发现程序发现语言规律和模式,用严谨的方式来验证发现程序作为语言习得机制的可行性。第一个程序从语料中读出不同的字母、数字和标点符号,并计算它们的出现次数。第二个程序能根据我们的设定找出语料中含有一个或多个后缀的一组组单词,并判断词根是否在语料中单独作为单词出现。第六章结论和未来研究展望。发现程序作为语言习得机制这一设想提供了另一个解释人类语言秘密的途径,而这一新理论仍处于起始阶段,值得我们进一步研究。

关键词:语言学习　语音　语法

**4294**

**英汉动结构式的论元实现**/赵琪著;熊学亮指导. -- 复旦大学, 2009. -- 219 页

论文以构式语法为理论框架,以适用于句子层面语言单位的论元结构分析为研究工具,遵循基于使用的原则获取语料,对英汉动结式的分布和句法语义特征作全面的描述,并在此基础上对两者的共性和个性进行梳理,通过分析两者论元实现的不同机制,从构式生成的角度探讨其差异背后的根本原因。全文共分八章。第一章导论,介绍动结式的定义,该项研究的目的、性质、理论贡献,语料数据库相关情况,以及本论文的布局。第二章阐释动结式在英汉两种语言中分别是意义和形式的统一体,其语义指向的变化、时体的不同与句法结构的差异都呈现出有规律的对应。但从核心特征的组合原则,词汇语义,概念结构分析这些角度都不能提供准确合理有效的解释。第三章论证构式语法理论的适用性。该语法理论把语言看作形式和意义的匹配,关照意义和形式的对应。所以相比其他主流语言学派,构式语法对动结式的解释有天然的优势。第四章介绍英语动结式包含的三种构式,即描述三种因果致使关系。第五章列举汉语动结式的五种构式,它们分别对应五种因果关系。另外,汉语动结式中的一些构式可以与把字句、动词拷贝句和被字句结合,构成新的独立构式。第六章首先论述了英语和汉语许可不同的动结构式与它们不同的论元实现机制相关。其次阐释了英汉动结式的区别还体现在时体差异上。最后又对与英语有亲缘关系的德语动结式的跨语言研究和对汉语动结式形成的历时研究分别证实了动词类别对动结式形成的影响。第七章考察作用于自身的英汉动结式。这类动结式是各自语言系统中动结式的一个类别。第八章得出结论,英汉动结式是相同的客观世界现象与不同的认知方式、不同的语法语义系统互动作用的产物,可以在构式语法的框架下得到统一的描写和解释。

关键词:英语　汉语　句法　动词

**4295**

**想象与文学翻译的“团结”:罗蒂公共“团结”思想观照下的文学翻译研究**/赵颖著;蔡新乐指导. -- 河南大学, 2009. -- 169 页

论文采用理论探索和实例分析相结合的办法,研究想象和翻译的关系问题。依托罗蒂想象创造公共“团结”的思想,从学理上分析论证了想象超越理性束缚的必要性和可能性,以及在文学翻译中发挥作用可能的表现形式。在学理分析的基础上,通过剖析具体的翻译行为和个别译本,进一步阐释这种理论探索的

合理性和可行性。最后推出想象可以实现文学翻译中“自我”和“他者”的和谐之处,达成“团结”。全文共分为六章。第一章绪论。以论文的研究背景为起点,阐明想象和文学翻译关系研究的重要意义,并对国内外相关研究文献进行了梳理和分析,指出现有研究存在的不足,进而提出研究的重点和可能的创新之处,最后介绍论文的理论依据、研究对象、研究方法与研究步骤,以及各章的主要内容。第二章主要论证,在“后形而上学”的语境下,想象实现文学翻译“团结”的可能性。第三章讨论想象在翻译的第一阶段中所起到的作用,即在面对“他者”时,想象如何可以飞离“在场”实现“自我”对“他者”“设身处地”的认同。第四章探究想象在翻译的第二个阶段中所起的作用。即想象如何通过“居间统合”实现“自我”与“他者”的交流与沟通。第五章论述了想象通过“意象再造”来实现文学翻译的“团结”。第六章是全文的结论。论文认为文学翻译在想象的呵护之下,由于能促成“他者”的伦理,促成“自我”与“他者”的“团结”,同时显现出文本“诗化”的本质。因此,它可以保证文学作品在新的语境中生机勃勃、生意盎然。

关键词:文学翻译　想象　翻译理论

**4296**

**指称转喻:词汇语义的认知途径——基于英汉语诗歌文本的认知研究** / 周福娟著 ; 汪榕培指导. -- 苏州大学, 2009. -- 183 页

论文以指称转喻为研究对象,从认知图式角度探讨了指称转喻在词汇语义变化方面的作用,并对其相应的功能及其研究的启示进行探究。第一章引言,简要介绍转喻研究兴起的原因,如何界定转喻,指称转喻分别与隐喻、词汇语义研究的关系,以及论文的框架。第二章从修辞学、结构主义语义学、认知语义学三方面对指称转喻的相关研究成果进行梳理,从不同视角探究了指称转喻研究的特点,共同点都是努力探究其在词汇意义表达、信息传递方面的作用,区别在于侧重点不同。第三章借鉴认知图式的研究成果,同时引入心理学对图式的相关理论研究,探讨了指称转喻的认知过程、指称转喻的理解以及指称转喻与文本中认知图式的关系。第四章结合英汉诗歌文本,就其中的指称转喻的体现形式——转喻词语——进行了分析。指称转喻的理解除受认知主体的个人图式、社会图式和文化图式的影响和制约外,还受文本中语言图式(词汇图式)、文本图式的影响和制约。很多情况下,理解指称转喻是认知主体结合认知图式进行语用推理、动态识解的过程。第五章结合认知图式,系统地探究了指称转喻的概念化功能、推理功能、修辞功能和社会功能。第六章介绍研究对词汇教学、词典编撰的启示。

关键词:英语　汉语　词汇　转喻

**4297**

**再论语言、心智和实在三者的关系:基于对三大语言理论的科学实在观的批评和认识论基础的反思** / 周频著 ; 熊学亮指导. -- 复旦大学, 2009. -- 219 页

论文以三大语言理论:Whorf 的语言相对论、Halliday 的系统功能语言学和 Lakoff&Johnson 的认知语义学关于科学实在论的论述中存在的问题和面临的困境为突破口,旨在反思它们的认识论基础并探讨语言、心智(或思维)和实在三者之间的关系(简称三元关系),从而为三大语言理论的适用范围划定界限。研究主要采用反思和批判的方法,通过溯因推理将研究问题层层引向深入。论文提出,对一个科学理论进行辩护可看作是科学共同体承认表达该理论的语篇的意义是连贯的、可理解的、可接受的。因此,科学理论的真假或可接受性问题可归结为判断表达该科学理论的语篇的意义是否是连贯的问题。论文以给物理学带来巨大革命的六个理论:哥白尼的日心说、伽利略的落体定律、牛顿的万有引力定律、法拉第和麦克斯韦的电磁理论、爱因斯坦的相对论以及量子力学为基础,说明基于认知语言学的语篇连贯的理论无法解释这类科学语篇的连贯性。其根本原因在于,认知语义学的理论基础来自格式塔心理学和体验主义哲学。论文进一步反思和批判体验主义的心身观,指出其心身观仅仅强调心智的体验性,而忽视心智对身体经验和感知的超越性。论文基于对语言、心智和实在三者关系的研究得出如下两个结论:(1)应在语篇层次探讨心智与实在的符合关系,即真理问题,而不应在句子层面讨论;(2)心智中的理性具有超越性。理性既能超越语言结构的影响和控制,也能突破身体构造和机能的局限。研究对三元关系提出了两个假说:(1)思维的三层次假说;(2)语言思维的有意识性和社会性假说。

关键词:语言学　语义　认识论

**4298**

**政治演讲语篇中的隐喻与话语基调:批评语言学视角** / 朱炜著 ; 辛斌指导. -- 南京师范大学, 2009. --

218 页

论文以语言、认知和语用三个标准界定隐喻,建立批评隐喻分析模型对政治演讲语篇的话语基调进行探究。论文采用定量与定性相结合的研究方法。研究的内容概括为首先从语言层面上以语料库语言学的技术处理相关语料库中的隐喻,再从认知层面上以基于体验主义的认知隐喻观提炼出频率较高的概念隐喻,最后从语用(修辞)的层面上以评价系统关于声音和态度的理论分析隐喻在政治演讲语篇中所构建的主体性和互为主体性,并结合博克的"五位一体"理论推动阐明隐喻所实现的主体间的"同一"和"同体"。研究的主要结论为:(1)政治演讲语篇常使用冲突类、旅程类、建筑物类、火与光类、身体部位类、植物类、地理环境类、宗教类、健康类和饮食类等隐喻。在不同的语境下使用不同的隐喻,同一类型隐喻在不同的语境中也承载着不同的意识形态,反映着不同的社会关系。(2)隐喻是一种声音,它构建了说者的身份和人格。隐喻更是一种借言,隐喻的声音以不同的方式和力度试图达到最大限度的共鸣。(3)主观主义和客观主义交融的隐喻是实现主体间"同一"和"同体"的手段之一,即在互为主体性的频谱上隐喻利用主客观的潜势转换并起伏变化以求导向的调控,构建话语基调以实现人际意义。研究尝试通过隐喻分析语篇,实践批评语言学和认知语言学的融合和渗透,扩大批评语言学的研究范围,拓宽批评语言学的研究思路;与此同时,以语料库语言学的相关技术处理大容量的语料,进行描写和概括,保证研究的效果和信度。

关键词:演说　隐喻　语言分析

# 俄语语言文学

**4299**

**俄罗斯区域经济政策与东部地区经济发展的实证研究** / 葛新蓉著 ; 李传勋指导. -- 黑龙江大学, 2009. -- 154 页

论文以区域经济理论为视角,研究不同时期俄罗斯区域经济政策的目标任务、法律基础、管理机构及实施手段,指出区域经济政策在俄罗斯国家发展战略中的地位和作用。全文共五章。第一章阐述俄罗斯区域经济政策的作用对象,分析地区经济社会发展水平的差异。第二章介绍俄罗斯区域经济政策形成的历史政治背景,对比俄罗斯与国外区域经济政策。第三章介绍地区发展联邦专项纲要是俄罗斯实施区域经济政策的主要工具。第四章详细阐述俄罗斯区域经济政策对东部地区的作用。在对俄罗斯区域经济政策进行剖析时,以这一地区为分析对象,对区域经济政策在这一地区的作用情况加以评估,指出国家调节作用是缩小地区差异,实现地区经济发展的有效手段之一。第五部分描绘俄罗斯区域经济政策的未来走向及俄罗斯东部地区开发对中俄区域合作的启示,并对对中俄区域合作的新模式进行了初步探讨。研究认为,俄罗斯东部地区作为国家经济发展不均衡问题的典型地区,是不同时期俄罗斯区域经济政策的主要作用对象,区域经济政策对东部地区有重要作用。俄罗斯东部地区开发对中俄区域合作有重要的启示作用,开启了中俄区域合作新模式。

关键词:区域经济　经济政策　经济发展　俄罗斯

**4300**

**关联翻译理论与幽默讽刺文本的翻译** / 黄杨英著 ; 吴克礼指导. -- 上海外国语大学, 2009. -- 114 页

论文以关联翻译理论为主要理论基础,阐述其对幽默讽刺文本翻译的重要作用。全文共分六章。第一章为引言,提出了关联翻译理论的某些概念和观点非常适用于解读和翻译幽默讽刺文本。第二章首先介绍古特的关联翻译理论,并在此基础上,对古特关联翻译理论的主体思想进行补充,阐述翻译过程中的重要特性:翻译的交际特性和推理特性;论述了翻译中最大关联、最佳关联、处理努力、语境假设、交际线索等概念,用这些概念可以清晰地描述翻译过程。第三章参照现代语言学的语法层级体系,从音位层、词素层、词层、词组层、修辞手法以及先例文本各方面,对幽默讽刺文本的语言特点进行总结和归纳。这些非常规的语言手段一方面说明关联翻译理论适用于幽默讽刺文本的翻译,另一方面为文本翻译提供了交际线索。第四章总结将关联翻译理论应用于幽默讽刺文本的翻译时三条重要的准则。第五章依据这三条准则,结合幽默讽刺文本的语言特点,以语音线索、词素线索、词汇线索、词组线索、修辞线索、先例线索为脉络,描述了关联翻译理论在幽默讽刺文本翻译中的应用。第六章为结语。论文认为,尽管关联翻译理论不能解决所有问题,但它对幽默讽刺文本翻译的重要作用不可否认。加强译者的推理意识,强化译者对语境假设和关联思想的认识,有助于翻译幽默讽刺文本的有效翻译。

关键词:翻译理论　幽默　讽刺

**4301**

**洛谢夫神话学研究** / 王希悦著 ; 张冰指导. -- 北京师范大学, 2009. -- 129 页

论文旨在通过对洛谢夫神话学研究内容的梳理和介绍,指出其神话学研究特点及神话观念,进而对其神话学研究作出评价和反思。在具体研究中,以洛谢夫有关神话学研究的专著为蓝本,以问题为牵引,以时间为经,内容为纬,采用介绍和评述结合的写作方法。首先,指出洛谢夫神话研究的时代背景及思想来源。这里既包括宏观时代背景又包括微观社会语境;既包括对西方哲学思想的借鉴又包括对俄罗斯本土哲学的吸纳。其次,详细介绍和评述洛谢夫神话学研究的两个重心,即体现为 30 年代的神话理论研究和 50 年代的古希腊神话研究。其中理论研究涉及神话的界定、神话的本质、神话学分类等问题;古希腊神话研究则围绕雅典娜、宙斯、阿波罗三位主神,对神祇形象、神祇功能以及神际关系等历史演变规律进行阐释。再次,对洛谢夫神话学研究的方法论作集中探讨,对洛谢夫运用的辩证法、社会—历史方法以及文化类型学方法加以梳理,考量其与众不同的方法论特征。最后,我们揭示洛谢夫神话学研究的价值与局限,见出其神话学研究的独特之处。此外,论文每一专章后面都附有本章小节,起到提纲挈领,归纳要点的作用。论文不仅具有扫除"盲区"、填补学术"空白"的开拓意义,而且可以借鉴洛谢夫研究成果和研究方法,为我国学者的神话学研究提供一个新的视窗。

关键词:洛谢夫(Лосев,А. Ф.)　学术思想　神话

**4302**

**俄汉语句子中过渡现象对比研究** / 吴梅著 ; 李勤指导. -- 上海外国语大学, 2009. -- 133 页

论文主要采用以结构标准为主,语义分析为辅的方法,对俄汉语句子中的过渡、纠结现象进行分析和研究。全文共五章。第一章主要回顾针对俄语句法中的过渡现象的研究历史,指出论文的研究背景。第二章分析了俄汉语句子中过渡、纠结现象产生的原因,指出语言的模糊性是根本原因,而句子划分标准的不统一和不能涵盖所有语言现象则是直接原因。第三章为重点章节,研究介乎俄汉语简单句和复合句之间的过渡、纠结结构。包括简单句的繁化和复合句的简化。第四章主要研究俄汉语复合句中兼含有主从/偏正和并列/联合类型的句法结构。第五章主要就俄汉语简单句句子成分以及俄语简单句类型划分中存在的过渡现象进行研究。研究认为,俄汉语句子划分标准各具特色,俄语简单句的传统分类主要是以句子成分理论为核心进行,以句子语义、正规体现等内容为辅;俄语复合句是通过句间联结手段进行划分的;俄语简单句和复合句的划分主要是以句子所包含的述谓性数量作为标准来划分的。俄汉语在简单句和复合句中,以及两种句法单位之间均存在众多过渡、纠结结构,而且这些结构在俄汉语句子中基本呈对应形式出现,因此,我们认为应该对该语法现象予以充分关注并尽早寻求解决方案。

关键词:俄语　汉语　句型　句子分析

**4303**

**契诃夫创作中的不确定性问题研究** / 徐乐著 ; 石南征指导. -- 中国社会科学研究院, 2009. -- 122 页

论文提出的不确定性概念是借鉴了接受美学和解释学的一些观点,对契诃夫的创新进行阐释的一次尝试。论文分为绪论,正文四章,结语。绪论中阐明不确定性概念的背景,内涵,意义和价值。第一章回顾了一个多世纪来研究者对契诃夫创作的积淀总结,发现契诃夫在转瞬即逝的情绪、心理,微妙的人际关系,琐碎的日常事务中纳入了复杂多变、可进行多重阐释的意义。第二章分析了契诃夫笔下的人物如何突破了一切确定性规范——既非资本主义化的外部职业特征可以限制,也脱离了传统思想倾向的窠臼,他们是一些失去确定世界观面貌的"中等的人",在前途不明的黑暗中探索道路。第三章分析了作家具体使用了哪些手法营造出不确定的文学情境。契诃夫笔下人物缺乏确定的思想本原,这些人物的冲突也就失去了确定的原则意义,冲突的解决也没有确定的方案——不可能在契诃夫的作品中找到寓有确定道德说教意味的结尾,取而代之的是更多不确定的问题,达到理想状态的幸福更是一种不确定的幻想。契诃夫一方面否定个人生活中狭隘渺小的幸福,一方面却让他的主人公们不断地去追求幸福,而俄罗斯也在呼唤着配得上这片广袤土地的壮士,创造属于未来的幸福。第四章深入挖掘契诃夫不确定性诗学的根本艺术思维,指出作家既反对绝对化又反对专门化,提出"分别处理每一种个别情况"和把专门问题作为背景,从而启发读者打破固定的期待模式,以独立的思考来寻找目前无人知道的真正的真理。结语表明,契诃夫

尽管证明了当下的真理的片面性,但并没有否定真正的真理在本体论上的存在和人对这种真理追求的永恒意义。

关键词:契诃夫　文学创作　不确定性

**4304**

**阿赫玛托娃与茨维塔耶娃对比研究** / 徐曼琳著 ; 张冰指导. -- 北京师范大学, 2009. -- 176 页

论文在前人的个体研究的基础上,结合对俄罗斯文化语境和时代背景的观照,用对比的方法对阿赫玛托娃与茨维塔耶娃的创作进行研究。首先,从诗人的个性与命运,交往与生平出发,追溯两位诗人在20世纪上半叶的生活与创作,以两人分别在国外的流亡生活和国内的诗学流亡来透视俄罗斯诗人的悲剧性命运。其次,论文通过爱情、城市、祖国几个创作主题对两位诗人的诗歌文本进行解读,展示两位女诗人不同的爱情观,不同的情感表达方式及对爱情与创作之关系的理解;呈现两位诗人在俄罗斯传统文化背景下就彼得堡主题和莫斯科主题所展开的竞争与对话;揭示她们再动荡时代做出的不同选择和对祖国"奇异"而炽热的爱。论文还通过对诗人的诗歌技艺的探讨,分析两位诗人在声响、词汇、语义等层面表现出的不同特点,比较两位诗人的创作意识和诗学特征,阐述两位诗人诗歌美学的独特构成。论文得出如下结论:从诗歌精神看,两位诗人最大的共同点表现在历经苦难也不改对诗歌和语言的忠诚,最大的不同在于她们对世界的哲学思考,茨维塔耶娃与世界的关系体现为"拒绝",阿赫玛托娃体现为"接受";从审美意识来看,阿赫玛托娃体现为侧重写实的诗画观,茨维塔耶娃体现为表现自我的诗乐观;最大的共同点是她们都是现代主义诗人,都有着现代派艺术家共同的对世界、对艺术的悲剧性思考。本论文最后一布罗茨基为例对她们的影响进行了初步探讨。

关键词:阿赫玛托娃　茨维塔耶娃　诗歌　审美

# 法语语言文学

**4305**

**《茫茫黑夜漫游》的互文性研究** / 段慧敏著 ; 刘成富指导. -- 南京大学, 2009. -- 194 页

论文选取小说《茫茫黑夜漫游》为研究对象,从互文性角度进行分析,力图探讨文学创作中的传统与颠覆的关系问题。绪论部分主要介绍赛利纳的生平、创作背景、赛利纳研究的状况以及论文的研究方法,并对互文性理论进行了简要的概述。前两章从巴赫金小说的复调理论出发,阐释《茫茫黑夜漫游》内部的复调特征。第二章选取了特殊的社会文本——音乐文本进行分析,以《茫茫黑夜漫游》中出现的各种音乐文本为研究对象,探讨社会文本在文学文本之中的异质镶嵌手法、特殊的指涉能力,以及由此产生的多声部效果。第三章和第四章借助巴赫金的狂欢化理论,进一步探讨了社会文本——狂欢传统在《茫茫黑夜漫游》之中的渗透。第五章从《茫茫黑夜漫游》与《追忆似水年华》之间的互文关系角度出发,分析前者对后者的参照与转换。第六章从模仿的角度探讨《茫茫黑夜漫游》对左拉写实手法的传承。第七章以《如果种子不死》《黑暗的心脏》《刚果纪行》等描写非洲风土人情的著作为互文本,从互文引用的角度进行探讨,揭示了《茫茫黑夜漫游》与既有的非洲风情描写文本之关系,从而揭示出赛利纳通过"二手文本"再现了非洲殖民地状况的创作技法。第八章从游记体裁传统对《茫茫黑夜漫游》的影响角度,分析小说文本对既有传统的解构与重构的过程,及其作品产生新意的根本原因。第九章讨论赛利纳对后世作者的影响,将《茫茫黑夜漫游》作为胡文本进行分析,从而实现了文学史上的一种延续性解释。结论部分从互文性角度提出文学创作中的传统与颠覆之间的关系。

关键词:塞利纳(Celine, Louis-Ferdinand)　小说　互文性　文本　文学研究

**4306**

**寻找失去的精神家园:米兰·昆德拉的文化身份研究** / 解华著 ; 刘成富指导. -- 南京大学, 2009. -- 159 页

法籍捷克裔小说家米兰·昆德拉(1929－)的一生多次经历异质文化间的冲突而引起的身份危机。论文从文化研究的视角,借助文化诗学理论的研究范式,在文本分析的基础之上,结合作家生平以及相关背景史料的分析、研究,阐明作家文化身份的发展轨迹、内在动因及特征,并对作品中自我文化身份的构建及书写进行分析探讨。绪论部分主要论述了国内外昆德拉研究现状、文化身份理论溯源,以及论文的主要研究方法、论述结构及研究意义。第一章围绕昆德拉的捷克身份展开论述。通过对其早年的文学、政治实践,以及最初的身份危机意识的分析研究,阐明

了昆德拉早年对捷克文化身份以及共产主义意识形态从识同到幻灭的发展过程。第二章分析论述了昆德拉的欧洲小说史观、昆德拉对欧洲小说精神的认同和皈依,并分析研究昆德拉小说中的“欧洲时间”“幽默”的叙事风格,以及欧洲身份意识。第三章分析了昆德拉构建中欧神话的历史背景及内在动因;论述了昆德拉如何在精神上皈依中欧文化,构建自我的中欧文化身份。第四章围绕昆德拉的法国文化身份认同展开论述。阐述了昆德拉从精神上告别捷克到构建法国文化身份的发展轨迹。结论部分对昆德拉的文化身份认同的特征进行了总结。总体而言,昆德拉的文化身份认同是一个历史的、动态的、发展的过程。他一直努力在精神上回归欧洲,但这种文化身份认同具有浓厚的乌托邦色彩,是一种想象的、诗意的身份认同,归根到底是为自我在大地上寻找一个可以皈依的精神家园。

关键词:昆德拉(Kundera, Milan)　小说　民族文化　文学研究

# 德语语言文学

**4307**

**席勒在中国:1840—2008** / 丁敏著 ; 卫茂平指导. -- 上海外国语大学, 2009. -- 182 页

论文研究席勒在中国的译介过程及其影响。早在晚清时期,席勒就被作为德国与歌德齐名的文学家被介绍到中国。但长期以来,我国学界缺乏对席勒译介工作及其成果的整体认识。论文将对 1840—2008 年间的相关史实进行系统发掘和仔细整理。在此基础上,总结席勒译介包括研究工作所取得的成就以及不足,勾勒不同时期国人所解读的席勒形象,以期向读者呈上一部客观、详实的席勒在中国的译介史。论文主体由四部分组成:第一章从译介史的角度,以席勒在中国译介的时间顺序为经线,对席勒译介的不同形式(翻译、评述和研究)为纬线,对史料进行梳理。第一章按时间发展,从纵向对席勒译介史做了梳理和总结,第二章则从席勒在文学、哲学和史学三个不同领域的创作为出发点,横向研究,力图勾勒国人眼中的以文学家、哲学家、史学家等不同身份出现的席勒形象。鉴于席勒最重要的成就在文学领域,不仅从对席勒的综合评价、诗人和剧作家三方面予以阐述,还选取其代表作品作为例证,并介绍曾在 1980、1990 年代的中国引起学界大讨论的“莎士比亚化”和“席勒式”的来龙去脉。第三章重点梳理席勒与中国的双向关系,一方面我们可以在席勒作品中找到中国文化的印迹;另一方面笔者选取郭沫若、田汉和王国维三位作为例证,用以阐明席勒对中国文学界及思想界的影响。第四章以席勒重要美学著作《论素朴的诗与感伤的诗》的五个不同译本为研究对象,探讨席勒作品汉译、特别是哲学作品翻译中可能存在的问题。

关键词:席勒　戏剧　历史剧　文学翻译

**4308**

**身份与写作:德语国家年轻一代犹太叙事作品研究** / 胡越著 ; 李昌珂指导. -- 北京大学, 2009. -- 143 页

20 世纪 80 年代以后,德语文学领域涌现出一批年轻的犹太裔作家,因其为大屠杀幸存者的后代,一般被称为第二代或第三代德国/奥地利犹太作家。这些年轻一代作家以当代犹太人的生活现状作为描写对象,在作品中探讨犹太人作为社会特殊群体在战后德国和奥地利的生存状况。他们的写作中,对身份问题的描述成为其作品中一个突出的特点。这也正是论文关注的研究内容。为更好地说明年轻一代犹太作家笔下的身份认同这一论题,笔者选择以三位重要作家较具代表性的几部叙事作品为主要例证展开论述。论文正文部分共三章。第一章主要以奥地利作家罗伯特·辛德尔的小说《出身》为例,考察作品中反映的年轻一代对由大屠杀决定的犹太身份的思考。作家在笔下描绘的并非只有一种犹太人:有深受大屠杀记忆影响的第一代犹太幸存者、饱受大屠杀后遗症影响的第二代,也有对犹太身份表示出漠然或彷徨的年轻犹太人。第二章主要以德国犹太作家拉法艾尔·瑟里希曼的小说《鲁宾斯坦的拍卖》为例,对作品中反映出来的德国犹太人的身份认同展开探讨。面对犹太出身和身份赖以维系的文化之间的断裂,作家笔下的年轻一代选择在德国文化中寻找归属。第三章则重点对出身原东德、现居法国的犹太女作家芭芭拉·霍尼西曼及其叙事作品展开分析。她的作品带有极强的自传色彩。作为出身于东德的犹太人,为摆脱身为德国犹太人的身份矛盾,女作家选择移居欧洲犹太人聚居地法国斯特拉斯堡,实现犹太出身与犹太文化之间的契合。但犹太传统文化对成长于德国文化环境下的作家而言充满陌生感,因此这种离开德国走入犹太人群和文化的行为意味着进行另一种意义上的“流亡”,而女作家最终在德语写作和流亡生活中

找到了身份的归属。

关键词:文学创作　文学研究　犹太人　德国

**4309**

**马丁·瓦尔泽小说《迸涌的流泉》研究:回忆写作的一种范例**／李益著；卫茂平指导. -- 上海外国语大学, 2009. -- 127 页

论文主要研究马丁·瓦尔泽晚年的自传体小说《迸涌的流泉》,具体讨论这部自传体小说怎样以文学形式表现了个人对以往的回忆,进而探讨自传体小说中回忆与真实及虚构的关系,回忆如何构建自我身份,以及回忆的视角性和社会历史作用等问题。论文的理论基础主要来自菲力浦·勒热讷(Philippe Lejeune)、罗伊·帕斯卡(Roy Pascal)等的自传理论以及阿莱达·阿斯曼(Aleida Assmann)、阿斯特里德·埃尔(Astrid Erll)的文化回忆理论等。雅库布·诺瓦克(Jakub Novak)、约安娜·雅布科夫斯卡(Joanna Jablkowska)等对该小说文本的分析也对论文有很大启发。论文主要从三个方面展开论述:第一部分首先从自传体小说的自传纪实性和文学虚构性入手分析。通过对小说中的哲思部分的分析可以看出作者的回忆写作观,这也是整个小说的写作前提:回忆是当下对以往的构建;这一构建既无目的性也不受任何规范制约。第二部分主要分析小说中回忆对自我身份的构建。这部小说的回忆构建了两个层面上的自我身份:一是成长着的主人公约翰不断形成的个体性的身份;一是村民们的集体身份认同。第三部分从回忆及叙事的视角性进行分析。这部小说相当有挑衅性的是,瓦尔泽刻意拒绝事后获得的知识。小说仅从儿童的有限视角进行回忆,试图捍卫纯洁回忆的合法性,并且同其他回忆进行对抗和竞争。这令小说在德国回忆文化经历转型的90年代获得了特殊的意义。小说中构建的个人和集体身份认同基本上未被纳粹扭曲。这对德国人重建正面的民族身份认同和民族"正常化"有着积极的意义。

关键词:瓦尔泽(Walser, Martin)　回忆　身份

## 日语语言文学

**4310**

**冲突、和解、融合:远藤周作的文学与宗教**／史军著；谭晶华指导. -- 上海外国语大学, 2009. -- 171 页

论文是关于日本天主教作家远藤周作的作家论,旨在考察他的作品世界以及宗教思想。远藤周作的作品世界蕴涵着两大主题:其一为"基督形象的探索"。这一主题从早期的"天主教一神信仰与日本泛神信仰"的矛盾开始,历经《沉默》中"母性的耶稣",最终至《武士》发现"耶稣的王国"。这一主题是远藤周作创作的主线。在这一主题中,远藤周作经历了信仰与身份的冲突并最终走向和解。与此同时,他对人性之中的"罪"也进行回应。另一主题即为对人性深层次无意识的探讨,主要探讨人性中的"恶"以及"恶"能否得到解救的问题,《丑闻》的创作背景即在于此。而集大成之作《深深的河》则是对以上两大主题的融合。远藤周作在日本文坛上被定位为战后"第三批新人"作家。由于作为一名信徒的他始终站在天主教徒的立场上探索神的实质与罪恶等形而上的问题,所以在"第三批新人"之中显得较为独特。自明治时期以来,日本作家们从未停止过对基督教的思考与探索,远藤周作继承了这一传统并开拓了一片属于他自己的新天地。其作品在全世界拥有众多的读者,他的宗教思想在感化了一批又一批普通民众的同时也引起了一些读者以及信徒的强烈不满,引发人们深入地思考信仰的终极意义。从这一层面来看,远藤文学的影响还将持续下去。

关键词:远藤周作　基督教　罗马公教　文学研究

## 印度语言文学

**4311**

**安妮塔·德赛的女性小说研究**／李美敏著；唐仁虎指导. -- 北京大学, 2009. -- 129 页

安妮塔·德赛女性小说主要描写女性角色的心理。从敏感、神经质到内心独立的女性形象,反映了印度现代社会具有独立意识的女性群体的心理变化。论文将安妮塔·德赛的小说置于印度独立后的历史语境中,结合社会、历史因素进行综合评析。论文除绪论之外,共分为八章。第一章主要介绍安妮塔·德赛的生平和创作、德赛所处环境的多元性以及这种多元性对其小说创作的影响。第二章分析其小说《斋戒·盛宴》。一方面,从印度传统文化的角度分析小说中的女性角色,另一方面以饮食习惯为切入点,剖析东西方文化的差异性,揭示德赛旅居国外10年的经历对创作这部小说的意义。第三章分析小说《哭泣

吧·孔雀》。试图从夫妻关系、父女关系等角度分析精神绝望的女性主角，探究女性对现代社会无所适从的心理根源。第四章主要分析小说《今年夏天我们去哪儿?》，通过西塔的马诺里之行，探讨印度独立之后女性对个人空间的追寻。第五章分析小说《城市之声》。以三兄妹在加尔各答的生活经历为主线，分析德赛对现代城市中异化、荒诞以及碎片化的描写和两性之间的差异和隔阂，揭示女性的内心世界。第六章依据小说《山火》中的三位女性形象，分析人物的心理意识。剖析在印度独立后的社会转型背景下，女性悲剧性命运的根源。第七章是对安妮塔·德赛的半自传体小说《白日悠光》的文本分析。通过对敏的形象分析，揭示现代印度新女性坚定的独立意识。最后一章统计安妮塔·德赛文本中的例证，综述其女性小说的艺术特色，重点阐释她小说的叙事策略、语言特色和人物形象塑造的技巧。

关键词：德赛(Desai, Anita)　小说　女性文学

**4312**

**格莫勒希沃尔小说创作研究** / 廖波著 ; 唐仁虎指导. -- 北京大学, 2009. -- 122 页

论文对格莫勒希沃尔的小说创作进行了分析研究。全文共分四章。首先为绪论部分。第一章主要介绍了格莫勒希沃尔的生平与创作。第二章分析格莫勒希沃尔"探索期"的小说创作，首先对其"探索期"的小说创作进行了概述，随后指出该阶段格莫勒希沃尔的创作是现实主义道路上的徘徊，并分别探讨了其创作的农村题材小说、女性题材小说以及道德自省题材方面的小说，最后指出了其在小说创作上的新尝试，具体包括情节淡化的尝试以及在叙事方式上的突破，同时分析了其的新的婚姻爱情观。第三章对格莫勒希沃尔"高峰期"的小说创作进行了研究，首先介绍了新小说运动，随后阐述了格莫勒希沃尔的新小说的创作思想，分析新小说与传统小说的关系，指出了其中对"中产阶级"和"人"的关注，同时探讨有关现代性的问题，对比分析了"感觉的真实性"和"体验过的现实"之间的联系与区别，接着介绍了一些反映中产阶级生存困境的小说，对印度的中产阶级的发展概况进行了综述，并以《无后王》为例具体分析了印度中产阶级的生存困境，最后介绍了有挂女性题材的小说，具体研究了包括男性作家的女性视角——《三天前的夜晚》、由偷窥到凝视——《低俗小说》以及《迪瓦的母亲》等其他女性题材小说。第四章对格莫勒希沃尔的后期小说创作情况进行了研究，具体探讨他的几本小说，包括具有新小说特点的长篇小说——《第三者》、现代印度社会的黑色寓言——《迷失在大海中的人》、掀开政治黑幕的"黑色风暴"——《黑色风暴》以及"魔幻"外衣下对现实问题的反思——《多少个巴基斯坦》。最后为结语部分，结合对格莫勒希沃尔小说的分析，对格莫勒希沃尔在当代印度语小说史中的地位进行了总结和评价。

关键词：小说　文学创作　创作思想　文学研究

**4313**

**维克拉姆·赛特长篇小说代表作《如意郎君》研究** / 王鸿博著 ; 唐仁虎指导. -- 北京大学, 2009. -- 131 页

论文对维克拉姆·赛特长篇小说代表作《如意郎君》进行了分析研究。全文共分六章。首先分析了维克拉姆·赛特在印度英语小说史上的地位，对有关研究进行了综述，分析了选题的意义，并介绍了研究方法。第一章介绍了赛特的生平和总体创作情况，同时引出了论文的主要研究对象——其长篇代表作《如意郎君》。第二章分析了《如意郎君》的思想内容，指出了作品中对西方文化、世俗主义和宗教宽容、印度现代化发展以及中产阶级壮大等社会问题的看法，具体分为对西方文化的接受与排斥、对印度现代化发展的思考、对世俗主义与宗教的宽容态度以及对中产阶级崛起的思考。第三章介绍了《如意郎君》的书写空间，从后现代地理学的角度切入，指出了作家虚构的布拉姆普尔城象征着 50 年代的初期的印度，还分析了文本内部的空间象征手法的作用。第四章对《如意郎君》中性别问题进行了研究，从性别分析的角度，探讨了《如意郎君》中男性与女性形象构建与更新一代人物所承载的象征意义。第五章探讨了《如意郎君》的叙事结构，分析了拉塔和马安作为中心人物的作用，以及全书形成的网状结构，同时指出这种结构特点一方面是受到简·奥斯丁和列夫·托尔斯泰小说叙事的影响，另一方面是受到印度传统叙事的影响。第六章分析了《如意郎君》中的语言问题，对人物的本土语言与英语的使用情况进行了分析，并指出了其中的文化象征意义。最后为结语部分，归纳总结了论文的主要观点，同时对未来的研究方向进行了展望。

关键词：塞思(Seth, Vikram)　小说　文学思想　叙事学　文学研究

4314

**《中论颂》与《佛护释》:基于新发现梵文写本的文献学研究** / 叶少勇著 ; 段晴指导. -- 北京大学, 2009. -- 264 页

论文对"原民族宫藏梵文写本"之中新比定出得两部梵文贝叶残本进行有关的文献学研究。全文共分三个部分。首先为绪论,概述了写本的情况,阐述了校勘的方法,最后对有关文献进行了概述。第一部分为研究,共分三章。第一章分析了梵文写本中的龙树·中论·佛护问题,首先介绍了龙树的生平,列举了他的一些著作,随后分析了中观派的源流,接着对《中论颂》进行了系统研究,通过对其文本的解读,阐述了其主要思想,并分析了相关文献研究的成果,同时还对《中论颂》进行了注释,最后探讨了佛护的生平,分析了《佛护释》的写作特色。第二章对写本进行了字体学研究,分析了写本字体的基本特征,并对字形进行了比较,得出了有关结论,最后列出了《中论颂》和《佛护释》的梵文写本字体表。第三章基于新发现的写本对《中论颂》文本进行了再次检视,首先对《中论颂》文本进行了修正,随后分析了《中论颂》传承差异的痕迹,并由此得出了有关小结。第二部分为写本校勘,提供了《中论颂》写本的梵文校勘,以及《佛护释》写本的梵藏对勘,并附了梵藏索引。第三部分选取了《佛护释》的第 1,2,7,13 品,结合藏译与梵文残本做出了尝试性译注。

关键词:佛教　中观派　梵语　文献学　龙树

4315

**重读经典:《吉檀迦利》翻译与接受研究** / 曾琼著 ; 刘曙雄指导. -- 北京大学, 2009. -- 194 页

论文主要从发翻译和接受两个方面对《吉檀迦利》进行了细致、深入的分析和研究。全文共分四章。首先绪论部分。第一章为《吉檀迦利》的研究综述,对目前已有的国内外的有关研究陈国进行系统的梳理,并予以评价,同时也对中国《吉檀迦利》的研究现状进行了反思。第二章将孟加拉文《吉檀迦利》文本和英文版《吉檀迦利》进行了对比分析,首先介绍了英文版《吉檀迦利》的诞生,并探讨了泰戈尔翻译的英文版《吉檀迦利》中对孟加拉文原诗和英文版诗篇的删减、增加、整合与重写等再创作策略,最后对翻译中的重写策略进行了系统研究。第三章将英文版《吉檀迦利》与《吉檀迦利》冰心译本进行了对比分析,首先剖析经典,分析了冰心译本的独特文本魅力,探讨了其成为经典的原因,并对《吉檀迦利》冰心译本中存在的一些问题与疑点难点提出了合理的解释,在此基础上,进一步解析了冰心的翻译观和《吉檀迦利》冰心译本之间的关系,接着从与英文版《吉檀迦利》的对比审视中再次探讨了冰心的译本,从而得出了新的体会。第四章介绍了对于《吉檀迦利》的接受研究,首先分析了《吉檀迦利》在南亚不同语种文学中的接受与影响问题,随后论述与研究了这部诗集在亚洲其他国家和地区的传播和接受情况,指出了其在中国、日本等主要国家接受情况的异同之处,接着分析了《吉檀迦利》在欧洲、美洲的接受情况,详细剖析了英、美两国对《吉檀迦利》的误读,并在此基础上,对此诗集在俄罗斯、西班牙、拉丁美洲的传播与接受情况进行了较为全面、深入的研究,指出了《吉檀迦利》在欧、美的接受具有复杂性与多面性,最后详细探讨了形成不同接受情况的原因。最后为文章的结语部分。

关键词:泰戈尔　吉檀迦利　翻译学　接受学

# 阿拉伯语言文学

4316

**圣训及其研究** / 祁学义著 ; 朱威烈指导. -- 上海外国语大学, 2009. -- 173,20 页

论文从中国对圣训研究的现状出发,期望通过这一研究能促进我国圣训学研究,以及中国特色阿拉伯—伊斯兰学学科体系的构建。圣训是伊斯兰教先知穆罕默德的言行录,是对《古兰经》原则精神的具体阐释和细化,是伊斯兰教法的第二立法依据,也是穆斯林伦理道德和行为规范的基本准则。圣训在伊斯兰教中的地位仅次于《古兰经》。记录在册的圣训包括正文和传述系统两大部分,正文是圣训的内容,传述系统是圣训传述者及其传述线索。圣训的汇编成册,在阿拉伯—伊斯兰文化史上具有深远的影响。伴随着圣训的搜录与汇编,对圣训的研究工作也随之展开,逐步形成了一门独立的学科—圣训学。圣训学与《古兰经》经注学、教法学、教义学等有十分密切的关系。历来受到穆斯林学者的高度重视,使圣训学几乎成为阿拉伯—伊斯兰文化史上一门长盛不衰的显学。圣训学家层出不穷,相关著述汗牛充栋,形成了各具特色的圣训学学派,其中逊尼派与什叶派的圣训研究就各有特色。圣训研究也是欧美西方国家学术界关注的重要课题,特别是东方学家研究的重要内容。一

些东方学家在圣训研究领域做出了难得的开拓，且颇有建树。圣训随着伊斯兰教在中国唐宋时期传入中国，并在中国境内的清真寺内以阿拉伯文原文的形式长期传习。至明清时期，圣训始有零星汉语译介。新中国成立后，随着中阿关系的日益紧密以及双方文化交流的逐步加深，我国学术界对阿拉伯—伊斯兰文化的介绍与研究有了长足的发展，对圣训的翻译介绍和研究也取得了显著成绩。但我们对圣训的研究尚显薄弱，至今没有一部系统论述圣训及圣训研究的专著或译著问世。

关键词：圣训　伊斯兰教

# 亚非语言文学

**4317**

**蒙古语族语言语音历史演变研究** / 姜根兄著 ; 赵杰指导. -- 北京大学, 2009. -- 165 页

论文基于前人有关语音的对应研究，使用语音学、音系学和历史比较方法，对蒙古语族语音的语音演变进行整体的探讨，试图揭示语音演变的历史规律，并从理论上阐述这些规律的发生和发展。使结果的研究变成过程的研究，从静态的研究进入动态的研究，以期能更加清晰和科学描绘出蒙古语族语音历史演变的面貌。全文由七个部分组成。绪论部分主要介绍了课题的研究现状以及选题的目的和意义，并概述了论文的研究内容及研究方法。第一章，概述国内外蒙古语族各语言使用者的民族情况以及各语族语言的语言的语音特征，将语言的本体研究与历史研究紧密地结合起来。第二章，主要叙述蒙古语族语言发展的历史分期以及各历史时期的语言特征。在前人研究的基础上将蒙古语分为古代蒙古语、中古蒙古语、近现代蒙古语，以便更好地说明各语族语言从蒙古语分离的历史进程。第三章，通过蒙古国喀尔喀方言和国内蒙古语的语音比较，探索跨境语言形成差异的原因，并进一步阐述跨境语言在语音演变上跟地域方言的区别，从而开启一个观察语音演变的特殊的窗口。通过这个窗口能更加深入地观察语音的演变及其规律。第四章和第五章是蒙古语族元音和辅音的比较研究，是论文的核心，通过比较诸语言元音和辅音的演变，分析和讨论各种语音演变现象，并从宏观和整体上阐述语音演变的过程和结果，主要使用共时和历时比较相结合的方法，系统地研究各种语音演变的历史规律，从理论上探讨这些规律的发生和发展。第六章，从整体上论述蒙古语族语音演变的规律及其特点，并进一步探讨了这些规律形成的原因。

关键词：蒙古语族　语音　元音　辅音

**4318**

**《三国演义》在泰国的传播模式及影响研究** / 金勇著 ; 裴晓睿指导. -- 北京大学, 2009. -- 176 页

论文采用了跨学科的研究方法，从历史社会学、文学社会学的角度入手，将文学传播研究与历史研究、社会研究等结合起来，从文学传播的最终效果出发，在既有的文学文本研究基础上，将《三国演义》放置到泰国本土的社会语境和历史发展进程中，将历时性与共时性相结合，将个人作用与集体作用相结合，勾勒出了《三国演义》在泰国传播的整体进程。论文根据传播主体、传播方式、传播途径、传播特点等，将《三国演义》在泰国的传播历史进程分为了三个阶段。第一阶段，从阿瑜陀耶王朝中期至吞武里王朝时期（约 17 世纪初至 18 世纪后期），这是《三国演义》进入泰国并奠定其传播基础的时期。这段时期尚未出现《三国演义》的泰文译本，但《三国演义》已经随着华人移民进入泰国，通过书籍传播、口头传承、神庙活动和戏剧表演等方式在华人社区传播，并通过文化接触和参与的方式不断向泰人社会渗透，为之后的泰国译本的文本传播培养了潜在的受众，拓宽了传播的空间。第二阶段，从曼谷王朝初期至曼谷王朝四世王时期（18 世纪后期至 19 世纪中期），这段时期出现《三国演义》的第一部泰译本昭帕康版《三国》。使得《三国演义》从民间的小传统文化拓展到了宫廷大传统文化之中。第三阶段，从曼谷王朝五世王时期（19 世纪中期）至今，这段时期以洪版《三国》作为泰文文本，出现大量泰文《三国》的“重写”版本，使《三国》不断本土化，并最终成为泰国本土文学和文化财富。

关键词：三国演义　传播学　文化交流　泰国

**4319**

**韩国朝鲜王朝司译院清学书《清语老乞大》专书研究** / 林毅著 ; 赵杰指导. -- 北京大学, 2009. -- 166 页

论文以朝鲜王朝司译院刊行的满韩对照的《清语老乞大》为语料，对其进行了语音、词汇、语法三个平面的专书研究，以推进满语研究、满韩比较语言学研究以及阿尔泰语言学研究的发展。论文开篇探讨了

《清语老乞大》在阿尔泰语言学研究中的重要的语料价值,指出对《清语老乞大》进行专书研究在阿尔泰语言学研究以及建立满语语言史的重要意义,并在此基础上,提出了论文的研究计划和方法。在语音方面,论文对《清语老乞大》一书的韩文表记系统和朱圈标记系统进行了细致的分析,从分析得出该表记系统并非是一个单一体系,而是一个兼顾转写和记音的混合系统的结论并在韩满比较语言学知识的基础上整理出该韩文表记系统的表记原则以及《清语老乞大》一书的韩文表记系统所反映的满语音系。在词汇方面,论文对《清语老乞大》一书的词汇系统进行了全面的分析,通过《清语老乞大》一书的韩国语对译以及汉语诸版本《老乞大》、《蒙语老乞大》的对勘,考释了书中出现的词汇,修订了过去研究中的误释。通过研究满蒙、满韩相通词,探索这些语言间的接触。最后考察了该书的汉语借词和"钦定新清语"的特点,指出满语词汇在当时的发展趋势。论文对《清语老乞大》一书的语法系统进行了专书研究,通过书中的韩国语对译以及司译院刊行的《语解录》等资料,细致地描写了《清语老乞大》一书的语法系统,指出当时的满语正处在从黏着语向孤立语转变的过程中。

关键词:朝鲜语　翻译　满语　词汇　语法

## 新闻学

**4320**

**在统制与自由之间:抗战时期国民政府的新闻政策与国统区报纸的新闻实践** / 曹立新著 ; 方汉奇指导. -- 中国人民大学, 2009. -- 237 页

论文尝试以国民政府战时新闻统制政策为中心,考察抗日战争时期国民政府、大后方地区的媒体和报人,围绕着新闻统制与言论自由而展开的权力争夺和话语交锋。论文共分三个部分。第一部分主要分析国民政府战时新闻政策的理论基础、制度渊源,同时分析不同媒体对于政府新闻统制政策的不同态度,检讨政府和媒体对于新闻自由的不同理解及其相互间的冲突。第二部分主要分析作为战时新闻统制政策核心的战时新闻检查制度,包括该制度的组织建构、法规依据、检查程序与标准、具体运作过程,特别是它对战时媒体文本实践的影响以及所引发的各种媒体反馈,也就是该政策的实际效果。第三部分从外部战争语境、政策环境转向媒介和新闻工作者内部自身,通过分析《中央日报》《新华日报》和《大公报》三种主要报刊的社论文本,考察国统区各报的叙事框架、言论策略、各自在统制政策之下的"自由"临场发挥以及彼此间在意识形态场域的交锋情形,借此观察不同政治立场的媒体对于战时新闻统制与自由的不同理解及其在一些重大议题上的不同体现。论文努力在整体上呈现战时中国新闻事业在外形与内质上的变化,理清战时国民政府新闻政策的意图,分析战时媒体与报人的言论立场,揭示政府、媒体、报人之间的复杂互动以及新闻自由与新闻统制之间的隐秘关联,并借此窥探新闻自由与民主政治以及大众传媒与变革社会中的政治秩序、现代化的复杂关系。

关键词:新闻工作　政策　新闻自由　国民政府　抗日战争　新闻事业史

**4321**

**中国网络媒体行业自律机制研究** / 陈华著 ; 高钢指导. -- 中国人民大学, 2009. -- 179 页

论文采用历史研究、案例研究、分析归纳、定性与定量相结合的研究方法,以中国网络媒体行业自律机制为研究对象,将网络媒体行业自律机制的道德规范、组织、执行机制等一系列要素与网络媒体的独特性质联系起来,论述了网络媒体的社会责任,考察了中国网络媒体行业自律机制的现状,开展了中外网络媒体行业自律机制比较研究,并对当代中国网络媒体行业自律建设的应有元素及其与其他社会控制手段的关系进行了探讨。论文指出,中国已成为互联网大国,但距离互联网强国还有很大差距。要成为强国,就必须创造出符合互联网发展规律、符合中国国情、符合人民意愿、符合国际惯例的治理模式。行业自律是一种具有独特作用的制度安排。论文提出了以坚持正确的政治方向和建设社会主义精神文明为核心的导向原则和尊重受众、真实、区分新闻和广告为核心的道德原则;以覆盖全行业、网民广泛参与、媒体内部自律、行业层面自律和专业媒介教育为主要内容的组织体系以及以政府有效管理、法律有效补充、完善同业监督、强化处罚机制、开展社会监督为主要元素的运作机制。

关键词:互联网络　社会责任　道德　自律

**4322**

**新闻报道的"不闻"律令研究** / 樊昌志著 ; 童兵指导. -- 复旦大学, 2009. -- 149 页

论文主要采用文献研究法,运用实践唯物主义的立场、观点、方法,也批判地吸收前人的其他哲学智慧,试图理性地看待新闻报道"不闻"律令的历史作用和现实影响,探讨新闻报道"不闻"律令的合理化和新闻传播实践理性的主要实践原则。论文主要从以下几个方面展开论述:第一部分,引言部分。第二部分,新闻报道"不闻"观念的历史变迁。新闻报道"不闻"观念是中国共产党各个历史阶段的领导层的共识,是中国共产党领导新闻工作的一以贯之的核心观念。第三部分,新闻报道"不闻"律令的他律形态。他律形态的新闻报道"不闻"律令是一种双向的他律,既有组织性的强制——通过政策、纪律的方式形成限制,也有国家意志的强制——通过立法的方式形成限制;这种组织性的强制和国家意志的强制是他律形态新闻报道"不闻"律令的两个核心观念。第四部分,新闻报道"不闻"律令的自律形态。新闻报道"不闻"律令的自律形态与他律形态有所不同,不存在内容登载限制的形式,而只存在内容禁载的形式。新闻报道"不闻"律令存在两个自律向度:"愿望的道德"和"义务的道德"。第五部分,新闻报道"不闻"律令的理性反思。第六部分,结语部分。论文提出,应该让新闻报道"不闻"律令的规范不仅具有工具理性,还要具备新闻传播价值理性,进而成为完整的新闻传播实践理性。自由与责任并重的媒体才是真正对公众负责任的媒体。

关键词:新闻报道　他律　自律

**4323**

**发现记者:中国新闻从业者职业认同研究(1815—1927)**/樊亚平著;郑保卫指导. -- 中国人民大学, 2009. -- 226页

为了探求真正意义上的"记者"或"报人"的成长、发育历程,论文特引入职业社会学领域日益受到关注的"职业认同"概念,试图通过对中国新闻从业者职业认同的发育与演变过程的研究,寻找真正意义上的"记者"或"报人"的成长与发展足迹。论文把研究的重心放在了对新闻从业者职业认同的历史轨迹和阶段性发育状况的呈现与描述方面。论文把1815年近代报纸产生至1927年间中国新闻从业者职业认同的发育与成长历程划分成了三个阶段,对这三个阶段内的新闻从业者职业成长与职业认同的研究,构成论文主体研究部分的前三章。在这三章中,论文首先对该章对应的历史阶段内新闻从业者的情况进行总体勾画和扫描,将该阶段的新闻从业者分为若干类,然后对不同类别的从业者的职业认同分别进行较为细致的考察与呈现。在这种考察与呈现中,笔者采用的均是选择个案、解剖麻雀的方法。在分类考察基础上,论文于每章末尾对该阶段从业者职业认同的总体情况、特点进行总结。在分阶段呈现新闻从业者职业心史和职业认同发育轨迹后,论文最后一章对中国新闻从业者职业认同发育、成长的历程和职业认同的总体特点进行了概括,对影响中国新闻从业者职业认同的政治、社会、历史等因素进行了总体分析,对中西方新闻从业者职业成长的不同特点和不同影响因素进行了探析,以使读者能够更深入地把握中国"记者"或"报人"职业发展之路的特色和特殊之处。

关键词:新闻工作者　职业选择　清后期　民国

**4324**

**中国电视健康节目研究**/何新华著;哈艳秋指导. -- 中国传媒大学, 2009. -- 148页

论文运用新闻学、健康传播学、发展传播学等相关理论,采用历史分析法、访谈法及问卷调查等方法,以电视健康节目为基本研究对象,对电视健康节目进行合理的历史分期,研究当代观众的健康节目收视需求,分析影响电视健康节目发展的主要因素,探讨电视健康节目的创新之路。通过研究发现:随着时代的发展,电视的服务功能得到不断强化,如今的电视健康节目,已经从过去单纯的社教内容发展成为兼具教育和服务双重功能的电视节目类型。另外,笔者认为,目前电视健康节目之所以缺乏吸引力,主要是因为在节目内容和质量、节目编排、节目的自我推广及传播渠道等方面与新闻、娱乐等节目相比还存在一定差距。不良健康信息的传播也使电视健康节目的公信力受到很大影响。和谐社会建设为电视健康节目的发展提供了前所未有的机遇。节目发展的关键是如何创新。对此笔者认为,一要突出专业化,施行窄播;二要以整合营销打造节目品牌体系,争取更多的市场份额。三是要在借鉴、模仿中创造适合中国人需求的节目体系,从而提高电视健康节目的自我生存、自我发展能力。

关键词:电视节目　健康　大众传播　创新管理

**4325**

**世界性通讯社经营管理研究**/贾品荣著;屠忠俊指导. -- 华中科技大学, 2009. -- 180页

在传媒经济及媒体经营管理研究领域中,以报

刊、广电、网络为对象的成果多,以通讯社为对象的成果少。特别是对最具影响力的世界性通讯社(the World Agencies)的系统研究,更为缺乏。论文在这个近乎空白的领地做了带有一定开拓性的工作。笔者进行新闻传播学与产业经济学、企业管理学的多学科交叉研究,对世界性通讯社的经营管理作了宏观、微观兼顾的多层面、多维度分析。论文指出,世界性通讯社信息产品生产的基本特征是专业化生产,并总结了世界性通讯社的六大专业化理念。论文把世界性通讯社的这一发展过程与相应国家的崛起历史联系起来加以考察,论证了国家崛起与作为国家"软实力"重要组成部分的通讯社的成长这二者间的互动关系。论文比较了世界性通讯社的产权模式,指出世界性通讯社存在四种不同的产权模式:股份制、股份合作制、半官办制和官办制。并分别论述了四种模式的优势与劣势。论文运用产业经济学的产业组织理论,系统分析了世界性通讯社的结构、行为和绩效。论文指出全球通讯社的信息产品市场结构是寡头垄断型的市场结构。论文论述了世界性通讯社在价格策略、产品策略、竞争策略等方面的市场行为,提出了衡量通讯社市场绩效的六条标准。论文还着重研究了世界性通讯社的核心能力问题,提出世界性通讯社核心能力的六要素:人力资源能力、内容供应能力、技术支撑能力、市场营销能力、组织变革能力、战略整合能力。论文进而提出数字媒体时代世界性通讯社的六条新标准。

关键词:通讯社　经营管理　产业组织　核心能力

**4326**

**社会转型背景下的报纸舆论引导研究** / 金君俐著 ; 李良荣指导. -- 复旦大学, 2009. -- 115 页

论文从厘清舆论、舆论引导等基本概念开始,研究了舆论运动和舆论引导的一般规律,探讨大众传播特别是报纸传播的鲜明特点和基于其传播特点的舆论引导特殊规律。论证了舆论引导模式和社会政治经济结构之间密不可分的关系,研究了我国舆论引导模式演变的基本过程,考察了改革开放 30 多年社会变迁给报纸舆论引导模式带来的变革,着重剖析了我国现行报纸舆论引导模式的总体特征和基本方法,分析了社会转型不断深化给报纸舆论引导形成的新的巨大挑战,提出了进一步改进我国报纸舆论引导的基本思路。论文还对如何利用报纸议程设置功能有效进行舆论引导、如何促进政府议程—媒介议程—公众议程的良性互动进行了深入的思考,阐述了作为我国报纸舆论引导主要样式的主题报道、典型报道、突发事件报道、社会热点引导、舆论监督的历史和现状、存在的问题和面临的挑战以及今后的改进路径,提出了提升报纸舆论引导能力所必须更新的一些新闻写作理念。

关键词:报纸　新闻报道　舆论　新闻导向

**4327**

**香港电视新闻演变研究** / 李家文著 ; 倪宁指导. -- 中国人民大学, 2009. -- 161 页

论文试图较系统地探讨香港电视新闻的演变,特别是回归以来的发展变化。论文将分为五章内容,包括导论、香港电视新闻特点、选材及表达方式变化、行内面对挑战、提出对策及点出机遇。第一章为电视新闻概论研究,从新闻学理论点出电视新闻,是以现代电子技术为传播手段,以声音、图画为传播符号,对新近或正在发生、发现的事实的报道。并铺陈世界多国及香港电视新闻的由来,以掌握外国及香港发展电视新闻的背景。第二章为剖析香港电视新闻节目产生与概况,探讨多间香港电视台的背景及其现状,及分析香港电视新闻在回归前后,在政治、社会及经济之间的关系。第三章为探讨一国两制下新闻选材与殖民地政府时代的变化。第四章着重剖析香港电视新闻表达形式、采访方法及流程的演变。第五章为探讨香港电视新闻面对的问题及提出的多项对策。最后是结论与反思。要令电视新闻重现传媒领导地位,发挥其感染力,需将电视新闻包装得焕然一新,香港电视媒体可利用自身的优势与内地合作,强化其电视新闻内容,并把握机遇影响内地传媒及有关政府部门,带来良性互动。

关键词:电视新闻　公信力　香港

**4328**

**中国报业采访的形成:以《申报》(1872—1895)为例** / 刘丽著 ; 黄旦指导. -- 复旦大学, 2009. -- 128 页

论文以早期(1872—1895)《申报》的采访活动为例,考察了 19 世纪末期中国报业采访形成的情况及其对报业各个层面的影响。论文依托于 24 年份的《申报》文本的研读与统计,通过对于 19 世纪末《上海新报》《北华捷报》《汇报》等同时期不同类型报纸所组成的报业环境的观察,主要从采访者的职业规范、职业地位的逐步形成;报纸版面内容安排与采访网络的设置之间的关联;以及新闻写作、编辑理念的变化等方面论述了形成中的采访如何改变了报业的运作

方式。随着采访的形成,报馆雇佣的采访者的工作内容与身份发生转变,他们对于自己的工作内容的认识加深、对于业务改进和新闻伦理也开始有了最初的探讨,近代记者职业观念的起步正是由此而开始;随着各地采访网点的建立,采访网点的分布开始成为塑造版面的客观因素,采访的出现成为新闻版面日益标准化的原因,现代报纸的版面样式开始形成;正是早期采访活动的在场、观察、询问等特征首先区分出了记录与报道,为新闻的真实性提供了判断标准。中国报业采访的形成与整个报业息息相关,从职业的角度重新理解采访,有助于我们重新理解中国新闻业在近代所走过的历程,并重新理解采访本身的意义。

关键词:报业　新闻采访　新闻报道

**4329**

**晚清言论自由思想的肇始与演变(1833—1911)** / 路鹏程著 ; 孙旭培指导. -- 华中科技大学, 2009. -- 289 页

晚清,现代言论自由思想自西徂东后,经数代中国知识分子的研习和阐释,日益丰富,日趋成熟,并且从理论斗争逐步进入实践范畴,最终列入国家根本大法的宪法条文之中。期间,历时八十年余年,经历了六个具有显著思想特征的阶段:其一,1830—1850 年代,言论自由思想初涉中国时,由于国人尚未对此做出积极地回应。他们强调天赋自由,注重言论自由的政治社会价值,并且具有强烈的宗教色彩。其二,洋务运动时期,中国知识分子初次对西方现代言论自由思想做出理解和诠释。他们吸纳西方言论自由的实践形式却拒绝西方言论自由理论基础,均将言论自由思想视为强国富民的工具和手段,其言论自由思想由于根植于传统文化背景中因而充满儒家民本关怀色彩。其三,19 世纪 80 年代的早期改良思想家,开始将言论自由纳入整个政治体制改革中的关键位置予以思考,强烈要求言论自由。但由于他们言论自由思想缺乏一以贯之的现代理论基础,因此显得零堆碎垛。思想家个人对言论自由的认识水平也参差杂乱,但思想界总体言论自由的认识水平取得长足进步。其四,维新运动时期,康梁一辈思想家,特别是严复,开始在真正中西会通的意义上,传播西方言论自由思想理论,阐释中国传统言论自由思想因素。同时,言论自由从思想转化为广泛的实践。其五,立宪运动中,梁启超立于理论旗手的地位,对言论自由思想进行了系统而详尽的阐释。伴随着中国报业高潮的勃兴,言论自由思潮在社会各个阶层中得到广泛传播。其六,民主革命派思想家言论自由思想的首要特征就是藉革命手段以夺取言论自由权利。他们尊崇以人民为主体的,法制化的言论自由权利。晚清八十余年,由于历史局势动荡,思想资源匮乏,时人学养薄弱,言论自由思想在中国的传播虽貌似繁复丰富但失之浅显零碎,始终未能进行全面深入的研究和阐释。清廷覆灭,民国初元,言论自由虽写入宪法,但现代言论自由思想的理论输入任务在中国仍未完成。

关键词:政治思想史　言论自由　清后期

**4330**

**传播公地的重建及其问题:西方另类媒体研究** / 罗慧著 ; 单波指导. -- 武汉大学, 2009. -- 237 页

论文从评述公地和圈地运动的概念入手,呈现了在媒介圈地扩张与传播公地萎缩的现实面前,为重建传播公地而努力的另类媒体兴起的历史背景,并分层次从内容、空间和行动三个层面来界定西方左派图景中反对主流商业媒体并代表下层民众声音的作为媒介权力而存在的另类媒体的内涵。从社会控制的角度入手,将另类媒体放置于社会学马克思主义的语境下可以发现,处在国家和市场之间的"社会"既解释了主流商业媒体扩张的现实基础,又为另类媒体另辟蹊径形成超越国家和市场控制的传播空间指明了方向。进一步追问,在彰显社会控制的传播实践中,另类媒体超越主流媒体模式从而实现自治于国家和市场控制的抗争力量从何而来呢?正是通过这种自治于国家和市场支配的自主传播,另类媒体在承认民主阶级性的前提下,形成了与主流媒体代表的自由主义民主传播和代议制民主传播不同的民主传播模式:即在民主决策方式和民主主体上主张以民众(尤其是弱势及边缘人群)为主体的带有直接民主色彩的参与式传播,通过基于反信息霸权的内容民主、基于参与式传播的空间民主以及基于社会运动的行动民主这三方面的民主实践,来体现其民主主张的双重诉求。无论是从传播政治经济学的批判视角出发,还是运用社会学马克思主义、自主论马克思主义以及参与式传播民主的分析工具,另类媒体在自治实践中主要呈现出一种带有反抗力量却表征着积极、进步意义的媒体镜像。但是,另类媒体在积淀作为替代主流商业媒体可能性的力量进程中,也体现出实践迷茫中的价值困顿。总之,另类媒体持续行动的力量、媒体民主改革持续深入的维继、各阶层公众持续参与和支持民主传播的动力,

是合力重建传播公地之路上最重要的行为主体。

关键词:媒体(新闻) 大众传播 民主

**4331**

**媒介生态视野下的普利策新闻奖特稿作品研究** / 毛家武著 ; 蔡帼芬指导. -- 中国传媒大学, 2009. -- 127 页

论文以媒介生态理论为理论工具,从新闻传播学、美学、社会学、媒介经济、叙事学的多维角度,综合应用个案研究、历史分析、归纳演绎、统计分析等方法,对普利策新闻奖特稿奖作品的悲剧审美特色、多元文化主义影响、媒介经济因素、新闻叙事特色进行了深入系统的研究,并得出了一些对改进和完善我国新闻报道有参考价值的结论和启示。论文包括绪论、正文五章和结论。第一章是"美国新闻特稿及普利策奖特稿概说"。首先,通过梳理和界定"特稿、新闻特稿、非新闻特稿"三个概念,明确论文的研究对象及其内涵。接下来从"美国新闻特稿与消息的差异""美国新闻特稿与人情味"的角度,探讨美国新闻特稿的特征。最后,在媒介生态的视野下,梳理了美国新闻特稿的发展历史。第二章是"悲剧审美视野下的普利策奖特稿"。此章主要探讨媒介生态中的文化因素对普利策新闻奖特稿作品的深层影响。第三章是"多元文化主义视野下的普利策奖特稿"。此章从上述西方悲剧审美文化的视角转换到多元文化主义视野,继续探讨媒介生态中的文化因素对普利策新闻奖特稿作品的深层影响。第四章是"媒介经济视野下的特稿",此章主要探讨媒介生态中的经济因素,即美国媒介的高度商业化特点和媒介竞争策略对普利策新闻奖特稿作品的深层影响。第五章是"新闻叙事学视野下的普利策奖特稿",再度回到媒介生态中的文化因素对普利策新闻奖特稿作品的深层影响,主要探讨新新闻主义思潮对普利策奖特稿新闻叙事的影响。结论,是对正文中已说明的重要观点进行较为系统的归纳和总结。论文认为,普利策新闻奖特稿作品从内容到形式呈现出上述特色,这种特色的形成与美国独特的媒介生态有极大的关联。美国的媒介生态犹如一只看不见的手,打造出了普利策新闻奖特稿精品。

关键词:新闻 作品 传播媒介 普利策(Pulitzer, Joseph)

**4332**

**论媒体的反腐败作用及其局限性:来自国外的经验与启示** / 闵勤勤著 ; 刘洪潮,蔡帼芬指导. -- 中国传媒大学, 2009. -- 121 页

全文共分六章,具体结构及内容如下:第一章"绪论",介绍论文的研究目的和方法,简单梳理并评述了与论文研究内容相关的国内外文献。第二章"腐败无处不在,媒体是对抗腐败的重要手段",揭示了腐败的定义和危害,反腐败斗争必须持之以恒地开展,并指出用媒体监督增加政治的透明度是反腐败的关键。第三章"媒体在反腐败斗争中的作用",通过世界各国媒体在反腐败斗争中的大量事实和案例,由深入浅地逐一揭示媒体在反腐败斗争中的双重作用,即直接反腐败和间接防止腐败。第四章"媒体反腐败的局限性",揭示了媒体反腐不是万能良药,作为社会监督力量之一,由于缺乏相应的制度保障,不可避免地表现出其局限性。第五章"国外提升媒体反腐功能的经验",通过相应的国外案例,一一揭示重要的国际经验。第六章"国外经验对我国媒体反腐斗争的启示"。本章简要总结了我国媒体反腐败的特点以及存在的主要问题,提出了提升我国媒体反腐败能力的三个对策。本研究主要应用了五种研究方法:跨学科交叉研究法、案例分析法、比较研究法、历史与现实相结合的方法、定性与定量相结合的方法。在说明新闻自由与腐败之间的关系时,引用了相关数据,对数据进行定量分析,加强了观点的说服力。

关键词:传播媒介 反腐倡廉 舆论监督

**4333**

**政府、市场、媒体及其他:试论新闻生产中的社会权力** / 芮必峰著 ; 李良荣指导. -- 复旦大学, 2009. -- 145 页

论文运用知识社会学的方法来考察新闻生产及其产品。但是,并不打算全面考察那些影响和制约新闻生产的"存在"因素,而是集中考察和分析其中的几项重要"社会权力"因素。目的是想通过这种考察和分析,来寻求建立一种更好的"人们能够得到良好信息"的新闻生产关系。论文立足当前中国社会政治、经济、文化的特定语境,关注媒介、媒介机构和新闻工作者如何在各种社会力量的作用下,以及在和这些力量的相互作用中从事新闻生产,建构"媒介现实"。我们的根本目的不在揭开中国"媒介现实"的建构和结构之谜,而在通过检视那些影响新闻生产的主要社会力量,寻求一种适合中国国情、有利于新闻生产的"专业化制度空间"。在"新闻生产的中国'语境'"一章,从"准入制度"和"政治家办报"两方面论述中国新闻生产的"语境"特点,认为它们从"外"(制度)到"内"

（观念），安排着新闻生产的基本要素，设置了新闻活动的基本前提。但实践是发展的，因此“语境”也是变化的。随后从“学习运动”“宣传通知”“命题作文”等方面，集中讨论我国宣传管理中的一些主要方法。又以马克思关于人类三大社会形态的论述为指导，在对传媒市场化进行社会学分析的基础上，进一步剖析市场逻辑与新闻生产的关系。最后通过分析功能主义和社会互动论关于“专业主义”的不同解释，并结合多项调查结果，认为在当前中国语境下，将媒体及其从业者对“新闻专业主义”的认同或追求视为对实际新闻生产中“专业权力”的追求，或者“职业权力的意识形态”的建构似乎更加符合实际。

关键词：新闻工作　传播媒介　媒体　权力

**4334**

**网络音视频服务的规制研究** / 唐建英著 ；尹鸿指导. -- 清华大学，2009. -- 179 页

论文是关于新媒体规范与管理的一项基础研究，引入规制经济学的理论，以数字融合、全球化和放松规制为背景，以经济性规制和内容规制为核心，探讨如何运用现代规制手段和方式来管理 IP 电视、互联网广播电视、播客、手机电视等新兴网络音视频服务。论文以“外部性”问题的存在，抑制“垄断”性力量这两个理论依据来阐明网络音频服务规制的必要性，并从融合带来的挑战，规制主体权力分散化，规制客体跨国界这三方面来探讨网络音视频服务规制问题的特殊性，避免过度规制和不当规制。关于网络音视频服务的经济性规制，论文分析规制的两个源流，广播电视市场和电信市场，指出网络音视频服务经济性规制的主要目标是促进有效竞争，推动市场融合，并对传输服务，内容运营服务的市场进入规制进行探讨，提出少管多放，降低市场进入壁垒，保护新进入者，促进公平竞争。关于网络音视频服务的内容规制，论文分析了规制的三大源流，广播电视的内容规制、互联网内容的轻规制和电影内容的审查与分级，指出网络音视频服务内容规制的主要目标是抑制不适宜内容、促进高品质内容生产，保护个人隐私，同时还探讨了如何通过分层规制实施内容的差异化管理，如何通过合作规制，减少政府的直接干预，保护表达自由。在此基础上，探讨了中国网络音视频服务的规制动因和规制困境，并提出了中国音视频服务规制的建议。

关键词：多媒体通信　音频编码　视频编码　传播媒介　行政干预

**4335**

**湖南卫视电视娱乐节目的生产与消费** / 王琼著 ；秦志希指导. -- 武汉大学，2009. -- 240 页

众多数据和资料表明电视娱乐节目在当今中国的电视节目中占有越来越大的比重，其中湖南卫视的地位和作用不容忽视。本研究试图解释湖南卫视与其他众多媒介相比，在电视娱乐节目市场中获得比较优势的原因，并探讨对其电视娱乐节目的消费可能发挥的功能和带来的后果。研究采用文献研究、访谈、田野考察、问卷调查等多种实证研究方法，在以此获得的数据基础上进行如下分析和论述：第一章首先明确研究对象，对“电视娱乐节目”的概念予以界定，并就其形态分类提出标准。第二章是历史主义研究角度。首先描述湖南卫视发展历程，将其从“时政频道”到“娱乐立台”的媒介理念和形象建构过程划分为三个阶段。第三章重点关注生产。第一节围绕生产者的基本信息展开，第二节围绕生产场域进行论述，第三节围绕娱乐节目文本进行论述。第四章重点关注消费。首先描述受众对信息的偏好、社会参与和态度、生活状态、消费行为和观念等基本情况；然后描述受众对湖南卫视娱乐节目的消费行为；接着论述受众对湖南卫视娱乐节目的收视动机及其在不同人群间的差异；最后以前述数据及其分析为基础，论述对湖南卫视电视娱乐节目的消费可能发挥的功能与后果。第五章作为全文的结语是对前述章节的总结与升华，首先论述了湖南卫视娱乐节目生产与消费过程中，各种影响因素的相互作用方式，并以此为基础构建了一个力学模型。第二节通过论述“湖南卫视的普遍性与特殊性”回答本研究的预设问题。研究认为湖南卫视的命运走向是政府规制、市场引导、受众需求和自身需要等多种因素共同作用的结果，湖南卫视在战略上的抢占先机，明确的市场和品牌意识，以及以自由、放权为特点的管理制度是形成湖南卫视竞争优势的表层直接原因，而在更深的层面上决定湖南卫视发展的是湖南的地域、文化特点和不可复制的人才资源。最后，研究者对电视娱乐节目及其生产组织的社会责任问题进行了论述。

关键词：电视节目　文娱活动　节目制作　湖南

**4336**

**新时期中国影视的现实主义流变** / 吴闯著 ；罗以澄指导. -- 武汉大学，2009. -- 135 页

新时期中国影视的现实主义流变研究是建立在

文本分析基础上的文化批评，主要内容包括以下三个方面：一、新时期中国影视现实主义作品的文本重读。新时期中国影视的概念定义为1978年以来的中国影视实践与作品，论文对新中国影视中的现实主义经典力作，在“政治/经济/文化”的多重视野下运用视听美学分析与叙事美学分析等方法进行重读。对中国电影第三代、第四代、第五代和第六代电影人的类型风格、从影经历与现代性探索进行现实主义文化关照，对中国电视纪录片、电视剧与电视新闻20多年来的现实主义风格实践、摸索与得失，进行系统化的线性梳理。二、新时期中国影视现实主义的美学特征分析与流变轨迹描述。论文通过对不同时期中国影视的现实主义学理内涵的分析与比较，发现并寻找新时期中国影视文化中的现实主义坐标，通过对分散的坐标点进行“连线”，整体性地描述现实主义在新时期中国影视发展历程中的流变轨迹。对于现实主义在影视实践中兴衰起伏的历史叙述侧重为两个方面，一是将现实主义作为一种艺术风格的方法论研究，二是将现实主义作为一种创作精神的文化批判，从而实现对中国当代影视现实主义的历史考察和微观分析。三、新时期中国影视现实主义流变轨迹的社会性根源分析。论文将现实主义在新时期中国影视中的兴衰流变，放入社会政治、经济和文化的综合矩阵中加以进行整体考察。研究现实主义作为一种艺术风格与精神，与现实社会之间的作用力与反作用力。影视作为反映社会现实的一面镜子，在政治、商业、异质文化等外力冲击下，现实主义风格在“镜面”上循环“破裂与重圆”的表象规律与内因驱动，进而实现对影视现实主义的现实功能性分析，即现实主义影视精神与作品对现实社会的“纪实”功能与“记史”价值不可或缺。

关键词：电视剧评论　电影评论　现实主义

**4337**

**电视数字内容资产的价值评估体系建构** / 吴丰军著；尹鸿指导. -- 清华大学, 2009. -- 196页

论文以媒介融合时代的跨媒介内容传递和长尾销售为背景，以现代媒资管理为逻辑起点，通过对电视数字内容资产的价值决定规律的系统分析，力图建构一套既符合评估学原理，又契合广电行业特点的评估分析框架。首先，论文通过分析电视台库存节目资料在媒介融合时代所具有的巨大获利潜力，提出电视数字内容资产这一概念，并对其概念内涵、经济特征、资产类属以及电视节目资料向电视数字内容资产整体转化的四个要件进行了分析，进而探讨与电视数字内容资产价值评估相适配的资产类型划分。其次，提出在电视数字内容资产价值评估过程中最佳使用假设应该遵循的三大原则，即技术上可能——数字化处理、法律上许可——节目版权管理、财务上可行——市场梯次开发。这三大原则反过来又构成了以电视台存量内容的价值最大化为目标的现代媒资管理架构。再次，分析电视数字内容资产评估价值的本体与类型，认为电视数字内容资产的评估价值属于价格范畴，在本质上是电视数字内容资产获利能力的资本化，即获利能力的一种模拟价格。为了确保评估结果与评估目的的一致性，还对电视数字内容资产的评估价值进行了类型细分。最后，把电视数字内容资产的价值决定要素拆解为成本耗费、制作元素、收益年期、媒介平台、媒介生态和交易费用六个维度，架构了一个六维评估分析框架。并探讨重置成本法、现行市价法和收益现值法对于电视数字内容资产评估的适用性。最后通过评估案例对上述评估方法进行了实证分析。

关键词：电视　数字技术　信息资源　信息管理

**4338**

**报纸“有效发行”及其应用软件开发研究** / 吴锋著；屠忠俊指导. -- 华中科技大学, 2009. -- 172页

论文对新闻传播学科中的热门问题——“有效发行”(或发行的“有效性”)进行了综合研究。文章首先对何谓“有效发行”进行了辨析。文章分析了企业型报纸的不同盈利模式。报纸的盈利模式不同，相应的发行有效性评价模式亦不同。文章重点研究的是发行依赖盈利模式和广告依赖盈利模式下的有效发行。研究广告依赖盈利模式报纸的有效发行问题要区分静态与动态两种视角。对静态条件下广告依赖盈利模式报纸，通常运用边际分析法探求其最优发行量(即最为“有效”的发行量，简称有效发行量)。对动态条件下企业型报纸的有效发行问题，论文分两步进行研究。第一步，按照市场供求均衡框架，研究特定区域市场的报纸发行总容量。第二步，按照“三四律”框架，研究参与区域市场竞争的报社发行量之间的比例关系。文章认为有效发行还意味着报纸发行结构的优化，并从两个维度分析此问题：一是选择性维度，即面对多样化、多层面的读者群，依据读者消费能力和接触报纸广告的概率两方面的指标加以分层，筛选出能够为报社带来预期价值的读者。二是聚焦性维度，即面对已经选定的读者群，依据报纸发行的

时间分布和空间属性进行进一步的聚焦与框定,使得报纸发行的成本最小化,进而为报社创造最大化的利润。论文阐述的有效发行理念为报社读者数据库管理系统软件开发提供了理论根据。文章作者主持开发的读者数据库管理系统软件通过收集读者信息,形成数据仓库,运用数据挖掘技术,分析能够为报社创造价值的有效信息,使报刊社更好地维护和发展与读者之间的互惠关系,为报刊社开展广告营销及多种经营提供了坚实的数据支持。

关键词:报纸　报刊发行　应用软件　软件开发

**4339**

**他者想像:好莱坞电影中的中国形象** / 吴卫华著 ; 石长顺指导. -- 华中科技大学, 2009. -- 148 页

研究试图对好莱坞电影中的中国形象问题的历史与现状进行一次描述和阐释,以进一步厘清电影中的中国形象的内涵与实质所在。论文总体结构上包括绪论、正文和结语三部分。第一章是绪论,概述写作缘起、理论基础和好莱坞中国形象研究的现状。正文包括了第二章到第七章的内容。第二章从学理角度对意识形态的内涵、功能、电影意识形态批评的意义、电影观赏的心理机制和好莱坞电影的意识形态症候分别予以了透视。第三章对好莱坞中国形象演变的轨迹进行了回顾。文章认为历史以来西方形象和白人至上的意识直接影响好莱坞的中国形象表述。第四章首先对西方特别是美国的辱华反华现象进行了描述,追问这些现象形成的原因,文章认为好莱坞电影的作用不可小觑。第五章到第七章是文章的重心。文章在深入细致考察的基础上,认为历史以来的好莱坞中国形象,不仅以负面形象居多,而且各类形象的表达方式和内容都有某种相对的稳定性。第五章指出黄白恋情电影故事背后所暗示的深层意蕴是种族性政治和东西方的权力关系。第六章分析了"苦难与救赎"模式的电影作品所昭示出的基督教拯救主题。第七章具体阐述恐怖主义的中国形象和黑暗专制的中国形象生成的背景和具体的表现。第八章是结语部分,提出了自己的思考。文章试图从中西文化二元对立的关系中,来把握好莱坞中国形象的命运和特征。运用对抗性解读方式,突出了对电影文本的研究。主要创新点是依据题材类型,构建了自身的分析好莱坞中国形象的结构模式和表述模式,这在本领域研究中具有某种别开生面的意义。

关键词:好莱坞　中国　形象　意识形态　美国

**4340**

**互联网舆论导向研究** / 伍刚著 ; 成美指导. -- 中国人民大学, 2009. -- 251 页

论文立足于经济和信息的传播全球化的时代背景透视中国网络媒体诞生和发展的环境,分析网络舆论的形成和特点、网络传播对传统经典新闻理论的解构,网络舆论的演绎发展对现实生活构成的挑战、网络舆论引导的难点及重点,最后以中国广播网的实践为例,总结网络舆论引导的若干成功经验,并就未来网络媒体发展提出了思考和建议。全文共分为六部分。第一章论述互联网带来的革命性影响。第二章论述网络舆论的生成、传播的特点和规律。网络舆论是民生、民意、民情的集中反映,互联网成为社会重大舆论的策源地。第三章论述网络舆论的控制和引导。网络传播对传统传播理论构成挑战,网络舆论的传播效果带来全球聚焦效应、放大效应。世界主要国家皆从法律、行业他律和自律角度对网络舆论有效控制与引导。西方网络巨头垄断全球网络话语权,对我国构成巨大压力。第四章分析互联网在中国的兴起和发展。伴随中国跃居世界第三大经济体,中国成为世界传媒大国,中国互联网步入良性发展繁荣阶段,网络媒体已具备面向全球传播的影响力。中国和平崛起发展模式迫切需要与之相适应的一流国际话语表述模式和良好国际网络舆论环境。第五章概述中国网络舆论引导的经验。网络舆论导向事关执政兴国长治久安问题,网络舆论引导的原则是按照网络传播规律、抢占第一时间话语权,发挥舆论引导的先导效应,发挥网络舆论意见领袖作用。第六章是提出面向未来的思考:一个和平崛起的世界大国互联网如何发出影响世界的强音?必须积极营造与中国崛起地位相称的良性舆论环境,创新中国特色的中国互联网传播体系,未雨绸缪,抢占下一代网络舆论制高点。

关键词:互联网络　传播媒介　舆论　新闻工作

**4341**

**新时期中国广告管理研究** / 夏茵茵著 ; 倪宁指导. -- 中国人民大学, 2009. -- 141 页

论文以改革开放后中国的广告管理为切入点,评析中国的广告管理制度。意在分析特点,总结作用,指出弊端,提出建议,使其更好地为推动行业发展、维护消费者权益服务。全文共包括八章。第 1 章主要介绍论文的选题意义、基本概念、国内研究现状、研究方法和论文框架等,并说明叙述内容之间的逻辑关

系。第2章梳理广告管理历史。早期的广告管理由于广告环境的简单和广告活动的单一稍显稚嫩,国家对广告的管理处处渗透着浓烈的政治色彩。第3章概述改革开放后的广告业及广告管理总体情况。在肯定行业快速发展的同时,对当前广告业所面临的经济形势、产业环境、市场竞争环境、管理环境等外部因素进行分析,总结了行业自身的缺陷。第4章对广告法律体系建立的背景、组成以及缺陷进行分析,在肯定广告法律体系在广告管理中的法制保障作用的同时,明确指出当前存在立法滞后,新出现的广告形式缺乏法律依据,部门立法色彩浓重等问题,说明广告法律体系建设和完善的必要性和紧迫性。第5章分析新时期的行业监管建设。从广告管理机构、管理内容、管理方式以及存在问题几方面入手,分析当前广告行政监管的特点和弊端。第6章阐述广告行业自律和社会监督情况。中国的行业自律和社会监督在行业管理中处于辅助地位。第7章对中国广告管理制度的反思与建议。针对广告管理制度存在的问题,提出包括转变政府职能,建立广告自律审查机构,健全行政监管制度等建设性意见,希望通过一系列举措的实施逐步构建一个行之有效的广告管理体系,保障行业的健康、有序发展。第8章介绍美国、英国、日本等地广告管理情况。这些地区的广告业起步早,广告管理制度健全,管理效果显著,他们的管理经验能够为我国广告管理制度的完善提供借鉴。

关键词:广告业　经营管理　法制

**4342**

**中国计划生育标语口号研究** / 相德宝著 ; 李希光指导. -- 清华大学, 2009. -- 251 页

论文根据传播学“作者—媒介—受众—内容—效果”5W 分析框架,按照“现状—问题—对策”的研究路径,通过质化(田野调查和深度访谈)和量化(内容分析和问卷调查)相结合的研究方法,借鉴传播学、语言学、修辞学和广告学的相关理论,对中国计划生育标语口号进行综合研究。研究发现,伴随中国政治、经济、科技和人口环境的变化,中国计划生育标语口号宣传同样发生了巨大变化。标语口号的传播理念正经历着从控制到服务的转变。受众也经历了从单一到多远、从被动到主动的转型。现阶段我国计生标语口号依然存在诸多问题。首先,旧的计生标语口号传播体制存在单向传播的弊端,基层工作者官本位思想依然严重。同时,标语口号发布形态比商业标语更显单一,部分地区发布数量不足,时效落后,发布内容依然存在政治性强、宣传色彩浓厚的趋向。标语口号发布缺少受众调查和科学的效果评估,发布水平和方式仍处于低水平阶段。针对以上问题,论文提出改革计生传播体制、规范标语口号发布机制、加强受众调查、实施分众战略、建立效果评估机制等相应的改进策略。

关键词:计划生育　人口政策　宣传工作

**4343**

**电视传播与受众的主体性构建** / 向培凤著 ; 石长顺指导. -- 华中科技大学, 2009. -- 127 页

主体性是一个哲学命题,当传统的主体性理论碰到现实的困惑时,就注意到主体与主体之间的相互关系,在主体性研究上,哲学视角的研究就逐步转化为传播视角的研究。他们从历史过程和主体间关系来削弱和修正中心性主体,主张人的存在的关系以及主体与主体间的关系,都是对话和交往的关系,这是论文研究的理论起点。论文首先从主体和客体概念的起源和演化过程分析了传播属性与人的主体性的关系。其次,分析了电视传播与受众的主体性构建特征。第三,分析了电视传播与受众的主体性构建机制。最后,论文认为,要探讨一个现实途径,使得电视传播与人的主体性之间形成一种正相关的关系。从宏观层面来看,一个好的社会环境是电视传播作用于主体性建构的外部条件。

关键词:电视　大众传播　观众　主体性

**4344**

**《新闻报》广告与近代上海休闲生活的建构(1927—1937)** / 杨联宇著 ; 黄瑚指导. -- 复旦大学, 2009. -- 230 页

论文选取当时历史悠久、发行量最大、刊登广告最多的《新闻报》为样本,探讨广告为20世纪30年代上海市民建构了怎样的休闲想象。通过研究,论文发现《新闻报》广告通过大量的话语(文字和图像),在“空间、身份、性别”等关乎休闲生活的根本维度上,建构和形塑了30年代上海休闲生活的整体文化特征以及由休闲生活的发展变迁所引发的上海市民价值观念、道德判断的变化。由于传统社会等级制度的消失以及都市化进程,近代上海是一个身份模糊的社会。因此,《新闻报》广告在潜移默化中使用各类话语赋予休闲生活以意义,通过赋予休闲以流行时尚、品位、身份地位等符码,满足近代上海市民希望通过追求休闲

符号中的象征性和理想性来获得身份认同的需求。“性别(女性)”同样是《新闻报》广告对上海休闲生活最重要的“编码”之一。虽然依旧无法完全避免男性主导,而且在具体的《新闻报》广告语境里女性休闲生活碎化为不同的样态和面貌,但通过持续的话语叙事,《新闻报》广告对于女性休闲图景的建构,综合性地展现出20世纪30年代上海女性休闲生活的独特形态和存在,特别是女性在其中得以向现代女性理想靠拢,体现了一种表现自我、张扬个性的意义。很显然,《新闻报》广告多维度地建构20世纪30年代上海的休闲生活,在满足都市休闲生活需求上是不言而喻的,但同时这种需求也很可能是被广告本身创造出来的。《新闻报》广告为30年代的上海市民开启了一扇了解休闲生活的窗口,并在潜移默化的渗透中,推进了市民大众休闲观念、休闲方式和文化心态的发展变迁。因此,广告是我们透视20世纪30年代上海市民休闲生活的重要的历史文本和文化文本。

关键词:报纸　广告　休闲娱乐　生活方式

**4345**

**中国广告公司经营管理研究:基于创新与激励的视角** / 姚曦著 ; 张金海指导. -- 武汉大学, 2009. -- 116页

论文以创新理论和激励理论为研究范式,针对中国广告公司总体经营管理的缺陷和不足,提出创新与激励是广告公司经营管理的两大核心机制。广告公司应建立以人力资本为核心的创新生产机制。论文首先从创意产业的背景切入,提出广告产业是创意产业的重要组成部分,其发展规模和程度对整个创意经济的发展有着重要的推进作用。论文从企业人力资本管理的视角出发,提出广告公司的资本形态是以人力资本为核心的动态资本。其主要产品形态是一种充溢着创新因素的创意性产品,它的产生是一种创造性的生产过程。广告公司应建立以人力资本为核心的创新生产机制,来促进创意性产品的完成。论文认为,对人力资本的激励管理是管理学中的基本理论问题。激励理论的核心观点显示:人的物质和精神需求是激励的内部动因;对人的物质和精神需求的强化与满足是激励的主要方式。创新行为是人的自我实现通过激励对不同层次的需求进行刺激与满足的循环递进过程。论文提出了广告公司人力资本管理的三个基本模式:以企业整体绩效为主的激励模式以专业提升和职业愿景促进为主的激励模式以及团队项目化激励模式。论文主张建立以人力资本为核心的创新生产机制,是对广告公司创意性产品质量的保证。最后,论文从创新和激励两方面对中国广告公司经营管理中的专项问题进行讨论,从组织制度、经营范畴、资本运作、管理规范等方面进行创新优化,通过激励放大中国广告公司的人力资本,通过观念意识的革新与管理组织方式的细化,强化激励的作用与效果。综合创新和激励两方面的讨论结果,认为创新与激励的良性互动可 以驱动中国广告公司升级发展,同时,研究了激励与中国广告公司人力资本增长的函数关系,就构建中国广告公司创新激励系统模式进行了系统的阐述,并对具体的应用范畴和方法提出了适用原则。

关键词:广告公司　经营管理　创新管理　激励

**4346**

**中国电视纪录片叙事的深层结构研究** / 张昌旭著 ; 罗以澄指导. -- 武汉大学, 2009. -- 152页

研究主要采用叙事学和语言学相结合的理论范式,结构主义的叙事学,以及符号学和语言学理论是论文研究的主要理论资源。同时,论文也注重吸收既有的纪录片研究成果,包括本体论、哲学、美学、文化学、心理学、传播学等成果,采用定性分析、形式分析、实证和逻辑演绎分析相结合的研究方法,使得研究具有一定的科学价值。全文分为五个部分:绪论部分提出了论题的研究背景、问题聚焦、研究意义和研究方法,全面梳理了国内外有关纪录片的研究文献,并给予适度的理论述评;同时,结合本论题需要的叙事学和语言学理论资源也进行了相关梳理。第一章从理论上探讨了纪录片叙事与结构主义叙事学之间的联系,分析了叙事学理论的适用性;以纪录片《望长城》为例从行为功能和语法功能两个纬度分析了该片的表层结构和深层结构的构成,以及对于建构全片意义的影响。最后归结了纪录片深层结构的初步结论。第二章回顾中国电视纪录片三个阶段叙事的深层结构特点,探讨我国不同时期电视纪录片的深层结构变迁。第三章从政治、经济、文化和方法论的角度分别探讨中国电视纪录片深层结构的影响因素。第四章论文的逻辑演绎部分,用数理逻辑的方法推论出深层结构的四种标准类型,以及不同类型之间的转换生成原则和方法,探讨了转换生成的外部和内部约束条件。结语部分对论文的理论框架及阶段性成果进行了述评,提出了纪录片研究与语言学研究的交互关系,以及纪录片作为人类语言之一在未来的研究方向。

关键词:电视纪录片　叙事学　结构主义

**4347**

**基于生态位理论范式的我国传媒竞争研究** / 张明新著 ; 强月新指导. -- 武汉大学, 2009. -- 206 页

研究从理论和实证层面描述和解释当前我国的传媒竞争景象。尝试突破以实用主义为目的、以经济学和管理学为主导范式的传媒竞争研究架构,转而采用生态学研究的一个代表性理论——生态位理论范式,建构整体分析框架。论文共包括七章。第一章为绪论。在详尽回顾国内和西方传媒竞争研究既有相关文献基础上指出:传媒竞争研究有着多维学科视野的特征,但每种学科视野皆有其适用性与局限;传媒竞争分析的生态学进路是传媒生态研究的一个分支,尽管当前仅为一个相对弱小的范式,但其对于传媒竞争研究有着其独特的学术价值与实践意义。第二章是研究的理论基础,通过对生态位理论的系统回顾,检视该理论范式在社会科学研究领域,尤其是在产业组织领域的运用,进而过渡到对传媒生态位的研究。第三章是对生态位三个理论概念,即生态位宽度、生态位重叠度和生态位竞争优势实证测量方法的论述。第四章是在四种资源维度对我国传媒竞争现状的实证分析。研究发现在受众心理维度,四种传媒的生态位宽度各有短长;网络拥有令人瞩目的受众心理生态位宽度。第五章为在生态位理论范式关照下对我国传媒竞争策略的分析。第六章在生态位变迁视野中考察我国传媒竞争的历史动态。第七章为研究的总结、评价与展望。作者特别指出,今后研究可将基于传媒生态位的研究进一步推进至传媒发展和演化,尤其是传媒群落空间聚集、传媒可持续发展、传媒生态系统建构的研究课题中。

关键词:传播媒介　产业发展　市场竞争

**4348**

**《环球时报》研究** / 张晓红著 ; 王武录指导. -- 中国传媒大学, 2009. -- 194 页

论文对《环球时报》的发展历程、特色、经营管理等进行了较为系统的梳理和总结。各章节的主要内容有:第一章介绍《环球时报》的创办背景、发展历程、视野和视角。结合《环球时报》创刊以来国际报道的轨迹,主要围绕时政、军事、经济等报道领域,从纵向和横向两方面,大致勾勒出《环球时报》国际报道的视野。第二章主要分析《环球时报》的特色。第三章主要是《环球时报》宣传报道的个案研究,包括《环球时报》十七大报道综述,《环球时报》与《参考消息》奥运报道比较,《环球时报》专版的策划与实践。第四章介绍和分析《环球时报》的经营管理特点。包括《环球时报》的管理机制、人才资源、企业文化、发行模式和策略、广告经营特点等。结语概括了《环球时报》的成功经验,得出了对党报如何办好子报,大报如何办好子报、如何提高对外宣传报道水平的几点有益启示。最后指出了《环球时报》需要完善之处。

关键词:环球时报　国际新闻　新闻报道

**4349**

**中国当代时政期刊的社会性演变研究:以媒介话语分析理论为视角** / 张萱著 ; 罗以澄指导. -- 武汉大学, 2009. -- 151 页

论文以新闻学与符号学的交叉性理论——"媒介话语分析"理论为研究视角,结合社会学、传播学、政治学的相关理论,着力探究这一演变的特征、动因及其存在的问题与对策。论文首先从时政期刊文本的话语分析着手,在内容和结构、宏观和微观这两个维度的构建中,对时政期刊文本的话语特征进行纵向历史性与横向比较性的研究分析,以期深入系统地阐述中国当代时政期刊的社会性演变特征。其次,针对时政期刊话语特征的演变,论文分别从时政期刊的新闻制作角度与读者理解角度两个层面对这些特征的演变原因进行探究,以论证促使时政期刊话语演变的动因,即一方面来自于社会性因素,特别是政策性因素的影响;另一方面来自于时政期刊自身因素的影响,其中包括时政期刊内部结构的稳定性因素和外部读者反作用的刺激性因素。再者,在以上分析的基础上,论文归纳并总结了我国当代两种类型的时政期刊在适应社会变迁的转型过程中各自暴露出的问题:主要集中在媒介角色、新闻写作和新闻观念这三个方面。针对这三个方面存在的问题,论文分别提出了解决的对策和路径,即中国当代时政期刊未来发展的新思维。

关键词:期刊　传播媒介　时事评论

**4350**

**论负面报道:作为一种题材取向的新闻实践** / 张玉洪著 ; 米博华指导. -- 中国传媒大学, 2009. -- 153 页

论文试图从一个新的角度来研究负面报道,将其作为一种题材取向的新闻实践来进行考察。通过运用多学科的知识对其进行多角度的审视,并探讨它与

"正面宣传为主的方针"以及舆论引导等重要现实主题之间的关系。论文分为绪论和正文两部分。在绪论部分,主要探讨为什么要研究负面报道,以及相关的基础性理论研究成果。在正文部分,首先提出为负面报道进行定义的现实必要性,并在总结和分析既有定义之后提出了新定义:"负面报道,是针对可能或已经早晨称人员伤亡或重大损失的自然灾害,政治、经济和社会领域重大违法、违规现象以及异议(不同观点)的报道。这些报道可能引起人们对报道对象(个人、组织/机构、国家或政策等)产生负面评价"。此外,还对中国负面报道的历史进行了全景式的扫描,并加以整理和提炼。在此基础上,论文终点探讨了负面报道与"正面宣传为主"方针,负面报道与舆论引导,负面报道与和谐社会构建以及发挥负面报道积极作用的制度保障等诸多方面进行深入讨论。

关键词:新闻报道　新闻工作　负面影响

**4351**

**全球化语境下西方媒体的中国议题建构** / 赵金红著 ; 何崇元指导. -- 中国传媒大学, 2009. -- 210 页

论文针对西方媒体报道中国所呈现出来的"反复"与"变化"现象进行思考,以传播学中的议题建构理论、话语分析中的建构观念和国际关系理论中的建构主义理论为理论支撑,认为西方媒体在报道中国的同时也在建构中国,"反复"与"变化"的不是西方媒介自身,而是具体的中国议题,西方媒体的中国议题建构是动态的,过程中受一些因素不同程度地影响。论文共分为五章:第一章是"绪论",主要提出论文的研究缘起、研究思路和研究框架,对以往的研究成果做梳理和分析,界定"议题建构"和"中国议题建构"概念。第二章是"全球化缘起与发展",主要分析西方媒体构建中国议题的时代背景,认同从社会学意义上进行解读全球化概念,主张从近期出现的全球化现象理解全球化,认为全球化具有联系性、依赖性和一体化等特征。第三章是"全球传播与中国议题的影响因素",主要分析西方媒体建构中国议题的传播环境和舆论环境。第四章是"中国议题建构的三个个案研究",主要以个案研究方法分析西方媒体建构中国议题中的"好"事(以 2008 年北京奥运会为案例)、"坏"事(以 2008 年 3 月的西藏骚乱事件为案例)和具争议性事(以 2007 年的"中国制造"海外事件陷入舆论危机为案例)的具体呈现。第五章是"促进中国议题建构转向积极的对策思考",主要从新闻传播规律角度、海外华文媒体角度和国际公共关系角度提出建议。

关键词:媒体　新闻报道　中外关系　对外政策

**4352**

**论网络舆论与中国外交的互动** / 赵瑞琦著 ; 朱英璜指导. -- 中国传媒大学, 2009. -- 159 页

论文试图为此问题找到一条行得通的解决路径。全文共分九章。第一章为绪论,第九章是结论。第二章到第四章属于理论铺垫、背景介绍与现实评介部分。第二章梳理了哲学与国际关系学层面上对舆论与外交互动关系的思考。第三章指出舆论对外交发挥影响,在中国已经有了允准性的政治背景。第四章在指出爱国主义与网络结合已经成为一种世界性景观的基础上,总结了中国网络爱国主义的产生背景与发展阶段。第五章到第八章是梳理现实、提出问题与解决问题部分。第五章以中日关系为例,分析了网络舆论对外交的助推与掣肘。第六章在保持灵活性、呼应舆论的同时,中国外交保持了战略的坚定性。第七章不仅指出了互动双方存在着差距与原因,而且从国内现实、国际经验和舆论作用角度指出弥合差距的重要。第八章从具体操作与互动双方素质提高的层面给出了良性互动的制度建议。关于研究方法,论文在实地调研、案例分析与官员访谈的基础上,采用归纳与演绎相结合的方法进行研究。同时,在说明具体案例时,运用了定量的方法进行梳理和比较。论文的成果是一种尝试与创新。通过研究,为网络舆论的主张与中国外交的原则之间,从自说自话转化为"协调式竞争"创造了一种可能。这对于促进国内和谐与增进外交效果,都是有所裨益的。

关键词:互联网络　舆论　对外政策

**4353**

**改革开放 30 年中国新闻学之演进(1978—2008):学术精神的追寻与理论重建** / 赵智敏著 ; 李良荣指导. -- 复旦大学, 2009. -- 143 页

《改革开放 30 年中国新闻学之演进》把刚刚过去的 30 年间中国新闻学的再生、发展和变化作为考察对象,通过对其所涉及的各类学术研究成果,包括学术活动、学术文献、研究方法以及学术思潮等的阐述和分析,来展现中国新闻学在这 30 年间的进步。在不断回答由实践提出的重大问题为中国新闻改革开路的过程中,中国新闻学自身也在经历着重建、反思和由党报本位向新闻本位转变及创新发展的学术探

索之旅。30年的中国新闻学演进,是理论的突破不断为新闻改革实践开路的过程,也是中国新闻学在经历多年的苍白之后浓墨重彩重建自身的过程。论文的主要内容如下:第一章从1978—1988的10余年间,这是30年来中国新闻学理论中对于新闻事业功能多元化的认可期,也是中国的新闻学才得以从废墟中再生的重要时期。第二章是从1989—1991,这三年的时间,是中国学界在经历近10年思想大解放之后的重要反思期。第三章从1992—2001的10年,其间中国新闻学重大理论问题——新闻事业的属性研究有了重大突破,即双重属性的确立,从而为中国日益深入的新闻改革实践提供了强大的理论锐器。同时,中国新闻学理论体系的建构也"已取得了明显进展",实现了从"党报"本位、"新闻事业"本位向"新闻"本位的飞跃。第四章是从2002—2008年,中国新闻事业的公共属性正在显现,这是中国新闻改革实践再次提交给学界的急需破解的一个重大的现实理论问题。基于中国新闻学要与时俱进创新发展的欲求,学者们对于中国新闻学进行了全面检视、自觉遵循新闻学研究规范的同时,还对已现端倪的"方法崇拜"加以反思。当然,对于中国新闻学来说,不论是概念的科学、体系的完善、理论的突破还是方法的科学化,都还有艰巨的任务需要去完成。要看到,中国新闻学还有太多的内容需要去修补:缺少与世界同行对话的能力,缺少与其他学科的平起平坐的认同。总之,30年来"新闻学研究还有很多问题和不足",这些都需要未来中国新闻学的创新发展去革新。

关键词:新闻学　新闻事业　改革开放

**4354**

**电视观看与受众认知培养:关于涵化研究的后设分析(1996—2008)** / 周莉著 ; 石长顺指导. -- 华中科技大学, 2009. -- 109页

研究关注和考察当代电视涵化在基本特征、调节因素和关系模式上的变化,不仅有助于把握当代电视对受众认知的培养作用,而且有助于电视媒体在新的传播环境中实现有效沟通和科学管理。首先,研究对涵化理论长达30年的文献进行全面梳理,着重考察了涵化理论内涵的发展、涵化研究方法的变迁和涵化关系模式的转变。在涵化研究的方法方面,涵化研究主要包括三个部分的分析:制度过程分析、信息系统分析和涵化分析。其次,为了更深入而清晰地描述当代多元传播生态中电视涵化效果的变化趋势和调节因素,研究运用全新的后设分析方法对1996—2008年的涵化研究进行了量化分析。研究的后设分析对当代电视涵化的效果大小和方向、调节因素以及控制方式进行验证。最后,在后设分析得出的结论基础上,研究建构了当代电视涵化模式,并进一步挖掘了当代电视涵化的意识形态内涵。研究的电视涵化模式引入了多种影响因素,呈现各种因素与电视涵化之间的动态关系,在因素构成和关系建构上都超越了以往的涵化模式。此外,研究还从权力宰制、符号选择和认知整合三个方面对当代电视涵化的意识形态功能进行了考察。研究的不足和下一步研究的计划也在结尾处加以讨论。

关键词:电视　传播媒介　受众　认知

## 传播学(含编辑出版 传媒经济学　广告学等)

**4355**

**斯里兰卡社区广播与公民权利建设** / Weerasinghe Mudiyanselage Pradeep Nishantha 著 ; 王瀚东指导. -- 武汉大学, 2009. -- 254页

论文致力于斯里兰卡社区广播的调查以研究人类发展和民主建设中大众传媒的作用。首先,论文一开始就关注影响研究的主要方面的争论,包括媒体功能主义、社区广播和发展理论,以及这些理论如何应用于斯里兰卡。然后,根据反馈调查结果显示,斯里兰卡市民能参与到认识、计划和执行发展项目的过程的机会是很少的;而且斯里兰卡市民对主流大众传媒在整个国家的人类发展和民主建设进程中所起的作用并不满意,大众传媒没有起到政府与市民的沟通作用,以及在民主社会里所应起到的社会监控作用。最重要的是,斯里兰卡的主流大众传媒用着自上而下的办法及一边倒的交流系统,市民没有机会参与到传播的过程当中。因此,需要用一种替代性的媒介来填补主流大众传媒和民众之间的空白。于是,接下来,论文通过深度访谈、文献分析、参与观察和小组讨论等途径,对Giradurukotte、Kothmale和Uva三个社区广播电台进行了个案分析,并提供了合理的论据阐述了社区广播填补这些空白的可能性。最后,论文得到的结论是社区广播可以大大缩短市民与人类发展及民主建设进程的差距。同时斯里兰卡社区广播的例证表明,社区广播电台可以有效促进公民权力建设。另

外,还提出了在斯里兰卡环境下,社区广播所遇到的法律上的挑战及现实中的限制。

关键词:广播　社区　民主　公民权　斯里兰卡

4356

**论英国传播研究:一种马克思主义学术传统的考察** / 曹书乐著 ; 李彬指导. -- 清华大学, 2009. -- 132 页

论文采用了文献阅读、访谈与讨论、实地考察三种方法来进行这次学术史的写作。首先,通过大量阅读英文文献尽可能全面地了解英国的传播研究领域,获得接近实际情况的理解。其次,借助在英国访问学习的机会,对论文所涉及的一些重要学者进行访谈和讨论,消除误会、澄清态度和观点,弥补书面文献的不足之处。第三,参与威斯敏斯特学派这一媒体研究的代表学派的学术活动,通过实地观察法获得全面而深入的了解,并获得一手资料。全文共分五章。第一章绪论,主要介绍论文的研究缘起、关键概念、研究思路与框架、研究方法以及相关研究综述。第二章英国左派知识分子与马克思主义,描述了马克思主义对英国知识界的影响,突出了左派读书俱乐部与新左派运动的重要作用。第三章对左派知识分子所创立的英国文化研究领域进行了详述,以伯明翰学派为分析的主要对象,写作中突出文化研究对媒体的关照,并厘清了其中"走进马克思"又"远离马克思"的线索。第四章,讨论了以威斯敏斯特学派为代表的英国媒体研究与马克思主义的关系。论文认为,在文化研究逐渐丧失对政治的关注后,媒体研究学者成为了英国批判性研究的主体。第五章,论文从马克思的阶级、劳动、权力的概念出发,对较多继承了马克思主义的传播政治经济领域进行了学说整理。

关键词:传播学　媒体　马克思主义　英国

4357

**论晚清媒介技术发展与传媒制度变迁** / 陈钢著 ; 戴元光指导. -- 上海大学, 2009. -- 297 页

论文对晚清时期媒介技术发展与传媒制度变迁进行了分析研究。全文共分六章。首先绪论,介绍研究的缘起,梳理了相关概念,指出了问题的研究方法与创新点。第一章对晚清媒介技术革命进行了介绍,概述了晚清以前媒介技术的发展,分析了晚清媒介技术的剧变,从而得出了小结。第二章阐述了媒介新技术引发媒体内部机制的变革,指出了媒介新技术促进媒体传播理论的变革,介绍了媒介新技术促变媒体内容生产机制的相关内容,最后分析了媒介新技术促生媒体营销新机制。第三章考察了媒介新技术推动传媒外部管理制度的变迁,首先分析了前传媒法规的特点,随后分别对媒介技术的发展加速报律的出台以及媒介技术的发展催生著作权章程的有关内容进行了论述,指出长时间内传媒制度的滞后性都与媒介技术发展的前导性发生着冲突。第四章分析了媒介技术发展对社会传播习俗的重塑,分别论述了媒介新技术加剧传播商业化、媒介新技术促生新的传播时空观以及媒介新技术发展对传统民族观与国家观的颠覆,指出就媒介技术对受众传播的影响而言,最重要的是技术影响之下从生产到再生产完成的整个运作机制。第五章探究了媒介技术影响传媒制度的动因,围绕"活字印刷术为何长期未成主流"的问题展开了讨论,分析了晚清媒介新技术的自身扩散特点,并对晚清媒介技术创新的影响作用于传媒制度的方式进行了分析研究,从而得出了小结。第六章对传媒制度在媒介技术发展过程中的角色进行了分析,指出了晚清传媒制度对媒介技术发展的阻滞及其对媒介技术变革的反作用,由此提出了有关建议。最后为结论部分,指出传媒制度与媒介技术之间是相互作用、累积因果的关系。

关键词:传播媒介　技术进步　管理体制　清后期

4358

**大众传播中的肖像问题研究** / 陈静著 ; 魏永征指导. -- 中国传媒大学, 2009. -- 138 页

论文从传播学、法学等视角,采用了判例分析法、比较方法、历史的方法、语义分析的方法等,对于大众传播中肖像的法律保护与限制问题做了比较全面、系统的研究。首先,探讨了大众传播发展及其功能,以及肖像在大众传播中兴起及其意义,分析了大众传播中的肖像所蕴含的不同利益诉求。其次,从比较法的角度对于肖像的法律保护进行系统考察,主要介绍了普通法系和大陆法系两大法系主要国家对于肖像保护的法律制度,并对此进行比较分析,展示出不同法律文化下对于肖像上利益保护的不同取向。再次,通过对于肖像合理使用制度的立法与学理考察,梳理出对于肖像利益限制的理论基础,即言论自由与新闻自由、公共利益与知情权,并提出了肖像合理使用的几项重要原则,包括公共利益原则、公众人物原则、公开场合原则。此外,在对我国肖像法律保护制度进行全面的考察、分析后,指出我国肖像法律保护先天就存在着立法的问题,并对这些问题进行分析,继而对我国

近20年来的肖像纠纷进行了全面的分析,同时分门别类地对我国司法实践中的现实问题进行了深入讨论。最后,借鉴他国的立法、司法实践,结合我国的现实状况,论文还提出了大众传播中肖像法律保护的建议。

关键词:大众传播　形象　著作权

4359

**中国媒介30年制度变革研究** / 陈鹏著 ; 周鸿铎指导. -- 中国传媒大学, 2009. -- 152页

论文从传媒经济学理论和新制度经济学的角度出发,采用历史分析、逻辑分析、制度分析和规范分析等方法,对我国媒介变革的缘起、问题、方法、实质以及变革的最终诉求进行了探讨。首先梳理了我国媒介制度变革的历史过程,同时分析了媒介环境变迁所引发的媒介角色变化以及对媒介制度变化所形成的压力。媒介角色变化是在宏观社会环境变迁的大背景下发生的,是以党和政府要求、人民群众期待、媒介自身需求为基础,以新闻改革为起点,以管理方式变革为突破、以媒介理论研究为依托的一次伟大变革。这一演变过程从根本上改变了人们对媒介的观念,在很大程度上扫除了确立媒介科学发展观的思想认识障碍。其次,论文在复杂的历史过程中根据媒介制度特征划分了三个媒介变革阶段,并总结分析了各个时期的主要特点和主要矛盾。第三,探讨了媒介变迁的制度环境、动力、路径、内在机制,并对媒介变革过程中的利益博弈、诱致型变迁、强制性变迁等方面进行了分析,还揭示了阻碍制度创新和制度变迁的深层次矛盾。第四,从产权分析的角度出发,通过对交易成本与产权之间关系的分析形成一套逻辑结构,并在此基础上探讨我国内地媒介产业变革过程中因回避产权问题所陷入的困境。接着回答了媒介产业化与媒介变革的产权路径之间的关系问题,并分析了媒介资产管理的症结。之后,讨论了媒介管理在制度环境要求下的制度创新,并对媒介变革的方向和路径进行了总结。最后,论文对媒介产业集团的未来运营机制进行了探讨。

关键词:传播媒介　体制改革　产业化经营

4360

**视觉文化与新的生活图景的构建** / 陈旭红著 ; 梅琼林指导. -- 武汉大学, 2009. -- 134页

论文主要探讨当代视觉文化对于新的生活图景的表达和构建,阐释了它对当代人生存和发展所显现出的新的、重大的合理性价值。论文共分为五章,其中第一章认为当代视觉文化本质上是一种赋予世界以对象化价值的文化,电子视像媒介技术构架起了这种文化的基本形态。第二章认为视觉文化颠覆了语言文化主导时代理性冥思与精神领悟的统治,肉体的丰富经验、感性生命的活力得到修复,对于人类的身体来说,不失为一场绚烂的新生。第三章认为视觉文化构建的美学具有参与性而非距离感的特征,它不再是文化特权的象征而是一个大众交流的美学系统,不再与生活世界人为地分隔、迷恋于迷宫般精神化而体现出浓厚的世俗兴趣。第四章认为操作简单、轻便而廉价的摄制工具尤其是DV的出现和普及,标志着摄像机回到民众手中,影像表述的权利从艺术特权阶层和意识形态国家机器的控制下解放出来。第五章认为当前视觉文化生活中蕴含了自由、解放、光明的因素,但同时伴随或引发了新的困局,体现出一种光明与阴影相交织的混杂、混沌的情态。最后,论文提出从建设影像的理性品格、开展批判性的视觉接受和创造性的影像表达素养教育、培植发展参与式影像三方面着手改善,推动我们的视觉文化生活走出当前的混沌,朝向光明的方向发展。

关键词:视觉形象　文化传播　审美

4361

**中国公益类基金会品牌形象因素结构研究** / 成卓著 ; 山本武利指导. -- 中国传媒大学, 2009. -- 217页

论文通过分析各种品牌形象模型,对公益基金会的品牌形象进行系统的开创性的研究,探索基金会品牌形象的因素结构及因素聚类。全文共八章。第一章绪论,主要介绍了研究背景、研究意义,以及研究方法、主要内容等。第二章首先论述了品牌概念及相关研究;其次讨论了品牌形象的概念、品牌形象构成的模型,及品牌形象的测量;最后还考察了非营利组织营销及品牌建设问题。第三章首先探析了公益类基金会的概念,接着梳理了中国公益类基金会的历史沿革,并把中国公益类基金会的品牌建设分成了三个阶段:无意识的项目品牌建设阶段、有意识的项目品牌建设阶段和系统的基金会组织品牌建设阶段。最后针对社会公众关于中国公益类基金会的品牌认知情况进行了实地调查。第四章以贝尔模型为基础,将基金会品牌形象分为组织形象、公益项目形象、捐赠者形象三个维度,并以此为基础,开发了基金会品牌形

象因素结构的量表。第五章对基金会品牌形象因素结构的量表进行了分析,主要包括项目分析、信度分析和效度分析。第六章通过选取中国青少年发展基金会、中国红十字发展基金会、中国扶贫基金会的具体事例,对基金会品牌形象因素结构进行了实证分析。第七章首先论述了中国公益类基金会品牌形象建设中存在的问题,然后提出了中国公益类基金会品牌形象建设的建议。第八章是研究结论和展望。

关键词:基金管理　基金会　品牌

**4362**

**网络舆论形成机制研究** / 崔蕴芳著 ; 郭庆光指导. -- 中国人民大学, 2009. -- 132 页

论文在总结中西方舆论概念的基础上,结合网络媒体的自身特征,首先对网络舆论的概念做了一个比较清楚的界定。然后按照发生时间的先后顺序,总结了自 2003 年以来,对网络舆论的形成和作用力不断加大且有重要影响的一系列网络舆论事件,这些事件的发生和发展过程,不仅事实上证明了网络舆论的作用,也为理解网络舆论的形成机制提供了生动的案例支持。接着以上述这些前提条件为基础,提出网络舆论形成机制的四个阶段,分别为议题出现期、议题存活期、网络舆论聚合期和网络舆论消散期。此外,论文还借用了传播学中经典的效果研究理论“沉默的螺旋”中的基本理论假设,并结合中国实际的媒体和社会环境,又提出了四个影响个人意见表达的新增变量:议题兴趣、公民意识、网络功效感和表达风险感,同时利用结构方程式模式建立基本理论模型和修正理论模型,定量的检验这些因素在网民意见表达中的影响作用,在实证层面对网络舆论的形成机制做出了解释。最后,论文以危机事件这一特殊社会事件为例,具体分析了网络舆论的影响作用。

关键词:互联网络　网络媒体　舆论　网民

**4363**

**出版企业资本运营研究** / 代杨著 ; 罗紫初指导. -- 武汉大学, 2009. -- 172 页

论文利用现代经济学理论,探讨了出版企业的资本构成情况和资本运营行为特点,着重研究了如何通过上市、并购和资产整合这三种主要资本运营形式提高出版企业运营绩效。全文共分六部分。第一部分是引言,主要阐述了出版企业资本运营研究的研究背景和选题意义,评述了国内外关于该课题的研究现状和研究趋势,并在此基础上提出了论文研究思路、研究内容、研究方法和创新之处。第二部分是出版企业资本运营的理论研究。首先对出版企业资本运营的概念进行了界定;其次在此基础上,以资本运营理论、融资理论和产权理论为依托,对我国出版企业资本运营进行了理性分析和历史分析。第三部分是中外出版企业资本运营比较研究。通过比较中外出版企业在资本运营条件、资本运营方式和资本运营绩效等方面的情况,希望能够得到一些启示,以提高我国出版企业资本运营的效率。第四部分是出版企业上市的研究。介绍了国内外出版企业上市的概况,并分析了我国出版企业大多采用间接上市和整体上市的原因。第五部分是出版企业并购研究。介绍了国内外出版企业并购的概况,分析了并购的原因,并指出了如何有效规避并购风险。第六部分是出版企业资产整合研究。着重研究了并购后资产整合的内容,探讨了如何在并购后通过优化资本结构、完善公司治理结构和调整主营业务,从而使出版企业资本价值最大化。

关键词:出版业　企业管理　资本运营

**4364**

**新媒介与社会关系网络建构:人际传播中的互联网和手机使用研究** / 盖博著 ; 龚文庠指导. -- 北京大学, 2009. -- 234 页

论文立足于中国当前的社会现状,以定量研究方法为主,通过对中国七个大城市 15—59 岁年龄段的常住居民进行抽样问卷调查,从社会关系网络建构的角度、从微观层面解读新媒介对社会结构的影响机制。首先,在研究中发现,手机和互联网对个人社会关系网络的广度扩张具有显著的意义,但作用不尽相同。其中,手机传播网络维系的社会关系规模与性别、收入、教育水平等都有联系;而互联网的个人社会关系网络与个人社会经济地位联系并不紧密,因而对个人社会关系网络的扩张具有更强的颠覆性,可建立起更广泛的社会关系网络。其次,还探讨了新媒介在维系不同社会关系的使用频率水平,这与社会关系网络的强度和重心相关。从总体上讲,手机表现出了对亲属为代表的强关系的普遍性偏好,在以一般的朋友为代表的弱关系上,也呈现出积极的作用;而互联网对强关系呈现出不完整性,不过在维系弱关系上却具有非常重要的作用。另外,论文补充了对新媒介融合趋势下拍照手机对社会关系网络的影响的定性研究,增加了关于手机对社会关系网络作用的研究思路,并

以此为例,说明新媒体技术融合趋势下,需要不断结合新的技术使用特征来对其影响进行不断的扩充。总之,新媒介对社会关系的影响是复杂而且深远的,对于借助新媒介实现了身体延伸的社会个体而言,新媒介技术时代意味着个人社会关系网络建构中的多元选择性和个人主义特征,这些微观层面的变化最终反映了全球化和城市化过程中社会结构的变迁。

关键词:传播媒介　社会关系　大众传播

**4365**

**制度边界视角下的中国广电传媒制度改革研究** / 宫昊著 ; 昝廷全指导. -- 中国传媒大学, 2009. -- 117 页

论文将运用"制度边界"的理论和框架,进行进一步理论研究和探析,并以"制度边界"的全新视角来研究广电传媒制度改革并尝试提出新的改革思路。全文分为七章。第一章为绪论,首先介绍问题的提出及研究目的,接着说明国内外学者对制度、制度边界、中国传媒制度研究的状况,以及广电传媒制度边界研究的必要性,最后阐述论文的研究方法。第二章分析当代国际传媒制度及中国传媒制度变迁,即广电传媒制度的环境分析,实际概述了国际传媒制度与中国传媒制度的重大变迁,并探索变迁的原因,即对动力机制的剖析。第三章论述制度边界在多样化的制度间存在并转换,包括制度的多样化、制度的层级结构及相互关系、制度的类别。第四章探析制度边界使用过程中的关键问题,介绍了特征尺度对制度边界的约束、临界战略与制度边界、制度边界与制度弹性。第五章探究人类行为与制度边界,首先从认知角度分析制度边界与人类行为的关系,接着阐述制度边界使用的路径依赖性,最后从博弈论的角度看制度边界与行为。第六章剖析制度边界视角下的中国广电传媒制度改革,在制度边界视角下从政府层面、传媒组织、传媒人层面探析中国广电传媒制度。第七章进行全文的总结。

关键词:广播电视　管理体制　体制改革

**4366**

**制播分离的逻辑、功能与规制研究** / 顾宜凡著 ; 肖东发指导. -- 北京大学, 2009. -- 149 页

论文从多个理论角度出发,对将广播电视节目制作从播出机构中以某种形式分离出来的一种节目交易机制进行了探讨。首先,论述了制播分离的起源以及发展概况,并对其本质内涵和外延做了辨析。第二,系统揭示了制播分离的两大逻辑悖论,同时基于这两个逻辑悖论,论文认为简单地将制作与播出分离、导向某种程度的市场化交易,并不能满足政府目标的多重性和受众需求多样性的要求,长远来说也不符合广播电视的产业属性要求,因而也无法从根本上解决当前中国广播电视产业发展所面临的问题。第三,以多层次广播电视服务体系的模式架构和企业成长演进的一般规律为依据,对建立这样一个体系的合理性进行了研究,同时分析了制播分离作为一种机制的过渡性和长效性问题。第四,对我国制播分离的规制和政府扶持框架进行了构想:针对播出端而言,规制的主要内容应包括频道扩充与分立、商业频道准入放松、限制平台纵向与横向扩张、规定独立制作节目下限等内容;针对发行端而言,政府扶持的主要内容应包括全面放松制作领域准入许可,运用多项财税和投融资政策培育节目制作企业成长、鼓励节目创新和窗口化策略运用等。最后,以我国制播分离实践的实际绩效为依据,对文中关于制播分离理论研究的主要结论进行了验证,其结果恰好证明了论文关于制播分离的逻辑悖论、制播分离在推进我国多层次广播电视服务体系建设中的功能定位以及制播分离的规制与政府扶持等相关论断的正确性。

关键词:广播电视　电视节目　节目制作

**4367**

**传媒稀缺问题研究:一种生产要素与稀缺性的分析范式** / 顾永波著 ; 殷晓蓉指导. -- 复旦大学, 2009. -- 149 页

在现代社会存在的种种传媒稀缺现象以及传媒经济学研究存在种种争论的背景下,论文把稀缺性作为传媒经济学研究的一条进路,以传媒生产要素与传媒稀缺性的相互关系为分析范式,在论证传媒稀缺性的实质、内涵与表现形式的基础上,通过具体考证传媒各类生产要素如何以其特定的规律和特性制约传媒生产、传播和消费并导致传媒稀缺问题的产生,力图搭建一个完整的传媒稀缺性问题研究的理论框架。论文在第一章主要介绍研究的背景,并在对研究现状进行梳理的基础上,明确了研究方法和所要解决的问题。第二章着重介绍了相关理论基础,为后文进一步论述传媒稀缺性的实质、内涵与表现形式,以及传媒稀缺问题产生的原因等奠定相应的理论基础。第三章借助经济学中的稀缺性概念,详细界定了传媒稀缺性的概念、实质、分类与具体的表现形式,同时结合我国传媒业发展的实际,对传媒稀缺的四种表现形式进

行了详细的考察,进一步确证了广泛存在的传媒稀缺问题。第四至第七章,详细论证了各类传媒生产要素如何以其特定的规律和特性导致了传媒稀缺问题的产生。即分别从信息要素、制度要素、资本要素和技术要素等角度出发,详细考察了传媒稀缺问题产生的原因以及各类要素制约下传媒稀缺性的相应表现形式。

关键词:大众传播　传播媒介　产业发展

**4368**

**媒介价值取向分化:关于新闻自由的一个解释模型** / 郭宇宽著 ; 胡正荣指导. -- 中国传媒大学, 2009. -- 135 页

论文是出于对中国当前新闻自由状况该如何描述所产生的话语困境而进行的研究,并提出如何能把对于新闻自由的描述和分析,做到怯意识形态化,怯情绪化。为此论文主题分为了三个部分。第一部分,梳理以往对于新闻自由的认识,尝试对新闻自由这一概念作更为贴近其本质的剖析,把新闻自由作为最好的实现新闻社会责任的一种理想状态,并找到了"权势"这个核心概念,它是新闻自由的对立面,而已"激励"这个核心概念,作为解释新闻从业者做出选择的动机。第二部分,解构"权势"这个概念,将其归纳为"政府权势""商业权势""社会权势"三个子系统,建立模型分析这三种权势和媒体这个系统之间的博弈和互动关系,及其可能的系统演化方向。第三部分,以前面建立的分析模型为基础,结合中国当下的重要新闻案例,分析了中国当前的几股"权势"的博弈状况,并分析其演化趋势。最后,在结论中对中国当下如何解释新闻自由的状态做出概括,并对未来现代性意义上的新闻自由有所展望。

关键词:媒体　新闻自由　价值取向　权势集团

**4369**

**国际新闻与世界图景的建构:CCTV-9《环球瞭望》和 CNNI《世界新闻》比较研究** / 何明智著 ; 关世杰指导. -- 北京大学, 2009. -- 301 页

论文从现实的社会建构理论视角出发,采用多维交叉的比较方法,对中美两国国际传播领域的代表性媒体——CCTV-9 和 CNNI 的国际新闻进行了比较研究。首先,论文将两台的国际新闻分成了国内新闻、外国新闻及外交新闻三种形式,不仅比较了两个频道之间对不同形式新闻的报道,还将各自国家不同类型的新闻进行了交叉对比,研究发现在参照物不同的情况下,不同形式的新闻报道所反映的世界图景会有所差别。第二,分析认为尽管 CCTV-9 和 CNNI 文化背景、媒介体制以及对媒介功能的理解不一致,但在建构属于本国的现实时,两者在国内新闻的数量和时长比例上都格外一致。第三,当两者都成为旁观者时,它们观察到的世界大小甚至新闻内容的偏向都存在某种一致性,但是两国对个体国家和实体的关注度各不相同。第四,当两者从旁观者变成参与式观察者时,其新闻报道中的价值观和世界观随之改变,两台建构的外部世界图景明显缩小,两者的分歧更是跃然纸上。第五,两者在建构反映对方的图景中,新闻的数量并不等同,CCTV-9 赋予了美国绝对重要的地位,而 CNNI 对中国的关注度并不高,而且通常还是带有负面倾向的新闻。最后,论文进一步分析了中美国际新闻建构的世界图景异同的原因,并提出了 CCTV-9 对外传播的策略建议。

关键词:电视新闻　新闻报道　比较新闻学

**4370**

**战争电影与国家认同:俄罗斯二战题材电影研究** / 侯微著 ; 陆晔指导. -- 复旦大学, 2009. -- 117 页

论文是一项基于俄罗斯二战题材电影的文本分析,同时也选取了苏联二战电影作为重要的参照,综合运用叙事学、符号学和意识形态分析等方法,并结合这两个时期的历史背景及社会条件,对电影文本进行了深度解释。论文第一章,提出了研究的核心问题、研究维度、研究方法和研究意义等,并结合相关文献对主要概念做出具体阐释。第二章,围绕英雄叙事展开研究,通过对两个时期二战电影叙事结构的对比分析,可得知俄罗斯二战电影体现了"英雄造时势"的精神内核,它以多声部的方式,呈现了民族与国家的联姻,强调个人在集体中的作用,颂扬英雄胜利的荣耀。第三章,围绕记忆叙事展开研究,分析了俄罗斯二战电影在"文化记忆"方面对历史的传承,也探讨它在"政治记忆"方面对历史的重构。第四章,则重在讨论国家认同建构过程中诸种意识形态的相互交织、运行及其结果,在这一过程中,商业元素也在很大程度上成为抨击旧制度的合谋者。通过这一的方式,电影有效地建构了当下的俄罗斯认同。最后,论文一方面从电影的角度解读历史,梳理了俄罗斯二战电影中国家意识形态的变化与特征;另一方面从历史的角度解读电影,探讨了影像中的认同建构与现实政治经济格局的关系;并指出在影像背后,以国家为纲,电影、认同与历史共同构成了一个大循环。

关键词:电影评论　战争　国家　俄罗斯

4371

**我国农村居民的生活消费心理和影响因素研究** / 胡瑾著 ; 刘立宾指导. -- 中国传媒大学, 2009. -- 131 页

论文以消费心理学理论为依据,采信包括国家统计局和学术调研、商业调研在内的诸多研究资料,对农村居民特定的消费心理进行定性和定量描述,并在借鉴消费行为模型、决策过程等多种心理学模型的基础上,对影响农村居民消费决策的诸多因素进行分类和具体分析。全文共分七章。第一章引论,介绍选题的背景和意义,研究对象和相关概念,研究的方法,论文的结构。第二章评述了现有消费心理学的相关理论,并简要论述了其他与消费有关的研究角度和方法。第三章对目前农村居民消费现状进行描述,这一部分是消费研究的现实基础,主要从消费市场结构、消费水平、消费结构三个层面展开。第四章研究了我国农村居民的消费心理和观念,一定的消费水平和消费结构式研究农村居民消费心理与行为的基础,消费心理还与特定的社会生活环境有着密切的联系。农村居民消费水平的提高意味着消费需求和动机正在发生变化,而农村居民消费的种种不平衡则是其消费观念多元化的影响因素之一。第五章分析了影响消费心理的各种因素,这些因素可以分为来自外部的宏观政治经济环境、来自社会文化环境和来自企业的营销环境。第六章以家电下乡为例讨论农村家电消费市场的营销战略。第七章总结全文,论文研究农村居民的消费心理与消费行为。

关键词:农民　生活消费　消费心理　购买行为

4372

**蔡元培新闻出版活动与思想研究** / 蒋广学著 ; 肖东发指导. -- 北京大学, 2009. -- 154 页

论文跨越新闻出版史与思想史两个研究领域,并采用内容分析法和个案研究法,全面阐述了蔡元培的新闻出版活动,同时探讨了以蔡元培为代表的近代新闻出版知识分子这一群体。首先,论文介绍晚晴大变局的历史背景,并讨论当时的传统士大夫选择向新式分子转变的大趋势。其次,全面论述了蔡元培集教育、启蒙与革命于一身的新闻出版生涯,同时还具体描述了蔡元培与商务印书馆长期合作期间及出长北京大学时期的各类新闻实践经历,如担任商务印书馆馆外编辑和北大新闻学研究会会长等。再次,从"以言论转移思想"与新闻功能论、"以经验发为学理"与新闻实践学、"新闻自有品格"与新闻道德理性、"完善"论与新闻美学观等方面,系统总结探讨了蔡元培的新闻出版思想及其对新闻出版理研究和教育的积极作用。此外,又通过对蔡元培参与主持的商务印书馆早期教科书出版的成功个案分析研究,揭示了近代出版界和出版人的启蒙教育工作对近代思想变革和社会进步的基础性作用。最后,在对近代知识分子与新闻出版业相结合而产生的巨大社会推动作用进行客观分析的基础上,论文也力图分析和展示在近代救亡与启蒙的双重时代主题下,知识分子在政治革命与文化出版等不同道路选择时的矛盾、尴尬和结局的差异;并展开对当代知识分子启蒙使命的再探讨,寻求历史对当前新闻出版界的现实启示。

关键词:蔡元培　新闻工作　出版工作　新闻学

4373

**我国网络媒介社会功能研究** / 蒋淑媛著 ; 周鸿铎指导. -- 中国传媒大学, 2009. -- 204 页

论文以我国网络媒介的社会功能为研究对象展开了讨论。首先,分析了网络媒介的特性,网络媒介具有传播类型的复合性、传播主体多元化、虚拟性和隐匿性、传播信息的快捷性和丰富性、传播形式多样化和超文本链接、接受主体的个人化和主动化、传受关系互动性、传播范围广泛性等特征。同时在综述传统大众媒介的传播模式的基础上,分析了网络媒介的传播模式,包括搜索引擎模式、信息浏览反馈模式、多点信息发布公共平台模式和点对点双向交流模式。其次,归纳、总结出网络媒介的社会功能。作为全新的媒介综合平台。从社会整体层面上看,网络媒介具有政治功能、经济功能。由于人们利用网络媒介所进行的社会活动复杂程度的提高,网络媒介的社会功能还具有传播文化功能、社会服务功能等等,但这些功能都是网络媒介的政治功能和经济功能衍生出来的,是网络媒介在实际运行过程中的具体体现。从个人层面来看,获取信息、交流互动、学习、购物和娱乐是网络媒介目前主要的社会功能。第三,以典型网络案例为分析对象,描述和分析网络媒介社会功能的具体实现过程。并分析指出:网络媒介的政治功能的涵义更加广泛,表现为政府信息的发布、普通民众政治参与和表达民意、引导和分化社会舆论和权力监督。这有利于满足人们对我国政治的知情权、参与权、表达权和监督权。第四,论述了我国网络媒介社会功能的

实现,一方面是由于宏观环境和媒介生态环境等外部条件的推动;另一方面,新的传播形态、新的传播主体、多样化的赢利渠道也是其社会功能实现的内部条件。最后,论文探讨了如何全面认识网络媒介的社会功能,从而更好地发挥网络媒介在社会舆论引导新格局、构建和谐社会中的作用。

关键词:互联网络　传播媒介　社会功能

**4374**

**美国主流媒体对中国"软实力"的报道:1998年以来《时代周刊》和《新闻周刊》为例的分析** / 焦姝著 ; 孟建指导. -- 复旦大学, 2009. -- 156页

论文采用量化内容分析与质化研究相结合的方法,以"软实力"和新闻架构分析为主要理论视角,对1988年以来美国的《时代周刊》和《新闻周刊》中有关中国"软实力"的报道进行了多维的分析,旨在梳理美国主流媒体对中国"软实力"的报道框架,并探讨数据呈现而来的规律背后的意义,进而获得"软实力"对外传播的启示。论文选取《时代周刊》和《新闻周刊》为样本来源,对1001个样本采取普查的形式,且以篇为编码单位。样本时间跨度共11年,自中国软实力初登世界历史舞台的1998年至2008年。第一章,绪论,主要介绍研究起源、文献综述和研究设计。第二章和第三章分别对《时代周刊》和《新闻周刊》的编码数据进行了统计,按照年份、篇幅、基调、图片、数据、消息源、栏目等几大项进行了描述。编码时将软实力分为六大类,分别是经济、人力资本、技术知识、文化、外交、政治和社会。第四章从微观层面梳理了软实力报道的变动轨迹。一方面将"两刊"量化统计数据合并考察,一方面进行了质化的分析,梳理了11年间报道关键词的变化,发现了4类或显性或隐性的框架,分别是政府管理框架、中国不确定性框架、顽固议题框架和迂回报道框架,分别是政府管制框架、中国不确定性框架、顽固议题框架和迂回报道框架。框架机制主要体现为选取、重组、引导。最后从报道数量、基调、消息源三方面勾勒了11年间报道走势图。第五章是针对第四章微观内容分析结果在中观和宏观上的思考。首先在宏观上思考影响美国主流媒体对中国"软实力"报道的结构性因素,最显著的是社会文化与民意的作用,另外两个凸显因素是国际报道常规和美国国内政治与国家利益。其次从中观上分析从数据解读到的美国主流媒体的角色意义。最后探索性地提出了对软实力传播的五点启示。

关键词:媒体　新闻报道　中国　美国

**4375**

**网络交往中的身体嵌入** / 金萍华著 ; 殷晓蓉指导. -- 复旦大学, 2009. -- 116页

论文坚持生存论意义上的实践的构成性主体观这一理论前提,分别从理论和实践两方面来进行研究探讨。在理论上,论文根据梅洛·庞蒂的身体现象学的身心一统观和身体社会学所提出的社会性身体理论,提出了网络交往中嵌入之身体为社会身体,且这一社会身体通过现实身体的二次表征嵌入于整个交往过程中的观点。在实践上,论文利用实证和思辨的研究方法对虚拟社会中的交往行为进行了研究,首先分析了互联网虚拟技术特质使得束缚身体的物理性时空因素得到了消解,但由于即时通讯交往者的现实身体的无法舍弃,使得交往者仍然在身心上受到了时空的束缚,而恰恰正是因为这个束缚而相对固定的身心保证了交往者的现实主体性;第二,根据对角色因素的考察,可看出网络角色无非是现实角色主体的另一个情景角色向面,而这个角色向面仍然具有现实主体性;第三,通过对三种网络交往中的权力现象的考察和分析,可发现虚拟社会中的权力无非是现实社会相对应权力的复制和延伸,而这种延伸和复制正是通过虚拟社会行动者的现实身体在交往中的呈现得以实现的;第四,对网络婚恋进行了分析和考察,可得知网络婚恋既成不了追求内在终极价值的理想婚恋之"超凡"行为,也不可能成为脱离并危及现实社会婚恋价值观之行为,网络婚恋仍然是"入俗"的外在有价值行为,因为网络婚恋者的社会身体从未从整个婚恋过程中退隐。

关键词:互联网络　人际关系　网络婚恋

**4376**

**新闻传播中的法益冲突及其调整** / 阚敬侠著 ; 魏永征指导. -- 中国传媒大学, 2009. -- 262页

在建立新闻传播新秩序的需求下,新闻传播法学需要一种新的理论指导,这就是新闻传播法益理论,论文即对此理论问题进行了一系列的研究探讨。首先,论述了法益和法益冲突的概念演变,并指出法益理论强调法律要适应社会变革,努力保护新生的合理利益,合理平衡新旧不同利益之间的法益冲突,尽可能平等保护每个合理的利益,使人们利益之间的矛盾和损耗率降为最低。其次,认为新闻传播法益就是人们在新闻传播活动中享有的正当、合法利益。人类新

闻传播的目的利益性是新闻传播法的立法基础。同时对新闻传播法益划分了不同的种类。再次,阐述了新闻传播法益冲突的概念,并认为其基本类型是新闻传播利益与民事权利、国家权力,以及思想表达与人类尊严、新闻信息所有权与使用权之间的冲突。我国当代新闻传播利益冲突具有自己的特点,主要体现为公民、企事业法人、国家机关、新闻媒体及其记者不同主体之间的法益冲突。此外,又介绍了国内外调整新闻传播法益冲突的基本方法,这些方法的共同点是法律的价值衡量方法。最后,提出我国调整新闻传播法益冲突的主要方法对新闻传播法律条文进行合宪解释、目的解释等和利益衡量,通过立法、司法、行政、行业组织民间调解以及当事人和解等多种途径,促进和保障新闻传播法律关系各个主体的法益,从而在新闻传播法律的目的、规范运行和效果之间寻求和谐。

关键词:新闻事业　传播学　法学

4377

**中国语境下的"媒体审判"问题研究** / 李隽琼著 ; 郑兴东指导. -- 中国人民大学, 2009. -- 214 页

论文以中国现实语境中的"媒体审判"问题为主要研究对象,并就如何协调新闻媒体言论自由和司法独立之间的冲突做出了探讨。首先,论文追溯"媒体审判"的渊源,厘清了"媒体审判"及相关概念,并罗列了这一现象中存在的各类问题。其次,对媒体与司法的异同进行了比较研究,并从传播学视角、心理学视角和社会学视角系统描述了媒体对司法各种"可能性"影响。第三,通过实证研究探讨了媒体对司法的影响力究竟如何,并剖析了中国"媒体审判"问题的深刻原因。第四,探讨新兴的网络媒体对司法审判的影响,网络媒体之所以可以迅速成长为影响司法审判另一种重要力量,其秘密在于帮助公众以低成本的方式建立了多重"弱纽带"关系,以几何数量扩展了社会人群之间的交往,其影响力即据此蔓延。第五,论文以是否具有陪审制度为标准区分域外司法体系的类别,对美英日德四国媒体与司法关系方面的经验做了考察,梳理了西方法院有关问题的法理和司法思维发展脉络,总结了平衡媒体司法关系的原则和理念。最后,在域外经验基础上,论文探求如何构建中国媒体与司法的良性互动关系,如何权衡、取舍和协调媒体和司法不同的利益和价值,以及如何在媒体的关注下实现中国司法公正的问题。

关键词:传播媒介　新闻自由　舆论　审判独立

4378

**1978 年以来中国省域出版体制变迁研究:以北京出版社为例** / 李频著 ; 胡正荣指导. -- 中国传媒大学, 2009. -- 256 页

论文采用分析叙事作为基本的陈述方法,以北京出版社为个案展开了 1978 年以来省域出版体制变迁的研究。首先,基于封存档案陈述北京出版社 1979 年作为企业的初始制度安排,描述、讨论出版社作为社会组织、市场主体的性质认定变化以及相应的三个特征。其次,在分析出版社审批制度变迁后,论述了北京出版社独特的企业制度安排。再次,运用 SCP 分析框架深度到出版社内部,解析其经济运行,数据化地、年度切片化地探讨出版社书刊出版从投入到产出的过程,研究发行:在应对出版业从卖方市场到买方市场转型的结构变化过程中,出版家调整产品结构,编辑家以差异化创造市场绩效;重印再版图书因融会出版家编辑家的创造力而形成边际效应;书刊连动的企业内部生产制度创新创造相当的制度绩效;政府放松放开书价管制拉动企业利润增长。最后,从剖析出版社承包制的四个层次入手,抓住政府、企业、社会资本这三个制度变迁主体,模态描述其外在制度内在化的历史过程与矛盾冲突。这一制度从嵌入到内化有一个过程,也有其制度环境条件,其完成使中国出版改革陷入困境:"多出好书是衡量出版社改革成效的根本标志",但"多出好书"的产业链在此前"专业分工"所导致的破损基础上进一步断裂;政府要求社会效益与经济效益相统一,企业则被逼只得奉行经济效益第一;政府正式制度安排中出版业的核心环节不对民营资本开放,出版企业则倒逼三审制引渡社会资本。

关键词:出版社　出版工作　体制改革

4379

**科研人员接受 OA 知识库的影响因素研究** / 李武著 ; 肖东发指导. -- 北京大学, 2009. -- 185 页

论文基于用户接受的分析视角,探索作为作者身份的科研人员对 OA 知识库的使用意愿以及促进或阻碍其使用意愿的影响因素。首先,介绍了 OA 知识库的定义、发展历史以及建设现状,同时对 OA 知识库的研究现状进行了简要述评。第二,通过对新技术接受理论、学术传播相关理论的文献回顾和对先导访谈内容的文本分析,确定了促进和阻碍科研人员接受 OA 知识库的影响因素理论模型。第三,根据此模型,设计了相应的测量量表,并阐述了在线问卷的设计和发

布,以及数据收集和清理的相关情况。第四,利用描述统计、方差分析、多元回归分析和分层回归分析等统计方法对447份有效问卷进行了数据分析,并得到了相应的结果。第五,采用定性分析方法对理论模型和定量分析结果进行了补充,研究发现了开放存取概念在科研人员当中有所普及,但是仍然有相当部分的科研人员对开放存取和OA知识库并不了解,利用OA知识库存储学术论文还是一件尚未成熟的行为;多数科研人员表示在不久的将来愿意尝试或乐意将论文的后印本和预印本存储在OA知识库中,且对后印本存储的使用意愿要高于预印本存储的使用意愿,但这种意愿程度的差别并不显著,等等。最后,对促进或阻碍科研人员使用OA知识库意愿的影响因素进行了原因探索和分析,并进一步提出了促进OA知识库发展的策略建议。

关键词:科研人员　知识库　数据库　数字出版

**4380**

**少儿出版的价值取向研究** / 李晓平著 ; 王武录指导. -- 中国传媒大学, 2009. -- 181 页

论文从价值取向的视角研究我国的少儿出版事业。全文共分为三部分。第一部分论述我国少儿出版发展中存在的问题与困境。作者认为我国少儿出版的价值取向出现偏差是问题与困境产生一个非常重要的根源。强调出版活动的本质是一种价值创造活动,少儿出版活动的各个环节要考虑到少儿读物的价值问题。第二部分阐释了少儿出版的价值关系。以辩证的、系统的、发展的角度全面认识少儿出版的价值特征,以及如何实现少儿出版的价值。这将有助于少儿出版者科学地认识少儿出版这一价值创造活动中主体与客体之间的相互作用,树立正确的少儿出版价值观,有效地从事少儿出版活动,选择正确的少儿出版的发展路径和手段,充分实现少儿出版价值的最大化。另外,对我国少儿出版价值取向作出了详尽的解释:少儿读物的创作理念与编辑出版理念,都应建立在科学的儿童观和出版观基础之上,顺应时代发展的需要,充分利用新技术,以市场为手段,多维度开发少儿读物的形态和价值,满足少儿不断发展变化的阅读需求,营造良好的社会阅读环境和少儿文化环境。第三部分讨论了少儿出版的多元价值。以价值哲学理论为基础,深入而辩证地对少儿出版的价值进行了哲学解读。这种解读有利于全面深刻地认识少儿出版的多元价值,克服片面地从国家和社会的视角或者少儿读者个体发展的视角来认识少儿出版的价值,从而有利于少儿出版的科学发展和在社会上构建健康的少儿文化环境。

关键词:少年读物　出版工作　价值取向

**4381**

**中国近代报刊与人的现代化:以梁启超的报刊活动为考察对象(1896—1907)** / 李新丽著 ; 黄瑚指导. -- 复旦大学, 2009. -- 160 页

论文通过追溯梁启超报刊活动的演变轨迹,采用质化研究和文本分析相结合的研究方法,意在探究19世纪末期到20世纪初期这一特殊的历史时空中,中国近代报刊在提升人的现代化问题上所做出的杰出努力,并以大众传播与人的现代化为理论框架,旨在研究梁启超主持的《实务报》《清议报》和《新民丛报》三份报刊在"人的现代化"这个议题上的演进逻辑。论文第一章重在追溯人的现代化源流及其具体指标、探究大众传播与人的现代化之间的关系;第二章,以《实务报》上的言论、译报以及女性解放话语来考察《实务报》在"人的现代化"的具体作为;第三章,以《清议报》上的言论及其极具特色的文体对话来考察《清议报》在"人的现代化"问题上的跟进;第四章和第五章重在阐述分析《新民丛报》在"人的现代化"问题上的发展,作为一份百科全书式的报刊,《新民丛报》所呈现的面貌,是《实务报》和《清议报》的继续发展及不断蜕变的结果,同时还吸收了日本维新后杂志的经验。

关键词:报刊　现代化　思想史

**4382**

**当代中国"新媒介运动"的理论与实践:一种公民社会的进路** / 连水兴著 ; 梅琼林指导. -- 武汉大学, 2009. -- 179 页

论文以当代中国的"新媒介运动"为研究视点,旨在揭示当代中国公民社会孕育与成长过程中的媒介因素,以及这一历程中所隐含的内在逻辑、运行机制和伦理价值。论文首先介绍选题的缘起和要解决的主要问题,并对研究的意义、采用的研究方法,以及全文的基本框架做了必要的论述。其次,阐述大众传播与公民社会研究的基本理论问题,并认为在当代中国传媒"公共性"明显不足的情况下,借助于新媒体发展而兴起的"新媒介运动"是当代中国媒介"公共性"最有效的表现形态。第三,以公民社会为基本理论框架,考察了当代中国互联网、手机媒体等"新媒介"的

发展状况,以及这些新媒介的发展对当代中国"新媒介运动"的推动作用,并在此基础上,对当代中国"新媒介运动"的起源与发展做了较为详尽的论述。第四,在公民社会的视角下考察了传播学研究中的受众问题,认为社会民众从媒介控制的"乌合之众"向具有独立性、批判性、理性精神的"媒介公民"转变。第五,把公共协商作为"新媒介运动"的民主范式进行了研究,对中国语境下的协商民主与公民社会问题做了必要的探讨。第六,将公平正义作为"新媒介运动"中的一个媒介伦理问题进行了深入的研究,并指出其在公民社会建构过程中的重要意义。

关键词:大众传播　传播媒介　公平　正义

**4383**

**当代中国报业集团出版社研究** / 梁小建著 ; 王武录指导. -- 中国传媒大学, 2009. -- 225 页

论文对当代中国报业集团出版社进行了系统性研究。全文共四章。第一章首先论述了近现代中国报业对近现代中国图书出版业的产生和发展起了促进作用,然后指出当代中国报业集团出版社是历史的延续,其产生于成长、壮大符合新闻出版业跨媒体发展的趋势。第二章阐述了报业自身的特点和出版业自身的特点决定了报业、出版业两者具有综合互补性,报业集团出版社要在发挥优势方面多做工作。当代中国报业集团出版社具有信息获取和信息传播优势;人力资源优势和固定资产优势、生产销售设备优势;图书宣传优势;品牌优势。第三章分析国外传媒集团出版社的经验表明,报业集团出版社要借助传媒业资本做大做强,要借助传媒集团的跨国发展,占领国际图书市场。当代中国报业集团出版社要对内部资源进行整合,实现报业与出版业协同作战,要认清本报集团出版社的地位和作用,扶持其发展。第四章分首先析当代中国报业集团出版社产生以来取得的成就可圈可点,但是在业内却处于"两个边缘状态",即在出版业内部处于边缘状态,在报业集团内部也处于边缘状态;之后探讨了当代中国报业集团出版社科学发展的特殊问题,并指出其劣势在于缺乏图书出版人才。其工作人员也要认清报业和出版业的相同和不同之处,以提高自身素质。最后,还指出当代中国报业集团事业单位企业化运作是体制机制是制约当代中国报业集团出版社发展的主要矛盾。提出要按照科学发展观要求,解放思想,转变观念,通过新闻出版创新,使当代中国报业集团出版社尽快步入大而强的轨道。

关键词:报社　出版社　经营管理　经济发展

**4384**

**新媒介环境下传统媒体议程设置功能的表达与实践** / 梁晓莹著 ; 石义彬指导. -- 武汉大学, 2009. -- 107 页

论文试图在当今的新媒介环境下,以西方传播学的议程设置理论来探求传统媒体的舆论引导问题。首先,论文叙述了议程设置理论的发展路径,包括其理论渊源、类型及演进阶段,并指出议程设置的创始研究,是新闻与大众传播这两种学术传统相互融合的结果。其次,介绍了新中国的传统媒体历经 60 余年的发展,已形成了一个全新的媒介环境,整个社会从资源相对短缺的姿态向媒介资源更丰富、信息环境更复杂的媒介社会转型,继而探讨了这种转型对议程设置研究的促进。再次,论述了当网络媒体以一个新兴的姿态向媒体市场发起挑战时,网络论坛、博客等网络媒介,均在一定程度上分散了传统媒体对公众施加的注意力与影响力,而原本较为单一的媒介议程及媒介公信力受到了严峻挑战,这些已经在过去的非典、"藏独"等事件的舆论传播中得到体现。最后,论文提出,议程设置理论应该根据新媒介环境的特点进行修正,传统媒体应比过去任何时期更加重视议程设置功能,但必须要根据目前的发展现状及修正的议程设置观点来加以调整。这主要体现在议题的更加公开透明化与议题的安排频度上,同时也要用各种方式与新媒介尤其是网络媒介形成充分的融合与联动。

关键词:传播媒介　大众传播　舆论

**4385**

**全球化背景下通讯社在金融交易服务平台的博弈:以新华通讯社为视角** / 梁智勇著 ; 张国良指导. -- 复旦大学, 2009. -- 140 页

在数字化的技术背景下,在经济全球化和金融信息化的驱动下,新华社从传统的新闻通讯社开始战略转型,发力建设金融交易服务平台。论文将新华社的这项革新战略放入全球化的视野中和历史的视阈中,以中国传媒业市场化改革为参照系,深入剖析其转型的原因。首先,论文分析新华社建设金融交易服务平台的宏观环境;其次,剖析了新华社金融交易服务平台所处的社会环境,也就是世界金融信息服务业的市场结构;再次,着重分析了新华社建设金融交易服务平台的市场行为;然后又阐释了新华社建设金融交易服务平台的市场绩效与社会绩效;最后,参照 SWOT

模型,探讨了新华社金融交易服务平台的竞争战略选择。同时在此基础上,论文提出了产品创新需要体制创新、组织创新和管理创新作支撑。要建立现代企业制度,使用资本化、市场化和公司化的手段,推进新华社金融交易服务平台的发展。从组织架构上,可积极实施品牌主导的相关多元化战略;从产品创新的角度看,应当积极实施差异化竞争战略。

关键词:新华通讯社　金融市场　信息服务业

**4386**

**从广播经营到经营广播:广播经营战略研究** / 凌昊莹著 ; 刘习良指导. -- 中国传媒大学, 2009. -- 223 页

论文从战略理论的角度入手,运用了文献分析法、访谈法、案例分析法、实地调查法等研究方法,通过对当代中国广播发展变革历程和发展现状的分析,探讨当代中国广播发展进程中经营层面的瓶颈问题,并结合相关背景,提出符合我国国情的广播发展路径。全文共分十章。第一章对中国广播的发展变革及经营历程、经营环境的变化做出分析,并提出了我国广播经营战略。第二章对主要的扩张理论进行了综述。第三章论述了广播主要扩张经营战略的选择。首先考察了广播扩张经营的主要原因,然后对每种战略的表现形式、带来的利益和成本做了详尽分析。第四章是关于广播扩张经营的主要途径的研究。一种途径是内部发展,即广播媒体在内部积累、内部创新的基础上开拓一些新的经营领域;另一种途径是通过购并、合资、建立广播联盟等方式实现跨越式的发展。第五章探讨了通过建立品牌战略来提升广播影响力。论文认为,实施品牌战略,全面提升广播的核心竞争力,是广播做大做强的必由之路。第六章是关于差异化和创新的研究。当前的广播组织面对的经营环境在不断变化,只有通过广播差异化和广播创新才能凸显广播的竞争优势。第七章探讨了在现代信息技术大发展的背景下,如何通过广播技术的创新来保持广播竞争的优势,在融合中求发展成为广播的重要战略选择。第八章综述了主要伦理理论范式,它们是广播伦理经营的抉择指南。第九章聚焦广播经营中的伦理冲突,并从深层次剖析冲突的根源。一方面是政治经济体制转型时期的暂时性原因,另一方面是中国社会人文思想、市场经济运行规律等恒久性原因。第十章提出伦理地经营广播的理念和策略。主要分析了两个问题:一是伦理经营的社会意义和经济意义;二是伦理经营的理念、制度保障和行为规范。

关键词:广播　经营管理　发展战略　传播媒介

**4387**

**中国电视节目的国际贸易研究** / 刘菁著 ; Robert G. Picard 指导. -- 中国传媒大学, 2009. -- 186 页

论文运用文献研究、深度访谈、个案研究、比较研究等研究方法,采用归纳与演绎相结合、历时分析与共时分析相结合的分析方法,从经济学、营销学、传播学和社会学等多学科的视野对中国电视节目的国际贸易进行分析和研究。全文分为八章。第一章为绪论,包括研究背景及问题的提出、研究意义、国内外研究现状及评述、相关概念的界定、论文的研究方法。第二章分析论文研究的相关理论,主要有经济学理论、营销学理论、传播学理论、社会学理论。第三章论述全球电视节目国际贸易的梯级流动,介绍全球化下的电视节目国际贸易、电视节目国际贸易的营销阶段和战略导向、全球电视节目的市场划分和营销观、电视节目国际贸易的阶梯流动模式。第四章分析中国电视节目国际贸易的历史和现状,首先解析中国电视节目国际贸易的阶段,以及中国电视节目的出口定价,接着讨论中国电视节目国际贸易的渠道,最后探讨国际节目交易市场。第五章探析中国电视节目的产业价值链,包括国产动画片的产业价值链、国产电视剧的产业价值链、国产纪录片的产业价值链以及中国电视节目海外受众分析。第六章探索影响中国电视节目国际贸易的十大环境因素,分析对内政策影响电视节目的供需关系、对外政策推动电视节目出口、经济危机影响广告增长和节目供求、编剧罢工影响交易节目市场、民族文化特色影响受众接受度、电视技术对节目技术质量的挑战、数字技术对节目版权和播映权的威胁、音像市场依旧红火、新媒体带来的多平台销售以及竞争对手的影响十大因素。第七章提出中国电视节目国际贸易的战略与策略,首先提出中国电视节目开拓国际市场中的误区,接着论述中国电视节目的竞争选择,最后探析中国电视节目的海外营销策略。第八章为论文的结论。

关键词:电视节目　国际贸易　价值链

**4388**

**寻找美德:新闻道德原则及推理模式研究** / 刘宁洁著 ; 陈力丹指导. -- 中国人民大学, 2009. -- 141 页

论文对新闻职业道德原则及推理模式进行了深入探讨。首先,评析了我国新闻道德失范的现状及原因,

之后对于对中西传统伦理思想进行了比较分析，并在此前提下，结合新闻学理论、新闻活动的特点以及伦理学中道德原则论证的几种可能论据基础，推导出了适用于我国新闻业的道德原则，主要包括：公正原则、人道原则、真实性原则、社会责任原则，以及维护社会公共利益原则。这些原则都是在基于社会普遍道德要求及新闻业的社会责任期望等客观因素的基础上推导出来的。其次，是通过对西方伦理学研究思路的梳理，提炼出适用解决新闻活动中道德冲突的三条途径：功利论、义务论和美德伦理学。再次，是选择了国外新闻伦理学研究中常用的几种道德推理模式，并通过对它们的阐述分析，尝试对我国新闻业提供参考和借鉴。最后，提出了我国新闻道德建设一个宏观的、根本的、且任重道远的要求——公平正义的社会秩序。美德的实现有赖于体现公平与正义的社会秩序的支撑。新闻道德的实现离不开公平正义的社会秩序支持，同时，道德的新闻业无疑将促进社会公平正义的良性发展，而整个社会制度的公平及正义毫无疑问是我们追求的道德终极目标和人类“好的生活”的共同善。

关键词：新闻工作　职业道德　新闻工作者

**4389**

**传播与文化视阈里的SNS传播研究** / 刘玮著 ; 周鸿铎指导. -- 中国传媒大学, 2009. -- 152 页

论文对由 Web1.0 逐渐过渡到 Web2.0 时代的网络传播以功能研究的角度出发，将 SNS 的发展与变革置于互联网 Web2.0 时代的宏观视野之下进行了系统性考察。首先，论文以传播学的传播功能理论、人际传播理论、传播模式等经典理论建立了理论典范和分析框架，对 SNS 的传播学特征、传播模式进行深入分析，探索在虚拟世界中的网络人际关系和文化变迁。并重点从以 SNS 为代表的新媒体对传统传播理论的挑战和诠释，对社会和网络文化的影响等方面，研究和思考 SNS 的文化意义。其次，再通过对于 SNS 的发展历史、技术背景和观念模式的理解概括，搜集和整理国内历年有关网络媒体研究的成果，采用历史、文献研究、比较分析法、归纳演绎法、案例分析法等方法，运用到了社会学，传播学和经济学等理论进行跨学科交叉分析，对于论题进行了严密的推理与论证。并结合社会学的虚拟现实理论和网络社会、网络文化理论对 SNS 对社会和文化的影响进行了深入的分析。最后，结合经济学的社会资本理论，对 SNS 的经济学特征进行探讨，并对 SNS 的商业模式和市场策略进行了分析。在探索 SNS 的商业价值与传播价值同时，也对目前网络文化传播中存在的一些问题进行分析和探讨，旨在提出网络文化传播的构建途径，力图为网络文化的健康发展提供智力支持和学理性分析。

关键词：互联网络　文化　传播学　商业模式

**4390**

**欧美大型学术出版机构营销战略研究** / 刘银娣著 ; 方卿指导. -- 武汉大学, 2009. -- 228 页

论文从欧美大型学术出版机构的营销环境着手，探讨了欧美大型学术出版机构实施的主要的具有共性特征的营销战略，旨在为我国学术出版机构的发展提供参考。全文共分六部分。第一部分分析了欧美大型学术出版机构研究中的背景、意义，对研究范围和重要概念进行了界定，对国内外相关理论成果进行了梳理和简单的评述，同时阐述了研究思路、方法和创新之处。第二部分针对欧美大型学术出版机构的营销环境展开研究，将欧美大型学术出版机构置于整个科学信息交流系统中，以主要相关利益群体在科学信息交流中的价值和承担的职能出发，把欧美大型学术出版机构的营销环境分为制度环境、供求环境、竞争环境和技术环境，并先后对这四种环境进行深入分析。第三部分首先分析了欧美大型学术出版机构的市场细分战略；接着分析了欧美大型学术出版机构的目标市场选择战略；最后，还分析了欧美大型学术出版机构的定位战略。第四部分首先分析了欧美大型学术出版机构的密集型增长战略；其次讨论了欧美大型学术出版机构的一体化发展战略；最后分析了欧美大型学术出版机构的多元化战略。第五部分首先从行业竞争者的角度出发，分析了欧美大型学术出版机构制定的成本领先战略、差异化和目标集聚等一般竞争战略；然后从企业所处的领先性地位出发，分析了欧美大型学术出版机构的市场领导者战略。第六部分首先分析了欧美大型学术出版机构的品牌培植战略；接下来分析了欧美大型学术出版机构的品牌延伸战略；最后讨论了欧美大型学术出版机构的品牌保护战略。

关键词：出版社　市场营销　欧洲　美国

**4391**

**从体育竞技到体育文化：作为整合传播的体育现场展示** / 陆虹著 ; 尹鸿指导. -- 清华大学, 2009. -- 180 页

体育展示的研究属于交叉性应用传播学研究范畴。论文以 5W 传播模式为基本的分析框架，结合麦

奎尔提出的传播的四种公众模式,并借鉴整合营销传播、传播心理学、舆论学等理论观点,采用参与式观察、访谈法、问卷调查等研究方法,系统地阐述了关于体育展示的基本理论、基本模式和运作规律,并对体育展示的发展趋势及在发展中必须面对的问题做了深入的分析和讨论。论文的研究主线为体育展示是一种什么样的传播现象,怎样的传播过程以及怎样保障它的传播。全文共分七章。第一章为导论,主要介绍了论文的研究缘起、研究意义、文献综述、研究对象、研究内容、研究方法等。第二章为体育展示的历史与现状,总结概括了传统的体育展示的概况、特点,现代体育展示的宏观环境、现状以及体育展示的构成要素。第三章阐述了体育展示的传播特性,主要包括体育展示的影响因素、体育展示传播的形式特征、体育展示传播的内在特征、体育展示的功能特征、体育展示的目标特征。第四章从传播主体、内容、媒介、受众的角度提出体育展示的四种传播取向,传输取向偏重体育展示传播过程中参赛主体、赛事组织者、媒体与赞助商、观众、体育现场展示团队五类复杂主体的整合;接收取向阐明现场观众与离场受众的双重受众模式,他们对体育展示的使用与满足整合为接收的过程;表现与仪式取向中,代表竞赛、市场、文化诉求的传播内容不同配比的整合形式,塑造不同偏向的体育现场氛围;注意力取向提出体育展示利用大众传媒作为放大器和增效器实现"现场"延伸,并建构电视—体育展示—营销的价值增值模型。第五章为体育展示的实施与评估,主要阐述了体育展示组织的层级关系、内部构成、创意劳动力分析,体育展示传播的运行机制,体育展示的效果评估。第六章总结了体育展示的发展趋势,包含了体育展示的发展规律、体育展示发展的制约因素、体育展示的发展瓶颈。第七章结论,对研究进行了总结,并说明研究的创新与贡献、难点与不足。

关键词:体育　文化　传播学　竞技体育

**4392**

**中国电视媒体的系统战略研究** / 罗霆著 ; 昝廷全指导. -- 中国传媒大学, 2009. -- 123 页

论文运用企业战略和系统经济学的相关理论和方法,在理论分析和实证研究相结合的基础上探讨我国电视媒体的系统战略发展思路。全文分为七章。第一章为绪论,包括选题背景、选题的界定、国内电视媒体战略研究综述以及研究思路与方法。第二章分析中国电视媒体的制度环境,先进行了关于电视制度的界定,接着介绍中国电视业的制度变革,并指出电视媒体的格局以及存在的问题,最后说明电视媒体的内部管理环境是事业单位企业化管理。第三章探析电视产业环境,阐述潜在进入威胁,并论述产业内的竞争分析、代替产品的竞争、客户的竞争分析以及供应方的竞争分析。第四章探讨电视媒体的资源问题,首先介绍资源及其分类,以及资源价值的识别,接着分析电视媒体的价值链,并基于资源的战略,指出资源位理论及其战略启示。第五章论述电视媒体的竞争战略,阐述目标市场营销,并说明波特的基本竞争战略、电视媒体的成本优势、电视媒体的差异化优势以及电视媒体的聚焦化战略,最后对电视媒体竞争战略的案例进行分析。第六章综述电视媒体的公司层战略,包括专业化战略、多元化战略、纵向一体化战略以及跨媒体经营和衍生产经营,该章最后对电视媒体多元化经营案例进行分析。第七章对论文进行总结和展望,总结观点,指出研究中存在的不足,并展望了后续研究。

关键词:电视　传播媒介　发展战略

**4393**

**媒介社区中的聚众传播:一种传播形态的新范式** / 罗自文著 ; 盛希贵指导. -- 中国人民大学, 2009. -- 227 页

论文试图综合运用文献研究、体验观察等研究方法,探讨在新的政治、经济、社会、技术环境下,社区、媒介、传播类型和传播方式的演变,从而建立一种新的传播形态。首先,从社区的概念入手,通过对社会发展演变的分析,探讨了社区发展与媒介和传播的关系。在此基础上分析了社区的本质,认为现实地理社区的情感疏远导致了媒介社区的兴起与繁荣。从不同媒介社区的实例出发,通过解析归结出了媒介社区的本质特征,建立了这一核心概念与其他类似概念的理论分野。其次,运用类型学和结构学的有关理论,对媒介社区的结构元素进行了深入解析,并从形成媒介、沟通媒介、互动模式和功能模式等方面对媒介社区进行了分类,进一步丰富了对媒介社区的本体论认识。再次,在传播过程的基础上,对比大众传播和分众传播,从传播主体、传播媒介、传播信息和传播控制等方面对聚众传播的范式进行了详细地分析,在此基础上归结出聚众传播的本质特征,对聚众传播这一概念给出了明晰的定义。最后,从范式变革的角度,分

析了媒介社区和聚众传播对传播实践、传播理论研究以及整个社会发展所带来的深入影响,对未来的媒介生态和社会结构的变迁做出了一定的预测,并结合已有的研究成果对传播范式变革带来的挑战提出了初步的对策建议。

关键词:传播媒介　大众传播　社区

**4394**

**数字媒体融合背景下世界主要国家政府管制的分析:暨对我国的思考** / 马丽婕著 ; 黄升民指导. -- 中国传媒大学, 2009. -- 130 页

论文通过梳理和分析世界上主要国家应对数字媒体融合产业的政府管制的调整和变革,试图总结出普遍规律、特征和趋势,同时也提出了我国广电和电信政府管制变革的措施和方法。全文共六章。第一章是引言,主要介绍论文的背景和意义、国内外研究状况以及论文相关的概念、理论和研究方法。第二章首先介绍国外数字媒体融合政府管制变革的相关背景,然后对国外数字媒体融合政府管制变革的动因进行了探析。第三章首先探讨国外数字媒体融合政府管制变革的程度,接着归纳总结了国外数字媒体融合政府管制变革的特征。第四章主要论述国外数字媒体融合政府管制变革的表现。如美国对 1934 年通信法进行修改,出台了 1996 年通信法,并且以此为标志,进入了广播通信政府管制的新阶段;英国于 2003 年出台新通信法,成立了英国通信管理局,同时还放松了对媒体所有权、外资进入等方面的限制;韩国也对广播电视和通信业现有管制框架进行调整,并于 2008 年初成立了融合的超级管制机构韩国广播通信委员会。第五章首先阐述国外数字媒体融合政府管制变革的目标,其次分析了国外数字媒体融合政府管制变革的动机。第六章主要探讨了我国的数字媒体融合政府管制变革。首先介绍了目前我国数字媒体融合政府管制变革存在的两种思路,然后在此基础上,提出了我国数字媒体融合政府管制变革的政策建议。

关键词:电信业　数字技术　媒体　政府管制

**4395**

**虚拟与现实:大陆网络虚拟即时交流主体行为与心理机制研究** / 苗笑雨著 ; 刘京林指导. -- 中国传媒大学, 2009. -- 147 页

论文借鉴了精神分析和人本主义心理学心理治疗的相关理论,采用参与式调查、观察和隐形的深度访谈等研究方法,探讨了网络虚拟即时交流行为者的行为特征和相应的心理机制。首先,论文针对研究视角进行了定位,并清晰梳理了研究对象,从而彰显了研究目的和研究意义。其次,在对研究对象做具体研究的时候,焦点自然指向了相关的行为活跃人群或行为依赖人群,包括典型性网友行为、典型性网恋行为和典型性短时交流行为,他们也最能反映网络虚拟即时交流行为的性质。另外在行为分析的基础上,进行相关行为依赖人群的心理分析,包括在动机层面的心理诉求和人格结构,也是对行为主体在心理学方面的系统整理。最后,在这些研究的基础上,论文提出了相关网络虚拟即时交流行为可能存在的问题,包括社会安全、伦理道德和个人生活方式三个层面,以及如何应对这些问题的思路,包括从认知层面和操作层面上去考察。

关键词:互联网络　交流　社会心理学

**4396**

**先秦两汉编辑思想研究** / 钱荣贵著 ; 吴平指导. -- 武汉大学, 2009. -- 224 页

论文主要对先秦两汉时期的编辑思想做了系统探讨。首先,论述了上古三代的质朴编辑观。上古"实物之编"已显示出编辑思想的些许灵光,文字创生和孳乳中亦有朦胧的编辑意识和编辑思维。甲骨时代版面美学思想渐趋成熟,青铜时代则更加追求文饰之美,"以传不朽"是其深刻播思想。西周晚期正考父明显具有文献收集整理意识,而周宣王时期《史籀篇》则蕴藏着"书同文"的文字规范思想和"便于诵记"的读者接受观。其次,论述了春秋战国时期的编辑思想。孔子的"述而不作"思想首次揭示出编辑活动的本质特征,并把编辑活动从著作活动中分离出来。吕不韦则以"法天则地、以行人事""取之众白,化众为一"编辑思想为指导,编成了《吕氏春秋》。再次,论述了秦汉时期的编辑思想。许多编辑思想都产生于这一时期。在史书编修方面,司马迁"究天人之际,通古今之变,成一家之言"等思想对后世史书编修产生深远影响;在辞书编撰方面,我国历史上主要的字书、辞书编撰思想都出现在这一时期,如《尔雅》的"齐一殊语,归于统绪"等;在图书校理方面,刘向父子确立的"依经立义""包容会通"等,可谓集此前图书校理思想之大成;在注经方面,郑玄堪称代表,其注经思想可概括为"述元意,齐百家"。最后,论文指出先秦两汉的编辑思想已形成了相对独立的完整系统,同时描述

了这一时期编辑思想的生成和作用机理。此外,还阐述了先秦两汉编辑思想的演进轨迹,并总结了这一时期编辑思想具有的主要特征,包括创生性、丰富性、普适性和深刻性等。

关键词:编辑工作　思想史　秦汉时代

**4397**

**软实力背景下的中国国际传播战略研究** / 邱凌著 ; 孟建指导. -- 复旦大学, 2009. -- 142 页

在当今的媒介化社会时代,以大众传媒为主要渠道的国际传播对软实力的提升有重要影响。如何加强我国的国际传媒建设,提高我国的国际传播能力,同时对我国的软实力资源进行有效的国际传播是本论文所关注的重点。论文在第一章首先提出所要研究的问题、意义及相关概念和理论。第二章从宏观到微观对大众传媒与软实力的关系进行探讨和分析,最终将其关系落实于国际传播活动中的具体体现,同时结合我国的现实来分析加强国际传媒实力建设的重要性。第三、四章分别从传媒实力中的传播力和影响力来具体探讨如何加强我国国际传媒实力的建设问题,这里既要解决我国国际传媒的传播力问题,又要从传播理论和传播策略角度提高我国国际传媒的影响力。第五、六、七章则从传播策略的角度出发,分别探讨软实力中的核心资源——文化、政治价值和外交政策——的国际传播问题:提出文化的传播应结合中国文化的民族性和普世性,在文化产品形态上可选择以电视剧和纪录片等为主;对政治价值观的传播是从常态的政治传播和危机时刻下的政治传播两个层面进行了分析;对外交政策的传播建议可借鉴国际公共关系中的理念和操作程序来实现有效的国际传播。

关键词:媒体　大众传播　国际化

**4398**

**冷战后美国对华政策的媒介镜像** / 冉继军著 ; 龚文庠指导. -- 北京大学, 2009. -- 149 页

论文采用了内容分析与框架分析相结合的研究方法,从政府的框架与媒体的中寻找两者之间的因果关系并力图解释美国总统依照对时局的判断设立的框架如何经过层层扩散与过滤传递给公众并对公众产生何等影响。首先,通过对 1989 年 1 月 20 日到 2009 年 1 月 20 日《纽约日报》和《华盛顿邮报》首页有关美国对华政策报道的新闻文本的表层含义和内在含义进行内容分析,勾画出外交决策报道时的媒介关注度、各方态度等相关指标,并与同时期白宫的政府文件进行对比从而揭示出媒体、对华政策及舆论三者之间的互动关系。然后,利用数据挖掘工具 leximancer 对大量文本进行分析概括出三任总统执政期间的文本框架,同时利用瀑布传播模式分析美国对华政策框架在行政部门、政治精英、媒介从业人员、媒体框架以及舆论五大环节中的扩散过程,并通过 2001 年 4 月中美撞机事件的案例分析详细地演示如何运用瀑布传播模式解读美国对华政策在媒体中的镜像。最后,论文分析认为冷战的结束使得外交决策中的行为者格局发生了变化,更多的角色参与到对华政策的媒体建构过程中,但 911 恐怖袭击后行政首脑又重新获得主导权。媒体对政府的框架更多的是反映而不是参与,其作用仍然局限在充当政府影响舆论的一种工具。

关键词:中美关系　新闻报道　美国对外政策

**4399**

**传播全球化视阈下国家主权弱化理论研究** / 任孟山著 ; 陈卫星指导. -- 中国传媒大学, 2009. -- 169 页

论文以传播学理论为基础,采用了文献分析法、比较分析法、个案分析法等研究方法,论述传播全球化对国家主权弱化趋势的影响,即传播全球化与国家主权弱化两个变量之间的关系。首先,对国家主权概念与理论进行了历史考察,并梳理了当前国家主权理论的知识脉络。从信息交换和地缘政治的角度讲,民族国家是一种封闭系统,国家在主权属性的规定下实行内外有别的自主管理模式。在信息传播跨越国家疆界的技术瓶颈下,信息传播的地理界限与国家权威的地理界限基本重合。其次,随着传播技术的快速推进以及经济全球化的急剧扩散,使得传播全球化成为国际社会的现实,国家对信息传播的垄断权力受到了限制。尤其是伴随计算机和网络传播的广泛普及,国家面对谁来传播、如何传播、何时传播、传播什么、传播给谁、传播效果等问题,其主权权力都面临着被弱化的风险。再次,传播全球化的信息流动所形成的开放秉性与国家的疆界封闭和权威垄断形成了极大张力,因此论文提出国家主权至高无上的特征需要重新看待或在新的意义上进行诠释。最后,从传播技术压缩时空的能动性、国家在全球传播中的参与性、国家在国内传播中的防御性等三个方面来讨论,论文研究认为传播全球化加速了国家主权弱化的趋势。

关键词:大众传播　国家　主权　全球化

4400

**基于传播学视角的我国城乡居民现代性及其影响因素研究** / 孙江华著 ; 柯惠新指导. -- 中国传媒大学, 2009. -- 165 页

论文依据我国长期以来形成的城乡二元社会结构的现实,从大众传播与人的现代性的视角,对我国东、中、西部城乡居民的现代性及大众传播的作用展开了全幅式的研究。首先,以大众传播资源的拥有和使用情况来看,东部地区城镇和农村的边界已经基本消失。而由于国家对和社会对西部社会发展的大力支持,西部农村居民对大众传播资源的拥有和使用情况与城镇居民差异不大。相对来说,中部地区城乡之间在传播资源的拥有和使用情况的差距是最大的,农村处于明显的落后地位,也落后于西部农村。其次,城乡差异对居民现代性的影响在东部地区已经不明显,在中西部地区是显著的,但在中西部的表现方式有所不同。在中部地区,城乡身份几乎完全体现在居民的社会经济地位和大众传播接触差异上;在西部地区,城乡身份的差异主要体现在居民的经济水平和新媒体的使用方面。在这样复杂的背景下,标志着不同思想文化传统的城镇或乡村的身份对现代性的影响就直接显现出来。再次,就影响居民现代性的因素来说,不管是针对城乡综合的样本,还是单纯的农村居民样本,居民现代性的影响因素比较一致地指向了社会经济地位、对报纸的接触、接触电视和报纸的动机。最后,论文在保障义务教育实施、加强农村大众传播公共政策干预、合理引导农村居民媒体接触动机以及因地制宜加快城镇化和农村建设几个方面进行了探讨,以期对我国的农村现代化问题做出有益的建言。

关键词:大众传播　居民　现代化　城乡差异

4401

**美国传媒健康传播的话语建构及其问题:以艾滋病报道为例** / 孙晶著 ; 单波指导. -- 武汉大学, 2009. -- 154 页

论文采取内容分析、话语分析、文献分析、历史分析、表征理论分析以及社会建构分析等方法与理论,对提取的410篇美国媒体报道的艾滋病新闻进行分析研究。首先,论文基于社会建构的各种面向,如性别、种族、阶级、语言等因素,从媒介文本消息来源等成分以分析新闻生产场域中各种社会力对艾滋病议题的形塑和建构。对美国媒体来说,建构艾滋病新闻事实的过程是一场社会各阶层关于意义争夺的战争;其次,分析了美国健康传播的话语框架,在健康传播新闻生产场域中,新闻从业者会从自己所掌握的既定新闻价值出发选择写作和生产新闻,这就使艾滋病新闻的报道也表现了一定的话语独特性;再次,阐述了美国媒体运用差异化、定型化、刻板印象化、污名化、标签化等话语策略,让艾滋病患者成为他者,在这一过程中,有关健康与疾病的言说与其他社会观念、价值和立场相糅合,形成独特的话语体系,再造了社会主流意识形态;此外,论文还对艾滋病患者——著名NBA球星"魔术师"约翰逊进行了个案的分析研究。最后,论文指出美国健康传播该以系统新闻价值观出发生产新闻,新闻从业者在生产新闻的过程中应该具备对新闻事件更宽广的参照系,要强调与社会整体之间的联系,而不是对部分的夸大。同时也应从生命伦理与他者出发,才能消除新闻的偏向性,消解对患者、患病群体等他者的烙印与标签,以便更好地发挥健康传播作为公共论坛,民主协商的功能。

关键词:传播媒介　大众传播　艾滋病　美国

4402

**传媒与城市软实力:基于结构方程模型的研究** / 陶建杰著 ; 孟建指导. -- 复旦大学, 2009. -- 253 页

论文以传媒为切入点,旨在探讨传媒与城市软实力的关系,从而提出全面提升城市软实力的媒介策略。论文借助于新一代量化研究方法——结构方程模型,以全国281个地级及以上城市为样本,展开实证研究。根据实证研究的结果,从传媒的"资源"作用、传媒的"中介"作用两方面入手,提出在城市软实力建构和传播中的媒介策略。全文共分七章。第一章,绪论,包括选题背景与意义、研究内容和框架、研究方法及主要创新点。第二章,对城市软实力的两大理论来源——软实力理论和城市竞争力理论为源起、要点、研究现状等进行文献梳理和系统归纳,对各阶段的研究成果进行了评述。据此,引出城市软实力的概念,阐明了城市软实力的定义和内涵。在此基础上,讨论了传媒与城市软实力之间的关系。第三章、第四章为实证部分。第三章把软实力资源、传播力度、软实力建构效果作为潜变量,提出了城市软实力的结构方程模型,并以2004、2005、2006连续三年全国281个地级及以上城市为样本,对模型进行了拟合,证实了"传媒在城市软实力建设中,既有"资源"属性,又有"中介"属性的假设;从三个竞争模型中,选择了最优的模型,并对模型的效度、信度、复核效度进行了检

验。第四章是对模型的应用,总结了模型中各软实力资源的直接效应、间接效应和总效应,并对2004、2005、2006连续三年的城市软实力进行了总排名和分项排名。同时,按照国家对八大综合经济区的最新划分,对不同区域的城市软实力进行了动态分析,以期发现不同城市软实力资源、传播力度、建构效果方面的差异。第五章、第六章依据城市软实力的结构方程模型的实证研究结果,分别从作为"资源"的传媒角度,检验了效应的大小、其与最终软实力的相关性,提出城市软实力建构中的媒介策略;从作为"中介"的传媒角度,检验了中介效应的大小,提出城市软实力资源传播中的媒介策略。第七章是论文的结论部分,并探讨研究的不足和未来的研究方向。

关键词:城市发展　竞争力　传播媒介

**4403**

**试论刻板印象与老年传播** / 汪露著 ; 陈力丹指导. -- 中国人民大学, 2009. -- 144 页

论文对试论刻板印象与老年传播的相关内容进行了分析研究。全文共分四章。首先绪论,对老年传播研究的进展进行了综述,分析老年刻板印象研究的必要性,阐述新闻传播学中的刻板印象研究的现状,并指出了研究的问题、方法与数据来源。第一章对刻板印象的理论进行了概述,首先介绍了刻板印象的早期研究,分析了刻板印象研究的认知心理学转向问题,随后探讨了刻板印象的相关问题,指出了刻板印象的内容、来源及其测量方式。第二章介绍了关于老年的刻板印象,首先从身心健康的丧失、经济独立的丧失以及与社会联系的丧失三个角度分析老年的自然特征与社会特征,从而指出了老年全体的差异性特征,随后阐述了传统文化中的老年刻板印象,比较了强者与弱者的概念,进而分析了作为强者的老人与作为弱者的老人之间的差异性问题,指出弱者形象对强者形象的侵蚀并非好事,最后探讨了老年刻板印象的认知心理学测量,介绍了来自西方的旁证。第三章分析了老年刻板印象与人际传播关系,首先指出了人际传播与刻板印象关系问题的研究角度,随后分别阐述了日常生活决定中的"要求—遵从"模式、家族关系中的"要求—遵从"模式以及社会生活话题的"要求—回避"与"要求—对抗"模式,接着指出注意身体是与老年人对话的核心话题,探讨厌烦与诧异作为负面刻板印象的直接表达问题,最后介绍了对刻板印象的反抗与纾解方式。第四章分析了老年刻板印象与大众传播的关系,从大众传媒内容的三分法以及新闻的再现功能角度入手,提出了关于老年媒介形象的几个假设,并对新闻中的老年形象进行了量化分析,最后阐述了语言运用与刻板印象的维持方式。最后为结语部分。

关键词:老年人　人间交往　大众传播　传播学

**4404**

**传媒业空间形态演化研究** / 王斌著 ; 喻国明指导. -- 中国人民大学, 2009. -- 139 页

论文通过探讨传媒业与空间的互动以及生活中传播实践的演化,尤其是融合型社区媒介,以传媒业空间形态演化为研究对象进行探讨和研究。全文分为六章。第一章介绍传媒业的空间性,阐述穿越空间的人类传播史以及传播研究的空间转向。第二章主要论述集聚与扩散:媒介生产的空间运动,分析链与网,即媒介竞争和媒介生产的视角切换,接着讨论媒介生产的空间集聚和媒介生产的空间扩散,也就是介于实体空间与虚拟空间的灰空间。第三章探析传播资源重组的空间景观,说明了社会景观的政策、权利与社会关系以及地域空间景观形式下的灰空间涌现。第四章探讨生活嵌入:空间变革下的传播逻辑,包括传播连接性、网络社区与社区网络的比较以及生活嵌入,新的传播实践构建出生活嵌入的传播理念和微链接的运作方式。第五章以重回市井的视角,解析新闻生产形态的空间创新,首先对服务生活的一个新闻里年的历史考察进行回顾,接着阐述"市井"的延续和拓展,最后基于微链接的媒介价值进行再造。第六章系统地综述传媒业空间演化的社会影响,介绍融合型社区媒介增进地方化的知识及行动,并分析在制度与生活互构中再出发的新闻业,以融合型社区媒介为代表的新的传媒空间形态在新传播技术环境下把资讯采纳及呈现、人际交往、生活方式、居住空间创造性地组织起来,其影响超越了传播系统自身的变革,不仅反映了新时代的传播内容和传播渠道,也形塑了新时代的社区参与及认同。

关键词:传播媒介　传播学　空间

**4405**

**寻找利基:报纸媒体与网络媒体竞争关系研究** / 王春枝著 ; 喻国明指导. -- 中国人民大学, 2009. -- 155 页

论文以生态学中的利基理论为研究视角,辅之以市场营销学、传媒经济学、产业经济学等学科的相关

理论,探究网络媒体与报纸媒体的竞争关系。全文共分七章。第一章是导论,介绍了论文的主要内容和基本理论。第二章从竞争主体、市场结构、价值模式等三方面分析了网络媒体兴起对整个传媒产业市场环境造成的影响。第三章分析了网络媒体与报纸媒体在广告市场上的利基关系。从总体来看,网络媒体在广告市场上并没有对报纸媒体产生明显的替代效应,同时从广告收入的行业结构分析报纸与网络媒体的利基,发现两种媒体的利基高度重合,说明它们之间存在激烈的竞争;另外从广告传播特征分析,报纸与网络媒体的利基关系更多是互补而不是替代。第四章分析了网络媒体与报纸媒体在受众市场上的利基关系。从实际数据来看,网络媒体在受众市场对报纸媒体形成了较强的替代效应;同时从受众的年龄、教育程度和收入水平三方面计算两种媒体的利基,发现两种媒体竞争程度很高,但报纸媒体目前仍占据相对优势。第五章分析了网络媒体和报纸媒体在地域市场上的利基关系。网络使报纸媒体有机会向更广的市场空间拓展,表现为发展报纸发行范围以外的市场;同时网络媒体的竞争也促使报纸媒体将现有市场开拓得更细更深,表现为对报纸发行范围以内的市场,即超地方化市场进行深度的挖掘。第六章将利用利基理论和资源基础理论结合起来,从媒体内部资源的拥有和使用状况比较两种媒体的利基,两种媒体在内容、传输网络、渠道、满足机会方面各有特点和优势,说明在内部资源方面,两种媒体的利基互补性特别强。第七章是结论,论文对报纸媒体的利基优势进行了总结,并提出了报纸媒体在新的竞争环境中的利基策略。

关键词:报纸　网络媒体　市场竞争　资源分配

4406

**2008 年北京奥运会的国家形象建构研究:传播学的视角** / 王金媛著 ; 龚文庠指导. -- 北京大学, 2009. -- 125 页

论文运用传播学的理论和方法,探讨了 2008 年北京奥运会中的国家形象建构这一主题。在总结了既有研究的历史、现状与问题的基础上,论文首先简要回顾了现代奥运会历程及其国家形象建构功能,并具体阐述了 2008 年北京奥运会中的国家形象建构预设。第二,从政治形象、环境形象、科技形象、国民形象、文化形象、经济形象等方面揭示了 2008 年北京奥运会中所蕴含的国家形象建构元素。第三,从奥运会官方会刊和国外有关奥运会的英文报道两方面着手,系统研究了北京奥运会国家形象的大众传媒建构。第四,讨论了北京奥运会的国家形象传播效果,包括在国际国内视阈内改善了中国国家形象、提高了国家软实力、增强了民族凝聚力和扩大了中国的国际影响力等。第五,分析了北京奥运会国家形象建构中存在的问题、成因,并归纳了北京奥运会的国家形象传播战略,包括政府传播与民间传播兼容、政治传播与外交传播叠加、体育传播与文化传播结合、国内传播与国际传播齐下、实体传播与媒体传播并重、请进来与走出去并行、共时传播与历时传播糅合、刚性政策与柔性政策相济等八大国家形象建构战略。这些国家形象建构的战略,不但为北京奥运会的国家形象建构提供了保障,也为我国今后举办此类国际盛事的国家形象建构提供了战略理论依据。

关键词:传播学　奥运会　国家形象

4407

**创新扩散的要素与农民个体态度改变:对"围屋旅游"案例的考察** / 王婷婷著 ; 吕新雨指导. -- 复旦大学, 2009. -- 128 页

论文通过对"围屋旅游"案例中农民获取信息、思考判断、作出决定、坚持或改变自身态度等一系列过程和机制的描述,力图详尽的归纳了在新围这样一个相对不发达的社会环境中,创新扩散要素与个体态度改变的互动机制,并且着力阐释了其特定的社会结构与人际关系格局对创新扩散要素的制约和影响。全文共分七章。第一章,序论,主要介绍选题由来及问题的提出、全文的主要内容与结构安排、研究的创新之处。第二章,理论框架与研究设计,对创新扩散理论渊源进行了简要回顾,对罗杰斯的创新扩散理论的解释框架以及本土实证研究对罗杰斯创新扩散理论的发展进行了重点考察,阐述分析框架与主要概念与研究设计。第三章对"围屋旅游"案例进行了详细的介绍。第四章,传播渠道与采纳成功机率,主要分析了大众传播渠道对采纳的影响,人际关系渠道对采纳的影响,两种渠道的互动与创新采纳。第五章社会系统结构与创新—决策过程,对五阶段创新决策模式及其推论进行了阐释,分析了新围居民创新—决策过程的独特模式,并对其形成原因进行了推测。第六章,扩散中的三方角力,三方主要包括围屋理事会、文物保护专家、乡镇干部。第七章,总结与讨论,对"围屋旅游"案例进行了总结。

关键词:农业技术推广　技术创新　农民　旅游业

4408

**作为劳动的传播:我国新闻工作者的劳动状况研究** / 王维佳著 ; 程曼丽指导. -- 北京大学, 2009. -- 209 页

论文从对新闻从业者和劳工研究的交叉领域着手,对当代新闻工作者的劳动状况进行了探讨。首先,论文尝试为新闻工作者劳动状况的研究引入一个历史的、动态的背景,通过各个时期新闻实践范式与劳动者社会角色的比较来探析中国社会新闻传播领域内历史与意识形态变迁的逻辑。其次,对"改革开放"后中国新闻业的劳动关系变革进行了系统的梳理,由此正式进入了对当代新闻商品化生产方式的讨论。第三,论述了随着市场规模扩大,媒介机构需要增加和维持大量熟悉业务操作和商品化实践范式的劳动力储备,而各种新闻传播专业教育则承担起不断为媒介补充劳动力的功能。除了职业教育,劳动力市场中的劳动控制还体现在劳动力征用的过程和制度中。第四,通过对全国各地五家媒介类型和市场环境各不相同的媒介机构进行实地调查,分析了劳动过程的结构化图景和日常新闻实践中的各种劳动控制机制。最后,从新闻劳动者的群体构成特征来看,适应商品化新闻生产的需要,低龄化、高学历成为新闻劳动者群体越发明显的特征,而性别比例的变化和劳动者身份、等级、市场交换价值的差异也蕴含着新闻生产的商品化发展逻辑。当新闻劳动者通过新闻实践不断复制既有的生产关系,并由此不断接近经济意义上的"无产化"的同时,他们的主体意识却给我们展现了阶级形成中的矛盾性。认同新闻劳动者对媒介商品化发展模式的认可或至少是别无他选的有限想象空间也向我们暗示阶级意识形成所要经历的漫长历史过程。

关键词:新闻工作者　记者　劳动过程

4409

**中日韩动漫产业及国际贸易比较研究** / 魏婷著 ; 李怀亮指导. -- 中国传媒大学, 2009. -- 201 页

论文将同处于东亚的中、日、韩三国置于区域经济一体化的背景之下,对中、日、韩三国动漫国际贸易进行了较为系统、深入地研究。首先,论文对动漫产业的相关概念进行了界定,并总结了国际动漫贸易发展的特点和一般规律。其次,从贸易的角度,对中、日、韩三国的动漫产业进行了系统的比较和研究,主要是对三国动漫贸易的规模、历史、政策、对外贸易地理流向、营销策略以及动漫贸易的主体六个方面进行比较,并运用大量文献和数据分析了三国在这几方面的特点及异同。第三,运用迈克尔·波特的国际竞争优势理论分析工具,从要素条件、国内需求状况、相关和支持性产业、企业战略和竞争状况四个方面,并结合政府和机遇两个因素进行了详尽的对比分析,通过分析发现,中、日、韩三国尽管在动漫产业的国际竞争优势上地位各不相同,但在动漫国际贸易上存在着很强的经济互补性。第四,在上述分析的基础上,考虑到中、日、韩三国的文化近似性和经济互补性,论文提出了区域经济一体化框架下的中日韩三国在动漫领域可以展开三方共赢的合作,并指出应该选择战略联盟这种目前看来较有成效的国际合作模式。最后,从贸易的角度出发,根据中国动漫产业的发展特点,提出中国政府在动漫贸易上应该实行战略性贸易保护政策,对动漫产业加以扶持,同时企业也要重视培育具有庞大国内需求的动漫市场,并通过生产出"动漫精品"来赢得国内外市场。

关键词:动画片　文化产业　国际贸易

4410

**网络著作权合理使用制度研究** / 温晓红著 ; 魏永征指导. -- 中国传媒大学, 2009. -- 123 页

在当前的数字网络环境下,论文对网络著作权合理使用制度进行了必要的探讨。首先,梳理了著作权合理使用制度由判例法到成文法的演变过程,指出合理使用从性质上来说是对著作专有权的限制,同时阐述了合理使用的立法模式和判断标准。合理使用作为一种对著作权权能限制的法律制度,也得到了国际公约及世界各国著作权法的普遍认可。其次,分析认为数字技术和因特网的发展打破了原有的传播格局,使得近百年来著作权法所确定的著作权权利人与社会公众的利益平衡机制面临着调整与变革,著作权合理使用制度受到了根本性的冲击。再次,针对数字化著作权时代的挑战,世界各国纷纷修改了国内立法以适应在网络环境下的新形势,但论文认为,在这类新的许可使用合同与技术保护措施下,著作权人对作品的控制进一步扩大了,而合理使用的空间则不断萎缩,这在一定程度上影响并限制了公众表达及获取信息的自由,进而影响信息的传播和整个文化和科技事业的发展繁荣。最后,以 COPYLEFT 运动为例,讨论了学界对网络著作权扩张的反思,并指出 COPYLEFT

理念和模式对于我国协调著作权利益失衡富有启发性。我们应在坚持利益平衡原则下,以实现著作权法保护与限制并重的价值。

关键词:互联网络　著作权　知识产权

**4411**

**媒介融合环境下的迷研究:以中国大陆的美剧迷为例** / 文卫华著 ; 刘燕南指导. -- 中国传媒大学, 2009. -- 139 页

论文主要采取网络民族志、深度访谈和问卷调查等方法,考察在当前媒介融合的环境下,美剧迷,作为一类新型受众,其媒介消费问题。首先,论述目前在传播、叙事和信息技术中的变化正在重塑当代生活的各个方面,以下现象已经日益清晰地显现出来:内容跨媒介、跨区域流动,以求吸引最大量的受众,进而培养其忠实的"粉丝";媒介集团之间的并购导致媒介巨人的形成;同时受众的行为日益灵活多样,他们也正在以一种更具活力和创造力的方式介入媒体世界。其次,阐述了在受众研究中,一些关键的概念,如选择、品味、互文性、互动性、迷文化等等更加凸显出其重要性来,其中迷文化在当前得到了空前的繁荣,媒介迷不仅在受众研究中占有重要地位,在当前的媒介实践中,他们也开始备受重视。再次,利用阿伯克龙比和朗斯特提出的观察/表演范式作为研究的框架,讨论了美剧迷通过媒介影像的消费而进行自我主体建构的过程。最后,论文研究发现在当前的媒介环境下,媒介内容的生产者或传播者采取了各种措施极力促成粉丝的形成。美剧迷有着丰富多彩的媒介消费活动,他们通过对文本的选择、消费和创造来进行自我表达,并在互联网上公开展演,以寻求同好的认同,进一步建构和强化自我的身份。同时,网上美剧论坛大量繁荣,大部分美剧迷对于文本的选择、诠释和创造都是在这样的群体语境中展开的,迷群的存在对于迷身份的形成和确认也产生了重要的影响。

关键词:电视剧　受众　文化研究

**4412**

**中国纸媒广告中的文化符号和文化价值观(1979—2008):以《新民晚报》和《时装》杂志为个案** / 吴辉著 ; 刘海贵指导. -- 复旦大学, 2009. -- 148 页

论文以《新民晚报》和《时装》杂志为个案分析,探讨了中国纸媒广告中的文化符号和文化价值观的相关问题。首先,论文介绍研究的缘起和研究意义,并综述相关理论和研究文献。其次,对论文的研究设计进行相关说明,包括概念的界定、研究方法、研究假设、样本选择以及编码方案等。第三,对样本的广告资料进行具体的分析,并得到了相应的结果。第四,论述广告商品产品类别变化的基本轨迹:从生产消费转向生活消费品;从"小件"日用消费品转向大件耐用消费品;从温饱型消费品转向发展和享受型消费品。第五,从质量、节省、独特和功效三方面阐述中国纸媒广告中常见的实用性文化价值观;又从社会地位、情感、美丽三方面阐述中国纸媒广告中常见的象征性文化价值观,同时讨论实用性文化价值观和象征性文化价值观的消长变化,及消费主义在中国的发育程度。第六,分析总结中国纸媒广告中常见的中国传统文化价值观和西方文化价值观,前者特点包括传统性和天人合一,后者特点则包括竞争性、现代感和性吸引。同时阐述中国纸媒广告中的中西式文化符号与中西方文化价值观的消长变化。另外,还探讨了西方文化冲击下的中国传统文化的生存境遇。

关键词:广告　传播媒介　传统文化　符号学

**4413**

**基于产业集群的文化创意中小企业融资研究** / 吴椙著 ; 黄先蓉指导. -- 武汉大学, 2009. -- 124 页

论文从对文化创意产业的理论分析出发,系统构建了基于产业集群的文化创意中小企业融资体系,对满足文化创意中小企业融资需求这一实际问题进行了有益探讨。全文共分六章。第一章绪论概述了研究背景、研究目的及意义,并综述了国内外相关研究现状。第二章在对文化创意产业的概念、范畴有所界定,价值、特性有所认识的基础上,指出文化创意产业属于知识密集型产业,资产总额不能反映其经营规模;文化创意企业的建设方向在于促进产业升级,而不是单纯扩大产业规模。另外对我国文化创意中小企业做出界定,同时概述了产业集群及其经典理论。第三章在对我国文化创意产业发展情况及存在问题进行研究的基础上,对文化创意中小企业融资中存在的信息障碍、风险障碍、成本障碍、市场障碍、体制障碍等融资瓶颈进行了简要分析。第四章分析认为,相对于集群外企业,产业集群内部社会资本的存在有着质和量的优势,为产业集群融资优化效应奠定了坚实的基础。当前我国文化创意产业集群已有了初步发展,但也还存在一些问题,制约了集群融资优化效应的发挥。第五章提出了搭建集群融资"鸟巢"式枝状

网络的理论构想,通过集合环境、组织、方式三个不同层次的融资体系实体构成要素,使集群融资的优势能够得以充分凸显,从而发挥产业集群对于文化创意中小企业融资的优化效应,缓解我国文化创意中小企业面临的融资困境。第六章结语对论文在定量研究和动态研究方面存在的不足作了简要概括,并明确了下一步研究的方向。

关键词:中小企业　文化产业　企业融资

**4414**

**社会风险语境下传媒与社会治理关系研究** / 谢进川著 ; 刘习良指导. -- 中国传媒大学, 2009. -- 145 页

论文对社会风险语境下传媒与社会治理的关系进行了分析研究。全文共分五章。首先导言,阐述社会风险语境、传媒与社会治理的相关概念。第一章对社会风险的语境进行了概述,对风险及风险社会的概念进行了界定,随后探讨了中国社会风险语境。第二章分析传媒参与社会治理的可行性,梳理媒介化社会形成的历程,并对传媒中介化的契机与动力进行了分析。第三章探讨传媒参与社会风险治理的相关问题,首先从社会治理的概念、渐增的社会治理性以及构建弹性社会结构三个方面分析传媒参与社会风险治理的目标,随后研究传媒参与社会风险治理的机制,介绍传媒参与社会风险治理的主要议题,包括传媒与民意表达、传媒与风险公识以及传媒与风险分配正义,接着通过对传媒在重大灾难性事件的行动历史的阐述以及对震灾中的中西传媒行动的比较分析,得出了有关启示,最后介绍关于“小产权房”风险报道的反思。第四章介绍传媒与其他社会治理主体,首先分析传媒与政府之间的关系,指出媒介施政是传媒与行政的有限结合,随后探讨传媒与公众的关系,阐释有关传媒与弱势群体的理论,即增权理论的观点,最后研究传媒与企业的联系,讨论企业是风险制造主体还是风险治理主体的问题,并分析 2007 年来传媒对社会治理主体的整体追问,即社会信任问题。第五章分析治理媒介,介绍事件逆向报道的风险后果,指出传媒主义的保守性,并在此基础上对传媒进行了重构,提出有关传媒如何有效报道社会风险的建议。最后为结语部分。

关键词:传播媒介　社会管理　风险管理

**4415**

**论鲁迅的出版理念与实践及其地位** / 谢清风著 ; 罗紫初指导. -- 武汉大学, 2009. -- 174 页

论文从传播学、编辑学、出版学、史学的视角论述了鲁迅的出版理念和编辑出版实践,并在此基础上对鲁迅在出版史上的地位予以判断和分析。全文共分五章。第一章为研究综述,阐述了论文的研究价值、研究现状,以及研究的视角和内容要点。第二章首先论述了鲁迅的出版主张,包括出版具有文化性、政治性和商业性,出版是精神食粮的加工厂和运输线,重视出版自由,关注出版人才,保护著作权,强调出版自觉等;其次叙述了鲁迅通过促进以他为核心的出版群体的形成和对出版内容选择的倾向性,倡导先进出版理念。第三章分析了鲁迅的编辑思想及实践,他的编辑思想主要是满腔热情求创新和全心全意做服务,这种思想具有鲜明的特点,其产生和发展经历了三个时期、五个阶段;此外,鲁迅在选题、审稿和校对等方面的思考和实践也体现了他的编辑思想。第四章分析认为鲁迅是现代装帧设计的开拓者,他提出了整体设计、讲究书的品位、创新出版装帧设计和重视出版物的“民族性”的装帧设计思想;他的装帧设计思想体现在封面设计、插图设计和版式设计的实践和思考中。第五章探讨了鲁迅对出版市场营销的重视,他在产品、价格、渠道、促销等方面提出了有价值的想法和做法,尤其在从出版物到品牌、从宣传到活动的产品策略和促销策略上颇有建树,成就了成功的市场营销案例。

关键词:出版工作　编辑　鲁迅

**4416**

**图书出版产业评价体系研究** / 徐小傑著 ; 周蔚华指导. -- 中国人民大学, 2009. -- 164 页

论文从系统构成的角度出发,通过构建针对不同主体的评价体系形成一套对图书出版产业的综合评价体系,以弥补现有出版产业评价体系研究中的不足。第一,探讨了图书出版物的评价。首先考察了图书出版物的同一性特征,并指出有关图书出版物的质量标准应成为对图书出版物进行评价的核心内容。其次,由于图书出版物的多样化和差异化特征,使得我们还必须从影响消费者购买行为的因素上,进行评价指标的选取。最后,论文构建了既能反映图书出版物市场表现结果,又能反映影响其不同市场表现结果的指标。第二,讨论了图书出版单位的评价。首先区分了公益性出版单位和经营性出版单位,并厘清了长期以来人们在对经营性图书出版单位评价过程中存在着的认识上的偏差。其次,对经济效益概念的内涵和外延进行了详细的阐释,同时探讨了图书出版单位

的无形资产评价。再次,论文指出,尽管经济效益和社会效益不具备同级比较的可能,不直接构成一对矛盾,但通过引入"企业社会责任"这一概念,将经营性图书出版单位的社会效益放在一个更加宏大的背景中加以认识,体现了在市场竞争环境中实现多赢的思想。第三,探讨了图书出版产业的评价。首先分析图书出版产业市场规模现状,并指出图书出版产业的供给能力和贸易能力在过去五年有了明显增长,但在整体传媒产业中所占的比重却呈下降状态;其次探析了影响图书出版产业市场的需求因素和供给因素;并在此基础上,构建了图书出版产业评价指标体系。另外,根据外部性理论,论文指出图书出版产业对国民经济的贡献不只体现在其产值规模上,还体现在其对于政治、文化及人们社会生活的促进方面。

关键词:图书　出版工作　产业发展　综合评价

**4417**

**中美电影贸易中的文化折扣研究** / 薛华著 ; 周鸿铎指导. -- 中国传媒大学, 2009. -- 162 页

论文通过对中美电影贸易中的文化折扣进行研究,系统探讨了文化折扣现象的一系列相关问题。首先,论文概述了中美电影贸易的历史状况,为认识理解文化折扣问题提供了历史视野。其次,分析了中国文化与美国文化之间的差异性与接近性,并指出,文化差异是造成文化折扣的根本原因,而文化接近则是规避文化折扣的前提条件。再次,对美国电影在中国市场的文化折扣进行了具体分析,并将把关人和受众分成文化折扣发生的两个不同层面进行了讨论,在受众层面的分析中,选取了四部具有代表性的美国电影,进行文本分析与受众接受分析,以获得对于文化折扣问题的具体、深入的认识。此外,利用相同的研究层次和研究方法,又对中国电影在美国市场的文化折扣进行了具体分析。最后,在上述研究的基础上,提出了要从文化场域中的权力关系、跨国受众的特征、电影文本特征三个方面来认识电影跨国贸易中文化折扣所产生的原因。同时,论文进一步提出了规避文化折扣的传播策略,包括创造易读性文本、创造可读性文本和创造接近性文本的文本策略,及变通文化内涵、改变文化身份、强调文化接近性元素、引导受众忽略文化差异或积极看待文化差异的宣传策略。

关键词:电影市场　对外贸易　中美关系　文化特征

**4418**

**仪式传播与认同研究** / 闫伊默著 ; 陈力丹指导. -- 中国人民大学, 2009. -- 162 页

论文对仪式传播与认同进行了分析研究。全文共分六章。第一章绪论,介绍了选题的缘由,分析了国内外研究的现状,阐述了仪式传播与认同研究的意义,并指出了研究的方法。第二章介绍了仪式传播与认同,首先对基本概念及领域进行了界定,并在对仪式理论的回顾与梳理中,强调了仪式的普遍性、表演性与象征性,最后介绍了作为认同机制的传播。第三章介绍了日常生活的仪式传播与自我认同,首先对"自我"进行了概说,指出自我认同的形成有赖于传播,随后分析了人际传播中的仪式,阐述了人际传播作为仪式的理论表述,最后以礼物为例分析了人际传播中的仪式与自我认同问题。第四章分析了仪式传播与集体认同,首先分析了组织与传播的内在联系,介绍了组织与组织研究的视角,阐述了传播视角下的组织观,随后分析了组织中的仪式,介绍了组织仪式的类型,最后以现代组织会议为例探讨了仪式传播与集体认同问题,在回顾现有的研究成果的基础上,探讨了组织仪式对集体认同的实现所具有的功能。第五章分析了仪式传播与社会认同的关系,在现代性的语境下分析了社会认同的概念,指出社会认同危机的根源在于现代性所带来的后果,随后阐述了仪式化的大众传播,讨论了大众媒介呈现的仪式与大众传播的仪式化问题,并以央视春节联欢晚会为例,分析了仪式传播与社会认同的关系,指出尽管在仪式的狂欢中间夹着权力、冲突、矛盾,但其中的社会认同的暂时实现是一个不争的事实。第六章为结语部分,概括了全文的基本内容,归纳了有关结论,指出了研究的局限性,并对后续的研究进行了展望。

关键词:仪式　传播学　认同

**4419**

**Web2.0 时代的社会性媒体对网络空间的现实性构建** / 杨书卷著 ; 彭兰指导. -- 中国人民大学, 2009. -- 145 页

论文对 Web2.0 时代的社会性媒体对网络空间的现实性建构进行分析研究。全文共分七章。第一章引论,提出研究的问题,介绍研究内容与方法,并对国内外的研究现状进行分析。第二章对社会性媒体的概念与传播理论进行了分析,首先从理解社会性媒体入手,阐述社会性媒体的概念,分析社会性媒体的主

要特点与表现形式,随后对社会性媒体的传播模式进行分析,指出社会性媒体的特质与区隔化现象,最后介绍社会性媒体的影响以及发展趋势,指出3D是支撑社区化互联网的新技术。第三章分析网络空间现实性的构建首先对网络空间的概念与性质进行界定,并分别从趋向现实性的网络传播环境以及现实的社会构建理论阐述现实的社会构建涵义,最后从个人与社会角度指出网络空间的现实性需求。第四章分析社会性媒体对自我的构建,概述网络空间的自我概念,并梳理网络空间自我构建的过程,主要分为自我标识、自我构建的空间以及自我的消失,最后阐述网络空间的自我与现实社会的关联。第五章阐述社会性媒体对群体的构建,着重介绍了网络社群构建的自我组织原则、规则的建立过程以及聚合的力量,探讨网络社群与现实社会的关联。第六章分析社会性媒体对社会的构建,首先阐述了传播模式的改变,重点探讨社会性媒体与媒介生态的关系,最后分析了社会性媒体对民主政治、多元文化以及经济活动的影响。第七章探讨社会性媒体对中国现实社会的影响,首先指出社会性媒体在中国的发展路径,随后分别阐述社会性媒体对政治发展、文化发展以及经济发展的影响。最后为结论部分,对研究今后的发展趋势进行深入思索。

关键词:互联网络　媒体　传播学

**4420**

**基于柔性战略的中国广播电视业发展研究** / 于涛著 ; 刘习良指导. -- 中国传媒大学, 2009. -- 134页

论文是在战略管理理论——柔性战略理论的基础上,运用历史比较、资料比较和逻辑分析的方法,选取历史、现实、全球和产业四个视角,对中国广播电视业的发展实践做一个战略性和综合性的解读和描绘。全文分为八章。第一章为引言。第二章总论广播电视业柔性战略管理,解析管理学中柔性战略的内涵和广播电视业柔性战略理论内涵,并说明中国广播电视业柔性战略管理的现实意义。第三章分析中国广播电视业发展的战略环境,首先论述世界广播电视业的发展与转型,接着介绍中国广播电视业发展的历史和现状分析,最后指出新媒体的出现给广播电视业带来的机遇和挑战。第四章探析中国广播电视业实施柔性战略的内部要素,主要从广播电视业的可持续发展、广播电视产品、广播电视业实施柔性战略的主体、广播电视业实施柔性战略的内部影响因素以及有效利用现有的资源和能力实施柔性战略五个方面进行分析。第五章讨论广播电视业柔性战略管理的合作竞争分析,在说明市场竞争行为的演进和广播电视产业的经济学特征的基础上,提出合作竞争是广播电视业实施柔性战略的最佳形式,并概述广播电视业与相关产业的合作竞争,最后分析广播电视业与相关产业间建立动态战略联盟以及广播电视业与相关产业合作竞争的柔性战略实施。第六章探讨广播电视业柔性战略管理的战略转换,主要包括管理学意义上战略转换概念的界定和特征以及广播电视业实施战略转换的研究思路、动因、形势。第七章论述广播电视业柔性战略管理的战略创新,首先介绍管理学中战略创新的涵义及其发展,说明广播电视业战略创新的主体和类型,并指出战略创新能力是广播电视业竞争优势的保证,分析中国广播电视业战略创新的现状,建立了中国广播电视业战略创新的整合模式,最后探索出战略创新模式是网络组织和企业生态群,战略创新是广播电视业发展的动力之源。第八章为结论和展望。

关键词:电视事业　广播事业　柔性管理

**4421**

**从"委托模式"到"市场模式":美国广播电视体制变迁研究** / 张春华著 ; 李良荣指导. -- 复旦大学, 2009. -- 194页

论文在全面梳理美国广播电视体制变迁的基础上,重点研究了美国广播电视体制由"委托模式"向"市场模式"的演变这一重要历程,同时把这一演变置于美国历史文化与世界政治经济变化的语境中,在国家利益、商业利益、公共利益博弈的框架中。首先,论文第一部分主要介绍了美国广播电视业的产生以及美国广播电视体制的初始形态。第二部分对美国广播电视体制的"公众委托模式"阶段展开了研究。第三部分则分析认为美国广播电视向"市场模式"的演化应始于20世纪80年代初FCC对广播电视规制的放松。第四部分主要探讨了美国《1996年电信法》带来的综合效应,并从政治福利、经济福利、社会文化福利等几个维度进行了考量。最后,论文总结美国广播电视体制变迁的基本路径,并分析相关制度保障对政策目标实现的重要性;同时也强调了适当、有效的政府规制对"公共利益"实现的重要性;另外,还分析了美国广播电视体制变迁给中国传媒体制改革带来的启示。

关键词:广播事业　电视事业　体制改革　美国

4422

**政治、权力与选举:大众媒介与墨西哥的民主转型** / 张建中著 ; 陈卫星指导. -- 中国传媒大学, 2009. -- 247 页

论文以墨西哥为例,分析了媒介在民主化转型过程中的作用。全文共分九章。第一章绪论,提出了研究的问题,指出研究的背景,阐述了研究的意义与研究的对象,并对论文的研究方法与研究框架进行了简介。第二章对理论文献进行了回顾与探讨,分析媒介与民主以及媒介与民主化的关系,探讨媒介之于民主的作用以及大众媒介在民主化三个阶段中的作用,最后分析了媒介与民主化的动态模式图。第三章概述了墨西哥的政治民主化进程,由分析墨西哥威权体制形成的背景入手,探讨了独大政党与威权体制的出现,分析了威权体制的民主化转型过程,随后研究了威权体制崩溃的原因,指出了墨西哥民主化巩固的方法与手段。第四章介绍墨西哥威权体制控制下的大众媒介,分别从利益共谋、物质笼络方面详细介绍了墨西哥威权政治体制对墨西哥媒介压制的各种方式与方法,随后又对强制暴力进行阐述,指出了墨西哥威权政治体制采取控制信息与信息来源、对媒体施压开除记者以及对记者人身侵害的手段来达到目的的现实情况。第五章探讨了独立印刷媒体与墨西哥的民主化的内在关联,指出墨西哥独立媒体运动共分为三波,依次为1971—1986年独立媒体的出现,1986—1996年独立媒体的扩散以及1996年至今传统媒体走向独立,形象地采用了"从 lapdog 到 watchdog"比喻阐述了运动的发展历程。第六章分析了电视与墨西哥的民主化,首先阐述了电视与墨西哥人的日常生活的联系,分析了威权侍从媒介体系,随后介绍了1994年大选所引发的危机与变革,并对1997—2000年的迈向民主化进行了论述,最后总结指出电视与政府基本上是一种侍从关系,而这种情况一直维持到90年代末期。第七章论述了在民主化的巩固阶段,墨西哥的公民社会与媒体积极合作,共同推进墨西哥的民主化巩固。第八章采用了比较分析的方法,从五个方面分析了媒介在不同国家的民主化过程中的不同表现,进而指出了市场竞争与新闻专业主义在墨西哥民主化过程中起着关键性作用。第九章分析了墨西哥与第三波之后的拉美媒介,从墨西哥案例出发对拉丁美洲当代媒介所遭遇的问题进行了分析。最后为结论部分。

关键词:政治民主　传播媒介　大众传播　墨西哥

4423

**正名之路:中国当代广告业发展研究(1979—2008)** / 张树庭著 ; 黄升民指导. -- 中国传媒大学, 2009. -- 218 页

论文主要描述了1979年至2008年期间中国当代广告业的发展历程,并根据中国当代广告业发展的内在规律,以广告经营额和影响广告业发展的重大事件为主要标准,综合考虑重大政治事件和经济政策对广告业的影响,把中国当代广告业发展历程划分为了四个阶段。第一阶段(1979—1986):在改革开放和经济发展的大势中,1979年中国当代广告业在形式上全面得以恢复。主要问题来自社会大众对广告的意识形态偏见、发展初期各种广告乱象引起的社会不满、企业对广告业的需求不足以及广告业满足需求的能力有限;第二阶段(1987—1992):在国民经济发展陷入低谷的情况下,广告业保持稳步高速增长。主要问题来自媒体垄断地位带来的广告资源偏紧及其对广告代理的抵触、虚假广告使社会大众对广告产生信任危机等;第三阶段(1993—2001):这是中国当代广告业发展的黄金时期,广告业高速增长,成为国民经济中有一定分量的产业。主要问题来自广告业进入壁垒过低导致泥沙俱下、后期政府行业规划和引导职能的缺位、企业和媒体过多过滥的广告使社会大众现实厌烦、虚假广告成为行业发展的顽疾等;第四阶段(2002—2008):广告业增长速度落后于国民经济增长速度,占GDP百分比倒退到1998年的水平。国家层面对广告业了进行重新定位和顶层设计。但定位不明、市场运作机制不顺、竞争不规范、本土广告业未明的前景等成为广告业发展的主要困惑和障碍。

关键词:广告　产业发展　大众传播

4424

**转型期中国出版业制度分析** / 张新华著 ; 胡正荣指导. -- 中国传媒大学, 2009. -- 139 页

论文运用新制度经济学、政府规制理论和现代出版理论,对1978年以来的中国转型期出版业制度进行分析研究。全文共分四章。首先绪论,介绍研究的目的与意义,对相关文献进行了综述,评述理论的基础,并指出研究的内容与方法。第一章介绍转型期中国出版业制度的变迁,主要运用新制度经济学的制度变迁理论对转型期中国出版业的制度变迁环境、制度渊源、变迁历程以及变迁的特点进行考察,指出转型期中国出版业的制度变迁呈现出明显的阶段性特征,

制度变迁主体采用强制性变革和诱导性变革相结合的办法,变迁路径依照成本高低进行连续边际调整。第二章对中国出版业的政府规制进行分析,首先分析出版业规制的理论依据,并结合对西方发达国家出版业规制的探讨得出了中国出版业政府规制的经验,随后着重分析中国出版业政府规制的现状,指出出版业规制的不足之处,最后提出中国出版业政府规制的改革目标、原则与基本思路。第三章探讨了中国出版业市场体系的构建与完善,主要运用了社会主义市场经济理论对中国出版业的市场化道路及市场体系进行了考察与分析,首先分析中国出版业的市场化水平与市场结构,指出中国出版业市场化水平仍落后与全国大部分行业,没有形成有效的竞争市场结构,随后提出提高市场水平、优化市场结构的途径是完善社会主义出版市场体系。第四章对中国出版企业制度的创新进行分析,首先考察转型期中国出版社组织结构的演变与现状,提出出版社组织结构创新的思路,随后分析中国出版产权的现状以及出版产权转变中存在的问题,最后探讨出版社在转企改制过程中出现的治理问题,并提出有关建议。最后为结语部分。

关键词:出版业　制度建设　市场经济

**4425**

**产业经济学视阈下的中国媒介内容生产研究** / 张颖著 ; 罗以澄,石义彬指导. -- 武汉大学, 2009. -- 95 页

论文运用产业经济学的相关理论,结合我国国情、国内产业发展现状、当前金融危机的时代背景,分析我国媒介内容生产所面临的具体问题,并探讨可能的产业化发展策略。首先,在介绍研究背景情况和选题的所具有的现实意义后,论文回顾了国内外媒介内容产业的相关理论研究,针对媒介内容产业的概念渊源、产业外延与内容产品属性等问题做了深入探讨,并对所讨论的媒介内容产业进行了概念界定。其次,分析了媒介内容的产业化生产经营之道,也探讨了媒介内容产业实现经济利益最大化的可行措施,还剖析了我国在当前的政治、经济、文化发展水平下,尤其是在金融危机的时代背景下,发展我国媒介内容产业化生产的意义所在。另外,还以美国、日本、韩国为代表案例,阐释了媒介内容产业化生产经营所具有的"反周期"经济拉动效用。最后,主要是理论应用研究,即结合上述所讨论的媒介内容产业化生产经营的具体措施与他国先进经验,针对我国媒介内容产业的发展现状与发展过程中所面临的内容创意不足、市场供需不平衡、资源转化与资源配置效率不高、内容产品的严重国际贸易逆差等问题与金融危机这一时代背景,提出了可行的产业发展策略。

关键词:传播媒介　文化产业　产业化经营

**4426**

**大众传媒上的公共商议:对医疗体制改革路径转型期报道的个案研究** / 章平著 ; 李良荣指导. -- 复旦大学, 2009. -- 165 页

论文考察的是在一个特定的公共事务领域——医疗体制改革——路径转型期间以当代中国报业为中介的公共商议活动,并选取了《人民日报》《京华时报》《中国青年报》以及《经济观察报》等四家报纸来开展讨论。首先,在医疗体制改革所涉及的纷繁复杂的议题中,新闻媒体设置不同的报道议程,从宏观到微观、从抽象到具体,促成公共商讨在大众传媒话语空间的停留、持续和演进,最终促使医疗体制改革的路径转向中央政府的政策议程。其次,论文将大众传媒视作话语凝聚机制,运用比较视野,分析了四家报纸如何可能成为社会表达的不同话语空间。然而,在公共商讨中,医疗机构以及医务人员却成为看客。医务人员在大众传媒表演舞台上的失语,不仅表现在他们没有成为新闻报道的主角,更表现为新闻媒体"劫医济患"式报道框架对这一群体形象的扭曲。最后,以大众传媒为中介的公共商议活动生产具有一定的偶发性和必然性,它取决于政治管控的可能空间与约束、市场化的解放与抑制、新闻从业者对其职业角色的理解等因素。以大众传媒为中介的商议性民主实质上是在国家公权约制范围之内而展开的,表现为零散的和局部的特征。

关键词:报纸　医疗保健制度　体制改革

**4427**

**票号的信用与品牌脉络研究** / 赵保富著 ; 刘立宾指导. -- 中国传媒大学, 2009. -- 127 页

论文对票号的信用与品牌脉络进行了系统性研究。全文共六章。第一章绪论阐述了选题缘由、选题价值、研究框架与主要脉络,并对一些关键概念进行了阐释,还介绍了选题的难度及可行性。第二章探讨了票号信用的品牌传播。票号信用是票号品牌的依据与支撑,决定着票号品牌的特殊性;票号品牌以票号信用为核心,运用门面、建筑、招牌、对联、匾额、票

面、标识、水印,票号的传说、故事,票号的输捐,以及票号的报纸广告等手段与渠道,对票号的资本实力、道德形象、诚信行为进行富有成效的传播。第三章论述了票号信用与品牌的历史演进。票号在产生、发展初期主要是为工商贸易服务的以民间信用、道德信用、乡土信用为特色的银行机构,它的服务对象、信用源泉都依托于国内日益繁盛的工商业。19 世纪 60 年代,票号信用跨出工商业的服务范围,成功实现了官款汇兑的历史突破。对公业务的持续扩张与政府信用融入票号信用带来票号品牌的极盛时期,但票号在大力拓展官款汇兑业务中结交官宦、跻身权势,其信用与品牌也发生了内在的异化,当政府发生异动、政治发生变革、信用制度发生新的选择时,票号信用与品牌将遭受巨大损失。第四章分析票号信用与品牌的内部构成。票号的道德特性体现在精神、人格、制度等多个层面,是中国传统精神在银行信用领域的绵延,是中国传统银行信用的精髓,构成票号品牌的基因与特质;票号资本是票号信用的基石,票号的资本实力、资本性质、资本制度对不同时期的票号信用状况与品牌变迁产生深刻的影响;票号与政府的关系由远而近、由疏而密,是票号信用与品牌最重要的外部影响因素。第五章对票号与西方银行信用、品牌进行了对比分析。第六章是结论,指出票号信用与品牌研究对当代银行信用与品牌建设具有启发与借鉴价值。

关键词:票号　信用管理　品牌　经济史

**4428**

**项目管理在图书出版行业的应用研究** / 赵学军著 ; 吴廷俊指导. -- 华中科技大学, 2009. -- 131 页

论文以项目管理理论和出版管理理论为支撑,在汇总目前项目管理有关知识体系和最新研究成果的基础上,以国外同行业和国内其他行业应用项目管理经验为借鉴,结合出版业项目管理的应用实践,再联系中国图书出版业的特点和现实状况,对中国图书出版项目管理进行了多层次、全方位的研究。一方面,论文认为并非所有行业都可以使用项目管理的方法,而图书出版业是使用项目管理的典型行业,项目管理不仅可以运用到单本书出版的管理中,还可以运用到出版社多项目同时运营的管理中,把项目管理整体运用到出版社是解决市场体制下出版管理模式跟进问题的有效途径。另一方面,论文还首次提出了建立中国图书出版项目管理框架体系,通过分析研究对象的主体、客体,区分出图书出版项目管理微观、中观、宏观三个层次,界定了不同层次的研究任务、研究方法和研究途径;同时,研究了图书出版行业推行项目管理的相关问题,论证了建立中国图书出版项目管理资质认证体系和建设图书基础数据库的必要性和可行性,并提出中国图书出版行业推行项目管理的若干建议。

关键词:图书出版　出版业　项目管理

**4429**

**北大—首尔大学生“端午文化遗产”争议** / 郑寅淑著 ; 龚文庠指导. -- 北京大学, 2009. -- 103 页

论文以“江陵端午祭”申遗问题为研究对象,通过跨文化传播的视角,采用内容分析法、问卷调查法等研究方法,对“中韩跨文化传播争论过程对中韩两国文化起到了怎样的作用”和“处于两种不同文化中的中韩大学生之间存在着怎样的认识差异”等问题进行了研究。首先,论文对互联网上“端午文化遗产争论”的内容作为原材料进行了广泛的收集。其次,对这些内容材料进行了研究分析,又根据分析结果制定出了端午文化遗产争论的计量尺度,包括端午文化遗产争论贡献尺度、端午文化遗产参与度尺度、端午文化遗产知识度尺度、本民族中心主义尺度等,并以中韩两国大学生为对象通过调查问卷调查进行了讨论分析。再次,根据调查结果,分析了中韩两国参与者在端午文化遗产争论中的认识差异,并针对端午文化遗产争论的参与者特点,论述了端午文化遗产争论的构成因素的影响。最后,论文研究发现相比中国大学生,韩国大学生更认为“江陵端午祭”是在韩国历史上长期发展演化而来的,是韩国独特的文化遗产;韩国大学生更加肯定端午文化遗产争论的正面作用;韩国大学生更认为端午文化遗产争论有助于克服中韩两国间的认识差异;而中国大学生对“端午文化遗产争论过程有助于改善中韩两国的关系”这一观点持否定态度,等等。

关键词:端午节　文化遗产　文化传播

**4430**

**美国电影积极传播研究** / 钟蕾著 ; 刘继南指导. -- 中国传媒大学, 2009. -- 233 页

论文选择从一个积极传播的视角来研究以好莱坞为代表的美国电影全球化传播成功的经验,采用历史分析法、理论借鉴移植法、跨学科理论嫁接法、比较分析法、案例研究法对美国电影发展百年作全方位观察、梳理、分析、论证。论文主要由五个章节构成,第一章,论述了积极传播是美国电影历史发展成功因素

的主线,是美国电影得以市场化、产业化、全球化的核心推动力。第二章,论述积极传播是美国电影社会影响力的主因,是其传播模式的常量。积极传播就是以积极价值取向传播美好和希望,纵观美国历史上成功的电影,其共同特点是传播美好和希望,其效果是因满足了大众的身心需要而赢得全球观众的喜爱,因而积极传播是美国电影全球化的关键。第三章,从主观和客观、内因和外因、宏观和微观的辩证视角论述美国电影全球化是积极传播的必然结果。第四章,以积极传播的典型迪斯尼作为案例,并从传播者、传播内容、传播媒介、传播受众、传播效果全方位进行分析、举证迪斯尼积极传播与迪斯尼全球化的互动关系;第五章,通过比较中美电影,提出对中国电影乃至中国文化产业如何"走出去"的思考和建议,论述了积极传播将给中国电影带来的未来前景。最后,论文研究认为,美国电影的积极传播是美国文化、美国理念、美国梦全球化的关键。同时也指出:积极传播也是中国电影、中国文化、中国理念、中国实现全球化传播的关键。

关键词:电影史　大众文化　文化传播　美国

**4431**

**走向大众:宋代的出版转型** / 周宝荣著 ; 石长顺指导. -- 华中科技大学, 2009. -- 152 页

论文运用非线性思维和跨学科研究方法,从文化传播的视角,探讨宋代出版的阶段性特征,揭示宋代出版的发展轨迹及其在中国出版史上的重要地位:以自身的转型开辟文化传播的新时代,以期提升出版文化理性,促进传播文化自觉,把握民族文化脉动。首先,论文从崇儒礼士、扩大科举、兴学运动、访书与编书四个不同的方面阐述了宋王朝"以文化成天下"的基本国策;其次,着力探讨促成宋代出版转型的一个重要原因——传播媒介的革命,即雕版印刷技术的普及;再次,还从文化创生探讨了宋代的出版转型,文化创生是文化增值的重要体现,它不仅是文化在量方面的"放大",而且是文化在质方面"跃迁";然后,讨论了出版转型推动宋代社会文化在聚集、整合过程中得以传播、融合,其中图书的跨境流通,尤其是汉文典籍的批量翻译与"境外"出版,使中原文明迅速向南北播迁移转,从而巩固和拓展了儒家文化圈;最后,论文认为以雕版印刷为中原标志的宋代出版已经完成了出版发展的转型,从此文化传播如虎添翼,开辟了"走向大众"的发展道路。

关键词:出版事业　文化史　大众传播　宋代

**4432**

**我国虚假新闻传播的受众心理研究** / 周灿华著 ; 刘京林指导. -- 中国传媒大学, 2009. -- 169 页

论文采用定性研究和定量研究相结合、定性研究为主的方式,对中国新闻史上虚假新闻的传播进行历时性的梳理,并从普通心理学角度着手,探讨了虚假新闻对受众心理的影响。首先,论文阐述了虚假新闻传播的表现以及分析了传受者的心理特点。第二,分析了虚假新闻产生的心理原因,既分析了传者制造虚假新闻的心理原因,也分析了受众接受虚假新闻的心理原因,还分析了虚假新闻产生的社会心理原因。第三,分析了虚假新闻传播对受众认知心理的危害,并结合问卷调查的统计结果着重分析了虚假新闻传播后会引起受众的认知失调,同时通过深度访谈的结果得出了虚假新闻传播后会导致受众的认知偏差。第四,分析了虚假新闻传播后,会导致受众产生负性情绪和逆反心理,也会引起媒介道德恐慌并导致社会集体性道德恐慌。第五,通过对虚假新闻事件的例证分析,结合问卷调查的统计结果得出,虚假新闻传播后误导受众的行为,并着重分析了虚假新闻传播引起受众的盲从行为和导致受众集合行为的发生。第六,从传者和受众、行业和政府三个角度着手分析并阐述虚假新闻防治的应对措施。最后,还分析这次研究的不足之处,以及探讨了对后续研究的一些建议。

关键词:新闻报道　观众　心理　大众传播

**4433**

**香港电影产业的发展与竞争力分析** / 周欣枫著 ; 昝廷全指导. -- 中国传媒大学, 2009. -- 240 页

论文对香港电影产业的发展与竞争力进行了分析研究。全文共分八章。第一章绪论,介绍了香港电影产业研究的现实背景与意义,对研究的现状进行了分析,并指出了研究的方法与内容的结构。第二章介绍了电影产业发展分析的理论基础,分别阐述了产业组织经济学、钻石模型理论以及系统经济学分析理论的有关内容。第三章分析了香港电影产业的内涵及其产业化的历程,首先对香港电影产业进行了产业定位,并对香港电影产业的产业内涵进行了界定,随后梳理了香港电影产业的发展历程,介绍了香港电影产业的规模状况。第四章从市场集中度的观点分析了香港电影的产业结构,指出了集中度指标的选择与判断标准,随后分别探讨了香港电影发行业与电影放映业的市场集中度情况。第五章探讨了香港电影产业

的运作形态与市场行为，比较分析了香港电影制片业、发行业以及放映业的运作形态与市场行为。第六章对香港电影产业的钻石模型进行了分析，首先讨论了香港电影产业的需求条件与生产因素，随后就香港电影产业和相关产业的表现进行了评述，介绍了有关的“企业策略、结构与竞争”，最后探究了政府在香港电影产业中所扮演的角色，并对香港产业的竞争力进行了机会分析。第七章介绍了香港电影产业的发展战略，首先围绕电影产业的资源位进行了分析，指出了香港电影产业发展的资源位战略，包括资源位分离战略、资源位特化战略以及资源位移动战略，最后介绍了香港电影产业的资源整合战略，并提出了寄予以上战略的希望。与第八章为结论与建议，归纳了研究的结论，并对研究进行了检讨，从而提出了有关的建议。

关键词：电影事业　产业发展　香港

**4434**

**互联网治理的国际框架与中国问题** / 周煜著 ； 王瀚东指导. -- 武汉大学, 2009. -- 171 页

论文在结合相关理论和具体实践的基础上，以互联网治理问题为核心进行了一系列探讨。首先，论文综述了互联网有关理论与实践情况，并对国内外有关互联网治理的现有研究成果进行了简单的述评，提出了研究内容和研究框架。其次，通过对互联网发展和治理的历程追本溯源，找到“互联网治理”概念从无到有的逻辑脉络，避开了以往“为治理而治理”的逻辑误区，为以后的讨论打下基础。第三，分别从互联网治理的主体与框架、治理机制和博弈过程以及具体问题——内容监管这三个层面建构了互联网治理的国际框架。第四，将视野由国际回到国内，聚焦互联网治理的中国问题，通过政府十余年治理政策的回顾，结合对当下具有代表性网络事件的解读，分析当前互联网治理中存在的问题及误区、政府角色定位及今后的思路等问题。最后，论文提出在互联网治理问题上，必须明确政府的职能和角色定位，同时尊重互联网自身发展的规律。我国未来的互联网治理应当是围绕政府、私营部门、公民社会三维结构的多元主体，以公私合作、协同管理为主要特点，在依据各自的作用平等参与、有效表达的制度约束下共同规范的一种治理，其核心是建立在市场原则、公共利益和公民认同之上的利益制衡与协同合作。

关键词：互联网络　大众传播　网络管理

**4435**

**新媒体时代我国版权保护制度研究：以新制度经济学为视角** / 朱鸿军著 ； 柳斌杰指导. -- 中国传媒大学, 2009. -- 112 页

论文以新媒体时代我国版权保护制度为研究对象，借助新制度经济学关于制度框架的定义，将我国版权保护制度分为正式制度、非正式制度和实施机制三个部分。从这三个部分入手分别探索新媒体时代我国版权保护制度的思路。全文共分为五大部分。绪论部分阐述研究目的，梳理相关研究的文献材料，提出研究的创新点和难点，界定核心概念的范畴，阐明研究的理论工具、方法和论文结构。第一章从历时和现时的角度对我国版权保护法律制度进行了梳理，然后以制度变迁理论分析了我国版权保护法律制度。提出新媒体时代我国版权保护法律制度面临的两大挑战和存在的两方面不足。第二章从意识形态、传统价值观念、习惯三方面分析了我国版权保护的非正式制度现状。提出新媒体时代我国版权保护非正式制度面临的三大挑战和存在的三方面不足。第三章分别分析了我国版权保护正式制度和非正式制度实施机制的现状。提出新媒体时代我国版权保护实施机制面临的三大挑战以及这些实施机制存在的不足。第四章针对前三章所谈新媒体时代我国版权保护正式制度、非正式制度和实施机制的不足，提出了三大相应对策。结语部分提到了论文的最终结论，只要从正式制度、非正式制度和实施机制三方面做好版权保护的各项工作，我国完全能够自主设计一套既符合国情，又符合新媒体时代要求的较为完善的版权保护制度。

关键词：版权　媒体　法律保护

**4436**

**话语取向之危机传播：“中国制造”污名化危机及话语策略分析** / 庄琴芳著 ； 陈卫星指导. -- 中国传媒大学, 2009. -- 151 页

论文采用文献分析法、话语分析法、过程分析法等研究方法，对 2007 年“中国制造”在美国大众媒体中遭受污名化危机的话语传播进行了探讨。首先，论文通过对 2007 年 3 月至 12 月期间《纽约时报》涉及“中国制造”报道文章进行了内容分析及批评性话语分析，并对此次污名化危机中的四个典型事件进行了事件过程分析。其次，以社会符号互动理论与印象管理理论为基本的理论切入点，从社会学、社会心理学及传播学视角全方位研究与阐释了传播、危机传播及

危机话语传播的各自含义、本质与研究议题。再次，在全面总结与梳理了危机话语传播理论研究的基础上，通过话语分析方法，详细验证了中国政府“中国制造”在污名化危机中的话语反应策略，并考察了这些策略与危机情境的关联性及其媒体效能，从而发现了中国自己的话语反应策略。最后，主要说明了此次研究的初步结论，可能的研究贡献、受到的研究限制与将来的研究建议，并以福柯后现代话语理论为基础提出：对于发展中的中国，政府及企业不仅要全面了解掌握西方世界的危机话语策略，而且要采用与发展适合自身的话语策略，更需在危机传播中赢得话语权这种结构性、生产性力量，以达到话语传播的最高境界、取得最大媒体及社会效能。

关键词：危机论　话语　传播学

**4437**

**报业内容创新研究** / 庄向阳著 ; 罗以澄指导. -- 武汉大学, 2009. -- 134 页

论文主要探讨了在当今时代报业的内容创新问题。首先，介绍了报业内容创新的背景情况，这是一个新的传播时代，尽管新媒体占据了先机，但报纸仍将会在一定范围内拥有自己的生存空间，报纸提供的不再仅仅是浅阅读材料，而应该是一种浅阅读和深阅读的结合物，同时报纸应进入一个新的营销时代，要视读者如伙伴，重构报纸与读者的关系。其次，认为报纸的内容创新应当从打造主动的编辑部开始，这是内容创新的主体。第三，回顾近年来中国报业尤其是都市报的发展历程，可看出报纸的内容创新阶段按照深入的程度可分为三个层次，即创造性模仿阶段、整合创新阶段、系统创新阶段。第四，对现阶段的中国报纸来说，创新的一个重要方面是报道理念的创新，即需要在新闻报道中导入人本理念，就是承认每个人的生命具有同等价值，要关注普通人的人生命运和生存境遇，维护他们的生命尊严。第五，阐述内容创新的美学原则，即报纸的版面形式应该简洁、悦读，并且尽力寻求中国样式，以满足中国读者的阅读需求，对中文报纸来说，标题的制作也颇能体现这种美学原则。另外，报纸内容创新还需要注意抓住互联网、手机等新的传播工具所带来的机遇。最后，论文还认为应当在新闻评论、深度报道、特稿三大文体上多作耕耘，以做出更多的独特内容，提供高品质的报道，从而留住读者。

关键词：报业　经营管理　报纸编辑　内容

# 艺术学

**4438**

**20 世纪 70—80 年代英国的设计及其理论研究** / 陈红玉著 ; 李砚祖指导. -- 清华大学, 2009. -- 196 页

论文以设计的消费与认同作为立足点，描述 20 世纪 70—80 年代世界政治、经济和文化转型过程之中英国的设计和设计理论，考察消费社会下设计与商业、消费、文化之间的动态关系，探讨这 20 年英国设计的发展、演变、特点和基本状况，及其在这一历史转型过程中的设计的状态、地位、意义和作用。论文共六章。第一章，绪论。介绍课题缘起、研究背景与国内外研究现状、论文思路与出发点、研究方法与理论、研究创新点。第二章介绍 20 世纪后期英国的消费与设计。描述消费主义在英国的胜利，作为历史转折点的波普设计，20 世纪 70 年代的朋克与青年文化、80 年代的后朋克与街道风格，女性解放与时尚的新浪潮运动。第三章，通过介绍设计与消费的关系，博物馆和设计教育，国家经济发展委员会的设计调查、设计委员会的英国消费者商品的设计与调查介绍以消费为导向的设计业发展状况。第四章，设计的消费与认同。介绍英国的设计及其身份认同，设计的身份认同，设计师的身份认同，设计与国家的身份认同。第五章，设计、消费与文化构建。介绍 20 世纪后期英国的消费文化与设计研究，20 世纪 70—80 年代设计研究的状态，物质文化研究中的设计史，设计与文化研究。第六章，结论。作者提出消费文化是英国 20 世纪后期图像与身份构建的基础，从现代到后现代是设计自我显现和完善的过程，从视觉文化到设计文化是设计作为后现代之源的现实途径。

关键词：工艺美术史　设计　文化　英国

**4439**

**1937—1949 年：解放区音乐民族化思潮研究** / 陈宗花著 ; 谢建明指导. -- 东南大学, 2009. -- 170 页

论文主要是在对解放区各种历史文献进行系统整理、分析、研究基础上，对解放区音乐民族化思潮发生发展的脉络进行全面细致梳理，并对这一思潮的得失及影响做出客观评判，以期推进新音乐民族化课题的研究。论文共由导论、第一至五章，以及结语组成。导论主要对研究对象、范围、研究现状、研究思路、创

新之处、研究意义、资料基础、研究方法加以说明。第一章,对解放区音乐民族化思潮发生、发展背景加以研究,分为两部分,首先对解放区音乐化思潮的先声——苏区与左翼音乐运动中的民族化思考与实践进行梳理,其次对这一思潮发生发展的政策与观念背景加以分析。第二章,梳理《讲话》前解放区音乐民族化思潮的发展,分为三部分,首先研究音乐大众化与民族形式讨论,及在此基础上取得的创作成果;其次以“鲁艺”为中心,分析《讲话》前延安音乐民族化思潮的具体发展;第三,介绍解放区音乐社团、组织的建立。第三章,梳理《讲话》后的发展。1942 年《讲话》的出现确立了为工农兵服务的音乐方向,在其引导下,音乐民族化思潮得到迅猛发展,主要表现在“鲁艺”音乐民族化的探索、新秧歌运动,以及歌剧《白毛女》的出现等几方面。第四章,对解放战争时期解放区音乐发展的总体概况加以梳理,以此为背景分析解放区音乐创作的民族文化探索,并专节对东北“鲁艺”的音乐民族化实践加以梳理。第五章,从解放区音乐创作的三种主要方式“选曲填词”“编创”“新创作”出发,对音乐民族化思潮在解放区音乐创作上的表现进行分析。结语部分对这一思潮的得失及影响作出客观评价,主要包括:对民间音乐收集、整理、研究活动的评价;对采用民间音乐进行民族新音乐创作的评价。

关键词:民族音乐　音乐民族化　文艺思潮

**4440**

**艺术市场学论纲** / 成乔明著 ; 谢建明指导. -- 东南大学, 2009. -- 257 页

论文以艺术市场为研究对象,从各个角度进行论述。论文共包括绪论,第一至六章,七个部分。绪论部分介绍艺术市场学的研究对象,研究目的和研究方法及艺术市场学的补充说明。第一章,分别介绍艺术市场学产生的理论基础、历史基础和现实基础。从讨论艺术市场的理论研究现状以及中西方艺术市场的历史积淀开始,在研究中西方古代艺术市场史时提出寄生性艺术市场、雇佣性艺术市场、自由性艺术市场的三分法。比较性地研究书画、电影、小说三大艺术市场的现实情况并总结出三大艺术市场的盛况。第二章,探讨艺术价值,研究艺术商品价格,介绍艺术价值与艺术品价值的关系。提出艺术价值的六大转变,指出艺术价值转变的结果造成艺术品价格出现三种状态:真实价格、虚浮价格和不足价格。第三章,介绍艺术市场的结构形态。分别介绍艺术市场的类型和构成部类。大致可以将艺术市场分为三大部类:艺术生产、艺术流通和艺术消费。描绘艺术市场理想的结构形态——生态型艺术市场。第四章,以美术、音像品和文学市场为例分析艺术市场存在的问题。美术市场存在三大混乱;音像市场盗版风行如瘟疫;文学市场遭遇读图时代的尴尬。针对这三类主要的问题,从艺术商品的商品特质讨论产生原因。第五章,介绍艺术衍生市场。认为艺术衍生市场的繁荣源自精神经济时代艺术消费者对“多维体验”无比渴求的内因。艺术市场不仅仅构筑当今艺术消费的“社会性多维消费圈”,也带来艺术市场上产销共赢的大同盛况。第六章,有针对性地对艺术市场管理进行梳理、分析,并从三个层级对艺术市场管理进行勾勒:市场行政管理、市场行业管理和市场企业管理。其中艺术市场的行政管理手段包括行政手段、经济手段和法律手段;而艺术市场的行业管理是艺术市场行政管理的必要补充;艺术企业管理必须建立在把消费者看作上帝的贸易性服务管理基础之上,艺术企业投资不仅仅要照顾到市场消费缺失,而且要发挥艺术家人力资本和企业品牌的作用。

关键词:艺术市场　市场学　艺术品　拍卖

**4441**

**论设计中的艺术创意** / 付强著 ; 凌继尧指导. -- 东南大学, 2009. -- 105 页

论文从美学、思维学、逻辑学和经济学等方面,对设计中的艺术创意问题进行多维度深入研究。从多角度剖析设计中艺术创意的基本问题,展现其自身发展的过程,发掘其内在的哲学依据和内涵,揭示其独特的思维方法,探寻其逻辑结构形式以及对经济活动的深刻影响。通过多学科综合研究方法透视设计中艺术创意的具体存在形态,建立设计中艺术创意的开放体系,为设计中的艺术创意教学和实践提供一定的参考。论文共五章。第一章,对设计中艺术创意进行诠释。设计中的艺术创意是设计、艺术和创意三者融合而成的。简述设计历史的发展沿革、艺术本体的演变历史,介绍创意特征概论。第二章,探讨设计中艺术创意的趣味论。指出创意通过创造趣味来自我实现、经由感觉活动而显现,创意趣味以经验为基础条件、以理智为必要因素。介绍哈奇生、休谟、伏尔泰和康德这些有代表性美学家的美学思想,解读其审美趣味。第三章,介绍设计中艺术创意的思维论。创意主体之思维是进行设计中艺术创意的运作核心。阐述

跳跃式、辩证式的艺术创意思维方式,介绍影响设计艺术创意的几种思维定势。第四章,阐述设计中艺术创意的逻辑轮。设计中的艺术创意形式与人类的情感形式有逻辑类似性,成为探讨创意自身逻辑结构的基础,这种逻辑结构建立在审美形式和审美体验之间。指出创意是符号与情感的链接,介绍艺术创意的逻辑结构。第五章,介绍设计中艺术创意的经济论。设计中艺术创意问题是文化产业和审美经济中重要的生力军。提出创意实现文化与经济共生共荣,介绍艺术创意的经济学规律论。文章通过将审美、思维、逻辑和经济等相关理论结合起来纳入一个体来认识设计中艺术创意问题,充分展示设计中艺术创意开阔的发展空间、多元的实践思路,为设计中的艺术创意问题提供进一步研究发展、实践创新的理论平台。

关键词:工业设计　艺术　创意

**4442**

**清代绘画史学研究** / 傅慧敏著 ; 陈池瑜指导. -- 清华大学, 2009. -- 168 页

论文主要以清代绘画史学为研究对象,具体针对的是清代的画史著述文本。论文共七章。第一章,引言,介绍论文的研究对象与目的、国内外研究现状、论文研究的研究方法与思路、论文的主要文献。第二章,清代绘画史学的主要特点与成因分析。通过较为全面的研读清代绘画史籍,分析并总结清代绘画史学的整体特征。纵向比较并论述清代近三百年间,绘画史籍在内容、史学观念等方面所呈现出前后不同的分期特色。第三至六章将清代绘画史籍分为通史、断代史、专史、著录体画史、笔记体画史几个种类,分析每个门类的绘画史籍代表作的内容、画家思想、史学思想与观念、撰述方法与体例的特点与成因。第三章具体介绍通史与断代史,第四章为清代绘画著录的著史观念与方法,第五章介绍专史,第六章为清代笔记体画史的史学价值与撰述特点。第七章,结语。作者对为什么要重新解释清代绘画史学进行解释,提出清代绘画史学的新解释。指出清代绘画史学并非传统绘画史学的消沉,对作品真未鉴定的重视、对画史材料的考订正是其主要成就,并且其所积累的大量关于书画作品记载、收藏、鉴定的方法与经验较大程度的影响今天的书画鉴定与美学史研究。

关键词:绘画史　中国画　清代

**4443**

**浮世绘与明清版画艺术** / 高云龙著 ; 张道一指导. -- 东南大学, 2009. -- 103 页

论文以浮世绘与明清版画艺术为研究对象,指出明末图书插画的普及为日本浮世绘版画的兴起及其繁荣在版刻图绘上提供了最原始的样本和实物图像,并且使其从书籍中的插图转变为独幅鉴赏的浮世绘版画艺术。但由于缺乏传统文化与修养,日本江户社会在文化史上产生了一种面向大众的浮世绘版画艺术。论文共绪论、第一至五章,六个部分。绪论部分介绍研究目的、意义,进行国内外研究现状概述,阐述研究的主要内容及拟解决的问题和本课题研究的实用价值及理论意义。第一章,江户文化的兴起与明末通俗文学的传承。主要介绍江户时代商品经济的繁荣,明末市井文学在江户的盛行和江户大众文化的崛起。第二章,明刊本版画艺术与浮世绘版画的缘起。阐述明刊本黑白插画及其在江户的传播,描述被后人称为"日本浮世绘元祖"的菱川师宣对浮世绘版画发展的贡献,介绍明末秘戏图与浮世绘的官能风俗。第三章,铃木春信的浮世绘版画与明清套色版画。随着浮世绘版画技术的发展,铃木春信吸收我国明清套色版画先进的拱花与套印技艺,创作出日本版画史上绚丽多彩的浮世绘锦绘艺术。第四章,浮世绘风景版画与中国传统画法与画题。我国苏州版画街市楼阁图大量传入日本,对日本的浮世绘风景画发展起到很大作用。这种街市楼阁图均是以宏大层叠的建筑物为描绘对象,采用比较写实的西方透视手法,以描写物象的阴影和几何透视为基调,运用多视点远近法作透视描绘。葛饰北斋运用我国传统的"八景"画题,特别是"潇湘八景"使风景版画达到顶峰。第五章,日本馆藏中国姑苏版画的实物考察。那些影响日本美术史的精美版画在我国几近绝迹,日本馆藏的中国姑苏版画向世人展示了她的精美绝伦。最后结论部分作者指出,浮世绘版画与我国明清版画艺术的渊源与传承关系是中日文化艺术交流史的有力见证。面对不断输入的高超版画艺术,日本浮世绘大师们在兼收并蓄的基础上努力创新,终于成就日本艺术史上的奇葩。

关键词:浮世绘　版画　日本　明清时代

**4444**

**当代中国女性艺术研究** / 顾春花著 ; 万书元指导. -- 东南大学, 2009. -- 168 页

论文以当代中国女性艺术为研究对象,从其表现

出的精神内涵、多元化的表现方式、审美观照进行论述,共六个部分,绪论和一至六章。绪论部分主要介绍该问题的提出,课题的研究历史与现状和论文写作的基本思路、研究方法。第一章,通过介绍女性艺术的合法性,从概念界定的溯源与“女性艺术”的涵义两方面介绍当代女性艺术的涵义阐述当代中国女性艺术的概念界定。第二章,回顾西方女性主义思想发展的三次浪潮,介绍中国妇女分别与社会革命合二为一、以社会性解放为主导、以自我解放为特征的解放思想的发展,描述西方女性艺术的集中表现和在中国的传播,介绍女性艺术发展的当代艺术环境。并通过这四个方面介绍当代女性艺术产生的背景。第三章,阐述其独特的精神内涵。在性别认同方面进行性别甄定、形象重塑;在身体觉醒方面,认为身体和欲望成为女性创作的源泉和认识自我的重要符号;在身份自审方面,表现当代女性在家庭与事业的抉择中处于进退为难的尴尬境地和女性的同性之爱使作为弱者的女性获得最坚强的精神支柱;在男权反观方面,反思男性和历史文化,控诉父权文化。第四章,介绍媒介选择及其艺术表现。绘画方面介绍夸张变异的形象重塑、天赋女性的色彩敏感力和意味隽永的构图;雕塑与装置艺术方面介绍对材料选择的亲和性、直觉性,由生活到艺术的女红方式,平滑光洁与凹凸不平的触觉表达。影像艺术方面介绍叙事策略的秘密性与公共性、时间控制地缩略性与放大性、形象塑造的真实性与虚拟性、剪辑方式的重复性与交织性。第五章,从蜷缩于己的审美心理、沿袭传统的阴柔之美、介入世界的反讽之美三方面介绍当代中国女性艺术的审美观照,认为其是传统与现代的交融。第六章描述当代中国女性艺术的发展意义与困境。认为其张扬现代女性精神、推动当代女性文化建设,但由于还处于起步阶段,不可避免地出现创作本身的局限性:作品话语的类型化、女性关怀的限域性、男性批判的温和性,而全球化和男性中心社会也导致她裹足不前。

关键词:艺术评论　女性　审美　中国

**4445**

**艺术学视角下的楚漆器文化特质** / 桂俊荣著 ; 刘道广指导. -- 东南大学, 2009. -- 112 页

论文从艺术学视角出发,在楚文化体系下,以漆器为重点,横向比较众多艺术形式,从形式规律、精神意蕴等方面探讨楚文化特质的艺术呈现。论文共导言、第一至三章,四部分。导言部分介绍选题原因、国内外研究现状、相关概念的界定和本论文试图解决的问题和创新问题。第一章,技艺篇。从地理自然环境、社会生产力发展、文化影响、工商贸易形势四方面介绍经济地理;介绍楚漆器造型和色彩;通过制漆技术、材质及制胎工艺和髹饰工艺介绍材质与工艺。第二章,精神意蕴篇。分别通过应用场合及其人伦观、人与物的关系和人与自然的关系阐述伦理观念;从现实关注、升天之门和生之企盼描述现实与虚幻交叠;介绍文化上的融合与冲突,包括:精进务实之路、社会角色意识的萌生和精神的逍遥孑立;通过楚漆器形象系列及其符号表征和解读介绍楚漆器的艺术意蕴。第三章,文化艺术特质篇。分为三个部分。第一部分,想落天外。指出屈赋与《楚辞》是瑰丽想象的文学建构,介绍楚漆器型的色之幻和楚艺术的瑰丽美。第二部分,情致绝美。介绍屈骚的奔放与线的飞扬体现自由生命之情,提出寻“道”之心,介绍欢愉与悲怆的对撞。第三部分,宇宙探问。从《庄子·天运》到《天问》,介绍漆器和楚文化艺术的“宇宙天地”。结语部分作者提出,楚文化以超强的包容性和开放性吸纳、融合多种文化,形成具有自身文化特质的区域文化。楚艺术所具有的这种活力和影响力值得深思,对艺术发展具有启发,对当代艺术文化产业发展有借鉴意义。

关键词:漆器　楚文化　文化特征　传统艺术

**4446**

**信息导引模式与设计研究** / 黄海燕著 ; 鲁晓波指导. -- 清华大学, 2009. -- 177 页

论文以“导引”作为信息设计的切入点,以质的研究为基本指导思想,运用系统方法和模式方法贯穿始终,同时采用比较法,案例分析等多种方法,论证信息导引模式对设计的重要指导意义,建构信息导引设计理论方法研究的基本框架,为完善和发展信息设计的理论体系奠定基础。论文共六章。第一章,引言部分,介绍研究背景、国内外研究现状、研究方法和论文结构。第二章,信息导引与信息设计。对信息导引的概念、类型、关键因素和应用领域进行阐释。第三章,信息引导的原则和基本模式的构建。提出信息导引的六项设计原则,分别是目的性原则、系统性原则、效率性原则、经济性原则、安全性原则和审美性原则。从信息艺术设计的视角,构建信息导引的基本模式,并用系统方法分析信息导引系统的结构和要素。介绍信息导引系统的建立和信息导引系统的复杂性,分析不同情境下导引系统的差异,并认为系统的复杂性

主要体现在地域、文化、语言文字、思维模式和人因五个因素。第四章,采用比较分析的方法,对信息结构、视觉变量和媒介形式展开深入的分析,梳理和比较物理空间的流通模式、网络空间的信息结构和数据组织结构的异同,提出合理的信息结构是导引的基础;结合相关案例,分析视觉变量在类型、层级、数量上的描述差异;并围绕人的行为过程,阐述从信息需求到行为结果的六个阶段,认为需求到行为与行为到需求是互逆循环的过程。第五章,详细分析和阐释媒介表达的三个重要因素,分别是信息节点、信息内容和信息形式。提出结构变量、行为模式、媒介形式是紧密联系的整体。第六章,结论。总结归纳出四大导引模式,分别是元素模式、空间模式、操作模式和复合模式,并以典型案例分析总结17种子模式和63种引导模式。

关键词:艺术　设计　标识　信息技术

**4447**

**当代中国水墨画创作研究** / 李佳著 ; 杜大恺指导. -- 清华大学, 2009. -- 226 页

论文以1949年至今的当代中国水墨画创作的各种现象为研究对象,对其进行阐述、梳理、阐释和判断,借鉴社会学"情景分析"的方法,采用访谈、个案调查、史料与文献、相关分析等方式,对20世纪中国水墨画创作的现实进行一次较为全面地清理。论文共六章。第一章为引言部分,介绍问题的提出、研究的意义、研究内容与方法,进行文献综述。第二章,创作的社会文化背景。从传承与创新,"地球村"的预言,后现代艺术思潮对中国艺术的影响,"大众文化"的中国解读四个方面介绍中国文化艺术的当代境遇;从学院内外,大众传媒方式的介入,画廊、拍卖行、美术馆及个人收藏三大方面介绍创作环境与传播渠道的时代变迁。第三章,梳理创作的几个重要阶段,分别为:传统型、融合异变型和现代创新型的建筑构造阶段(1949—1978);现实主义的转变、借鉴与反思、民间艺术再生、西北风和回归传统的改革开放阶段(1979—1989);价值和角色、主题性创作、水墨创作新样式和革新与守成的多元参与阶段(1990—)。第四章介绍当代水墨风格类型与流派风格。风格类型包括:客观再现型、精神表现型、传统借鉴型和模拟翻版型。流域与群落则从地域与流派、水墨文化群落、传承与交流三个方面阐述。第五章,创作的基本特征。介绍绘画语言"观念—形式语言""形式语言—观念"的演变方向,题材内容广泛化、审美倾向多元化、视觉表达个性化的创作倾向。第六章,结论,作者认为,中国水墨画艺术依然充满生机,在当前开放与多元的历史情景下,会焕发青春并呈现新的生命活力。但在全球化语境下,一些问题正变得愈加复杂,愈加深刻,这篇论文只是作者研究的开始。

关键词:水墨画　绘画创作　绘画评论

**4448**

**阿兹特克工艺美术研究** / 李江著 ; 张夫也指导. -- 清华大学, 2009. -- 190 页

论文以公元14—16世纪存在于中美洲地区的印第安阿兹特克工艺美术为研究对象。采用文献资料和实物资料相结合的方法,针对各工艺门类进行分类、分期研究,试图在材质迥异的工艺作品中找寻工艺美术所具备的共性特征和精神内涵,并勾勒出阿兹特克工艺美术发展的全貌。论文共六章。第一章,引言,介绍选题意义,国内外研究现状和研究方法及目的意义。第二章,从阿兹特克工艺美术的创造者——美洲印第安人,介绍阿兹特克的历史发展即源起、发展和毁灭介绍历史文化背景,并整理影响阿兹特克工艺美术形成和发展的各种因素。第三章,前半部分介绍阿兹特克之前的前古典时期陶工艺和古典时期的特奥蒂瓦坎陶工艺,后半部分描述阿兹特克陶工艺第1—4期。第四章,分别从纪念性石雕工艺第1—4期,一般性的人物造型、动物造型和石雕器物和以珍贵石料雕刻的小型石雕工艺介绍阿兹特克石工艺。第五章,总结阿兹特克的其他工艺美术。包括羽毛工艺、木雕和绿松石镶嵌工艺、金属工艺。第六章为结论,提出对阿兹特克工艺美术的研究和解读有助于我们构建多元、公正、全面的世界工艺美术史研究体系,有助于我们从对其他民族文化和艺术的研究中获得有益的经验与启示,从而为本国文化艺术发展研究提供有价值的借鉴。

关键词:工艺美术　美术史　阿兹蒂克人

**4449**

**城市环境中水景设计可持续发展策略研究** / 李荣男著 ; 郑曙旸指导. -- 清华大学, 2009. -- 140 页

论文主要研究水景设计作为城市无法舍弃的景观工程,如何向其中注入可持续概念,尽量维护生态环境、节约水资源。论文共六章。第一章,引言部分,介绍课题背景与目的、研究对象、水景设计基础理论与国际研究现状。论文研究内容与方法。第二章,从

水旳自然效应、人文效应与生活的关系,亲水性空间探讨,水景设计的价值,水景设计与环境的关系四个方面分析人的亲水性和水景设计的必要性。第三章,对可持续设计发展与城市水景设计进行研究。介绍可持续设计的追求和特征、国际和我国可持续设计的发展,将可持续概念与城市水景设计结合,旨在降低自然资源消耗、延长设计成品使用生命、提升设计成品美学价值。第四章,介绍分析国内外可持续水景设计个案。国内成功案例有:北京昆玉河生态水景走廊,香港听涛雅苑,成都市滨水景观,珠海市情侣路滨水景观;国外成功案例有:英国伦敦戴安娜王妃纪念喷泉,德国柏林市水景设计,美国俄勒冈州波特兰维拉美蒂河水岸空间改造计划,西班牙阿尔罕布拉宫水景。第五章,归纳出适合于水景设计的可持续原则:尊重自然原则、因地制宜原则、人性化原则、经济性原则、可变性原则等。其次从尽可能符合上述原则出发,思考得出可持续水景设计可能运用的操作策略,及加强可持续水景设计教育、积极发展节能方法、政策奖励、与城市的历史地理环境结合等操作方案。第六章,总结与展望。作者希望通过此次研究能对推进可持续水景设计的发展做出具体贡献。

关键词:城市　理水　园林设计

**4450**

**北京集合住宅室内设计的适应性发展研究** / 李嫣著 ; 郑曙旸指导. -- 清华大学, 2009. -- 272 页

论文采用综合的研究方法,积极借鉴社会学、心理学、行为学等其他相关学科的理论成果及方法,研究内容涉及北京现代集合住宅、生活方式、行为需求、住宅室内设计等方面。论文共五章。第一章,绪论。介绍论文研究的选题,居住行为与居住空间,生活方式与室内设计。第二章,计划经济时期北京集合住宅室内设计的适应性发展。先介绍集约式居住模式的发展与特点,之后分别详细介绍20世纪50至80年代北京集合住宅的时代背景与政治导向、建设概况和居住实况。第三章,市场经济初期北京集合住宅室内设计的适应性与发展。分别介绍20世纪90年代、1998—2003、2004—2008北京集合住宅的时代背景与政治导向、建设概况和居住实况。阐述影响变化的重要因素:社会转型期的变化、人口与家庭模式、生活水平与生活方式、科学技术与电气设备、公众意识。通过对核心家庭、丁克家庭、扩展型家庭和其他家庭结构与生活方式的阐述介绍我国现代家庭结构及其居住行为和需求。第四章,从现代集合型住宅室内设计的适应性发展特点与成就、当前北京设计存在的主要问题、集合住宅室内适应性设计未来发展目标三方面提出适应性发展策略。第五章,结论。总结北京现代集合住宅室内设计适应性发展的主要影响因素、成果和问题;并在以上研究的基础上,提出未来城市集合住宅室内设计适应性发展的目标和要求。

关键词:集合住宅　室内装饰设计　建筑设计

**4451**

**约翰·罗斯金艺术美学思想研究** / 刘须明著 ; 凌继尧指导. -- 东南大学, 2009. -- 189 页

论文以英国艺术批评家约翰·罗斯金的艺术美学思想为研究对象,对罗斯金在实用艺术思想、绘画美学思想以及建筑美学思想三个方面重要理论贡献进行介绍。论文包括绪论、第一至三章,四个部分。绪论部分主要介绍罗斯金的生平和著述,罗斯金艺术美学思想研究现状和论文的研究意义、目的、方法、创新点。指出罗斯金维多利亚时代艺术美学的重要代表、实用艺术最积极的推动者。在美术领域,他批判地继承之前的美学的同时,也创立自己的美学理论。第一章,罗斯金的艺术理论及实用价值。通过对罗斯金与19世纪英国艺术的介绍,对艺术与功能、自然、想象力的描述,介绍罗斯金艺术理论的基本特征。阐述罗斯金的实用艺术论,阐明罗斯金与英国"艺术与手工艺运动"的关系及"艺术与手工艺运动"在美国的传播。第二章,罗斯金的绘画美学思想。概述罗斯金的绘画美学思想,即:诗歌与绘画有着诸多的相通之处,在绘画、诗歌和语言三者中,诗为最高,但是,绘画可以描述言语无法表达的人类情感;绘画中应该真实第一、美第二;艺术来源于自然,但不是对自然的机械模仿,而是对自然的"阐述"和"解释"。后半部分介绍罗斯金的绘画批判和其绘画实践。第三章,罗斯金的建筑美学思想。罗斯金的建筑美学思想认为,建筑是一个民族之魂。在《建筑的七盏明灯》中,罗斯金把建筑美学归纳为七盏明灯,分别从七个方面论述建筑美的真谛。他强调建筑要真实,反对虚假和欺骗,由此引出建筑师道德品质修养在建筑中的重要性。结论部分,作者指出罗斯金的艺术美学思想具有明显的现代意义和重要的历史价值。她的纯真的道德理想和锐利的批判精神将永远是人类思想宝库中的瑰宝。

关键词:罗斯金(John Ruskin)　美学思想　艺术绘画　建筑美学

4452

**中国书画鉴定学研究** / 倪进著 ; 凌继尧指导. -- 东南大学, 2009. -- 170 页

论文共八章,主要采用哲学唯物辩证、学科交叉、实证的研究方法,对中国书画鉴定学进行研究。该研究的研究对象大于中国书画鉴定。绪论部分介绍中国书画鉴定与中国书画鉴定学和鉴定学研究的目的、意义。第一章,从实证层面和理论层面介绍研究对象;从多学科交叉、应用理论性、中国传统审美和美学特征介绍研究对象的特征;从中国书画鉴定学与美术史、美术评论、美术理论三方面介绍研究范围。第二章,介绍研究方法,分别包括:原理层的哲学唯物辩证方法,交叉层的学科交叉方法,实证层的实证研究方法。其中哲学唯物辩证研究方法包括现象与逻辑相统一、静态与动态相策应、感性与理性相互动、继承与发展相结合、目鉴与考证相转换。第三章,探索中国书画鉴定的心理机制,有助于深化理论研究。分别对心理特征、心理图式、心理定势和心理结构系统中的潜感觉进行描述。第四章,分别介绍风格、文献著录、款印题跋、文字考证、纸绢和装潢形制的基本理论与鉴定方法。归结起来,就是目鉴与考证两个方面,目鉴为主,考证为辅。第五章,介绍中国书画鉴定历史的五个时期:六朝、隋唐五代、宋元、明清、新中国时期。重点介绍宋元时期。第六章,介绍中国书画作伪史、作品构成要素的作伪和非书画作品构成要素的作伪。其中作伪史包括四次高潮。第七章,从审美特征、绘画语言、绘画鉴定对中西方进行比较。比较认为中国书画鉴定偏重主观和经验,西方则偏重实证和科技。经过科学化思考认为既要学习西方绘画鉴定的先进科学技术手段,更要重视系统理论研究。第八章,指出行政调控、法律法规的制定和执行、行业道德的自律是维系中国书画鉴定权威性和公正性的重要途径和方法。

关键词:中国画　绘画　书法　鉴定

4453

**金属首饰造型与装饰语言研究** / 潘妙著 ; 李当岐指导. -- 清华大学, 2009. -- 211 页

论文围绕"金属首饰造型与装饰研究"这一主题进行研究,试图梳理首饰的装饰内容、艺术风格、社会功能和历史文化价值等方面的关系,文章以功能为主要线索,采用田野考察的人类学研究方法,结合图像学研究方法,以古今中外大量实际案例从首饰的造型、装饰和工艺技术三个方面展开研究。论文共五章。第一章,引言,介绍研究背景和课题的选定、国内外研究现状、思路和研究方法、研究的创新点和论文基本章节安排。第二章,结构与语言。介绍首饰造型的独特性与制约性和首饰语言造型。通过对方、圆两种首饰造型的比较,得出造型的基本特征:首饰造型要在满足装饰审美和佩戴要求的基础上,满足不同时期的不同阶层的主观意志。社会功能的淡化是现代首饰发展的主流趋势,强调社会功能的传统造型逐渐向强调审美功能的现代化造型转变。第三章,纹样与文化。阐述纹样是社会秩序的物质观念文本、宗教信仰观的体现。指出传统纹样具有浓厚的象征意义,体现权利、等级、宗教、伦理、道德、氏族标志等内容,现代纹样则更体现时尚、个性等特征。并提出首饰造型与纹样装饰都是用来维护传统社会秩序的重要手段。第四章,工艺与艺术。介绍手工生产和工业化生产与文化心理表现、工业化生产的文化意蕴,工业化生产手段对传统首饰文化意蕴的改变。描述传统与现代生产方式的共存状态和现代生活环境下传统手工文化的价值和意义。提出首饰工艺不是一般性技术劳动,而是工艺和文化相融合的积累过程。工艺传承环节既包含技艺的传承,也包含社会内容的传承,在此过程中首饰的装饰语言、艺术风格和文化内涵以较为稳定的形式固定下来。现代工业化生产方式在拓展材质之美的同时,削弱首饰的价值属性,并冲击着传统观念。第五章,结论,对全文内容进行总结。

关键词:首饰　金首饰　造型设计　工艺美术

4454

**《小说月报》装帧设计研究(1910—1931)** / 彭璐著 ; 何洁指导. -- 清华大学, 2009. -- 216 页

论文围绕 1910—1931 年商务印书馆出版的文学期刊——《小说月报》的装帧设计展开,以定位—创意(构思与题材)—表现(语言与风格)的思路来安排和划分章节。论文共五章。第一章,引言。介绍选题背景与意义,研究现状,相关概念的界定,研究方法和写作思路及主要内容。第二章,从时代背景与主办机构两方面阐述《小说月报》创刊的基本情况,通过分析主办方、读者群、作者群的构成,明确《小说月报》纯文学大刊的设计定位,并阐明主办单位及相关人员对装帧设计的管理和引导。第三章,将《小说月报》纳入社会运动、文化思潮的背景下,阐释刊物装帧设计的构思与题材。内容包括革命前的娱乐民生、启发民智和革

命后的新文化、新思想。第四章,从纸张、印刷、图形、编排设计四个方面具体分析《小说月报》装帧设计语言及其风格的演变。介绍20世纪初期西方装帧设计状况,上海商业美术设计的肇兴,革命前西方艺术、设计语言的引进改造和革命后中西艺术、设计语言的融合与转换。第五章,结论。归纳论文观点:《小说月报》的装帧设计表现出鲜明的中西兼容、亦中亦西、融合中西的折中风格。"折中"代表了当时中国社会在过渡时代的文化抉择。

关键词:期刊　版式　设计　新闻事业史

**4455**

**技术视域下的西方艺术史重构** / 仇国梁著 ; 谢建明指导. -- 东南大学, 2009. -- 171 页

论文从技术的视域对西方艺术发展框架进行新的构建,对目前艺术史带来的一些困扰、存在的一些问题做出一种新的阐释。论文共有导论、第一至五章,六个部分。导论部分介绍问题的提出及其研究意义、"技术视域"的界定和论文创新点及研究方法、思路。第一章,技术的开端与艺术的形成。主要介绍旧石器时代与新石器时代人类取火、用火的原始技术,阐述原始技术的另一产物:原始艺术的精神要素,描述伴随着史前技术革新所带来的原始理性与非理性的关系变化。第二章,技术的发展与艺术的前进。介绍单一型技术与艺术的发展,古希腊时期全面性技术与艺术的高峰和之后技术理性主义与古代艺术的回落,古代技、艺的散失与传承。第三章,技术的振兴与艺术的繁盛。14—16世纪间的文艺复兴时期是西方继希腊之后的一个高峰时期。古代技术传统回归,并有所进步;古今技术与宗教非理性很好地结合;技术振兴走上工业化道路;古典艺术的复兴与飞跃使艺术重返巅峰。但是,17世纪的技术有所停滞,将文艺复兴时期的艺术推向分化,理性与非理性关系失衡。第四章,技术的革命与艺术的嬗变。说明18世纪中叶至今的三次技术革命时期是人类技术史上对艺术影响最深刻的发展阶段。第一次技术革命提高人类征服自然的能力,同时也将人类理性和非理性推到失衡状态;第二次技术革命即电力技术革命给人类带来全新的技术文明,但也将人类完全置于技术的威力下,深深感受技术所带来的巨大伤害,技术的悲观主义盛行;在理性与非理性完全失衡的背景下,一场颠覆理性传统、重返非理性、追求和谐的现代艺术革命开始,掀起这个技术上升时期的艺术高潮。第五章,技术的可持续化与艺术的未来。作者指出,20世纪中叶以后,现代信息技术革命将技术发展推向更高潮,并将现代艺术革命引向另一个发展之路,即技术理性极端发展下的艺术的"非艺术化"。对于未来,建立可持续的技术发展战略则是西方艺术走出困境和危机的一条必由之路。

关键词:艺术史　技术进步　西方国家

**4456**

**从混沌到有序:艺术语境研究** / 孙晓霞著 ; 李心峰指导. -- 中国美术研究院, 2009. -- 133 页

论文深入系统地研究艺术语境,扫除当下对艺术语境的认知屏障,使语境理论在方法论上的意义和价值在艺术研究中得以有效应用,以此对艺术进行新的解读。第一章针对以往语境理论中的相对主义、无边界等不可知论特征,通过历史梳理和辨析,发现语境具有可限定性、层次性、结构性等可研究的理论特性,打破了语境研究的理论困境。第二章重点考辨了艺术理论中不同语境观的理论贡献和视域局限。第三章论述艺术语境是一个有内在逻辑联系的系统,其基本构成是一个由艺术品文本、艺术生产语境层、艺术的社会语境层构成的层层包含的、同心圆结构。第四章进一步对艺术语境的历史特征和生成规律进行观测和描述,并分析了当代"艺术日常生活化"和"日常生活艺术化"这两种逆向活动的艺术语境特征,论证了这两种貌似趋合的艺术走向其实是两种截然不同的艺术存在方式。第五章从语境研究的视角对当代艺术实践的问题及其历史走向等进行了解答,证实了艺术语境研究在当代艺术实践和理论发展中的重要性。文章最后强调积极研究艺术的语境结构并通过语境形态来理性地分析具体艺术问题,不仅是艺术理论发展的逻辑必然,也为各民族艺术在文化全球化态势中保持本土语境特征的同时又能吸引世界目光提供重要理论支持,对中国当代的艺术理论和实践同样具有重要启示意义。

关键词:艺术理论　语境特征　艺术实践

**4457**

**西方早期现代艺术复归倾向中的古希腊元素** / 汪瑞著 ; 丁宁指导. -- 北京大学, 2009. -- 179 页

论文基于上世纪前期现代艺术发展中所表现出的回溯倾向,以艺术作品中所反映出的古希腊元素为视角,尝试对这种复归古典现象进行客观描述,并对

其影响做出公允评价。论文共四章。第一章以20世纪早期现代雕塑为开端，通过对罗丹、马约尔和摩尔等雕塑家以及“画家—雕塑家”群体的艺术形式考察，分析现代艺术回溯传统的现象。第二章以第一次世界大战之后进入反省期的立体主义和巴黎画派“复兴古典”的艺术探索为中心，展开对“先锋古典主义”和“地中海传统”的讨论。第三章以德·基里科和马宋等人的个例为代表，以30年代超现实主义的发展为线索，深入探讨现代艺术运动、神话主题和现代心理学之间的内在联系。第四章围绕希腊“30年代一代”艺术团体，深入分析古典艺术的发源地希腊在学习模仿西方现代艺术并走向独立的过程中如何思索现代与古典之间关系的问题。最后为结论。论文用这四个部分呈现出20世纪早期西方现代艺术发展过程中回溯和反拨的历史画面，并以此建立起对古希腊艺术为代表的古典艺术的讨论和对早期现代艺术的公正评论。通过考察西方20世纪现代艺术复归倾向中的古希腊元素，进一步探讨西方早期现代艺术和以希腊艺术为代表的西方古典艺术之间的关系。在认识现代艺术深层涵义的基础上，挖掘古典艺术在现代语境中的持久价值与重新定位。

关键词：艺术评论　超现实主义　立体主义

**4458**

**当代中国工艺美术体制问题研究** / 王丽丹著；杭间指导. -- 清华大学, 2009. -- 164页

论文以工艺美术体制问题作为切入点，聚焦于工艺美术与当代中国社会变迁的关系，意在以体制的视角和系统的观点分析工艺美术的现实问题，并对其良性发展提出建议。为分析工艺美术这一复杂的文化艺术现象，论文借鉴社会学与系统论的研究方法，结合文献、访谈、个案分析等具体手段，将工艺美术体制放入当代中国的历史语境中进行分析与研究。论文共六章。第一章，引言，介绍课题源起、研究背景、研究的意义与目的、研究思路、研究方法、论文框架与主要内容。第二章，阐述当代中国工艺美术体制的概念及含义：广义上，当代中国的政治、经济、文化、社会结构变迁与全球化的背景，共同构成工艺美术体制形成的系统语境，并决定了其与社会主义制度相适应的宏观体制，具有相对的稳定性。狭义上，经济属性决定工艺美术的微观体制，其要素包括工艺美术的生产、管理、经营、研究、教育等，具有多层次、地域性和复杂性等特点。第三章，梳理当代中国工艺美术体制的脉络，并对其影响进行建构性分析。第四章，从传统到现代的嬗变，从社会变迁与文化变迁的互渗，多重维度地论述工艺美术体制的转型及其价值与缺失。提出工艺美术体制范式建构的观点，对具体现象进行个案分析。从单一模式到多元发展，从生活方式到工艺文化的价值重构，探索当代中国工艺美术体制的范式转移。第五章，结合工艺美术体制的现实情境，借鉴外国工艺美术体制建构的经验，通过个案研究中国工艺美术体制的地域性，提出以开放的视野，关注工艺美术指向民生、指向文化的核心价值，以此完善中国工艺美术体制的多元化建构。第六章，结论，借用“体用一源”这一哲学命题，诠释中国工艺美术体制的良性建构应回归生活的本源，重视工艺的文化价值，而不仅仅把经济发展作为最终目的。通过理性分析，针对现实问题，结论提出相关的政策建议以及后续研究的可行性与必要性。

关键词：工艺美术　文化事业　体制改革

**4459**

**论宋元时期中国绘画对日本水墨画之影响** / 王莲著；谢建明指导. -- 东南大学, 2009. -- 74页

宋元时期，日本人通过对中国绘画艺术的移植、消化、吸纳，创造出具有日本民族文化精神的日本水墨画。论文从日本水墨画的源头及其传播途径、画题、语汇、受容四大方面深入研究，阐明这一事实，并认为这一成功经验值得人类绘画艺术发展引荐。论文分为六个部分：前言，第一至四章，结论。前言主要介绍研究原因，国内外现状和作者的研究方法及创新点。第一章，描述日本水墨画的源头、产生，着重从日本僧侣画家西取、中国僧侣画家东传、宋元作品东传三方面介绍日本水墨画的传播途径。第二章，通过介绍禅宗人物画、水墨花鸟画、水墨山水画描述中国绘画艺术在画题方面对日本水墨画的影响。第三章，语汇，从线描和墨法两方面介绍笔墨，同时也介绍构图。第四章采用例证法，介绍南宋禅画代表牧溪与日本水墨画的渊源，和因为南宋禅画与日本人的审美意识产生共鸣所带来的日本水墨画对中国南宋时期绘画的摄取。结论部分作者提出宋元时期中国绘画对日本水墨画的影响是中国文化艺术影响日本绘画发展的一个重要部分，宋元时期中国绘画的发展仍处于高峰时期，而日本水墨画也是日本绘画的主要画种之一，因此，研究这一史段的交流与发展状况，从中吸取经验教训，将有助于我们在新时期的借鉴和运用。

关键词:水墨画　绘画史　日本　宋代　元代

4460

**论艺术形态的演变** / 王谦著 ; 凌继尧指导. -- 东南大学, 2009. -- 102 页

论文从人类文明发展的角度,没有一切既有艺术观念的先前带入,阐述艺术形态的演变,发现新的艺术本质。论文有三大部分,共九章。第一章,引言。介绍论文的写作目的,写作思路,说明一些问题。第一部分,介绍艺术观念及考察艺术的视角,包括第二、三章。第二章,从对“现代艺术”的困惑,某种理解“现代艺术”的视角和一种历史视角的艺术观念介绍一种理解“艺术”的观念。第三章,通过确定考察范畴和视角的必要性,确定艺术的考察范畴和视角,介绍此范畴与视角的历史渊源,阐述“艺术形态”。第二部分介绍“艺术形态”视角中的艺术史,包括第四、五、六、七章。内容包括:艺术史的“分期”、艺术的“孕育”阶段、艺术的“成长”阶段、“现代艺术时期”,原始艺术的“实用”,古典艺术的“美”,以及现代艺术的“反传统、反理性”。第三部分介绍作者对艺术史的考察的总结与对于艺术的期望,包括第八、九章。第八章是对艺术史的回顾与总结,介绍艺术形态视角中的艺术史线索、对此线索的追问、理性视域之外的艺术。第九章,反思对于艺术的研究现状,包括现状分析与展望。艺术在不同时期的生存状态的演变中都有自身赖以生存的独特逻辑,要这个角度出发跳出美学与门类艺术学的羁绊,还需要不断研究。

关键词:艺术学　美学　理性

4461

**情境设计方法研究:信息艺术设计的新方法** / 吴琼著 ; 王明旨指导. -- 清华大学, 2009. -- 138 页

论文以产品的使用情境作为研究的切入点,目标是建立一个适合交互式产品使用方式设计的信息艺术设计方法的理论框架。论文共六章。第一章,引言,介绍研究背景与意义,进行文献综述,阐明研究方法。第二章,介绍情境设计方法的缘起,从多个学科的视角探讨情境概念的内涵和由来,详细分析情境中所包含的元素,点明情境的特征。提出情境是人们使用产品的过程中影响人们具体行为的主观元素和客观元素之间的关系;情境认知是人们对于情境的主观认知,是人们在使用产品过程中做出行为决策的依据。第三章,情境设计方法。介绍理论基础,情境设计目标,情境设计方法和情境设计方法的特征。指出情境设计方法是以产品使用者的情境认知为切入点并围绕情境进行分析来完成产品使用方式设计的方法。第四章从客观原则、整体原则、交流原则和焦点原则四方面阐述情境设计方法应用原则。第五章,通过介绍面向虚拟环境和面向自然交互的情境设计方法,介绍情境设计方法在未来信息艺术设计领域中的发展。第六章,结论。介绍论文对情境认知和情境设计方法体系的研究成果,阐述本研究创新点和研究意义。

关键词:艺术设计　信息技术　情境

4462

**持续之道:产品可持续设计的理念研究** / 余森林著 ; 柳冠中指导. -- 清华大学, 2009. -- 203 页

论文的研究主题为产品可持续设计的理念问题,通过对产品可持续设计的“内部因素”与“外部因素”的分析,归纳出产品可持续设计的多元方式、互动机制和设计理念。论文共有六章。第一章,引言,介绍课题源起、研究背景、研究目的与意义、研究方法。第二章,源流与发展。梳理可持续发展的涵义、历程、内容与原则,在此基础上,归纳产品可持续设计的涵义、内容与原则。第三章,问题与根源。分析严峻的现实问题,探讨产生问题的根源。其中,技术的先天缺陷、全球化污染与消费主义的泛滥是造成问题的主因。第四章,理念与设计。归纳产品可持续设计的多元方式、社会的互动机制以及生态和谐理念。多元的设计方式包括废物再利用设计、产品生命周期设计、产品与服务设计以及社会和谐设计;社会的互动机制倡导政府、企业、设计师、媒体和大众的互动合作;生态和谐的理念需要调整人与自然、人与他人以及人与自我之间的关系。第五章,案例与求解。列举作者参与的三个案例,旧衣时尚吧、共用私人车和居家养老院,突出循环利用、平台共享和社会和谐的设计主题。第六章,结论。总结全文观点,分析可持续设计的理想主义色彩,指出论文不足,并提出笔者希望。

关键词:工业产品　产品设计　可持续发展

4463

**情境体验:信息时代空间设计核心价值** / 余为群著 ; 王明旨指导. -- 清华大学, 2009. -- 173 页

论文透过技术工具、空间现象、环境认知、消费行为的纵向发展,剖析信息时代的空间迷思,进而探讨

空间体系、诠释模型和设计价值观。论文共七章。第一章,引言,介绍研究背景、对象、范围、目的、方法和流程。第二章,实存与虚像。介绍信息时代的技术冲击和信息时代的空间迷思,寻找信息时代空间的共通价值。第三章,虚实掩映的世界。介绍空间体系的范式转变和信息时代人类世界观的转变,重点回顾中西空间体系的分合演进过程,阐述信息时代宇宙观的再定位,整合虚实交叠、渗透共生的三重世界。第四章,虚实共构的情景。分别从信息时代人类空间观的转向、生存观的扩大和空间观念的蜕变,介绍信息流动和意识渗透的情境。第五章,人我交互的系统。以认知心理观点,解读信息时代的空间现象。以情境作为诠释当代空间的知觉模型。并持续采用信息承载、流动和渗透的概念,推导空间、场所、情境和意境的演进关系,说明情境体验的意义。并据以调整信息时代的空间设计相关内容,归纳情境导向空间的设计原则。第六章,引用体验经济的理论,说明情境体验相关的空间创造和活动需求,确为信息时代空间设计的核心价值,初步建立信息时代情境导向空间的设计原则和评价基准,作为后续跨界整合发展的基础。第七章,结论。研究的成果在于观测、体验和内省宇宙的现象学观念,重新诠释虚实空间体系,并发展出情境体验模型,理清了信息时代的空间现象本质,并以信息承载、流动和渗透的概念描述信息时代空间从形变到质变的演化过程,形成主要脉络。

关键词:建筑设计　空间　信息技术

**4464**

**辽宋金金银器** / 周卫星著 ; 尚刚指导. -- 清华大学, 2009. -- 212 页

金银器在中国古代工艺美术中地位重要,是研究一个时代工艺美术良好的切入点。而辽宋金金银器考古发现年代分布不均,北宋和金代金银器发现较少,使这一时期金银器的全面研究稍显不足。论文共五章,分别从金银器与时代的关系、造型、装饰三个方面研究辽宋金金银器。第一章,引言,介绍研究意义,进行文献综述,阐明研究方法。第二章,通过介绍金银器的制作、供奉、赏赐和使用描述宋代金银器与社会生活的关系;从辽代金银器制作与汉族移民,辽金金银器与五代、两宋往来两方面阐述辽金金银器与五代、两宋的关系。第三章,介绍金银器造型,共十六个小部分,分别为碗、杯、盏;高足杯、碗;把杯;折肩罐;壶(提梁壶、执壶);长颈瓶、壶;梅瓶;盘(多曲盘、圆口盘、束腰长盘、海棠盘);盒(圆形、花型盒、象形盒、链盒);盏托(茶托、酒台、酒盘);罐;盆;唾壶;成型工艺;形制大小。第四章,从包括动物纹、植物纹、几何纹、绘画性装饰的纹饰题材,高浮雕凸花和立体装饰,鎏金三方面介绍金银器的装饰。第五章为结语部分,对辽宋金金银器三方面的研究进行总结性介绍。

关键词:金银器　考古学　艺术造型　装饰

**4465**

**哥特式教堂彩绘玻璃研究(12—14 世纪)** / 周志著 ; 张夫也指导. -- 清华大学, 2009. -- 257 页

论文以 12 至 14 世纪哥特式教堂内的彩绘玻璃为研究对象。通过对彩绘玻璃技术支持方面的分析,艺术形式和风格研究,主题的图像学分析,艺术作品背后时代影响因素研究,以及从社会学角度对艺术作品及其所反映的社会现象之间的关系的研究来建立起一个比较系统的、立体的哥特式教堂彩绘玻璃全系景象。论文共八个部分,第一至七章,以及结论。第一章,绪论,对哥特式、彩绘玻璃、教堂和时间进行概念界定,阐述选题意义、国内外课题研究现状、研究方法和论文框架。第二章,从技术角度介绍玻璃的起源和彩绘玻璃窗的制作及哥特式教堂建筑的特点和窗户结构的演变。第三章,通过描述法国西部地区 12 世纪的彩绘玻璃,过度风格、盛期哥特式、多元化新趋势三个阶段介绍法国哥特式教堂彩绘玻璃艺术风格的演变。第四章,从英国、德国、意大利三个国家入手,介绍彩绘玻璃的传播。第五章,分别通过材质(玻璃与光)、色彩(红色和蓝色)、结构(玫瑰花窗)三方面阐述其美学意义。第六章,对彩绘玻璃重要主题、赞助人形象、创作者角色进行分析,描述哥特式教堂彩绘玻璃的表现内容。第七章,分别从宗教、政治、经济、思想四个方面介绍时代背景。最后结论部分作者提出彩绘玻璃是一种反映时代转折,体现时代艺术精神,其风格发展体现艺术演变与传播规律的全新、独立的工艺美术类型。

关键词:彩绘　哥特艺术　玻璃　教堂　中世纪

**4466**

**当代北京城市街道景观特征研究** / 朱丽敏著 ; 郑曙旸指导. -- 清华大学, 2009. -- 275 页

论文通过文献法、田野调查等研究方法,“图—底”理论、连接理论、城市意象理论等,展现出作为中国首都和历史文化名城的北京的城市街道景观目前

在视觉和功能等方面存在的较多缺点,为北京街景的未来建设提供一些发展思路。论文共六章。第一章,从环境艺术设计专业视角出发,对街道景观概念进行详细解析,并介绍研究背景、方法、框架、借鉴理论。第二章,从形态特征、人文特征两方面对历史北京街道景观予以概略行回顾,分析其特点。第三、四、五章为论文主体部分从城市空间和城市生活形态出发,对当代北京城市街道景观做出综合性考察和分析。第三章,从纪念性、商业性、生活性、旧城特殊街巷四个方面分别介绍长安街、王府井大街、南礼士路、胡同景观的历史沿革、形态特征、人文特征、未来构想,进行当代北京城市街道景观案例研究。第四章,介绍当代北京城市街道景观形态特征,具体包括宏观城市空间、中观时空意象,微观环境细节。指出街道空间围合弱且尺度不当、沿街建筑缺乏协调呼应及地域特色、街道环境可识别性较差、步行系统很不完善等问题。第五章,对北京城市街道景观的人文特征予以探究,特殊的城市定位、变化的城市生活风貌、建筑审美与建设制度等社会文化发展内容均与城市街道景观形态有内在联系。第六章,借鉴有关现代城市建设理论,进一步指出向小尺度发展、整合街墙形态、规范建筑立面、建设可识别系统、完善步行系统等原则应该是北京城市街道景观未来发展方向。也对与城市街景建设相关的设计与管理制度提出一些构想和建议,包括相关专业的设置及城市景观控制导则的设立。

关键词:城市道路　城市景观　北京

**4467**

**缪斯的身影:多维视野中的艺术形态研究** / 朱云涛著 ; 万书元指导. -- 东南大学, 2009. -- 140 页

论文以多维视野中的艺术形态为研究对象,在对象化的生活世界中辨认艺术的身影,从整体上描述艺术的状态和特征。论文共包括绪论、第一至五章,六个部分。绪论部分介绍本题的缘起和研究对象,对艺术形态研究的历史进行回顾和评价,描述艺术形态的拓展和论文的目标与结构。第一章,考察艺术形态的概念。介绍艺术的命名与追加命名,面向艺术本身阐释艺术形态的基本内涵。通过现象学的意向性理论解释艺术概念外延的变迁。第二章,通过在生活世界中确认艺术的本体,艺术行为研究的回顾,艺术行为的构成要素、结构及特点,艺术行为的性质四个方面介绍艺术形态描述的基本对象。从人类学视野来看,人类所有历史时期、所有地域和所有民族的艺术都应该纳入艺术形态描述的范围;本质直观理论有助于揭示艺术真理。艺术形态描述的基本对象是艺术行为,只有在这种身心交融的交往与体验中,艺术才完全展开其特征。第三章,介绍艺术形态描述的基本范畴及其展开。艺术形态描述的基本范畴是艺术存在的时空、艺术展开的方式和艺术的意义世界风格,这三方面的差异构成艺术形态上的整体差异。第四章,介绍艺术形态的演变。借助社会学有关理论可以揭示艺术形态演变的原因,生活世界的变迁、时代的精神状态、艺术的性质和社会地位的变化,艺术的自觉都将导致艺术形态的变化。第五章,描述当代艺术形态。无论是大众艺术还是先锋派艺术,当代艺术的生活化倾向非常明显,但它们不完全是人的存在状况的本真表达。结语部分,作者指出,对艺术形态的描述不可能是一种纯然客观的知识,形态学研究必然具有某种价值取向和社会责任担当,与现实性一样,理想性也应该是艺术形态描述的内在视野。

关键词:艺术形式　艺术理论　文化

**4468**

**20 世纪中国美术的身体图式演变研究** / 祝后华著 ; 包林指导. -- 清华大学, 2009. -- 239 页

论文以身体图式为研究的切入点,系统梳理 20 世纪中国美术中身体图式的演变历程,透过美术中身体被表达的图式演变,还原身体被赋予的不同观看方式的转变,彰显美术视觉形态的衍变,进而揭示出 20 世纪中国美术现代化流变而多样的形态,呈现出曲折性和非自生性的特征。论文共六章。第一章,引言,界定研究范畴。介绍选题起因与意义,研究对象的设定,现有研究成果及文献综述和研究方法及论文结构。第二章,儒道身体与西方身体,奠定身体图式演变的学术前提。介绍儒家身体观和道家"形—气—神"的身体;描述传统绘画中身体的隐喻与体悟、"形神论"与人物画中的伦理性身体图式和"气韵生动"与山水画中隐喻的身体图式;介绍西方身体图式的演变;比较中西方身体"观看"。第三章,从五四时期的身体启蒙、西方身体图式的东渐、美术改革与身体图示的新貌、人体艺术的出场四个方面介绍身体图示从隐喻走向观看的发展过程。第四章,通过政治的身体,毛泽东身体图式的偶像化及偶像化图示类型,崇高的身体形象和中性化的女性身体图式三方面介绍偶像与样式化的身体图式。第五章,多元化的身体图

式。分别介绍个性与感性回归的身体、欲望化的身体,观念化的身体图式,身体艺术,技术视野中虚拟的身体和女性艺术中的身体图式。第六章为结语,提出建构诗性的艺术语言与充满人性的艺术应是中国美术现代性的内在要求。

关键词:美术史　绘画　审美　身体

# 音乐学

4469

**西周至唐宫廷雅乐研究** / 曹贞华著 ; 秦序指导. -- 中国艺术研究院, 2009. -- 191 页

论文对西周至唐宫廷的雅乐进行分析研究。全文共分四章。首先引言,分析了选题的意义,介绍了研究的方法,对相关研究成果进行了综述,并概述了先周的礼制。第一章探讨了雅乐体系的早期形成——西周雅乐,由介绍周公制礼作乐入手,阐述西周时期专门教习雅乐的乐官系统及其他雅乐内容,并对西周时期的宫廷燕乐进行了介绍,具体探讨《仪礼》中记载的宫廷燕乐的情况以及今本《诗经》中记述的燕乐的情况。第二章分析了“礼坏乐崩”影响下的春秋战国雅乐,首先分析了鲁国的礼制及其雅乐使用的情况,阐述了鲁国保存与使用西周雅乐的具体情况,由此探讨了诸侯国王室贵族出奔及鲁国乐师分散对雅乐传播的影响,随后介绍了春秋时期的“女乐”“新声”“新乐”,接着阐述了孔子的音乐雅俗观,并从孔子的美学观点窥探了其对“雅乐”和“郑声”的历史评价,最后介绍战国时期的雅乐,指出儒家思想中的“古文与新乐观”,同时分析了曾侯乙墓中、东室出土乐器所示的音乐文化性质。第三章分析了大一统王朝的雅乐重构,分述秦代的宫廷雅乐与汉代的宫廷雅乐,并阐述了汉代乐府与雅乐的关系,接着探究了汉代鼓吹乐与雅乐的关系,并详细分析马王堆三号墓出土乐器所示的音乐文化属性,探讨三号墓中出土简文与音乐文物所示墓主人所享之音的乐文化性质。第四章以魏晋南北朝和隋唐雅乐为例分析了异文化碰撞、交流、融合时期的雅乐,首先分别概述了魏晋南北朝时期、隋代以及唐代的雅乐创作情况,随后将三者加以比较研究。最后为余论部分,介绍了韩国宫廷宗庙祭礼乐与越南的宫廷雅乐,并对全文内容进行了归纳总结,提出了有关的建议。

关键词:雅乐　宫廷　音乐史

4470

**鼓浪屿钢琴文化的历史与现状调查研究** / 陈丹曦著 ; 崔宪指导. -- 中国艺术研究院, 2009. -- 180 页

论文以鼓浪屿钢琴文化为研究对象,考察以钢琴为中心开展的音乐活动,并结合相关政治、经济、历史、文化与教育等人文背景的研究,系统梳理了鼓浪屿钢琴文化的发展脉络。全文共分五章。首先绪言,指出了选题的意义,阐述了研究的现状,介绍了理论的视角,并分析了研究的方法。第一章介绍了鼓浪屿钢琴文化,首先对“文化”的概念进行了界定,随后介绍了鼓浪屿的钢琴长廊,最后具体分析了鼓浪屿钢琴文化的提出背景与原因。第二章分析了鼓浪屿钢琴文化的背景,从自然空间、历史追溯与基督教背景三个视角探讨了鼓浪屿钢琴文化的形成环境,并分析了鼓浪屿钢琴文化的发展历程。第三章介绍了鼓浪屿钢琴文化的形成及其主要表现形式,首先指出鼓浪屿钢琴文化发祥于基督教音乐的传播,随后进一步探讨了音乐家庭与家庭音乐会的滥觞,最后探讨了教会学校以及其他民间音乐组织在鼓浪屿钢琴文化形成中所起到的“推波助澜”的作用。第四章分析了鼓浪屿钢琴文化内涵的演化过程,首先指出了钢琴教育方式的演化轨迹,随后对钢琴演奏内容以及技艺的演进过程进行了梳理。第五章分析了鼓浪屿钢琴文化的符号意义及其扩展,首先介绍了鼓浪屿居民文化生活方式的转变,主要发生在 1950 年至 1979 年间,随后对 20 世纪 80 年代到 21 世纪初鼓浪屿音乐教育及生活方式进行了研究,接着论述了鼓浪屿钢琴文化的符号化,最后对鼓浪屿钢琴文化的符号意义进行了辨析。最后为结语部分,对全文的主要内容进行了总结,指出在现代语境下如何延续鼓浪屿钢琴文化文脉成为了一个有待破解的崭新命题。

关键词:钢琴　音乐文化　地方文化　厦门

4471

**王燕卿古琴音乐研究** / 陈钦怡著 ; 江明惇指导. -- 上海音乐学院, 2009. -- 271 页

论文运用案例研究法和比较研究法,选取近现代琴界奇葩王燕卿为研究对象,对王燕卿古琴音乐造诣及理念等问题进行全面研究,通过对比五线谱和古琴减字谱,清楚地观察到王燕卿对其传谱所做的细微变化,再经过这些变化去认识王燕卿古琴音乐的真髓,最后将其古琴音乐作有系统的理论归纳与整理,发掘王燕卿音乐传承的音乐特点。论文第一章是王燕卿

古琴薪传，首先论述王燕卿的琴学背景，其次论述王燕卿在山东的古琴薪传，最后梳理王燕卿在南京梅庵的古琴薪传。第二章是王燕卿古琴传谱综述，首先阐述王燕卿未出版的传谱，其次论述王燕卿《梅庵琴谱》的相关情况，包括第一版、第二版、香港版等版本的情况。第三章是王燕卿古琴传曲音乐分析，首先论述黄钟调琴曲中的《关山月》《秋夜长》《长门怨》《平沙落雁》《释谈章》等，其次论述林钟调琴曲中的《秋风词》《凤求凰》《风雷引》《秋江夜泊》《搔首问天》等曲目，第三阐述仲吕调琴曲中的《极乐吟》和《玉楼春晓》，最后分别论述太簇调琴曲和无射调琴曲。第四章是王燕卿古琴音乐艺术探微，首先论述王燕卿的勤学理念，其次分析王燕卿古琴传去的演奏特点与艺术风格，第三论述王燕卿的古琴艺术审美观，最后论述王燕卿对古琴音乐发展的贡献。

关键词:王燕卿　古琴　演奏风格　音乐评论

**4472**

**几种常见民族乐器演奏音高测定及相关律学等问题研究** / 陈欣著 ; 秦序指导. -- 南京艺术学院, 2009. -- 319 页

论文运用实证研究法和定量研究法，以音乐演奏实践中，几种常见民族乐器的音高为对象，进行科学测量和数据分析，探索音高的游移性、变化性和模糊性，并对一下相关律学问题展开讨论和研究。论文本着科学研究大胆试错的精神，提出一些问题和假设，或可有助于律学研究者们更多关注这一方面的研究。论文第一章是几种常见民族乐器演奏中音高的特性和科学测量，首先论述乐器演奏中音高的物理和生理特性，其次论述乐器演奏中音高的音乐特性，再次论述音高测量单位的选取标准，最后论述音高测量的方式、方法以及选定测音软件的性能。第二章是选样定音音高测量及数据分析，首先论述民族乐器定音音高测量的目的和流程，其次论述弦乐器定弦音高最后论述管乐器定音音高测量过程及数据分析。第三章是选样旋律音高测量及数据分析，首先论述旋律音准测量的木、思路和流程，其次论述稳定持续音的音高测量，最后论述装饰性音的音高测量。第四章是测量数据再分析并及它们反映出音乐实践中的音高特性和形成原因。第五章是民族乐器演奏测音研究引申出相关律学等问题的研究，首先论述测音研究中出现的音高选取等问题，其次考察测音角度略解民族乐队音准的问题，最后论述律学应用研究方向的重要性和构建探讨。

关键词:民族器乐　演奏　音高　律学　音乐

**4473**

**查阜西琴学研究** / 傅暮蓉著 ; 张振涛指导. -- 中国艺术研究院, 2009. -- 265,55 页

论文对查阜西琴学进行分析研究。全文共分五章。首先序言，指出论文的研究方法，并对研究现状进行分析。第一章介绍查阜西琴学思想及其社会实践，首先对琴学的相关概念进行解读，随后分析传统琴学中的“礼乐思想”，指出琴乐与礼乐的关联，最后探讨查阜西琴学思想及其实践，分述传统琴学时期的学习与继承、新琴学时期的研究与开拓以及最终的现代琴学的奠基。第二章介绍对琴学的研究，首先分析琴学的传承，随后考察“江派”的兴衰问题，并对查阜西学习琴歌的经历进行研究，接着阐述查阜西琴歌理论，介绍查阜西对“乡谈折字”理论的论述，并探讨琴歌中语言与音乐的关系，最后讨论了查阜西的琴歌实践。第三章对琴学进行了研究，首先对中国的音律进行了研究，比较了中西音律的异同，并对《谈中国笛律》《中国五声音阶的创作》两本著作进行了分析解读，随后对琴律进行了研究，并对传统琴调应琴谱中的琴调加以辨正，接着介绍了琴乐打谱的方法，最后对琴书、琴谱进行了考证，分别辨析了琴书《太音大全》与《太古遗音》;《琴苑要录》《西麓堂琴统》《琴律发微》以及《十六法》《二十四况》，并由此建立了新古琴美学的构想。第四章对古琴遗产进行了整理，具体包括对《溲勃集》《存见古琴曲谱辑览》《历代琴人传》等正规资料进行了分类整理。第五章介绍弘扬振兴琴学的活动，探讨了对外交流的先驱，指出古琴需要走出书斋，登上大众的舞台，并提出了组织琴人打响千年绝响琴曲的建议，最后对琴人、琴曲进行调查。最后为结论部分，通过查阜西考擦了“琴”与“土”的变迁。

关键词:查阜西　古琴　音乐研究

**4474**

**中国传统音乐即兴创作教育研究** / 郭小利著 ; 王耀华指导. -- 福建师范大学, 2009. -- 354 页

论文对中国传统音乐即兴创作教育进行分析研究。全文共分五章。首先绪论，介绍研究的缘起，对相关文献进行综述，并指出研究的意义与思路。第一章分析中国传统音乐的即兴创作，首先逐一梳理国内

外有关音乐即兴创作的诸多观点,由此进行了概念界定,指出中国传统音乐即兴创作是表演过程中所进行的音乐创作,是表演与创作、创造性行为和成品同时发生的过程,随后分析中国传统音乐即兴创作的三种类型,即框格式类型、自由式类型以及衍展式类型。第二章对中国传统音乐即兴创作教育的理论与现实基础进行探究,分别从审美、实践、创造三种国内外音乐教育哲学思想入手,阐述中国传统音乐即兴创作的创造哲学基础,并从文化人的角度,论述了中国传统音乐即兴创作教育的现实基础。第三章从融入·超越·创新视角分析中国传统音乐即兴创作教育的三维模式,指出融入是传承的基础,超越是变易的动力,创新是最终目的与结果,重点分析了歌词即兴变易、曲调即兴变易与演唱/演奏技法的变易,提出了中国传统音乐即兴创作教育的系统创造合力论。第四章对中国传统音乐即兴创作的教育实践进行了探索,以河南省某地的小学、初中所进行里的传统民歌即兴创作和课堂器乐即兴创作的课堂实验教学为例,展现了师生的课堂教学实践作品,并以量化和质性两种方法检验中国传统音乐即兴创作教育的实际效果。第五章为结论部分,指出即兴创作作为中国传统音乐的主要创作方式,有着其独特的魅力与深厚的理论基础,并提出了有关的建议。

关键词:音乐教育　传统音乐　音乐创作

**4475**

**中国新教赞美诗集《普天颂赞》之研究** / 林苗著 ; 田青指导. -- 中国艺术研究院, 2009. -- 282 页

论文以六公会联合编辑的新赞美诗集《普天颂赞》为研究对象,兼论中国宗教音乐家杨荫浏的音乐思想在《普天颂赞》中的体现。全文共分四章。首先引言,介绍了选题的缘由,分析了研究的现状,指出了研究的对象,并阐述了研究的意义。第一章对中国基督教音乐的发展历程进行了回顾,阐述了基督教音乐在华的历史流变,指出在 19 世纪中国人一方面感受到西方列强压迫的屈辱,另一方面聆听着来自天国的声音,并探讨了在此文化背景下基督教中"新教"及其音乐的发展过程,分析了由此诞生的中文赞美诗集。第二章对中国新教赞美诗集《普天颂赞》其书进行了介绍,首先对《普天颂赞》的成书背景进行了分析,就《普天颂赞》主要会议全纪录、联合圣歌编辑委员会委员名录、圣歌译述原则及《普天颂赞》在强调对"神"的憧憬颂赞和对"人"的现实关怀两方面于实际应用层面的作品分类等问题进行了史料性的梳理,随后对《普天颂赞》进行了作品解读,结合具体作品的生成背景按照圣诗最终定稿所属的世纪问题逐一进行了介绍。第三章介绍了中国宗教音乐家杨荫浏其人,在整理杨荫浏在《普天颂赞》中翻译、作词和制调的所有作品的基础上,重点对《普天颂赞》的文本脚注——《圣歌和圣乐》中杨荫浏的 16 篇文论进行了深入解读,进而考擦了杨荫浏的基督教音乐实践观。第四章对比分析了《普天颂赞》与三部赞美诗集,包括《协和颂主圣诗》《赞美诗(新编)》以及《普天颂赞》(香港版)的异同之处,并由此窥测了近现代中文赞美诗集的文本流变与发展动向。最后为结语部分,分析了《普天颂赞》的文化表征与历史价值。

关键词:普天颂赞　杨荫浏　宗教音乐　文化交流

**4476**

**先秦大型组合编钟研究** / 王友华著 ; 王子初指导. -- 中国艺术研究院, 2009. -- 313 页

论文对先秦大型组合编钟进行分析研究。全文共分六章。首先绪论,对编钟的既往研究进行历史性回顾,随后指出编钟研究需要探讨的问题,并阐述了论文的陈述方式。第一章对乐钟进行探源,分别对与青铜乐钟起源相关的文献资料、古文字资料、出土实物资料进行分析,进而对相关问题进行了综合分析,最后得出小结。第二章分析青铜乐钟编列的诞生,首先概述了释"商"的情况,对"商"进行了解析,随后分析了出土的殷商编铙编列,接着探讨了南方出土的商末的青铜乐钟编列,最后指出了殷商编铙的"礼""乐"涵义,分析了"礼""乐"在编铙诞生和演进中的作用。第三章探讨了青铜乐钟编列的转制,分别对西周前期黄河流域青铜乐钟的编列以及西周前期长江流域青铜乐钟的编列问题进行了比较分析,随后研究了西周前期青铜乐钟的音列,阐述了西周甬钟编列的"拼合现象",并从编列的拼合现象探讨甬钟的来源,最后分析了西周前期青铜乐钟的"礼""乐"涵义。第四章阐述了组合编钟的诞生与大型组合编钟的滥觞,首先分别探讨了西周后期和春秋早期青铜乐钟的编列与音列的演进过程,并对首、次二钟不用侧鼓音的原因进行了探析,随后介绍了西周后期和春秋早期青铜乐钟的组合,指出了不同类型的青铜乐钟组合的效果,最后分析了西周后期和春秋早期编钟的"礼""乐"涵义,指出了其在编钟演进中的作用。第五章阐述了大型组合编钟的成熟,分别介绍了春秋

中期青铜乐钟的编列、音列与组合，分析了春秋中期编钟演进中“礼”“乐”的作用。第六章探讨了大型编钟的辉煌与衰落，指出了春秋晚期与战国时期的编钟的发展历程。最后为结语部分，系统总结了“礼”“乐”在先秦大型组合编钟兴衰中的作用，并提出了其他相关的问题。

关键词：编钟　音列　礼乐　先秦时代

4477

**我国钢丝录音遗存音乐音响档案样本测试与音频还原研究** / 王雨桑著 ； 杜晓十，丁兴富指导. -- 首都师范大学，2009. -- 231 页

论文对中国钢丝录音遗存音乐音响档案样本测试与音频还原进行了分析研究。全文共分十章。首先引言，介绍了研究的对象、内容与目标，指出了研究的基础与方案的设计思路。第一章回溯了世界磁性钢丝录音技术的发展及应用轨迹，归纳了其发展历程。第二章介绍了中国钢丝录音音乐音响的遗存，概述了中国钢丝录音、还原设备以及中国钢丝录音音乐音响档案的现存情况。第三章探讨了钢丝录音技术的兴衰与中国钢丝录音遗存音乐音响档案音频还原研究的特殊关系，指出了中国应用的钢丝录音关键技术及工艺标准发明家的主要贡献。第四章分析了档案样本的选取、测试分析项目及研究进程的逻辑关系，论述了档案样本选取的必要性及选取路径，并对中国钢丝录音音乐音响档案载体材质的类型进行了辨析。第五章对中国钢丝录音遗存音乐音响档案样本的化学成分进行了测试分析，得出了有关结果。第六章对中国钢丝录音遗存音乐音响档案样本的物理磁特性进行了测试分析，指出了有关物理参量的选择。第七章阐述了中国钢丝录音遗存音乐音响档案样本的综合分析结果，对中国钢丝录音遗存音乐音响档案载体的濒危状况进行了评估。第八章介绍了音频还原实验研究的指导原则、目标及主要任务，对国际标准中音响档案音频还原的若干重要原则进行了解读，并分析了音响档案保护国际标准与中国钢丝录音音乐音响档案保护实践的适应性问题。第九章介绍了基于“最佳信号重放”目标的公司录音载体音频还原实验平台的构建，指出了钢丝录音载体音频还原实验平台的构建原则及其实验策略。第十章探讨了钢丝录音音频还原研究中的测量问题，分析了音频还原研究测量的目的及其特殊性。最后为结语部分，阐述了论文的研究成果，并对未来的研究方向进行了展望。

关键词：音乐录音　钢丝录音机　音响　还原

4478

**汉传佛教瑜伽焰口与全真道教铁罐施食仪式音乐比较研究** / 袁瑾著 ； 田青指导. -- 中国艺术研究院，2009. -- 252 页

论文对汉传佛教瑜伽焰口与全真道教铁罐施食仪式音乐音乐进行了比较分析。全文共分四章。首先绪论，介绍了选题的目的与意义，对有关文献进行了回顾，并对研究范围与方法进行了界定，最后介绍了田野考察工作。第一章介绍了佛教和道教法事，首先对现今盛行于佛教寺院和道教道观的法事进行了分述，随后对佛教瑜伽焰口与道教铁罐施食仪式的缘起及其演变过程进行了历史性的梳理。第二章探讨了瑜伽焰口与铁罐施食仪式的象征符号及其意义，分别对佛、道教施食仪式举行的时间与施食仪式中设立的坛场、佛、道教施食仪式中使用的法物、佛、道教施食仪式中运用的手印、咒语等法术以及佛、道教施食仪式的现实的参与者与非现实的参与者进行了比较分析，从而得出了有关小结。第三章介绍了佛、道教施食仪式音乐的实录，分别阐述了佛教瑜伽焰口与道教铁罐施食仪式的音乐实录，为研究其中的音乐提供了实例。第四章分析了佛教瑜伽焰口与道教铁罐施食仪式中的音乐形态及功能，首先对比了施食仪式中的唱词的文学形式，随后分析了施食仪式中使用的乐器的区别，并从施食仪式中的音乐形态分析入手，对仪式音乐的音阶、调式、节奏、节拍、曲式结构等内容进行了探讨，最后详细论述了宗教仪式音乐的功能。最后为结语部分，归纳了论文的主要观点，指出两大宗教虽然出生于不同的母体，具有不同的思想体系以及不同的教义与教仪，但经过长期的发展演变相互影响、渗透与吸收，逐渐成为了中国传统文化中的重要组成部分。

关键词：佛教　全真道　仪式　宗教音乐研究

4479

**京剧梅派唱腔艺术研究** / 仲立斌著 ； 王耀华指导. -- 福建师范大学，2009. -- 207 页

论文运用案例研究法、历史研究法和实证研究方法，以京剧梅派唱腔艺术为研究对象，对梅兰芳唱腔艺术的历史沿革、特点及其传承情况进行了较为系统的研究。论文第一章是梅兰芳京剧唱腔艺术沿革，首先回顾梅派唱腔艺术兴起的背景，其次论述 1914 年

以前的梅派唱腔,第三对1914—1924年的梅派新腔初创期进行研究,第四对1925—1930年梅派突破期和1931—1961年梅派的回归期分别进行研究。第二章是京剧梅派唱腔音乐分析,首先对梅派的【西皮】唱腔进行分析,其次对梅派【二黄】唱腔进行分析,第三对梅派【反二黄】唱腔进行分析。第三章是京剧梅派唱腔艺术特点,首先阐释唱腔流派的标志,其次论述梅派唱腔中和的音乐美学观,第三论述梅派唱腔音乐形态的特征,第四论述梅派唱腔的伴奏特征,第五论述梅派唱腔的艺术风格。第四章是京剧梅派唱腔艺术传承,是对梅兰芳唱腔艺术传承情况的研究,首先论述原样传承,其次论述变化传承,最后论述因素传承。论文最后为结语,从梅派京剧艺术的兴衰历程得出启示:中国戏曲艺术流派的生成机制是以某个代表性艺术家为中心二形成的综合性一元化的创作机制,而当今创作主体的多元分化与传统戏曲艺术流派生成机制相违背,要发展中国戏曲艺术流派必须继承传统的综合性一元化的创作机制

关键词:京剧　梅派　唱腔艺术

# 美术学

4480

**中国书法墨法研究** / 陈海良著 ; 尉天池指导. -- 中国美术研究院, 2009. -- 187页

论文试从理论和实践两条线索对前人的墨法进行研究,努力还原一种真实的书法墨法变迁史。首先,从文献上对前人在墨法上的理性描述,并对与之相关的一些诸如笔法、章法等的论述进行梳理。结果发现:前人对墨法的见解缺乏系统性的论述,更没有论及与之相对应的文化与历史背景;同时,因立场、视角的不同,墨法的见解也更为驳杂,甚至矛盾。墨法的阐释还处于多元并存及互相争辩的状态之中。其次,为真实地反映出前人的墨法运用状况,笔者通过对上博、故宫博物院等十几家博物馆的大量真迹的考辨,发现前人对墨法的描述与实践中的表现不相对应,尤其是明清时期。通过理论与实践两条线索的相互证伪,我们发现:从墨法的功用上讲,墨法大致可分为实用和审美两个层面。然因实用性墨法的形式较为单一,艺术性不高,所以,书法墨法的丰富表现主要集中在以审美为主的范围之中。为此,对墨法的研究也主要以审美领域的艺术性墨法为对象。这种以审美为主的墨法表现主要以"中和"型墨法为始基,随着思想观念、情感因素等影响,逐渐分化出"墨趣"型和综合型墨法。综合型墨法是中国书法墨法运用的高峰,各种纷繁的墨法变化趋于一个"和谐"的有序状态,共存于一个完整的构图之中,画意迭出,和而不同。它以王铎、林散之为代表。为更好地揭示墨法的发展规律,还对各种墨法形态进行了类比分析,不仅为墨法类型的划分提供了有力依据,也揭示出各种墨法形态的形成及内在联系。最后,论文还论述了墨法与书写工具、材料等外在因素之间的相互关系。

关键词:书法　墨法　美术评论

4481

**论西方绘画的再现性空间与绘画性空间** / 陈焰著 ; 许江,司徒立,焦小健,孙周兴,陈嘉映指导. -- 中国美术学院, 2009. -- 102页

论文从西方绘画空间表现的不同性质出发,力图以再现性空间与绘画性空间这两种空间的基本形态来阐述西方绘画空间表现的缘起与意义。再现性空间主要指文艺复兴透视法则下的再现对象的绘画空间,绘画性空间指以塞尚为开端的"内容完全内在于形式"的绘画对象的绘画空间。立足于二者的本质关联与区别,通过对西方各个时期不同绘画作品的空间表现的分析和比较,期望重新理解绘画创作中的视觉活动与空间表现的能动性及其与时间的关联,揭示绘画空间建构过程中的人的存在价值的重要性及其对当代绘画艺术创作的深远意义。论文分为正文与附录。正文前半部分为再现性空间表现,其中包括两个内容:其一,文艺复兴以前即古埃及、古希腊和中世纪三个时期的绘画空间表现的考察。其二,文艺复兴透视法的再现对象的空间表现。论述再现性空间表现的基本原则——透视法和圆雕感的构造与表征,并以七个画家的不同空间表现为个案论析在这两个原则下的再现性空间的机械、静止、封闭的性质与表现。正文的后半部分即论文的重点所在。以塞尚的绘画性空间的缘起、建构和表现为内容,从纯粹视觉、形式构成、和空间构成揭示绘画性空间的自主性,强调绘画性空间建构过程中所呈现的开放性与时间性带来的能空间的自由,以及绘画性空间表现本身所包含着的具体的人的存在之价值。附录部分:塞尚以后的绘画的空间表现。简述现代主义以来对空间表现的认识与探索,寻求绘画性空间表现的当下意义与可能性。

关键词:绘画评论　绘画风格　空间　西方国家

4482

**合群开蒙:20世纪早期中国西画社团研究** / 杜少虎著 ; 水天中指导. -- 中国艺术研究院, 2009. -- 153页

论文以20世纪早期(1912—1936)的中国西画社团为研究对象,以文化启蒙为主线,对以中国美术留学生为主体的知识分子——西画家"合群"现象进行了研究。西画社团是以图像传播方式肩负思想启蒙使命的文化群体,在社会转型的特殊时期具有重大的历史意义。论文共分六个部分。第一部分为引论,详细论述了选题的学术价值以及研究历史与现状,提出了论文的研究思路与重要观点,并简要回顾了西画的历史渊源与社团产生的社会动因;第一章以历史变迁为学术背景,对促成西画社团发生的主体因素——美术留学生,客体因素——大众审美意识的转变及文人团体组织的文化转型,进行了认真考察与研究。第二章以引入新派绘画为切入点,以"天马会""晨光美术会""白鹅画会""赤社"等为主要案例,详细描述了西画社团生成和发展的经过以及社团之间、社团与社会之间的交流和互动。第三章以上海"决澜社"的成立和广州"中华独立美术协会"的崛起为主要线索,重点对西画社团的前卫倾向和引进西方现代派美术的活动进行了探讨,充分肯定了中国西画社团在传播西学、研究油画技法、开创社会新风等方面所做出的贡献。第四章从民族文化认同的角度对西画社团的运行机制、社会功能、公共艺术活动方式等进行了探讨和研究。最后一部分为余论,集中论述早期西画社团的历史意义和文化价值,对西画的中西融合、民族性与现代性、社会群体的传播效应、当代社团的后续发展等问题作出了全面的总结和展望。笔者认为,西画社团是20世纪早期美术领域中独特的文化现象,是知识分子群体精神的一种表现形式。这种具有西化倾向的群体意识影响了现代社会的变革,作为新思潮直接丰富了中国传统社团的形式和内容。

关键词:油画　社会团体　美术史

4483

**从他者观看到自我观看:早期中国摄影研究** / 冯今刚著 ; 张晓凌指导. -- 中国艺术研究院, 2009. -- 107页

论文以晚清时期摄影传入中国之后的发展脉络为线索,以晚清摄影的遗存、中国人的摄影观念的形成为重点,观察摄影媒介初步与中国景像结合之后的50多年的时间内,无论是中国人还是摄影媒介本身,到底发生了哪些变化。同时,以从想象到侵略再到猎奇这一思路脉络来对其加以分析和阐述,从中找出西方中心主义形成的一种"他者观看"的图像特征和观看心理的同时,也能够寻找到中国人建立自己影像话语体系初期的图像特点、对自我主体身份的认同以及一种现代性的生活景观和自身主体的建构。研究这一时期的摄影,其义并不在于怀旧和温故,更重要在于它能够对我们摄影的未来有所助益。在这个全球化的时代中,本土化(本土经验)已经悄然转变为一种发展中国家(第三世界国家)的文化策略。建构在本土话语之上的视觉经验传统,不仅会对中国当代艺术家们的摄影创作提供更多的图像话语资源和思想资源,更主要的是能够解说中国摄影研究领域的一些尚未明确的问题。这就构成了论文写作的内在逻辑起点。

关键词:摄影艺术　摄影评论　摄影史

4484

**安塞尔姆·基弗研究** / 傅丽莉著 ; 常宁生指导. -- 南京艺术学院, 2009. -- 103页

论文以当代德国艺术家安塞尔姆·基弗及其艺术形式为研究对象,试图通过研究基弗艺术产生的历史、文化背景以及基弗艺术思想的文化渊源,揭示基弗艺术中反省精神形成的外在和内在原因。论文导论部分介绍了安塞尔姆·基弗艺术生平,回顾了对基弗艺术与思想研究的综述并说明了论文研究重点、方法和结构。基弗是一位享誉国际的艺术家,无论其艺术采取何种形式,都渗透着他对历史及文化的反省和思考。基弗有着广博的知识文化背景,这不仅对他艺术思想的形成举足轻重,并且成为其艺术语言及符号话语系统形成的重要资源。第一章从德国人对二战反思的历程入手,着重探讨基弗艺术所处的时代和文化背景,以便更好地理解基弗创作早期作品时深层的心理动机和意义。第二章梳理基弗艺术思想的文化渊源,探讨基弗特有的知识结构对其艺术观念形成所起的作用。第三章讨论基弗作品图像符号与文本之间的关系,文字在其作品中与图像之间的关系,文学与基弗作品之间的关系,揭示其作品中图像符号所具有的"互文性"特征。第四章以几个重要的图像符号为例,侧重探讨基弗艺术话语系统中符号形成的语境,衍变的过程。

关键词:艺术创作　文艺思想　基弗(Anselm Kiefer)

4485

**石涛书画研究** / 郭怀若著 ；欧阳中石，刘守安指导. -- 首都师范大学，2009. -- 206 页

论文是对清初书画家石涛（1642—1707）书画作品进行的专题研究。全文共分五章，另有两个附录。第一章探讨石涛的生平和交游活动。笔者参阅《明史》等资料，对石涛与八大山人的世系进行列表分析，得出他们二人彼此相差四代的结论。文中还论述了交游活动对石涛书画艺术风格形成产生的影响。第二章论述石涛书画的渊源关系及风格特征。石涛的绘画在清初属于在野的“改革派”，具有叛逆精神，但同时他也继承了大量前人的艺术成果，尤其是文人画家的审美趣味和技法体系。苏轼、倪瓒、董其昌、郑簠等人都对他的书画产生过深刻的影响。笔者将石涛的书与画结合起来进行综合研究，分析其风格特征。石涛绘画作品非常重视题跋，且数量众多，因而第三章主要从笔墨结构关系和构图学两个方面深入探讨书法在石涛绘画中重要的构成意义。第四章主要论述石涛书画理论方面的贡献。《石涛画语录》在中国画论发展史上占有非常重要的地位，但历来对他提出的“一画”说的解读并不一致。论文试图从书法文化角度对“一画”进行阐释。第五章主要论述石涛书画对后世的影响。论文将历代品评观点与时代背景联系起来，注意考察论者的时代文化背景，从而得出相对公允的历史评价。除此之外，还论述了《石涛画语录》的绘画美学观点对宗白华美学思想的影响。将石涛的“书”与“画”结合起来进行综合研究，可以揭示中国书画艺术的文化特征和发展脉络。石涛通过题款书法将诗文与绘画有机地统一起来，使绘画不再只是物象形式的简单再现，在作品中渗透了作者的审美趣味和艺术情感，丰富了绘画的思想性，提升了绘画作品的审美意境和文化品位。因此，以书法为切入点对石涛进行个案研究，可以更好地诠释他的书画艺术特征。

关键词：石涛　书法　中国画　美术评论

4486

**油画笔触研究** / 韩洪伟著 ；杨飞云指导. -- 中国艺术研究院，2009. -- 64 页

为什么不同的人在画同一个物象时会运用不同的笔触样式，笔触和画家的心灵深处究竟有多大的联系，价值观和性格与绘画笔触又没有一定的联系，都是论文探讨的重点所在。论文先介绍了油画的产生及油画笔触的概念，然后从图像学的角度详细的分析了油画产生至今的发展变化的历程。第二章论述油画笔触的功能意义。笔触所依附的绘画作品的审美功用被主动提升。从风格学的角度分析笔触不同的运用方式和风格之间的逻辑关系，是论文的创新之处。第三章油画笔触的内在精神性。从心理主义和人之痕迹、笔触（笔迹）与潜意识、思维定向谈笔触和人的性格经历以及绘画的关系。附录谈了中国当代油画中的笔触发展变化，中国人身上所特有的东方审美意象和心理体验以及东方人体味人与自然的世界观会重新诠释油画艺术，而有着深厚文化滋养的中国油画家会用新的角度解释物象世界。接着分析中国画家运用不同的笔触秩序所形成的风格。在审美意向里探讨了中国油画家吴冠中、苏天赐等老一辈画家所展现的中国情怀。还谈正本清源——笔触研究的当下意义。从艺术实践出发，从现象学和图像学的角度分析梳理油画笔触的发展变化，阐述它与作品形象、精神之间的逻辑关系。从符号学的角度分析笔触在抽象绘画和具象绘画中符号意义，从人性人格的角度解释绘画者行为的意义，笔触为何、何为笔触，通过笔触使颜料的性质改变，从而达到从物质到精神的转换。

关键词：油画　绘画创作　绘画风格　精神分析

4487

**宋代书画市场研究** / 李林琳著 ；李福顺指导. -- 首都师范大学，2009. -- 85 页

论文首先从宋代书画市场的构成分析入手，对书画的生产、流通、消费环节依次进行分析，力求勾勒出书画市场的基础结构。其次选取市场需求、市场竞争、市场流通三个角度为出发点，针对书画创作、书画真伪、书画传播三个方面进行论述分析，阐释市场和书画艺术之间的影响与联系。全文有四章。第一章为概说。首先对宋以前书画市场的发展进行简要回顾，梳理脉络。其次择要论述宋代书画市场发展的历史背景，对当时的社会环境做出交代。第二章为宋代书画市场的构成分析。遵循政治经济学中研究市场问题的逻辑，从书画市场的作品产出、交易、消费三个环节进行系统分析，对参与书画买卖的群体、书画交易的形式和手段、书画价格等问题进行探究，还原出宋代书画市场的基本形态。第三章为宋代书画市场对书画艺术的影响。论文关注市场和艺术之间相互作用、相互影响的关系，从市场与书画创作、市场与书画真伪、市场与书画传播三个方面进行探讨，展现出市场对艺术产生了哪些作用力，艺术产生了哪些变化，

对市场又产生哪些反作用力，两者相互作用又产生了哪些结果。第四章对宋代书画市场进行历史评价，把论题放在宏观的历史坐标轴中进行考量、定位，以期给予客观的评价。明确宋代书画市场是具有“里程碑”和“分水岭”的历史地位，以及对书画艺术转捩的决定意义。文中最后以史为鉴，提出对现实的启示。

关键词：绘画艺术市场　美术史　宋代

**4488**

**先秦至唐书法教育制度研究** / 李正庚著 ；欧阳中石，张同印指导. -- 首都师范大学，2009. -- 175 页

论文共五章。第一章，书法官学教育制度。从先秦至唐官学教育制度中，研究其与文字书写教育有关的教育内容。主要就先秦至唐代官学教育制度中有关书法教育的内容进行分析。在考察这一历史阶段的书法官学教育制度中，着重论述书法官学教育制度演变的历史过程、书法官学教育的性质和地位。第二章，书法私学教育制度。主要考察这一历史时期私学教育制度中童蒙文字书写教育情况。在考察过程中，通过对史料的甄别、分析，重点就童蒙文字书写教育教材如何从先秦、秦汉时期的“六书”《急就章》等字书，逐渐过渡到以名家书写的《千字文》、书家法帖为主的这一演变过程进行论述。第三章，书法家学教育制度。家学实际上也是私学，作为家学内容的文字书写教育，与书法官学教育内容、目的有很大区别。作为家学教育内容的文字书写教育，主要以书写的艺术性为目的，以书写笔法为传授内容。随着中国书法艺术的逐渐成熟和发展，以笔法传授为核心的书法师授和家学教育内容，至唐代开始对此进行总结，并初步形成了中国书法史笔法传授谱系。第四章，宫廷侍书制度。主要考察古代帝王及其家族的书法教育。侍书即古代帝王及其家族的书法教师。拟从先秦国子教育、汉代的“宦皇帝”制度、魏晋南北朝的宫廷侍书，唐代侍书的制度化等几个方面对侍书制度进行论述，其重点在于描述侍书制度化的形成过程。第五章，选官制度与书法教育。主要研究先秦至唐这一历史时期不同封建王朝选官制度与文字书写教育的关系。由于古代封建官僚政治体制对文书制度的依赖，各封建王朝对官吏的选拔，都内在地包含文字书写能力的考核和要求，因此古代选官制度与文字书写教育关系密切。这使得文字书写与仕途利禄联系起来，对书法教育的兴盛，客观上起了一定的推进作用。

关键词：书法　教育制度　教育史　古代

**4489**

**中国绘画理论对日本南画的影响：以江户时代中后期南画家的著作为中心** / 林煜峰著 ；曹意强指导. -- 中国美术学院，2009. -- 218 页

论文主要通过对日本江户时代中后期几位南画家最具有代表性的著作的分析，来解读南画家对中国古代绘画理论的研究与理解。论文着重分析了中山高阳《画谭鸡肋》，桑山玉洲《玉洲画趣》《绘事鄙言》，中林竹洞《画道金刚杵》《竹洞画论》，田能村竹田《山中人饶舌》，金井乌洲《无声诗话》，浦上春琴《论画诗》《续论画诗》等论著。从分析这些论著中的观点及用典可以比较清楚地了解江户时代中后期南画家对中国绘画理论的研究状况。从一个侧面来证实：中国文人画和南宗画对南画，不仅在图式风格、笔墨技法层面上而且还在精神层面上对南画产生过重大的影响。因此，也就不难理解南画中所体现出的中国士大夫、文人的审美倾向和趣味。

关键词：文人画　南画　绘画理论　日本

**4490**

**中国现代书法史** / 刘灿铭著 ；王冬龄指导. -- 中国美术学院，2009. -- 271

论文所研究的“现代书法”不是现代人的所有书法，而是特指 1985 年 10 月“中国现代书法首展”所诞生的有别于传统书法的“现代书法”，这是一种创新的艺术形式。论文主要从历史背景、时代背景、文化背景等方面进行研究。中国书法创变的发展史说明了现代书法产生的历史必然。改革开放以来，人们的生活状态得到改变，快节奏的现代化的生活方式成为主流，思想得以解放。外来的现代艺术形式与中国传统艺术发生了激烈的碰撞。首先在美术界表现为 85 美术思潮。在中国书法界则以 85 中国现代书法首展为代表。现代书法已走过了二十余年的历史，在这段历史中，现代书法一直以其原创性、开拓性和前瞻性备受社会关注。它已成为中国书法史上无法抹去的现代艺术表现形式。论文在研究这段历史时，发现现代书法史与整个书法史一样，既是一部现代书法创作的承传演变史，又是一部现代书法的活动史，同时也是一部现代书法理论观念、书法教育方式的发展史。现代书法的活动、创作、理论及教育构成了一部完整现代书法史。论文试图以其为块面，采用史论结合，以客观史料为基础，深入而详细地梳理和研究。现代书法的历史虽然短暂，却为我们留下了极其宝贵的形式

多样、内容丰富、渐趋成熟的现代书法作品，产生了一大批致力于现代书法发展的书法人。其中的代表人物在国内外已产生了较大的影响。考察这段历史，为中国书法的现代化进程提供了一条可以借鉴的创新之路，因此，极具研究价值。

关键词：书法　美术史　现代

**4491**

**克利姆特绘画的心理因素研究** / 孙欣著 ；王镛指导. -- 中国艺术研究院, 2009. -- 192 页

论文主要以心理—性别的视角，分析奥地利画家克利姆特绘画创作中潜在的心理因素，揭示其艺术风格的演变与心理特质的内在关联，探寻其绘画中女性图像蕴涵的心理含义，以期对他的绘画做出新的、更为深入的阐释。对心理本能欲望的关注，是克利姆特绘画艺术的潜在核心。这既是西方 19 世纪末现代主义初期心理转向的文化思潮与奥地利民族内向性心理特质的凝聚，也是画家男性心理情结的呈现。他的寓意性绘画、女性肖像画和女性人体素描，这三个创作时期相错叠、创作内容相关联的创作领域，对应着克利姆特的自我重构、心理投射、心理矛盾和心理疏解等潜在的心理活动和精神发展历程。这些心理因素是其折中性艺术风格形成的潜在本源。其艺术风格呈现为自然主义的人物描绘和装饰化、抽象化的视觉元素相结合的形式语言，以及非理性主义的、唯美的倾向。女性形象是克利姆特绘画视觉表现的主角。借由对女性图像的读解，论文深入分析了克利姆特的艺术创作行为、绘画图像、作品读解等环节中作为意义传播介质的心理场域的视觉演绎方式；展现了女性形体的隐喻意义，图像的视觉表达方式以及观看、凝视、窥视等视觉艺术活动所共同构筑的心理情境；揭示其中蕴涵的心理因素和基于性别意义的心理特征。论文提出克利姆特绘画中对心理场域的切入源于其深层心理的潜意识领域，不同于弗洛伊德有意识的、对自我或他人的精神分析。这是对西方克利姆特研究理论的补充。克利姆特表现深层心理因素的绘画艺术，在发掘和揭示人的心理潜能的层面上，可能对中国当代艺术创作有所启示。

关键词：克利姆特　绘画创作　作品风格　女性

**4492**

**应时而变·利行合一："恭王府藏品"与溥心畬研究** / 孙旭光著 ；张晓凌指导. -- 中国艺术研究院, 2009. -- 152 页

论文运用历史学和美术学的方法，通过大量的文献考证和图像分析，通过历史上恭王府的书画旧藏和当今恭王府博物馆的现在馆藏，依靠近现代美术史料以及相关回忆性文献，梳理溥心畬的活动及其生活背景；图像资料主要依靠恭王府及其他博物馆藏品、出版画册，并据此梳理溥心畬创作的基本面貌。采用图像与历史双重还原的方法和风格比较的方法。一方面将恭王府藏品的风格面貌与溥心畬其他作品进行风格比对，另一方面将溥心畬作品与当时画坛作品比较，以期全面考察溥心畬独特的存在价值。全文共分六个部分。在导论部分交代论文所涉及的主要概念，对目前学界关于溥心畬研究的现状进行了分析综述，并探讨论文研究的主要问题、思路、研究方法和意义。第一章介绍恭王府这座有着二百多年历史，在清代历史上有重要地位的王府的历史变迁，以及从小生于斯、长于斯的溥心畬的生活历程和所带给他的影响。第二部分则着重对恭王府早期所藏的书画作品目录及流变进行考证，并对当前所藏的溥心畬作品的形制、题材和题跋进行了梳理。然后专辟一章通过早期恭王府所藏的书画作品的分析探讨溥心畬的书风、其艺术中的北宗渊源以及他转益多师的利行合一。第四部分则对现恭王府的藏品研究和溥氏渡海之后在台湾的生活交游情况，分析他的晚年画风以及所体现出来的溥心畬的心性世界。最后，通过上述分析和探讨，可以看出溥心畬在 20 世纪上半叶的传统文化风潮中代表了最为正统的文人画。他出身高贵，是同时代爱新觉罗家族中书画造诣最高者，但他的绘画却绝少受到西风东渐的美术革命的影响。他处处以古代文人的身份要求自己，生活质朴但不乏味，情调高雅而不和寡，以他超然的诗、书、画艺为 20 世纪上半叶的传统文人画树立了一座丰碑。

关键词：溥儒　中国画　绘画风格　绘画评论

**4493**

**古代西湖山水图研究** / 王双阳 ；任道斌指导. -- 中国美术学院, 2009. --

西湖山水图是西湖绘画的主体，也最能体现西湖的特质及其历史人文价值。论文以西湖山水图的历史演化为线索，从西湖山水图的缘起（唐至北宋）、状物的极致——西湖山水图的第一个兴盛期（南宋）以及短暂的衰落（元朝）三个部分对明代以前的西湖山水图进行了梳理，由于存世画作的稀少，对于明代以

前西湖山水图的研究只能着重在文献的层面,希望能把握住它的演化脉络以及凸现它在特定历史情境中与社会和其他文化因素的关联。论文的重点则着力于明、清两代西湖山水图的研究,无论流存的作品还是参与的画家人数,这两个时期都远远超越以前,题材的拓展与个人体验的独特也更为鲜明,其中以晚明和清三代(康熙至乾隆)尤为显著,晚明个性形态之丰富多样,清三代参与画家人数之多、画作流传之丰富,称得上是继南宋之后的两个兴盛期。论文选取了有西湖山水图实物可供参证并极具典型意义的一些画家,包括明代前期“浙派”的开派宗师戴进、明代中期“吴门画派”的开派宗师沈周以及晚明“松江派”的领袖董其昌、“画中九友”之一的李流芳、“武林派”的领袖蓝瑛以及和西湖山水有着密切关联的陈洪绶;清代部分则包含有清前期“娄东派”的领袖王原祁、极受乾隆宠遇的学士画家董邦达以及道光、咸丰年间颇具影响力的戴熙。论文以这些画家对西湖山水图各自的创作体验为线索,来贯穿并考察明清之际西湖山水图的丰富变化。论文还附有对明清版画中的西湖山水图以及日本所存西湖山水图的论述,借此可见西湖文化在传播过程中的痕迹和在外域人士心目中西湖文化在中国的代表性地位。

关键词:西湖　绘画　山水图

**4494**

**画为心印:黄公望《富春山居图》研究** / 文华宝著 ; 任道斌指导. -- 中国美术学院, 2009. -- 183 页

黄公望在年轻时(1299 年)才开始绘画,故只有跟着大方向,那时钱选、赵孟頫、高克恭已是在画坛占领导的位置。社会上的变迁使黄公望的家庭状况改变了。论文集中在其人格的长成的过程中,所受的影响。这在第一章的绪言有初步的探讨,又在第二章“黄公望的一生”中有很详细的研究和证明。简单说明他的一生就是:被卖为嗣(1277 年)→放弃科举晋仕途之考试(1314 年乡试)→入道(1329 年)→专心绘事→大成就(1339 年—去世 1354 年)。由此可知,黄公望一生成就与他的出身遭遇有很密切的关联。关于他的《富春山居图》的创作经过和分析,在第三章进行讨论。先探求他在布局方面的来龙去脉。故用赵孟頫的《鹊华秋色》和《水村图》来解说他的师承的源头。再用钱选之《浮玉山居图》及《山居图》、高克恭的《青山白云图》及《云横秀岭图》来补助说明,更可以由此看到他上溯五代董源为古人之师。关于他的笔墨,就利用他的《论山水诀》来比较论述《富春山居图》的笔墨。从而将黄公望画作的特色作为探求《富春山居图》的征示。关于他的地位和影响。在第四章分别说明对近代、清代、明代画家的影响。并收集了一些历代仿《富春山居图》之画作。在结论中再强调黄公望的成就是嵌合在元朝特殊的社会与政治环境,配合了坚强不屈的个性,终于破茧而重生,并赋予他的作品充满了生命的色彩,画为心印,通过心理法的分析,使我坚信黄公望的《富春山居图》是他对自然的颂赞和感恩。

关键词:黄公望　富春山居图　文人画

**4495**

**建筑明器美学论:从陕西出土资料展开研究** / 周俊玲著 ; 周晓陆指导. -- 西安美术学院, 2009. -- 214 页

论文综合运用建筑学、考古学与艺术学等多学科研究方法,以陕西为中心,向四域扩展讨论;以秦汉为中心,向上下延伸研究。首先将建筑明器的产生和发展分为先秦、秦汉、秦汉之后三个阶段,通过文献搜集和实地调研对建筑明器进行系统梳理,厘清建筑明器流变的历程和阶段特色。其次依据建筑功能对建筑明器进行形制划分,并在历时性分析的基础上,对不同地域出土的建筑明器进行共时性比较研究,分析其地域性和民族性,构建建筑明器研究的“时空框架”。建筑明器是地面建筑的摹写,必然在一定程度上反映地面建筑的建构之美。论文在系统分析的基础上,首先依据中国古代建筑的“三段式”结构,分屋顶、屋身、台基三个部分就单体建筑明器的形态及其建构之美进行论述;其次依据中国古代建筑的组合关系,从中轴对称和内向布局两个方面对建筑明器所反映的院落形态建构之美进行论述;同时对仓、井、猪圈、灶和厕所等其他建筑明器的建构之美进行论述。建筑明器是建筑和明器的复合体,它不仅包含着建筑的基本元素,内含着建筑之美,而且包含着明器的基本符号,内含着明器之美。论文从美“因”、美“形”、美“感”、美“意”、美“境”出发,分功能之美、装饰之美、愉悦之美、匠意之美、寄托之美五个方面论述建筑明器所蕴涵的美的元素。在此基础上,从自由与法则、朴实和繁复、立体与平面、写实和写意、变化与永恒、体量与均齐、宜人与教化七个方面对建筑明器的审美特色进行归纳,并论述如何对建筑明器所蕴含的中国古代建筑的符号、精神等基因进行合理继承。

关键词:明器　古建筑　墓葬形制　美学

4496

**维摩诘变相研究:中古《维摩诘经》的图像演绎** / 邹清泉著 ; 金维诺指导. -- 中央美术学院, 2009. -- 323页

论文以莫高窟藏经洞维摩写卷遗存为起点,对中古维摩诘变相的诞生、发展、流传、演变等做了研究,尤其就维摩诘画像的诞生、中古几种维摩图像形式的厘清、帐构与榻坐维摩的图像分野及流变、唐代“新样”维摩形成的历史隐因等着重作了探索。笔者对中古敦煌写经机构的发展、写经的职业化、《维摩诘经》的翻译、流传、书写、来源、庋藏等作了考察。研究认为,至迟于后凉麟嘉五年(393)之前,支谦译《佛说维摩诘经》在敦煌已有书写及流传。公元5—10世纪,随着敦煌地区官营与私营两种写经机构的发展以及写经的职业化,《维摩诘经》的书写与维摩信仰的弘传日益普遍,藏经洞维摩写卷即为这一历史时期的经生所为。《维摩诘经》持续而广泛的书写与播传是其图像演绎的基本前提。维摩诘变相的刻画即起源于《维摩诘经》,而瓦官寺维摩画像则是其源头。笔者发现,顾恺之维摩画像实为一帐构人物,床、锦帐、隐几是该像首要的图像要素。该像开启了南北朝隋唐五代帐构维摩表现的先河。而宋元明清画卷所绘无帐构榻坐维摩形象则属发端于云冈,并经龙门、莫高窟渐次发展的榻坐维摩的图像系统。莫高窟第220窟主室东壁维摩画像实属顾恺之帐构维摩的图像系统。在顾恺之声誉日隆的初唐,适逢禅宗趋盛,与禅学关系甚密的《维摩诘经》由此取势,更见盛传。在这一历史背景下,初唐画家借鉴瓦官寺维摩图样,同时参酌龙门帐构维摩雕像,创作了所谓“新样”维摩,后为翟氏家族取用,遂于莫高窟相袭300余年,成为唐五代莫高窟维摩画像的主导样式。顾恺之维摩画像在初唐的重生,使帐构维摩这一古老的传统得以延续。在绵延千载的中古时代,正是伴随着《维摩诘经》的翻译、书写、敷演、流传,维摩诘居士才得以走出《维摩诘经》,并经历代画人之手,铸就了其波澜壮阔的形象的历史。

关键词:维摩诘经　图像　绘画　美术史

# 设计艺术学

4497

**文化传播视野下的图形用户界面设计研究** / 方敏著 ; 廖军指导. -- 苏州大学, 2009. -- 158页

论文从文化传播角度对图形用户界面设计进行全新的思考与探索。全文共分为六章。第一章引论介绍研究前提及起因,研究目的、意义及方法,相关概念的释义,国内外研究状况,基本框架与内容。第二章为图形用户界面概述。论文首先阐述图形用户界面的形态变迁与数字化普及。其次对图形用户界面的符号特征及意义进行分析。然后分析图形用户界面的媒介。最后研究图形用户界面的文化属性及其传播影响。第三章论述图形用户界面设计的现代文化环境,包括全球化的传播语境、地域文化环境、消费文化环境。第四章论述图形用户界面设计的传统文化资源。论文首先对传统文化进行概述。其次探讨中传统文化的现代转向。然后分析中国传统文化思想(和合思想、自然精神)对图形用户界面设计的影响。最后分析中国传统文化与图形用户界面的互动共生。第五章论述图形用户界面设计的跨文化传播。论文首先介绍图形用户界面设计的跨文化传播本质。其次分析跨文化传播过程中的文化差异、冲突与霸权。然后分析跨文化传播过程中的文化沟通、融合与认同。最后研究确定文化身份、实现文化归属的策略与原则。第六章研究面向文化传播的图形用户界面设计趋势。论文首先从社会文化尺度看图形用户界面设计的审美趋势(时代性、流行性、民族性)。其次分析图形用户界面的未来畅想(自然与和谐、分化与融合)。最后探讨图形用户的界面趋势(东西共融、多元共存、设计理念、回归自我)。

关键词:计算机图形　人机界面　视觉艺术

4498

**安顺屯堡建筑环境景观研究** / 耿虹著 ; 武星宽指导. -- 武汉理工大学, 2009. -- 167页

论文吸收历史学与社会学的研究成果,通过史籍检阅与田野考察,从建筑学与景观学视野对屯堡聚落的建筑环境景观特色进行专题研究。全文共分为八章。第一章介绍引言。论文分别阐述课题背景与相关研究综述、研究目的、研究意义、研究内容、研究方法及创新点。第二章界定相关概念。论文分别界定“安顺屯堡”概念及探讨何谓“建筑环境景观”。第三章论述安顺屯堡的发展历程。论文分别介绍了明代屯田制与卫所制、“调北征南”与安顺屯堡的形成、安顺屯堡的发展与演变、安顺屯堡的现状。第四章论述屯堡聚落及其建筑环境景观研究。论文首先分析屯堡聚落的空间形态特色与水文化景观特色。其次分

析屯堡聚落的民俗特色景观与公共空间的关联分析。然后探讨屯堡聚落的院落空间及其文化意义、屯堡建筑材料的历史演变与装饰特点。最后研究屯堡人的设计努力与屯堡建筑环境景观完成的关系。第五章论述安顺屯堡建筑景观在自然与历史中生成。论文分别分析建筑的地域性、屯堡建筑与自然环境、历史环境的关系。第六章对安顺屯堡建筑景观成因及比较进行研究。论文首先介绍移民文化与移民建筑。其次分析客家文化及其建筑,并与屯堡建筑作比较。最后分析江南建筑景观的遗传与特点,阐明屯堡建筑景观中的江南风格。第七章论述屯堡建筑景观的美学特征。论文分别阐述屯堡建筑的一般审美特点、天人之际与屯堡建筑的内在秩序、屯堡建筑的整体环境意绪、屯堡建筑的材质之美及色彩之美。第八章总结安顺屯堡建筑环境景观的现实启示。论文分别探讨屯堡建筑现代借鉴的理论指导、屯堡乡土建筑环境的当代借用、"自然"与"师法自然"理念及其在屯堡建筑营造中的实践、屯堡建筑文化的历史局限与现代思索。

关键词:建筑设计　环境设计　古建筑　贵州

**4499**

**"设计之城"一种文化生成的场域研究** / 季倩著 ; 许平指导. -- 中央美术学院, 2009. -- 128 页

论文考察设计在城市中发挥作用的条件,包括城市的地理、人口、产业、设施等实体条件以及城市的趣味、文化的诉求等意识条件。全文共分为八章。第一章,导论。介绍论文的缘起与研究的意义,论文的研究方法,相关研究成果的概述以及论文的主要内容与文章结构。第二章,作为地理条件的城市空间。介绍城市的发展,提出论文的研究背景,并探讨城市的文化与城市设计,介绍了深圳的城市空间。第三章,扁平化的区位空间。探讨等级化趣味的一种标间,趣味的区隔,深圳的城市趣味,提出扁平化的趣味是一个适合设计发展的特征。第四章,设计的场域。首先对"空间"与"场域"的概念和内涵作出界定;接着探讨设计场域的形成,设计场域的位置,并介绍"边界中"的深圳设计场域,并提出该部分的主要结论。第五章,场域中关于场域的自主的探讨。对设计场内的行动者,设计师身份的独立作出讨论,并探讨以西方为范例的新标准和新秩序,对群体的独立作出说明。第六章,场域中有关场域扩张的探讨。提出一种对"在场"和"去场域化"的模式的思考,对"平面设计在中国"作出解读,并对"设计之都"作出解读,得出该部分的思考与结论。第七章,场域中的设计共同体。探讨了设计共同体形成的前提,设计共同体的结构,设计文化的传播,设计共同体的规模,并提出一种超共同体的价值。第八章为论文主要结论。

关键词:艺术理论　设计　城市

**4500**

**环境艺术设计教学新模型及教学控制体系研究** / 江滨著 ; 王国梁指导. -- 中国美术学院, 2009. -- 148 页

论文的核心线索可归结为:新的认识论引入——新的方法论引入——新的专业教学模型——新的专业教学控制系统。全文共分为五章。第一章论述环艺设计教学体系的历史及现状(纵向回顾)。论文首先分析环艺设计与建筑设计、美术的亲缘及异同。其次介绍国内主要院校环艺系办学简史。第二章论述环艺设计教学体系的横向比较。论文首先对美国的室内设计及景观设计教育现状进行评析。其次分析国际室内设计师协会规定课程。然后对国内主要院校办学模式(五大类)进行比较及评析,包括清华大学、中国美术学院、广州美术学院、同济大学、综合院校及师范院校。最后对专业与非专业院校的进行比较(专业水平)。第三章论述交叉学科启示与思维变向(理论启示)。论文首先分析系统工程相关理论的表述及应用。其次分析模块化理论相关理论的表述及应用。第四章论述环艺设计教学新模型构想。论文首先探讨环艺设计教学新模型的意义与定位。其次探索环境艺术设计教学模块化的新模型。第五章论述环艺设计教学控制体系研究。论文首先探讨建立教学控制体系的意义即环境艺术设计教学评价的意义。其次研究环艺教学控制体系,包括美国室内设计教育鉴定标准、环境艺术设计教学控制体系方法论探索、可更换模块可升级系统、我国环境艺术设计教学控制体系探索、我国环境艺术设计教学控制体系的运作方式。

关键词:建筑设计　环境设计　教学模型

**4501**

**清代室内环境营造研究** / 李瑞君著 ; 张绮曼指导. -- 中央美术学院, 2009. -- 211 页

论文探讨清代室内环境营造的整体面貌,揭示清代室内环境营造的特征和发展特点。全文共分为七章。第一章,绪论。介绍论文选题的意义,研究对象,文献综述,研究方法以及论文研究的特点。第二章,

限制与拓进——清代室内环境营造的影响因素。探讨营造的等级制度,室内环境营造的管理,设计师影响以及清代建筑的营造技术。第三章,浮华与入微——清代室内环境营造的衍化。探讨从清承明绪到参金酌汉,从平淡简素到浮华绚烂,从因循守旧到崇慕洋风的阶段内涵和特点。第四章,复杂与多样——清代室内环境营造的空间形态。介绍了清代室内空间的类型,清代室内空间的特点以及清代室内空间的分割手法。第五章,得体与相宜——清代的室内陈设艺术。对清代室内的陈设艺术类型,陈设格局,陈设艺术设计与室内装修以及陈设艺术的特征作出说明讨论。第六章,延续与变异——清代的家具艺术。从明式加剧的延续和变异为起点,探讨清式家具的类型,清式家具的风格特征,清式家具的装饰特点以及清式家具设计的配套意识。第七章,浮华与入微——清代室内环境营造的特征。探讨清代室内环境营造中装修的装饰化,装饰形式的程式化,精致如繁缛,华美与世俗以及室内环境营造的整体意识与室内环境营造中的人文关怀。最后提出论文的讨论与结论。

关键词:室内装饰设计　环境设计　清代

**4502**

**比鸡蛋更完美:设计标准原理及其构架研究** / 陆江艳著 ; 许平指导. -- 中央美术学院, 2009. -- 160 页

论文从梳理一般意义的标准理论出发,对设计标准的原理进行探索,讨论设计标准在实施中的适用性,试图从实践的角度找到适合我国构建设计标准的方法。全文共分为五章。第一章介绍导论。论文分别阐述选题缘由、研究背景及意义、界定相关概念、提出基本问题与研究方法、说明研究路径与论文结构。第二章论述对设计标准原理的探索。论文首先分析设计标准得以构建的内在因素。其次分析设计标准构建的可能性(技术端)。接着分析设计标准构建的现实性(观念端)。然后分析设计标准如何得以可行的关键(政策端)。最后进行小结,总结设计标准的基本内涵及其特征(理想性、现实性、政策性、系统关联性)。第三章通过若干案例的研究,论述设计标准的类型、结构与发展。论文分别阐述设计标准的类型:图形信息类(以包装设计标准为例)、产品性能类(以玩具设计标准为例)、环境品质类(以盲道设计标准为例)。其次介绍设计标准的形成与差异、制定与发布。最后进行小结,总结设计标准发展和延伸的模式。第四章对设计标准的适用性进行研究。论文分别探讨标准的适用性评价、设计标准的实施情况调研(人文奥运)、"MAYA 状态"下的设计标准。第五章为结论。论文立足于设计标准问题的本身规律及其与设计实践的关系进行理论梳理,构建作为国家行为的设计标准。

关键词:工业设计　艺术设计　设计标准

**4503**

**试论创意的基本命题及其逻辑关系** / 钱磊著 ; 尹定邦,陈汗青指导. -- 武汉理工大学, 2009. -- 294 页

论文探讨创意的基本命题以及创意的逻辑关系。全文共分为九章。第一章,导论。介绍创意研究的背景,关于创意的研究综述,关于论文的研究创新,研究方法以及研究内容和框架。第二章,创意。介绍创意的概念与内涵,创意的信息符号特征,创意产业与创意经济以及创意命题的提出。第三章,需要。分别从人的需要,主管的需要以及客体的需要对需要的内涵和特征做出讨论说明。第四章,可能。探讨可专业的可能条件,市场的可能条件,组织的可能条件,社会的可能条件,并对可能因素的发展作出讨论。第五章,问题。探讨问题的产生,充满问题的问题,问题的发现,问题的分类。第六章,探索与生成。首先探讨主动开放的探索,包括自发与自觉的主动探索,自由开放的探索;接着分析从探索到生成,包括探索—生成的模式,创意探索—生成的结果以及探索—生成的催化剂;对全过程的系统整合作出分析,包括创意的全过程,创意整合资源以及超越问题的解决探讨。第七章,验证。一是创意验证的多样性讨论,包括用什么验证,由谁验证以及验证什么;二是提出创意验证的两分法,包括创造的创意和批判的验证,验证的软价值与硬价值,内验证和外验证以及可验证与不可验证的讨论。第八章,逻辑。首先探讨从命题到逻辑,包括创意的逻辑,创意逻辑与设计程序,设计创意实务的程序逻辑;二是创意逻辑的五问提出,包括对需要的提问,对可能的提问,对问题的提问,对探索—生成的提问以及对验证的提问;最后提出创意与管理相容的逻辑。第九章为论文的总结部分。

关键词:艺术设计　命题　逻辑

**4504**

**春秋战国时期室内空间形态研究** / 宋立民著 ; 张绮曼指导. -- 中央美术学院, 2009. -- 167 页

论文的研究对象为春秋战国时期室内空间形态。全文共分为六章。第一章,绪论。介绍论文的研究内

容与目的,文献综述,研究方法。第二章,春秋战国时期室内空间营造相关背景。探讨“敬天重人”的政治与思想体系,分析建筑形制的演进以及工艺技术的进步。第三章,“宫室有度”的室内空间行为。从空间的层次与空间的序列出发,探讨“堂与室”的焦耳互补,并对宫室的形状与尺度作出分析研究,探讨“以高为贵”的设计内涵。第四章,“前堂后室”的室内功能细分。首先分析“国之大事,在杞与戎”的祭祀空间;接着对朝觐与会客的空间作出介绍,探讨“盛服将朝”的内涵;三是对宴饮空间的形态布局以及构造作出分析,探讨“钟鸣鼎食”;最后讨论“别男女之礼”的起居与睡卧空间。第五章,室内空间界面形式。一是“辟润湿”的室内地面处理;二是“御风寒”的室内墙体与柱式;三是“凿户牖,以为室”的门户、窗牖形制介绍;四是“堂堂高显貌”的室内顶面处理探讨;五是室内色彩与装饰纹样讨论。第六章,“文质彬彬”的室内陈设系统。分别介绍“藏礼于器”的家具体系,“锦绣被堂,金玉真玮”的屏风与帷幄,“乐与礼并称”的礼器与乐器,“材美工巧”的食器与盛藏器具以及室内其他陈设物,最后对室内纺织品的情况作出讨论评价。最后为论文的主要结论。

关键词:室内设计　空间设计　室内布置　春秋战国时代

**4505**

**京都玉作** / 苏欣著 ; 许平指导. -- 中央美术学院, 2009. -- 152 页

论文在分析解读京都玉作成做过程中的步骤、方法及其工艺价值观和创作方法论之后,归纳京都玉作背后所蕴含的中国传统手工艺精神的文化意义。全文共分为七章。第一章为引言,论文首先提出选题,其次阐述关于研究对象的释义,最后探讨选题意义、研究现状、研究方法及论文结构。第二章论述京都玉作——行业之“作”谱系。论文首先研究行业之“作”的构成包括三代源流与历史迁跃、共识的“京都”标准。其次研究行业之“作”的人物谱系包括宫廷玉匠、民间玉匠、识宝商人。第三章论述京都玉作的形成范式。论文首先介绍京都玉作坊内范式构成、等级语境及坊内规约。其次阐述京都玉作的“行”间范式。最后探讨规矩、机制与文化心理。第四章论述京都玉作的工具系统与技术观。论文首先分析京都玉作的工具观。其次研究工具的思想包括相生相克、匹配性、开放性与生态性。第五章论述京都玉作手工之“作”的价值观与方法论。论文首先分析京都玉作治玉工艺过程中的价值观特质。其次探讨京都玉作的创作方法论。最后研究京都玉作的价值观与方法论的连接。第六章论述京都玉作的文化要义包括“互渗”的原始思维及合“式”的行为规范。第七章阐述结语。论文以京都玉作为研究对象,对其设计生态系统的逐层分析解读,旨在说明传统手工艺是在长期的日常文化生活中积淀下来的、反映一定时代真相的技艺载体,其价值并不在于技艺本身的成就,而是这种技术所承载的人与物所显现的文化传统和“品质”。

关键词:玉器　雕刻　技法(美术)

**4506**

**1980 年代的中国设计与现代化想象** / 孙海燕著 ; 许平指导. -- 中央美术学院, 2009. -- 158 页

论文以 20 世纪 80 年代中国社会空间中的群体性“现代化”现象为切入点,并以此考察中国社会在现代化实践中形成的对“现代化”的理解,“现代设计”的理解,及其对中国设计产生的影响。全文共分为六章。第一章为引言。论文首先分析选题的缘起及意义。其次介绍基本概念及研究现状。最后提出研究方法及论文结构。第二章研究现代化理论与中国的 80 年代。论文首先介绍现代化理论在学界及在中国社会的解释。其次阐述“实现四个现代化”的提出及中国社会的现代化类型。最后分析现代化实践联结的两个要素及“生存心态”理论的内涵。第三章论述现代化想象与中国设计的关联。论文首先分析现代化想象的历史脉络包括现代化想象的历史来源及建国初期的现代化想象。其次介绍 80 年代的中国社会空间包括生活的渴望、以高效率争夺时间、创新的激情。最后探讨现代化想象的内化与外化即内化为现代设计认知、外化为现代设计实践。第四章研究现代化想象与中国现代设计认知的早期倾向包括知觉倾向、认知倾向、评价倾向、实践倾向。知觉倾向包括图像中的现代化、“物”的重要性、信息来源。认知倾向包括自动化与机械化、多功能与新奇物品。评价倾向包括评价的思维倾向、评价的词语倾向、自我满意度评价。实践倾向包括功能设计倾向、形式设计倾向、设计力量的构成。第五章论述 80 年代中国设计认知的解构与重构。论文分别提出核心认知的结构化模型,分析新来者的进入、理想与现实的交锋。第六章为结论,分别总结现代化想象作为解释中国设计的途径,寻找中国现代设计生成的地域性依据即中国模式。

关键词:艺术设计　设计理念　创造性想象

4507

**中国艺术博物馆空间形态研究** / 孙淼著 ; 杭间指导. -- 中国艺术研究院, 2009. -- 133 页

论文在对中国艺术博物馆空间做出批判的基础上,尝试找到一条适合中国传统艺术展示的博物馆空间发展道路。全文共分为六章。第一章论述中国艺术博物馆空间的发展历程。论文首先介绍博物馆建筑的发展历程包括古代形态、近代形态、现代形态及当代形态。其次介绍展示空间(传统陈列、现代展示)的发展。第二章论述对中国艺术博物馆空间的批判。论文首先分析批判的基点与方法包括当代西方博物馆的两大趋势及批判的基本框架(空间形态的三要素)。其次分析公共空间的问题包括空间组织与观众体验、共享空间与艺术内涵。然后分析展示空间的问题。最后对"人"与"物"地位进行反思。第三章论述艺术语境与中国艺术博物馆空间形态。论文首先介绍艺术语境的由来,艺术语境与"原境""意象"的辨析并探讨艺术语境的意义。其次对西方博物馆艺术语境进行回顾。最后分析中国传统艺术的语境。第四章对中国艺术博物馆空间形态进行实例分析。论文首先分析苏州博物馆新馆、日本美秀(MIHO)博物馆、宁波博物馆的公共空间。其次分析展示空间的原始语境及新的语境(空间布局、陈列手法)。第五章对故宫博物院的空间形态进行个案研究。论文首先介绍故宫博物院的发展历程。其次分析空间形态的现状与问题。最后对几个主要展厅的空间形态进行分析包括从传统向现代过渡、构建新的语境、共生的艺术语境。第六章为结语。论文对中国博物馆空间进行了展望,思考未来的发展趋势与面临的困难。

关键词:艺术馆　博物馆　空间　陈列设计

4508

**造物中"情"、"理"二元关系的理论构架研究** / 汤军著 ; 郑建启指导. -- 武汉理工大学, 2009. -- 137 页

论文的研究对象为造物中的"情""理"二元关系。全文共分为六章。第一章,引言。介绍课题研究的目的与意义,和课题有关的国内外研究现状分析,研究目标、研究内容和拟解决的关键问题,拟采取的研究方法与技术路线以及论文预期的研究成果和创新点,研究的框架与整体结构。第二章,造物中的"情"与"理"。提出关于造物的词源考证,造物的几个属性,造物的历史分析以及现代对造物的涵义理解与范畴;探讨造物之情,包括情的和含义溯源,心理学对于情的定义,自然环境影响下的人类情感,中国传统的情感研究,人类情感的分类,造物之情的定义,情感的属性与造物以及中国传统造物中显现的情;分析造物之理,包括理的含义溯源,造物中理的定义,理的属性与造物以及反映在中国传统造物与史料中的理。第三章,触物生情——影响造物之情的关系场。介绍造物中的人类情感因素,情发生的源头以及造物中的情景;对材料与技术作用于情的结果——物的内涵展开讨论,提出物为人类生存欲望的道具;探讨制造过程中的情感因素,使用过程中的情感因素以及情境作用与造物的内涵关系;提出生——物与情的因果联系,及生的内涵。第四章,造物依理——造物之技术原理。提出理是适应的必然方式,物是人的需求表现出的形式,依是造物中原理遵循与应用,造是突破与创新。第五章,情理融合。探讨情理融合的内涵,当代人类发展中与造物相关的新趋向,适应当代造物发展的情理融合的关系。第六章为论文主要结论。

关键词:工业设计　产品设计　造型艺术

4509

**光耀乾坤:中国古代灯具设计研究** / 王强著 ; 王琥指导. -- 南京艺术学院, 2009. -- 284 页

论文以中国古代灯具为探讨对象,通过设计艺术学的视野对其进行研究。全文共分为五章。绪论部分介绍论文的研究对象与意义,研究对象相关概念的接待你个,论题的研究现状与回顾以及论文的研究框架与方法。第一章,中国古代灯具的起源、分类与流变。介绍火的发现与实用,人工取火方法的发明,与照明相关的几个古文字的探究以及中国古代灯具起源的探究;对中国古代灯具进行分类探讨。第二章,中国古代灯具形制的分析。包括对战国时期的灯具形势分析,秦汉时期的灯具形势分析,三国时期的灯具形势分析,隋唐时期的灯具形势分析,宋辽时期的灯具形势分析以及对明清时期的灯具形势分析。第三章,中国古代灯具装饰纹案设计分析。探讨几个和形装饰文样中的抽象凝练,植物形装饰纹样中的花团锦簇,动物形装饰纹样中的气韵灵动以及古代灯具装饰纹样的造型规律及其构成形式。第四章,新技术的应用与古代灯具材质的转变。对青铜铸造业与古代青铜灯具的技术及装饰工艺展开分析了概述古代陶瓷灯具,介绍陶瓷的发展与变革以及陶瓷灯具的装饰工艺;对冶铁技术与古代铁质工具作出介绍,并探讨古代冶铁技术的发展与变革;探讨燃料提炼技术的革

新与点燃方式的变化。第五章,生活方式、社会风俗的改变对古代灯具的影响。分别从坐姿的变化对古代灯具设计的影响和传统节日对古代灯具设计的影响,社会习俗对古代灯具设计的影响为出发点展开讨论。最后为论文主要结论。

关键词:灯具　造型设计　装饰设计　设计理念

**4510**

**社会性设计模式研究** / 吴瑜著 ; 陈汗青指导. -- 武汉理工大学, 2009. -- 151 页

论文从三个层次理解社会性设计模式,包括社会性设计模式的观念,社会性设计模式的理论和社会性设计模式的探索。全文共分为七章。第一章,引言。介绍选题的目的和意义,国内外相关研究综述,论文的研究方法提出和论文的框架。第二章,相关概念解析。对设计的责任话语,社会性需求,从欲求需要以及不平等的世界内涵作出说明,并对模式的概念,模式的适用性,模式的界定作出介绍。第三章,社会性设计模式的观念。首先提出应理解社会性设计,接着提出社会性设计思想提出的话语背景,并对社会性设计思想的理论基础提出说明。第四章,社会性设计模式的理论。首先从两种设计模式的关系,社会性设计模式的复杂性和社会性设计模式的成体系三个方面对理解社会性设计模式;接着从设计的精英主义,对社会责任的推脱以及利用设计实现价值延续三个方面反思市场性设计模式;最后提出社会性设计模式的关键特征,包括对设计本质的再思考,设计主体的改变,对以人为本的理解以及需求定性分析等。第五章,现有设计实践对社会性设计模式探索的启示。结合设计组织的努力,企业对社会责任的重视以及政府的推动方面对现状作出分析,并加以评价。第六章,家用产品整合设计模式探索。探讨整合设计模式的目标及特征,整合设计模式的探索方法,生产规模对可持续发展的影响,材料选择的影响因素,可变设计方案对正合设计模式的意义,批量化生产对整合设计模式的意义等。第七章为论文的总结与展望。

关键词:工业设计　设计理念　社会责任

**4511**

**中国中小型企业设计风险研究** / 叶芳著 ; 许平指导. -- 中央美术学院, 2009. -- 169 页

论文的研究对象为中国中小型企业设计风险的研究。全文共分为五章。第一章,导论。介绍论文选题的提出,选题的意义,研究现状,问题与方法以及论文的核心概念界定与论文的基本结构。第二章,设计风险与市场劳动力。首先介绍设计风险的本质,现代社会的风险语境,现代社会的风险管理;二是对设计风险的认知,包括设计风险本质的内涵认知,设计中的风险来源讨论,设计中的利益博弈以及设计中的安全困惑;三是设计风险责任主体分层与市场决策探讨,对企业家、设计师与消费者三者的关系作出说明;四是讨论设计风险的象限。第三章,“恰当性”控制:创新系统中的设计风险管理。一是对创新策略的风险分析:从学习到原创,包括心理机制的分析,模仿中的创造以及原创与风险探讨;二是设计风险管理与企业发展三阶段的说明,分别对代工与贴牌、模仿与改良和走向自主创新的过程作出探讨;最后提出创新系统中的风险平衡机制。第四章,设计风险应力学。介绍外部性经济与设计贡献,设计风险的分担、规避与化解以及设计风险的应力机制,对责任主体自觉,公共政策与法规完善以及现阶段可行性对策——确立设计产权制度的内涵作出说明。第五章,创新预警与孵化——设计风险研究的价值所在。分别从重思设计风险问题,中国设计风险问题以及设计风险研究的价值所在三个方面提出论文的主要结论。

关键词:中小企业　企业管理　产品设计

**4512**

**基于虚拟仿真系统的产品创新设计研究** / 曾琎著 ; 陈汗青指导. -- 武汉理工大学, 2009. -- 152 页

论文的研究对象为基于虚拟仿真系统的产品创新设计。全文共分为八章。第一章,导论。介绍论文研究的背景与意义以及论文研究框架与方法。第二章,相关概念的辨析。分别对产品创新设计理论和虚拟仿真系统的概念与内涵作出说明。第三章,虚拟仿真系统与产品创新设计的关系。首先分析产品创新设计内涵与特征,接着探讨产品创新设计中的用户体验内涵,最后对产品创新、用户体验与虚拟仿真的互动关系作出探讨。第四章,虚拟仿真设计系统的创新机制。提出一是识别设计心理的体验机制,探讨了信息技术对用户体验的影响,体验变化对虚拟仿真设计的影响以及用户体验机制的构建;二是挖掘创新需求的信息沟通机制,探讨制造业信息化与数字化产品开发,虚拟产品开发中各种模块工具的使用比较以及虚拟产品开发机制的构建;三是提出提升创新服务质量的信息反馈机制,探讨信息反馈的内涵与特征,信息反

馈的方式与要求以及信息反馈机制的构建;四是提出促进设计系统交互的信任机制,对信任的产生机制,虚拟仿真环境中的信任机制以及虚拟仿真信任机制的构建作出说明。第五章,虚拟仿真设计系统的构建及评价。结合虚拟仿真设计系统内涵特点,探讨虚拟仿真设计系统的构建并对虚拟仿真设计系统作出评价。第六章,虚拟仿真设计系统的开发及案例。结合虚拟仿真设计系统的开发过程与内涵,探讨虚拟仿真设计系统开发的组织管理与实施并结合案例作出具体讨论。第七章,虚拟仿真设计系统的发展趋势与对策。结合虚拟仿真设计系统发展的趋势,提出信息环境下产品创新设计的发展策略。第八章为论文结论与展望。

关键词:产品设计　产品创新　虚拟技术

**4513**

**中国秦汉时期室内空间营造研究** / 翟睿著 ; 张绮曼指导. -- 中国艺术研究院, 2009. -- 130 页

论文在前人研究的基础上,对秦汉时期(公元前211年—公元220年)室内空间的形态、组织方式、界面装饰、室内家具及陈设进行研究和总结。全文共分为五章。第一章论述秦汉时期室内空间营造的社会文化背景。论文首先介绍秦汉时期的工官制度("三公九卿")。其次阐明"以农为本"的产业政策及"以末补本"的商业、手工业发展。最后探讨秦汉文化的特征:多源合流、一元主导(儒学)。第二章论述秦汉时期尚大崇丽的室内空间形态与界面装修。论文首先介绍建筑材料的装饰性(援艺入技)及建筑材料的进步(秦砖汉瓦)。其次介绍建筑技术的进步(技与艺和)包括土木混合结构技术、木结构技术、砖石结构技术。然后探讨秦汉时期室内空间形态的基本特征。最后分析室内界面及构件装饰特点:墙不露形、屋不呈材。第三章论述秦汉时期室内空间组织。论文首先介绍自由灵活空间的组织者:帷帐。重点分析帷帐、帷幔与帐幄。其次介绍隔而不断的空间组织者:屏风。重点阐明屏风的流变、形制、陈设方式及室内应用的特点。第四章论述秦汉时期的家具与陈设(以礼而序)。论文首先介绍早期家具的陈设特征:席地而居、制礼而置、随用随置。其次分析秦汉时期家具及陈设概况。第五章论述秦汉时期室内装饰的主要特征。论文分别分析秦汉时期的室内装饰风格(壮丽之美)、室内空间组织设计思想(虚实相生、以礼而序)、室内环境的意境化装饰(立象尽意、境生象外)、秦汉时期室内装饰的时代特征(飞动之美)。

关键词:室内设计　空间结构　秦汉时期

**4514**

**宋代室内意匠研究** / 赵慧著 ; 张绮曼指导. -- 中央美术学院, 2009. -- 180 页

论文对宋代室内意匠的社会背景、建筑空间格局、室内空间组织、家具与室内陈设等开展研究。全文共分为五章。第一章为绪论。论文首先阐述选题意义、研究内容及界定相关概念。其次介绍国内外研究概况与现状。最后提出研究方法与思路。第二章论述宋代室内意匠的社会背景(高度繁荣的经济文化)。论文首先分析工商业的高度繁荣与市民文化的兴盛及经济的发展与新兴城市的形成。其次分析宋代的文化成就与建筑的发展。最后分析宋代的营造成就与室内装修技艺。论文着重介绍《营造法式》的成就与建筑的发展及其中小木作技术的进步。第三章论述建筑空间格局的形式与观念(因其自然,辅之雅趣)。论文首先分析宋代丰富多样的室内空间形式包括传统庭院式及不拘一格式。其次分析宋代室内意匠的文人趣味趋向。第四章论述宋代室内空间组织的方法与艺术特征(明朗灵动)。论文首先分析室内空间组织手法与门窗幕墙之变。其次分析围合空间中的地面与天花,包括地面装饰的丰富性、天花的构造形式及木构隔截的实用性与艺术性。第五章论述宋代家具与室内陈设(格物致用)。论文首先介绍高型家具的普及与发展。其次阐述宋代家具的成熟与定型包括椅具的设计与成熟、趋于完备的家具形制。然后分析开启明代家具的篇章包括成熟的技术与合理的结构、优美的装饰与造型、引领家具创新之路。最后提出家具与陈设相得益彰。

关键词:室内装饰设计　装饰风格　宋代

**4515**

**从洞穴到聚落:中国石器时代先民的居住模式和居住观念研究** / 郑韬凯著 ; 张绮曼指导. -- 中央美术学院, 2009. -- 120 页

论文对中国石器时代先民的居住模式和居住观念进行了研究(从洞穴到聚落)。全文共分为五章。第一章为导论。论文首先对相关概念进行阐述包括石器时代、长期性居址、范式化的家具、居住观念。其次探讨研究方法及选题意义。第二章对石器时代的环境背景与居址进行概述。论文首先介绍石器时代的地理因素包括青藏高原的隆升、长江与黄河的形

成。其次介绍石器时代的气候因素包括冰期的交替(旧石器时代),最后的冰川(中石器时代),渐次的温暖(新石器时代)。然后介绍石器时代的文化相貌包括打制石器(旧石器时代),细石器、复合工具和原始耕作(中石器时代),磨制石器、陶器和农业(新石器时代)。最后介绍石器时代的居址分布。第三章论述漫长又伟大的征程:走出洞穴。论文阐述从洞穴(巫山龙骨坡、北京周口店)到"洞穴—狂野"模式(龙牙洞、阎家岗)到走出洞穴的过程。第四章论述上万年的文明起步:聚落生活。论文首先对"聚落"进行研究包括空间模式、聚落形态、"聚落"的三个发展阶段、聚落的多样性和典型性(风土)。其次介绍聚落中的建筑成就包括版筑、木骨泥墙、干栏、井干。然后分析聚落中的公共空间包括大广场、大房子。最后阐述聚落中温暖的家包括火塘、陶器、生产工具、室内窑穴、居住面、装饰。第五章论述居住观念:择吉处而营之。论文分别探讨石器时代的"风水"、聚落中的"规划"意识、"方圆"与"四象"观念、"中轴"观念。

关键词:石器时代　居住遗址　洞穴　聚落

**4516**

**张衡造物艺术思想研究** / 朱洁著 ; 雷绍锋指导. -- 武汉理工大学, 2009. -- 143 页

论文以张衡造物艺术思想为研究对象,通过对张衡文献资料的整理分析和其所造器物的复原研究,梳理出张衡的造物艺术思想。全文共分为八章。第一章,绪论。介绍论文的研究价值与现实意义,相关的国内外研究现状分析,研究的思路和特色。第二章,张衡与张衡造物。结合张衡的生活时代,张衡的生平,太史令之职位与张衡造物的关系,张衡重要的造物成果以及张衡擅长作画与擅长写文的历史事实描述,为后文探讨作出铺垫。第三章,张衡造物艺术思想的源头探讨。讨论中国传统的造物思想,《周易》对造物活动的肯定以及其中的造物思想,并探讨《周易》对张衡的影响。第四章,造物之道。分别从创意之思,创意之源以及张衡造物思想的特色三个方面探讨造物之道。第五章,造物之形。介绍浑天仪的形制以及地动仪的形制。第六章,造物之美。分别对造物形式的符号内涵,张衡的美学观,张衡的造物美学观作出讨论。提出造物之美在于思和求中。第七章,造物之德。对张衡的政治观、人生观,张衡造物的致用观作出解释,并提出张衡致用观的特定性。第八章,张衡造物艺术思想的影响和启示。首先对张衡造物艺术思想评议,探讨张衡造物艺术思想的神学观以及张衡造物艺术思想的思维方式;探讨张衡造物对后世的影响以及张衡造物对当代设计的启示。最后为论文主要结论。

关键词:张衡　造型设计　造型艺术

# 戏剧戏曲学

**4517**

**正剧批判** / 陈军著 ; 吕效平指导. -- 南京大学, 2009. -- 110 页

论文分别从理论和戏剧实践方面对正剧进行了分析批判,并通过比较不同的生存经验,确立不同的生存经验属性,从而明确批判正剧性的戏剧理论。全文共分五章。首先为导言部分。第一章分析了作为一种正剧性的戏剧理论,首先介绍了"自觉的文化的戏剧",对"自觉的文化"进行了界定,比较了社会理想与正剧的美学理想,同时阐述了正剧性的悲剧理论,接着对正剧性戏剧理论进行了批判,着重分析了悲剧性的生存经验,并探讨了戏剧艺术的工具性与自主性的问题。第二章研究了悲喜剧理论与正剧性、悲剧性以喜剧性,首先分析了悲剧性与喜剧性的同质性,指出了喜剧性的两个维度与两极,随后分析了悲喜剧理论与生存经验,阐述了关于文体的近代悲喜剧理论,同时分析了近代悲喜剧理论中的正剧性生存经验,最后介绍了斯坦尼与契诃夫的分歧问题。第三章比较分析了《李尔王》与《李尔王》的故事,从认知和承受角度分析对两者的看法,并研究了前者悲剧与后者大团圆结局的内容。第四章从《玩偶之家》到《野鸭》,围绕"理想失败了"进行论述,首先分析了《玩偶之家》的正剧性本质,随后剖析了《野鸭》的悲剧性本质在,最后得出了《野鸭》才是易卜生的代表作的结论。第五章以《三姐妹》为例,分析了契诃夫戏剧的体裁,重点研究了契诃夫作品中潜流的悲剧性以及喜剧性,同时比较分析了契诃夫戏剧与荒诞派戏剧、《李尔王》的同质性问题,最后比较了古典的斯坦尼与现代的契诃夫。最后为结语部分,总结全文的主要观点。

关键词:正剧　戏剧理论　戏剧创作　戏剧评论

**4518**

**历史的戏剧阐释:中国古代历史题材电视剧审美文化品格研究** / 段露航著 ; 刘丽文指导. -- 中国传媒大学, 2009. -- 140 页

论文从历史文本出发,结合现实语境与当下精神形成古代历史题材电视剧,对历史的戏剧进行了研究与阐释。全文共分五章。首先绪论,对研究对象进行了界定,指出了选题的依据与研究方法,同时分析了论文的创新性以及研究的目的,最后对有关文献进行了综述。第一章对古代历史题材电视剧的发展进行了概述,首先将古代历史题材电视剧的发展进行了分期,具体分为初步发展期(20世纪80年代)与繁荣发展期(20世纪90年代至今),随后对关于古代历史题材电视剧的论争及理论进行了探讨,分析了历史叙述话语的转型问题。第二章探讨了古代历史题材电视剧的兴起与时代语境问题,首先分析了时代的转型与嬗变,研究了当代大众文化的兴起,从而进一步剖析了民族复兴的精神诉求,最后指出了当代视觉文化的盛行的现象。第三章对历史的寓言化书写进行了阐述,首先从讨论寓言精神的民族心理源流入手,对寓言文学源流进行了概述,同时对当代学界寓言理论研究进行了梳理,随后分析了古代历史题材电视剧的寓言化书写问题,接着着重分析了历史悲情寓言——《三国演义》、历史政治寓言——《雍正王朝》以及历史诗剧寓言——《大明宫词》,分别阐述了其中所表现的寓意,并对其中的形象进行了具体剖析,最后得出了历史文本皆寓言的结论。第四章介绍了历史的狂欢化书写,重点研究了狂欢精神的民族心理源流,随后以《戏说乾隆》与《还珠格格》为例分析了古代历史题材电视剧的狂欢化书写,指出《戏说乾隆》是开内地娱乐狂欢化的先河,而《还珠格格》是全民的狂欢,最后点明狂欢是彰显世俗生命力的欲望游戏。第五章为困境与反思,首先介绍了古代历史题材电视剧的审美悖论,分析了其中的逆时代性特征,随后详细论述了欲望化时代的历史消费。最后为结语部分。

关键词:电视剧评论　历史剧　审美

**4519**

**成败得失论"戏改":由戏曲变革三种取向评析新中国戏曲改革运动** / 管尔东著 ; 陆炜指导. -- 南京大学, 2009. -- 163页

论文针对"戏改"这一吸取改造文艺运动进行分析研究。全文共分四章。首先绪论,介绍了选题的意义,对"戏改"的范围进行了界定,同时对研究的历史与现状进行了分析,最后梳理了研究思路。第一章分析了新中国"戏改"运动的缘起以及相关政策,首先研究延安文艺与新中国"戏改"运动的前奏,阐述延安文艺座谈会的基本精神,同时介绍延安时期党中央对旧剧改革的愿望以及初步规划,随后分析"戏改"的改造对象——"改戏、改人、改制",接着阐述了"戏改"的主要方针,包括百花齐放,推陈出新;集体主义及现实主义,具体研究集体主义的表现与深层缘由,同时探讨现实主义与历史真实之间的关联。第二章介绍"戏改"运动中的三种力量及其改戏取向,首先分析了政府在戏曲变革中的角色变更问题,指出了娱乐与政用的偏转和分离,随后着重研究了"戏改"中政府的改革取向,包括控制与整合以及改造与利用两个方面,接着探讨了建国后艺人翻身及其改戏取向,侧重研究了艺人改革戏曲的取向与特征,介绍了移步不换形的寓意以及改革的原则,最后分析了"戏改"三种取向的矛盾冲突问题,阐述了"戏改"中政府与新文化人的冲突和牵制。第三章分析了三种取向博弈与"戏改"运动的反复,简要概述了三种力量的彼此利用与"戏改"的迅速兴起的过程,随后介绍了三种力量首度交锋与"戏改"政策微调,最后分析了三种力量激烈冲突与"戏改"运动的跃进。第四章归纳了"戏改"运动的成败得失,分别讨论了"戏改"运动的正面意义与负面影响,从而得出了对"戏改"运动的评价,指出"戏改"运动是三分功劳加上七分过错。最后为文章的结语部分。

关键词:戏曲改革　政治运动　戏曲史

**4520**

**中国文学史中的古代戏曲研究(1904—1949)** / 刘精瑛著 ; 刘祯指导. -- 中国艺术研究院, 2009. -- 186页

论文运用案例研究法、比较研究法和定性研究法,尝试对20世纪上半叶各个时期有影响的14部中外文学通史中的戏曲状貌进行研究,以期发展更多有价值的戏曲内容,这对于人们重新认识文学史及戏曲史将有重要的意义。论文第一章是戏曲走进中国文学史,首先论述论文的研究对象、现状、意义及版本选择,其次论述戏曲进步20世纪中国文学史背景,最后论述外国人著撰的中国文学史与戏曲。第二章是戏曲在中国文学史中的新格局,首先论述文学史及戏曲家眼中的文学史与戏曲,其次论述纯文学史观影响下的文学史与戏曲,最后论述早期唯物史观启蒙下的文学史与戏曲。第三章是戏曲成为中国文学史中的新范型,首先论述林庚的《中国文学史》,其次论述刘大杰的《中国文学发展史》。第四章是20世纪上半叶中国文学史与戏曲关系及意义,首先论述王国维戏曲研

究对20世纪上半叶中国文学史撰写的影响,其次论述20世纪上半叶中国文学史观及戏曲史观的推进,第三论述20世纪上半叶诸种中国文学史戏曲研究的比较,最后论述20世纪上半叶中国文学史与戏曲关系的意义。最后为结论,提出文学史中戏曲的变化影响着文学史著的变化,文学史著中戏曲形象的变化影响着文学史著形象的变化,戏曲和文学史著的结合,产生了一种新的"质"。

关键词:古代戏曲　戏剧文学评论　文学史

**4521**

**雁北耍孩儿戏考论** / 钱建华著 ; 路应昆指导. -- 中国传媒大学, 2009. -- 190 页

论文对雁北耍孩儿戏进行了考证研究。全文共分三章。首先绪论,对研究对象进行了概述,指出了研究的意义,同时分析了雁北耍孩儿戏前人研究的成果,最后阐述了论文的内容以及研究的方法。第一章分析了雁北耍孩儿戏的起源及其艺术特色,首先针对目前耍孩儿研究的难点,综合有关起源的十二种说法,考证了耍孩儿戏的起源,随后整体归纳了其在音乐与唱法、语言方面的艺术特色,指出这个源自民间叫卖之声的曲牌的其中一脉在金元时期走向文人化,而另一脉却长期"潜伏"于民间,经过明代中后期的改制,曾经成为了民间时尚小令的一种。第二章从纵向历史角度,宏观和微观相结合,分析了耍孩儿戏艺术的传承问题,首先对剧目传承与"戏串"文本进行了解析,对建国后五十年以来的本有剧目和移植剧目进行了系统梳理,指出"戏串"是戏剧文本得以传承的一个有效途径,随后就耍孩儿戏最具特色的"后嗓子"唱法与"口传心授"传承方式进行了论述,分析了耍孩儿戏不科学发音、发声方式等特点,说明了耍孩儿戏并不是当年林俊卿博士研究的"咽音"训练法,最后对耍孩儿戏的行当艺术传承特点进行了总结。第三章从横向角度,对"文革"以来耍孩儿戏的新发展,尤其是向大戏借鉴、艺术创新的情况进行了回顾与反思,具体探讨了耍孩儿戏的演出市场及其濒危原因。最后为尾声部分,总结了全文的主要观点,指出耍孩儿戏是独特民俗与区域文化的产物,并对发展前景进行了预测。

关键词:戏剧评论　地方剧　山西

**4522**

**戏剧小品与电视小品研究** / 史青虹著 ; 周华斌指导. -- 中国传媒大学, 2009. -- 214 页

论文通过数据和例证分析,对戏剧小品在当代多元文化生态中的生存状况与命运进行了分析与预测。全文共分四章。第一章对戏剧小品与电视小品的概念进行了界定和辨析,首先探讨了"小品"概念的由来以及词义的变迁,随后对戏剧小品的中外历史渊源进行了简要的描述与辩证,接着简要介绍了有关"电视"的基础知识,分析了戏剧小品与电视这一载体结缘的文化原因。第二章对戏剧小品的艺术特征和戏剧本体进行了分析研究,通过对"戏剧小品热"现象的描述,将近二十余年来处于发展巅峰状态的"戏剧小品"与现实生存存在危机的"职业化戏剧"进行了对比研究,同时对"小品热"的现象的文化背景和形成原因进行了深入剖析,探讨了戏剧小品的艺术特征,最后逐个剖析了"作者、演员、剧本、剧场"四个方面的内容,从而达到对戏剧艺术深入了解的目的。第三章对戏剧小品的电视之旅进行了描述与分析,重点研究了四大电视戏剧小品现象:一是中央电视台春晚戏剧小品,二是中央电视台戏剧小品大赛,三是中央电视台《综艺大观》等综艺节目小品,四是各地方台戏剧小品,总结了其中存在的不足,同时指出了其未来发展的前景,并预测了其前进的方向。第四章为关于戏剧小品的争议与反思,主要讨论了关于戏剧小品创作实践和理论建设的系列问题,分析了戏剧理论界对于戏剧小品实践的滞后反应、对于戏剧小品现状的指责的无奈以及戏剧小品与载体结合过程中的异化问题等。最后为结语部分,指出戏剧小品这一戏剧伊苏品种虽然曾经取得过辉煌的成就,但也存在着诸多问题和困惑。

关键词:戏剧小品　电视小品　艺术特色

**4523**

**祭祀戏剧形态研究** / 王志峰著 ; 周华斌指导. -- 中国传媒大学, 2009. -- 190 页

论文将祭祀戏剧重置于生态环境中,进行立体的考察与发现,分析了祭祀戏剧与祭祀的关系,对祭祀戏剧形态进行了系统研究。全文共分五章。首先绪论,对有关概念进行了辨析与界定,分析了研究的现状,同时指出了研究的缘起。第一章介绍祭祀与祭祀戏剧,分析了祭祀与祭祀戏剧的关系,阐述了祭祀戏剧的名目,并对祭祀戏剧进行了分类,指出其各自的特征。第二章分析了祭祀戏剧的神灵供奉问题,首先分别探讨了泛神观的表象及深层含义,随后详细描述了亦仪亦戏的迎神过程,最后对祭祀供奉与戏剧娱神、娱人进行了讨论。第三章阐述了祭祀戏剧的时空

观念,分别探讨了祭祀活动的时序性以及祭祀戏剧展演的空间。第四章介绍了祭祀戏剧展演的形态,从探究祭祀戏剧的表现内容入手,分析了祭祀戏剧的展演形式,深入解析了祭祀戏剧中的舞蹈与武打动作,并分析了祭祀戏剧中的民间笑谑精神,指出恰当的笑谑取闹使得肃穆、庄严的祭祀活动显得更有激情和活力,引发了群众参与、欣赏的高潮。第五章介绍了祭祀戏剧中的禁忌习俗,指出祭祀戏剧中有诸多禁忌,传承相对封闭。最后为结语部分,总结了全文的主要观点,指出从某种程度上说来,祭祀戏剧是随着祭祀仪式的进行而展开的,戏剧演出总用为特定的仪式目的,所以常用"展演"来指称,同时祭祀戏剧历来少有文人参与创作,其表现内容"剧"的成分不太浓重,多为地区社首、略有文化者或主持祭祀活动的师傅依照神话故事、历史演义和民间传说,根据祭祀需要改编得来。

关键词:祭祀　祭礼　戏剧艺术

**4524**

**民国时期梅兰芳访日公演之研究** / 袁英明著 ; 周华斌指导. -- 中国传媒大学, 2009. -- 225 页

论文通过对梅兰芳艺术造诣的分析,结合日本古典戏剧的美学理论以及日本关中的审美特征,深入挖掘了访日公演成功的内在的文化艺术因素。全文共分四章。首先为序,介绍了选题的依据及前沿成果,分析了论文的研究方法,同时指出了研究的创新之处。第一章对民国时期梅兰芳访日公演的背景进行了分析,主要研究了当时的国际形势、中日两国的政治背景、文化背景以及戏剧背景,同时分析了"五四"新文化运动前期的戏剧论争,介绍了戏曲界"花雅之争"后京剧的形成以及场上艺术本体的崛起,最后分析了王国维的"戏曲"观念。第二章对民国时期梅兰芳访日公演的史实进行了分析研究,介绍了这一事件的策划过程,同时分别分析了访日公演的商业性质、梅兰芳的友人状况,着重探讨了首演选择日本的原因、访日的目的以及两次访日公演的行程安排,最后介绍了日方商业性运作的经济状况。第三章从媒体和学界的戏剧评论审视了梅兰芳访日公演的反响,首先从三地演出的宣传口径分别洗了第一次访日公演的媒体评论,随后分别通过分析戏剧界人士的评价、同行座谈会的言语以及电影、唱片的摄录与发行,全面的剖析了第二次访日公演的媒体评论,指出除了一片赞美声外,亦涉及批评、建议与争议,并以京都帝国大学学者"听戏团"的《品梅记》论集为典型,分析了其学者的构成以及京都大学"中国学"学派与王国维"戏曲观"的学术联系,同时从中探讨了日本学界对梅兰芳的高层次评议。第四章对梅兰芳访日成功的主要因素进行了研究,具体分为内在因素与外在因素,并以公演最为成功的《天女献花》和《御碑亭》为例,进行了典型分析,同时介绍了中日相通的古典戏剧源流。最后为结语部分。

关键词:梅兰芳　京剧　文化交流　民国

**4525**

**戏剧:艺术与精神——20 世纪 80 年代中国戏剧研究** / 张荔著 ; 周靖波指导. -- 中国传媒大学, 2009. -- 164 页

论文运用定性研究法和比较分析法,以戏剧艺术家的艺术实践为经,深度阐释 80 年代戏剧的特殊意义。论文上篇是精神解放的历史性反思。第一章是 80 年代文化语境中的中国戏剧,论述"没有止境"的"思想解放"潮流,艺术"合法性"身份的确立,知识分子立场及其思想资源。第二章是思想解放的精神诉求及其困境,论述主流意识形态的运行模式与谋略,思想交锋与话语转换,争议背后的思想潮流,80 年代早期戏剧创作的内在矛盾。第三章是去政治化与本体回归,追寻根本的思路与迷惑,论述概念的多重衍生,剧场与观众问题。第四章是寻求解脱之路的研究,论述戏剧探索,心灵图像的审美解放,先锋性与戏剧的歧途,精神焦虑与时代的内在冲突。下篇是创作主体的精神取向及其限度,第五章是创伤记忆的戏剧演绎,论述作品何以获得"时间的青睐",跨过"创伤记忆"的门槛,《荒原变人》,戏剧中的疯癫隐喻。第六章是爱情话语的审美转换,论述戏剧中"爱情的位置",道德伦理与精神之爱,性的迷茫与性别困惑,复调试爱情及其超越。第七章是文化风俗的对象化,论述京味戏剧,海派喜剧,关东戏剧。最后为结束语。

关键词:戏剧艺术　精神　戏剧评论

**4526**

**元曲曲体研究** / 张婷婷著 ; 俞为民指导. -- 南京大学, 2009. -- 209 页

论文运用个案研究法、实证研究法和定性研究法,以元曲曲体为研究对象,以曲牌为分析个案,通过检读相关文献,梳理元曲曲体的渊源流变,辨析其文乐关系,探究其用韵特点,寻找联套规律,初步总结曲体的一般性本质特征,归纳了元曲历史发展的内在逻辑理路。论文第一章是元曲曲体之料简,首先辨析

"曲观体",其次论述曲牌著录情况,最后论述元曲曲调及其曲体渊源。第二章是元曲宫调及其性质,首先论述与宫调相关的六种学术观点,其次论述宫调转义的复杂历史原因,最后论述宫调声情说的合理性依据。第三章是元曲字声与音乐的结合方式,首先论述元曲曲牌定腔汇乐,其次论述依照曲牌的定腔乐汇审音填词,第三论述字声与腔格的配合关系,最后论述填词以不违背曲律为原则。第四章是元曲用韵特征的辨析,首先论述元曲音韵系统,其次论述与元曲用韵相关的几个特殊规律,最后论述韵位与音乐的关系。第五章是元曲联套形式的考释,首先论述了剧套联套的形式特征,其次论述散套联套的形式特征,最后论述元曲联套特殊现象。第六章是元曲曲体的流变,首先论迖元曲在明代流转的情况,其次论述曲牌定腔流传的困难,最后论述元曲曲体形式的衍变。最后为结语,对元曲曲体研究的基本结论进行总结与归纳。

关键词:元曲　曲体　曲牌　小令　文学研究

4527

**"国剧"内涵与"剧学"本位的确立** / 张一帆著 ; 周华斌指导. -- 中国传媒大学, 2009. -- 152 页

论文运用历史研究法、案例研究法和比较分析方法,对 20 世纪上半叶中国戏剧学术史的演进与发展,试图梳理出近现代中国戏剧学术研究在各个方面所达到的理论高度。论文第一章是"国剧运动"的前前后后,"国剧运动"的发起与主要艺术观,学术界对"国剧运动"历史地位的评价,到底什么是"国剧"。第二章是观念的沿革与视野的开阔,论述从文学本位到曲学本位,包括以王国维为代表的文学本位和以吴梅为代表的曲学本位。论述剧学的提出与建立。第三章是出于剧学本位的戏剧艺术批评,进行历史回顾,论述历史的超越。第四章是从"剧学"本位出发的,对"戏剧之全部"的全面把握,论述对表演艺术的探讨,对编剧艺术的总结与开拓,导演与舞台美术理论的初兴,第四节论述戏曲文献资料的记录与整理。第五章剧学本位下不同的研究视角,齐如山、徐凌霄、傅惜华和杜颖陶等人的剧学,讨论梅兰芳和程砚秋的理论自觉与自我审视,论述欧阳予倩和天寒的戏剧艺术与社会变革的紧密联系。最后为余论,一方面考察 20 世纪二三十年代的国剧研究对中国戏剧学史的影响,另一方面讨论 20 世纪中国戏剧艺术与平面传媒发展的互动关系。

关键词:戏剧艺术　戏剧史　戏剧评论

4528

**越界的想象:跨文化戏剧研究(中国,1895—1949)** / 周云龙著 ; 周宁指导. -- 厦门大学, 2009. -- 243 页

论文重点选取了 1895—1949 年间发生在中国语境中的六个个案,分别研究了中国"舞台"上的"娜拉的故事""五四"时期新旧剧观念论争、"国剧运动"、戏剧"民族化"、梅兰芳访美演出以及影片《太太万岁》的空间叙事政治,在公共观演域内的动态关系结构中,以"西方"作为背景,对戏剧实践的"跨文化性"进行了解析,探讨了其中的西方想象、本土建构与西方的"东方主义"之间复杂的逻辑关联。全文共分七章。第一章导言,从跨文化戏剧研究的关系主义视域出发,分析了"什么是话剧?"的象征问题,同时重点分析了作为关系的公共观演域,探讨了戏剧是跨"文化"还是"跨"文化的问题,最后研究了戏剧中国的有关内容。第二章分析黄皮肤,白面具——边界上的"娜拉",以边缘为中心,重点探讨了虚拟与现实之间的戏剧艺术。第三章探讨牧师与预言家的资源共享,即新、旧剧的观念论争,具体分为忠贞的背叛与减法中的加法两部分加以论述。第四章重点对国剧运动进行了研究,探讨了"国剧"的文化转喻与其衍生性,指出国剧是在虚幻的边界上产生记忆。第五章以张庚的《话剧民族化与旧剧现代化》为中心,讨论戏剧"民族化"的生产传统。第六章将梅兰芳的访美演出进行了中西方再现,着重研究了其中的个别情景,分析了光的发扬和收敛以及中国的性别等问题。第七章从视觉与认同角度研究了《太太万岁》的时空转译及其文化政治,具体分为过渡中的永恒以及与"独白"对话两部分。

关键词:戏剧文学　戏曲史　文化交流

# 电影学

4529

**怀斯曼纪录电影研究** / 陈力著 ; 王宜文指导. -- 北京师范大学, 2009. -- 177 页

论文由对怀斯曼电影的总体回顾、个案分析、社会环境、文化背景的意识形态研究构成。弗雷德里克·怀斯曼是西方公认的纪录片大师,他的纪录片创作生涯已经跨越了三分之一个世纪。但中国对他的介绍并不充分,仅限于非学术性出版物上的专栏文章的少量访谈,而观摩其电影的途径几乎没有。对此笔者选择了怀斯曼的《高中》进行个案分析。这部作品

强烈的体现怀斯曼纪录片的剪辑手法和结构观点又无批判性纪录片之嫌。从这部电影展开,笔者在更广的范围内讨论了纪录片的开放式结构。论文为梳理怀斯曼纪录电影创作的社会背景,进而研究作为知识分子的纪录电影人怀斯曼与美国当代社会的互动关系,选择怀斯曼最具争议的纪录电影处女作《提提卡特讽刺剧》展开讨论。论文在完成了创作主观态度的介绍和怀斯曼电影技术层面的研究后,进入到意识形态的范畴。笔者首先回顾了近代知识分子在西方世界的演变,并将怀斯曼深度的浅薄。为了从细节上把握怀斯曼电影从理念到成片的全过程,收集了近30年间对怀斯曼具有代表性的五次访问。提问者包括研究纪录片的学者,纪录片创作者和媒体记者。问题的范围涵盖了选题的观念,对电影技术进步的态度,取得预算的途径,电影发行的方式,和拍摄对象的关系,对相关知识的了解对主观性和客观性的认识,选择摄影师的标准,和机构管理者的沟通,拍摄素材的长度,拍摄周期的安排,对拍摄过程中偶发事件的处理,对戏剧性的追求,对采访、解说词和音乐的态度,预期的观众群,不参与性和不干扰性,拍摄对象的信息反馈,风格的形成和演变。论文得出的结论是:怀斯曼没有对现实世界进行简单的复制,而是通过选择建立模型,通过有限的重复性机构内经验表现机构的整体性。怀斯曼的纪录片是隐喻的电影。他的创作实践证明了纪录片人有能力介入现实生活,剖析社会问题,生产有力度的作品。

关键词:费雷德里克·怀斯曼　纪录片　电影评论

**4530**

**电影悬念的叙事分析** / 陈瑜著 ; 曲春景指导. -- 上海大学, 2009. -- 166 页

“悬念”几乎涉及虚构类叙事作品,论文特指电影观众在接受过程中对故事情境内不确定因素所产生的一种情感反应。论文对电影悬念的研究既关注电影自身的悬念特性,也关注一般虚构类叙事作品悬念的共性。论文对电影悬念的叙事分析主要在“所叙之事”(“故事”)、“事之所叙”(“叙述”)和“叙事的价值”(“价值”)这三个层面上展开。首先是对电影悬念的序列分析,探讨故事本身的悬念是如何营造的。在叙事序列中,阻挠因素的设置不仅形成跌宕起伏的故事序列,而且是营造悬念最为重要的手段,而阻挠因素的性质将决定悬念的强度。其次是对电影悬念的信息分析,探讨信息以及信息处理方式对悬念的影响。论文将与悬念有关的信息分为“危险信息”“欲望信息”“零信息”和“隐喻信息”。这些信息会受到叙述行为的影响,主要通过镜头聚焦方式即对所叙之事的选择、强化或弱化体现出来。这种对信息的延宕与压制在悬念的营造中有着重要作用。第三,探讨电影如何通过时空处理营造悬念。在时间维度上,时序、时长和时频这三种时间关系都具有参与悬念设置的可能性。第四是对电影悬念的价值分析,探讨电影悬念中所包含的价值问题。从表面上看悬念的营造是人为的技术行为,但深入到悬念技巧层面分析时便会看到支配悬念生成的各种手段,依托的都是一个情感结构。观众的道德焦虑是电影悬念设置的重要手段。电影叙事在严峻的伦理考验中实现对命运的关注和人性的思考。对电影悬念的叙事分析将有可能使电影悬念研究展开新的面貌。

关键词:电影评论　叙事　电影悬念

**4531**

**数字复制时代的电影** / 丁莉著 ; 郑洞天指导. -- 中国传媒大学, 2009. -- 192 页

论文运用历史研究法和定性研究法,主要讨论了电影的数字复制问题,讨论各个历史阶段的数字复制状况和相关技术问题。论文第一章是数字复制的离散属性,首先论述离散和连续的概念,阐述离散与数字复制。第二章是离散重塑镜头的时长和速度,对时间的延续和时间的分解进行论述。第三章是离散重构主客观空间问题,首先论述 CG 合成长镜头缔造客观空间,其次阐述渗透主观意识的空间。第四章是离散塑造数字角色,首先论述对真人个体的复制,其次阐述 CG 虚拟角色人造生命力。第五章是数字复制的非线性,首先论述非线性,其次讨论非线性和数字复制的关系。第六章是打碎自然时序的链条,主要讨论板块式结构与跳跃性阅读的问题。第四章是交互和游戏的夙愿实现,一方面考察体验互动的扮演,另一方面论述游戏对电影的影响。第八章是电影场景的非线性重构,首先论述 CG 制作场景的非线性,其次论述多方式构成场景的丰富性。第九章是数字复制的幂特性,主要论述幂的概念和幂特性。第十章是幂特征的电影“量”增,主要考察镜头递增与电影节奏,以及影片量增与产业规模的关系。第十一章是幂特性的全方位观影,讨论非常规模影院的新的视觉体验。第十二章讨论幂特性的数字化生存,研究跨媒介文本的电影、网络视频以及手机电影等新兴问题。

关键词:电影　复制　数字技术

4532

**银幕内外的男性重塑(1949—1966)** / 丁宁著 ; 杨远婴指导. -- 北京电影学院, 2009. -- 150 页

论文以“银幕内外的男性重塑”为题,在以1949—1966年作为时间原点的纵向和横向历史坐标上展开对新中国电影的断代式管窥,将银幕外的男演员和他们在银幕上所塑造的男性形象作为研究的焦点,意图从几个层面来切入和展开论题:一是作为演员的男性个体在新的时代语境中如何被重塑,二是新中国电影如何通过重塑银幕男性形象来进行意识形态询唤,三是演员与其银幕形象之间的互塑。在此基础上,尝试阐释国家话语对男性气质的建构。“导论”通过对新中国电影功能转变带来的表演格局以及演员功能变化的分析,来论述研究动机。第一章旨在打破以往十七年电影史书写中关于影人队伍汇聚之间简单的解放区与国统区二分,而是以男演员的表演路径为线索重新爬梳他们的新中国表演前史,检视他们在新中国电影建构中的自我重塑以及在这一过程中所起到的作用,这些正是影响新中国电影样态、银幕上的工农兵表演以及男性气质建构的重要因素。第二章的重点放在男演员在革命战争故事中的兵表演。第三章将焦点放在十七年的反派表演,以反面形象的被规训与被惩戒及反派演员在表演场域中的起落与第二章形成对照,更为全面地观照男性气质的重构。第四章将演员的表演由银幕表演上升到社会表演层面来考察,分析十七年表演场域的政治功利色彩。“结语”对文章的论述进行归结,循着银幕内外男性重塑这一脉络,探讨文革电影。由此分析政治权力的男权本质以及个体男性的性别表演,并在此基础上反思电影研究。本论文选择男性研究的视角,是在社会性别层面上重新审视男性,意欲突破男女二元对立的壁垒。笔者试图通过特定历史时段中性别个体的生命脉络的勾勒与评析,来拓展电影研究中的性别研究层面。

关键词:电影评论　艺术形象　男性　意识形态

4533

**论非洲电影的数字化发展模式** / 多罗泰(Dognon Elavagnon Dorothee)著 ; 肖永亮指导. -- 北京师范大学, 2009. -- 158 页

在不同国家和地区数字化电影发展的水平存在着很大的差距,比如美国一直走在世界的前端,亚洲一些国家比如中国、日本也正努力发展数字化电影的技术,那么在经济比较落后的非洲,是否要借鉴其他国家的发展模式来发展非洲的数字电影?还是研究出自己的一种独特的数字电影发展模式?论文将通过四个步骤来探讨这个问题。内容一,非洲电影和文化产业,介绍非洲电影的历史、现状及存在的问题。内容二,电影在非洲文化传承中的重要意义。通过文化在国家发展中的重要性,阐明沦为过殖民地的非洲国家需要重视文化的地位。而在文盲占人口绝对多数的非洲,电影在文化传承上起到重要作用。内容三,数字技术对电影发展的重要。介绍数字电影的知识,及数字电影在世界其他地区发展的现状。内容四,非洲怎样从自身的基础上来面对现实找出本土数字电影模式?通过对尼日利亚诺莱坞(Nollywood)电影历史、现状的调查分析,探讨非洲其他地区电影产业可以学习借鉴尼日利亚诺莱坞电影的模式,以及实现发展目标的途径。

关键词:电影事业　数字技术　文化产业

4534

**美国纪录片产业发展现状研究** / 何艳著 ; 张同道指导. -- 北京师范大学, 2009. -- 82 页

论文以美国影视纪录片产业为研究对象,从产业经济的角度分别对美国电影电视纪录片发展不同阶段的主要纪录片运作模式和当今美国纪录片产业现状做分析。美国纪录电影从爱迪生发明电影开始便开始了商业运作,经历了探险影片模式、政府合作模式、商业赞助模式和自身商业娱乐化的发展阶段。21世纪开始,政治、经济和社会环境的变化使美国纪录电影成为电影产业中一支独立产业类型的趋势越来越明显:投资主体从原来主要的政府和企业的文化资金赞助,扩展为大制片公司及下属子公司、各独立制片公司、有线纪录片频道、各电影节,政府和企业的资金已经成为独立纪录片人申请渠道中的一支,还出现专门为独立纪录片人筹集拍摄资金的网络中介服务公司等;发行从原来主要的影院和DVD发行,扩展为影院、DVD、网络、手机和网络下载、电视和网络点播等多种发行方式。其中高票房收入的迈克摩尔纪录电影表现突出,其影片热点敏感的题材选择、个人化的娱乐表达和以迈克摩尔自身为核心的品牌构建和传播都成为高票房的重要原因,也表明了这一时期美国纪录电影娱乐化和商业化的整体趋势。美国电视纪录片的发展经历了无线电视网的纪录片节目和栏目

为主的阶段,美国公共电视网 PBS 的独立纪录片栏目为主的阶段和商业有线纪录片频道的整体运作阶段,如今都各自发挥着自己的强大功能,而产业化运作最成熟的是纪录片的商业频道化运作。以探索频道、国家地理频道和历史频道为代表的有线纪录片频道,从频道策划到开播运作,有线纪录片频道便开始了以频道为单位的经营谋划。其后,在有线电视市场竞争中摸索出一系列降低制作成本、增加频道节目吸引力、推广频道品牌的策略和方法。2008 年美国探索传媒集团作为美国第一个纪实传媒集团在纽约上市。以探索频道为核心的频道品牌裂变、与国内传输商和国际电视网的灵活合作、坚持节目的品质和权威、推行多平台的内容营销和探索品牌的多元经营是探索传媒集团获得商业成功的重要原因。

关键词:纪录片　产业发展　美国

**4535**

**马与歌剧:意大利西部片(1964—1973)研究** / 洪帆著 ; 胡克指导. -- 中国传媒大学, 2009. -- 113 页

论文运用案例研究法、历史研究法和比较研究法,考察意大利西部片。长久以来,对意大利西部片存在着很大的歧视和误解,主流评论家往往在缺乏深入研究的前提下就武断地给它戴上"完全是抄袭模仿好莱坞西部片"的帽子,并且将其中的血腥暴力简单归结为完全基于商业目的的海盗。论文通过对意大利西部片历史及相关欧洲电影与文化的认真梳理,揭示出一个更接近真想的结论,那就是意大利西部片固然有着对美国西部片的表面模仿,但是从一开始起就有着完全迥异的故事模型与美学及政治趣味,这种不同不仅来自于根深蒂固的地中海文化及意大利文艺传统,同时我们也惊奇地发现在美国西部片之外,欧洲西部片一直就自由而隐忍地存在着。论文第一章是从模仿到超越,考察类型中的意大利西部片。首先分析西部片类型,其次论述历史的契机,最后论述超越好莱坞。第二章是意大利西部片的欧洲血统问题,首先回顾欧洲前史,包括法国、英国、意大利、西班牙和德国的西部片;其次阐述文化传承关系,包括文化溯源和类型经验。第三论述联合制作情况。第三张是粗鄙暴力的华丽咏叹,首先论述暴力神话,其次考察政治寓言。第四章是三个塞尔乔及其他作者,首先分析赛尔乔 · 莱昂内的作品和其作品风格,其次分析赛尔乔 · 科布奇与赛尔乔 · 索利马的作品,最后分析达米亚诺 · 达米尼亚的作品。第五章是傲慢与偏见的评论史,首先论述西部片原罪,其次阐述一部羞辱史,最后论述迟到的掌声。

关键词:西部片　电影评论　意大利

**4536**

**美国电影评论史研究** / 蒋好书著 ; 钟大丰指导. -- 北京电影学院, 2009. -- 216 页

论文对 20 世纪至 21 世纪美国的电影评论、特别是媒体电影评论发展的历史进行了回顾和梳理,通过综合介绍和分析已出版和发表的关于美国电影评论研究的书籍、文章、论文、研讨会、录像作品等成果,较为全面地介绍了美国电影评论在过去一百多年里的基本发展情况、历史时代背景、媒体传播基础、代表人物作品、主要思想流派、重要评论事件,以及影评行业建制、评论文化特色等,并分析了这些现象的背后原因和意识形态运作机制。根据时代特征的不同,论文将美国电影评论史分为四个阶段:默片时代的早期影评(1900—1929)、好莱坞片厂时代的美国特色影评(1930—1949)、冷战时期的影评争论时代(1950—1977)与后冷战时期的多元化影评(1978—2008)。在介绍美国电影评论史发展的过程中,论文认为媒体平台本身具有很重要的作用。在影评人物和作品方面,论文选取了近八十名美国电影评论人进行介绍。在分析不同时代影评人所受到的外在和内在因素影响时,论文主要分析了几点:(1)美国电影雄厚的行业基础和成熟的类型传统,为媒体影评人提供了评论的对象、环境,以及评论的基本模式。(2)美国媒体业悠久的历史传统和稳定的读者群体,为媒体影评人寻找不同阵营、发展各自观点提供了平台,在形成不同影评媒体特色的同时,也表现出许多共性。(3)美国影评人在历史不同时期的心理状态,以及他们根据共同心理偏好所吸收的思想工具资源,影响了影评人对电影评论的切入点、立场态度和评论方法。(4)美国影评人作为不同个体的社会认识、身份体验、兴趣重点、个性倾向等因素对影评也有很大影响。(5)美国影评人作为知识分子在电影工业、媒体工业两大体制以及观众中的职业位置,从根本上决定了他们的基本社会功能。论文旨在还原包括电影理论在内的美国电影评论话语在历史语境中形成和传播的状态,并且对电影评论参与美国社会意识形态运作的机制做出初步分析。

关键词:电影史　电影评论　电影文化　美国

4537

**十七年中国电影译制片创作历史研究** / 李国顺著 ; 王宜文指导. -- 北京师范大学, 2009. -- 116 页

1949—1966 年的十七年是中国电影译制片的创业和初步发展时期。论文在分析十七年电影译制片创作背景后发现,政治统帅下的电影语境和跨国交流间的国际语境是新中国电影译制片迅速成长的根本原因。作为新中国电影的摇篮和电影译制事业的开拓者,长春电影制片厂无疑是论文研究的重点:从东北电影制片厂的成立,到译制片机构的组建;从《普通一兵》的诞生,到译制队伍的培养,长影厂为新中国电影译制片的创建奠定了坚实的基础。而作为中国唯一的一家专门从事电影译制的厂家,上海电影译制厂后来者居上,将译制事业推向了繁华的顶峰。十七年间,上译厂不仅译制创作了大量的经典外国电影,而且还培养和造就了众多著名的译制导演和配音演员,并逐渐成为译制片创作领域中的佼佼者。论文在对十七年中国电影译制片创作历史进行研究时,着重对这一时期涌现出的译制创作的代表人物及代表作品作了较为全面的梳理,并探讨了十七年的外国译制片对当时中国观众的生活和观念所造成的影响。在十七年电影译制片创作理论的探究中,论文在分析了译制片创作性质的基础上,还分门别类地对译制片翻译、导演和配音演员的艺术创作实践做了系统地探讨,并尝试为新中国电影译制片的实践创作寻找到理论的根源。

关键词:译制片　电影制作　电影事业　电影史

4538

**基于图像的电影特效技术研究** / 李全胜著 ; 穆德远指导. -- 北京电影学院, 2009. -- 133 页

论文主要研究在电影特效中采用基于图像的方法,用计算机重建真实灯光、模型,并进行高度真实的渲染绘制,深入探讨最新的计算机图形技术在电影特效、古迹重建、视频游戏等领域的应用,以及相关技术的主要算法和原理。主要内容包括四部分:首先,基于图像的照明技术主要研究光的现场记录和采样方法,后期处理和环境照明重建。其次,基于图像的模型技术主要讨论 ICT 实验室采用的结构光源辅助立体视觉三维建模技术,获取高解析度人脸扫描和模型重建的方法。第三,基于图像的真实感绘制技术讨论反射域和反射函数的计算方法,以及重新照明绘制。第四,介绍分析了基于图像的技术在电影特效制作的实例,并总结出基于图像方法的基本技术框架。

关键词:电影摄影技术　电影效果　计算机图形学

4539

**电影的导演资本理论:新好莱坞导演研究的一个模型** / 林天强著 ; 郑洞天指导. -- 北京电影学院, 2009. -- 123 页

笔者通过对电影导演史的考察以及对电影实务全过程的梳理,经过对电影存在性的相关学习和深入思考,尝试从导演发起电影的角度理解电影的存在性和经济本质,力图通过理论模型从实证角度揭示导演与投资者关系,并探讨导演处女作融资的规律及电影中权力和权利的来源和运行机制。论文在导论中通过梳理现有的电影理论发现其没有涉足电影的经济基础问题。在第一章中,笔者指出了导演出身多样化现象,列举了导演研究的相关概念,并发现成为导演的关键是获得机会拍摄导演处女作,这成为论文的研究角度。第二章中笔者构造了完全导演的概念,来描述电影发起时对电影负有完全责任的电影制作人的抽象假设。第三章中笔者利用导演资本对好莱坞历史进行梳理,从中获取导演的职能转变的实际过程。第四章分析了新好莱坞导演职能的转变。第五章以新好莱坞导演的杰出代表为例,研究这些导演幸存者从处女作到代表作的过程,分别分析他们的导演资本特点,从投资和市场的实践意义上验证了导演资本制作这一电影行业的规律。第六章分析好莱坞电影导演角色和职能的演变,开创了赢家通吃的当代好莱坞商业模式。下编第七章主要讨论了导演出身多样化的问题。导演处女作与导演生涯的关系成为第八章的内容。第九章否定了导演可以直接出售创意而不必拍摄电影。第十章研究导演与外部投资者的契约关系。第十一章从电影价值来源和电影制度建构的角度阐述了导演的核心作用。第十二章结论笔者将导演资本模型初步应用于中国的电影研究,且对新技术、新经济条件下的新世纪电影幸存者做了一些简单的预测性理论。

关键词:电影导演　处女作　融资　项目管理

4540

**十七年时期苏联译制片研究** / 柳迪善著 ; 陈山指导. -- 北京电影学院, 2009. -- 199 页

论文的研究对象为十七年时期的苏联译制片,研究对象是苏联译制片在中国十七年时期的历史发展

轨迹及其与中国电影的关系。苏联影片在中国的发展主要围绕两个方面展开:一是中苏关系,二是对人性的改造,这两方面分别在论文的上、下篇中展开讨论。上下篇共分八章,上篇将在中苏关系变迁的轴线上考察苏联电影在中国的生存状况,下篇将在人性改造的问题意识下,就中苏电影共同表现的问题加以讨论。第一章详细考察好莱坞影片与苏联影片的历史交接过程。第二章依靠对十七年期间发行量最大、延续时间最长的通俗电影类刊物《大众电影》的封面进行统计研究,勾勒出十七年时期苏联影片在中国的兴衰走势图。第三章分别从新中国成立前后苏联电影在中国的发行放映情况进行论述,重点放在新中国成立后,分别从苏联电影的观众人次、苏联电影与中国电影享受的政策之对比以及中国政府对苏联解冻作品的放映策略等方面进行论述。第四章论述十七年时期苏联影片与多重受众的关系。第五章考察中苏农村题材影片反映出的社会图景乌托邦化的倾向。第六章主要阐述共产党员偶像化的问题。第七章主要论述女性人性化/雄性化的问题。第八章论述中苏影片知识分子他者化的问题。最后得出结论,十七年时期苏联译制片在中国的发展与中苏关系的变迁有密切关系,这一点直接导致了其在中国的生存状况,而对人性改造的问题则影响了苏联影片的内容和主题,并与同时期的中国电影形成呼应关系。在这个意义上,我们不仅能够把握苏联译制片的发展轨迹,同时也揭示了同时期国产片自身的发展与转变。

关键词:电影史　译制片　中苏关系　苏联

**4541**

**由内到外:建设电视频道品牌的一种新方法** / 罗军著 ; 黄会林指导. -- 北京师范大学, 2009. -- 168 页

论文试图站在一个全新的、战略的高度,为时下电视领域轰轰烈烈的品牌化建设提供一些可以操作的、适合中国电视从业者文化习惯、话语方式的操作模型,一种基于老子"以正治国,以奇用兵、以无事取天下"的脉络的,"从内到外"建设电视频道品牌的方法。研究分为六个部分。绪论简要介绍了研究的背景、目的、思路框架、意义和研究的创新之处,阐述了全文的焦点问题和研究思路。第一章从"品"与"牌"的中国式理解开始,阐释电视频道品牌的核心理念——品,从品牌概念综述、建立电视频道的必要性、如何打造电视频道品牌的核心理念三个方面切入探讨,主要是讨论电视频道品牌"以正治国"的"正"。第二章讨论电视频道品牌的识别机制——牌,先阐明电视频道品牌的识别机制的意义,接着分析现有的企业识别系统(CIS)理论基础与局限,最后根据实际经验提出了创新的"6+3+3"模型,探讨的实质上就是"以奇用兵"的"奇"的基础。第三章提出电视频道品牌的内部传播的重要性。笔者根据一手资料和多年经验建立出适应电视频道品牌内部传播的组织结构——蛋筒模型,最后从任务分解与绩效考核两个方面解答落实电视频道品牌理念的方法的问题。第四章从电视频道品牌的外部传播——在播频道包装体系来讨论电视频道包装体系对于频道品牌外部传播的意义。提出了全新的"三方向"的电视频道包装新体系,展开落实在实践上的频道包装体系的组成部分,从而综合阐释频道包装可以提升频道品牌价值的原因和做法。第五章继续探讨基于使用其他媒介的电视频道品牌的外部传播。细数可以为外部传播提供平台的媒介、将中国人创造的超限战思维方法应用在媒介计划上,并引入了内容化的跨媒体娱乐品牌传播模式、联合品牌等多种最新实践手段,完成电视频道品牌的外部传播。从第三章到第五章,笔者都在阐释"以无事取天下"的操作方法。第六章对研究的结果进行了概括总结,讨论了它们的理论和现实意义,同时给出了研究中存在的局限性以及未来的一些研究问题和方向。

关键词:电视节目　频道　市场营销　品牌战略

**4542**

**形象建构与身体言说:新中国女性电影明星研究** / 潘国美著 ; 陈犀禾指导. -- 上海大学, 2009. -- 170 页

论文运用实证研究法和历史研究法,从数量颇多的电影明星的案例中,加以选择并对其主流线索进行梳理,并从中透视出社会发展与文化动向。明确新中国成立以来主要文化意识发展的线性关系,梳理不同历史时期社会思潮对大众文化的影响及二者互相渗透的关系。论文第一章是需要说明的几个问题,对明星、电影明星等问题进行阐述。第二章是 1949—1978 年谢芳时代,主要论述谢芳银幕空间中的明星形象,考察非银幕空间中的谢芳,最后分析明星谢芳的身体呈现,以及明星政治色彩的高扬与明星娱乐色彩的淡化。第三章是银幕空间与非银幕空间的双重表演,分析 1978—1987 年的刘晓庆时代,首先论述游走于传统与现代之间的刘晓庆,其次论述现代个体价值的张扬和确立,最后论述双重空间的明星身体展示,分析娱乐明星的广受关注和明星娱乐化。第四章是

1988—1998 的巩俐时代,阐述银幕空间中明星的身份建构问题,研究互文本的跨文化性,最后分析明星个体空间的空前开发。第五章是 1998 年至今的章子怡时代,阐述银幕空间明星身份的确立,考察非银幕空间中的明星形象构建,论述互融空间中的身体展示,以及国际语法规则下的想象符号。第六章是明星作为社会文化图标的论述,首先分析明星形象建构方式的历史变迁,其次论述女性电影明星身体叙事的变迁,最后分析自我想象到他者想象的投射。

关键词:女性　电影演员　人物形象　社会思潮

**4543**

**世界反战电影研究** / 邵瑜莲著 ; 胡克指导. -- 中国传媒大学, 2009. -- 210 页

论文运用实证研究法、比较研究法和案例分析法,力图对世界各国的反战电影展开比较深入而系统的理论阐述,重点研究反战电影的历史流变、母题形态、意象选择、原型设置、模式类型、审美流变及制作策略等问题。论文第一章是反战电影的世界生态与历史概述,首先论述美国反战电影的历史概况,其次论述日本反战电影的历史概况,第三论述其他国家的反战电影概况。第二章是世界反战电影的母题形态与意向选择,首先归纳与总结反战电影与母题形态,其次论述反战电影与意向选择,第三对反战电影于原型进行研究。第三章是反战电影的时代演变与艺术共性,首先论述传统反战电影的艺术特征,其次论述现代反战电影的艺术特征,最后阐述后现代反战电影的艺术特征,总结世界反战电影的艺术共性。第四章是反战电影的制作策略,首先分析反战电影的基本模式,其次论述反战电影的审美策略,进而得出反战电影的意识形态策略。反战电影的审美策略遵循两大原则:审美均衡原则和审美极致原则。最后为结论,从世界各国战争电影的发展趋势来看,反战与和平的声音已成为战争电影艺术的内在诉求,随着人类文明的发展和人文主义思潮的世界化,人类对战争的危害性与本质问题有了越来越深的认识。即使是展现战争宏大场面、强调视觉奇观的商业电影,其背后也传达着一种深刻的人文关怀与人性精神。

关键词:战争　电影评论　人道主义

**4544**

**新兴电影运动:30 年代中国电影的现代性追求** / 唐佳琳著 ; 郦苏元指导. -- 中国传媒大学, 2009. -- 122 页

论文以 30 年代中国电影的发展主流"新兴电影运动"为研究对象,追问它的历史特性和共性,考察其内在分歧,对它的性质、地位和总体特征作一个描述和归纳。论文采用社会电影史的解释框架,将中国电影的发展置于中国现代化进程中加以考察,把电影的引进、中国电影的发生、发展看作是中国现代化的一个组成和一种现象。同时论文采取的是一个整体史观,认为中国电影发展演变的百年经历就是中国电影对自身现代性不断追问,一再改写答案的过程。论文的结构安排立足于对"启蒙"与"救亡"这对矛盾关系的认识。中国电影的现代性建构包括这样两个层面:一个是电影传达的意识内容经历中国传统意识与西方现代意识的整合;另一个是对电影本性的认识经历舶来品的固有属性与中国情感、审美及思维方式的整合。30 年代的中国电影以"新兴电影运动"的发展为主流,以对 20 年代电影传统的叛逆为起点,提出了以民族主义为首要诉求的现代性方案。它表现为一种总体上倾向激进的文化态度。这使 30 年代电影表现出比 20 年代电影要强烈的批判意识。此批判意识不仅指向社会批判,而且指向对电影本性的揭示。它也表现为对现代性更切近的体验和关注。而追求现代发展、表达民族意识的共同态度构成了"新兴电影运动"的历史特性和共性。"新兴电影运动"虽然以叛逆为起点,最终还是表现出对 20 年代电影传统的承续,一是注重电影功能性的叙事本体论,以叙事为电影的核心,二是商业化生存的电影现实生存模式。

关键词:电影史　电影评论　现代化　民族主义

**4545**

**中国科学纪录片研究** / 万彬彬著 ; 宋家玲指导. -- 中国传媒大学, 2009. -- 152 页

论文运用案例研究法、历史研究法、定性研究法和实证研究法,在学理上对中国科学教育影片形态进行系统探讨的一次"发现之旅"。通过考察被忽略的事实,在理论视野的观照下,找到一些可以把握的规律。论文第一章是 1908—2008 年的历史流变,首先考察 1918—1948 年的科学救国时期的科学教育电影,其次论述 1949—1077 年实用科技的科教片,第三论述 1978—1999 年的科教兴国时期的科教片,最后论述 2000—2008 年科学发展观时期的科学纪录片。第二章是他山之石,首先讨论科学允许娱乐化的问题,其次论述故事采用类型化问题,第三论述定位实

施差异化问题，最后讨论经营树立品牌化和宣传注重多元化问题。第三章是叙事探析，主要对故事、叙事、纪录片等问题进行论述，总结叙事特色。第四章是传播心理，依次对好奇心理、娱乐心理、故事消费心理、高科技时代的心灵补偿等问题展开论述。第五章是发展策略，主要研究科学与人文的融合、利益与责任的平衡、可能性策略等问题。最后为结语，对全篇论文讨论到的要点进行小结，对论文的研究前景进行展望，并提出希望有更多学者来关注中国科学纪录片这种影片类型的生存与发展，不仅关心其所带来的眼前的市场效益和娱乐价值，更能够看到这种影片类型所带给一个国家和民族的希望与未来。

关键词：科学纪录片　叙述　大众传播

**4546**

**美国两性喜剧电影研究** / 王乃华著 ； 胡克指导. -- 中国传媒大学, 2009. -- 127 页

论文运用案例研究法和实证研究法，以两性喜剧电影(comedy of the sexes)为研究对象，两性喜剧电影是指以两性关系为叙事主线的喜剧片。论文对于美国两性喜剧电影的研究，既分析其历史变迁，研究其创作特点与发展规律，同时从影片的叙事策略来研究电影与社会文化之间的互动关系。以历史学的方法研究其发展轨迹，同时从美学、叙事学等层面上研究影片的喜剧策略与风格特征，并从社会学角度来分析电影创作的演变。论文立足于类型电影理论、意识形态批判、女权主义批评、结构主义叙事学、弗洛伊德的诙谐理论等理论体系，对美国两性喜剧电影进行历时性与共时性研究。论文第一章是美国两性喜剧电影的主要类型，分别对默片时代的两性喜剧片、怪癖喜剧片的发展、浪漫喜剧片的演变、青春爱情喜剧片的沿革展开论述。第二章是喜剧策略，首先论述欢喜冤家中的性别斗争，其次论述性别错位问题。第三章研究情节模式。第四章是美国两性喜剧电影的意识形态，首先研究两性关系中的意识形态置换术，其次论述性别意识形态问题。最后为结论。论文创新之处在于，在国内首次就美国两性喜剧电影的发展历程进行了梳理，对于国内一直未给予重视的基顿、劳埃德的默片浪漫喜剧，以及怪癖喜剧片等进行了研究，并首次提出美国两性喜剧的发展历程是一个由狂欢化到正统的喜剧传统归位的过程。

关键词：喜剧片　电影评论　美国

**4547**

**以"法治"的名义：电视法治新闻生产的实证研究** / 吴玉玲著 ； 周星指导. -- 北京师范大学, 2009. -- 163 页

论文以《中国法治报道》《法治在线》和《法治进行时》为样本，通过实证分析、比较研究等多种方法，从题材分布、消息来源、文本叙事和制作形式等方面，对电视法治新闻的生产进行了考察，以探究电视法治新闻在我国的法治化进程中，其实际践行是否与见证法治进程、促进法治建设的节目宗旨相一致。研究经过数据统计发现：在题材分布方面，电视法治新闻呈现了泛化与窄化的双重倾向。一方面一些新闻题材超出了法治新闻的范畴，另一方面不少题材又窄向集中于刑事案件；在消息来源方面，电视法治新闻节目明显偏向警方和政府官员，这不仅表现在总量数据上警方和政府官员明显占优，节目对消息来源的显著度处理、消息来源在报道中的角色、消息来源的引述方式等具体层面，同样偏向警方和政府官员；在文本叙事中，电视法治新闻一般都把报道重心聚焦在案发、抓捕、庭审等各种现场，叙事表达过于追求悬疑效果，而忽略了对案件本身法治意义的深入探讨。同时，电视法治新闻在犯罪归因中存在明显的个体化倾向，政治、经济、文化、心理等其他社会因素却被忽视或回避。在制作形式方面，电视法治新闻节目在影像镜头、后制视觉效果和后制听觉效果等方面也存在着不同程度的感官主义倾向。论文认为，电视法治新闻栏目的实际践行与其见证法治进程、促进法治建设的节目宗旨存在不同程度的背离。这种背离不仅强化了强势来源的霸权地位，加剧了社会的道德恐慌，扩大了社会偏离效果，也使观众沉迷于媒体展现的"犯罪奇观"而难以自拔，从而在很大程度上影响了电视法治新闻正义、公正、平等、理性等价值目标的实现。这种背离，不仅与当下我国的现实环境有密切的关系，同时也是政治意志、市场逻辑、媒介常规以及传播范式等多种因素综合作用的结果。但是，上述原因并不意味着电视法治栏目可以以此推卸其应承担的历史使命。法治的道路本身就曲折漫长，电视法治新闻栏目，理应承担起相应的社会责任，以真正践行其诠释法律公正、弘扬法治正义的节目宗旨。

关键词：电视新闻　法治　新闻工作　节目制作

**4548**

**李安电影研究** / 许波著 ； 黄会林指导. -- 北京师范大学, 2009. -- 109 页

论文从电影创作与电影史研究的角度,对李安进行个案研究。以李安的电影作品为研究对象与切入平台,以影片内涵为经,以时间发展为纬,围绕李安电影创作发展历程,展开对李安电影创作的多角度研究。从创作论、意蕴论、艺术论、影响论等不同方面揭示李安电影创作的内涵及其影片独到的艺术特色,总结经验,发现不足,探究李安电影创作在中国当代电影版图上的位置及其电影创作所具有的理论与现实意义,以及对中国电影发展的影响。迄今为止,对李安的全部十部影片从创作、内容、艺术、影响等多方面、多角度进行整体性深入而全面的研究,在国内尚属空白。论文希望能够弥补这方面的不足。再者,通过对李安电影创作进行研究,希望能够为中国电影民族化与现代化关系问题、中国电影的民族形式与现代表现问题,提供可资借鉴的参考。总之,对李安电影创作进行研究,既有理论意义,更有现实需要。而就目前国内对李安电影创作的研究现状而言,还有一定的研究空间有待展开,仍有一些研究领域可以深入,对其研究还有一个更趋完善的过程。因而,希望能借论文的写作为李安电影研究贡献力量,并进而为中国电影事业的发展做出绵薄贡献。

关键词:李安　电影评论　电影制作

**4549**

**犬儒与戏谑:新世纪中国消费社会主流商业电影的文化批评** / 杨柳著 ; 桂青山指导. -- 北京师范大学, 2009. -- 111 页

论文以全球化语境下中国消费社会为研究视角,从考察中国当代经济转轨和社会文化形态变革入手,揭示出消费社会的到来与新世纪以来国产主流商业电影巨大转向之间的历史必然性。论文采用关于"消费社会"的社会批判理论和后现代主义符号研究的理论框架,以及文化研究、传播学、社会学、观众学等理论和方法,对近十年以来国产主流商业电影的文化语境、观众转型、文本特征、意识形态等进行梳理和阐释。试图在对商业电影进行文本分析和历史价值评价的主流研究体系之外,从文化层面对其进行探究。新世纪以来,伴随着中国消费社会的出现,国产主流商业电影呈现出了借助本土资源的视觉化奇观以及采取消解、戏仿、恶搞的狂欢化特征,在影片类型上即是中国式大片和小成本消解型喜剧成为国产主流商业电影的两大支柱。它们无论以票房、大众关注度、美学旨趣、伦理价值来衡量,都算是国产商业电影的中坚力量。论文着重探究了这两种主流商业电影与观众之间的关系,认为观众作为中国"消费社会"中符号文化的潜在制造者、操控者,也作为被媒介工业体系、资本拜物教逻辑不断整合、规训的消费者和受众,他们的文化心理也正在改写国产主流商业电影的诸多品格。通过收集近十年的各级电影市场的调查数据和资料,详细分析了观众的身份特征,得到近年来主流电影观众是由中青年白领和青年学生构成的结论。从而发现他们身上具有中产阶级文化的审美霸权、犬儒主义、自恋人格和青年亚文化的消解、恶搞、"大话"的品格,这些特征作为主流观众的文化心理和观影需求,在很大程度上影响了中国式大片和消解型喜剧这两类主流商业电影的意识形态、阶层属性和快感来源等,致使影片呈现出过度的虚无主义、极端的视觉消费、庸俗化的消解倾向等。最后指出国产主流商业电影所面临的现实发展"瓶颈",很大程度上是文化生态的先天不良,提出在全球化消费语境中,通过本土文化的现代性,去探寻国产主流商业电影的前景和未来。

关键词:电影评论　电影文化　消费

**4550**

**桔生淮北为枳:根据非中国故事改编的中国电影研究** / 伊莎贝尔·魏德著 ; 郑洞天指导. -- 北京电影学院, 2009. -- 153 页

研究根据外国(非中国)文学作品改编成的中国电影之目的是:要在跨国主义框架内找到民族文化的特征,通过从不同角度对外国文学作品和中国电影进行比较,找出异同。分析中国创作者对原著所作的改变,以便揭示中国本土文化在这些电影里形成的特征或留下的烙印。论文的研究主要以跨国电影理论为基本框架,一方面研究的是一个跨文化现象,另一方面研究的是一个跨媒体的实践,同时运用深入比较的方法进行研究。改编自外国文学作品的中国电影是一种在原著的基础上"发明创作"的过程,是中国电影史中不可分割的组成部分。对原著进行的改变基于中国传统中两个根深叶茂的特征:一、文以载道;二、个人主义的缺席。这两个特征有密切的关系。无论原著是否也强调了这一点,中国影片中都表现除了清晰地道德教育目的以及推动社会发展的责任感。中国电影继承和发扬了中国传统思想对艺术本身的理解,对艺术功能的认识及运用。现在的中国与新中国成立前的上海有相似之处,就是同样提供了一个跨

国、跨文化的环境:在这种活跃的、开放的框架内,不同文化的影响都为推出新颖的文艺作品提供了可能。论文的研究意义在为今后中外电影界的合作提供可以借鉴的规律。正如在改编的过程中不同文化传统经过磨合融在一起,综合成了一个新的统一体,所有与异国合作的过程都需要“消化”,互相了解,互相理解才能丰富双方的文化,通过一种“辩证”的过程才能创作出一部优秀的作品。

关键词:电影评论　电影改编　文化交流

**4551**

**姚苏凤和1930年代中国电影:电影圈与知识分子史的个案研究** / 张华著 ; 陈山指导. -- 北京电影学院, 2009. -- 204 页

论文运用历史研究法、案例研究法和定性研究法,受到知识分子研究范式启发,重新回顾20世纪30年代中国电影的一次尝试。论文第一部分意在通过勾勒姚苏凤从影前史,凸显一个时代知识分子的转型之路。第二部分与第三部分并列分述,则希望能够呈现出姚苏凤作为个体研究对象与时代社会及它他影人群体的纠葛关系、交互影响,又能在群体活动的对照下彰显其知识分子的独特个性。这种知识分子史的研究思路可以内化为更有本土色彩的“影人圈”,从而对中国电影史中相关问题做出新的解释,并由此拓展中国电影史学的研究领域。论文第一章是案例研究,考察姚苏凤由传统文人到现代都市知识分子的转型,考察地缘和血缘交织的早期电影市场,并分析报刊文字中的“鸳蝴”习性。第二章是“中间”知识分子的独立空间,首先论述多元文化立场的早起呈现,其次分析多元艺术立场的“拉锯式”表述,最后分析多元理论立场的渐次展示。第三章是城市知识分子的公共网络,首先论述“每日电影”中自我在公共空间的全面展现,其次论述1934年“每日电影”体现出媒体事件中的群体认同问题,最后论述“每日电影”群体中城市知识分子的网络构成。最后为结语,分析“影人圈”与知识分子史在中国电影研究领域中的内化问题。

关键词:姚苏凤　知识分子　电影史　民国

**4552**

**历史时空·影像呈现·文化想象:论1905—1949年中国电影的发展机遇** / 赵长军著 ; 丁亚平指导. -- 中国传媒大学, 2009. -- 213 页

论文从特定的历史政治环境、相对比较优越的商业环境、革命话语和意识形态、文化想象等多重维度审视中国早期电影,认为这些因素成为促成中国电影在各个不同的历史时期向前发展的重要动力,给中国电影带来了不可多得的历史发展机遇。论文首先沿着时间的轴线,尝试从发现中国早期电影发展的历史机遇这样一个命题出发,结合有关近现代中国社会的历史学、社会学、经济学、统计学、文化研究等成果,将中国电影置于宏观视野内,通过不同角度的历史比较,得出中国早期电影独特的政治、经济、社会文化、人文等方面的优势,进而发掘出1905—1949年间电影发展的一般性规律。中国早期电影顺着由“戏”生“影”的轨道,踏出了一条属于自己文化追寻之旅。“变”是这个世界的主题,也是电影的主题,但是,有一点我们将坚信不疑,那就是无论电影如何变化,它始终无法挣脱艺术、工业和意识形态画就的圆圈,在审美追求、娱乐精神和意识形态间徘徊辗转。同时,在以商业为主的影片制作环境下,中国影人并未放弃对真、善、美的追求,他们或高举艺术至上的旗帜,用影像实现艺术理想和审美追求;或将电影视作改变世风、提升国民素质的教育工具,实现“影”以载道的社会理想和文化诉求。

关键词:电影史　电影事业　电影文化　近代

# 广播电视艺术学

**4553**

**新闻主播的价值取向研究** / 成倍著 ; 张颂指导. -- 中国传媒大学, 2009. -- 140 页

论文以新闻主播的价值取向为对象进行深入的研究,试图发掘新闻主播行为选择的思想底线,即对其行为选择的方向性进行规范,这种规范就是新闻主播的价值取向。根据新闻主播的创作要求,我们将其价值取向分成四个维度进行研究,即政治、道德、文化和审美,从这四个方面来摸索新闻主播行为选择的规律和原则。全文分为绪论和四章正文。绪论包括新闻主播的界定、价值取向的认识、研究的思路及价值、文献综述四方面的内容。第一章介绍新闻主播的政治价值取向,基于国家利益的导向意识,说明以促进社会发展为宗旨,以人为本、国泰民安是新闻主播的政治目标。第二章论述新闻主播的道德价值取向,首先阐述伦理道德价值取向:新闻主播的基本行为原则,接着分析职业道德价值取向,即新闻主播的职业

行为原则,并解析社会公德取向,即新闻主播的社会行为原则,最后探究新闻主播道德价值取向的行为范式及发展。第三章研究新闻主播的文化价值取向,分别详述新闻的文化发展观、新闻主播的创作境界观、新闻主播的独立学科观三部分的内容。第四章综述新闻主播的审美价值取向,探析新闻主播的审美行为是感受—感动—感悟的过程,进一步分析新闻主播要实现从感官到心灵的愉悦共享,并实现新闻主播应兼容并蓄、雅俗共赏。

关键词:电视节目　主持人　价值　审美

**4554**

**能动的"迷":媒介使用中的身份认同建构——以"伊甸园美剧论坛"为例的中国美剧网上迷群研究** / 邓惟佳著 ; 陆晔指导. -- 复旦大学, 2009. -- 155 页

论文以"伊甸园美剧论坛"为例进行中国美剧网上迷群的研究,深入地探索能动的"迷",即媒介使用中的身份认同的构建。全文分为五章。第一章为导论,包括研究背景、对象、目的、意义、研究综述、研究途径、研究问题、研究方法、核心概念和研究框架。第二章论述 从"着迷"到"成群",即美剧及其网上论坛成就美剧网上迷群,首先说明美剧在中国的"沉"与"浮",接着阐述美剧为什么那样"红",并解析美剧迷的家园,即"伊甸园美剧论坛",最后探究网络社区成就"美剧迷群"。第三章建构迷群实践活动中的自我认同,分别详述多途径的自我认同建构、迷群的实践活动、维度之一:自我意象与他者评价统一和自我认同建构、维度之二:意向与情感投射和自我认同建构、维度之三:反群体个性消费与自我认同建构、维度之四:角色扮演与自我认同建构六部分的内容。第四章概述迷群"多重边界"的群体认同建构,首先对群体认同建构中的"多重边界"与群际进行分类、比较和区分,接着研究"我们"的伊甸园美剧论坛,并进一步讨论"我们"是美剧迷,最后分析跨文化传播视角下的文化认同建构。第五章为论文的结论:能动的迷——媒介使用中的身份认同建构,包括迷群跨媒介和多元化的媒介使用、迷群媒介使用中的身份认同建构以及进一步研究的空间与展望。

关键词:传播媒介　认同　美剧

**4555**

**《影像背后的主体——纪录片的叙述者研究》** / 邓秀军著 ; 钟大年指导. -- 中国传媒大学, 2009. -- 196 页

论文主要采用文献分析法和文本分析法,对记载和论述纪录片创作者的相关文献进行挖掘和剖析,并结合特定创作者的纪录片文本,来对他们进行社会心理学范畴内的社会背景揭示和心理动机分析,研究影像背后的主体,即纪录片的叙述者。全文分为七章。第一章为绪论,包括问题的提出、文献综述、论文框架和研究方法。第二章介绍叙述者的生成(一),即创作者与历史事件,说明创作者,即作为创作团队中的主导性个体,并对历史语境下的事件进行选择。第三章论述叙述者的生成(二),即创作者与事件人物,阐述纪录片事件人物的类型,并进一步分析纪录片的创作者与人物的关系。第四章概述叙述者的功能(二):创作者与叙述者,分别详述叙述者被叙述——化身叙事角色、叙述者与叙事视角两部分的内容。第五章探究叙述者的功能(二):叙述者与被述者,包括被述者——叙述者组织下的人物安排、叙事情境的营造和情节的设置。第六章研究叙述者的价值(一):创作者与受众,探析了叙述人称与受述者的叙事角色、从独白到对话:以伊文思为例分析创作者与受众的关系两部分的内容。第七章综述叙述者的价值(二):事件人物与受众,围绕被述者的历史对话介绍纪录片的人物原型,并以《意志的胜利》和《华氏 911》为例解读受众的纪录片人物。第八章为论文的结语部分。

关键词:纪录片　创作研究　叙述　主体意识

**4556**

**当代军旅题材电视剧的文化意义与审美价值研究** / 杜晓娟著 ; 张凤铸指导. -- 中国传媒大学, 2009. -- 135 页

论文从新历史主义和叙事学的角度来剖析我国 80 年代以来的军旅剧,突破以往仅仅从单一文本角度深入的研究方法,对当代军旅题材的电视剧的文化意义和审美价值进行研究。论文分为绪论和五章正文。绪论部分包括概念的梳理与明晰、中国当代军旅题材电视剧的发展及研究现状、论文结构及创新点三部分的内容。第一章介绍当代军旅电视剧的社会文化语境与话语选择,首先说明当代军旅电视剧的本体意义与价值,接着阐述消费时代的娱乐阻击,最后分析从军事宣教到大众艺术的突围。第二章论述军营英雄神话的消解与重构,首先解析存在于民族精神与历史潮流之间的血染的风采,接着探究和平年代的人性化追求,最后讨论不完美的草根英雄。第三章概述军旅生活在电视剧叙事中的嬗变,详述人—家—国同构—

体化的叙事模式，并评述恢复军人本色，展现军事奇观的传奇模式，探析化自我为超我的成长模式。第四章综述军旅题材电视剧的美学指向，即为开放的现实主义，分别详述现实主义艺术形态的拓展与平凡美学旨趣的张扬、世俗价值观与主导价值观的博弈两方面的内容。第五章为论文的结语部分，提出提升美学品格，灌注人文内涵，唱响主旋律，并进一步对所出现的问题进行总结和反思。论文在总结20年来军旅创作成就的同时，还指出了面对军事题材电视剧繁荣的文化现象应保持理性与客观精神，以及如何更好的寻求军事题材表现主题与大众接受角度的“契合点”，避免观众出现审美疲劳现象，是其进一步发展面临的亟待突破的瓶颈。

关键词：电视剧评论　题材　文化　审美

**4557**

**中国电视剧与大众文化：在政治和经济张力下的中国电视剧** / 郝蓉著 ; 曾庆瑞指导. -- 中国传媒大学, 2009. -- 192 页

论文立足于政治和经济张力下的中国电视剧对中国电视剧与大众文化进行深入的探索，立足于中国电视剧的双重属性——意识形态属性和文化产业属性，分别选取文化与政治、经济互动发展的视角，进一步对中国电视剧的大众文化特征进行了理性的分析和探索，提出了文化与政治、经济互动发展的不平衡性和有限平衡的理论，并呼吁开展正确的大众文化批评。全文分为解题、引言和五章正文。解题部分是对研究对象进行理论界定。引言部分说明中国电视剧艺术的双重属性。第一章介绍理解大众文化，分别详述西方话语中的大众文化和中国话语中的大众文化两部分的内容。第二章论述中国电视剧与大众文化，首先阐述历史流变，接着分析客观条件与外部原因，最后解析内在动力。第三章概述意识形态的作用，首先探讨大众文化与意识形态，接着讨论作为意识形态的中国电视剧，最后探析文化与政治互动发展的不平衡性。第四章综述文化产业的经济学视角，分别详述理论与现实的分析、作为文化产业的中国电视剧以及文化与经济互动发展的不平衡性三部分的内容。第五章提出正确开展大众文化批评，对全球化视野中进行文化选择，进一步指出坚持正确的大众文化批评原则。论文就是要呼唤正确开展大众文化批评，并试图以一种开放的文化气度和包容万象的文化胸襟，维护和建设具有和谐之美的中国电视剧艺术。

关键词：电视剧　大众文化　意识形态

**4558**

**新世纪中国内地电视剧生态研究** / 胡静影著 ; 杨伟光指导. -- 中国传媒大学, 2009. -- 108 页

论文立足于电视剧的现实操作，结合实际产业案例、数据与相关人物访谈，对经济学、社会学等相关学科的借鉴与使用，探究新世纪中国内地电视剧生态状况。全文分为前言和七章正文。第一章介绍电视剧生态的研究背景和现实意义，在说明电视剧生态学的研究背景的基础上，进一步分析其意义。第二章阐述电视剧生态系统的基本构成，分别详述电视剧生态环境、电视剧生态系统直观表征：食物链和食物网、电视剧生态系统存在基础：电视剧种群、电视剧生态系统多遵循的规律、电视剧生态系统的特点五部分的内容。第三章论述电视剧生态行为，首先说明有限的资源与无限的竞争态势，接着分析显性行为，即电视剧产业食物链的四个环节，并提出常态行为之选择性策略，最后总结常态行为之功利性策略，并解析电视剧变异行为。第四章概述电视剧生态系统的干扰和解决，首先提出当下电视剧生态行为建构的电视剧生态系统问题，接着探究编剧在电视剧生态系统中的尴尬失范和“连播”导致电视剧生态系统破坏制约了电视剧的绝对成长，最后释述利益失衡导致的电视剧生态系统污染缩短了电视剧的相对生命力。第五章研究电视剧生态终极目标，即绿色媒介生态，包括电视剧生态系统的救赎、电视剧生态终极目标、目标成本三个方面的内容。第六章综述电视剧生态的外来物种威胁与自我救赎。

关键词：电视剧　文化产业　生态学

**4559**

**我国互联网舆情的分布与流变研究** / 嵇美云著 ; 喻国明指导. -- 北京师范大学, 2009. -- 174 页

论文从功能主义的研究视角出发，以个案研究、内容分析为主要方法，对互联网舆情的历史趋势与空间分布、社会影响等作了纵向的跟踪和横向的描述，重点分析了互联网舆情的工具使用、主题分布与传播规律、社会影响以及网络舆论控制与引导等问题。论文共分九章。第一章导言，交代论文的研究问题、文献综述及研究思路。第二章界定互联网舆情概念，设定互联网舆情制约因素的总体框架。第三章回顾在全球互联网的技术创新与商业化路径下，我国互联网

的引入与产业发展历史，并将互联网舆情表现划分为四个不同阶段。第四章介绍网络新闻跟帖、论坛/社区、博客/空间、聊天/即时通信、网络搜索等舆情工具，结合舆情案例分析网民综合运用多种舆情工具情况，讨论了互联网舆情的话语权状况。第五章结合所选案例重点对爱国主义、对执政党的拥护与支持性、经济民生类、公共管理类、立法司法类、社会话题类、文化娱乐类等舆情主题进行了分析，提出了互联网舆情性质的六个判断维度。第六章归纳事件性舆情与非事件性舆情的传播规律，总结了互联网舆情传播指数。第七章描述互联网舆情的政治、社会功能的具体体现，评价互联网舆情信息的可信度、互联网舆情带来的负面影响。第八章分析我国互联网舆情存在的问题，提出建立舆情监测与预警机制的设想。第九章结语，总结了全文的主要发现，指出进一步研究的建议。论文认为，互联网是网民干预社会、表达意愿的重要渠道。在这个意义上，互联网舆情应当受到正视和鼓励，而不是轻视或压制。

关键词：互联网络　舆论　新闻工作

**4560**

**视频数据化环境中影视作品的时空特性** / 姜浩著 ；温伯格，石民勇指导. -- 中国传媒大学，2009. -- 106 页

论文初步构建数据化理论框架，结合对影视融合于视频这一现象的讨论及对其本质的分析，重点研究了影视作品的时间与空间的特性，以数据化理论为基础，论文从纵向归纳和探讨了与影视作品对象相关的信息与内容、媒体、数据和比特等四个层级；从横向分别依据影视作品的空间和时间形态，对其作重新分类；还深入谭泰克在数据化环境中，围绕影视作品的创作制作、传播呈现和欣赏体验等艺术活动的发展变化；针对影视作品的时空扩展、时空约束和时空超越等问题，阐述了视频数据化对社会的关键影响和重要意义。全文分为绪论和四章正文。第一章介绍从数字化到数据化，分别详述原子和比特、分子和数据、数据化的理论框架以及数据化的社会意义。第二章论述从影视到视频，首先阐述原理的一致，主要从应用层、表示层、结构层和物理层四个层面进行分析，接着从空间形态和时间形态说明流程的趋同，最后阐明融合的本质。第三章概述影视作品的时空特性，首先分析四层纵向体系结构，接着探究影视作品的时空形态，最后探析主体及其艺术活动时空，详细阐述创作时空、呈现时空以及体验时空三方面。第四章具体地综述时空拓展、时空约束和时空超越三部分内容，并进一步探索了时空扩展的延伸、派生和融合。

关键词：电视　电影技术　时间　空间

**4561**

**主体·视点·表达：中国独立纪录片研究** / 姜娟著 ；高鑫指导. -- 中国传媒大学，2009. -- 171 页

论文在考察大量独立纪录影像与借鉴他人相关理论成果的基础上，将理论与实践相结合，综合运用社会学、美学、文化学、人类学等多种学科理论，采用定性与定量相结合的方法，自始至终在体制内与体制外，西方与中国的比较学框架下，对中国独立纪录片的核心问题进行理论的梳理与探讨，以“主体·视点·表达”为主题对中国独立纪录片进行深入的研究。全文分为绪论和六章正文。绪论部分包括研究背景与研究提出、研究现状、创新性与研究方法。第一章为缘起，即“独立”概念的移植与嬗变，在界定嬗变与认同的概念之辨的基础上，进一步探讨“独立”的边界问题，也就是独立与非独立的讨论。第二章为“独立”的探寻，即中国独立纪录片的 20 年，分别详述中国体制内纪录片的发展历程以及中国独立纪录片的“突围、内省、喧哗”的发展历程。第三章为主体论，即自我认同、主体意识与纪录精神的美学追求，首先介绍从精英立场到民众意识的多元文化下的自我认同，接着阐述主体性从消隐到凸现的真实观的转变，最后提出“人类社会的良心”的独立纪录精神。第四章为“民间的观点”，即社会学题材与视角，探究去中心的对象与议题，并分析独特的视角——私纪录片与人类学影片。第五章为杂糅的表达，即纪录形态与风格的美学判断，研究纪录传统形态的继承与通变，并解析个人表达与纪录实验的美学风格。第六章综述中西对话中的独立纪录，包括西方独立纪录影响传统、中西独立纪录之比较以及另眼相看的西方视阈中的中国视像。

关键词：纪录片　电影　纪录精神

**4562**

**西方电视节目规制研究** / 冷淞著 ；胡智锋指导. -- 中国传媒大学，2009. -- 121 页

论文以西方电视节目规制为对象进行深入的研究和探索，将会逐一的挖掘背景、原因，对西方电视节目进行类型化分析，探寻这些电视层面成功的“规制”与西方审美环境、社会文化间的关系。全文分为六

章。第一章介绍规制研究的背景、意义及方法,包括背景及概念、规制研究的意义和西方电视节目规制研究的方法三个方面的内容。第二章论述西方电视创作规制的特点,首先说明规制与个性化创作之间的关系,接着分析题材、素材与主题中的规制,最后探究创作选题的规制类型,并解析创作流程中形成的规制模式。第三章探析西方电视节目类型的模式,首先阐述娱乐竞技类节目,接着讨论真人秀与选秀——“新宠”的历史与发展,并研究纪录片——“真实”概念的颠覆与延展,最后评述美国电视剧,即多元融合的文化武器。第四章概述西方电视节目审美接受规律,分别详述西方电视审美接受的“观影”特性、电视审美接受的多义性与开放性、感性与理性交融三个方面的内容。第五章综述大环境对西方电视节目规制的影响,首先探究媒介传播环境的转变,说明电视的拆分与扩张并举、从期待到选择以及从虚静到狂欢、电视技术爆炸三个转变,接着分析社会审美的环境,最后阐述政治环境与媒介的“默契”。第六章指出西方电视节目规制对中国电视的深远影响。

关键词:电视节目　节目制作　审美分析

**4563**

**中国电视连续剧开场戏的美学特征研究** / 黎鸣著 ; 曾庆瑞指导. -- 中国传媒大学, 2009. -- 189 页

论文采取比较研究的方法,首先对话剧、电影的开场戏进行比较研究,接着对多部电视连续剧的开场戏进行比较研究,寻找其与话剧、电影开场戏相同和相异的特征,寻找出不同故事结构电视连续剧之间的相同与相异的特征,对中国大陆地区电视连续剧开场戏的美学特征进行深入的研究。全文分为绪论部分和八章正文。绪论部分介绍论文的前提性立论阐述,包括我国电视连续剧艺术形态的定型化、电视剧是电视剧开场戏的本体特征以及戏剧性是电视剧开场戏的构成元素三方面的内容。第一章介绍话剧开场戏在戏剧结构中的艺术特征,分别详述开幕前剧情预报与开幕后的艺术导向、话剧开场戏的特定内涵及其表现形态、话剧开场戏集中展现戏剧性元素、话剧开场戏对电视连续剧开场戏的影响。第二章阐述电影开场戏的艺术特征及其与电影故事结构的关系,首先说明电影拷贝“第一本”展现开场戏的特征,接着指出电影常用的几种开场方式及其对电影叙事的影响,最后阐明电影与电视连续剧的艺术形态的本质区别。第三章论述多层故事结构电视连续剧的三种结构方式,主要有《闯关东》的结构方式、《大敦煌》的结构方式以及《雍正皇帝》的结构方式。第四章概述多层故事结构电视连续剧开场戏的美学特性,首先探讨每一层故事结构都有开端及开场戏,接着讨论每个故事单元都有开端及开场戏,最后提出多层故事结构电视剧叙事特点和开场戏的作用。第五章研究多层故事结构电视连续剧的人物塑造特征,在分析开场戏展示主人公群体的变化特点的基础上,进一步解析开场戏呈现主角群体的变化特点,探究每个层次里的故事数量与可看性的相互关系。第六章综述历时性单层故事结构电视连续剧开场戏的艺术特征,以《士兵突击》作详解。第七章探讨共时性单层故事结构电视连续剧开场戏的艺术特征。第八章总结电视连续剧开场戏的审美导向,分别介绍片头主题歌“信息叠加效应”及其审美导向作用、开场戏中故事情节对全剧的审美导向作用、开场戏中的荧屏造型对全剧的审美导向作用以及开场戏中的演员表演对全剧的审美导向作用。

关键词:电视剧评论　戏剧性　审美

**4564**

**医学、现代国家与传媒:论《人民日报》对农村医疗卫生问题的传媒再现(1949—1989)** / 李静著 ; 吕新雨指导. -- 复旦大学, 2009. -- 115 页

论文从 1949 至 1989 年《人民日报》对农村医疗卫生领域的“传媒再现”入手,分析各个不同历史时期中传媒所扮演的角色,以及传媒不同时期的话语模式背后我国城乡关系变化、社会转型的深层因素。全文分为五章。第一章为导论,首先介绍选题背景,即医学、现代国家和传媒的历史纠葛,接着阐明文献综述,最后说明理论框架和研究方法,并阐述文章结构与主要内容。第二章论述建国初期《人民日报》对“民族—国家”的建构与动员,首先进行对《人民日报》性质的讨论,接着建构“国家职能叙事”与政府合法性,最后探究少数民族叙事与“民族—国家”的文化想象,并进一步探讨 1965 年《人民日报》医疗队报道模式的转变及其原因。第三章概述传媒神话“赤脚医生”与《人民日报》对合作医疗制度的建构,在对合作医疗制度与“赤脚医生”的历史回顾的基础上,进一步分析传媒神话“赤脚医生”,即医学政治化及其他,最后探析意识形态对“主体”的召唤。第四章综述合作医疗制度解体与传媒的“缺席”,分别详述了“上面不喊了,中间不管了,下面散伙了”问题、1980 年代《人民日报》农村医疗卫生报道的变化以及城乡关系变迁背景中的传

媒。第五章为论文的结论和展望部分。总之,中华人民共和国成立后的前三十年,医学和政治在传媒的话语中密切结合,医学的成功总是政治正确的证据。

关键词:人民日报　传播媒介　农村卫生　医疗保健制度

4565

**中国纪录片生存现状与发展研究** / 刘小霞著 ; 朱羽君指导. -- 中国传媒大学, 2009. -- 151 页

论文考察上世纪末到本世纪初,尤其是近五年来,中国纪录片的生存及发展状况,从纪录片生存发展的外部环境探讨中国纪录片的出路的视角对中国纪录片的生存现状与发展进行深入的研究和探索。全文分为绪论部分和四章正文。绪论部分包括研究的目的和意义、研究的背景、纪录片的基本思路和研究方法、研究的基本思路和研究方法、论文的创新点和研究框架。第一章综述中国纪录片的生存状况,首先说明纪录片从单一走向多元的发展之路,接着分析纪录片多元化发展面临困境的原因,最后解析体制问题,即中国纪录片的生存环境,并进行该章的小结。第二章研究体制内纪录片的生存,分别详述纪录片栏目化生存的研究、纪录片的频道化生存研究、体制内纪录片的品牌与形象:景观纪录片、体制内纪录片生存之道的个案分析四个方面的内容。第三章论述体制外纪录片的研究,首先介绍体制外纪录片独立制作模式的生存研究,接着解析体制外纪录片民营影视机构模式的生存研究,最后探究体制外纪录片民间 DV 模式的生存研究。第四章概述中国纪录片多元化生存的意义及路径,首先阐述纪录片的"小众"定位及其传播观念,接着探析纪录片传播渠道的多元化发展的研究,最后综述中国纪录片资本运作多元化发展的研究。在论文的结束与部分,对全文进行回顾,并对未来进行畅想

关键词:纪录片　电影　体制

4566

**权谋话语、历史镜像及政治批评:中国帝王家族电视剧创作研究** / 刘义军著 ; 欧阳宏生,黎风指导. -- 四川大学, 2009. -- 267 页

论文通过研究中国帝王家族电视剧创作来具体研究"权谋话语、历史镜像及政治批评"。全文分为绪论部分和六章正文。绪论部分包括研究的价值和意义、核心概念与研究场域、研究的方法理论与逻辑展开、研究现状与文献综述。第一章介绍中国帝王家族电视剧创作的时代处境,首先阐述中国帝王家族历史的镜像改编,接着分析多元文化消费中的帝王家族的镜像创作,最后探究帝王家族电视剧在消费社会中的价值取向。第二章论述中国帝王家族电视剧的权谋话语,分别详述权谋法术与帝王家族任务的处世法规、权谋话语与帝王家族人物的人生理念以及权谋文化与帝王家族历史剧的现代启示录。第三章概述帝王家族历史创作的文化主题,首先说明帝王家族的权谋神话与镜像叙事,接着探析帝王家族人物的情爱纠缠与情爱密码,最后解析大历史事件背后的帝王家族隐私话语,并探讨多重伦理中帝王家族人物的复杂关系。第四章研究帝王家族历史剧的叙事策略与传播方式,包括叙事策略的设定——历史剧中家族文化的故事展开、叙事角色及关系——历史剧中家族人物关系的结构分析、时空叙事与景观意象——帝王家族历史剧的时空解读、扩张方式与消费理念——帝王家族历史剧的文化传播四部分的内容。第五章探究关于历史剧创作中的人物形象塑造。第六章提出并总结从政治视野角度看历史剧创作的诸多问题,首先评述君尊臣卑与人格奴性的政治批评,接着介绍人治观念与法治酷刑的政治批评,并论证宗法制度与个体泯灭的政治批评,最后分析权利传承与后代消亡的政治批评。在论文的结语部分总结从中国文化的起源特质来审视帝王家族电视剧。

关键词:电视剧创作　电视剧评论　历史剧

4567

**当代中国电视媒介的公共性研究(1978—2008):以央视和凤凰卫视为例** / 卢迎安著 ; 吕新雨指导. -- 复旦大学, 2009. -- 144 页

论文以中央电视台与凤凰卫视为例,研究了 1978 至 2008 年间当代中国电视媒介公共性的发展、呈现与演变。全文分为导言和六章正文。导言包括中国媒介公共性的现实困境、国内外研究的历史与现状分析、研究视角与研究方法、研究对象与研究问题以及研究结构。第一章辨析媒介公共性,首先探索公共性的理论溯源,接着提出"中国媒介有公共性吗",最后辨析媒介公共性,并阐述电视媒介与公共性问题。第二章基于央视的考察被建构的公共性(1978—1992),首先介绍国家与社会关系演变背景下的中国电视,接着分析电视公共性的萌发与初步发展,并探析喉舌论、《新闻联播》与公共性,最后评述文化精英介入电

视，即八十年代思想启蒙与纪录片的热播，并评价对这一时期电视公共性。第三章基于央视的考察在政府与市场之间：有限而尴尬的公共性（1992—2008）（上），首先阐明1992年后中国媒介的政治经济版图，接着从《东方时空》、《焦点访谈》到《新闻调查》研究横空出世：电视媒介公共性的三部曲，最后评析公共性与私人性的交汇：《实话实说》引发的谈话节目热潮，并探究电视媒介的媚俗化，即基于央视考察有限而尴尬的公共性（1992—2008）（下）。第四章基于央视考察在政府与市场之间，即有限而尴尬的公共性（1992—2008）（下），分别详述网络媒体的崛起与主流政治话语的转型、公共性的危机与转机：非典中的电视媒介、电视公共性的重要一步：央视新闻频道的开播与实践、公共性只能寄托于网络吗—兼评网络媒体的公共性、电视公共服务政策的出台与实施、对这一时期电视公共性的评价六部分的内容。第五章基于凤凰卫视考察市场建构的媒介公共性，首先透视凤凰卫视的公共性，接着对知情权与能见度：《社会能见度》进行个案研究，并对公共议题・公共话语・公共空间：《一虎一席谈》进行个案研究，最后对凤凰卫视公共性进行评价。第六章重建中国电视公共性的思考。

关键词：电视台　传播媒介　电视事业

**4568**

**中国电视剧批评的科学精神** / 吕木子著 ; 曾庆瑞指导. -- 中国传媒大学, 2009. -- 137 页

论文旨在通过对中国电视剧批评史的梳理，结合当前的实践，从电视剧批评话语的民族性、艺术的本体性、批评方法的科学性以及批评环境的规范与管理等方面对电视剧批评的科学精神进行较为系统的阐述，以期对其实践有所启发，对其理论加以完善，进而对整个中国影视剧创作和电视剧学科体系的研究有所裨益。论文导论部分对选题的缘起、研究对象、理论资源、研究方法和结构作了阐释，对电视剧批评及其科学精神做了界定和说明。第一章指出电视剧作为一种新的文艺样式，在制作方式、欣赏环境、传播方式等各个方面具有独特性。因此，电视剧批评在文本分析、接受心理和传播层面具有了新的批评空间，在本质上构成多重视野下的生态系统。第二章把中国电视剧批评史分成四个阶段来论述。第三章分别论述了中国电视剧批评所存在的两个尤为突出的问题：一是批评主体本身的缺陷；二是批评学理不够完善。第四章对中国电视剧批评的“科学内涵”作了界定和阐述，指出“科学内涵”是从较为高而宏观的层次，对所有的电视剧批评都无可规避、应该关注并且遵循的特定原则进行阐释，使中国电视剧批评在批评的话语方式、批评的关注点和具体方法方面体现出民族性、艺术性、科学性的共同特点。第五章对电视剧批评所处的社会文化背景以及大众文化传媒的语境做了分析，将科学的批评环境的塑造从两个方面加以展开：纸媒渠道下学术批评的学科自律，新媒体渠道下电视剧批评的规范与管理。论文的结论是：中国电视剧批评在话语和学理建设上要突出民族性特点；要突出艺术的本体性，实现理性与感性的结合；在批评方法上要实现主观与客观、科学与艺术、逻辑思维与形象思维的统一；应该从传统的纸媒和基于网络的新媒体这两个方面，加强对中国电视剧批评的科学环境的培养与塑造。

关键词：电视剧评论　科学精神　电视剧创作

**4569**

**中国交通广播发展研究** / 马彩红著 ; 哈艳秋指导. -- 中国传媒大学, 2009. -- 232 页

论文对中国交通广播的历史源流、发展现状和未来趋势展开研究，以“交通广播的生存”为线索，研究交通广播在媒介生态系统中的生态定位、资源补偿、生存危机和发展策略。全文分为引言和六章正文。引言部分包括选题背景、研究对象说明、文献综述以及研究框架说明。第一章介绍中国交通广播发展的历史背景，在探索中国广播发展历程与广播产业经营的基础上，进一步对广播业务改革进行尝试与探索。第二章阐述中国交通广播的发展历程，首先说明小荷才露尖尖角，即上海交通信息台创办，接着阐明闻“声”，即交通广播快速发展时期，最后分析风风火火闯九州，即交通广播持续发展阶段。第三章论述媒介生态学视野下的中国交通广播，首先解析交通广播的媒介生态系统，接着探究交通广播的生态环境，最后对交通广播进行生态定位。第四章概述中国交通广播的媒介市场生态，首先了解受众，即“动众”与中国交通广播研究，接着分析交通广播受众的特征，最后讨论交通广播与广告商的博弈。第五章综述中国交通广播的媒介生态危机，包括交通广播的媒介竞争态势、交通广播的资源补偿危机、交通广播的生命周期危机三方面的内容。第六章提出构建绿色生态，即中国交通广播的发展策略，在说明交通广播内生态系统的创新策略的基础上，进一步介绍交通广播外生态系统的优化策略。

关键词:广播电台　交通广播　市场分析

**4570**

**电视剧视觉传播研究** / 潘可武著 ; 王伟国指导. -- 中国传媒大学, 2009. -- 178 页

论文以电视剧视觉传播为对象进行深入研究和探索。从四个层面来讨论电视剧视觉传播的特点与规律:从总体上论述电视剧视觉传播的基本框架、传播的心理机制与媒介特点;从点的层面探讨电视剧的视觉表达的两个基本手段即再现、表现与传播的关系;从视觉的角度了解电视剧视觉传播另一个重要环节——接受的特点,看电视剧既是"看"的行为,也是与传播相关的心理的活动;以及电视剧视觉说服。全文分为绪论部分和四章正文。绪论部分包括大众传播媒介中的电视剧、视觉文化转向、研究框架、研究方法、创新点及不足等内容。第一章介绍电视剧的视觉传播,首先说明电视剧的传播,接着进一步探讨电视剧视觉传播的心理机制,最后阐述电视剧的媒介。第二章论述电视剧视觉表达与传播,首先分析电视剧的视觉再现与传播,接着阐明电视剧的视觉表现与传播,最后讨论电视剧视觉样式类型化、创新与传播。第三章概述从视觉看电视剧的接受,首先指出视觉对电视剧接受的影响,接着分析自然之光,最后探究电视剧的景观消费。第四章综述电视剧的视觉说服,分别详述了电视剧的包装与电视剧植入式广告两部分的内容。论文的结语部分指出:电视剧作为传播链条中的视觉艺术形态,既是人们消费的视觉产品,同时又是人们认识社会,把握世界的认知方式。人们正是通过电视剧以视觉的方式分享对自然、人生与社会的理性与情感经验,从影像的传播最终实现心灵的沟通。

关键词:电视剧　视觉形象　传播学

**4571**

**论中国电视剧的崇高范畴** / 宋洁著 ; 张晶指导. -- 中国传媒大学, 2009. -- 212 页

论文的总体思路是在美学、文化学等理论观念与方法的指导下,对电视剧的基本美学范畴——崇高,进行系统的研究,沿着"世俗化"的理论主线,展开了六个理论命题。全文分为绪论部分和六章正文。绪论部分从三个方面展开:通过美学范畴研究推进电视剧美学理论研究的重要性;为什么以崇高范畴作为电视剧美学体系建构的切入点;该课题研究现状、研究方法及理论构架。第一章为崇高范畴超越性内涵的美学转向:经典时代——日常生活,分别详述纵向超越:经典崇高的神圣价值诉求、横向超越:世俗社会中的价值认同符号。第二章为以日常生活为基础:中国电视剧崇高范畴的动因,首先界定电视与日常生活的关系,接着说明缘起于日常生活的单一性,最后分析缘起于生存之畏。第三章论述中国电视剧崇高范畴的价值范式转变,评述从纵向的精英启蒙转向横向的平民启蒙,并进一步探究从主体性崇高转向主体间性崇高。第四章概述中国电视剧中崇高范畴的主题,首先分析民族/国家:想象的共同体,接着介绍家,即为伦理共同体,最后探析共同体中理想认同符号,即为英雄。第五章研究中国电视剧崇高范畴的表现形式,包括叙事模式中出现的小型叙事倾向、人物塑造中的扁型人物倾向、悲喜剧流变中出现的喜剧倾向三部分的内容。第六章为消费崇高,即作为电视剧产业内容的崇高范畴,在解析崇高在中国电视剧中的消费属性的基础上,进一步阐述崇高在中国电视剧中的产业模式。

关键词:电视影片评论　电视剧　日常生活

**4572**

**原创动画艺术产业化经营要素研究** / 王冀中著 ; 约翰・A. 兰特(John A. Lent)指导. -- 中国传媒大学, 2009. -- 213 页

论文从马克思主义艺术生产论及创意产业理论等理论原点出发,结合动画艺术与产业经营的特殊性,围绕原创价值产生及实现的核心问题,层层拓展,探究原创动画艺术产业化经营要素。全文分为十章。第一章为绪论,包括研究背景、命题的提出、理论传承与研究现状、研究思路与研究方法、研究的创新点与意义。第二章介绍原创动画的特殊性,首先阐述动画的艺术特殊性,接着说明动画生产的特殊性,最后分析动画产业的特殊性。第三章探析原创动画生产要素,主要有生产者要素、技术要素、产品要素。第四章研究原创动画传播与消费要素,分别详述媒介与渠道要素、受众与消费者要素。第五章论述原创动画衍生要素,首先界定衍生与原创动画产品的关系,接着探析衍生价值的实现方式,最后进行小结。第六章概述原创动画的外部要素,讨论政策要素,并解析文化要素。第七章探究中国原创动画产业化经营的特殊性——生产要素,评述生产者要素,并进一步探讨技术要素,简述产品要素。第八章研究中国原创动画产业化经营的特殊性,即传播与消费者要素,在分析媒介、渠道要素的基础上,进一步介绍受众、消费者要素。第九章论证中国

原创动画产业经营的特殊性,即衍生要素。第十章综述中国原创动画产业化经营的特殊性,即为外部要素,分别详述政策要素和文化要素两方面。

关键词:动画片　文化产业　产业化经营

**4573**

**电视仪式与审美幻象:真人秀电视节目的审美人类学批评** / 王清清著 ; 蒲震元指导. -- 中国传媒大学, 2009. -- 190 页

论文从"电视仪式"与"审美幻象"切入,对真人秀电视节目这一富有时代意涵的大众典型文本做出认真的历史考察与当下批评,为揭示现代艺术的审美机制提供参考;也为探讨人类实践行为与现代艺术构成的相互关系提供现实参照。电视仪式的提出,使我们找到认识真人秀这种现代媒介艺术之人类学根源的学术途径,也部分解答了真人秀何以成功的内在动因,更着重指示了真人秀及其电视仪式在当代文化与社会构成中的深刻意义。审美幻象理论的提出,将"真实"与"电视"、现实与艺术的二元关系变为三维。"第三空间"的生产及其审美嬗变,正是我们认识与剖析真人秀乃至现代艺术的关键所在。论文的第一部分首先探讨了真人秀电视节目的起源与组成,并将真人秀划分为选秀、财富、生活三种次级类型。真人秀在全球化、大众文化以及青年亚文化等文化背景中,具有典型的过渡性与时代性等文化特征。第二部分对真人秀电视节目进行了人类学的溯源,在真人秀这一现代艺术绚丽的背景深处,发掘了一片积淀深沉的仪式场域。文章还从禁忌与过渡两个主要方面细致梳理了真人秀节目的仪式表征。最后对电视仪式在真人秀节目中的社会性意义与功能进行了系统阐释。第三部分是对真人秀电视节目审美幻象的批判性考察与研究。电视屏幕的镜像隐喻和电视观众的自恋误认,把真人秀中"真实"与"电视"、现实与艺术的二元关系变为三维。审美幻象的中介与第三空间的生成,指示了现代艺术的核心在于对主体精神的无意识询唤以及个体幻象的夸张性放大。余论部分对论文的总体思想进行了结论性阐释,并结合国情对真人秀电视节目做出了实际的文化解读与批判。

关键词:电视美学　电视节目　审美

**4574**

**中国电视节目创新问题研究** / 杨乘虎著 ; 胡智锋指导. -- 中国传媒大学, 2009. -- 135 页

论文以中国电视节目的创新问题为对象,希望通过聚焦电视节目创新中"中国问题",梳理总结电视节目创新的"中国经验",探索和建构电视节目创新的"中国模式",建立有"中国特色"的电视节目创新理论,以电视节目有效创新的价值追求为研究的逻辑起点,在创新动机与价值追求之间,通过传者、受众、媒介特性三个维度,揭示电视节目创新的本质在于日常化与陌生化效果的辩证组合。论文分为绪论、四章正文和结论部分。绪论部分介绍中国电视节目创新困境引发的思考,主要有危机与困境:中国电视节目创新问题扫描、中国电视节目创新问题研究的语境和意义以及价值、中国电视节目创新问题研究文献综述、研究思路与框架。第一章介绍电视节目创新本质论(上),在界定创新与电视节目创新的基础上,进一步分析有效创新,即为电视节目创新的价值追求。第二章论述电视节目创新本质论(二),探究日常化与陌生化之思,即为理论探源与流变,并解析日常化与陌生化之辩,探寻电视节目创新的本质。第三章概述中国电视节目创新模式论,首先阐述模式与电视节目创新,接着研究日常化与陌生化之维,即为中国电视节目创新的基本路径,并进一步讨论日常化与陌生化之变,探析中国电视节目创新的四种模式。第四章综述中国电视节目创新动力论,包括电视节目创新动力的基本特性与构成要素、中国电视节目创新的五种动力及其功能、中国电视节目创新动力系统基本模式与发展理念三部分的内容。在论文的结论部分提出构建中国电视科学创新观。

关键词:电视节目　创新　电视工作

**4575**

**全球化传播中驻外记者角色、功能研究:以 CCTV 驻外记者为主要研究对象** / 杨春著 ; 张颂指导. -- 中国传媒大学, 2009. -- 121 页

论文以 CCTV 驻外记者为主要研究对象,对全球化传播驻外记者的角色和功能进行深入的探索。全文共分为六章。第一章介绍全球化的传播与驻外记者,包括驻外记者的缘起、全球化传播中驻外记者的生存与工作现状以及研究现状与方法综述。第二章对驻外记者的角色进行了界定,首先说明媒介符号,接着进一步阐述跨文化传播的符号,最后分析(电视)驻外记者具有主持人的特性。第三章论述中国驻外记者的传播功能,首先探究话语权的争夺,接着探析破解西方传媒的议程设置,并解析"突发事件"的第一

反应人,最后研究媒体外交的重要参与者。第四章概述 CCTV 驻外记者的角色要求,分别详述 CCTV 驻外记者的选拔与建站、CCTV 驻外记者的报道体系、CCTV 驻外记者的角色传播以及 CCTV 驻外记者的多维制约。第五章提出中国驻外记者的传播策略,包括转播主体的改变、传播内容的改变以及重视传播对象三个方面的内容。第六章综述中国国家媒体及驻外记者的机遇、挑战与应对,首先提出以"我"为主,建立自己的新闻框架,接着应当打造精良的驻外记者队伍,最后创建传媒特区。在论文的最后总结得出:客场凯旋不是件容易的事,但是中国的驻外记者队伍至少要在他人主场的喧嚣中清晰、坚定地发出"中国的声音"——这应该就是驻外记者的使命。

关键词:记者　新闻工作者　大众传播

**4576**

**电视"身体影像"的文化研究与审美反思:以电视娱乐节目为例** / 于隽著 ; 仲呈祥指导. -- 中国传媒大学, 2009. -- 172 页

论文以电视娱乐节目为例,对电视"身体影像"的文化进行深入的研究与审美反思。全文分为导论部分和六章正文。导论部分包括选题的依据和意义、论文的研究方法及结构、论文的创新之处与发展空间三部分内容。第一章介绍电视与身体影像,首先界定电视中身体影像的基本范畴,接着进一步说明电视中身体影像的基本功能,最后分析电视中身体影像研究的基本理论,并阐述电视中身体影像的建构方式。第二章论述娱乐节目中的身体影像及其建构,分别详述娱乐节目的基本范畴与特征、身体影像与娱乐节目的关系、娱乐节目的形态发展与身体影像流变三部分的内容。第三章根据实证分析解析当代电视娱乐节目中的身体影像新变,阐明当代电视娱乐节目中身体影像的创新个案,并探讨当代电视娱乐节目中身体影像的异化个案。第四章概述当代电视娱乐节目中身体影像的主要特征与异化现象,在介绍当代电视娱乐节目中身体影像的主要特征的基础上,进一步讨论其异化现象。第五章对当代电视娱乐节目中身体影像的成因进行分析,首先对身体影像成因的历史进行分析,接着对身体影像成因的美学进行分析,并对其媒介进行探析,最后指出身体影像异化的深层引忧。第六章综述娱乐节目身体影像的审美引导,首先总结身体影像审美引导的价值和意义,接着探究身体影像审美引导的愿景及可能,最后研究身体影像审美引导的方向与途径。论文的结语部分指出建立健全的身体美学,找回人类诗意的栖居。

关键词:电视　文化　审美　电视节目

**4577**

**"隐形学校":电视剧的教育潜能** / 张开著 ; 曾庆瑞指导. -- 中国传媒大学, 2009. -- 163 页

论文从文化学、教育学、美学和叙事学的视角探求我国电视剧艺术作品对教育品质和教育效果的美学追求,从传播学、社会学和教育学的视角对电视剧的教育过程和教育效果的体现进行深入细致的探讨和分析,探究"隐形学校"——电视剧的教育潜能。全文分为文献综述、导论和四章正文。导论部分包括研究背景、研究范围和研究思路。第一章介绍具有教育潜能的电视剧艺术,界定作为社会文化现象的电视剧的概念和本质特征,并进一步分析受众接受电视剧的心理。第二章论述电视剧艺术教育面面观,首先说明电视剧艺术教育的基本原理,接着分析电视剧艺术教育功能的认知,最后提出现代教育新理念。第三章对电视剧艺术教育功能进行实证研究,首先阐明青少年成长中的良师益友,接着进一步走近中年女性分析喜爱电视剧的成因,最后深入地提出电视剧艺术教育中所存在的问题。第四章对电视剧艺术教育理论进行探析与操作的设想,以青春偶像剧和家庭伦理剧为研究对象,产值了电视剧影响受众的具体表现,首先探究作为"教育影响"的电视剧,接着探讨电视剧艺术教育的内容和基本原则,最后从媒介素养的理论角度出发,在论述了受众媒介素养与电视剧教育之关系的基础上,提出有效提高电视剧传播效果与教育意义之观点和意见。

关键词:电视剧　教育职能　艺术教育

**4578**

**中国现实主义电视剧研究** / 张蕾著 ; 王伟国指导. -- 中国传媒大学, 2009. -- 137 页

论文研究的对象是中国现实主义电视剧。以现实主义创作为主体是我国电视剧的主要特色,而现实主义电视剧中的优秀作品又集中代表着我国电视剧创作的最高水准。在绪论部分,论文对现实主义理论进行了简要的追溯,并在马克思恩格斯对现实主义理论的经典论述基础上,进一步明晰了"真实""典型""细节"三个关键概念的内涵,作为对电视剧中的现实主义问题进行研究的理论基础。论文第一章简要回

顾我国电视剧在不同时期的发展概况。从中可见,尽管每一阶段的具体状况有所不同,但就总体而言,现实主义电视剧始终代表着我国电视剧发展各个阶段的最高水平。对于这一现象的成因,论文从三个方面进行分析与探讨:现实主义文学、戏剧与电影的影响、国家政策引导下现实主义美学精神的灌注以及特殊审美心理基础上的受众认同。第二章从小说、戏剧、电影这几类与电视剧有参照意义的叙事文学作品的主要特征出发,分析电视剧对这些作品的吸收与借鉴。这种吸收与借鉴正是使电视剧得以综合运用各种艺术手段形成自己特有的表现形式、并进而实现现实主义追求的基石。第三章立足于电视剧本体。从电视剧是生活化的艺术、大众的艺术与长篇叙事艺术等几方面的美学特征与形式特点出发,探讨了电视剧不同于其他艺术门类的叙事特点以及由此带来的电视剧中现实主义的特殊性。首先,我国现实主义电视剧的人物塑造具有“主流性”。其次,受叙事手段与容量所限,人物所处的环境具有典型性。第三,电视剧的戏剧性特征更为明显。第四,电视剧中的理实主义形成了自己的特色。第四章针对我国电视剧发展的历史与现状,分析归纳了其取得的成就与存在的问题,并总结了我国电视剧创作中出现的背离现实主义的倾向,以对未来现实主义电视剧创作提供有益的借鉴。

关键词:电视剧评论　现实主义　电视剧创作

**4579**

**广播频率的本体阐释与传播研究** / 赵杨著 ; 张凤铸指导. -- 中国传媒大学, 2009. -- 146 页

论文从广播频率的文本出发,以广播频率中的艺术传播现象为论述重点,以本体论方法为指导,对广播频率文本构成、文本生产、文本传播及其相互关系进行了阐释,深入挖掘了广播频率的本体价值。全文共分六章。第一章阐明了广播频率本体的转变,通过对广播频率发展历程的考察,指出广播频率的本体是如何由工具性转变为文本性,并探讨了文本形态的形成与传播语境的密切关系,同时指出广播频率文本的本体传播属性是由其自身传播特点所决定,也是由广播频率发展的社会要求所决定的。第二章从符号学角度进行观察,明晰了对广播频率进行文本结构系统分析的可能性。第三章阐述了频率文本的工业化生产要经历各环节和这些环节所体现出的工业化的特征。第四章阐述了广播频率的传播策略。直播策略、特别节目策略都是使传播达到最佳化的有效手段,名人机制、节目标识、包装推介、增值延伸则是频率形象传播的直接手段。第五章把艺术文本的传播和频率传播的艺术置身于审美关照下考察。考察了广播频率艺术文本的传播,探讨新的载体赋予广播频率文本传播的新特征,以及对广播艺术审美特征的形成与拓展。讨论了广播频率传播的艺术,指出广播频率生存方式的差异直接导致它们传播方式的迥异。探究了广播频率传播的意义建构和审美文化关照的问题。第六章对广播频率的互动景观与文本阅读进行了研究。广播频率文本生产的最终目的是为了让受众阅读,互动观念应运而生。又分析了广播频率受众的选择,而后进一步分析了受众在广播频率阅读中的意义生成。

关键词:广播节目　频率　大众传播

**4580**

**中国电视剧节奏研究** / 周宁著 ; 王伟国指导. -- 中国传媒大学, 2009. -- 142 页

论文将研究的理论出发点定位在从在中国电视剧经典文本的细致阅读出发,基于电视剧本体研究之上,参考音乐理论中关于节奏的种种界定、西方叙事学中对于节奏命题的阐释、中国传统文化节奏对中国电视剧节奏的影响、话剧及电影节奏理论的建构方案,以及影视心理学对节奏的认知等方面的理论成果,对中国电视剧节奏进行研究。全文分为绪论部分和五章正文。绪论部分概述当下电视剧节奏研究的成果与整体思路,包括侧重时间(速度)纬度的叙事学研究、侧重审美纬度的点评研究、侧重构成元素的分析研究、侧重文本个案的分析研究四方面的内容。第一章介绍节奏的意义及中国电视剧节奏研究理论体系构建方案,在说明节奏的意义的基础上,进一步阐述中国电视剧节奏研究理论体系构建方案。第二章论述中国电视剧节奏的速度表达机制,分析速度机制的叙事节奏控制上的应用,并探究速度机制在影像节奏控制上的应用。第三章概述中国电视剧节奏的力度表达机制,首先释述电视剧节奏力度研究缺失之因,接着探析电视剧节奏力度营构的叙事表现方略,并分析节奏力度表现图式,最后探讨电视剧节奏力度营构的影像表现方略。第四章探究中国电视剧节奏的节拍控制,包括节拍的“吞吐引逗”、节拍与叙事结构、节拍与重复以及应有的技巧性顿挫四方面的内容。第五章综述中国电视剧的节奏美,在阐述中国电视剧节奏表呈的形态的基础上,进一步讨论节奏调控辩证法。

关键词:电视剧评论　节奏　审美

**4581**

**中国儿童电视剧的审美文化研究** / 朱群著 ; 蒲震元指导. -- 中国传媒大学, 2009. -- 152 页

论文在辩证唯物主义与历史唯物主义的方法论指导下,采用审美文化视角对中国儿童电视剧的历史发展、艺术类型、美学追求、现状与未来展开全面研究,把儿童电视剧还原到具体的历史文化语境中来理解它的发展与更新。全文分为绪论部分、四章正文和余论部分。绪论部分包括机械复制时代的艺术景观、儿童电视剧在中国电视艺术中的地位及研究现状、儿童电视剧概念的界定及其他、论文的研究方法。第一章介绍中国儿童电视剧发展概观,在对中国儿童电视剧的阶段进行划分的基础上,进一步分析中国儿童电视剧发展的文化表征。第二章研究中国儿童电视剧的类型,分别详述神话童话剧、儿童科幻剧、儿童生活剧和儿童传记剧四部分的内容。第三章论述中国儿童电视剧的美学追求,首先说明儿童电视剧的童趣审美,接着阐述儿童电视剧的幻想审美和诗意审美,最后探究儿童电视剧的智性审美。第四章指出中国儿童电视剧的现状与问题,深入地思考中国儿童电视剧的现状,并进一步反思所面临的问题。余论部分综述中国儿童电视剧发展的思考,首先提出应追求儿童本位贴近儿童心灵,接着应以电视艺术手段营造丰富的审美空间,最后总结审美化生存与文化产业之路。在寻求文化产业发展的同时,不忘坚守儿童电视剧这种大众艺术形态的审美化生存,努力推动儿童电视剧艺术的发展与繁荣。

关键词:儿童剧　电视剧　审美文化

# 历史学

## 史学理论及史学史

**4582**

**5—13 世纪英国的王权与法律** / 陈太宝著 ; 侯建新指导. -- 天津师范大学, 2009. -- 190 页

论文采用文献研究法、历史分析法、实证分析法、制度分析法、政治系统分析法和跨学科研究法等,以5至13世纪英国的王权与法律为研究对象,力图从法律政治史的角度对中世纪5至13世纪英国王权进行研究,并探讨这一时期英国王权法律保障机制的历史价值。论文分为导论、正文四章和结语。导论部分阐述了问题的提出,结合国内外研究现状说明论文的研究方法与基本框架。第一章主要分析了英国法律政治系统的构成因素,认为中世纪英国文明中的日耳曼因素、基督教因素和罗马因素等多种来源造就了其多元的法律体系。第二章主要探讨中世纪英国王权的兴起,在简述"蛮族入侵"的基础上,分析了基督教对早期王权的影响,并对盎格鲁—撒克逊时期的法律及司法制度进行了考察。第三章主要探讨在诺曼人征服之后英国王权的发展,探讨英国国王权威的来源,并对这一时期的英国的法律及司法制度进行了考察。第四章在分析中世纪的法律观念的基础上,剖析了英国多元法律对于王权的限制,并阐述13世纪议会的出现、构成及其职能。最后是结语部分,在概述全文主要研究的基础上,进一步阐明了自己的观点与认识。

关键词:君主制　法律保护　英国　中世纪

**4583**

**胡绳史学研究** / 胡现岭著 ; 乔治忠指导. -- 南开大学, 2009. -- 199 页

论文采用实证分析法、文献研究法、历史分析法、系统分析法和矛盾分析法等,以胡绳及其史学为研究对象,力图探讨胡绳一生在中国近代史研究以及中共党史研究方面的突出贡献,并对其史学成就进行全面、科学的分析与评价。论文共分绪论、正文六章和结论等八个部分。绪论部分阐述研究的选题意义,结合胡绳研究现状,对论文的创新点和难点、分析思路和主要内容作了说明。第一章主要对胡绳的生平进行了分期与概述。第二章主要对胡绳总结历史上反侵略民族战争的经验教训、宣传中国共产党的革命理论等活动进行了考察。第三章主要探究了胡绳在中共政治运动中的历史评论,着重考察了其对中共执政地位合法性的宣传及其对建国初期几次意识形态领域内的批判活动的参与历程。第四章主要考察了胡绳对中国近代史的研究,并对其《从鸦片战争到五四运动》等著作进行分析与客观评价,进而考察了其晚年时期对中国近代史的继续探索。第五章主要考察了胡绳对中共党史研究的贡献,探讨其党史研究活动与研究方法。第六章主要阐述胡绳的历史观和史学思想。最后是结语部分,概述全文的主要内容,对胡绳的学术成果及其贡献进行评价。

关键词:胡绳　史学　思想评论

**4584**

**东晋南朝史学与社会** / 金仁义著 ; 许殿才指导. -- 北京师范大学, 2009. -- 218 页

论文采用了历史分析法、文献资料法、描述性研究法以及社会阶层分析法等,以东晋南朝史学为研究对象,力图通过对东晋南朝史学进行系统、全面的研究,进而探讨这一时期政治格局的演变、新的社会阶层的出现以及多元化社会思潮对东晋南朝史学的影响。论文分为绪论、正文四章和结语等部分。绪论部分介绍了研究的范围、意义及可行性分析,结合选题研究的历史与现状综述,对研究的难点、重点及创新点、研究方法予以说明。第一章分析东晋史学多途发展格局最终形成及其历史基础,探讨南朝史学多途发展格局的演变。第二章主要考察东晋南朝社会格局的变动对其史学发展的多重影响,并探讨东晋南朝时期皇朝史、区域史、民族史的发展。第三章主要考察了士族的文化属性及其对东晋南朝史学发展的推动

作用，并分析东晋南朝史学的士族门阀色彩以及史学对士族门阀地位的维护。第四章主要考察东晋南朝多元化的社会思潮及其对史家的知识结构、史学思想与史学撰述的影响，并探讨史学对东晋南朝多元化社会思潮的反响作用。结语部分归纳了研究结论，并进一步阐明了自己的认识与思考。

关键词：史学史　社会发展　社会思潮

**4585**

**唐顺之史学研究** / 李德锋著 ; 向燕南指导. -- 北京师范大学, 2009. -- 181 页

论文采用了文献资料法、历史分析法、个案研究法、描述性研究方法、跨学科研究法等，以唐顺之史学为研究对象，力求对唐顺之的史学成就及其与其他领域之间的关系进行系统研究。论文分为绪论和正文五章。绪论部分阐明研究的选题意义，结合相关研究综述说明论文的研究思路与方法、研究重点、难点及创新点。第一章考察了唐顺之史学产生的时代背景，概述了明中叶史学领域黜虚征实、启蒙、经世致用三大史学思潮与唐顺之的史学表现。第二章主要考察了唐顺之早期的学术路径及其史学批评与考证。第三章分析了唐顺之的史学理论，分析了唐顺之"六编"编纂体系的思想，并对其两部《解疑》的史学思想的表现、产生原因及影响进行了分析。第四章主要考察了唐顺之对明皇朝史的贡献。第五章以明中后期的三股史学思潮为视野，主要阐述了唐顺之对明后期史学的影响，进而对其在三股史学的发展历程中的作用予以分析与评价。

关键词：唐顺之　史学史　史学思想　明代

**4586**

**西欧中世纪大学研究** / 李艳玲著 ; 侯建新指导. -- 天津师范大学, 2009. -- 177 页

论文运用历史研究法和定性研究法，旨在对中世纪大学产生和发展、管理与组织、教师和学生，以及它对西欧社会产生的影响进行考察，以便从一个新的视角更为深入地认识西欧社会以及西欧社会转型的动因。论文第一章是中世纪大学产生的历史背景，首先论述大学产生的经济背景，其次论述大学产生的社会条件，第三论述大学产生前的西欧教育，最后论述 12 世纪的文艺复兴。第二章是中世纪大学的产生和发展，首先论述大学的产生，其次论述大学的发展。第三章是中世纪大学的管理与组织，首先论述大学的管理，其次阐述大学的基本组织。第四章是中世纪大学的教师，首先论述教师的基本情况，其次阐述教师的学术研究，第三论述教师的学术自由。第五章是中世纪大学的学生，首先介绍学生的基本情况，其次论述学生的学习情况，最后论述学生的毕业和就业历史概况。第六章是中世纪大学对西欧社会的影响，首先论述大学为欧洲培养了大批人才，其次论述大学是欧洲人文社会科学的思想库，最后阐述大学推动了自然科学体系的建立这一问题。提出西欧中世纪大学，作为一个承前启后的教育载体，为欧洲造就了大批具有"通识"基础、辩才出色的人才。作为一个学术研究的中心，大学不仅成为欧洲人文社会科学的思想库，而且为推动自然科学体系的建立做了三个方面的准备，使西欧社会在学术发展上遥遥领先与世界其他文明。

关键词：大学　教育史　西欧　中世纪

**4587**

**胡思敬史学与思想研究** / 李泽昊著 ; 乔治忠指导. -- 南开大学, 2009. -- 218 页

论文采用历史分析法、文献资料分析法、归纳分析法、实证分析法和描述性研究法等，以近代知名史学家胡思敬为研究对象，力图通过个体"小历史"的微观视角折射清末民初"大变局"，同时在近代政治、经济、文化大变革与转型的历史背景下，深入剖析胡思敬史学及其思想的个性特质与历史影响。论文共分绪论和正文五章。绪论部分阐述研究的选题意义，结合学术界相关研究现状的回顾，说明论文的研究思路、基本框架以及重点、难点和创新点。第一章主要通过清末民初大变局的宏观历史视角，对胡思敬的仕途生涯及其思想活动轨迹进行考察。第二章在考察胡思敬及其保守思想在清末民初大变局中的命运的基础上，力图对其心态进行剖析，进而阐述了胡思敬笃守节操大义、追求"有待而为"和捍卫纲常伦理的价值取向及其趋向保守的传统文化情愫。第三章主要考察胡思敬辑刻《问影楼舆地丛书》、撰著指摘王夫之《读通鉴论》等史学活动，并分析了其著作的主要内容与史论特点。第四章主要考察胡思敬著述《审国病书》《大盗窃国记》以及编纂整理地方史志及文献资料等史学活动，并概述了胡思敬与近代学人、前清遗老之间的交谊。第五章则在总结全文基础上，概述了胡思敬的治史宗旨及其特色。

关键词：胡思敬　史学史　史学思想　近代

4588

**隋唐两宋道教史学研究** / 林国妮著 ; 李小树指导. -- 中国人民大学, 2009. -- 173 页

论文采用文献资料法、文本分析法、历史分析法、系统分析法、实证分析法等,以隋唐两宋道教史学为研究对象,力图对隋唐两宋时期道教史学及其思想进行系统、深入地研究。论文分为绪论、正文五章和结语七个部分。绪论部分介绍了研究对象及范围,阐述了研究意义,结合隋唐两宋道教史学研究的历史与现状的综述说明论文的主要内容。第一章分析了隋唐两宋时期的道教史著,概述了隋唐两宋的道教史家的代表人物及其编纂旨趣。第二章主要梳理和考察了隋唐两宋道教史学著作的体裁特征与成就。第三章主要对隋唐两宋道教史学的记述内容与撰述特征进行了分析与阐述。第四章阐发了隋唐两宋道教史学的史学思想,着重探讨了其关于道教历史的思想、世俗历史的思想和关于史学活动的思想等。第五章则从物质基础、政治条件和文化资源等方面考察了隋唐两宋道教史学发展的社会背景,进而分析了隋唐两宋道教史学发展的"道义需求"与学术基础。最后是结语部分,归纳全文得出研究结论。

关键词:道教　宗教史　史学思想

4589

**魏晋南北朝时期史注研究** / 刘治立著 ; 瞿林东指导. -- 北京师范大学, 2009. -- 224 页

论文采用文献资料法、文本分析法、历史分析法、典型案例研究法、实证分析法等,以魏晋南北朝时期史注名家与名注为研究对象,力图在全面考察魏晋南北朝时期史注发展进程的基础上,对其内容、方法、特点及其价值进行较为全面的论述。全文由绪论、正文五章和结语三个部分构成。绪论部分阐明了史注的概念,简述选题的研究对象、范围和意义及相关研究的历史与现状,并对研究重点、难点及创新点予以说明。第一章主要考察了魏晋南北朝时期史注发展的面貌,分析了这一时期史注发展的原因及其突出成就与特色。第二章主要分析了史注的形式和体例,集中探讨了史书他注构成形式、史书自注的发展过程。第三章主要探讨了魏晋南北朝时期史注的多种方法。第四章主要从注释范围、注释时间、注释者及注释成就的地域分布、注释者所追求的目标等方面论述了魏晋南北朝时期史注的特点。第五章总结魏晋南北朝时期史注的学术价值与历史价值,并分析了其存在的不足之处。最后是结语部分,对全文所述的主要问题进行了梳理和归纳,得出研究结论。

关键词:历史　注释　魏晋南北朝时期

4590

**沉寂与凸显:中国社会医病纠纷现象历史诠释(1500—1937)** / 马金生著 ; 徐兆仁指导. -- 中国人民大学, 2009. -- 158 页

论文运用历史研究法、文献资料法和比较研究方法,以民国医讼的凸显为切入点,试图从医学史、社会史与法制史的框架下,借助对医生、病人、社会与国家间互动关系的探讨与呈现,进而揭示出国人生命和法制观念的近代转型,及其与相应制度架构之间的关联性,并进而探究传统与近代的关系。论文第一章是明清时期医病纠纷,首先论述明清时期医病关系的紧张化趋向,其次论述医者规避责任的历史,第三论述医病纠纷的发生和解决,最后阐释明清社会医病纠纷"沉寂"的原因。第二章是国家介入的清末民初医病纠纷情况,首先论述规范行医的措施与方式,其次论述告医现象,第三阐述医家应该遵循的规则。第三章是西医传入导致医病关系的复杂化问题,首先论述西医医业伦理的提倡,其次阐述国人对西医的疑惧之情,最后论述新型医疗模式的构建与医病纠纷问题。第四章是民国时期医病纠纷,首先阐述司法革新与医讼的形成,其次论述中西医争论与西医医讼案,第三论述新闻媒体与医讼的凸显之间的关系。第五章论述中西医进行止讼的不同态度,首先阐述强势进取的西医,其次论述固守传统的中医。最后为结论,提出从医病纠纷的历史中发现,国人生命与法制观念在向近代转型,与此同时,西医诉讼群体的特征,也在另一个侧面体现出西学在我国传播的过程中因社会阶层之异而存有割裂现象。

关键词:医疗事故　医学社会学　医学史

4591

**英国创意阶层形成和发展** / 梅萍著 ; 曹意强指导. -- 中国美术学院, 2009. -- 121 页

论文运用定性研究法、理论研究法和实证研究法,探讨和理解创意阶层的产生背景和发展模式,认识他们是谁、他们如何工作等问题。揭示这个产业的主要方面,以及创意阶层怎样成为新经济的动力。论文第一章是绪论。第二章是创意人才理论综述,首先考察创意人才的相关概念,其次论述创意人才的相关

理论,第三论述创意阶层的相关概念。第三章是英国创意阶层形成的背景,首先考察世界经济结构调整,其次论述各国政府创意工业扶持政策,进而论述科技进步,讨论经济的全球化趋势和文化的地方性,最后阐述城市与人才聚集的问题,考察创意阶层的源起问题。第四章是英国创意阶层的形成,首先论述英国创意阶层形成的历史社会背景,其次论述精英教育,第三论述创意伦敦的政府策略,最后阐述城郊的创意区的兴起和背景。第五章是英国创意阶层的地位和特征,首先论述英国创意阶层的地位,其次考察英国创意阶层的特征。第六章是英国创意阶层的发展和人才经营模式,首先论述创意人才的推广和市场化经营策略,其次论述创意人才的投资者,第三论述创意阶层的第三方服务及顾问团队。第七章是英国创意阶层的产生和发展对中国的启示,主要论述了创意人才培养、创意知识产权保护、政府财政支持等问题。

关键词:文化产业　阶层　英国

**4592**

**清初历史编纂学研究** / 屈宁著 ; 陈其泰指导. -- 北京师范大学, 2009. -- 221 页

论文采用了文献资料法、实证分析法、历史分析法等,并结合个案分析与总体考察相结合的研究思路,以清初历史编纂学为研究对象,力图在清初历史编纂学的主要成就、发展趋势和理论创获进行系统、全面的考察。论文共分绪论和正文七章。绪论部分阐述研究的选题意义,结合学术史回顾说明研究的重点、难点和创新点。第一章集中分析清初的时代背景和史学发展大势,深入分析了清初的社会条件、学术环境以及历史编纂学面临的新课题,并考察了遗民思想对清初历史编纂的影响。第二章主要对《明史纪事本末》《左传事纬》和《左传纪事本末》进行了分析,阐述了清初纪事本末体革新的历史意义。第三章主要对《国榷》《明季北略》和《明季南略》进行了分析,探讨了清初编年体史书的发展状况。第四章主要分析了《明史》的编纂体例,并阐述了《明史》编撰的主要经验与存在的主要问题。第五章主要对清初私修纪传体史书《南疆逸史》《十国春秋》进行了分析。第六章主要考察了《明儒学案》《宋元学案》,阐述了清初学案体史书的编撰成就及其学术价值。第七章在前文分析的基础上,探讨清初历史编纂学的发展趋势与理论收获,并对其作出评价。

关键词:历史编纂学　体例　史料　史学史

**4593**

**朱希祖史学研究** / 王爱卫著 ; 姜胜利指导. -- 南开大学, 2009. -- 256 页

论文采用文献资料法、历史分析法、描述性研究法、系统分析法等,以朱希祖史学为研究对象,在广泛搜集史料的基础上,力图对朱希祖史学研究的社会背景、学术氛围、主要成果及特点等问题进行深入、系统的考察,揭示朱希祖史学对中国史学独立化、科学化所作的贡献,并客观评价其历史地位与影响。论文分为绪论、正文八章和结语等部分。绪论部分阐明研究的选题宗旨及意义,结合相关研究状况回顾,说明论文的创新点、难点与论文结构。第一章主要对朱希祖生平及其交游经历进行概述。第二章探讨朱希祖中国史学史研究的活动及其贡献。第三章主要就朱希祖参与编修、主持审查《清史稿》以及负责筹备国史馆等史馆修史活动进行考察与评价。第四章探讨朱希祖对历史文献研究、发觉和整理档案史料等方面的贡献。第五章考察朱希祖纂修方志、边疆史的理论与实践。第六章则在全面探讨朱希祖史学成果的基础上,从宏观的角度探讨其历史观的发展与演变脉络。第七章主要考察和分析朱希祖的史学思想。第八章主要探讨朱希祖的治史方法,着重论述了其实证方法、比较研究方法、实地考察方法及其他史学研究方法。最后是结语部分,对其历史地位与影响进行客观评价。

关键词:朱希祖　史学思想　史学史

**4594**

**建国前后的史学转型(1937—1956)** / 王磊著 ; 牛润珍指导. -- 中国人民大学, 2009. -- 157 页

论文运用历史研究法、理论研究法和定性研究法,对建国前后的史学转型问题进行深入研究,梳理抗战前后的史学转型背景与具体历史进程,并对典型史学家转型的过程进行梳理与总结。论文第一章是史学转型的前奏,考察抗战时期爱国主义史学的勃兴,首先考察爱国主义在马克思主义史学中的凸显,其次论述爱国主义与旧史学家治学旨趣的转向。第二章是从爱国主义史学到马克思主义史学,首先论述马克思主义史学与旧史学派的斗争,其次论述史家群体的分化与整合。第三章是建国初马克思主义史学主导地位的确立,首先论述政治学习运动与马克思主义唯物史观的普及,其次论述武训批判与马克思主义史学体系建设,第三论述史学界的思想改造运动,最

后阐述胡适批判与史学界思想改造的深入。第四章是马克思主义史学体系建设初期重大理论问题的讨论研究，首先阐述关于古史分期问题的讨论，其次阐述关于封建土地所有制问题的讨论，第三论述围绕农民战争问题的讨论，第四论述关于资本主义萌芽问题的讨论，最后阐述关于汉民族形成问题的争鸣。第五章是史学转型与史学家，首先论述陈垣史学的转型，其次论述雷海宗史学的转型，第三论述刘节由唯心史观向唯物史观的转型，最后阐述童书业从古史辨向马克思主义的转型。

关键词：史学史　爱国主义　马克思主义

**4595**

**《汉书》历史叙事研究** / 杨倩如著 ; 陈其泰指导. -- 北京师范大学, 2009. -- 260 页

论文综合运用文本分析法、文献资料调查法、描述性研究法、历史分析法、实证研究法等，以《汉书》历史叙事成就为研究对象，立足于中国传统叙事理论和历代学者对《汉书》的研究成果，力图在全面细致的文本分析基础上，借鉴西方叙事学的相关理论，对《汉书》历史叙事成就进行深入探讨。全文由绪论和正文七章组成。绪论部分阐述选题的研究宗旨、意义、思路和方法，概述相关研究的历史与现状，并对论文研究的重点、难点及创新点予以说明。第一章主要分析了《汉书》历史编纂的继承性、创新性及其历史编纂成就。第二章主要分析了《汉书》历史叙事结构与审美意蕴。第三章主要阐述了《汉书》历史叙事及其时代风貌，分析了风俗文化、民间信仰和社会思潮对《汉书》历史叙事风格、模式及其特色等方面的影响。第四章主要分析了班固的历史观与《汉书》的历史阐释。第五章在多元语境下考察了《汉书》历史叙事，分析了《汉书》历史叙事中的经学思想、文学手法及其史学本质。第六章阐述了《汉书·王莽传》的历史编纂特色。第七章主要分析了《王莽传》历史叙事的真实性、历史阐释的合理性及其历史评价的客观性，并对《王莽传》历史叙事研究现状进行了理论思考。

关键词：汉书　班固　叙事学　历史编纂学

**4596**

**学海堂与"汉宋"学的浙粤递嬗** / 於梅舫著 ; 桑兵指导. -- 中山大学, 2009. -- 219 页

论文运用历史研究法、文献资料法和定性研究法，对汉学的浙粤递嬗问题进行考察，汉宋分、争是清学史及其叙述的一大关节，在其确立、演化的过程中，以封疆大吏领袖学界的阮元地位相当关键。论文第一章是引"浙学"入粤，首先论述文笔考和桐城义法，其次论述学海堂与"经解之学"。第二章是来粤江浙学人与汉学叙述，首先考察惠戴二系与汉学叙述，其次考察《汉学商兑》与汉学叙述。第三章是沟通"汉宋"，考察浙粤学术嬗变的过程，首先论述专明"小学"以融通"汉宋"，其次阐述《科场议》与经解的问题。第四章是陈澧与浙粤学术递嬗的问题，首先论述四科兼存的问题，其次论述以文学总会四科，第三考察"真汉学"与"郑玄之学"，最后论述重理道统问题。第五章是澧学外传与浙学反应的问题，首先回顾澧学外传的过程，其次论述浙学反应的过程。最后为结语，提出以清还清，辨章清代学术流变，可以更好地认识和把握中国固有学术的来龙去脉。

关键词：阮元　学术思想　清代

**4597**

**萧一山史学研究** / 张光华著 ; 姜胜利指导. -- 南开大学, 2009. -- 186 页

论文采用历史分析法、文献调查法、描述性研究法、实证分析法、归纳分析法等，以萧一山及其史学成就为研究对象，力求对其学术成果及学术思想进行系统和全面地研究。全文共分八章。第一章绪论，结合学术界研究现状的回顾，说明论文的基本结构、主要内容、创新点以及研究的基本思路和方法。第二章主要对萧一山的生平进行概述。第三章在对萧一山的学术背景、史料活动及其成就进行概述的基础上，分析了其史料工作的成就与不足，并论述了其治学精神与史料考证方法与特色。第四章主要考察萧一山在清史著述方面的活动，着重对其《清代通史》《清史大纲》《曾国藩传》等主要史学著作的基本特点、学术价值与现实意义作了分析与评价。第五章主要考察了萧一山在中国文化史研究方面的活动，具体论述了其对中庸文化、中国国民性演变、传统文化出路等问题的探索，并总结了其在文化史的研究视角及特色。第六章主要分析萧一山的史学思想，具体探讨了其"经世之学"的理论与实践及其历史编纂学的思想。第七章主要对萧一山的历史观进行分析。第八章在归纳全文相关论述的基础上，对萧一山的学术体系、学术渊源与学术地位进行深入的分析与评价。

关键词：萧一山　史学　学术思想　思想评论

4598

**20 世纪中国法律史学的演进** / 张雷著 ; 陈其泰指导. -- 北京师范大学, 2009. -- 253 页

论文采用历史分析法、文献调查法、系统分析法和实证研究法等,以 20 世纪中国法律史学的演进为研究对象,力图对 20 世纪中国法律史学的演进趋势进行较全面和系统地阐述,并在吸收前人研究成果的基础上,提出自己的一些认识,以期推动相关领域的研究。论文由绪论、正文九章组成。绪论部分介绍了研究的选题缘起、选题意义和价值,结合相关研究历史与现状概述说明了研究的重点、难点及创新点、基本思路与方法,并对有关概念作了界定。第一章总论 20 世纪中国法律史学学科产生的社会背景、时代特点、发展路径及阶段性特征。第二章考察考据派的治学特色、代表人物及学术贡献。第三章讨论新史学派的治学特点、代表人物及学术贡献。第四章剖析了马克思主义学派的治学特色及学术贡献。第五章揭示了中国法律史学在理论、方法的构建和成果。第六章论述了法律史学的相关研究机构及其对中国法律史学学科的推进作用。第七章则以举例的方式初步探讨了中国法律史书的编撰成就,强调大量编撰风格各异的法律史著述的出现是中国法律史学走向繁荣的主要标志之一。第八章在全面考察 20 世纪中国法律古籍文献整理成果的基础上,概括法律古籍文献对法律史学研究的积极作用。第九章结论与展望。

关键词:法制史　史学　马克思主义

4599

**中世纪朝圣问题研究** / 张强著 ; 王亚平指导. -- 天津师范大学, 2009. -- 146 页

论文采用唯物辩证研究法、文献资料法、历史分析法、描述性研究法、社会阶层分析法等,以西欧中世纪朝圣现象为研究对象,力求对中世纪朝圣现象的社会历史背景、变迁、特征及其影响等问题进行研究。论文分为导论、正文五章和结语等部分。导论部分介绍研究的选题意义,结合对学术史回顾,说明了论文的基本框架和研究方法。第一章主要阐述基督教对朝圣的诠释,在阐述基督教"原罪"与赎罪的基本教义的基础上,探讨了基督教朝圣的起源。第二章主要分析了西欧中世纪朝圣的社会经济基础,着重分析了西欧社会的基督教化、中世纪的经济结构以及早期贸易。第三章主要论述朝圣与十字军东征之间的联系,认为这一时期随着朝圣观念的变化,纯粹的朝圣崇拜发展为惩罚犯罪的手段,而后又称为推动对外扩张的依据。第四章主要分析了朝圣对西欧中世纪的远程贸易的推动作用,强调朝圣为经商提供了便利,有时甚至朝圣活动与经商行为合二为一。第五章主要分析了中世纪晚期朝圣现象的变化,认为随着 14—15 世纪西欧社会宗教仪式的变化、基督教人文主义的出现,朝圣对社会经济发展的影响也逐渐失去其原有的社会基础,而逐渐回归其最原初的宗教本质。最后是结语部分,归纳了研究结论。

关键词:基督教　朝圣　西欧　中世纪

4600

**反科学主义思潮下中国现代史学的人文指向:以"东南学派"为中心** / 张秀丽著 ; 王学典指导. -- 山东大学, 2009. -- 197 页

论文综合运用传统史学研究法、文献资料法、观察法、系统分析法等,以"东南学派"的治史路径为主要研究对象,力图对反科学主义思潮下中国现代史学的人文指向进行讨论与研究。论文共分引言、正文三章和结语等五个部分。引言部分介绍研究的选题提出与研究意义,结合相关研究的学术史回顾,阐述了对既有研究的思考与相关界定。第一章在回顾科学主义思潮的兴起、中国现代史学上的科学化史学的产生及其面临的困境的基础上,考察了反科学主义思潮与中国现代史学上的人文主义史学的兴起,并概述了人文主义史学研究的整体状况。第二章结合对人文主义史学的基本阵营"东南学派"的形成与发展历程的概述,考察了人文主义与科学主义历次的学术争锋,着重解析了"东南学派"的治史路径及其对史学学性质的理解。第三章主要分析了人文主义史学的特点、成就与局限,进而对人文主义史学在中国现代史学中的地位作出了较为全面和客观的评价。最后是结束语部分,归纳论文的研究结论,进而对人文主义史学的价值进行重估。

关键词:史学史　人文主义　中国　现代

4601

**柯林武德"历史重演论"研究** / 张作成著 ; 于沛指导. -- 中国社会科学院, 2009. -- 149 页

论文采用文本分析法、历史分析法、实证研究法、文献资料法等,以柯林武德"历史重演论"中所体现的史学思想为研究对象,力图结合学术语境与文本语境对其进行研究与评价。论文共分前言、正文五章和结

语等部分。前言部分主要介绍选题依据与研究价值,结合相关文献与研究现状的综述说明论文的研究思路与方法,并简要分析了柯林武德思想发展阶段。第一章分析了"历史重演论"的形成语境,着重阐述了19世纪欧洲史学的实证主义传统对柯林武德的影响。第二章分析了"历史重演论"的逻辑前提,介绍了牛津格林学派与实在论者之间的学术争鸣,并对柯林武德思想中的"问答逻辑""一切历史都是思想史""历史思想的重演"等著名论断进行了逐一分析。第三章分析了"历史重演论"的中心环节,主要解析了"一切思想都是思想史"的真切内涵、理论立场与历史视角等问题。第四章对"历史重演论"的学术来源以及重演思想的可能性、对象与内涵进行了分析。第五章主要探讨了"历史重演论"的思想遗产,着重阐述了"历史重演论"的学术价值、理论意义、历史影响及其效用评价。最后是结语部分,对"历史重演论"进行评价与思考。

关键词:柯林伍德(Collingwood, R. G.) 历史哲学 实证主义

**4602**

**解析《蒙塔尤》:一部人类学视角下的历史** / 章衍著 ; 郭小凌指导. -- 北京师范大学, 2009. -- 94 页

论文采用文本分析法、历史分析法、文献资料研究法、跨学科研究法、比较分析法等,以年鉴学派历史学家勒华·拉杜里《蒙塔尤》为研究对象,力图通过对《蒙塔尤》进行系统、深入地解析,探讨人类学的方法引入历史学所带来的影响和效果。论文分为前言、正文三章和结语等部分。前言部分对论文所涉及的文献材料作了说明,介绍了国内外人类学和历史学学科交叉的研究状况,阐明了论文的研究意图。第一章主要界定了"人类学""历史人类学""历史人种志"等概念及其之间的区别和联系,进而探讨了人类学和历史学在研究方法上的不同之处,并阐述了《蒙塔尤》出台的史学研究背景以及作者的写作动机。第二章重点对《蒙塔尤》进行全面解析,侧重从自然环境和政治环境、社会生活、心理特征和观念等多个视角对《蒙塔尤》进行研究和解析。第三章在第二章相关研究的基础上,阐述了《蒙塔尤》的写作特点及人类学方法在这部著作中的体现,并概述了年鉴学派的历史学家们的"新史学"实践。最后是结语部分,对人类学的方法和视角引入历史学进行了展望。

关键词:基督教史 乡村 社会生活

**4603**

**现代化视野下的私立中学研究(1902—1936)** / 周志刚著 ; 李学智指导. -- 天津师范大学, 2009. -- 227 页

论文采用文献调查法、历史分析法、社会系统分析法、分层次研究法以及宏观研究与微观研究相结合等研究方法,以1902—1936年期间我国近代私立中学的发展为研究对象,力图以现代化的视野对其进行研究,并在此基础上对其历史地位进行评价。论文分为绪论、正文七章和余论共九个部分。绪论主要介绍本研究的问题缘起、时间断限及相关概念,结合研究现状的综述说明论文的研究思路与框架。第一章分析20世纪初中国社会的现代化转型对教育变革的推动,概述了中国近代教育的现代化转型的历程。第二章对近代私立中学的兴起、快速发展和稳定发展阶段的状况及其特征进行考察。第三章考察了近代教育立法的发展状况,进而探讨了民国时期政府对教会中学的改造。第四章主要从民主专业管理方式的建构、校园矛盾及解决方式等方面探讨近代私立中学的学校管理状况。第五章探讨近代私立中学的经费筹集、支出等问题。第六章对近代私立中学的教育理念与教学方法、课程设置及其特点进行考察,着重探讨了其外语教学和体育教学状况,并考察了其教学成绩与毕业生的出路。第七章主要探讨了近代私立中学的社会参与。余论部分对近代私立中学的历史地位进行评价,并提出其对当代民办教育的启示。

关键词:中学 私立学校 教育史 现代化

## 历史地理学

**4604**

**秦代政区研究** / 何慕著 ; 周振鹤指导. -- 复旦大学, 2009. -- 126 页

论文以《史记》《汉书》等传统文献为基础,并充分利用了近年出土的秦封泥、秦简牍等出土文献的材料,对秦一代郡县两级政区在建置和领域方面的变化过程进行了研究。全文共分为五个部分。第一部分介绍了秦代政区的研究概况。主要介绍乾嘉以来学者对秦代政区的研究以及对以往秦郡研究的认识。第二部分对秦三十六郡考进行了分析研究。主要沿用传统的历史考据方法,复原了秦始皇二十六年的三十六郡郡名,并利用近年出土的汉初简牍,对每一个

秦郡的辖境进行了复原,还对秦统一前省并之郡进行了研究。主要包括可沿用前说之三十一郡分析,新知五秦郡考讨论,以及秦统一前省并之郡研究。第三部分对秦统一后置郡考进行了研究分析,考证了秦统一之后所设置的郡。首先分析讨论了可沿用前说之东海郡、闽中郡、南海、桂林、象郡、济北六郡,然后对新知七秦郡考进行了分析,包括恒山郡、河间郡、清河郡、河内郡、衡山郡、江湖郡以及庐江郡、即墨郡。最后对存疑之郡进行了分析讨论,包括鄣郡、城阳郡以及武陵郡。第四部分对秦代置县进行了研究,利用秦朝当代和汉初的出土文献,考证落实了440个秦县。主要包括始置于战国之秦县分析、始置于无考之秦县分析、可能为秦始置之县以及备考之县及各县上属郡分析。论文最后对全文的研究工作做了总结概括,总结了秦代政区演变的基本规律。

关键词:行政区划　政区沿革　秦代

**4605**

**燕行路地名、聚落与区域景观研究** / 黄普基著 ; 周振鹤指导. -- 复旦大学, 2009. -- 188 页

论文综合运用地名学、景观学等学科的研究方法,采用时空结合的方式进行多角度、全方位的透视,探讨了明中叶至清中叶,燕行路沿线地区地名、聚落、区域景观的演变及其特征。全文共分为五个章节。首先在导言中,论文介绍了选题的缘起与选题意义,研究资料、时空范围与研究意义,研究史的回顾,研究的视角与方法,以及研究的框架和基本论点。在第一章中,论文分析了燕行路与《燕行路》,在介绍了燕行路之后,从《燕行路》的资料特征及资料的价值评价进行了分析讨论。第二章对燕行路的地名进行了研究分析。主要包括燕行路整体地名特征,燕行路各地区特征,以及地名通名与移民、驿站和聚落体系三个方面的分析。第三章对燕行路的地名变化进行了分析研究,主要包括辽东山地区间、辽河平原区间、辽西走廊区间以及冀东区间四个地方的地名变化进行了研究。第四章对燕行路的聚落地理进行了研究。主要从聚落景观、聚落形状、聚落建筑材料以及房屋结构与建筑形式四个方面进行了研究。第五章对燕行路区域景观进行了研究,主要包括特定时间段的区域景观、燕行路区域景观分析,以及地理、农业环境与聚落分布的研究。最后为论文的结论,对全文的研究工作做了总结。

关键词:历史地名　聚落地理　景观结构

**4606**

**元代中书省政区职能研究** / 孔明丽著 ; 华林甫指导. -- 中国人民大学, 2009. -- 165 页

论文对元代中书省政区的职能进行分析研究。全文共分为四个章节。第一章为绪论,首先对元代省制及书省的研究进行了回顾,然后对选题的意义、研究方法以及研究范围、概念的界定进行介绍讨论,最后对元代中书省的建立缘起及演变过程和中书省职能及性质进行了分析。第二章对腹里地区政区沿革与演变原因进行了探讨研究。在中书省政区沿革方面,论文从中书省辖域变迁和路府州县沿革进行分析讨论,在中书省政区设置特点及规律方面,论文从中书省政区规律及特点以及中书省政区之地域格局两方面进行了分析。第三章对中书省与腹里地方政务管理进行了研究。首先研究中书省与腹里地区之民政管理,论文从腹里地方各级官吏之任用管理、腹里地方之刑名管理、腹里地方之户籍管理以及腹里地方之农事管理四个方面进行分析研究。然后论文对中书省与腹里地方之财政管理进行分析,从中书省与腹里地方财政收入与支出两个方面进行详细的研究分析。其次,对中书省与腹里地方之文教管理进行研究,主要从地区科举、地方学校设置及管理、岁贡儒吏与地方儒吏管理以及地方基层学校——社学四个方面进行了分析研究。之后,对中书省与腹里地方之军事管理进行研究,主要从腹里地区的宿卫与镇戍、中书省对腹里之军事管辖权以及腹里地区的屯田三个方面的分析讨论。最后,对中书省理政中的其他因素进行了分析,主要包括投下分封与中书省理政以及两都巡幸制与中书省两个方面。第四章为论文的结语。论文对研究的概念界定以及中书省具体分析进行了说明总结。

关键词:政治制度　政府职能　中书省　元代

**4607**

**政区变动与地方社会构建关系研究:以明清民国时期陕西地区为中心** / 李大海著 ; 萧正洪指导. -- 陕西师范大学, 2009. -- 285 页

论文主要以明清民国时期陕西地区的一系列行政区划沿革过程为线索,从静态和动态两个层面,通过相对较长时段的连续考察,分别探讨了政区本身及其诸要素与重新构建地方社会历史发展脉络之间的相互关系。全文共分为六个章节。首先在绪论中介绍了学术回顾、研究思路以及篇章结构。第一章介绍

了近代陕西政区地理格局的调整与成型。在引言之后,对调整中的行政区与自然区关系分析,并对府州领县调整与府级核心区的形成进行了研究分析。第二章以动乱和水灾防护为中心,对政区治所、边界与地方社会进行了研究分析。在以西乡县为例对地方动乱与治所防护进行分析之后,对疏渠筑堤与治所防护进行了研究,最后以华州、华阴的"边界"为中心对政区边界与地方水灾进行了研究。第三章以潼关为例对政区变动中的地方社会构建进行了研究。文章对政区变动中的地方社会纠葛和历史与现实的碰撞进行了研究分析。第四章以陕北延边地区为中心对地方社会变迁中的政区调整进行了研究分析。首先对明代陕北延边地区的社会变迁与地方管理进行研究,然后对延边地方府县行政建置的设立于调整进行了分析,最后对"陕绥划界"事件中地方与政区进行了研究。第五章以黄龙山地区为例对地方开发与政区变动进行了研究分析。首先对盗贼渊薮与地方开发,然后对民国垦荒开发与黄龙设治局进行研究,最后对垦区与邻县划界纠纷进行讨论。第六章以平民县为例对环境变迁与政区应对进行了研究。首先对两省设县之争进行分析,然后对夹缝中的地方社会与政区管理进行了研究,最后对平民县的议裁进行研究。最后为论文的结语,在对构建面向未来的历史政区地理研究之后,又提出对基于论文研究的两点反思。

关键词:行政区划　社会关系　陕西　明清时代

**4608**

**明清之际自然灾害与社会变迁(1621—1661)** / 刘志刚著 ; 夏明方指导. -- 中国人民大学, 2009. -- 238 页

论文在详细分析明清之际群发性自然灾害的规模、特征的基础之上,着力探讨灾害与政权更迭、经济崩溃及社会混乱等方面之间的互动关系,以及后者采取的应对方式。全文共分为六个章节。首先在导论中介绍了研究的问题、学术综述以及研究思路与方法。第一章介绍明清之际自然灾害的范围与程度。通过对自然灾害的总况进行介绍之后,对旱灾、水灾、虫灾、疫灾、冷害、饥荒等各类灾害的时空分布特征及其影响进行了说明。第二章对明清之际的自然灾害的形成机制进行了研究分析。主要包括自然环境的异常活动,社会活动的生态破坏行为与组织结构的失衡,并对政府管理的危机进行分析讨论。第三章对明清之际的自然灾害与社会经济进行了研究分析。首先分析了明清之际的自然灾害打击下的农业情况,从饥民的食物获取状况、各类灾害对粮价的影响以及灾害与农业生产的衰退三个方面进行说明讨论。然后分析了繁荣与危机并存的商品市场,主要从受工业品市场及其脆弱性、粮食市场及其脆弱性以及交通运输及其脆弱性进行了讨论分析。第四章对明清之际的自然灾害与地方社会的分化及重构进行了分析研究。主要包括四个方面,分别从明朝宗室的无奈与挣扎、士绅阶层的抉择与分化、"土豪"的人生际遇以及地方精英的整体性衰落四个方面进行了讨论。第五章对明清之际的政府救灾能力进行了分析和对比。首先对明清之际政府间救灾能力差异性进行了整体分析,然后通过崇祯四年吴生赈陕与顺治十一年直隶赈灾两个案例对明清之际的政府救灾能力进行了案例分析。第六章为结论,主要包括明清易代史研究的整体性反思以及一种基于生态—灾害史研究的系统性解释。

关键词:自然灾害　社会变迁　社会救济

**4609**

**先秦多都并存制度研究** / 潘明娟著 ; 王社教指导. -- 陕西师范大学, 2009. -- 263 页

论文对先秦的多都并存的制度进行分析研究。全文共分为三个部分。第一部分为第一章的绪论,通过对选题的简要分析和研究现状的深入总结,提出论文的研究思路。第二部分是论文研究的主体部分,包括第二章到第九章,通过实证案例研究分别复原夏、商、西周、晋、楚、秦、齐、燕等八个政权的都城设置的情况、各座都城的地位及都城地位的变化。第二章通过对夏代文献资料和相应考古资料的分析,推测出:不论在夏代早期还是在夏代晚期,其都邑都存在着数都并存的现象。第三章讨论商代的都城迁移和多都并存制度。第四章讨论西周时期的多座都城设置与都城地位的变化。第五章研究晋国的多都并存制度,晋的都城发展的三个阶段进行研究。第六章探讨秦的圣都制度与都城体系,并对秦圣都与俗都的关系进行讨论研究。第七章分析楚国的多都并存制度,首先分析楚国的都城概貌,然后对楚国的始都丹阳进行分析,最后对楚国的多都并存进行讨论。第八章对齐国的多都并存制度进行了分析,通过分析文献,复原齐国在春秋战国时期的多都并存制度。得出:临淄长期作为主要都城,对齐国的政治、军事发挥了重要作用。第九章探讨燕国的多都并存制度。从西周时期的燕都到燕桓侯时期迁都临邑,再到燕文公时期建都易,燕昭王建下都介绍了燕国的多都并存制度。第三部

分包括第十章和第十一章,探讨先秦多都并存制度的确立及发展,多都并存制度的形成原因以及其对后世的影响。

关键词:政治制度　都城　先秦时代

4610

**上海地区地表水系空间结构特征重建及相关问题研究(1827—1978 A.D)** / 潘威著 ; 满志敏指导. -- 复旦大学, 2009. -- 166 页

论文以今上海直辖市大陆部分、长江口南支为研究范围,对上海地区地表水系空间结构特征重建及相关问题进行了分析研究。全文共分四章。首先绪论,对研究区的基本情况进行了说明,分析了研究的目的与意义,同时阐述了论文的结构安排。第一章介绍了前测绘资料时代的河流地貌研究,首先分析了清代河流改道及沙洲发育现象,随后对道光年间人工干预下的河床结构进行了研究,尝试性复原了河床的结构,接着对 1827—1871 年间的吴淞江淤积问题进行了探究。第二章对近代测绘资料支持下的大陆河网结构进行了复原,首先概述了近代上海地区的测绘及其成果,分析了近代上海地区的水文测验及河道测量,随后研究了近代上海地区的地图,重点分析了不见于《上海测绘志》记载部分的部分地图,接着基于 1918 年军用地形图对河网面貌进行了复原,探讨了 1918 年地表水网面貌的形成原因。第三章分析了地表水体空间结构重建问题,介绍了河网密度的求算方法,并列举了 1918—1978 年河网密度变化过程的个案,从而进行了 1918—1978 年河网系统结构的初步工作——节点选取,分析了 1918—1978 年黄浦江系统结构的演化过程。第四章对长江口南支以杭州湾北岸近代地貌进行了初步研究,首先分析了上海地区近代海洋测绘与海图测绘,简要概述了其具体情况,随后分析了 1861—1953 年长江口南支的冲淤状况,探讨了冲淤状况的重建问题,同时也指出了资料的来源以及处理的方法,最后梳理了 1918—1978 年杭州湾北岸滩涂动力过程及水系的演化过程。最后为结局与展望,总结了全文的主要观点,并对未来的研究进行了展望。

关键词:区域水环境　水系　空间结构　上海

4611

**技术、环境与社会:宋以降太湖流域水利史的新探索** / 孙景超著 ; 邹逸麟指导. -- 复旦大学, 2009. -- 209 页

论文以宋代以来太湖流域的水利史为主要研究对象,从技术、环境、社会三个层面出发探讨太湖流域与水利相关的各种问题。论文共分为八个部分。第一部分绪论,介绍引论、学术史回顾与评析、太湖水利的特性以及论文的思路和方法。第二部分为太湖流域历代水利文献与治水议论评述,主要包括宋明时期和民国时期的水利志书述评以及历代治水议论述评。第三部分为潮汐影响与太湖流域水利环境的讨论分析,主要包括太湖流域水利环境、感潮区范围的变迁、影响因素分析以及潮汐影响下的太湖水利分析。第四部分对潮汐灌溉与感潮区水利生态的变迁进行分析,主要包括环境变化与技术体系分析以及技术细节与环境限制分析。第五部分为感潮区的环境变化及其生态响应分析。主要包括江海之变及其生态影响,苏州状元谶—环境变化的历史书写,以及历史文献资料与环境变迁研究。第六部分对地狱开发与环境变迁——太湖流域西北部的历史过程进行了分析研究。主要包括太湖流域开发模式的探讨分析,“夹苧干”渎的变迁讨论,以及“埕田”小考分析研究。第七部分对圩田景观与地域社会——以芙蓉圩为中心,从圩田的发展历程,圩田景观的形成及其环境影响以及圩田地域社会的构建与运作三个方面进行了分析研究。论文最后为结论,对论文的研究工作进行了概括总结。

关键词:太湖　流域　水利史　生态环境

4612

**桑干河流域历史城市地理研究** / 孙靖国著 ; 李孝聪指导. -- 北京大学, 2009. -- 285 页

论文以桑干河流域自西汉至清代的城市为研究对象,通过复原城址的确切位置,研究其与周边地理环境的关系,及城市分布的空间格局,并从政治、军事、经济形势的演变探讨城市的智能。论文共分为七个部分。第一部分绪论,介绍解题与理论基础、学术史回顾以及论文思路和研究方法。第二部分对秦汉时期城市的沿河分布进行分析讨论,首先对现存汉代古城进行分析,然后对汉代桑干河流域城市的地理分布进行讨论,最后对城市的规模和层级分布进行讨论。第三部分对北魏时期城市的分布与区域开发进行讨论分析。在对东汉末年桑干河流域城镇体系的瓦解历史过程分析之后,对拓跋鲜卑对桑干河流域的经略及其城址的选择进行讨论,随后论文对北魏时期桑干河流域城市的时空分布特征进行了阐述,并对导

致城邑时空分布格局的原因进行分析。第四部分结合从军城到州县,对唐辽时期城市的重新发育于位置选择进行分析研究。主要从四个方面进行了分析,包括隋唐时期桑干河流域的军镇化分析,辽代治所城市的广泛设立及其选址规律分析,唐辽时期桑干河流域治所城市恢复的原因及其选址取向研究,桑干河流域汉魏旧城的废弃与重新选址分析。第五部分就明代桑干河流域城镇的职能与分布进行分析。首先对治所城市的选址特征进行分析,然后对城堡体系的逐步完善及其职能进行研究,最后对明代宣大地区城镇体系结构进行分析总结。第六部分结合由边镇而腹里,就清代以来城镇职能的转变进行了分析研究。主要包括北部边疆形势的变化,清代前期对宣大地区城堡与卫所的整顿研究,交通区位的转变导致城市职能的变化,并以杀虎口、张家口的兴替为例进行了分析,最后对京绥、同蒲铁路对桑干河流域治所城市分布的影响进行分析。第七部分为全文总结,对论文的研究工作进行总结概括。

关键词:历史地理　城市地理　桑干河流域

**4613**

**高乡与低乡:11—16 世纪太湖以东的区域结构变迁** / 谢湜著 ; 葛剑雄指导. -- 复旦大学, 2009. -- 373 页

论文将太湖以东的高乡和低乡作为一个"江南"研究区域,进行了区域结构史研究。全文共分为五个部分。第一部分导论,介绍变动的区域、区域结构史、高低乡视野。第二部分为上篇,阐述分析高低乡农田水利格局的形成和演变。主要包括 11 世纪高低乡农田水利格局的形成,12—15 世纪高低乡水利格局的形成,以及 16 世纪高低乡水利的治与不治问题的研究。论文从"禹贡三江"到"太湖三江",冈身、冈门、冈身路,塘路、塘浦、圩田,以及 11 世纪的高低乡水利与水学四个方面进行介绍讨论;从南宋低乡围田与东北东南浚浦,元代淞江疏浚和浏河发育,明初太湖整体蓄泄格局的改变三个方面对 12—15 世纪高低乡水利格局的演变进行了介绍分析;从东北港浦淤塞的多重影响、高乡专濬干河和不究水利、万历常熟治水的昙花一下三个方面对 16 世纪高低乡水利的治与不治进行了讨论分析。中篇中,对高低乡的聚落变迁与土地开发进行了分析。其中,论文从元代海槽时代的高乡拓殖、明初至宣德时期权势的发展、正统后"主姓"市镇的创建、倭乱后的变数与市镇兴衰四个方面对 13—15 世纪高乡开发与市镇发展进行讨论;并从棉业兴起与市镇网络的发展、商人活动与市场变化的影响两个方面对 16 世纪高低乡商贸与市场整合进行了分析研究;最后从均粮改革后的"积荒"、嘉定模式、高低乡垦荒中的"异乡甲"三个方面对 16 世纪赋役改革与荒地开垦进行了讨论。第四部分为下篇,论文从低乡向高乡的开发推进、13—14 世纪高乡政区增设的机制、后海漕时代的海防与行政,以及赋役改革和行政运作对高低乡政区变动和政区间关系进行了分析研究。第五部分为结论,论文从三次大转变、中时段变化、转变的机制以及延续的记忆四个方面对论文的研究工作做了总结。

关键词:地方史　农田水利　土地开发　社会变迁

**4614**

**历史时期董志塬地貌演变过程及其成因** / 姚文波著 ; 侯甬坚指导. -- 陕西师范大学, 2009. -- 254 页

论文通过董志塬历史地貌的演变研究,对其演变过程和成因进行了研究分析。全文共分为八个章节。第一章绪论,介绍研究目的和意义、研究时段和研究区概况、相关概念、研究现状以及研究思路。第二章对研究方法进行介绍。首先介绍研究方法、技术手段、技术路线、创新点和不足之处,之后对现代侵蚀沟地貌年龄的计算方法进行说明,然后对现代沟谷侵蚀量测算及地貌复原图制作方法进行研究,最后对抽样方法、样点确定条件以及样点简介进行说明。第三章对董志塬样点流域的演变与复原进行分析研究。主要包括春秋以来南小河沟流域地貌的演变与复原分析,米王秦汉古城遗址、董志旧城与崆峒沟,西晋以来彭原古城附近沟谷的演变,店子古镇的兴废与店子水沟的演变,驿马关与清以来驿马西沟的发育,近五十年来深入董志塬面的沟头发展情况几个方面。第四章主要是对比样点流域。主要包括早胜塬、长武塬、平泉塬以及孟坝塬。第五章对自然因子这个驱动因素进行了分析研究。在通过引言介绍之后,从地震及其影响、降雨径流的变化及其影响、自然植被变迁及其影响三个方面对自然因子进行了研究。第六章对人类活动的驱动因素进行了研究分析。主要从人口问题的重要性、土地利用及其影响、硬化地面与黄土高原水土流失几个方面对人类活动的驱动因素进行了研究。第七章对历史时期董志塬地貌演变规律进行分析。在研究了历史时期董志塬塬面的演变规律之后,对其地貌复原图进行制作说明。第八章为论文的结论,对全文的研究工作进行概括总结。

关键词:黄土地貌　土壤侵蚀　水土流失

**4615**

**民国时期西南大区区划演进研究** / 张轲风著 ; 陆韧指导. -- 云南大学, 2009. -- 262 页

论文从方位大区区划演进、范围演变视角出发,对民国时期的西南大区区划演进进行分析研究。全文共分五章。第一章导论,分析研究的问题、内容与思路,对相关学术研究成果进行综述与评价,同时指出论文研究的意义,介绍研究的方法与资料的运用。第二章介绍近代以来中国的地理分区,首先分析影响中国大区划分的地理基础,探讨中国的地形与地貌问题,同时介绍影响大区划分的自然地理界线,随后阐述了内边视野下的方位大区表达。第三章分析抗战前的地域格局与"西南"范围,首先介绍传统时期西南大区的演进,探讨清末民初的"西南"范围的变化,随后介绍地域政治视野下的"西南",研究了"西南六省"说的兴起,接着分析地理基础、交通格局与西南大区的演进,分别探讨西南铁路建设计划体现的区域联系性以及地域政治格局与西南各省的地缘关系,最后解释"西南一隅"与"西南半壁",指出了"西南"一词的两层含义。第四章分析了抗战以来西南方位大区的演进,从对多种范围说的评述入手,探讨了大后方战略与"西南"空间分层问题,同时研究了地域格局变化与"西南"范围的认定,最后介绍了政治大区的确立以及现代"西南"范围的形成。第五章对样本进行了系统分析,首先对样本进行了说明,指出了样本的来源与类别,随后对各省的"西南"认定率进行了纵向与横向的比较分析,最后从多语境角度透视了"西南"范围认定与变化问题,得出了研究的结果。最后为结语,归纳了全文的主要观点。

关键词:行政区划　地域变化　西南地区　民国

**4616**

**清代以来咸阳村落的分布变化和社会之考察** / 张祖群著 ; 侯甬坚指导. -- 陕西师范大学, 2009. -- 244 页

论文以清代以来咸阳县聚落作为主要研究对象,以历史地理为基础,对咸阳县聚落地理进行多学科综合研究,提取重大历史事件,解读了咸阳县聚落的时间属性、空间属性以及结构属性。全文共分为五个章节。第一章为绪论,介绍有关概念的界定,村落研究的综述,研究方法,咸阳县聚落起源、发展的史地背景以及研究史料与框架。第二章节对清代咸阳县村落的分布变化与社会进行研究分析。主要包括大村与小村的分区研究,村落移民与堡寨卫村,以及村民的生活与环境研究。第三章对民国时期咸阳县村落的分布变化与社会进行研究分析。首先介绍了村落总体情况,然后对村落的地域差异与削减进行分析,之后对水与村落的关系进行研究,最后对村民的丧葬与节日的生活进行研究。第四章对共和国时期秦都区、渭城区村落的分布变化与社会进行了研究,主要包括村落总体情况,村落的变化,村落的土地与农业生产,以及村民的生活几个方面进行研究。第五章为回顾与展望,在介绍了清代以来咸阳县村落地理调查的时空特征之后,通过走进历史场景的方法,对研究进行了反思,包括历史地理学界研究传统、关于民族志与内业工作、关于田野调查与研究文本、村落研究史观以及有待继续研究的问题。

关键词:村落　聚落地理　社会变迁　咸阳

**4617**

**清代广西人地关系的演进与生态变迁研究** / 郑维宽著 ; 葛剑雄指导. -- 复旦大学, 2009. -- 304 页

论文以清代为研究的时间范围,以今天广西的政区为研究的空间范围,以人地关系的演进为切入点,系统考察了清代广西的生态环境随着人地关系的演进而变迁的过程。论文共分为九个章节。首先论文在绪论中,介绍了选题的意义和学术史回顾、研究思路和目的、研究的资料与方法以及篇章的结构。第一章介绍清代广西的地理环境与社会。在介绍广西的地理环境之后,从清代广西的政区与民族、清代广西社会的变迁两个方面对清代广西社会进行了分析讨论。第二章对清代广西的人口与耕地进行了分析研究。首先对清代广西人口数量的进行了估计,并对分布进行讨论,然后对清代广西的耕地面积进行估计。第三章对清代广西的移民垦殖与农业生态的变迁进行分析研究。通过对移民土司地区政策的演变分析以及外来移民的迁入过程和地区分布对清代广西外来移民的考察进行分析,然后对清代广西的垦荒开发与生态环境的变迁进行分析研究。第四章对清代广西的水利发展与农业生态的变迁进行分析研究,首先对清代广西农田水利的概况进行介绍,然后对清代广西水利的空间分布与生态环境进行介绍,之后对清代广西水利技术的进步及对生态环境的影响进行分析,最后对水利纠纷与局地生态环境的变迁进行分析研

究。第五章对清代广西的土地利用与农业生态的变迁进行分析。主要从清代前广西土地的利用、清代广西土地利用强度的演变与生态环境的变迁、清代广西粮食作物的演变与生态环境的变迁三个方面进行分析。第六章对清代广西的山地开发与森林生态系统的变迁进行分析,在对清代以前广西森林植被的概况介绍之后,从清代广西的山地开发与森林植被的变迁、森林动物变迁以及生态系统的失衡与水土流失三个方面进行讨论。第七、八章对清代广西瘴区的演变与生态变迁以及非汉民族聚居区的生态变迁进行分析,第九章对清代广西生态变迁的社会应对进行研究。最后为论文的结论,对全文的研究工作做了总结。

关键词:人地关系　生态环境　广西　清代

## 历史文献学

**4618**

**《唐国史補》校笺** / 常鹏著 ; 吴在庆指导. -- 厦门大学, 2009. -- 311 页

论文以明崇祯毛晋所刻汲古阁《津逮秘书》本为底本,校以文渊阁四库本,清嘉庆张海鹏所刻《学津讨源》本,同时参考《说郛》《太平广记》等书,为《唐国史補》逐条逐字进行校对与笺注。全文共分两部分。第一部分绪论,首先指出《唐国史補》共分上中下三卷,由唐尚书左司郎中李肇撰写,书中记载着开元至长庆年间事体,上、中卷各一百三条,下卷一百二条,每条以五字标作题目,并简要介绍了作者的生平,随后对不同版本进行了考略,最后概述了《唐国史補》对于学术界的影响。第二部分正文,具体为对《唐国史補》的校对笺注,在校正部分中,对《唐国史補》书中的鲁鱼亥豕、舛讹脱漏的地方进行了订正与修补;在笺注部分中,对《唐国史補》书中各小节所及的关键人名、地名、事件、服饰、器物以及典章制度等内容,或據史乘典籍,或據出土文物,或據古墓壁画,或據论文文献,予以解释笺注,从而达到叙述其本事,考察其掌故,辨析其源流的目的。

关键词:《唐国史補》　校勘　注释　版本

**4619**

**楚官制与世族探研:以几批出土文献为中心** / 陈颖飞著 ; 李学勤指导. -- 清华大学, 2009. -- 277 页

论文基于几批出土文献中的相关记载,对楚官制与世族进行探索研究。全文共分六章。首先绪论,对题目进行解析,并对学术史进行回顾,阐述选题的意义,指出了研究的思路。第一章介绍浙川楚墓金文资料与楚职官,首先对浙川楚墓的情况进行简介,指出当前的研究现况,随后初步梳理浙川楚墓金文资料,同时分析墓主的相关问题,最后概述浙川楚墓金文所见的楚职官。第二章探究曾侯乙墓简所见管制及相关问题,包括曾侯乙墓简的形制、格式与内容,曾侯乙墓简各类简所见的楚职官等问题,并对曾侯乙墓简所见若干楚职官进行了新解,从而透过曾侯乙简所见楚职官看战国早期楚国的中央官制。第三章分析了包山楚简所见管制及其相关问题,首先对包山楚简进行概述,随后分有篇题与无篇题对包山楚简的各类所见职官进行介绍,最后从包山简的一系列职官看楚官的若干官府与机构,并从包山楚简看战国中期楚国的地方官制。第四章从三批出土文献出发,探究了楚世族与职官,并比较分析了传世文献与出土文献中曾侯乙简的所见世族——莫敖与屈氏,最后研究包山简所见世族与职官,从而得出小结。第五章对楚官制变迁的若干问题进行了初探,首先分析了楚封君制的形成与变迁,对楚国封君制度的形成进行初探,并从包山楚简的封君角度看待楚封君制的变迁,随后分析从左右尹的设立到包山楚简中的左尹的变化过程,并对传世文献与出土文献中的左右尹进行比较分析。第六章为结语部分,分别阐述职官、职官体系的内涵,并对官制、世族与政治的变迁历程进行论述。

关键词:官制　职官表　家族　楚国

**4620**

**区域社会史视野下的敦煌禄命书研究** / 陈于柱著 ; 郑炳林指导. -- 兰州大学, 2009. -- 242 页

论文基于区域社会史的视野,对敦煌禄命书进行了解读与研究。全文共分七章。第一章为绪论部分。第二章介绍了敦煌禄命书的分类与定名,分析问题提出的过程,并给予了解答。第三章对敦煌禄命书进行了初步考释,分别对《推人行年命算法》《推人游年八卦图/法》《推人九天宫法/九天行年灾厄法》以及《三元九宫行年》进行了分析研究,从而得出了有关结论。第四章对敦煌禄命书进行了进一步的考释,依次考察了《推十二时人命相属法》(汉文本)、《推十二时人命相属法》(藏文本)、《七曜日生福禄刑推》以及《大方等大集经宝幢分/廿八宿星相法》,更深入解释敦煌禄命书。第五章研究敦煌的术数文献与唐宋敦煌的医

疗社会史，首先分析唐宋时的疾病与患症，分析了其病因观，可分为神鬼作祟、动土修造触犯禁忌以及吊丧问病等，随后介绍唐宋敦煌医疗的手法与宜忌，最后对唐宋敦煌的医疗社会史进行了综论，指出唐宋敦煌社会医疗由多个医者群体共同担负的局面是受到宗教信仰与传统医疗观念等因素的影响而形成的。第六章从术数、宗教、族群角度考察了敦煌术数文献与唐宋敦煌宗教社会史，分别分析游走在世俗和神圣之间的佛教，传统的断裂——道教，不应被遗忘的区域宗教——苯教，摩尼教，由依附到独立的景教以及"将佛似祆"的祆教，指出一方面唐宋之际敦煌不同宗教与术数均有着密切的联系，另一方面敦煌术数文献犹如一面多棱镜，折射出各个宗教在敦煌地区不同的历史命运与生存态势。第七章为结语部分。

关键词：敦煌学　命书　迷信术数

4621

**王先谦的外国史地著作述论** / 程天芹著 ; 邹振环指导. -- 复旦大学, 2009. -- 315 页

论文对王先谦的外国史地著作进行研究，并做出详细论述。全文共分四章。首先导论，分别对王先谦的著作及其研究现状进行了分析与评价，并指出论文的篇章结构、写作方法与创新之处。第一章探讨有关王先谦生平、学术与思想的若干问题，解释晚年疾病缠身的王先谦坚持完成外国史地著作的缘由，并对王先谦外国史地著作由门人代写的争议进行考辨，同时剖析王先谦的"日本观"与"西学观"。第二章介绍国人编纂的第一部日本编年体通史——《日本源流考》，首先简要介绍了创作的动机以及通史的体例、版本与内容，并对《日本源流考》进行了勘误，随后分析了《日本源流考》编纂的特色，指出其以连续时间为标注模式，是严格的编年体，并有卷二十二"识余"，补充了对日本的总体认识，接着阐述了该书叙述的重点，资料的来源及其利用，最后对构成《日本源流考》的主体部分五部书进行了分析，阐释了其具有的史料价值，同时还介绍了《日本源流考》与《日本国志》的关系。第三章阐述了历时十二载的《外国通鉴》成稿并逐步完善的过程，从分别介绍二十二卷《外国通鉴稿》与三十三卷《西国通鉴二次稿》入手，回顾了从"一国"到"多洲"的完善过程，并由此进一步解析了王先谦的"外国观"。第四章介绍了《五洲地理志略》的主要内容与资料来源，首先分析了版本及成书过程中缪荃孙的作用，随后赏评了《五洲地理志略》的编排特色内容特色，接着介绍了该书的资料来源，包括《万国新地志》以及其他 88 种资料，最后简述了该书的学术价值，并同其他同类文献进行比较。最后为余论部分，评价王先谦外国史地著作的特点及其价值。

关键词：王先谦　历史学　地理学　学术思想

4622

**文献的观念** / 崔罡著 ; 郭齐指导. -- 四川大学, 2009. -- 174 页

论文旨在梳理文献之争史略，把握其演化的脉络，澄清文献的观念。全文共分五章。首先绪论，首先介绍了文献之争的史略，阐述了对于文献的印象，随后提出了相关问题，并对探讨的层次进行了划分。第一章介绍了文献之争及其问题意识，首先引入《论语》注疏中的"文献"的意义，随后指出文献的观念发生过两次重大的分野，最终造成了三组争议，即古义与今义之争、文本与文物之争以及载体与信息之争，并指出三组争议分别指向文献的三种不同功能，而根据功能的不同，文献可分为主题文献、历史文献以及学科文献。第二章探讨作为主题文献的文献，指出主题文献是为了证成主题而使用的，并通过介绍符合论的证据观、基础论与融贯论的证据观以及先验论的证据观，说明主题文献是对研究者而言有特殊意味的存在者。第三章分析作为历史文献的文献，分别从马端临的历史文献观、传统史学记注的历史文献观以及王国维的二重证据法阐明历史文献是为了证成历史主题之用的。第四章探讨作为学科文献的文献，首先由讨论的视角切入，随后通过分析七科之学的文献观得出学科文献是指作为专门学科研究对象的文献，并从《汉书·艺文志》到《隋书·经籍志》指出文献学科研究的是文献全体，是一种文献观。第五章强调文献是历史的证据，通过分别阐述历史的观念、主题的观念，并指明文献的本质是历史的证据，论述了主题文献是指在证成过程中使得主题澄明的存在者，学科文献是主题文献的特殊形态，体现出历史世界的观念，而人们认识历史世界的方式是由历史文献提供的。最后为结论部分，总结全文。

关键词：文献学　文献资料　文献分析

4623

**晚唐五代宋初敦煌民间佛教信仰研究** / 党燕妮著 ; 郑炳林指导. -- 兰州大学, 2009. -- 192 页

论文对晚唐五代宋初的吨阿黄民间佛教信仰进

行了分析研究。全文共分九章。首先绪论,阐述研究的动机与意义,回顾研究的历史,并确定基本的研究方法。第一章介绍阿弥陀佛思想,分析阿弥陀佛信仰的源流及其传播过程,讨论阿弥陀佛信仰在敦煌的兴起,并归纳其盛行不衰的原因。第二章分析药师佛信仰,首先讨论药师佛信仰的源流及传播,随后指出敦煌地区的药师佛信仰包括抄写诵读《药师经》、供奉药师佛以及举办药师会。第三章介绍观音信仰,指出敦煌地区的观音信仰包括写《观音经》、礼拜供奉、造观世音像供养以及举办观音法会等方式。第四章介绍五台山的文殊信仰,分析五台山文殊信仰形成及兴起的原因,同时探讨五台山文殊信仰在敦煌的具体表现形式。第五章分析十王信仰,通过对中国古代的鬼神观念、地域观念以及十殿阎王的介绍分析了十王信仰的缘起及其传播,随后指出敦煌的十王信仰的表现形式包括写经祈福、造像供奉以及设斋荐福。第六章介绍毗沙门天王信仰,首先分析了毗沙门天王信仰的缘起及其在中国的流行的原因及过程,随后指出敦煌地区的毗沙门天王信仰的表现形式包括诵经念咒、赛天王、供奉天王像以及开设天王堂等。第七章讨论宾头卢信仰,分析了宾头卢信仰的源流与传播,指出敦煌地区的宾头卢信仰具体表现为疏请宾头卢应供、温室祈请宾头卢以及建造罗汉堂与罗汉洞。第八章研究海龙王信仰,梳理了海龙王信仰的传播过程,同时分析敦煌地区海龙王信仰的具体事体。第九章分析敦煌地区民间佛教信仰的特点及其社会功能。

关键词:佛教　宗教信仰　阿弥陀佛　药师

**4624**

**语言背后的文化流传:一组西夏藏传佛教文献解读** / 段玉泉著 ; 陆庆夫指导. -- 兰州大学, 2009. -- 257 页

论文以西夏文献解读为重心,对汉、藏、西夏文化进行了对勘研究。全文共分五章。首先绪论,对西夏藏传佛教文献进行解读,并对国内外前期的相关文献进行了述评,最后指出研究的意义与方法。第一章介绍一组周慧海翻译的西夏佛教文献,首先梳理了周慧海的生平及其著作,随后重点对其三部作品——《圣观自在大悲心总持功能依经录》《胜相顶尊总持功能依经录》《圣胜慧到彼岸功德宝集偈》的出土及在各藏卷中的收藏情况进行了系统梳理。第二章阐述西夏文本解读的对勘材料,首先介绍两个汉文本的译者鲜卑宝源,随后对这两个汉译本的研究情况以及存在的问题加以说明,同时指出藏文本的介绍同样是偏重于藏学界的已有的研究成果,但在此基础上说明《圣胜慧到彼岸功德宝集偈》与房山云居寺本不是同一译本,即不是西夏文本的对应本。第三章以西夏、汉、藏多文本对勘为中心,对周慧海的西夏文译本进行了释读,以相应的汉译本、藏文本作为对勘材料,通过跨语言比较的方式对西夏文本进行逐字逐词的解读,并对典型的、特殊的词汇或语言现象进行了注释说明。第四章探讨跨语言比较与西夏语词汇研究,着重研究跨语言比较于西夏语词汇研究的重要价值,指出跨语言比较可以在词语非词之间做出判断以明确某一词语指示的事物与意义,还有助于辨析同义或近义词的不同用法,此外,还重点讨论周慧海作品中的佛教术语,指出周慧海译本中出现不少音译词,这些音译词的梵文原词在流传过程中的实际意义并不是十分明确。第五章分析语言背后的佛教文化流传,通过跨语言的详细介绍,讨论几部佛经在流传过程中的源流问题,同时还探究西夏藏传佛教流传过程中的规律性现象。

关键词:藏传佛教　文献学　西夏语　宗教文化

**4625**

**宋代制度层面的书法史研究** / 李慧斌著 ; 丛文俊指导. -- 吉林大学, 2009. -- 217 页

论文以宋代制度当中存在的书法史问题为研究对象,对宋代制度层面的书法史进行分析研究。全文共分五章。首先导论,分析选题的背景与宋代书法史研究的现状,梳理了研究的具体思路,最后指出了研究的方法、目的与意义。第一章讨论宋代的铨选制度与书法,首先分析宋代铨选以书取士制度的具体状况,分析了“书判拔萃”“身言书判”对书法的要求,随后分析了“书判拔萃”“身言书判”与宋代书法的关系,研究了宋代“书判拔萃”“身言书判”的系年。第二章分析宋代科举誊录制度与书法,研究宋代誊录制度实施的背景与其具体表现,同时分析誊录与书法的关系,最后研究誊录制度实行后书法的发展态势。第三章介绍宋代职官制度与书法发展的关系,具体对宋代翰林书待诏、翰林书学和翰林侍书、国子监书学、国子书学博士、楷书、书吏及其他书法官吏进行了探讨。第四章介绍制度完备的书法机构,包括翰林御书院、翰林书艺局,分析御书院的设置及其职能,阐述翰林御书院与翰林书艺局的关系,同时分析二者书法职官的设置,探讨了徽宗时期翰林书艺局与时政的关系。第五章介绍“昙花一现”的书学制度,着重分析了书学反复置废的原因,讨论了书学中书法职官的设置情

况,并对书学教育进行了介绍与评价。最后为余论部分,对宋代的制度层面的书法史进行了研究的再认识,主要对宋代帝王政治和制度层面的书法史问题的关系、对政治制度和书法发展关系的一般性规律的认识和宋代制度层面的书法史研究进行了进一步的总结。

关键词:书法史　宋代　科举制度

**4626**

**文化视野下的近代目录学研究(1840—1919)** / 李立民著 ; 周少川指导. -- 北京师范大学, 2009. -- 305 页

论文基于文化视野,对近代目录学进行研究。全文共分六章。首先绪言,对近代目录学进行界定,分析选题的研究意义,探讨研究的状况,并指出了研究的目的、重点与难点。第一章分析近代目录学发展的原因,指出其发展原因可分为四点,一是先进的印刷技术的引入,二是文化传统的持久影响,三是近代"西学东渐"与新学的兴起,四是目录学自身的逻辑发展。第二章从总体上考察了近代目录学经历的两大发展历程,即 1840—1898 年间的继承发展期与 1898—1919 年间的繁荣创新期,概括梳理了近代目录学在这两个学期发展的线索与成就。第三章阐述了近代新旧文化对目录学图书分类的影响,指出一方面由于受到传统学术的影响,近代目录的图书多采用传统四部分类法,另一方面因受到西方文化的影响,出现了对新兴图书的分类,进而产生了旧学、新学分类间的调和。第四章论述在传统学术文化影响下近代目录学的发展,分别从文献学传统、编纂学传统、学术史传统以及广受博采的传统等方面对近代目录学进行了研究。第五章论述了新文化影响下近代目录学的发展,分别考察了近代兴起的民主和科学思想下译书目录的编纂、近代教育思想影响下学校图书目录的产生、近代出版发行业影响下书业目录的盛行以及近代图书馆运动影响下图书馆目录的发展,同时总结了其各自的学术价值,最后分析了近代目录新兴的卡片式、表格式、活页式等编纂新形式。第六章总结近代目录学在政治变革、促进文化保存与传播、导读教育等方面发挥的社会文化作用。

关键词:目录学　传统文化　西方文化　近代

**4627**

**《武经总要》研究** / 李新伟著 ; 汝企和指导. -- 北京师范大学, 2009. -- 216 页

论文对《武经总要》进行了系统地分析研究。全文共分八章。首先绪论,介绍了选题的意义,简要概述了学术界的研究现状,并对题目进行了界定,指出了研究的方法以及可能出现的创新点。第一章考察了纂修的背景,具体包括对时代背景以及学术环境的考察,并阐述了文献学的发展历程以及兵学的寥落与复兴过程。第二章介绍了纂修的人员,包括曾公亮、丁度以及其他一些已载或未载的修纂者,并主要从家世、宦迹、军事、文化等角度探讨了曾公亮、丁度与《武经总要》的编修问题。第三章考察了纂修的时间。第四章对版本的源流进行了研究,具体分为宋本、明本、清代以来的版本,并通过对以上三种的祖本与刻本的考察,得出了版本内容复杂、鉴定困难、古籍书目错误多、古籍散佚严重的结论。第五章研究了纂修的体例,分析了其设置全面、编排合理、条目精当、图文并茂的优点,同时也指出了其中的缺失与不足之处。第六章从辑佚学角度分析了《武经总要》的文献价值,详细分为兵书的辑佚与补遗以及其他典籍的辑佚与补遗,从而得出了小结。第七章从注释学角度切入,探讨了《武经总要》的文献价值,并通过都对注释内容、注释方法以及注释模式的湘西剖析,评价了注释的优缺点。第八章为思想文化论,首先从选用将帅、军事训练、营阵规划、攻守方略等多角度分析了《武经总要》的军事思想,随后介绍了《武经总要》的科技文化内涵,包括有火药、指南针、密码学、医学、地理学以及天文历法等方面的内容记载。最后为全文的结语部分,收束全文。

关键词:武经总要　文献学　兵法　北宋

**4628**

**学案体研究** / 刘兴淑著 ; 郭齐指导. -- 四川大学, 2009. -- 207 页

论文从史学体裁的角度对学案体进行分析研究。全文共分四章。首先绪论,介绍论文的选题思路、文章布局,指出文章的不足与创新之处。第一章对学案体进行定义,阐释"学""案"的本义与引申义,并介绍历史上的"学案"命名著作之"学案"的含义,随后分别叙述了学界对"学案"的界定以及关于"学案"中"学""案"的含义,最后指出学案体的基本特征。第二章阐述学案体的形成与发展,首先摆出了几种关于"学案体"形成的观点,并将《明儒学案》与其他几种"学案"进行比较,从而分析得出了影像学案体形成的因素,随后回顾学案体的发展历程,分清初至中后期、

晚清民国时期以及20世纪七八十年代三个方面加以叙述,最后得出小结。第三章将历代学案的编纂进行比较,依次将《明儒学案》与《宋元学案》;《两汉三国学案》与《宋元学案》《明儒学案》;《汉学师承记》《宋元渊源记》《学案小识》与黄氏二《学案》以及《民国学案》《百年学案》《二十世纪中华学案》与"传统学案"进行比较,同时还比较分析了几部《清儒学案》,得出小结。第四章探讨了学案体的历史地位、影响以及当代的价值,首先从分析学案体在儒家思想文化传承中的作用入手,指出学案体著作是明清时期学术史的重要方式,学案体是理学文献编纂的重要体裁,同时说明学案体在时代变迁中的历史使命,接着阐述学案体的当代价值,具体分析学案体沿用至今的缘由,由此凸显学案体的当代价值所在。最后为全文的结语部分,收束全文。

关键词:古文献学　史学　体裁

**4629**

**清国史馆《儒林传》研究** / 马延炜著 ; 黄爱平指导. -- 中国人民大学, 2009. -- 180 页

论文对清国史馆《儒林传》进行分析研究。全文共分五章。首先绪论,介绍选题的缘起,简要概述了"儒林传"与学术史的关系,阐述清代学术史的编修与清国史《儒林传》,随后分析研究的现状,指明论文的研究主旨,最后介绍论文的结构与章节安排。第一章阐述文本的形成,首先对清人自撰本朝学术史之风进行分析,描述了清国史馆《儒林传》开始编纂时的学术环境,并通过对原始档案的调查分析,复原了清国史馆历次修纂《儒林传》的原始过程。第二章对历次纂修文本进行比较,探究了历次纂修文本之间的异同以及其间的递变关系,通过以颜元、李塨传记的变化为典型进行分析,得出了清人对其的看法变化,说明学界对已有看法重新审视的必要性。第三章以初稿为中心对清国史馆《儒林传》的修编与汉宋之争进行了考察,分析了传统学术史编修历史上"道学""儒林"两派的争论,并围绕体例、入传人物等方面汉、宋的不同意见,探讨此"当代学术史"折射出的清中叶的汉宋之争。第四章以最高统治者对历史书写的控制为中心探究了清后期的国史编修与《儒林传》,指出清代的前后期,清帝对于国史的控制侧重点不同,前期以御览国史列传成稿、命史官秉承己意修改为主,后期以"宣付史馆"为主,并通过对清代后期宣付史馆、入《儒林传》之人物事迹的研究,指出了编修过程中政治因素的影响。第五章比较分析了《儒林传》与其他传记体清学史,并分析《儒林传》对《清史稿·儒林传》纂修的影响,指出后者从序文、传目设计到传文都大量参考了前者。最后为结论部分。

关键词:史学史　学术研究　清代

**4630**

**三晋文字编** / 汤志彪著 ; 冯胜君指导. -- 吉林大学, 2009. -- 1271 页

论文对三晋文字进行了系统的调查与研究。全文共分四个部分。第一部分绪论,围绕论文的研究范畴,侧重于概述三晋文字研究的进展情况,对学术界在三晋文字研究方面所取得的成就进行了回顾与总结。第二部分为字表部分,具体分为正编、合文和附录,正编部分以楷书为字头,见于《说文解字》者,根据《说文解字》排序,引出与之相应的小篆;不见于《说文解字》者,在右上角标志"*"号,并以图片形式把各个字的各类型体放到各个字头下,各字形分类、分国及时代,并在各字形下出现器物的出处与释文,而合文部分则收录合书形式的字例,按照首字的汉语拼音次序排列,数字则按照顺序统一放在合文卷的后面,附录部分收录的是不识的字或者难以隶定的字。第三部分为寻字说明部分,主要对"字表"部分出现的一些新考释的字作出解释,或者对某个字形处置方法说明理由,或是对译文进行重新解释。第四部分为资料来源表及译文部分,主要包括论文的所有资料来源及其他译文。

关键词:汉字　古文字　战国时代

**4631**

**汉魏南北朝石刻书人考辨** / 王力春著 ; 丛文俊指导. -- 吉林大学, 2009. -- 248 页

论文对汉魏南北朝各种类型的石刻书写者进行详细的考察,同时从学术角度,对相关文献的记载和古今学者的错误认识进行辨析。全文共分五章。首先绪论,对选题的研究历史与现状进行分析,阐述了研究的意义,指出主要的研究方法与创新之处。第一章对石刻书人署名的滥觞与演变进行探讨,说明汉魏南北朝石刻的主要类别及其存逸情况,并将汉魏南北朝视为石刻书人署名的滥觞阶段,与唐代以后士大夫书石观念和石刻书人署名形式进行对比研究。第二章考察汉魏南北朝的石经和碑刻的书人,在对古今学者各种说法进行考辨的基础上,进一步推测了汉《熹平石经》和《正始石经》的书人,辨析汉代碑刻可考的

书人、南朝碑刻书人、北朝和隋代碑刻书人,在总结出土和传世石刻书人的基础上,通过对史籍文献的探寻,考察出大量佚失的石刻书人。第三章考察汉魏南北朝墓志、造像记、摩崖刻石的书人,对南北朝以及隋代墓志和造像记的可考书人进行了系统整理,通过对传世或出土石刻的考察以及对各种各样文献的梳理,汇总出诸多未被学界熟知的石刻书人,并对其具体情况进行详细考证分析。第四章将汉魏南北朝石刻书人的身份类型分为五种情况,对其官阶和身份特点进行分析研究,并通过考察,揭露了石刻书人身份的复杂性,进一步验证了汉魏南北朝时期的书石观念和题署风尚与唐代以后的不同,以及士大夫书写碑刻并非主流风尚的事实,同时指出南北朝的书石观念存在着一定较大不同,而这些是南北方的文化差异所致。第五章从文献角度,对汉魏南北朝时期的石刻书人的文献的伪托、附会、错讹和阙疑等情况进行了详细甄别。最后为结论部分。

关键词:石刻　碑帖　书法　作者　考辨

**4632**

**敦煌五兆卜法文献校录研究** / 王祥伟著 ; 郑炳林指导. -- 兰州大学, 2009. -- 193 页

论文基于以往学者的研究成果对五兆卜法文献进行了进一步整理与研究。全文共分五章。首先绪论,介绍了选题的意义,分析了研究的现状,并指出论文的不足之处以及创新点。第一章对敦煌五兆卜法文献进行了述略,包括对敦煌五兆卜法文献卷数的统计与对文献特色的分析,同时还简要概述了敦煌五兆卜法文献的体例与内容,阐释了五兆卜法文献在敦煌得以流传与保存的原因,最后分析了敦煌五兆卜法文献的重要意义。第二章对五兆卜法进行了考释,首先对"五兆"一词进行了解释说明,接着介绍了五兆卜法的揲蓍法及其占卦法,阐述了所谓的卦图与卦象,并在此基础上对五兆卜法产生的时代进行了臆测,最后说明了五兆卜法的应用与消亡过程。第三章分析了五兆卜法与其他卦法的关系,首先列举了五兆卜法对八卦学说的应用,随后将五兆卜法中的六神游法与龟卜、五行易进行了比较,简要概述了龟卜的五行易化与五兆卜法的产生,包括龟卜的五行易化以及五兆卜法的产生于龟卜的联系,最后对唐代的龟卜进行了考述,探讨了唐代龟卜兴盛的原因及其程序与仪式。第四章对五兆卜法占卜事项进行了研究,分别探讨了五行理论在五兆卜法占盗方术中的应用与起源、五行理论在五兆卜法出行方术中的应用与起源,最后介绍了五兆卜法中的占病法。第五章从敦煌五兆卜法文献谈起,对五行生成数与中国古代术数文化进行了研究,指出在术数文化的发展过程中,不同的占卜术出现了彼此学习、融合的现象,因此五兆卜法不但与龟卜、易占有密切联系,还受到很多其他术数门类如式占、星占等的影响。

关键词:敦煌学　占卜　文献　校勘

**4633**

**敦煌写本佛经题记研究:以唐宋写经为中心** / 魏郭辉著 ; 陆庆夫指导. -- 兰州大学, 2009. -- 223 页

论文以唐宋写经为中心,对敦煌写本佛经题记进行了分析研究。全文共分五章。首先绪论,指出论文研究的对象及研究意义,对敦煌写本佛经题记的研究情况进行了较为全面的学术史回顾,同时对论文的研究思路以及研究方法进行了叙述。第一章介绍写经题记源流及早期写经过程,着重指出学界部分尚未关注的敦煌写经题记的功能及其历史价值,同时对写经题记的内容进行系统分类,并阐释了写经题记的功能与历史价值,最后介绍几件新发现的敦煌写经题记。第二章探讨了敦煌写本译经题记,对敦煌写本译经题记进行系统整理归纳,重点研究玄奘、义净译经题记,对玄奘、义净译场所涉及的寺院、僧侣及官员进行考探,并简要分析唐代前期译场制度的变化。第三章研究敦煌疑伪经题记,对敦煌伪经写经题记进行了系统梳理,将唐宋时期敦煌疑伪经题记进行了较为详细的归纳,并重点对部分疑伪经经文内容进行了概述,同时以《佛说八阳神咒经》和《新菩萨经》等几部经为个案,分析其在敦煌地区流行的原因。第四章探讨了抄写者的信仰以及抄写制度等相关问题,依写经者身份对写经题记进行分类研究,分析了不同阶层人士写经的目的、写经特点及相关的社会问题,同时依据敦煌文献中央书手写经题记,对唐代中央政府佛经抄写制度进行考察与研究。第五章研究了敦煌周边地区的文化交流问题,主要依地域分布将敦煌写经题记进行了整理,并着重探讨了吐鲁番、荆州、灵州、四川写经的由来及其与敦煌之间的佛教文化交流问题。

关键词:敦煌学　佛经　写本　唐宋时期

**4634**

**麦积山石窟初期洞窟调查与研究** / 魏文斌著 ; 郑炳林指导. -- 兰州大学, 2009. -- 279 页

论文对麦积山石窟的初期洞窟进行了调查与研究。全文共分八章。第一章绪论，对研究对象进行界定，分析了研究的意义，并指出了研究的基本思路与方法，最后对麦积山石窟的考察与研究史进行了综述。第二章概述，首先描述了麦积山石窟的地理位置与环境，指出其重要的交通地理位置，随后对秦州历史文化进行简要介绍，最后概述了麦积山石窟的基本情况。第三章对麦积山初期洞窟进行了调查。第四章为分期与年代，首先分别将洞窟型、式与造像的型、式进行了划分，随后回顾了关于麦积山石窟的分期研究，包括最早洞窟的划分与年代研究以及初期洞窟的分期研究，最后查阅了文献记载的麦积山石窟开创的年代，并加以考证。第五章考证了造像题材的内容，首先考证了麦积山初期洞窟的三佛造像，分析了关于麦积山早期洞窟三佛研究的不同观点，并介绍了关于对三佛进行甄别的方法，指出三世佛造像是禅观的重要图像，随后分析了在麦积山释迦多宝并坐像的来源及相关研究资料，接着对交脚与半跏思惟菩萨对称构图进行了研究，最后探究了麦积山初期洞窟的弥勒造像与信仰。第六章阐述了洞窟开凿与塑像、壁画的制作，指出壁画的绘制分为许多步骤，其中所选用的壁画颜料与壁画绘制技法都极其重要，而塑像的制作可分为两部分，即大型塑像的制作以及影塑的制作。第七章考察了麦积山初期洞窟的重修，分为北魏晚期的重修、北周和隋代的重修、宋代的经营和重修以及宋代以后的多次重修。第八章分析了麦积山石窟与其他地域及石窟的关系，分别比较了其与凉州、敦煌石窟的关系以及与云冈石窟的关系，同时探究了其与以龙门石窟为代表的中原样式的石窟的关系，最后阐述了南朝文化对麦积山的影响。

关键词：敦煌石窟　美术考古　造像　历史分期

**4635**

**《周易》本经卦爻辞新释：并以此探索本经解释的新体例** / 吴国源著 ; 廖名春指导. -- 清华大学, 2009. -- 331 页

论文以卦爻辞的考释为主要任务，根据考释活动所获得的一系列新见解，探索并提炼《周易》本经的新解释体例。全文共分六章。第一章绪论，介绍研究对象和写作思路，对相关《周易》本经的研究进行了综述，并阐述了论文的研究思路和主要内容。第二章具体介绍了《周易》本经卦爻辞新证，分为《周易》旅卦初六爻辞新释、《周易》兑卦爻辞补证以及《屯》卦六三爻辞“君子几”新释。第三章对《周易》本经“小”义进行了析论，首先分类整理了“小”字材料，提出相关问题，随后辨析了卦辞中的“小，亨”与“亨，小”，最后讨论了爻辞中“小”字的独立成句，并阐述了本经“小”义余论。第四章介绍了《周易》本经“维心”释论，由引论入手，围绕“维心”主题，分别解析了“习坎，有孚维心，亨”“乃从维之”以及“有孚惠心，勿问，元吉；有孚惠我德”。第五章探讨了丰卦爻辞及其卦义新释，首先从《丰》卦辞“丰，亨。王假之，勿忧，宜日中”入手，考察了卦义所指的对象，分析“王假之”内涵的二重互证，并由此剖析“勿忧，宜日中”的内涵及卦辞大义，随后分别探究并论述了初九爻辞“遇其配主，虽旬无咎，往有尚”、六二爻辞“丰其蔀，日中见斗，往得疑疾；有孚若发，吉”以及九三爻辞“丰其沛，日中见沬；折其右肱，无咎”的卦义，最后对丰卦进行了综论。第六章为结论，对《周易》本经解释体例进行了新探，具体分为本经解释的新体例之一——本经文本构成的再认识以及本经解释的新体例之二——卦爻辞的语义自治性，最后综述本经解释新体例的重要意义。

关键词：周易　八卦　解释　哲学思想

**4636**

**元代档案文献编纂研究** / 解菲著 ; 陈子丹指导. -- 云南大学, 2009. -- 167 页

论文坚持历史唯物主义原则，运用历史学、档案学的条析、考证、描述等方法，队员带的档案文献编纂活动进行较为全面的考察与分析。全文共分九章。第一章探讨了影响元代档案文献编纂的主要因素，指出影响一个时代档案文献编纂的因素，主要来自两个方面：一是现实社会政治、经济和文化的发展状况；二是学科自身内部的发展需要。第二章讨论元代档案文献编纂的机构与人员，分别从专门机构和编纂人员两个角度入手，指出元代专门的档案文献编纂机构为翰林国史院，其中的史官以翰林学士兼任。第三章分析了元代档案文献编纂的成就与特点，指出其成就与特点对于借鉴和总结元代档案文献编纂的经验教训、继承和发扬其游戏传统有着非常重要的作用。第四章研究了起居注、日历的编纂，指出由起居注而日历、而实录是唐宋以来官方修史的大致过程。第五章分析了元代实录的编纂，分析得出实录作为杂取编年纪之法，是专记某一皇帝统治时期国家事务的官修史料长编。第六章探讨了蒙古文档案文献的编纂，介绍了蒙元诸帝是汉文化的积极学习者和宣扬汉文化的推

动者,元朝时蒙、汉和汉、蒙文字修史译史的黄金时代,是两种以上少数民族文字并用和交流频繁的时代。第七章研究了政书的编纂,指出元朝特别重视典章格例等政书的编纂。第八章分析了辽、金、宋三史的编纂以及对西夏史编修的缺失问题,着重分析了在元代灭了西夏之后,接受了西夏王朝大量的档案文献后,并没有开始编纂西夏史的主要原因。第九章讨论了元代档案文献编纂的代表人物胡三省、马端临、欧阳玄、虞集、苏天爵的档案文献编纂实践及思想,分别从生平、家世背景、著述情况、史学修养、特别是特殊的为官经历角度入手。最后为结语部分,说明了元代档案文献的编纂,在中国古代档案文献编纂历史上有着非常重要的地位。

关键词:档案文献　编辑工作　元代

**4637**

**刘熙载书学研究** / 杨宝林著 ; 丛文俊指导. -- 吉林大学, 2009. -- 240 页

论文对刘熙载的书学进行系统研究。全文共分七章。首先绪论,介绍刘熙载书学研究的历史和现状,分析刘熙载书学的理论和现实意义。第一章介绍刘熙载的生平、行迹以及交游考本着知人论世的原则,通过大量晚晴的文人别集、日记等文献,考证刘熙载许多鲜为人知的生平与行迹,同时研究其与众多书家和其他各界人士的交游,拓展对其交际范围的研究。第二章分析刘熙载的书学理论、书法实践及学术渊源,通过对其所著《书概》《游艺约言》的研究,分析刘熙载"概体"书论的特征,并讨论了其学术的渊源。第三章介绍刘熙载书学的书体论,大致分为"详而静"的篆书、隶书与楷书以及"简而动"的行书与草书。第四章分析刘熙载书法的南北书派论,指出清代的碑学运动是清代书法史上的重要事件,碑学运动旨在抬高北碑的地位,否定南碑,开启了北碑南帖之争,而刘熙载对于北碑南帖的态度是客观的,他肯定了北碑的成就,但又不护短,指出南书也有其"高古",认为南北书派各有千秋,不能否定其中任意一派。第五章介绍刘熙载书学的书家论,将书家分为两大书家谱系,并对两系书法进行评析,客观评价其书艺水平以及在书法史上的地位。第六章分析刘熙载书学的技法论,指出刘熙载将自己的书写经验融入其中,借以金针度人,强调用笔中锋,同时提出"内抱"和"外抱"两种新的结字方式。第七章分析刘熙载书学的阐述方式,分别从刘熙载书学的文化、审美以及伦理方面进行了阐释,并探讨其阐释方式的原因。最后为文章的结语部分。

关键词:刘熙载　书法理论　书体　技法

**4638**

**两宋寿州吕氏家族著述研究** / 杨松水著 ; 王鑫义指导. -- 安徽大学, 2009. -- 374 页

论文把吕氏家族的著述作为切入点,对两宋时代的学术特征进行了探究。全文共分五章。首先绪论,介绍问题的缘起,并对相关概念进行界定,随后分析研究的现状,指出论文的主要内容以及研究的方法。第一章介绍吕氏家族的兴衰与学术传承,首先将吕氏家族的主要学术成员划分为为官与为学两个阶段,梳理吕氏家族的发展与学术的传承,接着通过对吕氏家族学术的师门传授、学友交往与姻亲学术熏染三个层面的讨论,理清吕氏家族学术与当时各个学术派别的关系。第二章对吕氏家族的学人著述进行考述,从吕夷简及其先辈开始,先后考述吕公著及其公字辈、吕希哲及其佚文、吕本中及其中字辈和吕祖谦及其后代的著述情况,通过对照相关记载与著录,大体廓清了吕氏家族著述的主体。第三章为吕氏家族著述提要,依据前文的著述考述,在借鉴前人和当代学者的研究成果的基础上,运用现代的价值理念对吕氏家族的重要著述进行逐一的提要。第四章对《十七史详节》进行研究,首先介绍《十七史详节》的成书过程与体例,随后阐述该书的选材及其编纂的史学思想,同时也指出《十七史详节》的价值与不足之处。第五章介绍吕氏家族著述的特点与影响,通过对吕氏家族主要著述的提要与《十七史详节》的研究,指出吕氏家族著述具有独占鳌头的文献传家、体系完备的理学主体、别具匠心的史学情怀、家塾家传的家学传统、杂记杂说的学术色等等特点,同时还通过对吕氏家族著述在国内外保存的情况的考察点出吕氏家族著述的学术影响传播范围广、辐射面大的特点。

关键词:古文献学　家族　安徽　宋代

**4639**

**西周春秋时期金文中的祖先观念** / 杨小召著 ; 彭裕商指导. -- 四川大学, 2009. -- 164 页

论文通过对宗庙、祖先观念、祖先权能、德、孝方面的论述,从不同方面对西周春秋时期人们的祖先观念进行了研究。全文共分五章。首先绪论,介绍并描述了研究的意义与研究现状,指出研究的方法与研究思路。第一章介绍金文中的宗庙与祖先观念,通过对

金文中所能反映的宗庙活动逐一进行分析，重点论述了宗庙祭祀的作用以及册命与祖先观念之间的关系，并指出了宗庙作为祭祀、处理政务和赏赐的重要载体，具有重要的地位与作用。第二章探讨西周春秋时期金文中的祖先称谓，主要树立了西周春秋时期祖先称谓的发展与变化，指出西周时期的祖先称谓沿着两条线索发展，一条以周族人为线索，另一条以殷遗民为线索。第三章分析了西周春秋时期金文中的祖先权能，通过对金文材料的解读，得出周人祖先的权能主要有降福、使后人长寿，但不见降祸于子孙后代的记载。第四章探究了金文中的德与祖先观念，首先指出德是人自身所具有的包括内在和外在的修为和品行，而金文中的德都是好的方面，后人须效法祖先之德，随后分析得出在西周早期金文中没有特别强调效法祖先之德，但到了西周中期，金文中逐渐出现多处例证，而到了西周晚期，效法的行为反而不如西周中期，到了春秋时期时，效法祖先之德已渐流于形式。第五章分析了金文中的孝与祖先观念，认为文献中孝在西周时期的主要意思是祭祀，孝的对象是已去世之人，直至西周晚期才出现孝于生人的现象，主要指宗族中的老者，但事例较少，进入春秋时期，周人随着对万事万物认识的加深，对祖先逐渐有了较为理性的认识，并开始对祖先产生了怀疑，折射出了从西周到春秋祖先观念的淡化。最后为结语部分，收束全文。

关键词：金文　祖先崇拜　西周时代　春秋时代

**4640**

**北朝—隋时期敦煌法华艺术研究** / 张元林著 ；郑炳林，樊锦诗指导. -- 兰州大学，2009. -- 229 页

论文对北朝时期的敦煌法华艺术的表现形式及其形成的信仰背景进行了系统研究。全文共分八章。第一章导论，回顾选题的研究历史，介绍了论文的研究方法。第二章介绍北朝隋时期敦煌地区以外的法华艺术，首先分析了《法华经》的主要内容及其传译，随后分析了印度的法华艺术踪迹，同时分别对中国北方地区的"二佛并坐"造像以及南朝造像碑上的《法华经变》浮雕进行了描述与研究。第三章研究北朝时期敦煌的法华艺术，通过对敦煌洞窟中主尊的"二佛并坐"像及其与其他图像组合的探讨，分析北朝时期敦煌法华艺术的表现形式，最后还讨论北朝时期敦煌法华艺术的特色和源流。第四章介绍北朝时期敦煌法华艺术形成的信仰背景，首先概述北朝时期法华信仰在敦煌地区的传播情况，随后指出北朝时期敦煌法华信仰诸相，其与北朝时期弥勒信仰、"无量寿佛"信仰以及涅槃信仰都有或多或少的结合。第五章分析了隋代敦煌的法华艺术，通过对隋代洞窟中独立的"二佛并坐"像、隋代敦煌的《法华经变》的介绍与描述，讨论了隋代敦煌法华艺术的特色与源流。第六章分析隋代敦煌法华艺术形成的信仰背景，即隋代"坐禅"实践的变化、"救苦救难"的隋代佛教的世俗化与功利化以及法华判教思想的盛行共同构成了隋代法华艺术形成的背景。第七章概述隋时期敦煌文献中的《法华经》写本及其相关的注疏，归纳了写本题记中反映的信仰诉求。第八章为结语，梳理了隋时期敦煌法华艺术的发展脉络，同时分析其在敦煌法华艺术史上的地位。

关键词：法华经　敦煌学　信仰　写本　壁画

**4641**

**卡内基博物馆所藏甲骨的整理与研究** / 周忠兵著 ；林沄，Katheryn M. Linduff 指导. -- 吉林大学，2009. -- 391 页

论文对美国卡内基博物馆内收藏的库方二式的甲骨实物进行系统整理与研究。全文共分三个部分。首先前言，回顾这批甲骨的著录研究情况，就这些甲骨的特色和所具有的研究价值进行举例说明，同时介绍研究的方法。第一部分为图例著录，分为照片与摹本两个部分，首先将甲骨分为师祖、丙种子卜辞、师宾间组、师历间组、宾组、历组、出组、历无、何组以及无名组十个类别另外还有习刻、伪刻、护身符等，接着将这些甲骨按以下次序排列：一、祭祀；二、战争；三、农业；四、出行；五、气象；六、忧虞；七、其他；八、记事刻辞，指出此种排列能将可能是同一刻手所刻的相近事类的甲骨排在一起，方便以后的研究。第二部分是释文部分，著录说明此片甲骨在何书上曾著录过，分类标明其上的刻辞的字体的类别，并对此片甲骨的自然情况进行描述，分析其长宽与保存情况，指出释文是甲骨上刻辞的隶定释读，说明并指正了以往释文的错误，而对于同文的卜辞的举例说明，则对其内容进行了简单的考释说明，最后比较甲骨在已有的各种著述中的优劣情况。第三部分是相关问题研究，主要对甲骨上的钻凿形态的演变过程进行了分析，探讨了其演变的内在规律，同时分析了甲骨中是否存在异代使用的现象，最后强调了对早期的甲骨进行了伪辨时需要注意的问题，并通过对博物馆内所藏的甲骨的研究，指出甲骨上的异代使用的现象是可能存在的，只是此类后刻的刻辞并非实际占卜的卜辞，而是习刻者练习

刻写的作品，伪刻水平较低。最后为附录部分。

关键词：甲骨文　注释　考证

**4642**

**中国古代会要体史籍研究** / 卓越著 ; 周少川指导. -- 北京师范大学, 2009. -- 181 页

论文对中国古代会要体史籍进行了研究。全文共分四章。首先绪论，对论文研究的对象与范围进行了界定，分析了研究的意义，同时介绍了中国古代会要体史籍研究的历史与现状，最后说明了课题研究的目的以及研究的重点。第一章梳理了会要体史籍的产生及发展过程，首先介绍了会要体史籍产生的社会和文化背景，概述了唐代封建盛世下的制度发展，指出了唐代统治者的重史传统与史家的自觉精神，接着指出会要体史籍的发展阶段，依次分为唐代——会要体史籍的产生、宋代——会要体史书的发展以及元至清代——会要体史籍进一步发展与完善。第二章介绍了会要体史籍的体裁体例，探讨了会要体与其他政书体裁的关系，阐述了制度史的百科全书分类的方式，并列举了体例的统一与灵活运用之处。第三章探讨了会要体史籍的史学价值，首先分别从政治制度、经济制度、军事制度以及文化制度四个方面分析了会要体史籍在制度史各专题研究上的价值，随后分析了会要体史籍在文献考辨、纠谬、补阙方面的价值以及其在文献辑佚方面的价值，同时简要介绍了文献的检索及其利用。第四章深入剖析了会要体史籍的思想内涵，首先分析了会要体史籍关于典章制度的历史思想，包括“知变之善”的制度因革思想、“用人唯贤”的人事思想、“急民病利”的仁政思想、“法归划一，原情问罪”的法制思想以及贯穿始终的礼制与礼治思想，随后介绍了会要体史籍的史学思想，即“期补当世”的经世致用思想以及“信史直书”的实录精神。最后为结语部分，分析了会要体史籍的历史地位与现实意义。

关键词：会要　政书　典章制度　体裁

# 专门史

**4643**

**诸葛亮治国实践与蜀汉政治生态演变研究** / 白杨著 ; 黄朴民指导. -- 中国人民大学, 2009. -- 272 页

论文以诸葛亮的治国实践为契点，通过分析诸葛亮政治实践在蜀汉制度建设中的折射与变异，来探讨蜀汉政治的发展与嬗变，试图在思想史研究和政治史研究之间架起一座桥梁，将诸葛亮的政治思想从单一的理论层面推移到现实的政治行为之上，同时，力求从思想到思想的研究领域拓展到从思想到实践的政治空间之中。论文共分为四章，在正文之前加有绪论。绪论首先确定诸葛亮的政治思想与治国实践研究的价值和意义，并对诸葛亮的政治思想与治国实践的文献进行部分校勘，然后总结研究综述。第一章的内容是蜀汉政权的势力构成和政局的嬗变。对蜀汉政权的势力进行创新性的划分。将蜀汉政权内部划分为元从势力、荆襄势力、益州势力以及外附势力等四个势力。通过讨论诸葛亮处理这四个势力之间的关系，来了解蜀汉政治的情况。第二、三章是论文的主体。这两章以诸葛亮用人为主要内容，将诸葛亮的用人分为两大部分，并各列为一章，分别讨论诸葛亮对待荆襄势力的用人政策以及诸葛亮对待益州势力的用人政策。对于论文的主体部分，主要有三点值得注意：第一，一改以往学者的宏观论述，以具体人物为个案研究，其中穿插讨论蜀汉制度的特点和蜀汉政治的局势，这样能够更清晰地把握蜀汉政治的嬗替更迭。第二，在实际论述中，对于蜀史研究中不少存有争议的问题进行考辨，提出新的看法。另外，对于一些学术界已成定论的观点提出质疑，并阐述自己的理由。最后一部分是诸葛亮治国践对后世的影响。首先论述诸葛亮治国实践对后世政权建设的影响，然后总结后世对诸葛亮治国实践的评论。这一章对诸葛亮的治国实践有一个纵向的回顾，有利于今天更客观地研究诸葛亮治国实践与蜀汉政治生态演变的关系。

关键词：诸葛亮　政治思想　人才管理　蜀汉

**4644**

**十八世纪初期卫拉特、西藏、清朝关系研究：以“六世达赖喇嘛事件”为中心** / 宝音特古斯著 ; 宝音德力根指导. -- 内蒙古大学, 2009. -- 169 页

论文首次系统利用“康熙朝满文朱批奏折”“宫中朱批人名包”“清宫珍藏历世达赖喇嘛、班禅额尔德尼档案”“清内阁蒙古堂档”等满蒙文原始档案，结合《朔漠方略》《清实录》《王公表传》等清代官方文献及历史达赖喇嘛传、班禅额尔德尼传等藏文史书等传统史料，在前人研究的基础上比较全面系统和深入地探讨了 1696—1720 年间卫拉特、西藏、清朝关系，提出了自己的见解。全文由导论、正文和结语三个部分构成。导论概述论文的选题及其意义、前人研究概况、

基本史料及研究方法等。正文共分五章。第一章主要探讨康熙皇帝与第巴桑结嘉措围绕五世达赖喇嘛圆寂之事的较量。第二章阐述昭莫多战役后清朝对青藏地区经略的过程。第三章深入探讨"六世达赖喇嘛事件"的过程及其深远影响。"六世达赖喇嘛事件"延续100年,对18世纪初期卫拉特、西藏、清朝的关系影响巨大。第四章论述了准噶尔远征军在西藏的三年(1718—1720)统治。本章着重探讨策妄阿喇布坦远征西藏之缘由、远征军将领、兵丁数目、行军路线、远征军占领西藏的经过以及远征军在西藏三年期间的主要活动。第五章研究清军两次出兵征服西藏的全过程。详细论述两次远征的经过、不同结果及其原因,并对鲜为人知的胡毕图使团赴藏之事进行细致研究,充分肯定了该使团对清军征服西藏战役中的作用。结语部分总结18世纪初卫拉特、西藏、清朝关系,归纳论文的进展与突破、局限与不足。

关键词:蒙古族　厄鲁特　达赖喇嘛　中央政府　政治斗争　清代

**4645**

**中国宗族和家族企业文化** / 蔡尚挺著 ; 郑学檬指导. -- 厦门大学, 2009. -- 137页

论文主要对中国宗族和家族企业文化进行研究探讨。全文共分为四章。第一章,回顾中国企业管理史。叙述中国历代的生产管理、人力资源管理、销售和市场管理与中国企业文化的发展;采取以西方后现代文明与乐活理念,结合中国传统文化的儒道哲学理念来进行分析。最后对学术研究进行描述,介绍论文的写作构想。第二章,对中国企业的宗族和家族文化进行研究探讨,对中西文化的差异做出讨论,用儒家思想的"仁政"反驳了"专制和剥削在中国文化是根深蒂固"的说法,并对"中国家族与宗族企业的先天性限制"论点做出了研究。对中国家族与宗族企业的裙带关系、继承管理、管理与经营模式进行探讨,最后,提出重建的障碍与解决方案。第三章,对中国企业的商业道德进行研究探讨。首先论述西方的商业道德学说,其次探讨国际化的视野看中国的商业道德,指出中国庞大的劳动力市场可以决定着世界工人的人工,最后,指出商业道德问题的根源与重建的困难与障碍。第四章,通过对笔者参与的广西巴马项目作为案例分析,探讨国际化与中国传统文化在企业文化建设的应用。首先,对广西巴马项目背景进行描述与介绍,其次,论述品牌经营的理念及其对项目的重要性,探讨儒家思想的"诚信"与"义",并且讨论诚信为本与以义取利的落实。最后,指出企业家修炼对企业文化建设的重要性,并且论述儒佛道的"修心"作为对企业家文化的熏陶。

关键词:宗族　家庭企业　企业文化

**4646**

**西藏地方志记述及文种体裁研究** / 曹备著 ; 石硕指导. -- 四川大学, 2009. -- 198页

论文旨在依据藏文文献,以历史发展脉络为主线,阐释西藏地方志在各阶段的代表性著作、写作特点及编撰理念等,并对其西藏地方整体方志编修情况进行分析、归纳和总结。论文由七部分组成。第一章以敦煌吐蕃藏文手写文献、钟铭碑刻、木简内容为材料进行分析研究,并就吐蕃时期修志的性质等问题进行探讨。第二章以宋代割据时期发现的伏藏著作及部分署名史著为依据,对其文种进行分类,讨论这一时期的修志情况及修志性质。第三章对元明时期编写的王统史、教法史、世系史(家谱)、人物传记、地理志及其他史著作品的写作特点及编纂理念进行分析归纳。第四章讨论清代至民国西藏地方官员及文人民间编修藏文方志情况及发展趋势。第五章对清代至民国驻藏中央官员编修的汉文旧方志及其体例进行介绍。第六章对建国时期新方志的编修原则及其成就等作以基本的评述。最后是结语,在前六章的考辨、分析基础上,对自公元7世纪创制藏文后至中华人民共和国建立之后60年期间的西藏地方修志情况进行全面性的回顾、总结和思考,做出一些自己的判断。同时,对藏文方志的编修思想、编纂体例及汉文方志的编纂体例、编修的意义等进行概论和综合。

关键词:地方志　方志评论　体裁　西藏

**4647**

**从明清商业广告看社会变迁** / 曹斐著 ; 王日根指导. -- 厦门大学, 2009. -- 171页

论文将立足于历史学的本位,系统探讨明清广告的类型、规模及各种影响因素及它对社会的各种反作用。试图以社会经济史的理论思维和研究方法对明清商业广告的发展状况进行梳理,以求揭示出明清商业广告同明清商业社会间的互动关系,进而对明清时期商人的商业习俗、商业思想、经营理念和广告观予以探究。论文主体由四个部分构成:第一部分主要分析明清商业广告的类型,对各种广告形式逐一梳理其

渊源、发展现状及主要特点。第二部分是对明清商业广告的背景作以分析,主要侧重于这一时期政府政策及商业思想对商业广告的影响。第三部分借鉴社会学、风俗学的相关理论,从明清商业广告看当时有关社会风俗的变迁。分别选取明代中后期和清代晚期这两个时间段,从广告的视野出发,逐一分析这两个时期社会风俗的及市民消费习惯变迁的内容、特点和原因。第四部分从微观的角度,探究明清商业广告中商帮、商人精彩纷呈的各种形象。从明清传统商人到当时的商帮,再到近代的华商,通过一个个具体的广告案例,展现不同时代、不同地域商人的经商谋略和广告理念。论文结论部分对研究的全过程及其成果予以总结,并在此基础上指出作者后续研究的努力方向。

关键词:商业史　商业广告　社会变迁　明清时代

**4648**

**8—9世纪唐罗日地方涉外权力的增强与东亚贸易圈的形成:以淄青平卢节度使、清海镇和大宰府为中心** / 车垠和著 ; 陈尚胜指导. -- 山东大学, 2009. -- 170页

论文从分析8至9世纪唐、新罗、日本三国国内外形势变化入手,探讨东亚贸易圈的形成时间及其原因。论文以唐朝淄青平卢节度使、新罗清海镇和日本大宰府为分析的基本框架,对这段时期三国国内、国际形势及其中之淄青平卢节度使、清海镇和大宰府的演变进行考察,从而探讨它们的变化与民间贸易发展之间的相互关系及其对东亚贸易圈的形成所产生的影响。论文共由五章组成。第一章导论部分主要提出相关问题。共分为三节,分别阐述论文研究的目的及其现实意义,并对中国、韩国、日本史学界在此问题上的研究成果进行较为全面的综述。第二章至第四章,按照时间的顺序,分别分析在8至9世纪期间唐朝淄青平卢节度使、新罗清海镇和日本大宰府从设立到成长、发展的演变过程及其与民间贸易发展间的相互影响关系。第二章主要针对淄青平卢节度使李正己家族经营的商贸活动展开讨论。第三章重点探讨清海镇大使张保皋的海上贸易活动。第四章通过对日本大宰府的演变过程的考察,探讨大宰府得到贸易方面权力的原因及其与东亚民间贸易之间的相互影响关系。第五章结论部分在对上述三国地方机构的演变进行归纳总结的基础上,将之放在这一时期由唐、新罗、日本共同形成的东亚社会变革的大背景中,阐述这一时期东亚三国共同出现的时代特征,从而归纳东亚贸易圈形成之际具有的基本特征,由此阐明东亚贸易圈最迟也在9世纪已开始形成,并证明了东亚贸易圈是由民间贸易发展而形成的,而不是朝贡贸易的延续或扩展。

关键词:对外贸易　贸易史　中外关系　东亚

**4649**

**论儒家思想对西汉社会风尚的影响** / 陈晨捷著 ; 曾振宇指导. -- 山东大学, 2009. -- 220页

第一章论述汉初儒学的兴起及其教化举措。第二章论述“孝”观念的变化及其在西汉社会的影响。总体上看西汉孝论呈以下几个特点:一、“以孝治国”理论对“孝”的政治化考虑使得西汉孝论更注重的是社会政治伦理而非家庭伦理;二、先秦儒家对人格平等的注重以及以义辅亲、“以正致谏”等原则已逐渐萎缩,代之而起的是子女对父母尊长无条件的服从;三、提倡孝道使得三年丧制渐至流行,同时又厚葬成风,而与此同时哀戚之情却日益淡薄。此外,孝道的盛行又间接纵容了儒家复仇风气的形成和发展,从而导致了伦理诉求与法律诉求的内在矛盾。第三章论述了“忠”观念的变化及其对西汉时期君臣伦理的作用。从“忠”“孝”观念来看,西汉时期提倡“孝”道的根本目的在于移孝作忠,“忠”才是意识形态的最高目标。因而当家庭伦理与政治伦理即“孝”与“忠”发生矛盾时,统治者最终维护的是政治伦理,表明了当时国家意识的增强。第四章论述了“义利之辨”与西汉社会的重利之风。第五章论述了敬老、尊师与崇让之风。第六章论述了“夫为妻纲”与西汉时期的两性关系。从总体上看,西汉时期男尊女卑和夫尊妻卑仍占主导地位,但妇女的社会地位和家庭地位仍比以后的一些朝代要高。第七章考察儒家思想对西汉社会的影响。第一,随着国家意识增强,秦汉的官僚政治必然通过种种手段加强对社会的控制,努力构建一个编户齐民的社会基础,官僚政治自身的特点决定了它势必将一切都纳入统制的范围并使得各种社会势力相对齐平。第二,实用主义与崇古思潮的激荡。中国古代哲学的演进趋势是逐渐朝着理性主义、实用主义方向发展,在此趋势下,为了能够得到统治者的重视和采纳,儒家思想及时地进行了自我改造,儒生也积极地适应理性行政的时代需求,反过来它又刺激了通经致用的实用主义取向。然而儒家主张本依往古立论,汉儒批评时政又常引古以立说,因而汉代的崇古思潮亦极浓重。

关键词:社会风尚　儒家　西汉时代

4650

**藏族藏传佛教朝圣者的心理研究** / 陈国典著 ; 石硕指导. -- 四川大学, 2009. -- 134 页

论文以藏族宗教朝圣者的社会心理机制为研究对象。在藏区由于圣地种类繁多,而且不同圣地在朝圣者的潜意识中其圣地价值感存在差异,因此,论文选取三类区域的对象:朝圣起点的对象(地域分四川藏区和西藏的农区、牧区、城市;朝圣者分男女和老、中、青、儿童);朝圣途中的对象(对象类别要求同上):朝圣地对象(圣地对于朝圣者而言具有价值等级,因此要在不同价值等级的圣地选取被试,如神山、圣湖、寺庙等)。论文的研究对象主要来源于以下五个地方:四川理塘县、四川石渠县、四川色达县、西藏拉萨市和西藏山南。论文具体结构如下:第一章"序论"主要介绍论文的选题由来、国内外关于宗教朝圣研究研究现状、藏传佛教朝圣的含义、研究思路和研究价值。第二章"调查数据的分类呈现"为了便于整体论文各部分内容的分析讨论,特对调查数据资料的处理方式及结果进行举样呈现。第三章"朝圣者的圣地意识",通过对材料的分析,发现藏传佛教朝圣者具有四种圣地意识:私我圣地、社群圣地、边缘圣地和超我圣地。并分别对四种圣地的内涵进行了揭示。第四章"朝圣者的关系意识"分别从"人我关系意识"和"物我关系意识"两个方面进行讨论。发现朝圣者具有五种"人我关系意识",三种"物我关系意识"。第五章分析了"朝圣者的自我意识",发现在藏传佛教朝圣者的自我意识中存在明显的"我"与"无我"的转换;并通过对调查材料分析,进一步深度讨论了朝圣者的"理想自我""现世自我"与"应该自我"三种自我意识及其关系。第六章"朝圣者的动机"主要分析了朝圣者朝圣行为的精神性动机,发现了五种典型的朝圣动机:文化认同与民族归属、压力释放与心理平衡、人神(佛)共娱共乐、提升自我效能感增强挫折应对能力、重构自我与价值升华。第七章"藏传佛教信徒朝圣的特征"为论文总结部分。主要对藏族藏传佛教朝圣者朝圣特点进行归纳总结。

关键词:藏族　喇嘛宗　朝圣　心理分析

4651

**晚明文人佛寺旅游研究** / 陈晖莉著 ; 汪征鲁指导. -- 福建师范大学, 2009. -- 180 页

论文综合利用旅游史学、宗教旅游学和社会史研究方法,通过对文人文集相关游记信息和地方显志、寺志、摩崖石刻等综合史料的分析和考证,从晚明文人佛寺旅游类型、旅游功能、旅游动机、朝山交通方式、寺庙用餐、游寺内容、与僧人互动、寺院住宿和寺院开支六个旅游要素和旅游影响。全文共分为五章。首先,绪论。介绍选题缘起,简述中国古代旅游史,界定相关概念,阐述研究思路和方法,说明论文的选题意义。第一章,介绍晚明文人佛寺旅游风兴的背景。说明文人旅游风盛的原因和表现,介绍佛教的复兴与转向。第二章,分析江南地区、京都燕赵地区以及西南地区的旅游空间分布,阐述仕宦型寺庙游历之旅、布衣型寺庙修学之旅、山林式心灵修行之旅、城镇式庙会娱乐之旅等旅游类型,说明晚明文人佛寺的旅游功能。第三章,分析晚明文人佛寺旅游进程。首先,阐述晚明文人佛寺的旅游动机,说明晚明文人佛寺旅游的要素,最后探讨晚明文人佛寺旅游的影响。第四章,介绍晚明文人佛寺旅游四个重要特征。山水景观欣赏的科学化与佛教转化、高雅之兴及与民同乐的雅俗共赏之势、情欲释放下的奢侈享乐与佛教禅净双修的平淡回归和旅游业发展的批判与肯定。第五章,总结。提出对于文人佛寺旅游特点的评价应坚持二重评价标准。

关键词:文人　寺院　旅游发展　晚明

4652

**中国传统吉祥纹样初探** / 陈慎著 ; 林国平指导. -- 福建师范大学, 2009. -- 158 页

论文首先探索吉祥纹样是如何一步步从原始社会的萌芽状态发展起来的,在此基础上,进一步探讨吉祥纹样表现出中国人何种的传统的文化心态,并具有怎样的文化功能,最后,从继承保护着眼,对传统吉祥纹样如何从辉煌的过去走向无限的未来做出展望。全文共分为九章。第一章,分析传统吉祥纹样与图腾崇拜、生殖崇拜及神灵崇拜之间的渊源关系。第二章,以原始社会的图腾崇拜导致吉祥纹样的萌芽为起点,以吉祥纹样在社会历史中的发展轨迹为线索,将我国传统吉祥纹样的演变过程分为五个阶段,明确传统吉祥纹样在各个不同历史时期的不同风貌。第三章,重点论述"吉祥纹样与传统宗教哲学思想"与"政治环境对吉祥纹样的影响"这两个方面,重点论述儒释道思想对吉祥纹样的表现形式与表现内容的影响,以及不同政治环境下吉祥纹样不同的形式与内涵。第四章,讨论吉祥纹样在宫廷文化中的体现。第五章,分析儒文化如何融入到吉祥纹样的创作过程,以

及文人创作的吉祥画与民间年俗吉祥画之间的差异，来探讨吉祥纹样这种雅俗共赏的地位与作用。第六章，阐述我国吉祥纹样中所蕴含的多种民俗意蕴，以揭示其在传统民俗生活中的重要作用与地位。第七章，通过研究吉祥纹样与我国各民族图腾崇拜之间的关系，来揭示民族文化差异所带来的民族文化心态上的不同。第八章，重点分析传统吉祥纹样在"心理补偿""审美享受"和"经济价值"三个方面的社会功能，以此揭示其留存至今的根本原因。第九章，从传统吉祥纹样的历史演变及其在当今社会的生存发展入手，通过分析其四个方面的本质特点，重点探讨其研究意义的所在，由此提示对其进行保护的重要性。

关键词：纹样　吉祥　图腾

**4653**

**阎若璩与丁若镛古文《尚书》考辨比较研究** / 崔冠华著 ; 姜广辉指导. -- 中国社会科学院, 2009. -- 218 页

中国清代学者阎若璩的《尚书古文疏证》与朝鲜学者丁若镛的《梅氏书平》，先后独立而作，均是考辨古文《尚书》25 篇真伪的典范之作，在古文《尚书》辨伪史上占有重要的地位，论文即是对二者进行的比较研究。论文分五章。第一章绪论部分，介绍古文《尚书》问题的由来，简述古文《尚书》的辨伪小史，并评述阎若璩、丁若镛及其二书的研究现状。第二章和第三章则分别详细论述阎若璩与《尚书古文疏证》和丁若镛与《梅氏书平》的相关问题，诸如阎、丁二人的生平与思想，二人各自所处的当时中国和朝鲜的学术背景，所撰二书的成书、内容和体例，以及《疏证》的书名、版本和阙文问题等等。第四章和第五章是论文的重点，第四章考察《尚书古文疏证》与《梅氏书平》逻辑基点的异同，即论证的内在理路问题，第五章考察《尚书古文疏证》与《梅氏书平》辨伪举证的异同，即所列证据是否合理有效问题，文章通过仔细的考辨，认为二书在上述两个方面各有千秋，同时也各有得失。论文运用类比与比较的研究方法，进行细致的考证分析，力图在《尚书》学史、文献学史和域外汉学等方面做出新的探索。

关键词：阎若璩　丁若镛　尚书　考辨　对比研究

**4654**

**赫哲族传统文化与民族文化旅游可持续发展研究：以同江市民族文化旅游为例** / 崔玉范著 ; 方辉指导. -- 山东大学, 2009. -- 260 页

论文以赫哲族的主要聚集地之一的同江市民族文化旅游为典型，运用民族学、文化人类学等理论对其传统文化进行了梳理和分析，对其进行纵向的历史考察与横向的文化变迁研究，揭示赫哲族传统文化的变迁脉络和发展趋势；运用尊重民族文化"所有权""社区参与""可持续发展"等现代思想和观念以及多学科交叉渗透的方法，对赫哲民族文化旅游业发展的现状以及影响进行分析研究，对"民族文化旅游可持续发展"及战略问题进行了理论探讨，以探寻一条民族文化保护、传承与民族文化旅游可持续发展的道路。论文认为，民族文化旅游应以优秀传统文化保护发展与旅游业可持续发展为目的，民族文化保护发展是民族文化旅游可持续发展的基础和前提只有优秀的传统民族文化得以保护发展，民族文化旅游的可持续发展才可能真正实现；而民族文化旅游的可持续发展又可以反哺优秀传统文化的保护发展；保持赫哲族文化保护发展与民族文化旅游可持续发展需要一整套适合当地特点的、综合性的策略。民族文化保护发展与民族文化旅游可持续发展策略，应该包括明确与保护民族文化主体的文化所有权和获益权、建立和实行民族文化保护、"社区参与旅游"机制等策略，以期实现赫哲优秀传统文化保护发展与旅游业发展的良性循环。

关键词：赫哲族　民族文化　传统文化　旅游业

**4655**

**近现代广西农业经济结构的演变透视** / 樊端成著 ; 郭毅生指导. -- 中央民族大学, 2009. -- 208 页

论文在相关研究成果的基础上，借助跨学科的理论和方法，以土地所有制结构、农业经营结构、农业产业结构为重点，从七个方面对近现代广西农业经济结构演变进行研究，力图从理论上较系统地揭示近现代广西农业经济结构演变的轨迹、历史特质与动力机制，以期对当前在中国—东盟自由贸易区背景下广西及周边地区农业经济结构战略性调整有所借鉴和启迪。论文认为，近现代广西农业经济结构演变总的趋势是不断优化，促进农业经济的发展，但在某些时期某些方面也出现曲折和失误，又造成严重的消极影响。农业产业结构由以粮食为主的单一的结构逐步演变为以种植业为主，林、牧、副、渔全面发展的产业结构；随着农产品商品化程度不断提高，农产品市场结构也不断优化，拉动了农业生产的发展。近现代广

西农业经济结构演变的原因是多方面的。受地理环境与历史等因素的影响,近现代广西农业产业和农产品市场结构变化与广西沿边及对外开放有直接关系,是广西农业经济结构演变不同于内陆其他地区的重要个性特征。综观近现代广西农业经济结构演变的历史,吸取其中成功的经验和失误的教训,今后广西应根据生产力发展要求,不断完善农村土地产权制度和经营方式,以制度创新促进技术改进和农业经济发展;根据趋利避害原则,构筑符合经济区域化、全球化的农业产业结构;同时,农业经济结构调整要计划手段和市场手段并用。

关键词:农业经济　经济结构调整　广西

**4656**

**清代四川城市发展与空间形制研究** / 范瑛著 ; 何一民指导. -- 四川大学, 2009. -- 425 页

论文以清代四川地方城市的空间发展为研究对象,通过形态学和类型学的方法,对清代四川 130 多个府、州、县等不同级别城市的空间建设、形态、规模、空间结构进行系统的类型研究,探寻清代四川城市空间形制和结构的独有特征,揭示清代四川城市发展的历史进程和地域文化特征。论文主要内容分为四个部分:第一章介绍清代四川城市空间发展的地理环境和历史基础,从地理、交通和历史的角度再现了清代四川城市空间建设和发展的宏观背景。第二章重点介绍清代四川的行政建置、城市体系的发展及其特征,以及城市的重建和维护工作。第三章就清代四川城市形制、规模与空间结构展开了重点讨论。第四章是对清代不同类型城市空间结构的案例分析。清代四川城市的空间研究表明,城市空间形制在《考工记》为代表的礼制宇宙模式和以《管子》为代表的有机体模式两者之间的立场,绝不是简单的折中。

关键词:城市空间　空间规划　城市建设　城市史　四川　清代

**4657**

**近代中国税收现代化进程及其思想史考察** / 付志宇著 ; 章启辉指导. -- 湖南大学, 2009. -- 144 页

论文对近代中国税收现代化进程及其思想史进行考察,以期能对我国当前的税制改革提出可借鉴经验。全文共分为七章。第一章,绪论。阐述税收现代化的涵义与税收现代化的思想进化,说明研究的认识论与方法论。第二章,回顾清末税制史与民国税制史,并总体研究评析税收思想史。第三章,税收现代化的发端:清末。首先介绍清政府的税制改革,说明清政府税收政策的实施效果,然后分别阐述重商派、洋务派以及维新派的税收思想,分析其对税收现代化的思想探索。第四章,税收现代化的奠基:北洋政府时期。阐述北洋政府的税制改革,说明北洋政府政策实施的效果,最后分别介绍北洋政府理财家、资产阶级革命家以及经济学家的税收思想,分析他们对税收现代化思想的考量。第五章,税收现代化的成型:南京国民政府时期。阐述南京国民政府的税制改革,并说明南京国民政府政策的实施效果,介绍政府官员、经济学家的税收思想,分析他们对税收现代化思想的深化。第六章,税收现代化的变异:南京国民政府中后期。阐述南京国民政府对税收现代化的权变,分别介绍抗战时期以及抗战胜利后的税制变化与调整,分析税收政策的效果;然后阐述政府当局与专家学者的税收思想,分析其对税收现代化的思想反省。第七章,反思历史,总结经验。可以从税收制度、税收改革以及税收管理方面对中国下一步的税收改革提供观察的视角。

关键词:税收管理　税收制度　经济史　现代化

**4658**

**建国初期城市基层社会组织的重构研究:以成都为中心的考察(1949—1957)** / 高中伟著 ; 何一民指导. -- 四川大学, 2009. -- 370 页

论文以马克思主义基本原理为指导,充分发掘和利用党史文献与城市地方档案,在对建国初期以成都为中心的中国城市基层社会组织及其发展概况进行考察的基础上,重点对建国初期城市基层政权组织、基层社会管理组织、政治性社会团体、公益性社会团体、文化与宗教团体的重构进行了深入的历史考察和理论分析。全文共分八个部分,正文共七章,另加绪论和结语。第一章为新中国成立初期城市基层社会组织及其发展概况。第二章为军事管制到区街建政:新中国成立初期城市基层政权组织的重构。主要对新中国成立初期城市基层政权组织的重构过程进行了梳理。第三章为保甲制到居委会:新中国成立初期城市基层社会管理组织的重构。本章从历史发展轨迹入手,对新中国成立以前中国城市基层社会保甲制度的基本概况进行了简要回顾,对新中国成立初期居民委员会的创建背景、建立发展过程及性质和意义进行考察和分析。第四章为国家力量的渗透与延伸:新中国成立初期城市政治性团体的解构与重构。第五

章社会救助到政府救助:新中国成立初期城市公益性团体的重构。第六章为思想改造与宗教革新:新中国成立初期城市文化与宗教团体的改造与转型。主要以成都市新中国成立初期的文化团体和宗教团体的调查为例,从新中国成立初期的思想改造和宗教革新运动的视角入手,对新中国成立初期文化团体和宗教团体的改造与转型进行考察和分析。结语部分对新中国成立初期城市基层社会组织重构进行了总结和评价。

关键词:社区　基层组织　城市建设　城市管理　成都

**4659**

**明代中国与朝鲜贸易研究** / 侯馥中著 ; 晁中辰指导. -- 山东大学, 2009. -- 162 页

论文分六个部分,对中朝贸易不同时期的内容及特点进行较为详细的分析论证,期望全面把握其来龙去脉,从而理解中朝贸易的复杂性、特点及影响。第一部分介绍中外学者对明代中朝贸易的研究概况以及此项研究的重要性及迫切性,并阐述课题研究的意义、方法和创新之处。第二部分简要地回顾明代以前中朝贸易的发展情况和大致类型。第三部分主要分析明代初期中朝政治关系的多变和贸易政策的变化,以及政治对贸易的巨大影响。考察中朝贸易的基本类型,对明初中朝交往的线路进行详细全面的勾画,基本搞清它发展变化的脉络。第四部分考察明代中期中朝两国的贸易政策以及贸易内容的变化。第五部分分析明后期中朝贸易政策的连续性以及贸易的新内容。第六部分分析中朝贸易对两国政治、经济和文化的影响。经济上,中国的丝织品深受朝鲜人民的喜爱,它是朝鲜宫廷对明官方贸易和朝鲜使臣走私贸易以及民间私贸的主要商品。文化上,明朝的大量书籍满足了朝鲜的文化需求,促进了朝鲜对中国儒家价值观的认同。第七章是结语,是对论文研究的几点结论。

关键词:对外贸易　中朝关系　贸易史　明代

**4660**

**清代绥远城驻防研究** / 黄治国著 ; 达力扎布指导. -- 中央民族大学, 2009. -- 191 页

论文在文献资料和已有研究成果的基础上,对绥远城驻防的起因、经过、组织机构、运行机制及驻防将军的职能演变等进行了分析,力图多角度的勾画出绥远城驻防的历史发展轨迹,以期更好地认识清朝对蒙古统治政策演变的历史。论文由绪论、正文和结语组成。绪论介绍论文研究的主要问题、研究现状、研究方法、重难点及史料来源等,并对绥远城驻防制度的界定、绥远城将军的称呼沿革问题进行了阐述。第一章介绍绥远城驻防设置前的漠南蒙古概况、归化城在北疆历史上的地位、皇太极统一漠南蒙古和其对归化城土默特的统治政策等。第二章论述历史上归化城地区战略地位的形成,归化城驻军由临时驻防到永久驻防的历史演变,绥远城修筑的过程等。第三章从政治、经济、宗教、军事等方面阐释绥远城驻防的设置原因。第四章对绥远城驻防的组织机构及职能、驻防官员的管理、驻防官兵的数量及俸饷等进行了论述。第五章主要从政治、经济、军事、文化、交通、商务、垦务等诸多方面对绥远城将军的各项职权进行了全方位的归纳总结。同时关注绥远城驻防将军职能范围不断扩大的历史。结语部分对绥远城驻防进行了简单的评述,对其在历史上所产生的利与弊进行了分析。此外,为了更好地把握绥远城驻防的性质和特点,认清绥远城驻防在不同历史时期的功能和作用,论文还利用了历史学、文献学、地理学、军事学等学科的研究成果对绥远城驻防进行多视角的分析。同时还借鉴统计学的相关研究方法对绥远城驻防将军、归化城都统等进行统计分析,以清楚认识绥远城驻防的相关问题。

关键词:军事　防御体系　绥远　清代

**4661**

**明至民国湖北省渔业经济研究** / 江涛著 ; 王日根指导. -- 厦门大学, 2009. -- 169 页

论文运用社会经济史研究的方法,对明以来湖北地区的渔业经济进行了详细的考察。作者站在社会学的角度,对这些人口是如何进行渔业生产、经营、管理以及他们自身的生活状态、社会关系等进行详细的讨论,从而揭示明以来湖北省渔业经济繁荣的综合原因。论文共分七章进行阐述:第一章主要介绍明以来湖北省渔民的官方与民间组织形式,官方形式由明朝业甲制→清朝水上保甲制→民国后期渔业生产合作社制;在民间,渔民与农人一样,绝大多数按照宗族形式聚居在一起,环湖而居,水域的不确定性使得他们的守业比农人更加艰难。第二章介绍渔业产权问题。第三章介绍当时渔业经营形式中除自营外最为普遍的租佃制。第四章介绍渔业贸易情况。渔业贸易往往经历“渔民→鱼客→鱼行→鱼贩→顾客”的中转过程。第五章介绍渔业的捕捞技术。至明代,渔民们已经能够因时、因地、因各种情况的不同采用不同的捕

捞方式与捕捞工具,充分显示其聪明智慧和丰富的工作经验。第六章介绍民国时期政府对于湖北省渔业的救济政策。民国时期由于人为原因如填湖造田、战争冲击等的影响,渔业经济开始衰退,针对这一现象,国家及省政府都给予了大力的政策扶植。第七章介绍渔民的日常生活状态,包括所接受的教育、信仰、性情,家庭内部的分工协作等。

关键词:渔业　农业史　湖北　明清时代　民国

**4662**

**越南南河阮氏政权海外贸易研究(1600—1774)** / 蒋国学著 ; 李金明指导. -- 厦门大学, 2009. -- 224 页

论文主要对南河阮氏政权海外贸易的发展进行研究。全文共分为七章。首先,绪论。介绍选题依据与研究意义,说明研究内容、框架结构与研究方法,阐述拟突破或创新的主要领域。第一章,说明南河阮氏政权海外贸易的发展背景,阮氏政权的建立为南河海外贸易的发展开辟了道路,积极的对外贸易政策为南河贸易的发展创造了条件,丰富的物产使南河海外贸易的发展成为可能,东南亚贸易的繁荣为南河贸易的发展营造了良好的外部环境。第二章,分别介绍说明1600—1639、1640—1683、1684—1774 年间华商与南河的贸易关系,阐述华商与南河贸易关系迅速发展的背景以及华商与南河贸易关系迅速发展的表现。第三章,主要分析日商、西方商人和东南亚商人与南河的贸易关系。第四章,介绍海外贸易管理机构的设置、说明海外贸易税收体系,阐述艚务机构的运作和海外贸易税的征收,说明南河对海难船的管理。第五章,首先介绍南河的出口商品、进口商品以及转口商品,然后介绍南河海外贸易的方式,如会安商品交易会式的自由贸易、阮氏的专卖转买以及到生产地购买、订货与专办买卖,最后阐述南河海外贸易的价格和利润。第六章,分析华商在南河海外贸易中的角色,研究华商在南河海外贸易中的优势,介绍华商与南河华人社会的互动。第七章,说明海外贸易对南河社会发展的意义,海外贸易带动了南河商品的经济发展,为阮氏政权的巩固和发展做出了贡献,促进了南河文化的发展。

关键词:对外贸易　贸易政策　贸易史　越南

**4663**

**北宋院体、文人和禅画研究:兼论真情理三境绘画美学** / 孔涛著 ; 刘凤君指导. -- 山东大学, 2009. -- 174 页

论文共分七个部分。绪论部分针对论文的选题意义和研究目的、研究对象及其概念界定、研究方法三个方面进行说明。第一章"北宋绘画概述"旨在从宏观上把握北宋绘画的整体面貌和历史特征。第二章将院体画、文人画、禅画三种画体的代表性画家及其作品,按照人物画、花鸟畜兽画和山水画分门别类,从对具体作品的艺术分析,考释各个画家的笔墨特点和绘画风格,并主要结合北宋时人的作品描述与美术评论,评价其艺术成就。第三章首先界定真境、情境和理境这三个层境的绘画美学内涵,并分别与院体画、文人画和禅画建立大致的对应关系。然后依据北宋画论著作和相关画史资料,将北宋画家、画论家关于这三个美学层境的相关观点析理并罗列出来,并对欧阳修、苏轼二人的绘画美学思想进行较为详尽的个案研究。在此基础上,深入探讨真情理三境的交叉递进关系。此外,本章还将真情理三境绘画美学与"逸神妙能"的绘画品评体系进行对比研究。第四章主要从思想史的角度对北宋诸儒的"情"观念和"理"观念进行梳理和总结,以便为"情境"和"理境"绘画美学寻找到思想根源和理论基石。第五章主要针对文人画的核心美学构成展开论述。庄禅互补是文人画的美学基础与核心美学结构。

关键词:中国画　文人画　绘画美学　美术评论　北宋

**4664**

**论中世晚期近代早期西欧修道妇女的时代遭际** / 雷若欣著 ; 张箭指导. -- 四川大学, 2009. -- 260 页

论文以修道妇女为研究对象,以便再现历史史实。论文共有六章,前五章为主体部分,主要论及近代早期西欧修道妇女的时代遭际;第六章为附论部分,主要是对 16、17 世纪的中国尼姑与西欧修女进行比较研究。第一章从哲学、社会学和心理学层面解释西欧妇女修道的原因。第二章主要分析理想和现实中的修女院。第三章主要探讨新教改革过程中修女们的应对。首先介绍新教改革中,德国、英国、法国和意大利等国家的改革实况,以及解散修女院过程中所运用的手段等;面对新教改革,修女院的修女们根据各自不同的情况做出不同的选择:一是接受新教教义,主动离开修女院;二是坚信天主教信仰,继续栖身修女院;三是加入新教修女院,接受新教教义,成为新教修女。第四章面对新教改革的攻势,天主教积极采

取措施与新教势力对抗。并论述教俗两界对修女进行规训的动机、手段与内容、实施过程中的困难以及影响与后果。第五章主要论述世俗修道妇女的发展。新的结社形式与禁闭法令形成冲突,笔者旨在论述世俗姐妹们如何抉择自己的走向,怎样才能适者生存。第六章谈起西欧的修女,人们自然会想到中国尼姑。基于此,笔者在附论部分对16、17世纪的中国尼姑与西欧修女进行比较,希望能够为进一步了解不同的文化底蕴提供一个新的视角。

关键词:基督教　修女　宗教改革　西欧　中世纪

**4665**

**《三国史记·高句丽本纪》研究** / 李大龙著 ; 李桂芝指导. -- 中央民族大学, 2009. -- 164 页

论文选取《三国史记·高句丽本纪》作为研究对象,探讨的重点是希望通过《三国史记·高句丽本纪》和中国史书的对比,解读二者之间的关系,包括《三国史记·高句丽本纪》与中国史书的渊源关系,二者在记事上存在的差异、差异形成的原因,以及对个别问题进行辨证,进而对《三国史记·高句丽本纪》的学术价值及作者的治史态度等提出见解。全文共分为九章。首先,绪论。简介作者金富轼及其《三国史记》,说明论文的研究意义、论文的研究动态,阐述论文的研究方法。第一章,主要探讨《三国史记·高句丽本纪》所记载高句丽建国神话的史料来源及其相关问题。第二章,以《三国史记·高句丽本纪》王莽朝记事研究为重点,探讨《三国史记·高句丽本纪》和中国史书记载的差异。第三章,重点探讨《三国史记·高句丽本纪》东汉时期记事和中国史书相关记载的差异,总结《三国史记·高句丽本纪》在高句丽政权和东汉王朝关系记事中出现问题的三个原因。第四章,探讨《三国史记·高句丽本纪》高句丽与孙吴、曹魏关系的记事,似乎可以弥补中国史书中所没有记载的不足,但是对于这些资料要深入分析,否则则容易出现偏差。第五章,主要探讨《三国史记·高句丽本纪》高句丽政权与两晋南北朝各政权关系的记事。第六章,主要探讨《三国史记·高句丽本纪》高句丽政权与隋王朝的关系记事。第七章至第八章主要探讨《三国史记·高句丽本纪》高句丽政权和唐王朝关系及其灭亡后的记事。第九章,探讨《三国史记·高句丽本纪》记载的王系为主,认为《三国史记·高句丽本纪》所记载的二十八代高句丽王难以得到其他史书,尤其是中国史书的支持。论文通过对《三国史记·高句丽本纪》部分记事与中国史书记载的对比,可以认为《三国史记·高句丽本纪》一半以上是抄自中国史书,而且抄录是有改变和节略的,不仅造成了记事的不完整,也形成一些新的问题。

关键词:朝鲜　古代史　高句丽

**4666**

**云南凤羽白族村历史人类学研究** / 李东红著 ; 徐圻指导. -- 云南大学, 2009. -- 260 页

论文是关于凤羽街的历史人类学个案研究。作者尝试通过村落研究,建立起白族起源、形成与发展,以及本土文化与外来文化接触、交流与建构的个案。研究以千年古村凤羽街为田野点,尝试以村落研究的方式,为白族历史文化,特别是白族乡土文化与外来文化接触与交融的过程建立个案,更进一步说,凤羽村落研究立足于乡土研究,但力求超越地域局限,把村落研究上升为对白族文化与外来文化,甚至是中国文化与西方文化关系等命题的探讨,以凤羽个案的实践,为不同文化间的接触、交流与建构提供解释模式和行动路径。论文以"序论"开篇,交代此研究"为什么做""做什么""怎么做"等关键问题。第二部分,是从考古发现、历史文献与民间传说切入,梳理了凤羽地区由青铜时代至新中国建立的"历史传统"。第三部分是对凤羽街居住空间、亲族制度、婚姻、丧葬、宗教信仰等当下活态文化的陈述与分析。文化陈述的目标是进行理论解读。第四部分从凤羽白族村出发,应用历史人类学方法与文化建构理论、中间地带理论等解释工具,把"村史"与"村落文化"上升到"族史"与"民族文化"的高度。对白族文化起源、形成与发展,特别是白族文化与外来文化接触、交流与建构的历程进行了深入的剖析。第五部分,作者试图得出一些不太成熟的结论,因此取名为"权充结论的部分"。此部分讨论的两大主题,一是学术路径的选择,二是研究的结论。第六部分是论文的"附录",包括相关地名的白族语国际音标注音及意义表、凤羽街的空间分布图、重要碑刻录文、历代名人吟咏凤羽的诗文等。

关键词:白族　民族历史　民族文化　历史人类学

**4667**

**商业品牌参照下的少林文化品牌化研究** / 李海霞著 ; 胡正荣指导. -- 山东大学, 2009. -- 225 页

论文主要探讨少林文化品牌化案例对民族民间传统文化(以下简称传统文化)品牌化和产业化的启

示。论文以商业品牌作参照考察少林文化品牌化过程,提出现有的传统文化品牌只是文化意义上的品牌,需要确定权利主体,进行经营才能成为真正意义上的品牌;找出了传统文化品牌与商业品牌在品牌化路径上的不同;并提出了传统文化品牌不同于普通商业品牌的一些特征。全文分为7部分:导论部分对论文的选题由来及意义、相关领域研究现状、写作思路、论文的创新之处和不足做了说明。第2部分介绍了论文相关基本概念,包括商业品牌,达成“品牌化”的标准。第3部分描述了少林文化向文化产业品牌的转化过程。第4部分是少林文化品牌的动态经营。即少林寺注册“少林”和“少林寺”商标,进行产业化经营之后少林文化品牌的发展。第5部分是少林文化品牌化实效总结。第6部分是论文的理论探索部分。第7部分是结论。分别对“少林寺现象”、民族民间传统文化品牌打造、品牌化在民族民间传统文化产业化中的作用和品牌作用机制进行了归纳总结。

关键词:少林寺　传统文化　民族品牌　宗教文化产业化经营

**4668**

**漳台历史文化关系研究** / 李珊珊著 ; 谢必震指导. -- 福建师范大学, 2009. -- 162 页

论文运用文献资料法、实证研究法,综合运用考古学、历史学、民俗学、宗教学等研究方法,从多个方面来系统论述漳台之间同根同源的历史与文化关系。论文第一章是绪论,第二章是漳台史缘,首先论述史前时期的漳台关系,其次论述先秦至元代的漳台关系,最后论述明清时期的漳台关系。第三章是漳台族缘,首先论述漳台宗族渊源,其次论述台湾漳籍宗族案例,第三阐释漳台宗族文化,最后论述台湾漳籍宗族亲回乡谒祖。第四章是漳台语缘,首先论述闽南方言的形成与发展,其次论述闽南方言在台湾的传播,最后比较漳台闽南语言。第五章是漳台神缘,首先论述开漳圣王,其次论述保生大帝,最后阐述关圣帝君。第六章是漳台俗缘,首先论述岁时节俗。其次论述人生礼仪习俗,最后论述行业习俗。第七章是漳台戏缘,首先论述歌仔戏和芗剧,其次论述竹马戏,最后分别介绍皮影戏和木偶戏。文章认为,台湾的歌仔戏与漳州的芗剧是两地艺人长期合作、互相交流、共同培育的结晶。第八章是漳台艺缘,依次介绍了刺绣、木雕、石雕、交趾陶和剪瓷雕,首次厘清漳州木雕、交趾陶及剪瓷雕工艺在台湾的传承情况,并重点论述清末以来漳州籍木雕匠师为台湾寺庙建设和古建筑修复所做的贡献,进而说明漳州民间工艺在漫长的历史衍变过程中对台湾民间工艺的形成和发展所产生的重大影响。

关键词:文化史　福建　台湾省

**4669**

**东南亚岛屿地区民族分离运动研究** / 李一平著 ; 庄国土指导. -- 厦门大学, 2009. -- 157 页

论文通过对东南亚岛屿地区的民族分离运动历史和现状的分析,结合国际环境的变迁与有关国家国内政治经济发展,全面深入地考察和研究印度尼西亚和菲律宾南部民族分离主义运动的起源、发展及其演变,探讨其民族分离运动的本质和规律,并尝试着指出其未来可能的发展趋势。论文的主要结构和内容如下:绪论部分介绍论文选题的意义、国内外研究现状以及论文研究框架和研究理论与方法。第一章主要分析印度尼西亚亚奇民族分离运动的历史与现状。第二章分析马鲁古和巴布亚地区民族分离运动的历史与现状。第三章分析菲律宾南部地区民族分离运动的历史与现状。第四章比较并且分析影响东南亚岛屿地区民族分离运动的因素和东南亚岛屿地区民族分离运动未来可能的发展趋势,揭示其对该地区的启示。最后,对印度尼西亚与菲律宾民族分离运动的研究进行总结。

关键词:民族主义　民族分离主义　东南亚

**4670**

**古代巴蜀城市的起源与发展研究** / 李映涛著 ; 何一民指导. -- 四川大学, 2009. -- 231 页

论文在现有相关研究的基础上,从历史学、城市学、社会学、人口学、经济学、历史地理学等多学科角度出发,对古代巴蜀城市发展演变的历史进行长时段、多角度、多层面、全方位的综合考察和探索。主要分为以下几个部分。绪论部分主要对本选题的目的和意义进行阐述,并对相关概念进行解释和说明。第一章为先秦时期巴蜀城市的产生和发展。第二章为秦汉时期巴蜀城市的初步发展。第三章为三国两晋南北朝时期巴蜀城市发展的低谷。第四章为隋唐五代时期巴蜀城市的持续发展。第五章为宋代巴蜀城市的繁荣。探讨了宋代巴蜀城市体系与等级规模的变迁,考察了宋代巴蜀城市的空间分布特征。第六章为元明清时期巴蜀城市的曲折发展。考察元代巴蜀

城市发展的低落及其原因。最后,从理论上对论文进行回顾与总结。对影响巴蜀城市发展的诸要素进行归纳分析,认为自然地理、腹地农业、交通变迁以及战争影响,全国政治与经济中心的转移等因素,都对古代巴蜀城市的起源与发展有着深刻的影响。此外,古代巴蜀城市的发展中还呈现出逐步走出相对独立封闭的发展趋势以及由川西北逐渐向川东南发展的特征。

关键词:城市史　城市发展　巴蜀　古代

**4671**

**马新的中英文源流东南亚研究及其比较(1800—1965)** / 廖文辉著 ; 庄国土指导. -- 厦门大学, 2009. -- 292 页

论文针对1965年以前英文和中文源流在马新的学术发展脉络、概况、演变和发展进行整理爬梳,理清两者的流变,并进行比较研究,以见其已通过和交汇之所在。全文共分为十一章。首先,绪论。介绍选题依据与研究意义,阐述拟突破与创新的主要领域,说明文章的框架与研究方法。第一章,分别阐述地理大发现以前以及地理大发现以来西方对东南亚的认识以及研究。第二章,阐述西方观察家的主导时期。首先概述马新观察家和游历文字,然后介绍报章杂志和期刊的出版以及百科全书式的书写,最后说明殖民档案的建立以及伦敦布道会的印刷和出版事业。第三章,介绍殖民地学术行政人员主导时期对语言和文学的研究。第四章,阐述殖民地学术行政人员主导时期对马来史的研究。分别介绍对马来亚通史、州别史、政治社会史、文学习俗以及华人史的研究。第五章,介绍殖民者学术行政人员主导时期对地理学、博物学以及殖民者文字记录的研究。第六章,分析专业学术人员领导时期史学迈向专业和本土化。第七章,说明马新南洋研究的渊源、范畴及其地位和意义。第八章,概述马新南洋研究的滥觞期。第九章,阐述马新南洋研究的开创期与高峰期。第十章,探究战后南洋的发展趋势。第十一章,比较研究中英文源流的不同。两者最大的歧异反映在研究内容,中文源流侧重于华人华侨研究和古史地考据,英文源流侧重马来研究。

关键词:东南亚　历史　中文源流　英文源流

**4672**

**澳大利亚华侨华人社会适应与华侨华人组织研究(1972—2008年)** / 林龙飞著 ; 高伟浓指导. -- 暨南大学, 2009. -- 277 页

论文运用层次分析法,结合相关文献数据和问卷调查资料,并运用模糊评价模型,对澳大利亚社会适应进行定量和定性综合分析评价,得出1972年以来澳大利亚华侨华人社会适应情况。全文共分为四章。首先,绪论。第一章,回顾1972年以来澳大利亚华侨华人社会适应的历史,透视1972年以来澳大利亚华侨华人的社会。第二章,分析华侨华人适应澳大利亚的主观因素,介绍澳大利亚社会文化环境以及澳大利亚对华的移民政策,说明中国对澳大利亚华人华侨社会适应的影响。第三章,构建华人华侨社会适应评价体系和社会适应评价模型,并对澳大利亚华侨华人社会适应进行评价。第四章,介绍华人华侨组织,分析华人华侨社会适应机理,然后针对澳大利亚的华人华侨进行分析,论述澳大利亚华人华侨的社会适应性,影响澳大利亚华人华侨社会适应的因素主要来自三个方面:华人华侨的主观因素、澳大利亚社会文化因素及移民政策、中国方面的因素。分析华人华侨的社会适应与华人华侨的组织发展前瞻。华人华侨组织通过情感沟通、经济扶植、生活照应、事业支持,对澳大利亚华侨华人社会适应起到了助推器和减压阀的作用。1972年以来,澳大利亚华侨华人语言适应能力增强;家庭和睦,结婚率高,异族通婚普遍;与主流社会交往频繁;社会和政治参与广泛,未来华人华侨在澳大利亚"多元文化"社会建设中将扮演更重要的角色。

关键词:华侨　华人　澳大利亚

**4673**

**日本海军与政局变动(1922—1936)** / 刘景瑜著 ; 周颂伦指导. -- 东北师范大学, 2009. -- 135 页

论文依托日本政治史、军事史和国际关系理论的先行研究成果,利用日文原始文献档案、借鉴国内外的研究状况,在对1922—1936年间日本参与的四次海军裁军会议综合分析的基础上,对日本政府、海军省、军令部之间的关系从宏观与微观的视角进行分析阐释。宏观上,1889年颁布的大日本帝国宪法所确立的统帅权独立制,确定将军事决定权独立于政府之外的制度,割断政府对军事的掣肘;微观上,通过日本参与的四次海军裁军会议,对这一时期内政府与海军之间关系的变动过程,作出客观、公正的分析与评价。本文主要通过对日本参与的四次海军裁军会议的分析,试图说明以下问题:其一,明确海军在派系形成前后与政府之间关系的曲线变化过程,即调和—抗争—难分伯仲—介入政治,争取国家政治权力。其二,通

过对“海军假日”时代中海军省、军令部与政局变动之间关系的回顾，探究这一阶段海军与政府之间在对国家政权领导主体的争夺上，双方对立的焦点与矛盾冲突的实质。其三，统帅权独立、军部大臣（现役）武官制等制度，使军部成为宪法之外的具有特殊权力的不受内阁控制的机构，是海军与政局关系症结所在。最终，军令部掌控下的海军与政府间形成“超法律的野蛮支配”的状态。毋庸置言，日本陆军在军事法西斯国家中所起作用、所据地位是最重要的，但是海军在这一特殊政治结构上的作用和地位亦是不可忽视的。

关键词：海军　军事史　政治体制　日本

**4674**

**法学与史学的方法比较研究** / 刘亚丛著 ; 张世明指导. -- 中国人民大学, 2009. -- 294 页

论文选取法学方法与史学方法两大领域都非常关注的问题，即法律解释与历史解释、法律事实与历史事实以及法律论证与历史考证进行较为系统的开拓性比较研究。论文除绪论外共分为五章：第一章是法学方法论和史学方法论概述。第二章是法律事实与历史事实的比较研究。论文认为法律事实的认定与历史事实确定的具体方法存在着不同，但是在技术方法上二者有共同的认识论基础，二者在方法上可以相互借鉴，特别是历史事实确定的方法可以为法律事实认定提供更大的帮助。第三章是法律解释与历史解释的比较研究。论文认为法律解释和历史解释都是内涵价值取向的解释。价值取向直接关系伦理道德。第四章是法律论证与历史考证的比较研究。论文提出法律论证的逻辑一致性原则与历史考证的逻辑论证法的基本要求在逻辑方法上极为相似：“无征不信”“孤证不立”的论证原则以及“以经证经”“去古未远”的用证原则对法律论证具有借鉴意义，特别是法律论证的论证规则可以直接运用历史考证的上述原则；历史考证与法律论证之法可以互相借鉴，再加以综合运用，通过诠释学之语言分析，又能拓宽我们的研究视野，开拓新的研究领域。第五章是结语部分，主要探讨法学与史学学科间交流的基础及方法的哲学基础，明确史学与法学跨学科研究的必要性、可行性与前瞻性。

关键词：法学　史学　方法论　对比研究

**4675**

**钓鱼岛主权归属问题研究** / 卢明辉著 ; 李金明指导. -- 厦门大学, 2009. -- 302 页

论文从地理、历史、国际法、国际政治等几个角度，对钓鱼岛问题进行了较为全面的审视、分析和思考，构成了以钓鱼岛主权归属为主线，以历史事实和国际法理为基础，以国际政治的现实斗争为方向，以对策思考为归宿的逻辑结构和体系。论文共分十章，主要内容如下：首先是导论，说明文章的目的和意义，进行简要的学术回顾，说明文章的基本构想，介绍研究方法。第一章介绍钓鱼列岛的地理，包括钓鱼列岛的结构地理及其战略地位。第二章通过梳理历史文献，回顾中国人最先发现、命名和使用钓鱼列岛的历史事实。第三章辨析日本对钓鱼列岛的异称的由来。第四章叙述和剖析日本窃占钓鱼列岛的经过。第一、二、三、四章，是从地理、历史上，阐明钓鱼岛是中国领土的事实，是后面各章研究的基础。第五章从国际法角度论证钓鱼岛主权属于中国，通过对日本声称拥有钓鱼岛主权的论据的分析和驳斥，证明了其不合法性。第六章逐个分析了有关钓鱼岛问题的国际条约与钓鱼岛问题的关系，进一步论证了钓鱼岛主权属于中国。第五、六章，主要是从国际法理上，论证钓鱼岛主权属于中国。第七章，分析钓鱼岛问题上的美国因素，讨论了在钓鱼岛问题上，美国今后可能起到的作用。第八章，阐述中国政府在钓鱼岛问题上的原则和立场，为维护钓鱼岛主权进行的斗争以及为和平解决钓鱼岛问题所做的努力。第九章，展望钓鱼岛问题的解决前景，分析了中国政府出于和平解决钓鱼岛问题的诚意提出的“搁置争议，共同开发”的主张，是立足现实、符合中日关系发展大局、为最终和平解决钓鱼岛问题打下基础的适宜的过渡办法。该章也分析钓鱼岛问题冲突升级的可能性，还对中国未来维护钓鱼岛主权提出了思考和建议。第十章，叙述海内外中国人的“保钓运动”，讨论了“保钓运动”的意义和发展趋向。最后总结论文的论述，对钓鱼岛问题的解决进行展望，指出和平解决钓鱼岛问题是历史发展的必然。

关键词：钓鱼岛问题　主权　中日关系

**4676**

**西非前期摩洛战争研究：1565—1663 年** / 陆然著 ; 廖大珂指导. -- 厦门大学, 2009. -- 160 页

论文根据时间顺序描述 1565—1663 年的摩洛战争，揭示西班牙殖民主义者在经济利益的驱使下进行的殖民征服战争性质，及被称作摩洛人的南部穆斯林为了自己的自由、独立进行了不懈的抵抗与反击。第

一章绪论,阐述本选题的意义和目的、相关的学术史回顾、研究方法与基本内容。第二章重点考察西班牙对南部穆斯林地区的征服,即摩洛战争的开始阶段。第三章考察1635—1663年摩洛战争的发展。第四章对这一时期的摩洛战争进行分析,从经济、政治、领导阶层和政策等诸多决定性因素着手系统地说明这场战争的现实意义。穆斯林能成动地抵抗西班牙的入侵归功于很多因素:其一,在西班牙人到来之前,穆斯林苏丹国已经在实现中央集权化国家的过程中了,苏丹们能统治大面积的土地和数不清的村落,这与北部的多数巴朗圭是不同的;其二,他们同周围的穆斯林公国通过联姻结盟而得到帮助;至关重要的一个原因就是菲律宾穆斯林的伊斯兰教意识的增长。乌里玛(Ulama)宣扬抵抗西班牙是一种爱国责任和宗教义务,可以说伊斯兰教给予一个英勇的民族更多的力量。结束语总结了全文,指出摩洛战争的殖民战争性质,强调了西班牙以领土扩张为主要目的,还兼有经济剥削的目的,长达300多年的摩洛战争不仅对菲律宾产生了政治、宗教、文化和社会的深远影响,并且对今天的菲律宾的国家融合产生了的重要影响。

关键词:殖民战争　摩洛战争　穆斯林　西班牙　菲律宾

**4677**

**乡村场景中的革命日常化(1947—1952):以皖西北临泉县为中心的考察** / 满永著 ; 杨念群指导. -- 中国人民大学, 2009. -- 260页

论文旨在通过对中共革命与乡村社会接触历程的研究,探讨革命背景下的乡村生活变迁。在这样一个研究过程中,场景成为观察革命影响乡村社会生活的重要窗口。研究也发现,经历了一次次场景呈现的革命,逐步成了乡村社会日常生活的一部分,这就是场景中的革命日常化。文章共分八章展开论述。第一章导论自然是交代本研究的学术背景和我们的研究立场与主要观点,还包括研究地点的选择以及研究材料的使用。第二章淹没了的西湖,主要介绍临泉乡村革命的社会生态背景,指出,乡村革命在20世纪前半期的兴起,生态恶化导致的生存危机是一个很重要的原因。第三章梳理革命与乡村社会初步接触中的乡村人心态。第四章考察清匪过程中的乡村社会政治化状态。第五章是对反霸运动的考察。反霸在很多乡村人来看,是一个世界颠倒的过程。反霸是乡村人近距离接触革命的一个重要场景,正是在这种政治运动所塑造出的一种独特场景中,革命开始了向乡村日常生活的渗透。第六章生活中的革命,主要通过生产救灾,取缔会道门和镇压反革命三件事,来呈现革命在经济、信仰与政治生活领域对乡村社会带来的影响。第七章是对建国初期土地改革在临泉实践状态的研究。第八章为结论。从场景与身体、氛围与心态的层面检讨对中共革命的总体认识。

关键词:乡村　革命运动　社会变迁　临泉县

**4678**

**清代河西走廊农业开发研究** / 潘春辉著 ; 李并成指导. -- 西北师范大学, 2009. -- 195页

论文选取清代河西走廊农业开发为研究对象,以期系统地揭示和复原清代该地区农业开发的历史面貌,探讨和总结历史时期本区农业开发的经验及教训,为今天本地区农业及社会经济的和谐、可持续发展提供有益的历史借鉴。论文共分为七章,第一章,交代清代河西走廊农业开发的自然基础以及人文社会环境。第二章探讨清代河西走廊农业的人口与劳动力资源状况。选取移民色彩显著之镇潘县作为个案,探讨清代番县人口与开发概况,以期以小见大,反映整个河西走廊的人口与开发状况。第三章,探讨清代河西走廊的水利开发状况,对清代河西走廊新修水利工程进行统计,并探讨清代河西水利事业所取得的成就,同时论述该地区水利开发中的有益经验及存在的不足等问题。第四章对清代河西走廊的屯田与垦荒进行探讨,对屯田及垦荒的分布、数额、管理、成效等问题进行探讨。第五章,探讨清代河西走廊农作物品种及种植状况。可知清代河西走廊农作物品种以麦类为主,并包括一部分杂粮,同时还可以种植棉花及水稻。第六章,探讨清代河西走廊农业开发与环境问题,对清代河西走廊环境破坏的表现、成因及对河西农业的影响展开讨论,并对清代在河西地区所采取的环境保护措施进行探讨。第七章,探讨清代河西走廊农业开发的经验教训及对今天的启示。

关键词:农业经济　农业史　河西走廊　清代

**4679**

**新马分离与合并研究:1945—1965** / 庞卫东著 ; 聂德宁指导. -- 厦门大学, 2009. -- 331页

论文主要研究新马为合并而奋斗,又从合并而分离的历程,最后探讨新马分家的原因以及新马分家的影响。论文共分为五章。首先,绪论。第一章,介绍

1945 年以前的马来亚社会,分别阐述英国占领马来亚以及日本占领马来亚时期的马来亚发展状况。第二章,阐述战后初期新马的政治发展历程。说明从马来亚联邦到马来亚联合邦的转变再到马来亚的为独立奋斗,到最后的新加坡自治。初期新加坡的政治改革相对缓慢,至 1955 年,新加坡才在林德宪制的基础上成立民选政府,此后新加坡的民族独立运动才得以迅猛展开。第三章,首先介绍 1945—1961 年间新马为合并而努力的发展史,然后,提出马来亚计划的出台,也是新马为合并斗争的转折点,此后介绍新加坡为合并而斗争发展,最后介绍联合邦的努力以及北婆三邦的态度。第四章,主要阐述从合并到分离的过程。首先介绍 1963 年 3 月至 1964 年 3 月马来西亚的磨合期,然后阐述新马发生冲突的第一回合较量,最后分析 1964 年 11 月至 1965 年 8 月新马的分家。第五章,探析新马分家的原因,新马合并后,新、马在政治、经济、文化以及种族方面发生了激烈的冲突,双方关系破裂,合并两年后,新加坡被迫退出马来西亚,然后研究在马来西亚建立与分裂中的英国因素,最后分析新马分家所带来的影响

关键词:新加坡　马来西亚　分离　合并

**4680**

**宋代文化消费研究** / 秦开凤著 ; 袁林指导. -- 陕西师范大学, 2009. -- 279 页

论文从经济史的角度,以文化消费的内容为线索,文化消费的主体即消费者为切入点,着眼于具体的消费过程,钩稽史料,试图对宋代文化消费有一个整体系统的把握。论文内容主要分为以下六个部分:第一部分是绪论,首先对文化消费的内涵进行了界定和廓清;其次对宋代文化消费领域的研究现状作了回顾和总结;在此基础上,又对选题的意义、论文的研究对象、结构及创新之处等做了简要说明。第二、三、四、五部分是论文的正文部分,分别从消费的角度对宋代的文化教育消费、休闲娱乐消费、宗教信仰消费以及艺术品消费等四大类逐一进行专题性质的研究。第一章,通过对笔墨纸砚、书籍及求学教育发展消费三个方面阐述宋代文化教育消费。第二章,通过对色情消费、看戏消费、旅游消费及赌博消费的研究对宋代休闲娱乐消费作以较全面的解读。第三章,通过分析宋代社会主要流行的佛教、道教信仰方面的消费及盛行的占卜消费对宗教信仰上的消费作初步探讨。第四章,对宋代艺术品领域的消费,以书画、奇花异石及古器物等几种具有代表性的艺术品作为研究对象。书画领域中出现题材丰富、品种多样,世俗性加强的特点,而且参与书画消费的群体有扩大趋势,已经由上层贵族扩展至普通的市民百姓。第六部分为宋代文化消费的综合分析,分别对其地位、特点和影响进行总体上的分析与总结。

关键词:经济史　文化史　文化　消费　宋代

**4681**

**基督教与近代中国东北社会(1866—1931)** / 邱广军著 ; 高乐才指导. -- 东北师范大学, 2009. -- 234 页

论文在分析基督教近代东北得以发展的基础上,着重从政治和文化的角度探讨了基督教与近代东北社会的双向互动过程。全文共分为七章。首先,绪论。对学术史进行回顾,并对基本理论进行考察。第一章,介绍基督教在近代东北传播与发展状况。在对西方基督教差会在近代东北发展教务情况进行考察的同时,也对东北自立教会的情况予以关照。第二章,对近代东北地区基督教会组织及其作用进行观察。其中,主要对近代东北地区三大差会的组织沿革、构成等情况进行具体研究,并对其他几个主要差会的组织进行介绍。在此基础上,对近代东北地区基督教会组织特点和作用进行剖析。第三章,主要考察基督教在近代东北地区布道活动方式以及活动情况,并就东北地区本土布道人员的培养情况进行具体研究,分析东北地区培养本土布道人员的原因、方式,探讨东北地区本土布道人员的地位和作用。第四章,介绍东北地区的基督教教育事业,分析基督教在近代东北地区发展教育事业的原因,介绍基督教在近代东北地区开办的主要教育事业,探讨基督教教育事业对近代东北地区产生的主要影响。第五章,分析基督教在近代东北地区发展医疗事业的原因,介绍基督教在近代东北地区开办的主要医疗事业,探讨基督教医疗事业对近代东北社会的主要影响。第六章,介绍近代东北地区的基督慈善事业。第七章,分三个阶段对近代东北人民反教会斗争的情况进行梳理,着重探讨了义和团运动时期东北人民反教会斗争的发展情况及善后处理工作。

关键词:地方史　基督教史　近代　东北地区

**4682**

**西属菲律宾前期殖民统治制度研究:从征服到 17 世纪中期** / 邱普艳著 ; 廖大珂指导. -- 厦门大学,

2009. -- 173 页

论文选取西班牙统治菲律宾初期的殖民统治制度作为研究对象,系统探讨其渊源、建立、结构、运作,并结合特定的历史背景和殖民地社会的发展,从殖民扩张史与菲律宾民族历史发展的双重角度,综合分析、阐述这一制度的影响与弊端,同时还与处于相似地位的西属拉丁美洲殖民地做了简要的比较分析,以期对这一殖民统治制度作出全面的考察、还原历史的真实、厘清历史发展的脉络、加深对菲律宾历史与现实的理解与认识。除绪论与结语外,论文主体共分为四章。绪论部分主要阐述了论文的选题缘起与研究意义,并对有关此课题的学术发展史进行了概括性的回顾,同时,对论文的研究内容和研究方法、所使用的资料以及文中所涉及的一些相关概念进行了必要的说明和阐释。第一章首先介绍菲律宾的地理环境、民族概况,初步分析地理环境对群岛地区社会发展的影响,此外结合中西史料对西班牙入侵以前的菲律宾社会进行简要的概述。第二章重点考察地理大发现前后西欧社会的发展、西班牙美洲殖民帝国的形成以及殖民者征服菲律宾地区的历史进程。第三章以西班牙人在菲律宾建立的殖民统治制度为对象进行全方位的考察。对包括以总督为首的行政体系、以最高法院为代表的司法体制以及教会制度和经济管理在内的整个殖民制度进行了全面的考证。第四章则论述西属菲律宾殖民地内部各统治机构之间的互动关系,以此来考察整个殖民地统治制度的运作。结语部分在以上各章的基础上,从这一制度对菲律宾社会发展的影响、其制度的特点等方面对西属初期菲律宾殖民统治制度做了较为全面的总结。

关键词:西班牙　殖民统治　制度安排　菲律宾

**4683**

**抗战时期四川女子师范教育:以成都女子师范学校为中心的研究** / 任春艳著 ; 陈廷湘指导. -- 四川大学, 2009. -- 258 页

论文将成都女子师范学校置于抗战时期这一民族危亡的宏观背景下,结合抗战时期国民政府实施的师范教育改革及发展状况,通过对抗战时期四川省女子师范教育的发展背景、办学思想与教学管理、招生与就业、校园生活与社会活动的考察,力图展现抗战大背景下,四川作为大后方女子师范教育的发展概况,为抗战师范教育史的研究提供一项区域实证成果,为观察抗战时期国民政府的教育政策及其实施提供一个视角。研究由前言、正文、结语、附表和参考文献五大部分构成,正文分为五章,要点如下:前言,包括选题缘起、学术回顾、研究思路和资料特色。第一章,近代女子师范教育的历史回顾,简要回溯中国近代女子师范教育兴起的背景,分期及各时期发展概况、特点,以作为四川女子师范教育的宏观背景和对比参照。第二章,抗战时期四川女子师范教育的发展,简要回顾四川女子师范教育的发展历史,概述抗战时期四川女子师范教育兴盛的背景、发展概况与基本特点,以及抗战时期成都女子师范学校的概况,目的是了解抗战时期四川女子师范教育发展的背景。第三章,讨论抗战时期成都女子师范学校的办学思想与教学管理模式,主要突出抗战期间女子师范教育在教学管理上的特色。第四章,讨论抗战时期成都女子师范学校的招生与就业,考察成都女师的招生,探寻女师学生的来源,她们的籍贯、家庭出身、个性、教育经历、学识,分析女师范生们的成长背景以及她们的就业出路,展现女子师范学校为抗战培养人才的贡献。第五章,讨论成都女子师范学校学生的校园生活与社会活动,概述抗战期间女师师生参加的社会教育、地方教育和抗日救亡活动。结语,对抗战时期四川女子师范教育的认识,主要通过成都女子师范学校为个案,揭示四川女子师范教育的成就、特色及影响。

关键词:教育史　师范教育　四川　抗日战争　成都女子师范学校

**4684**

**邵雍交游研究:关于北宋士人交游的个案研究** / 邵明华著 ; 王育济,刘长允指导. -- 山东大学, 2009. -- 236 页

论文选取的是北宋士人交游中的典型个案——"邵雍交游"进行研究。论文试图以"邵雍交游"为研究视角,深入讨论宋代士人之间的交游方式、交游目的,以及由此而形成的社交网络等,并据此深入理解北宋社会政治、经济、文化所承载的诸多含义。以大量历史文献的考论为基础,以现代传播学的相关理论,对邵雍的交游状况进行全方位、多角度的个案化建构与还原,以期最大限度地逼近邵雍交游的历史真实,是论文的主要研究方法和学术目的。研究涉及众多关于交游时间的考证、人物为官居住地点的辨析,以及成书年代的确定等,这些看似琐碎的考证工作对于深度挖掘邵雍交游背后隐含的诸多因素具有不可忽视的意义。谈及交游,自然离不开话题,以现代传

媒视角对邵氏交游圈的主要话题及话题传播方式进行详细解读,可以对以邵雍为核心的交游圈在当时社会政治、思想、文化等领域的地位和影响有更为透彻的认识。论文除“绪论”“结论”及“附录”外,共分为六章。第一章对邵雍的生平进行介绍,以全方位多角度地展现邵雍独特的人物形象。第二章分别考证和阐述邵雍与司马光、富弼、吕公著、王拱辰、韩绛、吕诲的交游。第三章讨论邵雍与程颢、程颐、张载三位哲人的交游状况。第四章是邵雍与社会中层官僚群体的交游,选定与邵雍交游较为密切的王尚恭、范祖禹、王益柔叔侄、姚爽等人。第五章对邵雍与弟子辈的交游进行系统研究。第六章是对邵氏交游圈的主要话题及传播方式进行讨论。

关键词:邵雍　知识分子　交游　政治文化　北宋

**4685**

**手机信息传播法律与管理问题研究** / 申琦著 ; 陈培爱指导. -- 厦门大学, 2009. -- 206 页

论文主要从私法和公法两个维度对手机信息传播的法律和管理问题进行研究,探讨对手机媒介进行监管的方法。全文共分为五章,第一章,绪论,说明论文的基本思路与创新之处,综述文献,并阐述研究方法。第二章,说明手机媒介是多媒体融合的产物,阐释手机传播是人际传播与大众传播的交融,介绍手机传播失范的表现、特征以及四个范畴。第三章,概述隐私权的一般理论以及关于手机偷拍、垃圾短信、手机实名制、手机运营商等方面的隐私权问题,探讨手机信息传播中、编制短信和手机铃声下载之中关于著作权的问题,最后分析手机传播服务合同关于财产权的问题。第四章,探讨手机信息传播与国家安全问题,阐述手机传播中的广告管理、犯罪问题、诈骗问题、色情信息的法律问题以及个人信息被非法泄露的法律问题,最后说明手机信息传播中的证据力问题。第五章,分析手机传播的监管问题以及提出立法建议。目前我国对手机媒介的管理涉及部门多、管理职能交叉,现有的法律规定又缺乏可操作细则。因此,应结合我国手机媒体产业发展的独特性,借鉴国外成熟经验,对手机媒介进行符合实际需要的监管和立法,具体可从五个方面入手,首先,尊重公民信息传播自由,增强监管力度;其次,推行多元化、多层级、全社会的监管体系;然后,尽快完善相应的法律法规,保障信息传播的自由和安全;除此之外,立法要推动信息产业进步,而不能限制其发展;最后,借鉴国外的先进经验和制度,形成适合我国的管理制度。

关键词:手机　信息　传播学　公法　私法

**4686**

**清朝对朝鲜外交体制变通研究:以19世纪60年代至19世纪80年代中期为中心** / 盛利著 ; 陈尚胜指导. -- 山东大学, 2009. -- 133 页

论文主要围绕19世纪60年代到19世纪80年代中期,清朝对朝鲜外交体制的变通展开论述。围绕1870年代到1885年清朝对朝鲜外交体制的变通这一主题,论文主要分为以下章节来展开论述:首先为导论。导论部分主要研究晚清对朝鲜外交体制变通的学术意义和研究方法。第一章主要介绍封贡体制在清鲜关系中的构建和机制。主要介绍封贡体制在清鲜关系中的构建和发展,封贡体制下清朝政权内部涉朝机构设置的基本情况,指出封贡体制在清鲜关系中体现的几个特点。第二章主要讲述清朝劝导朝鲜开国和变通旧制。介绍了总理衙门、北洋大臣、驻日公使在涉朝事务中决策地位的上升,由此也造成了礼部在涉朝事务中决策地位的下降,进而形成了总理衙门与北洋大臣主导朝鲜事务的局面。详细介绍了清朝劝导朝鲜开国的诸多交涉环节,揭示了清政府如何对清鲜封贡体制的内容做出诸多变通。指出总理衙门、北洋大臣主导朝鲜事务局面的形成,既是变通旧制的结果,又促进了清鲜传统体制的进一步变通。第三章主要介绍了特使的派遣和特使制度的形成,以及特使对朝鲜开国的影响。第四章介绍了《商民水陆贸易章程》的签订和驻朝商务委员制度的建立。第五章是结论部分。对晚清对朝鲜外交体制变通做出总结,分别从晚清对朝鲜外交体制变通的发展脉络、晚清对朝鲜外交体制变通的近代意义、从清政府的外交决策分析清朝对朝鲜外交体制变通的失败原因等几方面对论文主题做了回顾、比较和分析,并且进行了较为深入的思考。

关键词:中朝关系　对外政策　外交史　清代

**4687**

**富滇之梦:民国云南金融发展的经验与教训——以富滇银行、富滇新银行为中心** / 史允著 ; 林超民指导. -- 云南大学, 2009. -- 177 页

论文跳出“阶级斗争为纲”的范式,用“现代化”的视角对云南富滇银行、富滇新银行做新的分析研究,对与富滇银行、富滇新银行相关的历史事件和历

史人物做新的评价。在详尽叙述富滇银行、富滇新银行发展过程中,论文注意将其放在“现代化进程”的历史大背景中,考察这两家银行的独特性、时代特征、地方特点,及其给地方经济、金融甚至政治带来的影响。论文对富滇银行、富滇新银行在云南早期现代化进程中,在建立现代金融体系中的历史功绩与失误做了实事求是的评价。论文着重论述富滇新银行为代表投资兴建的“缪云台掌管的资本企业”,指出,这种制度设计的确取得了较好的效果,有效地助推了云南的早期现代化工矿业发展。论文指出,富滇银行和旧滇币体系的失败也昭示着,现代金融制度需要广泛的政治、经济联系,而这种广泛联系必然导致国内统一市场体系和统一金融体系的形成。现代化的市场经济必然推动国内统一市场的形成、扩大、巩固,并使国家统一而稳固的一体化金融体系不可阻挡地强大起来。在体现整体性的同时,富滇银行、富滇新银行的尝试又是独特的和有创建的,是中国经济迈向现代化过程中的新路经和新尝试,这些尝试所带来的经验,甚至在今天都有可能为现实提供帮助。

关键词:地方金融　经济史　云南　民国

**4688**

**明代以来沁河下游的水利开发与社会变迁** / 宋永志著 ; 陈春声指导. -- 中山大学, 2009. -- 172 页

论文以明代以来豫西北沁河下游地区水利开发的历史过程为着眼点,将水利开发放置于地方发展变迁的大背景下加以考察,从不同时期控制水利开发的群体来透视明清以来地方社会权势的历史过程以及乡村水利组织的变化,以期探讨区域社会发展变迁的内在机制,从而深化华北地区水利社会史的研究。全文共分为六章。第一章,导言,提出问题,回顾学术发展历史,介绍研究区域的自然环境与历史变革,阐述论文材料、方法与结构。第二章,介绍明代前中期的怀庆府的地方社会的发展。说明明初怀庆府的移民与入籍,阐述怀庆卫的设立及移民军户,介绍郑藩移国中的军户,以及军户对地方社会文化传统的认同与塑造。第三章,回顾宋、元以来汤帝、二仙信仰的变迁,介绍元至明中叶沁河水利开发格局的变迁,说明广济渠用水制度的形成过程,分析河、济二邑利水之争的根源与分水格局的确立。第四章,分析以河内县柏香镇杨氏为中心的明末乱世中的乡宦,说明清初的怀庆府乡宦群体与地方里甲整顿,回顾乡宦与地方宗族的兴起。第五章,说明清初怀庆府地方渠务的整顿,阐述雍、乾时期的水利之争,介绍河、济二邑分水格局的回归。第六章,总结水利与社会的变迁。伴随着水渠的兴废、王朝的鼎格、地方社会权势的转变、赋役制度的演进,明中叶到清中叶长达二百年的水利开发与博弈的历史过程清晰地展现出了地方社会发展的脉络。

关键词:水资源开发　社会变迁　明代

**4689**

**17—19 世纪清代地方城市的重建与变迁:以成都为例** / 田凯著 ; 何一民指导. -- 四川大学, 2009. -- 369 页

论文以反映清代地方城市在明末清初动乱后的重建与发展为主题,以成都为例展开研究,构建一个以城市建设为窗口理解清代城市的内部轮廓及城市自身生长历史的分析框架。论文除绪论与结语外,共分为七章,这七章将围绕着城市重建与发展从三部分展开阐述,第一部分即第一章,重点考察清代城市重建的背景,关注社会灾难对于城市造成的历史后果,以及城市遭到巨大创伤后,民众对城市社会的崩裂和损失作出的回应。第二部分包括第二章、第三章和第四章内容,该部分透过重建中具体建筑的物质特性及象征意义,利用细致的资料收集与分析,勾勒出成都的物质生活面貌。第二章考察城墙、地方官衙、军营即满城等公共建筑物的重建。第三章把注意力放在清代成都的公共设施,如学校、道路桥梁、仓舍的建设上。第四章讨论会馆公所、宗祠等城市公共活动空间的重建步伐与重建特点及其在城市生活中的作用。城市的重建不仅仅是物质的重建,还包括社会、文化全方位的重建。论文的第三部分通过五、六、七三章的内容来分析城市景观建设过程中展现出来的城市社会本身的重建与变迁。这一部分包括三个层面:在社会内部结构的层面上,研究景观建设所反映的城市社会结构的重建;在空间变迁的层面上,从城市空间的变迁上看清代城市对传统的继承与改造。最后是在时间维度的层面上,分析城市记忆与景观的变迁的关系。本部分第五章内容把城市建设放在一个更广泛的文化、社会和政治背景下去考察。第六章集中讨论在清代成都的恢复重建中,城市空间格局的重建。第七章是从时间维度上看城市重建:通过城市景观的建设探索城市地方记忆的变迁。最后的结论部分从一个较广阔的视野来综合评价明术清初后城市重建在中国城市发展中的意义及影响,成都城市重建表现出的特殊性,城市文化的连续性发展在城市建设中的意义。

关键词:城市建设　社会变迁　成都　清代

**4690**

**康区藏传佛教历史地理研究(公元8世纪—1949年)** / 王开队著 ; 郭声波指导. -- 暨南大学, 2009. -- 274页

论文以寺院为中心,对历史时期康区藏传佛教地理这一命题进行宏观探讨。全文共分为五章。首先,绪论。对"康区藏传佛教历史地理研究"这一论题所涉及的方法论、研究思路以及学界相关的研究成果和研究资料进行论述。第一章,对形成、发展期康区藏传佛教的空间发展过程进行研究,大致复原出宁玛、噶举、萨迦、格鲁四个主要教派这一时期在空间的发展过程,并依据相关资料对这一时期康区主要的藏传佛教寺院进行时空分布特征的研究。第二章,对成熟、定型期康区藏传佛教的空间发展进行研究,依据相关资料复原出了这一时期各个教派寺院在康区的空间分布状况并对其分布特征及原因进行简要分析。第三章,结合第一、二章相关内容对历史时期康区藏传佛教的传播模式及寺院空间分布模式进行探讨。同时,对藏传佛教的其他几个主要文化因子也进行历史地理学方面的探讨。第四章,以现代宗教地理学理论为基础,讨论康区地理环境与藏传佛教的相互间影响,同时,也以现代生态文明的视角对历史时期康区藏传佛教进行探讨,分析其对于建设现代生态文明的意义,作为个案,对历史时期藏传佛教影响下的康区人地关系进行了集中分析。第五章以现代人文地理学理论和方法为基础,对历史时期康区藏传佛教文化区进行划分。同时对于历史康区藏传佛教在整个藏传佛教文化圈中的历史地位及其作用也进行了简要论述。

关键词:佛教　喇嘛宗　历史地理

**4691**

**集体化时期农村医疗卫生制度研究:以河北省深泽县为个案** / 王胜著 ; 梁景和指导. -- 首都师范大学, 2009. -- 226页

论文以河北省深泽县为个案研究集体化时期的农村医疗制度。论文共分为六章。首先,导论。介绍选题缘起与意义,阐述研究现状、研究对象与资料,介绍研究方法与路径。第一章,说明深泽县的自然条件与社会状况,介绍民国时期的医疗卫生机构,阐述建国初期医疗卫生机构的建立与医疗卫生工作的展开。第二章,介绍深泽县的合作化运动,说明该联合诊所和农业社保健站的建立与发展,展示卫生工作的跃进,最后说明基层卫生组织的调整。第三章,展示县医院的卫生改革工作,介绍农村医务人员的培训状况,说明农村三级医疗保健网的建立。第四章,阐述合作医疗的兴起,说明合作医疗制度的实施形式以及合作医疗中存在的问题和解决措施,最后介绍农村医疗卫生制度的解体,说明大队医疗机构整顿中脱节的政策与现实以及公社卫生院的调整与改革。第五章,介绍赤脚医生的培训、考核以及待遇与变迁,说明医疗救治与预防接种工作,阐述爱国运动的形式以及妇幼保健与计划生育工作。第六章,评析农村医疗卫生制度的成效及原因,说明农村医疗卫生制度中存在的问题,介绍集体化时期农村医疗卫生制度变迁的脉络,从农村医疗卫生制度变迁分析制度与人的关系。集体化时期,决策者以民意为重,真正体现广大人民群众的根本利益,这样才能促进社会和谐。

关键词:农村　医疗卫生服务　医疗保健制度

**4692**

**宁夏近代教育研究** / 王曙明著 ; 周伟洲指导. -- 西北大学, 2009. -- 236页

论文在立足于发掘和整理近代第一手文献资料基础上,广泛汲取前人研究成果,试图对宁夏近代教育进行全面研究。按照宁夏各民族国民教育与宗教教育的近代化进程,全篇分为五章,展开论述。第一章,清末新政前的宁夏社会与教育状况。第二章,从清末新政到1929年宁夏建省前,宁夏近代教育的产生与初步发展。第三、第四、第五章,以专题形式,分别论述宁夏建省后的教育政策与教育管理;讨论建省后宁夏国民教育的进一步发展;探讨建省后宁夏学校式社会教育、变革的经堂教育与教会教育。宁夏国民教育,以其建省后接受初等、中等、高等教育的人数来看,呈现金字塔式的发展状况。就学校式的社会教育而言,宁夏建省后入学民众虽年有增加,但与预期目标相去甚远。宁夏经堂教育在变革道路上出现了诸多问题,但变革的结果使宁夏经堂教育大大向前迈进一步。与此同时,宁夏教会教育也适时调整了教育方针、办学形式和方法,进而得到发展。总之,宁夏教育在近代化的历程中,既体现有与西北乃至全国其他省份相类似的教育共性,同时又因其特殊的人文地理环境与社会历史发展背景而独显其近代教育特色。

关键词:地方教育　民族教育　教育史　宁夏近代

4693

**金代区域文化研究** / 王万志著 ；程妮娜指导. -- 吉林大学, 2009. -- 239 页

论文从宏观角度出发,通过综合考虑不同区域的自然地理、经济状况、民族构成及区域政治,将新疆区域划分为金朝、辽海、燕云、预鲁和陕甘五大区域,总结各区域内风俗、儒学、文学和宗教等方面文化的发展状况,分析区域自身文化发展过程及各文化区域间的互动关系。全文共分为五章。首先,绪论。介绍选题意义与研究现状,说明研究内容与研究思路,并阐述论文的创新点。第一章,介绍金源文化区自然环境与民族分布,说明女真建国前后金源区域文化,阐述上京为都城时期的金源区域文化,分析上京为陪都时期金源区域文化。第二章,首先说明辽海地区自然环境与民族分布,然后介绍金前后辽海区域文化,并分析金朝期辽海区域文化的发展情况。第三章,阐述燕云地区的自然环境与民族分布,介绍燕京时期燕云区域文化,分析中都时期燕云区域文化,最后阐述金末燕云区域文化。第四章,首先分析豫鲁地区的自然环境与民族分布,然后介绍金初豫鲁区域文化遭到摧残的状况,并介绍刘齐政权的文人,说明刘齐时期的豫鲁区域文化,最后分别介绍金中后期以及迁都汴京时期的豫鲁区域文化。第五章,阐述陕甘地区的自然环境与经济结构,分析陕甘地区的民族构成,说明金朝前期陕甘区域文化的衰落,最后从教育事业、文学、尚武以及佛教等方面总结金朝中后期陕甘区域文化的发展。

关键词:区域　文化史　金代

4694

**西北出土汉简中汉代律令佚文分类整理研究** / 王旺祥著 ；张德芳指导. -- 西北师范大学, 2009. -- 284 页

论文参照已有汉代律令文献分类对西北出土汉简中的汉代律令佚文进行了比较全面的整理,基本理清了西北出土汉简中汉代律令佚文的类别和体系,明确了各类别内部及其之间的内在联系和脉络,为进一步对西北出土汉简中汉代律令佚文的研究打下较好的基础。全文共分为十一章。首先,绪论。介绍选题的缘由和选题的意义,阐述西北出土汉简中汉代律令研究概况。第一章,介绍汉代诏令、章表文书,并说明其他诏书、令等。第二章,介绍盗律与贼律。第三章,说明囚律、捕律、亡律。第四章,分析杂律、具律。第五章,介绍兴律、厩律与户律。第六章,阐述告律、置吏律、传食律、田律。第七章,分析关市律、行书律、复律、赐律。第八章,说明爵律、徭律、金布律。第九章,研究秩律、均输律、尉律。第十章,分析津关令与钱律。第十一章,说明债务文书、购偿科别、爰书、病书。论文从以上方面对西北出土汉简汉代律令佚文进行分类整理研究。论文首先采取对每类已知律令文献内容列表来确定划分每类律令内部类别参照系的方法,然后进行西北出土汉简中相应律令佚文的有效分类,从而展现和构建西北出土汉简中汉代律令佚文的基本框架和体系,为研究汉代法律史提供材料支持。

关键词:竹简文　汉律　诏令　分类

4695

**清代至民国时期兰州及其周边地区农业开发研究** / 韦宝畏著 ；李并成指导. -- 西北师范大学, 2009. -- 194 页

论文以清代至民国时期兰州及其周边地区农业开发为研究对象,系统揭示和复原清代至民国时期兰州及其周边地区农业开发的历史面貌,探讨和总结历史时期该区农业开发的宝贵经验和惨痛教训,为今天该区经济社会的可持续发展提供有益的历史借鉴。全文共分为六章。第一章,主要探讨清代至民国时期兰州及周边地区农业开发的自然地理基础和历史基础,通过分析该地区的自然条件,以明确该地区发展农业生产的有利条件和不利条件,同时对该地区在历史上重要的战略地位和农业开发的成就进行追溯和评价,并梳理该地区的行政建置及其历史沿革、居民来源及其民族构成。第二章主要探讨清代至民国时期兰州及其周边地区的人口及劳动力资源的增减和有关土地垦殖等问题。第三章,探讨清代至民国时期兰州及其周边地区的水利开发与砂田耕作,包括水利开发的形式、效益和评价;砂田耕作技术的发明、应用、推广和评价等。第四章,探讨清代至民国时期兰州及其周边地区主要农作物的种植与地域分布。第五章,分析清代至民国时期兰州及其周边地区农业开发对生态环境的影响,包括自然灾害的类型、时空分布特点及其对农业生产所造成的危害等。第六章,探讨清代至民国时期兰州及其周边地区农业开发的经验、教训及其对今天兰州及其周边地区开发的启示。

关键词:农业经济　农业史　兰州　清代　民国

4696

**文化表述与地域社会:宋元以来闽粤赣毗邻区的族群研究** / 温春香著 ；郭志超指导. -- 厦门大学,

2009. -- 295 页

论文以宋元以来闽粤赣毗邻区的种群为对象，以文化表述为切入点，在对历史上闽粤赣毗邻区的生态、地理及早期居民勾勒之后，考察宋元到民国文人对闽粤赣的记载。全文共分为七章。第一章，绪论。提出问题，回顾近百年来民族史书写范式的几次转变以及对畲族以及客家的研究，介绍研究方法与研究框架。第二章，说明闽粤赣毗邻区的地理与生态状况，阐述瘴气的隐喻，介绍闽粤赣毗邻区早期的居民百越人及神秘古人。第三章，介绍文化表述中的地域性动乱。分别介绍宋代的“峒寇”以及元代的“畲乱”。第四章，阐述作为异己的畲民，展演异俗、与世殊别的畲妇以及游历者眼中的畲妇，书写背后的历史过程，如畲名的变化与定型，盘瓠信仰人群与畲民姓氏的变化与确定，王阳明巡抚南赣等，最后介绍书写者的文化认同。第五章，种群意识的伸张。首先介绍作为将军、儒士、神明、象征的陈元光，然后阐述来自畲民的声音，对盘瓠形象的改造以及强调本族的特色，最后展示客家人意识的兴起，从作为流民的客民到作为族群的客家。第六章，介绍有异己到国民的过程，阐述近代中国之“种族的民族主义”，分析说客风潮，最后展示《逸经》事件。第七章，总结表述的转变，土著少数种群何在以及有关书写的历史。

关键词：少数民族　民族文化　畲族　客家

**4697**

**共和国十七年“支边”移民研究：进入西双版纳湘鄂移民的历史考察** / 文婷著 ; 林超民指导. -- 云南大学, 2009. -- 215 页

人口迁移是社会变迁的晴雨表，20 世纪 50 年代以来，我国边疆民族地区社会变化的剧烈、深刻程度是以往任何时期都不能比拟的，这些变化背后的深层原因之一正是来自各地人口的不断迁入。论文在前人研究的基础上另辟蹊径，以 1950—1966 年的云南移民为主线，以西双版纳湘鄂移民为个案，专题探讨“支边”与共和国十七年边疆人口迁移。1. 以唯物主义的社会史观为指导思想，客观分析考订 1950—1966 年中国人口的迁移与流动。2. 在基本复原共和国十七年移民图景的基础上，深入研究 1950—1966 年的云南人口迁移。3. 以“支援边疆建设”为切入口，从新的角度探讨十七年边疆移民及共和国历史。4. 通过访谈，结合文献资料，展开对特定区域——西双版纳，以及移民个案——湖南人与武汉人的讨论。文章通过访谈，及对移民现实生活的观察，结合文献资料，生动的再现移民变迁的过程。并在比较研究二者定居、变化、发展历史的基础上，最终弄清一个由无数小地方及小群体构成的边疆社会的变迁脉络。5. 将宏观过程与微观叙事相结合，专题研究移民与边疆社会。移民见证了中华人民共和国半个多世纪历史的不同阶段、不同地域、不同方面，参与了边疆建设，经历了各种变化，创造了自己生活的时代，所以讨论宏观社会发展中个体亲历、见证、参与历史的生命历程，记录他们对自己历史的评价和心态的变迁；考察相同地域范围内，不同来源移民之间、移民及当地人口之间不同层次、深度的交往、联系、碰撞、融合，透视人口结构的变化与边疆社会变迁的关系，即移民本土化与边疆现代化同时进行，传统边疆社会逐渐向现代地缘社会转变；“支边”与“援内”的互动最终带来了民族团结、边疆稳定与国家统一。

关键词：移民　人口迁移　边疆地区　西双版纳

**4698**

**民初（1912—1913）立法与行政关系的论争** / 吴建铭著 ; 胡沧泽指导. -- 福建师范大学, 2009. -- 267 页

论文紧紧围绕人们对立法与行政关系的权利如何分配、权限如何设置的认识、争论这一主题，进行广泛深入的研究。全文共分为七章。第一章，首先界定立法与行政的关系，然后考察论争的国际背景，最后考察论争的国内背景。第二章，分析论争的前奏。首先介绍 19 世纪下半叶洋务派与早期维新派的初步探索，继而展示清政府的争论与立宪派的主张，最后介绍革命派关于总统制与内阁制的争论。第三章，争论的重点。介绍对立法权维护的行为，阐述袁世凯与各地行政官员对行政权的维护，介绍立法权与行政权的调和，最后总结论争的政治与文化的原因以及论争的影响。第四章，论争的焦点。阐述两种不同的主张，总统制主张和内阁制主张。第五章，论证的热点：同意权和解散权的论争。分别阐述舆论界、政党以及制宪会议关于同意权与解散权的争论。第六章，介绍梁启超、章士钊、张东荪以及吴贯因关于立法与行政关系的理论论争。第七章，分析论争的后续。首先介绍北洋政府中后期，军阀继续借制宪对立法权进行抨击，而制宪会议则继续维护立法权，以及出现的一股批评内阁制，鼓吹总统制的思潮，其次介绍孙中山独辟蹊径，批评西方立法与行政关系的缺点，吸收当时最新的劳动成果，借鉴中国传统政治文化，对立法与

行政关系进行创新。最后，介绍孙中山的思想对南京国民政府时期的政治制度设计的影响，以及引发了相应的论争。

关键词：政治制度　立法　行政权力　民国

**4699**

**清代地方民事纠纷与解决机制研究：以清代四川南部县衙门档案为中心** / 吴佩林著 ；杨天宏指导. -- 四川大学，2009. -- 238 页

论文的研究进路，是从新近开放的清代四川南部县衙门档案出发，打通从民间到县衙的解释渠道，就民事纠纷在民间社会的产生与调解、上诉到衙门、直至县官的裁决这一全过程作精细的实证研究，进而检讨传统的观点，以期重新认识清代地方的法律与社会。论题是中外学者，包括历史学、法学、政治学、人类学、社会学及其他相关学科研究者普遍关注的学术研究领域，前辈和时贤都做过许多有益的探索。前人的研究与本文相关的讨论主要集中在宗族组织对民间纠纷的调解、地方司法程序、衙门对民事诉讼案件的判案依据、民间俗规与国家律典的关系、传统司法制度与文化等方面。他们的研究对我们厘清传统社会民事纠纷的产生与解决的实际情况具有重大的学术意义，但仍还有一些具体而重要的问题需要进一步探讨。因此，论文的研究从以下几个方面展开：绪论部分：在总览近30年中国法制史研究的前提下，引出论文的研究进路，说明论文研究范围，界定概念，指出论文的学术努力，介绍使用的主要资料——清代四川南部县衙门档案。第一章主要探讨民间社会的秩序规范与纠纷解决。第二章就诉讼成本、民间纠纷何以闹上衙门、诉讼策略与诉讼规模进行探讨。第三章主要是对民事案件的管辖与受理进行探讨。第四章主要是深入到诉讼程序的内部，就程序中相关制度的规定在实际中的效果，以及程序中涉及的具体档案资料进行深入研究。第五章则立足于档案，就衙门审理民事诉讼的基本思路进行分析。结语部分则是对全文进行总结。

关键词：民事纠纷　民事诉讼　调解（诉讼法）　清代

**4700**

**明清之际天主教书籍传教研究（1552—1773）** / 伍玉西著 ；张箭指导. -- 四川大学，2009. -- 251 页

论文以文化双向互动的方法，对明清之际天主教书籍传教进行系统研究。旨在通过对这一具有中国特色传教方法的探讨，以揭示西方基督教文化在中国社会的传播机理。全文分为六个部分。第一部分为导论，解释了问题的缘起及要解决的主要问题，对相关课题的研究状况进行了回顾，对有关概念和术语进行了界说，并交代了资料来源和研究方法。第二部分，考察书籍传教兴起的原因。书籍传教被传教士认为是最适应中国文化状况的一种传教方法。第三部分，叙述传教士中文书籍的译著过程，重点关注华人在其中发挥的作用。第四部分，考察明清之际天主教中文书籍出版的相关问题。明清之际天主教中文书籍的出版除了准印许可外，其他方面几乎全部借用了中国现行体制。第五部分，从中国士人的三种回应态度来考察书籍传教产生的效应。第六部分为结语，总结在天主教书籍传教过程的中西互动关系，分析“历狱”前后中国士人对西学采取不同反应态度的原因，并说明“历狱”后士人冷淡西学给中国天主教会带来的严重后果。

关键词：天主教　基督教　传教士　明清时代

**4701**

**宋代庄学思想研究** / 肖海燕著 ；刘固盛指导. -- 华中师范大学，2009. -- 230 页

论文运用文献学与思想史相结合的研究方法，并借鉴诠释学的相关理论，通过对宋代庄学思想主要内容的历史考察，揭示宋代庄学思想发展的主要特征，展现宋代庄学丰富的思想内涵和蕴涵在其中的时代精神。全文分为五章：第一章概述宋代庄学发展的思想学术背景。第二章考察宋代庄学文献情况及其诠释特点。第三章分析宋代学者对庄子道论的哲学阐发，主要从宋人对庄子道论的肯定、道体的特点和功用、道与理的关系三个方面论述。第四章阐述宋代庄学思想中的心性论。宋代学者借《庄子》阐发心性之学，使该时期的庄学和前代相比，在思想上呈现出新的特质。其中既可见儒家的性命道德学说，又可见道教内丹心性学，还有佛禅心性论的渗透。第五章论述宋代庄学中的治世思想。王安石、苏轼、程俱、褚伯秀等人通过调和庄子与儒家思想的关系，指出《庄子》实为救世之书，认为庄子思想是可以经世致用的，由此反映出他们对社会政治的深切关怀。宋代学者诠解《庄子》，大都强调“有为”，认为治国必须仁义礼法并用等，这些思想都体现出儒家精神在宋代庄学中的进一步强化。宋代庄学的发展，与宋代的文化精神密切

相关。第三、四、五章是论文的主体部分,也是宋代庄学思想的核心内容。"道论""心性论""治世思想"这三个方面各有特色,但互相之间又有内在的联系,体现了宋代庄学从天道至人道,由内圣而外王的思想理路。

关键词:庄周　道家　哲学思想　宋代

**4702**

**满铁附属地学校教育研究** / 谢忠宇著 ; 高乐才指导. -- 东北师范大学, 2009. -- 319 页

论文共分九个部分。绪论为学术史的回顾与基本理论的考察。第一章为对"南满洲铁道株式会社"的设立、满铁附属地的形成与扩张、满铁附属地的性质进行考察。第二章为从宏观上对满铁附属地的教育行政管理、方针及制度进行考察与分析,揭示日本殖民教育的本质。第三章为初等教育。第四章为中等教育,主要包括日本人教育的中学校及高等女学校,中国人教育仅有一所南满中学堂。通过对各校的设置背景、规则内容及具体实施,探明日本开设中等普通教育的目的及其教育本质。第五章为高等教育。日本人的高等教育分为专门学校和大学两部分。日本没有对中国人单独开设高等教育。首先研究满铁在附属地进行高等教育的目的,其次研究高等教育的规则及其方针政策,分析其特点与意义,最后通过具体的教育实施究明满铁附属地高等教育的实质。第六章为职业教育。通过对职业学校的教育规则、方针、实施,尤其是对陆续废除中国人职业学校,转而重点扶植日本人职业学校的经纬进行陈述和分析,阐明日本在满铁附属地开设职业教育的本质及目的。第七章为对满铁附属地的学校教育进行总结,分析其特点并阐述这种教育形式给我国东北地区带来的影响,以及东北人民的应对。结语为对满铁附属地各教育层次进行归纳,明确其殖民主义教育性质。

关键词:殖民地　南满洲铁道股份公司　学校教育　教育史

**4703**

**区域文化产业开发的比较优势研究** / 徐艳芳著 ; 江奔东指导. -- 山东大学, 2009. -- 168 页

论文从以下五个方面探讨了区域文化产业开发中的比较优势理论及其实践问题。一、区域文化产业开发与比较优势理论。区域文化产业是区域经济和区域文化耦合的结果。只有自觉运用比较优势原则,才能制定出科学的区域文化产业开发战略,才能确定正确的文化对外贸易战略,才能符合目前我国文化产业发展的实际需要。二、区域文化产业开发比较优势的形成机理。用比较优势理论来考察区域文化产业开发问题,首先要搞清区域文化产业开发的比较优势是什么。三、区域文化产业开发比较优势评价。指标体系区域文化产业开发比较优势的大小是可以评价的。四、区域文化产业开发比较优势的实现机制。区域文化产业开发的比较优势是潜在优势,是文化产业开发所具备的优势条件,需要通过一系列的途径才能实现。五、区域文化产业开发的比较优势模式。要素禀赋的特征决定了区域文化产业开发的初始条件,是区域文化产业开发的启动点,也决定了区域文化产业开发的方向。结束语总结论文主要的研究方法,包括:理论阐述和案例分析相结合,定性分析和定量分析相结合,问卷调查法,相关学科知识的交叉融合。

关键词:区域　文化产业　产业发展

**4704**

**江西国统区社会动员研究,1928—1945** / 晏雪平著 ; 陈支平指导. -- 厦门大学, 2009. -- 235 页

论文主要对国民政府建立到抗战结束这段时间江西国统区社会动员进行研究。国民政府在此期间在各个方面尝试了多项改革,论文主要选取田赋改革、地政改革、粮食统制及农村合作运动四个方面进行研究。论文正文部分以此四个方面逐次展开,以此来观察国民政府时期江西社会动员的过程,从中考察其得失利弊。第一部分田赋改革。该部分先从 20 世纪 30 年代初期田赋征收各种问题展开,其次对田赋改革的各项措施进行论述,最后对 30 年代田赋整顿的成绩进行评价。第二部分地政改革。江西地政改革可以分为三个阶段:抗战前土地航空测量、抗战初期土地人工丈量、1941 年以后的土地陈报。此章首先以此三个阶段展开分析,再对三次土地清丈所得数字的质量进行考察,从中分析地政改革的成效,最后对地价税进行考察。第三部分粮食统制。首先考察抗战前江西粮食市场之变迁,再对抗战前、抗战前期、抗战中后期江西粮食统制形成过程进行深入分析。最后对粮食统制政策的效果进行考察。第四部分农村合作运动。本章首先从 30 年代江西省农村危机入手,主要从此时期农村劳动力流失、田地荒芜等几方面展开。其次对抗战前农村合作运动的各方面展开论述,偏重于各项制度的考察。最后是抗战时期的农村合作运动,侧重于抗战后农村合作运动变化的研究。

关键词:国民政府　政治动员　经济体制改革　合作经济　江西

**4705**

**清代山东城市发展研究** / 杨发源著；何一民指导. -- 四川大学, 2009. -- 396 页

论文以清代山东城市为研究对象,以城市的现代转型为主线,从城市兴衰的角度,探寻山东城市在清代的发展变迁概况。文章着重探析清代山东城市经济的发展、城市建设、城市的空间布局以及城市的管理等多层面的状况和特点,并分析和总结影响清代山东城市发展变迁的诸多因素。文章力图对清代山东城市进行多维度、长时段的研究,主要分绪论、正文、结语等几个部分。绪论部分主要阐明研究的目的、意义,研究的理论和方法等方法论层面的问题。同时从区域城市史和山东区域两个层面进行较详细的学术回顾和评析,对研究资料的收集情况进行介绍。正文共分四章。第一章主要探讨山东地理、人文环境及城市空间分布。第二章主要就清代山东城市建设及城市内部空间布局进行研究。第三章主要研究清代山东城市管理的相关问题。第四章主要研究清代山东城市经济的发展。第一节主要探讨清代山东城市商业。第二节主要研究清代山东城市工业的发展。第三节梳理清代山东城市金融业的发展概况。第四节主要以运河城市、海港城市、政治中心城市、工矿城市以及清末市镇为代表,梳理了这些城市兴起、发展概况,并探讨经济发展与城市社会变迁的互动关系。论文结语部分概括论文的主要观点,阐释了清代山东城市从传统走向现代的过程,并分析了地理人文环境、政治因素、交通、外力、社会环境与城市发展的关系。

关键词:地方史　城市管理　城市经济　山东　清代

**4706**

**金朝行省制度研究** / 杨清华著；程妮娜指导. -- 吉林大学, 2009. -- 174 页

金朝在其统治前期和后期两度设置行省,从而形成了金朝独特的行省制度。论文主要对金朝独特的行省制度进行研究。全文共分为五章。首先,绪论。介绍选题缘由,界定基本概念,介绍研究概况,说明论文的主要创新点和难点。第一章,介绍行台制度的兴起,说明魏晋北朝行台的设置。阐述隋唐行台的设置情况以及隋唐行台官制与职能。第二章,说明金朝前期行台尚书省的建置以及金朝前期行台省机构、职官及其职能。阐述章宗朝至宣宗迁都前行省的建置,并说明其类型与特点。最后介绍金迁都汴京以后行省的类型和特点。第三章,阐述行省事任职人员的身份以及行省事的职掌。说明金后朝行省官属机构及其职能。最后分析金后期章宗朝、卫绍王朝至宣宗迁都汴京前以及宣宗迁都汴京后至金亡各行省的职能。第四章,分别介绍金后期行省与行元帅府、行六部、经略司、路府州县等个地方机构的关系。第五章,分别分析金朝行省制度在统辖区域上、设置类型上、官制上对蒙元行省建置的影响。金朝后期行省在吸收前朝行台官制因素的基础上,融入了女真本民族的管制特点,形成了崭新的行省官制形态。金朝行省制度最终与金封建国家一同消亡,但它在统辖区域、设置类型和官制等方面,都对蒙元行省建置产生直接而深远的影响,对元朝行省制度的最终形成具有重大贡献,因而它是中国省制发展史上不可或缺的重要环节。

关键词:地方政府　政治制度　金代

**4707**

**北宋经略河湟民族政策研究** / 杨文著；田澍指导. -- 西北师范大学, 2009. -- 275 页

论文从多学科的视角进行研究,探讨北宋经略河湟区域的民族政策,并进而探讨北宋国家政策与河湟区域民族政策的关系。全文共分为六章。首先,导论。介绍选题思路及研究意义,阐述国内外研究现状,说明论文的重点、难点和创新点。第一章,介绍北宋河湟民族区域范围以及自然经济条件,分析北宋河湟民族区域特点。第二章,介绍北宋初、中、后期经略河湟区域的民族军政政策,说明北宋经略河湟区域的民族经济政策,并分析北宋经略河湟区域民族政策对河湟民族政权及区域社会发展的作用。第三章,介绍北宋河湟民族区域堡寨的修筑过程。说明北宋河湟民族区域堡寨修筑选址规则及管理、修筑花费、堡寨图,分析形成河湟民族区域量、分布表以及北宋河湟民族区域堡寨修筑的历史作用。第四章,分别介绍河湟唃厮啰政权以及西夏政权对北宋经略河湟区域民族政策的影响。第五章,阐述北宋初期、中期、后期经略河湟区域民族政策中的武将与士大夫因素。第六章,分析形成民族区域"权法"法律政策的政治、经济、文化原因,阐述河湟民族区域"权法"法律政策的主要内容,说明河湟民族区域"权法"法律政策的实施过程。最后说明北宋河湟区域"权法"民族法律政策的特点并对其特点进行评价

关键词:民族政策　民族地区　北宋

4708

**缝纫机与近代上海社会变迁(1858—1949)** / 袁蓉著；熊月之指导. -- 复旦大学, 2009. -- 168 页

论文以缝纫机作为主要研究对象,以近代上海(主要考察时间段为1858—1949年)为时空界限,阐述缝纫机在西方的发明诞生历程,重现缝纫机在抵达中国以前在西方各国,尤其英、法、美的历史场景,着力考证缝纫机传入上海的时间、译名、价格等问题,划分出缝纫机进入上海以后的各个时段,将缝纫机的发展放置于整个近代上海的历史发展轨迹中加以分析。并通过考察缝纫机传入上海以后,社会各层面,主要包括专业的从事西式服装制作的红帮裁缝、有钱有势的贵族、思想进步的中产知识女性、希望学有一计养家活口的普通人家等,对缝纫机的反应及其接受普及程度;论述近代上海享有盛名的几家"名牌"缝纫机制造厂商,通过他们各自的发展历程,分析探讨上海缝纫机产业从无到有、从弱到强发展过程。在此基础上,论述缝纫机在近代上海辐射的服饰产业。以西服业、衬衫业、鞋帽业、时装业作为切入点,探寻缝纫机对近代上海社会、近代上海人群的服饰习惯、观念转变的影响。深入剖析机器使用的性别问题、观念转变及其所衍生的方方面面,结合科技与上海城市近代化、上海城市时尚的推进、各阶层的消费方式变迁、城市男女平等意识等众多方面,全景展示出缝纫机对于上海社会生活方式的变革所产生的效应及由此带来的意义。论文力图以史实为研究基准,以点面结合的研究路径,运用历史学、经济学、城市社会学研究的理论与方法,试以缝纫机为研究对象,希冀能够跳出就器物而器物的模式,将缝纫机研究从纯粹技术层面转向史学、社会学等层面,以小见大,入乎其内,而出乎其外,剖析物质文明在城市发展中的历史作用,从学术的层面上开拓创新缝纫机研究的新视角。

关键词:缝纫机　社会变迁　上海　近代

4709

**中国电视新闻节目发展史研究(1958—2008)** / 岳森著；陈培爱指导. -- 厦门大学, 2009. -- 271 页

论文研究的基本问题是:中国现行体制下电视新闻节目的发展路径及发展动因。在研究过程中,笔者试图改变以往惯常的研究模式,打破学科壁垒,给电视新闻节目的创作与发展引入一些其他社会人文科学更为开阔、多元、均衡的观念、视野与方法。论文主体部分共分五章,前四章采用编年史的方法,对中国电视新闻的节目理念、节目形态、节目内容和体制的变迁等进行梳理,探寻其演化流变,并进而提示其内部的律动和外在的轨迹,推进对中国电视新闻节目历史发展的全面认识。第一章力求呈现中国电视新闻节目的早期(1958—1979)发展状况。第二章研究调整改进阶段(1980—1992)的中国电视新闻节目的发展历程。第三章研究高速发展阶段(1993—2003)的中国电视新闻节目的发展历程。第四章研究多元化发展阶段(2003—2008)的中国电视新闻节目的发展历程。这一阶段以中央电视台新闻频道的创办为标志。第五章对中国电视新闻节目发展的动因进行剖析。主要从新时期的新闻政策、经济、文化、技术等四个方面研究媒介社会生态因素对电视新闻发展的影响,力求呈现开放的、全局的视野。中国电视新闻节目的产生和发展深深地植根于我国特定的政治、经济、文化和技术环境之中,新时期的新闻政策、经济改革、文化需求的变迁和电子技术的进步共同促进和影响中国电视新闻节目的发展。

关键词:电视新闻　新闻工作　新闻事业史

4710

**中国近代产业进步中的留学生群体** / 张洪云著；陈争平指导. -- 清华大学, 2009. -- 304 页

论文运用实证研究法、定性研究与定量研究相结合的方法,立足于近代产业之中,探讨留学生群体的特征及作用。通过对留学生及近代经济的众多研究成果的参考借鉴,对大量民国期刊及调查资料的挖掘利用,论文形成赖以行文的"近代产业中留学生群体样本库"。论文结合教育史与经济史的研究领域,并以经济学理论为指导,力图较为充分地阐述论题。第一章导论与文献综述,阐述问题的提出、研究方法、研究创新、研究思路和文章结构。第二章是近代产业中留学生的群体特征,基于样本库进行分析,首先研究不同阶段的留学生群体,其次对留学生群体进行素描,最后对近代产业中留学生群体特征的一般属性和群体特性分别加以阐释。第三章是留学生群体的技术创新之路,首先论述技术与技术创新,其次论述留学生群体的模仿创新行为,最后论述自主创新。第四章是经理阶层和科技企业家的兴起,首先论述近代西方和科学管理思想,其次阐述留学生经理的管理之道,最后论述科技企业家。第五章是留学生群体与近

代产业结构的完善，首先分析近代中国产业结构变动问题，其次论述留学生群体与基础设施行业的发展，再次论述留学生群体与近代产业结构的优化，最后论述留学生群体与重化工业的发展。第六章是结语，对留学生群体进行 SWOT 分析。

关键词：工业史　留学生　留学教育　技术创新　近代

**4711**

**中国近代民族国家构建研究：以清末新政至日占以前的东北地区为例** / 张凯峰著 ；成崇德指导. -- 中国人民大学，2009. -- 177 页

论文运用案例研究法、历史研究法、实证研究法和定性研究方法，选取从清末民初到日本占领期间的东北地区为例，从多个层面考察近代民族国家的构建历史。论文第一章是国家权力的更新和扩张，首先论述行政体制改革与国家“权力集装器”的塑造，其次论述财政体制改革与国家攫取经济资源能力的增长，第三论述司法改革与社会控制的强化。第二章是国家对社会空间和公民身体的控制，首先论述警政建设与社会控制，其次论述国家对城市空间的管理，第三论述作为公民控制的统计调查，第四论述教育对人的规训，第五论述监狱与人的改造。第三章是民族国家认同、想象与合法性构建，首先阐述维护主权、梳理民族国家权威，其次论述排他性的国民身份认定，最后论述民族国家的想象，包括对东北地理和历史的建构、商品展示会和博物馆、学校教育、节日与庆典、追悼先烈的仪式、城市景观的塑造等问题。论文认为近代民族国家建设是一项异常宏达、复杂和艰巨的工程，需要付出巨大的努力，克服各种难以想象的困难才能够实现，传统国家不仅要对国家机器进行脱胎换骨的改造过程，还要努力将权力的触角渗透到整个社会的方方面面，还需要想方设法获得国民自觉自愿的认同，构建起他们对民族国家的想象。

关键词：民族国家　民族融合　民族文化　东北地区　近代

**4712**

**《中美新约》研究** / 张龙林著 ；梁碧莹指导. -- 中山大学，2009. -- 279 页

论文旨在通过发掘、运用各类中外关系史的原始资料，力求以《中美新约》为立足点，将前后相关的细节完整地复原并串联起来，揭示新约的来龙去脉及其应有的历史地位，提供一个重新审视这段中美关系史的新领域。全文共分为五章，第一章，介绍新约的背景和经过。第二章，用国际法对新约做近距离剖析。论文将新约内容概括为三大主旨：废除治外法权及相关权利；解决相关问题；确立中美关系的原则。第三章，用当时丰富的报刊记载，评介中国社会各界对新约的反应。国民党政府从夸大新约历史意义入手，鼓吹国民党领导实现民族独立的功劳，以达到一党专制的国内政治目的。中国共产党则指出新约的局限，突出共产党所作贡献，用各种方法抵制对手的大功独揽。社会各界普遍相信国家赢得了平等自由。第四章，总结新约是否得到如实的执行。美国随意曲解新约与国民政府软弱退让形成鲜明对比，最终美国政府取得了大致满意的结果。第五章揭示出新约对战时及战后中美关系的影响。论文认为《中美新约》是一个平等互惠的条约，它铲除美国在华治外法权的法理基础，是近代关系的巨大进步，也对战时中国社会产生了普遍深入的影响。美国政府不仅凭借新约达到了维持中国抗战的目的，收获了中国社会一致的高度赞誉，而且成功地将重大问题拖延到战后更有利的时机下解决。《中美新约》并非不平等条约体系的终结，它无法根除美国在华治外法权的事实和观念，更不可能彻底改变不平等的中美关系以及当时中国社会的基本性质，但她对战争前后的中美关系的确造成了广泛深刻的影响，值得我们重新审视并高度重视。

关键词：中美关系　国际关系史　中美新约

**4713**

**《道藏》人物图像研究** / 张鲁君著 ；姜生指导. -- 山东大学，2009. -- 157 页

论文主要对《道藏》人物图像进行研究。结合道经传统分类方法，论文将《道藏》人物图像分为以下几种类型：第一类，道教圣图。（1）肖像型。（2）叙事型。第二类，修炼图像。根据修炼方术不同，我们可以将其图像分为以下几种：（1）存思图。（2）内丹图。（3）导引图。由于人物图像数量多，成分杂，论文选取其中比较重要而系统的图像进行详细研究。论文内容分为六章。第一章介绍各种道教圣图，分为历史人物图像与神仙图像。第二章讨论宋代大型道教绘画《三才定位图》，分别从作者及其思想背景、宇宙论、图像解读及神谱、绘画风格及服饰四个方面对该图进行了详细分析。第三章分两部分。第一部分首先介绍《太平经》残卷中三幅插图《乘云驾龙图》《东壁图》

《西壁图》的内容以及包含的丰富道教思想,然后分析三幅插图的绘制年代。第二部分讨论《太平经》中的图像思想,主要有"以图为术"与"以图弘道"两种方式。第四章首先考察了宋代以前道教人物图像的发展情况,以及宋元时期道教叙事图经流行的社会原因及技术条件等,指出宋元时期的文化氛围、印刷技术等不仅促进了道教叙事图经的繁荣,而且为道经插图的大量使用提供了条件。第五、第六两章讨论存思图。第五章分别讨论了《上清大洞真经》《太上老君大存思图注诀》《上清太一帝君太丹隐书解胞十二结节图诀》《上清八道秘言图》的存思插图,涉及图式、内容、绘制年代等多方面的问题。第六章则主要介绍日月存思插图道经与星斗存思插图道经,共涉及道书十余部。由于《道藏》人物图像涉及领域广泛,情况复杂,论文注重采用图像学、宗教学、艺术学、历史学等多种学科的交叉运用,而且尽可能广泛利用藏外资料与《道藏》图像进行比较研究。

关键词:道藏　人物画　图像分析

**4714**

**中国传统司法审判制度法文化内涵研究** / 张明敏著 ; 姜生指导. -- 山东大学, 2009. -- 181 页

论文在整理、运用大量史料的基础上,运用"文化抗体""文化自觉""文化生态"的理论,采用考论结合、多学科的交叉研究、案例分析、比较分析的研究方法,以文化的视角,从宗教学、历史学与法学多个学科对传统司法审判制度的文化内涵进行深入探讨、分析,发掘其所蕴含的法文化价值,以期真实展现传统司法审判制度的文化内涵,展示古代法律文化的魅力,从而深化对传统司法审判制度文化内涵的理性认识。论文除绪论和结束语之外,共有五章内容。绪论部分,阐述传统司法审判制度文化内涵研究的现实意义与创新突破,界定法文化、传统司法审判制度的词语语义,介绍了传统司法审判制度研究的方法,说明了学术研究的现状,并介绍研究的视角与方式。第一章阐释了传统司法审判制度的三大本源性的文化基础。第二章考察了传统司法审判制度的法文化生态。第三章创新性地总结并详实地阐述了传统文化对传统司法审判制度的品性。第四章传统司法审判制度的法文化价值。第五章传统司法审判制度的法文化继承与扬弃。对于中国传统司法审判制度,我们不能武断地予以否定,也不能捧为"国粹",而应当历史地实事求是地分析,去其糟粕,取其精华。

关键词:审判　司法制度　文化

**4715**

**现代中国"人文主义"的起源:以译词为中心的研究(1901—1922)** / 章可著 ; 章清指导. -- 复旦大学, 2009. -- 233 页

论文研究的是"人文主义"这个概念在近现代中国逐步生成的历史,采取的方法并非从学界已有的对"人文主义"的定义出发,进行观念性的溯源,而主要以译词为中心,关注晚清以来对"humanism"的不同翻译以及其折射出的多歧理解。大体上我们将"人文主义"的涵义分成"历史词"和"思想词"两种,前者是和西方史学中对"文艺复兴"的叙述紧密相关的,而后者表示更普遍的人之"主义"。中文世界对"人文主义"的认识首先始于前者,而目前所知"humanism"首次在中文书籍里出现是在 1901 年出版的《欧罗巴通史》中。论文第一章主要论述 20 世纪前中文世界对西方文艺复兴和人文主义的认识,并将之分为明末清初和晚清两个阶段。第二章将集中论述 20 世纪初国人的"文艺复兴"观,及其对"人文主义"的不同表述,同时展现中文世界西史知识不断丰富的过程。目前所知"人文主义"这个译名首次出现在 1908 年出版的《东中大辞典》里。而自清末开始,"humanism"作为一个"主义"的思想词也开始在学人言论中出现。第三章就论述民初"文艺复兴"话语自身的转变,及其对"humanism"表述的影响。第四章则重点研究"humanism"在民初的不同译词和多重表述,尤其通过对当时学人言论中常见的"人道主义"的涵义进行具体分析,凸现晚出的"人文主义"概念与"人道主义"之间的差异性。论文余论部分考察"人文主义"这个译名最终得以确立的过程,并大致论述"中国人文主义"话语的发明。

关键词:人道主义　文艺复兴　社会思潮

**4716**

**以"中"贯之:刘沅学术思想研究** / 赵均强著 ; 刘复生指导. -- 四川大学, 2009. -- 280 页

本课题的研究,描述刘沅的生平及其所处的时代和地域背景,勾画刘沅学术思想发生发展的主要源流和大体轮廓,从天道、性命、心情、先天之学、静养功、安生复性、正三纲、尊妇女、重母族、反思汉宋、鬼神祸福数术、邪教论、儒化佛老等方面,全面考察刘沅学术思想的内容和特点。研究表明,一方面,刘沅学术思想的发展经历家学、宋学汉学、会通三教、宋学复兴和

今文经学兴起等阶段,具有极其复杂的源流。另一方面,尽管刘沅的学术思想变化曲折且源流复杂,但却有一个明显的统系,这个统系即是至中、至善、至庸的孔孟之道。坚守孔孟中庸之道,是刘沅学术思想的宗旨。刘沅对孔孟之道的阐发是围绕"中"展开的,"中"是刘沅学术思想的核心范畴,其学术思想的新意和特点都源于此。刘沅学术思想具有一定创新价值,这主要表现在:一、刘沅的哲学,综合了自汉至清数千年的哲学发展成果,创立一个以太极即中为核心理念的哲学体系。二、在性命心情方面,刘沅也有创新。他主张性即理,主张复性,主张先天后天,与朱熹相同,但他所说的理却是"中",又主张命不是命令。三、刘沅学术思想的最大贡献,主要表现在"正三纲"思想上。"正三纲"思想已经深入到了封建意识形态的核心地带,它是刘沅学术思想的精华和亮点。长期以来,蜀学研究的目光集中在清初和晚清,对清代中叶则不够重视,甚至形成了一种清代蜀学发展两头高、中间低的成见。从本课题的研究来看,情况并非如此。

关键词:刘沅　学术思想　理学　清代

**4717**

**乾嘉时期清朝与廓尔喀封贡关系研究** / 赵荣耀著 ; 陈尚胜指导. -- 山东大学, 2009. -- 109 页

论文以唯物辩证法和历史唯物主义为方法论指导,对清朝与廓尔喀封贡关系进行多角度的立体性学术考察,有助于推动史学界关注和加强对中国与尼泊尔关系乃至对中国与东南亚关系的研究。全文共分为六章。第一章,导论。通过分析国内外学者对中国传统对外关系概念的研究提出论文所研究的问题。第二章,介绍清朝与廓尔喀封贡关系建立的时代背景。说明清朝对西藏统治的建立过程以及清朝对西藏的管理体制及其特点,分析尼泊尔与西藏的历史联系,并阐述英国在印度的殖民扩张以及英国殖民势力对喜马拉雅山区的渗透。第三章,分析关于廓尔喀发动侵藏战争的原因,说明清朝对廓尔喀的反击以及战争过程中的议和问题,阐述清朝与廓尔喀封贡关系的初步建立。第四章,分析第二次侵藏战争爆发的原因与导火索,说明西藏地方政府的应对,阐述乾隆帝的态度。介绍清军对廓尔喀侵略行为的反击以及之后清朝与廓尔喀封贡关系的再建,最后说明《钦定藏内善后章程二十九条》的颁布。第五章,介绍嘉庆时期清廓封贡关系的维持,说明清朝对廓尔喀内讧的反应,阐述英国殖民扩张与清廓封贡关系的衰落。第六章,结论,总结乾隆。嘉庆两位皇帝不同的对外政策对清廓封贡关系的影响,说明关于乾嘉时期清廓封贡关系的类型问题。

关键词:中外关系　对外政策　廓尔喀人

**4718**

**17 世纪上半叶欧洲殖民者与东南亚的海上贸易** / 赵文红著 ; 李金明指导. -- 厦门大学, 2009. -- 247 页

论文将葡萄牙、西班牙和荷兰殖民者视为一股新的商业力量,对其在 17 世纪上半叶与东南亚的海上贸易进行系统、全面的梳理。全文共分为六章。首先,绪论,介绍选题缘起,阐述国内外相关的研究概况,说明研究方法和基本框架以及相关资料。第一章,介绍早期东南亚的海上贸易的发展历程和主要特点,展示葡萄牙率先闯入东南亚,然后西班牙在菲律宾进行扩张,最后荷兰东来并成立荷兰东印度公司。第二章,介绍早期葡萄牙在马六甲经营的贸易,阐述葡萄牙贸易基地的转移,最后说明澳门与东南亚各地的贸易关系。第三章,介绍马尼拉的兴起,说明马尼拉在全球中的重要地位,然后分析大帆船贸易的起因,阐述大帆船贸易的运作,最后说明大帆船贸易在历史上的作用。第四章,说明初期荷兰的主要贸易活动:确立马鲁古香料贸易霸权,初步建成自成体系的商管网络,东南亚与阿姆斯特丹贸易的迅速发展。介绍以巴达维亚为中心经营的贸易,分析巴达维亚的建立及其影响,说明巴达维亚与印度、阿拉伯、波斯、中国、日本、阿姆斯特丹的贸易。第五章,介绍月港开禁后中国海商在东南亚的贸易以及日本朱印船在东南亚的贸易。第六章,分析欧洲殖民地在东南亚贸易的社会影响:促进海上贸易的繁荣与发展,拉动了当地的经济开发,促进了文化交流。

关键词:双边贸易　国际贸易　贸易史　欧洲

# 中国古代史

**4719**

**元代温州路研究** / 陈彩云著 ; 马明达指导. -- 暨南大学, 2009. -- 339 页

论文采用文献资料法、历史分析法、制度分析法、比较分析法等方法,以元代温州路为研究对象,力图探讨蒙元统治下温州的政治、经济、文化、学术和社会等状况,以小见大,进而分析元代的基础统治状况。

论文分为绪论、正文六章和结论。绪论阐述选题目的和意义,结合相关文献综述,对论文的研究资料、研究方法及框架结构作以说明。第一章概述宋元易代之际温州的社会状况以及元朝统治在温州的确立,并着重考察元初温州的遗民群体。第二章分主要从温州路的经济、农田水利与荒政、军事管理和司法审判、教育等方面系统考察元代温州路的政务。第三章重点分析元代朱子学在温州士人中的传播与永嘉学派的沉浮。第四章主要考察元代温州地区的士大夫群体的构成及其生活。第五章主要探讨元代温州地区的佛教、道教等宗教的发展状况。第六章则考察元末清初温州士人的动向。最后是结论部分,概述了全文的主要内容,得出研究结论。

关键词:地方史　温州　元代

**4720**

**清代河南地方司法实践研究** / 陈二峰著 ; 牛建强指导. -- 河南大学, 2009. -- 330 页

论文采用历史分析法、典型案例研究法、规范分析法、实证研究法、社会阶层分析法、制度分析法和文献资料法等方法,以清代河南地方司法实践为研究对象,力图对清代河南地方司法实践进行系统、深入剖析与研究。论文分为绪论、正文六章和结语等部分。绪论阐述了研究背景及意义,结合相关研究现状综述说明论文的研究目标及创新点。第一章主要概述清初河南地方政府的司法职能,并探讨清廷统治下的河南地方各阶层的互动及特征。第二章分析清代河南抗官、矿禁等司法事件对各阶层的影响,并考察清代河南各阶层对司法事件的冲击。第三章主要论述清代河南司法场域的律例结构、地方习俗知识等知识背景,并探讨法令缺失领域内的律例规则与地方习俗知识的司法运用。第四章主要考察法与事相为表里的清代河南地方司法实践,并探讨律例对地方社会的影响与推动作用,以及河南地方司法实践对国家法令的影响。第五章主要分析清代河南地方司法实践的影响因素,具体分析集权体制对地方社会、地方司法的影响以及文化、习俗对司法活动的影响。第六章主要从民族矛盾、地域化冲突、官民冲突以及其他冲突等方面剖析清代河南地方司法实践的内在矛盾。最后是结语部分,归纳出研究结论。

关键词:地方法规　司法制度　法制史　河南　清代

**4721**

**先秦时期县制的起源与转变** / 陈剑著 ; 吕文郁指导. -- 吉林大学, 2009. -- 260 页

论文采用文献资料法、历史分析法、制度分析法、比较分析法等方法,以先秦时期县制为研究对象,力图对先秦时期县制的起源与转变进行系统地考察与分析。论文分为绪论、正文五章、余论和结论四个部分。绪论阐述选题的意义,结合相关学术史回顾,说明论文的研究思路与方法。第一章分析先秦县制的起源,着重对西周时期的县、《周礼》中所见的县进行考察。第二章考察都鄙制的含义、形成及其特点,认为早期的县制即是公邑之制,并考察公邑的基本特点。第三章主要考察先秦县制的转变,探讨了诸侯国疆域的扩张及诸侯国县制的出现,并分析先秦县制的区划化和官僚化。第四章考察先秦县制内部社会结构的变革,着重分析早期县制中的氏族组织与乡里组织的转变。第五章在考察秦、楚两国县制的基础上,指出楚县在春秋战国时期始终是在都鄙制下运行,没有完成向晚期县制的转变。余论部分进一步考察春秋与战国时期的郡及其性质,并指出战国时期的郡统县的两种方式。最后是结语部分,概述全文主要内容,阐明了研究结论。

关键词:郡县制　政治制度　先秦时代

**4722**

**《周礼》所见地方行政组织考察** / 董巧霞著 ; 詹子庆指导. -- 东北师范大学, 2009. -- 126 页

论文采用文献资料法、历史分析法、系统分析法、描述性研究法、比较与归纳分析法等,以《周礼》中所记载的地方行政组织为研究对象,力求系统地考察两周时期各级地方行政组织的发展脉络。论文分为绪论、正文六章和结语等部分。绪论部分回顾和综述了课题已有的研究成果,并对本课题的写作缘由、研究空间、研究目标及研究思路等相关问题做出说明。第一章分析《周礼》所见国中的地方行政组织,考察了周代乡制、州制的演变及其特点,并对党、族、闾、比、轨等进行历史考察。第二章分析《周礼》所见遂中的地方行政组织,考察春秋战国时期县、里等地方行政组织的出现及其初期形态,并对鄙、酂、邻进行了历史考察。第三章分析《周礼》所见都鄙中的地方行政组织,考察了丘、邑的初期形态及其变革。第四章分析《周礼》中的地方行政组织的户籍管理制度。第五章分析《周礼》中的地方行政组织对农业的管理和赋役的征

派,并考察地方行政组织对徭役、兵役的征发。第六章则分析《周礼》中的地方行政组织在教化、政令宣传、基层治安等方面的作用。最后是结语部分,得出研究结论与认识。

关键词:周礼　行政管理　地方组织　周代

**4723**

**汉代民间力量与地方政治关系研究** / 巩宝平著 ; 马新指导. -- 山东大学, 2009. -- 148 页

论文采用了文献资料法、历史分析法、跨学科研究法、个案研究法、社会阶层分析法、政治系统分析法等方法,以汉代民间力量与地方政治关系为研究对象,力图从社会——国家的角度集中考察汉代民间力量对地方政治的种种影响以及地方政府对民间力量的多元治理措施,并对民众的时政参与意识、地方政治运作格局进行深入研究。论文分为引言、正文六章和结论等部分。引言部分阐述相关概念的界定与选题缘起,结合相关研究回顾与评述,对论文的研究思路与框架、理论方法与史料应用作了说明。第一章研究汉代民间父老力量对地方政治的参与,以及地方政府对民间父老力量的倚重。第二章阐述汉代民间豪强与地方政府的抗衡,并分析地方政府对民间豪强力量的治理。第三章分析民间游侠力量与地方政府的抗衡,以及地方政府对民间游侠力量的治理。第四章分析民间士人力量对地方政治的影响,以及地方政府对民间士人力量的宽容。第五章考察民间舆论力量对地方政治的影响,并分析地方政府对民间舆论力量的重视与控制。第六章则探讨民间信仰力量对地方政治的影响,以及地方政府对民间信仰的治理。最后是结语部分,总结全文,得出研究结论。

关键词:地方政治　社会史　汉代

**4724**

**两汉妇女生活情态研究** / 顾丽华著 ; 王彦辉指导. -- 东北师范大学, 2009. -- 116 页

论文采用历史分析法、个案研究法、描述性研究法、文献研究法、制度分析法和社会阶层研究法等方法,以两汉时期妇女生活情态为研究对象,在吸收学术界已有研究成果的基础上,对汉代妇女生活情态进行探讨,力图以多维的视角展现汉代妇女生活的整体面貌。全文共分五章。第一章主要阐述两汉国家预期的理想女性形象与妇女生活,探讨汉代儒家思想所构建的理想性别秩序、性别观念以及汉代国家旌表女性的类型、旌表方式、程序、原因及其对女性生活的影响。第二章主要考察汉代法律规范对女性社会地位的定位及其影响,考察汉代性越轨治罪条例与女性生活,并审视汉代的家庭暴力问题。第三章考察汉代女性的家庭生活,阐述底层女性在家庭经济收益中发挥作用的表现、特点、原因及其影响,并对官吏家庭的女性生活进行分析。第四章主要分析汉代政府的养育政策以及产育知识、产育观念、生子不举现象对女性的影响。第五章主要考察汉代婢女的生活情态,系统分析法律对婢女等级身份的定位以及婢女的类型、角色、生存境遇及其婚姻构成等问题,并阐述汉代妇女向婢女群体流动的趋势及其原因。

关键词:女性　社会生活　汉代

**4725**

**汉代地方财政研究** / 郭浩著 ; 马新指导. -- 山东大学, 2009. -- 210 页

论文采用了比较分析法、历史分析、统计分析法、制度分析法和文献调查法等方法,以汉代地方财政为研究对象,力图对汉代地方财政体系进行全面、系统地研究。论文分为引言和正文七章。引言概述研究的概念界定与研究缘起,结合学术史回顾,说明论文的创新之处。第一章主要探讨汉代中央与地方的财政关系,分析中央对地方财政的控制与调度,以及地方财政的存留与变通。第二章考察汉代地方财政机制及运作,着重考察汉代地方郡、县二级财政体制。第三章对汉代地方财政征收进行系统性分析,着重考察其实物征收、现金征收等问题。第四章主要分析汉代地方财政支出的构成及地区性差异。第五章主要对汉代地方财政管理制度进行考察,分析"平贾"的货币衡量职能以及地方财政管理的"籍簿化",并阐述地方财政人员的技术要求。第六章对汉代地方财政监督体系进行考察,着重探讨"部"的监察职能、州对郡国的财政监督以及郡对县的财政监督。第七章则在总结前文相关分析的基础上,对汉代地方财政进行反思与评价。

关键词:地方财政　财政支出　财政管理体制　财政史　汉代

**4726**

**北魏外交制度研究** / 韩雪松著 ; 张鹤泉指导. -- 吉林大学, 2009. -- 213 页

论文采用文献资料法、历史分析法、制度分析法、

描述性研究法、规范分析法、跨学科研究法等方法,以北魏外交制度为研究对象,力图从历史学和外交学的角度对北魏外交制度进行全面、细致的考察。论文分为前言、正文七章和结语。前言阐述选题的意义及研究价值,结合"外交"及其相关概念涵义的辨析对相关学术史进行回顾,并说明研究中存在的问题、研究思路与方法。第一章概述北魏前期、中期和末期的外交策略及外交活动。第二章分析北魏中央主管外交事务的机构,具体探讨北魏鸿胪、尚书主客曹的设置、选任标准及其外交职责。第三章分析北魏中央和地方其他与外交事务相关的机构及其外交职责,着重阐述北魏缘边诸州的外交职责。第四章主要考察北魏外交决策的主要方式和特点。第五章分析北魏外交遣使制度,概述北魏外交使臣的使命、身份特点、选任标准、出使流程以及北魏对外交使臣的奖惩制度。第六章分析北魏对各国使节的接待制度,具体阐述其迎劳授馆制度与接见、宴请、礼送、礼物回馈与回赐等相关制度。第七章分析北魏外交文书制度,着重考察外交文书的类型、撰写与传递。最后是结语部分,得出研究结论。

关键词:对外关系　外交史　政治制度　北魏

**4727**

**天津漕运研究(1368—1840)** / 李俊丽著 ; 南炳文指导. -- 南开大学, 2009. -- 274 页

论文采用文献分析法、历史分析法、个案研究法、数理统计分析法、定性分析法、制度分析法等,以 1368 ~1840 年天津的漕运历史为研究对象,力图对明清时期天津的漕运情况进行全面而详尽的探讨。论文分为绪论、正文八章和结语等部分。绪论部分主要阐述相关研究现状,并对论文的选题依据、研究范围、主要内容、研究方法以及参考文献作以说明。第一章介绍明清时期南北运河的水源及管理问题。第二章对南北运河的河道通浚、堤岸维修及其费用进行探讨,并对明清时期蓟门运河的开通与维修予以论述。第三章考察明清漕粮在天津的经由与截留,重点探讨明清时期在天津截留漕粮的主要原因。第四章论述截留在天津的漕粮的存储及其最终去向等状况,并对明清蓟运粮的沿革进行了探讨。第五章论述明清时期漕运人员在天津地区作奸犯科的情况,并对明清政府的相关稽查制度进行分析。第六章论述明清时期漕船在天津的催攒以及漕粮漂流、挂欠、冻阻等特殊问题,并对明清政府的治理措施进行了分析。第七章考察明清天津海运漕粮状况。第八章主要探讨明清时期漕运对天津经济、社会、文化等各方面的影响。最后是结语部分,总结全文主要内容,得出研究结论。

关键词:漕运　交通运输史　天津　明清时代

**4728**

**唐前期西北军事地理研究** / 李宗俊著 ; 李昌宪指导. -- 南京大学, 2009. -- 321 页

论文采用实地调查法、文献资料分析法、典型个案分析法、历史分析法、制度分析法等方法,以唐朝前期西北地区军事地理为研究对象,力求对唐朝前期西北军事地区的历史地理进行深入研究。论文分为绪论、正文五章和结语等部分。绪论部分阐述研究的选题背景与选题意义,结合文献综述说明论文的研究思路与方法。第一章主要对朔方节度进行考察,探讨唐朝在朔方的行政建制与军事部署情况、安北单于二都护府的设置与变迁以及隋唐时期气候变化对北亚民族关系的影响等相关问题。第二章主要对河西节度进行考察,探讨唐代在河西的行政建制与军事部署情况、河西的战略地位及唐朝前期对河西的经营、敦煌寿昌县的废置与唐朝前期对西域石城、播仙二镇地区的经营等相关问题。第三章主要对陇右节度进行考察,探讨唐朝在陇右的行政建制与军事部署情况、唐朝对陇右地区的经营等问题,并对相关地名的实地位置进行考证。第四章主要对北庭节度进行考察,探讨唐朝在伊、西、庭三州的行政建制与军事部署情况、唐朝对西域疆域的开拓等相关问题。第五章主要对安西四镇节度进行考察,探讨安西四镇的行政建制与军事部署情况、唐朝对西域安西四镇的经营等问题。最后是结语,得出研究结论。

关键词:军事地理　西北地区　唐代

**4729**

**清代谏议制度研究** / 梁娟娟著 ; 朱诚如,晁中辰指导. -- 山东大学, 2009. -- 233 页

论文以辩证唯物主义和历史唯物主义方法论指导,采用制度分析法、文献资料法、典型案例研究法、比较分析法、实证分析法、跨学科研究法等方法,以清代谏议制度为研究对象,力求对清代皇权强化时代背景下的皇权制衡问题与谏议制度进行全面、系统的探讨与整合性研究。论文分为绪论和正文七章。绪论部分对相关概念进行界定,结合学术史综述,说明论文的选题意义和研究方法。第一章对清以前谏议制

度作了简述,并考察努尔哈赤时期、皇太极时期的谏议活动及其特点,并分析都察院、六科的组织机构与谏议职能。第二章阐述清初皇权不断强化、科道官员的谏诤权不断萎缩的历史背景,探讨秘密奏折、天人感应的灾异说、经筵日讲等谏议渠道。第三章具体分析清朝前中期历代帝王在纳谏拒谏与治国得失。第四章考察洪承畴力谏善待汉人、围绕剃发令的谏诤、围绕迁海的谏诤、围绕逃人的谏诤等清朝前期著名谏臣与谏诤事件。第五章对晚清谏议制度的变化进行分析,认为咨议局、资政院等机构的设置标志着中国古代的言谏制度开始向近代议会民主制转变。第六章分析《马关条约》签订前后官员绅民的谏诤活动、国会请愿运动等晚清时期著名的谏诤事件。第七章总结全文,得出研究结论。

关键词:政治制度　监察　清代

**4730**

**清前期荷兰遣华使团研究(1644—1795)** / 林发钦著 ; 汤开建指导. -- 暨南大学, 2009. -- 184 页

论文采用文献资料法、叙事研究法、历史分析法、实证分析法等方法,以清前期(1644 至 1795 年)荷兰遣华使团为研究对象,通过对清朝前期顺治、康熙、雍正和乾隆四朝荷兰遣华使团的考证,力图比较完整地重现清代前期中荷交往的脉络。论文分为绪论、正文六章和余论等部分。绪论部分阐述本研究的选题意义,对国内外学术界相关研究状况进行回顾,并对文献史料作以说明。第二章主要探讨明朝末年荷兰人来华的历史时代背景,追述荷兰人对东方新航路的探索历程以及荷兰东印度公司的成立与对华政策的确立。第三章主要回顾明末清初的中荷交往,阐述荷兰首航中国与明朝的应对以及清初荷兰与清政府的接触。第四章主要叙述顺治时期荷兰遣华使团的访华背景、经历及其活动。第五章主要叙述康熙时期荷兰遣华使团的访华背景、经历及其活动。第六章主要叙述乾隆时期荷兰遣华使团的访华背景、经理及其活动。最后是余论部分,总结分析荷兰遣华使节的生平及其对中西交往的贡献、荷兰贡品与清廷回礼对中西文化交流的影响、中荷关系对中欧关系的影响等问题。

关键词:大使　中外关系　外交史　荷兰　清代

**4731**

**性与秦汉社会** / 刘举著 ; 王彦辉指导. -- 东北师范大学, 2009. -- 129 页

论文以唯物史观为指导,综合运用唯物辩证分析法、二重证据法、文献资料法,并将史学、社会学、性学理论相结合,以秦汉社会中的性问题为研究对象,力图对秦汉社会中的性问题及其社会影响进行系统和全面的探讨。论文分为引言、正文五章和结语。引言部分阐述本研究的选题意义与研究价值,结合学术相关研究回顾说明了论文的研究方法。第一章概述性与秦汉社会婚姻家庭的关系,分析性因素对秦汉社会婚姻家庭关系形成与稳定、家庭矛盾及婚姻关系的解除等方面的影响。第二章分析性与秦汉社会政治的关系,考察性与秦汉宫廷斗争、外戚兴衰、宦官乱政之间的关系,并探析秦汉政府对性过错的法律规范及其作用。第三章分析性与秦汉社会经济的关系,考察性与汉代人口及社会经济的关系,并探析秦汉社会帝王后宫开支对财政的影响。第四章分析性与秦汉社会风俗文化的关系,探讨秦汉社会贞洁观念的演变及实际影响以及秦汉社会妇女的再婚之俗。第五章探讨性与秦汉社会房室养生的关系,阐述秦汉社会房室养生的渊源、功能和原则,并探讨房室养生的盛行及其原因。最后是结语部分,总结全文,得出研究结论与认识。

关键词:性　社会生活　婚姻　文化史　秦汉时代

**4732**

**北魏宗室阶层研究** / 刘军著 ; 张鹤泉指导. -- 吉林大学, 2009. -- 267 页

论文采用历史分析法、文献资料法、描述性研究法、制度分析法等方法,以北魏宗室阶层为研究对象,力图对北魏宗室阶层政治、经济与文化生活进行全面、深入地探讨。论文分为序言、正文八章和余论。序言阐述研究问题的提出,结合学术史回顾,说明论文的基本思路及研究方法。第一章概述北魏宗室阶层的构成。第二章考察宗室爵位的封授、传袭及推恩以及宗室封君的食邑、属官系统及礼仪待遇。第三章分别论述北魏前期与后期宗室所任中央官职的特点及其影响。第四章在考察宗室阶层在北魏镇戍体系中的地位的基础上,分别论述北魏前期与后期宗室所任地方官职的特点。第五章主要考察宗室阶层的日常生活与经济来源。第六章主要考察国家在法律方面对宗室的控制,考察了国家对宗室案件的纠举和审理、量刑状况,并分析宗室阶层所享有的法律特权。第七章主要论述宗室日常事务的管理。第八章则探讨北魏宗室阶层的文化生活与文化价值取向。最后是余论部分,归纳全文主要研究问题,并进一步阐明

研究结论与自己的认识。

关键词:皇室　宗族　阶层　北魏时代

**4733**

**清初来华传教士马国贤研究** / 刘亚轩著 ; 计翔翔指导. -- 浙江大学, 2009. -- 253 页

论文采用个案分析法、历史分析法、文献研究法、描述性分析法等方法,以清初来华传教士马国贤为研究对象,力求对其访华经历与见闻进行系统梳理与研究。论文共分八章。第一章导论,概述马国贤的生平及其访华的具体原因、路线等相关问题。第二章分析了马国贤来华背景,并探讨当时中国的礼仪之争。第三章在对马国贤来华之前的经历进行概述的基础上,详细考察马国贤的中国之行,探讨其与其他来华传教士之间的交往与关系及其与中国礼仪之争。第四章主要剖析马国贤眼中的康熙帝的形象,并论述康熙帝引进与传播西学的活动。第五章主要剖析马国贤的中国观,并探讨了马国贤的中国观念与欧洲 18 世纪中国热之间的关系。第六章主要叙述那不勒斯中国学院的建立,结合雍正的禁教政策叙述马国贤离华的原因及过程,并分析马国贤与那不勒斯中国学院及中国学生之间的关系。第七章主要阐述那不勒斯中国学院的发展,探讨中国学院在国际交往及中国天主教发展中的贡献。第八章结语,概述全文的主要研究内容,得出研究结论及认识。

关键词:马国贤　传教士　文化交流　明末清初

**4734**

**节日与教化:古代岁时俗信性质和社会化教育功能研究** / 马福贞著 ; 信立祥指导. -- 河南大学, 2009. -- 223 页

论文以马克思辩证唯物主义和历史唯物主义为指导,综合运用唯物辩证分析法、文献资料法、典型个案研究法等方法,以我国古代岁时俗信为研究对象,力图科学、深入地探讨古代岁时俗信的性质及其社会化教育功能,并在此基础上对其进行客观评价。论文分为绪论、正文五章和结语等部分。绪论部分阐述研究的选题缘由、研究意义、研究方法、相关文献与研究现状。第一章分析岁时俗信的概念、性质及类别,探讨古代岁时俗信的文化功能。第二章主要探讨古代岁时俗信对传授农业生产技术知识、传授测天预警意识、传授医疗和医药保健意识和阐释养生之道等方面的贡献。第三章主要通过节日祭祖俗信、"中元"祭祖俗信、古代岁时禁忌等方面探讨古代岁时俗信在培养社会规范、维持社会秩序的功能。第四章分析古代岁时俗信对传统社会的角色期待与教育、传统社会的角色转换与调适教育的作用,并对古代节日祭祀权归属问题与家庭性别角色地位作出讨论。第五章主要分析古代岁时语言、文字、年画俗信及其教化功能。最后是结语部分,得出研究结论。

关键词:节日　风俗习惯　社会化

**4735**

**王应麟学术思想研究** / 马丽丽著 ; 赵伯雄指导. -- 南开大学, 2009. -- 167 页

论文采用文献资料法、历史分析法、系统分析法、比较研究法等方法,以王应麟学术思想为研究对象,力图通过对王应麟的学术渊源、著述及其学术思想进行系统、全面的研究,进而对其学术思想作出合理定位与评价。论文分为绪论、正文四章和结语。绪论部分阐述研究的选题意义,结合课题研究现状的综述,说明论文的基本框架与创新之处。第一章主要概述王应麟的生平事迹、学术渊源及其著作考述,认为应试博学宏词科和遭遇宋元鼎革对王应麟的学术产生了非常重要的影响。第二章主要探讨王应麟"汉宋兼采"的学术思想,并指出其学术思想与朱熹"汉宋兼采"思想的不同之处。第三章主要探讨王应麟经世致用的学术思想,分析其主张经世致用的学术思想的现实原因与时代背景,并阐述其总结历史经验分析现实政治以及考史、治史的学术活动。第四章主要考察王应麟学术思想在后世的流传与发展,并对顾炎武与王应麟学术思想进行了比较分析,探讨王应麟经史考证方法在清代的深化。最后是结语部分,概述全文,得出研究结论。

关键词:王应麟　学术思想　经学　经世致用

**4736**

**明代陕西行都司研究** / 马顺平著 ; 王天有指导. -- 北京大学, 2009. -- 125 页

论文采用文献资料法、比较分析法、个案研究法、系统分析法、功能研究法、描述性研究法等方法,以明代陕西行都司为研究对象,力求对明代陕西行都司的建制沿革、管理体制、防守体系、屯田人口进行深入研究,进而探讨明代地方政治的运作和边疆管理体制的特点。论文分为绪论、正文四章、余论和结论等四个部分。绪论部分主要阐述研究意义,结合基本史料与

相关研究现状的综述，说明论文的研究思路及章节安排。第一章概述陕西行都司及其卫所建制，对陕西行都司自然地理及辖区进行分析，并阐述河州时期的陕西行都司以及洪武时期河西经略与陕西行都司卫所体系的形成。第二章主要考察陕西行都司管理体制及其变迁，着重考察其军事系统、监察系统的演变历程及其管理体制的特点。第三章主要分析陕西行都司政治形势与防守体系，在阐述阿台、朵儿只伯之乱与陕西行都司镇戍兵制的形成的基础上，分析土鲁番东进对陕西行都司边防的影响以及西海、松山蒙古与陕西行都司边防体系的重构。第四章主要对陕西行都司屯田、人口及相关问题进行分析。余论部分概述清前期陕西行都司及其卫所的变革与废除。结语部分归纳全文，得出研究结论。

关键词：地方政府　政治制度　军事制度　陕西　明代

**4737**

**南宋马政研究** / 尚平著 ; 李华瑞指导. -- 首都师范大学, 2009. -- 185 页

论文采用文献资料法、个案研究法、历史分析法、制度分析法、语义分析法等方法，以南宋马政为研究对象，力图对南宋时期马政状况及其变迁历程进行深入、全面地考察与研究。论文分为绪论、引言、正文六章和结语等部分。绪论阐述选题缘起及意义，结合相关研究史回顾说明论文的研究思路与方法。引言主要介绍北宋时期的马政概况。第一章考察南宋时期茶马司与川秦市马的开启，阐述了高宗朝前期的川秦马收市以及川秦市马的展开与兴盛。第二章分别考察南宋高宗时期、孝宗时期以及孝宗以后至南宋末期的广西马市并作出评价。第三章考察南宋的孳生监牧与土产马的收市并作出评价。第四章考察南宋川秦马、广马等边马的纲运并作出评价。第五章主要考察南宋官马的牧养与管理状况，具体探讨了宫廷用马、军马的管理制度以及南宋官马牧养中马草、马料的供给状况。第六章在考察南宋军马、骑兵的数量及分布的基础上，阐述南宋君臣在军防与用骑关系上的议论。最后是结语部分，概述全文，进一步阐明研究结论与认识。

关键词：马　畜牧业　行政管理　南宋

**4738**

**明清台湾二层行溪流域汉人移垦的研究** / 吴遐功著 ; 杨国桢指导. -- 厦门大学, 2009. -- 127 页

论文采用文献资料分析法、问题调查法、田野调查法、实证分析法、历史分析法和跨学科研究法等方法，以明清时期台湾二层行溪流域汉人移垦的历史为研究对象，力图从历史、社会经济、地理人文的角度阐述和说明二层行溪流域是汉人移垦台湾最早的区域之一。论文共分五章。第一章绪言，阐述研究动机与目的，结合相关文献的回顾与探讨，说明论文的研究方法。第二章在主要论述荷兰占领台湾时期二层行溪流域的移垦背景与垦殖状况。第三章主要论述南明郑氏治台时期二层行溪流域的移垦背景、水利设施的分布以及流域下游、中游北岸及南岸流域的拓垦状况。第四章主要论述清朝时期二层行溪流域的移垦背景、水利设施的分布以及流域中游北岸、南岸中游和上游流域的拓垦状况。第五章结语，归纳全文，得出研究结论。

关键词：移民　汉族　台湾省　明清时代

**4739**

**先秦舆论思想探源** / 夏保国著 ; 吕文郁指导. -- 吉林大学, 2009. -- 313 页

论文采用历史分析法、文献调查法、词源分析法、系统分析法、文本分析法、比较分析法等方法，以先秦舆论思想为研究对象，通过对先秦时代的舆论活动的状况、舆论形态的类别以及舆论制度的萌芽的考察和对诸子百家舆论思想的梳理，力求探索先秦舆论思想的社会根源和思想渊薮。论文分为绪论、正文八章和结语等部分。绪论部分介绍选题意义，结合研究现状的综述说明论文的研究方法与思路。第一章概述中西方语境下"舆论"的概念，并对其作语源学考察，进而论述先秦舆论的基本性状。第二章考察先秦舆论形态及其传播特点。第三章分析夏商周王朝时期的社会进程与舆论的发展与演变，并考察春秋战国的社会巨变和"百家争鸣"。第四章分析先秦舆论思想的"民本"渊薮与民本思想的勃兴。第五章考察上古时代的谏议制度、巡守制度和"询国人"制度、采风制度与"诗谏""史谏"等舆论制度的萌芽及其演变。第六章分析春秋时代管子、郭偃、子产等重要政治家的舆论思想。第七章分析孔子、孟子、荀子为代表的儒家的舆论思想。第八章分析墨家的舆论思想以及以商鞅、韩非子为代表的法家的舆论思想。最后是结语部分，概述全文主要内容，归纳了研究结论。

关键词：舆论　政治思想　社会意识形态　先秦时代

**4740**

**北宋边防交通地理研究:以《武经总要》府、州、军、监道里为中心** / 邢东升著 ; 李昌宪指导. -- 南京大学, 2009. -- 308 页

论文采用文献资料法、历史分析法、比较分析法、实证分析法等方法,以《武经总要》中府、州、军、监所载道里为研究对象,力图对《武经总要》及其他文献资料的阐释考证,纠正现有对北宋边防区域和边防干线的错误印象,进而为北宋边防区域及边防干线的进一步研究奠定基础。论文分为绪论、正文九章和结语等部分。绪论部分阐述选题缘由及意义,结合相关文献综述,说明论文的研究思路与研究方法。第一章考证《武经总要》中所载河北路边防交通方位道里。第二章考证《武经总要》中所载河东路边防交通方位道里。第三章考证《武经总要》中所载陕西路边防交通方位道里。第四章考证《武经总要》中所载益利路、梓夔路边防交通方位道里。第五章考证《武经总要》中所载荆湖北路、荆湖南路边防交通方位道里。第六章考证《武经总要》中所载广南西路、广南东路边防交通方位道里。第七章主要对《武经总要》现存版本作以概述,并对其通行的李进刻本、唐富春刻本和四库本等三个版本的优劣进行比较分析与评价。第八章主要对《武经总要》方位道里的准确性进行了考察与评价。第九章分析《武经总要》中所载的北宋边防交通与边防区域。最后是结语部分,总结全文并说明不足之处。

关键词:边防　军事地理　运输地理　北宋

**4741**

**濒海生计与王朝秩序:明清闽粤沿海地方社会变迁研究** / 杨培娜著 ; 陈春声指导. -- 中山大学, 2009. -- 258 页

论文采用历史分析法、社会阶层研究法、文献分析法、制度分析法、系统分析法、个案研究法等方法,以明清时期闽粤沿海地方的濒海生计与王朝秩序为研究对象,力图通过考察闽粤沿海地方人群的生计状况,梳理明清两大帝国在闽粤沿海地区统治秩序的确立、演变历程及其与沿海地方民众的生产生活形态和社会组织变化之间的关系,进而呈现明清闽粤沿海地方社会的复杂面貌。论文共分六章。第一章导言,阐述本研究问题的提出,结合学术史回顾说明基本思路与论文框架。第二章主要考察明代前期闽粤沿海的卫所与地方体制,认为这一时期闽粤濒海州县、卫所相互依存,濒海民众被按照一定的原则编入里甲赋役系统之中,共同构成明帝国疆域管理体制的基础。第三章阐述闽粤沿海制盐法的改变及其对海界纷争、深海渔业、漳潮海盗的产生的影响。第四章考察闽粤沿海的军事化与地方组织,并结合潮州大城所、漳州铜山千户所等个案研究,探讨明清时期沿海卫所的民居化。第五章阐述明清鼎革与新秩序的建立对闽粤沿海地方民众生活的冲击,探讨明清鼎革时期闽粤沿海战局及清朝前期闽粤濒海汛防状况,并探讨闽粤沿海卫所的裁撤及其影响。第六章结语部分,概述全文,阐明研究结论。

关键词:沿海　社会生活　社会变迁　行政管理　广东　福建　明清时代

**4742**

**明清天津盐业研究(1368—1840)** / 张毅著 ; 南炳文指导. -- 南开大学, 2009. -- 281 页

论文采用唯物辩证分析法、文献资料法、历史分析法、比较分析法、数理统计分析法、个案研究法等方法,以1368—1840年明清时期天津的盐业发展状况为研究对象,力图通过不同时期、不同区域的对比,展示明清时期天津盐业的面貌,揭示其发展变化的过程及其发展壮大的原因,进而试述盐业与天津、行业与城市发展的辩证关系。论文分为引言、正文六章和结语。引言介绍研究对象与意义,结合研究现状及史料概要,说明了论文结构。第一章介绍明清以前的天津盐业,按照不同历史时期的特点将其划分为唐代及以前、五代至金、元代三个阶段并分别予以论述。第二章主要考察明清时期天津盐业的管理机构及其变迁始末。第三章分析明清时期天津盐业的生产条件、生产技术的发展,并对天津盐场的灶户及其课赋负担、相关优恤措施进行详细考察。第四章考察明清时期的津盐的运销流程及销售区域、数额、方式等,并对津盐的运销主体"芦商"进行专题研究以探究其生存状态。第五章论述明清时期天津的私盐概况、成因及特点,并考察政府的相关防范与治理措施。第六章着重从城市建设、文教事业、慈善事业、风俗与信仰四个角度透视盐业对天津的影响。最后是结语部分,总结全文。

关键词:制盐工业　盐业　天津　明清时代

**4743**

**北朝婚姻问题研究** / 张云华著 ; 张鹤泉指导. -- 吉林大学, 2009. -- 255 页

论文采用文献资料法、典型案例研究法、历史分

析法、比较与归纳分析法、制度分析法、社会阶层分析法等方法，以北朝婚姻问题为研究对象，以考察北朝各阶层的婚姻为主线，力求探讨其婚姻关系以及形成这种关系的原因。论文分为前言、正文八章和结语。前言阐述选题意义，结合学术史回顾说明论文研究中存在的问题与基本思路。第一章在结合北朝社会发展概况的基础上，主要介绍对婚姻能产生较大影响的社会因素。第二章探讨北朝皇室的婚姻关系。第三章讨论北朝时期非宗室的少数贵族的婚姻及其特点。第四章分析北朝时期汉族大族之间的通婚关系及门第婚姻的演变情况，并结合若干个案研究，阐述汉族大族互相通婚的一般特征。第五章探究胡汉联姻与北朝皇权政治的关系，具体考察世家大族对胡汉通婚的态度、北魏政治形态的转变与胡汉联姻。第六章阐述北朝平民、贱民等下层民众的婚姻状况，并探讨北朝下层民众通婚的地域性与民族性。第七章论述北朝社会上层妻妾的名分和地位，认为在北朝妻妾之礼废弛和妻妾名分确立多重标准的影响下，北朝妻妾之争异常激烈。第八章阐释北朝婚姻中的贞节观及其行为、妒悍风气以及淫乱等现象。最后是结语，得出研究结论。

关键词：婚姻问题　婚姻制度　北朝时代

**4744**

**殷墟甲骨文字形结构研究** / 周丙华著 ; 范毓周指导. -- 南京大学, 2009. -- 252 页

论文采用文本研究法、比较研究法、个案分析法、描述性研究法和探索性研究法等方法，以殷墟甲骨文字形结构为研究对象，以字形分析为着眼点，以字形分析与本义的关系为角度，在诸家考释的基础上，力图通过对殷墟甲骨文字例分析，探讨“六书”理论的规律性、汉字结构的特点以及字形的文化意义。论文共分五章。第一章绪论，概述甲骨文字形结构研究的历史与现状，说明本研究的理论基础、思路方法、研究内容与研究目的。第二章主要对象形字字形结构进行分析，探讨象形文字的取象范围、取象方式以及字形与字义之间的关系。第三章主要对指事字字形结构进行分析，探析了指事本源及分类，并证明了指事字作为造字法的独特性。第四章主要对会意字字形结构进行分析，在简要评述历代学者对会意的论说的基础上，并结合个案研究，探析甲骨文会意字的独特内涵。第五章主要对形声字字形结构进行分析，简要论述形声字的形成、内涵、性质和类型，并对其形符和声符分别进行研究，最后得出研究结论。

关键词：甲骨文　六书　汉字形体

# 中国近现代史

**4745**

**晚清阿尔泰边防研究** / 白剑光著 ; 王宏斌指导. -- 河北师范大学, 2009. -- 230 页

论文采用唯物辩证分析法、比较分析法、文献资料法、实证分析法等，以晚清时期阿尔泰边防为研究对象，力图对晚清阿尔泰地区的边防状况进行较为深入的考察与评价，并得出其对新时期我国边防的历史启示。论文分为绪论、正文五章和结束语。绪论部分阐述本研究问题的提出，结合相关研究状况述评说明基本思路与创新点。第一章对同治朝之前阿尔泰边防状况作简要回顾，概述乾隆平定准噶尔后在阿尔泰地区的边防建置以及哈萨克内迁与阿尔泰边防面临的新问题。第二章概述同治、光绪年间中俄两次勘分西北边界的历程，并分析中俄两次分界对阿尔泰边防的影响。第三章阐述同治年间的新疆动乱及其对阿尔泰边防的冲击，分析布伦托海办事大臣的设置与裁撤以及新疆动乱期间阿尔泰边防暴露出的若干问题。第四章阐述光绪年间的科阿分治与阿尔泰边防的关系，认为科阿分治对于加强和巩固阿尔泰山一带的边防起到了积极作用。第五章阐述清末新政对阿尔泰边防的互动关系，充分肯定清末新政对于加强和巩固阿尔泰山地区边防的意义和作用。最后是结束语部分，概括全文，论述晚清阿尔泰边防的沉痛教训及其对新时期我国边防的历史启示。

关键词：边疆地区　边防　清后期

**4746**

**剧变时代的平庸封疆：晚清河南巡抚研究** / 陈德鹏著 ; 陈桦指导. -- 中国人民大学, 2009. -- 310 页

学术界关于晚清督抚的研究可谓汗牛充栋，但主要集中在诸如曾国藩、左宗棠、李鸿章、张之洞、袁世凯等著名督抚上，河南巡抚只在众多研究中作为配角偶尔涉及，尚无人进行专题研究。有鉴于此，论文试图对晚清河南巡抚进行较为全面、系统地论述。1. 清沿明制，自顺治元年七月设立河南巡抚，直至清末，其间只有短暂的中断。2. 晚清河南巡抚总的长处是“擅长”河工，主要表现在兼署河督的次数明显增多，河督

裁撤之后兼管河南河工事务；在水灾和河工中坚持以民为本，反对河工积弊；在河工中引进新工具、新材料，如郑工中的电灯、铁路、电报、水泥等。3. 清前中期的河南巡抚虽有治豫之功，诸如整饬吏治、垦荒、救灾等，但也存在虚报垦荒数量、匿灾不报、品行庸劣等劣迹，导致河南的"土匪"越来越多，从反清残余到"教匪"丛生，从零星抢劫到白莲教起义，终于酿成了大规模的捻军起义。4. 在"剿捻"的同时，河南还要承担沉重的军饷。豫抚筹解之饷，大致分为三个阶段：军兴以后至同治七年，主要是筹解"剿发捻"之饷；同治七年至光绪二十年，主要是协济边疆军饷；甲午战争后，豫省协济之款项已经大大超出军饷范围，包括赔款、练兵、新政等。5. 河南地处中原，没有受到外国军队的直接军事侵略，也参与反侵略战争。第一次鸦片战争前，河南开始禁止买卖和吸食鸦片。捻军平定之后，豫军随左宗棠出征新疆，其后宋庆的毅军又奉命驻扎东北，并直接参加了甲午中日战争。6. 同治初年，西方教会一进入河南，民教斗争就开始了。为了处理河南教案，朝廷一连换了三任巡抚，且豫抚的去留也受到传教士的干涉。7. 河南的手工业原本比较发达，但是在晚清近代化的过程中，河南却落后了，这与河南巡抚在洋务运动及清末新政中缺乏创新有关。总之，晚清河南巡抚既有贡献，亦有严重不足，河南的发展较邻省滞后，豫抚平庸是主要原因之一。

关键词：地方政府　巡抚　河南　清后期

**4747**

**抗战期间国民政府侨务政策及其实施** / 陈国威著 ; 张海林指导. -- 南京大学, 2009. -- 221 页

论文采用唯物辩证分析法、文献资料法、制度分析法、历史分析法和实证分析法等，以抗战时期国民政府的侨务制度为研究对象，力图对抗战期间国民政府的侨务政策及其实施进行全面、系统地研究与客观评价。论文分为绪论、正文七章和结语等部分。绪论部分阐述研究的选题缘由与研究意义，结合学术史述评、文献资料概述，对研究理论与方法、基本思路、论述框架、关键词界定、创新与不足等问题作了说明。第一章概述亚洲、欧洲、美洲、大洋洲以及非洲等地华侨华人社会的形成。第二章探析民国时期侨务理念，考察孙中山、蒋介石以及侨务人员的侨务理念。第三章简述战前国民政府的侨务机构的设置、沿革及其侨务政策。第四章分析抗战期间国民政府侨务机构的调整，着重考察抗战期间国民政府党政两个侨务中枢的形成与演变。第五章主要从动员政策、华侨社团政策、救侨保侨政策、经济政策以及文化教育政策等方面对抗战期间国民政府侨务政策及其实施进行分析与评价。第六章主要对党政两大系统的侨务政策运作状况进行考察，探讨侨务政策的海外运作与国内运作状况。第七章对抗战时期国民政府侨务政策的绩效与缺陷进行评估。最后是结语部分，得出研究结论与启示。

关键词：华侨政策　华侨事务　抗日战争

**4748**

**国民政府工业化战略下的工业布局研究(1928—1945)** / 陈宏明著 ; 申晓云指导. -- 南京大学, 2009. -- 196 页

论文采用统计分析法、实证分析法、文本分析法、典型个案分析法、历史分析法等，以 1928—1945 年国民政府工业化战略下的工业布局为研究对象，力图对国民政府时期工业化战略下的国家工业布局进行系统、全面研究，揭示国民政府时期的工业中心区位的变迁过程及其原因、结果与成败得失。论文分为导论、正文六章和结语。导论部分阐述研究的选题意义，结合学术史回顾与展望说明研究方法、思路以及框架结构。第一章介绍南京国民政府统一中国之前的近代工业的发展与分布概况，分析近代工业的分布特点，并探讨造就中国近代工业畸形分布的原因及影响。第二章分析 1928—1937 年国民政府工业化战略启动期的工业布局状况。第三章分析抗战时期民营与军事工厂的内迁及其地理分布状况。第四章分析战时后方工业中心区的形成及工业分布，详细考察战时国民政府的工业政策及工业建设规划以及战时后方工业中心区及工业分布特点，并对战时重庆工业区的工业分布进行了探讨。第五章阐述了 1942—1943 年西北开发热潮与西北工业布局构想。第六章阐述与评价 1940—1945 年国民政府对战后国家工业布局的规划。最后是结语部分，概述全文，得出研究结论与历史启示。

关键词：工业史　工业布局　经济发展战略　国民政府

**4749**

**美孚石油公司与战后中国(1945—1950 年)** / 陈礼军著 ; 张海林指导. -- 南京大学, 2009. -- 169 页

论文运用历史学的实证分析方法，通过探讨美国的一个跨国公司——美孚石油公司在 1945—1950 年

中国政治、中美关系旋涡中的情况，试图揭示中美关系和中外关系中深层的商务、经济和政治因素及这些因素的互动关系。论文首先对美孚在1945—1950年在华业务实际情况做出说明，具体展现这一阶段，美孚是如何及通过怎样的手段去推展业务，达到了什么样的目的。其次，就美孚与中国政府的关系进行阐述。论文所关注的是美孚是如何规避控制，维护自己的利益。同时也关注国民政府和其后的新政府所实施的政策对公司所造成的实质性的影响，及双方的互动关系。尝试将企业和中国政府综合在一起考察后，将中国近代以来首次实现自主后中国政府与外企的关系进行更全面、更细致的分析。再次，论文分析美孚与美国对华政策的关系。从美国政府与美孚的互动、美国政府利益与美孚的利益的一致或相反、美孚对美国门户开放政策的态度、美孚在美国对华政策中的空间、美国对华政策的变化对美孚的影响等角度进行。从这些不同角度进行探索，揭示美国对华政策的形成过程和实质，以更清楚地解析政策和企业之间存在的互动。最后，美孚的市场活动、美孚与中国政府、美孚与变化中的中美关系、美孚与美国政府的关系被放到美孚的一个分公司的具体活动中去考查，这是一个实证的微观分析，主要是为了反映上述各种复杂的关系以及各利益方怎样表达它们的观点和各方行动的结果。通过美孚具体的活动，所有的各个片断加在一起力求勾勒出美孚与中国（包括美国对华政策）之间真实而具体的联系。

关键词：石油工业　中美关系　美国对外政策

**4750**

**建设新中国的蓝图：《中国人民政治协商会议共同纲领》研究** / 陈扬勇著 ；金冲及指导. -- 复旦大学，2009. -- 300页

《中国人民政治协商会议共同纲领》是中国历史上一份极端重要的文献。它承载着奠定新中国基本格局和未来走向的一系列重大决策，勾画出一幅建设新中国的比较完整而清晰的蓝图。论文试图考察和探讨的是：制定共同纲领是在什么样的背景下、什么时候提出来的？共同纲领是怎么产生的？体现在其中的奠定新中国基本格局并决定新中国前进方向的重大决策及相关体制是如何确立的？它们各自一步一步经历了怎样艰难复杂的发展过程？它们对新中国的起步及后来的发展走向有着怎样的重大意义？中国共产党在领导制定共同纲领的过程中如何把马克思主义的基本原理与中国具体国情相结合，解放思想，实事求是，正确处理中国历史条件下的政治、经济、军事、文化、民族、外交等一系列问题？弄清楚这些问题，对今天深入理解新中国成立60年来所走过的历程，特别是理解社会主义初级阶段理论，理解中国特色社会主义理论体系的路线方针政策，是有帮助和启示的。论文共分九章。第一章主要追溯和交代制定共同纲领的缘起和背景；第二章重点再现共同纲领的形成过程；第三章是对共同纲领政治制度的解读；第四章是对共同纲领军事制度的解读；第五章是对共同纲领经济政策的解读；第六章是对共同纲领文化教育政策的解读；第七章是对共同纲领民族政策的解读；第八章是对共同纲领外交政策的解读；第九章是结束语。

关键词：中国人民政治协商会议共同纲领　中国共产党　现代史

**4751**

**东南督抚与庚子事变** / 戴海斌著 ；茅海建指导. -- 北京大学，2009. -- 238页

上个世纪初年发生在中国的义和团运动，是近代历史上意义深远的事件。在这场反帝爱国运动的高潮阶段，中国社会的各种力量进行了一次规模空前的总集结和总动员，其中以李鸿章、刘坤一、张之洞为首的东南督抚群体，以一种历史上罕见的整体面貌出现，成为北京政府之外中国政治、外交的又一重心。论文从清朝政治史和近代中外关系史的角度出发，在先行研究的基础上，综合利用中外史料，通过重建这一阶段的相关史实，讨论东南督抚与中央政府、外国、维新派，以及这一群体内部各种的复杂关系，从而为其在近代中国转型的长时段中寻找合适的定位。在庚子事变期间，“东南互保”是论文主角最重要、也最为人所瞩目的事迹。“东南互保”的产生缘于中外合力的作用，除了长江流域地区的国际竞争、东南社会经济基础等一般性因素，论文特别注意戊戌以后东南督抚身处的政治环境、其所掌握的具体外交资源，以及中外交涉时发生的互动。作为一项地方保全的业绩，事实上却是用一种曲折的政治分裂的方式得以实现，这一过程集中展现了清朝外交的意义和局限。在与外国相约保护的同时，东南督抚无法割断与清王朝的联系。这一方面表现为有意识地对中央政令做出选择性的解释，另一方面也落实在“代朝廷连续邦交”的努力上。他们借助于多样的渠道，为促成救使、剿

拳、停战、议和等目的不遗余力，其意见对于中枢决策发挥了直接作用。南北分立只是历史表象之一面，中外间多种政治势力的分化组合，尤其值得留意。当危机到来之际，掌握权势而观念趋新的地方疆吏一度成为维新群体争取和依赖的重要对象，两者在思想上不乏共识，但又各有其严守的界限。在诸多应对时变的方案中，“东南互保”其实处于一个中间的位置。这也就决定了东南督抚身后不乏民意的支持，但是他们无论如何不可能走得更远

关键词：政治制度　义和团运动　总督　巡抚

**4752**

**清末民初旗民生存状态研究** / 戴迎华著 ；张海林指导. -- 南京大学, 2009. -- 175 页

论文以清末民初的旗民社会生存状态为研究对象，力图通过对晚清至北洋政府统治时期的旗民社会生存状态的考察，讨论近代中国社会的深刻变迁对旗民社会发展带来的巨大影响，揭示影响清末民初旗民生计的种种历史原因，为现实民生提供历史的观照。旗民生计问题是清代特有的民生问题，也是困扰有清一代的特殊难题。自雍正开始，清朝历代政府采取多种措施，对解决旗民生计问题做出多种尝试，如筹措增拨经费、移民屯垦、汉军出旗、建立养育兵制度等，但都未能遏制旗民社会颓败的趋势。鸦片战争以后，八旗在军事上日益走向衰败。为解决旗民生计问题，晚清政府只得对旗制实行变革，清末旗制变革在对八旗进行军事改革的同时，试图通过化除满汉畛域，并实行计口授田、劝业归农、开办学堂、兴办实业等多种措施改善旗民生计，但收效甚微。辛亥革命后，旗民社会身份和地位发生了显然的变化。随着政治特权的丧失和生存状态的进一步恶化，民初的旗民社会群体日益边缘化，并发展成为社会的弱势群体。民国成立后，失去军事职能的八旗组织，依然发挥着旗民社会的某些行政职能，八旗各主要组织如各都统衙门、值年旗机构，八旗事务的运行如八旗官居佐的任职、序补与世职接袭等依然存在。北洋政府时期的旗民生计筹划与实践活动一定程度上缓解了旗民生存状况日渐恶化的痛苦，但由于相关政策缺乏持续性、政府财源枯竭，加上旗民问题存在利益之争、旗民缺乏生产技术，旗民生计始终未能筹定。晚清以来尤其是民初以后中国社各阶层对旗民生计问题的考量与筹划，有益于人们对弱势群体民生问题的深入思考。

关键词：八旗制度　满族　社会生活　清末民初

**4753**

**二十世纪三十年代重庆地区的旱灾救治：以 1936—1937 年的旱灾救治为主体的研究** / 杜俊华著 ；陈廷湘指导. -- 四川大学, 2009. -- 292 页

论文拟以 1936—1937 年的大旱灾救治为例，从历史学、社会学、政治学、地理学等学科的角度，探讨 1930 年代重庆地区多样化和社会化的旱灾救治。二十世纪三十年代重庆地区的旱灾，呈现出时间的连续性、灾荒发生的频繁性和空间分布广泛性的特点，给农业生产和城乡社会造成严重的后果。社会生产力的低下，特别是生产工具、生产方式的落后以及劳动者的素质低下，导致民众社会财富积累较少，社会承灾力较低，农民们本就处于生死边缘，在灾害打击下，更是一蹶不振。而水利条件落后、交通条件落后等也加剧了旱荒的损害程度。面对二十世纪三十年代频繁旱灾的沉重打击，政府和民众对旱灾赈济和治理活动高度重视，采取了许多行之有效的措施。首先，为了安慰灾民的心理，政府和民众积极地进行“祭拜神灵求雨”救灾。与此同时，政府也采取了科学救灾措施，并初步实现由传统旱灾救济向现代旱灾救治的转变。随着生产力的发展和社会的变迁，重庆地区的慈善组织和民间救灾团体得到了快速的发展，它们也积极投入到旱灾救济中。社会各界对灾情与灾因给予极大的关注与思考，并积极建言献策，提出各式各样的方案和办法。重庆地区的灾害救治在积极救灾、政府与社会协作救灾、募捐和筹拨救灾款方面取得了较大的成绩，作为社会稳定器和社会良性发展的“润滑剂”的灾害救济，在化解社会风险，稳定重庆地区的社会秩序方面也起到了重要的作用。二十世纪三十年代重庆地区的旱灾救治留下了宝贵的经验和教训，对当今的旱灾防治，具有一定的参考价值。

关键词：自然灾害　救灾　重庆　民国

**4754**

**建国初期三农问题与乡村社会变迁(1949—1956)：以黔东南地区为个案的考察** / 范连生著 ；汪征鲁指导. -- 福建师范大学, 2009. -- 331 页

论文以黔东南地区为个案，具体地考察建国初期党和人民政府解决“三农”问题的过程及得失，并论及“三农”问题初步解决后黔东南农村发生的社会变迁，重点探讨新型的民族关系的形成、政治上层建筑的变

化、良好社会风气的形成及物质生产生活方式的变化等。"三农"问题的解决促进黔东南地区乡村的社会变迁;反过来,乡村的社会变迁又对"三农"问题的解决起了一定的推动作用,二者相辅相成,互相促进。但建国初期,黔东南地区"三农"问题的解决及乡村社会变迁是在革命的语境下进行的,党和人民政府通过群众运动进行建设和革命。实践证明,从长远看来,靠采取群众运动的方式来进行政治斗争和经济变革,是不可能从根本上解决农村、农业和农民问题的。建国之初黔东南地区解决"三农"问题的实践及乡村社会变迁为今天中国新农村建设的理论与实践探索树立了榜样,也提供了借鉴。

关键词:农业经济　乡村　社会变迁　贵州

**4755**

**华北沦陷区日伪殖民文化研究** / 方艳华著 ; 朱汉国指导. -- 北京师范大学, 2009. -- 244 页

论文以华北沦陷区为例,以新发现的大批原始资料为依托,对殖民文化从"物质—精神观念—行为"层层剖析,试图比较客观地清理日本殖民者对华北物质文化载体的破坏,殖民文化的内在结构、传播过程及效果。第一,日本殖民者在对华北实施军事进攻,武装占领之余,也对华北的物质文化极尽劫掠摧残之能事。华北地区的各级学校、科研机构、出版社、图书馆、博物馆、书局等各类文化机构及图书典籍,文物遗产,古建筑、遗迹等的损失罄竹难书。第二,在殖民文化思想之架构上,日伪之文化建构围绕如何处理华北地区沦陷时所存在的古今中外的各个文化要素及他们之间的关系并使之组合成为一个符合逻辑的有机的文化整体而进行的。第三,日伪在华北沦陷区不仅设置了一些专门的文化机构,还通过严密控制和扶植利用学校教育、新闻出版等传播媒介,直接控制人们的宗教信仰,恢复传统礼教操控和规范人们的日常行为规范等方式和手段去实施殖民文化的社会化,以期在沦陷区社会中促成殖民文化意识的形成。第四,抗日战争不仅是中日之间的一场政治、军事、经济的较量,同时也是一场文化上的较量。针对日伪的反动谬论,为了澄清事实,维护民族文化的纯洁,以国共两党及中间人士在内的广大爱国志士纷纷著书立说据理力争,针锋相对地对日伪殖民文化思想进行批判。这对于揭露日伪的文化阴谋,纠正民众认识,遏制了法西斯毒素在中国的蔓延,增强民族自信心和凝聚力取得抗战胜利发挥了重要的作用。总之,华北沦陷区日伪殖民文化就是日本殖民者在军事征服、武装占领的基础上,占据统治地位的日本殖民者及其所扶植的傀儡政权创造出的一套符合殖民者利益的思想体系。它打着恢复以儒家文化为主体的传统文化的幌子,篡改民众的历史意识、民族国家意识,片面排斥资本主义文化与马克思主义,而向日本文化单方面的趋同归附。但由于文化建构本身存在不可克服的内在矛盾,从长远来看难以成功,随着日本殖民者的溃败,殖民文化最终被扫入历史的垃圾堆。

关键词:侵华事件　殖民文化　抗日战争　华北地区

**4756**

**蒋介石与战时经济之研究(1931—1945)** / 方勇著 ; 陈红民指导. -- 南京大学, 2009. -- 297 页

论文将宏观架构与个案研究相结合,以经济政策为论述基点,主要从经济政策的约束条件、经济权力、经济建设与经济统制四个方面考察蒋介石推动战时经济转型的路径、过程与绩效。除绪论与结语外,论文主体部分共四章。第一章从主观认知的角度来探讨战时蒋介石经济政策的约束条件。主要论述孙中山经济思想、对日抗战与国际因素对蒋介石经济政策的制约。第二章从制度、人事与政策等方面分析战时蒋介石经济权力的建构与运用。蒋介石经济权力的政策运用,表现为对经济总政策、基本政策、具体政策制定与执行的全面介入;而手令与演讲则是其颇具特色的经济政策表达程式。第三章论述蒋介石对战时经济建设的推进。蒋介石对资源委员会的建立与发展亲自加以指导与控制,资委会高效运作并在发展重工业方面取得巨大成就,与蒋介石的支持有密切关系。蒋介石对抗战准备时期国内公路建设与全面抗战时期国际公路建设大力推动。第四章考察蒋介石推动经济统制的主要活动。蒋介石亲自指导四川财政整理,并取得较大成效,为全面抗战爆发后大后方的持久经济抗战奠定坚实基础。面对通货膨胀的严峻形势,蒋介石亲自主持《加强物价管制方案》的制订与实施,对抗战时期的物价管制发挥主导作用,从宏观层面而言,战时物价管制成败的领导责任,皆可归之于蒋介石。论文认为,如同政治、军事与外交,蒋介石在战时经济方面的作用也是决定性的。

关键词:经济史　蒋介石　抗日战争　经济政策　经济转型

**4757**

**1962年中印边界武装冲突研究:一种"历史合力"视角下的新观察** / 冯云飞著 ; 齐鹏飞指导. -- 中国人民大学, 2009. -- 165页

论文运用文献资料法、案例研究法和比较分析的研究方法,对1962年中印边界武装冲突中各主要国家的行为分层进行分析。论文第一章是1962年中印边界武装冲突过程的历史追溯,首先分析渐露端倪的边界冲突,其次分析西藏叛乱与中印边界形势恶化的关系,最后论述1962年中印两国的军事战和外交战。第二章是1962年中印边界武装冲突背后的苏联因素分析,首先1962年中印边界武装冲突前的中苏关系,其次论述1962年中印边界武装冲突前苏印关系的迅速发展,第三分析古巴导弹危机与苏联对中印边界问题立场的转变。第三章是1962年中印边界武装冲突背后的美国因素分析,首先论述1962年中印边界武装冲突前的中美关系、美印关系,最后分析1962年中印边界武装冲突中美国政府的外交选择。第四章是1962年中印边界武装冲突爆发时印度的国内形势、外部环境及其对内对外政策的影响分析。首先分析印度新体制下国内压力和战争冲动问题,其次论述国际援助下印度的战争资本,最后分析大印度中心论影响下的印度军事战略文化。第五章是1962年中印边界武装冲突爆发时中国的国内形势、外部环境及其对内对外政策的影响分析,考察日益紧张时中国国内形势,其次分析中国孤立的外交困境,最后论述1962年中印边界武装冲突时中国政府的战略选择。

关键词:中印关系　领土问题　边界冲突

**4758**

**晚清军工企业管理机制研究:以福州船政局、江南制造局为中心** / 高德罡著 ; 王宏斌指导. -- 河北师范大学, 2009. -- 197页

论文在总结前人文献研究的基础上,搜集整理关于军工管理制度方面的文献资料,着重分析晚清军工企业的组织制度、工资制度、技术培训机制、技术的移植以及生产管理等方面内容,大体勾勒出晚清军工企业整个管理制度体系。在尊重史料的前提上,积极尝试相关领域的理论方法,搭建不同以往的观察视角,重新对已有的结论进行探讨和审视。主体内容共分为以下七部分:绪论部分,交代军工企业兴办,发展的历史背景,回顾学术界的研究状况,并对已有成果归纳总结和反思。第一章企业的组织制度,主要以机构设置和管理人员为研究对象,对企业组织制度进行分项考察。第二章企业工资制度,着重考察军工企业的工资制度。对当时企业的工资制度特点进行精要概括,并以福州船政局的工资制度为范例,通过个案的深入剖析,阐视军工企业的工资制度的全貌。第三章企业人才引进与培养,重点剖析人才引进与培训的管理机制,分为外籍人才的引进和本国人才的培养两大部分。第四章技术引进与生产管理,研究讨论军工企业的产品引进和生产管理进行系统。第五章企业管理的困境与局限,探讨在工业体系之外,军工企业面对的社会困境及其历史局限。论文认为,一件产品的好坏,不能仅仅从制造环节寻找原因,而是放在大环境下予以考察。结语部分,对论文的主要论点做进一步总结和提升。晚清军工企业的管理制度是西方经验与本国传统既契合又冲突的复杂产物。它即继承了西方先进的管理经验,又挖掘了传统文化中的合理成分,同时还夹带着本国经验中的负面因素。作为东西方管理经验的首次汇合,晚清军工企业的管理制度为早期工业化的研究提供了绝佳样本。

关键词:军工企业　企业管理　工业史　清后期

**4759**

**当代中国农业学大寨运动研究** / 光梅红著 ; 朱汉国指导. -- 北京师范大学, 2009. -- 190页

论文将农业学大寨运动置于国家政治理想和革命建构运动中,阐述农业学大寨运动与20世纪六七十年代中国政治运动的关系,勾勒出农业学大寨运动发生、发展和终结的脉络。围绕这一主题,论文从大寨的发展历程、农业学大寨运动的历史脉络和对农业学大寨运动的评价三个方面进行论说。第一,对大寨社会进行分析。文章介绍大寨的自然环境和生产条件,展现大寨在土地改革、农业合作化和人民公社运动中的变迁。第二,从1964年至1980年,农业学大寨运动经历了发生、变异、高潮和终结四个阶段。纵观这一历史,"文革"前的农业学大寨运动是一场农业竞赛运动,"文革"开始后的农业学大寨运动则是一场政治运动。第三,结语部分从大寨模式、大寨精神、大寨式典型和大寨式干部四个方面对农业学大寨运动进行评价。同时分析农业学大寨对当前新农村建设的启示:一是正确认识社会主义的本质;二是制定合理的农村发展思路;三是正确对待典型;四是弘扬自力更生、艰苦奋斗的精神。

关键词:农业学大寨　群众运动　政治运动

4760

**被改造的民间文化:20世纪山西秧歌小戏与乡村演剧** / 韩晓莉著 ; 行龙指导. -- 山西大学, 2009. -- 283页

论文以20世纪盛行于山西乡村的秧歌小戏与乡村演剧为考察对象,从社会史的视角切入,运用民俗学、人类学、艺术学的理论和方法,对山西秧歌小戏与乡村演剧活动的发展历程进行研究,试图了解百年秧歌小戏与乡村社会的关系变化,政府对秧歌小戏的改造过程,以及在这一过程中所反映出的政府与乡村社会关系的变化,进而从社会变迁的层面考察民间戏曲的发展,从民间戏曲的演变探寻社会变迁的轨迹。全文分八部分展开论述。第一章,考证秧歌的形成以及与乡村社会的互动关系。第二章,从秧歌剧目的内容考察它与乡村社会的亲密关系。第三章,探讨20世纪初戏曲改良运动下的乡村演剧。第四章,重点论述抗日战争爆发后,共产党领导的根据地政府在山西革命根据地的戏曲改造。第五章,分析经过改造的秧歌小戏与乡村社会的关系变化。第六章,对新中国成立后的"戏改"之下的秧歌小戏作简要论述。第七章,展现1980年以来秧歌小戏在乡村社会的存在状态。第八章,是对田野调查中民间秧歌老艺人口述资料的整理和解读。论文是从文化入手,开展社会史研究的一次尝试,从文化的层面把握国家与社会的关系,对于理解二者如何共同建构了一个地方社会,如何整合共享一种文化,以及政治如何实现和在多大程度上实现它在地方社会的支配力方面无疑具有启发意义。

关键词:秧歌剧　戏剧　农村社会学　山西

4761

**当代中国县域财政研究:以山东沂南为个案** / 贺俊杰著 ; 李良玉指导. -- 南京大学, 2009. -- 202页

论文主要采用实证分析法、典型个案研究法和统计分析法,辅以纵向分析与横向剖析相结合的研究方法等,以山东省沂南县县域财政为个案研究对象,力图通过分析新中国成立以来该县县域财政演变过程与存在的问题,进而探讨解决当代中国县域财政困难的途径。论文分为绪论、正文十二章和结论等部分。绪论部分介绍选题缘起,结合研究现状综述对基本概念、资料来源、研究思路及创新点等问题作以说明。第一章介绍县级财政的体制演变、制度框架及其地位。第二章介绍沂南县的自然环境、行政区划、人口变迁和经济发展概况。第三章分析沂南县财政收入结构及其变化情况。第四章分析沂南县财政支出变化情况,指出其财政支出结构有待优化。第五章叙述乡级财政的演变、体制及其预算概况。第六章对岸堤镇的财政收入概况、影响因素及其特点进行分析。第七章对岸堤镇的财政支出进行分析。第八章对岸堤镇税收、行政成本进行分析。第九章对马牧池乡的财政收入进行分析。第十章对马牧池乡的财政支出进行分析。第十一章分析县域财政框架内的村财务状况。第十二章以横河村为例,对村财务进行个案分析。结论部分指出目前县域财政存在的主要问题,并在此基础上提出今后改革的方向。

关键词:县级财政　地方财政　分税制

4762

**人民政府时期专区专署制度研究(1949—1966年):以河北省为例** / 侯桂红著 ; 魏光奇指导. -- 首都师范大学, 2009. -- 227页

论文采用文献调查法、实证分析法、制度分析法、归纳分析法、系统分析法等,以1949—1966年河北省专区专署制度为个案研究对象,力图通过梳理和考察河北省专区专署制度的建立、运作及其演变历程,进而对人民政府时期专区专署制度进行深入研究。论文分为绪论、正文七章和结语。绪论部分介绍研究的选题缘由、学术价值与现实意义,结合相关研究状况的评述,对基本内容、创新点、主要参考资料作必要说明。第一章重点阐述专区专署制度的历史渊源。第二章简述1949—2008年专区专署的地位,具体考察1949—1957年专区专署制度的初步建立、1958—1960年专区专署制度的发展以及1961—1967年专区专署制度的调整历程。第三章主要考察专区专署的职能与机构设置,分析专区专署的组织机构的特点。第四章主要对专署运作机制进行了考察,并分析专署在运作中存在的问题。第五章主要分析专区专署的财务财政状况,并指出了其中存在的问题。第六章主要分析专区专署的人事制度及其运作,并对其弊端进行剖析。第七章则在阐述地委的地位与实际职能、发挥作用与功能的组织途径的基础上,着重探讨专署与地委的关系,并指出了专区党政不分的弊端。结语部分阐述研究结论,并对派出政府制度进行理论反思。

关键词:人民政府　地方政府　政治制度

4763

**晚清中英条约关系研究** / 胡门祥著 ; 李育民指导. -- 湖南师范大学, 2009. -- 282页

论文采用文本分析法、制度分析法、文献调查法、历史分析法、唯物辩证分析法、典型个案分析法等，以晚清中英条约关系为研究对象，力图从法律关系的角度对晚清中英条约关系进行研究。论文分为绪论、正文七章和结语。绪论部分介绍选题意义，结合相关文献史回顾说明研究方法与思路、创新与不足之处，并对晚清中英条约关系进行概述。第一章追述晚清中英条约关系的酝酿、产生、确立及其发展的历程。第二章分析不平等性质的中英条约关系的缔约程序、形式、具体内容等问题，并对不平等条约关系的效力进行法理辨析。第三章分析平等性质的中英条约与条款，着重分析各项平等的经济制度的规定以及其他平等条约与条款。第四章分别考察清政府、英国双方履行条约的方针与基本态度。第五章考察中英双方履行条约过程中外交礼仪冲突、经济贸易争端等方面的矛盾、冲突与交涉情况。第六章分析晚清中英条约关系的有限改善及其原因。第七章则对清政府与英国私法人缔结的“准条约”的类别、内容、性质、特点及其对中国的双重效应进行考察与分析。最后是结语部分，分析晚清中英条约关系的基本性质及其地位影响，并得出相应的历史启示。

关键词：中英关系　不平等条约　清后期

**4764**

**早期北大的治理模式与实践(1898—1937)：以大学权力演化为视角的考察** / 胡少诚著；欧阳哲生指导. -- 北京大学，2009. -- 448 页

论文所谓早期北大是指北大的最初 40 年，这段时间北大的治理模式与实践，对于中国大学组织和制度的发展，具有一定的典型性。就北大自身而言，最初 40 年是一个相对完整的发展阶段，大体经历了一个从预备、成长、全盛、纷乱到中兴的过程。通过大学权力演化的视角，考察从京师大学堂到国立北京大学的治理史，可以较好地展现中国现代大学的成长经历。从大学制度、组织的角度，探讨早期北大治理模式和权力架构的演进。围绕有关大学章程、法令、条例、组织大纲的文本，考察了所受国外大学模式的影响、北大治理的理想模式与实际体制之间的区别，揭示北大“教授治校”的形成、发展和变迁以及“校长治校、教授治学”代之以兴的过程。进而从大学成员、人际的角度，梳理早期北大治理主体与权力演化的过程。通过考察大学内部社群与外部力量之间的权力博弈，展现北大双重使命以及对教育独立的不懈追求。论文也从大学活动、事务的角度，考察早期北大治理实践与权力运行的实况。通过对教务会议、行政会议、总务会议以及各种专门委员会议案类型的归纳，分析这些机构权力运行与职能实现情况，进一步说明大学的教学和科研必须保障以教授为主体的学术权力，而在诸如大学图书、仪器、出版等辅助性事业的发展方面，既要教员的广泛参与，也要专家的规划，更要治才的主持。无论是清末民初的政府办学，蔡元培时代的教授治校，还是“中兴期”的校长治校，不同的治理模式有其存在的历史必然。北大的各种治理主体逐步形成了相对开放、多向交叉的治理网络。经过几代人的苦心经营，北大仿世界大学通例，学科建制和师资阵营不断成熟，教学、研究奠定坚实基础，管理水平和办学条件有所改善，逐步成长为一所现代大学。

关键词：教育史　高等教育　高校管理　北京大学

**4765**

**清末湖南立宪派研究** / 黄俊军著；饶怀民指导. -- 湖南师范大学，2009. -- 179 页

课题拟从清末湖南立宪派的角度作一微观的个案研究。研究力图为清末立宪派和晚清政治史的研究提供一项实证性成果；力图在广泛占有第一手资料的基础上，适当地使用一些其他相关资料作为参证，并充分利用学术界已有的相关的最新的研究成果。在研究方法上，课题主要采用阶级分析法，以及定性分析和定量分析、宏观研究和微观研究相结合的研究方法，还适当运用比较研究的方法。课题的基本框架，由七章组成。第一章绪论，为研究综述。第二章湖南立宪派所处的历史时空，重点说明预备立宪和立宪运动的异同，进而说明湖南立宪派是一股自下而上的立宪力量，它与清朝的立宪动机和目的有明显的不同，这是导致二者分道扬镳的终极原因。第三章湖南立宪派的来源和构成，概述何为湖南立宪派，什么时候形成了湖南立宪派，立宪派的来源和构成源于哪些群体。第四章湖南立宪派的主要活动，概述湖南立宪派的组织机构，重点论述湖南立宪派兴办湖南近代工矿企业、参入主办湖南教育事业和地方自治运动、组织和领导了湖南国会请愿运动和湖南保路运动。第五章关于湖南咨议局的几个问题，湖南咨议局本是湖南立宪派的组织机构之一，由于该组织机构十分重要，是湖南立宪派的一个重要活动舞台，加之资料十分丰富，因此独立升格为章。第六章湖南立宪派与革命派的关系，具体到清末湖南两派的关系主要倾向是联合，

并且关系比较融洽，尽管从湖南独立到焦、陈被害，两派斗争比较激烈，但是两派的关系始终没有破裂，而是在同一片蓝天下并肩战斗。按照时间顺序重点分析湖南独立前两派关系融洽、两派共同磋商使湖南成为首应之区和两派共同建设新政权等。第七章湖南立宪派的特点和总体评价，重点剖析湖南立宪派与海外立宪派、国内其他立宪派的不同，提炼其特点，然后进行总体评价和思考，这部分难度大，理论水平要求高。

关键词：立宪派　革命派　湖南　清后期

**4766**

**1948—1952年开封城市政权建设研究** / 霍晓玲著 ；朱汉国指导. -- 北京师范大学, 2009. -- 267页

论文依据开封档案馆所藏档案资料，考察1948年10月开封解放至1952年，中国共产党在开封建立政权和巩固政权的措施与效果。在回溯中共接管开封与开展政权建设的同时，考察中共为应对执政挑战和环境变化所进行的组织、作风与思想建设，并从实体的政权组织建设和政权合法性营建两个方面对政权建设和巩固的过程进行探讨。围绕上述主题，论文从以下四个方面进行考察：第一，城市的接管。1948年10月开封解放后，中共即着手城市接管与秩序重建工作。由于干部缺乏和经验不足，开封接管前期物资流失与破坏现象严重。后来随着大批任用旧人员，上述现象得以遏止。第二，执政党建设。为适应由农村到城市、由革命党到执政党的转变，中共开封党组织先后进行了一系列建设和整顿工作。第三，政权建设与巩固。包括实体的政权建设和政权合法性营建。实体的政权建设分为两个方面的工作：(1)市、区政权和区以下基层政权的建设调整工作。(2)各界人民代表会议制度的创建。营建政权合法性是巩固政权的重要措施。新中国建立后，中共在开封相继领导了抗美援朝、镇压反革命和民主改革三次大规模的群众运动。这三次政治运动都无一例外地推动和深化政权建设，巩固新生政权。第四，城市政权建设的经验教训与特点。主要探讨开封政权建设中的执政党能力建设、党政关系处理、基层政权建设的经验教训，以及城市政权建设的特点与影响等四个问题。

关键词：城市　地方政府　政权　开封

**4767**

**福建农村“四清”运动研究** / 江俊伟著 ；陈明显指导. -- 中国人民大学, 2009. -- 199页

论文运用文献资料法和定性研究法，选取福建农村“四清”运动作为研究对象，考察相关历史问题。论文第一章是发动阶段，首先阐述贯彻中共十八届十中全会，开展整风整社运动，其次论述福建社教成为群众性政治运动的历史过程。第二章是以点带面阶段，首先论述贯彻两个十条与开展八个试点运动，其次论述调适八个试点运动，最后论述面上“四清”问题。第三章是变异阶段，首先考察评估点面运动，部署开展第一批运动，其次论述省、地、县良性互动，形成、推广建瓯经验，第三论述全省学习“建瓯经验”，大兴“比学赶帮”热潮，最后论述批判以“比学赶帮”运动代替社教运动。第四章讲述高潮阶段，首先回顾贯彻中央“左”倾指示，重新部署第一批运动，其次论述点上集中兵力，打歼灭战；第三论述面上“夺权”斗争。第五章是纠偏阶段，首先论述贯彻落实《二三十条》与纠偏运动，其次论述形成和推广“官桥经验”，最后回顾分兵开展第二批点的运动，讨论面上纠偏过程。第六章是铺开与并轨接管，首先回顾部署第二期社教过程，其次论述19个县一齐铺开的过程，第三讨论“四清”与“文革”并轨。第七章是特点，首先论述福建农村“四清”与侨务工作互相激荡，其次论述福建农村“四清”与备战运动相互交织问题，最后论述福建农村“四清”与宗教工作相互交融问题。第八章是评价。

关键词：社会主义教育运动　政治运动　福建

**4768**

**清代台湾人口、资源与环境变迁研究** / 蒋宗伟著 ；林仁川指导. -- 厦门大学, 2008. --

论文研究清代台湾的人口变化、资源开发以及由此带来的生态环境变迁。为了清晰地说明这三者之间的动态变化逻辑关系，论文制作了一个系统流程图。同时引入了西方史学中年鉴学派的“长时段”和“整体”理念，以便从总体上把握这一变化的趋势和曲线。文章首先建构清代台湾开发之前的人口、资源与环境状况，概述与人口变化与资源开发相关的自然地理条件和生态景观，突出人口数量是推动这一系统向前发展的关键作用。并从宏观上考察清代台湾的人口变化过程与资源开发进度，着重分析开发制度与人口变化的内在关系，劳动者的素质对于开发方式选择的影响及后果。另外，还用相对资源承载力的计量分析方法对整个清代台湾的人口变化和资源开发状况进行评估，指出在这两者之间发生变化的内在规律。接着具体考察土地、水、森林这三种资源的开发情况，

表明开发方式的选择和开发强度的适当与否才是导致生态环境变迁的重要因素。并从政府和民间这两个层面讨论资源开发当中的外力因素,指出资源开发中的资金投入与监管力度等因素也是直接影响环境变化的重要原因。基于以上的分析,论文长时段地考察清代台湾的环境变迁情况。从土壤、森林植被覆盖、洪水灾害、瘴气范围及鹿群变化等方面进行具体的微观分析,指出人口的急剧膨胀以及快速推进的资源开发给台湾带来的一系列生态环境变化。最后是对全文研究所作的归纳和总结。指出清代台湾在人口变化和资源开发过程中的规律和经验教训,以及对以后台湾地区发展的几点启示。

关键词:人口变化　资源开发　生态环境

**4769**

**民国时期职业指导研究** / 金兵著 ; 王卫平指导. -- 苏州大学, 2009. -- 227 页

论文采用唯物辩证分析法、文献资料法、历史分析法、制度分析法、个案研究法、综合分析法等,以民国时期职业指导为研究对象,力图对民国时期职业指导的兴起、发展历程进行深入、全面的考察,进而得出历史启示。论文分为绪论、正文五章和余论等部分。绪论部分阐述研究问题的提出及研究意义,对相关概念做界定,并结合相关研究文献综述说明论文的结构、研究方法以及创新与不足。第一章阐述了民国初年中国职业指导的兴起,概述近代欧美职业指导的发生及其对中国的影响,考察清末民初的中国社会及其对职业指导的需要。第二章阐述民间社团与职业指导的发展,并以上海职业指导所为个案研究对象,探究其组织与活动状况,进而审视民国时期各地职业指导所的发展特征。第三章阐述国民政府与职业指导的发展,分析教育行政部门对职业发展的提倡,以及教育统制政策对青年择业的导向作用。第四章考察初等、中等和高等学校中的职业指导的实践及其特征。第五章则对民国时期职业指导进行综合分析,阐述民国时期职业指导的形式、内容与组织形态、成效及其影响因素,探讨政府、社团和学校在职业指导中的角色。余论部分阐明民国时期职业指导的历史启示。

关键词:职业选择　教育　民国

**4770**

**中国民生教育学会研究(1936—1949)** / 雷志松著 ; 陈廷湘指导. -- 四川大学, 2009. -- 250 页

中国民生教育学会于1936年创立,1949年结束。它是由提倡民生教育的学者,为学术交流需要而创办的教育学专业团体,在民国时期产生了较大影响。论文在广泛收集原始文献资料和档案资料的基础上,对中国民生教育学会的活动、思想及其开展的民生教育实验等问题进行了较为详尽的考察。20世纪二三十年代的中国教育思潮,对中国民生教育学会的产生与发展均有影响。在诸多要素的影响下,中国民生教育学会于1936年5月召开成立大会并通过学会宣言和章程,完成了创立过程。中国民生教育学会成立后,其组织和影响向社会各界延伸。中国民生教育学会设立理事会、期刊编辑部和分会等组织,同时加强基金募集和会所建设等。中国民生教育学会的组织机构较为完善,活动开展顺利。中国民生教育学会成立后不久,抗战即爆发,为发展,学会加入中国教育学术团体联合会,参加联合会中的一些活动。同时,中国民生教育学会还举办了多种学术活动,发表了一些具有较高成就的学术成果,开展了一系列具有较大影响的教育学术活动。论文以中国民生教育学会及其骨干会员的思想为主线,主要从民生本位教育的理论基础、学会所持主要理论观点、与理论观点相对应的政策主张等方面,揭示中国民生教育学会的教育理论。中国民生教育学会及其核心会员在20世纪三四十年代提出了民生教育实验思想,并以中国民生建设实验院为依托和主要推进机构,开展沪西民生教育实验与巴县民生建设实验,取得丰硕实验成果,具有较高的理论贡献和推广应用价值。

关键词:教育学会　学术团体　民国

**4771**

**制度与运作:湖北各界人民代表会议研究(1949—1954)** / 黎见春著 ; 刘伟指导. -- 华中师范大学, 2009. -- 249 页

论文以建国初期湖北地区各界人民代表会议的实践为考察对象,以各界人民代表会议制度发展演变的历程为切入点,分析其组织与形态、职权及运作机制。探讨在实际运作中各界人民代表会议与执政党、地方政府及民众的互动方式。论文共分五个部分,具体内容如下。第一章从历史的角度考察各界人民代表会议制度创设的理论渊源和形成的基础。中国共产党在领导中国革命的过程中,在政权组织形式方面,以苏维埃制度为样本,结合中国国情,在革命初期先后试用了工农兵代表会议制度、“三三制”的参议会

制度。第二章以湖北各级各界人民代表会议制度的实践为例,考察其在实践中发展演变的历程,揭示其在建国初期民主建政的地位与作用,以及它与当代基本政治制度的渊源关系。第三章主要分析各界人民代表会议的组织形态及其具体结构。各界人民代表会议是民众议决地方兴革事宜的组织,其机构包括会议期间的组织和闭会后的常设机构。第四章主要讨论各界人民代表会议的职权和运作。在分析制度设计中的各界人民代表会议职权的基础上,考察其在实际运作中的实现程度。第五章主要探讨各界人民代表会议制度运作的系统环境。在执政党的政权建构中,各界人民代表会议、执政党、地方政府分工合作。在各界人民代表会议的运行中,执政党、地方政府与各界人民代表会议发生频繁的互动。结语主要讨论各界人民代表会议在共和国政治制度建设中的地位与影响。

关键词:地方政府　人民代表大会　湖北

**4772**

**农村“四清”运动研究:以河南省镇平县为例** / 李海玉著 ; 张同新指导. -- 中国人民大学, 2009. -- 154 页

论文运用案例研究法、文献资料法、历史研究法和实证研究法,依据镇平县档案馆的档案资料,集中研究镇平县农村的“四清”运动,导论部分阐述四清运动的概念、研究的缘起、选题的理论意义和现实意义、研究现状、研究方法、研究的难点及创新点、个案背景说明、资料来源与基本框架。论文第一章是全国开展“四清”运动的历史背景,首先论述国内形势,包括严重的经济困难和基层干部的恶劣作风等;其次论述国际形势与台海局势,包括中苏关系恶化和中印边界冲突的史实。第二章是“小四清”试点,首先论述工作队初入村时的做法,其次论述发动群众进行“四清”,建立健全财务制度的问题,再次阐释处理公私关系和对敌斗争,最后阐述组织建设问题。第三章是集训工作队,首先论述揭盖子问题,其次是防包袱问题,再次是解决认识问题。第四章是“大四清”的开展,首先论述清经济问题,其次论述清政治问题,最后论述清思想问题。第五章是“大四清”运动的其他部分,主要包括整党建设、整团建设和整建妇女组织三个部分。结束语部分主要总结了“四清”运动的肯定之处和否定之处,即运动所产生的积极作用和消极影响。在此基础上,笔者指出,在社会主义建设时期,依靠政治运动来解决社会问题的做法是不对的。

关键词:社会主义教育运动　政治运动　农村

**4773**

**盛京将军赵尔巽与日俄战争后的奉天政局** / 李皓著 ; 曲晓范指导. -- 东北师范大学, 2009. -- 164 页

赵尔巽(1844—1927),隶汉军正蓝旗籍,是清末颇有见地和作为的一位封疆大吏,在各地任职均尽心竭力地推行近代化改革,对任职地方各项事业的发展做出了重要贡献。赵尔巽的改革整顿主要包括以下五个方面:其一,改革地方行政。首先裁撤盛京五部以及奉天府尹,设立财政总局、农工商总局以及巡警总局等新的行政机构,将所裁撤机构原管各项事务分归各局办理,并相应负责推行各项新政。其二,整顿地方财政。财政整顿的主要任务在于剔除财政收支中的中饱私囊行径,筹措新政经费,力争以地方之财,办地方之事。通过整顿税务,改革原有税捐稽征体制,以期涓滴归公,增加政府财政收入。其三,振兴奉天经济。赵尔巽主要通过设立农工商总局负责奉天的经济改革,以政府力量推进经济发展。四、发展新式教育。赵尔巽针对东北风气闭塞的状况,特别注意社会风气的开通,重视师资力量的培养与选拔,积极鼓励出洋留学,同时注重教育普及,推动民众整体文化素质的提高。其五,稳定社会治安。赵尔巽稳定治安的工作主要从两个方面展开:一方面是强化警政,提高对社会治安事件的防控能力;另一方面是打击胡匪,消除危害社会治安的不稳定因素。在留守陪都三年间,除了进行新政改革,发展地方各项事业之外,赵尔巽还致力于维护地方国家权力与民族利益,并为之付出了艰苦卓绝的努力。综合考察担任盛京将军三年间的施政举措,赵尔巽主要扮演两重角色:一为清季奉天近代化改革的积极推进者和奠基人;一为地方国家权力与民族利益的坚决维护者。相应地,赵尔巽的施政目标一为稳定地方局势,推动奉天发展;一为维护国家主权和民族利益。作为最后一任陪都留守,赵尔巽顺应了历史发展的潮流,充当了清季奉天地方近代化的积极推进者和奠基人,成为著名的革新派人物。在采取行之有效措施迅速稳定奉天政局的同时,推动了清季奉天的近代化改革进程。

关键词:地方史　日俄战争　赵尔巽　盛京将军

**4774**

**成都启明电灯公司创办及抗战前的经营管理研究(1909—1937)** / 李瑞著 ; 陈廷湘指导. -- 四川大学,

2009. -- 193 页

论文以晚清民国时期成都地区规模较大而且在近代成都城市经济社会生活和城市现代化进程中曾经发挥过重要作用的企业——成都启明电灯股份有限公司早期经营管理为题,意在通过对该企业之个案剖析,展示20世纪上半叶成都所在的中国西南地区社会经济现代化之面相,说明在近代中国半殖民地半封建社会的特定国情下,中国民族资本主义企业既有所发展又不能健康发展及其原因。全文除"导论"和"余论"外,共分6章。"导论"从选题之旨趣、研究现状综述和研究思路以及相关问题的说明三个方面展开。第一章是对成都启明电灯公司成立及其历史背景之概述。第二章论述成都启明电灯公司早期经营状况及其成因,主要阐述清末民初社会动荡对于成都启明电灯公司早期经营之消极影响,指出,企业如果生存于民国初年四川军阀黑暗统治之恶劣而浊乱的社会环境里,是不可能开展正常经营活动,获得健康而蓬勃之发展空间的。第三章以民国十七(1928年)年股东大会及公司章程修订为视角,重点探讨成都启明电灯公司早期股份制度规范状态以及制度缺陷;第四章分别探讨成都启明电灯公司早期资本经营状况及对策和股东通过股权转让与用股票抵押借款来保障和实现其股权利益以及其中所蕴含之投资风险和防范之道。第五章主要展示成都启明电灯公司早期企业管理体制机制所呈现出的既粗疏而又精细之矛盾面相。第六章探讨20世纪30年代初期成都启明电灯公司的高层人事变局。在"结语"中,笔者通过前述各章内容的总结和反思,认为国家政权以及官员拥有之权势,对企业的经营管理具有积极和消极的双重作用。它既可以利用政权强势保护和支持企业的经营活动乃至于实现市场垄断,也有可能腐蚀企业的正常的经营管理权利结构,从而成为影响近代中国资本主义企业及其经济既有发展又无法健康发展的深刻原因。

关键词:电气工业　企业管理　清后期　民国

**4775**

**报刊传媒与清末立宪思潮** / 李卫华著 ; 黄顺力指导. -- 厦门大学, 2009. -- 250 页

论文采用文献资料法、历史分析法、制度分析法、实证分析法、个案分析法等,以报刊传媒与清末立宪思潮为研究对象,力图从近代报刊传媒与社会思潮发展互动的角度,解读清末社会剧烈变革的内在思想原因。论文分为绪论、正文六章和结语等部分。绪论部分阐述研究问题的提出及研究目的,结合相关研究成果评述说明研究方法、材料依据、研究思路及研究框架。第一章分析清政府对报界及思想的控制的手段与作用。第二章概述清末报刊的发展概况以及立宪思潮的内涵、特点、发展演进及其影响,并阐述维新前后报刊的宣传与立宪思想的发展。第三章阐述报刊传媒对立宪思潮的催生以及立宪思潮的高涨,解析了报刊媒体如何以全方位的立体样态推动立宪思潮的发展。第四章考察各类报刊在立宪思潮中的作用。第五章考察报刊传媒的传播机制和对受众的影响,并着重对报刊及思想传播的基础设施、传播渠道、发行方式、传播范围及手中情况进行分析,考察了报刊及思想传播的广度和深度。第六章分析报刊与立宪思潮互动下引起的社会变迁,认为报刊传媒在推动立宪思潮高涨的同时,也从客观上促进封建专制制度的瓦解。最后是结语部分,总结全文,归纳研究结论。

关键词:宪政运动　传播媒介　清后期

**4776**

**民国前期的扩军与裁军问题研究** / 李文平著 ; 王宏斌指导. -- 河北师范大学, 2009. -- 334 页

对民国前期的扩军与裁军问题的研究共分为四个阶段,即袁世凯统治时期、皖系统治时期、直系统治时期和冯、奉统治时期。在袁世凯统治时期,由于辛亥革命和二次革命的影响,军队增加异常迅速,出现了一个扩军高潮,军队人数一度达到百万以上。军队扩充不仅使军费开支大增,而且威胁到当权者的统治和社会安定,裁军的要求也应运而生,形成了扩军与裁军相互交织的现象。在皖系军阀统治时期,中国军事形势呈现出三个新特点,即北洋军阀分裂、西南军阀形成与日本帝国主义在华军事影响的独占趋势,对扩军与裁军产生了重大影响。在直系军阀统治时期,皖系在直皖战争中受到沉重打击,其军队被大量裁减或改编,势力大大削弱。直系利用掌握北京政府的有利条件,大肆扩充军队,扩大地盘,达到鼎盛时期。但盲目扩军也带来了一系列问题,如军费不足、内部分赃不均等,加剧了内部矛盾和分化,面临着分裂的危险。在冯奉统治时期,以冯玉祥为首的国民军通过北京政变推翻了直系控制的政府,占据了大量地盘,军队由数万人迅速扩充到数十万,成为支配和影响中国政局的一支重要力量。冯玉祥在扩军政策上的重要特点之一是依靠苏联,在苏联的军事援助下恢复军队,并在思想上追求进步,所部逐渐脱离了旧军阀阵

营。扩军与裁军的理论和实践贯穿整个民国前期，是北洋军阀统治时期的一个热点问题。概括起来看，“扩充自己，裁减他人”是军阀扩军与裁军的基本准则，“增强实力，限制军费”是这一时期扩军与裁军的主要目的，“扩军导致分裂，裁军引发纷争”是军阀扩军与裁军的必然结果，而丰富多彩的扩军与裁军理论对后人具有重要的借鉴意义，值得关注。

关键词：军事史　军队建设　北洋军阀　民国

**4777**

**民国时期知识界的职业教育观：以《教育与职业》杂志为中心** / 李霞著 ；饶怀民指导. -- 湖南师范大学，2009. -- 314 页

论文以唯物主义历史观为指导，主要采用文献分析法、内容分析法、历史分析法，以《教育与职业》为研究对象，力图阐述《教育与职业》的缘起与运作，解读民国时期知识界的职业教育观，揭示《教育与职业》的历史地位以及民国时期知识界职业教育观的特征、历史作用和现实启示。论文分为绪论、正文五章和结语。绪论部分主要阐述选题缘由、研究意义、相关概念和研究范围，结合相关文献资料与研究现状评述说明框架结构与研究方法。第一章考察《教育与职业》的缘起与运作，对该杂志的创办缘起、宗旨、编辑和发行状况进行综述和评论。第二章考察民国知识界的职业补习教育观，阐述职业补习教育的优势与成效、组织与实施，并对农村职业补习教育和战时职业补习教育进行探讨。第三章考察民国时期知识界的职业指导观，阐述职业指导观的内涵与功用、步骤与方法，探讨职业指导的问题与解决途径以及实施状况。第四章考察民国时期知识界的女子职业教育观与家庭教育观。第五章探讨了《教育与职业》的历史地位并予以评价。最后是结语部分，概括全文主要内容，得出研究结论与启示。

关键词：职业教育　教育思想　教育史　民国

**4778**

**近代江苏省立职业学校发展研究（1895—1937）** / 李喆著 ；王国平指导. -- 苏州大学，2009. -- 158 页

论文采用实证分析法、文献资料法、历史分析法、个案研究法等，以 1895 年至 1937 年近代江苏省立职业学校的发展状况为研究对象，力图对近代江苏省立职业学校进行全面、深入研究，揭示近代江苏省立职业学校的历史地位与作用及其对当代职业教育的启示。论文分为绪论、正文四章和结语。绪论部分阐述研究的选题意义与相关概念，结合相关文献资料与研究现状的评述，说明研究方法、论文结构、创新与不足之处。第一章从教育思想革新的引领、社会经济发展的影响、教育体制进步的推动等方面探讨近代江苏省立职业学校的发展动因。第二章对近代江苏省立职业学校的发展进行阶段划分，并介绍了其各个发展阶段的概况。第三章探讨近代江苏省立职业学校的发展趋势，具体阐述省立职业学校管理重心的逐步转移、教学方式的日臻成熟以及师生状况的日益合理。第四章对近代江苏省立职业学校的历史地位与作用进行了分析与评价，认为近代江苏省立职业学校顺应时代的崭新教育形式，推动社会与产业进步的重要力量。最后是结语部分，在总结全文的基础上，探讨近代江苏职业教育发展的制约因素及其启示。

关键词：职业技术教育　江苏　近代

**4779**

**抗战时期湘西现代化进程研究** / 刘鹤著 ；郑大华指导. -- 湖南师范大学，2009. -- 292 页

论文综合运用以实证为主的多学科渗透研究法、计量研究法、比较分析法、文献调查法、历史分析法等，以抗战时期湘西现代化进程为研究对象，力图对抗战时期湘西地区政治、经济、教育、文化思想等方面现代化进程进行全面和深入考察与研究。论文分为导言、正文五章和余论。导言部分阐述研究问题的缘起与相关问题的既定，结合研究现状述评，说明研究意义、主要内容、研究方法以及创新与不足。第一章对战前湘西现代化进程的启动与现代化程度进行了回顾。第二章对战时湘西政治政治现代化的进程进行讨论分析，阐述国民政府对湘西控制的加强以及湘西人民政治参与意识的增强。第三章分析战时湘西经济现代化进程，探讨湘西经济现代化的两大动力，考察国民政府、内迁人口与湘西经济的工业化和市场化的关系，并分析战时湘西商业的畸形繁荣。第四章分析战时湘西教育现代化的进程，探讨战时湘西现代教育体系的建立和教育大众化趋势的加强。第五章则分析战时湘西现代文化的繁荣与民族主义意识的勃兴。最后是余论部分，总结战时湘西现代化进程，并初步分析日本侵华战争对湘西现代化的破坏，进而透视战争对湘西现代化进程的影响。

关键词：地方史　现代化　抗日战争　湘西地区

4780

**抗战前十年湖北县级教育研究(1927—1937)**/刘军著;刘伟指导. -- 华中师范大学, 2009. -- 153 页

论文依托原始的历史档案和相关的文献资料,试图还原这一时期湖北省县级教育发展的大致轮廓,从教育普及和发展的角度描述民国社会的现代性趋势。论文除绪论和结语外,正文分为六章。第一章介绍南京国民政府建立以后,先后制定的有关教育发展的宗旨、方针及具体的法令法规,以及 1928 年、1931 年、1933 年先后三次召开的全省教育行政会议。第二章阐述 30 年代,湖北各县的教育局先后经历的缩局改科和裁局改科变化,以及专职的教育局(科)长逐渐蜕变成县政府内的兼职行政人员的过程。第三章的研究表明,县区教育主要依靠民众分摊教育成本,就地筹措经费,主要来源有各种学产收入和各类附加捐、杂捐。与此同时,中央和省级财政补助也逐渐成为县级教育发展的重要经费来源。第四章研究湖北省在此阶段出台的一系列普及义务教育的措施和法令;分析各县开办的各类省立或省款补助小学,以及 1935 年以后依托保甲制度在广大乡村开办的联保小学,在教育改良方面取得了明显的成效。第五章研究中等教育。一方面,鉴于普通中学对师资和经费的要求较高,根据教育分级负责制度,湖北省限制发展县立中学,恢复和增加了区立中学的办理。另一方面,为满足地方社会经济发展的需要,努力开办各类职业学校和师范学校,特别是创办了乡村师范学校和农科职业学校。第六章研究社会教育制度。民国建立以后,湖北各县普遍建立民众教育馆和民众学校等社会教育机构和设施,并大力推进民众教育和识字教育。结语部分表明,抗战前十年,由于受制于各种因素,湖北省县教育行政部门制定的各种发展县区教育的的计划和设想或者停留在纸面,或者在执行中大打折扣,各类教育事业的办理也有很多不完善的地方。但是,从整体来看,这一时期,经过多方面的努力,湖北各县的教育事业有了长足的发展,办学和管理逐步趋于定型。

关键词:地方教育　教育史　湖北　民国

4781

**清末女性才德观研究:以上海为中心(1897—1907)**/刘丽娟著;戴鞍钢指导. -- 复旦大学, 2009. -- 157 页

论文以一种去“五四”妇女史观的视角,发掘隐藏在“妇女解放运动”史背后真实而生动的历史主题,从“社会——文化史”的视角揭示清末(其中主要是1897—1907 年)性别文化建构中的诸多面向。论文着重阐述的问题是:①清末主导性别话语权的几种性别论述分别是什么。②清末性别文化建构中的权力关系以及观念建构与社会现实的互动。论文的基本观点如下:一、清末主导性别话语权的几种性别论述分别是:以西教士林乐知为代表的“西洋才智”加“基督教道德”的女性角色导向;以日本教育家下田歌子为代表的“东洋女德”为主、“西洋才智”为辅的“贤母良妻主义”的女子教育理念;维新派梁启超倡导的开“女智”、新“女德”;革命派金一鼓吹的开发“女才”、变革“女德”;政府“启发知识”与“保存礼教”两不相妨;民间舆论从反对“西洋才智”与“革命道德”、重申礼教立场到认同开发“女才”,强调注重德育。二、性别文化建构的实质是权力关系的运作。首先,从性别权力关系的角度,清末以男性精英为主导的性别文化建构与传统士大夫的“正女”“训女”并无本质的区别,其主要目标皆在于维护和强化男权。其次,性别文化建构作为“符号权力”竞争的工具,具有政治性。清末各派势力参与性别文化建构的初衷,几乎无一真正为“解放”女性,而是有着各自关于体制改革、国族革命、现代化等方面的政治诉求,性别表达也是源自其政治立场,与其政治主张一道交织、互构成为符合其政治利益的符号系统,以竞争各自对于社会的符号统治权。三、社会观念总是一定生产方式、生活方式的反映。清末各派势力对于传统性别观念的解构与重塑,与自然与国族危机的刺激、举国思变的政治趋向有关,但同时也是根植于上海社会风气开化发展的自然脉络;而各派竞争性的理论建构和实践推动,又反过来加速风气开化的速度及幅度,进一步促进传统性别观念的崩解。

关键词:妇女　社会生活　社会地位　清后期

4782

**近代中国学生留美史初探**/刘翎著;蔡少卿指导. -- 南京大学, 2009. -- 184 页

论文参照近代史的发展进程,根据近代留美学生的阶段性特点,将正文分为四个章节,各章节主要内容如下:第一章从 1847 年容闳等三人由传教士带领赴美开始,到 1881 年清政府中止官派留美幼童计划,幼童被强迫撤回国内为止。这是近代留学史上重要的历史事件。论述其发生的国际环境和时代特点,深入分析容闳其人及促使清政府派出 120 名幼童留美的背景。着重阐述幼童留美计划中途夭折的原因,提

出幼童因年纪幼小,传统文化根基不牢而迅速“西化”,是计划失败的主要原因之一。第二章从1881年开始到1908年止,这是留美运动的低潮时期。关于这一时期留美运动的研究文章较少。论述导致此种低潮的原因。第三章是论文重点。庚子赔款余款退还,催生了中国历史上的第二次留美高潮。论文用较多篇幅论述美国门户开放政策对庚款退还的影响,对“梁诚首倡说”提出异议,根据大量一手资料提出了自己的观点,即庚款退还用于兴学之举,乃是因为国际形势和格局的变化,美国根据自己的国家利益调整了对华政策。第四章从1928年到1949年。抗战前十年有一个相对平稳的建设和发展期,高等教育得到政府重视和大量投入,留美运动走上正轨。以战前、战时、战后三个阶段为线索,论述国民政府时期的留美教育。文中尤其指出,战时身处大后方的西南联大一群杰出的知识分子,与留美运动有着密切的渊源,他们也是中国科技和教育现代化的主要力量。

关键词:留学教育　教育史　近代

**4783**

**报人张季鸾与抗战前后的中日关系(1905—1941)** / 刘宪阁著 ; 杨奎松指导. -- 北京大学, 2009. -- 244 页

张季鸾,字炽章,现代中国著名报人。1911年辛亥革命爆发后,张为报国而中断学业,毅然回国投入报界,之后先后从业于《民立报》《民信日报》《中华新报》《大公报》等多家报纸,成为现代中国报界举足轻重的重要人物,其去世之后,甚至被时人誉为“无双国士”“一代论宗”。张与胡政之等于1926年接办《大公报》后,更公开揭起“不党、不卖、不私、不盲”之旗帜,坚持不畏权势和各种社会政治压力,秉笔直书,为挽救民族存亡或出谋划策,或慷慨陈词,或权衡利害,冷静剖析,在南北战争、九一八事变、中日冲突及交涉,以及福建事变、西安事变等重大事件上对国内舆论及其民心,起到了极为重要的影响。九一八事变后,随着张季鸾和《大公报》言论在舆论界权威的地位日益确立,以及张出于民族危亡情势力主维护国家统一的政治立场,其政论在中日关系问题上也更多考虑到两国力量对比和南京政府自身的弱点与不足,因此其持论明显与南京政府的政略考虑开始接近。这也不可避免地促使他与政府当局的关系开始密切起来。因此,七七事变后,随着南京政府开始实行全面抵抗的对日方针,张季鸾及其《大公报》也毫不犹豫地站在政府的立场上,为推动民族抗战竭尽全力地鼓与呼。其坚持抗战到底以及为维护国家利益而调和国共,批评分裂的态度,成为其抗战期间政论的主要特点。但与此同时,张季鸾为尽可能减少战争对国家民族的损害,破坏日本军方诱降的阴谋,也曾一度试图利用日本内部军政矛盾,承担过对日接触的秘密使命。直至1941年其生命发光的最后一刻,张季鸾都不曾忘记自己作为“国民之一分子”的责任和义务,始终在为报国救亡而奋斗,而努力着。

关键词:中日关系　抗日战争　张季鸾　大公报

**4784**

**1945—1949年国统区议政知识群体思想与政治取向研究** / 刘颖涟著 ; 郑大华指导. -- 中国社会科学院, 2009. -- 241 页

论文主要以《客观》《观察》《世纪评论》《新路》这四种在当时影响较大的政论期刊为资料,以其主要作者群为对象,探讨国统区议政知识群体在1945至1949年的大转折时期思想和政治取向的转变。文章在行文编排上,采取了动态叙述的写作方式。以时间为经,以每个时间段的主要事件为纬,真实地展现国统区议政知识群体与国际政局、思潮及国内政治、经济情势互动的过程。论文不拘泥于国共两党的党争和军事斗争,而将这几年的历史放置于一个较长时段的考察中。1945—1949年的中国是近代百年社会变革、激荡的产物,千头万绪,错综复杂。同时这一时期的中国还成为国际政治局势演变和思潮冲突的重要舞台。因此,文章不仅描述了知识分子思想、态度转变的历程和因为,还关照到历史之所以如此发展的因由。论文认为在当时的知识分子的理想和国际国内的现实之间存在着三大矛盾:社会主义理想与美苏冷战格局之间的矛盾、民主政治理想与一党政治横行之间的矛盾、民生主义需求与代表豪门资本利益的政权之间的矛盾。这三组矛盾关系的存在,决定了知识分子的理想终将破灭,而这些现实不仅影响了中国在这个转折点的走向,还成为今后中国发展中不容忽视的重要问题。知识分子的理想改变不了现实,而现实却促使了知识分子的深刻反省和重新定位。他们从中国知识分子发展史的角度反省了中国传统知识活动的偏向、知识分子的本质、其与统治阶层和民众之间的关系,出现了自我批判、自我否定的倾向。这种认识倾向无疑将影响其最终的政治抉择及其之后的作为。

关键词:知识分子　政治思想　民主

4785

**监察院研究(1931—1949)** / 刘云虹著 ; 陈红民指导. -- 南京大学, 2009. -- 250 页

论文采用文献资料法、制度分析法、比较分析法、个案研究法、实证分析法等,以 1931—1949 年期间的国民政府监察院为研究对象,通过分析监察院的制度设计、创建发展的过程及运作实践,力图揭示制约监察院绩效的各种因素,进而探讨近代中国政治制度创新的内在特点和规律。论文分为绪论、正文五章和结语。绪论部分阐述研究的选题意义与目的,结合学术研究综述说明基本思路和框架、文献资料以及创新点与不足之处。第一章从制度设计入手,考察监察制度设计的目的、构想与理论基础。第二章对监察制度的创建和发展进行梳理,将其分为创建、发展和变化三大阶段,分别阐述各个阶段监察院组织机构和职权的沿革。第三章将监察院与中国传统的监察制度、西方议会监察制度与北京政府时期的监察制度进行比较分析,进而阐述监察院的制度创新之处。第四章对监察院制度实践进行考察,在阐述监察运行的制度主体的基础上,通过对监察院职权行使的量化统计和分析,获得对监察院绩效的真实认识。第五章主要对制约监察院绩效的传统文化、国家政治体制、政府五院制度以及监察院本身的制度弊端等因素进行分析。最后是结语部分,得出研究结论。

关键词:检察机关　监察　法制史　国民政府

4786

**晚清汉口贸易的发展及其效应** / 吕一群著 ; 彭南生指导. -- 华中师范大学, 2009. -- 177 页

论文采用实证分析法、统计分析法、个案研究法、文献调查法、跨学科研究法等,以晚清时期汉口贸易的发展及其效应为研究对象,力图对这一时期汉口地区内外贸易发展及其特征、社会效应和经济效应等问题进行详细剖析与研究。论文分为绪论、正文六章和结束语。绪论部分评析选题的研究现状,对论文的选题意义、重点、难点及创新点作必要的说明。第一章阐述汉口开埠前的经济贸易格局。第二章分析汉口开埠后贸易发展与变化,对开埠后汉口商品贸易量、商品结构、商品市场以及中外商路的变化与发展进行了详细考察。第三章主要分析汉口贸易的特征,认为其具有间接贸易始终占据主导地位、贸易主体与中介的多样性等特征。第四章对晚清时期汉口贸易发展的原因进行探析,阐述外力入侵的刺激与清廷政策、湖广督抚的作为、近代商事机构的推动以及海关管理职能的发挥是汉口贸易迅速发展的原因。第五章主要从近代工业的兴起、民族航运业的发展、近代金融业的变革等方面讨论晚清汉口贸易发展所带来的经济效应。第六章主要从武汉社会新阶层的出现、近代城市的发展、思想观念的转变与社会风气的革新等方面讨论晚清汉口贸易发展的所带来的社会效应。最后是结束语,得出研究结论。

关键词:对外贸易　贸易史　汉口　清后期

4787

**近代中国与世博会** / 罗靖著 ; 郑焱指导. -- 湖南师范大学, 2009. -- 237 页

论文以"第一次"为关键字选择了中国近代博览会史上几次有代表性的世博会进行叙述和分析。通过实证和比较研究的方法分析各届的特点,将各届中的中国与参赛各国进行横向和纵向的比较,从而将中国近代近百年的博览会史有机地串联起来。论文共分七章,另加绪论和结语,共为九部分。绪论,界定相关概念,总结前人关于中国近代参加世博会历史研究的成果及不足。第一章为世界博览会概况,总结世界博览会和近代中国博览会事业的发展历程,指出世界博览会从一开始就与中国结下了不解之缘。第二章为中国与 1851 年伦敦世界博览会,这是中国人在世界博览会上的首次亮相,以个人身份参加并取得了好成绩。第三章为中国与 1873 年维也纳世界博览会,这是清政府首次以官方名义参加,但是清政府委托洋人操纵的海关全权负责。中国的表现毁誉参半。第四章为中国与 1904 年圣路易斯世界博览会。这是清政府第一次以官方形式率商人正式参加的博览会。圣路易斯博览会成为近代中国国际博览会承办权转移的前奏。第五章以中国博览会史上第一个法规《出洋赛会通行简章》为研究对象,从颁布背景,颁布内容及作用影响等三个方面进行分析并指出,这个法规推动了中国的博览会事业向制度化、法制化、规范化方向发展。它是中国参加世博会进程中的一个里程碑。第六章为北洋政府时期中国参加的 1915 年巴拿马万国博览会,中国的获奖牌数世界第一。第七章为中国与 1930 年比利时列日博览会。这是南京国民政府的首次参赛。这次参赛中国获奖牌数名列第三,是南京国民政府一次比较成功的外交活动。第八章世博会与中国近代化,阐述了近代中国参加世博会与近代化进程的三个阶段,同时总结了中国近代化过程中积极和消极的方面,从而得出

结论,中国参加世界博览会确实加快了中国近代化和国际化的步伐。结语,在前面几章论述的基础上,指明了近代中国博览会事业的特点。同时总结中国参加世博会推动了中国社会的国际化和近代化。

关键词:博览会　近代史　清后期　民国

**4788**

**双口村:集体化时代的身份、地位与乡村日常生活** / 马维强著 ; 行龙指导. -- 山西大学, 2009. -- 239 页

论文以集体化时代乡村民众的日常生活为论述主题,通过探讨作为生命个体的政治身份、社会身份、自然身份在日常生活中的活动面相,揭示各种身份对于集体化时代生命个体的意义,展现生命个体的沉浮历程、不同命运,以及在国家集体化体制的约束下村民的适应、调整与策略应对,勾勒集体化时代乡村的日常生活面貌。双口村是一个典型的平原村庄,农业社会的特点决定了村庄的社会关系建立在人与植物、动物的关系上,村民日常生活的时空范围受到动植物及其活动节奏的制约。在实际的日常生活中,"贫下中农不香、阶级敌人不臭",村民"红"与"黑"的政治身份具有复杂的意义。国家政权的下沉使村民成为村庄的领导或被领导者。在国家的阶级话语中,干部与群众是领导与被领导的关系,两者要共同为革命事业作出贡献,但这种阶级话语受到了村民日常生活逻辑和生存理性的消解。国家通过下发政令、发动各种运动,从政治意识形态上和公共空间的话语表述中强化农业和生产劳动第一位的思想意识,但是分工管理的混乱使集体农业劳动从内部产生瓦解因素,生活水平得不到显著改善。在强调"政治"和"阶级斗争"的集体化时代里,村民的婚姻生活、日常习俗和娱乐及思想言论、精神信仰等的作为自然身份的私人日常活动被过多地染上了政治的印痕。在集体化时期国家的外部强制下,我们看到的是农民的顺从与反抗,这种顺从是"自我保护性顺从",这种反抗也是争取自身利益的一种反抗,其目的都是为了生存。这种矛盾的背后,是他们真正想要拥有的日常生活,也是他们所经历过的日常生活。

关键词:区域社会学　农业集体化　平遥县　双口村

**4789**

**抗日战争时期福建盐业经济管理研究** / 潘荣阳著 ; 黄国盛指导. -- 福建师范大学, 2009. -- 171 页

论文主要利用民国时期的档案材料、论文著作及各种统计材料等,从日本帝国主义的侵略入手,对抗战八年间的福建盐务管理与地方经济的发展作粗浅的探讨。论文认为,战争引起盐务改革,福建盐区为此确立民制官收官运商销的盐务制度。福建盐务管理局组织广大盐民,实施增产抢运,废除专商引岸旧制,开始推行食盐专卖,不仅满足了 1000 多万人民的军需民食,而且充裕国家财政收入,打破日寇的种种围困,为争取抗战的最后胜利做出重大贡献。抗战的到来,使得盐的生产资料特性明显突出,与福建战时经济更加紧密地结合起来,福建盐业经济发展进入一个新的历史时期。

关键词:盐业史　经济管理　福建　抗日战争

**4790**

**粤汉铁路早期历史研究:基于国权视野的探讨** / 庞广仪著 ; 朱从兵指导. -- 苏州大学, 2009. -- 249 页

论文采用唯物辩证分析法、文献资料法、历史分析法、个案研究法、比较分析法、实证分析法等,以粤汉铁路早期历史为研究对象,力图以国权的视角对粤汉铁路的兴筑和早期运营 40 年历史进行全方位的考察和研究。论文分为绪论、正文五章和结语。绪论部分阐述研究的选题意义,结合相关文献资料与研究现状的综述,说明相关概念、研究方法、论文结构、创新与不足。第一章从国权的维护的视角,讲述晚清政府筹建粤汉铁路期间外争主权以及官办与商办之争。第二章从国权的保障的视角,讲述民国初年粤汉铁路国有化进程,并分析了民国初年粤汉铁路的线路延伸与营运状况。第三章从国权的运用的视角,主要从干线的贯通与株韶段铁路的完工、工程款项的筹措、庚款购料等方面考察南京国民政府对粤汉铁路的治理以及铁路战备动员,并分析株韶段工程中的包工制度。第四章从国权的运用的视角,主要从基建与营业的整理、员工的培训、意识形态和优抚工作等方面考察南京国民政府对粤汉铁路已完成路段的整理以及铁路战备动员。第五章从国权的实现的视角,讲述完工之后的粤汉线彰显其交通大动脉的历史作用。最后是结语,归纳研究结论与历史启示。

关键词:交通运输史　铁路运输　国家责任

**4791**

**握着文化的火炬反抗侵略:抗战视野下中共南方局文化工作研究** / 庞虎著 ; 黄顺力指导. -- 厦门大学,

2009. -- 291 页

论文以南方局文化工作为研究对象,紧扣抗日救亡的历史主题,力图从文化动因、文化主体、文化媒介、文化组织、文化运动、文化理论、文化视野等多个层面,形成较为全面、系统的研究。全文共分九章。第一章"绪论",主要介绍论文的选题缘起、研究现状、基本思路和创新之处。第二章"南方局概况",是关于南方局文化动因的研究。受文化救亡传统的影响、日寇文化摧残的刺激以及政府国民精神动员的激励,南方局把文化工作置于重要位置,构织较为完整的文化领导体系。第三章"拯救文化精英",是关于南方局文化主体的研究。针对文化精英内迁后的困难处境,南方局主动承担起拯救使命。第四章"充当抗战喉舌",是关于南方局文化媒介的研究。南方局减少其他报刊的消极倾向,促成报界的舆论整合,扩大抗日文化的宣传阵地。第五章"构筑文化堡垒",是关于南方局文化组织的研究。南方局在推动内部组织改革的同时,也大力开辟外围阵地,支持和引导大量党外文化团体,构筑了坚强的抗日文化堡垒。第六章"彰显民族之魂",是关于南方局文化运动的研究。南方局以文化精英为主力、报刊传媒为喉舌、文化组织为堡垒,在大后方领导发动了轰轰烈烈的抗战文艺运动。第七章"充实理论宝库",是关于南方局文化理论的研究。南方局提出较为完整的抗战文化理论体系,为大后方文化运动指明了方向。第八章"拓展文化视野",是关于南方局文化视野的研究。抗战中后期,随着形势的发展,南方局及时开阔视野,丰富主题,向国际化、民主化的前景迈出了重要步伐。第九章"结语",主要评析南方局文化工作的历史功绩、经验借鉴和不足之处。

关键词:中国共产党　文化工作　抗日战争　重庆南方局

**4792**

**国家、地方与社会:区域史视角下的"东南互保"研究** / 彭淑庆著 ; 路遥指导. -- 山东大学, 2009. -- 172 页

论文试从区域史的研究视角,在以往研究的基础上对东南互保运动做进一步的历史回顾和重新解读。第一章,作为区域社会运动的"东南互保"——兼论"东南互保"的首倡者诸说。从东南互保的概念、性质以及学术界众说不一的东南互保之"首倡"问题着眼,提出论文的研究视角和取向。第二章,东南互保前的政局形势,主要分析东南互保运动的国内、国际时代背景。东南互保在很大程度上是地方政权和部分社会精英联合发起的对中央政权的抵制行动,表现为国家与地方社会空前的离心力。此外,帝国主义的世界政策及其远东战略是东南互保得以形成和维持的重要外部条件。第三章,东南社会之权力资源结构。地方—社会权力资源网络所凝聚的政治、经济、外交、军事以及信息资源,为东南互保之形成与维持提供了充分的保障。第四章,东南互保之经过,重在阐述东南互保运动中,地方—社会权力资源网络是如何具体运作和发挥作用的。第五章,东南社会之意识心态与政治异动。国家政策对地方政权和社会民众会产生极大的影响力,社会随之也会对地方政权和国家产生互动性反应,从而凸显出多元的社会意识心态和复杂的社会政治行为。第六章,分野与认同:东南社会对"浙江三忠"的祭事活动述论。作为全文的余论部分,以"浙江三忠"(三位在清廷任职的浙江籍官员袁昶、许景澄、徐用仪)被杀事件为研究个案,以《申报》《新闻报》《中外日报》等报刊舆论为线索,力图通过对"三忠"被杀后东南社会舆论及活动的梳理,深入分析这一时期社会民众对国家、地方与社会关系的认知态度和活动表现。

关键词:社会运动　政治事件　清后期

**4793**

**1970 年代中日海洋权益争端问题研究** / 孙翠萍著 ; 齐鹏飞指导. -- 中国人民大学, 2009. -- 190 页

论文运用案例分析法、文献资料法和定性研究方法,选取 20 世纪 70 年代中日海洋权益争端问题作为研究对象展开讨论。论文第一章是回顾 1969 年的两个时间,一是中苏珍宝岛事件与中国对外战略转变问题,二是埃默里报告与海洋权益争端表面化。第二章分析是 20 世纪 70 年代中日海洋权益争端的国际背景与内涵。第三章是 1970 年至 1971 年中日海洋权益争端的历史进程,首先回顾中日关系的历史,其次论述 1970 年中日海洋权益争端,最后论述 1971 年的中日海洋权益。第四章是 1972 年中日围绕海洋权益争端问题的初步合作,首先论述中日关系获得历史性发展机遇,其次论述中日邦交正常化与钓鱼岛问题的准搁置。第五章是 1970 年代中期中国所面临的海洋危机权益,首先论述中越西沙海战凸显海洋权益危机,其次论述中日东海波澜与两国政府决策。第六章是 1978 年中日围绕海洋权益争端的再次合作,分析中日

缔约遭遇挫折的过程,回顾钓鱼岛海域风波骤起,最后论述中日关系的大发展与钓鱼岛问题的正式搁置。第七章是1979年中日海洋权益争端"合作"的曲折过程,首先分析1979年国内国际新局面,其次分析钓鱼岛修建直升机场风波的问题。最后为结论,提出20世纪70年代中日两国对钓鱼岛问题和东海划界问题为主要内容的海洋权益争端的处理,实现两国国家利益层面的合作。

关键词:中日关系　边界问题　海洋权　东海

4794

**《大公报》广告与近代社会(1902—1936年)** / 孙会著 ; 王翔指导. -- 河北师范大学, 2009. -- 235页

论文以梳理近代报纸广告发展的脉络、分析报纸广告发展中的特色及研究报纸广告对社会变迁所产生的影响为目的,选取1902至1936年间的《大公报》广告为研究对象,进行深入细致的分析和探讨。首先,论文对《大公报》广告经营特色进行分析,肯定了报纸经营特色与广告特色的密切关系。英敛之时期,广告经营形成了与报纸"文人论政"相一致的风格。到新记时期,它的广告也是"四不"方针的体现。同时,国货广告明显增多,创意和表现也更趋成熟。在广告的经营上,以胡政之为首的报人们做了大量有益的探索,报纸经营依重于广告收入支持,从而保证了在坚持"四不"方针的前提下,报业快速的发展进程。其次,论文对《大公报》广告的演进过程进行细致的分析,理清了广告从简单、粗糙、幼稚的告白式、布告式发展到后来多样、精制、成熟的图文并茂式、情感式等成熟形态的过程。再次,广告对社会变迁有一定的影响和意义。大量广告涉及的内容远比报纸中的任何一个栏目要丰富得多。作为一面反映社会的"镜子",广告从多方面为后人展示出社会变迁的轨迹。最后,广告不仅反映社会变迁,也促进社会变迁。同时,作为广告本身,它的收入直接支持了媒体的发展,为近代传播事业做出贡献。总之,通过经济广告和社会广告的内容,影响人们的经济生产、社会生活、文化教育、休闲娱乐及精神意识等方面,对社会从物质到精神的近代化转型有一定的意义。不可否认,广告对社会也有负面的影响。由于政权管理缺失、社会动乱频起,广告处于严重失控状态。广告中浮夸风盛行、虚假信息不断,光怪流离的广告内容随处可见,这有害于人们的身心健康,也造成了不良的社会影响。

关键词:报纸　广告　社会变迁　近代

4795

**吴经熊法律实践研究(1917—1949)** / 孙伟著 ; 王国平指导. -- 苏州大学, 2009. -- 161页

论文采用个案研究法、叙事性分析法、文献资料法、实证分析法等,以1917—1949年吴经熊法律实践为研究对象,力图对吴经熊的法学学术活动、法律教育和司法实践进行深入研究,并探讨其对中华民国立法的贡献。论文分为绪论、正文五章和余论等部分。绪论部分介绍研究缘起,结合研究现状与资料综述,说明研究取向、创新与不足之处。第一章分析吴经熊的法学背景,考察其结交施塔姆勒、师从庞德、结交霍姆斯等国际法学大师的经历。第二章系统考察吴经熊的理论建树、文献编纂以及传媒平台的搭建等主要法学学术活动。第三章考察吴经熊执教与执掌东吴法学院等法学教育实践活动,阐述其调整办学思路、加强师资建设、改善办学条件等具体活动。第四章结合典型案例,具体考察吴经熊的司法实践。第五章则探讨吴经熊对中国民国立法活动的参与,具体阐述了其参与制定《中华民国民法》、主持制定《五五宪草》以及参与制定1946年《中华民国宪法》等立法实践活动。最后是余论部分,概述吴经熊的学术与政治命运,并在此基础上进一步阐明研究结论与认识。

关键词:吴经熊　法律思想　法制史

4796

**身在京华,心系齐鲁:近代旅京山东人群体研究** / 孙向群著 ; 刘平指导. -- 山东大学, 2009. -- 222页

笔者以第一次鸦片战争后的晚清时期和整个民国时期,即1840年至1949年的一百多年为考察时段,将这一时期不同社会阶层的旅京山东人作为考察对象,运用历史学、社会学、人口学、心理学与文化人类学等多种学科理论方法,通过对多种史料的解读,来动态而完整地再现旅京山东人的历史风貌。全文除导言和结论,共有六章。第一章北望燕赵,南览齐鲁——近代山东人进京概况,分析近代山东人的迁移入京客观原因和主观动机,并结合京鲁之间的地缘关系和北京的城市特征来说明北京何以能大量吸纳山东移民。第二章从会馆到同乡会——旅京山东人的同乡组织。近代,随着山东人在北京的聚集,成立同乡组织成为必然。同乡组织在旅京山东人中具有重要凝聚作用。第三章近代北京的山东商帮。山东商帮是旅京山东人群体中比较有稳定性的一个部分,在北京的经营业务与他们的籍贯有明显的关联,展现出

同业即同乡的特征。山东商帮在北京的长期发展,彰示旅京山东人在北京如何取得经济地位,并将其转化为社会地位的历程。第四章北京与山东的互动:旅京山东人的推力。该章把王懿荣、宋哲元、赵登禹和时传祥纳入到一个研究视野中。形象地阐述不同时期、不同社会阶层的旅京山东人对北京城市发展所发挥的作用和影响。第五章清末旅京山东人同乡网络的整合——以莱阳民变为背景。该章以莱阳民变为背景,可以看出旅京山东人在政治上所构成的网络与发挥的作用。第六章爱乡与爱国的统一——以青岛和威海卫交涉为背景,叙述旅京山东人在五四运动中的积极活动,展现了旅京山东人如何通过北京这个特殊的城市空间,实现了爱国与爱乡的统一。

关键词:传统文化　移民　北京　山东　近代

**4797**

**明清徽州的家族人口与生计变迁:以歙县许村与绩溪磡头村为中心** / 覃华瑞著 ; 郑振满指导. -- 厦门大学, 2009. -- 219 页

论文采用典型案例研究法、历史分析法、问题调查法、文献调查法、比较分析法、跨学科研究法等,以歙县许村及绩溪磡头村许姓家族村落为研究对象,力图通过个案研究,探讨明清时期徽州地区的家族人口发展与生计变迁等问题。论文共分六章。第一章导论,阐述研究问题的提出与研究思路,结合相关学术史的回顾,说明基本资料与分析架构。第二章主要分析徽州许氏的族源与迁徙,对歙县许村许氏历史迁徙与绩溪云川许氏历史迁徙进行了考证。第三章在对歙县许村的自然生态与人文环境进行考察的基础上,分析许村许氏的人口发展与生计模式,着重对许村许氏的科举入仕的历史与文化教育状况进行考察和分析。第四章在对绩溪磡头村的自然生态与人文环境进行考察的基础上,分析磡头村许氏的人口发展与生计模式,着重探讨其科举教育与武学传统。第五章主要从生态环境与人口压力、工商业发展与生计变迁、科举入仕与文化教育、土地占有与佃仆制度等方面对歙县许村许氏家族与绩溪磡头村许氏家族进行比较分析。第六章结论,认为人口问题的实质是制度的变迁和人的发展问题,人口压力实际上可以视为社会文化变迁的基本动力。

关键词:人口自然变动　地方史　徽州地区　明清时代

**4798**

**杭州城市早期现代化研究(1896—1927)** / 汤洪庆著 ; 高力克指导. -- 浙江大学, 2009. -- 279 页

论文主要对杭州城市的早期现代化(1896—1927年)作了部分诠释。杭州城的发展历程(到20世纪初)呈现出其地位从不断上升到逐渐下降的发展轨迹。《马关条约》中,杭州与苏州等四个城市被辟为通商口岸。随着外国人与物的直接涌入,为了挽回利权,杭州人以各种形式展开斗争,由此,杭州城开始了现代化的漫长征程。论文主要从政治体制、经济、文化、市政等四个方面展开分析。近代杭州的政治现代化,主要呈现了杭州城从专制走向民主的过程,尽管"路途"曲折。其中,行政体系的变化最为明显。近代杭州的经济现代化,最直接的表现是现代工业体系的从无到有,然而杭州经济现代化的最大特征是繁荣的商业推动了杭州经济的发展,而不像其他城市则是由工业来推动。近代杭州的教育现代化从教育和报刊两个领域来展开。"开民智"是当时的时代主题,如何"开民智",不外乎教育(包括报刊)。在这30年期间,杭州的教育面貌日新月异,在教育体系、教育机构、教学内容、教育师资等方面纷纷进行了大调整和转向。杭州的报刊,经历了一个从无到有,再到繁盛的发展过程,在版面设计、文面内容、消息来源等方面不断调整与进步着。近代杭州的市政设施现代化反映了城市基本面貌的变化。进入20世纪,杭州的市政设施有了翻天覆地的变化。马路的修建、城墙与城门的拆毁、旗营的拆毁重建、电灯电话的使用与推广、公园的建设、现代警察机构的建立等,都体现了现代杭州的气息,市政设施的更新处处呈现了适应现代经济发展需求的面相。通过以上的分析可以发现,杭州城市的早期现代化呈现出以下特点:(1)杭州城市的现代化不是内部资本主义经济发展的自然结果,而是内外力共同作用之下的结果;(2)杭州城市现代化中商业的作用比工业的作用要大得多(商业主导型);(3)直到20世纪20年代末,尽管杭州城市现代化有了长足的进步,但是与上海等城市相比,其发展程度还相当有限。

关键词:现代化　城市发展　杭州

**4799**

**清末民国北京城市住宅房地产研究(1900—1949)** / 唐博著 ; 戴逸指导. -- 中国人民大学, 2009. -- 315 页

住宅在人们的日常生活中影响力举足轻重。论

文在回顾学术史的基础上,利用馆藏档案、报刊文献、调查报告以及其他史料,从四个方面对清末民国北京城市住宅房地产的发展历程进行了深入剖析。一、城市化背景下的住宅房地产:全国与北京。清中叶以来的近代化浪潮,推动中国的城市化进程,尽管城市化进程中的"新街市"建设,以及西方文化影响下居住习惯和住宅样式的演变,为近代北京城市住宅房地产发展带来了些许活力,但其水平依旧落后于沿海商埠。二、清末民国北京的城市住宅房地产市场与政府干预。政府对住宅市场的监管,除继续沿用以限价为主的行政手段外,通过开征地价税、房捐等方式,渗透财政手段。在调控思路上有了明显进步。尽管清末民国北京的地方财政收入中,房捐、地价税等房地产税收所占比重甚高,但住宅房地产业更多地表现为交易,而非生产,其所创造的新的社会财富非常有限。三、清末民国北京城市住宅价格变化及其影响。根据报刊广告和馆藏档案所提供的信息,以及由此对20—40年代北京城市住宅价格(包括售价和租价)进行梳理,至少可以认为,住宅房地产市场不仅没有提振30年代萎靡不振的北平城市经济,反而受到30—40年代政治经济形势的拖累。近代北京的住宅房地产市场不仅对宏观经济的影响力有限,而且深受国家和城市政治、经济形势的左右,处于相对被动的地位。四、清末民国北京城市住宅保障的历史变迁。针对特定群体进行全面分配的旗人住宅,在清中叶以后逐渐变为实质的私有化,并出现"旗民交产"现象。辛亥之后旗人住宅的完全市场化,以及旗民分城居住状态的结束,使得旗人住宅体制走入了坟墓。对清末民国北京城市住宅房地产的研究,开辟了北京城市史研究的新路径和新视角,对于认识中国近代住宅房地产市场的发展历程,及其与经济、社会发展的密切关系,弥补经济史研究在这一领域的空白,具有相当的学术价值。

关键词:住宅市场　经济史　北京　民国　清后期

**4800**

**广元地区苏维埃政权研究** / 唐琼著 ; 陈廷湘指导. -- 四川大学, 2009. -- 222 页

论文以研究基层苏维埃政权为突破口,考察研究广元苏区这样一个川陕苏区下辖的区域,勾勒展现革命根据地时期中国苏维埃的基层政权组织形式,希望借此凸显出地方苏维埃政权在特定历史语境下的基本特征,为中国共产党党史研究、苏维埃政权研究再提供一些借鉴和参考。论文分为导论和正文两大部分。导论主要阐述选题原因、选题意义和此课题的研究现状。正文共分七章,主要讲述广元地区苏维埃党的政权建设、土地革命、经济、社会事业、军事和广元苏区最后战斗等七个方面内容,通过对现有第一手资料的甄别和梳理,初步勾勒出广元地区苏维埃政权的组织构成、运行情况及历史地位。第一、二章即是通过广元苏区在队伍内部建设和机构设立等具体措施的论述,既肯定苏区在党内建设政权建立各方面的成绩,也指出旺苍坝肃反工作会议前执政上存在的"左"倾路线,肃反扩大化等不利于苏区生存、发展的不利因素。第三、四章重点论述在党和苏维埃政府的领导下,在驻地红军的帮助下,根据广元经济落后,商品经济不发达的具体情况,实施了解放农民、发展经济、支援战争的许多政策措施。第五章对广元苏区的社会事业做全面的阐述,论证广元苏维埃政府在社会事业各个方面做出的成绩,正是因为这些成绩让广元苏区存续期间有了坚实的群众基础。第六章的重点在于对地方武装的研究。论文客观地评价川陕革命根据地中广元苏区的历史地位,期望通过大量当事人的口述讲授和散落于旺苍木门会址博物馆、广元各县市地方文史资料室中尚未被归档的文件、书信、日记等,以素描手法勾勒出中国苏维埃广元地区这一基层政权组织的基本构建,从而揭示出广元苏区作为川陕苏区第二大区域所起到的重要战略作用。

关键词:中央革命根据地　苏维埃政权　广元

**4801**

**五四前后文化调和论研究:以杜亚泉和《东方杂志》为中心的考察** / 王代莉著 ; 耿云志指导. -- 中国社会科学院, 2009. -- 222 页

论文采用文献资料法、个案研究法、历史分析法、比较分析法等,以杜亚泉和《东方杂志》为研究对象,力图通过对杜亚泉及《东方杂志》的深入考察,探讨五四运动前后文化调和论的兴起与发展。论文分为绪论、正文六章和余论。绪论阐述研究的选题缘由,结合相关学术史回顾说明研究对象、框架与思路。第一章主要阐述文化调和论兴起的国内与国际背景,探讨转型期的文化变动及种种文化观念,以及国际思潮变动对中国的影响。第二章主要文化调和论的主帅与言论主场地进行考察,系统阐述杜亚泉与《东方杂志》的调和取向,考察杜亚泉与其他学者就文化调和问题展开的数次学术争锋。第三章剖析文化调和论的理论基础、思想内涵与特质。第四章主要探析文化调和论的思想

来源,认为传统文化的、对法国激进思潮的反思、英伦调和传统与日本思想界均对杜亚泉的文化调和论观念产生影响。第五章主要考察杜亚泉的文化实践活动与文化建设理念。第六章通过比较分析,阐述文化调和论的理论缺陷与文化实践成绩的弱势。最后是余论部分,概述全文主要内容,提出研究结论与进一步思考。

关键词:文化思想　杜亚泉　思想史

**4802**

**1976—1982:中国历史转变研究** / 王金玲著 ; 陈明显指导. -- 中国人民大学, 2009. -- 140 页

论文运用历史研究法、定性研究法和文献资料法,选取 1976—1982 年历史转变时期研究对象,全面梳理这一历史转变时期的相关问题。论文第一章历史转变原因探讨,首先论述历史发生转变的经济因素,其次论述历史转变发生的关键即政治因素,第三论述历史转变发生的必要条件即社会因素。第二章是历史转变经过概述,首先论述历史转变发生的起点,主要包括粉碎"四人帮"、结束"文化大革命";其次论述历史转变的酝酿,阐述徘徊前进的两年;第三论述历史转变的标志,对十一届三中全会的召开进行梳理和回顾;第四论述历史转变的现实阶段,考察十一届四中全会至六中全会的历史阶段;第五论述历史转变的完成,考察十二大的召开。第三章是历史转变价值评析,包括历史转变的特征、历史转变时代、历史转变价值。实践证明,历史转变所开创的共和国社会主义发展道路、所形成的理论路线方针政策是完全正确的,共和国今天所取得的伟大发展成就,是全党全国各族人民团结奋斗的结果。历史转变以来,共和国取得一切成绩和进步的根本原因归结起来就是开辟了中国特色社会主义道路,形成了中国特色社会主义理论体系。

关键词:改革开放　社会变迁　中国特色社会主义

**4803**

**改造农民:中国农业合作化运动研究——以山西省保德县为中心** / 王俊斌著 ; 梁景和指导. -- 首都师范大学, 2009. -- 282 页

论文采用唯物辩证分析法、文献分析法、实证分析法、典型个案分析法、访谈调查法、田野调查法等,以山西省保德县农业合作化运动为研究对象,力图详细考察中国共产党领导下的保德县农业互助合作运动,并注重在论述过程中采用个案分析的方法再现历史真相,以期对合作化运动发展过程中的问题进行深刻剖析。论文分为绪论、正文五章和结语等部分。绪论阐述选题原因及意义,结合研究现状的评述,对研究范围、研究方法及个案选择对象作了必要的说明。第一章阐述合作经济的渊源及在中国的早期实践,对马克思主义合作经济理论以及苏联合作化历史进行了简要评述。第二章回顾根据地时期保德县的互助合作运动的历史条件、具体开展过程与存在的问题。第三章考察 50 年代初保德县初级合作社的发展状况,着重阐述这一时期初级社的分配与存在的问题,并对初级社干部群体的设置、阶级成分与报酬等方面做考察。第四章考察初级社向高级社的转变历程,着重阐述高级社的分配与存在的问题,并对高级社时期管理体制的变革、干部群体的设置及其报酬作了考察。第五章阐述对中国农业合作化与农业现代化进程的理论思考。结语部分对中国农业合作化运动进行了评价与反思。

关键词:农民　农业合作化运动　农业生产互助组

**4804**

**民国时期河北旗地变革研究(1912—1934)** / 王立群著 ; 迟云飞指导. -- 首都师范大学, 2009. -- 238 页

论文采用唯物辩证研究法、社会阶层分析法、典型个案研究法、文献资料法、实证分析法、统计分析法、历史分析法等,以 1912—1934 年河北旗地变革历程为研究对象,力图对民国时期河北旗地"由旗到民"变革的历史嬗变过程进行全面、系统考察和研究。论文分为绪言、正文六章和结语。绪论阐述研究缘起、相关概念、选题意义,结合相关研究成果回顾说明资料运用与论文框架。第一章回顾河北旗地于清代缘起及演变,着重分析清代中叶以来私典旗地的情况,并进一步说明旗地的私有化是历史发展的必然。第二章对民国初年河北旗地的存留状况以及其所面临的国内外形势作具体分析。第三章按照其发展脉络,对 1912—1934 年各阶段民国政府颁布的河北旗地政策进行梳理,进而在其在旗地所在各地的具体施行状况进行论述和探讨。第四章从省级、县级两个层面对河北旗地管理机构的沿革进行梳理,分析各阶层管理人员的构成和工作效能情况。第五章对拨补租地的由来以及民国时期拨补租地的遗留情况进行阐述,进而探讨相关各方在拨补租地清理政策制定过程中所扮演的角色。第六章集中探讨相关各方在河北旗地转为民地这一地权变动过程中的权力较量与博弈。最后是结语,得出研究结论与评价。

关键词:土地利用　八旗庄田　河北　民国

4805

**近代日本国民主义与梁启超国民国家思想的形成与发展** / 王明伟著 ; 李书源指导. -- 吉林大学, 2009. -- 133 页

论文采用比较分析法、实证分析法、文献资料法等,以梁启超国民国家思想为研究对象,力图通过对其主要内容与理论渊源进行深入、系统剖析,进而探讨近代日本国民主义对梁启超国民国家思想的形成与发展的影响。论文共分五章。第一章绪论,阐述研究契机与问题,结合研究现状和史料概述,说明研究方法与章节架构。第二章在概述梁启超家世与早期思想的转变的基础上,分析戊戌变法时期梁启超的国家思想。第三章对陆羯南的国民主义进行系统解析,阐述其追求国民统一的内政思想和追求国家独立的外政思想,并叙述戊戌变法前后陆羯南与梁启超的交往,考察其对梁启超国民国家思想的影响。第四章探讨亡命日本时期梁启超的国民国家思想,具体阐述梁启超对国民主义的摄取及其国民国家思想的主要内容与,并对梁启超在以《新民说》为代表的论述中所表达的公德观和私德观进行分析。第五章结论与评价。

关键词:梁启超　政治思想　思想评论

4806

**民国时期档案法规研究** / 王芹著 ; 王国平指导. -- 苏州大学, 2009. -- 225 页

论文采用规范分析法、跨学科研究法、历史分析法、系统分析法、实证分析法、文献资料分析法等,以民国时期档案法规为研究对象,力图对民国档案法规发展的动因、性质特征及其历史影响进行深入分析,进而揭示民国档案法规由传统到现代的渐进发展历程与在中国档案史上历史贡献。论文分为绪论、正文四章和结束语。绪论阐述研究的选题意义及概念界定,结合相关学术史回顾说明研究思路与结构、主要内容、研究方法、理论和资料来源以及创新与不足。第一章探讨民国时期的档案立法,考察清代档案立法对民国档案立法的影响,并分析民国时期档案立法的调整对象、立法类型与特点。第二章主要从文书处理、档案工作流程两个方面分析民国时期档案法规内容与实践。第三章主要从管理体制分析了民国时期档案法规的内容与实践。第四章则对民国时期档案法规进行评析,具体探究民国档案法规的发展动因、性质与特征以及民国档案法规对当今档案法规的影响。最后是结束语,概述全文主要内容,归纳研究结论。

关键词:档案法　档案管理　民国

4807

**晚清上海:西方物质文明与新知识群体的近代体验(1843—1894)** / 王少清著 ; 刘景泉指导. -- 南开大学, 2009. -- 197 页

论文从新知识群体在晚清上海的近代体验入手,分析近代物质文明对中国近代思想的启蒙意义,从而对中国近代史上一个重要的思想家群体——洋务思想家为什么呈群体在晚清上海出现提供发生学解释。论文重点分析体验的文本,梳理晚清土海的新知识群体是如何体验西方近代物质文明的。通过分析发现,新知识群体的近代体验经过了体验—想象—放大—曲解—对比—选择—升华这样一个过程,从西方物质文明转变为思想资源,进而升华为近代化经验。论文认为,晚清上海作为近代西方文明进入中国的窗口,作为中国人身边最近的西方世界,新知识群体在这里取代了近代体验,导致了晚清洋务思想在这里聚集。但是不管是当下的学术界还是当时的清朝政府都没有看到晚清上海的价值,当时的清政府不舍万里派人到西方各国考察,没有发现"西方"就在身边。与晚清政府不同,在 19 世纪 60 年代,日本江户幕府多次遣使上海,到上海考察。日本人把上海作为走向西方最近的"入口",在上海看到"近代化"的物质形态,取得了近代体验,影响到了他们对西方的认识,开始了向西方的追溯。尽管当时晚清上海的新知识群体事实上不自觉地承担了日本踏禹使的功能,但是如果当时清政府发现了上海的价值,将其从民间的不自觉行为转变了官方的自觉行为,中国的近代化将是另一番模样。发现晚清上海的启蒙价值也是论文的价值所在。晚清上海出现的西方近代物质文明,让中国思想界产生了近代体验,完成了思想的飞跃,从而导致洋务思想家在晚清上海的聚集,以晚清上海为中心开始了中国近代化的旅程。

关键词:地方史　物质文明　洋务运动　知识分子　上海　清后期

4808

**汪伪时期南京市政研究:以组织形式与社会控制为中心** / 王翔著 ; 朱宝琴指导. -- 南京大学, 2009. -- 187 页

论文采用文献资料法、典型个案研究法、实证分析法、规范分析法、历史分析法、政治系统分析法等,以汪伪时期南京市政为研究对象,力图对1937—1945年汪伪南京政府的市政组织及其活动状况进行全面、系统研究。论文分为绪论、正文五章和结论。绪论部分阐明选题缘起及意义,结合相关文献和研究现状的评述,说明研究思路与方法以及创新点。第一章阐述汪伪时期南京行政规划与机构设置,考察南京沦陷初期的市政组织、汪伪时期南京市政规划与机构设置以及市政府各级人员结构。第二章主要对汪伪南京市政府的人事与行政进行考察,分析职员的考勤、甄审、考绩、训练与任免等人事规范,并以社会局为例分析其职能与运作机制。第三章阐述汪伪时期南京市政府通过填发市民证、保甲组织以及户籍员制度等方式加强对市民的监督与控制。第四章考察汪伪时期南京市的粮食危机与民众生存实态,并分析与评价汪伪南京政府平抑物价的努力。第五章选取娱乐场所、中小学教育、防疫卫生等方面分析和探讨汪伪南京政府对市民身体与思想的双重控制,进而揭示汪伪南京市政府的日常宣传与汪伪政权意识形态的关联。最后是结论部分,概述全文得出研究结论,并进一步阐明作者的认识。

关键词:汪伪政府　地方政府　市政学　组织管理　南京

**4809**

**民国时期湖南师范教育研究** / 王向文著 ; 莫志斌指导. -- 湖南师范大学, 2009. -- 231 页

湖南的师范教育起步于清末,发达于民国时期。在民国时期,与全国其他省份,特别是与其他经济实力较强的省份相比,湖南的师范教育是位居前列的。为什么在经济条件并不发达的内陆省份,师范教育却较为发达,并呈现多样化,具有超前性;师范教育对湖南近代教育发展的作用与影响如何;师范教育对湖南近代化乃至全国师范教育的作用如何;等等,这些都是笔者所要探讨的问题。全文包括绪论、正文七章和结语九个部分。绪论部分阐述研究民国时期湖南师范教育的意义,梳理与综述以往研究者对师范教育研究的主要成果,强调说明民国时期湖南师范教育研究的主要问题,并提出论文的研究思路、研究方法和主要创新之处。正文分七章。第一章阐述湖南师范教育的缘起。从中国师范教育的发展背景和清末民初湖南近代教育的发展对兴办师范教育的需求等方面,论述湖南师范教育发展的原因,并简要地叙述清末湖南师范教育的肇兴。第二章民国时期湖南师范教育概论。民国时期湖南师范教育思想既受到湖南传统教育思想的影响,也是在全国师范教育思想发展的推动下产生与发展起来的。第三章至第六章,先阐述民国时期湖南师范教育的发展轨迹,然后从教师管理机制、学生管理机制以及师范课程设置来说明湖南师范教育的运行机制,对湖南师范教育发展状况进行量化考察与分析。第七章对民国时期湖南师范教育与全国其他省份的师范教育进行对比,揭示出湖南师范教育的个性特征。阐述湖南师范教育的发展对湖南教育发展产生的重大作用,特别是促进了湖南教育近代化。结语部分论述民国时期湖南师范教育对湖南乃至全国当今师范教育实施的现实启示。

关键词:师范教育　教育史　湖南　民国

**4810**

**以公家之财济公家之用:晚清协饷制度的变动与调整** / 吴昌稳著 ; 关晓红指导. -- 中山大学, 2009. -- 291 页

论文采用文献分析法、实证分析法、典型个案研究法、制度分析法等,以晚清协饷制度为研究对象,力图对晚清协饷制度的运行、变动与调整历程进行系统深入地研究。论文分为导言、正文五章和结语等部分。导言部分阐述选题旨趣,结合相关学术史回顾说明材料来源与研究思路。第一章在简述我国古代协饷制度渊源的基础上,回顾清代协饷制度的构建与逐步完善。第二章在回顾清咸丰时期以前的协饷制度及其运作的基础上,着重考察太平天国运动对清政府协饷制度的运筹及其调整的影响。第三章具体考察贵州、云南、陕甘新疆地区等边陲地区的协饷供应状况,进而阐述协饷制度与清政府边疆统治秩序之间的关系。第四章主要考察同光时期协饷制度的调适,在介绍同治年间对绿营和勇营的取舍与裁兵(勇)节饷及其原因的基础上,着重阐述了协饷构成与解送方式的变化,以及西南地区、新疆地区、东三省等地与承协省份协饷指拨关系的调整。第五章阐述清朝末年协饷制度的走向,着重对新政财政窘境下的协饷制度进行了考察,并论述协饷制度的终止。最后是结语部分,概述全文主要内容,得出研究结论。

关键词:国防支出　财政制度　清后期

4811

**近代中国民办企业的技术引进:以荣氏、刘氏、吴氏企业集团为中心(1866—1949)** / 吴静著 ; 戴一峰指导. -- 厦门大学, 2009. -- 162 页

论文以近代中国民办企业的技术引进为研究对象,借助历史学、技术经济学、社会学等多学科的理论方法,在整体研究与个案分析的基础上,探讨近代民办企业技术选择、引进方式的动态过程及其特征,进而剖析技术引进后其内化与创新的复杂图景,科学评价民办企业技术引进的经济效益,分析近代中国民办企业技术引进与发展的内在规律。论文分六个部分进行阐述。第一,在近代西方科技大发展、中国社会舆论和国家经济政策的背景下,阐述民办企业产生时期、初步发展时期、蓬勃发展时期、曲折发展时期、衰落时期的技术引进情况及其特征。第二,从个案出发,探讨近代荣氏、刘氏、吴氏三大民办企业集团的技术引进概况,主要包括企业机械设备和技术人才的引进概况及其特点分析,以此透视近代民办企业技术引进的主要内容。第三,分析近代民办企业的技术选择与引进方式。第四,剖析民办企业的技术内化及技术创新活动。运用技术社会化理论分析近代民办企业引进技术的内化过程,在此基础上分别阐述了企业的技术模仿创新和自主创新活动。同时,还剖析了民办企业技术梯队的积累过程。第五,分析近代民办企业技术引进的绩效。主要是以荣氏、刘氏、吴氏三个企业集团为个案,分析其引进的技术对企业的发展和经济效益的贡献。第六,总结近代民办企业技术引进的历程及特征,并分析民办企业技术引进的制约因素。

关键词:民族工业　企业管理　技术引进　近代

4812

**真实与扭曲:西方传教士视野中的晚清福建社会之研究** / 吴巍巍著 ; 汪毅夫指导. -- 福建师范大学, 2009. -- 290 页

论文在广泛而深入查考西文文献基础上,较为全面地梳理晚清时期西方传教士记载和介绍福建社会的著述及相关文献资料;综合运用与借鉴历史学、宗教学、人类学、比较文学形象学、东方学、跨文化传播学等学科理论和方法,系统地探讨西方传教士视野中的晚清福建社会的内容和特征、阐释西方传教士认知福建社会的文化观照;并在贯穿全文的过程中,结合查阅大量福建地方文献,分析传教士著述及其相关文献资料的特点、价值与缺失,探索传教士述闽著作与文献对于东西方世界的影响。文章认为:西方传教士记述晚清福建社会的内容庞杂而多元,对地方日常生活面相与民间事象的考察及审视是其关注的重点和焦点;表现手法以微观与直观为基本特征;论述基调则具有客观性与主观化并存的趋势,总体而言呈现出一种真实与扭曲相交织的形态,反映了西方传教士与福建地方特定环境的微妙关系。传教士构建福建形象或福建观的背后,折射着东方主义、殖民主义语境、西方中心观与普世福音的基督教"拯救"心态,其核心表现为潜意识中的传教理念;不容忽视的是,传教士长期在福建区域社会生活和工作,又在很大程度上融入地方文化之中,表现着"隋境化"的特质。这种看似矛盾的现象提醒我们在检讨所谓传教士"殖民霸权话语"在全国乃至世界的通用性解释之同时,还应注意到地方区域特殊性和具体化原则。最后,传教士著述及相关文献在东西方世界分别起着相应的影响,它们在东西方文化交流史上发挥着自身特定的重要作用,具有显著意义。

关键词:地方史　传教士　福建　清后期

4813

**建构与认同:新中国民族工作研究——以贵州省为例(1949—1956)** / 伍小涛著 ; 朱宝琴指导. -- 南京大学, 2009. -- 168 页

论文选择少数民族众多、社会形态各异,经济文化落后的贵州省作为研究的切入点,用实证的方法,具体考察 1949—1956 年中国民族工作和民族政策的建构过程,及其族群认同的拓展和政治认同的深化过程。论文分三大部分。序言部分主要论述选题的意义、依据和创新。正文部分分五章展开论述。在第一章中,主要通过对历代王朝、中华民国和中共早期民族工作的检视,进而指出建国初的民族工作不是无源之水,无本之木。第二章主要论述少数民族地区的建政工作和民族区域自治制度。第三章主要是从经济层面具体论述少数民族地区的生产和经济贸易。阐述了中共为了改变少数民族地区落后的生产状况实行的减免税收、社会救济和无偿发放农具和农贷款等许多优惠政策。第五章从认同的视角,具体考察建国后少数民族地区是怎样实现族群认同和国家认同的。最后部分是结论。主要通过对建国初民族工作的检视,认为搞好民族工作必须正确处理国家与民族社会的关系和民族之间的关系。

关键词:民族工作　民族政策　少数民族　贵州

4814

**江苏红十字运动研究（1950—1965）**／徐国普著；池子华指导. -- 苏州大学，2009. -- 188 页

论文以历史唯物主义为指导，综合运用了文献分析法、实证分析法、典型个案分析法、跨学科研究法等，以1950—1965年江苏红十字会运动为研究对象，力图从国家与社会的双线互动出发，对建国初期江苏红十字会运动进行研究与评价。论文分为绪论、正文六章和结语。绪论部分介绍研究问题的提出，结合相关文献与研究现状评述说明研究方法、论文结构、创新与不足之处。第一章考察江苏红十字会运动的历史渊源和社会背景，并对新中国初期江苏社会状况进行概览。第二章考察江苏红会的组织发展及其嬗变，阐述建国初期分会改组、组织大发展与体制建构及其影响等问题，揭示红十字会与政府间微妙而独特的关系。第三章从治理医疗机构、内凝思想和社会动员、评选先进与激励工作等方面考察和评价了江苏红十字会运动辉煌十五年的成功之道。第四章结合若干个案，探讨新中国初期频发的政治运动与江苏红会的应对之道。第五章全面考察江苏红会开展的医疗训练、防治疾病、巡回医疗服务以及参与爱国卫生运动等，揭示红十字会对于医疗卫生事业的发展及其作用。第六章通过对江苏红十字会青少年运动的考察，探究其作用及学校德育功能。结语部分对江苏红十字会运动进行理性审视。

关键词：红十字会　组织工作　江苏

4815

**1947年至1948年农村整党研究：以北岳区为中心的考察**／徐进著；杨奎松指导. -- 华东师范大学，2009. -- 116 页

论文以北岳区为中心围绕中共农村基层干部来考察这次整党运动的相关问题。第一部分通过展现1947年5月土改试点和1947年底全国土地会议后整党全面实施两个时段基层农村激烈整顿村干部的具体场景希望引出一个问题：以刘少奇为首的中央工委何以要做出整顿老区村干部的决定，他们认为村干部到底有哪些问题，严重到何种程度，以致必须全部撤换。第二部分开始解答前面提出的问题，首先分析以刘少奇为核心的中央工委对村干部问题态度的变化，以及他们在全国土地会议上是如何得出对村干部的判断的；随后则分析老区根据地村干部问题的实际情形以及这些问题的由来。该部分主要探讨的是这些所谓村干部问题多大程度上是"实际存在"的，多大程度上是中共高层的"误判"。而这些实际存在的村干部问题又是如何产生的。第三部分要探讨的是在整党过程中，外来工作团到乡村开展工作面临什么问题，他们在工作中的表现如何；其次分析所谓的贫农团是村中的哪些人，他们的社会角色是什么，"贫农团"积极分子为什么冲锋在前，他们和村干部的矛盾主要在哪里。第四部分探讨整党运动实践过程中是如何同激烈逐渐走向缓和的。既有研究已经表明，这次激烈的整党运动是毛泽东、任弼时等中央高层领导介入后才停止下来的。研究关注的是整党运动在农村基层实践中遇到了什么问题，这些问题工作团又是如何调整的；之后再探讨通过整党运动村政权是否解决了整党之前存在的那些问题，村政权的工作能力和效率是否好转等问题。

关键词：中国共产党　农村　整党　土地改革

4816

**社会变革与乡村革命：以赣南农民暴动为中心的观察（1860—1928）**／许金华著；胡成指导. -- 南京大学，2009. -- 214 页

论文从近代经济的典型特征——商品化着手，对赣南1860年以来的经济变迁做了较细致的叙述。在对赣南传统经济商品化有所梳理后，重点叙述开埠通商后赣南传统经济在卷入全国及世界市场下的演变，最终发现：经济商品化在当地呈加速发展，原本因自给性较差而区域贸易发达的赣南山区，远程贸易与区域边区贸易都有了较大的发展；开埠通商对赣南经济带来的更多是机遇，转型中的赣南经济在近代商品化大潮中未受大的冲击打压，反而为民众提供了新的谋生手段与生活副业；再考之于商品价格的波动现状，可进一步佐证清末民初的赣南，当地民众的物质生活并没有发生普遍的恶化。借此，从而对"贫穷—革命"的分析模式有所修正，经济因素与革命的关联应是经济商品化加剧所致的经济分化与传统经济观念变迁所带来的社会紧张。论文通过分析新政与地方自治对基层政治生态与权力网络带来的变化，以求农民暴动兴起的政治、社会、文化等方面的历史缘由。概而言之，论文通过对赣南个案，展示了一地社会在现代化进程与革命源起的内在逻辑，首先强调的是农民暴动源于社会结构性存在，并在对现有相关"结构论者"过于强调经济性因素的做法有所纠正的同时，指出革命的发生虽与社会经济因素密不可分，但经济在转型

中的“分化整合”较乡村社会的经济恶化应更能解释革命为何而起。而脱离结构性分析，只从事件进程着手研究，因易受革命乃人为制造表象所迷惑，最终的结果可能是远离事实。其次，发现转型虽并不一定会带来革命，但动荡是在所难免，而制度缺失、政府式微的社会是没有应对动荡与危机的机制与可能，社会往往会因此由动荡走向集体的暴力革命，故论文的进一步结论是在制度缺失、中枢式微的社会，力行转型的必然后果往往是革命的悄然发生，现代化与革命化构成了其当然的一体两面。

关键词：农民革命　社会发展　江西

**4817**

**东北沦陷时期宗教状况与教化统治研究** / 闫超著 ；程舒伟指导. -- 东北师范大学, 2009. -- 178 页

论文采用田野调查法、问题调查法、文献资料法、实证分析法、历史分析法、个案分析法等，以东北沦陷时期宗教状况与日本殖民者的教化统治状况为研究对象，通过对中国东北沦陷时期日本殖民者对东北民众的文化侵略与教化统治状况进行研究，力图从意识形态层面揭示日本帝国主义侵华的罪恶本质，以此总结历史教训与启示。论文分为绪论、正文六章和结论等八个部分。绪论部分阐述课题研究所运用的各类史料，结合国内外研究现状的综述说明研究的价值意义与创新点，并对研究的理论方法与相关界定作了必要说明。第一章概述中国东北宗教发展要略，分别介绍佛教、道教、伊斯兰教、基督教、天主教以及民间宗教与教化团体的发展状况。第二章阐述日伪政权的宗教管理与教化统治机构及措施。第三章详细考察日伪政权对各类宗教所采取的政策。第四章阐述日本殖民者对东北文化移植的策略与途径，着重探讨其对中国东北的殖民侵略与文化渗透。第五章在追述日本神道教的起源与发展的基础上，着重阐述日本神道教对中国东北的文化侵略。第六章分析与评价日本对中国东北精神领域的侵略。最后是结论部分，在总结全文的基础上，阐明历史教训与启示。

关键词：宗教政策　东北地区　抗日战争时期

**4818**

**改革开放以来江苏红十字运动研究（1978—2004）** / 杨红星著 ；池子华指导. -- 苏州大学, 2009. -- 248 页

论文采用跨学科研究法、文献分析法、实证分析法、个案研究法等，以 1978—2004 年江苏红十字会运动为研究对象，力图全面梳理改革开放以来江苏红十字会运动的发展轨迹和内在规律，并对事关红十字会运动全局的系列重大理论问题进行深入探究与思考。论文分为绪论、正文五章和结语。绪论部分介绍研究的选题缘起与意义，结合研究现状的综述，说明研究方法、论文结构、创新与不足之处。第一章在对江苏红十字会近代底蕴、新中国初期的辉煌、“文革”中的挫折进行历史回顾的基础上，考察 1978—1985 年江苏红十字会运动的复苏与初步发展。第二章考察 1985—2001 年江苏红十字会运动的深入展开，梳理江苏红十字会组织机构的变迁与组织发展脉络，并结合若干典型个案的研究，对其政府“人道助手”角色进行了诠释。第三章阐述 2002—2004 年江苏红十字会运动的体制重塑及其法制建设，考察了江苏红会《实施办法》的制定过程、内容简介及其在全省的颁布施行状况。第四章对江苏红十字会的救援工程、生命工程、爱心工程等三大博爱工程进行考察，并对其进行社会学考察。第五章对“特色”理论视野下的江苏红十字会运动进行阐述与思考。最后是结语部分，在总结全文的基础上，进一步阐明自己的观点与认识。

关键词：红十字会　改革开放　江苏

**4819**

**教会女子大学在中国社会的历史演变：以金陵女子大学为个案** / 杨兰英著 ；郑焱指导. -- 湖南师范大学, 2009. -- 180 页

笔者选取教会女子大学的代表学校——金陵女子大学作为研究对象，重点考察其在中国社会变迁中的历史演变，以剖析教会女子大学在中国女子高等教育史上的角色、意义和影响。清末，在创办教会教育的过程中，传教士也把具有近代西方女子教育背景的教会女学带入中国。教会女学的植入，冲击了几千年的中国传统女子教育，萌发了国人自办新女学的尝试。20 世纪 20 年代后，和其他教会大学一样，教会女子大学经历了中国化和世俗化过程。自 20 年代末开始，各教会大学先后向政府注册，并于三四十年代在办学方针和教学内容上也日益具有中国特征。在这一背景下，金陵女大也逐步走向中国化。具体表现在两个方面：一是由中国人充当校长人选、学校行政管理层甚至教职工构成等由中国人占据多数；二是在办学目标上与中国社会要求和政府期待的高度对接。教会大学的世俗化进程促进了其教学和科研水平的提高，有利于学术和专业人才的培养。在世俗化潮流

中,金陵女大培养了一批现代女性知识人才。20世纪20年代开始,中国各大学先后招收女生,使女性接受高等教育的机会大大增加。但这也给教会女子大学带来了竞争压力。1951年前后,绝大多数教会大学先后经历合并和调整,改为公立大学。20年代民族主义浪潮和来自中国政府、社会的其他挑战和冲击,不仅没有严重损伤教会大学的元气,反而促进了教会大学的自我调适与革新,使教会女大自身得以进一步维持和发展,同时也由此推动了教会女大作为中国现代女子高等教育的重要一员,做出独特贡献。教会女大的消亡并不能证明其教育上的必然失败。在顺应中国社会变迁的过程中,教会女大的社会角色也经历了两重变动:从外来的文化输出者角色到身兼外来文化输出者和本土文化服务者角色;从"传教士"角色到兼具和凸显"教育家"的角色。

关键词:教会学校　女子大学　教育史

**4820**

**近代中国商学兴起研究** / 杨艳萍著 ; 黄兴涛指导. -- 中国人民大学, 2009. -- 224 页

论文试图采用思想史、学术史和社会史相结合的方法,从学科史的角度,对近代中国商学兴起和发展的历史,进行较为全面而系统的研究。在尽可能搜集整理这一时期的相关档案、"商务报"和"商学"译著、教科书等史料的基础上,论文较为细致地梳理其从引进、传播到自觉构建知识体系的发展脉络,首次系统地揭示清末民国时期"商学"在中国兴起和确立的历史面貌,包括"商学"究竟具有怎样的历史内涵,其学科体系如何构建和走向社会化等内容,进而分析其对于进一步丰富近现代中国学术转型等问题的意义,并希望借此为当下商学的学科建设提供历史的借鉴。具体而言,文中首先从"商学"学科概念的提出和知识传播角度,对戊戌以前西方商业观念和知识在中国早期传播历程和特点进行了梳理和讨论,论述中国传统商业知识体系和西方近代"商学"知识体系之间的差异,指出以郑观应为代表的近代国人最早提出的"商学"概念,具有"商务之学"和商业学校教育的双重内涵。作为近代中国商学传播主体和载体互动的凭借,"商学共同体"的形成和运行,也是论文探讨的重点。通过清末民国时期中国"商学"学校教育体制逐步建立过程的系统考察,表明这一学科已进入制度化的现代学术生产机制之中。最后,论文概括近代国人不同时段界定的"商学"概念及其内涵演变,综合把握和揭示这一时期中国商学知识体系建构的历史情形,展现那一代学人对该学科的学术自觉和思考,指出其最终形成了以"商业经济学"为核心的一门综合型新学科。结语部分则简单揭示"商学"的兴起与清末民初中国学术现代转型的联系,从"商学"的兴起、学科发展等方面,进一步透视中国学术现代转型的动力机制和其他特征,并初步总结了这一历程对于今天商学学科建设的启示。

关键词:商业经营　经济学　经济思想　近代

**4821**

**《改造》杂志研究** / 杨智勇著 ; 郑大华指导. -- 湖南师范大学, 2009. -- 198 页

《改造》是五四新文化运动后期的一份重要期刊。论文试图通过对此杂志的介绍,重点分析其在思想文化方面对后五四期的新文化运动所作的贡献,从另外一个侧面丰富五四新文化史的研究。首先介绍《改造》的概况,包括创办宗旨、办刊基本情况、创作群体和读者群情况介绍及影响力等分析。然后,从西方哲学、文学流派、文艺理论、自然科学、心理学等方面,探讨了《改造》在西学输入方面所作的贡献。文章重点论述社会主义思想的输入与论战。笔者从《改造》这一媒体的视角出发,将其对形形色色的社会主义思想在此集中介绍。《改造》还对各种具体的社会问题展开论述,比如教育问题、妇女解放问题、劳工问题、废兵问题、自治问题等。论文将其与《新青年》杂志进行比较分析,是论文的创新之处。在这些学术文章中,贯穿着社会改造的理想,体现了作者群对解决社会现实问题的思索,为推进社会改革、风俗转变、启发民智等方面作出了积极贡献。《改造》一直不被人重视,对其评价也乏客观公允。论文通过对《改造》杂志进行层层剖析,站在历史的角度重新估评杂志的历史地位,认为《改造》不仅对社会主义在中国的传播作出了积极贡献,还对当时世界的社会科学和自然科学知识皆有迅速的报道,在文化传播、政治改革中作出了不可磨灭的贡献,其历史地位和影响要有充分的肯定,而不应长期被忽视和冷落。

关键词:政治思想史　社会思潮　社会问题　改造

**4822**

**中国社会主义经济建设方针研究** / 姚润田著 ; 陈明显指导. -- 中国人民大学, 2009. -- 162 页

论文运用历史研究法、文献资料法和定性研究法,对中国共产党所制定的经济建设方针进行考察与

研究,探讨中国共产党在领导经济建设过程中的得与失,为正确认识国民经济和社会发展规律,制定更加科学、合理的经济建设方针提供必要的借鉴与参考。研究表明,在这些方针指导下的中国社会主义建设取得了巨大的成就,但也走过一些弯路。论文第一章首先论述经济建设方针制定的必要性,其次阐述经济建设方针制定的条件,最后论述经济建设方针的转换。第二章首先论述多快好省方针制定的背景和依据,其次论述多快好省方针的制定与贯彻过程。第三章回顾并总结"又快又好"方针的制定和贯彻。第四章是"又好又快"方针的制定与完成,首先回顾"又好又快"方针制定的背景和依据,其次对"又好又快"方针的制定和贯彻展开论述。第五章是制定经济建设方针的经验和启示,首先论述必须正确认识经济建设方针在经济社会发展战略中的地位,其次论述必须正确认识经济建设方针所包含的经济向度,最后论述必须认识到"省"是经济建设方针的重要内容之一。

关键词:社会主义　经济建设　经济政策

**4823**

**陈黻宸学术思想研究** / 尹燕著 ; 史革新指导. -- 北京师范大学, 2009. -- 146 页

陈黻宸是清末民初时期一位颇有学术建树的人物。陈黻宸旧学造诣很深,于新学又多少有所领略,故在构建自己的学术体系时,"去旧不能、欲新不达、中西交错",学术轨迹呈现十分复杂的情景。论文从他对传统学术的解析和对新学的构建两方面入手,以转化和会通为主线,共分六部分对其学术思想进行研究,通过研究以期考查他在近代学术转型过程中对中西学术的把握与会通。陈黻宸的学术思想主要体现在经学、子学、史学和哲学方面。经学方面,他在对经、经学、经术进行辨析和对经学发展史进行梳理的基础上,驳斥"烧经""编经"论,强调要施行求经学致用的实学思想,希望通过这些努力为经学在近代衰微的情况下争得一席存留之地;子学方面,他的研究虽然新旧交织,以旧为主,但对诸子的重新定位和研究过程中贯穿的以史通子、以儒家学说为参照、重义理轻考据的研究思路却值得人们重视;史学是他学术思想的重镇,他的史学思想既有对传统史学精华的吸收和继承,又有对西方先进史学观念的学习和吸纳,是中西史学糅合的结果,其对史学的界定,"四独""五史"论以及新史编纂体例的阐述与实践可谓"新史学"运动的重要组成部分;在哲学方面,他的开拓之功并非很大,但作为教授中国哲学史的第一人,他对哲学概念的分析和对中国哲学的内容以及哲学史的做法的论述都有自己独到的见解,而其哲学著述中的观点也为后人进一步研究提供借鉴,对中国哲学史的贡献也不容忽视。陈黻宸的学术思想以追求学术"大同"和在"变"与"不变"之间徘徊为主要特征,这既表现他对近代学术转型的应对,也体现他对中西文化的态度。且从这两个特征中我们亦能考查出近代中西学术碰撞与中国近代学术转型的真实状况。

关键词:陈黻宸　经学　史学　学术思想

**4824**

**中国共产党的富农政策研究(1949—1956)** / 尤国珍著 ; 杨凤城指导. -- 中国人民大学, 2009. -- 147 页

论文运用文献资料法、案例研究法和定性研究法,力图以新中国建立后中国共产党由保存、限制到消灭富农经济的政策变动过程为重点,在充分展现新中国建立后中央政策的制定、各地政策的执行、各阶层的不同反应基础上,分析其中理论逻辑和实践结果的偏差,揭示当时历史条件下富农与富农经济难以保存的实际命运。论文第一章是新中国"土地改革法"诞生前对富农的认识和政策,首先论述中国富农经济的生存状况和阶级属性,其次论述民主革命时期中共对富农的认识和政策,第三论述新中国建立初期部分新解放区土改中对富农政策的调整。第二章是保存富农经济政策的酝酿与新"土地改革法"的诞生,首先论述保存富农经济政策的酝酿,其次阐述新"土地改革法"与保存富农经济政策。第三章是保存富农经济政策的执行情况,首先总结新区土地改革前富农经济的分布情况与存在特点,其次解析土地改革各地保存富农经济政策执行情况与差异,最后分析土改后保存富农经济政策的效果。第四章是社会主义改造时期限制到消灭富农经济,首先回顾认识的转折过程,其次分析限制到消灭富农经济的过程。结论部分提出由于中国共产党对富农性质的模糊认识和形势发展的错误估计,再加上当时的复杂的国内和国际形势,决定了富农和富农经济必然被消灭的历史命运。

关键词:中国共产党　富农经济　土地改革　农业经济

**4825**

**《孤军》与 1920 年代中国政治** / 岳秀坤著 ; 蔡乐苏指导. -- 清华大学, 2009. -- 152 页

论文运用案例研究法和定性研究法,选取20世纪20年代在上海发行的一份极富思想内涵的政论杂志《孤军》为研究对象,通过它可以看到20年代中国政治思想的复杂性。论文第一章是绪论,首先论述《孤军》的研究状况,其次对基础文献进行介绍和总结,第三论述构成论文写作知识背景的研究文献,最后提出写作构想。第二章是《孤军》创刊背景及杂志概貌,首先从留日学生救国团说起,研究1922年的政论刊物,并分析《孤军》问世的时政背景和《孤军》杂志概貌。第三章是孤军主将陈承泽生平述略,首先对有关陈承泽的纪念与回忆进行论述,其次概述陈承泽生平事略。第四章是《孤军》同人考述及群体分析,首先对《孤军》的发起人、主要撰稿人、外围作者和其他参与作者进行论述,最后分析群体状况。第五章是从护法到革命,首先论述《孤军》初创时的主张,其次考察南北国会正统地位的争论问题,并总结《孤军》对国会的批评,最后论述《孤军》赞同国民自决。第六章是中国经济发展道路的讨论,首先分析三种观念的争鸣,其次从中国经济的现状出发展开讨论。第七章是结论,《孤军》同人思想倾向复杂,可以说,他们是具有一定社会主义思想的民主主义者。

关键词:杂志社　政治思想　民主主义　民国

**4826**

**论徐继畬的新世界观念及其实践** / 曾燕著 ; 陈廷湘指导. -- 四川大学, 2009. -- 240页

徐继畬是近代中国先进知识分子中最先以崭新的世界观较为全面地向国人展示一个真实、剧变、万象竞争的世界,并据此提出了“古今一大变局”命题的先驱人物。论文作者尝试以一个新的视角,以徐继畬看世界的新视野和独树一帜的“大变局”认识为切入点,以坚实的史料文献为依托,坚持客观审视和事实评判的取向,将研究对象置于客观叙述和动态的历史演进场景之中,聚焦在特定的历史情景中,徐继畬的个性特征、思想变迁的历史背景、行为动机,以及其新的世界观念和“大变局”认识的时代特色和所彰显的特殊历史意义。论文分五个部分。第一章概要论述徐继畬早期生活经历对其价值观形成的影响、其多元思维的个人特征以及其做人为官的道德原则和行为操守。第二章探讨徐继畬“大变局”认识形成的时代背景及其视野和思想观念转变的契机。第三章详细论述徐继畬看世界和世局剧变的新角度和对世局变化的理性认知。第四章重点探讨徐继畬对中外实力差距的实际判研和主理对外交涉事务中理性务实的对外交涉原则和谋略。第五章着重指出徐继畬“大变局”认识的思想启蒙价值,同时表明变局认识的丰富与深化揭开了中国近代思想新的一页,成为近代中国社会实现历史性变革的巨大精神动力。

关键词:思想史　徐继畬　近代

**4827**

**清代中缅宗藩关系研究** / 张波著 ; 何瑜指导. -- 中国人民大学, 2009. -- 190页

中缅两国的关系源远流长。论文分为七个部分。第一章主要叙述清代乾隆朝中缅战争之前的双方关系,从简介历史上中缅关系入手,着重阐述明清之际中缅双方对彼此的政策、双方关系,并予以简单分析。第二章主要叙述乾隆朝中缅战争的爆发以及战争前后的双方关系,对战争爆发的原因进行历史的与具体的分析,并对战争中双方的各自决策及其对战争、对双方关系的影响进行分析。第三章主要叙述中缅宗藩关系的建立,从中缅战后官屯协定的签订与其歧义性记载入手,以战后中缅双方的长期交涉为视角,剖析双方围绕战俘、互市等问题所存在的矛盾冲突,并阐述彼此因为各自历史情形与周边国际形势转变的影响而发生的转变,直至中缅宗藩关系最终建立。第四章主要叙述19世纪的中缅宗藩关系发展以及来自英法等西方列强对中缅宗藩关系的最初冲击。对中缅之间所存在的不同于近代西方国家关系模式的特殊的宗藩关系,以英法为首的西方列强,在入侵中国和缅甸的过程中对之加以利用,在对中国发到一系列入侵战争的前后,也对缅甸采取了多次军事行动,中缅宗藩关系由此遭遇最初的冲击。第五章主要叙述缅甸在遭遇英法入侵情形下的救亡图存,以及英国对缅甸的最终吞并。在遭遇西方列强冲击下,中缅两国政府和人民都试图进行某些救亡图存的改革运动,但是,英法之间因为相互争夺而矛盾重重,最终导致英国对缅甸的武装吞并。第六章主要叙述中英之间围绕着缅甸问题,或者更确切地说是中缅宗藩关系问题,所进行的相应外交交涉。在缅甸灭亡前后,中国力图通过曾纪泽与赫德两条途径和英国进行相关交涉,以求能够帮助缅甸保存宗祀,但因英国方面的强硬态度,中国最终未能达此目标。中缅宗藩关系随之画上了句号。最后是结语部分。在回顾清代中缅宗藩关系始末的基础上,深刻思考、分析以中国为核心的东亚宗藩体系自身所存在的不足,从而为今天和明

天的中缅两国关系,以及两国寻求共同发展提供某种历史借鉴。

关键词:中缅关系　国际关系史　清代

**4828**

**近代中国"科学"概念的生成与运用(1896—1919)** / 张帆著 ; 桑兵指导. -- 中山大学, 2009. -- 279 页

论文采用历史分析法、文献资料法、个案研究法、实证分析法等,以近代中国"科学"概念为研究对象,力图对1896—1919年这一时期中国"科学"概念的生成与运用状况进行研究。论文分为导论、正文五章和结语等部分。导论部分对近代中国"科学"概念进行了溯源。第一章阐述1895—1905年晚清"格致学"的意义流变,并对这一时期中日"理学"进行辨析,进而阐释从"格致"向"科学"的转变。第二章在介绍1900年以前从科举到分科教育的观念转换的基础上,分析教科之"科学"的初现以及中国教育与日本"科学"的结合历程,探讨"科学"概念生成的政治初衷与走向,并分析晚清教育"科学化"的构想与困惑。第三章阐述从"分科之学"到"科学"的转化,分析了日本"科学"的特性,并探讨"有学""无学"之辨以及"科学"别择的政治考量。第四章主要以史学为例阐述中学"科学化"的尝试,进而考察了走向形而上的"科学"及其限度与道德调适。第五章主要探讨了1912—1919年民初中国"科学"的多元形态与发展趋向,着重阐述这一时期"道德救国论"中的多元"科学"视角、欧洲战争时期中国"科学"的新走向,并探讨民初国学研究中的"法式"变迁。结语部分总结全文,阐明了研究结论。

关键词:科学史　科学教育学　近代

**4829**

**民国河南县政研究** / 张华军著 ; 刘景泉指导. -- 南开大学, 2009. -- 198 页

论文以民国时期的河南县政为研究对象,从制度、人、事三个角度进行研究。研究共分五章。第一章绪论,主要阐明县的实质,以及县制、县政的内涵及其相互关系。第二章县政之制。第三章县政之人。民国时期,县制总体上是近代化性质的,并且基本上始终是向着近代化的方向的。第四章县政之事。制度与人在现实中的纠葛,具体地反映在事上。第五章结论,制度无疑是近代化的,但人的近代化尚远落后于制度的期望,以致近代化的事总是举步维艰。在中国"自治"必然以"官治"为基础,"自治"势必先为"官治"提供辅助,使官治得以强化与深化,并以此为基础,再在一个更高的历史层次上推行自治,强化与深化自治,从而达到官治与自治的双强与双赢。

关键词:县　地方政府　河南　民国

**4830**

**1920—50年代无锡农村土地租佃关系与土地改革研究** / 张会芳著 ; 杨奎松指导. -- 北京大学, 2009. -- 171 页

位于江苏南部的无锡县,为商品经济发展较快的富庶之地,近代以来尤以发达的民族工业而著称。民国以来,不同的机构和个人,都曾在这里进行农村调查,并留下丰富的资料。论文通过对于这些调查资料的整理和研究,可以看到:一方面,无锡在总体上属于土地占有较为分散的地区,且自20世纪20年代末以来,其土地有向中农阶层集中的趋势,从整个苏南地区看,其土地集中的程度和租佃关系的发达程度,也都不若邻近的苏州、常熟地区更为典型。另一方面,无锡内部差别也是明显的,土地占有形态,既有极为集中的典型,也不乏较为分散,甚至没有地主的地方;不仅不同的区和乡之间会有不同,即使不同的村与村之间,也可能有极大的悬殊。从租佃关系考察,首先不同地区和不同的田制之间情况也不均衡。即使租田发生变化的地区,其变化的幅度也并不一致。在这样复杂的社会经济环境中,当新中国成立后推行土地改革政策时,针对各地区有差别的情况,如何去适应和区别对待,是值得探讨的问题。其次,不同的地区之间,不仅土地占有和租佃关系的状况会有差别,其自然资源和整个经济结构中对土地和农业的依赖程度也会不同。这不仅导致其对土改政策的认识和反应不同,也会使其受到同一政策的影响有所区别。论文尝试以县作为分析研究农村社会的土地占有形态与租佃关系的基本单位,并试图深入发掘这种地区单位的研究价值意义。论文认为应该强调的是,通过无锡个案研究可以看到,对于土地占有形态、租佃关系以及土地改革的过程和影响等诸多问题的分析,在一定范围内,采取分别地区具体观察的方法,应该是更有助于接近历史事实本身的。另外,从无锡的经验事实也说明,对于农村问题的分析,不能脱离其整体经济环境,而必须以更为广阔和综合的视角来看问题。对于部分工业化进程较快的地区而言,尤其如此。无锡的情况,在一定程度上代表了中国农村发展的趋向。

关键词:农村　租佃关系　土地改革　无锡

4831

**抗战时期四川医药福利事业研究** / 张玲著 ; 陈廷湘指导. -- 四川大学, 2009. -- 218 页

论文旨在通过对抗战时期国民政府在四川实施医药福利史实的重建,勾勒出在川民众享受医药福利的完整画面,探讨在战争与社会转型这一历史语境中,政府对增进民族健康、保障人民生命观念的转变,以及它在制度和实践层面所作出的种种努力及其产生的作用与影响。医药福利实施机构是实施医药福利的主体,其数量和质量是衡量医药福利发展状况的重要指标。从性质上看,医药福利实施机构乃政府行政体系的组成部分。从结构上看,战时四川医药福利机构按隶属级别,分为省、市、县、县区、乡镇五个层级。从功能上看,医药福利机构分为单一性、复合性两种。根据医药福利的内容和受惠对象的不同,论文将医药福利分为一般社会成员的医药福利和特殊社会成员的医药福利。所谓一般社会成员,指医药福利的享受者在年龄、性别、职业、经济地位、民族上没有限定。妇幼、学生、公务员等社会群体,因其具有特殊的社会、政治、经济地位,成为享受医药福利的特殊群体。公务员群体成为享受医药福利的特殊群体,显示战时四川医药福利已突破传统医药救济的局限,具有明显的现代性特征。在卫生行政系统力量(包括人力、财力、技术力量等)不足的情况下,医药福利机构采用征集、调用、合作、管理、接受等方式,将教会卫生力量、中国红十字总会及四川各分会、在川高等医学院校、警察系统、外援等力量纳入开展本属于卫生系统职权范围内的医药福利工作,对实施医药福利工作发挥了建设性的作用。抗战时期四川医药福利事业是各级政府适应抗战需要,保障"民族复兴根据地"的社会安定,而不得不开展的一项安民、保民、惠民工程。

关键词:医疗保健制度　社会福利　四川　抗日战争

4832

**民国时期的汉口商人与商人资本(1912—1936)** / 张启社著 ; 朱英指导. -- 华中师范大学, 2009. -- 133 页

论文以近代汉口商人与商人资本为切入点,探讨民国时期汉口商人及其资本发展特征和影响因素。论文从鸦片战争后汉口商业发展与商人转型、民国时期汉口商人结构的多样性发展、民国时期汉口商人组织的发展变化、民国时期汉口商人资本的经营管理及变迁和民国时期汉口商人及其资本的发展特征与影响因素这五个方面全面揭示了民国时期汉口商人及资本的演变、运营状况。论文首先追溯鸦片战争以来汉口工商业的发展和商人的转型的发展基本脉络,揭示汉口商人结构在这一时期的多样性发展;通过对民国时期行帮的没落、商会的发展以及工商同业公会的兴起和发展的考察,来反映民国时期汉口商人组织的发展变化;通过对商人资本的运营制度、流向及影响以及新式商人资本经营方式的兴起与发展的分析,来探讨民国时期汉口商人资本的组成与经营的变化发展。在对上述几个方面考察的基础上,进一步总结出民国时期汉口商人及其资本的发展特征与影响因素。论文认为鸦片战争以来汉口传统商业在西方冲击下,对外贸易及新式商业的异常发展,带动了汉口商人的近代转型。进入民国后,外贸的继续增长,以及金融领域的新变化,导致了商人结构多样性发展。在商人多样性发展过程中,汉口商人组织以及同业公会发展壮大起来。在商人资本运营过程中,民国时期汉口商人资本的组成和经营虽依然保留者传统社会时期的某些特征,但在西方经营方式的引导下,商人资本的组成与经营都融入了新的内容。民国时期汉口商人资本的积累与流向与晚清前相比都发生了明显变化,在资本积累方面,代理买办的收入是一个重要变化,在资本流向方面,向产业资本的转化也是一项新的特征。但汉口商人资本的积累与流向依然保留着传统时期的某些内容,如通过商业获得资本积累,将资本投入到买田置地等。当然,汉口商人及资本的发展上都有自己的特点,民国时期政府行为及政策、商人观念的转变、交通运输和社会环境的变化是影响汉口商人发展的主要因素。

关键词:商人　资本经营　武汉　民国

4833

**佛山地方权力机构研究(1370—1936年)** / 赵东亮著 ; 邱捷指导. -- 中山大学, 2009. -- 261 页

论文采用文献资料法、历史分析法、制度分析法、个案分析法、实证分析法等,以1370—1936年期间佛山地方权力机构为研究对象,力图通过国家政权机构和民间权力机构两个方面对明、清至民国时期佛山权力机构的发展变迁进行探讨与研究。论文分为绪论、正文六章和结束语等部分。绪论阐述研究的选题缘

由,结合相关学术史回顾说明研究的基本思路和框架。第一章考察明代佛山堡的权力机构,阐述明初佛山堡的乡间里老与祖庙权力中心地位的形成,以及士绅领袖对佛山城镇管理的参与状况。第二章考察明代佛山镇的权力机构,探讨官、绅就佛山镇公共管理的合作与矛盾。第三章考察咸丰年间佛山红兵起义对佛山地方权力机构的影响,并探讨这一时期佛山工商业的衰落与权力机构的变化。第四章考察清末"新政"时期佛山权力机构的变化,概述了清末民变与革命党人反清武装起义状况。第五章对1912—1925年民国初年的佛山地方权力机构进行了考察,探讨其地方行政权威的缺失与商团的畸形发展现象。第六章对国民政府成立后的佛山地方权力机构进行了考察,评价1925—1927年佛山的建市与撤市,以及1927—1936年南海县治时期的佛山权力机构。最后是结束语,归纳佛山权力机构变迁的特点,阐明了研究结论。

关键词:地方史　权力结构　社会变迁　佛山

**4834**

**李兆洛思想研究** / 郑坤芳著 ; 史革新指导. -- 北京师范大学, 2009. -- 135 页

李兆洛(1769—1841),专治"通"学,主张汉宋调和,兼取今文经学,倡导经世致用,是常州地区的著名学者。论文围绕李兆洛的思想展开研究,以期对一代"通儒"的学术与事功做一个全面的透视,进而对中国近代转型期文化学术的全面和深入研究有所裨益。第一章介绍李兆洛的生平背景与嘉道年间常州的文化格局。嘉道之际,常州学者在经学、文学与经世之学等领域的努力探索,形成以常州学派、阳湖文派以及经世致用思潮为主的常州文化格局,推动整个社会文化的迅速发展。李兆洛一生在治学、为官与从教等方面取得了比较突出的成就。第二章研究李兆洛的经学、文学思想。在经学方面,李兆洛主张汉宋调和兼取今文,坚持"独是之见"与"求通"的治经方法;在文学方面,李兆洛作为阳湖派的开派人物,在借鉴桐城派文学理论的基础上,提出新的文学理论——"骈散合一"论,坚持求真的文学主张。第三章探讨李兆洛的经世致用思想。李兆洛立足社会现实,通过对地方政管理、经济改革、舆地学、史志谱牒学等方面的探求,推动嘉道经世致用思想的深入发展。通过与包世臣、魏源等经世派学者之间的比较,凸显李兆洛经世致用思想的利弊得失。第四章研究李兆洛的教育思想。李兆洛长期从事教育事业,通过在家授徒讲学与书院教学的方式,为社会培养一大批优秀人才。李兆洛的教育活动、教育宗旨、教育模式以及所取得的教育成就,对近代教育的发展提供了可资借鉴的宝贵经验。

关键词:李兆洛　经学　文学思想　教育思想

**4835**

**农村经济百年变迁:20世纪定县研究** / 郑清坡著 ; 李文海指导. -- 中国人民大学, 2009. -- 270 页

论文采取区域研究路径,选取定县为主要研究区域,分析总结近百年来定县农村经济发生的巨大变迁,以及发展过程中的经验教训。定县位于河北省中部地区,1986年改名为定州市,因上世纪以来绝大部分时间名定县,故题为"定县研究"。县内的农民生活、乡村组织、农业等情形可以相当地代表中国农村社会,尤其是华北各县情形,也可大致说明全国农村社会的缩影。论文主要从自然环境、人口与家庭、土地关系、农业、家庭多种经营、农民与市场、合作社的发展七个方面论述百余年来定县农村经济的巨大变迁。一、定县地处平原,是典型的农作区。但也存在对农业生产不利的因素。二、20世纪以来定县的人口呈快速增长形势,1930年时全县人口约40万,至1990年人口规模突破百万,2005年达到115万多人。三、与20世纪30年代相比,21世纪初定县的耕地减少了45万多亩。农村经济体制改革时期,随着市场化程度的加深,土地交易又逐渐出现,交易的形式多样,但规模非常小。四、近百余年来,定县的农业生产条件发生了根本性变革。农业生产工具也逐渐向机械化方向发展。经济作物比重增加,粮食作物比重下降。五、农民除了从事种植业外,还进行其他多种经营。从事商业、饮食业和建筑业等的比例处于缓慢增长中。六、定县农民与市场有紧密联系,在其家庭收入来源中,通过出售产品获得收入占总收入的比例在逐渐增加,特别是经济类作物则基本是为营利种植。七、20世纪20年代初期,定县翟城村即酝酿成立因利协社。其后,定县实验时期,平教会便把组织合作社实验作为解决农民生计的重要工作来做,取得了成效。但随着实验中止,各合作组织也逐渐失去作用。总之,近百余年来,定县农村经济发生了翻天覆地的变化。但定县农民的经营方式并未发生根本性变革,仍是多种形式结合的小农家庭经营。农村经济正是在百余年来连续不断的发展中进步的。

关键词:农业经济史　农村经济　定县

4836

**集体化时期的乡村水利与社会变迁:以晋南龙子祠泉域为例** / 周亚著 ; 行龙指导. -- 山西大学, 2009. -- 211 页

论文以山西省临汾市龙子祠泉域为例,利用田野调查中获得的大量民间水利文书、档案资料和口述史料,把集体化时期的水利社会放到长时段中进行考察,以水利制度为切入点探讨了集体化前后水利社会的变迁状况。从具体内容而言,论文主要从以下五个部分展开论述。绪论和第一章对选题的缘起、论证基础、所用资料、方法手段、要解决的问题以及区域的环境特征给予交待。第二章为集体化时期龙子祠泉域的水利开发,对传统时期龙子祠泉水的传说、开发和渠道之形态进行探讨。第三章为集体化时期的水利管理组织,考察集体化之前水利组织的变迁过程。1957 年前,完成了对传统水利制度的改造,属于新制度的过渡期和磨合期。1957 年后,水利管理中又出现很多新的内容和元素。第四章为集体化时期灌溉制度与技术的变革。1950 年代,无论对大型工程建设还是田间日常灌溉都非常重视新技术的运用。国家通过组织优势最大限度的进行技术试验和培训,将技术推广至最基层,许多农民技术即是诞生于这一时期。第五章为集体化时期水利建设与运行的制度保障,从正式制度和非正式制度两个方面分析传统时期水利制度的结构特征。新中国的建立实行了一种新的制度安排,正式制度大行其道,传统的非正式制度逐渐销声匿迹。但是,新的制度安排不可能从根本上杜绝非正式制度和不和谐事物的存在,民间信仰在整个集体化时期从来没有停止活动,只不过表现出"由明到暗"的趋势。最后从三个方面对全文作了归纳:一是龙子祠泉域社会水利开发与管理的阶段性特征;二是水利社会的变与不变;三是对集体化水利建设与管理的评价。

关键词:农业集体化　水资源管理　社会变迁

4837

**南京国民政府基层民意机关研究** / 周玉玲著 ; 陆建洪指导. -- 苏州大学, 2009. -- 249 页

论文采用唯物辩证分析法、文献资料法、历史分析法、政治系统分析法、实证分析法、个案研究法等,以南京国民政府基层民意机关为研究对象,力图对南京国民政府基层民意机关制度及其实践变迁的过程和内涵进行深入、全面研究。论文分为绪论、正文四章和结论。绪论部分阐述研究课题的提出、研究现状、分析框架以及创新与不足之处。第一章回顾总结南京国民政府建立以前的基层民意机关的筹建情况,探讨清末基层民意机关的萌芽与初步尝试。第二章考察南京国民政府基层民意机关建设的概况。第三章探讨南京国民政府基层民意机关的构成与运作问题,分析基层民意机关代表选举、会务运作及其主要作为。第四章对南京国民政府基层民意机关进行综合分析与评价,概述南京国民政府基层民意机关的法律的现代性、本质的特权性、内在的封建性、潜存的欺骗性以及浓郁的官治性等特点,并探讨其建设失败的原因。最后是结束语部分,概述全文主要内容,进一步阐明作者的认识与思考。

关键词:地方政府　基层工作　民主建设　民主管理　民国

4838

**汪伪中央储备银行研究** / 朱佩禧著 ; 朱荫贵指导. -- 复旦大学, 2009. -- 186 页

论文主要利用日本报纸中有关中储行和货币战的报道、日本国立公文书馆亚洲历史资料中心公开的日本外交文书以及上海档案馆和南京第二历史档案馆等馆藏档案资料,研究中储行在上海为中心的华中沦陷区四年多的运行过程中,通过钱庄的领券制不断扩大发行数量,通过发行中储券取代法币,消除蒋介石政府的金融影响,通过成立检查金融事务管理处监管银钱业及成立江浙皖地区的中储行分支行,建立一整套中央银行制度。论文围绕汪伪政权与日本政府在金融上合作与折冲的关系展开论述,考察中储行成立的背景、中储行的组织和制度建设、中储券发行所引发的货币战以及日本逐渐加强对中储行的控制,从而研究日本政府在金融领域对沦陷区的控制和掠夺程度。另外,通过分析汪伪政权采取的一系列金融政策的优劣得失来研究汪伪政权如何获取维持统治权威的金融力量,探究在战时国家和社会时空的情境下汪伪政权的具体作用与内在涵义。论文通过中储行这一政府金融机构的个案分析和探讨战时复杂的中日关系,从而加深人们对抗战时期沦陷区历史的理解。

关键词:汪伪政府　中央储备银行　金融政策　经济史

# 世界史

4839

**"文化新山"的边城风景:战后马来西亚新山华人社会文化研究** / 安焕然著 ; 曾玲指导. -- 厦门大学, 2009. -- 426 页

论文运用大量的中文、英文、马来文文献,包括档案资料、社团文献特刊、剪报、金石碑铭等,以及在马来西亚和中国潮州等地做实地的丰富田野调查、口述历史访谈和问卷调查,从历史学对时间、空间与人的透视,结合族群认同、文化建构等文化人类学理论,以位于马来半岛最南端的边城,柔佛州首府新山华人社会为研究对象,具体地考察与讨论华人社会在当地的历史和现实的情境中,基于本土关怀的自觉,如何进行华人文化再建构的历程。全文共有七章。第一章绪论,介绍问题意识,对学术史进行回顾,描绘论文基本思路与分析构架,阐述文献资料与章节安排。第二章主要讨论柔佛王国历史发展与战前新山华人社会文化格局,首先介绍柔佛王国的历史发展与华人的移民垦殖,其次分析站前的新山华人社会文化格局。第三章主要讨论战后新山华社自主办学的奇葩:宽柔中学,从马来西亚首间华文独立中学说起,阐述其务实办学的情况及其施教方针,最后介绍宽柔中学发展与新山华社。第四章主要讨论战后新山华人文娱表演的社会实践,介绍琼青海音合唱团、大马现代诗曲、乡青团组织机制对文娱活动的协调、文娱大汇演与新山华教的草根脉动。第五章主要讨论战后新山华人传统民俗节庆的再创造,包括中秋园游会、廿四节令鼓、柔佛古庙游神。第六章讨论战后华人社会结构的重组与文化新山的资源,包括战后华人社团组织结构的重组、华社历史集体记忆的传承与再建构、当代思潮与华人世界的文化资源、华社精英郭鹤尧与"三陈一姚"。第七章结语,总结"文化新山"的历史脉络和情景,指出"文化新山"研究的启示。

关键词:华人　文化　马来西亚

4840

**20 世纪美国基督教基要主义研究** / 白丰绩著 ; 董小川指导. -- 东北师范大学, 2009. -- 216 页

论文采用文献资料法、描述性研究法、调查法、案例研究法和逻辑分析法等,以 20 世纪美国基督教基要主义为研究对象,力求对 20 世纪美国基督教基要主义进行探讨、分析和评价。全文共分为前言、正文五章等六个部分。前言部分介绍国内外相关研究现状及其局限性、论文的研究目的与方法。第一章阐述美国基督教基要主义的概念及其与福音派、新基督教右翼的区别与联系等问题。第二章重点分析美国基督教基要主义的历史渊源,对美国基督教基要主义的理论来源、教派传统、组织基础和基要主义的萌芽等问题进行论述,探讨美国基督教基要主义的来龙去脉及其表现形式。第三章剖析 20 世纪上半期的美国基督教基要主义,分阶段对这一时期基督教基要主义的表现进行追述。第四章阐述 20 世纪下半期的美国基督教基要主义,论述这一时期美国基督教基要主义在教义、教派和社会活动等方面的发展变化。第五章对美国基督教基要主义产生和存在的原因、性质、基本特征、失败原因及其历史地位和影响等五个方面进行分析与评价,最后说明研究的学科价值和社会现实意义。

关键词:基督教　宗教思想　基要主义　美国

4841

**苏联中国学研究** / 白云飞著 ; 黄定天指导. -- 吉林大学, 2009. -- 191 页

论文试图通过对苏联中国学的全面系统研究,梳理苏联中国学对俄国汉学的继承与批判,提出苏联中国学的分期与分类,总结苏联中国学的成就与特点,揭示分析苏联中国学的分期与分类,总结苏联中国学的成就与特点,揭示分析苏联中国学存在的主要问题,阐述苏联中国学在中苏文化交流中的作用,理清苏联中国学与西欧、美国和日本学派的区别。全文共有 7 章。第 1 章绪论,介绍研究课题涉及的范围,总结研究课题的历史与现状,分析研究课题的理论意义与现实意义,指出论文的创新与不足。第 2 章主要讨论苏联中国学前身——俄国汉学,介绍俄国汉学产生的背景、形成时期、成熟时期、发展时期、终结时期。第 3 章主要讨论苏联中国学的发展历程及特点,介绍苏联中国学的产生和分期、20 年代上半期中国学的转型时期、苏联中国学的发展和革命时期、苏联中国学的恢复和蓬勃发展时期、苏联中国学的停滞时期。第 4 章主要对中国语言和文学艺术进行了研究,包括对中国语言的研究、对中国古典文学的研究、对中国现代文学的研究、对中国诗歌的研究、对中国戏曲的研究。第 5 章主要是对中国历史和诸子百家的研究,包括对中国古代史的研究、对中国近现代史的研究、对

诸子百家的研究。第6章主要是对中国边疆史地的研究,包括对满学、蒙古学、藏学、东干学和新疆的研究,对东北史的研究,对西夏学的研究,对敦煌学的研究,对台湾的研究。第7章是对中国经济及中苏关系的研究,总结相关方面的研究情况。

关键词:中国学　苏联　文化交流

**4842**

**英国对华文化外交和文化关系研究(1919—1945)** / 陈淑荣著 ; 李世安指导. -- 中国人民大学, 2009. -- 231页

论文是在马克思主义唯物史观的指导下,通过对国内外档案材料的梳理和分析,采用对外政策研究中的"历史"和"科学"的研究方法及多层次的分析方法,力求对1915—1945年英国对华文化外交和文化关系进行研究。全文分为三部分,前言、正文和结语。前言部分对国内外英国对华文化外交和文化关系学术研究成果进行述评,并介绍论文的研究方法、研究难点、不足与创新之处。正文共分四章论述。第一章探讨文化外交和文化关系的几个基本概念及其相互关系,分析文化外交的功能和作用。第二章剖析一战后英国对华政策的变化与以庚款退赔实行对华文化外交之间的关系,分析庚款退赔在发展中英两国之间的文化联系及其对中国科教文化事业所起到的推动作用。第三章剖析从1931年"九一八事变"以来的中国抗战时期英国报界与英国政府对华文化外交之间的关系,认为英国报界通过对中国人民抗战的报道和宣传,为英国政府制定对华政策提供一定的依据,同时还配合政府对华政策制造舆论,服从和服务于国家利益的需要。第四章考察抗战各阶段英国对华文化交流与合作,重点考察太平洋战争爆发后英国政府主导下的对华大规模科学援助的性质和作用。最后是结语部分,得出研究结论。

关键词:中英关系　文化交流　国际关系史

**4843**

**近代日本的藩阀政党化研究:以伊藤博文和立宪政友会的建立为中心** / 陈伟著 ; 武寅指导. -- 中国社会科学院, 2009. -- 178页

论文主要采用历史分析法和个案研究法,以伊藤博文和立宪政友会的建立为研究对象,通过考察伊藤博文及其所组建的政党在奠定近代日本政治体制的基石中所发挥的作用,力求以此对近代日本的藩阀政党化进行研究。全文分为序章、正文四章和终章共六个部分。序章中主要介绍选题的来源、理论和现实意义,并对国内外相关研究现状进行综述。第一章主要考察伊藤博文与明治宪法体制的建立的关系,考察和分析伊藤博文在藩阀中的地位与影响、伊藤博文参与制定明治宪法的具体活动,并对伊藤博文最初的"超然主义"思想与其宪法颁布之初的政党观进行解析。第二章研究初期议会使其的伊藤内阁与民党之间的关系。第三章研究中日甲午战争之后的伊藤博文与政党之间的关系,并对战后伊藤内阁与自由党提携关系形成的过程、伊藤内阁的辞职、伊藤博文第二次组党计划与宪政党内阁的诞生等历史活动进行了详细考察与分析。第四章着重研究伊藤博文在立宪政友会的成立前后的政治活动。终章中对伊藤博文、立宪政友会的建立与近代日本藩阀政党化之间的关系进行历史回顾与评价。

关键词:政治制度　政党　伊藤博文　日本

**4844**

**13—15世纪欧洲早期银行业研究** / 陈勇著 ; 赵立行指导. -- 复旦大学, 2009. -- 152页

论文采用历史分析法和逻辑分析法,结合跨学科的研究方法,以13至15世纪欧洲早期银行业作为研究对象,力求考察中世纪欧洲银行业得以产生的社会环境以及组织结构和经营管理等方面的总体特征,在这些考察的基础之上,论文还尝试对银行业这一中世纪新兴的金融和经济力量与传统的政治制度之间的互动关系进行初步梳理,并试图说明在这些政治制度由传统向近代转型的过程中,银行业以及银行家所发挥的独特作用。全文共分四章。第一章主要分析欧洲早期银行业的渊源,论述中世纪银行业产生的社会环境。第二章主要考察欧洲早期银行的组织结构、经营管理模式及其多样化的业务活动,并重点探讨中世纪银行经营管理的特征及其与中世纪独特的社会环境之间的关系。第三章主要考察早期银行家的社会活动空间,分别论述银行与国王、银行与教会以及银行与城市之间的关系。第四章则是在第三章的基础之上,反过来考察在中世纪的政治制度由传统向近代转型的过程以及总体经济形势的变化对中世纪银行业的影响,对早期银行业的衰落和公共银行的兴起的原因及相关背景进行分析与研究。

关键词:银行业　经营管理　社会环境　欧洲　中世纪

4845

**19世纪后期美国贸易保护政策研究**／褚浩著；李宏图指导．-- 复旦大学，2009．-- 122页

论文采用历史分析法、文献资料法、比较与归纳相结合的研究方法等，以19世纪后期美国以高关税为主的贸易保护政策为研究对象，力求分析和探究它得以确立并很快发展到高潮的原因及其影响。全文共分为四章。第一章主要回顾1879年以前美国贸易保护政策的历史，重点针对建国初期的美国贸易政策、内战前的美国贸易政策、内战时期的美国高关税政策及其延续等历史阶段进行考察。第二章主要针对美国"战时关税"的改革与高关税贸易保护政策的确立进行分析，分别介绍和阐述1883年关税法、民主党为修改关税进行的斗争以及标志高关税政策正式确立的1890年《麦金莱关税法》。第三章主要针对美国贸易保护政策的高潮和延续进行分析，回顾和阐述民主党的降税改革即1894年《威尔逊—高曼关税法》、标志美国贸易保护政策达到顶点的1897年《丁利关税法》，并对19世纪后期美国贸易保护政策的延续及其影响进行考察和分析。第四章重点就19世纪后期美国贸易保护政策确立的原因进行分析，从政党和利益集团的角度探讨它们对美国贸易保护政策的影响，并对19世纪后期美国贸易保护政策的作用及其特点进行分析。

关键词：对外贸易政策　贸易保护　关税　美国

4846

**英国失业问题研究（工业革命至20世纪中期）**／褚怡敏著；吴必康指导．-- 中国社会科学院，2009．-- 179页

论文采用观察法、文献资料调查法、历史唯物主义的研究方法等，以工业革命至20世纪中期的英国失业问题为研究对象，对这个时期英国的失业原因、政府的政策措施和失业问题的社会影响等问题进行研究。全文共分为五章。绪论主要介绍选题由来，结合文献综述说明研究的内容概要和创新之处。第一章简要回顾古代和中世纪的失业现象，重点阐述都铎英国的失业问题和政府对策。第二章主要介绍工业革命时期的失业问题，包括失业工人的激进运动和政府的政策措施及其指导思想，对失业原因进行探析。第三章分析了1870—1914年英国的失业问题，重点分析当时英国对失业问题的观念转变和政策革新。第四章主要考察两战之间的大规模失业问题，总结这个时期失业的主要原因和类型，侧重阐述英国政府艰难的政策调整，由于失业工人的频繁反抗和恶劣的社会影响，英国政府放弃自由放任的失业对策，逐渐建立失业保险和救济相结合的失业保障制度，出台相应的经济复兴计划等，并对政府政策调整的效果进行评价。第五章探讨英国政府充分就业政策的确立和战后充分就业的条件，通过对相关政策、文献的比较研究，分析英国充分就业的目标和政策，介绍战后初期的政策发展，并对政策因素进行简要评价，最后是研究结论，认为英国不同时期的失业问题有共性也有个性，政府的失业对策开始从被动走向主动，从单一走向多元，在这个过程中政府的作用不断扩大。

关键词：就业政策　工人运动　社会保障　英国

4847

**美国对阿尔及利亚战争政策研究**／房建国著；王晓德指导．-- 南开大学，2009．-- 236页

论文采用文献资料法、历史分析法、矛盾分析法、比较分析法等，以美国对阿尔及利亚战争政策为研究对象，力求研究在阿尔及利亚战争的不同时期美国对阿尔及利亚相应的政策和态度的转变。全文共分为五章。第一章主要介绍阿尔及利亚战争爆发之前法国在北非地区的殖民史，回顾法属北非民族主义运动的兴起和发展，以及二战后初期美国对法属北非政策的形成过程，介绍美国首次对北非政策的NSC5436/1号文件。第二章分析阿尔及利亚战争爆发的背景和法国的反应，以及法国在阿尔及利亚战争初期的应对策略，重点分析战争初期美国的态度和政策。第三章主要分析"三次危机"与美国对阿尔及利亚政策的相应转变，包括美国在面对"苏伊士运河危机""突尼斯武器危机"和"萨基埃特危机"时对阿尔及利亚的政策转变过程，并对美国第二次制定法属北非政策的NSC5614号文件的内容及其出台过程进行评价。第四章分析戴高乐重返政坛的阿尔及利亚因素，阐述美国对戴高乐重返政坛的态度，以及美国对5月13日阿尔及利亚政变和戴高乐上台的态度和政策。第五章分析戴高乐执政初期法国与美国的阿尔及利亚政策，艾森豪威尔后期法国与美国的阿尔及利亚政策的转变，包括戴高乐"民族自决"政策和美国第三个对北非政策的出台，并对美法两国各自的阿尔及利亚政策的实践及其问题进行分析，最后是余论。

关键词：美国对外政策　阿尔及利亚　战争形式

4848

**英国个人社会服务研究** / 丰华琴著 ; 杨豫指导. -- 南京大学, 2009. -- 247 页

论文主要采用历史研究法、比较分析法、理论综述以及社会学、政治学的研究方法等,以英国个人社会服务为研究对象,运用公共治理理论,阐述英国个人社会服务的起源、产生以及演变的历史过程,力图对国家、个体和社会力量之间的服务供给机制的变化和特征,以及它们之间社会服务供给的平衡问题进行探讨和分析。全文分为正文七章和结语部分。第一章导论,在阐述个人社会服务的基本概念及其政策、目标与理论体系的基础上,介绍论文选题缘由和研究状况,说明研究的主要观点和篇章结构。第二章回顾多元混合治理与个人社会服务的起源,对 1945 年以前个人社会服务的历史状况进行了考察。第三章研究 1945 年至 20 世纪 70 年代经典福利国家时期的个人社会服务,侧重研究这一时期英国个人社会服务的产生、发展以及多元治理格局的延续等相关问题。第四章研究 20 世纪 70 年代至 20 世纪 90 年代保守党统治时期的个人社会服务,侧重研究这一时期个人社会服务所遭遇的挑战与改革。第五章分析个人社会服务的组织机构、工作人员、资金与管理,以及个人社会服务与其他社会服务的关系。第六章研究个人社会服务的用户群体,对儿童、老年人和残疾人的社会服务的相关问题进行了分析。第七章探讨个人社会服务的走势,对英国政府的社会服务政策进行回顾与反思。结语部分总结全文,对英国个人社会服务进行总体评价。

关键词:边缘群体　社会服务　社会福利　英国

4849

**美国外交的悲剧:美国对南非种族隔离制度的政策演变(1948—1991 年)** / 冯志伟著 ; 韩铁指导. -- 南开大学, 2009. -- 386 页

论文采用历史研究法、文献资料法以及比较与归纳相结合等研究方法,以 1948 年至 1991 年美国对南非种族隔离制度的政策演变为研究对象,力求通过梳理和分析这一时期美国对南非种族隔离制度的政策演变历程及其原因,进而研究美国的南非种族隔离制度政策的历史影响,并以此解读美国对外政策的实质。全文共分五章。第一章在回顾南非种族隔离制度发展历史的基础上,主要论述 1948—1960 年美国对南非种族隔离制度采取"中间道路"的政策及其原因。第二章主要论述 1961—1968 年美国对南非种族隔离制度的政策由"中间道路"转变为有限制裁的演变历程,具体探讨这一时期美国对南非种族隔离制度所采取的"中间道路"政策所遭遇的挑战、有限制裁政策的形成与发展以及美国在 20 世纪 60 年代固守有限制裁政策的原因。第三章主要论述 1969—1980 年有限制裁政策中的新变化,重点对这一时期尼克松和福特政府以交流为重点的有限制裁政策以及卡特政府以限制为重点的有限制裁政策进行解读。第四章主要论述 1981—1991 年美国对南非种族隔离制度的政策由有限制裁到"全面"制裁的重大转变,以及南非种族隔离制度废除的历程,并重点解析美国里根政府对南非种族隔离制度的政策发生重大变化的根源。第五章则主要研究美国对南非种族隔离制度所采取政策的影响,并对美国的南非种族隔离制度政策作出历史评价。

关键词:美国对外政策　种族歧视　种族隔离

4850

**富兰克林. D. 罗斯福当政时期(1933—1945 年)涉及环境的三个问题研究** / 高祥峪著 ; 马世力指导. -- 南开大学, 2009. -- 227 页

论文主要对富兰克林. D. 罗斯福当政时期涉及环境的三个问题进行研究。全文共有四个部分。前言部分对基本概念进行界定,介绍选题的依据,对国内外研究进行综述,阐述论文采取的研究方法及创新,最后描述论文写作的规划。第一章主要讨论民间资源保护队,首先介绍民间资源保护队的起源,其次描绘民间资源保护队的成立,然后分析民间资源保护队的组织结构及运行,最后阐述民间资源保护队的资源保护工作。第二章主要对田纳西河流域管理局进行研究,首先介绍田纳西河流域管理局的成立,然后分析田纳西河流域管理局的组织结构及运行,其次分析罗斯福的区域规划与田纳西河流域管理局的运行,之后概述田纳西河流域的自然状况与社会经济状况,接着分别介绍田纳西河流域管理局的电力项目、肥料项目、水坝建设项目、林业与卫生项目。第三章主要讨论罗斯福政府是如何治理沙尘暴的,首先介绍沙尘暴的爆发及其危害,其次对沙尘暴的起因进行分析,然后分析罗斯福政府对治理沙尘暴的思考,再次介绍农场主对沙尘暴的治理,最后描绘罗斯福政府对沙尘暴的治理,包括治理土壤侵蚀机构的建立及变迁、联邦政府资助的紧急起垄项目、罗斯福政府

的其他治理措施。

关键词:自然资源　环境保护　环境管理

**4851**

**乔治·班克罗夫特及其史学思想研究:民族史学与美利坚立国精神的互动** / 高岳著 ; 何顺果指导. -- 北京大学, 2009. -- 171 页

论文采用文献资料法、历史分析法、逻辑分析法以及语境主义的理论和方法等,以乔治·班克罗夫特及其史学思想为研究对象,以班克罗夫特的全部著作等原始资料及其相关文献为基础,试图深入分析班克罗夫特的历史观和方法论,并从史学史和史学理论发展的角度对其进行评价和定位。全文共分导论、正文和结论三个部分,其中正文分为五章论述。导论主要介绍选题意义以及研究方法和思路,对国内外相关研究进行了综述,并对使用资料、文章结构作了说明。第一章追述和梳理19世纪上半叶美国史学的发展脉络,侧重对浪漫主义思潮、民族主义思潮影响下的历史编纂学的发展状况进行分析和研究。第二章主要论述班克罗夫特的历史观和方法论,并把班克罗夫特的文本置于影响美国历史编纂学的浪漫主义和民族主义思潮当中,进而分析班克罗夫特历史观的双重性,阐明班克罗夫特历史观和历史方法论中的矛盾,以及形成这种矛盾的历史合理性。第三章在系统归纳班克罗夫特《美国史》的主旨和思想观念的基础上,揭示这部著作在当时能够大受欢迎的原因。第四章主要分析《美国史》与19世纪中期美国社会思潮的互动,重点分析《美国史》阐发的美利坚特性对19世纪中期美国社会的现实意义及其对后世的深远影响。第五章探究班克罗夫特在美国史学史中的定位,在前文论述的基础上,对班克罗夫特的历史观做出比较清晰和明确的评论,并分析《美国史》中的历史理论对后世史学的影响,最后是研究结论。

关键词:班克罗夫特(George Bancroft)　史学思想　历史观

**4852**

**美国对苏联的政策研究(1933—1941)** / 国洪梅著 ; 于群指导. -- 东北师范大学, 2009. -- 192 页

论文以辩证唯物主义和历史唯物主义为指导,利用美国政府的解密文件和现有的研究成果,主要运用历史学的研究方法,同时结合政治学等学科的研究手段,以1933—1941年间美国对苏联的政策变化为研究对象,综合考察和探究这一时期美国对苏联的政策变化及表现、特征、原因和手段,力图揭示美国对苏政策的发展脉络及其对世界历史发展进程的影响。全文分为引言、正文五章和结论共七部分。引言主要简述论文的研究内容、目的和研究方法,阐述研究的理论意义和现实意义,并对国内外相关研究的现状进行综述。第一章主要回顾和阐述1932年以前各个历史阶段美国对俄国的政策。第二章重点考察美国罗斯福政府决定承认苏联的原因及其过程。第三章主要回顾和阐述1934—1935年间美国利用和限制苏联政策的基本确立及其相关影响因素,并对这一时期美国国内外形势、美国与苏联之间的外交活动状况进行分析和研究。第四章主要考察1936—1938年间美国利用和限制苏联政策的全面实施,分析这一时期的国际形势与美国对苏联的态度以及美国对苏联的贸易政策。第五章主要考察1939—1941年间以及苏德战争爆发后,美国对苏联利用和限制政策的结束与战时合作的开始,分析这一时期美国对苏联态度的变化以及美国对苏联的贸易政策。最后是研究结论与建议。

关键词:美国对外政策　美苏关系　意识形态

**4853**

**跨国公司与墨西哥的经济发展(20世纪40年代至80年代初)** / 韩琦著 ; 洪国起指导. -- 南开大学, 2009. -- 315 页

论文主要研究1940—1982年跨国公司与墨西哥经济发展进程。论文共包括绪论、正文九章与结语三个部分。绪论介绍选题目的和意义、国内外研究状况述评、研究方法、基本思路和创新点。第一章主要介绍跨国公司与经济发展理论。第二章主要介绍跨国公司与墨西哥的经济发展进程。第三章介绍跨国公司与墨西哥经济发展的困境。第四章介绍跨国公司与墨西哥政府的外资政策。第五章介绍跨国公司与墨西哥的经济发展战略。第六章则介绍跨国公司与墨西哥的汽车工业。第七章介绍跨国公司与墨西哥的制药业。第八章介绍跨国公司与墨西哥的食品工业。第九章介绍跨国公司与墨西哥国家。结语部分对全文进行总结,并介绍20世纪80年代以来跨国公司与墨西哥经济的发展。

关键词:经济发展战略　外资政策　跨国公司　政府职能　墨西哥

**4854**

**西方天主教伦理观的变迁** / 郝国昆著 ; 董小川指导. -- 东北师范大学, 2009. -- 109 页

论文采用比较分析法、跨学科研究法、文献分析法、历史与现实相结合等研究方法,以西方天主教伦理观为研究对象,力求通过分析西方天主教伦理观的变迁的历史轨迹探究其精神特质和意义。全文分为六章。第一章探讨西方天主教伦理观研究中的若干基本问题,阐述西方天主教伦理观研究的学术价值及现实意义,介绍国内外研究现状、研究范围及研究方法。第二章重点阐释古希腊罗马时代西方伦理观的奠基,在述析苏格拉底、柏拉图、苏格拉底和亚里士多德的伦理观的基础上,阐述后亚里士多德时代的伦理观和罗马时代的西方伦理观,阐明基督教伦理观是对犹太教伦理观的借用与发展。第三章着眼于《圣经》伦理的内涵与阐释,侧重从《圣经》伦理思想的整体认识、《圣经·旧约》中的伦理观以及《圣经·新约》中的伦理观三个方面对《圣经》伦理进行论证。第四章探讨中世纪西方天主教(基督教)伦理的滥觞,并阐明其发展变化和表现活跃的原因。第五章则通过对托马斯主义及其伦理观、新托马斯主义及其内部论争、梵二会议以后的天主教伦理的解析来说明近代以来西方天主教伦理观变迁的历史背景和理论渊源,并探究其变迁的历史轨迹和精神特质。第六章则对西方天主教伦理观的现实地位进行评价,探究西方天主教伦理观对构建和谐社会的现实意义。

关键词:天主教　伦理思想　圣经　西方国家

**4855**

**托勒密埃及税收制度研究** / 郝海迪著 ; 郭小凌指导. -- 北京师范大学, 2009. -- 138 页

论文采用文献调查法、历史分析法、比较与归纳相结合的研究方法等,以托勒密埃及税收制度为研究对象,以纸草等史料为主要依据,力求深入探讨托勒密埃及税收制度的各个组成部分,以此来讨论埃及希腊化的程度并分析其原因。全文共分绪论、正文五章和结语七部分。绪论介绍选题意义和史料来源,结合研究综述说明论文的研究对象、研究方法和内容。第一章主要论述托勒密埃及税收制度的形成与发展,介绍和分析托勒密埃及之前的税收制度以及托勒密埃及的经济背景与税收制度的发展演变。第二章主要研究托勒密埃及的税收管理系统,对征税机构与税收管理体系进行分析。第三章主要研究托勒密埃及的税收形态,对托勒密埃及实物和货币两种税收形态进行分析。第四章主要研究托勒密埃及的主要税收项目,并依次从农业税、商业税、国内关卡税与国境关税、其他杂税等税种加以论述和分析。第五章则主要研究托勒密埃及的税收监督与奖惩制度及其作用。结语部分得出研究结论。

关键词:托勒密王朝　税收制度　财政史　埃及

**4856**

**印度独立后的政治变迁** / 洪共福著 ; 吕昭义指导. -- 云南大学, 2009. -- 186 页

论文对印度独立后政治演变的历程进行考察,揭示政治变迁与经济、社会、文化变迁的内在联系。论文绪论部分介绍选题的意义、国内外研究现状、论文的突破和创新。第一章介绍英国殖民统治时期,在印度民族运动的推动下,殖民政府如何逐步推进宪政改革,重点分析英国殖民统治对印度政治发展的积极作用与消极影响。第二章介绍尼赫鲁政治发展思想,印度独立后议会民主制和联邦制的确立,以及印度联邦制的特点,重点分析实行民主制和联邦制的原因。第三章考察印度中央政权从国大党一党主政到出现联合政府的演变,分析演变的原因、意义和后果。第四章考察议会民主制和联邦制的运行情况,考察世俗化政策的推进与教派主义政治、种姓政治的出现,考察家族政治的影响和作用,分析中央地方关系的变化。按照历史唯物主义观点,认为印度独立后政治变迁的根本动因是经济因素,同时受宗教、社会、文化等因素的制约,正是多种因素的综合作用推动了印度独立后的政治变迁。第五章首先分析印度民主政治启动的外因与内因,认为经济发展是政治变迁中的决定因素;其次分析传统文化在印度政治变迁中的影响和作用;再次认为中产阶级政治精英是政治变迁的推动力量;最后揭示印度政治变迁的启示意义。

关键词:政治制度　民主政治　文化传统　印度

**4857**

**美国殖民统治与摩洛分离运动(1898—1935)** / 侯洁著 ; 何芳川,包茂红指导. -- 北京大学, 2009. -- 134 页

论文主要采用文献调查法、历史分析法、实证分析法以及历史与现实相结合等研究方法,以 1898—1935 年美国殖民统治与摩洛分离运动的关系为研究对象,以时间为顺序,结合国家视角与地方视角,力求

对这一时期美国殖民统治与摩洛分离运动的关系、菲律宾独立后摩洛分离运动再次兴起的历史原因进行深入和系统研究。论文分为导论、正文四章和结论共六个部分。导论介绍选题意义,结合相关研究现状及其存在的问题,说明论文的研究思路、方法和资料来源。第一章主要从伊斯兰教的传入、西班牙殖民统治及其影响等方面追述1898年美国殖民之前的摩洛人及其认同的历史。第二章论述1903—1913年第一次摩洛分离运动的发生、发展和结束,重点对这一时期摩洛分离运动中的美国殖民者、摩洛人和菲律宾民族主义精英三者之间的互动关系进行深入分析。第三章分析威尔逊总统上台之后美国对菲殖民政策的转变及其与摩洛人的自我认同之间的关系,并对1913—1921年期间菲律宾殖民政府对摩洛人实施强制整合政策及其后果进行了研究。第四章论述1921—1935年第二次摩洛分离运动的发生、发展和结束,着重对美国殖民政策的再次转变以及第二次分离运动失败的原因进行分析。最后总结全文,认为殖民时期遗留下来的离心倾向,是菲律宾独立后摩洛分离运动再次兴起的重要历史原因。

关键词:摩洛人　民族运动　殖民统治

**4858**

**埃及政治伊斯兰的兴起与发展** / 胡雨著 ; 何平指导. -- 四川大学, 2009. -- 244页

论文主要采用历史研究法、描述性研究法、信息研究法以及社会学、宗教学、政治学、历史学等多学科的视角与方法,以埃及政治伊斯兰运动的兴起与发展为研究对象,力求通过运动社会运动理论分析埃及伊斯兰运动与其政治、经济、社会及文化的关联性,试图揭示政治伊斯兰运动在埃及社会具有强大而持久生命力的原因。全文共分八章。第一章绪论,介绍研究缘起和意义,在综述国内外相关研究现状的基础上阐述研究的视角、方法与创新点,并简述研究架构和论文逻辑架构。第二章主要分析政治伊斯兰的思想内涵,并对当代政治伊斯兰运动的特点和分类进行考察。第三章主要分析历史上的伊斯兰运动,重点对传统的伊斯兰复兴主义思想和伊斯兰现代主义的思想与实践进行分析。第四章主要考察埃及穆斯林兄弟会兴起与发展的历史环境及其基本主张、思想体系和组织结构。第五章重点研究纳赛尔统治时期的穆斯林兄弟会的思想与实践,以及纳赛尔政权对政治伊斯兰运动的镇压。第六章重点研究萨达特时期政治伊斯兰运动的重新崛起,对其重新崛起的成因和社会基础进行分析。第七章重点研究穆巴拉克时期的政治伊斯兰运动,侧重分析埃及政治伊斯兰活动领域及意识形态的转型与重建。第八章结论与展望。

关键词:伊斯兰教史　穆斯林兄弟会　社会运动

**4859**

**当代美国大众文化的历史解读** / 惠敏著 ; 王玮指导. -- 山东师范大学, 2009. -- 195页

论文以当代美国大众文化为研究对象,从文化概念入手,详细分析当代美国大众文化的历史缘起,全面阐释当代美国大众文化的多样性特征,深刻剖析美国大众文化扩张的历史根源、理论依据、现实条件、形式与途径及其目的和实质,论述当代美国大众文化的正面和负面效应,进而指出世界各国和中国对当代美国大众文化的应对措施以及加强我国的文化安全建设,努力搞好文化开放的重要性。论文从六个方面展开论述。第一章简要概述文化的定义、特性、模式和作用以及大众文化的定义和重要性,指出研究这一课题的必要性。第二章分析当代美国大众文化的缘起。第三章总结当代美国大众文化的多样性特征,分析当代美国大众文化的正面特征及负面特征。第四章剖析当代美国大众文化扩张的历史根源、理论依据、现实条件、形式与途径以及目的与实质。第五章阐释当代美国大众文化的效应,论述当代美国大众文化对美国的正面效应和负面效应以及当代美国大众文化对他国的正面效应和负面效应。第六章指出世界各国以及中国应该如何应对当代美国大众文化的扩张,进而提出我国应该加强文化安全建设,构筑自己的文化发展战略。最后,得出以下结论:当代美国大众文化对美国及世界各国产生了重要影响,但全球化不等于美国化,世界文化必将继续呈现多元共生的发展趋势。

关键词:大众文化　全球化　美国

**4860**

**古罗马教师研究** / 姬庆红著 ; 裔昭印指导. -- 上海师范大学, 2009. -- 160页

论文采用历史分析法、文献分析法和比较与归纳的研究方法,以古罗马家庭中的教育者即父亲、教仆和家庭教师以及学校里的初级教师、中等文法和高等演说术教师为研究对象,重点阐述他们在培养儿童成为合格公民中发挥的重要作用,力图揭示古罗马不同历史时期的教育特征与状况以及古罗马教师在传播

希腊文化中所扮演的关键角色。全文共分为四章。第一章论述古罗马家庭教育中的教育者即父亲、教仆和家庭教师的职责及其与孩子的关系,认为在古罗马独特的教育理念中,父亲对孩子的教育是维系罗马传统文化的重要途径,指出教仆和家庭教师作为希腊文化的载体和传播者,虽然在古罗马家庭教育中发挥了重要作用,但仍附属于父亲为核心的家庭教育。第二章从实践层面上,对古罗马学校教师的工作环境、课程设置以及教学生活中与学生之间的关系进行全面细致的探讨;从理论层面上,根据罗马教育家昆体良对罗马教育理论和实践的总结,归纳分析他对理想教师资格的要求。第三章主要分析古罗马学校教师的社会地位,在研究相关史料与文献的基础上,具体论述了古罗马学校教师的职业声望、收入和压力、社会流动状况及其相关影响和制约因素。第四章着重从国家的教师政策入手,分析古罗马共和国时期的两个教师法令,对国家与教师之间的关系进行探讨。

关键词:教师　教育史　古罗马

**4861**

**两次全球化高潮背景下花旗银行和美国政府在华关系比较研究** / 江建全著 ; 叶江指导. -- 上海师范大学, 2009. -- 129 页

论文主要采用案例分析法、实证主义与比较史学的研究方法,以两次全球化高潮背景下花旗银行和美国政府在华关系作为研究对象,对 19 世纪末 20 世纪初第一次全球化高潮时期和 20 世纪末 21 世纪初第二次全球化高潮时期花旗银行和美国政府在华关系进行历史考察和比较研究,进而力求反映不同全球化时代背景下美国跨国公司在国籍属性上所表现出来的特点及其在华活动的特点、美国政府对华政策的特点以及美国跨国公司和美国政府在华关系的演变。全文分为绪论和正文五章共六部分。绪论介绍选题意义,结合国内外研究现状的综述,说明研究内容、理论和方法以及创新之处。第一章主要研究第一次全球化高潮的表现和影响,并剖析这一时期中国的对外开放和美国对华政策。第二章主要研究第一次全球化高潮时期花旗银行在华业务和美国对华政策的互动,着重分析花旗银行在美国政府扶持之下的在华活动以及两者的在华关系。第三章主要研究第二次全球化高潮的表现和影响,并剖析这一时期中国的对外开放和美国对华政策的特点。第四章研究第二次全球化高潮时期花旗银行和美国政府在华关系。第五章则对两次全球化高潮背景下中国对外开放和美国对华政策特点以及花旗银行和美国政府在华关系的特点进行比较分析。

关键词:花旗银行　跨国公司　中美关系

**4862**

**20 世纪初俄国国家杜马研究** / 姜喆著 ; 李春隆指导. -- 吉林大学, 2009. -- 177 页

20 世纪初的俄国国家杜马作为国家最高立法机关,产生于沙皇专制制度陷入政治危机的关键时刻。论文以新的视角,通过研究沙皇及其政府与国家杜马的关系,以及国家杜马的立法活动,说明国家杜马的建立已经成为俄国向君主立宪政体过渡的重要标志,其运作也起到了一定的作用。论文共分四章。第一章通过分析沙皇尼古拉二世本人在建立国家杜马过程中前前后后颁布的一系列法令,可以看出,沙皇是专制制度顽固的维护者,他允许国家杜马的建立实属无奈情况下的权宜之计。第二章分析实现国家执行权的政府与实现国家立法权的杜马之间的相互关系。第三章利用新发现的材料,集中从杜马代表的年龄结构、教育程度、职业类别、社会等级和政治属性等方面分析历届杜马的特点,说明在政府干预杜马选举的条件下,历届杜马在人员组成上的变化以及国家杜马整体上的发展趋势。第四章通过分析国家杜马在沙皇及其政府严格限制的条件下所从事的立法活动,说明国家杜马在立法方面有一定的作为。

关键词:杜马　立法机关　俄国

**4863**

**中非政治经济关系个案研究:以 1949 年至 2006 年中国与埃塞俄比亚关系为例** / 卡塔玛·玛斯卡拉·达迪(Ketema Meskela Daddi)著 ; 徐家玲指导. -- 东北师范大学, 2009. -- 193 页

论文采用文献调查法、历史分析法、案例研究法以及历史与现实相结合等研究方法,以 1949 年至 2006 年间中国与埃塞俄比亚关系的发展状况为研究对象,力求通过中国与埃塞俄比亚关系的个案研究,进而来探讨和分析这一时期中非政治和外交关系的演变和发展脉络。全文分为正文六章和结论共七个部分。第一章引言,简要介绍研究概要及基本原理,并对选题缘由、研究动态以及研究方法进行综述。第二章对这一时期的中埃双边关系以及中非关系的发展脉络和总体演变趋势进行梳理。第三章主要回顾

和梳理1949年至1970年中埃双边关系的发展状况，着重就初期促进中埃外交关系建立的努力以及内外影响因素进行了剖析。第四章主要回顾和梳理1970年至1991年中埃双边关系中的政治和经济关系，对中埃正式建交、双方经济合作和贸易活动、20世纪70年代末中埃双边关系中的政治同盟关系及其波动等相关史实进行研究，并着重就20世纪70年代末80年代初中埃双边关系的恶化及其影响因素进行了剖析。第五章分析20世纪最后十年的中埃双边关系状况，着重就这一时期两国关系出现的新机遇及双边关系的复苏和发展进行分析和研究。第六章则探讨中非合作论坛的建立及其对提升中埃双边关系的贡献。结语部分总结全文，得出研究结论。

关键词：中外关系　国际政治关系　经济关系　埃塞俄比亚

**4864**

**“伊拉克门”研究：美国对伊拉克出口政策（1980—1994）** / 冷雪梅著 ； 于群指导. -- 东北师范大学, 2009. -- 228页

论文主要研究1980—1994年间美国对伊拉克的出口政策。论文主要分为五个部分。绪论中，主要对国内外学术界对美国中东政策和伊拉克政策研究做了一个综述性的介绍。第一章对二战后美国的海湾政策和伊拉克政策做了一个概括性的追溯，侧重于美国对外经济援助政策和军事援助政策的发展脉络，以期为80年代美国制定对伊拉克出口政策的历史背景做出铺垫性陈述。第二章重点阐述80年代美国对伊拉克推行出口政策的主要内容，包括美国对伊拉克的出口合作政策、美国对伊拉克的农产品贷款担保计划、美国对伊拉克生化物资出口政策三个部分。第三章从1989年“伊拉克门”丑闻爆发给美国带来的政策困境入手，对美国官方政策同隐蔽政策之间的关系，以及在对美国出口政策审查过程中所体现出的“审查解决政策危机”的模式都进行了阐述、分析和研究。结论中总结论述“伊拉克门”丑闻的影响、80年代美国出口政策的特征和美国伊拉克政策的实质。

关键词：美国对外政策　出口政策　伊拉克

**4865**

**罗拉德派和中世纪后期的英国社会** / 李桂芝著 ； 郭方指导. -- 中国社会科学院, 2009. -- 105页

论文采用文献资料法、比较分析法、描述性研究法和历史分析法等，以英国罗拉德派和中世纪后期英国社会的关系为研究对象，叙述罗拉德派的历史、思想、阶层构成，力求对罗拉德派与中世纪后期英国社会的关系进行分析和评价。全文分为前言、正文和结论三部分。前言介绍论文的选题来源、基本思路和研究意义，并对学术界关于英国罗拉德派的相关研究进行综述。正文分为六章论述。第一章介绍罗拉德派的相关历史。第二章剖析罗拉德派的社会构成。第三章对罗拉德派的神学思想进行论述，侧重分析罗拉德派神学思想的多样性。第四章介绍和分析罗拉德圣经及其影响。第五章重点阐述罗拉德派与1381年大起义的关系，认为罗拉德派对1381年大起义具有一定的影响，但并非是起义的主要因素。第六章重点阐述罗拉德派与英国宗教改革的关系，通过对16世纪罗拉德派的存在情况及其与英国抗议宗教改革者的接触交往，以及其与威廉·廷代尔的关系，说明罗拉德派和英国宗教改革之间有思想的连续性，认为罗拉德派的发展是英国宗教改革的温床。最后得出结论。

关键词：基督教派　政治运动　英国

**4866**

**美国内战中的军事体系研究** / 李海平著 ； 陈海宏指导. -- 山东师范大学, 2009. -- 153页

美国内战是工业革命之后的第一次大规模战争，在美国军事史和世界军事史上都具有重要地位。论文主要从军事体系的角度来研究美国内战。军事体系包括军事思想和军事制度等两个方面。两者具有相互作用的关系，同时，军事体系的构建也受到政治、经济、科技等外部因素的影响。论文共有五章。前言部分介绍研究的选题依据和意义，进行研究综述，对军事体系研究进行了概论，指出研究的创新点，并描述了相关材料的使用情况。第一章回顾美国内战前的军事体系演变。第二章介绍美国内战中北方的军事体系。第三章介绍南方的军事体系。第四章介绍双方军事体系的交锋以及在交锋中表现出的优势与不足。第五章论述美国内战在战争史上的地位，分析美国内战中战争形式的变化，由此突出美国内战中军事体系的重要性。论文的主要创新在于，确定军事体系的概念，并用军事体系这个整体分析视角去研究战争的胜负原因，避免武装力量决定论、道义致胜和经济实力决定论的片面。同时，指出在有限战争和总体战争中军事体系的各个因素所发挥的作用是不一的。

另外,论文对内战中军事体系的重要因素——战略思想做了源流的梳理,并做了新的评价。同时,对美国内战中的军事体系做了较为全面的展示。

关键词:美国南北战争　军事系统　军事思想

**4867**

**英国兰开斯特王朝议会君主制研究** / 李家莉著 ; 孟广林指导. -- 中国人民大学, 2009. -- 145 页

论文采用文献研究法、描述性研究法、历史分析法和矛盾分析法等,以英国兰开斯特王朝时期议会君主制为研究对象,力求对英国兰开斯特王朝时期议会君主制的运作与功能进行探讨。全文分为序言、正文和余论三部分。序言对相关学术研究的状况进行回顾,介绍了论文的问题提出、选题意义以及研究思路和创新之处。正文分为三章论述,第一章回顾前兰开斯特王朝时期议会萌发确立的主要过程、议会制的基本权能,重点考察议会在 14 世纪两次君主废立中所扮演的角色。第二章对兰开斯特王朝时期议会的发展和演进进行静态考察和分析,认为此时期议会的地位和权能在这一时期得到了重大发展。第三章重点剖析兰开斯特王朝时期君主与议会之间的关系,摒弃了"宪政原则"的研判方式,主要从兰开斯特时期议会对君主统治的支持与合作、议会的批评与君主的回应、玫瑰战争中的议会三个层面对此问题进行分析。余论中分析兰开斯特王朝议会君主制中王权的实际地位从而得出研究结论:虽然在兰开斯特时期议会制有了重大发展,但议会从未否认君主的通知,议会权威也从未凌驾于王权之上,因此兰开斯特王朝时期并未出现过议会主权的"宪政实践"。

关键词:议会制　立宪君主制　英国

**4868**

**满铁对中国东北的文化侵略** / 李娜著 ; 陈景彦指导. -- 吉林大学, 2009. -- 154 页

论文以"文化侵略"这一核心概念为出发点,首先探讨满铁文化侵略政策的提出、制定,文化侵略机构及其历史根源和理论依据;其次,探讨满铁对东北文化的摧残及在东北进行的大规模的文化侵略活动;最后,对满铁的文化侵略之于东北地区的影响进行评估。全文共有 6 章。第 1 章绪论,对概念进行界定,介绍问题的提出、选题的意义及研究现状、研究思路及创新。第 2 章主要讨论满铁的设立及文化侵略政策的出笼。第 3 章主要讨论满铁的文化侵略机构。第 4 章主要讨论满铁对东北文化的摧残与破坏。第 5 章主要讨论满铁对东北文化的侵略活动。第 6 章主要讨论满铁文化侵略的特点及东北的影响。结论部分主要对全文进行归纳总结,并对未来研究的方向进行进一步的展望。

关键词:南满铁路　文化侵略　中日关系

**4869**

**美国对巴基斯坦政策研究(1941—1957)** / 李晓妮著 ; 于群指导. -- 东北师范大学, 2009. -- 118 页

论文采用文献调查法、历史唯物主义的研究方法、比较分析法和个案研究法等,以 1941 年至 1957 年美国对巴基斯坦的外交政策及相关问题为研究对象,力求对这一时期美国的巴基斯坦政策的发展轨迹及其成因和特点进行探讨和分析。全文共分为六个部分。绪论部分主要综述国内外学术界关于美国的巴基斯坦政策的研究,并对选题意义、研究方法和资料来源进行了说明和解释。第一章追述二战中罗斯福政府对英属印度的政策,由于二战中印度地缘优势凸显,美国为积极争取印度参战开始涉足印度事务,但为了维持与英国的同盟关系而最终在印度问题上让步于英国。第二章重点阐述美国对巴基斯坦立国运动的态度,分析美国对巴基斯坦的态度从陌生、忽视、否定和认可的转变原因及其影响。第三章重点阐述杜鲁门政府对新生巴基斯坦的政策转变轨迹及其相关因素,对冷战中美国在巴基斯坦的利益、巴基斯坦对美国的战略重要性、美国的巴基斯坦政策的转变对巴基斯坦与邻国关系的影响等问题进行分析。第四章重点阐述第一届艾森豪威尔时期美巴军事同盟政策,并对这一时期美巴建立同盟的原因及其影响进行分析。最后是结语,论述美国的巴基斯坦政策的成因和特点,认为美国的巴基斯坦政策是受到美国的国家利益与冷战思维的影响的,服从与服务于美国的南亚均衡战略。

关键词:美国对外政策　军事同盟　巴基斯坦

**4870**

**土耳其伊斯兰复兴运动研究** / 李艳枝著 ; 哈全安指导. -- 南开大学, 2009. -- 547 页

论文采用历史唯物主义的研究方法,以土耳其共和国的伊斯兰复兴运动为研究对象,力求通过对现代化进程中土耳其伊斯兰复兴运动演变过程的分析,来揭示伊斯兰复兴运动的实质。全文分为导论、正文和

结语三部分,正文分为三章论述。导论回顾国内外对此问题的研究现状,介绍研究的选题由来、研究思路和创新之处。第一章主要分析土耳其伊斯兰复兴运动的历史基础,通过论述奥斯曼帝国教俗制度和政教关系的变迁,说明伊斯兰教在土耳其共和国有着深厚的历史根基,并介绍共和国时期的世俗主义理论与实践。第二章主要论述土耳其伊斯兰运动复兴运动兴起阶段的发展状况,对文化伊斯兰复兴运动的凸现、苏非派伊斯兰主义的崛起和宗教少数派伊斯兰教主义的发展状况进行了评析。第三章主要探究土耳其伊斯兰复兴运动高涨阶段的发展情况,对政治伊斯兰复兴运动的初露端倪、成熟与异化进行评析,指出伊斯兰政党执掌国家政权并没有改变土耳其的宪政原则,土耳其伊斯兰复兴运动亦未突破现行的政治框架。最后是研究结论,指出现代伊斯兰复兴运动的实质。

关键词:伊斯兰教史　复兴运动　土耳其

**4871**

**经济合作署与战后初期西欧重建(1947—1951年)**/李昀著;韩铁指导. -- 南开大学, 2009. -- 228页

论文采用文献资料法、历史分析法、实证分析法和案例分析法等,以1947—1951年期间经济合作署为研究对象,力图对经济合作署这一期间在西欧重建中推行的重要项目做一比较全面的透视和分析,剖析其实施欧洲复兴计划的目标与手段,探究它所产生的作用与影响,并进而对其历史地位作出评价。全文共分六章。第一章主要回顾战后欧洲复兴计划的酝酿和制订历程,具体探究美国国务院以及利益团体在其中所起到的作用。第二章首先在回顾欧洲复兴计划的立法之争以及《1948年经济合作法》出台的基础上,探究利益团体保护自身利益的努力及其结果,以及它们关于欧洲复兴计划对主管机构的建言和影响,最后简述了经济合作署的建立及其机构和组成。第三章着重剖析经济合作署推行自由贸易的具体举措及其对整合西欧贸易结构所发挥的影响。第四章着重剖析经济合作署推行技术援助项目的具体举措及其对西欧输出美国企业文化的作用。第五章着重剖析经济合作署推行信息项目的具体举措及其对西欧传播美国大众文化的作用。第六章则通过具体案例论述经济合作署的困境,以及欧洲复兴计划的终结。最后是结语,得出研究结论。

关键词:经济恢复　经济合作　西欧

**4872**

**以色列民族构建研究:意识形态、族群、宗教因素的探讨**/李志芬著;王铁铮指导. -- 西北大学, 2009. -- 262页

论文以马克思唯物主义史观相关理论为指导,采用了历史分析法、文献资料法和信息研究法等,以以色列民族构建中的意识形态、族群和宗教因素为研究对象,探讨和分析以色列作为一个现代民族国家其国族的形成和民族统一归属感的达成。全文分为导论、正文和结论三部分。导论介绍选题意义、国内外相关研究的现状以及论文的研究方法、特色和意义。正文分为七章论述。第一章是对以色列民族构建的学理透视,对现代以色列国的建立及其民族国家等相关的概念进行了梳理与界定。第二章分析作为以色列民族构建意识形态的犹太复国主义,论述劳工犹太复国主义、修正派犹太复国主义、宗教犹太复国主义和后犹太复国主义之间的争论、社会影响及其意义。第三章在回顾以色列国建国前后的移民历史的基础上,对以色列民族构建中的移民问题、熔炉政策的实施效果及面临的挑战进行分析和探讨。第四章侧重分析犹太人内部族群关系的基本格局,对移民群体的关系、多元族群认同和多元文化现实中的民族认同等问题进行论述。第五章阐述以色列主体族类熔炉之外的以色列阿拉伯人的相关问题,对阿拉伯人问题的产生及其概况、以色列对阿拉伯人的政策、以色列阿拉伯人的身份认同及其族类意识的发展和阿拉伯人在以色列民族构建中的地位等问题进行逐一探讨和研究。第六章分析族群背景下的以色列族类政治,并对以色列族类政治的起因和特点进行评析。第七章探讨以色列民族认同中的宗教因素。最后是结论。

关键词:犹太复国主义　犹太教　以色列

**4873**

**埃琉息斯秘仪研究**/梁小平著;杨巨平指导. -- 南开大学, 2009. -- 195页

论文采用文献分析法、探索性研究法和历史分析法等,以埃琉息斯秘仪这一古希腊的神秘宗教仪式为研究对象,根据古代文献和现有的研究成果,对埃琉息斯秘仪的大致面貌作尽可能的复原,力图探究埃琉息斯秘仪的产生、演变与衰落的过程及其对后世的影响。全文分为绪论、正文四章和结语共八个部分。绪论综述研究的选题意义,并在史料解析和述评现有研究成果的基础上,介绍论文的研究思路、方法与创新

之处。第一章主要对埃琉息斯秘仪进行复原,论述埃琉息斯秘仪的主要神祇及相关信仰,对其神职人员、主要活动和禁忌进行探讨与考证。第二章在介绍关于埃琉息斯秘仪起源的辨析的基础上,探讨埃琉息斯秘仪产生的原因,认为其产生既有古希腊本土因素,又有外来因素的融入。第三章主要探讨埃琉息斯秘仪的不同阶段演变历程,详细论述埃琉息斯秘仪的发展与传播、兴盛、蜕变与衰落的相关历史,认为埃琉息斯秘仪的发展演变是与古希腊社会历史的发展与变革紧密联系在一起的。第四章则重点分析埃琉息斯秘仪对后世的深远影响影响,分别论述其对雅典城邦、古希腊社会文化的影响以及对其他秘仪和基督教的影响。最后是研究结论。

关键词:宗教仪式　雅典　古希腊

**4874**

**国民政府东南亚难侨救助研究,1941—1949** / 凌彦著 ; 余定邦指导. -- 中山大学, 2009. -- 144 页

论文主要对国民政府在战时救助难侨和战后华侨“复员”工作中存在的问题进行了探讨,指出导致这些问题出现的原因。国民政府没有用智慧和勇气面对东南亚战后的新形势,解决在华侨“复员”对外交涉中出现的新问题。战后不久又忙于准备和发动内战,使华侨“复员”工作草草收场。全文共有四章。第一章绪论,首先介绍选题的学术意义,然后进行学术史回顾,最后指出论文重点研究的问题和主要创新点。第二章主要讨论国民政府对救助难侨必要性的认知,首先描述国民政府对侨务工作的重视,然后阐释国民政府对救助难侨必要性的认知,最后讨论国民政府对救助难侨工作的筹划。第三章主要讨论国民政府战时难侨救助工作,具体内容包括在滇桂粤闽等省建立接待救助难侨的机构、紧急救助与临时安置难侨、资遣难侨回籍、组织难侨生产自救、对侨生侨眷及技术人员的救助、对国民政府战时难侨救助工作的评价。第四章主要讨论国民政府战后华侨“复员”的对外交涉,具体包括华侨“复员”问题的由来、国民政府华侨“复员”工作的筹划、国民政府战后华侨“复员”问题进行的对外交涉、联合国有关机构在华侨“复员”工作中的作用。在对外交涉方面,则包含了中英、中缅、中法、中荷、中暹、中美、中菲关于华侨“复员”的交涉,最后对华侨“复员”交涉中外交涉进行了一个总的评价。

关键词:东南亚　侨民工作　社会救济　国民政府

**4875**

**人文主义与近代早期英国大学教育** / 刘贵华著 ; 向荣指导. -- 武汉大学, 2009. -- 154 页

论文主要采用描述性研究法、历史分析法,并结合社会学研究方法,以人文主义与近代早期英国大学教育的关系为研究对象,力求详尽考察近代早期英国人文主义教育思想形成的文化源流、人文主义教育思想的内涵及其对月大学教育发展产生的影响,并在社会变迁的背景下,考察人文主义教育思想的价值。全文分为引言、正文四章和结语共六个部分。引言介绍问题的提出与研究意义,结合学术前史综述,说明论文的研究思路与创新之处,并对论文所涉及的基本概念进行界定。第一章主要追溯近代早期英国人文主义教育思想形成的文化源流,具体分析自由教育、意大利人文主义以及16世纪人文主义对英国人文主义教育思想的影响。第二章主要研究英国都铎时期人文主义教育思想,并从教育目的、教育计划、教学方法以及教师素质等方面加以考察和分析。第三章主要研究近代早期英国人文主义思想对大学教育发展的影响,认为其推动了这一时期大学社会主体构成、大学课程以及大学管辖权等方面的转变。第四章主要探讨近代早期英国人文主义教育和大学教育的影响和意义。结语部分得出研究结论。

关键词:教育史　高等教育　近代　英国

**4876**

**英帝国解体研究** / 刘明周著 ; 钱乘旦指导. -- 南京大学, 2009. -- 210 页

论文试图探讨以下问题:大萧条之后,英帝国是如何解体的,英帝国的解体表现出怎样的类型特征,在英帝国解体的过程中有没有什么典型特色。在前言部分,论文简要介绍选题的缘起与研究的价值,对英帝国解体的研究,同时也做一个简单的理论回顾。第一章探讨大萧条之后英国在困难面前是如何调整政策来巩固英帝国的。第二章从宏观角度论述二战后从英国巩固帝国到英帝国最终解体的历程。第三章以印度、缅甸、锡兰、马来亚为例,论述英帝国解体的第一种类型。第四章以巴勒斯坦、埃及、塞浦路斯、亚丁为例,论述英帝国解体的第二种类型。第五章主要以非洲殖民地为例,论述英帝国解体的第三种类型。第六章主要以西印度群岛与亚太群岛殖民地为例,论述英帝国解体的第四种类型。在结语部分,论文扼要地回顾英帝国解体的四种类型,认为英帝国的

解体是世界历史发展的必然结果,在这一过程中,英帝国的解体表现出典型的特色:大多数殖民地的独立以权力的和平交接方式进行,英国得以"体面"撤退,少数殖民地要求独立的斗争爆发为暴力冲突,英国军队以惨淡收场。当英国认为自己的利益与殖民地的独立绝不相容时,坚持殖民统治,民族主义者则采取暴力夺权的方式驱逐英国的殖民统治,反之,当英国认为殖民地的独立符合自己的利益,从而调整政策并最终支持民族主义者的独立要求,殖民地的独立就以权力的和平交接方式进行。英帝国的解体证明了一个道理:潮流为王,在反殖民主义的潮流面前,顺之者昌,逆之者亡。

关键词:英国　民族主义　历史

**4877**

**列宁和斯大林时期的苏联官制研究** / 刘伟著 ; 李春隆指导. -- 吉林大学, 2009. -- 160 页

论文研究的内容主要是列宁和斯大林时期的苏联管制的形成、发展和僵化,以及探究其形成的根源,分析和寻找列宁和斯大林时期官制的异同,总结经验和教训。论文共分为五章。第一章绪论,介绍论文的选题意义、研究状况、研究框架、研究方法、创新及不足等基本情况。第二章论述苏联官制形成的渊源。从历史文化渊源分析,旧官制对苏联建国初期官制的形成具有广泛而深远的影响。从理论渊源分析,马克思的巴黎公社原则给列宁很大的启示,但是列宁认为巴黎公社原则并不适合于苏联社会,结合苏联国情,列宁开始自己对未来国家的官制设想,并提出许多想法和建议。从政党的角度分析,处于领导地位的布什维克党的组织原则、组织结构在未来国家官制中发挥着重大的作用。第三章,论述列宁时期苏联官制的形成,具体包括巴黎公社官制原则的试验(1917 年 10 月—1918 年春)、具有俄国特色的社会主义官制的实施(1918 年夏—1922 年底)、列宁改善官制的措施和意见。第四章论述斯大林时期苏联官制的发展和僵化,具体包括官僚等级名录制的创立、30 年代的国家官员政策、不受约束的最高管、官僚特权阶层的形成、战时和战后的官制。第五章对列宁和斯大林时期的官制进行了评析,认为斯大林对列宁的官制探索既有继承,也有异化,并且列宁和斯大林时期的官制具有双重作用。

关键词:政治制度　官制　苏联

**4878**

**中国—南美能源合作研究** / 刘学军著 ; 吴磊指导. -- 云南大学, 2009. -- 197 页

论文采用案例分析法、问题调查法、信息研究法和比较与归纳等研究方法,以中国—南美能源合作为研究对象,力求对中国—南美能源合作的现状、市场前景及其影响因素进行研究,论述中国—南美能源合作存在的问题并提出相应对策。全文分为前言、正文三章和结论等五部分。前言介绍论文的选题理由和意义、国内外研究现状并就论文所涉及的相关重要概念进行了界定和说明。第一章主要对南美的能源资源现状及市场前景做详细介绍,主要集中介绍南美 6 个主要油气国家的能源状况、南美能源国有化运动及能源一体化进程。第二章介绍中国与南美的能源合作,阐述中国巨大的油气消费市场、中国同南美能源合作的现状,重点对中国同委内瑞拉的油气合作进行案例分析,论述和探究两国之间能源合作的历史、现状和前景、合作中双方各自的考量,以及合作中双方对查韦斯"21 世纪社会主义"所持的态度。第三章重点分析中国—南美能源合作的地缘政治考量,从探讨美国对南美的传统政策和影响入手,进而考察"华盛顿共识"的衰落和"北京共识"的崛起,并重点探讨中国在南美寻油对美国的影响、美国等的西方国家反应以及中国—南美能源合作中的影响因素。结论部分论述了中国—南美能源合作中存在的内部问题和外部问题,最后得出研究结论和建议。

关键词:能源经济　国际合作　南美洲

**4879**

**早期苏联核计划研究** / 刘玉宝著 ; 张广翔指导. -- 吉林大学, 2009. -- 182 页

论文借助俄罗斯公开出版发行的解密档案文献,采用文献分析的研究方法,在俄罗斯本土和欧美等国已有研究的基础上,试图对以下这一问题作出理性和客观的回答:1949 年的苏联能够成功地进行第一颗原子弹试验,是因为苏联窃取了美国的核情报,还是苏联确已具备了自主研发原子弹的能力和条件。论文共有 6 个部分,包括前言和结论。前言部分介绍了选题意义,对国内外研究现状进行综述,阐述论文的研究思路和基本结构。第一章主要讨论第二次世界大战前苏联的核物理基础理论研究,主要内容包括苏联物理学派的形成、1932 年发现中子以后、链式裂变反应理论研究与实验。第二章主要讨论第二次世界大

战期间苏联核计划的酝酿与筹备，主要内容包括国防委员会做出《开展铀研究》的决定、苏联科学院2号实验室、国外核情报与苏联核计划。第三章主要讨论了第二次世界大战后苏联核计划的全面实施，主要内容包括1945年8月20日决议、核材料生产、原子弹的设计与生产、第一颗原子弹试验等。第四章是对苏联核计划成功实施的决定性因素分析，主要内容包括行政命令体制下的核计划组织领导体系、动员型经济创造的核计划物质条件、政府扶持下形成的核计划科研实力、爱国主义思想和感情凝集的核计划精神动力、苏联为实施核计划而采取的一系列措施。最后是结论部分，对全文的观点进行了总结。

关键词：核计划　国家安全　对外政策　苏联

**4880**

**以色列安全观之研究** / 刘智勇著 ；徐新指导. -- 南京大学, 2009. -- 197 页

论文主要采用比较史学和实证主义的研究方法，以以色列的安全观及其演变历程作为研究对象，以时间为顺序，力求对以色列不同历史时期的安全观进行了详尽的阐述和初步探讨。全文共分八章。第一章追述历史上《圣经》记载和古王国时期、大流散时期的犹太民族的安全观。第二章研究1948—1952年"建国时期"以色列积极防御的安全观与新生政权得以暂时维系，并对该安全观形成的时代背景进行分析。第三章研究1952—1958年"成长时期"以色列先发制人的安全观与以色列的生存权得以巩固，并对该安全观形成的时代背景进行分析。第四章研究1958—1967年"发展时期"以色列的安全观，对其重拳出击的策略赢得阿以战争的胜利与以色列的生存权得以强化进行分析。第五章研究1967—1973年"崛起时期"以色列的安全观，对以色列单纯保守的阵地防御的策略、阿以战争局势和战争结局进行分析。第六章研究1973—1989年"反思和变动时期"以色列的安全观与阿以不战不和局面的打破，以色列通过强硬的外交和军事手段使得生存权得以初步确认。第七章研究1990—1995年"和平发展时期"以色列的安全观与以色列的安全形势的大为改观，并分析"以土地换和平"的绥靖主义。第八章则研究1995年至今"矛盾时期"以色列的安全观与中东和平进程受挫，重点剖析以色列单边脱离和军事威胁并用的策略。

关键词：国家安全　国防战略　以色列

**4881**

**十八世纪爱尔兰新教民族主义研究** / 卢彦名著 ；陈仲丹指导. -- 南京大学, 2009. -- 120 页

论文关注的是新教民族主义在爱尔兰的发生、发展、兴盛与衰落以及它与19世纪天主教民族主义的内在联系。通过对族群、信仰、地理空间、文化、政治等方面的考察，论文勾勒出18世纪爱尔兰新教民族主义的轮廓。第一章介绍18世纪爱尔兰的族群、信仰与国家概况，然后简单分析18世纪爱尔兰各教派以及他们的政治立场，探讨理性主义和新教教义的关系，阐述爱尔兰新教国家与新教民族主义的关系。第二章的目的是解决爱尔兰新教民族主义的思想来源问题，指出，作为从属殖民地的政治精英，爱尔兰的新教政治家在政治思想上始终向宗主国看齐，18世纪时代背景之下的爱尔兰新教民族主义本质上是一种公民民族主义而非族裔民族主义。本章还论述启蒙思想对爱尔兰新教民族主义的推动作用，并指出爱尔兰激进主义的来源以及这一时期海外（尤其是北美）爱尔兰移民中的新教精英对爱尔兰本土的影响。第三章深入探讨文化民族主义问题。以18世纪的英—爱历史学者对古代盖尔历史的研究为切入点，指出盖尔文化热的出现并非偶然，而是因为它契合了爱尔兰新教精英们的某种身份认同需求。还分析新教精英与文化教育的关系，以及爱尔兰的历史画与音乐在新教民族主义运动中发挥的作用。第四章首先分析英—爱新教精英对爱尔兰地理空间的重塑和介入，以及印刷资本主义与国家认同的关系问题，然后综合以上两部分，以剧院暴动事件为例，讲述新教徒对英国殖民当局的早期抗争活动。论文的最后一章简要分析19世纪天主教民族主义取代新教民族主义地位的过程和原因，反思爱尔兰新教民族主义的局限性，并从中获得某些重要的历史启示。

关键词：爱尔兰　新教　民族主义

**4882**

**美国研究型大学从事军事技术研究的历史考察（1945—1970）** / 马鸿著 ；顾云深指导. -- 复旦大学, 2009. -- 138 页

论文采用实证分析法、个案研究法、文献资料法和描述性研究法等，以1945年至1970年间美国研究型大学从事军事技术研究的历史作为研究对象，力求对这一时期美国研究型大学与军方密切合作从事军

事技术研究的历史进行考察和分析。论文分为导论、正文和结论三部分。正文部分由四章组成。导论中介绍选题的缘起,对相关概念进行界定,并综述此项研究的现状及研究内容。第一章简要论述冷战之前美国研究型大学从事军事技术研究的历史,回顾和分析了美国研究型大学的形成与发展的历史背景,以及二战中美国研究型大学从事军事技术研究的相关历史及其影响与启示。第二章以点面结合的方式着重论述了冷战中美国研究型大学从事军事技术研究的相关情况,对战后大学与军方关系的建构、防务机构动员大学“参战”的相关历史进行了回顾,并以个案研究的形式对冷战中的斯坦福大学在房屋机构的资助与引导下积极开展军事技术研究的相关情况进行了分析。第三章重点分析冷战中美国研究型大学从事军事技术研究的保障因素。第四章主要分析20世纪60年代末美国大学从事军事技术研究面临的危机,由于军事技术研究固有的秘密性与大学核心价值观念之间的对立与矛盾,以及越南战争所引发的校园反战运动,大学从事军事技术研究的活动受到大学师生的普遍抵制与抗议,最终国会通过《曼斯菲尔德修正案》,使得大学从事军事技术研究的历史暂时告一段落。最后得出研究结论。

关键词:大学　科学研究工作　军事技术　美国

**4883**

**1961—1991的中巴关系:寻求共同安全** / 满足(Manzoor Khan)著 ; 刘德斌指导. -- 吉林大学, 2009. -- 208页

论文主要讨论的是,在现今的国际体系下,中国和巴基斯坦的共同利益——国家安全。论文共有七章。第一章主要是对论文理论框架的阐释,论文主要利用地缘政治学的概念,应用结构现实主义的分析方法。第二章主要介绍中巴关系的背景,在国际格局中寻找盟友使得中国和巴基斯坦建立了早期的双边关系。第三章主要介绍中巴亲密关系的转折点,在50年代后期和60年代初,一些因素影响中巴关系向一个积极的方向发展。第四章介绍中巴政府间谅解的开始,在这一时期,中国和巴基斯坦逐步开展双边关系,不仅仅是在边界谈判上,在航空和贸易上也签订了一系列条约。第五章介绍中巴关系的高峰,中国的文化大革命以及巴基斯坦国家政权的变换并没有影响到中巴之间的关系。第六章介绍1971年的印巴战争及以后中国与巴基斯坦的关系,这一时期被视为是中巴关系的战略合作期。第七章介绍苏联入侵阿富汗战争期间的中巴关系,因为和阿富汗地缘上接近,苏联的入侵对于中国和巴基斯坦构成巨大的威胁。这篇论文具有很重要的理论和现实意义,以实例分析的方法展示新现实主义的应用。

关键词:中外关系　国家安全　巴基斯坦

**4884**

**从恐慌到逐步防治:19世纪英国人对霍乱的反应和对策探讨** / 毛利霞著 ; 梅雪芹指导. -- 北京师范大学, 2009. -- 125页

论文采用描述性研究法、文献资料法和历史分析法等,以19世纪英国人对霍乱的反应与对策为研究对象,力求回顾和研究19世纪霍乱爆发时英国人的社会反应、防治对策以及病因之争,认为英国人对霍乱的反应和对策经历了一个从恐慌到逐步防治的过程,进而加深对人与霍乱、人与环境之间关系的认识。全文分为四章论述。第一章主要回顾19世纪英国四次爆发霍乱的概况,并追述霍乱爆发后英国的社会反映、初步应对措施以及当时对霍乱病因的争论。第二章重点追述在1848年第二次霍乱爆发时英国社会改革的时代背景,并回顾英国人试图通过改革社会状况来预防霍乱,并为此大规模开展公共卫生运动和住房改造运动等相关对策及其结果。第三章则主要论述内科医生约翰·斯诺认为霍乱通过饮用水得以传播,从而揭开霍乱传播媒介的面纱,并探讨当时英国的河流污染与霍乱传播之间的关系。第四章则主要回顾当时英国关于河流污染治理的争论以及相关立法的有效作用,最后是总结和反思。

关键词:霍乱　传染病　水污染　河流污染　英国

**4885**

**中世纪英国犹太人研究(1066—1290)** / 莫玉梅著 ; 徐浩指导. -- 中国人民大学, 2009. -- 201页

论文的研究对象是中世纪英国犹太人,研究的时间跨度主要是从1066年到1290年。论文共分四章。第一章详细地阐述英国犹太社区的起源、拓殖和管理机制。第二章将重点放在中世纪英国犹太借贷业上,从中世纪英国犹太人的主要职业简介出发,分析了12、13世纪犹太借贷活动的特征以及犹太妇女的借贷活动,进而阐释英国王室的犹太政策、犹太借贷造成的土地转移及其与英国各社会阶层的关系。其中,王室从13世纪中期开始对犹太人征收巨额塔利税的政

策。不仅使英国犹太社区陷入赤贫境地，而且恶化了犹太人与基督徒之间的关系。同时，在借鉴西方学者的研究成果的基础上，本章对基督徒借方的身份、借款规模和原因做了初步的探析。第三章主要分析英国教会与犹太人之间的关系演变情况，着眼于四个方面：血祭诽谤指控、十字军东征、拉特兰宗教会议和犹太改宗运动。第四章从1275年犹太法令着手，分析该法令的起因、实施和结果。作者认为，1290年驱犹的原因是多方面的，包括西欧日益高涨的反犹主义情绪、西欧其他国家对犹太人的态度发生变化及其对爱德华一世的影响和爱德华本人的意愿等传统因素，但基督徒借贷群体的崛起也是一个重要原因。此外，英国的反犹、驱犹行为还有部分原因在于犹太人拒绝同化、融入主流社会。

关键词：犹太人　英国　中世纪

**4886**

**C. 赖特·米尔斯激进社会政治思想研究** / 倪正春著 ; 沈汉指导. -- 南京大学, 2009. -- 135 页

论文主要采用文献资料法、历史分析法以及理论综述、社会学等研究方法，以C. 赖特·米尔斯激进社会政治思想作为研究对象，力图全面系统地分析米尔斯的激进社会学思想和社会批判思想的内涵，并对其激进的社会学思想和社会批判思想的历史地位进行科学评价。全文共分六章。第一章主要简述米尔斯的生平，并分析米尔斯建构自己社会政治思想的国内外时代背景。第二章主要论述米尔斯的激进社会政治思想的渊源，认为米尔斯的社会学思想主要是针对二战后美国主流社会学界的保守化和科学化倾向提出的。第三章主要论述米尔斯的激进社会批判思想，通过阐述米尔斯与自由主义者、纽约知识分子的论争的焦点，进而说明与论述米尔斯的政治思想主要体现在对美国社会权力结构的分析。第四章主要论述米尔特是“最后的公共知识分子”，通过界定知识分子的内涵，以及批评学术专业化等方面加以论证。第五章主要论述米尔斯的激进社会学思想和社会批判思想为学生运动和新左派运动奠定了思想基础。第六章论述米尔斯之死以及他的激进社会学思想和社会批判思想在21世纪的影响，最后总结全文，得出研究结论。

关键词：米尔斯（Mills, C. W.）　政治思想　思想评论

**4887**

**日本的能源安全战略与中日能源合作** / 欧玲湘著 ; 刘稚指导. -- 云南大学, 2009. -- 157 页

论文采用比较分析法、历史分析法、系统分析法和观察法等，以日本的能源安全战略与中日能源合作为研究对象，力图对日本保障能源安全的国内战略和国际战略进行分析预评价，进而探究日本能源安全战略对中国的影响以及双方在能源领域的合作前景，并对中国能源安全战略构建提出建议。全文共分七章。第一章概述日本能源安全的基本态势，具体分析日本面临的能源安全形势、能源结构及其转变、日本能源安全战略制定的背景及其法律保障体系。第二章主要论述日本保障能源安全的国内战略的具体措施。第三章主要论述日本保障能源安全的国际战略与国际能源合作。第四章在前两章的基础上论述日本能源安全战略的基本特征，并对日本能源安全战略进行评价。第五章主要论述中日在能源领域的竞争与摩擦，进而分析日本能源安全战略对中国能源安全以及中日关系的影响。第六章在回顾中日能源合作历史的基础上，对中日加强能源合作的影响因素、必要性和现实性进行分析和研究，进而探讨中日加强能源合作的前景展望与构想。第七章是结束语与建议。

关键词：能源经济　国际合作　国家安全　日本

**4888**

**城市：从中心到边缘——英国伦敦郊区化动因研究（1750—1850年）** / 欧阳萍著 ; 陈祖洲指导. -- 南京大学, 2009. -- 215 页

论文从客观和主观两个方面探讨在1750—1850年这一个世纪时期内伦敦城市郊区化的动因。论文认为，在所论述的这一时期，外在环境为中产阶级提供了向郊区迁移的可能性，同时，作为郊区化的主体的中产阶级自身也具备了向郊区迁移的能力和意愿，正式在这些因素的共同作用下，伦敦郊区化运动才缓缓拉开了帷幕。论文共分为四个部分。第一部分是导论，主要讨论郊区和郊区化的相关概念，分析国内外的研究动态，提出基本观点、研究方法和内容等。第二部分是上篇，主要内容是对伦敦郊区化的客观因素即外在环境进行分析，包括伦敦城市自身的发展、城市发展所带来的城市问题、城市土地利用模式以及地主和投机开发商的影响，以及伦敦交通的发展。第三部分是下篇，主要讨论的是伦敦郊区化过程中的主观因素，即作为郊区化主体的中产阶级。最后一部分

是结语，主要是从总体对伦敦郊区化的过去、现在和未来进行思考。该部分首先回顾1750—1850年间伦敦的郊区化，接着讨论19世纪后期至20世纪郊区化的大规模发展状况，然后郊区化的背景、政府规划力度、交通工具的发展以及郊区化的规模等方面对两个时期进行比较分析，最后对伦敦郊区化中出现的问题进行反思，并结合当前英国政府的种种政策，展望伦敦郊区化的未来走向。

关键词：城市发展　郊区化　城市史　伦敦

**4889**

**俄国对朝鲜政策研究 1860—1910** / 潘晓伟著 ; 黄定天指导. -- 吉林大学, 2009. -- 158 页

论文根据19世纪下半期至20世纪初俄国对中国、朝鲜、日本等国外交关系史料（含档案资料），并辅以《清季中日韩关系史料》《清季外交史料》《李鸿章全集》等文献，对这一时期俄国对朝鲜政策进行深入、全面的研究。论文除绪论、结论外，主体部分共5章。绪论部分介绍了相关理论与现实意义，阐述了国内外研究历史与现状，描述了论文的研究目标、研究思路、研究方法，最后指出了研究的创新点与不足之处。第1章研究1860年前俄朝关系。第2章论述了19世纪60至80年代的对朝政策，并分析俄国在朝鲜实行不同于中、日两国政策的原因。第3章剖析中日甲午战争期间俄国对朝鲜政策的实质，即支持日本对中国战争。第4章研究甲午战争后俄国对朝鲜政策。第5章分析20世纪初至1910年日本吞并朝鲜前的俄国对朝鲜政策。结论部分，作者认为1860—1910年俄国对朝政策是侵略性的，但它的这种侵略具有一定的隐蔽性，尤其是甲午战争前。这主要取决于以下三个方面：首先是朝鲜半岛特殊的地理位置限制俄国对朝鲜的侵略；其次是俄国和英国的矛盾，这决定俄国当时在朝鲜不敢采取太露骨的政策；最后是19世纪末20世纪初朝鲜在俄国的远东政策中的地位，这一时期俄国的远东政策的核心问题是交通便利、物产丰富的“满洲”，对朝鲜政策要服从于对“满洲”的扩张。

关键词：国际关系史　对外政策　俄国　朝鲜

**4890**

**巴哈伊基本教义：演进、传播及比较** / 庞秀成著 ; 董小川指导. -- 东北师范大学, 2009. -- 305 页

在巴哈伊教基本教义观照下的宗教思想史是论文的核心论题。作者运用普遍联系的方法，揭示巴哈伊教宗教思想的起源、发展和传播过程、巴哈伊基本教义的支撑作用、巴哈伊教育与其他宗教及意识形态的区别与联系以及巴哈伊教在世界宗教史中的地位。全文共有九章。第一章讨论巴哈伊教的神义史观和巴哈伊教教史分期，包括巴哈伊的历史观、巴哈伊教教史分期问题。第二章讨论伊斯兰世界的宗教改革，包括近现代伊斯兰——阿拉伯文化面临的挑战和对策、近代以来伊朗的政治和社会背景、伊朗的宗教信仰沿革与巴哈伊教、苏非主义与巴哈伊教。第三章讨论巴哈伊教的起源：巴布运动和巴布的教义，包括巴布教派与什叶派的十二伊玛目派等。第四章讨论巴哈欧拉传道时期的宗教活动及教义，包括巴哈欧拉的身世及宗教背景、隐居苏莱曼尼亚接触苏非教团、巴哈欧拉所作长诗《鸽子的颂歌》的宗教含义等。第五章讨论阿博都巴哈掌管教务时期，包括从显圣者之子到“圣约中心”、《若干已答之问》的历史地位等。第六章讨论守基时代，包括阿博都巴哈的继承者。第七章讨论世界正义院时代，包括世界正义院产生的程序及解释教义的职能。第八章讨论巴哈伊教在世界各地的传播。第九章主要是对巴哈伊教基本教义与其他宗教或意识形态的比较。

关键词：新兴宗教　教义　宗教史

**4891**

**非政府组织与阿富汗战后重建：兼论阿富汗公民社会** / 蒲瑶著 ; 彭树智指导. -- 西北大学, 2009. -- 131 页

论文以公民社会理论为宏观理论指导，采用理论综述法、文献分析法、比较分析法、历史分析法、案例分析法和实证分析法等，以阿富汗战后重建进程中的非政府组织和阿富汗公民社会为研究对象，力求对阿富汗公民社会、非政府组织及其在阿富汗战后重建中的角色、功能以及与政府和捐助机构之间的关系互动进行探讨和分析。全文共分为八章。第一章绪论，介绍论文的选题意义、研究思路、主要方法和理论以及论文的主要观点和创新之处，并对国内外相关研究现状进行综述。第二章以阿富汗战后重建为切入点，重点论述国际关系行为主体（联合国，各国政府以及国际组织）在阿富汗战后重建进程中的作用及存在的问题，认为阿富汗的战后重建需要“历史的合力”。第三章主要是理论综述，对非政府组织的概念、非政府组织的产生、发展状况、类型、作用和组织理论基础进行阐述与分析。第四章主要从宏观角度综合考察阿富

汗公民社会的生成机理、组织结构及其在战后重建中的作用与存在的问题。第五章采用历史分析法,重点考察2002年后的紧急支尔格大会、制宪支尔格大会在阿富汗政治重建中的作用。第六章对阿富汗公民社会的角色和功能进行分析,具体考察和探讨宗教公民社会中的乌理玛、毛拉、清真寺等角色和功能及其与政府关系的互动。第七章具体分析妇女非政府组织在阿富汗重建中增进女性权益、提高妇女教育,改善女性健康等方面的作用及其面临的挑战。第八章结论。

关键词:非政府组织　公民　阿富汗

**4892**

**雅典陶片放逐制研究** / 邵欣欣著 ; 郭小凌指导. -- 北京师范大学, 2009. -- 112 页

论文主要采用文献研究法、个案分析法等研究方法,对雅典陶片放逐制进行了研究。通过研究,作者认为,陶片放逐制在防范僭主政治方面起到了积极的作用,它是雅典新生民主制的保护伞;陶片放逐制与雅典的派争没有直接的关联;同时,当雅典的民主制逐渐成熟以后,陶片放逐制也就结束了其历史使命,退出了历史舞台。论文共有7个部分,包括绪论和结语。绪论介绍研究的背景和问题的提出,阐述研究的主要内容,并指出研究意义和不足之处。第1章主要讨论陶片放逐制的创立,首先介绍陶片放逐制的创立背景,然后详细分析陶片放逐制的创立,最后阐述克里斯提尼创立陶片放逐制的目的。第2章则主要讨论了陶片放逐制的规定,首先介绍陶片作为选票的情况,其次描述陶片放逐的步骤,然后介绍最低有效票数——"6000"票,最后阐述陶片放逐的其他规定。第3章是历次陶片放逐的例说,首先从雅典人实施陶片放逐开始介绍,然后对以后历次的陶片放逐进行个案分析,最后介绍陶片放逐制的终结。第4章则主要介绍陶片放逐制的特点,具体内容包括其他放逐形式、陶片放逐制的特点。第5章则是对陶片放逐制认识的总结,介绍了古典作家对陶片放逐制的认识、现代史家对陶片放逐制的认识,以及作者对陶片放逐制的认识。

关键词:民主　政治制度　雅典　古希腊

**4893**

**印度对外政策决策:过程与模式** / 宋海啸著 ; 赵伯乐指导. -- 云南大学, 2009. -- 221 页

论文旨在进行印度对外政策的决策过程与决策模式研究。论文主要采用案例分析法、系统分析法与过程分析法。通过探讨印度国家对外关系中三个重要的历史时期国内各界别政治力量在国家制定重大对外决策过程中的互动过程及其对国家对外政策的影响,作者深度挖掘独立60年来印度对外政策决策中的关键影响因素,进而揭示其对外政策决策的一般性规律,归纳出印度对外政策的决策模式——"双螺旋"决策模式。全文由导言、正文和结论三部分组成。导言部分主要阐述选题的目的和意义、国内外研究现状、对外政策决策的基本模式和印度对外政策决策过程与模式的构建。正文部分包括第一、二、三、四章。第一章论述印度政治文化与政治制度、印度宗教文化与社会结构、印度经济结构与综合实力以及印度战略思想与对外战略这些印度对外政策决策中的基础。第二到四章主要是印度对外政策决策的经典个案研究。结论部分在第五章。在上述个案分析的基础之上,文章归纳出印度对外政策决策模式即"双螺旋"决策模式。

关键词:对外政策　决策过程　决策模式　印度

**4894**

**社会对抗与美国革命的激进性:以革命时期纽约的"效忠派"问题为中心的考察** / 孙洁琼著 ; 李剑鸣指导. -- 南开大学, 2009. -- 185 页

论文采用文献资料法、比较分析法、案例研究法和历史分析法等,以美国革命时期纽约的"效忠派"问题为中心进行研究和考察,试图从社会力量的分化与对抗角度重新认识美国革命的激进性。全文共分五章。第一章在追述殖民地时期纽约的社会与政治状况的基础上,分析革命兴起的不同阶段与纽约社会力量的三次分化。第二章主要从地理分布、构成和动机、立场和思想意识等方面对美国革命中纽约的"效忠派"进行系统研究。第三章详细考察革命时期激烈的社会对抗中,反对派的政治活动、军事活动和舆论宣传战。第四章考察革命时期激烈的社会对抗中革命派对反对派积极主动的斗争策略以及反对派的遭遇,并从革命派对反对派的鉴别、针对反对派的民众暴力活动以及反效忠派立法等方面加以分析和研究。第五章主要考察美国独立战争之后反对派的命运,侧重考察和分析战后革命派与反对派的和解。最后得出结论,认为从社会力量分化的广泛性与深刻性、社会对抗的激烈性以及消除社会对抗的彻底性等方面来看,美国革命是一场激烈的社会运动。

关键词:美国独立战争　社会运动　纽约

4895

**16至19世纪期间中欧绘画的相互影响** / 孙莎岚著 ; 何平指导. -- 四川大学, 2009. -- 260页

论文主要采用比较与归纳相结合的研究方法,以16至19世纪期间中欧绘画的相互影响为研究对象,将绘画艺术视为文化投影,力求从跨文化交流角度考察该时期中欧绘画在对话过程中的互动,以窥现异质文化在相识之初的交流特点与方式。全文共分绪论、正文三编和结论五部分。绪论介绍选题意义,结合国内外研究现状综述,说明论文的研究思路和篇章结构。第一编分为第一至二章,概述16至19世纪的中欧绘画技法与风格,以及两地社会文化背景的差异。第一章主要分析中欧两地社会发展和文化心态的差异。第二章主要论述中国与欧洲绘画的整体风格、造型技法以及美学传统等方面的差异。第二编分为第三至六章,探讨欧洲绘画在中国的传播及其影响。第三章结合回顾耶稣会士来华及其活动及其在中国的传教策略,主要阐述中国对欧洲文化传入的反应。第四章在探讨欧洲绘画传播途径的基础上,重点论述中国对欧洲绘画传入的种种反应。第五章重点介绍在华传教士绘画风格的调整。第六章则从中国宫廷画师、文人画家和商业性绘画等角度,具体分析欧洲绘画对中国绘画的影响。第三编分为第七至八章,论述中国绘画在欧洲的传播及其影响。第七章主要分析中国绘画在欧洲传播的文化背景。第八章主要分析欧洲对中国绘画传入的反应,以及中国绘画对欧洲的影响。最后得出研究结论。

关键词:绘画史　油画　中国画　中欧

4896

**十八、十九世纪奥斯曼帝国与欧洲文化交往研究** / 田瑾著 ; 王铁铮指导. -- 西北大学, 2009. -- 170页

论文以马克思主义唯物史观为指导,采用历史分析法、文献分析法、功能分析法、比较和归纳相结合的研究方法等,以十八、十九世纪奥斯曼帝国与欧洲文化关系为研究对象,通过对十八世纪以后欧洲国家与奥斯曼帝国内部各种因素及各自文化特点的分析等来探究奥斯曼帝国文化与欧洲文化交往的特点。全文分为绪论、正文六章和结论共八部分。绪论主要阐释了论文的研究目的和意义、国内外相关研究现状、写作指导思想和方法以及论文的主要内容和特色。第一章主要探讨作为交往主体之一的奥斯曼帝国传统文化的构成、特征和成就。第二章主要分析作为交往的另一主体的欧洲文化的构成、特征和成就。第三章对两种文化交往的时代特征进行分析,指出欧洲的迅速发展和上升及奥斯曼帝国的衰落的时代特征决定在双方交往过程中,奥斯曼帝国文化更多地受到欧洲文化的挑战与由此带来的影响。第四章重点分析奥斯曼帝国后期的相关改革对双方文化交往的影响。第五章探讨欧洲文化对奥斯曼帝国文化的影响,具体分析欧洲文化对奥斯曼帝国文化产生影响的方式和主要表现,并分别阐述英国、法国和德国对奥斯曼帝国文化的影响。第六章则探讨在与欧洲文化交往的作用下奥斯曼帝国后期现代性的生成,对奥斯曼帝国后期现代性在物质文明、精神文明上的体现及其特点进行了具体分析。最后是研究结论。

关键词:文化交流　欧洲　奥斯曼帝国

4897

**中日复交后日本政界中国观的演变(1972—2006年)** / 田庆立著 ; 杨栋梁指导. -- 南开大学, 2009. -- 287页

论文以中日复交后日本政界人士中国观的演变为研究对象,运用建构主义理论和对外政策分析的认知视角、历时性和共时性相结合的史学研究方法、宏观论述与个案分析交叉的方式,全景式地展现中日复交后日本政界人士中国观的演进轨迹。论文共有六个部分。序章主要介绍选题意义,对研究现状进行了评述,阐述研究视角与方法,分析研究的创新与不足。第一章主要讨论中日两国关系恢复期日本政界的中国观(1972—1978年),具体内容包括围绕中日复交政界的对华认识及其政治博弈、围绕反霸条款的战略之争、福田内阁时期政界的缔约认识和行动。第二章是“友好”基调下的“建设性接触”(1979—1992年),具体内容包括日本对华合作的认知因素及其实质、大平正芳的中国观及其实践、中曾根的国际国家构想及其中国观、冷战末期日本政界的国际观及对华认识、围绕历史问题日本政界的对华认识。第三章是积极对华认知与“战略性防范”的交错(1993—2000年),具体内容包括影响日本政界人士对华认知的内外因素、积极对华合作认知理念及实践、“战略性防范”意识的形成及表征。第四章是视“机遇”与“挑战”并存的中国认识(2001—2006年),主要内容包括小泉内阁时期影响政界对华观的内外因素、小泉内阁时期日本政界的对华认识、日本新生代政治家的中国观、小泉纯一郎的中国观及实践。终章则总结影响日本政

界认识对华认知的因素、日本政界人士中国观的基本特征、日本政界人士中国观的复杂性与多元性。

关键词:中日关系　对华政策　外交史

**4898**

**中国近代国民国家形成期日本的对华认识:从甲午战争到"九·一八"事变** / 王美平著 ; 杨栋梁指导. -- 南开大学, 2009. -- 370 页

论文运用实证主义与比较史学的方法,参考国际政治学、认知心理学等相关学科的理论,以"中国近代国民国家形成过程"为研究对象的客观参考系,以大量的日文原始资料为基础,力图通过对中国近代国民国家形成期日本的对华认识进行纵向流程性与横向专题性相结合的研究,揭示日本发动侵华战争的深层动因与思想根源,阐释日本对华认识及其行动选择之间的互动关系。全文分为序章、正文五章和终章共七部分。序章说明选题意义,结合研究现状概述与评价,对相关概念释义与用语、研究视角、方法以及论文的创新与不足之处。第一章研究 19 世纪末中国民族危机期间日本的对华认识,重点探讨甲午战争后日本蔑华观的确立与固化。第二章研究清末新政时期日本的对华认识,重点探讨日本对中国清末改革路线的否定和国家战略。第三章研究辛亥革命时期日本的对华认识以及对中国革命道路的认知,具体探讨日本政界、大陆浪人以及日本知识分子的辛亥革命认识。第四章研究民族主义觉醒时期日本的对华认识以及对中国转型动力的矮化,具体探讨日本军政界对"二十一条"、五四运动的认识。第五章研究国民革命时期日本的对华认识与对中国统一趋势的否定。终章则总结和分析近代日本的强权观念、对华认识主体及其决策方式以及中国近代国民国家形成期日本对华认识的演进、博弈、规律和特点,并得出研究结论。

关键词:中日关系　对华政策　国际关系史

**4899**

**20 世纪 60 年代禅佛教在美国的传播** / 王欣著 ; 李利安指导. -- 西北大学, 2009. -- 179 页

论文对美国 20 世纪 60 年代禅佛教发展及由此引起的多重文化交往进行研究。论文主要从八个方面考察禅佛教在这一时期蓬勃发展的外在因素、内在因素以及由此所引起的多重文化交往。论文共有 10 个部分,包括导论和结论。导论部分主要介绍选题的目的及意义、研究所涉及的几个基本概念、研究现状、研究的方法与思路。第一章讨论佛教西渐的艰难序幕,具体内容包括近代殖民主义对佛教西传的影响、亚洲移民与佛教在美国的传播、佛教在美国初传的两个标志性事件。第二章主要讨论 20 世纪 60 年代禅佛教在美国传播和发展的环境,包括文化环境、宗教环境、二战后美国的社会环境。第三章主要讨论禅宗主要派别的传播,包括日本禅宗宗派在美国的传播、其他国家禅宗派系在美国的传播。第四章主要讨论 20 世纪 60 年代美国的禅学术及其对禅文化传播的影响,主要包括禅学术的兴起与发展、禅学术对禅文化传播的影响。第五章主要讨论 20 世纪 60 年代禅佛教与现代心理学的会通,具体包括精神分析心理学与佛教的关系探源、60 年代的美国新精神分析学派与禅佛教、60 年代美国人本主义心理学与禅佛教。第六章主要讨论 20 世纪 60 年代禅佛教与基督宗教的对话,主要包括基督宗教与佛教交流的历史考察、60 年代基督宗教界的自我调整、禅佛教与基督宗教对话的契合点。第七章主要讨论禅佛教对 60 年代美国"垮掉一代"文学的影响,主要内容包括"垮掉的一代"文学运动的兴起、"垮掉一代"的反叛精神传统、"垮掉一代"的代表人物与禅佛教、悖论的形成:"垮掉一代"的禅佛教、禅佛教对"垮掉一代"文学创作的影响。第八章主要讨论 20 世纪 60 年代美国"宗教大市场"中的禅佛教,主要内容包括新时代运动、新兴宗教运动、禅的角色和地位。结论部分主要讨论 60 年代禅佛教发展的历史定位、对东西方文明交往的启示。

关键词:佛教　传播学　美国

**4900**

**14—16 世纪英格兰租地农场研究** / 王绪杰著 ; 沈汉指导. -- 南京大学, 2009. -- 196 页

论文采用历史分析法、文献研究法、比较分析法、归纳和演绎等理论分析方法,以 14—16 世纪英格兰租地农场为研究对象,力求对这一时期的英国租地农场发展的背景、发展脉络和具体构成与运营等相关问题进行分析。全文分为导言、正文和结论三部分,正文分为五章论述。导言综述了国内外对 14—16 世纪英国租地农场的研究现状,介绍论文的选题意义及研究思路。第一章论述英国租地农场发展的政治背景,即英国领主制的衰落,推动农奴制的瓦解和农业经济的转型。第二章论述租地农场发展的社会经济背景,侧重分析黑死病的爆发、宗教改革、货币地租的发展和早期圈地运动对租地农场的发展所产生的影响。第三

章介绍租地农场发展的一般脉络，主要论述不同时期租地农场的特点，并阐述英格兰的地区差异对租地农场的作用。第四章重点分析租地农场的构成，对领主制度对租地农场的影响、租地农场主的来源及其权利与义务、租地农场主适用雇佣劳动力情况等方面进行了剖析。第五章主要分析地租农场的运行状况，包括租地农场的地租、租地农场的规模和租地农场的经营等方面进行了研究。最后是总结，并对中国正在实施的农业土地流转制度改革提出借鉴性的参考意见。

关键词：农场　地租　土地制度　英国

**4901**

**美国与刚果危机（1960—1963）**／王延庆著；沈志华，陈兼指导．-- 华东师范大学，2009．-- 204 页

论文采用文献资料法、逻辑分析法、案例分析法和历史分析法等，以美国对刚果危机（1960—1963）的决策为研究对象，在国内外学术界相关研究的基础上，以相关文献和史料为基础，运用唯物主义的研究方法并适当参考西方国际关系理论，力求通过刚果危机案例分析美国政府在决策中的多重困境，展现冷战中的各层次力量之间目标差异与交叠的复杂性。全文分为三部分：序言、正文和结论。序言回顾关于刚果危机问题的研究状况，介绍选题意义和写作思路。正文分为五章。第一章为背景介绍与分析，重点阐述了 20 世纪 50 年代美国政府对比属刚果政策的演变。第二章回顾刚果危机的爆发，重点阐述艾森豪威尔政府的反应及其决策，经历从最初强调比利时对刚果负有责任，到支持联合国出兵刚果，再到努力防止苏联介入的决策演变。第三章考察与分析艾森豪威尔政府不惜践踏民主原则，参与推翻卢蒙巴政府，甚至暗杀其本人的决策及行动。第四章重点阐述肯尼迪政府在克服前任政府应对刚果问题的应急性和随意性，试图通过民主方式解决刚果危机的努力，及其重建刚果合法政府的历程。第五章主要探讨肯尼迪政府在结束加丹加问题上的努力和决策的演变以及危机结束的历程。最后是结语，对美国政府在刚果危机决策中的多重困境及其冷战意义进行分析和总结。

关键词：美国对外政策　刚果　非洲

**4902**

**乌尔第三王朝贡牲中心羊牲育肥官员（kuruda）那鲁的档案重建**／王颖杰著；吴宇虹指导．-- 东北师范大学，2009．-- 228 页

普兹瑞什达干司是古代两河流域影响深远的一个贡牲中心，在乌尔第三王朝的经济管理体系中占有十分重要地位。论文重建贡牲中心育肥羊牲官那鲁的档案。论文分为上下两卷：上卷首先介绍贡牲中心的设立经过和设立意义，列举那鲁的主要工作地点、工作经历和工作联系人，分析乌尔王朝祭祀活动；下卷对收集到的那鲁的原始文献按时间顺序进行排列和重建，并附有楔形文字拉丁化、英文翻译和中文翻译。通过对那鲁文献档案的重建和分析可知：那鲁文件在贡牲中心出现的时间从舒勒吉 26 年到舒辛 6 年 1 月 6 日，共 38 年。虽然没有发现那鲁的印章，通过文献知道他在贡牲中心的头衔是"育肥师"。那鲁从中心总管那里接管育肥和普通的羊牲，放在自己麾下的羊圈用大麦饲养、育肥。那鲁在 4 个城市：乌尔（王朝的首都）、尼普尔（宗教中心）、乌鲁克（第三大城市）和图马勒都有自己临时的羊圈，这些都是乌尔王朝的重要城市。那鲁育肥合格的羊牲用来祭祀神明、满足王室日常需要以及招待外国使节。那鲁是贡牲中心比较重要的官员，他是舒勒吉、阿马尔辛和舒辛三朝元老。那鲁的工作生涯同时见证贡牲中心由盛到衰的过程。那鲁为王朝各种祭祀活动提供育肥羊牲祭品，为我们研究乌尔王朝祭祀提供了最原始、最直接的第一手材料。

关键词：乌尔　经济管理　那鲁

**4903**

**帝国早期罗马城研究**／王玉冲著；杨共乐指导．-- 北京师范大学，2009．-- 102 页

论文采用文献调查法、历史分析法等，以帝国早期罗马城为研究对象，以古典文献为基础，并借鉴考古资料和前人研究成果，着重探讨帝国早期罗马城的治安、防灾、医疗卫生、环境管理以及帝都形象等问题，力求对帝国早期罗马城的城市状况进行尽可能的复原。全文分绪论、正文四章和结语六个部分。绪论中主要介绍选题意义，对论文所涉及的史料和现有史学研究成果进行综述。第一章主要回顾罗马城早期的发展概况。第二章重点回顾和探讨帝国早期罗马城的治安管理与防灾建设，对罗马城统治者一系列的治安管理措施以及构建起相对完善的首都防灾机制等活动进行了研究。第三章重点回顾和探讨帝国早期罗马城的医疗卫生与环境治理情况，对罗马城的医学教育、环境保护、公共卫生意识以及人居环境质量进行了一系列的论述。第四章则对帝国早期罗马城

的帝都形象塑造与罗马人的帝都观进行阐述,着重分析帝都形象塑造的动因及其活动,并对罗马人的帝都观念进行探讨。最后结语部分对全文进行总结,得出研究结论。

关键词:罗马帝国　城市管理　城市史

**4904**

**英国移民问题研究(1945—1991)** / 王云会著 ; 王皖强指导. -- 中国人民大学, 2009. -- 155 页

论文主要研究战后英国移民问题,研究时间界定为二战以后到 80 年代,研究主体是来自英帝国、英联邦的移民以及英国政府及社会民众对社会民众对移民的态度。全文共有五章。绪论主要说明论文的研究意义、概念界定、学术综述、研究方法和主要思路、该文的难点和创新之处,最后对相关史料情况进行分析。第一章主要是对战前移民历史及移民政策的简要回顾。第二章研究《1948 年英国国籍法》以及战后初期的移民问题。第三章研究 20 世纪 50 年代的移民问题。第四章研究 20 世纪 60 年代的英国移民政策。第五章研究 70—80 年代的英国移民政策。结语部分是对战后英国移民问题的一个整体性思考,认为战后英国的移民政策受到了种族思想和现实趋向的共同影响。由于种族主义思想的影响,白人种族优越于其他种族的种族偏见在白人头脑中根深蒂固,这成为白人拒绝接纳有色移民的思想根源。现实趋向方面,英国的外交重心从英帝国、英联邦转变到欧洲,最终加入了欧洲一体化进程,这使得英国在对帝国、联邦的移民政策上采取了日益限制的态度。

关键词:移民问题　种族　英国

**4905**

**戈尔巴乔夫时期苏联宗教政策及其影响(1985—1991)** / 王振海著 ; 董小川指导. -- 东北师范大学, 2009. -- 135 页

论文的研究遵循历史唯物主义的基本原理,以马克思主义关于宗教与国家的关系理论为基础,采用了文献资料法、历史分析法和理论综述等研究方法,以 1985—1991 年戈尔巴乔夫时期苏联宗教政策为研究对象,以相关历史文献资料和档案资料为依据,以历史发展进程为线索,力求对戈这一时期苏联国家的宗教政策及其对苏联的影响,特别是对宗教势力的发展和渗透的推动作用进行研究。全文分为前言、正文三章和结论五个部分。前言介绍论文的选题依据、相关档案文献资料,综述国内外相关研究现状以及论文的基本结构。第一章着重从宏观的角度介绍戈尔巴乔夫时期以前苏联各个历史时期国家对宗教的政策的变化情况,扼要地分析各宗教政策中所包含的历史问题。第二章重点阐述和研究在苏联走向分裂的戈尔巴乔夫时期国家对宗教发展的政策变化,以及这些宗教政策对国内宗教发展所产生的影响和所暴露出来的问题,并回顾和剖析这一时期苏联国内宗教发展形势和影响、国外宗教势力的渗透情况以及国内外宗教极端势力在苏联解体中所产生的深刻的影响。第三章则从理论和整体的层面上,针对戈尔巴乔夫时期因宗教政策存在的问题而引发的一系列社会问题在苏联解体过程中所产生的深刻影响进行多方位、深入的分析和研究,探究这一时期宗教势力在苏联国家中所处的地位及其影响,以及宗教与国家之间的密切关系。最后是研究结论。

关键词:宗教政策　国家安全　苏联

**4906**

**德摩斯提尼与雅典对外政策** / 王志超著 ; 杨巨平指导. -- 南开大学, 2009. -- 181 页

论文主要采用文献分析法、历史分析法等,以古希腊最著名的演说家、政治家德摩斯提尼与雅典对外政策为研究对象,通过对现有文献资料的研究,力求对德摩斯提尼与雅典对外政策之间的关系进行初步的探讨。全文分为引言、正文四章和结语共六个部分。引言部分主要阐述论文选题的背景、研究的目的和意义、研究思路和主要创新点,并对相关的史料和国内外的研究状况进行综合述评。第一章主要对德摩斯提尼对外政策主张的初步形成进行分析,探讨从同盟战争到《为罗德岛人民的自由呼吁》发表的历史背景,并从国际背景、国内背景和个人背景三个方面,结合德摩斯提尼早期的三篇政治演说,对德摩斯提尼在这一历史阶段里的对外政策主张进行研究。第二章主要对德摩斯提尼对雅典对外政策的激烈批评进行分析,探讨从《反腓力第一辞》的发表到《菲洛克拉底》合约签订的这段历史的背景,并着重分析这一阶段相关的历史事件以及德摩斯提尼的政治主张的转向和影响。第三章重点对德摩斯提尼对雅典对外政策的主导进行分析,侧重阐述从第三次神圣战争结束到喀罗尼亚战役这段历史时期德摩斯提尼的政治主张及其影响。第四章则对德摩斯提尼的主张对雅典对外政策的持续影响进行探讨和分析。最后结语部

分对全文进行总结，对德摩斯提尼的历史地位进行综合评析，得出研究结论。

关键词：德摩斯提尼（Demosthenes） 雅典 古希腊 对外政策

4907

**日本企业雇佣制度的历史考察** / 吴佩军著 ; 李卓指导. -- 南开大学, 2009. -- 231 页

论文从社会史的角度出发，以辩证唯物主义和历史唯物主义理论为指导，运用历史学、社会学、经营学等学科的研究方法，纵向考察日本企业（特别是大型企业）雇佣制度的发展过程，从中了解到日本企业雇佣制度的出现是以近代化工业与传统工场手工业的并存、近代观念与传统理念的共生为历史前提条件，它的发展变化是在众多因素的影响下发生的。全文共有七章。序章介绍选题的意义，进行研究综述，阐释研究方法及研究思路，分析论文的重点、难点和认识。第一章主要讨论前近代日本的雇佣制度，包括商家奉公人制度、手工业者阶层的亲方制度。第二章讨论原初型企业的雇佣制度，包括明治时代企业雇佣制度形成的外部环境、纤维产业的“原生劳动关系”、重工业领域的亲方制度、矿山企业的纳屋制度和饭场制度、高岛煤矿的纳屋制度。第三章主要讨论家族主义经营型企业雇佣制度，主要内容包括日俄战争之后的企业雇佣环境、家族主义经营下的雇佣制度、钟纺的“大家族主义”。第四章主要讨论国家权力统制企业雇佣制度，包括 20 世纪 30 年代企业雇佣环境的变化、战时劳动统制——国家对雇佣制度的规制、产业报国运动——国家权力对劳资关系的统制。第五章主要讨论协调型企业雇佣制度，包括战后企业雇佣环境的变化、战后企业雇佣形态的变化、企业人事工资制度的变迁——年功主义与功能主义的消长。终章主要讨论日本企业雇佣制度的特征、影响日本企业雇佣制度发展变化的因素、日本企业雇佣制度的历史评价、对日本企业雇佣制度改革的反思及展望。

关键词：企业管理 雇佣劳动 企业体制 日本

4908

**从社区自保到现代警察：社会转型时期英国治安制度的演进（1750—1856）** / 吴铁稳著 ; 钱乘旦指导. -- 南京大学, 2009. -- 173 页

论文拟以英国治安制度中国家（政府）与社会（社会精英、市民及市民武装）力量二者责任的关系变革为背景，以现代警察制度的建立为主线，对 1750—1856 年英国社会治安制度的演进进行研究，以探讨这段时期英国国家、社会力量与社会治安之间的关系。全文共有 5 章。导论部分介绍研究概述与资料状况，并对“警察”的词源进行了考察，分析 18 世纪英国人对“警察”的认识，描绘论文的视角和基本框架。第一章主要讨论工业革命的发生和社区自保治安制度的困境，包括工业革命的发生及社会变化、18 世纪社区自保治安制度的困境。第二章讨论建立专业警察制度的探索，包括个人的探索、政府建立专业警察的尝试。第三章主要讨论对传统治安制度的调整和治安状况的恶化，包括强化传统治安力量的措施和 19 世纪上半期治安状况进一步恶化及损失。第四章主要讨论了 1829—1856 年现代警察制度的建立，包括大伦敦警察的建立与发展、地方现代警察的建立。第五章则主要总结英国现代警察的影响与特征，包括新警察的主要职能及影响、英国现代警察制度的特征。结语部分认为，纵观转型时期英国治安制度演进的过程，可以看出英国经济与社会的发展变化是英国治安制度演进的根本原因，政治哲学的渐变是演进的思想基础，社会精英对犯罪及民众抗议的认识是演进的直接动力，这些因素共同促进了治安制度的演进。

关键词：警察 治安管理 政治制度 英国

4909

**沙特阿拉伯王国宗教政治研究** / 吴彦著 ; 哈全安指导. -- 南开大学, 2009. -- 293 页

论文采用比较分析法、历史分析法、跨学科研究法以及理论综述、历史与现实相结合等方法，以沙特阿拉伯王国宗教政治为研究对象，力求对沙特阿拉伯王国宗教政治运动的历史基础和发展进程、官方宗教政治与民间宗教政治的矛盾运动以及民间宗教政治运动对沙特阿拉伯政治民主化进程的影响进行较为系统的研究。全文分为导论、正文三章和结论五个部分。导论主要介绍选题意义，结合国内外研究概况对相关概念进行说明，阐述研究理论、研究方法与内容概要。第一章主要考察沙特阿拉伯王国宗教政治的历史基础，侧重研究宗教政治的历史传统、瓦哈卜教派的宗教政治思想、早期沙特国家的宗教政治和沙特阿拉伯王国的建立。第二章主要研究沙特阿拉伯王国的官方宗教政治，并从沙特阿拉伯王国官方宗教政治制度、教界势力、家族势力和家族政治及其演变历程等方面加以分析。第三章主要研究沙特阿拉伯王

国的民间宗教政治,并从沙特阿拉伯王国民间宗教政治运动的兴起、发展的历史以及90年代后期以来民间宗教政治运动的演变等方面加以分析。结语部分总结全文,并提出对沙特阿拉伯王国宗教政治发展进程中若干问题的思考。

关键词:伊斯兰教　政治运动　沙特阿拉伯

**4910**

**奠基与转型时代:埃瓦格里乌斯《教会史》中的拜占庭帝国研究** / 武鹏著 ; 陈志强指导. -- 南开大学, 2009. -- 247页

论文主要采用文献研究法、对比分析法等方法对埃瓦格里乌斯《教会史》中的拜占庭帝国进行研究。全文共有七个部分。前言部分介绍选题缘起与意义,对史料进行综述,阐述了论文结构、研究方法、创新与不足。第一章主要介绍埃瓦格里乌斯及其《教会史》,包括埃瓦格里乌斯的生平与所处时空环境,埃瓦格里乌斯《教会史》的主要内容、资料来源和结构,埃瓦格里乌斯《教会史》中的个人倾向、埃瓦格里乌斯《教会史》的史料价值与缺陷。第二章介绍埃瓦格里乌斯笔下拜占庭帝国基督教的发展,包括基督教与异教,拜占庭基督教会的自我完善,圣徒、圣物与圣像崇拜。第三章介绍埃瓦格里乌斯笔下拜占庭帝国中心的东移,包括拜占庭帝国政治中心的东移、拜占庭帝国宗教中心的东移。第四章介绍埃瓦格里乌斯笔下拜占庭帝国国家机器的完善,具体包括皇帝制度、官僚体系。第五章介绍埃瓦格里乌斯笔下拜占庭帝国面临的问题,包括拜占庭帝国的宗教冲突、拜占庭帝国皇权与教权的矛盾、拜占庭帝国的国防隐患、拜占庭帝国的自然灾害。结语部分对全文进行总结归纳,指出文章的主要观点,并对未来的研究进行展望。

关键词:拜占庭帝国　基督教　埃瓦格里乌斯

**4911**

**非对称世界中的国际关系:以中国为例** / 咸命植(Ham, Myungsik)著 ; 刘德斌, Brantly Womack指导. -- 吉林大学, 2009. -- 162页

论文主要分析东亚地区的国际关系并试图通过批判现存国际关系理论在解释自中国崛起之后东亚地区动态的国际政治格局方面的局限来提出一个新的理论框架——非对称。论文主要在以下四个方面对现存的国际关系理论做出贡献。首先,明确是什么使得国际关系中的规范起作用;其次,证明通过构建可信的领导力非物质因素是怎样替代物质因素在构建国际秩序中起到巨大作用的。再次,构建一个减小中国问题研究和政治科学差距的桥梁。最后,强调构建非西方化国际关系理论体系的可能性。论文共有四章。第一章阐释非对称理论,包括在地区语境下的非对称理论、以中国和东盟为例的非对称理论、以南美为例的非对称理论。第二章进一步揭示非对称理论,首先介绍非对称理论的理论框架,然后分析非对称理论对现存国际关系理论关系的贡献。第三章主要讨论在现代化之前中国在朝鲜半岛的军事运动,包括非对称理论与军事运动、明清时期中国对朝鲜半岛的军事派遣等内容。第四章分析非对称理论在后冷战时代的运用:在美国和中国之间的韩国,介绍现存理论的缺陷、未解决的问题、同盟者之间的非对称错觉、实证经验分析。结论部分主要对全文的主要观点进行归纳。

关键词:国际关系　国际政治　国家战略　东亚

**4912**

**法国报刊自由的演进研究(1789—1835)** / 肖玮著 ; 刘文立指导. -- 中山大学, 2009. -- 188页

论文主要对1789—1835年法国报刊自由的演进展开研究。全文共有九个部分,包括绪论和结语。绪论主要介绍研究缘起与选题意义,对学术史进行了回顾,阐述研究思路、方法与资料情况。第一章主要讨论大革命前夕争取报刊自由的运动,包括欧美主要国家的报刊自由状况、"报刊世纪"的报刊自由问题、事实上的报刊自由、争取报刊自由的小册子、"陈情书"和报刊自由。第二章讨论1789年5月5日—1792年8月10日间没有受到限制的报刊自由,包括王朝维护报刊制度的最后努力、报刊自由的宣告、新的报刊立法。第三章讨论恐怖时期逐渐遭到扼杀的报刊自由,包括1792年8月10日起义与保王派报刊的终结、1793年6月2日事件与吉伦特派报纸的消失、恐怖时期和革命政府的报刊政策。第四章讨论共和国时期受到节制的报刊自由,包括督政府初期的报刊自由状况、督政府时期的报刊立法尝试、督政府末期的报刊自由状况。第五章讨论执政府和帝国治下对报刊的专制,包括波拿巴对报刊自由的态度、执政府时期报刊专制制度的建立、帝国治下的报刊专制制度。第六章讨论复辟王朝对报刊自由的压制,包括复辟王朝政府报刊政策的失败、第一次复辟时报刊的表现和政府的举措、二次复辟后的报刊自由状况、持续不断的争

取报刊自由的斗争。第七章讨论报刊界发动的起义和自由的重获,包括波利尼雅克内阁时期报刊界的斗争形势、报刊自由的中止和七月革命的爆发、七月王朝初期报刊自由的重获、七月王朝大力压制报刊自由的序曲。结语部分对全文进行总结。

关键词:报刊　言论自由　新闻事业史　法国

4913

**苏联与犹太复国主义运动** / 肖瑜著 ; 沈志华指导. -- 北京大学, 2009. -- 171 页

论文主要在详细研究和解读近年来公布的俄国和以色列档案文献的基础上,以苏联和犹太复国主义运动关系发展变化为线索和切入点,逐步分析一下这些问题:站前苏联政府为什么敌视犹太复国主义运动;战争期间苏联和国际犹太复国主义者如何进行交往,战后斯大林为什么要支持犹太复国主义者在巴勒斯坦地区建国;在以色列建国过程中莫斯科究竟起了什么作用。论文主要内容共有五章。导论部分介绍选题意义、研究现状与相关文献述评、研究方法和史料情况、论文所关注的主要问题、论文的章节结构。第一章主要讨论苏德战争之前苏联犹太政策与巴勒斯坦犹太人的建国努力,包括俄国犹太社团与犹太复国主义运动、苏维埃政权初期的犹太政策、苏联犹太人与巴勒斯坦犹太民族家园。第二章讨论战时苏联外交及犹太政策的发展和变化,包括苏联与西方盟国的合作与犹委会的作用、战争期间苏联政府与国际犹太复国主义者的往来与合作、克里米亚犹太苏维埃自治共和国计划。第三章讨论战后苏联支持犹太复国主义者建国政策的形成,包括战后初期苏联的大国合作战略、英美在犹太人问题上的矛盾、莫斯科来电与苏联巴勒斯坦政策的转变。第四章讨论以色列建国前后苏联核东欧集团的支持,包括苏联集团在联合国对犹太人的支持、大批东欧犹太人涌入巴勒斯坦、来自东欧的军事威胁、苏联支持以色列建国的原因分析。第五章讨论苏联支持犹太复国主义运动建国的后果及其影响,包括苏联犹太人民族意识的觉醒、战后苏联的国家反犹主义运动。

关键词:犹太复国主义　苏联　以色列

4914

**当代中东国家边界与领土争端研究** / 谢立忱著 ; 黄民兴指导. -- 西北大学, 2009. -- 166 页

论文采用历史分析法、描述性研究法、案例分析法、比较分析法以及历史与现实相结合等研究方法,以当代中东国家边界与领土争端为研究对象,从地区的视角,采地区论述与不同国家案例分析相结合的写作方法,对中东国家的领土争端问题进行系统研究,力求揭示争端的原因,分析争端的影响,并探讨争端的解决。全文分为导论、正文五章和结论共七个部分。导论主要综述国内外相关研究现状,阐述研究意义及方法和本研究特色和创新之处,并对论文所涉及的相关概念进行界定。第一章绪论,主要回顾欧洲近代民族国家的形成及其领土状况,以及现代中东民族国家体系的形成及其领土状况,并对近代以来国家法有关领土的规定和使用武力的原则进行阐述。第二章主要介绍与分析国家边界与领土争端的概况与类型,重点阐述阿以领土争端、两伊领土争端和希土领土争端等概况。第三章则就导致中东国家边界与领土争端的民族因素、安全因素、认知因素及其他相关因素进行分析和研究。第四章主要从国家层面、地区层面和全球层面对中东国家边界与领土争端的影响进行分析。第五章主要对中东国家边界与领土争端的解决条件与解决方法进行探究。最后是结论与建议。

关键词:边界问题　领土问题　中东

4915

**自由与民主的限度:20 世纪 60—90 年代美国人对新左派学生运动的认知** / 谢文玉著 ; 李剑鸣指导. -- 南开大学, 2009. -- 308 页

论文采用文献资料法、问题调查法、个案分析法、比较分析法以及历史与现实相结合、理论综述等研究方法,以 20 世纪 60—90 年代美国人对 60 年代新左派学生运动的记忆和认知为研究对象,通过对不同群体、个体以及主流媒体和大众传播媒介所形成的关于学生运动的不同认知进行考察和分析,说明美国主流意识形态对于社会机构以及社会成员在形成他们对过去历史的认知中所具有的强大的塑造力和重塑能力,并进一步说明和探讨主流意识形态这种强大的塑造力与重塑能力体现了美国自由与民主的限度。全文分为导言、正文和结语三部分,其中正文共分五章论述。导言主要对 60 年代学生运动进行界定,论述"学生争取民主社会组织"的兴衰,阐述研究框架相关学术研究状况、论文研究的具体思路和主旨。第一章从学生运动发生时美国主流媒体对其即时报道着手,探究当时主流意识形态对新闻媒体在形成关于学生运动的即时观察时所产生的影响。第二章从学生运

动参与者的回顾与反思出发，说明主流意识形态对前行动主义者回忆学生运动的内容和方式所起的制约作用。第三章主要通过典型个案分析，说明主流意识形态对于个体自我形象重塑所起的巨大“遏制”作用。第四章侧重考察学术界在学生运动的即时观察以及对学生运动的相关研究，进而说明知识分子从主流意识形态出发对学生运动的不同认知。第五章则重点关注新闻媒体和好莱坞电影在学生运动形象的重塑中所表现的主流意识形态性。最后是结语，总结全文得出研究结论。

关键词：学生运动　民主　意识形态　美国

**4916**

**美国宪政史上的煽动性言论问题** / 颜廷著 ；任东来指导. -- 南京大学, 2009. -- 130 页

论文主要采用文献研究法、案例分析法等方法，研究美国宪政史上的煽动性言论问题。全文共有 6 章，包括导论。导论部分介绍研究的背景，描述研究的方法和主要内容，阐述研究的意义和不足。第一章主要讨论煽动性诽谤法与北美殖民地的政治言论出版自由，首先介绍英国普通法中的反煽动传统，然后描述煽动性诽谤法在北美殖民地的司法实践，最后阐述殖民地争取言论出版自由的斗争。第二章主要讨论北美独立后反煽动传统的延续与变革，首先介绍联邦政治中普通法反煽动原则的延续，描述联邦宪法与联邦党人的《反煽动叛乱法》，其次分析民主共和党人与煽动性言论的压制，最后阐述普通法反煽动原则的变化。第三章主要讨论从“明显而现存的危险”原则到“不良倾向”原则，分析 1917 年《反间谍法》与言论出版自由的压制，介绍“明显而现存的危险”规则及其批评，概述“恐赤病”与言论出版自由的“不良倾向”标准，最后介绍言论自由的联邦保护与“霍姆斯——布兰代斯”异议。第四章主要讨论权利时代的政治言论自由保护，主要内容包括联邦对政治言论自由保护力度的加强、“卡罗琳案”对政治言论出版自由的影响、冷战初期的“严重而可能的危险”标准、沃伦法院与普通法反煽动传统的消逝。第五章结语部分对全文进行总结。

关键词：宪法　言论自由　法院　民主　美国

**4917**

**公众的声音:19 世纪末 20 世纪初美国的市民社会与公共空间** / 杨长云著 ；王旭指导. -- 厦门大学, 2009. -- 369 页.

论文采用历史分析法、描述性研究法和探索性研究法等，以 19 世纪末 20 世纪初美国的市民社会和城市公共空间及其关系作为研究对象，聆听“公众的声音”，力求通过具体分析这一时期美国城市公共空间的整饬和改革这一中心议题，从而解读“城市与人”的主旨。全文分为三个部分。第一部分分为两章论述，主要从城市公共空间的视角，分析市民社会各阶层对城市公共空间中存在的种种弊端的抱怨和不满。第一章主要回顾美国快速城市化简史，论述这一时期城市公共空间的基本情况以及城市问题的产生。第二章进而分析这一时期美国社会各阶层对城市问题的种种反应。第二部分分为三章论述，研究这一时期美国城市的公共空间的整饬和改革的历史，分析新中产阶级的崛起与市民觉醒。第三章主要在界定中产阶级概念的基础上，阐述美国新旧中产阶级的分野以及新中产阶级崛起。第四章主要研究市民觉醒的基础和条件及其表现。第五章主要分析这一时期美国市民社会对城市公共空间的新认识，以及相关的整饬和改革。第三部分分为两章论述，从个体的角度来探求这一时期美国的市民社会的变化。第六章主要分析城市公共空间的独特政治模式以及市民社会中的变化情况。第七章主要分析城市公共空间里的文化表征、文化模式及其趋势。最后是结论与建议。

关键词：城市化　城市空间　中等资产阶级　美国

**4918**

**20 世纪 80 年代以来印尼棉兰的华人社团与社团领袖** / 杨宏云著 ；陈衍德指导. -- 厦门大学, 2009. -- 271 页

论文采用访谈调查法、个案研究法、历史分析法和功能分析法等，以印尼北苏门答腊省棉兰市的华人社团和社团领袖为研究对象，力求对 20 世纪 80 年代以来印尼棉兰的华人社团与社团领袖及其相关问题进行系统研究。全文主要围绕社团与社团领袖两个中心展开论述，共分为六章。第一章绪论，阐述论文的研究思路、采用的理论和方法以及研究意义，并对论文所使用的概念与术语进行界定和说明。第二章学术史回顾，对相关领域的学术史与学术动态进行回顾，并予以简评。第三章概述印尼华人和棉兰华人的历史，回顾和分析印尼华人和棉兰华人的历史脉络，并对棉兰华人在发展演变中所呈现的个性进行了探究。第四章论述棉兰华人社团自 20 世纪 80 年代至

21世纪初最初几年的发展演变历程,并对它们的结构与功能及其新特点进行分析。第五章着重分析棉兰华人社团领袖的类型、所具有的历史与地域特征,以及领袖间的个人关系。第六章对棉兰华人社会、华人社团、社团领袖三者的互动进行阐释,并对未来作了预测,最后是总结。

关键词:华人　社会团体　印度尼西亚

**4919**

**冷战时期的日越关系** / 杨黔云著 ; 徐康明指导. -- 云南大学, 2009. -- 145页

论文采用历史分析法、比较分析法和文献资料法等,以冷战时期的日本和越南关系为研究对象,力求对这一时期的日越关系的演变进行探讨和分析。全文分为导论、正文和结语三部分。导论主要说明选题意义,并在述评国内外相关研究现状的基础上,介绍了论文的研究思路与研究方法。正文分为六章论述。第一章对冷战前的日越关系进行概述,简要回顾早期日越关系以及二战期间日本对越南的侵略和殖民统治等相关历史状况。第二章分析亚太冷战格局的形成对日越关系的作用与影响,回顾亚太冷战格局的形成、旧金山对日媾和与日本战后外交体制的确立,以及日内瓦会议和日本承认南越政权等相关历史状况。第三章主要分析美越战争对日越关系的作用与影响,着重分析由于20世纪60年代后期日本人民的反战和尼克松主义的冲击,导致当时日本对越政策发生转变与调整。第四章回顾越南的统一及其20世纪70年代的对外政策以及日越建交的历史,着重探讨20世纪70年代日越关系的发展情况,并对20世纪70年代中后期日越关系发展的表现及时代背景进行了解析。第五章主要回顾和探讨冷战时期日越经济关系的发展,重点就日本对越南的战争赔偿与经济援助以及越南统一前后日越经贸关系展开论述。第六章主要回顾和探讨柬埔寨危机与日越关系的变化,重点就柬埔寨危机期间日本对越南的政策调整进行了分析。最后是研究结论。

关键词:国际关系　对外政策　日本　越南

**4920**

**理查德·胡克政治思想研究** / 杨勇勤著 ; 周春生指导. -- 上海师范大学, 2009. -- 120页

论文采用文献资料法、历史分析法等,以理查德·胡克的神学政治思想为研究对象,着重探讨其神学思想的渊源及以此为基础的法律思想和国家教会理论,深入剖析其处于思想转型时期的大背景之下的政治思想发展脉络及其对后世政治哲学的影响。全文分为五章。第一章介绍理查德·胡克的生平及其所处的时代背景,较为详细地追述其温和而虔诚的一生,并对16世纪英国政治宗教态势进行分析。第二章论述理查德·胡克神学思想的两个主要来源,即托马斯主义和加尔文主义,认为理查德·胡克受到托马斯主义和加尔文主义的影响,并在此基础上阐述对圣经、理性的不同见解,体现传统与时代的融合。第三章对理查德·胡克的法律思想进行分析。第四章重点梳理理查德·胡克的政教理论,对理查德·胡克的国家理论的来源和观点进行阐述,并详细分析理查德·胡克对教会的认识。第五章阐述理查德·胡克的政治思想对后世政治哲学的影响,着重分析霍布斯与洛克从理查德·胡克的思想中所获取的有益元素,并对理查德·胡克的政治思想在现实中的生命力和理论上的前瞻性进行研究。最后是研究结论。

关键词:理查德·胡克(Richard Hooker)　神学　政治思想

**4921**

**工业革命与英国企业家集团** / 尹建龙著 ; 陈晓律指导. -- 南京大学, 2009. -- 353页

论文采用历史研究法、个案研究法和理论综述等方法,以工业革命时期英国的企业家集团为研究对象,试图考察在工业化推动英国经济、社会转型的宏观历史进程中,企业家集团在各层面上扮演的角色和发挥的作用。全文分为导言和正文9章,其中正文9章根据内容侧重点可以划分为三个部分。导言介绍选题缘起、研究概况和研究设想,并梳理论文结构和章节概要。第一、二章为第一部分,介绍论文研究主题的背景知识。第一章介绍有关企业家的经济学说发展史。第二章介绍工业革命的发生背景、工业化的相关概念和实质。第三至五章为第二部分,主要研究企业家集团在向工业化生产模式转变过程中所发挥的作用与影响。其中第三章研究企业家在提供、募集企业创办和发展所需资本中的作用。第四章研究企业家在经营管理大工业企业中所面临的问题与早期企业的管理状况,第五章研究企业家在产品营销中的角色和作用。第六至九章为第三部分,主要研究企业家集团的兴起所产生的社会影响。第六章结合大工业发展的集聚效应理论,分析企业家在争取建立市政

社团、推动市政改革中所发挥的领导作用。第七章分析企业家集团在塑造和改善新型劳资关系中的作用,主要侧重于研究其对工会的态度变化和在工厂立法中的立场和角色。第八章通过对反谷物法运动的个案研究,探讨企业家集团按照自身利益改变和塑造国家公共政策的能力。第九章则分析企业家集团的兴起对英国社会阶层结构的冲击以及对社会流动趋势的改造所产生的影响。

关键词:企业家　工业化　工业革命　英国

**4922**

**权贵与土地:拜占庭马其顿时期社会解析** / 尹忠海著 ; 徐家玲指导. -- 东北师范大学, 2009. -- 276 页

论文基于一种权力的多维视野,把权贵与土地结合起来,并借助类型分析、比较分析、个案分析等方法来分析马其顿王朝的社会状况,进而分析其兴衰原因。论文共有八个部分。第一章导论,对国内外研究进行了综述,介绍基本术语、研究意义与研究思路。第二章讨论从古典时代向中世纪的转型,包括新兴强权与帝国变迁、力量复苏与阿莫利王朝遗产。第三章讨论新旧贵族的角逐,包括篡位者与权力合法性、权力集中与精英沉浮、皇权延续与贵族弄权。第四章讨论经略边疆与军事权贵,包括经略边疆与军区制演变、罗曼努斯的制衡策略、"两巴尔达斯"叛乱。第五章讨论特权与教会权贵,包括马其顿王朝的教权与皇权、利奥六世的婚姻与教权、修道院。第六章讨论世俗权贵的挣扎,包括世俗权贵的构成及其案例、世俗权贵与1025年前后的内忧外患、军事权贵的短暂崛起。第七章讨论国家协调的绩效,包括皇权与国家的非一致性、权贵博弈与土地立法活动、贫贱者境况与土地法令评价。结语部分,主要对全文内容进行总结,归纳出马其顿王朝兴衰的原因,分析群体、资源与制度之间的关系,最后指出研究的不足,并对未来的研究进行展望。

关键词:马其顿王朝　权力结构　土地制度

**4923**

**唐宋时期印度佛教的中国民间化研究** / 宇恒伟著 ; 李利安指导. -- 西北大学, 2009. -- 136 页

论文以辩证唯物主义和历史唯物主义为指导,坚持逻辑与历史相统一的原则,综合运用历史学、宗教学、民俗学等研究方法,并借鉴彭树智的文明交往理论,以唐宋时期印度佛教的中国民间化为研究对象,力求考察和分析唐宋时期印度佛教进入中国民间的路径、印度佛教中国民间化过程中所形成的佛教形态及其基本特征,探讨印度佛教传入中国民间后与其他宗教信仰之间的互动关系,并分析它们在印度佛教入华史和中国化进程中的作用和意义。全文共分正文五章和结论部分。第一章导言,对论文所涉及的核心概念进行界定和说明,对国内外学术界研究现状进行评析,并介绍论文的研究意义和研究思路。第二章回顾和探讨唐代以前印度佛教的中国民间化的历史演变及其阶段特征,并阐述印度佛教进入中国民间的路径以及印度佛教对中国民间的影响等相关问题。第三章主要论述唐宋时期印度佛教向中国民间传播的基本方式和基本路径。第四章主要针对唐宋时期印度佛教中国民间化的基本类型进行探讨,通过分析印度佛教和儒教、道教、摩尼教、民间信仰的交往过程,揭示在异质文明和本土文明交往中所形成的民间佛教形态(民众佛教、民俗佛教和佛教异端),并对这三种不同类型的佛教形态进行具体分析,归纳和总结了它们与精英佛教、正统佛教的关系。第五章则是在前文论述的基础上,具体阐述唐宋时期印度佛教中国民间化的基本特征。最后是结论部分,对研究进行提升和总结。

关键词:佛教　本土化　民间宗教　唐代　宋代

**4924**

**"文化传播"理论视角中的传教士与美国华人社会(1848—1900)** / 岳志强著 ; 董小川指导. -- 东北师范大学, 2009. -- 142 页

论文尝试以19世纪到美国华人社会进行传教活动的美国白人传教士群体为研究对象,运用文化传播学的相关理论,将传教士群体视为中西方文化传播与交流的使者,从文化传播的环境、主体、方式和内容、客体等文化传播行为的构成因素方面,对传教士在美国华人社会的宗教文化传播行为进行研究,并对传教士的宗教文化传播效果进行评估。除了引言和结论之外,论文分为四章。第一章考察19世纪传教士在美国华人社会进行宗教文化传播的传播环境的形成。第二章考察作为文化传播主体的美国传教士的宗教文化传播动机。第三章考察传教士在美国华人中进行宗教文化传播的方式,其中主要包括宗教性的建立华人传教会和华人教会、街头传教等,以及世俗性的成立女馆,解救美国华人妇女,成立教会学校,对美国华人进行英语和基督教教育等。第四章考察作为传教士文化传播客体的美国华人社会对于传教士宗教文化传播行为的反应。结论部分,通过对存在于19世

纪美国传教士对美国华人进行宗教文化传播活动中诸多重要因素的考察,并对这种宗教文化传播的效果进行评估,得出结论:19世纪传教士在美国华人社会进行的宗教文化传播并未实现其预期目的,因为文化的交流与传播受控于非常具体和历史性的多元因素,其效果需经历漫长而复杂的历程才能充分体现出来。

关键词:传教史　华人　社会生活　美国

**4925**

**巴基斯坦国家安全政策研究:1980—1992** / 曾祥裕著 ; 何平指导. -- 四川大学, 2009. -- 188 页

论文采用历史分析法、文献调查法、比较分析法和逻辑分析法等研究方法,以1980—1992年间巴基斯坦国家安全政策为研究对象,对这一时期巴基斯坦与阿富汗、印度、美国及苏联等国家的关系的变迁进行考察,力求对巴基斯坦相应的国家安全政策进行分析和评价。全文分为引论、正文和结论三部分,其中正文分为八章论述。引论对现有研究进行概述,并介绍论文的选题意义和研究计划。第一章分析南亚民族国家体系的历史建构与巴基斯坦的安全困境,对巴阿关系与国际战略博弈以及普什图斯坦问题进行简述,并评述巴基斯坦历届政府应对安全挑战的努力及成效。第二章主要分析苏军入侵阿富汗对巴基斯坦国家安全的冲击以及巴基斯坦的相应对策。第三章介绍阿富汗战争爆发时,巴基斯坦、美国和印度的最初反应与态度。第四章回顾了巴基斯坦在1980—1983年间解决阿富汗问题的政治进程的努力与作用。第五章重点阐述巴基斯坦在1984—1988年间的双轨战略,对这一时期美巴关系、苏巴关系的演变以及阿富汗战争中的圣战活动进行了分析。第六章重点阐述巴基斯坦在1982—1992年间与苏联、美国和阿富汗的互动,并对这一时期的苏巴关系、美巴关系和阿富汗内战时期的巴阿关系进行分析。第七章阐述巴基斯坦国内安全问题,侧重分析俾路支问题和阿富汗战争造成的难民问题对巴基斯坦经济社会和国内安全的冲击。第八章则分阶段评述1980—1992年间的印巴关系。结论部分对全文进行总结,并对1980—1992年间巴基斯坦国家安全政策作出评价。

关键词:国家安全　国家战略　巴基斯坦

**4926**

**当代阿拉伯国家社会结构与社会分层研究** / 詹晋洁著 ; 黄民兴指导. -- 西北大学, 2009. -- 129 页

论文对当代阿拉伯国家的社会结构与社会分层问题进行体系化的研究。在总结以往西方社会结构理论的基础上,初步分析阿拉伯国家社会结构与社会分层理论;构建当代阿拉伯国家的社会分层体系,从多个角度初步分析当代阿拉伯国家社会结构转变的影响因素,客观展示社会各阶级、阶层或群体的变迁进程,尝试归纳总结当代阿拉伯国家社会结构转变的影响,并对阿拉伯国家社会结构演进的基本特征与类型以及公民社会的发展作出自己的判断。研究方法上,论文始终以历史学的分析为主线,同时重视社会学、统计学等多学科理论与方法的交叉与互补。全文共分为六大部分。绪论主要阐释研究意义、国内外研究现状、论文框架、主要内容和创新之处。第一章对社会结构与社会分层理论问题进行探讨。第二章主要探讨二战以来存在于阿拉伯国家的主要社会阶级、阶层与群体。第三章着重分析二战后影响阿拉伯国家社会结构转变的诸因素。第四章主要从政治体制的重构、政治思潮与外交政策以及多向度的社会变迁等方面分析社会结构变动对阿拉伯国家所产生的深刻影响。第五章探讨阿拉伯国家社会结构演进的基本特征与类型。

关键词:阿拉伯国家　社会结构　阶层

**4927**

**但丁思想研究** / 张春杰著 ; 陈志强指导. -- 南开大学, 2009. -- 224 页

论文采用历史分析法、文献资料法以及比较与归纳相结合的研究方法,以但丁的神学、哲学、政治和文学思想为研究对象,力图依据目前掌握的资料和借鉴学术界最新的研究成果,从中世纪晚期西欧的历史与社会变化的角度对但丁的思想做初步的梳理和探讨,进而试图对但丁的思想体系进行科学的解说与评价。全文分为引言和正文七章共八个部分。引言介绍选题缘起和意义、结合国内外相关研究现状,说明论文的结构与创新之处,并对所参考的文献资料作了说明。第一章在追述但丁生平的基础上,对但丁思想的渊源进行多角度探讨。第二章主要研究但丁的神学思想,重点对其不同于基督教神学的罪恶观、人性论和由人神关系构成的、以"人"为中心的宗教观进行了阐述和分析。第三章主要研究但丁的哲学思想,重点对其以"现世生活"为中心的宗教哲学观念、理性与自由意志观念、幸福观和道德观进行阐述与分析。第四章主要研究但丁的政治思想,重点对但丁的世界帝国

思想、政教分离思想、法制观念和民族观念进行阐述与分析。第五章主要研究但丁的文学思想,重点对但丁文学中的语言风格、对人的精神世界的说明进行阐述与分析。第六章在前文的基础上,归纳和总结但丁思想的特点。第七章试图对但丁思想的历史地位、历史影响进行科学和全面的评价,最后对但丁思想的局限性进行了分析。

关键词:但丁(Dante, Alighieri) 哲学思想 政治思想 文学思想

**4928**

**1917—1929 年苏联城市住房历史研究** / 张丹著 ; 黄立茀指导. -- 中国社会科学院, 2009. -- 138 页

论文采用文献调查法、历史分析法、实证分析法和比较分析法等,以 1917—1929 年苏联城市住房历史为研究对象,力求考察和研究战时共产主义时期和新经济政策时期所实行的两种不同的经济管理方式对苏联城市住房管理以及城市居民的住房状况的影响。全文分文导论、第一编、第二编和结语共四个部分。导论主要介绍选题缘起,并在综述国内外相关研究的基础上,说明论文的研究对象、资料来源以及研究方法和创新之处。第一编分为三章论述,重点考察和分析 1917—1921 年苏维埃政权建立初期集中化的住房管理与城市居民的住房状况。第一章主要追述十月革命后严峻的住房形势与苏维埃政府住房政策的出台;第二章主要介绍战时共产主义时期集中化的住房管理的具体状况;第三章主要介绍苏维埃政权建立初期城市居民的居住状况。第二编分为四章论述,重点考察和分析 1921—1929 年新经济政策时期分散化的住房管理与城市居民的住房状况。第四章主要回顾当时尖锐的住房问题与住房政策的调整;第五章主要考察分析分散化的住房管理政策;第六章主要考察和分析调整后的住房政策对城市居民住房状况所起到的初步改善作用;第七章主要介绍住房政策调整后,苏联城市中依然存在的严峻的住房形势。结语部分介绍 20 世纪 20 年代末期分散化住房管理方式的终结,最后是研究结论和建议。

关键词:城市 住宅管理 苏联

**4929**

**印度印穆教派冲突研究** / 张高翔著 ; 吕昭义指导. -- 云南大学, 2009. -- 206 页

论文以印度国族构建过程中的认同困境为视角,运用历史社会学的研究方法,借鉴族群认同理论、社会冲突理论及当代民族主义理论的基本原理,从纵横两个维度对印穆教派冲突这一社会现象进行历史描述和原因分析。全文分为绪论、正文五章和结语三个部分。绪论中在介绍选题意义和综述研究现状的基础上,对相关概念进行界定,并说明论文的研究视角和研究方法。第一章主要回顾印度古代的族群关系与宗教冲突的历史状况。第二章主要介绍和阐述民族/国族主义运动时期的国族构建与印穆教派冲突问题,并对印度早期整体意识的培育、国族意识的觉醒以及族群认同的强化进行了分析。第三章主要介绍印度独立后的国族构建与印穆教派冲突问题,重点分析不同历史时期的世俗主义的国族构建对印穆教派冲突的影响以及教派主义的国族构建对印穆教派冲突的影响。第四章着重从横向维度研究印穆教派冲突的深层原因,具体分析和探讨印度社会结构的差异性、印度文化的宗教性、政治经济因素、穆斯林困境问题以及国际伊斯兰原教旨运动以及全球化对印穆教派冲突的影响。第五章则具体分析持续不断的印穆教派冲突对印度国族认同、政治经济以及国际关系所产生的极为不利的影响。最后是研究结论。

关键词:印度教教派 伊斯兰教 穆斯林 社会冲突

**4930**

**天国与冥府里的来世生活:古王国至新王国时代埃及人来世观念的演变** / 张赫名著 ; 令狐若明指导. -- 吉林大学, 2009. -- 138 页

论文主要研究古王国至新王国时代埃及人来世观念的演变。论文主要采用宗教学、历史学、社会学、考古学等多学科交叉的研究方法。论文共有 6 个部分,包括绪论和结语部分。绪论部分,介绍选题依据,对国内外研究现状进行综述,阐述论文研究的重点问题。论文的研究目标是想通过对古埃及人"来世"地点的变化的研究,揭示出以下几个重点的问题:一是考察古埃及人的"来世"地点的变化;二是展现与"来世"地点变化有关的古埃及人来世信仰的嬗变事实;三是揭示来世信仰嬗变背后的客观原因。第一章讨论来世观念的起源,包括灵魂不死的观念、自然崇拜、神王崇拜等内容。第二章讨论天国生活的特权化时代,包括神化王权与国王在来世生活里的"特权"、天国与冥府——被区别开的来世生活、进入来世的诸多准备。第三章讨论中王国——天国与冥府生活并存

的年代，包括王权衰弱与来世民主化、天国与冥国——并存着的来世生活、进入来世条件的演变。第四章讨论天国与冥府日益相融的年代，包括至高无上的神与永生、冥府与天国——融合的来世生活、进入来世条件的发展。

关键词：埃及　来世　信仰　古代史

**4931**

**冲突与和解：美国对阿根廷的政策（1943—1955）**／张世轶著；王晓德指导. -- 南开大学，2009. -- 199 页

论文主要利用美国的外交档案资料，采用历史研究的材料分析法，从美国政策层面对庇隆时期的美国对阿根廷政策进行研究。论文试图全面展现这一时期美国对阿根廷政策的多次转变和美阿双方在多次转变中的态度，探究美国对阿根廷政策转变的原因、实质及其影响。研究庇隆时期的美国对阿根廷政策，有助于深入理解美国从区域政策走向冷战全球战略的转变，有助于深入理解实现进口替代工业化战略的边缘国家与内源性现代化的中心国家在民族经济发展道路上的对抗与冲突。全文分为八个部分。绪论部分主要介绍研究目的和选题意义、国内外学术研究综述、研究方法和思路等。第一章主要讨论美国与阿根廷关系的溯源。第二章主要讨论阿根廷的中立态度与美国对阿根廷政策（1939—1943）。第三章从打压与制裁的角度讨论 1943—1946 年美国对阿根廷的政策。第四章从恢复合作的努力的角度讨论 1946—1947 年美国对阿根廷政策。第五章从强大经济攻势瓦解"第三种立场"的角度讨论 1947—1953 年美国对阿根廷政策。第六章从全面合作的角度讨论 1953—1955 年美国对阿根廷的政策。结语部分重在从美国外交政策的角度分析美国对阿根廷政策转变调整的原因，以及美国与阿根廷关系不断经历冲突并能够实现和解的原因和对双方造成的影响等方面的分析。

关键词：美国对外政策　国际关系史　阿根廷

**4932**

**1971 年南亚危机与美巴关系：冷战时期地区危机与大国战略的互动性研究**／张威著；余伟民指导. -- 华东师范大学，2009. -- 363 页

论文运用历史唯物主义和辩证唯物主义的研究方法，并适当借助西方国际关系理论，以相关国家的解密外交文献和档案汇编为史料基础，以 1971 年南亚危机时期的美巴关系为研究对象，以冷战的"双重逻辑"作为立论基点，通过对 1971 年南亚危机爆发的国际背景以及地区根源、大国利益之间的博弈与美巴关系的阐述，展现大国的对外战略与地区角色政治行为的双向博弈，力求分析和探究巴基斯坦国内制度缺陷所引发的政治动荡外溢到国际领域并引发包括美国在内的区外大国介入，进而激化冲突导致局部战争的历史过程。全文分为绪论、正文和结论三个部分，其中正文分为五章论述。绪论系统梳理 1971 年南亚危机时期美巴关系研究的学术史，并由此导出研究目的、选题意义和篇章结构。第一章通过对南亚危机爆发的国际背景与地区根源进行分析，为后续研究奠定基础。第二章重点分析南亚危机爆发之前巴基斯坦国内的政治局势以及美巴之间基于各自利益需要的彼此借重进行研究。第三章主要考察南亚危机爆发之后对南亚局势造成的巨大震荡以及美国对巴基斯坦的政策倾斜，对美国在南亚危机爆发初期的政策考量及其背后的战略动因进行深入探讨。第四章是论文的重点章节，重点分析危机升级与美巴政策协调的加强。第五章集中论述第三次印巴战争以及战后南亚国际关系新格局的形成。最后是结论部分，总结全文，深化论文主题。

关键词：印巴战争　美国对外政策　南亚　巴基斯坦

**4933**

**墨西哥萨利纳斯总统（1988—1994）政治改革研究**／张伟著；洪国起指导. -- 南开大学，2009. -- 131 页

论文试图以马克思主义唯物史观为指导，考察卡洛斯·萨利纳斯·德戈塔里总统执政时期（1988—1994）墨西哥所推行的政治改革。论文共分五章。第一章论述萨利纳斯政府政治改革的历史必然性。萨利纳斯总统执政时期，墨西哥的形势发生巨大变化。经过新自由主义经济改革，墨西哥抛弃实行长达半个世纪之久的进口替代工业化发展模式，确立新自由主义市场经济模式；革命制度党大权独揽、统治地位不受威胁的局面结束，以民主革命党和国家行动党为代表的左、右派政党开始对革命制度党形成两面夹击，对其统治地位进行挑战。这些变化瓦解墨西哥传统政治体制赖以存在的基础，革命制度党的统治受到严重威胁，政治改革成为一种历史必然。第二章主要阐述萨利纳斯政府选举制度改革的主要内容。萨利纳斯在其执政的六年内，分别于 1989 年、1993 年、1994 年进行了三次选举制度改革。第三章主要阐述了革

命制度党自身的改革。20 世纪 80 年代之后,革命制度党面临新的困境。为了维持其统治,革命制度党转变政党策略,进行自身改革。第四章主要阐述萨利纳斯政府时期社会结构的变动。第五章对萨利纳斯政府的政治改革进行评析。萨利纳斯政府的政治改革与 1988 年之前墨西哥的政治改革相比,在改革的目的、改革的速度、改革的内容、改革的手段、方式等方面都出现一些不同的特点。

关键词:萨利纳斯　政治改革　墨西哥

**4934**

**印刷媒介与 15、16 世纪英国社会变迁** / 张炜著 ; 郭方指导. -- 中国社会科学院, 2009. -- 159 页

论文采用文献资料法、个案研究法、描述性研究法、历史分析法和实证分析法,以印刷媒介与 15、16 世纪英国社会变迁之间的关系为研究对象,力求论证印刷媒介对当时英国社会变迁的作用和影响。全文共分六章。第一章绪论,介绍选题的缘起与意义、论文的研究方法和创新之处,并综述国内外此项研究的新动态。第二章回顾印刷业在英格兰的出现及其早期历史,主要通过对首位英国印刷商威廉·卡克斯顿的生平及其印刷事业的考察,来展现印刷媒介在 15 世纪后半叶产生的最初变化。第三章主要考察印刷媒介与 16 世纪英国教育改革的关系,认为印刷课本的大量出现为课程内容和结构的变化提供便利条件,有益于采用新的教学方式以适应新的需要。第四章主要考察印刷媒介与 16 世纪宗教改革的关系,运用许多明确的例证,阐述英国王权和宗教改革家如何通过运用新的印刷媒介而使其摆脱了手抄本施予的束缚和限制,并向传统的政治和宗教体制发起了新挑战。第五章主要通过对宗教、行政管理和教育文化三大方面印刷品的考察,论证英语印刷物的使用如何推动英语民族国家的形成过程。第六章结论。

关键词:印刷史　传播媒介　社会变迁　英国

**4935**

**美国对日占领与民主文化的输出:以盟军总部民间信息教育局活动为中心的研究** / 张晓莉著 ; 王立新指导. -- 北京大学, 2009. -- 187 页

论文主要采用文献资料法、实证分析法、跨学科研究法、整体性研究方法等,借鉴政治学中的政治文化与公民文化的概念和理论,依据二战战后驻日盟军总部的档案文件,以盟军总部民间信息教育局的活动为研究对象,力求从整体上考察和分析民间信息教育局的文化改革活动与战后日本公民文化培育之间的关系,并以此说明占领时期美国对日文化政策在战后日本民主化进程中的作用。全文分为绪论、正文五章和结论共七部分。绪论主要在综述中日美学术界关于美国对日占领史的研究状况的基础上,介绍论文所要解决的问题、研究视角和方法以及文章结构,并对参考文献进行说明。第一章主要追述战时美国对日研究以及战后对日构想的确立。第二章主要介绍战后美国对日占领政策的确立与对日管理体制的形成,并对盟军总部民间信息教育局的对日文化再定位政策进行分析。第三章主要考察民间信息教育局对日本新闻出版、无线电广播、电影戏剧等媒体领域的改革对日本社会民主化的作用,推动日本公共信息与表达自由的实现。第四章主要考察民间信息教育局的教育改革对日本民主社会合格公民的培养所起到的作用。第五章则主要考察民间信息教育局对日本宗教领域的民主改革对确立日本公民宗教信仰自由的作用。结语部分总结全文,得出研究结论。

关键词:政治文化　文化宣传　日美关系

**4936**

**英国大众废奴运动研究:1787 年至 1807 年** / 张旭著 ; 陈晓律指导. -- 南京大学, 2009. -- 291 页

论文主要采用历史分析法、文献分析法、描述性研究法、功能分析法和案例研究法等,以 1787 年至 1807 年英国大众废奴运动为研究对象,力求考察和分析英国大众废奴运动中的动员者在成功塑造民众的共同意愿,并引导其进行有效表达过程中所呈现的理念、方式、策略和技巧,试图通过研究从而填补目前废奴运动史学路径中关键环节的缺失。全文分为导论、正文和结语三部分,其中正文分为四章论述。导论在简要回顾英国奴隶贸易历程的基础上,对目前废奴运动中的研究现状与问题进行综述。第一章主要分析 1787 年至 1807 年英国大众废奴运动的来龙去脉和与社会背景,重点对英国资本主义的发展与废奴运动之间的关系进行探究,并考察 1787 年之前的反奴思想和行动以及 18 世纪英国社会的进步对大众废奴运动的影响。第二章主要阐述英国大众废奴运动的发动者塑造民众反对奴隶贸易的共同意愿,是在既存的整体和群体认同框架内进行的。第三章主要分析英国大众废奴运动的广泛性,重点考察不同的宗教教派、社会群体、运动的基层代理人以及反奴阵营中的实业

家、艺术家在运动中的作用。第四章则对大众废奴运动与英国合法政治权力的互动进行研究,具体考察伦敦委员会在运动中的关键作用及其策略。结语部分总结全文,得出研究结论。

关键词:政治运动　奴隶　英国　近代

**4937**

**橘朴的对华认识研究** / 张英波著 ; 王振锁指导. -- 南开大学, 2009. -- 215 页

论文以马克思主义唯物史观为指导,运用辩证唯物主义与历史唯物主义的观点与方法,结合政治学、社会学等研究手段,对橘朴的对华观和思想历程进行研究和分析。全文除序章和终章外,共分五章。第一章主要对橘朴的思想形成以及对中国民众社会的认知态度以及对中国问题研究的基本方法进行分析。第二章主要论述橘朴的内藤湖南批判和其对中国官僚阶级以及中国革命性质的分析。第三章在分析橘朴的孙中山以及中国共产党的认识的同时,也分析橘朴对中国近代的民族主义运动的认识。第四章主要通过对橘朴在九一八事变中思想上所出现的"方向转变"的分析,来对橘朴彻底地转变成为了一个为日本侵略"满洲"提供理论政策的"政治思想家"所进行的一个批判。第五章主要通过针对橘朴所提出来的一系列"日本改造"计划所进行的分析,指出橘朴的一系列日本改造构想不但都如同空中楼阁而最终化为了泡影,更揭露了橘朴的"日本改造"方案只不过是对日本露骨的对外侵略政策起到一种更为隐蔽的修饰作用而已。论文通过对橘朴对华认识的研究,在揭示出近代日本对中国认识过程中的矛盾性的同时,也希望通过该研究,对一些时至今日仍在影响着中日关系进程的一些历史问题,能提供一个新的视点。

关键词:橘朴　中日关系　对外政策

**4938**

**加州大学伯克利校区 1964 年自由言论运动研究** / 赵枫著 ; 李庆余指导. -- 南京大学, 2009. -- 268 页

论文主要采用个案分析法、叙述性研究法以及历史与现实相结合的研究方法,以 1964 年 9 月至 12 月震惊全美的加州大学伯克利校区自由言论运动(FSM)为研究对象,通过对伯克利校区自由言论运动进行系统的个案研究,力图理清和剖析这一事件的成因、过程、结局及其影响,并为中国高校的发展提供借鉴。全文共分绪论和正文六章共七部分。绪论介绍研究缘起,结合综述国内外相关研究现状说明论文的研究方法与创新之处。第一章主要论述伯克利的历史与传统,回顾自由言论运动之前伯克利校区学生政治运动的历史。第二章主要介绍该事件的发端,在回顾自由言论运动前夕的伯克利的各方态度和行动的基础上,分析该事件的起因。第三章主要论述该事件的展开情况,对事件的爆发、进一步升级作详尽的叙述与分析。第四章主要论述自由言论运动进入相持阶段之后各方的行动,着重介绍该事件中校方与学生组织之间的博弈。第五章叙述该事件的高潮阶段,对事件中"大逮捕之夜"进行叙述,并着重论述了该校区教师们结束旁观者的姿态,开始介入该事件之后的诸多努力。第六章余绪,对自由言论运动的结束及其深远影响进行分析。

关键词:言论自由　加州大学伯克利分校　美国

**4939**

**美国公民社会的构建及其作用** / 赵梅著 ; 何顺果指导. -- 北京大学, 2009. -- 209 页

论文采用文献调查法、历史分析法和案例分析法,以美国的公民社会为研究对象,对构成美国公民社会的五大要素进行探讨,力求对美国公民社会的构建及其作用进行研究。全文共分为七个部分。导言部分介绍问题的提出、选题的意义以及论文所采用的研究方法、思路与论文结构。第一章回顾了作为美国公民社会主体的志愿组织的发展历程。第二章探讨美国社会早期的公民权和选举权问题,对殖民地时期的选举资格限制、选举权观念的变化、选举权财产限制的废除以及黑人、妇女和印第安人的选举权等问题进行分析。第三章分析美国公民社会赖以存在和发展的法律环境的扩大过程,认为美国公民社会的形成是一个循环渐进的过程,从美国建国到 19 世纪初限制结社,逐渐发展为承认民间机构的独立性,再到 19 世纪 30 年代承认公民的结社自由权,并对美国的慈善立法进行介绍,认为宪法所保障的公民言论及结社自由、美国的慈善立法及管理民间组织的相关立法,是公民社会存在和发挥作用的法律基础。第四章分析美国公民社会的运作及其作用,探讨美国公民社会在促进社会正义,争取平等权利、帮助弱势群体,改良社会风气,发展教育和医疗卫生服务,推动社会改造和公益事业,以及促进人文和社会科学研究等方面发挥着不可替代的重要作用。第五章是对美国公民社会形成和发展中相关问题的解释,对美国公民社会的

起源、形成的客观历史条件及其与政府之间的关系进行总结和分析。最后是结论。

关键词:公民　民主政治　社会秩序　美国

**4940**

**爱德华·布莱登泛非主义思想研究** / 郑龙发著 ; 舒运国指导. -- 上海师范大学, 2009. -- 161 页

论文采用实证分析法、文献资料法和理论综述等研究方法,以爱德华·布莱登的泛非主义思想为研究对象,力图从纵横两个方面对爱德华·布莱登的泛非主义思想的发展脉络、思想内容、特征以及历史影响进行系列性的专门研究。全文分为导言、正文和结语三部分,其中正文分五章论述。导言对相关概念进行界定,阐述研究意义,综述现有的研究及研究资料来源,并对论文框架进行了介绍。第一章主要探讨爱德华·布莱登泛非主义思想的形成与发展脉络及其相关影响因素,认为爱德华·布莱登泛非主义思想以 19 世纪 70 年代为界限分为形成和发展两个阶段,并对其产生来源和特征、转型进行详细的分析。第二章主要介绍爱德华·布莱登的文化民族主义思想,侧重考查其文化民族主义思想的渊源、内容及其影响。第三章主要介绍爱德华·布莱登的文化泛非主义思想,侧重阐述了爱德华·布莱登的泛非宗教思想和泛非教育思想。第四章在回顾美洲黑人与非洲的历史关系的基础之上,追述爱德华·布莱登与"回到非洲去"运动的关系,对爱德华·布莱登的黑人"回到非洲去"思想及其历史影响进行分析。第五章则主要论述爱德华·布莱登的政治泛非主义思想的内容及其发展,并对其历史影响进行分析。最后是结语部分,总结爱德华·布莱登泛非主义思想的特征,指出其具有系统性、时代性和创新性。

关键词:布莱登(Blyden, E. W.)　泛非主义　民族主义　利比里亚

**4941**

**殖民统治时期印度文官招录制度研究** / 周红江著 ; 王红生指导. -- 北京大学, 2009. -- 220 页

论文采用实证分析法、文献资料法、功能分析法和历史与现实相结合的研究方法等,以殖民统治时期印度文官招录制度为研究对象,通过对殖民统治不同时期印度文官招录制度的变化过程和阶段性特点的考察,力求对印度文官招录制度变化的动因及其影响进行分析,揭示英印殖民政权利用文官招录制度维护英国殖民统治的实质及其对后世的深远影响。全文共分四章。第一章主要分析印度殖民地行政体制构建中的相关因素,对东印度公司在行政机构法治化的基础上融合了印度传统的行政主导的管理体制,从而形成带有殖民地专制色彩的英属印度文官机构的历程进行了论述。第二章论述印度文官考试招录制的确立及其实施,重点阐述印度文官考试招录制的确立过程及其实施的结果。第三章主要论述 19 世纪下半叶文官招录中的举荐制和文官的早期印度人化,考察殖民统治时期印度地方官举荐招录制度的延续和扩展,以及殖民地文官印度人化政策的实施历程。第四章则着重分析一战到独立之间殖民地文官印度人化的加速和职位保留制的引入,并对二战及战后的文官招录与印度文官机构的终结与印度行政官机构的建立进行论述,认为殖民地文官招录制度对独立后印度行政官制度产生深远影响。

关键词:殖民统治　文官制度　印度

**4942**

**日本终身学习的理论与实践** / 周建高著 ; 李卓指导. -- 南开大学, 2009. -- 215 页

论文主要采用对比分析法、案例分析法等方法,对日本终身学习的理论与实践进行研究。全文共有十个部分。引论介绍选题的理由、国内外研究概况、研究方法与论文结构。第一章讨论终身教育思想的兴起,包括终身教育论的社会背景、终身教育论的出现、日本对新概念的引进与研究。第二章讨论"迈向终身学习社会"国策的确立,包括关于教育的问题意识、决策中达成共识的方法、教育改革基本原则——迈向终身学习的社会。第三章讨论终身学习事业的推进,包括会议与立法、行政施策。第四章讨论学校教育应对终身学习,包括义务教育奠定终身学习基础、学分制高中、大学开放、研究生教育急速发展和开放。第五章讨论了社会教育与终身学习,包括社会教育的性质、从公民馆看社会教育的变化、社会教育的全面发展、当代远程教育。第六章讨论终身学习的内容和方式,包括儿童与青年的课外学习、职业能力开发、业余学习活动、高龄者学习。第七章讨论终身学习中的地方与民间,包括地方终身学习事业、民间教育文化事业、志愿者事业。第八章讨论终身学习支援体制,包括学习相关场所充实及其网络化、提供学习信息、培养领头羊、评价利用学习成果。第九章讨论世界中的日本终身学习,包括国际终身学习动向、日

本终身学习大势、终身学习事业的日本特色、终身学习与人的发展。

关键词:终生教育　学习社会　日本

4943

近代日本女教育家及其女子学校的研究 / 周萍萍著 ; 李卓指导. -- 南开大学, 2009. -- 260 页

论文以马克思辩证唯物主义和历史唯物主义为指导,借鉴历史学、教育学、社会学和女性学等多学科的研究方法,依据大量的教育史料和官方教育统计数据,从女教育家的成长经历及其教育思想、实施效果等方面考察近代日本女教育家及其女子学校的发展。全文共有七章。第一章绪论,介绍选题意义、研究现状、方法及结构、创新与不足。第二章主要讨论近代日本女子教育的确立与女教育家的诞生,包括前近代女子教育概观、近代日本女子教育的确立和发展、近代日本女教育家的诞生。第三章则讨论实施欧式教育的女教育家与女子学校,包括教会女子教育的代表——失岛楫子与女子学院、欧式女子——鸠山春子与共立女子学园。第四章介绍固守传统女教的女教育家与女子学校,包括儒教保守教育的固守——跡见花溪与跡见女子学校、"女子本分教育"的提出——三轮田真佐子与三轮田女子学校、良妻贤母主义教育的实践——下田歌子与实践女子学校、歌子的教育思想与实践女子学校的教育理念、实践女子学校与清末留日女学生。第五章介绍坚持实学教育的女教育家与女子学校,包括实学女子教育的开创——吉冈弥生与东京女医学校、专业女子教育的发展——津田梅子与女子英学塾。第六章介绍倡导自由人格教育的女教育家与女子学校,包括女性人格教育的实施——安井哲子与东京女子大学、自由主义教育的倡导——羽仁元子与自由学园。第七章是结语部分,包括近代日本女教育家与女子学校大量产生的社会背景与主要因素、女教育家及其女子学校在近代日本教育史中的地位及评价、近代日本女教育家及其女子学校的局限性、近代中日本女教育家及其女子学校的比较。

关键词:女性　教育家　女子学校　日本

4944

18 世纪中叶—19 世纪中叶欧俄农民经济研究 / 周晓辉著 ; 朱寰指导. -- 东北师范大学, 2009. -- 118 页

论文采用文献分析法、案例分析法等方法,对 18 世纪中叶至 19 世纪中叶欧俄农民经济进行研究。全文共有八个部分。引言部分,对国内外研究状况进行综述,介绍选题意义,对基本概念进行限定,概括论文的主要任务。第一部分讨论欧俄农村的社会状况,包括封建经济结构的演变、新的资本主义生产的萌芽、农奴制对欧俄经济的影响。第二部分讨论欧俄农民的农业生产,包括农民种植生产的基本特点、农民种植业的生产状况、农民的饲养业与园艺业。第三部分讨论欧俄农民的封建负担,包括封建义务的变化、农民受剥削的程度、农民义务的变化对农民经济发展产生的影响。第四部分讨论欧俄农民与市场,包括农民与市场联系加强的原因、农民商品性农业生产的加强、农民手工业产品商品化的加强、经商农民。第五部分讨论欧俄农民的分化,包括农民土地所有制的加强、外出打工农民、农民分化的三个阶段。第六部分讨论欧俄农民的反抗运动,包括农民反抗运动不断高涨的原因、农民反抗运动的特点、农民反抗运动的影响。第七部分讨论政府农民经济政策的调整,包括农民经济政策调整的原因、农民经济政策的松动。

关键词:农民　农业经济　俄国

4945

欧盟语言政策研究(1958—2008) / 周晓梅著 ; 许洁明指导. -- 云南大学, 2009. -- 174 页

论文采用历史分析法、描述性研究法、问题调查法和跨学科研究法,以欧盟语言政策与欧洲一体化之间的关系作为研究对象,力求解析和论证欧盟语言政策的演变及沿革,以及欧盟成员国在语言政策领域发展共同政策、战略和行动能力的历史,并借此进一步理解欧盟语言政策对欧盟一体化的重要作用。全文分为导言、正文和结论三部分。导言介绍选题意义、研究思路、研究现状及存在的问题,并对相关概念进行界定。正文分为五章论述。第一章总体分析欧盟语言政策与欧洲一体化的关系,对欧洲一体化的历史背景、基本理论、各成员国的语言背景、欧盟一体化与欧盟公民的社会参与能力进行回顾和评析。第二章介绍欧盟的语言机制以及欧洲一体化进程中所面临的语言问题,并对欧盟的语言政策进行解读。第三章介绍欧盟具体的语言政策,对欧盟官方语言推广计划、区域及少数语言推广计划、欧洲语言年、促进语言学习和语言多样性行动计划和多语言战略进行逐一介绍和分析。第四章分析欧盟语言政策成效,分层次对以上的欧盟语言行动和计划的实施成效进行评析。第五章从欧盟语言政策的法源依据、构架、目标、特

征,以及欧盟语言政策与经济、就业、教育、文化、视听媒体等相关政策之间的相互关系来分析欧盟语言行动和计划的成效对欧洲一体化的影响。最后是结论。

关键词:语言政策　语言史　欧洲国家联盟

**4946**

**日本近世寺子屋教育研究** / 朱玲莉著 ; 李卓指导. -- 南开大学, 2009. -- 182 页

论文主要对日本近世寺子屋教育进行了研究。全文共有七个部分,包括序言与结语。序言部分,介绍寺子屋概念的源流及其界定、寺子屋教育研究的概况、寺子屋教育研究的意义、论文的创新与不足。第一章主要是寺子屋教育的历史概观,首先介绍寺子屋教育的前身——中世纪寺院教育,其次讨论近世寺子屋教育发展的社会基础,最后分析寺子屋教育的兴起、发展和繁荣。第二章讨论寺子屋的师匠与经营,介绍寺子屋师匠的身份,分析寺子屋师匠的素质及师生关系,阐述寺子屋的经营。第三章讨论寺子屋的寺子,介绍寺子的基本状况、寺子屋中的女寺子的情况。第四章讨论寺子屋的教育内容和方法,介绍了寺子屋的教学内容、寺子屋的教材——往来物、寺子屋教学方法和学习形式。第五章是寺子屋教育的典型分析,首先是对琦玉郡寺子屋"玉松堂"的介绍,包括就学情况、经营方式、教育方法等方面;其次是对伊势国的"寿砚堂"的介绍,包括其基本概况、入门者的生活和生涯等方面。结语部分则主要是对寺子屋教育的特征进行归纳总结,并进一步指出寺子屋教育在日本教育史上的意义,认为寺子屋教育在日本教育史上发挥了不可忽视的作用。

关键词:平民教育　寺子屋　教育史　日本

**4947**

**二十世纪法国知识分子运动中的雷蒙·阿隆评析** / 朱晓罕著 ; 高毅指导. -- 北京大学, 2009. -- 121 页

论文采用文献资料法、历史分析法、理论综述等方法,以 20 世纪法国知识分子运动中的"阿隆问题"为研究对象,借鉴法国知识分子史这一国际前言学科的研究成果和方法,在已有研究成果的基础上,结合雷蒙·阿隆的著作《政治哲学引论》等,力求尝试对"阿隆问题"进行回答。全文分为导论、正文和结语三部分,其中正文分为四章论述。导论主要阐述选题意义和相关研究史,并对论文的研究视角、创新之处和所涉及的基本文献进行介绍。第一章主要论述阿隆对孟德斯鸠、托克维尔政治社会学理论的继承以及差异,并对阿隆政治社会学理论的革新进行分析,认为雷蒙·阿隆通过对多元民主的剖析,从而对"自由式民主"思想进行了革新。第二章主要通过分析阿隆对极权主义批判的预见性、独创性和持续性,认为阿隆是"自由式民主"制度的坚定维护者。第三章主要通过分析阿隆对阿尔及利亚战争的"介入"以及与其他反战知识分子的比较,认为阿隆在"介入"社会政治生活的过程中,在坚持民主化原则的基础上,采取工具理性和价值理性相结合的行为方式。第四章则通过对阿隆对战后法国知识界"左倾化"和"新右派"的批判活动的回顾与评析,认为阿隆对法国革命以来的激进主义政治文化进行纠偏,在法国现代政治民主化的进程中发挥了重要作用。最后是总结与研究结论。

关键词:阿隆(Aron, Raymoud Claude ferdinand)　知识分子　自由主义　政治思想　法国

**4948**

**尼基塔斯·侯尼亚迪斯《记事》研究** / 邹薇著 ; 陈志强指导. -- 南开大学, 2009. -- 261 页

论文立足尼基塔斯·侯尼亚迪斯《记事》原文,采用文献资料法、描述性研究方法并借鉴心理学和统计学等方法,以《记事》为研究对象,力图通过全面分析《记事》的修纂和内容,解析《记事》古典表象后的神学内核与尼基塔斯的思想观念,确定《记事》的史学价值,揭示其对文艺复兴史学的影响。全文分为绪论、正文四章和结语共六部分。绪论介绍选题缘由与选题意义,结合文献综述和研究概况说明研究对象与方法。第一章梳理尼基塔斯的生平和《记事》的修纂背景,阐述拜占庭的著史传统和尼基塔斯自觉担负的史家责任,探讨尼基塔斯同时代的共鸣,进而分析《记事》诞生的条件和原因。第二章主要从政治经济、军事外交和社会生活三个方面考察《记事》中所反映的 12 至 13 世纪初的拜占庭帝国,通过勘误等方式,试图重构这一时期拜占庭帝国的社会面貌。第三章重点解析《记事》古典表象及其古典表象后的神学内核的具体体现。第四章则通过解析《记事》古典表象后的神学内核的基础上,探知尼基塔斯的思想观念,具体考察和剖析其历史观、政治观、宗教观和道德观等。结语部分总结与评价。

关键词:尼基塔斯·侯尼亚迪斯　拜占庭帝国　史学史

4949

**古罗马家庭研究:从共和晚期到帝国早期** / 邹芝著 ; 裔昭印指导. -- 上海师范大学, 2009. -- 150 页

论文采用历史分析法、功能分析法、观察法和逻辑分析法等,以共和国晚期到帝国早期这段时间的古罗马家庭作为研究对象,以父权制为研究切入点,来考察古罗马家庭的演变,力图通过对个体、家庭和国家之间相互作用和关系的研究来揭示古罗马人调整这些关系的法律手段和各种措施,从而实现古罗马由共和制向帝制的社会转型的历史过程。全文共分为四章。第一章从古罗马家庭的定义入手,阐明古罗马家庭的两大特征,厘清家庭成员的划分,并重点阐述古罗马家庭的功能及其在转型时期所呈现的新特征。第二章着重探讨古罗马的婚姻制度,认为这一时期无论是婚姻的程序、婚姻的类型还是婚姻的状况都发生了极大的改变。第三章探讨古罗马家庭成员关系的变化,着重剖析古罗马家庭中的夫妻关系以及父母与孩子的关系,并介绍当时国家通过法律手段规范夫妻关系和家庭秩序的立法状况。第四章着重分析古罗马妇女地位的提高,通过女性从家庭领域走向公共领域,探讨古罗马妇女传统角色的改变,并从女性与生育的角度进行分析,指出古罗马的女性地位无论如何改善,父权制社会对女性最大的角色期待仍然是其生儿育女的能力。最后是结论。

关键词:古罗马　家庭　婚姻

## 考古学及博物馆学

4950

**博物馆学理论和原则的研究** / Kapukotuwa Mudiyanselage Alexander 著 ; 杨建华,吕军,张文立指导. -- 吉林大学, 2009. -- 293 页

论文运用了描述性研究法、个案分析法、比较分析法、实证分析法、系统分析法等,以博物馆学理论和原则为研究对象,力图对博物馆学藏品的收集、分类、存储与展览等问题进行系统、深入阐述与研究。论文分为正文五章和结论等部分。第一章阐述古代世界博物馆的历史,着重分析现代世界博物馆的特色以及世界各地区博物馆之间的关系。第二章结合一些亚洲地区博物馆的藏品分类举例,讨论博物馆藏品收集与分类系统的相关理论与原则,并介绍博物馆学的国际进程和国际方法。第三章集中讨论博物馆藏品的登记、编目与建档的具体操作方法。第四章集中讨论博物馆藏品的存储和处理系统,具体阐述博物馆存储区的建设规划与基础设计等相关问题。第五章集中讨论博物馆藏品的展览方法和展览系统。最后是结论部分,概述全文主要研究内容,归纳研究结论。

关键词:博物馆学　博物馆学史　博物馆事业

4951

**四川盆地早期青铜文化研究:以早期巴蜀文化为例** / 陈果著 ; 李昆声指导. -- 云南大学, 2009. -- 265 页

论文综合运用历史学以及聚落考古、文化因素分析、遗存功能分析、环境考古等考古学的相关理论与研究方法,以早期巴蜀文化为研究对象。力图对四川盆地早期青铜文化的来源、文化特征、类型、分期及其族属等问题进行深入研究与探讨。论文共分十一章。第一章考察四川盆地的古环境与地貌。第二章主要讲述旧石器时代时代四川盆地早期人类活动及其文化。第三章主要讲述新石器时代四川盆地早期人类活动及其文化。第四章论述新石器时代末期成都平原古城址群的产生,探讨各古城所反映出的社会结构及其对三星堆古城的影响。第五章着重探讨早期蜀文化与早期巴文化的来源,明确提出鱼凫村三期遗存是早期蜀文化的直接来源。第六章分析早期巴蜀文化的考古学特征及其文化内涵。第七章对四川盆地早期青铜时代的城址与聚落进行了研究,对三星堆古城进行剖析,并对峡江地区的早期聚落进行系统地研究。第八章对早期巴蜀文化的区系与分期进行研究。第九章对历史上所载的巴、蜀两国进行回顾。第十章对早期巴、蜀文化的族属进行分析,认为早期巴文化是三苗系统民族所创造的,而早期蜀文化则是濮人所创造的。第十一章着重探讨早期巴蜀文化与周边文化之间的关系。

关键词:青铜器　考古　四川盆地

4952

**喇嘛洞墓地三燕文化居民人骨研究** / 陈山著 ; 朱泓指导. -- 吉林大学, 2009. -- 240 页

论文主要运用考古学、分子考古学、古人种学、人类学等相关学科的研究理论与方法,以出土于辽宁省朝阳北票喇嘛洞墓地的三燕文化居民人骨为研究对象,力图对三燕文化居民人骨进行体质人类学分析,并结合对于喇嘛洞三燕文化居民的体质方面的认识,讨论其族属的可能性、社会角色及生活方面等一系列

问题。论文共分九章。第一章绪论,介绍喇嘛洞墓地的自然地理概况与考古学背景,阐述论文的研究目的及相关说明。第二章阐述对喇嘛洞墓地三燕文化居民的性别、年龄鉴定及人口学研究等相关状况。第三章主要对其居民人骨进行颅骨非测量性状的研究。第四章主要对其居民人骨进行颅骨测量性状的研究。第五章主要对其居民种族类型进行探讨,并将其与亚洲蒙古人种各近代组、相关古代居民之间进行比较,进而分析了喇嘛洞墓地三燕文化居民体质特征来源。第五章主要对喇嘛洞墓地三燕文化居民的身高进行推算,并将之与其他古代组进行比较。第六章主要对喇嘛洞墓地三燕文化居民人骨进行古病理学研究,分析了其骨骼损伤、骨骼疾病、牙齿疾病与畸形以及其他病理现象等。第八章讨论喇嘛洞墓地三燕文化居民的族属及其社会角色。第九章结语,阐明研究结论与进一步的研究思考。

关键词:墓葬　骨骼　体质人类学

**4953**

**甘青地区与西南山地先秦时期考古学文化及互动关系** / 陈苇著 ; 李伊萍指导. -- 吉林大学, 2009. -- 244 页

论文综合运用考古学、古气候学的相关理论与研究方法,以甘南地区与西南山地先秦时期考古学文化及互动关系为研究对象,力图对甘南地区和西南山地仰韶时代中期至战国晚期诸考古学文化遗存的性质、分期和年代等问题以及两地之间相似的文化因素进行研究,并在此基础上探究这一时期甘南地区考古学文化对西南山地的传播影响以及在这些影响下西南山地文化格局的变迁。论文共分九章。第一章绪论,介绍论文研究的时空范围、研究区域内的自然环境与考古发现及研究简史。第二章阐述甘南地区考古遗存时空框架,介绍其新石器时代、青铜时代考古遗存研究,并阐述甘南地区考古学文化分区与阶段划分。第三章对岷江流域考古遗存进行研究。第四章对大渡河流域考古遗存进行研究。第五章对雅砻江流域考古遗存进行研究。第六章对金沙江上、中游考古遗存进行了研究。第七章对澜沧江上、中游考古遗存进行了研究。第八章结合上述分析,总结出甘南地区和西南山地之间存在着"四纵三横"的平面交通路线和"西进、南下—南下、东渐"的阶段性特征,进而针对甘南地区和西南山地考古遗存自身特点,并结合自然、社会环境分析这种文化传播的模式和原因。第九章结语部分,得出研究结论。

关键词:考古　新石器时代文化　甘肃　先秦时代

**4954**

**吉林省东部地区黑曜岩石器微痕研究** / 方启著 ; 朱泓,陈全家指导. -- 吉林大学, 2009. -- 256 页

论文主要运用考古实证研究法,以吉林省东部地区黑曜岩石器微痕为研究对象,通过模拟实验的方式,对吉林省东部地区 7 处以黑曜岩石器为主体的遗址或地点挑选的 55 件石器的 84 个使用刃口进行微痕分析与观察,进而力图对旧石器时代晚期生活在吉林省东部地区的古人类的黑曜岩石器使用情况进行较为全面地研究。论文共分五章。第一章绪论,介绍石器功能研究的方法,对石器微痕研究简史以及吉林省东部地区黑曜岩石器的研究现状进行概述,并阐述对吉林省东部地区黑曜岩石器进行微痕分析的设想。第二章主要介绍实验标本的设计与制作。第三章主要展开对实验标本的微痕观察与分析,阐述实验对象的选取、实验方式与方法以及实验观察记录状况。第四章主要展开对考古标本的微痕观察与分析。第五章结语,主要对实验标本与考古标本进行了比较分析,进而得出研究结论。

关键词:石器　痕迹　考古学　吉林

**4955**

**辽西地区以筒形罐为特征的考古学文化研究(距今 8000—4000 年)** / 郭明著 ; 黄建秋指导. -- 南京大学, 2009. -- 184 页

论文综合运用类型学、聚落考古、环境考古、文化因素分析、遗存的功能分析以及文化层次分析法等考古学研究方法,以距今 8000—4000 年的辽西地区新石器时代的筒形罐及相关遗址特征为研究对象,力图对辽西地区新石器时代考古学文化的内涵进行重新界定,并在新的考古学文化划分的基础上进一步讨论该地区新石器时代考古学文化的关系及社会结构的变化。论文分为绪论、正文五章和结语。绪论概述辽西地区新石器时代的地理环境与气候变化,并结合相关研究现状综述说明论文的写作方法及篇章安排。第一章主要阐述筒形罐的演变与分期,根据器型及纹饰的变化,结合器物的共存关系,将辽西地区新石器时代的筒形罐分为六期十四段。第二章通过对不同时期筒形罐特征的分布及其区域特征的总结,讨论不同时期筒形罐特征分布范围的变化。第三章通过对

发现筒形罐的遗址的房址和墓葬的分析，讨论了其聚落形态的时空变化。第四章结合遗迹和遗物分析的结果，对辽西地区新石器时代考古学文化进行了重新界定，并对其文化关系做初步的讨论。第五章通过对不同时期的聚落的分析，讨论聚落形态所反映的不同时期的社会结构的变化。最后是结语，总结全文，阐明研究结论。

关键词：辽西地区　新石器时代　考古学

**4956**

**隋唐东都城空间布局之嬗变** / 霍宏伟著 ; 霍巍指导. -- 四川大学, 2009. -- 402 页

论文对隋唐东都城空间布局之嬗变进行分析研究。全文共分七章。首先绪论，介绍选题的目的与意义，回顾学术史，并阐述资料基础与研究的主要方法。第一章介绍地理环境、建都传统与东都城的空间体系，指出建都是从时空的角度对隋唐洛阳城定位，并从地理环境、历史沿革两个方面阐述了影响城市建设的地理与历史因素，同时还强调在诸多地理因素中，与东都城关系最为密切的是两山四水。第二章分析宫城与皇城的空间布局，首先梳理宫城主体建筑空间布局的演变历程，随后阐述隋唐两代皇城布局的不同特点，指出洛阳唐代皇城与隋代皇城最大的区别在于新增“左祖右社”，符合周礼之制。第三章分析东城俞含嘉仓城的布局，在东城部分指出隋唐时期东城布局发生的细微变化，在含嘉仓城部分，则根据已发掘的考古遗迹，将仓城分为仓窖区、场区及纳粮区登个功能区。第四章介绍外郭城的空间布局，一方面对里坊区基本情况及里坊形制布局特点作出了较为详细的介绍，着重对近 20 年来东都城里坊遗址的考古勘察与发掘情况进行总结；另一方面，依据其性质的不同，划分出外郭城建筑的 7 中类型。第五章分析城外重要遗存的空间布局，如离宫别苑、隋唐墓地等建筑的空间布局，重点探讨隋唐墓地分区、墓地类型与社会空间、墓地分布特点以及变化原因等问题。第六章探讨隋唐东都城的空间布局的分区与分期，按照地理空间位置、功能的不同，将其划分为宫城皇城区、洛北及洛南里坊区等三区，其中宫城皇城区是以国家行政区为核心，宫城周围分布诸小城，具有军事防卫取得性质。第七章讨论隋唐东都城空间布局的形成于演变过程，以隋代东京与武周神都城为重点，兼顾其他时期洛阳城空间布局的变化，深入剖析隋唐东都城规划的理念。最后为结语。

关键词：隋唐考古　古城遗址　城市空间　洛阳

**4957**

**黄河下游地区古代社会文明化进程的研究** / 贾笑冰著 ; 王巍指导. -- 中国社会科学院, 2009. -- 110 页

论文综合运用聚落分析、环境分析、文化因素分析、遗存的功能分析、地理信息系统分析等考古学的研究方法，并结合古气候学的相关理论，以黄河下游地区古代社会文明化进程为研究对象，力图通过对黄河下游地区史前时期考古学文化的系统梳理，进而分析该地区文明化进程的特点与社会组织结构的变化。论文共分六章。第一章绪论，介绍研究的选题原因，结合对以往相关研究的回顾，说明论文的理论基础、研究方法以及相关概念的解释。第二章主要从地形地貌、水系、气候变迁等角度考察黄河下游地区自然地理环境，并探讨该地区气候变迁与考古学文化的关系。第三章主要阐述黄河下游地区古代社会文明化过程的考古学背景，分析该地区的考古学时空框架及其社会经济的发展状况。第四章主要对黄河下游地区文明化进程的聚落形态进行考察，重点分析该地区聚落布局的发展演变，进而探究不同历史阶段新型聚落出现的背景及其社会意义。第五章主要考察史前时期黄河下游各个地区的墓地格局的演变以及墓葬在规格、随葬品数量等方面的变化，进而探究各时期墓葬变化的规律及其意义。结语部分总结全文，进一步概括这一地区文明化进程的特点。

关键词：文化史　考古学文化　中原地区

**4958**

**辽金元都城制度研究** / 李冬楠著 ; 魏坚指导. -- 中国人民大学, 2009. -- 173 页

论文对辽金元都城制度进行分析研究。全文共分七章。第一章绪论，分析选题的意义，对辽金元三代都城进行界定，并确定论文的研究思路。第二章详细介绍辽金元都城的考古发现与研究现状，并对当前辽金元三代都城考古与研究的热点问题进行讨论。第三章对辽代都城的制度进行研究，探讨辽上京城和辽中京城各自的特点以及辽代都城的整体特点，并讨论辽代都城的相关问题，包括组陵、祖州城与辽上京的关系，同时还梳理辽代都城制度的演变过程。第四章重点对金代的都城制度进行研究，将金上京和金中京都各自的特点、金代都城的整体特色以及金代都城相关的问题展现了出来，具体分析金上京东郊的宫殿

选址以及金代都城制度的演变。第五章研究元代的都城制度,对哈喇和林、元上都、元大都和元中都各自的特点以及蒙元都城的整体特点进行描述,最后分析上都城的规划特色、大都城的民族特色以及蒙元都城布局的具体演化过程。第六章对辽金元三代前、后都城制度进行对比分析,归纳辽金元三代前期兴建的都城的共同特点和后期建设的都城的共同特点,并分析其中的原因与意义,同时对辽元两代都城制度与金代的都城制度的不同特点进行归纳,探讨其中的原因。第七章总结辽金元都城制度的总体特点,包括非单一统治中心的传统、营建宗教建筑、推崇人与自然的和谐等特点,分析三种文化模式的形成过程与原因,并指出了这些特点是北方民族特权都城制度区别于中原汉文化都城制度的主要方面。最后为结语部分。

关键词:都城　城市规划　辽代　金代　元代

**4959**

**黑龙江流域及东临地区旧石器工业研究** / 李有骞著 ; 冯恩学,陈全家指导. -- 吉林大学, 2009. -- 233 页

论文采用地理信息系统分析法、地层年代序列分析法、遗存功能分析法、描述性研究法等给考古学研究方法,并结合古气候学相关理论,以黑龙江流域及东临地区旧石器时代石器为研究对象,力图对该地区及相邻地区旧石器时代人类的历史发展过程进行较为全面、深入研究。论文共分八章。第一章绪论,介绍研究的地理范围、问题缘起、研究思路和方法,以及基本概念和观测体系的说明。第二章总结该地区旧石器时代的考古发现与研究成果。第三章以全球气候变化曲线为背景,根据遗址的沉积物、孢粉、动物群的特征好测年数据等建立了该地区的地层年代序列,并在此基础上,对该地区发现的石器进行系统的分类、归纳和总结。第四章考察第一、二期的石器工业,着重分析其砾石、石片、石叶工业的遗存状况和工业特征。第五章考察第三、四、五期的石器工业,着重分析其 A、B、C、D、E、F、G 区的细石叶工业的遗存概况、工业特征及其年代分期。第六章总结旧石器工业的总体特征,分析旧石器工业的原料、剥片技术及工具类型的阶段性特征与区域性特征。第七章讨论黑龙江流域及东临地区旧石器时代石器与周边地区相关遗存的关系。第八章结语,阐述研究结论。

关键词:黑龙江　旧石器时代考古　石器

**4960**

**殷墟动物遗存研究** / 李志鹏著 ; 袁靖指导. -- 中国社会科学院, 2009. -- 435 页

论文对殷墟的动物遗存进行分析研究。全文共分五章。第一章绪论,对殷墟动物遗存的发现与研究进行了概述,指出论文的研究资料与理论、方法,阐述论文的研究思路与技术方法,最后对动物遗存进行了整理与分析。第二章探讨晚商时期的殷墟动物群,首先分析殷墟动物群的种属构成以及殷墟不同地点出土动物遗存的种类构成以及不同动物在动物群中的相对比例,随后对动物骨骼形态进行观察与测量,并分析动物骨骼的表面痕迹,接着研究动物骨骼部位的分布,最后研究了殷墟动物群所反映的自然环境与气候。第三章分写殷墟动物遗存所反映的晚商家畜饲养业,首先对晚商时期的家畜饲养业情况进行了概述,随后分析殷墟家猪的死亡年龄结构与屠宰模式,得出有关的研究结果,接着分别对晚商时期的养牛业与养羊业进行研究,展开黄牛与水牛是否家养的讨论,并从牙齿萌出、磨蚀级别与骨骼愈合状况以及年龄判定分析羊的死亡年龄结构与屠宰模式,最后探讨某些家养动物的食性问题,指出骨化学在动物食谱研究中的应用,同时还概述晚商以前黄河流域地区家畜饲养业的概况,并梳理晚商时期的发展历程。第四章研究了殷墟仪式性埋葬的动物与晚商时期的兽牲制度,通过对殷墟墓葬中随葬的有关动物遗存的研究,介绍墓葬中与肉食类祭品有关的动物种属构成、种类组合以及其相对比例,并分析随葬动物的死亡年龄构成,最后探讨葬墓中的殉牲,即殷墟墓葬以外特殊埋葬中出土的动物牺牲。第五章为结语。

关键词:都城　动物遗存　商代

**4961**

**关中地区新石器时代的社会复杂化研究** / 刘斌著 ; 陈星灿指导. -- 中国社会科学院, 2009. -- 348 页

论文对关中地区新石器时代的社会复杂化进行分析研究。全文共分七章。第一章绪论,介绍进化论语社会复杂化的相关研究,分析社会复杂化研究的相关问题,概述关中地区新石器时期的考古发现与研究成果,最后说明论文使用的主要理论方法。第二章介绍关中地区的自然地理,首先简要概述了现今该地区的地形地貌、河流水系以及其气候特征,随后结合已有的研究成果,综合利用散见于各考古报告的动物骨骼资料,对关中地区新石器时代的气候进行初步研

究。第三章对关中地区新石器时代的文化谱系进行研究，包括老官台文化、庙底沟文化以及客省庄文化，指出关中地区文化谱系研究比较成熟，并在利用已有的成果的基础上，对各时期的考古学文化及其类型进行了概述，对其中的某些方面进行新的研究。第四章探讨聚落形态所反映出的关中地区社会复杂化过程，分别从单个聚落形态内部布局、聚落内部遗迹现象、区域聚落形态等三个层次，根据不同的研究需要及资料情况，利用不同的时间尺度，对关中地区各时期的聚落形态进行了细致的研究。第五章研究经济形态所反映出的关中地区社会复杂化过程，从农业经济、手工业经济等两大内容入手，综合以往零散的资料，对涉及的五部分内容，从纵向的角度进行梳理。第六章分析宗教祭祀、艺术品等反映出的关中地区社会复杂化过程，讨论宗教祭祀的有关遗物、艺术品以及刻划符号与社会复杂化的内在关联，并探究刻划符号的不同性质及其年代问题。第七章为文章的结语部分。

关键词：新石器时代　文化遗址　关中　陕西

**4962**

**关中地区魏晋十六国北朝墓葬研究** / 刘卫鹏著 ; 张学锋指导. -- 南京大学, 2009. -- 255 页

论文综合运用类型学、聚落考古、环境考古、文化因素分析、遗存的功能分析以及文化层次分析法等考古学研究方法，结合历史文献分析法、个案分析法等，以关中地区魏晋十六国北朝的墓葬特征和发展态势为研究对象，力图对其进行综合研究，并探讨隋唐墓制的渊源。论文分为绪论、正文六章和结语。绪论部分介绍关中地区的地理环境、民族构成和关中地区魏晋十六国北朝时期简史，并对其墓葬发现和研究状况进行梳理和分析。第一章主要对关中地区魏晋墓进行类型学分析，将其分为三组三期，并对其墓葬的特征和发展态势进行了研究。第二章主要对关中地区十六国墓进行类型学分析，将其分为五组四期，并对其墓葬的特征和发展态势进行研究。第三章主要对关中地区的北魏墓进行类型学分析，将其分为七组三期，并对其墓葬的特征和发展态势进行研究。第四章主要对关中地区西魏北周墓进行类型学分析，将其分为三期，并对其墓葬的特征和发展态势进行研究。第五章将关中地区魏晋十六国北朝墓葬分为四个时段，对其墓葬特征进行概述。第六章对隋唐墓制的渊源分别从墓上设施、葬具、壁画、随葬器物等方面进行全面探讨。最后是结语部分，阐明研究结论。

关键词：墓葬（考古）　墓葬形制　关中

**4963**

**匈奴葬仪的考古学探索：兼论欧亚草原东部文化交流** / 马健著 ; 林梅村指导. -- 北京大学, 2009. -- 347 页

论文对匈奴葬仪进行考古学探索，同时讨论欧亚草原东部文化交流的特点。全文共分六章。第一章简述匈奴研究从 18 世纪下半叶至今经历的五个不同的发展阶段，对以往鲜有质疑的“匈奴”考古学文化定名问题进行了重新审视，指出考古学判别的“民族”主要是文化的概念，判别族属的首要标准是反映特殊精神层面、功能性不强的特殊的葬仪与习俗。第二章介绍匈奴中心区域葬墓的分区与分期，梳理了集中分布在鄂尔浑河、色楞格河流域的墓葬资料的年代及考古学文化面貌，并根据墓葬形制、殉牲、陶器穿孔、打印戳等习俗以及随葬品类别、形制等方面表现出的一致性将这些墓葬归入同一文化。第三章介绍匈奴中心区域周缘匈奴遗存的辨识与分区，首先对匈奴周边区域内遗存的族属与性质进行逐一甄别，并结合地域与文化内涵将其分别归入匈奴边疆区、匈奴辐射区以及域外汉地，集中讨论各区之间的文化联系。第四章对匈奴葬仪的多种文化因素及其等级制度进行研究，首先分析匈奴葬仪起源研究中存在的问题，随后讨论匈奴葬仪融合的多种文化因素，阐述匈奴葬仪的特点，并将其进行等级划分，最后研究匈奴葬仪等级制度的形成与发展。第五章介绍考古所见的匈奴习俗与礼仪，对匈奴的生活用具、生产工具、武器、马具、车器、服饰等进行综合考察，同时探索了匈奴对汉、屈射、坚昆、丁零墓文化等多个部族的文化因素吸纳、融合的情况以及匈奴对外关系从扩张转向贸易的历史背景。第六章为结语部分。

关键词：匈奴　葬礼　考古学　等级制度

**4964**

**聚落与社会：商周时期周原遗址的考古学研究** / 马赛著 ; 徐天进指导. -- 北京大学, 2009. -- 326 页

论文综合运用聚落考古、环境考古、地图分析、文化因素分析、遗存的功能分析、地理信息系统等考古学研究方法，以商周时期周原遗址为研究对象，力图对周原遗址商周时期的聚落的时空分布进行细致的分析与讨论，进而对聚落内部的人群构成与流动、经济生产与生活以及遗址的性质与地位等问题进行研

究。论文共分六章。第一章绪论,介绍论文的研究背景,结合考古发现与研究概况的综述,说明论文的研究目标、思路和研究方法等。第二章主要厘清商周时期周原聚落的发展和变化过程,并对其中所反映的人群流动情况进行分析。第三章主要讨论商周时期居住于此的人群的构成情况,包括等级结构与族群构成等,并对贵族家族的发展、变迁情况进行分析。第四章主要讨论商周时期周元的经济生产与社会生活状况,重点对周元农业、手工业生产和建筑功能等问题进行考察。第五章在前文相关论述的基础上,将周原遗址置于整个关中西部的宏观区域环境中进行考察,着重分析周原遗址在整个区域中的地位和作用。第六章为结语,概述全文,阐明研究结论与进一步认识。

关键词:文化遗址　考古　商周时代

**4965**

**东周齐国乐器考古发现与研究** / 米永盈著 ; 刘凤君指导. -- 山东大学, 2009. -- 144 页

论文以考古学与音乐学、文献学研究方法相结合,采纳其他相关学科的治学思路,对乐器的古代文化遗存进行研究。全文共分六章。第一章序言,确定研究的选题,从齐文化的研究与齐国文物的考古研究以及齐国音乐的研究分析选题研究的基础与现状,从而确定研究的主要方法,并对相关问题进行说明。第二章对东周齐国乐器考古发现的地域分布与年代进行分析,首先概述东周齐国乐器的考古发现,随后对东周齐国都乐器考古发现的地域分布进行了说明,包括鲁中、北地区以及胶东半岛,接着又对东周齐国乐器考古发现的年代进行分析,其中代表性乐器有镈钟、甬钟、钮钟、石磬等,最后简要介绍东周齐地其他族群墓葬中的出土乐器。第三章对东周齐国乐器考古发现的分类进行了研究,首先从钟角度入手,指出钟分为镈钟、甬钟、钮钟等,第二类为句鑃、钲,第三类为磬,并详细介绍磬的形制特征与音乐性能,第四类为鼓,第五类是琴、瑟,第六类则为埙、竽(笙)。第四章探讨东周齐国乐器考古发现的特点及其文化成因,指出东周齐国尚侈、好乐之风与厚葬之风,并分别从国家礼制之"俗"、宫廷音乐之"俗"以及随葬乐器之"俗"分析"与俗同好恶"的俗乐之风,接着探讨了逾规越制与"礼崩乐坏"的现象产生的原因,最后研究了齐国女性的社会地位,列举了齐墓随葬的乐器与"女乐"。第五章分析东周齐国器乐文化在秦、汉时期的延展,即齐文化的延续和发展以及齐国乐器的流风余韵。第六章为全文的结语。

关键词:古乐器　考古　音乐　齐国　东周时代

**4966**

**从拓跋到北魏的考古学研究:以墓葬为中心** / 倪润安著 ; 齐东方指导. -- 北京大学, 2009. -- 146 页

论文基于对墓葬的研究,探讨从拓跋到北魏的考古学的发展。全文共分四章。首先导论,分析研究的角度与重点。第一章基于对呼伦贝尔两汉时期遗存的分析,讨论拓跋的族源等相关问题。提出在扎赉诺尔墓群中,代表鲜卑的红马山文化进入较早,东汉早、中期之际又有代表丁零的布尔霍图伊文化进入,两者接触、交融形成了拓跋,并指出红马山文化石拓跋的主源。第二章研究拓跋南迁匈奴故地的遗址与路线,指出檀石槐鲜卑为巩固自己根据地的西部屏障,而分封第二推寅拓跋邻为西部大人,由此引发了拓跋的南迁,其迁徙时间始于桓帝延熹十年,结束于灵帝在位期间,整个过程并不太长。第三章分析从盛乐到平城北魏平城时代墓葬文化的形成与发展,提出平城、盛乐及附近地区墓葬文化的形成有远、近两种渊源,分析其对北魏正统化进程所产生的深远影响,同时指出平城、盛乐地区墓葬文化对其他地区的影响是广泛和深入的,在平城时代后期已初步形成了辽西—平城—关陇的文化一体带,起到主脊的作用,维护着帝国的稳定。第四章阐述了北魏洛阳时代墓葬文化的特征与地域分化,进一步系统总结了略阳地区墓葬文化的特征,并对随葬品中最为丰富的陶瓷器、陶俑和模型明器进行分期,试图探寻洛阳时代四十年间墓葬文化发展的转折点,然后通过与其他地区之间的横向比较,从墓葬文化地域分布格局的角度,解读北魏以分裂形式灭亡以及东西魏对峙局面能够巩固的原因。最后为结语部分,对全文的研究思路与结论进行总结。

关键词:鲜卑　墓葬　考古学　民族历史

**4967**

**中国历史文化名城保护:以中原北方地区历史文化名城为例** / 庞玥著 ; 徐苹芳指导. -- 北京大学, 2009. -- 175 页

论文采用文献资料法、个案分析法、实证分析法、问题调查法、跨学科研究法等,以中原北方地区历史文化名城保护为研究对象,结合城市考古调查资料、历史文献和古旧地图,以及历史地理、建筑学、城市规划学等相关学科的理论,力图对中原北方地区中小型

历史文化名城保护的问题进行深入研究。论文共分七章。第一章绪论,对研究相关理论与既有研究成果进行分析与述评,阐明研究意义及论文的研究主旨和方法,并对论文所涉及的有关概念作了说明。第二章主要分析中国历史城市的发展历程和特点,并与欧洲历史城市进行比较,以此说明中国古代城市发展具有独特性。第三章回顾中国历史文化名城的保护历程,对保护现状及其困境进行分析,同时对中国的保护理念进行探讨。第四章通过对历史文化名城价值的探析,说明历史文化名城保护的实质是通过城市历史信息来体现与传递城市的价值。第五章对中原北方地区的中小型历史文化名城进行了历史情况和现状分析。第六章对中原北方历史文化名城保护工作的得失进行了分析,并考察历史文化名城保护规划的发展与演变。第七章结语,归纳了历史文化名城保护的原则,阐述我国古代城市科学研究与相关人才的培养对于名城保护的重要性。

关键词:文化名城　文物保护　城市规划　中原

**4968**

**魏晋南北朝士家大族墓葬与社会变迁** / 沈睿文著 ; 齐东方指导. -- 北京大学, 2009. -- 124 页

论文对魏晋南北朝的士家大族墓葬与社会变迁进行分析研究,探讨士家大族墓地所见的墓制文书体、弩机以及北朝崔氏圆形墓出现的原因等问题。全文共分四章。首先为绪言部分。第一章对魏晋南北朝时期的士家大族墓葬进行分析,分别对临淄北朝崔氏墓地、南京象山王氏墓地、南京南郊谢氏墓地、南京老虎山东晋颜氏家族墓地、南京仙鹤观东晋高崧家族墓地、周处家族墓地以及河北景县渤海高氏墓地进行探索研究。第二章通过对士家大族墓葬的检讨,分析其共性与特性,首先指出在大家族的墓地内部,家族成员墓葬的墓葬营建方式呈现出极大的趋同与一致性,即使在这些家族墓地内部间或存在着不同的墓葬形制,但从各个家族墓地的总趋势来看,其仍旧共同表现出趋同的态度,随后通过对象山王丹虎、王闽之以及王康之的墓葬分析,指出其在家族内部使用的墓葬形制已经超越了所谓的等级制度,且从墓志记载看来,此三人生前并没有担任任何官职,却使用与家族其他成员相似的墓制,同时指出在他们的随葬品中,发现直接体现家族家学的元素,最后总结出门阀家族墓地墓葬规模大、占地面积大是士族门阀势力和家风的一个主要表现。第三章通过对唐代河北地区圆形墓的研究讨论北朝崔氏圆形墓的流变,首先介绍唐代圆形墓的类型与等级制度,随后分析圆形墓的所见葬俗及其俑的特色,最后阐述了圆形墓与方形墓的关系。第四章探讨士家大族墓葬与社会变迁的有关内容,指出入唐以后,出现地方士族的中央化,在此背景下,南方和北方原来的士家大族使用的墓制都发生了变化。

关键词:墓葬　士族　社会变迁　魏晋南北朝

**4969**

**胶东半岛中全新世人类对环境的文化适应** / 史本恒著 ; 栾丰实指导. -- 山东大学, 2009. -- 182 页

论文综合运用聚落考古、环境考古、地图分析、文化因素分析、遗存的功能分析、地理信息系统等考古学研究方法,以胶东半岛中全新世人类对环境的文化适应为研究对象,力图对全新世中期该地区人类通过文化来适应当地独特的自然环境的过程及其文化特征以及不同文化特征之间、文化特征与自然环境的联系等问题进行较为全面地研究。论文共分六章。第一章绪论,对论文题目进行解释,并阐明研究目的、研究方法和内容。第二章简述胶东半岛的现代自然环境特征、全新世环境演变以及考古学文化的分期、文化特征、年代等问题。第三章考察胶东半岛全新世中期人类的建筑方式、建筑技术以及人类的部分生活用品,并探讨其与自然环境之间的关系。第四章着重基于地理信息系统(GIS)的考察,对胶东半岛全新世中期人类的聚落分布与各种环境因素之间的关系进行深入探讨,具体分析聚落分布所反映的人类文化对水文、地貌条件、土壤类型、矿产资源等环境的适应状况。第五章在介绍西方考古界的贝类研究概况的基础上,着重考察胶东半岛贝丘遗址与贝类资源丰富海区的分布,初步评价胶东半岛贝类捕捞经济地位。第六章总结,阐明研究结论。

关键词:胶东半岛　考古工作　聚落地理

**4970**

**汉代郡国分制的考古学观察:以关东地区汉代墓葬为中心** / 宋蓉著 ; 滕铭予指导. -- 吉林大学, 2009. -- 352 页

论文综合运用考古学、历史学的相关理论与研究方法,以关东地区汉代墓葬为研究对象,力求从考古学的视角对汉代郡、国地区的区域文化特征及各阶层发展变迁进行全面探讨。论文分为绪论、上篇五章、下篇四章和结语等部分。绪论结合文献史学研究成

果概述,说明论文的研究目的、方法与研究目的的界定,简述了关东地区汉代墓葬发现与研究的历史与现状。上篇五章主要对关东东部地区汉墓进行研究。其中第一章阐述关东东部地区汉墓的形制、分类、分区及其随葬品类型。第二章阐述冀中南区汉墓的分期、文化因素分析及相关问题。第三章阐述鲁北区汉墓的分期、文化因素分析及相关问题。第四章阐述鲁南苏北皖北豫东区汉墓的分期、文化因素分析及相关问题。第五章阐述关东东部地区各阶层的发展、区域变迁、区域文化的差异与王国疆域的划分。下篇四章主要对关东西部地区汉墓进行研究。其中第一章阐述关东西部地区汉墓的分类、分期与分区。第二章阐述晋中南豫北区汉墓的文化因素分析及相关问题。第三章阐述豫西南区汉墓的文化因素分析及相关问题。第四章阐述关东西部地区各阶层的发展、区域变迁、区域文化的差异与汉郡的设置。结语部分对汉代郡国分治进行考古学观察。

关键词:关东　汉墓　墓葬形制　政治制度

**4971**

**新疆东部的青铜时代:以考古学为主要手段的早期东西交流探索** / 宋亦箫著 ; 水涛指导. -- 南京大学, 2009. -- 323 页

论文综合运用类型学、文化因素分析、遗存的功能分析以及文化层次分析法等考古学研究方法,并结合历史文献分析法、归纳分析法、跨学科研究法等,以新疆东部青铜时代为研究对象,力图在梳理和总结现有考古及相关学科发现和研究的基础上,对新疆东部青铜时代的文化谱系进行分析,进而探讨新疆东部及其相关地区早期东西文化交流的状况。论文共分五章。第一章导论,介绍研究的选题缘起及相关概念的界定,结合新疆东部青铜时代考古文化讨论与研究现状述评,说明论文的研究方法与目标。第二章在对新疆东部考古遗存进行综合分析的基础上,对新疆东部青铜时代的文化谱系进行研究。第三章具体考察新疆东部所见的西来文化因素和东来文化因素,进而对新疆东部早期东西文化的交流状况进行考古学探索。第四章结合种族人类学、遗传学、语言学、文献学等相关学科的研究理论与研究方法,对新疆东部所见早期东西文化交流状况进行考察。第五章结论部分,结合前文的相关分析,概括新疆东部青铜时代文化发展格局,并对该地区早期东西文化交流的地点、时间和方式进行探讨。

关键词:青铜时代　文化交流　新疆

**4972**

**长白山地及其延伸地带青铜时代墓葬研究** / 唐淼著 ; 朱永刚指导. -- 吉林大学, 2009. -- 148,99 页

论文综合运用类型学、聚落考古、环境考古、文化因素分析、遗存的功能分析以及文化层次分析法等考古学研究方法,以长白山地及其延伸地带青铜时代墓葬为研究对象,力图对其进行深入研究。论文共分六章。第一章导论,阐述研究的时空范围,以墓葬为研究视角的意义,以及论文的写作方法和思路。第二章简述长白山地及其延伸地带青铜器时代墓葬的考古发现和研究概况。第三章根据墓葬的构筑特点和存在方式的不同,将该地区青铜时代的墓葬划分为洞穴墓、积石墓、石棚墓、石棺墓、大石盖墓、封石墓、土坑墓、瓮棺墓等八大类别,并在此基础上对墓葬的形制作了进一步划分,从中归纳各类墓葬的细部特征。第四章根据墓葬中随葬品的文化面貌和器物组合,将该地区青铜时代墓葬划分为六群,并依共性和差异对各群墓葬中出土的陶器进行类型学排比,并在此基础上对各群墓葬进行分期和年代讨论,进而总结出各群墓葬之间的谱系关系。第五章对各群墓葬的群特征和阶段特征进行梳理与分析,比较不同时期不同地域墓葬的型制特点、分布规律、年代序列及相互关系,进一步探讨了长白山地及其延伸地带青铜器时代墓葬的动态分布及演变过程。第六章结语,阐明研究结论与进一步探讨。

关键词:墓葬　长白山　青铜时代

**4973**

**中国"文物保护单位"制度研究** / 王运良著 ; 杨志刚指导. -- 复旦大学, 2009. -- 169 页

论文对中国的"文物保护单位"制度进行了分析研究。全文共分七章。第一章引言,介绍研究对象与基础,分析研究的目标与方法,并指出研究的内容与框架。第二章对文物保护单位的概念进行辨析,首先对相关概念进行界定,分析其实际使用情况,随后比较文物保护单位与企事业单位的概念的异同之处,着重探讨概念理解中"博物馆"的涵义,最后介绍概念认识中的"思维时空观"。第三章分析文物保护单位制度的实施背景与基础,首先分析了中国不可移动文物的群体组合特性,概述建国初期中国文物保护面临的严峻形势,随后介绍前苏联等社会主义国家类似的保护制度,从而引出对中国文物保护单位制度的雏形的分析。第四章梳理文化保护单位制度的历史发展历程,介绍文物保护单位制度的初步确立及其法律地位的确

立与巩固过程,分析该制度的特色,最后论述文物保护单位制度的历史贡献与现实作用影响。第五章探讨现行文物保护单位制度的不足之处,首先基于现实对现有问题进行分析,并通过对相关案例的实证研究,对现行制度进行阶段性定位,从而进一步指出其中存在的缺陷。第六章阐述关于完善文物保护单位制度的构想,首先分析"制度"与"单位制度"的概念关联,随后介绍"单位制度"完善的技术路径,最后对非正式约束、正式约束、实施机制等名词进行了系统的解释,从而得出了有关小结。第七章为结语部分,总结论文研究的主要结论,并说明了需要进一步研究的问题。

关键词:文化遗址　文物保护　管理体制

**4974**

**新疆哈密地区青铜—早期铁器时代居民人种学研究** / 魏东著 ; 朱泓指导. -- 吉林大学, 2009. -- 173 页

论文综合运用考古学、古人种学、人口学、人体形态学、古病理学、分子生物学等多学科的相关理论与研究方法,以新疆哈密地区古墓出土的骨骼标本为研究对象,力图对新疆哈密地区青铜时代—早期铁器时代居民的体质特征进行综合研究。论文共分七章。第一章绪论,主要阐述研究对象及其背景、研究意义和主要关注点,以及论文的研究理论与方法。第二章主要从性别与年龄的判定、颅骨测量性状与非测量性状的基本数据、病理及创伤、分子生物学的相关研究等方面对天山北路墓地出土的人骨进行综合研究。第三章主要对焉不拉克文化古代居民进行人种学研究。第四章主要对拜其尔墓地出土的人骨进行综合研究。第五章主要对黑沟渠墓地出土的人骨进行综合研究。第六章在前文相关研究的基础上,着重对哈密地区青铜时代—早期铁器时代居民体质特征进行了多元统计分析,进而对哈密地区青铜时代—早期铁器时代居民体质特征的演变及其与周边古代居民的关系进行探讨。第七章结语,总结全文,并对哈密地区古代人类人种成分提出其应属于蒙古人种与欧罗巴人种之间"过渡类型"的全新认识。

关键词:青铜时代　铁器时代　考古　人种

**4975**

**图木舒克:2—8 世纪古城和佛寺兴衰及东西文化交流** / 筱原典生著 ; 林海村指导. -- 北京大学, 2009. -- 166 页

论文主要采用了考古学、历史文献学、语言学、佛教美术学等相关学科的理论与研究方法,以图木舒克遗址为研究对象,试图在前人的研究基础上,通过对2—8 世纪脱库孜萨来古城和佛寺的考古学研究,理清图木舒克遗址的发展脉络,进而探讨东、西方文化对图木舒克遗址的发展所产生的影响。论文共分正文四章和结语部分。第一章绪论,介绍图木舒克基本情况及研究意义,结合相关研究简史评述说明论文的研究范围。第二章主要对脱库孜萨来古城进行研究,阐述脱库孜萨来古城的基本情况与城内外遗迹,探讨古城形成的历史背景,并对主要遗迹发掘情况和遗物进行描述。第三章主要对图木舒克佛寺进行研究,结合上个世纪初法国学者伯希和、德国学者勒柯克、英国学者斯坦因以及中国学者黄文弼等的考察报告,对佛寺遗址进行现场调查,重点分析古城及佛寺遗迹所反映的文化面貌,并对相关出土塑像及其样式进行比较研究,探讨犍陀罗佛教、龟兹佛教和中亚北部地区流行的佛教对脱库孜萨来佛寺发展所产生的影响。第四章主要分析图木舒克遗址的形成及发展的历史,同时探索发展的各个阶段所反映的东西文化交流的历史背景。最后是结语部分,阐明研究结论。

关键词:古城遗址(考古)　佛寺　新疆

**4976**

**中日瓷器装饰比较研究:以 17 世纪初至 19 世纪中叶景德镇与肥前瓷器为例** / 熊寰著 ; 刘毅指导. -- 南开大学, 2009. -- 328 页

论文以景德镇陶瓷和肥前陶瓷为切入口,比较中国瓷器与日本瓷器从 17 世纪初至 19 世纪中叶的发展与演变。全文共分七章。第一章绪论,介绍研究的对象,对有关概念进行界定,同时分析选题的依据、研究思路与方法以及论文的创新点。第二章为概述与分期,分别对景德镇陶瓷装饰、江户时代肥前陶瓷装饰进行了概述,简介日本肥前瓷窑出土的资料,最后对中日陶器装饰进行分期,分析中日陶瓷装饰的发展与演变过程。第三章对中日瓷器装饰进行了比较,指出在第一期,即 1610—1650 年,日本在形式上模仿中国,而缺少了对画面意境的掌握。第四章对第二期,即 1650—1690 年的中日瓷器装饰进行了比较,指出这一期的日本制瓷水平迅速提高,装饰风格的表现力大为增强,并且日本瓷器装饰开始反映出日本的审美文化,逐渐形成了自己的风格,但总体上仍带有一定中国的韵味。第五章为中日瓷器装饰比较的第三期,从 1690 年到 1780 年,在这一期中国和日本瓷器装饰

主流风格出现了较大的差异，双方确立分离的趋势，同时双方瓷器的风格也趋于稳定，日本瓷器自身风格变得稳定，与中国处在平等交流的地位。第六章则为中日瓷器装饰比较的第四期（1780—1860），在这一时期，中国和日本瓷器装饰在维持稳定的状态下，出现新的特色，此时的日本瓷器再次受到中国的影响，不仅受到同时代清朝装饰的影响，而且还出现了重新模仿中国明末瓷器风格的趋势。第七章对中日瓷器装饰演变与异同成因进行探讨，分别从政治方面和军事方面探讨其社会背景。

关键词：古代陶瓷　中国　日本

**4977**

**汉代服饰的考古学研究**／徐蕊著；韩国河指导. -- 郑州大学，2009. -- 193 页

论文在全面收集服饰考古资料的基础上，对汉代服饰的考古学进行分析研究。全文共分七章。第一章绪论，对汉代服饰的概念与内涵进行了界定，分析了汉代服饰的研究历史与现状，指出论文的研究内容与创新点，并对服饰考古资料进行几点说明。第二章探讨汉代服饰的基本形制，主要研究汉代服饰、汉代发式的基本形制，研究汉代的佩饰与鞋履。第三章对中原地区汉族服饰的类型学进行研究，首先梳理汉代服饰考古资料的发现过程，同时分析汉服饰考古学的特点，随后分别从发式与服饰两个方面对女子与男子服饰的类型学进行分析，接着研究汉代服饰的定型与发展，指出两汉服饰的异同之处，同时介绍服饰的性别与等级的差异。第四章对汉代服饰的区域性及民族性进行研究，着重分析汉代服饰的分区与民族文化的交融关系，同时指出汉代服饰的区域传播促进民族的交融。第五章探讨汉代服饰与礼制，主要研究丧葬服饰、祭祀服饰以及其他礼服，阐述汉代的“五德”服色论，同时查阅关于肤色的相关记载，并对考古资料的服饰色彩进行分析研究。第六章讨论汉代服饰的发展轨迹及其变化动因，首先通过对比汉代服饰与战国楚服、秦代服饰以及战国其他诸侯国服饰，分析汉代服饰的形成渊源，随后研究汉代服饰的发展轨迹，归纳汉代服饰发展的决定因素与发展动因，最后对汉代服饰发展的特性进行了总结，包括服饰与社会发展的不同步性、服饰与汉代思想文化的关系以及汉代服饰与其他艺术审美的不一致性。第七章对汉代服饰的再认识及相关问题进行了研究，总结汉代服饰对当代服饰发展的借鉴意义。

关键词：服饰　考古　礼仪　汉代

**4978**

**峡江地区夏商西周时期的文化与经济形态研究**／徐燕著；水涛指导. -- 南京大学，2009. -- 322 页

论文综合运用类型学、聚落分析法、环境考古法、地图分析法、文化因素分析法、遗存的功能分析法、地理信息系统分析法等考古研究方法等，以峡江地区夏商西周时期的文化与经济形态为研究对象，力图探讨夏商西周时期峡江地区的文化格局和社会经济形态以及两者之间的关系。论文分为绪论、正文四章和结语。绪论部分介绍研究的时空范围、该区域的自然地理和古环境等背景状况、相关研究简史以及论文的选题目的、选题意义和研究方法等。第一章主要对峡江地区夏商西周时期遗存进行分区分期的基础性研究，以理清该区域夏商西周时期各种文化类型的时空范围。第二章主要对峡江地区夏商西周时期遗存的文化因素进行分析，考察峡江地区夏商西周时期各种文化类型的文化因素构成情况，以探讨其文化谱系以及与周邻考古学文化的关系。第三章选取峡江地区数量较多且比较重要的遗迹现象如房址、墓葬和陶窑等进行聚落分析，以探讨这一时期峡江地区人群的居住、生产等社会物质生活状况。第四章主要讨论峡江地区夏商西周时期的资源与社会经济状况。结语部分总结前文的研究结论，并进一步探讨峡江地区夏商西周时期的文化格局和经济形态之间的关系，最后提出相关的问题和研究展望。

关键词：长江流域　考古发现　夏代　商代　西周

**4979**

**明代次边长城研究**／许慧君著；王冠英指导. -- 北京师范大学，2009. -- 181,75 页

论文对明代的次边长城进行分析研究。全文共分五章。首先绪言，介绍问题的缘起，阐述了论文的技术路线与创新点，同时对次边的释义进行界定。第一章分析明代次边长城的修筑年代与修筑背景，首先通过实地考察所发现的石刻和相关的历史文献记载，确定论文研究对象的时空范围，随后依次通过分析其修筑的时代背景、分布地域的地理特征、理清论文研究对象的时空背景。第二章介绍明代次边长城的详细脉络和分布地点，采用考古类型学的方法逐段分析次边长城城墙体的详细状况，并深入考察该段长城的

走向、构造、材质,试图复原当时的长城原貌。第三章介绍明代次边长城沿线的烽燧和驿站,指出次边长城内外,烽火台和敌台星罗棋布,有效地配合长城的防御,并通过对这些单体建筑的逐个比较与分析,展现次边长城的全貌,并得出次边长城的墩台不同于其他长城墩台的一些特点。第四章分析了明代次边长城的修筑与给养,分别对次边长城的组织结构、防卫机构以及建筑次边的人力来源、具体的修筑过程进行了具体研究,指出所谓给养,即次边长城修筑前后的北部边防军屯,强调军屯制度是长城防务的一个重要组成部分,也是明中央政权戍守边疆的一项战略措施。第五章阐述明代次边长城随着大边长城的修筑经历了一个从独当一面到和大边互相配合再到淡出历史舞台的过程,从不同方面比较了次边长城与大边长城的不同,并进而对次边长城到大边长城的转换与配合做出了一个论述。最后为结语部分,总结全文。

关键词:长城　明代　军屯制度

**4980**

**西周青铜器赏赐铭文研究** / 闫志著 ; 刘绪,葛英会指导. -- 北京大学, 2009. -- 252 页

论文综合运用考古学、文字学、历史文献学等相关理论与研究方法,以西周青铜器赏赐铭文为研究对象,力图对商周时期青铜器赏赐铭文(包括少量商代晚期甲骨和玉器刻辞)进行深入研究。论文共分正文六章和结语等部分。第一章绪论,介绍赏赐铭文的分类及研究意义,结合相关研究现状及其问题评述说明论文的资料范围及研究方法。第二章主要对商代晚期赏赐铭文进行考察,具体分析商代晚期的赏赐动词、赏赐品以及赏赐铭文载体等问题。第三章解析西周封赏的结构,探讨西周赏赐铭文的时空背景以及考古发现、历史文献记载中的分封赏赐,并探究西周封赏的意义。第四章探究西周时期赏赐的原因,着重对西周时期的军功赏赐、事功赏赐、祭祀及燕、射等礼仪赏赐等赏赐类型进行研究。第五章主要分析西周时期赏赐的时间与仪式。第六章主要对西周铜器铭文中的赏赐品进行研究,探讨赏赐品与赏赐原因的关系,并从主要赏赐品的状况探究西周时期礼制的变化。最后是结论部分,考察商代晚期赏赐的特点,并以赏赐品铭文的视角探究西周时期政治的变化。

关键词:青铜器　金文　西周时代

**4981**

**渤海南岸地区商周时期盐业考古研究** / 燕生东著 ; 赵辉指导. -- 北京大学, 2009. -- 208 页

论文主要运用聚落考古研究方法以及历史文献分析法、田野调查法、实证分析法、跨学科研究法等,以渤海南岸地区商周时期盐业为研究对象,力图对渤海南岸地区环境、资源与商周时期规模化盐业生产的关系、盐业遗址群的年代和文化性质、大规模盐业生产与内陆地区聚落群的关系等问题进行全面、系统地研究。论文分为导言和正文五章。导言部分阐明论文的研究区域和年代的选择,结合相关考古发现、文献资料与研究史评述,对国内外盐业考古的研究方法与实践、田野考古工作方法及积累的资料、论文的研究取向和主要内容作了必要的说明。第一章主要分析渤海南岸地区的自然环境与资源。第二章阐述古代盐业及相关遗址群的分布与分期,并分析各期遗址的文化性质。第三章主要结合遗址考古工作概况,尝试对制盐作坊单元结构暨制盐流程进行了复原,具体阐述了使用盔形器进行煮盐的操作流程、盔形器自重及盛盐量、制盐工艺流程及相关问题。第四章通过考察盐业遗址群结构,对渤海南岸地区商周时期制盐业的生产组织进行了研究。第五章探讨渤海南岸地区大规模盐业群与内地聚落之间的关系。第六章结语,概述全文并阐明研究结论。

关键词:制盐　考古　盐业史　商周时代

**4982**

**鸭绿江、图们江及乌苏里江流域的新石器文化研究** / 杨占风著 ; 林沄,赵宾福指导. -- 吉林大学, 2009. -- 252 页

论文主要运用聚落考古、遗存的功能分析、文化因素分析、地理信息系统分析、文化层次分析等考古学研究方法,以鸭绿江、图们江及乌苏里江流域的新石器文化为研究对象,通过对该流域新石器文化时代典型遗址材料的考古分析与考古学文化的划分,力图对该流域不同区域的新石器文化的布局及其不同阶段特点进行较为系统、全面地研究。论文共分六章。第一章绪论,介绍选题缘由及意义,结合相关研究史回顾说明研究思路与方法。第二章在介绍鸭绿江流域及辽东半岛黄海沿岸地区的地理范围与新石器时代文化研究概况的基础上,着重阐述中国境内、朝鲜境内各遗址材料的分析与考古学文化的划分,并探讨中、朝境内相同新石器文化的整合状况。第三章主要

展开对图们江流域及大彼得湾沿岸地区中国、朝鲜及俄罗斯境内新石器文化的研究。第四章主要展开对乌苏里江流域的中国、朝鲜及俄罗斯境内新石器文化的研究。第五章主要探讨鸭绿江、图们江及乌苏里江流域的新石器文化格局，阐述该流域新石器时代考古学文化的时空框架的构建，并在此基础上对陶器纹饰进行专门探讨，区分出三大纹系和五种纹类，进而探讨各纹类在不同区域不同时段的分布状况。第六章总结全文，得出研究结论。

关键词：鸭绿江　图们江　乌苏里江　新石器时代文化　考古学

**4983**

**中国南方地区两汉墓葬研究** / 余静著 ; 滕铭予指导. -- 吉林大学, 2009. -- 259 页

论文综合运用类型学、聚落考古、环境考古、文化因素分析、遗存的功能分析以及文化层次分析法等考古学研究方法，以秦岭—淮河以南地区的两汉墓葬为研究对象，力图通过对中国南方地区两汉墓葬的研究，进而对汉文化在中国南方地区的形成过程、特点及其成因等问题进行深入探讨。论文共分八章。第一章绪论，介绍论文的研究范围，结合研究区域的考古发现、研究简史与研究现状的综述，说明论文的研究思路及目的。第二章通过对中国南方地区两汉墓葬材料的系统梳理，将其划分为四个考古学意义上的分区。第三章对各区墓葬的形制进行分析。第四章在分区基础上，根据各区墓葬材料、随葬器物的类型学分析，对中国南方地区两汉墓葬进行考古学分期研究，建立起中国南方地区两汉墓葬的年代框架。第五章在分期的基础上，对各区墓葬的文化因素分群和文化发展过程进行研究。第六章对各区墓葬所展示出来的地域特色进行归纳，结合当时的地理环境、经济、政治与宗教因素，探讨各区地域特色文化的形成原因。第七章概述汉文化在中国南方地区的形成过程以及中国南方地区汉文化的特点，并结合当时的社会发展状况及政治、经济等因素探究其形成的原因。第八章结语部分，阐明研究结论。

关键词：汉墓　墓葬形制　文化特征　南方地区

**4984**

**蒙元时期中原北方地区墓葬研究** / 袁泉著 ; 秦大树指导. -- 北京大学, 2009. -- 234 页

论文运用考古学、民俗学、社会学、历史文献学等学科的理论与研究方法，结合社会调查、口述历史等资料，以蒙元时期中原北方地区墓葬为研究对象，力图对蒙元时期中原北方地区墓葬状况进行深入分析。论文分为绪论、正文五章和结语等部分。绪论部分介绍论文的研究范围，简述中原北方地区蒙元墓葬的发现与研究状况，说明论文的选题意义与研究方法。第一章考察长城以北和燕云地区的蒙元墓葬，具体考察以赤峰和上都为中心的蒙汉墓葬、以大同、冀北为中心的仿木构砖室墓、元大都周边的官勋墓葬以及河北地区的平民墓。第二章考察中原地区的蒙元墓葬，具体考察晋中地区、冀南豫北、晋东南地区和晋南地区的墓室结构、壁画装饰等方面的特点。第三章考察以山东为中心的蒙元墓葬，具体考察了以济南为中心的单式仿木构砖室墓、胶东地区的石塔墓及其发展演变历程，并分析“桲式”墓的类型及其文化来源。第四章考察了洛水—渭水流域的蒙元墓葬，着重分析了该地区地域特征与期段变化，以及洛渭元墓与唐代“两京”墓葬的相似性。第五章主要对蒙元时期中原北部墓室的空间功能以及营坟治葬过程中所反映的生死互动关系做出较为深入的探讨。最后是结语部分，归纳研究结论。

关键词：墓葬　文化特征　蒙古时期　元代

**4985**

**丰镐地区西周墓葬研究** / 张礼艳著 ; 王立新，林嘉琳指导. -- 吉林大学, 2009. -- 298 页

论文综合运用类型学、聚落考古、环境考古、文化因素分析、遗存的功能分析以及文化层次分析法等考古学研究方法，以丰镐地区的西周墓葬为研究对象，力图对丰镐地区西周墓葬进行系统、深入地研究。论文共分八章。第一章绪论，介绍丰镐地区西周墓葬发现与研究简史，结合研究现状的综述说明论文的研究方法与思路，并对相关问题做说明。第二章对丰镐地区西周墓葬出土的陶器进行类型学分析，并结合地层关系和陶器在墓葬中的共存关系，将丰镐地区西周墓葬划分为六期，总结各期陶器的主要特征。第三章对丰镐地区各期西周墓葬出土的陶器进行了文化因素分析。第四章考察墓葬形制结构、葬式、各类随葬品、殉祭遗存等方面特征的历时性变化，总结出丰镐地区西周墓葬在主要特征方面存在两个变革期。第五章根据历年来丰镐地区发掘的西周墓葬在空间上的集结状况以及墓葬在主要特征方面的差异，将该地区西周墓葬分为十个墓区，并对墓葬数量较多的沣西 A 区

和C区进一步分组，明确指出沣西A区主要是周人墓葬，沣西C区主要是殷遗民墓葬。第六章主要从墓葬等级的角度考察周人和殷遗民社会地位的差别。第七章分析丰镐地区的西周邦墓及金文中的京字问题。第八章结论与认识。

关键词：墓葬　考古　西安　西周时代

**4986**

**西安地区汉代墓葬研究**／张翔宇著；韩国河指导. -- 郑州大学，2009. -- 203页

论文对西安地区汉代墓葬进行分析研究。全文共分六章。第一章绪论，介绍西安地区的自然环境与历史沿革，描述了墓葬的研究状况，同时指出论文的选题、研究方法与主要内容。第二章对墓葬的分期年代进行研究，分别对墓葬的发现与分布、形制类型、随葬器物类型进行分析，从而推断出墓葬的年代，并对其进行分组与分期。第三章探讨墓葬的演变与文化因素，指出西安地区汉墓的类型多样，有竖穴墓和洞室墓两大类，首先探索墓葬的演变规律，包括其形制、墓室结构、器物组合以及典型器物的演变，随后分析了墓葬的文化因素，即其中的“周制”因素、楚文化因素、秦文化因素以及其他的文化因素，最后着重分析了“汉制”的特征与形成。第四章将西安地区汉代墓葬与周邻地区汉墓进行比较研究，分别将其与关中西东部、北方地区汉墓、西部地区汉墓、陕南、四川地区汉墓以及中原、两湖等地区汉墓进行了对比，指出了其中的异同之处。第五章对陶制明器制作工艺与装饰艺术进行了研究，对其中常见的典型器物的制作与装饰分别进行分析，并对制作工艺的时代特征与其他问题进行了探讨。第六章研究墓葬所反映的葬俗礼俗与思想，指出墓葬反映的丧葬礼俗或许不够全面、系统，但在一定程度上印证文献中的相关记载，其表现的思想主要为“事死如事生”和“鬼神与升仙”思想，墓室布局、从葬之物反映了丧葬行为是在“事死如事生”的指导思想下完成的，而“事死如事生”思想的根源是鬼神信仰与升仙思想。最后为结语部分。

关键词：墓葬(考古)　葬俗　西安　汉代

**4987**

**论青铜时代江淮、鄂东南和赣鄱地区的文化格局及其与夏商西周文化的互动关系**／赵东升著；水涛指导. -- 南京大学，2009. -- 337页

论文综合运用类型学、聚落考古、环境考古、文化因素分析、遗存的功能分析以及文化层次分析法等考古学研究方法，并结合文献和铭文资料分析法，以长江中下游的江淮之间、鄂东南和赣鄱地区青铜时代文化格局为研究对象，力图对三地在夏商西周时期与中原王朝的政治文化关系进行研究。论文分为绪论、上篇三章、下篇四章和结语等部分。绪论阐述研究的时空范围、研究目的与方法。上篇主要分析江淮之间、鄂东南和赣鄱地区青铜时代的考古学文化格局，共分三章。第一章对江淮之间的典型遗址进行分析，进而对其文化分区、文化分期、文化的时空变迁以及与中原文化的互动关系进行较为详细的阐述。第二章主要对鄂东南地区进行考察。第三章主要对赣鄱地区进行考察。下篇主要利用上篇的研究结果，结合文献和铭文资料，分析各地势力集团的变迁及其与中原王朝的互动关系，共分四章。其中第一章考察江淮之间地区的文化与社会背景。第二章考察鄂东南地区的文化与社会背景。第三章考察赣鄱地区的文化与社会背景。第四章着重分析夏商西周王朝对三地经略的时间和地域差异。结语部分总结全文，阐明研究结论。

关键词：青铜时代文化　考古学　长江中下游

**4988**

**4—7世纪大同江、载宁江流域封土石室墓研究**／赵俊杰著；魏存成指导. -- 吉林大学，2009. -- 260页

论文主要运用了环境考古、文化因素分析、地图分析、遗存的功能分析等考古学研究方法，辅以类型学的研究方法，以4—7世纪朝鲜半岛西北部大同江、载宁江流域封土石室墓为研究对象，力图对其各个历史发展阶段的墓葬特征进行文化因素的分析，并探讨其汉系与高句丽系两大集团墓葬的演进与发展脉络。论文共分五章。第一章绪论，阐明论文的时空范围与研究对象，结合既往调查与研究成果的回顾说明论文的研究目的与研究方法。第二章主要阐述朝鲜半岛西北部大同江、载宁江流域封土石室墓的分布状况，并考察其墓葬的属性与墓群的布局。第三章主要阐述封土石室墓的类型、分期与编年，进而根据墓葬形制、壁画内容与主题以及随葬器物的演变，将朝鲜半岛西北部大同江、载宁江流域封土石室墓的发展阶段划分为三期五段，并对各期墓葬进行文化因素分析。第四章主要阐述4—7世纪朝鲜半岛西北部大同江、载宁江流域的社会变革以及高句丽社会等级制度的确立，并将这一时期的封土石室墓墓主划分为汉系和高句丽系两大集团，并分析墓葬墓主身份与官位制的

对应关系，进而探讨两大集团墓葬的演进与发展脉络。第五章结语，阐述研究结论与认识。

关键词：石室墓　墓群　墓葬形制　考古

**4989**

**辽西地区先秦时期居民的体质人类学与分子考古学研究** / 赵欣著 ; 朱泓指导. -- 吉林大学, 2009. -- 233 页

论文运用考古学、分子考古学、遗传学、古气候学、体质人类学等学科的相关理论与研究方法，以辽西地区先秦时期的人骨材料为研究对象，力图从人本身出发，对辽西地区先秦时期居民的种属、遗传结构进行较为全面地考察，并对其渊源、流向、发展、迁徙及其与周边居民的相互关系等方面进行探索。论文共分七章。第一章绪论，介绍辽西地区的自然地理概况与辽西地区先秦时期的考古学文化体系，说明论文的研究方法、目的与意义。第二章主要对牛河梁积石冢墓地红山文化居民的种族类型与遗传结构进行研究。第三章主要对哈啦海沟墓地小河沿文化居民的种族类型与遗传结构进行研究。第四章主要对喇嘛洞墓地青铜时代居民的种族类型与遗传结构进行研究。第五章主要展开对辽西地区先秦时期居民的人种学研究，通过对其居民颅骨的多元统计分析，探讨辽西地区先秦时期居民的人种变迁。第六章主要对辽西地区先秦时期居民的古 DNA 进行研究，研究各遗址居民的遗传结构，并对其居民线粒体 DNA 进行统计学比较，进而对辽西地区先秦时期居民作了群体遗传学研究。第七章余论，总结前文相关分析，认为这一时期辽西地区古代居民的人种类型呈现交错分布的状态，种系成分具有多元性。

关键词：体质人类学　辽西地区　先秦时代

# 中国博士学位论文提要

（人文社会科学部分） 2009

下册

国家图书馆 编

國家圖書館出版社
NLCPH
National Library of China Publishing House

# 管理学

## 管理科学与工程

4990

**中国上市公司股利分配行为的实证研究** / 安玉琢著；王云峰指导. -- 河北工业大学, 2009. -- 139 页

论文利用上市公司 1998—2007 年定期报告披露的相关信息资料,从不同角度实证分析公司现金股利、股票股利和转增股本行为的影响因素,揭示上市公司股利分配的动因,探讨不同股利分配形式与公司价值之间的关系。全文共七章。第一章绪论,介绍研究的背景及意义,分析国内外研究现状,阐述研究内容、方法及论文结构。第二章上市公司股利分配相关文献综述,包括股利与股利分配的基本模式、国内外股利分配理论与实证研究、国内外股利分配研究评析。第三章介绍中国上市公司股利分配行为特征。首先研究上市公司的行业特征、地区分布特征、股权结构特征和总体财务特征。接着研究上市公司股利分配行为的基本特征:以现金股利为主的多种分配方式并存,股利分配呈现政策导向型的阶段性特征,股利支付率较高但收益率偏低,平均每股现金股利虽渐趋稳定但派现金额不大,不分配现象有所缓解但比例仍然较高等。最后与美国、日本、德国上市公司股利分配进行比较。第四、五章分别对影响上市公司现金股利、股票股利和公积金转增的有关因素进行实证检验。第六章研究我国上市公司现金股利和送转股与公司价值之间的关系。第七章结论,总结论文的研究结论、主要贡献和创新,分析研究不足与展望。

关键词:上市公司　分配(经济)　市场价值

4991

**中国股票市场风险度评测模型与仿真研究** / 敖山著；唐守廉指导. -- 北京邮电大学, 2009. -- 126 页

论文从实际股票市场波动性风险的直接影响主体出发,展开中国股票市场风险度评测模型与仿真的研究。全文共分为五章。第一章绪论,介绍论文研究背景和意义,并对股票市场风险度评测做研究综述,提出研究的目标和研究结构,概况论文的主要贡献和创新点。第二章中国股票市场风险度评测系统分析。首先对相关理论阐释,介绍有限理性与行为金融学,微观结构与实验经济学;对面向对象的风险度评测模型展开研究,包括股票市场影响要素分析、股票市场影响要素指标体系探讨以及中国股票市场构成主体分析与建模。第三章中国股票市场风险度评估模型仿真。对经济仿真理论综述,介绍计算机系统仿真和经济仿真发展现状;对模型仿真算法与技术分析展开讨论,介绍集成式人工神经网络以及 Matlab 与 Simulink 仿真工具;提出股票市场风险度评测仿真系统的设计,包括股市风险度仿真模型系统设计和仿真模型测试与评估。第四章中国股票市场风险度仿真分析与研究,探讨利率波动与股票市场的风险度,包括该部分内容的基本分析、波动性仿真探讨、利率与股票市场风险度理论分析,并对利率波动与股票市场风险度进行总结,提出政策建议;探讨中国股票市场投资者与市场风险度,包括股票市场波动性仿真、投资者与股票市场风险度分析和该部分的总结与政策建议。第五章为论文的结论与展望。

关键词:股票市场　风险分析　仿真

4992

**二层规划及其在电信供应链协调中的应用** / 白秀广著；舒华英指导. -- 北京邮电大学, 2009. -- 117 页

论文对目前供应链协调的主要理论——合同协调理论及二层规划理论进行有机的结合,重点研究电信供应链中的增值业务链之间的协调问题。全文共分为六章。第一章绪论。介绍论文的研究背景及研究意义,国内外研究综述,以及论文研究内容和创新点。第二章二层规划理论及电信供应链分析。首先介绍二层规划模型与算法,包括二层规划模型的简介,二层规划模型的算法简介;其次分析电信供应链,包括电信供应链的简介,电信供应链的特点分析以及

二层规划理论在电信供应链协调中的优势研究。第三章基于混沌的遗传模拟退火算法。首先讨论基于混沌的遗传模拟退火算法;接着分析基于混沌遗传模拟退火的二层规划算法;最后对上述内容进行总结。第四章单/多二层规划在电信供应链协调中的应用。一是单/多二层规划模型的简介;二是下层无关联的单/多二层规划在电信供应链协调中的模型及应用探讨,包括电信增值业务供应链的单/多二层规划模型和实证分析;三是下层有关联的单/多二层规划在电信供应链协调中的模型及应用;最后介绍改进的合理电信供应链二层规划模型,介绍 SP 在上层的情形,电信运营商在上层的情形以及敏感性分析。第五章多/多二层规划在电信供应链协调中的应用。首先是多/单、多/多二层规划模型简介;其次是多/单二层规划在电信供应链协调中的模型及应用研究;再次是噶进的更合理的电信供应链多/单二层规划模型介绍;最后是对多/多二层规划在电信供应链中的模型及应用的研究。第六章为论文的总结和展望。

关键词:电信　供应链管理　经济规划

**4993**

**基于可靠性的产品优化检测序列研究** / 鲍智文著 ; 崔利荣指导. -- 北京理工大学, 2009. -- 134 页

论文从系统级考虑,研究在判断系统工作状态(模型 M1)和故障单元定位(模型 M2)这两类检测工作中的最优检测序列问题,并给出适合实际检测工作的最优检测序列模型和一般结论。全文共分为七章。第一章绪论,介绍论文研究的背景意义和范围、研究现状、内容和主要创新点。第二章基于可靠性的产品最优检测序列模型的基础知识,包括产品检测工作及其优化准则、产品的最优检测序列、可靠性相关知识介绍。第三章基于可靠性的产品系统级最优检测序列模型。首先介绍模型的定义和影响因素;二是探讨产品检测工作转换为最优检测序列的模型,包括串联结构的模型、并联结构的模型、串—并联与并—串联结构的模型以及 N 中取 k 结构的模型;三是提出产品检测过程中存在的优先约束形式,包括无优先约束、并行链优先约束、块链优先约束、单元交叉并行链优先约束和树型优先约束;最后是最优检测序列模型中各参数的确定原则介绍,包括单元工作概率 p 的确定和单元检测费用 c 的确定。第四章判断系统工作状态时最优检测序列的确定。介绍并行链和单元交叉并行链优先约束系统的最优检测序列、单条块链优先约束系统的最优检测序列、多条块链优先约束系统的最优检测序列、树型优先约束系统的最优检测序列。第五章故障单元定位时最优检测序列的确定,包括无优先约束系统的最优检测序列和服从优先约束系统的最优检测序列。第六章已知系统故障和故障单元个数时最优检测序列的确定。介绍无优先约束系统的最优检测序列、服从优先约束系统的最优检测序列和数值算例。第七章最优检测序列的应用。其应用分别为某装备地面控制系统的可靠性试验,某电气设备绝缘性能的检测工作和某电动机的故障诊断工作。最后为结论与展望。

关键词:产品管理　质量检验　寿命评价

**4994**

**消费者品牌关系模型整合与实证研究** / 毕振力著 ; 李纲指导. -- 武汉大学, 2009. -- 192 页

论文对基于传统营销理论进行的品牌与消费者关系的实证研究进行总结,构建一个品牌关系整合模型并对其进行实证。全文由引言和正文的八个部分组成。引言介绍品牌关系理论的形成、研究的内容及存在的缺陷,提出解决问题的思路,说明研究方法和研究的技术路线。第一部分是研究文献回顾。对四个营销理论的概念、基本原理金鑫总结;对国内学者基于上述营销理论进行的品牌与消费者关系的实证研究进行回顾。第二部分进行品牌关系基础—质量—绩效整合模型的构建。在对品牌与消费者实证研究的基础上,将实证模型中额研究变量划分为关系影响因素变量、关系质量变量和关系绩效变量三类。第三部分是问卷设计、数据分析和基本统计分析。介绍数据文档的建立过程,描述性统计反映样本的年龄、职业、性别构成和样本中品牌分布,对各测项的评分点进行频数统计,计算各测项的相关系数。第四部分是量表测量质量评价与模型研究构念的确立。第五部分进行品牌关系因素因果作用的结构方程分析。共提出 15 个研究假设,其中 9 个是品牌关系要素间的作用关系的假设、6 个是模型中外因变量的共变关系。第六部分是品牌关系影响因素的多因素多元方差分析。第七部分是研究结论对营销管理决策的启示。研究结论对营销决策者处理好下面的三个关系具有借鉴意义。第八部分是论文结语,总结论文创新点和不足之处。

关键词:营销管理　品牌营销　消费者行为论

4995

**学校服务氛围、教师工作态度与学生感知服务质量的关系的研究** / 步磊著 ; 王云峰指导. -- 河北工业大学, 2009. -- 127 页

论文对学生感知服务质量、学校服务氛围、教师组织承诺和教师工作投入进行因素分析,并以此为基础进行特征变量的差异性分析,对学生感知服务质量、学校服务氛围、教师组织承诺和教师工作投入之间的影响关系进行检验。全文共分为六章。第一章绪论,介绍论文研究背景和意义、国内外研究现状、研究思路和方法以及论文的结构。第二章文献综述,一是高等教育质量与高等教育服务质量的概念;二是感知服务质量的测量;三是组织服务氛围与服务质量的关系研究;四是工作态度与服务氛围和服务质量的关系研究。第三章理论构建和研究方法,首先提出研究的概念模型,对学生感知服务质量、学校服务氛围、教师组织承诺和教师工作投入几个相关概念界定;提出研究的假设,包括学校服务氛围与学生感知服务质量,教师工作态度与学生感知服务质量,学校服务氛围与教师工作态度以及教师工作态度的中介作用;对变量进行测量,选择相关样本并收集数据;选择统计分析方法与研究工具。第四章研究数据的统计分析,包括因素结构的探索与验证,特征变量的差异性分析。第五章研究假设的验证及讨论,对数据聚合度验证,探讨学校服务氛围与学生感知服务质量关系,教师工作态度与学生感知服务质量的关系,学校服务氛围与教师工作态度的关系以及教师工作态度的中介作用。第六章为结论,包括论文的主要研究成果、创新点和理论贡献、研究的反思、研究的局限性和研究的展望。

关键词:高等学校　高校管理　教育质量

4996

**中国期货市场金融衍生品创新与风险管理问题研究** / 部慧著 ; 汪寿阳指导. -- 中国科学院研究生院, 2009. -- 188 页

论文研究我国商品指数及其衍生品的创新和开发,引入对中国市场众多特性的关注和探讨,为金融衍生品的创新提供研究依据。全文共分为十章。第一章引言,介绍论文研究背景和意义、研究内容、结构和创新点、期货市场相关研究的文献综述。第二章分析中国期货市场商品指数衍生品创新的要求和条件,包括对商品指数衍生品的需求分析,商品指数衍生品的开发条件分析。第三章中国期货市场的商品指数及其衍生品的开发和设计。首先讨论商品指数的研究意义;其次对商品指数作国际比较,包括国际商品指数的特点分析、国际商品指数编制方法比较和商品指数的收益率和相关性比较;再次研究我国商品期货指数的设计和编制;最后为对商品指数期货合约设计中风险管理问题进行探讨。第四章商品指数期货的引入对标的市场波动性影响的实证分析,包括研究方法综述和实证分析方法的讨论。第五章商品期货的高价运行对行业的影响——以期铜为例,介绍铜价与中国因素的关系、高铜价的影响、国际资本市场的冲击——关于定价权的反思,中国铜业面临的问题以及对此相关的政策和建议。第六章商品投资基金对期货价格的影响分析,介绍 CFTC 持仓报告和相关实证的分析。第七章期货价格短期波动研究——以国际原油期货为例,包括以前的相关研究、数据及影响因素的度量以及实证方法与结果。第八章金融危机下我国期货市场的波动性研究——以黄金期货市场为例,通过实证分析,对波动性来源做讨论最终得出结论。第九章企业参与衍生品交易的风险管理研究,包括案例的研究和以 ERM 框架解读风险事件。第十章为总结。

关键词:期货市场　金融衍生产品　风险管理

4997

**基于期权博弈的专利投资决策研究** / 蔡强著 ; 曾勇指导. -- 电子科技大学, 2009. -- 133 页

论文以期权博弈为工具,围绕专利投资决策中的若干前沿问题展开研究。全文共分为八章。第一章概述,介绍论文问题提出背景、国内外研究现状、研究内容与结构安排、论文主要创新点和研究方法。第二章专利研发投资中的一般期权博弈,介绍对称企业模型和非对称企业模型,对其专利竞赛和合作研发展开分析。第三章不完全信息专利竞赛,探讨只有先发优势的专利竞赛,分析完全垄断投资决策模型、竞争条件下的专利研发投资决策,进行应用举例并根据前期成果做进一步的讨论和分析;探讨具有后发优势的专利竞赛,介绍其模型,并分别从企业角色外生和内生两方面做均衡分析和进一步的讨论和分析。第四章有记忆专利竞赛,介绍模型框架、单个企业的最优投资时机和有记忆专利竞赛的具体内容。第五章专利购买中的期权博弈,讨论不完全信息下的专利购买,包括单个企业的专利购买决策和竞争条件下的专利

购买决策；探讨不确定条件吓得专利购买，分析其企业价值并做总结。第六章专利商业化投资中的非对称期权博弈，首先提出模型框架；其次分析价值函数，提出“优势企业成为追随者，劣势企业成为领导者”“优势企业成为领导者，劣势企业成为追随者”以及“同时投资”三个层面的分析；进行均衡分析，包括占先均衡、顺序投资均衡和同时投资均衡；最后讨论企业价值与非对称程度，并进行进一步的讨论和分析。第七章专利研发投资的社会福利分析，介绍基本模型、企业价值、消费者剩余，分析社会福利。第八章研究结论与展望。

关键词：专利　投资分析　实物期权　博弈论

**4998**

**中国民航业规制改革与产业组织研究** / 曹锦周著 ; 戴昌钧指导. -- 东华大学, 2009. -- 206 页

论文主要采用比较分析、理论研究与实证分析相结合的方法，对中国民航业规制改革与产业组织进行了研究分析。全文共分为七章。第一章绪论，介绍研究的背景、研究目的及意义、研究的思路内涵和逻辑框架、研究方法与技术路线以及论文的创新点。第二章介绍民航产业相关理论的回顾及评述，包括政府规制及其改革的理论、产业组织理论及其分析框架的演进以及民航业规制改革与产业组织的讨论，同时介绍论文研究问题的文献评述。第三章分析转型期民航产业组织 RPSCP 理论分析框架的构建。在将民航业规制改革与产业组织演变的国际比较之后，通过转型期民航业规制制度、产业结构、市场结构以及市场行为的作用路径及效应，对 RPSCP 框架进行理论说明。第四章分析基于 RPSCP 框架的中国民航产业组织，包括中国民航产业规制改革的路径及进程分析、中国民航业的市场结构分析、中国民航业的市场行为分析以及中国民航业的市场绩效分析。第五章对 RPSCP 的理论框架进行实证检验。通过基于数据包络法的民航经济效益测算及分析和基于主成分分析法的民航综合绩效测算分析对 RPSCP 理论框架的绩效指标进行了研究，同时分析 RPSCP 理论框架的计量检验，得出研究的结论。第六章对中国民航产业组织有效演进的路径与政策建议，包括中国民航业组织演进的有效性评价、面临的问题、路径方向以及政策建议。第七章为研究总结与展望，包括论文的主要工作和结论、研究结论的理论与现实意义以及研究的局限性及进一步的研究展望。

关键词：民航业　产业组织　体制改革

**4999**

**中国制造业创新能力研究** / 曹鹏著 ; 李廉水指导. -- 东南大学, 2009. -- 130 页

论文主要以省域制造业作为样本，综合采用了参数和非参数技术，对制造业创新能力绩效进行测度和评价，以判定中国制造业创新能力的发展水平和存在的问题。全文共分为九章。第一章绪论，介绍命题的提出、文献回顾及评述、研究对象目的和意义、研究内容方法和创新以及技术路线图。第二章介绍制造业创新能力研究的理论基础，包括传统经济学相关理论、经济地理学相关理论以及创新相关理论。第三章对制造业创新能力内涵及演化进行分析研究。包括制造业创新能力的相关概念界定、制造业创新能力系统性分析、制造业创新能力演化机理、制造业创新能力形成路径及模型研究以及制造业创新能力研究的框架与方法。第四章采用面板数据对区位因素与制造业创新能力演化关系进行分析，重点研究制造业创新能力发展与区域交通运输能力、通信能力、制造业工资水平、政府政策优惠、人力资源和政府财政支持这六个因素的关系，并在省域分析的基础上对东中西影响效应的差异进行研究。第五章则利用 FDI 和省域制造业发展的专业统计数据，选取具有代表性的指标，对 FDI 总量变化和结构变化对省域制造业发展的专业创新能力演化的影响进行实证分析，并针对中国制造业创新能力建设目标提出 FDI 引进的优化策略提供实证支撑。第六章在轨高新区发展情况进行基本分析的基础上，使用计算方法对高新区发展与中国制造业创新能力演化关系的分析。第七章是通过 DEA 方法对我国省域制造业 2000 年到 2007 年创新效率指数的变化进行分析，对 TFP、EC、TC 等效率指数及其变化规律进行分析。第八章对中国制造业创新能力提升路径进行分析研究，包括中国制造业创新能力提升的主要障碍的分析和中国制造业创新能力提升路径的选择分析。第九章为结论，对全文的研究工作做总结。

关键词：制造工业　技术创新　国际竞争力

**5000**

**本体理论在城市智能交通系统语义集成中的应用研究** / 曹妍著 ; 陈燕指导. -- 大连海事大学, 2009. -- 187 页

论文将本体理论全面运用到ITS中,根据中国智能交通特色,以智能交通应用系统为研究对象,以系统间能实现互操作和提高智能交通信息增值服务为目标展开论文的研究工作。全文共分为七章。第一章介绍论文的研究背景和意义、智能交通系统的概述、智能交通系统语义集成以及研究的主要内容和技术路线。第二章研究中国ITS现有的业务应用和体系结构,提出基于本体的ITS集成框架OITSIF。第三章研究智能交通领域本体的构建,定义了从ITS中抽取本体的规则。第四章研究智能交通系统中的本体映射,提出关系模式与本体的映射模型。第五章研究智能交通系统语义集成的应用,提出基于语义搜索树的串并行Web服务自组合方法。第六章设计开发从智能交通系统中抽取本体以及本体映射的原型系统,实现文中提出的智能交通领域本体的构建和本体映射的方法。第七章是论文的结论与展望。

关键词:智能交通系统(ITS)　本体　语义结构

**5001**

**商业银行治理机制对风险承担行为的影响** / 曹艳华著 ; 孙林岩指导. -- 西安交通大学, 2009. -- 130页

论文以2004—2007年的年报数据为来源,对商业银行治理机制对风险承担者行为的影响进行研究。全文共分七个部分。第一部分为绪论,介绍论文的研究背景、研究目的及意义、研究思路与方法、研究内容与框架。第二部分阐述相关理论与研究综述,包括公司治理理论、金融中介理论、对商业银行治理和治理机制及风险和风险承担行为的内涵进行辨析评述、对国内外研究现状的评述。第三部分对商业银行治理的特殊性进行了研究,依据商业银行特殊性对治理的影响分析了商业银行治理机制的特征、内外部治理的特征和现状。第四部分构建概念模型和提出假设。分析商业银行的利益冲突及其治理机制的变化之后,依据存款者、银行所有权与监管当局职能的内生性、银行契约的高风险性、银行经营者拥有的剩余控制权、不同契约主体的风险偏好差异,构建概念模型并提出假设。第五部分为研究设计并进行实证检验,包括对行业银行内部治理机制对风险承担行为的影响、资本监管对银行风险承担行为的影响进行分析和实证检验。第六部分为结果讨论,分别对商业银行内部治理机制和资本监管对风险承担行为的作用进行了分析,并基于研究结果给出对策和建议。第七部分为结论与展望,包括对论文主要研究工作的总结、指出文章的创新点和局限性、提出对未来研究工作的展望。

关键词:商业银行　风险管理　法人治理结构

**5002**

**企业知识产权竞争优势研究** / 柴金艳著 ; 黄海峰指导. -- 北京工业大学, 2009. -- 203页

论文借助社会资本理论从知识产权保护的关系空间的范畴研究企业知识产权竞争优势。全文共分为六章。第一章绪论介绍论文研究背景、意义、研究内容,阐明了逻辑框架与技术路线,明确了研究方法和预期创新点。第二章对相关领域的理论研究进行综述,包括竞争优势理论、创新与知识产权理论、企业社会资本理论。第三章进行企业知识产权竞争优势的研究框架设计。从知识产权竞争优势的内涵出发,介绍了其特点和类型、形成动力、形成过程,从而建立理论研究模型。第四章通过问卷调查的方法分析企业知识产权竞争优势的资源与能力要素,对不同规模企业的知识产权竞争优势差异化进行分析,对因子分析结果讨论后,构建起内部评价指标体系。第五章介绍环境因素对资源与能力的影响研究。通过PEST分析和社会资本网络分析得到影响企业知识产权竞争优势的环境因素。之后对其进行模型检验和数据分析。第六章在中国企业知识产权竞争优势资源状况的基础上进行案例分析,提出中国知识产权竞争优势及其培育方式:转变资源与能力的管理方式,选择资源与能力的整合模式,构建资源与能力整合的培育机制。

关键词:知识产权　市场竞争　企业创新

**5003**

**营销能力维度及营销能力与企业绩效的关系研究:基于高新技术企业的实证分析** / 常玉著 ; 杨乃定指导. -- 西北工业大学, 2009. -- 174页

论文在国内外学者对于营销能力研究现状基础上,深度剖析营销能力的内涵与特征,提出营销能力的维度,并开发基于营销能力结构维度的测量量表,并以高新技术企业的样本数据进行验证,再次在营销能力的测量工具开发的基础上,构建营销能力与企业绩效间的关系模型,并引入环境不确定性作为变量,最后通过问卷设计,数据采集和模型验证,所提出的假设关系基本通过。论文主要包括四个部分,第一部分是在现有文献和企业深度访谈的基础上,明确定义营销能力的概念,并对其进行维度划分。第二部分遵

循科学的量表开发要求,在归纳学者们对多维度量表开发的方法论的基础上,根据相关文献并结合定性研究中的深度访谈资料完成相应的模型的建立。第三部分是基于论文营销能力维度和量表的基础上,研究营销能力与企业绩效的关系,为企业培育营销能力提供了理论依据和指导,也为今后的研究者对营销能力与企业绩效间关系的探查提供了更广阔的视角。最后一部分是相应模型的建立和论文的结论和展望。

关键词:营销管理　企业能力　企业绩效

**5004**

**营销审计理论与评价体系研究** / 车诚著 ; 唐守廉指导. -- 北京邮电大学, 2009. -- 135 页

论文将系统理论和博弈论引入到营销审计的研究,提出了营销审计本质与关系图,并对营销审计中的抵制问题进行了博弈分析,提出了更有效的解决办法以及数学模型。全文共八个部分。第一部分结合论文的研究背景,简要介绍营销审计,阐述论文的结构和创新点。第二部分介绍国内外营销审计理论的发展和应用情况。第三部分对前人理论并未涉及的营销审计本质理论进行理论研究,将系统理论引入营销审计理论的研究,提出营销审计的本质和企业相关利益体之间的营销本质关系图。第四部分将博弈论引入到营销审计研究,对营销审计执行过程中的抵制问题进行了博弈分析并提出相应地解决办法,提出更有效的解决抵制问题的基于正态分布函数的随机变量和模型。第五部分指出前期国内外学着在定性分析内容方面的欠缺,并对其进行补充,提出更加完善的营销审计定性分析内容。第六部分尝试初步建立一套较为完整的进行营销审计定量分析的指标体系。第七部分提出用于指标体系进行定量分析的两个比较先进的新工具模型,即基于 Multi-SVM 和 RS 模型的新评价模型以及改进主成分分析法新评价模型,以进行营销审计的定量精确分析。第八部分是论文全篇的总结和相关参考文献。

关键词:经营审计　市场营销　营销管理

**5005**

**不确定条件下电信行业投资决策研究** / 陈灿著 ; 忻展红指导. -- 北京邮电大学, 2009. -- 110 页

论文根据运用实物期权理论,结合电信行业投资特点,对不确定条件下电信行业的投资决策进行研究。全文共分为八章。第一章绪论,提出问题,并在此基础上分析电信投资的特点,包括投资的不可逆性、未来状态的不确定性以及管理的灵活性;对相关概念界定,并阐释论文的研究意义、主要研究内容与结果,介绍论文的主要创新点。第二章实物期权理论的文献综述。一是传统投资决策方法,包括净现值方法、内部收益率方法和传统投资决策方法的缺陷;二是实物期权理论,包括实物期权的概念分类、实物期权定价方法、实物期权理论的应用;三是其他有关电信投资研究综述。第三章电信行业的投资现状分析。对我国电信行业发展现状及投资现状进行分析,并探讨电信行业投资决策中的不确定性。第四章需求不确定下投资时机决策研究。首先提出问题,在此基础上,探讨需求不确定性及其数学表达,包括几何布朗运动、伊藤引理等;分析最优投资时机决策,并对数值计算和参数进行分析;最后得出相关结论。第五章需求不确定下容量投资决策研究。提出问题,对容量投资规则和容量决策模型展开研究,提出最优时机和最优容量决策。第六章新技术采纳的投资决策研究。对新技术采纳的相关文献进行回顾,分析泊松跳跃过程,提出新技术采纳的投资决策模型,并进行参数分析,得出结论。第七章规制政策不确定下投资决策研究。对电信行业政府规制做简要梳理,提出政府规制不确定下的投资决策模型,并进行参数分析和结果总结。第八章为论文的总结与展望。

关键词:电信业　投资决策　实物期权

**5006**

**中国国家审计结果公告制度问题研究与机制设计** / 陈尘肇著 ; 孟卫东指导. -- 重庆大学, 2009. -- 86 页

论文从理论和实证上探讨现行国家审计结果公告制度存在的主要问题并指明相应的改进措施。全文共分为八章。第一章绪论,介绍论文研究背景与选题意义、研究现状、研究内容、研究方法与创新之处,并对国家审计结果公告制度相关概念界定。第二章我国国家审计结果公告制度产生和发展的历史,包括旧中国和新中国两个时期中国国家审计结果公告制度发展史。第三章国家审计结果公告制度产生和发展的理论解释。一是经济学解释,包括委托代理理论解释、制度经济学解释和公共选择理论解释;二是政治学解释,包括人民主权理论解释、分权制衡理论解释以及法制形成理论解释。第四章我国国家审计结果公告制度的现状透视。第五章我国国家审计结果公告制度中存在的具体问题。对分析的数据来源和

结构概述,提出分析的方法,基于调查问卷开展实证分析,并对统计结果作出讨论。第六章原因剖析。基于制度有效性的理论开展分析,包括对制度有效性的理解、我国国家审计结果公告制度的目标的合理性分析、我国国家审计结果公告制度体系供给不足以及制度变迁的主题博弈阻碍制度的有效运行等方面;提出基于博弈论的分析,包括博弈研究思路、研究假设、完全信息动态博弈、不完全信息动态博弈以及博弈研究的结果;最后是基于调查问卷的回归分析和基于调查问卷的非参数检验。第七章我国国家审计结果公告制度的政策建议及机制设计。提出改善现行国家审计结果公告制度的政策建议,并对现行审计体制优化,完善审计结果公告制度的法律体系,规范审计结果公告程序,规范化审计结果公告内容,确保审计结果公告形式更具针对性,法制化审计结果公告救济,提出国家审计结果公告制度机制设计。第八章为研究结论及展望。

关键词:政府审计　审计制度　公告

**5007**

**基于自组织理论的电信产业系统演化发展研究** / 陈飞著 ; 舒华英指导. -- 北京邮电大学, 2009. -- 152 页

论文从演化的角度,综合运用自组织理论、灰色系统理论、复杂适应系统理论等多学科知识,结合电信业的行业特色和实际存在的问题,采用定量和定性分析相结合、类比和移植、多主体建模等方法对电信业系统自组织演化发展的耗散结构特性、基本动力、实现途径和演化内外部表现形势等方面进行应用研究。全文共分为七章。第一章绪论,介绍论文研究的背景、相关理论综述及其研究现状、研究的目、意义、对象、方法和内容以及论文的创新点。第二章电信产业系统的内涵和特性研究,介绍电信产业系统的内涵、结构、系统环境、经济特性;分析电信产业系统的复杂性。第三章电信产业系统演化的耗散结构模型及条件,介绍系统的自组织和他组织、构建电信产业系统自组织演化观、电信产业系统耗散结构系统判据、电信产业系统的自组织演化机制分析以及我国电信产业系统自组织演化发展的表现形式。第四章电信产业系统演化的动力机制。对系统自组织动力的协同学分析,包括协同学的基本概念、基本原理和方法理论框架;探讨电信产业系统演化的序参量;分析电信产业系统的协同竞争,并探讨电信产业系统的意义;最后分析基于主体的电信产业协调机制的仿真。第五章电信产业系统自组织演化的内外途径,介绍电信产业系统自组织演化的内部实现途径和电信产业系统自组织演化发展的外部表现形式。第六章我国电信产业系统有序演化的政策建议。在对中国电信产业系统演化进行实证分析的基础上,探讨中国电信产业自组织演化发展中存在的问题,并对中国电信产业系统自组织演化发展提出政策建议。第七章为论文的结论。

关键词:电信　产业发展　自组织理论

**5008**

**关系契约、正式契约与民营企业成长** / 陈戈著 ; 储小平指导. -- 中山大学, 2009. -- 147 页

论文从"关系契约"的理论视角分析民营企业的成长问题。全文共分为八章。第一章绪论,介绍论文研究背景与研究意义,对研究相关概念界定,提出研究体系与研究内容、研究方法。第二章文献综述,包括早期关于企业成长的研究、彭罗斯与钱德勒的贡献、企业理论、关系契约理论、制度变迁研究以及企业生命周期研究。第三章关系契约、正是契约与经理人专用性投资。提出研究的问题和基准模型,并得出结论。第四章关系契约、正是契约与企业生命周期。提出问题并基于对理论基础的分析,探讨企业成长的成长期——正式契约对关系契约的替代;探讨企业成长的成熟期——正式契约与关系契约的互补;对模型推导,并对企业生命周期的特征进行整理。第五章"李宁"公司的案例叙述。提出案例研究的理论问题与研究意义,以"李宁"公司为例,提出"李宁"公司的六个关键人物。第六章"李宁"公司的制度分析。对分析需要的基本概念与模型界定,对"李宁"公司的制度分析与模型展开讨论,探讨"中国民营企业的管理革命"的基本特征。第七章企业成长背景下的关系契约与正式契约——基于民营企业的探索性实证研究,介绍研究背景和研究假设内容,具体阐述实证分析的结果,并提出研究的结论及其讨论过程。第八章对论文的研究结论以及研究过程中存在的局限性作出说明。

关键词:民营企业　企业成长　组织管理　契约

**5009**

**银行违约损失率研究** / 陈光忠著 ; 唐小我指导. -- 电子科技大学, 2009. -- 108 页

论文对银行贷款违约损失率展开的研究。全文

共分七个章节。第一章绪论，介绍论文的选题背景，研究内容相关的概念，研究内容、方法及路径，研究的重点和创新点。第二章对违约损失率的研究进行了论述，包括违约和违约率的定义、违约损失率的结构特征、违约损失率的度量以及现代信用风险管理模型。第三章对银行信用风险度量和管理进行分析研究。在介绍银行信用风险和巴塞尔新资本协议后，分析讨论巴塞尔新资本协议的信用风险管理方法，并对中国银监会的风险管理现状进行分析。第四章分析银行违约损失率的结构特征，主要从违约损失率的分布特征、与贷款本金的关系、在行业及各银行的分布、与违约时间间隔及担保抵押的关系几个方面对违约损失率的结构特征进行统计分析，并分析风险中性定价下的结构特征，随机现金流下的结构特征以及结构特征中的系统风险。第五章对银行违约损失率的度量进行分析讨论，包括用贷款专项损失准备金变动度量违约损失率、结合贷款的违约损失率度量、抵押贷款的违约损失率度量，并讨论违约损失率度量的洛伦兹方法。第六章介绍银行违约损失率的数据库。首先介绍国外违约损失率数据的概况并对国外违约损失率数据库进行分析，然后对我国违约损失率数据库的构建提出了设想，指出我国违约损失率数据库建设中存在的问题，并对我国违约损失率数据库的建设提出了政策建议。第七章为结论，对全文的研究工作进行总结。

关键词：商业银行　贷款风险　风险管理

**5010**

**组织学习对企业绩效的影响：基于社会资本和权变理论的实证研究** / 陈浩然著 ; 李垣指导. -- 西安交通大学, 2009. -- 138 页

论文采用文献收集、理论分析、问卷调查以及构建模型等方法，分析环境不确定性条件、企业管理者的社会关系对企业通过组织学习改善绩效过程的影响。全文分七章。第一章引言，结合当代转型经济的条件以及理论分析，阐述研究的理论背景和实践背景，提出研究的主要问题、内容以及研究的框架。第二章文献综述，通过查阅相关文献，分别从组织学习理论、社会资本理论以及权变理论三个方面进行综述，通过三中理论的分析，对现有的研究结果进行评述，寻求其中的不足和启示。第三章，结合文献文献综述，分别从组织学习和企业效绩的关系、企业管理者的政治关系、商业关系以及竞争环境下企业管理者的社会关系对组织学习和较小关系的调节作用等方面提出相关的概念模型和课题假设。第四章研究方法，该研究通过设计问卷进行调查，通过样本选取和分析，得出数据的基本特征，提出变量度量和假设的验证方法。第五章为实证分析与结果，通过对数据特征的分析，采用多元回归的方法分析结果和假设检验，分别就组织学习和企业业绩之间的关系、企业管理者和社会关系的调节作用、环境不确定影响的调节作用三个方面惊醒验证。第六章结果讨论，结合前文的分析，对假设结果进行讨论，分别从上述的三方面得出结论，并阐释研究的理论意义和实践意义。第七章研究结论和展望，提出论文的主要研究结论以及创新点，分析研究中的不足和对未来研究的指向。

关键词：企业管理　企业绩效　组织管理

**5011**

**现代中药产业集群模式与发展研究** / 陈弘著 ; 陈晓红指导. -- 中南大学, 2009. -- 206 页

论文综合运用产业集群理论、现代产业组织理论、波特产业竞争力理论等现代经济学、管理学理论，采用规范分析和实证分析相结合的方法，对现代中药产业集群模式进行探讨。全文共分为八章。第一章绪论，介绍论文的研究背景、研究目的和意义、国内外相关研究综述以及研究内容、思路和方法。第二章现代中药产业集群理论基础研究。对相关概念界定，分析现代中药产业集群的理论支撑，分析现代中药产业竞争力理论模型。第三章现代中药产业集群的形成机制与组织形式。探讨现代中药产业集群形成的条件、方式和动力，现代中药产业集群的形成模式，现代中药产业集群的组织模式。第四章现代中药产业集群的运行机制，包括现代中药产业集群的组织结构与运行平台、现代中药产业集群运行模式的构建、现代中药产业集群的竞争合作与技术学习机制的建立等。第五章现代中药产业集群支持体系的构建。首先分析现在中药产业集群的市场服务体系，接着探讨现代中药产业集群的技术创新体系，最后分析现代中药产业集群的政府支持体系，并得出结论。第六章现代中药产业集群的发展研究，包括现代中药产业集群发展模式选择研究、现代中药产业集群发展战略的选择与实施方式。第七章案例研究：湖南现代中药产业集群及其发展战略。运用“竞争力”模型分析湖南现代中药产业集群竞争力，对湖南现代中药产业集群发展作分析，阐释提升湖南现代中药产业集群竞争力的战略

选择,并对该部分内容归纳总结。第八章为论文的主要结论与展望。

关键词:中药加工　产业发展　规模经济

**5012**

**新兴产业发展中政府作用机制研究** / 陈洪涛著 ; 陈劲指导. -- 浙江大学, 2009. -- 171 页

论文以"行为—绩效"为逻辑视角,结合理论分析和实证分析,提出新兴产业发展中政府作用机制模型,揭示政府管理行为对新兴产业发展的影响规律,探讨我国新兴产业发展中政府作用行为的政策选择问题。全文共分为八章。第一章介绍论文研究背景,提出我国新兴产业发展现状和存在的问题,介绍论文研究目的、意义和研究方法。第二章对研究的相关理论进行综述,界定新兴产业基本内涵,就政府作用产生的国内外理论探讨、政府作用内容和方式等基础问题进行综述。第三章侧重对高新技术产业发展中国内外政府作用的典型事件进行系统总结。第四章建立研究理论基础并构建新兴产业发展中政府作用机制的概念模型,研究从国家政治制度结构的视角切入政府在新型产业发展中的作用问题。第五章和第六章通过问卷设计与数据收集、研究模型检验进行实证分析。设计调查问卷并进行数据收集,并就所获研究样本的基本情况进行说明分析,对所获得的研究数据进行信度分析、效度分析和因子分析,作结构方程模型分析。第七章探讨政府在新兴产业发展中的对策措施,从经济调节、社会管理、市场监管、公共服务四个方面的管理行为进行政策性对策的探讨。第八章总结论文的结论和理论模型的实践应用,指出研究的局限性和研究展望。

关键词:高技术产业　产业发展　行政管理

**5013**

**新时期我国农民职业教育发展研究** / 陈华宁著 ; 李廉水指导. -- 东南大学, 2009. -- 158 页

论文以目前我国国民经济和社会发展为背景,针对农业经济和农村社会发展中的突出问题,对新时期我国农民职业教育发展展开研究。全文共分为八章。导言部分介绍论文研究背景与问题提出、研究思路与方法,研究内容与主要创新点。第一章农民职业教育的理论动态研究,介绍农民职业教育的理论演化和国内外关于农民教育的研究综述。第二章典型国家农民职业教育及其经验分析,对日本、德国、美国的农民教育的模式内涵和主要做法展开介绍,得到国际比较的经验和启示。第三章农民职业教育发展总体分析,对农村基本情况与农民素质现状、农民职业教育发展阶段特征、农民职业教育取得的主要成就及问题进行分析,对农民职业教育展开调查分析。第四章农民职业教育发展评价研究,首先构建农民职业教育评价体系,进而基于层次分析法的农民职业教育作出评价并得出相关结论。第五章基于结构方程模型的农民职业教育影响因素分析,分别从内生因素分析、外生因素分析和需求分析三个层面对农民职业教育影响因素分析,探讨选择结构方程模型的依据和选择方程模型的应用步骤,提出农民职业教育结构方程评价模型。第六章农民职业教育的博弈分析、包括不完全信息动态博弈、农民主体行为选择博弈、农民自主流动博弈。第七章典型区域农民职业教育发展模式研究,分析我国农民职业教育模式的特点,分别对发达地区农民职业教育模式、欠发达地区农民职业教育模式和落后地区农民职业教育模式阐释,分析不同地区农民职业教育选择的具体模式,并作出思考总结。第八章结论及政策建议,提出研究的主要结论,对优化我国农民职业教育发展的政策建议以及需要进一步研究的问题。

关键词:农民　职业教育　区域差异

**5014**

**金融市场的复杂性与投资组合选择研究** / 陈辉煌著 ; 高岩指导. -- 上海理工大学, 2009. -- 124 页

论文将混沌分形理论、复杂网络理论和经典市场理论相结合,从金融市场的非线性复杂性入手,实证研究中国股票市场的非线性特性和混沌特性,并在此基础上,用复杂网络技术对证券市场网络稳定性进行实证研究,应用崭新的视角研究投资组合选择问题。论文共分为八章。第一章介绍研究背景、国内外针对混沌分形、复杂网络和现代投资组合领域的研究进展。第二章对金融市场的分性特征进行研究,实证研究金融市场时间序列重标极差分析。第三章通过相空间重构、金融市场的波动性实证分析,对金融市场的混沌现象及波动性进行研究。第四章研究复杂网络理论的证券市场网稳定性,包括复杂网络稳定性度量、证券市场网络稳定性分析以及证券市场网络稳定性的仿真实验和分析结果。第五章阐述分形市场假设下的金融复杂系统收益率分布及风险度量。第六章运用内点算法计算风险投资者的效用最大化二次

规划问题，用算例验证该方法的有效性，并且构建了摩擦市场中基于效用最大化的投资组合选择与算法以及具有交易成本的最优资产子和选择的极大极小模型。第七章把 VaR 和最佳投资组合概念结合起来，建立并求解最优均值-VaR 投资组合选择模型。第七章是论文的结论与展望。

关键词：金融市场　证券投资　组合投资

**5015**

**煤炭资源开发利用标准体系构建及运行机制研究** / 陈佳鹏著 ；丁日佳指导. -- 中国矿业大学，2009. -- 136 页

论文根据我国煤炭工业可持续发展的需求，运用系统工程的方法、经济控制论、博弈论、经济学和管理学相关方法，构建煤炭资源开发利用标准体系，从理论上研究煤炭资源开发利用标准化的运行机制。全文共分为八章。第一章绪论，介绍论文课题来源和选题背景意义，国内外研究综述，目前存在的问题，研究内容、方法和技术路线等。第二章煤炭资源开发利用标准化的相关概念研究，包括标准的定义和分类、标准化的定义和内涵、煤炭标准化的概念等。第三章资源节约型煤炭开发利用标准体系构建。对我国煤炭资源开发利用标准的需求和作用分析，探讨我国煤炭资源开发利用标准体现状，煤炭资源开发利用标准体系构建的依据和原则，煤炭资源开发利用标准体系构建方法和原理，在上述基础上，提出我国煤炭资源开发利用标准体系的构建框架。第四章煤炭资源开发利用标准化动力机制分析研究，探讨动力机制的内涵，分析煤炭资源开发利用标准化动力机理，包括理论基础、来源分析、长期动力分析和短期动力研究，最终提出煤炭资源开发利用标准化的动力机制框架。第五章煤炭资源开发利用标准化系统协调机制研究，提出协调机制的内涵，对煤炭资源开发利用标准化系统协调主体结构分析，探讨协调模式及路径，研究协调方法，最后提出煤炭资源开发利用标准化系统协调机制框架。第六章煤炭资源开发利用标准制度设计研究，对制度设计进行理论分析，提出煤炭资源开发利用标准化的制度安排。第七章煤炭资源开发利用标准化保障机制研究，内容包括基础研究和保障机制的构建。第八章为结论与展望。

关键词：煤炭资源　资源开发　资源管理　制度建设

**5016**

**专利制度企业内化理论与实证研究** / 陈家宏著 ；胡培指导. -- 西南交通大学，2009. -- 188 页

论文基于企业优化专利管理的依据所开展、设计的专利制度企业内化理论与实证研究。全文共八章。第一章绪论，介绍研究背景与问题提出、研究内容与方法。第二章介绍论文相关文献综述与启示，包括制度变迁与专利制度变迁的研究、专利制度企业内化的研究、专利制度企业内化研究的框架。第三章研究专利制度企业内化的对象。介绍制度内化的基础，即专利制度的特性及功能、对专利制度产权进行研究以及分析了专利制度的产权结构。第四章研究专利制度企业内化的结构，包括企业专利管理结构案例分析、企业专利管理结构的理论研究以及企业专利管理结构构建。第五章分析专利制度企业内化的机理，具体分析企业内化的条件、动力、过程和绩效。第六章阐述研究假设，进行问卷设计、数据收集，总结样本概况。第七章对数据进行分析。数据质量分析方面，进行了数据的描述性统计分析、数据的探索性因子分析、数据的可靠性分析以及验证性因子分析。二阶因子分析方面，采用专利制度二阶因子分析与专利管理二阶因子分析。结构方程模型分析方面，进行了专利制度与专利管理关系分析、专利管理与绩效关系分析、专利制度企业内化模型分析。第八章总结论文研究结果，讨论研究的不足，得出研究结论。

关键词：技术管理　专利制度　技术创新　知识产权

**5017**

**融资租赁理论与业务创新研究** / 陈建中著 ；陈晓红指导. -- 中南大学，2009. -- 128 页

论文以“四大支柱学说”和“租赁发展周期理论”为起点，按照理论创新、机构创新的基本思路，对融资租赁的定义、行业归属、经营机构、业务创新等问题进行探讨。全文共分为九章。第一章导论，介绍论文提出的背景、国内外理论研究综述以及研究思路。第二章融资租赁在我国的发展历程与基本理论介绍。第三章融资租赁理论创新：定义及其认定标准研究。探讨融资租赁定义与认定标准的研究意义；阐释我国不同部门对融资租赁的定义、认定标准及其评价；阐释融资租赁的国外和国际的定义、认定标准及其评价；提供融资租赁定义与认定标准创新：基于发展和创新的研究视角。第四章融资租赁理论创新：行业性质研

究。内容包括融资租赁行业性质的困惑,融资租赁是否属于货物销售行业和金融行业的探讨以及对融资租赁的行业性质的分析和定位。第五章融资租赁机构创新:经营主体的研究。内容包括融资租赁经营主体的类型和对主体的进一步探讨。第六章融资租赁业务创新:交易内部创新模式研究。首先介绍融资租赁交易内部创新模式的框架模型与主要内容;接着介绍引入股权的创新租赁:风险租赁;最后探讨租金来源于项目收益的创新租赁:项目融资租赁。第七章融资租赁业务创新:交易外部创新模式研究,包括融资租赁交易的外部创新模式,投资基金在融资租赁中的运用创新,租赁债权证券化以及租赁债权保理业务的介绍。第八章融资租赁决策与定价机制创新:实物期权模型。探讨传统租赁决策与定价方法及其局限性,实物期权的价值确定方法与租赁过程中的期权特征以及租赁决策和定价的放弃期权模型。第九章为论文的结论与展望。

关键词:融资　租赁　知识创新

**5018**

**基于全球生产网络视角的地区专业化与均衡发展研究**/陈健著;徐康宁指导. -- 东南大学, 2009. -- 195 页

论文研究重点从全球生产网络发展过程中所形成的新地区专业化,来深入考察全球生产网络所表现出来的新特点在我国不同地区的发展情况及其其对区域发展的影响。全文共十个部分。第一部分在回顾文献的基础上,提出研究问题,并阐述研究对象和研究方法。第二部分就区域发展相关理论做较全面阐述和评价。第三部分首先明确界定论文分析所考察基于产业间、产业内贸易视角的一般专业化和体现全球生产网络发展特点的地区垂直专业化这样两种不同专业化类型。第四部分从三大区域划分角度,对我国区域经济发展中的一些重要方面通过多种方法做了定量考察,进一步比较两种不同专业化类型对区域经济发展的总体影响。第五部分采用经济权重和地理权重,在不同情况下,通过控制时间和地区差异而进行的空间面板分析表明,地区垂直专业化对区域发展的影响作用主要体现在三大区域相对发展差异层面。第六部分在对全要素生产率的影响分析中,着重从全要素生产率总体及其分解后技术进步和技术效率两个方面加以考察。第七部分重点从地区垂直专业化对各地区以工业和服务业为主第二、第三产业以及制造业内部细分行业影响角度展开分析。第八部分重点比较传统资源禀赋和地区垂直专业化对不同区域工业总体和制造业细分行业集聚发展影响作用的差异性。第九部分进一步严格从地区专业化角度考察垂直专业化自身发展问题和从贸易和跨国投资角度考察全球生产网络在我国不同地区的发展。第十部分结合国内外典型区域发展的成功经验和存在问题,给出我国区域均衡发展的新思路和政策建议。

关键词:地方经济　经济发展　工业生产专业化

**5019**

**考虑流通损耗控制的生鲜农产品供应链订货策略及供需协调研究**/陈军著;但斌指导. -- 重庆大学, 2009. -- 124 页

论文以生鲜农产品损耗控制为切入点,探寻损耗的深层次根源;以零售商生鲜经营的利润和社会外部性作为对比尺度,研究生鲜农产品的库存补货策略和供应链协调策略。全文共分为九章。第一章绪论。介绍论文研究背景、问题、目的、意义、国内外研究现状以及主要研究内容及创新点。第二章介绍生鲜农产品流通损耗的内涵,生鲜农产品流通损耗的现状及根源分析以及生鲜农产品流通损耗衍生的管理问题。第三章生命周期约束下的生鲜农产品两次订货策略研究。第四章介绍基于期量折扣的生鲜农产品订货决策模型,模型的求解算法以及数值算例和敏感性分析。第五章多级价格折扣下基于损耗控制的生鲜农产品 EOQ 模型。对问题进行描述和假设,提出基本模型并对模型进行分析,包括零售商仅提供一次价格折扣的最优决策以及零售商提供两次价格折扣的最优决策,对敏感性作出分析,并对结果讨论提出管理建议。第六章努力水平影响损耗控制的生鲜农产品订货策略研究。提出研究问题和基本模型,分析努力水平影响损耗的最优订货策略,包括零售商独自努力控制损耗和零售商和分销商合作控制损耗,并对数值仿真分析。第七章基于实体损耗控制的生鲜农产品供应链协调研究,提出模型假设和符号,分散式决策下的最优决策,集中式决策下的最优决策以及实体损耗控制策略及供应链协调。第八章基于价值损耗控制的生鲜农产品供应链协调研究。提出问题描述和假设,分析分散式和集中式决策下的最优决策并进行算例和敏感性分析。第九章结论与研究展望。

关键词:农产品　供应链管理　订货量　决策模型

**5020**

**员工知识网络、员工关系网络及其与员工绩效间关系的研究** / 陈亮著 ; 陈忠指导. -- 上海交通大学, 2009. -- 149 页

论文研究企业员工知识、关系网络对员工、企业绩效的影响,并通过一系列创新的方法和理论向读者分析了前者是如何影响后者的。论文内容分为五部分。第一部分介绍企业知识基础论、社会资本理论、复杂网络和员工的绩效评价,其中包括企业知识基础论的背景、社会资本理论的社会学溯源和经济学溯源、复杂网络的统计性质及其在管理中的应用、员工基于结果、能力和行为三种绩效观点的内容及其缺陷。第二部分介绍员工知识网络视角下的企业员工知识存量测度及实证研究,论文从企业员工知识网络的角度区分关键员工,阐述不同关键员工:知识源、知识桥梁和明日之星的特点及其对企业的风险,并从知识网络抗损性来研究关键员工对企业知识网络的影响。第三部分着重研究员工关系网络与员工绩效的关系:员工知识网络中介作用的实证研究。论文研究表明:员工关系网络通过员工知识网络的中介作用而影响员工绩效的,并实证员工在知识网络中的联系多样性显著地影响着员工的绩效。第四部分则实证员工不同关系类型的关系网络对员工知识网络的影响不同,强关系网络、能力型信任关系网络和激能关系网络显著地影响着员工知识网络,而员工友善型信任关系网络对员工知识网络的影响不显著。第五部分研究则证明了员工关系网络对于知识传导和绩效有着非常显著地影响:通过应用复杂网络理论的方法和建模思想,借助仿真实验探索了企业员工关系网络演化过程,发现组织鼓励员工团队内部和跨团队沟通的努力程度显著地影响着员工关系网络结构。

关键词:绩效管理　关系网络　知识网络

**5021**

**企业集团成员企业的违约相关性与信用风险度量研究** / 陈林著 ; 周宗放指导. -- 电子科技大学, 2009. -- 138 页

论文根据企业集团的组织特征、运作特点、信用风险成因和特点,对企业集团成员企业之间的违约相关及信用风险度量展开研究。全文共分为六章。第一章绪论,介绍论文研究背景和意义、企业集团的相关概念,回顾信用的风险研究文献、企业集团信用风险研究现状。第二章企业集团成员企业的资产相关性和违约相关性度量。对基于股权比例的母子公司资产相关性分析,探讨基于股权比例的母子公司违约相关行与违约传染风险度量,企业集团控制下的成员企业违约相关性度量,包括违约相关性数值分析、违约传染性数值分析,具有信用评级信息的企业关联违约风险,组合 Copula 函数的权重计算,各信用评级的违约强度以及各信用评级的企业集团成员企业的违约相关性探讨。第三章基于复合期权与篮子期权的企业集团母公司信用风险度量。基于复合期权与篮子期权的母子公司违约概率度量,展开数值分析,探讨企业集团母公司违约概率度量的一般情形并得出结论。第四章基于多层模糊逻辑门 FTA 的企业集团母公司信用风险度量。探讨基于模糊逻辑门的母子公司违约故障树,多层 T-S 门的企业集团母公司违约故障树,对其合理性与有效性展开分析并对示例分析。第五章企业集团代理人风险态度、道德风险与信用风险传染。描述问题,提出违约概率、相关变量与假设,探讨风险态度、道德风险与违约概率,并对示例分析得出论文小结。第六章为论文的研究总结与未来研究方向展望。

关键词:母子公司　违约相关性　贷款风险

**5022**

**桥梁养护管理中的多指标评估与决策方法研究** / 陈玲著 ; 肖智指导. -- 重庆大学, 2009. -- 120 页

论文以桥梁养护的流程和内容为线索,针对桥梁养护管理中的桥梁技术状态综合评估、路网级桥梁养护排序决策、桥梁养护项目变更趋势决策、桥梁管理系统绩效动态评估四个问题,分别建立两种多指标评估模型和两种多指标决策模型,并进行应用分析。全文共分为七章。第一章绪论,介绍论文研究背景、研究意义、课题来源、研究内容、研究思路、论文结构以及论文主要创新点。第二章相关研究基础与文献综述,介绍多指标评估及决策方法,综述桥梁养护管理中的多指标评估与决策方法。第三章基于加权综合云模型的桥梁技术状态评估,概述桥梁技术状态综合评估内容,包括桥梁技术状态综合评估的结构层次划分,特点和方法;构建加权综合云模型的评估方法,并基于加权综合云模型的桥梁技术状态进行评估。第四章基于核空间云模型的路网级桥梁养护排序决策,分析路网级桥梁养护管理决策的内容,包括桥梁养护管理的路网级决策规划模型、桥梁养护管理的路网级排序决策指标、基于灰色—马尔可夫链的桥梁技术状

态预测及改进以及模型选用的原因分析;构建基于核空间云模型的排序方法,并探讨核空间云模型在桥梁养护路网级排序决策的应用。第五章概述桥梁养护项目变更趋势决策,构建改进粗糙集决策模型,对基于改进粗糙集的桥梁养护项目变更趋势做决策分析。第六章基于路径模型与统计检验的桥梁管理系统绩效动态评估,包括桥梁养护管理系统绩效评估,基于路径模型与统计检验结合的动态评估方法构建和相关实例分析。第七章为研究结论与展望。

关键词:桥梁　技术评估　管理决策

**5023**

**资源整合、组织学习与战略变化速度的关系研究** / 陈龙波著 ; 李垣指导. -- 西安交通大学, 2009. -- 114 页

论文将企业资源整合与组织学习作为影响战略变化速度的重要因素加以深入研究。全文共七个部分。第一部分在阐述现实背景和理论背景的基础上,提出本研究的问题和研究方法。第二部分在资源管理的相关理论研究基础上,综述 MARCH 的组织学习理论和战略变化理论。第三部分研究和分析不同资源整合方式对于战略变化速度的影响,在此基础上分析探索式学习和应用式学习两种类型的组织学习方式对于该过程的调节作用。第四部分通过对江苏、山东、广东、河南、吉林、陕西等地 750 多家样本企业的调研,得到 508 份有效问卷,利用 SPSS14.0 等现代统计软件对假设进行了分析检验。第五部分发现论文提出的概念模型在总体上得到验证,大部分假设获得了通过,资源整合的三种形式对于战略变化速度有着不同的影响。第六部分表明不同的组织学习方式会对资源整合与战略变化速度的关系产生调节作用,其中探索式学习加强巩固现有能力与战略变化速度的负向关系,倒 U 型调节提高现有能力与战略变化速度的关系以及正向调节开发新能力与战略变化速度的关系,而应用式学习与之相反。第七部分提出了一些新观点,对理论观点提供了实证支持,实现了对现有理论的深入和拓展,对企业的管理实践具有一定的指导意义。

关键词:企业管理　资源管理　企业战略

**5024**

**政府预算绩效评价及治理对策研究** / 陈其辉著 ; 李建华指导. -- 中南大学, 2009. -- 150 页

论文的研究对象为政府预算绩效评价及治理对策。全文共分为七章。第一章绪论。介绍论文的研究背景、选题意义和研究目的,对国内外研究文献综述,提出研究思路及方法以及研究框架。第二章政府预算绩效评价的相关理论研究。一是政府预算理论,介绍理论的内涵与特性、预算周期、主要模式和绩效预算;二是政府预算绩效理论,介绍其内涵、界定和绩效管理体系;三是政府预算绩效评价理论,探讨理论的涵义、基本框架和理论基础;四是治理理论,介绍理论的渊源、基本特征、当代治理理论对政府预算绩效评价的影响等。第三章政府预算绩效评价指标体系的构建,分析国内外交友价值的预算绩效评价指标体系,分析政府预算绩效评价指标的遴选原则,探讨政府预算绩效评价指标体系的影响因素,提出政府预算绩效评价指标体系的总体框架与基本内容,并对政府预算绩效评价标准作出说明。第四章政府预算绩效评价的实证研究,包括政府预算绩效评价指标体系的实证筛选,政府预算绩效评价指标体系的信度和效度检验,基于主成分分析的政府预算绩效评价,基于层次分析法的政府预算绩效评价以及对政府预算绩效评价实证结果的分析。第五章政府预算绩效评价的制度安排。首先对制度创新概述,提出其方法论原则和评价制度的原则;提出提高政府预算绩效的制度建设措施;分析创新政府预算绩效评价制度和政府预算监督制度创新方面的内容。第六章政府预算绩效治理对策研究。探讨我国套推行绩效预算的重点,提出进一步完善政府预算绩效评价体系,实施政府预算利益相关者的协同治理,加速推进政府预算信息化。第七章研究总结与展望。

关键词:预算管理　经济效果　评价指标

**5025**

**基于技术核心能力的高技术企业成长机理及其模式研究** / 陈琦著 ; 曹兴指导. -- 中南大学, 2009. -- 165 页

论文通过回顾技术核心能力相关文献,对高技术企业技术核心能力进行定义,分析技术核心能力的知识本质与构成要素,深入研究技术核心能力的形成和演进机理。全文共分为七章。第一章导论,介绍论文选题背景与意义、相关概念界定、研究思路与方法、结构与主要内容以及论文创新点。第二章相关文献综述,包括对企业成长理论回顾、核心能力研究现状、技术核心能力研究现状以及高技术企业成长研究现状。

第三章高技术企业核心技术能力分析。对技术核心能力的本质与要素分析,包括其内涵界定、知识本质、一般特征以及构成要素;对高技术企业技术核心能力的形成机理分析,包括高技术企业技术核心能力的形成过程、形成模式、形成路径、形成阶段;对高技术企业技术核心能力的演进激励分析,包括其生命周期、动态研究的一般过程以及动态演进的"平台—台阶"模式。第四章技术核心能力与高技术企业成长的机理分析,包括技术核心能力与高技术企业成长的异质性分析、技术核心能力对高技术企业成长的作用机制以及高技术企业成长的最优规模的确定与变迁。第五章实证研究,提出实证研究的模型与假设、数据方法,对大样本和小样本分别做统计分析并与假设检验,得出该部分的主要结论。第六章基于技术核心能力的高技术企业成长模式的构建。从选择企业成长模式对企业的影响以及企业成长模式选择的影响因素两个方面探讨企业成长模式的权变选择;对当前高技术企业成长模式辨析;对高技术企业三维空间成长模式重构并对高技术企业成长模式的实现机制设计。第七章为结论与展望。

关键词:高技术企业　企业成长　技术水平

**5026**

**中国文化产业投资机制创新研究** / 陈清华著 ; 江可申指导. -- 南京航空航天大学, 2009. -- 108 页

论文运用文献分析、规范和实证分析、比较分析等方法,分析中国文化产业投资机制的现状和存在的问题,制定了文化产业投资新机制的设计原则,设计文化产业投资新机制方案,并且应用 DEA 和 Malmquist 生产率指数对中国各省(区、市)文化产业投资效率进行实证测评。全文共分为七章。第一章系统梳理国内外专家、学者对文化产业、文化产业投资、文化产业投资机制的研究成果,厘清国内外文化产业投资机制的演变过程并且分析问题。第二章介绍文化产业、文化产业投资、文化产业投资机制相关理论,阐述他们的内涵、特性和功能。描述中国文化产业投资机制在主体、门槛、方式方面的演变。第三章对中国文化产业投资机制的运行效率进行分析,包括文化产业投资效率测评的方法、文化产业投资效率动态变化、文化产业项目风险投资效率研究。第四章理清中国文化产业投资机制在政府投入、外资利用、投资效率等方面存在的问题,以及国外文化产业投资机制值得借鉴的部分和需要注意的问题。第五章提出中国文化产业投资新机制的设计原则,并在此基础上给出新的设计方案。第六章构想中国文化产业投资新机制的可能实践路径,包括政府主导、单位主体、社会捐助扶持以及资本市场助推等。第七章总结论文结论及展望,提出要借鉴国外成功经验、要建立政府、文化单位投入等新机制、要注意惯性对转轨经济的影响、要注意地区差异。

关键词:文化产业　风险投资　投资机制

**5027**

**开放式证券投资基金业绩评价研究** / 陈权宝著 ; 聂锐指导. -- 中国矿业大学, 2009. -- 262 页

论文根据证券投资基金业绩评价理论,采用多元统计学、计量经济学、非参数理论等理论分析和实证分析相结合的方法,对我国投资基金的业绩进行综合性分析和评价。全文共分为七章。第一章绪论,介绍论文的研究背景和意义,国内外研究现状,论文研究的内容,研究的方法与技术路线。第二章开放式基金单位净值及净值增长率特征分析,内容包括开放式基金单位净值和净增长率的理论,开放式资金净值增长率特征分析,开放式类型基金指数和市场指数因果关系检验,基于状态空间模型的证券市场对开放式基金的影响分析以及对该部分内容的总结。第三章开放式基金经风险调整业绩评价研究,介绍经风险调整业绩理论,非参数密度函数估计理论,分位数回归理论,经风险调整开放式基金业绩实证分析,各个时期经风险调整基金业绩分析,并对该部分进行总结。第四章开放式基金证券选择能力和市场时机把握能力评价研究,介绍基金证券选择能力和市场时机把握能力评价研究,讨论面板数据模型理论和似不相关回归理论,对基于似不相关回归的基金证券选择和时机把握能力做实证分析,对基于三因素模型的基金证券选择和时机把握能力分析,对评价结果的相关性进行分析,并进行总结。第五章开放式基金业绩持续性评价研究,内容包括开放式基金业绩持续性检验理论,基于横截面回归基金业绩持续性研究,基于列联表的基金业绩持续性研究,基于等级相关系数检验法的基金业绩持续性研究以及基于游成检验法的单个基金业绩持续性研究。第六章开放式基金业绩综合定量评价研究,一是综合定量评价理论,二是基金业绩综合定量评价的实证分析,三是基于熵权理论的投资基金业绩综合定量评价。第七章为论文的结论与建议。

关键词:证券投资　基金管理　经济绩效

5028

**大都市圈创新系统要素配置研究** / 陈莞著 ; 谢富纪指导. -- 上海交通大学, 2009. -- 177 页

论文以大都市圈创新系统为研究对象,探讨其要素配置。全文共分为八章。第一章绪论,介绍论文研究背景与意义、研究主题与内容、研究方法与技术路线、研究主要创新点,阐述研究总体框架。第二章大都市圈创新系统研究综述及相关概念界定。从大都市圈的内涵、发展机制以及中国大都市圈发展现状三个角度评述国内外关于大都市圈的理论研究;从“区域创新系统相关概念”“区域创新系统运行机制”“区域创新系统运行效率”三大主题回顾区域创新系统的相关研究成果;总结大都市圈及创新系统在研究主题、研究角度以及研究方法上存在可深入探讨的空间,界定与本研究主题相关的主要概念。第三章大都市圈创新系统空间结构理论分析,从技术创新对城市化进程的影响以及创新与城市内外部空间关系两个角度分析创新活动的空间特征;分析大都市圈创新系统空间层级结构的不均衡性及其促进创新活动的作用机理。第四章大都市圈创新系统主题要分析,分别讨论技术创新主体与知识创新主体在大都市圈创新系统中的行为。第五章大都市圈创新系统资源要素分析,对各类创新资源要素逐一展开分析,从区域人力资源定义、大都市圈人力资源的构成和特征以及创新效应三个角度分析人力资源要素内涵,构造研究函数模型,分析大都市圈人力资源要素对企业创新行为影响;分析大都市圈创新财力资源内涵、构成和特征;从物质、制度、精神三个层面分析大都市圈创新环境内涵,修改人力资源研究中的模型变量,分析大都市圈创新系统环境资源要素对企业创新定位的影响。第六章大都市圈创新系统要素配置的系统动力学分析,阐述系统动力学在大都市圈创新系统要素配置研究中的适应性,提出大都市圈创新系统的系统动力学模型,对大都市圈创新系统要素配置做仿真实证分析。第七章长三角大都市圈创新系统要素配置路径分析,建设创新支撑体系,提出调整措施和路径建设意见。第八章为论文结论。

关键词:城市经济　经济发展　国家创新系统

5029

**基于情绪视角的知识型员工工作倦怠研究** / 陈薇静著 ; 杨青指导. -- 武汉理工大学, 2009. -- 131 页

论文以知识型员工为样本,采用文献分析、访谈、问卷调查等研究方法,按“刺激—认知—情绪—行为”的序列模式,基于情绪智力视角,分别构建并验证组织中知识型员工情绪与工作倦怠、完美主义倾向与工作倦怠的结构模型。全文共九章。第一章引言,介绍研究的背景、对象、目的与意义。第二章文献综述,分别对工作倦怠研究和情绪智力研究进行综述。第三章具体介绍研究内容与研究设计,包括研究的总体构想、研究的主要内容、研究假设以及研究方法和研究程序。第四章测量工具的选择与检验,介绍量表的选择及其内容结构的检验。第五章研究情绪因素对工作倦怠的影响以及情绪智力的调节作用。通过相关分析、层次回归分析,检验情绪影响因素对工作倦怠各维度的主效应,发现情绪影响因素对情绪耗竭、去人格化及低成就感均有显著的预测作用。第六章研究完美主义对工作倦怠的影响以及情绪智力的调节作用,发现情绪智力对完美主义倾向与工作倦怠的低成就感之间的关系具有调节效应,情绪智力减弱两者间的负向关系。第七章对不同人口学、组织学特征变量的差异进行研究。通过 t 检验和单因素方差分析,发现控制变量中的婚姻状况、教育背景、工作年限、职务类别等与工作倦怠有显著关系。第八章介绍基于情绪视角的工作倦怠干预措施。在实证研究结果的基础上,分析情绪管理的原则,并探讨基于情绪视角从组织层面与个体层面对倦怠进行干预的途径与措施。第九章对全文内容及研究结论进行总结,并提出日后继续研究的方向和期望。

关键词:工作倦怠　人力资源管理　情绪管理

5030

**基于支持向量机的信用卡信用风险管理模型与技术研究** / 陈为民著 ; 马超群指导. -- 湖南大学, 2009. -- 133 页

论文的研究内容是基于支持向量机的信用卡信用风险管理模型与技术,主要研究申请受理与审批和客户关系维护与管理阶段的模型。全文共分为七个部分。第一部分绪论交代论文研究背景和意义、对信用卡概念进行界定,综述国内外研究成果,提出研究思路和研究内容。第二部分进行信用卡信用风险分析,介绍新巴塞尔协议框架下额信用卡信用风险,对信用卡信用风险进行理论分析,介绍信用卡信用风险识别、度量与控制的方法。第三部分开始介绍基于支持向量机的个人信用评分,首先是如何进行建立个人信用评分模型的样本选择,然后罗列信用评分的主要

方法,包括判别分析、回归分析、数学规划分析、神经网络分析等,研究基于不同核函数的支持向量机信用评级,最后建立混合支持向量机信用评分模型。第四部分研究基于k-均值聚类和支持向量机的拒绝推断模型。第五部分说明行为评分是信用评分的必然发展趋势,介绍行为评分模型的应用领域,并建立行为评分模型。基于SOM-MSVM模型进行数值实验。第六部分在信用欺诈检测模型的基础上建立一类支持向量机信用欺诈监测模型并进行数值检验。第七部分是论文的结论。

关键词:信用风险　风险管理　支持向量机

**5031**

**劳动力市场分割对农民工就业影响的实证研究** / 陈宪著 ; 黄健柏指导. -- 中南大学, 2009. -- 149 页

论文研究我国农民工就业问题,开展劳动力市场分割对农民工就业影响的实证研究。全文共分为八章。第一章导论,介绍论文问题的提出背景、相关概念的界定、研究目的和研究意义、研究方法、研究思路及结构安排。第二章文献综述,包括国外农村劳动力转移的文献与实践、国内农村劳动力转移的文献与实践、劳动力市场分割研究文献综述、农民工就业影响因素研究文献综述。第三章我国劳动力市场分割研究。首先介绍劳动力市场分割的主要形式;接着讨论劳动力市场分割的形成过程,包括户籍等制度造成的城乡分割、产业政策偏差导致行业分割、劳动制度形成单位分割、经济发展水平形成地区分割;最后讨论劳动力市场制度性分割,并得出结论。第四章农民工就业主成分影响因素的归纳。首先介绍研究方法的选择,对农民工就业影响的因素进行归纳,对农民工就业影响的因素抽取,并分析讨论,得出影响因素的研究结论。第五章劳动力市场分割对农民工就业影响的计量分析。首先是模型的初步构建,包括理论假设的提出,从数据线性无量纲化方法到分割程度变量的获得,变量的选取及数据收集与处理,计量经济模型的建立,模型的参数估计,模型的检验和对回归结果的解释以及模型的主要结论;二是对模型的优化,包括模型的共线性消除、模型自相关消除、模型数据的平稳性检验和协整检验以及模型变量的因果关系检验;最后为本部分的结论。第六章劳动力市场分割对农民工就业的影响机理。一是分析我国农民工效用函数的特征;二是提出户籍制度和地理因素是城乡分割的根源;三是说明工资差别是行业分割和单位分割的关键因素;四是探讨三种分割联合对农民工就业的影响机理;最后分析劳动力市场分割的正面效应。第七章扩大农民工就业的对策措施,包括治理城乡分割、治理行业分割、治理单位分割。第八章为结论与展望。

关键词:民工　就业　劳动力市场　市场结构

**5032**

**城市交通流的动态均衡及演化动力学研究** / 陈星光著 ; 周晶指导. -- 南京大学, 2009. -- 179 页

论文对城市交通出行选择行为的决策机理进行分析。论文共分六章。第一章是绪论,包括研究背景和研究意义、文献综述、已有研究的局限性、论文研究的内容、研究方法和技术路线。第二章是城市交通出行选择决策行为,包括决策科学理论简介、随即效用理论简介、出行选择行为决策机理分析、交通流演化过程影响因素。第三章是多维动态交通网络均衡配流模型,包括多维出行问题的描述、多维动态用户最优出行选择的变分不等式模型、多维动态随机用户最优出行选择的变分不等式模型。第四章是交通流演化动力学的理论分析,包括交通演化动力学研究的一般框架、演化博弈理论概述、多群体多准则出行的选择流量演化模型。第五章是交通流演化动力学的数值模拟,包括出行方式选择的流量演化动力学模型、出发时间选择的流量演化动力学模拟、出行路径选择的流量演化动力学模拟、多维联合出行选择的流量演化动力学模拟。第六章是论文的结论与展望。

关键词:城市交通系统　交通均衡　数值模拟

**5033**

**国际合资企业不稳定性及其影响因素研究** / 陈学梅著 ; 孟卫东指导. -- 重庆大学, 2009. -- 148 页

论文对发展中国家的国际合资企业的不稳定性展开研究,关注与发展中国家IJVs中处于劣势地位的东道国企业。全文共分为九章。第一章绪论,介绍论文研究背景和意义、研究对象和研究内容、研究思路与方法以及论文特色及创新之处。第二章理论研究评述,介绍合资企业及其不稳定性研究的理论基础,包括交易成本理论、资源基础理论、组织学习理论、讨价还价理论以及博弈理论;介绍合资企业不稳定性定义和不稳定率的测度;提出合资企业不稳定性的主要影响因素为东道国经济体制与政策、合资企业所处行业、成员间资产相互依赖型的变化、股权结构与控制绩效和文化差异等;对已有研究作出评述。第三章国

际合资企业不稳定性的概述——以中外合资企业为例。介绍中外合资企业的类型、中外合资企业的发展阶段,分别对中外合资企业不稳定性的表现作出说明,并分析中外合资企业不稳定性的主要原因,最后提出论文关注的中外合资企业及IJVs不稳定性影响因素。第四章股权配置与外资股份限制对IJVs不稳定性的影响。确定股权配置的方案,对外资股份限制分析。第五章技术创新对IJVs不稳定性的影响。首先介绍与技术创新的涵义、技术创新的主要类型以及技术创新的基本形式;探讨MNC单方面技术创新对IJVs不稳定性的影响,IJVs成员双方都进行技术创新对IJVs不稳定性的影响;对该讨论对中方企业的启示作出说明。第六章市场竞争程度及道德风险对IJVs不稳定性的影响。对道德风险说明并衡量,分析市场结构、市场集中度和市场竞争相关内容,探讨完全竞争市场中IJVs的不稳定性以及完全垄断市场中IJVs的不稳定性,基于讨论得出其影响对我国IJVs发展的启示。第七章外界环境不确定性对IJVs不稳定性的影响。首先构建带有漂移项的蜈蚣博弈模型,对模型分阶段展开分析并探讨其他影响因素,对模型展开进一步讨论;对模型的现实意义作出解释。第八章,国际合资企业不稳定性的生存分析——以中外合资企业为例。讨论生存分析及其在IJVs不稳定性分析中应用,得出结果。第九章为结论。

关键词:合资企业　技术进步　经济分析

**5034**

**企业自主产品研发的资源整合研究** / 陈言平著 ; 程国平指导. -- 武汉理工大学, 2009. -- 95页

论文以创新理论、系统论协同论和集成管理理论为理论基础,在构建企业自主产品研发的资源体系和资源匹配模型的基础上,提出企业自主产品研发的资源整合模式与方法。全文共八章。第一章导论,介绍研究的目的与意义、国内外研究综述以及研究的内容与方法。第二章界定企业自主产品研发资源整合的基本概念,阐述企业自主产品研发资源体系的结构,并分析企业自主产品研发资源的获取方式。第三章在构建企业自主产品开发资源体系的基础上,从图论角度探讨单一资源子系统内部匹配模型、两种资源之间的匹配模型以及多种资源之间的匹配模型。第四章分析各种企业自主产品开发资源整合模式的构成要素、整合机理、主要特征及适用范围,并阐述企业自主产品研发资源整合模式的实施方法。第五章分析企业自主产品研发资源整合的组织与管理,提出基于多Agent系统的资源整合组织模式,建立资源整合管理体制。第六章构建资源整合绩效评价指标体系,采用模糊综合评价法对资源整合绩效进行评判,并针对评判结果对资源配置进行优化。第七章结合福田汽车公司"链合创新"模式,对企业自主产品开发的资源整合模式进行案例分析。第八章对全文进行总结,介绍主要创新点,做出下一步研究展望。

关键词:企业管理　产品开发　资源管理

**5035**

**知识吸收能力对企业技术能力的影响研究** / 陈艳著 ; 王国顺指导. -- 中南大学, 2009. -- 179页

论文以研发投入的产出为切入点,在现有技术能力和吸收能力相关研究的基础上,结合相关理论,分析企业技术能力与知识吸收能力的理论关系,构建企业长期发展中技术能力与知识吸收能力的协调增长模型,该模型以研发投入为介质,用以分析企业内部创新努力、外部知识吸收能力与技术能力之间的作用关系。通过对吸收能力和技术能力的内涵和结构的分析,提出企业特定时期的创新努力、知识吸收能力相关维度与企业技术能力相关维度的关系及相互间的作用途径模型,并采用问卷调查方法对模型进行实证检验。论文分为六个部分。第一部分介绍论文的研究背景和问题的提出和意义,并简要介绍论文的研究方法、技术路线与结构安排。第二部分为相关文献的综述,包括企业技术能力研究和吸收能力研究。第三部分首先分析技术能力与吸收能力的定义和研究维度,然后深入分析企业技术能力与吸收能力的关系,最后提出研究的模型和假设。第四部分为研究设计和方法,简述分析方法,并通过调查问卷的方式进行研究,对小样本数据进行收集和分析。第五部分为研究结果与讨论,首先对大样本数据进行收集与描述,然后对数据进行多方面的分析,包括大样本数据信度分析,基于验证性因子分析的变量数据效度分析,多元线性回归分析,结构方程模型分析,实证结果分析等。第六部分为论文的结论与展望。

关键词:企业能力　技术创新　知识管理

**5036**

**区域创新能力形成机理研究:以江苏省为例** / 陈玉川著 ; 赵喜仓指导. -- 江苏大学, 2009. -- 222页

论文以江苏省为例,通过剖析区域创新能力器物

层、制度层、文化层级各层之间的关系,揭示区域创新能力形成的机理。全文共分为八章。第一章绪论,介绍论文研究问题的背景,基本概念的界定,对国内外相关研究文献的综述以及研究的目的、意义、思路和框架体系。第二章区域创新主体核心层与支撑层创新能力形成机理。介绍江苏区域创新能力的总体状况、主体核心层创新能力现状、主体支撑层创新能力的现状以及创新绩效的现状,介绍区域创新能力器物层的结构,探讨区域创新主体核心层创新能力形成机理以及区域创新主体支撑层创新能力形成机理。第三章区域创新主体的自组织创新能力形成机理,包括区域创新主体的集群创新能力形成机理、创新连接能力形成机理以及创新结网能力形成机理。第四章区域创新能力制度层形成机理,介绍区域创新能力制度层的涵义、结构,分析区域创新主体核心层制度形成机理、支撑层制度形成机理并作总结。第五章区域创新能力形成的文化基因形成机理,讨论区域创新能力形成的文化基因的涵义、结构,探讨渔区创新主体核心层文化基因、支撑层文化基因形成的机理,探讨区域文化基因形成的根源。第六章区域创新能力各层次之间的关系。讨论区域创新能力各层次的匹配性、区域创新主体在各层次地位的差异性。第七章江苏区域创新能力提升战略。对江苏区域创新能力器物层和制度层的提升战略展开探讨,并具体说明江苏区域创新能力形成的新文化基因塑造战略。第八章为论文研究结论及展望。

关键词:区域经济　经济发展　创造能力

**5037**

**重庆城市建设用地合理供应规模研究** / 陈煜红著 ; 傅鸿源指导. -- 重庆大学, 2009. -- 168 页

论文对重庆城市建设用地合理供应规模进行研究。全文共分七部分。第一部分绪论,介绍研究的背景及意义、研究范围及界定、国内外相关研究与发展现状以及研究目标、内容及方法。第二部分从系统科学、可持续发展观、城市建设用地的供需规律等角度,分析城市建设用地合理供应规模的内涵与特征,提出城市建设用地合理供应规模的概念。第三部分对重庆城市建设用地的供应效益、供应结构、增量供应潜力和存量供应潜力实施评价,为城市建设用地合理供应规模的指定奠定基础。第四部分改革与完善城市建设用地供应决策管理模式,以我国广泛建立的城市土地供应制度为基础,结合重庆实际情况,引入供应决策和供地规划,依托土地市场,提供在优化利用基础上具有现实可行性和可操作性的建设用地供应新模式。第五部分针对已有研究方法普遍采用投入产出、计量经济学和目标规划等线性模型的不足,提出了运用系统动力学和多目标规划整合模型来研究城市建设用地利用过程中所存在的环境变化和投入产出中的时滞等一系列动态问题。第六部分针对前面研究,提出了重庆城市建设用地合理供应规模的保障措施及建议。第七部分结论与展望,总结研究的主要结论,对需要进一步研究的问题作出展望。

关键词:城市用地　土地利用　重庆

**5038**

**转型期中国突发事件社会风险管理研究** / 陈远章著 ; 李一智指导. -- 中南大学, 2009. -- 198 页

论文运用唯物辩证法、系统分析法、演绎分析法、个案分析法、实证分析方法等多种研究方法,对转型期中国突发事件社会风险的发生机理和深层根源进行探究,为我国突发事件社会风险管理提出建议。全文共分为九章。第一章导论,介绍论文选题的背景、国内外研究现状、相关概念以及论文研究对象的界定、研究的主要问题和意义以及研究的思路框架。第二章介绍突发事件社会风险管理的理论基础。一是管理学理论基础,包括社会控制理论、公共危机管理理论、社会预警理论;二是政治学理论基础,包括社会矛盾理论、社会和谐理论、公共治理理论和政治稳定论;三是社会学理论基础,包括社会转型理论、社会分层理论、失范理论、社会冲突理论、社会整合理论和社会保障理论;四是心理学理论基础,包括相对剥夺理论、群体心理理论和灾害心理理论。第三章转型期中国突发事件社会风险多维考察,提出自然灾害类、事故灾害类、公共卫生类、社会安全类四种风险类型;对社会风险人群分析,包括利益受损者、就业受挫者、社会帮教对象、“问题商人”与“问题官员”、老弱病残的边缘群体;分析社会风险造成的损失情况;将社会风险特征归纳为复杂性增强、内部性为主、人为性突出、规律性很强、宣泄行居多、连锁性增大等方面。第四章转型期中国突发事件社会风险根源探究。提出并分析滋生社会风险的因素,包括政治因素——权利失控,法律因素——权利失衡,道德因素——道德失范,管理因素——控制失效,生态因素——天人失和。第五章发达国家社会风险管理经验的借鉴。借鉴国外的保障制度、表达渠道、社会和解、法律体系以及应急

网络情况,并结合中国现状进行分析总结。第六章转型期中国突发事件社会风险管理的创新方式探讨,提出四个方向的建议。第七章转型期中国突发事件社会风险预警研究,包括理论依据的研究和具体模型构建。第八章基于上述讨论,构建转型期中国突发事件社会风险管理系统。第九章为结论与展望。

关键词:紧急事件　公共管理　风险管理

**5039**

**电子商务环境下双渠道协调机制研究** / 陈忠著 ; 李仕明指导. -- 电子科技大学, 2009. -- 119 页

论文的研究对象为电子商务环境下的双渠道协调机制。全文共分为七章。第一章绪论,介绍论文研究背景、渠道协调机制的研究现状、启示与借鉴、研究思路、内容、特色与创新。第二章渠道信息与控制结构绩效研究。介绍研究的基本模型,探讨分散化渠道情形和中心化渠道情形,分别对无信息共享的分散化渠道、信息共享的分散化渠道,无信息共享的中心化渠道、信息共享的中心化渠道作出具体说明,并对信息共享与控制结构绩效进行比较分析。第三章需求不确定条件下双渠道选择策略研究,包括双渠道决策与单一渠道决策以及双渠道选择策略的分析总结,提出制造商双渠道选择策略、零售商双渠道选择策略和制造商与零售商双渠道选择策略。第四章双渠道信息共享的协调机制研究,介绍市场信息共享与双渠道定价策略,包括基本模型、无信息共享情形、共享传统渠道预测信息和价格效应等内容;研究双渠道信息共享与收益分享合同机制,并以 ETHAN ALLEN 双渠道收益分享模式为案例,对这一问题展开分析和探讨。第五章双渠道配送模式及数量折扣协调机制研究。提出研究的基本模型,探讨中心化控制双渠道配送模式选择,分散化控制独立配送模式下数量折扣协调机制,基于统一配送的联合需求数量折扣定价模式与协调机制等问题,并以海尔集团双渠道运营模式与数量折扣协调机制为例,作出讨论和总结。第六章基于服务搭便车行为的双渠道协调机制研究。提出研究基本模型,中心化控制双渠道系统绩效标准和分散化控制双渠道服务结构模型等问题。第七章结论与展望。

关键词:电子商务　购销渠道　销售方式

**5040**

**两种扩展关联规则的兴趣度研究** / 陈佐亮著 ; 陈国青指导. -- 清华大学, 2009. -- 120 页

论文研究的问题是如何针对特定的扩展关联规则评价其兴趣度,以消除冗余规则。全文共分为六章。第一章引言进行数据挖掘概述,介绍关联规则及其研究扩展问题,明确论文的研究对象和框架以及研究方法和思路。第二章进行关联规则兴趣度综述,介绍关联规则及其扩展以及主观兴趣度和客观兴趣度的研究。第三章运用模糊关联规则解决数量型规则的“锋利边界”问题,将此类规则应用于分类可以在保证分类的精度的同时达到提高分类器的可解释性的效果。第四章和第五章研究如何提出新的兴趣度指标并判断一个模式是否新颖、蕴含新的信息,其提出的新的兴趣度充分考虑了包含时态模式冗余的情况,可理解性强、计算复杂度低,充分降低模式集规模。第七章总结研究工作,提出进一步研究的问题。

关键词:数据采掘　关联规则　用户　兴趣

**5041**

**中国商业银行离岸经营“追随客户”动机和产品创新对离岸经营绩效影响的实证研究** / 成光著 ; 孙林岩指导. -- 西安交通大学, 2009. -- 156 页

论文主要研究和分析中国商业银行离岸经营动机、离岸产品创新、离在岸协同能力以及离岸经营绩效之间的内在关系。全文共分为七章。第一章绪论,介绍论文研究背景、研究对象及问题描述、研究目的与意义、研究视角与方法以及研究内容与框架。第二章相关理论与研究综述。一是离岸金融理论,包括其内涵与特点,产业与发展动因理论,市场研究,风险研究和中国离岸金融理论研究现状;二是商业银行国际化经营动机理论,分析其内涵、经营动机、动机模型和内在关系与动机理论等;三是商业银行金融产品创新理论,包括对其理论的综述、内涵与本质、动因和内容等;四是商业银行协同能力研究的理论基础,包括企业能力理论,协同的涵义以及协同学理论在商业银行中的应用研究;五是商业银行经营绩效理论,包括其影响因素、评价体系和评价指标等研究。第三章概念模型和假设提出。对中国商业银行离岸经营动机及离岸经营绩效影响因素阐释,构建其概念模型,提出四个假设——离岸经营动机和离岸产品创新之间的关系、离岸产品创新和离岸经营绩效之间的关系、离岸产品创新与离岸经营动机和离岸经营绩效之间的关系、离在岸协同能力与离岸产品创新和离岸经营绩效之间的关系。第四章研究方法,介绍论文研究中的现场访谈、实证设计及样本选择、变量测量、建设检验

等方法,并对研究过程作出总结。第五章数据分析与实证检验,包括指标净化及信度效度检验、数据描述性统计分析,并提出假设检验的结果,得出结论。第六章结果讨论,分析中国商业银行离岸产品创新的中介作用、中国商业银行离在岸协同能力的调节作用,基于研究结果提出相关政策建议。第七章结论与展望。

关键词:商业银行　离岸金融　经营管理

**5042**

**化学电源质量控制的模型研究** / 程福龙著 ; 汪波指导. -- 天津大学, 2009. -- 145 页

论文以新型绿色能源——化学电源作为研究对象,在化学电源质量管理中拓展新的质量管理理论和方法。全文共分为八章。第一章由新型能源质量管理的必要性,引出化学电源的质量管理问题,并明确论文的研究内容和结构。第二章由质量管理的发展背景,模型实证研究的进展情况,化学电源质量管理的研究现状引出化学电源质量管理的模型实证研究。第三章介绍模型的理论基础,包括不同流派质量观、质量管理发展阶段、质量管理工具与技术和质量管理新理念。第四章介绍质量管理理论与方法的新拓展,包括经济学的理论与方法、多元统计学的理论与方法、运筹学的理论与方法、灰色系统理论的理论与方法、模糊综合评价理论与方法。第五章提出化学电源质量控制及其特殊性。第六章建立化学电源质量控制模型的研究分析体系,分别以博弈分析模型、敏感性分析模型、DEA 模型对化学电源设计质量进行研究分析;分别以成分分析模型、聚类模型对指标分类控制进行研究分析;分别以单双因素方差模型、典型相关分析模型、线性回归模型和灰色关联分析模型对指标相关性质量控制进行研究分析,分别以因子分析模型、层次分析模型、贝叶斯判别模型对化学电源的组合管理的质量控制进行研究分析;以预测模型对化学电源的充放电终压进行研究分析;以模糊综合评价模型对化学电源的质量功能进行综合评价分析。第七章进行化学电源质量控制实证研究。第八章总结论文结论,指出化学电源质量管理的局限性,提出研究展望。

关键词:化学电源　电池质量　质量控制

**5043**

**生态工业园的工业共生机理研究** / 程会强著 ; 李京文指导. -- 北京工业大学, 2009. -- 131 页

论文在文献分析和实地调研的基础上,采用理论研究和案例研究相结合的研究方法,研究工业共生机理对丰富和深化工业共生理论。全文共分为五章。第一章绪论,介绍论文的选题依据、国内外相关研究综述、研究内容与研究方法。第二章工业共生机理的基础理论研究。一是生物学理论,介绍生物学范畴的共生理论和生物学对工业共生机理研究的启发;二是生态学理论,包括生态学与经济学的协调、生态学理论对工业共生机理研究的启发;三是工业生态学理论,介绍工业生态学的主要思想与观点、工业生态系统与自然生态系统的类比研究、工业生态学理论对工业共生机理研究的启发。第三章生态工业园工业共生的系统研究。首先对工业共生的要素展开分析,包括工业共生单元、工业共生关系、工业共生环境以及工业共生要素之间的关系等;二是工业共生的特征分析,介绍共生度、关联度、共生密度与维度、共生能量和共生界面;三是工业共生的演化模型,对工业共生的动力分析、工业共生的静态条件分析、工业共生的动态条件分析、工业共生的运行机制讨论,并对工业共生的模式分析;最后是对工业共生的效益评价,包括其生态效益和生态效率。第四章典型运行模式下的工业共生机理研究。一是依托工业共生的机理研究,对依托工业共生做内涵分析、主要特征分析、均衡性分析、稳定性分析、模式及其演化分析,最后对其案例进行分析;二是平等型工业共生机理研究,对平等型工业共生做做内涵分析、主要特征分析、均衡性分析、稳定性分析、模式及其演化分析,最后对其案例进行分析;最后是对嵌套型工业共生和虚拟型工业共生机理的研究。第五章实证分析——以贵港生态工业园为例探讨其发展状况,并分析其共生关系和生态效率。最后为论文的结论与展望。

关键词:工业区　生态环境　环境规划

**5044**

**外部环境与组织柔性对企业创新模式选择的影响研究** / 程鹏著 ; 毕新华指导. -- 吉林大学, 2009. -- 165 页

论文研究对象为外部环境与组织柔性对企业创新模式选择的影响,通过 108 家企业有效数据对概念模型进行实证检验,为企业如何根据环境特征匹配相应的资源进行创造有利于指定某种创新模式的决策提供量化依据。全文共分为八章。第一章绪论,介绍论文问题提出背景,研究目的和意义,对相关概念界

定并辨析,概括论文研究对象和章节内容以及研究的方法和技术路线。第二章相关理论及文献综述,介绍创新理论及动因的发展历程、研究的理论基础;综述外部环境与企业创新关系、组织柔性与企业创新关系以及外部与组织柔性关系,并对上述研究进行总评述。第三章研究要素的内涵及维度。包括外部环境的内涵和维度、组织柔性的内涵和维度、企业创新的内涵、维度及模式等。第四章假设的提出,从对环境动态性与创新模式关系、环境复杂性与创新模式关系以及环境敌对性与创新模式关系三个角度分析外部环境与创新模式,从生产柔性与创新模式的关系、人力资源柔性与创新模式的关系、财务柔性与创新模式的关系以及结构柔性与创新模式的关系分析组织柔性与创新模式,最后探讨外部环境与组织柔性方面的内容。第五章研究方法设计,在问卷设计并对防止偏差措施探讨的基础上,进行变量测度——外部环境测度、组织柔性测度、创新模式测度和控制变量测度,接着探讨样本数据的获取和数据分析工具与方法,得出相关结论。第六章数据分析与模型检验,内容包括研究量表检验、控制变量对研究变量的影响检验和多元回归分析。第七章为论文的实证结果讨论和一个综合讨论。第八章为论文的结论与展望。

关键词:企业管理　创新管理　模式选择

**5045**

**企业可持续发展的产品创新策略研究** / 初守恒著 ; 侯运炳指导. -- 中国矿业大学, 2009. -- 112 页

论文围绕如何实现我国企业可持续发展的产品创新策略问题展开讨论。论文共七章。第一章是绪论。第二章是产品创新的基础理论分析,包括的技术创新的基本理论、产品商品的基本理论和一般系统理论。第三章是创新风险与模型研究。第四章是提高企业的创新能力与模型研究。包括个体知识结构与类型、个体知识结构的轨迹效应、个体知识的扩展模式、企业知识的结构优化、知识创新模型、开字形结构的内涵和平均标准。提高企业创新能力的措施。第五部分是创新方向选择与模型研究。包括模仿的含义、品牌、品类、品类度的含义、实现分异、对立共生的措施。第六部分是成功企业案例分析,包括成功企业的启示。第七章是结论和展望。

关键词:产品创新　创新管理　可持续发展

**5046**

**企业信息系统实施的就绪性研究:问题明晰方法的扩展与应用** / 崔国玺著 ; 刘科成指导. -- 北京理工大学, 2009. -- 172 页

论文在当前信息系统规模范围扩大,组织的业务对信息系统依赖性逐步增大的背景下,针对系统实施困难失败率居高不下的问题,对企业信息系统实施的就绪性展开了研究。论文分为八个章节。第一章绪论,介绍论文的研究背景、研究目的和意义、研究的主要内容及论文结构。第二章对企业信息系统实施就绪性的相关研究进行评述,回顾企业信息系统实施的概况,软系统方法论、问题明晰方法和其他主要方法等。第三章组织符号学理论进行扩展,借用吉登斯的结构化理论,由社会系统的结构特征提出组织的基本结构的概念,采用结构化和系统化的方法分析组织现象与问题,解释组织运行与发展的基础机构和宏观机制。第四章对企业信息系统实施就绪性进行分析,对问题明晰方法进行改进和拓展,提出企业信息系统实施就绪度模型和分析方法。第五章对需求进行分析,经过系统分析与设计,开发出问题明晰方法的 CASE 工具,为方法的有效应用提供便利条件。第六章将提出的模型和方法应用与医疗卫生领域中,对 RUSHEY GREEN 社区医院信息系统实施的就绪性进行研究,并对结果分析讨论,验证问题明晰方法的有效性。第七章对国内某医院信息系统实施的就绪性进行研究,提出问题明晰方法在医院中的应用指南。第八章回溯研究目的,对研究内容进行总结,得出主要结论,指出论文的创新点,分析研究的局限性,并对进一步研究进行展望。

关键词:企业管理　现代化管理　信息系统

**5047**

**脑力绩效的影响因素及其提升应用研究** / 崔凯著 ; 孙林岩指导. -- 西安交通大学, 2009. -- 117 页

论文从管理学的角度研究了如何提高脑力工作绩效。在总结有关脑力绩效与脑力负荷的理论和方法基础上,通过认知心理学试验、问卷调查等方法构建了脑力绩效的任务体系,探讨提高脑力绩效的方法并通过管理学实践加以验证。论文的创新点为发展出一套较为便捷、成熟和完备用于度量脑力负荷和绩效的任务体系。测评心率变异、MCH、SWAT、NASA－TLX 等脑力负荷度量指标,结果表明用心率变异性的低频和高频之比两个指标来度量脑力负荷有效性较好,SWAT 量表和 NASA－LTX 量表具有较好的脑力

负荷的信度与效度。论文还综合考察性别、人格、动机等因素对脑力负荷、脑力绩效的影响、不同任务中脑力负荷与脑力绩效的关系及机理。最后还以某石化企业为背景,对试验研究方法和结果进行管理学实践,综合考虑各种因素,从人员选拔、培训、人—机界面设计、作业任务设计、作业环境设计等方面为该企业提出了降低脑力负荷,提升脑力绩效的人因干预措施,并对实施效果进行了验证。论文共七章。第一章为绪论,包括研究背景、研究的目的和为题的提出和研究的内容和技术路线三部分。第二章为文献综述,包括脑力负荷的度量、脑力负荷、脑力绩效的影响因素研究等部分。第三章为脑力负荷度量指标的有效性研究,包括实验心理学的方法体系、HRV 度量脑力负荷的有效性和 SWAT 与 NASA - TLX 的信效度等部分。第四章为脑力负荷的影响因素研究,包括人格对脑力负荷的影响、兴趣对脑力负荷的影响等三部分。第五章为脑力绩效的影响因素及其提升研究,包括人格对脑力绩效的影响、兴趣对脑力绩效的影响、脑力负荷与脑力绩效、性别、人格对脑力绩效的综合影响等部分。第六章为脑力绩效的提升研究在管理学上的实践应用。第七章为研究总结与展望,包括论文的主要研究工作、论文的主要研究结论、论文的主要创新点和研究的不足与未来展望等。

关键词:脑力劳动　工作负荷　工效学

**5048**

**城市住宅市场比较法调整因子量化问题研究** / 崔武文著 ; 陈立文指导. -- 河北工业大学, 2009. -- 190 页

论文就困扰城市估价准确的三大难题即可比实例的选取问题、住宅自然属性情况的价格修正问题和综合比准价格的求取问题为研究目标。建立估价模型,通过规范分析与实践研究结合,定性分析来研究和认识城市住宅的自然属性与价格的关系,通过定量分析的方法确定城市住宅自然属性价格研究成果,最后该研究结果得出了天津城市中心区住宅的自然属性价格,并对以后的进一步研究进行测展望。论文由七章构成,第一章为绪论,介绍了课题的研究背景、涉及的基本概念和论文的研究设计。第二章为城市住宅价格理论研究现状与评述。第三章为课题的理论基础,包括城市住宅自然属性价格经济学理论、城市住宅自然属性价格反演理论、可比实例选择及综合比准价格确定理论等部分。第四章为城市住宅自然属性分析,包括房地产价格影响因素概述、城市住宅内在自然属性分析、城市住宅外在自然属性分析、论文研究拟选择自变量整合等部分组成。第五章为城市住宅比较法调整因子量化模型构建,包括城市住宅自然属性价格模型的构建、估计与检验,城市住宅自然属性价格模型潜在问题与处理措施,城市住宅自然属性价格模型变量的选择,城市住宅市场比较法估价模型的构建等结六部分构成。第六章为城市住宅市场比较法调整因子量化问题证实研究,包括研究区域、数据来源与数据整理、研究数据的量化、天津市住宅自然属性价格模型的证实研究、天津住宅市场的细分研究、城市住宅市场比较法估价模型的证实研究等部分构成。第七章为结论与展望,包括论文结论与该课题研究的展望。

关键词:房地产市场　估价模型

**5049**

**资源约束下中国炼油业可持续发展研究** / 崔元贵著 ; 李廉水指导. -- 东南大学, 2009. -- 158 页

论文通过与发达国家炼油业发展过程横向和纵向的对比,基于可持续发展理论的指导,以探寻中国炼油业的发展路径。论文分为十部分。首先在绪论部分提出了命题背景、研究对象、目的和意义。第一章文献综述对相关理论进行回顾,讨论炼油业发展的垄断性、周期性和高关联性,并对炼油业发展与资源约束进行探讨。第二章从自然资源、安全环境资源、经济资源和社会资源的角度对我国炼油业发展面临的资源约束问题进行界定,并对约束要素机理进行分析。第三章介绍资源约束下炼油业可持续发展的国际经验,分别分析英国、美国、日本、新加坡炼油业现状及策略。第四章对中国炼油业的国际经济状况及国际制约因素进行分析,并提出中国炼油业实现可持续发展国际路径。第五章探讨资源约束下炼油业可持续发展 CP 模式,介绍模式的演进,并分析中国炼油业现状,评价 CP 模式效率影响因素等。第六章资源约束下炼油业可持续发展的实证评价,建立指标评价体系,包括资源利用、安全环境、经济效益、科技创新和社会责任。第七章将资源约束概念引入金陵石化公司的分析中,对金陵石化公司可持续发展面临的问题、机遇、资源约束和环境保护等问题进行阐述。第八章提出资源约束下中国炼油业可持续发展的对策,建设资源节约型、本质安全型、清洁生产引领型、科技创新主导型、全面协调发展型现代炼油业。最后一部分结论与展望,对全文研究做了总结,并展望了我国

炼油业在可持续发展实践中的方向,为他所发展路径拓展新思路。

关键词:炼油工业　可持续发展　资源利用

**5050**

**电信业务网间结算研究** / 戴建华著 ; 阚凯力指导. -- 北京邮电大学, 2009. -- 96 页

论文的研究对象为电信业务网间结算具体问题。全文共分为五章。第一章绪论。论文首先介绍电信业务网间结算产生的根源及其重要性。第二章文献综述及分析。系统分析迄今为止全世界对于网间结算的各种理论和方法。论文将他们归纳为补偿原则、成本原则和其他网间结算方法三种类型,分别对其特点和缺陷进行深入分析,分析结果提出目前国内外还没有一种能够在理论和时间锁全完解决网间结算问题的方法。第三章电信业务网间结算统一标准的不可能性。利用福利经济学中的阿罗不可能原理,从理论上严格证明当市场上运营商数量不少于三个时,不存在确定能找出统一网间结算标准的制度或者方法(即"社会福利函数")。所以网间结算的原则至少应该具有公平性、可实施性,并应对不同的网络采用不同的结算标准。第四章电信业务网间结算的资费独立原则。阐释网间结算的资费独立原则。在国际研究已经证明双向付费优于单向付费的基础上,论文进一步证明资费独立原则可以有效地避免单向付费所引起的网间结算费用过高和社会福利的损失,在这一点上与双向付费等效。并提出在不改变现有资费体系约束的条件下,资费独立原则是最优的结算方案,同时因为资费独立原则不需要测算网间结算的成本,公开透明,所以有助于大大降低政府的监管成本,促进电信业的有效竞争。第五章总结和展望。对论文进行总结,指出论文的局限性和今后的研究方向。

关键词:电信业　结算业务　结算方式

**5051**

**基于复杂系统理论的建筑市场信用机制研究** / 戴若林著 ; 何继善指导. -- 中南大学, 2009. -- 178 页

论文分析建筑市场信用机制的产生机理、内涵和复杂特性,探讨信用机制的功能和作用机理,结合我国国情和建筑市场信用现状,分析信用机制的非逻辑演进性、非机制均衡性和信用价值观缺失等演化特征,并对建筑市场信用机制进行模型仿真,对建筑市场信用机制设计提出相关政策建议。全文共分为七章。第一章绪论,介绍论文研究背景和意义、国内外研究综述、研究思路与方法以及论文的逻辑框架。第二章建筑市场信用机制研究理论基础,包括复杂系统理论与系统仿真、机制设计理论和演化经济学与演化博弈论。第三章建筑市场信用机制的内涵与作用机理。首先介绍建筑市场信用秩序与信用系统,接着分析建筑市场信用机制的内涵,最后探讨建筑市场信用机制的作用机理。第四章建筑市场信用机制的演化机理。首先分析建筑市场信用机制的演化特性,包括信用机制演化分析的前提、信用机制演化的不同方式、信用机制的演化博弈特性;其次对建筑市场信用主题的演化博弈展开分析;三是对建筑市场信用链的演化博弈展开分析。第五章建筑市场信用机制的系统仿真。介绍系统仿真建模过程和分析工具、建筑市场信用机制的系统仿真模型,对模型的有效性检验内容以及对模型的运行仿真的研究。第六章建筑市场信用机制设计和政策建议。对建筑市场信用机制建设的现状分析,对建筑市场信用机制的发展规划展开探讨,分析建筑市场信用机制的设计,并为建筑市场信用机制的建设提出政策性建议。第七章为论文的结论与展望。

关键词:建筑市场　信用制度　大系统理论

**5052**

**企业营销风险传导机理与实证研究** / 戴胜利著 ; 邓明然指导. -- 武汉理工大学, 2009. -- 178 页

论文综合运用现代风险管理理论、系统论、经济计量学、市场营销学、管理学等理论与方法,从风险传导的角度对企业营销风险管理进行系统研究。全文共八章。第一章导论,介绍选题背景和意义、国内外研究现状、研究内容和研究方法。第二章对企业营销风险进行介绍,对营销风险传导内涵及形成机理、营销风险传导的表现形式及特征进行研究。第三章是关于营销风险传导的关键构成要素及传导过程的分析研究。首先介绍营销风险源和风险因子、营销风险传导载体、营销风险传导路径、营销风险接受体和风险传导促动机制,在此基础上,用系统动力学模型对营销风险传导过程进行分析。第四章首先界定营销风险传导指标选择的原则及方法,然后确定营销风险传导的衡量指标,最后确定营销风险传导衡量指标的权重。第五章主要是营销风险传导的测度与评价。第六章探讨企业营销风险传导管理策略——"倒置漏斗模型"管理法。第七章结合白酒行业具体情况,对

白酒企业营销风险传导进行实证研究。第八章对论文进行总结与研究展望。

关键词:企业营销　风险管理　销售管理

**5053**

**大型多技能呼叫中心运作关键问题研究** / 戴韬著 ; 霍佳震指导. -- 同济大学, 2009. -- 162 页

论文针对大型多技能呼叫中心运营的关键问题展开的研究。论文共分六章。第一章引言,介绍研究背景、研究意义、文献综述、研究内容与方法以及论文结构。第二章介绍常见的 Box-Jenkins 法、平滑法、回归模型、Gamma-Poisson 混合模型、Square-root Gaussian 模型、Square-root Gaussian 结合 AR 模型的需求预测方法以及常见的排队信息报告、负载平衡和 IVR 优化配置的需求管理方法。第三章基于单技能环境下的排队论方法、经验方法,结合多技能环境下的路由策略新概念,提出多技能环境的基于仿真的人力需求计算方法。第四章对班次的设计优化、工作日的安排模型以及人员分组的排班模型进行介绍分析。第五章对呼叫中心的业务外包进行分析研究。基于呼叫中心外包的模式分析和优劣势分析,研究部分外包的路由设计和合同设计。第六章为论文的总结与展望。对论文的主要工作、主要创新点、主要局限性进行了概括和总结,并提出了进一步的工作方向。

关键词:呼叫中心　需求管理　无线电通信

**5054**

**基于系统动力学的企业信息技术应用水平提升路径研究** / 戴欣著 ; 谢康指导. -- 中山大学, 2009. -- 164 页

论文借助系统动力学方法建立企业 IT 应用水平提升路径模型,分析企业 IT 应用水平的关键影响因素发挥作用的内在机制和主要特征,以此探讨企业 IT 应用水平在其关键影响因素作用下的提升路径及其动态特征。全文共分为六章。第一章绪论,介绍论文的研究背景与问题提出,研究框架、方法与过程,研究的内容安排。第二章文献综述。在相关研究文献和报告基础上,总结企业 IT 应用水平提升路径的总体研究思路,确定综合企业 IT 应用评价模型、IT 应用发展阶段,以及 IT 应用关键成功因素三个主要领域的成果,提炼和抽象企业 IT 应用发展的规律和特征。第三章模型、方案与数据。展开企业实地调研,以提高对企业 IT 应用水平的直观认识,并进行实践经验总结;调研累计共 105 家企业,对企业中的 133 位高层管理人员进行深度访谈,形成 105 份有效调查问卷。借助系统动力学理论和方法,参考系统动力学在 IT/IS 领域的应用成果,依据思路、概念、数据模型和测试四个步骤,构建企业 IT 应用水平提升路径模式,并相应制定检验方案。第四章为结果检验与讨论。按照检验方案,分别从实证数据、业界经验和理论解释三个角度对企业 IT 应用水平系统动力学模型进行检验;其中实证数据验证采用近似时间序列和 Logistic 拟合两种方法,并从高层和员工不同阶段作用、管理水平重要性以及企业 IT 应用水平提升路径不同模式三个领域进行业界经验支持性检验;对 Nolan 阶段理论、肖静华 IT 应用水平等级模型、路径依赖特征进行理论解释。第五章企业 IT 应用水平提升路径模型。分析企业 IT 应用水平提升路径模型的理论特点;模型系统性构建 IT 应用水平及其关键影响因素的内在机制;综合性整合 IT 应用阶段理论和等级模型等研究成果,以及 S 形发展、路径依赖、周期性等规律作用;动态性模拟不同初始条件和中间影响作用下,企业 IT 应用水平的不同提升路径;举例介绍模型的应用。第六章为结论。

关键词:企业管理　信息技术　系统动力学

**5055**

**石油期货市场波动性与风险管理研究** / 戴毓著 ; 周德群指导. -- 南京航空航天大学, 2009. -- 170 页

论文针对我国燃料油期货市场价格波动问题和风险管理问题展开研究。全文共分为九章。第一章是论文的绪论,提出问题并且介绍国内外关于波动性和金融市场风险管理研究现状,介绍论文的结构和技术路线。第二章总结石油期货市场的产生与发展,石油期货的三个主要市场功能为套期保值、投机和套利,简要分析石油期货和价格波动。第三章通过 ARCH-GARCH 族波动模型对燃料油期货市场价格波动特征进行研究,具体分析燃料油期货市场价格走势基本特征、价格收益基本特征、价格收益的波动性和总体波动基本特征。第四章是成交量、持仓量与波动性的关系研究,包括燃料油期货市场交易变量描述与分析,成交量、持仓量与价格收益的关系研究,正负收益、成交量、持仓量与总体波动的关系研究,成交量、持仓量、波动性关系的动态分析。第五章通过数据选取与分析和 SHFE、NYMEX 燃料油期货市场引导关系实例研究,阐述国内外市场之间的引导关系。第六章针对

我国燃料油期货市场风险较大的客观事实,构建基于风险价值的 VaR-GARCH 族动态测量模型,对我国燃料油期货市场进行风险测量。第七章基于粗糙集理论对期货市场的风险识别问题展开研究,在基于优势关系的粗糙集理论的基础上,构建风险识别模型,并对期货市场中的风险识别问题进行实证研究。第八章讨论我国燃料油期货市场的风险管理问题,提出具有针对性的对策建议。第九章是论文的主要结论和创新点。

关键词:期货市场　燃料油　风险管理

**5056**

**战略成本动因控制模式研究** / 邓厚平著 ; 张友棠指导. -- 武汉理工大学, 2009. -- 167 页

论文综合运用战略管理、管理会计学、经济学、哲学、协同管理、系统建模等多学科知识,遵循从理论到应用的研究思路,采用定性与定量相结合,规范与实证相结合的方法,在解释战略成本动因作用机理的基础上,探讨战略成本动因控制问题。全文共分为八章。第一章导论,介绍论文选题的目的和意义、国内外相关研究综述、研究内容与研究方法。第二章战略成本动因控制理论基础,包括战略成本动因作用机理的理论基础、战略成本动因协同的理论基础、战略成本动因优化控制的理论基础。第三章战略成本动因的作用机理。提出战略成本动因及其作用机理的一般模型,分析结构性成本动因的作用机理和执行性成本动因的作用机理。第四章单项战略成本动因独立控制。分别讨论结构性成本动因独立控制和执行性成本动因的独立控制模型,并分析战略成本动因的独立控制风险。第五章战略成本动因协同分析,包括政略成本动因的协同动机分析、协同层次与内容以及协同机制。第六章战略成本动因优化控制模式构建。探讨构建的内容包括战略成本动因优化控制理论、战略成本动因优化控制的要素,基于上述讨论,提出战略成本优化控制模型。第七章战略成本动因优化控制模式的实现。首先分析战略成本动因优化控制模式的运行环境,识别战略成本动因,并对关键战略成本动因的选择模型与控制策略进行设计,最后对战略成本动因优化控制效应分析。第八章为结论与展望。

关键词:企业管理　财务管理　成本管理

**5057**

**基于动态数据驱动的半导体制造系统调度仿真研究** / 邓可著 ; 林杰指导. -- 同济大学, 2009. -- 113 页

论文引入动态数据驱动应用系统的理论和研究方法,对基于动态数据驱动的半导体制造系统调度仿真进行了深入研究。论文分为七个章节。第一章绪论,介绍论文的研究背景、研究意义、研究思路、研究内容与结构。第二章文献综述,对半导体生产调度问题进行描述,并对半导体生产线调度模型和调度算法研究进行述评。第三章建立基于动态数据驱动的半导体制造系统调度仿真模型,对模型的组成结构和内在的工作机理进行阐述,提出动态数据驱动下基于决策点的调度策略和方法。第四章将半导体生产动态调度转化为基于动态参数矩阵的时间窗口调度问题,提出基于蚁群算法的半导体生产调度模型、算法求解流程等,并针对大规模调度问题进行改进研究。第五章通过对动态数据驱动的调度知识的回顾,建立具有智能决策功能的半导体生产调度动态数据驱动专家系统,并对专家系统的结构以及实现方案进行了介绍。第六章利用一个真实案例对基于多智能体的半导体生产调度动态数据驱动仿真方法进行实证分析,从理论框架、技术实现、实证研究三个方面对基于动态数据驱动的半导体制造系统调度仿真进行了系统的研究。第七章总结与展望,对全文进行梳理总结,得出主要结论,并对进一步研究做出展望。

关键词:半导体工业　生产调度　仿真系统

**5058**

**我国工业污染防治中的利益冲突与协调研究** / 邓志强著 ; 罗新星指导. -- 中南大学, 2009. -- 184 页

论文从利益冲突的视角出发,以我国工业污染防治体系为研究对象,探求工业污染防治中不同利益相关者之间利益冲突的形成原因及协调机制。全文共分为九章。第一章导论,介绍论文研究背景与意义,研究概念的界定,国内外关于工业污染防治的研究综述,论文的逻辑框架、主要研究内容与章节安排,研究方法与创新点。第二章相关理论基础,包括对环境的经济学性质分析,工业污染防治市场失灵概述,工业污染房中中的政府干预与政府失灵问题以及工业污染防治中的利益关系分析。第三章我国工业污染防治体系的发展历程及其评价,概述我国工业污染现状,并分析我国工业污染防治工作的发展历程和特点,对我国工业污染防治作出绩效评价;结合工业污染防治体系的国际经验,提出我国现行工业污染防治体系的主要制度缺陷。第四章工业污染防治中各级政府部门的利益冲突分析,包括工业污染防治中的利

益相关者及其关联性分析，转轨时期工业污染防治中各级政府部门的利益关系分析，工业污染防治中地方政府与中央政府的利益博弈分析，工业污染防治中地方政府之间的利益博弈分析以及导致工业污染防治中各级政府部门利益冲突的制度成因分析。第五章工业污染防治中政府—企业—公众之间的利益冲突分析，分析内容包括环保公众参与行为的层面描述和测度与分析，企业污染防治的驱动因素及其对污染防治的影响，环境监管合谋行为的利益博弈分析以及环境监管合谋的制度成因分析。第六章工业污染防治中各级政府部门之间的利益协调对策。提出应加速构建地方政府绿色 GDP 的考核机制，对我国污染防治体系重构，从行政规制上向利益诱导方面转变。第七章工业污染防治中政府—企业—公众之间的利益协调对策。提出应注重环境监测系统的独立运行并保证环保的公众参与。第八章案例分析，以实例对我国火电二氧化硫污染治理进行评析。第九章为结语。

关键词：工业污染　企业行为　行政干预

**5059**

**房地产价格与货币政策的关系研究** / 丁晨著 ; 屠梅曾指导. -- 上海交通大学, 2009. -- 157 页

论文针对房地产价格与货币政策之间的关系展开研究。全文共分为八章。第一章介绍论文研究背景与意义，进行房地产价格与货币政策相关文献回顾，介绍研究框架和研究方法。第二章指出在内生体系下房价波动对货币供求的影响路径，对基于 Granger 因果关系检验方法进行实证分析，进行基于内生货币理论的理论分析。第三章根据货币政策传导机制，对房地产价格在货币政策传导中作用的理论分析以及我国房地产价格渠道传导效率的实证分析。第四章进行房地产价格与通货膨胀的关系研究和我国房地产价格波动与通货膨胀关系的实证研究。第五章对金融稳定相关理论进行综述，进行房地产将价格波动对金融稳定的冲击的理论分析和房地产价格繁荣——崩溃对金融体系冲击的历史案例分析。第六章提出现阶段人民币升值预期影响房地产价格的主要途径，并对人民币升值预期与房地产市场进行基于灰色关联度的实证分析，提出我国当前货币政策困境及政策搭配。第七章分析我国货币政策环境的变迁与货币政策目标体系的演变，提出现有货币政策框架修正方向，提出前瞻性弹性通胀目标在我国实行的障碍及其对策。第八章总结论文主要结论，提出研究展望。

关键词：房地产价格　房地产市场　货币政策

**5060**

**基于 ERM 理论的财产保险公司风险预警与控制研究** / 丁德臣著 ; 何建敏指导. -- 东南大学, 2009. -- 147 页

论文综合运用保险学、人工智能、模糊数学、运筹学以及行为科学等学科的理论和方法，对全面风险管理理论在我国财产保险公司风险预警与控制中的应用进行研究。全文共分八章。第一章绪论，介绍研究背景及意义、风险预警系统国内外研究现状、保险公司风险预警与控制研究现状、论文研究的框架体系。第二章依据全国风险管理概念，结合国内保险业风险特性，构建包括系统要素组成、功能及运营模式的财产保险公司全面风险预警的框架体系。第三章对分析财产保险公司全面风险识别研究。在全面风险识别分析基础上，依据全面风险识别流程、层次及注意的问题对全面风险识别进行了分析。第四章讨论财产保险公司全面风险预警指标体系的研究，包括全面风险预警指标的选取原则、预警指标的预选取、对全面风险预警指标进行筛选。第五章提出一种基于全局优化遗传算法和支持向量机的财务风险预警模式，利用全局优化遗传算法来提高支持向量机在两个方面的效果——特征子集选择和参数最优化，并对该模型进行实验研究。第六章提出一种基于粗糙集合分类器集成的预警模型。分别介绍该模型的研究原理、模型结构和运作过程以及通过实验研究证明模型的有效性。第七章分析财产保险公司全面风险控制研究。通过借鉴控制理论、ERM 理念及财产保险公司的风险管理实践，构建财产保险公司全面风险控制框架，并提出建立财产保险公司全方位、多层次的职称平台。第八章为总结与展望，分别对研究工作进行总结概括，并提出未来研究工作的展望。

关键词：财产保险　保险公司　风险管理

**5061**

**基于 OB4LAC 的政府组织授权系统模型研究** / 丁锋著 ; 王延章指导. -- 大连理工大学, 2009. -- 104 页

论文通过对现有的各种安全体系和安全验证方式的比较，基于 OB4LAC 提出描述用户、岗位、角色和操作之间关系的详细算法，对分布式组织授权系统中岗位及其与用户、角色和操作的关系进行研究，并使用 OWL 对岗位的构成方式和逻辑规则进行描述。全

文共分为六章。第一章绪论,介绍论文选题的背景、选题的意义、问题的提出,对国内外研究现状分析并加以评述,探讨OB4LAC模型研究的进展,提出论文的研究内容及论文的主要结构。第二章对政府组织结构从横纵向进行划分,探讨政务系统岗位分类的原则;对政务组织中岗位及其特征进行分析,探讨政务系统中岗位与本体模型的关系。第三章介绍组织授权岗位本体对OWL的选择;探讨组织授权岗位本体的机构,包括组织授权岗位本体的命名空间和本体生命;介绍对于分布式数据的集成;基于行政岗位的类和实例、岗位本体的属性、岗位本体属性的分类、岗位的属性限制几个方面提出组织授权岗位本体的基本元素。第四章组织授权岗位本体元素间的逻辑关系。探讨类之间和属性之间的等价关系、具体岗位的统一性关系、具体岗位的差异性关系以及岗位类的逻辑关系,对组织授权岗位本体的版本控制概述,并总结该部分的结论。第五章,基于多重映射的组织授权关系模型。首先分析组织授权系统单层关系模型,探讨内容包括用户本体的建立,建立"用户—岗位""岗位—角色"以及"角色—操作"的关联矩阵;对组织授权系统单层关系模型应用举例;与之相对应地提出组织授权系统多层关系模型以及其应用举例。第六章为国家安监局人事管理系统的应用实例。提出项目的背景、总体目标及其指导思想,对国家安监局的组织结构进行分析,介绍人员基本信息管理及岗位映射管理的具体内容,并探讨其系统的部署,最后得出论文结论。

关键词:国家行政机关　电子政务　信息安全

**5062**

**金融衍生产品隐含期权的利率风险度量及免疫** / 丁浩著 ; 许长新指导. -- 河海大学, 2009. -- 110页

论文基于利率风险管理的基本框架,对金融衍生产品隐含期权的利率风险从识别、度量和控制三个方面进行了系统的研究。论文共分为六章。第一章绪论介绍论文的研究背景、问题提出、基本假设、研究思路和技术路线等。第二章阐述隐含期权的概念和特征,介绍其载体与分解。第三章提出金融衍生品隐含期权的利率风险度量模型,针对久期和凸度这两个传统概念在隐含期权条件下不再适用的问题,提出克服这一局限的有效久期和有效凸度的概念,建立基于OAS框架的利率风险度量模型。第四章在金融衍生品隐含期权的利率风险度量基础上,研究金融衍生品隐含期权的利率免疫策略,即通过调整资产负债结构,使调整后的有效久期缺口为零或尽可能小,同时使调整后的有效凸度缺口为正并尽可能大,从而保证无论利率如何变化,对银行资本净值的影响总是最有利的。第五章在建立的理论模型下,选取"建元2007—1MBS"A证券,对金融衍生品隐含期权的利率风险度量进行了实证研究。第六章是结论与展望。

关键词:金融市场　利率　期权　风险管理

**5063**

**基于知识活动的企业扩张研究:关于机理、方向和方式的讨论** / 丁涛著 ; 胡汉辉指导. -- 东南大学, 2009. -- 109页

论文剖析企业扩张战略主要理论的发展历史和趋势,运用系统分析和演绎推理的方法,构建基于知识活动的企业扩张机理模型并验证其普遍意义,进一步重点研究基于知识活动的企业扩张方向和扩张方式。全文共七章。第一章绪论,介绍研究的背景与意义、相关概念界定、研究思路与方法以及研究内容与写作结构。第二章梳理企业扩张历史及主要理论发展,分析企业知识理论和动态能力理论在企业扩张过程中的指导意义。第三章研究企业扩张、企业知识活动和企业核心能力提升三者的关系,构建知识活动、核心能力提升和企业扩张的逻辑关系模型,通过案例讨论分析该关系模型在企业扩张决策中的具体应用。第四章运用长三角地区的部分企业的数据调研,借助结构方程进一步对企业扩张的知识活动机理进行了实证研究。第五章及第六章研究企业扩张方向和企业扩张方式,明确企业扩张方向和扩张方式决策的动因和依据,并通过案例分析和讨论基于知识活动的企业扩张方向和扩张方式决策的优势和需要主义的方面。第七章总结论文结论,并对进一步研究做出展望。

关键词:企业管理　知识管理　核心竞争力

**5064**

**我国资源型城市人力资源绩效管理研究** / 丁哲新著 ; 傅毓维指导. -- 哈尔滨工程大学, 2009. -- 180页

论文从我国资源型城市及其绩效管理的现状与问题出发,对我国资源型城市人力资源绩效管理进行研究。全文包括正文八章和结论部分。第一章绪论,介绍论文研究的背景、目的及意义,阐述国内外研究现状,对论文研究的总体思路、主要内容和研究方法进行说明,总结论文的创新之处。第二章介绍论文相关基础理论,包括资源型城市基本理论、人力资源管

理理论、组织绩效理论以及战略人力资源管理理论。第三章分析我国资源型城市及其绩效管理的现状与问题。界定资源型城市的内涵、类型和特征,简述我国资源型城市的经济发展现状,分析我国资源型城市人力资源绩效管理的现状及其存在的主要问题,并总结国外资源型城市人力资源管理的先进实践经验与运行规律。第四章构建我国资源型城市人力资源绩效管理框架。通过界定资源型城市人力资源绩效管理的内涵、特征、过程及功能,明确资源型城市人力资源绩效管理的基本理念与思路。第五章构建我国资源型城市人力资源绩效管理的高绩效管理体系。在明确高绩效管理体系的内涵及构成基础上,提出高绩效管理体系实施的基本原则,并对体系的内部关系进行剖析,进而分析高效管理体系的三种内部战略组合关系。第六章设计资源型城市人力资源绩效管理评价模型。在界定资源型城市人力资源绩效管理绩效评价的内涵、原则与功能的基础上,从战略引导、工作运行和绩效产出三方面构建资源型城市人力资源绩效管理绩效评价的指标体系。第七章进行我国资源型城市人力资源绩效管理评价的实证分析。分析大庆市人力资源存在的问题和成因,简述大庆市人力资源绩效管理状况,设计定性指标数据获取的调查问卷和定量指标等级标准,进而通过专家咨询和统计数据查询获得指标值。第八章提出提升我国资源型城市人力资源绩效管理绩效的对策。结论部分对论文进行总结。

关键词:城市经济　经济管理　人力资源管理

**5065**

**多项目建筑废料管理优化模型及评价研究** / 董爱华著 ; 陈建国指导. -- 同济大学, 2009. -- 153 页

论文选取多个新建设工程项目的建筑废料管理活动为研究对象,系统研究多项目建筑废料管理优化模型及评价方法。全文共分为八章。第一章绪论介绍论文研究背景与研究意义,进行多项目管理和建筑废料管理相关研究综述,指出论文的主要研究内容和研究技术路线。第二章介绍相关理论实践及其发展,包括可持续发展理论的发展、建筑废料管理的理论与模型、国内外建筑废料管理的实践以及人工神经网络理论。第三章对多项目建筑废料管理相关因素进行分析,并介绍了多项目建筑废料管理的基本方法,进一步对多项目管理思想在建筑废料管理领域应用进行相关分析。第四章分析多项目建筑废料管理的实施流程,在此基础上建立多项目建筑废料管理优化模型,并对模型进行参数设定,得出模拟运行结果。第五章根据多项目建筑废料管理评价指标体系构建的原则,构建评价指标体系,并对其具体指标含义进行阐述。第六章建立基于 BP 人工神经网络的多项目建筑废料管理评价模型,并对模型进行实证研究。第七章从法律法规体系、管理模式和管理职能几个方面提出提高多项目建筑废料管理水平的对策建议。第八章是论文的结语部分。

关键词:建筑工程　垃圾处理　项目管理

**5066**

**区域金融创新理论与实证研究** / 董经纬著 ; 邓明然指导. -- 武汉理工大学, 2009. -- 134 页

论文运用规范分析与实证分析相结合、定性分析和定量分析相结合的方法,对区域金融创新理论进行的探索性研究,并对河北省金融创新系统进行实证研究。全文共分七章。第一章绪论,介绍研究的目的和意义、国内外研究综述、研究内容和方法。第二章阐述区域金融创新基础理论,包括金融创新理论、区域金融理论、区域金融创新理论、区域金融风险与预警管理理论。第三章分析我国区域金融创新现状系统,包括区域金融创新需求分析、区域金融创新最优规模测量、区域金融创新对经济增长的促进效应、区域金融创新的环境分析。第四章提出区域金融创新的系统思路,在对我国区域金融创新现状系统分析的基础上,对自主创新、合作创新和模仿创新三种区域金融创新模式的相关性和适用性进行分析,提出了区域金融创新模式的选择依据并进行应用;研究提出区域金融创新环境的优化策略。第五章从功能和结构、主客观要素和运作机制三个方面,构建区域金融创新系统;行赢利性、成长性、安全性和开放性四个维度,构建区域金融创新系统评价指标体系,运用统计指标优化方法和 AHP 法构建区域金融创新系统的评价模式。第六章对河北省区域金融创新系统构建进行实证分析。提出了创新理念、创新主体优化、制度环境优化、金融市场环境优化以及金融产品和服务创新的策略。第七章为总结与展望,包括对全文的总结、创新点总结以及对以后研究方向的工作展望。

关键词:金融改革　金融体制　区域经济　河北

**5067**

**企业研发联盟技术学习的理论与实证研究** / 董芹芹著 ; 谢科范指导. -- 武汉理工大学, 2009. -- 183 页

论文为企业研发联盟技术学习的理论与实证研究。全文共分为八章。第一章导论,介绍研究背景,明确研究问题,阐释研究意义,概括研究现状,拟定全文分析框架、研究思路和方法。第二章综合运用战略联盟理论、组织学习理论、知识管理理论、资源基础理论、交易成本理论、社会资本理论、博弈理论等知识对企业研发联盟技术学习的原理展开探讨。第三章企业研发联盟技术学习的机理研究。阐明企业研发联盟技术学习的内涵、特征、原则,分析企业研发联盟技术学习的对象、内容、层次,探讨企业研发联盟技术学习的动力机制、影响机制、制约机制、运行机制和管理机制。第四章企业研发联盟技术学习的竞合博弈分析。从交易成本、资源基础、博弈理论的视角阐述企业研发联盟技术学习中的竞合效应,分析联盟伙伴竞合关系的类型和决定因素,以双边联盟为例建立技术共享与技术保护的博弈模型来分析不同信任程度下的策略选择,并分析技术合作与学习的联盟整体效应。第五章企业研发联盟技术学习的模式分析。提出基于研发平台、研发项目和人才培养的三种企业研发联盟技术学习模式,分析不同模式下的具体操作方式,并配以相应的案例分析。第六章提出并探讨企业研发联盟技术学习的 M-SECI 模型。在野中郁次郎知识转移 SECI 模型的基础上,提出企业研发联盟跨组织技术学习的 M-SECI 模型。对 M-SECI 模型的四要素知识共享、知识交流、知识创造、知识集成与创新进行解析;建立 M-SECI 粗集过程模型,并作实例分析。第七章是中国企业研发联盟技术学习的实证分析。全面搜集中国企业研发联盟技术学习的数据,进行宏观归纳分析和统计分析;构建中国企业研发联盟技术学习案例库,展开群体案例分析和经典案例分析;通过问卷调查和实地访谈展开多元统计分析,挖掘企业研发联盟技术学习各影响要素间的相互关联。第八章为论文总结与研究展望。

关键词:企业竞争　经济合作组织　发展战略

**5068**

**住宅消费中顾客公共产品偏好与忠诚前因问题实证研究** / 董晓松著 ; 王成璋指导. -- 西南交通大学, 2009. -- 139 页

论文研究中石油自主创新中的机制和能力评价问题,提出一些建设性意见。全文共七个部分。第一部分调研国内外研究现状,阐述论文研究背景和意义、研究思路和方法,以及创新之处。第二部分对自主创新研究现状进行总结评述,对创新理论进行概要分析,对自主创新机制研究的基本状况做了回顾总结,讨论对创新的广义和狭义理解。第三部分从科技、研发体系和自主创新的实际状况出发,系统地分析中石油创新的现状,结合实际提出中石油自主创新存在的主要问题。第四部分在界定中石油自主创新机制内涵的基础上,明确中石油自主创新的主要特征,探讨中石油自主创新机制的主要内容,从外部和内部两个方面对其主要的构成要素进行剖析,对中石油自主创新机制的结构和功能进行分析,并基于创新过程及其模式的演进、创新路径和创新模式的选择深入探讨中石油自主创新机制的作用机理。第五部分在对中石油的自主创新机制综合分析的基础上,进一步明确中石油自主创新机制构建的依据、原则和目标。第六部分在研究中石油自主创新机制的基础上,基于评价目标、依据和原则构建了中石油自主创新能力评价指标体系,指标体系基于简捷有效原则突出核心指标,形成符合中石油实际的创新能力评价指标体系。第七部分在构建机制和能力评价的基础上,对基于机制提升中石油自主创新能力有针对性地提出了对策和建议,为中石油提升自主创新能力的决定和实践提供了重要依据和策略支持。

关键词:消费模式　顾客满意　房地产市场

**5069**

**开放经济下中国年度宏观经济模型的研制与运用** / 董玉玲著 ; 杨晓光指导. -- 中国科学院研究生院, 2009. -- 210 页

论文以需求为向导,在开放经济的环境设定下,从需求、生产、货币金融、价格和财政等方面分别进行理论和实证的分析,最后建成开放经济下的中国年度宏观经济模型,并以此为模型进行分析。全文共五章。第一章绪论,对研究目的与意义、建模思路以及创新点进行介绍,并对宏观经济模型理论和计量方法,以及国内外的宏观经济模型进行简要的回顾。第二章以需求为向导,分别就居民消费、投资、生产、进出口贸易、财政收支。价格以及货币金融等模块进行建模分析。第三章将已建立的宏观经济各个模块的方程联立组成"中国年度宏观经济模型"。第四章设定三组宏观经济组合调控政策,并在世界贸易萎缩的外来冲击下,分析这些政策对于维持我国宏观经济稳定发展的作用。第五章总结研究成果,对进一步研究进行展望。

关键词:中国经济　开放经济　宏观经济模型

**5070**

**电子市场中第三方中介的演化研究** / 杜生鸣著 ; 鲁耀斌指导. -- 华中科技大学, 2009. -- 124 页

论文以超边际分析方法为基本工具,围绕中介产生与演化的理论探讨、电子市场的理论探讨、面向电子市场的第三方中介演化分析三个基本问题分别建立数学模型,对电子市场中第三方中介的演化进行研究。全文共分七章。第一章绪论,介绍问题的提出和选题意义、国内外相关研究文献综述、主要研究方法与创新点、主要内容和组织结构。第二章分析中介产生与演化的基础理论及相关条件,包括中介的定义、功能与举例,中介产生与演化的基础理论及其比较分析,传统中介产生与演化的条件分析。第三章阐述电子市场的运行模式与演化模型,包括互联网与电子市场的发展现状、电子市场的基本运行模式与特征、基于分工与信息不对称的电子市场演化模型。第四章对电子市场环境下中介演化的组织元素进行分析。在对电子市场的中介分类和演化模型分析之后,得出不同类型中介的演化趋势。第五章对电子市场环境下中介演化的消费者角度进行分析。包括交易成本、信息不对称对消费行为的影响,基于消费决策过程的电子市场中介演化,基于消费行为的电子市场中介演化形式,电子市场消费者团购行为的分析。第六章以证券市场为例,对中介演化进行分析,包括证券市场的历史变迁、证券交易流程变迁与中介的演化、中国证券市场中介的演化。第七章对论文所做的工作、解决的问题、得出的结论进行归纳总结,并指出下一步的工作。

关键词:电子商务　网上交易　中介组织

**5071**

**人力资源、IT 能力与组织绩效:知识管理战略的影响因素及实施后果研究** / 杜维著 ; 司有和指导. -- 重庆大学, 2009. -- 136 页

论文以资源基础理论为视角,研究知识管理战略的影响因素和绩效后果。全文共分为八章。第一章绪论,介绍论文研究问题、意义、内容、方法、结构及创新点。第二章文献综述。介绍资源基础理论、知识基础理论、知识管理战略、人力资源一家 IT 能力的理论内容与研究现状。第三章理论模型与假设。对组织管理战略、组织绩效、人力资源和 IT 能力的概念界定,提出知识管理战略与组织绩效、人力资源与知识管理战略、IT 能力与知识管理战略、人力资源与组织绩效以及人力资源与 IT 能力的研究假设,提出研究框架并对研究进行设计。第四章量表开发与检验。对组织绩效、人力资源、IT 能力和知识管理战略题项筛选,并从这四个方面提出企业访谈与预测试;在此基础上,开展第一次调查,内容包括数据的收集、缺失数据的处理以及对样本的描述;对探索性因子分析,包括组织绩效 EFA、知识管理战略 EFA、人力资源 EFA、IT 能力 EFA;开展第二次调查,重复第一次的处理数据方式,后对验证性因子分析,包括组织绩效 CFA、知识管理战略 CFA、人力资源 CFA、IT 能力 CFA;最后对数据质量进行信度检验、内容效度检验、建构效度检验以及规则效度检验。第五章数据分析与模型检验。提出研究方法,包括结构方程模型和多元回归方程;对样本一致性检验;对样本变量处理并进行回归分析;对结构方程模型分析,探讨人力资源对知识管理战略的影响,IT 能力对知识管理战略的影响,对论文的理论框架验证。第六章模型差异性分析。对不同性质企业理论模型变量的效应水平的差异性分析、不同行业企业理论模型变量效应水平的差异性分析。第七章为结果与讨论。

关键词:人力资源　信息技术　企业绩效

**5072**

**企业间竞争合作关系的演化机理研究** / 杜智涛著 ; 李纲指导. -- 武汉大学, 2009. -- 241 页

论文以企业间的竞争合作关系及其演化机理作为研究对象。全文共分为五个部分。第一部分从本体论的角度对企业间竞争合作关系的内涵、特性、类型及识别等问题进行了研究。第二部分运用层次分析法和模糊综合评判法建立了一个判别企业间竞争合作关系强度的识别模型,并运用模型对一个汽车零部件企业与其供应商之间的 SCCR 进行了判别。同时运用博弈论方法分别进一步分析 SCCR 对企业间横向合作行为的影响。第三部分研究企业间竞争合作关系的演化动因,运用经典力学的方法描述了推动企业间关系亲密化的三种动力模型和导致企业间关系疏远化的四种阻力,构建企业间竞争合作关系演化的动力模型。第四部分分析企业间竞争合作关系的演化方式,并且根据生态种群依存与竞争模型构建了企业间竞争合作关系演化模型。第五部分研究企业间竞争合作关系的演化趋势,指出企业间竞争合作关系演

化的趋势是形成中间态组织。同时,在国内企业进行实证调查的基础上,运用结构方程对中间态组织的竞争合作方式选择偏好进行分析。

关键词:企业管理　市场竞争　经济合作

**5073**

**我国政府信息公开的公众满意度研究** / 段尧清著 ; 张金隆指导. -- 华中科技大学, 2009. -- 129 页

论文引入结构方程理论对政府信息公开的公众满意度进行研究。全文共八部分。第一部分绪论,介绍研究背景、意义,阐述研究思路与方法,描述论文创新点。第二部分文献综述,包括政府信息公开的基本理论、影响因素与立法、现状分析及满意度基本理论和比较研究。第三部分从心理学、管理学、经济学视角分析了政府信息公开的公众满意度影响因素。第四部分介绍基于结构方程的研究假设与理论模型构建,涉及模型理论构建、模型识别判定、模型拟合等。第五部分通过问卷设计并展开调查研究,得出数据;并通过对数据分析修正理论模型。第六部分对修正模型进行分析,全面论述各变量之间的相关性,并给出先关系数。第七部分实证分析,包括实证研究目的、实证结果分析、问题与对策分析。第八部分归纳研究结论,分析研究局限性、启示与进一步研究的问题。

关键词:国家行政机关　行政管理　信息管理

**5074**

**我国开放式基金业绩与价值评估研究** / 范慧慧著 ; 路正南指导. -- 江苏大学, 2009. -- 180 页

论文以基金投资组合为立足点,以开放式基金为研究对象,选取股票型基金为样本,研究样本基金内在价值和市场业绩表现。论文分为七个章节。第一章绪论,介绍研究背景、研究意义、国内研究现状、研究思路与研究内容、研究创新之处。第二章介绍现代投资理论与投资基金的理论基础,包括投资组合理论、资本资产定价理论、有效市场假说理论,并进行述评。第三章对我国开放式基金分类和特征进行概述,分析开放式基金收益与分红表现,回顾我国基金行业发展现状,并对我国基金市场格局进行分析。第四章介绍证券投资组合选择的前提,确定单一资产 β 值,通过推导和三阶段检验法确定不允许卖空的最优投资组合,并通过实证分析验证基于最优投资组合的开放式基金内在价值。第五章研究基于最优投资组合的开放式基金业绩评价,分析开放式基金业绩驱动因素,构建开放式基金业绩评价指标体系并进行指标描述,通过实证分析基于最优投资组合的开放式基金业绩评价。第六章分析开放式基金业绩持续性研究的必要性和意义,并通过实证进行基于联列表法的业绩持续性检验和基于横截面回归法的持续性检验,得到基金业绩持续性实证研究结论。第七章结论与展望,对研究内容进行总结,指出研究存在的不足之处,并对未来的研究进行展望。

关键词:证券投资基金　开放式基金　经济评价

**5075**

**民营企业集聚恶性竞争形成机理、评估及治理研究** / 范佳凤著 ; 林健指导. -- 华南理工大学, 2009. -- 199 页

论文的研究针对民营企业集聚,研究民营企业集聚恶性竞争的形成机理,并对民营企业集聚的恶性竞争的评估及治理进行研究。全文共分为六章。第一章绪论,介绍研究背景及意义、研究动机与目的、研究的逻辑框架、技术路线与章节安排。第二章,文献综述。一是民营经济文献综述,包括民营经济的发展历程、定义以及相关研究;二是企业集聚文献综述,包括企业集聚相关概念界定、从马歇尔开始的标准集聚理论、加利福尼亚学派的交易成本理论、新产业区学派、社会经济网络理论、产业集群学派以及创新环境学派和创新系统学派;三是恶性竞争文献综述,包括不正当竞争、过度竞争和恶性竞争;四是集群的升级与转型,介绍全球价值链关于集群升级的相关理论和新产业区理论关于产业区转型的研究。第三章,民营企业集聚恶性竞争形成机理的理论模型。介绍民营企业集聚恶性竞争的特殊性及形成机理的分析框架、理论假设与变量之间的关系、理论模型、变量的测量、问卷设计以及问卷的小样本测试。第四章,民营企业集聚恶性竞争形成机理的模型验证。介绍数据的获取、描述与分析方法,测量的信度、效度和确定性因子分析,理论模型的确定性因子分析以及假设检验:结构方程模型分析。第五章,民营企业集聚恶性竞争的评估。首先介绍恶性竞争评估的内容;接着介绍民营企业集聚恶性竞争评估的指标体系;再次对恶性竞争评估的方法和步骤作出说明;最后是基于前期讨论的案例分析。第六章,民营企业集聚恶性竞争博弈分析及治理,包括民营企业集聚组织知识企业资源提供模型分析、集聚中企业协同创新智猪博弈模型、民营企业集聚不规范竞争博弈分析、地方政府鼓励集聚发展之均衡分析以及基于博弈模型的治理建议总结。最后为

论文结论。

关键词:民营企业　市场竞争　产业集群

5076

**基于协同演化的企业管理研究** / 范建平著 ; 梁嘉骅指导. -- 山西大学, 2009. -- 189 页

论文从企业生态系统协同发展的角度出发,认为古典管理理论是在第二次工业技术革命后特定的企业生态背景下产生的。论文从管理研究纲领的角度,通过泰勒、法约尔管理理论产生时期的企业与企业生态背景,以及第三次工业革命后企业和企业生态的特征,试图提出一套具有普适性的管理研究纲领,通过这个纲领来指导管理理论的研究。全文共分为两篇十章。第一篇是古典管理研究纲领的成功与崩塌。第一章介绍古典管理学产生的背景。第二章和第三章分别对泰勒和法约尔管理理论的核心思想和存在的问题进行研究。第四章介绍泰勒与法约尔的融合——古典管理研究纲领的形成。第五章通过对后工业社会的社会生态分析,用所建立的模型论证古典管理研究纲领指导下形成的古典管理理论在工业社会背景下崩塌的必然性。第二篇是后工业社会与管理学研究纲领重建。第六章描述企业与企业研究的新思考,包括企业生态系统和企业生态系统的协同演化。第七章进行企业管理研究纲领重构。第八章对基于协同演化的企业内部稳定性进行分析。第九章对基于协同演化的企业外部适应性进行分析,包括外部市场的协同演化和消费者满意度与企业创新努力的协同演化。第十章针对基于协同演化的企业发展提出相应的对策,说明从生存竞争到协同共赢的重要性。

关键词:企业管理　生态系统　管理学

5077

**证券投资基金业绩评价研究及实证分析** / 范新安著 ; 陈立文指导. -- 河北工业大学, 2009. -- 136 页

论文结合中国基金的实际情况,对证券投资基金业绩评价进行研究并进行实证分析。全文共分六章。第一章绪论,介绍论文的选题背景和意义、主要内容、研究方法以及创新点。第二章为文献综述,分别介绍国外和国内在基金总体业绩评价、择股择时能力评价、业绩持续性评价三方面的相关文献。第三章对基金总体业绩评价进行研究,并进行实证分析。介绍三大经典业绩评价指标及在此基础上的新指标,结合风险特性分析提出扣除保险成本后的无风险收益作为基金总体业绩的评价指标,最用应用这些方法对中国基金的总体业绩进行实证分析。第四章对基金择股择时进行研究并进行实证分析。包括对基金择股择时能力的参数模型和非参数模型进行介绍、对中国开放式股票型基金总体和单个的择股择时能力进行实证分析和评价。第五章对基金业绩持续性进行研究和实证分析,包括从参数方法和非参数方法对基金业绩持续性的研究方法进行介绍、对基金业绩的持续性的理论解释进行进一步解释、利用相关方法对中国基金的业绩持续性进行实证分析。第六章为结论和展望,包括对全文进行全面性的总结并对基金业绩评价的未来发展进行了展望。

关键词:证券投资　基金业　经济评价

5078

**电信产业价值链主体的合作竞争机制研究** / 范云翠著 ; 刘国亮指导. -- 吉林大学, 2009. -- 149 页

论文针对电信产业价值链主体发展不均衡、主体之间协调存在矛盾以及主体发展与外部环境不适宜等问题,以经济学、管理学与系统论为理论基础,研究电信产业价值链主体的合作竞争机制。全文共分为八章。第一章绪论,介绍论文研究背景、意义、内容、方法以及论文基本构成与技术路线。第二章相关理论基础与文献综述,包括自组织理论基础、博弈论基础、收入共享合同理论以及对电信产业价值链理论研究的现状和合作竞争机制理论研究现状的综述。第三章电信产业价值链概述及国内外发展现状对比分析。首先对电信产业价值相关概念界定;其次为电信产业特性与电信业务体系;三是介绍电信产业价值链的构成与演进历程;四是国内外电信产业价值链发展现状的对比分析;最后对该部分内容作思考总结。第四章电信产业价值链主体的作用机理及竞争合作关系的选择。分析电信产业价值链的自组织特征、主体进化的动因,探讨电信产业价值链主体的超循环进化规律,最后作出电信产业价值链主体合作竞争关系的选择。第五章电信运营商与 SP 的合作竞争博弈。首先是对电信运营商与 SP 关系模型的描述;其次分析电信运营商与 SP 合作关系的演化轨迹;再次探讨基于替代业务的电信运营商与 SP 的竞争模型;最后分析基于收入共享合同的电信运营商与 SP 的合作模型。第六章电信运营商与终端厂商合作竞争的委托代理机制,包括电信运营商与终端厂商关系的发展历程、电信运营商终端定制的委托代理问题、基于业务

定制的电信运营商与终端厂商的委托代理模型以及基于合作研发与推广的电信运营商与终端厂商的双边激励模型。第七章电信产业价值链主体合作竞争的案例与策略，分别对典型运营商与SP合作竞争的案例，电信运营商与终端厂商合作竞争的案例进行分析，提出电信产业价值链主体的发展策略以及政府对电信运营商的管制策略。第八章为结论与展望。

关键词：电信　产业经济　市场竞争　经济合作

**5079**

**网络调查参与意愿研究：基于激励和心理因素视角**／方佳明著；邵培基指导. -- 电子科技大学, 2009. -- 180页

论文针对网络调查低参与率问题，从外在影响的激励因素和内在影响的心理因素视角对网络调查参与意愿的形成机理作探索性和创新性研究。全文共分为八章。第一章概述论文涉及的主要问题，包括网络调查及其优点、国内外网络调查研究评价、传统自填式问卷调查参与影响因素有研究、网络调查参与影响因素研究综述、问题的提出以及论文研究的主要内容等。第二章研究网络调查和传统纸笔调查的测量不变性，给出在AMOS中如何实现两个潜变量构成的模型的测量不变性检验。第三章使用荟萃分析较以往研究更加准确地考查了物质性激励、事后激励以及或有激励在影响网络调查参与中的作用。第四章研究网络调查中所有八种不同形式的激励策略对被调查者参与意愿的影响。第五章对调查者心理因素对网络调查激励有效性的调节作用进行研究。第六章通过设计三个不同的研究方案，采用被试内容重复测量技术研究不同身份认知的调查发起者和实施者对调查参与意愿的影响。第七章基于理性行为理论构建了一个潜在被调查者网络调查参与意愿形成过程的心理模型并在控制了年龄、性别、教育程度和网络使用年限等人口统计学变量之后实证验证各因素对调查参与意愿的影响。第八章总结论文得到的结论，指出研究的局限性，提出相应的展望。

关键词：社会调查　心理因素　互联网络

**5080**

**基于复杂网络的中国股市分析**／方卫东著；杨建梅指导. -- 华南理工大学, 2009. -- 125页

论文对基于复杂网络的中国股市进行分析。全文共分为六章。第一章绪论介绍论文研究背景、问题提出、研究意义、研究对象、研究方法和研究内容。第二章对论文涉及的基础理论进行梳理，包括复杂网络理论、复杂网络的应用、金融复杂网络和股市基本概念。第三章考察不同学科领域中的有关相似问题，并对其进行了深入的探讨和分析，归纳出描述两个对象相似的本质特征。第四章利用粗粒化方法，建立美国和中国等地区股票市场各重要指数和成交额之间关系的波动性网络模型，将前期学者提出的波动性模型从单独地讨论股票指数改进为综合考虑股票指数和成交额问题，并把高频数据调整为机构和投资者关心的每日交易数据，进而分析网络的重要拓扑特性和统计特性，揭示股票市场指数和成交额联合波动的变化规律。第五章针对股票的收益率和交易量这两个重要的股市指标，利用上证股市每日交易数据分别构建一段时间内收益率最大的竞争性加权复杂网络，分析收益率竞争网络的基本特征，给出网络特性所赋予的经济意义解释。第六章基于相关系数分别构建以沪深300指数股和沪深A股为节点的复杂网络。在分析网络的基本特性的基础上，根据Nitin Arora等人的计算方法来计算中国股市市场指数股的影响力，并通过计算不同行业子网络的集聚系数和吸收率，分析相关行业对A股市场上的影响。

关键词：股票市场　股票指数　复杂网络

**5081**

**零售企业BtoC客户关系可靠度研究**／冯兵著；罗新星指导. -- 中南大学, 2009. -- 134页

论文为了解决不确定条件下BtoC客户关系维系决策的问题，运用不确定性理论提出客户关系可靠度的概念及其测量模式，从零售企业的角度探讨客户关系可靠度的理论及其运用，并进行理论运用的实证研究。全文共分为八章。第一章绪论，介绍论文选题背景与意义、有关概念的界定、内容、结构及创新点。第二章国内外研究的文献综述。一是BtoC客户关系管理理论综述，包括客户关系管理理论的起源与发展，客户关系管理理论研究的问题分类，零售业BtoC客户关系管理研究现状以及客户忠诚理论的评述；二是客户关系可靠度的相关研究综述，对BtoC客户关系状态识别与客户关系细分研究，对BtoC客户关系维系方法研究。第三章客户忠诚理论在BtoC客户关系管理中的适用性分析。首先对BtoC客户关系的不确定性分析，包括BtoC客户关系不确定性的主要体现以及BtoC客户关系成因类型分析；接着讨论BtoC客

户关系双方的个人理性与激励相容约束；最后对客户忠诚理论在 BtoC 客户关系管理中的有效性分析。第四章 BtoC 客户关系可靠度建模。提出 BtoC 客户关系动态演变模型，对客户关系可靠度及其相关概念作出阐释，分别对单个客户和群体客户的关系可靠度建模，最终作出总结。第五章 BtoC 客户关系的可靠度细分模型。首先对现有的客户细分模型进行回顾和评述，接着对传统客户分类方法的局限性进行分析并提出基于客户关系可靠度的客户分类模型。第六章基于动态可靠度的 BtoC 客户关系维系决策模型。内容包括现有客户关系维系决策模型的回顾与评述，BtoC 客户关系动态维系决策模型以及相关思考总结。第七章 BtoC 客户关系可靠度理论运用的实证研究，包括理论研究结论、需要验证的假设和理论应用模型、假设命题检验、客户关系可靠度理论模型检验等。第八章为论文的结论与展望。

关键词：零售企业　营销管理　客户关系管理

**5082**

**供应链环境下制造商和供应商运作协调研究** / 冯春花著 ; 宋学锋指导. -- 中国矿业大学, 2009. -- 191 页

论文就制造商和供应商在物料供应运作环节的协调和优化进行深入研究。全文共分为八章。第一章绪论，介绍论文的研究背景、供应链协调、国内外研究综述以及选题依据和研究意义。第二章介绍供应链运作协调的理论基础，包括基于资源的观点、交易成本理论和系统理论。第三章制造商和供应商的运作协调，分析制造商和供应商运作协调的涵义，包括论文对供应商运作协调的定义和制造商和供应商运作流程协调目标的解释；探讨制造商和供应商运作协调的层次；理清物料供应决策框架，包括以制造商物料需求驱动为主体的供应决策，供应商运作流程协调框架；最后对运作流程做同步分析。第四章供应基础优化模型，分析供应商评估和选择以及供应商数量决策，对供应商基础规模作出分析，考虑供应风险和供应商订货激励的供应商数量优化模型。第五章供应商与制造商物料补货决策，分析供应商与制造商的补货运作流程，进而对补货运作中的订购成本修正；分析两种基本采购决策：EOQ 和 JIT；分别探讨单产品、单供应商补货决策，单产品、多供应商补货决策，多产品、单供应商订货决策。第六章物料补货运作流程协调，介绍流程协调和优化原则，流程优化方法以及流程协调的范例；提出补货运作流程协调框架，对补货运作流程运作信息协调、信息技术协调，提出信息协调模型；探讨基于 ABCM 和模糊综合评价的补货运作流程改进模型并作出总结。第七章应用实例研究。以徐工科技的经营管理为例探讨其物料采购基本环境情况和流程、决策研究，并得出相关结论。第八章为结论和展望。

关键词：供应链管理　成本管理　优化模型

**5083**

**环境资源价值核算与管理研究** / 冯俊著 ; 孙东川指导. -- 华南理工大学, 2009. -- 166 页

论文围绕“如何在国民经济核算体系下正确地体现环境资源价值，有效地反映经济发展与环境资源之间的相互关系，为可持续发展提供科学管理决策依据”这一核心问题，展开深入研究与探讨。全文共分为七章。第一章绪论介绍论文研究背景、研究意义，进行环境经济核算、资源环境、环境成本等研究概念界定，提出论文研究方法、研究思路和主要内容。第二章进行文献综述，包括环境资源价值研究述评、环境资源价值核算理论与方法研究与实践、环境资源价值管理研究述评。第三章对环境资源价值理论基础进行总结，介绍环境资源价值内涵、环境资源价值特性、环境资源价值构成和环境资源价值的经济学计量。第四章对环境资源与经济发展互动关系进行定性与定量分析。第五章以现行国民经济核算体系和联合国环境经济综合核算体系理论为基础，理清环境资源价值核算的思路。第六章探讨环境资源价值核算的基本原则和估价流程，对自然资源价值估价和环境价值估价方法及应用进行具体评析，对估价方法的选择进行探讨，并进行实证分析。第七章通过分析环境资源制度价值，站在政府和企业两个角度，运用博弈论分析方法讨论环境税问题和改进措施。

关键词：环境资源　资源价值　经济核算

**5084**

**校园危机管理研究** / 冯润民著 ; 顾宝炎指导. -- 上海理工大学, 2009. -- 206 页

论文从系统科学角度，以校园危机管理的研究为主题，在对危机管理理论进行系统梳理的基础上，以校园危机预警机制的构建为创新点，提出校园危机预警、应对决策和恢复的策略，系统构建校园危机管理的理论体系。全文共分为八章。第一章从全球化的

机遇与挑战，经济转轨、经济转型期的视域，校园危机贫乏的事实以及建立健全高校校园危机应急管理机子的需要四个方面分析论文的研究背景。第二章对中外学术界有关危机管理理论进行系统梳理，介绍学术界具有代表性的观点并对其进行综合评述。第三章在借鉴国内外学者对校园危机一般分类的基础上，结合中国高校所具有的共性和特点，对校园危机进行科学归纳分类。第四章基于学生满意度分析，围绕校园危机形成的机理分析，探究校园危机产生的触发因子。第五章对校园危机预警的理念、预警信息管理的内容、预警组织的架构和预警制度安排等进行深入探讨，并未预警模型建立和检验进行理论铺垫。第六章阐释校园危机应急决策体制和机制的内涵，辨析校园危机应急决策和常规决策异同，分析我国校园危机管理体制和责任机制现状，设计校园危机管理应急决策敢于路径。第七章分析校园危机恢复内涵，提出校园危机恢复机制的基本策略、目标取向和政策导向，进行校园危机恢复策略选择。第八章总结论文研究工作，提出相应展望。

关键词：学校管理　安全管理　预警系统

**5085**

**转型期私营企业的组织合法性战略研究** / 冯天丽著 ; 井润田指导. -- 电子科技大学, 2009. -- 136 页

论文从战略的视觉，结合利益相关者理论和制度理论研究组织合法性战略及其影响问题，拓展现有理论。全文共七个部分。第一部分阐述研究背景，综述研究问题与框架以及研究目的与意义。第二部分综述新制度主义理论、制度环境以及组织合法性相关理论。第三部分应用全国私营企业调查数据，分析中国私营企业的发展历程和地位和其所在的制度环境特点，发现转型期中国私营企业由于历史原因而面临合法性危机，具有很强的组织合法性需求。第四部分结合相关理论，研究中国私营企业从 1993 年到 2006 年间企业主要采取的合法性战略及其变化，发现制度环境越弱，企业家政治联系的意愿越强，企业家所感知政府赋予组织合法性的能力越强，企业家政治联系的意愿越强。第五部分研究制度环境对组织政治合法性和社会合法性战略的影响。第六部分对企业的组织合法性战略对企业在资源获取的影响进行实证研究，发现在控制企业的规模、行业、盈利情况、年龄等企业特征和企业家个体特征的情况下，组织合法性战略对企业获取资源有正向的影响作用。第七部分讨论制度环境和组织的共同演进，发现政府对组织的影响不仅对管理具有实践意义，同时对政府立法、制定政策也有启示作用，同时也对研究内容进行总结并指出存在的不足和未来的研究方向。

关键词：私营企业　组织管理　制度安排

**5086**

**贸易增长机制与贸易增长动力转换研究** / 冯正强著 ; 陈晓红指导. -- 中南大学, 2009. -- 197 页

论文从三个层次展开对贸易增长机制与贸易增长动力转换的研究。全文共分为十章。第一章绪论。提出研究的问题，介绍研究意义、目的、基本思路、方法、内容与主要创新点。第二章文献综述与相关概念界定。提出比较优势的相关研究及其内涵扩展，包括比较优势的传统概念、比较优势的贸易格局及“比较利益陷阱”、有关比较优势的经验研究以及比较优势含义的重新界定；对竞争优势与竞争力以及竞争优势理论的经验检验等方面作出介绍；解析对外贸易竞争优势，包括对外贸易竞争优势的概念、评价指标和决定因素分析；对比较优势与竞争优势，提出对其的理解和认定。第三章对外贸易增长动力结构分析，包括影响贸易增长的相关动力因素相对重要性的数学论证，对外贸易增长的动力扩展模型等。第四章基于制度因素的对外贸易增长机理分析。首先探讨基于制度影响对外贸易竞争优势的“六因素”模型，包括人力资本、交易费用、技术创新、规模经济、政府政策和内部制度与外部制度的兼容度；介绍制度影响对外贸易竞争优势的内在机制——关键因素的作用和辅助因素的作用。第五章知识禀赋的国际贸易效应分析。探讨知识的经济特性与知识禀赋，知识禀赋的经济效应以及知识禀赋对国际贸易的影响。第六章对外贸易增长动力转换机理：比较优势向竞争优势转化的影响因素分析。提出比较优势转化为竞争优势的影响因素模型，分析对外经贸比较优势的利用、提升和再造及其在转化中的作用，探讨影响转换的市场交易因素和影响转换的动力因素，分析政府在动力转换中的作用。第七章对外贸易增长动力转化的实现途径：FDI。讨论 FDI 对贸易增长动力转化的影响路径，认为利用外资是实现贸易增长动力转化的有效途径。第八章对外贸易增长动力的实证研究。对制度影响对外贸易竞争优势展开实证分析，对知识禀赋与中国对外贸易关系进行实证分析。第九章中国竞争优势导向的外贸增长战略选择与讨论。第十章，结论。

关键词:对外贸易　贸易增长　国际竞争力

5087

**基于顾客价值的房地产价值链及价值创造研究** / 冯梓洋著 ; 马飞指导. -- 吉林大学, 2009. -- 181 页

论文以顾客价值为基本出发点,针对房地产价值链及其价值创造问题进行研究。全文共分为七章。第一章绪论,介绍论文的研究背景、研究目的与意义、研究思路与方法以及研究内容和框架。第二章理论基础与文献综述,包括国内外关于价值链理论研究现状的介绍,房地产、房地产价值链以及房地产价值创造的现状介绍,顾客价值相关理论综述,并提出当前研究中存在的主要问题。第三章房地产顾客类型及顾客价值分析。首先分析房地产顾客的类型和特点;进而对房地产顾客价值构成的要素进行分析,包括使用价值、经济价值、品牌价值和服务价值;探讨房地产顾客价值评价指标体系及评价方法,包括顾客价值评价指标体系的建立及评价方法的选取、模糊综合评价法的简介及缺陷分析、模糊综合评价法改进的思路以及改进后的模糊综合评价法;最后对房地产顾客价值的调查研究分析和评价。第四章基于顾客价值的房地产价值链模型。一是基于开发经营流程的房地产价值链价值活动分析,分析包括驼子决策分析、建设准备、建设实施、市场营销和物业管理;二是基于顾客价值的房地产价值链模型构建,包括房地产企业内部价值链及构成要素、房地产参与主体价值链模型及构成要素、房地产顾客价值的核心作用、房地产价值链中价值活动主体与顾客价值的联系、基于顾客价值的房地产价值链模型等。第五章基于顾客价值的房地产价值链价值形成机理。探讨房地产价值链价值要素的构成,包括土地、人才、企业文化、品牌、资金、信息和管理等,分析基于顾客价值的房地产价值链的价值形成机理。第六章基于顾客价值的房地产价值链价值创造机制,包括流程、联盟组建、利益分配机制、演化轨迹、提升策略等方面的分析。第七章为论文的结论与研究展望。

关键词:房地产业　价值链　顾客价值

5088

**基于置信信念函数的群决策过程研究** / 付超著 ; 杨善林指导. -- 合肥工业大学, 2009. -- 105 页

论文研究如何构建基于置信函数的群决策过程,并进行实际应用。全文共分为七章。第一章绪论介绍研究背景和意义、不确定群决策的研究现状、问题的提出和主要研究内容。第二章对信念函数间的冲突分析进行修正、改进克服二元冲突测度的内在差异性及基于冲突测度的 Dempster 规则适应判断的不合理性,提出信念函数间的一致度。第三章以源自专家的一组给定时间区间上的采样信念函数为基础,提出源自专家的置信信念函数的定性定义,根据定性定义,使用基于一致度的信念函数间关系对采样信念函数进行一致子集划分,并给出获取置信信念函数的一般流程。第四章以基于客观观察数据的一组信念函数的最大一致子集为基础,给出置信信念函数的定性定义,以粗糙集作为理论基础,讨论获取置信函数的一般流程。第五章构建 TOPSIS 的前向、内部、后向三种扩展模型,提出基于源自专家的置信信念函数使用 TOPSIS 扩展模型的群决策过程,针对典型算例,分别运用三种扩展 TOPSIS 模型进行群决策求解,并进行结果对比。第六章提出以源自专家的置信信念函数为基础,以群体一致性为约束的群决策过程,构建包含属性、方案、全局三个层次上的群体一致性,研究基于选定层次上的群体一致的不确定群体决策问题求解。第七章对论文进行总结与展望。

关键词:群体决策　证据　信念函数

5089

**关系型虚拟社区的结构及商业价值评估研究** / 付丽丽著 ; 吕本富指导. -- 中国科学院研究生院, 2009. -- 159 页

论文为关系型虚拟社区的结构及商业价值评估研究。全文共分为七章。第一章引言,介绍论文研究背景、研究意义、主要研究内容、研究方法和技术路线,对社区的含义、虚拟社区的含义和分类、关系型虚拟社区的概念界定和分类以及商业价值概念作出介绍。第二章理论基础与文献综述,包括虚拟社区的相关研究,关系型虚拟社区的相关研究,关系型虚拟社区的参与动机理论基础和文献综述,社会网络分析的相关研究以及虚拟社区的价值评估研究。第三章关系型虚拟社区用户参与机制分析,包括用户参与机制研究的模型背景,用户参与机制的模型构建及假设,研究方法的提出以及研究结果及其分析。第四章关系型虚拟社区社会网络结构,提出研究方法——密度和中心性,介绍数据抽样方法,对社会网络分析和结果分析,探讨网络图的可视化,并得出结论。第五章关系型虚拟社区的价值实现途径,探讨虚拟社区的发展模式;分析关系型虚拟社区的价值源泉,提出非摩

擦经济效应,注意力经济效应,规模经济与网络外部经济性以及锁定效应;探讨关系型虚拟社区的价值基础;分析关系型虚拟社区价值实现路径,包括关系型虚拟社区的商业模式,关系型虚拟社区的收入构成和关系型虚拟社区的价值实现路径。第六章关系型虚拟社区商业价值评估模型。分析用户参与关系型虚拟社区的动机、影响个人空间商业价值的因素、个人空间商业价值评价指标的构建、个人空间商业价值评价指标筛选;归纳基于现实关系的个人空间价值评价和基于虚拟关系的个人空间价值评价。第七章为论文主要结论和展望。

关键词:互联网络　网站　商业模式　市场价值

**5090**

**数字内容分发平台与商业模式的研究** / 付瑞雪著 ;忻展红指导. -- 北京邮电大学, 2009. -- 137 页

论文采用市场微观结构、交易成本、信息经济学、微观经济学等理论建立数学模型并结合其他方法来研究数字内容分发平台与商业模式。全文共分为八章。第一章绪论,介绍论文问题提出背景、研究对象界定、背景和意义、方法和论文结构以及主要创新点。第二章文献综述。对商业模式文献综述,包括商业模式的来源、定义、类型以及构成部分,研究商业模式的意义;对市场微观结构综述,探讨市场微观结构理论的起源、主要理论成果、研究方法等,并进行综合评述。第三章数字内容分发平台价值创造模型。提出数字内容分发平台基本性质模型,减少交易成本模型以及信息不对称模型。第四章数字内容分发平台价值捕获模型,提出假设条件,并在此基础上提出六个模型,分别为平台对内容供应商和消费者同时收取会员费,平台对内容供应商和消费者同时收取交易费,平台对两边同时收取交易费和会员费,平台对一边收交易费和会员费、一边收交易费,平台对一边收交易费和会员费、一边收会员费,平台对一边收取交易费、一边收会员费。第五章数字内容分发平台商业模式模型。提出数字内容分发平台商业模式的定义和结构模型,探讨数字内容分发平台商业模式的熵价值流模型和数字内容分发平台商业模式的熵流模型,研究平台商业规划层次结构与信息系统结构模型的关系。第六章数字内容分发平台逻辑模型、研究 IPCDN、数字内容分发平台的网络逻辑层次结构模型、数字内容分发平台的功能逻辑层次结构以及分发平台的功能逻辑层次结构模型等。第七章数字内容分发平台系统模型,介绍 Function Agent 模型,两种通信结构,基于 SOA 的数字内容分发平台系统模型,数字内容分发平台 KMS 系统模型,对数字内容分发平台信息系统层次结构和商业规划层次结构对比等。第八章总结与展望。

关键词:电子商务　商业模式　互联网络

**5091**

**制造业企业信息化对技术创新能力影响及实证研究** / 付睿臣著 ; 毕克新指导. -- 哈尔滨理工大学, 2009. -- 146 页

论文通过对企业信息化、技术创新能力和企业制造业信息化影响技术创新能力的已有文献进行了总结和评述。分析其中存在的问题和发展前景,从硬信息化和软信息化两方面提出制造业企业化建造模式,并从直接和间接两个方面分析制造业企业信息化对技术创新能力的影响机理,从而提出制造业信息化对技术创新能力的影响机理概念模型,并结合相关文献提出研究假设。在模型和假设的基础上从研究对象选择、问卷设计与数据收集等方面对模型进行检验。论文对模型和假设进行研究应用了 LISREL 8.7 软件对海尔集团和波音—洛克达两个公司案例进行分析。最后从制造业企业、行业和政府三个层面给出提高制造业企业技术创新能力的信息化策略。论文共分为八部分。第一部分为绪论,介绍研究背景、研究的目的和意义、国内外的研究现状和研究内容和方法。第二部分讲述论文的相关理论基础,包括组织信息处理理论、企业能力理论、技术创新理论和企业信息化理论。第三部分为制造业企业信息化对技术创新能力直接影响机理,包括制造业企业信息化建设模式、基于技术创新要素的影响机理分析、基于技术创新模式的影响机理分析和小结四个小部分。第四部分为制造业企业信息化对技术创新能力间接影响机理,包括信息能力内涵与构成要素、制造企业信息化对信息能力的影响信息能力对技术创新能力的影响。第五部分为影响机理的概念模型及研究方案,包括概念模型及研究假设、问卷调查的设计与数据收集、变量的度量、分析技术与研究工具和数据分析。第六部分为影响机理的模型验证与案例分析,包括结构方程模型验证和案例分析。第七部分为通过信息化提升制造业企业技术创新能力的策略,包括企业层面的策略、行业方面的策略、政府方面的策略和小结四个部分组织。第八部分为论文结论。

关键词:制造工业　企业信息化　技术革新

5092

**知识生产及其大规模定制模式研究** / 傅翠晓著 ; 钱省三指导. -- 上海理工大学, 2009. -- 152 页

论文以知识生产行业中的知识生产为主要研究对象,以管理科学思想为核心,结合社会科学及经济学理论并在以往相关研究的基础上,对知识生产的基础理论进行系统研究。论文共八章。第一是绪论,包括课题背景及来源、课题研究意义及创新点、国内外相关研究综述、研究方案及论文架构。第二章是知识生产的理论体系研究,包含知识生产的理论体系框架结构、知识生产的概念体系、知识生产的理论基础、知识生产的机制。第三章是知识生产模式决策及知识生产管理理论研究,包括知识生产模式、基于模糊AHP的知识生产模式决策研究、知识生产管理的主要内容。第四章是知识生产的大规模定制模式理论研究,包括大规模定制理论,MCKP的提出、MCKP的实施条件、MCKP的实施方法、MCKP的业务流程。第五章是MCKP的实施方法研究,包括MCKP的实施方法体系、MCKP的实施方法的可拓学模型、案例分析。第六章是MCKP的模块化及知识重用方法研究,包括MCKP知识模型、基于可拓工程的MCKP模块化设计研究、基于特定情境模型的MCKP知识重用方法研究。第七章是MCKP的人力资源价值评估方法研究,包括研究基础—素质模型理论、MCKP的人力资源特征及评估的必要性、MCKP的员工素质模型构建、MCKP人力资源价值评估步骤,应用案例。第八章是结论与展望。

关键词:知识产业　生产模式　大规模定制

5093

**经济全球化下台湾中小企业经营策略之研究** / 高宏华著 ; 杨保建指导. -- 昆明理工大学, 2009. -- 242 页

论文采用文献法、访谈法、个案法和问卷法等研究方法,对经济全球化下台湾地区中小企业经营策略展开研究。全文共分为七章。第一章导论,介绍论文的研究背景、研究动机与目的、研究架构与流程、研究方法以及对文献的探讨。第二章理论分析,包括全球化的定义和发展、全球化的策略、中小企业全球化策略、对外投资理论、比较利益、竞争优势、群聚效应、雁行理论、区域发展现状介绍、企业进化论和企业运营总部介绍等。第三章中小企业,首先对中小企业做定义,介绍台湾地区中小企业的发展历程,分析中小企业的特色,探讨台湾地区中小企业的发展困境,进而对海峡两岸中小企业投资创业作出比较,分析中小企业回台投资的契机,最后探讨全球化对台湾地区中小企业的影响,并提出台湾地区中小企业对全球化的对策。第四章对论文采用的研究方法做出介绍,对问卷设计与实施和个案分析的内容做阐释。第五章研究结果,首先介绍深度访谈的结果;二是对问卷调查与回收的结果分析,包括公司对外投资情况、台湾地区中小企业投资策略,台湾地区目前投资环境分析;三是对台湾地区经营策略中走出与回流路径的讨论。第六章个案分析。首先介绍个案分析的流程,接着展示个案分析的内容,包括总表、个案分析第二级产业、个案分析第三级产业以及对该部分的思考和总结。第七章为论文的结论与建议,提出论文的未来发展的展望。

关键词:中小企业　经济全球化　台湾省

5094

**营销渠道数据挖掘方法与应用** / 高鹏著 ; 王道平指导. -- 北京科技大学, 2009. -- 119 页

论文研究基于数据挖掘技术的营销渠道管理技术,研究变精度粗糙集的决策树生成算法、基于正区域决策树优化算法、渠道中间商选择评价体系以及基于频繁子树挖掘算法的渠道优化方法。全文共分为七章。第一章引言。第二章文献综述。一是营销渠道管理理论研究现状和发展趋势探讨;二是数据挖掘的产生、发展、分类与过程概述;三是决策树基本算法、ID3算法和改进算法的研究综述;四是粗糙集理论综述。第三章,基于变精度粗糙集的决策树生成算法。首先介绍决策树的基本原理,ID3决策树算法原理,传统决策树算法分析;探讨基于粗糙集的决策树算法,包括基于粗糙边界的决策树生成算法,基于正区域的决策树生成算法以及基于依赖度的决策树生成算法;探讨基于可变精度的决策树改进算法,对相关工作分析,探讨新基于变精度粗糙集的决策树生成算法。第四章,基于正区域的决策树优化算法在消费预测中的应用。对信息中央决策属性确定,探讨基于正区域的决策树优化算法在服装消费预测中的应用,对算法描述,考虑基于正区域的决策树生成算法的不足,部分城市的自然经济状况,数据的离散化及决策表以及决策树生成算法。第五章,一种新的基于频繁子树挖掘的营销渠道管理方法研究,包括频繁子树关

联规则挖掘的基本概念,频繁项集挖掘和频繁子树挖掘,讨论嵌入式子树与导出式子树,TreeMiner算法等。第六章,分销渠道中间商选择及评价方法研究。分析服装企业中间商选择特点,分销渠道绩效,探讨一个新的机遇粗糙集信息熵的权重确定方法以及服装中间商选择评价体系。第七章为论文结论。

关键词:购销渠道　数据采掘　决策树

**5095**

**不完全维修建模与分析** / 高松著 ; 崔利荣指导. -- 北京理工大学, 2009. -- 112 页

论文在调查研究的基础上,根据具体情况建立更符合实际情况的不完全维修模型,通过对建立模型进行分析得出相关结论。全文共分为六章。第一章绪论,介绍论文的研究背景及其意义、主要研究内容、主要创新点和论文的结构。第二章不完全维修模型理论研究现状和理论基础。国内外不完全维修模型理论研究主要有BP不完全维修模型、时间趋势不完全维修模型、虚拟寿命不完全维修模型、比例失效率不完全维修模型和其他不完全维修模型等,不完全维修模型研究的理论基础包括可靠性建模理论的背景即研究方法,Markov过程与其微球过程,离子通道理论及聚合Markov过程探讨。第三章有约束的Ki jima不完全维修模型研究。内容包括Ki jima虚拟寿命维修模型研究,有虚拟寿命约束的维修模型研究,有实际运行时间约束的维修模型研究,有虚拟寿命和实际运行时间约束的维修模型研究。第四章PH分布不完全维修模型研究。首先分析连续时间PH分布和PH分布假设下的系统寿命分布;接着对PH分布假设下的维修模型进行研究;三是对PH分布模型下有状态约束的维修模型研究;四是对PH分布假设下运行时间约束的维修模型研究;最后对PH分布假设下有状态和运行时间的维修模型研究,上述研究均是在对维修模型作出基本假设的基础上,探讨维修模型的可靠性维修性指标,并对维修模型的数值示例。第五章不完全维修模型应用研究,探讨不完全维修模型在维修决策问题中的应用和不完全维修模型在安全性问题中的应用。第六章为论文的结论与展望。

关键词:维修　可靠性　决策

**5096**

**非对称战略联盟网络中的机会主义研究** / 高嵩著 ; 舒华英指导. -- 北京邮电大学, 2009. -- 151 页

论文的研究对象为非对称战略联盟网络中的机会主义。全文共分为八章。第一章前言,介绍论文研究背景、研究目标与意义、研究问题与创新点、研究方法以及论文结构与主要内容。第二章文献综述。讨论机会主义研究理论基础,包括机会主义的内涵、分类及表现以及机会主义研究的两种理论视角;对战略联盟中的机会主义研究,包括机会主义的前因、后果研究和机会主义的治理研究;探讨非对称战略联盟研究进展、网络理论及其在联盟研究中的应用进展。第三章研究设计。在对非对称战略联盟网络中的机会主义前因研究、后果研究、扩散研究和治理研究的基础上,提出研究的主要内容框架;提出研究的设计模式和研究样本、研究方法;对访谈方法的效率展开评价。第四章,非对称战略联盟网络研究,包括非对称战略联盟网络形成的条件、存在的证明、结构以及网络中的三种关系讨论。第五章ASAN中机会主义的前因和后果研究。对ASAN中机会主义的前因研究,包括信任与机会主义研究理论假设、依赖与机会主义研究理论假设、竞争与冲突对机会主义影响研究理论假设和ASAN中机会主义前因的实证研究;对ASAN中机会主义的后扩研究,包括理论假设和实证研究。第六章ASAN中的机会主义扩散研究,包括其理论假设和实证研究。第七章ASAN中机会主义的治理研究。提出大企业机会主义治理研究理论假设,包括大企业在ASAN网络中的位置研究、大企业在机会主义治理中的优势和态度;对大企业机会主义治理开展实证研究并对研究结果作出讨论。第八章为论文的结论与讨论,提出研究的局限和未来进一步研究展望。

关键词:企业　经济合作　机会主义

**5097**

**热轧薄板生产计划与调度模型及算法研究** / 高知新著 ; 李铁克指导. -- 北京科技大学, 2009. -- 115 页

论文以钢铁生产中的热轧薄版生产流程为对象,对其轧制单元计划、批量计划、炼钢—连铸计划以及加热炉调度模型和求解方法进行研究。全文共分为七部分。第一部分为引言。介绍钢铁生产过程和生产模式,面向现代钢铁生产流程的生产计划与调度问题,面向现代生产钢铁生产流程的生产计划与调度问题的特点以及论文的主要研究内容及创新点。第二部分为文献综述。首先对生产计划与调度研究方法综述,包括最优化方法、启发式方法以及约束满足技术;接着讨论钢铁生产调度问题,包括钢铁生产计划

与调度问题概述、热轧生产计划与调度、流水车间调度问题、混合流水车间调度问题、混合流水车间的研究方法以及一体化调度问题。第三部分为热轧单元板坯排序模型与算法。介绍热轧调度存在的问题和研究现状;介绍板坯排序问题的数学模型一及算法;最后介绍板坯排序问题的数学模型二及算法。第四部分为热轧批量计划模型与算法。首先介绍工艺过程和热轧批量计划的研究现状;接着分别对热轧批量计划的数学模型一、二的内容和算法展开介绍。第五部分为加热炉优化调度的模型与算法,包括对加热炉应用现状的研究、加热炉问题描述与数学模型、算法设计以及仿真实验的内容和最终讨论。第六部分首先介绍炼钢—连铸调度的问题,包括问题的描述、基本假设、调度模型以及模型的求解策略;其次介绍模型的求解算法;最后对炼钢—连铸—热轧一体化调度系统展开研究。第七部分为论文的结论与展望。

关键词:金属加工工业　薄板轧制　生产计划　生产调度

**5098**

**不确定性条件下可耗竭资源最优开采研究** / 葛世龙著 ; 周德群指导. -- 南京航空航天大学, 2009. -- 113 页

论文利用优化理论方法对不确定性条件下可耗竭资源的最优开采问题进行探讨。全文共分为七章。第一章介绍可耗竭资源的最优开采问题的研究背景、研究目的、研究对象和研究内容。第二章利用资源耗竭理论拓展及其实证检验综述资源最优开采研究进展,提出现有研究的不足。第三章阐述可耗竭资源最优开采经济理论,包括市场竞争条件下资源的最优开采行为、市场势力的影响、公共产权的影响、经验验证和政策含义。其中市场竞争条件下资源的最优开采行为又分为基本假设、资源所有者目标、最优开采模型建立、最优条件讨论和模型的特殊情况。第四章研究储量不确定下资源最优开采。建立了资源最优开采动态模型。第五章分析后备技术不确定下资源最优开采问题。通过动态优化模型阐述了技术出现时间不确定对资源最优开采的影响,并通过中国能源消耗现状进行了经验验证。第六章对税收政策不确定下资源最优开采进行研究。总结改革预期对资源最优开采的影响,参数的不确定对资源最优开采也有影响。第七章是论文的总结与展望。

关键词:资源开发　开采设计　资源税

**5099**

**基于博弈分析的供应链协调激励机制及外包策略研究** / 公彦德著 ; 李帮义指导. -- 南京航空航天大学, 2009. -- 114 页

论文采用博弈论、委托代理理论、运筹学和最优控制原理等工具,对供应链各利益主体的协调机制、激励机制和外包机制等进行研究。全文共分为七章。第一章绪论,介绍论文研究背景、选题意义、供应链研究现状、研究思路、研究内容、组织结构以及论文研究方法与创新。第二章供应链协调与激励机制的理论基础。一是供应链协调的概念介绍;二是提出供应链协调的研究对象,包括传统供应链、逆向供应链和闭环供应链与绿色供应链;分析供应链协调问题;探讨供应链失调的原因;阐述供应链激励机制。第三章两级供应链的协调策略选择研究。提出非合作博弈模型与合作模型;分别基于 shapley 值法的协调策略、等利润增长率的协调策略和讨价还价能力的协调策略探讨协调机制;并进行数值算例分析。第四章三级供应链中制造商主导的协调策略研究。开展基于第三方物流的三级正向供应链定价与协调机制研究;提出基于第三方物流的三级闭环供应链定价及协调策略;对三级闭环供应链综合收益协调策略研究;提出基于 TOPSIS 法的综合收益协调策略。第五章三级闭环供应链的外包及回收策略进行研究。对制造商主导下的闭环供应链外包策略分析,提出第三方物流服务商主导的闭环供应链外包及回售策略。第六章基于委托—代理理论的第三方物流激励机制研究,包括基于外包方综合投入水平的 TPL 激励机制研究和对不同风险偏好组合下的第三方物流激励机制的比较分析。第七章为研究总结与展望。

关键词:企业管理　供销管理　供应链管理

**5100**

**北京市易腐食品配送网络规划研究** / 宫薇薇著 ; 傅泽田指导. -- 中国农业大学, 2009. -- 112 页

论文应用从系统角度出发的物流管理理论来解决易腐食品流通体系中存在的安全性差、成本高的问题。全文共分为七章。第一章提出问题,进行文献综述,并阐明研究对象、目的和思路。第二章从系统优化的角度出发提出一套易腐食品网络规划的方法框架;主要针对提高网络效率降低成本的易腐食品配送网络布局研究、行车方案研究、品质监控研究。第三章进行易腐食品配送网络节点研究,引入三参数的

Weibull 分布对易腐食品的动态变质特征进行描述，构建包括多种成本的库存—选址—分配问题模型，并选择北京市农产品批发市场升级规划为实例进行实证研究。第四章构建了包括车辆采购成本、行车成本、品质流逝成本以及违约成本在内的总成本最小化的多目标易腐食品车辆路径问题模型，并应用两阶段的父子蚁群算法对模型进行求解，对目前大城市出现的果蔬“宅配送”问题进行实证研究。第五章在分析配送过程中易腐食品品质变化影响因素的基础上，以乳酸菌为例对易腐食品的品质监督进行实例分析。第六章应用信息系统开发方法集成上述模型和算法开发易腐食品配送网络规划系统原型，辅助管理者进行方案优化。第七章总结论文结论，对未来研究提出展望。

关键词：食品　物资管理　经济规划

**5101**

**教育投入的经济效应研究：基于江苏省的实证分析** / 巩海霞著 ；朱学义指导. -- 中国矿业大学，2009. -- 122 页

论文从教育投入的视角，对教育投入量的经济分析、教育投入结构的经济效应、教育投入公平度的经济效应进行论述。全文共分为七章。第一章绪论，介绍论文的立题背景及目的、国内外研究现状、教育效应的含义和分类、理论基础、研究方法和技术路线，论文的研究结构等。第二章教育投入量的经济效应。分析教育对经济增长的贡献，并对教育投入量的经济效应实证分析。第三章教育投入结构的经济效应。探讨教育投入结构的经济效应灵敏度测试、对教育投入结构的经济效应政策模拟。第四章教育投入公平度的经济效应。对研究进行回顾，并利用实证研究为教育投入公平度的经济效应关系给出政策建议，并得出该部分的结论。第五章教育与经济的协调度及投入产出率分析。介绍教育与经济协调的涵义、教育与经济的协调度的灰关联分析，最后对江苏省教育与经济投入产出效率做 DEA 分析。第六章提高教育经济效应的保护措施。提出教育投入绩效管理、基于战略目标的高等教育成本作业预算、应加强教育质量审计并根据产业结构、不断调整专业结构等措施。第七章为论文的研究结论与展望，并提出论文的主要创新点。研究提出加强教育投入绩效管理，建立以绩效为导向的教育拨款模式，实行基于战略目标的教育成本预算，建立以绩效为导向的教育拨款模式，实行基于战略目标的教育成本作业预算，实施以系统动因为导向的教育质量审计，根据产业结构不断调整专业结构等一系列提升教育经济效应的保障措施。

关键词：教育经济学　教育投资　投资结构

**5102**

**虚拟服务价值网的建模与动态整合研究** / 苟娟琼著 ；李学伟指导. -- 北京交通大学，2009. -- 199 页

论文分析基于 IT 的经济管理系统的元素、结构、整合等严谨特征，提出虚拟服务价值网的概念，以本体及语义 SOA 理论方法为核心，研究虚拟价值网的服务建模方法，研究基于服务组件的网络同构与动态整合方法。全文共分为八章。第一章介绍研究背景和选题意义，阐明国内外研究动态，交代论文的主要研究内容和研究框架。第二章提出基于 IT 的社会经济系统演进阶段模型。研究基于 IT 的面向服务的经济管理系统的演化特征。第三章提出虚拟服务价值网的概念，并且解析了网络的需求和结构特征，提出在系统分解之上不断重构的动态整合观。第四章分析对比了传统企业建模、服务建模和本体在建模领域的应用，提出基于本体的服务建模和服务组件设计方法。第五章针对虚拟服务价值网的构造和发展过程中的系统再造与整合，设计了系统的网络同构化结构，提出系统动态整合的策略、方法及集成化管理，分析了不同的集成化管理与服务创新的方式，以及网络结构的分析方法。第六章和第七章在基本理论研究的基础上，分别在产业供应链和交通信息服务领域进行分析和实证研究。验证不同领域虚拟服务价值网的是形成，以及服务建模和动态整合的理论方法。第八章对全文的主要结论进行总结，提出有待进一步深入研究的问题。

关键词：企业管理　管理信息系统　软件设计

**5103**

**网络融合趋势下运营商交叉媒介竞争研究** / 顾成彦著 ；胡汉辉指导. -- 东南大学，2009. -- 199 页

论文以现实中涌现出的网络融合现象为背景，研究网络融合环境下运营商之间到的交叉媒介竞争问题。全文共分为七个章节。第一章绪论，介绍研究背景与意义，理论基础与综述，研究对象与方法，研究内容与框架以及论文的主要创新点。第二章分析网络的融合化发展，分析从现实中的融合现象中归纳了网络融合的主要特征、世界范围内的三大网络融合趋势、中国的三网融合背景与进程，以及其他网络融合

的融合化发展的趋势。第三章分析网络融合的纵向融合，主要分析不同商业模式的交叉媒介竞争，讨论网络运营商内部化用户之间网络外部性联系的动力机制，主要包括网络融合过程中运营商的商业模式选择、不同商业模式的网络外部性特征、同质商业模式网络运营商之间的竞争、不同商业模式网络运营商之间的竞争，以及我国有线电视运营商的商业模式创新案例。第四章对网络中和的纵向融合进行分析，讨论关于不同产品组织的交叉媒介竞争的问题，包括网络融合过程中运营商的产品组合选择、多产品复合市场的市场结构特征、基于单向进入的平台包络竞争，以及基于双向进入的平台网络竞争，并通过上海市的三网融合竞争进行了案例讨论。第五章分析多维融合，在此基础上分析网络运营商在动态中进行投资创新的激励强度。包括网络融合过程中运营商的投资创新激励，多市场边多产品维复合市场的结构特征，多边复合市场中的平台包络策略，多边复合市场中的投资创新行为，并通过微软与谷歌的平台包络竞争及创新激励进行案例讨论。第六章讨论政策融合问题：政府监管机构应该如何适应和推动网络融合进程。在阐明融合时代的规制对象应该是多维运营商及其网间关系后，通过分析网络中性规制验证规制的必要性。第七章为结论与展望，对论文的研究工作做总结，并提出今后有待展开的研究。

关键词：电信业　商业模式　市场竞争

**5104**

**出版企业竞争力评价研究** / 顾金亮著 ; 胡汉辉指导. -- 东南大学, 2009. -- 120 页

论文基于作业分析方法，研究出版企业竞争力构成因素，通过构建评价模型对出版企业竞争力评价进行了研究。全文共分八部分。第一部分绪论，介绍问题的提出、研究对象和研究意义、研究框架。第二部分为文献综述，阐述企业竞争力的性质、企业竞争力理论的渊源、企业竞争力评价研究现状、出版企业竞争力及其评价研究现状。第三部分分析我国出版企业的发展现状与竞争力问题，包括改革开放以来的中国出版业发展简析、中国出版企业的现状分析、基于作业分析的出版企业竞争力的识别。第四部分对基于作业分析的出版企业竞争力识别进行分析。通过对价值链理论的作业分析法的阐述，对出版企业作业链和竞争力进行分析。第五部分对基于粗糙集理论的出版企业竞争力评价进行研究。阐述出版企业竞争力评价的含义、模型构建及指标选取原则，对粗糙集理论与方法进行讨论分析，最后建立基于粗糙集理论的出版企业竞争力的评价模型。第六部分为基于粗糙集理论的出版企业竞争力的评价模型的应用。在对样本指标数据的收集之后，利用基于粗糙集的出版企业竞争力评价模型进行实证分析，并对评价结果进行分析。第七部分对基于价值链理论的出版企业竞争力的培育问题进行讨论。通过分析出版企业的价值链构成及特点、出版企业价值链与竞争力，利用基于价值链增值的出版企业竞争力培育模型对出版企业价值链增值模式进行了分析。第八部分为结论与展望，包括对论文研究工作的总结并提出了今后研究方向的展望。

关键词：出版社　市场竞争　竞争力　经济评价

**5105**

**风险投资项目的初始和中止决策研究** / 顾婧著 ; 周宗放指导. -- 电子科技大学, 2009. -- 122 页

论文主要针对风险投资家的事前评估决策和运作评估决策进行研究。全文共分为八章。第一章绪论，介绍论文主要概念的辨析与界定，提出问题的背景，研究内容及结构，以及主要创新点。第二章风险投资项目初始和中止决策的文献综述和评价。对风险投资项目初始决策研究，包括风险投资项目初始决策体系回顾与评价，风险投资项目初始决策方法回顾；对风险投资项目中止决策的研究展开回顾。第三章基于可变精度粗糙集的风险企业信用风险识别方法研究。对标准粗糙集理论介绍，并介绍可变精度粗糙集模型，包括模型具体内容和规则价值衡量方法；提出基于可变精度粗糙集的风险企业信用风险识别方法；实证分析，设定指标，选取样本，收集数据，分析基于遗传算法的属性约简结果，探讨识别规则库形成及集成二叉树的识别方法建立，并对识别方法检验。第四章基于不确定语言多属性决策风险投资项目的评估。对问题和预备知识作出描述和介绍，提出基于偏差最大化的多属性决策方法，对风险投资项目的风险评估排序，对两类多准则决策方法进行比较分析。第五章基于 Stackelberg 的风险投资项目事前投资水平博弈分析。构建 Stackelberg 博弈模型，在此基础上，开展基于 Stackelberg 的投资水平博弈分析，并得出结论。第六章基于信号学的风险投资项目中止决策分析。对风险投资项目发展过程中的信息分析，构建信号学习模型，开展基于信号学习模型的中止决策

分析并进行数字释例。第七章基于风险投资项目价值的中止决策时机研究，提出并推广模型，开展数字释例和案例分析。第八章为论文结束语。

关键词:风险投资　企业信用　信息不对称

**5106**

**我国高职教育人才培养创新型模式研究** / 顾文明著 ; 邓明然指导. -- 武汉理工大学, 2009. -- 129 页

论文拟采用规范研究与理论分析，同时进行实证研究，运用比较分析和统计分析，进行高职人才培养模式的规范化研究。全文共分为八章。第一章导论，介绍研究的目的和意义、内容和方法，并从高职教育、创新及人才培养模式等方面进行国内外文献研究。第二章研究教育经济学、人力资源管理及系统工程等相关理论，确定建立高等职业教育人才培养模式的主要思路及内容，为下一步研究工作奠定基础。第三章是对国内外高职教育人才培养模式的比较研究，对国外高职人才培养模式的研究集中在四种典型模式上，对我国高职人才培养模式则主要对台湾地区进行研究，并结合国内高职人才培养的九种模式进行比较，找出我国高职人才培养模式存在的问题。第四章是对我国高职教育面临的内外部博弈进行分析研究：一是高职院校与政府机构存在基于资源配置的博弈；二是高职院校发展与企业需求之间存在博弈；三是高职院校与普通高校人才培养模式之间存在博弈。第五章界定高职人才培养创新型模式的内涵，从高职人才培养的特点出发，提出构建高职院校人才培养创新型模式的原则，构建以"订单式"为主的创新型人才培养模式，从"订单式"培养模式存在的问题出发，对这种创新型模式的建立健全提供相应的对策措施。第六章在对运用 DEA 进行评价的必要性的矩阵分析的基础上，通过对评价目标的分析，构建高职院校评价的指标体系，建立 DEA 模型并进行求解，分析评价结果，对非有效的决策单元进行改进，并提出建议。第七章为案例实证分析，以漯河职业技术学院为例，体现高职院校人才培养创新模式在现实中的可操作性。第八章为全文的总结与研究展望。

关键词:高等教育　职业教育　创新人才

**5107**

**江苏省高速公路技术效率研究** / 顾宇倩著 ; 许长新指导. -- 河海大学, 2009. -- 111 页

论文对江苏省高速公路技术效率及其影响因素进行研究，以增进江苏省高速公路公司效益，完善高速公路的服务水平。论文通过定义投入集、产出集、生产可能集、生产可能性边界，运用集合理论，以及构建狗屎距离，对技术效率的内涵进行公理化分析。在此基础上，提出高速公路技术效率影响因素，研究高速公路技术效率的测度，并对江苏省高速公路技术效率及其影响因素进行实证分析。全文共分为七章。第一章绪论介绍论文研究背景与意义、综述技术效率内涵、技术效率测度和技术效率影响因素研究成果，对主要概念进行界定，明确论文的研究内容和研究方法。第二章分析技术效率内涵和测度方法，详细分析技术效率与生产率、技术进步的关系。第三章在对高速公路技术效率影响因素的研究中，应用知识产权理论、区域经济理论等分析高速公路技术效率的影响因素，提出高速公路技术效率的所有制因素、区域因素、道路交通状况、公司的 R&D 投入因素、高速公路的收费标准因素以及天气状况因素六大影响因素。第四章对高速公路技术效率测度研究中，剖析高速公路技术效率的内涵、选择超越对数生产函数形式的时变性随机前沿模型估测高速公路技术效率，对模型进行极大似然统计检验、超越对数生产函数形式的检验、时变性检验，估测模型的参数。第五章对江苏省高速公路技术效率及其影响因素的实证分析。第六章对江苏省高速公路公司提出提高高速公路技术效率和发展苏中、苏北经济从而提高苏中、苏北技术效率的对策建议。第七章总结论文，提出相关展望。

关键词:高速公路　公路运输企业　技术管理

**5108**

**交通信息资源的集成化管理与社会化服务研究** / 关积珍著 ; 陈荣秋，韩福荣指导. -- 华中科技大学, 2009. -- 155 页

论文通过信息资源管理和智能交通信息的理论和方法，对交通信息资源管理和交通信息的社会化服务进行研究。论文共八章。第一章是绪论，包括研究背景、研究范围与方法、研究内容与创新点。第二章是相关研究综述，包括交通信息资源管理研究、交通信息服务的量化基础方法研究、交通流的非线性分析研究以及交通指数。第三章是交通信息资源的集成化管理，包括交通信息资源的特征、集成化管理的基本思路、集成化的交通共用信息平台、集成化交通共用信息平台的发展模式。第四章是交通信息的社会化服务，包括交通信息来源于应用需求基本框架，交

通信息的社会化服务的特征、内容、方式,交通信息社会化服务体系。第五章是推进交通信息社会化服务发展的若干基础问题研究,包括基础数据处理和历史标准库的建立、城市交通流宏观特性及规律分析、基于特征图的交通状况指标模型。第六章是城市交通流的非线性分析和预测,包括常见的几种分型维数、非线性时间序列分析方法、时间序列的混沌预测方法、交通流的非线性分析和预测及实证分析。第七章是交通指数,包括交通指数的概念、城市交通综合指数与城市交通出行指数、城市交通指数模型的建立、模型标定、模型的应用及分析。第八章是总结与展望。

关键词:智能交通系统(ITS)　信息管理　社会服务

**5109**

**大学学科建设领导行为对学科发展的影响研究** / 关少化著 ; 毛祖桓指导. -- 北京科技大学, 2009. -- 152 页

论文依托高等教育学会教育科学“十一五”规划重大研究项目《中国特色的高等教育学科建设研究》,运用组织变革理论、领导行为理论、协调发展理论,就大学学科建设领导行为对学科发展的影响进行实证研究。全文共分七章。第一章导论,主要介绍论文的研究背景与选题意义、问题的提出、研究思路与研究方法、研究设计以及论文的逻辑框架。第二章文献综述,主要包括领导行为研究、大学学科发展研究。第三章理论基础与研究假设,包括基本概念辨析与界定,涉及大学学科建设、大学学科建设领导行为、大学学科发展,理论基础有组织变革理论、领导行为理论和协调发展理论,研究假设有大学学科建设领导行为是一个特定的多维结构。第四章为大学学科建设领导行为结构研究,包括大学学科建设领导行为归纳分析、大学学科建设领导行为问卷编制、大学学科建设领导行为问卷验证以及大学学科建设领导行为问卷分析。第五章为大学学科发展评价研究,涉及大学学科发展评价指标、大学学科发展的评价方法、大学学科发展评价的信息收集、31 所样本大学学科发展评价结果以及大学学科发展评价结果分析。第六章为大学学科建设领导行为对学科发展的影响,主要包括有关变量的描述性统计、大学学科建设领导行为对学科发展的影响分析、大学学科建设领导行为各维度对学科发展的影响以及大学学科建设领导行为对学科发展影响的结论与建议。第七章为研究结论与展望。

关键词:高等学校　学科建设　领导行为

**5110**

**高校教师人力资源管理模式创新研究** / 关云飞著 ; 陈晓红指导. -- 中南大学, 2009. -- 194 页

论文在实证分析的基础上构建高校教师人力资源管理的创新模式,在模式框架下有针对性地对高校教师的资源动态配置、二元激励和多维绩效考核进行研究。全文共分为八章。第一章导论,介绍论文研究背景与意义、国内外研究评述、研究思路与内容安排以及预期成果和可能的创新点。第二章理论基础,对基本概念进行界定和说明,提出人力资源管理理论、人力资源管理模式理论和创新高校教师人力资源管理模式的相关科学管理原理的内容,并对先前理论的适应性作出分析。第三章高校教师人力资源管理创新模式构建,对我国高校的现状及教师人力资源管理模式的问题作分析,探讨构建高校教师人力资源管理创新模式的机理,对高校教师人力资源管理结构模块的构成作分析,对高校办学绩效构成分析,最后对高校教师人力资源管理结构模块对办学绩效影响展开实证研究,并对高校教师人力资源管理创新模式的内容和设计作出说明。第四章高校教师资源动态配置创新研究,包括高校教师资源动态配置的内涵、原则,高校教师资源动态配置的影响因素分析,高校教师资源动态配置判别模型研究以及高校教师资源动态配置的操作规范探讨。第五章高校教师二元激励机制创新研究,包括激励机制的内涵介绍,高校教师激励机制现状及局限性分析,高校教师二元激励机制的提出,高校教师二元激励机制的结构型分析,高校教师二元激励机制的实施方法等。第六章高校教师多维绩效考核创新研究,包括绩效考核的内涵和方法,高校教师现行绩效考核的系统性缺陷分析,高校教师多维绩效考核原则,高校教师多维绩效考核系统以及基于指标集成的高校教师多维绩效考核方法。第七章案例研究,以 CA 学院为例对其实施教师人力资源管理创新模式的内容和效果展开分析。第八章为论文的结论与展望。

关键词:高等学校　高校管理　人力资源管理

**5111**

**工程总承包商的利益分配及纵向一体化研究** / 管百海著 ; 张殿业指导. -- 西南交通大学, 2009. -- 110 页

论文借鉴供应链和联盟收益分配的研究思路，利用博弈论、契约理论、纵向一体化理论等方法和工具，对工程总承包商利益分配及基于收益的纵向一体化相关问题进行分析和研究。全文共分为五章。第一章绪论介绍论文研究背景与问题提出，进行国内外研究现状回顾、阐述论文的主要内容、研究方法以及技术路线。第二章进行工程总承包及收益分配概述，介绍工程总承包项目利益分配相关研究定义和假设。第三章建立总承包商与分包商的收益分配模型，求出要使分包商参与项目优化设计应分配的项目总承包收益范围，得到项目总承包收益在总承包商与分包商之间分配的最优比例，以及施工企业和设计单位分别作为分包商的情况向各自采取进行项目优化设计的最优努力程度。第四章研究联合体双方成员之间的收益分配问题，得到项目总承包收益在联合体成员之间的最优比例，以及联合体成员各自采取的进行项目优化设计的最优努力程度。并应用重复博弈理论和方法，对重复合作联合体工程总承包商的利益分配问题进行研究。第五章根据建筑业上下游企业之间的关系，建立一体化和非一体化两种情况下行业和总承包商的成本模型，得出行业和总承包商进行纵向一体化的影响因素和条件，并重点分析分包建筑市场竞争激烈程度对总承包商纵向一体化决策的影响。

关键词：建筑工程　项目管理　利益分配

**5112**

**信贷合约内部机理及关键影响因素研究** / 管述学著 ; 夏斌指导. -- 西北工业大学, 2009. -- 151 页

论文通过建立多元回归方程模型和结构方程模型，采用商业银行实际的信贷数据，运用单因素方差分析、多元回归分析、因子分析、结构方程、二阶回归等数理统计方法对信贷合约内部机理及关键影响因素进行研究。全文共分七部分。第一部分绪论，介绍论文研究问题的提出、研究意义、研究内容、研究思路与结构安排。第二部分为理论文献综述，包括信贷合约理论研究与发展、信贷合约要素利率的相关研究、信贷合约要素担保的相关研究、信贷合约要素期限的相关研究、外部因素对信贷合约影响的相关研究、信贷合约要素相互关系的相关研究。第三部分讨论假设的提出和模型的构建，包括对影响信贷合约的外生和内生变量及关系的假设、在考虑和不考虑信贷合约变量内生性两种情况下的方程模型。第四部分为论文的研究设计，包括对样本数据的收集、对样本数据特征描述、多元线性回归的问题检验以及模型验证方法和过程。样本数据特征的描述包括基本特征描述、信度和效度检验、控制变量的单因素方差分析；多元线性回归的问题检验包括多重共线性检验、序列相关检验、异方差检验。第五部分讨论模型分析结果，包括利率的单方程分析结果、期限的单方程分析结果、担保的单方程分析结果、交互效应分析结果、结构方程模型分析结果。第六部分为结果讨论及策略建议，包括信贷合约内部机理和影响因素的结果与讨论、对商业银行及中小企业的策略和建议。第七部分为结论与展望。

关键词：商业银行　信贷　信息不对称

**5113**

**供应链中混合渠道分销的库存优化与决策** / 郭春荣著 ; 陈功玉指导. -- 中山大学, 2009. -- 155 页

论文的研究对象为供应链中混合渠道分销的库存优化与决策。全文共分为八章。第一章绪论，包括问题的提出、研究目的与研究意义、研究方法、研究思路与内容安排以及论文的创新之处。第二章文献综述，介绍基本的供应链库存决策模型的研究进展、供应链中混合渠道分销研究现状分析。第三章，混合渠道分销的商品分析与库存控制策略选择，包括对商品需求特性分析、基本库存控制策略分析以及供应链中混合渠道分销的库存控制策略选择。第四章，供应链中混合渠道分销的库存优化与决策——报童模型。介绍模型的符号与假设，提出报童模型的建立方式，并对库存优化与决策、数值实验及管理启示做出说明。第五章，供应链中混合渠道分销的库存优化与决策——基本库存模型。介绍基本库存模型的符号与假设，提出基本库存模型的建立方式，并对库存优化与决策、数值实验及管理启示做出说明。第六章，供应链中混合渠道分销的库存优化与决策——(Q,R)模型。首先对文体进行描述，接着介绍(Q,R)模型的符号与假设，提出(Q,R)模型的建立方式，并对库存优化与决策、数值实验及管理启示做出说明。第七章，供应链中混合渠道分销的库存优化与决策——差异库存控制模型。首先对文体进行描述，接着介绍差异库存控制模型的符号与假设，提出差异库存控制模型的建立方式，并对库存优化与决策、数值实验及管理启示做出说明。第八章为结论与展望。

关键词：企业管理　供应链　库存　分销

5114

**流域管理体制中的协调管理研究:以三峡库区及其上游水质保护管理体制重构为例** / 郭峰著 ; 王国顺指导. -- 中南大学, 2009. -- 171 页

论文以三峡库区及其上游水质保护管理体制重构为例,对流域管理体制中的协调管理展开研究。全文共分为八章。第一章导论,介绍选题背景以及论文的研究意义、方法和思路。第二章流域协调管理相关理论基础。一是对协调经济学述评,并探讨协调经济学主要理论思想;二是组织理论、和谐管理论以及协同管理理论的研究;三是研究协调管理,提出协调管理理论概念,诠释协调管理具体内容并对协调管理理论进行展望;四是研究政府的经济人假设和有限理性假设。第三章,国内外流域管理体制及研究现状,首先介绍流域管理体制的国际经验;接着对我国流域管理体制的研究展开探索;最后对该部分内容作总结。第四章流域管理体制中协调管理的内在机理分析,一是组织内的冲突与协调,包括组织的概念和性质介绍,分析组织的冲突水平与原因;二是利益集团间的冲突与协调,介绍利益集团涵义,对利益集团划分并分析利益集团利益冲突;三是内在协调管理问题的解决,包括协调管理的结构的分类以及协调管理的实现途径。第五章流域协调管理的外部影响与博弈均衡分析。首先探讨协调管理的失灵,包括市场失灵的影响,政府失灵的影响和制度失灵的影响;二是博弈协调性的提高探讨;接着分析协调预期与协调管理外部问题的解决,包括关于非合作的一个最基本的制度,关于协调的一个最重要的制度以及关于建立长期合作的一个均衡思想;最后是合作博弈模型与制度约束下的合作策略选择。第六章基于协调管理的流域管理体制制度设计,包括协调管理与制度设计的理论和内容以及对协调管理文化与制度设计的考察和分析。第七章。分析三峡库区及其上游水质污染问题,探讨水质保护管理体制,并对其保护协调管理进行分析,最后对其管理体制重构制度进行设计。第八章为论文结论。

关键词:流域　水资源管理　管理体制

5115

**城镇居民住宅消费需求问题研究** / 郭凤玉著 ; 安玉发指导. -- 中国农业大学, 2009. -- 163 页

论文依据消费者行为理论和住房搜寻理论,以住宅需求的产生到实现整个链条为研究主线,采用宏观和微观相结合的分析方法以及调研分析法,从需求实现的内在条件和外在环境两个角度深入分析住宅消费需求存在的问题。全文共分为七章。第一章引言介绍论文的研究背景和研究意义,综述国内外研究现状,阐明研究目标、研究内容和研究方法以及研究的创新点。第二章阐述住宅需求相关概念理论,研究了消费者行为规律。第三章基于我国住宅需求现状,采用层次分析和模糊综合评判相结合的方法从微观角度对消费者住宅需求满足程度进行研究,发现居民对当前居住状况不是很满意,住宅潜在需求大。第四章选取住宅潜在需求想有效需求转化过程的关键问题——有效购买力影响因素,运用因果分析法描述了这些影响因素与目标之间的相互关系,通过灰色关联度的方法得出这些影响因素的影响程度,确定有效需求转化过程中的关键因素为:居民收入、住房消费信贷、住宅价格。第五章根据消费者因信息不对称问题而产生的住房搜寻行为,建立住房搜寻模型分析买方搜寻特征。第六章在前面分析的基础上提出各市场主体要正确合理地认识住宅需求,增强住宅消费需求推动力的作用,降低住宅消费需求阻滞力的作用,完善住房保障体系的途径和对策,为更好地实现住宅消费需求,提高资源配置效率提供依据和参考。第七章是研究结论与展望,并提出应用建议。

关键词:城镇　住宅市场　消费需求　购买力

5116

**管理者关系与企业绩效:资源整合与企业家导向的调节影响研究** / 郭海著 ; 李垣指导. -- 西安交通大学, 2009. -- 141 页

论文基于社会资本理论和动态能力观点,提出研究管理者关系、资源整合、企业家导向与绩效之间关系的概念模型,重点分析不同管理者关系对企业绩效的影响,不同资源整合过程对管理者关系与绩效关系的调节影响以及企业家导向对资源整合过程与管理者关系协同效应的深层调节影响。全文共分为七章。第一章绪论,提出论文研究的问题和研究框架。第二章相关理论与研究综述,对社会资本理论、关系与社会资本、管理者关系等研究做综述,探讨资源整合的相关理论,对企业家导向的内涵、特征作出分析。第三章研究假设,提出概念模型以及具体假设内容。第四章研究方法,包括问卷调查、变量测量、假设验证方法等。第五章实证分析与结果。通过对数据特征进行变量信度检验、变量聚敛效度检验、变量区别效度

检验,得出多元回归分析的结果与假设验证,包括管理者关系与绩效关系的验证、不同资源整合过程调节效应的验证以及企业家导向对资源整合调节效应的影响验证。第六章结果讨论。基于研究的假设内容,对管理者关系与绩效关系验证结果讨论,对不同资源整合过程调节效应验证结果讨论,对企业家导向深层调节效应验证结果讨论,并分析研究结果的理论意义和管理实践意义。第七章为结论与展望。

关键词:企业家　资源管理　企业绩效

**5117**

**基于 Shibor 中介的利率调控传导机制研究** / 郭建伟著 ; 冯宗宪指导. -- 西安交通大学, 2009. -- 114 页

论文实证研究 Shibor 是否有基准性、可测行和可控性,以及它的变化对其他利率和货币政策最终目标变量(CPI 和 GDP)的影响。论文分为八个章节。第一章绪论,介绍选题背景、选题的理论和现实意义、中国利率调控传导机制问题的界定、研究内容与思路框架。第二章对 Shibor 基准性的研究、关于利率作为货币政策价格调控中介目标的研究以及关于货币政策利率调控传导机制的研究进行述评,并介绍向量自回归模型在分析货币政策传导中的应用。第三章从假设提出、设计的理论框架,提出研究思路与方法,对我国货币政策利率调控传导机制的变量进行分析。第四章对国际上和我国货币市场基准利率体系的形成机制特征进行分析,对 Shibor 的统计特征及其基准性进行实证研究,并对 Shibor 的基准性定性比较,与货币市场利率的传导关系等进行研究。第五章通过指标变量的选取、检验,对 Shibor 的 VAR 模型分析及其协整检验,并进行 VAR 模型预测。第六章通过变量指标的采集、选取、减压,对 VAR 模型进行建立、估计与检测。第七章对存贷款利率与储蓄、投资、消费以及 GDP、CPI 关系进行分析,讨论了年期存贷款利率与 GDP、CPI 之间的长期关系和短息关系,研究基于 Shibor 中介的存贷款利率宏观调控效应。第八章结语,对全文研究内容进行总结,指出论文的创新点,并提出有待进一步研究的问题。

关键词:利率政策　利率调整　货币政策

**5118**

**互联网环境中我国出版企业核心竞争力研究** / 郭晶著 ; 霍国庆指导. -- 中国科学院研究生院, 2009. -- 400 页

论文的研究对象为互联网环境中我国出版企业核心竞争力。全文共分为七章。第一章绪论,介绍论文的研究背景、研究内容、研究方法和研究思路。第二章出版企业核心竞争力研究综述,综述企业核心竞争力概念、核心竞争力判断标准及其流派;介绍企业核心竞争力评价指标体系,包括基于整合的企业核心竞争力指标体系、基于有形资源的企业核心竞争力指标体系、基于无形资源的企业核心竞争力指标体系,分析企业核心竞争力评价指标体系研究共性与不足;综述出版企业核心竞争力理论研究,船板企业核心竞争力评价指标体系以及出版企业核心竞争力实证研究,对企业核心竞争力和出版企业核心竞争力进行讨论。第三章研究出版企业核心竞争力机理模型,出版企业的传统出版核心竞争力以及网络出版核心竞争力。第四章出版企业的网络出版核心竞争力评价指标体系研究,提出网络出版核心竞争力评价指标体系的研究思路,对网络出版核心竞争力评价指标进行量化设计,分析我国出版企业样本选择,对样本出版企业评价指标体系进行问卷设计并展开问卷调查,对样本出版企业网络出版核心竞争力评价结果做描述性统计。第五章我国出版企业的网络出版核心竞争力,分析与讨论评价结果,包括出版战略领导力、出版品牌经营力、出版文化整合力、出版创意策划力以及出版企业虚拟合同力,总结我国出版企业核心竞争力的经验和不足。第六章我国出版企业网络出版核心竞争力的差距与对策,分析我国出版企业发展网络出版的竞争环境,展开对我国出版企业出版战略领导力、出版品牌经营力、出版文化整合力、出版创意策划力以及出版企业虚拟合同力的差距与对策研究。第七章结论与展望。

关键词:出版业　企业管理　核心竞争力

**5119**

**资源环境导向的区域经济可持续发展模式研究** / 郭培源著 ; 张友棠指导. -- 武汉理工大学, 2009. -- 182 页

论文提出资源环境导向的区域经济可持续发展模式研究,拟从区域的概念解释资源环境与经济发展协调发展规律,以及资源环境与经济发展不协调导致环境问题产生的根源。全文共分为七章。第一章导论,介绍论文研究目的和意义、国内外相关研究方法、研究内容和研究方法。第二章区域经济发展与资源环境相互作用的理论基础,介绍资源环境经济系统相

互作用的原理、资源环境经济创新理论、资源环境经济的可持续发展理论,并对区域经济可持续发展的内涵、资源环境经济社会相互作用规律展开分析。第三章基于资源环境生态效应的区域可持续发展机理分析,提出资源环境生态效应及可持续发展指标体系,对资源环境生态效应进行分析,对区域资源环境的脆弱性及稀缺性展开评价;分析资源环境导向的公共区域经济可持续发展协调测度,探讨资源环境的公共性特征及对经济发展的关联作用;分析资源环境对区域经济发展的驱动力机制。第四章资源环境导向的区域经济发展系统模型。基于区域可持续发展构成,构建 EPSR 机理模型库系统,分析区域经济发展对资源环境的作用机制以及区域经济与资源环境可持续发展机理模型,最后构建区域可持续发展环境影响评价经济核算体系。第五章资源环境导向的区域经济发展模式,概述中国的资源环境状况,分析库区经济发展脆弱性的现状,构建资源节约型区域经济发展模式并提出资源节约型环境友好型三峡区域支柱产业战略。第六章三峡区域经济可持续发展模式的实证研究。基于三峡库区开展决策支持系统理论以及和方法,探讨基于决策支持系统的三峡区域经济可持续发展模式,并提出三峡区域生态可持续发展决策支持系统研究的内容和实现方式。第七章为全文总结与研究展望。

关键词:地方经济　发展模式　生态环境

**5120**

**研究型大学学科生态系统发展模型及仿真研究** / 郭树东著 ; 关忠良指导. -- 北京交通大学, 2009. -- 161 页

论文借鉴生态学思想,尤其是生态位理论,为研究型大学的学科发展研究提供一种全新的理论方法,而且通过构建系统动力学和 Agent 仿真模型,为研究型大学制定学科发展战略提供新的分析方法。全文共分为七章。第一章引言介绍研究背景、选题意义,并对研究型大学、学科、学科生态系统等主要概念进行界定。第二章提出文章研究的理论基础,包括生态学理论、生态位理论等。第三章界定研究型大学学科生态系统中的各种学科间的生态关系,并给出学科生态位宽度和学科关联度测度方法。第四章构建研究型大学学科生态系统发展模型。按照学科生态关系的不同特征,分别建立了学科竞争生态模型,学科偏利生态模型和学科互惠生态模型。在此基础上,考虑多种学科生态关系的共同作用,建立学科综合生态模型。第五章运用 Agent 仿真方法对学科生态系统模型进行了仿真分析。仿真结果能够显示出,学科系统中的学科在相应学科生态关系作用下的发展趋势,所给出的系统仿真方法可以在研究型法学的学科发展战略规划中,作为定量化辅助决策手段。第六章提出研究型大学学科发展战略选择的方法,通过对某研究型大学某学科的实证分析,表明该方法在理论和实践上的可行性和实用性。第七章是论文的结论与展望。

关键词:高等教育　学科建设　生态系统

**5121**

**有害物品运输风险度量模型及其应用研究** / 郭晓林著 ; 李军指导. -- 西南交通大学, 2009. -- 112 页

论文的研究对象为有害物品运输风险度量模型。全文共分为五章。第一章绪论,介绍选题背景与研究意义,并从有害物品运输风险分析、运输路径分析、综合选址问题以及运输风险度量模型的应用四个方面介绍该问题的研究现状,在此基础上提出其存在的问题,并概括论文要研究的内容。第二章有害物品运输风险及其度量。首先介绍有害物品运输传统风险与定义,对有害物品运输风险度量模型进行回顾,并进行误差分析,提出有害物品运输风险度量模型;探讨有害物品运输风险度量模型相关公理以及公理满足性的验证举例。第三章事故分级与有害物品运输风险度量。首先介绍事故分级的相关背景;接着从传统风险模型存在的问题、事故分级后的传统风险模型以及相关公理的满足性三个方面分析事故分级与传统风险模型;从事故分级后的总影响后果风险模型、模型应用举例以及模型与公理三个方面对事故分级与总影响后果风险模型进行阐释;最后提出事故分级与可感知风险模型以及事故分级与其他风险度量模型,并进行总结。第四章考虑决策者风险态度的风险度量模型,首先对问题展开描述,进而确定决策者风险等效曲线,分析风险等效曲线的相关公理,在对路径风险度量过程解释的基础上,思考和分析风险等效曲线的变异及其内容,并作出总结。第五章有害物品运输风险度量模型的应用,提出路径事故可能性最小化下的运输策略选择,首先探讨风险中性的决策者的运输策略选择,包括一次运输情形下的运输风险、爆炸物品有害半径的近似计算、两次运输情形下的运输风险、m 次运输情形下的运输风险以及同时考虑运输风险和运输成本时的运输策略选择;分析大事故厌恶的决策者的运输策略选择,包括一次运输情形下的运输

风险和 m 次运输情形下的运输风险,并分析同时考虑运输风险和运输成本时的运输策略选择;最后对风险中性的选择行为以及大事故厌恶者的选择行为分析。最后为论文结论。

关键词:危险货物运输　铁路运输　风险分析

**5122**

**职工互助保障产品保费设计的理论与应用研究** / 郭学勤著 ; 宁宣熙指导. -- 南京航空航天大学, 2009. -- 120 页

论文对职工互助保障产品设计的理论与应用进行研究,围绕职工互助保障产品保费设计这一问题展开。全文共分为六章。第一章分析论文研究背景、目的和意义,并对国内外相关的研究现状进行总结分析,在此基础上,提出论文的总体思路、逻辑框架和相关的研究方法。第二章对职工互助保障的几个基本问题进行阐述,主要包括职工互助保障在我国社会保障体系中的地位与作用,与其发展的必要性,以及它与社会保险、商业保险的区别。并提出职工互助保障产品保费设计的理论基础及设计原则与步骤。第三章设计基于损失分布的职工互助保障产品保费精算方法,即职工重大疾病互助保障精算模型、团体意外与团体工伤互助保障保费测算模型。第四章设计了住院医疗互助保障产品精算模型,对江西省即将开展的住院医疗互助保障活动进行了产品设计,提出了不同免赔额和赔偿限额条件下所需要的保费。第六章提出促进我国职工互助保障可持续发展的政策建议,主要包括制定职工互助保障的相关法律和政策、加强对职工互助保障的监管、建立互助保障对困难职工的援助机制等。

关键词:职工　社会保障　产品设计　保险费

**5123**

**最优老炼时间模型的确定与分析** / 郭彦兰著 ; 崔利荣指导. -- 北京理工大学, 2009. -- 119 页

论文通过对已有老炼试验时间模型分析,研究老炼试验时间的优化确定问题。全文共分为六章。第一章绪论介绍论文选题背景和意义、主要内容以及组织结构。第二章回顾与老炼相关的早期失效文献,对研究现状和发展趋势进行分析,阐述保修及保修策略和最优老炼时间模型建模方法与分析。第三章介绍考虑老练误差的成本模型、一般失效率曲线下的老炼模型以及一般失效率曲线下的老炼时间模型,并进行数值示例及分析。第四章分析两类不同维修保修策略的最优老炼成本模型,分别是基于小修及保修策略的最优老炼成本模型和基于两类故障类型及保修策略的最优老炼成本模型。第五章分析年龄更换策略与成批更换策略两种成本模型的可用度,并分析故障小修的周期维修策略的可用度模型。第六章对两类指标模型进行比较与分析。

关键词:维修策略　失效分析　数学模型

**5124**

**商业模式创新与企业竞争优势:内在机理及实证研究** / 郭毅夫著 ; 赵晓康指导. -- 东华大学, 2009. -- 154 页

论文从全新视角构建公司竞争战略分析框架,描述商业模式创新与企业竞争优势间的内在机理。全文共七章。第一章绪论,主要介绍论文研究背景、目的、意义、基本思路、主要内容和研究方法。第二章对商业模式的基本内涵进行科学界定,对相关研究及理论基础进行介绍。第三章对企业商业模式创新的影响因素进行研究,发现知识共享与开放心智对商业模式创新具有正向的影响关系。第四章介绍企业商业模式创新对竞争优势的作用机理及研究假设,提出商业模式创新的内在结构:价值主张模式创新、价值创造模式创新、价值传递模式创新、价值网络模式创新、价值实现模式创新、商业模式界面规则创新。第五章对问卷设计方法、结构方程模型及研究分析工具进行介绍。第六章介绍数据研究的结果并进行解读,得出控制变量对商业模式创新的影响。第七章分析获得验证的假设结果及未完全通过的假设结果,并研究结果的企业管理政策意义。总结全文结论以及下一步研究展望。

关键词:企业竞争　商业模式　竞争优势

**5125**

**突发事件应急物流系统决策问题研究** / 郭子雪著 ; 张强指导. -- 北京理工大学, 2009. -- 129 页

论文研究模糊环境下应急物流系统决策问题,研究含模糊参数的应急物流决策模型及其求解方法。论文分为七个部分。第一章绪论,介绍论文课题研究的背景和意义、国内外研究现状、论文研究内容和结构安排。第二章总结应急物流系统的研究基础,对突发事件和突发事件应急管理进行概述,分析应急物流的特点、组成要素及研究内容,并对应急物流系统的

概念、特点、设计原则、构成要素等进行分析。第三章研究四种含模糊参数的应急物资储备库选址问题,并给出四种模型的求解方法。第四章研究紧急物资的需求预测模型和分级方法,将物资需求状态分类,提出基于马尔可夫链的应急物资需求预测模型,建立应急物资需求分级评价指标体系,构建基于模糊聚类的应急物资分级方法。第五章通过对应急物资筹集方式的分析,构建仅动用库存条件下和紧急市场采购条件下的应急物资筹集决策优化模型,并将应急物资筹集决策模型转化为等价的模糊机会约束规划模型,给出一般情况下的智能算法,并通过仿真算例分析了该方法的有效性。第六章研究应急物流系统应急预案的综合评价问题,论述建立突发事件应急预案的必要性和原则,指出我国现状和存在问题,给出应急预案评价指标的选取原则和构建评价指标体系的步骤,提出一种完善评价指标的统计方法,并构建评价指标体系,提出基于模糊 TOPSIS 法的应急预案综合评价方法。最后一部分结论与展望,对全文内容、研究结论及创新之处进行总结,并对有待进一步研究的问题进行展望。

关键词:物资管理　应急系统　决策模型

**5126**

**基于区域间投入产出分析的成渝经济区产业关联研究** / 韩斌著 ; 刘朝明,贾志永指导. -- 西南交通大学, 2009. -- 160 页

论文为基于区域间投入产出分析的成渝经济区产业关联的相关研究。全文共分为五章。第一章绪论,介绍论文的背景问题、研究意义、国内外研究现状、研究内容与研究方法以及主要观点和创新。第二章产业关联分析理论与方法,介绍产业关联的方式和关联类型;提出投入产出分析的理论基础,包括思想渊源、经济理论基础和方法论基础;介绍投入产出分析方法,包括投入产出表的含义、投入产出模型、模型的基本假定和求解条件;提出区域间投入产出模型,包括区域间投入产出基础模型和 MRIO 模型;对影响力系数和感应度系数计算。第三章成渝经济区投入产出模型的建立。对 2002 年投入产出表作出说明,对模型中的行业分类,在此基础上,分别提出四川和重庆内部投入产出模型和川渝间投入产出的模型。第四章成渝经济区产业关联分析,分别对四川 38 部门、重庆 38 部门和川渝间 38 部门影响力和感应度系数计算,对成渝经济区产业关联进行分析。第五章成渝经济区区域合作的重点选择。基于对成渝经济区资源条件、产业基础以及区域合作中存在的问题对成渝经济区发展现状进行描述;探讨成渝经济区产业发展的方向,提出包括重要战略资源开发、现代加工制造业、高新技术产业和农产品精深加工四个方面;对成渝经济区交通基础设施建设——公路、铁路、航空、航运和管道作出讨论;对成渝经济区产业空间布局进行描述,将其划分为成都平原经济区、重庆一小时经济圈、成渝经济区北部经济腹地以及成渝经济区南部经济腹地。最后为论文的主要结论。

关键词:区域经济　投入产出分析　成都　重庆

**5127**

**煤炭生产与消费环境税问题研究** / 韩存著 ; 侯运炳指导. -- 中国矿业大学, 2009. -- 121 页

论文从我国能源需求持续增长、能源供应面临挑战、环境问题日趋严重,煤炭属于我国能源重中之重,能源市场存在市场失灵等问题,阐述旨在保护环境和环境为目的的煤炭环境能源研究的理论意义和实际应用价值。论文共七部分。第一部分是绪论,包括研究背景和国内外研究现状与分析,以及论文研究的主要问题思路和内容,第二部分是相关研究的理论研究,包括环境税的涵义、环境税的理论依据、环境税与交易许可证环境保护手段的对比分析、我国环境经济手段的选择。第三部分是我国煤炭税收绿色化分析,包括煤炭环境税收体系中的属性、与环境相关的税种及整体税收的绿色水平、我国现行矿业资源税收与主要市场经济国家对比、煤炭资源有偿使用制度—环境税实施基础、我国主要税收制度改革与煤炭企业环境税收的实施。第四部分是我国煤炭生产与消费环境税制度研究与设计。第五部分是煤炭集团企业并合纳税制度研究与设计。第六部分是煤炭消费环境税 CGE 模型的构建,包括 CGE 模型与社会核算矩阵的关系、模型的主要假设、模型的主要结构、模型的参数校准和计算、CGE 模型分析的结果与政策建议。第七部分是结论与展望。

关键词:煤炭工业　环境费用　税收管理

**5128**

**基于信息生态范式的电子政府府际信息共享环境研究** / 韩刚著 ; 覃正指导. -- 西安交通大学, 2009. -- 142 页

论文借鉴以人为中心、充分考虑人与环境之间互

动关系的理论,对电子政府府际信息共享环境进行研究,指在发现导致府际信息共享不足的原因并提出方案。论文共八章,第一章为绪论,包括研究背景、研究综述、研究问题的提出与界定和研究问题的提出与界定和研究方案与论文创新。第二章为电子政府府际信息共享环境的信息生态范式,包括电子政府府际信息生态理论、电子政府府际信息生态范式和小结。第三章为电子政府府际信息共享现状与直接环境因素的实证研究,包括直接环境因素与现状问题的提出、数据获取、数据处理与分析、实证研究结论。第四章为电子政府府际信息共享环境的结构与作用机制研究,包括电子政府府际信息共享环境的三维结构、电子政府府际信息共享环境的作用机制和小结。第五章为电子政府府际信息共享的主体间环境均衡分析,包括电子政府府际信息共享的利益均衡分析、电子政府府际信息共享的博弈分析、电子政府府际信息共享的激励机制和小结。第六章为电子政府府际信息共享管理模式的研究包括电子政府府际信息共享中的第三方信任、基于行政权威的电子政府府际信息共享管理模式、基于信息共享俱乐部的电子政府府际信息共享管理模式和小结。第七章为上海社会保障卡工程。第八章为结论,包括研究结论、局限性和展望。

关键词:电子政务　行政管理　信息共享

**5129**

**基于循环经济的资源型企业业务流程再造研究** / 韩广著 ; 沈玉志指导. -- 辽宁工程技术大学, 2009. -- 146 页

论文以资源型企业为研究对象,对资源型企业业务流程按照循环经济的要求进行了系统的再造,并对再造效果进行评价,为资源型企业发展循环经济、实施业务流程再造提供了重要的理论指导和实践参考。论文由七章组成。第一章是绪论,包括研究背景、国内外研究现状、问题的提出、论文研究的主要内容、研究方法及技术路线和论文研究的意义。第二章是相关的理论基础,主要有循环经济的基本理论和基础、企业业务流程再造的基本理论、基于循环经济的企业业务流程再造。第三章介绍的是资源型企业业务流程分析及其再造的总体框架,包括资源开采地区的形成、资源型企业的特点、资源型企业的业务流程分析、基于循环经济业务流程再造的总体框架。第四章详细介绍基于循环经济的资源型企业业务流程再造,包含资源型企业外部业务流程再造和资源型企业内部流程再造。第五章是基于循环经济的业务流程再造评价研究,介绍再造的评价原则、再造的评价模型、再造评价的实现思路及框架、评价指标的确定、指标的量化、层次权重的计算和资源型企业业务流程再造的效果评价。第六章是案例研究,包括企业背景分析、企业业务流程再造的实施和基于循环经济的企业业务流程再造效果评价。第七章是结论与展望,论文依据循环经济的"3R"原则系统地构建资源型企业业务流程再造效果评价体系,以山东省 A 企业为例对资源型企业业务流程再造进行实例分析,以使理论研究与实践结合。

关键词:能源工业　业务流程　循环经济

**5130**

**中小银行风险管理研究** / 韩镇著 ; 詹原瑞指导. -- 天津大学, 2009. -- 121 页

论文重点研究如何铜鼓资产组合优化、资本管理和绩效管理提高中小银行风险管理的水平。论文分为六个章节。第一章导论,介绍论文的研究背景、问题提出、研究意义、论文结构与研究内容、论文创新之处。第二章对银行风险管理进行评述,并对银行风险管理理论基础进行回顾,为论文研究提供理论基础。第三章建立基于内部风险控制和监管风险要求双重约束框架下的银行资产组合优化模型,分析监管资本框架下的中小银行组合管理现状及评价,对经济资本配置进行研究,提出经济资本配置的 $\tau$ 值法。第四章通过对中小银行绩效考核实例评析,制订针对中小银行的 RAROC 考核方案,并分析 RAROC 应用可能出现的问题,提出对策。第五章对中小银行风险管理策略进行研究,对中小银行进行市场定位,完善公司治理,建立于风险管理战略相适应的组织构架,建立完善风险管理系统,分析系统实施的难点和实施策略,并从信用、市场、流动性风险管理三个方面提出管理策略。第六章总结与展望,对全文研究内容进行了梳理总结,分析论文的主要贡献,指出论文的局限性,并对未来研究进行进一步的展望。

关键词:商业银行　中小企业　风险管理　企业绩效

**5131**

**中小企业社会责任与成长性关系研究** / 何朝晖著 ; 陈晓红指导. -- 中南大学, 2009. -- 131 页

论文剖析我国企业社会责任的内容结构,构建由 26 个评价指标组成的我国中小企业社会责任评价量

表,探讨我国中小企业成长性指标评价体系,分析中小企业创建期、发展期、成熟期的企业社会责任与成长性之间的关系。全文共分为七章。第一章导论,介绍论文研究背景、研究问题的意义,文献回顾、研究框架、研究主要内容以及研究的方法和技术路线。第二章中小企业社会责任与成长性及其关系的理论研究。首先对中小企业、企业社会责任和企业成长三者的概念界定、理论回顾并构建中小企业社会责任与成长性关系的概念模型。第三章中小企业社会责任与成长性评价量表开发。通过手机中小企业社会责任评价指标,对中小企业社会责任评价指标做预试性调查和修订,提出中小企业社会责任评价量表;通过对中小企业成长性评价指标选定,提出指标的定义,对中小企业成长性评价指标做预试性调查和修订,提出中小企业成长性评价量表。第四章创建期中小企业社会责任与成长性关系研究。探讨中小企业创建期的人力资源特征、融资特征、技术创新特征和营销管理特征;提出研究假设,对结构方程模型进行分析。第五章成长期中小企业社会责任与成长性关系研究,分析中小企业厂成长期人力资源特征、融资特征、技术创新特征和营销管理特征,提出假设,并对结构方程模型和结果分析。第六章成熟期中小企业社会责任与成长性关系的研究。分析中小企业成熟期人力资源特征、融资特征、技术创新特征和营销管理特征;提出假设,并对结构方程模型和结果分析。第七章为结论与展望。

关键词:中小企业　社会责任　企业成长

**5132**

**社区医疗服务质量管理评价研究** / 何建军著 ; 岳意定指导. -- 中南大学, 2009. -- 157 页

论文结合我国社区医疗服务质量管理现状,采取理论分析与现场调查、定性分析与定量分析相结合的方法,在明确本论文研究的目的和意义并分析国内外研究现状的前提下,对社区医疗服务质量管理、评价及其指标体系展开研究。全文共分为八章。第一章绪论,介绍论文研究背景、研究目的和意义、国内外研究现状、相关概念界定以及研究内容及方法。第二章社区医疗服务质量管理体系研究,包括质量管理的国际标准化,社区医疗服务质量管理体系的基本原则,社区医疗服务质量管理体系构建目标及特点,社区医疗质量管理体系的三个关键以及社区医疗服务质量管理体系模式。第三章国外社区医疗服务质量管理评价经验借鉴,借鉴英国、美国、澳大利亚和泰国社区医疗服务质量管理与经验,探讨美国、澳大利亚、WHO欧洲部和英国社区医疗服务质量评价体系,借鉴国外社区医疗服务质量评价体系。第四章社区医疗服务质量评价指标体系设计,分别从用途、来源、性质上对指标进行分类,界定社区医疗服务质量评价指标;探讨现有社区医疗服务质量评价指标体系的缺陷;基于建立社区医疗服务质量评价指标体系的要求和原则以及社区医疗服务质量评价指标的筛选方法探讨社区医疗服务质量评价指标的选择;对社区医疗服务质量评价指标体系设计。第五章社区医疗服务质量评价方法,概述社区医疗服务质量评价,提出社区医疗服务质量的综合评价方法,介绍顾客满意度评价方法和 SERVQUAL 评价方法。第六章我国社区服务质量管理调查及评价模型构建与应用,包括社区医疗服务质量管理现状调查,社区医疗服务质量评价模型及其应用。第七章社区医疗服务质量改进,策划社区医疗服务质量,实施社区医疗服务顾客满意战略,提出社区医疗服务质量改进方法,提出社区医疗服务流程再造的具体内容。第八章为结论与展望。

关键词:社区　卫生服务　质量管理

**5133**

**基于系统动力学的城市交通流网络管控系统分析与建模** / 何建伟著 ; 曾珍香指导. -- 河北工业大学, 2009. -- 139 页

论文基于系统科学,运用系统学方法,对城市复杂交通流网络管控系统进行建模与系统仿真研究,并深入分析相关因素和交通政策对城市交通流的影响,结合天津市交通流网络管控系统现状进行应用研究。全文共分为八章。第一章概述交代论文研究背景以及各国城市交通管控及启示,明确论文的研究方法和研究内容。第二章介绍系统动力学的理论基础以及 VENSIM 建模环境及工具,对城市交通流网络管控研究进行综述。第三章系统分析城市复杂交通流网络管控系统结构,并对交通流网络管控系统中的机器系统和人工系统等进行系统分析。第四章对城市复杂交通流网络管控系统进行整体建模和参数描述,并对城市交通流网络管控子系统间关系进行分析。第五章和第六章分别从人工系统和机器系统进行系统动力学分析与建模,明确阐述系统建模目标、建模思路,界定模型边界,进行因果分析,建立系统流图,并对各个子系统进行模拟与仿真研究。第七章从主线出发,

将各个子系统集成起来,建立整体系统模型,并进行实际仿真。从分析天津市实际路网结构入手,将模型应用于天津市交通流网络管控系统中进行仿真,并与实际情况相比较,验证模型的合理性和可扩展性。第八章对全文进行总结,对论文工作提出展望。

关键词:城市交通　交通流　系统动力学

**5134**

**基于 VaR 和 ES 的利率风险度量** / 何启志著 ; 何建敏指导. -- 东南大学, 2009. -- 168 页

论文是基于 VaR 和 ES 对金融市场的利率风险进行度量的研究。全文共分七部分。第一部分绪论,介绍研究背景与研究意义、研究现状、现有成果存在的问题和缺陷、论文的主要研究内容与结构。第二部分阐明相关的理论,包括不同种类利率的概念、收益曲线的形状和期限结构形成理论、样条函数、GARCH 类模型族、相关分布理论、一致性风险测度以及 VaR 和 ES 的定义。第三部分分析利率期限结构静态估计。根据利率期限结构静态估计发展历程,对插值法和最优法进行系统研究和实证分析,重点研究模型异方差的处理。通过实证分析表明采用异方差处理方法的质数样条模型适合作为我国利率期限结构的估计方法。第四部分对利率期限结构动态进行了研究。以利率期限结构动态估计基本模型为基础,从均值项、扩散项、误差分布假设进行扩展,并利用中国金融市场的数据进行实证研究,得到不同类型利率的最优动态估计模型。第五部分在利率期限结构基础上,将现代风险度量方法 VaR 和 ES 模型应用于利率风险度量,并利用中国金融市场的数据进行实证研究,得到不同类型利率的最优风险度量模型。第六部分研究我国三大货币市场利率风险测度之间的关系,包括我国货币市场利率风险测度的统计特征分析、因果关系检测、基于 VAR 的我国货币市场利率风险关系研究。第七部分为总结与展望,包括对全文的总结、创新点总结以及对以后研究方向的工作展望。

关键词:利率风险　风险分析　货币市场

**5135**

**公共项目公私伙伴关系合作机理与监管政策研究** / 何寿奎著 ; 傅鸿源指导. -- 重庆大学, 2009. -- 162 页

论文讨论 PPP 项目典型风险的识别与风险分担方式,对可转移风险建立风险分担机制,运用模糊综合评价法计算公私双方风险分摊系数及基于风险的利益分配方法。全文共分为八章。第一章绪论,介绍 PPP 模式的涵义与特点、公共项目推行 PPP 模式的可能性、公私伙伴关系的重要意义与研究的必要性、PPP 模式融资合作机理与管制政策研究综述、研究方法和研究内容以及论文的创新点。第二章 PPP 模式的经济特性与合作形成机制,介绍 PPP 模式和经济特性、公共项目公私合作的理论依据,探讨公共项目公私合作形成机制,包括公司合作的双赢机制、收益公平分配机制、最优监督机制、基于经济效益与社会效益的预期效应机制、基于公共项目效益正外部性的支付转移机制、公私合作的激励机制、公私合作协商机制、公私合作功能与利益协调机制以及公私合作道德风险自律机制等。第三章 PPP 项目的产权结构与治理机制。介绍 PPP 模式产权结构选择一般方法、基于公私伙伴关系的公共项目产权结构与效率分析、基于风险分担的 PPP 项目产权结构层次分析模型、基于产权结构的 PPP 项目治理机制以及政府转让部分经营权问题的处理原则。第四章 PPP 项目风险分摊机理与管理决策,包括 PPP 项目风险类型和风险特点、风险分摊原则、风险分摊方式、风险分摊系数与基于风险的收益分配方法、公私合作项目风险管理框架与管理平台以及项目风险预警。第五章,PPP 项目组织演化机理与危机管理决策。介绍公私合作项目组织演变的一般过程、公私合作出现困境时的基本问题分析、PPP 模式组织利益动态均衡分析、处于经营困境下的 PPP 项目危机管理决策等。第六章 PPP 项目政府监管政策与制度保障。探讨公共项目监管体制存在的问题,提出公用事业 PPP 模式下的监督与规制框架,对政府监督力度与私人公司行为进行分析,提出公共项目 PPP 模式质量监督决策分析等。第七章公共项目 PPP 模式例证研究,分别以城市供排水、城市路桥、地方路桥等 PPP 项目例证分析,得出相关结论。第八章为结论。

关键词:公用事业　公私合营　政府监督

**5136**

**国际原油市场的长周期波动性及价格风险评估研究** / 何小明著 ; 成思危,汪寿阳指导. -- 中国科学院研究生院, 2009. -- 156 页

论文在风险管理框架下,基于虚拟经济理论和不可再生资源理论的基本原理,系统研究国际原油市场的长周期波动性、价格风险评估和价格集成预测等内容。全文共分为七章。第一章绪论,介绍论文的研究

背景、目的和意义,国内外研究现状,主要研究内容与技术路线。第二章国际石油市场概况及价格影响因素。一是对世界主要石油现货市场作介绍,包括欧美市场和亚洲市场;二是对世界主要石油期货市场简介,包括纽约商业交易所及其主要原油期货合约简介,伦敦国际石油交易所及其主要原油期货合约简介,东京工业品交易所及其主要原油期货合约简介;三是国际原油价格体系及原油定价机制的介绍;四是国际原油价格影响因素的分析。第三章国际原油价格长周期波动性的研究。探讨虚拟经济理论在国际原油市场分析中的应用、国际原油市场的均衡价格体系、国际原油价格的长周期波动性、国际原油价格周期性偏离行为的经济解释以及金融危机后国际原油价格趋势的展望。第四章国际原油市场的阶段波动性研究。首先是时变波动性度量方法介绍,包括GARCH类模型描述和尾部分部形式的介绍;二是国际原油市场收益率的基本特征统计,在数据来源和处理的基础上,进行独立性及相关性的分析,并利用正态性检验、厚尾性检验、平稳性检验和ARCH效应检验;三是国际原油市场收益率波动性的实证分析;最后是对国际原油市场收益率阶段波动性的实证分析。第五章,国际原油市场的阶段性价格风险评估。介绍VaR的概念机度量方法,对国际原油市场阶段性价格风险进行实证分析。第六章国际原油价格的中长期集成预测研究。基于理论方法与变量选取,提出VECM模型预测和结论,最终提出基于需求增长情景的预测,基于替代能源发展情景的预测和基于情景分析的集成预测。第七章为论文的总结与展望。

关键词:石油市场　价格波动　风险评价

**5137**

**基于客户价值的大型建筑企业核心竞争力研究** / 何啸伟著 ; 秦远建指导. -- 武汉理工大学, 2009. -- 213页

论文对我国大型建筑企业基于客户价值的核心竞争力开展的系统研究。全文共分八章。第一章为导论,阐明研究问题的背景、研究意义与目的、国内外研究现状、研究的主要内容,并提出研究框架、技术路线与研究方法。第二章是基于客户价值的大型建筑企业核心竞争力的理论基础。分析建筑行业、建筑产品、大型建筑企业以及建筑市场竞争的特点,并从建筑工程管理理论、客户价值管理理论以及竞争优势理论三个方面对其理论基础进行系统研究。第三章分析基于客户价值的大型建筑企业核心竞争力的形成机制,包括建筑企业核心竞争力影响因素的分析、客户价值对建筑企业核心竞争力的正向作用机理的推理研究、核心竞争力对客户价值反向作用机制的推理研究。第四章分析基于客户价值视角的大型建筑企业核心竞争力的识别与培育,包括对建筑企业的客户价值行为模式的概括、对基于客户价值的建筑企业核心竞争力三种形态的分析、对建筑企业核心竞争力识别的原则、方法与依据的阐述以及对培育体系及培育途径的论述。第五章是对基于客户价值的大型建筑企业核心竞争力的评价,在论述核心竞争力的评价原则及运行机制基础上,采用层次分析的综合方法建立评价指标体系,构建大型建筑企业核心竞争力的评价模型。第六章分析核心竞争力的创新与保障,基于对核心竞争力需要优化的内容论述创新举措,阐明核心竞争力的维护模式,提出核心竞争力的保障体系。第七章是实证研究部分,针对上海建工总公司进行实证分析,包括介绍公司发展历程与组织构架、分析核心竞争力现状、剖析核心竞争力形成途径,并对上海建工总公司和广州建工进行对比评价研究。第八章是全文的总结与展望,包括对论文主要研究工作的总结、指出文章的创新点和局限性、提出对未来研究工作的展望。

关键词:建筑企业　企业竞争　核心竞争力

**5138**

**新兴技术企业产品预测、市场价值与特征研究** / 何应龙著 ; 周宗放指导. -- 电子科技大学, 2009. -- 158页

论文的研究建立在对1990年前后新产品扩散文献系统的分析、比较与评述的基础上,通过对新兴技术企业产品的市场特征分析,总结并提出我国新兴技术企业的市场特征及其度量方法。论文采用嵌入小世界网络的元胞自动机建模并结合交叉熵测度技术的方法,为准确计算新兴技术产品项目期权限提供基础条件。论文共包括六个章节,第一章节提出研究问题的背景,阐述研究的目的意义以及相应的研究方法。第二章节是相关文献的回顾,并对相应研究的问题进行综述,研究新兴技术产品市场、企业成长与企业价值研究的国内外文献评述。第三章节是中国新兴技术产品市场预测与价值分析,包括市场特征分析、复杂系统方法与交叉熵测度,最后用元胞自动机建模模拟。第四章节分析中国新兴技术企业市场价

值,研究资本资产定价的半参数 GMDH 方法并进行验证。第五章节研究中国新兴技术企业特征函数与特征模型,并对中国新兴技术企业成长的特征模型构建与模型分析。第六章节是论文的结论和研究展望。

关键词:高技术企业　商品市场　产品预测　企业绩效

**5139**

**宏观经济信息管理驾驶舱综合集成理论及其四川省经济预警研究** / 何跃著 ; 徐玖平指导. -- 四川大学, 2009. -- 236 页

论文应用综合集成的理论和方法,针对经济预警中出现的问题,把经济预警、经济预测、经济仿真和管理驾驶舱结合起来,构建宏观经济信息管理驾驶舱。全文共分为五章。第一章绪论介绍论文的研究背景、研究现状和研究框架。第二章系统研究经济预警的相关理论和方法,并以系统论的视角对管理驾驶舱进行深入的研究,提出宏观经济信息管理舱的概念和结构,把该驾驶舱分为墙面显示系统、飞行控制台和内部系统三个部分,并分别确定每个部分的结构和功能。第三章设计宏观经济信息管理驾驶舱综合集成模式,应用数据仓库和数据挖掘技术,设计宏观经济信息管理驾驶舱的数据仓库模型,纳入经济预警、经济预测和经济仿真需要的经济指标。第四章以四川省为例,运用论文提出的模型和方法进行典型分析研究,进一步论证论文相应理论方法的正确性和实用性。建立四川省经济预警系统,包括四川省先行指数和一致指数、单指标预警系统和综合预警系统,应用多种预测模型对四川省经济发展状况作了分析预测。实证结果表明组合预测模型的结果总体上由于单个模型的预测结果。第五章总结论文研究的主要工作,提出后续研究的展望。

关键词:地方经济　经济预测　预警系统

**5140**

**截止品位与入选品位智能优化的理论与方法研究** / 贺勇著 ; 诸克军指导. -- 中国地质大学, 2009. -- 93 页

论文主要研究人工神经网络、模糊系统、进化计算等智能方法对采选过程的两个关键品位指标——截止品位和入选品位进行优化的理论与方法,并以大冶铁矿进行实证研究。全文共分为八章。第一章绪论,介绍论文课题来源、目的和意义,品位优化研究现状,论文框架及主要内容以及论文的主要创新点。第二章智能优化方法。一是神经网络方面,包括神经网络的基本理论、基本特性、主要功能和应用领域;二是介绍模糊系统,包括模糊逻辑系统的分类和基本定理;三是遗传算法介绍,包括编码方式、遗传操作和适应度的构造;四是介绍粒子群算法,包括算法原理、算法流程、算法参数以及 PSO 算法应用;五是模拟退火算法方面,介绍算法的构成要素、算法步骤与流程、智能优化在矿业工程中的应用。第三章,截止品位数值模拟及损失率函数的建立,包括伪随机数的产生、截止品位数值模拟、损失率函数的建立和相关思考总结。第四章首先介绍截止品位与入选品位进化—神经优化的方法;二是探讨大冶铁矿截止品位与入选品位的优化,包括损失率、金属回收率及成本模型,粒子群—神经优化集成,算法比较以及输入—输出界面。第五章多金属矿截止品位及入选品位优化。首先对问题进行描述,包括贫化率、损失率与放矿截止品位的关系,磁滑轮抛费,选矿过程和效益计算;其次是模型的建立;最后对实例进行研究和分析。第六章金属矿山品位多目标优化。包括目标的设定、神经网络建立非线性函数、模糊综合评价集成多目标、遗传算法优化品位组合以及应用实例探讨。第七章金属矿山生产动态管理的思考和分析。第八章为论文的总结与展望。

关键词:经济效益　矿产资源　最优化算法

**5141**

**多重复合适应性 X 方物流形成机理研究** / 侯汉平著 ; 徐寿波指导. -- 北京交通大学, 2009. -- 134 页

论文研究复杂环境下如何提高物流组织与环境适应能力,增强弹性与灵活性,提高物流组织的智能化程度的问题。全文共分为九章。第一章绪论,介绍论文的研究背景、研究目的和意义、立论基础——一般组织结构发展的新趋势、主要研究内容、方法和思路、论文创新点。第二章,国内外物流组织适应性研究评述。首先介绍组织适应性的内涵;其次探讨多重理论视角下组织适应性的研究规律;再次对组织适应性研究范式进行说明;最后讨论物流组织模式适应性演进规律。第三章,相关基础理论研究。对大物流论、物流性质以及物流组织形态变化进行分析。第四部分,物流多重复合适应性理论。首先介绍物流基元体概念及其特征,包括物流基元体概念、物流基元体特征以及物流基元体适应性的行为模型;二是 PMF 适应性分化变异规律,包括要素型物流基元体、业务

型物流基元体、适应型物流基元体；三是 PMF 基元体适应性交互作用机制。第五章，多元组合式 X 方物流选择与运作特性。介绍多元组合 X 方物流概念，多元组合 X 方物流服务模式选择以及多元组着 X 方物流运作特性。第六章，要素基元体驱动型 X 方物流组织与实证分析。首先介绍要素基元体驱动型 X 方物流概念；其次讨论 X 方物流组织构建与运作，包括 X 方物流组织构建内容、P 类基元体驱动的 X 方物流模式运作、MF 类基元体驱动的 X 方物流模式运作以及 P 类与 MF 类两种运作模式比较和应用；三是 X 方物流组织运作案例分析；最后为对本部分内容的结论。第七部分，业务基元体协同式 X 方物流控制策略和模型，包括 X 方物流分形结构及其集合的描述、物流分形基元态全局协商策略与工作模式以及 X 方物流分形协同运作与控制过程。第八章，市应基元体群智能 X 方物流涌现机理，包括群智能理论研究回顾、仿生 X 方物流群智能基本原理介绍和对一类基本蚁群算法的 X 方物流群智能涌现及其仿真的讨论和总结。第九章为论文的结论和展望。

关键词：物流　物资管理　风险评价　电子商务

**5142**

**高科技创业企业融资问题研究：政策设计与现实发展** / 侯建仁著 ; 曾勇指导. -- 电子科技大学, 2009. -- 154 页

论文以高科技创业企业为研究对象，对其融资问题的政策设计与现实发展展开研究。全文共分为六章。第一章概述，介绍高科技创业企业的融资渠道以及高科技创业（中小）企业融资难的问题，对创业绩效相关研究综述评价，对资本结构理论与实证研究综述，提出论文研究内容与结构以及论文主要创新点。第二章国家发展风险投资产业的政策设计研究。基于研究概念的框架模型——美国支持风险投资产业发展的政策设计，介绍政府资本支持高科技中小企业的理论和现实基础、政府培育风险投资产业的金融供给力量、政府培育风险投资产业的金融需求力量以及完善的外部投资环境；分析其他国家和地区发展风险投资产业的政策经验，包括以色列经验、德国的经验教训、印度经验、英国经验以及欧盟发展风险投资产业政策的相关实证研究；提出我国政府发展风险投资产业的相关政策设计。第三章风险投资、股权结构与创业绩效，开展实证分析并通过描述性统计、多元回归分析以及稳健性检验得到实证结果。第四章创业企业资本结构特征及其影响因素分析。提出文献回归与研究假设，对研究进行设计，并通过描述性统计和多元回归分析两个方面探讨实证结果。第五章国家资本支持风险投资的典型案例：中星微电子公司。介绍案例的产业背景、创立背景以及发展历程，对中星为融资过程和创业团队进行分析，对应盈富泰投资公司作分析。第六章为论文结束语，介绍论文总结与主要结论，研究启示以及未来研究的方向。

关键词：高技术企业　风险投资　企业融资

**5143**

**我国电信产业“技术—服务”要素联动创新研究** / 侯亮著 ; 周寄中指导. -- 中国科学院研究生院, 2009. -- 197 页

论文在我国电信产业技术服务特点和系统联动分析范式的基础上，对我国电信产业“技术—服务”要素联动创新展开研究。全文共分为九章。第一章绪论，内容包括问题的提出，关键概念的界定，论文研究内容、方法与技术路线以及创新点与不足。第二章文献综述，介绍相关创新的基础理论以及电信产业创新管理的相关研究。第三章系统联动观的分析框架。首先从线性到系统，分析技术创新模型演进的脉络，探讨熊彼特分析范式的局限性与发展，从线性到系统的演进以及系统模型的出现；讨论合作创新与界面管理，分析合作创新研究的兴起以及合作创新中企业互动研究视角；最后对合作到联动观的深化内容作出解释，包括系统联动概念及其解释和联动的本质。第四章我国电信产业技术演进与服务发展，介绍我国电信产业边界及经济特性、服务特性；分析电信产业技术与标准演进以及电信产业技术与服务关联性。第五章我国电信产业创新系统构成分析，内容包括电信产业创新系统构建、用户市场、制度环境和我国电信产业创新系统主题要素分析等。第六章电信产业创新系统联动分析——技术标准创新为案例。通过三个实例对电信产业创新系统联动做出比较分析，并得出相关结论。第七章电信产业创新系统联动分析——电信服务产品创新为案例。对电信服务创新的概念和分类做说明，对案例展开分析，提出我国电信产业服务创新联动的七层服务模型视角。第八章我国电信产业创新系统动力学仿真，介绍系统动力学基本原理，电信产业联动创新系统仿真模型的构建以及系统基本行为的仿真结果和检验等。第九章结论与展望。

关键词：电信　产业发展　创新管理　技术管理

服务质量

5144

**南水北调东线供应链协调契约研究** / 侯艳红著 ; 王慧敏指导. -- 河海大学, 2009. -- 135 页

论文综合运用成本交易理论、规制理论、博弈理论、供应链管理理论和契约理论,研制政府规制的框架内,东线供应链纵横交错的正式契约和非显性化的关系契约。论文分为五部分。第一部分是基于契约的东线供应链协调机制理论构建,针对东线供应链的协调问题,构建东线供应链契约的协调机制理论框架,认为整个东线供应链的协调通过四种契约实现:政府规制契约、物流协调型契约、VMI 信息协调型契约和长期合作关系契约。第二部分是介绍建立基于政府规制契约的东线供应链协调结构,基于自然垄断理论,通过分析论证认为东线供应链存在自然垄断,因此构建政府规制与市场控制相结合。第三部分详细介绍建立基于物流协调型契约的南水北调东线供应链的协调机制,选取最小订货承诺契约、最小订货承诺的灵活订货量契约、共同节约契约、竞争配给契约四种契约,分别采用博弈论模型给出博弈均衡解和最优策略。第四部分基于 VMI 信息协调型契约的南水北调东线供应链的集中控制的协调机制。第五部分主要讲的是建立基于长期合作关系契约的南水北调东线供应链的供水整合体系。

关键词:水利工程　供应链管理　南水北调

5145

**模型驱动的决策支持系统研究** / 胡东波著 ; 陈晓红指导. -- 中南大学, 2009. -- 161 页

论文基于目前模型管理和 MD-DSS 的开发研究中存在的不足,对模型驱动的决策支持系统展开研究。全文共分为七章。第一章绪论,介绍论文研究背景与意义、国内外相关研究文献、研究内容与方法、研究的主要创新点。第二章对 MD-DSS 基本特征分析,包括 MD-DSS 的生命周期、生命周期中相关角色分析以及 MD-DSS 的基本特征;对决策问题的求解模式分析,包括决策问题求解的复杂性、专家用户解决复杂问题的思维模式。第三章基于问题求解的模型表示方法研究。对面向对象的模型表示方法概述,包括方法的基本概念和面向对象的模型表示方法;探讨基于问题求解的模型表示方法,包括模型表示方法的设计原则,问题求解过程中的基本要素及其关系以及基于问题求解的模型表示方法;介绍 PSBMR 方法中的基本术语;探讨 PSBMR 方法的面向对象实现。第四章基于 PSBMR 方法的模型管理研究。首先探讨模型集成及其循环冲突,包括基于数据连接的模型集成和模型集成的循环冲突;探讨决策模型与数据库的链接,包括元数据存储的数据链结构、决策模型与多数据库链接以及基于 XML 的元数据存储与交换;探讨决策方案与决策模型的存贮;对决策算法的管理作出说明,对算法的分类管理、算法与模型的连接方式、模型表达式的检验与理解以及算法信息与算法字典做具体介绍;探讨决策问题求解管理,包括基于 PSBMR 方法的决策问题求解层次、决策方案层求解机制、决策任务层求解机制以及决策算法层求解机制。第五章基于 PSBMR 方法的 MD-DSS 快速开发方法研究。对现有的 MD-DSS 快速开发方法概述,提出基于 PSBMR 方法的 MD-DSS 一般架构,分析基于 PSBMR 方法的 MD-DSS 开发组建。第六章开发案例:中国金属矿产资源决策支持系统。介绍系统的开发背景、系统目标与系统需求分析,探讨基于 MD-DSS 开发组建的系统实现,并对研究结果作出讨论。第七章为研究结论与进一步研究展望。

关键词:企业管理　决策支持系统　决策模型

5146

**信息化条件下邮政资源与邮政产业边界研究** / 胡宏著 ; 忻展红指导. -- 北京邮电大学, 2009. -- 144 页

论文的研究对象为信息化条件下邮政资源与邮政产业边界研究。全文共分为七章。第一章绪论。介绍论文的研究背景、研究问题、研究意义和研究方法及论文结构。第二章文献回顾与综述。内容包括企业资源与能力理论,企业多元化经营,企业边界,产业融合,信息化与企业信息化的讨论。第三章邮政企业基于资源的多元化经营。首先介绍企业多元化与企业绩效关系的分析模型,包括条件假设,多元化经营与生产成本的关系,多元化经营与内部协调成本的关系,多元化经营与生产总成本的关系,多元化经营关联度与企业绩效的关系以及信息技术水平变动对多元化经营绩效的影响;其次是邮政企业资源的概述,包括邮政企业资源的本质和属性以及邮政企业的核心竞争力;再次讨论信息化对邮政企业资源与核心竞争力的影响;然后说明邮政企业多元化经营的时代性;最后为邮政企业多元化的原则。第四章,信息化与邮政企业横向边界。首先介绍世界主要国家邮政

业务的构成,包括美国、德国、英国、日本等;其次讨论信息技术对邮政横向边界的影响;最后为思考和总结。第五章,邮政业与物流业融合研究。首先介绍邮政产业的发展与属性;其次分析物流业与邮政业的融合现状;再次介绍邮政业与物流业融合驱动因素;最后为邮政业与物流业的融合范式。第六章,中国邮政实证研究。包括中国邮政经营管理体制的改革情况,中国邮政信息化建设情况,中国邮政多元化经营情况,信息技术对中国邮政横向边界的影响以及中国邮政业与物流业的融合。第七章为论文的结论与建议,并提出论文的主要创新与不足。

关键词:邮电企业　资源管理　企业信息化

**5147**

**寿险公司利率风险管理** / 胡瑾瑾著 ; 唐国兴指导. -- 复旦大学, 2009. -- 166 页

论文以寿险公司的利率风险为研究对象,分析寿险公司利率风险的形成机制,从资产管理、负债管理以及资产负责管理三个角度研究首先公司利率风险的管理,并对我国寿险公司的利率风险及其管理进行仿真研究。全文共分为六章。第一章寿险行业发展现状及趋势研究。首先介绍中国保险市场发展的历程及现状,探讨保险产业规模的发展、保险监管的发展和 WTO 对保险业的影响;二是分析中国寿险业发展的历程及现状,包括中国寿险产业规模的发展、中国寿险业经营主体的发展和中国寿险产品的发展;三是寿险业发展的国际分析比较;最后对首先需求展开研究,包括其需求的国内外现状、实证研究以及需求的具体分析研究。第二章提出寿险公司正面临的利率风险,探讨利率风险对寿险公司的影响,分析中国寿险公司面临的利率风险,并对利率对寿险公司影响做定量分析,对利率风险进行度量。第三章寿险公司负债的利率风险及其管理。介绍寿险公司负债的结构及其特点、寿险产品的种类、定价原理,分析现代寿险产品利率分析的模型,并对寿险公司负债的价值做评估研究。第四章寿险公司资产的利率风险及管理。介绍寿险公司资产的主要内容,探讨寿险公司投资资产的运作原则和方式,对影响寿险公司投资资产收益率的因素展开研究,最终分析得出相关结论。第五章寿险公司的资产负债管理模型。首先介绍资产负债管理的概念和含义,介绍资产负债管理理论的发展历程,并阐释资产负债管理技术概论,探讨资产负债管理技术在保险业的应用,提出寿险资产负债管理的模型并分析该部分的研究结论。第六章中国寿险汗液资产负债管理模型研究,介绍中国寿险公司负债的特点,并对中国寿险公司资产结果的特点及国际比较作分析,对中国寿险公司资产负债管理进行仿真研究。最后为论文的结论。

关键词:人寿保险　资产负债结构　风险管理

**5148**

**基于现代资产价格理论房地产价格波动效应的研究** / 胡俊成著 ; 李廉水指导. -- 东南大学, 2009. -- 171 页

论文基于我国房地产业的发展实践,探讨房地产价格波动机制及对国民经济的内在机制、效应程度,进一步理解房地产价格波动对我国家庭、企业和中央银行决策行为的作用。全文包括引言部分、正文七章和结论部分。引言部分介绍研究的背景与意义,阐述研究思路、方法与创新点。第一章理论基础与文献综述,对现有国内外文献理论进行梳理和评析。第二章房地产价格波动系统分析与模型构建。采用系统理论对房地产价格系统影响因素、传导机制进行 SD 方法分析,针对我国房地产价格波动实际,运用协调博弈理论考察房地产价格的动态进化均衡,以及运用资产组合理论构建房地产价格波动模型。第三章房地产价格波动对消费影响的分析。从相关理论进行分析和创新的基础上,提出房地产价格波动“促进—抑制”两阶段消费理论假说并进行实证研究。第四章房地产价格波动对投资的影响分析,计量检验房地产价格对房地产投资的冲击,并且进一步对南京市房地产价格进行实证检验。第五章房地产价格波动对金融体系的影响分析。货币供应量与房地产价格之间存在显著的相互影响关系,它们之间互为因果,既存在长期均衡关系,也会在短期内进行动态调整。第六章房地产价格波动对宏观经济增长的实证分析。中国房地产价格与经济增长之间存在双向的 Granger 因果关系,表现出内生性,受宏观调控和人们预期的影响较多,其周期波动有些频繁,且与一般宏观经济周期同步。第七章基于房价波动的宏观调控对策建议。论文提出基于房地产价格波动为中心的调控监管机制框架,构建房地产价格合理波动区间模型,基于独特视角,提出促进消费、稳定房地产投资、防范金融风险、拉动经济增长等四个方面的政策建议。结论部分对全文内容及研究结论进行总结,并提出日后继续研究的方向和期望。

关键词:房地产价格　经济波动　宏观经济调控

5149

**酒店连锁企业间知识模糊性、组织吸收能力与知识转移绩效关系研究:以知识转移媒介为调节变量** / 胡明著 ; 胡汉辉指导. -- 东南大学, 2009. -- 172 页

论文基于连锁经营的本质特征即是知识的连锁,知识转移绩效是连锁体可持续发展的关键这一前提,对酒店连锁体总部与成员酒店间的知识转移及其转移绩效展开讨论。全文共分为七个章节。第一章绪论,介绍研究背景及主要目的、研究内容、研究方法与技术路径、论文可能的创新之处以及重要概念的约定。第二章对理论与文献进行回顾,包括知识及其分类与特性、知识转移及其转移媒介、组织吸收能力、知识转移绩效、知识模糊性、组织吸收能力与知识转移绩效的关系以及知识转移研究的聚焦领域。第三章对连锁酒店的发展及其经营模式进行分析研究。基于对连锁经营的内涵与特征、酒店的功能与产业特征、国内外酒店连锁企业发展的探讨,提炼酒店连锁经营的主要模式。第四章对连锁酒店总部向成员酒店转移知识的影响因素进行分析。基于对连锁酒店经营知识内容与类别的解析,从连锁经营是一种紧密的企业联盟这一前提出发,结合连锁酒店的业务特征,萃取了影响连锁酒店总部向成员酒店成功转移知识的关键因素、所转移知识的特征以及转移知识的媒介。第五章对酒店连锁企业间知识模糊性、组织吸收能力与知识转移绩效关系的理论模型进行分析研究。基于上述研究构建了理论模型,并介绍通过数据分析的方法进行实证研究。第六章根据问卷调查的数据验证连锁酒店总部与成员酒店间知识模糊性、组织吸收能力与知识转移绩效的关系,剖析知识转移媒介对知识模糊性与知识转移绩效关系的调节作用与调节效果,以及对知识模糊性与组织取得能力关系的调节作用与调节效果。第七章基于实证结果,分别对连锁酒店总部与成员酒店提出促进酒店连锁总部与成员酒店间知识转移的相关建议。

关键词:饭店　连锁企业　商业管理

5150

**中国竞技体育资源配置评价与优化对策研究** / 胡萍著 ; 傅毓维指导. -- 哈尔滨工程大学, 2009. -- 132 页

论文在认真研究国内外关于经济体育资源配置理论的基础上,针对我国竞技体育资源配置现状,采用实证分析与规范分析相结合、动态分析与静态分析相结合的方法,对其进行评价和分析。全文共分为七章。第一章绪论介绍论文写作背景、目的和意义,研究国内外动态,阐述论文的总体思路和研究方法。第二章介绍论文相关理论基础,包括资源配置理论、区域竞技体育资源配置的相关理论和数据包络分析。第三章对中国竞技体育管理现状进行研究,通过研究找出中国竞技体育管理存在的问题。在此基础上对中国竞技体育资源的配置现状从人力、物力、财力、科技与信息资源进行深入分析。第四章根据中国竞技体育资源配置优化的目标,分析中国竞技体育资源配置优化的动力因素和内外部影响因素,研究中国竞技体育资源配置优化的运行机制分析和实现机理。第五章围绕我国经济体育资源配置优化的目标,建立一套科学、简洁的评价指标体系,并利用 DEA 的有关理论和方法从综合效率、技术效率、规模效率三个方面建立具体的评价模型。第六章通过聚类分析,反映现阶段中国竞技体育资源配置效率差异情况,并根据复合 DEA 的原理方法对中国各省区的竞技体育资源的投入产出相对效率进行研究。第七章根据实证研究过程中发现的问题,提出优化中国竞技体育资源配置的对策建议。

关键词:竞技体育　资源配置　评价模型

5151

**企业文化软实力研究** / 胡文臻著 ; 刁兆峰指导. -- 武汉理工大学, 2009. -- 150 页

论文的研究对象为企业文化软实力的形成机理、结构内涵、作用机制、评价体系和提升途径。全文共分为八章。第一章导论,介绍论文研究的背景、目的及意义、相关文献综述以及研究的内容和方法。第二章企业文化软实力研究的理论基础。对文化的力量进行探析,分析文化软实力理论和企业文化软实力理论。第三章企业文化软实力的机构解析。首先介绍企业文化的基本框架,接着对企业文化结构模型展开解析,对企业文化软实力结构模型解析,对企业文化软实力之文化竞争力结构模型解析,最后对企业文化软实力之企业学习力结构模型解析,并得出结论。第四章企业文化软实力的形成机理,包括企业文化的形成过程和形成机理、企业文化软实力的形成过程和形成机理、企业文化软实力的核心机理,并展开实例研究,对旅游企业文化软实力的形成机理进行分析。第五章企业文化软实力的作用机制,包括企业文化软实

力提升企业核心竞争力机制、企业文化软实力增强企业经营绩效机制、企业文化软实力的核心是企业学习。第六章企业文化软实力的评价指标体系和评价模型。对企业文化软实力评价指标体系、企业文化软实力评价模型展开介绍,并基于企业文化力的核心竞争力以及企业文化软实力之企业学习力进行评价。第七章我国企业文化软实力的提升途径,包括提升我国企业文化软实力的基本诉求、基于组织文化管理、组织学习的企业文化软实力提升途径、以中国传统文化提升企业文化软实力,最后做出实例研究。第八章为总结与展望。

关键词:企业文化　核心竞争力　评价模型

**5152**

**我国巨灾保险模式研究:基于风险管理视角** / 胡新辉著 ; 王慧敏指导. -- 河海大学, 2009. -- 146 页

论文从巨灾风险管理的视角研究保险,研究私人市场主导的巨灾保险失灵原因,从两个角度,即公众需求不足和保险人供给不足。在私人市场无法解决巨灾保险前提下,提出新的巨灾风险管理和保险模式,即政府、市场、公众合作(GMPP)新模式。论文共七章。第一章阐述巨灾保险的研究背景以及存在的问题、论文的主要研究内容和技术路线。第二章对巨灾保险失灵问题进行分析,找到巨灾保险存在的问题,阐述巨灾保险的必要性,对巨灾保险的可保性进行分析,总结巨灾保险供给不足的原因。第三章提出政府、市场、公众合作(GMPP)巨灾风险管理新模式,并对保险模式进行研究。分析非市场产品合作机制,并对 GMPP 模式与传统危机管理进行比较。第四章介绍公私合作在 GMPP 模式中的应用,对公私合作产生的原因、角色、风险、原则以及应用步骤进行详细的阐述。第五章强调公众参与在 GMPP 模式中的应用,包括平衡随机性公众参与模型及扩展、利益相关者分析以及巨灾风险管理中公众参与的内容。第六章介绍基于 GMPP 模式的巨灾保险体系设计与仿真分析,阐述巨灾保险体系的设计依据、运行原则和风险控制,分析保费价格区间及影响因素等,提出一个可行的巨灾保险体系,并进行仿真分析。第七章是结论与展望。

关键词:灾害保险　保险模式　风险管理

**5153**

**商业银行操作风险预防性流程构建研究** / 胡衍强著 ; 刘仲英指导. -- 同济大学, 2009. -- 230 页

论文对银行内部流程的改革和优化,提高运营的效率和安全性,降低未来操作风险发生的可能性,提出预防性流程的构建。全文共分七章。第一章绪论,介绍问题的提出、商业银行操作风险的分析、研究方法结构和内容以及论文的主要创新点。第二章为文献与基础理论,包括预防性流程研究综述、相关流程基础理论、相关 SPN 基础理论以及对提出预防性流程构建研究框架的介绍。第三章提出建立商业银行信贷流程的 SPN 模型,对基于流程的操作风险识别和分解进行研究、界定流程安全性概念、提出威布尔分布作为流程作业安全性分布模型,并运用排队模型对业务流程的价值性进行分析,提出指数分布拟合流程作业价值的合理性,从而建立商业银行信贷流程的 SPN 模型。第四章对预防性流程的诊断进行分析讨论,包括流程基础结构化简、预防性流程结构诊断以及预防性流程性能的诊断。第五章为对预防性流程的寻优,分别从基于 IT 技术的预防性流程寻优和基于蚁群算法的预防性流程寻优进行分析和总结。第六章对设计预防性组织结构进行设计分析,建立了基于流程的预防性组织成长模型,并对其中的风险控制问题进行了研究,将网络理论引入预防性组织分析。最后对我国商业银行建立流程银行进行分析,将研究从理论引向实践。第七章为全文总结与研究展望。对整篇论文所做的工作进行归纳总结,并指出了下一步的工作。

关键词:商业银行　风险管理　银行业务

**5154**

**中国大学国际化评价及其机制研究** / 胡亦武著 ; 龙志和指导. -- 华南理工大学, 2009. -- 222 页

论文针对中国大学国际化研究过程中,大学国际化动力机制不明晰、大学国际化界定模棱两可、大学国际化程度无标准以及大学国际化协调发展途径与策略尚处于摸索阶段等问题,采用熵理论以及模糊模型,剖析大学国际化动力系统机理,对中国大学国际化投入风险以及中国大学国际化程度进行评价分析,提出中国大学国际化可持续协调发展策略。全文分为八章。第一章绪论介绍国内大学国际化研究现状和存在的问题等。第二章阐述大学国际化的内涵、意义、标准以及中国大学国际化研究的理论基础。第三章总结中国大学国际化发展历程、国际化经验以及实践过程中的盲点。第四章通过对比国外知名大学国际化历史演变及策略实施,通过问卷调查法对中国大学国际化程度进行评价。第五章具体介绍中国大学

国际化程度问卷调查及评价方法,包括研究对象和抽样方法设计、问卷统计检验、问卷统计特征和模糊熵评价方法。第六章对中国各大学的国际化程度、组织结构保障、投入资助情况进行比较。第七章研究中国大学国际化的积极影响因素和动力机制。第八章建立中国大学国际化投入风险评价模型,进行了风险评价,提出规避措施和中国大学国际化可持续发展策略。

关键词:高等学校　风险评价　发展策略

**5155**

**基于公共支出理论框架下的政府直接资助与企业技术创新的关系研究** / 胡永健著 ; 周寄中指导. -- 中国科学院研究生院, 2009. -- 173 页

论文通过探讨政府资助强度对企业技术创新投入、产出及效率的影响,研究政府直接资助与企业技术创新的关系。全文共分为十二章。第一章绪论,介绍论文提出的问题,论文中涉及的相关概念界定,研究思路与研究方法,研究内容与框架以及论文的主要创新点。第二章文献综述,包括政府直接资助与企业技术创新的作用机制研究、政府直接和间接支持方式的比较研究、政府直接资助方式的偏好研究、政府直接资助与企业技术创新的关系以及影响因素研究。第三章公共支出框架下的内生增长理论评述。探讨政府资助企业技术创新相关政策,对内生增长理论的再认识以及政府公共支出的经济增长效应。第四章政府直接资助企业技术创新的实践:以创新基金为例。基于对创新基金内容、支持方向和资助方式的认识,探讨创新基金确定资助对象的流程,对创新基金资助项目和企业情况进行统计,并得出结论。第五章公共支出理论框架下对政府资助企业技术创新政策的评估。介绍政府资助企业技术创新政策评估的理论基础,探讨政府公共支出与纠正“市场失灵”,分析基于目标导向的政府资助企业技术创新政策评估的案例。第六章政府直接资助与企业技术创新关系的理论模型和约束条件。分析基于政府直接资助内生性的公共支出的成本效益,政府直接资助与企业技术创新关系的影响因素,提出政府资助企业技术创新的目标和政府直接资助与企业技术创新关系的 G-EMST 模型和研究假设,分析理论模型的约束条件。第七章研究样本选择及统计描述。第八章基于企业横截面数据的归回结果。探讨各因子对企业新增投资的回归结果,新增的销售额回归结果,新增利润的回归结果以及新增就业人数的回归结果。第九章创新基金资助强度与资助效益的倒 U 型关系检验,并提出创新基金的最佳资助范围。第十章研究假设的检验和检验结果的具体分析。第十一章提出创新基金与企业技术创新关系的研究评述和政策建议。第十二章为论文结语。

关键词:中小企业　技术革新　政府补贴

**5156**

**情境因素作用下行为者环境态度与环境行为关系研究** / 胡悦著 ; 包景岭指导. -- 河北工业大学, 2009. -- 153 页

论文从研究行为者的态度入手,考虑深层的社会文化体制的影响,对现实生活世界中人们的环境行为模式做出相应合理的理论解释,为理解进而制定出有针对性的环境问题对策提供帮助。论文共七章。第一章是绪论,包括研究背景、研究动机与研究意义、国内外研究现状、研究思路与内容结构。第二章是文献综述,包括态度与行为关系的研究模式、环境行为研究的相关模式、环境行为的影响因素研究以及已有研究成果的评述。第三章是研究设计与数据收集,包括研究模型与方法、量表的选用、编制与开发、量表的检验与修正、误差控制与数据收集。第四章是行为者环境态度的结构与影响影响因素研究,包括行为者环境态度的结构验证、差异性因素检测。第五章是行为者环境对环境行为的影响研究,包括行为者环境行为测量结构验证、差异性因素检验、行为者环境态度与环境行为的关系检验。第六章研究情境因素、行为环境态度对环境行为的影响。包括情境因素测量结构验证、情境因素与环境行为的关系检验、情境因素的调节作用检验。第七章是结论,包括研究成果、研究贡献、研究启示与展望。

关键词:环境保护　行为分析　社会态度

**5157**

**林业科技创新能力研究** / 胡章翠著 ; 刘西林指导. -- 西北工业大学, 2009. -- 146 页

论文以林业科技创新能力为研究对象,针对林业的公益性特点和林业科技创新的非营利性特征,界定了林业科技创新能力的内涵,并运用创新理论和相关模型,从科技创新环境支持能力、制度保障能力、资本供给能力、扩散能力等方面深入研究我国林业的科技创新能力。论文共八个部分。第一部分在界定创新、科技创新、林业科技创新能力相关概念的基础上,阐

述研究目的和研究方法。第二部分在国内外研究进展的基础上，对科技创新和科技创新体系进行分析。第三部分在分析林业科技创新特点的基础上，界定林业科技创新能力的内涵，并对林业科技创新发展密切相关的科技创新了的环境理论、制度理论、科技资本理论、科技扩散理论等进行系统阐述和研究。第四部分在林业科技创新制度保障研究中，进行科技创新的演化博弈研究。第五部分在林业科技创新的资本供给能力研究中，对人力资本、物力资本、知识资本对林业创新能力的影响进行分析。第六部分在对林业创新能力的环境支持能力、制度保障能力、资本供给能力、扩散能力进行系统分析的基础上建立林业科技创新能力主导要素评价模型。第七部分客观分析了我国区域林业科技创新能力的发展现状，并对今后区域林业科技创新能力的进一步提高有针对性的提出建议。第八部分总结全文，并对研究的未来进行展望。

关键词：林业　技术创新　创新能力　评价模型

**5158**

**基于技术风险、溢出效应的研发联盟激励机制设计** / 黄波著 ; 孟卫东指导. -- 重庆大学, 2009. -- 134 页

论文的研究对象为基于技术风险、溢出效应的研发联盟机理机制设计，探讨如何通过合理的利益分配方式和联盟结构选择，设计切实可行的机制机制。全文共分为八章。第一章绪论，介绍论文研究背景、目的和意义、研究对象的界定、研究内容、研究方法和技术路线、论文特色和创新之处。第二章理论基础及国内外研究现状。一是研发联盟激励机制的理论基础，包括交易成本理论、资源基础理论、组织学习理论、产业组织理论和机制设计理论；二是研发联盟研究现状，包括联盟成员道德风险防范和利益分配方式和联盟结构；三是研究现状综合评价。第三章基于技术风险的产业内研发联盟机理机制设计。首先描述问题并建立模型，进而对模型分析，探讨并行研发联盟、集中研发联盟、技术风险对研发投资策略的影响、市场收益对研发投资策略的影响、联盟结构对研发投资策略的影响以及分配方式对研发投资策略的影响，并做总结。第四章基于溢出效应的产业内研发联盟机理机制设计。建立模型，并对模型展开具体分析。第五章基于技术风险的研发外包机理机制设计。描述问题并建立模型，对模型的固定支付方式、产出分享方式、混合方式、改进混合方式以及最优分配方式的选择展开分析。第六章不对称信息下研发外包激励机制设计。描述问题并建立模型，探讨明星的固定支付方式、产出分享方式和混合支付方式，进行机制设计和算例分析。第七章研发联盟激励机制实验经济学研究，介绍实验的准备、实施，实验结果及实验数据分析。第八章为论文的结论和展望。

关键词：技术开发　经济合作　风险管理

**5159**

**基于系统动力学的企业人力资本增殖研究** / 黄崇利著 ; 彭正龙指导. -- 同济大学, 2009. -- 295 页

论文对基于系统动力学的企业人力资本增殖进行研究。全文共分为九章。第一章引言介绍论文的选题背景、问题提出、研究目标以及研究内容和论文结构。第二章对相关文献进行综述，详细介绍企业人力资本增殖的理论基础和人力资本增殖规律及制度设计理论基础。第三章界定企业人力资本与人力资本增殖的含义，分析他们的特征，并按照增殖主要方式将企业人力资本增殖区分为吸收性增殖和成长性增殖。第四章基于人力资本的人性和资本性特点，运用系统动力学、经济学、管理学、心理学等学科理论，通过文献汲取法、专家访谈和问卷调查等方法找出企业人力资本增殖关键因素，设计企业人力资本增殖主模型。第五章进行企业人力资本增殖主模型的模拟分析，对企业人力资本增殖主模型进行检验与评估。第六章明确界定了企业人力资本的吸收性增殖的含义，分析企业人力资本吸收性增殖的因果关系，构建了企业吸收性增值模型，选择初始参数组合、期望产值、利润对人力资本积累率，以及招聘与上岗延迟时间等政策参数进行了模型模拟。第七章进行企业人力资本成长性增殖模型的构建与模拟。第八章进行企业人力资本增殖的策略选择和制度设计。第九章对研究结果进行总结，指出研究的不足和进一步研究的方向。

关键词：人力资源管理　资本增值　系统动态学

**5160**

**投资者情绪视角下的证券市场收益研究** / 黄德龙著 ; 杨晓光指导. -- 中国科学院研究生院, 2009. -- 154 页

论文通过构建中国证券市场的投资者情绪指标体系，对情绪与纵合收益、情绪与收益分布、情绪波动成因等论题展开阐述。全文共分七章。第一章绪论，介绍了研究背景和问题的提出、相关领域的文献介绍、研究内容与创新之处。第二章分析并构建投资者

情绪的备选指标库。首先阐述投资者情绪的定义,并基于情绪理论提出情绪指标筛选的方法论,随后介绍论文考察的情绪备选指标,并分析其作为情绪指标的合理性。第三章筛选投资者情绪指标并构建情绪指数。首先基于"情绪指标三准则"确定情绪指标的筛选流程及所用模型,在此基础上评估所有指标的收益预测能力及模型的稳定性,并结合指标间的自治性,最后筛选出一组投资者情绪指标。第四章分别从理论与实证角度考察投资者情绪与纵合收益的关系。在理论分析的基础上,提出关于投资者情绪与当期超额收益、长期收益反转的一系列投资者情绪假说,并通过构建模型对有关假说进行实证检验。第五章研究投资者情绪及其影响下的行为偏差与收益分布的关系。首先从理论角度分析投资者情绪及其影响的行为偏差对收益分布特征的影响机理,随后通过提出数值模拟方案,考察投资者情绪以及投资者行为对收益分布特征的影响。最后通过实证考察中国证券市场上投资者情绪与收益分布特征的关系。第六章研究投资者情绪的影响因素并建立了投资者情绪成因模型。首先从投机性需求与盈利预期出发,通过理论分析认为信息不对称、资金面、通货膨胀、投资者信心等因素会对投资者情绪产生影响。并利用价差分解技术计算出市场的信息不对称程度,最后结合资金面、通货膨胀因素,建立了投资者情绪成因模型。第七章为结论与后续研究。对全文的研究工作进行总结,并提出后续扩展研究的方向和想法。

关键词:证券市场　证券投资　投资者

**5161**

**管理防御、资本结构与公司业绩研究** / 黄国良著 ; 王化成指导. -- 中国矿业大学, 2009. -- 145 页

论文针对我国上市公司第一大股东的超强控制与内部人控制并存,较低的资产负债水平与较低的盈利水平并存的现实背景,提出从资本结构管理控制权视角考察管理防御、资本结构与公司业绩三者之间的关系。全文共分为七章。第一章绪论。介绍论文研究背景、问题提出、研究意义、相关概念界定、研究方法和论文框架。第二章理论基础和分析框架。理论基础包括管理防御理论基础、管理防御与资本结构理论基础、管理防御与公司业绩理论基础;提出管理防御、资本结构与公司业绩的理论框架。第三章管理防御与资本结构,分析管理防御与资本结构国内外现状,提出管理防御与资本结构关系逻辑框架和研究假设,并进行实证研究设计,得出实证结果后做扩展性检验。第四章管理防御与资本结构优化调整。对资本结构动态调整进行国内外研究述评,分析管理防御与资本结构优化调整的研究现状,并对管理防御与资本结构优化调整作出博弈分析,进而对管理防御与资本结构优化调整意愿开展实证研究,对管理防御与资本结构优化调整速度开展实证研究,得出实证结果后做稳定性检验。第五章管理防御和公司业绩。提出管理防御和公司业绩关系分析与研究假设并进行实证研究设计,探讨实证的结果并在此基础上展开拓展研究。第六章管理防御、资本结构与公司业绩传导,提出中介变量基本验证方法,对管理防御、资本结构与公司业绩传导关系开展实证研究。第七章为结论及展望。

关键词:上市公司　资本结构　企业绩效

**5162**

**耗散结构理论视角下的人才生态系统演化机制研究** / 黄梅著 ; 吴国蔚指导. -- 北京工业大学, 2009. -- 158 页

论文的研究对象为耗散结构理论视角下的人才生态系统演化机制研究。全文共分为九章。第一章绪论,包括问题的提出、人才生态系统相关概念的界定、研究的基本前提假设、研究的思路和框架、研究的主要内容和方法以及研究的创新和不足。第二章,现有理论基础与评述,包括国内外不同学科视角的人才研究、国内外不同方法论视角的仁慈啊研究、国内外人才生态系统的相关研究、国内外企业生态系统的相关研究以及耗散结构理论结论及其应用。第三章,人才生态系统综合演化模型。首先是人才生态系统演化的概念说明,包括内涵界定、影响因素和演化模式;其次是对人才生态系统演化与耗散结构同构性分析,包括人才生态系统的开放性、远离平衡态、内部要素间的非线性相互作用以及人才生态系统的涨落;三是人才生态系统演化模型建立的基本假设;四是人才生态系统综合演化概念模型的建立;五是人才生态系统综合演化计量模型的建立;最后是人才生态系统演化的机制。第四章,人才生态系统演化的自组织机制,介绍人才生态系统自组织机制的内涵,人才生态系统自组织机制的特性,人才生态系统自组织的功能等。第五章,人才生态系统演化的开放机制。首先对开放性及其判据作出解释;接着介绍人才生态系统开放机制的基本内涵;然后讨论人才生态系统开放机制的作用机理;最后阐释人才生态系统开放机制是其成长机制

和人才生态系统开放机制的实现路径。第六章和第七章,人才生态系统演化的非平衡机制和人才生态系统演化的非线性机制。对非平衡及其判据、基本内涵、作用机理、发展机制和实现路径做出讨论。第八章,人才生态系统演化的涨落机制,介绍涨落及其判据,人才生态系统涨落的诊断及成因,人才生态系统涨落机制的基本内涵、作用激励、改革机制和实现路径。第九章,海淀园人才生态系统演化研究。通过实例对上述讨论进行证明和应用,并得出结论。最后为论文结论。

关键词:生态系统　耗散结构　人才管理

**5163**

**基于隐性交易成本的期货市场交易策略研究** / 黄伟著 ; 刘海龙指导. -- 上海交通大学, 2009. -- 198 页

论文度量期货市场隐性交易成本基础,并据此制定各类交易者的期货市场交易策略,以为交易者提供决策参考。全文共分为七章。第一章绪论,内容包括研究范围界定,研究背景与意义,研究内容与结构,研究方法、数据来源与数据处理工具以及论文的主要创新点。第二章文献综述,介绍保证金设置相关研究,冲击成本度量与影响因素研究,期货市场无套利定价研究,期货市场逼仓风险研究,并对已有研究的不足进行分析,提出论文的切入点。第三章期货市场备用保证金需求分析,首先对备用保证金与其他保证金作比较,介绍保证金相关概念,备用保证金概念界定,不同保证金概念间的相互关系,设置备用保证金的关键点;其次在对回望期权模型认识的基础上,讨论持有期货空头头寸的备用保证金模型和持有期货多头头寸的备用保证金模型,提出期货市场备用保证金相关度量公司,对上海期权交易所铜和铝期货市场备用保证金进行实证研究。第四章期货市场冲击成本影响因素研究,介绍冲击成本概念及分类,对期货市场特征分析,提出期货市场冲击成本模型,并分别对上海期货交易所铜期货交易冲击成本和沪深 300 股期货仿真交易冲击成本展开实证研究,对基于冲击成本的大额指令执行策略进行分析。第五章考虑隐性交易成本的期货无套利定价,内容包括期货市场无套利定价模型,顺逆价市场与正反向套利内在关系证明,上海期货交易所铜期货市场无套利定价实证研究以及基于无套利定价的交易时机选择策略分析。第六章期货市场逼仓风险识别方法研究,包括逼仓风险综合指标设计,阈值确定方法,上海期货交易所天然橡胶期货市场逼仓风险实证研究以及基于逼仓风险识别的市场风险应对策略分析。第七章为论文的结论与展望。

关键词:期货市场　期货交易　市场策略　交易成本

**5164**

**旅游服务供应链协调机制与整体优化研究** / 黄小军著 ; 甘筱青指导. -- 南昌大学, 2009. -- 126 页

论文从供应链的角度,以旅行社为核心企业来研究促进我国旅游经营企业发展的协调机制和整体优化措施。全文共分八个章节。第一章介绍旅游服务供应链提出的背景及研究意义,然后阐述相关研究文献综述及研究的主要内容、研究方法和创新点。第二章阐述旅游服务供应链的概念和特征,探讨旅游服务供应链的基本构成形式和协调机制。第三章首先回顾中国的旅行社发展的历程,然后以入境旅游为例,利用计量经济学方法分析了国际旅行社对国际旅游收入的贡献和弹性系数,并探讨国际旅行社、入境旅游人数、国际旅游收入三者之间的关系,之处中国旅行社发展目前存在的主要问题,最后利用系统动力学仿真分析目前我国旅行社旅游产品同质化竞争的结果。第四章分析旅游服务供应链的构成形式及其协调机制。首先利用计量经济学的方法分析民航业、旅游饭店业、国际旅行社、入境旅游,国际旅游收入等变量之间的 Granger 因果关系,画出它们之间的因果关系图。并利用因果关系图研究民航业、星级饭店对国际旅游收入的贡献以及它们与国际旅行社之间的协整关系,最后研究旅行社与航空公司之间的利益协调机制,以及国际旅行社与星级饭店间的收益共享协调机制。第五章研究分析旅行社与景区间广告分工协调机制。首先论证景点具有对其旅游资源进行定价获取垄断利润的能力,然后分析旅游产品广告的作用和外部性问题,并设计景区与旅行社关于合作广告费用分摊的契约,最后分析景区与旅行社关于广告内容、形式和范围进行分工合作,使广告收益内部化的最优广告形式。第六章研究旅游服务供应链整体优化的问题,包括探讨旅游服务供应链供应商的选择问题,供应链各节点企业的信息共享和集成的途径和方法以及建立旅游服务供应链绩效评价指标。第七章以江西旅游为例,对旅游服务供应链进行实证分析。研究江西旅游业与经济增长的关系,以及江西旅游业的市场绩效和对经济增长的贡献,并与广东旅游企业进行了横向对比。第八章对全文主要结论进行总结,并提出需要进一步研究的问题和方向。

关键词:旅游服务　供应链管理　管理模式

5165

**证券公司风险预警系统研究** / 黄晓坤著 ; 孙东川指导. -- 华南理工大学, 2009. -- 154 页

论文研究在日趋复杂的金融环境下,如何使证券公司风险预警系统不仅适用于证券公司层面,实现对内外部风险的全面准确识别、度量评估与管理;也适用于行业监管部门层面,实现对行业宏观风险预警管理的意图,防止单一金融产品、单一证券公司风险演化为行业系统风险。全文共分为七章。第一章介绍论文的研究背景与意义、研究内容和目的、理论与应用价值以及研究方法与创新。第二章进行文献综述,介绍证券公司风险管理的相关研究、基于危机管理的预警系统研究证券公司及证券行业风险预警的理论和方法研究、风险预警系统的复杂性方法研究。第三章从理论上提出一般证券公司风险预警系统结构模块与运作流程,并就系统结构模块的构建、功能与运作流程展开相关理论方法探讨,并以此作为系统构建的模型框架。第四章构建构建证券公司风险预警系统两种应用模型——基于 Logistic 回归模拟的信号判别法应用模型,及直接量化的信号提取法应用模型,为评判 Logistic 回归法应用模型效果,论文针对中国证券市场熊市期间暴露问题最多 19 家广东省证券公司,以及全国 60 家证券公司 2003 年样本数据进行模型回归,结果显示回归法预警系统应用模型的预警信号有一定的有效性。第五章提出结构创新、方法创新与应用创新的系统构建思路与原则,并实现外部宏观风险与内部微观风险的结合。第六章分别从证券公司和监管机构两个用户层次,即从内部控制和宏观管理两条路径展开模拟预警。第七章提出证券公司风险防范与控制政策的相关政策建议。

关键词:证券公司　风险管理　预警系统

5166

**基于自组织理论的供应链资源协同研究** / 黄晓伟著 ; 何明升指导. -- 哈尔滨工业大学, 2009. -- 140 页

论文立足于资源协同的视角,基于自组织理论使用协同学、系统动力学和经济数学的方法,研究供应链资源协同的概念、类型、效应和机制,构建资源要素相互作用模型、自组织演化模型和协同程度测度模型。全文包括正文六章和结论部分。第一章绪论,介绍研究背景与问题提出、研究目的与意义、国内外研究现状以及论文的研究方法与内容。第二章介绍供应链资源协同研究的理论基础,包括供应链与供应链管理、供应链资源的识别与系统特征、供应链资源协同研究的基础理论、供应链资源协同的基本原理。第三章研究供应链资源系统的复杂适应性与自组织特性,提出供应链系统的耗散结构条件,研究形成供应链耗散结构的正熵流和负熵流,构建供应链系统的熵流模型,表明熵流的基本作用机制和作用过程。第四章研究供应链资源协同的效应与机制。针对供应链资源协同的形成过程,构建适用于供应链资源协同形成机制的四阶段模型,提出实现供应链的资源协同必须要经过沟通、竞争、合作、协同四个阶段。第五章研究供应链资源协同的自组织演化模型。构建供应链资源协同的自组织演化模型,分析供应链盈利能力、资源协同能力以及供应链系统内部的相互作用,针对随机涨落存在与否两种不同的情况,准确描述供应链资源协同的自组织演化过程,从而合理解释两个序参量如何影响系统的自组织演化。第六章运用协同学的方法构建供应链资源协同程度测度模型,提出基于复合熵权法的模型权系数算法,据此构建复合熵权的计算模型。基于供应链子系统的划分,构建测度模型的指标体系,分别就定量指标和定性指标的特点,提出相应的赋值方法。最后选取供应链的实际案例,对测度模型进行应用。结论部分对全文内容及研究结论进行总结。

关键词:企业管理　供销管理　供应链管理

5167

**餐盒业者卫生自主管理研究:危害分析重要管制点方法之应用** / 黄梓铭著 ; 王国顺指导. -- 中南大学, 2009. -- 123 页

论文以要因图与柏拉图有关分析制程上的硬性与软性上实际作业缺失,再由其缺失进行改进硬性与软性与提出预防措施,以 GHP 规范为基础,建立标准作业程式书与 GHP 间的相关性,为提供餐盒业厂商在导入 HACCP 食品安全管制系统建立计划书做参考。全文共分为七章。第一章导论,首先介绍研究的动机与目的;其次对食品安全管理研究理论回顾与评述,包括供应者的安全动机与效应研究、消费者的安全行为研究、安全影响因素研究、安全管制的必要性研究、政府安全管制行为研究以及简短的评述;再次介绍 HACCP 的特点及其应用;最后介绍研究思路与内容框架,并提出论文的创新点。第二章餐盒业者卫

生自主管理的理论与方法操作基础。首先是理论的阐释,在此基础上,对方法操作的基础展开分析,包括餐盒业者作业规范和实际操作情况。第三章对相关国家的餐饮卫生安全管理作出比较分析,对各国HACCP的推动情况做出介绍,并抽样调查,对调查的差异进行比较,最终总结相关研究结论。第四章餐盒业者卫生自主管理的硬性规则。介绍硬性规则的评估、硬性规则的具体内容。第五章餐盒业者卫生自主管理的操作模式,包括建立食品安全管制系统计划和标准作业程式书与GHP相关性的建立导入食品安全管制。第六章餐盒业者卫生自主管理的检测程式与方法。对软性管理评估,对餐盒业卫生安全做检验,研究物件厂商资料,对不同清洁度作业区环境空气落菌检验,对设施卫生清洁度检验,对棋局卫生清洁度检验,对接触熟食表面器具清洁度检验,对从业人员卫生清洁度检验。第七章为论文的结论与展望。

关键词:食品工业　卫生管理　食品安全

**5168**

**基于轨枕状态的铁路轨道系统可靠性和维修策略研究** / 黄祖光著 ; 韩伯棠指导. -- 北京理工大学, 2009. -- 123 页

论文是基于轨枕状态的铁路轨道系统的可靠性和维修策略研究。全文共分为八章。第一章绪论,介绍论文的选题背景、研究意义、研究内容和创新点。第二章国内外研究现状分析,包括基本概念、前人研究综述和研究的现状分析。第三章国内轨道系统可靠性及维修策略改进研究,介绍国内轨道系统可靠性判断准则改进研究,国内轨道系统可靠性预测方法研究以及国内轨道系统维修策略改进研究。第四章两状态轨道系统可靠性模型构建及可靠性预测研究,包括两状态轨道系统模型构建方法研究,两状态模型构建及可靠性预测,两状态符合实效准则模型构建及可靠性预测等,并展开实例研究,分析并总结相关结论。第五章基于轨枕状态的轨道系统可靠性模型扩展研究。首先考虑关键轨枕状态的轨道系统可靠性模型及可靠性预测,对模型描述,考虑关键轨枕状态的复合实效准则和可靠性预测;其次对三状态轨道系统可靠性模型构建及可靠性预测;三是对相邻轨枕状态相依的可靠性模型构建及可靠性预测;最后考虑轨道系统组合的可靠性模型构建及可靠性预测。第六章轨道系统维修策略研究。一是基于紧急维修轨枕数量的维修策略模型,介绍两状态维修策略模型构建及其求解,三状态维修策略模型构建及其求解以及考虑关键轨枕的维修策略模型构建及其求见;二是基于维修成本最小化的维修策略探讨,包括两状态维修策略模型构建及其求解,三状态维修策略模型构建及其求解以及考虑关键轨枕的维修策略模型构建及其求解。第七章分别对轨道系统可靠性模型中参数的确定以及维修策略模型中维修周期的确定展开研究,并得出相关结论。第八章为论文结论与展望。

关键词:铁路养护　轨道　轨枕

**5169**

**网上英式拍卖中的卖方策略研究** / 吉吟东著 ; 邵培基,李平指导. -- 电子科技大学, 2009. -- 132 页

论文主要研究网上英式拍卖中的卖方策略。全文共分六个章节。第一章绪论,对网上拍卖进行介绍,讨论网上拍卖的研究现状,指出问题的提出和研究价值,分析主要研究内容、结构安排以及主要创新点。第二章分析网上拍卖中影响成交价格的卖方因素,采用从淘宝和eBay网站收集的关于钱币、书画\油画、邮品\邮票类、翡翠\首饰、书籍等五类物品的部分英式拍卖的成交数据,从卖方策略的角度实证检验了影响拍卖物品成交价格的因素。第三章对卖方荣誉在网上英式拍卖中的作用进行分析研究,采用一个简单的重复博弈模型分析网上英式拍卖市场中卖方声誉的价值,基于贝叶斯学习法则,建立卖方声誉的“信号传递”模型,从理论上分析卖方信用对拍卖物品预期价值以及英式拍卖成交概率、成交价格等因素的影响。第四章对网上英式拍卖中的卖方声誉进行分析研究,包括卖方声誉对英式拍卖物品成交概率的影响、卖方声誉对英式拍卖物品成交价格的影响、卖方声誉对参与英式拍卖投标者人数的影响以及卖方声誉非对称性特征的实证研究。第五章对起始价格在网上英式拍卖中的作用进行分析,通过研究假设、实证分析,分析起始价格对成交概率的影响以及起始价格对成交价格的影响,设定出最优起始价格。第六章为结束语,对全文进行总结,提出创新点,并对以后的研究工作进行了展望。

关键词:拍卖　电子商务　互联网络

**5170**

**互联网舆情的形成发展与引导管理研究** / 纪红著 ; 张子刚指导. -- 华中科技大学, 2009. -- 182 页

论文对互联网舆情的形成发展与引导管理进行研究,力图研究互联网舆情形成发展的规律以及引导管理的对策。全文共分为八章。第一章绪论介绍论文研究背景及意义,综述国内外研究现状,提出论文研究方法。第二章厘清和互联网舆情相关的一些基本概念,如信息、舆情、公共舆论、互联网舆情等,并借助"公共领域"的相关理论,为进一步讨论分析奠定基础。第三章从历史的角度切入,归纳互联网舆情在我国发展的四个阶段,回顾舆情发展和政府管理水平逐步提高的历程。第四、五、六章分别从主体、形成过程和功能三个方面入手研究互联网舆情的特点。在互联网舆情主体方面,中国网民群体具有年纪轻、学历高、较富裕、并把互联网作为信息获取渠道和娱乐工具等突出特点。互联网舆情形成过程方面,论文重点研究信息升华为舆论的三大要素、网上传播的三个阶段以及网络舆情形成的四大步骤。在功能方面,论文发现民意表达、监督权力、推进改革和疏导情绪是现阶段互联网舆情的主要功能。第七章指出互联网舆情管理的三个方面基本要求,几种主要管理手段以及应该注意的三个问题,同时总结了当前互联网舆论引导方面的一些新思维、新探索。第八章是对全文的总结。

关键词:互联网络　舆论　大众传播　管理方法

**5171**

**C2C 电子商务中在线信誉反馈系统有效性研究** / 纪淑娴著 ; 胡培指导. -- 西南交通大学, 2009. -- 187 页

论文对目前一种新兴的 C2C 电子商务交易模式的在线信誉反馈系统的有效性进行了分析研究。全文共分六个章节。第一章绪论,介绍研究背景和研究内容、研究目的和意义、研究范围和概念界定、主要研究方法和技术路线、主要研究内容和论文结构以及论文研究的主要创新点。第二章介绍基本理论和文献综述,包括信任和信誉的相关研究、在线信誉反馈系统概述以及在线信誉反馈系统的研究现状。第三章对逆向选择与在线信誉反馈系统的有效性进行分析研究。在分析 C2C 电子商务中你想选择的产生于表现之后,对 C2C 电子商务市场中逆向选择问题的解决办法进行讨论研究,最后对在线信誉反馈系统的有效性进行分析,在引入在线信誉反馈系统模型后又分析了其可信度和缺陷。第四章对在线信誉反馈系统信任模型的有效性进行分析。分别分析了在线信誉反馈系统中现行信任计算模型分析、基于多因素的信任计算模型分析以及在线信誉反馈系统中买家的信誉度评估分析。第五章对在线信誉反馈系统的有效性进行实证分析,通过问卷调查的方式,收集了有效样本对在线信誉反馈系统的有效性进行的实证分析。采用回归分析验证在线信誉反馈系统对促进网站信任的积极作用,卖家信誉可以显著地提高买家对其的信任,应用结构方程模型验证网络环境信任、网站信任和卖家信任之间的信任转移。第六章为对策建议。提出提高信誉反馈有效性的措施、提高信誉集结模型有效性措施以及加强网站制度建设的对策。论文最后为结论,对论文的研究工作进行了总结。

关键词:电子商务　信用　信息反馈

**5172**

**我国上市公司衍生金融工具运用的实证研究** / 贾炜莹著 ; 陈宝峰指导. -- 中国农业大学, 2009. -- 121 页

论文以我国非金融行业 1151 家 A 股上市公司 2007 年横截面数据为研究样本,对衍生金融工具在上市公司中运用的监管和控制进行研究,并给出衍生金融工具在我国发展和运用的建议。全文共分为六章。第一章绪论交代论文的研究背景、国内外研究现状、研究方法和主要创新点。第二章对衍生金融工具运用的现状进行分析,对比国内和国外衍生金融工具的运用情况。第三章通过理论分析、Logistic 回归分析和结构方程模型分析,研究衍生金融工具运用的动机。第四章对衍生金融工具运用的效果进行评价,包括衍生金融工具的业绩和价值效应、衍生金融工具的风险效应、衍生金融工具的综合效应。第五章结合美国次贷危机和中航油(新加坡)事件的案例分析,表明衍生金融工具的运用应从公司外部和内部两个方面进行监管和控制。第七章是论文结论与建议。

关键词:上市公司　风险管理　衍生金融工具

**5173**

**安全关键系统相依与多态故障可靠性与安全性研究** / 贾旭杰著 ; 崔利荣指导. -- 北京理工大学, 2009. -- 127 页

论文分别通过两条研究路线——故障多态的安全关键系统和故障相依的安全关键系统,进行系统可靠性与安全性的研究。全文共分为七章。第一章绪论,介绍论文的研究背景与意义,国内外研究现状与分析,研究内容和主要创新点。第二章安全关键系统可靠性与安全性基本理论,介绍安全关键系统基本概念,可靠性基本概念和安全性基本概念;介绍可靠性

常用指标、安全性常用指标和可靠性与安全性的关系;提出可靠性分析方法和安全性的分析方法。第三章寿命独立、特定分布的故障多态安全关键系统模型。基于对安全关键系统三态模型的知识,分析基于离子通道理论的最大维修故障多态模型,基于几何过程的不完全维修故障多态模型以及 Kijima 虚拟寿命下混合维修故障多态模型。第四章寿命独立、一般分布的故障多态安全关键系统模型,介绍寿命分布选择的偶然时效型产品和耗损实效型产品;结合模型描述及单元相关指标、串联系统相关指标、并联系统相关指标、串并联系统相关指标和并串联系统相关指标对寿命一般分布下安全关键系统建模和指标计算;对系统可靠性、安全性进行分析和比较。第五章寿命非独立故障相依安全关键系统模型,分析 Copula 函数及相关性质,对系统指标计算并证明,探讨 Copula 函数选择与参数估计。第六章相依系统与独立系统分析比较,基于相依强度度量准则——Copula 函数和谐序以及参数变化对相依强度的影响,对相依强度度量;对相依系统与独立系统的指标进行比较,包括串联相依与独立系统,并联相依与独立系统以及 n 中取 k 相依与独立系统。第七章为论文结论。

关键词:安全系统　系统工程　安全管理

**5174**

**基于异质信念的资产定价理论和实证研究** / 江成山著 ; 孟卫东指导. -- 重庆大学, 2009. -- 118 页

论文对异质信念资产定价领域几个关键问题进行研究,以获得理论和实证方面的经验。全文共分为六章。第一章绪论,介绍论文提出的问题背景、研究意义、研究内容、方法、思路以及创新之处。第二章国内外研究综述,包括资产定价的理论演进,异质投资者下的资产定价,异质信念与资产定价以及投资者异质信念的测度及相关实证研究。第三章异质信念、卖空限制与资产定价,提出研究的基本模型,从异质信念与资产误定价程度、异质信念与信号强度和过度自信以及卖空限制和资产误定价程度三个方面对模型展开分析,从关键指标的构建、研究样本的筛选、实证结果以及稳健性检验几个方面开展实证研究及其结果探讨。第四章价格不完全解释信息的异质信息资产定价,提出研究的基本模型,并从 B 股折价的模型构建,研究样本的筛选,关键指标的构建,实证结果以及稳健性检验几个方面对实证研究内容和结果分析阐释。第五章投资者异质信念的进化与资产定价,探讨进化博弈与投资者信念的进化,包括进化博弈论的产生及发展,进化稳定策略和模仿者动态,投资者信念与生态进化系统以及投资者信念进化博弈的进化稳定策略和模仿者动态定义;分析基于进化博弈的投资者信念进化模型,提出研究假设,探讨收益正性动态条件下的进化博弈模型,分析进化过程的路径选择和均衡特征,探讨异质信念对系统进化和均衡的影响,并展开数值分析。第六章为论文结论。

关键词:金融市场　股票市场　资产评估

**5175**

**大型煤炭企业内部供应链的构建与优化研究** / 姜辉著 ; 聂锐指导. -- 中国矿业大学, 2009. -- 175 页

论文以大型企业为研究对象,探讨大型煤炭企业内部供应链的构建与优化。全文共分为七章。第一章绪论,介绍论文研究背景与意义,国内外相关研究现状。第二章描述大型煤炭企业内部供应链概念界定和特征,对大型煤炭企业产品均衡供给的概念界定,对大型煤炭企业内部供应链目标描述,包括目标内容和优化目标分解。第三章大型煤炭企业内部供应链系统结构与功能,分析大型煤炭企业内部供应链结构,包括其结构类型、特征,并对供应链定量描述;探讨基于“多阶系统”的大型煤炭企业内部供应链网络组织结构,描述供应链系统要素及环境,分析基于“多阶系统”的大型煤炭企业内部供应链系统构成和流行为;探讨大型煤炭企业内部供应链功能,对大同市场状况下大型煤炭企业内部供应链区别做分析;最后以徐州矿物集团内部供应链为例展开实际应用,探讨其结构与功能。第四章分析大型煤炭企业内部供应链属性,探讨供应链不确定性及测度。第五章大型煤炭企业内部供应链多目标动态优化模型构建与算法设计。分析大型煤炭企业内部供应链优化的必要性,比较分析供应链系统优化模型和方法,提供大型煤炭企业内部供应链优化模型的建模准备,在上述基础上,提出大型煤炭企业内部供应链多目标动态优化模型。第六章算例:徐矿集团内部供应链多目标动态优化模型构建与优化,对徐州矿物集团内部供应链优化模型构建准备作出说明,分析徐矿集团内部供应链多目标动态优化一般模型并对其优化做情景分析,为其内部供应链优化结果做分析并提出政策建议。第七章为论文结论。

关键词:煤炭企业　供应链管理　最优化算法

**5176**

**矿产资源型制造企业供应链采购风险管理研究:以钢铁企业为例** / 姜南著 ; 霍佳震指导. -- 同济大学, 2009. -- 132 页

论文是针对矿产资源型制造企业供应链采购风险展开的系统研究。论文共分六章。第一章引言,介绍论文的研究背景、研究目的和意义、研究内容和逻辑框架、研究技术路线和主要创新点。第二章为文献综述,对供应链风险、供应链风险管理和供应链采购风险研究进行了阐述。第三章分析矿产资源型制造企业供应链采购风险识别研究,从四方面进行分析,包括制造企业采购风险识别、采购风险识别步骤、采购风险要素解析模型构建,以及基于结构方程的矿产资源型制造企业风险建模与结果分析。第四章分析矿产资源型制造企业供应链采购风险度量研究,包括供应链采购风险度量方法研究、基于 Fuzzy - AHP 方法的矿产资源型制造企业供应链采购风险度量、矿产资源型制造企业供应链采购价格风险度量研究、CVaR 在矿产资源型制造企业采购风险度量中的应用及在供应链中的扩展四个方面。第五章矿产资源型制造企业供应链采购风险控制,包括矿产资源型制造企业供应链采购风险控制对策研究、采购价格风险控制研究以及采购风险供应链传导控制研究。第六章为结论与展望,总结研究的主要结果和结论,并讨论论文的局限性和进一步工作的展望。

关键词:制造工业　供应链管理　矿产资源

**5177**

**混沌 Hash 函数及其在电子商务安全中的应用研究** / 姜楠著 ; 杨德礼指导. -- 大连理工大学, 2009. -- 105 页

论文研究利用混沌系数迭代过程的单向性设计混沌 Hash 函数的技术,并将所涉及的混沌 Hash 函数用于数字签名、身份认真和移动微支付协议中。全文共分为五章。第一章绪论,介绍论文研究背景、目的与意义、思路方法与内容、内容与结构安排。第二章国内外研究综述,介绍混沌密码学的发展概况,对 Hash 函数研究综述,包括 Hash 函数的设计方法,传统的 Hash 函数研究和混沌 Hash 函数的研究,并指出目前该领域研究的不足之处。第三章基于混沌理论的密码技术研究。一是密码学知识方面的研究,包括密码学的基本概念、对称密码体制、公匙密码体制和序列密码与分组密码;二是混论理论知识方面,包括混沌的基本概念、混沌系统的特征、Lyapunuv 指数、倍周期分叉性;三是类 Hénon 混沌系统分析,包括混沌系统一性质分析和混沌映射二性子分析;四是基于类 Hénon 的混沌序列密码及其密码算法。第四章混沌 Hash 函数的构造与分析,分析包括 Hash 函数的定义和性质,基于类 Hénon 系统的混沌 Hash 函数的构造算法、安全性分析以及对其算法的效率分析。第五章基于混沌 Hash 函数的认证协议与签名系统,分析基于混沌的数字签名技术,包括数字签名的原理、数字签名的功能、几种典型的数字签名方案和基于混沌 Hash 函数的签名方案;讨论基于混沌 Hash 函数的认证技术,包括身份认真基础、身份认证协议、常见的身份认证方案以及一次性口令认证方案的分析;讨论 COTP 身份认证的协议,包括置乱排序算法、符号描述和认证协议 COTP1。最后为论文结论。

关键词:电子商务　安全技术　数字签名

**5178**

**学习型联盟竞合条件下的知识传递与创造研究** / 姜文著 ; 汪应洛指导. -- 西安交通大学, 2009. -- 157 页

论文深入揭示学习型联盟竞合条件下知识传递与创造活动的内在机制,为知识传递与创造取得良好效果提供了支持。论文分为八个章节。第一章绪论,介绍了论文研究背景与选题意义、关于学习型联盟知识传递与创造研究的进展、研究方法、思路与主要内容。第二章运用系统科学方法对学习型联盟知识传递与创造过程的构成状况进行分析,揭示出学习型联盟知识传递与创造过程的系统与子系统构成。第三章运用博弈论等理论对学习型联盟竞合条件下知识传递与创造过程的动力构成及现实可能性进行分析,包括学习型联盟竞合条件下知识传递与创造过程的原动力和激励因素以及实现的可能性。第四章运用博弈论和耗散结构理论进行分析,指出学习型联盟竞合条件下知识传递与创造的运行状况包括运行过程和运行结果两部分内容。第五章运用博弈论的箭头法等相关原理,对学习型联盟知识传递与创造过程中的障碍因素进行分析,揭示出子系统中的障碍因素。第六章运用博弈论的相关理论和系统科学的突变理论,对学习型联盟知识传递与创造过程的风险状况进行分析,并提出进行风险防范与控制的相关措施。第七章在理论基础上,对我国著名大企业集团海信集团展开学习型联盟知识传递与创造活动的情况进行了实证研究,进一步深化研究课题的探讨,同时也对理

论部分提出的理论假设进行了验证。第八章结语，对全文研究内容进行总结得出主要结论，指出论文的主要创新点，并对课题的进一步研究进行了展望。

关键词：企业管理　知识经济　知识管理

**5179**

**财务真实性指数构建及中国上市公司综合评价研究** / 蒋波著 ; 饶育蕾指导. -- 中南大学, 2009. -- 118 页

论文在借鉴国内外财务评价系统的基础上，充分考虑我国公司会计准则和所处的现实环境，引入现金流理论、行为金融理论和信号理论，分析资产负债表、利润表与现金流表的钩稽关系，设计财务真实性评价指标体系。全文共分为九章。第一章绪论，介绍论文选题背景和研究意义；介绍国内外研究现状，包括公司财务综合评价研究、盈利质量研究、财务危机预警研究、信用评级体系研究、财务综合评价方法研究；介绍论文的研究内容和框架。第二章公司财务真实性评价指标体系的理论依据。理论基础包括现金流理论、行为金融理论和信号理论。第三章公司财务真实性评价指标体系设计。基于财务真实性评价指标的设计原则，展开财务真实性评价指标体系设计，并对财务真实性评价指标体系与传统评价体系展开比较，对定性评价指标作量化处理。第四章，公司财务真实性指数的构建。构建基于对专家调查法的应用、层次分析法原理与应用以及财务真实性指数的构建步骤展开，对不同的评价方法比较并总结。第五章，公司财务真实性指数的检验。以公司财务数据为样本对财务真实性指数做检验；以市场数据为样本对财务真实性指数做检验。第六章基于财务真实性指数的中国上市公司财务综合评价。分析上市公司财务综合状况，包括基本的统计分析、前 10 名与后 10 名公司财务状况分析以及 1988 年以前上市的公司财务状况；在此基础上，对盐湖钾肥财务和银广夏财务的状况作出分析。第七章基于财务真实性指数的中国上市公司盈利质量评价。对应计制与现金制盈利指标检验，对中国上市公司盈利质量展开评价，并对唐山陶瓷的盈利质量作出案例分析。第八章基于财务真实性指数的公司动态财务预警研究。构建基于财务真实性指数的动态财务预警系统，对财务困境阀值确定并检验，对动态财务预警系统在兴业聚酯公司中的具体应用展开研究。第九章研究结论与展望。

关键词：财务管理　综合评价　上市公司

**5180**

**农村信用社信用风险管理机制研究** / 蒋华著 ; 聂锐指导. -- 中国矿业大学, 2009. -- 158 页

论文采用理论分析和数学模型分析相结合的方法，对农村信用社信用风险管理机制展开研究。全文共分为十章。第一章绪论，介绍论文选题背景与意义，国内外研究综述，研究思路和方法以及研究内容和章节安排。第二章农村信用社信用风险状况及成因分析，介绍信用风险定义和信用风险主要表现形式，探讨信用风险基本特点，分别从非信用社和信用社两个角度提出信用风险的成因。第三章农信社信用风险管理的博弈分析，包括对农信社与企业博弈的模型构建及均衡分析，对农信社与农户博弈的模型构建及均衡分析，对农信社与监管机构博弈的模型构建及均衡分析。第四章农村信用社信用风险管理存在的问题。对其存在的具体问题提出风险管理组织架构体系不完善，信用风险识别、计量、控制手段落后，风险管理信用系统不完整和风险管理文化未真正建立几个方面。第五章农村信用社信用风险管理机制建立路径，提出风险管理机制理论、信用风险管理原则和良好的信用风险管理标准，提出信用风险管理机制建立的途径。第六章建立适当的风险管理环境。提出应完善公司治理，健全风险管理组织架构，建立风险管理文化三个方面。第七章健全授信程序，认为应完善风险管理政策和程序，确保业务流程再造，设定风险限额。第八章信用风险的识别、计量和监测，分别提出信用风险的事前识别和事中识别两个形式的具体方法，探讨信用风险测度和违约损失率，对 LGD 结果特征展开实证研究，最终建立信用风险管理信息系统。第九章信用风险的有效控制，提出应有充足资本，做好抵债地产处置。第十章为论文结论与展望。

关键词：农村信用社　贷款风险　风险管理

**5181**

**基于理性和体验的 B2C 多渠道消费行为研究** / 蒋侃著 ; 张子刚指导. -- 华中科技大学, 2009. -- 123 页

论文以在线渠道和离线渠道作为研究背景，从电子商务环境下的消费者行为、服务互动与社会交换等方面着手，对多渠道消费行为进行理论与实证研究。全文共分为七个章节。第一章绪论，介绍研究背景、研究目标及意义、研究方法及研究内容、论文的创新点。第二章介绍多渠道消费行为的基础理论，分别介

绍多渠道消费行为，TRA、TPB、TAM、IDT 以及社会交换理论，并对多渠道消费行为实证研究进行了评述。第三章对多渠道消费者选择行为进行分析。结合行为经济学与顾客价值理论，对消费者理性准则和理性计算方式进行研究，分析消费者在多渠道环境下的决策机制。第四章对渠道保留行为的影响因素进行了分析。以社会交换理论为基础，探讨 B2C 多渠道营销环境下消费者认知对在线保留行为的影响。第五章分析研究顾客体验对消费者渠道偏好的影响，建立一个包括顾客体验、顾客价值、信任感和渠道偏好在内的四个概念构成的多重关系模型，通过实证检验分析顾客体验对消费者渠道偏好的影响。第六章对多渠道零售商在线信任及其对在线消费行为的影响进行了研究。阐述多渠道零售商在线信任对在线消费行为的影响关系，对多渠道环境下影响消费者在线购买意愿的多个因素进行分析研究。第七章为结论与展望，提出论文的基本结论与管理启示、研究局限以及进一步研究的考虑。

关键词：电子商务　市场营销　消费行为

**5182**

**基于能力禀赋的中国企业国际化模式及其绩效研究** / 蒋敏著 ; 徐康宁指导. -- 东南大学, 2009. -- 128 页

论文从理论上对中国企业的国际化进行研究和分析，并加以实证数据检验，对于指导和推动中国企业的国际化进程具有重要意义。全文共八个部分。第一部分在阐述理论发展基础上，阐述了现实发展背景、研究目的与意义、研究内容和方法，综述研究中涉及的主要创新点。第二部分主要界定企业国际化、企业国际化模式、企业能力禀赋、企业绩效等相关概念。第三部分在对发达国家和发展中国家企业对外直接投资的研究，基于资源和能力的企业国际化研究，以及企业国际化模式的研究基础上，概括分析企业国际化的基础理论和研究成果。第四部分比较中国、日本、韩国等国家的企业国际历程中的能力、模式特征。第五部分构建企业能力禀赋、国际化模式、绩效的分析模型，并界定样本选取和数据来源。第六部分从中国沪深上市公司中选择由国际化业务的 104 家企业，以 104 家企业 2003—2006 公告数据为基础，通过 STATA 和 SPSS 统计软件对其能力禀赋、国际化模式及其绩效的数据进行相关实证分析，发现在企业国际化进程中，总体来说，企业的能力禀赋和企业绩效正相关。第七部分以两家中国企业一联想和 TCL 的国际化发展案例作为辅助分析，发现企业的不同能力并附对企业国际化模式和企业绩效之间的关系有着不同的调节关系。第八部分总结全文主要揭露你，并对中国企业的国际化发展给出建议。

关键词：企业管理　企业能力　企业绩效

**5183**

**产业融合环境下中国图书出版产业组织研究** / 蒋雪湘著 ; 胡振华指导. -- 中南大学, 2009. -- 212 页

论文对我国图书出版产业的市场结构、市场行为和市场绩效现状进行分析，对产业融合环境下中国图书出版产业组织进行研究。全文共分九章。第一章导论，介绍研究背景、问题的提出及研究意义、研究框架及研究方法。第二章分析图书出版业的产业组织研究理论基础及其研究评述，包括对图书和图书出版产业概念的界定、对国内外关于图书出版产业的研究简述、产业组织理论主要内容及其评述。第三章对中国图书出版产业市场结构进行分析。通过对中国图书出版业市场发展历程与规模状况、市场集中度、产业差异化及产业进入壁垒分析，对产业融合与市场结构变化进行分析讨论。第四章对中国图书出版产业市场行为进行分析，包括中国图书出版企业的价格行为、规模和集中度特征对应的集团化市场行为特征、进入壁垒引致的市场行为特征、产业融合与市场行为变化。第五章对中国图书出版产业市场绩效进行分析。基于市场绩效的衡量指标、市场绩效指标，对中国图书出版产业市场绩效进行评估和分析，并对市场结构、市场行为和市场绩效关系进行实证研究。第六章对产业融合环境下中国图书出版产业组织合理化目标模式进行研究。通过分析国外发达国家图书出版产业的规模和现状，对比分析国内外图书出版市场结构、市场行为和市场绩效，对产业融合环境下中国图书出版产业组织合理化评价进行研究。第七章对中国图书出版产业组织合理化目标的途径进行研究，包括培育图书出版市场竞争主体，建立现代公司治理结构；重构产业链与价值链，创新企业组织形式；消除价格战，实施产品差异化战略；组件产业领跑者，实现规模/范围经济效应。第八章探讨中国图书出版产业组织政策，根据中国图书出版产业组织政策的现状及特点对其趋向提出合理的政策建议。第九章为结论与展望，包括对论文研究工作的总结并提出今后研究方向的展望。

关键词:出版工作　产业组织　出版社

5184

**基于外包业务流程特性的 BPO 关系风险治理研究** / 蒋艳辉著；覃正指导. -- 上海财经大学, 2009. -- 151 页

论文从外包业务流程特性角度出发,对 BPO 合同签订前服务提供商选择、BPO 合同签订过程中治理结构选择以及 BPO 执行过程治理行为三个方面进行探讨和分析,建立一套 BPO 关系风险治理体系。全文共七个部分。第一部分在国内外研究述评的基础上,阐述研究背景与意义、研究方法和研究内容。第二部分把业务流程外包整个过程作为一个独立的研究对象进行研究,明确分析业务流程外包不同于制造外包和 IT 外包的特性。第三部分针对学术界对业务流程外包分类模糊和不统一的情况,提出以复杂性和重要性两个维度来度量外包业务流程特性,将业务流程外包设计的多种多样的业务流程进行科学分类,构建基于外包业务流程特性和 BPO 全生命周期的业务流程外包关系风险治理体系。第四部分解析外包业务流程特性(复杂性和重要性)对 BPO 外包商选择行为的影响,建立针对不同特性的业务流程外包项目的外包商选择机制。第五部分解析外包业务流程复杂性对 BPO 治理结构选择行为的影响,设置针对不同业务流程复杂性程度的治理结构。第六部分解析外包业务流程特性对业务流程外包执行过程治理行为的影响,提出针对不同特性外包业务流程相匹配的协调沟通机制,并通过对大量问卷调查数据的统计分析,验证此种基于外包业务流程特性而权变的选择沟通协调机制的有效性,第七部分总结全文,并对研究进行下一步展望。

关键词:经营管理　业务流程外包　风险管理

5185

**基于关键利益相关者利益均衡的企业绩效评价研究** / 蒋占华著；张友棠指导. -- 武汉理工大学, 2009. -- 151 页

论文对基于关键利益相关者利益均衡的企业绩效评价体系进行研究。全文共七章。第一章导论,介绍选题的目的和意义、国内外相关研究综述以及研究内容与方法。第二章企业绩效评价与利益相关者理论分析。第三章利益相关者与企业绩效互动机理分析。第四章基于关键利益相关者利益均衡的企业绩效评价模型。通过理论分析和实证研究,提出一个“基于关键利益相关者利益均衡的企业绩效评价系统”。第五章介绍满足关键利益相关者利益均衡的企业绩效评价流程。PE-KS 系统是一个以可持续发展为宗旨,以企业整体价值最大化为核心目标、以关键利益相关者为评价主体、以均衡满足关键利益相关者的利益需求为绩效评价内容、以衡量企业可持续发展各种能力为绩效评价指标的绩效管理系统。第六章基于关键利益相关者利益均衡的企业绩效评价系统应用研究,介绍中央企业应用 PE-KS 系统的必要性以及对中煤科工集团应用研究。第七章全文总结与展望,总结整篇论文,阐述论文创新点,对进一步研究做出展望。

关键词:企业绩效　经济评价　中煤科工集团

5186

**中国钢铁工业的规模偏好及逆集中化现象研究** / 焦国华著；黄健柏指导. -- 中南大学, 2009. -- 129 页

论文的研究对象为中国钢铁工业的规模偏好及逆集中化现象。全文共分为七章。第一章绪论。介绍论文的问题提出背景、研究的目标、研究框架与方法和研究结构与可能的创新。第二章理论基础和文献述评。理论研究基础包括规模经济理论及其思考和企业规模与适度规模及有关思考;对我国钢铁企业规模经济及集中度展开相关研究,探讨最优企业模型估计的主要方法,现有相关研究及其评价,影响集中度的因素和对我国钢铁工业集中度的研究;对产业组织政策研究述评,对国外主要产钢国钢铁工业产业组织的政策进行比较。第三章我国钢铁工业产业组织的变化与现状。探讨如何看待企业规模与行业集中度的问题,对我国钢铁工业发展概括作出描述,分析我国钢铁企业规模变化,对不同企业的技术经济指标进行比较,分析我国钢铁工业市场集中度及市场结构的变化。第四章我国钢铁工业企业规模效率的实证研究。分析方法选择与方法的基本原理,对数据来源进行说明,介绍模型的选择及其设定,对相关检验和实证结果展开描述,对实证结果分析,并对我国钢铁企业最优经济规模以及我国钢铁企业规模上存在的问题进行分析和总结。第五章我国钢铁工业的低集中度与逆集中化实证研究,包括我国钢铁工业低集中度的阶段合理性探讨,我国钢铁工业逆集中化趋势的阶段合理性探讨,并对我国钢铁工业市场规模对集中度影响展开实证分析,并得出结论。第六章我国钢铁工业产业政策反思与政策建议,包括对我国钢铁工业

的产业组织政策回顾,对我国钢铁工业产业组织政策的反思,对我国钢铁工业产业组织优化政策进行选择。第七章为论文的结论与展望。

关键词:钢铁工业　产业规模　产业政策

**5187**

**战略导向、知识共享和联盟绩效的关系研究:基于中国医院联盟的实证分析** / 焦俊著 ; 李垣指导. -- 西安交通大学, 2009. -- 129 页

论文以医院联盟为背景,针对我国医院在战略联盟实践中的实际困难和目前相关理论研究的不足,提出一个在联盟伙伴之间技术差异和环境不确定调解下,战略导向、知识共享和联盟绩效之间相互关系的概念模型,通过对我国 190 家医院的数据调查,对该模型和相关假设验证。全文共分为七章。第一章绪论,介绍论文实践背景、理论背景、研究内容与问题,研究方法与结构。第二章理论综述。一是共生演化理论,包括共生演化理论的基本概念、特征、基本观点和共生演化模式;二是战略导向的基本理论,包括市场导向的相关理论、企业家导向相关理论、企业家导向与市场导向的关系;三是组织学习理论综述,包括知识的涵义、知识共享的概念、知识共享观点以及医院知识共享的特殊性。第三章概念模型和研究假设。提出概念模型以及假设,并加以总结。第四章研究方法,介绍数据的收集、研究所涉及变量的度量以及统计分析方法。第五章实证分析与结果。首先对变量测量的有效性分析,包括变量的信度分析、变量的内容效度和结构效度;描述性统计分析;多元回归分析结果与假设验证,包括战略导向与联盟绩效之间的关系验证、知识共享中介作用的验证、技术差异性调节作用的验证、环境不确定性调节作用的验证、环境不确定性和技术差异性交互调节作用的验证。第六章对假设检验结果讨论,提出研究的理论意义和时间意义。第七章为论文的结论与创新点。

关键词:经济合作　企业绩效　医院

**5188**

**基于客户需求的汽车服务价值增值链模式研究** / 金宁运著 ; 蒲云,刘朝明指导. -- 西南交通大学, 2009. -- 112 页

论文的研究对象为基于客户需求的汽车服务价值增值链模式。全文共分为六章。第一章绪论,介绍骑车服务业的发展状况、论文研究的意义、国内外的研究现状述评、研究方法、内容结构与论文要解决的关键问题。第二章汽车服务流程中的客户需求,介绍汽车销售服务流程的创新、客户需求的基本特征、客户需求模型设计及其操作流程。第三章客户需求的价值计量。探讨客户需求效用模型,客户需求的增值模型以及客户需求价值的计量模型。第四章汽车服务的价值增值链模式,介绍汽车销售服务的价值增值链和汽车服务的一体化价值增值链。第五章客户需求层次模型及其实证分析。首先提出客户需求层次模型;其次介绍研究方法,包括定性研究、问卷设计以及最终问卷的收集和样本描述;三是数据分析,包括数据的预处理、数据的信度和效度检验;最后是结构方程的模型分析,包括测量模型、结构模型,并对结论做出说明。第六章论文结论,包括论文的主要工作,论文的主要创新以及未来需要进一步研究的问题。

关键词:汽车工业　客户关系管理　服务质量

**5189**

**基于网络中介信息的电子商务税收遵从与征管研究** / 金鹏著 ; 蔡淑琴指导. -- 华中科技大学, 2009. -- 109 页

论文从信息和管理的角度,采用定性分析与定量建模相结合的方法对电子商务税收遵从和征管问题进行了研究。论文共分七部分。第一部分绪论,介绍研究背景、目的和意义,国内外相关研究综述、论文的主要内容与结构。第二部分分析电子商务税收遵从与征管中的纳税信息,根据税务机关的纳税信息获取渠道分析电子商务中税务机关和纳税人之间的纳税信息不对称及变化,分析电子商务纳税信息不对称变化的技术原因。第三部分建立一个信息不对称变化对电子商务税收遵从与征管的影响模型。分析电子商务中纳税人遵从率和税务机关征管收入、征管效率与信息不对称的关系。第四部分,通过分析网络中介信息共享的作用和网络中介没有积极地与税务机关进行信息共享的原因,建立基于双边市场理论的网络中介信息共享行为分析模型。指出网络中介信息共享的应用条件是首先解决相关的法律问题,并逐步建立网络中介信息报告制度。第五部分建立一个基于网络中介信息的电子商务税收遵从模型。分析表明,税务机关应选择与纳税人应税收相关度大的网络中介信息,并以 eBay 为例说明网络中介信息的应用情况,证实模型分析的结论。第六部分建立基于网络中介信息评估系统的电子商务税收遵从模型。分析网络中介信息评估系统对电子商务税收遵从与征管的

影响，并指出网络中介信息评估系统的应用效果主要取决于评估系统的准确度和罚款率。第七部分为全文总结与研究展望。

关键词：电子商务　税收征管　资源共享

5190

**面向分布式创新的知识共享机制研究** / 金鑫著；陈劲指导. -- 浙江大学, 2009. -- 292 页

论文研究怎么用分布式创新理论来指导我国企业获取全球创新资源，并运用正确的知识共享机制掌握核心技术知识。论文共有八部分构成，第一部分是绪论，包括研究背景、研究问题的提出、相关概念的界定、研究的逻辑框架、研究方法与章节安排。第二章是文献综述，包括分布式创新研究综述、知识共享理论研究综述、知识共享与分布式创新的关系研究。第三章是我国企业分布创新知识共享机制的探索性案例研究，包含案例研究方法、吉利金刚汽车创新案例、上海冷箱 CIMS 案例、海尔卡萨法式对开门冰箱创新案例分析的研究发现、跨案例对比研究。第四章是企业分布创新过程知识共享机制的理论假设，概念模型的提出理论背景，企业分布式创新知识共享机制的概念模型和理论假设。第五章是研究设计和方法论，包括问卷设计、数据收集程序、变量度量与指标选择、数据整理与样本描述、主要分析方法与程序。第六章是基于企业分布式创新知识共享机制实证研究。第七章是分布式创新背景下企业开展知识共享的管理策略研究。第八章是论文的研究结论和展望。

关键词：技术创新　知识管理　管理模式

5191

**基于复杂适应系统视角的企业知识团队知识创造影响因素研究** / 金芸著；孙东川指导. -- 华南理工大学, 2009. -- 183 页

论文基于复杂适应系统理论的视角研究企业组织内的知识创造，分析企业知识团队的知识创造影响因素。全文共分为六章。第一章绪论，介绍论文研究背景、研究目的与问题、研究意义、研究概念界定、研究思路与方法、研究流程与论文结构以及研究预期创新点。第二章文献综述，介绍知识的定义和分类、知识团队，知识创造理解、创造过程和创造的影响因素，探讨复杂适应系统的由来、概念与性质以及在企业组织研究领域的应用，对现有研究总评。第三章基于复杂适应系统视角的知识团队知识创造，研究企业内知识创造的意义与合理性，包括企业所处环境的复杂性、基于复杂适应系统视角的企业及其团队、基于复杂适应系统视角的知识和知识创造；对团队知识创造系统解析，包括系统的结构、环境、行为、功能、特征、状态和演化；探讨促成知识团队知识创造的因素，认为因素包括主体之间互动、系统开放性、主体多样性、主体影响力差异性以及主体适应性。第四章实证研究设计，首先提出概念模型，在此基础上提出研究假设，包括主体之间互动的假设、系统开放性的假设、主体多样性的假设、主体影响力差异性的假设、主体适应性的假设以及标识的假设等，对假设进行汇总，并结合实证模型展开变量测量，并对数据处理，问卷预测试，总结相关结论。第五章实证数据分析，首先介绍实证调研样本概况，进而对探索性因子、描述统计分析和方差分析、数据可靠性分析、验证性因子分析，对结构方程模型分析并做假设检验，提出假设检验结果。第六章为研究结果讨论与启示，最后得出论文的结论。

关键词：企业管理　知识经济　人力资源管理

5192

**制造企业核心竞争力互动网络研究** / 荆玲玲著；徐建中指导. -- 哈尔滨工程大学, 2009. -- 163 页

论文以我国制造企业为研究对象，以核心竞争力培育与提升为研究主线，以互动网络的建立为研究重点，对制造企业核心竞争力提升中企业与外部多元主体间的耦合关系和互动学习模式进行系统梳理、整合与创新。全文共八个部分。第一部分对制造企业核心竞争力互动网络研究的背景及现状进行分析，阐述论文的总体思路和研究方法。第二部分对论文相关基础理论进行了综述，如企业核心竞争力理论、组织学习理论等。第三部分明确提出制造企业核心竞争力互动网络的内涵及其知识特性，并通过互动网络与线性模式的比较研究以及创新系统理论的深入分析，得出制造企业核心竞争力互动网络的结构生成。第四部分深入解析制造企业核心竞争力互动网络多元主体间的接近性，更进一步地分析基于接近性形成的耦合关系对互动网络生成的作用。第五部分基于现有组织学习模式的借鉴和制造企业核心竞争力互动网络主体的学习形式和学习能力类型分析，提出了制造企业核心竞争力互动网络学习模式的演进规律。第六部分在对制造企业核心竞争力互动网络耦合关系和互动学习模式进行详细分析后，基于互动网络的知识联盟特性，进一步分析制造企业核心竞争力互动

网络的运行机制。第七部分在遵循指标体系设立基本原则的基础上,有针对性地设计一个制造企业核心竞争力互动网络成熟度水平评价指标体系。第八部分根据上述研究得出的结论,提出了制造企业核心竞争力互动网络发展的保障措施体系。

关键词:制造企业　企业管理　核心竞争力

**5193**

**质量策划、学习环境和新产品研发绩效之关系研究:以知识活动过程为媒介** / 荆宁宁著 ; 胡汉辉指导. -- 东南大学, 2009. -- 96 页

论文从质量策划和组织学习理论的视角对新产品研发过程进行了识别,探索知识活动过程字新产品研发过程中的地位和作用。全文分为七章。第一章绪论,介绍选题依据,在相关课题背景下阐述研究内容、目的以及意义,结合文献综述介绍研究方法以及技术路线。第二章是理论发展与研究综述,结合质量策划的思想和方法,对知识活动,新产品的研发等概念进行解释。第三章对质量策划、学习环境、知识活动过程和新产品研发绩效之关系进行理论分析。通过探讨新产品研发质量差距的来源,产生和积累,分析新产品研发质量与企业只是资源之间的关系。第四章通过理论假设,提出质量策划、学习环境、知识活动过程与新产品研发之间的关系,设计问卷进行调查,对调查结果进行描述性统计。第五章为数据的处理和分析,结合概念方程模型的优点,提出了质量策划、学习环境、知识活动过程及新产品研发绩效关系的结构方程,并对其进行检验和分析,以验证质量策划和学习环境的假设检验。第六章对调查数据进行进一步的分析,比较冶金产品制造业、汽车制造业和电子信息产品制造业三个行业新产品研发的特点和现状。第七章为研究结论和展望对全文进行总结。

关键词:企业管理　产品开发　质量管理

**5194**

**基于体系化授权模型的营销系统授权与营销绩效关系研究** / 景涛著 ; 许正良指导. -- 吉林大学, 2009. -- 160 页

论文探讨基于体系化授权模型的营销系统授权与营销绩效关系。全文共分为七章。第一章绪论,介绍论文的研究背景、研究目的和内容以及论文研究方法和技术路线。第二章文献综述。一是授权,介绍授权的内涵、授权理论沿革及企业导入授权的意义、多维授权理论和授权管理过程理论,对既有授权理论缺陷和不足的评析;二是营销绩效,包括营销绩效的内涵以及其度量;三是市场导向,包括市场导向的内涵、结构、度量以及对市场导向与企业绩效关系的分析;四是营销创新,包括其内涵、度量等相关研究;五是营销策略能力,介绍营销策略能力的背景和基本内涵、营销策略能力的构成要素、营销策略能力度量,分析营销策略能力与企业绩效的关系;六是授权与绩效之间的关系。第三章核心研究变量内涵界定及理论模型构建,包括体系化授权概念的内涵及基本构成,体系化授权摸小尼姑具体构成要素开发以及体系化授权构成细化模型框架。第四章关系模型构建及研究假设。一是提出营销系统授权与营销绩效关系的理论模型及研究假设,包括理论模型构建的基本思路、理论模型中各研究变量间的关系假设以及理论模型的构建;二是基于个人深度访谈的理论模型探测性研究,介绍访谈目的、访谈方法和访谈主要结论。第五章研究方法设计和调研实施,包括对量表设计、问卷设计、抽样设计和实施调研的介绍,对数据分析方法的设计探讨。第六章数据分析与解释。在调研实施的基础上,对研究量表检验,对研究变量的基本情况分析,提出研究假设检验和理论模型的改进。第七章为研究结论与展望。

关键词:营销管理　营销策略　企业绩效

**5195**

**System thinking of logistics and supply chain management in construction industry : case study of Guinea** / 卡马拉(Mamady Alkaly Camara)著 ; 周晶指导. -- 南京大学, 2009. -- 141 页

论文主要探讨供应链管理方法和物流知识在建筑业中的应用。全文共分为五个部分。第一部分从供应链管理文献中推导出适合建筑业的两种理论模型,一是判断其是否建立供应链,二是比较传统供应和基于供应链的供应的不同。第二部分,将上述模型置于建筑业环境下进行分析。提出建材的供应主要是传统方式,即以单个公司来操作,而不是考虑供应链的。制造业中发展成熟的物流概念和工具在建筑业中的应用较少,论文从方法论的角度探讨对这些工具和定性方法的需求,提出在这样的现状环境下,研究需要的一些调整和发展方向。第三部分是对具体案例的分析。论文利用系统模型的方法来考虑案例的选择,案例的主要数据来自现场调查访问。论文的

案例是几内亚建筑商 BATCO 和 BAEC 共同承建的，由项目经理负责的一个称为 Nongo 公屋的住屋建筑项目。其研究的结果提出，Nongo 公屋所采用的方法保证了住房的建造质量，成本也足够低廉，能够满足普通收入家庭的需求。作者为从供应链角度解释案例中的非常规采购方法，引入供应链模型。并在此基础上提出新的模型，将建造价值链和建筑材料的供应相连接。认为早期设计者和建材商的交流需求是模型的关键，必须对这类信息进行管理和控制。第四部分是案例中所述行动和措施。第五部分是论文的总结。研究认为，供应链管理对建筑业是一个巨大的机会，不仅减少成本和时间，而且能够提高收入并使产品与其价格更相称。针对案例的几内亚环境来说，应当开发低价房的潜在市场，而且供应链中建材产品的开发和营销应当更加有效。供应链管理方法应用的障碍是物流能力低、竞争不充分、很看重项目以及建筑业的态度和传统。

关键词：建筑业　供应链管理　物流　几内亚

**5196**

**房地产项目投资风险分析与决策优化研究** / 柯小玲著 ; 诸克军指导. -- 中国地质大学, 2009. -- 120 页

论文在借鉴国内外已有研究成果的基础上，引入模糊数学和实物期权的相关理论与方法，来分析房地产项目投资的风险，并以此做出科学决策。全文共七个部分。第一部分在回顾我国房地产市场发展历程的基础上，介绍我国房地产投资与开发的现状，以及目前存在的问题。第二部分在大量阅读国内外文献的基础上，对传统的投资决策理论、实物期权理论方法以及实物期权应用于房地产行业的研究做详尽的综述，并指出传统决策方法存在的不足，从而证明实物期权理论能够对房地产投资的柔性管理价值做出合理的评价。第三部分对当前我国房地产投资的经济、金融、法律等方面的环境进行详细的分析，为房地产项目投资的风险分析和决策奠定良好的基础，找出影响房地产投资风险的主要影响因素，并对这些影响因素做相关分析。第四部分将层次分析法和模糊综合评判的方法相结合，运用到房地产项目投资分析上来，并在其基础上进行改进。第五部分分析不确定性的不同表现形式及其数理基础，利用实物期权的方法解决房地产项目投资决策问题，结合我国房地产投资的政策和市场特点，构建不确定条件下，适用于我国房地产项目投资决策的实物期权模型。第六部分采用郑州某房地产公司的一个项目投资案例，对房地产投资风险分析模型和决策模型进行了检验，并把这两个模型程序化，编写简单实用的计算分析软件，便于理论的运用推广。第七部分总结全文的不足之处，并对未来研究前景进行展望。

关键词：房地产企业　投资决策　风险分析

**5197**

**基于产业关联视角的我国生产性服务业区位分布研究** / 孔善右著 ; 李廉水指导. -- 东南大学, 2009. -- 201 页

论文的研究从理论分析和实证检验两个角度展开，重点对产业关联关系从含义的界定、关联关系演化和表现形式，以及生产机理等方面作具体分析。全文共分十部分。第一部分为绪论，介绍问题的提出，研究对象、目的和意义，研究内容、方法和创新思路。第二部分为理论基础及文献综述，主要对生产性服务业、服务业区位问题以及制造业与服务业的关联进行了分析讨论。第三部分对我国生产性服务业区位分布的现状进行研究，其中包括对我国各省份及结构、投入产出比较的分析，区位分布的分析，我国东部城市的综合比较、三大区域城市比较、上海与长三角地区、北京及京津冀地区和香港生产性服务业发展的分析。第四部分对生产性服务业区位分布的影响因素进行研究分析，在分析市场化发展、城市化发展、信息化发展、知识和技术要素对区位分布的影响后，对区位分布进行实证研究，并通过典型地区进行了验证分析。第五部分对生产性服务业发展布局内生性进行检验，在分析内生性的内涵与特点后，通过构建模型对各省份的数据进行计量分析，并研究了基于城市的计量分析。第六部分对生产性服务业布局和产业关联的异质性进行研究，通过分析产业关联异质性的内涵和现状，以及构建模型对产业关联异质性进行分析研究。第七部分对生产性服务业区位分布地域关联的影响进行分析，在对地域关联的涵义和特点后，分别对基于省份和城市的“核心—外围”布局进行分析，并通过地域关联模型对数据进行处理分析，同时以长三角地区关联的影响进行分析。第八部分对生产性服务业区位分布的趋势探测进行分析，其中包括总体区位演化趋势分析、聚集和扩散特点的动态研究以及聚集和扩散的空间关联影响。第九部分提出优化生产性服务业区位分布的措施建议，结合典型地区发展的经验提出宏观、中观及微观层面的建议。第十部分

为结束语,包括研究的主要结论、研究的创新之处以及研究的不足和今后工作的展望。

关键词:服务业　区位选择　产业关联

5198

**基于成本型合作博弈的供应链成本分摊问题研究** / 孔维莎著 ; 张强指导. -- 北京理工大学, 2009. -- 133 页

论文从供应链成本分摊的实际问题出发,考虑构建成本型合作博弈模型,分别研究确定环境下和模糊环境下的成本型合作博弈模型,给出不同环境下博弈模型的核心和 Shapley 值的定义及性质,并将上述方法应用于求解供应链成本分摊问题。全文包括正文六章及结论与展望部分。第一章绪论,介绍论文的研究背景及意义、国内外研究现状评述、论文的研究内容及组织结构。第二章介绍经典合作博弈与模糊数学的理论基础。第三章利用经典合作博弈理论诠释供应链成本管理,界定供应链成本分摊的成本对象,分析经典合作博弈理论求解供应链成本分摊问题的不足之处。第四章建立联盟支付为清晰值的成本型合作博弈模型并研究给出其核心和 Shapley 值解,进而用以解决确定性环境下的供应链成本分摊问题。第五章建立联盟支付为区间数的成本型合作博弈模型,并研究给出其区间值核心和区间 Shapley 值解,进而用以解决模糊环境下的供应链成本分摊问题。第六章建立联盟支付为模糊数的成本型合作博弈模型,并研究给出其模糊值核心和模糊 Shapley 值解,进而用以解决模糊环境下的供应链成本分摊问题。结论与展望部分,对论文的主要成果及创新点进行总结,并对有待进一步深入研究的地方提出展望。

关键词:供应链管理　成本管理　博弈论

5199

**通信产业商业模式的生态学研究** / 孔晓波著 ; 吕廷杰指导. -- 北京邮电大学, 2009. -- 111 页

论文应用生态科学、价值链理论、协同进化等相关理论,以动态、演进的思想研究通信产业的商业模式问题。全文共分为八章。第一章绪论。介绍论文研究的背景和意义、研究目的语方法、研究主要内容以及论文的创新之处。第二章相关理论综述。首先分析生态学研究现状,提出生态学研究范畴和生态经济学的研究发展,分析产业生态学、企业生态学和组织生态学的研究情况以及通信产业生态系统的研究动态;讨论价值链理论,包括传统价值链理论和价值链理论的发展;讨论协同进化理论,包括协同进化概念、协同学概论、生物进化论和协同进化理论的研究进展。第三章商业模式的生态学分析框架。提出商业模式研究现状以及生态学对产业发展的启示,对商业模式的生态学下定义并构建商业模式的生态学分析模型。第四章通信产业生态环境。提出通信产业生态环境分析模型,探讨通信产业技术的演化趋势,包括 FMC 带来固网和移动网络的融合趋势,NFC 的发展以及泛在网络的内容;分析通信产业需求的演化趋势,包括通信产业的产品特点、消费者特点和价值链特点;分析通信产业管制政策的演化趋势,包括网络融合推动监管创新,融合监管——泛在网络的必然选择以及对不正当竞争的监管对策——开放融合监管。第五章通信产业物种演化。分析物种演化的系统机理,对通信产业物种的演化阶段分析,探讨生态系统物种演化层次,对通信产业物种的竞争展开博弈分析,对通信产业的演进与趋势做分析。第六章研究通信产业环境与物种的协同进化。第七章通信产业商业模式发展策略。包括 I-MODE 模式成功的内在机理以及我国通信运营商的应对策略。第八章结束语。

关键词:通信工业　商业模式　产业发展

5200

**产业自主创新能力演化及评价研究** / 兰飞著 ; 胡树华指导. -- 武汉理工大学, 2009. -- 168 页

论文综合运用管理学、经济学、统计学、数学等方面的理论与方法,对产业自主创新能力的内涵、组成要素、形成过程、演化机理及评价模型等方面进行理论探索和实证分析。全文分为八章。第一章绪论,介绍研究的目的和意义,综述国内外的相关研究现状,阐述研究的内容与方法。第二章介绍产业自主创新能力的内涵、构成框架、构成要素分析及构成要素间的关系。第三章论述产业自主创新能力的形成过程和形成模式,并介绍后发展国家产业自主创新能力形成模式选择。第四章介绍产业自主创新能力的演化模型及机理,演化机理包括演化中的路径依赖、学习梯度、创新扩散、知识学习。第五章以我国汽车产业自主创新能力的演化为例进行实证分析。第五章阐述产业自主创新能力的评级体系,包括构建原则、体系构成、方法比较及因子分析法。第七章以我国制造业自主创新能力评价体系为对象进行实证分析。第八章对论文进行总结,说明论文的创新点及研究展望。

关键词:自主创新　技术革新　创造能力

5201

**食品冷链物流系统协同研究** / 兰洪杰著 ; 汝宜红指导. -- 北京交通大学, 2009. -- 192 页

论文通过文献分析和现场调研,运用食品管理、物流管理与系统论等理论和方法,根据我国实际情况,在比较国内外食品冷链物流概念的基础上,重新界定食品冷链物流系统的定义;在分析食品冷链物流系统要素、结构、功能和特性的基础上,论证食品冷链物流系统协同对解决食品冷链物流现状问题的重要作用;运用协同学理论方法,研究食品冷链物流系统协同的理论框架与分析方法。全文共分为八章。第一章引言介绍选题背景和意义、国内外相关研究现状、食品冷链物流系统内涵界定、研究思路及方法。第二章介绍食品冷链物流系统协同的理论基础,包括食品理论、物流相关理论、系统论基础、协同学理论等。第三章分析食品冷链物流系统的要素、结构、功能和特性。第四章进行食品冷链物流系统协同分析,包括食品冷链物流系统协同的内涵分析、目标与原则、内容分析、过程分析等。第五章通过食品冷链物流系统状态参量选择以及食品冷链物流系统综合评价分析,构建了食品冷链物流系统协同的序参量计算模型,并对序参量的有效性和灵敏度进行了分析。第六章对食品冷链物流系统协同模型进行实证分析。第七章提出食品冷链物流系统协同发展对策,包括降低食品冷链系统成本对策、提高冷链物流设施设备利用效率的对策、扩大食品冷链物流系统规模的对策、提高员工素质的对策等。第八章总结论文的主要结论及创新点,对以后的研究提出展望。

关键词:冷冻食品　物流　经营管理

5202

**我国铝工业纵向一体化的形成及其影响研究** / 兰勇著 ; 黄健柏指导. -- 中南大学, 2009. -- 153 页

论文对我国铝工业纵向一体化的形成及其影响进行了研究分析。全文共分为九个章节。第一章导论,介绍研究的内容、研究目的及意义、研究思路与方法以及研究内容与结构安排。第二章对参考文献进行了评述,包括产业组织理论的研究动态、产业组织理论对纵向一体化的研究、针对具体行业的纵向一体化研究以及纵向一体化水平测度的研究,并提出现有研究的不足。第三章对我国铝工业现状与结构进行分析研究。在分析世界铝工业现状与结构、美国及俄罗斯等国铝工业现状与结构之后,对我国的铝工业的现状与结构进行了分析讨论。第四章分析铝工业纵向一体化行为的形成机理,主要分别从供给稀缺条件下企业后向一体化博弈以及产能过剩条件下企业前向一体化博弈两个方面进行分析研究。第五章对铝工业纵向一体化的影响因素进行研究分析。从理论上分析市场结构、市场规模、不确定性和政府干预等因素对铝工业纵向一体化水平的影响,并运用单位根与 Engle-Granger 协整等方法进行了实证检验。第六章研究分析纵向一体化对铝工业市场结构的影响,包括纵向一体化的效率效应,纵向一体化的排斥效应,以及纵向一体化影响市场结构的微观机制分析。同时,对纵向一体化对市场结构的影响进行了实证检验。第七章分析研究纵向一体化对铝企业市场效率的影响。在建立效率影响伊苏评价的面板数据模型之后,通过 Malmquist 指数的变化对前向一体化和后向一体化企业动态效率评价及影响进行了分析。第八章对提升铝工业纵向一体化水平提出了政策建议。在介绍铝工业政策以及政策的实施效果后,分析铝工业产业政策实施效果不佳的原因,并对促进我国铝工业纵向一体化水平的提升提出了政策建议。第九章为结论与展望,包括论文的主要研究结论,论文的创新之处以及研究的不足与有待改进的方向。

关键词:冶金工业　产业链　一体化经济

5203

**生物燃料发展及其影响研究** / 兰肇华著 ; 杨青指导. -- 武汉理工大学, 2009. -- 124 页

论文对如何平衡粮食安全、能源安全和环境安全进行了深入研究。全文共七个部分。第一部分在国内外研究综述的基础上,综述了选题意义和研究方法。第二部分界定了生物燃料及其相关概念,辨析两种主要的生物燃料——生物柴油和生物乙醇,比较生物燃料的成本和原料、优势与风险。第三部分着重概述全球主要生物燃料生产国家和地区的生物乙醇和生物柴油的生产和使用现状,比较分析不同国家的生物燃料发展目标和发展政策,分析欧盟、中国和美国的生物燃料发展潜力。第四部分结合国外学者的一些实证分析结果揭示生物燃料发展对农产品市场、农产品贸易、土地利用结构、居民经济福利和地区经济发展以及能源结构和环境的影响规律,并在此的基础上综合预测未来生物燃料发展给全球带来的影响。

第五部分构建土地使用对农产品供给影响的理论模型和生物燃料发展对农产品需求影响的理论模型,运用回归统计分析方法和情景模拟分析方法分析生物燃料发展对我国粮食安全的影响。第六部分从生物燃料产业出发,分析我国生物燃料产业存在的原料、技术和市场问题,并针对这些问题提出了原料多样化、产业市场化、技术标准化以及合理利用国内外市场和资源这四个对策。第七部分总结全文,并对研究未来进行展望。

关键词:生物燃料　能源经济　经济发展

5204

**我国农村资金供给的区域差异及其对农村经济增长影响的实证研究** / 黎翠梅著 ; 岳意定指导. -- 中南大学, 2009. -- 209 页

论文选择从长期被忽视的区域层面对农村资金供给及其对农村经济增长的影响进行比较研究,提出协调区域农村资金供给的区域差异化制度安排与政策措施。全文共分为八章。第一章导论,介绍论文研究背景与意义、国内外研究现状及评价、研究思路和研究框架结构、研究方法和数据来源。第二章金融发展与经济增长关系的理论分析。首先介绍实现经济增长的金融路径,对金融发展理论进行分析,包括金融结构论、金融抑制与金融深化论和金融约束论;二是实现农村经济增长的金融路径,对农村金融发展理论分析,包括农村信贷补贴论、农村金融市场论、不完全竞争市场理论和农村金融理论的比较及在我国农村的实践;三是农村金融发展影响区域农村经济增长的作用机制探讨,包括资本形成机制、资本配置机制、技术创新机制以及区域协调发展机制。第三章农村商业性信贷资金供给的区域差异及其对农村经济增长的影响。首先对农村商业性信贷资金研究范围界定;其次对农村商业性信贷资金供给的区域差异进行分析;最后是对农村商业性信贷资金供给区域差异对农村经济增长影响的实证分析。第四章农村政策性信贷资金供给的区域差异及其对农村经济增长的影响。一是农业政策性信贷资金与农村经济增长的理论分析;二是我国农村政策性金融的发展及本章研究范畴的介绍;三是农业政策性信贷资金供给的区域差异分析;四是农业政策性信贷资金供给区域差异对农村经济增长影响的实证分析。第五章农村民间借贷区域差异及其对农村经济增长的影响,包括农村民间借贷的概述、农村民间借贷的区域差异和对农村民间借贷区域差异对农村经济增长影响的探讨。第六章地方财政资金供给的区域差异及其对农村经济增长的影响。首先对研究进行说明;其次对地方财政支农资金供给的区域差异分析;三是对地方财政支农资金供给区域差异对农村经济增长的影响作实证分析。第七章农村资金供给区域协调的制度安排与政策措施探讨。第八章为论文的结论。

关键词:农村经济　资金供应　区域差异

5205

**治理机制、企业家能力与企业绩效关系的实证研究** / 李宝新著 ; 岳亮指导. -- 西安交通大学, 2009. -- 122 页

论文通过对相关理论和文献综述,利用委托代理理论和基于能力的理论,建立一个分析治理机制、企业家能力和企业绩效关系的概念模型。全文共分为七章。第一章绪论,介绍论文研究的实践背景、理论背景、论文研究问题、研究内容和研究目标以及论文研究的思路与总体结构安排。第二章文献综述。介绍公司治理理论,包括基本内容、契约理论—公司治理理论溯源;对能力理论回顾,介绍动态能力、企业及企业家能力;探讨绩效的相关理论、企业家和企业绩效内容;对现有研究述评,指出研究研究的不足和启示。第三章模型概念及假设的提出。对论文关键术语定义,包括公司治理概念的界定、CEO 任期、领导权结构和股权集中度的概念、企业家能力和企业绩效;提出概念模型,包括公司治理机制与企业家能力的关系、企业家能力与企业绩效间的关系;提出假设,包括 CEO 任期与企业家能力的关系研究、领导权结构与企业家能力、股权集中度与企业家能力、行业竞争状况的调节作用以及对企业家能力与企业绩效的关系研究。第四章研究方法。提出研究所涉及变量的度量、数据的收集、实证研究的统计分析和程序以及中介效应检验的方法。第五章实证检验结果。基于描述性统计分析和模型的要素分析,进行多重共线性检验,提出假设验证的结果——公司治理机制和企业家组织能力关系分析、公司治理机制和企业家战略能力关系以及企业家能力和绩效的关系分析结果。第六章讨论与启示。对公司治理机制对企业家能力的影响、企业家能力对企业绩效的影响展开讨论,总结其理论贡献和实践意义。第七章为论文主要结论和创新点。

关键词:企业能力　企业家　企业绩效

5206

**城市公用事业客户赊销风险评价与决策研究** / 李成章著 ; 王道平指导. -- 北京科技大学, 2009. -- 104页

论文在界定赊销风险度的基础上,探讨城市公用事业客户赊销风险评价与决策的相关理论及方法。全文共分为七部分。第一部分引言,第二部分文献综述。一是风险管理综述,包括风险管理的概念和国内外风险管理研究现状;二是赊销风险研究综述,包括赊销的理论研究、赊销风险评估研究和赊销风险控制研究。第三部分相关概念及理论界定,首先介绍城市公用事业客户的界定及特征;接着讨论赊销风险的界项及度量;最后作出归纳总结。第四部分城市公用事业客户赊销信用缺失及赊销风险评价体系。首先对相关理论及实证研究作出说明,包括国内外相关的理论和实证内容;接着介绍城市公用事业客户赊销信用缺失的类型及特点,讨论城市公用事业客户赊销风险评价指标体系的构建方法,以及城市公用事业客户赊销风险评价指标的理论遴选;最后是城市公用事业客户赊销风险评价指标的问卷测试和相关,以及城市公用事业客户赊销风险评价指标的实证分析。第五部分城市公用事业客户赊销风险的综合评价。首先对赊销风险评价进行界定,介绍其内容、含义、功能,并对等级确定;接着讨论城市公用事业客户赊销风险的精神网络评级结构的确定方式以及基于神经网络的城市公用事业客户赊销风险评价模型;最后是基于神经网络的城市公用事业客户赊销风险评价模型的训练。第六部分城市公用事业客户赊销风险决策机制与控制措施,包括赊销风险决策的数字模型,不存在担保下的赊销风险决策机制,存在担保下的赊销风险决策机制,赊销风险决策的实例分析以及赊销风险控制的措施。第七部分为论文的结论。

关键词:城市　公用事业　赊销　风险管理

5207

**我国创意产业政策有效性评价研究** / 李川著 ; 曾勇,葛中全指导. -- 电子科技大学, 2009. -- 154页

论文以创意产业市场化、产业化为前提,运用模糊白化灰色关联分析的方法、主成分分析方法等研究方法,对我国创意产业政策有效性予以定量评价研究。全文共分为六章。第一章前言,介绍我国创意产业政策动态,问题提出背景,研究思路、方法、内容和主要创新点。第二章文献回顾与研究动态,分析创意产业的内涵,包括国外创意产业的产生及内涵和国内关于创意产业的认识;对国内外关于创意产业与文化产业、内容产业的关系的观点作出分析;探讨国内外关于创意产业的成长机理研究和产业政策有效性研究。第三章分析国外创意产业发展态势,从区域分布、价格格局、市场规模、市场占有率和主要产品几个方面分析国内创意产业发展现状,对国内外动漫产业盈利模式展开评价,对制约国内动漫产业运营的主要因素分析,认为供应链利益分配特殊,自主研发能力弱,产业链不完整,知识产权保护不力等是主要因素;最后对企业微观决策行为进行分析。第四章基于模糊灰色关联模型的我国创意产业政策有效性评价。对相关研究进行回顾,对研究产业有效性标准、创意产品生命周期划分、价值增值测度和政策可持续性问题进行界定;对创意产品不同成长期的价值增值评估做出研究,提出测度指标体系的设计,并对我国创意产业政策有效性评价方法及运用展开研究。第五章基于我国创意产业上市公司业绩的政策有效性实证检验。在对相关文献回顾的基础上,对其主成分分析方法简介,并展开实证分析,得出结论。第六章为论文的结束语。

关键词:文化产业　产业政策　创意产业

5208

**电子商务推荐系统中协同过滤瓶颈问题研究** / 李聪著 ; 梁昌勇指导. -- 合肥工业大学, 2009. -- 123页

论文针对电子商务推荐系统协同过滤存在的稀疏性、冷启动、可扩展性等制约其进一步发展的瓶颈问题展开研究。全文共分为七章。第一章对协同过滤的国内外现状进行梳理和综述,在此基础上对协同过滤瓶颈问题进行提炼。第二章介绍基于用户和基于项目的协同过滤,并提出推荐质量评价方法。第三章在相关分析的基础上,提出基于领域最近邻理论的KNN法和基于Rough集理论的KNN法,并进行实验和实验结果分析。第四章介绍用户访问项序理论,构建基于Markov链模型的商品导航推荐,进行基于用户访问项序的冷启动消除方法研究。第五章针对可扩展性问题,提出一种适应用户兴趣变化的协同过滤增量机制,能够以较小的系统计算量在用户提交新评分后实时更新相应项目与其他项目之间的相似性数据。第六章在提出上述理论和方法的基础上,设计并实现一个电子商务协同过滤原型系统ECRec,该系统具有良好的可移植性、可维护性及开放式架构特征。

第七章对论文研究工作进行总结,提出未来研究方向的展望。

关键词:电子商务　推荐系统　软件开发

**5209**

**绿色制造运行模式及其实施方法研究** / 李聪波著 ; 刘飞指导. -- 重庆大学, 2009. -- 132 页

论文对绿色制造运行模式及其实施方法展开研究。全文共分为六章。第一章绪论,介绍论文的研究背景、国内外研究现状和论文研究目的意义和课题来源。第二章绿色制造运行模式的总体框架。一是介绍绿色制造的技术内涵及技术体系框架;二是提出绿色制造运行模式总体框架,包括企业战略目标、企业过程目标、产品设计主线、产品生命周期过程主线和绿色制造支撑系统;三是绿色制造运行模式的应用框图。第三章典型行业的绿色制造运行模式。首先对行业绿色制造运行模式规划;其次介绍机床行业绿色制造运行模式,包括机床行业绿色制造简介、传统的机床产品绿色特性分析、机床行业绿色制造运行模式、机床绿色设计系统、机床绿色生产系统以及废旧机床再制造系统;最后介绍电子行业绿色制造运行模式,包括电子行业绿色制造简介、电子产品生命周期过程分析、电子行业绿色制造运行模式、电子产品绿色设计系统、电子产品绿色生产系统以及废旧电子产品再资源化系统。第四章制造企业绿色制造的实施方法。一是企业绿色制造运行模式的建立;二是企业绿色制造战略方案的选择;三是企业绿色制造技术方案选择;四是企业实施绿色制造的风险评估;五是企业制造实施的几个问题,包括企业绿色制造实施的组织及人员规划、企业绿色制造文化的建设。第五章绿色制造运行模式及实施方法的初步应用。以重庆机床有限责任公司为例,进行绿色制造运行模式及实施方法在重庆机床集团的初步应用,对重庆机床集团的绿色制造实施情况及效果进行分析和总结。第六章为结论和展望。

关键词:制造工业　无污染技术　风险评价

**5210**

**家族企业持续发展的理论和实证研究** / 李德军著 ; 邓明然指导. -- 武汉理工大学, 2009. -- 197 页

论文通过对700多个样本企业12年发展演变具体情况的认真分析,深入探索家族企业发展中的内在矛盾、规律二货深层次制约因素,对其本质属性进行较为深刻的理论概括和分析。全文共八个部分。第一部分在国内外研究现状的基础上,提出问题的研究背景与意义以及研究方法。第二部分梳理国内学者研究家族企业的基本思路、方法和主要观点,剖析国内外研究的不同侧重点以及导致这种现状的客观现实、理论基础和文化背景的原因。第三部分提出家族企业理论研究的基本范畴——家族性和企业性,阐述这一对范畴的基本内涵和两者融合性博弈的机理,提出家族性和企业性这两种属性是家族企业本质规定性的理论判断。第四部分以对712户家族企业12年跟踪所获资料为依据,由外到内地揭示家族企业的表现特征及表象背后的制约因素。第五部分探索家族企业的权威、信任、约束、代理、传承等五大治理机制的运行情形。对相关内容进行统计分析,并独创性的运用具体数据对家族企业生命周期各阶段的演进状况进行描述,分析制约瓶颈,深化对家族企业生命周期的实证研究。第六部分分析家族企业的文化心理结构,揭示家族企业要增强持续发展的活力必须实施自我改革的必要性。并从建构现代企业的治理规则、融合社会资本、承担作为企业公民的社会职责等方面提出具体的应对策略。第八部分总结全文研究内容并对研究进行展望。

关键词:家族企业　私营企业　企业管理

**5211**

**电信运营商移动互联网商业模式研究** / 李高广著 ; 吕廷杰指导. -- 北京邮电大学, 2009. -- 138 页

论文以商业模式理论、产业价值链理论、博弈论等为理论基础,结合电信运营业的特征和移动互联网的特点,从电信运营商的视角研究移动互联网的商业模式,探讨电信运营商如何发展移动互联网的问题。全文共分为六章。第一章绪论。包括问题的提出,移动互联网国内外研究现状,商业模式研究理论综述,论文的研究内容、意义和框架以及论文的主要创新点介绍。第二章基于主成分分析法的移动互联网商业模式分析框架。介绍电信运营业的特征,移动互联网的特点,并构建分析框架,包括实证分析的内容和电信运营商移动互联网商业模式的分析框架介绍。第三章移动互联网产业价值链定位与策略研究。一是移动互联网的产业价值链介绍;二是基于成本—收益分析的电信运营商地位分析,包括基于成本—收益分析的运营商控制权研究和运营商的核心地位分析;三是电信运营商定位与策略研究,包括产业价值链协调

者和产业价值链协调者机制研究。第四章移动互联网盈利模式设计。首先对盈利模式概述,包括盈利模式的概念,盈利模式的分类和盈利模式的构成要素;其次为电信运营商的收入来源模式分析,包括以传输为核心的收入来源模式,以内容为核心的收入来源模式,以服务质量和服务水平为核心的收入来源模式;最后是电信运营商与合作伙伴收入分配模型与策略研究,介绍对称信息下的收入分配模型和非对称信息下的收入分配模型。第五章移动互联网运营与管理研究。包括业务、组织及渠道模式分析,电信运营商的基础产品和配电盘业务模式介绍,基于内部市场化的电信运营商组织模式创新内容以及电信运营商渠道冲突的博弈分析。第六章为论文的结论与展望。

关键词:移动通信　电信业　互联网络　商业模式

**5212**

**模型不确定下的收益管理动态定价策略研究** / 李根道著 ; 熊中楷指导. -- 重庆大学, 2009. -- 146 页

论文研究单个零售企业在模型不确定下如何对有限库存进行动态定价以使期望收益最大的问题,通过在价格优化时考虑到需求模型的不确定,可以使优化价格具有更强适用性。全文共分为七章。第一章引言,介绍研究背景和论文的提出、研究目的和意义、研究思路及主要内容、论文的创新之处。第二章国内外研究现状综述。对收益管理动态定价问题描述,分析国内外动态定价研究现状,探讨模型不确定、不确定性与风险,模型不确定下的决策理论基础,考虑模型不确定的动态定价研究。第三章基于需求学习的易逝品收益管理动态定价策略研究。分析连续需求学习动态定价问题,包括完全信息下的动态定价、考虑需求学习的动态定价、模拟分析和考虑批量购买模型扩展;分析周期性需求学习的动态定价,对问题描述并构建模型,对状态空间降维,分析其结构性质,并做总结。第四章基于相对熵的易逝品收益管理鲁棒动态定价策略研究。从名义模型、模型不确定的刻画、鲁棒定价和算例分析几个方面研究单周期定价模型,从名义模型、多周期不确定性的刻画、多周期鲁棒动态定价、指数效用下的动态定下和算例分析几个方面探讨多周期定价模型。第五章多产品收益管理鲁棒动态定价策略研究。分别从名义模型、模型不确定的刻画、单一模型不确定水平下的鲁棒定价/动态定价、不同模型不确定水平下的鲁棒定价/动态定价等方面分析单周期定价模型和多周期定价模型。第六章非易逝品收益管理鲁棒动态定价策略研究。对问题描述并对符号进行说明,确定名义模型,考虑模型不确定的动态定价模型并进行算例分析。第七章为全文总结与进一步研究方向。

关键词:企业管理　定价策略　收益管理

**5213**

**不确定交货条件下两供应商—单制造商协同供货研究** / 李果著 ; 马士华指导. -- 华中科技大学, 2009. -- 148 页

论文以上游供应链协同供货为研究对象,将理论研究与实证研究、定性分析与定量研究相结合,比较系统地研究不确定交货条件下两供应商—单制造商协同供货问题。全文共七章。第一章系统地介绍论文研究背景、研究意义、研究内容、研究方法以及主要创新点。第二章结合文献综述,阐述不确定交货条件下供应链协同研究及其发展。第三章构建交货数量不确定的两供应商—单供应商协同供货模型,证明在存在溢出库存惩罚下,供应商和供应商,供应商和制造商之间存在纳什均衡,提出溢出库存惩罚下基于风险共享的供应链协同模型。第四章构建交货时间不确定的两供应商—单供应商协同供货模型分别对不考虑供货协同和考虑协同供货的供应链收益模型进行分析并推导出最优决策,进行比较,为了使得供应链成员接受协同供货决策,提出基于效用理论的供应链协同供货收益分配机制。第五章构建基于不同交货期策略的两供应商—单供应商协同供货模型分别根据策略 1 和策略 2 建立交货窗下基于协议交货期的供应链库存优化的 Stackelberg 模型和费用分担机制下基于可控交货期的供应链库存优化模型,在此基础上建立基于不对称纳什协商的交货期压缩费用分担协调策略。第六章建立不确定交货条件下供应链协同监控预警模型,提出不确定交货条件下供应链协同供货监控机制,并以此建立了基于事例推理的供应链协同供货监控预警模型。第七章总结全文并展望研究前景。

关键词:供销管理　供应链管理　风险管理

**5214**

**基于客户价值的移动商务价值网价值促生机制研究** / 李海莉著 ; 毕新华指导. -- 吉林大学, 2009. -- 190 页

论文基于客户价值以及网格理论,对移动商务产

业的价值创造机制进行研究。全文共分为八章。第一章绪论,提出论文的研究背景、问题的提出、论文研究的目的和意义、研究思路和方法、论文主要研究内容和结构。第二章理论基础与文献综述,介绍网格理论及其应用;介绍产业理论基础,包括产业及现代产业观概念,产业链的概念以及产业链的形成方式;综述价值链及价值网研究、价值网格及其价值创造、移动商务研究。第三章移动商务产业的内涵及其结构分析,介绍移动商务产业观;说明移动商务产业的基本界定原则;讨论移动商务产业的内涵和本质特征;说明移动商务产业发展的历程;最后提出移动商务产业的结构模型。第四章移动商务产业的价值形成机理研究。介绍基于网格理论的移动商务产业价值链的构成;分析对移动商务产业价值链节点企业间的博弈;介绍移动商务价值网格体系的结构;最后讨论移动商务价值网格的价值构成机理模型。第五章移动商务客户价值实证研究,内容包括移动商务的客户价值及其构成、移动商务客户的分类、移动商务客户价值的调查研究以及数据结果与讨论。第六章基于客户价值的移动商务价值网价值创造,介绍移动商务产业价值网核心企业选择机制,由核心企业主导的移动商务价值网构建,移动商务价值网格的价值促生以及移动商务价值网格的利益分配机制。第七章中国移动商务产业发展对策建议,首先是对打造优势产业价值链的对策建议,包括依托核心资源打造商务平台,加强品牌建设树立企业形象,构建营销渠道实现持续发展以及建立分配机制实现利益共享;利用客户价值实现产业价值的对策建议,包括市场细分、成行开发,挖掘需求、创新服务,体验营销、打造样板;最后是政府推动产业发展的对策建议。第八章是论文的结论和展望。

关键词:移动通信　电子商务　产业发展

**5215**

**因特网使能供应链的若干商业运作模式研究** / 李海南著 ; 陈荣秋指导. -- 华中科技大学, 2009. -- 110页

论文对因特网使能供应链的研究主要着眼于需求产生点和满足点的不匹配提出研究问题,再对各研究问题提出研究假设并展开研究。研究改善直运行型供应链绩效的其他措施或设计其他形式的协调合同,建立受多个顾客因素影响的 BTO 供应链成本模型并推导出更有效的供应链运作策略。论文共包括七个章节,第一章是研究背景,研究问题的提出,并确定论文的研究范围,讨论研究方法。第二章是国内外因特网使能供应链的文献综述,包括因特网对供应链的主要影响,并研究了几种经典模型并作出评价。第三章分析集中订货、动态定价与直运型供应链绩效改进的模型,按照模型建立的基本步骤,逐一给出相关的参数并分析数值例子与参数变化的影响。第四章节研究存货共担情况下的混合直运型供应链协调,通过建立的相关模型对相应的参数进行分析并研究他们的影响。第五章建立关于需求推介该井多渠道分销系统绩效的模型,进行问题描述、模型与求解、数值仿真。第六章分析因特网使能的 BTO 供应链中考虑顾客因素的成本模型,包括两个子模型:关于顾客订单产品规格的模型与求解,受顾客成熟度影响的成本模型与求解。第七章节是论文的结论和展望。

关键词:企业管理　供应链管理　存货管理

**5216**

**基于情景感知的移动接入模式挖掘及预测研究** / 李海强著 ; 吕廷杰指导. -- 北京邮电大学, 2009. -- 94 页

论文基于中国移动的手机地图业务,从感情感知的移动用户行为模式角度出发,针对用户的序列移动接入模式挖掘、个人隐私泄露问题和移动接入模式的预测三个方面进行深入分析,提出合理的理论解决方案,并挖掘相应的关键技术问题进行深入研究。全文共分为六章。第一章引言介绍论文研究背景、研究内容和方法。第二章回顾基于情景感知的移动商务系统研究现状,介绍环境感知泛在网络的发展和基于情景感知的移动商务系统研究。第三章进行基于情景感知的移动接入模式挖掘原理与算法研究,提出数据挖掘的概念、过程、模式与方法以及序列模式挖掘的概念机相关算法,并对基于情景感知的时间序列移动接入模式挖掘算法进行分析。第四章进行基于情景感知的移动接入模式的隐私泄露问题研究,首先界定隐私泄露相关概念,然后提出基于情景感知业务的隐私泄露限制方法。第五章提出基于情景感知的移动接入模式预测算法,并进行基于情景感知的 N-gram 改进预测模型评价。第六章提出论文结论,以及进一步研究的方向。

关键词:通信网　无线接入技术　数据挖掘

5217

**面向资源与环境的关联供应链及其协调机制研究** / 李海燕著 ; 但斌指导. -- 重庆大学, 2009. -- 114 页

论文的研究对象为面向资源与环境的关联供应链及其协调机制。全文共分为八章。第一章绪论。介绍论文研究背景与问题的提出,以及研究目的、意义、主要研究内容、研究思路、研究框架与创新之处。第二章相关基础理论及文献综述,包括绿色供应链管理的相关理论、供应链结构演变与跨连横向一体化管理、生态工业园相关研究、供应链协调的相关理论。第三章关联供应链的概念内涵及经济性分析。首先介绍关联供应链的概念内涵;其次讨论关联供应链的一种体系结构及协同流程;最后对关联供应链构建的经济学进行分析并提出对策。第四章关联供应链的运营模式及案例分析。提出关联供应链的主要运营模式,包括主辅一体化模式、对等一体化模式和并行契约运营模式;对关联供应链展开案例分析,其中主辅一体化关联供应链的案例分析为贵糖集团,对等一体化关联供应链的案例分析为亿利资源集团,双中心并行契约型关联供应链案例分析为拉法基 & 重钢集团。第五章关联供应链合作决策优化模型研究,包括基本模型描述及假设、关联供应链合作决策模型探讨和数值实例。第六章基于 Nash 协商博弈的关联供应链协调,包括基本模型描述及假设、关联供应链决策与协调模型以及数值实例分析。第七章非对称信息下关联供应链废弃物交易合作研究。在对研究问题描述和假设的基础上,探讨对称信息下废弃物基本交易合约和非对称信息下废弃物交易逆向选择合约,并作出总结。第八章为结论与研究展望。

关键词:制造工业　供应链管理　废物回收

5218

**煤矿安全管理能力研究** / 李合军著 ; 李志祥指导. -- 北京理工大学, 2009. -- 167 页

论文通过事故案例分析,探讨煤矿安全管理能力影响因素与构成要素之间的关系,构建相关模型及安全能力预警指标体系。全文共七章。第一章绪论,介绍问题提出及研究意义、国内外研究现状、研究方法与技术路线、研究框架与研究内容。第二章提出煤矿安全管理能力概念模型,构建煤矿安全管理能力理论研究框架。在现有企业安全管理能力研究的基础上,结合煤矿安全生产特点,提出煤矿安全管理能力概念,构建涵盖煤矿安全能力构成要素、影响因素的概念模型,提出研究煤矿安全管理能力的框架体系。第三章构建煤矿安全管理能力影响因素人工精神网络模型。采用基于非线性模型的径向基人工神经网络模型 GRNN 广义回归方法,构建煤矿安全管理能力影响因素数学模型。第四章建立煤矿安全管理能力构成要素结构方程模型。通过研究得出提升煤矿安全管理能力的长期与短期措施:长期应遵循"改善作业环境—健全安全培训教育制度—增加教育、生产设备投资"的路径,短期应注重安全教育培训制度的完善。第五章构建煤矿安全管理能力预警体系,并以济宁矿业集团运河煤矿和义桥煤矿为典型案例验证煤矿安全管理能力预警指标体系的可行性。第六章从四个方面,提出提升煤矿安全管理能力的若干对策,包括构建煤矿安全管理能力改进体系,健全煤矿安全教育培训体系,构建多层次的安全管理专门机构,加大安全投入力度。第七章结论与展望,对研究结论及创新性成果进行总结,并对有待进一步深入研究的地方提出日后继续研究的方向和期望。

关键词:煤矿企业　安全管理　预警系统

5219

**不完备信息系统知识获取若干理论与方法研究** / 李华雄著 ; 周献中指导. -- 南京大学, 2009. -- 118 页

论文以不完备信息系统为对象,以知识获取为目的,采用粗糙集、两步规则提取、区间集等理论方法研究不完备信息系统知识获取理论与方法。全文共分为七章。第一章绪论,介绍论文研究背景和意义,不完备信息系统规则提取研究概述,论文研究的内容和结构安排。第二章不完备信息系统的粗糙集理论,简介粗糙集的理论内容,探讨不完备信息系统的粗糙集拓展模型,基于联系度的粗糙集拓展模型;分析联系度粗糙集模型属性约简,并讨论联系度的确定方法。第三章基于分辨矩阵的不完备信息系统的属性约简,探讨核属性计算中的问题,分析广义约简、核与分辨矩阵,并对核计算问题分析;探讨不完备信息系统基于 0—1 矩阵的启发式约简,不完备信息系统中属性的 0—1 分辨矩阵和不完备信息系统 0—1 分辨矩阵启发式约简。第四章不完备信息系统填充空值的有效性分析。首先提出填空充值假设,概念形式 MCL 学习法;对 MCL 算法进行描述,并对实验分析,对该部分内容进行总结。第五章不完备信息系统的两步规则提取方法,介绍两步规则提取法的框架,探讨基于已知值的规则提取和基于填充值的规则更新。第

六章基于区间集的不完备信息系统规则提取方法，主要介绍包括区间集理论，不完备信息系统上的区间集以及基于区间集的不完备信息系统规则提取的相关内容。第七章为总结和展望。

关键词：信息系统　知识获取　粗糙集

5220

**电子政务系统中基于组织的访问控制模型研究** / 李怀明著；王延章指导. -- 大连理工大学，2009. -- 104 页

为解决复杂政务系统的组织与访问控制问题，论文提出基于组织的四层访问模型（OB4LAC），探讨OB4LAC模型的表达能力，提出AOB4LAC模型和面向组织协作的$OB4LAC^C$模型，讨论电子政务系统中基于组织四层访问控制模型的系统实现，并以一个实际的应用系统论证了基于四层访问控制模型的科学性与可行性。论文共六章。第一章为绪论，包括选题背景和问题的提出、国内外相关研究进展及评述和论文研究内容及结构三部分组成。第二章为电子政务中的组织与访问控制特性分析，包括电子政务中的组织分析、组织与访问在电子政务系统的位置、基于组织的访问控制特性分析和小结四部分。第三章为基于组织的四层访问控制模型，包括OB4LAC模型概述、OB4LAC模型的形式化描述、OB4LAC的可用性与表达能力分析。第四章为OB4LAC管理模型，包括OB4LAC模型的管理问题、AOB4LAC模型、基于应用系统的角色集合划分。第五章为面向组织协作授权的$OB4LAC^C$模型。第六章为电子政务的组织与访问控制系统设计，包括组织与访问控制体系、组织与人员管理功能设计、资源与角色管理功能设计、分布授权管理及签权功能设计、组织与访问控制模型体系的系统实现、应用实例和小结。最后为论文结论。

关键词：电子政务　安全技术　访问控制

5221

**工作休假排队系统的稳态理论及应用** / 李继红著；田乃硕指导. -- 燕山大学，2009. -- 141 页

论文对工作休假排队的稳定理论展开研究和分析，探讨适用于工作休假排队的有效方法，建立完整的理论体系，并探讨可能的应用方向。全文共分为七章。第一章绪论，介绍论文的选题背景、问题提出背景、论文研究目的和意义、国内外研究工作评述以及论文研究方案、内容和结构。第二章，工作休假的M/M/1型排队系统。基于对拟生灭过程与矩阵几何解的分析，探讨多重工作休假的M/M/1排队，包括模型描述与平稳条件，稳态指标及随机分解；并以同样程序探讨单重工作休假的M/M/1排队，最后讨论工作休假和休假中断的M/M/1排队。第三章工作休假的GI/M/1排队系统，介绍GI/M/1型结构矩阵，包括经典的GI/M/1排队和GI/M/1型结构矩阵方法；分别从模型描述与嵌入Markov链、稳态队长及随机分解、等待时间与条件随机分解、任意时刻的稳态队长几个方面研究多重休假的GI/M/1排队系统和工作休假和休假中断的GI/M/1排队，最后对数值例子分析讨论。第四章工作休假的GI/Geo/1排队系统。在经典GI/Geo/1排队的基础上，从模型描述与嵌入Markov链、稳态队长及随机分解、等待时间及条件随机分解几个方面讨论多重工作休假的GI/Geo/1排队和工作休假和休假中断的GI/Geo/1排队，从多重工作休假的Geo/Geo/1排队和单重工作休假的Geo/Geo/1排队两个方面解释工作休假的Geo/Geo/1排队，最后进行数值例子分析。第五章工作休假的M/G/1排队系统，包括M/G/1型结构矩阵、多重工作休假的M/G/1排队和工作休假和休假中断的M/G/1排队。第六章工作休假的Geo/G/1排队系统，介绍Geo/G/1的经典方式，解释多重工作休假的Geo/G/1排队、工作休假和休假中断的Geo/G/1排队。第七章工作休假排队系统的优化设计及应用，分析系统设计存在的问题，探讨其在光接入网络中的应用。最后为论文结论。

关键词：排队论　排队系统　休假

5222

**正逆向物流一体化车辆路线问题研究** / 李建著；达庆利指导. -- 东南大学，2009. -- 110 页

论文将节约资源，降低成本两者整合起来，研究正逆向物流一体化车辆路线问题，分别从确定性、模糊性和动态三方面研究了该类问题的模型和算法。全文共九个部分。第一部分阐述问题的背景和意义，综述研究思路与方法。第二部分在相关文献综述的基础上，提出单向车辆路线问题和正逆向物流一体化车辆路线问题的相关研究理论。第三部分研究租赁条件下的第三方物流多车型硬时间窗车辆路线问题研究，建立以车辆租赁费用和运行费用最小为目标的模型，并提出结合模拟退火法的混合遗传算法。第四部分研究大规模同时集散货物路线问题的算法设计

部分。第五部分以车辆数、运输里程和完成运输任务总时间最小为目标建立了多目标模型,并提出基于路线集合划分的分解迭代算法以解决大规模问题。第六部分以车辆数和运输里程最小为目标建立多目标模型,提出允许不可行解的搜索算法。第七部分建立了基于模糊置信度理论的多目标模型,并提出基于模拟的改进禁忌搜索算法来求解该模型。第八部分研究逆向需求动态出现的混合集散货物路线问题,将问题的求解过程分为静态和动态两阶段,并通过约束领域搜索范围和设计常量可行性检查两种策略来减少时间。第九部分总结全文主要工作和创新点,对研究工作进行展望。

关键词:物流　物资管理　车辆调度

**5223**

**学习型组织的组织结构设计及组织学习能力测评研究** / 李建新著 ; 齐二石指导. -- 天津大学, 2009. -- 130 页

论文对学习型组织的组织结构设计和组织学习能力的测评问题进行研究。全文共七章。第一章绪论,介绍问题的提出、研究目的、研究内容、主要创新点以及研究的意义。第二章对相关研究进行综述,包括组织学习、学习型组织和组织学习能力、学习型组织系统模型的研究综述、学习型组织结构模式的研究综述、学习型组织的组织学习能力测度研究综述。第三章学习型组织的组织学习过程及系统模型的构建。通过研究组织在多次学习循环过程中产生的路径偏离,理清学习型组织应有的学习路径,构建学习型组织的组织学习过程模型。在此基础上,从保障学习型组织学习过程的有效性的角度,提出保障学习型组织正常学习的系统模型。第四章从学习型组织的组织结构设计必须服从于学习型组织知识学习的需要这一角度出发,来研究学习型组织的组织结构的设计问题,提出学习型组织结构设计的模型和形式。第五章设计学习型组织学习能力评价的指标体系,选用具有良好优点的主成分分析方法作为评价方法,构建学习型组织学习能力测评模型。第六章根据设计的指标体系和测评方法,对天津领先集团的三个子公司进行组织学习能力的比较测评。第七章总结与展望,给出论文研究的主要结论,指出存在的不足和后续研究的重点与方向。

关键词:企业管理　组织管理　学习能力

**5224**

**新产品关键技术的评价研究** / 李剑著 ; 黄鲁成指导. -- 北京工业大学, 2009. -- 160 页

论文通过将理论、模型和个案分析融为一体,从组合评价的新视角将技术路线图和文献计量法相结合对新产品关键技术进行评价分析。全文共分为六章。第一章是绪论,详细阐述论文的选题背景和意义、文献综述指出国家与区域层面、企业层面的关键技术研究现状,交代论文的主要内容、技术路线以及研究方法。第二章介绍各种新产品关键技术研究的理论基础,包括新产品的相关概念、关键技术的基本概念、技术路线图的基本理论、文献计量分析的基本理论以及组合评价的基本理论。第三章在研究技术路线图主观评价模型和文献计量客观评价模型的基础上构建组合评价模型。与单一评价模型相比,组合评价模型可以提高新产品关键技术评价的准确性和稳定性。技术路线图主观评价模型和文献计量客观评价模型是用截然不同的方法构建的。第四、五、六章论文以太阳能电池为例进行实证研究。第四章是基于技术路线图的太阳能电池关键技术的主观评价研究,其过程为太阳能电池的技术预测、专家评估技术解决的顺序、建立关键技术的层次分析模型、新技术的专家评价以及绘制技术路线图。第五章是基于文献计量分析的太阳能电池关键技术的客观评价研究,并且介绍不同时期太阳能电池关键技术的发展状况。第六章是基于组合评价的太阳能电池关键技术的研究,研究列举评价得出的几项太阳能电池关键技术,如多晶硅薄膜技术、非晶硅薄膜技术等。

关键词:生产管理　产品开发　太阳能电池

**5225**

**基于 Agent 计算实验金融的股市波动研究** / 李杰著 ; 李心丹指导. -- 南京大学, 2009. -- 110 页

论文重点构建一个能捕捉中国故事部分特征的基于 Agent 的市场模型,基于此模型开展对股市波动的实验研究。全文共分为九章。第一章引言,介绍论文的选题背景及意义,研究思路及方法,难点与创新以及主要内容与结构安排。第二章文献述评,介绍波动以及股价波动的研究内容,股价波动的解释理论。第三章基于 Agent 的计算实验金融概述,包括基于 Agent的计算实验金融的产生与思想渊源,新古典金融、行为金融与基于 Agent 的计算实验金融,基于 Agent的计算实验金融模型的一般框架,基于 Agent 的

计算实验金融的具体模型综述。第四章中国股市波动的实证分析,包括中国股市的总体情况,股票指数与数据处理,中国股市的波动程度分析以及中国股市波动聚集性特征。第五章中国股市波动的投资者行为解释,介绍中国投资者概况、个人投资者的行为特征以及机构投资者的行为特征。第六章基于中国股市特征的 ACEF 模型构建,介绍模型的总体思路,证券,信息的具体内容,Agent 偏好,投资原则与决策制定,交易与价格决定,进化等。第七章 ASM 模型的实现与仿真结果,包括仿真平台与仿真流程、仿真结果概述、仿真回报的波动程度分析、仿真回报的波动聚集性分析等。第八章基于 ASM 模型的涨跌幅限制对股市波动的影响。首先介绍涨跌幅限制的基本内容,接着对我国股票涨跌幅限制制度的发展作出说明,再次提出张贴付限制影响股价波动的内在原理与检验,最后提出 ASM 的涨跌幅限制制度的实验和具体设计内容,并对仿真实验的结果进行具体分析和总结。第九章为论文的总结与展望。

关键词:股票市场　金融市场　经济波动

**5226**

**区域基础教育的教师资源均衡理论与实证研究** / 李锦著 ; 张新伟指导. -- 山西大学, 2009. -- 196 页

论文选择区域基础教育中教师资源均衡作为研究内容,对区域发展基础教育的教师资源均衡理论和实践进行了研究。在理论层面上,提出基础教育的相关理论和教师资源的度量方法。论文共分为九个部分。引言分析论文的研究背景和研究意义,并对国内外相关研究进行综述,提出论文的研究内容和框架。第一章对基础教育管理的相关理论和教育资源的内容进行全面论述,并提出教育链均衡的概念。第二章从本体资源、效果资源和动力资源三个方面来理解教师资源的内涵。对教师资源不均衡的内涵、表现形式及分布特点进行分析。第三章分析教师资源不均衡的影响因素,分为内部和外部两方面的影响因素。同时从社会、学校、教师三个维度对教师资源的影响入手,分析供需因素对教师资源不均衡所产生的作用。第四章研究教师资源及均衡度的度量与评价方法。运用层次分析法来确定教师资源各项指标的权重。第五章研究太原是基础教育教师资源均衡分布问题。分析太原市教师队伍基本情况并对太原市教师资源中的本体资源、效果资源和动力资源进行了比较,并以此为基础对太原市教师资源的均衡度进行整体评价。第六章对太原市教师资源均衡发展中存在的问题进行分析。第七章提出区域促进基础教育教师资源均衡发展的策略,从中观、微观、宏观层面分别提出对策。第八章是结论与展望。对研究所得出的结论进行总结并对未来的研究方向进行展望。

关键词:基础教育　教师队伍　资源配置

**5227**

**知识作业过程及难度描述** / 李瑾坤著 ; 李永建指导. -- 电子科技大学, 2009. -- 136 页

论文讨论构建知识作业/脑力劳动的主观符号系统、物理符号系统及其二者之间的关系等基础问题。全文共分为八章。第一章导论,介绍论文研究背景,对国内外研究现状评述,概括论文的研究方案。第二章基于认知的知识作业模型,一是知识作业的界定,包括知识作业与操作作业、知识作业与脑力劳动以及知识作业的定义;二是对知识作业模型的评述和对基于认知的知识作业模型的思考。第三章知识作业过程表征——形式化问题,首先从知识作业过程是人脑对主观符号操作变换的过程以及知识作业过程的形式化为知识表示两个方面对知识作业过程的心理形式化作出讨论;接着介绍知识作业过程的 MO 表征,提出知识作业是“一连串的动作(MO)”;对 MO 的验证性因素作分析,包括其目的、MO 概念结构模型假设、测量模型的建立、问卷的编制与修订、数据采集与整理以及结果与讨论几部分内容;最后是分析知识作业过程数学形式化。第四章知识作业过程仿真,一是基于 ACT-R 理论的知识作业过程探讨,包括 ACT-R 的认知体系结构、ACT-R 心智模型、表征的假定、知识获取和知识调配等;二是基于 ACT-R 的分油问题表征内容,包括分油问题的心智表征、ACT-R 的仿真心智操作的可行性分析以及 ACT-R 的作业过程模拟等。第五章操作对象——知识的测量,内容包括研究评述、知识增长机理、知识量和作业难度的实验研究、知识测度方法以及知识测度方法的应用举例。第六章操作方式及难度测度实验,介绍难度研究背景、实验研究分析、实验具体实施内容以及操作方式与知识作业难度。第七章知识作业难度模型构建。对知识作业难度解析,构建知识作业难度结构模型和知识作业难度理论模型。第八章为论文研究总结与展望。

关键词:知识管理　脑力劳动　认知

5228

**地方财力差异与公共服务均等化的研究** / 李晋中著 ; 牛仁亮指导. -- 山西大学, 2009. -- 198 页

论文从中国国情出发,以实证分析为主,分析地区间财力差距现状及其原因,寻找财力不均等的体制症结和实现公共服务均等化的出路。全文共分八个部分。引言阐述立题的意义、国内外研究综述、研究方法、研究内容和主要创新之处。第一章对我国基本公共服务均等化和地区财力差距现状进行分析评价。第二章分析我国地区间经济增长差距对地区财力的影响。我国地区间经济增长差距拉大的趋向,这种发展趋势和分税制财政体制叠加,使得发达地区的地方财力增长更快,地方公共服务能力水平提高。第三章分析我国经济增长方式对地区财力的影响。低产出的经济增长方式抑制附加值空间,也就抑制直接税的增长。第四章分析我国经济体制对地区财力的影响。我国的国有企业制度与市场经济国家的企业制度不同,国有企业的公有产权性质和国家对价格的控制,使国有企业缴纳的企业所得税和市场经济国家的公司所得税有很大不同,税负转嫁和税源转移影响到地方财力。第五章对省以下财力均等化进行分析,并且对不同的省以下财政体制的财力均等化程度进行比较评价。第六章对国外公共服务管理模式进行比较。第七章对山西省资源型经济对财力增长的影响。资源型经济特殊的公共负担进行了分析。

关键词:地方财政　公共财政　社会服务

5229

**国家投资建设项目网上招投标研究:专家管理系统和 IT 采纳** / 李菁菁著 ; 邵培基指导. -- 电子科技大学, 2009. -- 138 页

论文基于专家管理系统和 IT 采纳,对国家投资建设项目的网上投招标展开研究。全文共分为六章。第一章概述,介绍相关研究概念的界定,对文献的综述与评价、问题的提出以及论文研究的内容、结构和主要创新点。第二章国家投资建设项目网上招投标系统分析。首先对国内外招投标发展现状分析,国外分析主要包括美国、加拿大、欧共体、韩国、日本等,国内分析主要针对中国采购与招标网、深圳建设工程交易信息网和四川建设网等;对国家投资建设项目的网上招投标系统逻辑模型展开研究,包括四川省国家投资项目网上招标系统的提出、意义、建设情况和系统逻辑模型的构建等。第三章评价专家库系统的管理研究。包括专家库数量优化研究、评标专家库智能抽取方法设计等。第四章评标专家的管理研究。研究基于胜任力的评价专家评价模型,从评价模型的指标设计、指标权重分析、模糊评价方法设计和应用算例四个方面构建模型,对评标专家库建设提出对策和建议,提出应设立统一标准规范评标专家库,规范评标专家库的准入退出机制,完善对评标专家的激励机制。第五章网上招投标系统采纳影响因素研究。构建研究模型,提出影响技术因素、组织因素、环境因素以及影响因素操作化的定义及研究假设,设计问卷并展开调查,对数据回收分析并进行假设检验,得到研究在技术因素、组织因素和环境因素三个方面的讨论。第六章为结束语。

关键词:基本建设项目　招标　投标　遗传算法

5230

**物流快速反应的能力评价与实现研究** / 李隽波著 ; 高阳指导. -- 中南大学, 2009. -- 164 页

论文以物流快速反应的能力评价与实现为重点研究对象,通过分析和整理国内外有关快速反应和物流评价及实现的研究成果,结合物流快速反应的特点,确立物流快速反应能力的评价指标体系,构建评价模型,并进行实证分析。全文共分为七章。第一章绪论,介绍论文研究背景与研究目的意义、国内外研究现状、研究思路与内容。第二章物流快速反应的相关理论分析,包括物流基本理论、系统工程理论和供应链管理理论对物流快速反应实现的理论指导。第三章对物流快速反应能力的影响因素及其重要程度分析;分别对物流快速反应能力二级指标和三级评价指标进行确定,对物流快速反应能力评价指标体系确定。第四章物流快速反应能力评价方法研究。通过对常用评价方法的对比分析、采用模糊积分法的合理性、模糊积分的起源与发展以及模糊积分的应用对物流快速反应能力评价方法确定;创建基于模糊积分的物流快速反应能力评价模型;提出物流快速反应能力评价模型的算法过程;对研究内容作算例分析。第五章物流快速反应现实方法研究。通过提取关键因子的常用方法、层次分析法基本原理以及物流快速反应实现关键因子分析步骤的讨论,对物流快速反应实现的关键因子分析;判断物流快速反应实现的因子重要性序列;提出物流快速反应的实现方法。第六章物流快速反应的能力评价与实现的案例分析。对海尔集团基本情况介绍,提出海尔集团实施物流快速反应的理论依据,对海尔集团物流快速反应能力评价并对

比,对海尔集团物流快速反应的实现条件作出说明。第七章为论文结论与展望。

关键词:企业管理　供销管理　供应链管理

**5231**

**备选项的序列和属性特征对动态决策行为影响的实验研究** / 李俊岭著 ; 陈立文指导. -- 河北工业大学, 2009. -- 131 页

论文主要采用实验室试验的实证研究方法,对备选项的序列和属性特征对动态决策行为影响展开研究。全文共分为七章。第一章绪论,介绍论文研究意义、国内外研究现状、基本概念界定、研究思路、框架、内容、目标以及主要创新点。第二章文献综述。对动态决策研究进行历史回顾,包括基于最优解策略的研究、假设松弛的动态决策问题研究以及决策目标变化的动态决策研究;关注动态决策研究的最新动态,包括基于启发式策略的研究和多属性动态策略研究;对动态决策问题的应用研究,包括最低价搜索问题的经济学模型、工作搜索问题的行为决策模型以及动态搜索理论在其他领域的应用;探讨前景理论和行为决策理论,包括风险决策与前景理论、行为决策心理的认知过程以及行为决策心理的情绪过程。第三章模型构建与假设提出。对经纪人理性假设及其行为冲突展开分析,并对行为经纪人的偏好构建性分析,构建动态决策行为与模型,对变量操作化并测量,最后提出研究的假设,包括选项集规模对决策行为与心理的影响、选项值序列特征对搜索行为的影响以及选项值的属性特征对搜索行为的影响。第四章研究方法与实验设计。提出实验室试验及其相关概念,确定实验内容,提出实验设计方法、实验控制、实验情境与实验材料,并设计实验平台、实验程序、实验指导书和实验问卷。第五章实验过程与数据收集,分别对实验的预研究阶段、实验实施阶段的设计、过程和结果进行说明,对实验数据作出初步整理。第六章数据分析及假设检验。对决策行为感知进行初步统计分析,对决策行为的性别差异做 T 检验;对序列特征与决策行为之间的关系做实证分析,并对属性特征与决策行为之间的关系做实证分析。第七章为结论与展望。

关键词:决策行为　行为分析　多目标决策

**5232**

**考虑节能降耗的关键机器调度问题研究** / 李凯著 ; 杨善林,储诚斌指导. -- 合肥工业大学, 2009. -- 121 页

论文的研究对象为节能降耗的关键机器调度问题。全文共分为七章。第一章绪论,介绍论文的研究背景、研究内容及结构安排。第二章,文献综述,介绍调度问题的符号表示及分类、最小化 Makespan 的关键机器调度问题、受能耗约束的关键机器调度问题、调度问题的研究方法等。第三章,无能耗约束的关键机器调度问题。首先说明问题分析及启发式算法,包括传统的启发式算法、LPT 的改进算法 MLPT 以及启发式算法实验及其结果分析;其次是可变邻域搜索算法,介绍解的表示、邻域生成方法、可变邻域搜索算法描述等;再次是模拟退火算法,包括模拟退火算法描述和模拟退火算法实施细节;最后是实验数据及其分析,包括同类机问题情形亚启发式算法性能比较和同型机问题情形亚启发式算法性能比较。第四章,准备时间受能耗约束的关键机器调度问题。首先从最优解的特征的范围确定两方面分析问题并提出问题下届,进而对优化算法进行设计,然后得出实验和实验的数据分析,得出结论。第五章,加工时间受能耗约束的关键机器调度问题。在对问题描述和分析的基础上,重点研究线性递减能耗约束函数的关键机器调度问题和凸减能耗约束函数的关键机器调度问题。第六章,准备时间与加工时间同时受能耗约束的关键机器调度问题。首先对问题进行分析,并对问题分析和提出问题下届,接着对优化算法设计,包括初始解的生成、解的变换、可变邻域搜索算法以及模拟退化算法,最后对实验及其数据展开分析。第七章为总结与展望。

关键词:工业企业管理　生产管理　生产调度

**5233**

**生殖健康服务领域服务对象满意的影响机制研究:基于社会性别视角** / 李亮著 ; 李树茁指导. -- 西安交通大学, 2009. -- 159 页

论文应用系统工程分析思路,在已有的商业领域的顾客满意模型研究的基础上进一步深化,融合社会性别视角,结合中国生殖健康服务系统分析,提出中国生殖健康领域服务对象满意模型,建立并验证服务对象满意及其相关心理行为因素测量模型,根据服务对象满意度模型建立分析框架,采用路径分析对服务对象满意的心理行为机制进行分析,采用多层线性模型对服务对象满意的社会文化机制进行分析。全文共分为八章。第一章绪论介绍论文研究背景、进行概念界定,明确研究目标、研究框架和研究方法。第二

章评述生殖健康服务领域研究概况、服务对象满意的理论研究现状、服务对象满意的影响因素研究现状和社会性别意识理论研究现状。第三章对中国生殖健康服务系统进行分析,建立基于社会性别视角的服务对象满意模型,建立分析框架,制定分析策略。第四章介绍潜变量的操作性定义及测量项目,问卷调查的数据采集方式,对心理行为变量测量模型进行分析。第五章进行服务对象满意形成的心理行为机制研究,介绍了研究设计、描述性分析结果和心理行为机制路径分析结果,讨论心理行为机制和心理行为机制模型的意义。第六章研究服务对象满意形成的社会文化机制。第七章根据服务对象满意整体模型的分析结果,对整体模型进行讨论,提出政策建议。第八章总结论文,提出研究展望。

关键词:优生优育　医疗卫生服务　服务质量

**5234**

**服务质量管理的复杂性问题研究** / 李林著 ; 顾宝炎指导. -- 上海理工大学, 2009. -- 148 页

论文总结服务质量研究的历史和现状,从管理科学、经济学以及社会学等多角度,分析服务质量管理框架中的主要问题,引入复杂性科学的理论和方法建立模型、分析问题,完善和发展现有服务质量管理理论和方法。全文共分为七章。第一章介绍论文研究目的和意义,进行国内外有关服务质量的研究综述,阐述论文研究内容和研究方法。第二章提出服务质量复杂性研究的理论基础,包括服务质量的产生和发展、管理学研究的启示、复杂性科学研究的方法论。第三章阐述复杂网络的研究与应用,构建复杂网络模型,介绍复杂网络的特性及应用,进行社会网络研究,最后结合电话社会网络进行实证研究。第四、五、六章在研究方法的基础上,采用复杂性科学研究的方法——复杂网络研究的有关理论和模型及其研究的新成果,研究与服务质量管理有关的三方面问题:口碑传播、顾客聚类,以及个性化推荐,并对这三个方面分别进行实证分析。第七章总结论文的结论,对可能的研究方向提出可行的研究展望。

关键词:服务业　服务质量　质量管理

**5235**

**我国企业家核心素质 CI 能力的系统研究:新经济形态下的高效沟通系统探析** / 李玲玲著 ; 王其藩指导. -- 同济大学, 2009. -- 166 页

论文对企业家核心素质——关键能力开展一系列研究工作。论文分为六个部分。第一部分为绪论,介绍研究课题背景和目的,对国内外相关文献进行综述,并简要介绍主要研究工作。第二部分首先研究核心素质(能力)的理论论述和实证分析,然后通过典型企业家的成长轨迹分析 CI 能力与成败轨迹的关系,最后对 CI 能力进行系统思考。第三部分分析注意力(心理能量)与核心素质系统,深入研究了企业家核心素质系统理想回路的构成和动态响应,对企业家核心素质模型进行动态分析。第四部分首先研究心智模式与 CI 能力,然后建立 CI 能力的系统动力学模型并进行仿真分析,最后由案例分析研究企业家 CI 能力在复杂系统的作用机理。第五部分研究企业家 CI 能力改善的侦错排错 DEBUG 系统。第六部分为论文的结论与展望。

关键词:整体素质　领导能力　企业管理

**5236**

**不完备信息系统下的粗糙集理论及其应用研究** / 李萍著 ; 吴祈宗指导. -- 北京理工大学, 2009. -- 128 页

论文对不完备信息系统下的粗糙集理论及其应用进行研究。全文共分为七章。第一章绪论介绍论文的研究背景和意义、研究内容和框架,着重分析粗糙集理论研究现状、不完备信息系统下的粗糙集理论研究现状以及上市公司财务危机预警模型研究现状。第二章对不完备信息系统下的粗糙集理论进行理论分析,介绍不完备信息系统下的粗糙集理论的相似关系、非对称性关系以及限制容差关系以及相似关系下的不确定性度量。第三章从不完备信息系统的粗糙性和规则性两个方面来分析信息系统的不确定性度量。第四章提出相似关系下的隶属度函数和广义决策函数,并以此定义对象及系统的七类知识约简。从系统的知识约简类型出发,定义不完备信息系统的各类决策规则,并利用差别函数给出最优确定规则、最优广义规则及最优广义明确规则的求取方法。第五章在知识约简类型及其相互关系的研究的基础上,进一步讨论知识约简的相关算法。通过实例分析证明,给定不同的二元关系,同一个信息系统得到的规则是不一样的,从此算法角度说明二元关系及算法的选择对系统规则提取的影响。第六章将不完备信息系统下的邻域粗糙集理论及知识约简算法应用于上市公司财务危机预警中,并将预警结果同经典的 Logisistic

模型的预警结果进行对比。第七章总结论文结论，进行相关展望。

关键词：信息系统　数据处理　粗糙集

5237

**中国快递业国家安全监管研究** / 李谦著 ； 晏敬东指导. -- 武汉理工大学, 2009. -- 147 页

论文对我国快递业国家安全监管进行了研究。全文共分八章。第一章导论，对目前国内外国家安全和中国快递业发展的研究进行了综述，提出研究的目的和意义、研究方法和研究内容。第二章中国快递业国家安全监管研究的理论基础。结合快递业安全的内涵与特点，分析与中国快递业国家安全监管相关的国际贸易理论、国家安全理论及预警监管理论。第三章讨论国外快递业国家安全监管的经验借鉴。在分析发达国家对快递业件管理法实践、体制模式和运行机制的基础上，总结了对我国快递业国家安全监管的启示。第四章分析中国快递业国家安全监管的现状与问题。通过对中国快递业进行 SWOT 分析，阐述了中国快递业严峻的安全形势和中国快递业国家安全监管的现状和问题。第五章分析中国快递业国家安全的检测与预警。构建预警指标体系，提出了模糊综合评价、层次分析法等多种决策方法相结合的产业安全预警模型，并提出具体的实施办法。第六章分析中国快递业国家安全监管的运行机制。阐述了中国快递业国家安全监管的基本构架，以及我国快递业国家安全监管的协作机制和工作机制。第七章分析中国快递业国家安全监管的保障体系。结合中国快递业国家安全监管特征，提出构建中国快递业国家安全监管的保障体系的三个方面。第八章为全文总结与研究展望。对整篇论文所做的工作、解决的问题、得出的结论进行了归纳总结，并指出论文的主要创新点和下一步的工作。

关键词：邮件投递　产业发展　市场监管

5238

**基于多智能体的重庆市安全产业集约化模式研究** / 李强著 ； 赵颖奇指导. -- 辽宁工程技术大学, 2009. -- 113 页

论文以重庆市安全产业集约化模式的选择和实现途径为主线，应用多智能体仿真的实验手段进行研究。全文共分为七章。第一章提出研究课题，介绍研究的目的和意义，对国内外关于产业集约化和对智能体建模的研究进行综述，交代论文研究内容和技术路线。第二章分析产业集约化的内涵和特征，建立产业集约化评价体系，对产业资源配置、产业组织、产业可持续发展进行评价，并在 JAVA 环境下开发产业集约度算法程序。第三章根据多智能体建模的思想，将产业视作一个复杂适应系统，构建产业集约化演进仿真模型，设定需求 Agent、供应 Agent、科研 Agent、政府 Agent 和银行 Agent 的行为规则及相关属性。产业基地模式下增加基地 Agent，设置招商行为和协调行为。IIDM 的输出为产业集约度。第四章在 JAVA 环境下，运用面向对象的设计和编程方法，基于 Swarm 平台开发了 IIDM 模拟仿真软件，为产业集约化研究提供了一个仿真实验室。第五章论证产业基地模式的是实现重庆市安全产业集约化发展的现实选择。以调研数据为输入，运用 IIDM 模型，对现有模式、科技园区模式和产业基地模式下重庆市安全产业集约度的演变形为进行 30 年仿真实验。第六章对重庆市安全产业基地的功能定位、建设选址、政府作用和运作管理等关键问题进行研究，提出相应对策。第七章总结论文主要结论，提出相应展望。

关键词：安全设备　产业发展　集约发展　重庆

5239

**集装箱码头泊位调度均衡优化方法研究** / 李强著 ； 王延章，王诺指导. -- 大连理工大学, 2009. -- 108 页

论文引入均衡优化和干扰管理等相关理论和方法，重点研究集装箱码头泊位生产调度均衡优化模型、求解算法及其在实践中的应用，开展对集装箱码头调度优化的探索性研究。全文共分为六章。第一章提出问题，综述国内外相关研究进展，阐述研究意义和研究内容。第二章根据集装箱码头泊位生产作业的基本调度要求，提出“均衡优化”的基本思想，并在此基础上建立更为贴近集装箱码头生产实际的泊位调度均衡速度优化模型，并通过算例验证此模型的有效性。第三章通过分析集装箱码头生产的特点，对港口企业生产中突发干扰时间进行分类，在均衡速度优化模型的基础上，建立基于干扰管理的泊位生产调度均衡优化模型，并通过算例验证模型有效性。第四章建立集装箱码头生产调度智能求解算法，并采用仿真模型对船舶装卸过程中系统各环节的改变所产生的不确定影响进行模拟评价。第五章在将前述模型和算法应用到试剂港口的泊位生产调度的基础上，以中国北方某集装箱码头的泊位生产调度为例，对优化

模型和算法的有效性进行验证。第六章总结论文主要结论,提出研究展望。

关键词:集装箱码头　生产调度　锚地

**5240**

**同煤集团发展循环经济的运行模式研究** / 李士金著 ; 沈玉志指导. -- 辽宁工程技术大学, 2009. -- 146 页

论文综合概述循环经济及相关理论,对同煤集团循环经济产业发展实践和系统影响因素进行分析,运用管理熵理论建立针对煤炭企业发展循环经济的管理熵有序度评价模型,设计循环经济产业链,给出同煤集团发展循环经济的具体建议和保障措施。全文共分为九章。第一章绪论介绍论文和研究背景与问题提出,综述国内外研究现状,介绍研究方法、主要内容和技术路线。第二章总结循环经济相关理论,包括自然科学基础理论、熵理论、清洁生产理论、生态工业园区理论。第三章在详细了解同煤集团产业基本现状和具体运行模式的基础上,分析同煤集团发展循环经济的基础。第四章分析同煤集团循环经济系统的内部环境和外部环境、循环经济系统的影响因素。第五章遵循相关原则,建立系统评价指标体系,运用改进的管理熵构建了系统有序度评价模型。第六章构建同煤集团发展循环经济的三种基本运行模式,通过对煤炭企业的生产特征分析,构建同煤集团单元企业内部 生产经营过程中的小循环系统,提出产业链的横向拓展、纵向延伸的产业间中循环模式。第七章运用系统动力学方法对同煤集团中循环各产业链的发展趋势进行仿真模拟,在进一步系统分析基础上,构建产业链优化模型,得出最佳参数,以此确定各产业链条的最佳规模。第八章提出完善同煤集团循环经济运行模式的对策建议和保障措施。第九章总结论文结论,确定进一步研究方向。

关键词:煤炭企业　自然资源　资源利用　产业发展

**5241**

**高校信息系统战略与发展战略的策应问题研究** / 李世收著 ; 仲伟俊指导. -- 东南大学, 2009. -- 120 页

论文对高校发展战略与信息系统战略的策应关系及其对高校绩效的影响进行理论和实证研究。全文共分为七章。第一章绪论介绍论文选题背景与意义,进行相关概念界定,总结高校信息系统和高校战略管理方面的研究现状,阐述论文的主要内容。第二章讨论高校发展战略的内涵,明确提出高校发展战略有多角型、聚焦型和力量型三类,阐述高校发展战略管理过程,分析高校战略无法有效执行的主要原因。第三章基于高校的特征,构建高校信息系统战略与发展战略策应模型,对模型中各个主要因素进行全面分析,分析各个层次上策应关系的特点。第四章构建高校发展战略和信息系统战略的策应程度、高校战略执行力度、信息系统运行效果以及高校绩效的研究模型,提出相关研究假设。对研究框架中所涉及的变量进行定义,分别开发测量量表。第五章将所收集的数据随机分成两组,分别进行探索性因子分析和验证性因子分析。探索性因子分析用于发现研究模型中所涉及变量的结构维度,进而为检验变量的结构效度和进行结构方程分析提供基础。验证性因子分析对变量结构进行验证,进一步检验了问卷的有效性和可靠性。第六章运用结构方程模型对研究假设进行实证分析,得出相关因素的影响,并在此基础上提出高校信息系统规划、建设和运行的策略建议。第七章总结全文结论,提出研究展望。

关键词:高校管理　战略管理　信息化

**5242**

**出版社编辑胜任特征模型及其影响因素研究** / 李淑敏著 ; 时勘指导. -- 中国科学院研究生院, 2009. -- 158 页

论文采用文献分析、战略访谈、工作分析、BEI 行为事件访谈、团体焦点访谈等质化与量化相结合的研究方法,通过对 20 多家出版社 1000 多名被试的多层次调查,全面探索出版社编辑的胜任特征模型及其影响因素。全文共分为八章。第一章研究背景及问题的提出,介绍胜任特征模型研究概述,工作分析和胜任特征模型的构建,胜任特征的影响因素研究,出版社编辑的胜任特征研究,胜任特征研究的评述以及研究问题的提出。第二章研究的总体设计,介绍研究的目的、总体框架与主要内容、研究方法与研究过程。第三章出版社编辑职位的工作分析研究,介绍工作分析的目的和方法,探讨工作分析的过程,对工作分析及战略访谈的研究结果展开讨论并对工作分析做研究小结。第四章出版社编辑胜任特征模型的构建研究,提出出版社编辑胜任特征模型的目的与方法,解释胜任特征模型的构建过程,对胜任的特征模型研究结果介绍并分析,得到出版社编辑的胜任特征模型并

总结。第五章出版社编辑胜任特征评价问卷的编制研究，介绍出版社编辑胜任特征评价问卷的编制方法和步骤，介绍数据的统计和处理方式，进而对调查问卷的结果进行分析，对调查做讨论和小结。第六章编辑胜任特征水平的影响因素研究，提出理论背景和假设、胜任特征影响因素的研究方法，分析胜任特征影响因素的研究结果。第七章出版社编辑胜任特征模型的应用研究，对基于胜任特征模型的应用研究概述，对基于胜任特征模型的人员进行选拔，对基于胜任特征模型展开绩效评价，并基于胜任特征模型展开培训。第八章为论文的综合讨论和论文结论。

关键词：出版社　人力资源管理　编辑人员

**5243**

**煤矿企业安全文化系统研究** / 李爽著 ; 宋学锋，郝贵指导. -- 中国矿业大学, 2009. -- 264 页

论文的研究对象为煤矿企业安全文化系统。全文共分为十章。第一章绪论，介绍论文问题的提出、国内外研究述评、论文框架及创新点。第二章煤矿企业安全文化理论基础及我国煤矿的建设现状。探讨安全文化的理论起源与发展，安全文化的内涵和特征，安全文化与安全氛围，安全文化与企业文化，安全文化与安全管理；介绍煤矿企业安全文化构成，煤矿企业安全文化的功能和作用机制；提出我国煤矿企业安全文化建设现状；对我国煤矿企业安全文化系统的概念界定。第三章煤矿企业安全文化影响因素分析。概述安全文化的影响因素，探讨煤矿企业安全文化影响因素的理论研究；对解析结构因素关系图进行分析，编制问卷量表，获取数据；对量表问卷的基本面进行分析，分析各量表之间的相关性；对实证研究中各影响因素的主要结果分析。第四章煤矿企业安全文化形成机理分析。介绍煤矿企业安全文化形成机理的理论基础，包括复杂社会技术系统中的安全文化，知识的类型及其特征，系统经济学基本原理以及自组织理论原理；探讨煤矿企业安全文化系统构成要素及其关系；分析煤矿企业安全文化形成过程及演化机理。第五章煤矿企业安全文化形成机理的动力学建模与仿真。提出建模的目的和原理，对重要反馈回路跟踪并对其性质分析，确定系统流图及重要变量的关系，探讨模型系统的安全文化形成仿真。第六章煤矿企业安全文化体系构建。提出煤矿企业安全文化体系构建原则、目标和思路，在此基础上构建煤矿企业安全文化体系，结合煤矿企业安全文化体系的运作模型提出煤矿企业安全文化体系的建设流程。第七章人本视域下煤矿企业安全文化体系持续运行保障。提出以人为本、和谐社会与煤矿企业安全文化，探讨煤矿企业安全文化体系持续运行的保障措施。第八章对煤矿企业安全文化系统进行综合评价，并针对系统评价对系统内容总结。第九章煤矿企业安全文化系统的运作案例剖析——夹河煤矿与张双楼煤矿比较研究。第十章为结论与展望。

关键词：煤矿企业　企业安全　企业文化

**5244**

**基于实物期权理论的矿业权价值评估研究** / 李松青著 ; 王国顺指导. -- 中南大学, 2009. -- 133 页

论文以实物期权定价理论为基础，通过建立矿业权价值评估基础模型及其局限性的分析，将基础模型拓展为二叉树模型来评价矿业权价值，然后通过实例对两种模型进行对比分析。全文共分为八章。第一章绪论，介绍论文的研究背景、研究目的与意义、研究内容与结构、研究思路与方法。第二章实物期权理论与矿业权价值现有评估方法综述。一是实物期权理论，内容包括期权理论的溯源、实物期权理论的基本内容、实物期权与金融期权的比较分析、实物期权定价方法、实物期权理论在矿业权价值评估中的应用研究现状评述、实物期权理论在其他领域应用研究回溯、实物期权研究前沿性问题；二是矿业权价值现有评估方法，在对矿业权价值评估概述的同时，分析矿业权价值评估 DCF 法、矿业权价值评估其他方法、矿业权价值现有评估方法比较以及矿业权现有评估方法的局限性。第三章矿业权价值影响因素及其实物期权特性分析，包括矿业权内涵及其属性、矿业权价值影响因素分析、矿业权价值的不确定性分析以及矿业权价值的期权特性分析。第四章基于实物期权的矿业权价值评估基础模型，介绍布朗随机过程与 ITO 定理、矿业权价值评估实物期权基础模型以及模型的拓展。第五章矿业权价值复合期权评价模型研究。讨论矿业权的阶段特征及其实物期权的类型，对问题进行描述，对矿业权价值复合期权评价模型构建并进行算例研究。第六章矿业权价值评估参数研究，包括矿业权价值参数研究的意义与原则、矿业权特征数量化及其参数分类、矿产品价格与矿业权有效期参数的确定以及矿业权标的资产价值波动率与折现率参数的确定等。第七章案例研究。以矿区实例对其矿业权价值评估基础数据分析，对其矿业权价值 DCF 评估，探讨

基于实物期权的基础模型在其矿业权价值评估中的应用,探讨基于实物期权的拓展模型在其矿业权价值评估中的应用,并提出结论。第八章为结论与展望。

关键词:矿产资源　产权　资产评估　实物期权

**5245**

**管理思想演进维度研究** / 李涛著 ; 樊和平指导. -- 东南大学, 2009. -- 148 页

论文通过综合运用跨学科研究,比较研究等研究方法,借鉴科学哲学中新历史主义学派的“研究传统”理论和分析方法,首先在已有研究方法进行分析的基础上,选择“管理研究传统”作为新的分析单元,由此形成管理思想演进研究的新视角。其次通过对不同管理思想演进唯度的具体分析,探究管理思想。然后,借助比较研究,论文归纳 3 个管理思想演进维度的 14 组特质,并给出维度主导的管理思想发展谱系。最后,给出一个有关管理进化的网状分段模型,并通过实例进行验证。论文共分为七章,第一章为绪论,介绍课题的研究背景,文献综述,研究方法、思路与主要内容和论文的创新点和不足。第二章为管理思想演进维度研究的理论依据,包括管理思想演进研究的方法创新,“管理研究传统”和含义和作用,基于“管理研究传统”划分的管理思想演进维度三部分组成。第三章为管理思想物化演进维度的构建,包括管理活动的物理还原、定量化与系统化的努力和预设值的深化三部分。第四章为管理思想人化演进维度的构建,包括人性设定的展开、认知途径的社会科学化和价值指向的提升三部分。第五章为管理思想情境化演进维度构建,包括有机整体论的生长、经验主义方法论的完善和实用主义价值观的发展三部分。第六章为管理思想演进的维度谱系、动态特性与网状模型,包括管理思想的维度谱系、管理思想演进的动态特性、管理思想演进的网状模型三部分。第七章为论文结论。

关键词:管理学　思想史　研究传统理论

**5246**

**有限理性与资产减值问题的实证研究** / 李文美著 ; 郭道扬指导. -- 中国矿业大学, 2009. -- 182 页

论文的研究对象为有限理性与资产减值问题实证。全文共分为七章。第一章导论,介绍论文研究背景与研究意义,国内外研究现状,研究框架和重点以及论文的研究方法。第二章资产减值问题研究的理论基础,分析资产减值的产权理论,介绍有限理性理论,对资产减值基本概念界定,并得出综述结论。第三章资产减值政策变迁中的博弈安排和寻租行为研究,基于制度变迁的相关理论,做出资产减值政策变迁的博弈安排,分析资产减值政策变迁中的寻租行为并总结结论。第四章规则性有限理性与资产减值研究,内容包括对规则性有限理性的产生机理分析和对资产减值的规则性有限理性分析。第五章技术性有限理性与资产减值研究,研究对技术性有限理性的产生机理分析,在这个基础之上,对技术性有限理性与资产减值的会计职业判断,对资产减值的技术性有限理性进行分类,并得出该部分结论。第六章行为性有限理性与资产减值研究,研究对行为性有限理性的客观存在做理论分析,探讨提出行为性有限理性的实质是经营者利益的结果理性;对行为性有限理性案例进行分析,开展资产减值的行为性有限理性实证研究。第七章为论文研究结论与建议,提出主要的研究成果和政策建议,并提出论文研究的主要创新点以及研究局限,对外来研究发展方向作出展望。

关键词:上市公司　资产评估　资产　会计制度

**5247**

**农村社会化服务组织的合作机制研究** / 李武著 ; 胡振鹏指导. -- 南昌大学, 2009. -- 204 页

论文阐述农村社会化服务组织理论,研究农村社会化服务组织的合作机制,得出科学合理的结论并提出具有参考价值的政策建议。全文共七章。第一章通过调研有关农村社会化服务组织理论与合作机制的文献,确立选题依据、研究内容、研究思路与方法。第二章研究农村社会化服务组织理论的整体性,运用逻辑学中“属家种差”方法合理定义组织的定义、特征、组织演进、类型、作用等方面,并对农村社会化服务组织作为中间层进行理论分析。第三章在前文的基础上,对农村社会化服务组织进行必要性分析,主要体现在农村生产的客观需要、市场条件下农户的主观需求、满足农民公共物品和服务的需要以及繁荣农村文化事业的需要四个方面。第四章研究组织的合作机制,仅仅从组织规范、制度等方面对合作机制进行研究的瓶颈,从组织合作机制的输入、输出、合作的演进入手,揭示合作机制内涵,涉及合作机制的建立、运行原则以及现实性等方面。第五章构建了一个农民合作的演化博弈论分析框架,运用其中的单群体及多群体模仿者动态模型,分析农民合作的演化过程,揭示了农民合作的四个充分条件,并阐述了组织的演

化稳定策略(ESS)。第六章通过对江西省农民用水户协会的实证分析,实现理论与实践的结合。第七章是作者的研究结论以及提出的政策建议。

关键词:农业合作组织　服务业　农民

**5248**

**基于自组织理论的企业供需网系统演化机制研究** / 李霞著 ; 严广乐指导. -- 上海理工大学, 2009. -- 111 页

论文以 SDN 系统演化机制为研究对象,以系统演化理论、自组织理论作为理论研究的基石,运用系统分析、动态与静态相结合、定性分析与定量分析相结合等研究方法,对 SDN 系统自组织演化机制进行研究。全文共分为四个部分。第一部分为论文绪论,介绍课题研究背景、目的和意义、SDN 理论及其国内外研究现状综述、论文主要的研究内容、框架结构和创新点。第二部分包括第二章,主要阐述 SDN 系统演化的基本内容,对 SDN 系统的内涵进行界定,构建 SDN 系统总体结构模型,分析 SDN 系统的复杂性表现极其复杂性特征,对 SDN 系统自组织演化的内涵、特性及演化机制进行界定和剖析。第三部分包括论文第三、四、五、六章,分别研究 SDN 系统自组织演化的几个主要机制。首先,从开放性条件、稳定性条件、动力学条件和诱发性条件四个方面分析 SDN 系统自组织演化的条件机制。其次,阐述 SDN 系统自组织形成和演化过程,分析演化过程中的自组织机制。进一步分析 SDN 系统自组织演化的协同竞争动力机制,对动力要素进行分析,构建 SDN 系统自组织演化动力要素模型。最后,利用超循环理论分析 SDN 系统的超循环演化机制。第四部分包括论文第七章,主要对全文进行总结,指出进一步研究的方向。

关键词:经济合作　组织协同　自组织理论

**5249**

**基于风险控制的建筑供应链优化设计研究** / 李先光著 ; 李启明, Ghassan Aouad, Peter McDermott 指导. -- 东南大学, 2009. -- 187 页

论文通过系统研究建筑企业供应链战略实习过程中的各类风险因素,总结提炼关键风险源展开考虑风险控制的建筑供应链优化设计方法研究,为建筑企业通过优化建筑供应链设计来合理防范和控制风险提供理论支撑和方法依据。全文共九个部分。第一部分阐述研究背景、研究目的以及研究框架。第二部分首先结合供应链管理理论、核心竞争力理论和交易成本理论分析建筑供应链的理论基础、发展过程和形成机理,分析现有研究的贡献和不足。第三部分在综合对比分析各种风险因素识别方法的基础上,对每个风险的典型表现和影响进行分析,设计并开展问卷调查,对各风险因素进行研究。第四部分分析建筑供应链的需求波动风险及其形成机理,并通过对比研究提出通过建筑供应链柔性设计来规避需求风险的策略。第五部分分析建筑供应链供应风险的动因和分类,着重探讨建筑供应单源供应、双源供应与多源供应等模式下供应中断风险大小和供应链总成本的变化规律。第六部分提出通过在供应链伙伴选择与评价中考虑合作风险因素来进行规避和防范。第七部分结合信息经济学中的委托代理理论,探讨建筑供应链风险的定义和分类,分析建筑供应链中各类败德行为的表现和危害。第八部分针对需求风险、供应风险、合作风险和道德风险等风险因素并存条件下的建筑供应链优化设计方法的联合应用和协同优化问题展开了研究。第九部分总结论文主要研究工作和结论,并对研究未来进行展望。

关键词:建筑企业　供应链管理　最优设计

**5250**

**知识转移视角下的企业人力资源安全研究** / 李小娟著 ; 曹兴指导. -- 中南大学, 2009. -- 170 页

论文从知识转移的视角对人力资源安全问题展开研究。全文共分为八章。第一章绪论,介绍论文选题背景和意义、国内外研究现状、相关概念界定、研究思路、论文结构与主要内容以及论文主要创新点。第二章知识转移与人力资源安全研究的理论基础。一是人力资本理论,包括人力资本投资学说和人力资本投资学说的知识效应分析;二是人力资源流动行理论,包括人力资源流动学说内容和人力资源离职行为分析;三是组织学习理论,包括组织学习的内涵和组织学习与人力资源创新力分析。第三章知识转移对人力资源安全影响的微观机理分析。对人力资源的知识本质属性分析,包括人力资源的知识载体属性分析、知识存量属性分析和人力资源特征与知识转移分析;对知识转移三个阶段——知识激活阶段、知识创新阶段和知识沉淀阶段对人力资源安全影响的微观机理分析;探讨知识转移下人力资源安全性提升的动态循环过程。第四章知识转移情境与人力资源安全的作用关系分析和模型构建。分析知识转移流向和知识转移情境要素,提出知识转移情境与人力资源安全的作用关系与相关假设,包括知识转移动机、知识

转移方式、知识转移绩效对人力资源安全的影响和相关假设;提出知识转移情境与人力资源安全作用关系的概念模型。第五章知识转移对人力资源安全影响的实证研究。设计问卷,选择变量并测量,对小样本数据收集并分析,对大样本数据收集描述,对结构方程建模分析简述,并展开基于结构方程模型的检验,对结果探讨。第六章企业人力资源安全预警系统的构建。首先概述人力资源安全预警,对人力资源安全预警模型设计并对人力资源安全预警分析,对典型样本企业人力资源安全现状分析。第七章提出企业人力资源安全权变管理模型与对策建议。第八章为结论与展望。

关键词:人力资源管理　预警系统　知识经济

**5251**

**高技术企业成长性及风险识别与评价** / 李晓非著 ; 高俊山指导. -- 北京科技大学, 2009. -- 121 页

论文对高技术的成长性进行研究,对高技术企业技术风险、外部环境风险和内部管理风险进行分析,并结合高技术企业风险的特点提出风险识别和风险评价方法。全文共分为七部分。第一部分引言,介绍论文的选题背景、选题目的与意义、研究的内容。第二部分文献综述。首先分析高技术与高技术企业的特征;接着讨论风险与风险管理,包括风险概念与特征以及风险管理办法;三是介绍风险识别与风险评价办法;最后对高技术企业风险管理研究进行综述。第三部分,基于突变级数的高技术企业成长性实证分析。首先对高技术企业成长性研究作综述,包括企业成长与成长性的说明,成长性评价方法以及高技术企业成长性研究;其次是基于突变级数的高技术企业成长性分析,包括突变级数法的基本思想,基于突变级数法的企业成长性分析步骤,样本选择及成长性系数的计算以及样本企业分析的结果。第四部分基于产品生命周期的高技术企业技术风险分析,介绍生命周期理论,包括产品生命周期、企业生命周期和技术生命周期;讨论技术因素对产品生命周期的影响,包括技术进步对产品生命周期的影响和技术传播对产品生命周期的影响;最后对高技术风险作出分析。第五部分基于 Vague 集的高技术企业风险因素识别。内容包括高技术企业潜在内部管理和外部环境风险因素,基于 Vague 集的指标筛选以及高技术企业风险因素的筛选。第六部分基于区间值可拓集的高技术企业风险评价,介绍区间值可拓集风险评价模型,风险因素权重的确定以及高技术企业风险评价过程和应用实例。第七部分为论文结论。

关键词:高技术企业　企业成长　风险分析

**5252**

**基于内部环境优化的国有企业改革研究** / 李晓宏著 ; 郑丕谔指导. -- 天津大学, 2009. -- 219 页

论文从企业内部环境出发,重新界定企业内部环境范畴,并将研究视角定位在企业内部的软环境,分析企业内部环境各要素之间相互关系,以及企业内部环境管理的主要内容与特点。全文包括正文七章以及结论和展望部分。第一章绪论,介绍研究的背景、目的和意义,阐述相关概念和研究内容,对研究方法和主要创新点进行说明。第二章回顾国有企业改革历程,总结世界各国国有企业的改革经验,对国有企业改革现状进行思考。第三章国有企业内部环境研究综述,根据国有企业内部管理现状,总结国有企业内部环境管理存在的问题,并根据国有企业的实际情况,将国有企业内部环境界定为企业家的激励与约束机制、组织结构、企业文化以及执行力。第四章企业家激励与约束机制设计。通过对现有激励约束理论的回顾,结合国有企业的实际情况,分析当前机理与约束机制存在的问题,并从多任务委托—代理的角度进行国有企业激励机制设计。第五章国有企业执行力的提升。从执行力的概念及研究框架入手,回顾执行力研究的理论基础,分析影响执行力的因素,并结合国有企业执行力现状,提炼出影响国有企业执行力的因素。第六章企业文化的建设与评价。从企业文化的内涵、层次以及功能入手,简要回顾企业文化的国内外研究热点。结合国有企业文化建设的现状,提出构建国有文化的关键举措。第七章国有企业组织机构变革过程优化及绩效评价。结合组织行为理论和绩效评价理论,建立企业组织结构变革的绩效评价指标体系,根据指标的特点,采用模糊积分方法对组织结构变革的绩效进行评价。最后,进行全文总结和展望,提出论文的主要结论以及存在的不足,并指出后续工作的研究方向。

关键词:国有企业　企业结构　经济体制改革

**5253**

**我国研究型大学核心竞争力评价及培育研究** / 李晓娟著 ; 吴志功,高鹏指导. -- 中国科学院研究生院, 2009. -- 208 页

论文在高等教育领域引入核心竞争力的理念，将核心竞争力理论应用于高校战略管理之中，探索提升研究型大学竞争能力的理论方法和可行的实践操作程序。论文的主要研究方法有案例调查、问卷调查、访谈调查、层次分析法、德尔菲法、统计分析。全文共分为七章。第一章绪论介绍论文研究背景、研究内容、研究方法和技术路线。第二章对研究型大学核心竞争力进行研究综述，包括企业核心竞争力研究综述、大学核心竞争力理论的研究综述、研究型大学评价指标体系的研究综述、大学核心竞争力评价的实证研究综述、核心竞争力评价的研究方法综述。第三章进行研究型大学核心竞争力分析，分析研究型大学核心竞争力的形成机理与构成。第四章采用多案例研究方法，对我国九所研究型大学进行实证调查，综合运用员工问卷调查、大学内部访谈、专家意见、大学年报分析、研究资料分析等方法来获取调查数据。第五章对我国研究型大学核心竞争力评价结果的分析与讨论，根据调查结果，清华大学、北京大学、浙江大学在样本大学中具有较强的核心竞争力。第六章针对实证结果，系统分析样本大学核心竞争力构成机理，剖析五种核心竞争力之间的理论关系，在此基础上提出培育和提升研究型大学核心竞争力培育及提升的策略。

关键词：高等教育　高等学校　核心竞争力

**5254**

**大型建设工程施工合同激励机制设计研究** / 李雪淋著 ; 王卓甫指导. -- 河海大学, 2009. -- 125 页

论文从经济学激励理论的角度对作为社会经济人的业主和施工承包人之间的委托代理关系进行分析，提出设计良好的激励机制是可行的降低承包人的道德风险的有效途径。论文共七章。第一章是绪论。第二章是研究范围界定与相关理论基础，包括研究范围界定、大型建设工程项目交易和交易合同的特点、业主和承包人委托代理关系的分析、激励机制的设计框架及相关理论基础。第三章是基于多目标的分阶段激励机制的设计，建设的工程施工合同的多目标性分析。第四章是平行发包模式下竞赛激励机制设计，包括平行发包模式下业主对多个承包人是委托代理关系的特点、基于竞赛的多人承包激励机制、竞赛激励机制设计需要防范的两个问题。第五章是多阶段发包模式激励制度机制，包含重复博弈声誉激励机制和建筑市场声誉激励机制。第六章是南水北调东线一期江苏段工程施工承包人激励机制设计案例分析。第七章是结论与后续研究设想。

关键词：大型建设项目　经济合同　工程施工

**5255**

**知识获取与后发企业技术能力提升：以汽车零部件和软件产业为例的研究** / 李艳华著 ; 柳卸林指导. -- 中国科学院研究生院, 2009. -- 179 页

论文在归纳后发企业技术能力提升与知识获取的相关理论后，提出后发企业技术能力提升的五种可能路径，构建内部研究开发、外部知识获取、消化吸收能力与这五种发展路径的分析框架与基本假设，并以中国汽车零部件和软件企业为对象进行实证分析与验证。全文共八章。第一章绪论，介绍研究的现实背景、理论意义、问题提出、内容与结构安排以及研究方法。第二章介绍理论基础与文献综述，包括企业技术能力的相关研究、后发企业技术能力提升的路径与机制、知识获取与后发企业技术能力提升、吸收能力与知识获取及技术能力提升等。第三章介绍技术能力提升路径的研究框架，界定后发企业技术能力的内涵，基于功能视角对技术能力进行划分。第四章提出研究假设，包括内部知识获取与技术能力提升的关系及假设、外部知识获取模式与技术能力提升的关系及假设、外部知识来源与技术能力提升的关系及假设等；对研究假设进行小结及分析并构建模型。第五章对汽车零部件与软件产业技术能力进行实证研究。介绍研究产业的选择与选择依据，对中国汽车零部件产业与中国软件产业的技术能力进行分析。第六章介绍研究设计、变量测度与样本统计分析。第七章介绍实证分析方法的选择及吸收能力调节作用的假设检验。第八章研究结论与展望。总结主要研究结论与创新点，阐述管理与政策启示，介绍研究的局限与进一步研究的展望。

关键词：技术管理　企业发展　知识获取

**5256**

**企业并购中人力资本价值评估方法研究** / 李宜著 ; 原毅军指导. -- 大连理工大学, 2009. -- 128 页

论文在借鉴国内外有关企业并购中人力资本价值评估研究的基础上，立足于中国企业并购活动这一现实背景，从理论与实证两个方面对并购中的人力资本价值评估进行了研究。理论研究上，从并购和人力资本的基本概念入手，深入分析人力资本的价值构成，以及人力资本在企业的资产增值中发挥的重要作

用,论证了准确评估人力资本价值对并购的重要性。论文分为七个部分。第一部分为绪论,介绍研究的研究背景和选题意义,对一些基本概念进行界定,对国内外的相关文献进行综述,并提出研究的框架、方法和创新点。第二部分深入研究人力资本的价值及其影响因素。首先研究人力资本的形成与增值能力,然后对人力资本的特征进行分析,最后探讨了人力资本价价值的影响因素。第三部分首先分析了人力资本协同效应与并购企业的价值创造能力,然后研究了人力资本对企业并购成败的影响,最后对企业并购后管理中的人力资本价值进行评估。第四部分深入研究了基于 BP 人工神经网络的目标企业人力资本价值评估。详细分析现有的一些评估方法,研究了 BP 神经网络评估人力资本价值的适用性,并对 BP 神经网络方法的应用进行研究分析。第五部分对影响并购中人力资本价值的因素和企业并购中人力资本评估指标的分析,研究了并购中人力资本价值评估的指标体系。第六部分为实证研究,包括样本数据的收集,建立相应的 BP 人工神经网络,目标企业人力资本价值测算。第七部分为论文的结论与建议。

关键词:企业兼并　企业管理　人力资本

**5257**

**知识管理战略、创新与企业绩效的关系:基于业务战略类型的分析** / 李忆著 ; 司有和指导. -- 重庆大学, 2009. -- 148 页

论文基于业务战略类型对知识管理战略、创新与企业绩效的关系分析。全文共分为七章。第一章绪论,介绍论文问题提出与研究意义,研究内容、方法和论文结构以及论文创新点。第二章文献回顾。介绍探索式创新与利用式创新,介绍知识管理战略的定义与分类、知识管理战略的实施效果以及战略之间的相互关系。第三章概念模型与研究假设,界定基本概念,包括探索式/利用式创新、编码化/人际化的知识管理战略、企业绩效、组织基础、外部环境和业务战略分类;提出概念模型和研究假设,并对研究假设总结和评价。第四章研究设计。基于对企业的了解和走访,设计研究的调查问卷,并设计量表,内容包括企业绩效、探索式创新和利用式创新、知识管理战略、组织基础、外部环境、业务战略和控制变量;对调查结果抽样并评价;提出研究的方法,包括缺失值分析、正态性检验、探索性因子分析(EFA)、验证性因子分析(CFA)、信度分析、回归分析和结构方程模型。第五章数据分析。对数据质量检验,包括缺失值的处理和数据正态分布检验;进行信度与效度检验、同源误差检验,对业务战略类型划分,对子样本中的效度与信度分析;提出假设检验,包括关于直接作用的假设检验、关于互补作用的假设检验以及关于调节作用的假设检验。第六章为结果与讨论。分别对关于直接作用、关于互补作用和关于调节作用的研究结果作出总结和解释;分析研究结果与既有文献之间的关系,探讨研究结果对管理实践的意义。第七章为论文结论。

关键词:企业管理　知识管理　企业绩效

**5258**

**供应链多层规划模型及其合作协商求解方法研究** / 李应著 ; 杨善林指导. -- 合肥工业大学, 2009. -- 108 页

论文研究在分布和不确定信息决策环境下,多阶供应链协调与计划问题的建模与协商求解方法。全文共分为八章。第一章绪论,介绍论文研究的背景和动机,研究问题的提出以及内容组织与论文结构。第二章供应链多层规划方法研究综述。对多层规划问题的基本概念和算法描述,介绍多目标模糊优化技术和交互式决策技术;对供应链契约的类型及设计研究综述,对供应链协同机会的内容和特点等相关研究综述。第三章供应链多层规划建模及其合作解分析。一是分布模式下的供应链决策模式分析和层次结构分析;二是探讨对多层规划在供应链建模中的运用及特点,包括供应链多阶对策问题的特征以及供应链多阶规划模型的应用;三是供应链多层规划模型形式的讨论,包括具有三层或以上供应链的结构模型,两层多随从的供应链模型以及有关约束放置问题的讨论;对供应链多层规划问题与多目标决策问题比较分析;基于二层规划的供应链价格折扣契约问题建模。第四章契约协调问题的交互式整体优化协商,包括基于模糊满意度的两层规划问题转化,基于整体优化的两步协商过程设计,对解的定义与算法性能分析,在上述基础上进行算例分析。第五章协同计划问题的基于合作对策的两步协商,探讨基于合作对策的两步协商过程设计,对模糊遗传算法求解;开展最优性分析,对基于多层规划的协同生产—分销计划模型开发并求解。第六章模糊环境供应链计划可调参数两层协商,探讨模糊环境多层规划问题,模糊环境生产—分销系统二层规划模型及其清晰化以及可调参数两层

交互式协商算法,并进行算例分析得出结论。第七章下层多随从的供应链合作协商。对下层多人无关联两层供应链决策问题、下层多人有关联非合作两层决策问题、下层多人有关联合作两层决策问题进行分析讨论。第八章为总结和展望。

关键词:企业管理　供销管理　供应链管理

**5259**

**基于改进粒子群神经网络的电信业务预测模型研究** / 李勇平著 ; 李荣钧指导. -- 华南理工大学, 2009. -- 159 页

论文的研究对象为基于改进粒子群神经网络的电信业务预测模型。全文共分为七章。第一章绪论,介绍论文的研究背景及意义、研究现状与趋势、研究目标与研究内容、拟解决的关键问题与创新期望以及研究方法与技术路线。第二章电信业务预测现状分析,包括电信业务发展现状与市场分析,电信业务预测要求及因素分析,现行电信业务预测模型特征分析以及神经网络预测模型存在的主要问题及改进设想。第三章智能计算技术理论基础,包括神经网络理论、混沌预测理论、遗传算法原理以及粒子群算法原理。第四章粒子群优化算法的改进研究。一是粒子群算法与遗传算法及混沌算法的比较分析;二是介绍粒子群算法混沌的初始化,包括混沌运功遍历性的数学描述以及粒子群算法混沌初始化程序;三是粒子群算法小生境进化策略,包括遗传算法中的小生境技术比较分析,小生境进化策略在粒子群算法中的应用设计;四是粒子群算法的参数设计,包括适应度函数选择与尺度变换法则以及学习因子实验设计与惯性权重自适应调整策略;五是改进粒子群算法综合程序的介绍;最后为基于标准测试函数的算法实验分析。第五章粒子群神经网络的集成研究,包括粒子群神经网络的集成方式分析,粒子群神经网络的拓扑结构与学习算法,粒子群神经网络的模型设计和算法程序。第六章基于电信业务样本的预测模型设计,包括电信业务预测指标及其影响因素介绍,电信业务样本采集与数据统计分析,基于电信业务样本的改进粒子群神经网络设计以及基于电信业务样本的其他预测模型设计。第七章电信业务预测模型试验结果的比较分析。基于电信业务的测试样本,对各种模型的电信业务预测结果进行分析。最后为论文的结论与展望。

关键词:神经网络　粒子群优化算法(PSO)

**5260**

**科技支撑和引领经济发展的机理研究** / 李有平著 ; 李廉水,杜占元指导. -- 东南大学, 2009. -- 139 页

论文结合国内外数据进行实证研究,以全新的视角推进和发展相关研究,在实践上,对我国制定和实施科学的科技发展计划和经济发展计划具有重大现实意义。论文分为八个部分。第一部分引言,介绍问题提出、研究内容、研究方法、研究创新与应用价值。第一章文献综述,从新古典经济增长理论的视角、经济增长与技术进步、科技进步贡献测度方法、科技进步对经济增长的贡献、R&D 与经济增长的关系、科技支撑和引领经济发展等六个方面,对于主题相关的文献进行了简要评述。第二章介绍科学技术、经济增长、支撑和引领的概念,对相关概念进行界定,从不同角度论述经济增长中科学技术因素的作用,并对科技推动经济增长的作用做较为具体的分析。第三章探讨科技支撑和引领经济发展的宏观机理、微观传导机理和互动发展机理,借用和扩展纳尔逊和温特的连续时间模型,分析经济体系或某个重要部门中产出、投入和要素价格交互作用,以及科技推动经济发展的演化路径。第四章提出科技支撑和引领经济发展的理论框架假设,研究科技支撑经济进入科技引领经济阶段的评价指标,分析支撑特征和引领特征,考察世界典型国家地区的发展历程,并对我国现状进行分析。第五章以全要素生产率为研究工具,分别以世界部分国家和我国各省份各产业的数据对对象,通过数据采集和处理、平稳性检验、协整检验及模型选择,推导和计算验证前文得到的观点,并得到启示。第六章对我国科技支撑和引领经济发展的政策内容进行回顾和分析,结合研究内容,提出了我国科技由支撑和引领经济发展的五条政策建议。第七章对全文进行总结,得出基本结论,指出论文研究的不足之处,并对未来的研究进行展望。

关键词:技术进步　技术创新　经济发展

**5261**

**基于粗糙集的指标体系构建及综合评价方法研究** / 李远远著 ; 云俊指导. -- 武汉理工大学, 2009. -- 140 页

论文以 C2C 电子商务市场作为研究对象,了解在其环境下,影响消费者的因素。全文共六章。第一章阐述研究背景、研究目的与意义,界定研究范围,选择研究方法,确立技术路线和内容安排。第二章以

计划行为理论、技术接受模型、创新扩散理论为基础，建立 C2C 电子商务消费者购物意愿的影响因素模型，将购物意愿的直接影响因素分为态度、感知风险、主观规范和感知行为控制。第三章进一步对这四个变量进行解构，构建态度、感知风险、主观规范和感知行为控制子模型，并对态度与购物意愿之间的关系、感知风险与购物意愿之间的关系等进行假设。第四章通过个别访谈和参考相关文献，设置变量的初步测量指标，并进行预试，对预试数据进行项目分析和探索性因子分析，运用验证性因子分析、平均变异萃取量比较法、CRITIC 法、T 检验、方差分析、回归分析等方法对研究模型进行实证分析。第五章发现消费者购物意愿受到态度、感知风险、主观规范和感知行为控制的影响，也证实态度受到相容性、感知有用性和感知价格的影响，感知风向受到信任和安全顾虑的影响，主观规范受到外界影响和人际关系的正向影响。第六章讨论研究对于 C2C 电子商务的理论和实践意义，并对 C2C 网站和卖家提出经营建议。

关键词：粗糙集　综合评价　专家系统

**5262**

**研发团队创新氛围的构成维度及影响因素研究：基于中国科学院研发团队的分析** / 李媛著 ; 高鹏指导. -- 中国科学院研究生院, 2009. -- 152 页

论文选择研发团队创新氛围的构成维度和影响因素进行研究，验证并修订研发团队创新氛围的测量量表，构建研发团队创新氛围的维度构成模型和研发团队创新氛围的影响因素模型，并进行实证研究，根据研究结论提出研发团队创新氛围建设的发展建议。全文共分为七章。第一章引言，介绍论文选题背景与意义、理论基础、主要研究内容和研究方法与研究途径。第二章文献综述与相关研究的进展，介绍团队的发展和界定，研发团队的界定和相关研究，创新研究进展，氛围研究进展和创新氛围研究进展。第三章团队创新氛围量表的有效性验证，介绍团队创新氛围量表，对团队创新氛围量表的国内外验证做介绍，通过研究样本，对样本结果讨论分析，得到团队创新氛围量表在我国研发团队中的验证。第四章研发团队创新氛围模型的构建，包括访谈研究以及研发团队创新氛围维度构成模型、研发团队创新氛围影响因素模型。第五章研发团队创新氛围量表的设计与形成，分别介绍研发团队创新氛围内容要素量表，研发团队创新氛围影响因素量表和研发团队创新绩效量表，对量表进行检验、设计和预测，对讨论结果做总结。第六章研发团队创新氛围模型的实证研究，实证研究从数据收集、数据度量、研发团队创新氛围维度构成分析、研发团队创新氛围影响因素的路径分析以及控制变量对研发团队创新氛围的影响分析几个方面作出探讨，并得出结论。第七章研究结论与展望，介绍论文主要研究工作和结论、主要创新点、发展建议以及研究不足与愿望。

关键词：中国科学院　科研开发　组织管理

**5263**

**组织运作优化活动向可持续竞争优势演化机理与过程研究** / 李正锋著 ; 叶金福指导. -- 西北工业大学, 2009. -- 142 页

论文构建运作优化活动向可持续竞争优势演化理论模型，借鉴相关研究成果，对运作优化活动、可持续竞争优势、演化动力要素、产业环境不确定性等概念内涵进行了界定和分析。论文共六章，第一章为绪论，包括研究背景及意义、研究的目的与内容、研究的方法与技术路线。第二章为相关文献述评，包括运作优化活动及相关研究、可持续竞争优势理论、组织演化动力要素的相关研究、产业环境不确定性的研究和战略运筹的相关研究。第三章为从运作优化活动向可持续竞争优势演化机理分析，包括研究的基本假设与前提、OR-SCA 演化的相关概念界定、从运作优化活动向可持续竞争优势演化机理模型和熵增原理和管理耗散结果理论。第四章为从运作优化活动向可持续竞争优势转化过程分析，包括从运作优化活动向可持续竞争优势转化过程的模拟、基于演化博弈的 OR-SCA 转化过程分析、运作优化技术与运作优化能力协同效应分析和演化动力要素的推动作用分析。第五章为实证研究，包括研究方案设计、调查问卷的设计、实证数据采集与初步统计和数据分析与结果讨论。第六章为结论与研究展望，包括主要结论及创新点和研究局限性与进一步的工作。

关键词：企业管理　组织管理　竞争力

**5264**

**基于内部要素的中国本科高校发展模式研究** / 李志平著 ; 赵金楼指导. -- 哈尔滨工程大学, 2009. -- 108 页

论文在理论上讲中国本科高校的发展阶段划分

为成长期和成熟期,探索基于并列要素的中国本科高校成长期的要素协调发展模式、基于结构要素的中国本科高校成熟期的要素均衡发展模式。实践上提出中国本科高校的学科专业、师资队伍、学术管理、校园文化等主要内部要素的发展策略框架以及诸要素协调发展的保障体系框架。全文共分为六章。第一章绪论介绍论文研究背景、目的和意义,综述国内外发展现状,提出论文总体思路和技术路线。第二章对高等教育、系统科学及有关模式进行概念界定,总结高等教育发展模式理论。第三章采用文献查阅法和归纳演绎法分析本科高等院校发展模式的演进路径,发现中国本科高校型式发展模式的演进路径是中国本科高校1978年后沿着教学型、教学研究型、研究教学型、研究型路径的发展过程。第四章提出中国本科高校有成长期和成熟期两个发展阶段,对成长期和成熟期的中国本科高校的内部要素进行分析。第五章采用系统分析法和归纳演绎法,研究基于并列要素的中国本科高校成长期的要素协调发展模式,研究基于结构要素的中国本科高校成熟期的要素均衡发展模式。第六章分析基于发展模式的中国本科高校的学科专业、师资队伍、学术管理和校园文化等主要内部要素的发展策略框架以及诸要素协调均衡发展的保障体系框架。

关键词:高等学校　本科教育　发展模式

**5265**

**我国煤炭上市公司绩效评价与相关影响因素分析** / 李忠卫著 ; 王立杰指导. -- 中国矿业大学, 2009. -- 113 页

论文基于平衡记分卡思想构建煤炭上市公司绩效评价指标体系,采用因子分析和理想点法相结合的时序评价法对煤炭上市公司绩效进行动态评价。全文共分为六个部分。第一部分主要提出研究煤炭上市公司绩效的背景和意义,明确论文的研究目的、方法、内容和结构安排等。第二部分选取符合研究条件的14家煤炭上市公司,以2004—2006年度连续三年财务数据为基础,构建经营绩效评价指标体系并对有关指标进行统计描述和分析,以了解煤炭上市公司经营绩效概况。第三部分从煤炭行业所处的红挂环境入手,分析煤炭行业的发展状况以及竞争状况。同时讨论资源税征收方式变化对煤炭上市公司部分指标的影响。第四部分实证分析股权结构与公司经营绩效的关系,评述国内外研究成果,对我国煤炭上市公司股权结构与经营绩效关系进行回归分析,得出相关结论。第五部分实证分析煤炭上市公司人力资本、管理层报酬。资本结构三个因素与公司经营绩效关系,给出实证结果产生的原因和有关启示。第六部分总结论文主要结论,针对结论提出改善公司经营绩效的建议,提出论文的创新点以及未来研究方向。

关键词:煤炭企业　企业绩效　经济评价

**5266**

**生态旅游区污染物处理的模型和算法研究** / 连启里著 ; 杨超指导. -- 华中科技大学, 2009. -- 133 页

论文从定量的角度研究生态旅游区主要污染物:废水和固体废弃物的处理,以扩大生态旅游区的生态容量。全文共分为七章。第一章首先从生态旅游的现状出发,引出生态旅游环境容量研究的意义,在此基础上提出论文主要研究内容,然后总结论文的研究意义和创新之处,并介绍论文整体框架。第二章对生态容量的概念和研究现状进行综述,重点综述废水处理和固体收集的研究,并总结论文研究所用到的选址—路径问题、选址—分配问题。第三章提出同时考虑两种标准的废水处理网络设计模型,并提出一种整合遗传算法的交叉算子的混合粒子群算法,最后给出一个废水再利用网络的算例,并分别运用混合粒子群算法、粒子群算法和遗传算法进行求解。第四章研究再生成对再利用废水网络的影响,并扩展前人研究的数学模型。该废水网络模型为新鲜水消耗量最小作为目标函数,并使用HPSO、PSO和GA三种算法对一个简单的算例进行求解。第五章研究生态旅游区废弃物逆向物流网络设计问题,包括中转站选址和车辆路径问题,并建立最小化选址费用和运输费用模型。第六章研究生态旅游区固体废弃物逆向物流网络设计问题,包括中转站和处理站的两级选址。建立成本最小和处理站距人们最小距离最大化的双目标整数规划模型。最后给出一个算例证明算法的有效性和可行性。第七章对全文内容及创新之处进行总结,并对文中相关研究有待进一步深化的地方提出继续研究的展望。

关键词:旅游区　废物处理　环境容量

**5267**

**产业集群中的供应链联盟构建与共生发展研究** / 连远强著 ; 吴凤平指导. -- 河海大学, 2009. -- 188 页

论文分析产业集群和供应链联盟之间的内在联系,应用供应链联盟的核心机理来整合产业集群。全文共分为八章。第一章绪论介绍论文研究背景和意

义,分析国内外在产业集群和供应链联盟方面的研究现状,介绍研究方法和研究内容。第二章对产业集群与供应链联盟进行系统的对比分析,探讨两者的共性、差异性和互补性,认为产业集群与供应链联盟有很强的关联性。基于两者的这种密切相关性,探讨了两者的耦合内容与耦合效应,并提出在产业集群中构建供应链联盟的战略。第三章基于共生理论设计不同产业集群类型中的供应链模式,包括群生型产业集群中的平等型供应链联盟模式、共生型产业集群中的依托型供应链联盟模式和网络型产业集群中的嵌套型供应链联盟模式。第四章有针对性地就产业集群中供应链联盟构建过程中的横向与纵向企业间的竞合关系进行博弈分析。第五章探讨供应链联盟的构建后的共生演化机理,建立供应链联盟共生演化的产量水平增长模型、企业数量增长模型、共生能量生产模型等共生演化模型,并研究其共生演化的稳定性。第六章为了促进产业集群中供应链联盟的共生演化朝着适应集群环境的方向发展,提出相应的共生发展机制。第七章以扬州市 LED 和太阳能光伏产业集群发展情况为例进行案例分析,探讨扬州市 LED 和太阳能光伏产业集群基于供应链联盟的共生发展策略。第八章总结论文研究工作,提出论文的结论并进行研究展望。

关键词:产业集群　供应链管理　经济合作

**5268**

**税源信息资源管理系统研究** / 梁阜著 ; 汪波指导. -- 天津大学, 2009. -- 160 页

论文运用信息资源管理理论、知识管理理论,采用规范研究与实证研究方法,研究建构税源信息资源管理系统。论文分为八个章节。第一章绪论,介绍问题的提出、国内外研究现状综述、论文研究的意义、论文的研究方法和技术路线。第二章对税源信息资源管理系统的相关理论进行回顾,包括信息不对称理论、信息资源管理理论、知识管理理论等。第三章针对税源信息资源管理攒在的信息不对称的主要问题,构建税源信息资源管理系统,并对系统进行了整体设计。第四章对税务部门的税源信息需求和税源信息源进行分析,并得到启示。第五章从税源信息的采集原则、采集方式、种类、程序、途径和方法进行探讨,对税源信息进行甄别,并分析税源信息的存储和传输。第六章分析税源信息开发的意义和开发的层次,建立纳税评估指导体系,并进行税源信息开发的技术应用。第七章通过对税源信息利用的意义、原则、途径与方法的分析,探讨了税源信息利用的技术实践方式。第八章以山东省泰安市地税局和山东省国税局的税源信息资源管理系统进行实证研究,并通过实证对比分析得出结论。最后在研究结论与展望部分,对全文研究内容进行了梳理总结,并对未来的研究做出进一步的展望。

关键词:税收管理　税源　信息管理

**5269**

**基于 CGE 模型的中国制造业税收政策效应研究** / 梁凯著 ; 李廉水指导. -- 东南大学, 2009. -- 189 页

论文基于现行税收制度下税收政策对制造业相关主题的投资、就业创新等行为的影响关系到就业转型升级的问题,研究如何客观评价我国的制造业税收政策对制造业发展的效应的问题。论文分为十个部分。第一部分导论介绍问题的提出、研究思路与研究框架、研究方法与主要创新之处。第一章相关理论与文献综述,总结归纳经济学中各学派有关税收效应的理论,并对国内外制造业税收政策效应的研究动态进行述评。第二章通过分析一般均衡理论和 CGE 模型的概念和缺陷,建立税收 CGE 模型,并叙述该模型用于研究制造业税收政策效应的框架。第三章对增值税税收政策对我国制造业的效应进行理论分析和实证分析,并基于 CGE 模型的制造业增值税税收政策效应检验。第四章对所得税税收政策对我国制造业的效应进行理论分析和实证分析,并基于 CGE 模型的制造业劳动力所得税税收政策效应检验。第五章对环境税税收政策对我国制造业的效应进行了理论分析和实证分析,并基于 CGE 模型的制造业环境税、碳税、资源税税收政策效应检验。第六章对出口税税收政策对我国制造业的效应进行了理论分析和实证分析,并基于 CGE 模型的制造业出口税税收政策效应检验。第七章借鉴世界各国制造业发展历史中税收政策的制定和实施经验,并与我国制造业发展的税收政策效应的发展对比分析,得到启示。第八章提出优化和完善我国税收政策的总体框架、原则和具体措施。第九章总结全文,得出主要结论,并对进一步研究做出展望。

关键词:制造工业　税收政策　政策效应

**5270**

**煤炭矿区循环经济发展模式研究** / 梁钰著 ; 宁云才指导. -- 中国矿业大学, 2009. -- 100 页

论文以煤炭矿区循环经济发展理论分析为基础，集合煤炭行业环境影响识别，探讨普遍意义上的煤炭矿区生态产业链网和循环经济发展模式、科学合理的煤炭矿区循环经济发展指标体系及评价模型，并结合具体实例对相关理论与模型进行实证分析。论文分四部分共七章。第一部分是论文研究的前提和基础，包括第一章和第二章。第一章分析论文研究背景、目的和意义，并对国内外相关的研究现状进行总结分析，在此基础上，提出论文的总体思路、逻辑框架和相关的研究方法。第二章对论文借鉴的理论进行系统阐述。第二部分是论文的分析部分，包括第三、四、五章。第三章主要对煤炭矿区环境影响识别与循环经济发展导向进行分析，再循环经济理念下分析了煤炭行业可持续发展的导向作用。第四章主要对煤炭矿区循环经济系统进行分析。首先分析矿产资源开发与经济、社会、环境之间相互作用的内在机制，同时从技术经济的角度分析了实现非再生性矿石资源持续利用的可能途径。其次构建一般意义上煤炭工业循环经济模式、煤炭矿区资源循环经济框图和煤炭矿区循环经济发展系统目标的实现途径。第五章主要对煤炭矿区生态产业链与循环经济发展模式进行分析。第三部分是论文的核心部分，主要包括第六章和第七章。第六章主要是构建煤炭矿区循环经济发展综合评价指标体系与模型。第七章以七台河煤炭矿区为研究对象进行煤炭矿区循环经济发展的实例研究。第四部分是结论部分。

关键词：资源利用　循环经济　发展模式

**5271**

**区域金融生态系统基本性状模型研究** / 廖林著 ；蒲云，刘朝明指导. -- 西南交通大学，2009. -- 118 页

论文以既有文献作为学术基础，采用理论实证和经验实证相结合的方法，对区域金融生态系统基本性状模型展开研究。全文共分为五章。第一章导论。介绍论文的研究背景与意义，对国内外研究文献述评，包括金融生态的概念、金融生态环境的构成要素、对金融生态环境的评价、金融生态的分析方法、对金融生态研究的其他观点等，概括研究主题、研究方法和研究主要内容。第二章金融生态系统的基本性状。分析金融生态系统的基本特征，金融生态系统的理论度量方程，金融生态系统的演化及其效应。第三章金融生态系统的理论评价指标体系。首先对金融生态系统分别测量指标，进而构建金融生态系统的结构指标体系，包括金融生态系统结构方程的概念特征和金融生态系统测量模式因果关系路径图，最终建立金融生态系统的理论评价模型。第四章金融生态系统的结构方程模型。首先是概念模型的构建，提出研究方法——定性研究、问卷设计和最终问卷的收集和样本描述；接着通过数据预处理和信度、效度检验分析相关研究数据；最后对结构方程模型分析，包括假说的形成、验证性因子分析和具体的结构模型。第五章为论文的结论与展望。总结论文的主要研究结论，提出本文的主要工作和创新处，对未来展开进一步的研究作出展望。

关键词：地方金融　金融体系　评价指标

**5272**

**链与链基于价格和服务竞争的纵向结构与合同选择** / 廖涛著 ；唐小我指导. -- 电子科技大学，2009. -- 97 页

论文应用非合作博弈、信息经济学及服务管理理论和方法，从理论上深入研究两个制造商、两个排他性零售商构成的链与链基于价格和服务竞争的纵向结构及其合同选择问题。全文共分为七章。第一章绪论，介绍论文研究背景与研究意义、链与链研究的相关文献以及论文的研究内容与创新之处。第二章链与链基于价格和服务竞争的纵向结构选择。介绍其基本背景与模型，探讨中心控制的链与链基于价格和服务竞争模式、合同不可观测的分散化链基于价格和服务竞争模式以及合同不可观测的分散化链与中心化链混合结构模式，对合同不可观测的链与链竞争结构绩效分析，并得出结论。第三章链与链基于成本差异与产品替代的纵向结构选择。分析渠道结构基本模型、中心化竞争链结构模型、合同可观测的分散化竞争链结构模型、合同可观测的分散化与中心化竞争链结构模型以及可观测合同的中心化与分散化竞争链结构模型，探讨合同可观测的制造商博弈供应链结构均衡，并得出结论。第四章链与链晶振的充分退货政策。介绍该部分的基本背景、合同可观测的无退货链与链竞争模型、合同可观测的充分退货的链与链竞争模型，探讨充分退货策略的价格效应及竞争效应，对合同可观测的充分退货政策进行绩效分析并得出结论。第五章合同可观测的链与链基于价格和服务竞争的授权合同选择。提出基本背景与模型，探讨中心控制的链与链基于价格和服务竞争模式，合同可观测的分散化链与链基于价格和服务竞争模型，合同可观测的分散化与中心化混合控制结构模式，合同可

观测的分散化链与链竞争的授权合同设计，合同可观测的分散化的授权合同、中心化混合控制结构模式，对合同可观测的链与链竞争的控制结构绩效进行比较分析。第六章合同不可观测的链与链基于价格和服务竞争的数量折扣合同选择。基于对基本背景内容的介绍，做出该部分的具体阐释。第七章为论文的结论与展望。

关键词：供应链管理　销售管理　市场竞争

**5273**

**中国原创动漫产业集群成长研究** / 廖蔚雯著 ; 陈晓红指导. -- 中南大学, 2009. -- 158 页

论文基于产业集群超微观价值网络分析框架，对中国原创动漫产业集群成长展开研究。全文共分为九章。第一章绪论，介绍论文研究背景和意义，研究对象和内容，研究思路和方法。第二章理论基础和相关文献综述，介绍动漫产业定义、构成及特点，国内外研究现状和评述；对集群的定义作出解释，介绍集群竞争优势理论，集群成长理论，对产业集群成长理论评述。第三章中国原创动漫产业发展环境和发展现状，综合分析国内经济环境、政策环境、法律环境和文化环境，结合国际发展环境的特点，分析我国原创动漫产业——原创动漫产品、动漫衍生产品和动漫教育发展现状，探讨我国远传动漫产业在发展中存在的问题，提出原创人才短缺、产品创意不足、产业经营模式存在风险、产业政策执行力不足以及动漫基地重复建设等几个方面。第四章中国原创动漫产业发展的国际经验借鉴，结合北美洲的美国、加拿大，欧洲的英国、法国、德国，亚洲的日本、韩国和其他国家的经验，总结并提出应借鉴其重视动漫文化软实力，政策支持原创动漫作品的开发和传播，建立高效的动漫产业投融资机制以及动漫产业集群发展几个方面的特点。第五章中国原创动漫产业集群成长激励，基于动漫产业的集群特征，探讨原创动漫产业集群式成长的合理性，分析推动中国原创动漫产业集群成长的主要因素。第六章中国原创动漫产业集群成长路径，分析产业生命周期过程，提出原创动漫产业集群的生命周期和成熟度评价模型；总结原创动漫产业集群成熟度综合评价方法，并作出总结。第七章中国原创动漫产业集群成长的实证分析——基于湖南动漫产业，对湖南动漫产业的发展历史概述，并定性分析湖南动漫产业集群发展现状和问题，定量分析湖南动漫产业集群成熟度评价，提出湖南动漫产业集群发展的对策。第八章中国原创动漫产业集群成长战略，提出地域化与国际化双向互动的集群成长总战略，并分析其具体意义。第九章为结论和展望。

关键词：动画片　文化产业　产业发展

**5274**

**供应链管理中 RFID 应用价值评估与采纳扩散研究** / 廖燕著 ; 鲁耀斌指导. -- 华中科技大学, 2009. -- 192 页

论文从多个角度对基于 RFID 的供应链管理进行研究。全文共分七部分。第一部分绪论，介绍选题背景和课题来源、研究问题的提出及其意义、国内外研究现状、研究思路和研究内容。第二部分基于 RFID 的供应链管理业务流程和总体框架分析。研究 RFID 在原料供应、生产制造、物流管理、销售管理及售后服务等供应链管理环节的应用，并对基于 RFID 的供应链系统进行总体设计。第三部分供应链管理中 RFID 的价值评估研究。探讨基于 RFID 的供应链管理项目中嵌入的实物期权类型，提出评估构架模型，并对实物期权识别给出具体操作步骤。第四部分供应链中 RFID 的采纳研究。采用因子分析和结构方程模型方法，探讨零售环节中消费者 RFID 接受度的问题，分析基于 RFID 的供应链中的信任风险，探讨基于 RFID 的供应链中的信任构建问题。第五部分供应链管理中 RFID 扩散的博弈与利益机制研究。通过博弈模型分析补贴政策对 RFID 采纳的意义，探讨基于 RFID 的供应链的利益分配原则、影响因素及分配方法，建立基于 RFID 的供应链利益分配系统的体系结构。第六部分 RFID 在汽车供应链中的应用和扩散研究。总结 RFID 在汽车供应链中的应用及其特点，分析 RFID 在汽车供应链只能给扩散的主要影响因素，并提出相应建议。第七部分对论文的工作予以总结，并对后续研究工作做出展望。

关键词：供应链管理　射频识别(RFID)　技术扩散

**5275**

**技术创新扩散的模糊动力学模型及其在通信领域的应用** / 廖志高著 ; 徐玖平指导. -- 四川大学, 2009. -- 222 页

论文在研究模糊微分动力系统的基础上，利用模糊微分动力系统理论和遗传算法分别对技术创新扩散模型进行相应理论分析和实证模拟，试图从不确定性模拟出发，从整体上把握和分析技术创新扩散过程及其规律。全文共分为八章。第一章提出研究问题，

进行文献回顾,确定研究方法和研究构架。第二章着重介绍技术扩散创新、模糊微分方程、遗传算法等论文研究的理论基础。第三章研究带模糊初值的线性微分动力系统的解的存在性和唯一性,并分析二维自治模糊动力系统的相关性质,对实例进行相图分析。第四章研究带模糊矩阵的微分动力系统的解的存在性和唯一性,并分析二维自治模糊动力系统的相关性质,对实例进行了相图分析。从而为各种影响系数不确定的技术创新扩散过程的分析打下理论基础。第五章构造模糊 Bass 模型,分别讨论初值为模糊数和最大市场潜力为模糊数的 Bass 技术创新扩散模型,利用遗传算法对中国移动电话用户数进行数值模拟,并对经典 Bass 模型、初值模糊的 Bass 模型及模糊潜力的 Bass 模型模拟结果进行对比分析。第六章将技术创新扩散模型用于研究城市化进程中,生活水平的提高,以及购买力增强对技术创新扩散速度和市场潜力的影响。第七章构造两种技术创新竞争扩散三阶段模糊模型,并利用模糊微分动力系统理论对该模型进行稳定性研究,发现两种竞争技术在一定条件下会在非常有限局部保持相对稳定。第八章总结论文主要工作、主要创新和后续研究内容。

关键词:技术创新　技术推广　动力学模型

**5276**

**上市公司股权结构对会计政策选择影响的研究** / 林爱梅著 ; 王化成指导. -- 中国矿业大学, 2009. -- 155 页

论文针对我国上市公司利用会计政策选择操纵利润现象较为普遍的现实背景,从股权结构视角考察股权集中度、股权制衡度、股权流通性和股权持有者身份与上市公司会计政策选择行为之间的关系,并为规范企业会计政策选择行为提出政策性建议。全文共分为八章。第一章导论,提出研究的问题,研究意义,相关概念的界定,研究动机与目标,研究方法、技术路线和主要内容。第二章文献综述,内容包括会计政策选择的动机及类型,会计政策选择的影响因素,会计政策选择的立场,企业会计政策选择与盈余管理,会计政策选择的经济后果,股权结构与会计政策选择,国内外研究现状评析。第三章企业会计政策选择的理论基础,介绍研究参考的契约理论、代理理论、利益相关者理论、信息经济学理论、博弈论。第四章结合我国资本市场的发展现状,分析我国上市公司股权结构的现状及特点,探讨我国上市公司股权制度改革的发展历程,分析会计政策选择的历史与现状,并得出研究结论。第五章上市公司股权结构对会计政策选择影响的实证研究,包括股权结构变量选择,控制变量的选择,会计政策选择代理变量选择,研究设计,实证结果。第六章基于企业生命周期理论进行研究设计,提出实证的结果。第七章基于最终控制人类的股权结构对企业会计政策选择影响的实证研究。第八章为论文结论及展望。

关键词:上市公司　企业管理　股权结构　会计政策

**5277**

**企业员工职业高原及其对工作绩效和离职倾向的影响研究** / 林长华著 ; 单泪源指导. -- 湖南大学, 2009. -- 149 页

论文采用文献分析、实证研究和数理统计的研究方法,以企业员工职业高原为研究对象,对职业高原的维度结构、人口学变量与职业高原及其各维度之间的关系、不同类型职业高原下人口学变量对工作绩效和离职倾向的影响、离职倾向时的相对重要性等进行研究。全文共分为六章。第一章绪论,介绍论文的研究背景、研究意义、研究目的与研究内容、主要创新点、研究方法以及研究框架及章节安排。第二章,相关文献与理论研究述评,包括职业高原理论述评、工作绩效理论述评、离职倾向理论述评以及离职高原与工作绩效和离职倾向关系述评。第三章,企业员工职业高原结构研究。首先是职业高原的测量方法与研究假设的提出,包括职业高原的客观测量方法、职业高原的知觉测量方法和职业高原内部结构研究假设的提出;其次介绍研究目的与研究方法;三是对企业员工职业高原初始量表的设计说明;四是对问卷的预检验;五是对职业高原正式量表的检验;最后是对研究结果的分析。第四章,人口学变量与企业员工职业高原关系研究。首先介绍研究目的语研究假设及研究方法;接着是对企业员工职业高原及维度的描述性统计分析;三是对人口学变量与企业员工职业高原及维度的关系探讨;最后是研究的结果和分析。第五章,职业高原下人口学变量对工作绩效与离职倾向的影响,包括研究目的、假设及方法,层级高原下人口学变量对工作绩效与离职倾向的影响,内容高原下人口学变量对工作绩效与离职倾向的影响,动机高原下人口学变量对工作绩效与离职倾向的影响以及研究结果和分析。第六章,职业高原与工作绩效及离职倾向

关系的实证分析,包括研究目的与研究假设及研究方法、职业高原与工作绩效及离职倾向的相关性分析、职业高原各维度对工作绩效预测作用的相对重要性、职业高原各维度对离职倾向预测作用的相对重要性以及职业高原影响工作绩效及离职倾向的具体机制及模型检验等,并对结果作分析。最后为论文的结论。

关键词:企业管理　职业高原　人事管理

5278

**SDN 企业资源共享问题研究** / 林凤著 ; 徐福缘指导. -- 上海理工大学, 2009. -- 131 页

论文在综述有关 SDN、资源共享等研究现状的基础上,进行一系列研究工作。全文共分为九章。第一章是论文绪论部分,介绍研究背景、意义、内容以及创新点。第二章归纳 SDN 和资源共享领域的研究现状。第三章阐述 SDN 企业资源共享的定义、内涵,并且分步介绍 SDN 企业资源共享的基本过程,包括 SDN 企业经营目标的提出与资源共享需求的提出、资源共享机会的识别、资源共享对象和方式的确定、资源共享的实施及评估反馈等。第四章对企业资源共享的现状进行分析,发现企业获取资源方式比较单一,信息是主要的共享资源,企业对于资源共享有一定程度的认同,外部环境突变对企业获取资源有影响。还发现企业资源共享过程中存在一些问题。第五章提出 SDN 企业资源共享的"和谐人"假设,通过对影响 SDN 企业资源共享效果的和谐性分析,使我们可以认识在资源共享的过程中,作为"和谐人"应该具有的行为模式。第六章评价 SDN 企业资源共享成熟度,并据此构建 SDN 企业资源共享的成熟度评价指标体系。第七章研究提高 SDN 企业资源共享水平的策略,在可拓学的思想方法指导下,对 SDN 企业在资源共享中所面临的问题提出了解决思路。第八章对如何提高企业资源共享水平的保障体系进行研究。第九章是论文的结论与展望,并提出一些建议。

关键词:企业管理　资源共享　评价指标

5279

**动态环境下资源管理过程对战略变化速度的影响研究** / 林向红著 ; 李垣指导. -- 西安交通大学, 2009. -- 112 页

论文针对企业战略变化过程中存在的问题及现有研究的不足,从资源动态管理过程入手,结合对外部环境的分析,研究资源构建过程对战略变化的影响。全文共分八部分。第一部分绪论,主要介绍现实背景、理论背景与主要研究问题的思路及框架。第二部分理论综述,介绍战略变化的相关研究、企业资源构建的研究、企业资源与战略变化的关系研究及环境动态性的相关研究。第三部分结合案例对企业战略变化进行分析,总结实施战略变化的环境、动机、措施以及在此过程中遇到的问题。第四部分提出论文整体研究框架,并作出理论假设:资源外部获取对战略变化速度的影响、资源内部开发对战略变化速度的影响及其中介作用、资源剥离对战略变化速度的影响以及外部环境对资源构建与战略变化关系的调节作用。第五部分队研究方法进行介绍,其中有数据收集、研究涉及变量的度量、统计分析方法和过程。第六部分实证分析与结果,包括数据特征分析、Pearson 相关分析、普通方法误差、多重共线性检验以及多元回归分析与假设验证。第七部分对资源外部获取对战略变化速度的影响、内部开发对战略变化速度的影响及其中介作用、资源剥离对战略变化速度的影响、环境不确定性的调节作用等结果进行讨论。第八部分阐述研究的主要结论及创新点,总结研究的局限性及未来研究的展望。

关键词:企业管理　企业战略　资源管理　不确定性

5280

**基于 TRIZ 理论的高新技术企业创新模式与管理方法研究** / 林艳著 ; 王宏起指导. -- 哈尔滨理工大学, 2009. -- 165 页

论文分析高新技术企业自创系统的结构、功能、复杂性和自组织性等特征,运用自组织理论思想,提出 TRIZ 理论促进高新技术企业自主创新的原理,并揭示其作用机理。全文共分为六章。第一章绪论,介绍论文的研究背景、研究的目的和意义,相关理论基础,国内外研究现状,研究的内容与方法。第二章,TRIZ 理论促进高新技术企业自主创新原理及作用机理。首先介绍 TRIZ 的理论及其主要方法,包括理论的产生与推广、理论的主要方法与工具、理论的发展趋势;其次介绍高新技术企业自主创新系统分析,包括高新技术企业自主创新系统界定、自主创新系统结构与功能、自主创新系统复杂性以及自主创新系统自组织性;最后分别介绍 TRIZ 理论促进高新技术企业自主创新的原理以及其促进高新技术企业自主创新

的作用机理。第三章基于TRIZ理论的高新技术企业创新模式研究,内容包括高新技术企业创新模式的内涵与类型、典型高新技术企业应用TRIZ理论创新模式分析、基于TRIZ理论的创新模式演化、基于TRIZ理论的基本创新模型设计与选择以及基于TRIZ理论的具体创新模型设计思路与方法。第四章基于TRIZ理论的高新技术企业创新管理方法研究。首先基于TRIZ理论的创新管理方法设计与选择,介绍创新管理方法设计总体思路、链式创新管理方法、并行工程创新管理方法、网络创新管理方法以及创新管理方法的选择;其次基于TRIZ理论的创新管理方法应用保障机制对先进理念引导机制、TRIZ人才保障机制、协同创新机制、创新激励机制、学习机制以及知识产权保护机制展开介绍。第五章高新技术企业应用TRIZ理论创新效果评价体系,包括应用TRIZ理论创新效果的因素分析、评价指标体系以及应用TRIZ理论创新效果评价方法。第六章基于TRIZ理论的高新技术企业创新实证研究。对新中新集团应用TRIZ理论创新进展、新中新集团应用TRIZ理论创新效果评价、新中新集团创新模式与管理方法的选择以及促进企业应用TRIZ理论自主创新的对策。最后为论文结论。

关键词:高技术企业　技术创新　管理模式

**5281**

**中国农产品物流模式及其支撑体系研究** / 凌中南著 ; 杨超指导. -- 华中科技大学, 2009. -- 125页

论文通过对我国农产品物流体系的全面描述及分析,运用当前物流学发展的新理论,系统构筑中国农产品现代物流体系,并对此进行分析讨论。全文共分八个章节。第一章绪论,论述研究的背景、研究意义、研究方法以及研究内容,对全文的创新点和研究思路做了详细介绍。第二章介绍马克思主义的流通理论和西方经济学相关理论,在此基础上对物流的相关理论和农产品物流的相关理论进行详细的介绍,分析国内外研究的特点。第三章对欧洲发达国家、东亚国家及地区的农产品物流基本情况作阐述。揭示我国与发达国家和地区农产品物流发展之间存在的差距和空间。第四章分析我国农产品物流参与的主体,对其组成做了详细的介绍,并指出了主要参与者与主体存在的问题。从资产的专用性、不确定性以及交易频率三个方面分析影响农产品物流交易费用的决定因素,在此基础上建立了农产品物流交易模型。第五章分析农产品经营主体的配送模式构建。在分析农产品经营企业的配送方式之后,以河南大用实业有限公司为实证研究对象进行分析讨论,最后提出大用公司物流配送业务的发展策略。第六章以农产品分销网络为主要研究对象进行了优化设计。结合现代物流系统的整合观、农产品现代物流网络优化设计的目标及内容对农产品物流分销网络优化与设计的整体思路,从供应链角度出发研究了农产品供应链联盟伙伴选择模型。第七章从物流主体、基础设施、信息网络、标准建设、人才培养、财税政策、投资环境等方面系统构建中国农产品现代物流产业发展的支撑体系。第八章对全文进行总结,包括研究结论和创新之处,提出今后的研究方向和期望。

关键词:农产品　物流　发展模式　供应链管理

**5282**

**电子商务用户个性化推荐技术接受影响因素研究** / 刘蓓琳著 ; 丁日佳指导. -- 中国矿业大学, 2009. -- 133页

论文在借鉴、吸收国内外现在个性化推荐技术接受的研究成果的基础上,对电子商务用户个性化推荐技术接受影响因素进行深入研究和探讨,建立电子商务用户个性化推荐技术接受影响因素模型并进行实证验证,提出提高电子商务吴用户个性化推荐技术接受的措施和建议。全文共分为七章。第一章导论阐述论文研究背景,界定电子商务用户个性化推荐技术接受的概念,指出论文研究的内容、目的和意义。第二章对电子商务个性化推荐和技术接受相关研究进行较为详细的文献综述,总结国内外对个性推荐和个性推荐技术接受的研究现状。第三章根据个性化推荐技术接受过程的三个阶段:知识阶段、决策阶段和接受阶段,构建电子商务用户个性化推荐技术接受影响因素框架模型。第四章通过问卷调查和结构方程模型的研究方法,调研模型的可信性。第五章对得到的数据进行分析与讨论,包括受访对象的性别、年龄段等指标数据统计、个人信任倾向变量分析、系统信任度变量分析、用户信任变量分析等。第六章从电子商务用户个性化推荐技术接受的知识阶段、决策阶段和接受阶段三个阶段,从提高用户熟悉度、提高感知第三方有效性和感知安全有效性、提高感知有用性、提高感知易用性和增加外界影响力等入手,提出了提高电子商务用户个性化推荐技术接受的措施和建议。第七章是论文的结论与展望。

关键词:电子商务　信息技术　用户

5283

**促进区域经济协调发展的现代金融服务机制研究：基于连云港的数据** / 刘斌著 ；何建敏指导. -- 东南大学, 2009. -- 129 页

论文以协同理论为基础,主要研究促进区域经济协调发展的现代金融服务机制,并基于连云港的数据给与实证研究。全文共分为六章。第一章为绪论,介绍研究的背景和意义、研究现状、现有研究存在的问题和缺陷、论文的研究内容和框架体系。第二章介绍相关理论,包括金融发展理论和区域经济协调发展理论。第三章分析区域经济协调发展与金融服务业的作用机理。以区域金融和区域经济相互作用的 E—C—F 互动模式为框架,对外层的"模式互动"进行研究;通过建立面板数据回归模型,研究区域金融发展与区域固定资本积累关系以及金融发展对物质资本积累的作用方向及影响。第四章分析区域金融服务业和经济增长的结构依赖,包括连云港区域金融发展差距分析、总体规模与结构分析、结构变化与其经济增长分析、金融结构差异与经济发展的关系分析、连云港银行集中度与中小企业发展的关系。第五章分析区域金融服务业对经济协调发展的促进机制。包括基于时间序列模型的区域金融与不同地区经济协调发展关系研究、基于面板模型的区域金融与不同地区经济增长关系研究、区域金融发展的门槛效应及非均衡效应对地区收入差距的影响、区域金融政策在缩减贫富差距中的影响作用。第六章为总结与展望,包括对全文的总结、创新点总结以及对以后研究方向的工作展望。

关键词:金融业　商业服务　金融结构

5284

**基于生态视角的山西省旅游业可持续发展研究** / 刘兵慧著 ；梁嘉骅指导. -- 山西大学, 2009. -- 180 页

论文以旅游管理学理论、旅游经济学理论和生态学理论为基础,综合运用地理学、统计学、社会学、人类学等相关学科理论知识开展研究,采取理论探讨与实证分析相结合、定性分析与定量分析相结合、统计与预测的方法相结合、演绎逻辑和归纳逻辑相结合以及重点研究与一般研究相结合的方法进行论证,对山西省旅游产业的内部和外部生态系统进行论证,建立了生态视角下全新的分析体系。全文共七章。第一章绪论部分是理论框架,介绍论文选题背景与意义、国内外研究现状、研究思路、方法和内容。第二章对山西旅游业可持续发展现状进行概述。第三章和第四章是山西省旅游业生态系统的内部分析,分别是陕西省旅游产业的灰色关联分析和山西省旅游业生态安全评级。第五章是山西省旅游业生态系统的外部分析,即竞争合作研究,提出基于生态视角下的山西省区域旅游竞争合作对策,构建了基于博弈视角的山西省区域旅游泾河机制。第六章对山西省旅游业可持续发展战略选择进行分析,并且提出风险规避的一些对策。第七章是全文的结论部分。

关键词:旅游业　可持续发展　生态管理　山西

5285

**船舶人因事故预警管理研究** / 刘丙泉著 ；梁静国指导. -- 哈尔滨工程大学, 2009. -- 190 页

论文澄清长期以来"无事故即是安全"的错误认识,将船舶系统安全视为一个系统功能发挥的过程,对船舶人因事故预警管理进行深入研究。全文共分为七章。第一章绪论介绍论文研究背景、目的和意义,对国内外研究现状进行综述,阐述论文的整体思路和主要内容。第二章总结论文的相关理论基础,包括人—机—环境系统工程理论、复杂系统脆性理论、事故致因理论以及其他相关理论。第三章对船舶系统安全事故进行界定,进而进行船舶人因事故致因机理研究,对船舶系统人因事故致因要素进行分析。第四章在预警与预警管理辨析以及明确船舶人因事故预警管理目标的基础上,对船舶人因事故预警管理过程域进行研究。第五章进行船舶人因事故预警管理初级安全域研究,首先明确初级安全域的研究内容和目标,然后进行机器设备类要素可靠性评价研究,最后进行船舶人因事故系统人员初级本质安全研究。第六章对船舶人因事故预警管理结构安全域进行研究,对船舶人因事故系统脆性关联进行分析。第七章阐述船舶营运企业本质安全文化内涵,对船舶营运企业本质安全文化建设进行研究,提出船舶营运企业本质安全文化建设的原则和建设模式。

关键词:船舶安全　事故分析　预警系统

5286

**基于连续双向拍卖交易机制的金融市场微观结构研究** / 刘波著 ；曾勇指导. -- 电子科技大学, 2009. -- 156 页

论文结合中国证券市场情况,运用市场微观结构理论、随机过程与数值仿真及最优化理论,在拓展和

改进国内外现有研究不足之处的基础上,以理论研究为主、理论和实证研究相结合,以流动性的供需及其变化为核心,基于连续双向拍卖交易机制的金融市场微观结构进行研究。全文共分为六章。第一章引言,包括金融市场交易机制概述,对连续双向拍卖机制交易机制的介绍,中国证券市场微观结构概述,基于做市商机制的金融市场微观结构概述,基于连续双向拍卖交易机制的金融市场微观结构研究综述与评价,问题的提出,研究内容及结构安排以及主要创新点。第二章连续双向拍卖交易机制下的短期价格行为及交易量分析,介绍行为的基本假设,分析连续双向拍卖机制下的短期价格行为,连续双向拍卖机制下的交易量,并进行总结。第三章连续双向拍卖机制下的流动性提供行为及卖空约束的影响研究。首先是对基本模型框架的介绍及假设;其次探讨无卖空约束的情形,介绍限价指令簿的均衡量价关系,流动性提供方的定价策略分析,引入卖空约束的情形以及限价指令簿量价关系的实证预示内容。第四章涨跌幅限制的磁铁效应——一种特定短期价格行为的实证研究。对实证内容分析,并得出相关结论,对涨跌停板磁铁效应伴随的流动性模式的不对称性和涨跌停后作出分析。第五章卖空约束与市场质量——兼对磁铁效应所伴随流动性模式的不对称性的解释,包括理论模型介绍,卖空约束与市场质量差异的讨论,对磁铁效应所伴随流动性模式的不对称性的解释以及分析总结。第六章结束语,包括对全文的总结与研究展望。

关键词:金融市场　拍卖　市场结构

**5287**

**多属性行为决策方法研究** / 刘成明著 ; 李春好指导. -- 吉林大学, 2009. -- 142 页

论文从属性分析结构的简约、方案单属性价值和属性权重的确定,以及方案单属性价值和属性权重的集结即方案总价值的确定,并对方案进行优选排序,展开对多数性行为决策方法的研究。全文共分为八章。第一章绪论,介绍论文选题背景及提出的问题、国内外相关研究现状和分析、研究的具体意义、研究的逻辑框架、总体技术路线和结构安排等。第二章相关理论基础,包括多属性决策理论、复杂系统理论、前景理论和证据理论,其中具体从概率的不同解释及性质,证据、识别框架及其信度函数,众信度函数与似然度函数以及 Dempster 合成规则几个方面对证据理论作出说明。第三章多属性决策分析结构与其简约方法,简介 CA 法并对其缺陷分析,提出简约方法构建的理论依据和 FBP-CA 法的基本步骤;进行数值验证,包括数值例子与有关假设说明、基于 FBP-CA 法得到的待评价属性总体效用和排序、基于传统 CA 法得到的待评价属性总体效用和排序以及两者的具体对比分析;分析 FBP-CA 法的病态学习样本问题,提出病态样本剔除方法提出的理论依据和主要步骤;对数值模拟实验进行分析。第四章行为决策的框架效应与前景价值确定的改进方法,提出框架效应处理方法提出的思路与基本步骤;对实验设计和被试情况作出说明,并提出实验的结果和分析;对现有前景价值的确定方法缺陷进行分析,在此基础上对前景价值计算方法作出介绍,确定方法构建的依据和主要步骤;开展数值模拟分析,包括基于 RN-PVD 方法、K/T 方法、B/P 方法的前景价值确定以及三者的排序与对比分析。第五章对熵权法和摆幅置权法等相关研究简介,提出方法构建的思路和主要步骤,并进行算例分析。第六章多属性行为决策方案优选排序方法,基于对 AHP 方法和 k 可加模糊测度确定方法的讨论,得到模糊测度确定方法提出的思路和主要步骤,对 AHP-FMD 法有效性进行数值验证,从而得到多属性行为决策方案的最优排序方案。第七章,多数性行为决策方法在投资方案选择中的实证分析与讨论。第八章,全文总结与展望。

关键词:多目标决策　决策行为　决策学

**5288**

**区域创新系统:创新极及系统结构寻优强度的粗测度方法** / 刘春凤著 ; 胡宝民指导. -- 河北工业大学, 2009. -- 106 页

论文把区域创新系统是为多创新极共生演化系统,并引入粗集理论等数学方法对区域创新系统的测度框架进行研究。论文分为七个章节。第一章绪论,介绍选题背景与问题的提出、研究内容与研究方法以及主要的创新点。第二章对国内外相关文献进行综述,介绍关于区域创新系统的文献分布,对区域创新系统研究内容评述,介绍关于粗糙集理论国内外研究的现状。第三章对区域创新系统中创新极的概念进行数学描述,并对创新极的数字特征进行分析,建立创新极的粗测度方法,并创新极的成熟度进行研究,应用实例说明区域科技创新能力的测度问题。第四章提出产业创新系统分类评价和粗分类算法,并对分类主算法和剪枝算法进行设计。第五章建立区域创新系统指标体系,介绍体系建立原则和指导思想,以

及指标体系要素和创新能力测度指标,并对评价指标度量规范化和等价性进行研究。第六章构建区域创新系统结构姿态优度指标,进一步基于集对分析和联系数理论建立区域创新系统结构寻优翘度模型,并对区域经济与区域创新系统协调性的姿态优度进行实证分析。第七章对全文内容进行梳理总结,得出结论,并对进一步的研究做出展望。

关键词:区域经济　国家创新系统　评价指标

**5289**

**基于贝叶斯方法的商业银行操作风险度量研究** / 刘春光著 ; 李金林指导. -- 北京理工大学, 2009. -- 108 页

论文通过集结先验信息和观测信息,将现实中观测到的操作损失数据集相关领域专家的知识综合起来,实现对操作风险的度量。全文共分七部分。第一部分引言,介绍研究的目的和意义、论文相关研究的回顾、论文组织结构、论文的创新点。第二部分对操作风险进行概述,包括操作风险的定义、特点、分类、管理过程、度量方法以及操作风险研究的展望。第三部分结合操作风险中的贝叶斯方法和 MCMC 方法就贝叶斯统计理论进行了阐述说明。第四部分分析基于贝叶斯 MCMC 的操作风险度量,包括操作风险度量模型、贝叶斯后验概率的抽样算法、基于样本和模拟结果的算例研究。第五部分讨论基于 Copula 函数的风险度量,包括基于 Copula 函数的风险度量模型、贝叶斯正态 Copula 和贝叶斯 Clayton Copula、操作风险度量的应用。第六部分为基于 Credal 网络的操作风险管理,包括 Credal 网络理论基础的介绍、基于 Credal 网络的商业银行操作风险建模过程、商业银行信贷操作风险 Credal 网络模型建模实例分析。第七部分为论文的结束语,包括对论文的总结、论文研究的局限性以并讨论未来的研究方向。

关键词:商业银行　风险管理　评价模型　贝中斯理论

**5290**

**基于语义的企业信息系统集成研究** / 刘春燕著 ; 聂规划指导. -- 武汉理工大学, 2009. -- 125 页

论文对基于语义的企业信息系统集成理论与方法进行研究,并构建一个语义集成原型系统。全文共七章。第一章绪论,阐述研究的意义,对国内外研究现状进行综述,介绍研究目标、研究内容及论文结构。第二章对语义集成系统的体系结构设计及语义知识建模进行研究。语义知识建模主要包括面向企业信息系统集成的领域语义词典构建和全局本体构建。第三章基于关系数据库的局部本体学习研究。主要研究从局部企业信息系统的关系数据库中抽取局部本体的方法,它包括两个初始局部本体生成和局部本体规范化两个阶段。初始局部本体生成主要根据定义的映射规则将关系数据库模式转换为本体中的概念、属性及关系等。第四章全局—局部本体的多策略本体映射研究。主要研究基于相似度的全局—局部本体映射模型和多策略相似度计算方法。第五章基于语义的企业信息查询重写与聚合研究。主要研究基于本体的语义信息查询的原理和方法,并提出语义查询系统的设计、流程和语义查询重写。第六章介绍语义集成原型系统,包括原型系统及其功能设计、原型系统的实现。第七章对全文内容及研究结论和创新之处进行总结,并对有待进一步深入研究的地方提出日后继续研究的方向和期望。

关键词:管理信息系统　语义　本体论

**5291**

**大连能源—环境—经济可持续发展研究** / 刘定一著 ; 杨德礼指导. -- 大连理工大学, 2009. -- 115 页

论文以大连市为例,从能源—环境—经济的关系方面,研究可持续发展的相关问题。全文共六部分。第一部分绪论,对问题的提出与研究的意义、国内外研究现状分析以及论文的研究内容和创新之处进行介绍。第二部分对库兹涅茨曲线理论、扩展的 EKC 理论、3E 理论及研究方法的进步如面板数据方法、广义脉冲响应函数法、方差分解法等进行分析。第三部分从能源—环境—经济的关系方面,研究可持续发展的相关问题,从自适应控制论角度研究其复杂关系,建立可持续发展中节能减排与经济增长的模型和指标体系。第四部分从压力—状态—响应的角度提出可持续发展的自适应控制框架,并在压力—状态—响应框架基础上构造能源—环境—经济可持续发展的“二维指标体系”。第五部分对大连 2020 年的可持续发展路径及其控制轨迹进行优化设计,建立能源—环境—经济可持续发展的哈密顿函数,对 2020 年大连能耗率的演化情景进行设计和预测;提出污染物减排的峰状轨迹观点,并对 2020 年大连主要污染物排放当量的演化情景进行设计和预测,由此对库兹涅茨节能减排曲线理论进行完善—提出节能减排的峰状推

进理论。第六部分对全文进行总结。

关键词:经济发展　生态环境　大连

5292

**第四方物流企业协同运作研究** / 刘璠著 ; 程国平指导. -- 武汉理工大学, 2009. -- 204 页

论文以系统论、协同论、集成论、物流与供应链管理理论、虚拟企业与组织理论等为基础,围绕第四方物流企业的动因、协同运作机理、过程和绩效展开研究,试图揭示第四方物流企业产生的动因与成长机理,探讨第四方物流企业的构建与协同运作问题。全文共九个部分。第一部分在国内外研究综述的基础上,提出问题的研究背景,并制订研究方法。第二部分分析第四方物流企业的概念及内涵。第三部分分析第四方物流企业产生的动因,并用交易成本理论、企业能源和能力理论、网络组织理论对第四方物流企业产生的原因进行阐释。第四部分引入集成定义方法建立第四方物流企业的构建模型,描述第四方物流企业的构建过程与构建流程。第五部分阐述第四方物流企业协同运作的管理功能配置,在此基础上分析第四方物流企业协同运作的组织模式,提出基于物流信息平台的协同运作模式,阐述保障其正常运作的协同机制。第六部分探讨第四方物流企业协同运作支撑体系的构建,分析各支撑要素及其内在关系,并分别从信息平台、资本供应、人力资源、政策等方面研究其支撑体系的构建。第七部分对第四方物流企业协同运作的绩效评价进行了分析,构建第四方物流企业协同运作的绩效评价模型与指标体系。第八部分以武汉五环通物流有限公司为案例进行了第四方物流企业协同运作的实证分析,分析五环通公司实施第四方物流企业协同运作的机遇。第九部分总结全文的创新点,并对研究进行展望。

关键词:物资企业　企业成长　经济评价

5293

**文化遗产旅游业发展的动力机制研究** / 刘改芳著 ; 梁嘉骅指导. -- 山西大学, 2009. -- 176 页

论文从论证文化遗产旅游业发展动力机制的概念入手,界定文化遗产旅游也的行业属性,通过宏观尺度的文化遗产旅游业系统状态评价及基于遗产案例地区的微观因素分析,构建文化遗产地旅游业发展的系统动力机制模型。全文共分为五个部分。第一部分对相关概念进行阐释,区分文化遗产与文物的关系,文化遗产旅游业发展的动力机制是以文化遗产与旅游业的良性合作为目标,描述文化遗产作为旅游业的主要吸引物的过程及其过程中起重要作用的因素。第二部分是文化遗产地旅游业的稳定态评价,明确了稳定态评价的理论基础及其必要性,并对基于生态位的文化遗产地旅游业稳定态进行研究,提出了案例地区选择必要性和标准。第三部分以系统中微观因素累积性因果关系是决定系统变化的内生动力为理论前提,展开基于典型案例地区的微观因素分析。第四部分通过宏观状态的评价和微观因素分析,借助系统动力学理论与分析方法,设计文化遗产地旅游产业发展的动力机制模型。第五部分依托美国管理学家彼得·圣吉构筑的成长上限和舍本逐末系统基模,分析了文化遗产旅游业发展的系统基模,提出城府比较优势观念的转变、管理制度的创新和文化资本培育方式的转变等管理建议。

关键词:文化遗产　旅游业发展　管理体制

5294

**基于网络效应的电信运营商 IM 市场竞争研究** / 刘舸著 ; 吕廷杰指导. -- 北京邮电大学, 2009. -- 151 页

论文基于网络效应理论,运用产业经济组织理论和博弈论对电信运营商进入 IM 产业的竞争策略进行全面分析,并针对中国移动"飞信"业务分析其市场状况和改进策略。全文共分为七章。第一章绪论。总体介绍论文的选题背景、意义、研究对象、研究方法和创新点等内容。第二章理论综述。全文的理论基础,包括网络效应理论、产业组织理论、创新扩散理论的综述,具体介绍国内外的研究现状,并对其内容展开分析。第三章 IM 产业市场结构的网络经济学分析。通过建立两阶段博弈模型分析网络效应作用下的 IM 市场结构,并结合网络效应理论,从直接、间接和局部三个方面剖析 IM 业务的网络效应特征。第四章电信运营商 IM 产业市场进入可行性研究。运用产业经济学 SCP 范式理论分析电信运营商作为行业后进入者开展 IM 业务的可行性,分析产业后进入壁垒,用户偏好对市场均衡的影响,后入者行业进入可行性分析以及电信运营商 IM 产业进入可行性分析。第五章电信运营商 IM 竞争策略研究。首先讨论直接网络效应作用下的 IM 竞争策略,提出 IM 业务网络效应分析的 Hotelling 模型、差异化策略、业务创新策略,并分别阐释基于 Salop 圆形城市模型的横向兼并策略分析和基

于 Oz Shy 防降价均衡的互联互通策略分析。后通过建立 Hotelling 模型,分析影响 IM 产业后进入市场进入的因素,建立电信运营商 IM 竞争策略框架。第六章中国移动飞信 IM 市场竞争分析。针对中国移动"飞信"进行市场调查研究,提出飞信的竞争策略和改进建议,包括基于消费者需求的业务创新和基于用户品牌的差异化服务。第七章总结全文的主要结论和后续研究建议。

关键词:电信业　市场竞争

**5295**

**中小学校长胜任力模型及其在校长专业发展中的应用研究** / 刘国胜著 ; 曾珍香指导. -- 河北工业大学, 2009. -- 109 页

论文运用行为事件访谈法、无领导小组讨论法、360 度评价法等研究方法,对中小学校长胜任力模型及其在校长专业发展中的应用进行研究。论文分为六个章节。第一章绪论,介绍论文研究背景和意义、研究内容和研究方法、研究的创新点。第二章理论基础和文献综述,对胜任力研究的相关理论进行回顾,对胜任力理论及研究进行评述,对比分析国内外校长胜任力模型研究的现状。第三章通过行为事件访谈法等论文分析中小学校长胜任力特征,通过聚类分析将特征分为五个特征群,形成具有二阶因子的中小学校长胜任力模型,并进行统计分析。第四章研究中小学校长胜任力模型在中小学校长选拔任用及评级中的应用,把中小学校长胜任力模型作为选拔标准,研究选拔方式和方法,开发《中小学校长胜任力的他评式问卷》,并评定该问卷的信度和效度,以 360 度反馈评价为评价方法,以评价者的上级领导、下属同事和普通教师为问卷对象,按一定权重综合评价结果。第五章中小学校长培训的个案研究,以天津市河西区的中小学校长为研究对象,对中小学校长培训计划进行分析设计,提出对比案例法、情景模拟法等五种培训方法,为天津市河西区如何提高中小学校长的胜任力提出了建设性的对策和建议,对时间具有指导作用。第六章在总结全文的基础上得出研究结论,并对进一步研究做出展望。

关键词:中小学　校长　领导能力

**5296**

**中国纺织企业的并购重组与绩效评价研究** / 刘海峰著 ; 陈荣耀指导. -- 东华大学, 2009. -- 139 页

论文是针对中国纺织业发展过程中存在的诸多问题,开展的关于中国纺织企业并购重组与绩效评价的研究。全文共分八章。第一章绪论,介绍论文研究的研究目的与意义、研究背景、研究内容与创新点、研究方法。第二章对并购重组与绩效评价研究进行了综述,包括并购重组的理论内涵、并购重组研究综述、并购绩效评价研究综述。第三章分析我国纺织业现状与并购重组问题,分别从纺织产业链结构分析、并购动因、并购重组战略分析、并购重组绩效优化策略四方面进行分析。第四章分析纺织企业资产并购重组的度量模型,包括资产重组模型、资产重组模型的优化方法、纺织企业资产重组优化的定量研究示例。第五章对纺织企业并购目标选择与销售网络优化进行研究,分别从并购目标衡量的指标体系、并购目标选择模型与案例研究、并购后销售网络的合并优化四方面进行研究。第六章从财务分析的角度出发,提出纺织企业并购和绩效评价模型,包括建立财务绩效评价指标体系、建立综合绩效评价模型、纺织企业并购绩效分析、分析中国纺织行业兼并重组趋势。第七章讨论金融危机背景下纺织产业调整与发展的战略,包括《纺织工业调整振兴规划》提出并购重组对纺织产业的影响和纺织企业发展战略分析。第八章为结论与展望,对论文的工作进行总结,指出了论文存在的问题以及将来的研究方向。

关键词:纺织工业　企业合并　企业绩效

**5297**

**水资源工程社会责任评价理论与方法研究** / 刘洪波著 ; 丰景春指导. -- 河海大学, 2009. -- 137 页

论文以水资源工程社会责任评价为研究对象,以科学发展观为基本指导思想,利用工程哲学的基本原理和方法,对水资源工程社会责任评价进行深入研究。论文主要由七章构成。第一章是绪论,包含概念界定、研究背景、选题意义、文献综述、主要研究路线和技术路线与研究方法。第二章研究水资源工程社会责任评价理论,包含水资源工程系统理论、水资源工程共同体理论和水资源工程社会责任生命责任体系。第三章研究水资源社会责任评价体系,包含水资源工程社会评价目的与体系组成、水资源工程社会责任评价机制、水资源工程社会责任评价方式和水资源工程社会评价内容。第四章主要是水资源工程社会责任评价指标,主要包括水资源工程社会责任评价指标构建思想和原则、水资源工程社会责任评价价指标

构建方法、水资源工程责任、水资源工程经济责任、水资源工程生态责任、水资源工程社区责任和水资源工程人文责任。第五章水资源工程社会责任评价方法与模型,包含基于生命周期的分阶段综合评价方法、水资源工程社会责任评价数学模型选择和改进模糊层次分析模型(IFAHP)构建。第六章是案例分析,介绍怒江水电开发概述和怒江水电开发工程决策阶段社会责任评价。第七章结论与展望。

关键词:水资源开发　社会责任　评价指标

**5298**

**二十世纪拉丁美洲民粹主义研究** / 刘洪涛著 ; 胡伟指导. -- 上海交通大学, 2009. -- 175 页

论文借助区域研究、历史研究和国别研究等方法对二十世纪拉丁美洲的民粹主义进行研究。全文共分为六章。第一章引论,主要是确定论文的研究主题、研究意义、研究方法,以及需要注意的问题。第二章是文献综述,在国内外现有主要研究文献的基础上,论文借鉴学者的分析,将拉丁美洲的民粹主义界定为一种政治策略。在界定民粹主义内涵的同时,论文从六个视角对拉丁美洲的民粹主义进行理论分析。第三章是对二十世纪拉丁美洲民粹主义历史进程的纵向梳理,这种梳理是建立在将拉丁美洲的民粹主义界定为一种政治策略的基础之上,并分别从时代背景、主要代表人物及其政治经历以及政策取向三个方面展开。第四章提出论文分析民粹主义的基本理论框架:内结构和外结构。前者是作为政治策略的民粹主义自身而言,涵盖民众、领袖和选举三个维度;后者则是作为政治策略的民粹主义得以运作和发功效的环境而言,包括经济结构、社会结构和政治结构。第五章是对二十世纪拉丁美洲民粹主义的特征及其影响的探讨。第六章是对拉丁美洲民粹主义在二十一世纪发展趋势的预测和展望。

关键词:民粹派　政治思想　拉丁美洲

**5299**

**供应链企业知识产权协同管理研究** / 刘介明著 ; 谢科范,魏纪林指导. -- 武汉理工大学, 2009. -- 197 页

论文研究对象为供应链企业知识产权的协同管理,探讨通过知识产权的协同管理增强整条供应链的核心竞争力的理论依据和实践指导。全文共分为九章。第一章导论,介绍论文研究背景、目的和意义,国内外研究现状,研究内容与研究方法。第二章供应链企业知识产协同管理的理论基础,介绍供应链管理理论的主要理念、供应链中的价值链理论、供应链管理的运营机制;介绍知识产权理论的范围、战略和管理;介绍协同论的基本理论、原理、方法和演化方程。第三章供应链企业知识产权的冲突。分析供应链企业知识产权冲突的基本概念、供应链企业知识产权冲突的具体表现形式、冲突产生的根源以及冲突形成机理的模型。第四章供应链企业知识产权协同管理的原理。首先对供应链企业知识产权协同管理内涵作出阐释,并分别说明供应链企业知识产权协同管理的供应原理、和谐原理、风险原理,探讨供应链企业知识产权协同管理的具体实现过程和途径。第五章供应链企业专利的协同管理。首先介绍供应链企业专利的协同开发模式、平台和契约设计,在此基础上,分析供应链企业专利的协同利用方式、流程、障碍和机制设计,最后探讨供应链企业专利协同保护的必要性、内容、手段和运行。第六章供应链企业商业秘密的协同管理,包括供应链企业商业秘密的协同创造、供应链企业商业秘密的协同保护和供应链企业商业秘密转让的协同管理。第七章供应链企业商标的协同管理。提出供应链中的商标链及其特点、含义、义务和管理模式,探讨供应链商标的协同开发内容,分析供应链企业的商标共用与协同保护。第八章实证分析——以佳运汽车股份有限公司为例,介绍实证研究的背景,并从其协同管理的SISA运作机理、开发平台和开发流程等方面加以分析和总结。第九章为全文总结与研究展望。

关键词:物资管理　供应链管理　知识产权

**5300**

**中国巨灾债券运作机制与定价研究** / 刘鹃著 ; 陈剖建指导. -- 同济大学, 2009. -- 179 页

论文围绕中国巨灾债券市场运作的问题进行展开的研究。论文探讨已有的运作机制和定价机理对中国的适用性,并根据中国的实际情况进行改进和应用研究,建立巨灾债券运行机制与定价模型。全文共分九章。第一章为绪论,介绍文献综述以及论文的研究问题、研究内容、研究方法以及结构安排。第二章分析巨灾债券研究的理论基础,包络风险可保性理论的扩展、保险金融中介功能论以及新制度经济学的制度变迁与效率评价理论。第三章研究巨灾债券运作的制度分析的框架,包括巨灾债券制度产生的动力机制、巨灾债券的制度结构与效率以及中国巨灾债券制

度创新的分析。第四章对中国巨灾保险市场现状进行了分析,包括对自然灾害现状与损失补偿途径、巨灾保险制度缺位与承保能力不足、巨灾保险市场低效率的主要制约因素及中国保险业的现实选择进行分析。第五章对中国巨灾债券的运作机制与交易结构进行分析讨论。通过以巨灾保险制度为基础的巨灾债券运作分析,构建巨灾债券运作机制,分析巨灾债券产品的要素与结构并讨论台风巨灾债券设计的示例。第六章主要讨论巨灾债券定价模型的构建,包括对巨灾债券定价模型的分析、对巨灾损失模型的完善并对利率定价模型的改进与扩展,构建出巨灾债券定价模型。第七章分析讨论中国台风巨灾债券的定价实证模拟,包括对台风损失分布模型的确定、台风巨灾债券定价的实证分析以及敏感性分析。第八章分析中国巨灾债券市场制度的环境建设分析,讨论中国巨灾债券制度的创新的必要性及监管方法,提出建立保险交易中心,构建制度环境体系。第九章为结论与展望,对整篇论文所做的工作进行了归纳总结,并指出下一步的工作。

关键词:灾害保险　自然灾害　证券市场

**5301**

**产业聚集与中国区域经济非均衡发展研究** / 刘军著 ; 徐康宁指导. -- 东南大学, 2009. -- 143 页

论文以揭示产业聚集对区域经济非均衡发展作用的内在机理为目的,研究产业聚集对中国区域经济非均衡发展的影响,并提出产业聚集在区域间合理分布的战略。全文共九部分,包括八章正文和结论部分。第一章导论,介绍问题的提出,进行文献评述,阐述研究的内容、思路、目的、意义、方法与创新。第二章介绍区域经济非均衡发展基本概念,对区域经济均衡发展理论与非均衡发展理论进行述评,介绍产业聚集与区域经济非均衡发展相结合的研究。第三章对中国产业聚集程度及其影响因素进行分析,包括中国工业聚集的历史考察、中国制造业地区聚集的程度和趋势以及中国制造业聚集的决定因素。第四章对中国区域经济非均衡发展的历史进行考察,并结合实证进行分析。第五章分析产业聚集、经济增长与区域经济,表明产业聚集显著促进经济增长,同时导致导致区域差距的产生。第六章研究产业聚集、工业化水平与区域差异,发现产业聚集推动了工业地区之间和城乡之间的演化;产业聚集对工业化进程具有正影响;产业聚集对工业化进程的影响存在区域差异。第七章考察产业聚集、福利效应与区域差异,发现产业聚集显著提高区域的收入和消费水平;产业聚集程度的差异导致区域福利水平的差异。第八章研究产业聚集在区域间的合理分布及其推进策略,应从两个方面推动产业狙击在区域间的合理分布:发挥比较优势,培育中西部地区产业集群式发展;引导东部地区部分制造业西移。结论部分总结全文结论。

关键词:地方经济　经济增长　聚集经济

**5302**

**基于原始—对偶的混合 0—1 规划分解算法研究** / 刘均华著 ; 蓝伯雄指导. -- 清华大学, 2009. -- 141 页

论文围绕将现实中常见的两阶段混合 0—1 规划问题和大规模多阶段混合 0—1 规划问题分解成一系列规模较小的 0—1 规划或者线性规划问题求解展开研究。全文共分为七章。第一章引言介绍论文选题背景、选题意义、研究对象以及研究内容。第二章对相关文献进行综述,包括线性规划原始—对偶分解方法、混合整数规划问题松弛方法、混合整数规划问题的基本解法、混合整数规划的分解算法。第三章和第四章研究两阶段混合 0—1 规划问题的特殊结构,借助 Dantzing-Wolfe 分解算法和 Benders 分解算法,对两类常见结构的两阶段混合 0—1 规划问题同时同原始和对偶两个方向分解,从而得到分解结构更加平衡的原始—对偶分解算法。第五章和第六章进一步推导大规模对阶段混合 0—1 规划问题的原始—对偶嵌套分解算法。实现了平衡的分解结构和快速的算法收敛,在求解大规模、划分阶段较多、稀疏度和耦合度较大、整数变量比例较高、下三角结构的复杂 0—1 规划问题时,表现出高效的时间效率,最优值的误差也能满足管理要求的精度。第七章总结论文的主要工作,提出论文的局限性和未来研究展望。

关键词:数学规划　整数规划　分解算法

**5303**

**大庆高新技术企业自主创新环境评价及 SD 分析** / 刘俊杰著 ; 傅毓维指导. -- 哈尔滨工程大学, 2009. -- 130 页

论文通过对大庆高新技术企业自主创新和创新环境发展历程和现状的分析,讨论企业自主创新与创新环境之间的关系,明确了每个环境要素的作用方向。全文包括正文七章和结论部分。第一章绪论,介绍论文研究的背景、目的及意义,阐述国内外研究现

状,对论文研究的总体思路、主要内容和研究方法进行说明,总结论文的创新之处。第二章介绍论文相关基础理论,包括创新及自主创新理论、高新技术理论、系统动力学理论。第三章大庆高新技术企业自主创新及环境建设现状分析。通过对大庆高新技术企业自主创新和创新环境发展历程和现状的分析,讨论企业自主创新和创新环境之间的关系。第四章创新环境对大庆高新技术企业自主创新的影响分析。对创新环境进行界定与分类,分析外部环境与内部环境对大庆高新技术企业自主创新的影响。第五章大庆高新技术企业自主创新环境评价研究。构建大庆高新技术企业自主创新环境评价指标体系,介绍 AHP-模糊综合评价模型的组成及优点以及 AHP-模糊综合评价法的应用研究。第六章研究基于 SD 的大庆高新技术企业自主创新环境与系统关系模型及仿真。确定高新技术企业自主创新系统的目标、特点,阐明高新技术企业自主创新系统的运行机理,剖析外部环境对高新技术企业自主创新的影响,得出大庆高新技术企业自主创新系统的因果关系图,提出大庆高新技术企业自主创新系统的系统动力学模型。第七章大庆高新技术企业自主创新环境建设的对策研究。在比较 AHP-模糊综合评价法和系统动力学仿真的结论的基础上,确定完善大庆高新技术企业自主创新环境的相关对策,提出以内部环境来作为大庆高新技术企业自主创新能力的主要措施。结论部分对所做的研究工作进行归纳总结。

关键词:高技术企业　技术创新　系统动力学

**5304**

**我国钢材期货对钢铁生产企业经营业绩及市场价格的影响研究** / 刘丽平著 ; 高俊山指导. -- 北京科技大学, 2009. -- 127 页

论文采用计量经济学的方法和系统动力学的方法,对期货在钢铁生产企业经营业绩和市场价格的作用进行了实证和仿真研究。全文共分为七章。第一章引言介绍选题背景、选题意义以及研究的主要思路。第二章阐述期货市场价格发现、风险规避等功能,分析期货对现货价格波动性的影响,对国际和我国钢材期货市场的发展状况进行概括。第三章分析钢铁企业经营业绩影响因素。首先阐述我国钢铁需求、钢材供给、钢材价格机制等钢铁市场环境,然后应用模型分析的方法分析钢材价格、铁矿石价格与企业利润率关系,最后分析期货对钢材定价机制、钢铁企业营销和生产管理、企业风险管理以及企业品牌建设的作用与影响。第四章通过对印度、迪拜期货的研究发现,迪拜市场是期货引导现货价格,但其交易量小,价格发现功能有限;印度市场主要是现货市场价格起主导作用,虽然印度市场期货并不引导现货价格,但是印度市场期货的退出降低了现货价格的波动率,推知期货是否影响现货价格并不是期货降低现货价格波动率的必要条件。第五章对上海大宗钢材远期合约对现货价格影响进行实证分析,发现上海螺纹钢电子远期合约主导期货和现货的市场价格。第六章分析期货对钢材市场的系统动力学,研究市场供需信息传递的时间长短对市场系统波动的影响,发现市场供求信息的传递对市场的系统波动影响明显。第七章是论文的结论,并提出一些展望。

关键词:钢铁企业　经营管理　企业绩效

**5305**

**企业战略管理中企业社会责任融入问题研究** / 刘娜著 ; 许正良指导. -- 吉林大学, 2009. -- 207 页

论文针对企业社会责任履行惰性、政府监督和社会约束有限的现实问题,在明确企业社会责任现有问题及发展趋势的基础上,采用对立统一原理和战略配称原理,提出“企业战略管理中企业社会责任融入”的管理思想,构建“企业战略管理中企业社会责任融入”的理论体系。全文共分为八章。第一章绪论分析论文研究背景、问题的提出、目的和意义,提出论文的总体思路、逻辑框架和相关的研究方法。第二章介绍相关理论,进行文献综述,包括企业社会责任概念形成及发展、企业社会责任概念框架演进、战略视角下企业社会责任管理研究、消费者对企业社会责任响应的研究等。第三章对企业战略管理中企业社会责任融入的外在表现进行研究。第四章研究企业战略管理中企业社会责任融入的作用机制,建立企业战略管理中企业社会责任融入的作用模型,阐述企业战略管理中企业社会责任融入的自我驱动、市场驱动和环境驱动。第五章进行企业战略管理中企业社会责任融入的导入模式研究,需要建立导入框架、理论提升、行为导入、内部保障以及技术支撑。第六章进行企业战略管理中企业社会责任融入的内控体系研究,包括现实要求、总体思路、考评阶段、析识阶段和警防阶段。第七章通过理论模型构建、研究假设提出、测量工具开发、研究方法设计、数据分析解释几个环节,进行企业社会责任融入相对水平对消费者响应的影响研究。

第八章是全文的结论和展望。

关键词:企业战略　企业责任　社会责任

5306

**不确定环境下期权定价模型及应用研究** / 刘书霞著 ; 王树恩指导. -- 天津大学, 2009. -- 112 页

论文针对金融市场中存在的大量主客观不确定性问题,对不确定环境下的期权定价问题进行研究,提出一些更符合实际的期权定价模型,并设计相应的求解算法。论文分为七个章节。第一章绪论,介绍选题背景及意义、国内外研究现状、论文的主要内容和创新点。第二章对期权定价理论、不确定理论、模拟技术等相关理论进行回顾。第三章研究波动率为模糊变量的情况,分别建立离散和连续模糊波率期权定价模型,给出了模糊欧式买权和卖权的对称定价公式,设计去算期权价值的算法,结合实例说明方法的应用。第四章研究证券未来价值的不确定性,建立离散时间和连续时间美式期权定价模型,并对不付红利股票美式看涨、看跌期权定价分别进行分析,通过数值算例进行验证。第五章研究股票价格服从跳扩散过程的情况,建立了股票价格为随机模糊跳扩散过程期权定价模型,并设计估算气短价值的智能算法,通过数值算例进行验证。第六章根据可信性理论提出一种新的模糊过程,证明其理论的正确性,用模糊微分方程来描述原生资产价格演化过程,建立模糊过程期权定价模型。第七章研究股票期权定价中的不确定性因素,建立模糊随机欧式期权定价模型,推导期权的模糊定价公式,并应用到权证定价,选取中国证券市场的实际数据检验可信性理论的适用性及输入变量的经济含义,对期权价格偏离 BS 理论定价给出解释。最后一部分总结与展望,对全文研究内容进行总结得出结论,并对进一步研究做出展望。

关键词:期货价格　模糊理论　定价模型

5307

**面向大规模定制供应链的动态企业联盟合作博弈研究** / 刘天虎著 ; 吴启迪指导. -- 同济大学, 2009. -- 151 页

论文建立 MC 供应链的动态联盟合作博弈模型,设计一种基于残缺信息的多准则区间模糊决策方法,并提出基于多重目标的随机合作博弈的区间模糊稳定集,建立 Markov 随机过程的 n 人动态随机合作博弈模型,得到动态随机合作博弈的区间模糊稳定集,同时拓展一套风险补偿的收益分配方案。论文共包括四个部分。第一部分从组织、共嫩、信息和资源四大视图角度明确了 MC 供应链的需求关系,为随后的汽车企业 MC 供应链中的合作伙伴选择、模糊 Shapley 值、核心、谈判集等问题的研究奠定基础。第二部分在合作伙伴的选择问题上,考虑到决策信息的模糊特性提出了一种区间直觉模糊集的多准则排序模型,满足决策者仅能提供残缺权重系数的模糊决策要求。第三部分设计一套带风险补偿的收益分配方案,并引入 A-M 谈判集和 L-Z 谈判集概念,解决了 TU 模糊合作博弈的非空性和收敛性。第四部分是论文的一些结论和展望。

关键词:经济合作　供应链管理　博弈论

5308

**公共危机伪信息复杂性管理研究** / 刘拓著 ; 傅毓维指导. -- 哈尔滨工程大学, 2009. -- 179 页

论文从复杂性管理视角分析公共危机伪信息的复杂属性机理与复杂性演化,并对公共危机伪信息扩散进行混沌情景预测,对其复杂性管理进行混沌情景仿真,最后提出公共危机伪信息的复杂性管理观和相应管理对策。全文共八部分,包括七章正文和结论部分。第一章绪论,介绍选题的背景、目的和意义,分析国内外研究现状,阐述论文总体思路、主要内容、研究方法及创新点。第二章介绍相关基础理论,包括公共危机管理理论、复杂性管理理论、混沌理论、人际传播理论。第三章研究公共危机伪信息复杂属性机理。第四章研究公共危机伪信息演化复杂性。第五章分析混沌理论范式相对于传统预测范式的优势,构建公共危机伪信息扩散的混沌情景预警模型,并对公共危机伪信息扩散进行混沌情景预测。第六章凝练并得出公共危机伪信息复杂性管理混沌情景仿真的基本命题与研究假设,构建公共危机伪信息管理仿真模型。第七章提出公共危机伪信息的复杂性管理观及相应管理策略。最后结论部分对全文进行总结。

关键词:国家行政机关　紧急事件　公共管理

5309

**基于 DEA 方法的股票市场问题研究** / 刘文虎著 ; 宁云才指导. -- 中国矿业大学, 2009. -- 99 页

论文基于 DEA 理论,结合行为金融学理论、资本结构优化配置理论、羊群效应理论等,就证券市场中的上市公司绩效综合评价、股权再融资的控制、羊群

效应的测度等问题进行研究。全文共分为六章。第一章是绪论,介绍证券市场相关基本概念以及我国证券市场的发展和现状,分析我国证券市场中存在的问题,结合数据包络分析理论方法的技术提点,提出论文所要重点研究的问题,指出研究的可行性和意义,介绍论文的结构框架和研究方法。第二章为有关DEA基本理论、模型、应用和最近的研究进展介绍,分析DEA方法的特点,通过对DEA理论及应用文献的研究分析得出相关结论,指出DEA应用于证券市场问题研究的前景意义。第三章上市公司的综合绩效评价问题研究,介绍上市公司绩效评价研究的背景意义,研究上市公司绩效评价的基本理论和评价方法,比较它们的有点和不足,分析以前学者对上市公司绩效评价的文献,指出DEA用于上市公司绩效评价的优点。在前人研究的基础上,根据上市公司绩效评价特点,在构造上市公司绩效评价指标体系时,考虑数据的易得性和可行性,构造只有输出的具有多个独立子系统的DEA模型,用来评价上市公司的相对综合绩效。第四章证券市场股权再融资控制问题研究。根据我国证券市场再融资过程中存在的股权再融资偏好以及再融资后绩效下降的问题,介绍西方融资结构理论并分析,以上市公司经营效率评价的DEA方法为基础,建立控制上市公司股权再融资行为的评价模型,最后以我国证券市场实际数据进行实证研究。第五章证券市场羊群效应测度问题研究。在分析已有羊群效应理论的基础上,深入的研究羊群效应产生的根源,探讨羊群效应给证券市场带来的不利影响,介绍羊群效应的检验方法,指出检验方法的局限性和羊群效应理论研究与实证研究没有很好衔接的根本原因。第六章是结论与展望。

关键词:上市公司　证券交易　企业绩效　评价模型

**5310**

**上海市公立医院整合动因及效应研究** / 刘霞著 ; 何梦乔指导. -- 上海交通大学, 2009. -- 131 页

论文从患者效用和医院效用的角度对公立医院整合的动因进行较为深入的分析,同时利用多元线性回归分析、Logistic 回归分析等对公立医院整合产生的效应进行实证研究。全文共分为八章。第一章绪论介绍论文的研究背景和意义、国内外文献综述、论文的主要内容和主要创新点。第二章对我国公立医院整合的现状及特点进行分析。第三章分析上海市公立医院整合的动因——两阶段动态博弈和多阶段动态博弈。第四章进一步研究上海市进行整合的二级医院与未进行整合的二级医院之间的差异以及上海市二级医院与三级医院整合主要受到哪些因素影响。第五章通过设定灵活的多产出成本函数,研究上海市公立医院整合对核心医院和被整合亿元规模经济的影响。随着整合的进行,被整合的二级医院规模不断扩大,产出不断增加,规模经济的值出现降低现象说明被整合的医院越来越接近最优规模。第六章研究公立医院整合对医院成本、医疗质量和市场份额的影响。第七章探讨我国公立医院真核未来发展方向,并提出相关的政策建议。第八章是对全文的回顾和展望。

关键词:经济合作　资源管理　医疗质量

**5311**

**高技术企业集群的知识联盟研究** / 刘小惠著 ; 韩伯棠指导. -- 北京理工大学, 2009. -- 137 页

论文的研究对象为高技术企业集群的知识联盟。全文共分为七章。第一章绪论,介绍论文的研究背景、研究目的和意义、相关概念界定、研究思路、研究方法和技术路线以及论文研究的主要内容和创新点。第二章相关研究评述。一是企业集群的相关研究,包括产业区位理论的研究,技术创新和知识溢出的研究,基于竞争优势的研究;二是知识联盟的相关研究,包括只是联盟形成的动因研究,联盟治理结构研究,知识联盟中学习现象的研究;三是知识转移的相关研究,包括企业内部的知识转移研究,企业网络组织的知识转移研究以及虚拟研发联盟中的知识转移研究。第三章高技术企业集群知识联盟中知识转移模型的构建,包括模型包括知识转移影响因素概念模型的构建、知识转移影响因素模型的修正与构建以及对知识转移综合模型中各种影响因素的动态分析。第四章基于知识转移模型的合作创新研究。对企业集群中知识联盟的合作创新动因分析,包括技术创新的簇群效应、集群创新网络、深度的专业化分工以及知识的溢出;对知识转移相关因素对知识联盟合作创新的影响分析,包括知识存量差距 G 对合作创新的影响、知识受体的学习能力 d 对合作创新的影响、知识复杂度 h 对合作创新的影响以及企业之间的信任度 B 对合作创新的影响;对知识溢出与知识保护对合作创新的影响分析,构建知识联盟企业创新收益函数,并探讨引入知识溢出以及引入知识保护;探讨高技术企业集群知识联盟的合作创新模式,包括构建合作创新的收

益增长函数以及基于收益增量函数的创新模式。第五章背景中关村科技园区知识联盟的实证分析。以北京中关村科技园区为例,首先对样本的信度和效度分析,并对知识转移效应测算与数据分析,提出检验研究的结论并探讨中关村科技园区知识转移与经济增长的关系。第六章对我国高新区知识联盟与合作创意的政策相关建议。第七章为论文的结论与展望。

关键词:高技术企业　企业集群　知识管理

5312

**资源整合、探索和应用能力与创新关系研究:基于中国企业的实证检验** / 刘小玫著 ; 李垣指导. -- 西安交通大学, 2009. -- 128 页

论文对我国企业如何通过有效的资源整合来培育企业的能力,推动企业创新能力的提高和创新成果的涌现进行研究。论文共分为七个章节。第一章绪论介绍研究的现实背景、理论背景、研究的问题和内容、研究思路、方法及结构安排。第二章文献综述,介绍基于资源的观点与资源管理理论、企业能力双元理论、企业创新理论以及现有研究的不足之处,为研究提供理论支持。第三章选择案例,对苏州的两家企业进行深入的访谈,并对案例企业通过资源整合实践能力提升和技术创新进行分析,得到启示,提出理论模型和假设。第四章介绍论文的研究方法,即样本数据收集、变量度量、模型的统计分析等,对江苏、山东、广东、河南、吉林、陕西等地的企业进行实地调研,进行大样本的问卷调查。第五章采用典型案例分析和大样本数据分析相结合的方法对论文的理论假设进行实证检验,包括系统性统计分析、因子可靠性分析、假设验证。第六章通过讨论不同资源整合方式与探索能力、应用能力的关系以及能力双元与突破性创新、渐进性创新的关系,分析研究结果的理论与实践意义,并得到有效的资源整合是企业开展创新活动的基础,促进双元能力的提升,双元能力促进创新的启示。第七章对论文的结论进行总结,提出论文的创新点,并进一步指明研究的局限性和未来研究的方向。

关键词:资源管理　技术创新　创新能力

5313

**基于动态视角的组织 IT 治理评价研究** / 刘晓文著 ; 胡克瑾指导. -- 同济大学, 2009. -- 168 页

论文基于动态评价的视角对 IT 治理评价问题进行了研究。全文共八章。第一章绪论,对论文的研究背景、研究意义、主要工作、研究方法、技术路线以及创新点进行介绍。第二章介绍相关研究文献,包括治理内涵分析、IT 治理研究综述、IT 治理评价研究综述、综合评价的单一化现象与几种典型的扩展思路以及广义与狭义 IT 治理动态评价分析。第三章分析国内外现有 IT 治理评价体系的不足,针对 IT 治理个性化和动态化的评价需求,构建一个面向治理目标的 IT 治理评价体系——IT 治理目标指标参考模型。第四章从广义动态评价视角出发,在 IT 治理目标指标参考模型的基础上,分析 IT 治理评价的群决策背景,研究群决策背景下的 IT 治理综合评价模型,并结合案例对模型的可行性进行检验。第五章从狭义动态评价视角出发,针对 IT 治理动态变化情况的评价需求,引入马尔科夫随机过程理论,构建 IT 治理马尔科夫动态评价模型,并通过纵向和横向两个评价算例检验模型的可用性。第六章案例分析,包括案例背景、评价实施过程与结果以及评价结果分析与讨论。第七章为将研究成果转化为集成的、自动化的支持工具,应用于 IT 治理实践,对 IT 治理导航仪系统进行需求分析和概要设计。第八章介绍研究成果以及未来研究的展望。

关键词:信息技术　管理信息系统　随机过程

5314

**ICT 创新理论研究与实证分析** / 刘新著 ; 吕廷杰指导. -- 北京邮电大学, 2009. -- 178 页

论文从熊彼特的创新理论出发,研究专利制度与技术创新的相互关系、专利垄断与竞争、ICT 产业垄断与竞争趋势、中国 ICT 产业竞争、中国 ICT 产业知识产权战略等内容。全文共分为七章。第一章绪论,介绍论文研究背景、研究目标与价值、研究框架以及论文主要创新点,简要阐述当前全球 ICT 发展现状、中国面临的问题。第二章理论综述,对论文中所应用的创新理论、网络外部性理论等相关理论进行综述。第三章技术及专利垄断与竞争分析,探讨知识产权、知识产权与技术创新、专利制度的起源与发展、专利在技术创新中的作用,运用博弈论和产业理论和相关经济理论,对专利对竞争和技术创新的激励进行定性分析。第四章 ICT 产业垄断与竞争趋势分析,介绍 ICT 技术的演进和标准,介绍信息技术标准,应用经济学、网络效应分析 ICT 产业技术专利与技术标准的结合的必然性,分析 GSM 和 CDMA 标准形成的过程中,政府扮演的关键性作用;运用博弈论分析基于政府补贴

的技术创新博弈。第五章中国ICT产业竞争分析,提出中国ICT制造业竞争力不强的现状,分析中国ICT制造业成长的核心问题。第六章中国ICT产业发展战略的建议,探讨知识产权战略、国家知识产权战略、ICT产业知识产权战略和ICT企业知识产权战略,对中国ICT产业发展提出建议;提出国家、ICT产业和企业的三层次的创新战略。第七章为结论与展望。

关键词:技术经济学　技术创新　知识产权

**5315**

**基于价值链的发电设备制造企业技术创新模式选择研究** / 刘兴贵著 ; 李仕明指导. -- 电子科技大学, 2009. -- 138页

论文综合战略管理的产业结构学派与资源能力学派,将两者聚集、融合于价值链,同时将价值链与技术创新模式的研究结合,进行"基于价值链的企业技术创新模式"的研究,力图在丰富创新理论研究的同时,为现实的企业技术创新实践提供一种参考和借鉴。全文共七个部分。第一部分阐述选题背景,论文结构以及主要创新点。第二部分主要综述关于技术创新和价值链研究的相关文献。第三部分建立了以及价值为"中介"的技术创新与竞争优势的认识框架,然后以"价值活动"为主径,构建了基于价值链的技术创新价值分析模型,对不同技术创新模式进行比较分析。第四部分对传统火电发电设备领域的价值链、价值结构、技术结构等进行深入的分析研究,对发电设备制造业和东方汽轮机在火电的技术创新模式选择进行了深入的考察和分析。第五部分将新兴风电视为考察对象,对新兴风电发电设备领域的价值链、价值结构、技术结构等进行深入的分析研究。第六部分队我国发电设备制造业及其典型企业东方汽轮机在传统火电、新兴风电以及核电、太阳能等发电设备领域的技术创新模式选择进行深入考察和分析,总结了我国发电设备制造业的技术创新战略实践和技术创新模式选择。第七部分对全文进行总结,并对进一步研究进行展望。

关键词:发电设备　制造工业　技术创新

**5316**

**高校学科组织结构及创新行为与学科创新能力的相关性和实证研究** / 刘艳华著 ; 胡宝民指导. -- 河北工业大学, 2009. -- 153页

论文以某大学四个工学学科为例,对学科创新能力与学科创新元结构及创新行为的相关性进行研究。全文共分七章。第一章绪论,介绍问题的提出、研究思路与内容安排、相关概念界定及主要数据来源。第二章介绍相关研究文献综述,从学科内涵及概念、学科演化过程、跨学科科研团队及科研团队间协作、学科结构和研究现状评述五个方面进行阐述。第三章分析学科组织演化过程及科技创新元间联结机制,基于某高校学科建设历史、高校学科演化过程及路径、科技创新元间联结机制、联结机制下的科技创新元间结构与创新行为、学科情景要素学科创新能力的影响进行分析讨论。第四章对学科组织结构及创新行为与创新能力相关性进行研究。提出学科组织结构的矩阵化、学科组织结构与学科创新能力的相关性分析结论、不同组织结构形式下创新行为与学科创新能力的相关性分析结论。第五章讨论学科组织结构及创新行为对创新能力作用路径与效果,包括提出概念模型、通过数据收集、变量设计、选择指标、对样本和变量进行描述统计、得出研究结果并讨论。第六章提出政策建议,包括优化学科组织结构、促进创新行为学习。第七章为总结与展望,提出主要研究结论,并对进一步的研究提出研究展望。

关键词:高等学校　学科建设　创造能力

**5317**

**我国科技企业孵化器的系统运行机制与绩效评价研究** / 刘艳莉著 ; 范德成指导. -- 哈尔滨工程大学, 2009. -- 154页

论文针对我国科技企业孵化器发展过程中存在的问题,从系统的角度探讨了孵化器运行的影响因素、运行机制和经营绩效等问题。全文共八个部分。第一部分阐述论文的研究背景、研究目的以及研究意义,调研国内外研究状况,提出论文的写作思路和研究方法。第二部分综述与研究相关的理论,如企业创业理论、科技企业孵化器理论、区位优势理论以及产业群理论。第三部分在国内外相关研究的基础上,通过调查、研究,获取大量一手数据,并据此从多个角度对我国科技企业孵化器的发展状况和运行结构进行深入细致分析,总结和提炼我国科技企业孵化器运行发展中国存在的主要问题。第四部分对科技企业孵化器运行的影响因素进行分析,包括孵化器的内部条件因素、外部环境因素和关联因素,在此基础上构建孵化器的运行系统:内部系统和外部环境系统,并对孵化器的系统结构进行探讨。第五部分重点讨论科

技企业孵化器的三种运行机制:企业入敷筛选机制、孵化培育机制和毕业退出机制,通过构建博弈分析模型探讨了孵化器内的企业集聚效应和企业间技术溢出的外部效应问题。第六部分构建了科技企业孵化器绩效评价的指标体系和评价模型。第七部分选择我国在孵企业超过两百家的16家孵化器为样本,对他们的绩效进行综合评价。第八部分结合我国科技企业孵化器的发展实际情况,有针对性地提出提升我国科技企业孵化器运行绩效、促进我国科技企业孵化器事业发展的对策建议。

关键词:高技术企业　孵化器　运行机制

**5318**

**创新型企业发展模式及其实现持续创新机制研究** / 刘耀著 ; 黄新建指导. -- 南昌大学, 2009. -- 187 页

论文以企业创新理论、激励理论等为基础,分析创新型企业持续创新机制问题,研究按照创新型企业构建到持续创新发展的逻辑顺序展开。全文共分为九章。第一章绪论,介绍论文研究背景和目的、研究的理论依据和实践意义、研究思路与主要内容、研究方法与主要创新点。第二章企业模式与持续创新理论研究综述。从企业模式的产生及其背景、创新型企业模式出现的必然性、创新型企业内涵及研究领域出发,介绍创新型企业模式的发展;根据国内外关于持续创新理论的研究,介绍企业持续创新理论的历史概貌。第三章创新型企业模式的特征与构建。提出创新型企业模式的基本特征,包括研发性、持续创新性、成果产权化、管理信息化、综合效益型、高收益性和高风险性;构建创新型企业模式,探讨构建所需的要素和模式的具体选择。第四章创新型企业持续创新的影响因素。对企业持续创新的影响因素研究综述,提出创新型企业持续创新的内部和外部影响因素,对创新型企业持续创新环境分析。第五章创新型企业持续创新机制。对创新动力机制研究综述,分析创新型企业持续创新动力机制的模型和各组成要素;对创新激励理论综述,提出其基本框架,探讨创新型企业持续创新产权制度激励、管理制度激励、市场竞争之都激励以及政府政策激励;探讨创新型企业持续创新的风险防范机制,包括其成因分析、类别和防范策略。第六章创新型企业持续创新能力综合评价。对创新型企业持续创新能力评价指标体系的设计原则探讨并构建,对创新型企业创新能力评价指标体系和创新型企业创新绩效评价指标体系作分析,开展创新型企业创新能力模糊综合评价的实证研究。第七章广东省创新型企业持续创新发展战略实证研究。从创新型企业发展对广东经济发展的影响出发,对广东省创新型企业建设现状分析,探讨创新型企业的可持续发展路径和发展战略。第八章提出加快广东省创新型企业持续发展的政策与措施。第九章为论文结论与展望。

关键词:创新管理　技术创新机制　发展模式

**5319**

**基于环境因素的中国工业经济全要素生产率增长研究** / 刘勇著 ; 李志祥指导. -- 北京理工大学, 2009. -- 160 页

论文提出基于松弛测度的环境效率评价方法,在此基础上构建考虑环境因素的中国工业经济生产率增长测算模型,实际考证考虑环境因素的工业经济生产率增长及其影响因素。全文共七章。第一章调研基于环境因素的国内外相关文献,阐述此项研究的选题背景、意义,并提出研究方法和技术路线。第二章简要地介绍与研究相关的几个概念,包括效率与效率评价、全要素生产率(TFP)、数据包络分析方法以及环境效率与生命周期评价(LCA)方法。第三章利用数据包络分析方法构建基于松弛测度的环境效率评价模型(SBM),并根据投入与产出间的不可分割性,对模型惊醒拓展(SBM—NS)。第四章实证研究我国区域工业经济的环境效率变化情况,发现我国地区工业经济环境效率状况及差异的主要影响因素。第五章从环境约束的角度出发,利用距离函数及 Malmquist 生产率指数方法,结合基于松弛测度的环境效率评价模型,构建基于环境约束条件下的全要素生产率测量模型,将环境因素纳入到生产率评价体系,从理论与实践的角度为生产率的评价提供了全新视角,进一步发展生产率评价理论。第六章将环境规制量化引入到工业经济生产率增长的影响因子,检验了地区污染治理投资、R&D 水平电脑各因素对我国工业经济全要素生产率的影响程度。第七章根据我国工业经济的环境效率及生产力增长的实证研究成果,结合我国现行环境规制政策现状,对我国环境规制与工业经济生产率增长提出了建议。

关键词:工业经济　全要素生产率　环境经济

**5320**

**通向民主之路:东亚民主化模式比较研究** / 刘勇智著 ; 胡伟指导. -- 上海交通大学, 2009. -- 230 页

论文总结第三波民主化浪潮中改革、决裂与转移三种民主化模式的典型特征，梳理东亚各个国家和地区的民主化模式，评估不同类型的民主化模式对发展的影响，分析导致东亚各个国家和地区民主化模式差异的原因，并在此基础上提出塑造通向民主之路最优模式的战略与策略选择。全文共六个部分。第一部分阐述研究的缘起、研究的前提以及研究的现状，并综述研究方法与研究框架。第二部分界定政治变革与民主化的概念与特征，介绍政治变革和民主化的模式：结构与时序视野下的政治变革模式，主题与行为视野下的民主化模式以及多元视野下的民主化模式。第三部分介绍东亚地区主要几个国家的民主化模式，包括韩国民主化的移转模式，菲律宾、印尼的民主化决裂模式，泰国、新加坡和马来西亚的未完成民主模式。第四部分阐述民主化模式的发展效应，并介绍一个评价发展效应的方法，该方法综合评价民主化模式对政治发展、经济增长、社会发展的影响。第五部分阐述东亚民主化模式选择差异的原因，主要与经济发展、政治发展以及发展政策相关。第六部分认为东亚的经验为民主化的后来者提供有益的借鉴，希望以最低的成本实现民主转型的国家和地区就必须在长远规划的基础围绕着改革道路的塑造进行合理的政策调整和策略选择。

关键词：民主政治　东亚　政治变革

**5321**

**北京建设世界城市评价与对策研究** / 刘玉芳著 ；黄鲁成指导. -- 北京工业大学, 2009. -- 159 页

论文在国内外研究的基础上，分析北京建设世界城市的可能性和必要性，用演化经济学视角归纳世界城市形成的共性因素；用层次分析法和加权综合指数方法对北京建设世界城市过程中纵向发展的协调性进行分析；根据横向比较和纵向分析发现问题，借鉴世界城市经验，提出北京建设世界城市的路径、模式和对策。全文共分为六章。第一章介绍研究背景、研究意义、国内外研究现状、研究思路和主要内容。第二章介绍基于演化经济学的世界城市形成与发展，在说明演化经济学理论与方法的基础上，介绍了伦敦、纽约、巴黎、东京、新加坡等世界城市的概况和形成过程。并且分析演化经济学视角下的世界城市形成影响小因素。第三章构建世界城市综合评价指标体系，找到世界城市的评价方法，并介绍软系统方法在世界城市评价指标体系的具体应用。第四章对北京与部分世界城市进行综合评价比较，发现北京建设世界城市存在的主要差距。第五章进行北京建设世界城市的协调性评价，应用重标度极差分析法对北京动态系统协调性进行分析，指出北京经济、人口、资源环境方面存在的问题。第六章提出北京建设世界城市的路径、模式，并且为北京建设世界城市提出了合理化建议。

关键词：城市建设　综合评价　北京

**5322**

**既有居住建筑节能改造经济激励研究** / 刘玉明著 ；刘长滨指导. -- 北京交通大学, 2009. -- 158 页

论文采用理论分析、实证分析、文献调查等研究方法，围绕北方采暖区既有居住建筑节能改造的经济效益、外部性效益、经济机理机制、经济激励政策建议等方面进行研究。全文共分为七章。第一章绪论，介绍论文选题背景、问题提出背景、研究范围与目的、国内外研究概况、论文逻辑结构和主要内容。第二章我国既有居住建筑节能改造及经济激励现状，探讨我国北方采暖区既有居民建筑节能的改造概念及内容，改造现状，对既有居住建筑节能改造的示范工程介绍；分析既有居住建筑节能改造经济激励现状，包括激励政策现状以及相关的法律法规内容。第三章既有居住建筑节能改造经济效益分析。提出基于全寿命周期成本理论的经济效益分析框架，包括既有居住建筑节能改造项目的全寿命周期、全寿命周期成本和全寿命周期成本评价方法；对既有居住建筑节能改造项目的增量成本与增量效益分析；对既有居住建筑节能改造的增量经济效益测算；最后提出既有居住建筑节能改造经济效益分析的案例。第四章既有居住建筑节能改造外部性分析。首先提出外部性基本理论，包括外部性概念、数学表述与度量，外部性的内部化方法；对北方采暖区既有居住建筑节能改造的外部性分析，包括外部性概念与分类、外部性度量基本公式、与供热计量收费体制改革的关系、外部性大小度量、外部性汇总等；分析既有居住建筑节能改造外部性度量的案例。第五章既有居住建筑节能改造经济激励体制的研究。对经济激励的主体分析，对既有居住建筑节能改造的经济激励对象分析，对既有居住建筑节能改造的经济激励政策类型研究，对既有居住建筑节能改造经济激励模型分析，对既有居住建筑节能改造的激励强度分析。第六章既有居住建筑节能改造经济机理的政策建议。在对国外建筑节能经济机理政策与经验借鉴的基础上，提出激励政策的基本原则和思路

并进行分析,提出意见。第七章为结论。

关键词:居住建筑　节能　建筑设计　建筑能耗

5323

**我国 IPO 市场的询价发行机制研究** / 刘钰善著 ; 刘海龙指导. -- 上海交通大学, 2009. -- 171 页

论文综合运用金融市场微观结构理论、机制设计理论、信息经济学、博弈论、拍卖理论、最优控制理论等相关理论,通过规范分析方法、证实分析方法以及数值模拟方法,对我国 IPO 市场的询价发行机制进行了研究。论文分为八个章节。第一章绪论,介绍研究背景和意义、研究内容、研究方法及框架结构、主要创新点。第二章文献综述,分别对 IPO 抑价、发行机制、累计投标询价机制等相关理论进行评述。第三章询价发行机制与 IPO 上市后收益率的实证分析,回顾我国新股发行方式的变迁历程,对询价发行机制与上市首日收益率进行回归分析,探讨询价发行机制与锁定期到期持有收益率的问题。第四章通过对机制设计理论的介绍,设计分配与折价并用下的机制,并通过算例进行说明,同时也探讨我国询价发行中的价格区间。第五章对自主分配权下的操纵行为进行分析,首先从市场参与者类型、交易过程、操纵动机方面对模型进行描述,探讨操纵行为及其存在条件。第六章研究无自主分配权下与固定价格发售混合的询价发行机制,探讨询价与固定价格发行的序贯与同步,分析序贯混合发行下的累积投标及其影响和同步混合发行下的资金分配及其影响。第七章介绍超额配售选择权的概念及在我国的应用状况,分析包含超额配售选择权的发行定价,并通过算例进行验证说明。第八章对全文研究内容进行总结,得到主要结论,并对进一步研究进行展望。

关键词:证券市场　股票市场　首次公开发行(IPO)

5324

**基于工作要求—工作资源(JDR)模型的员工敬业和工作倦怠关系实证研究** / 刘子斐著 ; 覃正指导. -- 西安交通大学, 2009. -- 141 页

论文从有效制约倦怠的产生和发展,让员工将被动的工作投入行为转化为主动持久的、积极的敬业认知和行为这一视角出发,研究分析金融从业人员员工敬业形成机制,探讨工作倦怠和员工敬业之间的关系。全文共分为七章。第一章引言,介绍论文的研究背景、对象、问题和思路。第二章相关理论和研究综述。一是工作倦怠文献的综述,包括工作倦怠的概念、结构维度及维度关系、工作倦怠的测量及影响因素,以及工作要求—工作资源模型对工作倦怠研究的发展;二是员工敬业文献综述,包括员工敬业的概念界定、理论模型,以及相关理论对员工敬业的扩展研究;三是工作倦怠和员工敬业的相关性研究。第三章模型概念及假设提出。首先对概念模型的框架分析和模型变量设计及因子分析提出概念模型;接着提出假设,包括工作资源对员工敬业的假设,工作倦怠和员工敬业的关系研究假设以及基于 JDR 模型的全模型假设;提出研究的方法,研究所涉及变量的度量,并介绍统计分析方法和过程,对结果展开分析讨论。第五章实证分析与结果。首先对变量特征分析,包括变量信度的验证,变量的内容效度以及变量的结构效度;分析 Pearson 相关,对建设进行检验并得出研究的结论。第六章对假设验证结果进行讨论,包括人口学变量、组织变量对员工敬业、工作倦怠的差异性影响,工作资源对员工敬业的预测,工作倦怠与员工敬业的关系,员工敬业的中介作用以及基于 JDR 模型的全模型结果;介绍论文研究的理论意义和时间意义。第七章研究结论和创新点。

关键词:金融工作者　职工　工作倦怠

5325

**基于网格的电子政务知识管理系统研究** / 柳巧玲著 ; 卞艺杰指导. -- 河海大学, 2009. -- 148 页

论文针对当前在电子政务中实施知识管理的需要,综合利用网络技术、语义 Web 以及本体理论对电子政务知识管理系统模型的构建以及关键技术问题进行研究。全文共分为七章。第一章绪论介绍论文研究背景、目的和意义,对国内外研究进行综述,交代论文研究方法和主要研究工作等。第二章在介绍电子政务知识管理系统基本理论的基础上,构建电子政务知识管理系统的结构模型,给出论文研究的总体理论框架。第三章研究基于网格的电子政务知识管理系统(GEGKMS)的框架。第四章对 GEGKMS 中基于本体的电子政务知识建模进行研究,提出 GEGKMS 中电子政务知识本体的构建方法,并对 GEGKMS 中电子政务知识本体进行构建。第五章对 GWGKMS 中的电子政务知识获取进行了研究,构建了 GEGKMS 中电子政务知识获取的模型,对该模型的电子政务知识获取过程、服务建模以及服务匹配进行详细分析。第六章

从分析现有检索技术面临的难题入手,对基于语义的电子政务知识检索与推送进行研究。给出知识检索和知识推送过程中语义相似度/相关度计算方法,在此基础上,构建 GEGKMS 中基于语义的电子政务知识检索模型和知识推送模型,实现 GEGKMS 中分布式、异质异构的电子政务知识的语义检索与主动推送。第七章进行总结与展望,总结基于网格的电子政务知识管理系统研究的结论。

关键词:电子政务　信息管理　知识管理

5326

**基于价值创造视角的互联网企业核心竞争力研究** / 龙海泉著 ; 吕本富指导. -- 中国科学院研究生院, 2009. -- 193 页

论文基于资源基础理论、战略网络理论、创新理论、价值链分析、交易成本经济学等理论基础,对互联网企业核心竞争力展开研究。全文共分为七章。第一章引论,介绍论文问题的提出、基本概念的界定、研究思路与基本路线、框架结构与研究内容、研究的主要方法。第二章文献综述与理论基础。对互联网企业竞争战略研究评述,探讨价值创造视角研究所需的理论基础,包括资源基础理论、战略网络理论、创新理论、价值链分析以及交易成本经济学。第三章互联网企业的价值基础及维度。提出四维价值空间框架爰,介绍效率、互补性、锁定、创新型四种机制基础维度,对思维价值空间框架的案例展开研究。第四章互联网企业的核心竞争力分析。探讨构成互联网企业核心竞争力的要素;介绍互联网企业的关键性资源,包括原创内容资源、匹配数据资源、虚拟关系资源,并对三种关键性资源的应用比较分析;介绍互联网企业的核心能力。提出互联网企业核心能力的具体内容,分析互联网企业汇聚资源能力的两种层次和三种方式,探讨汇聚资源能力的层级与方式间的关系;探讨互联网企业资源和能力间的关系。第五章互联网企业核心竞争力的实证检验。基于对理论基础的分析,提出模型的构建和假设内容,并开展实证检验。第六章基于关键性资源的互联网企业多元化运营现状分析。提出多元化的问题,鉴于企业多元化溢价理论和企业多元化折价理论,对模型的构建及假设作出陈述;对数据处理,并根据数据处理的结果开展实证分析。第七章为总结、启示与展望。

关键词:互联网络　网络企业　核心竞争力

5327

**供应链技术创新协同研究** / 楼高翔著 ; 曾赛星指导. -- 上海交通大学, 2009. -- 168 页

论文运用技术创新理论、供应链管理理论、产业组织理论和制度创新等理论,结合博弈论和数理统计学等定量分析工具,运用定性研究、定量建模研究和实证研究等方法,对供应链技术创新协同问题进行理论和实证研究。全文共分为八章。第一章绪论,介绍论文的研究背景、提出的问题、主要研究问题、研究目的与意义、研究对象与关键概念界定、论文框架与研究技术路线。第二章国内外相关理论研究综述。一是技术创新理论及其发展演进,包括技术创新的概念发展、技术创新活动的特征、技术创新理论的发展演进;二是供应链和供应链管理理论;三是供应链环境下企业进行技术创新的协同趋势。第三章供应链技术创新协同的理论研究框架,首先分析供应链技术创新的协同动因,包括降低技术创新的不确定和风险,发挥资源和能力的互补效应,供应链专业化和一体化的推动;其次探讨供应链技术创新的协同条件,认为有产业集聚条件、技术创新项目条件和供应链关系条件;最后分析供应链技术创新的协同伙伴选择,并对供应链技术创新的协同机制设计。第四章供应链技术创新协同的契约设计——以一个面向降低成本目标的产业经济模型为例。第五章供应链技术创新协同的评价体系和方法,介绍供应链技术创新协同评价体系的构建目的和构建原则,供应链技术创新协同的能力评价,供应链技术创新协同的效益评价,评价指标的数据处理和定量化方法以及供应链技术创新协同的综合评价方法。第六章实证研究设计和方法论,提出研究的问题内容和假设情况,对实证研究方案进行设计,分析问卷调查及样本企业基本情况,并对实例做信度与效度的检验。第七章供应链技术创新协同的实证研究,对研究内容做出描述性统计,对企业参与供应链技术创新协同的影响因素分析,对供应链技术创新协同的绩效影响因素分析。第八章为总结与展望。

关键词:供应链　技术创新　协同效应　企业绩效

5328

**家具产业集群竞争力比较研究:基于江西南康,广东顺德,四川新都家具产业集群的比较** / 卢杰著 ; 黄新建指导. -- 南昌大学, 2009. -- 231 页

论文在对江西南康、四川新都和广东顺德家具产

业集群竞争力进行实际评价和相互间的比较分析基础上，尝试着建立一套适合我国国情的家具产业集群竞争力评价系统，并提供提升家具产业集群竞争力的对策选择。全文共八个部分。第一部分讨论论文研究的目的和意义，对国内外的研究现状进行综述和评价，提出研究目标、内容和方法，综述论文的逻辑框架、可能的创新点。第二部分对国内外产业集群理论及产业集群竞争力研究进行回顾，分析产业集群与竞争力之间的关系，并提出竞争力研究的理论基础。第三部分主要讨论我国家具产业集群形成的原因，现状及我国家具产业集群持续发展的障碍，同时介绍国外家具产业集群发展现状。第四部分论述我国家具产业持续发展的动力、特点、发展趋势，并对我国家具产业的国际地位和比较优势进行分析，同时也分析其在我国国民经济中的地位。第五部分提出集群基础环境竞争力的家具产业集群竞争力评价指标体系并构建相应地综合评价模型。第六部分计算江西南康、广东顺德、四川新都三地各个构成要素的竞争力指数，在此基础上再分别合成综合竞争力指数。第七部分在实证分析的基础上，充分结合产业集群竞争力的理论来源，提出提升我国家具产业集群竞争力的战略选择。第八部分对论文主要成果进行总结，并对未来的深化研究方向提出一些思考。

关键词：家具工业　产业发展　聚集经济

**5329**

**审计质量的影响因素及其形成机理研究** / 卢宁文著；戴昌钧指导. -- 东华大学，2009. -- 164 页

论文解析审计质量问题产生的根本原因，并为完善审计质量控制机制提供了依据。论文分为七个章节。第一章绪论，介绍选题的背景及问题的提出、研究目的与意义、国内外文献综述、研究内容、方法及创新点。第二章从经济人的一般特征出发，阐述了审计主体和审计客体的特征，剖析审计质量的概念，运用博弈理论分析审计制度的起源和发展，运用制度经济学的交易费用理论、产权理论、委托代理理论、不完全契约理论分析审计的功能以及审计质量问题产生的原因。第三章探讨公司治理监管制度对审计质量产生的积极作用和实务中可能存在的缺陷，针对审计主体的独立性和专业胜任能力等因素进行分析，结合证监会的处罚报告对审计过程质量进行评价，并分析审计失败产生的原因。第四章根据问卷调查的数据，利用结构方程分析方法对审计质量的影响因素进行实证研究，并探讨这些因素对审计质量的影响程度及它们之间的相关关系。第五章通过建立不完全信息动态博弈模型和不完全信息静态博弈模型，分析资本市场参与人的行为选择，得出审计质量的形成是投资者、事务所、公司管理层、监管层之间博弈均衡状态的结论。第六章对完善审计质量控制机制提出建议，主要内容涉及完善会计准则和审计准则制定的协调机制、审计委员会的机制、事务所内部管理机制以及法律法规和监督机制的相关建议。第七章对论文研究总结得到结论，指出论文的创新点，并对未来的研究方向进行展望。

关键词：审计制度　审计质量　博弈论

**5330**

**基于复杂系统的产业集群演化研究** / 芦彩梅著；于景元，梁嘉骅指导. -- 山西大学，2009. -- 183 页

论文应用复杂系统理论，采用定性分析和定量分析相结合、比较分析和生态分析相结合、理论分析和案例分析相结合的方法来研究产业集群的形成和演化规律，提出相应对策。全文共分为六章。第一章绪论提出问题，进行国内外文献综述，介绍论文研究方法、研究内容以及创新点。第二章首先从霍兰提出的复杂适应系统在适应和演化过程中的 7 个要素出发，指出产业集群完全具有这 7 种性质，是一个典型的复杂适应系统。在此基础上，分析产业集群的复杂性特性、产业集群内环境和外环境的复杂性以及演化中的复杂性。最后结合东莞 IT 行业产业集群的演化实例进行分析。第三章从政治、经济、文化、科技、人口、交通等方面分析现代集群形成的生态背景，在此基础上提出现代产业集群的本质是基于信息集成、知识集成的知识与知识产品创新集群。第四章分析产业集群演化的基本方式——自组织与他组织，并对硅谷和新竹科技园区的发展模式比较进行 案例分析。第五章在借鉴生态学 lotka-Volterra 模型的基础上，建立产业集群协同演化的动力学模型，并根据微分方程几何理论分析其稳定性。最后以中山小榄镇五金集群为例，剖析其协同演化过程。第六章进行我国产业集群的演化扫描及对策思考，分别介绍我国自组织产业集群的演化和我国他组织产业集群的演化，提出促进我国产业集群向现代产业集群演化的对策。

关键词：聚集经济　产业发展　发展模式

5331

**企业整体运营风险研究** / 鲁昌荣著 ; 何建敏指导. -- 东南大学, 2009. -- 127 页

论文运用多门学科的基本原理和最新的研究成果展开跨领域研究,研究基于部门的运营风险度量、基于 Copula 函数的风险相关性度量、基于实物期权和保险的整体运营风险控制方法及基于整体运营风险调整的绩效评估。全文共九章。第一章绪论,介绍研究背景、研究意义、研究现状及存在问题与不足,阐述论文研究路径、研究内容与框架以及创新之处。第二章介绍相关概念及理论基础,包括企业整体运营风险的概念、企业整体运营风险管理的原则与步骤、企业风险度量与评估方法介绍。第三章借鉴巴塞尔协议的七种类型的风险,从采购、生产、销售、人力资源四个部门的角度对一般企业的运营风险进行分析,筛选出符合一般企业要求的运营风险因素;并研究因企业财产引起的运营风险。第四章以企业各主要部门为划分,对企业运营风险进行度量。对各个部门建立主要运营风险指标,使用极值理论、Delta-EVT 和德尔菲专家评价法分部门进行运营风险的度量,进而计算各部门运营风险的 VaR 值,并通过实例对模型有效性进行验证。第五章利用 Copula 函数对企业不同部门间的组合风险进行量化研究。阐述企业内不同部门间的风险相关性对于企业整体运营风险的影响,分析企业不同部门间风险相关性的一般测度方法。第六章、第七章为了更好地控制企业运营风险,研究期权和保险在企业运营风险控制中的应用。应用 Stackelberg 模型建立供应商和采购商之间的博弈模型,研究期权合同的定价问题,并确定了有关期权价格和期权执行价格的最优决策问题。第八章针对传统企业绩效评估未考虑或充分考虑整体运营风险对企业绩效影响的缺点,提出一种基于整体运营风险调整的企业绩效评估方法,将风险值引入到 EVA 模型当中,来描述企业绩效。第九章,结论与展望,总结论文的主要研究成果与结论,分析研究过程中的不足,对未来的进一步研究做出展望。

关键词:运营管理　风险管理　企业绩效

5332

**私有信息保护下企业间横向合作问题研究** / 鲁芳著 ; 仲伟俊指导. -- 东南大学, 2009. -- 122 页

论文综合运用密码学、博弈论以及数据挖掘等基础理论和方法比较深入和系统地研究私有信息保护下企业间横向合作价值、方法和过程以及合作需求预测、合作采购和合作客户分析等具体问题。全文共七章。第一章绪论,介绍选题背景和意义、相关文献综述以及研究内容与结构。第二章对企业信息分类,介绍私有信息保护方法,研究私有信息共享的价值,构建私有信息保护下企业间横向合作过程。第三章研究私有信息保护下企业间横向合作需求预测问题,提出在私有信息保护下企业合作预测以及合作检验预测模型的方法。第四章研究私有信息保护下企业间横向合作采购问题,利用博弈论研究私有信息保护下企业采购决策问题,提出企业合作确定精确的采购量和最大利润价格折扣的决策方法。第五章研究私有信息保护下企业间横向合作客户分析问题,论文提出将客户基本信息和购物信息适度扰乱,而后在扰乱后的信息中得到较为准确的合作客户决策树分类以及合作客户关联挖掘两种客户分析模式。第六章运用案例分析分别对企业间横向信息共享销售信息、采购信息以及客户信息时所存在的问题以及所采取的私有信息保护技术等进行说明,进一步阐述论文所提方法的必要性和价值性。第七章结论与展望,总结论文的主要研究结论,指出进一步的研究方向。

关键词:经济合作　信息管理　信息共享

5333

**基于 GMDH 的多重共线性问题研究** / 鲁茂著 ; 贺昌政指导. -- 四川大学, 2009. -- 175 页

论文通过 GMDH 方法建立模型,探索处理多重共线性问题的新的有效方法。全文共七部分。第一部分导论,阐述国内外研究现状,介绍研究内容、方法和创新点以及论文结构。第二部分介绍相关理论,包括数学模型及线性回归模型、多重共线性概述、GMDH 理论与方法。第三部分提出处理多重共线性问题的剔除变量线性 GMDH 参数模型方法。在证明选择最优变量子集与剔除变量是对偶关系的基础上,论文提出用线性 GMDH 参数模型选择最优变量子集来处理多重共线性问题的方法。第四部分提出处理多重共线性问题的有偏估计 C-GMDH 方法。论文提出的有偏估计 C-GMDH 方法,使选取的主成分尽量携带自变量信息,并确保它们对因变量有最大的解释能力。第五部分提出处理多重共线性问题的多项式回归 B-GMDH 方法。它通过迭代运用非线性 GMDH 参数模型和线性 GMDH 参数模型,消除多项式回归模型中的多重共线性问题,并简化模型。通过算例证实了 B-

GMDH方法适用于多变量情形，建立的多项式模型剔除了导致多重共线性问题的变量项。第六部分研究共线性问题对建模带来的不良影响，论文定义有害共线性概念，并给出有害共线性的判定准则以及消除或降低其对回归分析影响的方法。第七部分对全文内容及研究结论和创新之处进行总结，并提出日后继续研究的方向和期望。

关键词：计量经济学　共线性　回归模型　数据分组处理（GMDH）

5334

**中国商品期货市场流动性风险度量实证研究** / 鲁小东著 ; 游达明指导. -- 中南大学, 2009. -- 156 页

论文检验中国商品期货市场的流动性特征，度量中国商品期货市场内、外生流动性风险。全文共分为五章。第一章绪论，介绍论文的研究背景、研究意义、相关理论及研究综述，研究内容、构架与创新点。第二章中国商品期货市场流动性特征实证研究。一是介绍流动性度量指标，包括单一度量指标，综合度量指标和本文选用的流动度量指标；二是流动性分布特征，包括检验样本和指标，中国商品期货市场流动性分布状况以及中国商品期货市场流动性日间变化；三是流动性时间特征的说明，包括引言，检验样本及指标选择方式以及流动性时间特征的检验分析；四是流动性协动特征的介绍；五是流动性成本特征的说明。第三章中国商品期货市场外生流动性风险度量实证研究。一是有价差时外生流动性风险度量，包括有价差时流动性调整的VaR模型，中国商品期市有价差时外生流动性风险度量实证研究；二是无价差时外生流动性风险度量，包括涨（跌）停对期货市场的效率影响以及中国商品期市无价差时外生流动性风险度量实证研究。第四章中国商品期货市场内生流动性风险度量实证研究。首先介绍中国商品期货市场价格冲击系数测算，对指令驱动机制下净指令流、净持仓查的计算，中国商品期市交易对价格冲击微观结构模型介绍以及中国商品期市价格冲击系数测算；其次介绍中国商品期货市场内生流动性风险度量模型，包括单一商品执行成本微观结构模型，多种商品执行成本微观结构模型，考虑内生流动性风险LrVaR表达式，考虑内生流动性风险LrVaR与传统方式的比较；最后是对中国商品期货市场内生流动性风险度量的实证研究。第五章为论文结语。

关键词：期货市场　资本流动　风险分析

5335

**建筑企业敏捷化与敏捷动态联盟构建研究** / 鲁业红著 ; 李启明指导. -- 东南大学, 2009. -- 145 页

论文借鉴制造理论、敏捷动态联盟研究和敏捷竞争的思想，结合建筑企业及建设项目的实施特点，主要研究了建筑企业敏捷化和建筑企业敏捷动态联盟（ADA-CE）的构建两大部分内容。全文分为八个部分。第一部分指出目前建筑企业面临严峻的市场竞争和多变的市场环境问题，评述国内外研究现状，阐述论文的研究论文与研究方法以及研究思路、内容、结构。第二部分对论文研究的几个重要概念敏捷、敏捷性、敏捷化、敏捷竞争和敏捷动态联盟的内涵与特征进行明确分析界定。第三部分根据实现敏捷竞争的需求，结合建筑企业经营与建设项目实施的特点，在五个特点提出建筑企业实现敏捷化的途径与措施。第四部分在Rick Dove提出的敏捷企业应变能力成熟度参考模型基础上，提出建筑企业4个关键过程域KPA及对应的16个关键业务实践CBP，建立初始级、生存重复级、被动反应级、主动开拓级、持续改进级五个阶段等级的建筑企业敏捷应变能力成熟度模型（ACPMM-CE），并以TC建工为案例进行了建筑行业敏捷应变能力成熟度实证评价研究。第五部分深入分析ADA-CE实施需求、实施形式、构建步骤，设想基于敏捷动态联盟竞争的理想建筑竞争市场形态并作了细致分析，阐述了ADA-CE的盟主职能和盟主承担者问题。第六部分提出面向过程的视图建模方法来具体阐述ADA-CE模型结构，在此基础上描述了组织、资源、信息视图，为建筑企业基于建设项目的敏捷动态联盟的构建提供比较详细的构建参考模型、的方法。第七部分建立建设项目敏捷动态联盟伙伴选择的评价指标因素体系，详细分析各指标因素之间的关联关系，应用ANP法确定了各评价指标对盟员伙伴选择目标的权重。第八部分总结主要研究工作和创新点，并对研究进行展望。

关键词：建筑企业　企业核心能力　经济合作

5336

**基于ACE的金融市场建模关键技术研究** / 陆超著 ; 李学伟指导. -- 北京交通大学, 2009. -- 122 页

论文以人工股票市场模型为例，对基于ACE的金融市场建模关键技术进行研究。全文共分为七章。第一章绪论，介绍论文的研究背景、问题的提出和研究目标、论文的研究意义、相关研究现状以及研究的主要内容。第二章，相关理论与方法，介绍基于agent

的计算经济学、遗传算法、金融市场的分形与混沌、金融市场分形与混沌的度量方法。第三章,SFI 人工股票市场模型(ASMM)。介绍 ASMM 的早期历史、ASMM 的结构,分析 ASMM 的特征,包括模型中的内生因素、模型的可进化性、模型的平衡性以及与均衡模型的比较。第四章,ASMM 中的人员 Agent 模型。首先介绍物元理论,包括物元的定义,物元的可拓行以及物元的变换;其次是对基于人元的 Agent 模型的探讨,介绍人元模型、基于人元的 Agent 形式化模型以及 Agent 的学习与进化;最后为 ASMM 中的 Agent 模型,包括客元模型、主元模型和人元 Agent 的学习和进化。第五章,基于人元 Agent 的 ASMM。首先讨论 ASMM 的程序实现,包括系统运行总体框架、系统运行的试验环境、系统运行的基本参数和实验结果介绍;二是 ASMM 的统计特征分析,包括收益分布的尖峰厚尾特征、线性相关性分析、非线性相关性分析、量价关系分析、波动聚集性分析、ASMM 的分形特征分析以及 ASMM 的混沌特征分析;三是现实股票市场的典型统计特征分析,方式方法同上;最后是 ASMM 的优点探讨。第六章,ASMM 涌现结果和分析,包括学习与价格波动的关系、财富分布状态分析以及个体行为对政策因素的影响。第七章为全文总结与展望。

关键词:金融市场　股票市场　经济模型

**5337**

**电子公共服务系统的外包建设及评价研究** / 陆敬筠著 ; 仲伟俊指导. -- 东南大学, 2009. -- 137 页

论文结合我国电子公共服务的具体情况,采用公共管理、信息经济学、信息系统分析与设计、统计学等理论和方法,对电子公共服务系统外包建设和电子公共服务系统评价方面的问题进行研究。全文共八部分,包括绪论及正文七章。第一部分绪论,介绍研究背景和意义、相关概念、国内外研究现状以及主要研究内容。第二部分介绍电子公共服务系统外包建设的动因和障碍。讨论采用外包模式建设电子公共服务系统的理论依据,从政府内部和外部两方面分析政府采用外包模式建设电子公共服务系统的动因,明确主要的电子公共服务系统外包建设模式及其各自特点,分析采用外包模式建设电子公共服务系统存在的障碍和缺点。第三部分介绍电子公共服务系统外包建设决策管理。对电子公共服务系统外包决策过程划分阶段,将电子公共服务的外包决策过程分为外包决策选择阶段、外包合同形成阶段和外包执行阶段,以交易成本理论和委托代理关系为基础,讨论了每个阶段风险,并给出了相应的风险管理策略,进一步提出了对电子公共服务系统进行评价的内容框架及评价方法。第四部分介绍电子公共服务系统外包建设的效益及激励机制。采用交易成本理论,分别针对 BOT 模式下的单承包商策略和多承包商策略构建效益分析模型,比较了两种策略的优劣性;根据 BOO 模式的特点,构建相应的效益分析模型,分析了该模式的效益。第五部分电子公共服务系统服务内容评价及其实证研究。基于论文所提出的电子公共服务系统评价内容框架,首先建立电子公共服务系统服务内容层次模型,构建相应指标体系,并据此对中国的省、直辖市以及相关省政府的政府网站建设进行相应的调查和分析。第六部分电子公共参与模型及其实证研究。在分析电子公共参与的内涵和层次的基础上,提出衡量电子公共参与度的指标,以 TAM 模型为原型,建立电子公共参与模型,采用结构方程模型方法对概念模型中的因果关系予以测度,并进行实证研究。第七部分电子公共服务公众满意度模型及其实证研究。明确电子公共服务公众满意度的内涵,以顾客满意度模型为基础,建立电子公共服务公众满意度概念模型,讨论影响电子公共服务公众满意度的政府网站质量因素和政府服务质量因素,明确电子公共服务公众满意度的观测变量,利用结构方程模型方法,对其进行实证研究。第八部分,对论文进行归纳总结,得出研究结论。

关键词:电子政务　社会服务　参与管理　对外承包

**5338**

**基于 IEC 的隐性目标智能决策方法研究** / 陆青著 ; 梁昌勇指导. -- 合肥工业大学, 2009. -- 106 页

论文从隐性目标决策问题的角度出发,研究对象为基于 IEC 的隐性目标智能决策方法。全文共分为七章。第一章绪论,介绍论文问题提出的背景、国内外研究现状、论文研究内容和结构安排。第二章隐性目标决策问题的求解方法基础。首先概述遗传算法,包括遗传基本概念、适应度函数、编码与解码、遗传算子与参数控制以及基本遗传算法过程;其次介绍基本交互式遗传算法;最后是隐性目标决策问题的进化求解模型。第三章结合多智能体技术的求解方法研究。首先介绍智能体基本概念和多智能体系统与 AER 模型;其次介绍均匀多智能体遗传算法,包括均匀设计表、智能体及其行为、算法设计与步骤以及算例实验及分析;三是介绍交互式多智能体遗传算法及其旅游

行程规划应用,包括旅游行程规划问题、形成智能体及交互规则、算法描述及策略、仿真实验及分析。第四章基于改进共享机制的多样性保持研究。一是共享机制小生境技术,二是共享机制的改进,三是基于改进共享机制的算法设计,四是在骑车造型概念草图设计中的应用。第五章基于小生境识别的自适应策略研究。首先介绍小生境动态识别方法,包括 NIT 方法和改进的小生境识别方法;二是基于小生境识别的算法设计,包括多样性自适应策略、算法步骤及复杂度分析,算例实验及分析;最后介绍在汽车造型概念草图设计中的应用,包括算法改进与步骤以及仿真实验及分析。第六章汽车造型概念草图辅助设计系统与原型实现。基于造型件的汽车造型概念设计,汽车造型设计编码以及原型系统设计以及其实现。第七章为论文的总结与展望。

关键词:智能决策　最优化算法　遗传算法

**5339**

**基于关系资本和互动学习的供应链协同研究** / 陆杉著 ; 高阳指导. -- 中南大学, 2009. -- 172 页

论文在研究协同学基础理论及供应链协同相关理论的基础上,构建基于关系资本和互动学习的供应链协同理论框架,并通过实证研究,探讨实现供应链关系协同,进而时间供应链知识协同创新,同时对基于关系资本和互动学习的供应链协同测度进行研究,以提高供应链整体绩效。全文共分为六章。第一章绪论,介绍论文研究背景、国内外相关研究现状、研究目的、研究意义、研究方法以及论文研究的主要内容及其逻辑结构。第二章,供应链协同的基本原理及其理论框架研究。介绍协同的基础理论,包括协同学的基本原理、协同现象的系统科学研究、协同论与供应链的兼容;分析供应链协同的相关理论,包括基于交易费用理论的分析、基于关系理论的分析、基于知识活动理论的分析,基于核心能力理论的分析以及基于商业生态系统理论的分析;提出基于关系资本和互动学习的供应链协同理论框架,对供应链协同的制约因素分析,并提出框架的构造思路。第三章,基于关系资本的供应链关系协同。对关系资本的内涵以及关系资本在供应链中的作用概述,对供应链关系资本影响因素展开实证研究,讨论关系资本的影响因素,包括供应商能力与关系资本、供应商声誉与关系资本、组织适应性与关系资本、专用资产投入与关系资本、转移成本与关系资本;对实践中实现供应链关系协同提出意见。第四章,基于互动学习的供应链协同知识创新。分析供应链中互动学习的动力机制与过程模型,分析互动学习中的供应链知识协同,并对供应链知识协同展开共享,探讨供应链协同知识创新的实现,并以丰田供应链的知识协同创新为例展开实证研究。第五章,基于关系资本及互动学习的供应链协同性测度研究。构建供应链协同性测度模型并设计供应链协同性测度指标体系,在此基础上展开实证研究并作出讨论结果。第六章为总结与展望。

关键词:供应链管理　组织协同　社会资本

**5340**

**基于延迟策略的汽车制造业供应链管理研究** / 陆颖著 ; 陈功玉指导. -- 中山大学, 2009. -- 220 页

论文以基于延迟策略的汽车制造业供应链管理作为研究对象,构建延迟决策模型,为汽车企业实施延迟策略提供行动框架。全文共分为八章。第一章绪论介绍论文的选题背景、研究目的、研究意义、研究思路和内容安排。第二章对延迟策略和汽车供应链方面的文献进行综述,对延迟、延迟策略、汽车供应链等基本概念进行界定。第三章分析现有企业应用延迟策略的案例,包括通用汽车公司的 RCU 定制、日本汽车企业的生产计划定制、本田汽车的全球化设计、广州本田西南商务中心的设立等,总结出汽车供应链中应用延迟策略的主要形式。第四章在研究汽车企业的生产计划延迟策略时,利用随机规划的方法建立生产计划延迟模型,定量分析生产计划延迟相对于传统的基于预测的生产计划所能带来的收益。第五章在研究延迟形式的选择问题时,运用混合线性规划的方法,建立一个延迟形式决策模型,该模型用来帮助企业决策选取何种形式的延迟策略,并探讨不同类型的成本变化对企业决策的影响。第六章采用随机规划方法研究部分延迟策略,建立企业部分延迟策略模型,分析影响部分延迟策略执行效果的主要因素。第七章分析汽车企业实施延迟策略的优势,提出汽车企业实施延迟策略的行动框架。第八章是对研究工作的回顾与展望,总结研究得到的结论,指出研究的主要不足,提出研究展望。

关键词:汽车工业　供应链管理　大规模定制

**5341**

**高等职业技术教育发展的效率损失研究** / 吕爱华著 ; 邓明然指导. -- 武汉理工大学, 2009. -- 151 页

论文在分析关于高等职业技术教育、教育资源效率、教学效率、教育行政效率的国内外研究基础上，利用系统分析与典型调查相结合、规范分析与实证分析相结合、定性分析与定量分析相结合、演绎分析与归纳分析相结合的方法探讨我国高职教育的效率损失问题。全文共分为八章。第一章导论，介绍论文的研究背景、研究意义、国内外文献研究综述、研究创新点和研究方法。第二章我国高等职业技术教育发展状况分析，对基本概念界定，探讨我国职业技术教育的发展，高等职业技术教育培养目标与特点，高等职业技术教育发展的动因以及高职教育发展的国际经验借鉴内容。第三章高等职业技术教育效率的经济学分析，分析内容包括高等职业技术教育效率的价值取向，高等职业技术教育的效用理论分析，高等职业技术教育效率与学生综合能力，中国高等职业技术教育效率的估计。第四章高等职业技术教育的资源效率损失，分析高等职业技术教育的资源效率的内涵及其影响因素，研究高职院校的人力资源、财力资源、物力资源配置效率损失的现状，认为高职院校资源配置的结构不合理和体制性障碍是资源效率损失的主要原因；通过建立高职院校资源效率估计的指标体系，对资源效率损失进行估计测算。第五章分析高等职业技术教学的特点与效率损失概况，认为高等职业技术教育观念、目的、目标、内容、方法、专业课程设置是教学效率损失的主要路径；建构教学效率测度的方式，估计高等职业技术教育的教学效率损失。第六章分析高等职业技术教育行政效率的内涵，认为教育行政效率损失包括外部管理效率损失、内部管理效率损失、中介管理损失，认为高职院校行政管理工作效率、行政机构的目标定位、机构作风、公共教育物品的垄断供给、行政管理监督机制的缺陷，行政成本高是教育行政管理效率损失的主要途径，并估计高等职业技术教育的维度与管理效率损失。第七章提出高等职业技术教育效率损失的弥补对策。第八章为论文研究总结与展望。

关键词：高等教育　职业教育　教育评价

**5342**

**WTO 框架下我国知识产权司法管理与保护前沿问题研究** / 吕国强著 ; 单晓光指导. -- 同济大学, 2009. -- 165 页

论文创新性地提出我国知识产权司法管理与保护的关键是要完善国家立法制度和司法制度，同时也需要完善地方立法和司法机制，系统分析和研究我国司法实践中驰名商标、权利冲突、诉前禁令、地理标志实施情况及问题，提出解决问题的措施和方法。全文共分六个部分。第一部分在调研国内外研究动态的基础上，着重介绍选题来源、研究背景意义等问题，分析论文的研究思路，介绍论文的结构以及创新与不足。第二部分驰名商标，总结上海法院驰名商标案件的基本情况，着重探讨和研究当前驰名商标司法保护急需解决的问题，提出解决问题的具体建议。第三部分权利冲突，总结上海法院知识产权权利冲突案件的基本情况，详细分析冲突产生的原因，着重探讨和研究存在的问题，并从五个方面提出建议。第四部分临时禁令，总结上海法院禁令案件的基本情况，从五个方面探讨和分析司法实践中存在的问题，提出解决问题的具体设想。第五部分地理标志，介绍中国法院首例涉及地理标志的案件，对完善我国地理标志的司法保护制度提出建议。第六部分对完善我国的知识产权死法管理和保护制度提出具体建议和意见。

关键词：知识产权　司法制度　法律保护

**5343**

**我国家族企业治理结构研究** / 吕占峰著 ; 李必强指导. -- 武汉理工大学, 2009. -- 133 页

论文利用契约理论、委托—代理理论、交易费用理论、产权理论在企业治理结构研究中的作用，对我国家族企业治理结构展开研究。全文共分为八章。第一章引论，介绍选题的目的和意义、国内外相关研究综述、研究的目标、内容和方法。第二章家族企业治理结果研究的相关基础理论，介绍研究使用的契约与契约理论、委托—代理理论、交易费用理论、产权理论和其他相关理论。第三章家族企业治理结构的比较分析。从家族企业组织形式的存在入手，研究我国家族企业的历史与发展线索；探讨企业组织系统与契约、制度安排、企业治理结构的要素与刻画维度，提出家族企业治理结构的分析模式；对家族企业治理结构与现代企业制度治理结构的差异性作出比较；对国内外家族企业治理结构进行比较分析，包括一般比较和家族企业权利配置及其效率的比较；对我国家族企业治理结构的区域做比较分析。第四章我国家族企业治理结构的环境分析。探讨融资环境对我国家族企业治理结构的影响，探讨社会资本与我国家族企业治理结构的形成，提出并分析转轨经济背景与我国家族企业治理的机构。第五章我国家族企业契约关系与治

理效率。探讨我国家族企业信任结构及其对治理结构的影响,对家族企业相关利益者契约关系及企业治理效率作出衡量,对家族企业治理成本与治理效率进行分析。第六章我国家族权力配置与企业效率分析。对企业权利配置作一般分析,对我国家族企业股权结构与企业效率展开分析,对我国家族企业负债结构与企业效率分析,对我国家族企业经营控制权进行配置。第七章河南百年康欣医药集团有限公司委托的代理实证分析和讨论。第八章为全文总结及研究展望。

关键词:家族企业　私营企业　股权结构

**5344**

**基于协同论的中国能源消费结构优化研究** / 罗斐著 ; 王立杰指导. -- 中国矿业大学, 2009. -- 100 页

论文运用协同论、系统论等基本理论,重点论述基于协同论的中国能源结构优化的应用基础和主要内容,构建能源—经济—社会—环境协同评价模型并进行实证分析,运用马尔科夫改革模型和多目标规划模型,对中国能源消费结构进行优化,探讨能源消费结构优化的主要指标,分析中国能源消费结构优化的问题、对策,揭示能源消费结构优化的趋势。全文共分为六章。第一章引言介绍论文研究的意义,综述国内外研究现状,提出论文研究的目的和内容以及研究的技术路线与方法。第二章通过分析中国能源消费结构现状,总结出中国能源消费结构存在的主要问题,如单位 GDP 能耗高、能源自给率低、污染严重、浪费严重等。第三章首先进行能源—经济—社会—环境协同评价模型的建模分析,分析现有能源—经济—社会—环境模型的优缺点,接着提出能源—经济—社会—环境协同评价模型的基本思路,最后构建并应用能源—经济—社会—环境协同评价模型。第四章进行中国能源消费结构的优化,首先是中国能源消费量的趋势预测,接着进行中国能源消费结构优化的实证分析,最后通过构建中国能源消费结构优化的评价指标,提出能源消费结构优化的新趋势。第五章分别从管理、技术、政策三个方面提出中国能源消费结构优化的对策。第六章总结论文结论,提出相应展望。

关键词:能源消耗　消费结构　评价模型

**5345**

**创新型大学与创新型国家:关于建设创新型大学若干问题的研究** / 罗军飞著 ; 李健指导. -- 中南大学, 2009. -- 159 页

论文基于建设创新型国家的背景下,在辩证论述创新型国家和创新型大学两者关系的基础上,就建设创新型大学的若干问题展开研究。全文共分为八章。第一章导论,介绍论文的研究意义、研究综述、研究方法和研究思路。第二章创新型大学与创新型国家的概念,介绍创新型大学的概念、创新型国家相关内容,并分析创新型大学与建设创新型国家的关系。第三章创新型大学的演变与发展,分析西方创新型大学的历史演变,包括西方大学创新及其发展历程,当代西方大学创新的最新进展,西方大学创新的演化机理分析;研究中国创新型大学发展历程及发展动态。第四章创新型大学的内涵,介绍大学创新理念的哲学基础,创新型大学的文化探究以及创新型大学的社会职能。第五章创新型大学的地位与作用分析,分析创新型大学与培养创新型人才的关系,探讨创新型大学与增强科技自主创新能力的关系,最后分享创新型大学在西方国家发展中的成功经验并加以借鉴。第六章创新型大学建设的内容与重点,介绍创新型大学的教育创新——创新教育,包括其内涵和发展趋势,必须考虑的主要环节以及人才培养方式的创新;介绍创新型大学教育创新中的创业教育,包括其内涵、必要性和国内外发展状况等;介绍创新型大学的科技创新、管理创新,并对创新型大学的大学文化展开研究。第七章创新型大学与大学软实力建设,探讨大学软实力的理论,分析我国大学软实力建设现状与不足,提出创新型大学软实力建设的策略研究内容。第八章建设创新型大学的实证分析——以中南大学为例,探讨其在办学理念、人才培养、科学研究、社会服务、校园管理和校园文化方面的优势。最后为论文结语。

关键词:大学　创新管理　国家创新系统

**5346**

**航空武器装备制造供应链绩效评价与改进策略研究** / 罗明著 ; 马卫指导. -- 南昌大学, 2009. -- 116 页

论文采用系统动力学的理论与分析方法,对航空武器制造装备供应链的绩效进行评价并提出相应的管理策略。全文共分为七章。第一章引言。首先是问题的提出;接着介绍研究现状,包括航空武器装备制造过程的相关研究现状、供应链链绩效评价的研究情况以及系统动力学的应用研究情况;三是介绍论文研究的技术路线和论文的框架;最后提出论文的创新点与主要研究方法,并对研究中相关的问题和概念进行界定。第二章相关理论综述。一是绩效评价理论

与方法;二是系统动力学建模理论,包括系统动力学的若干概念、反馈动态复杂性分析技术、流率基本入树建模法以及枝向量行列式反馈环计算方法。第三章航空武器装备制造供应链形成机理与运行机制分析。一是介绍航空武器装备制造供应链的形成机理,包括航空武器装备制造供应链构成与绩效管理目标、航空武器装备制造供应链形成动因;二是航空武器装备制造供应链的运行机制内容,介绍航空武器装备制造供应链的运作模型和运作机制。第四章航空武器装备制造供应链绩效评价指标体系研究。在提出航空武器装备制造供应链绩效评价指标设计原则及思路的基础上,探讨航空武器装备制造供应链绩效评价指标体系构建的方法和具体内容。第五章航空武器装备制造供应链绩效评价系统结构反馈分析。首先讨论其基本分析方法,提出系统基模概念,x-0-1 行列式反馈基模计算法,介绍反馈基模分析法的作用;接着讨论航空武器制造过程供应链绩效评价系统模型,包括建立流率基本入树模型和流率基本入树模型的具体内容;三是系统基模分析与绩效改进策略研究,包括计算系统反馈基模和对绩效持续改进增长与制约基模分析;最后提出绩效增长上限基模与绩效改进策略。第六章,航空武器装备制造供应链绩效改进策略仿真研究。介绍仿真案例基本情况,对案例的 SD 仿真模型做模拟分析,对系统方针调控分析。第七章为论文的结论与展望。

关键词:航空兵器　武器工业　供应链管理

**5347**

**航空工业结构调整的机理研究** / 罗群辉著 ; 宁宣熙指导. -- 南京航空航天大学, 2009. -- 144 页

论文以航空工业的机构调整为研究对象,应用企业并购的相关理论,结合航空工业结构调整的特殊环境,分析航空工业结构调整的经济利益与协同效应内在机制,在此基础上提出航空工业结构调整整合的基本框架,系统研究结构调整的全过程。全文共分为八章。第一章绪论,介绍我国国有企业战略性重组的背景,航空工业的结构特征分析,论文研究科学意义和应用前景以及论文研究范围、研究方法和可能的创新点。第二章,关于结构调整的文献综述,介绍关于现代企业理论与结构调整、企业并购理论对结构调整的影响以及国有企业的改组与结构调整方面的研究成果。第三章,企业并购及其效应的经济学分析。一是分析横向并购及其效应,包括规模经济概述、横向并购中规模经济的形成机理分析以及横向并购的福利分析;二是纵向并购的交易费用分析,包括纵向并购及其效应、交易费用理论对纵向一体化的解释以及纵向并购效应的交易费用分析;三是混合并购的分析。第四章结构调整的经济学分析,包括对国有企业并购的动因分析,结构调整的成本—收益分析,结构调整中垄断与竞争的福利分析。第五章,结构调整中的协同效应分析。首先分析企业管理种的协同,包括对协同概念的界定,协同机会的来源与识别有关研究,有关企业并购中协同效应的研究;二是结构调整中协同效应的机理分析;三是基于价值链优化的协同效应分析;四是协同的成本与效益分析;最后是结构调整中协同价值系统的构建。第六章结构调整的整合研究,包括整合的含义及其重要性,战略整合分析,结构调整中的资源整合以及企业文化整合分析。第七章 HY 公司的结构调整实践。阐释结构调整的整合背景与总体策略、重组整合的情况、HY 公司供应系统的整合与协同效应的实现以及结构调整的效果。第八章为主要研究结论及展望。

关键词:航空工业　产业结构调整　市场结构

**5348**

**广西北部湾经济区临海工业发展研究** / 罗贤新著 ; 高阳指导. -- 中南大学, 2009. -- 159 页

论文针对广西北部湾经济区临海工业发展的现状和影响因素以及主导产业的选择与布局进行研究。全文共分为八章。第一章绪论,介绍论文的研究背景与意义、国内外研究现状以及论文的主要研究内容与逻辑结构。第二章经济区工业发展的相关理论及其启示。一是区域经济发展理论,包括区位论、不平衡增长理论、增长极理论、输出基地理论、经济梯度转移理论、新经济地理理论和城市群理论;二是产业理论,包括经济增长阶段理论、动态比较费用伦和产业集聚理论;三是生态工业理论,包括循环经济理论和清洁生产理论;四是可持续发展理论和科学发展观;五是区域主导展业的概念域特性;六是主导产业选择的相关理论;最后为主导产业布局的相关理论。第三章广西北部湾经济区临海工业发展现状分析,包括其发展概述、发展优劣势、发展机遇以及面临的挑战。第四章广西北部湾经济区临海工业发展影响因素的实证分析。第五章广西北部湾经济区临海工业的主导产业选择,介绍主导产业选择的指标体系,问卷调查的设计、发放、回收和分析以及主导产业的选择方法。

第六章广西北部湾经济区临海工业的主导产业布局，介绍主导产业布局的基本思路、影响因素、区位指向分析以及具体布局内容。第七章广西北部湾经济区临海工业发展策略及其保障措施，介绍广西北部湾经济区临海工业发展的基本原则、广西北部湾经济区临海工业的策略以及广西北部湾经济区临海工业发展策略的保障措施。第八章为论文的总结与展望。

关键词：主导产业　产业结构　广西

**5349**

**组织资源视角的集群企业国际化成长效应研究** / 罗友花著；李明生指导. -- 中南大学, 2009. -- 169 页

论文针对全球经济一体化时代背景下各国产业集群化发展趋势，集群内的企业国际化快速成长现象，提出产业集群组织资源通过影响集群企业竞争优势和动态能力最终促使集群企业国际化成长演化的研究主题。全文共七个部分。第一部分在综述产业集群相关文献，企业国际化理论以及企业成长的一般理论基础上，提出研究问题和研究内容。第二部分基于产业集群组织资源观，提出以产业集群组织资源—集群企业国际化成长动力系统—集群企业国际化演化系统—集群企业国际化成长为分析框架，来探讨产业集群资源对其企业国际化成长的效应。第三部分针对现在资源分类研究的不足，以及产业集群组织这一主体资源特点，提出产业集群组织资源分类标准的“三三制”模型。第四部分对产业集群资源及资源结构差异存在性进行分析，对产业集群内的劳动要素分工、环境资源网络资源对集群企业竞争优势对集群企业竞争优势的影响。第五部分研究产业集群分工资源、环境资源、网络资源对企业动态能力的影响，分析了集群企业动态能力因子的方差结果。第六部分综合运用产业集群理论、企业国际化理论和企业成长理论以及比较研究法、数理统计法、结构方程建模(SEM)等研究和分析方法，并以浙江义乌小商品集群企业和湖南邵东日用五金集群企业的调研数据对理论模型进行检验。第七部分总结论文的不足之处，并对未来进行展望。

关键词：企业集团　成长效应　产业集群

**5350**

**临海新城产业发展战略及管理创新研究** / 罗兆慈著；张群指导. -- 北京科技大学, 2009. -- 117 页

论文通过分析南沙区在由单一功能区向多功能区转变的过程中，如何根据总体发展目标选择主导产业和相关配套产业并制定发展战略，如何对利用产业集群相关理论促进该地区经济快速发展，如何依据经济发展的不同阶段对开发区的管理模式进行调整和创新，来探索一条建设以最适宜居住、最适宜创业为目标的临海新城的城市发展新模式。全文共分为五章。第一章绪论介绍论文选题背景、选题目的及意义、研究内容、研究方法和技术路线。第二章进行文献综述，阐述制度经济学研究现状和产业集群理论研究现状。第三章首先通过对临港产业的急剧机制进行系统研究；接着在定量分析的基础上结合区域资源、人口、制度、经济基础等定性分析最终确定区域主导产业；最后着重研究产业集群在区域经济增长中的作用和影响。第四章构建开发区向临海新城转变期政府管理创新体系，并对南沙区有开发区、保税港区、行政区统一管理和政区合一、功能区合一的政府管理模式进行实证分析。第五章总结论文的主要结论，提出研究展望。

关键词：港湾城市　城市经济　管理创新

**5351**

**现金流视角下上市公司并购绩效评价及其影响机制研究** / 马海峰著；朱学义指导. -- 中国矿业大学, 2009. -- 180 页

论文以现金流分析作为并购绩效评价的基础，以上市公司 2003 年至 2005 年并购交易作为实证分析样本，探讨现金流视角下上市公司并购绩效及其影响机制。全文共分为八章。第一章绪论，介绍论文研究背景及选题依据，研究目标和研究意义，研究概念界定，论文结构安排以及论文的研究方法和技术路线。第二章文献综述，首先对企业并购理论及并购绩效影响机制做研究，探讨资本集中理论和西方国家研究文献以及国内研究文献；接着对企业并购绩效评价研究综述，包括事项研究法文献综述、会计研究法文献综述和企业并购社会绩效研究；最后是并购目标预测模型的研究介绍。第三章基于现金流视角的并购绩效评价概述。对现金流绩效评价理论分析，提出并购绩效评价样本的选择和综合绩效评价模型，并作出总结。第四章基于现金流视角的并购财务绩效评价。研究内容包括基于现金流量分析的财务绩效评价指标，异常数据处理和评价指标筛选，主并企业并购财务绩效测度，主并企业并购财务绩效实证研究，目标企业并购财务绩效实证研究。第五章基于现金流视角的并

购社会绩效评价研究。对并购社会绩效评价做理论分析,探讨基于现金流视角的社会绩效评价指标选择,对基于现金流视角的并购社会绩效做实证研究,并对上市公司并购双重绩效相关性展开研究。第六章主并企业并购财务绩效影响机制研究。对主并企业并购财务绩效影响因素分析,对样本数据描述性统计并做回归分析。第七章目标企业并购财务绩效影响机制研究。基于对目标企业并购绩效影响因素的分析,对样本数据描述统计并做回归分析,提出目标企业并购财务绩效的预测模型。第八章为论文的研究结论。

关键词:上市公司　企业兼并　现金流量　企业绩效

**5352**

**产业集群内的中小企业融资问题研究:基于违约概率和融资效率的实证分析** / 马鸿杰著 ; 胡汉辉指导. -- 东南大学, 2009. -- 154 页

论文系统地研究产业集群内中小企业的融资问题,从机制上阐述产业集群内中小企业的融资优势,分别从集群内企业违约概率和融资效率两个视角运用数学模型实证分析集群内中小企业的融资问题。全文共八个部分。第一部分阐述研究背景与意义,综述了研究问题与框架,以及研究方法与创新点。第二部分阐述了集群网络理论、集群根值性理论、交易成本理论、信息不对称理论、规模经济理论、价值链理论、社会资本理论、共生理论等相关理论。第三部分分析中小企业的融资优势、融资优势的产生机理、集群特有的融资模式,并指出它们之间的相互关系。第四部分着重介绍非参数 log 变换模型,证明该模型的相关定理和推论,首次尝试运用非参数 log 变换模型来分析企业违约模型,并用算例和实证结果与 Logistic 模型作比较。第五部分通过分析常州产业集群内外中小企业融资状况,为产业集群内中小企业的违约概率和融资效率的实证作数据准备,为政府和银行建立中小企业融资支持体系提供参考。第六部分发现非参数 log 变换模型在精度和稳健性方面都优于Logistic 回归模型。第七部分发现集群特性因素总体上降低了企业违约率,增强了企业的融资优势,不同产业集群融资效率相差较大。第八部分总结了研究结论,研究不足,对研究未来进行展望。

关键词:中小企业　融资　聚集经济　经济效率

**5353**

**沪市行业效率及其影响因素实证研究** / 马慧敏著 ; 刘传哲指导. -- 中国矿业大学, 2009. -- 148 页

论文采用理论研究的方法,研究对象为沪市行业效率及其影响因素实证研究。全文共分为九章。第一章绪论,介绍论文问题的提出、行业视角的理由和意义、研究对象和内容、研究方法和思路、创新点与不足之处以及论文的技术路线图。第二章,文献综述,包括股票市场效率研究现状与分析、非理性行为研究现状与分析和涨跌机制研究现状与分析。第三章,市场效率影响因素的理论分析,提出证券市场效率理论,展开分析行业特征对行业效率作用的理论、投资者行为对行业效率作用的理论以及制度安排对行业效率作用的理论。第四章,沪市行业效率特征实证研究,在确定行业样本及对实证检验方法的选取的基础上,对实证检验效果结果进行分析。第五章,沪市行业风险特征与行业效率分析。探讨沪市各行业统计特征、基于 VaR 的行业风险特征。第六章,投资者非理性行为与行业效率分析。首先对羊群效应展开介绍,在此基础上,探讨羊群效应对市场行业效率的影响、投资者非理性行为对行业市场效率的影响。第七章,市场制度安排与行业效率分析。介绍市场的涨跌机制,对涨跌机制对行业市场效率的影响进行实证研究,探讨信息披露制度对行业市场效率的影响。第八章,提高行业效率的建议,包括抑制羊群效应的建议、放宽涨跌机制的建议、完善信息披露的建议和股权分置改革的建议。第九章为结语,介绍论文的主要结论和进一步研究的方向。

关键词:证券市场　经济效率　风险评价

**5354**

**企业技术获取模式选择及能力提升路径研究** / 马家喜著 ; 仲伟俊指导. -- 东南大学, 2009. -- 180 页

论文综合运用交易成本经济学、资源基础观、产业组织理论、委托—代理理论、博弈论、实物期权理论以及微分理论等,采用理论分析、案例佐证与计量实证相结合的方法,在前人研究工作基础上,系统、深入地研究企业技术获取过程中的两个核心问题:一是企业技术获取模式选择;二是企业培养自身创新能力以确保对所选择的技术获取模式能有效实施。全文共八章。第一章绪论,介绍企业技术获取模式选择及能力提升路径问题的提出、企业技术获取模式选择及能力提升路径的研究现状、研究框架与内容。第二章在

对相关概念界定和研究现状评述的基础上，运用组合案例对企业技术获取模式选择决策的过程进行研究，构建用于技术获取模式选择的 R-M-C 概念模型。第三章研究不同技术战略下的企业技术获取模式选择问题。运用演化博弈模型，对采取技术领先战略与技术跟随战略企业均衡比例的存在性、均衡比例存在的条件以及所带来的后果进行分析。第四章分别针对同行业合作竞争环境与供应链环境等几种情况，研究企业技术获取模式选择问题。第五章在“产学研”合作创新环境下，基于企业—高效技术获取模型，提出两种有效的“产学研”合作创新模式，并就两类模式下的技术获取行为进行分析。第六章对企业技术联盟与“产学研”合作技术获取模式选择进行了集成分析。构建企业研发联合体模式动态博弈模型，得出企业间资源共享进行合作研发的条件。第七章就企业技术创新能力与企业绩效、企业技术联盟能力与联盟成功的关系分别进行了理论研究和案例分析。第八章结论与展望，总结论文的主要研究结论，指出进一步的研究方向。

关键词：企业管理　技术管理　运行模式

**5355**

**基于价值链的动态研发战略投资研究** / 马如飞著 ；梁莱歆指导. -- 中南大学, 2009. -- 145 页

论文在价值链理论的基础上，利用微分博弈方法，系统研究企业的动态研发战略投资问题。全文共分为七章。第一章绪论，介绍论文研究背景与研究意义、相关文献回顾和评述，以及论文的研究内容、方法、创新之处、研究框架与技术路线。第二章论文研究的理论基础，介绍价值链理论，包括传统价值链的思想、虚拟价值链和价值网的思想、价值链的价值创造与价值分配，介绍交易成文理论和资源基础理论。第三章基于企业价值关系的研发展战略组织模式分析。首先介绍价值链与企业价值的关系，探讨对企业价值的认识、价值链价值的形成机理、企业之间的价值关系；分析企业价值关系与研发战略组织模式的选择，包括研发战略组织模式选择的影响因素、现有研发战略组织模式以及企业研发战略组织模式选择分析；最后对企业研发战略选择实证检验，设计研究方案并对实证结果分析。第四章横向动态研发战略投资研究。提出模型背景与假设、横向独立研发战略投问题、合作研发战略投资问题，并对横向研发战略做比较分析并对比较分析结果作出说明。第五章纵向动态研发战略投资研究。提出模型背景和假设，探讨纵向独立研发战略投资问题、合作研发战略投资问题，并对纵向研发战略投资问题比较分析。第六章混合动态研发战略投资研究。基于对混合研发战略投资的价值分析，提出模型的背景与假设，探讨混合独立研发战略投资问题，分别分析下游企业合作、上游企业合作、纵向企业合作的研发战略投资问题，并对混合战略投资比较分析。第七章为研究结论与展望。

关键词：企业管理　技术管理　技术开发　投资

**5356**

**控股股东侵害行为形成机制与实证研究** / 马骁著 ；魏晓平指导. -- 中国矿业大学, 2009. -- 175 页

论文对我国上市公司控股股东侵害行为进行研究。全文共分为七章。第一章绪论，介绍论文研究问题、国内外研究现状、相关概念及其界定、研究的意义、研究方法、思想和技术录像以及研究的范畴和内容。第二章，控股股东侵害行为研究的理论基础，包括不完全契约理论、法与金融理论以及合谋理论。第三章，控股股东侵害行为形成机制。对控股股东侵害行为形成研究回顾，分析控股股东侵害行为形成机制理论，对控股股东侵害行为形成机制开展数理分析。第四章，基于法律视角的控股股东侵害行为实证研究。根据本研究的背景，对法律法方法观下控股股东侵害行为研究，对我国抑制控股股东行为法律建设的路径作出分析，对抑制控股股东侵害行为的法律环境量化，提出研究的假设，分析研究数据，对研究做实证分析并得出实证结论。第五章，基于合谋理论的控股股东侵害行为实证研究。基于研究的背景，进行单代理观下控股股东、公司高管和小股东之间的理论研究，探讨单代理观研究的局限，对其开展理论分析并提出研究假设，基于上述条件进行研究设计和实证分析，并提出实证的结论。第六章，抑制控股股东侵害行为的政策及建议。提出抑制控股股东侵害行为的基本框架，认为应加强法律和道德建设，加强公司内部治理以解决此类问题。第七章为研究结论、创新与展望，提出论文研究的不足之处。

关键词：股份有限公司　上市公司　控制权

**5357**

**房地产开发土地供给制度分析** / 马小刚著 ；李世蓉指导. -- 重庆大学, 2009. -- 256 页

论文围绕土地供给制度—利益主体行为—制度

绩效这一主线,以地方政府行为和企业行为分析为核心,运用新制度经济学的基本理论,借鉴其他相关学科的文献资料,对我国土地制度进行了全面、系统的分析,对制度绩效进行了评价,提出了改善我国土地供给制度的政策建议。论文分为八个部分。第一部分主要介绍了论文的研究背景和研究意义、国内外相关研究动态、研究对象的界定、研究思路和研究方法、研究内容和主要创新等。第二部分对新制度经济学制度分析的基本概念做了简要分析,提出了制度—行为—绩效的理论框架,然后对制度分析的主要理论工具如交易成本理论、产权理论、博弈论、制度变迁理论等进行了理论综述。第三部分构建了一个包括土地供给的制度环境、制度安排和制度实施机制在内的完整土地供给制度体系。土地供给制度体系的实质是产权制度,其功能在于约束和激励各利益主体行为。从土地发展权的视角,提出四中产权界定模式,通过建立讨价还价模型对各种产权制度下的交易成本进行了对比分析。第四部分研究了垄断制度下地方政府行为及其对绩效的影响,并分析了市场出让制度。第五部分通过研究我国土地供给制度的变迁阶段、变迁特点、变迁动力、路径依赖,认为我国制度变迁难以实现帕累托改进。从制度变迁的角度,运用主成分分析法对北京市土地供给制度绩效进行了综合评价,并对主成分因素进行了专项评价。第六部分基于类似的土地产权制度,香港的土地供给制度对完善我国的土地供给制度具有借鉴意义,通过香港土地供给制度分析,认为受资源禀赋的约束,香港土地供给制度与低税率经济制度是联系在一起的,会造成高地价、高福利、股地拉扯等制度绩效。最后论文从制度兼容、制度关联、制度互补等三个方面就完善我国的土地供给制度提出了具体建议。最后一部分是论文的不足之处和研究展望。

关键词:房地产开发　土地政策　制度绩效

**5358**

**高校院系领导干部和领导班子考核方法研究** / 马小洁著 ; 张子刚指导. -- 华中科技大学, 2009. -- 112 页

论文针对高校院系干部考核的特点,利用多种统计分析方法分别建立高校院系领导干部及领导班子考核指标体系,提出高校院系领导干部及领导班子考核的方式和方法,并进行实证分析。全文共分为七章。第一章绪论介绍论文的研究背景、目的和意义、研究目标、方法和内容,阐述高校院系领导干部考核的意义和基本原则,从考核前的准备、考核实施过程及考核结果运用三个方面分析院系干部考核的基本程序,并重点分析院系干部考核的内容和方式。第二章分析高校院系干部考核指标构建的原则和思路,对精炼的考核要素进行分类,对每类考核要素进行因子分析,并进行信度和效度分析,建立高校院系干部考核指标体系。第三章利用多准则群决策方法对高校院系干部进行院级考核。第四章对高校院系干部校级考核方法进行研究,利用模糊理想点法对多个院系干部进行校级考核,给出排序,利用熵权法对考核结果进行综合排序,并进行灵敏度分析。第五章对高校院系领导班子考核进行研究,分析院系领导班子现状,构建高校院系领导班子考核的指标体系,研究了高校院系领导班子的院级考核方法和校级考核方法。第六章从提高考核数据的信度、构建高校院系干部考核的机理和约束机制以及完善考核结果的评定与运用三个方面提出提高高校院系干部考核效果的措施。第七章总结论文结论,提出研究展望。

关键词:高校管理　人事管理　综合考核

**5359**

**基于情景感知的移动商务产业链的博弈分析** / 马子斌著 ; 吕廷杰指导. -- 北京邮电大学, 2009. -- 99 页

论文运用博弈论与信息经济学的原理和方法,对基于情境感知的移动商务产业链各成员间的竞争冲突、利益分配以及激励机制问题进行研究探讨。全文共分为六章。第一章引言,介绍论文研究背景、研究内容及路线、创新点和框架。第二章基础理论介绍,包括产业链与供应链相关概念、基于情景感知的移动商务系统研究以及基于情境感知的移动商务产业链特点分析等。第三章基于情景感知的移动商务产业链内的竞争对抗——非合作博弈。首先探讨基于情景感知的移动商务产业链内的竞争关系模型,包括迈克尔·波特的五力模型和三大战略理论,基于迈克尔·波特的产业价值链分析以及基于情境感知的移动商业产业链竞争关系分析;进而对商家与运营商之间及商家之间的博弈展开分析,包括模型假设和博弈模型分析;最后对 SP 之间的博弈分析,包括信息对称下 SP 之间的价格博弈和非对称信息下 SP 之间的价格博弈。第四章基于情景感知的移动商务产业链中合作协调机制的设计和实现。对合作协调机制的研

究现状探讨,对其相关理论展开分析;探讨基于情景感知的移动商务产业链中协调机制的设计和实现,包括多人合作对策模型的建立,多人合作对策模型的产业链仿真计算等。第五章基于情景感知的移动商务产业链中激励机制的设计和实现,分析基于情景感知的移动商务产业链激励激励机制的特点,提出运营商和SP之间激励机制的基本模型设计和运营商和SP之间激励机制的扩展模型设计。第六章为论文的结论与展望。

关键词:电子商务　产业链　博弈论

**5360**

**高科技企业竞争锁定的原理与战略研究** / 毛中明著 ; 谢科范指导. -- 武汉理工大学, 2009. -- 151 页

论文以高科技企业竞争理论、网络经济理论、报酬递增理论和锁定理论为基础,针对高科技企业区别于传统企业的竞争特点,运用博弈模型、消费者购买行为模型和战略效果评价模型,研究高科技企业竞争锁定战略过程和措施,提出高科技企业竞争模型锁定与反锁定策略。全文共分为七章。第一章导论,介绍论文研究背景、目的和意义,国内外研究现状综述,研究内容与方法。第二章高科技企业竞争锁定的理论基础,包括网络经济理论、报酬递增理论、混沌理论。第三章高科技企业竞争锁定的基本原理。首先介绍高科技企业竞争锁定的内涵,包括"锁定"一词的来源及法杖、锁定的概念、竞争锁定的概念界定;分析高科技企业竞争锁定的特点与类型;分析高科技企业竞争锁定的条件和征兆,提出其产品或服务简单易学,市场契合度高,获取先动优势,形成市场份额达到临界容量的正反馈系统以及转换成本不断增加几个方面;探讨高科技企业竞争锁定的风险,包括先动风险,竞争对手的报复风险和法律风险。第四章高科技企业竞争锁定的分析模型。提出高科技企业竞争锁定的博弈模型,包括高科技企业创新行为的博弈和高科技企业市场份额的博弈;提出高科技企业竞争锁定的消费者模型,包括高科技产品的消费者决策模型和高科技企业竞争锁定的消费者剩余模型;对高科技企业竞争锁定的效果评价,建立评价的指标体系并提出模糊评价模型。第五章高科技企业竞争锁定战略。提出高科技企业竞争锁定战略框架、战略过程与措施并提出高科技企业锁定与反锁定的策略。第六章高科技企业竞争锁定的实证分析。分别对高科技企业竞争锁定的群体案例分析,对湖北医药企业的竞争锁定战略分析,对手机的消费者锁定情况问卷调查及系统分析。第七章为全文总结与研究展望。

关键词:高技术企业　企业战略　竞争力

**5361**

**关系型领导与组织沟通有效性、心理契约违背的关系:基于高等院校二级学院背景的实证研究** / 梅红著 ; 吴建南指导. -- 西安交通大学, 2009. -- 138 页

论文研究中国高等院校的二级学院管理情景下,关系型领导与组织沟通有效性、心理契约违背之间的影响关系。全文共分为七章。第一章绪论介绍论文实践背景、理论领导与激励管理方面的理论背景,进行基本概念界定,提出论文的研究问题与内容。第二章进行研究综述,包括领导理论、组织沟通理论、心理契约研究和社会交换理论。第三章构建概念模型,提出关系型领导、变革型领导、组织沟通有效性、心理契约违背之间相互关系的假设模型。第四章介绍论文的研究方法,对问卷调查数据收集情况、研究变量及其度量、假设验证方法与过程进行详细阐述。第五章进行变量测量的有效性分析、变量的方差分析、变量的Person相关分析、领导竞争模型研究、全中介竞争模型研究、中介变量研究和假设检验。第六章对研究结果进行讨论,提出研究的理论意义、实践意义,探讨关系型领导在学院管理中的应用。第七章分别提出针对学院领导者和针对教职工的主要研究结论,阐述论文研究局限和未来展望。

关键词:高等教育　高等学校　高校管理

**5362**

**我国居民消费增长结构优化研究** / 梅洪常著 ; 徐玖平指导. -- 四川大学, 2009. -- 256 页

论文总体上由居民消费增长特征和影响因素、消费增长的结构优化和政策调控体系三个板块组成。首先系统探索内生性经济增长的经济理论基础;其次,具体分析国内消费需求特征及居民消费不足的多因素,然后构建国内居民消费增长水平和结构优化的理论根据及目标,最后比较分路径、方法并提出宏观政策建议。全文共分为十一章。第一章绪论介绍论文研究背景、研究问题、研究现状以及研究框架。第二章分析消费的不确定性,包括居民消费不确定性、消费预期不确定性以及应对消费不确定性。第三章分析制约消费的经济因素、非经济因素等主要因素,并将因素归类扩展为内在因素、外在因素和益损因

素。第四章根据居民消费增长特性解析居民消费特性,指出居民消费的不充足性主要表现在最终消费增速不足、边际消费增速不足、消费增长结构失衡,在此基础上分析了居民消费需求的国际特性。第五章针对如何合理提升居民消费率的问题,应用纵向比较估算、回归模型预测和生命周期测算的方法对居民消费率进行合理估算,分析了低消费率的特殊原因,据此提出实现合理消费的对策。第六章进行居民消费级差比较,对比了不同地区居民消费结构和城乡不同收入群体消费情况,最后就提高中层收入群体消费能力进行讨论。第七章讨论消费水平和结构的路径优化方法以及消费总量巨额增长路径,分析居民消费结构的量化路径,提出提升居民消费量的路径及对策。第八章分析了拓展居民消费潜力的途径,提出拓宽居民消费抉择的四个方面。第九章就如何升级居民消费结构进行讨论。第十章构建居民消费宏观调控政策体系。第十一章是论文的结语部分,总结论文的主要结论,对后续工作进行展望。

关键词:居民消费　消费结构　政策体系

**5363**

**基于 REST 服务和 Mashup 的分布式商品信息集成的研究** / 孟健著 ; 张李义指导. -- 武汉大学, 2009. -- 127 页

论文主要研究如何利用最新的 Web 技术实现互联网上的不同商业实体之间的商品信息集成,以便于及时、高效地为用户提供所需的信息。在深入分析国内外相关领域和发展现状的基础上,确定基于 REST 服务和 Mashup 两种技术来实现分布式商品信息集成的技术路线。全文共分为六章。第一章介绍研究背景、意义以及相关领域研究现状,明确论文的研究内容和研究方法。第二章介绍 REST 服务。REST 服务是继基于 SOAP/WSDL 的传统 Web 服务之后而出现的一个新兴的、轻量级的 Web 服务实现技术,对两种技术进行比较分析,提出 REST 服务以更加贴近于 Web 特性的方式实现 Web 服务,从未更加适合于 Web 规模的分布式信息集成。第三章介绍 Mashup 技术的优势、体系结构、关键技术和实现方式,并深入分析 Mashup 不同实现方式的优势和局限性,从而为论文模型的研究呢提供技术基础。第四章基于 REST 服务和 Mashup 两种技术,充分利用两者优势,提出一个实现分布式商品信息集成的模型。论文对整体模型的特定进行分析,并对模型的核心基础—REST 服务,进行定量的性能测试和分析。第五章基于上述模型,以图书商品为例,实现一个一站式的中文在线图书商品查询比价系统。通过该原型系统的具体实现,我们具体验证论文所提出的"基于 REST 服务和 Mashup 的分布式商品信息集成模型"的可行性和有效性。第六章是论文的总结和展望。

关键词:电子商务　信息管理　Web 服务

**5364**

**消费者驱动的制销供应链联盟产品安全责任研究** / 孟炯著 ; 唐小我指导. -- 电子科技大学, 2009. -- 114 页

论文从产品安全性能对消费者偏好的影响入手,运用博弈论的基本思想,对消费者驱动的制销供应链联盟产品安全责任进行研究。全文共六章。第一章介绍研究背景和动机、问题的提出以及论文的内容与结构。第二章建立基于消费者安全偏好的制销供应链联盟的利润协调模型,在一次性博弈模型中确定利润分配因子 $\beta$ 的取值范围并进行数字分析。第三章对制销联盟履行安全责任的消费者驱动进行研究,包括消费者驱动的制销供应链联盟安全责任决策、制销供应链联盟安全责任的消费者压力研究。第四章研究消费者驱动的制销联盟的产品安全责任策略。分析市场失灵与制销联盟安全责任的关系;分析制销联盟产品安全责任与竞争力的关系;分析基于利润分配的制销联盟安全责任策略。第五章基于消费者的驱动,研究非对称信息下制销联盟安全信号传递原理。第六章结论,总结论文的主要结论和创新点,对进一步深入研究的方向做出展望。

关键词:企业管理　质量管理　供应链　消费者

**5365**

**易逝品逆向物流的库存控制及车辆路径问题的优化研究** / 孟丽君著 ; 马庆国指导. -- 浙江大学, 2009. -- 341 页

论文在对相关理论和文献研究成果进行评述的基础上,针对易逝品逆向物流的运作管理问题展开相应研究。全文共七部分。第一部分绪论,对研究背景、对象、范围和问题进行介绍,阐述研究目的、意义、方法和流程,并对基础理论与概念进行介绍。第二部分对库存控制模型和 VRPSPD 问题进行综述,并评述研究现状与以往研究的不足。第三部分采用仿真法,对存在退货的易逝品库存控制模型进行系统研究,结

果表明产品易逝性会对存在退货的产品库存控制系统的运行产生影响。第四部分考虑二次订货,扩展退货可重复销售的报童产品模型,构建销售商利润函数,并通过对利润函数的分析得出最佳订货量。第五部分对存在产品退货和产品替代的两产品联合库存控制模型进行建模,利用 Markov 理论,分析系统性质,得到系统随机最优控制算法。第六部分对同时送货和取货的车辆路径问题(VRPSPD)的算法进行扩展,同时将时间窗口约束引入到基本 VRPSPD 模型当中,设计算法对扩展模型进行求解。第七部分总结研究结论,分析研究局限,展望下一步研究。

关键词:物流　物资管理　车辆调度　库存控制

**5366**

**我国土地收购储备的运行机制研究** / 母小曼著 ; 任宏指导. -- 重庆大学, 2009. -- 142 页

论文在分析土地收购储备运行机制各个程序的基础上提出一个适合我国土地储备制度有效运行机制的基本框架,对完善土地储备的管理措施进行探讨。全文共分为七章。第一章绪论,介绍论文现状综述及研究的意义、研究的目的和主要内容,以及研究的主要方法、模型及创新之处。第二章土地储备运行机制与运作程序概述,介绍土地收购储备的概念、土地收购储备机制建立的背景、土地收购储备机制建立的意义、国际经验给我国土地收购储备机制建立的启示、目前我国土地收购储备的几种模式和机构设置的模式等。第三章土地储备运行机制中的土地收购,分析我国土地收购现状,提出目前我国土地收购中存在的寻租问题、收购价格问题和补偿形式问题,对土地收购中地方政府不同届之间的征地博弈,土地收购储备机构和农村集体之间的博弈,土地收购价格的内涵,土地收购中征地补偿的理论进行分析,寻求土地收购问题的解决方案。第四章土地储备运行机制中的土地储备。介绍我国土地储备的现状,探讨目前我国土地储备中出现的问题并对土地储备分析,包括中央政府和地方政府的博弈分析、土地储备的激励机制模型分析和土地收购的贷款风险分析,从而得到土地储备问题的解决方案。第五章土地储备运行机制中的土地供应。分析我国土地供应的现状,探讨我国土地供应中出现的问题,对我国土地供应中的博弈问题展开分析从而得到土地供应问题的解决方案。第六章以重庆市九龙坡区土地收购储备运作分析,包括土地的征用、土地的政治整治储备、供应出让交易、收购储备收益分析等。第七章为论文的结论及建议。

关键词:土地制度　土地储备　博弈论

**5367**

**城市出租车运营系统的仿真研究** / 慕晨著 ; 宣慧玉指导. -- 西安交通大学, 2009. -- 123 页

论文探讨出租车在城市路网上搜索乘客并提供出行服务的动态过程,进行城市出租车运营系统的仿真研究。全文共分为六章。第一章绪论,介绍论文研究背景、问题描述、研究目标和内容、研究框架。第二章文献综述。从系统服务水平和系统运营效率两方面介绍出租车运营系统的性能测度;基于经济学框架下的出租车运营系统研究现状,出租车运营系统的网络平衡数学模型,排队论与仿真方法在出租车运营系统中的应用,分析出租车运营系统特征;对动态交通流理论概述,包括道路交通流理论概述和基于 CTM 模型的动态交通流理论。第三章基于离散事件仿真技术的出租车运营系统仿真平台,对离散事件仿真技术概述,包括离散事件仿真建模思想,排队系统仿真和排队系统的多样化特征;分析离散事件仿真技术研究出租车运营系统的适用性;提出出租车运营系统仿真框架和仿真事件;对路网动态交通流和信号灯进行模拟,并对模型校核与验证。第四章出租车系统运行性能的仿真,包括出行需求的动态满足条件,仿真算例的路网结构与参数设定,出租车数量对系统性能影响的仿真分析,价格监管措施实施效果的仿真预测和面向动态出行需求的出租车运营系统仿真分析。第五章出租车运营中空车行为的仿真研究。首先提出研究空车行为的意义和出租车驾驶员的空车搜索行为特征;对无信息服务的出租车运营系统空车行为进行仿真研究,包括无信息服务的出租车空车策略,仿真算例分析和无信息服务的出租车空车策略小结;以同样的流程对有信息服务的出租车运营系统空车行为仿真研究。第六章为论文结论和小结。

关键词:城市交通　出租汽车　运营管理　仿真

**5368**

**改进 FSA 框架下的船舶营运安全管理研究** / 那保国著 ; 梁静国指导. -- 哈尔滨工程大学, 2009. -- 172 页

论文对船舶营运安全管理问题进行系统研究,分析船舶营运安全现状,辨识影响营运安全的关键因素,评估船舶营运安全水平,探讨船舶营运安全关键

影响因素的路径依赖,设计船舶营运安全管理方案,提出船舶营运安全管理对策建议。全文共分为八章。第一章绪论介绍论文研究背景和意义,综述国内外研究现状,阐述论文的总体思路与主要内容。第二章进行基础理论综述,介绍安全管理理论、人—机—环系统工程理论以及粗糙集理论和 PDCA 循环理论。第三章对船舶营运状况进行综述,并应用 FSA 方法引入船舶营运安全管理的可行性和必要性分析,对 FSA 框架进行改进。第四章对影响船舶营运安全的关键影响因素进行识别。第五章将基于知识信息量的粗糙集属性重要度引入到该体系中,结合所调研的样本数据,对指标进行赋权应用模糊积分方法对船舶营运安全水平进行评估。第六章对船舶营运安全关键影响因素的路径依赖关系进行分析。第七章利用 PDCA 循环的思想对船舶营运安全管理法案进行制定,方案有四部分组成,分别是计划子系统、执行子系统、检查与监督子系统以及措施子系统,对四个子系统之间的关系进行论述。第八章针对船舶营运安全管理存在的问题以及论文研究成果,就如何提高船舶营运安全水平提出相应对策建议。

关键词:船舶航行　船舶安全　海上运输

**5369**

**我国经济周期波动与经济政策作用机制的计量研究** / 聂高辉著 ; 梅国平指导. -- 江西财经大学, 2009. -- 182 页

论文在梳理现代经济增长与经济周期波动理论模型以及我国宏观经济变量的作用传导机制的基础上,研究集中在我国经济增长与经济周期波动的典型化事实、财政政策在经济增长与经济周期波动中的作用效果、货币政策在经济周期波动中的作用效果的对称性以及长波轨迹与宏观经济政策调控模式四个方面。全文共分为八章。第一章介绍经济波动与经济政策作用机制研究的现状,对相关文献进行综述,介绍论文研究方法、结构安排以及研究路线。第二章对现有的各种经济周期波动理论模型进行综述,包括 Solow-Harrod 经济增长模型及其扩展、实际经济周期波动模型、货币经济周期模型以及政治经济周期模型,对上述模型进行分析比较,得到经济周期波动模型中的经济政策启示。第三章展示我国经济增长和经济周期波动的典型化事实,并对我国宏观经济波动中的结构转变进行计量检验。第四章在我国经济波动中的经济变量的事实描述的基础上,建立 AD-AS 曲线模型,研究我国经济波动过程中的经济变量间的相互作用与传导机制。第五章研究我国经济周期波动过程中的货币政策作用机制,并对我国货币政策作用的有效性进行计量检验。第六章进一步研究我国经济周期波动过程中的财政政策作用机制,对我国财政政策作用的有效性进行计量检验。第七章分析我国经济发展过程中的长波特征以及国家经济风险存在的可能性,进行我国宏观经济调控模式选择。第八章总结论文的主要工作和结论,提出有待进一步研究的问题。

关键词:经济波动　经济政策　计量经济学

**5370**

**基于微分对策的供应链合作广告策略** / 聂佳佳著 ; 熊中楷指导. -- 重庆大学, 2009. -- 120 页

论文对当前的合作广告理论研究进展加以综述的基础上,运用微分对策的理论和方法,从下游零售商的市场结构和零售商采用的媒体数量两个角度出发,对由制造商和零售商所组成的两级供应链中的合作广告问题进入深入研究。全文共七个部分。第一部分综述研究背景与意义,阐述研究内容和思路。第二部分对合作广告和动态广告这两个方面的国内外文献进行系统阐述和归纳,分别对这些研究成果进行详细总结和评价。第三部分研究一个制造商和一个零售商的广告问题,建立一个随机微分对策合作广告模型,比较斯坦伯格博弈和合作博弈。第四部分研究供应链中零售商双寡头竞争下的合作广告问题,建立一个随机微分对策模型,发现在斯坦伯格博弈下,零售商之间的广告竞争越激烈,零售商投入地方性广告越多。第五部分研究多条供应链竞争下的纵向合作广告问题,构建一个微分对策模型,发现市场中只有两家或三家零售商时总能保证他们得到正利润,一旦零售商增多则不能保证。第六部分研究当零售商采用两种媒体广告宣传时的合作广告问题,建立合作广告的微分对策模型,分析模型的斯坦伯格博弈和合作博弈,并将模型扩展到多种广告媒体投入下的合作广告模型。第八部分总结全文和主要结论,指出进一步的研究方向。

关键词:供应链管理　零售商　经济合作

**5371**

**创意组织知识创造机制的太极模型研究** / 聂品著 ; 吴晓波指导. -- 浙江大学, 2009. -- 203 页

论文经过大量梳理、研究、调研,提出了用以描述

创意组织知识创造机制的“太极模型”，并用数理统计的方法，对“太极模型”进行一定的实证研究。全文共分为八章。第一章介绍论文的研究背景、问题的提出、意义以及研究思路、内容与方法。第二章对现有研究进行综述，阐明创意产业、技术知识演化、创造学三大领域与研究主题的关系，介绍创意产业、技术系统演化与相应的知识演化理论、创造学方面的研究等。第三章通过音乐、广告、建筑等方面的设计案例的研究，构建出太极模型，并对太极模型的各环节进行说明。第四章提出假设检验模型并且进行问卷设计。第五章通过问卷发放、回收、分析，对太极螺旋模型影响组织创意绩效进行实证分析，并对结果进行讨论。第六章初步探索太极模型在创意组织中的应用。通过对分析、联想、探索、对照、感悟、融入环节的优化，全面优化企业内太极螺旋策略，得到基于太极螺旋的团队分工——创意组织的“台球结构”。第七章就所提出的太极模型和 Nonaka 提出的 SECI 模型进行对比分析。第八章是论文的总结与展望。

关键词:文化产业　知识管理　创新管理

**5372**

**知识吸收能力对信息系统应用效果的影响研究** / 宁东玲著 ; 高俊山指导. -- 北京科技大学, 2009. -- 135 页

论文融合知识吸收能力和信息技术采纳理论，关注信息系统采纳和使用过程中的能力问题，研究知识吸收能力对信息系统应用效果的影响机制。全文共分为七章。第一章引言，介绍论文的研究背景、研究问题和研究方法。第二章文献综述。一是知识吸收能力理论，包括知识吸收能力研究视角、知识吸收能力的影响因素、知识吸收能力的两类测量和知识吸收能力的组织产出；二是信息技术与信息系统采纳研究，包括个体层面的信息技术采纳和组织层面的信息技术采纳。第三章知识相似对知识吸收能力的影响分析。首先对知识相似对知识吸收能力的影响进行分析；其次考虑知识相似因素的博弈模型，包括研发不合作的两阶段博弈模型、研发合作的两阶段博弈模型并对几种类型的博弈模型比较。第四章概念模型，包括知识吸收能力的内涵界定、组成要素，知识整合机制及其维度的划分，实证研究假设。第五章数据收集和预处理，包括问卷及测量变量的设计、样本数据采集及检验以及本章小结。第六章数据分析及结果解释。介绍数据分析方法、验证性因子分析、理论假设的检验以及不同规模的企业之间在各变量上的方差分析，并作出结果的解释。其中，理论假设检验包括潜在吸收能力与现实吸收能力的路径分析、现实吸收能力与信息系统应用效果的路径分析、潜在吸收能力与信息系统应用效果的路径分析、知识整合机制与知识吸收能力的路径分析。第七章为结论与展望。

关键词:信息技术　信息系统　知识管理

**5373**

**产业集群中的技术扩散研究:基于珠江三角洲的实证分析** / 区毅勇著 ; 龙志和指导. -- 华南理工大学, 2009. -- 188 页

论文主要集中在产业集群层面内探讨技术扩散，重点考察珠江三角洲地区产业集群技术扩散的动力因素、产业集群内不同企业间技术扩散的动力要素以及技术扩散对企业绩效和产业结构的影响。全文共分为六章。第一章绪论介绍论文研究背景、研究意义、研究步骤以及主要内容和基础条件。第二章文献综述阐述产业集群的概念及研究，界定技术扩散的概念，分析技术扩散的层次。提出研究框架，分析各种因素之间的关系，包括技术扩散路径、技术扩散平台及企业特征之间的关系，产业链长度与技术创新、扩散之间的关系，产业集群与技术扩散的关系，企业技术学习、创新与企业绩效的关系等。第四章进行研究设计，确定研究流程，设计研究技术路线，明确研究对象和研究方法，并进行量表设计。第五章进行样本描述性统计与信度分析，分析各种因素对技术扩散的影响，最后进行结构方程各因子间关系检验。第六章汇总验证结果，对产业集群技术扩散的动力因素和产业集群技术扩散对其他因素的影响。最后是论文的结论。

关键词:产业集群　技术推广　珠江三角洲

**5374**

**湘西地区开发的金融支撑体系研究** / 欧阳晓风著 ; 何继善指导. -- 中南大学, 2009. -- 175 页

论文的研究对象为湘西地区开发的金融支撑体系，提出加快湘西地区经济发展的意见。全文共分为九章。第一章导论。介绍研究问题提出背景，国内外研究现状水平，研究内容与框架以及创新之处。第二章金融发展与区域经济发展相互推动的作用机理分析，包括金融发展与经济发展相互促动的理论分析，提出经济发展是金融发展的基础与先导，金融发展推动和深化经济的发展。第三章湘西地区区域经济发

展的现状分析。首先介绍湘西地区区域经济与社会发展基本情况,包括张家界、怀化、邵阳和湘西土家族苗族自治州;探讨湘西地区经济和社会发展中的主要问题,认为其产业结构落后,区域经济发展不均衡,企业发展不均衡,缺少骨干企业,经济效率低下,过分依赖资源开发,技术力量不强,高新科技发展滞后,人才数量不够,经济管理水平较低等。第四章湘西地区经济发展与金融发展相互关系的实证分析,包括湘西地区金融发展与经济总量关系的实证研究,湘西地区金融发展对促进经济结构优化的实证研究,湘西地区金融发展对提高其经济发展速度的实证研究,并讨论结果。第五章湘西地区金融滞后的表现极其不利影响分析。描述湘西地区金融滞后的主要表现,并认为金融滞后无法为湘西地区工业化动员足够资金,使湘西地区企业无法形成规模经济,使湘西地区无法促进高新技术产业发展,使湘西地区难以吸引人才创业,并限制了外贸的发展。第六章湘西地区开发的金融发展条件——从金融供给的维度分析。提出经济发展为金融发展打下较为坚持的基础,居民储蓄增加为金融发展打下良好基础,外部资金注入为金融发展创造良好环境,宏观政策鼓励金融发展。第七章湘西地区开发的金融发展条件——从金融需求的维度分析,包括发展阶段的界定和特点,特征及开发思路,宏观分析等。第八章构建湘西地区开发金融支撑体系的对策建议。提出建立构建的体系具体内容和原因。第九章论文的机理与展望。

关键词:地方金融　金融体系　创新管理

**5375**

**政府采购招标中整合 AHP 及 ELECTRE 法于最有利标评选之研究:以台湾地区采购机关为例** / 潘朝烈著 ; 陈晓红指导. -- 中南大学, 2009. -- 164 页

论文以厂商评选理论及因素分析选出“最有利标”评选因子,以 AHP 值层级结构观念简化复杂的评选层级,以求“最有利标”评选因素权重,提供招标机关建制“最有利标”之评选决标模式,对政府采购招标中整合 AHP 及 ELECTRE 法于最有利标评选进行研究。第一章导论,介绍研究背景、研究动机、研究范围、研究目的、研究程序、研究设计、研究夹着、研究构架。第二章文献探讨,对供应商选择、多属性决策评选方法、因素分析、信度与效度等概念和理论进行评述,并对最有利标文献进行回顾。第三章对各国采购招标与决标制度方式进行总结,探讨最有利标意义、特性及性质。第四章设计“最有利标”评选因素分析问卷,并对第一阶段问卷调查和第二阶段问卷调查分析,并对“最有利标”评选因素权重进行分析讨论。第五章对“最有利标”评选决策进行实证研究,分别对工程采购个案、财务采购个案、劳务采购(委托技术研究)个案进行说明,研究个案评选项目及投标资料,对“最有利标”多属性决策评选过程进行验证。第六章结论与建议,阐述论文研究的贡献,总结全文得出结论,指出论文的创新点,提出建议,并对未来研究方向进行展望。

关键词:政府采购制度　财政制度　招标　投标

**5376**

**产学合作风险的识别、评价及控制研究** / 潘杰义著 ; 刘西林指导. -- 西北工业大学, 2009. -- 118 页

论文针对引发产学合作项目不能正常进行的障碍,对产学合作过程中各种风险的识别、评价和控制做系统的研究。全文共分为七章。第一章介绍论文研究背景,包括企业与大学合作的动因与优势、企业与大学合作中存在的风险等。阐述论文的研究意义、研究内容、方法和思路。第二章对产学合作、产学合作风险等相关概念进行界定,总结研究的技术创新理论、交易费用理论、风险管理理论等理论基础,对国内外相关文献进行综述。第三章构建影响产学合作的风险因素集,进行基于因子分析法的产学合作风险因素识别和基于集对分析的产学合作风险因素影响程度评价。第四章在产学合作利益概念界定和分类的基础上,构建产学合作利益分配数学模型,提出产学合作利益分配风险控制策略。第五章进行产学合作信任风险控制研究,指出信任的必要性和作用,进行产学合作中信任的博弈分析和产学合作中影响信任的因素分析,并提出产学合作信任风险控制策略。第六章以 AB 公司产学合作项目为研究实例,分析影响 AB 公司产学合作风险的主要因素,运用产学合作最优利益分配系数模型,使用该项目的数据,计算得出该项目合作双方利益分配的最优比例系数,依据计算结果,提出控制该项目合作利益分配风险的对策。第七章总结论文主要结论,提出进一步研究的问题。

关键词:产学合作　高等教育　风险管理

**5377**

**基于技术创新的企业主导型创业投资研究** / 潘庆华著 ; 达庆利指导. -- 东南大学, 2009. -- 139 页

论文运用系统方法、逻辑推演方法、类比法、跨学

科研究法、案例分析法、定性分析与定量分析相结合的方法较为系统地研究企业主导型创业投资的形成机理以及 CVC 项目的构建和管理。全文分为九个部分。第一部分结合相关研究的文献综述，阐述研究背景、研究对象以及研究方法。第二部分概述文中运用道德相关理论，如代理理论、战略管理理论以及战略联盟理论等。第三部分研究企业主导型创业投资的形成机理以及大型老牌企业介入创业投资行业的渠道选择，从理论和实证访谈两方面论证了组建附属的创业投资基金或子公司的形式能避免机会主义行为和实现 CVC 战略性投资目标。第四部分论证企业主导型创业投资系统是一个复杂系统，提出了企业主导型创业投资的虚拟化运作模式并分析该模式在中国运用存在的障碍及解决的途径。第五部分提出了基于“条件性薪酬制度”的 CVCs 激励机制模型，解决代理人在多目标间的选择性执行问题并激励 CVCs 把更多精力用于目标间具有互补性的项目。第六部分建立了 CVC 项目财务绩效贡献度和战略绩效贡献度评价指标体系，考虑指标之间存在相互影响与制约关系采用 ANP 方法确定指标权重，并通过实例说明了该方法的应用。第七部分用博弈模型证明了联合创业投资内部正式契约与非正式契约的控制机理，研究表明多轮次的联合投资催生创业投资行业的声誉市场和创业投资网。第八部分以联想控股和其 CVC 机构 Legend Capital 为例验证论文的理论研究成果。第九部分总结研究结论，并对研究未来进行展望。

关键词：创业投资　技术创新　运行模式

**5378**

**中国石油产业安全综合评价研究** / 潘玉璋著 ; 何维达指导. -- 北京科技大学, 2009. -- 117 页

论文在界定石油产业安全概念的基础上，探讨石油危机与石油产业安全的关系，以及石油产业安全评价和预警的相关理论及方法。全文共分为八章。第一章引言，介绍选题背景与意义，经济全球化与产业安全，石油产业安全问题的现实性与紧迫性，论文研究的主要内容、创新点和方法。第二章文献综述。介绍产业安全相关基本理论，国内外关于产业安全问题研究综述，国内外关于石油产业安全研究综述。第三章石油产业安全的经济思想溯源、概念及影响因素，包括产业安全的经济思想追溯，石油产业安全的内涵及特征，影响石油产业安全的主要因素和石油产业安全的主体研究。第四章中国石油产业安全的现状与问题分析，探讨石油化工产业的分类及作用，中国石油产业发展现状；分析中国加入 WTO 以来中国石油产业遭遇的反倾销，中国石油产业安全状态：成绩与问题。第五章石油危机与石油产业安全，分析石油危机的问题，基于其主要特点，探讨石油危机与石油产业安全和经济安全的关系。第六章石油产业安全综合评价体系与方法，结合石油产业安全综合评价指标体系的国内外经验，构建石油产业安全综合评价指标体系，并提出石油产业安全综合评价方法与模型。第七章中国石油产业安全综合评价与估算，对主成分模型评价，进行石油产业安全度的模糊综合评价法估算和 DEA 模型估算。第八章维护中国石油产业安全的政策建议，提出应充分利用国外油气资源，建立安全可靠的石油供应体系；降低石油对外依存度，实施可持续发展能源战略；大力推进科技创新和管理创新，提高石油企业技术创新能力；合理利用 WTO 有关规则，维护石油产业安全；加强节能减排，推进石油产业走循环经济之路；积极应用政治和外交手段，加强国际石油的控制能力和决定力；健全完善的石油产业安全危机应急体系。最后为论文结论和进一步研究的问题。

关键词：石油工业　安全评价　预警系统

**5379**

**高新技术企业可持续成长机理研究：基于企业生命周期理论的分析** / 庞艳桃著 ; 刘国新指导. -- 武汉理工大学, 2009. -- 131 页

论文在阐述研究背景和意义的基础上，给出研究路径和方法，并对企业生命周期理论、高新技术企业可持续成长理论进行系统回顾和分析，为进一步研究提供理论支撑。在对高新技术企业生命周期五个阶段进行分析的基础上，提出高新技术企业可持续成长的内涵、维度及模式。论文共包括四个部分。第一部分是相应研究问题的提出，以及国内为研究现状及相关理论研究综述，主要是企业生命周期、企业可持续成长和高新技术企业成长理论。第二部分分析高新技术企业生命周期与可持续成长状态，并对高新技术企业可持续成长影响因素分析，包括影响因素类型、影响因素的交互作用以及高新技术企业生命周期各阶段关键因素变化。第三部分研究高新技术企业的成长机理，并建立高新技术企业可持续成长综合评价模型，对高新技术企业生命周期各阶段的动态进行分析，并有武汉高新技术企业可持续成长实证验证。第四部分是论文的总结与研究展望。

关键词:高技术企业　企业管理　企业成长

5380

**企业一线销售人员授权与其销售绩效关系研究** / 裴一蕾著；许正良指导. -- 吉林大学, 2009. -- 173 页

论文在梳理授权研究文献的基础上,构建企业一线销售人员授权与其销售绩效关系的结构模型,选取五省市403名一线销售人员为有效样本,运用相关分析、回归分析、结构方程模型等方法对研究假设进行实证分析。全文共分为六章。第一章绪论,介绍论文研究背景和意义,研究目的和内容,研究方法和技术路线。第二章文献综述,对授权研究文献进行回顾,包括主管授权行为理论、授权感知理论和一线销售人员授权的相关研究;对一线销售人员销售绩效研究文献回顾,包括销售绩效的定义、销售绩效的相关研究等;阐释一线销售人员销售绩效的关系研究现状,包括国内外的相关研究现状。第三章关系假设及结构模型,首先提出一线销售人员授权与其销售绩效关系框架构造,包括一线销售人员授权与其销售绩效相关概念界定,一线销售人员授权与其销售绩效间关系框架;其次提出一线销售人员授权与其销售绩效关系假设,提出一线销售人员授权的内在关系假设、一线销售人员授权与一线销售人员现场解除质量的关系假设,一线销售人员现场接触质量与一线销售人员销售绩效的关系假设以及一线销售人员授权与其销售绩效结构模型构建;最后是对一线销售人员授权与其销售绩效关系的探测性研究内容。第四章研究方法设计,内容包括量表设计、问卷设计、样本设计和分析方法设计。第五章数据分析与解释,包括研究量表检验、研究变量的描述性分析,进而对研究假设检验,最后探讨统计特征变量对研究变量的影响,认为其影响有企业统计变量对企业授权环境成熟度的影响,人口及企业统计变量对一线销售人员授权成熟度的影响,人口及企业统计变量对上级主管授权行为的影响,人口及企业统计变量对一线授权人员授权感知的影响,人口及企业统计变量对一线销售人员现场接触质量的影响以及人口及企业统计变量对一线销售人员销售绩效的影响。第六章为研究结论与展望。

关键词:销售管理　授权管理　经济绩效

5381

**第三方物流配送车辆路径问题模型及算法研究** / 彭北青著；张子刚指导. -- 华中科技大学, 2009. -- 93 页

论文在第三方物流迅速发展的背景下,研究第三方物流配送的车辆路径问题,根据所考虑问题的特征将其分为车场封闭和车场开放的车辆路径问题,研究其在不同背景下的模型、求解方法及应用情况。全文共六部分。第一部分绪论,介绍选题背景及研究意义、论文研究的主要内容、论文的主要创新点。第二部分对车辆路径问题及开放式车辆路径问题的内涵、特点、分类和研究现状进行简要的介绍,并通过对国内外研究的总结,指出研究中存在的不足。对求解开放式车辆路径问题的启发式算法的研究现状也进行较为详细的综述和归纳。第三部分分析第三方物流企业拥有完成配送服务的所有车辆的情形,即在车场封闭条件下研究大规模车辆路径问题,构造求解此问题的混合遗传算法,并对大规模车辆路径问题的一个案例进行研究。第四部分分析车场开放的带时间窗的车辆路径问题,在完成配送服务的车辆数目不确定的条件下,建立该问题的数学模型,同时运用改进的微粒群算法求解该问题。根据第三方物流配送的实际,基于问题的不同目标,运用数值检验模型和算法的有效性。第五部分分析第三方物流企业必须通过租赁车辆完成配送服务,同时客户需求为模糊数的情形,即开放式模糊需求车辆路径问题,通过运用模糊可信性理论,建立模糊机会规划数学模型,同时运用随机模拟算法和改进遗传算法求解该复杂的不确定性问题,并通过数值实验检验模型和算法的有效性。第六部分对所做的研究工作进行归纳总结,提出今后需要进一步深入研究的问题和方向。

关键词:物资管理　车辆调度　路径规划　遗传算法

5382

**消费者对零售商自有品牌选择的实证研究** / 彭峰著；徐玖平指导. -- 四川大学, 2009. -- 147 页

论文站在消费者的角度,以中国消费者对自有品牌态度和购买意愿为研究对象,主要借鉴国内外关于品牌理论以及消费者行为理论的研究结果,提取感知价值、商店形象、品牌意识、价格敏感度以及购买态度五个变量来剖析消费者对零售商自有品牌的选择情况,并且分析当产品类别不同时是否对各变量的影响效应带来差异,借此为国内零售商自有品牌的建设提供理论依据。全文共分为八章。第一章绪论介绍论文研究背景、研究目的、研究内容和研究路线。第二章对品牌及零售商自有品牌的相关研究进行综述,重

点对零售商自由品牌的概念、发展、产生原因、与制造商品的比较、特点以及国内外零售商自有品牌的发展状况进行了梳理。同时对影响零售商自有品牌购买意愿的感知价值、商店形象、价格敏感度以及购买态度等因素进行文献综述。第三章通过对前人研究的总结,提出了一类消费者选择自有品牌的概念模型及其研究假设。第四章研究设计进行样本选择、调研程序设计、量表设计,介绍信度分析、效度分析、因子分析和方差分析等分析方法。第五章进行数据分析,包括样本数据统计分析、描述性分析、变量的方差分析以及测量模型的探索性分析和信度效度检验等。第六章对分析结果进行检验校正,包括假设检验、调节检验和地区检验等。第七章对研究结果进行分析,得到管理启示。第八章是论文的结束语,介绍工作与创新,对未来研究进行展望。

关键词:零售企业　品牌营销　消费者行为论

**5383**

**技术创新中软性因素配置模式研究** / 彭红霞著 ; 达庆利指导. -- 东南大学, 2009. -- 166 页

论文基于企业能力理论,引入知识管理能力作为衔接环节,提出了企业内部软性层面关于企业文化、知识管理能力、人力资源管理和技术创新的整体模型。全文共七个部分。第一部分说明研究背景、研究动机和研究目的,并对研究流程作详细说明,对于研究概念的形成与发展有详细介绍。第二部分回顾了技术创新与创新理论,企业能力理论的相关文献和影像技术创新的软性因素的相关研究,就以往理论研究的贡献与不足进行总结。第三部分在相关理论基础的论述上,确立研究的研究模型,提出研究假设,并对研究模型进行深化,确立初步的调查问卷。第四部分利用第二次收集的数据运用结构方程工具构建了SEM 整体模型,对整体模型中各要素的作用路径进行全面分析,并同时对整体模型的拟合优度指标进行考察。第五部分对文章中提出的技术创新类型、知识管理能力、企业文化和人力资源管理的研究模型进行数据分析,并进行相关讨论,根据模型分析结果,检验整个研究的主要假设,并针对分析结果分析现象产生原因,给出建议。第六部分运用嵌入式多案例研究方法,对企业技术创新典型成功案例进行比较分析,归纳并提炼出企业技术创新成功地典型特点。第七部分总结全文工作与取得成果,提出了进一步研究的问题与方向。

关键词:技术创新　知识管理　人力资源管理

**5384**

**中国汽车工业生产能力过剩问题的研究** / 彭浪著 ; 宁宣熙指导. -- 南京航空航天大学, 2009. -- 130 页

论文围绕中国汽车工业生产能力过剩问题展开研究。全文共分为三个大部分。第一部分是过剩的理论研究和构建模型。论文主要研究围绕过剩的机理研究、过剩的概念以及过剩的特征。分析上从绝对过剩和相对过剩展开,并且仔细研究结构性过剩,提出合理过剩、过剩度极限概念。在分析历史数据、经验数据的基础上计算合理过剩度范围。第二部分是建模的基础支撑,分为三个模块。第一模块是理论基础。主要包括过剩及经济周期理论、供给理论和市场理论。第二模块是中国汽车市场供给研究,主要研究产能概念、微观厂商产能计算、产能指标体系,对中国汽车制造商的产能进行评估。并构建等比和变比两个供给模型进行分析,为投资规划分析奠定基础。第三模块是中国汽车市场研究。运用组合模型对中国未来10年的汽车市场进行预测,并充分考虑历年中国汽车销量、价格指数变化、恩格尔系数发展趋势等因素进行组合预测。在理论上建立逻辑曲线模型,根据市场饱和和预测值求出理论拐点。重点分析国内外主要汽车厂商产能利用率,通过利润率与产能利用率的高度相关性联系,构建过剩模型,计算出合理的产能利用率值,并以此推导出合理过剩度。第三部分构建投资规划模型并提出平衡产能过剩的措施,从三个层面提出建议。

关键词:汽车工业　生产能力　生产过剩

**5385**

**物流公共信息平台的治理机制及其对治理绩效的影响研究** / 彭禄斌著 ; 刘仲英指导. -- 同济大学, 2009. -- 186 页

论文综合运用多属性效用理论、多属性决策理论、博弈论、模糊数学及粗糙集的方法、多 Agent 技术等,借鉴国内外的研究成果,从分析物流公共信息平台的拍卖机理出发,研究物流公共信息平台的多属性拍卖决策模型。论文分为七个部分。第一部分为绪论部分,提出研究目的与意义,界定基本概念,介绍研究内容和论文框架,并提出论文的创新点。第二部分首先分析物流公共信息平台、多属性拍卖理论和多属性决策理论研究现状,并对研究现状的相关文献进行

综述。第三部分研究物流公共信息平台的拍卖机理,分析物流公共信息平台的服务模式、拍卖效益和拍卖模式,最后分析物流公共信息平台的密封拍卖模型。第四部分研究了 LPIP 的多属性拍卖的投标策略,首先介绍 LPIP 的多属性拍卖的特点,建立 LPIP 的多属性拍卖模型,然后深入研究分析 LPIP 的多属性英式拍卖的投标模型和密封拍卖的投标模型。第五建立并分析了 LPIP 的多属性拍卖的获胜者确定模型。第六部分对多 Agent 的 LPIP 多属性网上拍卖的需求进行分析,设计适用于复杂多属性协商的多 Agent 的 LPIP 拍卖模型,最后深入研究分析多 Agent 的 LPIP 的多属性英式拍卖模型。第七部分为论文的总结与展望。

关键词:物流　管理信息系统　绩效分析

**5386**

**协同电子政务模式研究** / 彭宗政著 ; 刘杰指导. -- 同济大学, 2009. -- 140 页

论文通过协同电子政务基本特征、影响电子政务协同要素以及协同保障机制深入研究,丰富政府信息化架构(GIA)理论体系。全文共八个部分。第一部分在相关文献综述的基础上,阐述论文的研究背景、研究内容和方法。第二部分界定电子政务演进及特征,论述国内外对于协同电子政务的研究与实践。第三部分对国内外协同电子政务方法与实践进行深入探讨,分析协同电子政务开放性、复杂性和非线性等基本特征。第四部分运用电子政务理论,深入辨析影响电子政务协同“6P”要素,即权利、政策、计划、过程、人员及绩效,构建以面向业务过程绩效管理为核心的“6P”之间关系,认为电子与政务的单纯结合不能解决其协同问题。第五部分建立协同组织内部动力与外部压力、冲突与协商、信任与互补、激励与惩罚等方面的机制体系,并认为需要渗透协同管理要素和各种协同机制才能保障电子政务持续稳定运行。第六部分考虑和纳入影响电子政务的“6P”要素和协同保障机制,构建“协同政务—协同管理—协同机制—协同 IT”的协同电子政务体系架构。第七部分阐述上海市城镇政府对于组织协同电子政务的实践,并对实践结果进行评价。第八部分总结全文主要内容,并对研究未来进行展望。

关键词:电子政务　行政管理　组织协同

**5387**

**银行卡网络战略联盟研究** / 朴郁著 ; 刘国新指导. -- 武汉理工大学, 2009. -- 195 页

论文运用网络经济学和战略联盟知识原理对中国银行开网络战略联盟的建立于发展进行的分析研究。全文共分八章。第一章导论,基于研究的主要问题、研究背景和研究意义,从银行卡、银行卡网络、战略联盟三哥方面概述国内外的研究现状,阐述论文的研究内容、研究方法和研究路线。第二章提出银行卡网络的战略联盟的概念、基本特征、主要类型与发展现状,并在此基础上搭建银行卡网络战略联盟的体系架构,分析银行卡网络联盟对金融机构、持卡人、社会的影响和意义。第三章分析银行卡网络战略联盟形成的动力机制,介绍全球化竞争、信息网络技术的发展、消费者意识的转变和规范化制度与政策支持形成银行卡网络联盟的北京,讨论战略联盟形成的主要动因,并构建银行卡网络联盟的动因模型和产生过程模型。第四章从竞争机制、信任机制、利益分配机制、监管机制、风险预警机制和绩效评价等角度分析了战略联盟的运营机制,根据问卷调查和访谈收集的数据对绩效评价进行因子分析和聚类分析。第五章从动态博弈视角,通过建立银行间动态博弈模型、银行与政府间动态博弈模型,分析银行间及银行与政府间博弈下银行卡网络联盟的稳定性。第六章研究联盟体内的文化融合管理、组织管理、风险管理、营销管理与创新管理,以期实现银行卡网络战略联盟的长期合作和有效管理。第七章对厦门银行卡网络战略联盟基本情况、业务实现、运行机制、管理机制和稳定做出实证分析。第八章为论文的总结和展望,包括最研究工作的总结、提出进一步的研究方向。

关键词:信用卡　银行业务　网络结构

**5388**

**基于柔性生产的企业物流系统构建与仿真研究** / 钱芝网著 ; 施国洪指导. -- 江苏大学, 2009. -- 220 页

论文运用定性研究与定量研究、规范研究与实例研究、系统研究与重点研究相结合的方法,以物流为切入点,从柔性生产企业物流系统的构成因素的界定、系统构建、系统仿真优化、系统有效性评价等方面进行探索性研究,描绘出柔性生产企业物流系统框架。全文共十章。第一章导论,提出研究的背景、目的和意义,阐述研究的主要内容与方法,以及论文的主要创新点。第二章、第三章是论文的理论分析部分,包括物流系统的含义、目标与系统功能结构研究分析,物流系统建模与仿真研究综述,“二律背反”原理解析,物流外包理论和一体化物流的演化、供应链

管理理论分析,柔性生产内涵、特点与作用分析,柔性生产企业物流系统框架构建与分析。论文的系统构建部分包括论文的第四章、第五章、第六章和第七章,主要内容有柔性生产下采购物流系统的构建、柔性生产下生产物流系统的构建、柔性生产下销售物流系统的构建、柔性生产下物流信息系统的构建。第八章是论文的系统仿真部分,包括运用仿真技术和仿真手段分别对采购配送业务流程问题、生产物流平衡问题、最优订货点的确定问题进行仿真研究,并根据仿真结果提出优化方案。第九章运用 DEA 方法,通过构建评价模型和评价指标体系,对柔性生产企业物流系统的运行情况进行评价,分析系统的有效性。第十章是论文的研究结论与展望,给出论文研究的主要结论,指出存在的不足和后续研究的重点与方向。

关键词:供销管理　物流业　信息系统

**5389**

**计算机游戏叙述中的玩家沉浸与难度研究** / 秦华著 ; 萨文迪(G. Salvendy)指导. -- 清华大学, 2009. -- 236 页

论文在探索游戏叙述的概念,探索影响玩家沉浸的因素的基础上,提出评测计算机游戏叙述中的玩家沉浸模型,探索和检验游戏难度设计方法,从而为游戏的难度设计提出建议。论文共七章,第一章是引言,包括论文的研究背景、研究目标与意义、研究方法、论文结构;第二章主要是文献综述,详细介绍计算机游戏介绍、计算机游戏叙述、玩家的沉浸:相关概念与研究,沉浸,游戏中的玩家沉浸,玩家沉浸和游戏叙述、评测游戏、游戏难度;第三章是评测计算机游戏叙述中的玩家沉浸,详细介绍研究方法、问卷调查结果与分析、讨论、游戏设计指导准则;第四章是研究结构,包括研究结构的建立、研究假设;第五章是研究方法,包括实验原理、实验任务、参试着、因变量、自变量、实验设计、原有游戏选择、实验游戏的设计和实验流程;第六章是结果与讨论,描述性统计、测量的信度和效度、实验结果与讨论和综合讨论;第七章是结论与展望。

关键词:电子游戏　软件设计　用户体验

**5390**

**城市安全预警系统构建与运行模式研究** / 秦嘉黎著 ; 胡树华指导. -- 武汉理工大学, 2009. -- 182 页

论文综合运用城市安全理论、灾害学、管理学、社会学和信息学等多学科理论,以预警管理理论为指导,采用定量分析与定性分析相结合、理论分析与实证分析相结合,多角度研究城市安全预警系统的理论和方法问题。全文共分为八章。第一章说明课题来源和研究意义,对国内外相关理论研究进行综述,简述研究方法和研究内容。第二章阐明城市安全预警系统的基本原理,明确预警系统的工作内容,归纳城市安全预警管理系统的设计原理。第三章构建城市安全预警系统的资源集成模式,建立预警管理系统的多主体协同平台,初步设计城市安全预警系统的网络结构。第四章探讨城市安全预警系统的组织方式,设计预警系统的工作流程,提出预警管理的监控体系。第五章构建城市安全预警指标体系,探讨城市安全预警指标值的测定,通过实例对指标进行模糊综合评价,初步设计预警信号输出方式。第六章针对城市安全中食品安全管理,分别运用指数平滑法、灰色预测法、人工神经网络和主要成分进行监测和诊断预警。第七章以武汉市为例,对武汉市城市安全预警系统进行具体的软件实现,包括系统分析、系统设计以及系统实施。第八章总结研究结论和创新点,指出存在的不足,并对城市安全预警系统的应用前景进行展望。

关键词:安全管理　紧急事件　预警系统

**5391**

**基于创新视角的企业复杂信息系统使用及其对绩效影响的研究** / 秦敏著 ; 徐升华指导. -- 江西财经大学, 2009. -- 161 页

论文经过理论推演,将企业复杂信息系统使用分为拓展使用和探索使用两种类型,以具体考察两种信息系统使用对企业长短绩效的影响。全文共分为七章。第一章绪论交代论文的研究背景和意义,界定论文研究范围,提出论文研究思路与方法。第二章进行主要概念界定和文献综述。界定的内容有信息技术与信息系统、简单信息系统与复杂信息系统以及信息系统使用与其他相近概念。第三章阐述信息系统使用的理论基础,包括探索性创新与拓展性创新理论、信息系统使用与企业绩效理论和组织创新氛围。第四章在研究相关案例的基础上建立研究模型。研究案例包括江中集团信息系统使用案例和养生堂有限公司信息系统使用案例。第五章进行相关设计,包括研究量表设计、调查问卷设计、抽样设计、统计技术和统计分析方法设计。第六章对研究量表的信度和效度进行检验,进行验证性因子分析,从而验证研究模

型和假设关系。第七章为论文的研究结论与启示,提出研究的局限并对未来研究方向进行展望。

关键词:管理信息系统　企业绩效　企业创新

**5392**

**中国证券市场的非线性特征研究** / 秦伟良著 ; 达庆利指导. -- 东南大学, 2009. -- 105 页

论文以上证综指和深证成指对数收益率为样本,运用多种统计模型和方法研究我国证券市场的非线性特征。论文分为七个章节。第一章绪论,论述问题的研究背景和意义、研究思路和内容以及创新点。第二章为研究现状综述,包括收益率的尖峰厚尾性、极值特征及风险研究、不同市场间的非线性相关结构研究等,并概述贯穿全文的研究工具——连接函数的基本理论。第三章概述正则逆 Gamma 分布和偏 T 分布及其基本性质,研究上证综指和深证成指日收益率的尖峰厚尾特征及周、月机制数据的极值的极值特征,并计算上证综指和深证成指的风险值。第四章研究收益率序列的非线性结构特征,运用 GATCH 模型、EGARCH 模型研究收益率序列的非线性结构特征和杠杆效应,运用随机波动模型研究两市场的杠杆效应,提出给予遗传算法和非线性规划的估计方法,并进行建模和短期预测。第五章研究沪深两市之间的非线性结构特征,以上证综指和深证成指收益率为样本采用 copula 函数建立联合分布,将高频收益率序列分解在不同的交易周期上,建立同周期的联合分布以研究沪深两市同周期交易的相关结构,并在资产收益率之间具有非线性结构下研究组合投资的最优决策。第六章概述有效市场假说理论和分形市场假说,运用重标极差法和 Hurst 指数研究我国证券市场的分形特征。第七章总结全文研究成果,并探讨进一步研究的问题。

关键词:证券市场　股票交易　非线性结构分析

**5393**

**多智能混合量子进化计算及应用研究** / 覃朝勇著 ; 郑建国指导. -- 东华大学, 2009. -- 106 页

论文围绕量子进化计算理论及应用,对改进量子进化计算策略展开研究,提出系类混合量子进化算法,对算法收敛性进行分析,并将算法应用于解决函数优化、多目标作业车间调度、无等待流水车间调度及背包优化问题。全文共分为八章。第一章绪论介绍量子计算研究背景以及国内外有关量子计算的研究进展,提出论文研究的主要内容和组织结构。第二章介绍量子进化理论体系,首先介绍量子计算基本理论,然后分析量子进化计算机制,接着进行量子进化算法与现有进化算法的比较分析,最后对量子进化策略进行改进研究。第三章分析实数编码量子进化算法,并进行收敛性分析、参数分析和数值实验。第四章引出求解量子背包问题的混合量子进化算法,并对其进行收敛性分析、HQEA 参数分析和实例测试。第五章设计多智能体量子进化算法,进行收敛性分析、仿真实验与分析。第六章分析多智能体量子进化算法在流水车间生产调度中的应用,并进行了实验与分析。第七章尝试多目标量子进化算法在生产管理中的应用,将其运用于 MOJSP 的 QEA,进行实例测试和结果分析。第八章总结论文主要结论,提出相关展望。

关键词:最优化算法　进化算法　量子计算

**5394**

**面向不确定性数据的决策树分类方法研究** / 邱云飞著 ; 邵良杉指导. -- 辽宁工程技术大学, 2009. -- 108 页

论文针对数据库中数据规模大、质量低的特点使得起源于机器学习领域的决策树分类方法不再适用的情况,研究了适应数据库中数据特点的决策树分类方法。全文共分为八章。第一章引言提出要研究的问题,并进行国内外研究现状评述,介绍学者在不确定性数据预处理方法、粗糙集理论、决策树分类方法及其不确定性数据处理方法方面大的研究进展,阐明的研究目的、内容、意义和方法。第二章介绍决策树分类方法相关理论,包括分类学习算法的概念、过程及性能评估方法、分类模型的评价标准与方法、典型决策树分类方法以及决策树分类的主要研究方向和应该注意的问题。第三章阐述不完备信息系统的变精度粗糙集模型,首先介绍 Plawlak. Z 的基本粗糙集模型的基本定义、近似空间、属性依赖与属性约简及信息系统中的不相容特性,进一步介绍变精度粗糙集模型及其近似约简等,接着推演到不完备信息系统的粗糙集模型以及不完备信息系统的变精度粗糙集模型研究。第四章在决策树分类方法中属性选择标准研究中,提出了一种把基于联合熵的信息增益率作为决策树测试属性选择标准的方法,能够在生成决策树的过程中消除遗漏数据对测试属性选择的影响。第五章提出一种由数据集自主确定不相容数据阈值的方法,并在生成叶节点时将大于阈值的不相容数据在叶节点上

标类。第六章提出在节点分支过程中利用属性值遗漏数据的相似集估计遗漏值的方法,进而利用这个估计值确定值遗漏数据对象所在分支,与依据领域中值概率分配值遗漏数据对象所在分支的方法相比提高了分支的精确度。第七章在上述研究内容的基础上,通过实例分析了决策树分类技术在管理决策中的应用。第八章总结论文研究结论,并对未来研究方向进行展望。

关键词:数据处理　聚类分析　数据挖掘

**5395**

**外资企业技术外溢渠道评价研究** / 裘文进著 ; 吴启迪,江上舟指导. -- 同济大学, 2009. -- 169 页

论文从认识技术外溢效应与评述技术外溢的相关文献出发,对外资企业技术外溢渠道的形成机理、影响因素、评价体系、评价方法与模型与改进策略等方面研究进行了较为系统化的研究。通过实证研究,不仅评价上海市外资制造企业与外资研发机构的技术外溢渠道的现状,修正与完善论文的理论研究成果。论文共包括五个部分。第一部分是归纳与揭示纵向溢出、横向溢出与跨国研发溢出等三条渠道及其形成机理,构建基于过程的技术外溢渠道的概念模型。第二部分在分析外资企业技术外溢渠道相关影响因素的基础上,设计适用于外资制造企业、外资跨国研发机构等评价指标体系。第三部分设计基于相关回归分析的评价指标赋权模型、基于效率的技术外溢渠道评价模型、基于 FCA 法的技术外溢渠道评价模型与基于 AHP 法的技术外溢渠道评价模型四个评价模型。第四部分是在明确技术外溢渠道改进的目标与原则的基础上,构建外资企业技术外溢渠道改进的概念模式。第五部分是论文的结论和展望。

关键词:外资企业　技术进步

**5396**

**Credal 网络理论及其在分类综合评价中的应用** / 瞿英著 ; 吴祈宗指导. -- 北京理工大学, 2009. -- 153 页

论文在对 Credal 网络相关的理论方法剖析的基础上,利用软计算中各种方法包括 Rough 集理论、关系数据库理论和智能优化算法等,对 Credal 网络及引入隐变量的 Credal 网络进行结构建模,对 Credal 网络的各种推理算法进行优化和探讨。全文共分为七章。第一章绪论,包括论文相关理论综述,研究背景及研究意义,研究内容及研究框架。第二章 Credal 网络基础结构,介绍 Credal 网络基本概念,包括 Credal 集、Credal 网络、Credal 网络参数扩展的意义以及 Credal 网络的扩展形式;接着探讨 Credal 网络结构建模,包括基于搜索评分的结构学习方法和基于条件独立性测试的结构学习方法;对 Credal 网络参数建模展开研究,分析利用 IDM 方法确定 Credal 网络节点参数,并通过专家制定 Credal 网络参数;最后是 Credal 网络推理,包括精确推理和近似推理两个方面。第三章数据离散化及弧学习方法。提出 Credal 网络结构建模存在的问题,包括弧的存在性与方向性问题以及数据的离散化;基于分辨能力的数据离散化分析,提出数据离散化的概念,布尔逻辑和粗糙集理论相结合的离散化算法以及基于分辨能力的 Credal 网络数据离散化算法;基于扩散函数依赖的弧学习方法研究,包括函数依赖、扩展函数依赖、函数依赖发现算法以及基于扩展函数依赖的弧学习方法。第四章引入隐变量的 Credal 网络结构学习。在提出问题的基础上,探讨基于灰关联聚类的预模型学习,知识导向的预模型学习以及知识导向与灰色关联聚类相结合的预模型学习。第五章 Credal 网络推理智能优化,提出问题,分析推理网络约简,扩展关系数据模型下的 Credal 网络精确推理,探讨基于自适应蚁群—鱼群算法的 Credal 网络近似推理。第六章基于 Credal 网络的企业科技竞争力评价,探讨基于 Credal 网络的科技竞争力评价方法,分析实证背景——某市规模以上企业科技资源调查课题,对某市企业科技竞争力评价。第七章为总结与展望。

关键词:人工智能　企业管理　Credel 网络

**5397**

**高等院校研究生教育投入产出分析与评价研究** / 曲虹著 ; 张强指导. -- 北京理工大学, 2009. -- 108 页

论文致力于高等院校研究生教育投入产出分析与评价研究。全文共分为七章。第一章绪论,介绍论文研究背景和意义,国内外研究现状,论文的研究内容、组织结构及主要创新点。第二章高等教育投入产出的相关理论,介绍高等教育投入产出的概念,教育投入产出评价分析的内涵,相关评价分析方法的分类和介绍。第三章数据包络分析的基本理论与研究,介绍数据包络分析的产生以及国内外研究现状;介绍数据包络分析的基本概念,决策单元、生产可能集、相对有效概念以及生产函数;对数据包络分析基本模型简介,包括 CCR 模型和 BBC 模型;介绍 DEA 方法的应

用步骤;介绍 DEA 的几个派生模型,包括逆 DEA 模型,综合 DEA 模型以及模糊 DEA 模型;介绍优势前沿面的理论和方法,探讨优势前沿面分析的思想及应用必要性,模型的改进以及建议。第四章教育评价主要方法比较研究,提出教育评价领域的三类数学模型,包括确定性数学模型、随机性数学模型和模糊性数学模型;探讨交友评估中几个常用模型应用,包括层次分析法,线性规划模型以及马尔可夫链模型;探讨教育评估中应用 DEA 方法的优越性和适用性。第五章研究生教育投入产出指标的选取,以美国、英国、法国、俄罗斯、日本等为例对国外主要国家评价体系分析,对我国主要评价指标体系分析,提出论文评价指标体系的选取办法。第六章实证研究。对研究背景介绍,对数据包络分析模型求解,包括模型的确定,基于投入、产出模式的 CCR 模型分析,基于投入、产出模式的 BCC 模型分析;对基于优势前沿面的数据包络分析。第七章为总结。

关键词:高等学校　研究生教育　教育评价　数据包络分析

**5398**

**以港口为核心的服务供应链协同管理关键问题研究** / 屈莉莉著 ; 陈燕指导. -- 大连海事大学, 2009. -- 183 页

论文针对以港口为核心的服务供应链协同管理中五个相互关联的关键问题,提出相应的解决方案与研究方法。全文共分为八个章节。第一章绪论,介绍研究背景与意义、国内外文献综述、以港口为核心的服务供应链协同管理关键问题以及论文的研究内容。第二章基于语义 Web 服务和 MAS 的供应链协同管理技术进行研究分析,包括信息技术驱动的港口服务供应链协同管理介绍以及基于语义 Web 服务和 MAS 的供应链协同管理技术与体系的分析讨论。第三章对基于多属性决策的港口服务供应链协同结构的构建进行了研究分析,提出多角度分阶段组建港口服务供应链网络结构的解决方案,并利用基于混合神经网络的多属性决策方法从需求方的角度确定供应链的集成商,采用多人多属性灰色综合评价方法和多目标规划方法优选功能型服务提供商。第四章对港口服务供应链供需协同管理的关联进行分析研究,提出基于支持度、置信度、兴趣度以及供应链流程约束的改进关联规则方法挖掘港口服务供应链内部供需能力的协同关联模式;采用多维综合关联分析方法研究基于港口服务能力供给与区域经济对港口服务续修间的关联效应;同时,提出港口吞吐量交互集成预测体系及多种集成预测模型。第五章对基于委托代理的港口服务供应链利益协同管理机制进行研究分析,提出代理模型设计港口服务供应链利益协同的机制。第六章对港口服务供应链协同管理的绩效进行了研究分析,提出服务供应链协同管理绩效评价系统的一般过程,建立集成化得服务供应链协同管理绩效评价模型和绩效标杆分析方法以支持供应链协同管理绩效水平的不断提升和制定港口服务供应链协同管理的发展战略。第七章对以港口为核心的服务供应链协同管理方法进行案例分析,对上述的方法进行了实例研究。第八章为结论与展望,对论文的研究进行了总结,并提出今后研究工作的方向。

关键词:港口管理　服务业　供应链管理

**5399**

**国有企业兼并与重组的路径及风险研究** / 冉德章著 ; 陈立文指导. -- 河北工业大学, 2009. -- 135 页

论文通过系统研究国有企业兼并与重组的相关理论,探索国有企业兼并与重组的路径;利用现有风险管理理论,对国企兼并与重组中存在的风险进行控制和管理。论文分为七个章节。第一章绪论,介绍研究意义、国内外研究现状及分析、研究内容和方法、论文创新点。第二章探讨企业兼并重组的理论问题,对概念进行界定,探讨国企兼并、重组、风险的定义及特征,对国内外企业兼并的研究状况和研究理论进行评析,总结回顾国际五次兼并浪潮及趋势,探讨中国企业兼并的发展历程及现状,并对其特征总结。第三章探讨国有企业兼并重组的动因与路径,全面分析推动企业兼并重组的内外因素,从宏观和微观层面分别进行研究,对影响企业兼并重组的若干突出因素进行深刻剖析,并以中国中材集团和中国海洋石油总公司为例进行说明。第四章从准备、设计、启动、谈判、审批五个阶段对国有企业兼并重组路径进行系统研究,对国有企业兼并重组的程序详细剖析。第五章对国有企业兼并重组进行风险分析,并提出对策,对兼并重组各阶段存在的潜在风险进行识别,详细分析各类风险因素产生的根源,以及可能产生的后果,对我国国有企业兼并重组风险管理提出系统的制度安排,并对化解和防范风险问题提出相应的建议。第六章,结合港中旅集团、中国中材集团公司、中国新时代控股(集团)、上汽、富通等案例进行具体分析,以期为我国的国有企业兼并重组提供切实可行的参考方案。第七

章对研究内容进行总结得出结论,并对进一步研究工作进行展望。

关键词:国有企业　企业兼并　风险管理

**5400**

**基于可计算一般均衡模型的我国成品油税费改革经济效应研究** / 饶呈祥著 ; 黄登仕指导. -- 西南交通大学, 2009. -- 110 页

论文是基于可计算一般均衡的我国成品油税费改革经济效应展开的研究分析。全文共分六章。第一章绪论,介绍燃油税改革及研究概述、提出要研究的问题、国内外相关研究评述、研究目标内容以及方法框架。第二章对与研究有关的税收经济学理论进行了整理。局部均衡分析是在不考虑市场价格间存在普遍联系的情况下,仅针对某个封闭独立的市场研究经济变量在税收作用下的变化情况,一般均衡分析将部门间的普遍影响纳入考虑纳入考虑,模拟以抽象的两经济部门模型为例具体描述了模型构建过程,最后对税收导致的福利损失进行理论分析,并提出福利损失的测度方法。第三章运用一般均衡基本理论构建我国税收可计算一般均衡模型。从生产、消费、收入、支出、市场均衡五个部分抽象描述整个宏观经济运行过程,采用多级 CES 函数形式描述生产与消费结构。第四章对我国燃油消费税税收效应的行业进行分析研究。对影响行业的各类税费根据税负等价关系进行统一的处理,以得到基于各生产部门的生产要素的要素税负率结构,并通过模型进行解析。第五章对我国燃油税税收效应的地区分析进行讨论。通过研究模型、分析各省份的数据,并利用模型进行详细的解析,分析税改对社会福利的影响。第六章为研究结论,主要包括理论研究结论、实证研究结论,并总结了税费改革政策的影响评价及建议,最后提出后续的研究方向。

关键词:石油产品　税收改革　均衡模型

**5401**

**我国研发产业发展评价与战略对策研究** / 任伟宏著 ; 黄鲁成指导. -- 北京工业大学, 2009. -- 187 页

论文对研究产业发展的综合评价问题从理论和实证两个方面进行较为深入的综合性研究。全文共分为八章。第一章绪论,介绍论文问题的提出与研究意义,国内外研究现状综述,研究思路和研究方法。第二章研发产业的基本理论,提出研发及研发产业化,研发产业的内涵、特征。第三章研发产业分类及统计,提出产业分类的标准,并进行分类,提出研发产业统计指标和对研发产业统计的几点建议。第四章研发产业发展水平评价指标体系和评价方法。基于研发产业发展水平评价指标体系构建的原则,对体系进行构建;对研发产业发展水平综合评价,包括指标的无量纲处理,指标权重的确定和综合评价;确定评价指标权重;提出研发产业发展水平综合评价方法——主成分分析方法、因子分析、聚类分析、模糊综合评价方法以及数据包络分析方法。第五章我国研发产业发展水平综合评价。提出研发产业发展水平综合指数,北京市研发产业发展水平综合指数,我国各省市研发产业发展水平综合指数。第六章我国研发产业投入产出效率评价研究。总结我国研发产业投入产出现状,开展 DEA 分析法,对研发产业投入产出效率指标体系进行设计,基于 DEA 方法的研发产业效率进行实证分析。第七章研发产业发展战略分析,分析我国研发产业发展现状;对情景规划方法可行性和情景规划模型进行构建,提出情景规划的方法;面向研发产业发展战略进行情景规划;分析研发产业发展战略,包括战略目标、战略任务、战略举措、战略步骤以及战略路线图;提出研发产业发展的对策建议。第八章为论文的结论与展望。

关键词:服务业　技术开发　产业发展　发展战略

**5402**

**科技成果转化为技术标准的模式选择与机制设计研究** / 任向阳著 ; 丁日佳指导. -- 中国矿业大学, 2009. -- 151 页

论文应用宏观经济学、信息经济学、网络经济学、新制度经济学、公共管理学、模糊数学、未确知测度等理论,研究科技成果转化为技术标准的模式选择、路径设计和机制设计等问题。全文共分为八章。第一章绪论,介绍研究来源、研究的背景及意义、国内外研究综述、存在的问题和论文的内容安排和技术路线。第二章科技成果转化为技术标准的理论构建。对科技成果和技术标准的含义作出介绍并进行分类,分析科技成果与技术标准之间的相互作用机理,对科技成果转化为技术标准的比较性展开分析,对科技成果转化为技术标准的含义作出说明并界定,构建科技成果转化为技术标准的理论框架。第三章科技成果转化为技术标准的转化模式研究,包括科技成果转化为技术标准的转化类别——基础公益类科技成果转化为公共标准、共性技术类科技成果转化为联盟标准、专

有技术类科技成果转化为私人标准;提出科技成果转化为技术标准模式设计,包括科技成果转化为技术标准界定及其优缺点、科技成果转化为技术标准的总体思路、基础公益类科技成果转化为公共标准的政府主导模式设计、共性技术类科技成果转化为联盟标准的混合模式设计以及专有技术类科技成果转化为私人标准的市场化模式标准。第四章科技成果转化为技术标准的路径设计,包括基础公益类科技成果转化为公共标准的转化路径设计,共性技术类科技成果转化为联盟标准的转化路径设计,专有技术类科技成果转化为私人标准的转化路径设计。第五章科技成果转化为技术标准的转化机制研究。对研究的数据收集并进行处理,对科技成果转化为技术标准转化机制现状及问题分析,提出科技成果转化为技术标准的转化机制设计。第六章基于未确知测度的联盟标准利润分配模型,研究信息熵、未确知集合的基本概念、指标分类权重的概念设计及其计算方法、未确知逻辑系统以及共性技术类科技成果转化为联盟标准的利润分配模型。第七章科技成果转化为技术标准的应用研究和总结。第八章为结论与展望。

关键词:科技成果　技术标准　技术进步

**5403**

**中国农民工的社会网络结构研究** / 任义科著 ; 蒋正华,李树茁指导. -- 西安交通大学, 2009. -- 160 页

论文利用2005年深圳调查数据,研究农民工社会支持网和社会讨论网的网络结构,揭示农民工非制度性社会融合的现状及其趋势。全文共分为七章。第一章绪论,介绍论文的研究背景、概念界定、研究目标、研究框架与内容、数据与方法、章节安排以及论文的主要创新点。第二章国内外研究综述。一是相关理论,包括组织行为理论、社会交换理论、社会网络理论;二是社会网络结构分析,包括微观结构、中观结构、宏观结构以及微观、中观和宏观结构的综合研究;三是社会网络结构的相关结构回顾,包括一般人群的社会网络结构研究和农民工的社会网络结构研究的回顾。第三章农民工社会网络的微观结构分析。首先是中心性的分析,包括度中心性、接近中心性和居中中心性,并对分析结果展开说明;其次是结构洞的描述性分析,包括有效规模、效率、限制度和等级度;最后是度分布特征的说明,包括无标度特征和连接倾向性。第四章农民工社会网络的中观结构分析。一是三方关系,说明三方关系的概念及其同构类,三方关系同构类的分布;二是凝聚子群,提出其派系结构和对等性;三是社群结构,包括社群结构的定义与探测、模块性指标与社群数目。第五章农民工社会网络的宏观结构分析,包括整体网络指标、核心—边缘结构以及小世界特征。第六章农民工社会网络结构的综合分析。提出对指数随机模型图、复杂网络模型的分析和探讨,并得出现相关结论。第七章为结论与展望,包括研究得出的政策建议、主要结论,论文的主要创新点以及研究展望。

关键词:民工　社会结构　社会关系

**5404**

**大庆市产业转型研究** / 任玉琨著 ; 黄鲁成指导. -- 北京工业大学, 2009. -- 129 页

论文依据资源型城市转型有关理论,从大庆现实出发,采用定性与定量相结合方法、理论阐述与对策研究相结合方法,对大庆市的产业转型问题进行研究。全文共分为七章。第一章绪论介绍问题的提出和选题意义、国内外研究现状以及研究思路和方法。第二章对资源型城市产业转型的理论进行研究,包括相关经济学理论、油气资源型城市的概念和分类、油气资源型城市的生命周期和油气资源型城市的转型。第三章分析大庆产业转型的现实环境,特别是大庆产业转型的优势、机遇、弱势和挑战。第四章在详细分析大庆产业结构现状的基础上,提出大庆产业结构优化与转型的主要任务,以及产业结构转型模式和和阶段。第五章提出大庆市产业转型中的主导产业、接续产业、替代产业。第六章为积极稳妥有序推进大庆产业转型工作,采用技术路线图方法,研究并提出了大庆市产业转型战略框架,即大庆市产业转型战略目标、战略原则、战略路径和路线图。第七章对大庆产业转型的对策进行了研究,提出相关对策。

关键词:城市经济　产业结构调整　大庆

**5405**

**高技术虚拟企业(HTVE)协商机制及其支持系统研究** / 单子丹著 ; 高长元指导. -- 哈尔滨理工大学, 2009. -- 238 页

论文在对国内外虚拟企业相关理论、方法及多边协商研究脉络进行系统分析的基础上,对高技术虚拟企业协商机制及其支持系统展开研究。全文共分为七章。第一章绪论,包括研究背景与问题的提出、论文研究的目的和意义、国内外研究现状及评述,以及

论文研究内容、研究方法与结构安排。第二章 HTVE 内部协商的体系分析。首先对 HTVE 进行界定并分析其特征;其次分析 HTVE 的冲突,包括 HTVE 冲突形成的动因、HTVE 冲突类型与层次、HTVE 冲突对联盟收益的影响模型;三是 HTVE 协商决策的组织模式,包括 HTVE 协商模式的选择依据、HTVE 协商成员的谈判力测度以及 HTVE 协商决策的管理制度以及 HTVE 协商机制的总体构架。第三章 HTVE 中 Multi-Agent 协商过程建模,包括其协商过程形式化描述、HTVE 个体提议的隐式效用函数分析、HTVE 个体提议区间的调整方法、HTVE 多重冲突议题的递阶结构以及 HTVE 中 Multi-Agent 协商决策模型的建立。第四章 HTVE 组合协商策略的制定。首先介绍 HTVE 个体协商策略的选择机制,包括响应机制与让步分析、折中机制与信念修正、回避机制与延迟防守、选择机制间的互动关系;接着介绍 HTVE 中 Multi-Agent 协商策略的影响因素,包括参与成员的个性特征、外部环境信息的影响、其他参与成员的影响以及议题空间特性的影响;三是对 HTVE 协商策略对决策模型的作用分析,包括交互时间依赖策略、协商资源依赖策略、参与行为模仿策略以及多议题互补策略;最后介绍 HTVE 组合协商策略的运行方案,并对策略组合的基本原则和条件、组合协商策略的实施步骤以及组合协商策略的动态调整等展开介绍。第五章 HTVE 中 Multi-Agent 合作协议管理。介绍协商处理方法、协商的内部信任机制、俄合作成员的动态奖励机制、技术标准的配置过程以及协商协议的共享与合成。第六章 HTVE-INSS 的体系结构与综合推理,包括双驱动集成的 HTVE-INSS 总体结构、协商决策问题的识别与理解、合作求解模型的层次结构、综合推理的运行机制以及动态知识库的设计。第七章 HTVE 多边协商机制的实证研究。通过 DSR-16BT 项目的研究分析,提出其运行的对策与建议。最后为论文结论。

关键词:高技术企业　虚拟技术　决策支持系统

**5406**

**基于投资者风险的联合风险投资研究** / 尚庆琛著 ; 覃正指导. -- 上海财经大学, 2009. -- 157 页

论文从控制投资者风险的角度出发,以系统框架作为分析的基础,对联合风险投资的微观作用、影响因素以及风险控制策略进行了研究。全文共分七章。第一章引言,介绍研究背景和意义、结合文献综述阐明了论文的研究方法、结构安排以及论文的创新点。第二章是对联合风险投资及其系统的分析,包括介绍联合风险投资、联合风险投资系统的构成、并探讨系统的运行和演化。第三章为联合风险投资的风险分析,包括从风险基本定义出发对联合风险投资中的风险进行定义,从系统结构角度出发对风险进行分类,建立单个投资主体的风险模型,分析联合风险投资的风险作用。第四章分析联合风险投资的元素选择,包括对联合风险投资资源整合的风险作用的探讨、分析风险作用的效率和效果、以实证研究结果为依据探讨联合风险投资系统的元素选择。第五章讨论联合风险投资的结构设计,包括联合风险投资的风险约束机制、联合风险投资中的懈怠风险分析、欺诈风险分析、衍生风险分析以及联合风险投资契约机制的设计原则。第六章讨论风险投资环境的建设,从政策环境、法律环境、资本市场环境和信息服务环境四方面就外部环境对风险的作用进行分析。第七章为结论,对论文的研究结论进行总结,并进一步提出未来的研究方向。

关键词:风险投资　风险控制　投资环境

**5407**

**面向能源市场的整体风险管理理论与模型及其应用研究** / 佘升翔著 ; 马超群指导. -- 湖南大学, 2009. -- 123 页

论文以能源市场为研究背景和对象,已整理风险管理为主题,在对能源市场一般分析的基础上,从能源市场风险形成的角度实证研究大庆原油价格的形成机制及特征,并构造计量经济模型对我国上海燃料油期货市场与国际石油市场之间的风险溢出进行实证。全文共分为七章。第一章绪论,介绍选题背景及研究意义,相关文献综述,技术路线、研究内容及主要创新点,选题的来源。第二章能源市场风险形成的实证检验,包括我国原油价格风险形成的实证检验和上海燃料油期货市场风险溢出实证检验。第三章面向能源市场的 3P's-T 整体风险管理框架,首先介绍能源市场的基本结构,对能源市场的构成展开分析,评价能源市场的结构特征;接着讨论能源市场价格形成机理,包括能源市场价格波动的影响因素和能源价格形成的一般机理分析;最后探讨能源市场风险的整体性涵义,辨析风险概念的理论,分析能源市场风险的形成机理,并提出风险的整体性定义。第四章基于 3P's-T 的时间—概率权衡理论研究。一是面向非负博彩的时间—概率权衡理论,二是基于指数效用的时间—

概念权衡理论,三是考虑时间价值的广义时间—权衡理论,最后为该部分的思考和总结。第五章能源市场整体风险度量模型研究,介绍标准风险度量的定义和特点,提出跨期风险度量模型的构建,分析内在折扣率并进行算例分析,得出结论。第六章能源市场整体风险评价模型研究,包括风险—价值模型族及其特点,跨期相对风险—价值模型,跨期标准风险—价值模型以及算例分析。第七章整体风险管理模型的应用研究,首先提出石油勘探者问题,并在此基础上探讨跨期风险度量模型的应用及跨期风险—价值模型的应用。最后为论文的总结。

关键词:能源工业　能源市场　风险管理

**5408**

**组织隐性知识增长机制研究** / 申丽萍著 ; 高学东指导. -- 北京科技大学, 2009. -- 120 页

论文针对当前组织隐性知识增长研究中存在的问题,对组织隐性知识增长机制展开研究。全文共分为六章。第一章引言,第二章文献综述,提出隐性知识的逻辑内涵,对组织知识管理作出介绍;探讨组织知识管理的相关理论,包括组织知识管理理论的发展阶段、组织隐性知识系统的耗散结构理论以及组织知识管理理论的流派;分析组织隐性知识管理研究范式并分析组织间隐性知识管理研究现状。第三章组织隐性知识增长影响因素分析,提出内容一是主成分分析的基本原理,包括原理内容和基本步骤;二是组织隐性知识增长影响因素的主成分分析基础,包括研究变量的设计和数据采集的预处理;三是组织隐性知识增长影响因素的主成分分析过程,包括数据信度与效度检验、组织隐性知识增长影响因素主成分提取、组织隐性知识增长因素的主成分描述及分析。第四章组织个体隐性知识增长机理分析,研究建立于累积的 Logistic 回归模型的原理和方法上,包括 Logistic 函数用于二分类因变量分析的理论依据、Logistic 回归模型、Logistic 回归模型的参数估计以及积累的 Logistic 回归模型;探讨累积的 Logistic 回归分析过程,包括分析前提、数据的预处理和降维以及累积 Logistic 的具体回归分析;对组织个体隐性知识增长机理分析,包括组织个体知识学习分析、组织群体隐性知识学习分析和组织隐性知识整合分析;对组织个体隐性知识增长微观条件分析,包括知识网络的形成以及组织知识学习领导支持力的形成。第五章组织隐性知识增长与组织核心竞争力的关系分析,探讨结构方程模型和隐性知识增长与核心能力关系的结构方程模型,并对模型进行验证讨论。第六章为论文结论。

关键词:组织管理　知识管理　核心能力

**5409**

**维基任务中知识贡献的个人意愿和集体意愿** / 沈校亮著 ; 陈华平,李国安指导. -- 中国科学技术大学, 2009. -- 77 页

研究旨在为科研人员和维基从业者提供一些有价值且重要的见解。在理论研究方面,论文通过讨论在有目的性的社会行为中集体意愿的重要性,识别并验证集体意愿的潜在预测性变量,开发并验证新的信息系统领域的量表。在时间工作方面,该研究的结果为开放式网络百科全书的网站管理者提供一些重要的见解和切实可行的策略,并且讨论关于招募贡献者核心团队以及鼓励百科创作中团队合作的最佳方法。论文主要分为六个部分。第一部分介绍论文的研究背景和目的,并简述论文的研究框架。第二部分为文献综述,简述一些关于开放式网络百科全书的学术研究,共同行为和集体意愿,虚拟团队中的知识管理,社会认知理论和社会资本理论。第三部分详细介绍论文的研究框架,分析结果期望、共同承诺、一致同意、普遍信任和利于共享的规范及集体认同感、个人意愿和集体意愿五个方面的影响。第四部分论述研究方法,主要有网上数据收集和问卷回答两种。第五部分分析测量模型和结构模型的数据及结果。第六部分为论文的结果讨论与结论。

关键词:网络公司　人力资源管理　百科全书

**5410**

**基于药品安全的中国药品供应链管理研究** / 沈凯著 ; 李从东指导. -- 天津大学, 2009. -- 120 页

论文以药品安全为研究目标,以药品供应链为研究对象,结合我国医药行业的特点和医药卫生体制改革的新进展,对我国药品供应链安全问题进行研究探讨。论文分为七个章节。第一章绪论,介绍研究背景、研究意义、重要概念界定、国内外研究现状及综述、论文的研究目标、思路和方法、论文内容和结构、论文的主要创新点。第二章对药品安全、药品供应链的基础理论进行回顾,提出了药品供应链安全等概念,并对其内涵记性了详细阐述,同时对我国药品供应链的内涵、结构、组成进行了研究。第三章对药品供应链各节点的安全属性进行研究,分析安全隐患及

形成机理,讨论节点系统安全行为对药品供应链安全的影响,并建立针对药品消费的监管博弈模型。第四章研究了我国药品供应链安全管理模式,包括基于安全的药品供应链构建、运作、监管,提出供应链主被动双重监管模式。第五章提出改进的药品安全物流模式,研究了第三方物流和逆向物流这两个与药品安全关系紧密的物流管理技术,建立基于供应链的药品安全信息平台。第六章结合我国新医改方案,讨论新医改方案对我国药品供应链的构成、运作、演化方面的影响,并提出我国药品供应链安全管理方面的相应对策。第七章结论与展望,对全文研究内容进行总结得出结论,并对进一步研究做出展望。

关键词:制药工业　药品管理　供应链管理

**5411**

**基于本体的知识团队有效性形成机理及评价研究** / 沈凌著 ; 程森成指导. -- 武汉理工大学, 2009. -- 156 页

论文首先研究基于本体的知识团队有效性的理论基础,并对知识共享理论、本体理论和团队理论等理论体系进行研究,为论文提供理论平台。论文的主要创新点为构建团队知识领域本体,提出基于本体的团队有效性评价方法和指标体系,设计基于本体的团队有效性支撑体系模型。论文共七章,第一章为绪论,包括研究的目的和意义,国内外相关研究的综述和研究的内容和方法。第二章为基于本体的有效性理论基础,包括本体构建理论、知识共享理论和知识团队理论。第三章为知识团队有效性形成机理分析,包括智力资源管理是知识团队有效性的关键、团队知识的转移机制是团队有效性的基础,面向交互记忆系统的本体构建是团队有效性构建的核心和知识团队有效性形成模型。第四章为基于知识管理的团队领域本体构建,包括基于本体的团队知识管理框架、团队知识领域本体的构建和基于本体的团队知识管理系统设计。第五章为知识团队有效性评价模型设计,包括知识团队有效性评价方法的选择、评价知识团队有效性指标的选取和基于本体 IT 企业知识团队的有效性 DEA 实证研究。第六章为基于本体的知识团队有效性支撑环境构建,包括知识团队有效性立场要素分析,知识团队有效性动力环境分析,知识团队有效性阻力分析,动力和阻力要素对知识团队有效性的作用机理和基于本体的知识团队有效性支撑体系分析。第七章为总结与展望,包括全文内容总结、论文研究的创新点和未来研究展望。

关键词:组织管理　知识管理　人力资源管理

**5412**

**全球化中的能源利益冲突与法律调控研究** / 沈明宇著 ; 漆多俊指导. -- 中南大学, 2009. -- 179 页

论文通过梳理资源国政府与跨国石油公司的交往历程,挖掘并提炼出两者之间的合作规律,阐释和论证资源国政府对跨国石油公司的其中法律调控模式。全文共分为七章。第一章导论,介绍全球化与能源全球化的概念、成因、现状与利弊,介绍该问题的国内外研究现状,介绍论文研究意义、方法、内容与论文结构。第二章全球化背景下国际能源活动主题的法律地位。分析跨国石油公司的法律地位、主权国家的法律地位和国际能源组织的法律地位。第三章资源国与跨国石油公司的能源利益冲突及法律调控。回顾资源国与跨国石油公司的交往历程,探讨资源国与跨国石油公司在交往中的利益冲突,对资源国与跨国石油公司利益冲突在法律上的反映展开探讨。第四章石油生产国与消费国在资源控制权上的冲突及法律调控。分析冲突现象内容和冲突原因,并对冲突法律调控内容作出解释。第五章国际组织对能源利益冲突的法律调控。分别探讨石油输出国、国际能源机构、欧盟、上海能合作组织和国际能源宪章对能源利益冲突的法律控制途径,分析世界能源组织对能源利益冲突的法律调控。第六章中国调控能源利益冲突的法律实践与法律建议。法律实践方面,提出搁置争议、共同开发,“走出去”与资源国合作开发,“引进来”、以资源换市场;立法建议方面提出应构建完整严密的能源法律体系,将冲突控制在适度范围;明确我国参与国际能源合作的宗旨和原则,将世界承诺变成法律;进行理性制度设计,立法时就注重国家石油公司竞争力的提升;将能源战略规范法律化,有计划有步骤地主导国际能源市场新秩序。第七章为论文结论。

关键词:能源经济　利益分配　法律规范

**5413**

**制造型产业集群超网络的动态演化与协调研究** / 沈秋英著 ; 王文平指导. -- 东南大学, 2009. -- 109 页

论文从社会网络和经济网络构成的社会—经济超网络与社会网络与社会网络和知识网络组成的社会—知识网络两个角度出发,综合运用理论推导、计算机仿真、应用分析等方法,系统地科学地研究制造型产业集群超网络动态演化规律与协调机制。全文

共九个部分。第一部分提出研究背景与意义,综述了相关研究的情况,阐述研究思路和研究方法。第二部分提出社会—经济超网络概念,建立了基于个体网络位置的信任动态演化模型,通过提炼实践中企业的交互规则,从集群规模和社区特征两个方面研究制造型产业集群超网络结构演化。第三部分建立基于信任和企业进入退出机制的规模演化模型考察集群规模的演化,发现集群规模演化经历生长期、淘汰期、震荡期、成熟期四个不同的时期。第四部分利用基于个体网络位置的信任动态演化模型研究企业之间合作对象的选择与合作关系的构建,借助计算机仿真发现,当集群规模达到一定程度时,轮轴型集群网络所包含的社区数目大于相同规模的卫星型集群。第五部分建立了基于不同类型关系的风险传播模型,对集群抗风险能力进行量化。第六部分接着以知识传播效率为着眼点,建立基于不同知识类型的知识传播模型。第七部分从社会网络中的信任度出发,建立集群中大企业和小企业之间知识传播的博弈模型,利用复制动态演化博弈方法进行研究。第八部分提取社会网络中的关系水平和知识网络中的知识传播水平,建立社会—知识超网络模型,并运用最有规划和变分不等式理论,得到同时满足所有个体最优目标约束条件的社会关系水平和知识传播水平的分布。第九部分提出研究结论,并对研究前景进行展望。

关键词:制造工业　产业集群　竞争力

**5414**

**基于能力框架的 HRST 能力建设研究:以 ICT 专业为例** / 沈漪文著 ; 王沛民指导. -- 浙江大学, 2009. -- 209 页

论文以 HRST 为对象,以"能力建设"为主线,以能力框架为依托展开研究。全文共分为六章。第一章绪论,介绍论文研究背景、问题、方法、框架与章节安排、预期创新、基本概念的界定与说明。第二章 HRST 能力建设的理论与实践、对能力建设、HRST 能力建设的研究现状,HRST 能力建设内涵作出介绍,提出能力及能力标准相关内容的研究情况,探讨人力资源开发的途径和继续专业发展的理论。第三章 ICT 能力框架的模式研究。一是职业导向模式,介绍美国 NWCET IT 技能标准框架,美国职业信息框架 O * NET,欧洲职业空间框架以及日本 IT 专业人员技能标准框架;二是节能导向模式,介绍英国产业结构模型和英国信息时代的技能框架;三是工作流程导向模式的介绍;四是能力框架模式的比较研究。第四章 HRST 能力建设模型,首先构建模型,在此基础上探讨国家层面的 HRST 能力建设,提出制定政策引导 HRST 能力建设,制定法律保障 HRST 能力建设,完善资格证书制度促进 HRST 能力建设,构建能力框架体系;探讨企业层面的 HRST 能力建设,提出以能力框架为基础的企业职位描述,提高企业竞争能力导向的组织机构设置,企业能力差距管理以及企业职业发展方案制定;探讨个人层面的 HRST 能力建设,包括职业定位,个人能力差距分析,资格证书选择以及培训机构和培训方式选择;对 HRST 能力建设的利益相关者——行业协会和培训结构做分析,得到该部分的思考总结。第五章 ICT 能力与职业发展:概念模型与实证,对能力于职业发展路径相关性进行研究,提出能力与职业发展的概念模型、研究方法论,并对实证的结果展开讨论。第六章为研究结论与建议。

关键词:科学工作者　人才流动　人力资源管理

**5415**

**我国中小企业国际化关系网络研究** / 盛意著 ; 王国顺指导. -- 中南大学, 2009. -- 136 页

论文在对关系网格理论、社会资本理论和能力理论的相关文献研究的基础上,把关系网格理论与中国中小企业国际化行为相结合,对我国中小企业国际化关系网络展开研究。全文共分为八章。第一章绪论,介绍论文的研究背景、相关概念界定、研究思路与方法以及论文结构与创新之处。第二章关系网格相关理论文献综述。一是关系网络的相关研究,包括关系网络的概念、关系网络的作用分析、企业国际化网络理论的兴起以及关系网络的机构;二是关系网络的运作——企业社会资本,包括社会资本理论综述、企业社会资本的定义与分析、企业社会资本的维度与特征、企业社会资本影响企业国际化的作用分析;三是关系网络的治理——网络能力探讨,包括能力理论综述和网络能力的综述。第三章讨论关系网络对企业社会资本的影响以及企业社会资本对中小企业国际化绩效的影响。第四章首先是网络能力对关系网络、企业资本的影响理论的梳理,讨论竞争优势理论和网格的演变内容;接着探讨网络能力对关系网络、企业社会资本的影响的作用机制,介绍网络能力内涵、网络能力对关系网格的影响以及网格能力对企业社会资本的影响;三是网络能力调节作用的分析和假设的提出;最后是论文研究的假设总结。第五章关系网络

影响问卷设计与小样本测试,通过设计好的问卷以及关系网络影响的变量的选择与测量,对关系网络影响的小样本数据收集与分析,并得出结论。第六章关系网络影响下我国中小企业国际化绩效实证研究。一是数据的收集与描述;二是数据方程建模分析的简述;三是基于结构方程模型的检验和讨论;四是二阶因子整体模型的检验;五是网络能力调节作用的检验;最后是对研究的总结和讨论。第七章我国中小企业国际化关系网络发展案例研究,包括浙江茶叶集团股份有限公司、蔡良勇先生的成功经历以及台州石林鞋业有限公司的案例分析。第八章为结论。

关键词:中小企业　企业绩效　国际化

**5416**

**中小城市集约发展的路径、模式和战略** / 石红波著 ; 王续琨指导. -- 大连理工大学, 2009. -- 129 页

论文基于技术视角探索适合中国国情的中小城市集约发展路径、模式和策略。全文共分为六章。第一章绪论,内容包括问题的提出及研究的意义、国内外相关研究文献综述、论文的研究思路与主要内容。第二章中小城市集约发展的理论分析。首先介绍中小城市集约发展的基本概念,包括可持续发展概念与城市发展、中小城市集约发展的内涵、中小城市集约发展的原则;二是中小城市集约发展的技术元素,包括技术进步的概念、内涵和作用,中小城市集约发展的技术制约以及有效资源条件下的中小城市发展;三是中小城市集约发展的研究维度,包括中小城市集约发展的历史回顾、中小城市集约发展的数据分析以及中小城市集约发展的其他研究维度;最后为综述结论。第三章,中小城市集约发展的路径选择。一是中小城市集约发展的技术进步路径,分析技术进步与中小城市农业集约发展,技术进步与中小城市产业优化升级,技术进步与中小城市就业协同增长的关系;二是中小城市集约发展的聚集经济路径,包括聚集经济与钻石模型、城市聚集经济的理论演化、中小城市聚集经济的延伸分析;三是中小城市集约发展的循环经济路径,包括循环经济与新型工业化、中小城市发展循环经济的战略重点、中小城市改造工业体系的路径与对策。第四章中小城市集约发展的若干模式,包括中小城市集约发展的昆山特色模式、中小城市集约发展的寿光特色模式以及中小城市集约发展的昌吉特色模式。第五章中小城市集约发展的战略思考,讨论中小城市集约发展的 T3 战略、中小城市集约发展的特色战略以及中小城市集约发展的评价分析和延伸思考。第六章为论文的结论与展望。

关键词:中小城市　城市发展　技术进步

**5417**

**MIE 环境下企业信息系统能力评价研究** / 石娟著 ; 齐二石指导. -- 天津大学, 2009. -- 133 页

论文以企业信息系统能力评价作为主要研究内容,旨在对企业竞争力进一步提升,为发挥信息系统能力提供量化依据,并对企业管理状况和理念的创新提供参考。论文分为七个章节。第一章为绪论,简述研究的意义、方法、目的和创新点。第二章对国内外相关文献进行综述。第三章评价研究基于信息的企业信息系统能力,并构建基于信息的信息系统能力评价模型。第四章为企业信息系统信息能力及三维定量评价模型研究,包括对基本概念的分析,企业信息系统信息能力三维评价模型的构建以及评价指标体系的构建。第五章为企业信息系统能力水平及模糊综合评价模型研究。第六章为对 K 集团和 H 集团基于信息的企业信息系统能力评价实例研究。第七章为全文总结和展望。

关键词:管理信息系统　信息能力　评价模型

**5418**

**企业网络资源协调研究** / 石永贵著 ; 曾珍香指导. -- 河北工业大学, 2009. -- 110 页

论文主要基于复杂适应系统理论、社会网络理论等,把多种理论成果相互融合,运用文献研究、案例分析、问卷调查等研究方法,采用网络层次分析等工具,系统梳理企业网络及其资源的组成要素,深入分析了企业网络资源协调的影响要素,构建了其协调过程模型,提出了企业网络资源协调成熟度模型。论文共分为四部分,第一部分主要介绍论文的理论基础、文献综述以及研究问题的提出,对现状进行评述,明确了论文对企业网络资源协调研究的重点。第二部分主要是对企业网络资源协调中涉及的基本概念和基本问题的界定,并分析社会网络理论的研究视角下对企业网络的构成以及企业网络的复杂适应性特性及其行为模型。第三部分阐述企业网络资源协调的概念及内涵,并创新性的构建了基于四个维度—协调成本、信息交流、资源共享程度和企业文化兼容度的企业网络资源协调成熟度模型。第四部分是对全文的总结和后续研究工作的展望。

关键词:企业管理　组织管理　资源管理

5419

**基于决策神经科学的不确定决策机理研究** / 舒良超著 ; 马庆国指导. -- 浙江大学, 2009. -- 237 页

论文以不确定决策过程为研究对象,采用决策神经科学的试验方法,运用事件相关电位研究工具,设计四个不确定决策相关实验研究不确定决策的神经基础。全文共九部分。第一部分绪论,介绍研究背景与动机、研究现状与问题、基本概念、研究范围与对象、研究部目的与意义、研究方法与技术路线以及论文框架和内容安排。第二部分先关理论与文献评述,介绍决策研究的发展、决策双系统理论、不确定决策研究进展、情绪相关概念及研究方法、情绪与决策相关研究以及决策相关的 ERP 研究。第三部分介绍研究的理论框架,提出相关问题的研究假设,包括不确定决策机理相关假设和情绪对不确定决策调节作用相关假设。第四部分介绍不确定决策的神经科学研究。第五部分介绍含糊信息处理的神经科学研究。在不确定决策过程中,含糊信息处理先于风险信息处理发生,且是无意识的自动过程,可由早期脑电成分 P2 来表征,它代表对含糊信息的处理,期振幅对不确定决策中决策信息的缺失程度敏感。第六部分介绍风险信息处理的神经科学研究。在不确定决策过程中,风险信息在含糊信息处理之后被处理,是有意识的认知处理,可由出现在 P2 成分之后的 N2 脑电成分来表征。不确定决策中风险信息处理诱发决策冲突,并可能受含糊信息存在的影响,引起更大的决策冲突。第七部分介绍不确定决策激励的整合研究。在不确定决策过程晚期,决策者的决策态度形成,可由 P2、N2 之后的晚期脑电成分 P3 来表征。第八部分介绍情绪对不确定决策的调节作用研究。情绪对不确定决策过程的调节作用,可由不同效价情绪启动下,不确定决策过程脑电成分 P2、N2、P3 来表征。第九部分结论与展望,总结论文的主要研究结论,指出进一步的研究方向。

关键词:神经科学　脑机制　事件相关电位(ERP)

5420

**基于市场导向的全面创新机制及绩效实证研究** / 水常青著 ; 许庆瑞指导. -- 浙江大学, 2009. -- 250 页

论文从“三全”(全员创新、全时空创新和全要素创新)的整体角度出发,通过结构方程剑盟,系统地对“三全”之间的作用机制、各要素之间的作用机理以及“三全”对创新绩效的影响机制等进行深入理论和实证研究。全文共分为七章。第一章绪论,介绍研究背景与问题提出、研究理论和实践意义、研究的主要方法、研究技术路线与结构。第二章文献综述。对市场导向、全面创新、绩效的相关研究评述,并对三者的相互关系研究并评述。第三章研究理论框架与研究假设。提出研究的理论框架,基于研究变量间的关系,提出研究假设,并对变量间关系的研究假设归纳;探讨操作性的定义及其测量,包括市场导向的定义和测量、企业绩效的定义和测量以及其他变量的定义和测量。第四章问卷设计与评价。对问卷收集数据概述,构建全面创新量表,对全面创新量表信度和效度评价。第五章研究数据的收集与评估。探讨研究数据收集的基本问题,对数据的统计进行描述,对样本数据的质量评估。第六章研究假设的检验。首先分析控制变量的影响效应,包括单因素方差分析及其结果、多因素方差分析及其结果以及回归分析及其结果;提出假设检验分析工具:结构方程模型;对研究假设做结构模型检验,包括全面创新的“三全”之间的关系、全要素三个层面的主要关系、市场导向和业绩关系、市场导向和全面创新关系、全面创新与企业绩效关系;基于市场导向的全面创新机制对整合模型展开研究,对组织资源对整合模型的影响研究,并对研究假设的检验结果总结。第七章为研究结论与展望。

关键词:企业管理　技术创新　企业绩效

5421

**我国保险企业执行力及其与竞争力的相关性研究** / 宋安顺著 ; 马卫指导. -- 南昌大学, 2009. -- 172 页

论文的研究对象为我国保险企业执行力及其与竞争力的相关性。全文共分为八章。第一章绪论,主要围绕论文的写作背景、理论价值与现实意义进行分析与探讨,指明研究着重探讨与解决的主要问题、研究方法与创新之处,说明论文的研究价值。第二章对执行力理论基础及执行力研究现状进行综述,并在系统总结执行力理论对管理理论贡献的基础上对企业执行力进行定义和内涵描述。第三章介绍我国保险企业执行力背景概况,分析当前我国保险业发展对企业执行力的要求。第四章通过问卷调查与理论分析指出我国保险企业执行力的主要影响因素,并采用博弈论和力场分析等方法对保险企业执行力影响因素系统的作用机理进行探讨。第五章采用模糊层次综

合评价方法构建了我国保险企业执行力的评价模型，并以多加保险企业执行力为对象进行实证分析。爹六章，我国保险企业执行力与竞争力相关性分析。在前人研究的基础上，对我国保险企业执行力与竞争力进行相关性分析，用数据说明我国保险企业执行力与竞争力相关性。第七章，系统提升我国保险企业执行力。针对评价中找出的保险企业执行力的重要环节与薄弱环节，结合系统思考的理念，从员工执行意愿、执行行为、企业组织结构及监管与激励制度等方面提出我国保险企业执行力的提升对策。第八章对全文的主要研究进行总结，并指明今后进一步研究的方向。

关键词：保险业　企业管理　组织管理　竞争力

**5422**

**基于服务外包的生产性服务供应链构建与绩效评价研究** / 宋丹霞著 ; 张子刚，黄未来指导. -- 华中科技大学，2009. -- 135 页

论文对制造性企业在其生产服务外包过程中所形成的两级或多级服务供应链管理模，从不同方面进行深入研究。论文分为七个章节。第一章绪论，介绍研究背景、研究的目的及意义、服务供应链综述、研究内容及框架。第二章在对生产性服务相关理论介绍的基础上，对基于生产性服务外包视角的服务供应链进行界定，对企业生产性服务需求及其外包现状进行调查与分析，同时也分析了生产性服务供应链形成动因。第三章构建生产性服务供应链管理模式，分析生产性服务供应链与产品供应链的异同，分析生产性服务供应链管理特性。第四章分析生产性服务供应链的设计与运行过程，探讨生产性服务外包供应商的选择及评价，构建生产性服务供应商评价层次框架模型，并运用 AHP 和熵值法进行评价分析，提出提高生产性服务供应链竞争力的策略。第五章对供应链绩效评价研究进行概述，借鉴成熟的经验方法，从层次、结构和内容三个维度构建了一个生产性服务供应链绩效评价体系通用模型，同时对其指标量化方法进行说明，并提出基于 AHP 和 DEA 的服务供应链绩效评价方法。第六章将研究得到的理论方法应用到人力资源管理外包服务行业，构建人力资源外包服务供应链管理模式，结合深圳 F 科技集团的员工学历教育培训外包实例，验证所构建的绩效评价指标体系和评价方法的有效性和可操作性。第七章总结论文研究内容得出结论，阐述研究的不足之处，并对进一步研究进行展望。

关键词：服务业　对外承包　供应链管理

**5423**

**集装箱港区作业系统交互式仿真与方案优化研究** / 宋海良著 ; 钟登华指导. -- 天津大学，2009. -- 113 页

论文结合港区作业系统中的关键问题，研究集装箱港区系统仿真、优化理论与方法，将系统仿真技术、计算机交互技术和模糊综合评价理论在集装箱港区作业系统交互式仿真与方案优化中进行综合的研究与应用。论文共六章。第一章是绪论，主要是研究背景与意义、理论基础与应用、集装箱港区作业系统仿真研究的发展与现状。第二章是集装箱港区作业系统建模与仿真研究发展与现状，包括集装箱港区作业设备与装卸工艺系统概述、复杂离散事件系统仿真基本理论与方法、集装箱港区作业系统分析与仿真模型、集装箱港区水平运输系统车流仿真分析。第三章是集装箱港区作业系统交互式仿真研究，包括真实作业场景下的交互仿真、集装箱港区作业交互式仿真系统的软硬件技术、集装箱港区作业交互仿真的关键技术、集装箱港区作业系统交互式仿真过程。第四章集装箱港区作业方案多层次模糊综合评价，包括集装箱港区作业方案综合评价指标体系、多目标决策问题的综合评价方法、集装箱港区作业方案模糊评价的步骤、模糊评价的数学模型及关键问题、评价矩阵的建立、作业系统方案模糊综合评价模型。第五章是集装箱港区作业系统交互式仿真与方案优化分析，包括仿真参数分析与统计、方案的仿真计算、基于熵权的仿真方案模糊综合评价、模糊评价模型敏感性分析，第六章是论文的结束。

关键词：集装箱运输　作业管理　系统仿真

**5424**

**面向西部技术转移与技术创新问题的研究** / 宋乐伟著 ; 李廉水指导. -- 东南大学，2009. -- 144 页

论文为更好地推动技术转移和技术创新的进行，以带动技术进步、经济增长和社会发展，特从政府行为、市场引导、环境优化三方面提出具体的对策建议，并明确地指出信息化所具有的目标导向意义，以及环境优化在面向西部技术转移与技术创新中的重要保障功能。全文共八个部分。第一部分提出研究问题，并阐述研究意义和技术路线。第二部分结合国内外相关领域的研究成果，综述技术进步、技术转移、技术创新、区域经济合作发展和东西部技术转移等理论。

第三部分对西部技术转移与技术创新进行理论分析，发现其中存在的问题和优势是相互依存的，并对其进行比较，找到一条可以将优势最大化的路径。第四部分用博弈论的观点来看待面向西部大的技术转移与技术创新，从动态和静态两个方面来分析，提出合作博弈视角下促进西部地区技术转移和技术创新的决策。第五部分在基于产品生命周期的理论分析的基础上，分析技术转移与技术创新的交易成本、机会成本、风险成本，并提出降低成本的路径。第六部分分析影响西部地区技术转移与技术创新效果的因素，建立一套效果评价体系，并用实例来验证指标体系的评价效果。第七部分指出西部技术转移与技术创新中存在的主要障碍，分别对政府行为、市场引导行为、环境优化行为三个方面给出了建议。第八部分总结研究成果和不足之处，指明了未来的研究方向。

关键词:技术转移　技术创新　西部地区

**5425**

**支持向量机和多目标进化算法的改进、融合与应用研究** / 宋木清著 ; 龚朴指导. -- 华中科技大学, 2009. -- 122 页

论文通过融合支持向量机理论及多目标进化算法对多目标非线性优化问题的建模与求解进行深入研究。全文共分为六章。第一章绪论介绍论文研究背景及意义、多目标进化算法最新研究进展和论文的主要研究内容，并对支持向量机研究进行综述。第二章对多目标优化问题以及多目标进化算法进行较为全面的综述，总结传统多目标优化算法的局限性和多目标进化算法的优点，提出多目标优化模型建立及优化方法和改进多目标进化的算法。第三章介绍支持向量机基本理论框架，并提出支持向量机改进算法。第四章针对现有多目标进化算法很难做到既收敛到真实 Pareto 前沿，又具有良好分布性的缺陷，通过分析与研究多目标进化算法的原理，将快速支配排序遗传算法和多目标差分进化算法相融合，再加入多项式变异算子以提高种群多样性，得到一种全新的多目标进化算法 INSIDE。标准测试函数的测试结果表明，与原有算法相比，新算法能够同时收敛到真实 Pareto 前沿以及在前沿上具有较好的分布特性。第五章通过融合支持向量机与多目标进化算法，采用支持向量机建立数学模型，然后以多目标进化算法对模型进行优化计算，给出一套多目标非线性优化问题的建模与求解框架，最后将提出的建模与计算框架应用于一个质量控制管理的实例——武汉钢铁集团公司的产品质量管理与控制，结合企业的生产状况，给出相应的生产建议。第六章总结论文结论。研究表明，论文建立的支持向量机的多目标优化建模框架可以很好地解决多目标非线性问题的建模与优化问题。

关键词:机器学习　支持向量机(SVM)　进化算法

**5426**

**互联网产品整合对使用传递行为的影响研究** / 宋培建著 ; 黄丽华指导. -- 复旦大学, 2009. -- 170 页

论文采用大规模调查的方法研究了品牌延伸对使用传递的影响因素，研究发现感知联系、感知适合性和对母品牌态度对延伸产品态度有显著影响，通过增加感知联系这个变量，模型对延伸产品态度的解释力度显著增加。另外，感知的适合性将对母品牌的态度和对延伸产品的态度之间关系起到调节作用。论文共包括四个部分。第一部分在对相关概念进行界定，在文献综述基础上强调研究互联网产品整合对品牌延伸和使用传递影响的重要性。分析这些理论对于理解互联网产品使用传递以及品牌延伸的必要性和适用性，进而提出互联网产品整合对用户使用传递行为的理论模型。第二部分采用实验的方法对互联网产品整合对品牌延伸的影响进行了实证研究，分析感知联系对延伸产品态度的影响，用户使用经验对产品整合和感知联系之间的作用。第三部分通过进一步考察互联网产品整合对品牌延伸的其他路径，验证产品展示在产品整合对延伸产品态度之间的中介作用。并利用网站的点击率数据进一步分析产品整合和使用传递之间的关系。第四部分是论文的结论和展望。

关键词:网络公司　互联网络　企业管理

**5427**

**基于商业生态系统的中小企业成长机制研究** / 宋阳著 ; 陶学禹指导. -- 中国矿业大学, 2009. -- 161 页

论文对基于商业生态系统的中小企业成长机制进行研究。全文共分为九部分。第一部分绪论，介绍选题背景与意义、中小企业的界定、相关研究现状、研究目标、研究方法、研究思路和研究内容。第二部分中小企业成长因素分析，包括基于智能的因素分析、基于战略的因素分析、基于商业生态系统的因素分析以及基于商业生态系统解决问题的特点。第三部分基于商业生态系统的中小企业价值增长。首先讨论中小企业价值的内涵；接着从价值链理论的角度、战

略理论的角度和商业生态系统的角度介绍中小企业价值的形成;三是中小企业价值网络介绍;四是中小企业价值实现的路径和模式介绍。第四部分中小企业成长机制基础模型构建,包括中小企业成长界定、中小企业成长逻辑、中小企业成长动力、中小企业成长研究以及中小企业成长机制模型。第五部分基于共生伙伴选择的中小企业适应机制研究。首先介绍中小企业适应性活动;二是基于共生的适应机制,对共生关系分析,对共生伙伴相互选择的博弈分析;三是自适应机制的介绍;四是中小企业成长过程中的适应性调节探讨。第六部分基于成长机会的中小企业战略变革机制研究。介绍中小企业战略变革活动、基于期权价值的成长机会、战略变革的传导机制、战略变革的实现机制以及战略变革的实现过程。第七部分基于动态博弈的商业生态系统伦理激励机制的研究。首先介绍伦理激励的内容与作用;接着讨论基于博弈论的伦理激励设计;三是伦理激励的实现与控制介绍;最后是对前面内容的总结。第八部分基于商业生态系统的中小企业成长案例分析。对达驰公司的成长现状作分析,并得出启示。第九部分为论文的贡献与展望。

关键词:中小企业　企业成长　生态环境

**5428**

**科技型中小企业成长机制与实证研究** / 苏景军著 ; 胡宝民指导. -- 河北工业大学, 2009. -- 139 页

论文将科技型中小企业成长过程视为高新技术成果商业化过程,通过对河北省科技型中小企业调研,对比分析河北省与其其他区域的科技型中小企业成长制度差异,对河北省科技型中小企业创新基金绩效进行评价。全文共六个部分。第一部分提出研究问题,阐述研究目的和研究内容。第二部分通过对国内外科技型中小企业相关文献期刊分布、文献年份分布、载文内容分布的计量,揭示国内外有关科技型中小企业的研究抓哟集中在四个方面,从科技成果商业化角度反映科技型中小企业成长过程的研究还相对匮乏。第三部分在文献研究及对科技型中小企业实地调研的基础上,从创业主体、技术特性两方面分别构建科技型中小企业成长过程情景图,并对其成长特点进行总结。揭示科技型中小企业成长各环节的困境并提出相应地突破方法。第四部分从宏观层面分析国际和我国现行政策体系,并将河北省同其他省市的科技政策从法律法规、资金支持、税收激励、金融支持和公共服务等方面进行对比研究,从中探寻出河北省科技型中心企业政策体系的优势和不足。第五部分利用层次分析和熵值相结合的综合评价方法以及 DEA 两种方法对河北省科技型中小企业创新基金实施效果进行评价,以表明创新基金对科技型中小企业创新基金实施效果进行评价,并对其不完善方面提出改进建议。第六部分总结全文,并对研究进一步展望。

关键词:中小企业　企业成长　企业管理

**5429**

**混合式蓄能水电站优化调度与风险分析方法及应用研究** / 苏学灵著 ; 纪昌明指导. -- 华北电力大学, 2009. -- 111 页

论文以混合式蓄能水电站为研究对象,从优化调度算法、风险分析方法、中长期优化调度、实时调度、调度风险分析和评价等不同角度深入探讨电站的优化调度管理问题。全文共分为九章。第一章绪论介绍研究背景、研究意义以及国内外在蓄能水电站建设和水电站水库优化调度的研究进展。第二章在基本粒子群算法的基础上对算法进行改进,加入混沌变量生成机制,对改进粒子算法进行设计。第三章针对目前水库调度运行管理实际,提出概率优化风险分析方法,深入刻画出风险与效益的对立关系。第四章建立混合式蓄能水电站中长期优化调度模型,采用调度函数对某混合式蓄能水电站进行实际运作模拟,并对模拟结果与优化调度结果进行了对比。第五章对混合式蓄能水电站调度函数进行研究与评价,包括调度函数决策变量与相关因子的选择和多元逐步回归原理求解调度函数。第六章在构建发电调度风险评价指标体系的基础上,运用不确定性理论和 POMR 方法建立混合蓄能水电站调度风险分析期望值模型,并给出简便实用的求解方法。第七章针对围堰漫堰的主要风险因子,建立基于 POMR 方法的围堰漫堰风险分析模型,并把此模型应用于向家坝水文站一期围堰漫堰风险计算。第八章对混合式蓄能水电站堤坝风险进行评价,建立水利工程后评价模型,针对具体算例进行了分析。第九章是对论文的总结与展望。

关键词:抽水蓄能水电站　水库调度　风险分析

**5430**

**基于资源投入的供应链激励契约研究** / 苏应生著 ; 汪贤裕指导. -- 四川大学, 2009. -- 124 页

论文着重从资源投入的两个典型方式即资金投

入和努力投入出发,探讨对各节点企业激励契约设计。全文共分六章。第一章引言介绍论文选题背景、问题提出,进行相关文献回顾,阐述研究内容、技术路线、目的和意义。第二章根据供应链激励结构的不同,研究基于努力投入的三种激励类型,即供应商作为核心企业对销售商的单期激励、销售商作为核心企业对供应商的单期激励以及双向激励,得到三种不同的激励契约。第三章根据供应链的动态性和节点企业合作的长期性的特点,研究基于努力投入的多期激励契约,并根据激励主体能否在合作之初向被激励对象承诺不会根据 被激励对象前期的行为修改它对被激励对象的信念两种情况,建立多期激励的长期契约和短期契约。第四章针对投资可观察和投资不可观察两种情况,建立销售商对供应商的可观察投资的激励契约和销售商对供应商的不可观察投资的激励契约。第五章总结出供应链的资金流管理与控制主要包含两个方面,根据市场需求随机以及市场需求受交易信用影响两种情况,建立两种交易信用激励契约。第六章总结论文的主要工作与结论,介绍论文创新点,进行研究展望。

关键词:供应链管理　经济合作　资源管理

**5431**

**供应链合作伙伴关系管理及其与供应链绩效关系的研究** / 苏勇著 ; 李全喜指导. -- 吉林大学, 2009. -- 160 页

论文主要探讨供应链合作伙伴关系管理及其与供应链绩效之间的关系。全文共分为六章。第一章绪论,介绍论文研究背景和研究意义、研究目标和研究内容、研究方法和技术路线。第二章,相关研究综述及分析。一是供应链合作伙伴关系理论基础,包括供应链基本理论和供应链合作伙伴关系的概念及分析;二是供应链合作伙伴关系的理论基础,包括交易成本理论、资源依赖理论、资源基础理论、策略行为理论;第三章,供应链合作伙伴关系管理的相关研究,包括对供应链合作伙伴关系管理的阶段划分、战略需求分析、伙伴关系的组建、伙伴关系的运作、伙伴关系的结束。第三章,模型的构建及关系假设。首先对要素内涵界定及维度划分,提出供应链合作伙伴关系必要性,供应链合作伙伴关系匹配,介绍供应链合作伙伴关系持续管理能力,供应链合作伙伴关系终止成本以及环境不确定性等;二是对结构分析及关系假设;三是研究模型和设计总结;最后对探测性展开研究,并得出相关结论。第四章,研究方法设计,内容包括量表设计、问卷设计与前测、抽样设计与数据收集以及对分析方法的设计。第五章,数据分析与解释,包括对研究量表的检验、研究变量的描述性分析、研究假设检验以及背景变量对研究变量的影响。其中背景变量分析主要探讨背景变量对 SCP 必要性的影响、背景变量对 SCP 匹配的影响、背景变量对 SCP 持续管理能力的影响、背景变量对 SCP 对终止成本的影响以及背景变量对 SCP 供应链绩效的影响。第六章为论文的研究结论与展望。

关键词:供应链管理　经济合作　企业绩效

**5432**

**基于遗传算法的 HFS 调度方法及其应用** / 苏志雄著 ; 李铁克指导. -- 北京科技大学, 2009. -- 101 页

论文围绕 HFS 调度问题探讨基于遗传算法的 HFS 调度方法及在钢铁生产中的应用。全文共分为六章。第一章引言介绍论文的选题背景、研究意义、研究内容以及创新点。第二章对相关文献进行综述。首先综述调度问题的分类、特点和研究方法,然后说明 HFS 调度问题,接着介绍 HFS 调度方法,包括精确算法、启发式算法、元启发式算法,最后介绍基于 GA 的 HFS 调度算法。第三章针对以最小化 makespan 为目标的 HFS 调度问题定义了逆序变换,在理论上证明了原问题及其逆序问题的等价性;开发了将活动调度技术与遗传算法相结合的正序调度方法,并在这些成果基础上,提出了一种逆序调度方法。第四章在关于正序和逆序调度方法研究的基础上,提出了一种基于领域知识的遗传算法。第五章将炼钢连铸生产过程抽象为混合流水车间,建立了 0—1 型混合整数线性规划调度模型。在对模型进行 Benders 分解的基础上,提出了将 GA 与 LP 结合的两阶段遗传算法。第六章得出论文结论,仿真实验计算结果表明,如果逆序问题的上涨阶段对瓶颈阶段的影响较小,那么求解逆序问题可以有效地提高算法求解效率且不影响调度质量。基于生产实际数据的仿真实验表明,论文提出的算法能够有效求解炼钢连铸生产调度问题。

关键词:钢铁企业　生产管理　遗传算法

**5433**

**基于最优效率的贷款定价模型研究** / 隋聪著 ; 迟国泰指导. -- 大连理工大学, 2009. -- 109 页

论文通过建立分别基于 DEA、SFA、未来 DEA、未

来SFA最优效率的贷款定价模型进行分析研究。全文共分六章。第一章分析论文的选题依据、相关研究进展、研究方法、研究的技术路线和研究内容。第二章建立基于DEA最优效率的贷款定价模型研究。分别讨论分析了基于DEA二分法的贷款定价模型和基于DEA同解规划的贷款定价模型。第三章在分析基于SFA最优效率的贷款定价原理的基础上,建立贷款定价的投入产出指标体系,建立贷款定价模型,并进行了实证分析。第四章在分析基于未来DEA最优效率的贷款定价原理的基础上,建立贷款定价的投入产出指标体系,建立贷款定价模型,并进行实证分析。第五章在分析基于未来SFA最优效率的贷款定价原理的基础上,建立了贷款定价的投入产出指标体系,建立贷款定价模型,并进行了实证分析。第六章为结论与展望。对论文的主要工作和主要创新点进行了总结,并提出了未来的研究展望。

关键词:贷款管理　定价　数学模型

**5434**

**FDI技术溢出影响机理与溢出渠道研究** / 孙本芝著；吴凤平指导. -- 河海大学, 2009. -- 201页

论文在对国内外技术溢出理论及实证研究成果进行评述的基础上,分析全球及我国FDI的发展现状及新趋势,从东道国和外商投资企业两个视角,系统分析FDI技术溢出的影响因素及作用机制,构建FDI技术溢出渠道的计量模型。全文共分为七章。第一章绪论介绍论文的研究背景、研究目的及研究意义,进行相关概念界定,对国内外文献及研究新动态进行评述,交代了论文的研究内容和研究方法。第二章分析全球FDI发展现状和趋势,进而分析FDI在中国的发展现状和新趋势。第三章系统分析FDI技术溢出的影响机理及制约机制,分别从基于东道国视角的影响因素和基于外商直接投资企业的视角的影响因素进行细分论述,并对跨国公司在华技术保护路径进行分析。第四章从横向、纵向两个角度对FDI技术溢出渠道进行细分论述,分析基于外包生产的FDI技术溢出从OEM到ODM层次的博弈,并构建FDI技术溢出渠道的计量模型。第五章深层次揭示跨国公司在华的反向溢出,并构建动态博弈模型研究内外资企业的决策行为,进一步剖析跨国公司在华获得反向溢出的机理。第六章综合运用设计调查问卷法、动态博弈法、多元回归法、面板数据模型、用Hausman检验确定固定模型等多种计量方法进行实证研究,将行业内技术溢出与行业间技术溢出纳入统一的分析框架内。第七章总结论文的结论。

关键词:外商投资　跨国公司　技术进步

**5435**

**印刷企业核心竞争力培育的管理体系研究** / 孙德忠著；徐建中指导. -- 哈尔滨工程大学, 2009. -- 202页

论文以印刷业发展的国内外借鉴和全球印刷业发展现状为出发点,对印刷企业核心竞争力培育的管理体系进行研究,旨在为中国印刷企业培育和提升核心竞争力提供理论和决策支持。全文共分十部分,包括正文九章和结论部分。第一章绪论,介绍研究的背景、目的及意义,分析国内外研究现状,阐述论文的研究思路、内容框架、研究方法及创新之处。第二章基本理论综述,介绍包括竞争理论、现代管理理论、自组织理论的相关知识。第三章对全球印刷业的发展态势进行了研究,对美国、日本和欧洲各国印刷业的发展现状进行概述,对我国印刷业的特点、问题进行分析,并重点研究我国印刷企业的管理需求,为印刷企业培育核心竞争力提供决策借鉴。第四章构建印刷企业培育核心竞争力的"半人马"构型管理体系。在界定我国印刷企业核心竞争力内涵与特征的基础上,分析我国印刷企业核心竞争力的主要要素——技术、人才与管理,并通过对技术、人才的管理能力解析得到印刷企业核心竞争力的根本来源是管理能力的结论。第五章分析印刷企业核心竞争力培育的管理体系的自组织运行机理。分析印刷企业核心竞争力培育的管理体系的开放性、输入平权化、原理平衡态、非线性作用、涨落、非稳定性等耗散结构特征。第六章分析印刷企业核心竞争力培育的管理体系的自组织发展机理。在分析印刷企业核心竞争力培育的管理体系的反应循环、催化循环的基础上,提出管理体系的超循环发展模式,研究超循环基础上印刷企业核心竞争力培育的管理体系的拟种进化机制。第七章对印刷企业核心竞争力培育的管理体系的内在关系进行了验证。在综述结构方程模型及其优点的基础上,根据核心竞争力指标体系设计原则,从目标管理竞争力、知识管理竞争力、价值链管理竞争力与战略联盟管理竞争力四个维度构建印刷企业核心竞争力培育的管理体系内在关系验证模型的指标体系。第八章从管理视角对我国印刷企业核心竞争力培育的管理体系的绩效进行评价。第九章提出完善我国印刷企

业核心竞争力培育的管理体系的对策建议。从分别提升目标管理能力、知识管理能力、价值链管理能力、战略联盟管理能力的视角提出完善印刷企业核心竞争力培育的管理体系的对策。结论部分,总结全文得出研究结论。

关键词:印刷工业　核心竞争力　经济评价

**5436**

**基于软计算的中外教育经济贡献率比较研究** / 孙涵著；诸克军指导. -- 中国地质大学, 2009. -- 111 页

论文通过选取中国、韩国、美国、英国等共 50 个国家为样本,模拟“教育—潜在人力资本—实际人力资本—经济增长”的生产链,对中外各国的经济增长的得失进行比较研究。全文共分七章。第一章概论,介绍论文选题的目的和意义、教育经济贡献的文献综述、研究思路、研究内容、研究方法以及论文的创新点。第二章分析教育、人力资本和经济增长之间的作用。在分析了教育的内涵及本质、教育的经济功能、教育在人力资本形成和发展中的作用、人力资本与经济增长的关系、教育与经济增长的关系之后,最后得出教育—人力资本—经济增长的“链导”关系。第三章对人力资本进行了测算研究。在分析人力资本理论的历史渊源和现代人力资本理论形成的历史线索进行梳理的基础上,对人力资本的概念、测算方法和应用进行总结和评价,提出人力资本测算方法。第四章提出教育经济贡献率的软计算方法。首先对传统教育经济贡献率的方法进行概述和评价,其次对软计算方法进行概述,最后提出计算教育对经济贡献率的软计算方法。第五章对中外教育发展水平进行比较。在对我国教育发展进行历史与现状考察的基础上,选取了若干具有代表性的国家来与中国进行比较,通过比较研究美国、法国和德国等发达国家在教育与人力资本开发方面的成功经验,对结果进行分析。第六章对中外的教育经济贡献率进行比较分析。首先将目标系统按照科技进步水平软分类,建立生产要素包括人力资本与经济增长的模糊映射,最后计算出教育对经济增长的贡献率并对中外的教育经济贡献率进行比较分析。第七章为结论与建议,包括对论文研究工作的总结以及对提高我国教育经济贡献率提出建议。文章最后提出今后研究方向的展望。

关键词:教育经济　人力资本　经济增长

**5437**

**供应链协同风险管理机制研究** / 孙华著；何建敏指导. -- 东南大学, 2009. -- 108 页

论文分别从供应链成员风险偏好、信息不对称两个方面讨论供应链协同机制问题,建立供应链全面风险度量模型,并分别从内部风险和外部风险两方面给出相关的测度体系。全文共六章。第一章绪论,介绍研究背景和意义、理论基础与现有研究结果综述、现有研究的不足、论文的研究思路以及论文的主要研究内容、方法和创新点。第二章对相关理论研究进行回顾,包括 SCC 机制的研究、SCC 中风险偏好的研究、SCC 中信息处理的研究以及全面风险测度的研究。第三章基于风险偏好的供应链协同机制设计研究,在协同机制中引入成员的风险偏好态度,用 VaR 方法将成员的风险态度进行量化,分析风险偏好对于供应链协同的影响,在实际环境中高效运作的供应链大都需要一个权力较集中的主导企业。第四章在信息不对称情况下供应链协同机制的研究中,分析传统模型博弈结果与现实情况不一致的三个缺陷。建立非对称信息下供应链博弈模型,在现有研究基础上放松不对称信息离散的假设约束,讨论基于双向回购契约和需求均匀分布的供应链博弈模型。第五章对供应链全面风险度量模型的设计,根据供应链风险的两大特点,即风险的多元化和风险的传染性,论文分别从外部风险和内部风险两个角度进行建模。第六章论文的总结与展望,对所做的研究工作进行归纳总结,提出今后需要进一步深入研究的问题和方向。

关键词:供应链管理　经济合作　风险管理

**5438**

**区域高新技术产业生长模型及实证研究** / 孙丽文著；胡宝民指导. -- 河北工业大学, 2009. -- 166 页

论文以产业生长过程为观察路线,考察区域系统环境、生长要素及环境要素间相互作用的行为方式发现产业生长各要素间能否相互融合受区域社会资本影响,是导致区域差异出现的重要原因。全文共七章。第一章绪论,介绍研究的宏观背景、现实问题、视角以及意义,阐述研究思路及主要内容,介绍研究方法及创新点。第二章理论基础及研究现状综述。介绍相关基础理论,包括产业演进理论与高新技术产业成长、区域集聚理论与高新技术产业成长、技术创新理论与高新技术产业成长,并对国内外研究现状进行综述及评述。第三章高新技术产业生态系统构成。

按照生物成长原理构建高新技术产业生态系统模型。模拟生物成长过程对高新技术产业的生存环境、需要具备的要素条件进行系统分析,揭示系统内各主体及与环境要素间相互作用的行为模式及企业在特定区域集聚的原因。第四章高新技术产业生长系统环境与社会资本作用。将"社会资本"作为一种隐性资源引入产业生长系统,从信任机制、要素获取机制、创新扩散机制三方面构造出社会资本作用机理模型,通过案例验证社会资本与产业成长能力、发展速度及产业竞争力之间的正向关联关系。第五章高新技术产业集群组织形态与技术扩散效应。通过构建企业间物种竞争模型和动态博弈模型,揭示产业生长系统内企业间关联方式不同所导致的分工方式差异、技术能力差距、技术溢出途径不同对技术扩散的影响,以及对企业创新行为及产业成长速度的影响,进而提出培育合理的产业组织架构可作为突破产业成长困境的一条路径。第六章高新技术产业成长中政府作用评价。利用系统动力学 Vensim 模型评价高新技术产业税收优惠政策的总体效应,以此证明政府制度设计在高新技术产业成长中的作用,分析现行政策的缺失并提出相应的对策建议。第七章总结与展望,总结论文的主要研究结论,并对进一步研究做出展望。

关键词:高技术产业　技术扩散　产业集群

**5439**

**工作作业时间可变的流水作业排序问题研究** / 孙林辉著 ; 汪应洛指导. -- 西安交通大学, 2009. -- 83 页

论文研究工件加工时间具有恶化效应的排序问题。论文共有七章。第一章对国内外的排序问题的概况进行文献综述,并提出论文的研究内容。第二章研究准备时间依赖资源的单机恶化型排序问题,包括极小化资源总量问题和极小化最大完工时间问题。第三章分析恶化率相同的线性可控单机排序问题,深入最大完工时间、总完工时间、完工时间绝对差和等待时间绝对差与压缩费用的问题。第四章也通过最大完工时间、总完工时间、完工时间绝对差和等待时间绝对差来研究恶化率相同的非线性可控单机排序问题。第五章研究具有恶化效应的一般流水作业排序问题,包括最大完工时间和总完工时间。第六章在前面的基础上分析具有恶化效应的机器无空闲流水作业排序问题以及正常加工时间相同的机器无空闲流水作业排序问题。第七章节是论文的结论和展望。

关键词:企业管理　生产管理　流水生产

**5440**

**基于能力的经理选择与激励研究** / 孙平著 ; 胡培指导. -- 西南交通大学, 2009. -- 154 页

论文在借鉴前人的研究成果的基础上,以经理能力异质性为切入点和视角对经理选择和经理激励问题展开创新性和探索性研究,通过弥补现有研究的缺失,为经理选择与激励的实践提供新的理论上的支持和解释。论文分为六个部分。第一部分提出研究的背景与意义和研究方法与框架,并提出研究的创新之处。第二部分为文献综述,简述管理学激励理论和经济学激励理论。第三部分分析企业人力资源与人力资本的异质性,建立经理人力资本的投入与产出模型。第四部分深入研究经理能力的识别与选择。首先研究经理能力的信号传递模型,并对传递的有效性进行分析;然后通过对两种经理选择模式的比较研究经理能力的信息甄别与选择以及经理能力信息的系统识别。第五部分主要研究单一显性激励下、组合显性激励下和隐性激励下的经理行为选择,并对不同激励下经理的行为选择进行比较分析。第六部分分析基于多维博弈特征的经理激励策略,研究基于科层结构的经理激励及其差别,对经理信息优势下的集权签约和分权签约的激励决策进行优化。

关键词:企业管理　人力资源管理　领导能力

**5441**

**我国消费者网上信息搜寻行为研究** / 孙曙迎著 ; 马庆国指导. -- 浙江大学, 2009. -- 168 页

论文针对中国电子商务特点,构建消费者网上信息搜索行为的整合模型,主要探讨消费者网上信息搜索的直接影响因素及其对消费者行为的影响机制。论文共七章。第一章是绪论,包括研究背景和起因、研究的现状和意义。第二章是文献综述,包括消费者信息搜寻行为的理论基础、消费者信息搜寻行为的概念和测量、消费者的网上信息搜寻。第三章是研究模型与假设的提出,包括影响消费者的网上信息搜寻主要因素的导出、理论构建的定义、研究假设和研究模型。第四章是研究设计与数据收集,包括变量分类和初始测量问项、小规模访谈、前测及最终问卷的形成、问卷大规模发放与数据收集。第五章是样本描述与数据质量评估,包括结构方程测量与数据质量评估、样本描述及数据质量评估、样本的信度与效度评估。

第六章是假设检验与结果分析,包括结构方程结构模型概述、网络信搜寻行为基本模型架构、消费者网络信搜寻行为整合模型架构。第七章是论文的研究共献与研究展望。

关键词:电子商务　消费者行为论　信息检索

**5442**

**民营企业在不同发展阶段下的投融资决策研究**／孙文龙著；葛文雷指导. -- 东华大学, 2009. -- 143 页

论文以我国民营企业为研究对象,根据我国民营企业的实际情况,从企业特点出发分别研究了民营企业在创立初期、IPO上市过程以及上市后作为控股股东这三个不同的发展阶段下的投资和融资行为规律。论文主要分为六个部分。第一部分介绍论文的研究背景、意义、方法和目的,并介绍论文的创新点。第二部分为文献综述,对行为经融学理论进行回顾并探讨行为经融学的研究前沿,介绍实物期权理论及定价方法的进展和资本结构理论的发展脉络及研究热点。第三部分研究民营企业初创期的投资融资决策,基于时间偏好不一致情况下标准的投融资模型分析了初创期民营企业单期和多期情况下的投融资决策,并对其对投融资的影响进行了讨论。第四部分主要探讨民营企业IPO时机选择问题,从不存在和存在代理问题两方面进行了研究。第五部分通过分析民营企业上市公司代理成本及其对投融资决策的影响、上市后公司的投融资决策模型研究民营企业上市后的投融资模型。第六部分是论文的研究总结及展望。

关键词:民营企业　投资决策　融资决策

**5443**

**高新技术企业动态战略绩效评价研究**／孙晓宇著；赵达薇指导. -- 哈尔滨理工大学, 2009. -- 140 页

论文在消化吸收国内外有关高新技术企业绩效评价研究成果的基础上,利用经济学和管理学的相关理论和方法,对高新技术企业绩效评价进行系统研究。论文在综合与深入研究基础上提出高新技术企业动态战略绩效评价体系模型,弥补传统绩效评价体系的不足,构建基于平衡计分卡的高新技术企业动态战略绩效评价指标体系,创造性地将决策实验室法、平衡计分卡和系统动力学相结合,充分发挥其在复杂因果关系分析上的优势。论文共分为六章。第一章是相关的研究背景、国内外的研究现状和论文的研究内容与方法。第二章是高新技术企业绩效评价的理论基础,总结相关的概念,并详细描述论文中利用的原理知识。第三章分析高新技术企业动态战略绩效评价,深入分析它的构成要素,特征分析,并提出高新技术企业动态战略绩效评价体系的构建方法和实现途径。第四章研究动态传略绩效评价指标和设计,深入研究设计依据、设计方法,严格的设计高新技术企业动态传略绩效评价流程。第五章是对整个动态战略评价体系的实例考证,通过对H1企业的实际验证,确认该研究的正确性,后面的仿真和模拟说明该设计。第六章节是论文的相关结论和展望。

关键词:高技术企业　企业战略　企业绩效

**5444**

**基于非线性复杂系统观的ANP决策分析方法研究**／孙永河著；李春好指导. -- 吉林大学, 2009. -- 157 页

论文研究基于非线性复杂系统观的ANP决策分析方法。全文共分为十章。第一章绪论,介绍论文选题背景与问题提出,相关研究综述与最新进展分析,研究意义,研究内容与结构安排。第二章论文研究的理论基础与基本启示,主要包括决策理论、复杂系统理论、Beyes决策与期望效用理论和DEA理论。第三章提出ANP决策方法的非线性系统的特征,并对决策结构类型进行划分。第四章非线性AHP决策方法,首先提出问题,对变权决策方法的缺陷进行分析,提出非线性AHP系统新分析结构,探讨方案优选排序的非线性AHP实现方法,并探讨方法的变权机理与其优点,并结合数值例子对上述研究进行讨论和总结。第五章非线性AHP内部独立循环系统的方案排序方法,探讨ANP内部独立循环系统超矩阵的改进方法,讨论内容包括传统ANP超矩阵的构造方法及其存在的问题,CSII系统超矩阵构造的改进方法和算例分析;针对CSII型系统的非线性ANP方案排序提出新方法。第六章非线性ANP内部循环依存递阶系统的方案排序方法,包括ANP对HSICD系统的分析方法,ANP的方法缺陷分析,HSICD系统的新分析结构,专家判断信息的提取平台,新分析结构的稳定性,新分析结构下方案评价的价值体系以及方案排序方法和理论与数值的对比分析几部分内容。第七章非线性ANP内部多元依存递阶系统的方案排序方法,提出非线性ANP内部多元依存递阶系统的分析结构和专家判断信息的提取平台;分析新分析结构的稳定性,并对稳态概率求解;探讨方案排序方法,并做算例对比分析,得出该部分的讨论结果。第八章收益、机

会、成本、风险综合集成的非线性ANP决策分析,探讨现有ANP/BOCR复合权重集成表达式及其特征,现有BOCR评价值综合集成方法的缺陷;探讨单网络评价值综合集成方法,并进行数值对比分析。第九章理论方法的实证应用研究,分别通过实证研究探讨非线性AHP方法在企业战略投资项目风险评价中的应用以及非线性ANP排序新方法在企业知识管理能力综合评价中的应用。第十章为论文结论与展望。

关键词:复杂系统　决策方法　层次分析法

**5445**

**基于抑价和溢价的IPO初始收益与长期走势问题研究**／孙自愿著 ; 王化成指导. -- 中国矿业大学, 2009. -- 287页

论文为对基于抑价和溢价的IPO初始收益与长期走势问题的研究。全文共分为八章。第一章绪论,介绍论文问题提出背景、研究背景、研究方法、论文结构安排。第二章国内外研究述评,首先介绍IPO初始收益率的分解和IPO发行各方关系人,发行制度的变迁,投资行为、理性和非理性的界定几个相关概念;对IPO初始及长期收益现象作出国际比较;综述国外IPO初始收益理论研究现状和国外IPO长期弱势现象研究;介绍中国A股市场IPO价格行为问题的研究现状,最后对国内外相关研究总结评价。第三章一级市场抑价行为的理论分析——发行制度视角。首先对世界主要IPO定价发售制度解析;探讨中国IPO发行配售制度的变迁和中国IPO发行监管制度安排的变革;提出中国IPO发行定价机制的变迁,对中国A股市场IPO发行制度的缺陷展开分析。第四章中国A股一级市场IPO抑价行为的实证研究。首先对样本选择和数据来源概述,对平均初始收益率和调整后的IPO一级市场抑价率两个指标定义;对A股市场IPO发行总体情况做统计性描述并对中国A股IPO初始收益率做描述性统计;重新解读发行市盈率与上市日首日市盈率对抑价率,并提出研究的假说,从而得出实证研究的结果。第五章噪声交易、投资者情绪、异质信念与IPO溢价的形成机理。提出行为金融的理论基础——基于投资者偏好与信念的研究;介绍噪声交易与IPO溢价的相关概念、理论、表现及特征等;对投资者情绪对IPO溢价进行分解,最后探讨卖空限制、异质信念和IPO溢价几个问题。第六章中国A股市场IPO溢价行为的实证研究,包括数据和变量的来源和筛选,投资者情绪指标的测度,异质信念与IPO溢价行为以及对投资者情绪、异质信念与IPO抑价及溢价的实证检验。第七章中国A股市场IPO长期表现弱势的实证研究,提出IPO长期弱势仍是IPO研究的范畴,对中国IPO长期弱势表现做实证分析,对中国IPO长期表现弱势进行解释。第八章为论文结论和展望。

关键词:股票发行　股票价格　收益

**5446**

**我国战略科学家领导力研究**／谭红军著 ; 郭传杰, 霍国庆指导. -- 中国科学院研究生院, 2009. -- 368页

论文通过战略科学家的概念、衡量标准、能力体系、传记分析及经典领导理论等方面的研究,围绕科技行业战略科学家的领导力进行分析研究。全文共分八章。第一章绪论,介绍研究背景与研究意义、研究内容、研究方法与技术路径。第二章对战略科学家领导力的研究进行综述,包括战略科学家概念、衡量标准、领导力与战略领导力、科学家能力体系的研究。第三章基于传记对战略科学家领导力进行了挖掘,包括牛顿、爱迪生、居里夫人、卢瑟福、爱因斯坦、奥本海默、钱学森、钱三强、袁隆平九位战略科学家领导力的研究及其领导力要素分析。第四章基于"领导者—追随者—情景"框架对战略科学家领导力进行研究,分别对基于战略科学家个体、追随者、情景特点的领导力要素进行分析。第五章对战略科学家领导力进行实证研究与分析。通过问卷调查、对样本进行选择分析、对调查结果进行数据分析,得出调查结果。第六章对战略科学家领导力的假设验证结果进行了分析,包括"科学信念""科学兴趣""哲学思维能力""战略预见能力"等十项要素进行验证分析。第七章对战略科学家领导力进行了模型研究。通过构建领导力要素整合与模型构建,对科技魅力、科技洞察力、科技原创力、科技影响力、科技激励力进行知识体系和能力结构的阐述。第八章为结论与建议,包括论文的主要结论、创新点、论文的不足与展望、以及提出创造有利于培育我国战略科学家的环境的建议。

关键词:科学家　领导能力　发展战略

**5447**

**我国电信业改革及其改革绩效研究**／谭杨著 ; 李仕明, 曾勇指导. -- 电子科技大学, 2009. -- 137页

论文是以我国电信业的改革及其绩效为对象展

开的研究。全文共七章。第一章绪论，介绍研究背景、研究的基本内容与基本框架、论文的主要创新点。第二章阐述了研究文献综述，包括电信业的特征、电信规制、电信改革以及借鉴与启示。第三章讨论电信业的特征与变革，分析电信业的基本特征及其演变，美国电信发展的垄断管制期、开放改革期以及国际上主要国家电信业的变革，全球电信业变革的成效及其带来的启示和借鉴。第四章对我国的电信业的变革进行分析，包括我国电信业的变革及变革成效、我国电信业变革的负效应。第五章分析我国电信变革的成效检验，包括我国电信业改革绩效描述统计分析、改革绩效的假设检验以及我国电信行业改革及其绩效的基本认识。第六章进行我国电信发展的案例分析，包括技术与市场双合构建的竞争优势、CDMA 与小灵通的发展分析与比较、小灵通发展的后效应分析。第七章为结论与期望。对整篇论文所做的工作、解决的问题、得出的结论进行了归纳总结。

关键词：电信业　体制改革　企业绩效

**5448**

**政府投资项目代建制问题研究** / 谭智斌著 ； 李廉水指导. -- 东南大学, 2009. -- 155 页

论文以政府投资项目的代建制相关问题为具体研究对象，提出一些建设性意见。全文共八个部分。第一部分阐述问题提出的背景，研究对象、目的和意义，综述了研究内容和方法。第二部分在调研国内外相关文献的基础上，综述代建制基础理论和国内外研究动态，辨析投资项目与投资项目管理、代建制与委托制相关概念。第三部分基于代建制的内涵与典型模式分析，结合新中国成立以来政府投资项目管理模式演变的回顾，以及近年来各地实施代建制项目实践，总结可以借鉴的模式特色，并重点从市场机制和监督机制两个方面提出我国代建制机制建设的构想的实施重点。第四部分从招标基础理论出发，通过对代建制项目中逆向选择与串谋问题的分析，提出政府投资项目招投标工作的有效控制思路与方法设计并构建了政府投资项目代建制单位选择模型。第五部分从激励机制设计理论介绍出发，基本清楚地构建一套政府投资项目待见激励机制的概念体系，包括设计原理、方法、框架、模型等。第六部分研究政府对政府投资代建效果的度量和评价问题，包括对政府投资项目待见效果评价的特征和原理，政府投资代建效果度量与评级体系建立的必要性论述等，并重点构建一套有关政府投资代建效果综合评价指标体系。第七部分具体以南京宁越高速公路项目工程为研究对象，对政府投资项目代建制问题进行了实证分析与案例研究。第八部分提出研究结论，并对进一步研究展望前景。

关键词：国家行政机关　固定资产　项目管理

**5449**

**基于网络的高技术集群企业技术能力成长与演进研究** / 汤长安著 ； 曹兴指导. -- 中南大学, 2009. -- 176 页

论文通过产业集群理论、知识管理理论、技术能力理论、学习理论、社会网络理论等相关领域的研究成果，以高技术集群企业为研究对象，从网络视角，对高技术集群企业技术能力成长过程及演化机理展开系统研究。全文共分为六章。第一章导论，介绍论文选题背景与意义、国内外研究现状、相关概念界定、研究思路与方法、论文结构与主要内容以及沦为主要创新点。第二章高技术集群企业技术能力成长的理论基础。一是网络理论，包括企业网络理论、社会网络理论、集群网络理论以及社会网络理论分析方法；二是学习理论，包括组织学习理论、技术学习理论和集群技术学习理论；三是技术能力理论，包括技术能力层次理论和技术能力成长理论；四是集群生命周期理论。第三章分析高技术集群企业技术能力的内涵和一般特征，探讨网络视角下高技术集群企业技术能力的形成，包括高技术集群技术扩散网络的内涵和特征，分析基于网络的高技术集群技术的学习过程以及基于技术学习的高技术集群企业技术能力形成；对基于知识的集群企业技术能力成长分析，包括集群企业技术能力成长的基础、源泉以及持续成长的动力；对高技术集群网络与企业技术能力成长关联性分析。第四章高技术集群企业技术能力演化的机理分析。对高技术集群技术扩散网络分析并对其维度划分，探讨高技术集群企业技术学习的内涵及其过程维度，分析技术学习与高技术集群企业技术能力的关系，探讨技术扩散网络不同阶段集群企业技术能力的演化。第五章实证研究。提出研究模型、研究假设、数据方法，对样本进行效度和信度检验，并对结构方程模型分析，对实证研究的结论展开探讨。第六章高技术集群企业技术能力成长的实现途径。结合高技术集群企业技术能力成长的国际经验，分析我国高技术集群企业技术能力，探讨其成长路径和成长对策。第七章

为结论与展望。

关键词:高技术企业　产业经济　技术发展

5450

**指数基金的绩效评价理论与实证研究** / 汤果著 ; 陈方正指导. -- 同济大学, 2009. -- 136 页

论文以“指数基金的绩效评价”为研究对象,采用理论与实证相结合的分析方法,从指数基金业绩评价、跟踪误差评价、风险评价以及基金经理专项能力评价四方面构建一套指数基金绩效评价的方法。全文共分七章。第一章绪论,介绍课题的提出与研究意义、国内外的研究现状、论文结构与主要研究内容、研究方法与研究创新。第二章对指数化投资与指数基金理论进行了阐述,包括国内外证券价格指数概况、指数化投资的阐述、指数基金的阐述。第三章研究分析指数基金传统绩效评价方法,包括指数基金绩效评价的意义、传统评价方法下指数基金传统绩效评价指标分析、传统评价方法的局限性分析。第四章分析指数基金新型绩效评价方法的构建,包括构建指数基金绩效评价新方法的必要性分析、指数基金绩效评价新方法的主要内容分析、指数基金计绩效评价新方法的构建分析、指数基金绩效评价新方法的特点与作用讨论。第五章对国际市场指数基金的绩效进行了实证研究,包括国际指数基金发展的概括分析、传统评价方法下和新评价方法下国际指数基金绩效的实证分析以及绩效评价结果比较。第六章为国内市场指数基金的绩效实证研究,包括我国指数基金发展情况的概述、传统评价方法下和新评价方法下国内指数基金绩效的实证研究以及结果的对比。第七章为改进与展望。对论文的研究工作进行总结,并对今后的工作方向作出展望。

关键词:金融市场　投资基金　证券投资

5451

**中国城乡商品市场协调发展实证研究** / 唐红涛著 ; 柳思维指导. -- 中南大学, 2009. -- 162 页

论文从城乡商品市场运营机理、贸易壁垒和协调发展程度分析中国城乡商品市场。全文共分为八章。第一章导论,介绍选题背景及意义,研究思路与方法,论文结构及主要内容,以及研究的创新之处。第二章研究城乡商品市场相关理论及研究现状。从马克思主义城乡经济理论、发展经济学城乡理论、制度经济学城乡理论到空间经济学城乡理论,指出了城乡经济的发展过程;并对国内外城乡商品市场研究现状进行系统总结和简要评述。第三章对中国城乡商品市场的发展进行了概述,包括中国城乡二元经济结构的演变历程、中国城乡商品市场发展的回顾与失衡表现分析,以及对湖南省农村商品市场的发展现状进行的概括描述。第四章对中国城乡商品市场运行机理进行分析研究。验证“商品的独立发展与社会生产成反比例”与“分工决定市场,市场决定分工”的两个假说,指出商品市场的发展与区域经济呈现出非线性的关系、商品市场交易效率与城市化长期呈现出互为因果的关系。第五章对中国城乡商品市场贸易壁垒进行实证研究。通过计算相对价格法计算 1985—2007 年中国城乡商品市场贸易壁垒,并通过计量分析发现,城乡消费差异、交通设施、城乡收入、财政对流通事业的投入等因素对城乡商品市场分割程度有着不同程度的影响。第六章对中国城乡商品市场协调发展进行实证研究。通过采用因子分析法,运用软件实证研究了城乡商品市场协调发展程度,并从时间层面和空间层面分析了其影响因素。第七章通过缩小城乡商品发展基础差距、城乡要素市场协调发展、城乡商品市场协调发展三个层面系统提出了相关对策。第八章为结论与展望,包括提出论文研究的主要结论以及今后研究的工作方向。

关键词:城乡贸易　商品市场　贸易壁垒

5452

**物流联盟协同机制研究** / 唐建民著 ; 王国顺指导. -- 中南大学, 2009. -- 160 页

论文运用协同理论、战略联盟理论、物流管理理论、组织行为理论等,以逻辑推理与实证分析相结合的方法对物流联盟协同机制展开研究。全文共分为九章。第一章导论,介绍问题提出背景、国内外研究现状、物流联盟的相关概念界定、论文研究对象、研究思路和研究方法等。第二章基于协同学的物流联盟协同分析。对物流联盟协同概述,包括引入协同论的理由、协同学理论主要观点和物流联盟的协同特征;分析物流联盟的序参量,对其特点分析并分类,得出物流联盟序参量的特性;介绍物流联盟的自组织,包括其概念、特征和性质;分析物流联盟协同的必要条件、充分条件和稳定条件;探讨物流联盟协同机制模型,分析其模型的必要性,构建思路。第三章物流联盟协同形成机制。对物流联盟形成动因分析,探讨化敌为友追求规模效应的具体内容,提出应综合利用资源创造新商机,学习内化提高竞争力,最后对宝供缔

结联盟的动因作出分析。第四章物流联盟协同实现机制。首先对物流联盟需求的动机、不同阶段合作需求和市场行业条件做分析评估;提出物流联盟合作护板的选择原则;系统分析物流联盟治理结构,包括化敌为友型、综合利用型、学习内化型;对物流联盟控制的框架、内涵阐释并评价,在此基础上,提出物流联盟的适时调整原则。第五章物流联盟协同约束机制(I):成员差异分析。包括联盟成员的战略差异、文化差异、技能差异、信息差异和收益时间差异。第六章物流联盟协同约束机制(II):组织边界分析。阐释物流联盟边界的概念,对穿越组织内部垂直边界、水平边界、外部边界和地理边界内容做评析。第七章物流联盟协同绩效评价。探讨物流联盟协同绩效评价方法,提出物流联盟协同绩评价准则层指标体系和物流联盟协同绩效评价运作子系统指标体系的构建流程。第八章物流联盟协同机制实证分析,包括对研究方案设计、协同形成机制、协同实现机制、协同绩效的实证分析,对协同约束机制与协同效应关系展开讨论。第九章为结论与展望。

关键词:物资企业　企业管理　经济合作

**5453**

**我国普通高校本科生综合素质多重视角评价研究**／唐仁春著 ; 陈晓红指导. -- 中南大学, 2009. -- 207 页

论文的研究对象为我国普通高校本科生综合素质多重视角评价,从五个本科生综合素质存在的问题中,相关性比较强的方面提出提高普通高校本科生综合素质的具体策略性建议。全文共分为七章。第一章绪论,介绍论文的选题背景和意义、文献综述、研究内容与基本框架以及文本的特色与创新。第二章普通高校本科生综合素质评价的基本理论和方法。介绍高校本科生综合素质及其评价的概念;分析高校本科生综合素质评价的理论基础,包括质量和质量评价理论、系统理论、行为理论和信息理论;介绍高校本科生综合素质的形成与表现;分析高校本科生综合素质评价方法的设计基础;对目前高校本科生综合素质常用综合评价方法简介,对高校本科生综合组织评价方法进行比较,并阐释高校本科生综合素质评价方法的选择情况。第三章高校本科生综合素质评价理论模型,介绍本科生综合素质的单指标评价方法,本科生综合素质评价的要素确定及其评价以及本科生综合素质评价方法内容。第四章高校本科生综合素质的实证研究,对原始数据来源说明并预处理;对本科生综合素质单指标展开评价,对本科生综合素质各要素进行评价;再基于实证的本科生总体综合素质的综合评价做出分析,基于实证的不同类别本科生综合素质影响因素分析。第五章高校本科生综合素质评价的应用案例研究,包括案例基本情况说明,不同类别高校本科生综合素质评价结果对比研究,不同类别高校本科生综合素质评价影响因素对比研究。第六章提高高校本科生综合素质的对策建议,提出应加强人文素质教育,提升本科生人文修养;改进教育教学方法,提升本科生学习能力;从教育科研实践入手,提升本科生学习能力;创新教育教学模式,拓展本科生综合素质;创新校园文化建设,促进综合素质教育。第七章为论文的结论与展望。

关键词:高等学校　本科生　素质教育

**5454**

**大规模突发事件应急物资调度基本模型研究**／唐伟勤著 ; 陈荣秋指导. -- 华中科技大学, 2009. -- 110 页

论文对应急物资的全过程调度进行定性研究,并对应急物资初期、中期、末期三个阶段进行具体的定量研究。论文共七部分。第一部分绪论,介绍研究背景、意义、目标和内容,描述论文创新点,阐述研究的思路与方法。第二部分文献综述,包括突发事件的研究概述、应急物资管理研究现状、应急物资调度的研究概述。第三部分根据大规模突发事件应急物资调度特征,设计大规模突发事件的全过程模型,并对该模型进行阐述,指出使应急物资调度过程正常运行的运行保障。第四部分介绍大规模突发事件应急物资产量分配模型。第五部分研究在确定条件及不确定条件下,大规模突发事件多出救点多需求点的应急物资调度模型。第六部分介绍对大规模突发事件快速消费品应急调度的研究,具体分为单种与多种快速消费类应急物资调度。第七部分总结论文内容,展望下一步研究。

关键词:紧急事件　物资管理　应急对策

**5455**

**集团公司跨文化管理研究**／唐旭天著 ; 沈玉志指导. -- 辽宁工程技术大学, 2009. -- 156 页

论文对集团公司跨文化管理进行研究,提出集团公司跨文化管理就是母公司对来自不同文化背景的个体文化进行文化移植。全文共分为九章。第一章导论进行国内外跨文化管理研究综述,介绍国外跨文

化企业管理的分析模式、论文研究内容、目的、意义、和方法。第二章进行跨文化管理相关概念界定，对文化、文化的特征、分类、系统、跨文化等基本概念进行了详细介绍。第三章梳理集团公司跨文化管理相关问题，包括跨文化对集团公司管理的影响、集团公司在兼并重组中的跨文化整合、集团公司实施"走出去"战略的文化支撑。第四章分析文化差异带来的文化风险、文化差异导致的文化冲突、文化差异造成的跨文化问题、文化差异造成的不良后果等，提出分清文化类型是克服文化差异的前提，将文化类型分为自主型文化、主导型文化和整合型文化。第五章进行跨文化管理模式研究，提出跨文化管理的五条原则、跨文化企业融合同化的五个阶段 、跨文化企业组织结构的五个特征，创新性地提出"5I"管理模式。第六章基于母子公司基本关系和管理关系，进行集团公司跨文化管理的战略选择。第七章首先给出企业跨文化管理的评价要素，然后构建起集团公司跨文化管理效用评价模型，来选择最佳的跨文化企业。第八章以神华集团公司为例进行集团公司跨文化管理实证分析，首次提出适合神华集团国际化战略实施中跨文化管理的模式，进而提出以诚信文化、执行文化、创新文化为核心的共同文化建设新思路。第九章是论文的结论与展望。

关键词：跨国经营　跨文化管理　企业战略

**5456**

**基于公平偏好评估的研究型大学教师激励契约设计** / 唐忠阳著 ; 黄健柏指导. -- 中南大学, 2009. -- 135 页

论文采用规范分析、问卷调查、问卷实验及模型化方法相结合的方式，基于研究型大学教师的需求偏好，特别是研究型大学教师的公平偏好特征，针对研究型大学教师激励契约效率和优化展开研究。全文共分为七章。第一章绪论，介绍论文研究背景及意义，研究思路和技术路线，研究主要内容及研究方法。第二章文献综述，包括管理学关于公平理论的研究，公平偏好模型的发展，公平感及公平偏好特征的研究，公平偏好对激励契约结构与效率影响的研究。第三章研究型大学教师需求特征及激励困境分析，对研究型大学及教师内涵做界定；探讨研究型大学教师劳动及人力资本的特征，包括劳动的特征、非物质特征、人力资本异质性特征和任务特征；对研究型大学教师需求与心理偏差做定性分析，包括需求与动机分析、需求认识偏差分；对公平心理需求对研究型大学教师激励做反思，包括研究型大学的治理及激励契约、研究型大学的委托代理关系的激励困境和公平偏好视角下教师激励契约的效率分析三个方面。第四章研究型大学教师公平偏好心理解释的问卷调查设计及分析，提出研究目的及总体构思，确定研究分析工具，对研究型大学教师公平偏好调查问卷编制并施测，对研究型大学教师公平偏好的现状展开分析。第五章研究型大学教师公平偏好敏感性的实验评估，提出研究目的及研究工具，对公平偏好参照依赖定性分析，开展研究型大学公平偏好参照依赖实验，提出结合实验结果发展公平偏好效用的函数表达式。第六章基于公平偏好特征的研究型大学教师激励契约优化，包括基于公平偏好的委托代理关系重构，融入公平偏好的研究型大学教师具体激励契约优化，在公平偏好下研究型大学激励契约优化案例分析的基础上，提出公平偏好下研究型大学激励契约优化的对策建议。第七章为结论与展望。

关键词：高等学校　高校管理　教师

**5457**

**高速公路特许经营问题研究** / 陶毅著 ; 胡振鹏指导. -- 南昌大学, 2009. -- 162 页

论文对高速公路特许经营的问题进行研究分析。全文共分为七个部分。第一部分为导言，介绍研究背景及意义、国内外相关研究方法、主要研究思路与结构安排以及论文的创新点。第二部分对高速公路的经济属性与特许经营制度的引入进行分析，包括高速公路的经济属性、特许经营模式理论分析以及我国高速公路行业推行特许经营的必要性和可行性分析。第三部分对高速公路特许经营的模式特点及问题进行了研究分析。在介绍我国高速公路特许经营的发展历程后，对我国不同地区高速公路特许经营的实际应用以及主要模式、特点进行分析，并针对我国高速公路特许经营发展中存在的问题提出了政策建议。第四部分对高速公路特许经营权的授权问题进行分析，包括高速公路特许经营权的招标、不完全合约理论的理论概述以及高速公路特许经营合约的不完备性分析，并给出了解决对策。第五部分以委托一代理理论为工具，研究高速公路特许经营企业的监管问题，分析当特许经营企业存在道德风险、交通主管部门作为公共利益代表的时候，双方的策略相关性。第六部分为案例分析，在回顾湖南省郴州市公路特许经营项目的受许人的案例，论文从政府规制的不均衡、

特许经营的风险性以及不完全合同三个方面进行分析。第七部分为结论与展望,对论文的研究工作做了总结和进一步的展望。

关键词:高速公路　特许经营　监督管理

5458

**BtoC电子商务中基于互动—信任的购买决策模型研究**／田博著；覃正指导. -- 西安交通大学, 2009. -- 152页

论文分析BtoC电子商务在线信任的产生机理,研究BtoC电子商务中基于互动—信任的购买决策的理论模型。论文分为七个章节。第一章绪论,介绍研究背景、国内外BtoC电子商务中在线信任研究状况、研究概念的界定与研究内容、研究目的、研究方法与技术路线、结构安排、论文的创新点。第二章文献综述,分别对信任概念、BtoC电子商务中的信任、BtoC电子商务中在线信任影响因素及在线信任的建立过程以及消费者购买行为模式进行述评。第三章通过对BtoC电子商务中的互动以及感知风险的分析,建立BtoC电子商务中基于互动—信任的购买决策概念模型,分析不确定性因素的基础上提出假设。第四章实证研究,对实证研究方法概述,介绍研究变量的操作化定义及其测量问项,说明问卷收集方法与调查研究对象选择及数据统计分析方法通过态度8网站收集992份有效问卷。第五章对样本描述性统计,分析问卷的效度与信度,对概念模型的假设进行验证。第六章对研究结果进行分析讨论,得出结论与启示。第七章总结全文内容,分析研究的局限性,并对未来研究进行了进一步的展望。

关键词:电子商务　网上购物　购买行为

5459

**中外合资企业跨文化冲突与绩效关系研究:基于中国境内合资企业的实证**／田晖著；陈晓红指导. -- 中南大学, 2009. -- 215页

论文围绕国家文化冲突、企业文化冲突与合资企业绩效之间的关系以及关系资本对它们之间关系的作用展开理论和实证研究。论文分为八个章节。第一章导论介绍论文选题背景与研究意义、有关概念的界定与分析、研究思路与方法、论文主要内容及结构安排以及论文的创新点。第二章文献综述介绍国际合资企业理论研究现状、跨文化冲突管理理论研究现状、合资企业绩效研究现状、跨文化冲突与合资企业绩效关系研究现状,回顾国内外相关研究成果。第三章系统的阐述中外合资企业跨文化冲突的内涵以及形成机理。第四章分析中外合资企业跨文化冲突与绩效关系理论,包括中外合资企业跨文化冲突的双重影响、水平与绩效关系、绩效的作用机理以及中外合资企业关系资本对跨文化冲突与绩效关系协调作用。第五章对43家中外合资企业中有经验的企业管理人员进行问卷调查,先后利用结构方程模型和二次回归模型对假设进行检验。第六章通过实证模型分析国家文化冲突、企业文化冲突与中外合资企业绩效关系,以及关系资本对跨文化冲突与绩效之间关系的调节作用。第七章对实证结果展开深入的讨论,并提出政策建议,为企业发展提出新的思路。第八章对研究进行总结,并指出研究的不足之处以及研究的展望。

关键词:合资企业　文化冲突　企业绩效

5460

**老龄化对城市住宅发展影响研究:以上海为例**／田鹏许著；何芳指导. -- 同济大学, 2009. -- 90页

论文以上海市进入老龄化社会为背景,通过探索人口老龄化与未来城市住宅发展关系,逐步展开老龄化对未来城市发展影响的分析。论文共八章。第一章是绪论,介绍研究背景和意义、研究内容和框架、相关概念的界定、主要研究方法及主要研究创新点。第二章是文献综述,对国内外相关研究的评述。第三章分析老龄化下的城市经济与城市住宅市场。第四章分析老龄化对城市家庭居住选择链节的影响、老龄化与城市家庭居住选择链节的关系、老龄化对城市居住选择链节长度影响的建模分析以及老龄化对城市家庭平均居住选择链影响的实例分析。第五章分析老龄化对城市住宅结构演变的影响、老龄化与城市住宅结构演变的关系、人口波峰时移与老龄化过程、人口波峰时移对城市住宅结构演变的影响。第六章分析老龄化对城市局部住宅空间分布的影响。第七章分析老龄化对未来上海住宅发展的影响。第八章是论文的结论与展望。

关键词:人口老龄化　建筑设计　城市规划

5461

**电信企业人才成长环境研究**／田毅著；胡树华指导. -- 武汉理工大学, 2009. -- 171页

论文梳理人才成长环境的几大理论基础,在此基础上,对电信企业人才成长的环境展开研究。全文共

分为九章。第一章导论,介绍论文研究目的和意义、国内外研究现状以及论文研究内容及主要方法。第二章人才成长环境的理论基础。具体内容包括霍桑实验、双因素激励理论、"Z"理论、学习型组织理论以及电信企业人才成长环境的研究框架。第三章电信企业人才成长环境的需求研究,分析变革时代下电信企业、电信企业人才的特点及电信企业人才对环境的需求特点,并对人才成长的工作环境需求、企业文化和管理制度需求展开研究,提出电信人才成长环境的需求指标,并得出该部分的结论。第四章电信企业人才成长环境的机构研究,包括组织结构分析、人才结构分析、力学结构研究以及人才成长环境结构指标。第五章电信企业人才成长环境的要素研究。认为人才成长环境要素主要取决于效率导向的分配机制、创新导向的物质投入、激励导向的员工需求以及人才成长的环境要素指标。第六章电信企业人才成长环境的三维关系互动研究,包括"权力场"之间的互动、"情感场"之间的互动以及"智理场"之间的互动以及三种场之间的互动关系,提出企业动态人才成长环境的指标。第七章人才成长环境评价体系,内容包括评价体系的概念及意义,构建评价体系的原则和方法以及人才成长环境综合评价指标体系。第八章电信企业人才成长环境实证分析。以河南联通的人才成长黄精建设为案例对其展开实证研究并得出结论。第九章论文的总结及研究展望。

关键词:电信企业　人力资源开发　人才成长

**5462**

**双重结构对单位 GDP 能耗的影响研究** / 田志勇著 ; 关忠良指导. -- 北京交通大学, 2009. -- 147 页

论文定量研究产业结构和能源消费结构这双重结构对单位 GDP 能耗的影响,并对中国能源消费结构进行合理性判断研究。全文共分为八章。第一章引言介绍论文的研究背景、问题的提出和研究意义,对双重结构分析的系统工程理论及研究范畴进行界定,阐明论文研究目的、研究方法和研究框架。第二章对能源研究的因素分解方法进行综述,包括能源因素分解的 SDA 方法、IDA 方法和 PDA 方法。第三章分析产业结构对单位 GDP 能耗的影响,包括基于产业结构的能源消费分析、能源消费端因素分解方法的进一步研究、基于因素分解的产业机构影响分析。第四章对基于部门活动的能源消费进行分解研究,并分析了其国际应用实践,得到对我国的启示。第五章介绍能源消费结构对单位 GDP 能耗的影响极其演变,包括世界能源结构演变、我国能源消费结构演变分析、能源消费结构对单位 GDP 能耗定量影响、基于熵理论的能源消费结构分析、基于信息熵的能源消费结构分析等。第六章进行基于因素分解的双重结构影响分析和基于单位 GDP 能耗的双重结构协调度分析。第七章是论文的结论与展望。通过实证分析发现中国双重结构虽向协调方向发展但目前协调度仍较低、有较大的优化空间。

关键词:国民经济计算体系　国内生产总值　能源消费

**5463**

**面向多决策空间的决策网络计划模型及优化方法研究** / 佟士祺著 ; 党延忠,王诺指导. -- 大连理工大学, 2009. -- 97 页

论文从决策空间的角度对决策网络计划的模型表达及优化方法进行拓展研究。全文共五部分。第一部分绪论,介绍选题的背景及意义、国内外研究现状、研究内容、技术路线及论文结构。第二部分研究多决策空间决策网络计划模型表达方法。决策空间不同时,不同的可行方案独有的决策变量及其发展变化规律经常需要在决策网络计划图中加以明确表达,为决策者在方案选择时提供参考。论文对原有模型表达方法进行拓展,设计能够同时表达多个决策空间的决策单元结构,并将情景分析法与决策网络计划模型结合起来,提出多决策空间决策网络计划模型的建模方法。第三部分介绍多决策空间决策网络计划模型优化方法。在不同的决策空间中,用于表达决策变量的属性和状态存在本质上的差别,决策者经常需要考虑这种差别对方案进行优化。论文将现代决策理论与方法融入决策网络计划的优化当中,与论文提出的表达方法结合起来,从两个侧面对模型的优化方法进行研究。第四部分实例应用研究。针对某大型化工设备运输项目多式联运方案的优化,运用文中提出的模型表达及优化方法,开展实例验证。第五部分结论与展望,对全文内容及论文结论进行总结,并对未来的研究方向做出展望。

关键词:项目管理　计划管理　决策模型

**5464**

**服务外包关系的治理研究** / 涂静著 ; 张子刚,马辉民指导. -- 华中科技大学, 2009. -- 127 页

论文对包括服务外包关系的治理结构和契约治理实现的治理问题进行了分析和研究。全文共分八章。第一章绪论,介绍选题背景、问题的提出、研究内容、研究思路与论文结构、研究方法。第二章阐述国内外的研究现状,包括服务外包的决策研究、风险研究、服务外包关系的治理研究、服务外包与企业绩效关系的研究以及对现有研究的评述。第三章分析服务外包关系及其特征,对服务外包关系进行分类并分析交易、风险、转移知识的特征。第四章讨论服务外包关系治理结构的建立,分别分析交易成本理论与治理结构和服务外包关系的治理结构。第五章分析策略型关系的契约管理,分析一级秘密逆向拍卖对成本的揭示,设计考虑监督因素下的市场契约分析了监督投入和支付之间的权衡问题。第七章分析战略型关系的契约治理。设计隐性知识转移的激励契约,分析在知识管理背景下最有契约的形式,然后在契约中引入内部业务流程绩效变量,分析契约代理成本减少的有效性,最后以两期外包契约设计为例,分析声誉效应和棘轮效应同时影响下的契约设计问题。第七章分析转型关系的契约治理问题,分别进行不完全契约设计和关系契约设计。第八章对论文所做的工作进行归纳总结,并指出下一步的工作。

关键词:服务业　对外承包　经济关系　契约

**5465**

**洼地效应、政治资源与民营企业总部选址** / 万庆良著 ; 蓝海林指导. -- 华南理工大学, 2009. -- 152 页

论文结合前人的研究和中国制度转型期的特殊环境,将民营企业总部选址的重要因素概括和归纳为洼地效应和政治资源,论文共六章。第一章是绪论,包括研究问题的提出、研究概念界定、研究内容、研究方法和技术路线。第二章是文献综述,包括区位优势与"洼地效应"、政治资源与区位优势、出生于中小城市的中国民营企业总部选址、文献评述。第三章是中国制度的环境和民营企业发展,包括中国的经济体制改革前景、中国制度对环境企业竞争的影响、中国民营企业获得快速发展、出生于小城市的民营企业面临总部选址困惑。第四章是概念模型与研究框架,包括民营企业选址的作用力分析、洼地效应和政治资源对民营企业总部选址的作用。第五章研究方法与典型案例分析,包括研究方法的选择、案例企业的选择、研究的信度与效度、案例描述、数据处理与统计分析、研究框架的修正。第六章是研究结果与讨论。

关键词:民营企业　选址　区位优势

**5466**

**网络型产业融合下的市场竞争研究** / 万兴著 ; 胡汉辉指导. -- 东南大学, 2009. -- 93 页

论文基于产业组织理论、网络经济理论、双边市场理论、投入产出理论等对网络型产业的融合,以及融合下的企业竞争进行理论和经验分析。论文共分为七个章节。第一章主要是提炼科学问题和阐述研究意义。第二章回顾和评述产业融合的相关研究,包括产业融合的分类研究、产业融合与企业战略、政府规制和消费者需求的关系,以及网络型产业融合的经验研究。第三章对 ICT 产业的融合及其测度进行了分析研究,包括产业融合的宏观静态测度、宏观动态测度以及中观测度。第四章对考虑捆绑决策和网络外部性的多市场竞争进行分析研究。分别对寡头垄断市场存在网络外部性的博弈情景以及垄断市场存在网络外部性的博弈情景进行分析讨论,并对两个市场都存在网络外部性的博弈情景进行分析。第五章对一种间接网络效应下的网络运营商价格竞争进行分析讨论。分别讨论对用户数和频道商数外生和内生的情形。第六章对中国电视数字化转换的理论与经验进行研究分析。在对中国电视数字化转换背景介绍之后,分别对中国电视数字化转换的需求、规制、消费者福利分析以及经验分析进行研究。第七章为结论与展望,分别提出论文研究的主要结论,并提出研究展望。

关键词:信息产业　通信技术　市场竞争

**5467**

**心理契约破坏对领导与部属行为表现的作用机制:基于广东本土家族企业的实证研究** / 汪林著 ; 储小平指导. -- 中山大学, 2009. -- 142 页

论文基于广东本土家族企业的实证研究,探讨心理契约破坏对领导与部属行为表现的作用机制。全文共分为七章。第一章绪论,介绍论文研究背景、研究问题、核心概念的界定、研究的理论基础、研究的方法以及研究的假设模型。第二章心理评述,包括心理契约概念的提出及其发展、心理契约的内容与结构、心理契约概念的边界,并对该部分理论作出探讨。第三章心理契约关系中的员工与组织。提出研究的假设模型,对研究展开设计,通过理论和实践经验提出研究的假设,并对模型和试验过程作出评价。第四章

组织与员工层面心理契约破坏的内容与结构。提出研究的假设模型,对研究进行设计并提出假设检验,进而进行思考和总结。第五章员工层面心理契约破坏与工作表现之间的作用机制。首先提出对该问题探讨的建设模型,对具体实验过程进行设计,提出假设检验并进行讨论总结。第六章组织层面心理契约破坏与管理行为之间的作用机制。提出假设模型和对机制探讨的研究设计方法,对假设内容进行检验并得出结论。第七章结论与讨论。介绍论文的主要研究结论,论文主要从三个方面推进心理契约破坏的研究进展,且均以实证展开论述;进而对研究的结果进行讨论,得到研究的创新之处、不足之处,并为未来进一步的研究发展提出意见。

关键词:私营企业　家族制　人力资源管理

**5468**

**中美两国出口竞争力比较研究** / 汪洋著 ; 孙林岩指导. -- 西安交通大学, 2009. -- 96 页

论文运用理论分析与实证研究相结合的方法,探索研究发展中的中国与发达的美国商品出口竞争力发展变化不符合古典和新古典国际贸易理论对出口竞争力来源解释的原因,分析研究中国出口竞争力的主要影响因素。全文共分为六章。第一章绪论,介绍研究背景与问题提出、研究目的和意义、相关研究文献、研究思路和技术路线以及论文主要内容与框架。第二章中美商品出口国际竞争力对比分析,包括中国和美国商品贸易总额对比分析,中美商品出口竞争力指标测算,中美商品显示性比较优势指数对比分析,中美商品出口竞争力的综合评价,中美商品出口国际市场占有率协整分析以及中美商品贸易竞争力指数协整分析。第三章中美服务出口国际竞争力比较分析。对中国和美国服务贸易出口总额对比分析,对中美服务出口国际竞争力对比分析,对中美服务出口国际市场占有率协整分析,中美服务贸易竞争力指数协整分析。第四章中美双边商品贸易分析。包括中美两国双边商品贸易总体分析,中美双边贸易竞争力测算分析,中美双边商品贸易恒定市场份额分析,中国对美国出口竞争力来源分析。第五章中国商品出口竞争力影响因素分析。分析产品结构对中国商品出口竞争力的影响、中美经贸关系对中国出口竞争力的影响,探讨模型及回归结构。第六章结论与展望,介绍论文主要的工作和贡献、论文主要创新点和尚待进一步研究的工作。

关键词:出口贸易　竞争力　中国　美国

**5469**

**我国公立高校教师人力资源的优化配置研究** / 王爱敏著 ; 柯文进指导. -- 中国矿业大学, 2009. -- 137 页

论文以高等学校教师资源配置的优化为出发点和落脚点,以完善高校人力资源配置机制,优化高校人力资源配置为目标,围绕公办高校人力资源配置机制问题作了较为深入的研究。综合应用系统分析与系统综合、定性研究和定量研究等科学方法,剖析高校与高校教师以及高校教师资源本身的内涵,以一系列相关理论、原理和方法为依托,构建高校资源优化配置的原则与机理、系统与内容、策略与模型。全文共分八章。第一章引言,对论文提出的问题及背景进行介绍、对国内外相关问题的研究进行分析,提供发现、提出、研究、解决问题的方法。第二章高校教师人力资源配置研究的理论基础,论文将师资配置理论、人力资源理论、资源配置理论、资源配置机制理论以及相关管理科学原理作为研究的理论基础。第三章我国不同类型高校教师人力资源配置现状实证研究,包括生师比现状实证研究和教学与科研工作量现状实证研究,着重分析职称结构、学缘结构、学历结构和年龄结构。第四章我国高校教师人力资源配置存在的主要问题及原因分析。主要问题主要表现为配置效率不高、结构不尽合理、整体素质有待提高和隐性浪费比较严重。原因集中在环境因素、管理理念和管理机制上。第五章高校教师人力资源优化配置的国际比较,分别从美国、德国、澳大利亚等市场经济体制国家高校教师人力资源优化配置的方法上提供了经验借鉴。第六章高校教师人力资源优化配置策略模型的构建,从高校教师人力资源配置的影响因素和主要内容着手,结合人力资源配置的系统原理,提出了高校教师人力资源优化配置的原则、程序和方法,建立并完善了高校教师人力资源的配置机制,构建了教师资源人—岗匹配的优化配置策略定量分析模型和基于模糊熵的教师资源结构优化配置定量分析模型。第七章构建了高校教师人力资源优化配置的机制,包括理念机制、结构机制和运行机制。第八章为结语,总结论文的主要结论、创新点和进一步研究的问题。

关键词:高等学校　人力资源管理　优化配置

5470

**我国行政事业性资产优化配置与绩效评价研究** / 王彪著 ; 陈磊指导. -- 武汉理工大学, 2009. -- 139 页

论文以提高行政事业性资产使用效率最大化为研究目的,以行政事业性资产优化配置与运行绩效评价为研究重点,以构建行政事业性资产优化配置与运行管理体系为研究目标,综合运用运筹学、公共管理学、计量经济学、制度经济学等相关学科理论,以定性与定量研究相结合、理论与实践相结合等研究方法,通过规范分析、理论模型建立于实证研究,积极探索建立与我国社会主义市场经济体制相适应的行政事业性资产管理体制和运行机制。论文分为八个部分。第一部分首先提出研究的目的和意义,然后对国内外的相关研究进行综述,最后提出研究内容与技术路线。第二部分为行政事业性资产管理的理论基础、包括资产管理的基本理论,公共管理的相关理论和绩效管理的有关理论。第三部分对行政事业性资产管理体制改革的实践进行分析。第四部分首先分析几种国外行政事业性资产管理的模式,包括美加模式、德澳模式、日韩模式和巴西模式,然后对这几种模式进行了比较分析。第五部分提出行政事业性资产的规模优化模型和结构优化模型。第六部分介绍行政事业性资产的绩效评价体系,提出行政事业性资产的绩效评价模型。第七部分以山东省行政事业性资产为例,深入研究行政事业性资产的优化配置与运行管理。第八部分为全文总结与研究展望。

关键词:国有资产　资源优化配置　经济绩效

5471

**基于知识流动视角的产业集群持续创新过程研究** / 王琛著 ; 乌杰指导. -- 同济大学, 2009. -- 255 页

论文从知识流动视角出发,研究产业集群持续创新的过程。全文共七章。第一章结合知识流动与集群创新研究现状,阐述研究背景、研究目的和意义以及研究内容和方法。第二章回顾知识流动、集群创新的相关研究成果,结合对集群知识网络和知识流动的理解,归纳集群知识流动的途径,指出集群持续创新是一个获得协同效应的过程和实现创新知识演化的过程。第三章从创新参与者间的协同特征出发,说明集群持续创新的协同过程和机制,分析协同创新过程中基于知识投入预算的分配机制,梳理不同机制之间的因果关系。第四章从创新知识的自组织演化特性出发,说明集群持续创新的演化过程和机制,借助自组织理论说明不同机制发挥作用的条件,分析创新知识演化过程的“选择、学习、搜寻和积累”机制,梳理不同机制之间的因果关系。第五章构建反映集群持续创新动态过程的 SD 模型,选取历史数据进行仿真模拟,利用数据拟合检验模型结构与行为的关系,通过模型结构调整,保证模型的有效性和可行性。第六章根据调整模型的仿真数据,分析说明知识流动在集群持续创新过程中的作用,验证机制分析中得出的观点,通过参数调整,深入分析协作创新、知识搜寻交流和科技人员数量变化对持续创新的重要性;结合现存问题,提出柳市集群持续创新的对策建议。第七章总结研究并对前景进行展望。

关键词:技术创新　知识经济　产业集群

5472

**刑事案件关联分析与防控警务模式研究** / 王春雨著 ; 王延章指导. -- 大连理工大学, 2009. -- 120 页

论文探求刑事案件的发案规律,为科学高效配置经历,实现事前预防和精确打击提供新的思路。论文分为七个章节。第一章绪论,介绍研究背景与问题提出、研究意义、技术路线与研究内容。第二章对相关理论进行回顾,包括情报主导警务模式、本体研究、关联分析,为论文研究提供了理论基础。第三章在界定公安管辖的刑事案件的数据内容及确定论文研究的刑事案件数据的分类原则基础上,对刑事案件的数据内容进行分类整理,并分析刑事案件的数据特征,总结归纳刑事案件数据应用中存在的问题。第四章构建公安刑事案件本体,并基于所构建的本体采用访谈法,将领导与基层干警作为访谈对象,明确公安刑事案件防控中的问题,确定重点分析的指标范围,从构架角度提出基于本体的数据整合方法。第五章提出面向刑事案件的多位关联分析模型,并给出相应的算例,提出一种基于语义规则的刑事案件关联规则过滤方法,基于明确的分析指标,综合利用模型与方法,进行大连市刑事案件应用实例的关联规则挖掘与结果分析。第六章在分析原有的案件防控警务模式的基础上,利用统计分析和关联分析等方法,提出刑事案件防控警务模式的构建模型,并应用到大连市案件防控实践中,详尽设计四种新型案件防控警务模式。第七章对研究进行总结得到结论,并对未来的研究工作进行展望。

关键词:刑事犯罪　数据采掘　关联规则

5473

**公共网络信息系统安全管理的研究** / 王春元著 ; 杨善林,周永务指导. -- 合肥工业大学, 2009. -- 86 页

论文围绕公共网络信息系统安全问题,针对信息系统安全所面临的威胁,依据相关标准和法律法规,从主动预防、积极应对、巡查防控和法律控制等方面研究公共网络信息系统安全管理问题。全文共分为七章。第一章绪论,包括公共网络信息系统安全的概述、研究现状,论文的研究意义和所做的工作以及论文的结构。第二章信息系统安全管理的基础。一是信息系统国内外的安全标准;二是信息系统安全管理的法律法规;三是标准和法律基础之上的几项管理措施。第三章信息系统安全等级保护。首先介绍等级保护的基本思想;其次提出信息系统安全等级划分;三是讨论信息系统安全等级保护的实施,包括信息系统安全等级保护级别的确定和信息系统安全等级保护的测评;四是信息安全等级保护综合评价模型;最后为测评实例的提出和分析。第四章信息安全事件监测与应急响应,介绍信息安全事件的简要情况,信息安全事件处理与应急响应的发展,信息安全事件的概念、类型和特点,建立信息安全事件监测与应急响应平台措施以及信息系统安全事件的应急管理方法。第五章信息内容安全巡查管理。首先介绍通用搜索引擎,包括通用搜索引擎的发展历史,通用搜索引擎的一般原理以及通用搜索引擎的分类;接着介绍专用搜索引擎;三是提出信息内容安全巡查系统,包括其工作流程和系统特点;四是分析系统中关键技术的算法设计与实现;五是讨论巡查结果的使用和处理成果。第六章信息系统安全管理的法律法规,包括信息系统安全管理的法律保障、网络犯罪的法律控制以及信息系统安全法律完善的建议。第七章为论文的结论与展望。

关键词:计算机网络　安全技术　安全管理

5474

**煤矿安全精细化管理及运行机理研究** / 王丹著 ; 宁云才指导. -- 中国矿业大学, 2009. -- 107 页

论文结合市场经济理论、企业理论、精细管理理论和安全管理理论等理论基础,对煤矿安全精细化管理及运行机理展开研究。全文共分为七章。第一章绪论,介绍论文研究的背景、目的和意义,国内外研究现状,论文拟解决的主要问题,论文的研究思路、研究方法、技术路线、研究内容及结构。第二章煤矿安全精细化管理的基本内涵与理论基础,介绍煤矿企业安全管理和煤矿安全精细化管理的具体内容,探讨市场经济理论、企业理论、精细管理理论和安全管理理论的具体内容。第三章煤矿安全精细化管理的机理解析。一是安全分工、安全专业化及安全市场化的关系解析;二是煤矿安全精细化管理的博弈模型,分别对短期静态不完全信息博弈分析,对长期动态完全信息进行博弈分析;构建安全服务费用的经济效益模型;提出基于面板数据分析理论的安全精细化管理计量经济模型。第四章煤矿安全经济化管理的运作模式。基于安全经济化管理的宏观基础,提出安全精细化管理的微观机制。第五章煤矿安全精细化管理的保障体系。构建并实施安全教育培训引领体系,安全预警分析管控体系,安全责任制度约束体系和安全环境状态优化体系。第六章荆欢矿业公司安全精细化管理的实证研究。结合该公司的基本情况和公司安全精细化管理实施的具体内容,对其安全精细化管理应用效果和效益作出评价。第七章为论文结论与展望。

关键词:煤矿　矿山安全　安全管理

5475

**软件客制化中的质量预测建模及改进** / 王丹萍著 ; 覃正指导. -- 上海财经大学, 2009. -- 164 页

论文针对软件客制化的特点,分别提出基于无缺陷数据的质量预测模型和基于残缺缺陷数据的质量预测模型。全文共六个部分。第一部分在综述国内外相关研究工作的基础上,阐述了研究背景和研究方法。第二部分发现开发者面临的问题是软件度量必须在软件测试前完成,以便提前识别软件测试的重点模块,并集中优势资源(如人力)对这些未来最有可能犯错误的模块进行改进,从而提高整个软件客制化的效率及效益。第三部分首先建立系统缺陷预测的人力模型及测试效果平谷的因果模型,从测试人员组成及其测试经验的角度建立整个测试小组可能发现的缺陷数据的期望方程,并根据该方程推测其对每个模块可能发现的缺陷数,并引入一个新的度量指标—变化行数作为判断易错性的标准。第四部分建立完整的训练数据集,并依据该数据集完成对待测数据集中模块质量的预测,利用回归分析和期望最大值模拟出完整的数据集,并基于贝叶斯网络寻找各模块最大可能性的所属类及各类最大可能性的包含模块,利用 C 语言平台编写完全自动化的质量判定程序。第五部分发现改进后的模型虽然有大幅度的提高,但预测的

准确率有小幅度的下降。第六部分总结全文主要结论和创新点,并对研究未来进行进一步展望。

关键词:软件产业　质量管理　软件测试

5476

**零售商主导的供应链博弈及协调问题研究** / 王芳著 ; 吴祈宗指导. -- 北京理工大学, 2009. -- 109 页

论文在综合国内外研究成果的基础上,采用多学科交叉的方法,综合运用系统科学理论、博弈论、运筹学、最优控制原理等理论,对零售商主导的供应链协调问题进行研究。全文共分为七章。第一章绪论,介绍论文的研究背景,提出论文研究问题、研究目的及意义,并概括论文研究的内容与结构框架。第二章供应链协调及供应链契约。对供应链协调理论的研究方法、研究工具和存在的问题作出说明,提出供应链契约研究的基本模型、典型模型和两部收费制契约模型,提出供应链契约当前研究存在的不足。第三章零售价格固定的供应链协调问题研究。提出基本模型,研究零售商主导下的经典供应链契约,分析两部定价契约并进行数值分析。第四章需求与价格相关的供应链协调问题研究。对模型假设并分析,探讨该问题的加法形式和乘法形式,并进行数值分析和总结。第五章非对称信息下的供应链博弈。首先对模型进行描述,进而从系统供应决策、供应商主导的供应链博弈和零售商主导的供应链博弈三个方面探讨对称信息下的博弈,之后探讨非对称信息下的博弈,包括零售商直接利用供应商提供的成本数值、零售商根据分布函数来决策,最后分别对对称信息博弈和非对称信息博弈做数值分析。第六章不完全权重信息下的供应商选择。总结现有的供应商选择方法,对供应商选择评价指标体系进行设计,并提出不完全权重信息下的供应商选择内容及应用举例。第七章为论文总结与展望。

关键词:供应链管理　零售商　博弈论

5477

**财政科技投入产出效应研究** / 王峰著 ; 邓明然指导. -- 武汉理工大学, 2009. -- 170 页

论文运用系统论、博弈论、制度经济学、结构方程的理论方法与工具,对财政科技投入产出效应进行分析。论文共分七章。第一章为引言,提出研究背景及意义,总结描述科技资源、区域创新、财政支出与 R&D 的国内外研究现状,提出研究内容与方法。第二章为财政科技投入产出的基本理论。总结财政科技投入产出的科技性、经济性、社会性与政治性的特点,分析比较财政投入产出的途径,构建财政—项目、财政—机构、财政—基地、财政—个人的四种模式,介绍管理方法和体系。第三章介绍财政科技投入产出效应的理论基础。构建财政科技投入产出系统结构,建立价值链并指出战略环节,并提出了政府博弈策略,建立了博弈模型。分析明确财政科技投入产出对社会创新水平提升的制度有效性。第四章为财政科技投入效应研究。描述以触发因子为激发动力的触发原理,以武汉为例说明触发效应测算的基本过程和方法。构建财政投入—产出—税收—再投入—再税收的乘数模型,阐述财政投入风险的内涵,并描述其风险表征。第五章为财政科技产出效应的研究。给出产出滞后效应的两种衡量方法,构建滞后效应测算模型并描述了测算的收敛过程。提供搏击范围与强度的测算的基本方法,提出测算原则并分析影响测算的时滞影响,构建测算的目标结构。第六章为实证研究,对武汉市财政科技投入情况进行比较分析,建立结构方程模型,得出最突出的影响因素,提出政策建议。第七章为全文总结与展望。

关键词:财政支出　科技产出　经济效率

5478

**基于三角模测度论的模糊合作博弈研究** / 王锋叶著 ; 张强指导. -- 北京理工大学, 2009. -- 129 页

论文从集函数理论——三角模测度论角度对具有模糊联盟的合作博弈的特征函数和值等重要问题进行研究,并将研究结果应用于物流网络中。全文共分为七章。第一章绪论,介绍论文研究背景、合作博弈的研究发展现状、模糊合作博弈的研究发展综述、三角模测度论的研究发展综述、论文的主要研究意义以及主要研究内容和结构。第二章基本概念与性质,介绍模糊集、三角模及基于三角模的 tribe、基于三角模的集函数等相关概念和具体内容。第三章基于三角模的集函数的变差,探讨基于三角模的集函数的包含变差、基于三角模的集函数的不变交差、基于三角模的集函数的链变差。第四章基于三角模的非可加集函数的绝对连续性。对具体定义的非可加集函数的绝对连续性、其他类型的绝对连续性和基于三角模的非可加集函数的特异性展开探讨。第五章基于三角模的 pFNA 空间上形为 fom(→)的 A-S 值。分析基于三角模的博弈空间,对具体值进行研究并分析结

果。第六章其他博弈空间的对角 A-S 值。探讨不同空间情况下,A-S 值的具体情况与分析结果。第七章物流网络基于三角模模糊合作博弈的信息成本分摊研究。首先介绍物流网络及国内外研究概况,进而对物流信息网络作出分析说明,讨论基于 T-tribe 的 A-S 值在物流网络信息成本分配中的应用。该部分从物流信息网络的信息成本分摊角度,应用基于三角模测度论的模糊合作博弈论,建立物流信息网络的成本分摊模型,最后用具体实例验证模型的有效性和合理性。最后为论文的结论与展望。

关键词:博弈论　测度论　模糊集

**5479**

**生态工业园中生态产业链的稳定性研究** / 王国弘著 ; 赵涛指导. -- 天津大学, 2009. -- 145 页

论文以生态产业链中生态企业之间的关系为主要视角,应用多种理论和方法,对生态产业链稳定性的本质、根源以及管理和控制方法进行深入探讨。全文共分为七章。第一章介绍论文研究背景,指出研究对象并构建基础理论体系。在介绍生态产业产生和发展背景后,对目前学术界关于生态产业失稳的相关研究进行系统的综述和总结。第二章确定研究对象,并为研究构建理论基础体系。论文涉及的理论基础有熵理论、共生理论和可靠性理论。此外还对生态产业链稳定性进行界定。第三章应用熵理论,从生态企业间相互作用关系的角度对生态产业链的稳定性进行研究。建立生态产业链中生态企业间的不稳定关系熵模型,并应用元胞自动机模型对不稳定性在生态产业链内的传导机制和途径进行仿真。第四章基于生态共生理论,从生态企业间共生关系的角度对生态产业练得稳定性进行探讨。第五章基于可靠性理论对生态产业链接形式角度对生态产业链的稳定性进行研究。第六章对 MS 工业园中的典型生态产业链进行了实证研究,得出一些重要结论。第七章总结全文结论,提出研究展望。

关键词:工业园区　生态工业　产业链

**5480**

**大学教师心理契约的结构及其动态变化** / 王海威著 ; 刘元芳指导. -- 大连理工大学, 2009. -- 218 页

论文围绕建立"大学教师心理契约动态量表"、大学教师心理契约的现状与特征、大学教师心理契约的变动及量化分析和教师与大学组织双重视角下心理契约的实证研究四条主线进行研究分析。全文共分六部分。第一部分绪论,介绍研究的缘起、国内外相关研究综述、论文研究思路和方法、论文创新点。第二部分讨论大学教师心理契约内容与结构的探索与验证。其中心理契约内容的探索通过访谈、开放式问卷方式对契约内容进行研究;大学教师心理契约结构通过信度检验、项目分析、因子分析进行探索;契约结构通过学校对教师的责任、教师对学校的责任、教师心理契约相关影响因素进行验证。第三部分分析了教师与大学组织间心理契约的现状及特征,包括大学教师心理契约的现状指数与满足状态、大学组织心理契约的履行现状、大学组织责任履行与大学教师责任的关系及相关因素分析。第四部分对教师与大学组织间心理契约的变动及其量化进行分析。包括大学教师心理契约变动的范围及基本形式和大学教师心理契约的平衡、调整、转变三种变动的界定及分析。第五部分分析双视角下教师与大学组织心理契约的契合,包括双视角下心理契约相互责任的匹配、大学组织责任履行情况的认知差、大学教师责任履行情况的认知差及影响、不同心理契约类型下双方责任履行情况的认知差。第六部分讨论大学教师心理契约的管理对策,包括心理契约的检测与预警、以心理契约为理论提升教师与大学组织的契合度、以职业发展实现大学教师心理契约的良性循环。最后,对论文工作进行总结并对未来研究工作提出展望。

关键词:人力资源管理　大学教师　心理学

**5481**

**企业商业信用风险的全面控制研究** / 王洪海著 ; 卞艺杰指导. -- 河海大学, 2009. -- 169 页

论文以战略管理、财务管理、信用管理、控制理论为指导,针对现行内部控制的不足,构建在时间上覆盖交易的全过程、在空间上包括企业内外两方面的商业信用风险全面控制系统。全文共分为九章。第一章引言对国内外有关研究现状进行评述,介绍论文研究背景、研究目的、研究意义以及研究方法和内容。第二章进行商业信用风险控制的相关概念的界定,介绍商业信用风险控制的理论基础以及商业信用风险全面控制的基本框架。第三章通过企业竞争能力与环境的 SWOT 分析,对企业的战略财务管理目标进行合理定位,提出财务战略目标下的商业信用控制策略,并对财务目标与战略进行实例分析。第四、五、六章在商业信用实施战术控制层,按时间顺序将控制过

程进一步细分,以"事前预防+事中监控+事后追讨"为流程,提出一些具体的商业信用控制方法。这三章分别就流程的三个方面进行问题探讨和案例分析,并提出每个层次风险控制的策略。第七章在介绍征信基本原理以及国内外征信发展概况的基础上提出我国征信业发展的对策,对基于区间 TOPSIS 的商业信用风险进行预测评估。第八章就商业信用风险全面控制进行综合案例分析。第九章是论文的结论与展望。

关键词:商业信用　贷款风险　风险管理

**5482**

**基于产业链价值创造的煤电企业战略协同研究** / 王华清著 ; 宋学锋指导. -- 中国矿业大学, 2009. -- 176 页

论文的研究对象为基于产业链价值创造的煤电企业战略协同,认为煤电矛盾的根源在于煤炭企业和电力企业的资产专用性导致的机会主义行为和中国煤炭市场的强波动性,提出消除煤电矛盾的有效途径是煤电企业采取以长期契约为基础的战略协同治理模式。全文共分为九部分。第一部分绪论,包括问题的提出、研究的意义、概念的界定以及研究内容与方法。第二部分研究现状述评。对煤电产业链纵向关系展开研究,并讨论煤电纵向关系的政府规制以及协同理论研究的应用回顾。第三部分煤电产业链现实状况与关联性,包括对中国煤炭产业现状的分析,对中国电力产业现状的分析以及对煤电产业链的关联分析。第四部分煤电企业合作的战略协同模式。首先对传统合作模式展开分析,接着对国外煤电企业合作模式分析,之后探讨煤电企业合作的新模式并对战略协同的动力机制、战略协同的理论解释、战略协同的契约设计展开阐释。第五部分战略协同的价值创造。首先分析战略协同的博弈特征,接着对价值创造的非博弈展开分析,并分析价值创造的合作博弈,最后讨论价值创造的战略均衡。第六部分战略协同的利益分配,包括利益分配的涵义、利益的影响因素、利益分配的原则、利益分配的影响因素以及利益分配的博弈分析。第七部分战略协同的伙伴选择。首先是问题的提出和模型假设;接着分别讨论不考虑可观变量的选择机制和考虑可观变量的选择机制;最后对两种选择机制比较分析,并做出进一步的说明。第八部分战略协同的实施策略。包括战略协同的契约设计策略、战略协同的生命周期策略以及战略协同的稳定性策略。第九部分为论文的结论与展望。

关键词:煤炭工业　电力工业　产业链　企业战略

**5483**

**湖北省制造业"新型化"程度评价及发展路径研究** / 王怀明著 ; 李廉水指导. -- 东南大学, 2009. -- 197 页

论文主基于该体系对湖北制造业新型化程度进行了分析并采用 SWOT 分析法的思路分析优势、劣势、机遇和危机四方面,以提出新型制造业发展路径及政策建议。论文共分为七个章节。第一章绪论,介绍论文命题的提出、国内外相关研究背景、研究对象与意义、研究内容与方法和论文主要创新点。第二章分析新型制造业概念内涵的理论演变过程和评价体系,指出走新型制造业道路是湖北制造业发展的必然选择,并提出了一个新型制造业四维综合评价体系。第三章基于该体系构建针对湖北制造业总体层面的四维综合评价指标体系,分别从经济创造、科技创新、能源利用、环境保护几方面进行评价,并对湖北制造业总体进行了定性定量分析。第四章对湖北省制造业行业"新型化"进行评价,并进行四维发展特征分析。第五章构建针对湖北制造业区域比较层面的四维综合评价指标体系,并按指标体系对区域比较新型化程度进行定性定量分析。第六章以湖北制造业的典型——"武汉光谷"为例,分析其发展特征、评价了其新型化程度、提出来需要注意的问题。第七章全文总结,总结湖北省制造业发展的不足,并对今后的发展进行了展望,提出湖北新型制造业的发展路径及相关政策建议。

关键词:制造工业　经济发展　产业结构　湖北

**5484**

**南水北调东线水资源配置中的期权契约设计及其最优策略研究** / 王慧著 ; 王慧敏指导. -- 河海大学, 2009. -- 129 页

论文的研究对象为南水北调东线水资源配置中的期权契约设计及其最优策略。全文共分为七章。第一章绪论,介绍论文的选题背景、国内外研究进展及主要理论基础、问题的提出及研究意义、研究内容及研究框架。第二章,南水北调东线水资源配置系统设计。首先对东线水资源配置系统环境分析,包括工程环境、市场环境、法制环境、体制环境;二是东线水资源配置系统结构分析,包括其基本框架和组织结构;最后是东线水资源配置系统参与主体分析,包括

水权、水期权交易的买卖主体和水期权交易所的会员。第三章,南水北调东线水资源配置的期权契约理论研究。首先介绍东线水期权的概念和内涵,包括水权的相关概念,普通金融期权的相关概念和东线水期权的内涵;二是介绍东线水期权的基本内容和特征,包括水期权契约的基本要素,水期权的特点以及水期权的优势分析;三是探讨东线水期权的分类和设计;最后展开东线水期权交易主体的博弈分析。第四章,南水北调东线水资源配置的期权定价模型,包括基于供求缺口的东线水资源定价模型及其预测、水干旱期权的定价模型、水灾害期权的定价模型。第五章,南水北调东线水资源配置的最优策略,介绍东线水资源配置单卖方—单买方的最优策略以及东线水资源配置网状结构的最优策略,并进行算例分析。第六章,南水北调东线水资源配置中期权契约实施的支撑体系,包括东线水期权实施的环境支撑、东线水期权实施的制度支撑以及东线水期权实施的技术支撑。第七章为论文的结论与展望。

关键词:水资源管理　南水北调　期权

**5485**

**基于特征函数的产品造型进化设计研究** / 王吉华著 ; 刘弘指导. -- 山东师范大学, 2009. -- 135 页

论文主要研究探讨基于特征函数的产品造型进化设计方法。全文共分为八章。第一章引言,介绍研究提出的背景和意义,提出现代设计的背景和进化设计的内涵,概括本研究的主要内容、采用的主要研究方法以及本研究中进化设计特点和创新点。第二章与进化设计相关的概念和算法,介绍相关的概念和研究采用的算法,并对 ACIS – HOOPS 作出说明。第三章智能设计和进化设计现状研究,介绍智能设计和进化设计的发展,产品模型(基因组)研究现状,智能设计推理机制——各类智能设计,种群建立和产品模型搜索技术以及方案评价及适应函数的现状。第四章基于特征函数的产品造型基因组,分析以功能表面表达的产品功能模型,以几何体基元表达的产品结构模型,基于特征函数的基因组模型,并对基因组结构分析,对基因组生成作出说明。第五章种群库的建立方法和管理,提出基因组相似度的定义,并介绍基因块提取和基因组相似度算法,对种群数据库管理方面的内容做出阐释。第六章适应函数构造,提出产品造型评价指标体系,对限定类适应函数、功能类适应函数、适宜类适应函数以及总适应函数进行说明,并对相关结论进行总结。第七章基于进化的创新设计平台,分析多子群免疫进化机制,对进化操作算子进行详细解释并对进化创新设计平台作出说明,得出相关结论。第八章为论文的总结与展望。

关键词:产品设计　造型设计　智能设计　特征函数

**5486**

**e-SCM 建构决策及实现机制研究** / 王继平著 ; 尤建新指导. -- 同济大学, 2009. -- 178 页

论文主要研究 e 化(电子化、信息化、网络化)对 SC 及 SCM 的影响,以及 e 化背景下 SCM 的实现问题。论文的主体结构分为构建决策分析和实现机制设计两大部分,前者主要是定性和解释性研究,后者则定位于定量和规范性研究。论文分为九个部分。第一部分为引言。首先介绍课题的背景和意义,然后对国内外相关 SC 和 SCM 的文献进行综述,最后指出了论文的主要工作,包括问题的提出,研究目标、内容、方法和技术路线。第二部分通过企业纵向边界及产业链纵向关系和产业链纵向关系治理模式的分析研究 SC 和 SCM 的实质。第三部分首先研究 e 化及其并行的 SCM 环境因素,e 化引发的竞争方式和竞争焦点的变化,然后分析了 e 化对价值载体及其增值方式、协调过程和生产过程的影响。第四部分主要研究 e-SCM 建构的核心任务和实现路径。第五部分构建 e-SCM 系统收益计算和收益分配设计的思想框架,研究收益计算和收益分配设计的理论基础,并提出收益计算和收益分配设计的目的和任务。第六部分主要是 e-SCM 系统的收益计算,包括收益计算的特点、体系结构和基本原则,e 化项目的业绩计算和项目成本计算、跨企业的项目收益计算。第七部分为对 e-SCM 系统的收益分配设计,包括收益分配设计的结构和过程及分配方案的设计。第八部分为一个算例演示。最后是论文的结论和展望。

关键词:企业管理　供销管理　供应链管理　决策

**5487**

**中国通信产业技术标准国际战略研究** / 王江著 ; 王林生指导. -- 北京工业大学, 2009. -- 178 页

论文对中国通信产业技术标准国际战略进行研究。由于通信产业的网络效应、锁定效应等特性,控制了通信技术的标准是实现通信产业突破的关键。全文共分为六章,第一章分析论文研究背景、目的和

意义,并对国内外在标准化方面的研究现状进行总结分析,在此基础上,提出论文的总体思路、逻辑框架和相关的研究方法。第二章阐述通信技术标准国际战略的理论基础,包括技术范式与轨道理论、技术生命周期理论、知识产权理论等。论文还提出通信技术国际标准周期阶段模型,并对其进行实证。第三章从技术标准国际战略概述出发,按照标准化的逻辑发展,探讨通信技术国际标准、标准化发展的特性以及技术标准国际化的多方面价值,并对我国通信产业技术标准国家化的现状和原因进行分析。第四章运用 PESTEL 宏观环境分析方法,分析奥运契机下通信产业技术标准国际化的动因和环境。第五章给出"采标"和"创标"成本分析,并对两者实现途径进行经济效应分析。第六章研究了中国通信产业技术标准国际战略定位。在此基础上,第七章提出中国政府和通信企业实施技术标准国际战略的建议,从价值选择、技术选择、政策选择和阶段性战略管理等方面给出了中国通信产业技术标准国际战略的对策。

关键词:通信工业　产业发展　技术标准

**5488**

**供应链产品质量激励机制研究** / 王洁著 ; 陈功玉指导. -- 中山大学, 2009. -- 142 页

论文基于对供应链结构特征的分析,对供应链管理模式下产品质量机制进行分析,并设计四种供应链产品质量机理机制。全文共分为八章。第一章绪论,介绍论文研究背景、研究思路和主要内容、研究意义和创新点以及论文研究方法。第二章文献综述。对供应链管理模式及其结构特征相关理论回顾,包括供应链管理模式形成的相关理论、结构特征相关理论、模式下企业间协调机制的相关理论;对产品质量机理机制相关理论回顾,开展基于抽样检查的产品质量激励机制研究、基于奖励和惩罚的产品质量机理机制研究、基于采购方式参与质量提升过程的产品质量激励机制研究;对供应链激励机制设计相关理论回顾,包括供应商选择机制研究、供应链信息共享机制研究、供应链新产品研发与创新机制研究、供应链突发事件快速响应机制研究,供应链利益分配机制研究以及对供应链退货与回收机制研究;探讨现有文献的总结和发展方向。第三章供应链结构特点与供应链产品质量的联系。对三鹿集团问题奶粉事件回顾,探讨供应链结构特征与供应链差评质量的内在联系,供应链模式下产品质量激励机制。第四章基于信号传递的供应商产品质量甄选机制,介绍传统的供应商甄选方法,探讨基于信号传递机制的供应商产品甄选模型。第五章基于触发策略的产品质量免检激励机制。构建模型并对数值算例分析,得出结果。第六章基于跨期约束的供应链动态产品质量激励机制。对问题和模型做基本描述,探讨单阶段静态产品质量激励模型和基于跨期约束的动态产品质量激励模型,开展数值仿真分析。第七章基于收入共享的供应链多任务质量激励机制。探讨传统的多任务质量激励思路,对模型的建立和求解作出具体阐释并对数值仿真分析,包括单任务激励机制的算例仿真分析、多任务激励机制的算例仿真分析,对两类激励机制供应链整体绩效的算例仿真比较。第八章为论文的总结及展望。

关键词:产品质量　供应链管理　激励机制

**5489**

**带有等待时间约束的流水车间调度邻域搜索算法** / 王晶著 ; 李铁克指导. -- 北京科技大学, 2009. -- 103 页

论文以最小化最大完工时间或提前/拖期总费用为优化目标,对工序间带有等待时间约束的流水车间调度问题展开研究,着重系统地分析问题性质和深入地探讨符合问题特征的求解方法。全文共分为六章。第一章引言介绍论文选题背景、研究意义以及研究内容。第二章进行文献综述,介绍生产调度问题的研究方法,一般流水车间、无等待流水车间和有限等待流水车间三大类的调度问题,介绍约束满足求解技术和邻域搜索算法。第三章针对目标函数为最小化最大完工时间的无等待流水车间调度问题,建立混合整数规划模型,提出组合变邻域算法,并基于标杆算例的计算验证了算法的有效性。第四章针对目标函数为提前/拖期惩罚最小,具有交货时间窗要求的无等待流水车间调度问题,建立约束满足模型,提出约束传播与邻域搜索相结合的求解方法。第五章针对工序间等待时间受限,目标函数为最大完工时间最短的流水车间调度问题,提出一种动态变邻域搜索算法。算法采用工件对比算法和贪婪插入,构建初始调度;通过嵌入 3-opt,2-opt 实现动态变邻域搜索;并在迭代过程中加入动态禁忌策略。第六章是论文的结论。

关键词:车间调度　流水生产线　调度模型

**5490**

**基于响应曲面法的多响应稳健性参数优化方法研究** / 王晶著 ; 何桢指导. -- 天津大学, 2009. -- 116 页

论文主要研究多响应稳健性参数优化方法中响应对可控因子波动的稳健性问题,目的在于通过同时考虑多响应问题的最有性和稳健性,来获得稳健最优的造作条件,从而使优化的响应对可控因子的波动具有稳健性。以此为目标,论文构建多响应稳健优化模型并加以分析。全文共分为六章。第一章绪论介绍论文研究背景、研究意义与目的,对国内外研究进行综述,确定论文研究内容和技术路线。第二章介绍响应曲面方法以及田口稳健性设计方法,详细介绍应用响应曲面方法的稳健性参数设计。第三章探讨多响应优化中响应对可控因子波动的稳健性问题,建立两种稳健性评价指标,并提出实现多响应稳健性参数优化的技术路线。第四章对传统的满意度函数法进行改进,构建一个新的稳健满意度函数,用以衡量响应对可控因子波动的稳健性。通过将传统的满意度函数与前述稳健满意度函数进行权衡,提出稳健优化满意度函数方法。第五章对传统的广义距离函数法进行改进,并提出修正的广义距离函数法以及稳健优化总体广义距离函数法,将多响应稳健优化问题转化为使改进的广义距离最小化问题,从而得到稳健最优的操作条件。第六章通过选择合适的稳健矩阵构建一个新的多元稳健函数,并基于过程的经济性及稳定性,将多元损失函数和多元稳健函数进行权衡,提出一种新的稳健损失函数,以此来实现过程参数优化的低成本和高稳健性。

关键词:产品设计　产品开发　质量管理

5491

**基于证据理论的移动商务交易风险评估与控制决策研究** / 王侃著 ; 张金隆指导. -- 华中科技大学, 2009. -- 106 页

论文通过建立移动商务交易风险评价方法和模型,研究保障移动商务交易安全的管理控制手段,建立的移动商务交易风险控制系统原型。论文分为七个章节。第一章绪论,介绍研究的背景、目的和意义,移动商务交易风险研究现状、证据理论及其发展、论文研究内容与结构安排。第二章介绍移动商务的特点,并进行移动商务交易风险因素辨别和移动商务交易风险因素分类的研究。第三章分析移动商务交易风险评估的基本步骤和设计原则,设计构建移动商务交易风险评估指标体系。第四章对指标权重与风险状态评语值进行设定,建立基于证据理论的移动商务交易风险评估模型,并通过应用举例对模型进行验证。第五章通过模糊隶属度函数和 Mass 函数决策矩阵的转换,构建基于证据理论的移动商务交易风险模糊评估模型,通过应用举例进行验证。第六章探讨移动商务交易安全技术,建立移动商务交易安全措施方法库,提出风险控制的策略,并构建移动商务交易风险控制系统模型。第七章对全文研究内容进行总结,指出论文的创新点,并对进一步研究做出了展望。

关键词:移动通信　网上交易　风险管理

5492

**中国地方政府投融资问题研究** / 王克冰著 ; 王春峰指导. -- 天津大学, 2009. -- 153 页

论文从政府职能与政府投融资关系以及政府投融资与经济增长关系入手,针对我国地方政府投融资体制存在的问题,提出改革的总体思路和目标模式,并对监管问题和风险控制进行理性思考。论文分为八个章节。第一章绪论,介绍研究背景与意义、问题提出、论文结构与创新点。第二章对投融资理论和政府投融资与经济增长及效率关系研究进行综述,为研究提供理论基础。第三章对政府职能与投融资关系进行分析,分析政府投融资的功能及作用,探讨政府职能的投融资实现路径。第四章研究政府投融资与经济增长的关系,并进行实证研究,讨论博弈论角度下地方政府投资悖论。第五章对我国政府投融资现状及演变路径研究,结合天津案例分析,总结存在的突出问题。第六章,对美国、德国、日本等发达国家政府投融资运作机制和主要特点进行比较分析,从发展过程和实现成效研究其规律性和特殊性,对照我国地方政府投融资实际存在问题,得到启示与借鉴。第七章提出地方政府投融资改革的总体思路和模式,围绕避免政府失效和强化政府投融资监管,通过设计博弈模型对地方政府国资管理部门、政府投资公司和国有经营企业之间的关系进行探讨,并提出加强监管的政策建议。第八章对政府投融资风险识别、评估流程、风险指标构建等进行研究,利用风险评估模型对地方政府投融资风险进行实证分析,提出风险预警和规避风险的政策建议。

关键词:地方政府　政府投资　风险评价

5493

**我国绿色煤业研究** / 王克强著 ; 邓明然指导. -- 武汉理工大学, 2009. -- 123 页

论文选择"我国绿色煤业研究"作为研究课题,拟在其他学者工作的基础上进一步完善绿色煤业的理

论体系,并探寻出一套行之有效的发展绿色煤业的方法。论文分为八个章节。第一章绪论介绍论文的研究目的与研究意义、国内外研究综述以及研究内容与研究方法。第二章探讨绿色煤业的理论,包括生态工业理论、循环经济理论和可持续发展理论,为论文的研究奠定了理论基础。第三章对绿色煤业的发展情况进行国际比较,分别对美国煤业绿色管理型、德国煤业绿色技术型、澳大利亚煤业循环经济型进行了详细的介绍,以此作为全文的研究基础。第四章介绍我国绿色煤业的现状与趋势,论述我国绿色煤业的构建影响因素,并提出构建我国绿色煤业的具体路径。第五章建立我国绿色煤业的评价原则和绿色煤业的评价体系,并介绍发展我国绿色煤业的基本策略。第六章对我国绿色煤业发展提出了建议,包括运用绿色技术、实施绿色管理、遵循循环经济等策略。第七章以神火集团为对象进行绿色煤业的案例分析,分析现状及存在问题,对神火集团绿色煤业发展进行评价并提出了策略性建议。第八章全文总结与研究展望对全文的研究内容进行总结,提出来创新的思路,并对绿色煤业研究这一复杂的系统工程的未来进行展望,为其发展方向提出了独特的看法。

关键词:煤炭工业　循环经济　绿色经济

**5494**

**网络外部性市场中的技术创新和竞争策略研究** / 王岚著 ; 吕廷杰指导. -- 北京邮电大学, 2009. -- 109 页

论文在现有理论和实证研究基础上,分析通信市场中网络外部性对技术创新和竞争策略的影响。全文共分为八章。第一章绪论,介绍论文研究背景和意义、国内外研究现状、论文研究方法和论文结构以及论文主要创新点。第二章市场竞争概述,分析市场竞争表现,提出市场竞争的基本策略;分析网络外部性的涵义,提出网络外部性和市场竞争策略;第三章技术创新周期和竞争策略,分析技术创新理论,包括熊彼特创新三段论和技术采用生命周期;探讨网络外部性对于技术创新的影响,包括技术扩散曲线的标号和技术路径依赖两个方面;探讨技术创新不同阶段的反馈作用。第四章创造阶段 R&D 行为博弈论模型,从网络外部性下的企业 R&D 投入激励、市场阻挠模型两个方面展开分析;讨论限制性定价的策略。第五章新技术选择阶段的博弈论模型,提出"创新型"和"改进型"项目的模型选择,包括对称效率静态模型、不对称效率静态模型以及两阶段的动态模型,并探讨技术锁定和技术革命。第六章,新技术扩散阶段受制因素和竞争策略。从消费者的偏好和技术质量和网络规模的动态模型两方面出发,提出消费者对新技术采用的行为模型,探讨消费者预期管理和新技术炒作。第七章通信市场技术创新竞争策略的实证分析。以朗讯和北电之争、华为的光网络崛起和光子集成技术三个新技术产品竞争案例入手,对技术创新和竞争策略展开综合分析,包括两种类型的技术创新、新技术的竞争策略以及运营商和设备供应商的产业链平衡。第八章为全文回顾和展望。

关键词:技术经济学　技术创新　市场竞争

**5495**

**研发团队创造气氛、共享心智模型与团队创造力研究** / 王黎萤著 ; 陈劲指导. -- 浙江大学, 2009. -- 280 页

论文围绕"研发团队创造气氛如何影响研发团队创造力"这一基本问题展开研究,深入剖析团队共享心智模型在团队创造气氛影响团队创造力关系中的中介作用。全文共分为九章。第一章介绍研究工作的研究背景、问题的提出,进行研究逻辑框架和概念界定,提出研究目标、内容与方法。第二章首先在团队创造力内涵、创造气氛、创造力作用机理等方面对团队创造力进行评述,然后在共享心智模型的内涵、结构、影响因素、作用、测量方面对其进行评述。第三章进行探索性案例研究,通过理论预设模型研究四个研发团队的实例。第四章构建研发团队共享心智模型,分析其与团队创造力的关系,并且研究基于共享心智模型的研发团队创造气氛影响团队创造力作用机理。第五章对研发团队创造气氛、共享心智模型、研发团队创造力进行问卷预试与小样本检验,进行结果分析。第六章进行大眼本数据质量评估和方法设计。第七章对研发团队创造气氛、共享心智模型与团队创造力进行假设检验和相关分析,对基于团队呢共享心智模型中介作用进行模型验证。第八章是基于共享心智模型的研发团队创造气氛影响团队创造力分析与讨论。第九章是论文的结论与展望,提出基于两类共享心智模型的协同发展来整合团队创造气氛,进而提升研发团队创造力的路径和方法。

关键词:科研开发　组织管理　创造能力

**5496**

**面向公众参与的政府环境管理研究** / 王丽珂著 ; 陆学艺指导. -- 北京工业大学, 2009. -- 142 页

论文把当代公民社会中觉醒的公众环境参与意识和环境参与行为与政府的环境管理结合起来,探讨政府与公众在环境管理系统中的相互作用,探讨政府和公众在环境管理过程中存在的问题,提出提高政府环境管理绩效的有效措施。全文共分为六章。第一章绪论,介绍论文研究的背景、我国环境管理的沿革及存在问题分析、国内外研究述评、研究思路、研究思想、方法和技术路线以及论文的特点和可能的创新点。第二章,相关概念和理论基础。一是相关概念的厘定,包括公众环境参与能力和政府环境管理绩效;二是政府环境管理的理论基础,包括治理理论、利益相关者理论和绩效评价理论;三是公众参与环境管理的理论依据和实现动因。第三章,政府与公众在环境管理系统中的作用。首先从系统论概述、环境管理的系统特征和环境管理的系统学分析三个方面介绍环境管理系统;接着分析环境管理系统中的三大因素,包括政府因素、企业因素、公众因素以及政府、企业和公众在环境管理系统中的作用;接着介绍环境管理的两种模式,包括政府主导型的环境管理模式和公众参与环境保护的行为模式;三是政府与公众在环境管理中的博弈分析,对博弈各方的利益类型与公众与政府的博弈类型做出讨论。第四章,影响公众环境参与能力的社会结构分析。介绍我国公众环境参与能力的成长,影响公众环境参与能力的个体因素分析以及影响公众环境参与能力的区域结构差异分析。第五章,面向公众参与的政府环境管理绩效综合测评。介绍公众参与对政府环境管理绩效的激励作用,面向公众参与的政府环境管理绩效概念模型,评价方法的选择,公众参与对政府环境管理绩效激励的结构方程研究以及面向公众参与的政府环境管理绩效实证研究。第六章,提升政府环境管理绩效的政策建议,包括两位一体的互动型环境管理模式的构建和两位一体的互动型管理模式的具体实施。最后为论文的结论与展望。

关键词:环境管理　行政管理　参与管理

**5497**

**电力交易市场运营风险因素识别、机理及对策研究** / 王莉芳著 ; 杨乃定指导. -- 西北工业大学, 2009. -- 152 页

论文从发电侧、售电侧、政策等三个方面的系统视角研究电力交易市场运营风险机理,并给出相应地对策建议。全文分为七个部分。第一部分简短地介绍研究问题的背景,并阐述研究意义,研究内容、思路与结构。第二部分综述与研究相关的理论,评述风险管理理论、电力交易市场的风险因素以及风险机理研究理论。第三部分通过现状分析和文献研究,对现有电力交易市场运营风险关键因素及作用机理的相关研究进行系统地评述,分析提出发电侧、售电侧以及政策风险因素,并对各风险因素进行解释说明,给出发电侧风险因素、售电侧以及政策风险的识别体系。第四部分从影响电力交易市场运营的系统整体出发,详细分析各个可测变量和潜变量的关系,归纳提出的理论模型关系图,提炼出电力交易市场运营风险的影响因素,给出研究风险理论模型和研究假设。第五部分利用所建立的理论模型对电力交易市场运营风险的要素间的相互作用进行实证研究的设计,通过文献分析进行变量的选择和度量,以问卷调查的方式收集样本数据,并选择结构方程建模对获取的样本数据进行分析。第六部分提出电力交易市场运营风险系统、具体、实用的市场交易体系的风险规避措施。第七部分总结研究主要结论和创新点、主要局限,并对研究未来进行展望。

关键词:电力市场　运营管理　风险管理

**5498**

**基于定序合作博弈模型的人力资本定价级差问题研究** / 王凌峰著 ; 程森成指导. -- 武汉理工大学, 2009. -- 134 页

论文的研究对象为基于定序合作博弈模型的人力资本定价极差问题。全文共分为十章。第一章引言,介绍论文选题背景与研究意义、国内外相关研究现状、研究思路与研究内容。第二章合作博弈相关理论研究综述,介绍博弈论发展简史,对博弈模型进行分类,简述合作博弈模型的解概念,探讨合作博弈解概念精炼问题产生的主要原因,对合作博弈解概念的涵义和具体实现作出具体阐释。第三章定序合作博弈的 MSL 解概念,介绍定序合作博弈的定义,对定序合作博弈的主要变量列举,探讨定序合作求解的困难性、求解中变量简化的必然性,分析有序理性原则应用于不确定决策问题:字典序规则、字典序决策准则在定序合作博弈求解中的作用;对定序合作博弈模型的简化抽象并作出假设;对定序合作博弈的最简单字典序解。第四章 MSL 解概念的实验检验。对经济管理研究试验方法作简要回顾,提出经济管理实验的三个作用、一般范式和五个基本规范,提出论文实验方案的设计,对电子工程专业被试的实验数据作出说明,统计检验并对问卷调查结果比较分析。第五章

MSL解概念的计量检验。对选择高效作为实证分析对象的原因作出说明,并说明采用美国数据的原因,对数据来源作阐释并分析处理数据,对MSL解概念作统计检验并对该部分讨论作总结。第六章MSL解概念的效率分析,讨论人力资本定价方法效率分析的必要性与实质涵义、MSL解概念具有效率最大化的内禀趋势、定序合作简单字典效率的三个主要决定因素,并提出人力资本定价方案效率的测度指标涵义,对MSL解概念效率作出简介讨论。第七章高校教职工薪酬级差问题分析和讨论。第八章探讨MSL解概念在高校薪酬级差问题中的具体应用情况,并对相关数据展开分析。第九章论文框架与应用研究完善的若干设想。第十章为论文结论与展望。

关键词:人力资本　收入分配　工资改革

**5499**

**无形资产投资与企业发展** / 王佩著 ; 杨建基指导. -- 河海大学, 2009. -- 144页

论文集中探讨无形资产投资与企业发展的相关问题。全文共八章。第一章导论,介绍论文的选题背景及研究意义、国内外相关研究综述、研究范围及相关概念的界定以及研究内容、技术路线和研究方法。第二章论述无形资产投资的作用机理,无形资产创造价值的特殊性在于它可以采用许可贸易、所有权交易、特许经营、技术咨询与服务等新型方式。第三章分析无形资产投资与企业发展的关系,通过对世界500强企业的实际财务数据分析,发现加大无形资产投资确实可以促进企业发展。第四章介绍无形资产投资现状及其业绩相关性分析,通过对国内近300家上市公司三年的统计进行分析,发现无形资产与企业业绩存在较为显著的相关性。第五章介绍国内企业无形资产投资困境。第六章对策分析,针对无形资产投资困境,提出若干建议。宏观层面,财税政策体系的进一步完善;中观层面,建立开放式的无形资产合作投资模式;微观层面,实施低成本与差异化的组合战略。第七章对中兴通讯公司进行案例分析。第八章结论与展望,介绍研究的主要结论、论文的主要创新点以及未来研究的展望。

关键词:企业管理　无形资产管理　投资困境

**5500**

**面向服务的车间制造系统运行模式及支持技术研究** / 王琦峰著 ; 刘飞指导. -- 重庆大学, 2009. -- 132页

论文对支持制造服务、制造任务和制造流程有效集成的车间制造系统运行模式、运作技术以及支持系统等进行了研究。全文共六个部分。第一部分结合论文相关领域的发展及国内外研究现状,对现代制造业面临的环境进行分析,提出论文研究目的和意义。第二部分在分析车间制造系统运行模式的概念和特点的基础上,结合现代制造环境的特点,提出一种面向服务的、以流程化的制造执行链运作为核心的车间制造系统运行模式。第二部分研究车间制造系统制造资源的服务化建模方法,针对跨空间的车间制造系统之间围绕着制造任务协作的需求,提出一种基于加工对象树的制造任务规划与分解方法,对制造执行链的构建技术进行研究。第三部分在分析目前制造执行系统在体系结构和功能框架方面不足的基础上,提出一种面向服务的、支持跨车间制造系统协同运作及支持底层制造装备集成和制造过程知识管理的制造执行系统体系结构和实现方法模型,并对面向服务的制造执行建模技术和基于语义网关的制造执行系统集成技术进行研究。第四部分开发一套面向服务的车间制造执行系统的原型系统,对该原型系统地功能框架和实施模式进行分析,并结合南方英特空调有限公司的实际需求,进行系统应用和实施,取得了较好的应用效果。第五部分总结全文结论,并对研究未来进行展望。

关键词:制造工业　计算机集成制造　车间管理

**5501**

**整合营销传播中顾客感知价值的形成机理及驱动研究** / 王启万著 ; 周敏指导. -- 中国矿业大学, 2009. -- 226页

论文的研究整合营销传播过程中顾客感知价值的形成机理及其驱动作用。全文共分为十章。第一章绪论,包括研究背景、目的、意义、思路和方法,以及主要内容安排。第二章文献综述。阐释整合营销传播理论、顾客感知价值理论,整合营销传播与顾客感知价值的关系,并对现有研究进行评价。第三章整合营销传播的构成、特性及效用。在对理论分析的基础上,探讨整合营销传播的结构、特性,以及整合营销传播中关于"整合"的诠释。第四章整合营销传播面向顾客感知价值的传播过程分析,包括面向顾客感知价值的整合营销传播系统分析,单要素的传播过程分析、多重要素复杂网络传播过程分析。第五章整合营销传播对顾客感知价值的驱动分析。提出整合营销

传播驱动顾客感知价值的概念模型,探讨感知利得、感知成本与感知价值的关系,分析广告对顾客感知价值的驱动作用,促销对顾客感知价值的驱动作用,人员推广对顾客感知价值的驱动作用以及其他传播手段对顾客感知价值的驱动分析。第六章基于多 Agent 的整合营销传播效用优化及仿真。探讨多 Agent 研究方法对整合营销传播系统仿真的适用性,整合营销传播效用模型构建及仿真,基于顾客感知价值的整合营销传播决策开展优化分析,对整合营销传播的多 Agent 遗传算法优化仿真。第七章整合营销传播对顾客感知价值驱动路径的结构模型构建。基于对控制因素的研究、行业选择以及调查问卷数据统计,提出实证研究的测评模型,对调研结果探讨得出相应的实际结论。第八章整合营销传播对顾客感知价值的驱动路径实证检验。简介基本原理,分析潜变量的探索性因子、潜变量因子衡量的信度和效度,对模型检验并对结果评价。第九章实施整合营销传播的对策与措施。探讨实施整合营销传播的原则与过程,提出实施顾客感知价值导向的整合营销传播注意事项。第十章为论文的结论、创新点及研究展望。

关键词:市场营销　关系营销　顾客满意度

**5502**

**基于范畴论的应急决策知识供需匹配方法研究** / 王庆全著 ; 荣莉莉指导. -- 大连理工大学, 2009. -- 145 页

论文以实现应急问题情境下有效的决策知识语义关联获取为目标,以范畴论为主要工具,运用管理科学和计算机科学的方法,研究在多变应急决策环境和紧迫知识供给条件下决策知识的共需匹配方法。全文共六部分。第一部分绪论,介绍研究背景及对象,综述国内外研究现状,阐述已有研究存在的不足,介绍研究目的、方法和论文结构。第二部分从应急决策知识的来源、表现形式、敏捷特性和产品特性角度,分析应急决策支持过程中实现快速知识获取的需求,提出基于敏捷供应链的应急决策知识供给机制。第三部分分析应急决策知识的语义特性,将范畴论和定型范畴论引入应急决策知识的结构化表示。从概念性和结构性知识相结合的角度,研究了应急决策领域建模和知识表示问题。第四部分通过联想和推演过程,实现范畴化知识结构的对象和态射补充,提出基于最大公约子范畴的决策知识相似度计量方法,以及知识片段的语义融合度计量方法。第五部分针对应急问题情境同背景知识关联不规律的特点,提出基于遗传算法的语义关联重组方法。第六部分归纳研究结论,做进一步研究展望,阐述论文创新点。

关键词:突发事件　应急对策　公共管理

**5503**

**我国自然垄断行业的激励性管制研究** / 王锐著 ; 傅毓维指导. -- 哈尔滨工程大学, 2009. -- 140 页

论文对我国自然垄断行业的激励性管制问题进行研究。全文包括正文七章与结论部分。第一章绪论,介绍论文研究的背景、目的及意义,阐述国内外研究现状,对论文研究的总体思路和研究方法进行说明,总结论文的创新之处。第二章介绍论文相关的基础理论,包括自然垄断理论、政府管理理论、可竞争市场理论、价格管制理论以及 DEA 理论。第三章对自然垄断的成因及自然垄断行业的边界问题进行研究。对自然垄断行业进行在界定,只有如电信网、输配电网及自来水管网等由系统结构属性的网络构成的行业或业务环节,才是典型的自然垄断行业或自然垄断的业务环节。第四章在构建激励性的价格管制模式上,研究价格上限管制下企业的信息获取激励和产品服务的质量改善激励问题。构建一个收入共享机制的信息获取激励管制模型,并通过模型证明,引入收入共享机制的价格上限管制,比纯粹的价格上限管制,更能有效激励企业去获取有价值的技术和市场信息。第五章构建一个市场渗透性进入策略的投资行为模型,通过对管制容纳激励机制的分析,给出自然垄断行业引入竞争的条件,即随着技术发展和市场需求结构的变化,管制者应对自然垄断行业的市场渗透性进入策略给予容纳许可,以实现进入管制下的适度经济。第六章针对我国电力行业的发展及管制改革现状,指出电力行业管制改革方向,构建了一个配电环节的基于 DEA 和标尺竞争管制的价格上限管制模型,提出多种激励性价格管制相结合的综合价格管制模式。第七章结合我国电信行业的管制改革,对渗透性进入策略的实施进行实证分析。结论部分对所做的研究工作进行归纳总结。

关键词:垄断行业　政府管制　市场竞争　激励

**5504**

**核电供应体系及其风险管理与控制研究** / 王锐兵著 ; 王道平指导. -- 北京科技大学, 2009. -- 103 页

论文研究对象为核电供应体系及其风险管理与

控制。全文共分为六章。第一章绪论,介绍论文研究背景及意义,研究内容、对象和范围,研究思路和研究方法,创新与探索,论文的组织安排。第二章文献综述,综述供应链管理理论,包括已有的研究进展和核电供应体系的简介;综述供应商选择方法,包括供应商选择的影响因素、指标体系和评价方法;综述供应风险管理,包括风险管理内容以及供应链风险管理的研究现状;对危险品运输路径选择研究综述,包括国内外危险品运输路径优化的相关研究以及确定危险品运输安全路径的方法。第三章核电供应风险的综合评价模型研究,对核电供应风险分析,探讨核电供应风险的类型、特点以及风险产生的原因;提出核电供应风险评估模型,包括基于专家系统的风险估算模型和基于人工神经网络的核电供应体系风险评价模型。第四章基于粗糙集和模糊层次分析法的核电供应商选择方法。对核电供应商评价体系概述,包括评价体系的设计、策略以及执行方式;提出核电供应商评价指标体系的构建;探讨基于粗糙集的供应商评价属性约简,包括数据的预处理以及决策表约简;分析核电供应商选择的模糊评价方法,并作出实例分析和讨论。第五章基于熵权的乏燃料公路运输选线模糊层次分析模型。对乏燃料简述,分析影响公路运输线路选择的主要因素,构造基于熵权的模糊层次分析模型,并开展实例分析,得出结论。第六章为论文的结论。

关键词:核电站　供应链管理　风险管理

**5505**

**面向顾客的留学生教育服务质量管理研究** / 王升著 ; 曾珍香指导. -- 河北工业大学, 2009. -- 127 页

论文基于服务质量管理的角度,借鉴商业领域内服务质量及顾客满意度的相关理论,将留学生教育视为一种综合服务组合,基于顾客的视角,结合我国留学生教育服务发展的实际情况,深入系统地研究留学生教育质量问题。论文共八章,第一章是绪论,包括研究背景及问题提出,研究意义,研究目的内容,创新点,研究方法及技术路线。第二章是理论综述及国内外研究现状、顾客感知服务质量相关概念机理论、顾客满意与顾客忠诚理论、国内外关于高等教育及留学生教育质量的研究概况。第三章是留学生教育服务的概念及特性分析。第四章是留学生教育服务质量影响因素及理论分析框架,留学生教育服务质量的定义及内涵,留学生教育服务质量特性,留学生教育服务质量影响因素分析,留学生教育服务质量管理分析框架。第五章是留学生教育服务质量管理模式及策略研究。第六章是留学生教育服务质量评价研究,包括留学生教育服务质量评价原则及方法、留学生教育服务质量评价指标体系及调研过程。第七章是留学生教育服务顾客满意度研究,包括概念模型设计、调研方案设计、数据的描述性分析和因子分析、数据的可靠性分析、结构方程模型分析结果及讨论。第八章是全文总结与展望。

关键词:留学生教育　服务质量　顾客满意度

**5506**

**基于有限理性范式的资产市场演化博弈机制研究** / 王树强著 ; 陈立文指导. -- 河北工业大学, 2009. -- 125 页

论文研究以信息非均质为特征的有限性行为对资产市场参与者生存能力的影响,对市场有效性水平和政府的市场监管效果进行评估。全文共分七章。第一章绪论,介绍研究问题的提出与研究意义、研究思路与研究方法、研究内容与研究框架以及研究的创新点。第二章为文献综述,阐述完全理性范式下的资产市场运行理论、有效市场理论的完善和面临的挑战、异象与有限理性范式的确立、有限理性范式的发展以及有限理性范式下的博弈模型。第三章对资产市场的联动性进行研究,在证明资产市场的联动性的基础上,为消费者行为构建模型,对消费者均衡状态求取及对房地产市场景气度测量,市场失衡条件下房地产市场的响应。第四章分析资产市场的有效性的检验和失效诱因的识别,包括基于 BP 神经网络的股票市场有效性检验、信息时间分布集中和分散时的市场效果、讨论分析市场失效的本质。第五章对基于不完全信息动态博弈的非理性个体生存能力进行了研究,包括非对称信息交易机制评述与模型的建立、资产交易均衡解析以及均衡状态的经济内涵。第六章对演化博弈的完全非理性群体生存能力进行研究。根据演化博弈模型的研究框架和结构对投资情绪同一条件和差异条件下的资金流动进行解析和评价。第七章为结论与展望,分别对研究工作进行了总结概括,并提出了未来研究工作的展望。

关键词:股票市场　资产市场　投资行为

**5507**

**中国金融业集聚问题研究** / 王拴红著 ; 成思危指导. -- 中国科学院研究生院, 2009. -- 192 页

论文通过提出对于建设金融中心的可行性策略，对我国的金融业集聚问题进行研究。全文共分为十个章节。第一章导论，介绍要研究的问题、国内外研究的现状、研究内容和结构安排以及主要创新点。第二章为金融集聚相关研究的文献综述，包括空间金融学、产业地理集中的主要学派、金融中心理论以及银行跨国发展的理论研究。第三章对金融中心的特征、类型和模式进行了分析，包括世界主要国家金融业总部的空间分布特征，按名义—功能分类法、发展阶段分类法、地理分类法、资金来源与流向分类法对金融中心进行的分类，金融中心的多种模式以及各种金融资源的空间流动性特征。第四章对金融业地理集聚的动因进行了分析，包括国际金融中心形成与发展的案例比较研究、金融中心成因的案例比较研究、金融业地理集聚形成的外部推动力研究、金融业地理集聚的影响因素及动力机制以及比较优势与金融产业集聚研究。第五章分析金融集聚的理论模型，并对稳定性进行分析研究。第六章对跨国银行的区位决定及动因进行分析，包括外资银行在中国的空间特征分析、在华外资银行地理集中的动因检验分析、定性分析影响跨国银行在华区位决定的因素分析，以及跨国银行在华投资动因的实证研究分析。第七章对金融集聚的度量和中国金融业地理集聚的现状进行分析。在分析金融集聚的度量方法之后，对中国金融机构存贷款的集聚程度金融业分行业的地理集中特征、地理集中程度的变化趋势以及我国区域金融发展差异的空间统计进行分析研究。第八章对基于金融竞争力评价指标体系的我国金融中心选址的问题进行了研究，包括金融竞争力评价指标体系的建立研究以及城市金融竞争力的系统聚类分析。第九章对我国金融中心建设的战略选择进行分析研究。主要包括上海、北京、深圳金融中心建设的政策支持研究以及我国金融中心建设的政策建议与对策研究。第十章为结论，对全文的研究工作进行总结概括。

关键词：金融业　产业发展　聚集经济

**5508**

**中长期能源预测预警体系研究与应用** / 王思强著 ; 关忠良指导. -- 北京交通大学, 2009. -- 153 页

论文结合我国中长期能源发展实际，对能源预测预警的理论和时间进行研究和探索。全文共分为九章。第一章引言，包括问题的提出，论文的研究背景、研究意义、研究方法以及论文的结构。第二章能源预测预警的研究进展，介绍能源预测方面的研究进展，包括 LEAP 模型、MARKAL 模型、AIM 模型和 SGM 模型；介绍能源预警研究进展，包括相关领域预警研究进展和能源领域预警研究进展。第三章能源预测预警研究的理论基础。首先介绍能源预测预警研究的基本概念；接着对能源预警的要素分析，包括警义、警源、警兆、排警措施以及能源预警要素的关系；三是对能源预警的机制研究；四是警限确定的方法和原则；最后是能源预警的方法分类。第四章能源预警系统的指标研究。内容介绍指标构建概述，主要预警指标分析。第五章中长期能源需求预测模型构建。首先介绍中长期能源预警预测研究的意义；接着对预测模型的选择做出介绍与修正；再次提出 SGM 模型的结构、SGM 模型的基本方程；最后阐释 SGM 模型的求解步骤。第六章中国中长期能源需求预测，包括模型基础数据、中国未来能源预测情景设计、中国未来能源需求量预测和相关的思考与总结。第七章中国中长期能源预警研究。对中长期能源预警分析，提出中长期能源预警指标研究成果，分析综合预警指数，对能源预警的警情展开分析。第八章论文的政策措施与建议，包括完善能源预测预警制度、深化能源预测预警方法研究工作、建立能源预测预警系统的保障措施并加强国际间的交流与合作。第九章为研究结果和展望。

关键词：能源　预测　预警系统

**5509**

**企业技术并购协同效应研究** / 王宛秋著 ; 张永安指导. -- 北京工业大学, 2009. -- 161 页

论文针对技术并购中的协同问题，以战略协同理论和动态能力理论为基础，通过案例研究、问卷调查、上市公司数据采集等途径获取数据，利用解释结构模型、系统动力学、统计学、风险管理技术等方法对技术并购协同的理论框架、主要影响因素、形成机理、绩效评价、协同失败的风险及控制方法进行研究。全文共分为四大部分。第一部分从协同理论出发，对技术并购协同进行界定，并基于动态能力观研究技术并购协同的内涵和机理，提出企业技术并购协同的研究框架，建立技术斌巩固主要影响因素的 ISM 模型。第二部分采用系统动力学的方法，建立一个技术并购协同的 SD 模型，对协同主要影响因素的作用方式。作用程度和协同的形成过程进行模拟，研究变量间对协同结果的共同影响。第三部分选取深、沪两市上市公司

的41起技术并购事件作为样本,对我国上市公司技术并购的绩效进行实证研究。第四部分以技术并购协同的主要影响因素和形成过程的研究呢为逻辑基础,分析导致技术并购协同失败的主要风险,并应用风险管理技术提出利用风险规避、风险减轻和风险转移等避险工具管理协同风险的对策建议。论文提供一些可供参考的研究结论,供我国企业技术并购中目标选择、协同风险规避、协同机会判断参考。

关键词:企业合并　技术革新　并购

**5510**

**非均衡理论下住宅市场供求机制研究** / 王万力著 ; 施建刚指导. -- 同济大学, 2009. -- 154 页

论文在综合分析国内外相关文献的基础上,对静态非均衡理论的前提出市出清假说的使用范围,并在非均衡理论框架下分析住宅市场长期供求的影响因素记忆短期存量和价格的变化模式,最后在实证的基础上,结合快速城镇化阶段我国住宅市场发展的总体目标,就近年来的长短期政策做出了评述。论文共包括八个章节,第一章是研究背景以及国内外相应的研究现状和文献综述,在此基础上提出论文的研究内容、方法及技术路线。第二章对住宅市场非均衡理论进行分析,解释了相关的概念和非均衡理论下的住宅市场供求机制。第三章分析非均衡住宅市场的长期供求机制,包括长期需求变动机制和长期供给变动机制。第四章深入研究非均衡住宅市场短期存量和价格变动机制分析,对短期存量变动机制,短期价格变动机制进行了分析。第五章建立住宅市场供求机制非均衡实证模型,对模型的参数进行确定并用模型分析相关的影响因素。第六章对模型进行实证研究,用模型进行估计和对比,验证了模型的正确性和可行性。第七章在实证验证的基础上,用模型给出相应了建议,包括住宅市场宏观调控政策评析。第八章是论文的结论和展望。

关键词:住宅市场　供求结构　供求失衡

**5511**

**基于GIS的区域公路地质灾害管理与空间决策支持系统研究** / 王卫东著 ; 王国顺指导. -- 中南大学, 2009. -- 164 页

论文结合信息技术和GIS技术,研究区域公路地质灾害危险性区划,地址灾害时空预测预报理论,设计并实现区域公路地址灾害管理与空间决策支持系统。全文共分为七章。第一章前言,介绍论文选题背景、依据和研究意义,国内外研究现状,研究的主要内容、解决的主要问题。第二章空间决策支持系统基础理论和系统框架,介绍决策支持系统基础理论,空间决策支持系统基础理论,系统总体框架和系统功能组织流程。第三章区域公路地质灾害危险性评价,介绍相关概念,探讨区域公路地质灾害空间危险性评价原理;对区域公路地质灾害空间危险性评价方法综述,包括直接作图法和非直接作图法;基于评价指标体系建立的原则和空间危险性区划主要影响因素,对评价指标量化和分级,建立区域公路地质灾害空间危险性评价指标体系;提出本研究应用的区域公路地质灾害空间危险性评价方法,包括权重线性组合方法,Logistic回归分析方法,主观权重模型以及主、客观综合权重模型;基于气象因素诱发地址灾害的特点,基于雨量的地质灾害危险性预报模型,对区域公路地质灾害雨量危险性预报;对区域地质——气象耦合预警预报。第四章区域公路地址灾害监测预报及模型库设计,探讨公路地址灾害监测目的语内容,提出监测数据分析处理模型、监测数据预测预报模型,对滑坡位移多模型联合预测,对变形阶段评判,对预测预报的模型库展开设计。第五章区域公路地质灾害数据模型规划与设计。基于区域公路地质灾害数据特点及其规划,对公路地址灾害数据标准设计,提出区域公路地质灾害区划数据模型,公路地址灾害项目数据模型以及区域公路地质灾害数据物理模型及其实现。第六章贵州省公路地质灾害监测预报决策支持系统。对系统进行总体设计,对贵州省公路地质灾害危险性区划图编制,对灾害监测数据分析处理,并预测预报滑坡灾点,对公路地质灾害信息网络发布。第七章为结论与展望。

关键词:道路工程　灾害管理　地理信息系统　决策支持系统

**5512**

**基于Multi-Agent的区域物流网络优化研究** / 王伟著 ; 王慧敏指导. -- 河海大学, 2009. -- 171 页

论文基于基于多智能体(Multi-Agent)的基本思想,对区域物流网络及其内部节点布局优化进行深入探讨。全文共分为六章。第一章绪论介绍论文的研究背景与意义,综述国内外研究现状,阐明论文的研究目标、内容和研究方法。第二章从区域物流网络的一般定义入手,论证区域物流网络的复杂适应性特

性,分析智能体(Agent)技术在区域物流网络优化研究中的适用性,并提出基于Multi-Agent和双层规划理论的区域物流网络优化研究框架,为区域物流网络优化研究奠定理论基础。第三章在综合分析区域物流网络运输、仓储、作业成本、网络可靠性以及区域物流网络格局变化对区域物流生成量的影响和区域经济的拉动效应上,构建离散型区域物流网络配置综合优化的双层规划模型,并基于遗传算法和模拟退火算法对模型进行求解,同时将Voronoi图与引力模型相结合对多级物流节点体系服务范围划分进行研究,提出连续型区域物流节点配置优化方法。第四章引入Multi-Agent技术与元胞自动机模拟技术,构建地理模拟系统,实现复杂地形条件下多约束大规模物流节点内部布局优化,并提出物流节点交通组织优化设计的方法体系。第五章以苏南高速公路物流网络优化、该网络内某公路物流港内部布局与交通组织优化为例进行实证研究,从宏观到微观全面论证论文提出的优化方法的系统性和可行性。第六章总结论文得出的结论,提出相应的展望。

关键词:地方经济　资源配置　最优化算法

**5513**

**基于文化遗传算法的作业车间调度问题研究**／王伟玲著；李铁克指导. -- 北京科技大学, 2009. -- 103页

论文围绕三类作业车间调度问题,以文化遗传算法为基础,力图探索符合期问题特征的优化求解方法。全文共分为六章。第一章引言介绍论文的选题背景、研究意义和研究内容。第二章文献综述首先介绍生产调度问题的基本概念、特征和研究方法,然后阐述作业车间调度问题的复杂性和问题的目标函数,接着是三种作业车间调度方法,最后对文化算法研究进行综述。第三章详细介绍作业车间调度问题的遗传算法,包括问题模型、求解方法以及仿真实验。第四章针对单目标柔性作业车间调度问题,在分析问题特性的基础上,提出一种基于知识指导的文化遗传调度算法,并进行仿真实验。提出具有自学习特点的形似性选择算子,使子代更好地继承父代的优良特性,Benchmark算例仿真实验与分析,进一步验证了该算法的有效性。第五章针对多目标作业车间调度问题,通过问题建模,模型求解,提出正逆序调度方法、文化算法与GTGA相结合的双种群文化遗传算法。Benchmark算例仿真实验表明,该算法能够有效解决多目标作业车间调度问题。第六章是论文的结论。

关键词:车间调度　遗传算法　多目标优化

**5514**

**闭环供应链的利润分配、协调机制和网络均衡研究**／王文宾著；达庆利指导. -- 东南大学, 2009. -- 138页

论文运用博弈论、报童模型、委托代理理论、最优化方法、广义随机Petri网、变分不等式等方法,研究闭环供应链的利润分配、协调机制和网络均衡问题。全文共十一章。第一章绪论概述研究背景、意义、框架及主要创新点。第二章为文献综述,综述国内外相关研究现状,提出研究任务。论文主要研究闭环供应链的利润分配、协调机制和网络均衡。第三章研究不考虑新制造产品与再制造产品差异定价的基本利润分配。第四章研究考虑市场细分的闭环供应链利润分配。第五章研究逆向供应链系统内部的协调机制。第六章研究系统外部政府奖惩机制的协调。第七章从渠道权利结构的视角研究闭环供应链的定价与协调。第八章建立逆向供应链网络流程的广义随机Petri网模型并分析其结构特征。第九、十章以变分不等式为工具分别建立第三方和零售商负责回收的闭环供应链网络均衡模型,分析政府的奖惩措施等外生变量对于闭环供应链网络均衡状态的影响。第十一章总结论文的主要工作并展望未来的研究方向。

关键词:供销管理　供应链管理　企业利润

**5515**

**基于管理熵的中国水电上市公司绩效评价研究**／王西星著；任佩瑜指导. -- 四川大学, 2009. -- 216页

论文以管理熵理论为核心,根据水电企业的特点,构建基于管理熵的评价指标体系,利用建立的管理熵评价模型对水电上市公司绩效进行评价,根据绩效评价值进行预警研究。全文共分为八章。第一章导论介绍论文研究背景和目的、研究意义、研究范围、研究方法、研究思路及结构安排。第二章主要是对企业绩效评价理论和方法研究、企业预警研究文献的回顾与综述,对国内外研究现状进行研究和评价。第三章为熵理论的回顾。第四章用管理熵、管理耗散结构理论揭示水电企业组织演化的规律,根据水电企业基本价值链,结合现代产业组织理论SCP研究框架,阐述水电上市公司的绩效组成。第五章主要是构建基于管理熵的水电上市公司绩效评价体系,解释指标含义,对各指标与熵值的关系进行研究。第六章在说明

数据来源、数据处理和确立指标权重后，根据管理熵评价模型对水电上市公司进行实证研究。第七章根据上一部分研究得到的水电上市公司绩效评价值，对水电上市公司绩效进行预警研究。第八章指出论文结论、不足、创新及进一步研究方向。

关键词：水电企业　上市公司　企业绩效

**5516**

**风险导向型内部审计在我国商业银行的应用研究** / 王希全著 ; 李心丹指导. -- 南京大学, 2009. -- 161 页

论文在对内部审计的相关理论和国内的研究文献进行系统梳理的基础上，选择商业银行风险导向内部审计作为研究对象，结合国内的实践经验展开探讨。全文共分为八章。第一章绪论，介绍问题提出背景、论文研究思路和方法以及可能的创新之处。第二章理论基础与文献回顾，详细阐述内部审计的起源与发展、内部审计理论的历史演进、风险导向型内部审计的基本理论和国内外相关研究文献的回顾。第三章商业银行风险导向型内部审计框架设计。对我国商业银行内部审计的现状作出分析，探讨商业银行风险导向内部审计的本质，研究商业银行风险导线内部审计的职责和对象，讨论商业银行风险导线内部审计流程。第四章商业银行风险导向内部审计的风险评估，包括审计单元与风险评估对象确定、风险宇宙和风险评估模型、商业银行固有风险评估、商业银行控制风险评估以及对商业银行剩余风险评估和调整。第五章商业银行风险导向内部审计的计划与实施。提出风险导向内部审计的计划，探讨风险导向内部审计的实施流程，提出风险导向内部审计报告，对风险导向内部审计持续跟踪。第六章商业银行风险导向型内部审计的价值分析，包括商业银行内部审计的服务属性、商业银行内部审计的服务价值评估模型、商业银行内部审计服务价值评估实证分析。第七章商业银行风险导向内部审计案例研究。分析案例的背景，提出风险评估与审计计划，风险评估与审计项目，并对风险导向内部审计的实施与报告以及风险导向内部审计带来的增值效果作出具体说明。第八章为论文的结论和建议。

关键词：金融审计　商业银行　风险评价

**5517**

**价格规制下的发电企业投资研究及监管建议** / 王霞著 ; 胡培指导. -- 西南交通大学, 2009. -- 115 页

论文对当前国际上电力产业所采用的两种最主要的价格规制工具进行分析研究，为改革和完善现阶段我国电力产业价格规制政策、监管政策提供参考。全文共分为七章。第一章绪论，介绍选题的背景和意义、国内外研究现状、文献述评，并基于产业安全的我国发电资产投资现状及问题展开分析，最终提出论文的主要工作内容。第二章价格规制对发电企业投资的影响分析。首先介绍价格规制的类型与方式，包括回报率规制、价格上限规制以及基于投资角度的两种价格规制模式的比较；二是对价格规制参数对发电企业投资的影响分析，包括收益率、价格上限对发电企业投资的影响，规制下价格波动对发电企业投资的影响，价格规制对发电企业投资效用的影响；三是价格规制下发电企业投资行为分析，包括发电投资内涵的演变以及对价格规制下发电企业策略性投资行为的分析；最后是基于投资角度的我国区域电力市场价格规制方式的构建探讨。第三章价格规制与投资准入对发电企业投资的影响分析，包括准入审批规制、投资体制改革下的准入审批规制、基于行政审批制度的发电企业投资决策分析以及价格规制与准入审批规制双重影响下的发电企业投资。第四章价格规制滞后对发电企业投资的影响分析，包括价格规制滞后下的发电企业投资分析、价格规制滞后下的发电企业投资影响因素分析等。第五章价格规制信用对发电企业投资的影响分析。首先提出价格规制的规制系统问题，对基于政府不同目标的价格规制信用展开分析，研究价格规制信用下的发电企业容量投资，对增加可置信承诺的博弈分析，探讨基于价格规制信用的激励机制设计。第六章价格规制下发电企业投资监管的政策建议。对英美国家电力产业价格规制及监管制度比较，分析我国电力产业价格规制及监管制度的演变与现状，分析价格规制下的发电企业投资监管。第七章为结论与展望。

关键词：电力工业　价格机制　监管制度

**5518**

**基于 GIS 的区域科技发展空间结构与合作网络分析** / 王贤文著 ; 刘则渊, 姜照华指导. -- 大连理工大学, 2009. -- 134 页

论文定性分析中国区域科技布局的空间差异和动态不平衡，定量分析区域空间差异程度，对中国区域科技发展的空间结构与合作网络进行研究。全文共分六章。第一章导论，介绍问题的提出、研究背景、

研究目的及研究意义、国内外相关研究及评述、主要研究方法及创新点。第二章阐述中国区域科技发展的空间差异及其演变历程。从科技投入与产出的角度确定科技发展空间差异的评价指标,从地带层次直接比较科技投入产出的绝对差异,从省域层次通过CV系数和Theil指数分解的结果发现各省域的许多科技指标空间差异还在不断扩大。第三章分析了中国区域科技发展的空间集聚特征及其形成机制。包括从空间统计学的角度考察中国区域科技发展的空间集聚状况、中国区域科技发展集聚的GIS探测、中国省域科技发展的Voronoi图分析、中国区域科技发展的集聚度的划分。第四章对中国区域科技产出的合作网络及其空间结构进行分析。利用社会网络分析对中国省域高水平论文合作网络的密度、合作的核心—边缘结构,以及地理距离对地区间论文合作的影响进行实证性的研究。第五章对区域科技与区域经济发展关系的空间进行分析。主要分析中国区域科技和经济发展的匹配情况,通过建立空间计量模型研究中国区域科技投入对经济增长的影响程度。第六章为结论与讨论,包括对全文的总结以及对研究工作的讨论分析。

关键词:科学技术　发展战略　经济合作

**5519**

**从系统角度研究现代经济组织的道德演变和道德建设** / 王晓明著 ; 王浣尘,陈明义指导. -- 上海交通大学, 2009. -- 178 页

论文以系统科学理论为指导,综合运用经济学、博弈论、Swarm仿真分析理论、可持续发展和网格化等多学科领域的最新研究成果,从系统角度研究现代经济组织的道德演变和道德建设。全文共分为七章。第一章绪论,介绍论文研究主题、研究意义、研究方法、研究内容与框架以及研究技术路线和主要创新点。第二章相关文献回顾与评述,内容包括中国古代传统的经济道德观、西方古典经济学中经纪人假设面临的挑战、现代中外经济学者对道德行为的研究,当代国内学者对市场经济下道德和诚信缺失与建设的研究,与道德行为研究密切相关的网格化理论等。第三章现代经济组织道德行为演变理论分析,分析不同道德属性人的基本定义与模型,包括本研究不同道德属性行为人的分类和定义、系统中不同道德属性行为人的基本模型、西方经济学中理性经济人在此模型下的行为分析以及不同道德属性行为人对应的经济系统类型;对由生产者和消费者构成的经济系统道德演变模型分析,对多类型行为人构成的经济组织道德演变稳定性判据模型分析,对道德污染对经济道德环境的影响模型探讨并分析。第四章现代经济组织道德演变的临界点和影响因素分析。首先对仿真建模方法简述,基于Swarm道德演变经济系统提出仿真模型,对仅存在A、B两类人时经济系统道德演变临界点分析,对由A、B、C三类人构成的经济系统道德演变理解点及变化分析,对几个重要参数对经济系统道德演变临界点的影响做分析。第五章网格化管理与现代经济组织道德建设的案例分析,内容包括网格化管理与现代经济组织的关系探讨,网格化管理对现代经济组织道德建设的重要性分析,探讨道德行为在现代经济组织中的诚信问题方面的表现,对网格化管理思想应用于企业诚信建设的案例进行分析。第六章道德建设的旋进策略及案例分析,探讨难度自增殖系统与旋进策略,现代经济组织道德建设的旋进策略,并分析淘宝网运行网格化管理和旋进策略进行网络诚信建设的案例。第七章为结论与展望。

关键词:企业管理　组织管理　职业道德

**5520**

**基于价值共赢的电信商业模式研究** / 王晓明著 ; 李仕明指导. -- 电子科技大学, 2009. -- 130 页

论文对基于价值共赢的电信商业模式进行分析研究。全文共分七个章节。第一章绪论,介绍研究背景和意义、论文的研究内容与框架以及论文的创新点。第二章对国内外的研究进行评述,包括经典的竞争优势理论、价值链理论、商业模式理论以及共赢理论。第三章分析电信商业模式的构建,将商业模式的价值和结构属性进行了统一,建立"要素—结构—功能"的系统分析框架,并分析基于价值链结构的电信商业模式的构建,提出基于共赢价值关系的电信商业模式构建的观点。第四章分析研究电信商业模式的共赢激励策略,在经典的委托代理框架下,引入反映共赢的价值偏好参数,结合服务提供商的隐性激励和机会主义行为,分析共赢的电信商业模式激励策略设计。第五章对基于用户支付意愿的电信商业模式定价策略进行分析,在考虑服务提供商和运营商相对市场关系的基础上,围绕单项业务的定价决策与多项业务的捆绑定价决策问题展开的研究。第六章以移动梦网商业模式为例,对移动梦网商业模式的产生背景,形成历程进行分析研究,并聚焦于中国移动与各

服务提供商之间的价值标准的制定与规范,交易、分成机制的建立和完善,考察共赢的价值关系对移动梦网商业模式的价值实现,以及运营主体之间的长期发展的积极影响,对论文的理论研究的结论与成果进行验证和阐释。第七章为研究总结与展望,包括对研究内容的概括总结以及对未来研究工作的展望。

关键词:电信业　商业模式　定价决策

**5521**

**基于复杂系统理论的区域协调发展研究** / 王欣菲著 ; 曾珍香指导. -- 河北工业大学, 2009. -- 122 页

论文采用文献分析、实证研究和计算机仿真等研究方法,从复杂科学的研究视角界定区域协调发展内涵,研究区域协调发展系统的空间结构和功能结构,并基于多主体建模思想对区域协调发展系统进行建模与仿真研究。全文共分为六章,四部分。第一部分,包括第一章和第二章,介绍论文的选题背景、研究现状、研究内容和创新点等内容;从概念、作用机制、评价及对策等角度对区域协调发展研究现状进行综述;对比分析学术界对区域协调发展内涵具有代表性的五种认识;对区域协调发展的内涵进行界定;分析区域协调发展系统的特征和演化机理。第二部分为第三章、第四章和第五章,分别对区域协调发展系统的功能结构和空间结构进行分析。利用 CNKI 数据库对近年来相关的设计指标进行频度统计,选取 40 个体现准则层特征的关键指标,以京津冀实际发展数据为基础,同时结束数据分析软件对区域功能子系统协调发展度评价模型进行实证研究;分析区域空间结构的系统性基本特征和信息时代特征,综述区域空间场的研究现状,界定区域空间场内涵和相关概念,尝试用空间场的理论和思维方式来分析区域协调发展功能子系统在空间结构中存在的相互作用。第三部分为第六章,阐述区域协调发展系统的复杂性和适应性;阐明区域协调发展系统建模仿真思路;分析区域协调发展系统的主体环境;设计区域协调发展系统仿真模型;仿真观测到主体数量随时间变化、劳动分工演化、城市涌现以及流的形成等现象。第四部分,第七章是论文主要研究结论和进一步研究工作的展望。

关键词:区域经济　产业结构　协调发展

**5522**

**耦合水体流动循环系统的围海造陆区域规划理论与应用研究** / 王新风著 ; 钟登华指导. -- 天津大学, 2009. -- 106 页

论文围绕围海造陆项目,提出水体流动循环系统概念并将其耦合到围海造陆区域规划及决策全过程,提出一种可供参考的理论分析方法,推动围海造陆向可持续方向发展。全文共分为七章。第一章介绍论文研究背景、研究意义、研究现状以及研究内容。第二章基于水体循环系统的概念,对水体流动循环系统的研究对象、理论与设计方法进行研究探索;探讨将其耦合到围海造陆区域规划及决策过程的定性与定量方法。第三章依照区域规划步骤,从耦合水体循环系统的围海造陆区域总体规划角度,分析水体流动循环系统对围海造陆区域规划的影响。第四章从耦合水体流动循环系统的规划效益分析角度建立成本估算模型、生态系统评价损害评估模型、土地出让收益估算模型,进而得出效益分析模型。第五章基于水体流动循环成本、生态保护、规划设计合理性、围海造陆经济效益等几个方面,以规划方案的多目标多层次综合评价指标体系,建立耦合水体流动循环系统的围海造陆区域规划多目标决策模型,并采用组合赋权法计算指标权重。第六章针对天津海滨旅游区围海造陆项目,进行实例研究。第七章对论文研究成果进行总结,指出存在的问题和发展方向。

关键词:填海造地　区域规划　水循环

**5523**

**我国上市公司治理风险预警机制研究** / 王旭著 ; 宁云才指导. -- 中国矿业大学, 2009. -- 112 页

论文研究的目的是试图针对我国上市公司的治理环境,建立上市公司治理风险预警机制,力求预测公司治理风险的等级水平,把事后评价转到对结果的事前预测上来。全文共分为八章。第一章阐述我国上市公司治理风险预警机制的选题背景,研究目的、意义、思路、方法及国内外研究现状等内容。第二章对公司治理风险的相关理论和现阶段我国上市公司存在的风险诱因进行机制分析。第三章以风险监测—风险评估—风险预控为逻辑思路,阐述上市公司治理风险预警机制的概念、特点、功能框架、构建原则与建立流程。第四章采用统计分析的方法,对我国上市公司治理的风险相关数据进行分析,建立基于股东、董事会、监事会、经理层四大维度共 20 个指标的治理风险指标体系以用于对公司治理风险的监测。第五章运用熵权法和主成分分析法建立上市公司治理风险评估模型。第六章利用国泰安 2008 上市公司

治理结构研究数据库以及沪深证交所的诚信记录，采用BP神经网络的方法建立公司治理风险预警模型。第七章根据上市公司存在的治理风险，分别从股东、董事会、监事会和经理层四个维度提出相应预控措施。第八章 在以上研究的基础上，对论文进行总结，归纳创新点，阐述论文研究不足，并对以后的研究方向提出相应展望。

关键词：上市公司　风险管理　预警系统

5524

**基于价值链的钢铁企业供应商选择问题研究** / 王煦著 ; 王道平指导. -- 北京科技大学, 2009. -- 111 页

论文以钢铁企业为主要研究对象，对钢铁企业的采购活动进行深入分析，以构成采购价值链的三个主要活动为核心进行研究。全文共分为七章。第一章绪论介绍课题背景及意义、研究对象和内容、研究思路和方法、论文的创新点以及论文的组织安排。第二章对相关文献进行综述，包括价值链理论、供应链和供应商、供应商选择指标体系的研究现状和供应商选择方法的研究现状。第三章以EKM为工具建立钢铁企业采购价值链模型。第四章针对供应商分类问题，提出供应商分类指标体系和改进的模糊聚类算法的分类模型，改进后的分类模型可以反映出各个指标对分类结果的影响。第五章采用实证研究和统计技术相结合的方法，通过在钢铁企业中发放调查问卷确定钢铁企业绿色供应商选择指标，从而构建钢铁企业的绿色供应商选择指标体系。第六章提出新的供应商选择组合模型——DEA/TOPSIS模型，针对DEA方法的不足，用TOPSIS模型对对有效的决策单元进行进一步优选，克服DEA缺陷，发展了DEA方法。第七章总结论文的主要结论，确定进一步的研究方向。

关键词：钢铁企业　供应链管理　价值链

5525

**基于互惠的供应链信息共享机制的演化研究** / 王迅著 ; 陈金贤指导. -- 西安交通大学, 2009. -- 117 页

论文首次将互惠理论运用于供应链信息共享问题研究中，通过重新构建供应链信息共享互惠机制的演化博弈模型，分析基于互惠的供应链信息共享形成机制，并通过多主体建模与仿真方法进行数值模拟分析。全文共六个部分。第一部分结合供应链信息共享相关理论文献的综述，阐述研究背景以及研究内容。第二部分建立一个供应链企业群体中零售商市场需求信息共享和制造商生产信息共享问题的囚徒困境模型，又在演化博弈分析的基础上重新构建了Martin Nowak 和 Karl Sigmund 的"形象分"策略和Karthik Panchanathan 和 Roben Boyd 的基于"声誉"策略的间接互惠模型，并运用该演化模型分析制造商企业群体在策略空间的演化过程。第三部分运用演化博弈模型探讨在出现少数利他主义的制造商群体的供应链企业群体中信息共享的强互惠机制。第四部分运用Spence劳动力市场上教育信号模型分析基于网络互惠形成某种结构的供应链网络的具体机理，以及基于不同的互惠机制形成各种供应链信息共享模式之间的演化过程和影响因素。第五部分基于Multi-agent建模与仿真技术，运用Netlogo系统仿真软件分别对间接互惠、强互惠和网络互惠的供应链信息共享形成机制加以建模仿真。第六部分总结主要研究工作，并探讨如何进一步完善各种供应链信息共享的互惠机制、如何深化演化过程的理论模型分析、如何对博弈理论分析结果进行定量化的数据检验等进一步研究的问题。

关键词：供应链管理　经济信息　资源共享

5526

**市场化条件下航油定价模型研究** / 王延军著 ; 张金隆指导. -- 华中科技大学, 2009. -- 104 页

论文通过提出我国航油的市场化供应模式，构建航油定价的几种模型，并为航油供应市场化条件下的航油定价提供决策支持。论文共分为八个章节。第一章绪论，介绍研究目的与意义、国内外研究的现状以及论文的研究目标、内容和研究方法。第二章分析航油市场化的供应模式，包括我国航油供应市场现状及存在的问题，国外航油供应模式及启示，我国航油市场化供应模式。第三章对石油、成品油和航油定价的机制进行分析，包括石油定价机制分析、成品油定价机制分析以及航油定价机制分析。第四章分析现行定价机制下航油价格调节模拟模型，通过建立模拟模型，模拟分析价格调节过程，并对模拟结果及参数敏感性进行分析，同时还模拟分析价格调节率、需求不确定性，航油采购价格的不确定性对航油价格的影响。第五章分析基于BP神经网络的航油定价模型，介绍BP神经网络隐层数和隐层节点数的确定方法，用30个训练样本和8个测试样本对网络进行了训练和测试，并利用训练后的网络对航油进行了定价。第六章建立分析价格敏感性需求下的航油定价模型，分

别分析航油价格和采购量分别决策以及航油价格和采购量统一决策,并对两种定价策略进行比较分析。第七章分析航油供应商与航油公司合作的定价模型,提出航油供应链成员合作定价模型和基于航油批发价格调节的协调机制以及航油供应商与航油公司定价实施的博弈模型,并给出双方的最佳策略选择。第八章为全文总结研究展望,对全文的研究工作进行总结,并对今后的研究工作提出了展望。

关键词:航空运输　定价模型　人工神经网络

5527

**战略性大学创新团队绩效评价研究** / 王艳杰著 ; 毕克新指导. -- 哈尔滨理工大学, 2009. -- 170 页

论文在对国内外创新团队绩效评价相关理论与方法进行分析的基础上,对战略性大学创新团队绩效评价进行研究。全文共分七章。第一章绪论,介绍研究背景、研究目的和意义、国内外研究现状、研究内容与研究方法。第二章分析战略性大学创新团队绩效评价及影响因素。对大学战略内涵以及大学创新团队的内涵、职能和主要特征进行概括,通过对比战略性大学团队绩效与大学创新团队绩效,找出两者的差异并对其影响因素进行分析。第三章阐述战略性大学创新团队绩效评价模式。在基于对模式概念理解的基础上,对战略性大学创新团队绩效评价模式内涵进行界定,通过与其他传统绩效评价模式比较分析找出现有绩效评价模式的不足,构建战略性大学创新团队绩效评价模式的基本框架。第四章对战略性大学创新团队绩效评价指标体系进行研究。在基于 BSC 战略性大学创新团队绩效战略地图的基础上,确定评价指标体系的基本框架;依据评价体系设计思路及原则,构建战略性大学创新团队绩效评价指标体系。第五章提出改进的模糊积分评价方法。针对战略性大学创新团队绩效评价的技术综合评价指标,在重视与 λ 值的设定原则,结合模糊积分评价方法的基本原理计算出被评价对象对评价层面的模糊综合评价值。第六章对战略性大学创新团队绩效评价进行了实证分析。针对我国 A 大学工科类型的 46 家样本团队,对其绩效进行实证分析,提出提高战略性大学创新团队绩效策略提供依据。第七章分析提高战略性大学创新团队绩效策略。包括加大学科建设经费投入力度、加强战略性大学创新团队高层次人才培养力度、提高战略性大学创新团队的社会影响力、建立结构合理的战略性大学创新团队、完善战略性大学创新团队运行机制、建设和谐的战略性大学创新团队文化、提高创新团队的可持续发展能力。最后为论文的结论,对全文的研究工作进行了总结。

关键词:大学　学校管理　团队　经济评价

5528

**高校知识场与区域经济场耦合效应研究:以河北省为例** / 王艳廷著 ; 金浩指导. -- 河北工业大学, 2009. -- 147 页

论文以矢量场理论为基础,采用定量分析和定性分析相结合的方法,运用心理学、模糊数学 D-S 证据理论、丹尼森增长因素分析法、因子分析方法等相关理论,对知识场、经济场以及二者的耦合场进行研究。全文共分为八章。第一章绪论,介绍论文的选题背景、国内外研究现状,研究创新点、主要内容与技术关键。第二章知识场及其数学模型的构建,介绍知识的概念,知识场的基本概念与特性,知识场的分类,知识场的宏观数学描述以及知识场的求解。第三章经济场及其数学模型的构建。介绍经济的词源,接着探讨经济场的基本特性和经济场通量连续性定理,最后分析经济场环路的性质并对经济场的位函数及其边值问题、经济场的波动性与矢量经济位问题进行分析。第四章高校知识场与经济场的耦合,介绍知识场对经济场的影响,经济投入对知识场的影响,知识与经济耦合场的经济模型,时变知识场与经济场的波动方程模型,时变知识经济场的动态位及其方程的建立,时变知识经济耦合场的传播特性分析以及知识场对经济场的耦合效应分析。第五章知识与经济耦合场的实证,内容包括高等教育对经济的耦合方式,高等教育对经济增长耦合的计量方法,丹尼森增长因素分析法模型的建立,并以河北省为例,计算高等教育经济增长率的贡献,对河北高校知识场和经济场进行量化评估。第六章河北省高校知识场与经济场及其耦合场现状评价,包括对河北省高校知识场源的综合评价,对河北省区域经济场源的综合评价以及对河北省高校知识——经济耦合场的质量分析。第七章增强高校知识场与经济发展耦合效应的对策,提出应优化场质提高河北高校知识场的旋度,搞好高校知识场的自组织,不断提高高校知识场的散度,优化高校知识场与经济场的高质量耦合,建设高校知识场优质边界的条件。第八章为论文结论与展望。

关键词:高等学校　知识经济　区域经济　数学模型

5529

**日本应对气候变化的政策体系研究** / 王焱侠著 ; 于永达指导. -- 清华大学, 2009. -- 209 页

论文研究日本应对气候变化的国内政策体系。全文共分为九章。第一章绪论介绍论文研究背景,进行相关文献综述,介绍选题的由来、目的和意义、研究思路和研究方法。第二章从日本的自然生态环境、经济发展状况、能源环境发展状况与趋势、温室气体排放总趋势和日本陷入减排困局的原因分析等几个方面介绍日本应对气候变化的现状。第三章进行日本对气候变化影响评估及其适应政策研究,分别阐述地球变暖对水资源、森林、农业、沿海地区及人类健康的影响。第四章详细介绍日本应对气候变化的宏观政策体系,包括法律机制保障、环境能源政策、应对全球变暖的国际政策特点、减排方案与对策实施、可再生能源发展相关政策、生态保护政策与补偿机制等。第五章以日本钢铁联盟为例介绍日本应对气候变化的行业减排行动。第六章通过两个案例来分析日本应对气候变化的技术研发与转移。第七章总结日本从循环社会到低碳社会的启示。第八章介绍日本应对全球气候变化的全民参与机制。第九章对全文进行总结,提出存在的问题和进一步研究方向。

关键词:气候变化　环境政策　日本

5530

**美国预算民主的制度变迁研究** / 王逸帅著 ; 胡伟指导. -- 上海交通大学, 2009. -- 161 页

论文的研究对象为美国预算民主的制度变迁,论文引用历史制度主义及其变迁理论对预算民主概念进行操作化的构建,选取被现代社会视为预算民主典范的美国时间进行单案例分析。全文共分为七章。第一章预算民主的引入:现实与理论的双重诉求。介绍研究问题及其研究意义,基本概念的界定与相关阐释,国内外相关文献的综述以及论文的研究视角、方法与章节安排。第二章预算民主变迁:以代议机构为中心的历史制度构建。内容包括历史制度主义的分析范式及制度变迁理论,历史制度主义视野下预算民主的概念构建,历史制度视野下美国预算民主横向治理结构的理论整合以及历史制度视野下美国预算民主纵向分期中的制度节点。第三章美国预算民主的兴起。首先介绍制度变迁的环境及动因,包括北美殖民地与英国政府税收斗争,独立战争带来的债务问题;介绍制度变迁的模式,民主理念引导的制度变迁以及宪法法律推动的结构型变迁;解释制度变迁的内容,包括归回主导的拨款程序,朝向分向拨款的技术变革,国会内部拨款组织机制的转型;最后对制度变迁的绩效评估:从英王主权到国会财证权的掌控。第四章美国预算民主的弱化。分析制度变迁的环境极其内外部动因;探讨制度变迁的模式;解释制度变迁的内容;对制度变迁的绩效评估:从国会主导到行政主导。第五章美国预算民主的现代复兴。对制度变迁的环境及动因分析,分析制度变迁模式,探讨制度变迁的内容,对制度变迁的绩效评估:从行政主导到共同治理。第六章美国预算民主制度变迁的聚焦思考及借鉴。内容包括纵向历史分期下美国预算民主制度变迁的特点及优先序,横向制度比较纬度中美英预算民主的绩效与评价,美国预算民主制度变迁逻辑对我国改革的启示。第七章结论与展望。

关键词:国家预算　财政管理体制　民主　美国

5531

**知识密集型服务业的客户忠诚研究** / 王颖晖著 ; 刘西林指导. -- 西北工业大学, 2009. -- 159 页

论文就知识密集型服务业探寻了客户忠诚的驱动因素、研究忠诚的发展趋势。全文共分为七个章节。第一章绪论,介绍研究问题的引出,研究的背景以及研究的主要问题、内容和方法。第二章介绍相关理论综述,包括顾客忠诚相关理论分析,客户满意感及客户承诺、信任分析以及转换成本研究,并介绍客户忠诚主要研究模型。第三章研究分析知识密集型服务业的客户忠诚驱动机理。在对知识密集型服务业的特征和类型进行概述后,通过 KIBS 客户忠诚的研究思路引入关系契约,并构建 KIBS 客户忠诚驱动模型,同时提出假设。第四章主要研究进行实证研究分析需要的数据收集问题。对研究的结构方程模型进行介绍和检验,并对调研问卷、调研范围、调研对象、调研程序以及样本概况进行介绍。第五章对实证研究的数据处理和假设检验进行分析研究。首先通过预调查阶段的数据分析进行测量模型的信度与效度检验,然后进行正式研究的数据分析和结果讨论,并对概念模型进行假设检验以及实证研究结果分析。第六章是基于关系契约的客户忠诚系统动力学模型的研究。模型包括因果关系流程图、运算公式与仿真模型,并运用 Matlab—Simulink 软件对动态模型进行仿真实验,计算和分析了客户忠诚以及相关因素的动态过程,通过参数调整进一步解释了知识要素的运动

在客户忠诚度发展趋势的作用,提出了客户忠诚未来趋势预测的方法。第七章为结论与展望。总结论文研究的主要结论,并提出了论文研究工作的主要创新点。

关键词:服务业　商业管理　客户关系管理

**5532**

**基于期权博弈的通信企业3G投资策略研究** / 王涌著 ; 高阳指导. -- 中南大学, 2009. -- 118 页

论文在期权博弈理论的框架下,分析3G项目的管理柔性价值与策略互动价值相互作用的均衡结果。全文共分为七章。第一章导论,介绍论文的研究背景与意义、文献综述、研究目的与思路、研究方法与创新点。第二章3G项目投资相关理论基础,介绍通信市场投资理论、传统项目投资决策理论、实物期权投资决策理论和期权博弈投资决策理论。第三章通信市场结构的演化影响及其成因分析,包括对通信市场结构演化的路径分析,通信市场结构演化过程中对运营商影响的讨论,以及三寡头通信市场结构形成的原因分析。第四章通信企业3G项目期权的博弈特性,分别对通信企业3G项目投资的不可逆性、不确定性、扩展期权特性和主体策略互动性展开探讨。第五章通信运营商投资3G项目的三维期权博弈模型。首先讨论通信运营商投资3G项目实物期权价值的一维建立,介绍通信运营商3G项目实物期权的构建模型;其次是对通信运营商3G项目期权博弈分析的二维展开;再次是技术进步和经营成本对3G项目期权博弈模型的三维展开;最后是通信运营商3G项目期权博弈的算例分析。第六章3G项目期权博弈均衡的投资策略建议,包括通信运营商增大3G项目实物期权价值策略建议,通信运营商选择3G项目期权博弈均衡策略建议,最后是通信运营商控制3G项目期权均衡偏离策略建议,包括合理控制3G项目技术研发速度和合理优化3G项目的经营成本。第七章为论文的结论与展望。

关键词:企业管理　投资战略　移动通信

**5533**

**建设工程项目组织沟通机理、互动机制及其有效性评价研究** / 王禹杰著 ; 刘国亮指导. -- 吉林大学, 2009. -- 150 页

论文从项目的视角,综合运用管理学、心理学、制度经济学、信息学相关知识,以系统论、协同论和博弈论等理论为指导,对建设工程项目组织沟通运行过程及其有效性形成机理进行研究。全文共分为六章。第一章绪论,介绍论文的研究背景和意义,国内外研究概况,主要研究内容、难点和创新点,研究方法、技术路线以及论文的基本构成。第二章相关概念界定及研究的理论基础。一是组织沟通,对组织沟通的概念机内涵、分类及过程、中外管理沟通思想及其理论发展以及组织沟通体系及其有效性概述;二是建设工程项目沟通管理基础理论,包括建设工程项目的概念和特征,建设工程项目干系人及主体,项目规划、项目实施、项目效果以及项目团队、项目组织以及项目的管理;三是建设工程项目组织沟通的基础理论,包括项目组织沟通的行为科学理论基础和项目组织沟通的心智理论基础,并探讨基于博弈理论的项目组织沟通和基于协同理论的项目组织沟通;四是提出建设工程项目组织沟通有效性评价方法,包括模糊评判方法、改进AHP方法和模型方法。第三章建设工程项目管理模式及组织沟通网络框架。探讨建设工程项目管理模式与治理结构以及两者之间的关系;对建设工程项目治理结构及组织沟通的需求分析;探讨基于建设工程项目主体骨架的组织沟通体系。第四章建设工程项目组织沟通过程及冲突研究。对建设工程项目的组织界面分析,对基于建设工程项目组织界面的沟通过程分析,对建设工程项目组织沟通的冲突分析。第五章建设工程项目组织沟通的互动机制。探讨基于行为科学的组织沟通机理机制,基于博弈理论的组织沟通规制机制以及基于共享心智理论的信任协调机制。第六章建设工程项目组织沟通有效评价。提出建设工程项目组织沟通有效性评价体系,建设工程项目之沟通有效性评价模型,探讨建设工程项目组织沟通有效性的评价应用。最后为论文结论。

关键词:建筑工程　项目管理　组织管理

**5534**

**多CODP的大规模定制供应链模型及其生产计划调度研究** / 王玉著 ; 林杰指导. -- 同济大学, 2009. -- 174 页

论文针对21世纪的主流生产模式——大规模定制模式,分析大规模定制的优点,同时其定制深度与交货期之间存在的矛盾。论文还从生产组织的角度出发,为如何缓解该矛盾展开深入研究。论文共包括六个部分。第一部分对已有的MC研究进行归纳,基于研究框架,对MC研究文献进行综述,并指出已有

研究成果的不足之处。第二部分对传统大规模定制供应链及其局限性进行分析,研究 CODP 在大规模定制供应链中发挥的核心作用。第三部分针对现有研究的不做和传统大规模定制供应链的局限性,结合大规模定制产品特性,提出设计多 CODP 大规模定制供应链的思路,建立多 CODP 供应链的概念模型。第四部分研究多 CODP 的定位方法与算法,构建多 CODP 定位的智能决策专家系统。并通过汽轮机生产案例验证该专家系统的可行性。第五部分对大规模定制下的多 CODP 供应链的生产计划与调度进行研究,并采集企业实际应用数据,进行了仿真论证。第六部分运用论文提出的理论与模型进行了案例分析,验证所提出理论与模型的可行性。

关键词:供应链管理　生产计划　生产调度

**5535**

**序贯观察与选择问题中选择目标、选项数量对选择行为影响研究** / 王渊著 ; 王刊良指导. -- 西安交通大学, 2009. -- 95 页

论文从有限理性及风险规避角度出发,对序贯观察与选择问题中选择目标、选择数量对选择行为影响展开研究。全文共分为六章。第一章绪论,介绍论文研究问题的背景、定位、目标、目的、意义、主要内容、方法和思路以及论文的组织结构,并对研究的相关概念作出界定。第二章文献综述,对秘书问题研究做历史回顾,包括标准秘书问题的最优解策略研究、松弛部分假设的秘书问题研究;介绍秘书问题研究的最新动态——标准秘书问题和松弛部分假设的启发式策略研究,以及多属性秘书问题;对秘书问题相关情境下的搜索理论研究作出说明,包括最低价搜索问题的经济决策模型、工作搜索问题的行为决策模型以及搜索理论在其他领域的应用;研究选择目标变化的秘书问题和选择数量变化的秘书问题。第三章平均名词最小选择目标下的信息搜索行为偏差,探讨内容包括假设松弛及选择目标的变化、选择目标变化后的最优解策略、启发式策略研究、实验的设计和实验过程等,对选择结果的性别差异、最优解策略和实验策略的决策结果以及基于均值的比较作出分析。第四章次优选择目标下的信息搜索行为偏差,概述假设松弛及选择目标变化相关理论,探讨选择目标变化后的命中概率,在此基础上进行实验,并对实验的结果做分析和讨论。第五章两名决策者竞争性信息搜索行为研究,通过实验对探讨的问题进行总结,并提出对两名决策者竞争性信息搜索行为研究带来的启示。第六章,结论与展望。

关键词:决策　序贯分析　序贯决策

**5536**

**高等教育重大项目管理的机制与方法研究** / 王允修著 ; 宗刚指导. -- 北京工业大学, 2009. -- 136 页

论文以现代项目管理理论为指导,研究高等教育重大项目管理机制和方法,并在此基础上,对我国、德国和日本的高等教育重大项目实践进行分析和比较,为完善我国"211 工程"项目管理提出对策建议。全文共分为八个部分。第一部分对国内外一般项目管理和高等教育项目管理的研究进展进行综述。第二部分归纳高等教育重大项目具有的独特属性。认为高等教育重大项目由于受其所在领域的影响,具有六个独特属性。第三部分分析高等教育重大项目管理相关主体行为的独特性,提出高等教育重大项目管理涉及的三大核心主体是政府、高等院校和项目团队,此外还涉及供应商、分包商及中介机构等其他主体。第四部分分析高等教育重大项目管理的组织形式。第五部分提出高等教育重大项目实现的三个重要约束,通过整体管理活动将高等教育重大项目的管理范畴进行综合并加以协调优化。第六部分基于项目管理理论,剖析高等教育重大项目管理的五个过程,依次是启动过程、规划过程、实施过程、控制过程和收尾过程。第七部分研究高等教育重大项目管理方法,并应用与具体实例。第八部分以上述理论分析为指导,在借鉴国内外两个典型高等教育重大项目——德国的"卓越计划"和日本的"21 世纪 COE 计划"管理的基础上,分析我国高等教育重大管理项目"211 工程"项目管理所存在的问题,进而提出"211 工程"项目管理的改进措施。

关键词:项目管理　组织管理　学校管理

**5537**

**基于产业集群的旅游产业结构升级优化研究** / 王兆峰著 ; 柳思维指导. -- 中南大学, 2009. -- 186 页

论文构建相关理论模型和数学模型,研究旅游产业集群在旅游产业结构升级优化中的作用机理,提出相关对策和建议。全文共分为八章。第一章绪论,介绍论文研究背景及研究意义、主要研究内容、研究思路及研究方法。第二章旅游产业机构升级优化的相关理论研究。一是旅游产业结构相关理论,包括概

念、特点和结构分析；二是旅游产业集群相关理论，对其理论研究，分析其特点和产生条件，探讨旅游产业链和发展动理论；三是旅游产业集群界定标准理论，介绍衡量旅游产业集中度的传统方法、区位熵指数法、产业联系识别、旅游产业集群度和克鲁格曼地区专业化指数；四是旅游产业机构调整相关理论，包括产业结构阶段演进相关理论、产业结构调整相关研究、旅游产业结构调整理论和旅游产业结构定量研究；五是旅游产业结构升级优化相关理论；最后为产业结构与旅游产业竞争力相关理论。第三章旅游产业结构变迁与产业结构升级优化理论。对旅游产业机构变迁分析、旅游产业结构变迁与GDP的相关性分析、旅游产业结构变迁与产业结构升级优化的关系分析、旅游产业结构升级优化的影响因素分析。第四章基于产业集群的旅游产业结构升级优化机理。首先对旅游产业机构升级优化的推动要素分析，在此基础上，探讨旅游产业集群推动旅游产业机构升级优化的动力机制和传导机制，探讨其升级优化的途径。第五章旅游产业结构优化升级中的关键技术选择与效率评价。提出关键技术选择与区域旅游产业升级度量办法、旅游产业结构回归模型、区域旅游人文环境质量理想区间评价模型，并基于DEA模型的区域旅游产业结构效益进行对比分析。第六章基于产业集群的旅游产业机构升级优化定量评价系统，包括旅游产业专业化与综合发展分析、旅游产业结构灰色关联度分析，旅游产业结构效益分析。第七章基于产业集群的旅游产业结构升级优化对策。提出旅游产品开发创新、技术路径创新、产业管理模式创新、营销模式创新等。第八章为论文总结与展望。

关键词：旅游业　产业发展　产业结构优化

**5538**

**基于知识流的知识管理策略研究** / 王兆祥著 ；蔡晨指导. -- 中国科学院研究生院, 2009. -- 248 页

论文从知识管理策略研究入手，探究使知识管理实践走出困境的方法。全文共分为八章。第一章导论，介绍论文研究背景、研究目标及意义、研究方法、研究技术路线、论文结构、主要创新点以及进一步需要研究的问题。第二章文献综述，包括策略研究的背景、KM策略研究的主流框架、KM策略研究的行为学派、综合学派、过程学派以及对综述的述评。第三章知识的本质。对关于知识本质的研究综述，介绍知识的本质、知识与信息的关系、知识与程序的关系、知识与能力的关系；探讨隐性知识的本质，对知识进行测量。第四章企业知识运动流程分析。综述企业知识运动的相关研究，探讨企业知识及其生命周期；对只是生命周期各阶段的知识运动分析，对知识流要素及其特征分析；探讨基于知识流的知识管理，并得出该部分结论。第五章知识流微观过程分析。对知识流的类型划分；分析知识转移流的微观过程，知识发现流的微观过程，知识使用流的微观过程以及知识遗忘流的微观过程；探讨知识流效率的维度和计算以及知识流层次理论对管理的提示。第六章知识管理策略。提出五项策略，分别为平台策略、动力策略、能力策略、优化策略和支持策略；探讨反向策略、复合策略和策略组合；探讨知识管理策略的应用。第七章，案例分析。提出中国惠普的知识管理及研究此案例的原因；对论文对案例中各措施做逐项分析，对论文对案例中知识管理方案做综合分析，提出对知识管理后来者的建议。第八章为论文结语。

关键词：企业管理　知识管理　经济效率

**5539**

**我国风力发电产业链的培育与发展问题研究** / 王正明著 ；路正南指导. -- 江苏大学, 2009. -- 155 页

论文经过对风电价格形成机制的分析可以发现，实质上风电价格的形成根据有市场化的基础，但现实中有不具备完全市场化的条件，从优化我国风电价格形成机制出发，建立与化石能源稀缺程度相联系的长期电价联动机制，完善影响风电价格形成的配套政策和措施。论文共包括九章。第一章是风电产业链发展的相关问题，提出研究的背景和意义，并阐明研究内容、思路。第二章是产业链培育经济规制理论基础的回顾，包括产业链整合理论，经济规制理论。第三章分析国内外风电产业链的发展现状，希望从对国外风电产业链的分析基础上，找到相应的规律。第四章研究风力发电的成本与收益分析，包括风电投资成本构成，风电投资的经济性考量以及相应项目的运行成本构成。第五章分析风电产业链的演化，并构建相应的模型，测定相应的参数并进行仿真结果分析。第六章是风电产业链的培育与发张机制研究，同样的建立相应的模型，并确定我国风电设备制造业的培育与发展思路。第七章研究风电价格形成的规制优化，在我国风电上网价格形成的机制上进行机理分析。第八章是风电产业链的有效整合与发展，对我国风电产业链的整合提供一些技术支持。第九章是论文的结论

和展望。

关键词:风力发电　电力工业　产业链

5540

**中国股票市场技术分析有效性研究** / 王志刚著 ; 曾勇指导. -- 电子科技大学, 2009. -- 124 页

论文综合运用国内外研究所使用的各种统计工具、计量方法和建模理论,在拓展和改进国内外现有研究的基础上,对中国股票市场技术分析的预测能力与获利性进行系统和深入的研究。全文共分为五章。第一章概述,包括基本面分析的简介,技术分析的概念以及对技术分析的质疑;技术分析与有效市场假说;技术分析有效性研究的文献综述与评价;论文问题的提出背景;对研究内容及结构安排的说明;论文的主要创新点介绍。第二章收益率动态过程与简单技术交易规则检验。内容包括移动平均规则定义的介绍,对标准检验结果的说明,对 Bootstrap 检验结果的说明,对收益率非线性过程的解释以及总结思考。第三章简单技术交易规则的非线性预测与获利能力检验。首先是实证研究的设计,包括简单技术交易规则的非线性预测模型的介绍,人工神经网络模型的 thick models 介绍以及预测绩效指标和样本数据的说明;其次是移动平均规则的非线性预测能力检验的说明;最后在分析交易量是否有助于预测的基础上,基于价格和交易量的交易策略检验作出讨论和总结。第四章复杂技术图形的识别及其交易策略检验。包括复杂技术图形定义的介绍,实证研究方法的具体内容以及实证的结果与分析。第五章结束语,对全文进行总结并对论文创新点和研究展望作出说明。

关键词:股票市场　经济技术　有效市场假说

5541

**基于可持续成长理论的企业财务危机组织预警研究** / 王智宁著 ; 吴应宇指导. -- 东南大学, 2009. -- 224 页

论文从财务危机的定义、预警技术方法和相关理论三个角度对本领域的研究文献进行综述,分别依据财务、智力资本和公司治理三个内部驱动因素提炼指标体系进行预警研究,并对基于可持续成长内部驱动因素单独和组合预警的结果进行归纳与评价,确定出最佳预警方法和最佳预警指标体系。论文共包括十一章,第一章对国内外的研究现状进行分析和综述,并提出问题。第二章对财务危机进行界定并确定财务危机预警的指标和建模方法。第三章引入可持续成长理论,并明确企业可持续成长理论的预警意义。第四章节提出财务危机预警方法,并对预警技术进行建模同时规定预处理方法的指标。第五章节基于财务驱动,对财务危机进行预警研究设计,并分析财务危机预警研究结果。第六章节分析智力资本驱动,确定智力资本驱动的指标并基于智力资本驱动对财务危机预警研究设计最后分析结果。第七章研究公司治理驱动,确定相关的指标并进行建模设计和结果分析。第八章深入研究内部驱动的组合,并对相应的组合进行危机预警分析。第九章在考虑和分析各个预警方法的基础上,引入预警方法、指标体系的选择与行业因素。第十章是财务危机预警系统的应用研究,并编写相应的软件进行演示。第十二章是论文的结论和展望。

关键词:财务管理　财务危机　预警分析

5542

**面向电子商务税收征管的移动 Agent 信任模型及其应用研究** / 魏登文著 ; 张金隆指导. -- 华中科技大学, 2009. -- 123 页

论文对面向电子商务税收征管的移动 Agent 信任模型进行了研究及应用分析。全文共分七个章节。第一章绪论,介绍课题的研究背景、国内外研究概况以及课题主要的研究工作。第二章对移动 Agent 电子商务系统的信任问题进行分析讨论,包括信任与声誉的内涵分析、信任与声誉的关系分析、信任计算模型的分析。第三章提出面向移动 Agent 的动态信任计算模型 AgentRep,通过依据 AgentRep 计算模型的基本思想,进行了直接信誉计算、推荐信誉计算、长期信誉计算、短期信誉计算以及信任度的计算,并进行了 AgentRep 信任计算示例分析。第四章对 AgentRep 模型算法进行实验分析,通过研究实验环境、设定实验过程对 AgentRep 模型算法进行实验分析研究。第五章在基于 AgentRep 的 EC 税收征管系统设计进行介绍分析。在对电子发票与电子税票及其管理进行介绍之后,对税收征管系统的体系结构进行分析并对各子系统的数据库的设计进行分析讨论,最后分析本系统中的安全问题。第六章讨论研究基于 AgentRep 的 EC 税收征管系统的实现。在介绍系统开发平台及开发工具选择和系统实现之后,对系统的工作流程、系统运行于测试和对系统的整体分析方面做出了详细的介绍讨论。第七章为总结和展望,对论文的主要研究成

果进行总结,并对下一步的研究工作提出了展望。

关键词:电子商务　税收征管　安全技术

**5543**

**基于社会化标注的个性化信息推荐研究** / 魏建良著 ; 朱庆华指导. -- 南京大学, 2009. -- 153 页

论文详细考察基于社会化标注的个性化信息推荐方面的研究进展,主要针对其中的排序和聚类算法、用户模型构建以及在标签语义改进等方面的成果进行梳理。全文共分为七章。第一章绪论,介绍论文研究背景及意义,社会化标注的相关理论,研究现状以及内容安排与创新点。第二章基于社会化标注的用户协同模型,分析用户标注中的偏差行为,分别从用户角度和资源角度进行偏差分析;基于对热门标签的识别,确定主流标签,最终确定和建立协同模型。第三章基于社会化标准的用户多兴趣模型,进行用户多兴趣的验证,提出聚类分析的方法——传统聚类方法和派系过滤法;探讨聚类的实现,分别进行用户标签的聚类分析和用户标注的资源聚类分析;建立用户多兴趣的模型,包括基于目标用户标签聚类的多兴趣模型和基于用户标注资源聚类的多兴趣模型,最后对该部分内容作出总结。第四章基于用户协同和多兴趣模型的推荐算法。首先探讨基于社会化标注的资源模型,进而研究相关匹配算法及其策略,得到基于用户协同模型的推荐算法和基于用户多兴趣模型的推荐算法,并概括总结。第五章基于同一和多义标签的推荐算法改进,对标签进行预处理,对基于同义标签的推荐算法进行改进,基于多义标签的推荐算法进行改进,得出该部分的结论。第六章基于社会化标注推荐的模拟实现研究与评价。第七章为论文的结论与展望。

关键词:情报检索　机器检索　互联网络

**5544**

**汽车工业精准供应链管理研究** / 魏文清著 ; 万君康指导. -- 武汉理工大学, 2009. -- 191 页

论文采用理论研究与企业案例紧密结合的方法,对汽车工业供应链进行全面的分析研究。论文全文分九章。第一章导论,介绍研究背景及意义,结合文献综述对供应链理论(集成供应链、敏捷供应链、精益供应链以及精敏供应链)进行阐述,并提出研究目标、研究内容和拟解决的关键问题。第二章就汽车工业的供应链和管理流程进行阐述,介绍汽车工业供应链的特色以及其中的要素。第三章依托汽车工业供应链的运行实际,构建精准供应链体系架构。第四章分析精准供应链模式下的计划系统,对市场预设与生产计划的协调、工业化规划与产品规划的协调、供应制度与生产调度等子系统进行介绍。第五章介绍汽车工业精准供应链的上游管理,对汽车工业上游系统,如供应商布局、供应商集成管理、国际零部件物流等方面进行阐述。第六章介绍汽车工业精准供应链的中游管理系统,分别从整车流管理、生产计划系统、整车流的设计与控制、零部件的配送模式等中游子系统进行介绍。第七章介绍汽车工业精准供应链的下游管理系统,分别从汽车销售网络布局、汽车配送网络设计及运作、售后配件配送网络设计及运作等进行介绍。第八章通过分析供应链中各个运行子系统,提出相应的评价指标,建立精准供应链综合绩效评价体系和各个子系统的评价体系。第九章全文总结和研究展望。

关键词:汽车工业　供应链管理　企业绩效

**5545**

**中国国家助学贷款相关制度运行及设计的研究** / 魏新著 ; 柯文进指导. -- 中国矿业大学, 2009. -- 140 页

论文综合运用定性分析、定量分析、比较分析、文献检索等方法对我国国家助学贷款的运行机制进行考察。全文共分七章。第一章引言,主要介绍课题的提出和研究意义、国内外对助学贷款研究的综述、论文的指导思想、基本思路以及分析方法。第二章我国国家助学贷款制度设计的理论基础,包括教育机会均等理论、成本分担及补偿理论、人力资本理论、贷款需求理论、新经济增长理论以及公平与效率理论,第三章总结我国现行助学贷款制度执行中存在的主要问题,包括身份识别效果不足、供需矛盾问题突出、结构失衡及造成的逆向选择、贷款违约现象严重、个性化实际需求得不到满足、我国开展高校助学贷款的个案分析。第四章分析我国现行的助学贷款制度的缺陷及原因分析,包括我国现行国家助学贷款制度的运行模式、我国助学贷款制度主要缺陷、我国助学贷款制度存在问题的原因分析、发达国家的助学贷款制度比较及个案分析、中外助学贷款制度及实施效果的比较分析。第五章我国生源地助学贷款制度设计及试点结果评估,首先对我国的政策性助学贷款的模式进行了探索,其次对生源地信用助学贷款政策内容进行了解读与评估、对其执行过程与结果进行了调查分析,最后将生源地助学贷款与校源地新旧政策的负担率

进行了比较。第六章我国助学贷款制度运行机制设计,包括身份识别及风险补偿制度设计,风险管理制度设计,信息征集制度设计,偿还制度设计,贷款额度、种类、利率设计,国家助学贷款的保障机制设计和建议。第七章结语,包括文章的主要结论、创新点与进一步研究的问题。

关键词:高等教育　助学金　制度建设

**5546**

**产融集团系统发展的协同问题研究** / 魏遥著 ; 雷良海指导. -- 上海理工大学, 2009. -- 138 页

论文利用协同学理论对产融集团系统及其发展中的协同机理、协同效应和协同风险进行系统研究。全文共分为六章。第一章绪论分析论文研究背景、目的和意义,并对国内外在协同学理论方面的研究现状进行总结分析,在此基础上,提出论文的总体思路、逻辑框架和相关的研究方法。第二章分析产融集团系统要素及其相关关系,阐述产融集团系统的协同特性和协同机制。第三章研究产融集团系统发展的协同机理,以及产融集团系统生成的动力机制、过程机制和协同发展能力的演化机制。利用自组织演化模型、演化博弈模型和 Brusselator 模型分析产融集团系统生成的过程机制,并通过自组织运动方程研究产融集团系统协同发展能力演化的过程。第四章研究产融集团系统的协同效应,包括战略协同效应、管理协同效应、经营协同效应和财务协同效应。利用层次分析法构建产融集团系统协同效应识别体系,构建产融集团系统协同效应的模糊综合评价模型,实证检验产融集团系统协同效应指数。第五章研究产融集团系统发展的协同风险,利用经济资本模型研究风险的加总和度量问题,并从集团系统的内部风险结构、风险管理流程角度构建产融集团系统风险的协同管理和控制体系。第六章总结论文结论,提出一些展望。

关键词:金融资本　协同效应　风险管理

**5547**

**高新区生态工业园系统构建与动态评价研究** / 温娟著 ; 包景岭指导. -- 河北工业大学, 2009. -- 139 页

论文以我国大力开展生态工业园建设为背景,提出了构筑资源、环境、经济、社会可持续发展框架和体系。论文分为八个部分。第一部分阐述研究背景与意义,综述研究内容和方法。第二部分针对我国高新区在建设和发展历程中取得的成绩和存在问题进行深入剖析,并对高新区与传统工业园区建设生态工业园的特点、方法进行比较研究。第三部分揭示了生态工业园的学科理论基础,阐述生态工业园的基本理论,提出生态工业园建设的基本方法。第四部分从产业共生网络、水系统、能源系统和信息系统四个方面,提出构建高新区生态工业园系统地途径。第五部分针对高新区生态工业系统构建途径,运用德尔菲法、层次分析法、相关分析法等主客观方法,建立了一套涵盖经济结构、科技创新、物质减量与循环、污染减排、环境管理、信息平台、公共认知等领域指标的综合评价体系。第六部分运用系统动力学建立了由人口、经济、资源、能源和环境五个子系统共同组成的高新区生态工业园仿真模型,动态模拟预测高新区按照规划在系统构建过程中和建成后的发展趋势,并结合论文建立的综合评价指标体系,对仿真结果进行动态评价。第七部分选取天津新技术产业园区华苑产业区为例进行实证研究,将系统构建、系统动力学仿真模型和综合评价体系、评价方法综合运用于天津新技术产业园区华苑产业区生态工业园规划,检验动态评价体系及方法的有效性。第八部分总结了主要研究内容和结论,阐述论文创新之处,并对研究前景进行展望。

关键词:高技术园区　生态工业　环境保护

**5548**

**企业全面危机管理研究** / 文华著 ; 杨青指导. -- 武汉理工大学, 2009. -- 145 页

论文以建立企业全面危机管理模式为目标,对企业全面危机管理进行研究。论文共九章。第一章导论,介绍研究目的及意义,综述国内外研究现状,阐述研究的内容与方法。第二章介绍企业全面危机管理的理论基础,主要包括企业预警管理理论、企业风险管理理论、企业危机管理理论、耗散结构理论及约束理论。第三章分析企业危机形成机理,提出外部因素的企业危机形成机理和内部因素的企业危机形成机理以及全要素互动的危机形成机理。第四章界定企业全面危机管理的概念和特征,构建企业全面危机管理体系的基本框架,重点分析企业全过程、全系统和全员这三个不同角度的危机管理。第五章分析企业"危险"与"危机"的逻辑关系,构建企业脆弱性系统分析模型。第六章构建企业危机预警管理体系框架,研究企业人力资源危机预警管理、企业财务危机预警管理和企业营销危机预警管理。第七章提出企业全面危机管理能力评价体系设计原则,构建企业全面危

机管理能力评价指标体系,确定权重指标,从而建立企业全面危机管理能力综合评价模型。第八章对顺德地区中小企业全面危机管理能力进行实证研究分析,提出加强企业全面危机管理的对策。第九章总结全文及展望下一步的研究工作。

关键词:企业管理　危机管理　评价指标

**5549**

**数据挖掘建模及其在电力决策支持中的应用研究** / 翁颖钧著 ; 石来德指导. -- 同济大学, 2009. -- 167 页

论文以电力决策支持系统为应用背景,提出新颖的集成知识管理、决策支持、人工智能和数据挖掘功能的智能决策系统框架结构。重点研究决策系统中知识分析工作台相关知识发现模型与算法,即大量存在于电力系统中的一类复杂类型数据——时间序列数据挖掘的模型。全文共分为七章。第一章引言介绍论文研究背景并进行数据挖掘与软计算综述,阐述挖掘在电力行业中的研究现状,交代论文的内容和研究方法。第二章将非结构化的时间序列数据进行整合,综合滑动窗口算法在线运算能力和 Douglas-Peucker 算法高精度特点,提出新型时间序列在线性多边形约简算法。第三章运用文本信息处理中的非线性弯曲概念,提出基于动态时间弯曲的时间序列相似性测度和相应的搜索算法。基于新的相似性测度模型,提出电力市场价格突变预测方法和实现流程,分析电价突变影响因素,给出在动态时间弯曲下的电价突变数据挖掘预测方法。第四章提出基于云模型形态概念的时间序列模式挖掘技术,并将云特征挖掘方法应用于伴有突变情况的电价预测问题,通过对海量历史数据的学习,将历史经验建构电价数据概念树集,筛选出电价突变的影响因素。第五章提出基于容差集关系的决策约简和规则发现模型,在对电力客户的数据进行分析的基础上,形成客户信用评价规则库,实现容差粗集模型在电力客户信用度管理中的应用。第六章提出一种集成知识管理、决策支持、人工智能和数据挖掘为一体的电力企业决策支持系统平台架构。第七章总结论文结论,对未来研究重点提出展望。

关键词:电力系统　决策支持系统　数据采掘

**5550**

**中国农村居民消费与经济增长的实证研究** / 邬德政著 ; 王成璋指导. -- 西南交通大学, 2009. -- 124 页

论文致力于以西方现代消费行为理论为基础,运用现代计量经济学方法,结合中国农村消费实际情况,从消费结构、消费函数两个方面着手,对农村居民消费行为的变动规律、影响因素以及与经济增长的关系进行实证研究。全文共分为五章。第一章绪论,介绍论文问题提出背景、文献综述、研究目标、研究假设和研究方法、研究思路和研究内容。第二章消费行为理论与研究方法回顾,介绍消费函数研究理论与方法,包括消费函数理论的早期发现、消费者的跨期选择、确定性条件下的消费函数理论、不确定性条件下的消费函数理论;介绍消费结构研究理论与方法,对消费结构的涵义作出说明。第三章农村居民消费行为特征研究。首先分析消费行为特征的理论基础,对消费行为的外部环境因素及其内在因素分析,对不同消费函数理论有关的消费行为进行比较;对我国农村居民消费行为特征变化进行分析,探讨影响我国农村居民消费行为的主要因素并进行实证分析。第四章农村居民谨慎性消费动机研究,对研究的理论模型进行推导并开展实证研究,建立计量经济模型并提出面板数据农村居民消费函数。第五章农村居民消费结构与产业结构相关性研究。研究探讨消费结构与产业结构的辩证关系,包括消费结构变化对产业结构发展的诱导效应以及产业结构的发展对消费结构变动的制约效应;探讨向量自回归模型的基本理论,包括 VAR 模型的定义与内涵、VAR 模型的检验、向量误差修正模型以及 VAR 模型的脉冲影响函数与方差分解;基于 VAR 模型的农村居民消费结构与产业结构进行实证检验。最后为论文结论。

关键词:农村　居民消费　消费结构　产业结构

**5551**

**基于 WEB 服务的动态虚拟企业工作流的研究** / 邬少飞著 ; 张金隆,韦司滢指导. -- 华中科技大学, 2009. -- 105 页

论文综合运用市场价格理论、现代产权理论、双边市场理论,理论研究和案例分析相结合,规范研究和实证分析互为补充,针对产权约束下的中国农地流转市场定价问题进行深入研究。全文共七个部分。第一部分在农地流转研究的文献基础上,辨析和界定了主要概念,阐述研究的主题、框架和内容。第二部分通过回顾中国农地制度变迁历史,结合土地产权的相关理论,对中国农地产权制度的形成和特点进行分析归纳,揭示农地流转的产权属性以及中国农地产权的特殊性。第三部分进行农地流转市场均衡分析,讨

论农地价格市场形成机制，引入土地保障功能，建立基于农户和企业最优决策的需求—供给模型，并求解和分析模型的均衡。第四部分进行农地商品交易定价分析，建立基于土地保障功能的双向拍卖模型，讨论农地价格市场发现机制。第五部分应用双边市场理论，引入平台作为第三方，按照农地流转交易的内涵和特征，建立农地流转交易平台概念模型框架，同时建立农户土地流转交易平台利润模型和社会福利模型，形成农地流转交易平台最优价格结构。第六部分以全国统筹城乡综合配套改革试验区—成都市为例，就政府在农地流转市场化进程中应发挥的市场保障作用进行案例分析。第七部分总结全文和创新点，并对研究进行展望。

关键词：网络企业　业务管理　工作流管理系统　Web 服务器

5552

**基于区域经济差异的中部发展战略研究** / 吴爱军著；胡树华指导. -- 武汉理工大学，2009. -- 145 页

论文开展“基于区域经济差异的中部发展战略”的研究，在在区域经济差异与区域发展战略进行理论分析的基础上，对中部区域经济差异进行分析，基于中部六省的经济差异提出中部六省的发展战略，并在六省分工合作的框架下提出相应的战略对策措施。全文共七个部分。第一部分介绍论文研究的背景、意义，综述国内外研究状况并得出相关启示，在其基础上概述论文研究的目标、内容和方法。第二部分界定区域经济差异的内涵，分析产生区域经济差异的原因和影响，界定了区域发展战略的内涵，分析区域发展战略的构成及其制定过程，设计面向发展战略的区域经济差异评价指标体系。第三部分阐述国内四大区域及中部六省的经济差异现状，着重分析形成中部六省差异的原因。第四部分在对国内外经济分析的基础上，提出中部区域经济总体发展战略，并分析战略发展模式和战略发展重点。第五部分在对各省重要城市进行相对于中部 81 个地级市竞争力分析的基础上，提出各省的战略目标和战略重点。第六部分从产业分工、人才流动、科技创新、金融合作和基础设施联动五个部分提出中部协同发展的对策。第七部分对全文进行总结，归纳文章创新点，对未来研究进行展望。

关键词：区域经济　经济差异　经济发展战略

5553

**敏捷供应链伙伴选择动态反馈模型研究** / 吴翀著；罗新星指导. -- 中南大学，2009. -- 177 页

论文从动态的视角对敏捷供应链的伙伴选择问题进行深入研究，提出敏捷供应链伙伴选择四阶段动态反馈概念模型。全文共分为九章。第一章绪论，介绍论文研究的背景与意义、研究的内容与结构、研究的方法与思路以及研究的创新点。第二章文献综述。对研究问题界定并提出指标体系构建的决策方法与模型；提出伙伴选择初选阶段的决策方法与模型，包括数据包络分析模型、基于案例的推理系统、聚类分析模型和分类法模型；提出伙伴选择竞选阶段的决策方法与模型，包括总成本模型、数学统计模型、人工智能模型、线性加权模型、数学规划模型、层次分析与网络分析模型以及其他方法与模型。第三章敏捷供应链伙伴选择四阶段动态反馈概念模型。基于四阶段动态反馈概念模型的需求分析和理论基础研究，分别针对伙伴选择准备阶段、初选阶段、精选阶段以及伙伴选择应用反馈与持续改进阶段提出敏捷供应链伙伴选择四阶段动态反馈概念模型，并得出该部分结论。第四章基于 Dempster-Shafer 信任函数理论的伙伴选择指标体系构建模型。构建敏捷供应链伙伴选择一般性评价指标体系，包括生产与物流管理指标、伙伴关系管理指标、财务能力指标、技术与知识管理指标、市场营销能力指标、行业与组织竞争力指标以及人力资源管理指标；构建基于行业的敏捷供应链伙伴选择评价爱指标体系；构建敏捷供应链伙伴选择最优评价指标体系。第五章敏捷供应链伙伴初选与径向基网络。介绍初选分类的方法以及径向基网络的基础概念，提出潜在合作伙伴的分类模型，提出敏捷供应链伙伴选择径向基网络初选模型。第六章基于网络分析与混合证书多目标规划的伙伴选择精选模型，提出网络分析子模型并混合整数多目标规划子模型。第七章敏捷供应链伙伴选择应用反馈与持续改进模型。对该部分的需求分析，并构建理论模型，提出检查阶段评价的方法。第八章模型的应用研究及灵敏度分析。基于构建模型的基础，对初选模型和精选模型的应用与灵敏度分别分析，并得出结论。第九章为总结与展望。

关键词：供销管理　供应链管理　敏捷制造

5554

**中国转型时期的收入分配差距问题研究** / 吴得民著；武振业指导. -- 西南交通大学，2009. -- 119 页

论文采用理论分析和实证研究的方法，揭示市场经济中国民收入在各种生产(分配)要素、各主体部门及居民部门内部之间分配的一般规律，并运用规律分析1978年以来中国国民收入差距产生的内在原因。全文共分为七章。第一章绪论，介绍论文问题提出的背景、收入差距现象的二重性、研究的主题与方法以及论文结构与内容。第二章国内外文献评述。一是介绍国内外关于收入分配及收入分配差距的理论，包括基尼系数与恩格尔定律、库兹涅茨曲线以及加里·贝克关于收入分配差距的论述；二是阐释国内关于收入分配差距的理论，包括邓小平关于"先富带后富"的理论，吴敬琏、樊纲关于收入分配差距的论述，李实、赵人伟关于收入差距的论述。第三章马克思主义框架下关于收入分配差距的理论。首先介绍关于按劳与按生产要素分配的理论，包括收入分配的整体性、重新认识按劳分配理论、按生产要素分配具体内容以及关于按技术分配的内容；其次提出公平与效率兼顾到更加强调社会公平，认为价值创造是收入分配的直接依据，应正确认识效率与公平的辩证关系。第四章介绍全国收入差距的现状，城市贫困人口问题以及农村贫富分化问题。第五章首先讨论全国收入差距扩大的成因，包括收入分配机制上的"马太效应"、经济发展差距、制度缺陷因素、体制改革不到位、宏观调控乏力、城乡分割的二元经济结构、地方和行业垄断干预、社会保障体系不健全和思想认知的偏差等；其次对城市贫富收入差距拉大进行实证分析；第三讨论农村收入差距扩大及贫困人口形成的原因；最后提出收入差距扩大影响经济社会的健康发展。第六章缩小收入分配差距的政策建议，提出总体政策的思路，认为缩小收入分配差距应从制度层面、政策层面和技术层面处理好关系。第七章为结语。

关键词：收入分配　收入差距　经济转型期

**5555**

**基于公共财政视角的社会养老保险收支模式研究**／吴国玖著；陶学禹指导. -- 中国矿业大学，2009. -- 157页

论文系统研究国内外社会养老保险制度的总体模式、筹资模式、支付模式及其相关问题，基于公共财政的视角，提出我国社会养老保险制度改革和重构方案。全文共分为七章。第一章绪论，介绍论文的研究背景和研究意义、文献综述、研究目标以及论文的研究方法。第二章，养老保险理论基础。一是基本概念的既定，包括社会保障、社会保险、养老保险；二是现代养老保险理论与制度的历史演进，包括现代养老保险理论的历史嬗变、现代养老保险制度的历史演进；三是生命周期假说和代际交叠模型的介绍。第三章，国内外现行养老保险制度模式比较。首先介绍国外现行社会养老保险制度模式；其次对我国现行社会养老保险制度模式作出说明；最后对两者进行比较分析，得出养老保险制度构成的核心要素，养老保险制度模式选择的基本规律。第四章，公共财政介入养老保险的机理分析。首先分析公共财政的基本特征；接着分析公共财政介入养老保险的原因，包括个人储蓄养老的缺陷、家庭养老的不足、商业保险的风险以及道德风险的存在；三是讨论公共财政介入养老保险的影响因素；四是分析公共财政介入养老保险的效应；最后讨论公共财政支出结构及其对经济增长的效应。第五章，我国养老保险制度重构的理论分析，包括我国现行养老保险制度存在的问题、制度重构的取向、重构基本养老保险筹资模式、重构基本养老保险支付模式、推动企业年金快速发展措施以及公民养老的补充安排内容。第六章是对我国基本养老保险金收支的实证分析。第七章为研究结论以及政策建议。

关键词：养老保险制度　公共财政　财政收支

**5556**

**组织—信息系统互动动态网络模拟研究**／吴江著；张金隆，胡斌指导. -- 华中科技大学，2009. -- 164页

论文对组织采纳行为和组织网络结构等组织特性对信息系统实施前和过程中成功的影响，以及信息化后信息系统对组织适应性的影响、组织中的交互记忆系统对组织绩效的影响以及信息系统和组织协同机理进行模拟实验和网络分析。全文共分八章。第一章绪论，介绍问题的提出、选题来源、选题目的及意义、国内外相关研究的评述、研究内容与机构。第二章介绍基本概念和方法，包括组织和信息系统互动分析、模拟研究和网络分析方法。第三章分析基于网络分析的信息系统和组织协同机制，包括信息系统和组织协同的问题分析、开发协调理论和实证假设、网络分析的数据和实证模型以及协统机制的网络分析与讨论。第四章分析组织采纳行为对信息系统扩散影响的模拟研究，包括组织采纳行为对信息系统扩散影响的问题分析、信息系统采纳的实证研究、信息系统扩散的多智能体模型以及组织采纳行为对信息系统扩散影响的模拟实验。第五章为组织网络结构对

信息技术扩散影响的模拟研究，包括组织采纳行为对信息系统扩散影响的问题分析、信息技术网络扩散模型、最大化信息技术扩散的效果以及信息技术扩散模拟实验。第六章分析信息系统对组织绩效影响的模拟研究，包括信息化组织中交互记忆系统对组织绩效影响的问题分析、组织动态网络计算模型建模、模拟系统实现和验证、模拟系统的应用和分析。第七章分析信息系统对组织适应性影响的模拟研究，包括信息系统对组织适应性影响的问题分析、信息化组织适应性的复杂系统论分析、组织适应性计算模型分析以及组织适应性模拟研究。第八章为总结与展望。

关键词：信息系统　组织管理　计算机模拟

5557

**企业间电子商务应用能力及其对企业竞争力的影响研究** / 吴金南著 ; 仲伟俊指导. -- 东南大学, 2009. -- 163 页

论文综合运用企业资源基础观和信息技术过程观提出了电子商务应用能力的概念，对企业间电子商务应用能力及其对企业竞争力的影响进行研究分析。论文分为七个章节。第一章绪论，介绍问题的提出、研究范围及概念界定、国内外研究现状、研究内容与方法。第二章文献综述，对企业间电子商务应用价值、影响电子商务应用价值创造的关键因素、基于IT过程观的研究及已有研究进行述评。第三章提出电子商务应用能力的概念，总结电子商务核心应用能力的特征，构建电子商务应用能力构成的两维模型，并对电子商务应用能力理论构成进行分析。第四章构建理论分析模型，通过研究设计、案例描述，分析讨论电子商务增强企业竞争力的路径、电子商务应用能力影响企业竞争力的机理、竞争环境与电子商务能力的匹配性对企业竞争力的影响以及电子商务应用能力培育的动态与学习机制。第五章构建实证研究模型，提出研究假设，进行变量操作化、量表设计与数据收集，并对收集的数据进行分析拟合。第六章通过样本描述和数据质量评价对数据进行分析，验证测量模型、结构模型，并对假设检验结果进行讨论，得出研究结论。第七章结束语，总结论文研究内容，指出了研究的创新点，通过实践得到启示，分析研究的局限性，并对进一步的研究提出建议。

关键词：电子商务　企业管理　企业竞争

5558

**工业管理体制比较研究** / 吴金园著 ; 杨善林指导. -- 合肥工业大学, 2009. -- 140 页

论文以科学发展观为指导，以发展经济学理论、政府规制理论等为理论依据，运用制度分析方法，比较研究不同国家的工业管理体制的特征及效率，探索适合中国国情、推动中国新型工业化步伐的工业管理体制模式和实现路径。全文共分为八章。第一章绪论，介绍论文问题的提出背景、国内外研究现状，论文研究的现实意义和理论意义，论文研究的思路方法以及论文研究的主要内容。第二章，工业管理体制基本理论，介绍工业管理体制的基本界定、运行方式及理论基础。第三章，西方发达国家工业管理体制比较研究。对英国工业管理体制、美国工业管理体制和日本工业管理体制展开对比分析，对西方发达国家工业管理体制的启示做出总结。第四章，新兴工业化国家工业管理体制比较研究。从其工业化过程的特点、政府管理机构、民间管理组织和政府管理机制几个方面，对韩国、印度的工业管理体制进行分析，对新兴工业化国家工业管理体制的启示做出总结。第五章，中国工业管理体制的历史演进及现状，包括中国工业管理体制的模式及其变迁、政府工业管理结构调整和职能转换、我国工业行业协会成长与发展路径、政府宏观调控、政府规制和中国现行工业管理体制及存在的问题。第六章，中国工业管理体制完善及创新。一是我国政府管理工业主体创新，二是宏观调控机制创新，三是完善工业行业协会，改善行业管理，四是工业行业政府规制创新。第七章，中国汽车工业管理体制变迁、绩效及改进。对中国汽车工业管理体制的变迁介绍，对中国汽车工业取得的成就及存在的问题进行分析，并工业管理体制对汽车工业的影响分析，提出加快我国汽车工业发展的政策建议。第八章为总结与展望。

关键词：工业管理体制　宏观调控　行政干预　行业管理

5559

**中国城市住房价格短期波动规律研究** / 吴璟著 ; 刘洪玉指导. -- 清华大学, 2009. -- 271 页

论文结合我国城市新建商品住房市场特点，从“短期波动”角度研究住房价格运动规律。全文共八个部分。第一部分在国内外相关研究的基础上，阐述研究背景与意义，研究方法和技术路线。第二部分构建分析我国城市住房价格问题的理论框架，重点考察

住房价格围绕基本价值发生的短期波动的总体规律。第三部针对我国现有住房价格指标存在的非同质性误差和样本代表性误差两大问题，设计度量住房价格的多重链式指数形式特征价格法，并计算得到35个1997年至2008年间住房价格指数。第四部分提出住房价格短期波动是外生冲击过程、自相关过程和均值回复过程是那种驱动力共同作用的结果。第五部分发现住房价格短期波动规律存在显著地城市间差异。第六部分发现住房价格短期波动规律存在显著地非线性特点，自相关过程在住房价格上升阶段尤为突出，均值回复过程在住房价格大幅偏离基本价值时起主导作用。第七部分发现住房价格短期波动存在显著地城市间扩散，并形成了深圳等在全国范围内具有很强影响力的“明星城市”和成都等在特定区域范围内具有较强影响力的“核心城市”。第八部分总结了研究的主要结论，并从提高住房供给弹性等方面提出了具体政策性建议。

关键词：房地产业　房价　经济波动

**5560**

**基于二元结构的金融发展模型研究** / 吴鸣鸣著 ； 刘澄指导. -- 北京科技大学, 2009. -- 157 页

论文选择金融发展模型为主要研究方向，对在经济转轨时期的中国金融发展和经济增长及二元结构转换的关系进行研究。全文共分为七章。首先是引言。第一章文献综述。一是经济增长理论，包括古典经济增长理论、新古典经济增长理论、内生增长理论和二元经济理论；二是金融发展理论，包括金融机构理论、金融深化理论、金融功能理论、区域金融理论以及金融发展理论的研究评述；三是论文研究内容及创新点。第二章分析中国金融发展现状及二元结构特征。第三章基于中国金融二元结构的计量模型研究，在构建起的模型基础上，对模型进行回归分析、协整关系检验、因果关系检验，并对中国金融发展分析框架构建，得出其检验结论。第四章基于经济增长的金融发展模型研究，首先介绍经济增长的内生模型及金融系统的引入，提出技术进步内生的增长模型，人力资本内生的增长模型，金融中介内生的增长模型以及引入金融系统的两部门模型；其次分析基于经济增长的金融发展模型的构建内容；再次对模型的动态进行分析，包括模型的动态均衡分析、模型的一般动态分析以及模型的扩展——金融部门与实际部门的溢出效应分析；最后是对中国金融发展和经济增长的实证研究。第五章基于二元结构转化的金融发展模型研究，包括模型的理论框架、模型的构建、模型的动态分析、模型的扩展的分析以及金融发展对二元机构转换的效应分析和中国金融发展和二元结构的实证研究。第六章中国金融发展促进经济发展的机制研究及对策建议。第七章为论文的结论。

关键词：金融发展　经济增长　二元经济

**5561**

**境外直接投资法律制度研究** / 吴伟达著 ； 漆多俊指导. -- 中南大学, 2009. -- 148 页

论文共五部分，包括前言和四章正文。前言部分介绍问题的提出、背景和选题，综述国内外研究现状，阐述研究的目的和意义以及研究的方法、基本思路、内容与结构。第一章境外直接投资法律制度概述，包括境外直接投资的概念与特征；境外直接投资的理论及简要历史；境外直接投资法律制度的产生、体系结构及演进；境外直接投资法律制度的立法价值、宗旨和模式；主要国家的境外直接投资法律制度概况。第二章从四方面阐述境外直接投资促进法律制度：我国境外直接投资促进法律制度的性质和地位、现状考察、存在问题的剖析、科学构建。第三章从任务和体系、发展阶段、现状分析以及立法完善路径四个方面介绍境外直接投资管理法律制度。第四章介绍境外直接投资面临的风险评述，我国境外直接投资法律保护的现状考察以及我国境外直接投资保护法律制度的构建。第五章归纳研究结论，阐述论文创新点与不足，做进一步研究展望。

关键词：国际投资法　对外投资　直接投资

**5562**

**区域人才资源开发研究：基于党管人才视角** / 吴向东著 ； 金浩指导. -- 河北工业大学, 2009. -- 122 页

论文在综合分析国内外学界关于人力资源和人力资本、人才资源及其开发相关研究成果的基础上，立足中国省级区域人才资源开发的现状，围绕推进党管人才科学化，着力构建具有中国特色的区域人力资源开发理论框架。论文共分为九个部分。第一部分通过对现有的管理人才的办法和解决制约问题的思路，提出党管人才科学化命题。第二部分结合人力资源和人才资源的特点，对国内外人力资源和人才资源理论综述，形成研究理论基础体系。第三部分分析党管人才的指导理论——马克思主义人才思想，提出了

人才工作机制理论。第四部分结合区域人才资源开发系统,对党管人才的机理基础及区域人才资源开发效益进行研究。第五部分根据党管人才原则的内涵和党管人才科学化的影响因素,提出党管人才原则和科学化管理路径。第六部分在研究了党管人才的内涵后,对党管人才下的区域各类人才资源开发进行研究。第七部分在党管人才下的区域人才资源开发的基础上,分析和建立区域人才市场。第八部分从宏观的角度,研究党管人才下的资源宏观调控。第九部分是论文的结论,对区域各类人才资源开发的实质、规律,区域人才市场建设的现状进行深讨分析,推进区域人才资源开发实践提供理论指导。

关键词:人才资源开发　人才培养　区域经济

5563

**基于系统视角的中国研究型大学创新体系结构与机制研究** / 吴业春著 ; 蓝海林指导. -- 华南理工大学, 2009. -- 168 页

论文为基于系统视角的中国研究型大学创新体系结构与机制研究。全文共分为六章。第一章绪论,介绍论文研究背景、研究意义、研究目的和研究问题、研究的相关概念、研究流程及研究方法以与研究内容及研究创新之处。第二章理论基础与文献评述,包括创新及相关概念的界定、研究型大学的内涵分析、研究型大学创新体系相关研究评述、研究型大学创新体系构建的理论基础。第三章研究型大学创新体系要素提炼及假设模型,基于资料、研究程序、要素分析和要素关系模型对研究型大学创新体系的要素定义,提出研究型大学创新体系的模型假设。第四章研究型大学创新体系初步模型构建及内涵分析,对研究进行设计并对假设验证,对初步模型与其结果作出讨论,分析研究型大学创新体系要素单元的内部关系,分析研究型大学创新体系初步模型的内涵。第五章研究型大学创新体系的结构及运行机制,提出研究型大学创新体系的内涵及理论构想,分析研究型大学创新体系模型和创新体系结构;讨论研究型大学创新体系的运行机制,包括环境多样性及系统自适应性促进系统的应变性调整、系统功能模块间的耦合为创新提供条件和支撑以及系统内外部两个方向力量的相互作用的意义;对研究型大学创新体系的功能进行分析,认为主要有人才培养、知识创新、社会服务和引领未来四方面功能;对该部分的研究进行总结。第六章为研究的政策建议,最后提出论文的主要研究结论。

关键词:高等学校　高等教育　国家创新系统

5564

**我国生产者责任延伸制的激励机制研究:以汽车制造业为例** / 吴怡著 ; 诸大建指导. -- 同济大学, 2009. -- 176 页

论文首先辨析 EPR 概念的真实内涵,并通过目标—对象—过程(GSOP 模型)建构起系统的 EPR 理论框架。论文共十二章。第一章是导论,包括研究背景、问题提出、研究意义、研究内容和研究方法。第二章是生产者责任延伸制文献综述,包括生产者责任延伸的概念界定、责任模式研究、有关奖励研究和对生产者责任延伸及其激励性研究。第三章研究生产者责任延伸制的定义和实质,以及生产者责任延伸制的激励机制模型。第四章主要介绍生产者责任延伸制的激励机制模型,包括生产者责任延伸制激励机制的实质、生产者责任延伸制的激励目标。第五章研究生产者责任延伸制的制度适用性激励。第六章研究生产者责任延伸制的责任推进性激励。第七章研究生产者责任延伸制的实施策略性激励。第八章是我国汽车制造业生产者责任延伸制的 GSOP 分析,我国汽车制造业生产者责任延伸生产者责任延伸制的激励机制研究。第九章是我国汽车制造业生产者责任延伸制的激励机制研究。第十章是我国汽车发动机的生产者责任延伸制案例研究,包括上海大众发动机再制造简介、上海大众发动机再制造的 EPR 实践、上海大众 EPR 的激励机制实践、上海大众 EPR 的激励潜能分析。第十一章我国实施生产者责任延伸制的政策建议,包括提升制度适用性激励的政策建议、提升责任推进性激励的政策建议、提高实施策略性激励的政策建议,以及提升实施策略性激励的政策建议。

关键词:企业管理　环境管理　制度安排

5565

**市场机遇发现的超图支持方法研究** / 吴颖敏著 ; 蔡淑琴指导. -- 华中科技大学, 2009. -- 123 页

论文运用认知科学分析机遇发现的机理,基于超图理论提出新的决策支持模式和方法。全文共分为五部分。第一部分主要介绍超图的基本概念,指出超图建模的特点、应用领域,并对超图的发展脉络进行了梳理,着重介绍超图在数据库领域和知识建模中与其他模型的相互关系和相对优势。第二部分针对非精确、不确定、半结构化环境中的机遇发现,运用图式

理论分析机遇发现的机理，重新界定机遇与机遇发现；基于超图理论对主题的相关图式建模，提出了机遇发现的超图系统模型，该模型具有数据重组、模式识别、路径分析等特点，支持可视化呈现和交流。第三部分通过定义超图系统模型中的各类模式基元，运用 KDD 中的频繁模式挖掘算法提取非景区、半结构化的信息源的模式基元，基于模式基元描述图式的立体机构，分析机遇发现中的两种模式识别。第四部分定义路径分析在机遇发现中的特殊语义，分析已有超路径求解算法的不足，提出基于两点的超路径求解算法，解决给定实体的所有可达解域。第五部分详细阐述在信息吸取中的几类关系运算算子，设计基于遗传算法的图式构建和创新。研究发现基于超图系统模型，并给予其模式识别、路径分析、信息吸收的决策支持；对比已有机遇发现支持技术和方法，验证超图系统模型的支持优点和优势。

关键词：企业管理　市场机会　决策支持系统

**5566**

**村镇银行社会网络资本形成与作用机制研究** / 吴玉宇著；邓超指导. -- 中南大学，2009. -- 133 页

论文用相关经济理论分析村镇银行社会网络资本的形成于作用机制，明确其对村镇银行的经营影响，使村镇银行在其特定的历史时期和发展阶段保持持续稳定发展。论文分为七个章节。第一章绪论，介绍选题背景及研究目的、意义、基本概念界定、研究方法与内容框架。第二章对企业社会网络资本相关理论与文献进行综述，回顾社会资本理论、企业社会网络资本理论等，为论文研究奠定理论基础。第三章对孟加拉乡村银行、玻利维亚阳光银行、印尼人民银行村信贷部等管理模式比较分析，结合我国实际发展情况，得出启示。第四章研究村镇银行社会网络资本的形成机制，从村镇银行员工层次和组织层次两方面探讨社会网络资本形成机制。第五章研究村镇银行社会网络资本的作用机制，分析村镇银行员工层次和组织层次的社会网络资本的租用，利用 Barr 模型阐述村镇银行社会关系网络如何提高其经营绩效的作用机制。第六章通过深度访谈与问卷调查相结合，以收集整理的村镇银行社会网络资本作用的实际调查数据为基础，对社会网络资本在村镇银行发展中的作用进行实证分析，并用现实中的两个案例证实社会网络资本对于村镇银行发展的积极作用。第七章在总结全文的基础上得出研究结论，阐述研究的不足之处，并对进一步研究进行展望。

关键词：农村金融　金融机构　社会关系

**5567**

**基于要素构成的城市商圈及竞争力实证研究** / 吴忠才著；柳思维指导. -- 中南大学，2009. -- 208 页

论文从中观层面提出城市商圈的概念，对影响城市商圈竞争力的要素进行深入探讨。全文共分为九章。第一章导言，介绍论文选题背景、文献综述和研究内容与研究方法。第二章城市商圈理论基础。一是城市商圈基础理论；二是城市商圈与企业商圈的比较研究；三是相关的思考和总结。第三章城市商圈区位影响因素分析：区位要素层面的考察。介绍城市商圈区位理论基础，包括农业区位理论、工业区位理论、中心地理论、城市地域空间利用结构理论和区位基础理论的启发；对城市商圈区位要素影响因素分析并做出总结。第四章城市商圈规模影响因素分析：规模要素层面的考察，包括城市商圈规模的概念域度量、基础设施投入因素对城市商圈规模的影响、人口与收入因素对城市商圈规模的影响以及物流业与工农业对城市商圈规模的影响。第五章城市商圈业态组合因素分析：业态要素层面的考察。首先分析城市商圈业态结构现状和存在的问题；提出城市商圈业态组合模型，包括零售业态变迁理论、城市商圈业态组合模型构建、城市商圈业态组合模型分析以及城市商圈业态结构和布局优化对策。第六章城市商圈品牌影响因素分析：品牌要素层面的考察，介绍城市商圈品牌理论、城市商圈品牌要素影响因素模型。第七章基于要素构成的城市商圈竞争力评价与对策。首先对城市商圈竞争力评价，包括城市商圈竞争力模型假设、城市商圈竞争力基础模型构建、城市商圈四要素竞争力分析以及城市商圈竞争力结论；进而提出城市商圈竞争力的提升对策；最后做出相关理论总结。第八章基础要素视野下的城市商圈对区域相关经济发展的实证研究，并得出其实践意义和结论。第九章为论文的研究结论与展望。

关键词：城市经济　城市商业　商业区

**5568**

**企业研发外包的模式、机理及动态演化特征研究** / 伍蓓著；陈劲指导. -- 浙江大学，2009. -- 291 页

论文从研发外包模式和运作机制入手，试图打开研发外包运作的“黑箱”，深入剖析研发外包模式、结

构、机理和演化特征。全文共分为八章。第一章绪论介绍论文研究背景,对研发外包等相关概念进行界定与阐释,提出论文研究的逻辑框架、结构安排和研究方法。第二章对相关文献进行综述,包括研发外包的理论基础,研发外包的内涵、动因、特征及运作流程,研发外包与企业绩效的关系、研发外包的运作机理。第三章利用探索性案例研究和问卷调查的方法,对研发外包的模式进行探讨。首先对制造、医药、软件、服务产业进行了探索性案例研究,之后通过对 73 家企业的问卷调研和访谈,运用非线性回归方法分析不同研发外包模式与企业创新绩效的关系。第四、五、六章经过理论预设、案例选择、数据收集与数据分析,探寻研发外包对企业创新绩效的作用机制,构建了"研发外包维度结构—内外部协调能力—企业创新绩效"的概念模型,并提出初始假设命题。通过对 206 家企业的问卷调查,运用探索性因子分析和验证性因子分析构建并验证相关测度量表,并采用结构方程建模的方法对所提出的概念模型进行检验与修正,深入剖析研发外包的运作机制。第七章比较不同研发外包模式在企业各阶段的资源、关系和知识维度差异性,揭示研发外包模式演变过程,为企业在特定阶段应采取的研发外包模式提供决策依据。第八章总结全文的结论,指出研究的局限,提出相应的展望。

关键词:对外承包　运行模式　企业绩效

**5569**

**核心经销商联盟的理论与案例研究** / 武发德著 ; 程国平指导. -- 武汉理工大学, 2009. -- 149 页

论文主要探讨核心经销商联盟的形成机制、运行机制和评价机制问题。全文共分为八章。第一章导论,介绍论文研究的背景、目的和意义。第二章核心经销商联盟基本理论。分析战略联盟理论、价值链理论和协同效应理论,以此为基础对核心经销商联盟的形成动因进行分析,构建核心经销商联盟得渠道动力模型。第三章核心经销商联盟的建立。第四、五章主要研究核心经销商联盟的运行机制,核心经销商联盟的运行受到很多因素的影响,正确把握这些因素才能对联盟的运行加以有效地控制,使它向更健康的方向发展;核心经销商联盟的运行也存在一定的风险额效益,这些风险和收益都将影响核心经销商联盟的稳定性。第六章核心经销商联盟的动态管理模式。提出动态端离不开评价,并构建一套完善的评价核心经销商联盟的评价体系,主要包括主要的评价指标和评价方法,建立动态协商机制和动态调整机制。第七章核心经销商联盟的案例研究。结合北新建材,对核心经销商联盟的运作实际进行分析和说明,通过案例分析,提出核心经销商联盟在运作过程中存在的主要问题和改进核心经销商联盟绩效的具体建议。第八章为结论与展望。

关键词:联合企业　企业管理　销售管理

**5570**

**企业核心能力视阈中的隐性知识管理研究** / 夏湘远著 ; 李建华指导. -- 中南大学, 2009. -- 186 页

论文融合哲学、经济学、心理学、社会学等多学科知识,整合了系统方法、动态方法、比较方法、案例方法等多种方法,对企业核心能力视阈中的隐性知识管理进行了研究。全文共八章。第一章绪论,介绍研究背景和意义、国内外研究现状和相关文献综述、研究内容和研究方法。第二章界定隐性知识管理、核心竞争能力等基本概念,阐述隐性知识管理与企业核心能力的基本理论,追踪这两个领域的最新理论动态,揭示企业核心竞能力与企业隐性知识的互动关系。第三章研究企业隐性知识的创造与获取,探讨企业隐性知识创造、储存、优化与整合模式、过程和方法,提出隐性知识创造的"知识场理论"。第四章论证企业隐性知识转化的可行性,为隐性知识转化提供了理论准备,通过对人类知识诠释模型和知识的层次结构分析,提出"隐性知识连续光谱"和"企业隐性知识金字塔"两个新的理论视点。构建"隐性知识梯级转化理论",为隐性知识的转化提供途径和方法。第五章分析企业隐性知识传播的功能、要素、特征和机理,构建基于系统动力学的隐性知识传播模型,探讨企业隐性知识传播和共享的途径与措施。第六章从维护和提升企业核心能力的视角出发,把企业隐性知识管理系统的设计与再设计作为一个系统的动态过程,构建企业隐性知识管理系统的基本模型,探讨企业隐性知识管理系统的运行机制。第七章从制度安排、技术支撑和环境建设三个方面提出提高企业隐性知识管理水平,促进企业隐性知识从创造、储存、共享到利用的正常运转过程,从而使企业核心竞争力不断提升的对策与措施。第八章对全文内容及研究结论和创新之处进行总结,并对有待进一步深入研究的地方提出日后继续研究的方向和期望。

关键词:知识经济　知识管理　企业核心能力

5571

**大学生就业市场优化研究** / 夏星著 ; 邓明然指导. -- 武汉理工大学, 2009. -- 148 页

论文主要对大学生就业市场供需结构的优化、职业素质的培养优化以及就业服务渠道选择与成本优化等进行了研究。全文共分七章。第一部分为绪论,提出大学生就业市场若干问题优化研究的背景、目的与意义,系统归纳总结大学生就业市场的国内外研究现状,给出论文的研究内容、方法和技术路线。第二章为大学生就业市场优化的理论基础概述。对大学生就业市场优化研究过程中的运用的基础理论进行介绍,包括劳动市场理论、人力资源理论、创业学理论、自我效能理论等相关理论。第三章对大学生就业市场供需结构优化问题进行讨论。在总结用人单位人才需求特点和高校人才供给特点基础上,对市场供需结构进行分析;同时,建立基于模糊推理的高校专业设置与招生规模的理论参考模型;最后对大学生创业问题进行讨论,分析自主创业现状,提出了建议和对策。第四章对目前高校大学生职业素质培养优化问题进行分析和讨论。对大学生职业素质和职业规划以及高校就业指导问题在大学生职业素质培养优化问题进行分析和讨论,并对大学生择业优化以及先就业、再择业的观点进行分析讨论,最后提出大学生择业方案选择的 Blin 模糊选择方案。第五章对大学生就业市场服务渠道选择与成本优化问题进行分析和讨论,包括对大学生就业渠道的选择及对其选择的利弊分析,从大学生自己和企业角度分别对诚信问题进行分析和讨论,并对企业的诚信问题提出企业诚信度评价模型。第六章分析武汉地区大学生就业市场案例,包括探讨大学生就业指数系统、完成武汉地区大学毕业生就业率调查报告和就业质量与缺口调查报告,最后总结出武汉地区大学生就业特点并提出就业建议。第七章为工作总结和展望。

关键词:大学生　就业　劳动力市场

5572

**区域知识竞争力的理论与实证研究** / 相丽玲著 ; 梁嘉骅指导. -- 山西大学, 2009. -- 252 页

论文试建立一个区域知识竞争力的理论框架并对其进行实证研究,主要运用内涵解析法、假设与假设验证法、比较法与分析法、归纳推理法、模型法,以及加权综合计量法、概率统计法。全文共分六章。第一章介绍研究工作的背景与意义、研究动态、论文拟解决的科学问题与研究方法。第二章分析竞争力、区域竞争力、区域知识竞争力之间的逻辑关系。第三章归纳知识竞争力的理论基础,包括经济学理论基础和管理学理论基础。第四章构建区域知识竞争力的理论框架,包括提出命题、构成要素分析、指标体系确定、模型分析以及评价方法。第五章对我国区域知识竞争力进行实证研究。第六章是论文的主要结论、建议与展望,包括论文的主要结论、提升我国区域知识竞争力的策略、研究的局限性及未来展望。

关键词:区域经济发展　核心竞争力　知识经济

5573

**互联网环境下的中小企业客户关系管理研究** / 向坚持著 ; 陈晓红指导. -- 中南大学, 2009. -- 200 页

论文通过对中小企业信息化基础、需求、技术和市场等分析,认为目前中小企业实施 CRM 的时机已经成熟。全文共八个部分。第一部分界定中小企业和中小企业客户关系管理概念,在国内外研究现状的基础上,阐述论文研究背景和研究思路。第二部分提出一个以客户价值为内在逻辑主线,以客户生命周期为外在逻辑主线的中小企业客户关系管理的系统研究框架。第三部分在对客户价值进行分析基础上,归纳出传统的基于购买的客户价值,并以此为基础提出一个中小企业客户价值量化计算的预测模型。第四部分分析目前中小企业客户获取存在的问题,提出基于客户需求和客户购买力的二维潜在客户与目标客户识别模型。第五部分创建中小企业客户细分的过程模型,分析该模型的构成要素,提出一个基于密度的 K-Means 改进聚类算法,并将该算法应用在中小企业客户细分中。第六部分提出一个由于网站质量、客户感知价值、客户满意度、客户信任和客户忠诚度五个潜变量构成的中小企业客户满意度和客户忠诚度结构方程模型。第七部分指出 SaaS 模式的 CRM 是广大中小企业实施客户关系管理的一种可行方案,我国中小企业应该以 SaaS 模式的 CRM 为切入点,从战略高度实施 CRM,在实施过程中要围绕 CRM 改造企业文化。第八部分总结全文主要结论和创新点,对后续研究进行展望。

关键词:中小企业　供销管理　客户关系管理(CRM)

5574

**中德企业文化差异及其在跨国经营中的风险研究** / 项俊著 ; 诸克军指导. -- 中国地质大学, 2009. -- 104 页

论文的研究对象为德资跨国企业,将荷贝克的企业文化为对象,从国内外企业文化测度理论研究和荷贝克企业文化特征分析两方面对荷贝克企业文化测度模型进行理论上的设计和验证,从荷贝克企业文化主要构成要素与经营绩效的关联性等方面对企业文化测度进行实证研究。全文共分为八章。第一章导论,介绍选题背景、研究目的、研究现状以及研究思路与方法。第二章中德文化差异分析。一是探讨文化与国家文化理论;二是对中德国家文化的差异作分析,介绍德国和中国的文化特点,并分析差异表现;三是文化差异对跨国企业海外经营的影响,包括文化差异的优势和其造成的潜在问题。第三章中德企业文化差异及原因。首先介绍企业文化的相关理论,包括其概念、类型和功能;其次对中德企业文化差异进行分析,介绍德国企业文化特点和管理模式、成功德国企业实例、中国企业文化特点和管理模式以及中德企业文化差异在管理中的表现;最后介绍中德企业文化差异的渊源。第四章企业文化测量模型,介绍企业文化测量相关理论、企业文化测量量表以及本研究文化测量量表。第五章企业跨国经营文化风险评价,包括企业跨国经营文化风险内涵和类型、企业跨国精英文化风险测度方法以及文化风险测度的模糊层次综合评价模型。第六章企业国际化的文化风险管理。首先对文化风险管理展开说明,讨论制定文化风险管理战略,运用文化风险控制工具,建立健全的跨文化组织机制以及开展本土化的经营等问题;其次分析文化冲突的处理方式和将强文化沟通的方法;再次讨论开展跨文化培训的意义,认为应充分发挥多元文化的优势;最后对多元文化团队的组织与管理特点进行阐释。第七章中德企业文化差异案例研究。以 HOPPECK 公司的发展历史及现状为依托,讨论其企业文化、与中国分公司文化差异表现、企业文化测评、跨国经营文化风险测度以及国际共享企业文化构建对策,并得出结论。第八章为论文结论和展望。

关键词:企业文化　跨国经营　风险管理

**5575**

**基于核电站安全的组织因素研究** / 肖东生著 ; 陈晓红指导. -- 中南大学, 2009. -- 170 页

论文以核电站为对象,以其安全性为评价目标,探究组织因素对其安全目标的影响,分析各因素对安全影响的作用力,构建组织影响因素评价与识别系统,捕捉影响核电站安全的主导因素,为有效的概率安全评价提供支持。全文共分为七章。第一章导论,介绍论文的研究背景、问题的提出、研究目的与意义,对研究文献作简要回顾,对文中关键概念界定,概括论文研究的方法和技术路线,研究探讨的问题、理论框架与内容安排。第二章相关理论与文献综述,包括基于设备的核电站安全评价理论与技术,基于人因的核电站安全评价理论与技术,基于组织因素的核电站安全评价理论与技术。第三章核电站事故组织因素作用机理。讨论组织因素对核电站事故的贡献,核电站事故产生的因果机理,核电站事故组织因素作用的演化机制。第四章影响核电站安全的组织因素分类与分析,提出影响核电站安全的组织因素定义,对影响核电站安全的组织因素分类,对组织因素内涵及影响作定性分析。第五章影响核电站安全的组织因素的确定与识别,首先设计预试调查问卷,后确定最终调查表,分析防止偏差产生的措施,在此基础上,对调查问卷展开收集和分析,并对相关内容和关键因素展开思考和讨论后作出总结。第六章影响操纵员可靠性的组织因素分析,包括模拟组织因素对人因可靠性的影响和相关案例的研究总结。第七章为结论、对策与展望。从组织策略、组织结构、组织管理、安全文化和操纵员的应用等方面得出主要结论,并基于组织因素的核电站安全提出改进对策,提出论文的创新点、研究局限和未来研究的方向。

关键词:核电站　安全管理　组织管理

**5576**

**基于循环经济的区域生态化发展模式研究** / 肖华茂著 ; 李京文指导. -- 北京工业大学, 2009. -- 188 页

论文以循环经济理念为指导思想,以解决自然资源稀缺和环境污染为逻辑起点,以突破区域发展与资源环境矛盾为主线,在区域内进行生态化发展模式研究,以期减少环境代价、扩大效益、实现可持续发展。全文分为八个部分。第一章指出研究的目的和意义,调研国内外研究现状,说明论文的主要研究内容和研究方法。第二章介绍研究假设、所用到的理论模型,并进行相关的理论分析。第三章分析区域发展模式生态现状,包括资源现状、资源消耗、环境现状,并且分析区域生态化发展模式的影响因素。第四章通过借鉴国内外经验对基于循环经济的区域生态化发展模式进行总体设计。第五章更进一步,对基于循环经济的区域生态化发展模式分产业设计,包括区域生态

工业模式设计、区域生态农业模式设计、区域生态服务业模式设计。第六章对基于循环经济的区域生态化发展模式进行评价,首先说明评价指标系内涵、目的和意义,然后根据评价目标层次和技术路线对评价指标体系进行构建。第七章以湖南"长株潭"城市群进行实证分析。结合"长株潭"城市群发展现状,利用设计的模式,为其在循环经济理论指导下的生态化发展设计了"虚拟嵌套共生"模式,进行量化评价,提出相应的政策性建议。

关键词:地方经济　生态经济　发展模式

5577

**风险投资对我国科技创业项目基于实物期权的价值评估研究** / 肖建著 ; 郭耀煌指导. -- 西南交通大学, 2009. -- 175 页

论文从风险投资的基本概念出发,在现有的国内外理论界和实业界对风险投资的研究成果基础上,结合个人在风险投资领域长期工作经验,对风险投资过程中的科技创业项目的价值评估进行研究。全文共分为六章。第一章绪论,介绍论文的研究意义、研究范围的界定、国内外研究现状以及论文的研究内容。第二章风险投资的发现价值评估本质。首先介绍风险投资的概念及特征;其次对风险投资与其他投资行为进行比较,包括风险投资与证券投资的比较,风险投资与产业投资的比较以及风险投资与衍生工具投资的比较;三是对风险投资发现价值评估本质的讨论,追溯价值理论,对企业价值进行表述,提出风险投资是科技成果转化和创业的动力,并对分析按投资与企业 R&D 投入的区别,得出发现价值本质的表述;最后是经典的资产定价方法在科技型创业企业价值评估中应用的局限性分析,包括资产定价理论的介绍、贴现现金流量法的应用及局限性分析、相对估价法的应用及局限性分析。第三章科技创业企业价值的动态变动特性。一是对科技创业企业成长规律的分析,包括创业的内涵、科技企业创业的经济学特性、科技创业企业成长特性的探讨;二是科技企业创业过程的动态表述;三是科技创业企业价值的动态表述。第四章评估模型的理论基础研究,包括主要的项目价值评估模型、实物期权理论的发展、建模的主导理论基础。第五章风险投资项目评估的实物期权模型。介绍模型建立的背景与基础、模型的构建思路、基于实物期权理论的动态价值评估模型,并对模型的应用进行说明。第六章为结论及展望。

关键词:高技术产业　风险投资　期权

5578

**语义流程模型驱动的企业信息系统开发方法研究** / 肖建著 ; 郑力指导. -- 清华大学, 2009. -- 297 页

论文通过本体技术,对业务流程管理和基于组件开发两种理念进行整合,提出面向流程重组的企业信息系统建模框架 PROESMA,并研究基于业务组件的企业信息系统开发理论和方法。全文共八章。第一章绪论,介绍研究的背景和意义、相关研究综述以及论文结构安排。第二章介绍面向流程重组的企业信息系统建模框架,具体包括 PROESMA 简介、三阶段建模方法的选取、开发技术对 PROESMA 的支持、PROESMA 框架本体。第三章介绍语义流程模型描述与转换技术。第四章介绍语义业务组件描述与检索技术,包括业务组件库、业务组件的描述与检索。第五章介绍基于建模框架的绩效采集,以及主客观结合的评价方法。第六章基于相关性的货位分配问题研究:问题描述、数学模型、多阶段启发式算法、数值实验。第七章介绍系统开发与应用,具体包括 PROESMA 建模工具原型、PROESMA 预置业务组库件、信息系统的建模与开发、流程重组与信息系统的重组装。第八章论文总结与后续研究展望。

关键词:管理信息系统　语义　系统建模

5579

**e-供应链环境下制造商与零售商的合作策略研究** / 肖剑著 ; 但斌指导. -- 重庆大学, 2009. -- 108 页

论文分析 e-供应链中制造商和零售商产生渠道冲突和平台冲突的根源,研究双方的合作策略。全文共分为八章。第一章绪论,介绍论文研究背景与问题的提出、论文研究目的和意义、国内外研究现状、论文主要研究内容及创新点。第二章 e-供应链环境下制造商与零售商关系的现状、冲突与合作。分析 e-供应链环境下只是早上与零售商关系的现状及其相互影响;分析 e-供应链环境下制造商与零售商间的渠道冲突和平台冲突;探讨 e-供应链环境下制造商与零售商的渠道合作和平台合作。第三章 e-供应链环境下信息对称时制造商与零售商的渠道分销合作策略。提出模型的假设,分别根据集中控制结构和分散控制结构提出渠道分销合作模型;结合传统模型,提出渠道分销合作策略,并对合作进行优化;算例分析,并得出该部分讨论结论。第四章 e-供应链环境下信息不对

称时制造商与零售商的渠道分销合作策略。提出模型假设,探讨集中控制结构和分散控制结构下渠道分析合作模型,并进行算例分析和总结。第五章 e-供应链环境下制造商与零售商的渠道服务合作策略。提出模型假设,探讨集中控制结构和分散控制结构下渠道分析合作模型,提出渠道服务合作策略,并进行算例分析和总结。第六章 e-供应链环境下制造商与零售商的渠道产品合作策略。提出模型假设,渠道产品合作模型与传统模型,并进行算例分析提出研究结论。第七章 e-供应链环境下制造商与零售商的电子平台合作策略。提出模型假设,传统供应链模型和 e-供应链合作模型,进行算例分析并得出结论。第八章为论文结论与研究展望。

关键词:供应链管理　商品流通渠道　市场策略

**5580**

**企业协同建模中语义驱动的冲突管理方法研究** / 肖岚著 ; 郑力指导. -- 清华大学, 2009. -- 167 页

论文对需求定义阶段企业协同建模中语义驱动的冲突管理方法及相关理论进行深入系统的研究,所提出的方法能够实现基于不同建模方法的模型之间的相互转换。全文共七个部分。第一部分在相关研究综述的基础上,提出了论文研究意义,并阐述论文结构。第二部分介绍企业建模的视图概念,并阐述了基于视图关系矩阵的建模方法组织,用各种图形形式化表达。第三部分提出结合描述逻辑和逻辑程序的表达能力和推理能力的可判定知识表达形式,Horn-Extended DL ,给出 Tableau 算法以支持 Horn-Extended DL 的自动推理,并证明 Tableau 算法的可终止性、可靠性和完备性。第四部分提出了基于 Horn-Extended DL 的模型转换方法,借助 Horn-Extended DL 的表达能力和推理能力,能够对模型的语法正确性进行验证。第五部分提出通过语义特征分解和受限词汇实现模型元素描述的标准化和语义的明确化,并给出受限词汇和概念的相似度计算和搜索机制,以支持模型元素描述的重用和模型之间元素的匹配。第六部分提出对企业模型的两种操作:比较和整合,通过比较不同领域专家建立的模型,可以自动检测模型之间的冲突,为领域专家通过协商改进模型提供支持,也可通过整合改进后的模型可以得到相对完整的模型。第七部分对论文结果进行总结,并对后续研究进行展望。

关键词:协同建模　冲突管理　人力资源管理

**5581**

**复杂网络视角下的省际迁移集团结构动态研究** / 肖群鹰著 ; 李树茁指导. -- 西安交通大学, 2009. -- 156 页

论文基于跨学科理论视角,应用复杂网络社团结构理论和方法,研究中国跨地域人口迁移的空间集团化现象,以及其空间分布特征与变化规律。全文共八部分。第一部分绪论介绍研究的背景、目的和意义,以及相关基本概念,阐述研究框架和思路,描述论文的创新点。第二部分文献综述,介绍相关理论的研究现状。第三部分介绍改革开放以来省际人口迁移的经济社会环境,研究中国省际人口迁移的空间分布态势。第四部分介绍传统迁移集团分析算法和面向全连接有向加权网络的迁移集团算法,并比较新旧迁移集团探测算法。第五部分通过分析中国省际人口迁移集团结构,发现省际迁移集团结构特征复杂。第六部分研究关系网络视角下的省际人口迁移动因以及省际人口迁移集团结构的演化机制。第七部分介绍省际迁移集团网络演化的仿真建模研究,包括省际迁移集团仿真建模的理论分析、基于 ABM 的省际迁移集团网络仿真模型设计、仿真结果及其讨论。第八部分介绍研究的总结及对进一步研究的展望。

关键词:人口迁移　复杂网络　仿真模型

**5582**

**基于竞争优势的企业知识产权能力研究** / 肖延高著 ; 李仕明,唐小我指导. -- 电子科技大学, 2009. -- 187 页

论文立足中国情境,植根企业实践,试图在理论上建立起知识产权、知识产权能力和企业竞争优势的逻辑关系模型,探讨知识产权能力与竞争优势的相关关系及其主要影响因素,并采用规范的文具啊调查法和案例研究方法对相应的理论演绎结论予以验证。论文共包括七章。第一章是选题背景和论文研究对象及其意义的导论,包括论文的理论基础、研究方法和主要内容。第二章是相关文献的综述,对资源能力观及其理论的概括与综述,并分析知识观及其理论贡献和相关文献的借鉴和不足。第三章深入研究知识产权、知识产权能力与企业竞争优势,分析知识产权的内涵及其类型分析。第四章建立知识产权能力及其与竞争优势的关系模型,包括知识产权能力的静态形式要素分析,动态行为要素分析,最后研究知识产权能力与竞争优势的关系模型。第五章是知识产权

能力与竞争优势的实证研究,详细描述研究设计、结果的统计分析及影响知识产权能力与竞争优势相关性的因素分析。第六章节分析企业知识产权能力发展策略,并通过三个不同的案例讨论得出相应的结论。第七章节是论文的结论和展望。

关键词:企业管理　知识产权　竞争力

5583

**旅游地开发项目风险管理研究** / 肖拥军著 ; 李必强指导. -- 武汉理工大学, 2009. -- 127 页

论文结合国内旅游地开发的现状,对旅游地开发项目的内涵及范围进行界定,对旅游地开发项目风险的管理展开研究。全文共分为八章。第一章导论,介绍论文研究背景、目的及意义,国内外相关研究综述,研究内容和技术路线。第二章旅游地开发项目风险管理的基本理论。首先介绍旅游地开发项目风险管理的理论基础,包括风险管理理论和旅游地开发相关理论;二是旅游地开发项目及其运作路径,包括旅游地开发项目的界定以及旅游地开发项目的运作路径及实施内容;三是旅游地开发项目风险管理的内涵;四是旅游地开发项目风险管理的特性;最后介绍旅游地开发项目风险管理的过程。第三章旅游地开发项目风险成因,包括旅游地开发项目的系统风险成因、旅游地开发项目的非系统风险成因。第四章旅游地开发项目风险识别。首先介绍一般建设项目风险源及其分类;二是基于开发流程的旅游地开发项目风险识别;三是基于目标导向的旅游地开发项目风险识别。第五章旅游地开发项目风险评价。首先介绍旅游地开发项目风险评价过程;其次基于 AHP 和 FUZZY 的旅游地开发项目综合风险作评价,包括层次分析法的原理描述、基于 AHP 法的风险评价指标权重的确定、基于 AHP 的旅游地开发项目风险模糊综合评价;最后是基于开发流程的旅游地开发项目进度风险评价,包括基于 PERT 和 CPM 的旅游地开发项目进度风险分析模型介绍和旅游地开发项目进度风险分析与评价过程内容。第六章,旅游地开发项目风险应对与监控。介绍旅游地开发项目风险的应对一般策略和旅游地开发项目风险监控内容。第七章,房县神农峡旅游区开发项目风险管理研究。介绍该地开发背景资料,项目简介,并对其风险识别和评价,讨论风险的应对与监控,最终提出管理建议。第八章为论文的总结与展望。

关键词:旅游资源　资源开发　项目管理　风险管理

5584

**网络优化中若干问题高效能算法研究及其在管理中的应用** / 谢凡荣著 ; 贾仁安指导. -- 南昌大学, 2009. -- 170 页

论文对网络优化中若干问题高效能算法展开研究,并探讨其在管理中的应用。全文共分为七章。第一章绪论,介绍论文的研究背景和现状,研究的问题、目的、意义及论文框架,研究思路和方法以及论文的主要创新点。第二章经典网络流理论基础及其进一步研究,介绍网络最大流问题及其进一步研究,包括概念和数据、数值算法以及应用举例,并对网络最小费用最大流问题以同样方法做进一步研究。第三章经典网络流理论研究及其在管理中的应用,探讨管理安排问题,包括其概念和依据、启发式数值算法以及案例和结论;探讨供给总量限定需求区间约束型运输问题,包括问题及其数学模型、数学模型的求解、数值算法、算例和结论;接着探讨最短工期项目计划问题;最后提出固定费用运输问题。第四章有上下界网络流理论研究及其在管理中的应用,包括有上下界网络最大流与最小截的问题,有上下界网络最大流域最小截在项目赶工中的应用,有上下界网络最小费用流与最小费用最大流问题,具有容量限制和边界条件约束的运输问题,运输问题的多反而少悖论以及固定费用运输问题的多反而少悖论。第五章多级供应链优化问题,包括基于生成树改进遗传算法、基于生成树改进遗传算法的 C 语言实现方法以及数值例子与相关结论。第六章应用案例——“协会 + 农户”生猪产业供应链网络饲料运送和生猪农产品销售运输最优方案设计及应用,介绍江西省萍乡市排上养猪协会的形成和任务,“协会 + 农户”生猪饲料供应子网络最优运送方案计算设计,“协会 + 农户”生猪销售最优配送方案计算设计以及饲料运送和生猪农产品销售运输最优方案的应用与意义。第七章为论文的结果与展望。

关键词:最优化算法　网络模型　供应链管理

5585

**港口经济对腹地区域经济的贡献研究** / 谢卫奇著 ; 许长新指导. -- 河海大学, 2009. -- 167 页

论文从港口定义界定入手,对港口和港口经济进行定义,分析港口经济的特点、港口经济对腹地区域经济的影响。全文共分为七章。第一章绪论介绍论文的研究背景和意义,对基础设施贡献的研究和港口经济贡献研究进展进行文献综述,对基本概念进行界

定，理清论文的研究思路。第二章分析港口经济对腹地区域经济的贡献机理，详细分析港口吞吐货种对腹地区域经济发展的贡献机理。第三章基于港口经济影响的机理分析，建立港口经济贡献研究方法，对计量经济学、可计算一般均衡、投入产出研究方法的特点和结构进行分析。在比例性假设、同质性假设、稳定性假设的基础上对现有的投入产出方法进行改进。建立港口投入产出系统。第四章构建基于投入产出方法的港口经济贡献衡量模型。第五章在实证研究中，先讨论福建港口的实际情况，对研究方法的适用性进行分析。由于福建独特的地理条件，采用福建省投入产出表进行分析是可行的。第六章在对福建港口与经济的相关性进行分析的基础上，利用 2002 年 122 部门"全口径"投入产出表，对港口对福建省 GDP 税收和就业贡献进行度量。第七章对论文得出的结论进行总结，总结论文研究的不足，提出对未来研究的展望。

关键词：地方经济　经济发展　港口经济

**5586**

**基于对数正态分布的若干非寿险问题** / 辛士波著 ；李元生指导. -- 中国矿业大学，2009. -- 92 页

论文在对非寿险精算、控制图研究进展做出综述的基础上，指出将控制图用于非寿险精算风险控制是可行的，研究平移对数正态分布的概率统计性质及其与短期集合理赔总量的平移伽马分布近似的异同，并结合案例给出左截尾对数正态分布的拟合步骤和分析。全文共分为六章。第一章引言提出问题，介绍论文研究内容和框架。第二章对非寿险精算和控制图研究进展进行文献综述，包括非寿险精算、对数正态分布、截尾分布、自助法、赋权方差法、控制图和随机数的统计检验等。第三章结合短期聚合理赔总量的平移伽马分布近似思想，给出短期集合理赔总量的平移对数正态分布近似的参数估计方法，并以短期聚合理赔总量 S 分布已知和未知两种情况比较两种近似的异同。第四章采用参数自助法设计思想，给出以对数正态分布为理论分布的均值—极差联合控制图控制界限的表达式、控制限系数表，并采用模拟分析法对控制图控制效果进行检验。第五章采用尺度赋权方差法，给出以对数正态分布为理论分布的指数加权平均移动平均控制图控制界限的表达式、控制限系数表，并采用模拟分析法对控制图控制效果进行检验。第六章给出反映免赔额和限额损失再保险影响的截尾对数正态分布的随机数生成方法、数字特征的模拟分析和参数估计的方法，并结合案例，给出左截尾对数正态分布的拟合步骤和分析，用于含有免赔额影响的非寿险精算风险的刻画。

关键词：保险　经济数学　计算方法　对数

**5587**

**再制造条件下闭环供应链利润共享协调和回收模式决策研究** / 邢光军著 ；达庆利指导. -- 东南大学，2009. -- 102 页

论文采用定性分析与定量分析相结合的研究方法，在契约理论的基础上，以博弈论、最优化方法为工具，深入讨论闭环供应链利润共享协调机制，重点研究随机需求和具有缺货损失、基于 Nash 协商模型和回购合同及柔性订购契约等条件下的闭环供应链系统利润共享协调机制，以及零售价格竞争环境下的闭环供应链回收模式决策等。全文共八章。第一章绪论，介绍研究背景、研究意义、研究思路以及研究内容和创新点。第二章介绍闭环供应链的理论基础和文献综述，包括闭环供应链的概念与一般结构、闭环供应链管理的基本内容、闭环供应链利润共享与契约协调机制综述。第三章研究基于生产商产品批发价和利润分配系数的闭环供应链利润共享协调机制。建立包含生产商、零售商和第三方的闭环供应链利润共享协调模型建立闭环供应链系统的利润协调机制，并通过利润共享机制使得利润增加部分实现合理分配。第四章研究随机需求和具有缺货损失的闭环供应链利润共享协调机制。构建由单一生产商、单一零售商组成闭环供应链系统的利润优化模型。通过利润共享契约实现闭环供应链系统内生产商与零售商之间利润的合理分配，达到利润共享。第五章研究基于 Nash 协商模型和回购合同的闭环供应链利润共享协调机制。建立优化模型，得到闭环供应链系统的最优订购量、最优回购价格；通过 Nash 协商模型建立利润协调机制，可以在闭环供应链系统利润最大化基础上实现成员间利润共享。第六章研究柔性订购契约的闭环供应链利润共享协调机制。建立分散决策和集中决策下生产商和零售商的利润模型，讨论集中决策模式下，柔性订购契约与生产商、零售商利润的关系并提出利润协调机制。第七章研究零售价格竞争环境下的闭环供应链模式决策。构建优化模型，得到生产商回收、生产商委托零售商回收和第三方回收等三种模式下的生产商品批发价、废旧产品回收价和利润

最优解,对三种回收模式进行比较,为生产商选择合适的逆向物流回收模式提供理论依据。第八章总结与展望。对研究工作进行回顾与总结,并对进一步工作做出展望。

关键词:企业管理　供应链管理　资源回收

**5588**

**高校人力资源管理对组织绩效的影响** / 邢周凌著 ; 周绍森指导. -- 南昌大学, 2009. -- 220 页

论文在学术和时间两个方面对高校人力资源管理与高校组织绩效的关系进行实证研究。全文共分为九章。第一章导言提出问题,介绍论文的研究目的、意义和创新点,明确论文研究方法、技术路线和研究内容。第二章对人力资源管理与组织绩效理论进行评述,分析其发展现状。第三章通过探索性研究和验证性研究,在分析高校人力资源管理最佳维度问卷的信度和效度的基础上,进行高校人力资源管理最佳维度构建。第四章首先阐述基于平衡计分卡的高校组织绩效评价内容,然后构建起高校组织绩效评价的关键指标体系。第五章通过三所大学的人力资源管理实践和组织绩效的实例,进行高校人力资源管理与组织绩效关系的案例研究,给出多案例分析报告。第六章通过研究视角和方法选择以及假设提出,进行高校人力资源管理对组织绩效影响理论的模型构建。第七章对高校人力资源管理对高校组织绩效影响研究进行实证分析,具体过程为问卷设计与变量测量、数据获取、数据分析、结构方程模型的参数估计与检验。第八章进行强化人力资源管理提升 组织绩效的对策探讨。第九章为论文的主要结论,并提出有待进一步研究的问题。

关键词:高校管理　人力资源管理　经济绩效

**5589**

**供应链协同调度研究** / 熊峰著 ; 张忠桢, Ram Akella 指导. -- 武汉理工大学, 2009. -- 148 页

论文在对国内外供应链优化和供应链协同调度领域里的研究方法和手段进行总结归纳的基础上,运用定量方法研究供应链协同调度模型和求解方法,阐述供应链协同调度的建模和优化思路,并针对几个典型问题进行建模并给出具体的算例算法。全文共分为六章。第一章绪论,介绍论文研究的背景和意义、基本概念、研究范围和角度选取、研究内容和论文结构,并对论文中的一般性假设进行说明。第二章供应链协同调度相关研究评述,包括供应链协同、供应链优化、供应链调度问题、多智能体技术和基于多智能体的调度系统。第三章供应链产销集成下的协同调度。对该问题概述,在此基础上提出供应链集成优化的方法,对问题描述并建立 SCISM 模型,提出线性规划的旋转算法,对模型计算;探讨 QSCISM 摸小尼姑的建立,介绍凸二次规划的解法,并对模型计算和总结。第四章,集成订单指派和配送的供应链协同调度。对制造模式中供应链的订单指派和调度优化问题说明,提出 OADSIM 模型的建立,探讨基于提前期和总费用的供应链协同调度优化,研究协同嵌套遗传算法,并做小结。第五章基于 MAS 的供应链协同制造调度系统。首先分析智能体技术和多智能体调度系统,包括一般意义的多智能体供应链调度系统模型和供应链制造调度和控制系统(SCIMS);探讨基于 MAS 的供应链协同调度的模型框架,包括基于多智能体的制造调度子系统,逻辑层,多智能体间的协商机制(Negotiation Rule),基于多能智能体的分销网络管理子系统以及原材料供应网络计划和调度。第六章为论文结论与展望。

关键词:企业管理　供销管理　供应链管理

**5590**

**智力资本的三维协同机理与绩效评价研究** / 徐爱萍著 ; 张友棠指导. -- 武汉理工大学, 2009. -- 173 页

论文以智力资本三维协同关系的研究为基础,综合运用文献研究、跨学科研究、调查研究、比较分析等方法,揭示智力资本提升组织绩效的机理,探寻智力资本绩效评价的技术和方法。论文共九章。第一章导论,介绍研究的目的与意义,综述国内外相关研究现状,阐述研究的内容与方法。第二章分析智力资本三维协同机理与绩效评价理论,介绍研究基础、理论方法、相关理论及研究理论框架。第三章分析智力资本三要素,揭示智力资本三维的互动关系、协同过程、协同模式和协同机制。第四章运用自组织理论分析智力资本三维协同的自组织特征、演化过程,并就智力资本三维协同提升组织绩效的路径展开研究。第五章从智力资本三维协同的视角对智力资本绩效评价进行研究。第六章构建智力资本三维和基于智力资本三维协同提升绩效的路径视角的绩效评价指标体系。第七章阐述将数据包络分析方法运用于智力资本绩效评价。第八章研究基于三维协同的高等学校智力资本绩效评价的相关问题。第九章总结全文,

阐述论文创新点及下一步工作展望。

关键词:企业管理　智力资源　绩效评价

**5591**

**跨文化、跨语言环境下的大众标注比较研究** / 徐晨著 ; 马费成,储荷婷指导. -- 武汉大学, 2009. -- 126 页

论文为了研究不同文化语言下的大众标注,以 Delicious 和 365Key 作为大众标注网站的代表对中美大众标注进行比较研究。运用 python 抽取标注词,比较两个网站在标注词使用上的差异。最后以 LCSH 和《中分表》作为受控语言的代表词与两个站点已抽取的标注词进行比较匹配。全文共分为六章。第一章介绍研究背景、研究历程、现状、目的和意义。第二章进行文献评述,分别对大众标注网站进行比较分析、对大众标注词进行研究。第三章明确研究的问题和范畴。第四章介绍论文的研究方法和主要步骤。首先是研究方法的选取,所用的研究方法有比较研究法、案例分析法、内容分析法。然后是数据来源,大众标注网站分别选择 Delicious 和 365Key 作为代表,词表选择中国分类主题词表和美国国会图书馆主题词表。接着是数据收集,最后对收集得到的数据进行分析。第五章是比较的结果和对结果的讨论。网站比较包括标注辅助属性、标注显示方式、标注的互相链接和管理方式。标注词的比较包括标注词的使用规律、标注词的使用问题、词类词型等。标注词和受控词的比较分为匹配、部分匹配和不匹配。第六章是论文的结语,以及研究得到的结论。

关键词:资源管理　社会习惯语　对比研究

**5592**

**信用评级信息系统按需搭建模式研究** / 徐丹丽著 ; 覃正指导. -- 上海财经大学, 2009. -- 142 页

论文围绕 CRIS 信息系统的按需搭建模式,设计一种基于构件的系统按需搭建领域模型和 CRIS 系统框架,为 CRIS 系统的具体设计提供应用参考和规范。全文共分七章。第一章绪论,介绍国内外信用评级信息系统的现状和问题、研究的内容和框架、研究的意义和创新点。第二章为文献综述及技术基础,包括相关理论的回顾与评述、按需搭建模式实现的技术基础。第三章分析基于构件的按需搭建领域模型,包括典型按需搭建系统框架和特点,按需搭建领域的模型,按需搭建模式和非按需搭建模式在系统开发特性、业务流程模式、数据管理模式三方面的比较。第四章讨论按需搭建的 CRIS 系统总框架的设计,包括 CRIS 系统的需求及按需搭建的实现层次、纵向按需搭建的 CRIS 系统框架设计、横向按需搭建的 CRIS 系统逻辑功能框架、搭建单元的设计流程、原则和影响因素分析、基于特征的单元集的划分。第五章分析面向服务的宏观按需搭建,包括 CRIS 系统的宏观按需搭建框架设计、宏观搭建单元—服务单元、候选服务单元的发现、基于循序聚类的服务单元集划分模型、宏观搭建单元封装案例分析。第六章讨论面向过程组件的微观流程按需搭建,包括基于过程组件的按需搭建流程模型、候选流程搭建单元—流程环节、基于模糊聚类的微观搭建单元集划分模型和业务流程的按需搭建。第七章分析评级数据的按需搭建,包括按需搭建的数据模式、CRIS 系统按需搭建的数据单元、数据搭建单元的调用以及 CRIS 系统数据单元的使用案例。最后,对论文进行总结和以后研究工作的展望。

关键词:资信评估　信息化　管理信息系统

**5593**

**我国城市房地产业运行机理及发展模式研究** / 徐丰著 ; 李全喜指导. -- 吉林大学, 2009. -- 181 页

论文在研究房地产相关理论——地租地价理论、市场供求理论、产业经济周期理论及区位理论的基础上,探讨我国城市房地产运行机理及发展模式。全文共分为七章。第一章绪论,介绍论文选题背景与意义、相关概念界定、国内外研究现状、论文主要研究内容以及对研究方法与研究思路介绍。第二章,相关理论研究。一是房地产基础理论,包括地租地价理论、房地产市场运行的供求理论、产业经济周期理论和区位理论;二是与论文相关的其他理论、包括产业经济学理论,区域经济理论和系统论理论。第三章,我国城市房地产业演进及发展现状研究。首先介绍我国房地产业的兴起与演进,一是我国房地产业发展的低潮阶段,二是我国房地产业的形成与起步阶段,三是我国房地产业的快速发展与繁荣阶段,四是我国房地产业的演进特征;其次探讨我国房地产业的发展现状与特点;再次分析我国城市房地产业的发展现状;最后提出我国房地产业发展存在的主要问题。第四章,我国城市房地产业发展阶段判别研究,包括房地产业阶段判别依据、判别模型选择、房地产业阶段判别模型构建以及以长春市为例、对其房地产业发展阶段的判别分析。第五章,我国城市房地产业运行机理研究,包括对房地产业的运行机理要素分析,对房地产

业投入产出的基本关系分析,基于资金投向的房地产业投入产出关系分析以及相关结论等。第六章,我国城市房地产业发展模式研究,介绍国内外房地产业发展模式及对其的借鉴方式,研究我国城市房地产业运行保障机制。第七章为论文的结论与展望。

关键词:房地产业　产业发展　投入产出分析

**5594**

**供应链定价策略选择与协调优化研究:基于电子商务和产品再制造背景** / 徐峰著 ; 盛昭瀚指导. -- 南京大学, 2009. -- 140 页

论文采用数理方法和基于多主体的计算实验两种研究方法,侧重于电子商务和产品再制造背景这一新背景下,制造商占有主导地位时,其定价策略的选择和供应链协调优化问题研究。全文共七章。第一章绪论,介绍研究背景、问题的提出、国内外研究现状、研究方法以及论文的主要结构和内容。第二章再制造产品的定价策略研究。通过假设消费者对新产品和再制造产品具有不同支付意愿,分别建立再制造产品差异化定价模型和单一定价策略模型。假设制造商能够区分目标市场,对制造商实施差异化定价策略和统一定价策略进行比较研究。第三章网络渠道的引入对制造商地区差异化定价策略的影响研究。从垂直整合系统角度研究制造商的四种定价策略,通过对各种定价策略进行理论和数值分析,指出了制造商引入网络渠道利润大于未引入网络渠道的条件。第四章介绍双渠道多地区情形下供应链定价策略与协调研究。分别通过理论和数值计算分析制造商的四种不同定价策略对制造商和零售商的不同影响,并与基本定价策略下制造商和零售商利润进行比较分析。第五章电子商务和再制造背景下制造商定价策略选择问题研究。分别对三种定价策略与基本定价策略制造商和零售商的价格和利润进行比较分析。以价格机制中的数量折扣契约为例,给出混合渠道的数量折扣协调机制的成立条件和结果。第六章在之前研究的基础上,建立电子商务和产品再制造背景下计算试验模型,研究了消费者的偏好以及制造商的再制造成本和网络销售成本对制造商的不同定价策略和渠道选择问题进行了研究。第七章全文总结和展望,介绍论文的主要结论和展望,对未来的研究做出展望。

关键词:供销管理　供应链管理　电子商务

**5595**

**不对称信息下销售价格与激励合同的联合优化研究** / 徐鸿雁著 ; 陈剑指导. -- 清华大学, 2009. -- 111 页

论文以制造商雇用销售商产品为背景,从合同双方存在的不同方面不对称信息入手,分析不对称信息对制造商的定价、激励合同设计等决策以及销售商销售努力决策的影响。论文分为六个章节。第一章前言,介绍问题的提出、激励问题的相关研究、论文的研究意义、研究目的与研究思路、论文章节安排。第二章文献综述,回顾激励合同研究的原因和目标、激励合同设计的主要研究内容、激励合同设计与生产、定价决策,为论文研究提供理论支撑。第三章提出问题,建立基准模型,分析不同市场规模下销售商的激励及定价和生产决策,分别找到混同策略和分离策略下制造商和销售商的最优决策。第四章对不同销售能力销售商的激励及产品定价进行研究,提出问题,建立基准模型,探寻不对称信息下集权决策系统的最优决策,分析决策下的最优激励合同、产品销售价格和销售努力。第五章对销售商的两周期激励及产品定价进行研究,建立基准模型,在销售能力和销售努力两种不对称信息存在的情况下,分析制造商和销售商双方的两周期决策问题,探寻信息对称时的最优两周期激励合同和销售价格,并分析信息不对称式的两周期激励合同设计及定价。第六章结论,梳理论文研究内容并进行总结,指出论文的创新点,最后对进一步研究进行了展望。

关键词:企业管理　销售管理　销售价格

**5596**

**制造型企业逆向物流渠道构建与控制研究** / 徐建国著 ; 乔忠指导. -- 中国农业大学, 2009. -- 129 页

论文研究的课题是企业怎样构建和控制逆向物流渠道,实现高效运转,主要研究制造型企业基于循环经济的目的进行废品回收再利用开展的逆向物流。全文共分为七章。第一章绪论介绍论文研究背景、研究意义以及国内外研究现状。第二章分析并界定逆向物流相关概念、成因等,分析目前我国制造性企业逆向物流存在的运作模式,探讨制造型企业逆向物流渠道控制的动力机制。第三章研究企业逆向物流的主体构成、渠道结构特征,并从产品变量、市场变量及成本变量角度出发分析影响企业逆向物流渠道构建的相关变量,通过对逆向物流静态、动态结构模型的

分析,从逆向物流类型和运作两个角度出发提出制造型企业的逆向物流渠道模式。第四章构建企业逆向物流渠道选择的基础模型,并运用随机模拟以及相关机会规划方法构建多制造商和多回收商情况下企业逆向物流渠道选择优化模型。第五章研究企业逆向物流渠道控制的主要内容、冲突和决策关键点,提出企业逆向物流渠道控制的概念化模型,并提出企业逆向物流渠道控制的系统化策略。第六章构建企业逆向物流监管博弈模型和三个层次、40个三级评价指标的制造型企业逆向物流渠道控制评价体系,并针对每个具体指标计算方法进行详细解释。第七章总结论文结论,提出相应展望。

关键词:制造企业　成本控制　废物回收

**5597**

**老工业基地发展的动力机制研究** / 徐江平著 ; 程国平指导. -- 武汉理工大学, 2009. -- 194 页

论文分析增长极理论、产业集群理论、产业创新理论以及系统动力学理论,研究对象为老工业基地发展的动力机制。全文共分为九章。第一章导论,介绍论文研究的目的和意义,国内外研究情况以及研究内容和研究方法。第二章老工业基地发展动力的理论基础。分析区域经济发展的增长极理论、区域经济发展的产业集群理论和区域经济发展的产业创新理论,并对系统动力学进行阐释。第三章老工业基地发展的国外比较与借鉴。对西方主要工业国老工业基地进行比较研究,对我国老工业基地发展分析,得出主要工业发展国改进老工业基地的经验借鉴。第四章老工业基地发展的动力系统,包括老工业基地发展的要素、老工业基地发展的动力系统模型、老工业基地发展的动力机制模型。第五章老工业基地发展的政策引导机制,包括老工业基地发展中的政策传导机制、老工业基地发展的不同政策作用机制,提出建立完善政策体系的机制,对老工业基地的发展政策进行绩效评价。第六章老工业基地发展的科技推动机制。首先分析科技对老工业基地发展的促进作用,探讨老工业基地区域科技创新体系,对科创新实施体系的运行和老工业基地科技创新推动机制的运行原理做出介绍,并以辽宁省老工业基地为例分析其科技投入与经济增长的关系,并得出结论。第七章老工业基地发展的产业重组驱动机制。提出其结构的优化原理、重组的运行模式、重组中的筛选机制和淘汰再造机制等。第八章洛阳老工业基地发展的实证研究。介绍其形成过程,对其政策环境分析、科技发展分析,探讨基地产业结构的演变并提出结论。第九章为全文总结与展望。

关键词:老工业基地　经济发展　产业重组

**5598**

**基于 CAS 理论的区域金融系统研究** / 徐立世著 ; 曾珍香指导. -- 河北工业大学, 2009. -- 115 页

论文研究区域金融系统的历史演变、属性特征、结构功能、运行于空间聚集机制及评价体系,并以天津滨海新区为例,研究特定区域金融发展的具体问题。全文共分为八个章节。第一章绪论,介绍研究背景和研究意义、研究思路和论文结构,以及论文的创新点。第二章为相关理论及研究综述。首先梳理传统金融发展理论的演进过程和主要内容,传统金融发展理论对区域金融的研究情况,复杂科学、CAS 理论概要及对金融系统的研究;然后通过文献综述,明确不同学科理论对区域金融研究的动态和成果,提出进一步深化区域金融演化发展的研究以及应选择的新的理论视角。第三章对区域金融系统演化历史及其规律进行了分析研究,将区域金融视为复杂适应系统,从历史演变过程揭示其发展规律。第四章对区域金融系统特征、结构与功能进行分析研究。从复杂适应系统属性特征出发,重点分析区域金融系统的主动适应性、多层次性、开放性、非线性、整体协调性和脆弱性等特征;并分析区域金融系统的金融载体结构和空间分布结构。第五章对区域金融系统运行及空间聚集机制进行研究分析,包括区域金融系统微观主体行为机制的四个属性进行讨论,并对宏观均衡运行机制以及空间聚集机制进行分析。第六章对区域金融系统发展状态的评价进行研究。从定性分析和定量分析两个方面,研究区域金融系统发展状态评价体系,吸收已有研究成果,以新的评价标准建立区域金融系统发展状态评价模型,构建新的评价指标体系,并选取五个城市的数据进行分析。第七章对天津滨海新区金融发展对策进行实例研究。遵循区域金融系统演变发展规律,把握国内外金融创新主流趋势,运用战略规划的方法,提出了天津滨海新区金融发展战略目标、发展模式、实现路径及行动措施。第八章为总结与展望,包括对全文的研究工作的总结以及进一步的研究展望。

关键词:地方金融事业　区域金融中心　系统评价

5599

**民航客运超订下舱位控制的稳健模型及策略** / 徐丽萍著；李金林指导. -- 北京理工大学, 2009. -- 176 页

论文利用统计分析和数据挖掘、社会网络分析、知识图谱方法探讨了中国科学论文产出的生产力状况、科学论文合作的生产关系状况以及二者之间的关联关系。全文共分为六个章节。第一章绪论,介绍选题依据和研究意义、国内外相关研究进展及评述、论文的主要内容及主要创新点。第二章分析科学论文产出与合作研究的基本理论、方法和指标。第三章对中国科学论文产出状况进行了分析,分别对中国科学论文产出的总体水平、中国科学论文的高产区域、中国科学论文产出的优势领域、中国科学论文产出的集中特征以及中国科学论文产出的质量进行分析研究。第四章对中国科学论文的合作状况进行分析,包括中国科学论文国际合作的发展趋势分析、中国科学论文国际合作的主体分析、中国科学论文国内合作的社会网络特征分析以及中国科学论文国内合作的中心性分析。第五章对中国科学论文产出与合作的关联进行分析,包括科学生产力与科学生产系的总体关联情况分析、不同学科领域的科学生产关系分析以及科学生产力与科学生产关系的关联分析。第六章为结论与讨论,对全文的研究工作做总结,并对今后的研究工作指出对策和展望。

关键词:航空公司　民用航空　经营策略

5600

**网络融合过程中的电信产业规制研究** / 徐敏著；胡汉辉指导. -- 东南大学, 2009. -- 117 页

论文对网络融合过程的电信产业的规划进行分析研究。全文共分七个章节。第一章绪论,介绍研究背景、相关概念的界定及问题的定位、研究的对象与方法、研究逻辑与内容以及创新点。第二章对网络融合与电信规制理论进行回顾,包括网络融合理论、自然垄断与规制理论、网络融合下的电信规制的研究评述以及对其中存在的不足和未来的研究方向。第三章对网络融合下的跨产业横向兼并的规制进行研究分析。基于二阶段动态古诺竞争模型,考虑通信产业网络运营商横向兼并前后边际成本的变化,研究存在 n 家运营商的同质产品市场中,企业进行横向兼并的条件,并对横向兼并所引起的运营商利润变化及社会福利的变化进行探讨。第四章分析网络融合下的多产品定价规制,构建了双寡头 Bertrand 二维博弈模型,讨论拥有两个完全覆盖网络的运营商同时提供两种具有替代性服务的情况下,网络型双寡头企业在多产品市场的定价问题,并分析网络外部性对企业定价决策的影响。第五章分析网络融合下的不对称规制的问题,提出在网络融合下的语音市场上,在位者和进入者基于设备竞争的博弈模型,对在位运营商实行基于成本的接入价格规制,而进入运营商则实行接入价格加成。第六章对网络融合下的电信规制机构的重建进行了研究分析,主要讨论如何解决目前电信规制中存在的机构重建、多头管理以及网络融合下规制的“真空区域”等问题,探讨规制机构的调整与重建。在理论分析和实践对比的基础上,探讨网络融合下我国电信规制机构的未来走向。第七章为结论与展望,主要提出论文的主要结论以及尚待研究的领域。

关键词:电信业　经济发展　通信网

5601

**基于弹性管理的车辆路径优化与系统实现** / 徐鹏著；王慧敏指导. -- 河海大学, 2009. -- 164 页

论文借助数理方法,对物流配送路径选择中弹性管理方法建立数学模型定量分析,针对问题特点,提出算法方案并最终进行系统实现,丰富拓展弹性管理的研究形式和内容。全文共分为六章。第一章给出车辆路径问题研究综述,引入弹性管理思想,探讨弹性管理思想的研究意义,针对影响配送路径优化的因素进行分析,探讨以往 VRP 没有货较少讨论而实际工作中常见的运输接驳问题和组团送货问题。第二章进行弹性管理与物流配送路径选择,分析交通特性和配送业务管理对路径选择的影响,提出配送路径选择弹性管理框架。第三章提出一类新的车辆路径问题弹性约束 VRP,研究弹性约束下车辆路径问题并建模,讨论弹性约束适用范围,在后续的算法实现中,通过设定惩罚函数来解决约束非严格问题。对路径费用进行详细分解,通过交通调查与仿真手段,采用蒸饺分析方法修正路径费用行程时间模型,使之适用于城市配送路径时间费用计算。第四章提出求解弹性约束车辆路径问题的遗传混合算法。采用基于进化计算思想的改进遗传算法融合作为局部优化算法的节约插入算法,利用各自优势,交替担负全局寻优与局部搜索任务。第五章设计数据与系统结构,编程实现卷烟配送优化系统,对系统测试运行结果给予分析。第六章总结论文结论,提出应用前景和进一步研

究方向。

关键词:物流　车辆调度　车辆路径　遗传算法

**5602**

**中石油集团自主创新机制及能力评价研究** / 徐平著 ; 徐建中指导. -- 哈尔滨工程大学, 2009. -- 175 页

论文研究中石油自主创新中的机制和能力评价问题,提出一些建设性意见。全文共七个部分。第一部分调研国内外研究现状,阐述论文研究背景和意义、研究思路和方法,以及创新之处。第二部分对自主创新研究现状进行总结评述,对创新理论进行概要分析,对自主创新机制研究的基本状况做了回顾总结,讨论对创新的广义和狭义理解。第三部分从科技、研发体系和自主创新的实际状况出发,系统地分析中石油创新的现状,结合实际提出中石油自主创新存在的主要问题。第四部分在界定中石油自主创新机制内涵的基础上,明确中石油自主创新的主要特征,探讨中石油自主创新机制的主要内容,从外部和内部两个方面对其主要的构成要素进行了剖析,对中石油自主创新机制的结构和功能进行分析,并基于创新过程及其模式的演进、创新路径和创新模式的选择深入探讨中石油自主创新机制的作用机理。第五部分在对中石油的自主创新机制综合分析的基础上,进一步明确中石油自主创新机制构建的依据、原则和目标。第六部分在研究中石油自主创新机制的基础上,基于评价目标、依据和原则构建中石油自主创新能力评价指标体系,指标体系基于简捷有效原则突出了核心指标,形成符合中石油实际的创新能力评价指标体系。第七部分在构建机制和能力评价的基础上,对基于机制提升中石油自主创新能力有针对性地提出对策和建议,为中石油提升自主创新能力的决定和实践提供了重要依据和策略支持。

关键词:石油企业　创新管理　创新能力

**5603**

**所有权集中度、战略导向与企业绩效的关系研究** / 徐强著 ; 李垣指导. -- 西安交通大学, 2009. -- 115 页

论文将战略导向进入所有权分析框架,分析所有权集中程度对市场导向和企业家导向的影响,结合治理结构的研究,解释所有权结果影响企业绩效的中间过程。全文共分为八章。第一章绪论,介绍论文研究的实践背景和理论背景。第二章宝鸡市企业所有权改革案例研究。分别对宝叉的复苏、秦源煤业的两次改制、宝鸡啤酒的重新崛起三个案例展开研究,探讨案例对论文研究的启示。第三章理论综述,包括所有权集中度的相关研究、市场导向的相关研究以及企业家导向的相关研究。第四章理论模型与假设提出,提出基本思路和模型要素的选择,构建研究的理论模型;提出理论假设,包括所有权集中度与市场导向的关系、所有权集中度与企业家导向的关系、市场导向与企业绩效的关系、企业家导向与企业绩效的关系、董事长与总经理职位合一对市场导向与绩效关系的调节以及董事长与总经理职位合一对企业家导向的绩效关系的调节。第五章研究方法,介绍数据的收集,研究所涉及因素的度量,统计分析的方法和过程。第六章实证检验的结果。对结果进行描述性统计和相关分析,对信度和效度进行检验,包括变量信度检验、内容效度检验、结构效度检验;对结果做多重共线性检验,并得到多元回归的结果。第七章结果讨论,包括所有权集中度对市场导向的影响、所有权集中度对企业家导向的影响、市场导向对企业绩效的影响、企业家导向对企业绩效的影响、职位合一对市场导向与企业绩效关系的调节作用以及职位合一对企业家导向与企业绩效关系的调节作用。第八章为论文结论与展望。

关键词:企业管理　所有权　企业绩效

**5604**

**基于技术进步与市场化改革的中国能源效率研究** / 徐士元著 ; 齐欢指导. -- 华中科技大学, 2009. -- 118 页

论文的研究是基于技术进步和能源工业市场化来研究能源效率问题的。全文共分为七个章节。第一章绪论,介绍选题背景及研究意义,研究内容及研究方法以及能源效率问题研究的综述。第二章分析中国能源效率影响因素与变化趋势。在介绍能源效率的基本内涵和测度方法后,分析中国能源效率的时间序列和影响因素。第三章对技术进步对能源效率的影响进行研究分析,包括中国技术进步总体水平的测度、技术进步对能源效率的作用机制以及中国能源效率政策的技术进步倾向研究。第四章分析技术进步对能源效率提高的贡献,并进行计量模型的设计。通过建立计量模型,对样本数据进行了描述性分析。第五章对中国能源工业市场化与能源效率的相互作用进行了研究分析,包括市场化与中国能源工业的市场化改革分析、中国能源效率的提高呼唤能源工业化

的市场改革、中国能源工业市场化改革对能源效率的作用机制,同时讨论能源工业市场化改革对促进提高能源效率的国际经验与启示。第六章对能源工业市场化运行对能源效率提高的机制进行研究分析。提出政府发挥宏观调控作用规范能源市场化秩序,维护市场有效运行;提出构建技术进步的市场化实施机制,不断促进能源效率的提高;提出通过内部和外部等多种融资方式来完善能源市场化的投资融资机制;完善能源市场及其交易机制,促进能源市场竞争,提高能源效率。第七章为全文总结与研究展望,包括对全文研究工作的总结以及对今后研究工作的展望。

关键词:能源工业　能源效率　技术进步

**5605**

**面向质量设计的制造质量信息表示与处理方法研究** / 徐显龙著 ; 同淑荣指导. -- 西北工业大学, 2009. -- 113 页

论文采用产品数据管理、知识管理以及信息处理等理论研究方法,针对面向质量设计环境下,如何方便、迅速、准确地位设计者提供需要的制造质量信息的问题,通过研究有效合理地组织、表示、处理与利用制造质量信息,以支持设计者做出面向制造质量的设计。全文共分为七章。第一章绪论,介绍论文选题背景和研究意义、国内外研究现状分析、论文主要研究内容。第二章支持设计的制造质量信息。首先介绍制造质量信息的概念、分类,提出支持面向质量设计的制造质量信息;其次介绍制造质量信息的来源与形式,包括信息形成的模式、制造质量信息来源与获取、制造质量信息合成与变换以及制造质量信息存储及格式;三是制造质量信息对设计的支持,探讨基于制造质量信息的设计内涵,面向设计的制造质量信息供给以及支持设计的制造质量影响因素信息关系网。第三章制造质量信息的结构树建模,包括信息组织与建模、基于产品结构树的制造质量信息建模、制造质量信息树以及制造质量信息树的构建步骤,并对实证应用展开说明。第四章制造质量信息的 STEP 与 XML 混合表示,包括制造质量信息模型与形式化表示、基于 STEP 的结构化制造质量信息表示、基于 XML 的非结构化制造质量信息表示,探讨制造质量信息统一表示模型及其应用以及制造质量信息与设计信息及系统集成。第五章基于多色集合的制造质量信息处理与利用。探讨基于多色集合的制造质量影响因素信息关系网模型和影响因素信息处理与利用方式,并进行实例应用展示与讨论。第六章制造质量信息原型系统设计与应用研究,包括制造质量信息的系统设计、制造质量信息系统功能实现和应用分析。第七章为结束语。

关键词:产品设计　质量管理　信息系统

**5606**

**灌溉节水激励模型研究** / 徐向阳著 ; 岳意定指导. -- 中南大学, 2009. -- 170 页

论文利用管理学、技术经济学、水资源经济学、信息经济学、博弈论和委托代理理论等知识,对灌溉节水激励模型展开研究。全文共分为八章。第一章绪论,介绍论文研究背景、目的和意义,文献综述,研究思路、方法、框架和内容。第二章我国灌溉节水现状分析,分析灌区的特点和作用、灌区建设的历程、我国灌溉节水存在的问题和原因。第三章政府灌溉节水购入激励模型,分析灌溉节水博弈模型,探讨我国农田水利建设和政府投资的关系,并借鉴国外农田水利建设和政府投资的关系,提出政府灌溉节水投入激励模型——中央对地方灌溉节水投入激励模型和中央对地方灌溉节水投入与分配激励模型,最后分析灌溉节水政府监督博弈模型,并做出总结。第四章灌溉水管组织灌溉节水激励模型。基于对灌溉水管组织的性质分析,提出灌区水管组织灌溉节水建设激励模型,包括灌区水管组织灌溉节水建设离散激励模型和灌区水管组织灌溉节水建设连续激励模型;探讨灌溉节水工程建设监理单位和施工企业激励模型以及单位托代理框架下和多任务框架下的灌区水管组织员工激励模型。第五章农户灌溉用水行为模型,分析农业水资源配置博弈模型,提出农户灌溉用水行为模型;探讨农业水权制度对灌溉节水的影响,农业水价制度对灌溉节水的影响,并得出结论。第六章农户用水协会激励模型,对农业节水合作行为博弈分析,探讨农户用水协会对灌溉节水的影响,提出农户用水协会激励模型。第七章灌溉节水激励模型应用——邵东县灌溉节水案例分析。结合邵东县资源利用现状,对其灌溉用水现状分析,构建灌溉节水激励机制,并对邵东县灌溉节水展开绩效评价。第八章为结论与展望。

关键词:农田灌溉　节约用水　灌溉管理

**5607**

**研究生创新能力培养的协同分析与实证研究** / 徐亚清著 ; 曾珍香指导. -- 河北工业大学, 2009. -- 116 页

论文通过构建研究生创新能力培养的协同分析框架、建立相应的模型,对研究生创新能力培养绩效及其影响因素进行实证研究。全文共分九章。第一章绪论,介绍问题的提出、研究目的与意义、研究思路与内容以及研究的创新点。第二章为理论依据与文献综述。以复杂性科学与复杂系统、系统协同理论作为理论依据进行阐述,并对文献中的创新、创新能力、研究生创新能力培养和现有研究结论及研究中存在的问题进行分析和讨论。第三章分析研究生创新能力培养的现状。通过对我国研究生培养的发展历程和对中美研究生培养模式的比较分析,对我国研究生创新能力培养存在的问题及其原因进行了分析。第四章提出研究生创新能力培养协同分析的概念模型。根据研究生创新能力培养的协同分析的基础及研究生创新能力培养的全要素创新、全主体创新、全过程创新的框架提出了协同分析的概念模型。第五章分析研究生创新能力培养的协同机制。包括研究生创新能力培养协同的形成机制、实现机制以及约束机制。第六章设计研究生创新能力培养实证研究方案。分别设计研究假设、研究设计与分析方法、数据收集程序、数据分析方法。第七章对研究生创新能力培养的实证研究进行了结果分析和讨论,包括全要素创新协同机制数据处理与统计分析、全主体创新协同机制数据处理与统计分析、绩效分析。第八章对地方高校HB大学研究生创新能力培养进行了实证研究,包括HB大学及研究生创新能力培养现状分析及其协同机制分析,并对HB大学及其研究生创新能力培养提出了对策和建议。第九章为工作总结和展望。

关键词:研究生教育　创造能力　能力培养

**5608**

**基于知识创新的文化企业核心竞争力研究** / 徐勇著；汪应洛指导. -- 西安交通大学, 2009. -- 100 页

论文针对如何通过知识创新提高文化企业的核心竞争力而展开分析研究。论文共分六章。第一章绪论,介绍论文的研究思路、框架与方法以及论文的主要创新点。第二章介绍国内外相关的理论研究现状以及对文献的综述,包括企业核心竞争力研究综述、知识创新理论研究综述以及组织学习理论的概述。第三章阐述基于知识创新的核心竞争力理论模型。建立企业核心竞争力的函数模型、知识创新价值链模型和从组织学习到企业核心竞争力的传导过程模型。第四章主要介绍研究方法,包括研究的设计方案、变量的测量以及统计过程和方法。第五章对分析的问题进行实证研究,包括描述性统计分析、数据质量分析以及结构方程模型与假设检验,通过实证分析验证假设的成立。第六章为讨论与结论。主要介绍理论模型中的各类因果关系、方差分析结果讨论以及论文研究的结论和今后的主要研究方向。

关键词:文化产业　企业管理　市场竞争

**5609**

**我国体育产业发展的理论研究与实证分析** / 徐勇著；刘国新指导. -- 武汉理工大学, 2009. -- 141 页

论文主要运用产业经济学理论和方法对体育产业和中国体育产业发展进行专门性、系统性研究。重点分析研究体育产业发展的动力机制、体育产业资本运作、体育产业知识、体育产业经营模式。全文共分为八章。第一章为导论,就主要研究背景、目的及意义进行说明,同时就国内外对体育发展的理论研究的方法、思路以及相关的研究动态进行了阐述。第二章重点对体育产业及其内涵进行界定,对体育产业发展所需要的社会经济环境进行了系统的分析。第三章通过对具有不同性质的体育产品的划分,说明体育两大动力——政府规制与市场机制各自作用的方式和边界。第四章对中国体育产业资本制度、结构特征、资本经营等进行系统研究。第五章采用SCP研究范式,对中国体育产业结构、体育机构行为和绩效进行实证分析,并提出优化中国体育产业组织的建议。第六章着眼于构建集约型经营模式,划分体育产业经营模式,并围绕模式的转变提出推动中国体育产业经营的基本思路。第七章根据我国一些省市体育产业统计数据,利用改进的层次分析法、均方差法及综合评价方法对一些省市的体育产业发展水平进行分析,指出我国体育产业发展存在的问题。第八章结合我国体育产业现阶段面临的主要问题,对我国体育产业发展提出若干政策建议。第九章对全文研究进行总结。

关键词:体育产业　经营方式　市场结构

**5610**

**具有学习效应的流水作业排序问题研究** / 徐智勇著；孙林岩指导. -- 西安交通大学, 2009. -- 87 页

论文针对工件加工时间与工件排列位置相关和工件加工时间与工件开工时间相关的两种学习效应分别建立流水作业排序模型,在学习效应具有线性特征、多项式特征和指数特征的三种情形下,以总完工

时间、加权完工时间、折扣加权完工时间和完工时间平方和四中目标分别给出了相应近似算法,并给出不同情形下的近似算法的最坏情况界。全文共六个部分。第一部分概述组合优化问题、排序问题、算法复杂性相关基础理论后,在国内外研究的综述基础上,提出论文研究背景和研究内容。第二部分提出工件加工时间和弓箭排列位置相关的学习效应定义,并建立具有线性学习效应的流水作业排序模型,并针对工件各工序基本加工时间相等情形下给出多项式时间最有算法。第三部分提出工件加工时间具有多项式学习效应的定义,并建立具有多项式学习效应的流水作业排序模型,并针对工件各工序基本加工时间相等情形下给出多项式时间最有算法。第四部分对目标函数为完工时间平方和的流水作业排序问题,给出把工件按 SPT 规则排列的近似算法及其最坏情况界,并针对工件各工序基本加工时间相等情形下给出了多项式时间左右算法。第五部分提出工件加工时间和工件开工时间相关的学习效应定义,并建立具有线性学习效应的亏谁作业排序模型。第六部分对研究成果进行总结,并提出需要进一步深入研究问题。

关键词:生产管理　流水作业　最优化算法

5611

**区间 DEA 理论方法及应用研究** / 许皓著 ; 华中生指导. -- 中国科学技术大学, 2009. -- 96 页

论文从区间指标数据的处理角度出发,研究区间 DEA 的理论与方法。全文共分为八章。第一章阐述区间指标约束下的效率评价问题的重要性,简介 DEA 基本理论,回顾和总结区间 DEA 理论研究现状,说明论文方法、主要研究内容和研究意义。第二章总结现有区间 DEA 的理论方法,介绍变量替换法和区间效率法两种主要方法的原理,并详细分析两者之间的内在联系,以及现有方法存在的缺陷。第三章提出一种基于共同权重的平均效率评价区间 DEA 方法,并采用实例分析说明本章所提方法的合理性和优越性。第四章从效率评价和改善角度出发,提出一种基于平均效率评价的加性区间 DEA 方法,并采用含复杂线性关系区间指标数据的算例,分析说明加性区间 DEA 方法的合理性和优越性。第五章基于 Shannon 熵的衡量 DEA 模型有效性识别能力的方法,通过算例分析基于平均效率评价的区间 EDA 方法,以及基于平均效率的加性区间 EDA 方法的合理性和优越性。第六章从决策单元完全排序的角度出发,提出一种虚拟前沿面的评价思想,并进一步提出基于最优虚拟前沿面和最劣虚拟前沿面的效率评价模型,然后结合 TOPSIS 思想,提出一种集成排序方法,最后,采用实例分析说明排序方法的合理性。第七章提出平行网络结构区间 DEA 方法,从而能同时评价系统平均及各子单元的效率,并能得到各区间指标的确定在值。第八章对论文的主要研究工作进行归纳总结,并对论文工作中存在的不足之处进行详细分析,指出未来工作设想。

关键词:系统分析　数学模型　数据包络分析(DEA)

5612

**基于动态能力的企业创新网络进化仿真研究** / 许皓玥著 ; 柳瑞禹指导. -- 武汉大学, 2009. -- 159 页

论文采用多智能体仿真的手段,使用社会化-NTF 模型对企业创新网络动态能力进化过程进行仿真。全文共分为八章。第一章介绍论文选题背景、研究现状和研究方法。第二章研究社会网络 NK 模型缺陷。第三章对企业创新网络概念模型进行研究,包括企业创新网络动态能力、企业创新网络中的关系、企业创新网络中的创新扩散和“从众效应”。第四章进行企业创新网络社会系统的仿真与校验,应用的是复杂自适应理论。第五章构建企业创新网络动态能力模型并进行适应性行走和长跳。第六章通过霍夫曼实验复验进行社会化-NK 模型试验设计,得到系统创新网络进化曲线。第七章介绍社会化-NTF 模型设计,进行关系强度试验并对结果进行分析。第八章从企业联盟对象抉择、企业间合作竞争关系维护、相关宏观部门制定企业自主创新能力激励政策三个方面阐述企业创新网络进化研究的启示。

关键词:企业管理　技术管理　技术创新

5613

**中美研究生培养模式比较研究** / 许红著 ; 冯小明指导. -- 四川大学, 2009. -- 216 页

论文研究以我国研究生培养模式的现状为切入点,选取美国研究生培养模式为参照,并结合我国实际提出研究生培养过程各方面应采取的对策。针对我国当前形势下研究生培养质量提出新的要求,从评价的角度出发建立一个较为完善的适合我国国情的研究生培养过程质量指标体系。全文共分为九章。第一章绪论阐述中美研究生培养模式研究选题背景、意义,指出论文研究思路和研究方法。第二章从两大

部分阐述研究生培养模式的理论与实践。第三章进行中美研究生培养模式发展历程及特点比较。通过比较的方法,从中美两国研究生培养模式发展历史的演变轨迹进行回顾与梳理,归纳总结两国研究生培养模式各自的构成及特点。第四章比较中美研究生教育的政策法规,从宏观方面对两国研究生教育进行对比研究,分析中美两国由于文化差异、办学理念、教育体制的不同而形成不同学科在研究生培养目标的不同特点。第五到八章进行中美研究生培养过程比较。从微观方面对两国研究生培养过程进行对比研究,内容包括招生制度、课程学习与授课形式、资助体系、导师指导与学位授予等。结合我国研究生培养过程中的这些环节中出现的不足,针对性地提出积极的改进措施。第九章建立我国研究生培养过程质量评价指标体系。结语部分对全文进行总结,并进一步廓清研究生培养模式是影响研究生培养质量的关键因素,同时指出今后努力方向。

关键词:研究生教育　培养模式　对比研究

**5614**

**基于瓶颈的BTO供应链响应时间优化与控制研究** / 许一敏著 ; 马士华指导. -- 华中科技大学, 2009. -- 133 页

论文在BTO供应链逐渐成为当今供应链运作的典型特征的背景下,对基于瓶颈的BTO供应链响应时间的优化与控制进行研究。全文共七部分。第一部分绪论,介绍研究背景与课题来源、研究的目的与意义、研究的主要内容与整体结构以及研究的主要创新点。第二部分文献综述,介绍BTO供应链管理的研究、供应链瓶颈的研究、供应链时间优化研究、供应链中的生产控制方法研究。第三部分BTO供应链响应时间管理。界定供应链响应时间概念,建立BTO供应链中响应时间模型,对BTO供应链响应时间的影响因素进行分析,研究压缩响应时间对BTO供应链整体绩效的影响。第四部分提出BTO供应链的时间瓶颈识别方法。界定供应链中时间瓶颈的概念,提出利用流程有效性绩效指标进行识别整个供应链系统中时间瓶颈的方法,并利用该瓶颈识别工具,确定BTO供应链中时间瓶颈的位置。第五部分建立基于瓶颈的BTO供应链响应时间控制模式。针对这类供应链的瓶颈特点,结合约束理论中的漏斗模型的优点,建立全过程的BTO响应时间控制模式。第六部分从生产控制角度,建立基于能力约束的BTO供应链中供应商交货期承诺模型。分析供应商的服务水平、订单到达率、承诺交货期和总成本之间的关系,得出供应商对制造商的最优承诺交货期,从而最终实现供应链整体成本最小化。第七部分研究展望,对所做的研究工作进行归纳总结,提出今后需要进一步深入研究的问题和方向。

关键词:制造工业　生产管理　供应链管理

**5615**

**企业联盟期权价值影响因素的实证研究** / 薛亮著 ; 黄健柏指导. -- 中南大学, 2009. -- 188 页

论文为企业联盟期权价值影响因素的实证研究。全文共分为七章。第一章导论,介绍论文研究背景和意义、研究的主要目的和创新点、研究方法和总体框架、研究的现状问题。第二章理论基础。一是企业联盟的动因辨析,包括企业联盟的动因学说和企业联盟的动因透析;二是实物期权视角下的企业联盟,探讨企业联盟与其不确定性,分析企业联盟的实物期权特征;三是企业联盟期权价值的构成,包括联盟期权的潜在价值和联盟期权的现行价值。第三章企业联盟期权价值性质研究。构建企业联盟期权价值模型,提出模型的初始假设,分析基于随机过程的不确定性结构并对模型优化;分析联盟后议价期权的性质和结构,对模型修正;分析联盟前议价期权的性质和结构;基于联盟期权价值的分析结论,提出联盟期权价值的影响因素假说。第四章企业联盟期权价值的影响因素分析。对企业联盟期权价值的影响因素从不确定程度、联盟初始权益份额、联盟估价偏差、估价基础的产异性和讨价还价能力几个方面做定性分析,基于实证研究展开设计,对数据分析并对假设结果进行检验和讨论。第五章联盟期权价值及其影响因素的相关分析。对不确定性对联盟期权价值的影响经理研究,包括不确定性不同维度对联盟期权价值的影响和不确定性对联盟期权价值不同维度的影响;对联盟估价偏差对联盟期权价值的影响机理研究;分别对估价基础差异性、讨价还价能力、初始权益分配对联盟期权价值的影响机理研究,并对各影响因素之间的相互关系作出讨论。第六章基于联盟期权价值的联盟与并购战略选择研究。对并购与联盟战略做比较分析,探讨基于联盟期权价值的并购或联盟战略选择,对样本数据整理并分析,对案例分析并得出结论。第七章为结论与展望。

关键词:动态联盟　期权定价　实物期权

5616

**基于特许经营权期的高速公路风险管理与定价机制研究**／薛文著；陈立文指导. -- 河北工业大学，2009. -- 120 页

论文采用理论研究和实证检验相结合、定性分析与定量分析相结合、静态分析与动态分析相结合、系统分析和比较分析的方法，研究高速公路特许经营项目风险的理论和方法。全文共分为八个章节。第一章绪论，介绍选题依据、国内外研究现状以及研究内容与方法。第二章为高速公路特许经营模式与实践分析，包括高速公路特许经营在我国的应用现状，特许经营模式下高速公路项目融资分析以及高速公路特许经营项目的建设经营模式的选择研究。第三章对民间资本进入特许经营权期高速公路可行性进行了研究，包括民间资本进入高速公路建设的现状与实践分析、民间资本参与高速公路建设及运营必要性和可行性分析、民间资本进入高速公路存在的问题讨论。第四章对高速公路特许经营项目的风险管理进行了研究，包括特许经营项目生命周期的阶段划分及影响分析、融资风险的识别分析、建设风险的识别分析、风险评估研究以及风险的应对管理分析。第五章对高速公路特许经营项目的经济评价方法进行了研究，包括特许经营项目与一般项目的经济评价差异性分析、特许经营项目的经济评价研究以及特许经营项目中的政府保证研究。第六章对高速公路特许经营项目的定价机制进行了分析研究，包括定价机制分析、融资方式对定价机制的影响、收费率的制定分析以及政府对定价机制管理的研究。第七章以津宁高速公路特许经营项目的风险分析为例进行了研究讨论，主要包括投资风险评估，融资风险评估以及财务风险评估。第八章为结论与展望，对全文的研究工作进行总结，并对今后的研究工作提出展望。

关键词：高速公路　特许经营　公路费用

5617

**信息对我国证券市场收益影响的理论与实证研究**／薛燕著；刘传哲指导. -- 中国矿业大学，2009. -- 158 页

论文构建以政府信息、公司信息、机构信息和市场情绪为主体的信息分析体系，探讨我国当前证券市场的信息影响特征，以实现有效的市场信息监管。全文共分为九章。第一章绪论，介绍论文选题背景与意义、信息影响的相关理论、国内外研究综述、论文研究的主要目标及内容以及研究思路和方法。第二章信息对市场收益影响的一般理论，包括内涵界定及相关概念的逻辑辨析、信息影响收益的一般机理、影响信息决策效率的主要因素以及信息作用的时滞分析。第三章我国证券市场信息管理及效率现状。对证券市场的信息披露、信息监管体制的演变，中外证券市场信息披露比较、我国股市对信息反映速度检验的内容展开讨论。第四章政府信息对市场收益的影响，探讨证券市场中政府信息的作用，对政府信息决策效率的主要影响因素——信息博弈做出讨论，阐释政府信息对交易决策的影响并对政府信息对市场收益的影响检验。第五章公司信息对市场收益的影响。一是公司信息与股价的关系，二是市场股价的会计信息含量，三是公司信息决策效率的影响因素，四是公司财务信息对收益影响的检验，五是公司临时信息对收益影响实证。第六章机构投资者信息对市场收益的影响，分析我国市场机构投资者现状，对机构投资者信息披露，分析机构信息影响的经济学分析——信息博弈，并对机头投资者信息对收益影响进行检验。第八章改善市场信息效率的政策建议，提出应转变政府信息管理思路，完善公司信息传导机制，完善机构投资者信息披露制度，强化对投资者信息管理和风险教育。第九章为论文的结论与展望。

关键词：证券市场　股票市场　投资决策

5618

**基于个体的组织文化影响与传播机制研究**／闫举纲著；梁工谦指导. -- 西北工业大学，2009. -- 147 页

论文以组织内的个体以及个体网络为研究对象，以文献分析法、问卷调查法、系统分析等研究方法，围绕“组织文化如何如何对员工产生影响、员工如何产生组织认同”探讨基于个体的组织文化的影响和传播机制的相关问题，系统研究组织文化在组织中对个体发生作用的内在机理。论文共分为七章，第一章为绪论，包括研究的背景及意义、研究的内容及内容框架和研究思路与方法三部分。第二章为文献综述，包括组织文化的研究现状、组织文化影响机制的相关研究、组织文化传播机制的相关研究和国内外研究中存在的问题四个部分。第三章为组织文化类型的验证研究，包括研究的目的及研究问题、研究过程、组织文化类型问卷的信度和效度和本章小结三部分组成。第四章为个体—组织价值观契合于组织承诺的关系研究，包括研究的目的及研究问题、研究过程、分析与

讨论和本章小结四个部分。第五章为个体网络对组织认同的影响研究,包括研究的目的及研究问题、研究过程、分析与讨论和本章小结四部分组成。第六章为应用案例。第七章为总结与讨论,包括研究的主要结论、研究的创新之处、对企业管理的意义和研究中的不在及今后的研究方向。

关键词:企业文化　企业组织　组织文化

**5619**

**经理指数化股票期权优化设计与效率研究** / 严志辉著 ; 黄健柏指导. -- 中南大学, 2009. -- 150 页

论文根据薪酬理论中的相对绩效评价原理,设计体现最优风险分担原则的多指数相对化执行价格股票期权,并对其激励效率分析。全文共分为八章。第一章导论,介绍论文研究背景、研究意义、研究思路和方法、研究主要内容及创新。第二章理论基础及相关研究综述,包括经理股票期权激励契约的理论基础、经理股票期权激励契约效率,以及对经理股票期权契约的相对业绩化设计。第三章传统经理股票期权激励激励及效应分析。探讨经理股票期权激励的本质及机理,并从股票期权约束经理提高公司价值,降低经理的道德风险,激励经理采取长期化行为,激励企业经理承担风险,改变经理偏好和行为,降低外部股东的代理成本几个方面反映经理股票期权产生的正效应;分析固定执行价格经理股票期权的负效应。第四章股票期权激励效率及指数股票期权的提出。从股权激励的现状和股权激励的效率两个方面分析我国股权激励的实施效果;分析我国经理股票期权实施情况及效率;对不同类型经理股票期权激励效率开展对比分析;提出经理股票期权指数化并对本章容作出总结。第五章基于相对化与指数化的经理股票期权优化设计。介绍期权的含义及特征,探讨经理股票期权行权执行价格的指数化、欧式经理股票期权权益结构相对化及定价、美式经理股票期权权益结构相对化及定价;分析不同类型指数化经理股票期权价值关系并得出结论。第六章相对指数化经理股票期权激励效率及算例研究。探讨相对多指数经理股票期权下的经理才能和行为特征,对指数化经理股票期权激励效率作出差异分析;对相对多指数化经理股票期权的激励效率算例分析。第七章指数化经理股票期权应用条件及风险控制。分析指数化经理股票期权应用的稀缺性及风险和我国上市公司应用指数化经理股票期权的前景;提出我国上市公司应用指数化经理股票期权的条件,并根据我国指数化经理股票期权实施风险控制探讨指数化的合理选择。第八章为结论与展望。

关键词:股份有限公司　经理　股票期权

**5620**

**基于知识网络与企业知识能力的高技术集群企业成长研究** / 阳志梅著 ; 胡振华指导. -- 中南大学, 2009. -- 158 页

论文以我国高技术产业集群为背景对高技术集群企业网络化成长激励进行理论分析和实证研究。全文共分为八章。第一章绪论,介绍论文选题背景与研究意义、研究的基本概念、主要研究内容、研究方法与技术路线以及研究的创新说明。第二章理论基础与文献综述。提出论文研究的主要理论内容,分析知识网络研究现状、高新技术企业成长研究现状,对企业成长的三种模式进行比较。第三章高技术产业集群知识网络分析。探讨知识溢出与高技术集群知识网络的特征、高技术产业集群知识网络的内涵与特征;对高技术产业集群网络构成要素作出说明并进行维度划分;分析知识网络与高技术集群企业成长关联性,包括高技术集群本地知识网络、全球知识网络嵌入以及高技术集群知识网络的国际启示。第四章分析企业知识能力与企业的异质性;探讨企业知识能力的内涵与特征以及对企业知识能力的维度划分。第五章知识网络、企业知识能力与高技术集群企业成长机理分析。首先构建理论模型,在此基础上,讨论网络知识、企业知识能力对高技术集群企业成长的作用机理;分析知识网络演进与高技术集群企业成长的关系。第六章知识网络、企业知识能力与高技术集群企业成长的实证研究。基于研究模型和研究假设,对研究所需数据进行收集,确定研究的方法——结构方程模型;对样本做信度和效度的检验,使用 SEM 模型分析并对其进行评价;对研究的结果进行分析和总结。第七章基于对我国高技术集群发展现状的讨论,提出基于网络的高技术集群企业成长策略。第八章为研究结论与展望。

关键词:高技术产业　知识经济　产业集群

**5621**

**高技术虚拟企业(HTVE)治理机制研究** / 杨彩霞著 ; 高长元指导. -- 哈尔滨理工大学, 2009. -- 179 页

论文对 HTVE 的治理机制进行研究,根据 HTVE 特征,提出 HTVE 利益相关者共同治理结构,并构建

多重互补的治理机制体系。全文共分为八章。第一章绪论,介绍论文研究的背景和意义、国内外研究现状、相关理论综述以及论文的主要内容。第二章HTVE治理机制体系。包括HTVE的界定及优势、HEVE治理问题的复杂性、HTVE共同治理框架以及HTVE多重互补治理机制体系。第三章HTVE信任机制。首先介绍HTVE信任及治理功能,包括信任的内涵和其治理功能;其次介绍HTVE信任机制的内涵及构成;再次是HTVE信任的产生机理;最后介绍HTVE信任体系的功能及构建。第四章HTVE柔性契约机制。首先分析HTVE契约的特殊性;接着介绍HTVE柔性契约网络,包括柔性契约网络的构建以及柔性契约网络的构成要素;介绍HTVE柔性契约机制的设计,包括柔性契约机制的内容、柔性契约机制的基本框架;最后介绍HTVE柔性契约机制的实施——不同合作模式下的契约形式以及合作协议的签订过程。第五章HTVE组织协调机制。介绍HTVE组织协调机制的总体设计、HTVE组织层协调模型,最后对HTVE决策层协调机制进行阐释。第六章HTVE治理绩效评价机制,介绍HTVE治理绩效评价机制的内涵及特点、HTVE治理绩效棱柱模型以及HTVE治理绩效评价体系。第七章HTVE治理支持系统。分析HTVE治理流程,设计系统解决方案及总体结构、介绍HTVE执行信息中心、HTVE协调决策中心、HTVE数据集成网络平台、最后对HTVE构件库系统进行说明,包括构建的开发过程、基于层次体系结构的构建设计以及基于关系数据库的构建存储管理。第八章多功能电力仪表开发项目实证研究,包括合作项目背景、合作项目的发起、合作项目共同治理结构、合作项目治理过程以及治理机制应用的建议。最后为论文结论。

关键词:高技术企业　虚拟技术　治理机制

**5622**

**国有企业经营者选择机制研究** / 杨昌辉著 ; 梁昌勇指导. -- 合肥工业大学, 2009. -- 83页

论文研究国有企业经营者的选择机制和相关保障制度。全文共分为七章。第一章绪论,介绍论文研究的理论意义和现实意义、国内外的研究情况、论文的研究思路和方法以及论文研究内容和结构安排。第二章国有企业经营者的角色定位和素质要求。首先对经营者进行界定,包括经营者的涵义、范畴、经营者与企业家区别以及经营者的角色定位;分析经营者的素质,分析依据包括哈佛大学的调查意见、美国管理协会的调查意见、鲍莫尔的观点、日本学者的企业界人士意见、彼得圣吉五项修炼、领导者特质理论、中国企业界的观点、国有企业经营者应具备的基本素质和中国企业经营者的特征等。第三章经营者个性特征与国有企业多元化战略关系研究,包括对企业多元化战略的分析、经营者个性特征与国有企业多元化战略关系理论分析、经营者个性特征与国有企业多元化战略关系实证分析等。第四章国有企业经营者能力识别研究,包括国有企业经营者选择中的信号传递问题、国有企业经营者选择中的信息甄别、国有企业经营者报酬契约效用分析以及国有企业经营者声誉机制效用分析。第五章国有企业经营者选择机制研究,包括国有企业经营者配置方式的选择、国有企业经营者选择机制设计、国有企经营者选择中的价值均衡分析、LGD在国有企业经营者选择中的应用等,并对基于多属性群决策方法的国有企业经营者选择进行实证研究。第六章国有企业经营者选择机制的制度保障,提出应切实推进国有企业产权关系调整,建立与完善职业经理人市场机制,构建国有企业经营者信用风险防范与控制体系。第七章为论文的总结与展望。

关键词:国有企业　企业领导　经理　人才选拔

**5623**

**大学—企业合作创新系统的机制分析与仿真研究** / 杨东升著 ; 张永安指导. -- 北京工业大学, 2009. -- 160页

论文为大学—企业合作创新系统的机制分析与仿真研究。全文共分为六章。第一章绪论,提出论文的研究背景、研究问题、研究意义、论文的研究路线与创新点。第二章文献综述,包括国内外研究进展及其评述,大学—企业合作创新的理论基础。第三章分析大学—企业合作创新的系统性特征、主题行为、机制分析、动力机制、决策机制、反馈机制和保障机制等。第四章,大学—企业合作创新模式选择与利益分配问题研究。首先探讨大学—企业合作创新的伙伴选择问题,包括合作伙伴选择的准则、合作伙伴的影响因素、伙伴选择的指标体系以及合作伙伴选择的步骤;其次探讨大学—企业合作创新的模式选择问题,包括合作创新的主要模式、合作创新的冲突分析以及模式选择的博弈分析;三是大学—企业创新的利益分配问题,探讨合作创新利益分配的主要模式、校企合作创

新的利益分配原则、利益分配的数学定义、收益分配的夏普利解法以及收益分配的委托代理模型。第五章,大学—企业合作创新的仿真研究。首先介绍复杂性系统及其研究方法;二是基于系统动力学的仿真研究,包括系统动力学及其仿真工具,大学—企业合作创新系统动力学模型,运行参数以及结果分析;三是基于多主体方法的仿真研究。第六章,大学—企业合作创新的应用研究。对北京市大学—企业合作创新中大学转移输出技术案例分析,对大学—企业合作创新中合作成功的基本要素的案例分析,并提出政策建议和相关结论。最后为结论与展望。

关键词:高等教育　产学合作　教育改革

**5624**

**基于模糊 ROV 的企业 R&D 项目评价方法及应用研究** / 杨浩威著 ; 何建敏指导. -- 东南大学, 2009. -- 154 页

论文选择企业 R&D 项目评价作为研究对象,发展和深化 FROV 评价方法,并基于这种方法分析认识具备模糊特性的 R&D 活动的一些性质。全文分为八章。第一章绪论,介绍研究背景和意义,综述研究现状,阐述研究的目标、内容、关键问题及创新点。第二章介绍应用 FROV 方法评价 R&D 项目的理论基础,包括 ROV 方法及研究现状、ROG 方法及研究现状、模糊理论与可信性测度。第三章考察 R&D 活动的内生要素因果链条,分析 R&D 活动的基本过程、知识流特性和实物期权价值。第四章分析 FROV 方法的理论框架,总结其基本模型、主要思想等。第五章在 FROV 理论框架下,研究企业 R&D 项目的评价与最优决策问题。第六章研究 FROV 方法在竞争企业 R&D 投资评价中的应用问题,将模糊理论、实物期权与博弈论在理论和应用层面结合起来。第七章研究 FROV 方法在 R&D 评价中的证实与应用。第八章对论文进行总结,规划下一步工作。

关键词:企业管理　生产管理　技术创新

**5625**

**供应链的脆弱性及其中断风险防范研究** / 杨红平著 ; 徐莉指导. -- 武汉大学, 2009. -- 176 页

论文首先分析供应链的脆弱性形成机理,然后利用案例推理的方法度量供应链风险和供应链应急管理等的研究,分别从供应侧,需求侧以及供应链运作三方面提出防范供应链中断风险的方法。论文共七章。第一章是绪论,包含研究背景、目的和意义,国内外研究现状,研究方法和技术路线,主要内容和结构安排,论文的创新点。第二章是供应链的脆弱性形成机理,介绍供应链及供应链管理、脆弱性的概念及其演进、供应链脆弱性导致的供应链中断事件、供应链中断事件的防御机制。第三章是供应链中断风险的度量,包括风险理论概述、现有的供应链风险估计方法、供应链中断风险案例检索模型研究。第四章是供应侧中断风险防范研究,包括基于复杂网络理论的解释、基于供应结构优化的供应侧风险防范和实例分析。第五章是需求侧中断风险防范研究、包括基准的线性数量折扣模型、一个零销售需求中断的影响,两个零售商需求中断的影响,零售商承担偏差费用时的讨论。第六章是提高供应链可见性的决策分析,包括供应链信息共享与可见性概述、相关理论基础、提高供应链可见性的博弈分析、不完全信息的讨价还价博弈。第七章是结论与展望。

关键词:企业管理　供销管理　供应链管理　风险管理

**5626**

**基于扩展 TAM 的网上银行使用意愿影响因素研究** / 杨宏玲著 ; 夏斌指导. -- 西北工业大学, 2009. -- 132 页

论文从消费者采纳的角度,以扩展的科技接受模型为基础研究影响消费者网上银行使用意愿的因素。全文共分七章。第一章为绪论,介绍现实背景、理论背景以及研究的主要问题、内容和框架。第二章为相关理论综述,分别从科技接受模型及相关理论、信任相关研究、信息隐私关注相关研究、对相关研究的评价四个方面进行介绍和讨论。第三章分析了模型构建并提出假设,包括 TAM 原有变量、信任层次和纬度、信息隐私关注及纬度要素的选择,概念模型,假设提出三个方面。第四章对研究设计进行阐述,包括量表指标的选择和问卷设计过程、变量的度量指标、数据收集过程和样本的特征介绍、量表的评价与修正四个方面。第五章分析实证研究结果。对样本进行包括 TAM 中原有变量、信任相关变量、信息隐私关注各维度、使用意愿和实际使用行为间四个特征的分析,并对概念模型的检验与修正,得出假设验证的结果。第六章为结果讨论,包括对实证研究结果进行讨论、分析实证结果的理论意义以及实证研究结果对银行运营的实践指导意义。第七章为结论与展望,得出论文的主要研究结论、总结出论文的创新点并提出论文

的不足与展望。

关键词:电子银行　消费者　信任

**5627**

**分析型 CRM 下的移动数据产品精确营销应用研究** / 杨鸿宾著 ; 吕廷杰指导. -- 北京邮电大学, 2009. -- 116 页

论文在分析型客户关系管理(CRM)理论框架下,重点研究移动数据产品精确化营销方法论的体系架构,并着重在客户价值、行为分析和目标市场营销等方面进行研究。全文共分为七章。第一章绪论。介绍论文的研究背景与选题意义、国内外研究现状、论文主要创新点与结构。第二章理论综述。内容包括 NGOSS 理论指导下的分析型 CRM 体系,产品扩散空间理论,基于客户全生命周期价值、行为分析和资信的客户集群,产品和客户的点集拓扑理论。第三章面向产品精确营销的分析型 CRM 体系架构。首先讨论基于 SOA 架构的新业务交付平台,包括基于 eTOM 的精确营销业务流程管理,新业务交付平台的 SOA 服务建模;其次是基于 SID 的精确营销数据库,包括统一客户视图逻辑模型和信息分类以及统一产品分类和管理的内容;最后介绍分析型 CRM 中的营销智能。第四章移动数据产品和客户属性分析模型研究。首先针对电信数据业务客户生命周期价值模型作介绍和评价;接着是客户优选的资产分析,介绍客户资产的度量方程;三是移动数据业务客户行为分析,介绍 IMEI 数据分析及针对性应用,话单与信令数据分析及针对性应用;四是移动数据业务客户资信分析;五是基于扩散变量的市场细分方法及应用。第五章营销智能下的移动数据客户细分研究。首先讨论基于营销职能的客户细分方法体系,包括变量标准化与模型评分,模型发布和特征刻画;其次是新业务用户属性相关性分析与提取;再次介绍客户属性选择方法——基于 CHAID 决策树模型;最后为对新产品客户细分——神经网络模型应用的介绍。第六章基于点集拓扑的集群映射理论的精确营销。内容包括基于拓扑空间的产品差异化服务映射分析,拓扑空间映射和聚类反应分析以及基于产品——客户映射的电信企业精确营销。第七章运营范式研究——彩铃与手机报产品精确营销。分别对两个场景示例展开分析,并得到相应结论。最后为论文的总结和展望。

关键词:电信　企业管理　市场营销　数据库　客户关系管理(CRM)

**5628**

**闭环供应链的契约协调机制研究** / 杨华著 ; 马飞指导. -- 吉林大学, 2009. -- 190 页

论文针对闭环供应链的契约协调机制进行研究。全文共分为七章。第一章绪论,介绍研究背景,研究目的和意义;对国内外研究进行综述,包括闭环供应链物流协调、闭环供应链信息共享、闭环供应链契约设计和当前研究中存在的问题;最后介绍论文的研究思路、内容和研究方法。第二章,闭环供应链建立、运作与协调的理论基础。介绍循环经济理论、产品生命周期理论、生产商责任延伸制、博弈论和委托代理理论。第三章,闭环供应链及其协调问题分析。首先对闭环供应链概述,包括闭环供应链的概念、相关概念的比较、闭环供应链的类型、企业实施闭环供应链的动因以及基于 DEMATEL 方法的闭环供应链实施影响因素分析;其次对闭环供应链协调问题作分析,包括闭环供应链协调的概念、闭环供应链协调的类型、闭环供应链协调问题的表现及产生原因、闭环供应链协调机制。第四章,信息对称下闭环供应链的定价策略及契约协调机制。首先是对不同回收模式下闭环供应链的定价策略进行比较选择;讨论参与主体间不同决策模式下闭环供应链的定价策略及契约协调机制;三是研究闭环供应链的差别定价策略及契约协调机制讨论;最后为数值算例的具体分析和结论。第五章讨论闭环供应链中逆向选择问题的产生原因,零售商运营成本信息不对称下闭环供应链的契约激励机制,数值算例和其他策略。第六章探讨信息不对称下闭环供应链的道德风险问题及契约激励机制。第七章为结论。

关键词:供应链管理　废物回收　定价

**5629**

**面向非常规突发事件的应急资源博弈调度模型与优化策略研究** / 杨继君著 ; 吴启迪,许维胜指导. -- 同济大学, 2009. -- 148 页

论文以博弈论、运筹学和经济学为工具,从宏观和微观两个层面对应急资源调度行为进行描述,建立问题描述的博弈模型并提出相关的求解算法。全文共七章。第一章绪论,介绍研究的背景、意义与来源,概述突发事件应急管理体系,论述应急资源调度研究的必要性,阐述研究的框架、内容及创新点。第二章介绍应急资源调度的研究现状、建模方法与求解算法分析以及博弈论的基本理论。第三章对应急调度机

制进行分析,实现对应急资源的快速高效调度。第四章在动态博弈的框架下提出一种应急资源调度策略模型——序贯博弈决策模型。第五章在对模型做一系列假设的前提下,构建基于非合作博弈的多灾点应急资源调配模型,并给出相关求解算法。第六章考虑到多种运输方式的联合调度问题,设计基于多模式分层网络的应急资源合作博弈调度模型和算法。第七章归纳研究结论,做进一步研究展望。

关键词:突发事件　应急对策　公共管理　博弈论

**5630**

**基于不同市场信息的套期保值策略研究** / 杨建奇著 ; 肖庆宪指导. -- 上海理工大学, 2009. -- 145 页

论文针对套期保值这一金融风险管理问题进行研究。通过构建不同的市场模型和市场信息结构,利用不同的σ-域充分刻画了各种不同市场信息,在此基础上依照模型特点选取不同的风险标准,在不同市场信息条件下导出最优从投资策略。更为具体的,论文针对完全信息、内部附加信息、不完全信息和随机支付信息下的套期保值问题进行研究。全文共分为七章。第一章绪论介绍课题来源及意义、论文的研究目标和研究内容。第二章对文献进行综述并介绍相关基础理论,包括金融风险管理理论、风险资产的价格行为与价格模型等。第三章进行完全信息下的套期保值策略研究,利用跳扩散模型来刻画风险资产的价格过程,用布朗运动和泊松过程所生成的自然σ域来刻画投资者所获得的信息,同时给出了完全信息下的亏损风险最小策略和风险最小套期保值策略。第四章进行内部附加信息下的套期保值策略研究。通过构建内部信息市场模型,导出内部信息下的资产价格动态,解决了内部信息者的风险最小、亏损风险最小和平方最优套期保值问题。第五章研究不完全信息下套期保值策略,构建了双随机泊松跳扩散过程及不完全信息市场模型,在鞅方法的框架内给出两种不同情形下的风险最小套期保值策略。第六章介绍随机支付信息下的套期保值策略研究情况,给出最优策略的可料投影表示,解决不完全信息下的随机支付型未定权益的风险最小策略的选择问题,得到最优策略的具体表示。第七章总结论文得到的结论,提出相关展望。

关键词:金融市场　套期保值　风险管理　市场信息　价格模型

**5631**

**制度约束、大股东代理与机构投资者持股选择** / 杨世勇著 ; 王化成指导. -- 中国矿业大学, 2009. -- 145 页

论文在对我国上市公司大股东和机构投资者两类股东产生与发展进行理论研究的基础上,对制度约束和大股东大理环境进行定性和定量的分析,对上市公司中机构投资者持股选择及其影响进行理论与实证相结合的研究。全文共分为六章。第一章绪论,介绍论文研究背景、重要的理论概念、研究的意义、研究的主要目标和内容、研究思路与方法、技术框架与创新点。第二章理论基础与文献回顾,并对国内外相关研究文献做综合评价。第三章制度背景、股权结构与股权竞争失衡,阐释公司治理与大股东发展路径,分析机构投资者的发展路径及发展原因,探讨制度约束与股权竞争失衡的现象并对该部分的讨论作出总结。第四章大股东代理与机构投资者利益困境分析。首先对大股东代理的产生动机和表现作出描述,进而分析机构投资者的利益困境,分析大股东代理与机构投资者发生利益冲突的原因,并得出结论。第五章大股东代理模式下机构投资者的持股选择及其影响的实证研究。研究基于平安再融资的案例分析展开,探讨机构投资者持股选择及其影响;对机构投资者持股选择及其对公司信息披露水平的影响展开研究,对机构投资者持股选择及其对现金股利政策的影响展开研究,并总结评价。第六章结论、对策建议与展望,提出论文的主要研究结论和主要创新点,对论文研究重点提出相关的对策和建议,最后提出论文研究的不足之处以及未来研究的发展方向。

关键词:上市公司　企业管理　股权结构

**5632**

**基于委托代理的我国废旧电子产品回收渠道研究** / 杨卫红著 ; 王慧敏指导. -- 河海大学, 2009. -- 101 页

论文以我国电子行业为研究对象,系统研究了回收物流体系构建的理论依据、政府激励制度下的回收渠道模式设计、保证金激励政策以及海尔回收渠道的设计。全文共六章。第一章绪论,介绍选题背景、逆向物流的研究现状与发展、委托代理理论的研究现状与发展、问题的提出及研究意义和论文的研究内容及技术路线。第二章是我国废旧电子产品回收委托代理关系研究,包括我国废旧电子产品逆向物流的概念

和功能、政府和企业的委托人—代理人结构分析和代理人模型分析。第三章主要是基于委托代理的回收渠道模式研究,分析国内外电子产品的回收渠道对比、基于委托代理的我国废旧电子产品的回收渠道构建、回收模式的效率分析与对比。第四章介绍政府鼓励下的保证金激励机制设计,包括保证金返还制度与保证金激励制度分析、保证金返还制度的设计和保证金奖励制度的设计。第五章是介绍海尔集团电子产品回收模式设计实例,包括海尔集团的废旧产品的回收现状、废旧产品回收渠道模式设计和回收渠道的激励设计。第六章是论文的结论和展望。

关键词:电子工业　废物处理　购销渠道

**5633**

**油气田产能建设项目后评价研究** / 杨文升著 ; 黄鲁成指导. -- 哈尔滨工程大学, 2009. -- 164 页

论文在大量分析研究国内外相关研究成果的基础上,界定油气田开发建设项目后评价概念,提出油田开发建设项目后评价理论框架,重点研究各阶段后评价内容、评价指标体系和综合评价方法,并通过实例验证所建立的理论方法体系的科学性和可操作性。全文共分为七章。第一章绪论介绍论文写作背景、目的和意义,交代国内外研究现状,提出论文的写作思路与研究方法。第二章对国内外后评价的现状进行系统总结和概括,并分析阐述油气田产能建设后评价研究状况及存在的问题。第三章系统构建油气田产能建设后评价理论方法体系,指出油气田产能建设后评价包括油气田产能建设前期工作后评价、油气藏地质工程后评价、钻井工程后评价、采油工程后评价、地面工程后评价、经济效益后评价、环境影响与可持续性后评价和综合后评价八大内容。第四章界定各阶段后评价概念和研究意义,详细阐述各阶段主要工作及后评价的主要内容,并确定主要指标和权重系数,使各阶段后评价工具具有可操作性。第五章进行油气田产能建设项目继续后评价。第六章运用灰色系统理论筛选重要影响因子,建立综合后评价指标体系,将层次分析法、模糊综合评价法和成功度法有效结合,构建成功度模糊综合评价法的评价框架。第七章对大庆萨中油田南一区产能建设项目进行综合后评价实证研究,并对评价结果进行系统分析。最后提出论文结论。

关键词:油气田开发　产能评价　评价指标

**5634**

**基于遗传算法的车间生产调度问题研究** / 杨晓梅著 ; 梁吉业指导. -- 山西大学, 2009. -- 123 页

论文结合逆序数、信息熵和协同进化等理论,提出一系列遗传调度算法,对基于遗传算法的车间生产调度问题展开研究。全文共分为七章。第一章绪论介绍论文研究背景与意义,综述国内外研究现状,交代论文研究内容与组织结构。第二章描述车间生产调度问题,阐述遗传调度算法的基本原理。第三章为了提高算法求解结果的稳定性,有效指导算法的进化方向,针对经典作业车间调度问题,提出一类基于逆序数的遗传调度算法,其实验结果验证所提出的遗传调度算法的有效性。第四章为了增强遗传调度算法的并行处理能力,针对经典作业车间调度问题,提出一类基于协同进化的遗传调度算法。该算法包括基于群体间协同进化的遗传调度算法和基于个体间协同进化的遗传调度算法。实验结果表明,基于协同进化的遗传算法能够有效求解经典作业车间的调度问题。第五章通过对目前柔性作业车间调度问题的分析,针对具有不同目标的柔性作业车间调度问题,提出两种改进的遗传调度算法。实验结果验证所提出的算法求解韧性作业车间调度问题的有效性。第六章通过对不同类型作业车间调度问题的分析,提取个问题的共性部分,并借鉴进化生态学原理和决策树算法的属性分裂准则,提出一种基于基尼指数的遗传调度算法。通过和目前其他的调度算法实验结果比较,证实了所提出的算法对于具有共性特征的作业车间调度问题的求解是非常有效的。第七章总结论文结论,提出相应展望。

关键词:生产管理　车间调度　遗传算法

**5635**

**现实期权博弈框架下策略行为选择与评价研究** / 杨屹著 ; 杨乃定指导. -- 西北工业大学, 2009. -- 184 页

论文通过构建模型显示期权博弈框架,描述在位企业与进入企业策略互动机理,对现实期权博弈框架下策略行为选择与评价进行研究。全文共分六个部分。第一部分绪论,介绍研究背景与意义、指出问题的提出、研究内容与研究框架。第二部分阐述文献综述与研究基础,包括国外研究现状、国内研究现状以及目前研究的局限性。第三部分对现实期权内涵、机会窗口测度及其价值进行分析研究,包括从期权与标

的基础资产和期权与机会选择两个方面分析了现实期权的内涵,通过获取行动信息、判断机会价值和风险收益权衡分析诱发机会行为的动机,通过建立模型及实证举例对基于寿命周期的机会窗口测度进行分析,并对投资机会的价值进行分析讨论。第四部分分析现实期权博弈分析框架下的策略行为选择,包括含特许权类项目的期权博弈分析及其策略行为选择分析、策略行为选择的期权博弈分析、不同市场结构中期权博弈分析及其策略行为选择。第五部分分析研究独占与共享中现实期权博弈分析及其策略行为评价,包括独占期权博弈模型的建立及其策略行为评价、共享期权博弈模型的建立及其策略行为评价以及在连续时间情形下的进一步推广。第六部分为结论,包括论文的主要结论及创新点以及研究的局限和进一步的工作展望。

关键词:期权　博弈论　决策论

**5636**

**三维财务竞争力指数评价研究** / 杨轶著 ; 张友棠指导. -- 武汉理工大学, 2009. -- 237 页

论文在战略环境分析理论、资源配置理论、利益相关者理论分析的基础上,初步构建三维财务竞争力形成机理的理论分析体系,并分析三维财务竞争力的形成机理,基于此构建三维财务竞争力评价的理论和方法体系。全文共八章。第一章结合文献综述阐述研究的背景、意义、内容和方法。第二章构建三维财务竞争力理论分析范式,并分析财务环境适应竞争力、财务资源配置竞争力、财务利益协调竞争力的概念和含义。第三章构建三维财务竞争力形成机理的理论体系,系统分析"时空观"机理,提出采用结构方程模型验证性因子分析对三维财务竞争力作用机理进行实例分析的理论方法。第四章采用指数评价方法对三维财务竞争力进行评价,构建三维财务竞争力指数体系,其转换方法选择无量纲化的标准化方法。第五章在设计的三维财务竞争力指数体系基础上,构建三维财务竞争力指数评价的模型体系,包括综合模型、矩阵模型、立方模型。第六章设计规范化的三维财务竞争力指数评价的实施流程,并分析和设计采用数据库技术、计算机辅助技术等技术支撑整个三维财务竞争力指数评价流程的实施的具体操作方法。第七章对 179 家上市公司进行三维财务竞争力评价,得到不同形式的评价结果,说明构建的三维财务竞争力指数评价体系的可行性与科学性。第八章对全文总结,并展望研究未来。

关键词:财务管理　竞争力　评价模型

**5637**

**煤炭企业运销调运决策支持系统研究** / 杨毅著 ; 王立杰指导. -- 中国矿业大学, 2009. -- 98 页

论文以深入剖析煤炭运销调运决策影响因素为切入点,结合煤炭企业运销业务的特点,提出煤炭运销调运决策层级结构模型。全文共分为六章。第一章绪论首先阐述论文研究背景,界定煤炭运销调运的概念,分析我国煤炭企业运销调运管理中存在的问题,指出论文研究的目的和意义。接着对国内外煤炭调运决策支持系统发展和应用现状进行综合分析与评述。最后提出论文研究的主要内容和总体框架。第二章是煤炭运销调运决策支持系统框架设计,从系统的观点出发,提出煤炭运销调运决策的层级结构模型。并将决策支持系统引入到煤炭运销调运管理中,提出基于数据仓库的煤炭运销调运决策支持系统框架模型,以数据仓库建设理论为指导对煤炭运销调运决策支持系统的数据仓库的构建方案进行设计。第三章针对煤炭运销调运决策支持系统中所提出的客户细分模型展开研究。构架基于 SOM 神经网络的煤炭运销调运客户细分模型,并且进行实证分析。第四章针对煤炭运销调运决策支持系统中多提出的 OLAP 分析模型进行研究。并基于 SQL Server 2005 Analysis Services 平台工具进行煤炭发运构成的多维分析和前段工具的展现。第五章针对煤炭运销调运决策支持系统中所提出的发运调度优化模型进行研究。实证结果验证论文所提出的发运调度优化模型的可行性和有效性。第六章是结论与展望。

关键词:煤炭企业　货物运输　决策支持系统

**5638**

**正式网络与非正式网络对组织的知识转移影响研究** / 杨玉兵著 ; 胡汉辉指导. -- 东南大学, 2009. -- 119 页

论文试图分别从正式网络和非正式网络的角度,系统地讨论有关组织的网络结构对知识转移的影响。全文分为八个部分。第一部分综述研究背景、选题意义以及研究思路与方法。第二部分在回顾文献的基础上,界定知识转移、网络含义及其理论、网络类型、网络的联系特征和结构特征等相关概念。第三部分发现正式网络与非正式网络在组织的知识转移过程

中,由于它们的结构不同,导致这两种网络在知识转移过程中的作用也有所不同,在知识转移的许多过程中非正式网络往往起着关键作用。第四部分从网络中心性的角度,讨论正式网络对知识转移的影响机理。第五部分研究非正式网络对组织的知识转移影响机理,指出联系通知性高的强联系在知识转移过程中起着重要作用,并描述强联系的重叠知识与知识转移之间的系统模型,论证并分析两者之间的作用机理。第六部分分析组织的正式网络与非正式网络的互动关系,讨论正式网络与非正式网络在组织转移过程中的互补性作用,构建正式网络与非正式网络的协同演化模型。第七部分运用因子分析、多元回归分析等方法,实证分析正式网络与非正式网络对组织的只是影响,并检验相关命题。第八部分总结全文主要工作,并对研究未来进行展望。

关键词:企业管理　知识管理　知识转移

**5639**

**上市公司内部控制信息披露研究** / 杨玉凤著 ; 郭道扬指导. -- 中国矿业大学, 2009. -- 237 页

论文对上市公司内部控制信息披露研究,重点对内部控制信息披露质量评价指标体系进行研究。全文共分为七个部分。第一部分导论。介绍论文的研究背景和意义、相关概念界定、国内外文献综述、本论文拟重点研究的问题以及研究思路与内容。第二部分内部控制信息披露的理论基础,介绍证券市场有效性理论、现代产权理论、契约理论、利益相关者理论及公司治理理论。第三部分内部控制信息披露理论框架研究。一是内部控制信息披露理论框架,二是内部控制信息披露的目标,三是内部控制信息披露主题,四是内部控制信息披露质量特征,五是内部控制信息披露的原则,六是我国上市公司内部控制信息披露的内容。第四部分内部控制信息披露质量评价指标体系研究。首先对内部控制信息披露指数(ICIDI)的功能进行定位;其次是 ICIDI 评价指标的相关文献综述;接着分别阐释 ICIDI 评价指标体系设计和 ICIDI 评价指标的应用。第五部分内部控制信息披露质量与公司业绩相关性实证研究。首先介绍相关研究的现状,在此基础上提出研究的假说,并对研究进行设计并选择合适的样本,最后得出实证的结果。第六部分内部控制信息披露质量影响因素实证研究。对相关研究现状进行说明,并根据研究的假设进行研究设计,在选择合适样本的基础上,对实证的结果展开分析。第七部分对论文研究的结论和建议作出说明,并提出论文研究的创新点,研究的局限性以及对后续研究的展望。

关键词:上市公司　内部审计　会计信息

**5640**

**交互式营销对企业绩效的影响路径研究:基于顾客关系与知识转移视角** / 姚刚著 ; 蒋正华,李树苗指导. -- 西安交通大学, 2009. -- 132 页

论文通过顾客关系进程和顾客知识转移进程两个维度探讨交互式营销对企业绩效的影响及其实现路径,结合企业与顾客两个层面综合分析交互式营销的关键驱动因素。论文分为七个章节。第一章绪论介绍选题背景、研究目标、概念的界定、数据与方法、论文结构与技术路线。第二章文献综述,回顾交互式营销研究的理论基础、交互式营销的驱动因素、交互式营销与顾客关系和顾客知识转移的进程、交互式营销与企业绩效的关系。第三章提出研究变量、实证研究框架和研究假设,将交互式营销的关键驱动因素、交互式营销及企业绩效纳入一个统一的分析框架,构建三者的关系模型。第四章介绍研究方法和实证设计,包括数据收集、研究变量的操作化定义与测量、数据处理方法和假设检验方法。第五章通过对深圳、新疆的数据实证分析,对研究假设进行检验。第六章对实证研究结果进行讨论,从交互式营销对企业绩效的影响效应与实现路径、交互式营销的关键驱动因素、初始顾客关系与竞争强度的调节作用进行探讨,并结合实际得出对营销实践的启示。第七章结论与研究展望,梳理全文内容得出主要结论,指出研究的创新点,同时也对研究的局限性做说明,并对进一步研究进行展望。

关键词:营销管理　知识管理　企业绩效

**5641**

**基于石油价格多因子模型的衍生品定价及实证研究** / 姚慧著 ; 何华指导. -- 复旦大学, 2009. -- 143 页

论文基于石油价格多因子模型,对衍生品定价及实证进行研究。全文共七章。第一章绪论,介绍石油对中国国民经济的巨大作用、石油衍生品对石油安全的重压意义、商品衍生产品研究的现状回顾以及论文的主要研究内容和创新。第二章至第五章研究在一定的时间段内商品价格的变化趋势发生改变对衍生品定价产生的影响。首先引入跳跃过程描述石油价格的变化,假定石油价格的变化率是带跳跃的均值回

复过程，推导出石油期货价格的变化过程，通过石油期货价格数据对石油价格模型进行实证检验。发现石油价格具有显著的跳跃和均值回复特征，投资者对石油价格随机波动和跳跃风险要求正的风险溢酬。在期货价格的基础上，进一步定价期货期权及基于期货价格差的期权，通过 Monte Carlo 模拟分析模型中各个参数对石油衍生品定价的作用。通过对期货价格的实证分析，可以看到两因子模型对期货价格的拟合效果要优于单因子模型，三因子模型又要优于两因子模型。但建立石油价格模型的一个很重要的作用是为石油衍生品定价，优于衍生品本身的复杂性，更多因子的模型会带来大量复杂的计算。第六章介绍分段价格模型对期权定价的影响，建立分段函数的价格模型，对油价上涨趋势进行预测，研究分段函数的价格模型对衍生品定价的影响。第七章对研究结论及创新性成果进行总结。

关键词：石油市场　期货贸易　石油价格

**5642**

**环境会计控制问题研究** / 姚圣著 ; 郭道扬指导. -- 中国矿业大学, 2009. -- 192 页

论文以环境控制为主线，以生存权保障为目标，运用会计控制思想与手段，在政府层面与企业层面建立起环境会计控制机制，使用徐州地区的具体实例进行环境会计控制的应用设计。全文共分为六章。第一章导论，介绍论文问题提出以及研究的学术价值，提出国内外环境会计控制问题的研究现状，介绍研究基本约定以及总体框架设计和逻辑思路。第二章环境会计控制的理论基础研究，包括产权理论、生存权理论与可持续发展理论、物质平衡理论与物质流分析理论、会计控制理论。第三章环境会计控制的关键问题研究，提出环境会计控制概念、环境会计控制目标与内容；探讨生态权益的控制、环境成本的控制、资源流失的控制；披露环境会计控制的信息。第四章环境会计控制与政府环境控制配合的协调研究，探讨政府环境控制机制和环境会计控制机制，对环境控制与环境会计控制进行协调，对当前环境会计控制与政府环境控制的协调作用展开实证研究。第五章环境会计控制典型案例分析——以徐州地区为例，介绍徐州地区样本企业的选择标准，对外部环境控制背景进行设定，对环境现状展开描述，在此基础上，提出环境会计控制方案设计，并对环境会计控制实施机制展开设计，提出实证研究的相关结论和成果。第六章为研究结论与建议，并提出研究的创新点以及后续研究应该把握的方向。

关键词：财务管理　环境管理　会计控制

**5643**

**产学研合作创新的知识创造过程研究** / 姚威著 ; 陈劲指导. -- 浙江大学, 2009. -- 277 页

论文研究问题聚焦于产学研合作创新过程中的知识转化规律、知识创造机制、各阶段影响因素，研究从知识的编码性、抽象性和扩散性三个维度对三个探索性案例所揭示的知识转化规律进行分析，提出产学研合作知识空间分析框架，并根据知识在 K 空间位置的不同对知识形态进行划分。全文共分为八章。第一章绪论介绍论文研究背景和论文研究的问题，对产学研合作的相关概念进行界定，提出论文研究框架、研究方法和研究的技术路线。第二章是文献综述。对产学研合作创新的研究、关于知识的研究、知识创造过程等进行综述。第三章对空调器配管设计 CAE 系统开发产学研合作项目、冰箱内胆开裂防治产学研合作项目、大功率电晕处理机研制项目三个探索性案例进行比较分析，总结出产学研合作知识创造过程阶段特征和影响因素。第四章提出产学研合作知识创造过程理论框架，提出知识创造的三个维度——编码、抽象和扩散。第五章介绍研究设计和研究方法，详细介绍了问卷设计的基本内容、基本过程、可靠性说明等，对样本企业的分布和产学研合作情况进行介绍。第六章建立产学研合作过程知识创造机制的研究模型并提出相应假设，对变量进行信度分析，对结果进行多元回归分析。第七章通过建立产学研合作过程知识创造影响因素的研究模型对产学研合作创新知识创造影响因素进行实证研究。第八章总结论文的主要结论，提出研究对管理实践的启示。结果表明，产学研合作创新过程知识创造四个阶段所体现的能力分别正向影响产学研合作知识创造绩效。

关键词：产学研一体化　技术创新　知识创新

**5644**

**集群企业品牌网络关系的形成及对群内个体品牌的驱动研究** / 姚伟坤著 ; 周梅华指导. -- 中国矿业大学, 2009. -- 214 页

论文的研究对象为集群企业品牌网络，对集群企业品牌网络的构成和特征、品牌网络关系机理、集群环境要素对品牌网络关系形成的驱动机理、品牌网络关系对群内个体品牌的驱动等问题进行研究。全文

共分为十章。第一章绪论,介绍论文研究背景、研究目的、研究意义、相关概念界定、研究的基本思想和论文内容安排。第二章文献综述,包括集群网络的相关研究、基于生态视角的品牌网络研究、集群企业品牌的相关研究及其评述。第三章探讨社会网络分析方法对品牌研究的适用性和集群企业品牌网络的特征、集聚企业品牌网络构成,以及共生视角集群企业品牌网络发展阶段特征。第四章集群企业品牌网络的关系机理分析。介绍集群中品牌提升资源的获取与网络关系的形成,进而对集群企业品牌网络的学习关系、集群企业品牌网络的纵向合作关系、集群企业品牌网络聚集的关系进行分析。第五章集群环境对集群企业品牌网络关系形成的驱动机理。提出驱动集群企业品牌网络关系形成的关键环境要素,在此基础上,探讨集群社会资本对集群企业品牌网络关系形成的驱动、品牌竞争对品牌网络关系形成的驱动、企业家对集群企业品牌网络关系形成的驱动。第六章集群企业品牌网络形成的元胞自动机仿真。首先在对元胞机动机方法适用性和元胞自动机建模的基本思想分析的基础上提出论文研究方法,构建基于元胞自动机的集群企业品牌网络关系模型,对仿真过程及其结果分析。第七章集群企业品牌网络关系驱动群内个体品牌提升的路径:结构模型构建。对集群企业品牌网络关系要素描述,提出集群企业品牌网络关系对品牌提升的驱动路径假设并构建模型。第八章集群企业品牌网络关系驱动群内个体品牌提升的路径:实证检验。收集检验数据并对数据信度和消毒分析,得出检验结果。第九章提出集群企业品牌网络构建的政策建议。第十章为论文的结论、创新点及研究展望。

关键词:企业管理　品牌战略　品牌效应

**5645**

**不确定性下的供应链协调机制及其应急管理研究** / 姚珣著；唐小我指导. -- 电子科技大学, 2009. -- 126 页

论文对两类不确定性条件下如何降低风险、提高供应链绩效进行深入探讨。论文分为七个章节。第一章绪论,介绍供应链、供应链管理和供应链的不确定性的概念,对供应链契约机制、不确定性下供应链应急管理和不确定性下供应链伙伴关系进行综述,并提出问题,阐述研究内容。第二章对目前简单报童模型中缺乏讨论批发价议定的问题进行探讨,提出基于双向拍卖机制的供应链回购契约模型,并进行模型的理论分析和研究。第三章针对目前的文献多研究单产品供应链问题,研究供应链在多产品销售情形下,手机市场中出现的间接广告现象,建立非对称信息下多产品批发价与订货量的 stackelberg 博弈模型,给出供应商和零售商在几种决策和分散决策下的博弈均衡,并利用成本估算法得到新产品的最优成本。第四章对目前供应链应急管理中很少涉及的供应链应急机理问题展开研究,建立供应商和零售商在多周期销售中运作协调的动态模型,对供应链应急机理做出讨论。第五章构建基于新消费者行为理论和分级思想的供应链应急预案管理,提出估计供应链损失的新方法。第六章提出从供应链的内部着手,通过加强供应链伙伴关系建设,以减少不确定性对供应链的负面影响。第七章结束语,对全文研究内容进行总结,指出论文的创新点,并对未来的研究进行展望。

关键词:供销管理　供应链管理　紧急事件

**5646**

**我国商标侵权治理的制度因素研究** / 叶强著；陈圻指导. -- 南京航空航天大学, 2009. -- 101 页

论文在利益相关者理论和法学经济学的理论基础上,通过管理科学模型的构建和实证检验,研究我国商标侵权治理的因素问题。运用科学管理的分析方法,研究既有问题,科学分析商标侵权治理制度中各主体的内在利益关系,得出一些具有启发性的结论,具有一定的理论价值和实践意义。论文分为七章。第一章是绪论,包括研究背景、我国商标侵权治理现状、问题与研究内容。第二章是研究综述,包括国内外的研究综述、研究评述。第三章是研究方案设计,包括概念界定、研究思路、研究内容、研究框架和研究方法。第四章是商标侵权治理的模型研究,包括商标侵权的社会治理模型、商标侵权的政府治理模型、商标侵权的司法治理模型和商标侵权的治理的制度选择模型。第五章是商标侵权的治理的实证研究,包括数据分析、问卷设计和问卷调研。第六章是治理商标侵权的制度建议,包括商标侵权的政府治理措施、司法治理途径和社会治理策略。第七章是论文的结论和展望。

关键词:商标法　侵权行为　法学经济学

**5647**

**品牌延伸对品牌信任影响的实证研究** / 叶秀荣著；胡培指导. -- 西南交通大学, 2009. -- 118 页

论文建立品牌延伸对品牌信任的影响模型,研究

对母品牌的回馈效果,考察品牌延伸与品牌信任之间存在的中间变量和调节变量。全文共分为五章。第一章绪论,介绍论文研究的背景、研究的问题和意义、研究方法和结构安排。第二章文献回顾。基于关系营销理论,分析消费者与品牌的关系;对信任理论展开研究,并提出与品牌延伸评价过程相关的理论,包括情感迁移模型和联想需求模型、晕轮效应与强化理论、分类理论以及类比学习;对品牌信任的相关文献回顾,包括品牌信任的定义和维度、品牌信任的相关研究现状;对品牌延伸的定义与形式、品牌延伸的现状研究作出说明。第三章模型建立与假说发展。提出概念模型,探讨延伸契合度对品牌信任的影响,母品牌质量对延伸品牌信任的影响,母品牌信任对延伸品牌信任的影响;分析感知风险的中介效应,探讨产品涉入度对感知契合度与感知风险关系的调节作用,消费者创新对感知契合度与感知风险的调节作用以及母品牌熟悉度对感知契合度与延伸感知风险关系的调节作用;分析感知契合度对母品牌的回馈效果;特别对儿童相关品牌作出研究和讨论。第四章研究设计。结合研究的具体目的设计调查问卷,提出调查变量的量表,对设计的三个形式作出说明,收集整理调查的样本,最后对研究中用到的统计方法作出介绍。第五章数据分析,包括问卷的信度与效度检验、理论模型的信度与效度测试、儿童问卷数据分析,对控制变量的T检测以及对假说的验证。最后为论文结论。

关键词:企业管理　质量管理　市场营销

**5648**

**企业中层管理者管理潜能结构特征与显化机理研究:以国有大型制造企业为例** / 叶迎春著 ; 聂锐指导. -- 中国矿业大学, 2009. -- 178 页

论文以国有大型制造企业为例,对企业中层管理者管理潜力结构特征与显化机理进行研究。全文共分为九章。第一章绪论,介绍论文研究范围和前提假设,对研究对象界定,提出研究的意义,研究框架和研究内容,研究方法和路线以及论文可能的创新。第二章,企业中层管理者潜能开发研究综述,包括人力资源潜能的内涵、潜能的相关范畴、中层管理着能力的相关研究、能力测评的相关研究。第三章,企业中层管理者管理潜能的界定及分析框架。基于研究目的提出研究的总体构思,对研究内容作出说明并提出研究的设计手段和研究方法。第四章,企业中层管理潜能的维度研究。提出研究设计和研究方法,对访谈的步骤和访谈问题作出说明,最后对研究结果处理。第五章,企业中层管理者管理潜能维度解析。分别从内驱力层次、个性品质层次和形象与社会角色层次展开研究,提出研究的测量问卷并作出该部分的小结。第六章,管理潜能结构的实证研究,提出研究目的并做研究的初试,对正式研究过程作出阐释并得出研究结论。第七章,管理潜能的显化路径实证研究。基于潜能维度建的互相作用机理,对研究进行设计,分别提出并阐释八维度模型、七维度模型和六维度模型,构建管理潜能量表并得出小结。第八章,企业中层管理者管理潜能显化措施研究。提出管理潜能的特征与显化原理;构建基于利益相关者的企业人力资源开发摸小尼姑,构建企业家基于信任的授权模式,构建中层管理者多轨学习链,构建基于潜能显化的人力资源管理操作系统;最后引导中层管理者持续自我变革。第九章为论文结论。

关键词:企业管理　人力资源管理　管理人员　潜能

**5649**

**大型制造企业物流单元化与装箱问题研究** / 伊俊敏著 ; 周晶指导. -- 南京大学, 2009. -- 139 页

论文以汽车制造企业为实际背景,结合大型制造企业物流的特点、要求和设计原则,提出企业物流系统的单元化问题,以及其背后的装箱优化问题。根据工件与货物装箱在制造企业的实际需要,论证工件装箱对制造企业物流单元化、标准化进而对物流系统设计、实施与运行的重要意义,提出专门对无包装的、不规则形状工件的工件装箱问题。论文共包括六章。第一章节对国内外的装箱问题进行概述和文献综述,并提出存在的问题和解决方案。第二章对大型制造企业物流系统单元化问题分析,提出其中存在的问题,总结相关的经验和不足。第三章研究托盘装码问题模型及解决方案,分析托盘装码问题与转轮样式。第四章提出不规则物件的装箱问题,并论证相关的解决方案,通过将该问题转化为PLP问题,从而得到不错的效果。第五章节在第四章节的基础上,研究另外一种不规则物件的装箱实例和嵌套问题,用嵌套的方法得到不错的解决效果。第六章节是论文的结论和展望。

关键词:机械制造企业　运输包装　包装技术

**5650**

**工作特征与员工组织社会化关系研究** / 殷志平著 ; 达庆利指导. -- 东南大学, 2009. -- 135 页

论文探讨工作特征对员工主动社会化行为的预测作用,实证分析工作特征对组织社会化策略的效果和影响作用。全文共分为十一章。第一章绪论,介绍论文研究背景、选题原因、研究意义、研究内容和研究的技术路线。第二章文献综述,探讨织社会化的涵义和内容、三个不同视角下的组织社会化策略、社会化过程、社会化的结果、影响社会化效果的因素、工作特征理论。第三章提出论文研究的理论基础与研究方法。第四章工作特征与组织社会化关系模型,提出模型的构成、构成要素以及变量之间的相互关系。第五章预测试与施测过程。编制预测试问卷并对预测试问卷作出信度分析和效度分析。第六章基于中国企业的工作特征和社会化维度分析。提出研究的构架、假设,对问卷资料整理,对调查结果探索性因子分析、验证性因子分析并得出结论,包括关于工作特征维度因子分析的结论、关于组织社会化策略维度因子分析的结论和关于组织社会化效果维度因子分析的结论。第七章五种职业类别的工作特征调查。调查的准备工作室对研究构架,并提出研究假设,根据假设内容编制问卷;发放问卷,对研究的结果整理并分析,对任职者和主管对工作特征开展评价,对不同职业类别之间的工作特点进行比较。第八章工作特征与员工主动社会化行为。提出研究构建和研究假设,确定问卷内容,对调查问卷结果数据处理和讨论。第九章工作特征对组织社会化策略效果的影响。以问卷的方式得到数据并展开探讨,讨论内容包括个别辅导策略对不同工作特征员工社会化效果,分散培训策略对不同工作特征员工社会化效果,制度化社会化策略对不同工作特征员工工作胜任方面的社会化效果以及组织的制度化社会化策略对不同工作特征员工价值认同方面的社会化效果。第十章美国SPR(上海)有限公司的新员工组织社会化。对公司的人力资源管理和组织社会化策略、行为和效果作出介绍。第十一章为研究结论及展望。

关键词:企业管理　人事管理　人力资源管理

**5651**

**组织文化分析方法及应用研究** / 尹波著 ; 鲁若愚指导. -- 电子科技大学, 2009. -- 142 页

论文在讨论组织文化分析方法现状和不足的基础上,围绕定性分析方法、定量测量方法、统计模型方法和数理模型方法及应用进行研究。全文共分为九章。第一章绪论,概述组织文化和组织文化分析方法,介绍论文问题的提出和研究的意义、研究内容框架和方法。第二章组织文化定性分析方法及应用。提出组织文化分型分析方法的内容和模型,包括组织文化层次模型和动态模型、企业家管理者哲学和组织文化基本假设、组织文化制度创新和组织文化创新、组织文化创新机制概念模型;对新兴技术企业文化定性分析,包括新兴技术产业特征、企业文化分析以及企业文化创新分析。第三章组织文化定量测量方法研究。分析其测量方法,探讨组织文化定量测量的重要实例,包括 Denison 组织文化测度理论模型和测度量表;提出组织文化定量测量分析框架,包括测量理论基础、量表构建和抽样调查、数据统计分析,并探讨测量管理意义;探讨主成分抽取数量确定方法,对主成分抽取数量确定方法文献评述并比较分析,得出基于原样本数据和再抽样数据的 R-R 方法研究。第四章组织文化定量测量实证研究。首先是量表设计与调查,接着分析基层员工对九点文化认同的总体状况,根绝调查结果,描述基层员工对酒店文化认同的分布状况,对样本数据进行聚类分析,得出数据分析结论的管理意义。第五章基于个体问卷的组织文化一致单元确定方法研究,包括组织文化存在层面和一致性单元的确定方法、酒店基层文化一致性单元的确定以及相关讨论。第六章基于个体问卷不确定性的组织文化集结方法研究,提出组织文化的层次—维度模型,组织文化的模糊测度及集结以及其应用。第七章组织文化组织学习阶段模型研究。研究包括组织文化学习内容、方式和速度,组织文化学习阶段模型以及组织文化学习模型的应用。第八章组织文化与制度交互数理模型研究。提出其概念模型和梳理模型,并提出模型参数一般表示式。第九章为研究结论与展望。

关键词:企业管理　企业文化　企业组织

**5652**

**我国制造企业国际化进程中的组织学习研究** / 尹华著 ; 王国顺指导. -- 中南大学, 2009. -- 144 页

论文采用7刻度李克特量表法和SPSS16.0统计软件回归分析的研究方法,对我国制造企业国际化进程中的组织学习展开研究。全文共分为九章。第一章导论,介绍论文的选题背景、文献综述、研究思路、方法和内容安排。第二章制造业企业国际化及其进程中的知识要素、包括企业国际化的界定、企业国际化的阶段介绍以及制造企业国际化经营中的知识要

素介绍。第三章组织学习对制造企业国际化进程的影响。首先介绍组织学习与组织学习过程;其次为制造企业国际化初期的渐进性进程,包括制造企业国际化进程中的风险、发达国家企业在国际化初期采取渐进式扩张模式、制造企业国际化进程的渐进性特征以及典型家电制造企业的渐进性国际化进程;三是组织学习导致制造企业国际化成熟阶段出现进程渐进性的弱化。第四章制造企业国际化进程中的知识转移分析。首先是国际化制造企业知识转移内部化的方式选择;接着分析海外子公司在国际化制造企业组织学习中的角色;最后讨论国际化制造企业组织学习与知识共享企业文化的培育。第五章国际企业家精神对制造企业组织学习及国际化进程的影响。一是国际企业家精神与制造企业国际化进程中的组织学习介绍,包括国际企业家精神的内涵、国际企业家精神对制造企业组织学习及国际化进程的影响;二是国际企业家精神与国际新创企业现象探讨,包括国际新创企业的内涵以及国际新创企业现象的解释。第六章学习型制造企业国际化进程中的组织结构演化分析,介绍学习型制造企业组织结构的共同特征和学习型制造企业国际化进程中的组织结构模式选择。第七章我国制造企业技术寻求型 FDI 的实现途径及其影响因素分析,包括对我国制造企业技术寻求型 FDI 的实践分析,我国制造企业技术寻求型 FDI 反向技术外溢效应的实现途径探讨和我国制造企业获取反向技术外溢效应的影响因素分析。第八章我国制造企业获取反向技术外溢效应影响因素的实证分析和讨论。第九章为论文的结论和展望。

关键词:制造工业　跨国经营　企业组织

5653

**企业核心能力机理研究** / 尹育航著 ; 杨青指导. -- 武汉理工大学, 2009. -- 129 页

论文探究企业核心能力的评判机理、路径演化机理、结构进化机理、组合机理、培育机理等问题,提出了一些新的概念、原理和方法。论文分为八个章节。第一章导论,介绍研究目的和意义、国内外研究综述、研究内容和方法。第二章界定企业核心能力的内涵,提出基于五维标准的核心能力的识别评判模型,构建企业核心能力评价的指标体系和企业核心能力综合评价模型、第三章构建时间—空间二维的能力路径演化结构模型,探讨空间拓展先行和时间延伸领先的核心能力路径演化过程,建立核心能力路径演化模型,分析演化条件。第四章构建经营—技术—管理三维核心能力结构演化模型,分析影响企业核心能力结构空间选择的要素,提出企业核心能力结构的动态模型,分析核心能力演进的六条经典路径,提出企业核心能力结构演进的逻辑程序。第五章根据企业生命周期理论探讨核心能力组合机理,提出基于生命周期的核心能力动态演化组合模式,探讨核心能力组合模式与企业可持续发展的匹配关系。第六章运用系统动力学方法探讨企业核心能力的培育机理,提出培育原则,构建系统动力学模型,建立企业核心能力培育的因果关系图,从技术创新、管理创新、文化创新等方面阐述企业核心能力培育的具体途径。第七章运用企业核心能力理论对 MB 公司核心能力的识别、评价、高标定位、路径演化、结构进化等问题进行了实证分析,得出一些有益的结论。第八章对全文内容进行总结,并对进一步研究做出展望。

关键词:企业管理　企业核心能力　评价模型

5654

**品牌企业与区域经济发展研究** / 尹元元著 ; 柳思维指导. -- 中南大学, 2009. -- 181 页

论文从理论上探讨品牌企业促进区域经济发展的机理,从实证上分析品牌企业与区域经济发展的相关性及贡献度,并得出结论。论文分为七个章节。第一章绪论,介绍问题的提出、品牌企业概念的界定、研究思路及研究方法、研究内容及研究框架。第二章回顾品牌现象的发展历程、品牌企业形成的经济学解释、企业品牌价值经济学分析、品牌企业与经济发展研究等相关理论研究的现状并进行述评。第三章从单个品牌企业与区域经济发展和区域品牌与区域经济发展两个方面进行理论分析,并总结品牌企业促进区域经济发展的机理框架。第四章介绍品牌企业与区域经济发展的实证研究的方法及内容,包括相关性分析和贡献测算方法。第五章以湖南长沙为例对品牌企业在长沙市经济跨域式发展中的作用及贡献度进行分析,得到名牌企业对区域经济发展有重要意义,区域品牌的影响力越来越大的结论。第六章提出加强品牌企业建设促进区域经济发展的对策,建议各级政府持续推进名牌战略,以社会中介组织为桥梁,加大品牌的宣传和推广,企业要以品牌战略为核心加快品牌建设。第七章对全文进行总结,概括出主要研究结论,指出研究的创新之处,并对进一步的研究进行展望。

关键词:企业管理　品牌　区域经济　经济发展

**5655**

**多视图集成的客户行为分析与决策支持研究** / 应维云著 ; 覃正指导. -- 西安交通大学, 2009. -- 119 页

论文利用数据挖掘方法,针对客户关系管理中对企业利润有重大影响且在客户生命周期中居于重要地位的客户行为问题进行分析,建立以贡献度、信用度、忠诚度及满意度为集成的多视图客户行为分析与决策支持模型,并着重在客户细分、客户欺诈检测、客户流失预测、客户满意度分析四个关键问题分别进行深入研究。全文共八个部分。第一部分提出研究背景,综述国内外研究状况。第二部分对客户关系管理、客户行为分析的研究状况进行详细的调研综述,论述客户行为分析的相关问题,建立客户行为分析的"数据—功能—模型—算法"模型。第三部分针对银行实际案例,通过对各属性进行统计处理以及对银行业务的了解,提出优化数据预处理方法。第四部分通过分析客户欺诈检测问题的现状与特点,采用支持向量机方法解决客户欺诈检测问题,提出基于人工免疫算法的支持向量机算法。第五部分将集成学习算法随机森林的方法引入客户流失分析问题,并针对不平衡数据集,提出改进平衡随机森林方法。第六部分通过对工商银行客户满意度调查分析,提出工商银行客户满意度模型,得出该行的客户满意度指数,给出提高客户满意度的政策建议。第七部分提出并设计一种多视图集成的客户行为分析与决策支持系统,实现基于客户行为分析的决策支持 Deep Think 原型系统,并将论文中的模型和算法集成运用到该系统功能模块中。第八部分总结论文工作和创新点,对未来工作进行展望。

关键词:供销管理　客户关系管理　决策支持系统

**5656**

**虚拟企业资金供应链管理研究** / 尤佳著 ; 刘源张, 佟仁城指导. -- 中国科学院研究生院, 2009. -- 139 页

论文在以往的研究基础上,利用系统理论的管理思想方法和研究框架以及运筹学理论与模型,研究虚拟企业的资金供应链管理,以降低资金供应链的运行成本及风险,保证资金供应链运行的鲁棒性、协同增值性和敏捷性。论文的研究为虚拟企业资金链管理的实践提供了可操作性的技术手段,在一定程度上,为虚拟企业资金链管理的定量研究开辟新的思路和方法。论文主要分为七个部分。第一部分为引言,介绍研究背景和意义,简述研究内容和逻辑结构及技术路线。第二部分对虚拟企业和虚拟企业资金链供应链的相关文献进行综述并指出现有文献的不足之处。第三部分系统分析虚拟企业资金供应链。首先分析虚拟企业资金供应链的特点,然后介绍了虚拟企业资金供应链的研究内容和控制手段,最后提出了论文研究的基本假设。第四部分深入研究虚拟企业信用政策的制定。首先提出制定的目的、内容及原则,然后简述设计方法,最后研究虚拟企业信用政策下产生的利益分配博弈和分配模型。第五部分通过对虚拟企业经营性现金流的投入产出模型、投出表的应用以及虚拟企业协同增值效应评价模型深入研究了虚拟企业现金筹划。第六部分通过对虚拟企业资金链风险的识别、评价和控制系统分析了虚拟企业资金供应链风险管理。第七部分为论文的总结与展望。

关键词:网络公司　资金管理　风险管理

**5657**

**民营企业内部控制环境与控制模式研究** / 于而立著 ; 刘冬荣指导. -- 中南大学, 2009. -- 220 页

论文围绕民营企业内部控制环境及其相关问题进行研究,以澄清和解释对民营企业内部控制环境问题的种种猜想和推论,进而为完善民营企业内部控制提供有力的证据。论文共分为九个章节。第一章绪论介绍选题背景、研究目的和研究意义、研究思路和研究方法。第二章对企业内部控制相关文献进行回顾,从内部控制法规及理论框架层面,组织管理、个体行为视角,内部控制环境、控制目标、控制模式维度分别介绍各研究领域主要成果,为研究提供理论支持。第三章阐述广义的系统论、新制度经济学理论、权变理论。第四章对民营企业内部控制环境与控制模式现状进行分析,并对浙江民营企业现状、生命周期、内部控制现状进行分析。第五章介绍论文研究使用的调查问卷、发放与样品选择,以及样品的基本信息,并对样本企业会计控制方法运用进行调查分析。第六章对民营企业内部控制环境与内部控制目标实现程度进行实证研究,并介绍研究的方法与研究的结论。第七章对民营企业内部控制环境与内部控制模式选择进行实证研究,并介绍研究的方法与研究的结论。第八章在实证研究结果的基础上,提出优化内部控制环境要素、提高内部控制系统整体有效性及内部控制

模式有效性的相关建议。第九章研究结论与展望,对全文研究内容与成果进行总结得出结论,并提出研究的不足之处以及未来研究展望。

关键词:私营企业　民营企业　内部审计

**5658**

**地方工科院校学科创新行为与组织转型研究** / 于建朝著 ; 胡宝民指导. -- 河北工业大学, 2009. -- 180页

论文对地方工科院校学科转型问题进行较为系统的研究。全文共分为七章。第一章绪论介绍论文选题背景、国内外研究现状、研究现状与核心概念界定、论文研究思路和主要创新。第二章根据统计资料,通过横向纵向对比,分别分析地方院校和工科院校在创新中的角色,建立分析模型,对比分析河北省各类地方院校创新效率变化情况及变化的驱动力。第三章界定创新行为内涵、分类以及各种创新行为中主体行为准则的差异,回顾创新行为的发展历程,界定转型及地方工科院校创新行为转型的内涵与特征。第四章分析创新型学科的内涵和特征,总结学科创新组织演化的路径依赖性,分析地方工科院校学科创新组织转型前后的演化趋势。第五章从创新行为、创新制度等角度分析地方工科院校学科创新组织如何突破路径依赖性,指出创新组织转型过程也是学科发展演化的过程。第六章进行政府促进高校职能转型的实证研究,指出地方政府科技政策和手段的情景依赖性。第七章总结论文主要结论,提出相关展望。

关键词:工科院校　教育创新　学科发展

**5659**

**基于事件密度波和安全气候的工业场所动态风险分析理论研究** / 于明著 ; 孙林岩指导. -- 西安交通大学, 2009. -- 94页

论文发展一个基于贝叶斯网络和输入输出分析的混合方法来研究时间域内的风险事件的动态密度。全文共十个部分。第一部分从风险分析的角度,在对当前的风险进行考虑的基础上,阐述论文的框架。第二部分综述论文研究时采用的方法,如量子力学、图论等方法。第三部分以时间密度波为研究对象,根据不同密度波之间的逻辑关联,提出相应地密度波基本运算规则。第四部分在加和、乘积的基本运算基础上,发展一个基于贝叶斯网络和输入输出分析的混合运算方法来研究时间域内的风险时间的动态密度。第五部分对原有安全气候的概念做了扩展,提出了一个综合工程学、工效学、运作管理和技术管理四个重要研究领域的系统化研究框架,并提出了具有风险的工业过程由四个基本行为构成(PDCA)。第六部分通过对时间密度波的深入研究,构建了空间—波—网(SWN)模型,对稳定性、有效性和应急性进行了空间分解和波动分析。第七部分基于波的坍缩以及时间网络提出了准动态风险分析(QDRA)、半动态分析(SDRA)和全动态风险分析(FDRA)的概念。进行比较分析,建立起了一个基于新视角的、较为完整的动态分析(DRA)理论。第八部分和第九部分通过不同的案例从不同的角度对论文构建的理论模型进行说明和验证。第四部分通过 Matlab 7 的仿真对 EDW 及其坍缩规则的动态性进行验证,论证了理论模型的可信性

关键词:工业企业管理　风险管理　风险分析

**5660**

**民营企业成长风险预警管理研究** / 于培星著 ; 程国平指导. -- 武汉理工大学, 2009. -- 140页

论文归纳基于生命周期理论的我国民营企业成长风险形成规律,总结我国民营企业成长风险演变路径,构建以人力资源风险、技术风险、财务风险、市场风险为框架的我国民营企业成长风险预警指标体系。全文共八个部分。第一部分详细综述国内外关于企业成长理论、风险管理理论和与筋骨那理论等方面的研究,并对论文的研究内容和方法进行介绍。第二部分分别对企业风险理论、企业风险管理、企业风险预警理论进行全面论述,为论文的研究奠定理论基础。第三部分对我国民营企业成长中的突出问题进行分析,总结我国民营企业成长的风险类型,并对我国民营企业风险之间的相互作用机制进行论述。第四部分通过对国内典型民营企业成长失败案例进行分析,对我国民营企业成长风险演变规律和演变路径进行研究。第五部分在综合分析各种风险衡量方法优劣性的基础上,选定主成分分析方法作为论文的定量分析方法,并对运用此种方法的详细过程进行论述。第六部分对民营企业成长风险预警的响应机制进行全面的论述,总结出民营企业风险动态和静态处理办法。第七部分以处于成长期的 JD 股份有限公司为例,运用主成分分析法,具体衡量 JD 公司 1998—2007 年面临的风险状况,重点探讨了民营企业成长过程中如何进行风险衡量和预警。第八部分在总结全文的基础上,介绍了论文创新点和需要进一步完善的地方。

关键词:民营企业　风险管理　经济预警

**5661**

**中国私募股权投资的价值发现与创造研究** / 于素丽著 ; 程国平指导. -- 武汉理工大学, 2009. -- 175 页

论文从私募股权投资的价值发现机制、价值创造机制、风险管理机制和退出机制等入手,研究适于中国私募股权投资的价值发现与创造的程序与方法,为中国的私募股权投资机构提供理论和实践的帮助。论文分为八个章节。第一章阐述论文的研究目的和意义,对国内外相关研究进行综述,介绍论文的主要研究内容、研究方法以及研究的技术路线。第二章阐述论文研究的理论基础,介绍和界定私募股权投资的内涵、特点和目标,阐述价值投资理论、行为金融理论、企业生命周期理论和企业成长理论。第三章对私募股权投资的价值发现机制进行研究,对私募股权投资进行行业选择,再通过分析影响企业价值评判的因素,构建私募股权投资价值发下层次结构模型,从而筛选确定目标企业。第四章通过定量分析的方法,借助企业财务指标,运用先进流量折现法,结合私募股权投资基金本身的特点对私募股权投资的股权定价进行研究。第五章分析私募股权与目标企业之间的合作博弈,探索如何对目标企业实行激励与约束,分析了对目标企业最有效的激励与约束机制——对赌协议,通过对私募股权投资风险分析评估,并结合失败案例找出风险规避的措施。第六章比较四种不同退出方式的优缺点、条件、时期选择,研究私募股权投资价值实现方式,即私募股权安全退出机制。第七章把私募股权价值发现与创造的整个流程和方法运用在具体投资案例中,验证前述理论研究的实践意义。第八章在总结全文的基础上得出研究结论,阐述研究的主要创新点,分析研究的局限性,并指出未来需要研究的问题。

关键词:资本市场　融资　股权投资　风险管理

**5662**

**企业学习力及其评价研究** / 于晓霞著 ; 刁兆峰指导. -- 武汉理工大学, 2009. -- 141 页

论文从理论和实证两方面,对企业学习力及其评价进行研究。全文共分为八章。第一章导论,介绍研究目的及意义,综述国内外研究现状,阐述研究的目标、内容与方法。第二章介绍企业学习力研究的基础理论,包括学习型组织理论、知识管理理论、企业竞争力理论。第三章分析企业学习力的基本理论,具体为企业学习力概念、基于个体学习力与基于企业“三商”理论的企业学习力及企业学习力的模式和模型。第四章结合组织学习力的内涵及工程要素的分析,从系统的观念出发,分析企业学习力的形成机制。第五章研究企业学习力的组织形式——学习型企业,其中包括学习型企业解析、学习型企业的创建、创建学习型企业文化。第六章研究企业学习力的评价,根据对学习力要素的分析,运用层次分析法,建立学习力评价指标体系。第七章阐述企业学习力的提升途径,包括基于组织管理、基于组织修炼及网络学习环境三种企业。第八章总结全文,阐述论文创新点,展望下一步的研究工作。

关键词:企业管理　学习能力　评价模型

**5663**

**企业资源集成及其能力研究** / 余吉安著 ; 李学伟指导. -- 北京交通大学, 2009. -- 172 页

论文以现代企业战略理论和集成理论为基础,从战略的角度研究企业资源集成过程和集成能力,阐述企业如何通过集成的方式实现自身资源的积累和竞争能力的提升,以赢得竞争。全文共分为七章。第一章绪论,介绍论文选题背景、研究意义、研究对象、方法、思路与内容。第二章,企业战略理论和集成理论研究综述。综述企业战略理论,包括经典战略理论、竞争战略和资源(能力)理论;综述集成理论,包括国内外有关企业集成理论及应用研究;对集成的概念及集成其要素进行介绍和讨论。第三章,企业资源集成和竞争优势。首先分析企业资源与能力的关系,探讨集成范式:企业资源、能力与战略,并提出企业集成函数;对不同学者对资源的分类作出说明,分析集成背景下的企业资源;介绍企业资源集成模式与集成的工具;介绍集成创新的概念和特点,探讨企业集成创新与竞争优势,提出企业集成创新分析框架并介绍集成创新等效应曲面。第四章,企业集成资源识别和资源集成路径。基于灰色系统的灰色关联分析资源识别;探讨企业资源集成的路径。第五章,企业集成能力及其综合评价指标体系。分析企业集成能力,包括竞争优势与企业集成能力、集成主题、企业集成能力的构成以及企业集成能力的特征;基于企业集成能力评价指标体系的建立原则建立体系;基于企业集成能力评价的方法提出方法的算例;探讨企业集成能力提升的两种形式。第六章,企业资源集成的案例研究——以

FSDI为例。对FSDI概况及其外部环境进行分析,提出FSDI资源集成变革措施,探讨FSDI集成变革的效应。第七章为结束语。

关键词:企业管理　资源管理　市场竞争

**5664**

**公司治理和盈余质量的关系研究** / 余怒涛著 ; 沈中华指导. -- 西南交通大学, 2009. -- 145页

论文选取包括股权结构、大股东行为、董事会特征、监事会特征、管理层及信息披露等方面内容反映公司治理的21个基本指标,采用主成分分析方法,从21个基本要素中提取13个主成分,计算每个样本的公司治理综合得分,构造样本公司的公司治理综合指数,探讨公司治理和盈余质量的关系。全文共分为六章。第一章绪论,介绍论文研究背景和意义、主要研究内容、论文的创新点。第二章文献回顾和评述。对盈余质量的内涵分析并界定;介绍公司治理结构与盈余质量关系研究现状,包括股权结构与股东行为的研究、董事会特征研究、公司治理的其他方面内容。第三章公司治理综合指数构建。介绍公司治理基本要素选择,提出的要素包括股权结构、股东行为、董事会治理、委员会治理、高管持股与薪酬以及其他治理;提出主成分分析的方法,并基于主成分分析构建公司治理综合指数。第四章公司治理和盈余质量关系的初步检验。探讨公司治理基本要素和盈余质量的关系,包括股权结构、股东行为与盈余质量的关系,董事会特征与盈余质量的关系,其他治理要素与盈余质量的关系;探讨公司治理综合指数与盈余质量的关系,对此进行线性关系检验和非线性关系检验。第五章公司治理和盈余质量关系的进一步检验——基于门槛回归模型分析。提出门槛回归模型的方法;探讨控股股东持股比例的门槛效果,股权制衡度的门槛效果,董事会独立性的门槛效果;对公司质量效果综合指数的门槛效果作出分析。第六章公司治理效率、治理强度和盈余质量的探讨,并基于董事会规模和董事会独立性进行稳健性检验。最后为论文结论与展望。

关键词:上市公司　法人治理结构　企业利润

**5665**

**基于商户关系的购物中心商户组合优化研究** / 俞军备著 ; 刘杰指导. -- 同济大学, 2009. -- 122页

论文通过研究不同商户组合关系类型探讨商户组合优化的方法和模式,提出购物中心商户间的关系,对购物中心商户的组合优化进行探讨研究。全文共分为七个章节。第一章绪论,介绍问题引出的根据、国内外研究的概述、研究目的和意义、研究内容、技术路线与研究方法以及论文的创新点。第二章对购物中心商户类型及商户的关系进行分析。在分析购物中心商户特点及类型后,又基于种群理论对购物中心商户关系和购物中心商户的组合进行研究。第三章对竞争型商户的优化组合进行分析研究。在通过竞争型商户的聚集效应和价格效应对商户组合的机理分析之后,对商户的聚集规模优化和空间优化进行分析研究。第四章对互利型商户的优化组合进行分析。通过从商户组合的动因和基础出发对商户组合的机理分析后,对互利型商户组合的模式及其规模优化与空间优化进行分析讨论。第五章对依附型商户的优化组合进行分析研究。在对依附型商户组合的机理分析之后,对主力商户的空间分布、经营面积确定,以及非主力商户经营面积分配进行分析讨论。第六章研究分析购物中心商户组合综合优化模型。根据商户组合优化的理论与方法,以业主租金最大化为目标构建购物中心商户组合综合优化的数学规划模型,并利用模型对上海来福士广场进行商户组合优化的实例分析,验证模型的有效性。第七章为结论与展望,包括论文研究的主要结论以及研究的不足之处和进一步研究的方向。

关键词:购物中心　组合优化　商户关系

**5666**

**信息网络中基于群组传播的病毒扩散与管理控制研究** / 袁华著 ; 陈国青指导. -- 清华大学, 2009. -- 123页

论文通过研究大型企业网络中的病毒传播,发现影响病毒扩散的主要原素为网络环境、病毒行为为机制和反病毒行为机制和反病毒控制,在研究四状态SEIR模型中加入P2G扩散模式和反病毒措施的影响,建立了"病毒传染—反病毒"的快散系统E-SEIR模型。论文共七章。第一章为引论,介绍选题背景、研究的主要内容和意义、论文的内容结构。第二章介绍网络系统病毒传播研究综述,有网络病毒传播扩散模型的研究、基于病毒传播模型的病毒扩散控制与管理研究、国内的相关研究状况、网络病毒扩散研究的发展趋势。第三章信息网络系统中病毒扩散的E-SEIR模型,主要是信息网络环境扩散的影响、网络病毒传染机制、反病毒措施描述及其作用下信息节点的

状态变化、基于群组扩散的 E-SEIR 网络病毒传播模、不同传染函数在 P2G 扩散模式的适用性比较。第四章网络病毒扩散控制模型,介绍预备知识、E-SEIR 病毒扩散模型及其平衡点稳定性分析、网络病毒的长期和短期控制模型和数值实验。第五章免疫措施反病毒扩散的管理效能分析与实现,S-SEIR 系统中的免疫控制方法、多阶段动态 Cs-控制措施和基于周期免疫的反病毒控制措施、病毒流行情况下的免疫措施的作用和 E-SEIR 扩散系统模型的模拟应用。第六章病毒扩散系统模型的管理意义及评述,主要从技术反病毒到管理反病毒的背景转化、病毒扩散系统演化机理的管理认识和病毒扩散机理的管理性质:从理论反病毒到实际反病毒来分析。第七章是结语,包括主要工作、研究创新点和未来的研究。

关键词:信息安全　网络病毒　免疫

**5667**

**基于计算实验的异质投资者羊群行为与市场震荡研究** / 袁建辉著 ; 李心丹指导. -- 南京大学, 2009. -- 121 页

论文在文献梳理的基础上,以有限理性的异质投资者作为研究的基本起点,设计一个可实验的基于投资者有限理性的羊群行为模型。全文共分为五章。第一章介绍研究背景和问题提出,综述羊群行为和市场震荡以及论文研究的内容。第二章简要介绍计算实验金融方法,包括复杂自适应系统的理论定义、具体定义和特征、分析框架等,还介绍计算实验金融的一般研究框架与主要成果。第三章以投资者的异质性作为基本起点,构建基于模仿的可实验羊群行为策略模型,模型设计包括交易规则、变量指定、交易策略和市场出清处理与羊群行为计算几个方面。论文还对构建的模型进行模拟,介绍实验运行结果并进行检验。第四章借助群体心理学、社会模仿理论和市场协同假说的观点充分说明符合幂率条件的对数周期价格模型,通过对协同的羊群行为模拟实验,发现与真正市场较为接近的市场震荡,并利用临界点理论作为条件判断,求出崩溃发生时间,所得到的结果和模拟环境下真正崩溃时间的出现比较接近。第五章是对论文的总结与展望。

关键词:资本市场　投资行为　股票价格

**5668**

**安全标志有效性影响因素实证研究** / 袁京鹏著 ; 马庆国指导. -- 浙江大学, 2009. -- 193 页

论文基于安全科学理论和已有研究成果,结合对 13 家企业的深度访谈和大规模问卷调查,对安全标志有效性影响因素进行实证研究。全文共分为六章。第一章介绍选题背景与动机、论文研究的意义和范围、研究方法以及研究流程。第二章进行相关理论文献综述,包括安全科学理论的发展、安全标志理论模型和安全标志有效性影响因素。第三章根据以往研究中存在的不足和研究拟解决的问题,提出研究变量和研究假设,分析个体特征、情景因素和安全氛围等各种因素与因变量安全标志有效性。第四章进行调查问卷设计和问卷变量测量,通过现场访谈形成初始测量量表,接着进行前测以及最终问卷形成,最后根据样本对象进行问卷大规模发放和数据收集。第五章进行数据处理和分析讨论,在样本描述性统计的基础上,分两个专题分析各种因素对安全标志有效性的影响。专题一是安全标志本身特征对安全标志有效性的影响,专题二是个体特征、情景因素和安全氛围对安全标志有效性的影响。第六章总结论文研究结论和研究贡献,指出研究局限和展望。

关键词:安全生产　生产管理　标志

**5669**

**需求确定的制造与翻新混合系统库存决策模型研究** / 袁开福著 ; 高阳指导. -- 中南大学, 2009. -- 183 页

论文的研究对象为需求确定的制造与翻新混合系统库存决策的模型。全文共分为七章。第一章绪论,介绍研究背景及意义、混合系统的基本概念、国内外相关研究评述、研究思路和研究内容。第二章存在旧产品处置和延迟交货的库存决策模型。在对基本假设与符号定义说明的基础上,探讨非质量因素引起旧产品处置且无服务水平约束的库存决策模型,对比探讨质量因素引起的旧产品处置且有服务水平约束的库存决策模型,包括旧产品积累到一定数量开始翻新的库存决策模型和旧产品积累到一定时间成批翻新的库存决策模型,并进行算例分析和讨论总结。第三章考虑制造与翻新外部影响的库存决策模型。介绍该部分内容的基本假设与符号定义,介绍考虑制造与翻新外部影响的库存决策模型构建,对考虑制造与翻新外部影响的库存决策模型求解,包括完全分散决策情形、完全集中决策情形以及部分集中决策情形,并进行算例分析。第四章翻新能力有限的库存决策模型。对翻新能力有限的库存决策模型构建并求解,

最后进行算例分析,得出结论。第五章期初有大量旧产品的库存决策模型。介绍基本假设与符号定义,对期初有大量旧产品的库存决策模型构建,包括未翻新旧产品保存到期末的库存决策模型和未翻新旧产品初进行处置的库存决策模型;介绍最小总成本函数的导出,包括未翻新旧产品保存到期末的最小总成本函数和未翻新旧产品期初进行处置的最小总成本函数,并对期初有大量旧产品的库存决策模型求解。第六章考虑修复时间与产品贬值的库存结构模型。对考虑修复时间与产品贬值的库存决策模型进行构建和求解,并进行算例分析得出结论。第七章为论文的总结与研究展望。

关键词:制造业　废物回收　库存　决策模型

**5670**

**基于影响图理论的软件项目风险管理模型研究** / 袁瑞萍著 ; 吴祈宗指导. -- 北京理工大学, 2009. -- 125 页

论文提出基于影响图理论的软件项目风险管理模型,研究风险影像图的建模、推理和解释方法,以支持软件项目风险管理全过程,为软件项目风险管理提供一种系统化方法。全文共分为七章。第一章绪论,介绍论文研究背景和意义、研究内容与结构框架。第二章基于影响图的软件项目风险管理框架。首先对软件项目风险相关概念的分析,包括软件项目特点和软件项目的风险、软件项目风险类型和其相互关系、软件项目风险因素和风险特征、持续风险管理的思想;二是影像图基本理论,包括贝叶斯网络、影像图基本概念和影像图的建模、推理和解释;三是基于影响图的软件项目风险管理内容和相关总结。第三章风险影响图的建模研究。提出一般影响图的建模方法、基于 Rough 集的目标导向的风险影像图结构建模和引入 Credal 集的风险影响图参数建模。第四章风险影像图的推理和节点价值分析,包括风险影响图的求解、风险影像图转化为 Credal 网络推理、风险影响图中节点价值的分析方法以及相关的思考和总结。第五章风险影响图的解释机制研究。首先介绍风险影响图解释的内容和相关技术方法;接着对风险影响图的模型作出解释,包括节点解释、模型解释和边的解释;三是对风险影响图推理过程的解释。第六章基于影响图的软件项目风险管理模型的应用。首先介绍项目背景,系统总体应用框架和功能模块以及项目开发策略和计划;二是介绍风险影像图模型的构建方法,包括对项目风险因素的分析和对软件性能风险影响图、项目进度风险影响图、项目费用风险影响图的讨论;最后是基于风险影响图的风险分析和风险控制内容。第七章为论文的总结和展望。

关键词:软件开发　风险管理　数学模型

**5671**

**高科技企业技术标准联盟专利开发战略研究** / 袁信著 ; 王国顺指导. -- 中南大学, 2009. -- 170 页

论文为高科技企业技术标准联盟专利开发战略研究。全文共分为八章。第一章绪论,介绍论文的研究背景、理论价值与现实意义、研究对象与主要内容以及研究总体思路与研究框架。第二章理论基础与文献述评,包括技术标准化理论关于专利开发战略、战略柔性理论关于专利开发战略、实物期权定价理论关于专利开发战略、技术标准联盟专利开发战略评估、技术标准联盟专利开发战略分析以及技术标准联盟专利开发战略控制文献述评。第三章在对高科技企业技术标准联盟形成机理研究的基础上,分析高科技企业技术标准联盟专利特征,对高科技企业融入技术标准联盟的战略模式展开研究,从而分析高科技企业技术标准联盟的运作机理。第四章技术标准联盟专利开发战略选择研究,提出技术标准联盟组建决策模型、技术标准联盟单一专利选择模型、技术标准联盟多专利选择模型、技术标准联盟复合专利选择模型以及技术标准联盟专利选择扩展优序模型。第五章技术标准联盟专利开发战略评估研究。分析技术标准联盟前后收益变动评估模型、技术标准联盟专利开发收益比较模型、技术标准联盟多专利开发的实物期权评估模型以及技术标准联盟复合专利开发的实物期权评估模型,对其问题描述,对模型评估分析比较得出结论。第六章技术标准联盟专利开发战略控制研究,包括对技术标准联盟专利共享控制机理的分析以及对技术标准联盟专利差异化控制模型、技术标准联盟标准兼容性控制模型和技术标准联盟专利许可控制模型的提出和探讨。第七章算例与案例分析。首先进行算例分析,然后分析 AVS 技术标准联盟专利开发战略案例、MPEG 技术标准联盟专利开发战略案例、3G 技术标准联盟专利开发战略案例,以及技术标准联盟专利开发战略案例,并思考总结。第八章为论文结论。

关键词:高技术企业　技术专利　技术标准

**5672**

**管理信息系统协同质量链研究** / 苑畅著 ; 胡克瑾指导. -- 同济大学, 2009. -- 177 页

论文建立由业主企业与开发企业共通过参与的、多维度多层次的协同质量链,形成全面、开放、协同的新型质量管理关系,并对协同质量链结构及关键链接点的协同管理技术进行研究。论文分为八个章节。第一章引言,介绍研究背景、问题的提出、论文工作内容、方法及研究意义。第二章理论阐述及研究综述,对质量管理相关概念进行界定,并会回顾质量链管理、协同质量链管理、质量改进的相关研究的动态,以及系统动力学原理和模糊数学原理及在软件开发活动中的应用。第三章建立管理信息系统的系统质量链,从企业维度、质量管理维度、开发过程维度对协同质量链进行协同分析和形式化描述,识别四类协同要素,以及业主企业和开发企业间的新型质量管理关系。第四章建立质量规划阶段的协同质量链,对协同质量链管理组织进行建模,设计人员经验与质量链管理工作的协同度及人员与人员间的协同度指标,建立一种质量目标协同技术。第五章建立质量控制阶段的协同质量链,采用活动图和布尔矩阵建立质量问题的协同处理过程和节点间的关联关系,研究质量冲突的协同解决,并建立基于缺陷度量的协同质量控制技术。第六章建立质量改进阶段的协同质量链,形成体现两种质量改进形式的质量改进机制,建立质量水平模糊综合评价优化方法,从管理组织和管理过程两方面对协同质量链改进技术进行了研究。第七章建立管理信息系统协同质量链的系统动力学模型(MISC-QC-SD),利用“协同质量链管理工作量”模拟系统质量链管理工作队需求变更、质量、成本的影响。第八章对论文研究进行总结,得出结论,并对进一步研究进行展望。

关键词:管理信息系统　质量管理　动力学模型

**5673**

**中国制造业生态环境安全评价与治理研究** / 臧志彭著 ; 李廉水指导. -- 东南大学, 2009. -- 218 页

论文从生态维度(生存安全)、经济维度(发展安全)和综合维度(生存与发展综合安全),以及生态环境安全效率(生态环境安全的核心标准)等方面对中国制造业生态环境安全进行系统评价。在综合维度分析中,论文从资源消耗力、环境污染力、生态承载力、治理循环力、经济制造力和科技创新力六大方面构建制造业生态环境环境安全动力模型。全文共分为九章。第一章绪论介绍论文研究背景、国内外研究文献综述与研究对象、目的和意义,以及研究思路、内容和方法,指出论文的主要研究内容和研究技术路线。第二章介绍制造业生态环境安全评价的理论基础,包括基础理论、制造业生态环境安全的内涵解析和制造业生态环境安全评价的主要框架;第三章介绍中国制造业生态环境安全的经济计量评价,包括研究假设与研究方法、向量自回归(VAR)模型分析、脉冲响应函数分析。第四章分析中国制造业生态环境安全的生态足迹评价,分别为制造业生态足迹的分析思路、中国制造业生态足迹的计算与中国制造业生态环境安全分析。第五章介绍的是中国制造业生态环境安全的模糊综合评价,具体对制造业生态环境安全指标体系的构建、研究分析方法的选择、制造业总体生态环境安全研究和细分行业生态环境安全研究进行分析。第六章中国制造业生态环境效率评价,介绍评价思路与方法、制造业生态环境效率的绝对评价、制造业生态环境效率的相对评价、相对效率评价与绝对效率评价结果的对比分析。第七章分析中国制造业生态环境安全的影响因素,包括研究的假设与变量选取、结构方程模型的研究方法和实证结果分析与讨论;第八章是中国制造业生态环境安全治理基础与博弈论,从制造业生态环境安全治理投入的国际对比、治理效率评价分析和治理主体的合作博弈分析。第九章是中国制造业生态环境安全的治理路径与措施,包括对治理理念、多元主体公共治理的功能定位、总体治理路径与措施和细分行业关键措施。第十章是论文的结论、创新和展望。

关键词:制造工业　生态环境　安全评价

**5674**

**企业员工职业弹性的结构及其作用机制** / 曾垂凯著 ; 时勘指导. -- 中国科学院研究生院, 2009. -- 132 页

论文采用文献研究、深度访谈、问卷调查和统计分析等研究方法,探索我国企业员工职业弹性的结构及其作用机制,并考察个体与组织因素对职业弹性的影响。全文共分为八章。第一章前言,介绍研究的背景,提出研究问题。第二章文献综述。首先介绍职业弹性的定义;接着对职业弹性的研究进行回顾,对职业弹性的结果变量研究展开探讨,分析职业弹性的影响因素,并介绍职业弹性的测量内容;最后阐述已有

文献存在的问题。第三章研究的总体设计。首先介绍研究的目的与框架；二是提出研究的内容和研究假设；三是介绍研究的方法与程序。第四章职业弹性的结构与测量。首先说明职业弹性问卷的编制方法，并做预试；接着对职业弹性问卷的因素结构作分析；三是对职业弹性问卷的信度和效度作分析；最后讨论职业弹性的人口统计学差异。第五章职业弹性的可雇佣性关系研究。首先提出问题和研究假设；其次介绍研究方法与程序；最后得出研究结果，并做分析，包括职业弹性问卷的验证性因素分析结果，可雇佣性问卷的探索性因素分析结果，可雇佣性问卷的验证性因素分析结果，研究变量的描述性统计结果和层次回归分析结果。第六章职业弹性与工作投入与工作绩效的关系。介绍理论背景和研究假设，研究的方法，描述性统计分析和工作投入的中介作用分析。第七章职业弹性的影响因素研究。分别探讨个体因素对职业弹性的影响，组织支持和组织公平对职业弹性的影响以及领导行为对员工职业弹性的影响。第八章综合讨论与结论。

关键词：企业管理　人力资源管理　职业教育

**5675**

**基于网络消费者认知行为的电子商务企业盈利模式研究** / 曾凡涛著 ; 徐绪松指导. -- 武汉大学, 2009. -- 154 页

论文根据消费者行为学、认知心理学对态度预测行为的理论进行仔细研究，将电子商务产品分为实物产品和数字产品，构建网略消费者对两种产品不同的认知行为模型，进一步运用复杂科学管理理论，描述消费者据侧过程，进而分别提出实物产品和数字产品电子商务企业的盈利模式。全文共分为七章。第一章绪论，陈述电子商务中消费者行为的基本概念和研究方法，引出论文的研究重点，并综述与研究主题相关的研究结果。第二章阐述论文研究中需要用到的理论基础。第三章研究网络环境中消费者的认知行为，并构建网络环境中实物产品和数字产品消费者认知行为模型。第四章进行网络环境中实物产品和数字产品的消费者认知行为模型实证研究，在实证上去验证两种认知行为模型，并加以修正。第五章根据阿里巴巴盈利模式的案例分析，结合消费者购买实物产品的决策过程，构建实物产品电子商务企业盈利模式。第六章根据腾讯公司盈利模式的案例分析，结合消费者购买数字产品的决策过程，构建数字产品电子商务企业的盈利模式。第七章对全文进行总结，并且展望网络环境中消费者认知行为研究发展趋势和有待解决的问题。

关键词：电子商务　企业利润　消费者行为论

**5676**

**范围联盟和规模联盟非对称绩效实证研究：基于学习理论的视角** / 曾庆洪著 ; 蓝海林指导. -- 华南理工大学, 2009. -- 136 页

论文基于学习理论的视角，以我国汽车行业中的战略联盟为研究样本，通过对 104 家汽车行业的联盟进行统计分析和假设检验，完成范围联盟和规模联盟非对称绩效的实证研究。全文共分为七章。第一章绪论，介绍论文研究背景、研究意义和内容、研究方法、研究流程和框架。第二章文献综述。对国外战略联盟研究进行综述，包括战略联盟的界定和类型，组织学习视角的战略联盟研究，资源基础观的联盟研究与联盟学习，战略联盟绩效的相关研究；对国内战略联盟的组建动因、稳定性、类型和影响因素展开研究；探讨论文研究的空间。第三章，中国汽车行业战略联盟发展历程，介绍全球汽车行业发展概况，对我国汽车工业的发展概况和我国汽车业战略联盟的发展作出介绍。第四章，研究假设与模型。定义相关研究概念，推导研究假设，包括规模联盟与范围联盟的非对称绩效、联盟特征与联盟绩效以及联盟企业的母公司特征与联盟绩效；探讨其中的关系模型并得出相关结论。第五章研究设计，说明研究对象，提出变量的测量方式，设计问卷并展开调查，对上述论文研究中出现的方法思考和评价。第六章统计分析与结果。对总体样本和样本的分类展开描述性统计，对变量的相关系数矩阵、总体样本的 Logistics 回归分析、范围联盟和规模联盟内部企业非对称绩效的检测阐释，对战略联盟合作伙伴进行中外比较。第七章为研究结果的讨论。简述研究假设检验结果，对主要研究结果进行讨论并提出研究企业和政策建议。

关键词：企业绩效　经济合作　汽车工业

**5677**

**区域水电资源动态测算与协调机制研究** / 曾胜著 ; 黄登仕, 刘朝明指导. -- 西南交通大学, 2009. -- 123 页

论文的研究对象为区域水电资源动态测算与协调机制。全文共分为五章。第一章导论，介绍论文问

题提出的背景、国内外相关研究现状、研究主题与方法以及论文的逻辑结构。第二章区域水电资源动态测算,探讨 FDTD 方法理论,包括 FDTD 的差分格式、Yee 元胞、Maxwell 方程组和方差的有限差分表示,提出水电开发量测算模型,并从变量选取、流域基本资料和实证结果三个方面对实证分析作出具体的阐释。第三章水电开发的替代效应。首先对模型进行描述,包括 ADF 检验、VAR 模型的一般表示、脉冲响应函数的基本思想以及多变量 VAR 模型的脉冲响应函数内容,并在此基础上进行实证分析,分别为两变量 VAR 模型的脉冲响应函数分析和多变量 VAR 模型的脉冲响应函数分析,最后对该部分的内容进行总结。第四章水电开发的协调机制。首先概述协调机制,分析水电开发者与生态环境的协调关系,水边开发者与移民的协调关系,包括水电开发者与生态环境的进化博弈分析、研究的前提假定、模型的构建方式探讨、模型分析、水电开发的生态补偿概念、理论基础、政策建议等内容;进而对水电开发者与移民的进化进行博弈分析,对移民补偿的概念和政策建议作出阐释;最后以两个分析案例对该部分内容提出结论。第五章包括论文的主要工作介绍、主要创新点提出以及未来需要进一步研究的问题。

关键词:水电资源　区域开发　水资源管理

**5678**

**中国能源效率改善的系统分析** / 查冬兰著 ; 周德群指导. -- 南京航空航天大学, 2009. -- 170 页

论文通过理论推导和实证应用,对中国能源效率改善的系统展开分析研究。全文共分为九章。第一章绪论,介绍论文研究背景、研究对象、研究目标、研究意义和研究设计。第二章文献综述,包括能源效率界定、分类、功能和计算方法,能源在经济增长中的作用,能源效率影响因素研究综述,能源效率回弹效应研究综述以及环境效率研究综述。第三章能源约束下的中国全要素生产率增长比较研究。首先是问题的提出,其次介绍方法的选取和模型建立模式,三是对杨蓓数据进行说明,四是介绍模型求解的过程和内容,最后对该部分内容作出结论。第四章中国能源效率差异性研究。首先比较能源效率的国别差异,包括能源消费国际比较、宏观能源强度国际比较、工业能源强度国际比较、运输能源强度国际比较、家庭能源强度国际比较和主要高耗能产品的国际比较;其次是中国能源效率地区差异;最后对中国地区节能的潜力进行分析。第五章中国能源强度指数分解。首先介绍中国能源强度分行业表现;接着对中国能源强度变化研究现状作出说明;三是中国能源强度变化模型的构建;最后是模型的求解和分析。第六章中国能源效率回弹效应研究。首先探讨中国能源效率 CGE 模型构建;其次是基础数据和参数估计的讨论;最后介绍 CGE 模型程序的表示和求解。第七章中国能源环境效率研究。首先对能源消费导致的环境影响进行分析;其次是对中国地区能源环境效率的测算;再次是能源效率对能源环境效率的影响研究;最后提出结论。第八章,能源效率政策研究,包括国际能源效率政策现状和实施障碍,中国能源效率政策现状和实施障碍,中国能源效率政策选择。第九章为研究结论与展望。

关键词:能源效率　能源经济　能源战略

**5679**

**高校后勤管理机制创新研究** / 翟福生著 ; 秦远建指导. -- 武汉理工大学, 2009. -- 91 页

论文针对高校后勤管理机制创新进行研究。全文共分为六个部分。第一部分介绍研究高校后勤管理机制创新的目的和意义,从高校后勤管理机制创新方面,对国内外研究文献进行综述评价,对论文研究内容和研究方法作说明。第二部分研究国外高校后勤管理以及国外高校后勤管理启示,为高校后勤管理机制创新借鉴国外经验做了准备。第三部分论述高校后勤管理机制创新的目标、原则、基本方向、基本思路和基本内容。通过回顾总结我国高校后勤社会化改革的历史和现状,研究高校后勤管理机制创新的路径,重点研究分析高校后勤的产权制度创新、组织机制创新、管理激励机制创新、财务管理机制创新、人力资源管理机制创新、物业管理机制创新和管理的文化机制创新等内容。第四部分阐述高校后勤管理机制创新绩效评价的目标和原则、评价的指标体系和评价的模型与方法。第五部分针对河南工业职业职业技术学院后勤管理机制创新的案例进行实证分析。第六部分对全文进行总结,并对进一步研究作展望。

关键词:高校管理　后勤管理　机制创新

**5680**

**煤炭产业链演化机理与整合路径研究** / 战彦领著 ; 周敏指导. -- 中国矿业大学, 2009. -- 244 页

论文的研究对象为煤炭产业链演化机理与整合路径。全文共分为九章。第一章绪论,介绍论文问题

提出的背景,论文研究的目的与意义,国内外研究现状以及论文研究思路、技术路线与研究方法。第二章煤炭产业链演化的理论综述,介绍产业链内涵、煤炭产业链基本内涵、煤炭产业链的演化内涵以及煤炭产业链演化的相关理论。第三章煤炭产业链演化过程与影响因素分析,分析煤炭产业链的发展现状,煤炭产业链的演化过程,对煤炭产业链演化的影响因素定性分析,对煤炭产业链影响因素的作用机理展开分析。第四章煤炭产业链演化影响因素作用的测度分析。在该部分的研究方法进行梳理的基础上,分析煤炭产业链演化影响因素作用的测度模型并提出内部、外部影响因素的关系与研究假设,对被解释变量和解释变量进行定义,获取内部影响因素数据和外部影响因素数据,描述研究假设的验证过程与结果,并对该部分进行总结。第五章煤炭产业链演进机制分析。提出煤炭产业链演进机制的 DCP 分析框架,对煤炭产业链演进的动力机制、煤炭产业链的约束机制以及煤炭产业链的保障机制展开探讨。第六章煤炭产业链扩展的优化分析,分析包括产业链扩展优化的内涵,煤炭产业链扩展优化的 LBT 模型,煤炭产业链扩展优化的 SD-MOP 模型,并以 HBMG 为例,提出煤炭产业链扩展优化的 CPM 法。第七章煤炭产业链扩展的风险分析,分析煤炭产业链风险的产生,探讨煤炭产业链扩展风险、煤炭产业链节点企业风险,对煤炭产业链的“断链”风险进行分析并得到相关结论。第八章煤炭产业链整合路径分析与选择,分析煤炭产业链整合的内涵,在对煤炭产业链整合的理论基础研究的前提下,描述煤炭产业链整合框架,探讨煤炭产业链整合的路径选择。第九章为论文的结论与展望。

关键词:煤炭工业　产业发展　产业链

**5681**

**面向电子政务的政务过程再造研究** / 张承伟著 ; 王延章指导. -- 大连理工大学, 2009. -- 148 页

论文从一般过程论、政务过程、政务资源规划三个方面展开政务过程再造的研究。全文共七部分。第一部分绪论,介绍研究的背景、意义、方法、思路和内容。第二部分基本理论综述与评析,主要阐述电子政务发展、过程与政务过程、业务流程再造与政务过程再造以及企业资源规划与政务资源规划。第三部分结合政治学的基本理论,以当代中国政务过程为研究对象,详细阐述中国政务过程的意见表达、政务决策、政务执行、政务信息系统和监督体系的现状。第四部分介绍一般过程论的基本形式化模型,包括过程的概念、分类和组成,一般过程的形式化描述,一般过程的定量分析,政务流程概念、结构和形式化描述,过程分析、过程设计和过程方法。第五部分论述政务过程再造的框架,以及政务过程结构再造和流程再造的具体内容和方法。第六部分在界定政务资源规划的基础上,论述了政务资源规划的结构体系,并着重从政务信息资源规划角度,阐述政务信息资源规划的核心内容和元数据的定义方法,并应用到“数字长海”建设规划当中。第七部分对全文进行总结,阐述论文结论。

关键词:电子政务　行政管理　业务流程再造

**5682**

**中国科学论文产出与合作状况的计量研究** / 张冬玲著 ; 刘则渊,王续琨指导. -- 大连理工大学, 2009. -- 135 页

论文基于科学论文产出的生产力理论、科学论文合作的生产关系理论和二者的关联理论以及科学的基本研究范式,以科学论文和合著论文代表科学产出和科学合作,利用统计分析和数据挖掘、社会网络分析、知识图谱方法探讨中国科学论文产出的生产力状况、科学论文合作的生产关系状况以及二者之间的关联关系。全文共分为六个章节。第一章绪论,介绍选题依据和研究意义、国内外相关研究进展及评述、论文的主要内容及主要创新点。第二章分析科学论文产出与合作研究的基本理论、方法和指标,包括科学论文产出与合作研究的基本理论,研究方式,主要研究方法及科学论文产出与合作研究的指标进行分析讨论。第三章对中国科学论文产出状况进行分析,分别对中国科学论文产出的总体水平、中国科学论文的高产区域、中国科学论文产出的优势领域、中国科学论文产出的集中特征以及中国科学论文产出的质量进行分析研究。第四章对中国科学论文的合作状况进行分析,包括中国科学论文国际合作的发展趋势分析、中国科学论文国际合作的主体分析、中国科学论文国内合作的社会网络特征分析以及中国科学论文国内合作的中心性分析。第五章对中国科学论文产出与合作的关联进行分析,包括科学生产力与科学生产系的总体关联情况分析、不同学科领域的科学生产关系分析以及科学生产力与科学生产关系的关联分析。第六章为结论与讨论,对全文的研究工作做总结,并对今后的研究工作指出对策和展望。

关键词:文献计量学　科学论文　科学研究

**5683**

**中国汽车工业自主创新战略研究** / 张方晶著 ; 刘国新指导. -- 武汉理工大学, 2009. -- 148 页

论文结合国内外关于汽车工业及创新研究成果，对中国汽车工业自主创新战略进行了分析，对日韩汽车工业自主创新模式及其经验进行探讨，在此基础上对中国汽车工业自主创新模式的选择、策略、政策进行论述和探讨。论文共包括七个部分，第一部分分析创新的基本内涵，从产业成长的角度考察创新过程，分析创新与产业成长关系。第二部分对自主创新内涵和战略模式进行系统分析、对原始创新战略、模仿创新战略、集成创新战略进行综述。第三部分对中国汽车工业自主创新所面临的经济环境、市场需求环境、创新环境和政策环境进行分析，并定量分析中国汽车工业技术进步的贡献率。第四部分通过对日韩汽车工业的创新路程的学习和分析，提出中国自己的创新战略。第五部分研究中国汽车工业自主创新模式的战略选择，包括四种模式：合资企业、自主发展、逆向 FDI 的二次创新模式、复合型创新模式。第六部分建立健全汽车工业自主创新管理体系、营造自主创新的环形，实施知识产权保护。第七部分是论文的结论和展望。

关键词：汽车工业　自主创新　经济发展战略

**5684**

**基于信任的电子商务个性化推荐关键问题研究** / 张富国著 ; 徐升华指导. -- 江西财经大学, 2009. -- 115 页

论文围绕如何提高用户对推荐系统的推荐满意度，对电子商务环境下基于信任的个性化推荐系统的若干问题进行了探索和研究。全文共分为八章。第一章绪论介绍研究背景和意义，对推荐系统、个性化推荐、协同过滤和信任等关键概念和研究范畴进行界定，提出论文的研究内容和创新之处。第二章系统地综述目前国内外在个性化推荐领域的理论研究和发展现状，重点分析协同过滤推荐方法的优势和存在的研究热点问题。第三章从网络新人的定义和特性出发，对当前多种信任度评估模型的特点进行深刻分析。第四章论文提出基于信任的个性化推荐系统的一般模型和形式化表示方法，探讨了新系统的框架结构和新系统对传统协同过滤问题的影响。第五章以如何提高用户对推荐系统的推荐满意度为主线，对用户多兴趣下基于信任的个性化推荐算法进行研究。第六章对推荐列表的多样性进行研究，介绍推荐列表多样性度量方法和多样性推荐算法以及试验评价。第七章对基于信任的个性化推荐系统推荐攻击进行研究，对不信任特性进行分析。第八章是论文的总结和展望。

关键词：电子商务　信任　个性化推荐

**5685**

**企业家创新行为及绩效研究** / 张根明著 ; 陈晓红指导. -- 中南大学, 2009. -- 195 页

论文从企业家理论和经济租金理论出发，充分突出企业家是市场过程的推动力量和创新行为的主体，从企业家层面探讨技术创新、商业模式创新、关系能力获取三类企业家创新行为的动力机制，并研究这三类企业家创新行为的影响因素及对企业创新绩效的影响。全文共分为七章。第一章绪论，介绍论文研究背景、研究意义、研究思路和技术路线、研究方法、研究结构安排以及预期的创新点。第二章企业家创新行为相关研究回顾与分析。对企业家和企业家创新能力两个概念界定，对企业家理论研究回顾和评述，对企业家创新行为研究回顾和评述。第三章企业家创新行为动力机制分析。第三章对企业家技术创新的动力机制分析，对熊彼特租金动态耗散驱动企业家持续技术创新过程分析，探讨企业家技术创新行为动力机制；对企业家商业模式创新的动力机制分析，包括经济租金产生的机理、经济租金驱动作用分析和企业家商业模式创新路径及动力机制分析；对关系能力获取行为、企业网络构建及其动力机制分析，包括企业家关系能力获取行为、关系租金获取的过程分析、企业网络的形成动因分析以及关系租金获取的动力机制分析。第四章企业家技术创新行为及绩效的实证分析。探讨企业家技术创新行为的影响因素，提出理论模型与研究假设，对变量测度和数据分析，分析企业家技术创新行为影响因素及其绩效实证过程，对实证结果展开讨论。第五章企业家商业模式创新行为及绩效的实证分析。探讨企业家商业模式创新行为的影响因素，对企业家商业模式创新行为的绩效分析，构建理论模型并提出假设，构建测量模型并获取数据，对实证结果展开讨论。第六章关系能力获取行为、企业网络及其绩效的实证分析，包括企业家关系能力获取行为影响因素、企业网络维度划分和绩效评价等，提出研究假设和理论模型并展开实证分析。第七章为结论与展望。

关键词:企业家　创新能力　企业绩效

5686

**大型公益建设项目集成管理研究** / 张国宗著 ; 陈立文指导. -- 河北工业大学, 2009. -- 144 页

论文运用系统论、信息论、控制论等现代管理理论和方法,研究大型公益建设项目管理的及成本质,分析集成管理的整体框架,包括:环境要素集成、全生命周期过程集成、管理要素集成和知识与方法集成。全文共九章。第一章绪论,介绍研究背景和意义,分析国内外研究现状,阐述研究内容、方法与创新点。第二章介绍集成管理理论基础,包括集成管理理论概述、集成管理的涵义与要素、集成管理的运作过程及运行机理。第三章介绍大型公益建设项目集成管理框架。具体有大型公益建设项目管理分析、大型公益建设项目管理发展状况、大型公益建设项目集成管理框架模型。第四章大型公益建设项目环境要素集成研究。项目环境要素集成是分析项目的内外环境,借鉴企业战略管理理论与方法,进行研究分析,并提出项目组织、项目文化、项目管理团队、项目信息等方面的策略,确保项目更好地与项目环境协调。第五章大型公益建设项目全寿命周期过程集成研究。大型公益建设项目全寿命周期过程集成致力于寻找建设期与运营期的平衡,项目全生命期管理不仅仅从建设项目实施阶段的角度,还应从项目建成后的运营角度,综合的考虑、分析,建立项目全生命期的目标。第六章大型公益建设项目管理要素集成研究。项目管理要素集成的目标是保障一个项目各方面的工作能够有机地协调与配合,它的内容包括为达到甚至超过项目相关利益者的期望去协调各方面的目标和要求、计划安排最佳的项目行动方案,以及集成控制项目的变更和协调项目各方面工作等内容。第七章大型公益建设项目知识与方法集成研究。建设项目过程同时也是知识运作过程,从时段上,项目的每一个阶段形成阶段知识,阶段与阶段之间存在知识的共享;从组织角度,项目各参与方的知识互补互充、协调集成;从层次上,每一个组织都涉及个体知识、项目组知识、企业知识和外部知识,以及它们之间的相互作用;从知识内容的构成上,涉及项目应用领域知识、通用管理知识和项目管理知识。第八章通过案例分析,对大型公益建设项目集成管理的方法与模式进行研究,从而使项目集成管理研究更具实践价值。第九章对研究结论进行总结,并对有待进一步深入研究的地方做出展望。

关键词:集成管理　项目管理　组织管理

5687

**基于对等网的再制造信息共享及生产计划与调度研究** / 张红宇著 ; 高阳指导. -- 中南大学, 2009. -- 129 页

论文从通过信息共享以降低再制造中的不确定性影响出发,对再制造信息共享及生产计划与调度进行研究。全文共七章。第一章绪论,介绍研究背景及意义、国内研究现状、论文的逻辑结构及主要内容。第二章研究基于对等网的再制造信息共享模型 ReMIS。其采用基于主题簇的资源分类和检索方法,该方法在处理海量再制造资源信息的检索请求时,具有较好的查询效率,并能减少再制造生产中的词汇语义冲突。第三章研究 ReMIS 中实现信息共享的激励模型。借鉴管理信息系统阶段划分理论,并根据事物发展的规律以及再制造业的发展特点,定义 ReMIS 的三个发展阶段。第四章研究再制造生产计划模型。针对现阶段我国再制造企业面临废旧品供应不稳定而且数量严重不足的问题,应用信息熵预测市场供应量,提出一种考虑废旧品可购买量约束的再制造环境下的单产品生产计划模型,给出求解方法,并通过共享信息修正和调整后续生产计划,使之动态适应再制造生产的变化性,以优化生产计划。第五章再制造生产调度模型。针对工件加工路径的可变性特点,构建再制造生产中的多目标生产调度模型,提出一种基于可变长工序编码的改进遗传算子。第六章介绍再制造生产计划与调度原型系统,包括基于 JXTA 的 P2P 网络、基于 JXTA 的再制造生产计划与调度系统、系统关键功能的实现。第七章总结与展望,总结论文,得出研究结论与创新点,并对进一步工作做出展望。

关键词:制造工业　生产计划　生产调度

5688

**沪深上市公司的区域及行业比较研究** / 张洪恩著 ; 宁宣熙指导. -- 南京航空航天大学, 2009. -- 163 页

论文利用对上市公司进行分类和描述不同类型上市公司分布状态的方法对中国上市公司现状进行实证分析,利用各类上市公司在不同区域内及在不同行业内的分布状态描述不同地区和行业的现状,并对不同地区和不同行业的差异性进行比较研究。全文共分为七章。第一章绪论,介绍研究的目的和任务,

研究的思路和框架结构,对沪深上市公司研究的现状综述。第二章介绍主要研究方法,包括因子分析方法和聚类分析方法。第三章介绍沪深上市公司数据的来源,通过对原始数据观察、异常数据识别、原始数据的标准化以及各指标数据的相关性分析对沪深上市公司数据做预处理;分析沪深上市公司的因子,包括因子分析的计算及因子个数的确定和因子的正交旋转。第四章,因子简并及沪深上市公司的综合评价。首先概述因子简并过程及简并因素权重的计算,确定各公司简并处理方式和因子含义,计算各公司的因子评价得分数和各公司简并因素的评价得分,最后对沪深上市公司做聚类分析。第五章,沪深上市公司的分类分析。分别作总体分类分析,区域之间的比较分析,行业之间的比较分析,并得出比较分析的结论。第六章,沪深上市公司的规模实力、发展速度和多元化分析。分析规模实力和发展速度概况、分地区分析和分行业分析;对企业多元化程度分析,包括主业鲜明率指标的修正、上市公司多元化的总体分析、上市公司多元化的分区域分析以及上市公司多元化的分行业分析。第七章为研究总结。

关键词:上市公司　行业结构　区域差异

**5689**

**区域高速公路网优化布局与调整策略研究** / 张华著 ; 杨超指导. -- 华中科技大学, 2009. -- 121 页

论文利用交通理论、最优理论、决策理论等关于交通网络布局优化理论研究现状及发展的理论,研究区域高速公路优化调整策略的分析方法,寻求区域经济发展和高速公路的协调发展途径,力图使高速公路优化布局与调整策略的分析方法,并以此作为建设有较强适应力的区域高速公路网。论文共九部分。第一章是绪论,包括研究背景、研究意义、研究方法和创新点、论文的总体结构。第二章是公路网规划布局国内外研究现状,包括公路网规划理论发展里程、国内外文献综述。第三章是高速公路交通量预测研究,包括交通量预测简介、交通运输量预测思路、交通运输量单项预测法及四阶段法。第四章进行高速公路网中节点分类研究,包括基于 UTADIS 的节点分流方法及实证研究。第五章是高速公路网建设排序的研究,包括公路网建设排序的意义、待建路段综合评价指标体系、基于证据理论的路段排序方法。第六章是高速公路网调整策略研究,包括公路网调整中的几类决策及结构调整方法。第七章是公路货运枢纽布局与货运站场选址研究,包括公路运输枢纽、交通运输枢纽布局模型、货运枢纽中的货运站场选址方法。第八章是京港澳高速公路河南段改扩建研究。第九章总结结论,提出展望。

关键词:高速公路　公路网　最优布局

**5690**

**二次分配问题算法研究** / 张惠珍著 ; 马良指导. -- 上海理工大学, 2009. -- 127 页

论文着重研究以线性化技术为基础的二次分配问题求解方法,文中多提出的二次分配问题求解方法不仅给出了数学证明,从理论角度说明各种方法的正确性,而且选用二次分配基准问题库中的部分实例进行了计算,将计算结果与原方法进行比较,从实验的角度说明论文提出的方法对二次分配问题的求解具有较优的性能。全文共分为七章。第一章绪论介绍研究背景和主要研究内容。第二章详细阐述二次分配问题,主要有 QAP 模型、QAP 的计算复杂性、QAP 的线性化、QAP 的多面体描述、QAP 的下界计算方法、QAP 的求解方法等。第三章根据二次分配问题线性化模型的结构特征,提出基于匈牙利算法的 QAP 对偶上升求解法,并且进行了算例分析。第四章提出几种求解二次分问题的新方法。第五章提出稀缺二次分配问题的线性化及其求解并且进行算例分析。第六章提出使用半拉格朗日算法求解二次分配问题的方法,这为有效求解二次分配问题提供一种新的解决方法。第七章是论文的结论与展望,并指出了下一步工作的方向。

关键词:最优化算法　拉格朗日量　组合优化

**5691**

**城市群现代产业体系形成机理及评价研究** / 张冀新著 ; 胡树华指导. -- 武汉理工大学, 2009. -- 175 页

论文在分析现代产业体系与城市群的互动机理基础上,研究城市群现代产业体系的融合机理、集聚扩散机理和三力平衡机理,通过建立城市群现代产业体系的评价指标体系,为城市现代产业体系构建提出对策建议和实施方案。全文共分为九章。第一章绪论,介绍论文的研究背景和研究对象、研究目标和研究意义、国内外相关研究现状以及研究内容和研究方法。第二章现代产业体系的原理,包括现代产业体系的内涵和组成、现代产业体系的基本原理、现代产业

体系的三维模型以及现代产业体系的设计原理。第三章现代产业体系与城市群的互动机理,分析城市群的结构与功能,探讨现代产业体系与城市群的链链互动、现代产业体系与城市群的链网互动以及现代产业体系与城市群的网网互动。第四章城市群现代产业体系的融合机理,研究城市群现代产业体系的全球好融合机理、城市群现代产业体系的信息化与工业化融合机理、城市群现代产业体系的产业融合机理以及城市群现代产业体系的网络融合机理。第五章城市群现代产业体系的集群扩散机理,分析城市群的集群效应和扩散效应、城市群产业布局与产业集聚效应、城市群现代产业体系的产业链集聚效应以及城市群现代产业体系产业链扩散效应。第六章城市群现代产业体系的三力平衡机理,包括产业自主创新力推动机理、产业效益贡献力拉动机理、产业国际竞争力导向机理以及城市群现代产业体系的三里协同旋进。第七章城市群现代产业体系的评价指标体系构建。提出评价指标体系构建的指导思想与原则、评价指标体系设计与评价指标选择,分析评级指标结构与构成,提出城市群现代产业体系的评价方法。第八章三大城市群现代产业体系发展评价。对我国三大城市群的发展现状分析,并从四个角度展开评价。第九章为全文总结及研究展望。

关键词:城市群　城市经济　产业结构

**5692**

**壮族区域经济开发的金融支持研究** / 张家寿著 ; 黄登仕指导. -- 西南交通大学, 2009. -- 109 页

论文围绕金融发展与经济增长的相关关系,对壮族区域经济开发的金融支持展开研究。全文共分为六章。第一章绪论,介绍论文研究背景与问题提出、研究的逻辑结构与研究方法以及研究的主要内容。第二章壮族区域经济开发的金融支持理论基础。一是资本形成与经济增长理论的评述与启示;二是资本积累与配置理论的评述与启示;三是制度供给理论的介绍;四是金融发展理论的评述与启示。第三章壮族区域经济开发的金融支持关系模型与实证分析。介绍研究的模型选择与分析路径,评价结构方程基本理论与基本方法;对模型变量作出选择,对金融支持度与经济发展水平做回归分析;对模型实证分析,包括资金对经济的影响分析和资金的获得能力;最后探讨模型的政策分析意义。第四章壮族区域经济开发的金融支持内在机理与环境关系。首先介绍金融支持运作机理,包括金融支持效应功能与效应均衡、金融效应的作用机理、金融资源效应的传导机理和金融支持效应的传导机理;对金融支持环境分析,包括金融支持环境的界定、金融支持环境的构成要素以及金融支持环境评价;探讨壮族区域经济开发的金融支持机制建构,包括政策性金融支持机制、商业性金融的支持机制以及政策性金融与商业性金融创新式嫁接的支持机制。第五章壮族区域经济开发的金融支持制度供给与效率考察。分析壮族区域经济开发的金融支持制度供给模式,探讨壮族区域经济开发的金融支持制度供给结构并对壮族区域经济开发的金融支持制度效率考察。第六章壮族区域经济开发的金融支持政策。提出应制度创新,强化政策性金融的引导作用;改善环境,发挥商业金融的支持作用;产融结合,构建区域性资本市场;因势利导,发展各种形式的中小金融结构;合理规制开放,吸引内外资促使跨国公司战略投资;加强宏观金融调控,发展中央银行协调、服务和窗口智能。最后为论文结论与展望。

关键词:壮族　民族经济　金融支持　区域开发

**5693**

**创业家个性特征与创业绩效研究** / 张建华著 ; 李心丹指导. -- 南京大学, 2009. -- 123 页

论文以创业企业家个体特征为研究对象,综合运用管理学、经济学和行为科学等多个学科的理论和计量统计的方法,从个人背景、心理特征、能力特征和外界影响因素等四个维度,构建创业企业家个体特征理论的基本框架,并根据实际调查研究,论证创业企业家个体特征、环境因素和管理实践对企业提高企业绩效的内在关系,对我国创业投资企业提出理论建议。全文共分为六章。第一章导论,介绍论文研究背景与主题、研究对象与概念、研究思路与方案、研究的创新与不足之处。第二章对国内外相关研究文献的现状综述,探讨企业家个体特征与企业绩效的概念模型,对个人背景特征与企业绩效、创业家能力特征与企业绩效、创业家心理特征与企业绩效以及环境、管理实践等与企业绩效等方面分析,提出研究的假设。第三章研究设计与研究方法,包括问卷设计与变量选取、样本选取与数据采集、问卷信度与效度分析以及对分析方法的描述。第四章个体特征与创业绩效的关系研究,分别对创业家个体特征、创业企业特征以及创业企业绩效特征加以介绍,在此基础上做相关问题的描述性统计分析;对创业家个体特征的因子分析,并

做个体特征与创业绩效多元回归分析，得出一定结论。第五章个体特征与创业绩效的路径分析，提出结构化方程模型，在对研究假设分析的基础上，提出并解释个体特征与绩效直接结构模型，基于环境因素的间接结构模型，基于管理实践的间接结构模型，最后对全结构饱和模型进行检验并得出结论。第六章为论文的结论与展望。

关键词：企业家　创业　企业绩效

**5694**

**面向过程的工程建设项目集成化管理研究**／张建龙著；赵嵩正指导. -- 西北工业大学，2009. -- 130页

论文通过对大型工程项目的特征进行分析，研究建设工程项目这类复杂建设项目的集成化管理，提出工程项目面向过程的集成化管理思想，实现对工程项目控制系统理论研究的协调优化。全文共七章。第一章结合文献综述阐述研究背景和意义、研究内容与预期结论以及研究方法。第二章介绍面向过程的集成化管理基本理论，涉及过程管理理论、集成化管理理论，同时阐述面向过程的集成化建模方法和工程项目管理框架。第三章提出面向过程的集成化管理思路，并有针对性地进行改进，建立工程项目面向过程的集成化管理模型，有助于整体解决工程建设项目的复杂性管理问题。第四章在工程项目面向过程的集成化管理模型基础上，研究工程项目工期、成本、质量多目标的集成控制模型，进而通过定量化的手段分析工程项目过程阶段优化的控制方法。第五章结合动态的项目控制系统，采用过程控制信息系统地手段，并结合 IDEF0 和微粒群算法定性和定量对工程项目面向过程的集成化管理模型及其控制系统的协调优化进行分析，有助于定量地分析和优化工程项目的协调和优化问题。第六章结合 X 机场建设工程项目面向过程集成管理实践案例，进行系统建模并对集成化管理控制系统进行协调优化应用。第七章总结了全文，并致结束语。

关键词：基本建设项目　项目管理　过程控制

**5695**

**高技术服务型企业流程管理成熟度建模及其应用研究**／张建勇著；赵涛指导. -- 天津大学，2009. -- 136页

论文提出适用于高技术服务型组织的流程管理成熟度模型 HSO-PMMM，并阐述了共性的实施流程和方法，给出了适用于高技术服务型的流程型组织结构设计方法。论文分为七个章节。第一章绪论，介绍研究背景与意义、国内外研究现状、研究内容、思路及创新点。第二章对高技术服务型企业成熟度模型相关理论进行评述，界定高技术服务型组织及其特点，列举成熟度模型的典型应用，并对流程型组织结构理论进行概述，介绍基于 VSM 的组织设计方法。第三章针对高技术服务型组织的特点，建立合适用于高技术服务型组织的成熟度模型 HSO-PMMM，通过对高技术服务型组织自身特点的研究和现有流程管理评价研究的回顾建立的，用以判断组织所处流程成熟度水平及确定未来改进方向的内部结构。第四章从初始、评估、改进和几成四个阶段探讨高技术服务型企业流程管理成熟度模型的实施流程，并对步骤中涉及的关键方法进行描述。第五章结合 HSO-PMMM 理论模型提出相应模型，确定企业的战略，业务流程梳理优化，组织结构模型设计，祖师结构有效性分析，组织结构实施，设计出 VSM-PO 流程型组织结构模型。第六章以高技术服务型企业 HTSM 公司为案例，分析和 HSO-PMMM 的构建和实施在实践中的应用，利 VSM-PO 模型为公司设计流程优化所配套的流程型组织结构，并用熵模型进行原现组织结构有序性定量分析，得出流程型组织设计上更优的结论。第七章对全文进行总结，并对未来研究进行展望。

关键词：服务业　业务流程　组织结构

**5696**

**我国商业银行贷款定价研究**／张剑著；陈宝峰，卢俊指导. -- 中国农业大学，2009. -- 125页

论文在对我国商业银行贷款定价现状和问题分析总结的基础上，以我国商业银行贷款定价行为作为研究对象，结合产业组织理论、信息经济学理论和博弈论的研究方法，构建商业银行贷款定价模型，并利用我国 13 家全国性大型商业银行的面板数据实证检验理论分析得到的部分结论。全文共分为六章。第一章绪论提出研究的问题，阐述研究的意义，综述国内外关于商业银行贷款定价问题的研究现状，最后说明论文的研究思路、方法和主要创新点。第二章回顾我国商业银行贷款定价状况，界定贷款定价中的相关概念。第三章进行对称信息下商业银行贷款定价研究，包括银企之间信息对称和银行之间信息对称。第四章进行不对称信息下的商业银行贷款定价研究。深入考察在我国贷款利率市场化改革条件下，我国商

业银行贷款定价决策跟随银企关系、成本和规模等的变化而发生的改变,以及对社会福利水平、银行预期利润水平和贷款风险水平的影响。第五章对我国商业银行贷款定价实证研究。第六章提出论文的研究结论、政策建议和研究展望。

关键词:商业银行　贷款　定价

**5697**

**网上拍卖反馈系统的有效性研究** / 张金城著 ; 仲伟俊指导. -- 东南大学, 2009. -- 165 页

论文采用理论分析和实证检验结合的方法对网上拍卖反馈系统的有效性进行了研究分析。全文共分七个章节。第一章绪论,介绍研究背景、信任机制和反馈系统、国内外应用和研究现状以及论文的研究工作。第二章分析反馈系统运行机制及影响因素。在介绍反馈系统的基本概念、反馈系统的基本原理和作用,在分析反馈系统运行机制及有效性条件后对影响反馈评分和信任管理的因素进行分析。第三章对网上拍卖反馈系统的有效性进行理论分析。分别从反馈系统对买方的影响、反馈系统对卖方的影响、集中投机交易行为多个方面分析其对反馈系统有效性的影响分析。第四章对网上拍卖反馈系统有效性进行实证研究。通过从 eBay 网上拍卖市场收集到的实际交易数据,对网上拍卖反馈系统进行了实证检验,分析反馈系统以及其他一些重要因素对于拍卖成交率以及成交价格的影响,验证了反馈系统的效果。第五章对保持反馈系统有效的条件进行分析研究,包括反馈对买方投标价格的影响函数简化、简单交易策略下保持反馈系统有效的条件分析、复杂不诚实策略下保持反馈系统有效的条件分析、几种投机交易行为下保持反馈系统有效的条件分析。第六章对保持反馈系统有效的综合信任度评价的方法进行了研究。从进一步提升网上拍卖反馈系统有效性的角度出发,着力于建立一种保持反馈系统有效的多层次多影响因素综合信任度的评价方法,并进行定性分析和仿真验证。第七章为结束语,提出全文的创新点和今后开展研究工作的展望。

关键词:拍卖　网上交易　电子商务

**5698**

**我国农户信息采纳行为研究** / 张京京著 ; 傅泽田指导. -- 中国农业大学, 2009. -- 97 页

论文研究主要从横向和纵向两个方面探讨农户信息采纳过程。全文共分为七章。第一章绪论提出问题,进行文献综述,阐明论文的研究目标、思路和方法。通过文献分析和农户访谈发现,目前我国农户在农村信息服务中的参与程度比较低,信息化效果不明显。但是农户对信息和服务表现出比较强的意愿。第二章分别从农业信息需求主体、农业信息需求客体和农业信息采纳决策过程几个方面对农户信息采纳行为进行系统分析。第三章对农户信息需求动机进行分析,介绍农户信息需求动机理论框架、农户信息需求动机研究假设,并对假设结果进行分析。第四章分析目前我国农户信息感知风险的程度,使用因素分析法识别和构建了农户信息感知风险构成要素模型,采用回归分析法研究感知风险对农户信息采纳意愿的影响。第五章基于技术接受模型和计划行为理论,建立农户信息支付意愿模型。使用结构方程模型和 AMOS 软件进行实证研究。从实证结果看,研究假设大多获得支持,感知有用性、行为成分、政策因素中的保障因素等对农户信息支付意愿具有显著影响。第六章基于纵贯研究思想,选取具有代表性的固定样本,对农户信息采纳行为进行了为期一年的持续、跟踪调研分析。采用 Logistic 回归方法,对不同时期农户信息支付意愿程度和影响因素的变化进行了对比分析。第七章是论文的结论与建议。

关键词:农户　情报服务　信息管理

**5699**

**国际黄金现货价格预测研究** / 张均东著 ; 刘澄指导. -- 北京科技大学, 2009. -- 135 页

论文针对黄金价格复杂性和非线性特性,围绕构建预测指标体系、建模预测、打开 ANN 预测机理黑箱三个核心问题开展研究。全文共分为七章。第一章引言介绍论文的研究背景和研究意义,综述国内外研究现状,阐明研究目标、研究内容和研究方法以及研究的创新点。第二章文献综述分别对传统价格预测理论、神经网络预测研究、遗传算法研究、模糊神经网络进行总结。第三章针对黄金多属性的特点和黄金价格多因素影响的非线性特征,提出金价预测指标体系。在黄金价格预测指标体系的研究中分别进行了黄金价格影响因素定性分析、黄金价格与黄金现货供求关系的分析、黄金价格及影响因素平稳性检验、黄金价格及影响因素 Granger 检验和黄金价格的向量自回归模型(VAR)分析。第四章针对适合金价预测的神经网络模型的选择问题,分别构建 LM-BP 神经网

络、BP 神经网络及 RBF 神经网络模型。讨论实际预测应用中神经网络设计方面的几个重要问题,如隐层数、隐层神经元数、训练次数、输入节点数以及输入节点数的确定。第五章进行基于遗传算法与神经网络黄金价格预测问题研究,针对 BP 算法易陷入局部极小、收敛速度慢的问题,构建 GA 模型算法,发挥遗传算法较强搜索能力的特点,提高预测精度。第六章针对 ANN 系统无法根据权值与阈值对金价预测系统的运行机制进行归纳分析这一问题,构建了基于模糊推理的 ANFIS 金价预测模型,进一步为价格决策提供了理论依据。第七章是论文的结论。

关键词:国际金融　金融市场　黄金市场

**5700**

**中国电信运营商的竞争与发展策略研究** / 张君著 ; 张子刚, 黄卫来指导. -- 华中科技大学, 2009. -- 110 页

论文从电信市场中的产品差异化和网络外部性两个特性出发,分析我国电信运营商的竞争策略;从当前的 3G 通信技术出发,阐明三大电信运营商的竞争与发展策略。全文共分七部分。第一部分为绪论,介绍了研究背景及意义、国内外研究概况、论文主要内容与框架、论文创新点。第二部分为相关理论与方法评述,包括差异化竞争理论、网络外部性理论、技术接受模式。第三部分介绍中国电信业的市场情况,包括电信竞争格局的发展历程、电信管制的发展历程、中国电信市场的现状。第四部分介绍基于产品差异化的竞争策略,包括电信市场中的差异化、电信运营商的差异化品牌战略、基于品牌差异化的产品定位策略以及运营商产品差异化的市场定位。第五部分分析基于网络外部性的竞争策略,包括网络外部性情况下的进入与遏制策略、网络外部性情况下的差异定价策略。第六部分分析 3G 时代电信运营商的发展策略,在介绍 3G 通信和移动商务之后,对移动商务的驱动因素进行实证分析,并分析运营商发展移动商务的差异化策略。第七部分为总结与展望。对整篇论文所做的工作、解决的问题、得出的结论进行了归纳总结,并指出了下一步的工作。

关键词:电信业　市场竞争　经营策略

**5701**

**基于 IEC 的混合型隐性多目标决策方法研究** / 张俊岭著 ; 梁昌勇指导. -- 合肥工业大学, 2009. -- 125 页

论文从混合型隐性多目标决策问题的特征出发,以 IEC 方法为技术基础,结合多职能体计算技术和免疫计算技术,研究混合型隐性多目标决策问题的智能决策方法,建立适合处理此类决策问题的优化决策支持模型。全文共分为七章。第一章绪论,介绍论文问题的提出、国内外研究现状、论文的研究内容与结构安排。第二章 IEC 基础方法及混合型隐性多目标决策支持模型,包括进化计算方法、交互式进化计算方法和混合型隐性多目标决策支持模型。第三章融合轮盘反转算子的交互式多智能体求解模型研究。一是介绍 John Holland 的反转算子与轮盘反转算子;二是探讨具有轮盘反转算子的多智能体进化算法;三是分析结合轮盘反转算子的交互式多智能体多目标进化求解算法。第四章基于种群熵信息的自适应多样性保持策略研究。首先探讨变异算子对种群多样性的影响,包括 i 位改进子空间理论、变异算子对种群多样性的影响;接着探讨 FPmMO 算子及其改进策略;三是分析基于种群熵信息的自适应种群多样性保持策略,包括基于种群熵抽样的自适应种群多样性保持策略设计、具有自适应种群多样性保持策略的小种群遗传算法和数值实验及其分析;最后讨论具有自适应多样性保持策略的交互式目标进化算法,包括具有自适应多样性保持策略的交互式多目标进化算法设计和 IAMEA 算法用于求解工作间布局优化问题。第五章结合人工免疫计算的交互式多目标求解方法研究,包括人工免疫系统概述、典型基于人工免疫系统的智能优化算法、一种交互式免疫多目标进化算法及其求解算法和相关结论。第六章基于 IEC 的混合型隐性多目标决策支持系统及实例,介绍 IIDSS 原型系统概念设计和基于 IEC 的服装选购推荐系统。第七章为论文的总结与展望。

关键词:人工智能　多目标决策系统　智能决策

**5702**

**科技人员薪酬结构及其绩效研究** / 张俊琴著 ; 李廉水指导. -- 东南大学, 2009. -- 203 页

论文通过提出假设、构建模型,从科技人员薪酬结构的六个方面对科技人员薪酬结构特征进行分析和研究。全文共分为七部分。第一部分为绪论。介绍问题的提出,研究意义、思路和方法,研究内容和创新点。第二部分为理论回顾与文献综述。包括对薪酬结构理论、绩效评价理论、薪酬与绩效互动理论的回顾,对国内外研究动态的总结以及对相关概念进行

了界定。第三部分提出科技人员薪酬结构及绩效影响研究框架。分别对科技人员薪酬结构的演进进行分析,对科技人员薪酬结构要素及其关系提出理论假设,对科技人员薪酬结构对绩效的影响提出理论假设,并提出科技人员薪酬结果对绩效影响的分析方法。第四部分基于江苏省15600份调查问卷,对科技人员薪酬结构体系进行特征分析,包括科技人员薪酬结构体系的特征分析、科技人员经济性薪酬与非经济性薪酬的关系分析、科技人员经济性薪酬、非经济性薪酬与薪酬公平的关系分析、科技人员经济性薪酬、非经济性薪酬与薪酬满意的实证分析以及薪酬公平与薪酬满意的关系分析。第五部分以高校科技人员为例对科技人员薪酬结构及对绩效影响进行实证分析,同样从以上几个方面进行分析研究。第六部分分析科技人员薪酬结构的优化并提出相应的对策,包括提出构建以组织绩效为评价导向的薪酬结构、发展以制度公平为评价基础的薪酬结构以及完善以个人满意为评价标准的薪酬结构。第七部分为结论与展望。第七章为结论与展望。对整篇论文所做的工作、解决的问题、得出的结论进行归纳总结,并指出了论文的不足之处和下一步的工作。

关键词:科研人员　薪酬　经济绩效

5703

**面向3G的信息服务类移动增值业务平台商发展模式的研究** / 张珂著 ; 吕廷杰指导. -- 北京邮电大学, 2009. -- 127页

论文针对最能体现运营商差异化优势、需要多方面合作的信息服务类移动增值业务,基于古典经济学、博弈论理论研究信息服务类移动增值业务的资费体系,以及在市场初期、成长期此类业务平台商的发展模式。全文共分为七章。第一章绪论。介绍论文的研究背景、研究意义、研究对象、研究内容、研究方法和论文创新点。第二章相关理论综述。介绍古典经济学平均利润率理论和重复博弈等相关理论。第三章信息服务类移动增值业务概念界定和特征分析。界定信息服务类移动增值业务的概念,并分析此业务的特征以及市场特点。第四章信息服务类移动增值业务资费体系的研究。重点探讨信息服务类移动增值业务的资费体系,并提出实现内容计费体系的运营商和服务提供商之间结算标准的计算模型。第五章市场初期平台商发展模式研究。将信息服务类移动增值业务的发展阶段划分为市场初期、成长期和成熟期。在分析市场初期市场特征的基础上,针对市场初期建立两级重复博弈模型,最后根据模型求解的过程和结果,对市场初期的信息服务类移动增值业务平台商发展模式提出意见和建议。第六章成长期信息服务类移动增值业务平台商研究。在分析信息服务类移动增值业务成长期市场特征的基础上,针对成长期建立两级重复博弈模型,最后根据模型求解的过程和结果,对成长期的信息服务类移动增值业务平台商的市场策略提出意见和建议。第七章结论和展望。总结论文研究的相关理论,对下一步的工作进行展望。

关键词:电信业　信息服务　运营商

5704

**基于效率与公平的国有煤炭企业公司治理研究** / 张立权著 ; 谭章禄指导. -- 中国矿业大学, 2009. -- 124页

论文在充分分析国内外相关现状的基础上,根据现代经济管理以及系统科学的理论,对国有煤炭企业的效率和公平体系进行研究,设计出符合我国现状的国有煤炭企业的效率和公平评价体系,并且通过模糊信息下合作博弈模型的构建和应用,对我国国有煤炭企业共同治理的变革方向进行论证,构建出基于效率与公平的国有煤炭企业公司治理系统的SD模型,提出相关建议。论文共分为七个部分。第一部分通过对国有煤炭企业治理现状和问题的分析,对国有煤炭企业治理存在的主要问题进行归纳。第二部分结合国有煤炭企业的治理特征等,对委托代理理论、博弈论、公司治理结构论和效率与公平理论等进行提取和综述,形成研究理论基础体系。第三部分分析国有煤炭企业评价指标体系现状,结合公平与效率并重的科学发展观和公司治理观,提出建立基于国有煤炭企业效率与公平评价指标体系。第四部分在研究了国有煤炭企业多元利益主体特征与其对效率和公平利益偏好的基础上,基于效率与公平的国有煤炭企业公司治理结构进行设计和构建。第五部分对国有煤炭企业公司治理的系统动力学进行分析,对影响公司治理的各种参数进行了研究。第六部分通过所建立的SD模型具体应用,考察了治理结构可能的变革趋势及治理结构变革的效率与公平效应。第七部分是论文的结论,得到了国有股份和非国有股份比例对经济效率的作用及影响,并且针对股权结构这一典型变量给出较明确的治理结构变革建议。

关键词:国有煤炭企业　公司治理　公平与效率

**5705**

**移动服务质量与顾客满意研究** / 张龙著 ; 鲁耀斌指导. -- 华中科技大学, 2009. -- 167 页

论文重点研究移动服务质量和顾客满意,试图构建新的服务质量模型和顾客满意模型,以丰富移动商务领域的理论成果,并为管理者提供启示。论文分为七个章节。第一章绪论,介绍研究背景、研究意义、文献综述、研究思路与研究方法、研究内容及研究框架以及论文的创新性。第二章在服务质量多位多层测度的理论基础上,对移动服务质量概念模型进行探索性分析,建立移动服务质量多位多层模型,探讨测度项的生成和净化。第三章对移动服务质量多维多层模型进行实证检验,通过问卷前测、样本选择、样本统计特征分析、测度项评价等对多维多层模型进行检验和企业形象的调节作用检验。第四章将静态视角和动态视角融合,构建顾客满意的集成模型,基于服务质量理论和公平理论,在静态视角下识别顾客满意的三个维度,动态视角下理清特定交易满意、累积性满意和关系满意间的关系,构建顾客满意动态演化模型,最后融合静态动态模型,提出顾客满意集成模型。第五章提出研究假设,分析顾客满意分类测度项形成、样本选择,数据收集,并对实证结果分析讨论。第六章基于服务质量和顾客满意分类研究,分析移动增值服务顾客满意的前因和结果,同时区分特定交易满意和积累型满意及两类满意结果变量—连续性动机。第七章总结全文,阐述研究的局限性,并对进一步研究进行展望。

关键词:移动通信　邮电企业　顾客满意度

**5706**

**农村商业银行贷款信用风险度量模型研究** / 张伦著 ; 李金林指导. -- 北京理工大学, 2009. -- 130 页

论文对农户贷款和中小企业贷款这两类农村商业银行最主要的贷款类别进行研究,为农村商业银行的贷款信用风险管理提供决策依据。论文分为六个章节。第一章绪论,介绍论文的背景和研究意义、论文相关研究回顾、论文组织结构。第二章对国内外信用风险度量方法的相关研究进行了总结,分析各种方法的特点和适用性,指出现有信用风险度量方法的缺陷。第三章总结农村商业银行信用风险管理现状,研究农村商业银行信用风险的独特性,对农户贷款和中小企业贷款的信用风险特点和现有风险评估方法进行分析,指出我国商业银行现有信用风险评估方法的不足。第四章建立基于离散选择模型的单笔贷款信用风险度量模型以及贷款组合信用风险度量模型,并通过某农村商业银行的农户贷款数据进行实证分析。第五章建立中小企业贷款信用风险度量模型,建立符合农村商业银行特点的,财务与非财务指标相结合的中小企业信用拍评估指标体系,通过度量模型评价企业的贷款等级,并以某农村商业银行 2006—2008 年的贷款数据进行实证分析,对模型进行验证,构建基于隐马尔科夫模型的中小企业贷款信用评级模型。第六章研究银行贷款组合风险度量方法,研究基于多元 Copula 函数的贷款组合信用风险度量蒙特卡罗仿真方法,并进行实证研究。最后一部分结论与展望,总结了全文的主要内容,并对进一步研究进行展望。

关键词:商业银行　农业信贷　风险管理

**5707**

**基于统计过程控制方法的生产提前期优化与控制** / 张猛著 ; 何桢指导. -- 天津大学, 2009. -- 90 页

论文针对传统的生产提前期优化分析模型的一系列问题进行创新性和探索性研究。全文共六章。第一章绪论,介绍研究的背景与意义、论文结构与研究内容,综述国内外研究现状,阐述研究的创新点。第二章介绍生产提前期优化与控制的基本理论与方法,包括统计过程控制及其方法、生产系统建模的理论基础。第三章针对单阶段装配或加工生产过程、多工序加工或装配生产过程和生产提前期概率分布不确定的复杂生产过程,分别给出生产提前期控制图的设计方法。第四章研究特殊的生产排队系统,即考虑产品故障率的混流生产排队系统,应用马尔可夫过程的状态空间方法和全概率分解技术,对排队系统进行优化分析。第五章给出基于订单批量的混流生产系统生产提前期控制图的设计方法,利用统计过程控制方法来对生产提前期进行监控。第六章介绍考虑产品故障率的生产提前期优化与控制的算例分析。

关键词:生产过程控制　统计控制　排队系统

**5708**

**我国民营企业家领导行为与企业绩效关系研究** / 张平著 ; 阎洪指导. -- 西南交通大学, 2009. -- 224 页

论文以所有权和经营权"合二为一"的民营企业家为研究对象,从民营企业家领导行为入手,探寻民营企业家领导行为对企业绩效的影响和作用规律。全文共分为六章。第一章绪论,介绍论文问题提出的

背景,拟研究的相关问题和研究思路。第二章文献综述。一是领导理论综述,包括领导有效性定义、经典领导理论、现代主流领导理论和领导理论小结;二是组织绩效理论综述,包括组织绩效的主要概念模型、组织绩效测量标准、组织绩效中的个人绩效研究以及组织绩效理论小结;三是组织生命周期理论综述,包括早期和近期研究的情况。第三章概念模型及假设。首先讨论概念模型变量的选择,包括前因变量、自变量、因变量和调节变量;其次介绍概念模型;最后对研究假设的形成进行说明,包括价值观与领导行为的关系假设、领导行为与企业绩效的关系假设和企业发展阶段对领导行为和企业绩效的影响作用假设。第四章研究方法。介绍调查问卷的设计和选择、样本选择和调查内容,并从信度分析和效度分析两个方面对调查的有效性进行检验。第五章研究结果。一是民营企业家价值观对领导行为的影响;二是民营企业家领导行为对企业绩效的影响;三是民营企业家领导行为对企业业绩的影响;四是民营企业家领导行为对员工绩效的影响;五是民营企业家变革型领导和家长式领导对企业绩效影响比较;六是企业发展阶段对领导行为和企业绩效的影响。第六章为研究结论及其应用。介绍研究的结论和结论的创新之处;讨论研究结果的应用,包括民营企业家领导行为的选择与转换分析、对家长式领导的重新认识,提出应改善民营企业家领导行为的环境建设;最后提出论文研究的不足之处。

关键词:民营企业　领导行为　企业绩效

**5709**

**中小企业集群共生融资机制及创新研究** / 张琦著 ; 陈晓红指导. -- 中南大学, 2009. -- 227 页

论文引入演化经济学中的共生概念作为研究中小企业集群融资的基本工具,立足共生理论的三要素结构——集群环境、共生单元和共生关系,分析集群融资机制的产生、运行和演进。全文共分为八章。第一章导论,介绍论文的选题背景与意义、中小企业集群融资研究的现状及评述、论文核心概念的界定以及研究框架与主要研究内容。第二章产业集群共生融资的理论基础。首先介绍产业集群理论,包括新古典经济学的产业集群理论、新增长经济学的产业集群理论、新经济地理学的产业集群理论、新制度经济学的产业集群理论和新社会经济学的产业集群理论;二是对中小企业融资理论的介绍,分别从单个企业视角和产业集群视角对中小企业融资展开说明;三是介绍共生理论;最后对上述理论进行总结评述。第三章产业集群的工省环境、共生单元及构成要素。首先介绍共生理论的经济内涵及构成要素;其次对产业集群共生环境进行分析和比较,包括产业集群与外部环境的根植性关系、经济环境因素、自然资源环境因素、社会文化环境和政策环境因素;三是产业集群共生单元的分析和比较,包括产业集群共生单元的特征、产业集群共生单元的经济属性、产业集群共生单元的演化路径;最后是对产业集群共生关系的分析与比较,包括寄生网关系、偏利共生网络关系,非对称互惠共生网络关系,对称互惠共生网络关系以及对四种共生关系网络的经济特性比较。第四章产业集群共生融资机制分析,包括集群共生环境对中小企业集群融资行为的影响分析、集群共生单元的融资优势介绍、基于集群共生关系的融资优势介绍以及集群共生模式的比较。第五章以信用增级为基础,探讨产业集群共生边界的扩大与信用风险分摊机制。第六章是对产业集群共生融资机制的实证研究,得出实证结论。第七章产业集群共生融资创新的研究,介绍集群融资创新的内涵、中小企业集群融资创新的动力机制、中小企业集群融资的两主体和中小企业集群融资创新概念模型等做出介绍。第八章为结论。

关键词:中小企业　企业管理　融资　产业集群

**5710**

**供应链群体合作行为的定性模拟研究** / 张倩著 ; 霍佳震指导. -- 同济大学, 2009. -- 142 页

论文首先分析定性建模的特点和优势,并对定性建模的表达能力和稳定性进行分析,并根据定性建模基本技术设计适合供应链群体合作行为研究的单元分解建模方法和定性定量相结合的混合定性建模方法;然后分析供应链群体合作的特点,阐述供应链合作的非零和博弈特点,并将现有博弈分析只考虑合作和不合作的两种策略扩展到不同合作程度的分析;最后分析供应链群体的主要特点,以主从供应链群体的运作过程和相关环境因素为重点,利用单位分解的方法构建了一个供应链群体行为过程模型,设计变量间相互影响的作用规则,通过多次模拟来获得系统所有可能行为。论文分为七个部分。第一部分为绪论,介绍研究的意义和目的,简要介绍研究内容。第二部分为文献综述,对定性模拟的理论研究、模拟方法、应用研究和供应链合作关系研究的国内外文献进行综述。第三部分为供应链群体行为的定性建模方法研究,首

先概述定性建模的基本概念,然后提出了定性建模方法,最后对管理系统的定性建模进行研究。第四部分分析供应链群体的合作博弈,建立供应链合作价值的Stacklberg模型,构建供应链群体合作博弈的混合模型,最后对供应链合作博弈过程进行定性模拟。第五部分首先给出了定性模拟的基本概念,然后对供应链整体特征和供应链实体行为特征进行定性模拟。第六部分为供应链群体行为的定性模型构建和定性模拟方法。第七部分为论文的结论与展望。

关键词:供销管理　供应链管理　经济合作

**5711**

**中国国债市场货币政策效应分析** / 张强劲著 ; 周子康指导. -- 中国科学院研究生院, 2009. -- 127 页

论文从国债市场风险的角度,以交易所国债市场为研究对象,对货币政策中存贷利率调整和存款准备金率变动对我国国债市场的冲击效应进行研究。全文共分六个章节。第一章引言,介绍研究背景、研究问题及意义、国内外研究状况以及研究框架、研究内容和创新点。第二章分析中国国债发行管理和国债流通市场现状,主要包括中国国债发行的管理现状分析以及中国国债流通的市场管理分析。第三章对中国国债市场的波动性进行了研究,主要包括国债指数分析、国债市场波动性基本状况分析、国债市场波动性杠杆效应研究、国债市场波动性与货币政策调整的关系研究、国债市场波动性与流动性及收益关系研究。第四章对货币政策调整对国债收益率曲线的冲击进行了分析研究,包括利率期限结构模型的研究和应用研究、中国国债利率期限结构模型的选择与构建、国债收益率的货币政策冲击模型,提出广义回归神经网络预测模型,并对货币政策调整对国债收益率曲线的影响分析。第五章分析货币政策调整对国债流动性影响的研究,包括货币政策持续期国债流动性模型构建、相同发行年限不同剩余期限国债流动性分析、相近剩余期限不同发行年限国债流动性分析以及各次货币政策调整对国债流动性的冲击分析。第六章为总结,对全文的研究工作进行总结概括。

关键词:国债市场　货币政策　利率调整

**5712**

**供应链中的信息协调与 Agent 的应用研究** / 张晴著 ; 刘志学指导. -- 华中科技大学, 2009. -- 132 页

论文从系统地视角结合订单执行过程对供应链信息协调问题进行深入探讨。第一部分在综述国内外研究现状的基础上,综述选题背景、研究思路和主要创新点。第二部分界定与研究相关的概念,阐述了研究理论基础。第三部分结合系统理论和协同学思想,构建供应链信息协调总体框架模型,包括信息协调层次划分和信息协调要素两大组成,并阐述各层次、各要素及要素之间的关系。第四部分基于 Agent 的建模思想和面向 Agent 的系统分析方法,结合订单执行过程构建了基于多 Agent 的供应链信息协调框架模型,对供应链中各实体功能 Agent 进行算法描述并提出各 Agent 之间的信息交互模型,并进行模拟分析。第五部分建立订单执行过程中的供应链信息协调实现模型,按照信息协调的层次划分将实现过程分为三个层次、四个阶段,针对外部供应链信息协调建立实现模式,并从系统实现的角度建立基于多 Agent 的供应链信息协调体系结构,分析企业内应用系统集成和企业间应用系统集成。第六部分提出供应链信息协调机制的分析框架,针对影响供应链信息协调的社会因素,设计出基于契约合作的供应链信息协调机制和供应链信息协调的激励机制,并针对技术因素,设计出基于流程改进的供应链信息协调机制。第七部分对全文进行总结,并对研究未来进行展望。

关键词:供应链管理　信息传递　多 Agent 系统

**5713**

**我国工程咨询管理与创新研究** / 张庆民著 ; 吴育华,杜纲指导. -- 天津大学, 2009. -- 193 页

论文坚持理论与实际结合、先进性与可行性结合的基本导向,采用规范研究与实证研究相结合的研究方法,对我国工程咨询管理与创新进行研究。全文共十个部分。第一部分阐述研究意义、研究方法,综述主要工作和创新点。第二部分再归纳、总结国内外工程咨询业发展的基础上,对国内工程咨询业存在的问题进行了分析,使用 SWOT 分析工具对我国工程咨询业的优势、劣势、机会和威胁进行了剖析,并界定了工程咨询业的特点与内涵。第三部分研究我国工程咨询产业链,同时结合国际工程咨询业的最新动态,指出我国工程咨询业现阶段的发展方向。第四部分运用质量相关理论与方法,结合工程咨询业服务质量管理的特点,设计出能够全面反映工程咨询业服务质量的评价体系和评价体系工作流程,提出工程咨询业质量评价方法。第五部分深入分析工程咨询业市场培育的必要性与可行性,并对工程咨询营销中产品定

价、客户行为、营销策略进行研究。第六部分运用风险管理理论对工程咨询业的风险进行分类和识别,提出工程咨询不同阶段的风险控制措施和工程咨询项目综合风险评价方法。第七部分研究了工程咨询企业人力资本管理,并对工程咨询企业的核心竞争力分析和评价。第八部分运用 DEA 方法从静态和动态两个角度研究了我国勘察设计咨询业的效率问题,找到我国勘察设计业自身的一些发展趋势,并发现产生这些变化的主要原因。第九部分研究网络环境下我国咨询业内部面临的新情况,提出工程咨询业知识服务创新的系统整合模式。第十部分对研究进行总结,并对未来进行展望。

关键词:咨询公司　企业管理　创新管理

**5714**

**大学组织绩效评估理论与应用研究** / 张庆文著 ; 王云峰指导. -- 河北工业大学, 2009. -- 135 页

论文在吸收国内外企业绩效评估成果的基础上,综合多种理论,集成多种方法,对大学组织绩效评估问题展开研究。探求大学教育管理与质量管理的理论对接,厘清大学绩效评估形成的理论深渊,并对河北省重点骨干大学进行调研,以实证的方式验证概念模型和经过信度效度检验的指标系统的科学性、可行性和合理性。全文共分为六章。第一章绪论介绍论文研究背景和意义,对国内外研究成果进行综述,指出论文的研究思路和研究方法。第二章较为系统地厘清了大学绩效评估的理论渊源,初步建立起大学绩效评估理论体系基本框架。第三章借鉴平衡记分卡原理,建立以办学目标、顾客满意度、发展优势、运行效能、办学业绩五位一体的概念模型,经过对模型的理论假设和科学分析,进一步明确了大学绩效目标、绩效尺度、绩效结果之间的逻辑关系,为大学绩效评估指标系统提供构建依据。第四章以大学绩效评估的理论框架和经过科学方法验证的概念模型为依据,设计大学绩效评估指标量表,经过对河北省属 10 所重点骨干大学的调查数据的描述性统计分析、信度与效度检验,构建大学绩效评估指标系统。第五章采用主客观组合权数,运用自我评估、专家评判、层次分析法三位组合分析大学绩效评估结果。第六章总结论文结论,指出研究的不足和研究展望。

关键词:高校管理　企业绩效　教学评估

**5715**

**经济技术开发区产业创新研究** / 张诗雨著 ; 谢科范指导. -- 武汉理工大学, 2009. -- 155 页

论文探寻经济技术开发区产业创新的内容、模式与路径,为我国经济技术开发区的健康发展提供理论指导,国建出经济技术开发区产业创新的理论与政策框架。论文分为八个章节。第一章导论,介绍研究背景与意义、国内外研究现状、研究内容与研究方法。第二章从对经济技术开发区的界定、内涵与特征分析入手,综合运用产业价值理论、产业生态学和系统科学理论及经济技术开发区的产业创新进行分析。第三章基于经济技术开发区产业技术创新的原理,构建经济技术开发区产业技术创新体系的构成要素、基本框架与构建机理,并进一步探讨经济技术开发区产业技术创新的平台构建于运行。第四章基于经济技术开发区产业组织创新的原理,分析经济技术开发区的产业深化机理与产业集群演进特征。第五章从经济技术开发区产业创新的现实背景出发,对经济技术开发区产业创新的双螺旋模式进行定性表达与数理表述。第六章基于对经济技术开发区产业创新中的政府行为的分析,探讨经济技术开发区产业创新中的制度创新与政策支持体系。第七章以长春经济技术开发区为例,对其产业创新进行 SWOT 分析,并进一步探讨长春经济技术开发区内有关产业的产业创新路径与方式,同时提出相应的政策建议。第八章对全文进行总结,阐述论文的创新点,并对进一步研究做出展望。

关键词:技术开发区　产业结构调整　创新管理

**5716**

**基于耦合关系的技术创新网络核心企业形成影响因素及实证研究** / 张首魁著 ; 党兴华指导. -- 西安理工大学, 2009. -- 178 页

论文从企业间耦合关系的视角出发,研究技术创新网络核心企业的形成机理。全文共八部分。第一部分引言,介绍论文问题的提出、研究目标与意义、主要内容与方法以及论文结构与技术路线。第二部分文献综述,包括技术创新网络、网络组织结点间关系相关研究、核心企业的相关研究、企业成长相关研究以及相关研究评述。第三部分介绍基于耦合关系的技术创新网络核心企业特征研究。具体分为组织间的耦合与耦合关系、技术创新网络耦合关系的涵义、基于耦合关系的技术创新网络核心企业的界定以及基于耦合关系的企业在网络中的核心性测度。第四

部分对基于耦合关系的技术创新网络核心企业形成的影响因素进行探索,包括技术创新网络核心企业耦合关系演变的理论分析、技术创新网络核心企业形成的影响因素探索以及技术创新网络核心企业形成的影响因素内涵剖析。第五部分对理论模型及假设进行介绍,主要有核心企业形成的直接概念模型、核心企业形成的主要因素之间的关系以及形成机理概念模型。第六部分介绍验证性研究设计过程,有变量测量、样本选定、数据收集与模型验证方法。第七部分构建基于耦合关系的技术创新网络核心企业形成机理的概念模型,并对该模型进行实证分析。第八部分对全文进行总结,对未来研究做出展望。

关键词:企业管理　企业成长　技术创新

**5717**

**供应链应急管理研究** / 张松著 ; 佟仁城指导. -- 中国科学院研究生院, 2009. -- 129 页

论文利用应急管理的思想方法和研究框架以及运筹学理论模型,对供应链系统中的突发事件进行应急管理,以降低突发事件给供应链系统带来的影响,提高变化后的环境中供应链系统的性能。全文共分为七章。第一章引言,介绍论文的选题背景、研究意义、主要研究内容以及研究的逻辑结构及技术路线。第二章理论基础及研究综述,包括供应链管理及其研究综述、供应链应急管理及其研究综述以及期权的基本理论内容。第三章供应链突发事件的防御应急管理。从模型假设与符号说明以及模型的建立两个方面探讨基于实物期权策略的防御应急管理,探讨基于应急库存与实物期权组合策略的防御应急管理,基于实物期权与多源供应组合策略的防御应急管理以及基于应急库存、实物期权及多源供应组合策略的防御应急管理,之后进行仿真分析,包括基于实物期权策略防御模型数值仿真分析、基于应急库存与实物期权组合策略防御应急模型的数值仿真分析。第四章双因素扰动下供应链的应急管理。首先对问题描述并进行基本假设,之后构建静态模型,探讨需求规模和生产成本同时扰动下的应急管理,并得出相关结论。第五章竞争环境中双因素扰动下供应链的应急管理。对问题描述并做基本假设,分析竞争环境中的静态模型,探讨需求规模与价格敏感系数同时扰动下的应急管理并作出总结。第六章国际供应链的应急管理,包括国际供应链的特征介绍、静态模型介绍,分析生产成本扰动下的最优应对策略并进行案例分析,得出结论。第七章为论文的总结与展望。

关键词:供应链管理　应急对策　实物期权

**5718**

**政府投资建设项目管理合作模式研究** / 张涛著 ; 陈宝峰指导. -- 中国农业大学, 2009. -- 129 页

论文基于政府投资建设项目管理模式的共有问题——合作程度低这一分析结论,提出构建政府投资建设项目管理合作模式的要素、原理、过程以及运作流程,全文分为七章。第一章绪论介绍研究背景和意义、国内外研究现状以及论文的研究目标、内容和思路。第二章对政府投资建设项目现有管理模式合作性进行分析,并对国内、国外政府投资建设项目管理模式进行对比评价。第三章对政府投资建设项目管理模式进行重新构建,对合作模式进行了新的结构设计,对的合作模式机制进行创新。第四章针对建设项目开工前成员选择阶段的逆向选择问题,提出建立健全建筑市场诚信规范信息平台,规范选择最优代理人,为政府投资项目的顺利进行打好基础。第五章针对建设项目开工后项目实施过程中的道德风险问题,提出科学设计优化契约条款、明确利害关系、构建科学合理的管理激励机制等,为政府投资项目目标的实现提供保障。第六章提出了现有模式存在的问题及改进建议,通过案例对合作模式应用进行分析。第七章是论文的结论以及对未来政府投资建设项目管理的建议,并对进一步研究提出建议。

关键词:政府机构　项目管理　管理模式

**5719**

**产品设计的可用性评估方法的开发和验证:以手机为例** / 张婷著 ; G. Salvendy 指导. -- 清华大学, 2009. -- 234 页

论文以手机产品为例,对产品设计的可用性评估方法进行开发和验证。全文共七章。第一章引言,介绍研究的背景及意义、研究的对象和目标、研究方法以及论文结构安排。第二章文献综述,包括可用性概念、手机可用性的相关研究、纸面原型技术、手机的纸面原型设计。第三章研究手机的感知可用性,并把研究框架分为第一、二阶段研究。第四章通过问卷调查和因子分析的方法,探索影响手机感知可用性的因素模型。在对问卷调查数据进行探索性因子分析后,得出一个感知可用性模型(MPU 模型)。在此基础上形成一个李克特式量表(MPU 量表),包含 13 个维度,

共有43道问项。第五章提出第二阶段研究框架、目的及假设。第六章在得到MPU模型的基础上,针对手机产品开发前期的原型评估提出了一个结合用户测试和问卷测量的可用性评估方法,并进行实验性研究。选取三款复杂程度不同的手机产品,并为它们设计低精度的纸面原型,邀请72名参与者分别在纸面原型和真实产品上完成一系列任务,并通过MPU量表对他们的可用性给出评价。第七章结论与展望,针对手机纸面原型的设计提出原则和建议,归纳研究的局限性,并提出日后继续研究的方向和期望。

关键词:产品管理　产品开发　评估方法

**5720**

**服装企业动态联盟机制研究** / 张彤著 ; 顾庆良指导. -- 东华大学, 2009. -- 230页

论文从组织管理机制、合作竞争机制、信息组织机制三个维度进行分析研究,讨论影响服装企业动态联盟机制的主要因素与相互关系。全文共分为六个章节。第一章引言,介绍研究背景与意义、主要研究对象、论文的结构与内容、研究方法、贡献与创新、主要研究理论简述以及动态联盟研究及其进展。第二章对服装企业动态联盟的组织管理机制进行研究。在介绍服装企业动态联盟环境后,对服装集群向动态联盟的演化以及服装企业动态联盟的组成机制进行研究分析。第三章对服装企业动态联盟的经典合作竞争演化机制进行分析,包括合作竞争机制的理论分析、合作竞争机制模型与动力学分析以及联盟合作竞争演化机制仿真分析。第四章对服装企业动态联盟的量子合作竞争机制进行分析。通过建立量子合作竞争网络模型对联盟能级与结构稳定性演化进行分析研究。第五章对服装企业动态联盟的信息组织机制进行了分析研究,包括服装企业动态联盟网格分析、服装网格资源组织分析、联盟网格设计与制造分析、联盟网格信息组织分析。第六章为总结与展望,对全文的研究工作做总结概括,并对今后的研究工作提出了进一步的展望。

关键词:服装企业　经济合作　博弈论

**5721**

**中外ENR承包商比较研究** / 张巍著 ; 任宏指导. -- 重庆大学, 2009. -- 166页

论文把国际承包市场的领袖企业与我国ENR承包商进行比较研究,分析其优缺点和经营特点,找出他们的个性、共性和规律性,总结它们的成功经验和教训。全文共分为七章。第一章绪论,介绍论文研究问题的提出、研究目的和意义、国内外研究现状、论文结构和主要内容、研究方法和技术路线,以及创新之处。第二章比较研究的基础。一是国际工程承包商发展的理论,包括企业发展与规模,企业的技术创新,企业的多种经营;二是我国国际工程承包商发展现状的调查,包括资料搜集、问卷调查和问卷调查实施与结果分析。第三章中外ENR承包商企业规模比较分析。比较我国ENR承包商与ENR前十强生产规模的差距,我国与承包业发达国家的ENR承包商生产规模的差距;比较经营范围在高价市场与其他市场的差距。第四章中外ENR承包商核心技术比较分析。包括拥有核心技术的差距,以技术获取利润的差距和以核心技术占领市场的差距。第五章中外ENR承包商多元化经营比较分析。从纵向涉及专业领域和纵向经营规模两个方面比较承包商纵向发展的差距,并对承包商横向发展的差距作出比较。第六章国外著名ENR承包商发展对我国国际工程承包商的启示。提出应改善我国建筑企业规模结构,发展我国国际工程承包商的核心技术,认为企业要将创新能力作为其发展战略,培养复合型的人才,通过国际承包商之间的兼并与重组提升核心技术,改变传统生产方式,发展绿色技术;提出应促进我国国际工程承包商多元化发展,注意向纵向发展形成企业的系统效应,向横向发展形成企业的规模效应。第七章结论。

关键词:对外承包　国际承包工程　国际竞争力

**5722**

**基于二元语义模糊语言偏好表示的群体决策方法研究** / 张细香著 ; 杨保安指导. -- 东华大学, 2009. -- 158页

论文将对模糊语言偏好的表示方法、模糊判断矩阵的一致性判定、不完全信息决策、群体决策中决策权的分配与个体意见集结等方面进行研究。全文分为八个部分。第一部分在国内外文献研究综述的基础上,提出研究背景、目的和意义,阐述了研究内容、逻辑结构与主要工作。第二部分针对模糊语言偏好表达的准确性、决策处理过程中信息缺失少、操作规则等准则对各种模糊语言偏好表示及信息融合问题进行研究。第三部分对模糊判断矩阵的次序一致性判定方法进行进一步的研究,并对非次序一致性模糊判断矩阵的修正方法进行研究。第四部分研究模糊

判断矩阵的基本一致性是否与模糊判断矩阵的阶数相关,提出基于二元关系传递性的模糊判断矩阵次序一致性判断和修正指导方法。第五部分利用加性传递性来估算缺失元素,从而提出一种残缺二元语义判断矩阵中缺失元素的估算方法,为非完全信息决策提供一种解决方案。第六部分提出相应的个体意见集结方法、专家贡献度衡量方法和群体一致性衡量方法,并开发了一个基于二元语义的群体决策支持系统,方便模糊群体决策中在实践中的应用。第七部分将论文理论研究成果运用到中小板上市公司的绩效评价体系的构建中。第八部分总结全文研究成果,并对研究进行进一步展望。

关键词:群体决策　决策支持系统　模糊语言

5723

**产品开发团队知识分享研究** / 张先国著 ; 杨建梅指导. -- 华南理工大学, 2009. -- 189 页

论文以产品开发团队为研究对象,探索产品开发团队知识分享的内在机理。全文共分为七章。第一章绪论介绍论文的研究背景和研究现状,对基本概念进行界定,明确论文的研究内容,包括个体隐性知识创造的意向性分析、知识分享的交往行动本质分析、产品开发中的知识分享实践、团队情境下的个体知识分享行为和团队知识的涌现,介绍论文的研究方法和研究意义。第二章对知识理论、组织知识与知识管理、知识分享、意向性理论、交往行动理论等进行文献综述。第三章进行理论分析,包括个体隐性知识创造的意向性分析、知识分享的交往行动框架、产品开发团队知识分享内涵分析等。第四章进行产品开发中知识分享实践经验观察。包括以下几个步骤:经验观察方案设计—观察方法与数据收集—观察结果—观察结果讨论与结论。第五章以知识分享的交往行动框架为指导,结合相关文献与理论构建了产品开发团队知识分享的理论模型。为检验该理论模型,论文以产品开发团队中的人员为调研对象,进行实证研究。第六章采用 SPSS 和 LISREL 的数据分析方法检验理论模型,分析结果显示,论文的十个假设全部获得支持。第七章对研究结果进行讨论,内容包括个体知识分享态度、个体知识分享规范、个体知识分享可控感、团队心理安全对个体知识分享行为的影响等,研究结果显示,论文构建的理论模型较好揭示团队知识分享的内在机理。

关键词:产品开发　知识管理　资源共享

5724

**建筑工程设计风险分析及管理研究** / 张相勇著 ; 宁云才指导. -- 中国矿业大学, 2009. -- 82 页

论文对建筑工程设计风险管理进行分析,在分析国家政策和相关研究的基础上,从风险规避、损失控制、风险转移、风险自留、风险预防、风险监控等方面对各个风险因素的应对措施作详细阐释,研究适合建筑工程设计风险管理体系的机制。全文共分为七章。第一章绪论,介绍论文问题提出及选题意义,国内外研究现状及研究方向,研究思路,研究内容,拟采取的研究方法,技术路线以及论文的创新之处。第二章建筑工程设计风险管理相关基本理论,介绍建筑工程设计的风险,包括风险的概念、风险的要素、风险产生的原因及风险成本以及建筑工程设计的风险特点;介绍建筑工程风险管理分析模型的建立,包括方案设计阶段,初步设计阶段和施工图设计阶段;提出建筑工程设计风险管理的框架,介绍风险管理发展历程、概念、建筑工程设计风险管理的特点及重要性,框架以及主要内容。第三章基于 SPC 模型的建筑工程设计风险识别。对相关文献总结,问卷内容介绍,问卷调查结果统计。第四章建筑工程设计的风险评价,提出风险评价指标体系的基本概念,建立建筑工程设计风险评价指标体系,介绍基于 AHP 定权的模糊综合评价,探讨风险模糊评价的具体计算过程。第五章建筑工程设计主体行为博弈分析。对设计方与业主方之间,咨询方与设计方之间,业主方与咨询方之间,设计方、业主方与咨询方的三方间展开博弈分析。第六章建筑工程设计风险管理对策,包括风险规避、损失控制、风险转移、风险自留、风险预防和风险监控等。第七章为论文结论与展望。

关键词:建筑设计　风险分析　风险管理

5725

**食品质量安全市场准入制度绩效评价及其治理对策研究** / 张向荣著 ; 周宁指导. -- 武汉大学, 2009. -- 172 页

论文结合实际调研的结果,建立食品质量安全市场准入制度的绩效评价指标体系,并运用它对某市该制度的运行情况实证分析。论文共分为七个部分。第一部分引言介绍研究背景与意义、国内外研究现状述评、研究思路、方法和论文的基本结构。第一章在界定食品和食品加工行业的基础上,辨析食品质量安全市场准入制度的内涵和主要特征,并对该制度在我

国的运行方式进行归纳总结,为开展后续的研究构建了理论的平台。第二章对常见的绩效评价方法进行了系统的总结和比较,并分析和探讨各种方法的适用性和局限性,为后续绩效评价工作奠定方法基础。第三章总结食品质量安全市场准入制度绩效评价指标体系的构建原则、影响因素,并确立一种指标体系,利用专家调研法检测信度和效度。第四章综合运用专家调查法和层次分析法确定各项具体评价指标的权重,并利用此结果对影响制度绩效的重要因素进行分析,然后对A市食品质量安全市场注入制度的实施绩效开展实证研究。第五章从绩效评价机构设置、评价工作流程和评价信息数据收集三个方面来研究了食品质量安全市场准入制度绩效评价制度和机制的安排,归纳总结了新型食品质量安全市场准入制度有效实施模式,并提出一些治理对策。第六章为总结和展望,对全文进行梳理,并提出文中的不足之处以及研究的展望。

关键词:食品工业　质量控制　绩效评价

**5726**

**异质预期对IPO抑价影响研究** / 张小成著 ; 孟卫东指导. -- 重庆大学, 2009. -- 124页

论文针对我国一级市场的实际情况,从新股参与主体对新股价值评估异质的角度出发,对异质预期对IPO抑价的影响进行的研究。全文共分七章。第一章绪论,介绍研究的背景和意义、基本概念的界定、研究内容、研究方法以及特色和创新之处。第二章进行国内外相关文献综述,包括IPO抑价理论综述以及异质预期文献综述。第三章对不同发行机制下异质预期对IPO抑价影响进行研究。提出机构投资者和散户投资者在新股的价值评估中存在分歧的假设,建立了固定价格发行和询价发行下IPO定、抑价模型,并进行了比较研究。第四章分析机构和发行人异质预期对IPO抑价的影响。运用行为金融理论,在CARA效用函数的基础上,以发行人和机构投资者期望效用最大化为目标,比较研究发行人和机构投资者行为对抑价的影响。第五章分析机构和潜在投资者异质行为对IPO抑价的影响。第六章分析了机构投资者异质对IPO抑价的影响,并进行实证研究。第七章为研究结论和展望,包括对论文研究工作的总结以及对未来研究工作的展望。

关键词:股票市场　股票价格　首次公开发行(IPO)

**5727**

**基于复杂网络的创新扩散随机阈值模型研究** / 张晓军著 ; 李仕明指导. -- 电子科技大学, 2009. -- 142页

论文从复杂理论出发,将发生创新扩散的社会系统界定为一个复杂系统,由此运用复杂网络的思想和方法来研究创新扩散过程,从而在微观个体和宏观总体之间建立一座桥,通过研究微观个体行为及其相互作用来描述复杂系统中涌现形成的整体发展趋势和规律。全文共分为七章。第一章绪论,介绍创新扩散的定义、分类及其影响因素,介绍研究背景、研究目的和意义、论文框架以及论文主要创新点。第二章创新扩散模型文献综述。介绍宏观总体速度模型,包括Bass模型之前的创新扩散模型、Bass模型以及Bass模型的扩展;介绍微观个体决策模型,包括动力学模型、渗流模型、元胞自动机模型、多Agent模型以及阈值模型;提出现有研究的不足之处。第三章基于复杂网络的创新扩散模型分析框架。介绍复杂网络、有向网络和有向加权网络以及有向加权网络上的统计指标;提出基于复杂网络的微观个体决策分析框架,包括技术或产品特征、网络结构、行为选择;提出基于复杂网络的随机阈值模型分析框架;探讨随机阈值模型的应用。第四章,新产品扩散中的随机阈值模型分析。探讨新产品扩散中网络结构分析、参数设计、新产品扩散的正反馈效应、新产品扩散的初值敏感性、模型仿真和两个竞争性产品的扩散等问题。第五章新技术扩散中的随机阈值模型分析介绍销售网络和企业信息网络的网络结构,分析核心参数的影响,新技术扩散的稳定性和脆弱性。第六章,案例分析——眉山大灵通的市场扩散及预测。介绍案例的背景,对其进行仿真模拟研究,对其仿真结果分析。第七章为结论和进一步研究方向。

关键词:企业管理　企业创新　扩散模型

**5728**

**金融投资机构物权类不良资产评估定价与处置研究** / 张晓鹏著 ; 范德成指导. -- 哈尔滨工程大学, 2009. -- 156页

论文通过现实资料说明不良资产的复杂性,构建不良资产处置人员岗位胜任力模型,对金融投资机构物权类不良资产的评估定价和处置进行研究。全文共分七章。第一章绪论,介绍选题背景、目的和意义,国内外研究现状以及论文的总体思路、研究方法和创

新之处。第二章阐述论文研究的理论基础,包括不良资产相关理论、胜任力理论、熵理论、多准则决策理论。第三章分析金融投资机构物权类不良资产处置现状及存在的问题,包括我国不良资产市场的构成、金融投资机构物权类不良资产市场化处置流程、金融投资机构物权类不良资产处置现存问题及成因。第四章对金融投资机构物权类不良资产尽职调查与人员选聘进行研究。在对尽职调查的作用、原则、实施步骤、要素构成进行阐述之后,对调查人员的要求、选聘评价进行分析讨论。第五章分析金融投资机构物权类不良资产评估定价,包括物权类不良资产评估定价的影响因素、评估定价体系的构建、不良资产评估定价组合预测模型以及处置变现率的研究。第六章为金融投资机构物权类不良资产处置方案评价研究。根据美国、日本、波兰不良资产处置措施对我国的启示,提出物权类不良资产市场化处置原则及处置方法,并对处置方案进行评价研究。第七章对金融投资机构物权类不良资产评估定价与处置进行的实证研究。首先介绍YY宾馆的不良资产概况,对YY宾馆不良资产尽职调查人员选聘调查分析,最后在评估定价之后对处置方案进行评价及对策总结。论文最后为结论,对论文的研究工作进行总结概括。

关键词:金融投资　资产评估　资产管理

**5729**

**产业聚集与生产率增长:基于我国制造业省级数据的实证研究** / 张昕著 ; 李廉水指导. -- 东南大学, 2009. -- 175页

论文改变以往新古典经济学研究生产率增长的视角,将产业的空间聚集因素引入生产率增长的研究中,建立一个新的理论分析框架,并以1993年以来中国制造业数据为对象开展实证研究。全文包括绪论部分和正文八章。绪论部分,介绍问题的提出、研究范围、研究目标与研究内容,阐述研究思路、研究方法与数据来源,说明论文的可能创新点。第一章介绍相关理论与文献综述,包括产业聚集与生产率增长的理论概括与动态研究。第二章在回顾与比较新古典经济增长理论和新经济地理的经济增长模型的基础上,将产业聚集因素引入Lucas的内生成长理论,以研究产业聚集对生产率影响的机理。第三章介绍产业聚集的测度,包括制造业聚集程度的测度方法、我国省域层次制造业聚集程度的测度、我国制造业聚集的发展变化趋势。第四章对产业生产率的测度进行介绍,有生产率的测度方法、生产率测度的非参数法、省域制造业劳动生产率的计算。第五章为了探究产业聚集与生产率增长的内在关系,论文对产业聚集的时间序列和生产率的时间序列数据进行了相关性分析、协整检验和格兰杰因果检验,表明各典型行业的产业聚集水平与劳动生产率之间存在显著的相关性。第六章采用面板数据分析法,以劳动生产率作为因变量,以反映产业聚集的时间范围、产业范围和空间范围的指标作为自变量进行实证分析,探讨产业聚集对生产率及其增长率的影响程度。第七章用实证分析法研究产业聚集对全要素生产率的影响程度,利用数据包络分析法,计算了我国28个省域各行业1993—2006年间的全要素生产率,并将其分解为技术效率、技术进步及规模效率。第八章主要结论及政策建议,总结论文的主要结论与政策建议,并提出研究的不足与未来的研究展望。

关键词:产业经济　聚类经济　劳动生产率

**5730**

**高校教师分类激励机制研究** / 张欣著 ; 吴国蔚指导. -- 北京工业大学, 2009. -- 111页

论文以高校人事制度改革与教师岗位分级聘用为背景,以高校教师有效激励的工作实践为研究对象。构建出一套科学的、多维的、动态的,以实现高校教师个体行为与组织目标激励内容相容为目标,以岗位分级聘用制度为核心的高校教师激励机制,并运用QSIM算法进行定性模拟。全文分为九章。第一章绪论介绍研究意义,进行高校教师、激励机制、机制设计等概念界定,评述国内外在高校教师激励机制方面的研究成果,明确论文的研究内容、方法和路线。第二章进行理论概述,分别是西方激励思想的萌芽与发展和现代激励理论研究概述,并且指出现有激励理论研究的趋势和不足。第三章评述高校教师分类及激励现状,指出了高校教师激励中存在的问题。第四章着手构建高校教师激励机制。介绍构建的总体思路、所遵循的原则、实现途径、模式选择和应该注意的问题。第五章介绍以岗位聘用为核心的北京某高校教师激励机制的构建。首先介绍样本高校教师队伍建设情况,然后对进行背景分析,接着对激励对象进行个体需要剖析,再通过激励目标设定与分解、激励政策整合与分类,最终建立以岗位聘用为核心的高校教师激励机制。第六章基于QSIM算法设计定性模拟模型,对高校教师激励进行了定性模拟研究。第七章介绍

机制设计理论下高校教师个体行为与组织目标激励相容的实现。第八章在模式、制度、环境、队伍、机制方面给出高校教师队伍建设的政策建议。第九章是论文的结论。

关键词:高等学校　人力资源管理　教师

**5731**

**基于循环经济的产业集群结构机制及政策选择研究** / 张新年著 ; 达庆利指导. -- 东南大学, 2009. -- 172 页

论文构建基于循环经济视角的产业集群分析研究框架,面向规模经济和生态效率双重集群政策目标,从多方面展开研究,初步形成基于循环经济视角的产业集群组织、机制和政策研究体系。全文共十部分,包括绪论和九章正文。绪论部分介绍研究背景、目标和思路以及论文的结构安排。第一章为产业集群的研究文献综述,介绍国内外产业集群的研究现状,并确定引入循环经济理念这一研究的新视角和切入点。第二章基于循环经济视角的产业集群结构和动力机制的系统研究,提出链环依托型产业集群和网络共生型产业集群的新划分,并进行比较研究。第三章分析产业集群发展要素,并以案例加以论证。第四章对产业集群组织边界内涵进行归纳分析,并对集群规模进行初步研究,提出集群规模促进集群效应的路径选择。第五章介绍产业集群的一般政策设计与制定。第六章确定集群政策模型框架,对集群政策进行多维度、多角度的系统分析。第七章介绍产业集群政策的国际比较研究,提出共性和个性化的集群政策工具和实践启示。第八章建立产业集群识别和效率评价模型,实证研究南京制造业集群。第九章归纳研究结论,总结论文创新点,对进一步研究工作进行展望。

关键词:循环经济　产业集群　技术创新

**5732**

**市场机遇信息搜索的社会网络模式及其系统的研究** / 张星著 ; 蔡淑琴指导. -- 华中科技大学, 2009. -- 130 页

论文以社会网络的研究视角,围绕具有广泛的实际背景和发展前景的市场机遇信息搜索问题,采用定性分析与定量分析相结合的方法,利用市场机遇发现、行为科学、社会网络理论、知识管理等理论和方法进行研究。全文共八部分。第一部分绪论,介绍论文的研究背景以及课题来源、国内外相关研究及评述、主要研究问题和研究意义、论文的研究内容结构理论方法及技术路线。第二部分对市场机遇信息进行界定和特性分析,构建基于问题求解的市场机遇信息搜索行为机制,针对现有理论对社会网络这一重要影响因素研究乏力的状况,从二元关系层次和多元关系层次两个维度来分析社会网络与机遇信息搜索关系。第三部分从二元关系这个社会关系系统的最基本单元入手,探讨市场机遇信息搜索中人际关系的构建和特性。第四部分与第五部分从多元关系层次入手,研究整体网络结构特性和个体网络结构特性对市场机遇信息搜索的影响。结合市场机遇信息搜索的特性与要求,构建基于整体网络的市场机遇信息交互模型;利用社会网络分析的中心性测度方法,提出市场机遇信息核心和市场机遇信息掮客这两类市场机遇信息搜索中的重要角色;针对市场机遇信息搜索中对个体查找的优先度评判问题,提出一套市场机遇信息声望评价模型。第六部分从现实的企业人员组织模式入手,提出了区别于传统企业网络的企业市场机遇信息搜索社会网络。第七部分从技术层面研究基于社会网络的市场机遇信息搜索系统,研究系统的工作原理,设计系统的层次及工作过程,分析系统构架。第八部分对全文内容及研究结论和创新之处进行总结,并对有待进一步深入研究的地方提出日后继续研究的方向和期望。

关键词:管理信息系统　情报检索　市场竞争

**5733**

**中国东南地区稻谷产需格局及平衡预警研究** / 张雪著 ; 高阳指导. -- 中南大学, 2009. -- 115 页

论文通过集成遥感、GIS 技术和统计分析方法,利用稻谷生产遥感信息和区域社会经济信息,提出产需分析方法和综合预警方法,设计产需及平衡预警指标体系,在此基础上,深入分析中国东南地区稻谷产需格局,并据此对东南地区的稻谷产需平衡预警进行了研究。论文共包括六章。第一章介绍研究课题的背景知识,并对稻谷产需格局与产需平衡预警研究进行综述。第二章分析区域稻谷产需格局分析与预警方法,从生产分析方法,需求分析方法和稻谷产需检测指标体系等方面进行研究。第三章深入研究区域稻谷产需估算方法,包括产量获取方法、遥感监测方法,以及稻谷需求量估算模型。第四章建立东南地区稻谷产需格局及生产变化的拟合模型,深入研究稻谷生产变化的影响因素,需求格局。第五章是对东南地区稻谷产需平衡预警研究,确定预警指标技术,以及稻谷产需

短缺征兆分析。第六章节是论文的总结和展望。

关键词:粮食生产　供需平衡　预警系统

**5734**

**中国能源强度的演变机理及情景模拟研究** / 张炎治著 ; 聂锐指导. -- 中国矿业大学, 2009. -- 200 页

论文以现状研究—机理研究—模拟研究—政策研究的研究思路,将我国能源强度演变划分为三个倒"U"型,分析其阶段性特征和总体特征,归纳总结我国能源强度演变的主要影响因素,并进行单因素静态分析和多因素动态冲击响应分析。全文共分为八个部分。第一部分,问题、文献及研究设计,包括选题的背景和意义,国内外研究现状综述,研究目标、内容及创新以及研究方法和方案。第二部分,我国能源强度演变的三个倒"U"型及其动因。首先对降低我国能源强度的必要性作出说明;接着提出先行工业化国家能源强度演变规律的内容及其对我国的启示;三是对我国能源强度演变的三个倒"U"型说明及动因分析;最后为我国能源强度的国际比较。第三部分,我国能源强度演变的单因素静态分析与多因素动态冲击响应,介绍我国能源强度演变的单因素影响机理,我国能源强度演变的单因素静态分析的实证研究等。第四部分,基于 SDA 框架的我国能源强度演变分析。对投入产出分析的基本原理及在能源中的应用、能源强度演变的 SDA 模型、可比价投入产出表的编制作出说明,并对我国能源强度演变的 SDA 分解结果进行总结和分析。第五部分,技术进步对我国能源强度的作用机制,介绍技术进步的定义及测量、技术进步与能源经济的可持续发展、技术进步影响我国能源强度的计量分析。第六部分,我国能源强度演变的情境优化模拟。一是生产能耗强度的敏感性分析及系数调整;二是基于投入产出的能源强度非线性优化模型;三是模型系数及其情境方案设定;四是优化结果的比较分析。第七部分是对节能政策的建议。第八部分为论文的结论及展望。

关键词:能源经济　投入产出分析　优化模型

**5735**

**我国矿产资源税费制度研究** / 张彦平著 ; 王立杰指导. -- 中国矿业大学, 2009. -- 102 页

论文运用可持续发展、税收、矿产资源所有权、矿业权、矿产资源价值与价格等理论知识,对比国外通行做法,立足我国实际,系统地研究我国矿产资源税费制度。全文共分为八章。第一章绪论介绍论文选题背景及意义,指出我国矿产资源税费制度在理论上和实际征管中存在的问题,对国内外研究现状作了详细归纳与总结,阐述论文研究内容、结构安排和研究方法。第二章对矿产资源税费制度研究所需的理论作了简要概括,主要包括可持续发展、税收、矿产资源价值及价格、矿产资源所有权、矿产权等理论。第三章对我国矿产资源税费制度现状进行分析,指出我国现行矿产资源税费制度存在的问题。第四章构建我国矿产资源税费制度改革效应模型,给出我国矿产资源税费制度改革方案。第五章构建矿产权价款和资源税为主体的矿产资源税费制度,然后进行矿产权价款制度设计和资源税制度设计。第六章从两个方面对矿产资源税费制度进行实证分析。首先从矿产资源有偿使用的角度,以某煤矿资源为例,比较新旧两种制度,结果表明新制度更能维护国家矿产资源所有者权益;其次通过建立资源税可计算一般均衡模型,分析煤炭行业征收资源税产生的经济影响效应,结果表明征收资源税不仅会对煤炭行业的产量和价格产生影响,也会影响其他行业。第七章给出我国矿产资源税费制度改革的政策建议。第八章进行总结与展望,得出论文结论。

关键词:矿产资源　税收制度　制度建设

**5736**

**社会资本和知识溢出对产业集群升级的影响研究** / 张扬著 ; 李辉指导. -- 吉林大学, 2009. -- 139 页

论文以社会资本、知识溢出、集群企业能力、集群路径依赖为基本研究要素,构建社会资本和知识溢出影响产业集群升级的概念模型,并提出相关的研究假设。全文共分为六章。第一章绪论。介绍问题的提出背景、研究意义、研究内容、研究方法和技术路线。第二章文献综述,包括产业集群升级理论研究综述,社会资本理论研究综述,知识溢出理论研究综述,企业能力理论研究综述以及路径依赖理论研究综述。第三章概念模型设计和研究假设。分析社会资本和知识溢出对产业集群升级影响的概念模型设计,包括产业集群升级的"内源论"和"外源论",社会资本和知识溢出对产业集群升级影响的概念模型;对模型构成要素进行概念界定及维度划分,包括产业集群升级概念界定与维度划分,社会资本概念界定与维度划分,知识溢出概念界定与维度划分,集群企业能力概念界定与维度划分,集群路径依赖概念界定与维度划

分;提出模型构成要素之间的关系假设;最后对社会资本和知识溢出对产业集群升级影响展开探测性研究。第四章研究方法设计。量表设计方面,包括社会资本量表,知识溢出量表,集群企业能力量表,集群路径依赖量表以及产业集群升级量表;问卷设计方面,介绍问卷的表现形式,问卷的预试与调整,问卷抽样对象与样本回收;分析方法方面,做了数据信度和效度分析以及结构方程模型分析。第五章社会资本和知识溢出对产业集群升级影响的实证分析与结果讨论。对研究量表检验,对模型拟合介绍并做出检验,对中介效应检验,并对该部分的结果做出讨论。第六章为论文的结论与展望。

关键词:产业集群　社会资本　知识管理

**5737**

**航天任务操作复杂度度量方法及绩效研究** / 张宜静著 ; 吴甦指导. -- 清华大学, 2009. -- 214 页

论文就航天任务操作复杂程度度量的基本理论和方法及其应用开展一系列研究。论文共八章。第一章是引言,包括研究背景研究内容和意义以及论文结构。第二章是文献综述,包括航天任务分析、航天任务操作的影响因素、复杂度定义及度量、操作绩效分析及测量。第三章介绍研究架构和实验假设。第四章是航天任务操作复杂程度度量理论及方法研究,包括研究思路、研究流程、影响因素分析、度量指标确定、指标权重确定、操作复杂程度度量方法、航天员训练数据初步验证。第五章是航天任务操作实验验证。第六章是模拟航天情境的实验研究,包括研究方法、结果与讨论。第七章是复杂度度量理论及方法的应用及设想。包括航天员出仓训练验证与应用、空间人控交会对接操作研究分析、航天操作流程设计与分析。第八章是结论与展望。

关键词:航天工程　航天员　工作绩效

**5738**

**风险偏好理论与实证研究:以大型国有企业管理人员为例** / 张应语著 ; 李志祥指导. -- 北京理工大学, 2009. -- 203 页

论文采用跨学科交叉的研究方式,借助经济学、管理学、心理学、社会学、哲学和统计学等学科知识,对个人决策风险偏好和企业决策风险偏好进行理论和实证研究。全文共六章。第一章绪论,介绍偏好理论的演变发展以及论文所研究的风险与风险偏好。第二章提出风险偏好分析的一个新框架——风险中庸模型。该方法是一种典型的位置——尺度判别准则,不需要对风险偏好作任何假设,并且同基于期望效用理论的其他风险偏好判别方法具有内在一致性。第三章给出前景理论价值函数和权重函数拓展形式。前景理论拓展形式的价值在于增强前景理论对风险偏好的解释能力,更好地描述不同风险偏好类型人员在面临具体风险时所展现出的风险偏好表征。第四章构在对管理风险偏好涉及的理论基础、相关概念、影响因素进行分析的基础上,给出管理风险偏好的概念,阐述管理风险偏好的内涵,构建管理风险偏好的模型。并借鉴个人决策风险偏好量表的方法论,开发一套管理风险偏好量表,且验证该量表的信度和效度。第五章构建管理风险偏好测度模型。通过对我国大型国有企业管理人员的管理风险偏好实证研究,分析管理风险偏好的分布特征,探讨管理风险偏好的影响因素。第六章结论与展望,对研究结论及创新性成果进行总结,并提出日后继续研究的方向和期望。

关键词:国有企业　管理人员　风险分析

**5739**

**基于循环经济的甘蔗制糖生态产业链优化研究** / 张永成著 ; 王成璋指导. -- 西南交通大学, 2009. -- 195 页

论文通过对循环经济理论基础与运行实践的分析,探索适合甘蔗制糖产业实际的循环经济发展模式。全文共分为八章。第一章导论,主要阐述问题的提出的背景及意义、循环经济的国内外发展现状,并对环境经济、生态经济和循环经济等相关理论进行文献述评。第二章甘蔗制糖产业链优化的理论基础。首先介绍循环经济的一些基本理论,包括生态学理论、清洁生产理论、零排放理论和可持续发展理论等,为循环经济的具体时间构筑理论支撑;介绍产业链与产业结构的相关理论,包括产业集群理论、产业结构升级理论和产业链整合理论等,探讨产业链和产业结构的互动关系。第三章我国甘蔗制糖产业链发展的现状分析。对照循环经济的基本理论,参照国外经验,对我国甘蔗制糖产业现有产业链环节进行深入分析,指出其缺陷和不足之处。第四章基于循环经济的甘蔗制糖生态产业链优化分析。重点围绕生态产业链发展进行,首先进行生态产业链分析,在此基础上,分析生态工业园区模式,探讨生态产业链中废弃物测度方法,建立内部成本模型,从微观角度对甘蔗制糖生态

产业链经济性进行分析评价,并基于此模型对新、旧工艺内部成本进行对比分析,从微观和宏观的二维尺度上对甘蔗制糖产业链进行分析讨论。第五章甘蔗制糖生态产业链优化评价指标体系。在概述甘蔗制糖生态产业链优化评价指标体系的基础上,根据评价指标体系构建原则,建立甘蔗制糖生态产业链优化评价指标体系。第六章应用分析——以广西甘蔗制糖产业为例。以贵港生态工业园区作为广西甘蔗制糖产业链优化的典型案例,对广西甘蔗制糖生态产业链效益进行实证分析,对甘蔗制糖产业链优化效果进行评价分析。第七章循环经济视角下甘蔗制糖产业链优化市场机制与政府行为。探讨市场机制和政府行为在循环经济发展中的不同作用及互动关系,提出市场机制与政府行为有机结合共同促进循环经济发展的观点,性形成具有针对性的政策建议。第八章为论文结论。

关键词:甘蔗制糖　产业链　循环经济

**5740**

**不同条件下过度自信 CEO 薪酬合同设计的实验研究** / 张征争著 ; 黄登仕指导. -- 西南交通大学, 2009. -- 121 页

论文以经典委托代理理论和有关心理学理论为基础,以 CEO 的过度自信心理偏好为出发点,以委托代理关系中股东和 CEO 的决策行为为核心,以努力产出风险、努力可观测性、风险态度为主线,从理论上建立模型对不同条件下过度自信 CEO 薪酬合同设计展开实验研究。全文共分为五章。第一章绪论,介绍论文研究意义和问题的提出、CEO 过度自信的理论研究综述以及论文研究的主要内容、目标和方法。第二章委托代理实验设计及操作方法。介绍实验的“风洞”作用,提出实验的可控制性、可重复性以及其他实验准则;分别结合诱导个人偏好和举例,诱导委托人和代理人偏好和举例说明进行实验设计;对模型简述并根据实验路径开展实验。第三章,不同风险下 CEO 过度自信对薪酬合同影响的实验研究。对实验进行假设并提出实验理论模型;设计实验,对实验数据分析,探讨预测行动和实际行动,解释学习效应,并得出该部分实验的主要结论。第四章,不同道德风险条件下 CEO 过度自信对薪酬合同影响的实验研究。研究基于该问题的探讨目标对实验进行假设并提出实验理论模型;设计实验,对实验数据分析,探讨预测行动和实际行动,解释学习效应,并得出该部分实验的主要结论。第五章,不同风险态度下 CEO 过度自信对薪酬合同影响的实验研究。提出实验设计的理论模型,探讨实验设计的测度风险态度、委托代理实验和测度自信水平,对实验数据分析,包括风险态度和过度自信,预测行动和实际行动以及学习效应,探讨该部分的实验结论。最后为论文结论。

关键词:企业管理　人事管理　薪酬

**5741**

**信息系统能力对企业关系价值的影响及知识共享的中介作用研究** / 张志颖著 ; 王云峰指导. -- 河北工业大学, 2009. -- 163 页

论文通过假设检验和回归分析等就信息系统能力对企业关系价值的影响进行研究,并通过假设检验和多阶模型就知识共享对信息系统能力与企业关系价值的中介作用进行研究。全文共分为六章。第一章绪论介绍研究背景和意义,阐述国内外在信息系统能力、企业关系价值方面的研究现状,说明研究目标、研究问题、研究思路以及研究方法。第二章综述相关文献中信息技术能力与信息系统能力的概念、企业间关系与企业关系价值的概念、知识共享的概念和测量,从应用、投资、能力的视角分析信息系统对企业间关系的影响。第三章进行量表设计,收集信息系统能力测量研究、企业关系价值测量研究中得到的数据,并对知识共享测量量表进行检验。第四章通过数据整理与描述性统计分析、单因素方差分析、回归分析和假设检验,研究信息系统能力对企业关系价值的影响。第五章通过因果关系检验、知识共享完全中介作用检验、知识共享部分中介作用检验,难知识共享对信息系统能力与企业关系价值的完全中介作用,并进一步检验知识共享对信息系统能力各维度与企业关系价值各维度之间的部分中介作用或完全中介作用。第六章总结论文的主要结论,提出研究局限,对下一步研究提出展望。

关键词:信息管理　知识管理　资源共享

**5742**

**虚拟软件企业组织构建及有效运行研究** / 章帆著 ; 马卫指导. -- 南昌大学, 2009. -- 197 页

论文的研究对象为虚拟软件企业组织构建及其有效运行。全文共分为八章。第一章绪论,提出论文的研究背景、研究意义、国内外研究现状、研究思路、研究内容、研究方法以及主要创新之处。第二章虚拟软件企业概述及其理论基础,包括虚拟企业的基本概

念、虚拟软件企业的概念域特征、虚拟软件企业的理论基础、对综述的概括总结。第三章虚拟软件企业组织模式及运行支持分析。首先探讨虚拟软件企业的现有组织模式,包括盟主联合模式、分散自组织模式、客户自组织模式以及集中联合模式;二是探讨中介协作模式——虚拟软件企业组织模式的发展趋势;三是分析虚拟软件企业中介——中介协作模式的运行支持;四是介绍 VSCSA 提供的服务及其作用;五是对 VSCSA 的应用框架分析;最后对讨论 VSCSA 的支持系统,包括支持系统的提出、支持系统的功能分析以及支持系统的流程分析。第四章虚拟软件企业伙伴选择的特点、流程及指标体系。其中,虚拟软件企业伙伴选择的特点是需要考虑软件项目的分解对伙伴选择的影响,需要考察软件模块的关联关系,重视备选企业间的合作意愿。第五章基于粗糙集综合评价法的虚拟软件企业伙伴的选择。首先对粗糙集理论简介,内容包括信息系统与决策表,等价类与等价关系,上、下近似集与边界域,属性的依赖性与重要性,约简与核的概念,区分矩阵与区分函数以及决策规则、规则的最简式与规则的相容性;二是介绍挑选软件模块的备选企业内容;三是分析虚拟软件企业合作企业集的确定方法;四是探讨粗糙集综合评价法的伙伴选择模型的优势;最后为应用案例。第六章虚拟软件企业组织设计,包括组织形式的演进、软件生产过程、传统软件企业项目开发管理组织模式、虚拟软件企业的组织特点分析以及虚拟软件企业组织结构设计。第七章虚拟软件企业的有效运行分析。介绍虚拟软件企业有效运行的内涵,对虚拟软件企业有效运行因素分析,提出提高虚拟软件企业运行效率的途径和方法。第八章为论文的结论与展望。

关键词:软件产业　企业组织　组织管理

**5743**

**基于治理机制的建设项目决策风险规避研究** / 章静敏著 ; 陈立文指导. -- 河北工业大学, 2009. -- 170 页

论文选择建设项目决策风险规避为研究主题,通过对建设项目管理过程的决策风险规避进行研究,为提高我国建设项目决策的效率和决策风险规避效果提供方法。全文共分为八章。第一章绪论,介绍论文的选题背景及研究意义、国内外研究现状及分析、研究内容、研究方法及技术路线、特色与创新点。第二章对决策理论、公司治理理论、利益相关者理论做出介绍。第三章建设项目风险规避途径研究。首先对建设项目决策风险来源的同一性进行分析,包括建设项目运行程序、建设项目运行条件、建设项目决策条件和运行条件与决策条件的耦合性分析;接着对治理机制在建设项目决策风险规避中的适用性进行分析,探讨建设项目决策风险的特征、项目治理与项目管理、项目治理的发展历程;最后分析思考基于治理机制的建设项目决策权配置,包括国外建设项目决策权的配置形式、国内建设项目决策制度体系的演变、构建基于治理机制的决策风险规避体系以及基于治理机制的建设项目决策风险规避。第四章基于治理机制的建设项目内部决策风险规避研究,包括建设项目的内部治理、内部决策风险规避的组织机构介绍以及基于治理的内部决策风险规避的优势分析。第五章基于治理机制的建设项目外部决策风险规避研究。探讨建设项目的外部治理作用和内容,分析外部决策风险规避的基本构成,分析总结基于治理机制的建设项目外部决策风险规避行为,包括市场竞争行为、行业自律行为、国家审计行为和公众参与行为等。第六章基于治理机制的建设项目决策风险规避实证研究和讨论。第七章基于治理机制建设项目决策风险规避的评价。建设项目决策风险规避评价的基本步骤,并基于治理机制的建设项目决策风险评价指标体系构建,对决策风险规避管理水平展开评价。第八章为论文的结论与展望。

关键词:基本建设项目　项目决策　风险管理

**5744**

**中国民营企业可持续发展的实证研究:基于上市公司数据** / 章丽厚著 ; 宁宣熙指导. -- 南京航空航天大学, 2009. -- 201 页

论文以中国民营企业可持续发展的影响因素及其作用机制为研究主题,构建一个基于经验实证的系统分析框架,运用2008 年468 家民营上市公司的截面数据并辅以《中国统计年鉴》资料,采用多元回归、结构方程、主成分分析和聚类分析等现代主流的经济计量和统计研究工具及技术手段,并进一步考察各主要影响因素的具体作用路径。全文共分为十一章。第一章导论介绍论文的选题背景、研究目标、研究意义和研究方法等。第二章对文献进行综述,包括民营企业可持续发展及其度量和企业可持续发展的影响因素。第三章介绍论文的核心概念和基本原理等理论框架。第四章对宏观背景进行透视,构建面板数据经济计量模型,考察资本、劳动和外商直接投资、国有企

业等宏观经济因素对民营企业可持续发展的总体影响和民营企业区域分布特征。第五章在广泛借鉴国内外前沿研究的基础上,通过对民营企业可持续发展内涵的科学界定,结合现代财务管理理论,建构一个基于盈利、偿债、营运和成长能力的综合评价指标体系。第六章到第九章考察内部影响因素,论文以民营企业可持续发展综合评价值为因变量,根据研究目标和民营上市公司数据的可获性,采用多元回归分析,逐一分析了人力资源、资本结构、企业战略三个主要内部影响因素及其细分变量对民营企业可持续发展的具体作用。第十章以税收为例对外部影响因素进行研究,主要是政策环境。第十一章是论文的结论和展望。

关键词:民营企业　可持续发展　上市公司

**5745**

**基于知识的企业动态能力研究:嵌入性前因及创新绩效结果** / 章威著 ; 吴晓波指导. -- 浙江大学, 2009. -- 216 页

论文从动态能力理论出发,采用理论研究与实证研究相结合、定性研究与定量研究相结合的方法,通过三个子研究的层层展开,对嵌入性前因及创新绩效结果进行了研究。论文共九部分。第一部分绪论,介绍研究背景、内容,描述论文创新点,阐述研究方法。第二部分文献综述,介绍动态能力理论综述、知识观理论综述、网络嵌入性理论综述、环境动态性研究综述。第三部分提出基于知识的动态能力的概念界定,并将其分为知识获取能力、知识创造能力和知识整合能力三类构成要素。第四部分采取管理学研究中的量表构建方法,设计基于知识的动态能力的测度量表。第五部分介绍基于知识的动态能力探索性案例研究。第六部分介绍基于知识的动态能力与网络嵌入性及创新绩效关系模型的构建。第七部分对基于知识的动态能力与网络嵌入性及创新绩效关系进行实证研究。第八部分介绍环境动态性与网络嵌入性关系研究,展现了环境动态性透过网络嵌入性作用于基于知识的动态能力的机制。第九部分总结论文内容,分析研究的局限,对未来研究做出展望。

关键词:企业管理　企业能力　知识管理

**5746**

**基于战略观的上市公司资本结构影响因素研究** / 章细贞著 ; 刘冬荣指导. -- 中南大学, 2009. -- 202 页

论文从战略的视角构建战略观的资本结构研究基本框架,并对影响资本结构的外部环境、战略资源、多元化战略与资本结构之间的关系进行理论分析和实证研究。全文共分为七章。第一章导论,介绍论文的选题背景和研究意义、文献综述、研究思路与结构安排以及论文的研究方法。第二章理论基础。介绍代理理论与资本机构、交易成本经济学与资本结构、产业组织理论与资本结构、战略管理理论与资本结构。第三章外部环境对资本机构影响的分析。首先介绍外部环境及其特征;其次对外部环境对资本结构影响的理论进行解析,包括外部环境、财务弹性与资本结构决策,以及外部环境、创新投资与资本结构决策;最后是对外部环境对资本结构影响的实证分析,对研究展开假设,确定样本选择与数据来源,对变量进行设定,最后得出实证结果并对结果展开分析。第四章战略资源对资本结构决策约束的研究。首先介绍资源及其分类;其次介绍战略资源及其特征;三是对战略资源、资产专用性与资本结构决策的理论诠释,包括作为企业治理安排的债务和权益,战略资源、资产专用性与融资决策的定性分析,基于资产专用性的资本结构决策模型;最后是战略资源的资产专用性特征对资本结构影响的实证分析,提出研究假设和样本数据介绍,对变量进行设定,对变量进行描述性统计并展开相关分析,并得出结论。第五章公司多元化战略与资本结构决策。介绍多元化战略的内涵、多元化战略类型和程度的度量、多元化战略对资本结构影响的理论解释、公司多元化战略对资本结构影响的实证分析。第六章实证研究:基于联立方程模型。一是对外部环境、战略资源—资本结构互动关系的研究;二是战略资源、多元化战略与资本结构互动关系的研究。第七章为结论与展望。

关键词:上市公司　资本结构　战略管理

**5747**

**股市过度波动中投资者行为研究** / 赵成国著 ; 李心丹指导. -- 南京大学, 2009. -- 127 页

论文以资本市场的过度波动为背景,运用信息反馈理论和风险认知理论、GARCH 模型、SEM 模型以及实证心理学的方法研究资本市场过度波动特征、形成机制及投资者的行为特征,探讨资本市场应急管理和平衡机制的建立。全文共分为七章。第一章绪论,介绍论文选题背景、研究问题与意义、研究方法与研究

路线和论文创新之处。第二章故事过度波动研究的相关理论现状及发展。对股市过度波动相关概念展开探讨,包括股市过度波动、股市危机的概念以及故事突发事件;对股市波动的相关理论展开研究,理论包括过度波动与信息反馈、股市过度波动中的投资者风险认知与情绪以及故事过度波动中的投资者决策。第三章股市过度波动的形成机理。对股市过度波动的机理分析,探讨金融市场内在的不稳定性、金融过度投机的冲击和信息、信心与群体行为;对中国股市过度波动统计分析,探讨股票市场波动的度量方法与研究工具。第四章股市过度波动中信息反馈、投资者风险认知与行为倾向。从信息控制论的基本概念和基本思想、股市过度波动及危机中信息流的传播和正反馈与股市过度波动几个方面入手,解释股市过度波动中信息反馈与传播的问题;对影响投资者风险认知的环境因素做分析;构建投资者风险认知的结构模型并基于股市过度波动中投资者风险认知与行为倾向的 SEM 模型进行实证检验。第五章股市过度波动中投资者行为偏差检验,分析前景理论的相关效应与行为偏差,对行为偏差在股市过度下跌条件下进行分析检验。第六章股市过度波动的监管与平稳机制的建立,提出应加强市场监管,建立市场内生问题机制,建立市场信心稳定机制。第七章研究结论与展望。

关键词:股票市场　投资者行为　市场波动

**5748**

**基于循环经济的企业价值链管理研究** / 赵春雨著 ; 傅毓维指导. -- 哈尔滨工程大学, 2009. -- 184 页

论文通过从内部循环和外部循环两个层面构建企业循环经济价值链管理体系,对企业实施基于循环经济的价值链管理具有重要理论与实践价值。全文共八章。第一章绪论,介绍论文的写作背景、目的及意义,阐述国内外研究现状以及论文研究的总体思路和研究方法。第二章介绍论文相关基础理论,界定企业价值链的内涵,辨析价值链、供应链和产业链的区别与联系,提出价值链管理的意义和目标,分析基于循环经济的企业价值链管理的运行机制。第三章从内部循环和外部循环的双重循环视角构建基于循环经济价值链管理的双链耦合模型,并进一步分析双重循环与企业持续竞争优势之间的关系。第四章以企业循环经济价值链管理的内部循环模型为指导,从辅助作业体系、基本作业体系和附加作业体系三方面构建企业循环经济内部价值链管理体系,包括基础设施投资管理、资金流管理、作业链管理及适时制造制度。第五章通过从层次结构、循环结构、核心体、价值流程和松散层等几个方面设计科学的循环经济外部价值链管理体系,并进一步研究企业循环经济外部价值链管理体系的管理与控制机制。第六章分析企业价值链管理竞争优势的一般框架,研究循环经济对企业价值链管理竞争优势获取途径的拓展状况、来源和模式进行详细阐述,建立循环经济企业价值链管理竞争优势获取的完整框架。第七章从价值链内部循环绩效和价值链外部循环绩效两方面设计价值链管理绩效评价指标体系,构建基于模糊积分方法的绩效评价模型,以 HX 企业为研究对象对循环经济价值链管理绩效评价进行实证。第八章基于企业循环经济价值链管理获取持续竞争优势的机理,从社会、政府、区域、产业、企业逐级缩小的视角出发,建立层层落实的循环经济价值链管理对策体系。

关键词:企业管理　价值链　企业绩效

**5749**

**基于条件风险价值的期货套期保值模型研究** / 赵光军著 ; 迟国泰指导. -- 大连理工大学, 2009. -- 108 页

论文的研究对象为基于条件风险价值的期货套期保值模型。全文共分为五章。第一章绪论,介绍选题的科学依据与意义,国内外研究现状分析,研究内容与研究方法,论文的主要创新点。第二章基于条件风险价值的单品种期货套期保值模型,首先是问题的提出;其次介绍基于条件风险价值的期货套期保值原理,包括套期保值组合风险的度量、条件风险价值控制原理、基于条件风险价值的套期保值比率优化原理;三是介绍基于条件风险价值的期货套期保值模型,包括套期保值组合的收益率及其方差,条件风险价值与组合收益率的函数关系,条件风险价值最优套期报纸模型的建立,与现有期货套期保值比率的对比,条件风险价值套期保值比率的涵义以及模型的特色。第三章基于 Copula 方法的期货套期保值比率估计模型。讨论基于 Copula 方法的期货套期保值估计原理;介绍现货和期货收益分布的估计及联合分布拟合;提出基于 Copula 方法的期货套期保值估计模型;最后为实证研究,并对相关内容分析和总结。第四章基于条件风险价值的多品种期货套期保值优化模型,分析基于条件风险价值的多品种套期保值原理;探讨多品种套期保值组合的条件风险价值;提出基于条件

风险价值的多品种期货套期保值模型的建立;最后是实证的研究以及相关的理论探讨,并得出结论。第五章为结论与展望,介绍论文的主要工作,论文的主要创新,并对论文未来的研究方向作展望。

关键词:期货交易　套期保值　风险分析

5750

**组织公民行为与员工绩效关系研究:基于个人特质与个人—组织契合度的调节作用** / 赵红梅著 ; 仲伟俊指导. -- 东南大学, 2009. -- 138 页

论文在系统考虑个人特质与个人—组织契合度调节作用的基础上,深入研究组织公民行为与员工绩效之间的关系。全文共七个部分。第一部分在相关研究综述的基础上,阐述研究背景和研究内容。第二部分在文献回顾的基础上,既定组织公民行为、员工绩效、人格特质理论以及个人—组织契合度等相关概念。第三部分结合我国实际情况,将大五人格特质和个人—组织契合度作为调节变量,构建组织公民行为与员工绩效关系研究模型。第四部分引用国内外已有研究成果,设计了组织公民行为、员工任务绩效和关系绩效、大五人格特质等变量的测量量表,同时充分考虑我国国情,构建反映当前我国文化和价值观的个人—组织契合度的测量量表,同时在预调研的基础上利用探索性因子分析构建了正式调查问卷。第五部分系统和深入地研究了组织公民行为对员工任务绩效和关系绩效的影响,具体分析了组织公民行为各个维度与任务绩效和关系绩效之间的关系。第六部分系统和深入地研究了大五人格特质和个人—组织契合度对组织公民行为与员工绩效关系的调节影响。第七部分总结论文的创新之处和研究存在主要问题,并对研究未来提出了建议。

关键词:企业管理　人事管理　绩效管理　员工组织行为

5751

**基于范例推理的石油企业供应商选择方法研究** / 赵凯著 ; 王道平指导. -- 北京科技大学, 2009. -- 118 页

论文基于模仿人类思维恩呢管理的范例推理系统,结合相关数据挖掘方法,结合客观确定属性权重、准确评价目标范例与源范例之间的相似度,提取选择结果中潜在的规章等难点问题。全文共分为六章。第一章引言,介绍论文选题背景和研究结构。第二章文献综述,提出供应商选择的主要方法,包括线性权重法、成本方法、数学规划方法和其他方法;综述范例推理的理论,包括 CBR 研究的历史与现状、CBR 中范例的表示方法和工作过程、CBR 的特点和发展方向;探讨基于数据挖掘的范例推理系统,包括范例推理中基于数据库的知识发现技术、范例库上数据挖掘的主要步骤与目标、范例库上数据挖掘的重要方法与技术、范例推理各阶段的关键难点。第三章基于信息熵的范例特征项权重确定方法,提出特征项赋权的一般方法,包括主观赋权方法、主客观综合赋权方法和客观赋权方法;介绍决策树与信息熵;介绍范例特征项的赋权熵方法;结合应用实例展开讨论。第四章基于 k-prototypes 聚类的范例相似度评价模型。度量范例检索的相似性,介绍常用象似性度量函数和范例检索的策略和方法;提出聚类差异度计算和 k-均值算法;对基于 k-prototypes 聚类的多属性相似度综合评价;结合应用实例展开探讨。第五章基于 BP 神经网络的供应商选择 CBR 系统,介绍基于神经网络的范例推理系统,对神经网络规则提取展开综述,构建基于 BP-CBR 的供应商选择系统,结合应用实例展开讨论。第六章为论文结论。

关键词:石油企业　供应链　供应商　数据采掘

5752

**基于非理性交易行为的股票市场波动性研究** / 赵鹏举著 ; 徐济超指导. -- 西北工业大学, 2009. -- 113 页

论文通过探讨非理性交易者对证券市场收益的影响,建立研究非理性交易者演化发展动态的证券市场演进模型,对基于非理性交易行为的股票市场波动进行研究。全文共分为七章。第一章为绪论,介绍研究背景及意义、主要研究内容与框架、研究特色及意义。第二章阐述股票市场波动性的研究综述,包括市场波动性研究现状、市场有效性与波动性检验、非理性交易行为与市场过度波动性。第三章对股票市场波动性的统计特征进行分析,包括对各国股票市场的波动性的量化分析、对股指收益序列的自相关性及平稳性分析、对股指收益序列波动聚集性分析。第四章对基于非理性交易行为的股票波动性进行分析。在对股票市场波动性与非理性交易行为的理论回顾基础上,对有非理性交易者参与的市场收益模型分析以及对其模型仿真分析。第五章对异质交易者共存市场波动性的扩展进行研究,包括异质交易者共存市场

扩展模型的推导、扩展模型的波动性边界分析、扩展模型的仿真分析。第六章对基于生灭过程的异质交易者共存市场演进进行分析。提出一个生灭过程的市场演进模型,通过对模型的长期动态均衡分析,证明股票市场中非理性交易者的演化发展受诸多因素的影响,非理性交易者可能长期存在于股票市场。第七章为结论和展望,包括对论文研究工作的总结以及对未来研究工作的展望。

关键词:证券市场　股票市场　市场交易

5753

**聚合风险模型下保险公司的投资策略和破产概率的研究** / 赵武著 ; 曾勇,王定成指导. -- 电子科技大学, 2009. -- 118 页

论文把破产概率作为保险公司的风险度量,假设保险公司有机会在市场上进行投资,研究了保险公司总资产过程的随即模型。全文共分五章。第一章概述,介绍经典的破产模型、破产理论的研究方法、经典模型的推广和深入、重尾分布的概率及更新过程的定义、论文的研究内容和结构。第二章分析带有利率的破产概率估计,包括利率因素下的未决赔款准备金折现值的估计、带有常熟利率的最终破产概率的研究以及经典更新风险模型中带有随机利率的破产概率。第三章分析带有投资组合的破产概率和最优投资策略,分别讨论组合投资下破产概率和最优投资策略、二元风险模式下的保险公司最优投资策略、Lévy 风险下的保险公司最优投资策略、基于 VaR 风险约束下的最优混合投资策略。第四章分析组合投资下破产量的估计,分别就股票价格服从几何布朗运动和更广泛的 Lévy 过程两种情况,利用布朗运动的分布性质和离散化嵌入等方法,得到破产概率和惩罚函数的积分方程,得出更精确地计算破产概率和惩罚函数的方程。第五章为结束语,包括对全文的总结与创新点的概括、提出对未来研究工作的展望。

关键词:保险公司　投资风险　风险分析

5754

**基于松散型学习组织模式的营销渠道能力研究** / 赵现锋著 ; 秦远建指导. -- 武汉理工大学, 2009. -- 158 页

论文运用 LISRELE 和 SPSS 软件对假说和结构方程模型进行验证,基于松散型学习组织模式的营销渠道能力展开研究,讨论研究结果以及研究存在的问题,提供进一步研究以及管理实践方面的具体建议。全文共分为七章。第一章绪论。介绍论文研究的目的和意义、国内外研究现状综述、研究内容和研究方法。第二章基于松散型学习组织(模式)的理论基础,包括学习型组织理论、组织学习和组织行为理论。第三章松散型学习组织与营销渠道。分析松散型学习组织的内涵及特点,探讨营销的渠道并对松散型学习组织的学习与渠道进行深入研究。第四章基于松散型学习组织的渠道能力。首先对渠道能力界定,提出渠道能力的具体表现形式,探讨有效提升营销渠道能力的松散型学习组织构成要素,并对模型提出的相关假设进行汇总。第五章研究方法设计。提出研究的量表设计、问卷设计、抽样设计、分析方法设计。第六章实证分析。基于实证研究的思路,对研究变量进行测度,对量表的质量执行检验;提出两个模型,一是概念模型的验证情况,二是系统动力仿真模型的模拟情况;对假设验证的情况汇总。第七章研究结论和展望。对研究的结果讨论,提出论文研究的主要创新点,提出管理实践的具体建议内容,并对论文研究中存在的不足进行说明,对未来研究展望。

关键词:销售管理　市场营销　购销渠道

5755

**边远民族地区高等教育资源配置研究** / 赵祥著 ; 高俊山指导. -- 北京科技大学, 2009. -- 135 页

论文从系统的观点出发,通过比较分析、规范和实证、定性和定量等方法对我国边远民族地区高等教育资源配置展开比较系统的研究。全文共分为七章。第一章介绍论文选题背景、选题目的、研究内容与方法。第二章论述高等教育资源配置,对教育经济学与教育资源配置、高等教育的成本、产出和效益、高等教育资源配置模式与途径、高等院校内部资源配置进行分析。第三章对边远民族地区高等教育资源配置情况进行评价,调研边远民族地区高等教育现状,建立评价模型和方法,评价边远民族地区高等教育资源配置的效率及其对经济增长的贡献。第四章分析边远民族地区高等教育资源配置影响因素,包括边远民族地区高等教育发展的婚阿静因素及历史、区域经济发展因素的影响、区域教育发展因素的影响、区域生态因素的影响。第五章对边远民族地区高等教育资源配置的系统动力学进行分析,建立边远民族地区高等教育发展系统动力学模型并通过贵州省高等教育发

展状况进行实证。第六章提出边远民族地区高等教育资源配置优化对策,包括创新高等教育资源配置制度、大力发展民办高等教育、积极发展现代远程教育等。第七章是论文的结论和展望。

关键词:高等教育　资源配置　民族地区

**5756**

**EPC 模式下通信建设工程项目风险管理研究** / 赵育梅著 ; 吕廷杰指导. -- 北京邮电大学, 2009. -- 164 页

论文对 EPC 模式下的通信建设工程风险管理进行研究,从通信建设工程项目管理实践出发,在对已识别出来的风险因素进行定性和定量分析和评估的基础上,提出相应风险对策,为风险管理者提供风险数据和理论模型。全文共分为六章。第一章绪论,介绍论文的研究背景、研究目的和意义、研究思路和技术路线、研究内容及框架结构。第二章 EPC 模式下通信建设工程项目风险因素识别。首先对建设工程项目管理模式展开研究,介绍工程建设项目管理模式综述、国际工程建设项目管理模式发展、国际工程建设项目管理模式演变和 EPC 模式介绍;接着讨论通信工程建设项目流程及其发展状况,包括通信网构成和分类、通信建设工程项目特点、通信工程项目建设程序、通信建设工程项目工作分解结构以及国内外通信建设发展状况;三是对工程建设项目风险识别方法与流程介绍,包括项目风险因素识别技术与方法、RBS 风险分解结构、风险核算表和风险因素识别流程;最后探讨 EPC 模式下通信建设工程项目风险识别,介绍风险识别工具、EPC 模式下通信建设工程业主风险识别和 EPC 模式下通信建设工程总承包商风险识别。第三章 EPC 模式下通信建设工程项目风险分析与评估。首先是工程项目风险分析与评估方法概述,在此基础上提出 AHP 的具体内容;接着讨论模糊评价模型,包括模型的综述、具体内容和研究步骤;最后提出六维不均衡功能函数。第四章,EPC 模式下通信建设工程项目风险监控与应对,包括项目风险计划管理、项目风险监控、风险应对策略、风险博弈和对此相关的总结。第五章 EPC 模式下通信建设工程项目实证研究,介绍实证部分工程项目概况、实证风险识别、实证风险分析与评估以及结论分析与比较。第六章为论文的研究结论与展望。

关键词:通信工程　基本建设项目　风险管理

**5757**

**信息化领导团队沟通对共识的影响机制研究** / 赵钊著 ; 王云峰指导. -- 河北工业大学, 2009. -- 151 页

论文基于沟通辐合理论,运用因子分析、方差分析、基于结构方程模型的路径分析等方法,研究信息化领导团队沟通对共识的影响机制。全文共分为七章。第一章绪论,介绍论文研究背景和意义、国内外研究现状、研究内容和方法以及论文的结构和内容安排。第二章文献综述,探讨共识的内涵和影响因素、沟通辐合模型、沟通频率与共识、沟通系统与共识以及沟通的丰富度与共识、共享知识和信任对共识的影响、沟通与共享知识和信任的关系。第三章理论构建与研究假设。介绍构念的定义和研究模型,基于对沟通对共识的影响,共享知识对共识的影响及其中介作用,信任对共识的影响及其中介作用以及共识在控制变量上的差异提出研究的假设。第四章研究设计与数据收集,介绍调查研究的设计和实施、数据的分析方法,对案例研究的设计与实施过程作出具体阐释。第五章数据分析与假设检验。对探索性因子分析,包括量表项目分析、因子结构分析;并以同样分析方法对验证性因子分析;对共性在控制变量上的差异性分析,包括共识在 CIO 汇报层级上的差异性分析、共识在 CIO 介入高管团队程度上的差异性分析、共识在企业规模和性质上的差异性分析;对描述性统计做相关分析,对沟通、共享知识和共识做相关分析,对沟通、信任和共识做相关你分析;对沟通、共享知识和信任对共识影响的结构方程模型分析;对共享知识和信任的中介作用提出检验。第六章研究结果的讨论,主要从沟通的作用和沟通频率,正式沟通和非正式沟通以及沟通的情景要素几个方面探讨沟通对共识的影响;从共享知识对共识的影响、CIO 业务知识的中介作用以及高管团队 IT 知识的中介作用等方面探讨共享知识的中介作用;从信任对共识的影响、认知信任的中介作用和情感信任的中介作用等方面探讨信任的中介作用。第七章为论文结论。

关键词:企业领导　人事管理　管理信息系统

**5758**

**资产价格波动与金融脆弱性相互作用机制研究** / 郑庆寰著 ; 王其藩指导. -- 同济大学, 2009. -- 150 页

论文在已有的研究结果的基础上,对资产价格波动与金融脆弱性的相互作用机制进行了研究。全文

共分八章。第一章绪论,主要介绍研究问题的提出、研究的内容、研究方法和技术路线。第二章介绍相关理论研究及其进展,包括对资产定价及资产价格波动的介绍分析,对金融脆弱性欲金融稳定的介绍分析,对金融脆弱性的成因与影响的研究。第三章分析银行信贷扩张与资产价格泡沫,包括资产价格泡沫与信贷扩张高度相关的分析、银行中介参与下资产价格泡沫的形成、信贷扩张不确定下的资产价格泡沫分析、资产价格泡沫和过度信贷及金融脆弱性的分析讨论。第四章为资产价格下跌对金融脆弱性的传导机制分析,包括资产价格下跌对银行体系的影响、资产价格稳定时市场均衡的讨论、资产价格下跌对金融脆弱性的传导机制分析、银行资本约束下的金融脆弱性传导机制的分析、银行资本约束下金融脆弱性的分析,并通过日本的金融危机、北欧的银行危机进行危机案例分析和讨论。第五章对资产价格波动与金融脆弱性的反馈机制进行分析,包括资产价格对投资活动的影响、融资对投资活动和资本资产价格的影响分析、金融内在的脆弱性与资产价格波动的动态反馈机制分析。第六章对美国的次贷危机进行案例分析。在对美国房地产融资模式的演变与次贷危机的爆发进行了阐述后,对美国次贷危机的风险传递机制以及基于金融脆弱性的美国次贷危机进行分析。第七章对资产价格波动、金融脆弱性与货币政策进行了分析,包括货币政策的目标、央行应对资产价格波动的困境、央行应对金融脆弱性的政策分析以及央行实现金融稳定的政策取向进行讨论研究。第八章为结论与展望。对全文的研究工作进行总结,并对今后进一步的工作方向进行介绍说明。

关键词:价格波动　金融市场　货币政策

**5759**

**金属期货价格关联规则挖掘研究** / 郑涛著 ; 朱东华指导. -- 北京理工大学, 2009. -- 130 页

论文的研究对象为金属期货市场中的时间序列,以发现金属期货价格与基本面要素、成交量持仓量和技术指标间的关联规则。全文共分为五章。第一章绪论,介绍论文的研究背景,研究综述,论文研究的意义,论文内容、组织与主要创新。第二章基于时间约束的时间序列关联规则挖掘。一是问题的提出;二是介绍序列模式关联规则的挖掘,包括序列模式关联规则挖掘的任务和定义,序列模式关联规则挖掘算法;三是基于严格时间约束的多时间序列关联规则挖掘,包括有严格时间约束的时间序列关联规则挖掘思想以及有严格时间约束的时间序列关联规则挖掘算法;四是基于近似时间约束的多时间序列关联规则挖掘,包括有近似时间约束的时间序列关联规则挖掘思想和有近似时间约束的时间序列关联规则挖掘算法;最后为期货市场多元时间序列关联规则挖掘框架的提出,包括数据来源和预处理,生成挖掘数据库,关联规则挖掘过程示例。第三章金属期货价格与基本面要素间关联规则挖掘实证。一是金属期货价格间的关联规则发现,包括期货与现货价格间的价格引导关系,国内外同种期货间的价格联动,不同品种金属期货价格间的互动关系;二是金属期货价格与商品属性要素间的关联规则发现,包括与库存间的关联规则发掘,与股票价格指数间的关联规则挖掘以及与重要商品期货间的关联规则挖掘;三是金属期货价格与金融属性要素间的关联规则发现,包括金属期货的金融属性和与基金持仓量间的关联规则挖掘。第四章金属期货价量仓间的关联规则挖掘。首先是问题的提出,之后分为介绍基于距离权函数模糊属性均值聚类算法的属性划分,期货价格、成交量和持仓量数值属性的模糊划分;接着介绍时间序列事物间模糊关联规则挖掘方法;最后对金属期货价量仓间的元规则制导模糊关联规则进行挖掘和实证。第五章金属期货技术面中的征兆发现和征兆预测模式挖掘。包括概念的提出和模型的提出与探讨。最后为论文的总结与展望。

关键词:金属　期货市场　期货交易　数据采掘

**5760**

**创新型国家建设的理论与实证研究** / 郑伟著 ; 李廉水指导. -- 东南大学, 2009. -- 315 页

论文从创新型国家的理论基础研究着手,将创新型国家建设相关问题研究细分为宏观、中观和微观三个层面。全文共分九部分,包括绪论部分和八章正文。绪论部分对研究问题的提出、研究范围与研究目的、相关研究文献资料综述以及研究内容与创新点进行介绍。第一章对创新型国家建设理论研究进行评述,包括创新概念的提出与理论演进、创新系统理论的形成及其发展、创新集群理论的形成及其发展等。第二章以《欧洲创新记分牌 2007》中的指标体系为基础,将中国与其他 37 个国家进行创新型国家建设实证研究与比较分析。第三章对典型创新国家建设经验与发展模式进行研究分析,发现制造业、技术转移

和区域创新是典型创新型国家发展建设的共性特征。这三大特征,也构成中观和微观层面我国创新型国家建设实证研究的主要线索。第四章在国际比较研究的基础上,宏观层面研究进一步以中国创新型国家建设自身的纵向动态发展为主要研究对象。第五章基于创新系统理论、创新集群理论、区域发展理论、大都市圈理论,理清区域创新与创新型国家建设间的理论关系与内在必然联系。运用实证分析方法,以年鉴数据为依据,分别研究我国的创新型省份和创新型城市发展建设状况。第六章、第七章的微观层面研究以宏观和中观层面的相关研究结论为基础,具体以制造业和技术转移与创新型国家发展建设间的互动发展关系为主线,分别从新型制造业理念和科技支撑引领发展理念出发,通过构建新型制造业评价指标体系与技术转移评价指标体系,形成新型制造业发展综合指数和技术转移综合指数,最后运用统计分析与实证结合的方法,具体研究我国新型制造业发展、技术转移体系运行与创新型国家建设间的互动关系。第八章结论与展望,介绍论文的主要工作与结论以及研究的不足与未来的研究方向。

关键词:国家创新系统　科技政策　技术创新

**5761**

**餐饮产业集聚演化机制的实证研究** / 郑贤贵著 ; 刘朝明,贾志永指导. -- 西南交通大学, 2009. -- 110 页

论文围绕餐饮产业聚集的原因,餐饮产业集聚的演化阶段和过程,餐饮产业集聚的管理模式三个方面展开论述,以定性和定量的分析、静态和动态分析相结合的方法,对餐饮产业集聚的原因、演化过程进行实证研究。全文共分为六章。第一章绪论,内容包括问题的提出、研究目的及意义、国内外研究文献综述、研究内容以及论文研究方法和技术路线。第二章外部经济对餐饮产业集聚影响的实证研究。分析餐饮企业聚集效应,调查餐饮企业的集聚优势和劣势,并对外部经济对餐饮企业经济绩效影响作出统计检验并总结。第三章区域要素对餐饮产业集聚影响实证研究。对餐饮产业集聚分布的规律进行实地调查,包括不同人口密集区餐饮企业分布情况、典型美食街的调查,并对调查进行总结;研究餐饮企业分布密度与市场设施的关系,餐饮企业分布密度与宏观经济因素之间的关系,在此类研究的基础上,提出消费者集聚偏好对餐饮产业集聚规模变化的影响。第四章企业行为对餐饮产业集聚影响的实证研究。探讨的因素包括竞争行为对餐饮产业集聚演化的影响,合作行为对餐饮产业集聚演化的影响和创新行为对餐饮产业集聚演化的影响。第五章餐饮产业集聚演化过程分析。在分析其集聚演化过程的基础上,探讨影响餐饮产业集聚形成的因素,影响餐饮产业集聚发展的因素和影响餐饮产业集聚衰落的因素。第六章餐饮产业集聚管理及政策建议。提出餐饮产业集聚的管理模式,对餐饮产业集聚的竞争力分析,提出餐饮产业集聚的综合绩效评价方法,最终针对餐饮产业集聚不同演化阶段管理提出政策建议。最后为论文结论。

关键词:饮食业　产业经济　产业集聚

**5762**

**故障影响忽略的马尔可夫可修并联系统及扩展研究** / 郑治华著 ; 崔利荣指导. -- 北京理工大学, 2009. -- 115 页

论文基于实际的可修系统,借助离子通道门控理论思想,对马尔科夫可修并联系系统建立故障影响忽略的维修性系统,运用随机过程与概率论方法,对建模后形成的故障影响忽略并联系统的可靠性数量指标进行深入研究,并将研究从系统的构成和建模原则两方面进行扩展。全文共分为六章。第一章绪论。介绍论文选题背景和研究意义,研究内容与结构以及论文主要创新点。第二章国内外研究现状及基础理论。一是可靠性与维修性工程方面,包括可靠性与维修性工程简介和冗余系统介绍;二是离子通道门控系统;三是马尔科夫可修系统,包括其可靠性数量指标以及系统的一般模型;四是故障影响忽略的可修系统介绍。第三章同型部件故障影响忽略的并联可修系统,提出建立故障影响忽略的维修性模型,对新系统可靠性数量指标推导与证明并进行数值示例。第四章 2 个非同型部件、1 个维修工故障影响忽略并联可修系统。首先提出建立故障影响忽略的维修性模型;接着对新系统可靠性数量指标进行推导与证明;最后进行数值示例和理论分析。第五章 2 个非同型部件、2 个维修工故障影响忽略并联可修系统。建立故障影响忽略的维修性模型,对新系统可靠性数量指标推导及证明,并进行数值分析讨论。第六章模型扩展及模型间比较研究。一是建模及分析方法的扩展,包括表决系统模型假设、冷储备系统模型假设、温储备系统模型假设、建立故障影响忽略的维修性模型、新系统可靠性数量指标推导方法扩展以及多种系统间的比

较研究;二是新系统可靠性数量指标分析;三是门限值的讨论。最后为论文的结论与展望。

关键词:系统可靠性　故障诊断　维修

**5763**

**基于制度视角的高等教育政策评估** / 郑中华著 ; 王战军指导. -- 中国科学技术大学, 2009. -- 156 页

论文论文提出基于制度视角的高等教育政策评估这一 概念,从宏观体系建构者的角度出发,在特定的价值视角下,围绕公共利益这一核心,以具体政策的事实产出和价值取向作为评估的切入点,进一步探讨政策过程与制度间的作用关系,寻找良治政策持续产出的途径。全文共分为七章。第一章绪论介绍论文选题背景、问题提出以及研究方法。第二章对政策、政策评估、制度等核心概念进行界定,对政策分析和政策评估的框架和实践进行分析。第三章探讨高等教育制度权力结构和作用机制,分析权力场域中高等教育政策执行。第四章介绍高等教育制度中的核心子系统与政策,详细介绍了高等教育核心制度子系统间的耦合,分析了行政体系中的晋升博弈、晋升压力传导以及从校长任命到经费给付的若干问题。第五章提出验证—还原框架,评估了框架的两类验证——事实验证和规范验证,提出高等教育政策向制度的还原。第六章对验证—还原框架进行实证,即对大学重点建设政策的评估,包括大学重点建设政策的形成评估、执行中目标的建构性评估、执行的效率评估。第七章对论文进行总结,提出高等教育制度的变革悖论和变革悖论的破解。

关键词:高等教育　教育政策　教育制度

**5764**

**关系网络、资源获取与企业国际化关系研究** / 郑准著 ; 王国顺指导. -- 中南大学, 2009. -- 209 页

论文在广泛借鉴国内外研究成果的基础上,将经济社会学嵌入性思想引入企业国际化研究领域,以扩展的企业资源基础论为基础,设计企业网络理论、社会资本理论等理论体系,对关系网络视角下企业国际化成长动力机制和路径选择问题进行剖析,构建理论研究的框架。全文共分为八章。第一章绪论,介绍论文现实与理论背景、问题提出与研究意义、关键概念界定以及研究目标、方法与逻辑结构。第二章理论溯源与文献述评。对企业战略研究的视角转变研究,包括企业战略研究的“原子主义”及其批判,网络嵌入性与企业行为的社会学逻辑以及企业战略研究领域中的网络范式及其比较;探讨当今企业国际化理论研究导向的发展趋势;对关系网络与企业国际化相关研究的文献述评。第三章关系网络与企业国际化的内在关系及其协同演进。探讨企业国际化网络嵌入性的形成,包括该行为网络嵌入性的产生以及网络嵌入的视角与特征;基于资源观的理论分析,探讨关系网络与企业国际化;基于关系网络的企业国际化成长路径分析,探讨企业国际化策略选择的关系网络模型;探讨关系网络发展与企业国际化成长的协同演进。第四章关系网络、资源获取与企业国际化间关系的理论模型。对企业关系网络的内涵与维度划分,探讨关系网络对企业国际化影响的内在机理,分析关系网络与企业国际化资源获取之间的关系以及国际化资源获取与企业国际化绩效的关系。第五章研究方法设计。包括研究对象的选择、问卷设计、数据搜集、变量测量、研究方法确定和讨论等方面。第六章模型检验与结果讨论。对问卷数据整理并进行描述性统计,对量表的信度和效度进行检验,对结构方程模型研究并假设检验,对检验结果分析并讨论。第七章株洲硬质合金集团有限公司国际化案例研究。结合其发展现状及特征,获取集团嚯家伙进程中的网络资源,探讨集团的国际合作伙伴选择与国际化的进入模式选择,并为该案例提供意见。第八章为研究结论与展望。

关键词:国际化　资源管理　跨国经营

**5765**

**基于物联网的智慧交通管理理论和应用研究** / 智勇著 ; 盛昭瀚指导. -- 南京大学, 2009. -- 124 页

论文对基于物联网的智慧交通管理理论和应用进行深入研究和探讨。全文共分为八章。第一章绪论,介绍论文研究背景和意义,国内外研究现状,关于智能交通系统的研究,关于物联网的研究以及论文研究的框架体系。第二章物联网与移动通信网络的关联性分析,包括对物联网的概念分析,移动通信网络与物联网的关联分析以及相关结论。第三章基于物联网的智慧交通管理系统基本分析,包括智慧交通管理系统的基本概念与应用机理分析,物联网在智慧交通管理系统中应用的技术可行性分析以及基于物联网的智慧交通管理系统基本框架分析。第四章基于移动通信网络的动态交通信息采集技术研究与应用。比较动态交通信息采集技术,探讨移动基站拥堵模型的建立和使用,对三种移动通信网络动态交通信息采

集技术对比,最后基于数据业务检测的移动基站拥堵系统进行设计。第五章基于摄动交叉遗传算法的交通诱导策略研究与应用,介绍城市交通诱导策略相关技术,包括城市交通诱导策略、路径诱导算法的关键问题及其处理以及路径诱导算法;分析摄动交叉遗传算法;探讨基于摄动交叉遗传算法的城市交通诱导策略设计与实现。第六章基于移动通信网络的智慧信息发布技术研究与应用,介绍传统信息发布方式,分析常见传统信息发布的技术,包括 WEB 发布、WAP 和短彩信发布;介绍智慧信息发布技术。第七章,基于物联网的指挥交通管理应用平台设计与应用。介绍本部分的研究内容,提出应用平台总信息流程设计,对应用平台关键技术研究。第八章为论文总结与展望。

关键词:交通运输管理　移动通信　智能交通系统(ITS)

**5766**

**基于 SCP 方法的中国寿险产业研究** / 钟凡著 ; 陈晓红指导. -- 中南大学, 2009. -- 192 页

论文选取中国寿险产业市场结构、市场行为与市场绩效的关系作为研究对象,采用辩证分析方法、实证分析方法、计量经济学分析方法,在传统产业组织理论和新产业组织理论的基础上,通过分析我国寿险产业的发展历程及其国际比较,剖析我国寿险产业市场结构、市场行为和市场绩效之间的关系。全文共分为九章。第一章导论,介绍论文问题的提出,国内外相关研究状况与存在的问题,论文主要研究思路、方法、内容和可能的创新点。第二章相关理论基础综述,介绍产业组织理论的发展与 SCP 范式的提出;介绍 SCP 分析范式的理论体系,包括哈佛学派、芝加哥学派、新奥地利学派、新产业组织理论和对产业组织理论各流派的述评;提出 SCP 分析范式在寿险业的应用分析框架。第三章国内外寿险产业发展现状分析,简述 SCP 范式下中国寿险业的演进,介绍中国寿险业的外部发展环境与 SCP 范式,对国际首先产业发展现状分析,包括国际寿险市场概况,日本的“寡头垄断”型、美国的“完全竞争”型、香港的“垄断竞争”型寿险产业现状分析。第四章中国寿险业市场结构(S)分析,分析包括中国寿险业的市场集中度分析,中国寿险业的进入和退出壁垒,中国寿险业的产权结构。第五章中国寿险业市场行为(C)分析,分别分析中国寿险公司的价格行为和非价格行为。第六章中国寿险业的市场绩效(P)分析,包括中国寿险业宏观市场绩效:公共绩效和中国寿险业的微观市场绩效:厂商绩效,提出中国寿险业的市场绩效存在的问题。第七章探讨中国寿险业的市场行为与市场结构之间的关系,中国寿险业的市场绩效与市场结构之间的关系,中国寿险业的市场行为与市场绩效之间的关系,分析中国寿险业 SCP 之间的关系对寿险业发展的影响。第八章中国寿险产业发展政策建议,提出 SCP 范式与中国寿险产业政策的调整,优化市场结果的政策建议,改变市场行为的政策建议以及提高市场绩效的政策建议。第九章结论与展望。

关键词:人寿保险　保险市场　市场竞争

**5767**

**废弃家电及电子产品回收处理体系关键问题研究** / 钟永光著 ; 王其藩指导. -- 同济大学, 2009. -- 160 页

论文针对目前国内废弃家电及电子产品回收处理体系存在的关键问题展开研究。全文共分为七章。第一章引言介绍论文研究背景,讨论课题研究的理论意义和现实意义,交代论文的主要内容和文章结构、技术路线和研究方法。第二章进行实地调研,主要选择青岛市,调研家电及电子产品保有状况、淘汰状况、回收体系状况、处理体系状况,提出青岛市及我国废弃家电和电子产品回收处理体系存在的关键问题。第三章对废弃家电及电子产品回收处理的相关法律法规、技术经济问题和管理问题进行综述。第四章提出生产者是回收的责任主体,分析了欧盟、韩国、中国、日本、美国的回收处理模式,结合我国国情提出三种模式:政府主导回收模式、生产商回收模式和生产商联盟回收模式,分析各自的操作模式和优缺点。第五章采用二层规划研究激励生产商参与回收的机制,设计两种激励机制并建立二层规划模型,采用库恩—塔克条件求解,最后以青岛市为例给出算例。第六章进行激励居民参与环保化回收的系统动力学研究,绘制废弃家电及电子产品回收处理体系的因果回路图、存量流量图;并以青岛市为例给出方程式,进行现实性检验、极端检验,围绕政府增加环保宣传费用、正规回收经营者提高服务及回收价格进行政策分析。第七章总结论文结论,提出进一步工作的方向。

关键词:家电工业　电子工业　废物回收

5768

**城市轨道交通运营外包相关方研究** / 周春燕著 ; 诸大建指导. -- 同济大学, 2009. -- 182 页

论文围绕运营外包这一主线,按照城市轨道交通运营发展的逻辑过程,从运营模式、运营企业、政府管制和公众参与等方面,全面、系统地分析城市轨道交通运营外包的机理、路径与政策建议。论文共十章,第一章是导论,包括研究背景、论文研究目的、研究方法、研究内容。第二章是运营外包相关理论,包括外包理论、外包选择、利益相关者、公众参与理论、简要评述。第三章是国内外城市轨道交通运营情况比较,比较英国、东京、香港、新加坡、上海的情况。第四章是城市轨道交通运营外包模式设计,现有的轨道交通运营管理方式,可供选择的运营模式及比较,运营外包模式设计。第五章是运营外包企业利益保障,包括现有企业运营情况、外包企业成本的核定、企业外包合同参数的设定、控制和降低运营成本的途径。第六章是政府相关政策保障,包括政府管理政策、政府激励政策、政府的承诺与保证、相关风险控制。第七章是公众权利保障、公众参与机制的现状、运营外包中公众参与的内容,以及公众参与机制培养研究。第八章是运营外包综合评价体系指标体系设计及分析。包括综合评价体系遵循的原则、综合评价体系指标体系、政府与企业的经济分析。第九章是运营外包的实证分析,包括案例背景、运营方案分类、北延段的运营支出清分、资产托管方案、各方案的成本比较分析及案例分析。第十章是结论与展望。

关键词:地下铁道运输　运营管理　对外承包

5769

**复杂性视阈中的高校教师绩效评价研究** / 周春燕著 ; 范明指导. -- 江苏大学, 2009. -- 125 页

论文主要运用复杂性理论、目标管理理论、绩效评价和组织行为等相关理论,综合管理学、社会学相关知识,采用比较分析、归纳分析、实证分析等方法,对高校教师绩效评价进行研究。全文共分八章。第一章绪论,介绍高校教师绩效评价研究背景及意义、高校教师绩效评价研究框架以及论文的创新点。第二章阐述国内外相关的文献综述。对一些所研究内容的基本概念进行解释,并对国内外对教师评价的研究进展进行分析总结。第三章分析国内外高校教师绩效评价的现状,包括对美国、加拿大、日本、新加坡高校教师评价现状的阐述,对国内高校教师绩效评价的内容及其局限性的分析。第四章分析高校教师绩效评价的复杂性,分别从外部环境和高校内部环境对教师业绩评价的影响、高校教师绩效评价对象和目的、高校教师教学及科研工作评价的复杂性进行分析讨论。第五章提出构建复杂性视阈中高校教师绩效评价指标体系。基于教师绩效评价步骤、构建绩效评价指标体系原则,构建出评价指标体系的程序,确立评价指标体系。第六章提出基于 DEA—AHP—FAHP 的高校教师绩效评价系统模型,并以学科带头人为例进行实证研究。通过几成运用整合数据包络分析法、层次分析法、模糊层次法实现三种方法互补,建立绩效评价系统模型,并进行实例分析。第七章对高校教师绩效评价对策进行了研究,包括构建基于绩效的高校教师组织、培育体现高等教育价值理念的大学文化、完善高校教师聘任制度。第八章为结论与展望。

关键词:高等学校　教师　高校管理

5770

**风险承受者视角下的下边风险管理** / 周春阳著 ; 吴冲锋指导. -- 上海交通大学, 2009. -- 191 页

论文基于微观层面,对金融机构和投资者作为风险承受者所面临的下边风险管理问题进行研究。论文共分九章。第一章绪论,介绍研究背景和意义、主要内容和文章结构、主要创新点。第二章对风险测度与风险管理研究文献进行回顾,并介绍其与论文研究的关系。第三章讨论风险承受者视角下基于目标的下边风险测度,包括风险承受者视角下的风险测度、基于目标的广义一致风险测度公理假设、标准化下偏矩和看跌期权费、看跌期权费同 E-VaR/E-CaR 间的关系。第四章分析风险承受者的下边风险约束模型,包括讨论期货投资者作为风险承受者的下边风险约束、BMM 和 POT 模型的建模方法以及实证的研究。第五章对封闭式基金投资者的下边风险补偿进行分析,包括封闭式基金折价与投资者的下边风险补偿、封闭式基金折价与投资者风险补偿的横断面分析、救生艇条款对封闭式基金投资者的下边风险补偿。第六章讨论跨期均衡条件下的最优下边风险转移策略,在对个体的最优风险转移研究的基础上,根据跨期均衡条件下个体的最优下边风险转移模型对最优风险转移策略求解。第七章对考虑风险承受方下边风险约束的最优风险转移策略进行讨论分析,包括保险公司下边风险约束下投保人的最优保险策略、保险公司 VaR 风险约束下投保人的最优保险策略、保险公司一阶下偏

矩风险约束下投保人的最优保险策略、保险公司最大损失约束下投保人的最优保险策略、保险公司不同风险约束下投保人最优保险策略的比较、医疗保险公司的风险承担策略。第八章分析股票投资者的最优下边风险分散策略,包括股票投资者基于预测数据的最优下边风险分散、股票收益率的边缘分布和相关性建模、数据预测以及基于中国股市的实证分析。第九章为论文的结论、政策含义与展望,总结论文的主要工作和结论、提出政策含义和建议,以及对进一步研究的展望。

关键词:金融工程　投资　风险管理

**5771**

**品牌联合效果—产品间差异及原因研究** / 周春元著 ; 陆娟指导. -- 中国农业大学, 2009. -- 113 页

论文针对品牌联合效果在不同类别产品间是否存在差异及其产生的原因展开研究。全文共分为五章。第一章导论介绍论文选题背景和研究意义、指出论文研究目标、研究内容、研究方法和技术路线。第二章进行文献回顾,对品牌联合成因、作用路径进行分析,针对品牌联合对消费者购买意愿、消费者感知质量以及消费者感知风险的影响展开研究。第三章构建"固有感知风险""品牌联合对消费者感知风险的影响""品牌联合对消费者感知质量的影响""品牌联合对消费者购买意愿的影响"间的路径关系模型。第四章以特殊品及日用品作为刺激物,以在校大学生为被试,通过调查问卷获取相关数据,完成对模型及相关假设的检验。第五章总结论文研究结论,提出研究不足和对后续研究的建议。

关键词:企业管理　质量管理　经济合作

**5772**

**中国城市化法律问题研究** / 周符波著 ; 漆多俊指导. -- 中南大学, 2009. -- 176 页

论文对中国城市化法律问题展开研究,主要针对在中国城市化发展的进程中,最突出的资源集聚效应现象。全文共分为五章。首先是导论,介绍论文选题意义和来源、国内外研究的现状及水平、研究思路和方法。第一章城市化问题的引出。首先对城市化概念界定,分析城市化的本质属性和城市化基本特征;探讨世界城市化进程的发展规律;提出城市化发展对中国的现实意义;探讨中国城市化的现状及发展趋势,对中国城市化现存问题的城市分析并提出对策。第二章法治主导型城市化模式的构建,提出世界城市化的两种发展模式——以美国为例的市场主导型城市化模式和以日本为例的政府主导型城市化模式,并对美、日两国城市化发展模式做比较分析;构建中国法治主导型城市化模式,提出其概念并分析特征,提出中国法治主导型城市化模型构建的依据以及主要内容。第三章保障土地集约的法律制度完善,探讨土地制度与城市化的关系,分析土地集约对城市化的意义及制约因素;探讨农村集体土地所有权法律制度的完善,重构土地承包经营权流转法律制度,对土地征收法律制度进行改革。第四章解决人口集中的法律改革,分析人口城市化面临主要问题,探讨深化户籍制度的法律改革,加快就业法律制度的改革以及完善社会保障法律制度的改革。第五章促进产业集群的法律制度创新,在分析产业集群与城市化制度障碍的基础上,提出应促进产业结构升级法律调控,加强中小企业扶持法律完善和城市循环经济发展的法律促进。最后为论文结论、创新与展望。

关键词:城市化　社会主义法治　土地利用

**5773**

**基于利率传导方程的利率传导机制研究及其效应分析** / 周纲著 ; 陈金贤指导. -- 西安交通大学, 2009. -- 185 页

论文根据利率市场化的制度变迁,归纳总结中国近十年来关于利率市场化改革的进程,对利率传导机制及其效应进行分析研究。全文共分八部分。第一部分绪论,介绍问题的研究背景、研究现状、研究方法与手段、研究内容和技术路线。第二部分为研究利率传导问题的理论基础和方法,包括利率决定理论、利率结构理论以及稳态与非稳态金融时间序列相关理论与方法。第三部分分析利率传导的基本规律,包括利率传导过程的基本形式的分析讨论,以及利率传导渠道和基本要素的分析。第四部分对反映利率传导过程特性的基本方程进行分析,包括导热方程的传导机制、利率传导稳态过程的基本方程、利率传导非稳态过程的基本方程、利率传导非稳态过程中的利率分布解析分析。第五部分分析粗网格条件下的利率期权方程非奇异计算,并进行实证研究。分析讨论利率期权方程的自由边界分析模型、利率期权方程的数值计算方法、利率期权的实证研究。第六部分分析利率传导动态过程并进行了实证分析,包括基于 BDT 模型的短期利率传导过程分析以及含有长期利率的非稳

态传导过程,并进行实证分析。第七部分对利率传导效应进行分析讨论,包括对远期利率与近期利率的关联性研究、收益曲线变化与通过膨胀之间的时间序列分析、利用协整对真实利率和真实汇率互动关系的研究以及基于SVAR分析利率变动对相关产业的传导效应。第八部分为结论与展望。对论文的主要工作、创新之处进行总结,并提出论文研究问题的展望。

关键词:利率　金融市场　货币市场　宏观经济

**5774**

**基于D-S证据理论的科学基金立项评估问题研究** / 周光中著 ; 朱卫东指导. -- 合肥工业大学, 2009. -- 99页

论文选择科学基金立项评估问题为研究对象,运用D-S证据理论,灰色理论、主观证据推理理论和语言评价方法对科学基金立项评估问题进行理论上的探索。全文共六章。第一章介绍选题背景、研究目的与意义,总结相关研究进展与理论,指出论文的主要内容和创新点。第二章通过系统地比较分析国内外关于证据合成规则的主要研究成果,提出证据冲突分析方法及利用冲突分析结论灵活选用证据合成策略的新思路。第三章正对评审专家遴选因素的不确定性,构建了基于D-S证据理论的多遴选指标层次结构模型。通过对国内外相关文献的分析,结合国内科学基金管理实际情况,构建一套涵盖评审能力、科技信誉、评审绩效的专家遴选指标体系。第四章在分析现有语言评价信息处理方法的基础上,根据立项评审工作的实际需要,提出二维语言评价信息的概念及相关政策问题,并利用主观证据推理理论处理二维语言评价信息。第五章为了系统的验证研究的实用性和有效性,以国家自然科学基金的通讯评审专家遴选和面上项目评审意见处理为背景进行实证研究,验证了科学基金立项评审工作中要求评审专家反馈熟悉程度信息的实际意义。第六章是论文的结论和相关展望。

关键词:科学研究　项目评价　科研管理

**5775**

**基于社区认同的电子商务信任模型及企业对策研究** / 周桂林著 ; 何明升指导. -- 哈尔滨工业大学, 2009. -- 170页

论文通过理论分析、问卷调查、实证研究以及提出对策建议对基于社区认同的电子商务信任模型及企业对策进行了研究分析。全文共分八个部分。第一部分绪论,介绍研究的问题的提出背景及研究意义、国内外的相关文献介绍以及研究内容和研究方法。第二部分对电子商务信任和社区认同的理论进行了研究分析,包括电子商务信任的内涵和特征、电子商务信任生成分析、社区认同的一般理论分析。第三部分对电子商务虚拟社区的结构和运作机制进行了分析讨论。其中对电子商务虚拟社区的行动维、社区认同、制度维以及技术维进行研究分析。第四部分在对电子商务虚拟社区的认识基础上,构建基于社区认同的电子商务信任模型,在对理论模型中潜在变量之间的关系以及潜在变量所包含的显在变量之间的关系进行分析的基础上提出一系列用于打开社区认同对电子商务信任产生影响的"黑箱"的研究假设。第五部分进行实证设计与初步修正。通过问卷调查与资料收集,并对数据进行描述性统计分析,进行信度检验和效度检验,得出因子分析修正后理论模型和研究假设。第六部分对研究假设与理论模型进行了检验与修正。基于多项分析进行假设检验,包括行动维对社区认同的影响、社区认同对电子商务信任的影响、社区认同对制度维和技术维的影响、制度维对电子商务信任的影响、技术维对电子商务信任的影响以及电子商务信任对消费者行为意向的影响;并对结构方程模型进行分析,通过结构模型检验与修正,最终确定理论模型。第七部分对基于实证结果进行对策分析,包括基于知识共享的社区认同对策、基于感情沟通的社区认同对策以及电子商务虚拟社区的制度建设与技术选择。第八部分对全文的研究工作进行总结。

关键词:电子商务　企业管理　市场营销

**5776**

**家文化与家族企业人力资源社会化研究** / 周鸿勇著 ; 刘国新指导. -- 武汉理工大学, 2009. -- 150页

论文的研究对象为家文化与家族企业人力资源社会化。全文共分为七章。第一章导论,介绍论文研究目的和意义、国内外相关研究综述、研究内容与研究方法。第二章家文化视角下的家族企业内涵。对关于家族企业的内涵综述,分析家族企业表现形式的核心特征,对家文化视角下的家族企业界定。第三章家族企业一般性成长的阶段划分及判定。分析家族企业一般性成长的实质,对家族企业一般性成长过程做研究,探讨中国家族企业一般性成长的路径及其选择,对家族企业一般性成长各阶段特征分析并作出定量判定。第四章家文化、人力资源社会化与家族企业

成长。分析家族企业成长的动力与障碍,家文化对家族企业成长的促进与制约,家文化、人力资源社会化对力帆的制约。第五章家文化下的家族企业人力资源社会化过程。基于对家族企业人力资源社会化的过程的分析,提出家族企业人力资源社会化的对策,并以方太公司为例,分析其人力资源社会化的成功经验,并加以总结。第六章家族企业人力资源社会化的阻滞。分析人力资源溢出的机理,探讨人力资源溢出与中小企业集群的具体影响,并以浙江嵊州领带企业为例,分析其企业集群的形成,并得出实证研究结论。第七章为全文总结与研究展望。

关键词:家族企业　企业成长　人力资源

**5777**

**国有农业企业经营者胜任力研究** / 周金阳著 ; 周德群指导. -- 南京航空航天大学, 2009. -- 132 页

论文结合农业的行业特殊性和国有企业的特色,在初始胜任特征要素凝练时,从胜任力要素的需求和供给两个层面着手,对国有农业企业经营者胜任力模型展开研究。全文共分为十章。第一章介绍论文研究背景和意义,交代主要研究内容、技术路线和创新之处。第二章对胜任力内涵及建模方法和相关研究成果进行文献综述,介绍经典胜任力模型,并进行分析。第三章对农业企业、国有农业企业、中小型农业企业、胜任力等基本概念进行界定,设计国有农业企业经营者胜任力研究方法,过程为国有农业企业经营者初始胜任特征获取、中小型国有农业企业经营者胜任力量表构建及胜任力模型验证。第四章和第五章在需求层面分别对中国农业政策所包含的农业企业经营者素质要求和国有企业经营者公开招聘中的胜任需求分析,其中前者着眼于宏观政策、偏重于一般分析,后者侧重于具体需求、偏重于个性化分析。第六章和第七章在供给层面对国有农业企业经营者职业目标价值取向及其与胜任特征之间的映射关系进行分析和对优秀中小型国有农业企业经营者进行关键行为事件访谈分析,其中前者着眼于映射关系推理、偏重于一般性分析,后者侧重于个体访谈显现的具体需求、偏重于个性化分析。第八章进行中小型国有农业企业经营者胜任力量表设计。第九章构建并验证中小型国有农业企业经营者胜任力结构模型。第十章进行论文模型独特性分析,总结论文结论,介绍论文研究不足及进一步研究方向。

关键词:农业企业　国有企业　经营管理者

**5778**

**基于地方政府环保战略规划的党政领导环保绩效管理体系研究** / 周景坤著 ; 陈季华,黄勇指导. -- 东华大学, 2009. -- 122 页

论文在借鉴国内外相关研究的基础上,深入探索出地方党政领导环保绩效管理存在问题的根源。论文共八章。第一章概述地方党政领导绩效管理的现状,综述国内外与此方向相关的研究现状,给出研究思路与方法。第二章是概述与地方党政领导绩效管理密切联系的系统理论,着重分析基础理论对地方党政领导环保绩效管理的指导作用。第三章概述地方党政领导环保绩效管理现状,分析目前我国地方党政领导绩效管理存在的问题和原因。第四章明确地方党政领导环保绩效管理体系设计的指导思想,从系统学的角度给出地方党政领导环保绩效管理体系结构。第五章是根据利益相关者考核主体模型,分析地方党政领导环保绩效的利益相关者,以此为基础构建较全面的地方党政环保绩效考核主体。第六章是从系统的角度描述地方党政环保绩效计划的制订、地方党政领导环保绩效辅导与实施、地方党政领导环保绩效考核和地方党政环保领导绩效考核结果的反馈过程体系。第七章从地方党政领导环保绩效考核结果的运用和考核申诉机制两大方面探讨地方党政领导环保绩效管理的制度安排。第八章是研究所取得的成果,及相关的研究局限性,并对未来实践价值以及未来进一步研究的方向进行展望。

关键词:环境保护　国家行政机关　地方政府

**5779**

**机构投资者行为对股票价格及其波动性影响的实证研究** / 周可峰著 ; 岳意定指导. -- 中南大学, 2009. -- 173 页

论文的研究对象为机构投资者行为对股票价格及其波动性的影响。全文共分为七章。第一章绪论。介绍论文研究背景、研究意义、相关文献综述、研究内容、思路和研究方法。第二章我国机构投资者的类型和行为特征。首先介绍结构投资者行为的共性特征;其次介绍我国机构投资者的类型和持股情况;最后讨论我国股票市场的投资者交易行为特点。第三章机构投资者行为与股价及股价波动性理论分析。首先是机构投资者行为与股价关系的理论分析,包括机构投资者行为与股票价格的相关性,机构投资者的价格影响力,机构投资者的动量交易和

反转交易,机构投资者行为与股价之间的反馈环机制以及机构投资者行为与股价关系的分析框架;其次是对机构投资者行为与股价波动性关系的理论分析,包括股票市场波动性来源,机构投资者行为与股价波动性关系的各种理论观点和波动性溢出理论。第四章机构投资者行为与股价关系的实证研究。首先探讨机构投资者行为与股价相互关系的计量经济模型,分析变量间相互关系研究的分析思路,变量间相互关系研究的计量经济学框架,统计检验和计量模型的设计形式,并对模型效力进行说明;二是对论文实证研究的数据进行说明;三是各类型投资者的市场影响力测度的探讨;四是上证指数与机构持股比率的关系研究;最后对机构持股比率与个股股价的关系进行研究。第五章机构持股比率波动性与股价波动性关系的实证研究。首先分析机构投资者行为与股价波动性相互关系的计量经济学模型;接着探讨上海证券市场的总体波动特征,并对中外证券市场波动特征进行比较;最后讨论机构投资者行为与市场波动的因果关系,并总结机构投资者持股比率波动性与指数波动性相互关系强度的测量结果。第六章机构投资者市场势力的成因与发展政策调整的建议。介绍我国结构投资者具备强大市场势力的原因,均衡发展的制约因素与制度月线,并根据美国市场化机构投资者发展政策的启示提出意见。第七章为研究结论与展望。

关键词:证券市场　股票价格　投资行为

**5780**

**基于证据推理的多属性决策中若干问题的研究 /** 周谧著 ; 刘心报,杨剑波指导. -- 合肥工业大学, 2009. -- 87 页

论文主要研究基于模糊信息的证据推理多属性决策问题。全文共分为六章。第一章绪论,首先介绍选题的背景;其次对国内外研究现状及应用进行分析,包括多属性决策问题概述以及基于证据推理的多属性决策方法研究现状;最后为论文的主要研究内容和结构安排介绍。第二章基于证据推理的评估理论与方法及其进展。首先介绍 Dempester-Shafer 证据理论;其次介绍证据推理评估方法,包括对基本的证据推理模型的讨论、证据推理评估方法综述以及证据推理方法中识别框架概念的扩展。第三章基于不确定信息的证据推理方法。讨论区间数及其运算法则;说明区间数证据理论的,包括区间数证据理论的内容和区间信度证据的合成公式;探讨基于区间信息的证据推理方法,包括基于区间置信度的证据推理方法和基于区间置信度的区间权重的证据推理方法;最后介绍基于模糊权重和模糊效用表达的证据推理方法。第四章基于扩展指标类型的证据推理方法。首先介绍 MADM 问题中指标的类别;接着分析基于证据推理的多类型指标的 MADM 问题研究,包括效益型、成本型指标值的证据表达,远离型、远离区间型、固定型和区间型指标值的证据表达以及多类型指标值的证据融合。第五章基于证据推理方法的研发成果评价模型,包括项目评估的内涵及原则,研发陈国评价指标体系的说明介绍,确定各个指标下的识别框架以及指标的权重以及计算总置信度的总效用值。第六章为对论文内容的总结以及对未来研究的展望。

关键词:决策学　证据　推理

**5781**

**基于时间战略的供应链绩效评价研究 /** 周敏著 ; 霍佳震指导. -- 同济大学, 2009. -- 137 页

论文探讨以时间为基本竞争战略的供应链的运作与绩效,提出三种生产模式(MTS,MTO,ETO)下的供应链时间绩效模型,并着重讨论与之相匹配的绩效评价方法。论文分为六个部分。第一部分为绪论部分,介绍研究的背景、目的与意义,提出研究的研究思路与逻辑结构。第二部分为文献综述及研究的理论基础,首先是时间战略概述,包括战略与环境的适应性和时间战略及战略决策两方面;然后对供应链时间因素和绩效进行研究,深入探讨绩效管理的发展和评价系统的有效性;最后分析模糊集理论。第三部分从供应链响应时间与供应链竞争力和时间战略下的供应链两方面研究基于时间战略的供应链管理,然后深入研究供应链绩效 SCOR 模型,最后分析基于时间战略的供应链绩效。第四部分为基于时间战略的供应链即时绩效评价,首先对一些指标进行预处理,然后对时间绩效进行灰关联分析,接着研究了模糊方法在表述语集成中的应用,最后研究供应链时间绩效的即时评价。第五部分研究了给定评价期内供应链时间绩效评价,首先给出区间数及其运算规则,并对区间数进行比较与排序,最后给出给定评价期内供应链时间绩效的评价方法。第六部分为论文的总结与展望。

关键词:供应链管理　时间因素　绩效评价

5782

**基于核心竞争力的建筑企业可持续发展研究** / 周全著 ; 罗荣桂指导. -- 武汉理工大学, 2009. -- 180 页

论文结合建筑业企业相关数据,通过收集、整理、计算我国建筑企业发展水平指标,运用多元回归等数理统计知识分析国内建筑企业发展水平和竞争力水平,引入贡献率和道格拉斯生产函数等研究分析我国建筑企业生产发展水平,总结我国建筑企业在国际化过程中面临的问题。全文共分为八章。第一章绪论,介绍论文的研究背景及研究目的与意义、研究内容与论文结构、研究方法与研究技术路线、论文的主要创新点。第二章企业核心竞争力与可持续发展理论基础。一是企业可持续发展理论基础研究;二是企业核心竞争力理论研究;三是提出核心竞争力——企业可持续发展的原动力;四是分析建筑企业核心竞争力。第三章中国建筑企业发展现状分析与研究。首先是国内建筑企业发展现状研究,包括基本情况分析、经济效益分析、技术力量分析和贡献率分析;二是对我国建筑企业国际化现状分析,并分析国内建筑企业营业地区分布和行业集中度分析;三是基于道格拉斯生产函数的建筑企业生产分析;四是国内建筑企业SWOT 分析。第四章中国建筑企业可持续发展的博弈分析。在对博弈理论概述的基础上,对中国建筑市场竞争展开博弈分析,对中国建筑企业参与国际竞争进行博弈分析。第五章基于核心竞争力的建筑企业可持续发展博弈评价,包括企业核心竞争力博弈评价概述、建筑企业核心竞争力评价的意义、建筑企业核心竞争力博弈评价指标的设计原则、建筑企业核心竞争力博弈模型的构建。第六章提升建筑企业核心竞争力的途径。对我国建筑企业在提升其核心竞争力方面存在的问题进行探讨,并分析建筑企业构建与提高核心竞争力的途径。第七章,实证分析——武汉市水务建设工程公司。对公司的基本情况进行介绍,对公司博弈评价分析,探讨公司发展目标,分析提升企业核心竞争力的发展战略措施。第八章为总结和展望。

关键词:建筑企业　企业管理　核心竞争力

5783

**基于跳扩散过程的欧式股票期权定价与风险度量研究** / 周圣武著 ; 宋学锋指导. -- 中国矿业大学, 2009. -- 215 页

论文研究的问题是基于跳扩散过程的欧式股票期权定价与风险度量。全文共分为七章。第一章引言,介绍论文研究背景、文献综述、股票价格的跳跃行为、研究目标、研究思路和技术路线、风险中性定价原理以及论文的组织结构。第二章标准欧式股票期权定价模型,介绍股票价格服从扩散过程的标准欧式期权定价模型、股票价格的跳扩散模型和股票价格服从条扩散过程的标准欧式期权定价模型,进行数值分析,探讨套期保值的参数并对该部分讨论作出总结。第三章脆弱欧式股票期权定价模型,提出股票价格服从连续扩散过程的脆弱欧式期权定价模型、股票价格服从跳扩散过程的脆弱欧式期权定价模型以及股票价格和公司价值都服从跳扩散过程的脆弱欧式期权定价模型,并做总结。第四章脆弱欧式股票期权定价的数值分析,内容包括脆弱欧式股票期权定价公式的收敛性分析、脆弱欧式股票期权与标准欧式股票期权价值的对比分析以及对脆弱欧式股票期权价值的影响因素分析,并作出小结。第五章标准欧式股票期权的风险值分析。简介风险值理论,进行股票价格服从连续扩散过程的白哦准欧式期权的 VaR 分析,股票价格服从跳扩散过程的标准欧式期权的 VaR 分析,并得出结论。第六章脆弱欧式股票期权的风险值分析,包括股票价格服从连续扩散过程的脆弱欧式期权的 VaR 分析,股票价格服从跳扩散过程的脆弱欧式期权的 VaR 分析以及股票价格和公司价值都服从跳扩散过程的脆弱欧式期权的 VaR 分析。第七章为论文的结论与展望。

关键词:股票市场　股票期权　风险分析

5784

**农村连锁超市物流配送系统运行与优化研究** / 周涛著 ; 乔忠指导. -- 中国农业大学, 2009. -- 119 页

论文基于我国农村连锁超市物流配送发展状况,分析大量相关文献资料,综合运用系统分析、博弈、委托代理和优化模型等理论,对我国农村连锁超市物流配送系统运行和优化进行深入研究。全文共分为六章。第一章绪论介绍论文研究背景与意义、国内外研究现状、研究思路与研究方法、研究内容和技术路线等。第二章进行农村连锁超市物流配送特性分析,界定农村连锁超市与农村连锁超市物流配送的概念,并对其特征进行分析,从政策、经济、社会和技术四个方面对农村连锁超市物流配送环境进行分析分析农村连锁超市物流配送需求的特点和影响因素。第三章

对农村连锁超市物流配送四种模式进行比较分析，提出三类适用不同配送模型的农村连锁超市物流配送新型模式，对农村连锁超市物流配送模式的正向、反向运作流程进行研究，并对四川互惠商业集团的物流配送模式进行案例分析。第四章对系统运行机制的重要构成要素进行分析，运用博弈理论和利益分配理论对农村连锁超市物流配送系统协调机制进行研究，采用模糊综合评价法，对农村连锁超市物流配送系统进行全面、系统评价。第五章构建起农村连锁超市物流配货优化模型、农村连锁超市物流配送优化模型、农村连锁超市物流配送中心选址优化模型和农村连锁超市物流储运优化模型，进行物流配送系统优化研究。第六章总结论文结论，进行研究展望。

关键词：农村　连锁超市　物资配送　优化模型

**5785**

**基于企业资源观的技术多元决策模式研究** / 周新川著 ; 陈劲指导. -- 浙江大学, 2009. -- 153 页

论文构建出资源、吸收能力，与动态能力对企业创新性与技术多元决策的影响，以及技术多元程度与企业绩效的关系等假设，并以两岸上市制造型企业作为研究对象，并进行实证研究，在企业资源观的框架下探讨技术多元化的决策。全文共分为六章。第一章绪论介绍论文研究动机、研究目的、研究范围以及研究的主要流程。第二章进行文献探讨，介绍企业创新资源观、技术创新与技术多元化、专精化以及专利与专利绩效的研究现状，构建概念模型，提出研究假设。第三章进行研究设计与方法探讨，首先确定研究框架，然后进行模型构面的测量，最后进行分析确定研究模型。第四章进行研究分析，得出研究结果，包括问卷的信度、效度与因素分析，描述性统计分析，回归分析，结构方程式的拟合、企业技术专利的实际多元程度与问卷比较和企业技术多元程度与企业价值关系实证数据分析。第五章架构决策支持系统，并以 ANFIS 实作决策支持，分析 ANFIS 实作结果。第六章对研究结果进行总结与讨论，指出研究限制和未来研究方向。

关键词：企业管理　技术管理　技术决策

**5786**

**突发性灾害之公路交通应急管理研究** / 周学农著 ; 陈收指导. -- 湖南大学, 2009. -- 109 页

论文以湖南省冰雪灾害为背景和切入点，以诚实公路交通网络为分析对象，研究突发灾害对交通的影响机理，探讨交通应急管理建设方面的内容。全文共分为六章。第一章绪论，介绍论文的研究背景及问题，研究目标、内容和方法以及论文的创新点和特色。第二章，国内外应急管理现状与研究综述。一是应急管理理论研究综述，包括应急管理的概念、危机管理理论说明、危机预警与处理理论以及交通分配理论；二是国内外应急管理体系的比较分析，包括美国的应急管理体系、俄罗斯的应急管理体系、日本的应急管理体系以及发达国家的应急管理体系的比较及其对我国应急管理体系建设的启示。第三章，高速公路交通流量的预测。首先提出高速公路交通流量的预测模型方法，包括卡尔曼滤波法、自回归移动平均法、历史平均法和其他方法等；接着对高速公路交通流量的季节性特征进行说明，包括动态平稳性、周期性以及相关性；三是京珠高速公路湖南段交通流量的预测，包括对入口和出口交通流量的预测；最后为突发事件对交通流量的影响分析。第四章，突发冰雪灾害中高速公路交通损失估计。首先介绍自然灾害损失的估计方法；其次对 2008 年湖南冰雪灾害的状况展开描述，包括雪灾期间的天气状况，以及雪灾期间公路交通情况；最后是对冰雪灾中湖南高速公路交通的损失估算，包括湖南高速公路减少的车流量分析、雪灾期间湖南高速公路堵塞车辆统计分析以及对雪灾期间交通事故的损失估算分析。第五章，突发性灾害中高速公路分流体系的设计，包括交通流基本参数之间的关系分析、天气对高速公路交通流的影响、灾害天气下瓶颈点的通行能力分析以及堵塞条件下公路交通分流的优化设计。第六章，公路交通应急管理体系与政策建议。首先分析 2008 年突发冰雪灾中高速公路应急管理方面存在的问题，进而对突发性灾害的交通应急保障体系和突发性灾害管理的政策建议作阐释。最后为论文的结论与研究展望。

关键词：公路运输　紧急事件　公共管理

**5787**

**化肥行业营销终端稳定性及其控制研究** / 周义著 ; 秦远建指导. -- 武汉理工大学, 2009. -- 129 页

论文是对化肥行业营销终端稳定性及其控制的研究。全文共分为八章。第一章导论，介绍论文的研究目的和意义、国内外相关研究综述、研究内容与研究方法。第二章营销终端稳定性及其控制的理论基础。一是营销渠道理论，包括渠道基本理论、渠道冲

突理论、渠道管理理论和渠道营销理论;二是交易成本理论;三是客户关系管理理论;四是控制论。第三章化肥行业营销终端稳定性。首先分析营销终端稳定性的内涵及特点;其次讨论化肥行业营销终端的特点;三是思考化肥行业营销终端稳定性的影响因素,包括外部影响因素和内部影响因素;最后是对化肥行业营销终端稳定性的动态变化分析。第四章化肥行业营销终端控制,包括化肥行业营销终端控制的内涵及特点、化肥营销终端控制的动因、化肥行业营销终端控制目标及原则、化肥营销终端控制状态及特点以及化肥行业营销终端的实现模式。第五章,化肥行业营销终端稳定性及其控制模型构建与变量设定。首先提出概念模型以及研究的假设,在此基础上,对研究变量进行理论分析,包括厂商互动程度、商客互动程度、厂商对渠道控制程度的理论分析、产品竞争力的理论分析、营销终端稳定性的表现形态等,并对研究变量进行设定和探讨。第六章化肥行业营销终端稳定性及其控制模型与假设的实证。首先是调研方案的设计,需要对调查样本进行确定,设计问卷,并处理好问卷的发放与回收工作;二是对样本进行质量分析,包括描述性统计分析、信度分析和效度分析;三是讨论结构方程模型的分析方法;最后是对结构方程模型的构建与假设检验。第七章化肥营销终端稳定性控制策略,包括产品策略、农化服务体系构建于优化策略、渠道管理策略、营销终端控制策略等。第八章为全文总结与展望。

关键词:化学肥料　肥料工业　营销管理　客户

**5788**

**税收征管组织信息化能力研究** / 周宇著 ; 刘冬荣指导. -- 中南大学, 2009. -- 189 页

论文的研究对象为税收征管组织信息化能力,理论接触为组织能力理论和国内外组织信息化能力理论。全文共分为七章。第一章导论,介绍论文研究背景、研究意义,国内外已有研究成果,研究的方法、内容、逻辑结构以及创新点。第二章,组织能力理论与组织信息化能力理论基础,介绍组织能力理论,包括组织能力理论的溯源、观点、组织信息能力及评价特性、政府组织与税收组织以及税收征管组织的特点和功能;对国内外组织信息化能力评价的理论、方法和指标体系作出具体说明。第三章税收征管模式与税收征管信息化现状分析。分析我国税收征管模式现状,探讨我国征管信息系统结构和意义,探讨我国税收征管模式的发展——金税工程三期,并分析国外税收征管信息化的现状和发展,探讨电子信息商务对税收征管模式的影响。第四章我国税收征管组织信息化能力形成研究,讨论税收征管组织信息化能力内涵和外延,包括信息与组织信息、组织信息的性质、税收征管组织信息化能力内涵及其外延;分析税收征管组织信息化能力要素;分析我国税收征管组织信息化能力发展基本原则和主要内容,思考税收征管组织信息化过程与组织信息化能力维度,税收征管组织信息化能力形成的机制;最后讨论税收征管组织信息化能力效应。第五章我国税收征管组织信息化能力评价,内容包括我国税收征管组织信息化能力评价目的、方法和思路,我国税收征管组织信息化能力的评价指标体系构建以及相关结论。第六章湖南省国税局税收征管信息化工作案例分析。在对湖南省国家税务局税收征管信息化工作现状分析的基础上,开展对其的能力评价实证分析,对指标修正和结果评析,并对四个城市比较分析,提出对策与措施。第七章研究的结论与展望。

关键词:税收征管　信息化　评价指标

**5789**

**基于组织权力价值观的公司治理制度研究** / 周作伟著 ; 田也壮指导. -- 哈尔滨工业大学, 2009. -- 157 页

论文研究公司组织的“公权力”价值观和制度特点,按组织权力价值观标准划分公司治理模式。论文分为六个部分。第一章绪论,介绍研究背景和问题的提出、研究目的和意义、国内外研究现状分析与述评、研究方法与内容。第二章研究组织权力价值观与组织权力制度规则之间的关系,明确组织权力价值观在组织权力制度中的地位和对组织权力制度规则的基础和决定作用,分析不同权力价值观下组织权力制度特征,并进一步阐明个人利益分配与个人机理与组织权力价值观的密切联系。第三章研究公司权力价值观和公司治理制度之间关系,提出理性经济人是有道德前提和基础的官邸,介绍“公权力”价值观下公司治理内外机制,并分析英美、德日两种公司治理模式和家族、国有公司治理模式的特点,提出以组织集体权力价值观为标准划分公司治理模式的观点。第四章进行组织权力价值观对组织权力制度规则影响的实证研究,根据理论研究设计初测问卷,经因子分析分别确定单位组织和国家组织权力价值观和权力制度

规则构成因素，提出研究假设，构建理论模型，进行统计分析，总结出基于组织权力价值观调整中国公司治理制度设计原则的启示。第五章总结中国公司治理制度建立完善过程中取得的成绩，分析至今仍然存在的主要问题，提出维系组织稳定与活力的权力制度规则的原则和中国国有控股膳食恭喜治理目标模式的选择。最后一部分结论，对论文研究内容总结，并得出结论。

关键词：法人治理结构　组织管理　制度安排

**5790**

**创新产品供应链产能决策与协调** / 朱晨著 ；唐守廉指导. -- 北京邮电大学, 2009. -- 119 页

论文将影响创新产品供应链产能决策的不确定性分为三类：市场需求引起的不确定性、信息不对称引起的不确定性以及供应风险引起的不确定性，并利用管理学、双层规划理论、博弈论、粒子群优化算法等理论与方法对其进行研究。全文共九章。第一章绪论，介绍研究的背景、意义、内容和结构，阐述研究的思路与方法以及研究的创新点。第二章介绍相关理论及文献回顾，包括供应链契约协调、创新产品产能管理契约、供应链中的信息博弈。第三章介绍对称信息下创新产品供应链产能决策的两种情况：需求与价格无关时产能决策以及价格敏感的一般需求函数下集中决策供应链产能决策。第四章介绍需求信息不对称下创新产品供应链的产能决策与协调，又细分为需求信息弱不对称与需求信息强不对称两个方面。第五章介绍对称信息与信息不对称下供应链契约设计。第六章建立供应风险下产能竞争博弈模型，综合考量风险事件的短期战术影响和长期战略影响，将竞争博弈模型分为风险事件发生前的风险预警竞争，以及风险事件发生后的备用产能竞争两个子博弈模型。第七章在复杂自适应系统理论和全面风险管理理论的基础上，建立创新产品供应链全面风险管理模型和框架。第八章总结论文内容，对未来研究做出展望。

关键词：产品管理　供应链管理　不对称信息　风险管理

**5791**

**文化价值观对企业领导风格的影响：基于 778 份问卷的实证研究** / 朱春燕著 ；孙林岩指导. -- 西安交通大学, 2009. -- 154 页

论文通过阅读大量文献和以企业中的领导人作文研究对象，并应用 Multi-factor Leadership Style Survey 和 Schwartz Value Survey 两类熟量表，对上千名中国企业领导人进行测试，并收回了 778 份，开展了文化价值观对领导风格影响的实证研究，揭示中国企业领导人领导风格的混沌性和模糊性，这也从侧面反映了中国文化的中庸性。论文共分为六章，第一章为绪论，包括研究背景和问题的提出、领导风格的研究现状以及研究的简介及可能的研究结论。第二章为文献综述。第三章为论文研究方法，包括为何不用结构方程模型，研究量表的选取及预试验，样本和样本的搜集，样本编码、整理、录入和订正，数据处理和预验结果数据的有效性分析。第四章为检验结果报告，包括文化价值观和统计性因素对领导风格的影响，全样本信度、效度分析，运用 Schwartz 价值观对 778 份样本的分析结果，运用价值观量表对 778 份样本的分析结果。第五章为运用案例对实证结果的验证。第六章为研究结论，对现实的启示及后续研究展望。

关键词：企业领导　传统文化　价值取向

**5792**

**移动商务消费者决策行为中的接受与转移研究** / 朱阁著 ；吕廷杰指导. -- 北京邮电大学, 2009. -- 150 页

论文从消费者决策出发，结合企业竞争和政府监管三方行为研究转移商务的用户接受和移动用户的转移。全文共分八章。第一章绪论，介绍选题意义、研究内容和结构安排以及论文的创新点。第二章介绍移动商务，包括新兴电子商务，移动商务的技术、业务、模式创新以及对移动商务的国内外的研究综述。第三章提出用户接受度研究与理论的建模，包括用户接受度研究的综述以及基于自我效能感的价值接受模型的建立。第四章基于 SVAM 模型进行了实证研究。通过移动拍卖、问卷调查、数据收集、模型研究分析、实证对比分析得出结论。第五章分析移动商务纵向转移成本，包括用户转移分类的研究、纵向转移成本的分类概括、调研和数据分析、得出了结论并总结意义。第六章提出为移动商务很像转移成本建模，基于横向转移成本及定量研究得出双寡头垄断市场下的 Nash—Bertrand 模型。第七章分析中国移动市场用户转移成本，包括中国移动通信产业环境、数据收集整理、模型计算结果分析与讨论。第八章讨论号码可携带与市场结构优化的问题。基于理论推导，对稳定

期、扩张期、衰减期三个情景进行实证分析，得出结论。

关键词：移动通信　电子商务　决策行为

5793

**我国经济社会协调发展评价体系构建与实际测度研究** / 朱华著 ; 尤建新指导. -- 同济大学, 2009. -- 174 页

论文构建我国经济社会协调发展的评价指标体系，并从横向和纵向对我国经济社会发展的协调度进行了实际测度。全文共九章。第一章引论，分析本研究的国际与国内背景，阐述研究理论、现实意义及主要研究方法，提出研究的框架结构和研究的主要内容。第二章国内外相关研究综述，从可持续发展评价指标、社会发展评价指标、协调度评价模型与测度方法以及经济社会发展协调度评价等四个方面，对以往相关研究成果进行回顾和总结。第三章在对我国经济社会发展的理论深渊进行分析的基础上，采用头脑风暴法研究提出包括经济发展度和社会发展度的我国经济社会协调发展的理论评价指标体系。第四章采用隶属度分析、相关分析和鉴别力分析等实证分析方法，对理论评价指标进行实证筛选，建立包括经济发展度和社会发展的我国经济社会协调发展的评价指标体系。第五章对我国 31 个省市经济发展与社会发展之间的相互依存关系作了典型相关分析，结果表明，我国 31 个省市经济发展度与社会发展度的第 1、2、3、4、5 对典型变量之间的典型相关系数均达到统计显著性水平。第六章采用主成分分析法，对我国 31 个省市经济发展度、社会发展度、经济社会发展度进行了实际测度，运用离差分析原理，构建我国横向经济社会发展协调度的测度模型。第七章运用层次分析法，对我国 1986—2006 年的经济发展度、社会发展度和经济社会发展度进行实际测度，运用离差分析原理，构建我国纵向的经济社会发展协调度的测度模型。第八章对我国经济社会协调发展的影响因素及应对策略进行研究，并建立经济发展因素对我国经济社会发展协调度影响的回归模型和社会发展因素对我国经济社会发展协调度影响的回归模型，进而提出促进我国经济社会协调发展的对策建议。第九章总结研究所取得的主要成果、主要创新点以及研究的不足之处和值得深入研究的几个问题。

关键词：经济发展　社会发展　协调发展

5794

**我国制造企业面向产品的技术集成机理研究** / 朱建忠著 ; 许庆瑞指导. -- 浙江大学, 2009. -- 193 页

论文运用创新管理理论、集成理论、系统理论、知识管理理论、学习理论和能力理论，通过案例研究剖析企业技术集成的动态模式、关键和环境支撑要素，应用实证分析对环境支撑要素和技术集成能力对创新绩效的直接和间接效应进行验证。全文共分为七章。第一章绪论，介绍论文的研究背景、研究问题提出、研究意义、关键概念的界定、研究方法与流程以及论文的框架与内容安排。第二章文献综述。首先对技术创新研究概述；接着解析“技术集成”的概念，介绍国内外对技术集成的相关研究；最后总结创新管理研究对技术集成研究的借鉴与启示。第三章案例研究。首先介绍案例研究的方法；接着分别对海尔洗衣机、中控技术、朗科科技的技术集成案例进行研究，并跨案例作出对比研究。第四章技术集成过程及其支撑。首先介绍技术集成的过程，包括产品构建、技术选择以及融合开发；二是技术集成的能力支撑，包括产品建构能力、技术检测能力、技术融合能力；三是技术集成的环境支撑，包括市场导向、创新文化、集成团队以及技术学习；最后为思考和总结。第五章研究框架、假设与研究变量测量。在总结研究框架的基础上，提出研究假设，包括市场导向与技术集成能力、创新文化与技术集成能力、集成团队与技术集成能力、技术学习与技术集成能力、技术集成能力与创新绩效；对研究变量测量，测量的变量有自变量、中介变量、因变量、控制变量；最后对变量测量的信度与效度评价。第六章数据收集与假设检验。首先介绍研究数据收集的过程，接着对数据进行描述性的统计，在对统计结果整合的基础上，对样本数据的质量作评估，对研究假设的控制效应进行检验，分析研究假设的相关性检验结果，最后对假设检验的结果进行分析，并总结出结论。第七章为结论与展望。

关键词：制造工业　工业企业管理　技术集成

5795

**资源效率革命研究：以辽宁老工业基地为实例** / 朱显成著 ; 刘则渊指导. -- 大连理工大学, 2009. -- 129 页

论文以辽宁老工业基地为实证，运用能值分析方法，把大量经济、资源、环境等数据进行转换处理，对辽宁老工业基地进行能值评估，对资源效率革命展开

研究。全文共分为六章。第一章绪论,包括论文的研究背景与意义、对资源效率革命相关文献综述、对能值理论的研究综述、论文研究目标与思路及创新点。第二章资源效率革命的理论框架。对资源效率革命的概念界定,探讨基于可持续发展理论的资源效率革命,探讨基于循环经济理论的资源效率革命,展开基于开放过程的资源效率革命经济分析,包括开采阶段资源效率经济分析、利用阶段资源效率经济分析以及再利用阶段资源效率的经济分析。第三章资源效率革命的能值计量模型。概述能值理论,分析能值概念和能值转换率,研究能值分析指标和分析步骤,对资源效率革命的能值计量模型进行设计。第四章辽宁老工业基地资源效率革命的能值分析,包括辽宁老工业基地能值分析、对辽宁老工业基地能值评估、辽宁老工业基地资源效率革命的能值评估与预测以及对资源效率革命的综合评价。第五章辽宁主要资源能治评估与资源效率革命预测。对辽宁老工业基地水资源效率概况分析、能值分析以及 IPAT 方程的水资源效率革命进行评估与预测,提出辽宁老工业基地实现资源效率革命的对策。第六章为论文结论。

关键词:资源经济　循环经济　辽宁

**5796**

**基于社会网络视角的企业间知识转移影响因素实证研究:以国内通信电源产业为例** / 朱亚丽著 ; 马庆国指导. -- 浙江大学, 2009. -- 259 页

论文通过与国内通信电源产业内 32 家企业的技术负责人进行深度访谈,对 199 家企业进行发规模问卷调查,并运用 SPSS15.0 软件对问卷调查多获得的数据进行因子分析、方差分析、相关性分析以及逐步回归分析等,探讨知识转移双方企业的网络特性与传统视角下的个体属性、知识特性等因素的相互关系,及其对知识转移效果的影响,揭示社会网络环境下,知识转移双方网络特性对知识转移效果发生作用的内在机理。全文共分七章。第一章绪论介绍研究背景、问题提出、研究目的和意义、研究范围与主体界定、研究中的关键概念界定以及研究方法和流程。第二章介绍在社会网络和知识转移方面给的相关理论和文献回顾。第三章确定研究的理论模型以及研究的相关假设。第四章是变量的测量与评价,其中变量包括自变量、中介变量、因变量和控制变量等。第五章进行研究数据的收集,数据分析方法的确定以及样本的基本描述。第六章通过方差分析、相关性检验、回归分析等对研究假设进行检验,并对结果进行讨论分析。第七章是对研究的总结和展望。

关键词:知识经济　知识管理　知识转移

**5797**

**中原地区物流产业发展模式研究** / 朱占峰著 ; 程国平指导. -- 武汉理工大学, 2009. -- 220 页

论文物流的国际化以及供应链管理环境动态变化的背景下,探究先进的理论和方法以进行指导或预测。论文分为七个部分。第一部分是导论,阐述选题的目的和意义,对国内外相关研究文献进行综述,并对论文的研究内容和方法进行概述。第二部分是论文研究的理论基础,论述区域物流理论、区域分工理论、供应链接理论和产业集群理论,为中原地区物流产业的实证分析奠定基础。第三部分是中原地区物流产业现状的实证分析,对产业的发展态势、优势因素剖析,确立战略定位。第四部分是国际物流产业发展模式比较,通过对发达工业国家物流产业发展模式的比较,提炼出对中原地区物流发展模式构建的有益启示。第五部分对中原地区物流产业发展模式进行分析和构建,利用系统动态学原理构建出中原区域物流发展的基本框架,探讨适应中原区域物流发展的第三方物流模式和连锁配送物流模式。第六部分论述中原地区物流产业发展模式实施的有效对策,重点论述实施的总体思想和原则、发展的规划和布局、实施方案设计、实施的有效措施等问题。第七部分总结和展望,总结论文的主要成果,阐述论文的主要创新点,预测研究成果的推广前景,提出研究成果的后续问题。

关键词:地方经济　物流业　产业发展　河南

**5798**

**基于协同的分销渠道伙伴关系管理研究** / 朱志光著 ; 张金隆,韦司滢指导. -- 华中科技大学, 2009. -- 118 页

论文在综合以前的研究成果的基础上,运用协同的方法,对分销渠道伙伴关系管理的战略设计、激励、运行评估、资金运转、数据处理等几个主要方面进行了研究。全文共六部分。第一部分绪论,介绍选题的背景和意义、国内外学者的研究现状以及论文的研究思路。第二部分建立分销渠道伙伴关系管理的基本协同模型,用支配原理确定序参量运动方程,求解序参量方差并考虑涨落的影响,从而建立协同的基本模型。第三部分基于协同的分销渠道资金分配分析。

进行企业对分销渠道的投资结构分析，构建渠道投资比例随时间周期性变化的模型。第四部分分销渠道伙伴的选择与运作管理。提出企业多层分销渠道伙伴选择组合模型，通过建立渠道伙伴选择模糊评价模型和基于熵的渠道伙伴选择模型两个模型，在此基础上用组合方法进行处理，从而得出最后的理论结果。将AHP系统方法与多层次模糊综合方法结合起来，有力地解决对企业分销渠道伙伴运行评估问题。第五部分对基于信息系统的分销渠道伙伴关系管理的整合机制进行研究，给出分销渠道信息系统的构成因素，对分销渠道信息系统的功能进行设计，进而展开分销渠道信息系统的沟通功能设计。第六部分总结与展望，提出论文的主要结论以及存在的不足，并指出后续工作的研究方向。

关键词：企业管理　分销渠道　客户关系管理

**5799**

**基于价值链重构的中国电视产业发展战略研究** / 庄殿君著 ；陈晓红指导. -- 中南大学，2009. -- 147页

论文对基于价值链重构的中国电视产业竞争战略模型进行分析研究。全文共分八章。第一章导论，介绍论文研究的意义、研究方法、研究思路以及研究框架，并对相关概念进行了界定，指出论文的创新点。第二章介绍价值链、竞争战略的相关理论以及相关的文献综述。价值链理论方面包括波特的价值链理论、虚拟价值链理论以及价值网理论，竞争战略理论包括传统竞争战略理论、动态竞争战略理论以及战略竞争的三角模式。第三章对国内外电视产业的发展现状进行分析研究。首先总结国内电视产业发展历程及现状分析，然后分析国外的电视产业模式，并对国外经验的可借鉴方面进行分析讨论。第四章对中国电视产业价值链诊断与重构设计进行分析研究，包括电视、电视市场、电视产业价值链的特征，电视产业价值链重构决策因素分析，电视产业价值链重构的模式分析。第五章对价值链重塑基础上的中国电视产业集团竞争的战略设计进行了分析讨论，包括基于基本价值链的电视产业集团的一般竞争战略、基于延伸价值链的一体化扩张战略、基于拓展价值链的多元化扩张战略、基于虚拟价值链的多元化扩张战略、基于虚拟价值链的电视产业外包策略以及基于价值网络的电视产业集团竞争战略。第六章对电视产业集团价值链重构、竞争战略与绩效关系进行了实证研究。通过提出研究模型设计与假设、定义变量和设计问卷、问卷的发放和数据收集、变量绩效的研究与信度检验，并通过变量的描述性统计分析及假设的检验和数据分析，对电视产业集团的进行分析。第七章对经典案例进行分析研究。其中包括以湖南电广传媒模式、上海文广产业模式以及光线传媒模式三种模式为例进行实例分析。第八章为结论和展望，包括论文的基本结论、政策建议以及进一步的研究的方向。

关键词：电视事业　产业发展　发展战略

**5800**

**基于Multi-Agent的供应链协商模型研究** / 资武成著 ；罗新星指导. -- 中南大学，2009. -- 141页

论文对基于Multi-Agent的供应链协商模型进行研究。全文共八章。第一章绪论，介绍研究的背景、目的与意义，阐述国内外研究现状与水平，介绍研究主要内容。第二章介绍相关理论基础，包括供应链及供应链管理、协商基本理论概述、Agent理论阐述。第三章研究基于供应链协商关系网的Multi-Agent协商组织形式。论文提出一种基于信任的Multi-Agent供应链协商关系网，利用供应链协商关系网组织Agent进行协商，研究供应链协商关系网的形成和演化机制，给出供应链协商关系网的形成和更新算法。第四章供应链协商中基于案例推理技术研究。针对供应链伙伴协商具有相对稳定、重复性的特点，提出把基于案例推理机制应用到供应链伙伴的协商当中，通过案例推理初始化协商Agent的背景信息、预测协商伙伴的议题保留值。第五章研究基于劝说的供应链协商提议交互机制。为提高供应链伙伴的选手成功率，解决协商中可能出现的僵局，论文针对供应链伙伴协商的特点提出一种协商僵局判断方法和僵局解决机制。第六章研究一种基于Multi-Agent的供应链协商模型。对基于Agent的供应链协商模型框架、协商Agent的状态进行形式化定义。研究效率型供应链和反应型供应链中协商伙伴的基本协商策略，并把Bayesian学习机制应用到协商策略的学习当中。对协商模型中的协商过程进行阐述，并把论文的供应链协商模型和相关的协商模型进行比较。第七章介绍供应链协商仿真原型系统的设计与实现。论文介绍了JADE仿真平台的特点、Agent运行机制，对方真原型系统中协商Agent的静态结构、行为交互以及通信机制都进行了详细的设计。第八章论文总结与展望，对

全文内容及研究结论进行总结，并提出日后继续研究的方向和期望。

关键词：企业管理　供应链管理　供销管理

**5801**

**基于期望效用函数改进的资本资产定价模型研究** / 邹燕著 ; 郭菊娥指导. -- 西安交通大学, 2009. -- 133页

论文是基于期望效用函数改进的资产定价模型研究，以建立能够获得实证支持的基于引入行为因素的效用函数的资本资产定价模型。全文共分为七部分。第一部分绪论，介绍论文的研究背景、研究目标、研究意义、研究内容、研究方法。第二部分论文的理论基础与文献综述。一是行为金融学的理论基础和文献综述，包括投资者理性、有限套利、投资者心理、期望理论和理论应用；二是资本资产定价的理论基础和文献综述；三是对文献综述的思考总结。第三部分效用函数改进的要素分析。首先是要素引入的理论与现实依据分析，包括消费习惯和损失厌恶；其次是基于期望理论的要素引入途径分析，包括参考点分析和损失厌恶系数的分析。第四部分损失厌恶和参考点效应的实验研究。首先对损失厌恶的实验研究的理论依据和研究假设进行说明，提出损失厌恶的实验的概念模型并探讨损失厌恶的实验方案设计以及实验过程，分析损失厌恶的实验结果并对损失厌恶的实验进行总结；接着对参考点效应的实验研究作出说明，包括参考点效应相关的心理学理论基础，参考点效应实验的研究假设和概念模型以及参考点效应的实验方案、过程及结果。第五部分期望效用函数以及基于该期望效用函数的资本资产定价模型的构建。一是基于引入要素的期望效用函数的构建，包括期望效用函数改进的依据分析，期望效用函数的改进和构建，期望效用函数改进的比较分析；二是基于改进的期望效用函数的资本资产定价模型构建，包括构建资本资产定价模型的基本假设，新的资本资产定价模型的构建，所构建的资本资产定价模型的直观分析以及资本资产定价模型的风险资产收益率和无风险资产收益率表达式的推导。第六部分资本资产定价模型的实证检验。该部分是对资本资产定价模型的实证检验的结果分析。第七部分为论文的主要研究结果、创新点与展望。

关键词：金融市场　资产评估　效用函数

**5802**

**独立学院教师知识分享研究：认知与行为的关系——以江苏为例的数据分析** / 左惟著 ; 胡汉辉指导. -- 东南大学, 2009. -- 109页

论文以“独立学院教师水平参差不齐”现象为发端，以社会心理学领域研究人类行为意图的经典理论——计划行为理论为分析框架，运用叙述性统计分析、正态分布检验、内部一致性检验以及结构方程模型等定量分析方法，探讨独立学院教师知识分享行为的影响因素以及影响程度，梳理出关键影响因素和关键影响路径。全文共分为七章。第一章绪论介绍论文选题背景与研究意义、探讨内容与研究范围、研究方法与技术路径等。第二章进行理论与文献回顾，对知识的概念、知识的分类和主要特征、知识分享及其理论进行介绍，对计划行为理论进行总结和修正。第三章阐述我国独立学院的发展历程和现状。首先对我国民办高等教育发展的五个阶段进行梳理，然后介绍从二级学院到独立学院的转型过程，接着分析独立学院与其他高等教育机构的关系，最后指出独立学院发展存在的主要问题。第四章介绍独立学院教师的知识架构和场域内知识分享的方式，总结独立学院教师知识分享的作用。第五章通过基于计划行为理论的教师知识分享意愿、行为外生潜在变量的讨论，建立独立学院教师知识分享意图、行为关系的理论模型，并介绍数据分析内容和方法。第六章对独立学院教师知识分享意图、行为关系的实证数据进行样本结构和样本内容的叙述性统计分析、正态分布检验和内部一致性分析。第七章总结论文结论，对学校运作管理、教育行政部分和教师个人提出建议，指出后续研究的方向。

关键词：民办高校　教师　高校管理　高等教育

## 会计学

**5803**

**盈余质量、信息风险的市场定价与审计意见：基于国有控股特征上的研究** / 薄仙慧著 ; 吴联生指导. -- 北京大学, 2009. -- 113页

论文从实证角度，探讨国有股权与公司的盈余质量、信息风险的市场定价及信息风险对审计意见的影响问题。具体而言，研究考察国有控股对公司盈余质量的影响，投资者对盈余质量引起的信息风险的定价

以及审计师在出具审计报告时对公司盈余质量的关注。论文的分析样本为中国上市公司1998—2006年的数据。论文的主要发现包括:1. 从盈余管理的角度来看,国有控股和机构投资者有利于公司治理的改善,但机构投资者的积极治理作用在国有控股公司中受到限制。2. 国有控股影响信息风险的市场定价。在非国有公司,信息风险越高,公司的权益资本成本越高;在国有公司,信息风险对公司的权益资本成本无显著影响。3. 审计师在出具审计报告时会关注信息风险,公司的信息风险越高,被出具非标意见的概率越高;审计师对内在经济因子应计风险的关注显著大于对操纵性应计风险的关注;当期盈余管理程度对出具非标意见的概率无显著影响;不同规模的会计师事务所在出具审计报告时,对公司当期的盈余管理和公司信息风险的关注不存在显著差异。

关键词:国有企业　机构投资者　盈余管理

**5804**

**财务重述与会计师事务所风险管理战略** / 曹强著 ; 陈汉文指导. -- 厦门大学, 2009. -- 110页

论文从会计师事务所风险管理战略的角度研究外部审计与财务重述之间的关系,深入分析事务所对财务重述的风险评估以及应对风险的管理战略。论文共分八章。第一章导言,阐述研究背景与动机、研究框架和研究方法,并介绍主要学术贡献。第二章界定财务重述,介绍我国财务重述制度的历史沿革、财务重述的经济后果、财务重述的盈余操纵动机和财务重述与公司治理关系。第三章建立财务重述与事务所风险管理战略的理论模型。第四章介绍导致财务重述发生的原因,选择样本并进行描述性统计,实证检验财务重述的内在原因,并分析其对重述影响程度。第五章财务重述与审计定价,首先进行理论分析,然后设定研究假设,研究设计并实证检验结果。第六章财务重述与审计意见,首先进行理论分析,然后设定研究假设、方法和变量,研究样本并进行描述性统计,最后分析实证结果。第七章财务重述与审计师变更,首先进行理论分析,然后设定研究假设、方法和变量,研究样本并进行描述性统计,最后分析实证结果。第八章总结论文的研究结论,提出研究启示,并指出论文的研究局限性和后续的研究方向。研究结论:事务所能够识别并区分不同原因所导致的财务重述,并有选择的运用风险管理战略;新审计准则的颁布提高了事务所对财务重述的风险管理程度。

关键词:会计师事务所　财务管理　风险管理

**5805**

**有限理性与审计质量:基于两种计量模式审计比较的视角** / 曹细钟著 ; 王华指导. -- 暨南大学, 2009. -- 212页

论文在相关文献综述和理论分析的基础上,围绕公允价值审计的过程与结果,特别是围绕审计过程,从审计对会计确认的再确认、对公司管理层行为的判断及对审计主体自身行为的判断三个方面,详细分析优先理性在公允价值审计中的体现及其对审计工作质量的影响。全文共分六章。第一章导论,指出论文的研究内容、研究目的、研究方法和研究意义,论文的基本框架及主要创新点。第二章对国内外的文献及现有文献进行了综合论述。第三章对前景理论视角下的审计判断和企业能力理论视角下的审计判断的有限理性进行了理论分析,构建了审计判断有限理性符合透镜模型。第四章对公允价值审计实践中有限理性对审计质量影响进行了概述,指出了衍生金融工具审计中的有限理性及其改善方式,并对有限理性对审计质量影响进行具体分析,给出了通用财务报告目标与审计质量判断的标准。第五章对审计判断有限理性的前景理论和审计判断有限理性的企业能力进行了理论检验。第六章提出有待进一步研究的问题。

关键词:审计质量　公允价值　判断力

**5806**

**欧盟推行国际财务报告准则前后之盈余质量比较** / 陈辉发著 ; 蒋义宏,唐清亮指导. -- 上海财经大学, 2009. -- 198页

论文采用理论与实践相结合的研究方法,对欧盟推行国际财务报告准则前后之盈余质量比较进行研究。论文共分七章。第一章引言,阐述论文的研究动机、研究意义、研究问题、研究发现和研究贡献,并提供论文的结构安排。第二章文献综述,综述欧盟会计协调进程和效果研究、国际财务报告准则采纳与盈余质量和法律渊源与盈余质量。第三章介绍论文的制度背景,并提出了研究假说。第四章概况论文的研究设计,并介绍了描述性统计。第五章介绍国际财务报告准则采纳与盈余质量单变量的实证结果及分析和国际财务报告准则采纳与盈余质量回归结果及分析,并进行了稳健性检验。第六章介绍法律渊源、国际财务报告准则与盈余质量,并进行研究设计,相关性分

析，给出实证结果和分析。第七章介绍论文的研究结论和研究局限，并指出未来研究方向。论文研究结论：欧盟全面推行国际财务报告准则提高了欧盟上市公司盈余质量；欧盟全面推行国际财务报告准则后上市公司从事更少的为达到特定目标（即避免报告亏损）而进行的盈余管理、具有更低的操纵性应计利润绝对值和更高的应计利润质量；欧盟全面推行国际财务报告准则提高了欧盟上市公司盈余质量的积极性不受一国法律渊源的影响；国际财务报告准则在任何法律渊源环境下均可采用。

关键词：会计制度　会计准则　欧洲国家联盟

**5807**

**财务会计信息与投资者保护：来自中国资本市场IPO过程中的经验证据** / 陈胜蓝著 ; 魏明海指导. -- 中山大学, 2009. -- 183 页

论文采用理论和实践相结合的研究方法，在IPO背景下，结合中国资本市场制度背景，对财务会计信息对投资者保护的作用机制进行深入研究。论文共分八章。第一章引言，阐述的研究背景与动机、研究思路和研究问题，并介绍结构安排。第二章理论分析和文献回顾。第三章分析当前的制度背景并确定实证研究问题。第四章对财务会计信息、股权保留比例与发行定价进行研究，首先进行理论分析与研究假设，然后进行研究设计，最后检验研究结果。第五章对IPO、财务会计信息与高管薪酬激励进行研究，首先进行理论分析与研究假设，然后进行研究设计，最后检验研究结果。第六章对承销商声誉、财务会计信息与公司定价进行研究，首先进行理论分析与研究假设，然后进行研究设计，最后检验研究结果。第七章对财务会计信息与IPO抑价进行研究，首先进行理论分析与研究假设，然后进行研究设计，最后检验研究结果。第八章总结研究结论与启示，并指出研究局限性和未来研究方向。

关键词：股票市场　股票发行　资本市场

**5808**

**中国商业银行风险管理导向的内部控制研究** / 陈谢辉著 ; 余玉苗指导. -- 武汉大学, 2009. -- 143 页

论文以COSO报告下的内容控制最新发展ERM为基础，分析我国目前商业银行内部控制存在的问题，提出了依据ERM框架构建我国商业银行的内部控制体系的构想与措施。论文共分六部分。第一部分导论，首先提出商业银行风险管理导向内部控制问题，再次，阐述研究的主要思路，指出研究目的，界定研究问题的范围和研究对象，概述总体框架、主要内容、研究方法及创新点。第二部分为商业银行风险管理导向内部控制的理论基础。第三部分为以ERM为导向的商业银行内部控制体系模式探索，阐述了基于ERM导向型商业银行内控体系构建的理论基础及内涵，构建商业银行内控体系，探讨了内部控制体系设计的总体思路、原则及要素，并提出了具体的框架设计。第四部分为国际商业银行风险管理导向内部控制的模式及借鉴，分析评价国际商业银行风险管理导向内部控制的现状，探讨国际商业银行内控体系的组织架构主流模式，提出构建中国ERM导向的内部控制体系组织机构的具体建议。第五部分为中国商业银行风险管理导向内部控制评价机制构建，首先回顾总结了中国商业银行内部控制评价现状，分析取得的成绩和存在的不足，然后阐述其理论架构与方法，最后，根据我国实际情况，提出了加强和改进中国商业银行内部控制评价的对策建议。第六部分为中国商业银行风险管理导向内控体系的优化与创新，首先，分析中国商业银行内部控制体系的改革途径，提出改革和优化思路；其次，研究中国商业银行ERM导向型内部控制体系的总体设计原则、目标，提出总体框架设计的内容和对策建议；最后，探讨中国商业银行的内部控制制度的外部监管与协调，提出对银行内部控制监管协调有效性的建议。

关键词：商业银行　银行监管　风险管理

**5809**

**大股东控制权私利与盈余管理研究** / 陈政著 ; 杜兴强指导. -- 厦门大学, 2009. -- 136 页

论文采取理论分析和实证研究相结合的方法，借助契约理论分析，从交易费用与契约不完备性、信息不对称、大股东控制能力、机会主义动机以及管制等方面构建控制权私利的分析框架，对大股东控制权私利与盈余管理进行了研究。全文共分六章。第一章引言，说明研究背景、研究意义、论文的结构及论文的贡献。第二章对控制权私利文献及盈余管理文献进行了回顾。第三章对控制权私利与盈余管理的契约进行了解读，并对企业契约理论与大小股东契约关系进行了分析。第四章对资金占用与盈余管理进行实证分析。第五章对非公开发行折价与大小股东利益冲突，非公开发行与盈余管理进行了实证分析。第六

章结语,提出论文的主要研究结论,给出了研究的启示与建议,并指出了研究的局限性及未来发展方向。

关键词:公司　股东　控制权　盈余管理

**5810**

**上市公司应计盈余质量及其经济后果:基于会计制度变迁的经验证据** / 邓璠著 ; 戴德明指导. -- 中国人民大学, 2009. -- 162 页

论文采取理论与实证相结合的研究方法,对上市公司应计盈余质量及其经济后果进行研究。论文共分九章。第一章引言,说明选题背景、研究意义、研究目标、研究问题、研究框架、研究方法、研究特色及创新之处。第二章对应计盈余的产生、作用进行了阐述,并对应计盈余质量的相关文献进行了回顾和理论分析。第三章介绍应计盈余、盈余质量和应计盈余质量的测度方法。第四章以时间序列为证据,对会计制度变迁与应计盈余质量进行研究。第五章基于公允价值计量视角对 2006 年会计改革与应计盈余质量进行了研究,并进行检验。第六章、第七章和第八章分别从投资者视角、管理者视角、审计师和分析师视角对应计盈余质量的经济后果提出相关研究假设,并进行实证检验。第九章研究结论与政策建议,总结归纳出论文的研究结论,并提出政策建议及研究的局限性,对未来研究方向进行展望。

关键词:上市公司　企业利润　会计制度

**5811**

**我国上市公司社会责任信息披露研究** / 邓启稳著 ; 罗飞指导. -- 中南财经政法大学, 2009. -- 184 页

论文除导论、研究结论外,正文部分分为社会责任及信息披露基础理论研究、我国上市公司社会责任信息披露状况、影响因素和社会责任信息披露与公司业绩关系研究,主要发达国家社会责任信息披露研究,以及改进和完善我国上市公司社会责任信息披露应用理论研究。分述如下:第一章社会责任及其理论基础。首先对社会责任概念进行界定,认为企业的社会责任是经济责任、法律责任、伦理责任与慈善责任的统一体。其次,在多标准多视角对企业社会责任分类的基础上,得出我国企业应该履行社会责任的具体内容。再次,比较分析"否定说"社会责任观与"赞成说"社会责任观的主要观点,认为"否定说"社会责任观的理论前提不再成立,以及"赞成说"社会责任观的正当合理性。第二章社会责任信息披露基本理论。研究旨在为我国社会责任信息披露提供理论支持。第三章主要发达国家社会责任信息披露研究。研究法国、美国、英国和日本各国各自的社会责任信息披露规制和社会责任信息披露实践。第四章我国上市公司社会责任信息披露实证研究。旨在了解我国上市公司社会责任信息披露现状、影响社会责任信息披露的因素,以及社会责任信息披露的经济后果。第五章改进和完善我国上市公司社会责任信息披露的思考。

关键词:上市公司　社会责任　信息披露

**5812**

**交易成本的界定、测度与实证应用:基于会计学视角的研究** / 邓倩著 ; 傅代国指导. -- 西南财经大学, 2009. -- 129 页

论文采用理论分析和实证研究相结合的研究方法,在对现有文献归纳分析的基础上,从"交易"和"成本"两个基本概念入手,结合会计学学科性质,研究交易成本在会计学中的界定、测度和应用问题。论文共分六部分。第一部分导论,阐述选题背景、研究目的意义、研究思路、研究内容和研究方法,并指出论文的研究创新和局限性。第二部分"交易成本文献综述"分别从交易成本内涵、测量和交易成本应用研究三个方面回顾国内外文献,为研究提供指引。第三部分"交易成本、效率与制度选择"作为论文的理论基础。第四部分"交易成本的界定:基于会计学的解释"讨论交易成本在会计学中的界定问题。第五部分"交易成本的测度:理论分析与经营证据",首先分析了交易成本测度的必要性、复杂性与可能性,其次,重点讨论了交易成本的计量方式。第六部分"交易效率与治理结构关系研究"是实证检验,同时也是交易成本的一项应用研究,通过实证方法具体检验各类公司治理变量如何影响上市公司交易效率,同时也从经验证据的角度对非国有控股上市公司交易效率低下的原因给出了解释。

关键词:企业管理　成本管理　会计　交易

**5813**

**公司治理与审计师任期影响下的中国证券市场审计质量研究** / 董南雁著 ; 张俊瑞指导. -- 西安交通大学, 2009. -- 136 页

论文通过单变量分析、多元回归分析,将理论阐释与博弈分析和数理推演相结合,实证分析检验了公司治理与审计师任期影响下的中国证券市场审计质

量。论文共分六章。第一章绪论,提出论文的研究选题、研究背景、研究意义、研究内容、研究方法与研究路线。第二章对审计质量及其影响因素、公司治理及其对审计质量的影响、审计师任期及其对审计质量影响的相关研究文献进行了回顾。第三章对公司治理质量与审计质量、审计师任期与审计质量关系、公司治理与审计师任期共同影响审计质量进行理论分析,并对上述三者之间的关系进行了研究假设。第四章通过构建相关模型,对研究变量进行测度,进行实证研究。第五章对中国证券市场公司治理与审计质量基本关系、中国证券市场审计师任期与审计质量基本关系、公司治理与审计师任期共同影响中国证券市场审计质量进行了实证检验并得出相关结果。第六章给出了论文的研究结论、主要创新点、研究局限性,并对未来研究进行了展望。

关键词:证券市场　金融审计　审计质量

**5814**

**会计师事务所行业专长与审计市场绩效的经验研究** / 董秀琴著 ; 陈汉文指导. -- 厦门大学, 2009. -- 100 页

论文使用产业经济学的结构—行为—绩效(SCP)分析框架,对我国会计事务所行业专场与审计市场绩效之间的关系进行系统的理论分析与经验检验。全文共分六章。第一章介绍论文的研究动机、研究背景、研究方法、研究内容、主要创新点。第二章对审计市场绩效和行业专长相关概念进行界定,并对行业专长和审计市场绩效进行了理论分析,并对我国会计事务所行业专长发展现状和制度背景进行了介绍。第三章对审计定价、审计师行业专长与审计定价的理论和文献进行回顾,对我国审计市场的制度进行分析,并构建相关模型,选取相关样本进行分析。第四章和第五章分别基于投资者视角和财务报告视角对行业专长与盈余质量进行理论分析,对相关文献进行回顾,提出研究假设,进行样本假设并得出相关研究结果。第六章研究结论、研究局限性及后续研究建议。

关键词:会计师事务所　审计质量　审计人员

**5815**

**企业负债结构优化与最优订货决策研究** / 方宗著 ; 傅元略指导. -- 厦门大学, 2009. -- 113 页

论文主要采用理论建模的方法从财务学的角度探讨供应链企业的最优订货决策与商业信用和银行信用之间的关系。文章考察作为与企业订货决策关系最为密切的两种负债融资方式——供应商的商业信用和银行的银行信用——对企业最优订货决策产生的影响。通过引入财务危机成本、供应链企业之间相对议价能力等因素,使模型更接近于现实。通过理论建模以及数值分析,论文的研究结果如下:第一,论文引入财务约束和两级商业信用新条件,并将"校准财务危机概率"作为重要参考指标,从理论上建立供应链企业的最优产品持有量决策和最优期中净现金持有量等模型。在只有上游供应商商业信用一种负债融资途径下,通过理论模型分析和有关数值模拟分析发现:考虑财务危机成本的情况下,上游供应商提供的商业信用会对企业的相关决策产生显著的影响。如果上游供应商拥有较强的议价能力,就会制定较为苛刻的商业信用条款,从而企业就会持有较少的产品。而企业向下游顾客提供的商业信用对自身最优决策的影响不大。第二,论文考虑同时存在商业信用和短期银行信用两种融资方式下企业的最优订货决策模型,发现企业的最优产品持有量和最优期中净现金持有量均随着短期银行信用利率的变动而呈同方向变动。而且在短期银行借款利率一定的条件下,随着上游供应商商业政策越来越苛刻,企业的最优产品持有量和最优期中净现金持有量逐渐降低,向银行的短期借款也降低。另外,随着短期银行信用利率的提高,与上游供应商和银行发生交易的企业受财务危机成本函数系数的约束越来越小。第三,当企业可以同时运用长期银行信用、短期银行信用和上游供应商商业信用三种外部融资途径时,企业每期偿还的长期银行信用的利息数量决定了企业进行相关决策的最优决策模式。

关键词:企业　融资　商业信用　供应链

**5816**

**基于趋同的会计准则变迁与会计准则执行研究** / 高利芳著 ; 曲晓辉指导. -- 厦门大学, 2009. -- 170 页

论文采用理论分析和实证研究相结合的研究方法,对基于趋同的会计准则变迁与会计准则执行进行研究。论文共分七章。第一章引言,阐述论文的研究背景、研究动机、研究方法和研究内容,并介绍论文的主要研究贡献。第二章分别从国际、国别和中国三个角度介绍了会计准则的趋同变迁情况。第三章研究基于趋同的会计准则变迁,阐述会计准则变迁的含

义、动因、路径和结果。第四章会计准则执行的理论分析与文献回顾,阐述会计准则执行的概念内涵、理论框架和文献回顾。第五章调查分析会计准则趋同后的准则执行情况,其中主要调查分析欧盟 IFRS 执行情况和我国新准则执行情况。第六章检验分析会计准则趋同后的准则执行情况,首先检验新准则执行一致性情况,然后检验新准则执行影响因素,最后检验讨论会计准则执行后果。第七章结语,阐述的主要研究结论和研究局限,并指出未来研究方向。研究结论:会计准则变迁的动因和路径选择会影响会计准则的执行,会计准则的执行又会影响会计准则变迁的预期结果;会计准则趋同变迁初期,国内外的执行情况总体良好,但对旧准则的路径依赖、新准则及相关制度的不完备、准则执行者的利益动机等因素,使得国家间、企业间的执行并不一致;企业对准则的执行并不严格,信息披露"样板化"问题严重;影响我国企业对准则遵循度的主要因素是负责审计的会计师事务所类型,其次是公司的发展能力和规模。

关键词:会计准则　会计信息　会计制度

**5817**

**社会保障的代际公平问题研究:基于政府会计信息披露的视角** / 高如云著 ; 李建发指导. -- 厦门大学, 2009. -- 133 页

论文采用代际核算的研究方法,对我国社会保障的代际公平问题进行研究。论文共分七章。第一章绪论,主要阐述研究背景、研究目的意义、研究内容和结构框架,并介绍研究创新与不足之处。第二章介绍论文涉及的相关概念,回顾了国内外的相关文献。第三章介绍我国社会保障制度的建立与发展、当前我国社会保障可持续发展的制约因素和社会保障制度及代际平衡信息披露状况。第四章介绍美国社会保障制度概况、美国联邦政府财务报告中社会保障可持续性信息披露和美国联邦政府财务报告中财政可持续性信息披露。第五章介绍社会保障代际平衡信息披露的重要工具——代际核算方法。第六章主要介绍基年选择与人口预测、税收信息处理、社会保障信息处理和各时代账号信息,并引出我国代际不平衡的信息披露及缓解途径。第七章阐述论文的主要研究结论和政策建议。研究结论:我国城镇男性和女性都存在代际不平衡,且男性的不平衡程度更为严重;将社会保障代际公平信息纳入政府会计信息披露范畴,引入代际核算法,对现行社会保障政策进行评估,借鉴国际经验,建立相应机制,可使社会保障可持续性信息披露逐步实现规范化与制度化,为决策者制度社会保障可持续发展相关政策提高科学依据。

关键词:社会保障　公平　政府会计　会计信息

**5818**

**股权结构、终极控制权配置与经营绩效研究** / 高燕著 ; 廖洪指导. -- 武汉大学, 2009. -- 139 页

论文以 2003—2007 年沪深上市公司为样本,采用比较分析和回归分析研究了我国上市公司的股权结构以及控制权配置与公司经营绩效之间的关系。论文共分五个部分。第一部分导论,提出研究背景、研究问题、研究思路、研究目标、研究方法、研究意义、主要创新点,并对股权、股权结构、控制权、控股股东与终极控制人的相关概念进行了界定。第二部分对股权结构、终极控制权配置影响企业绩效的国内外文献进行了述评。第三部分对企业产权理论、交易费用理论、企业控制权理论和委托代理理论等理论基础进行了阐述。第四部分介绍了我国资本市场的建立与股份制改造的背景,并对股权结构、终极控制权配置与经营业绩关系进行了实证研究,对所有权与控制权比例的高低分组进行了比较分析,并进行稳健性测试,得出相关结论和政策建议。第五部分以三九医药经历的股权变更与管权分置改革为例,探讨股权变更与股权分置改革后的业绩关系。

关键词:上市公司　股权结构　控制权

**5819**

**嵌入式内部控制信息系统框架研究** / 郭安邦著 ; 王光远指导. -- 厦门大学, 2009. -- 154 页

论文采用理论和实践相结合的研究方法,以内部控制信息系统框架为研究主题,目的是构建以经营管理目标为导向,以遵循性目标为伴生物,以经营者流程为载体,以现代信息技术为支撑的嵌入业务流程的内部控制信息系统框架。论文共分八章。第一章引言,阐述研究问题、研究目的、研究方法和主要观点,并介绍论文研究的逻辑结构和主要内容。第二章回顾内部控制相关研究,主要包括 COSO 报告及评价、以人为核心的内部控制、以流程为载体构建内部控制、IT 内部控制及评价和内部控制信息化。第三章基于不同视角来介绍内部控制。第四章构建嵌入式内部控制信息系统的框架。第五章设计嵌入式内部控制信息系统的模块。第六章介绍嵌入式内部控制信

息系统的关键技术及应用。第八章设计嵌入式内部控制信息系统的业务流程。第八章总结研究结论，指出局限性和未来研究方向。

关键词:企业管理　财务管理　会计　内部审计

5820

**基于利益相关者理论的企业集团财权配置研究** / 郭会丹著 ; 夏成才指导. -- 中南财经政法大学, 2009. -- 128 页

论文采用规范研究和实证研究相结合的研究方法，沿着"理论分析—现状分析—对策研究"的技术路线，以利益相关者理论为基础，紧密结合中国国有企业集团的实际，对企业集团财权配置进行了深入研究。论文共分七部分。第一部分导论，阐述研究背景和研究意义，介绍国内外的研究现状，提出研究思路、研究方法和研究内容。第二部分介绍企业集团财权配置的基本内容、理论基础——理论相关者理论、客观基础——资本结构和制度基础——公司治理结构，并制定了企业集团财权配置的分析框架。第三部分以利益相关者理论为基础，对企业集团财权配置进行理论分析，介绍了一般原则、基本模式、结构安排和实现机制。第四部分分析中国国有企业集团财权配置的现状，介绍其制度背景、配置特征，并对配置效率进行实证分析。第五部分借鉴和比较了美国、日本、韩国的企业集团财权配置。第六部分完善中国国有企业集团财权配置的制度安排。第七部分总结了论文的研究结论，并指出创新点和不足之处。

关键词:企业集团　财务管理　利益　资本结构

5821

**公允价值的应用研究:基于中国资本市场数据** / 郭凯著 ; 李勇指导. -- 中央财经大学, 2009. -- 111 页

论文着重探讨的是作为计量属性的公允价值。论文一方面提出对公允价值和历史成本均设定相应的适用范围，保证在各自领域计量的合理性，另一方面积极改进公允价值的应用现状，如吸收金融工程的估值结果作为公允价值确定的重要来源，摆脱对市场价格的片面依赖，让公允价值建立在更加合理的基础上，由此减少和缓和与传统会计理念的矛盾冲突。论文建议，我国应尽快完善公允价值计量的相关细化规则，对公允价值应用的条件、估值选用的标准做出明确的规定，以便于公允价值在实践中准确操作；同时加强市场监管、改进公司治理机制等配套措施，为公允价值进一步的推广实施构建良好的外部环境；公允价值应遵循渐进式的推广路线，根据我国经济发展的状况、经济金融化的进程，逐步推广完善公允价值。论文整体结构为:前两章主要讲述论文的选题和研究文献，属于论文研究前的基础准备工作。第三章和第四章对公允价值的内涵和外延做了理论上分析探讨，并对应用范围做出相应的界定，属于对公允价值的理论探讨，是考察应用效果的理论前提。第五章至第七章从我国近一年来资本市场上选取样本数据，对公允价值对企业管理决策的影响和相关经济后果做专向的研究，属于对公允价值应用结果的实践检验。第八章是结论与建议。

关键词:公允价值　会计计量　经济效果

5822

**注册会计师审计风险识别研究** / 郭艳萍著 ; 徐泓指导. -- 中国人民大学, 2009. -- 190 页

论文借鉴审计风险理论和博弈理论，采用理论与实践相结合的研究方法，对注册会计师审计风险识别进行研究。论文共分七章。第一章引言，阐述论文的选题动机、研究的基本思路、主要研究方法、文章的结构安排以及论文的主要贡献。第二章对审计风险理论研究的起源及发展进行了回顾、分析和总结，旨在阐明审计风险研究的理论渊源，并完整地理解审计风险的涵义。第三章对审计风险识别的研究现状进行总结，指出审计风险识别在审计风险管理中的作用机制，进而阐明审计风险识别研究必要性及可行性。第四章审计风险识别理论分析重点阐述审计风险识别相关理论，初步提出审计风险识别框架，为审计风险识别与评价的实证研究奠定理论基础。第五章以审计意见为研究对象分析审计风险识别因素。第六章基于审计风险识别的评价方法，对审计风险进行初步评估。第七章总结主要研究结论，并对实证研究过程中的一些主要发现进行了讨论分析，提出初步政策建议，最后指出研究的局限性和未来的研究发展方向。

关键词:注册会计师　审计风险　风险管理

5823

**新会计准则执行效果与经济后果研究** / 何贤杰著 ; 陈信元，黄德尊，杨丹青指导. -- 上海财经大学, 2009. -- 127 页

论文采用理论和实践相结合的研究方法，对新会计准则执行效果与经济后果进行研究。论文共分八

章。第一章导论,阐述论文的研究动机、延吉意义、研究问题和研究发现,并界定了论文涉及的相关概念,指出研究贡献、研究创新和研究框架。第二章制度背景,介绍国际会计准则的发展历程和中国会计准则的发展历程。第三章回顾了国际会计准则执行效果和经济后果等相关文献,并研究回顾了公允价值会计的相关文献。第四章分析信息不对称理论与财务会计的基本问题,建立了会计准则执行效果与经济后果的分析框架,并进行理论分析和研究假说。第五章对新会计准则执行效果进行研究,首先选择样本和数据来源,再次进行研究设计,然后得出实证检验结果,最后进行敏感性分析。第六章对新会计准则对公司信息环境影响进行研究,首先选择样本和数据来源,再次进行研究设计,然后得出实证检验结果,最后进行敏感性分析。第七章对新会计准则公允价值会计进行研究,首先选择样本和数据来源,再次进行研究设计,然后得出实证检验结果,最后进行敏感性分析。第八章总结研究结论与启示,并指出局限性和未来的研究方向。研究结论:整体而言,新准则下会计信息的价值相关性要显著低于旧准则;总体而言,采用新会计准则后,分析师的盈利预测误差显著增加;新准则在债务重组准则中重新引入公允价值后引致了严重的盈余管理问题。

关键词:会计准则　会计信息　公允价值

**5824**

**人力资本会计研究** / 侯金良著 ; 张国初指导. -- 中国社会科学院, 2009. -- 132 页

论文采用理论与实践相结合的研究方法,对人力资本会计进行研究。论文共分七章。第一章绪论,阐述了研究背景、研究目的、研究对象和研究方法,介绍了研究的理论基础,提出论文的主要观点并介绍整体框架。第二章对人力资本会计研究现状进行了评述,介绍了国内、国外人力资本会计研究的相关文献。第三章介绍了人力资本和人力资源概念,阐述了人力资本和人力资源的异同,在此基础上辨析了人力资源会计和人力资本会计的定义及两者的异同,并对人力资本会计的目标、对象和基本假设进行了论述。第四章涉及人力资本会计的确认和计量并阐述了人力资本会计的业务流程。第五章对人力资本的相关职能进行了论述。并对人力资本会计记录的会计业务处理联系事例进行了解释,具体的人力资本出资入股、后续计量、人力资产的折旧、人力资本对应的股利分配和人力资本退出组织等账务处理属于人力资本会计设计的内容,国内在此方面的统一会计制度仍在发展之中。第六章就我国上市公司相关人力资本信息进行了实证研究,对实证研究结果进行了分析说明。第七章总结我国人力资本会计实务中存在的问题,提出了解决方案。

关键词:人力资本　人力资源会计　会计计量

**5825**

**中国审计市场行业专门化经营绩效与战略的实证研究** / 胡南薇著 ; 陈汉文指导. -- 厦门大学, 2009. -- 105 页

论文试图研究我国审计市场中行业专门化经营的绩效和战略问题。论文首先从经济学角度探寻行业专门化经营产生和发展的理论动因,认为其产生具有分工及专业化趋势,其发展具有特定背景,受到了战略管理观以及现代风险导向观的影响。在理论分析基础上,论文试图检验行业专门化经营在我国审计市场中的实施绩效以及实施战略问题,实证分析主要从以下三方面展开:①行业专门化经营对我国审计市场内在绩效的影响。②行业专门化经营对我国审计市场外在绩效的影响。③行业专门化经营在我国审计市场的实施战略。通过实证分析,论文结论显示:首先,行业专门化经营与事务所审计生产效率正相关,因此有助于提高我国审计市场的内在绩效。其次,随着行业专门化水平的提高,审计质量和审计费用相应的提高,因此行业专门化经营有助于提高我国审计市场的外在绩效。最后,行业专门化经营战略影响被审客户趋于集中选择事务所,因此是一种有效的竞争战略;且由于竞争驱动因素,我国事务所更容易在竞争程度较低的行业大力发展行业专门化经营。

关键词:审计　会计师　行业标准　经济绩效

**5826**

**我国上市公司会计稳健的初步证据** / 胡念梅著 ; 葛家澍指导. -- 厦门大学, 2009. -- 197 页

论文以 Watts(2003)有关会计稳健的四大影响因素为基础,研究我国上市公司 1992—2007 年会计稳健特征,讨论了会计制度、审计师风险与债权人需求对我国上市公司会计稳健的影响。论文共分七章。第一章导论,提出了研究问题和研究思路。第二章文献综述,给出了稳健的定义、会计稳健的几种解释和会计

稳健的研究方法,对国内相关研究进行综述。第三章介绍我国会计制度的改革、审计师面临的风险,并讲述我国商业银行与上市公司的债务代理冲突。第四章研究设计和样本选择。第五章对会计制度与会计稳健性、审计师动机与会计稳健性和商业银行与会计稳健性进行描述性统计。第六章实证检验了会计制度与会计稳健性、审计师动机与会计稳健性和商业银行与会计稳健性。第七章阐述研究结论、政策建议和局限性。研究结论:剔除非标意见对测量上市公司会计稳健特征非常重要;随着稳健会计规则不断增加,上市公司会计稳健程度不断提高;审计师特别关注上市公司为了满足有关配股、保持上市资格等监管要求高估收益给其带来的风险,ROE 区间在(-2%,+2%)、(5%,7%)或(7%,13%)的上市公司财务报告具有稳健性;审计监管环境影响审计师会计稳健需求,进而影响上市公司的会计稳健程度;四大审计的上市公司没有非四大稳健,有关在我国四大审计质量高于非四大的观点值得怀疑;外部借款比率、资金侵占、内部人控制和政府干预共同影响上市公司会计稳健程度。

关键词:会计制度　上市公司　企业管理　审计

**5827**

**会计信息化标准体系研究** / 胡仁昱著 ; 刘永泽指导. -- 东北财经大学, 2009. -- 199 页

论文采取案例研究的方法,通过归纳总结的范式,通过对会计信息化标准研究的归纳,首次系统性地提出对会计信息化标准体系进行研究。论文共分五章。第一章介绍论文的研究背景、研究意义、研究目的、研究创新点、研究路径、研究内容,以及论文研究的不足及后续研究方向。第二章对有关会计信息化、有关标准化及标准体系、有关元数据及财会信息资源元数据标准、有关 XBRL 及 XBRL 标准、有关数据接口及数据接口的文献进行了综合论述。第三章对会计信息化标准体系、数据接口标准、元数据标准、XBRL 标准的相关概念进行了界定。第四章对跨级信息表达形式的标准、中间过渡和终极输出标准和会计信息数据交换标准进行了制定,使数据输入、中间处理、信息输出整个信息处理过程得到统一,为实现软件在标准化基础上的多样性奠定了基础,并采取案例研究,带来了数据接口规范制定与实施、元数据规范和 XBRL 的启示。第五章建立会计信息化标准体系中标准的制定模式,构建了会计信息化标准体系,提出了会计信息标准体系建设中标准制定与实施的政策建议。

关键词:会计　信息技术　技术标准

**5828**

**外资并购的上市公司市场效应和绩效研究** / 胡伟著 ; 许家林指导. -- 中南财经政法大学, 2009. -- 150 页

论文结合会计学、财务学和信息经济学等学科的相关理论,利用规范分析与实证检验相结合的方法,对外资并购我国上市公司的市场效应和长期绩效变化进行研究。全文共分七个部分。第一部分导论,介绍研究背景、研究意义、研究思路与方法、研究内容与创新点,并对基本概念进行了界定,对相关研究动态进行综合论述。第二部分是对外资并购效果的理论基础研究。第三部分是对外资并购上市公司的法规分析,介绍外资并购上市公司经历了初始、发展和调整三个阶段,通过对我国现行外资并购上市公司法规制定目的、外资准入的产业限制与反垄断审查、外资资格、持股比例与享受的优惠政策等四个方面分析,认识到各相关法规之间还存在着市场准入以及并购后公司享受的待遇表述模糊或相互冲突的问题。第四部分对外资并购的上市公司主要特征进行分析,通过对外资并购目标公司所属行业和并购前行业地位的分析,发现外资并购并没有导致行业垄断和危机国家经济安全,对外资并购类型、股东地位、控股方式以及获取股权方式等特征的分析结果表明,外资并购的真正目的是获取产品市场和控制投资风险。第五部分是对外资并购上市公司的效果研究,利用事件研究法计算目标公司在不同窗口期间的 CAR。第六部分是对完善外资并购上市公司环境的政策建议。第七部分结语,提出主要研究结论,研究局限,并对未来进行了展望。

关键词:外资企业　上市公司　企业合并　市场效应　企业绩效

**5829**

**投资者保护视角下的会计稳健性影响因素研究** / 胡文龙著 ; 徐经长指导. -- 中国人民大学, 2009. -- 150 页

论文采取理论与实践相结合的研究方法,基于投资者保护视角对会计稳健性的影响因素从会计准则、公司内部治理和外部权益相关者治理三个方面进行了理论分析,对会计稳健性影响因素进行了研究。全文共分七章。第一章导言,主要阐述论文的研究动机和出发点,研究思路及全文的结构安排,文献的贡献

与创新之处,最后对文中涉及的一些概念进行了界定。第二章重点阐述了会计稳健性的衡量方法,为全文会计稳健性影响因素的实证研究奠定了基础,从稳健性运用的制度背景角度分析会计稳健性的影响因素,从制度背景和制度变迁角度分析会计准则国际趋同对会计稳健性的影响,从投资者保护理论基础契约观和法律观角度回顾了会计稳健性的影响因素,并在此基础上从投资者保护视角的会计制度、公司内部治理与外部利益相关者治理三个方面提出本文会计稳健性影响因素的分析框架。第三章通过考察 2006 年我国会计准则国际趋同前后 A 股上市公司会计盈余稳健性是否发生显著变化来考察会计专责对会计稳健性的影响。第四章以第一大股东股权性质、第一大股东持股比例、股权集中度和股权制衡度为股权结构特征的替代变量,考察股权结构特征对会计稳健性的影响。第五章分别以董事长和总经理任职状态、独立董事比例为董事会结构特征的替代变量,主要考察董事会结构特征对会计稳健性的影响。第六章分别以债权人债务治理、公司总部所处经济法律环境为外部利益相关者治理的替代变量,主要考察外部利益相关者治理对会计稳健性的影响。第七章研究结论与展望。

关键词:会计制度　会计信息　证券市场

5830

**创业投资基金运营风险控制研究** / 胡振兴著 ; 郭道扬指导. -- 中南财经政法大学, 2009. -- 185 页

论文以制度经济学和现代企业理论为指导,以规范分析与实证分析相结合的研究方法,对创业投资基金运营风险及其控制进行研究。论文共分六部分。第一部分导论,阐述论文的研究缘起、研究现状、研究内容、研究方法和研究范涛。第二部分介绍了创业投资基金运营基础理论,具体包括契约理论、产权理论和交易费用理论,及其在创业投资基金中的应用。第三部分创业投资基金运营基本理论问题分析,阐述创业投资基金实体特征,介绍运营模式和运营功能。第四部分进行创业投资基金运营风险分析,具体包括投资风险分析、融资风险分析和蜕资风险分析。第五部分通过完善创业投资基金运营治理机制、优化创业投资基金运营结构和建立创业投资基金运营风险预警体系来进行运营风险控制分析。第六部分创业投资基金运营风险控制案例评析,并提出解决我国创业投资基金运营风险控制问题的若干政策建议。

关键词:创业企业　投资基金　经营管理

5831

**核心企业横向并购中的供应链重构研究:来自中国上市公司的经验证据** / 黄微平著 ; 宋献中指导. -- 暨南大学, 2009. -- 123 页

论文采用理论与实践相结合的研究方法,结合中国上市公司的经验证据,对核心企业横向并购中的供应链重构进行研究。论文共分六部分。第一部分绪论,阐述研究背景、研究意义和研究思路方法,并介绍论文的研究结构和研究内容。第二部分文献综述,综述并购中财富转移效应的文献、供应链成本的文献和横向并购对并购企业经营绩效影响的文献。第三部分核心企业横向并购中供应链重构效应的理论分析,侧重于横向并购中的供应链重构类型,及其对供应链财富转移的影响、对供应链运维成本的影响和对经营绩效的影响。第四部分介绍了上市公司横向并购中供应链的选择依据,供应链结构和供应链重构。第五部分实证检验上市公司横向并购中供应链集中度与供应链财富转移相关性,供应链集中度与核心企业供应链运维成本相关性和供应链集中度与核心企业经营绩效相关性,并进行了稳健性检验。第六部分介绍了论文的研究结论和横向并购模式的选择,并指出了研究局限性和进一步的研究方向。

关键词:上市公司　企业兼并　供应链管理

5832

**中央企业内部资本市场效率研究** / 季皓著 ; 王君彩指导. -- 中央财经大学, 2009. -- 162 页

论文将中央企业的内部资本市场作为论文的研究对象,采用了理论推理和实践检验的方法对中央企业的内部资本市场进行研究,重点考察中央企业内部资本市场的效率、影响因素及效率提高路径,期望能对公司决策及政府政策制定提供一定的借鉴意义。研究首先从已有的关于内部资本市场的研究成果和中央企业内部资本市场的相关背景入手,对中央企业内部资本市场的形成和特征进行探讨。然后利用新古典经济学原理,分析中央企业内部资本市场的运作。我们的模型表明是在代理问题能得到较好解决的前提下,中央企业内部资本市场能按照价值最大化的原则,根据企业在各部门的生产率和行业需求的变动分配资源。但是,在实际操作中,这个简单的内部资本市场分配原则往往不能被遵守。其根本原因是代理问题的存在。所以,接下来论文重点剖析代理问题,分析中央企业代理问题的内容、动机和过程,我们

发现无论从哪个角度,代理问题的存在都使中央企业无法按照高效分配内部资源。为了验证这一结论,我们对中央企业内部资本市场的有效性进行了实证验证,其结论证明了我们的观点,即中央企业内部资本市场并没有根据生产率和部门盈利的高低有效配置资源。所以要解决内部资本市场的配置效率问题,应该从解决中央企业内部资本市场的代理问题入手,论文认为中央企业的管理层激励、内部治理、外部治理、资本结构、自身特点几个方面因素能减少中央企业内部资本市场的代理问题,检验他们对中央企业内部资本市场的价值提高的促进作用,结论基本与我们的预测大致一致。根据以上这些研究,论文的最后一部分,结合"黑箱理论",提出提高中央企业内部资本市场有效性的全面措施。

关键词:国有企业　资本市场　市场效率　代理

**5833**

**衍生金融工具风险的会计监控研究** / 江百灵著 ; 陈少华指导. -- 厦门大学, 2009. -- 142 页

论文在阐述相关理论基础后,从会计准则、内部监控、外部监控、审计四个方面详细分析如何对衍生金融工具风险进行会计监控,并以法国兴业银行案件以及最近的次贷危机为例分别阐述如何加强内控与发挥会计在风险管理中的作用。论文以规范分析为主,同时采用案例研究的方法,从会计的角度研究如何对衍生金融工具的风险进行监控。论文还采用历史分析的方法对衍生金融工具会计的发展过程进行描述和评价,同时对我国与国外相关准则内容、监控方法等方面进行对比分析,找出差距,提出对策。在我国已施行新的金融工具会计准则的背景下,论文力图在以下方面有所贡献与创新。1. 衍生金融工具风险控制是世界和我国面临的重大课题,而会计信息是衍生金融工具风险管理的基础。如何利用会计信息系统对衍生金融工具风险进行内外部的监控?针对这一问题,论文设计了监控体系,进行了较系统的研究。2. 我国已经颁布实施了新的金融工具会计准则,但仍然存在一些需克服和完善的问题。论文对这些问题提出相应的建议,可供准则修订时参考。3. 当前的金融危机对社会造成深远影响,论文对会计在金融危机中的角色进行较深入的分析,以期在控制系统性金融风险方面会计可以发挥更大的作用。4. 提出在世界经济一体化和全球会计准则趋同的背景下,我国在衍生金融工具风险的会计监控方面应采取的若干策略。

关键词:衍生金融工具　风险管理　会计

**5834**

**中韩合并会计准则比较分析** / 金俊浩著 ; 张国初指导. -- 中国社会科学院, 2009. -- 139 页

论文采用比较分析的方法,对中韩两国的合并会计准则之间的差异、产生的原因、对财务报表的影响等进行了研究。全文共分六章。第一章导论,提出研究问题,选题背景、选题意义,指出研究方法与研究内容,并对相关研究进行了回顾,阐述了西方学者、中国学者和韩国学者的看法。第二章对中国会计准则体系、韩国跨级准则体系进行了介绍,并对国际会计准则及会计的国际趋同化的差异进行了比较。第三章阐述企业合并与企业合并会计理论的基础,对企业合并进行了概述,对购买法和权益结合法进行了比较,并对比较进行了评析。第四章对中韩合并会计准则进行比较,介绍国际会计准则委员会的合并会计准则,指出中韩两国合并会计存在的差异并对产生差异的原因进行了分析。第五章对中韩合并商誉会计准则进行了比较,先对商誉基本概念进行了界定,分别介绍了中国、韩国、美国、英国、日本的合并商誉会计准则。第六章结论,对中韩合并跨级准则进行比较,提出中韩合并会计准则的借鉴及建议,指出创新点及不足。

关键词:企业合并　会计准则　对比研究　中国

**5835**

**上市公司股权分置改革效果研究** / 柯明著 ; 朱小平指导. -- 中国人民大学, 2009. -- 147 页

论文采用理论与实践相结合的研究方法,对上市公司股权分置改革效果进行研究。论文共分四个部分,共八章。第一部分为论文的第一章绪论,首先阐述论文的研究背景与研究意义,然后通过研究范围的界定,以及国内外相关研究文献的回顾与评述,构建研究思路与研究框架,并进而阐明论文的研究特色和创新。第二部分主要介绍股权分置改革的相关背景知识,从股权分置改革的缘起入手,详细分析股权分置改革的发展历程和总体规划,并在此基础上进一步对股权分置改革过程中的对价进行研究,具有一定的探索性。第三部分是论文的主体部分,首先,通过对股权分置改革前后上市公司股权结构的定量分析,来考察股权分置改革是否优化了上市公司股权结构;其次,通过对股权分置改革前后控股股东效果函数的构建,来检验股权分置改革对控股股东的利益基础及其

行为方式的影响；再次，通过对股权分置改革前后上市公司实施股权激励情况的比较分析，来考察股权分置改革对上市公司激励机制的影响；第四，实证检验股权分置改革对上市公司经营业绩的影响；第五，通过对股权分置改革后中小股东利益面临的新挑战，以及虚假信息披露呈现出的新动向进行深入分析，来论证股权分置改革对上市公司产生的父母影响。第四部分对全文进行总结，得出研究主要结论，指出研究的局限，并在此基础上提出后续研究议题。

关键词：上市公司　股权　经济体制改革

**5836**

**终极所有权结构、公司治理与分析师跟进：来自中国民营上市公司的经验证据** / 李丹蒙著 ； 陈信元指导. -- 上海财经大学, 2009. -- 148 页

论文采用理论与实践相结合的研究方法，对终极所有权结构、公司治理与分析师跟进进行研究。论文共分六章。第一章引言，阐述研究问题、研究思路和研究框架，以及创新之处。第二章文献综述，介绍了终极所有权结构，终极所有权结构与公司信息环境和中国分析师文献的研究现状。第三章制度背景，阐述了中国民营上市公司的起源与发展状况和中国分析师的发展现状。第四章理论分析与研究假说，提出了信息不对称与分析师的“甄别”机制和研究假说。第五章实证检验，搜集数据，进行研究设计，然后进行描述性统计，最后进行回归检验。第六章介绍研究结论、研究启示和政策含义，并指出研究局限与未来研究方向。

关键词：上市公司　所有权　法人治理结构

**5837**

**中国上市公司股权再融资研究** / 李芳芳著 ； 夏成才指导. -- 中南财经政法大学, 2009. -- 128 页

论文运用会计学、经济学、行为金融学、管理学的基本理论，用规范分析与实证检验相结合的方法对我国上市公司股权再融资展开研究。全文共分七个部分。第一部分导论，介绍论文的研究背景、研究意义、研究思路、研究框架、研究主要内容与研究方法，并对相关文献进行了综述。第二部分回顾上市公司再融资的基础理论，对再融资的概念及范畴进行界定，重点阐述企业融资理论，介绍分别从资本结构、信息不对称、公司控股权以及非理性行为等多角度考虑的上市公司股权再融资理论，为后文提供理论支撑。第三部分上市公司股权再融资现状，阐述公司融资方式的历史变迁、上市公司再融资发展历程及政策演变，运用多方面的数据考察我国上市公司股市分置改革前后股权再融资的规模状况、行业特征和方式特征，对我国上市公司股权再融资现状进行综合评价。第四部分上市公司股权再融资的影响因素，在对我国再融资市场的主要利益相关者进行分析的基础上，研究了外部投资者（包括机构投资者、中小投资者、债权人等）、投资银行以及监管当局在上市公司股权再融资决策中的作用。第五部分上市公司股权再融资的风险，以沪深两市股权分置改革前后，2006—2007 年进行股权再融资的上市公司为样本，比较分析这些公司再融资前、再融资当年和再融资后主营业务收入、主营业务收入增长率、主营业务利润、主营业务利润率、净利润、每股收益及净资产收益率等主要财务指标，分析上市公司股权再融资的资金使用效率。第六部分上市公司股权再融资的经济后果，对比股权分置改革前后我国上市公司股权再融资对股东的影响，采用独立样本 T 检验，并建立线性回归模型，实证检验我国上市公司股权再融资对股价的影响。第七部分优化上市公司股权再融资的政策建议。

关键词：上市公司　股权　融资

**5838**

**多元化经营下的会计盈余特征研究** / 李刚著 ； 夏冬林指导. -- 清华大学, 2009. -- 115 页

论文从会计盈余信息着手，以 2003 年至 2006 年 A 股上市公司中非金融类公司为研究样本，围绕多元化经营对会计盈余特征的影响展开相关研究。论文首先对多元化经营相关领域的文献进行回顾，评价和总结前人在该方面的研究成果，并在此基础上，指出论文研究的重点。依据多元化经营对企业会计盈余特征影响这条主线，论文展开两个层面的研究。第一个层面从企业自身会计信息披露，投资者利用会计信息进行定价决策以及分析师对会计信息的理解和使用角度展开，分析多元化经营对会计盈余透明度、会计盈余价值相关性，以及分析师盈余预测的影响。第二层面的研究探讨不同的公司治理水平下多元化经营程度对会计盈余透明度和会计盈余家价值相关性的影响。研究发现较高的公司治理水平有助于减缓多元化经营对会计盈余透明度和会计盈余价值相关性的负面影响。通过以上两个层面的系统研究，我们总结出企业的多元化经营战略会降低会计信息的质

量。同时我们也发现,加强公司治理是提高多元化经营战略下会计信息质量的一条重要途径。

关键词:资本市场　股票市场　会计　企业管理

**5839**

**我国上市公司知识资本估价及其业绩相关性研究** / 李冠众著 ; 刘志远指导. -- 南开大学, 2009. -- 138 页

论文采取理论与实证相结合、比较分析、建模的方法,对我国上市公司知识资本评估及其业绩相关性进行研究。全文共分七章。第一章主要介绍研究的背景和意义,研究内容和方法,研究思路、研究的创新点等内容。第二章文献综述,包括国内外知识资本概念、知识资本估价理论综述和一般估价理论和实物期权理论综述,指出已有研究存在的问题和论文要研究的内容。第三章对知识资本的概念进行界定,对其构成、特征进行探讨,加深对知识资本的理解和认识,并对知识资本相关的一些概念作了比较和辨析。第四章建立知识资本的随机定价模型,利用相关连续随机理论和实物期权理论,建立知识资本的估价模型。第五章利用所建估价模型,选取我国上市公司 2005、2006 和 2007 年的样本数据,对我国上市公司知识资本及其业绩相关性进行实证研究,通过进行相关分析和回归分析,从中探讨知识资本与相关财务和市场变量之间的关系。第六章将基于知识资本的随机估价模型下和 VAIC 模型下知识资本与公司业绩的相关性问题研究作比较,以提高研究结论的可靠性,并从中检验知识资本估价模型自身的适用性、合理性等。第七章结论、意义和局限性,将对全文的主要结论进行归纳和总结,在此基础上总结对我国知识资本时间所具有的启示,最后探讨研究的局限和不足,以利于未来的进一步研究。

关键词:上市公司　无形资产管理　财产估价

**5840**

**机构投资者对中小投资者利益保护效应研究** / 李海英著 ; 刘志远指导. -- 南开大学, 2009. -- 208 页

论文结合中国具体制度环境,通过理论分析和实证检验,研究机构投资者对中小投资者的利益保护效应及其产生作用的制度条件。论文共分七章。第一章导论,提出文章所要研究的问题、研究意义以及研究内容与方法,并对文章所涉及的关键概念进行界定。第二章文献综述,对投资者保护所涉及的代表性研究文献,以及机构投资者的相关文献进行了系统的梳理,并通过对已有文献的评述,进一步深化了研究问题。第三章制度背景,回顾和分析与研究主题相关的制度背景,并结合制度背景,分析中国中小投资者利益保护的特点和机构投资者的作用机理,并结合中国的制度背景,提出研究假设。第五章和第六章进行实证检验和分析。第七章总结论文的主要研究成果,并提出研究不足和未来进一步研究的方向。

关键词:证券市场　机构投资者　利益

**5841**

**治理环境、管理层业绩预告与公司盈余管理:基于中国 A 股市场的经验证据** / 李晶著 ; 储一昀指导. -- 上海财经大学, 2009. -- 141 页

论文采用理论与实践相结合的研究方法,基于中国 A 股市场的经验证据,对治理环境、管理层业绩预告与公司盈余管理进行研究。论文共分八章。第一章引言,阐述研究问题、研究思路与结构、研究意义及主要创新。第二章回顾了国内相关文献,研究了业绩预告的影响因素、经济后果和动态效应。第三章介绍相关的制度背景,包括股票发行制度变迁及股权分置改革和管理层业绩预告制度的建立健全,并分析制度背景的影响。第四章是论文的理论分析和研究设计,通过理论分析、搜集数据和选择样本,设计研究方案。第五章阐述治理环境与管理层业绩预告,通过研究假设与实证检验模型,进行数据描述性统计,最后进行实证检验与分析。第六章介绍管理层业绩预告与盈余管理,通过研究假设与实证检验模型,进行数据描述性统计,最后进行实证检验与分析。第七章动态均衡下的管理层业绩预告,通过研究假设与实证检验模型,进行数据描述性统计,最后进行实证检验与分析。第八章研究结论,总结研究的局限性和未来的研究方向。

关键词:上市公司　会计信息　财务预测

**5842**

**机构持股对公司透明度的影响研究:基于多重视角的考察** / 李锐著 ; 陈文浩指导. -- 上海财经大学, 2009. -- 188 页

论文运用规范与实证相结合的研究方法,从多重视角分析机构持股对公司透明度的影响。论文共分七章。第一章导论,阐述研究背景、研究问题、研究意义、研究思路与研究创新贡献,并界定了重要概念和论文的全文结构。第二章制度背景,介绍机构投资者

的特征及发展状况、我国上市公司信息披露制度和我国投资者保护制度。第三章文献回顾,回顾机构投资者对上市公司和市场有效性影响,并介绍公司透明度的影响因素和度量方法。第四章研究机构持股对公司透明度的作用,首先进行理论分析和研究假说,搜集数据和样本,进行研究设计,然后进行描述性统计与相关性分析,最后给出多元回归分析结果。第五章研究机构持股对MD&A信息披露的影响,首先进行理论分析和研究假说,搜集数据和样本,进行研究设计,然后进行描述性统计与相关性分析,最后给出多元回归分析结果。第六章研究机构持股对盈余透明度的影响,首先进行理论分析和研究假说,搜集数据和样本,进行研究设计,然后进行描述性统计与相关性分析,最后给出多元回归分析结果。第七章总结研究结论与政策建议,并指出了研究局限与未来研究展望。

关键词:上市公司　股权结构　机构投资者

**5843**

**会计信息传导效率研究** / 李晓东著 ; 郭道扬指导. -- 中南财经政法大学, 2009. -- 136页

论文以"知识—信息—知识"为主线,对会计信息与市场经济运行体系中资产定价效率的内在关联性进行研究。全文共分六个部分。第一部分导论,提出了会计信息传导概念,阐述研究的理论意义和现实意义,从会计准则、信息不对称、信息使用者认知等三个方面回顾了国内外学者在会计信息传导领域的主要研究成果,并对后续研究内容进行概念和基础约定。第二部分对会计信息传导的概念进行了界定,建立了会计信息与经济运行内在关系的理论分析基础,并结合信息经济学理论、行为金融学理论和新制度经济学理论论证了会计信息传导的"制度性"特征。第三部分对会计信息传导及其效率的界定进行了理论研究,分析了会计信息传导模式和传导动因,指出会计信息流逻辑的顺畅和严密是会计信息实现有效传导的基础,并分析会计信息传导环节中参与人的行为特征和传导渠道的选择问题,进而从会计信息传导的及时性、准确性、受众广度和引导作用四个方面界定了会计信息的传导效率。第四部分从技术层面对影响会计信息传导效率的因素进行了深入研究,将影响因素概括为系统缺陷、披露选择和认知限度,明确了这三者的内涵,分析了它们对会计信息传导效率的影响方式和程度,从制度层面改善会计信息使用者认知限度的状况,是实现会计信息有效传导的一个新思路。第五部分阐明"股权资本成本"作为会计信息传导效率替代变量的理论基础,据此建立了回归模型,并利用我国上海证券交易所数据对回归模型进行了检验。第六部分围绕如何改善会计信息使用者认知限度的问题,提出了会计信息传导机制的优化思路和政策建议。

关键词:会计信息　会计学　会计方法

**5844**

**管理层评论信息披露研究** / 李燕媛著 ; 郭道扬指导. -- 中南财经政法大学, 2009. -- 178页

论文瞄准MC信息披露的国际最新动态,立足我国MD&A信息披露理论与实践双重匮乏的现实,坚持规范研究和实证研究相结合、宏观分析和微观分析相结合、制度理论和上市公司实践相结合的原则,综合运用规范分析、比较研究、案例研究和经验实证等多种研究方法,主要解决以下六个问题。第一是MC信息披露的理论基础研究。第二是MC的概念、披露目标、质量要求、主要内容和信息鉴证等五个基本理论问题。第三是MC信息供应链的解构与分析。第四是MC信息披露质量测评。第五是MC信息披露质量影响因素研究。最后,提出一系列改进和完善我国管理层评论信息披露制度的针对性建议。研究的贡献主要体现在四个方面:其一,跨学科、多角度、整合性的基础理论研究,为全面诠释MC信息披露提供了深厚的理论基础。其二,首次对MC的概念与内涵、披露目标与质量要求、信息鉴证等基本理论问题展开研究,提出了"MC信息供应链"的新思路,并据此构建MC信息披露质量的系统分析框架。其三,充分考虑现有实证研究的不足,既印证了现有部分研究结论,又得出许多新结论,为提升上市公司MD&A披露质量提供了新的切入点。其四,所提出的建议针对性强,对监管者、上市公司和投资者均具有一定的借鉴作用。

关键词:企业管理　会计信息　信息披露

**5845**

**香港证券市场对我国内地跨境上市公司约束的有效性研究:来自中国A股市场和H股市场监管效果的经验证据** / 廖涵平著 ; 冯淑萍指导. -- 厦门大学, 2009. -- 161页

论文采用实证研究为主、规范与实证相结合的研究方法,研究香港证券市场对我国内地跨境上市公司约束的有效性,并在基础上深入分析具体约束机制。论文共分六章。第一章导论,阐述了论文的研究背景

与动机、研究思路、研究方法和研究内容,并介绍了主要贡献。第二章文献综述,主要介绍了相互竞争假说与经验证据、盈余管理及其经验证据和减少盈余管理制度安排等。第三章分析公司跨境上市制度背景与香港证券市场的监管现状。第四章研究香港证券市场对内地跨境上市公司约束的有效性,实证检验纯A股公司与AH股公司盈余管理差异和AH股公司与纯H股公司盈余管理差异,并进行稳健性检验。第五章香港证券市场有效约束内地跨境上市公司的机制分析,实证检验公司跨境上市与治理合约约束有效性和公司跨境上市与会计准则合约约束有效性,并进行稳健性检验。第六章阐述论文的研究结论和政策启示。

关键词:证券市场　股票市场　上市公司　香港

**5846**

**盈余计量偏差、内生性盈余管理行为与激励契约的"事前"效率:基于"道德风险"研究框架的一个分析式研究** / 林长泉著 ; 王立彦指导. -- 北京大学, 2009. -- 78 页

论文将与会计基础激励契约相关的盈余管理行为称为内生性盈余管理行为,借以区别以财务报告为目的的广义上的盈余管理行为。论文采用分析式会计研究方法,在"道德风险"研究框架下,以盈余计量的偏差及其可能导致的管理者盈余管理行为作为主要的研究对象,对二者如何影响以盈余数字为核心的激励契约事前效率问题进行研究。研究主要是在几个重要的假定和研究背景下展开的:1. 企业最终真实的产出不能够直接得到,能够采用的唯一业绩测评方式是会计盈余,但盈余数字存在一定的偏差;2. 管理者的行动选择(努力)投入是一次性的;3. 激励契约签订后、但在行动选择前,管理者不拥有关于企业真实产出以及与真实产出相关的盈余计量结果的私有信息;4. 激励契约签订后但在行动选择前,管理者拥有关于企业真实产出以及与真实产出相关的盈余计量结果的私有信息。主要的研究内容和研究结论如下:一、论文首先提出会计基础的激励问题,并在此基础上对内生性盈余管理行为的成因,以及现有对激励问题中盈余管理研究的不足等方面问题,进行较为详尽的理论分析。二、分析式会计研究中,以"道德风险"问题为核心的最优契约设计理论,是研究会计基础激励契约设计效率的标准分析框架。三、研究结果表明:在"非私有信息"情形下,即使企业的真实产出无法得到,以盈余为基础的激励契约事前效率也是最优的(激励强度等于1);但在"私有信息"情形下,只要盈余计量偏差存在,以盈余为基础的激励契约事前效率就不是最优的(激励强度小于1)。四、在管理者是风险规避的条件下,比较静态分析结果表明:在"非私有信息"情形下,管理者最优努力投入选择水平和激励契约对管理者的激励强度,均会随着盈余计量偏差的增加而降低;在"私有信息"情形下,在一定的参数选择条件下,委托人的效用可能会高于"非私有信息"情形下的效用水平,但随着盈余计量偏差的增加,激励契约对管理者的激励强度会下降。

关键词:企业管理　财务管理　企业利润

**5847**

**企业集团财务控制行为:动因、测度及相关分析** / 刘彩霞著 ; 祁怀锦指导. -- 中央财经大学, 2009. -- 129 页

面对形势严峻的企业集团财务控制实践,企业集团财务控制的研究还显得相对滞后。论文以理论分析和实证研究相结合的方法,试图对此问题进行比较系统的分析。全文共有七章:第一章是导论。基于研究主题的意义和价值,界定研究的目标定位与具体问题;然后通过对企业集团财力控制等相关概念的剖析,界定论文的核心概念——企业集团财务控制行为表现;最后确定研究目标和研究方法。第二章是文献综述。首先对论文核心概念所依托的基础概念——企业集团财务控制进行了梳理,归纳出一个内容体系框架,通过该框架对论文研究进行定位;其次,剖析了企业集团财务控制研究中的两个文献系统:国际研究趋势与国内主流学术观点;再次,分别从理论和实践两个方面追溯了企业集团财务控制的演进过程;最后,总结企业集团财务控制研究的发展趋势,说明论文选题对理论发展趋势的呼应。第三章是研究控制行为的动因。集中揭示企业集团内部基于强化风险管理与控制、基于协同效应的期望、基于绩效提升而进行控制的动机与原因。第四章是研究控制行为的测度。首先根据相关文献和实地调研的结果提出企业集团财务控制行为表现的维度结构,然后基于这一维度结构,利用问卷调查数据,编制企业集团财务控制行为表现的维度测量体系。第五章是控制行为的统计分析。首先基于本次调查活动的基本情况分析,其次是本次调查获取的问卷反映的企业集团财务控制力表现形态的统计工作分析。通过分析,显示其企业集团财务控制力的差异化状态。第六章是控制行

为的实证分析。利用描述性统计指标和无重复方差分析技术,分析不同维度、不同规模、不同产权性质的企业集团在财务控制力方面的差异,并相应提出检验,进一步验证相关结论。第七章是结论与展望。根据研究的结果,进一步提炼研究结果所蕴含的学术意义和实践价值,分别针对企业集团面向不同成员公司而提出相应的政策建议和策略建议;指出今后研究工作可以进一步探讨的问题。

关键词:企业集团　财务管理　企业绩效

**5848**

**上市公司虚拟资产问题研究** / 刘丽芹著 ; 孟焰指导. -- 中央财经大学, 2009. -- 109 页

论文以中国上市公司虚拟资产问题为研究对象,在对虚拟资产相关文献和理论进行梳理、总结的基础上,首先对上市公司虚拟资产进行理论分析和现实考察;构建上市公司利用虚拟资产操纵利润的识别与测评模型,提出了上市公司虚拟资产的合理区间;实证分析上市公司利用虚拟资产操纵利润的行为以及上市公司虚拟资产对股票市场定价影响;实证分析上市公司虚拟资产的影响因素。最后,根据论文的研究结论,提出了今后监管和规范中国上市公司虚拟资产的政策建议。论文通过对上市公司虚拟资产问题的现实考察发现:上市公司虚拟资产规模较大、涉及范围广,对利润的影响举足轻重;上市公司虚拟资产规模的行业差异较大,其中信息技术业、社会服务业和综合类产业虚拟资产比重最高;综合类、信息技术业和批发零售贸易业虚拟资产对其利润影响最大,且有逐年下降趋势;上市公司虚拟资产各项目占比差异较大,三年以上应收款项、长期待摊费用和递延所得税资产是需要重点关注的三个大项目。

关键词:上市公司　资产管理　企业利润

**5849**

**排污权交易会计问题研究** / 刘松青著 ; 耿建新指导. -- 中国人民大学, 2009. -- 174 页

论文用用理论论证、比较分析法和案例分析法,对排污权交易会计问题进行了研究。全文共分八章。第一章主要对论文的研究背景、研究意义、研究思路和框架以及研究方法做了必要的说明。第二章对国内外排污权交易理论与实践、环境会计基本理论和排污权交易会计等方面的相关文献进行了系统的归纳和总结。第三章阐述排污权交易的经济理论基础和理论框架,以及排污权交易对环境会计理论的丰富和发展。第四章系统总结了排污权交易在美国、欧盟和我国的实践与发展历程,并重点从会计视角对排污权交易进行解读。第五章对国外排污权交易会计的研究与争论进行分析与评述,对三个会计规范的内容及主要差异进行归纳,并探究其存在差异的根源。第六章在前文对我国排污权交易实践研究的基础上,借鉴国外排污权交易会计研究的成果,从建立我国排污权交易会计规范的角度研究了我国排污权交易会计处理与信息披露的方法,提出制定我国排污权交易会计准则的具体思路。第七章重点对国外几家上市公司排污权交易会计信息披露进行了案例分析,归纳这几家公司排污权交易会计信息披露的主要内容和形式,分析其中存在的问题。第八章总结了研究结论、创新之处和政策建议,针对研究存在的不足提出了进一步研究方向。

关键词:排污交易　环境管理　会计处理

**5850**

**市值管理:理论框架与案例研究** / 龙丽著 ; 李爽, 汤谷良指导. -- 中央财经大学, 2009. -- 151 页

资本市场价格发现和资源配置功能初步完善,源于证券市场的内生需求,市值管理研究正成为热点问题,市值管理对于现时中国财务理论研究具有重要意义。本篇论文共分九章,采用案例研究与描述统计、规范研究相结合的研究方法。第一章导论。主旨在于提出问题和研究设计。指出市值管理研究应证券市场内生需要而产生,并提出选择万科作为市值管理的案例来探索构建一个广义的 VBM 框架。第二章是文献回顾和综述。通过对大量的国内外 VBM 和市值管理研究文献的整理、综述和分析,发现 VBM 管理现有的不足,提出市值管理研究的范畴和意义。第三章是市值管理的理论框架。采用规范的演绎推理,从股东总回报定义出发,对其进行严格的公式推导分解,引入“市场预期”(market expectations)概念,并将股东总回报分解为三个层次的具体目标:内涵价值最大化、股东投入最小化、创造提升基于价值的市值,从三个具体目标出发,以激励机制的设计为连接,构建了一个整合的广义的 VBM 框架,市值管理战略研究成为 VBM 框架的深化及拓展。第四章是激励机制的设计。好的激励机制应当是三维战略 KPT 指标和市值 KPI 指标并行;科学地借鉴可持续增长率、历史和市场平均市盈率、PEG 指标来确定增长率底线;以及如何选择股东再投资成本最小化的指标。第五章是把握

市场预期。这是市值管理行为开展的依据,分析师意见分歧、大盘价值中枢购买信号、相对估值法提供了市场预期的方法。第六章和第七章是基于定价偏差而展开的市值战略管理研究。基于定价偏差而实施的市值管理战略决策,能够降低 WACC,包括 IPO 策略、股价高估发行新股、股价低估回购股票或债券融资、股票挂钩类债务融资等。第八章是沟通管理的方式来消除市场定价偏差,利用“领头羊”理论,甄别战略投资者,4R 沟通法则以保持良好的沟通与高信息透明度。第九章是论文的结论和建议部分,提出市值管理可以创造并提升基于价值的市值。

关键词:证券市场　证券交易　财务管理

**5851**

**会计稳健性研究:基于中国制度背景的分析** / 龙子午著 ; 夏成才指导. -- 中南财经政法大学, 2009. -- 158 页

论文结合会计学、制度经济学、信息经济学、管理学的综合知识,用规范分析与实证检验相结合的方法对我国上市公司会计稳健性展开研究,做到以规范研究和理论研究为先导、以实证研究的结果来进一步促进规范研究和理论研究的完善。综合运用理论建模、实证研究、比较研究等研究方法。除导论以及最后的研究结论外,论文分六章。第一章为会计稳健性的基础理论。主要运用委托代理理论、产权保护理论和会计目标理论对会计稳健性予以诠释,为后文提供理论支撑。第二章为会计稳健性的分类与计量。把会计稳健性分为条件稳健性和无条件稳健性,并对两者的区别和联系进行了详细论述。第四章为会计稳健性的适度分析。主要对会计适度稳健性进行了规范和模型分析。揭示稳健会计信息给利益相关者带来的收益和引起的成本,提出稳健会计信息的适度是理论发展和现实的必然选择。第五章为我国会计稳健性的发生机理:政府监管。主要围绕我国会计信息稳健特征相关的制度背景展开论述。第六章为研究启示与政策建议。主要围绕我国会计信息稳健性特征的发生机理是政府监管,而不是契约,展开论述并提出了若干建议。契约机制的完善是提高会计信息稳健程度的关键。稳健会计信息具有降低代理成本的功能,在我国报酬契约、债务契约签订、执行和事后评价约束过程中的作用不明显。要真正发挥会计稳健性的降低代理成本的作用,完善契约机制是关键。

关键词:会计信息　会计准则　会计制度

**5852**

**银行业资本结构、机构法人持股比率与经营绩效之研究:资源基础论视角** / 罗淑蕾著 ; 宋献中指导. -- 暨南大学, 2009. -- 129 页

论文理论分析和实证检验相结合的研究方法,对银行业资本结构、机构法人持股比率与经营绩效进行研究。论文共分五章。第一章导论,阐述论文的研究背景,介绍研究动机与目的和研究步骤与流程,并指出研究内容。第二章理论与文献回顾,概述资源基础理论、效率与衡量方法,回顾资本结构、机构法人持股比例与经验绩效的文献和投入与产出的相关文献。第三章包络分析法与银行效率之衡量,阐述包络分析法,分析投入与产出,给出了银行效率计算结果,并进行分析。第四章实证研究,首先选择样本,定义研究假设和研究变量,设计多元回归模式,进行描述性统计,最给得出实证结果,并进行分析。第五章总结研究结果,提出研究建议,指出研究限制与后续研究。

关键词:银行业　资本结构　股权结构

**5853**

**基于契约理论的公司债务融资治理效应研究:我国金融生态环境下债务重组视角** / 罗韵轩著 ; 王永海指导. -- 武汉大学, 2009. -- 225 页

论文采取理论与实证相结合的研究方法,以契约理论作为逻辑分析框架,以债务融资治理效应为全文的分析主线,贯穿于债务契约的设计、签订、履约、违约运行之中,以金融生态环境下上市公司债务重组为视角,对公司债务融资治理效应进行研究。全文共分七个部分。第一个部分导言,主要介绍选题背景与研究意义,基于分析国内研究的现状及局限性,从而引出选题的学术价值和现实意义,并界定与论题相关的概念,归纳论文的逻辑结构、研究方法及创新点。第二部分文献回顾与述评,梳理国内外文献的脉络线索,以契约理论中现金流和控制权的配置转移以及融资结构理论中的激励、信号传递、控制权、债务重组四个理论作为文献的逻辑分析框架,以债务融资治理效应作为文献分析的主线,并贯穿于债务契约的设计、签订、履约、违约运行之中。通过述评国内外研究现状及局限性,提出新的研究视角——我国金融生态环境下债务重组视角。第三部分理论基础,在债务契约与债务融资治理效应的理论基础上,阐释契约事前设计、契约事中履约与债务融资治理效应,以及契约事后违约下债务重组与破产机制,债权人参与公司治

理,构建论文研究的基本理论支柱。第四部分选题的相关制度背景分析,以债务融资治理效应的环境依赖观为分析前提。第五部分从债务"异质性"角度出发,针对我国上市公司的金融生态环境、终极控制人性质、不同来源性质及期限结构的债务治理效应与债务重组进行实证分析。第六部分给予契约理论的我国债务融资治理优化路径,拟解决的关键是在债权人权益保障机制下契约的内生化设计、衍生融资契约设计、会计规则对契约设计的优化路径;完善我国破产机制及相关法律制度,提出我国银行债券治理模式与机制、发展债券市场。第七部分总结归纳全文的基本观点、局限性及对外来后续研究的展望。

关键词:股份有限公司　上市公司　债务　融资

**5854**

**审计重要性研究** / 毛敏著 ; 张龙平指导. -- 中南财经政法大学, 2009. -- 165 页

论文的研究目标就是深化对现代审计重要性理论和实务的认识,研究在现代风险导向审计下如何提高审计师重要性判断的质量。论文分为五个部分,主要运用规范研究与实证研究相结合、归纳法与演绎法相结合、逻辑分析与历史分析相结合等方法。各部分的主要内容如下:一、对审计重要性产生与发展的研究。结合审计模式的演变,对审计重要性的产生与发展进行历史研究,提出了账项导向审计阶段是审计重要性的萌芽和初步发展阶段。二、审计重要性基本理论研究。从用户需求观或投资者保护观研究审计重要性的目标定位,对审计重要性的概念进行解读,并分别与会计重要性、法律重要性等相关概念进行辨析。三、我国审计重要性的影响因素考察。利用我国上市公司财务数据,采用经验研究方法,对我国审计师重要性判断的一致性及其影响因素进行检验。四、我国审计重要性的判断及绩效研究。首先分析论证审计重要性是审计职业中一种重要的职业判断活动。在此为基础,借助实验研究方法,为实验对象提供模拟环境及重要线索,考察我国注册会计师的审计重要性判断绩效。五、我国审计重要性的综合评价模型构建。首先将审计重要性判断的指标分为三层:目标层、主因素、子因素,根据审计环境采用六尺度语意变量及相应的模糊三角数,设计调查表由审计师专家打分,结合权重取得需要的模糊数,再利用图示法或三角重心法解模糊,取得最适合的语意值以辅导审计师的重要性判断,为评价审计重要性提供一种可行的科学方法。

关键词:审计　风险管理　审计人员　审计质量

**5855**

**价值链成本管理研究:理论、案例与实验** / 穆林娟著 ; 祁怀锦,汤谷良指导. -- 中央财经大学, 2009. -- 188 页

论文努力追求突破研究的局限性,采用规范研究和经验研究相结合的方法,对价值链成本管理的相关问题进行研究。文章根据所构建的价值链成本分析框架讨论了价值链成本管理的几个问题:第一,价值链成本驱动因素分析。成本驱动因素既有战略成本动因也有作业成本动因,对于价值链成本而言更为重要的是进行战略成本动因分析。论文从结构性管理和执行性管理的角度逐一讨论价值链战略成本动因。第二,价值链成本管理工具的选择与使用。成本管理工具的选择需要考虑环境因素、组织文化和管理工具之间的整合,价值链成本管理可以在不同的时间、不同的阶段、不同的组织等采用不同的方法。第三,关于驱动因素分析和成本管理工具运用的案例分析。论文采用多案例对比研究的方法,对三家跨国汽车企业在国内的多家合资企业的截面数据和二十几年的合资时间序列数据进行分析和研究,总结跨国企业先进的价值链成本管理经验,并检验前述的价值链成本管理的理论。第四,价值链成本管理保障机制的建立。采用试验研究的方法对价值链成本管理的保障机制进行研究,发现信任和激励是价值链成本管理系统的"两根保障支柱",信任会起到决定性作用,而激励则是促进性作用。最后,在对全文总结归纳的基础上,也指出了论文存在的不足。论文对所构建的理论框架的相关内容只进行多案例研究,没有进行大样本的检验,这主要是由于价值链成本数据的非公开性所致,未来可以进行多视角、多方法的研究。

关键词:企业管理　价值链　成本管理

**5856**

**内部控制信息披露的影响因素研究:基于中国资本市场的证据** / 聂兴凯著 ; 冯淑萍指导. -- 中国人民大学, 2009. -- 207 页

论文应用理论和实践相结合的研究方法,对内部控制信息披露的影响因素进行研究。论文总分六章。第一章介绍论文的研究问题和研究意义,并制定研究的内容、目标、界定、方法和创新点。第二章讲述"现象与本质""结构－行为＝绩效""委托代理理论"、非

对称信息理论等多种理论基础,分析中国、美国、英国等多个国家的内部控制信息披露制度,并对内部控制信息披露研究文件进行综述。第三章搜集和整理了沪市内部控制信息披露信息,介绍沪市影响内部控制信息披露的业务因素、公司治理因素、公司绩效因素、股票市场表现因素和其他因素,并对此进行综合分析。第四章搜集和整理了深市内部控制信息披露信息,介绍沪市影响内部控制信息披露的业务因素、公司治理因素、公司绩效因素、股票市场表现因素和其他因素,并对此进行综合分析。第五章对我国上市公司内部控制信息披露的实证进行分析。第六章阐述了研究结论、政策建议与研究展望。

关键词:证券市场　资本市场　上市公司　经济信息　内部审计

**5857**

**基于信息管理观的会计信息系统有效性研究** / 牛艳芳著 ; 庄明来指导. -- 厦门大学, 2009. -- 145 页

论文以理论和实践相结合的研究方法,对基于信息管理观的会计信息系统有效性进行研究。论文共分六章。第一章引言,介绍选题背景和动机,讲述研究思路、方法、内容、路线、框架和架构。第二章对 AIS 有效性进行理论综述,主要讲述 AIS 界定、IS 有效性理论、AIS 有效性界定和不同用户视角的 AIS 有效性评价。第三章阐述信息管理学及其在 AIS 中的应用,并介绍信息与 IT 对 AIS 有效性的作用和信息活动与信息人员对 AIS 有效性的作用。第四章从信息化环境下会计信息质量和 AIS 有效性缺失因素两个角度来分析 AIS 有效性现状。第五章给出了基于信息管理观的 AIS 基础框架和详细设计;第六章是未来研究展望,从源于信息生态学思考的角度对 AIS 有效性进行研究展望,并对其进行量化评价。论文研究结论:信息、信息技术、信息活动、信息人员按一定原则配置成信息系统时,信息的价值就能得到真正体现,同时信息系统也达到了最有效状态;AIS 由会计信息、信息技术、会计信息活动、会计人员构成,以会计信息为核心的四个因素之间达到完美协调时,也就达到了 AIS 有限;在当前信息技术的发展下构建了以面向服务架构(SOA)的 AIS 集成框架,通过系统集成、会计信息活动集成、信息集成等实现会计信息价值增值,达到最佳 AIS 有效。

关键词:会计信息　信息系统　信息管理

**5858**

**我国民营上市公司治理的审计视角研究** / 欧阳卓平著 ; 廖洪指导. -- 武汉大学, 2009. -- 246 页

论文采用理论与实践相结合的研究方法,立足现代企业理论、产权理论、委托代理理论、利益相关者理论,从审计的视角对我国民营上市公司治理进行研究。论文共分五章。第一章介绍公司治理理论的相关文献,重点归纳了现有文献关于公司治理方面的研究角度和思想,为论文的研究提供理论基础。第二章分析现有四种公司治理模式的特点及优劣,对我国民营上市公司治理进行历史考察和现实解读。第三章探讨民营上市公司治理的各个层面及因素,主要从内部治理和外部治理两个层面考察影响公司治理的多种因素,分析其与审计理论对接的可行性,为全文的论述提供了逻辑关系基础。第四章按照上述的理论框架和逻辑结构,分析了我国民营上市公司治理模式的改进及路径安排;第五章是实证分析。以 2007 年底我国民营上市公司为样本,对其公司治理情况及审计的相关性进行统计检验,并在检验结果基础之上,提出了完善我国民营上市公司治理的政策性建议。

关键词:民营企业　上市公司　公司治理

**5859**

**我国政府财政补贴的财富效应研究:基于政府理财和社会成本的视角** / 彭霄飞著 ; 王永海指导. -- 武汉大学, 2009. -- 111 页

论文基于政府理财和社会成本的视角对我国政府财政补贴的财富效应进行研究。全文共分六章。第一章是政府财政补贴理论综述,主要从财政补贴与企业经营业绩、财政补贴的社会成本与收益等角度讨论了基于政府理财角度的财政补贴的财富效应。第二章通过讨论财政补贴的公共品属性以及财政补贴的国内外实践,从理论上分析财政补贴的基于政府视角的理财属性,还讨论我国对中小企业的一种财政补贴形式——创新基金的内涵及其对中小企业发展的影响。第三章讨论政府财政补贴的社会效应和财富效应,通过对财政补贴的社会效应和财富效应的分析,来解答财政补贴会对一个社会的商品生产、一个国家居民的福利以及对上市公司业绩等会造成什么样的影响的问题。第四章财政补贴的社会成本,通过讨论财政补贴对企业的外部性的影响、财政补贴对私人投资的挤出效应以及财政补贴造成社会福利的损失,进而分析财政补贴的财富效应和社会成本之间应

该达到一种均衡,从而使补贴效用达到最大化。第五章我国财政补贴财富效应的实证分析,从理论的角度讨论了我国对企业财政补贴的现状,利用我国上市公司的数据实证研究财政补贴对上市公司承担的社会目标、上缴税收、盈利能力以及资产规模扩大等影响。第六章我国政府财政补贴改革的建议,提出我国财政补贴的改革应该追求成本和收益之间的平衡,提高财政补贴的效率,政府应该自觉的有所为和有所不为,在此基础上,对进行财政补贴改革的原则和路径进行了详尽的分析和阐述。

关键词:财政补贴　财政支出　财政政策

**5860**

**公平偏好、企业内部薪酬不公平与企业业绩** / 覃予著 ; 傅元略指导. -- 厦门大学, 2009. -- 133 页

论文采用理论分析与实证检验相结合的研究方法,构建报酬契约模型,基于研究人们分配公平的公平理论、相对剥削理论,及研究报酬契约设计的经典契约理论,对公平爱好、企业内部薪酬不公平与企业业绩的相关问题进行研究。全文共分七章。第一章导论,说明论文的研究背景、研究意义、研究的主要问题、研究框架、主要内容、研究方法、研究贡献及论文的创新点。第二章对公平偏好的理论基础、显示公平偏好的经典博弈实验、描述分配公平爱好的企业报酬契约模型、企业内薪酬不公平指标的构建、组织内薪酬差距与业绩的关系等相关研究文献进行回顾和述评,得出了研究启示。第三章对公平偏好下高管/普通员工代理问题报酬契约,公平偏好下高管团队锦标赛制度的多代理问题报酬契约进行了设计。第四章阐述了企业内薪酬不公平程度指标构建的理论基础,以投入差异标准划分企业内薪酬差异的影响因素,构建企业内薪酬不公平程度指标,并对企业内薪酬不公平程度指标研究结果进行了分析。第五章对高管/普通员工薪酬不公平程度与企业业绩的线性关系和区性关系进行了估计,并对员工公平偏好强度、薪酬不公平程度和企业业绩的稳健性进行检验。第六章对高管团队内薪酬不公平程度与企业业绩的线性关系和区性关系进行了估计,并对高管公平偏好强度、薪酬不公平程度与企业业绩之间的稳健性进行了检验。第七章结论,给出研究结论和建议,指出局限性和未来研究的方向。

关键词:企业管理　公平　薪酬　企业绩效

**5861**

**高等院校经费使用效率研究:基于我国教育部直属高校的实证分析** / 任梦杰著 ; 朱小平指导. -- 中国人民大学, 2009. -- 177 页

论文运用单因素指标分析、综合指标分析、指标体系法、生产函数法和非参数的数据包络分析方法(DEA),结合教育系统多投入、多产出,以及教育过程复杂、难以用参数刻画等特征,采用 DEA 方法,对高等院校经费使用效率进行了研究。全文共分八章。第一章导论,介绍研究背景、研究内容、研究意义、研究方法、研究思路、研究难点和创新之处。第二章对公共产品理论、高等教育产品性质探析、教育经济学等理论基础进行了阐述,并对国内外相关文献进行了回顾。第三章对高校经费使用效率的研究背景进行了分析,并对我国和国外相关状况进行了介绍。第四章介绍了传统评价方法,如单因素指标分析、综合指标分析、指标体系分析、生产函数分析等,还有数据包络分析方法(DEA),并对相关模型进行了选择。第五章对效率评价模型中的变量进行了选取,并对变量进行了设计。第六章对我国高等院校经费使用效率进行了横向和纵向分析,并对经费使用效率进行了评价。第七章对我国高校经费使用效率的内部影响因素和外部因素进行了分析。第八章是论文的研究结论和局限性。

关键词:高等学校　教育经费　经济效率

**5862**

**转型经济条件下我国上市公司关联担保研究:融资需求亦或利益攫取?——基于沪市 A 股上市公司的实证分析** / 任鹏著 ; 李若山指导. -- 复旦大学, 2009. -- 166 页

论文以沪市上市公司 2004—2006 年关联担保行为为研究对象,采用理论分析和实证检验相结合的研究方法,对转型经济条件下我国上市公司关联担保进行研究。论文共分七章。第一章绪论,阐述研究问题、选题意义、研究思路和论文框架,并指出创新点。第二章介绍西方融资担保理论,回顾和述评了国内的相关研究文献。第三章介绍我国担保法律制度的嬗变,并分析 2003—2008 年沪市上市公司担保情况。第四章对担保对象、公司价值与市场反应进行研究,首先进行理论分析,介绍制度背景及研究假说,再次进行研究设计,然后进行描述性统计、相关性分析和回归分析,最后得出不同类型担保公告的市场反应。

第五章对大股东性质、担保动机与利益输送进行研究,首先进行理论分析,介绍制度背景及研究假说,然后设计模型,最后进行描述性统计、相关性分析和回归分析。第六章对关联担保和会计盈余的价值相关性进行研究,首先进行理论分析,介绍制度背景及研究假说,再次进行研究设计,然后进行描述性统计和相关性分析,最后进行回归分析和稳健性分析。第七章总结主要研究结论,提出了政策建议,并指出局限性、不足之处和未来研究方向。

关键词:上市公司　担保　利益关系　企业利润

**5863**

**治理环境、盈余质量及其经济后果** / 宋小华著 ; 陆正飞指导. -- 北京大学, 2009. -- 86 页

论文采用应计项质量来衡量财务信息质量,并将其按照风险来源分解为内在性应计项质量和操纵性应计项质量,深入研究治理环境对应计项质量及其组成成分的影响,并从外部债务成本和投资效率两个角度,考察不同的治理环境下应计项质量及其组成成分的经济后果。论文得到如下研究结论:首先,研究发现,完善的治理环境能够降低公司的经营风险,从而有助于内在应计项质量的提高;另一方面,治理环境不完善地区的上市公司,更有动机提供高质量的财务会计信息,以补偿治理环境及其执行对利益相关者保护较弱所带来的负面效应。第二,论文研究表明,应计项质量越差,债务成本越高;进一步的分析又发现,债权人在对上市公司应计项质量的考察中,更多关注的是内在性应计项质量而非操纵性应计项质量;同时,研究还发现治理环境越差,应计项质量对债务成本的影响就越大,表明较好的治理环境能够减少上市公司债权人对财务信息的依赖。第三,论文考察了应计项质量与投资—现金流敏感度之间的关系,结果发现随着应计项质量的提高,内部现金流与企业投资之间的关系变弱,表明高质量的财务信息降低了企业的投资—现金流敏感度,而较差的治理环境会强化应计项质量与投资现金流的负相关关系;进一步的分析表明,提高财务信息质量对抑制投资过度有着显著的作用,而改善上市公司的治理环境将会有效地解决投资不足的问题。

关键词:企业管理　财务管理　企业利润

**5864**

**财务报告目标与资产计量** / 孙丽影著 ; 葛家澍指导. -- 厦门大学, 2009. -- 115 页

论文采用规范研究方法,对财务报告目标与资产计量进行研究。论文共分五章。第一章导论,阐述选题背景、研究思路和研究方法,并回顾了相关文献,介绍创新点。第二章财务报告目标,介绍了双目标论和满足财务报告目标的信息集合。第三章企业资本循环对财务报告目标的影响,阐述企业资本循环及风险和企业资循环对财务报告目标的影响。第四章会计记录目标,介绍了会计计量的概念及其属性、目标,企业业绩计量的目标,企业权益价值的计量目标和企业持续经营价值记录目标;第五章资产的计量,阐述了资产的概念,并介绍了满足资源配置决策有用性目标的资产计量和满足受托责任目标的资产计量。

关键词:企业　资产评估　财务报表　会计

**5865**

**客户让步策略与审计人员谈判判断研究** / 孙岩著 ; 张继勋指导. -- 南开大学, 2009. -- 154 页

论文以互惠理论为基础,采用实验的研究方法,以注册会计师为被试,检验客户在审计谈判过程中使用的不同谈判让步策略对审计人员的直接谈判判断和审计人员感知的客户谈判判断的影响。论文共分为八章。第一章为绪论。第二章为文献回顾,分别回顾心理学以及审计领域中的谈判研究,并对审计谈判策略的相关研究进行评述。第三章对审计谈判与审计质量之间的关系进行了分析。第四章以互惠理论为理论基础,分析客户让步策略对审计人员直接谈判判断和感知的客户谈判判断的影响,并提出论文的研究假设。第五章对论文研究的实验设计做出介绍。第六章通过对实验结果的分析,检验客户让步策略对审计人员两个层次谈判判断的影响。第七章使用假设检验之外的变量信息,对审计人员各轮谈判报价和谈判策略进行进一步的分析,并构建客户让步策略与审计人员谈判判断的中介模型。第八章是论文的结论,总结全文的研究结论、局限性和未来的研究方向。

关键词:审计人员　谈判　审计行为

**5866**

**中国商业银行公司治理与绩效研究:以上市商业银行为例** / 唐雷著 ; 徐泓指导. -- 中国人民大学, 2009. -- 166 页

论文采用理论和实践相结合的研究方法,基于中国商业银行发展的特点环境对如果建立商业银行有助绩效增加的治理框架进行研究。论文共分七章。

第一章导论,阐述研究背景、选题意义、研究方法和研究内容与框架。第二章公司治理结构概述,介绍公司治理的含义、公司治理机制的体系结构和商业银行治理及其四个关键维度。第三章董事会研究,介绍现状和存在的问题,进行实证研究:设计研究假设,选择样本和数据,制定模型和定义变量,最后得出结果并分析。第四章介绍信息披露的现状和存在的问题,再分析现状和问题,制定商业银行信息披露框架,并介绍商业银行信息披露的国际经验和改进途径。第五章介绍激励机制的现状和存在的问题,再进行实证研究:设计研究假设,选择样本和数据,制定模型和定义变量,最后得出结果并分析。第六章介绍股权权益的现状和存在的问题,再分析现状和问题,制定商业银行股东权益保护的框架,并介绍商业银行股东权益保护的国际经验和改进途径。第七章阐述研究结论,提出有助绩效增长的治理框架建议,并指出创新型、局限性及下一步研究方向。

关键词:商业银行　上市公司　企业绩效

**5867**

**基于平衡计分卡的决策支持系统研究** / 唐佩雄著 ; 宋献中指导. -- 暨南大学, 2009. -- 193 页

论文采用理论与实践相结合的研究方法,对基于平衡计分卡的决策支持系统进行研究。论文共分五章。第一章绪论,阐述了论文的研究背景、研究动机、研究目的和研究方法,并构建了研究架构,介绍研究成果和贡献。第二章阐述平衡计分卡的主要内容和相关理论,并研究了当前文献,系统地介绍了对平衡计分卡的批判。第三章回顾 ERP/ERM 的发展历程,并列举企业资源整合系统(ERP)的供应链问题、结构间的矛盾对立问题和变革抗拒的政治行为,提出 ERP 的整合与互补。第四章研究决策支持系统的发展与统和,介绍了 DSS 的设计方法论,并设计了模型,完成了理论演化与背景假说,最后给出模型结构与核心功能示例。第五章阐述论文的研究记录与贡献,并指定了未来的研究方向和建议。

关键词:企业管理　信息化　决策支持系统

**5868**

**机构投资者选股能力及其持股行为的经济效果研究** / 唐松莲著 ; 胡奕明指导. -- 上海交通大学, 2009. -- 155 页

论文对比中美机构投资者发展的不同轨迹和制度背景,在对机构投资者持股情况进行恰当的分类,采用规范和实证相结合的研究方法,从理论和经验两个方面分析和检验不同类型的机构投资者的选股能力及机构投资者不同情况的持股所带来的经济后果,经济后果主要从两方面考察:盈余管理和公司业绩。在博弈模型和机构投资者持股比例效应的分析的基础上,利用中国非金融类上市公司 2004—2007 年间 16 个季度中机构投资者持股数据,对机构投资者持股不同情况进行划分:其一是对机构投资者持股的公司划分。其二根据持股时间是否大于两个季度,把机构投资者分为短线型机构投资者和长线型机构投资者。采用深交所披露的诚信档案中的评级结果作为公司信息透明度的衡量指标,利用上市公司 2004—2007 年间的数据分别从静态和动态角度检验机构投资者和各类机构投资者是否可以在选股表现出对信息的解读优势。在修正 Jones 模型的基础上,根据公司是否存在以行业业绩为动机和避亏为动机的盈余管理,把研究样本划分为四组。选用以行业调整后的息税前利润和主营业务资产收益率为公司业绩的代理指标,来检验机构投资者在公司治理中是扮演有效监督者还是利益攫取者角色。论文的创新之处有:(1)以信息透明度为视角,对机构投资者的选股能力从静态和动态角度同时进行检验。(2)从管理层动机角度研究机构投资者持股与盈余管理的关系。(3)基于成本与收益理论框架分析的同时,实证发现我国机构投资者在公司治理中同时表现出监督者角色和利益攫取者角色,何时表现出何种角色取决于公司中机构持股比例的高低和持股机构数目的多少。

关键词:金融机构　证券投资　证券市场

**5869**

**股权再融资认购选择、政府控制与上市公司恶性增资行为研究** / 唐洋著 ; 刘志远指导. -- 南开大学, 2009. -- 182 页

论文着眼于转轨经济时期的中国制度背景,从决策者理性的视角出发,以上市公司的代理关系为主线,将股权再融资认购选择、政府控制和恶性增资放在一个研究框架内,提出基于中国制度背景下的恶性增资行为理论分析框架,然后,从理论上分析大股东的股权再融资认购选择、政府控制对上市公司恶性增资行为的影响效应,再选用 2003—2006 年间沪深两市的相关公司为样本,用实证方法检验了论文的研究结论。研究结果表明:无论是否存在政府控制,在大

股东参加股权再融资认购时,上市公司都存在恶性增资的可能,其恶性增资的发生概率与大股东持股比例负相关;而在大股东放弃认购时,恶性增资的发生概率与大股东持股比例呈非线性关系;与大股东参加认购相比,放弃认购将增加上市公司恶性增资的概率;无论是大股东放弃认购还是参加认购,与不存在政府控制相比,政府控制将显著增加上市公司恶性增资的额度。并且,总体而言,上市公司恶性增资额度与大股东持股比例呈负相关关系。在把政府控制进一步划分为国有资产管理机构控制、中央国企控制和地方国企控制三类后,研究发现:与民营上市公司相比,无论是恶性增资发生概率还是恶性增资额度,国有上市公司均更大;在恶性增资发生概率上,中央国企控制的上市公司最低,国有资产管理机构控制的上市公司次之,地方国企控制的上市公司最高;在恶性增资额度上,三类国有上市公司无显著差异。

关键词:上市公司　股权　融资　行政干预

**5870**

**IT 环境下我国财务报告内部控制研究** / 陶黎娟著 ; 庄明来指导. -- 厦门大学, 2009. -- 158 页

论文分析 IT 对财务报告内部控制带来的主要影响,以 IT 在企业的应用层次为标准将财务报告内部控制划分为控制方法主导、控制对象主导和集成控制三个发展阶段。在考察国际上现有 IT 相关控制与审计准则、规范、框架后,论文发现相关准则规范的制定多落后于实践的发展,仍处于控制对象主导的内部控制时期;而相关的 IT 控制框架则是针对信息集成环境提出的,对财务报告内部控制的建立具有借鉴意义。IT 环境下的财务报告内部控制与 IT 治理、IT 控制和信息系统审计等概念联系密切,分析它们之间的关系有利于更好地理解和构建财务报告内部控制。论文借鉴国内外 ERP 软件的设计思想,分析 IT 环境下财务报告内部控制应关注的要素内容,并结合国际上出台的相关 IT 控制框架,为我国企业构建 IT 环境下的财务报告内部控制提供参考性的建议。

关键词:企业管理　会计报表　内部控制

**5871**

**商业银行预算管理研究** / 陶能虹著 ; 孟焰指导. -- 中央财经大学, 2009. -- 288 页

论文的研究范围限定为与已处于正常经营运行期的大型商业银行预算管理全过程相关的主要理论与实务,主要着眼于预算管理的纵向流程。论文以规范研究和经验研究为基本研究方法。全文分为八章:第一章(引言)分析论文选题的背景与意义,综述国内外研究状况,介绍论文的研究范围、研究框架、研究方法和创新与不足之处。第二章研究商业银行预算管理的理论基础,分析实务现状。第三章探讨基于战略导向的商业银行预算管理框架构建问题。第四章研究商业银行预算管理基础支持体系相关问题,包括组织体系、管理方法体系和技术支持体系。第五章研究商业银行预算管理指标体系相关问题。第六章探讨商业银行预算编制与分解,包括集团总预算编制和分机构、分部门、分产品预算分解。第七章研究商业预算执行监控与反馈结果处理(包括适时纠偏、预算调整和绩效考评与奖惩)。第八章介绍和分析商业银行预算管理典型案例。最后总结论文研究结论,并对我国商业银行预算管理历史和现状进行反思,提供政策性建议。

关键词:商业银行　预算管理　资金管理

**5872**

**经营环境、预算管理功能与企业业绩** / 佟成生著 ; 潘飞,陈世敏指导. -- 上海财经大学, 2009. -- 201 页

论文采用理论分析和实证检验相结合的研究方法,对经营环境、预算管理功能与企业业绩进行研究。论文共分六章。第一章引言,阐述研究动机、研究问题和研究贡献,并指出结构与框架。第二章首先介绍了我国企业预算管理的制度背景,然后阐述预算管理的基本功能机关系,最后介绍预算决策功能和预算控制功能包括的具体功能。第三章文献回顾,回顾了国内外预算决策功能和预算控制功能及经济后果相关的文献。第四章对外包环境、预算功能与企业业绩进行研究,首先介绍理论演进和研究假说,再次选择数据来源和样本,进行研究设计,最后得出研究结果并实证分析。第五章对内外环境、预算功能与企业业绩进行研究,首先介绍理论演进和研究假说,再次选择数据来源和样本,进行研究设计,最后得出研究结果并实证分析。第六章总结论文的研究结论和启示,并指出研究创新、不足之处和未来的研究方向。

关键词:企业管理　企业绩效　预算　成本管理

**5873**

**我国上市公司 ROE 预测研究:基于盈余结构的经验分析** / 万一锋著 ; 林钢指导. -- 中国人民大学,

2009. -- 165 页

论文采用理论分析和实证检验相结合的研究方法,基于盈余结构的经验分析,对我国上市公司 ROE 预测进行研究。论文共分九章。第一章前言,阐述论文的研究背景与意义,对研究问题进行界定,介绍研究内容与方法,并指出研究创新点和研究难点。第二章对国内外的文献进行回顾和评述,并总结以往的经验,提出研究问题。第三章概述盈余理论和盈余结构,从信息观、计价观、契约观来阐述会计盈余的功用,研究盈余及 ROE 预测能力与信息含量,介绍我国资本市场 ROE 预测的作用——制度背景与理论分析。第四章 ROE 预测模型推导、变量界定及实证检验初探。第五章包括非经常性损益盈余的 ROE 预测模型预测能力研究。第六章包括非经常性损益盈余的 ROE 预测模型信息含量研究。第七章扣除非经常性损益后盈余的 ROE 预测模型预测能力研究。第八章扣除非经常性损益后盈余的 ROE 预测模型信息含量研究。第九章介绍研究结论、研究局限性,并指出未来的研究发展方向。

关键词:上市公司　企业管理　会计信息

**5874**

**基于政府治理的国家审计研究** / 王华著 ; 林万祥指导. -- 西南财经大学, 2009. -- 160 页

论文在分析我国国家审计现状的基础上,以我国政府治理目标为主线,借鉴国外国家审计的理论成果和实践经验,结合我国的具体国情,把国家审计放到政府治理的框架中来研究,将深化国家审计职能与实现政府治理目标有机地结合在一起,从政府治理导向下的国家审计职能定位、经济责任审计、政府效益审计、审计结果公告制度等方面着手,最终促进政府治理目标的实现。论文共分七章。第 1 章导论。引出研究问题,指出研究背景、目的和意义。第 2 章政府治理与国家审计的理论分析。第 3 章国家审计模式——我国的现实选择。对世界主要国家审计模式进行介绍、比较分析,指出政府治理导向下中国国家审计模式改革的路径选择。第 4 章我国国家审计的职能定位。对我国国家审计的发展历程和局限性进行分析,阐述和谐社会构建中的政府治理目标与国家审计在促进政府治理中的作用,指出政府治理导向下的国家审计职能定位。第 5 章经济责任审计。对我国经济责任审计的发展过程和制约因素进行分析,阐述责任政府治理与责任政府治理要求经济责任审计加强对权力的制约和监督,对我国政府治理导向下的经济责任审计进行分析。第 6 章政府效益审计。对我国政府效益审计的实施进程和存在问题进行分析,阐述政府治理效率与高效政府治理要求加快向政府效益审计为中心的转变,对我国政府治理导向下的政府效益审计进行分析。第 7 章审计结果公告制度。对我国审计结果公告制度的发展进程和存在差距进行分析,阐述透明政府治理与透明政府治理要求审计结果公告,对我国政府治理导向下的审计结果公告制度进行分析。论文的创新点在于:第一,较为系统地阐述政府治理导向下的国家审计,指出完善政府治理是国家审计的目标和任务。第二,指出要实现政府治理目标关键在于深化国家审计职能。第三,对政府治理目标和国家审计职能定位提出见解。

关键词:政府机构　行政管理　政府审计

**5875**

**会计师事务所行业专门化研究** / 王开秀著 ; 朱小平指导. -- 中国人民大学, 2009. -- 145 页

论文采用理论与实践相结合的研究方法,对会计事务所行业专门化进行研究。论文共分三大部分,共九章。第一部分为会计师事务所专门化研究的理论部分,第一章绪论简单介绍了研究背景、研究意义、研究方法、创新点及不足;第二章对国内外相关的研究文献进行了回顾,总结研究特点、创新和意义;第三章对会计师事务所行业的相关理论进行了阐述,界定会计师事务所行业专门化的内涵与外延,介绍了专门化的经济学理论基础,以期为后边的一系列研究奠定理论基础;第二部分为论文的主要部分,第四章从行业审计专长在职业判断中的重要作用的角度对会计师事务所专门化的内部动因进行了分析;第五章从会计师事务所竞争战略选择的角度对会计师事务所专门化的外部动因进行了分析;第六章对会计师事务所专门化的衡量进行了研究;第七章对会计师事务所行业专门化的审计市场绩效进行了实证研究,实证检验了会计师事务所行业专门化与审计定价的关系;第八章实证检验会计师事务所专门化与审计质量的关系;第三部分为论文的结论部分,第九章以第二部门的研究结果为依据,对我国会计师事务所的行业专门化情况进行总结,继而提出推动我国会计师事务所专门化的对策。

关键词:会计师事务所　行业管理　服务质量

5876

**国有控制上市公司经营者货币薪酬激励：基于最终控制人与管理当局权力的理论分析与实证研究** / 王丽华著 ; 杜兴强指导. -- 厦门大学, 2009. -- 117 页

论文基于契约理论和委托代理理论，结合最终控制人性质与管理当局权力理论，对我国国有上市公司经营者的货币酬薪激励进行了研究。论文共分七章。第一章导论，阐述研究背景与研究动机，对研究内容和范文进行了界定。第二章回顾了国内外的相关文献，结合现代企业理论，对经营者激励进行理论分析。第三章介绍制度背景分析，理论分析了最终控制人性质和管理当局权力对我国国有上市公司管理当局的激励影响，并进行相关研究设计。第四章对最终控制人性质、管理当局权力对国有上市公司管理当局货币薪酬影响进行实证分析，并阐述其分析结果。第五章对最终控制人性质、管理当局权力对国有上市公司董事长货币薪酬影响进行实证分析，并阐述其分析结果。第六章对最终控制人性质、管理当局权力对国有上市公司董事会成员货币薪酬影响进行实证分析，并阐述其分析结果。第七章阐述研究结论与研究的局限性。

关键词：国有企业　上市公司　企业领导　薪酬

5877

**管制、外部审计与配股融资：来自我国上市公司的经验证据** / 王良成著 ; 陈汉文指导. -- 厦门大学, 2009. -- 110 页

论文以采用理论分析和实证检验相结合的研究方法，对一个转型经济新兴资本市场中管制、外部审计对上市公司配股融资行为进行研究。论文共分六章。第一章导论，阐述论文的研究问题、研究目的和研究内容，并介绍论文的研究结构安排，指出论文的学术贡献和创新。第二章介绍政府管制和我国证券市场的发展、配股管制和我国审计市场的发展。第三章对我国配股管制的有效性进行研究，首先进行理论分析和研究假设，然后选择数据样本，设定研究方法，最后得出实证结果并进行分析。第四章对配股管制加强与非标意见信息含量衰减进行研究，首先进行理论分析和研究假设，然后选择数据样本，设定研究方法，最后得出实证结果并进行分析。第五章对大所的经济人行为与审计质量进行研究，首先介绍制度背景、文献回顾和研究假设，然后进行研究设计，最后得出实证结果并进行分析。第六章介绍论文的研究结论和启示，并解释相关理论和政策含义。

关键词：证券市场　上市公司　管制　外部审计

5878

**基于不同理论视角下中国上市公司资本结构的实证研究** / 王琳著 ; 祁怀锦指导. -- 中央财经大学, 2009. -- 156 页

论文分别从代理成本理论、交易成本经济学、融资优序理论、资本结构决定因素理论等不同的理论视角对中国上市公司资本结构的选择进行理论分析及实证研究，并且对他们在我国上市公司资本结构决策中的适用性进行了对比分析，还进一步考虑了制度性因素和宏观经济因素。论文共分八章。第一章导论。论述研究背景及研究意义；理论基础和研究方法以及相关术语的界定；研究的主要内容和框架；研究的创新点和不足之处。第二章资本结构理论及实证文献综述。第三章代理成本理论和资本结构。采用自由现金流量和成长性的指标作为代理成本理论的代理变量进行实证研究，并且同时选择了三个具有代表性的行业进行了研究，最后提出降低代理成本的建议。第四章交易成本经济学和资本结构。采用资产专用性的指标，为构建基于交易成本经济学的代理变量进行了实证研究，并且同时选择了三个具有代表性的行业进行研究分析。第五章融资优序理论和资本结构。论述中国上市公司近几年的融资状况以及与国际融资状况相比较，得出中国上市公司偏好股权融资，并且对中国上市公司股权融资偏好进行了理论分析。第六章资本结构决定因素理论和资本结构。对影响资本结构的特征因素分别进行了综合论述，对经典文献进行了回顾，并且根据中国的实际情况提出了假设。第七章不同资本结构理论在中国的适用性分析。将基于代理成本理论、交易成本经济学和资本决定因素理论的实证结果进行了对比分析发现，在中国上市公司对于不同理论的适用应具体情况具体分析。第八章结论和建议、局限及以后的研究方向。

关键词：上市公司　资本结构　代理　交易成本

5879

**非经常性损益研究：基于中国证券市场的经验证据** / 王伟著 ; 孟焰指导. -- 中央财经大学, 2009. -- 131 页

论文的第一个研究目标是为中国非经常性损益信息披露管制效果提供经验证据。第二个研究目标

是为上市公司是否使用非经常性损益进行扭亏盈余管理提供经验证据。第三个研究目标是为投资者对非经常性损益的市场反应提供经验证据。论文主要采用经验研究与规范研究相结合的研究方法开展研究。第一章导论,主要阐述研究缘起、研究意义、研究目标、研究内容、论文组织框架、非经常性损益概念界定。第二章文献综述。第三章中国非经常性损益信息披露管制:历史沿革及效果,主要梳理中国针对非经常性损益相关的信息披露管制的历史沿革,进而发展相关假说,进一步对假说进行检验,为其管制效果提供经验证据。第四章非经常性损益与盈余管理:经验研究,主要先通过一个案例分析增进对通过非经常性损益进行扭亏盈余管理的认识,进而应用图表分析方法和回归分析方法等经验研究方法进行研究,为通过非经常性损益进行扭亏盈余管理提供经验证据。第五章非经常性损益与市场反应:事件研究,主要利用市场模型和 naïve 模型等进行事件研究,为市场对非经常性损益信息的反应提供经验证据。第六章非经常性损益与市场反应:回归分析,主要通过修正的 Ohlson 模型进行回归分析,同样为市场对非经常性损益信息的反应提供经验证据。第七章中国非经常性损益信息披露:国际借鉴与利润表重构,主要通过对国际上非经常性损益相关的信息披露管制进行梳理,得出其对中国非经常性损益信息披露管制的启示,并针对中国现行会计准则的具体情况,提出重构利润表的方案。第八章研究总结,主要总结论文的研究结论,提出创新点,指出研究局限与进一点的研究方向。

关键词:证券市场　盈余管理　信息披露

**5880**

**审计质量与盈余管理研究** / 吴振钊著 ; 秦荣生指导. -- 中国人民大学, 2009. -- 143 页

论文采用实证的研究方法,对审计质量与盈余管理及两者之间的相互关系进行研究。论文共分六章。第一章导言,介绍研究现状,研究目的、意义、方法以及研究范围和重点。第二章列举审计质量因素,给出审计委托模式,并说明审计委托模式对审计质量的影响。第三章对盈余管理的现象与本质进行深入研究,着重盈余管理的成因、类型及各种盈余管理手段,最后阐述了本质及其评价。第四章从审计关系、内部人控制出发来说明审计质量与盈余管理的关系,并介绍审计质量和盈余管理的相关性。第五章对中国上市公司审计质量与盈余管理的证据来进行市政研究,进行了研究设定假说,搜集样本,设定研究模型,实证代理变数研究,最后给出实证结果与论证分析。第六章介绍研究成果,提出注册会计师审计质量改进等政策性建议。

关键词:审计质量　质量控制　企业利润

**5881**

**中国会计标准国际化背景下的银行监管研究** / 郗永春著 ; 孟焰指导. -- 中央财经大学, 2009. -- 116 页

论文选择银行监管和会计标准的关系进行研究,旨在探索会计标准和银行监管的内在联系,对于改进会计标准和加强银行监管、推动会计标准和银行监管的良性互动、提高银行监管有效性产生积极影响。论文围绕银行监管和会计准则的关系及互动,从理论和实践两个方面,从历史、现实和未来三个角度,通过相对独立的七章来演绎整篇研究,论文揭示银行监管和会计准则的内在联系和良性互动的发展规律。第一章绪论。通过阐明选题动机与研究意义,并就目前国内外关于银行监管和会计准则国际化研究相关文献进行回顾和系统性评述,奠定了论文的研究基础和研究起点。第二章是对经济制度变迁中会计标准角色进行分析研究。本章从会计基本职能分析出发,从社会变迁的视角透视了会计标准角色的变迁,揭示会计职能发展的历史规律,以及我国会计准则国际化的必然趋势。第三章是对会计准则和银行监管关系从理论、历史和现实的角度展开分析。第四章是对实施新会计准则对上市银行的影响分析。通过实施新会计准则对上市银行财务状况和经营成果的量化分析,揭示会计准则转换对上市银行的具体影响及程度。第五章是实施新会计准则对资本充足率监管的影响研究。第六章是实施新会计准则对市场约束影响的分析。通过对我国市场约束运行机制的历史回顾和现实分析,以及新会计准则实施对市场约束机制中各主要因素的影响分析,揭示新会计准则实施后市场约束机制运行的内在规律,提出监管部门如何采取适当措施推动和完善市场约束机制发挥作用。第七章是对实施新会计准则后政府监管的分析。通过对银行风险监管的核心内容——风险评级体系的分析,以及新会计准则实施后对风险监管的影响分析,提出监管部门如何在新会计准则实施后采取恰当措施,提高监管有效性。

关键词:银行监管　会计准则

5882

**公允价值会计对企业投资行为异化和管理报酬契约设计的影响研究** / 熊运莲著 ; 刘斌指导. -- 重庆大学, 2009. -- 106 页

论文以非理性为研究主线,探讨了公允价值会计政策选择以及公允价值会计对企业投资行为异化和管理报酬契约设计的影响等问题进行了研究。全文共分九章。第一章绪论,给出论文选题的理论价值及现实意义,总括论文的研究内容、研究框架并对相关概念进行了界定,提出了论文的主要创新点。第二章对公允价值运用、企业投资行为和报酬契约的相关文献进行了简要的回顾与评述,为论文的后续研究提供研究基础和背景。第三章在介绍和评析企业契约理论、行为公司财务理论和公司治理理论的基础上,探讨了上述理论与公允价值会计政策选择、企业投资行为异化和管理报酬契约设计之间的关系。第四章在介绍进化博弈理论的基础上,分析了进化博弈理论应用于企业会计政策选择研究的可行性,在介绍委托代理理论的基础上,分析了委托代理理论与管理报酬契约设计的关系,在介绍信号传递理论的基础上,分析了会计政策选择的信号传递作用。第五章从理性角度分析上市公司管理当局的公允价值会计政策选择立场是否是完全理性的,在此基础上,从有限理性角度运用进化博弈的复制动态方法对上市公司管理当局的公允价值会计政策选择立场进行趋同分析。第六章在分析公允价值计量属性运行缺陷的基础上,探讨了公允价值会计对非理性的公司管理者和外部投资者过度乐观或过度悲观心理的影响,分别以管理者和投资者非理性为线索,运用行为公司财务理论研究了公允价值会计对企业投资行为异化的影响。第七章针对上市公司实施公允价值会计准则后,对传统的委托代理模型进行了拓展研究。第八章为对策建议。第九章结论,总结了各章的主要研究结论,提出了论文的局限性及后续研究设想。

关键词:企业管理　投资　会计　劳动报酬

5883

**制度环境、制度变迁与决策有用性** / 修宗峰著 ; 杜兴强指导. -- 厦门大学, 2009. -- 263 页

论文在借鉴国内外文献的基础上,结合我国上市公司实际,从地区制度环境、制度变迁与会计信息决策有用性关系的研究视角出发,详细分析和检验会计信息决策有用性是否受到制度环境和制度变迁的双重影响,在此基础上,分别运用价值相关性与盈余信息含量的经验研究方法衡量会计信息决策有用性,深入探讨会计制度变迁的经济后果,并运用行为心理学、经济学、财务学的相关理论,系统地对制度环境、制度变迁如何影响会计信息决策有用性这一经验命题进行研究。论文共分为八章。第一章为导论,主要对论文进行一个简要介绍。第二章为文献评述。第三章对我国会计改革制度背景进行较系统分析,以制度变迁为主线将我国证券市场成立至今的会计改革划分为三个主要时期。第四章研究制度环境、强制性会计制度变迁与会计信息决策有用性的关系。第五章研究地区制度环境诱致性变迁对会计信息决策有用性的影响。第六章研究制度环境、股权分置改革与决策有用性的关系。第七章以完成股权分置改革的上市公司为研究对象,从决策有用性经验模型出发,分别研究地区制度环境、股改对价、两者的耦合效应与会计准则变迁效果之间的关系。第八章为全文总结,包括研究结论与启示、研究局限性以及未来可能的研究方向。

关键词:企业管理　财务管理　决策　会计制度

5884

**新企业会计准则实施效果研究:基于价值相关性和资本成本的视角** / 徐莉莎著 ; 吴水澎指导. -- 厦门大学, 2009. -- 107 页

论文采用规范研究方法和实证研究方法,对新企业会计准则实施效果进行研究。论文共分五章。第一章导论,阐述研究背景、研究问题和研究思路,界定重要概念,并介绍结构安排和主要贡献。第二章理论分析,首先从基于契约理论的视角对会计信息披露进行分析,再次阐述会计管制理论和会计准则,然后分析会计准则对企业以及资本市场的影响,最后研究资本市场会计与会计准则。第三章价值相关性研究,选择研究设计模型,提出研究假设,选择数据来源,进行描述性统计分析,最后分析实证结果并进行稳健性检验。第四章研究新企业会计准则对上市公司资本成本的影响,首先选择研究设计模型,提出研究假设,选择数据来源,进行描述性统计分析,最后分析实证结果并进行稳健性检验。第五章总结了本文的研究结论及局限,对公允价值计量属性进一步谈论,并指出了未来的研究方向。研究结论:通过相对关联研究,证实新准则的实施提高了上市公司会计信息的可靠性和相关性;通过增量关联研究,证实公允价值变动

收益、交易性金融资产以及可供出金融资产项目具有增量信息含量;采用直接和间接两类估计公司资本成本的方法,通过单变量检验和多元回归分析证实,新准则实施后上市公司的资本成本被降低了。

关键词:会计制度　上市公司　会计信息

**5885**

**终极控制股东、治理环境与公司技术效率:对我国制造业上市公司的实证研究** / 许海东著 ; 王华指导. -- 暨南大学, 2009. -- 143 页

论文以 383 家制造业上市公司在 2004—2006 年间的面板数据为研究对象,以基于 DEA 方法的技术效率作为公司绩效的衡量,对终极控制股东的代理问题进行了实证研究。论文运用 DEA 方法,首先对我国制造业上市公司的技术效率进行了评估,发现公司技术效率整体表现一般并趋于发散,在地域上呈东高西低的分布格局,不同所有制公司技术效率亦存在差异。对 383 家样本公司的数据分析显示,我国制造业上市公司终极控制股东的控制权较高,控制权与现金流权存在明显分离。基于面板数据的回归技术,论文的实证检验发现,我国制造业上市公司终极控制权与现金流权的分离水平和公司技术效率显著负相关,而现金流权则存在显著的正激励效应。同时,论文发现,不同类型的终极控制股东有着不同的代理成本特征。相比私人控制股东,国有控制股东更有可能利用控制权与现金流权分离来侵占上市公司利益,代理成本更大,其中又以地方国有控制股东为甚。另外,论文发现,外部治理环境对上市公司终极控制股东的代理成本存在显著影响,但这种影响主要存在于地方国有控制的上市公司。

关键词:制造工业　上市公司　股东　公司治理

**5886**

**我国上市公司债务期限结构影响因素研究** / 严静著 ; 夏成才指导. -- 中南财经政法大学, 2009. -- 159 页

论文采取理论分析与实证检验相结合的研究方法,按照理论研究—实证分析—结论建议的研究思路,从宏观制度环境、公司特征和公司内部治理、管理者个人特质三个层面入手,系统对我国上市公司债务期限结构的影响因素进行了研究。全文共分六个部分。第一部分导论,说明研究背景、研究意义、研究思路、研究内容、研究方法,并对相关文献进行了综述。第二部分债务期限结构相关基础理论,对西方传统债务期限理论假说进行了系统的整理和归纳,对行为融资理论以及管理者过度自信行为进行了概述。第三部分宏观层面影响因素分析,对我国上市公司的融资状况以及债务期限结构的整体和行业特征进行了统计分析,分别从经济发展态势、宏观经济政策、金融资本市场发展状况以及相关法律环境四个方面分析了宏观因素对上市公司债务期限结构的影响,并建立时间序列模型和地区差异模型对我国上市公司债务期限结构的宏观层面影响因素进行了检验。第四部分公司层面影响因素分析,在具体分析公司特征因素(资产期限、成长性、自由先进流量、公司规模、经营状况、信息不对称程度、公司质量、流动性风险、有形资产质量、实际税率、财务杠杆)和公司内部治理因素(股权结构、董事会特征)对债务期限结构影响的基础上,对 2001—2006 年 400 家非金融上市公司为样本对象,利用面板数据分别建立联立方程组的结构模型和包含滞后变量的局部调整模型,并将单方程、联立方程和动态方程模型的结果进行比较,从多个角度实证检验了公司层面因素对债务期限结构的影响。第五部分管理者过度自信的影响分析,建立一个简单的委托代理模型,研究过度自信的管理者和理性的管理者在融资契约选择方面的差异及其对债务期限结构决策的最终影响。第六部分结论。

关键词:上市公司　债务　融资

**5887**

**盈余质量、多元化经营与公司价值** / 杨照江著 ; 荆新指导. -- 中国人民大学, 2009. -- 151 页

论文采取理论分析与实证检验相结合的方法,以盈余质量、资本成本以及公司价值为研究对象,分析在多元化经营的公司中三者的关系问题,并在理论分析的基础上构建计量模型进行检验。全文共分八章。第一章说明选题背景、选题意义、研究目标、研究动机、研究范围、研究方法和研究框架,并对相关问题进行了界定。第二章对多元化经营与代理问题、盈余质量与代理问题、盈余质量对资本成本的影响、多元化经营与公司价值等相关文献进行了综述。第三章对多元化与内部信息不对称理论进行了阐述,对盈余质量的信息内涵进行了界定,并构建了公司价值分析框架。第四章进行相关的研究设计,选取一定的数据来源进行检验。第五章至第七章对多元化经营与公司盈余质量、多元化公司盈余质量与资本成本、多元化

公司盈余质量与公司价值的关系及作用机理进行了理论分析并提出了相关理论假设,根据2002—2006年938家上市公司的分部报告及相关资料整理获得每家公司经营行业数量和分行业销售收入的数量,结合其他财务数据,对提出的理论假设进行了实证检验。

关键词:上市公司　经营管理　多元化

**5888**

**我国机构投资者与上市公司信息披露:基于财务重述视角的经验证据** / 姚瑶著 ; 杨雄胜指导. -- 南京大学, 2009. -- 199页

论文采用理论分析和实证相结合的研究方法,对我国机构投资者与上市公司信息披露进行研究。论文共分七章。第一章绪论,阐述论文的研究问题、研究思路和研究结构,并指出论文的创新之处。第二章文献回顾,对机构投资者进行概述,介绍了机构投资者与公司治理和机构投资者与信息披露。第三章阐述了我国上市公司信息披露的制度背景及现状,从信息途径的视角来研究机构投资者与上市公司双向选择的均衡,并分析其影响因素。第四章从财务重述的视角来剖析我国资本市场上机构投资者与上市公司信息披露,首先进行理论分析和研究假说,然后选择样本,定义变量和描述性统计,得出实证研究结果,并进一步分析机构投资者对信息披露的影响。第五章研究不同类型的机构投资者对我国上市公司信息披露的影响,首先进行理论分析和研究假设,然后定义变量和设计模型,然后选择样本和描述性统计,最后实证研究结果。第六章阐述微观治理机制和宏观治理环境对机构投资者作用的影响,并进行稳健性检验。第七章介绍研究结论,给出了研究启示和政策建议,并指出了研究局限和未来研究方向。

关键词:机构投资者　上市公司　证券市场

**5889**

**家族企业董事会治理、信息透明度与企业价值:基于中国上市公司的实证研究** / 于健南著 ; 石本仁指导. -- 暨南大学, 2009. -- 120页

论文基于家族上市公司中特殊的"双重委托代理"问题,选取我国2003—2007年沪深两市110家家族控制的上市公司作为样本,从内部治理和外部治理两个角度,分别对我国家族上市公司的董事会治理、信息透明度与企业价值的关系进行理论分析和实证研究。1. 理论分析说明,家族大股东与中小股东之间的代理问题是家族上市公司的主要代理问题,家族"利他主义"并没有抵消甚至还会增加家族企业的代理成本。因此家族上市公司治理问题的核心是如何保护中小股东的利益不被家族大股东侵占,并在此基础上,充分提高董事会的运行效率。而董事会治理作为公司内部治理的核心,提高公司信息透明度作为外部治理的依据,都可以发挥保护中小股东利益,提高企业价值的作用。2. 实证结果发现:上市家族公司的董事会结构、行为及能力、激励水平三个方面都会对企业的价值产生影响。此外,实证研究还发现:信息披露评价、当年的分析师预测人数与企业价值负相关,当年的分析师盈利预测偏差与企业价值之间负相关,但不显著。3. 在上述研究发现的基础上,提出论文的政策建议:进一步完善我国上市家族企业的董事会治理和信息披露制度,提高董事会的独立性和董事会人员的素质,完善独立董事的激励和约束机制,建立规范的董事会会议制度,以及结构合理、实质重于形式的信息披露制度,促进我国家族企业的长期、健康发展。

关键词:上市公司　家族企业　董事会

**5890**

**次贷危机环境下的公允价值会计问题研究** / 于永生著 ; 郭道扬,汪祥耀指导. -- 中南财经政法大学, 2009. -- 119页

论文采用规范研究方法,对次贷危机环境下的公允价值会计问题进行研究。论文共分七部分。第一部分导论,阐述选题意义、研究思路、研究方法和创新及不足。第二部分阐述公允价值的理论基础。第三部分阐述美国次贷危机的形成和发展过程。第四部分探讨次贷危机环境下公允价值会计面临的挑战,首先综述IFRSS和美国GAAP中与次贷产品相关的计量规范,其后以SFAS157为基础介绍了当前公允价值计量实务,最后阐述次贷危机环境下公允价值会计应用的挑战及影响。第五部分对国际各方所采取的应对策略进行综述,综述了IASB专家咨询小组研究报告的成果,并对SEC的特别报告进行简要介绍。第六部分探讨当前的公允价值会计问题及应对策略,首先阐释当前公允价值会计问题的实质,再次探讨公允价值在金融工具领域应用的相关问题,然后阐述并分析当前公允价值会计主要问题和改进方式,最后对金融工具的计量问题进行总结。第七部分阐述我国公允价值应用的相关问题,首先回顾我国公允价值发展历

程,再次分析我国会计准则的公允价值应用现状,然后阐述我国公允价值应用存在的主要问题,最后阐述改进我国公允价值应用问题的策略。

关键词:会计　公允价值　金融危机　抵押贷款

5891

**政府审计效能研究** / 喻采平著 ; 张龙平指导. -- 中南财经政法大学, 2009. -- 176 页

鉴于目前许多政府审计论文仅采用规范研究的方法来分析我国当前的政府审计现状,论文采用运筹学中的数据包络分析方法(Data Envelopment Analysis)及数理统计方法对政府审计效能进行评估,定量性地分析目前我国政府审计效能,并根据实证研究结果针对性地提出解决问题的措施和建议。笔者认为,该研究具有很强的理论价值和现实意义,不但可以丰富审计理论体系的内容,更能为政府审计实务提供理论指导。除导论外,全文分为六章。第一章政府审计效能的理论基础。作为全文研究的起点,本章首先在分析效能、组织效能概念的基础上,给出政府审计效能的涵义。其次,分析公共选择理论,委托代理理论,新公共管理治理理论与政府审计的关系。最后,对数据包络分析方法(DEA)进行了简介,并认为 DEA 方法是对政府审计效能定量化的有效方法。第二章政府审计效能的变迁研究。在基础理论研究的基础上,对中国政府审计效能变迁进行分析。第三章政府审计效能的影响因素分析。根据相关文献归纳出影响政府审计效能的因素主要有:政府审计的独立性,政府审计专业胜任能力及政府审计资源供给和需求。第四章政府审计效能评估的实证分析——基于数据包络分析方法(DEA)。首先介绍 DEA 模型的应用方法及三种不同的 DEA 模型,然后对输入输出指标及数据进行选择,对研究的实证模型进行构建,最后对实证结果进行分析并得出结论。第五章政府审计效能评估的实证分析——基于统计回归分析方法。以上章计算出来的总技术效率值为被解释变量,使用数理统计的方法对影响总技术效率的因素进行分析,并得出结论。第六章提高我国政府审计效能的对策建议。认为要提高我国政府审计效能,首先需改革我国的审计体制模式。其次,实现政府审计结果的公开透明。最后是强化政府审计的法律责任。

关键词:政府审计　效益　数据包络分析(DEA)

5892

**分析师盈利预测准确性研究:基于盈余质量视角** / 袁盛奇著 ; 周勤业指导. -- 复旦大学, 2009. -- 138 页

论文采用理论分析和实证研究相结合的研究方法,对分析师盈利预测准确性进行研究。论文共分七章。第一章引言,阐述研究动机、研究意义、研究问题、研究方法和研究内容,并界定涉及的相关概念,指出创新点和框架。第二章分别从信息源、准确性特征和相关性等三个方面回顾分析师盈利预测的文献,并分析分析师盈利预测准确性的影响因素。第三章介绍了制度背景、理论分析,建立了盈利预测准确性和盈利预测分散性的研究假说。第四章实证研究设计,进行访谈、问卷调查设计和多元回归设计,其中后者包括构建模型,衡量盈余质量、被解释变量和控制变量,选择样本等步骤。第五章问卷数据分析,重点分析分析师盈利预测的信息源、分析师对盈余质量的理解和影响分析师盈利预测准确性因素这三个方面。第六章多元回归数据分析,分别进行了描述性统计等单变量分析和盈余质量与分析师盈利预测准确性、分散性和敏捷性分析等多变量分析。第七章总结研究结论,提出相关政策建议,指出论文研究局限性和后续研究方向。

关键词:资本市场　证券投资　盈利

5893

**自愿信息披露与公司价值研究:投资者关系管理视角** / 曾伟著 ; 王华指导. -- 暨南大学, 2009. -- 130 页

论文以理论研究、定量(统计研究)、定性(案例研究)研究相结合的研究方法,从投资者关系管理的视角,对自愿性信息披露和公司价值之间的关系进行研究。论文共分七部分。第一部分导论,阐述研究背景、研究意义、研究目的、方法和内容,并对相关概念进行界定。第二部分对自愿性信息披露、投资者关系管理和公司价值理论进行了综述,并对三者之间的关系进行了分析。第三部分对北美、欧洲、日本和东南亚等不同文件背景和经济发展水平的国家资本市场的自愿性信息披露问题进行了对比分析,对当前中国上市公司的自愿性信息披露状况进行了初步的综合考察。第四部分通过理论分析来探索自愿性信息披露、投资者关系管理和公司价值间的关系。第五部分运用探索性案例分析,通过访谈、年报分析等方式,展现并归纳样本企业自愿性信息披露的产生过程、决策流程和主要内容等。第六部分在理论分析和案例分

析的基础上,从投资者关系管理、自愿性信息披露两个方面,选择2006—2008年上市公司年报,检验、分析了自愿性信息披露水平与公司价值的关系。

关键词:上市公司　经济信息　价值论

**5894**

**机构投资者对上市公司委托代理问题的影响研究:来自中国证券市场的经验证据** / 张冬莉著 ; 刘志远指导. -- 南开大学, 2009. -- 125页

论文采用理论与实证分析相结合的研究方法,对机构投资者对上市公司委托代理问题的影响进行了研究。全文共分八章。第一章简要说明研究动因、研究意义、研究方法、研究结构、研究内容与研究创新。第二章对机构投资者影响委托代理问题的相关文献进行了梳理和分析。第三章主要分析机构投资者股东积极主义在全球和在我国的发展,分析我国资本市场上主要机构投资者的发展历程和现状,分析了我国资本市场改革和国有企业改革的历程及经济后果。第四章分析了公司内部两类代理问题及代理成本,分析了原有委托代理问题的公司治理对策存在的问题,分析了机构投资者作为一种新的公司治理对策在解决委托代理问题上的作用提出了机构投资者影响委托代理问题的理论框架。第五章主要基于机构投资者对管理者薪酬激励机制的影响来考察机构投资者对第一类代理问题的影响。第六章基于机构投资者对大股东占款的影响来考察机构投资者对第二类代理问题的影响。第七章基于机构投资者对公司价值的影响来考察机构投资者对两类代理问题的总的影响效果。第八章为结论和政策建议。

关键词:投资者　上市公司　委托代理　公司治理

**5895**

**知识视角下的管理会计变更影响因素研究** / 张林著 ; 于富生指导. -- 中国人民大学, 2009. -- 165页

论文采用调查研究方法、问卷调查法以及多元回归方法,基于知识视角,对管理会计变更影响因素进行研究。论文共分八章。第一章导论,说明研究背景、研究目标、选题意义、研究方法、论文结构、主要创新点,并对基本概念如管理会计变更、知识转移进行了界定。第二章对管理会计的演进阶段和演进趋势进行了分析,指出西方企业管理会计变更和中国企业管理会计变更的现实症结所在,并对管理会计变更的研究流派进行了研究。第三章基于知识视角对管理会计变更的分析框架进行阐述,介绍了知识视角下管理会计结构、功能、变更分析的框架,并对管理会计变更的本质、动力及惯性进行了研究。以分析框架为基础,提出了知识视角下的管理会计变更影响因素模型,该模型包括5个组织因素:高层管理者支持、变革管理、组织学习、知识粘性和外部专业支持。第四章提出假设和概念模型,对情景因素、企业知识吸收能力和外部专业支持等进行了研究,构建了只含组织因素的管理会计变更影响因素模型以及包含情景因素的管理会计变更影响因素模型。第五章通过问卷设计和问卷收集,进行实证研究设计。第六章对研究数据进行分析,并对情景因素的探索性进行研究。第七章提出了未来发展的对策与建议。第八章提出主要研究结论、局限性及未来研究的展望。

关键词:管理会计　会计变更　知识管理

**5896**

**控制权私人收益、累积操控盈余与审计师监督:基于中国A股上市公司的实证研究** / 张林新著 ; 朱荣恩指导. -- 上海财经大学, 2009. -- 146页

论文利用中国上市公司2001—2005年的数据,基于严谨的理论分析实证检验了控制权私人收益对会计盈余的影响以及审计师在此过程中的监督作用。论文共分七章。第一章导论,阐述论文的研究问题、研究思路和论文结构。第二章文献回顾,介绍控制权私人收益、盈余管理和审计师监督作用,并进行了总结和评述。第三章制度背景,介绍国有企业改革和中国股票市场制度安排、中国上市公司的控制权特征和控制权私人收益和中国审计市场的基本特征。第四章介绍控制权私人收益与累积操控盈余,并建立理论模型,进行研究设计,最后实证检验和分析。第五章介绍控制权私人收益与审计师监督理论和研究假说,并设定模型,定义变量,进行描述性统计和单变量相关性分析,最后进行多元回归分析。第六章介绍累积操控盈余与审计师监督理论和研究假说,设定模型,定义变量,并分析实证结果。第七章阐述论文的研究结论、研究启示和创新贡献,并指出研究局限于后续研究方向。

关键词:上市公司　股权结构　控制权

**5897**

**中国上市公司投资机会对会计盈余价值相关性影响的实证研究** / 张政伟著 ; 王军指导. -- 财政部财

政科学研究所, 2009. -- 112 页

论文采用理论和实践相结合的研究方法,对中国上市公司会计盈余及其组成部分(经营现金流和应计项目)的价值相关性与投资机会关系进行研究。论文共分六章。第一章概述,简要介绍研究的背景、目的和意义、研究思路、研究方法和可能的创新之处。第二章首先介绍价值相关性研究的信息经济学相关基础理论,然后引入有效资本市场理论和资本资产定价模型与会计信息的关系,并介绍了信息观和计量观,接下来重点对国内外价值相关性实证文献作了回顾,最后对国外投资机会对盈余价值相关性影响的几篇文献作了回顾。第三章主要是建立假设并设计实证研究过程,首先对盈余反应系数 ERC 的表达式进行分析,在此基础上引入增长信息假说、噪音计量假说和内源融资假说,接下来设计了具体的实证过程,最后对投资机会等变量构造方法作了说明。第四章首先实证构造了投资机会代理变量 IOSM 和 IOS,接下来进行实证检验,通过实证检验得到研究结论。第五章首先实证构造了内部流动资源变量,在此基础上对上市公司按内部流动资源高低进行分组后,分别检验了盈余及其两组成部分的价值相关性与投资机会的关系,通过实证检验得出研究结论。第六章对研究结论、存在的缺陷及今后的研究方向进行总结,对整篇文章起到一个总结性作用。

关键词:上市公司　企业管理　财务管理

**5898**

**审计合谋的预警与防治对策的有效性研究** / 赵国宇著 ; 王善平指导. -- 湖南大学, 2009. -- 128 页

论文采用理论与实证相结合的研究方法,运用经济学、管理学、法学、博弈论等多学科的基本理论工具分析审计合谋的形成机理,并对审计合谋的预警与防治对策的有效性进行了研究。论文共分六章。第一章绪论,说明选题背景、研究意义、研究内容、创新点、研究思路与结构安排,并对相关文献进行了回顾和简要评论,并对审计师、审计师合谋、防治对策的有效性等概念进行了界定。第二章运用经济人假设、信息不对称理论、声誉理论、博弈论等基本理论,规范研究制度安排缺陷、声誉机制作用微弱情况下合谋者机会主义动机如何向机会主义行为转化,通过建立多方博弈模型研究合谋各方的行为特点和制度在防范审计和某种的作用,为后续审计合谋预警与防治的数理论证、实证检验提供理论基础。第三章采用实证的方法研究上市公司的异常财务状况、特殊的股权结构和治理结构、审计师特征、异常审计收费等于审计合谋之间的关系,通过多元回归分析获取构建审计合谋预警模型的特征变量。第四章运用单变量判定、主成分分析、线性概率回归、LOGIT 回归和 PROBIT 回归等方法建立了预警效果较好的审计合谋预警模型。第五章构建了审计合谋的框架模型,并对奖励审计师与防治审计合谋、惩罚审计师与防治审计合谋的有效性进行了理论分析。第六章对惩罚机制对防治审计合谋的有效性进行实证检验,指出惩罚对上市公司市场价值、对会计事务所声誉、对审计质量与审计独立性的影响,得出全文研究结论。

关键词:证券市场　上市公司　审计质量

**5899**

**中国创业板上市公司信息披露研究** / 赵淼著 ; 秦荣生指导. -- 中国人民大学, 2009. -- 159 页

论文采用理论分析和实证研究相结合的研究方法,对中国创业板上市公司信息披露进行研究。论文共分十一章。第一章导论,阐述研究背景、研究视角、研究目标意义和研究方法内容,并界定研究问题,指出论文的创新之处。第二章介绍创业板市场、创业板的定位和中国创业板的建设与现有市场的发展。第三章介绍证券市场信息披露的必要性、信息披露的经济学理论基础、信息披露收益与成本权衡理论和我国上市公司信息披露的要求。第四章研究境外创业板上市公司特征及启示,分析境外创业板上市公司的基本情况和香港创业板上市公司基本情况及特征。第五章介绍我国主板信息披露现状及市场问题。第六章调查我国创业板信息披露的需求,并介绍创业板上市公司信息披露框架安排。第七章阐述创业板上市公司成长性信息披露的必要性、计量和报告披露。第八章介绍创业板上市公司风险性信息披露,并介绍风险信息披露的缺陷。第九章介绍创业板上市公司内部控制信息披露。第十章介绍创业板公司治理信息披露。第十一章总结研究结论,提出研究建议,并指出论文的研究局限性和未来研究方向。

关键词:创业板市场　上市公司　会计信息　信息管理

**5900**

**企业内部业绩评价的行为影响研究** / 赵淑惠著 ; 万寿义指导. -- 东北财经大学, 2009. -- 167 页

论文基于跨学科的研究背景，在借鉴多学科业绩评价研究成果的基础上，以企业内部业绩评价系统及业绩评价指标为研究对象，以行业会计为主要研究范式，采用规范研究与实证研究相结合的方法，对企业内部业绩评价进行基于主体的自上而下的行为影响研究。全文共分七章。第一章导论，介绍选题背景、选题意义、研究的主要内容、研究框架、研究方法和研究的创新点。第二章介绍了内部业绩评价的发展与研究现状，并对国内外内部业绩评价的行为影响的研究文献进行了综述。第三章对企业内部业绩评价的行为内涵进行分析，介绍了内部业绩评价的传统理论基础及行为理论基础，并构建起了内部业绩评价行为影响研究的理论基础整合框架。第四章确定了内部业绩评价行为的影响因素，分析了内部业绩评价的行为影响路径，并对内部业绩评价行为影响的整合模式及研究整体设计进行了阐述。第五章对评价指标多样性对基层员工行为影响进行实证研究，提出理论前提和研究假设，并选取相关样本进行结构模型的拟合度假设检验和数据分析。第六章对内部业绩评价系统对管理层的行为影响进行了探索性研究，界定了管理层和经营者的概念，分析了两者的角色特殊性，探讨了内部业绩评价体系对管理层业绩行为和管理层评价行为的影响，最后进行了探索性展望。第七章结束语，从理论研究方面、实证研究方面和探索性研究方面三个方面给出了论文的主要结论，并提出研究的局限性及未来的研究方向。

关键词：企业经济　会计　经济效果　经济评价

**5901**

**商业银行贷款与会计稳健性需求关系研究** / 钟岳松著 ; 耿建新指导. -- 中国人民大学, 2009. -- 130 页

论文以理论和实践相结合的研究方法，对商业银行贷款与会计稳健性需求关系进行研究。论文共分七章。第一章介绍研究背景等相关问题，并对研究范围等做了界定，同时也将所研究的稳健性限定为条件稳健性。第二章从基本理论的角度论述稳健性的相关理论，同时对相关研究文献进行综述。这些基本理论包括合约理论、债务治理理论和会计信息理论。第三章从理论角度分析商业银行信贷和会计稳健性之间的关系。第四章实证研究了商业银行的信贷行为和会计稳健性需求的总体关系，介绍了稳健性的不同计量模型，并对普遍采用的 Basu(1997)模型进行了评价。第五章研究商业银行会计稳健性需求的时序变化，通过实证研究发现，随着我国商业银行改革的不断变化，其对会计稳健性的需求越来越强，上市公司的会计信息也随着商业银行信贷行为的需求而变得越来越稳健。第六章研究商业银行会计稳健性需求和企业性质的关系。第七章对研究结论进行了总结，同时提出了政策建议和研究不足及进一步的研究方向。

关键词：商业银行　贷款风险　信用　会计信息

**5902**

**政府会计管制有效性研究：基于公司治理的视角** / 周兵著 ; 彭韶兵指导. -- 西南财经大学, 2009. -- 157 页

论文采用理论和实践相结合的研究方法，对政府会计管制有效性进行研究。论文共分八章。第一章导论，介绍论文的研究背景与研究主题、研究意义以及研究框架和主要创新。第二章文献综述，对会计管制、公司治理与会计信息的研究现状进行了述评，指出了相关研究的贡献与不足。第三章会计管制与公司治理：历史考察与经验启示，主要是用国际经验的历史考察来说明会计管制与公司治理的内在联系和不可分割性。第四章会计管制：三分法及逻辑框架。提出会计管制分为会计信息质量管理、会计信息披露管制、会计行为管制。第五章公司治理导向的会计管制理论框架研究，首先对会计信息的治理角色进行分析，然后分别对公共利益论、利益集团论、经济监管论、程序论等经典管制理论的历史贡献与缺陷进行阐述，为对政府会计管制的研究提供借鉴与启发。第六章从会计管制、会计信息质量与公司治理效率的关系解析出发，阐述实证检验会计管制有效性的研究视角、替代变量的选取、数据来源与样本选择等。第七章实证结果报告，给出了构建了会计信息对公司治理效率的贡献模型，结合我国会计改革的主要阶段，对我国 A 股市场进行实证分析。第八章结论与政策建议。

关键词：会计制度　政府管制　公司治理

**5903**

**公平披露对市场信息不对称的影响：基于流动性、交易者行为和信息泄露的研究** / 朱爱萍著 ; 傅元略指导. -- 厦门大学, 2009. -- 130 页

论文采用理论分析和实证研究相结合的研究方法，针对我国深交所 2006 年颁布的公平披露政策，运用事件研究法对公平披露对市场信息不对称的影响进行研究。论文共分七章。第一章引言，阐述研究背

景、研究意义、研究问题和研究内容,并介绍了研究框架和主要的研究贡献。第二章制度背景研究,分析公平披露政策的出台背景、主要内容和引发的争议,并介绍美国公平披露规则对我国的启示。第三章公平披露理论研究的综述,首先回顾了信息披露与选择性信息披露的理论,然后研究公平披露、信息不对称与市场流动性变化、公平披露与交易者行为、公平披露与信息泄露和公平披露的市场效应。第四章对市场流动性变化进行研究,首先提出研究问题和建立研究假说,再次选取样本和数据来源,然后设定研究方法和选取变量,最后分析检验结果。第五章对交易者行为变化进行研究,首先提出研究问题和建立机构投资者和散户交易行为变化的研究假说,再次划分机构投资者和散户,然后选择数据来源和设定研究方法,最后分析1万分割点的机构投资者和散户交易行为和设置"缓冲带"的机构投资者和散户交易行为。第六章对信息披露变化进行研究,首先提出问题和建立研究假说,再次选构建信息泄露样本和设计变量,然后分析描述性统计结果和研究盈余公告前后CAR相关性与信息泄露,最后分析信息泄露模型构建及回归结果。第七章总结研究结论和政策建议,指出论文局限性和未来研究方向。

关键词:证券市场　证券交易　会计信息

**5904**

**中国财务报告概念框架建设问题研究** / 朱康萍著 ; 郭道扬,汪祥耀指导. -- 中南财经政法大学, 2009. -- 138页

论文采取理论与实证相结合、比较分析的方法对中国财务报告概念框架建设问题进行研究。全文共分六个部分。第一部分导论,说明研究背景、选题意义、研究内容、研究方法、创新点,并对国外研究现状及其局限性进行了阐述。第二部分财务报告概念框架构建的理论基础,主要运用新制度经济学理论、利益相关者理论和信息经济学理论对财务报告概念框架予以诠释,为全文分析与研究提供理论支撑。第三部分对美国财务会计准则委员会的"财务会计概念公告"、英国会计专责委员会的"财务报告原则公告"、澳大利亚会计准则委员会的"会计概念公告"、加拿大特许会计师协会下设的"会计准则委员会"的"一般会计"和国际会计准则委员会的"编制和呈报财务财务报表的框架"等具有代表性的国外财务报告框架做了分析、研究和探讨。第四部分对LASB与FASB"共同的概念框架"联合项目的已有成果和主要观点做了研究,并对联合项目的全球代表性提出了质疑。第五部分对目前起着类似财务报告框架作用的《企业会计准则——基本准则》做了研究,并从完善会计准则和会计国际协调等角度对构建中国财务报告概念框架的必要性做了研究,提出基本准则不能代替财务报告概念框架。第六部分对中国财务报告概念框架的目标、内容和地位作了探讨。

关键词:会计报表　会计准则　会计信息

**5905**

**我国上市公司内部审计有效性研究:基于监督职能视角** / 庄莹著 ; 吴水澎指导. -- 厦门大学, 2009. -- 103页

论文运用实证分析方法,结合新制度经济学的基本理论,基于我国特有的公司治理环境,分别从内部审计部门的设立情况及组织的隶属情况两方面特征,考察了反映财务报告质量的盈余管理和年报补丁、内部控制有效性以及包括独立审计质量、审计费用在内的外部监督机制等三方面的影响,进而检验了我国上市公司内部审计部门运行的有效性。全文共分六章。第一章导论,说明文的研究背景、研究动机、研究思路、研究内容,并对相关概念进行界定。第二章阐述了国内外内部审计的历史演进过程,并对内部审计存在与发展的根源进行了理论分析,对内部审计职能、内部审计独立性、内部审计组织模式、内部审计实证研究的相关文献进行了综合论述。第三章对年报补丁、盈余管理和内部审计进行理论分析与研究假设,进行稳健性检验,并得到实证结果进行分析。第四章对内部控制有效性与内部审计进行理论分析和研究假设,并对检验结果进行分析。第五章对独立审计质量、审计费用与内部审计进行理论分析与研究假设,并对实证结果进行分析。第六章结语,总结论文的研究结论,给出论文的研究启示及政策建议,并指出论文的研究局限性及后续研究方向。

关键词:上市公司　内部审计　内部控制

**5906**

**会计标准实施效果的实证分析与反思:以资产减值为例** / 訾磊著 ; 戴德明指导. -- 中国人民大学, 2009. -- 221页

论文以理论和实践相结合的研究方法,以资产减值为例,以价值相关性作为评判标准,对会计标准实

施效果进行了实证分析与反思。论文共分八章。第一章介绍了研究主题及意义,并阐述研究过程、方法及研究创新。第二章通过对国内、国外相关研究的回顾,来论证会计标准的协调是否必须提高其实施效果,并对两个美国的会计标准实施的案例进行分析。第三章从整体的角度进行分析,通过提出问题和文献回顾,对研究进行假设和设计,整理数据和样本,并根据实证结果从资产减值看会计标准的实施效果。第四章从公司治理视角出发,通过提出问题和文献回顾,对研究进行假设和设计,整理数据和样本,并根据实证结果从资产减值看会计标准的实施效果。第五章从董事会治理视角出发,通过提出问题和文献回顾,对研究进行假设和设计,整理数据和样本,并根据实证结果从资产减值看会计标准的实施效果。第六章对基于法律移植理论的分析,阐述了我国会计标准实施面临的困境。第七章对基于制定变迁理论进行分析,对我国会计标准体系建设进行思考。第八章讲述研究结论、局限性与未来研究方向。

关键词:会计标准化　会计制度　会计准则

**5907**

**基于企业本质的内部控制研究** / 邹树平著 ; 夏成才指导. -- 中南财经政法大学, 2009. -- 146 页

论文的研究是围绕企业本质的内部控制这个核心展开的。论文共分八章。第一章基于企业本质的内部控制理论基础。基于企业本质的内部控制理论可以归纳为两类:一是关于系统的理论,主要包括管理控制论、系统论和信息论。二是关于企业理论,主要包括代理成本理论、委托代理和资产专用性理论。第二章企业本质。从本质上讲,企业是一组个人契约(合同)关系的集合,由于人的有限理性和机会主义、交易费用的存在、信息的不对称以及语言使用的模糊性,造成契约的不完全性。第三章内部控制与企业本质的内在联系。第四章基于企业本质的内部控制构建。企业本质特性客观上要求重塑内部控制的立足点,对内部控制目标进行重新定位,对内部控制要素进行重新构建。第五章内部控制的基础要素。内部控制环境是内部控制的基础要素。第六章内部控制的核心要素。公司治理控制、企业管理控制和企业控制是内部控制的三大核心要素。第七章内部控制的保障要素。信息系统、监督评价与报告是内部控制的保障要素。第八章我国内部控制的基本对策。

关键词:企业管理　内部控制　公司治理

# 企业管理(含财务管理、市场营销、人力资源管理)

**5908**

**人力资源管理实践对科特迪瓦阿比让地区企业绩效的影响** / Kodjo Ezané Joseph 著 ; 戴昌钧,严诚忠指导. -- 东华大学, 2009. -- 192 页

论文对人力资源管理进行了分析,全文共分为七章。第一章介绍了论文研究的背景、研究的问题、研究的动因。第二章探讨了有关人力资源管理实务和企业绩效的理论与文献。第三章提出了论文研究的假设。第四章介绍了论文研究的理论方法和实验设计。第五章对论文研究的课题进行了仿真模拟。第六章对研究结果进行了讨论与分析。第七章提出了结论,并对未来的研究方向进行了展望。论文意在评估,一个非洲发展中国家内人力资源管理实务与企业绩效之间的相互作用,选择了正处于上升阶段的西非国家科特迪瓦,对位于其首都阿比让的 320 家企业进行了调研,调查这些企业的人力资管管理实务和企业绩效之间的关系。使用了定性和定量的方法确定人力资源管理实务对企业绩效的作用,以及二者之间的相互联系。论文着重分析了人力资源管理实务和企业绩效之间的关系,对各种人力资管管理实务进行的因子检验是论文研究的重要内容。对于管理层人力资源管理实务的探索性因素分析揭示了三个维度:员工发展、反馈系统、工资和组织结构。对于非管理层人力资源进行了独立的因子分析,也提取了同样的因素。同时,应用 Monte Carlo 方法进行了仿真模拟,证实了相关和回归分析的结果。论文检验了这三个人力资源管理维度与其对企业绩效的影响之间的相关性。使用 STATA 软件的 hausman 检验对信度进行了测试。

关键词:企业管理　人力资源管理　企业绩效　科特迪瓦

**5909**

**组织惰性的生成与克服研究** / 白景坤著 ; 邱国栋指导. -- 东北财经大学, 2009. -- 178 页

论文对组织惰性的生成与克服进行了研究。全文共分为七章。第一章导论,提出了论文研究的背景和意义,对主要的概念进行了界定与辨析,介绍了论文研究的主要思路和方法,研究的内容和结构设计,

研究的创新点及存在的不足之处。第二章组织惰性相关研究文献综述,主要介绍了组织惰性相关研究的两条线索,阐述了组织惰性内涵的多维探讨,论述了组织惰性生成与组织惰性克服的相关研究综述。第三章研究了组织惰性生成的技术因素,探究了技术进步与产业变迁和种群演变的历程,分析了企业技术周期与组织惰性的研究,论述了技术突破与组织惰性的关系。第四章探究了组织惰性生成的制度因素,主要包括制度变迁的路径依赖、制度环境与组织惰性、企业制度路径依赖与组织惰性三方面的内容。第五章分析了组织惰性生成的文化因素,研究了文化的形成与演变,分析了文化模式与管理模式,阐述了组织文化与组织文化惰性。第六章是对组织惰性生成的系统分析,主要论述了组织与环境关系的本质,分析了组织适应的周期性,论述了组织惰性的生成机理。第七章分析了组织惰性克服中的动态能力的生成机制,主要介绍了组织能力的动态性及其构成,从企业家认知模式的转变、动态能力生成的组织机制、效率学习与效能学习的转换机制以及知识系统的协调整合机制四点内容研究了企业动态能力的生成机制。

关键词:企业管理　组织管理　企业文化

**5910**

**员工心理边界影响因素实证研究** / 白晓君著 ; 周菲指导. -- 辽宁大学, 2009. -- 135 页

论文首先试图通过对心理边界的概念研究,总结与心理边界相关的理论,形成心理边界研究的理论基础,为解决绩效管理、组织变革、跨文化管理中遇到的问题提供理论基础。其次,验证员工心理边界的影响因素,从源头找出影响员工对组织认同度的根源。以对员工的行为进行有效的解释、预测和控制。第三,从心理边界的角度分析影响个体绩效的因素。论文利用问卷调查的方式收集被试的相关数据。明确了心理边界的含义,指出心理边界是人与环境交互作用的限制线,是心理"阈限值"——既能承受相应的刺激,又不出现异常反应的界线,认为员工心理边界是员工与环境(群体、领导者、组织)交互作用中所形成的心理控制功能的最终界线,表现为员工对企业价值观、战略、规范、管理模式等的认同程度,心理边界的建构是一个复杂的过程。

关键词:企业管理　职工　管理心理学

**5911**

**多层级领导对员工信任、绩效的影响模式及差异性研究** / 白云涛著 ; 席酉民指导. -- 西安交通大学, 2009. -- 190 页

论文提出了多层级领导研究的新视角,探讨了员工对不同层级领导建立信任的过程,提炼出一个描述多层级领导对员工不同影响模式和情境差异性的综合研究框架。选取 252 家企业进行了 3 次问卷调研,采用因子分析、结构方程模型和跨层级模型分别对相关假设进行了验证,最后结合生命周期理论对当前组织中"信任缺失"以及如何寻找一条有效的领导发展路径等问题进行较为微观的探讨。重新剖析和建构了员工对多层级领导信任的维度结构和内容,结果表明员工对高层领导和直接领导的信任分别由能力、政治、善行以及共同情感、共同利益和共同价值观维度构成。构建了多层级领导影响的双通道机理模型,解释了不同层级领导对员工影响的不同作用路径。构建了跨层级多自变量调节回归模型中自变量之间总体系数比较的新方法,并应用在多层级领导影响效力具有不同的调节作用。构建了一条多层级领导发展路径,解释了组织生命周期与组织多层级领导力发展的匹配关系。

关键词:企业管理　组织管理　企业领导　信任

**5912**

**公司治理机制对会计信息真实性的影响研究** / 柏子敏著 ; 赵昌文指导. -- 四川大学, 2009. -- 148 页

论文对公司治理机制对会计信息真实性的影响进行了系统深入的研究。全文共分为九章。第一章为论文的导论,介绍了论文研究的背景、研究的目的及意义、研究方法、论文的结构安排。第二章介绍了会计信息质量的基本结论,主要阐述了会计信息质量的内涵与特征,总结了会计信息质量的真实性特征及公司治理与会计信息质量的关系。第三章为关于公司治理对会计信息质量的影响的文献综述,主要包括股权结构与会计信息质量、董事会特征与会计信息披露的关系、薪酬激励与会计信息质量、公司治理结构与会计信息透明度、会计信息披露管制五部分内容。第四章介绍了会计信息造假的动因及模型分析,分析了会计信息造假的动机、我国会计信息造假的条件、会计信息造假的理论模型。第五章研究了股权结构对会计信息质量的影响,主要分析了中国上市公司股权结构的现状和特征,提出了股权结构特征与会计信息质量

的关系假设，选择了样本和变量进行了实证分析。第六章研究了董事会特征对会计信息质量的影响。第七章研究了薪酬合约对会计信息质量的影响，主要总结了中国上市公司高管薪酬合约的现状，提出了高管薪酬与会计信息质量的关系假设，选择了样本和变量进行了实证分析。第八章以因信息披露问题被证监会处罚上市公司为例进行了实证检验。主要对被处罚上市公司进行了比较分析。第九章为论文的总结。

关键词：上市公司　法人治理结构　会计信息

**5913**

**运作系统能力受损后的应急管理研究** / 包兴著 ；季建华指导. -- 上海交通大学, 2009. -- 213 页

论文对运作系统的能力受损后的应急管理进行了研究。全文共分为七章。第一章绪论主要阐述了论文的研究背景，研究的理论和现实意义，研究内容与论文结构，总结归纳了论文研究的创新点。第二章为理论基础与研究文献综述，主要包括供应链风险管理研究现状综述、应急运作管理研究现状综述、运作系统能力应急管理研究现状综述等方面的内容。第三章是对运作系统能力应急管理的理论分析框架的介绍，主要包括运作系统能力应急管理概念的界定和理论分析框架、灾后运作系统能力损失评估、基于 BCP 的能力应急管理、提高运作系统能力应急管理的措施方面的内容。第四章介绍了运作系统能力受损后的应急管理模式，主要描述了基本模型，服务型运作系统应急期间的能力采购和恢复模型，生产型运作系统应急期间的能力采购和恢复模型，并对算例进行了分析。第五章分析了考虑管理者风险态度的运作系统能力应急管理模型，主要包括基本模型描述与符号约定、风险态度影响下服务型运作系统的能力应急模型、风险态度影响下生产型运作系统的能力应急模型、算例分析等。第六章是对两种能力支援并存时运作系统的能力应急管理模型，介绍了模型假设、符号约定，分析了两种能力支援模式的动态应急决策模型，并对案例进行了分析与研究。第七章为论文的总结和展望。

关键词：企业管理　紧急事件　安全管理　供应链管理

**5914**

**企业家的认知与社会网络对民营家族企业社会化演进方式的影响** / 鲍爱中著 ；许晓明指导. -- 复旦大学, 2009. -- 148 页

民营家族企业家的行为到底由哪些因素来决定，论文总结出了十六种因素，然后经十位企业家的筛选，共选择三大类九种因素，分别为感觉、直觉、思维、情感、能力或技能、知识或教育、经验或经历、继承资源与发展资源。为了得出九大因素对五种社会化方式的具体影响，论文采取了问卷调查收集数据的方式，并在数据分析的基础上运用模糊数学中的模糊综合抉择理论对数据进行了分析验证，得出的结论是：在九种因素的共同作用下，民营家族企业家最倾向于采取渐进式的社会化方式，而在对其中的任何一个因素绝对占优赋值后，即在假设的情况下放大某一个因素的影响而减弱其他因素的影响，这样突出某一个因素后同样得出了每一个因素所导致的社会化方式。其中，情感因素占优赋值比较复杂，企业家行为先是呈现保守型，渐渐又变成了渐进型；而继承资源这个因素占优赋值的结果是企业家行为是保守型，其余的七个因素占优赋值的结果均显示了企业家的行为是渐进型。企业家的影响作用是多维度的，在论文分析的基础上还可以再增加研究企业家行为的变量，同时在研究方法和理论框架等方面也有待进一步深化和突破。

关键词：民营企业　家族企业　企业家　认知　社会化

**5915**

**服务品牌员工内化影响因素整合研究** / 卞晓青著 ；白长虹指导. -- 南开大学, 2009. -- 238 页

论文对服务品牌员工的内化影响因素整合进行了研究。全文共分为九章。第一章绪论，主要介绍了论文的理论和现实背景，研究主题和创新点，研究的方法和框架。第二章为相关文献的回归与评析，主要包括内化及其相关理论研究、服务品牌员工内化影响方向研究、服务品牌员工内化影响因素研究，阐述了进一步研究的空间和思路。第三章介绍了论文案例研究的设计与准备，主要介绍了案例研究设计的类型、选取以及案例研究的质量标准和数据收集。论述了案例研究方案主板的过程和草案以及分析技术。第四章阐述了案例分析与结果研究，主要对案例进行了效度与信度分析，阐述了跨案例结果的讨论。第五章分析了模型构建与理论假设，主要界定了服务品牌员工内化的概念，阐述了服务品牌员工内化的战略作用以及研究模型框架，分析了服务品牌员工内化前置变量之间的关系、服务品牌员工内化与其前置变量的关系以及服务品牌员工内化内涵各变量之间的关系。

第六章调查研究方法与研究设计,主要介绍了基于PLS的结构方程模型的结构。阐述了问卷量表的设计原则、选择以及效度检验,论文研究的数据分析方法,进行了预调查的研究。第七章是对调查数据的分析以及结果的讨论,主要包括正式调研实施原则与过程、描述性分析、外部模型分析、内部模型分析、假设检验与模型修正、研究结果讨论六方面的内容。第八章是对基于案例研究与调查分析的战略性思考,提出了基于三重视角的管理建议。第九章为论文的结论和展望。

关键词:服务业　企业管理　品牌　员工

**5916**

**面向价值创造的企业能力研究** / 别晓竹著 ; 侯光明,白金荣指导. -- 北京理工大学, 2009. -- 123 页

能力成为企业主要价值驱动因素,这对企业管理理论和管理方法提出了新的要求。基于此,论文对面向价值创造的企业能力进行了下述研究:第一,在对比 12 种主要能力理论观点对企业能力内涵表述的基础上,从价值创造视角对企业能力内涵进行了界定。基于系统思维,建立了价值创造视角的企业能力系统模型。第二,基于企业能力的组分—构架观、结合动态观和知识载体观,从企业价值创造的视角提出企业能力的构成——组分能力、构架能力和动态能力,并对其关系进行了研究。第三,运用结构方程分析方法,借助 Amos 结构方程统计分析软件,建立了面向价值创造的企业能力的理论模型。根据理论模型的假设、构建的观测指标设计调查问卷,对回收的 107 份有效问卷进行数据整理分析。对理论模型进行识别、修正和参数估计,揭示了企业能力价值创造机理。第四,建立了面向价值创造的企业能力组合模型,提出 8 种企业能力模式,并分析其特点和未来转化方向。论文分析企业能力模式选择的影响因素,提出企业能力模式选择程序,对我国中小企业的能力模式进行了分析。最后,对面向价值创造的企业能力的演化动力和阻力进行了分析,建立了面向价值创造的企业能力演化模型,对"贸工技"路径的企业能力演化进行了分析。

关键词:企业管理　企业能力　价值

**5917**

**研究型大学教师压力与绩效相关性研究** / 蔡本睿著 ; 夏恩君指导. -- 北京理工大学, 2009. -- 172 页

论文对研究型大学教师压力与绩效相关性进行了深入全面的研究。全文共分为八章。第一章介绍了背景,研究的意义,研究思路,研究的内容和方法,研究的主要创新点。第二章国内外相关研究评述,主要介绍了研究型大学与研究型教师、压力等的相关概念,阐述了国外相关研究的主要观点、成果和研究方法,分析了相关研究的不足。第三章介绍了高等学校人力资源管理基本理论,主要包括人力资源管理理论、组织行为学理论、人力资源管理心理学理论、边际理论。第四章是对高校教师压力与绩效调查问卷的设计,主要包括问卷设计的目的与依据、问卷结构、实验分析及数据采集、问卷信度与效度分析三方面的内容。第五章是对研究型大学教师压力状况的调查与分析,主要对教师压力概况及问卷调查基本情况进行了分析与研究,论述了研究型大学教师压力状况,对研究型大学教师压力评估值与压力源进行了相关性分析与研究。第六章是对研究型大学教师绩效的调查分析,主要论述了高校教师绩效的概况,阐述了研究型大学教师绩效的特征,论述了研究型大学教师绩效与绩效要素的相关性分析。第七章是对研究型大学教师压力与绩效相关性进行的调查分析。主要包括研究型大学教师压力与绩效相关性概述、研究型大学教师压力与绩效相关的特征量分析。第八章是对研究型大学与普通大学进行的对比分析及案例研究。主要对研究型大学与普通大学教师压力与绩效进行了对比分析,论述了案例研究,分析了典型事件,探索了研究型大学组织结构与考评体系。

关键词:大学　教师　身心健康　绩效评价

**5918**

**跨国公司外派人员社会网络、配偶支持对其工作绩效的影响研究:基于在沪跨国公司的实证** / 曹礼平著 ; 李元旭指导. -- 复旦大学, 2009. -- 163 页

论文基于在沪跨国公司的实证,对跨国公司外派人员网络、配偶支持对其工作绩效的影响进行了研究。全文共分为七章。第一章导论,主要介绍了论文的研究背景,研究原因、目的和意义,研究的技术路线与方法,拟解决的关键问题与创新点,论文的结构安排。第二章为理论综述,主要介绍了外派人员理论研究综述、外派人员社会网络理论研究综述、外派人员配偶支持理论研究综述、外派人员调整适应理论研究综述以及外派人员工作绩效理论研究综述。第三章是对在沪跨国公司外派人员社会网络、配偶支持对工作绩效影响研究模型及假设的分析,主要论述了外派

人员社会网络、配偶支持与工作绩效之间的相互关系及其概念模型，分析了外派人员配偶支持对工作绩效的直接作用，阐述了外派人员调整适应对工作绩效的直接作用，探究了外派人员调整适应在社会网络对工作绩效影响中的中介作用以及外派人员调整适应在配偶支持对工作绩效影响中的中介作用，阐述了实证模型的发展。第四章介绍了研究方法，主要分析了测量工具的发展和数据的来源，阐述了自变量、因变量以及中介变量的度量。第五章是对数据的分析，主要包括描述性统计、信度分析、效度分析以及验证性因子分析。第六章是对假设的检验。第七章是对实证分析结果与启示的分析，介绍了论文的研究创新点和局限性以及未来的研究方向。

关键词：跨国公司　人事管理　经济绩效

**5919**

**论中国上市公司治理中的违法违规问题：基于法律环境的视角** / 曹征著 ; 程秀生，李维安指导. -- 南开大学，2009. -- 165 页

论文聚焦在我国沪深两市的 A 股市场，从理论和实证两个角度分析上市公司违法违规的规律，探讨上市公司违法违规行为的特征及其监管处罚的变化规律，公司治理法律环境对上市公司的规范和约束，并为高效配置有限的监管资源提供方向性的政策建议。论文提出上市公司治理法律环境的“四构成论”，即将上市公司治理法律环境分解为立法、执法、司法、法律宣传和教育四个基本构成，并依赖 15 年的纵向数据，以及相关调查问卷，对此进行了实证分析。提出中小投资者“双重身份论”，并以此解释违法违规的根本原因。通过揭示上市公司治理中违法违规在主体、行业、地域等方面的分布规律，向投资者展示潜在的违法违规风险，并探索监管部门提高监管效果的制度途径，指出改善中国上市公司治理法律环境的政策方向。

关键词：上市公司　法人治理结构　违法行为　立法　市场监管

**5920**

**项目利益相关者协调机制研究** / 常宏建著 ; 张体勤指导. -- 山东大学，2009. -- 201 页

论文对项目利益相关者协调机制进行了研究。全文共分为七章。第一章导论，主要提出了论文研究的问题，研究的意义，对相关的概念进行了界定，阐述了论文研究的技术路线和方法，论文的主要内容安排和研究的创新点。第二章为相关的研究文献综述，主要包括项目管理及项目利益相关者管理研究、组织间协调机制研究、关于组织协调度测量的相关研究、系统科学及协同学相关理论研究，并对研究文献进行了总结。第三章项目利益相关者协调机制的作用机理，分析了项目系统的属性与演化机理，剖析了项目利益相关者协调的逻辑模型，论述了项目利益相关者协调机制的作用机理模型。第四章项目利益相关者协调机制的构建，主要论述了内部项目利益相关者协调机制的结构模型，阐述了内部项目利益相关者显性协调机制与隐形协调机制，研究了内部利益相关者协调保障机制以及外部项目利益相关者协调机制。第五章是对项目利益相关者协调度的测评，主要阐述了项目利益相关者协调度的涵义，分析了项目利益相关者协调度测量的方法和步骤，介绍了项目利益相关者协调度评价与协调机制方案设计。第六章是对项目利益相关者协调机制的实证研究，主要包括实证项目选择及项目利益相关者分析、实证项目利益相关者协调度测评、实证项目利益相关者协调机制方案设计以及实证项目利益相关者协调机制效果分析。第七章为全文的结论和展望。

关键词：基本建设项目　项目管理　供应链

**5921**

**集团化运作、融资约束与企业财务风险** / 陈才东著 ; 李焰指导. -- 中国人民大学，2009. -- 201 页

论文运用综合理论分析、案例研究和实证检验方法分析了集团化运作、融资约束与企业财务风险的关系。全文共分为七章。第一章导论，介绍了论文研究的背景及意义，研究的内容和研究框架，对相关概念进行了界定，分析了论文的研究方法与论文的创新点。第二章对制度背景进行了介绍，主要包括企业集团、中国资本市场、企业融资模式三方面的内容。第三章是对相关文献的回顾，论述了论文的理论基础，主要从企业集团成因理论、企业集团及其内部资本市场研究综述企业集团，从融资约束研究的理论基础、融资约束的质量以及融资约束的研究结论概述了融资约束，并阐述了企业财务风险。第四章基于上海复星集团案例的研究，剖析了集团运作、融资约束与企业财务风险的关系，主要包括上海复星集团的案例分析、集团化运作与融资约束、集团化产业布局动机以及内部资本运作和融资约束、集团化运作与财务风险方面的内容。第五章介绍了基于中国资本市场的经

验证据的集团化运作与融资约束,主要包括研究设计和实证检验。第六章是对基于中国资本市场的经验证据的集团化运作与企业财务风险的关系的研究,主要从研究样本选择、研究样本分组、财务风险度量指标选择以及回归模型及相关变量定义五方面进行了研究设计,对实证结果进行了静态和动态的分析。第七章是对论文的总结。

关键词:企业管理　财务管理　融资　风险分析

5922

**中国上市公司壳资源价值评估及并购交易理论定价模型研究** / 陈高游著 ; 赵昌文指导. -- 四川大学, 2009. -- 143 页

论文对中国上市公司壳资源价值评估及并购交易理论定价模型进行了深入全面的研究。全文共分为八章。第一章为论文的导论,介绍了论文研究的背景和意义,分析了国内外研究的现状,阐述了论文研究的模型、内容和方法,论述了论文研究的技术路线和研究大纲,总结归纳了论文研究的创新和贡献。第二章主要对西方并购浪潮的背景和原因、并购动因、并购效应、关于上市公司壳资源价值评估等文献综述进行了总结和评述。第三章介绍了企业价值评估的理论和方法,主要介绍了企业价值评估的理论基础、评估的一般方法。第四章介绍了上市公司壳资源价值评估与并购交易基本定价的模型,分析了“壳”的稀缺性与上市公司壳资源价值的构成,提出了基本的假设条件,对目标企业价值的分层进行了评估,对目标企业控股股东架子进行了进一步的评估与研究,论述了基本交易定价模型。第五章是对有限竞争条件下的动态博弈定价模型的分析,主要介绍了稳定市场中的均衡定价和非稳定市场中的均衡定价以及具有退市限制的二人博弈定价,分析了“一股独大”情形下的二人博弈定价。第六章是对非对称信息条件下的动态博弈定价的研究,主要分析资产质量信息不对称的条件,研究了价值信息不对称的条件。第七章是对中国资本市场制度特征和壳资源定价的进一步分析。第八章为论文的总结和展望。

关键词:上市公司　企业管理　企业兼并　股权转让　定价模型

5923

**五维结构下的企业国际竞争力研究** / 陈汉林著 ; 张新国指导. -- 中南财经政法大学, 2009. -- 156 页

论文对五维结构下的企业国际竞争力进行了分析研究。全文共分六章。导论介绍了论文的背景与意义,研究的主要内容、研究框架与方法,论文的创新之处。第一章对企业国际竞争力的国内外研究进行了综述。对竞争与竞争力的基本概念进行了界定,分析了国际竞争力与企业国际竞争力之间的关联,对企业竞争力理论的产生及国内外的相关研究进行了综述,对企业竞争力来源的理论进行了解释与简要评价,并分析了国内企业竞争力理论的研究现状。第二章探讨了经济全球化与五维结构的企业国际竞争力理论模型。对经济全球化的背景进行了概述,分析了经济全球化的发展趋势、发展阶段与趋势,讨论了经济全球化的发展趋势对企业国际竞争与企业成长的影响,阐述了五维结构的企业国际竞争力理论模型,详细介绍了五维结构的企业国际竞争力理论模型图。第三章分析了信息民主化、技术民主化与企业国际竞争力的内在联系,指出了信息资源丰富是信息民主化的前提,技术进步是技术民主化的前提,强调了技术创新是技术进步的核心,进而分析了技术创新对企业竞争力的作用。第四章分析了资本民主化、人力资源民主化、决策民主化与企业国际竞争力之间的内在联系。首先指出资本民主化促进了资本全球化,从而进一步从全球交易与资本流动角度探讨了企业国际竞争力提升的意义,随后阐述了人力资本的概念与特点,指出了人力资本民主化与人才国际化导致了企业间的人才国际竞争问题,最后分析了知识的转换成本对企业决策权安排的影响,阐述了企业民主决策的内涵以及其对企业发展的意义。第五章对中国企业国际竞争力的状况进行了分析。首先比较了中国企业50强与世界500强的国际竞争力,随后以汽车行业为例对中国企业国际竞争力进行了分析,分别从企业经营规模、企业生产集中度、企业产品结构、企业经营效率、企业管理能力等角度进行了国际比较,最后以海尔集团为例对中国企业国际竞争力的个案进行了分析。第六章分别从政府与企业角度提出了提升中国企业国际竞争力的对策。最后为结语部分。

关键词:企业管理　国际竞争力　民主化

5924

**业务流程重组因素、信息资源整合能力对组织 IS 绩效影响的研究** / 陈浩著 ; 陈禹指导. -- 中国人民大学, 2009. -- 195 页

论文对业务流程重组因素、信息资源整合能力对

组织IS绩效影响进行了全面系统的研究。全文共分为八章。第一章为论文的引言,主要阐述了业务流程重组因素、信息资源整合能力对组织IS绩效影响的实践背景和理论背景,分析了论文研究的问题和内容,阐述了论文的研究方法和技术路线。第二章为论文的相关文献综述,主要对业务流程重组、企业信息资源整合能力、组织IS绩效、组织IT战略以及组织IS成熟度等方面文献进行综述。第三章为论文的理论基础介绍,主要阐述了组织理论、组织变革理论、系统理论以及流程再造理论。第四章介绍了研究模型的假设开发,对研究模型进行了概述,分析了研究假设的业务流程重组的因素,阐述了研究假设的信息资源整合的能力,描述了研究假设的IT战略,分析了研究假设的信息化成熟度,最后对研究假设进行了总结。第五章介绍了论文的研究设计和方法,主要从问卷设计测量概念的开发、数据分析方法、样本研究四个方面进行分析与研究。第六章介绍了论文的数据分析并对结果进行了讨论,主要包括数据描述性分析、探索性因子分析、确认性因子分析、概念测量的信度检验、概念测量的效度检验、结构模型与分析讨论、数据分析的总结七方面的内容。第七章是针对业务流程重组因素、信息资源整合能力对组织IS绩效影响的案例研究,主要分析了案例研究的设计方案、案例研究过程与案例研究结果,并对其进行了讨论。第八章为文章的总结和未来工作的归纳。

关键词:企业信息化　业务流程　信息资源　企业绩效

**5925**

**台湾企业基层员工职业倦怠影响因素的实证研究:基于人力资源管理视角** / 陈弘宙著 ; 廖泉文指导. -- 厦门大学, 2009. -- 293 页

论文基于人力资源管理的视角,对台湾企业基层员工职业倦怠影响因素进行了实证研究。全文共分为六章。第一章导论,主要介绍了论文选题的背景,研究的理论与实践意义,主要内容,论文的主要篇章结构安排,论文的研究方法及研究创新点。第二章为职业倦怠研究的综述,主要阐述了职业倦怠文献研究综述,分析了职业倦怠与人力资源相关的研究文献,介绍了职业倦怠的测量方法,探究了职业倦怠的影响因素,对职业倦怠进行了相关研究分析。第三章是对基于人力资源管理的基层员工职业倦怠的影响因素的实证分析,从人力资源管理的视角分析了职业倦怠,介绍了人员配置与职业倦怠的关系,论述了薪酬与职业倦怠的关系,分析了绩效考核对职业倦怠的影响。第四章介绍了论文研究的方案设计,主要包括调查问卷的设计、变量的定义与测量,资料的收集过程以及资料分析的方法。第五章为实证研究分析,主要对样本进行了描述性统计分析,分析了资料品质,介绍了描述性统计的方法,对个人背景特征单因素进行了方差分析与研究,介绍了研究中运用的相关回归分析方法。第六章为论文的总结和展望。

关键词:企业管理　人事管理　人力资源管理　台湾

**5926**

**秸秆替代煤发电的效益评价及利益主体共赢策略研究** / 陈建华著 ; 席酉民指导. -- 西安交通大学, 2009. -- 150 页

论文对秸秆替代煤发电的效益评价及利益主体共赢的策略进行了深入的研究。全文共分为七章。第一章为论文的绪论,主要介绍了论文的选题背景,对基本概念进行了辨析,分析了论文研究的技术路线和研究内容。第二章理论综述主要包括发电项目外部性理论及其研究评述、投资决策理论及其研究评述以及战略联盟理论研究评述,最后总结了基本的评价和论文研究得出的启示。第三章是对秸秆替代煤发电外部效益的理论分析与实际预算,主要分析了秸秆替代煤发电外部效益的依据,对秸秆替代煤发电的产业关联和就业效益进行了预算,阐述了秸秆替代煤发电的资源和环境效益预算,对秸秆替代煤发电外部效益的测算结果进行了分析与研究。第四章是对秸秆替代煤发电项目财务效益的分析,主要论述了研究的依据、现实问题描述与研究假设、拥有暂停期权的发电项目投资价值模型的构建以及案例测算与分析四方面的内容。第五章是对秸秆发电纵向战略联盟绩效进行了分析。介绍了研究的理论和实现依据,分析了秸煤混烧发电方式纵向联盟绩效模型的构建,阐述了秸煤混烧发电方式纵向联盟绩效测算,论述了秸煤混烧与秸秆纯烧发电方式纵向联盟价值机制。第六章是对秸秆替代煤发电主体共赢策略的研究,主要包括秸秆发电纵向战略联盟的构建策略、秸秆发电的政府激励策略两方面的内容。第七章为论文的总结和展望。

关键词:生物能源　秸秆　发电　经济效益

5927

**我国上市家族企业的代理成本及其治理研究** / 陈建林著 ; 胡军指导. -- 暨南大学, 2009. -- 137 页

论文针对学术界关于家族企业代理成本问题的争论,采用了2006年339家上市家族企业的数据,分析了家族管理模式对上市家族企业代理成本的影响,探讨了治理机制对上市家族企业的代理成本的影响效果,研究了高管人员的薪酬机制对上市家族企业代理成本的作用。得出以下主要结论:①总体而言,家族管理模式有利于降低企业的代理成本。②对上市家族企业而言,机构投资者持股比例、流动负债比例对代理成本发挥正面作用,两职合一、资产负债率对代理成本发挥负面影响,大股东持股比例、股权制衡度、董事会规模、独立董事比例与代理成本的关系不显著。家族管理企业与专业管理企业的治理机制对代理成本作用效果有不同之处:在家族管理模式中,大股东持股比例、董事会规模与代理成本负相关,但是这两类治理机制对专业管理企业的代理成本没有发挥显著作用。③高管人员薪酬机制对降低上市家族企业代理成本的作用显著。高管人员的家族化背景对薪酬机制效果有负向的调节效应。家族自利倾向对薪酬机制效果也有负向的调节效应。基于研究结果,提出以下建议:①对上市家族企业而言,首先,应该谨慎考虑管理模式的选择;其次,有针对性地运用上市家族企业的治理机制,吸引机构投资者对本公司投资,在债务融资方面,应该优先采用短期债务融资方式;最后,适当加强对职业经理人的激励强度,并合理调整薪酬结构,实施专业管理模式的企业,可将薪酬差距适当加大,实施家族管理模式的企业,其薪酬差距不能太大。②对监管层而言,首先,要培育职业经理人市场,通过建立职业经理人信息库、完善法制环境和发展中介机构的方法加强对职业经理人的约束;其次,完善相关制度,更好地发挥独立董事制度和债务融资的效果;最后,实施分类监管,加强对控制性家族和高管人员"合谋"行为的监管。

关键词:上市公司　家族企业　代理　成本管理　薪酬

5928

**CEO领导方式对不同类型技术创新和组织绩效的影响** / 陈建勋著 ; 王凤彬指导. -- 中国人民大学, 2009. -- 199 页

论文对CEO领导方式对不同类型技术创新和组织绩效的影响进行了研究。全文共分为八章。第一章导论,主要介绍了论文研究的理论背景和实践背景,论文的研究目的和问题,论文的研究内容和逻辑框架。第二章为文献综述,主要分析ICEO变革型和交易型领导行为的研究现状与缺口、协同式技术创新的研究现状与缺口,总结了二元领导行为的概念与理论基础。第三章介绍了案例分析与研究发现,主要论述了案例研究的设计与个案企业,对技术创新过程中的CEO领导方式进行了分析。第四章是对双重视角下CEO领导行为的影响机理进行了分析,主要论述了高层决策视角下CEO领导行为对组织绩效的影响机理和远距离领导视角下CEO领导行为对组织绩效的影响机理。第五章是对假设推演和概念模型的研究,主要阐述了交易型、变革型领导行为与组织绩效的关系,利用型、探索式技术创新与组织绩效之间的倒U型关系,研究了利用式、探索式技术创新在CEO领导行为与组织绩效间的中介作用,分析了不同环境条件下交易型、变革型领导行为对技术创新的影响、二元领导行为对组织绩效的影响、协同式技术创新对组织绩效的影响以及中庸思维对二元领导行为的影响。第六章介绍了研究设计与数据收集。第七章为论文研究的统计分析与假设验证。第八章介绍了论文的研究结论与未来研究方向。

关键词:企业领导　领导行为　技术创新　企业绩效

5929

**组织学习、创新和绩效的关系研究** / 陈江著 ; 吴能全指导. -- 中山大学, 2009. -- 195 页

论文的研究首先对组织学习、组织创新、管理创新、技术创新和组织绩效的相关文献进行了系统梳理,并提出了相关的研究假设。然后对组织学习量表进行修改和完善,通过质的研究和量的研究提出组织学习的5维度测量模型。再通过二手资料调查、问卷调查等方式进行数据收集,对研究假设进行检验,并得到了相关的有意义的研究结论:第一,管理创新和技术创新相互作用,为互为因果关系。第二,组织学习与管理创新、技术创新都有正向相关关系。第三,管理创新、技术创新与组织绩效都有正向相关关系。第四,组织学习通过管理创新与技术创新间接对提升组织绩效产生影响。第五,组织学习是影响管理创新与技术创新互动关系的重要因素之一。

关键词:企业管理　企业创新　创新管理

**5930**

**跨国公司在华嵌入性研究:基于沿海开发区的分析** / 陈景辉著 ; 邱国栋指导. -- 东北财经大学, 2009. -- 210 页

论文基于沿海开发区的分析,对跨国公司在华嵌入性进行了研究。全文共分为九章。第一章导论,提出了论文研究的背景和意义,对主要的概念进行了界定与辨析,介绍了论文研究的主要思路和方法,研究的内容和结构设计,研究的创新点。第二章为文献综述,主要介绍了跨国公司 FDI 理论、跨国公司嵌入理论、基于跨国公司产业集聚理论,分析了现有研究的不足,介绍了论文研究的视角。第三章是对跨国公司嵌入的内涵和表征的研究,主要包括跨国公司嵌入问题的研究框架、跨国公司在我国以及国家级开发区发展的情况、国家级开发区中跨国公司嵌入表征分析。第四章是对跨国公司嵌入模式的研究,主要论述了跨国公司的嵌入模式和典型案例,并比较了几种嵌入模式。第五章对跨国公司的嵌入过程和战略演化路径进行了分析。第六章分析了跨国公司嵌入的动因,主要包括经济全球化的驱动、中国改革开放的拉动以及跨国公司自身战略的推动。第七章研究了跨国公司嵌入与地方产业集聚的互动关系,主要论述了了产业集聚的内涵和类型,阐述了国家级开发区中的主导产业和产业集聚情况、国家级开发区产业集聚的情况和特征,论述了开发区产业集聚的类型,对跨国公司嵌入与产业集聚进行了实证研究。第八章是对跨国公司与地方产业的双向嵌入研究,主要包括国家级开发区面临的问题和挑战、全球价值链与地方产业升级、跨国公司与本土产业的互动耦合、双向嵌入视角下跨国公司在华嵌入战略和区域产业政策以及个案研究。第九章为全文的总结和展望。

关键词:跨国公司　企业管理　经济发展　产业集群

**5931**

**随机动态多车辆装卸混合问题求解策略研究** / 陈久梅著 ; 张旭梅指导. -- 重庆大学, 2009. -- 112 页

论文对随机动态多车辆装卸混合问题求解策略进行了研究。全文共分为六章。第一章绪论,主要介绍了论文的研究背景及意义,研究目的和研究内容,研究的思路和分析框架,研究特色和创新点。第二章为相关理论基础及文献综述,主要包括几何概率相关理论、排队论概述、车辆路径问题、装卸混合问题。同时对传统车辆路径问题和随机动态车辆路径问题进行了研究综述。第三章介绍了单目标随机动态多车辆装卸混合问题的求解策略,主要包括章节引言、问题描述、需求稀少情况下的求解策略、需求密集情况下的求解策略以及同时适合需求稀少和需求密集情况的求解策略五方面的内容。第四章介绍了多目标随机动态多车辆装卸混合问题的求解策略,主要从数学模型、问题描述两方面进行了分析与研究,从最近邻策略、堆栈策略分析了求解策略。第五章介绍了需求服从一般分布的随机动态多车辆装卸混合问题的求解策略,主要包括章节引言、问题描述、分区求解策略、仿真、章节小结五方面的内容。针对需求服从一般分布的随机动态多车辆装卸混合问题,提出了一种求解问题的区分求解策略,在推导出需求密集两种情况下目标函数下界的基础上,分析了两种情况下分区求解策略的渐近性,并将分区求解策略与随机队列中位策略和多车辆随机队列中位策略进行了比较。第六章为结论和展望。

关键词:物流　物资配送　车辆调度　排队论　最优化

**5932**

**电子服务质量的中国消费者信任研究** / 陈莉莉著 ; 陈信康指导. -- 上海财经大学, 2009. -- 147 页

论文对电子服务质量的中国消费者信任问题进行了分析研究。全文共分五章。第一章导论,提出了研究的问题、研究范围与目标、研究的现状与创新点、研究方法、技术路线与论文的结构安排。第二章对服务质量和电子服务质量、消费者信任和网络消费者信任以及电子服务质量的消费者信任三方面的文献进行了综述,对服务质量的定义进行了辨析,并探讨了消费者信任与网络消费者信任问题,比较分析了消费者购买行为与网络消费者购买行为。第三章通过对相关理论模型的探讨对研究的总模型进行了构建,提出了理论假设,探讨了电子服务质量和感知利益、感知风险的关系,感知利益、感知风险和消费者信任态度之间的关系以及消费者特征和感知利益、感知风险之间的关系,介绍了研究的方法与问卷的设计思路。第四章阐述了统计样本的基本特征,包括人口统计特征、消费者网络技能熟练度及网络购物经验,检验了电子服务质量各维度和感知利益、感知风险的相关性、消费者特征和感知利益、感知风险和消费者信任态度的相关性,探讨了 e-SQ 各维度对消费者感知利

益及感知风险的影响程度。第五章为结论与展望。

关键词:电子商务　服务质量　消费者　信任

5933

**我国企业应对反倾销的会计联动机制研究** / 陈林荣著 ; 刘爱东指导. -- 中南大学, 2009. -- 181 页

论文基于企业应对反倾销,综合运用会计、管理贸易、博弈和机制设计等经济理论与方法,从企业的战略层面及相应的制度配置与协调上,研究与我国企业应对反倾销相适应的会计联动机制。论文在对我国遭遇反倾销数据统计分析的基础上阐述了研究的背景和意义,对国内外反倾销研究进展、应对反倾销的研究现状等进行动态追踪分析,设计了八大部分组成的论文研究框架,并针对不同的研究内容选择了规范型、描述性、解释性、实证检验等相应分析方法。在对应对反倾销会计联动机制基础理论——管理贸易理论评述的基础上,得出反倾销等维护公平贸易的手段更多的是各国进行维护利益集团或国家利益的政策工具,应该采用战略性的贸易政策,利用博弈论、会计手段和机制设计理论等维护产业利益。

关键词:企业管理　财务管理　会计控制　反倾销

5934

**我国企业套期保值风险规避问题研究** / 陈明著 ; 林峰指导. -- 华侨大学, 2009. -- 144 页

论文对我国企业套期保值风险规避问题进行了深入的研究。全文共分为十章。第一章为论文的绪论,主要介绍了论文研究的背景、研究的问题、选题意义、研究的内容、思路和框架、论文研究的方法以及创新之处。第二章是对相关理论综述的介绍,主要包括套期保值理论研究综述、风险管理理论研究综述、运用套期保值规避风险的研究综述、企业套期保值实践研究的综述。第三章是对企业风险管理理论与套期保值方法的研究,主要介绍了风险与企业风险管理,对现代企业风险管理理论进行了分析,阐述了企业风险管理的套期保值方法。第四章介绍了我国企业套期保值风险规避的必要性和可行性,主要对套期保值与企业风险管理关系进行了分析,阐述了我国企业套期保值的作用与特征,论述了我国企业套期保值风险规避必要性的研究,对我国企业套期保值风险可行性进行了分析。第五章是对我国企业套期保值现状的研究,主要包括我国期货市场发展历程、我国企业套期保值风险规避现状、存在的问题以及发达国家企业套期保值规避风险经验与借鉴四方面的内容。第六章是对我国企业套期保值进行的案例研究,主要对我国企业套期保值成功与失败的案例进行了分析。第七章是对我国企业套期保值规避风险的研究,介绍了我国企业套期保值的目标定位、企业套期保值策略选择以及我国企业套期保值组织机构的设计,阐述了我国企业套期保值方案的实施以及效益评价。第八章介绍了我国企业套期保值的制度设计,主要介绍了我国期货市场的交易制度安排与监管体制,论述政府层面的套期保值的制度保证和企业层面的套期保值制度设计。第九章是对云南铜业套期保值的实证研究。第十章为论文的结论和展望。

关键词:企业管理　期货市场　套期保值　风险管理

5935

**中国企业渠道关系管理研究** / 陈涛著 ; 田志龙指导. -- 华中科技大学, 2009. -- 120 页

论文主要围绕转型市场条件下中国营销渠道冲突的症结、成因或形成机理展开研究,并将其与渠道关系的研究结合起来,通过系统的多学科理论分析与实证研究相结合的方法,研究了中国转型市场渠道冲突的特殊成因以及影响中国企业渠道(联盟)关系的主要因素,探讨中国企业营销渠道冲突和渠道关系管理的框架,并在此基础上提出中国企业渠道冲突和渠道关系管理的基本战略和策略。论文主要在以下方面开展工作:提出了应以中国处于转型市场(或不成熟市场)时期为前提有效认识和处理企业渠道冲突及渠道管理问题的观点。论文在综述国内外主要是西方营销渠道关系相关理论的基础上,针对西方营销学界传统的关于成熟市场上渠道冲突及其渠道关系管理的分析思维,通过剖析中国转型市场及其特征,初步分析了影响国内市场渠道冲突和渠道关系的因素,并在此基础上提出:中国正处于转型市场(或不成熟市场)时期,应以此为前提有效认识、分析和处理渠道冲突及渠道关系管理问题。探究并阐明了国内市场转型期不协调渠道关系——渠道冲突的特殊成因。为更好地研究中国市场企业渠道冲突的成因,论文在介绍国外渠道冲突管理理论和实证研究成果的基础上,剖析了中国市场上渠道冲突的现实成因。基于系统管理与战略管理的思想,初步建立了中国市场不协调渠道关系管理或渠道冲突管理的战略理论构架。从中国特有的体制和文化方面剖析了中国转型期制

造商—分销商关系的问题与根源。提出了构建新型厂商关系—渠道关系管理的理论框架。实证性地研究了影响中国企业渠道(联盟)关系的若干因素,其中重点探究了私人关系和行政因素等新因素在中国特定的渠道环境中对企业渠道关系的影响。

关键词:企业管理　营销管理　购销渠道

**5936**

**我国高等院校高级管理人员绩效评价研究** / 陈伟著 ; 张金隆指导. -- 华中科技大学, 2009. -- 105 页

论文对我国高等院校高级管理人员绩效评价进行了深入的研究。全文共分为七章。第一章为论文的绪论,主要介绍了论文研究的背景、目的与意义,阐述了论文研究的必要性和重要性,提出了论文的研究对象,对相关的内容进行了界定,分析了论文相关研究领域文献综述,综述了论文结构与研究方法,总结归纳了论文的主要创新点。第二章对高校高管人员的调查问卷设计与分析,主要论述了高校高管人员调查问卷的设计原则、设计方法、内容设计,对高校高管人员调查问卷进行了统计分析,总结了高校高管人员调查分析的主要结论。第三章是对中外高校高管人员绩效评价的比较研究,主要包括国外高校高管人员绩效评价的模式分析,论述了我国高校高管人员绩效评价的现状分析与趋势预测,对我国高校高管人员绩效评价进行了比较分析。第四章是对高校高管人员绩效评价指标构建的介绍,主要介绍了高校高管人员绩效评价的基本步骤,分析了高校高管人员绩效评价指标的设计原则,阐述了高校高管人员绩效评价指标的设计方法,论述了高校高管人员绩效评价指标体系的构建。第五章是对高校高管人员绩效评价模型的构建,主要包括 DEA 的基本理论与模型、高校高管人员绩效评价模型的构建以及高校高管人员绩效评价实证研究三方面的内容。第六章提出了高校高管人员绩效提升策略,主要有营造和谐外部环境,提升高管人员工作积极性;增强工作的吸引力,培养高管人员工作热情度;加强自身特质建设,提高高管人员工作投入度。第七章是对全文的总结与研究展望。

关键词:高等学校　学校管理　绩效管理　数据包络分析(DEA)

**5937**

**上市公司流动性影响因素研究** / 陈霞著 ; 干胜道指导. -- 四川大学, 2009. -- 177 页

论文基于大量文献研究的基础上,对上市公司流动性影响因素进行了深入系统的研究。全文共分为九章。第一章为论文的绪论,主要介绍了论文的研究背景和研究意义、研究对象、研究目的、论文的内容和框架、论文的研究方法,对相关术语进行了定义,总结了论文需要改进的地方和创新点。第二章为流动性研究现状的综述,主要包括市场的流动性、金融机构的流动性与公司流动性。其中公司的流动性主要从资产流动性、公司流动性、公司流动性影响因素、对现有研究的评述四方面进行了分析。第三章为与公司流动性有关的财务理论,主要包括委托代理理论、权衡理论、有序融资理论、信息不对称理论、自由现金流量理论以及所有者财务理论。第四章介绍了公司流动性分层理论与评价指标,主要分析了公司流动性分层理论、公司流动性评级指标以及论文选用的公司流动性评价指标三方面的内容。第五章介绍了中国上市公司流动性持有动机,主要有"制度寻租"动机、代理人事实控制动机、自利性动机、投资性需求动机、交易性支出动机以及谨慎性动机。第六章阐述了宏观因素对上市公司流动性的影响,主要分析了国家财政政策、企业所得税变化、货币政策与信贷政策、股票市场变化等对上市公司流动性的影响。第七章介绍了行业因素对上市公司持有流动性的影响,主要分析了行业特征、行业竞争力程度、行业风险对上市公司流动性的影响。第八章是对企业内部特征因素对上市公司流动性的影响分析,主要包括资产结构、营运资金管理效率、负债、营利能力的稳健性、经营现金流等对上市公司流动性的影响。第九章为论文的总结。

关键词:上市公司　财务管理　资本流动

**5938**

**中国女性管理者的管理动机、社会资本、职业鼓励和管理成功的实证研究** / 陈许亚著 ; 张丽华指导. -- 中国人民大学, 2009. -- 177 页

论文以中国女性管理者为样本,对管理动机、社会资本、职业鼓励和管理成功四个变量的内在关系进行了分析研究。全文共分七章。第一章绪论,提出了研究的问题、研究的意义,对相关概念进行了界定,指出了研究的范围、方法与技术路线以及论文的结构。第二章为文献综述,分别对管理动机、社会资本、职业鼓励和管理成功的研究进展进行了详细叙述,辨析了管理动机、社会资本、职业鼓励和管理成功的概念,探讨了四个变量的测量方式并进行了实证研究。第三

章提出了假设并进行了研究设计。分析了过去研究的进展和有待深入研究的问题,阐述了研究的理论基础与假设,在此基础上对假设进行了总结,建构了模型,最后介绍了定量和定性的研究方法,包括质化研究、问卷设计与调查、资料分析方法,并对变量进行了说明。第四章为质化研究。分析了质化研究的必要性,具体阐述了质化研究的过程:确定访谈对象,搜集资料,分析资料,并对质化研究的信效度及访谈的结果进行了分析,从而得出了质化研究的结论。第五章介绍了管理动机问卷的编制,由介绍量表的建构过程入手,阐述了量表的设计方法,说明了问卷条目的具体来源,并给出了量表的初稿;介绍了初测试的情况,指明了研究的目的,介绍了问卷的收集情况,对预试的结果进行了分析研究。第六章为统计分析与假设检验。对样本的特征进行了分析,对数据是否符合正态分布、数据的信度以及效度进行了检验,并由此探讨了年龄、婚姻状况、教育水平、下属个数、司龄、单位性质等控制变量对变量的影响,阐述了变量间的相互关系,给出了多元回归的分析结果。第七章为研究结果讨论。

关键词:企业管理　女性　人力资源管理　社会资本

**5939**

**企业间合作关系治理的理论研究:基于过程与结构的治理设计** / 陈旭著 ; 李向阳指导. -- 哈尔滨工业大学, 2009. -- 153 页

论文基于过程与结构的治理设计,对企业间合作关系治理进行了理论研究。全文共分为七章。第一章绪论,主要阐述了论文的研究背景,研究目的和意义,研究方法和技术路线,对国内外的研究现状进行了分析与研究,总结归纳了研究的创新点和不足之处,以及研究内容和章节安排。第二章介绍了企业间合作关系治理的理论研究框架,从企业间的关系及演变历程、类型及特征分析了企业间合作的关系,界定了关系治理的内涵,介绍了关系治理的理论并进行了比较分析,论述了合作关系治理的理论分析框架。第三章是对关系持续过程的治理机制的研究,主要包括企业合作关系治理的机制设计、合作关系的持续与竞争性获取、合作关系治理的价值培育机制以及合作关系持续与发展过程的治理分析四方面的内容。第四章介绍了关系治理结构的契约设计,概述了契约的含义,分析了供应链合作关系的双重契约治理,论述了基于收入共享的正式契约设计,描述了关系契约及其自执行机制的设计。第五章论述了关系资本与合作关系的社会化治理设计,主要包括社会化与供应链关系资本、供应链合作关系资本、社会化机制与关系资本的构建、社会网络设计与结构供应链资本四部分的内容。第六章对关系要素与关系治理的评价体系进行了研究,分析了合作关系治理评价的实施主体及运行的框架,论述了企业合作关系的要素,阐述了关系治理评价的一般模型,介绍了关系治理评价的结构性模型。第七章是对企业间合作关系治理的案例分析。

关键词:企业管理　经济合作　供应链管理

**5940**

**国有企业非效率投资行为研究** / 陈艳著 ; 汪平指导. -- 首都经济贸易大学, 2009. -- 142 页

论文对国有企业的非效率投资行为进行了研究。全文共分为导论和正文六章。导论主要介绍了论文选题的理论价值和现实意义,对论文研究的相关概念进行了界定,分析了论文研究的方法和研究的主要内容。第一章企业投资理论综述,主要包括新古典企业投资的理论评述、西方现代企业投资理论、国内关于企业投资行为的研究。第二章是对股东财富与国有企业效率投资决策的研究,主要对国家股东财富最大化——国有企业投资目标进行了分析,阐述了企业理财目标的演进过程,分析了国有企业理财目标的定位,论述了国家股东财富最大化实现机制;从国有企业效率投资决策的基本方法与基本思路的探析,分析了基于国家股东财富的国有企业效率投资的决策。第三章是对我国国有企业非效率投资行为的分析,主要论述了我国国有企业投资效率的现状,界定了企业非效率投资行为,并研究了其影响因素,对我国国有企业非效率投资行为影响因素进行了理论探究,介绍了国有企业非效率投资行为的判断方法和实证检验。第四章介绍了利润分红、现金流与国有企业非效率投资,主要论述了关于利润分红、现金流与企业投资的理论研究,国有企业分红制度与非效率投资行为治理。第五章是对股权结构、绩效与国有企业非效率投资的分析,主要包括股权结构、绩效与企业投资行为的有关理论分析;不同股权结构下国有企业投资绩效的实证分析以及不同股权结构下国有企业非效率投资行为的实证分析三方面的内容。第六章是对国有企业非效率投资行为的治理建议,主要论述了完善国

有企业的分红制度以及优化国有企业的股权结构的措施。

关键词:国有企业　投资行为　股权结构

**5941**

**中国企业潜在和实际知识吸收能力对企业竞争优势的影响**／陈茵著；徐二明指导. -- 中国人民大学, 2009. -- 156 页

论文以企业资源基础理论及其分支理论为基础,从企业知识吸收能力这一概念入手,来剖析企业知识吸收能力与企业竞争优势的关系,以及人力资源管理机制是如何促进企业知识吸收能力的构建和发展的。首先,在文献综述和理论演绎分析的基础上提出了论文的研究假设,并绘制出潜在知识吸收能力和实际知识吸收能力、人力资源管理机制以及企业竞争优势几方关系的概念模型。采用调查问卷搜集数据。在 286 个中国企业样本的基础上,使用偏最小二乘法进行统计分析。研究结果表明,潜在知识吸收能力和实际知识吸收能力均是中国企业竞争优势的重要来源,其中代表创新的实际知识吸收能力对竞争优势的贡献更大。论文还研究了影响知识吸收能力形成和发展的人力资源管理机制,辨识出中国企业在吸收能力培养和发展方面的优势和弱势。结果显示,中国企业的员工培训、员工个体间的交流与沟通,以及奖励激励对企业的潜在吸收能力和实际吸收能力均有正面的推动作用。但是中国企业内部各部门间的沟通不畅,需要予以加强。此外,在整体模型得到验证的基础上,论文对整体模型又分别引入了四个调节变量:企业所处行业、企业股权结构、所吸收知识的特性以及市场竞争程度。进行对比分析后,发现四个变量对“人力资源管理机制—潜在和实际知识吸收能力—企业竞争优势”一组关系均有明显的调节作用。整体模型和引入调节变量的模型分析结论均表明,企业的潜在知识吸收能力和实际知识吸收能力影响企业的竞争优势,并且企业的人力资源管理机制对企业的潜在和实际知识吸收能力起到支持和培育的作用。企业还需结合所处的行业、企业的股权结构、所吸收的知识特性以及市场竞争程度等因素进行综合考虑,选择匹配的知识吸收能力并通过特定人力资源管理实践进行有针对性的培养与发展,才能最大限度地构建和发挥企业的竞争优势。

关键词:企业管理　技术引进　知识管理　竞争力

**5942**

**纳税筹划与盈余管理:基于新企业会计准则的影响**／陈钰泓著；樊行健指导. -- 西南财经大学, 2009. -- 156 页

论文基于新企业会计准则的影响分析,对纳税筹划与盈亏管理进行了研究。全文共分为七章。第一章导论,主要介绍了论文的研究背景,研究目标和思路,对相关的研究概念进行了界定,分析了论文的研究框架、研究内容和实现方法、研究意义和结构。第二章是对相关理论基础的阐述,主要包括与研究相关的基本理论和纳税筹划的基本原理,即经纪人的有限理性、信息的不完备性、企业行为的机会主义性、资本市场的有效性、博弈论、契约理论。第三章是对纳税筹划与盈亏管理的基本问题的分析,主要对纳税筹划的概念进行了界定及学科定位,分析了纳税筹划的产生和意义,论述了盈亏管理的概念和特征以及方法,对纳税筹划与盈亏管理的关系进行了说明。第四章分析了新会计准则及其对纳税筹划的影响,主要包括新会计转制体系及与旧准则的比较、新会计准则对新企业所得税的影响、新会计准则对企业所得税及其纳税筹划的影响。第五章是对纳税筹划与盈亏管理的实证分析,主要包括相关文献的回顾、研究设计、数据采集与样本选择以及实证检验结果与分析方面的内容。第六章总结了纳税筹划对会计信息披露的启示,主要阐述了会计信息披露的基本问题,新会计准则对上市公司会计信息披露的启示以及纳税筹划对会计信息披露的启示。第七章是对全文的总结。

关键词:企业管理　纳税　盈余管理　会计制度

**5943**

**通货膨胀影响中国资本市场的实证研究:以股票、固定收益证券市场为例**／程文卫著；范秀成指导. -- 南开大学, 2009. -- 168 页

论文针对通货膨胀与中国资本市场的关系开展理论与实证研究。全文共六章。首先对中国的资本市场发展与通货膨胀进行了回顾,对通货膨胀影响股票市场收益率展开探讨,对通货膨胀影响固定收益证券的一、二级市场也进行了研究,具体到实际应用中,则具体考查了通货膨胀对资本市场中行业分化带来的影响。论文采用了规范与实证相结合的研究方法,主要做了以下工作:第一,通过通货膨胀对资本市场(含股票市场和固定收益证券市场)影响的研究,分析研究通货膨胀对资本市场的影响关系。第二,引入交

易量指标,测度通货膨胀对股票收益的影响,采用向量自回归方法与格兰杰因果检验分析了通货膨胀、股票收益以及交易量之间的动态关系。第三,为了考察通货膨胀波动程度对股票市场的影响,以 ARCH 系列模型拟合通货膨胀的动态行为检验通货膨胀波动率对股票收益的影响。发现通货膨胀波动率与上证综合指数收益之间表现为负向影响,但与深证成分指数收益之间表现为正向影响。第四,用误差修正模型(ECM)来分析通货膨胀对固定收益证券的影响,最后的计量结果也是较符合现实情况。

关键词:证券市场　股票交易　通货膨胀　收益率　行业结构

**5944**

**政府干预下的终极控制人与企业投资研究** / 程仲鸣著 ; 夏新平指导. -- 华中科技大学, 2009. -- 139 页

论文对政府干预下的终极控制人与企业投资进行研究。全文共分为七章。第一章为导论,主要论述了论文研究的背景、研究的意义,对相关的研究概念进行了界定,阐述了论文研究内容与逻辑框架,总结归纳了论文的创新点。第二章是对企业投资理论的介绍和对相关文献的回顾,介绍了新古典框架下企业投资理论,对传统代理冲突下企业投资研究文献和大小股东代理冲突下企业投资研究文献进行了回顾与分析,综述了国内企业投资的相关文献,评述了企业投资文献研究。第三章介绍了我国转型经济的制度背景与公司的股权结构,主要包括转型期中国经济改革进程与地方经济特点和上市公司的股权特征与治理结构。第四章介绍了政府干预、金字塔结构与公司投资,主要包括问题的提出、理论分析与研究假设、研究设计、实证检验结果与分析、稳健性检验与进一步讨论等方面的内容。第五章终极控制人的超额控制与公司投资,提出了研究的问题,阐述了理论分析和研究的假设,介绍了研究的设计过程,论述了实证分析的结果,对稳健性进行了检验和进一步的分析。第六章从问题的提出、研究设计、理论分析和假设提出、实证结果以及稳健性检验五方面研究了终极控制人的隧道行为与公司投资的关系。第七章为全文的研究结论、政策建议与研究展望。

关键词:上市公司　投资效率　行政干预　控制权

**5945**

**组织绩效视角的企业服务补救运作机理研究** / 丛庆著 ; 阎洪指导. -- 西南交通大学, 2009. -- 225 页

论文由剖析服务补救与组织绩效的逻辑关系入手,借鉴服务利润链理论,将内部服务补救和外部服务补救纳入到一个理论分析体系中,构建并验证了组织绩效视角的企业服务补救运作机理模型,从理论和实证上解释了企业服务补救这个"输入"变量对企业组织绩效这个"输出"变量的内部作用结构和机制。首先通过理论探讨,对顾客服务补救满意的内容和结构、内部服务补救与企业员工绩效的关系以及外部服务补救与企业运营绩效的关系进行了定性分析,构建出组织绩效视角的企业服务补救运作机理模型。对模型中包括的三个子模型采用量表建构和结构方程模型等实证研究方法进行实证探讨和检验。子模型 1 旨在探讨顾客服务补救满意的内容和结构;子模型 2 通过引入关系营销的承诺——信任理论构建服务补救背景下顾客保留机制模型,以揭示服务补救所蕴含的内生关系特性;子模型 3 则基于一线服务员工视角研究服务业内部服务补救的基本内容及其对一线服务员工态度和行为变量的影响。其中,研究 1 是服务业制定有效服务补救策略的基础和出发点;研究 2 在诠释了外部服务补救对顾客关系持续(顾客保留)作用机理的同时,从运营绩效的角度揭示了外部服务补救的重要意义;研究 3 则从员工绩效的角度解释了内部服务补救对于提高一线服务员工情感因素以及外部服务补救绩效的重要价值。

关键词:服务业　经营管理　组织管理　服务策略

**5946**

**股东特有资源,股权结构与企业战略** / 崔浩著 ; 武常岐指导. -- 北京大学, 2009. -- 113 页

论文对股东特有资源,股权结构与企业战略进行了研究。全文共分为六章。第一章导论主要阐述了论文的研究问题、研究情境、研究路线、研究方法,归纳了论文的主要研究发现和贡献。第二章介绍了股东特有资源、股权结构影响企业战略、绩效的理论框架,主要总结了股东特有的资源,分析了股东特有资源对企业战略绩效的影响,研究了股东结构的差异对股东特有资源效应的影响,分析了整合的理论框架。第三章研究了控制股东的特有资源以及股权结构对企业绩效的影响,主要论述了论文研究的理论假设,分析了数据和方法对研究结论进行了描述性统计分析和检验以及讨论。第四章剖析了控制股东的制度资本、资源资本以及股权结构对国有企业战略和绩效的影响,主要论述了研究的理论假设,分析了论文研

究的数据和方法,对结果进行分析与研究。第五章是对股东网络资源多样性对企业战略和绩效的影响,主要包括理论假设、数据和方法、结果与讨论、结论四方面的内容。第六章为论文的结语,研究得出当股东相对控制权较大时,股东通过所控股公司使用其特有资源从而获取回报的交易成本较小,而且,当股东相对控制权较大时被控股公司向股东学习也更便利。

关键词:上市公司　股东　股权结构　企业战略

**5947**

**智力资本与企业核心竞争力及经营绩效之关系性研究** / 戴乾文著 ; 廖泉文指导. -- 厦门大学, 2009. -- 357 页

研究首先纳入企业核心竞争力与经营绩效,探讨智力资本与企业核心竞争力及经营绩效之关联性。针对大型企业实施问卷调查,进行智力资本要素的因素分析、研究模型的路径分析、相关分析、差异性分析及多元回归分析等。研究结果发现:(1)人力资本能增加公司的竞争优势,强化企业核心竞争力;同时可以提高企业经营绩效,公司投资在人力资本愈多,提高的公司经营绩效就会愈高。(2)结构资本可以增加公司的竞争优势,强化企业核心竞争力,而公司注重企业整体流程能力、重视智慧财产管理,可以提高企业经营绩效。(3)关系资本可以增加公司的竞争优势,强化企业核心竞争力;公司注重顾客关系、合作伙伴关系、供应商关系,可以提高企业经营绩效。(4)人力资本可以提升结构资本,同时可以提升关系资本。

关键词:企业管理　核心竞争力　智力资本

**5948**

**中国汽车整车制造企业物流绩效影响因素研究** / 戴盛中著 ; 刘国山指导. -- 中国人民大学, 2009. -- 172 页

论文对中国汽车整车制造企业物流绩效的影响因素进行了研究。全文共分为八章。第一章绪论主要介绍了论文的选题背景和研究意义,研究目标和方法,研究思路和整体框架。第二章介绍了物流与物流绩效理论的文献综述,主要概述了物流与物流成本,论述了物流成本计算、物流绩效,分析了影响物流绩效的关键因素——物流能力理论,对物流能力与物流绩效理论进行了综述。第三章介绍了中国汽车整车制造业发展历史与现实背景,分析了中国汽车工业发展的历史与现状,解释了汽车产业若干术语,研究了中国汽车物流现状与存在的问题。第四章是对汽车整车制造企业物流绩效的相关研究,主要包括物流绩效的主要研究模型、物流绩效影响因素及物流绩效测评方法的研究回顾、物流绩效影响因素的实证研究回顾、汽车物流绩效的测评与影响因素分析以及汽车制造企业物流绩效测评等几方面的内容。第五章为概念模型与研究假设,介绍了论文的研究思路和假设总结。第六章为研究设计,主要对研究的变量进行了操作性定义,阐述了描述性统计分析、信度与效度分析等数据分析方法。第七章为数据分析与研究发现,主要进行了描述性统计分析、主要变量的信度与效度分析、相关关系分析以及回归分析。第八章为全文的总结。

关键词:汽车工业　企业管理　供销管理　供应链管理

**5949**

**我国住宅价格影响因素与波动性特征** / 邓长荣著 ; 马永开,姜尧民指导. -- 电子科技大学, 2009. -- 124 页

论文对我国住宅价格影响因素与波动性特征进行了分析与研究。全文共分为第六章。第一章为论文概述,介绍了论文的研究背景,阐述了住宅价格的影响因素,概述了住宅价格波动性的研究,分析了论文的研究内容和结构。第二章是对住宅市场与土地市场的理论关系与实证研究,分析了土地出让制度的市场化改革进程,论述了两市场之间的理论关系,从实证设计、数据的说明、实证分析以及稳健性检验四方面进行了实证设计与实证分析。第三章住宅价格多层面因素模型,主要阐述了住宅价格多层面因素模型的构建,分析了实证模型的设计方案,论述了全国住宅多层面因素模型的实证分析过程,对区域住宅价格多层面因素模型进行了比较分析。第四章分析了住宅价格波动特性与影响因素,主要包括我国住房价格波动的特征、住宅价格波动非对称性与住宅存量、住宅价格波动主要影响因素以及章节小结四方面的内容。第五章住宅市场内部价格波动的传递,主要概述了商品房预售的制度,分析了期房市场对现房市场的稳定效应,阐述了期房与现房市场的价格波动的溢出。第六章为全文的总结、主要的创新点、研究展望。

关键词:住宅市场　房价　价格波动

**5950**

**科技媒介训练系统对训练效果的实证研究:以半导体产业为例** / 邓德香著 ; 苏勇指导. -- 复旦大学,

2009. -- 165 页

研究以科技接受模式(Technology Acceptance Model, TAM)为基础,融合社会认知理论(Social Cognitive Theory)的"计算机自我效能"与服务观点的"科技准备性",建构个体采用科技媒介教育训练系统的研究架构,探究影响个体使用科技媒介教育训练系统成效的重要因素,并了解研究模式各变项之间如何交互影响。研究调查对象以四家位于台湾及大陆的半导体厂商为主,实证研究结果说明:1. 个体在考虑"有形结果""工作关联""训练任务"后,会显著增进科技媒介训练系统的"知觉有用";2. 个体对科技媒介训练系统的"科技准备性"会显著增加系统的"知觉有用";3. 个体对系统的"知觉易用"会显著影响对该系统的"训练成效",但并不支持"知觉易用"对于增进个体的科技媒介训练系统的"训练成效",但实证数据并未支持此一观点;4. 个体在考虑"计算机自我效能"后,会增进科技媒介训练系统的"训练成效",但实证数据并未支持此一观点;5. 个体对系统的"知觉有用"会对该系统的"训练成效"产生负面影响;6. 个体在受到"社会影响"后,会增进科技媒介训练系统的"训练成效"。

关键词:企业管理　职工培训　人力资源管理

**5951**

**领导者特征与团队类型的匹配研究** / 邓显勇著 ; 廖泉文指导. -- 厦门大学, 2009. -- 249 页

论文的研究问题定位于:团队领导者的人格特征如何影响其行为特征,团队领导者的行为特征如何影响不同团队的有效性,以及不同类型的团队需要何种领导者特征与其匹配。经过对比分析不同的人格和行为因素,论文特别选取了荣格心理类型、麦克利兰动机、关系导向与任务导向作为领导者特征对团队有效性影响的因变量;根据团队成员依存性、任务结构化两个核心维度,对团队进行了新的分类,分为猎豹型、羚羊型、斑马型和狼群型四种团队,并将其作为领导者特征对团队有效性影响的中介变量。随后,就领导者荣格心理类型与行为特征之间的关系提出了第一组共四个研究假设,就领导者动机特征与行为特征之间的关系提出了第二组共三个研究假设,就领导者行为特征与团队类型之间的匹配关系提出了第三组共四个研究假设。对上述十一个研究假设进行验证时,采取了非实验性的样本统计研究和个案调查研究相结合的方式。获取或开发领导者特征与团队的测评工具是开展实证性研究的前提。选取了国内知名人才测评机构即北森测评技术有限公司的相关测评量表;采取了自行开发量表的方式。论文的研究结论为:领导者荣格心理类型的外倾型、情感倾向、动机特征的人际交往、行为特征的关系导向与猎豹型团队相匹配;领导者荣格心理类型的外倾型、感觉倾向、情感倾向、判断倾向、动机特征的影响愿望、成功愿望和人际交往、行为特征的关系导向和任务导向与羚羊型团队相匹配;领导者荣格心理类型的感觉倾向、判断倾向、动机特征的影响愿望和成功愿望、行为特征的任务导向与斑马型团队相匹配;未发现领导者荣格心理类型、动机特征、行为特征等与狼群型团队的显著匹配关系。最后,论文还对配置团队领导者、领导者行为方式的调适、确定团队工作规范等多个方面对如何建设高效的团队提出了诸多建议。

关键词:领导者　团队　领导学

**5952**

**企业家社会网络对企业绩效的影响研究:基于知识的视角** / 邓学军著 ; 夏洪胜指导. -- 暨南大学, 2009. -- 139 页

该研究采用权力、资源和信息三个要素构建了企业家社会网络的衡量模型,并分析各个构成特征对企业绩效的作用机制以及各个特征之间的相互关系。本研究构建了企业家社会网络对企业绩效影响机理模型,并对该模型进行实证检验,揭示了企业家社会网络影响企业绩效的机理。首先对企业家社会网络的研究现状进行了回顾,追溯了企业家社会网络理论产生的理论基础,并与实地走访企业与企业家访谈的调查结果相结合提出了论文的概念架设与理论模型。在数据收集的过程中,采取了科学合理地设计调查问卷、对发放和回收过程的严格管理多种方式确保所收集的数据的可靠性和有效性;在变量度量中,借鉴了国内外已有的相关理论和实证研究,确立被解释变量、解释变量的度量方法,保障变量度量的合理有效,并对测量模型进行检验,结果可以看出各变量的测量均满足信度和效度的要求。在分析方法中,运用结构方程模型检验了理论模型,结果表明,理论模型的拟合与数据拟合较好。实证研究结果表明:企业家社会网络的权力、资源和信息特征都对企业的绩效有显著的积极影响;企业家社会网络还通过提升企业的组织学习能力来促进企业绩效;企业家社会网络对企业绩效的促进作用是明显的,然而其作用过程则是复杂的。

关键词:企业家　组织学习　企业绩效

5953

**人力资本、网络能力与企业竞争优势的整合关系研究** / 邓英著 ; 游达明指导. -- 中南大学, 2009. -- 229页

论文采用规范研究和实证研究相结合的方法,通过文献回顾、实地访谈、问卷分析,揭示人力资本、网络能力与企业竞争优势的整合关系,得出以下结论:作为整体而非个体概念的企业人力资本,是一个二阶六维变量,企业家人力资本、管理型人力资本、专业型人力资本、人力资本投资、人力资本配置、人力资本激励均属于其重要维度。市场全球化、技术全球化、生产全球化、环境不确定性等外部压力和资源获取、风险制约、过度竞争避免等内部需求有力推动了企业网络能力的形成。企业竞争优势是企业整体价值创造优势和实现优势协同演化的结果,可以用企业整体价值优势来衡量,其本身是一个二阶四维变量,股东价值优势、人力资本价值优势、合作伙伴价值优势、顾客价值优势均属于其重要维度。网络能力价值越强,企业越有利于实现竞争优势。各种网络能力对企业竞争优势的直接影响程度不一样,网络营运能力对企业竞争优势的影响最大,网络柔性决策能力次之。综合应用人力资本流量、人力资本存量与网络能力并考虑它们之间的关系,较应用其中少数因素对企业竞争优势的解释更强。环境不确定性和企业规模影响企业竞争优势,而行业类型对企业竞争优势的影响不大。

关键词:企业竞争　企业能力　人力资本　互联网络

5954

**基于战略联盟的房地产企业盈利模式及其绩效影响因素研究** / 邓宇著 ; 揭筱纹指导. -- 四川大学, 2009. -- 182 页

论文对基于战略联盟的房地产企业盈利模式及其绩效影响因素进行了深入的研究。全文共分为八章。第一章绪论介绍了论文的研究背景、目的、意义,论文的创新之处,论文的研究思路和研究方法,并对战略联盟、房地产企业、房地产企业战略联盟、房地产企业盈利模式这四个重要的概念进行了梳理,同时分析了战略联盟与一体化、外包、虚拟化经营的区别与联系。第二章为相关理论综述,对论文涉及的战略联盟的相关理论、盈利模式的理论、房地产企业战略联盟理论和房地产企业盈利模式的理论进行了综述。第三章是对房地产企业盈利模式现状及存在的问题进行分析,分析了房地产企业采用的发展战略、房地产企业价值链、房地产企业盈利模式,提出了现有盈利模式的缺陷并探讨了美国的房地产发展模式,探究了战略联盟和盈利模型的关系。第四章是战略联盟对房地产企业盈利模式影响的分析,主要从融资方式选择、土地取得方式、成本控制、市场反应力、对顾客需求的满足程度、企业文化和企业学习等方面展开分析。第五章介绍了基于战略联盟的房地产企业盈利模式的重构,主要包括盈利模式重构需要考虑的关键问题、盈利模式重构的原则与目标、构建流程等几方面的内容。对基于战略联盟的房地产企业盈利模式框架进行了案例分析。第六章是对基于战略联盟的房地产企业盈利模式绩效影响因素研究。主要包括盈利模式绩效影响因素分析、盈利模式绩效评价指标体系构建原则、理论模型、研究假设。第七章为实证研究。第八章为论文的总结和展望。

关键词:房地产企业　企业管理　企业绩效

5955

**基于在华子公司数据采集的服务性全球营销战略实证研究:GMS 类模型向 SGMS 模型的演进** / 邓竹箐著 ; 吴晓云指导. -- 南开大学, 2009. -- 196 页

论文以服务性跨国公司全球营销战略为研究主题,通过将一般性/制造业全球营销战略的研究思路(GMS 类模型为代表)应用到服务性跨国公司之上,综合考虑服务营销特性对全球营销战略及其前因后果各种变量所产生的影响,提出了"整合的服务性跨国公司全球营销战略模型(SGM 模型)",并开发了相应的测量量表。基本的结论是:第一,服务性全球营销战略遵从一般性/制造业全球营销战略的规律,表现为其根基仍然是全球战略/全球营销战略的三种相容互补的战略观点——全球标准化、全球价值链配置和协调、全球整合。第二,就"服务性全球营销战略"的构成而言,受到无形性、不可分离性、异质性和易逝性等服务特性的影响,表现出一些具有"服务特色"的规律。第三,就"服务性全球营销战略"的前置因素而言,外部全球化条件、全球化组织结构、管理承诺、国际经验、整合的管理流程均对服务性全球营销战略存在直接或间接的影响作用。第四,关于"服务性全球营销战略"的结果变量的研究表明,"服务性全球营销战略"对于公司的"全球经营绩效"有着积极的影响作

用,其中,“服务品牌全球影响力”在战略和全球业绩之间发挥了一种中介作用。第五,研究不仅通过SGMS实证模型揭示出了上述有关服务性跨国公司全球营销战略的一般规律,而且还进一步挖掘所获得访谈资料,对服务性跨国公司全球营销战略受到中国市场影响而产生的调整进行了窥测。

关键词:服务业 跨国公司 企业管理 市场营销 营销策略

**5956**

**奢华产业企业商业模式与竞争优势研究** / 丁金辉著 ; 张玉利指导. -- 南开大学, 2009. -- 205 页

论文对奢华产业企业商业模式与竞争优势进行了研究。全文共分为八章。第一章绪论,主要阐述了论文研究的背景与研究动机,研究的目的与研究思路,选题的理论价值和现实意义。第二章奢华产业独特性与相关研究综述,概述了奢华品的研究,阐述了奢华产业的独特性,对奢华品研究文献和奢华产业实证研究文献进行了回顾与分析,阐述了奢华产业值得研究的视角和议题。第三章介绍了论文研究的理论依据,分析了商业模式的定义和构面,创新理论的概念和类型,竞争优势的定义和基础。第四章介绍了论文的研究方法,主要包括研究流程与框架、质性案例研究方法的采用理由、案例研究采用的商业模式分析框架以及案例选择与资料搜集四方面的内容。第五章是对奢华品牌案例的分析,主要分析了以Louis Vuitton与Coach为例的皮件产业、以Chanel与ZARA为例的服饰产业和以Ferrari与Lexus为例的汽车产业。第六章是对传统奢华与平价奢华商业模式进行的比较研究,主要包括LV与Coach商业模式的比较、Chanel与ZARA商业模式的比较、Ferrari与Lexus商业模式的比较以及传统奢华与平价奢华商业模式的比较。第七章是对传统奢华与平价奢华战略创新与竞争优势的分析,主要比较了传统奢华与平价奢华战略的创新,分析了传统奢华与平价奢华的竞争优势。第八章为全文的结论与建议。

关键词:企业管理 企业战略 市场竞争

**5957**

**企业人力资源管理政策作用机理研究** / 丁宁宁著 ; 秦志华指导. -- 中国人民大学, 2009. -- 159 页

论文对企业人力资源管理政策作用机理进行了研究。全文共分为七章。第一章导论主要介绍了论文选题的理论意义和现实意义,论文研究的目的和研究问题,研究的基本概念,研究的框架和研究思路。第二章为相关理论回顾与文献评述,分析了人力资源研究的入手点和层次性,介绍了人力资源职能活动和战略人力资源研究。分析了人力资源研究法的不足、不同层次人力资源管理研究的共同点,提出了整合性思路。第三章介绍了人力资源管理政策的性质和概念,对人力资源管理政策中的基本价值观趋向进行了探究。第四章人力资源管理政策的作用机理,主要论述了不同层次人力资源管理政策的管理意图和政策形式,分析了企业人力资源管理政策的作用机理,探究了人力资源管理政策的来源和内部一致性的形式。第五章人力资源管理政策的表现形态,论述了人力资源管理政策的系统形态,简述了基于个体的人力资源管理政策形态。第六章分析了职能制度中的政策导向,主要分析了职能制度的类型和性质,阐述了职能制度中的政策导向,论述了不同职能制度的功能以及职能制度中的政策联系,描述了职能制度中的政策一致性的具体表现,列举了典型的企业案例。第七章主要包括基本的观点、对研究结论的进一步讨论和未来研究的建议、对企业人力资源管理实践的建议、研究的创新点以及研究的不足。

关键词:企业管理 人力资源管理 价值观

**5958**

**基于居民满意度的社区商业设施评测模型研究:以北京市中档社区为例** / 丁文辉著 ; 吕一林指导. -- 中国人民大学, 2009. -- 202 页

论文在借鉴国内外社区商业相关理论研究成果和发展经验的基础上,对北京市居民的社区满意度进行了实地调研。全文共分六章。第一章绪论,介绍了选题的背景,选题的意义,指出了研究方法与路线,最后对研究问题进行了界定。第二章对社区商业研究的范畴进行了界定,并综述了有关理论。探究了人居环境与社区的相关内容,指出社区系统是中国人居环境系统的子系统,对近代社区规划的理论进行了综述,阐述了社区规划理论的思想来源,分别对城市商业与社区商业发展、社区商业与商业设施规划的理论进行了分析。第三章对社区商业设施与居民满意度的关系进行了研究。对居民满意度的涵义进行了界定,分别概述了人居环境满意度理论研究进展与社区满意度文献研究进展,探讨了社区环境满意度的影响因素,对社区商业设施与社区环境满意度的关系进行

了初探，对居民的社区商业满意度测评指标体系进行了研究，详细分析了社区商业满意度的构成体系，对居民的社区环境满意度与商业设施配置之间的关系进行了验证。第四章介绍了基于 QFD 的社区商业设施测评模型的建立。对 QFD(质量功能配置)理论研究及文献进行了综述，分析了 QFD 的基本概念与特征，探讨了建立社区商业设施评测模型的标准与思路，对 QFD 运用于社区商业设施研究的可行性进行了分析，阐述了模型构建过程，并对社区商业设施测评模型的输出结果进行了评价，指出了模型输出结果的贡献。第五章为基于居民满意度的社区商业设施评测模型的有效性验证，探讨了对社区商业设施测评模型进行验证的必要性，分析了采用“居民满意度”对模型进行验证的原因，并对社区商业设施评测模型的验证结果进行了总结。第六章为研究结论与展望。

关键词:社区　商业设施　商业服务　城市规划

5959

**PC 代工产业 5E 营销策略组合及其在中国的实证研究** / 丁越南著 ; 晁钢令指导. -- 上海财经大学, 2009. -- 144 页

论文对 PC 代工产业 5E 营销策略组合及其在中国进行了实证研究。全文共分为七章。第一章绪论，主要介绍了论文的研究背景，研究目的与范围，研究流程，对相关的概念进行了界定，总结了论文预期的研究贡献。第二章相关文献介绍，主要阐述了营销策略组合理论的重要性和基本特征以及演变过程。对竞争优势策略、客户忠诚度与服务营销的文献进行了分析；对国产企业布局的研究、供应效率与价值链的研究、信息系统建构的研究以及产品开发相关研究对代工产业的竞争策略的研究文献进行了梳理。第三章 PC 代工产业变革，主要阐述了 PC 代工产业的动态，分析了 PC 代工生产的供应模式，代工产业的生产区域布局，PC 代工产业的客户忠诚度变革，PC 代工营销面临的问题和混局。第四章是对论文的研究设计的介绍，主要从 5E 营销策略组合概念的形成以及作业架构分析了研究构面设计，分析了论文的研究命题，论文的文献调查法、案例研究法、资料包络分析法等研究方法，对广达、仁宝计算机、纬创资通、鸿海以及宏基等案例公司进行了简介。第五章是对案例研究的实证分析，阐述了 PC 代工企业在代工发展过程中的博弈困境，以广达为例，分析了代工生产模式变化与 5E 营销的关联，介绍了 PC 代工企业在中国内地的营销过程，分析了广达是否转移越南生产的决策，探究了 5E 模型对鸿海的作用以及 5E 营销策略组合各元素的互动与关联性。第六章为论文研究的基本结论和对未来研究的建议。第七章为参考文献的罗列。

关键词:电子计算机工业　企业管理　市场营销　营销策略

5960

**中国国家控股商业银行董事会治理研究** / 丁忠明著 ; 杨善林指导. -- 合肥工业大学, 2009. -- 110 页

论文对中国国家控股商业银行董事会的治理进行了深入全面的研究。全文共分为七章。第一章为论文的导论，提出了论文研究的问题、国内外的研究现状、研究意义、研究思路和研究方法以及研究内容和结构安排。第二章为商业银行董事会治理的理论基础与实践。主要对商业银行董事会治理的理论基础、美英银行董事会治理、德国银行董事会治理、日本银行董事会治理进行了分析研究，阐述了商业银行董事会治理实践的发展趋势和规范。第三章描述了中国国家控股商业银行及其董事会治理的特征，介绍了中国国家控股商业银行董事会治理的制度规范和中国国家控股商业银行董事会制度的现状及特征。第四章分析了中国国家控股商业银行董事会治理效率的影响因素，对商业银行董事会治理效率进行了界定，分析了中国国家控股商业银行董事会治理效率的外部和内部影响因素。第五章是对中国国家控股商业银行董事会治理效率影响因素的实证检验，主要进行了相关影响因素的描述性统计分析和相关影响因素的回归分析。第六章是对中国国家控股商业银行董事会治理效率提高的对策研究，主要对策有:健全法律法规，改善公共治理;不断深化改革，完善市场环境;优化董事会结构，提升决策效率;规范董事会运行，增强董事会独立性;创新董事会激励，强化董事会约束;建设董事会文化，推进科学发展。第七章为论文的总结。

关键词:商业银行　国有银行　法人治理结构　董事会　经济效率

5961

**中小企业集群对群内企业竞争力的影响研究** / 杜道洪著 ; 刘人怀指导. -- 暨南大学, 2009. -- 144 页

企业集群令人瞩目的发展来源于其突出的竞争

优势,而竞争优势的确立必然以其拥有的竞争力为依据。论文在对国内外企业集群研究文献回顾和评论基础上,运用外部经济理论、竞争优势理论和社会网络理论,对我国中小企业集群的发展现状以及群内企业的竞争力情况进行了深入分析,重点研究了中小企业集群与群内企业竞争力间的关系,确定了企业集群外部环境、集群规模、集群结构、集群资源、集群能力以及群内企业竞争力等潜变量,建立了结构方程模型,并根据模型的研究需要,设计了调查问卷,获取了大量实证数据,对模型进行了检验。本研究通过理论研究和实证分析,取得了以下成果:(1)获得了中小企业集群的外部环境、规模、结构、资源和集群能力对群内企业竞争力的路径图和路径系数。(2)群内企业从集群中获得的主要是成长环境(即来自于集群规模效应、信息等方面的环境成长优势),来自于较高层次集群能力(如集群的声誉、集群的行业控制力、集 群内其他企业的发明专利等)对群内企业竞争力的影响是有限的。(3)中小企业集群对群内企业竞争力提升的最大贡献在于企业集群的内部竞争环境所带来的竞争压力。在此基础上,论文通过对实证研究的进一步探讨和挖掘,得出利用企业集群促进群内企业竞争力提升的若干启示。

关键词:中小企业　企业集群　竞争力

**5962**

**国有企业制度解构动因与作用机制研究** / 杜国臣著 ; 张玉利指导. -- 南开大学, 2009. -- 176 页

研究了影响中国上市国有企业在 1998—2006 年间发生民营化的条件,认为民营化不仅是一种经济效率的比较过程,而且构成了一个复杂的制度演化过程,这一过程高度嵌入于企业的内外部环境中。民营化实质上引发了一个"制度解构"的过程,这一过程极大地改变了企业组织形式以及企业与外部环境之间的关系。基于"制度解构"概念,进一步探索了民营化发生的动因,认为民营化的发生受到源自于国家主导体制下的制度嵌入所产生的制度压力,以及源自于市场主导体制下的制度嵌入而产生的效率压力,而这两种压力分别受到企业内部特征的影响。结论:第一,企业对国家主导体制的嵌入程度降低了企业的民营化的可能性;第二,在企业面临更大的生存危机的情况下,基于市场主导体制下的效率压力则提高了企业民营化的可能性;第三,更为重要的是,这种效率压力并不必然导致企业放弃原有的国有体制,其作用同时取决于外部制度环境和资源特点的权变影响。

关键词:国有企业　民营化　体制改革

**5963**

**顾客价值驱动的全面质量营销评价模型研究** / 杜鹏著 ; 万后芬指导. -- 中南财经政法大学, 2009. -- 183 页

论文对顾客价值驱动的全面质量营销评价模型进行了分析研究。全文共分七章。第一章导论,介绍了选题的背景与研究的意义,研究的目的与研究范围,研究内容与具体流程。第二章为文献综述,对全面质量营销研究的现状进行了分析,探讨了营销在质量管理中的作用,随后从顾客价值的研究视角构建了基于顾客价值的 3Vs 模型。第三章对全面质量营销的内涵进行了研究,首先确定了研究的方法,包括焦点小组与深度访谈,随后对全面质量的营销内涵进行了理论研究,分析了全面质量营销与企业绩效的关系,指出了实施全面质量营销的工具,即质量功能配置,接着对全面质量的营销内涵进行了实证研究,阐述了变量的操作化定义,并对测量模型与结构模型进行了分析,最后归纳了主要的结论,分析了全面质量营销的特点,辨析了全面质量营销与全面质量管理、数量营销以及营销质量的概念。第四章介绍了全面质量营销系统的构建,包括对全面质量营销系统的探索性研究与理论研究,以顾客价值导向的质量文化为出发点,以领导作用为核心,分析了全面质量营销的方法与绩效。第五章介绍了全面质量营销的评价模型,阐述了理论框架与假设,指出了质量文化与质量营销的关系,介绍了探测性问卷调查的发放以及资料收集过程与探测性问卷的处理结果,并对形成的正式问卷调查进行了详细论述,对数据进行了描述性统计分析,对假设进行了检验。第六章研究了全面质量营销在湖北中烟的应用,对湖北中烟工业公司的基本概况进行了叙述,分析了湖北中烟公司的全面质量营销的现状。第七章为研究结论与展望。

关键词:企业管理　销售管理　客户关系管理

**5964**

**民营科技企业在国防工业中的成长模式研究** / 段鸿著 ; 王林昌指导. -- 武汉大学, 2009. -- 147 页

论文对民营科技企业在国防工业中的成长模式进行了深入全面的研究。全文共分为六章。第一章为论文的绪论,介绍了论文研究背景、研究主题及难

点、论文的理论框架、研究方法和技术路线,以及论文的研究结构。第二章为论文的相关文献综述,主要阐述了国内学术界对国防工业特征的研究,分析了企业成长理论与成长模型,对论文的相关概念进行了界定。第三章为影响民营科技企业在国防工业中成长的因素,主要包括国防工业的市场结构和管理体制、民营科技企业的技术创新状况、国防工业中的民营科技企业类型及其进入途径。第四章介绍了基于合作研发的网络化成长模式,主要包括有关合作研发的经验研究、民营科技企业与国防单位合作研发的组织类型及其治理、关系在民营科技企业合作研发中的重要作用以及合作研发中的知识溢出及民营科技企业的吸收四方面的内容。第五章介绍了基于技术和企业家才能的内生性成长模式,从技术学习能力、技术和知识整合能力两方面阐述了基于技术能力的内生性成长,从企业家才能和企业家领导行为两方面分析了基于企业家才能的内生性成长,通过企业概况、企业技术背景及技术整合经历、产品研发历程、企业家才能与管理能力四方面对民营科技企业在国防工业中内生性成长的个案进行了分析研究。第六章为全文的总结展望。

关键词:国防工业　私营企业　高技术产业　企业成长

**5965**

**企业非市场战略与市场战略整合互动研究** / 樊帅著 ; 田志龙指导. -- 华中科技大学, 2009. -- 233 页

论文对企业非市场战略与市场战略整合互动进行了研究。全文共分为七章。第一章绪论,主要介绍了论文的选题背景,研究目的和意义,对相关概念进行了界定,论述了论文的研究内容和技术路线,研究的创新点以及结构安排。第二章文献回顾与评述,主要阐述了非市场的概念,分析了企业外部环境,企业非市场战略的定义和类型,对企业非市场战略与市场战略的整合进行了研究,最后评述了相关研究现状。第三章企业非市场战略与市场战略整合互动的理论框架,主要研究了事项管理导向的战略管理整合和资源导向的市场与非市场战略竞争互动,阐述了非市场环境与战略的动态演进,介绍了论文的总体研究框架。第四章介绍了事项管理视角下的非市场与市场战略整合模式,主要包括问题的提出、研究背景、理论基础及研究框架、研究方法与设计说明、研究结果、研究讨论、结论与启示以及章节小结。第五章介绍了资源导向的非市场与市场战略的竞争互动,包括章节引言,章节的研究背景及框架,扩展研究框架,研究方法和设计,对研究结果进行了分析与讨论,最后总结了论文的研究结论。第六章论述了事项生命周期视角下的非市场环境与战略的动态演进,主要包括研究综述、研究框架、研究设计、研究结果、结果分析、结论与启示六方面的内容。第七章为论文的研究总结与展望。

关键词:企业管理　企业战略　市场营销

**5966**

**基于生态文明建设的武汉城市圈旅游品牌管理研究** / 樊志勇著 ; 张薇指导. -- 武汉大学, 2009. -- 207 页

论文对基于生态文明建设的武汉市城市圈旅游品牌管理进行了深入系统的研究。全文共分为七章。第一章为论文的绪论,主要介绍了论文的研究背景和选题的意义,阐述了论文的研究思路、内容、方法和难点,对国内外的研究文献进行了综述,总结了国内外的研究现状。第二章为相关理论基础,主要分析了生态文明相关理论、区域一体化相关理论、品牌管理理论。第三章是对武汉城市圈旅游品牌形成背景的分析,主要阐述了社会经济和旅游业的发展态势,从旅游资源的总体特征、分布及特殊、各城市旅游资源的区域特殊总结了武汉城市圈的旅游资源;介绍了武汉城市圈的旅游产品供给,分析了武汉城市圈的旅游要素配置,阐述了武汉城市圈的生态建设与环境保护。第四章介绍了武汉城市圈旅游形象认知调查与定位策划,主要对武汉市、黄冈市、咸宁市、鄂州市、孝感市、黄石市、仙桃市、潜江市和天门市九个城市进行了旅游形象认知调查,并进行了整体旅游形象认知调查,分析了武汉城市圈旅游形象的定位,对武汉城市圈旅游形象进行了策划。第五章分析了体现“人际和谐”主旨的旅游品牌管理,主要包括基于“精神景仰”的名人文化旅游品牌管理、基于“忠义诚信”的三国文化旅游品牌管理、基于“孝道感恩”的孝文化旅游品牌管理、基于“以人为本”的绿色服务品牌管理以及基于“精神寄托”的宗教文化旅游品牌管理五方面的内容。第六章介绍了体现“群己和谐”主旨的旅游品牌管理,主要包括基于“农耕文明”的楚文化旅游品牌管理、基于“工业文明”的工业旅游品牌管理、基于“科教兴国”的科教旅游品牌管理等六方面的内容。第七章是体现“天人和谐”主旨的旅游品牌管理。主要包括基于“资源节约”的绿色服务旅游品牌管理在内的四方

面的内容。论文的结尾为全文的结论归纳和展望。全文的研究对武汉市城市圈旅游品牌管理的分析具有重要的意义。

关键词:地方旅游业　城市群　品牌　武汉

**5967**

**标准设定动因下高技术企业研发能力提升机理与评价研究** / 方放著 ; 王道平,曾德明,Keith Dickson 指导. -- 湖南大学, 2009. -- 190 页

论文对标准设定动因下高技术企业研发能力提升机理与评价进行了全面的研究。全文共分为八章。第一章为论文的绪论,主要介绍了论文的研究背景、研究意义、研究对象、研究内容、研究思路和总体的研究框架。第二章为理论基础及文献综述,基础理论包括网络经济学、企业资源与能力观、网络组织理论以及博弈理论。对关于技术标准与技术标准设定、企业R&D能力提升和企业R&D能力与技术标准设定关系等方面文献进行了梳理。第三章分析了技术标准设定与高技术企业R&D能力的关系,主要包括高技术企业R&D能力提升的必要性、国内高技术企业技术标准设定活动中面临的R&D困境以及R&D能力在技术标准设定中的作用。第四章是对技术标准设定动因下企业R&D战略能力的分析与研究,主要论述了R&D战略与R&D战略能力的含义,分析了技术兼容性选择能力、专利目标选择能力以及专利信息搜索和分析能力、R&D项目组合选择与投资。第五章是对技术标准设定动因下企业内部R&D能力的分析,主要构建了R&D竞赛模型、企业内部R&D网络构建模式,分析了高技术企业模块化R&D以及技术标准开发团队的管理者特质。第六章介绍了技术标准设定动因下企业外部协作R&D能力,主要包括协作伙伴的选择、技术使用者协同以及以技术标准为纽带的外部协作R&D网络管理。第七章构建了技术标准设定动因下R&D能力的评价指标,主要包括R&D能力评价理论基础和评鉴目的、关于R&D能力评价的综述、标杆测试法在技术创新管理评价实践中的应用以及R&D能力标杆测试指标体系的设计。第八章为案例分析。

关键词:高技术企业　企业管理　技术创新　核心竞争力

**5968**

**企业视角下的我国雇佣关系研究:以生产制造型企业为例** / 方洪波著 ; 赵曙明指导. -- 南京大学, 2009. -- 137 页

论文以生产制造型企业为例,对企业视角下的我国雇佣关系进行了全面深入的研究。全文共分为六章。绪论主要包括问题的提出、研究的目的与意义、研究设计以及论文的结构与主要的创新点。第一章是对文献的回顾与分析,主要介绍了西方雇佣关系研究的主要学派及主张、西方雇佣关系研究的主流理论,阐述了企业视角下的雇佣关系研究。第二章是对基于员工行为控制权交换的雇佣关系的分析,主要包括员工行为控制权交换、员工行为控制权交换的属性分析、雇佣关系的属性分析。第三章介绍了雇佣关系实证研究的研究假设,主要提出了雇佣关系的依存性研究假设、员工视角下企业与员工间交换期望所得的研究假设、员工与企业间交换的期望所得对雇佣关系的影响的研究假设,同时论述了雇佣保障对员工组织承诺的影响的研究假设和雇佣保障对组织公民行为的影响的研究假设。第四章介绍了雇佣关系实证研究的研究方法,主要论述了分析雇佣关系的依存性的方法,介绍了企业与员工之间的交换期望所得的研究方法以及雇佣保障对员工态度与行为的影响的研究方法。第五章进行了研究结果分析与假设验证,主要论述了雇佣关系的相关性、员工视角下企业与员工之间交换期望所得、员工与企业间交换的期望所得对雇佣关系的影响、雇佣保障对员工组织承诺和组织公民行为的影响。第六章为论文的结论、局限性与今后的研究方向的介绍。

关键词:企业管理　人事管理　雇佣劳动　劳动关系

**5969**

**基于可持续发展的企业财务问题研究** / 方拥军著 ; 郭道扬指导. -- 中南财经政法大学, 2009. -- 257 页

论文以规范研究方法为主,结合经验研究,对基于可持续发展的企业财务问题进行了研究。全文共分为五章。导论介绍了论文研究的背景和意义,对相关文献进行了综述,阐述了论文研究的目标、思路和基本内容及论文研究的方法、难点和创新。第一章介绍了基于可持续发展的企业财务问题研究的理论基础。主要包括可持续发展思想的演进、基本内涵及对企业发展的要求,企业可持续发展理论的基本内涵及对企业发展的要求,研究了两个层面可持续发展观对企业理论和企业财务的影响。第二章是对基于可持续发展的企业财务基本问题的研究,主要包括基于可

持续发展的企业理财环境及其影响,可持续发展、企业社会责任与公司治理理念的重合及其影响以及基于可持续发展的企业财务管理的几个基本理论问题。第三章介绍了基于可持续发展的企业"三重绩效",主要包括基于可持续发展的企业"三重绩效"及其内涵、企业"三重绩效"模式的生成机理,企业社会责任、利益相关者与企业绩效的关系以及基于可持续发展的企业"三重绩效"管理框架四方面的内容。第四章介绍了企业"三重绩效"管理的国家经验与借鉴,主要阐述了企业"三重绩效"管理的国际政策和基本标准,分析了企业"三重绩效"信息披露的国际经验与报告指南,介绍了企业"三重绩效"与价值投资的融合。第五章分析了我国企业"三重绩效"管理的时间与对策建议,主要介绍了我国上市公司"三重绩效"管理的现状与问题,分析了我国企业"三重绩效"信息披露的现状与问题,提出了推进我国企业"三重绩效"管理的对策建议。

关键词:企业管理　财务管理　可持续性发展

**5970**

**内部资本市场租金创造研究** / 冯丽霞著 ; 王韬,周仁俊指导. -- 华中科技大学, 2009. -- 125 页

论文在对国内外关于内部资本市场租金创造的相关研究现状进行综述的基础上,系统地论述了作者从资源基础和制度因素两个方面对内部资本市场租金创造问题的研究成果。论文对内部资本市场组织载体、交易与租金等概念进行了辨析。认为内部资本市场普遍存在于 M 和 H 型组织结构的企业集团,其存在与其组织载体是否进行多元化投资没有必然联系;文中分析了内部资本市场的本质及其交易类型,并与关联交易进行了比较;提出内部资本市场租金概念,与效率、超额价值等的概念比较。论文从资源理论视角研究内部资本市场租金创造问题。界定了内部资本市场资源的内涵并分析了其特征。分析提出各项资源在租金创造中的作用主线:人力资本资源通过充分运用关系资源和信息资源提高财务资源的存量价值和配置效率,创造内部资本市场租金。论文以国有企业集团为例分析了产权属性及其派生的政治属性对内部资本市场租金创造的影响。从盈余管理视角研究了内部资本市场租金创造问题。分析了内部资本市场租金创造的过程和提升内部资本市场租金创造能力的路径。

关键词:股份有限公司　投资　融资　资本市场

**5971**

**外资竞争压力下本土企业的应对战略:基于中国企业的实证研究** / 冯晓岚著 ; 武常岐指导. -- 北京大学, 2009. -- 137 页

论文基于中国企业的实证研究,对外资竞争压力下本土企业的应对战略进行了分析与研究。全文共分为六章。第一章绪论主要介绍了论文研究的背景和意义,对论文研究的范围进行了界定,实证设计了论文的研究背景技术路线和变量的测量,阐述了论文研究的框架与内容安排。第二章为理论综述,主要概述了竞争理论、外商直接投资溢出效应,选择性回顾了企业模仿的文献,阐述了企业技术创新的相关理论、企业国际化理论。第三章介绍了外资竞争压力下本土企业的模仿战略,主要包括企业模仿理论文献回顾、理论假设、变量说明和研究方法、实证结果以及结论方面的内容。第四章研究了本土企业研发投入的竞争激励与示范激励,主要对企业创新有关的文献进行了回顾与分析,阐述了竞争激励与示范激励,对变量进行了说明,分析了实证研究结果。第五章分析了外资竞争对本土企业出口的驱动作用,主要包括外国竞争与东道企业国际化文献回顾、本土企业出口的能力驱动假设、变量说明与研究方法、实证研究结果等。第六章为论文的研究结论和启示。

关键词:企业管理　外资企业　市场竞争　企业战略

**5972**

**企业改革过程中的会计制度变迁** / 付磊著 ; 郑海航指导. -- 首都经济贸易大学, 2009. -- 202 页

论文对企业改革过程中的会计制度变迁进行了研究。全文共分为七章。第一章引言,主要论述了论文研究的背景,研究意义,研究框架与研究方法,对相关的研究概念进行了界定,评述了与论文研究问题相关的文献综述。第二章为相关理论基础的介绍,主要分析了会计目标、产权会计学、企业制度与会计的关系。第三章介绍了改革探索期的企业与企业会计,主要包括改革开放前的企业与企业会计、改革探索时期的企业改革、改革探索时期的企业会计。第四章是对改革突破期的企业与企业会计的介绍,从现代企业制度目标的建立、现代企业制度试点突破、现代企业制度全面推广三方面论述了改革突破期的企业改革状况,论述了改革突破期的企业会计改革的过程。第五章阐述了改革完善期的企业与企业会计,从完善股份

制和建立现代产权制度、改进和完善国有资产监督管理体系以及国有企业公司治理结构的形成与完善分析了改革完善期的企业改革状况,从《06 年会计准则》的出台背景和框架以及改进分析了改革完善期企业的会计改革情况。第六章是对企业会计改革的基本经验与展望的介绍,主要的企业会计改革的基本经验包括改革必须与国家经济改革紧密相连、改革必须处理好国际趋同与国家特色的关系、改革必须循序渐进、改革的进程与战术必须顺应实际情况的变化以及改革必须坚持统一规划、统一实施。第七章为全文的基本研究结论,总结了论文研究的创新点和不足之处,对今后的研究方向进行了展望。

关键词:企业管理　企业改革　会计制度

**5973**

**组织性格与组织学习能力及组织绩效的关系研究** / 付悦著 ; 陈国权指导. -- 清华大学, 2009. -- 149 页

论文通过问卷调查的实证方法探索组织性格、组织学习能力及组织绩效之间的关系,并引入环境动荡性和企业生命周期作为调节变量。获得的结论:组织性格对组织学习能力有显著影响,在各维度中,那些能将两种性格融合在一起,灵活运用的组织其学习能力最强;总体来看,E 型/N 型/T 型组织性格与组织学习能力的关系最密切;组织学习能力对组织绩效有直接的正面影响;组织学习能力在组织性格和组织绩效的关系中起中介作用;环境动荡性在 E 型/T 型/J 型组织性格与组织学习能力的关系中起调节作用;企业生命周期在 E 型/S 型/N 型/F 型/J 型组织性格与组织学习能力的关系中起调节作用。

关键词:企业管理　组织管理　学习能力　企业绩效

**5974**

**我国出版企业核心竞争力评价研究** / 高诚毅著 ; 王宗军指导. -- 华中科技大学, 2009. -- 122 页

论文运用供应链理论和波特价值链分析原理,分析了出版产品价值链的构成,价值链上每项价值活动,归纳出了出版企业核心竞争力由选题策划能力、出版战略管理、市场营销能力、文化凝聚能力、信息技术能力、生产管理能力、资产运作能力、危机管理能力等 10 种要素组成,然后经过特费尔调查方法,对出版企业核心竞争要素进行了确定。对核心竞争力要素调查的问卷设计、权重参数的确定等做了探索性的研究,建立了出版企业核心能力评价指标体系,确定了对可量化评价指标中权重的赋值方法。在评价指标体系中,以行业内人士对企业核心竞争力评价为建立指标体系的指导原则,对指标的概念进行了确切、清楚的定义。在指标评价体系中,采用了多指标可以分单项与单项进行对比的实用原则,将评价指标和评价标准转换成了问卷调查,问卷格式的设计也充分考虑到被调查者的需要和对于问题的认知习惯。运用综合评价、把握性评价、预警评价、可靠性评价等方法,对我国出版企业的核心竞争力进行了评价研究。在研究过程中发放了 900 份问卷,对全国范围内的 120 家出版企业从业人员进行抽样调查和数据采集、计算,建立了我国出版企业核心竞争力的培育模型,并应用该模型对实例企业核心竞争力培育做了对策分析。

关键词:出版社　核心竞争力　评价模型

**5975**

**工作—家庭冲突对员工离职意向的影响研究:以工作态度为中介变量** / 高春景著 ; 夏恩君指导. -- 北京理工大学, 2009. -- 157 页

论文以员工主动离职意向为主题,从工作—家庭冲突对离职意向影响视角,以工作态度为中介变量,构建了中国文化背景下一体化离职动因模型,提出了离职意向路径假设体系并进行论证。利用一般抽样调查和典型调查的方法,对理论模型与假设体系进行论证分析,寻求员工离职意向产生的显著路径。一般抽样调查采取纸质结构化问卷抽样调查方式,验证了工作态度对工作—家庭冲突与离职意向之间关系的部分中介作用,同时发现了工作—家庭冲突对离职意向的直接效应:(1)工作态度对工作—家庭冲突与离职意向之间影响具有部分中介效应,工作—家庭冲突对离职意向的影响既有通过工作态度的间接影响,也有直接影响。(2)工作—家庭冲突是引发员工离职意向的重要非工作因素,工作态度是引发员工离职意向的重要工作相关因素,显著的离职意向路径有 10 条。(3)工作态度变量中,组织承诺比工作满意度预测离职意向更准确。(4)工作—家庭冲突变量界定为工作与家庭之间的角色间冲突,分为工作对家庭冲突与家庭对工作冲突两个方向。(5)个体特征变量中,人口统计学变量、工作要求、家庭要求对个体的工作—家庭冲突水平、离职意向有影响。(6)组织特征变量中,不同规模、不同所有制性质组织内员工的离职意向存在差异。(7)国有企业与民营企业典型对比分析发现,两类企业员工在工作—家庭冲突、工作态度、离职

意向及其细分纬度方面存在差异。

关键词:企业管理　职工　人事管理

5976

**成分品牌对品牌资产及消费者购买意愿的影响:以汽车产品为例** / 高杰著 ; 陈启杰指导. -- 上海财经大学, 2009. -- 232 页

论文以汽车产品为例分析研究了成分品牌对品牌资产及消费者购买意愿的影响。全文共分六章。第一章导论介绍了研究的背景、动机与目的、研究的思路与内容、意义、方法及创新。第二章首先对品牌联盟与成分品牌的概念进行了界定,对成分品牌来源国形象进行了分类,并分析了来源国效应,介绍了成分品牌的品质认知与一致性认知,阐述了联盟品牌的契合度与品牌声誉的相关内容、企业形象的衡量标准、品牌资产的概念,分析了品牌资产的测量模型,最后对消费者涉入的概念、类型及性质进行了分析,同时阐述了消费者产品知识以及消费者购买意愿的相关研究内容。第三章阐述了研究变量的选择及依据,并选取中国汽车业为研究对象,分析了中国汽车业的发展历程与现状,探讨了成分品牌来源国对消费者购买意愿的影响、成分品牌的品质认知对消费者购买意愿的影响以及成分品牌的一致性认知对消费者购买意愿的影响,同时研究了联盟品牌品牌资产的中介作用以及产品知识的调节作用,构建了概念模型。第四章介绍了研究设计的思路与流程。确定了关键变量及其测量方式,阐述了研究的工具与理论模型,分析了结构方程模型原理,并对主要参数进行了界定,由此构建了相应的理论模型。第五章对成分品牌、品牌资产与购买意愿进行了经验研究。对预调研与探索性因子进行了分析,描述了预调研的样本特征,阐述了正式调研与验证性因子分析,探讨了各研究变量在人口统计变量上的差异问题,并就各研究变量之间的相关性进行了分析研究,最后分别对品牌资产的中介作用、消费者涉入程度的调节效应以及消费者产品的知识调节效应进行了检验。第六章为研究的结论。

关键词:企业管理　市场营销　品牌战略　消费者行为论

5977

**旅游安全的科技支撑体系研究** / 高玲著 ; 郑向敏指导. -- 华侨大学, 2009. -- 168 页

论文在基于大量研究文献分析的基础上,对旅游安全的科技支撑体系进行了深入系统的研究。全文共分为七章。第一章是绪论,主要论述了研究的对象与相关概念的界定、研究背景、研究目的、研究意义以及研究技术路线与主要的创新点。第二章是文献综述,对国内外旅游安全、科技支撑、旅游安全的科技支撑相关研究文献进行了梳理,通过文献评述,探讨了研究的机会点与空白点。第三章是论文研究的理论基础,概述了马斯洛的需求层次理论、安全相关理论、风险与危机管理理论以及科技管理与创新理论等。第四章是旅游安全的科技支撑体系的研究。通过对大量旅游安全和科学技术研究文献进行理论分析和总结,结合现实旅游安全管理和科学技术实践状况,分析电子与信息技术、材料技术、能源技术、空间技术、交通运输技术等在旅游安全的防范与预警、控制与处理、评估与恢复等阶段的具体应用情况以及科技旅游安全管理支撑作用的大小、水平及不同科学技术在旅游安全管理实践中的重要性。通过问卷调查、数据分析,分析了不同科学技术在不同阶段和环节的支持程度以及重要性排序。第五章是旅游安全科技支撑的投入与产出的分析。主要阐述了旅游安全科技支撑的投入与产出分析的内容、评价指标体系、分析思路、分析模型以及具体案例分析五方面的内容。第六章为科技支撑旅游安全的作用机制与保障系统研究,主要研究了科技支撑旅游安全的作用机制和理念保障体系、人才保障体系、技术与设备设施保障体系以及管理与应用保障体系。第七章为论文的总结和研究展望。

关键词:旅游业　企业管理　安全管理

5978

**基于价值创新的珠三角民营企业突破性成长研究** / 耿海薪(Harrison)著 ; 刘人怀指导. -- 暨南大学, 2009. -- 170 页

论文对基于价值创新的珠三角民营企业突破性成长进行研究。全文共分为七章。第一章绪论,主要提出了论文的研究问题,研究的理论与实践意义,研究构架,研究的主要内容。第二章为相关文献综述的介绍,主要分析了国内外研究现状,对综述进行了评析。第三章介绍了论文研究的理论基础,主要包括对相关概念的界定,分析了企业成长理论,创新理论研究及其发展,TIC 三维模式的理论基础——突破思维的相关理论、价值整合相关理论以及共赢承诺相关理论。第四章是对案例的研究,主要介绍了研究的目

的,对科达机电案例进行了分析,总结归纳了成功的启示,论述了研究的设计与方法。第五章为论文的结果和讨论,主要论述了研究的目的,阐述了基本的数据,对数据进行了分析与研究,研究了访谈结果,分析了研究的效应。第六章是对研究的验证,主要介绍了研究的目的,对沃尔玛零售、戴尔电脑、星巴克咖啡、宜家家居等经典案例进行了研究与分析,阐述了结果和从中得到的启示,论述了实现突破思维的基本方式、实现价值整合的基本方式以及实现共赢承诺的基本方式。第七章是对全文的结论与展望。

关键词:民营企业　战略管理　创新管理　企业成长

**5979**

**商业信用下供应链库存决策问题研究** / 耿凯平著 ; 徐渝指导. -- 西安交通大学, 2009. -- 106 页

论文研究了商业信用条件下,供应链中企业的库存决策与市场决策问题,主要工作是:在 Ouyang 等人相关研究基础上,结合企业的实际货架管理策略,构建了扩展的零售企业在商业信用条件下的两阶段易腐商品库存决策模型。对 Chang 和 Dye 的库存模型加以扩展,结合实践中采用的商业信用条件,企业采用投资减少订单成本策略,构建了允许缺货的易腐品库存决策模型。对 Chen 和 Kang 的研究结果进行推广,将使用商业信用(延期付款)和到货部分付款策略结合起来考虑,建立了存在部分延期付款的一体化易腐品库存决策模型。在 Liao 等以及 Abad 和 Jaggi 的研究基础上,针对需求受初始存货量影响的供应链商业信用期决策和库存决策问题,在供应商的资金成本是商业信用期的线性递增函数假设下,建立了供应链库存—商业信用期决策模型,证明了零售商最优决策的唯一性。在理论研究的基础上,对某生鲜农产品供应链进行了案例研究,分析了企业在制定商业信用合同时,双方各自考虑的主要因素,结合实际数据说明商业信用合同对于零售企业资金流的贡献,据此可对模型中的相关参数进行验证与补充。结合调研进一步说明了商业信用合同在实践过程中需要解决的问题和面临的风险。

关键词:企业管理　供应链管理　库存　信用

**5980**

**国有上市公司 CEO 的更替与企业绩效** / 耿卫东著 ; 李新春指导. -- 中山大学, 2009. -- 126 页

论文通过理论分析和实证研究相结合的方式,运用企业理论、委托代理理论、企业内部控制理论以及国内外对于 CEO 继任问题的研究成果等理论工具,回顾了国有企业改革的历程,分析了国有上司公司的产权特征、国有上市公司 CEO 更替主体、更替方式、更替频率的特征,并在实证分析中采用多重财务指标的方式,全方位地衡量企业的盈利能力、偿债能力、资产管理能力、成长能力等与 CEO 更替的关系,以期深入揭示国有上市公司 CEO 更替方式、更替频率对企业绩效的影响。通过对自 1991 年中国股市诞生以来截至 2006 年可以查找、使用的数据的研究,初步验证国有上市公司的 CEO 更替,在不同的条件下,对企业绩效的影响具有较大差异。论文认为,在当前环境下政府官员和企业高管之间的流动对改善和提高公司绩效、促进企业成长在一定程度上能起到积极作用,而内部培养和提拔 CEO,外部培育经理人市场,对于国有企业的长期发展和健康成长则具有重要的意义。国有上市公司 CEO 的三种更替方式(企业内部产生、其他企业产生、政府机构产生)是否能够提高公司绩效,促进公司成长,需要区分公司所处的具体经营环境。CEO 的任期长短对公司绩效的影响并不明显。从 CEO 的更替方式看,公司 CEO 的内、外部产生与公司的绩效变化、股权变更和治理结构有关。论文提出必须正确认识到目前我国国有企业中依然存在的把行政激励用于国有企业 CEO 激励的弊端,解决 CEO 任期短期化的问题;逐步培育、形成具有中国特色的经理人市场,提高市场配置效率,完善外部监督机制;改善股权结构,完善内部治理机制,防止控股股东在 CEO 的产生问题上进行行政性垄断以及注重建立科学的 CEO 更替考评体系,提前制定企业 CEO 继任计划等政策建议。

关键词:国有企业　上市公司　人事管理　经理

**5981**

**上市公司管理者股权激励研究** / 巩娜著 ; 吕长江指导. -- 吉林大学, 2009. -- 144 页

论文以中国转型经济的制度为背景,综合考察了我国上市公司管理者股票期权激励制度的现状、影响因素及其经济后果。从理论上分析了公司管理者股权激励偏好和股权激励数量的影响因素以及股票激励的费用化会计处理,并以此提出后续分析的研究假设。在充分梳理国内外研究成果的基础上,基于中国特殊的制度背景以及上市公司的现实情况,主要从两

个方面进行实证分析:一方面对股权激励制度实施前国内上市公司股权激励偏好和数量的影响因素进行考察,另一方面对股权激励实施后上市公司股权激励费用化的会计处理进行分析。实证结果表明,我国上市公司股权激励计划受公司代理问题的影响,对于股权激励数量影响因素的分析支持激励理论与流动性限制理论,市场对于上市公司的股权激励计划有正向反应;股权激励费用化会计处理会影响上市公司业绩、证券市场以及公司的股权激励计划。研究表明,虽然我国部分上市公司已经建立起了股权激励制度,但是由于我国的股权激励制度正处于摸索阶段,相关法律、法规还不完善,因此在上市公司的股权激励决策、股权激励计划以及对于股权激励费用的会计处理等方面还需要政府相关部门以及上市公司的共同努力来完善。

关键词:上市公司　管理人员　股权　激励

**5982**

**TBC 背景下企业高管团队战略决策过程研究** / 古家军著 ; 胡蓓指导. -- 华中科技大学, 2009. -- 181 页

论文在 TBC 背景下,对企业高管团队的战略决策过程进行了研究。全文共分为七章。第一章绪论,主要阐述了论文的课题来源,研究背景,主要研究内容,对关键问题进行了界定,介绍了论文的研究方法与技术路线,归纳了论文的主要创新点。第二章相关为文献综述,阐述了基于时间的竞争及零时间企业,分析了战略决策速度的概念,论述了高层管理团队的战略决策,对相关的文献进行了评析。第三章介绍了企业高管团队战略决策过程的概念模型,论述了战略决策过程的阶段划分及时间分布,描述了 TBC 背景下的企业战略决策的特征,分析了高管团队战略决策过程概念模型的构建。第四章高管团队特征随战略决策速度的影响机理,主要介绍了 TMT 特征对决策速度影响的基本模型与假设,对 TMT 特征对决策速度影响进行了实证分析,介绍了基于战略决策速度的高管团队优化配置模型。第五章高管团队战略决策过程中的领导风格与行为整合,主要分析了高管团队行为整合的量表修订,论述了高管团队领导风格、行为整合对战略决策速度的影响机理,基于战略决策速度的高管团队行为整合机制。第六章高管团队战略决策机制权变模型,对企业战略决策机制进行了比较,分析了基于博弈论的高管团队战略决策机制选择,介绍了企业高管团队战略决策机制权变整合模型。第七章为论文的基本研究结论以及对未来的展望。

关键词:企业管理　企业领导　管理决策

**5983**

**基于激励与沟通的信息技术应用对城市基础设施管理绩效影响的研究** / 郭起宏著 ; 万迪昉指导. -- 西安交通大学, 2009. -- 115 页

论文通过分析信息技术应用背景下由于信息不完全和信息不对称所分别引发的客观技术问题和主管代理问题,研究沟通和激励机制的设计在信息技术应用于城市基础设施管理中对其绩效改善的作用。论文的研究主要表现在以下四个方面:①综合运用信息经济学、博弈论和契约理论从信息不完全引发客观技术问题和信息不对称引发主观代理问题视角来展开研究,强调从信息对称和信息完全角度,以个体行为特征为中介影响,研究信息技术应用对组织绩效的影响这一问题,并提出研究框架。②以 Milgrom & Roberts(1992)模型为基础,引入信息技术应用参数,分析了信息技术应用对组织绩效的影响机理,模型结论认为,信息技术的有效应用能在一定程度上提高个体理性水平,从而改进组织绩效。③探讨如何防止监督者的败德行为以及监督者与执行者之间共谋行为的发生,以 Antoine-Laffont-Martimort(2003)模型为基础,借鉴 Gibbons(2002,2005)的部分模型构建思想,研究了不同的激励控制方式对城管工作人员的激励约束效应模型,模型从两个方面拓展了 Antoine-Laffont-Martimort(2003)的模型:引入了外在的监督和惩罚机制,认为信息技术的应用增强了外在的监督和惩罚机制;引入了隐性激励相关参数,认为在隐性激励存在的情况下,子合同的转移支付效率显著增加,从而降低了合谋发生的概率。④采用设计调查问卷并在深圳市范围内进行大样本调研的方式来从实证角度揭示信息技术作用于城市基础设施管理的内在机理,检验信息技术作用和激励控制的不同方式与城市基础设施管理绩效的关系。

关键词:城市　基础设施　城市管理　信息技术

**5984**

**国外品牌在中国的转化研究:制度理论视角** / 郭锐著 ; 汪涛指导. -- 武汉大学, 2009. -- 152 页

论文基于制度理论视角对国外品牌在中国的转化进行了分析研究。全文共分五章。第一章引言,介绍了研究的背景,研究的问题,研究的内容与研究中

存在的问题。第二章为文献回顾和理论基础介绍,首先对国外品牌转化的研究进展进行了综述,对合理性的概念和定义进行了界定,随后分析了三个支柱和合理性之间的关系问题,阐述了寻求合理性的原因,对合理性的分类与战略进行了简述,探讨了品牌战略和合理性的关系、品牌转化绩效和合理性管理的内在联系,分析了中国制度环境的特征。第三章介绍了研究的理论框架与假设演绎,分别介绍了以竞争优势做品牌与品牌合理性和品牌绩效的关系、维持品牌竞争优势战略与品牌合理性和品牌资产的关系以及建立和传播品牌价值与品牌合理性和品牌资产的关系,分析了合理性和品牌转换的最终绩效。第四章介绍了研究方法,并对假设进行了验证,在定性阶段通过案例分析阐述了合理性在国外品牌转化方面的特征与作用,在定量阶段探讨了问卷的设计、调研程序、预测试、样本、统计分析程序等问题,由此确定了正式的问卷,并对样本的人口统计特征进行了分析,对问卷的信度与效度进行了检验,讨论了国外品牌在中国获得合理性过程的路径。第五章分别阐述了国外品牌在中国转化过程中三种品牌战略,即以竞争优势做品牌战略、维持竞争优势做品牌战略以及建立和传播品牌价值战略的作用,随后从品牌实用合理性、道德合理性、认知合理性角度探讨了国外品牌在中国转化过程中品牌合理性的作用,分析了国外品牌在中国转化过程中的品牌绩效,最后指出了研究的理论贡献、实践贡献与方法贡献,同时分析了研究的局限性,进而明确了未来的研究方向。

关键词:市场营销　商业品牌　品牌营销　品牌战略

**5985**

**员工多样性和关系多样性对合作与创新的影响研究** / 郭士伊著 ; 席酉民指导. -- 西安交通大学, 2009. -- 136 页

论文对员工多样性和关系多样性对合作与创新的影响进行了研究。全文共分为七章。第一章绪论,主要提出了论文研究的问题,研究目标,研究的基本概念,研究的技术路线和结构,研究的主要创新点。第二章为多样性的相关研究和理论基础,主要介绍了员工多样性研究现状和问题,关系多样性研究现状和问题,员工多样性和关系多样性组合问题以及合作与创新及其研究现状。第三章介绍了员工多样性和关系多样性对合作与创新的影响研究,主要分析了员工多样性和关系多样性,员工多样性和关系多样性影响组织的微观行为机理,员工多样性和关系多样性对合作与创新的影响机制。第四章是对多样性组织选择策略、多样性变化机制、多样性组织和谐问题进行的研究,主要包括多样性组织选择策略的介绍,多样性变化机制的阐述,以及多样性组合和谐问题的分析。第五章典型团队的员工多样性和关系多样性问题的研究,介绍了研究的案例选择和资料收集分析方式,对同质异构团队、异质同构团队、异质异构团队进行了案例分析,并对三个团队进行了比较分析。第六章介绍了员工多样性和关系多样性影响合作与创新的实证研究,主要包括研究假设、研究设计、数据分析、结果讨论四方面的内容。第七章为讨论、建议和结论的总结。

关键词:企业管理　人事管理　人力资源管理

**5986**

**后现代管理研究** / 郭英著 ; 高良谋指导. -- 东北财经大学, 2009. -- 137 页

论文在研究大量相关文献的基础上,对后现代管理进行了研究。全文共分为六章。第一章引言,主要论述了国内外研究的主要观点,分析了论文的研究内容,论文的逻辑框架,论文的研究方法与可能创新点。第二章构科学管理:泰罗主义、泰罗文本与心理革命。阐述了泰罗关于科学管理本质的看法,分析了科学管理的人性假设及其对心理革命的阻碍,科学管理的方法论特点及其对心理革命的背离,科学管理的科学共同体对心理革命的放弃,心理革命的未能实现对管理理论和实践所产生的影响。第三章后现代管理:后现代社会背景下的管理研究,主要概述了 Peter Drucker、Charles Handy 后现代管理思想,基于科学的视角对三位大师的思想来源进行了比较,基于理论与实践关系的视角,分析了管理大师与研究学者的异同。第四章后现代主义哲学和管理研究,主要包括现代主义、后现代主义、理性与组织管理和管理研究、“语言学转向”与后现代管理研究以及福柯与组织和管理研究三方面的内容。第五章批判的后现代管理:批判理论、批判实在主义与后现代管理研究。分析批判理论与后现代管理研究,阐述了批判实在论对后现代管理的批评及对后现代主义的反驳。第六章介绍了后现代管理与中国管理研究,主要论述了和合精神与后现代管理思潮的契合,阐述了作为一种后现代管理萌芽的鞍钢宪法。从鞍钢宪法及思想来源、鞍钢宪法的批判

意蕴、解放意蕴以及鞍钢宪法与后福特制及鞍钢宪法的中国特色进行了分析。

关键词:企业管理 组织管理 后现代主义

**5987**

**我国公司债券融资的公司治理效应研究** / 郭志明著 ; 陈超指导. -- 南开大学, 2009. -- 178 页

论文对我国公司债券融资的公司治理效应进行了深入全面的研究。全文共分为八章。第一章为论文的引言,提出了论文研究的问题,阐述了论文研究的思路和内容安排,论述了论文的研究方法和研究目的与意义,总结了论文的主要研究贡献。第二章对国内外的研究文献进行了评述与总结。第三章分析了我国公司债券融资与公司治理的背景,论述了我国公司债券融资的基本情况,分析了我国公司治理面临的问题,阐述了我国公司债权融资与公司治理的法律环境。第四章是对公司债券融资治理效应的理论分析,概述债券融资治理的一般性理论分析,阐述了我国公司债券融资治理效应的理论分析,研究了影响债券融资治理效应的前提条件。第五章是对影响我国债券评级因素进行的实证分析,主要分析了债券评级对债券融资治理效应的影响、研究的方法和变量,对结果进行了统计与分析。第六章是对我国公司债券融资治理效应的实证研究与分析,主要介绍了相关的文献与理论分析、研究方法,从描述性统计分析、样本特征的比较、模型回归结果以及稳健性检验以及债券融资附加治理效果的检验五方面论述了统计结果。第七章为论文的案例分析,主要简述了“07 长电债”发行的基本情况,对“07 长电债”公司的治理效应进行了分析与研究。第八章总结了论文理论研究方面和实证研究方面的基本结论,阐述了改善我国公司债券融资治理功能的建议以及未来研究的方向。

关键词:公司债券 债券融资 企业管理 公司治理

**5988**

**基于企业可持续发展的业绩评价研究** / 韩春伟著 ; 潘爱玲指导. -- 山东大学, 2009. -- 191 页

论文对基于企业可持续发展的业绩评价进行了研究。全文共分为七章。第一章绪论,主要介绍了论文研究的背景,研究的问题,研究的目的、主要的问题和研究方法,研究的意义,研究的创新点,研究的结构安排和内容。第二章是对企业业绩评价的研究进展及综合分析的阐述,研究了国内外企业业绩评价发展过程和研究现状,对企业业绩评价研究进行了综合评论。第三章介绍了基于企业可持续发展的业绩评价理论分析与框架的构建,论述了企业可持续发展视角的选择,基于企业可持续发展的业绩评价系统的设计原则与指导思想,分析了基于企业可持续发展的业绩评价要素,基于企业可持续发展的三重业绩的关系,基于企业可持续发展的业绩评价总体框架。第四章论述了基于企业可持续发展的业绩评价指标的体系,主要介绍了国内外企业业绩评价指标体系,基于企业可持续发展的业绩评价指标体系的构建原则以及内容。第五章是对基于企业可持续发展的业绩评价指标的调研与实证研究,主要包括评价指标体系的调研、评价指标体系的分类、三重业绩指标关系的实证分析三方面的内容。第六章基于企业可持续发展的业绩评价方法和应用,主要论述了三重业绩发展度的评价,三重业绩协调性的评价,对三重业绩全面协调发展进行了综合评价,阐述了三重业绩综合评价的应用。第七章为论文的研究结论、建议及未来的研究方向。

关键词:企业管理 企业绩效 综合评价 可持续发展

**5989**

**经济体制转型期企业信用管理研究** / 韩国丽著 ; 黎志成指导. -- 华中科技大学, 2009. -- 145 页

论文提出企业信用管理应该从重视授信管理视角转变成重视授信管理和受信管理。特别是要加强受信管理,使信用管理从一般风险管理和商账管理扩展到增强信用能力和信用意愿、提高信用竞争力等更宽的领域。论文主要研究内容可归纳如下:第一,对企业信用管理的环境进行分析。提出企业信用管理环境会直接影响和制约企业的信用管理活动,客观地研究和分析信用环境,是做好企业信用管理的前提。第二,研究了企业信用管理的动力来源。提出企业信用管理有内部动力和外部动力,内部动力来自投资者、经营者和员工等,是企业增强信用管理、提高信用能力的能动性反映。外部动力来自竞争、市场需求变化、政府、社会公众及监管机构、相关利益群体等,外部动力主要通过诱导、唤起、驱动,促进企业加强信用管理。第三,提出信用是企业重要的资源,具有创造价值、形成竞争优势的效应。第四,研究了企业信用危机的传导、预警和处置。通过分析信用危机的传导过程,提出企业关键子系统在受到内外因素干扰下发

生崩溃,并由内向外传导,产生信用危机。第五,研究了企业信用活动的绩效管理,论文通过构建企业信用管理平衡积分卡,从财务、客户、内部流程和学习发展四个角度设计了衡量企业信用管理绩效的指标体系,提出了提高和改善企业信用管理绩效的措施。

关键词:企业管理　信贷管理　企业信用

5990

**临床增加值导向的医院 ECR 供应链构建与优化** / 韩杰著 ; 雷星晖指导. -- 同济大学, 2009. -- 122 页

论文对临床增加值导向的医院 ECR 供应链构建与优化进行了深入全面的研究与分析。全文共分为八章。第一章为论文的导论,主要介绍了论文的研究背景,分析了论文的研究目的和研究意义,阐述了相关的研究文献和综述,提出了论文的研究问题,总结了论文主要的创新点。第二章为意愿及供应链管理的相关理论介绍,主要包括意愿管理相关文献和供应链管理相关文献。第三章是对医院实施 ECR 供应链进行了理论分析,主要阐述了 ECR 的产生与发展,分析了 ECR 的策略和技术,对医院管理中的外包进行了研究,评述了药房托管的模式,探究了医院实施 ECR 的可行性。第四章是对临床增加值导向的医院 ECR 模型的构建,主要从病人价值分析、医院价值分析以及临床增加值三部分提出了医院临床增加值的概念,分析了医院供应链的构成与特征,构建了分析模型,对模型进行了细化。第五章是对医院与供应商的耳机供应链模式的优化,主要分析了医院与供应商的三种二级供应链模式,阐述了三种模式下的意愿与供应商的策略,分析了以 CVA 为绩效指标的供应链模式的选择,论述了供应链优化模式中的激励机制设计,实现了信息共享模式在二级供应链中的应用。第六章是对医院内部服务性供应链的优化,主要分析了医院内部服务性流程的优化,阐述了内部服务性供应链与医院—供应商产品供应链的集成,分析了医院供应链利益相关者之间基于功能层的合作关系。第七章论述了同济大学附属口腔医院供应链管理的应用实践,主要分析了医疗标准化的流程,从门诊患者人数预测、药品和器械的需求预测以及准确的需求预测产生的效益分析了医院物料需求的预测,同时介绍了药品及器械的供应流程和医患关系的管理。第八章为论文的总结。

关键词:医院　供应链管理　成本管理　卫生服务　服务质量

5991

**人力资源多元化对团队创新所需的社会资本的影响** / 韩晶著 ; 韩践指导. -- 北京大学, 2009. -- 128 页

论文指出团队创新活动植根于社会交往情景之中,并受到两种类型社会资本——桥接社会资本与粘结社会资本的影响。桥接社会资本可以帮助团队形成更多创意并发现更多的创新突破口。粘结社会资本则决定了团队是否具有集体行动能力。论文认为桥接社会资本对团队创新的促进作用受到粘结社会资本的影响。在社会结构学派观点的基础上,论文进一步指出团队内部人力资源多元化是这两种社会资本的起源之一,战略性的配置人力资源多元化可以帮助团队有效获取创新所需的社会资本。具体来说,知识多元化有利于桥接社会资本的产生,因为它可以使团队具备多学科身份,从而易于和外部不同领域建立广泛的连接。与此同时,专家地位多元化可以辅助团队利用知识多元化产生桥接社会资本,因为专家地位差异可以减少团队讨论偏见的产生,从而帮助团队成员清楚地知道哪些外部领域具有挖掘价值。最后,指出心智模型多元化可以影响粘结社会资本的产生。当团队成员就如何对待失败和失误的信念趋于一致的时候,团队中会产生心理安全气氛,成员会勇于讨论分享不同意见和信息,从而及时填补团队内部由于误解和缺乏沟通所造成的结构洞。

关键词:企业管理　团队　创新　社会资本

5992

**组织模块化:理论模型及其设计实现** / 郝斌著 ; 任浩指导. -- 同济大学, 2009. -- 196 页

论文对组织模块化的理论模型及其设计实现进行了研究。全文共分为七章。第一章导论,主要介绍了论文的研究背景,研究目的和意义,主要内容和方法以及技术路线。第二章为基础理论与文献综述的介绍,主要对模块化相关的概念进行了界定,分析了模块化的发展路径,介绍了模块化组织理论对传统组织理论的超越,综述了模块化相关理论研究,对组织理论与设计的最新发展进行了评述。第三章构建了组织模块化的理论模型,主要论述了组织模块化的演化基础:设计竞争与设计演化;阐述了组织模块化的运行依据:模块化组织运行模式,分析了组织模块化的价值创新原理,探究了组织模块化实现与理论模型的构建。第四章介绍了组织模块化的规制机制的设计,主要包括组织模块化的规则结构设计、组织模块

化非对称性规则以及组织模块化对称性规则——关联界面规则设计三方面的内容。第五章探究了模块化规则机制的组织匹配设计,主要论述了组织结构模块化设计、组织流程模块化设计、组织职权模块化设计以及组织模块化边界设计。第六章是对典型案例的分析,主要介绍了丰田公司的模块化组织模式,丰田公司的产品模块化、模块化运行机制、组织结构以及从丰田模块化得到的启示。同时,还阐述了戴尔电脑的模块化组织模式。第七章为论文的总结与展望。

关键词:企业管理　组织管理　模块化

**5993**

**企业文化对组织学习过程和企业绩效的影响研究** / 郝捷著 ; 赵曙明指导. -- 南京大学, 2009. -- 133 页

在高速发展的信息社会,企业所处的外部环境不断发生变化,企业在自身的运行过程中会面临各种各样的问题。面对快速多变的环境及各种问题,企业应不断地进行内部学习和外部学习。企业的外部学习需要企业的文化具有很强的外部适应性,而企业的内部学习则需要企业的文化具有很强的内部整合性。对于企业而言,内部整合性与外部适应性之间存在一定的矛盾:内部整合性强调的是一个组织的内部和谐能力,外部适应性强调的是组织的灵活性和变革欲望与能力。企业文化与绩效之间存在着某种因果关系,这已经得到了理论界的共识。但是,企业应该具有何种特征的企业文化?学习型企业文化的内部整合性和外部适应性应该具有何种关系?企业文化不同的维度对企业绩效是如何影响的,以及哪种企业文化能够产生高绩效的后果?在这些问题上,至今在理论界没有很多共识性的结论。基于以上背景,本研究以企业文化的内部整合性和外部适应性作为自变量,探讨这两者对不同企业绩效指标的主效应,并分析了企业文化的两个维度对绩效的交互效应。该研究思路打破了传统上认为企业文化各个维度对企业绩效的累加效应假设,认为两个维度对企业绩效的作用并非线性叠加式的,而是具有交互效应。研究结论发现,企业文化的内部整合性与外部适应性之间存在矛盾,内部整合性强调的是一个组织的内部和谐能力,外部适应性强调的是组织的适应外部环境变化的灵活性和变革欲望与能力。内部整合性和外部适应性均与资产回报率、增长率、市场份额、产品(服务)质量正相关。而且,外部适应性对内部整合性与资产回报率、增长率之间的关系具有负向调节作用。但外部适应性对内部整合性与市场份额、产品质量之间的关系不具有调节作用。

关键词:企业文化　组织管理　企业绩效

**5994**

**中国证券市场监管有效性研究** / 郝旭光著 ; 李占祥指导. -- 中国人民大学, 2009. -- 319 页

论文对中国证券市场监管的有效性进行了研究。全文共分为十章。第一章导论提出了论文的研究问题、选题意义、研究方法、结构安排和研究的创新点。第二章对相关的研究概念进行了界定,主要包括监管与证券市场监管、有效性与证券市场监管有效性、证券市场监管有效性的要素分解与操作性定义以及证券市场参与者决策的启发式偏差。第三章文献综述主要评述了证券市场监管经典理论,分析了监管有效性研究,探究了证券市场参与者非理性行为,总结了论文 研究的现状与启示。第四章介绍了证券市场监管的目标和其分类,主要阐述了确定证券市场监管目标的意义,分析了证券市场监管的根本目标和具体目标,投资主体的安全性以及证券市场监管的“三公”目标,证券市场监管的效率性目标以及证券市场监管的安全性目标。第五章为研究设计,主要包括证券市场监管有效性判别标准及其排序的研究设计、中国证券市场监管有效性与 6 个判别标准的实证分析以及监管者和其他市场参与者的非理论行为研究设计。第六章介绍了证券市场监管有效性的判别标准和排序。第七章是对证券市场监管的有效性 6 个判别标准的实证分析,介绍了实证分析的思路和内容,阐述了分析的过程,对结果进行了分析与比较研究。第八章是对中国证券市场监管有效性的实证分析,主要阐述了中国证券市场监管有效性的现状,分析了实证结果,论述了证券监管有效性关键影响因素的实证分析。第九章研究了中国证券市场参与者行为,对研究结果进行了比较分析,对证券监管与其他市场参与者行为特点进行了实证比较,分析了各类行为偏差形成的原因和对决策的影响。第十章是对全文的总结和展望。

关键词:证券市场　证券交易　金融监管

**5995**

**基于价值网的房地产企业资源对竞争优势的影响机制研究** / 何景成著 ; 张金隆指导. -- 华中科技大学, 2009. -- 166 页

论文结合对企业价值网理论的考量,将企业竞争

优势理论与价值网理论相结合,提出了基于价值网的企业竞争优势全面资源观的理论框架。该框架认为,不仅企业内部有价值的、稀缺的、难以模仿的资源是竞争优势形成的源泉,企业价值网中可利用的具有价值性、稀缺性和难以模仿性的资源也是企业竞争优势形成的源泉。在形成该理论框架的基础上,结合房地产企业资源对竞争优势影响机制的研究,将该理论框架在房地产企业中进行了初次验证。首先,提出了理论模型。在分析房地产企业价值网的构成要素,建立房地产企业价值网模型的基础上,分析了房地产企业的资源构成;从纵贯研究和横贯研究的视角,分别分析了房地产企业资源演化发展与竞争优势形成提升之间的关系机理,在此基础上,构建了房地产企业资源对竞争优势影响机制的总体概念模型、直接影响模型、间接影响模型和影响机制总体模型;分析了房地产企业的独特能力、战略要素和价值网资源对竞争优势的直接影响机理和间接影响激励,并提出了具体的研究假设。其次,进行了实证分析。通过问卷调查、探索性因子分析、验证性因子分析,对房地产企业资源和竞争优势的测量模型进行了验证,结果表明测量模型假设与最终的测量模型基本一致;建立了房地产企业资源对竞争优势影响机制的结构方程模型。通过研究,在理论上提出的"基于价值网的企业竞争优势全面资源观"理论框架在我国房地产企业中初步得到了实证支持。房地产企业的战略要素和价值网络通过独特能力对竞争优势产生影响的机制也得到了实证支持。

关键词:房地产企业　企业管理　市场竞争

**5996**

**企业组织智力的内容结构及相关研究** / 何立著 ; 凌文辁指导. -- 暨南大学, 2009. -- 154 页

本研究通过文献研究法、访谈法、半开放式问卷调查法、问卷调查法等,以及探索性因素分析、验证性因素分析、中介变量分析、调节变量分析、结构方程模型分析、共同方法偏差检验、方差分析等多元统计方法,以全国661个有效员工样本为研究基础,对组织智力的有关问题进行了深入探讨。研究内容包括五个部分:①企业组织智力的内容结构研究;②组织智力对其相关变量的影响研究;③组织智力的中介效应研究;④组织智力的调节效应研究;⑤组织智力、组织学习、组织核心能力和企业绩效的全模型研究;⑥不同组织特征变量下的组织智力内容的差异研究。主要结论如下:第一,中国本土企业组织智力的内容结构包括七个因素,分别是信息获取能力、知识存储能力、知识利用能力、环境适应能力、组织创新能力、组织决策能力和信息传递能力。信度和效度检验结果证明组织智力问卷是可信和有效的。第二,组织智力能够对组织学习、组织核心能力和企业绩效产生积极的正面作用,但不同因素所起的作用有所差异。第三,组织学习在组织智力与企业的研发、生产、营销、关系、战略等核心能力之间起到部分中介作用。第四,创新氛围、信息技术水平在组织智力和组织学习之间都具有显著的调节作用。第五,组织智力、组织学习、组织核心能力和企业绩效可以构成一套企业组织智能系统的发展模型。组织智力通过组织学习和组织核心能力两个中介变量的影响,对企业绩效产生正面作用。第六,不同企业经济类型、企业规模、企业成立时间以及不同行业类型的企业,在组织智力的不同维度上存在显著差异。行业竞争激烈程度高的企业和行业技术变革快的企业,其组织智力水平也显著偏高。

关键词:企业组织　智力　组织管理

**5997**

**我国新能源项目成长的影响因素研究** / 何莽著 ; 夏洪胜指导. -- 暨南大学, 2009. -- 180 页

论文结合我国新能源经济发展特点,对国家竞争优势理论和可持续发展理论进行整合,设计了理论分析框架,对我国新能源经济发展历程和项目成长周期进行了分析,与国外进行了比较研究,归纳出我国新能源项目存在的系列问题;再重点从钻石模型的生产要素、政府、机遇、市场需求、相关产业及企业等支撑要素方面对新能源项目发展中存在问题进行解析,得到了一系列影响新能源项目成长的因素。采用问卷调查法通过新能源博览会获取了相应数据,采用均数比较分析19项因素对不同类型新能源项目成长的影响差异,通过因子分析法从19项影响因素中探索出关系因素、管理因素、信息因素和成本因素等四个潜在、公共因素,定量分析它们对各类新能源项目成长的影响。

关键词:新能源　项目管理　项目开发

**5998**

**中国资产证券化问题研究** / 何韵著 ; 樊行健指导. -- 西南财经大学, 2009. -- 111 页

论文通过对该金融创新产品的基本理论、发展历

程、国际经验及其在我国的实践创新的研究,分析了中国资产证券化问题。全文共分为七章。第一章导论,主要阐述了论文研究的背景,国内外的研究综述,论文的研究方向和思路,论文的主要创新点和不足。第二章介绍了论文相关的资产证券化的基本理论,主要介绍了资产证券化的概念、资产证券化的内涵、资产证券化的机理、资产证券化的基本特征,对资产证券化进行了分类研究,论述了资产证券化的交易结构。第三章分析了资产证券化的历史与现状,主要从发展概况和历史经验分析了美国、欧洲、亚洲的经验。第四章是对中国资产证券化法律与监管问题的研究,主要分析了资产证券化法律问题、资产证券化监管问题。第五章从资产证券化会计问题研究和资产证券化税收问题研究两方面分析了中国资产证券化会计与税收的问题。第六章阐述了中国资产证券化定价的问题,主要包括金融商品的定价特点、资产证券化影响因素的分析、资产证券化定价模式的比较三方面的内容。第七章介绍了中国资产证券化的未来发展趋势,主要包括资产证券化对我国资本市场发展的重大意义、中国资产证券化的发展时机选择、中国资产证券化主要障碍以及改革措施与政策建议四方面的内容。

关键词:资产证券化　金融创新　风险分析

**5999**

**非营利组织感知特性对个人捐赠行为影响研究** / 侯俊东著 ; 田志龙,杜兰英指导. -- 华中科技大学, 2009. -- 208 页

论文对非营利组织感知特性对个人捐赠行为的影响进行了研究。全文共分为七章。第一章绪论,主要介绍了论文选题的背景,研究的目的与意义,对相关概念进行了界定,综述了论文的研究内容与研究方法、研究创新点以及论文的结构安排。第二章对相关文献进行了回顾与分析,界定了非营利组织的研究范畴,对非营利组织个人捐赠行为、非营利组织品牌资产与公益事项属性、非营利组织品牌资产与公益事项属性对捐赠行为影响的研究进行综述,最后对研究现状进行了综合评述。第三章介绍了概念模型与假设提出,主要包括一项预研究、概念模型的构建以及假设的提出三方面的内容。第四章介绍了论文的研究方法,包括问卷与变量、样本与数据,剖析了问卷信度与效度检验。第五章是对研究结果的分析,主要分析了组织感知特性维度的实证结果、影响程度实证结果、影响机理的实证结果,最后对研究结果进行了总结与讨论。第六章是对基于中华慈善总会的案例研究,主要介绍了研究设计,研究分析与结果。第七章是对全文的总结与展望。

关键词:慈善事业　社会团体　捐赠　非营利组织

**6000**

**基于公司治理的自由现金流量控制研究:来自中国上市公司的经验证据** / 胡建平著 ; 干胜道指导. -- 四川大学, 2009. -- 124 页

论文通过来自中国上市公司的经验依据,对基于公司治理的自由现金流量控制进行全面深入的研究。全文共分为七章。第一章为论文的绪论,主要介绍了论文的研究背景与意义,对公司治理、自由现金流量、公司治理目标进行了界定,阐述了国内外研究现状,分析了论文的研究对象,总结了论文的研究方法和内容安排,归纳了论文研究的主要创新之处。第二章介绍了自由现金流量的代理成本,主要包括自由现金流量的代理成本及其治理的理论分析、自由现金流量代理成本的实证文献综述、自由现金流量代理成本的实证检验。第三章介绍了股权结构与自由现金流量,主要介绍了理论分析和研究假设,给出了实证设计方案并对实证结果进行了分析与讨论。第四章分析了董事会特征与自由现金流量,主要包括理论分析和研究假设、实证设计、实证结果分析以及章节小结四部分的内容。第五章研究了资本市场与自由现金流量,主要从股利支付与自由现金流量和负债与自由现金流量两方面进行了理论分析和研究假设,从样本选择和数据来源以及变量设计进行了实证分析,通过描述性统计、相关性分析以及回归分析对实证结果进行了分析与研究。第六章介绍了产品市场竞争与自由现金流量,主要从理论分析和研究假设、实证设计、实证结果分析方面进行了讨论。第七章为论文的主要结论和启示。主要启示有合理减持国有股,优化股权结构;加强董事会建设,通告董事会独立性;健全现金分红制度,发展公司债券市场;加强对垄断地位公司的监督,促进市场竞争。

关键词:上市公司　现金流量　股权结构

**6001**

**人力资本、社会资本与经济增长的作用关系研究** / 胡羚燕著 ; 李燕萍指导. -- 武汉大学, 2009. -- 120 页

论文对人力资本、社会资本与经济增长的作用关系进行了深入全面的研究。全文共分为六章。第一

章绪论主要介绍了论文的研究背景、意义和目的、研究内容和研究方法,对相关的基本概念进行了界定,总结归纳了论文研究的创新点和局限性。第二章为论文相关的文献综述,主要介绍了人力资本理论、社会资本理论以及经济增长理论,阐述了与选题相关的研究综述。第三章是对论文研究设计与方法的论述,主要介绍了论文的研究模型与研究假设,分析了论文的研究方法。第四章是对初步分析结构的讨论与研究,主要通过社会资本测量指标因子分析、信度分析对社会资本进行了测算;对人力资本、社会资本与经济增长状况进行了省级比较分析,比较研究了东中西部地区人力资本、社会资本与经济增长状况;对研究变量进行了相关性分析,对社会资本与人力资本进行了典型的相关分析。第五章对人力资本、社会资本与经济增长的作用关系进行了分析与研究,主要包括人力资本、社会资本对经济增长的回归分析,人力资本、社会资本对经济增长影响的地区对比研究,人力资本对社会资本和经济增长的中介作用分析以及社会资本对人力资本和经济增长的中介作用分析。第六章是对全文的总结和展望。

关键词:人力资本　社会资本　经济增长

**6002**

**国际教育服务贸易模式研究** / 胡廷峰著 ; 刘冀生指导. -- 清华大学, 2009. -- 212 页

论文以教育服务贸易及其过程为研究对象,以经济全球化、教育国际化为历史背景,以实证分析和规范分析、典型访问、问卷调查为基本方法,运用 SCP 产业分析模式,从微观和宏观上研究分析了 WTO 贸易框架下国际教育服务贸易的运行特点、模式及教育贸易国际竞争力的来源。从个人、企业和国家的三个方面对教育服务需求市场进行了分析,对教育服务提供者和参与者进行了分析,并对消费者选择进行了实证问卷调查,进而定义出教育服务贸易竞争主体的源组织、中间组织、中介组织、相关组织的概念,并依据此定义分析了教育服务贸易的微观运行模式,得出当学习消费者移动方向、学习项目移动方向、方式的不同时,教育服务贸易的价值链则不同,并给出了价值运动的各种形态和模式。重点剖析了教育服务贸易过程发生在一国、两国和三国三种情形下的教育服务贸易微观运行模式。以此为基础,深入分析了在不同国家,由于源组织、中间组织、中介组织等在教育服务贸易过程中所起的作用大小不同,呈现源组织主导型、源组织与中间组织双因素驱动型、源组织与中介组织双因素驱动型、中间组织驱动型和中介组织驱动型等国家教育服务贸易的宏观模式,并揭示在不同的宏观竞争模式下,国家教育服务贸易竞争力的来源。进而分析了我国教育服务贸易竞争力不足的深层原因,即体制失治、结构失衡、机制失范、功能失调、作用失效和市场失灵等。基于上述分析得出提高我国教育服务贸易竞争力的若干启示,即推行"雁阵发展战略",培育源组织的国际市场开拓能力;开展大学预科教育,以促进教育服务贸易产业链外部环节的内部化,减少进口额;实现"层级跃动"和"替换机制";实施发达地区优先发展和核心城市率先突破的教育服务贸易发展模式。

关键词:对外贸易　服务贸易　教育服务　市场结构

**6003**

**知识管理战略对组织文化的适应性研究** / 胡玮玮著 ; 姚先国指导. -- 浙江大学, 2009. -- 149 页

论文对知识管理战略对组织文化的适应性进行了研究。全文共分为七章。第一章绪论,介绍了论文的研究背景,研究问题,研究目标和研究思路,研究方法和研究意义,总结归纳了论文的理论创新点和研究过程中存在的难点。第二章相关的国内外文献综述,主要介绍了知识管理战略理论研究、知识管理绩效评价研究、组织文化理论研究。第三章是知识管理战略对组织文化适应性的理论分析与研究,主要包括组织文化与知识管理的关系理论、组织文化与知识管理战略关系理论分析与研究假设、组织文化与知识管理战略和知识管理绩效关系的理论假设等内容。第四章为研究设计与数据收集,主要包括概念模型、问卷设计、变量设计与测度指标、数据收集及有效性控制、研究方法描述等内容。第五章是对数据处理及结果的分析,主要介绍了描述性统计分析,样本效度及信度检验,组织文化与知识管理战略关系研究假设的检验,组织文化、知识管理战略与知识管理绩效关系研究假设检验。第六章包括论文研究的主要结论、研究创新、研究的局限性以及未来的研究展望等四部分内容。第七章为文章研究的参考文献与总结。

关键词:企业管理　企业文化　知识管理

**6004**

**美国(联邦)政府公务员绩效管理体系研究** / 胡晓东著 ; 朱立言指导. -- 中国人民大学, 2009. -- 180 页

论文在分析大量文献的基础上，对美国(联邦)政府公务员绩效管理体系进行了研究。全文共分为六章。第一章导论，主要提出了论文研究的问题，论文研究的理论与实践意义，对相关的文献综述进行了评析，介绍了论文研究的背景，总结归纳了论文的研究方法和创新点。第二章是对美国(联邦)政府公务员绩效管理从一般管理走向绩效管理的研究与分析，主要介绍了以“道德”为基础的公务员管理时期、以政党恩赐为基础的公务员管理时期、以“功绩制”为基础的公务员管理时期以及以“绩效”为基础的公务员管理时期的公务员管理状况。第三章介绍了美国(联邦)政府公务员绩效管理的理念系统，主要阐述了以“异质性有限理论经济人”为基础的人性假设，以“公共价值”为基础的管理价值，以“绩效”作为公务员绩效管理的出发点和归宿。第四章介绍了美国(联邦)政府公务员绩效管理的支持系统，主要从美国政府公务员绩效管理的权利配置系统、美国政府公务员绩效管理的组织机构设置系统、美国政府公务员绩效管理的法律支持系统、美国政府公务员绩效管理的监督保障系统以及公务员绩效管理制度五方面进行了论述和研究。第六章总结了美国(联邦)政府公务员绩效管理对我国政府公务员绩效管理的启示，主要分析了我国政府公务员绩效管理的驱动力与我国政府公务员绩效管理存在的问题，并对原因进行了分析，总结归纳了对我国政府公务员进行绩效管理的建议。

关键词:国家行政机关　人事管理　公务员　美国

**6005**

**中国上市公司资本结构调整速度与调整路径的实证研究** / 黄辉著 ; 龚朴指导. -- 华中科技大学, 2009. -- 151 页

论文对中国上市公司资本结构调整速度与调整路径进行了实证研究。全文共分为八章。第一章绪论，主要提出了论文的研究问题，对论文研究中的基本概念进行了界定，分析了论文的研究意义，研究方法和技术路线，论文的内容安排和研究框架，论文的改进之处和创新之处。第二章为文献综述，主要包括国外相关研究文献综述、国内相关研究文献综述，并对文献进行了简要的评述。第三章介绍了资本结构动态调整的理论，对资本结构的基本理论进行了回顾，分析了动态资本结构理论，阐述了资本结构动态调整的模型。第四章对中国上市公司资本结构的特征进行了分析与研究，主要总结了中国上市公司资本结构的发展趋势，论述了中国上市公司资本结构的地区差异，总结了中国上市公司资本结构的行业特性，对中国上市公司资本结构进行了国际比较。第五章对资本结构调整速度决定进行了实证研究，提出了理论分析与研究假设，论述了研究模型和估计方法，设计了动态调整模型的变量，归纳了样本与数据，对实证检验与结论进行了分析与讨论，对动态资本结构进行了进一步研究。第六章是对资本结构调整路径选择的实证研究，主要包括理论分析与研究假设、研究模型与变量设计、实证检验与结论分析以及调整路径选择与企业融资效率的关系四方面的内容。第七章从资本结构的企业内部治理和外部环境建设两方面对中国上市公司资本结构进行了优化。第八章为结语。

关键词:上市公司　资本结构　结构调整

**6006**

**行为股利政策:基于我国上市公司股利“群聚”现象的研究** / 黄娟娟著 ; 沈艺峰指导. -- 厦门大学, 2009. -- 136 页

论文基于我国上市公司股利“群聚”现象的研究，分析了行为股利政策。全文共分为八章。第一章为导论，介绍了论文的研究问题、研究内容、论文框架、研究方法以及主要学术贡献与创新。第二章对传统股利政策理论的研究文献进行了回顾，回顾了完美市场上股利无关论，介绍了现代股利政策理论如何渐进放宽 MM 定理的某些假设，形成了股利的税收、信号和委托代理三大理论，最后总结和评述了传统股利政策理论所面对的挑战。第三章描述了我国上市公司存在的股利“群聚”现象。指出了现象存在的各个年度所具有的特征，介绍了行为股利政策理论的产生过程，指出目前行为股利政策可能的两个发展方向为股利迎合理论和股利羊群行为理论。最后分别从股利迎合理论和管理者羊群行为两个角度进行了文献评述。第五章是管理者羊群行为和股利“群聚”现象的实证分析。主要从股利羊群行为是否存在、股利羊群行为产生的原因是否与声誉有关进行了实证检验。第六章是股利迎合理论和股利“群聚”现象的实证分析，实证检验分为我国上市公司管理者支付股利是否迎合流通股东的偏好和管理者支付股利是否迎合了大股东的现金偏好两部分。第七章是行为股利政策的联合检验，主要包括研究目标与研究假设、研究方法与研究设计以及检验过程与结果分析。第八章为全文的研究结论和启示。

关键词:股份有限公司　企业管理　利润　分配

**6007**

**融资约束下的企业扩张及其经济后果研究:基于中国资本市场的经验证据** / 黄磊著 ; 李焰指导. -- 中国人民大学, 2009. -- 181 页

论文基于中国资本市场的经验证据,对融资约束下的企业扩张及其经济后果进行了研究。全文共分为七章。第一章导论,主要介绍了论文的研究背景,研究目标和思路,对相关的研究概念进行了界定,分析了论文的研究框架,研究内容和实现方法,研究意义和结构。第二章是对相关文献的回顾与理论基础的介绍,主要包括融资约束理论、企业扩张理论、融资约束与企业扩张、对现有的文献的简要评述。第三章是对融资约束的计量方法的研究,主要介绍了现有研究对融资约束的计量,比较了融资约束的计量,对融资约束的计量与描述,最后对计量方法的有效性进行了检验。第四章是对融资约束下的企业扩张战略的描述,主要分为理论分析与假说发展、研究设计、实证结果分析以及稳健性检验方面的内容。第五章分析理论以及假说发展,进行了研究设计并对实证研究结果进行了分析,最后进行了稳健性检验。第六章通过样本与数据的分析,对变量进行定义,分析了研究方法和模型,对融资约束下企业扩张的经济后果进行了研究设计,并对实证结果进行了分析与研究,对融资约束缓解机制进行了探讨与研究。第七章是对全文的总结。

关键词:企业管理　企业扩张　资本市场　融资

**6008**

**消费者感知的产品契合度及品牌联想对评价品牌延伸的影响:香港地区电子产品市场的实证研究** / 黄茸著 ; 陈启杰指导. -- 上海财经大学, 2009. -- 132 页

论文通过香港地区电子产品市场的实证研究,对消费者感知的产品契合度及品牌联想对评价品牌延伸的影响进行了分析。全文共分为五章。第一章绪论,主要介绍了品牌延伸的市场背景,总结了论文研究的意义和思路以及研究内容、研究方法和研究流程,总结归纳了论文的研究创新点以及对研究问题的贡献。第二章回顾了相关的文献综述,主要介绍了品牌资产的概念,界定了品牌延伸的概念,阐述了品牌延伸的过程及其相关的理论,分析了影响品牌延伸评价的因素,确定了品牌延伸绩效的评价指标。第三章为论文的研究设计的介绍,主要提出了论文的理论模型和假设,分析了变量的操作定义及其衡量标准,介绍了实验设计的方法和流程,阐述了资料收集的方法和分析方法。第四章对研究结果进行了分析与讨论,主要对结果的信度和效度进行了检定,进行了数据的描述性及推论性统计分析,介绍了假设及整个模型验证分析。第五章介绍了研究结论和说明、研究营销实务意涵与贡献以及研究限制与后续的研究建议。论文通过市场调查搜集初级数据,以探讨影响品牌延伸评价的要素,首先研究消费者信任在因素影响品牌延伸评价的中介作用。在品牌延伸评价模型已有的研究基础上,发展新的评价模型,将消费者信任度引入为中介变量,将探求的问题深入,以研究因素发挥影响及其发生作用的路径。

关键词:企业管理　营销管理　商业品牌　消费者行为论　评价模型

**6009**

**两岸半导体产业之竞合发展研究** / 黄玉元著 ; 颜光华指导. -- 上海财经大学, 2009. -- 229 页

论文对两岸半导体产业的竞合发展进行了研究。全文共分为七章。第一章为绪论,主要介绍了论文的研究背景以意义、研究范围、研究方法、研究内容、研究结构以及创新点和不足之处。第二章为理论基础和文献详述,主要阐述了研究所依据的三种理论基础:一是产业理论,其中涉及的有产业经济理论、产业生命周期理论、高科技产业的产品创新与制程创新策略,并运用相关文献加以叙述;二是竞争战略理论,包括一般性竞争策略理论、价值链理论、五力分析理论、赛局理论、钻石体系分析及群聚理论,并应用实例性文献进行了解读;三是竞合理论,并以相关文献进行了运用性回顾。第三章为半导体产业发展的国际环境,主要以美、日、德、韩四个先进半导体产业国为代表,探讨了国外半导体产业的特色、发展现况、应用市场和发展趋势,并归纳了国际半导体产业发展可供借鉴与启示的地方。第四章研究了两岸半导体产业的发展状况,主要从发展历程、成功因素、核心能力三个方面,研究了中国台湾半导体产业的发展与现状,从发展沿革和市场现况两个方面,研究中国大陆半导体产业的发展与现况,并对两岸半导体产业发展现况展开了分析。第五章分析了两岸半导体产业竞合发展的影响因素,主要研究了两岸半导体产业的政策方向、技术发展趋势、市场需求和产业结构

等因素对两岸半导体产业的竞争与合作的影响。第六章分析了两岸半导体产业的互补发展,分析了检验两岸半导体产业的竞争态势,以赛局理论角度探讨了两岸半导体产业群聚的竞争。分析了两岸半导体产业的价值链,论述了两岸半导体产业群聚的钻石体系,对两岸半导体产业未来变化与互动的钻石体系进行了预示,提出了相关的建议与对策。第七章为全文的总结。

关键词:海峡两岸　电子工业　半导体　产业发展　市场竞争

**6010**

**和合管理研究:基于东方管理"人为为人"核心理论的探索**／黄智丰著 ; 苏东水指导. -- 华侨大学, 2009. -- 152 页

论文在研究大量文献综述的基础上,对和合管理进行了深入全面的研究与分析。全文共分为八章。第一章为论文的导论,主要介绍了论文的研究背景,分析了论文的研究意义,提出了论文的研究问题,阐述了论文的研究方法、写作思路和框架。第二章为对和合管理的相关概念、和合管理相关文献的评述。第三章介绍了和合管理的理论基础,主要介绍了和合管理的哲学基础、文化基础和管理学基础。第四章是对和合之己身和合的自我管理,主要对人为、己身和合与自我管理进行了概述,分析了自我管理的运行机制,介绍了自我管理的主要内容及其表现。第五章对和合之群己和合的关系管理进行了分析与研究,主要对为人、群己和合与关系管理进行了概述,分析了关系管理的运行机理,从关系的冲突管理、关系的沟通管理以及关系的情感管理三方面介绍了关系管理的主要内容及实现。第六章是对和合之组织和合的和合管理进行了阐述,主要对人为为人、组织和合与和合管理进行了概述,分析了和合管理的配套机制,从组织和合的灵魂所在和组织和合的实现源泉两方面阐述了组织和合的实现——和合叠生价值观与企业和合文化建设。第七章是对和合管理的应用和案例介绍,主要介绍了和合管理的应用目标、应用方式、应用空间;从己身和合的楷模、群己和合的典范、组织如何实现自我管理、组织和合的榜样以及和合组织五方面,论述了和合管理的案例。第八章是面向未来的和合管理的介绍,主要分析了管理学理论发展的新趋势——东西方管理的融合与发展,从企业管理思路的历史发展、和合管理的阶段、和合管理的特征以及和合管理的现代价值,论述了和合管理是企业管理的新发展这一论点。

关键词:企业管理　人事管理　企业文化

**6011**

**中国职工心理资本内容结构及其与态度行为变量关系实证研究**／惠青山著 ; 凌文辁指导. -- 暨南大学, 2009. -- 164 页

研究基于中国文化背景,对中国职工心理资本的相关内容进行实证研究。主要研究内容包括:(1)中国职工心理资本的内容结构;(2)心理资本的影响因素;(3)心理资本对态度行为变量的影响;(4)心理资本与态度行为变量之间的中介效应;(5)心理资本与态度行为变量之间的调节效应;(6)在不同人口学、组织学特征上的心理资本差异比较。研究通过文献研究法、访谈法、开放式问题调查、预试及正式问卷调查等行为科学的研究方法收集数据。运用探索性因素分析、验证性因素分析、结构方程、层次回归等方法,对收集的数据进行分析。研究的主要结论包括:1. 中国职工心理资本内容包含 4 个维度。研究通过文献研究、开放式问卷、预试、正式测试等环节,运用探索性因子分析、验证性因子分析等方法,揭示了中国职工心理资本的内容结构包含 4 个维度,即冷静、希望、乐观、自信。2. 控制点和组织支持会影响心理资本。控制点对心理资本的 4 个方面均有显著的正影响,内控型人格的员工在心理资本方面比外空型人格的员工优。3. 心理资本对态度行为变量有显著影响。心理资本(整体)对组织承诺、利单位行为、利同事行为、人际和谐、工作满意等有显著的正向影响,对离职意向有显著的负向影响。4. 组织公平和对主管的评价在心理资本态度与行为变量之间具有显著的中介作用。组织公平在心理资本与组织承诺、利单位行为、利同事行为、工作满意、离职意向之间均有显著的中介作用。对主管的评价在心理资本和组织承诺、利单位行为、利同事行为、人际和谐、工作满意、离职意向之间均具有显著的中介作用。5. 组织信任只在心理资本与部分态度行为变量之间具有显著的调节作用,任务复杂性在心理资本与态度行为变量之间则没有显著的调节作用。组织信任在心理资本与利单位行为和工作满意之间具有显著的调节作用。6. 心理资本 4 个维度在不同的人口学、组织学变量之间有显著差异。

关键词:企业管理　人力资源管理　职工

**6012**

**商务智能实施关键成功因素研究** / 姬鸿恩著 ; 陈禹指导. -- 中国人民大学, 2009. -- 168 页

论文对商务智能实施关键成功因素进行了细致深入的研究。全文共分为七章。第一章为研究概述,从商务智能的商业驱动、商务智能的技术驱动和商务智能实施的困境介绍了商务智能的实践背景、商务智能理论发展和以往研究中的不足,论述了论文研究的问题和内容、研究方法和技术路线。第二章介绍了商务智能理论和实践,主要包括章节引言、商务智能的应用特征、商务智能的体系结构、商务智能系统的开发四方面的内容。第三章对商务智能实施文献乾地综述,主要从过程研究、政治研究、因素研究和关键成功因素三对信息系统实施的文献进行梳理,从商务智能的实施过程、政治研究、关键成功因素论述了商务智能的实施,分析了信息系统成功评价体系和商务智能系统成功评价的体系。第四章为研究模型和假设的介绍,主要概述了研究模型,分析了研究假设开发的组织支持因素、变革管理因素、项目管理因素以及数据和技术因素,阐述了情境因素的分析过程,论述了商务智能成功评价的测量,对研究模型和假设总结进行了分析与研究。第五章为研究设计,主要问卷调查设计、设测量概念的开发、数据分析方法的介绍进行阐述。第六章是对数据的分析和对结果的讨论,对数据进行了描述性统计,对测量模型进行了信度、维度和效度的检验,对结构模型进行了分析与讨论,分析了情境因素。第七章是对全文的总结,主要包括一些基本研究结论、研究贡献与创新、管理实践启示以及研究局限性与展望。

关键词:电子商务　人工智能　企业管理　信息技术　企业绩效

**6013**

**战略联盟演进过程中的知识共享影响因素研究** / 贾福新著 ; 王知津指导. -- 南开大学, 2009. -- 202 页

随着信息技术的发展和经济一体化的深入,企业间的竞争愈演愈烈。如何整合企业内外资源,以合作求发展,成为 21 世纪企业的战略选择。战略联盟在信息与组织的革命中应运而生,并成为现代企业获取竞争优势、实现持续发展的必由之路。同时,知识共享在战略联盟中占有重要地位,并成为决定联盟成败的关键因素,以知识共享为目的的战略联盟逐渐占据了实践主流。本研究按照文献回顾——理论分析——实证研究与模型构建——案例分析——结论与展望的逻辑顺序展开。在对战略联盟理论和知识共享理论回顾与评述的基础上,通过演绎推理、探索性分析,探讨了战略联盟演进过程中不同阶段知识共享任务的侧重点及知识共享影响因素,并利用问卷调查所得数据进行统计分析来验证理论假设,提炼出基于战略联盟演进的知识共享影响因素模型,最后北京普华文化发展有限公司及其与弗布克管理咨询公司结盟合作的典型案例,肯定了我国中小企业走战略联盟之路的可行性,强调领导者的关键作用,指出基于联盟合同的正式控制和基于信任的非正式沟通是互为补充、不可相互替代的。建议我国企业战略联盟成员之间充分发挥建立关系资本的优势,形成基于了解的信任和情感性承诺;重视培养学习能力,促进知识的正确反馈和吸收;同时要建立专门的联盟事务管理机构,形成包括知识主管、知识经理、项目经理和知识工人四个角色的知识管理体系。

关键词:企业管理　经济合作　知识管理

**6014**

**社会资本、创新与可持续竞争优势:基于动态能力对房地产业的实证研究** / 贾鹏翔著 ; 夏清华指导. -- 武汉大学, 2009. -- 184 页

论文基于动态能力对房地产业的实证研究,对社会资本、创新与可持续竞争优势进行了研究。论文共分为八章。第一章绪论主要阐述了论文研究的背景,研究意义,研究的问题,研究内容、目标与研究方法,以及论文的基本结构。第二章为文献综述,主要对社会资本、创新、动态能力以及可持续竞争优势等理论与文献进行梳理评价。第三章介绍了房地产企业管理现状的研究,主要从房地产企业与政府关系、房地产企业间的合作关系以及房地产企业的信用三方面分析了房地产企业的社会资本研究,同时论述了房地产企业的创新、房地产企业的动态能力以及房地产企业的可持续竞争优势。第四章理论模型与假设提出,通过分析社会资本与创新的关系、动态能力与社会资本、创新的关系以及三者对可持续竞争优势的作用,论述了创新、社会资本、动态能力对竞争优势的影响,从研究所用的结构方程模型的优点以及模型假设提出分析了结构方程模型的初步提出。第五章介绍了研究问卷设计与方法,主要包括问卷设计与开发过程、变量测量、量表修改与正式形成三部分内容。其中变量测量包括社会资本测量、创新测量、动态能力

测量、可持续竞争优势的测量。第六章介绍了数据获取与实证分析,主要包括问卷发放与获取、数据质量评估、假设验证。第七章是对房地产企业典型案例的分析,从内容分析法案例研究、案例结果分析、与其他企业的比较分析三方面分析了房地产企业成功案例。通过分析房地产企业社会资本管理、创新能力的管理对策和动态能力建设是必须要面对的现实问题,从中得到了案例及问卷分析对房地产企业的启示。第八章为论文的结论与展望。主要包括社会资本在房地产企业中作用、创新对可持续竞争有促进作用、动态能力对二次创业的企业更为重要等。

关键词:房地产企业　竞争力　社会资本　创新能力

**6015**

**电子信息产业链中段核心企业差异化战略导向的技术创新研究** / 贾伟著 ; 张金成指导. -- 南开大学, 2009. -- 225 页

论文选取电子信息产业链中段核心企业为研究对象,运用差异化战略和技术创新理论来探索此类企业的竞争发展之路。在阐明研究背景、研究对象、研究基本思路和对相关文献进行回顾与评析的基础上,围绕论文所设计的关于电子信息产业链中段核心企业战略定位、差异化战略支撑体系和循环式技术创新体系三个模型,重点开展了以下内容的研究:①电子信息产业链中段核心企业差异化战略的驱动因素。运用“电子信息产业链中段核心企业战略定位的三维分析模型”剖析了电子信息产业链中段核心企业面临的动态竞争环境及其特征,总结归纳了基于动态竞争环境的两种差异化战略驱动因素:产业驱动和市场驱动,并分析了其独特的上下游竞争态势及对电子信息产业链中段核心企业的驱动传导机制。②电子信息产业链中段核心企业差异化战略的支持系统。③电子信息产业链中段核心企业的技术创新系统。围绕“电子信息产业链中段核心企业技术创新循环体系”理论模型而展开,主要内容为第五至第八章。第五章在对电子信息产业链中段核心企业的技术创新特征、可供选择的创新模式和选取原则进行理论与实际分析的基础上,提出了适合发展中国家电子信息产业链中段核心企业混合型技术创新模式。第六章通过对多个案例的剖析,提出了电子信息产业链中段核心企业的产品和工艺技术创新方向。第七章分析了电子信息产业链中段核心企业技术创新路径与障碍,探讨了我国此类企业技术创新的路径选择。第八章探讨了电子信息产业链中段核心企业技术创新平台的架构与整合,并研究设计了该类企业技术创新的绩效评价指标体系,为企业进入下一轮竞争提供参考和依据。④关于理论框架与研究成果的实证调查和检验。通过问卷调查与分析对研究成果进行验证,并在结论与后续研究展望部分进一步总结全文的研究成果,提炼出政府对电子信息产业链中段核心企业技术创新支持的政策建议。

关键词:电子工业　信息工业　企业管理　竞争战略　技术创新

**6016**

**企业员工工作投入及领导模式研究** / 江启靖著 ; 韩经纶指导. -- 南开大学, 2009. -- 194 页

论文对企业员工工作投入及领导模式进行了研究。全文共分为七章。第一章绪论,主要介绍了论文的选题背景和研究意义,研究的内容和目标,研究方法和主要的创新点。第二章是文献综述,主要探究了员工工作投入的定义,包括基于工作角色的定义、基于工作倦怠的定义、基于主观幸福感的定义以及员工工作投入的其他定义。对员工工作投入的相关领域进行了研究,分析了领导行为的文献综述,论述了领导行为与员工工作状态的关系。第三章是对员工工作投入特征的研究与测量分析,主要介绍了员工工作投入的构面,并对其进行了测量分析;阐述了员工工作投入特征的质性研究,分析了员工工作投入特征量表编制与定量研究。第四章是对员工工作投入影响因素的分析与测量研究,探究了员工工作投入影响因素的结构,分析了员工工作投入影响因素的理论模型,对员工工作投入影响因素进行了定量研究。第五章是对员工工作投入有效领导行为模型的实证研究,主要包括问题假设、研究方法以及结果分析与讨论三方面的内容。第六章是对领导行为模式变革下员工工作投入提升的个案研究,主要介绍了企业的背景,分析了领导行为模式设计与实施,阐述了社会收益和企业收益。第七章是对全文的总结与展望。

关键词:企业管理　人力资源管理　领导行为

**6017**

**海峡两岸企业组织学习、知识管理与人力资源管理对组织效能影响之研究** / 江潭著 ; 廖泉文指导. -- 厦门大学, 2009. -- 532 页

论文对海峡两岸企业组织学习、知识管理与人力资源管理对组织效能的影响进行了分析与研究。全文共分为五章。第一章绪论,主要介绍了论文的研究背景,研究的重要性,研究的动机和目的,研究的方法和问题,对相关的名词进行了解释和说明,介绍了研究范围及其研究的限制,研究的程序内容。第二章为海峡两岸企业组织学习、知识管理与人力资源管理对组织效能影响的文献探讨,主要包括企业组织与管理理论、组织学习理论、知识管理、人力资源管理、组织效能的含义以及研究变项之间的关系研究与分析方面的内容。第三章为研究设计与实施,主要介绍了论文的研究架构,提出了论文的研究假设,介绍了论文的研究对象,从参考资料文献、拟定初稿并确定预测问卷、预测实施与结果分析三方面阐述了研究工具,并介绍了论文的实施程序和资料处理的方式。第四章为研究结果分析与讨论,主要对现况进行了分析与讨论,分析了不同背景变项在组织学习上的差异、不同背景变项在知识管理上的差异、不同背景变项在人力资源管理上的差异、不同背景变项在组织效能上的差异。论述了组织学习、知识管理、人力资源管理对组织效能的预测分析,组织学习、知识管理、人力资源管理与组织效能的结构方程模式。第五章为全文的总结和建议。

关键词:上市公司　组织管理　知识管理　人力资源管理　海峡两岸

**6018**

**我国上市公司财务冗余政策的经济后果研究** / 姜宝强著 ; 齐寅峰指导. -- 南开大学, 2009. -- 160 页

论文对我国上市公司财务冗余政策的经济后果进行了深入全面的研究。全文共分为十章。第一章主要介绍论文的选题背景、研究意义,对相关的基本概念进行界定,总结归纳论文的结构和创新点。第二章对财务冗余、现金持有、负债冗余的相关文献进行综述。第三章是对制度背景的分析,主要阐述了转轨经济下资本市场的直接融资空间受限、银行主导型的融资体制和银企关系错位,研究了我国上市公司的代理问题,分析了转轨经济下的市场竞争环境。第四章介绍了理论分析框架,分析了财务冗余的界定和存在的原因,论述了财务冗余经济后果的研究意义和内容,阐述了财务冗余经济后果的分析框架。第五章对上市公司财务冗余的现状进行了分析,主要包括关键研究变量的设计、财务冗余现状的静态描述、财务冗余政策的变化趋势分析。第六章分析了财务冗余对投资决策的影响,主要论述了研究的内容和假设,阐述了研究的设计,对实证研究结论进行了分析。第七章分析了财务冗余对公司业绩的影响。第八章是对财务冗余对企业价值的影响分析,主要包括研究内容和研究假设、研究设计以及实证研究结论三方面的内容。第九章是对特定行业和时期财务冗余的经济后果的分析,主要对房地产行业财务冗余经济后果进行了描述分析,以汇众公司为例,对经济衰退下财务冗余的经济后果进行了分析。第十章为全文的结论和未来研究方向的展望。

关键词:上市公司　财务管理　负债　现金　融资

**6019**

**高校教师人格特征、组织认同与工作绩效的关系研究** / 姜红著 ; 孙健敏指导. -- 中国人民大学, 2009. -- 134 页

论文对高校教师人格特征、组织认同与工作绩效的关系进行了分析研究。全文共分六章。第一章引言,介绍了研究的背景,研究的问题,研究的目的,研究的意义与方法,论文的结构与逻辑安排。第二章为文献综述部分,分别对人格特性的相关研究、工作绩效的相关研究、人格特征与工作绩效关系的相关研究以及组织认同的相关文献进行了综述与评论,对人格特征、工作绩效、组织认同的概念进行了辨析,并分析了三者的影响因素,进而确定了论文的研究方向。第三章介绍了研究的方法,包括确定了研究程序、研究对象与研究工具,同时运用了统计分析的方法。第四章对大五人格特征与核心自我评价进行了比较研究。介绍了核心自我评价概念的提出过程,概述了核心自我评价在中国的研究进展,探讨了核心自我评价和大五人格量表的关系,对大五人格与核心自我评价量表的预测效度进行了分析阐述,包括对工作满意度、组织承诺以及角色内行为的分析,讨论了大五人格与核心自我评价量表的增益效度并由此得出了相关小结。第五章对人格特征、组织认同与工作绩效的关系进行了研究。介绍了各个研究变量的代表意义,结合对理论背景的介绍提出了研究假设,包括对外倾性、宜人性、责任感、神经质、经验开放性以及组织认同的假设,讨论了研究的结果,计算了各个研究变量的均值、标准差和 Pearson's 相关系数,对共同方差偏差问题以及教学绩效的同质性问题进行了检验,进而得出了大五人格特征与工作绩效的关系。第六章为研究结论与研究展望。

关键词:高等学校　学校管理　教师　人格

**6020**

**基于循环经济的石化园区发展模式研究** / 姜孔桥著 ; 张明玉指导. -- 北京交通大学, 2009. -- 177 页

论文以循环经济为理论基础,以自然科学和系统理论为指导,以石化园区的发展模式为主要对象,结合实践进行分析和研究,提出了啮合式螺旋上升模型。论文构建了以石化园区为中心的开放系统,并提出了循环经济的三大基本属性。石化园区系统分为内部、本身、外部三个层面,每个层面的发展重点不同。三个层面基于循环经济的开放性、互动性和选择性,让三个层面有机统一,使石化园区系统逐步具备耗散体系的特征,决定了石化园区的总发展模式。分析了基于循环经济的石化园区内部企业的发展核心和作用机理。基于循环经济的石化企业其发展核心在于发展清洁生产,推行绿色化学,建立与资源能源集约化相适应的技术体系,在此基础上产生溢出效应、扩散效应和渗透效应,形成增长极,通过绿色知识的传递,进行标杆管理。分析了基于循环经济的石化园区自身的发展关键和作用机理。石化园区通过专业集聚和链条设计来提高选择力,降低耦合能,形成从低级向高级发展的螺旋上升轨迹。分析了基于循环经济的石化园区外部体系的发展重点和作用机理。生态环境、社会和市场构成了石化园区的外部体系。石化园区的外部发展重点就是以阈值为边界,不断从外部引入负熵流,并以控制生态因子、环境熵增和社会熵增为目标,按照耗散理论实现系统的主动跃迁。论文构建了基于循环经济的石化园区的啮合螺旋上升发展总模式,并进行了实证分析。在界定研究对象、分析运动机理、确定边界的基础上,对石化园区发展总模式中的啮合作用、螺旋上升能量和选择力进行了分析,构建了石化园区基于循环经济的啮合式螺旋上升总模型。通过对吉林石化园区循环经济的研究以及对松花江水污染事件的剖析,验证了上述理论和模型。

关键词:石油化学工业　工业区　循环经济　发展模式

**6021**

**服务型政府都市成长管理研究** / 姜义荣著 ; 张金成指导. -- 南开大学, 2009. -- 203 页

论文对服务性政府都市的成长管理进行了研究。全文共分为九章。第一章绪论,介绍了论文的研究背景,研究动机与意义,研究范围和内容,研究的技术路线和研究模型,研究方法与研究的创新点。第二章为文献回顾,主要介绍了服务型政府文献、都市成长管理文献以及永续发展文献。第三章介绍了都市成长管理的矛盾论,主要从生态环境与经济发展、美国商业周刊评论以及环保与经济并重三方面分析了环保与经济发展,论述了都市快速成长与水土资源短缺的矛盾,分析了土地利用与公共设施投资,都市功能定位与产业发展。第四章现代都市成长管理的核心问题,从都市空间布局和都市结构分析了都市的空间布局与结构,从都市密度定义和都市密度战略控制分析了都市的经济和社会以及生态系统的密度,从都市形态分类和都市形态演变阐述了都市形态及其演变。第五章都市成长管理利益相关群及其管理职能,主要包括政府及其对都市成长管理的职能、社区组织及其在都市成长管理中扮演的角色以及城市人口及其在都市成长管理中肩负的使命三方面的内容。第六章都市成长管理两大层级的结构与责任,主要从行政层级、财政层级、经济层级、环保层级以及社会层级五个方面论述了社经层级结构与责任,分析了建设层级结构与责任的关系,论述了成长管理的手段。第七章都市成长管理绩效指标体系,主要从都市成长管理评估的重要性及其原则和目标、都市成长的经济性评估维度和指标、都市成长的生态支持系统评估要素和指标以及都市成长中现代化程度的标志和指标体系进行了分析和论述。第八章都市成长管理美国案例分析,主要包括对华盛顿州、纽约州、弗吉尼亚州加州、科罗拉多州的城市进行分析。第九章为全文的总结。

关键词:城市管理　城市规划　空间结构　政府职能

**6022**

**制度环境、企业能力与 OEM 企业升级战略关系:基于珠三角企业的实证研究** / 姜岳新著 ; 毛蕴诗指导. -- 中山大学, 2009. -- 323 页

论文基于珠三角企业的实证研究,对制度环境、企业能力与 OEM 企业升级战略关系进行了研究。全文共分为七章。第一章导言,主要提出了论文的研究问题,研究目的,研究意义,研究对象与研究范围,研究方法与技术路线。第二章为文献与理论综述,主要包括全球价值链理论与 OEM 企业升级战略相关文献综述、OEM 企业升级的内外部影响因素相关文献综述、制度环境变迁相关理论文献综述以及企业能力理

论相关文献综述。第三章介绍了论文研究的假设与理论模型,分析了制度环境与 OEM 企业升级战略、企业能力与 OEM 企业升级战略,制度环境、企业能力与 OEM 企业升级战略,论述了总体分析框架与理论模型。第四章介绍了论文的研究方法,主要包括变量衡量、问卷调查对象的选择、预调查与问卷的修改三部分的内容,第五章是对样本特征与数据质量进行的分析,对各因子得分与水平进行了描述性统计分析。第六章介绍了研究的假设检验与结果分析,主要比较了能力、环境与战略,并进行了方差分析,对研究进行了相关性分析,对制度环境与 OEM 企业升级战略和企业能力与 OEM 企业升级战略、制度环境与企业能力进行检验,对制度环境、企业能力与 OEM 企业升级战略进行了 H8 的检验,分析了经验研究结论。第七章是对研究的总结。

关键词:制造工业　加工企业　战略管理　产业结构升级　企业能力

**6023**

**政府管制对建筑业发展的影响研究** / 蒋其发著 ; 郭跃进指导. -- 中南财经政法大学, 2009. -- 144 页

论文基于经济学、法学、管理学及工程技术等学科知识的交融,采用了文献研究、定性和定量分析相结合、理论与实践相结合等研究方法,从多学科融合的交叉视角在对建筑业发展现状进行分析并对建筑业政府管制内容进行梳理后,分析各项管制措施的实施效果,阐述建筑业政府管制和管理体制改革方向的基本观点和相关建议。全文共六章。第一章绪论,提出选题背景与研究目的、研究价值。第二章文献综述。分析了经济学中研究政府管制的起源和发展。第三章建筑业政府管制体系的国际比较。第四章建筑业政府管制的经济分析。第五章政府管制对建筑业发展影响的实证分析。第六章结论与建议。

关键词:建筑业　产业发展　政府管制

**6024**

**全球化条件下跨国公司竞争优势形成机理研究** / 蒋维华著 ; 邓荣霖指导. -- 中国人民大学, 2009. -- 180 页

论文对全球化条件下跨国公司竞争力优势形成机理进行了全面深入的研究。全文共分为八章。第一章绪论主要分析了论文的研究背景、研究问题、研究内容,介绍了理论逻辑演绎推理法、规范研究、实证研究和案例研究相结合、静态分析与动态分析相结合、系统分析与比较分析相结合等研究方法,总结归纳了论文研究的主要创新点。第二章介绍了基本概念及其界定,分析了企业竞争优势、企业竞争力、企业核心竞争力以及企业竞争力与企业资源能力、企业竞争优势之间的关系。第三章介绍了跨国公司竞争优势相关理论评析,主要阐述了竞争优势的理论渊源,分析了跨国公司竞争优势相关文献,总结了跨国公司竞争优势理论研究重点的变化,比较了静态视角与动态视角的竞争优势理论来源。第四章论述了全球化条件下跨国公司竞争变化的趋势,主要包括全球化条件下跨国公司竞争的新特点、跨国公司优势组合的变迁、跨国公司提升竞争优势的新要求。第五章主要分析了全球化条件下跨国公司竞争优势形成机理的理论假设和理论框架。第六章对全球化条件下跨国公司竞争优势进行了实证研究,主要包括指标体系设计的原则、逻辑、数据的采集及相关分析以及跨国公司竞争优势测评的几个操作性问题。第七章通过介绍艾地盟、邦基、嘉吉、雀巢、卡夫、联合利华、百事可乐、达能等案例,对全球化条件下跨国公司竞争优势形成机理进行了案例分析与研究。第八章为全文的总结和讨论。

关键词:跨国公司　企业管理　竞争力　经济全球化

**6025**

**上市公司经营业绩归因信息披露经济后果的实证研究** / 蒋亚朋著 ; 张天西指导. -- 西安交通大学, 2009. -- 129 页

论文以经营业绩归因信息披露为研究对象,讨论公司财务报告情境下与经营结果一同披露的归因信息如何影响投资者决策的问题,主要内容如下:构建了基于原因维度的经营业绩归因信息对投资者决策影响的理论框架。将心理学的归因效果理论引入到信息披露领域来揭示不同经营结果下归因信息影响投资者决策的机理,提出应建立归因维度和投资者决策之间的规律性关系,即归因的部位维度影响投资者对公司管理层能力的判断,归因的稳定性维度影响投资者对公司的未来业绩的预期。证明了归因信息影响投资者决策的路径。以 160 名个人投资者为被试,运用实验研究方法考察不同经营业绩消息类型下,投资者对不同归因解释的反映,验证了归因信息对投资者决策影响的理论假设。针对问卷调查方法考察信息需求的不足,运用内容分析方法对 1353 份投资者

提问进行了统计,发现投资者十分关注公司经营业绩变动原因等历史信息。以546份业绩报告临时公告为样本,构建多元回归模型检验内部归因、外部归因、归因稳定性与市场反映之间的关系。

关键词:上市公司　企业绩效　会计信息

**6026**

**基于相对性的顾客价值测量及实证研究:以汽车行业为例** / 焦新宇著 ; 于洪彦指导. -- 吉林大学, 2009. -- 111页

论文根据顾客价值的参考量表和顾客价值的基本构成维度来建立顾客价值相对性的测量。以汽车消费者为研究对象,采用定量的方法,检验基于价值相对性与顾客满意和顾客忠诚之间的关系。通过对收回的300份有效问卷进行数据处理,采用结构方程工具对数据进行了分析。首先,将顾客价值基本维度分为功能性维度、体验维度、象征性维度和成本/牺牲维度;其次,得出基于相对性顾客价值的四个维度对顾客满意具有显著的影响,其中功能性价值和成本牺牲维度对顾客满意的影响较大;最后,得出基于价值相对性的四个维度对于顾客忠诚也具有显著的影响,其中功能性维度和体验维度对顾客忠诚的影响较大等结论。

关键词:汽车企业　营销管理　顾客满意度

**6027**

**电视购物企业品牌创建研究:以上海东方CJ为例** / 金成勋著 ; 苏勇指导. -- 复旦大学, 2009. -- 182页

论文以上海东方CJ为例,对电视购物企业品牌创建进行了研究。全文共分为五章。第一章主要对研究背景、研究意义进行了阐述,对研究对象进行了界定,并对全球电视购物发展得比较好的国家和地区进行介绍和简介。第二章是对论文可能涉及的主要概念进行了文献回顾,包括电视购物、品牌资产、品牌形象、品牌联想以及品牌信任等。第三章根据文献回顾和几位重要学者的思想,结合电视购物企业的特点,提出了电视购物企业品牌创建的概念模型,并对模型涉及的各个方面进行了介绍。从电视购物的感知品质、品牌联想、品牌形象、可信赖感、感知价值以及感知绩效对研究模型进行了分析。第四章是对上海东方CJ公司的案例分析,主要简介了东方公司的状况,从东方CJ的诚信价值观、诚信教育以及监督机制,阐述了东方CJ的诚信建设播出前的服务内容、播出前的准备部门及内容、节目播出中的服务部门及内容、节目播出后的服务及内容以及合作公司的选择,对全市场的策略进行了研究,阐述了电视购物环节的产品开发、品质控制、节目直销、市场直销、呼叫客服、物流配送以及财务结算等七方面的内容。第五章主要分析了中国大陆电视购物的起源与发展,阐述了目前中国大陆电视购物的主要经营主体以及主要经营模式。对市场经济失灵的问题、营销与价值取向的问题、管理体制的问题以及经管理念的问题等中国大陆电视购物现存的问题进行了分析与研究,提出了对中国大陆电视购物发展的建议,主要包括加强政府对电视购物的监管、提升电视购物的营销水平、培养以消费者为核心的理念等,并对现存的问题及对应的方案进行了小结。

关键词:零售企业　电视购物　商业企业管理　品牌战略

**6028**

**中国传媒企业社会绩效研究:基于产权、治理结构的理论与实证** / 金星玉著 ; 黄速建指导. -- 中国社会科学院, 2009. -- 186页

论文基于产权、治理结构的理论与实证,对中国传媒企业社会绩效进行全面深入的研究。全文共分为八章。第一章导言主要提出了论文研究的问题、选题的意义、研究背景,对相关的核心概念和涵义进行界定,介绍了论文研究的思路和文章的结构。第二章是对企业社会绩效的理论基础和运作的介绍,主要分析了企业社会绩效的内涵,阐述了对企业社会责任的观点和利益相关者的模式,分析了企业社会绩效运作与落实的理论依据,提出了利益相关者模式与治理结构的评价。第三章是对传媒企业的社会绩效的评价,主要包括传媒企业社会绩效中的几个特定的问题、中国传媒企业社会绩效的评价指标体系以及传媒企业社会绩效的评价方法三方面的内容。第四章介绍了改制与中国传媒企业社会绩效的关系,主要分析了传媒产权改革对传媒发展的影响,论述了改制与企业社会绩效的概念重构,对改制与中国传媒社会绩效进行了重新界定,并探讨了中国传媒企业社会绩效的发展趋势。第五章是对中国上市传媒企业社会绩效的评价。回顾了实证研究,分析了中国上市传媒的分类和描述性统计,对上市传媒社会绩效进行了探索性分析,对上市传媒社会绩效进行了实证研究。第六章分析了上市传媒产权结构、治理结构与社会绩效的关系,论述了变量定义及预测、研究方法与模型设计、计

量结果以及引入国有持股比例分类的分析四部分的内容。第七章探究了传媒企业经济绩效与社会绩效的关系,主要包括企业社会绩效与经济绩效的介绍、上市传媒经济绩效与社会绩效模型的设计以及计量结果的分析和引入国有持股比例分类的分析。

关键词:传播媒介　产业发展　产权制度　社会责任　企业绩效

**6029**

**客户满意度的推荐阈和重购阈的联合估计** / 金英著；涂平,苏萌指导. -- 北京大学, 2009. -- 81 页

全文共分为八章。第一章序论主要介绍了论文的研究背景、研究问题、研究目的、研究的理论和现实意义。第二章是对相关文献的综述与理论假设的介绍,主要对客户满意理论、客户忠诚理论、满意度与客户忠诚的关系以及关于满意度阈的研究等文献进行梳理,提出了概念框架和假设,分析了 Bayes 模型和 MCMC 模拟方法。第三章介绍了论文的研究框架。第四章阐述了联合异质性模型的建立和估计,主要包括模型的建立、模型的估计、分层双变量的模型、分层单变量模型以及基准模型的介绍五方面的内容。第五章对客户满意度的推荐阈和重购阈的联合估计进行了模拟研究,对模型进行了比较分析,对参数估计的准确性进行了检验。第六章是对客户满意度的推荐阈和重购阈的联合估计在单一品牌情境下的应用的实证研究,介绍了实证数据和变量的描述,通过模型的比较、推荐阈与重购阈的估计、满意度阈的影响因素分析以及不同满意度阈水平下的满意度与忠诚意愿的关系四方面对实证结果进行了分析与研究。第七章对客户满意度的推荐阈和重购阈的联合估计在多品牌情境下的应用进行了实证研究。第八章是对全文的总结。

关键词:企业管理　客户关系管理　顾客满意度

**6030**

**组织内学习及创新:情绪对社会过程的影响研究** / 金智慧著；施建军指导. -- 南京大学, 2009. -- 183 页

论文对情绪对学习和创新产生的影响进行了研究。全文共分为七章。第一章绪论,主要介绍了论文研究的背景,研究的问题,研究的目的、主要的问题和研究方法,研究的意义,研究的创新点,研究的结构安排和内容。第二章为论文相关的文献综述,研究了群体学习的理论,分析了工作中的情绪因素,员工创新的重要性,并对相关文献加以综述。第三章分析了论文的理论模型,研究了群体学习的社会交换模型、情绪对群体学习的影响,阐述了群体学习、员工目标取向对员工创新的跨层次交换作用。第四章介绍了论文研究的假设,主要建立了群体学习的社会交换模型,分析了组织支持感知、正面情绪、负面情绪的交互作用,研究了领导成员交换、正面情绪、负面情绪的交互作用。第五章介绍了论文研究的方法论,主要介绍了论文的研究设计,样本的设计,对员工和主管进行了问卷调查,对数据进行了结构方程模型分析和层级回归分析。第六章介绍了论文的研究结果,并对其进行了讨论与分析,主要从员工数据和主管数据总结了测量变量验证性因子分析的结果,分析了群体学习的社会交换模型和情绪对群体学习的影响模型。对三个子模型的结果进行了分析与研究,最后进行了案例研究。第七章为论文的研究创新、局限性以及未来研究的总结。

关键词:企业管理　组织管理　员工　情绪　创新能力

**6031**

**资产剥离的财务绩效:理论与实证** / 赖斌慧著；张秋生指导. -- 北京交通大学, 2009. -- 143 页

论文以资产剥离的财务绩效为研究对象,运用相关理论分析资产剥离影响企业经营绩效的机理,利用因子分析法对我国上市公司资产剥离的绩效进行实证研究,并通过样本的分类研究探索影响我国上市公司资产剥离财务绩效的因素,论文对中美企业资产剥离的历史进行回顾总结,较为全面地总结了我国上市公司资产剥离的制度规范,阐述了常见的资产剥离分类。综述了国内外对资产剥离的市场绩效和财务绩效的研究成果,用相关理论解释了资产剥离影响企业经营绩效的机理。在分析企业系统的特征和结构的基础上,指出企业系统的总熵变包括内部熵变和外部熵流两部分,两者都是既有正熵也有负熵,密不可分。利用因子分析法实证检验了我国上市公司资产剥离的财务绩效。通过分类研究探讨了我国上市公司资产剥离长期财务绩效的影响因素。分析了我国股权分置问题产生的背景及股权分置改革的过程,指出在股权分置改革完成后,我国上市公司的资产剥离将呈现出战略性资产剥离成为主旋律、支付方式多样化、作为反收购的剥离将增多、管理层收购增加、在绩效的实证研究中事件研究法得到更多的应用等特点。

最后,对全文的研究进行总结,根据研究结果,指出我国企业要重视资产剥离,在经营过程中应适时地实施资产剥离,同时要做好资产剥离后的整合工作。

关键词:上市公司　资产重组　财务管理

**6032**

**关键成功因素、核心能力与经营绩效之关系研究:以台湾地区精细化学品产业的战略群组为例** / 赖丰言著 ; 李非指导. -- 中山大学, 2009. -- 157 页

论文以台湾地区精细化学品产业的战略群组为例,研究了关键成功因素、核心能力与经营绩效的关系。全文共分为五章。第一章绪论,主要阐述了论文的研究背景、研究意义、研究目的、研究的问题、研究的范围和对象、研究的可能创新点,明晰了论文的研究流程。第二章探讨了论文相关的文献,主要介绍了化学品产业的分类、战略群组,分析了关键成功的因素,阐述了核心的能力。第三章介绍了论文的研究方法、研究架构,分析了经营绩效衡量的设计与评估,问卷设计与实施,总结了论文的数据分析方法。第四章对实证研究结果进行了分析与研究,概述了数据搜集与样本的状况,分析了精细化学品产业的关键成功因素、核心能力,分析了经营绩效评价结果,对关键成功因素、核心能力与经营绩效的关系进行了相关性分析与研究,最后对个案公司进行了实证分析与研究。第五章为论文的结论与建议。

关键词:企业管理　企业核心能力　企业绩效　化学工业

**6033**

**信息通信技术对服务业增长的效应研究** / 雷小清著 ; 李江帆指导. -- 中山大学, 2009. -- 221 页

论文利用投入产出方法测算了农业、工业、服务业以及服务业内部各部门的 ICT 投入强度,将资本投入分解为 ICT 资本服务和非 ICT 资本服务,采用增长核算方法分别测定了美国、加拿大、英国、法国、德国、荷兰和澳大利亚等国的制造业、服务业以及服务业内部各部门增长中的 ICT 贡献,在分析 ICT 对服务业劳动的替代和补偿机制的基础上,建立与服务业生产函数对偶的超越对数形式的成本函数,估计出劳动力、ICT 和非 ICT 等要素的需求份额方程的参数,以此计算 Allen 偏替代弹性和 MES 替代弹性。对美国服务业职业结构变化的分析证实,ICT 对服务业的职业结构产生较大影响,服务业职业技能结构变化不完全遵守“两极分化”论,服务业高技能职业中的管 理职业比重出现下降,而且下降幅度远高于其他职业,主要原因是“两极分化”论忽略了技术对组织结构从而对职业技能的间接作用。根据对发达国家研究的基本结论和我国服务业信息化的现实状况,论文提出了几点对策建议:将服务业列为信息化的重点领域,加大对服务业的信息技术投资力度,不断提高服务业生产率,依托信息技术发展现代服务业,改造传统服务业,提高服务业从业人员素质。

关键词:服务业　产业发展　信息技术　通信技术

**6034**

**发展中国 PE 推动国企并购重组改革的机制和策略研究** / 李爱庆著 ; 陈荣秋指导. -- 华中科技大学, 2009. -- 144 页

论文采取规范与指正研究结合、定性与定量分析结合、微观与宏观分析结合、静态与动态结合的研究方法,首先对国企改革、国企激励、私募股权(PE)基金和国企并购基金等相关领域从实践和内容上进行了文献梳理。在此基础上,从超产权分析视角对国企改革进行规范研究,探讨了国企改革外部竞争环境的复杂性源于包括中西方政府角色差异所要求的政府干预特性、国企资产的公共福利性所要求的政府干预特性、国企资产的公共福利性所要求的国企民生责任和社会公正责任等诸多要素。论文提出国企改革的制度机制设计应有效结合国企效率及其民生责任,提出了发展中国 PE 推动国企并购重组改革的思想,并对国企改革、国企并购重组、国企激励、PE 机制与效率、超产权等相关理论进行深化。

关键词:国有企业　企业重组　并购　股权投资　私募股权(PE)

**6035**

**知识员工激励方式与组织创新绩效的实证研究:以中关村高科技企业为例** / 李芳著 ; 彭剑锋指导. -- 中国人民大学, 2009. -- 175 页

论文对中国背景下知识员工激励方式的维度构成以及知识员工激励方式与组织创新绩效的关系与内在作用机制进行了分析研究。全文共分五章。第一章绪论,介绍了研究的背景,研究的问题,研究的目的与意义,研究的内容与论文的结构安排。第二章为文献探讨部分。分别对知识员工激励的理论及相关研究、知识创造的理论及相关进展以及组织创新绩效

的理论及相关研究进行了综述,对知识员工、知识创造、组织创新的概念进行了界定,随后探讨了知识员工激励、知识创造与组织创新绩效的关系,并在此基础上进行了综合评析。第三章介绍了研究的设计思路。介绍了研究的框架,提出了研究的假设,分别对知识员工激励方式的构成、知识员工激励方式与组织创新绩效的关系、知识创造活动与组织创新绩效的关系、知识员工激励方式与知识创造活动的关系以及知识创造活动行为的中介作用进行了假设,阐述了问卷的设计与预试情况,介绍了量表设计的理论依据与初始测量题项,分析了问卷的设计思路,介绍了样本设计与调查方法、样本选取的相关规则,指明了样本数量的限制要求,阐述了对样本数据的分析方法,包括描述性统计分析、信度和效度分析、变量的群间与群内变异成分分析以及结构方程模型分析。第四章为实证分析与结果。首先对因子构成的一致性进行了检验,具体对探索性因子与验证性因子进行了分析,随后对各个研究变量之间的关系进行了分析,进而对理论模型进行了整体检验,最后结合假设,分析了研究的假设检验结果,并得出了小结。第五章为结论与建议。

关键词:企业管理　人力资源管理　组织创新

**6036**

**战略人力资源管理实践与企业绩效的影响关系研究** / 李广斌著 ; 廖泉文指导. -- 厦门大学, 2009. -- 181 页

论文根据战略人力资源管理理论框架,结合组织行为学等相关的理论知识,系统说明和阐述人力资源管理实践影响企业绩效的中间变量,从而研究企业人力资源管理活动影响企业绩效的过程和机制,证明企业人力资源管理活动的价值。全文共分六章,第一章对研究动机、研究主题、研究框架、研究的创新点及意义等进行了简要概述。第二章首先介绍人力资源研究和实践的发展历程,对战略人力资源管理的基础理论进行阐述,并对"人力资源是企业持续竞争优势的来源"的理论进行介绍;最后,回顾和分析人力资源对企业绩效影响的实证研究。第三章是人力资源价值链及其影响企业绩效的中间变量。先介绍人力资源价值链及人力资源价值链模型,然后对企业绩效进行界定和分析,最后结合人力资源价值链模型的思想,考察人力资源管理系统对企业绩效贡献的衡量,研究人力资源活动影响企业绩效的中间转换变量。第四章对人力资源实践影响企业绩效的过程和机理进行分析。第五章对实证研究方法设计及数据描述分析。第六章用回归分析、相关分析和路径分析三种方法对论文提出的假设逐一进行了验证,并对实证结论进行解释和讨论。第七章总结论文的研究结果,给中国企业人力资源管理实践提出一些方向性的指导和建议,指出研究的不足和进一步研究的方向。

关键词:企业管理　人力资源管理　企业绩效

**6037**

**基于顾客价值及社会情境视角的品牌延伸研究** / 李颢著 ; 赵平指导. -- 清华大学, 2009. -- 147 页

论文基于顾客价值理论、品牌资产理论、分类理论以及社会心理学中的自我和他人在场的有关理论,在对前人的品牌研究成果梳理的基础上,建立了一个顾客感知价值和社会情境视角下的品牌延伸研究框架,并采用三个实验进行了实证研究:实验 1 研究了母品牌功能、象征价值和合适性对功能性和象征性产品品牌延伸评价的影响,消费场合和自我监控对母品牌的价值和合适性的调节作用及这两个调节作用之间的关系;实验 2 分析了消费场合对合适性的影响;实验 3 研究了产品类别和销售场合对成功品牌延伸及母品牌提升效应的影响。研究结果显示,首先,母品牌象征价值对品牌延伸具有显著影响。其次,对于象征性延伸产品,消费场合对品牌延伸的合适性评价具有显著的影响,而且对母品牌象征价值及合适性的影响具有显著的调节作用。消费场合的调节作用具体表现为:与私人场合比较,公开场合下母品牌象征价值在品牌延伸评价中的重要性上升,而合适性对品牌延伸的重要性下降。消费场合对母品牌的象征价值的调节作用源于消费者自我监控的调节作用,但对合适性的调节作用并非源于消费者自我监控,而可以由"他人在场"理论进行解释。第三,成功延伸到象征性产品对母品牌的提升作用将高于成功衍生到功能性产品的提升作用,如果母品牌的价值较低,在公共场合推广品牌延伸将令消费者对母品牌的评价降低。

关键词:企业管理　市场营销　品牌效应

**6038**

**价值因素、环境因素与股票市场定价:基于中国上市公司的经验证据** / 李鸿生著 ; 宋献中指导. -- 暨南大学, 2009. -- 151 页

论文运用已预期信息和未预期信息的价格模型,对价值因素、环境因素与股票市场定价问题进行了分析研究。全文共分六章。第一章导论,介绍了研究的

背景与前提,研究思路与理论基础,论文的框架与内容安排,研究的特色与创新。第二章回顾并梳理了相关的文献内容,界定了信息观与计价观的概念,介绍了价值因素与环境因素嵌入相关关系的研究进展,明确了论文的研究方向。第三章对价值因素的相关性进行了实证研究,分别从营利能力、发展能力、抗风险能力以及新编会计指标角度对价值的相关性问题进行了研究,探讨了价值模型因变量的选择问题。第四章分析了价值相关性关系优化的具体方法,并对多元价值模型的构建进行了介绍。阐述了价格引导财务信息的相关研究,探讨了盈亏样本的选择方式,分析了季度财务报告的有关影响,对二元价值因素、三元价值因素进行了联合实证研究,并在此基础上,对四元价值因素进行了尝试性研究,指出了中国证券市场存在价格引导会计指标的现象,得出了亏损样本对价值相关关系有着明显不利的影响,而价值因素联合回归可以有效提高对股票价格的解释力的。第五章对环境因素嵌入价值模型进行了实证研究,通过分别在三元价值模型中嵌入周期环境、行业环境、规模环境、市盈率环境等展开环境因素,对相关关系及股票价格影响进行了研究,指出环境因素对价值相关关系及股票定价有着重要的影响,具体表现为价值因素对大盘股价格估计能力强,对小盘股价格估计能力相对较弱。第六章为结论与建议。

关键词:上市公司　股票价格　市场环境

**6039**

**公立医院市场导向及其绩效关系的实证研究** / 李华著 ; 于洪彦指导. -- 吉林大学, 2009. -- 119 页

论文试图验证商业组织市场导向的理论模型、测量量表和得出的相关结论是否在公立医院这一行业中依然适用选择公立医院这样一个行业作为研究对象,在阅读了大量的相关文献的基础上,分析公立医院市场导向产生的原因,提出了公立医院的市场导向理论模型。通过深度访谈和问卷调研等方式,实地搜集了大量的数据。利用回归分析与结构方程对这些数据进行分析,测量公立医院市场导向水平,验证市场导向与组织创新、组织绩效之间的相互关系和相互影响。最后,分析了在公立医院市场导向研究过程中存在的不足,并对后续的研究提出了展望和建议。

关键词:医院　市场竞争　经营管理　经济效果

**6040**

**资源观视角下企业社会责任与企业绩效研究:一个理论框架及其在浙江的实证检验** / 李纪明著 ; 郝云宏指导. -- 浙江工商大学, 2009. -- 208 页

论文通过一个理论框架及其在浙江的实证检验,对资源观视角下企业社会责任与企业绩效进行了全面深入的研究。全文共分为六章。第一章为论文的绪论,主要介绍了论文的研究背景、论文研究的主要问题、研究概念框架和范式、研究内容和目标、研究结构、研究方法、研究的创新点。第二章是对企业社会责任相关理论研究综述的介绍,包括企业社会责任、企业绩效的决定因素、企业社会责任与企业绩效实证研究方面文献综述。第三章基于资源基础理论的分析,研究了企业社会责任与企业绩效的关系,主要从一种新的战略理论视角,分析了资源基础理论,探究了企业社会责任与资源基础理论中的资源,分析了企业社会责任——企业的战略资源,对基于资源基础理论企业绩效进行了分析与研究,构建了企业社会责任与企业绩效的概念模型。第四章分析了企业社会责任表现维度识别与二维绩效评价构建,主要包括理论分析与实证研究假设、企业社会责任和企业绩效指标体系的建立、问卷设计和数据收集、研究方法、数据统计以及结果与讨论六方面的内容。第五章从企业社会责任与企业绩效作用机理模型和假设、企业社会责任表现测量和数据收集过程、变量和指标选择、研究方法、变量的信度和效度的检验以及结构方程分析与结果六方面介绍了企业社会责任与企业绩效协同作用机理实证研究。第七章为全文的总结。

关键词:企业责任　社会责任　企业绩效

**6041**

**中国企业对外直接投资战略风险控制研究** / 李杰群著 ; 夏建明指导. -- 上海财经大学, 2009. -- 149 页

论文对中国企业对外直接投资战略风险控制进行了研究。全文共分为七章。第一章引言,主要介绍了论文研究的背景和研究意义,研究目的和研究路线与基本框架,研究的创新之处。第二章相关的理论,主要介绍了控制论、系统论以及信息论等方法论。阐述了国内外学者对对外直接投资理论的研究,论述了战略风险理论,总结了系统论、控制论以及信息论、对外直接投资理论以及战略风险研究对论文研究的指导意义。第三章是对中国企业对外直接投资中的战略风险因素的分析,主要论述了中国企业对外直接投

资的历程与特点,中国企业对外直接投资的动因,阐述了对外直接投资的战略风险因素。第四章介绍了中国企业对外直接投资战略风险控制系统的构建,主要包括系统的目标、系统构建的方法、系统的结构与作用机理和约束条件、动态系统过程的作用方面的内容。第五章研究了中国企业对外直接投资战略风险控制系统的子系统,主要论述了战略风险探测系统、指挥决策系统、战略风险应对系统、评价系统和监督系统。第六章是对中国企业对外直接投资战略风险系统的案例分析,主要模拟了对外直接投资过程的战略风险控制系统的应用功能,阐述了对外直接投资战略风险控制系统分析功能的案例。第七章为论文的总结与展望。

关键词:企业管理　对外投资　直接投资　风险管理

**6042**

**项目团队中的分布式领导:情景与效应** / 李洁芳著 ; 陈春花指导. -- 华南理工大学, 2009. -- 192 页

论文对项目团队中分布式领导作用的情景与效应进行了研究。全文共分为七章。第一章绪论,主要介绍了论文研究的现实和理论背景,论文研究的问题和意义,论文的研究对象、研究方法、研究流程以及研究结构。第二章对分布式领导的概念进行了辨析,主要介绍了分布式领导概念的沿革,对分布式领导的概念进行了定义,阐述了分布式领导的特征,对分布式领导进行了分类,将分布式领导与相关概念进行了比较。第三章介绍了分布式领导的实施基础,主要包括影响分布式领导实施的团队内部条件、影响分布式领导实施的团队外部条件、基于社会网络分析的分布式领导网络、沟通与信任分布式领导网络结构变化的影响四部分的内容。第四章分析了分布式领导对团队绩效的影响,对现有的分布式领导的实证研究进行了整体的评价,梳理了分布式领导与团队绩效关系的主要研究成果,分析了分布式领导对团队创新能力的影响。第五章为研究模型和假设,主要对分布式领导实施的情况进行了深度访谈,简述了论文的概念模型,提出了论文研究的假设。第六章是对研究设计与方法的探究,主要阐述了样本与数据收集、问卷设计、研究变量的测量、问卷预测以及数据分析的方法五方面的内容。第七章为资料分析与结果。主要包括数据收集、样本结构概况、信度与效度分析、分布式领导的感知差异、假设检验等内容。

关键词:企业管理　项目管理　组织管理　领导方法

**6043**

**员工——主管上向信任影响因素和作用机理研究** / 李晋著 ; 张体勤指导. -- 山东大学, 2009. -- 190 页

论文对员工—主管上向信任影响因素和作用机理进行了研究。全文共分为七章。第一章导论,主要提出了论文的研究问题和研究意义,对相关概念进行了界定,分析了论文的研究内容和结构安排,研究方法和创新点。第二章为文献综述,主要对多理论视角下的信任问题进行了研究,分析了本土情境下信任问题的研究,阐述了组织中上下级信任问题的文献,探究了当前研究存在的不足。第三章对员工—主管上向信任的构成维度进行了分析,主要包括员工—主管上向信任的维度划分、员工—主管上向认知信任、员工—主管上向情感信任,探究了认知信任和情感信任的关系。第四章是对员工—主管上向信任的影响因素的分析哎,主要界定了员工—主管上向信任的影响因素,分析了主管方面、员工方面、组织环境方面的影响因素。第五章是对员工—主管上向信任的作用机理的分析,主要界定了员工—主管上向信任作用机理,分析了对工作满意度的作用机理、对离职倾向的作用机理、对组织公民行为的作用机理、对工作绩效的作用机理以及对主管承诺的作用机理。第六章是对员工—主管上向信任的影响因素和作用机理的实证研究,主要包括量表设计与变量测量、结构方程模型设计统计原理及指标分析、数据收集和样本概况、测量的信度与效度检验、整体结构方程模型和假设检验、综合讨论六方面的内容。第七章为总结和展望。

关键词:企业管理　职工　人事管理　信任

**6044**

**中国民营企业发展的制度环境创新研究** / 李骏著 ; 赵锡斌指导. -- 武汉大学, 2009. -- 150 页

论文对中国民营企业发展的制度环境创新进行全面深入的研究。全文共分为六章。第一章为论文的绪论,主要分析了论文的研究背景、中国民营企业制度环境民营研究的相关文献综述、论文研究的框架、研究方法和创新点。第二章介绍了制度环境与民营企业,主要阐述了关于制度的认识,分析了企业环境与企业制度环境、制度环境与民营企业之间的关系。第三章介绍了制度环境变迁视野下的民营经济

发展的历程，主要分析了民营经济的复兴时期、调整时期、全面发展时期以及民营经济发展的新时期。第四章是对系统观下的民营企业制度环境创新的分析，主要阐述了系统观和创新理论，分析了制度环境持续创新对民营企业发展的必要性，探究了民营企业的制度环境创新。第五章介绍了社会观念创新：民营企业社会责任战略，从社会契约的角度分析了企业社会责任，阐述了企业社会责任战略是观念创新的必要手段。第六章介绍了关系创新：构建民营企业与政府关系新模式，主要分析了民营企业与政府之间关系创新的必要性，构建了政府与民营企业之间的伙伴关系。论文立足于系统理论，探讨了制度环境创新的方法和原则、制度环境的边界问题和制度环境创新的主体问题，采用了动态、系统的框架，提出了民营企业发展制度环境持续创新的模式和创新的结构，分别从民营企业对社会观念的创新和政府与民营企业的关系创新两个维度探讨了民营企业发展的制度环境新路径问题。

关键词：民营企业　企业发展　政府职能　制度创新

**6045**

**基于技术创新的产业集群升级：中国纺织产业集群升级研究** / 李陵申著 ；顾庆良指导. -- 东华大学，2009. -- 158 页

论文通过中国纺织产业集群升级的研究，对基于技术创新的产业集群升级进行了分析。全文共分为八章。第一章绪论，主要介绍了论文的研究背景，研究的思路和方法，研究目的和意义，研究创新点。第二章产业集群升级研究的评述，主要论述了产业集群与产业集群升级，对产业集群理论演进脉络进行了回顾，分析了产业集群升级研究范式的转变。第三章是对基于技术创新的产业集群升级的分类学研究，主要包括技术创新的定义及分类，产业集群升级的判断标准、产业集群生命力周期与升级分类三方面的内容。第四章是对基于技术创新的产业集群升级的动力机制的研究，主要论述了点式创新与产业集群升级，链式创新与产业集群升级和面式创新与产业集群升级以及立式创新与产业集群升级。第五章是对基于技术创新的产业集群升级的情景因素的分析，阐述了自用竞争情景下技术创新带动的集群升级、政府干预情景下技术创新带动的产业集群升级以及开放经济情景下技术创新带动的产业集群升级三方面的内容。第六章是对中国纺织产业集群升级的宏观分析，主要阐述了中国纺织产业集群的形成和发展，中国纺织产业技术的进步，基于技术创新的中国纺织产业集群升级。第七章是对中国纺织产业集群升级的个案分析，主要论述了技术的链式创新与西樵纺织产业集群升级、技术的面式创新与大唐袜业产业集群升级以及技术的立体创新与宁波服装产业集群升级三方面的内容。第八章为论文的总结和展望。

关键词：纺织工业　经济发展　技术创新　产业集群

**6046**

**中国港口物流服务业顾客忠诚度影响因素研究：以集装箱物流服务为例** / 李满著 ；韩德昌指导. -- 南开大学，2009. -- 160 页

论文以集装箱物流服务为例，对中国港口物流服务业顾客忠诚度影响因素进行了深入的研究。全文共分为六章。第一章主要介绍了论文的研究背景，分析了论文研究的目的，提出了论文研究的主题，总结归纳了论文研究的主要创新点，明晰了论文研究的方法和构成，对相关的概念进行了界定。第二章是对文献的回顾与评析，主要分析了关系营销的演进、内涵和理论模型，阐述了服务质量的内涵、评价要素以及服务质量模型，从顾客感知价值的内涵、特点以及顾客感知价值的测量分析了顾客感知价值理论，同时，对有关顾客满意、顾客信任以及顾客忠诚的相关文献进行了分析与研究。第三章是对港口物流服务业现状的分析与研究，主要阐述了港口环境的变化，界定了港口营销的概念和重要性，从港口物流服务质量的概念和测量分析了港口物流服务的质量，最后阐述了港口关系质量。第四章介绍了研究的框架和设计，主要假设包括港口物流服务质量、关系质量与顾客感知价值、顾客满意的关系；顾客感知价值与顾客满意的关系、顾客满意与顾客信任的关系、顾客满意与顾客忠诚的关系等，对港口物流服务质量、关系质量、顾客感知价值、顾客满意等研究变量做了操作性定义。第五章是对实证研究的数据分析，主要进行了描述性统计分析、信度与效度分析、相关分析以及假设验证和检验结果的讨论五部分的内容。第六章为全文的总结，主要包括论文的研究结论、理论贡献、管理实践启示以及研究的局限性和今后的研究方向。

关键词：港口　物流　服务业　服务质量

**6047**

**国有企业改制的组织动因、环境约束与变革策略研究** / 李懋著 ; 井润田指导. -- 电子科技大学, 2009. -- 115 页

论文选择从改制的组织动因、环境约束和变革策略这三个方面对改制进行分析。首先对相关的理论文献进行综述,包括以下三个方面:我国企业面临的环境不确定性、国有企业的机制解释及其治理问题、组织变革及高层管理团队。第三章对国有企业改制的组织动因进行分析。总结了国有企业改制的组织动因:提高企业的经营效率、减轻过重的社会负担、增强预算约束能力、增强企业自主权以及完善经营者选拔、激励和约束机制。第四章首先分析了国有企业改制的环境约束,从改制的政策、社会环境、放权式改革和改制过程的利益相关者四个方面进行分析。第五章采用多案例分析的方法研究企业改制过程中的策略。首先对三家案例企业的基本情况进行介绍。其次,从理论角度指出,改制目标的实现是通过多方面关系的调整而实现。描述了每个企业的改制过程,并通过外部利益、内部利益、变革力场、领导能力和改制结局等方面,对三家企业改制的过程和结果进行比较。再次,结合案例企业的改制资料,在相关文献的基础上归纳了改制过程中的变革策略。最后,总结归纳出一个基于高层领导者视角的的改制模型,并对促进改制成功提出了一些措施和建议。

关键词:国有企业　体制改革　组织管理

**6048**

**金融市场相依性 Copula 模型及实证研究** / 李梦玄著 ; 龚朴指导. -- 华中科技大学, 2009. -- 109 页

论文为金融市场相依性 Copula 模型及实证研究,全文共分为七章。第一章绪论,主要阐述了论文的研究背景,研究的理论和现实意义,概述了 Copula 理论及其应用研究进展,总结归纳了论文的研究结构和主要的研究创新点。第二章介绍了银行系统可靠度 Copula 理论模型,分析了 Copula 方法的基本原理,进行了商业银行安全可靠性分析,阐述了系统可靠度 Copula 理论的建模,并进行了实例计算。第三章是对时变 Copula 参数演化方程构建及实证研究,主要分析了时变 Copula 理论,阐述了时变 Copula 参数演化方程的构建过程,论述了参数估计实证检验。第四章是对 Copula-CVaR 资产组合选择模型的分析与研究,主要对 Copula 函数分布的特征进行了比较分析与研究,阐述了最优拟合 Copula 函数的选择方法,论述了 Copula 函数对资产组合选择的影响检验。第五章是对我国股票市场相依性的实证研究与分析,对基于时变 Copula 的我国股票市场相依性进行了研究,对我国股票市场信息传递进行了非线性 Granger 检验,论述了我国股票市场的波动溢出检验的方法。第六章是对我国汇市与股市相依性的实证研究,主要对我国汇市与股市联动性进行了 Granger 检验,对人民币升值对我国不同行业上市公司的影响进行了实证研究。第七章为论文的主要研究工作、一些基本的研究结论、研究的局限性以及未来的研究展望。

关键词:金融市场　股票价格　经济波动　风险分析

**6049**

**全球价值链背景下本土企业创新空间和"突围"路径研究** / 李奇会著 ; 王凤彬指导. -- 中国人民大学, 2009. -- 159 页

论文在全球价值链的背景下,对本土企业创新空间和"突围"路径进行了深入全面的研究。全文共分为八章。第一章为论文的绪论,主要介绍了论文研究的背景、研究的问题、研究的理论和实践意义、论文的理论视角、研究思路和可能的创新点以及论文的框架安排和研究方法。第二章为文献综述与论文的研究问题的介绍,主要对外包的定义与战略管理角度的研究现状、外围知识的定义和相关研究的问题、发包企业在业务外包中保留的外围知识、承包企业与发包企业在外围知识创新方面的互动关系等方面文献进行梳理研究,提出研究问题。第三章介绍了外围知识、模块化和外包业务类型,包括模块化的定义与分类、模块化给承包商带来的机遇与陷阱、模块化与全球价值链研究的结合以及全球价值链研究中外围知识的地位和外包业务类型四方面的内容。第四章介绍了知识挖掘型外包业务管理和本土企业创新,主要包括知识挖掘型外包业务的特点、基于承发包厂商互动的渐进性创新模式以及新建外围技术标准的创新模式。第五章介绍了能力利用型外包业务管理和本土企业创新,主要分析了能力利用型外包业务的特点,分析了"近模块化"的含义,介绍了近模块化模式下承发包企业的研究博弈模型。第六章阐述了资本依赖和嵌入中产生的关系资本,论述了全球价值链背景下的资源依赖,分析了依赖不对称性、联合依赖性与嵌入之间的关系。第七章介绍了嵌入于网络中的本土企业创新之

路,主要分析了内外源网络的特征,进行了内源性网络和外源性网络的对比和内源性网络和外源性网络获得竞争优势的途径对比,提出了中国本土企业网络化发展的政策建议。第八章为全文的总结和展望。

关键词:企业管理　经济合作　知识管理　技术创新　经济全球化

**6050**

**企业慈善行为的个体感知及其对企业绩效的影响:基于员工与消费者视角实证研究** / 李强著 ; 任浩指导. -- 同济大学, 2009. -- 155 页

论文基于员工与消费者视角的实证研究,对企业慈善行为的个人感知及其企业绩效的影响进行了研究。全文共分为六章。第一章导论,主要介绍了论文的研究背景、研究意义、研究目的、研究方法和技术路线。第二章为理论基础和文献综述,主要论述利益相关者理论、共生理论以及企业社会责任理论,分析了企业慈善行为、善因营销、企业战略性慈善以及企业慈善行为的感知研究。第三章分析了企业慈善行为对员工感知的影响,主要对声誉感知、价值与文化感知、发展感知以及企业慈善行为影响员工感知的理论模型进行了分析与研究,从调研设计、研究假设、假设的验证与结果分析介绍了论文的实证研究。第四章研究了企业慈善行为对消费者感知的影响,主要包括基于企业慈善行为的消费者感知因素的分析,企业慈善行为影响消费者感知的概念模型。对企业慈善行为领域要素、企业慈善行为资源要素、企业慈善行为时机要素、企业慈善行为数量要素以及企业慈善行为宣传要素对消费者感知的影响进行了理论分析和实证分析。第五章介绍了企业慈善行为的员工及消费者感知与企业绩效的关系,包括理论模型与假设、研究设计、统计分析与假设验证。第六章为论文的结论与展望。

关键词:企业管理　慈善事业　消费者　员工　企业绩效

**6051**

**旨在企业永续经营的商业模式创新研究** / 李尚伦著 ; 郑海航指导. -- 中国人民大学, 2009. -- 134 页

论文对旨在企业永续经营的商业模式创新进行了系统全面的研究。全文共分为六章。第一章绪论主要提出了论文研究的问题、研究的理论与实践意义,对相关的文献综述进行了评析,介绍了论文研究的背景、研究方法和创新点及难点。第二章研究了国内外相关的文献综述,主要从企业成长论和企业生命周期理论以及长寿公司与企业永续经营分析了关于企业永续经营理论的研究评论,对商业模式创新理论的研究进行评述。第三章介绍了企业永续经营及其实现的问题,主要分析了企业永续经营的本质、企业永续经营环境与因素,对实现企业永续经营的关键——商业模式创新进行了分析。第四章介绍了商业模式创新及其实施的措施,从商业模式创新的原则和主要路径分析了商业模式创新的概念、商业模式创新的严禁机制与动力机制,对基于3项市场变化力量的推进演进从经济学角度和价值的角度进行了解释。论述了构建商业模式创新的四种环节模块和结构模型,应用价值链的理论分析了商业模式创新的实施。从商业模式创新的评价体系的任务、建立商业模式创新的评价体系信息来源、商业模式创新的评价体系框架以及创新评价体系的评价指标对商业模式创新的评价体系进行了论述。探究了影响商业模式创新实施的因素、商业模式创新的实施类型。第五章是对企业商业模式创新实施的案例分析,主要对戴尔电脑、海尔集团、联系集体、中国移动四个集体进行了分析。第六章为全文的总结和展望。

关键词:企业管理　经营管理　商业模式　创新管理　可持续发展

**6052**

**合法性、代理冲突与社会责任信息披露** / 李诗田著 ; 宋献中指导. -- 暨南大学, 2009. -- 141 页

论文基于中国特有的社会和法律环境,从合法性和代理冲突视角分析研究了中国上市公司社会责任信息披露的动因。全文共分六章。第一章引言,介绍了研究的背景与意义,对基本概念进行了界定,指出了论文的内容安排与研究方法以及论文的创新之处。第二章为文献综述,对公司社会责任的相关理论文献进行了综述,探讨了公司社会责任信息披露的动因与经济后果,并对公司社会责任及其信息披露理论进行了评述。第三章介绍了制度背景与理论基础。首先分析了中国经济体制转型的大背景与公司社会责任及信息披露的关系,探讨了国际社会责任运动的影响,并对中国社会责任及其信息披露的法规现状进行了论述;其次对合法性理论进行了概述,探究了合法性压力与公司社会责任信息披露的关系;最后基于合法性压力的分析阐述了代理冲突与社会责任信息披

露的内在联系。第四章介绍了上市公司社会责任信息披露指数。对中国上市公司社会责任的报告内容进行了一般性描述分析,探讨了社会责任报告的行业与时间分布、形式与基本结构,归纳了上市公司社会责任报告内容的一般描述统计结果的结论,建立了社会责任信息披露指数,对社会责任信息披露的评价方法进行了述评,并对其信度进行了检验,对社会责任信息披露指数的整体描述与行业差异进行了分析。第五章对合法性、代理冲突与社会责任信息披露进行了实证分析,从介绍实证研究的设计思路入手,分析了计量模型的构建与变量的设计,对社会责任报告披露动因进行了 logit 实证检验,在此基础上总结了相关的实证结果并加以解释说明。第六章归纳了研究的结论,提出了相关政策建议,指出了论文的局限性,并对后续的研究方向进行了展望。

关键词:上市公司　社会责任　信息披露

6053

**上市公司总经理继任与企业绩效:高管团队特征与企业扩张类型的影响** / 李书玲著 ; 张一弛指导. -- 北京大学, 2009. -- 127 页

论文分析了上市公司总经理继任与企业绩效对高管团队特征与企业扩张类型的影响。全文共分为六章。第一章导论,介绍了论文的研究背景、研究问题、研究目的,总结了论文的研究思路和框架,介绍了论文的研究结构。第二章为相关文献综述,主要对一些研究文献进行了回顾与分析,从研究逻辑与路线、理论发展、变量发展以及研究方法和样本情境四方面介绍了论文的总结和展望,分析了国内外研究的现状和方向,总经理继任者企业经验。第三章为论文的理论与假设的介绍,主要阐述了领导企业经验与继任后企业绩效的关系,公司治理与总经理继任的关系,高管团队互动与总经理继任的联系,总结了企业战略扩张特征和继任后企业的绩效变化。第四章为研究的数据分析结果,主要包括样本的分析,数据收集的方法,数据分析方法与结果讨论以及测量方法。第五章是对上市公司总经理继任与企业绩效进行的案例研究,介绍了公司发展的历史,阐述了"公司历届领导班子成员构成"及其对公司发展的贡献,探究了"管理和文化传承"与"企业持续发展"的关系。第六章为全文的总结与讨论。

关键词:上市公司　企业领导　企业绩效

6054

**服务补救与顾客后续行为意向关系研究** / 李四化著 ; 高闯指导. -- 辽宁大学, 2009. -- 168 页

论文对服务补救与顾客后续行为意向关系进行了研究。全文共分为七章。第一章导论,主要介绍了论文的研究背景和研究的目的及意义,研究的对象和方法,研究的思路和框架,研究的主要创新点。第二章为文献综述,主要包括服务失败的研究评述、服务补救的研究评述、顾客后续行为意向的研究评述,介绍了对现有研究的评价及论文探索的方向。第三章是对服务补救与顾客后续行为意向关系模型的构建,主要论述了服务补救与后续行为意向研究的理论基础,阐述了理论基础与服务补救的结合依据,提出了理论模型。第四章分析了服务补救对顾客后续行为意向的作用,主要对服务补救期望的概念进行了界定,研究了服务补救期望的影响因素,服务补救期望与顾客后续行为意向。第五章分析了服务补救实绩对顾客后续行为意向的作用在,对服务补救实绩的概念进行了界定,论述了服务补救感知公平的中介作用和顾客参与在服务补救过程中的调节作用。第六章为基于网络零售业的实证分析,主要包括研究设计、数据质量分析、对服务补救期望的影响因素及其与后续行为意向关系的研究、服务补救实绩与顾客后续行为意向的关系的研究、实证分析结果的讨论以及小结六方面的内容。第七章总结了论文研究的结论和管理启示,对研究进行了展望。

关键词:企业管理　客户关系管理

6055

**竞争性战略联盟的合作效应研究** / 李薇著 ; 龙勇指导. -- 重庆大学, 2009. -- 172 页

论文以竞争性战略联盟为研究对象,运用概念模型、数理模型、结构方程模型、中介效应检验等研究方法,提出了竞争性联盟合作效应的维度结构,重点讨论了联盟内部资源特征、行业结构特征、联盟合作模式等关键要素对合作效应的影响以及效应与效应之间的相关关系,旨在探讨合作效应的维度结构及其变动机制。论文着重在以下三个方面开展研究工作:①收集文献进行理论研究,提出竞争性战略联盟合作效应研究的概念模型。②针对竞争性联盟合作效应中的几个典型问题进行数理分析,并描述竞争合作的平衡点。③结合文献以及数理分析的相关结果提出经验假设,借助结构方程模型和中介效应检验方法进

行实证检验,讨论竞争性联盟合作效应与其影响因素之间、效应与效应之间直接和间接的相关关系并识别影响路径。借助将合作效应定义为绩效与风险的集合体,并将其划分为内生和外生两部分的研究模式,对上述竞争性联盟合作效应的相关问题进行数理和实证研究。

关键词:企业管理　企业战略　经济合作

**6056**

**高速公路经营企业核心竞争力构成要素及提升策略研究** / 李卫东著 ; 马士华指导. -- 华中科技大学, 2009. -- 147 页

论文深入分析了影响高速公路经营企业核心竞争力的诸多要素,并结合高速公路经营企业的行业特殊性,提出将区位因素和应急因素纳入核心竞争力分析框架的理论观点,从而在一定程度上补充和发展了一般核心竞争力要素理论对该领域的针对性和适用性。同时,论文建立起了高速公路经营企业核心竞争力的评价指标体系,并基于此运用价值链理论从内部价值链、产业价值链、虚拟价值链三方面对高速公路经营企业核心竞争力的战略环节进行了分析,形成了以提高企业核心竞争力为直接目标的企业内部价值活动的系统性结构,提供了系统的、动态的、实用的高速公路经营企业核心竞争力的实施策略,从依托区位优势、完善应急机制、实施服务价值链管理、培育创新能力等四个方面详细论述了高速公路经营企业提升自身竞争力的有效途径。最后,针对论文内容对中原高速进行了实证研究。

关键词:高速公路　经营管理　核心竞争力

**6057**

**企业研发人员知识共享激励研究:团队类型的调节作用分析** / 李卫东著 ; 刘洪指导. -- 南京大学, 2009. -- 130 页

当前企业面临知识经济的挑战,知识管理成为企业应对挑战、构建核心竞争优势的关键。知识管理的核心在于实现知识的共享,而知识共享需要解决由知识本身外部性导致的网络效应与知识创新的高成本性、高风险性及收益分配的不确定性所构成的矛盾。这使得对员工的知识共享进行激励成为当前知识管理研究和人力资源管理研究需要面对和解决的共同课题。本研究主要采用"假设—演绎"的实证研究方法对相关研究问题进行探讨分析。本研究得出的主要结论是:(1)无论在职能团队还是跨职能团队中,内在激励对研发人员知识共享意愿均有显著正向影响,且在跨职能团队中的作用要大于其在职能团队中的作用;(2)在跨职能团队中外在激励(尤其是组织酬报因素)对研发人员知识共享意愿有显著正向影响,而在职能团队中外在激励则有不显著的负向消极影响;(3)团队类型对外在激励因素(尤其是组织酬报因素)与知识共享意愿关系具有显著的调节作用;(4)影响研发人员知识共享意愿的最大因素是属于利他主义的"助人乐趣";(5)企业组织应充分了解跨职能团队这种新型团队组织方式给研发人员管理所带来的影响并区别两种团队类型,对研发人员开展有针对性的激励工作。本研究的理论意义体现在:(1)构建了基于两种团队类型的研发人员知识共享激励模型;(2)证实了内在激励对员工行为意愿的作用强于外在激励;(3)发现了内、外在激励的作用在某些情况下可以同时增长。本研究的局限主要有:研究变量存在选择上的局限;研究样本、数据的质量有待提高;自我评价的问卷填答方式不够客观以及对共同方法偏差问题的消除不够彻底。

关键词:企业管理　科研人员　知识管理

**6058**

**关系嵌入视角下网络胜任力与新创企业绩效的关系研究** / 李伟铭著 ; 崔毅指导. -- 华南理工大学, 2009. -- 178 页

论文在关系嵌入的视角下,对网络胜任力与新创企业绩效的关系进行了深入全面的研究。全文共分为七章。第一章为论文的绪论,介绍了论文研究的现实与理论背景、论文研究的问题与内容,对相关的基本概念进行了界定,阐述了论文研究的技术路线与方法以及论文研究的结构。第二章介绍了论文的理论基础和文献综述,主要基础理论包括交易成本理论、资源基础观理论、资源依附理论以及社会网络理论,介绍了创业理论的研究进展,从网络胜任力的内涵、维度以及网络胜任力与绩效的关系分析了网络胜任力对研究进行了评述,阐述了关系嵌入的内涵、维度,从企业资源的内涵与类别、创业资源的类别、资源获取与绩效的关系以及研究评述分析了资源获取的概况,最后研究了环境的动态性。第三章是对研究问题的案例研究,介绍了研究的目的、数据收集的概况以及案例的介绍,对案例进行了分析与讨论,最后对网络胜任力与关系嵌入、关系嵌入与资源获取、关系嵌

入与绩效以及资源获取与绩效四方面进行了进一步讨论与分析。第四章是对研究假设与概念模型的分析,主要包括网络胜任力与绩效、关系嵌入的中介机制、资源获取与绩效的关系假设和调节作用,对模型构建与假设进行了汇总。第五章是实证研究设计与方法。第六章是数据分析与假设检验,主要包括样本特征分析、数据正态性检验、效度与信度检验、回归条件检验、变量维度之间的关系检验以及整体模型检验,分析了环境动态性的调节作用。第七章为论文的结果与展望。

关键词:企业管理　企业能力　企业绩效

6059

**企业知识网络复杂系统的结构与演化:产业集群情境下的实证研究** / 李文博著 ; 郝云宏指导. -- 浙江工商大学, 2009. -- 159 页

论文通过产业集群情境下的实证研究,对企业知识网络复杂系统的结构与演化进行了研究。全文共分为六章。第一章绪论,主要介绍了论文的实践和理论背景,对相关的基本概念进行了界定,阐述了论文的研究方法、研究目的和技术路线,总结归纳了论文的主要创新点,论文的研究内容和结构安排。第二章为文献综述,对国内外相关基于知识层面的产业集群研究、复杂系统科学研究进展、知识网络研究等相关文献进行了评析。第三章探究了产业集群中知识网络的复杂系统模型,主要包括产业集群中的知识网络是一个复杂系统、基于层面视角的知识网络系统概念模型以及层面间的深层耦合机理及其复杂性涌现,最后对研究结论进行总结和归纳。第四章对产业集群中知识网络结构的测度进行了研究,主要分析了知识网络结构测量的量表开发范式,从节点中心性、联结强度、关系质量、网络密度四方面分析了基本测度变量的确定。论述了变量的操作化,对调查与样本情况进行了说明,对实证结果进行了分析与研究。第五章介绍了产业集群中知识网络的演化:解释、测度与行动,主要分析了产业集群中知识的演化条件及演化机制、产业集群中知识网络的演化过程及影响因素、产业集群中知识网络演化过程的动力学特征,对产业集群中知识网络演化结果的测度进行了实证分析,介绍了产业集群中知识网络演化的政策体系的设计。第六章为论文的总结和展望。

关键词:企业管理　知识管理　产业集群

6060

**LLS 模型的拓展及对中国股市的模拟研究** / 李文强著 ; 吴世农指导. -- 厦门大学, 2009. -- 181 页

论文对 LLS 模型的拓展及对中国股市的模拟进行了研究。全文共分为七章。第一章导论,主要介绍了论文的研究背景,研究问题,研究的对象,研究思路和主要的内容,论文的创新点。第二章介绍了中国股市的制度背景和投资者的特征。第三章为相关研究的文献综述,主要介绍了行为金融理论,分析了群体行为的心理学基础,论述了典型的心理群体行为——羊群与异质性群体。第四章是对 LLS 模型的介绍及拓展,主要论述了股票市场群体行为模拟的主要方法,介绍了 LLS 模型,对 LLS 模型进行了简要的阐述,提出了改进的思路,对 LLS 模型进行了拓展。第五章是对中国股市群体行为的模拟研究,主要介绍了模拟的前提准备,论述了仅考虑记忆长度不同时的模拟,对投资者的结构变动、记忆长度变化的模拟进行了分析,研究了投资者结构和记忆长度同时变化的交互,探析了投资者财富分布演化分析。第六章是对中国股市群体行为的模拟研究,主要包括仅考虑记忆长度不同时的模拟、投资者结构变动分析、记忆长度变化的模拟分析、投资者结构和记忆长度同时变化的交互分析以及投资者财富分布演化分析五部分的内容。第七章主要论述了模拟股市走势及波动的动力学过程,分析了发展大机构投资者对股价波动的平抑效果,阐述了投资者类型趋同及羊群现象,研究了投资在财富效应及演化,论述了未来研究的方向。

关键词:股票市场　证券市场　证券投资

6061

**基于符号论的企业文化传播工具研究** / 李文勇著 ; 黎永泰指导. -- 四川大学, 2009. -- 305 页

论文对基于符号论的企业文化传播工具进行全面深入的研究。全文共分为六章。第一章绪论主要介绍论文的研究背景、研究问题、研究意义、研究目标和框架、研究内容,归纳了论文的研究方法和路线及创新点。第二章是对国内外相关理论研究综述,主要从符号本质、符号分类、符号工具的研究,对符号论相关研究进行综述,介绍了人类学及传播学、企业文化及传播的相关文献,并对国内外的相关研究进行了评述。第三章分析了企业文化形成的六阶段,即企业口头文化阶段、企业文本文化阶段、企业行为文化阶段、企业习惯文化阶段、企业机制文化阶段、企业传统文

化阶段以及六阶段的选择依据。第四章是对基于符号论的企业文化传播工具的实证研究与分析,提出了基于符号论的企业文化传播工具研究的假设,对口头文化阶段、文本文化阶段、行为文化阶段、习惯文化阶段、机制文化阶段以及传统文化阶段的符号传播工具进行了研究。第五章是对企业文化符号传播工具的个案进行的分析与研究,主要介绍了个案研究思路,分析了成都 YD 公司和中国 PG 集团企业文化形成与传播工具。第六章为全文的结论与展望。

关键词:企业管理　符号论　企业文化

**6062**

**制度环境约束下的国有企业治理机制选择研究** / 李向荣著 ; 何大安指导. -- 浙江工商大学, 2009. -- 165 页

全文对制度环境约束下的国有企业治理机制选择进行了全面深入的研究。全文共分为七章。第一章主要阐述了论文的国际和国内的考察背景,分析了论文的研究目的与意义,界定了论文的研究对象,介绍了论文的研究方法、研究内容和研究框架及创新点。第二章为文献综述及其评论,主要包括委托代理理论在公司治理实践中的地位、利益相关者理论的进步意义以及现代管家理论的独特视角、公司治理的内涵、公司治理机制形成的决定因素、国有企业治理等几个相关问题。第三章介绍了公司治理机制与制度环境约束的理论分析,主要包括制度、制度环境与制度安排的关系,分析了公司治理机制与制度环境的相关性。从政治制度与公司治理机制之间的相关性、经济制度与公司治理机制的影响、法律制度与公司治理机制之间的关联以及文化制度对公司治理机制形成的作用四方面进行了论述。第四章分析了国有企业治理低效的原因分析,主要包括国有企业中二级委托代理问题、二级委托代理关联下的“内部人控制”、多元化目标与国企治理效率以及“一股独大”能成为国企治理低效的关键解释变量的研究四方面的内容。第五章分析了制度环境约束下的国有企业治理机制的作用,分析了国有企业中是否存在接管、代理权竞争的有效性分析、董事会的治理功能及其表现形式,论述了股权结构的治理作用,对管理报酬激励功能进行评析。第六章是对国有企业治理机制作用进行的实证研究,包括样本筛选、研究设计、变量的描述性统计与比较分析、回归结果的进一步讨论以及分析结论六方面的内容。第七章为总结。

关键词:国有企业　公司治理　委托代理

**6063**

**配送中心拣货作业设计与优化** / 李晓春著 ; 王国庆指导. -- 暨南大学, 2009. -- 145 页

论文系统整理、总结了拣货作业运作相关的研究成果。分别研究了三种拣货系统中的拣货作业问题:静态分区拣货系统(串行分区、并行分区)、动态分区拣货系统以及双旋转货架拣货系统。首先,在静态分区拣货系统中,考虑拣货员拣货速度不同的情况,提出储位指派算法,通过对品项在各分区间储位的安排以平衡各分区拣货员的作业量;其次分析了在作业繁忙期与空闲期拣货员的配置及储位的调整问题。在静态分区拣货系统的基础上提出动态分区拣货策略,通过订单拣货顺序的优化及拣货员所在分区的动态分配,提出了“排序—动态分区—平衡”思想,设计启发式算法使分区间等待时间减少,提高拣货效率。最后对分区拣货系统中常见的另一种货架系统——旋转货架进行讨论,针对双旋转货架系统配置下的拣货优化问题,分析其特点、建立数学规划模型,分别对拣取时间可忽略的情况及拣取时间不可忽略的情况设计启发式算法求解。此外,论文根据不同的拣货作业规则和优化目标,对相关模型及算法进行模拟测试以证明其有效性,为方法选择与应用提供了依据。

关键词:物流　配送中心　拣货作业

**6064**

**社会偏好与不完备市场的治理:基于比较制度实验方法的研究** / 李晓义著 ; 成思危,李维安指导. -- 南开大学, 2009. -- 116 页

论文基于比较制度实验方法的研究,对社会偏好与不完备市场的治理进行了分析与研究。全文共分为五章。第一章绪论,主要提出了论文研究的问题,研究的主要内容,研究方法,研究的技术路线,研究的创新点和不足。第二章社会偏好下的竞争、合作与契约治理的研究,主要提出了研究的关键命题。通过一个简单的模型,运用最后通牒博弈与礼物交换博弈,分析互惠与不平等厌恶,解释和辨析非自利行为,对社会偏好行为进行了解释和分析。从完全契约市场、不完全契约型市场与社会偏好,规范、社会偏好与组织合作以及另一只“看不见的手”三方面分析了社会偏好下的竞争与合作。研究了社会偏好下的契约治理与设计,激励契约的挤出效应,不完全契约的内生性,以及社会偏好与契约设计。第三章信任、互惠与不完备契约的治理效率,介绍了论文研究基本模型,

阐述了比较制度实验的设计与结果。通过社会偏好、互惠与信任,契约的制度互补与制度挤出分析以及不完备契约的治理效率分析了社会偏好下的治理效率。第四章对不完备市场的多层次治理进行了研究与分析,主要探究了市场的治理问题,论述了不完备市场模型的基础交易和市场治理。从实验交易、实验市场以及效率标准分析了比较制度的实验,对实验结果进行了描述性统计,研究了市场的制度互补与制度挤出。第五章为全文的结论与展望。

关键词:企业管理　市场竞争　契约　激励

**6065**

**消费者对联合品牌态度转移路径研究:以中国手机行业为例** / 李晓英著 ; 苏勇指导. -- 复旦大学, 2009. -- 135 页

论文以中国手机行业为例,对消费者对联合品牌态度转移路径进行了研究。全文共分为六章。第一章绪论,主要介绍了论文研究的理论与现实背景,研究问题,研究的意义,对相关的研究概念进行了界定,阐述了论文研究内容与逻辑框架以及技术路线以及论文的创新点。第二章对相关的文献进行了回顾与分析,主要论述了联合品牌相关理论、联合品牌、品牌态度及其转移路径,分析了购买意愿的涵义,阐述了购买意愿的影响因素,介绍了基于消费者态度的购买意愿。第三章介绍了联合品牌的生成路径,分析了联合品牌的动因,从实证对象的选择、全球产业价值链、消费者特征三方面研究了消费者视角的联合品牌的生成路径。第四章介绍了研究模型和研究设计,分析了研究思路与概念模型、研究模型,从品牌态度的形成与重要性认知、品牌态度的转移过程、对联合品牌购买意愿的影响以及研究假设总结四方面介绍了理论依据与研究假设。对研究变量的操作性进行了定义,阐述了研究设计与问卷调研,介绍了论文数据分析的方法。第五章是对数据分析与结果的讨论,主要包括数据收集与样本描述、问卷的信度和效度检验、研究变量的描述性分析、背景变量的影响分析、假设统计检验以及统计小结六方面的内容。第六章为全文的结论与建议。

关键词:消费心理学　消费者行为论　品牌　手机

**6066**

**高科技品牌广告效果影响因素实证分析研究** / 李欣著 ; 王兴元指导. -- 山东大学, 2009. -- 155 页

研究采用描述性统计分析、方差分析、相关分析、聚类分析、回归分析以及结构方程建模六种方法,对高科技品牌广告效果影响因素进行实证研究。全文分六章。第一章绪论,概述了研究的背景、思路以及研究意义,论文的框架和研究边界,研究的创新点。第二章文献综述,论文从高科技的定义、高科技品牌企业的特点、高科技品牌与广告、广告效果及其作用模型、广告效果的衡量以及广告效果的影响因素等诸多方面进行综述。第三章高科技品牌广告效果影响因素及其作用机制,从消费者特质、涉入度、品牌忠诚度、广告诉求、媒介、创新识别能力以及消费者经历等方面对广告效果的影响进行分析,同时也分析了因素之间的相互作用机制,如消费者特质对涉入度的影响,产品涉入对广告诉求的影响,消费者特质与媒介之间的相互影响等。第四章高科技品牌广告效果影响因素实证研究方案设计,就广告效果影响提出了影响关系假设树、涉入度差异、品牌忠诚度差异、创新型识别差异以及广告效果差异等诸多假设,在此基础上控制变量设计问卷调查。第五章高科技品牌广告效果影响因素实证数据分析及模型检验,通过问卷的方式测量被试在广告告知、广告态度、品牌认知、品牌态度和购买意愿几方面的得分,分析消费者类型对涉入度的影响、对品牌忠诚度的影响以及对广告中创新点的识别能力的影响,并总结消费者识别不同媒介和诉求广告中创新点的差异,阐述不同类型消费者对广告效果的差异、不同媒介和诉求的广告效果差异以及不同媒介和诉求组合的广告效果差异,从而得出不同影响因素下广告效果最佳的消费者类型。第六章结论与研究中所存在的不足,并对今后的研究做出展望。

关键词:高技术企业　品牌　广告

**6067**

**内部劳动力市场二元结构条件下的企业人力资本投资研究** / 李欣午著 ; 李健指导. -- 北京理工大学, 2009. -- 160 页

论文对内部劳动力市场二元结构条件下的企业人力资本投资进行了研究。全文共分为七章。第一章绪论,主要提出了论文的研究问题,国内外研究的现状,对相关概念进行了界定,阐述了基本研究假设,介绍了论文的研究方法和结构以及主要内容、研究意义、研究的创新点。第二章为相关的文献评述,主要介绍了人类资本投资理论、内部劳动力市场理论,阐述了内部劳动力市场对人力资本投资的作用。第三章介绍了企业内部劳动力市场的二元结构,主要分析

了企业内部劳动力市场的形成，阐述了企业内部劳动力市场"核心—外围"二元结构模型，对企业内部劳动力市场二元结构进行了实证研究。第四章是对内部劳动力市场二元结构条件下的企业人力资本投资的介绍，主要包括企业一般性人力资本投资行为、企业专用性人力资本投资行为、内部劳动力市场二元结构条件下的企业人力资本投资分化三方面的内容。第五章是对内部劳动力市场二元结构条件下的企业人力资本投资进行的实证研究，主要介绍了变量的设计与研究方法，对实证结果进行了描述性统计、相关分析、回归分析以及统计推断，探讨了企业人力资本投资供求的失衡。第六章是对内部劳动力市场二元结构条件下的企业人力资本投资进行了案例分析，主要对国有典型企业、合资典型企业进行了分析，概述了公司的概况，分析了企业内部劳动力市场结构和企业人力资本投资体系，最后对案例进行了比较分析。第七章为相关的政策建议。

关键词：企业管理　人力资本　人力投资

**6068**

**高新技术产业集群及运行效应研究** / 李新著 ；刘朝明，史本山指导. -- 西南交通大学，2009. -- 146 页

论文对高新技术产业集群及运行效应进行了研究。全文共分为八章。第一章绪论，主要介绍了论文的研究背景和意义，国内外产业集群研究的现状，国内外高新技术产业集群的研究现状，高新技术产业集群逻辑体系的构建，分析了论文需要解决的主要问题，研究思路和方法以及创新点，研究的主要内容和基本结构。第二章对相关的概念进行了界定，主要包括高技术、新技术与高新技术、高新技术产业、高新技术企业、高新技术产业集群。第三章为高新技术主导产业的识别和选择，主要包括主导产业的内涵及理论应用、高新技术主导产业的选择基准、高新技术主导产业选择指标体系以及高新技术主导产业选择模型四方面的内容。第四章介绍了高新技术产业集群形成及演进的机理，论述了高新技术产业集聚的机制，分析了高新技术产业集群的自组织机理。第五章论述了高新技术产业集群的运行机理。主要包括主导产业的形成在产业集群演进中的重要作用和基于主导产业的高新技术产业集群运行的机理。第六章分析了高新技术产业集群的运行效应，阐述了高新技术产业集群运行效应的内涵，论述了高新技术产业集群的规模效应和高新技术产业集群的带动效应，对高新技术产业集群的扩散效应和关联效应进行了实证分析与研究。第七章介绍了基于高新技术产业集群运行效应的政策，主要包括高新技术产业集群的运行效应与政策的关联和我国发展高新技术产业集群的政策建议。第八章为论文的总结和展望。

关键词：高技术产业　产业组织　运行效益

**6069**

**企业社会回应管理和企业绩效** / 李新娥著 ；张承耀指导. -- 中国社会科学院，2009. -- 156 页

论文对企业社会回应管理和企业绩效进行了研究。全文共分为八章。第一章绪论，主要分析了论文研究的理论与现实背景，论文的研究问题，研究的意义，对相关的研究概念进行了界定，阐述了论文研究内容与逻辑框架以及技术路线，总结归纳了论文的创新点。第二章为企业社会回应研究文献的综述，主要介绍了企业社会回应相关的概念，企业社会回应和企业社会回应管理。第三章介绍了企业社会回应管理理论基础，主要研究了系统论、环境学派理论、利益相关者理论、竞争优势理论，提出了论文研究的观点：企业社会回应管理是一个过程。第四章分析了国外企业社会回应的管理实践，介绍了国外企业社会回应管理的演变，分析了国外企业社会回应管理的模式，论述了美国企业社会回应管理模式及其实践、日本企业社会回应管理模式及其实践、欧洲企业社会回应管理模式及其实践。第五章是对中国企业社会回应管理的实践的研究，主要分析了中国企业社会回应管理的推动因素，中国企业社会回应管理的演变过程，现阶段中国企业社会回应管理总体的情况，列举了中国企业社会回应管理典型的实践。第六章介绍了企业社会回应管理和企业绩效关系的实证研究，回顾了相关的文献，阐述了企业社会回应管理和企业绩效关系的理论模型，以美国企业为例，对企业社会回应管理和企业绩效关系进行了实证研究。第七章是对中国企业社会回应管理框架构建的说明，将企业社会回应管理纳入了战略框架，分析了实施企业社会回应管理中应注意的问题，简述了中国企业社会回应管理的外部推进机制。第八章是对全文的总结和展望。

关键词：企业管理　企业绩效　社会责任

**6070**

**顾客体验对轿车品牌资产的影响研究** / 李艳娥著 ；薛声家指导. -- 暨南大学，2009. -- 141 页

论文以我国中级轿车市场为对象来研究轿车市场顾客体验的影响因素及对轿车品牌资产的影响。通过对顾客体验、品牌资产、顾客体验对品牌资产的影响等国内外文献的回顾,结合市场调查和深度访谈,基于轿车市场的特点,提出轿车市场顾客体验的影响因素及对轿车品牌资产影响的整体概念模型,并开展了实证研究。采用问卷调查法,以随机抽样的方式进行探测性研究和正式研究的数据收集,运用SPSS15.0和AMOS7.0统计软件进行数据分析,结论:①轿车市场顾客体验主要包括感知体验、情感体验和社会体验。感知体验对情感体验具有正向影响,情感体验对社会体验产生正向影响。影响轿车市场顾客体验的因素主要有产品因素、信誉因素、传播因素、服务因素,其中,传播因素对顾客体验的影响作用最大。②轿车品牌资产包含两个维度,即轿车品牌认知、轿车品牌形象与关系,这两个维度均对轿车品牌资产具有显著的正向影响,其中品牌形象与关系维度的影响作用较大。品牌认知对品牌形象与关系具有正向影响。③在顾客体验对轿车品牌资产及其维度的影响中,顾客的情感体验对轿车品牌认知具有显著正向影响,顾客的感知体验、顾客的社会体验对轿车品牌认知维度和轿车品牌形象与关系维度均具有显著正向影响。顾客的感知体验、情感体验和社会体验通过轿车品牌资产的维度间接正向影响轿车品牌资产。相对情感体验,顾客的感知体验和社会体验对轿车品牌资产及其维度具有较大的正向影响。

关键词:轿车　汽车企业　品牌　市场营销

**6071**

**基层经理上司信任产生及作用过程研究:以酒店行业数据为例** / 李艳霞著 ; 杨永康指导. -- 复旦大学, 2009. -- 188 页

论文以酒店行业数据为例,对基层经理上司信任产生及作用过程进行了研究。全文共分为六章。第一章导论,主要介绍了论文的研究背景,研究原因、目的和意义,研究的技术路线与方法,拟解决的关键问题与创新点,论文的结构安排。第二章为文献综述,主要对行动理论研究评述、信任理论研究、价值观理论研究以及领导理论研究进行评述,最后对相关文献进行了总结。第三章理论拓展,总结了以往的研究,分析了论文研究的探索方向、理论视角,阐述了变量间的关系假设,论述了理论模型。第四章介绍了论文的实证研究设计及预调研,主要对变量进行了界定和测量,对预调研的实施和结果进行了分析与研究。第五章进行了大规模的调研及模型验证,主要包括数据的获取、描述、分析方法、各量表信度和效度分析结果、领导风格与上司信任关系分析以及上司信任的中介作用分析五方面的内容。第六章为研究结论和展望。

关键词:企业管理　人力资源管理　经理　饭店业

**6072**

**母子公司知识转移研究** / 李一楠著 ; 徐向艺指导. -- 山东大学, 2009. -- 195 页

论文通过文献归纳、理论模型演绎和统计分析等方法的综合运用,从理论和实证两个方面对母子公司知识转移行为进行了研究。全文分六章。第一章导论,主要分析了当前的研究背景,相关问题,研究的理论与现实意义。提出母子公司、知识以及知识转移的概念,明确了研究内容、研究的逻辑架构和结构。第二章文献综述,主要对母子公司关系、知识及知识转移的内涵、企业知识转移的方式和关于母子公司知识转移的行为研究进行了综述,并对当前的研究状况做出评述。第三章母子公司与知识转移的关联性分析,母子公司内部知识转移具有适应性,在管理组织特征下对不同管理控制模式下的知识转移进行分析,在知识的可转移性和知识转移成本、知识内在特性、转移能力、转移情景等方面分析知识转移对母子公司关系具有促进作用。第四章母子公司知识转移机制分析,在对企业知识结构和层次构成分析的基础上,结合母子公司网络的组织结构特点提出母子公司知识结构。总结出母子公司内部知识纵向转移和知识横向转移两种方式,在募资公司知识转移实践中,两种转移方式交互作用。借用复杂网络理论和小世界网络理论对于以母子公司组织成员为主体的知识转移行为进行分析,计算结果表明,母子公司成员之间的距离对转移频率有着重要的影响。第五章母子公司知识转移实证分析,提出概念模型和基础假设,通过问卷设计与抽样方法对可控制变量的效度和信度进行分析,做相关性分析并提出变量间关系回归分析模型。第六章概述相关结论,并对我国母子公司知识转移实践提出建议。

关键词:企业集团　知识管理　母公司　子公司　技术转移

**6073**

**互联网用户体验结构模型:以Flow理论挖掘网站功能、社会属性作用机制** / 李仪凡著 ; 陆雄文指导. -- 复

旦大学, 2009. -- 164 页

论文以参与者最佳体验 Flow 理论为基础,采用实验法和问卷法,对互联网用户体验结构模型进行研究。全文分六章。第一章导言,分析了当前的现实背景,提出了论文研究的问题、研究所采用的方法及研究意义。第二章文献综述,主要从最佳行为体验 Flow 理论、Flow 前置变量的探索以及 Flow 结果变量三个方面进行论述。第三章探索性研究,就关键概念量表进行开发,通过问项开发、问项筛选、量表确认来进行探索性因子分析、验证性因子分析和路径分析,并设计了功能属性不变探索社会属性对 Flow 及参与者决策影响和社会属性不变探索功能属性对于 Flow 及参与者的决策影响两个实验。第四章假设与模型,选择同时参与过两类游戏的 221 位玩家分成两组进行配对试验,测试网站功能属性及社会属性变化情况下对参与者体验及行为的影响,在此基础上提出假设模型。第五章实证研究,在假设模型的基础上,通过问卷方式进行调查,研究共计收回有效样本 352 份,回收问卷内部一致性系数及因子分析确认维度、信度、效度,据此修正概念性模型并提出相关假设,使用结构方程模型 SEM 针对整体模型进行分析及假设检验,采用 SPSS15.0 统计软件作为主要分析工具,从实证研究结果看出,网络产品的功能属性与社会属性共同对参与者最佳体验 Flow 产生正影响,从而对参与者享乐主义以及用户满意产生正向影响,最后影响参与者积极口碑影响与用户意愿保留。第六章概述研究中的发现,并指出研究中存在的不足之处,为未来的研究指明方向。

关键词:网络企业　网站　产品营销　用户体验　顾客满意度

**6074**

**私募股权基金网络能力对项目投资绩效影响研究** / 李颖琦著 ; 李元旭指导. -- 复旦大学, 2009. -- 162 页

论文对私募股权基金网络能力对项目投资绩效影响进行了研究。全文共分为八章。第一章为论文的导论,主要介绍了论文的选题背景和研究意义,研究目标和方法,对相关的概念进行了界定,论述了论文的研究思路、技术路线和内容。第二章为研究综述和评析,阐述了私募股权基金、网络能力理论、私募股权基金投资绩效三方面的内容。第三章论述了私募虎泉基金的关系网络与网络能力,主要分析了私募股权基金发展的现状,介绍了私募股权基金关系网络的概念和内涵,总结了私募股权基金关系网络的结构,论述了关系网络对私募股权基金成长的作用机理。第四章为理论模型和研究假设的介绍,主要阐述了私募股权基金网络能力对项目投资绩效影响机理的概念模型、私募股权基金网络能力对项目绩效的直接作用、私募股权基金网络知识获取对项目投资绩效的直接作用、私募股权基金与项目方的关系质量对项目投资绩效的直接作用、私募股权基金获取的项目知识在网络能力与项目投资绩效间的中介作用。分析了调节效应和实证模型的发展,对研究假设进行了总结。第五章论述了论文的研究方法,主要包括实证研究设计、变量度量、量表预测试三方面的内容。第六章为数据分析,主要进行了描述性统计,进行了 Pearson 相关分析和多重共线性检验,分析了数据的信度和效度,同时检验了网络能力的验证性因子。第七章为假设检验,分析了网络能力对项目投资绩效的直接作用、知识获取对项目投资绩效的直接作用、关系质量对项目投资绩效的直接作用、知识获取、关系质量的中介作用以及项目决策者从业年数、企业家持股比例的调价作用。第八章为论文的总结。

关键词:私募股权基金　金融网络　投资项目　投资效果

**6075**

**集聚效应对企业行为及绩效影响的研究** / 李瑜著 ; 武常岐指导. -- 北京大学, 2009. -- 162 页

论文对集聚效应对企业行为及绩效影响进行了研究。全文共分为六章。第一章序言主要提出了论文研究的问题、研究的实证背景,对基本的概念进行了界定,归纳了论文的基本研究假设,总结了论文研究的主要贡献,明晰了论文的结构安排。第二章回顾分析论文相关的文献综述,主要介绍了集聚理论、与集聚现象相关的理论、集聚效应和企业行为的关系、集聚效应与企业绩效的关系、中文文献中对集聚现象的考察,以及论文涉及到的其他理论。第三章分析了企业异质性和集聚异质性的作用,主要包括理论发展和假设、研究方法、结果及其解释、讨论和结论、研究局限性和未来的研究方向以及附录七方面的内容。第四章阐述了集群、企业和产业对企业绩效的相对影响,主要概述了研究的理论背景和假设,阐述了集群、集聚效应和企业竞争优势,介绍了研究的方法,对结果进行了分析和解释,指出研究的局限性和未来研究的方向。第五章研究了集聚效应对发展中国家对外

直接投资的影响。第六章为全文的总结。

关键词:企业管理　企业绩效　外商直接投资　产业集群

**6076**

**我国中级职业经理人的选聘研究:基于胜任素质模型的角度** / 李元勋著 ; 廖泉文指导. -- 厦门大学, 2009. -- 313 页

中级职业经理人选聘机制的研究对我国的经济发展具有极为重要的现实意义。全文分为八章。第一章:导论。主要对论文研究的背景和意义、研究思路和方法、研究的主要内容、主要创新点等进行论述。同时界定了论文的主要研究对象。第二章:相关理论研究综述。分别回顾了职业经理人选聘的相关理论,包括人力资本理论、企业契约理论、委托代理理论、企业家理论和能岗匹配理论,并对这些理论做出了评述。第三章:我国中级职业经理人的胜任素质模型。从胜任素质的概念入手,分析了职业经理人的胜任素质,对相关职业经理人胜任素质研究现状进行分析,利用实证研究总结出我国中级职业经理人的胜任素质模型。第四章:影响我国中级职业经理人选聘的内外部因素分析。分析了影响中级职业经理人选聘的政治经济、社会文化等外部因素和企业战略、企业文化、企业生命周期、企业类型等内部因素,并提出相应对策。总结了企业内外部因素对中级职业经理选聘的影响,并指出构建中级职业经理人市场是我国中级职业经理人选聘的基础。第五章:我国中级职业经理人市场构建分析。从经理人市场角度来阐述其对我国中级职业经理人选聘的影响。进而提出建立有效职业经理人市场的途径。第六章:对我国中级职业经理人的内部选拔分析。包括内部选拔过程分析、选拔主体分析、选拔方法分析等,并对内部选拔过程出现的失误进行分析,提出了对策,构建了我国中级职业经理人的内部选拔体系。第七章:对我国中级职业经理人的外部招聘分析。提出我国中级职业经理人外部招聘的步骤,对几个重要步骤做以重点阐述,总结分析形成了我国中级职业经理人外部招聘的机制,对我国中级职业经理人外部招聘机制中容易出现的问题进行分析并提出对策。第八章:我国中级职业经理人的选聘机制分析。系统地提出了我国中级职业经理人选聘机制,并对此选聘机制进行阐释。

关键词:企业管理　人事管理　经理

**6077**

**国有投资公司投资战略组合模式研究** / 李云著 ; 揭筱纹指导. -- 四川大学, 2009. -- 195 页

论文对国有投资公司投资战略组合模式进行全面系统的研究。全文共分为九章。第一章绪论分析了论文研究的背景、研究目的及意义,阐述了论文的创新之处,总结了论文的研究方法、研究思路、研究结构,对相关概念进行了界定。第二章为相关文献综述,对企业战略定位理论、公司治理理论、国有投资公司战略理论、公司绩效理论的相关文献进行了简要总结与评述。第三章概述了国有投资公司的情况,主要包括国有投资公司沿革、我国国有投资公司发展存在的问题、国有投资公司定位分析、国有投资公司的投资战略演进过程。第四章是对国有投资公司战略导向维度设计,主要包括战略导向维度设计的理论基础、国有投资公司"功能—业务"分析、国有投资公司战略导向维度构建三部分的内容。第五章研究了国有投资公司投资战略组合分类。从战略的含义、投资关键考虑因素以及案例分析三方面论述了实业—控制型战略、实业—拟补调整型战略、实业—先导型战略、服务—控制型战略、服务—拟补调整型战略。第六章对国有投资公司不同投资战略组合的绩效进行了分析,主要介绍了研究的依据,对国有投资公司总体绩效和不同投资战略绩效进行了分析。第八章介绍了案例研究,主要从公司简介、兴南公司投资战略组合分析、兴南公司投资战略组合绩效分析以及公司投资战略组合的改进措施四部分分析了成都市兴南投资有限公司和成都工业投资集团公司。第九章为研究总结、研究局限以及研究展望。

关键词:投资公司　国有企业　企业管理　投资战略

**6078**

**基于财务失败与财务失真的投资风险预警研究** / 李志强著 ; 史本山指导. -- 西南交通大学, 2009. -- 194 页

论文研究目的在于分析投资者应对上市公司财务报告所可能面临的财务失败和财务失真风险问题,通过风险预警模型的构建为投资者等财务信息的使用者提供一个全面规避投资风险的较好方法。遵循理论、模型、应用这样的逻辑思路,在对国内外相关财务失败、财务失真预警研究文献回顾和述评的基础上,从投资者应对的角度,展开基于会计信息分析的

投资风险的描述。在投资风险预警模型研究方面,选取了偿债能力、现金流量能力等40个财务指标和公司治理、市场信息等23个非财务指标,并利用上市公司的相关数据,分别进行了财务失败、财务失真、双元投资风险预警等建模工作。研究发现:非财务指标的引入确实有助于预警准确度的提高;针对财务失真预警传统方法预警准确度较低的问题,选用粗糙集结合神经网络的方法进行建模效果较好。

关键词:上市公司　财务管理　会计信息失真　投资风险

**6079**

**创意产业集聚的影响因素和集聚效应研究:以北京市为例** / 连玮佳著 ; 李健指导. -- 北京理工大学, 2009. -- 130页

论文从集聚区域内的微观集聚主体——单个企业的需求角度出发,探讨影响创意产业集聚的因素,对于创意产业集聚效应进行了研究。通过分析,认为创意产业集聚是目前完善和延伸创意产业链的最佳途径;创意产业集聚在聚集外部性上分为技术外部性、社会资本外部性和地区象征外部性,其中地区象征外部性是创意产业所特有的。论文的主要研究成果包括如下三个方面:提出了北京市创意产业集聚区内部的四种网络结构,深化了对于创意产业 集聚内部结构的认识;在传统的区位经济理论、外部性理论、交易成本理论、知识外溢理论等相对完整的理论分析框架下,结合创意产业的产业特色和该产业在北京市的发展动态,提出了创意产业集聚的四个影响因素。

关键词:文化产业　产业经济　产业集聚

**6080**

**基于博弈论的企业管理者人力资本投资研究:以广州企业中层管理者在职培训机制为例** / 梁锡崴著 ; 吴能全指导. -- 中山大学, 2009. -- 184页

论文从人力资本理论出发,以博弈论为工具,以广州企业管理者在职培训状况为案例,在传统培训理论的基础上对企业管理者人力资本投资进行了重新审视。第一章介绍了研究背景、学术意义、研究的基本思路与研究的主要内容。第二章是对人力资本理论、管理能力等相关研究理论方法进行评述。第三章介绍了加里·贝克尔所奠定的员工人力资本投资研究的理论基础——完全竞争劳动力市场下的企业员工在职培训模型,并对贝克尔模型进行验证与发展。第四章对不完全竞争市场下,从企业与管理者之间的博弈关系这一角度,对企业管理者人力资本投资做出的分析,并研究了在不对称信息情况下,企业管理者在职培训的行为机制。研究表明,在信息不对称情况下,企业会愿意承担管理者通用性在职培训的部分成本,并且承担的比例随着信息不对称程度的增加而增加,同时,由于信息不对称的存在,企业对培训投资的监控往往无效,而不同的组织氛围与组织特性会对管理者人力资本投资的效果产生不同的影响。认为在信息不对称的情况下,要解决人力资本所有者的道德风险问题,关键不在监控,而在于通过薪酬机制和组织氛围的调整实现对人力资本的激励。

关键词:企业管理　人力资本　投资　人力资源管理

**6081**

**基于稳定型战略的企业动态能力研究** / 梁旭晖著 ; 王迎军指导. -- 南开大学, 2009. -- 216页

论文对基于稳定型战略的企业动态能力进行了研究。全文共分为八章。第一章绪论,主要介绍了论文的选题背景和意义,阐述了企业战略、动态能力理论综述和研究方向,介绍了论文的研究方案。第二章对竞争优势的相关理论进行了回顾与分析,主要包括产业定位观点与企业竞争优势、资源基础观点与企业竞争优势、动态能力观点与企业竞争优势、企业竞争优势相关理论综述评析四方面的内容。第三章企业成长的战略选择,主要介绍了关于企业成长的战略思维,分析了稳定型战略的内涵,论述了产业与企业生命周期,保持核心与价值创新,企业战略态势的选择。第四章分析动态视角下的能力观,主要论述了能力的本质,分析了动态能力理论演进的过程,动态能力理论的应用,介绍了战略演化与动态能力的互动。第五章稳定型战略与动态能力的关系,论述了企业战略、动态能力与竞争环境的动态匹配,阐述了动态环境与稳定型战略,分析了稳定型战略的特征与对策,稳定型战略动态能力的核心维度,阐述了稳定型战略动态能力的作用机制。第六章介绍了基于稳定型战略的企业动态能力的测量方法。第七章稳定型战略动态能力的企业案例研究,主要包括个案研究策略、个案研究公司的简介、稳定型战略与动态能力演进过程、稳定型战略动态能力个案研究综合分析以及稳定型战略与动态能力的含义五方面的内容。第八章为全文的结论与建议。

关键词:企业管理　企业能力　战略管理

6082

**突发事件应急管理绩效评估研究** / 廖洁明著 ; 夏洪胜指导. -- 暨南大学, 2009. -- 127 页

论文对突发事件应急管理绩效评估进行了研究。全文共分为七章。第一章为引言,主要提出了研究的问题、研究意义、研究内容、研究技术路线以及研究的创新点。第二章文献综述,主要对突发事件和应急管理进行了界定,分析了应急管理能力、应急管理绩效的研究现状,最后对研究进行了综述。第三章突发事件应急管理的理论基础,主要论述了应急管理过程的理论、危机生命周期理论、绩效评估理论、复杂系统理论和不确定性理论。第四章突发事件应急管理运行机制,主要通过研究突发事件与应急管理的机理结构与逻辑关系分析了应急管理机理;从应急管理体制的结构和功能论述了应急管理的体制,从应急管理机制的构成和国外经验分析了应急管理的机制;从我国应急管理法制体系以及西方国家的应急管理法制体系两方面分析了应急管理的法制,最后阐述了应急管理的预案。第五章是对突发事件应急管理绩效评估的指标体系研究,主要包括突发事件应急管理绩效模型的构建、突发事件应急管理绩效评估指标体系的构建、突发事件应急管理绩效评估指标的定量化、突发事件应急管理绩效评估指标的权重分析以及模糊评价五方面的内容。第六章对突发事件应急管理绩效评估进行了实证研究,包括香港突发事件应急管理,香港突发事件应急管理绩效评估,香港突发事件应急管理绩效模糊综合评价结果与分析。提出了改进香港突发事件应急管理及其绩效的建议。第七章为论文的结论与展望。

关键词:突发事件　公共管理　应急管理

6083

**中国私营企业政治战略:类型、特征与战略决策** / 林淑著 ; 梁能指导. -- 北京大学, 2009. -- 153 页

论文是一项以中国私营企业政治战略为主题的探索性研究。以中国私营企业家为影响地方政府官员公共决策而采取的企业政治活动为研究对象,全文内容组织为三个篇章:第一篇章从组织—环境范式出发,对现有企业政治战略文献背后的理论视角进行了系统综述。围绕研究者对政府—企业关系、企业(管理者)角色和政府(官员)角色等三方面的潜在假设,现有企业政治战略研究归纳为战略选择、制度决定和政企交换等三个理论视角,并在此基础上讨论了理论视角综述之于中国私营企业政治战略研究的意义。第二篇章从政企交换视角出发,提出了中国私营企业政治战略的分类法。基于对五家私营企业的多案例研究以及对其中一家企业的长期田野研究,发现中国私营企业家正在采取信息战略、政绩刺激战略、红帽子战略和恩庇—侍从战略四种方式与地方政府官员互动。四种不同类型的企业政治战略在实施方式、政企交换内容、政企双方的利益和权力关系等方面具有不同特征。第三篇章在多案例研究与长期田野研究的基础上,构建了中国私营企业政治战略决策的理论模型。提出:中国私营企业家的政治战略决策不是对经济利益最大化的单一追求,而是对政治租、政治嵌入、政企互动稳定性、企业自主权等多维战略目标的权衡、折中与取舍;中国私营企业政治战略选择不是经济基础模型所默认的"最优解",而是可以满足战略决策者目标诉求的"满意解"。基于这一认知,将私营企业家关注的多维战略目标视为企业政治战略决策过程中的中介机制。由此建立了一系列与经济行为者(私营企业)与政治行为者(地方政府)相关的因素如何通过政治租、政治嵌入、政企互动稳定性、企业自主权等战略目标的中介作用,影响中国私营企业政治战略选择的理论命题。

关键词:私营企业　战略管理　政企关系

6084

**公仆型领导对服务氛围与服务质量的影响** / 凌茜著 ; 汪纯本指导. -- 中山大学, 2009. -- 342 页

论文采用定性研究与定量研究相结合的研究方法,探讨我国企业公仆型领导的含义与维度,编制公仆型领导量表,检验管理人员的公仆型领导风格对组织和团队氛围、团队的集体工作态度以及员工个人的工作态度、工作行为和工作绩效的影响,并总结优秀服务性企业选拔与培养公仆型领导者的经验。本项研究包括以下三个相互联系的阶段。(1)公仆型领导量表的设计与检验。(2)假设检验。数据分析结果表明:①组织的公仆型领导氛围与组织支持员工工作的氛围、员工参与管理氛围和员工服务行为评估氛围都有显著的正相关关系。组织和团队的公仆型领导氛围与团队的服务氛围、交往公平性氛围、团队的凝聚力、集体工作满意感和情感性归属感也都有显著的正相关关系。②组织和团队的公仆型领导氛围、员工个

人感知的公仆型领导风格对员工感知的交往公平性、员工的工作满意感、情感性归属感、服务导向行为和服务质量都有显著的正向影响。③组织和团队的公仆型领导氛围与员工个人感知的公仆型领导风格对员工的工作态度、工作行为和工作绩效有显著的交互效应。④团队负责人的公仆型领导风格对员工的工作绩效有持久的影响。⑤团队的服务氛围浓度和强度对员工集体的工作满意感和员工个人的工作满意感、情感性归属感、服务导向行为和服务质量都有显著的正向影响。⑥组织支持员工工作的氛围、员工参与管理氛围和员工服务行为评估氛围会分别影响员工的服务质量、员工的情感性归属感和他们感知的交往公平性。⑦团队的服务氛围浓度是影响员工的服务导向行为的最重要因素,交往公平性氛围是影响员工感知的交往公平性的最重要因素,团队凝聚力是影响员工的工作满意感的最重要因素。(3)经验总结。通过个别深入访谈,了解并总结广东省中医院选拔与培养公仆型领导者的经验。根据定性研究的结果,指出高层管理人员的公仆型领导行为会决定企业的社会效益和经济效应。公仆型领导者领导的企业更可能发展成为公仆型企业。

关键词:企业领导　企业管理　服务质量

**6085**

**中国企业集团十年成长研究** / 刘斌著 ; 杨杜指导. -- 中国人民大学, 2009. -- 318 页

论文在研究大量文献的基础上,对中国企业集团十年成长进行了全面的研究与分析。全文共分为十五章。第一章为论文绪论,主要阐述了论文选题的缘起、论文的研究目的和理论与实践意义、论文可能存在的创新点、论文研究的方法和结构安排。第二章为相关的文献综述,对企业成长、企业集团、企业资本结构、企业集团的组织发展等方面的文献进行了梳理。第三章探究了企业集团及其三维成长,分析了企业集团三维成长的概念、作用力、发展和平衡以及类型。第四章介绍了企业集团三维成长的概念和度量,对资本与资产、资源的概念进行了区别,确定了资本结构的概念,分析了企业集团资本总量增长的度量、结构的度量以及资本乘数,探究了企业集团资本倍增机制、结构变量的变动原因以及协议控制资本,同时对企业集团业务成长和企业集团组织成长的概念和度量进行了探讨。第五章提出了中国企业集团成长特征假设,主要分为样本企业集团选择、中国企业集团成长特征假定两方面的内容。第六章是对中国企业集团资本成长进行的实证分析。第七章是对中国企业集团业务成长的实证分析。第八章是对中国企业集团组织成长的实证分析。九到十三章介绍了具体集团的成长案例,主要包括海航集团、中远集团、伊利集团、TCL 集团、美的集团。第十四章是对实证分析结果的总结。主要对企业集团资本成长、业务成长、组织成长的分析结果进行了回顾与分析。第十五章为论文的研究结论与展望。

关键词:企业集团　企业管理　企业成长

**6086**

**企业共享领导的理论与实证研究** / 刘博逸著 ; 夏洪胜指导. -- 暨南大学, 2009. -- 207 页

本研究采用文献分析、访谈、问卷调查等研究方法,根据所收集的 18 家企业 1748 份有效问卷(180 个团队)的数据,实证探讨了企业共享领导的内容结构及相关问题。主要包括 6 个部分。1. 运用探索性因子分析和验证性因子分析方法,构建了包含绩效期望、团队学习、相互协作和权责共享四个维度的企业共享领导内容结构模型。这个问卷的信度和效度均达到了心理测量学的要求。2. 运用路径分析方法,探讨了企业共享领导的 5 个主要影响因素,即组织支持、共同信念、团队知识、人员异质和自主决定。这些影响因素越突出共享领导效果越显著。3. 运用多层线性模型分析方法,发现企业共享领导能够显著地预测团队成员的工作满意度、组织承诺、组织公民行为、离职意向和团队绩效,并且共享领导各维度对上述效果变量影响程度不同。4. 运用层次回归分析方法,发现共享领导是影响因素和效果变量之间的中介变量。5. 运用层次回归分析方法,发现任务复杂性和互依性是共享领导与效果变量之间的调节变量。6. 运用方差分析方法,发现不同人口学、组织学变量的员工,在共享领导内容结构的不同维度上存在显著的认知差异。

关键词:企业领导　企业管理　共享

**6087**

**媒体参与企业社会责任治理:理论建构与经验实证** / 刘海龙著 ; 夏恩君指导. -- 北京理工大学, 2009. -- 137 页

论文分析媒体在企业社会责任治理中的作用,根本目的并非着重于为媒体发挥参与治理提供最优对策,而是侧重于如何认识和理解媒体参与企业社会责

任治理这一现象及其过程。论文在借鉴已有研究和对现实进行观察的基础上,将媒体参与企业责任治理的过程划分为信息传递和实施治理两个环节。为了达到研究目的,我们采用标准的理论实证加经验检验的实证研究逻辑,即首先构建理论对媒体参与治理的禀赋和路径进行理论分析和解释,之后利用系统化的数据以及案例对理论结论进行经验验证。论文共分为六章。第一章为绪论,在阐述研究背景的基础上提出核心问题,并简要概括研究意义以及国内外研究现状。第二章文献综述,对相关领域的理论研究和实证研究进行总结和学术评论,在此基础上确定论文的基本分析维度和拓展方向。第三、第四章旨在为媒体参与企业社会责任治理提供理论框架与解释。第五章对前面的理论分析进行经验验证,这是对该领域实证研究在中国的一个扩展。第六章对论文研究工作进行了归纳和总结,结合研究结论提出了一些对于提高国内媒体发挥作用具有潜在可能性的对策建议,并对该领域未来的研究趋势进行了展望。

关键词:企业管理　企业责任　社会责任　媒体

**6088**

**科技型民营企业国际化研究** / 刘红燕著 ; 谭力文指导. -- 武汉大学, 2009. -- 187 页

论文对科技型民营企业国际化进行了研究。全文共分为七章。第一章引言主要介绍了论文的研究背景和意义,研究方法和技术路线,对相关概念进行了界定,总结了国内外研究的现状、论文研究的创新点和研究内容。第二章分析了科技型民营企业国际化经营现状,回顾了科技型民营企业的发展和现状,阐述了科技型民营企业发展的特点,科技型民营企业国际化经营现状,科技型民营企业国际化的特点。第三章介绍了科技型民营企业国际化的动因,主要对科技型民营企业国际化动因进行了深层次分析,同时对科技型民营企业国际化动因进行了实证研究与分析。第四章是对科技型民营企业国际化的路径与进入模式进行了分析与研究,主要对企业国际化路径及进入模式进行了比较分析,阐述了科技型民营企业国际化的路径选择,对科技型民营企业国际化进入模式的影响因素进行了分析,并对科技型民营企业国际化路径与模式进行了实证研究。第五章以华为公司为例,对我国科技型民营企业国际化典型案例进行了分析,主要简述了华为公司的国际化历程,对华为公司国际化动因进行了分析,探究了华为公司国际化路径及进入模式与华为公司国际化经营成功之处。第六章是对科技型民营企业国际化策略选择的分析,主要包括科技型民营企业国际化的必要性分析、科技型民营企业国际化的区位策略、科技型民营企业国际化路径策略以及政府策略的选择。第七章为全文的总结与展望。

关键词:民营企业　高技术企业　经营管理　市场国际化

**6089**

**关系投入对供应链联盟维系影响机制研究:基于联盟关系发展阶段的实证分析** / 刘辉著 ; 郝云宏指导. -- 浙江工商大学, 2009. -- 202 页

论文基于联盟关系发展阶段的实证分析,对关系投入对供应链联盟维系影响机制进行了研究。全文共分为七章。第一章主要介绍了论文的研究背景,界定了论文的研究范围和研究目的,阐述了论文的理论和实践研究意、研究内容和方法及创新点,介绍了论文的技术路线和结构安排。第二章主要对供应链联盟维系、关系投入、企业间信任的文献与研究状况进行了梳理。第三章介绍了关系投入对供应链联盟维系的影响机制,提出了研究假设,构建了研究模型。从关系投入的定义和分类、制造商关系投入与供应商信任之间的关系、供应商信任与供应链联盟维系之间的关系进行了分析与讨论。第四章为论文的问卷设计和小样本测试,主要包括问卷设计、测量条款的产生、问卷的小样本测试三方面的内容。第五章介绍了大样本调查和数据分析,阐述了数据收集的过程、从供应商企业所有制度性质、制造商企业所有制性质、供应商所属行业、制造商企业所属行业、供应商企业所在地、制造商企业所在地等方面对样本进行了描述,分析了数据,介绍了统计分析的方法,对测量的信度、效度和确定性因子进行了研究,分析了控制变量的影响,对中介变量进行了验证,提出了结构方程模型分析。第六章是对供应链联盟关系发展阶段调节作用进行了分析,划分了关系阶段,提出了研究假设、对实证分析结果进行了分析与讨论。第七章为论文的结论和讨论。

关键词:企业管理　供应链管理　经济合作

**6090**

**产业链纵向整合研究:以浙江省制造业企业为例** / 刘慧波著 ; 黄祖辉指导. -- 浙江大学, 2009. -- 171 页

论文以浙江省制造业企业为例,对产业链纵向整

合进行了研究。全文共分为七章。第一章绪论，主要介绍了论文的研究背景、研究问题、研究的意义，对论文涉及的相关概念进行了界定，综述了论文的研究目标和方法以及论文的结构。第二章是对相关研究文献的综述，主要介绍了产业链理论研究的缘起与拓展，产业关联理论、产业链纵向关系的理论。同时，对产业链纵向一体化的动因进行了分析，研究了产业链纵向成长理论，对产业链纵向整合关系进行了理论分析。第三章为探索性案例研究与分析，主要包括案例研究的方法论，案例选取的依据，对案例企业进行了简介，对几家企业的产业链纵向整合进行了分析，同时介绍了案例数据的编码，以及进一步的讨论和初始假设的提出。第四章介绍了变量定义、测量与小样本测试，主要从研究目的、访谈内容、变量定义、问卷设计与小样本测试等几方面进行了研究。第五章为模型构建和数据分析，主要包括章节研究的理论基础及研究假设，数据的获取和描述以及分析方法，产业链纵向一体化测量量表的信度和效度检验，整合策略与整合水平作为中介变量的验证，研究假设验证以及结构方程模型分析六方面的内容。第六章介绍了产业链整合的过程与机制，分析了产业链纵向整合过程的阶段性、生态性、演化性以及产业链纵向的整合过程。第七章为论文的总结与讨论。

关键词：产业经济学　产业发展　企业管理　企业合并

**6091**

**企业内部危机的事前管理对危机后果影响的实证研究** / 刘金华著 ; 许晓明指导. -- 复旦大学, 2009. -- 194 页

论文对企业内部危机的事前管理对危机后果的影响进行了实证研究。全文共分为六章。第一章为论文的绪论，主要介绍了论文研究的背景和意义、思路和方法、内容与创新点。第二章为文献综述，对企业危机事前管理的研究缘起、企业内部危机事前管理和危机后果的相关概念、企业内部危机事前管理和危机后果等研究文献进行了梳理。第三章为模型构建和假设的介绍，主要包括研究模型的构建、研究变量分析及假设，对企业内部危机事前管理的变量、企业适应性变量进行了分析。第四章为问卷设计及数据的预处理，从问卷设计、数据收集、变量的测量三方面进行了问卷设计与数据收集，阐述了统计过程与分析方法设计，介绍了数据预处理的方法和流程。第五章为模型的拟合及检验，主要从验证性因子分析、变量间的关系检验、模型基本假设的检验以及实证结构汇总五方面进行了论述。第六章为全文的结论和展望。主要的启示包括企业内部危机事前管理应融入企业的日常经营管理工作之中，提升企业内部危机事前管理预见性能力，提升企业内部危机事前管理的反应性能力以及尝试构建危机免疫型企业。

关键词：企业管理　危机管理

**6092**

**总部企业聚集研究** / 刘凯著 ; 李健指导. -- 北京理工大学, 2009. -- 141 页

论文以总部企业的聚集作为研究对象和出发点，对我国总部企业聚集发展过程与现状、总部企业形成及其聚集的成因、不同职能型总部聚集的影响因素、总部企业空间迁移、促进总部企业聚集的政策因素等几个方面展开论述。第一章介绍了总部企业的基本发展概况，指出了文章研究的理论意义与现实意义，界定了总部企业的概念，同时对总部企业和总部经济，总部企业聚集和产业聚集等概念进行了辨析，阐述了文章的研究思路和主要的创新点。第二章是文献综述。发现对于总部企业聚集的区域影响因素研究，目前缺少理论的分析证明，对总部企业聚集的机理研究也相对较少，这正是论文要研究的重点内容。第三章对中国总部企业聚集的过程与现状进行了介绍。第四章按照总部企业分离聚集的逻辑顺序，研究了总部企业分离聚集的过程。第五章是总部企业聚集的实证分析。通过调研问卷的方式首先总结出代表城市特征优势的三个层次；再将城市特征优势进行细分，并从不同职能型总部企业的角度分别进行研究，从而把握不同职能型总部对于城市特征优势要求的不同侧重点，并将城市适合于总部企业生存和发展的方面归纳为六个主要要素。第六章对总部企业空间迁移的动态发展趋势进行研究。第七章总结了总部企业聚集的政策因素。最后是论文的总结与展望，归纳了文章的创新内容，给出了该领域未来可以研究的方向。

关键词：企业集团　产业聚集　区域经济

**6093**

**并购交易特征、股权结构与市场绩效研究：基于后股权分置时代上市公司的经验数据** / 刘锴著 ; 宋献中指导. -- 暨南大学, 2009. -- 142 页

论文基于后股权分置时代中国资本市场的制度

背景,探讨了并购交易特征、股权结构对收购公司市场绩效的直接影响以及二者对收购公司市场绩效的交互影响。全文共分七章。第一章导论,介绍了研究的背景与意义,对基本概念进行了界定,指出了研究的思路、目标与研究方法,论文的特色与贡献。第二章对相关文献进行了综述,阐述了公司并购动机理论研究与公司并购绩效评价方法研究的进展,对并购绩效的评价方法进行了述评,分析了公司并购绩效影响因素的有关文献内容,指出了收购公司的特征,提出了尚待研究的问题。第三章分析了中国并购市场的制度背景。描述了中国资本市场的制度特征,比较了股权分置改革前后的资本市场的特征,分析了中国上市公司并购发展的历程,对后股权分置时代公司并购行为的变化进行了探究。第四章对后股权分置时代的并购绩效进行了理论分析与假设研究。探讨了制度变迁、并购交易特征以及股权结构对收购公司市场绩效的影响,从支付方式、并购类型以及关联属性三个方面分析了并购交易特征与股权结构对收购公司市场绩效的交互影响。第五章对后股权分置时代收购公司短期市场绩效进行了研究。阐述了设计思路,介绍了样本的选取方式及数据来源,并对并购事件样本进行了描述性统计,实证检验与分析了收购公司短期市场绩效问题与收购公司短期市场绩效的影响因素,最后对后股权分置时代收购公司短期市场绩效及其影响因素进行了总体评价。第六章对后股权分置时代收购公司长期市场绩效进行了研究,通过构建的实证模型,检验了收购公司长期市场绩效的影响因素,并对其进行了总评。第七章归纳了研究的结论,提出了有关政策建议。

关键词:上市公司　企业管理　企业兼并　股权结构　企业绩效

**6094**

**战略决策过程与决策效果的作用机制研究** / 刘丽珍著 ; 项保华指导. -- 复旦大学, 2009. -- 197 页

论文围绕“战略决策过程特征与决策效果的关系”这一中心问题,主要从战略决策制定过程的特征、特征对决策效果的影响作用、决策过程与决策效果的作用机制以及决策过程的模式四个方面进行了探索和研究。采用案例研究和问卷调查相结合的方式对战略决策过程对决策效果的影响进行了分析与验证。对多外企业总裁和总经理进行了半结构访谈,结合两个案例进行了深度分析,以跨地区、跨行业、跨企业性质的抽样检验为获取样本的原则,抽样方法基本上是采用便利抽样,调查方法则是多种形式相结合的方法,包括 EMBA 学院问卷调查、人员访谈、邮寄问卷等方式,从中筛选了 166 家符合标准的抽样企业,采用 SPSS15.0 对模型假设进行了实证检验。论文在战略决策过程研究的文献基础上,建立了一个整合的框架,界定了关键的过程特征以及决策过程相联系的关键的前因变量和结果变量。利用综合框架分析了战略决策过程的主要特征、战略决策过程与战略效果作用机制,最后提出了关于提高战略决策效果的建议。

关键词:企业管理　经营决策　企业战略

**6095**

**企业外部网络对企业绩效影响研究:基于吸收能力视角** / 刘璐著 ; 杨蕙馨指导. -- 山东大学, 2009. -- 188 页

论文基于吸收能力的视角,对企业外部网络对企业绩效影响进行了研究。全文共分为六章。第一章导论,主要介绍了论文研究的背景,研究的意义,对相关的关键概念进行了界定,论述了论文研究的内容和研究框架,研究的技术路线和研究方法,总结归纳了论文研究的主要创新点。第二章文献综述,主要阐述了企业绩效影响因素的研究、企业外部网络对企业绩效影响的研究以及企业外部网络、吸收能力与企业绩效的研究。第三章企业外部网络影响企业绩效的机制、假设和模型,主要论述了企业外部网络影响企业绩效的机制,分析了企业外部网络影响吸收能力的相关研究,提出了吸收能力影响企业绩效的相关假设,分析了企业外部网络影响企业绩效的概念模型。第四章是对研究过程设计的介绍,主要阐述了问卷的设计,介绍了因变量、自变量、中间变量以及控制变量的测量,样本选取与数据收集,总结了论文研究的分析方法。第五章是对研究结果的分析与研究,主要从信度检验、效度检验、因子分析分析了数据质量检验与指标归类,对研究样本描述进行了同价分析,对控制变量分组合理性进行了 T 检验,介绍了研究数据的描述性统计分析,同时还介绍了相关分析方法,对研究结果进行了多重共线性分析、序列相关分析、异方差分析与及回归结果分析,修正了论文研究的概念模型。第六章总结了论文研究的结论和启示,阐述了论文研究的不足和后续研究的展望。

关键词:企业管理　社会关系　网络结构　企业绩效

6096

**契约理论视角下的风险投资治理机制研究** / 刘明辉著 ; 毛道维指导. -- 四川大学, 2009. -- 206 页

论文对契约理论视角下的风险投资治理机制进行了全面深入的研究。全文共分为九章。第一章为论文的引言,介绍了论文的研究背景、研究的主要问题,对相关的研究概念进行了界定,总结了论文的研究内容和目标,阐述了论文的研究结构、研究方法、研究的创新点。第二章为风险投资治理机制的理论研究的文献综述,主要包括国内外风险投资研究现状及以往的研究。第三章研究了相关基本理论问题,主要对风险投资的概念进行了界定,阐述了契约在风险投资治理机制中的作用,分析了风险投资要素构成、风险投资治理机制的特点。第四章介绍了契约理论视角下风险投资的融资治理机制,主要介绍了风险投资契约型组织的形式、收益模型及其效率以及有限合伙契约的治理机制和风险投资者与风险投资家的契约关系。第五章介绍了契约理论视角下风险投资的运资治理机制,主要包括运资治理的机制设计、主要投资工具、投资工具的效用比较及分析、契约双方的控制权分配模型以及最优激励机制设计等几方面的内容。第六章介绍了风险投资退出治理机制中的意义及系统动态化。第七章介绍了隐性契约在风险投资各治理阶段中的作用。第八章对中国风险投资治理机制的现状和问题进行了分析,并提出了相关的建议。第九章为全文的总结。

关键词:风险投资　契约　资本市场

6097

**我国企业跨国直接投资方式选择研究** / 刘明前著 ; 王宗军指导. -- 华中科技大学, 2009. -- 140 页

论文以我国开展 FDI 的企业为样本,探索了我国企业在海外建立子公司方式选择以及股权控制方式选择的特点。首先界定了 FDI 方式的概念。通过扩展 FDI 方式的内涵,提出了一个更为广泛的 FDI 方式概念,这种界定能够更好地涵盖海外子公司建立方式选择以及股权控制方式选择的研究内容。其次,依据理论发展所依赖的市场条件差异,系统阐述了各 FDI 方式选择理论的主要观点以及存在的不足,并提出将交易成本理论作为论文的基础理论。全面地比较分析了跨国收购方式、绿地投资方式优点与缺点以及合资、全资方式的优点与缺点。系统阐述了各成本因素与跨国公司 FDI 方式选择偏好之间的关系。最后,作为研究的核心内容和主要目的,以我国 275 家开展 FDI 的企业为样本,利用二项 Logistic 回归方法,综合分析了我国企业建立海外子公司的方式选择以及在海外子公司中股权控制方式选择的特点。

关键词:企业管理　对外投资　直接投资　投资方式

6098

**产业资本非控制股权投资研究:基于市场影响力模型的视角** / 刘铭著 ; 薛求知指导. -- 复旦大学, 2009. -- 175 页

论文基于市场影响力模型的视角,对产业资本非控制股权投资进行研究。全文共分为十章。第一章绪论,主要介绍了论文的研究背景,研究意义,研究方法和基本框架,论文的创新点、贡献以及研究的局限性,对相关的研究概念进行了界定和确定。第二章是对理论的综述和回顾,解析了控制股权投资的理论,分析了非控制股权投资的动因,阐述了波特五力分析模型,论述了价值网模型,和企业资源观学说。第三章构建了市场影响力模型,主要包括市场影响力模型的基础思想、市场影响力模型的关键思路、市场影响力模型的表述三方面的内容。第四章是对中国资本市场股权投资的现实分析,主要介绍了股权分置改革前后中国资本市场的状况,对非控制股权投资在全流通时代的状况进行了研究。第五章产业投资基金对上市公司非控制股权投资的研究,对产业投资基金进行了概述,分析了中国资本市场产业投资的基金现状并进行了案例分析。第六章是对创投基金对中小板企业投资的实证分析,主要包括研究设计及变量定义、数据来源与样本描述、研究变量的相关性分析和单要素分析及回归分析。第七章对上市公司间非控制股权投资进行了研究,主要包括上市公司相互持股的概述、市场影响力模型对中国资本市场上市公司相互持股的分析、基于市场影响力模型对上市公司战略型相互持股的稳定性分析以及对上市公司相互持股稳定性案例分析。第八章是对上市公司间非控制股权投资研究进行的实证分析。第九章是对产业资本非控制股权投资的博弈机制的研究。第十章为论文的结论、建议和研究展望。

关键词:上市公司　产业资本　股权投资　企业价值

**6099**

**制度环境、股权性质与高管变更研究** / 刘荣英著 ; 丁烈云指导. -- 华中科技大学, 2009. -- 115 页

论文从新制度经济学理论和公司治理理论的角度出发,以交易成本分析为理论基础,结合我国转型经济环境,以理论分析和实证检验相结合的方法,用2001年至2006年的沪深市场上市公司作为研究对象,分析了外部制度环境对公司治理的影响。实证研究结果发现,经营业绩对我国公司的高管变更具有重要影响,业绩与高管变更之间存在着显著的负相关关系。但业绩与高管变更间的负相关关系会同时受到公司所处外部制度环境的制约,企业所处的环境使得股东无法有效地监督经理的行为或衡量经理的业绩,通过市场对高管人员经营绩效评价的能力较弱,业绩与高管变更之间的相关程度较低。论文还进一步分析了不同股权性质企业中,制度环境对公司治理影响效果的差异,相对于其他企业,国家股股东给高管更多的社会目标,政府所有的企业存在着复杂的委托—代理关系,政府的效用目标函数应该是社会利益的最大化,既包括经济诉求,也包括政治诉求,因此国有企业所承担的社会目标以及所遭受的干预,会在一定程度上弱化,甚至是消除业绩与高管变更之间的关系。而相反,在非国有上市公司中,外部制度环境对公司治理的积极影响要明显高于国有上市公司。

关键词:上市公司　企业领导　法人治理结构

**6100**

**我国汽车制造商采购与供应管理改进策略研究** / 刘圣华著 ; 马士华指导. -- 华中科技大学, 2009. -- 107 页

论文对我国汽车制造商采购与供应管理改进策略进行了研究。全文共分为七章。第一章绪论,主要介绍了论文研究的背景和研究意义,研究的主要内容和目标,研究的主要创新之处,主要研究方法,研究的内容和结构。第二章为相关文献综述的回顾与分析,主要阐述了供应链管理理论、供应链协同理论、采购策略与供应管理研究以及汽车企业采购与供应链管理的研究,最后对研究文献进行了总结和分析。第三章分析了我国汽车制造商采购与供应管理的现状,概述了我国汽车制造商采购与供应管理的状况,我国汽车制造商采购与供应管理的调研与存在的问题并进行了小结。第四章分析了国际汽车制造商采购和供应管理的策略,研究了国际汽车采购和供应体系的变革,论述了国际汽车制造商采购和供应管理策略,探究了欧美、日韩企业采购策略对我国企业的借鉴作用。第五章分析了国内汽车制造商采购与供应管理改进的策略,主要包括供应商选择决策、采购配套体系构建、供应商评估、供应链采购成本优化策略、汽车制造商的供应协同、延迟策略六方面的内容。第六章是对汽车制造商采购与供应管理进行的案例研究,介绍了A汽车企业概况,阐述了A汽车企业采购成本优化管理的实施以及采购协同的实施。第七章为全文的总结和展望。

关键词:汽车企业　企业管理　采购管理　供应链管理

**6101**

**IT产业知识型员工职业生涯管理研究** / 刘天祥著 ; 廖泉文指导. -- 厦门大学, 2009. -- 232 页

论文将问题锁定在IT产业知识型员工职业生涯管理这一具体、细分的范围内,试图从理论与实践相结合的角度构建一套IT产业知识型员工职业生涯管理相对科学、完整的体系,并对该体系内部的构成因子、影响因素与作用机制展开剖析。在回顾国内外关于职业生涯管理理论与实践的基础上,分析IT产业特点与知识型员工及其职业生涯特点,提出了IT产业知识型员工职业生涯管理体系,并根据该体系模型设计了IT产业知识型员工职业生涯管理调查问卷,通过对30家IT企业的366名知识型员工实施问卷调查,验证了IT产业知识型员工职业生涯体系的构成因子、影响因素与作用机制。提出的IT产业知识型员工职业生涯管理体系模型包括四大部分(职业生涯管理策略集、职业生涯管理影响因素、职业生涯管理反馈体系、职业生涯管理支持系统),五个模块(策略集模型、影响因素模块、策略包模块、作用反馈模块、体系支撑模),并提出了IT产业知识型员工职业生涯管理体系的三因子结构,组织与个体影响因素,以及体系内部作用机制等假设。通过实证分析,本研究提出的IT产业知识型员工职业生涯管理体系的影响因素(IT企业发展周期、知识型员工职业周期、知识型员工典型职业锚),职业生涯管理策略的构成因子(职业匹配策略因子、职业发展规划策略因子、职业发展辅助策略因子),职业生涯管理策略对人力资源系统、企业发展、个体发展的影响等假设获得部分验证。

关键词:信息产业　职工　职业选择　人事管理

**6102**

**组织伦理气氛与员工越轨行为间关系的理论与实证研究** / 刘文彬著 ; 林志扬指导. -- 厦门大学, 2009. -- 158 页

论文选取员工越轨行为这一典型的消极角色外行为作为研究对象,通过对大量的国内外文献具体分析围绕中国文化情境下员工越轨行为内部结构维度、员工越轨行为在组织情境层面的前因变量、特定前因变量影响员工越轨行为的过程和机制三个方面的问题进行了相应的研究设计,并通过归纳演绎和实证研究的方法获得了一些重要的研究结论:①在中国文化情境下,企业内员工的越轨行为主要由五个维度具体构成,这与西方文化情境下的员工越轨行为既有一定相似性,又有明显的区别。②作为组织文化的主要内容和具体表现形式,不同类型的组织伦理气氛对员工越轨行为具有显著的影响作用。其中,员工感知到的自利导向的组织伦理气氛和规则导向的组织伦理气氛与员工越轨行为之间的相关性最为明显。③基于"组织情景→认知过程→个体行为"的分析取向,将组织认同作为中介变量引入了研究模型,发现组织伦理气氛会通过利益性认同和归属性认同为主要中介,对员工越轨行为产生相应的影响。④在考察个体人格特质对组织伦理气氛与员工越轨行为间关系的调节作用的过程中,发现尽责感和神经质人格特征对组织伦理气氛与员工越轨行为间的关系具有比较明显的调节作用。

关键词:企业管理　组织管理　职业道德　个人行为

**6103**

**基于外包过程的信息系统外包绩效影响因素研究** / 刘现伟著 ; 赵苹指导. -- 中国人民大学, 2009. -- 217 页

论文对基于外包过程的信息系统外包绩效的影响因素进行了研究。全文共分为八章。第一章绪论主要介绍了论文的研究背景与动机,研究对象与问题,研究方法与流程,研究框架及论文可能的创新点与贡献。第二章为信息系统外包文献的研究,主要包括外包决策相关研究、外包管理相关研究、外包绩效相关研究以及现有研究的不足与论文研究的机会。第三章介绍了信息系统外包的理论分析,主要论述了外包决策的经济理论观点,外包决策的战略管理理论观点,评述了外包决策理论,总结了外包管理理论观点。第四章分析了基于外包过程的 IS 外包绩效影响因素,主要探讨了企业信息系统的职能,信息系统外包的含义与范围,信息系统外包过程,外包过程与外包绩效的影响因素。第五章阐述了外包绩效影响因素的研究模型,主要包括信息系统外包绩效模型、外包绩效模型的概念定义、外包决策研究假设、外包绩效研究假设以及外包决策与管理关系假设五方面的内容。第六章为实证研究方法,主要论述了研究变量的测量,问卷发放与数据收集的情况,介绍了数据分析方法与工具,对数据的信度与效度进行了分析,检验了研究假设与数据分析的流程。第七章是对数据的分析。第八章为论文的结论与建议。

关键词:企业管理　管理信息系统　对外承包　企业绩效

**6104**

**统一定价、营销努力与制造商渠道选择** / 刘向东著 ; 雷明指导. -- 北京大学, 2009. -- 204 页

论文对统一定价、营销努力与制造商渠道的选择进行了深入全面的研究。全文共分为八章。第一章为论文的导论,介绍了论文研究的背景和意义、国内外研究的现状、研究的模型、内容和方法、研究的技术路线,总结归纳了论文研究的创新和贡献。第二章介绍了一般模型框架,分析了确定性和随机性需求模型,对一般性模型进行了说明,对确定性和随机性需求模型中的符号进行了说明。第三章介绍了确定需求模型下制造商统一定价与渠道选择,主要提出了研究的问题,设定了研究模型的需求函数和成本结构,对模型的建立、研究的数值进行了分析与研究,探讨了管理实践的意义,对相关结果进行了讨论和研究,对相关结论进行了数学证明。第四章介绍了确定需求模型下零售商统一定价与渠道选择,主要包括问题提出、模型设定、模型建立、统一定价策略、数值分析、讨论与结论以及相关结论的数学证明七方面的内容。第五章介绍了委托代销合约,设定了需求函数、成本结构和目标函数,分析了单零售渠道和双渠道的结构,讨论了线性加法需求下模型的建立,对相关的结论进行了数学证明。第六章分析了固定毛利率策略。第七章阐述了随机需求模型下零售商统一定价与渠道选择。主要包括模型设定、常弹性乘法需求下模型建立、线性加法需求下模型建立、讨论和结论以及相关结论的数学证明方面的内容。第八章为论文的总结和展望。

关键词:企业管理　销售管理　供应链　网络销售　销售渠道

**6105**

**团队情绪氛围与团队有效性的关系及情绪劳动的调节作用研究** / 刘小禹著 ; 孙健敏, Charmine E. J. Hrtel 指导. -- 中国人民大学, 2009. -- 191 页

论文对团队情绪氛围与团队有效性的关系及情绪劳动的调节作用进行了分析研究。全文共分五章。第一章引言,介绍了研究的背景,研究的问题,研究目的与意义,研究的方法与结构安排。第二章为文献综述。分别对团队及其有效性的相关研究、团队情绪氛围的相关研究、团队情绪氛围与团队有效性的相关研究以及情绪劳动的相关研究进展进行了综述,界定了团队与氛围的概念,探讨了影响团队有效性的因素,在此基础上确定了论文今后的研究方向。第三章介绍了团队情绪氛围的维度开发、问卷编制与结构分析。介绍了研究的方法,对团队情绪氛围的维度开发进行了研究假设,分析了问卷的具体编制过程,对其中的探索性因素及项目反应理论进行了探析,得出了相关的分析结果,并探讨了应用项目反应理论对团队情绪氛围量表的项目分析结果,最后对团队情绪氛围量表的结构进行了验证,讨论了有关结论,并得出了小结。第四章研究了团队情绪氛围与团队有效性的关系以及情绪劳动的调节作用。首先阐述了各个研究变量的代表意义,通过对理论背景的介绍,提出了相应的研究假设,指出了具体的研究方法,包括对研究对象、研究工具、研究程序的确定以及统计分析方法,接着着重分析了团队情绪氛围测量的共识效度和区分效度、多层次验证性因素以及团队情绪氛围对团队有效性的影响机制及情绪劳动的调节作用等问题,最后探讨了主效应与交互效应。第五章为研究结论与研究展望部分。

关键词:人力资源管理　情绪　组织管理

**6106**

**企业战略创新与有效控制研究:兼论中国农业发展银行改革的对策性思考** / 刘新江著 ; 彭星闾指导. -- 中南财经政法大学, 2009. -- 130 页

论文对企业战略创新与有效控制进行了深入全面的研究,思考了中国企业发展银行改革的对策性。全文共分为六章。第一章为论文的导论,主要提出了论文研究的问题,分析了论文研究的写作背景、研究思路、理论模型和方法,研究的基本框架和主要结论,总结归纳了论文研究的创新点和不足。第二章对企业创新与控制、金融企业创新与控制的相关文献加以梳理总结。第三章分析和研究了中国农业发展银行的产生和发展,论述了中国农业发展银行的发展历程,对农业发展银行的绩效进行了评价,探究了农业发展银行发展中的问题及原因。第四章是对农业发展银行的战略创新,从我国金融企业创新的现状和农业发展银行面临的创新机遇两方面对农业发展银行创新面临的环境进行了分析;阐述了国内外政策性银行的成功对农行创新的启示;从农业发展银行信贷创新的目标、目前农业发展银行Ⅰ型脑袋创新的特点与问题分析了农业发展银行战略创新内容,对推进银行业信贷经营创新进行了对策性思考。第五章对农业发展银行的有效控制进行了分析与研究,主要论述了金融创新风险分析;从农业发展银行经营风险的主要内容、风险成因以及处理的方法对农业发展银行的信贷风险进行了分析,探究了农业发展银行信贷风险控制。第六章是对农业发展银行实现“两力统一”进行了对策性思考。主要论述了“两力统一”的目标是促进企业可持续发展,创新力与控制力的共生是促进企业可持续发展的基础,分析了创新力与控制力的均衡,对农业发展银行实施“两力统一”进行了对策性思考。

关键词:金融企业　企业战略　企业创新

**6107**

**企业并购惯性研究** / 刘岩著 ; 张秋生指导. -- 北京交通大学, 2009. -- 148 页

论文以企业并购战略惯性作为研究对象,围绕并购战略惯性形成的内在根源、影响机制及价值效应等问题展开探讨,旨在了解和掌握企业的并购惯性发展规律,以我国制造行业A股上市公司的并购成长历程作为研究样本,通过考察其并购活动发展轨迹,证实了我国企业并购惯性特征的存在,探讨了企业并购惯性的价值效应。通过事件法研究,发现在市场对并购事件公告的回应中,样本企业在以往历史并购活动中形成的惯性水平是一个不可忽视的重要因素,并且惯性水平有利于提高公司的并购绩效,表现为市场对惯性水平较高的样本公司的反应更为积极,预期也更为乐观。另外,通过案例法研究,发现惯性作用下的并购活动更有利于促使企业形成业务和地域市场上的合力,同时实现资产和收入规模的超常规快速发展。认为企业管理层应在承认并购惯性客观存在性的前

提下，积极主动地开展对企业并购活动惯性的管理：谨慎制定首次并购战略决策；充分利用并购惯性带来的竞争优势；密切关注外部环境及自身的变化，适时调整惯性水平；注意并购经验的有效转移利用；有效控制系列并购活动的步伐和节奏，寻求适度的平衡等，以更好地凭借并购实现企业的快速成长。

关键词：企业合并　并购　企业管理

**6108**

**品牌社群融入的测量、影响因素及其对品牌忠诚的影响研究：以家用汽车行业为例** / 刘勇著 ; 贾生华指导. -- 浙江大学, 2009. -- 211 页

论文以家用汽车行业为例，对品牌社群融入的测量、影响因素及其对品牌忠诚的影响进行了研究。全文共分为六章。第一章为论文的绪论，主要从实践和理论视角提出了论文研究的问题，对品牌社群、品牌社群融入、顾客价值、社群关系等相关研究的基本概念进行了界定，阐述了论文研究的目标、方法、技术和研究内容及结构安排。第二章介绍了相关理论及文献综述，对品牌社群的涵义、品牌社群融入及品牌社群融入度、品牌社群对品牌忠诚的影响、品牌社群研究中的常用方法、顾客价值的内涵、影响要素、关于顾客价值的共识以及分歧和分类、品牌的忠诚进行了文献梳理。第三章是对品牌社群融入表现的测量，对相关的文献进行了回顾，介绍了测量的工具，对品牌社群融入度测量进行了实证分析与研究。第四章是对品牌社群融入影响因素的实证研究与分析，探究了品牌社群融入的影响因素，介绍了测量工具的产生和小样本的检验，对测量量表的效度和信度进行了检验，检验了品牌社群融入影响因素作用的结构方程。第五章是对品牌社群融入对品牌忠诚的影响机制的研究，主要对品牌社群融入对品牌忠诚影响进行了理论分析，探究了品牌社群融入对品牌忠诚影响的调节作用，介绍了测量工具的产生和小样本检验，提出了相关假设验证，对相关的结果进行了讨论。第六章是对全文的总结和展望，主要包括论文的研究结论、学术价值、实践启示、研究不足以及对未来的展望。

关键词：企业管理　商业品牌　顾客　消费心理

**6109**

**信任对企业控制权配置的影响研究** / 刘有贵著 ; 吴能全指导. -- 中山大学, 2009. -- 207 页

论文对信任对企业控制权配置的影响进行了研究。全文共分为八章。第一章导论，主要阐述了作为企业治理核心的控制权配置，对企业控制权配置理论进行了解释和说明，分析了作为企业控制权配置重要解释变量的信任，论述了论文分析的框架和结构安排，研究的主要结论和创新点。第二章评述了企业控制权配置的文献，主要论述了资产专用性理论、不完全契约理论、间接定价理论、团队理论、不完全金融契约理论、团队理论、委托代理理论、权力外部性理论以及企业的企业家理论，对研究理论进行了简短的评述。第三章信任与信任结构，主要分析了信任的本质、功能与基本特征，阐述了信任形成的机制，风险控制与信任结构。第四章企业与企业控制权结构，主要分析了企业的性质，权力与企业控制权的关系，介绍了企业控制权结构。第五章信任与企业控制权配置，论述了信任、不确定性与交易成本，信任与企业控制权初始配置，分析了信任与企业控制权集中度，选择了信任与企业控制权配置的对象，介绍了信任与控制权边界相机调整。第六章研究了中国私有企业控制权配置的特征，介绍了中国社会信任的结构，分析了家族关系信任与私有企业家族化的关系，探究了家族关系信任与私有企业控制权集中配置和家族关系信任与私有企业控制权配置差序化以及边界相机调整。第七章中国国有企业控制权配置的特征，主要论述了中国共产党组织信任的特征，国有企业控制权配置的演变过程，中国共产党组织信任与国有企业控制权的配置。第八章为论文的主要结论和政策建议。

关键词：企业管理　控制权　信任

**6110**

**我国高校财务困境成因与预警研究** / 刘宇著 ; 刘志远指导. -- 南开大学, 2009. -- 167 页

论文在对全国部分高校进行了财务困境相关问题问卷调查的基础上，总结了与企业财务困境并不相同的高校财务困境的特征和指标体系，考察了高校财务困境与过度负债贷款融资之间的关系，通过借鉴财务管理、非营利组织等相关理论，探究了高校财务困境的深层次原因，提出了解除高校财务困境的对策和高校财务预警机制。论文共分为七章。第一章提出研究问题、论文的逻辑思路和研究意义、创新点，并在国内外学者的研究基础上提出了论文对高校财务困境概念的界定。第二章对相关文献进行梳理和评价。从财务困境成因研究、财务困境预警研究以及财务困境对策研究三个方面进行了文献回顾，确定了从财务

困境的原因和预警两个角度对高校财务困境进行研究。第三章为制度背景分析。第四章为高校财务困境成因的理论分析。分析了高校财务困境的表现,运用财务管理理论和非营利组织的相关理论对高校财务困境的成因进行分析和论述,联系第三章制度背景的内容对高校财务原因进行详细的分析,并提出高校财务困境原因的研究假设。第五章在文献回顾和理论分析的基础上,通过实证研究验证了以下高校财务困境的原因:(1)高校贷款额度;(2)高校的筹资渠道;(3)高校基础设施建设决策的科学性;(4)高校校舍建设标准的高低;(5)高校的规模大小。第六章对高校财务困境预警问题进行了实证研究,构造了高校财务困境预警模型。第七章总结了论文的主要结论,提出了相关政策建议,并指出了论文研究中存在的不足之处和进一步研究的方向。

关键词:高校管理　财务管理　风险管理　预警分析

**6111**

**外资并购中的国有股权定价问题研究** / 刘志杰著 ; 姚海鑫指导. -- 辽宁大学, 2009. -- 146 页

论文采用调查研究、案例分析、统计分析、计量分析等实证研究方法,和经济学分析等规范研究方法对外资并购中的国有股权定价问题进行了研究分析。全文共分为七章。第一章绪论,介绍了论文的研究背景、研究意义、研究思路、研究方法以及创新点。第二章是文献综述。评价了国内外有关并购动因与绩效、并购中目标公司定价方法、国有股权定价以及外资并购等方面的代表性文献,并指出了文献的不足。第三章是外资并购国有企业股权定价方法的比较和评价。比较分析了三种国际上常见的股权估价方法,结合问卷调查的结果,阐述了当前我国国有股份定价方法的不足,提出选择国有股权定价方法需要注意的若干问题。第四章是外资并购中影响国有股份定价的财务因素分析。在数据收集的基础上,对影响国有股份定价的财务因素进行了因子分析,并建立了多元线性回归模型,运用 SPSS 统计分析工具进行了参数估计和显著性实验,构建了财务估价模型。第五章是外资并购中影响国有股权定价的非财务因素分析。在阐述了外资并购中参与方的行为动机后,应用 SWOT 工具分析了国有企业在外资并购中所具有的优势与劣势、面临的挑战和机会,建立外资方与国有企业的讨价还价博弈模型,在分析的基础上,概括出外资并购中影响国有股权定价的非财务因素。第六章对构建外资并购中影响国有企业股份定价模型进行了分析。包括外资并购国有企业股权定价模型的提出,定价模型中非财务指标权重的计算,以及定价模型的确定。第七章主要包括主要结论、政策建议、研究局限性及进一步的研究方向。

关键词:外资公司　企业合并　并购　国有企业

**6112**

**产品市场竞争与投资者法律保护研究** / 刘志强著 ; 夏新平指导. -- 华中科技大学, 2009. -- 123 页

论文在借鉴国外文献的基础上,以产品市场竞争作为非法律治理机制的切入点,结合我国的制度背景,详细分析和检验了我国投资者法律保护和产品市场竞争对上市公司的现金股利支付、现金持有价值和资本配置效率的影响。全文共分为七章。第一章导论,主要论述了论文研究的理论与现实背景、研究问题、研究的意义,对相关的研究概念进行了界定,阐述了论文研究内容与逻辑框架以及技术路线,总结归纳了论文的创新点。第二章相关文献综述,主要包括投资者法律保护对公司财务行为影响、转轨经济国家的投资者保护以及产品市场竞争治理机制等方面的文献综述。第三章介绍了我国转轨过程中的市场化进程和投资者法律保护制度背景。第四章介绍了法律保护、产品市场竞争与先进股利支付力度的研究,主要提出了论文研究的问题,阐述了论文的理论分析与研究假设,介绍了论文的研究设计、实证检验结果和分析,对实验数据的稳健性进行了检验。第五章介绍了法律保护、产品市场竞争与企业现金持有价值的研究,主要包括问题的提出、理论分析与研究假设、研究设计、实证检验结果与分析四方面的内容。第六章是对法律保护、产品市场竞争与企业资本配置效率的研究。第七章是对全文的总结。

关键词:证券法　证券交易　投资者　法律保护　市场竞争

**6113**

**企业管理流程体系的规范研究** / 刘宗斌著 ; 邓荣霖指导. -- 中国人民大学, 2009. -- 173 页

论文运用案例研究、文献研究、规范研究等研究方法,围绕着企业管理流程体系的设计构建、运行保持、绩效改进、危机管理等四个方面进行研究。全文分九个章节。第一章文献综述,分别从流程再造论的

诞生、流程管理理论的研究现状以及运行管理三个部分进行综述,并阐述了其局限性。第二章介绍了该研究的理论基础,即质量管理八项原则、ISO9000:2000族标准、价值链理论、流程再造理论、管理体系文件简约化理论。第三章主要为流程概念的鉴定分类和识别。从流程概念的辨析到流程分类的框架研究,讲述了不同流程的识别方法。第四章以海尔为例,分别从框架设计、组织结构、流程诊断优化及规范等各个方面进行介绍设计构建企业管理流程的过程。第五章涉及多重化管理体系一体化的整合,从以流程化为基础一体化整合多重管理的基本思路、具体步骤以及如何构建信息化业务流程的一体化管理平台等方面进行阐述。第六章分析了流程连动机制的设计,从需求拉动、内部协议、横向考核等方式的过程联动机制进行介绍。第七章介绍了基于流程的绩效管理机制,对关键绩效指标、平衡计分卡以及如何设计和构建绩效指标体系进行阐述,并通过绩效检测结果进行评估和分析。第八章为基于流程的危机管理机制,分析了企业危机管理的现状和危机管理机制构建的必要性,就构建基于流程的危机管理机制的构建思路探讨进行。第九章概述论文的研究成果,分析其中的创新点以及所存在的不足。

关键词:企业管理　生产管理　流程　管理体系　企业绩效

**6114**

**消费品品牌形象的绩效路径研究** / 龙成志著 ; 沙振权指导. -- 华南理工大学, 2009. -- 167 页

论文在研究大量文献的基础上,对消费品品牌形象的绩效路径进行了深入全面的研究。全文共分为七章。第一章绪论主要提出了论文的研究问题,对相关概念进行了界定,分析了论文的研究目标、方法、研究结构。第二章对品牌形象研究概况、基本概念、不同的研究视角、品牌形象结构模型等研究进行了回顾,同时对品牌关系相关研究、品牌绩效相关研究以及研究机会与研究思路进行了回顾与分析。第三章为品牌形象结构理论研究,主要包括基本假定、品牌形象综合结构模型以及探索性因子分析、验证性因子分析、模型探讨五方面的内容。第四章介绍了绩效路径模型与理论假设,主要提出了研究模型、模型变量及相关理论假设。第五章介绍了论文的研究方法,从定性与定量研究、研究工具论述了研究设计,从量表发展原则与方法、品牌形象测项发展、品牌关系测项发展以及品牌绩效测项几方面介绍了变量测量,同时阐述了预调研和正式调研的过程,提出了调研质量控制措施和数据分析方法。第六章介绍了数据处理与结果分析,主要包括样本特征分析、数据信效度分析、相关分析、结构模型分析四方面的内容。第七章为论文的研究结论及讨论。

关键词:企业管理　营销管理　品牌　企业绩效

**6115**

**企业债券融资理论与实证研究** / 娄丽丽著 ; 赵锡斌指导. -- 武汉大学, 2009. -- 156 页

论文对企业债务融资进行了理论与实证研究。全文共分为七章。第一章为导论,主要概述额选题的背景与意义,梳理和整理与企业债券研究相关的国内外文献和研究现状,阐明了论文的研究视角和分析方法、结构安排以及论文的创新点。第二章是全文的理论基础,总结性地回顾了企业债券市场融资的理论基础,包括金融深化理论、资本结构理论、公司治理理论和企业债券融资优势理论,探讨了企业债券融资的内涵、功能及其理论模式,构建了企业债券融资效率的经济学理论分析框架。第三章主要从中国企业债券市场发展情况的层面,分析了我国企业债券市场不发达的原因及其存在的问题。第四章从实际出发,对中国与其他国家企业债券市场特征进行了比较分析,这些国家主要包括美、英、日为代表的发达国家和以新加坡、马来西亚为代表的新兴市场国家。第五章分别从微观主体及宏观市场的角度,在企业融资行为及公司治理和短期融资券的定价这两个层面,对企业债券融资进行了实证分析。第六章在充分分析国内债券市场和企业融资行为、分析中美企业债券市场差异的基础上,在目前中国有利于企业债券市场发展的金融制度环境下,从企业债券市场的交易机制、定价机制、监管机制、保障机制、信用评级制度和流动性等方面,提出了建议和战略构想。第七章是对全文总结与展望。

关键词:企业管理　债务　融资　证券市场

**6116**

**消费者对企业社会责任的反应研究** / 卢东著 ; Samart Powpaka 指导. -- 西南交通大学, 2009. -- 133 页

在全球化竞争的今天,企业面临着生产过剩、边际效益递减、产品同质化的不利市场环境。与此同时,日益成熟的消费者不再只关心产品层次需求的满足,对环境保护、社会公益、商业伦理等要求也不断提

高。企业承担社会责任不再只是成本、约束或是一种慈善行为,也是机会、创新和竞争优势的来源。首先,依据利益相关者理论(Stakeholder Theory),借鉴 Pirsch 等的研究结论,将企业社会责任划分为制度型和促销型两类;根据现有文献将其沟通方式按信息来源和透明度高低,划分为中立第三方和公司来源以及透明和半透明沟通,然后采用实验方法探讨消费者对不同企业社会责任策略反应的差异,并进一步基于归因理论(Attribution Theory)对其原因进行解释。其次,消费者对企业社会责任行为的反应存在归因理论无法解释的差异。引入消费者企业社会责任期望,基于期望理论(Expectation Theory)构建消费者期望和感知绩效对企业社会责任反应的影响模型。通过对汶川地震中万科捐赠事件的问卷调查,运用结构方程建模对提出的模型进行检验。最后,对消费者参与企业发起的社会责任活动的内外部动机进行研究。依据亲社会行为理论(Prosocial Behavior Theory),消费者参与企业社会责任的动机包括:感知企业社会责任、社会规范、感知效能、自我强化和参与成本。其中企业社会责任、社会规范、感知效能、自我强化正向影响,而参与成本负向影响消费者参与行为,同时消费者参与行为本身强化了消费者对公司品牌的态度。

关键词:企业责任　社会责任　消费者行为论

**6117**

**中国文化背景下的 B2C 商业友谊研究** / 卢丽著 ; 范秀成指导. -- 南开大学, 2009. -- 215 页

论文对中国文化背景下的 B2C 商业友谊进行了全面的研究。全文共分为六章。第一章绪论主要介绍了论文的现实和理论背景、研究主题和创新点、研究思路、研究方法和技术路线以及论文的框架结构。第二章主要对人际关系 、朋友和友谊、商业友谊的相关文献进行综述。第三章介绍了 B2C 商业友谊的形成与发展:质性研究方法与设计,从焦点小组访谈简介、焦点小组访谈设计、焦点小组访谈的实施以及访谈结果四方面介绍了前期研究——顾客焦点小组访谈。从研究方法的选择、研究对象的选取以及研究设计对研究方法和设计进行了阐述。第四章是对 B2C 商业友谊的形成与发展进行了质性研究与发现,主要通过商业环境对友谊关系的影响、双方背景对友谊关系的影响以及与一般友谊同等的商业友谊,论述了 B2C 商业友谊与一般的友谊,阐述了中国文化背景下的 B2C 商业友谊的维护与发展。第五章是对中国文化背景下的 B2C 商业友谊影响因素及营销记过进行了实证研究,主要包括概念模型与研究假设、量表和问卷设计以及调查数据分析与结果讨论。第六章为全文的总结。

关键词:企业管理　营销管理　人际关系

**6118**

**公立医院院长双核胜任力模型研究:以江苏大型公立医院为例** / 鲁翔著 ; 赵曙明指导. -- 南京大学, 2009. -- 109 页

论文假设公立医院院长必须具备担任双重角色的胜任力,即专业胜任力和管理胜任力,针对这种双重角色的双重能力,作者提出"双核胜任力"这一名词,引入这一理论模型,以明确界定医院院长应该具备或优秀院长必须具备的双重素质或胜任力。这一模型理论无论从新院长选拔,还是从在任院长能力评估、能力培训提高角度都具有明显的适合国情性和可操作性。论文充分借鉴当前对企业管理者的胜任力研究成果,并根据医院管理工作的特点,对中国医院院长胜任力问题进行研究。通过对江苏省 27 家公立医院院长进行问卷调查,根据医院绩效将医院分为普通组和绩优组,实证研究发现绩优组院长的决策、沟通、创新等管理胜任力显著高于普通组院长。论文还发现,管理胜任力显著地影响了医院绩效。论文最后根据实证研究结果,证实医院院长胜任力必须是专业与管理两方面双重具备,"双核胜任力"模型是医院院长合适的胜任力评价体系模型,多数院长的医学专业胜任力是接近平衡,管理胜任力的差距造成了医院绩效的差别,而优秀院长的胜任力正是胜在具有更强的管理胜任力上。

关键词:医院管理　院长　胜任力

**6119**

**基于商圈发展动力机制的商业地产选址模式研究** / 吕波著 ; 张明玉指导. -- 北京交通大学, 2009. -- 189 页

针对商业地产的科学选址,论文提出了由大到小、由"圈"到"块"再到"点"的选址思路,即"选址首先选择商圈,其次选择地段,最后确定地点"。以此思路为主线,主要进行了如下研究:①基于商圈动力系数构建了商圈选择的计算方法。认为商圈的未来发展潜力主要取决于该商圈背后的动力机制。在借鉴区域发展"五力"理论的基础上,提出了商圈发展的

"六力"理论,具体分析了"六力"中各力的组成要素,对"六力"进行了量化研究,提出了标志商圈投资价值大小的系数,即"商圈动力系数",并构建了商圈选择的计算方法。②基于价值线理论构建了地段选择的计算方法。根据地价差别理论,提出了地段的"三级价值线"的概念,总结出了地段选址的"成功三要素"。为了对任意地段进行投资价值比较,构建了地段选择的计算公式,认为地段的投资价值是由商圈动力系数和公交交通时间来共同决定。③基于"6S"层次分析法和目标规划法提出了地点确定的计算方法。制定了利润、交通、竞争三方面的目标约束条件。在此基础上,构建了由层次分析法和目标规划法组成的集成模型来进行地点的确定。④以北京市典型商圈为对象进行了实证研究。选取北京不同商圈、不同地段内的不同地点为实证研究对象,利用商圈动力系数公式计算出了对不同商圈的选址排序,利用地段选址公式计算出了对不同地段的选址排序,利用基于"6S"层次分析法和目标规划法的集成模型计算出了对不同地点的选址排序。实证研究表明,利用所提出的系列方法可以使商业地产选址的排序结果共得到了四次累积式的优化。

关键词:城市商业　房地产　选址

**6120**

**知识生产的"社会—认知"分析** / 吕卫文著 ; 陈荣秋指导. -- 华中科技大学, 2009. -- 137 页

论文在分析已有知识生产概念的基础上,对知识生产的"社会—认知"进行了研究与分析。全文共分为七章。第一章绪论,提出了论文的研究问题、研究目标、研究方法和技术路线、研究内容。第二章为相关的文献综述,主要对知识研究历史进行了回溯,分析了知识转移理论及实践、知识共享理论及实践、组织学习理论及实践、知识创造理论与实践、管理学研究方法论。第三章对知识生产的概念进行了新的界定,概述了知识的含义,回顾了知识生产的概念,对知识生产的概念进行了新的界定。第四章介绍了隐性知识和编码知识,主要概述了隐形知识和编码知识,对隐性知识和编码知识进行了对比,分析了隐性知识和编码知识的关系、不可分性对知识转移和共享的意义以及隐性知识在知识生产中的作用。第五章介绍了知识生产的社会,建立了认知过程模型,对知识生产研究进行了概述,对群体的社会—认知过程进行了阐述,分析了共享心智模式的形成和发展。第六章知识编码案例研究,主要概述了知识编码的含义,分析了知识编码的新认知,进行了案例研究。第六章为论文的结论和展望,论文的研究一方面例证了知识生产社会—认知过程模型的合理性,另一方面尝试回答了知识编码当中的公共知识的确立及共同认知理解的达成。

关键词:知识经济学　知识产业　知识生产

**6121**

**饭店一线员工工作倦怠研究** / 罗美娟著 ; 郑向敏指导. -- 华侨大学, 2009. -- 210 页

论文采用科学、规范的实证研究方法,对饭店一线员工工作倦怠相关问题进行了系统分析。主要研究内容包括:(1)在对国内外工作倦怠与饭店从业人员相关问题的研究文献进行述评的基础上,借鉴国内外已有的研究成果与研究方法,提出饭店一线员工工作倦怠研究的核心问题;(2)运用方便抽样、问卷调查与半结构式访谈相结合的方法对饭店一线员工工作倦怠问题进行探索性研究;(3)在分层抽样与整群抽样相结合的正式研究问卷调查基础上,对我国饭店一线员工工作倦怠整体状况及工作倦怠单维度的表现进行总体描述;(4)在正式研究问卷调查的基础上,对饭店一线员工工作倦怠前因变量的人口统计特征差异进行分析;(5)在问卷调查的基础上,对工作倦怠与其后果变量之间的相关性及其对后果变量的预测作用与预测强度进行探析;(6)将本研究的结论与《2008中国职场人士工作倦怠指数调查报告》《2004 中国"工作倦怠指数"调查报告》等调查报告的研究结果进行对比;(7)在上述研究的基础上,为饭店等主体提高员工职业健康安全水平并降低工作倦怠总体状况提供相应建议与改进措施。

关键词:饭店业　人力资源管理　员工　情绪状态　心理健康

**6122**

**我国产业园区企业化经营研究** / 罗茜著 ; 邹昭晞指导. -- 首都经济贸易大学, 2009. -- 134 页

论文对我国产业园区企业化经营进行了研究。全文共分为七章。第一章绪论,主要提出了论文研究的问题,研究的理论和实践意义,研究动态,研究对象相关的概念,研究的方法和思路,研究框架,以及研究的创新点和不足之处。第二章产业园区的发展演进,主要回顾了产业园区形成及发展的理论,分析了世界产业园区发展的演进过程和我国产业园区发展的演进历

程。第三章产业园区的重要管理模式——企业化经营,主要分析了产业园区的几种管治模式,论述了产业园区重要的管治模式——企业化经营,对产业园区企业化经营的合理性进行了分析。第四章是对产业园区经营企业的特性进行了分析和研究,分析了产业园区经营企业的产权、经营范围和盈利模式。第五章是对产业园区企业化经营的绩效进行的实证分析,主要包括产业园区管治绩效的评价模型、产业园区管治绩效的评价、产业园区管治绩效的对比分析与研究三方面的研究。第六章分析了政府与产业园区经营企业的关系,主要论述了政府与园区经营企业的关系和政府与园区经营企业的博弈,完善了政府的功能,对园区经营企业的激励与约束进行了探究。第七章为论文研究的一些基本结论、研究的局限性以及对未来的展望。

关键词:工业园区　经营管理　管理模式

**6123**

**基于旅游动机的旅游目的地形象研究** / 马爱萍著;吕一林指导. -- 中国人民大学, 2009. -- 170 页

论文对基于旅游动机的旅游目的地形象进行了深入全面的研究。全文共分为六章。第一章导论主要介绍了论文研究的实践与理论背景、选题的实践与理论意义、研究的主要内容。第二章为旅游动机与旅游目的地形象研究相关理论框架的介绍,主要阐述了研究模型框架构建的理论基础,分析了旅游学科相关理论:旅游目的地、旅游动机理论、旅游者旅游决策过程、态度理论、旅游目的地形象理论等。第三章为文献综述、研究问题和假设,主要对旅游动机、旅游形象、自我一致、访问意愿等方面文献进行了综述,从而提出论文的研究问题、研究假设和理论依据。第四章论述了论文的研究设计,从样本、抽样步骤、衡量的标准三方面进行了调查研究,同时进行了统计分析。第五章介绍了研究结果,主要通过概念模型、描述性分析以及结果、预测的效果对 SEM 概念模型进行了检验分析。重新核查和讨论了概念模型,对竞争性模型进行了分析,对已有的研究结果和结论进行了比较性评述,最后对应用所得出的结论进行了案例研究分析。第六章为论文的总结。

关键词:旅游市场　市场营销　消费者行为论

**6124**

**制造业与生产服务业互动演变趋势研究** / 马风华著;李江帆指导. -- 中山大学, 2009. -- 127 页

论文综合产业经济学中的产业关联理论、分工专业化理论以及第三产业经济学的相关理论,采用规范分析与实证分析、定性分析与定量分析相结合以及比较研究的方法,对制造业与生产服务业互动关系的相关理论问题进行系统分析。在解释制造业与生产服务业互动关系形成的基础上,从企业内部、全球价值链及空间结构上的作用机制三方面对制造业与生产服务业的互动机制进行定性分析,归纳出影响制造业与生产服务业互动关系的因素。以 70 年代至 21 世纪初的 OECD9 国为例,全面考察发达国家制造业与生产服务业间互动关系的变化趋势。通过定量分析,检验影响二者相互需求的因素,验证不同类型的制造业结构层次是否会影响对生产服务的需求以及生产服务业能否提升制造业的竞争力和劳动生产率,从而总结出发达国家制造业与生产服务业间互动的演变趋势。进而对中国与发达国家制造业与生产服务业的互动关系进行比较,找出中国制造业与生产服务互动发展的特征,并提出相应的政策建议。论文的主要研究结论是:①制造业对服务业的需求程度与国民经济和生产服务业的发展水平正相关,服务业对制造业的需求程度与国民经济和生产服务业的发展水平负相关。②制造业的产业结构层次直接影响着其对服务需求的结构层次。③生产服务投入能显著提升制造业整体产出和劳动生产率。其中,商务服务业对发达国家制造业整体产出的提升作用最大。④发达国家制造业产品作为中间产品的特点较明显,其作为中间产品的最大购买者是其自身,而服务产品作为最终消费品的特点更明显,其作为中间产品的最大购买者是其自身。

关键词:制造工业　服务业　经济关系　产业结构　投入产出

**6125**

**全球价值链下中国服装产业国际竞争力研究** / 马海燕著;谭力文指导. -- 武汉大学, 2009. -- 233 页

论文对全球价值链下的中国服装产业国际竞争力进行了研究。全文共分为六章。第一章绪论分析了夕阳产业、支柱产业的现象,阐述了论文研究的问题和研究对象,总结了论文研究的方法和资料来源,介绍了论文的研究内容,总结归纳了论文的创新点。第二章为相关研究文献的综述,阐述了产业国际竞争力的概念、理论基础及分析范式、评级指标,论述了全球价值链的几个基本问题和演进过程以及研究内容,

通过国内外研究文献综述分析了服装产业国际竞争力。第三章介绍了产业国际竞争力评价与升级:全球价值链的分析框架,主要包括全球价值链背景下的产业组织范式、全球价值链背景下的产业竞争力二维评价、全球价值链背景下的二维治理与升级理论三部分的内容。第四章是对服装全球价值链的历史考察,从服装的起源意义、服装如何成为一种全球产业分析了全球化与成衣的历史,阐述了服装全球价值链图景,从中国服装产业发展概况、区域结构、进出口概况以及当前中国服装产业所面临的环境分析了中国服装价值链图景。第五章是对中国服装产业竞争力评价的实证分析,主要从研究设计阶段、分析单元、数据收集与分析阶段三部分阐述了研究设计,从宏观层次、中观层次和微观层次介绍了实证评价过程。第六章是全球价值链下中国服装产业升级,主要介绍了中国服装产业升级框架、中国服装产业升级策略以及中国服装产业升级案例。论文最后为结论和展望。

关键词:服装工业　产业结构　国际竞争力

**6126**

**基于战略能力的企业战略绩效评价研究** / 马介强著 ; 韩经纶指导. -- 南开大学, 2009. -- 294 页

论文对基于战略能力的企业战略绩效评价进行了研究。全文共分为九章。第一章绪论,主要介绍了论文的研究背景、研究主题、方法与框架,对相关的概念进行了界定。第二章为相关文献的回顾与评述,主要论述了能力理论、绩效评价的文献。第三章战略能力与战略绩效评价之间的关系,主要介绍了基于绩效评价的战略能力评价方法选择,阐述了战略能力与企业绩效之间的关系,对基于战略能力的绩效评价进行了思考,研究了战略能力与战略绩效评价在战略管理中的关系。第四章为战略能力的分解及其评价研究,主要对企业战略能力的分解进行了分析,阐述了战略开发能力的评价研究,对战略供应链能力和战略客户管理能力进行了评价研究。第五章为基于战略能力的企业战略绩效评价指标设计,主要包括不同产业阶段下的企业财务绩效评价研究、不同战略公司的核心能力界定与战略能力构成分析、奉行不同战略公司的战略能力评价以及奉行不同战略公司的战略绩效评价指标评价四方面的内容。第六章是对基于运营卓越战略的企业战略绩效评价进行的案例研究,介绍了A 能源上市公司的背景与战略介绍,分析了 A 公司实施战略绩效评价系统的成效和 A 公司实施战略绩效评价系统对组织绩效的影响。第七章是对基于客户密切战略的企业战略绩效评价案例的研究,主要分析 C 电信运营商的背景与战略,阐述了 C 运营实施战略绩效评价系统的成效以及 C 运营商实施战略绩效评价系统对组织绩效的影响。第八章是对基于产品领先战略的企业战略绩效评价进行了案例研究,主要包括 E 人力资源服务公司的背景与战略介绍、E 公司实施战略绩效评价系统的成效分析以及 E 公司实施战略绩效评价系统对组织绩效的影响分析三方面的内容。第九章为论文的研究结论、创新点与后续建议。

关键词:企业管理　企业战略　企业绩效　评价模型

**6127**

**文化影响下的创业认知决策研究** / 马昆姝著 ; 胡培指导. -- 西南交通大学, 2009. -- 139 页

创业对社会经济发展的推动作用日益凸显。创业决策是创业行为不容忽视的关键点之一。作为创业活动的起点,创业决策受到众多内在因素与外在因素的影响。研究一,以文化与创业研究及决策研究为基础,构建文化影响下的创业决策模型。研究二,根据自我效能理论,通过实验方法,从自我效能的来源着手,研究创业自我效能对创业决策的作用。研究三,针对"接受—放弃"型创业决策与中国人对风险认知的特性,将创业可能的结果细分为盈利、保本、亏损三种情况,在不同的决策情景(风险情景、模糊情 景)下,研究以预期概率表征的创业风险感知与创业决策的关系。本研究的理论价值体现在:(1)从跨文化研究的第二层次解读了文化各因素对创业决策的影响,深入了文化视角下的创业行为及决策研究;(2)重新界定了风险倾向并检验其在创业行为中的作用,避免了创业研究过早否定风险倾向的影响;(3)从认知因素着手,根据自我效能理论,将创业自我效能引入创业决策过程,研究其在创业过程中的主效应及与其他认知因素——创业风险感知的交互效应,扩展了自我效能理论在创业领域的应用;(4)从决策类型、决策情景、预期结果等方面对行为决策及创业行为研究进行了补充。

关键词:企业管理　企业家　决策　风险评价

**6128**

**跨界搜索对企业绩效的影响机制研究** / 马如飞著 ; 吴晓波指导. -- 浙江大学, 2009. -- 197 页

论文对跨界搜索对企业绩效的影响机制进行了全面深入的研究和分析。全文共分为七章。第一章绪论主要分析了论文研究的理论与现实背景、研究问题、研究的意义,对相关的研究概念进行了界定,阐述了论文研究内容与逻辑框架以及技术路线,总结归纳了论文的创新点。第二章为文献综述,主要对组织搜索理论、企业竞争优势理论、组织层次创新研究等方面文献进行了梳理。第三章介绍了跨界搜索对企业绩效影响机制的模型构建,论述了跨界搜索的概念框架和技术知识跨界搜索与企业绩效的关系,从不同维度市场知识跨界搜索对企业绩效的不同影响、市场知识跨界搜索对不同类型创新的不同影响、创新在市场知识跨界搜索与企业绩效关系中的中介作用三方面,对市场知识跨界搜索与企业绩效的关系进行了研究。第四章是对跨界搜索对企业绩效影响机制的实证研究,主要包括研究方法、研究结果、结果讨论三方面。分析了技术知识跨界搜索与创新、企业绩效的关系,市场知识跨界搜索与创新、企业绩效的关系,阐述了创新对跨界搜索与企业绩效关系的中介作用。第五章是在权变视角下,对技术创新、商业模式创新与企业绩效的关系进行研究与分析,介绍了研究的理论背景,分析产业类型对不同类型创新与企业绩效关系的调节作用、竞争强度与组织创新与企业绩效关系的调节作用以及需求不确定性对组织创新与企业绩效关系的调节作用。第六章是对基于中国情境的企业跨界搜索影响因素的研究,分析了中国本土企业成长的环境特点和企业发展阶段的特点,对研究结果进行了信度与效度检验。第七章为全文的总结。

关键词:企业管理　企业绩效　技术创新

**6129**

**混业经营、股权结构与商业银行经营风险关系研究** / 马雯著 ; 薛有志指导. -- 南开大学, 2009. -- 174 页

论文利用模拟分析的方法,针对我国商业银行混业经营程度与绩效、风险的相关关系进行检验,分析结果对我国商业银行混业经营提供支持的同时,也表明随着商业银行混业经营程度的增加,其风险程度也相应提高。论文以股权结构作为中介变量分析商业银行混业经营程度对绩效、风险的影响路径,并选取股权集中度和大股东控制权两个维度对商业银行的股权结构进行描述,以此分析混业经营程度对商业银行经营风险的具体作用路径。并根据代理理论,构建了混业经营对商业银行经营风险影响的理论模型,以全球 118 个国家和地区的 442 家混业经营商业银行为研究样本,利用多元回归的方法对模型进行了检验。检验结果表明,随着商业银行混业经营程度的提高,股权集中度逐步降低,导致了控制权与所有权的进一步分离,增加了管理者代理成本;同时大股东控制权更加集中,加剧了控制权与现金流权的分离,从而导致控制性股东代理成本的增加,最终扩大了商业银行的经营业绩风险。在实证检验的基础上,提出增加监管力度及灵活度,改变监管模式,加强商业银行内部治理机制涉及等建议,以降低控制性股东利益侵占以及管理者私利,并控制混业经营中的利益冲突、道德风险以及信誉风险。

关键词:商业银行　经营管理　经营风险　股权结构

**6130**

**中国企业组织创新氛围及对个体创新行为的作用机制研究** / 马月婷著 ; 张德指导. -- 清华大学, 2009. -- 220 页

论文首先构建了中国环境下组织创新氛围和创新风险承担意愿的维度结构,进而探讨组织创新氛围对个体创新行为的作用机制,揭示了组织创新氛围、内部动机、创新风险承担意愿、工作例行性和个体创新行为的关系。论文的主要研究工作:探索性研究。通过对 18 家企业深度访谈和开放式问卷调查,直观地了解组织创新氛围的内涵和影响。根据扎根理论方法,初步建立了组织创新氛围的概念框架和维度结构。验证性研究。以 24 家企业的 493 份有效样本为基础,验证了组织创新氛围二阶八因子结构,创新风险承担意愿的一阶单因子结构。采用回归分析、结构方程模型,验证了组织创新氛围对个体创新行为的影响机制以及工作例行性对组织创新氛围对个体创新行为的调节作用。案例研究。以论文研究结论为基础,对两家企业的组织创新氛围进行诊断,并提出了相应的对策建议。

关键词:企业管理　组织管理　创新管理　人力资源管理

**6131**

**中国制药企业技术学习与技术能力发展研究** / 茅宁莹著 ; 陈传明指导. -- 南京大学, 2009. -- 165 页

论文对技术能力与技术学习理论进行了回顾与梳理,确立了技术学习动力、内部技术学习与外部技

术学习三个研究维度。对制药企业技术内容、技术创新特征进行了分析,探讨了药物仿制与创新之间的差异性,并对制药企业技术创新活动的因素进行了总结与概括。构建了用来分析与评价制药企业技术能力的能力矩阵,提出制药企业技术能力包括药物发现能力、药物合成工艺能力、药物制剂能力以及项目评估决策能力。对中国制药企业上市公司技术学习活动进行了实证分析。收集整理42家化学制药公司信息,采用SPSS软件对研究变量进行了回归分析。结果显示,现阶段我国制药企业要重点加强对研发活动的资金与人力的支持,同时企业要积极开拓企业外部知识网,加强与国外企业及国内大学、科研单位的合作。论文还强调了制药企业技术能力的发展首先受到企业家对技术创新态度的直接影响。从技术学习的成效出发,企业除了要不断加大在研发方面的投入,还要在组织设计、内部管理制度的建立、员工的奖惩措施方面积极贯穿鼓励创新、鼓励合作交流的价值观,为员工开展技术学习与知识分享提供良好的支持环境。最后,在全文分析与讨论的基础上,对我国制药企业技术能力的现状进行了总结,对我国制药企业如何有效开展技术学习活动,培育和发展技术创新能力提出建议。

关键词:制药工业　技术管理　技术革新

**6132**

**领导者可信性及其与下属工作绩效的关系研究** / 穆桂斌著 ; 孙健敏指导. -- 中国人民大学, 2009. -- 199 页

论文对领导者可信性及其与下属工作绩效的关系进行了分析研究。全文共分五部分。第一部分引言,提出了研究的问题、研究的目的、研究的意义,并对论文的研究方法与框架进行了说明。第二部分为文献综述部分,分别对领导信任的相关研究、领导者可信性的相关研究以及领导者可信性与下属工作绩效的相关研究进行了综述,指出了三者的研究进展,并由此明晰了论文的研究方向。第三部分介绍了领导者可信性的问卷编制与结构验证。首先对领导者可信性的维度进行了归纳,指出了研究的目的与方法,阐述了访谈及开放式问卷调查的样本选择方法,并概述了信息搜集的过程,对资料初步整理分析的结果进行了归纳总结;随后介绍了问卷编制的具体情况,提出了探索性的因素分析和项目分析的方法,进而给出了分析的结果,接着对领导者可信性量表的结构与领导者可信性的差异进行了检验;最后探讨了领导者可信性的构念与维度结构、领导者可信性问卷的信度与效度以及下属对领导者可信性评价的现状与差异等问题,得出了相关小结。第四部分为领导者可信性与下属工作绩效的关系研究。分析了研究的理论背景,提出了研究的假设,探讨了领导者可信性对领导信任的影响、领导者可信性对下属工作绩效的影响、领导信任对下属工作绩效的影响以及领导信任的中介作用,定义了具体的研究对象,评价了测量工具的信度与效度,对研究结果进行了分析与检验,算出了各个研究变量的均值、标准差和 Pearson's 相关系数,对研究变量之间两两关系的检验结果、中介模型的检验结果进行了讨论分析,并由此得出了小结。第五部分介绍了研究结论与研究展望。

关键词:企业管理　企业领导　人力资源管理　企业绩效

**6133**

**管理权力、自由裁量性投资与高管薪酬:基于中国上市公司的实证研究** / 纳超洪著 ; 胡玉明指导. -- 暨南大学, 2009. -- 194 页

论文基于对中国上市公司的实证研究,探讨了管理权力、自由裁量性投资与高管薪酬的联系问题。全文共分七章。第一章绪论,介绍了选题的背景与意义,对基本概念进行了界定,并指出了研究的思路与方法及论文的内容安排。第二章为文献综述,阐述了代理与薪酬契约的相关研究进展,并对管理权力、投资与薪酬的关系进行了概述,分析了自由裁量性投资与薪酬激励的内在联系。第三章介绍了有关制度背景,梳理了中国上市公司高管激励制度的变迁过程,研究了高管激励法规的演化,探讨了投资体制改革与企业投资行为的关系,基于管理权力视角对自由裁量性投资与高管薪酬的关系进行了分析,阐述了管理权力的根源及其表现形式。第四章对管理权力与高管薪酬进行了详细介绍,对管理权力的概念进行了界定,探讨了 CEO 的任期与是否存在大股东的问题,对影响高管薪酬的因素进行了探究,阐述了研究的设计思路,介绍了样本的选取方法与数据的来源,并通过对变量的最终选择确定构建了最终的分析模型,对实证结果进行了描述性统计与多元回归分析。第五章探讨了管理权力、并购与高管薪酬的联系。阐述了基于制度背景的理论分析过程,介绍了研究设计的思路,构建了相应的模型,对实证结果,包括并购与未并购公司管理权力与高管薪酬的关系以及管理权力、并

购与非对称的薪酬绩效敏感度进行了分析。第六章分析了管理权力、无形资产与高管薪酬的联系,通过对样本的选取与变量的选择,提出了相应的模型设计思路,并对实证研究的结果予以说明与分析。第七章为全文的总结。

关键词:上市公司　企业领导　薪酬　权力

**6134**

**高科技企业品牌资产价值测量模型研究** / 倪慧君著 ; 王兴元指导. -- 山东大学, 2009. -- 210 页

论文以规范分析和实证分析相结合的方法,对高科技产业品牌资产价值测量模型进行研究。论文分七章。第一章引论,介绍了研究的背景和意义,研究思路、方法以及研究的技术路线,研究的范围和对象,研究中存在的创新点。第二章文献综述,就高科技品牌资产研究现状、高科技企业品牌资产内涵研究、高科技企业品牌资产价值测量研究三个部分进行综述,并结合文献评价,提出高科技企业品牌资产价值测量模型。第三章是高科技企业品牌资产市场维度及驱动因素分析,研究基于 Porter 竞争优势理论、价值链理论和利益相关者理论的高科技企业品牌的知识构面,解析了高科技企业的品牌资产市场表面构面:品牌资产市场绩效、品牌资产创新绩效和品牌资产扩张绩效。第四章是高科技企业品牌资产财务绩效测量模型研究。提出了高科技品牌资产财务绩效测量理论模型,通过高科技企业品牌作用指数模型、品牌超额盈利能力测量模型和品牌扩张能力测量模型的构建,实现了品牌资产的财务绩效测量。第五章是高科技企业品牌强度因子测量模型研究。通过对高科技品牌部分企业进行访谈,提炼出品牌强度因子,构建了品牌强度测量模型。第六章为高科技企业品牌价值测量模型的构建与应用研究,通过建立高科技企业品牌资产价值测量模型以衡量品牌资产价值的大小,并利用该模型测算 IT 企业的品牌价值,指导 IT 企业合理地分配品牌资源,并管理和优化品牌资产。第七章概述研究结论,并揭示研究中所存在的不足以及对未来研究的建议。

关键词:高技术企业　企业管理　资产评估　品牌

**6135**

**顾客满意度二维模型研究** / 聂风华著 ; 刘冀生指导. -- 清华大学, 2009. -- 174 页

论文总结在顾客满意、服务质量、顾客投诉等方面的研究成果,提出了存在的问题,并在已有顾客满意度及服务质量理论的基础上,引入了标准差概念,构建了顾客满意度二维模型,第一维是顾客满意度(CS),第二维是感知质量标准差(SD),并提出应用"四区间"图对顾客满意情况进行全面评价。通过专家访谈和数据统计分析,论文建立了大学生公寓的顾客满意度二维模型,2005 年 12 月至 2008 年 10 月的近 3 年时间中,在清华大学大学生公寓开展了 10 次大样本的测评(有效问卷共 9638 份),同时提出了大样本问卷数据筛选处理。采用结构方程模型,论证了大学生公寓顾客满意度二维模型的有效性,并对 2006—2007 与 2007—2008 学年度大学生公寓顾客满意度、质量标准差与学生投诉数量进行了相关性分析。针对上述内容,得出了一系列结论,其中部分理论成果已经在清华大学得到了应用,有效提升了大学生公寓服务质量。

关键词:顾客满意度　服务质量　数学模型

**6136**

**持续改进及其与企业绩效关系研究** / 牛琦彬著 ; 郑明身指导. -- 中国人民大学, 2009. -- 161 页

论文对持续改进及其与企业绩效关系进行了全面的研究。全文共分为七章。第一章主要介绍了论文研究的主体,提出了基本的假设,对相关概念进行了界定,分析了论文的研究框架和技术路线、研究方法、主要创新点及研究意义。第二章阐述了对持续改进含义的解释,分析了持续改进的动因,与持续改进能力发展水平模型,对持续改进进行了实证研究,梳理了持续改进文献。第三章是对一个典型案例的调研和分析,介绍了中铝中州分公司的持续改进实践,主要包括对计划经营部经理和高级主管的访谈、对中州分公司部分生产厂和车间的访谈、对中州分公司人力资源部高级主管的访谈、对中州分公司文化部经理的访谈、企业领导有关持续改进讲话的内容和分析、部分职能部门与持续改进有关的工作总结内容及分析、部分生产厂工作总结内容与分析、国家级媒体对中州分公司持续改进实践的报道以及从案例分析归纳出的持续改进成果要素九方面的内容。第四章是对持续改进的含义及其理论基础的分析。第五章是对企业持续改进和企业绩效关系的实证研究,对企业持续改进能力、绩效进行了测量,分析了企业持续改进和企业绩效关系研究的问卷设计和分析。第六章是对企业实施持续改进的管理体系的研究,主要介绍

了持续改进的组织基础和以及管理和持续改进工具。第七章为全文的总结和展望。

关键词:企业管理　生产管理　质量管理

6137

**珠三角农村信用社服务利润链管理研究** / 欧阳以标著 ; 孙东川指导. -- 暨南大学, 2009. -- 187 页

论文结合系统论思想,运用层次分析法和结构方程对珠三角农村信用社服务利润链进行建模和实证,深入探讨服务利润链的运作机理,为珠三角农村信用社实施服务管理和增加企业绩效提出具体的建议。主要内容如下:①理论研究部分,包括第二章和第四章。主要对服务利润链的相关研究文献进行了分析和综述,然后从系统论的角度,分析服务利润链的运作机理。在理论研究上通过服务利润链理论与系统论相结合,首先识别服务利润链中对农村信用社具有关键作用的因素,然后进一步在现有理论基础上使用层次分析法、专家评估法对这些关键因素之间的相互关系做深入分析。②实证研究部分,包括第三章、第四章和第五章。主要通过环境分析,发掘珠三角农村信用社发展中存在的问题,论述实施服务管理的必要性;然后从系统论的角度提出服务利润链中关键因素相互影响关系的假设;运用结构方程建立模型,以量化分析对假设进行验证。论文通过在珠三角地区[十一个县(区)、市]农村信用社发放大量调查问卷收集数据,首先进行探索性研究,根据结果对原有模型进行修正,然后进行验证性研究得出最终的服务利润链结构模型,并有效验证了原假设。③实施建议部分,为第六章内容。主要从业务层面和战略层面提出珠三角农村信用社服务管理的实施途径和优化建议,并以顺德农村信用社为例,具体分析服务利润链在实际运作中的形态和成效。

关键词:农村信用社　银行业务　珠江三角洲

6138

**基于顾客关系管理的直复营销企业整合营销管理模式研究** / 潘淮水著 ; 韩德昌指导. -- 南开大学, 2009. -- 199 页

论文对基于顾客关系管理的直复营销企业整合营销管理模式进行了研究。全文共分为七章。第一章绪论,主要介绍了论文研究的背景和意义,研究的方法和设计思路,研究的流程和逻辑框架,研究的创新点。第二章为相关理论与文献综述,包括顾客关系管理理论、直复营销理论、相关营销理论概述。第三章是对基于 CRM 的直复营销企业营销管理的论证分析,阐述了顾客关系管理的核心要素,对顾客关系管理与直复营销进行了关联分析,论述了基于 CRM 的直复营销企业营销管理的解决思路。第四章介绍了基于 CRM 的直复营销企业营销管理解决方案,主要论述了基于 CRM 的直复营销企业数据库营销管理,研究了基于 CRM 的直复营销企业一对一营销管理以及基于 CRM 的直复营销企业网络营销管理。第五章研究了基于 CRM 的直复营销企业营销管理解决方案的保障机制,主要论述了直复营销企业营销管理方案整合的技术保障、基于 CRM 的直复营销企业营销管理资源的整合以及基于 CRM 的直复营销企业营销管理整合模式三方面的内容。第六章是对直复营销企业应用实例的探讨,主要研究了跨国企业戴尔公司、中国大陆企业阿里巴巴公司、中国台湾企业永丰金控公司三个案例,并对案例进行了总结和归纳。第七章为论文的总结,提出了相关的建议,阐述了论文的研究不足和基本的结论,对未来的研究进行了展望。

关键词:企业管理　销售管理　市场营销　客户关系管理(CRM)

6139

**网络关系强度与技术创新模式的耦合及其协同演化** / 潘松挺著 ; 蔡宁指导. -- 浙江大学, 2009. -- 171 页

论文对网络关系强度与技术创新模式的耦合及其协同演化进行深入系统的研究与分析。全文共分为七章。第一章绪论主要论述了论文研究的理论与现实背景、研究问题、研究的意义,对相关的研究概念进行了界定,阐述了论文研究内容与逻辑框架以及技术路线,总结归纳了论文的创新点。第二章为国内外研究相关文献综述,阐述了企业网络理论及相关评述,对网络关系与技术创新的文献进行了回顾与分析评述,从组织学习的内涵演进、组织学习的两模式学习理论、组织学习与技术创新的关系、组织学习理论的简要评述四方面分析了组织学习理论及相关的评述。第三章是对网络关系强度的测量研究,论述了网络关系强度及其理论的发展过程,阐述了网络关系强度测量的访谈研究,从问卷和数据收集、内部一致性检验、探索性因子分析、检验性因子分析四方面分析了网络关系强度测量的问卷佐证研究。第四章是对网络关系强度与技术创新模式的耦合机理与假

设的研究,主要包括网络关系强度对技术创新的影响、网络关系强度对组织学习的影响、组织学习与技术创新的关系、组织学习的中介作用、环境动态性的调节作用五方面的内容。第五章是对网络关系强度与技术创新模式耦合的定量分析,主要介绍了研究的方法、对数据进行了基本分析,介绍了 SEM 模型和回归分析,进行了假设检验与解释。第六章是以海正药业为例对网络关系强度与技术创新模式的耦合及其协同演化进行的案例研究。第七章为全文的总结和展望。

关键词:企业管理　技术管理　技术创新

**6140**

**技能柔性的形成机理与实现途径研究** / 潘新红著；李新建指导. -- 南开大学, 2009. -- 194 页

论文通过案例和问卷调查的实证方法对技能柔性的形成机理与实现途径进行了分析研究。全文共分七章。第一章绪论,介绍了研究的背景、研究问题、研究的方法,并对论文框架与研究内容进行了阐述。第二章通过文献回顾与分析探究了技能柔性的内涵与建构方式。首先分析了技能与隐性知识的关系,阐述了知识的内涵和特征,并对隐形知识的定义进行了修正,随后分析了柔性的内涵与特征,并对技能柔性进行了建构。第三章介绍了基于知识创造的技能柔性形成过程。首先探究了技能柔性形成的本质与动因,对知识创造理论进行了概述,随后分别介绍了知识创造主导型演变模型与知识应用主导型演变模型,最后分析了技能柔性在知识演变中的形成过程,具体分析了影响技能柔性的组织实践因素。第四章分析了技能柔性实现的影响因素、途径与方式。首先讨论了基于人力资源管理构型的实践影响因素、基于人力资源结构的实践影响因素以及内部劳动力市场及多元化雇佣实践的影响因素,随后探究了战略驱动下的技能柔性实现途径,最后阐述了基于人力资源开发、离岗学习以及在岗学习情况下的技能柔性实现方式。第五章为实证研究的设计及信息搜集,首先通过对案例的选取以及信息收集过程的探讨指出了信息搜集的方法,随后阐述了信息的收集整理与问卷设计的有关内容,包括对案例企业信息的介绍以及对问卷设计思路的梳理。第六章对实证的研究结果进行了分析。对实现技能柔性的影响因素进行了验证,通过对正式学习、非正式学习与技能多样化、专业化以及影响非正式学习的因素的探究验证了技能柔性的实现方式,得出了相关小结。第七章对技能柔性的形成机理和实现途径进行了分析与总结,指出了研究的局限性,得出了有关的实践启示,并对未来的发展方向进行了展望。

关键词:企业管理　人力资源管理　知识管理

**6141**

**中小企业战略能力的识别与提升研究** / 庞鹏著；揭筱纹指导. -- 四川大学, 2009. -- 179 页

论文对中小企业战略能力的识别与提升进行了深入全面的研究。全文共分为七章。第一章绪论提出了论文的研究问题、论文的理论和现实意义、论文的研究方法、研究内容和结构,对相关的概念进行了界定。第二章为相关文献的综述,主要论述了企业能力理论、战略能力、能力成熟度、中小企业成长四方面的内容。其中企业能力理论包括资源基础论、核心能力理论、动态能力理论。第三章为中小企业战略能力的识别,主要区别了中小企业与大企业,阐述了中小企业战略能力的内涵和特性,分析了中小企业战略能力的识别和中小企业战略能力的分解。第四章是对中小企业战略能力的评价,主要包括中小企业战略能力与中小企业成长的关系、理论模型与研究假设、中小企业战略能力的评价指标体系、研究方法和研究工具。第五章分析了中小企业战略能力的提升方法,主要从战略能力培育的原则、内部培育、外部并购获取、联合开发获取以及培育战略能力的注意事项五方面论述了战略能力的培育,分析了战略能力的提升,主要包括机遇级战略能力的提升、计划程序级战略能力的提升、资源利用级战略能力的提升以及资源整合级战略能力的提升。第六章为案例分析,主要从战略能力的识别与提升方面分析了迈普通信公司和光有薯业有限公司。第七章为全文基本结论、研究的创新点、研究过程中的不足以及展望。

关键词:中小企业　企业成长　战略管理　企业能力

**6142**

**企业网络对技术创新绩效的作用机制研究:利用性—探索性学习的中介效应** / 彭新敏著；吴晓波指导. -- 浙江大学, 2009. -- 197 页

论文对企业网络对技术创新绩效的作用机制进行了研究。全文共分为七章。第一章绪论,主要介绍了论文研究的理论与现实背景,研究问题,研究的意义,对相关的研究概念进行了界定,阐述了论文研究

内容与逻辑框架以及技术路线，总结归纳了论文的创新点。第二章为论文的相关文献综述，主要介绍了企业网络内涵与分析维度，企业网络主要研究的分类，研究技术创新视角下企业网络与组织学习关系。第三章介绍了企业网络对技术创新绩效作用机制的概念模型，分析了组织学习与技术创新绩效的关系、企业网络与技术创新绩效的关系。第四章是对企业网络对技术创新绩效作用机制的实证研究，主要包括研究方法、探索性因子分析、验证性因子分析、结构方程模型检验以及对实证研究的结果、组织学习与技术创新绩效关系、位置中心度对技术创新绩效的作用机制、联结强度对技术创新绩效的作用机制等进行了分析与研究。第五章是对权变视角下企业网络对组织学习的影响机制的研究，介绍了企业网络与组织绩效权变关系的相关研究，分析了企业网络与组织学习权变关系的概念模型，对环境动态性、技术战略导向等变量进行了测度与分析，对数据进行了信度与效度检验和相关分析。第六章是对企业网络与组织学习的动态演变的研究，主要研究方法包括案例研究方法、案例企业选择、数据收集方法以及数据分析方法，介绍了案例研究的背景，对案例进行了分析总结。第七章是对全文的总结与展望。

关键词：企业管理　技术创新　企业绩效

**6143**

**嵌入性、组织学习与跨国公司子公司发展的关系研究**／蒲明著；张玉利指导. -- 南开大学, 2009. -- 201 页

论文采用问卷调查、因子分析、相关分析、回归分析、中介效应分析以及调节作用分析等方法对嵌入性、组织学习与跨国公司子公司发展的关系进行研究。全文分为七章。第一章绪论，说明了论文的研究背景及研究意义，研究的问题，研究过程和结构。第二章文献综述，主要对跨国公司子公司管理理论、企业能力理论、组织学习理论以及嵌入理论相关理论和研究结果进行系统回顾，并对当前研究状况进行评述，从而得出本研究的切入点。第三章理论模型与研究设计，依据嵌入性与子公司发展、嵌入性与组织学习、组织学习与子公司的发展以及权变因素的分析，提出相关理论模型，阐述研究设计和研究方法，并对数据收集和样本特征进行描述。第四章研究了嵌入性与子公司发展之间的内在关系，提出了嵌入性作用于子公司发展的理论假设，利用调查数据进行实证研究。第五章嵌入性对子公司发展的作用机制。研究了组织学习在嵌入性与子公司发展之间的中介作用，提出相关理论假设，通过变量检测利用调查数据进行实证检验。第六章全变因素下的嵌入性与组织学习的关系，研究了子公司所在产业和主导行为对嵌入性与组织学习之间关系的调节作用，提出相关理论假设，利用调查数据进行实证检验。第七章总结全文的主要研究结论，明确论文的主要创新点，并对未来研究进行展望。

关键词：跨国公司　子公司　企业组织　企业发展

**6144**

**跨国采购中供应商选择的决策过程研究：一个基于跨国公司与中国制造业供应商的实证研究**／齐非著；陈启杰指导. -- 上海财经大学, 2009. -- 162 页

论文基于跨国公司与中国制造业供应商的实证研究对跨国采购中供应商选择的决策过程进行了分析研究。全文共分六章。第一章绪论介绍了研究的背景、目标与范围，选题的理论与现实意义、研究的方法与论文的结构安排。第二章分别对供应商选择指标体系的研究、供应商选择方法和工具的研究、采购商与供应商关系的研究、国际供应商选择的研究以及电子商务环境下供应商选择的研究文献进行了综述，梳理了客户与供应商之间关系的演化过程探讨了供应链环境下的供应商选择问题，并分析了电子商务对供应链管理的影响。第三章介绍了研究的建构与模型假设。首先分析了理论的概念化，分析了跨国采购中供应商选择的指标体系、跨国采购中供应商选择的过程和选择效果，对指标体系的操作化、选择效果的操作化进行了定义与计量，对结构方程全模型与曲线回归模型进行了假设。第四章介绍了实证研究的数据收集与分析，介绍调研设计和数据收集的过程、实际的数据收集情况，对数据质量进行了分析，包括数据的描述性统计分析、数据的可靠性分析以及计量模型的确认因子分析，提出了非完全悖论，最后分别运用结构方程法与回归法验证了 M1 与线性概率模型。第五章为深度访谈与个案研究，以派克汉克汾公司与龙源公司为案例，介绍了二者历史与服务项目，探讨了供应商选择模型对工业企业采购与零售企业采购的适用性。第六章提出了对中国企业如何应对跨国采购、走向国际市场的策略建议。

关键词：跨国公司　采购管理　物资供应　管理决策

6145

**证券公司风险控制与价值创造** / 齐靠民著 ; 卢昌崇指导. -- 东北财经大学, 2009. -- 125 页

论文对证券公司风险控制与价值创造进行了研究。全文共分为六章。第一章引言,提出了论文的研究问题,国内外研究的现状,相关概念,基本研究假设,论文的研究方法和结构以及主要内容,研究意义,研究的创新点。第二章为相关的文献评述,主要介绍了风险控制与价值创造的一般理论研究综述,对证券公司的相关概念进行了界定与分析,论述了证券公司的风险控制与价值创造研究综述。第三章介绍了证券公司的风险与价值,主要界定了证券公司的风险,分析了证券公司风险大小与业务类型,通过企业价值的评价标准和证券公司价值的评价方法论述了证券公司的价值,并分析了证券公司的风险和价值的关系。第四章介绍了 EVA 理论在证券公司的应用,分析了风险调整下的价值最大化,介绍了 EVA 价值管理体系的理论基础,阐述了 EVA 价值管理体系,论述了 EVA 的计算方法,剖析了 EVA 应用于证券公司的调整项目,对证券公司资本成本率进行了计算和说明,论述了 EVA 的不足和改进。第五章是对证券公司风险控制与价值创造的典型案例分析。通过分析海通证券股份有限公司案例,得出了风险控制过度、价值创造较小的结论;通过分析大鹏证券有限责任公司案例,得出了风险失控,公司破产,价值创造为零的结论;通过分析中国国际金融有限公司的案例,得出了风险控制适度,价值创造较大的结论。论文同时还分析了其他的案例,阐述了证券公司风险控制与价值创造的一个概念性框架。第六章为论文的结论和启示。

关键词:证券公司　风险管理　证券市场　资本市场

6146

**客户知识管理对企业绩效影响的实证研究** / 齐丽云著 ; 汪克夷,马振中指导. -- 大连理工大学, 2009. -- 212 页

论文对客户知识管理对企业绩效影响进行了实证研究。全文共分为六章。第一章绪论,提出了论文的研究的主要问题,研究的主要目的和内容,研究的意义,研究的方法和研究流程,对文章的结构安排进行了梳理。第二章回顾了论文相关的理论文献,主要介绍了知识管理的概念和理论背景,阐述了客户关系管理的定义和理论模式,客户知识管理的定义、分类和特征以及概念,分析了客户知识管理、客户关系管理、知识管理的区别与联系,对客户知识管理研究进行了评述与分析,研究了其取得的进展和存在的局限性。第三章介绍了模型的构建与假设的提出,主要对现有的客户知识管理的模型进行回顾与评价,分析了基于知识流程的客户知识管理模型,企业的客户响应能力的内涵和研究,提出了客户知识管理与企业客户响应能力的关系假设。第四章介绍了研究方法及量表的研发,主要包括研究方法、测量量表的开发与设计、预测试的结果分析、测量量表的描述性统计分析、测量量表的信度与效度的分析五方面的内容。第五章是对研究模型和假设的检验,分析了具有中介效应的客户知识管理对企业绩效的影响模型、企业客户响应能力的中介效应、模型比较和假设检验结果分析。第六章为全文的结论。

关键词:企业管理　企业绩效　知识管理　客户关系管理(CRM)

6147

**社会资本对中小企业国际化程度和绩效的影响研究:组织创新的调节作用** / 钱海燕著 ; 杨忠指导. -- 南京大学, 2009. -- 180 页

研究回顾了社会资本、组织创新和国际化的相关理论与文献,有针对性地综合分析了社会资本与国际化以及中小企业国际化的相关研究,并着重对国内关于中国企业——特别是中国中小企业——国际化研究的现状进行了归纳和基于文献的评估。在理论回归和分析的基础上,使用案例研究的方法对社会资本与中小企业国际化的关系进行了探讨;针对中国转型经济的制度特点,结合案例研究的结果,基于资源基础理论和可获利理论进行了理论上的逻辑推演,提出相关的研究假设,建立了研究模型;采用实证调研的方式对理论假设进行了验证。结果显示:不同来源的社会资本对中小企业的国际化有不同影响。横向社会资本对国际化中小企业的绩效有正向影响,但是与中小企业国际化程度之间的关系却并不显著;纵向社会资本对中小企业的国际化程度和绩效都有负面的影响。

关键词:中小企业　国际化　社会资本

6148

**公司治理与企业风险研究** / 钱忠华著 ; 李焰指导. -- 中国人民大学, 2009. -- 185 页

论文在理论回顾和文献综述的基础上,对公司治理与企业风险进行了研究。全文共分为六章。第一章导论,主要介绍了论文的研究背景和选题意义、研究视角、研究方法、研究内容和框架、主要研究结论及研究的创新点。第二章是对相关研究文献的回顾,主要基于股权结构视角、董事会特征视角、管理层特征视角分析了公司治理的相关研究与企业风险的相关研究,探究了公司治理与企业风险的相关研究。第三章介绍了股权结构与企业风险,主要包括假设的提出、研究设计、实证结果、稳健性检验四方面的内容。第四章是董事会特征与企业风险,从董事会规模、度量董事会、董事会活跃度、审计委员会、薪酬委员会等与企业风险的关系提出了假设,并从数据来源与样本选择、变量定义、模型设定三方面介绍了论文研究的设计原则,对实证结果进行了分析,同时检验了稳健性。第五章是对管理层特征与企业风险的分析,主要从领导权结构设置与企业风险、管理层薪酬与企业风险、管理层持股与企业风险、管理层变更与企业风险提出了假设,分析了论文的研究设计,对实证结果进行了分析,同时检验了稳健性,研究了股权结构、董事会特征、管理层特征与企业风险。第六章是论文主要研究结论与建议。

关键词:上市公司　法人治理结构　风险管理

6149

**跨国公司在华资源配置对突破性创新绩效的影响机理研究** / 秦剑著 ; 王迎军指导. -- 南开大学, 2009. -- 220 页

论文试图从跨国公司在华突破性创新的前端驱动机制出发,研究跨国公司在华创新资源的配置模式对突破性创新绩效的影响机理,试图提炼出哪些关键的驱动资源和资源配置模式会导致跨国公司在华的突破性创新产出最大化以及如何构建这些关键的资源配置模式。论文分八章。第一章概述研究目标和内容、研究意义、研究方法等,并从总体上介绍了整个研究的框架体系和技术路线。第二章阐述研究的理论情境、理论基础的选择依据以及所依托的知识基础。第三章对突破性创新的理论发展和创新过程进行了梳理和论述。第四章对跨国公司在华突破性创新的两种关键资源配置模式进行了提炼、分析和总结,并以西门子公司进行 TD-SCDMA 标准的研发为例,具体分析了西门子公司的技术联盟和知识转移实践。第五章探讨了跨国公司在华创新资源的配置模式对突破性创新绩效的影响机理并构建了相应的理论框架和研究假设。第六和第七章阐述了问卷设计的方法、样本选取的原则、数据搜集的程序,并汇报了描述性统计、因子分析、量表的信度和效度以及路径分析的结果,并对假设检验的结果进行了解释。论文的最后一章对全文进行了总结和展望,归纳了论文的主要研究结论和创新点,并指出了研究局限和未来进一步改进的方向。

关键词:跨国公司　资源配置　技术创新　企业绩效

6150

**中国企业家的驱动力研究** / 秦朔著 ; 卢泰宏指导. -- 中山大学, 2009. -- 198 页

论文对中国企业家的驱动力进行了研究。全文共分为七章。第一章介绍了论文研究的背景,分析了论文的两个基本的概念,阐述了论文研究的出发点和具体背景,研究角度,研究的可能性与安排。第二章是对相关文献的回顾与评析,主要介绍了企业家理论的流派,分析了奥地利学派的企业家的发现理论,阐述了"精明增长"与企业家的贡献,对驱动力与企业家驱动力的理论进行了回顾与分析,探究了中国企业家的环境因素。第三章介绍了中国企业家驱动力的概念模型,总结了从国内调查与案例分析得出的启示,论述了中国企业家驱动力模型的构建路径,分析研究了企业家驱动力模型的六个构面,剖析了驱动力变化因素和外部经营环境因素。第四章是对论文研究方法与数据收集的介绍,主要通过个案访问,探究了企业家驱动力的中国因素,通过定性的研究,分析了量表测项的产生与修正,通过样本、问卷结构与数据收集,对研究问题进行了定量研究。第五章对中国企业家驱动力的结构进行了分析与研究,主要对结构因子进行了分析与研究,阐述了驱动力的变动特征。第六章对驱动力的影响因素进行了分析与研究,对驱动力与环境因素的相关性进行了阐述,论述了驱动力差异的企业背景因素,对驱动力差异的企业家个体因素进行分析与研究。第七章是对全文的总结与展望。

关键词:企业家　领导行为　行为分析　环境影响

6151

**部分短缺量拖后下库存模型构建及控制策略优化研究** / 邱晗光著 ; 张旭梅指导. -- 重庆大学, 2009. -- 104 页

论文对部分短缺量拖后下库存模型构建及控制策略优化进行了研究。全文共分为六章。第一章绪论,主要介绍了论文的研究背景,研究问题,研究目的和意义,研究思路和分析框架,主要研究内容,论文的特色创新之处。第二章为文献综述,分析了部分短缺量拖后的情景及影响因素,通过分析部分短缺量拖后下库存控制模型的核心问题、研究环境以及决策问题,对部分短缺量拖后下库存控制模型进行了研究与分析。第三章对补货能力影响部分短缺量拖后的库存控制模型进行了研究,主要包括章节引言、研究假设及符号定义、数学模型、模型分析及数值仿真以及章节小结五部分的内容。第四章是对部分短缺拖后下库存控制策略优化的研究,介绍了论文研究的数学模型,对成本结构对库存控制策略的影响、等待时间敏感度对库存控制策略的影响以及缺货数量敏感度对库存控制策略的影响进行了模型分析与数值仿真。第五章是对部分短缺拖后下提前期压缩策略和价格折扣策略联合优化进行的研究,主要对研究问题进行了描述,提出了研究的假设,介绍了基本的数学模型,阐述了模型求解及分析,探究了提前期决策对总成本的影响、提前期决策对订货批量的影响以及提前期决策对价格折扣的影响,对提前期决策对成本、订货批量以及价格折扣的影响进行了数值仿真。第六章是一些基本的研究结论、研究的创新点、研究的不足,以及对后续研究的展望。

关键词:零售业　商业管理　供销管理　库存模型　库存控制

**6152**

**基于多 Agent 系统的企业组织学习研究** / 邱奇著;刘延平指导. -- 北京交通大学, 2009. -- 133 页

论文对基于多 Agent 系统的企业组织学习进行了研究。全文共分为八章。第一章引言,主要提出了论文研究的问题,对核心概念进行了界定,分析了论文的研究思路和章节安排以及研究的预期成果。第二章是关于组织学习研究的文献综述,主要对组织学习的研究历史进行了回顾,分析了现有组织学习研究中的各种观点,探究了组织学习研究现状,介绍了组织学习研究突破构想。第三章对多 Agent 系统及其在企业组织学习研究的应用进行了分析,主要介绍了复杂适应性理论,对多 Agent 系统仿真模型进行了解释和说明,对多 Agent 系统经济仿真的成果进行了综述,论述了企业组织学习研究中应用多 Agent 系统的相关研究。第四章是对面向市场的试错型企业组织学习模式的理论研究,主要分析了现有经济管理理论对市场性质的研究,阐述了关于市场性质的基本假设,总结了关于面向市场的企业组织学习理论研究的核心结论及面向市场的试错型企业组织学习过程和做法。第五章是对面向竞争对手的效仿型企业组织学习模式进行的理论研究,主要论述了现有经济管理理论关于企业的研究成果,分析了现有经济管理理论关于企业性质的基本假设,总结了论文关于企业性质的基本假设及关于面向竞争对手的企业组织学习理论研究的核心结论,阐述了面向竞争对手的效仿型企业组织学习过程和做法。第六章是对基于多 Agent 系统的企业组织学习仿真模型的研究,主要阐述了多 Agent 仿真模型的设计思路,分析了面向市场的试错型企业组织学习的多 Agent 仿真模拟和面向竞争对手的效仿型企业组织学习的多 Agent 仿真模拟。第七章以入世以后的中国汽车企业为例,进行了企业组织学习的案例研究。第八章其全文的总结。

关键词:企业管理　企业组织　多 Agent 系统

**6153**

**中国社会养老保险与个人所得税缴纳激励联动模型** / 邱晓彦著;陈收指导. -- 湖南大学, 2009. -- 113 页

论文对中国社会养老保险与个人所得税缴纳激励联动模型进行了深入细致的研究与分析。全文共分为七章。第一章为论文的绪论,主要介绍了论文的研究的学术背景、现实动因以及论文的研究技术路线和研究内容。第二章分析了高储蓄率下中国社会养老保险与个人所得税缴纳流失的现状,主要分析了中国高储蓄率的现状,探究了中国养老保险筹资模式运行的问题,分析了个人所得税流失的现状,对中国社会养老保险与个人所得税缴纳激励联动的新方向进行了探索。第三章对个人缴纳激励联动与养老保险机制进行了比较,主要包括美国养老保险管理体系与税收激励的介绍、日本养老保险制度与税收激励的概况、新加坡中央公积金管理模式与税收激励、澳大利亚经济状况核查型基本养老保险制度与税收激励以及从四国养老保险体系和税收激励机制中得到的启示。第四章介绍了养老保险与个人缴纳激励联动精算模型,建立了养老保险与个税缴纳激励联动途径,设计了养老保险个人账户与个税激励联动精算模型。第五章是对养老保险与个税缴纳激励联动精算模型

的预算,主要包括工资收入者的个人所得税转入个人账户的比例设计、个体工商户者的个人所得税转入个人账户的比例设计、个人账户中养老金的计发以及精算比较与分析四方面的内容。第六章分析了养老保险与个税缴纳激励联动精算模式替代率,主要包括精算分析与比较、联动模式在机关事业单位改革中运用的可行性。第七章是对养老保险与个税缴纳激励体系实施政策的建议。

关键词:社会养老保险　养老保险制度　个人所得税　税率

**6154**

**汽车配件制造业动态制造管理系统的研究** / 邱云来著 ; 徐玖平指导. -- 四川大学, 2009. -- 310 页

论文对汽车配件制造业动态制造管理系统进行了研究。全文共分为八章。第一章引言主要从问题的提出、实践背景、研究意义介绍了论文的研究背景,分析了论文的研究目的、研究现状、研究内容,介绍了论文的研究限制、研究的框架。第二章是基于 BOT 模式的 ERP 项目管理论,主要对项目的定义进行了介绍,分析了项目管理的过程,从 BOT 简介、基本条件、导入的必要性介绍了 BOT 导入的过程,论述了导入方法,并对效果进行了分析与研究。第三章对基于 ERP 基础的动态生产计划模型进行了分析,主要包括系统特点的分析、系统模型的建构以及关键技术的介绍。第四章介绍了基于 SPC 平台的动态质量监控模型,主要从质量管理关系、管理功能需求、质量控制系统构成三方面阐述了动态质量模型,同时分析了质量控制模型。第五章是对基于 MES 平台的动态车间管理模型的研究,主要包括模型分析、模型设计、动态调度模块以及关键技术的介绍。第六章是对基于 BSC 理论的项目绩效评估分析,主要介绍了绩效管理的含义、内容、作用以及战略,分析了系统构建的基本内容和步骤,及成功的关键因素。第七章是对企业应用案例的分析,从任务计划、前期工作、设计方法和实施计划分析了项目管理的内容;从企业经营概况、目标、总的目标以及项目的各种约束介绍了项目调研。同时还分析了前期准备工作、总体结构设计、动态生产系统、制造执行系统、质量监控系统、应用支持以及系统使用的报告。第八章为论文的结语。

关键词:汽车工业　企业管理　生产管理　项目管理

**6155**

**衰退企业扭转战略选择研究** / 冉敏著 ; 项保华指导. -- 浙江大学, 2009. -- 209 页

论文对衰退企业选择扭转战略进行了研究。全文共分为七章。第一章绪论,提出了论文研究的问题,阐述了扭转战略选择的研究视角,分析了论文的研究目标和内容、研究方法,研究的可行性,研究的技术路线、结构安排。第二章回顾分析了相关的研究文献,主要阐述了企业扭转理论、企业衰退理论、衰退情境中的 CEO 变革研究、衰退情境中的荣誉资源研究以及衰退情境中的组织合法性研究,对文献综述进行了小结。第三章分析了论文的概念模型,阐述了企业衰退与扭转反应的激励,解除生存危机的扭转战略,分析了基于建构视角的扭转战略模型。第四章为研究假设的提出,主要有 CEO 变革战略相关的研究假设、信息披露战略相关的研究假设、运营创新战略相关的研究假设 。第五章介绍了论文的研究设计,主要从总体特征和研究样本的分析阐述了样本的选择依据,对衰退程度、冗余资源、衰退原因等变量进行了测量,界定了与 CEO 变革战略、信息披露战略、运营创新战略等相关的变量,介绍了论文假设检验的方法。第六章为检验与分析,主要对 CEO 变革战略、信息披露战略、运营创新战略进行了统计检验与分析。第七章为论文总结和展望。

关键词:企业管理　企业战略　经营决策

**6156**

**高校高绩效工作系统及其对研究生产率的影响机制研究** / 饶敏著 ; 刘人怀指导. -- 暨南大学, 2009. -- 143 页

论文在国内外研究的基础上,重点探讨了四个方面的内容:①高校高绩效工作系统的内容结构;②创新气氛、心理授权在高校高绩效工作系统与研究生产率的中介作用;③教师能力、成就动机对高校高绩效工作系统与研究生产率的调节作用;④人口学变量和组织背景变量在高绩效工作系统的比较分析。通过对广东地区多所高校教师进行正式问卷调查,采用探索性因素分析、验证性因素分析、结构方程模型和层次回归分析等多种统计分析技术得到如下结论:第一,我国高校高绩效工作系统包括五个因素:选拔与培养、考核与薪酬、信息沟通、职业保障、参与和激励。第二,高校高绩效工作系统中的“考核与薪酬”和“参与和激励”因素对研究生产率具有显著的预测作用,

其余三因素未见显著影响。第三,创新气氛在整体的高绩效工作系统和研究生产率关系中起完全中介作用,而心理授权在高绩效工作系统和研究生产率关系中起部分中介作用。第四,教师能力或成就动机在信息沟通因素和职业保障因素预测研究生产率的作用机制中起调节作用。其中,当教师能力或成就动机较强时,信息沟通因素对于研究生产率的影响也较强,而当教师能力或成就动机较弱时,职业保障因素对于研究生产率的影响则变强。第五,不同性别、学历、职称、年龄、岗位的教师对于高校高绩效工作系统各因素重要性的认识上存在显著差异,而不同教龄和专业的教师对于高校高绩效工作系统各因素重要性的认识上不存在显著的差异。

关键词:高等学校　学校管理　人力资源管理

**6157**

**金融危机背景下我国税制改革研究** / 任常军著 ; 王韬指导. -- 华中科技大学, 2009. -- 143 页

论文在金融危机的背景下,对我国税制改革进行了研究。全文共分为八章。第一章绪论,主要介绍了论文的研究动因,文献综述,研究方法和篇章结构,论文的创新点和不足之处。第二章税收博弈对税收制度改革的影响,主要分析了税收博弈同博弈的关系,阐述了税制均衡同税制变迁的状况,分析了纳什均衡与税制结构改革,对金融危机背景下我国税制改革进行了博弈分析。第三章介绍了税收征管的改革问题,主要包括税收流失同税收征管的改革措施和税收征管中的“收入中心论”与当前税收征管改革。第四章金融危机背景下当前我国税收政策,主要分析了当前世界各国的减税趋势及其原因,探究了金融危机下我国税收负担的分析及国际借鉴,论述了金融危机背景下当前我国税收政策应选择有减有增的结构性调整。第五章金融危机背景下增值税收改革,主要界定了增值税的概念,分析了中国增值税存在的问题,提出了改进和完善金融危机背景下中国现行增值税的措施。第六章是对金融危机背景下消费税的改革研究,主要概述了消费税,分析了中国消费税的现状和中国消费税制存在的问题,论述了金融危机背景下消费税制改革的原则和基本内容。第七章金融危机背景下企业所得税改革研究,主要包括企业所得税概述、新旧企业所得税制度的差异比较、两税合并后对中国引进外资投资的影响、新《企业所得税法》对外商直接投资影响的实证分析、“两税合并”对内资企业行业税赋的影响以及现行企业所得税国地两局共同征收的弊端六方面的内容。第八章为金融危机背景个人所得税的改革研究,介绍了个人所得税的地位和功能、中国个人所得税制度现状,对个人所得税制度进行了国际比较和分析。

关键词:税收制度　税收改革　增值税　企业所得税

**6158**

**基于公共关系的关系营销理论:公共关系导向、关系质量和企业绩效间的关系研究** / 任寒青著 ; 陆雄文指导. -- 复旦大学, 2009. -- 183 页

现代企业越来越需要从简单的产品制造者渐渐转变为关系缔结者,几乎所有的研究都说明企业需要与客户建立一种持续稳定的双赢关系,本论文将关系营销研究的重心从关系的要素延伸至产生这些关系成果的作用机制之一——公共关系基础上的整合沟通,并以系统论为理论原则,借鉴了整合营销沟通系统、基于沟通的营销模型和公共关系沟通模式理论,提出了基于公共关系的关系营销理论(PRbRM)。在此理论的基础上,以公共关系导向作为研究切入点来考察企业的特质以及由此所带来的关系影响,从而实现了公共关系与关系营销之间的联接,完成了消弭公共关系与关系营销之争的尝试。论文借鉴了市场导向的研究思路和部分研究成果,在前人相关研究和专业人士的深度访谈基础上,综合系统论、组织理论等知识,提出了公关关系导向是组织响应利益相关者各种诉求和信息的能力体系,以及所表现出的沟通思维倾向和操作行为准则,通过实证发现了公共关系导向的三个维度:组织理念、部门表现、个体认知。论述了企业提高公共关系导向水平的两个阶段,从文化修炼、组织设计、流程安排、资源配置和人力管理等五个方面指出企业如何成长为具有提高公共关系导向水平的卓越组织。

关键词:企业管理　销售管理　关系营销　公共关系　企业绩效

**6159**

**口碑对购后满意度的影响研究** / 任锡源著 ; 郭国庆指导. -- 中国人民大学, 2009. -- 149 页

论文采用了回顾性调查与小组访谈等研究方法,分析了口碑对消费者购后满意度的影响及具体的作用机制。全文共分六章。第一章绪论,介绍了选题的

背景、内容、研究方法与意义。第二章为文献综述,对口碑与口碑营销的概念进行了界定,将口碑营销划分为萌芽阶段、形成阶段、丰富阶段、分化阶段、成熟阶段以及完善阶段,提出了口碑营销的整合模型。第三章介绍了相关的理论基础,包括人际沟通理论、态度构成理论、态度改变理论以及消费者满意理论,提出了相应的研究假设,分析了口碑信息本身、口碑信息接受者与口碑效果的关系,阐述了相关变量的测量方式,介绍了数据的收集与分析,并对收集的信息分别进行了信度分析与效度分析,对信息获取途径与认知失调进行了回顾分析,对口碑与购后满意度进行了结构方程分析。第四章分析了信息获取与消费者购后态度、不同信息获取途径下的认知失调问题、口碑化解认知失调的有效性、口碑信息获取、口碑信息源与消费者的购后满意度问题,指出了口碑信息的多源性,从口碑信息的逻辑性、详细程度、差异程度以及表达口气角度讨论了口碑信息本身与消费者的购后满意度之间的联系,同时分析了口碑信息接受者与消费者的购后满意度的关系。第五章提出了提高购后满意度的口碑对策:区分顾客,锁定口碑传播对象;设计口碑内容,传播有效口碑信息;选择口碑渠道,提高口碑的到达率;利用会员制,提高口碑的营销效果;化解负面口碑效应,提高顾客满意度。第六章为研究总结。

关键词:企业管理　市场营销学　消费者行为论　顾客满意度

**6160**

**多维分析框架下的企业家成长影响因素及其作用机理研究** / 任洲麒著 ; 姚先国指导. -- 浙江大学, 2009. -- 130 页

论文对多维分析框架下的企业家成长影响因素及其作用机理进行了研究。全文共分为八章。第一章绪论,主要介绍了论文研究的背景、研究问题、研究构思。第二章对相关的文献进行了回顾,主要包括企业家理论研究发展的文献、聚焦于个体研究上的企业家成长影响因素的文献、聚焦环境上的企业家成长影响因素的文献以及聚焦于关系网络维度的企业家成长影响因素的文献等。第三章对影响企业家成长的多维度因素进行了实证分析,主要介绍了研究的目的和方法以及理论框架,进行了案例分析。第四章介绍了企业家成长影响因素及其作用机理研究的理论构建,主要分析了各学科在以往研究中的主要进展状况及存在的局限性,探析了理论研究中拟解决的问题。第五章是对企业家成长影响因素的多维分析框架的探索,主要包括研究目的、研究假设、研究过程、研究结论与讨论以及研究意义和展望五方面的内容。第六章是对企业家成长影响因素作用机理的全模型构建及概念模型的验证。第七章是对不同具体情境下的企业家成长影响作用机理的研讨,主要分析了处于不同时间阶段的企业家成长影响因素作用机理和贵州地区与东中部地区的企业家成长影响因素作用机理。第八章为论文的主要研究结论、理论进展、现实意义以及研究的局限性和未来的展望。

关键词:企业家　人才成长　影响因素

**6161**

**服务员工工作满意、组织承诺和角色行为对顾客的作用机理研究** / 邵广禄著 ; 范秀成指导. -- 南开大学, 2009. -- 193 页

论文对服务员工工作满意、组织承诺和角色行为对顾客的作用机理进行了深入全面的研究。全文共分为八章。第一章引言主要介绍了论文的研究背景和研究意义、研究主题和创新点,对相关的研究概念进行了界定,提出论文的结构框架。第二章是对工资满意、组织承诺、组织公民行为以及服务利润链等方面文献的回顾与评述。第三章介绍了论文的研究模型和研究假设。第四章是对研究方法与量表设计的论述,主要介绍了结构方程模型的构成和判断指标,单元水平的分析理论、过程和数据合并的判断指标从员工问卷设计、顾客问卷设计以及量表内容效度检验,介绍了调研问卷的设计。第五章为预调研实施与数据分析,主要包括员工预调研分析、顾客预调研分析两方面的内容。第六章为正式调研实施与数据分析,主要包括正式调研过程与描述性分析、基于单元水平的数据检验、研究假设检验三部分内容。第七章为研究结果讨论和管理启示的研究,主要对基于员工人口统计特征和基于顾客人口统计特征进行了分析,阐述了结构变量的总效应,认为应重视员工态度和行为、建立公平员工管理制度、清晰界定员工角色。第八章为论文的结论。

关键词:服务业　企业管理　顾客满意度

**6162**

**人际冲突处理方式结构模型及影响机制之研究:以台湾企业为例** / 沈秉勋著 ; 凌文辁指导. -- 暨南大学, 2009. -- 154 页

论文以台湾企业为例,对人际冲突处理方式结构模型及影响机制进行了研究。全文共分为八章。第一章提出了论文研究的问题,概述了组织冲突管理,对关于组织冲突中的工作冲突与人际冲突进行了前期调查。第二章为论文的文献回顾,主要定义了冲突的含义,分析了冲突的类型,人际冲突的内涵和认知模式,人际冲突的特点,人际冲突的结构及测量方法,人际冲突的过程,人际冲突的前因与结果,人际冲突的处理策略,研究大陆与台湾的研究进展。第三章介绍了论文的研究内容与设计,主要介绍了论文的研究目的,研究思路,研究内容与研究假设,研究的方法和研究过程。第四章人际冲突处理方式的内容与结构,主要包括人际冲突处理方式内容结构的预研究、人际冲突处理方式内容结构的探索性因素分析、人际冲突处理方式内容结构模型的验证以及人际冲突处理方式内容结构问卷的信度与效度方面的内容。第五章员工人际冲突处理方式与后果变项及前置变项的关系研究,主要论述了员工人际冲突处理方式与后果变项的研究,对不同人口统计和组织变项的人际冲突处理方式进行了比较研究。第六章调节变项的影响作用,主要包括研究目的与假设、研究方法,相关变项的调节作用分析、主管品德的调节作用分析、主管信任的调节作用分析、人际信任的调节作用分析方面的内容。第七章是对中介变项的影响作用的分析与研究,主要分析了相关变项、主管支持、感情承诺的中介作用。第八章是对全文的总结与展望。

关键词:企业管理　人力资源管理　人际关系　冲突

**6163**

**审计任期、公司治理与盈余质量** / 沈玉清著 ; 曾勇,戚务君指导. -- 电子科技大学, 2009. -- 104 页

我国于 2004 年 1 月 1 日开始实施签字注册会计师定期轮换制度。然而该制度的提出还缺乏实证支持,而且轮换的实施效果也有待检验。论文对此进行相关研究,主要研究内容和结论包括如下三个方面。首先,从签字注册会计师任期(审计师任期)和事务所任期两个层面,实证检验了强制轮换政策实施前审计任期与审计独立性、审计质量之间的关系。然后,对审计师强制轮换效果进行检验。最后,论文对公司治理与审计任期对盈余质量的联合影响进行了较全面的探讨。当以异常应计和盈余稳健性作为衡量盈余质量的指标时,我们发现,对于治理水平较高的公司,事务所任期的延长对盈余质量有正面的影响;而对于治理水平较低的公司,事务所任期长短对盈余质量没有影响;当用盈余反应系数来衡量投资者感知的盈余质量时,我们发现会计师事务所任期对盈余质量没有影响。此外,虽然公司治理水平对盈余稳健性没有显著的影响,但在以异常应计和盈余反应系数作为盈余质量的替代变量时,我们发现公司治理水平越高,盈余质量越高。因此,我们认为应加强对治理水平较差公司的监管,完善其治理结构,通过提高公司治理综合水平来提高盈余质量才是切实可行的治标之本,而仅仅依靠审计师强制轮换制度反而会适得其反。

关键词:审计人员　注册会计师　审计质量

**6164**

**供应突发事件的应对策略研究** / 盛方正著 ; 季建华指导. -- 上海交通大学, 2009. -- 244 页

论文对供应突发事件的应对策略进行了深入全面的研究。全文分为八章。第一章主要介绍了论文的研究背景、理论意义和实践意义、研究思路和框架及研究创新点。第二章对供应链风险管理、突发事件以及应急管理、供应链上的契约等相关文献加以梳理、总结。第三章对供应链突发事件机理进行了分析,主要界定了论文的研究范围并加以说明,分析了供应链的突发事件的发生机理、突发事件在供应链上的扩散机理、供应链的突发事件的恢复机理。第四章是对预防供应链突发事件的应对策略研究,主要包括章节研究范围界定和说明、预防采购价格持续大幅上涨的事前应对策略、不同供应链结构下预防供应中断的事前应对策略、算例分析等内容。第五章介绍了基于启动应急预案的事件中应对策略的研究,主要界定并说明了论文研究的范围,分析了企业启动预警等级的决策模型、无任何突发事件持续时间信息的启动预案的决策模型、存在一定突发事件持续时间信息的启动预案的决策模型,并对研究问题进行了算例分析。第六章是对事后协调供应链恢复过程的应对策略研究,主要包括一个供应商和一个分销商的供应链恢复过程的协调、一个供应商和多个分销商的供应链恢复过程的协调、战略联盟对供应链事后恢复过程的影响、算例分析。第七章介绍了供应突发事件全过程的应对策略的研究,确定了突发事件的概率。第八章是对全文的总结以及对未来的研究展望。

关键词:企业管理　供应链管理　紧急事件

6165

**社会创业导向及其形成机制研究:组织变革的视角** / 盛南著 ; 王重鸣指导. -- 浙江大学, 2009. -- 201 页

论文从组织变革的视角,对社会创业导向及其形成机制进行了研究。全文共分为八章。第一章绪论,主要论述了从创业到社会型创业、企业的社会型创业、创业导向与社会创业导向,对相关的概念进行了辨析。第二章分析了论文的理论背景和研究框架,主要论述了创业理论,组织变革理论,阐述了企业的社会化变革,分析了效能与绩效的关系,以及论文研究的焦点和构思。第三章社会创业导向构思的探索与开发,分析了论文研究的目的,研究的方法,从文献回顾与分析框架、分析单元、研究样本以及数据收集分析了研究设计。对临安东客食品有限公司、杭州三替集团有限公司以及中国—阿拉伯化肥有限公司进行了分析。第四章是对社会创业导向构思的验证研究,主要论述了研究的目的,研究的方法,阐述了构思题项的开发,对社会创业导向构思进行了探索性分析和验证性分析。第五章是对社会创业导向的触发动力研究,主要包括研究目的、研究假设、焦点小组讨论、结果分析方面的内容。第六章是对社会创业导向的形成机制的研究,主要论述了社会创业导向形成机制的触发作用和使能作用,对研究结果进行了相关分析。第七章是对社会创业导向的效能机制的研究。第八章为论文的总论,主要总结了论文的研究结论、理论进展、实践意义以及局限和展望。

关键词:企业管理　组织管理　企业绩效

6166

**台湾社区药局经营战略与绩效关系的研究:战略群组视角** / 施存丰著 ; 田志龙指导. -- 华中科技大学, 2009. -- 122 页

论文从战略群组的视角,对台湾社区药局经营战略与绩效关系进行了研究。全文共分为七章。第一章绪论,主要介绍了论文的研究目的与研究意义,国内外研究的现状,研究的主要内容和技术路线,论文研究的创新点。第二章介绍了台湾药业的历史变迁,主要对药局与连锁的概念进行了界定,论述了药业历史的变迁,对药业发展的现况进行了分析与研究。第三章介绍了基础理论与研究假设,主要包括研究概念模型、战略与战略群组、战略群组的理论观点、战略与绩效的关系、经营者的特质与企业战略选择的关系、企业核心能力与战略选择的关系以及研究理论框架的总结七方面的内容。第四章介绍了论文研究的方法,主要分析了研究对象与抽样的过程,对问卷的效度和信度进行了检验,阐述了数据分析方法。第五章台湾地区社区药局的战略群组与经营绩效,主要分析了药局战略群组的分类,对战略群组与药局经营者的特质进行了相关性分析,研究了各战略群组的战略特性,探究了战略群组与药局经营绩效的关系,检验了不同战略群组内各企业之间的经营绩效差异,分析了两种核心能力对战略群组与绩效关系的调节作用。第六章讨论了药局战略群组与经营绩效相关分析、战略群组与药局经营者特质关联性分析以及不同能力对战略群组织选择与经营绩效之间关系的调节作用。第七章为论文的结论与展望。

关键词:药品　商业企业　经营管理　企业绩效　台湾

6167

**全面报酬与科技活动人员的工作动机、创造力的作用关系研究** / 施丹著 ; 李燕萍指导. -- 武汉大学, 2009. -- 172 页

论文对全面报酬与科技活动人员的工作动机、创造力的作用关系进行了深入全面的研究。全文共分为六章。第一章引言介绍了论文的研究背景、目的与意义、研究内容和研究方法以及技术路线,对相关研究的基本概念进行了界定,总结归纳了研究的主要创新点。第二章为文献综述,对全面报酬的相关理论、工作冬季的相关理论、科技活动人员的相关理论以及创造力的相关理论进行了回顾,分析了全面报酬、工作动机、创造力之间关系的相关研究。第三章为研究设计,介绍了论文的研究模型和研究假设,从样本与步骤、变量的测量以及数据分析的方法三方面介绍了论文的研究方法。第四章为初步分析结果,主要进行了效度分析与信度分析,以及科技活动人员的全面报酬、工作动机和创造力的描述性分析,科技活动人员全面报酬、工作动机和创造力的相关分析、样本的频数分布分析以及不同人口与组织统计特征的科技活动人员创造力分析。第五章研究了全面报酬与科技活动人员创造力的作用关系,对全面报酬、科技活动人员工作动机与创造力作用关系进行了初步分析,探究了全面报酬、科技活动人员工作动机与创造力作用关系的路径。第六章为论文的总结与讨论。

关键词:企业管理　人力资源管理　科研人员　劳动报酬　创造能力

**6168**

**组织学习、战略执行力与企业绩效关系研究:基于长三角地区制造业企业的实证研究** / 施瑞龙著 ; 徐金发指导. -- 浙江大学, 2009. -- 261 页

论文构建了组织学习、战略执行力和企业绩效关系整合分析框架,结合组织学习与战略执行力的主要构成,沿着"组织学习—战略执行力—企业绩效"的逻辑思路,以长三角地区制造业企业为样本,对组织学习通过战略执行力这一中介传导机制对企业绩效产生的间接影响及其激励进行了理论与实证分析。全文共分为六章。第一章绪论主要分析了论文研究的实践和理论背景,论文研究的问题,论文的研究内容,论文的研究方法和路线,论文的结构安排,总结归纳了论文的研究创新点。第二章为文献回顾,主要介绍了战略执行力文献综述、组织学习相关研究、企业知识相关研究,最后对文献回顾进行了总结。第三章介绍了论文的理论模型的构建,主要分析了理论分析框架,提出了组织胜任力与企业绩效关系、执行文化与企业绩效关系、战略协同与企业绩效关系等假设,同时分析了理论模型的构建。第四章是对数据获取的研究,主要介绍了论文问卷调查的形式,从战略执行力测量、组织学习测量、企业绩效测量、控制变量测量对变量测量进行了分析,同时进行了预调研分析,对正式样本数据进行了描述与分析。第五章为数据分析,主要包括分析方法、信度与效度分析、假设检验三方面的内容。其中信度与效度的分析包括组织胜任力、执行文化、战略协同、战略共识、开放性与试验、系统观点、知识转移与整合、企业绩效以及对全部变量测量模型联合验证性因子分析。第六章为论文的研究结论和展望。

关键词:企业管理　企业战略　企业绩效　制造工业

**6169**

**派遣用工的战略选择、制度构型和资源整合研究:基于权变观视角** / 时博著 ; 李新建指导. -- 南开大学, 2009. -- 223 页

论文基于权变观的视角,对派遣用工的战略选择、制度构型和资源整合进行了研究。全文共分为七章。第一章绪论,主要介绍了论文研究的现实背景,现有的研究及其缺陷,论文研究的问题、方法和结构。第二章论述了劳务派遣的一般性制度特征和资源构成,研究了相关主体间的竞争性关系。第三章介绍了派遣用工的选择动机,主要论述了特定战略导向下的派遣用工的需求、权变战略导向下的派遣用工的需求,分析了实践层次上的派遣用工的需求。第四章分析了派遣用工的配置模式、制度构型和资源整合,分析了派遣用工的混合型配置模式和独立型配置模式,论述了派遣用工的制度构型的意义和范畴以及派遣用工的制度构型路径,介绍了派遣用工过程中的资源整合的意义和范畴以及派遣用工过程中的资源整合路径。第五章介绍了派遣用工模式的权变模型,主要分析了派遣用工过程中的权变性因素,分析了派遣用工的"强渗入"和"弱渗入"模型,从派遣用工模式的交替性、并存性以及派遣用工模式边界的可辨别难度,论述了"强渗入"和"弱渗入"派遣用工模式间的关系。第六章是对基于A企业派遣用工模式的案例研究,主要介绍了案例研究的背景,分析了A公司的派遣用工模式的调查,派遣用工的选择动机和配置模式,派遣用工的溢出性制度构型,派遣用工过程中的资源整合。第七章为论文的结论,主要阐述了派遣用工渗入模式的形成机理,提出了研究的创新点和研究建议,总结了论文研究的局限性,对未来的研究进行了展望。

关键词:企业管理　企业战略　人力资源管理

**6170**

**基于策略性管理活动的主题诊断研究** / 史旗凯著 ; 郭菊娥指导. -- 西安交通大学, 2009. -- 128 页

论文在参考国外的 ABM 理论和 Deming 的 PDCA 循环思想等基础上,结合国内相关研究成果,按照从组织活动到管理活动再到策略性管理活动的逻辑顺序依次进行了概念辨析和特征概括,提出管理活动是管理过程的构成单元或具体节点,提出了适用于策略性管理活动描述文本的特征词提取规则和方法。分析和设计了基于策略性管理活动描述文本的事实主题的识别方案并构建了相应的计算模型。提出了基于词义相似度计算的事实主题与组织策略的一致性分析方法并构建了相应的测度模型。

关键词:企业管理　企业战略　管理信息系统

**6171**

**股权分置改革、控制权转移与投资者保护问题研究** / 舒绍敏著 ; 赵昌文指导. -- 四川大学, 2009. -- 180 页

论文对股权分置改革、控制权转移与投资者保护问题进行了深入全面的研究。全文共分为七章。第一章为论文的导论,主要介绍了论文研究的背景、现实意义、方法、思路以及论文的研究创新点,介绍了论

文的结构和主要的研究内容。第二章阐述了投资者保护问题的研究综述,主要研究了法律制度与投资者保护、股权分置改革与投资者保护、股权集中与投资者保护、控制权转移与投资者保护、控制权私有收益以及控制权转移公告效应和控制权转移绩效等问题。第三章介绍了控制权转移与投资者保护问题研究的理论模型,对投资者保护水平进行了界定,论述了法律制度与投资保护,控制权私有收益理论模型和控制权市场公告效应理论模型以及控制权转移效率理论模型。第四章是对基于控制权私有收益的检验,主要包括引言、研究设计、实证结果及分析。第五章分析了基于控制权市场公告效应的检验,对控制权市场公告效应进行了总体描述,分析了股权分置改革对控制权市场公告效应的影响和地区法律保护程度与控制权市场公告效应的影响。第六章是对控制权转移与投资者保护的基于控制权转移绩效改进的检验,总体描述了控制权转移绩效改进的总体情况,分析了股权分置改革和地区法律保护程度对控制权转移绩效改进的影响。第七章为全文的总结与展望。

关键词:上市公司　股权结构　控制权　投资者

6172

**战略投资者对企业绩效的影响研究** / 束开宝著 ; 夏健明指导. -- 上海财经大学, 2009. -- 126 页

论文对战略投资者对企业绩效的影响进行了研究。全文共分为七章。第一章导论,介绍了论文研究的背景和意义,对战略投资者进行了界定, 分析了国内外研究的现状,阐述了论文研究的模型、内容和方法,研究的技术路线和研究大纲,研究的创新和贡献。第二章为理论基础的介绍,包括委托代理理论、产权理论、交易成本理论、资源基础理论、组织学习理论、社会网络和商业生态理论。第三章介绍了战略投资者的价值创造,主要分为股权制衡的价值创造、关系租金的产生、战略投资者引进绩效的影响三方面的内容。第四章研究了战略投资者持股结构、关系交易和绩效的关系,对战略投资者持股结构是否影响绩效进行了案例分析,分析了战略投资者持股结构与绩效,战略投资者持股结构与关系交易,阐述了论文研究的理论模型。第五章为实证研究设计与方法的介绍,主要包括论文研究的假设框架图与研究设计,对研究的样本数据进行了说明,对相关变量测量进行了说明。第六章介绍了论文的统计分析与检验结果,对样本进行了描述性统计分析,分析了假设检验的实证研究结果。第七章对实证结果进行了分析与讨论,总结了管理实践的启示,分析了研究中存在的不足,对下一步研究提出了建议。

关键词:企业管理　资金引进　投资战略　股权结构　企业绩效

6173

**上市公司信息披露透明度研究:基于实际控制人控制与制衡的视角** / 宋理升著 ; 徐向艺指导. -- 山东大学, 2009. -- 172 页

论文根据现代企业理论,利用因子分析的方法,基于实际控制人控制与制衡的视角对上市公司信息披露透明度进行研究。全文分八章节,第一章绪论,对论文研究背景、意义、思路进行了概述,并阐述了研究的创新点。第二章相关文献综述,包括信息披露透明度以及实际控制人控制、实际控制人制衡与信息披露的关系等。第三章信息披露透明度及其评价,主要介绍了信息披露的理论以及信息信息披露透明度的含义,并对信息披露透明度这一概念进行评价。第四章通过理论分析对实际控制人控制与信息披露透明度之间的关系进行介绍。第五章通过实证检验分析实际控制人控制与信息披露透明度之间的关系,分析了不同类型的实际控制人控制下的上市公司信息透明披露度的区别,从实际控制人的控制权,现金流、控制权与现金流权分析和控制层次等角度研究其对信息披露透明度的影响。第六章从理论上分析了实际控制人制衡对信息披露透明度的影响,从股东、独立董事和注册会计师三个方面分析了实际控制人受到的制衡力量与信息披露透明度的影响。第七章通过样本选择、研究设计,实证检验实际控制人制衡与信息披露透明度之间的关系,将股东按类别分为大股东、机构投资者和中小股东,分别检验不同类型股东的制衡力对信息披露透明度的影响。第八章概述了研究结论,对相关政策提出建议,同时阐述了研究中存在的不足,并对未来进行展望。

关键词:上市公司　企业管理　会计信息　信息披露

6174

**基于团队信任与团队互动行为的团队创新研究:传统面对面团队与虚拟团队的比较分析** / 宋源著 ; 胡君辰指导. -- 复旦大学, 2009. -- 222 页

论文通过传统面对面团队与虚拟团队的比较分

析,对基于团队信任与团队互动行为的团队创新进行了研究。全文共分为五章。第一章绪论,主要介绍了论文的研究背景和研究动机,研究的内容和研究框架,研究的理论意义和现实意义,研究的流程和结构安排。第二章相关的文献综述,主要阐述了团队及虚拟团队的类型概念,团队信任的理论,研究了团队互动行为,从创造力与创新、团队创新影响因素的研究、团队创新的测量以及虚拟团队的创新研究分析了团队创新的理论,对文献综述的结论、以往研究存在的局限及论文研究的方向进行了评述。第三章论文研究设计和研究方法,阐述了论文拟解决的研究问题,概念性研究框架,分析团队信任的影响因素以及团队信任、团队互动行为与团队创新的关系。介绍了论文的实证研究模型,从团队类型、团队信任影响因素测量、团队信任测量、团队互动行为测量以及团队创新测量介绍了论文的问卷设计,阐述了样本选取与抽样的方法。第四章是对研究结果的分析与研究,对调查对象进行了描述性分析,对测量题目进行了描述性统计,分析了问卷的信度与效度,研究了团队信任影响因素对团队信任的影响,进行了主成分分析、相关分析、回归分析,对虚拟团队与传统面对面团队进行了比较分析。研究了团队信任、团队互动行为与团队创新的关系,分析了团队互动行为的中介效果,对不同团队类型和控制变量的影响进行了方差分析。第五章为研究的主要结论、研究的创新点以及研究的局限性,对后续的研究进行了展望。

关键词:企业管理　创新管理　人力资源管理

**6175**

**基于资源配置视角的公司现金股利分配研究** / 苏力勇著 ; 欧阳令南指导. -- 上海交通大学, 2009. -- 141 页

论文对基于资源配置视角的公司现金股利分配进行了深入全面的研究。全文共分为七章。第一章为论文的绪论,主要介绍了论文的选题背景、研究问题、研究的理论和实践意义、研究内容与章节结构。第二章为论文相关的文献综述,主要论述了国内外的相关研究文献。第三章分析了公司现金股利分配对资源配置效率的影响,主要论述了现金股利分配对资源配置效率的影响机制、股权资金配置效率度量指标的设计,对现金股利对股权资金配置效率的影响进行了理论分析和实证分析,实证研究了导致配置效率低下的典型原因。第四章介绍了产品市场竞争、现金股利分配与资源配置效率,主要包括相关研究文献、实证分析设计、实证分析结果以及对"倒 U 形关系"的资源配置解释等方面的内容。分析了产品市场竞争强度对股利支付率、上市公司是否派现、上市公司派现连续性的影响。对制造业样本进行了分析与研究。第五章是对现金股利政策的资源配置的分析,主要介绍了佛山照明及其股利政策,分析了高分红政策下的投资者效益,阐述了投融资策略与业主的发展,总结了"佛山照明"案例的启示。第六章分析了股利税对现金股利资源配置结构的影响,介绍了 B-J 模型在中国的修正,分析了套利行为对股利税收的影响和股利税对投资者估价的影响。第七章主要归纳了论文研究的主要结论、主要实践建议、研究的局限性及展望。

关键词:股份有限公司　资源配置　利润分配　市场竞争

**6176**

**组织文化影响个人行为的机制研究:以组织认同为视角** / 苏雪梅著 ; 王利平指导. -- 中国人民大学, 2009. -- 173 页

论文以组织认同为视角,对组织文化影响个人行为的机制进行研究。全文共分为七章。第一章导论,主要分析了论文的研究背景,主要内容包括研究问题、研究思路以及研究框架,论文的研究方法,论文的理论和现实意义,总结了论文的创新点。第二章为文献综述,主要包括组织文化研究综述、组织认同理论的研究综述、个人—组织价值观一致的研究综述,最后对研究文献进行了小结。第三章是对组织文化与组织认同的概念进行了界定及关系分析,主要从组织文化概念的界定、研究问题的提出、组织认同与组织文化、论文对组织认同的界定以及组织认同的因素与过程五方面进行了研究与剖析。第四章研究了价值观为核心的组织认同过程,主要从组织认同的认知层面对组织价值观的融入进行了分析,从组织认同的价值观层面分析了个人与组织价值观,从组织认同感的情感层面剖析了个人对组织的情感依附,最后阐述了认知、价值观与情感三个层面的关系。第五章是对组织认同感的不同状态及其对行为的影响的分析,主要包括组织认同感的不同状态、组织认同感对成员行为的影响方面的内容。第六章介绍了论文的假设与验证,主要介绍了论文研究的样本,测量的方法,数据分析方法,对论文的研究结果进行了分析与研究。第七章为全文的总结与展望。

关键词:企业管理　组织管理　企业文化　个人行

为 价值观

6177

**高管团队特征与企业慈善捐赠关系：基于中国上市公司的实证研究** / 孙德升著 ; 任学锋指导. -- 南开大学, 2009. -- 170 页

论文基于中国上市公司的实证研究，对高管团队特征与企业慈善捐赠关系进行了研究。全文共分为六章。第一章绪论，主要介绍了论文研究的理论和现实背景，研究的问题和研究意义，研究内容和研究方法，研究思路和内容安排。第二章对相关文献进行了回顾与分析，主要包括企业社会责任理论、利益相关理论、需求层次理论、资源基础理论以及委托代理理论。对企业慈善捐款的概念进行了界定，对企业慈善捐赠进行了规范性、实证性、对策性研究，阐述了国内研究的现状，对企业慈善捐赠研究进行了评述，对高管团队研究进行了回顾与分析。第三章介绍了理论模型构建，主要包括高管团队与企业慈善捐赠、冗余资源的调节作用、企业所有制形式的影响、理论模型四方面的内容。第四章介绍了假设构建与研究设计，主要分析了高管团队特征与企业慈善捐赠的关系、冗余资源对高管团队特征与企业慈善捐赠关系的影响以及企业所有制形式对高管团队特征与企业慈善捐赠关系的影响，并对理论假设进行了汇总。对因变量、自变量、调节变量以及控制变量进行了测度。介绍了主要的研究方法。第五章是对实证分析与结果的讨论，主要包括样本选择与数据来源、回归分析与假设检验、结果讨论与解释三方面的内容。第六章是对全文的总结与展望。

关键词：企业管理　企业领导　上市公司　慈善事业

6178

**高管报酬激励、战略行为与公司绩效：来自中国上市公司的实证研究** / 孙红著 ; 李燕萍指导. -- 武汉大学, 2009. -- 145 页

论文通过来自中国上市公司的实证研究，对高管报酬激励、战略行为与公司绩效进行了深入全面的研究与分析。全文共分为七章。第一章绪论主要介绍了论文的研究背景、研究意义、研究内容和研究方法、研究的创新点和局限性。第二章为论文的文献综述，对企业家理论、企业理论、公司治理理论、高管报酬激励方式、公司战略理论以及高管业绩评价理论的相关文献进行了梳理。第三章为研究设计，分析了论文的研究模型和研究假设，从样本选择、研究方法与变量设计以及数据处理的方法三方面分析了论文研究的方法。第四章是对样本的描述性统计分析，主要对短期年薪、短期持股与短期业绩进行了描述描述统计，长期年薪、长期持股与长期绩效，分析了高管报酬激励的频数和公司绩效的频数，对高管报酬激励、公司战略并购重组和公司绩效进行了总体描述性统计、按年份的描述性统计、按性质的描述性统计以及按规模的描述性统计。第五章对高管报酬激励、公司战略并购重组与公司绩效关系进行了研究与分析，主要包括高管报酬激励对公司绩效的回归分析、高管报酬激励、公司战略并购重组与公司绩效的结构方程分析。第六章、第七章为论文结论与研究启示。

关键词：上市公司　企业领导　激励　管理行为　企业绩效

6179

**整合顾客知识管理的创新营销研究** / 孙洪庆著 ; 万后芬指导. -- 中南财经政法大学, 2009. -- 249 页

论文结合了市场导向、关系营销、顾客关系管理、创新营销等方面的文献，发展一种整合的方法和系统——顾客知识管理(Customer Knowledge Management, CKM)系统。在第二章对顾客关系管理的理论研究及实践现状进行了简要的回顾及反思，提出研究的突破口。第三章提出了市场营销以及顾客关系管理必须回归产品的观点，认为真正的营销模式是“市场、研、产、销、市场”，营销部门的核心价值应该是产品创造营销，市场营销的最高境界是卖(产品)思想，企业需要通过产品营销来实现价值营销。第四章对传统 CRM 中和、整合顾客的创新营销过程中顾客知识的性质进行探讨。第五章基于顾客关系管理与知识管理以及顾客能力的协同效应，整合前人相关的研究贡献，发展了 CKM 理论，并构建了顾客知识管理能力概念性框架。第六章提出了基于结构方程模型分析的实证框架及需要验证的研究假设。第七章对研究的方法论暨研究设计进行了详细说明。第八章在对问卷数据进行了信度和效度检验之后，运用 SmartPLS 软件对研究的实证模型进行了验证，并根据检验结果结合文献分析对模型进行了适当的调整。

关键词：企业管理　客户关系管理　知识管理　市场营销

6180

**控制权转移中的市场反应:基于投资者情绪的分析视角** / 孙健著 ; 王化成指导. -- 中国人民大学, 2009. -- 130 页

论文基于投资者情绪的分析视角,对控制权转移中的市场反应进行了研究。全文共分为七章。第一章导论,阐述了论文的选题背景与研究视角、研究目标、研究意义、研究内容和研究方法,归纳了论文的研究创新和难点。第二章是对相关文献的综述与回顾,主要介绍了控制权转移的相关文献,阐述了逆向选择成本及其估计模型,对投资者情绪进行了度量,分析了投资者情绪与股票收益之间的关系。第三章是基于并购动能的研究,主要包括样本选取与研究设计、实证结果与分析、稳健性检验方面的内容。第四章介绍了投资者情绪指数的构建,主要包括指标选择与研究设计、投资者情绪指标的构建以及投资者情绪指数的进一步思考方面的内容。第五章介绍了投资者情绪与控制权转移的市场反应,分析了章节研究设计,对实证的结果进行了分析和总结,同时以积累变化量替代平均值进行了稳健性检验。第六章对信息不对称、投资者情绪与市场反应进行了分析,主要包括从数据来源与样本选择、变量定义、模型设定三方面介绍了论文的研究设计,对逆向选择成本进行了估计,同时对信息不对称、投资者情绪与市场反应的回归结果进行了研究。第七章结论、研究局限以及展望。

关键词:上市公司　并购　投资者　控制权

6181

**基于网络关系的 IT 企业治理研究** / 孙丕恕著 ; 赵景华指导. -- 山东大学, 2009. -- 187 页

论文对基于网络关系的 IT 企业治理进行了研究。全文共分为六章。第一章导论,介绍了论文研究的背景和意义,国内外研究的现状,研究的模型、内容和方法,研究的技术路线和研究大纲,研究的创新和贡献。第二章为论文的文献评述,主要概述了企业治理理论的演进分析,介绍了 IT 企业治理的含义与特征,提出了基于网络关系的 IT 企业治理的理论。第三章对以网络关系为基础的 IT 企业治理理论进行了分析与研究,主要研究了 IT 企业利益相关者利益协调的价值网络,分析了 IT 企业利益相关者利益基于社会网络关系的协调,顾客网络关系与 IT 企业利益相关者利益关系,IT 企业以知识网络关系为基础的利益协调。第四章是对基于网络关系的 IT 企业治理的实证分析,主要介绍了基于网络关系的 IT 企业治理概念模型,阐述了基于网络关系的 IT 企业治理实证分析的理论假设,论述了样本选取、资料搜集与分析方法,阐述了变量的度量方法,对研究变量的效度与信度进行了检验,对研究变量进行了描述性统计分析和相关性分析。第五章为论文的案例分析,主要包括基于价值网络关系对利益相关者的利益协调、基于社会网络关系对利益相关者的利益协调、基于顾客网络关系对利益相关者的利益协调以及基于知识网络关系对利益相关者的利益协调。第六章为全文的研究结论和启示。

关键词:信息技术　高技术产业　企业管理　法人治理结构　企业绩效

6182

**基于行为生态学的品牌延伸研究** / 孙习祥著 ; 聂鸣指导. -- 华中科技大学, 2009. -- 141 页

论文根据从企业调查了解的品牌延伸实际情况所得和相关理论思考,基于行为生态学理论和品牌生态系统理论,采用文献研究、专家评估咨询、理论研究、移植与隐喻以及数学建模等方法,给出了品牌和品牌延伸的新的概念和新的理解;在此基础上,通过对品牌延伸的行为生态学分析,结合品牌生态系统的特点,建立了品牌识别、品牌认同、母品牌与延伸产品的相关性和品牌营销环境四个层面的评价指标相结合的品牌延伸影响因子模型和品牌延伸有效性评价的 DEA 模型,阐述了品牌延伸中品牌性状遗传的基因本质和延伸的内在机理。论文的主要研究内容有以下几个方面:第一,品牌是一个经过高度抽象和提炼后的关于企业和产品的信息集合的符号系统和功能系统,是一个复杂的生命有机体。它通过表达产品属性和承诺产品价值而寄托消费者的利益和情感追求,从而实现自我价值。第二,品牌系统是一个复杂的生态系统;品牌延伸系统具有明显的生态系统特征;品牌基因是品牌延伸的基本单位,品牌延伸遵循隐喻亲缘选择理论和进化稳定对策,具有广义适合倾向。第三,品牌延伸是一个理论性和实践性都很强的课题,指出了已有品牌塑造和品牌延伸理论研究和实践探索中存在的"形而上"的偏向;从品牌识别、品牌认同、母品牌与延伸品牌的相关性和品牌营销环境四个层面相结合的角度,牢牢把握品牌性状遗传的基因本质。第四,结合品牌生态系统特征和品牌价值形成的机理,强调指出产品是品牌的核心和基础,产品质

量是品牌的生命，产品价值是品牌价值依赖和归宿。第五，阐述了品牌延伸的内在机理，指出品牌延伸是母品牌与延伸产品双向互动、利益双赢的活动，是延伸产品名至实归的过程。

关键词：企业管理　品牌　生态学

**6183**

**企业人力资源危机源传导机制研究** / 孙永康著 ; 彭正龙指导. -- 同济大学, 2009. -- 187 页

论文对企业人力资源危机源传导机制进行了研究。全文共分为七章。第一章绪论，主要介绍了论文的研究背景，研究原因、目的和意义，研究的技术路线与方法，拟解决的关键问题与创新点以及论文的结构安排。第二章为文献综述，主要介绍了企业人力资源危机管理的理论和复杂系统脆性理论，对企业人力资源危机研究内容和企业人力资源危机源相关研究进行了评述。第三章分析了基于复杂系统脆性理论的人力资源危机源，对人力资源系统脆性特征进行了分析，阐述了企业人力资源危机的脆性关联作用，界定了人力资源危机源的概念，探究了人力资源危机源的结构。第四章对企业人力资源危机源传导的理论模型与研究假设进行了分析与研究，主要进行了企业人力资源危机源传导的变量测量，提出了企业人力资源危机源传导的研究假设，分析了企业人力资源危机传导的理论模型。第五章是对企业人力资源危机源传导的实证分析，主要介绍了问卷设计，阐述了问卷发放和回收的情况，对研究进行了描述性统计分析，检验了研究数据的信度和效度，分析了结构方程，探究了外部变化干扰因素对人力资源危机发生可能性的影响、内部变化干扰因素对人力资源危机发生可能性的影响等，对实证分析结果进行了分析与研究。第六章介绍了企业人力资源危机源传导效应阻断的对策建议。主要是关于变化干扰因素传导效应阻断、关于危机因子传导效应阻断以及关于危机源传导过程的对策建议。第七章是对全文的总结与展望。

关键词：企业管理　人力资源管理　人才危机　风险管理

**6184**

**基于动态管理能力观的市场导向、创新决策与创新绩效之机理研究** / 孙宇翔著 ; 于洪彦指导. -- 吉林大学, 2009. -- 117 页

论文借鉴企业战略管理领域的动态管理能力理论，将企业高层管理者团队的特质作为调节变量引入市场导向、创新决策与创新绩效三者关系，分析了高管团队的认知模式、人力资本和社会资本对企业产品创新决策的影响，构建了产品创新决策能力描述模型，并围绕这个模型提出了相关的研究假设，运用实证研究方法，通过调查问卷收集的数据对这些假设进行了检验。研究结论建议决策者在组建高管团队时要考虑其特质因素，利用高管团队的特质来充分利用研发资源，获得最佳的产品创新效果；营销经理应当把自己感知到的市场环境的变化传递给其他部门的负责人，会帮助高管团队认识到企业创新方面的真实地位。

关键词：企业管理　营销管理　市场导向　领导能力　决策模型

**6185**

**我国成长型企业融资问题研究** / 孙圆著 ; 陈佳贵指导. -- 中国社会科学院, 2009. -- 128 页

论文对我国成长型企业的融资问题进行了深入全面的研究。全文共分为五章。导论主要介绍了论文研究的背景和选题的意义，对论文相关的基本概念进行了界定，对相关的文献进行了回顾，论述了论文研究的主要内容和创新之处。第一章分析了我国成长型企业融资问题的理论基础和研究的框架。第二章研究了风险投资与成长型企业融资的关系，主要分析了风险投资对成长型企业融资的作用、我国风险投资体系的发展，提出了成长型企业引入风险资本的策略建议，研究了天使投资与成长型企业融资的关系。第三章为金融机构贷款与成长型企业融资的介绍，主要包括商业银行贷款对成长型企业融资的作用、我国商业银行成长型企业贷款的发展、成长型企业利用商业银行贷款的策略建议以及非正式金融机构贷款与成长型企业融资四方面的内容。第四章主要研究了证券市场对成长型企业融资的作用及我国证券市场的发展，提出了成长型企业利用证券市场融资的策略建议。第五章研究了政府金融支持与成长型企业融资的关系，主要论述了政府金融支持对成长型企业融资的作用，分析了我国政府金融支持的发展，提出了成长型企业利用政府金融支持的策略建议。

关键词：企业管理　企业成长　融资方式　金融体系

**6186**

**公司治理对 ERP 系统实施效果之影响：基于中国制造业上市公司数据的实证分析** / 孙玥璠著 ; 张瑞

君指导. -- 中国人民大学, 2009. -- 193 页

论文基于中国制造业上市公司数据的实证分析,对公司治理对 ERP 系统实施效果的影响进行了研究。全文共分为七章。第一章导论,主要介绍了论文研究的背景,论文的研究目标与研究意义,论文的研究思路和研究内容的安排,论文的研究方法和研究样本。第二章是对 ERP 系统概念和 ERP 系统绩效相关研究文献的回顾,主要介绍了 ERP 系统的概念和特点以及功能,ERP 系统的收益、成本和风险,ERP 系统投资与企业绩效之间的关系,IT 替代作用与信息化能够形成企业核心竞争力,ERP 系统绩效的关键影响因素。第三章分析了股权结构和董事会结构对“ERP 实施—企业绩效”关系的调节作用,主要包括文献回顾与假设提出、变量定义与研究设计、数据分析与结果解释以及稳健性检验方面的内容。第四章是对 ERP 项目领导团队主要高管特征对“ERP 实施—企业绩效”关系的调节作用。主要包括文献回顾与假设提出、变量定义域研究设计、数据分析与结构解释、稳健性检验方面的内容。第五章是对外部治理环境对于内部公司治理对“ERP 实施—企业绩效”关系的调节作用的影响分析,主要从文献回顾与假设提出、变量定义域研究设计、数据分析与结构解释、稳健性检验四方面进行了分析。第六章是对 ERP 系统实施效果的“时滞效应”带来的影响的研究,主要包括对 ERP 系统实施效果时滞效应的文献进行回顾,检验 ERP 系统实施效果时滞效应,分析 ERP 系统实施效果的时滞效应对论文结论的影响。第七章是对论文研究结论、创新、局限性以及展望的归纳和总结。

关键词:上市公司　企业管理　资源配置　企业绩效　企业资源计划(ERP)

**6187**

**产业集群知识员工离职风险感知对离职意愿影响研究** / 孙跃著 ; 胡蓓指导. -- 华中科技大学, 2009. -- 164 页

论文对产业集群知识员工离职风险感知对离职意愿影响进行了研究。全文共分为七章。第一章绪论,主要介绍了论文的课题来源,研究背景,研究目的和研究意义,对研究相关的基本概念进行了界定,总结归纳了论文研究的主要创新点。第二章为相关文献综述的回顾与分析,主要概述产业集群理论的研究概况,分析了离职的相关概念和研究,对风险与风险感知的概念进行了界定,对研究文献进行了评述与分析。第三章为研究内容和研究设计,主要介绍了论文的研究内容和研究方法,阐述了论文的研究技术路线,设计了论文的实证研究。第四章介绍了产业集群知识员工离职风险感知的结构维度,主要探究了离职风险感知结构维度的理论构想,论述了知识员工离职风险感知结构的维度,对知识员工离职风险感知结构维度进行了检验。第五章知识员工离职风险感知的影响因素,主要提出了论文研究的问题,分析了知识员工个体差异对离职员工风险感知的影响以及知识员工认知偏差对离职风险感知的影响。第六章知识员工离职风险感知对离职意愿影响的实证研究,提出了研究的问题,论述了知识员工离职风险对离职意愿的影响模型,对基于结构方程模型的假设进行了检验。第七章为全文的总结与展望。

关键词:企业管理　人力资源管理　人员流动　聚集经济

**6188**

**基于数据挖掘的动态客户细分与个性化营销的研究:以电信业为例** / 谭海宁著 ; 甘碧群指导. -- 武汉大学, 2009. -- 180 页

论文以电信业为例,对基于数据挖掘的动态客户细分与个性化营销进行了深入全面的研究。全文共分为六章。第一章主要阐述了论文研究的理论背景和实践背景,研究的目的和意义,研究的方法和技术路线以及研究的主要创新点。第二章对客户细分的概念和标准,数据挖掘、客户细分及个性化营销的关系,个性化营销理论的缘起和发展,数据挖掘理论的缘起和发展等方面文献进行了梳理。第三章介绍了动态客户细分理论模型的构建,主要从客户细分模型的选择、电信业的客户细分案例、客户细分指标体系的建立以及客户细分指标体系的改进论述了研究的模型。第四章是对基于数据挖掘的电信业客户细分指标及其验证,主要论述了数据挖掘的维度准备和数据校验,对基于数据挖掘的电信业客户细分指标进行了分析与研究,建立了动态客户的细分指标体系。第五章介绍了基于动态客户细分的个性化营销,主要介绍了个性化营销产品的设计、个性化营销产品营销的测试,分析了个性化营销产品营销测试存在的问题及其原因。第六章为结论,主要有:基于云模型的电信业的动态客户细分可行性、四个核心指标时电信业动态客户细分的主要变量、数据挖掘成为动态客户细分的有效工具以及以动态客户细分为基础,实施个性化

营销的策略。总结了理论体系存在的问题和后期的研究方向。

关键词:企业管理　销售管理　市场营销　数据挖掘　客户

**6189**

**高技术企业R&D知识管理的模型与机制研究**/谭可欣著;乌家培,郭东强指导. -- 华侨大学, 2009. -- 148页

论文深入分析了高技术企业及其R&D的特点,并在此基础上,以知识员工(或研发人员)和研发流程这两个创新载体为切入点,通过对有形载体的管理机制分析与模型构建实现对无形的知识创新的高效整合。知识员工是知识创新的主体和基本单位,论文将创新决策能力作为对知识员工的研究重点,引入认知科学和自组织理论,深入分析和阐释了创新决策能力的影响因素和形成过程。研发流程方面,针对现有解决手段的不足提出了旨在整合流程与技术系统的知识工作流系统(Knowledge Workflow Management System,KWMS)概念模型。该模型一方面适应了R&D创新的灵活性,另一方面使相关知识在交流、存储的过程中携带上了情境信息,从而能大幅提高知识的重用效率。论文还探讨了多Agent技术在KWMS中的应用。根据研究生命进化的超循环理论,演绎出R&D体系的生命组织结构,分析了该组织系统的超循环进化机制、实现策略和演化途径。在揭示出组织创新内在进化规律的基础上,进一步提出了高技术R&D知识创新系统的柔性管理体系以诱导和放大R&D过程中的变异和选择作用,该体系包括三大关键管理因素:创新氛围——知识场;创新驱动——竞争与协同;创新控制——反馈与前馈。

关键词:高技术企业　研究与开发　知识管理

**6190**

**行为公司金融理论视角下的中国上市公司并购投融资行为研究**/唐蓓著;潘爱玲指导. -- 山东大学, 2009. -- 164页

论文基于行为公司金融理论的视角,对中国上市公司并购投融资行为进行了研究。全文共分为六章。第一章导论,提出了论文的研究问题,研究的理论与实践意义,研究思路与基本框架,对主要的概念进行了界定,介绍了论文研究的方法、研究的创新点。第二章介绍了相关文献综述,主要包括并购融资行为研究、并购投资行为研究、公司投融资行为及并购决策的研究,最后对文献进行了总结。第三章理论基础、现实背景以及分析框架,主要阐述了行为公司金融视角下的公司并购投融资行为研究的理论基础、现实背景与研究的框架。第四章是对投资者非理性对公司并购投融资行为影响的理论分析与实证检验的介绍,概述了投资者非理性模型,从股票市场驱动并购理论在我国的研究背景、股票市场驱动并购的理论分析理论模型以及实证分析,阐述了投资者非理性对公司并购决策的影响,从市场时机选择假设下的融资理论、策略模型以及市场时机选择对公司并购融资影响的实证分析,论述了投资者非理性对公司并购融资行为和并购投资行为的影响。第五章是对管理者非理性对公司并购融资行为影响的理论分析与实证检验,主要包括管理者非理性模型的概述、管理者非理性对公司并购决策的影响以及管理者非理性对公司并购融资行为的影响以及管理者非理性对公司并购投资行为的影响四方面的内容。第六章为全文的结论与政策建议。

关键词:上市公司　企业合并　投资　融资

**6191**

**零售业态演化对零售商渠道行为作用机理的实证研究**/唐鸿著;徐玖平指导. -- 四川大学, 2009. -- 195页

论文对零售业态演化对零售商渠道行为作用机理进行了实证研究。全文共分为六章。第一章绪论主要介绍了论文研究的理论背景和现实背景、论文的研究问题、研究目的、研究的理论与实践意义、论文的基本思路和研究方法、研究的主要内容。第二章为相关的文献综述,从权力—依赖理论、权力源及其测量以及权力平衡三个方面论述了渠道权力,分析了渠道冲突的类型与原因,对冲突进行了测量,阐述了渠道合作的形式,回归了关系营销的特点,论述了信任与承诺的关系以及满意、沟通、投机等其他的因素。第二章介绍了论文研究的设计过程、业态演化的过程以及中介因素和概念模型,分析了中介因素和主要行为的变化特点,介绍了论文研究所用的工具,分析了调查的对象、对研究的数据进行了相关分析、信度与效度的检验、因子分析以及结构方程的检验和T检验。第四章采用描述性分析法、相关分析法、信度分析法、结构效度分析法以及模型拟合、T检验等方法进行了数据分析。第五章介绍了论文的假设验证结果,总结

了关系营销与新型联盟发展、消费者购买决定、终端策略的改进三方面的启示。第六章结语。

关键词:零售业　营销渠道　经济合作　经济关系

6192

**中国开发区集成管理研究** / 唐华东著 ; 王宗军指导. -- 华中科技大学, 2009. -- 167 页

论文对中国开发区集成管理进行了研究。全文共分为九章。第一章绪论,主要介绍了论文的研究背景、目的和意义,对核心概念进行了界定,对国内外的相关文献进行综述,阐述了论文的研究内容、方法和结构,总结归纳了论文的创新点。第二章为论文的理论基础,主要阐述了有关产业区研究的理论、系统论与耗散结构理论以及集成管理理论。第三章对开发区管理问题进行了分析,主要概述了境内外开发区的发展,境内外开发区的管理模式,我国开发区现存的问题,开发区管理问题的研究方法。第四章是对开发区集成管理体系的分析,主要包括开发区集成管理体系分析和体系结构。第五章对开发区目标、功能、组织和过程集成进行了分析和研究,主要论述了开发区目标的集成、开发区功能的集成、开发区组织集成、一级开发区过程集成四方面的内容。第六章阐述了开发区资源、知识和信息的集成,主要论述了开发区资源集成,开发区知识集成,开发区信息集成。第七章是对开发区集成管理有效集成的评价,主要介绍了一般的模型,对指标进行了划分,论述了开发区集成管理有效集成度计算与评价方法。第八章是对研究的应用案例的实证分析,探究了广州开发区集成管理,主要概述了广州开发区的区况,分析了广州开发区集成管理的情况,论述了广州开发区实施集成管理的成效,对广州开发区在全国开发区中地位进行了比较。第九章为论文的总结和展望。

关键词:开发区　管理模式　集成管理

6193

**面向产业集群的企业知识联盟研究** / 唐锦铨著 ; 郭东强指导. -- 华侨大学, 2009. -- 140 页

论文对面向产业集群的企业知识联盟进行了研究。全文共分为九章。第一章论文绪论,主要分析了论文研究的背景、研究的意义、研究的方法、研究内容的框架。第二章相关研究文献的综述,主要包括产业集群的研究综述、知识联盟的相关研究成果。第三章对产业集群与知识联盟的关系进行了分析,主要概述了产业集群,产业集群的知识网络,产业集群与知识联盟的关系。第四章介绍了产业集群企业知识联盟的知识积累框架,主要概述了知识积累的内涵与重要性,产业集群企业的知识积累机制,产业集群企业知识联盟的知识积累框架。第五章分析了产业集群企业知识联盟的知识转移的机制,主要论述了产业集群企业还是联盟的知识转移的原理,分析了产业集群企业知识联盟的知识转移过程,产业集群企业知识联盟中知识转移效果的影响因素,提出了提升产业集群企业知识联盟的知识转移效果的对策。第六章分析了产业集群企业知识联盟的知识共享机制,主要论述了产业集群企业知识联盟知识共享的动因和驱动机理,分析了产业集群知识联盟企业的知识共享过程的模式,对产业集群企业知识联盟知识共享进行了博弈分析,研究了产业集群企业知识联盟知识共享的障碍,进行了集群企业知识联盟的知识共享案例分析。第七章研究了产业集群企业知识联盟的知识创新体系。第八章是对产业集群企业知识联盟的管理研究。第九章为全文的总结和展望。

关键词:企业管理　聚集经济　经济合作

6194

**基于时变波动率的期权定价与避险策略研究** / 唐勇著 ; 陈继祥指导. -- 上海交通大学, 2009. -- 120 页

论文对波动率变化下的期权定价和避险策略进行了研究。全文共分为六章。第一章绪论,主要介绍了论文选题的动机,国内外相关研究现状,论文研究的问题,论文研究的理论与实践意义,对相关的文献综述进行了评析,介绍了论文研究的背景,总结归纳了论文的研究方法和创新点。第二章为文献探讨,从B-S定价模型及其缺陷开始,介绍了大量的放松各种限制条件的模型,重点介绍了放松波动率为常数假设的相关文献,回顾了国内外学者对期权定价方面的实证研究,包括所使用的模型及研究结果。第三章为模型阐述,详细介绍了 GARCH 族期权定价模型,及 SV 随机波动率期权定价模型。介绍了这些模型在定价上的特点,各自分别补充了 B-S 模型的不足,同时探究了不同参数对定价结果的影响。第四章为实例研究,对我国权证的价格分别进行了 B-S 模型与随机波动性模型的绩效评估,分析了理论模型价格与市场实际价格间差异的原因,提出了改善我国期权定价效率的建议。第五章分析了各类避险模型的避险效果,实证研究了波动率不变和随机波动率情况下,各种模型

的实际避险效果。第六章为论文的结论与建议，并对未来可能的研究方向提出了建议。

关键词：期货交易　期货价格　期权定价

**6195**

**全流通进程中大股东侵害及中小投资者权益保护研究** / 唐运舒著；杨善林指导. -- 合肥工业大学, 2009. -- 105 页

论文对全流通进程中大股东侵害及中小投资者权益保护进行了研究。全文共分为八章。第一章绪论，主要介绍了论文研究的背景和意义，研究的主要内容和结构安排，研究的方法、特色和创新。第二章介绍了相关的文献综述，主要介绍了国内外大股东与公司治理的研究综述，股改后大股东的侵害行为及其投资者的权益保护的概况与评述。第三章介绍了全流通进程中上市公司大股东侵害的机理与特征，主要包括委托代理理论视角下的大股东侵害行为机理的分析，影响大股东行为变化的股改因素分析、全流通进程中大股东利益最大化效用模型及其行为分析以及全流通进程中大股东侵害行为的特征分析四方面的内容。第四章是对全流通进程中的大股东违背股改承诺情况的实证分析，主要介绍了大股东股改承诺的类型，约束大股东遵守股改承诺的法律规制，对股改承诺的履行情况及违背股改承诺的典型案例进行了分析与研究。第五章分析了上市公司定向增发过程中大股东侵害行为的实证研究，主要分析了定向增发对相关利益主体的财富影响，定向增发过程中大股东侵害的行为方式，对定向增发过程中的大股东侵害行为进行了实证分析。第六章是对全流通进程中的“大小非”减持及对市场的影响研究，对“大小非”减持对市场影响进行了理论分析，对“大小非”解除限售及减持情况进行了实证分析，对“大小非”解除限售前后的市场效应进行了研究，介绍了未来几年“大小非”解除限售情况及其对市场的压力估计。第七章是对全流通进程中保护上市公司中小股东权益的建议。第八章为全文的总结。

关键词：上市公司　股东　权益保护　证券市场　股票市场

**6196**

**基于多主体模型的员工关系对组织行为影响的研究** / 陶厚永著；刘洪指导. -- 南京大学, 2009. -- 138 页

论文从员工关系的视角出发，利用复杂性科学的最新研究成果以及复杂适应系统理论（CAS）来研究不同员工关系约束条件下组织行为的差异以及员工关系对组织行为的影响，针对员工之间的竞争合作关系、知识共享关系、集权分权关系以及用工关系等设计出不同的关系模式，并以此为基础设计出符合组织实际情况的多主体模型，模拟不同的关系模式对组织行为的影响。依据组织中权利的集中程度由强到弱将组织管理划分为四种集权—分权模式，借助构建多主题模型和计算机仿真模拟对模拟结果比较分析，发现无论组织规模大小，过度集权和过度分权的水平都是低的。论文对组织边界问题进行了拓展与界定。

关键词：企业管理　人事管理　人力资源管理

**6197**

**高管薪酬与收购企业绩效研究** / 陶军著；张瑞君指导. -- 中国人民大学, 2009. -- 142 页

论文在回顾相关理论与经典文献的基础上，对高管薪酬与收购企业绩效进行了研究。全文共分为六章。第一章导论，阐述了论文的研究背景、研究目的与研究意义、研究内容及研究方法，对相关的研究概念进行了界定。第二章介绍了论文研究的理论基础、文献回顾以及背景分析，主要对并购绩效进行了实证分析，阐述了并购委托代理理论，分析了我国上市公司治理的现状和特点以及并购实践的现状与问题。第三章是对实验的研究设计，主要包括研究方法的论述、代理成本的度量以及数据来源与样本选择。第四章对高管薪酬与收购公司的绩效进行了分析与研究，从理论分析与假设提出、回归模型设计、描述性统计与变量分析以及回归结果与分析四方面对国有上市公司与民营上市公司进行了对比分析。第五章对收购企业高管代理问题的影响因素进行了分析，分析了相关理论并提出假设，从变量设计与回归模型的设计两方面对回归模型进行了设计研究，研究了描述性统计与单变量分析，对回归结果进行了讨论，分析了股权集中度与收购企业绩效。第六章是对全文的总结。

关键词：上市公司　企业并购　经理　薪金　企业绩效

**6198**

**网络负面口碑传播对消费者购买意愿影响研究：以数码产品为例** / 陶晓波著；吕一林指导. -- 中国人民大学, 2009. -- 188 页

论文对网络负面口碑传播对消费者购买意愿的影响进行了分析研究。全文共分五章。第一章绪论,介绍了研究的动机与目的,研究的具体流程。第二章为理论与文献综述。介绍了传播理论与传播要素,通过对网络与传播理论发展的概述,对网络的负面口碑进行了评价,指出了网络负面口碑的传播媒介以及网络负面口碑接受者的特征,阐述了态度中介模型与感知可信度,对态度中介模型理论的内涵进行了界定并加以提炼,介绍了精细加工可能性模型与品牌态度,详细分析了影响说服路径选择的相关因素,提取了品牌态度的有关变量。第三章介绍了研究的设计思路。介绍了研究的框架与假设,对网络口碑的传播媒介进行了归类,阐述了深度访谈的设计与过程,并对深度访谈的结果进行了分析,分别介绍了变量的测量方法、问卷的整体设计与数据的收集方法以及对最后数据的处理方法。第四章为数据分析与假设验证部分。对回收的问卷与基本资料进行了整理分析,探究了样本数据的总体特征,对信息的信度与效度进行了探究,并运用嵌入模型(Nested Models)进行了检验,计算了相关基本模型的拟合度,比较了不同模型的优劣,由此确定了最终的研究模型与假设并对假设进行了验证。第五章为结论与讨论部分。

关键词:互联网络　口碑　消费者行为论

**6199**

**企业人力资源管理外包研究** / 田新华著 ; 廖泉文指导. -- 厦门大学, 2009. -- 362 页

论文对企业人力资源管理外包进行了研究。全文共分为八章。第一章绪论,主要概述了人力资源管理外包,提出了论文研究的问题,研究的意义,研究的思路和文章的结构,总结归纳了论文研究的重点、难点和创新。第二章为企业人力资源外包的理论解释与说明,主要介绍了人力资源管理外包的相关概念,明晰了人力资源管理外包的理论解释,研究了中外人力资源管理外包的研究进展。第三章分析了企业人力资源管理外包的动因,主要分析了中间组织的形成与外包的起源,阐述了人力资源管理外包的外部动因和人力资源管理外包的内部动因,分析了企业人力资源管理外包的战略。第四章研究了人力资源管理外包对企业的影响,主要分析了企业人力资源管理外包的案例,研究了人力资源管理外包的收益和风险,探究了人力资源管理外包对企业绩效、人力资源部门的影响。第五章分析了企业人力资源管理外包的决策,主要包括人力资源管理的外包决策、人力资源管理外包职能的选择以及外包服务商的选择三方面的内容。第六章对中美企业人力资源管理外包发展进行了对比分析,主要包括美国企业的人力资源管理外包分析、中国企业人力资源管理外包发展分析以及中美企业人力资源管理外包现状对比。第七章对中国东南沿海地区企业人力资源管理外包进行了实证分析,主要包括数据来源与问卷获取、描述性分析、相关性检验三方面的内容。第八章是对全文的总结与展望。

关键词:企业管理　人力资源管理　对外承包

**6200**

**企业社会责任研究:基于利益相关者角度** / 汪建新著 ; 王迎军指导. -- 南开大学, 2009. -- 190 页

企业社会责任是本世纪以来诸多学科共同研究的热点问题。随着建设可持续发展社会和以人为本社会价值观念的强化,全球社会对企业的社会责任要求已经从呼吁转变成一种具体行动,企业承担社会责任已经成为一股强而有力的国际潮流,并引起了社会各界的广泛关注。利益相关者因素是企业履行社会责任的外部压力和动力,因此,论文从利益相关者角度出发,紧紧围绕着三个核心问题开展较为深入和系统的研究,它们包括:利益相关者和企业社会责任的理论关系;利益相关者的监管或监督作用对企业履行社会责任的影响机制;利益相关者因素和企业自身属性是如何影响到企业在各类利益相关者所关注的社会责任领域上的表现水平。通过采取理论分析、实证研究、博弈分析等定性和定量相结合的研究方法展开论述,并从利益相关者角度,提出我国企业履行社会责任的机制和影响因素。全文主要内容可分为六部分:第一章:介绍论文研究的背景和意义、思路架构和研究方法。第二章:对国内外企业社会责任研究的文献进行了综述,在此基础上进行了简要的评论。第三章:阐述利益相关者和企业社会责任的理论关系。第四章和第五章:基于博弈论的理论方法,从顾客、员工和政府等利益相关者角度出发,分析了利益相关者的监管或监督作用对企业履行社会责任的影响机制。第六章:从利益相关者角度出发,利用问卷调查形式来采集数据,运用统计和计量分析方法进行研究,在各类利益相关者所关注的社会责任细分领域上,检验了企业自身属性因素和利益相关者因素对企业履行社会责任的影响。最后部分为论文的主要结论和需

要进一步研究的问题。

关键词:企业管理　社会责任　利益关系　博弈

**6201**

**团队任务冲突对团队任务绩效的影响机理研究:从团队交互记忆与任务反思中介作用视角的分析** / 汪洁著 ; 宝贡敏指导. -- 浙江大学, 2009. -- 324 页

论文从团队交互记忆与任务反思中介作用的视角,对团队任务冲突对团队任务绩效的影响机理进行了研究。全文共分为七章。第一章绪论,主要介绍了论文的研究背景,研究的问题,研究的主要创新点,研究的设计。第二章为相关研究文献综述,主要研究包括团队冲突相关研究、与交互记忆相关的研究、与任务反思相关的研究、与团队过程导向相关的研究以及团队效能相关研究。第三章理论拓展与模型的构建,主要论述了以往研究取得的进展,分析了以往研究有待解决的问题和论文拟解决的理论问题,论文研究的理论基础,对相关的概念进行了界定与理论拓展,提出了论文研究的假设与概念模型的构建。第四章问卷设计与小样本测试,主要介绍了问卷设计的原则与过程,对研究的变量进行了测量,对小样本进行了测试。第五章介绍了研究数据的收集与质量评估,主要包括数据收集、数据质量评估、数据加总验证以及数据描述四方面的内容。第六章对数据进行了分析,检验了论文的假设,主要对测量的信度效度进行了检验,分析了不同任务特征的团队任务冲突差异,研究了控制变量对中介变量与结果变量的影响,对假设检验与结果进行了分析与研究。第七章为全文的研究结论和展望。

关键词:企业管理　组织管理　企业绩效

**6202**

**集群企业跨区域发展的机制及模式研究** / 汪铭泉著 ; 徐金发指导. -- 浙江大学, 2009. -- 189 页

论文采用问卷调查、数据处理分析以及企业调查啊的研究方式对集群企业跨区域发展的机制及模式进行研究。全文分为六章。第一章绪论,介绍了研究的理论与现实背景,研究的问题,研究对象和研究方法,论文的技术路线和创新点。第二章文献综述,主要从产业集群理论、企业跨区域发展理论、集群企业的困境、全球化背景下的集群企业以及集群企业的跨区域发展等诸多方面进行综述。第三章集群企业跨区域发展的效应研究,通过对集群企业跨区域发展对企业绩效影响的相关文献回顾,对集群企业跨区域发展的操作性、关系强度对企业集群绩效的作用机制以及网络规模对企业绩效的作用效应进行研究,并以浙江永康集群企业为验证性案例提出研究设计方案。第四章,集群企业跨区域发展的权变机制研究,通过对现阶段沿海区域集群企业跨区域发展权变思想的回顾,对关于企业网络特征的权变理论、集群企业的跨区域的全变机制进行研究,并提出相关研究设计方案。第五章集群企业跨区域发展的模式研究,通过分析集群企业跨区域发展的经典案例,如康恩贝集团、美特斯邦威、德力西集团、浪莎集团、奥康集团、康祺电器、新中源陶瓷、颐家爱家居、奥克斯集团以及金凤凰家具等,概括总结了集群企业跨区域发展的模式选择,并指出了集群企业跨区域发展模式选择的影响因素,认为集群企业跨区域整合机制主要包括纵向分工协作机制、横向合作互补机制、资源共享机制以及集体学习机制。第六章结论与展望。

关键词:企业集团　企业管理　产业集群　区域发展

**6203**

**邓小平企业管理思想研究** / 汪青松著 ; 杨善林指导. -- 合肥工业大学, 2009. -- 117 页

论文以马列主义、毛泽东思想为指导,运用新制度经济学、管理学原理、社会主义改革原理和文本分析、实证分析、比较分析、历史与逻辑分析的方法,考察了邓小平企业管理思想的主要内容与精神实质。全文共分七章。第一章绪论,提出了研究背景,综述了国内外研究现状,确定了研究思路和方法。第二章邓小平企业管理思想的形成及特征,分析了邓小平企业管理思想的理论基础,研究了邓小平企业管理思想的形成过程,总结了邓小平企业管理思想的主要特征。第三章企业环境改善与人本式企业管理,研究了邓小平关于人本式企业管理的秩序规范、人本理念、环境和谐及质量文化。第四章企业格局改组与多元制企业管理,分析了新中国单一制公有企业管理格局的形成及问题,阐述了邓小平多元制企业管理思想提出的背景及意义,实证考察了多元制企业管理格局与经济增长的相关性。第五章企业经营改制与市场化企业管理,回顾了国有企业市场化管理改革的历程,总结了邓小平市场化企业管理思想及其对国有企业市场化管理的指导。第六章企业技术改造与创新型企业管理,研究了邓小平创建学习型企业及企业自主

创新的基本思想,探讨了建设创新型企业自主创新的措施。第七章结论与展望。

关键词:邓小平　企业管理　管理思想

6204

**社会资本、知识获取与企业绩效:市场导向和学习导向的调节作用** / 王斌著 ; 吴能全指导. -- 中山大学, 2009. -- 223 页

论文对社会资本、知识获取与企业绩效进行了分析与研究。全文共分为七章。第一章导论,主要介绍了论文研究的背景,研究的问题,研究的目的、主要的问题和研究方法,研究的意义,研究的创新点,研究的结构安排和内容。第二章文献综述,主要包括社会资本、组织学习、知识获取、学习导向以及市场导向的相关文献综述。第三章为理论推导和研究假设,主要介绍了论文的理论基础和概念模型,分析了论文的研究假设和实证模型。第四章介绍了变量的测量与小样本测试,主要包括问卷开发原理、方法及过程,各变量的定义及其测量,小样本数据调查与质量评估三方面的内容。第五章介绍了大样本数据调查与质量评估,主要介绍了大样本的调查,描述了相关的数据,对数据的质量进行了评估,检验了测量的效度与信度。第六章是对数据的分析,总结了研究的结果和发现,分析了控制变量的影响,阐述了基于结构方程的假设检验,检验了中介变量,分析了理论模型和调节变量以及市场导向和学习导向的调节作用,对假设检验和初步结论进行了综述。第七章为论文的研究总结和展望。

关键词:企业管理　企业绩效　社会资本　知识获取

6205

**战略价值导向的经营者行为绩效及股票期权激励制度研究** / 王滨著 ; 孙明贵指导. -- 东华大学, 2009. -- 206 页

论文对战略价值导向的经营者行为绩效及股票期权激励制度进行了研究。全文共分为七章。第一章绪论,阐述了论文的研究背景,研究目的和意义,研究方法和技术路线,国内外的研究现状,研究的创新点和不足之处,研究内容和章节安排。第二章介绍了股票期权与经营者绩效评价的研究现状,主要包括股票期权在国外的实施与研究现状、股票期权在国内的发展与研究、代理理论与股票期权的相关研究以及绩效评价体系及模型综述四部分的内容。第三章论述了战略价值导向的经营者行为绩效理论模型,主要分析了非财务指标与战略导向的绩效评价体系,战略价值导向的行为绩效的提出及理论模型,经营者行为绩效评价方法,阐述了战略价值导向的行为绩效激励。第四章是对国有上市公司股票期权制度的实证分析,分析了当前国有上市公司股票期权实施的效果,探究了目前股票期权制度的缺失,提出了完善绩效评价是推行股票期权的关键理论,分析了国有上市公司股票期权制度的框架。第五章研究了经营者行为能力、期权安排与行权行为,主要包括经营者行为能力与股票期权授予、股票期权最优激励合约安排及信息不对称的解决以及经营者股票期权授予期、行权期以及售出行为等限制。第六章是对价值绩效分类矩阵模型及股票期权的设计,主要分析了价值绩效分类矩阵模型,研究了经营者价值链绩效分类模型的应用,阐述了经营者股票期权分类激励的计划。第七章介绍了战略价值导向的股票期权制度评价及纠偏机制。

关键词:上市公司　企业管理　股票期权　激励

6206

**知识属性、网络特征与企业创新绩效:基于吸收能力的视角** / 王长峰著 ; 杨蕙馨指导. -- 山东大学, 2009. -- 205 页

论文基于吸收能力的视角,对知识属性、网络特征与企业创新绩效进行了研究。全文共分为八章。第一章绪论,主要提出了论文的研究问题,研究的基本思路以及研究方法,研究框架和主要内容。第二章相关理论与文献综述,主要包括企业创新理论、企业创新绩效影响因素的相关理论基础与研究模型,对现有的研究进行了评述。第三章介绍了论文的研究模型和假设,分析了企业创新绩效、外部知识属性、企业网络特征、企业吸收能力以及企业组织特征。第四章介绍了论文的研究方法设计,主要包括研究方法选择的依据、计算机仿真与实证研究。第五章为知识属性、网络特征与企业创新绩效的计算机仿真,主要论述了仿真参数的处理,对仿真结果进行了分析与研究。第六章是对知识属性、网络特征与企业创新绩效的实证研究,对样本进行了描述性统计分析,检验了样本的效度及信度,进行了 Pearson 相关分析,阐述了不同企业组织特征对模型的影响,对外部知识属性对企业创新绩效的直接影响、企业网络特征对企业创新绩效的直接影响、企业网络特征的中介效应、企

业吸收能力对企业创新绩效以及企业吸收能力的调节效应进行了分析。第七章为研究结果与讨论,主要讨论了外部知识属性与企业创新绩效、企业网络特征与企业创新绩效、企业吸收能力与企业创新绩效以及企业组织特征与企业创新绩效。第八章为论文的总结,主要总结了论文的研究结论、局限性以及未来的研究方向。

关键词:企业管理　知识经济　企业绩效　技术创新

**6207**

**中国文化背景下的消费者购买行为意向模型研究:基于面子和群体导向视角** / 王大海著 ; 韩德昌指导. -- 南开大学, 2009. -- 194 页

论文基于面子和群体导向的视角,对中国文化背景下的消费者购买行为意向模型进行了研究。全文共分为八章。第一章引言,主要包括研究背景和意义,研究方法和研究目标,研究创新点,对相关的概念进行了界定,介绍了论文的框架结构安排。第二章为 Fishbein 合理行为理论模型,主要包括 Fishbein 合理行为理论模型的回顾与评析,从文化的含义、文化对消费行为的影响、跨文化营销管理中消费者适应性的研究三方面分析了文化因素对消费者行为意向的影响,并对中美文化价值观进行了比较研究,阐述了中国文化特征及其对消费者购买意向的影响。第三章对面子和群体一致的文献进行了回顾与评析,主要介绍了面子的含义、心理作用机制及表现形式,分析了群体一致的含义、作用机制及表现形式。第四章分析了关于 FCB 网络模型的文献回顾,通过用品、选购品和特殊品搜索产品、体验产品、信任产品以及产品与服务等,对产品类型分类进行了回顾,阐述了 FCB 网络模型及在消费者行为研究中的应用。第五章论述了修正模型的提出与前期探索性研究,对核心概念进行了界定,建立了修正模型,论述了调查样本、研究产品及参照群体的选择,介绍了问卷设计与数据分析方法和预调研的分析。第六章是对修正模型的检验分析。第七章是对基于 FCB 网络模型对修正模型关于不同类别产品的适用性研究,主要包括对高档时尚服装产品、保健品、咖啡产品进行的检验,分析了关于消费经验和人口统计特征调节效应的讨论。第八章为全文的总结。

关键词:企业管理　市场营销　消费者行为论

**6208**

**雇主品牌与企业绩效** / 王芳著 ; 黄速建指导. -- 中国社会科学院, 2009. -- 138 页

论文在研究大量文献的基础上,对雇主品牌与企业绩效进行了深入全面的研究。全文共分为六章。论文导论部分主要提出了论文研究的问题、研究的理论和实践意义、研究结构、主要内容和方法。第一章为雇主品牌理论的基础与研究综述的介绍,分析了雇主品牌理论产生的实践动力,论述了雇主品牌理论产生的理论渊源,对雇主品牌研究的文献进行综述。第二章分析了雇主品牌的价值,主要介绍了雇主品牌的构成要素,界定了雇主品牌价值的内涵,明晰了雇主品牌价值的类型。第三章介绍了雇主品牌—企业绩效的作用机制,主要分析了雇主品牌价值的形成机制,阐述了雇主品牌价值的应用机制,论述了企业绩效转变的机制。第四章对雇主品牌—企业绩效作用机制进行了理论解释,主要阐述了基于成本与收益角度的理论解释,论述了基于经济学角度的理论解释。第五章分析了中国企业雇主品牌建设的现状和建议,介绍了中国企业雇主品牌建设的情况,提出了关于基于战略层面的管理建议和基于运营层面的管理建议。第六章主要归纳了论文研究的基本结论、理论贡献、研究的创新点,对论文未来的研究进行了展望。

关键词:企业管理　人力资源管理　品牌战略　企业绩效

**6209**

**专业化、交易成本、合法性机制对建设监理职业发展影响的实证研究** / 王刚著 ; 李燕萍指导. -- 武汉大学, 2009. -- 162 页

论文对专业化、交易成本、合法性机制对建设监理职业发展影响进行了实证研究。全文共分为六章。第一章绪论主要介绍了论文的研究背景、意义与目的、论文的研究内容和框架、论文的研究方法、研究的创新点和局限性。第二章为相关的文献综述,主要包括职业理论、分工与职业发展的相关理论、交易成本与职业发展的相关理论、合法性与职业发展的相关理论以及国内关于建设监理的研究五部分的内容。第三章介绍了我国建设监理职业发展的问题及其原因分析。第四章对我国建设监理职业发展的影响因素进行了分析,主要阐述了分工与专业化对监理职业发展的影响,分析了业主与监理工程师间的交易成本对监理职业发展的影响,综述了监理职业的合法性对监

理职业发展的影响,最后对监理企业访谈与理论分析进行了验证。第五章介绍了理论模型与研究设计,主要包括监理职业发展的因果循环模型,阐述了研究模型、研究假设和研究过程,分析了变量测量的过程,对样本进行了描述,探究了建设监理职业发展。第六章是对实证研究成果的经济学分析与研究展望,主要对完全市场条件下的监理市场、考虑外部性条件下的监理市场、政府法规对监理市场的影响、市场对政府法规做出的反应等对实证研究结果进行了经济学分析。最后总结了论文的研究结论和研究展望。

关键词:建筑业　监理人员　交易成本

**6210**

**危机情境下团队领导力的前因及其影响研究** / 王国锋著 ; 井润田指导. -- 电子科技大学, 2009. -- 111 页

论文对危机情境下团队领导力的前因及其影响进行了研究。全文共分为七章。第一章导论,主要介绍了论文的研究背景,研究目的和意义,对研究的关键概念进行了界定,阐述了论文研究的方法和技术路线,论文研究的创新点,研究的框架和内容安排。第二章为论文相关理论及研究综述的介绍,主要论述了多样性的概念和分类,阐述了有关多样性的理论观点,介绍了多样性的管理。从领导力的内涵、发展及类型、魅力型领导与变革型领导、家长式领导的理论分析等分析了领导力的概念。阐述了冲突及其管理,研究了环境的不确定性。第三章论文研究的设计,主要包括研究样本、变量及其度量、数据分析方法。第四章分析了多样性与不确定性认知与冲突,主要提出了多样性与不确定性认知、多样性与认知冲突以及认知冲突与情绪关系的假设。对数据进行了效度与信度分析、描述性统计分析以及假设检验。第五章研究了不确定性认知与领导力的关系。提出了论文研究的假设,从构念效度与信度的分析、描述性统计以及假设检验三方面对数据进行了分析。第六章是对领导力与决策质量及冲突的中介作用的分析。第七章归纳了论文研究的主要内容和创新点,对未来的研究进行了展望。

关键词:企业管理　组织管理　紧急事件

**6211**

**供应链导向与非营利医院信息化及绩效之间关系的研究** / 王海龙著 ; 宋远方指导. -- 中国人民大学, 2009. -- 176 页

论文对供应链导向与非营利医院信息化及绩效之间关系进行了深入全面的研究。全文共分为七章。第一章导论主要介绍了论文的研究背景、研究的目的、研究的主题、研究的主要创新点、研究的方法和构成,对相关的概念进行了界定。第二章为文献综述,主要探究了非营利组织研究的现状、服务业供应链研究的现状、服务业供应链模型的建构、供应链导向的研究现状。第三章介绍了非营利医院供应链导向的制度与现实背景,阐述了医疗服务市场的特殊性,讨论了我国医疗卫生体制的改革、医疗保障制度改革,分析了我国非营利医院的管理以及我国非营利医院的经营观念。第四章分析了非营利医院供应链导向的理论依据及构成要素,如信任、承诺、合作规范、组织兼容性等。第五章论述了非营利医院供应链导向量表的构建,提出了非营利医院供应链导向量表的初稿、样本选择及构成,剖析了探索性因子,分析了验证性因子,描述了非营利医院供应链导向量表的特点。第六章是对供应链导向与非营利医院信息化及绩效之间关系进行的实证研究,对非营利医院信息化评价量表、基于平衡计分卡理论的医院绩效评价、非营利医院绩效评价量表的开发进行了分析,综述了假设的提出与验证。第七章是对全文的总结,主要介绍了论文的研究局限性,对未来的研究进行了展望。

关键词:医院　信息化　供应链管理

**6212**

**在线消费者粘性研究** / 王海萍著 ; 胡正明指导. -- 山东大学, 2009. -- 214 页

论文对在线消费者的粘性进行了研究。全文共分为七章。第一章导论,主要介绍了论文研究的理论与现实背景,研究问题,研究的意义,对相关的研究概念进行了界定,阐述了论文研究内容与逻辑框架以及技术路线,总结归纳了论文的创新点。第二章为研究文献综述,主要介绍了消费者行为的一般模式,研究了在线消费行为,从在线粘性的含义、影响因素、结果变量以及研究评述四方面介绍了在线粘性的演进。通过三阶段模型、五阶段模型、七阶段模型、在线购物过程的综合模型、系统观的在线购物过程以及在线交易过程模型和在线消费体验过程的研究评价,分析了在线消费体验的过程。第三章对在线消费者粘性模型的构建的理论基础与分析框架进行了分析,主要包括模型构建的理论基础、在线消费者粘性形成的分析框架以及在线消费者粘性形成机理三方面的内容。

第四章对初次体验基础上短期粘性概念模型构建进行了阐述,主要介绍了模型构建的思路,论述了短期粘性形成的影响因素,提出了研究假设,分析了短期粘性概念模型。第五章介绍了多次体验基础上长期粘性概念模型构建,主要介绍了模型构建的思路、要素,提出了感知网站质量和感知服务质量与总体满意、感知声誉与持续信任等研究假设,论述了长期粘性形成的概念模型。第六章对研究问题进行了实证研究,主要介绍了量表设计与数据收集、数据的质量和结构方程的模型分析,探究了人口统计变量、调节因素的影响,对网站属性、声誉、信任、洋溢等等进行了讨论。第七章为全文的总结与展望。

关键词:网上购物　消费者行为论　消费心理

**6213**

**债权人法律保护对公司债务的影响研究:基于中国上市公司的经验证据** / 王海霞著 ; 王化成指导. -- 中国人民大学, 2009. -- 147 页

论文基于中国上市公司的经验证据,对债权人法律保护对公司债务的影响进行了研究。全文共分为八章。第一章导论,介绍了论文研究的背景及视角,研究目的和意义,研究内容和方法。第二章是对相关文献的回顾和理论基础的阐述,包括基于公司法的债权人保护法理论、现代企业契约理论、利益相关治理理论以及法与金融理论。第三章介绍了我国债权人保护制度的指标体系构建与制度评述,主要包括公司债券人的界定、我国债权人法律保护指标体系的构建、我国债权人法律保护制度的影响与评价三方面的内容。第四章介绍了债权人法律保护与公司摘取资金的可得性,主要包括理论分析与研究假说的提出、研究设计、实证分析结果以及稳健性检验四方面的内容。第五章通过理论分析与研究假设、研究设计、实证分析结果以及稳健性检验四方面的内容对债权人法律保护与公司债务期限的结构进行了分析与研究。第六章对债权人法律保护、银行监督与经理人代理成本进行了阐述,对理论进行了分析,提出了研究假设,从样本选取与数据来源、变量定义、研究模型三方面进行了研究设计,并对实证分析结果进行了研究,同时进行了稳健性检验。第七章分析了债权人法律保护、银行监督与控股股东代理成本,主要对相关理论进行了分析,提出了研究假设,进行了研究设计,分析了实证结果,并进行了稳健性检验。第八章是对论文研究的总结。

关键词:上市公司　企业融资　债务管理　债权人法律保护

**6214**

**高绩效工作系统、智力资本与企业绩效关系之研究** / 王虹著 ; 胡军指导. -- 暨南大学, 2009. -- 175 页

高绩效工作系统是战略人力资源管理领域的一个主要概念,高绩效工作系统对企业绩效的作用机制既是理论研究的热点也是企业关注的焦点。本研究对高绩效工作系统、智力资本和企业绩效的关系进行探索性研究,并将研究特别聚焦于这一关系中智力资本的中介作用机制。此外,引入组织文化作为调节变量,探讨了不同组织文化类型对高绩效工作系统与企业绩效关系的调节作用。主要研究内容和结论如下:(1)运用探索性因素分析和验证性因素分析方法,构建了我国企业高绩效工作系统的八维度结构模型。(2)运用T检验、均数多重比较的方法,对高绩效工作系统各维度的差异进行分析,不同组织特征变量的企业,在高绩效工作系统的实施程度上存在显著的差异。(3)运用因素分析和结构方程全模型的分析方法,探讨我国企业高绩效工作系统与企业绩效(主观绩效和员工满意度)之间的关系。认为高绩效工作系统对主观绩效和员工满意度有显著正向影响,并分别对主观绩效的内部绩效和市场绩效均有显著正向影响。与外部绩效相比,高绩效工作系统对内部绩效的预测作用更大。高绩效工作系统中的结果评估、沟通分享和雇佣安全三个因子对外部绩效有显著正向影响;沟通分享和员工福利两个因子对内部绩效有显著正向影响;员工福利、工作团队、雇佣安全、权变薪酬四个因子有助于员工满意度的提升。(4)运用层析回归分析方法,探讨智力资本对高绩效工作系统对企业绩效影响的中介效应。结果表明智力资本在高绩效工作系统与市场绩效、内部绩效和员工满 意度之间具有部分中介效应。(5)运用层次回归分析方法,探讨组织文化对高绩效工作系统对企业绩效影响的调节效应,表明官僚文化在高绩效工作系统与市场绩效、内部绩效和员工满意度之间的调节效应显著。

关键词:企业管理　人力资源管理　智力资本　企业绩效

**6215**

**企业家的工作—家庭冲突及其处理策略与创业绩效关系研究** / 王华锋著 ; 贾生华指导. -- 浙江大学,

2009. -- 250 页

论文对企业家的工作—家庭冲突及其处理策略与创业绩效关系进行了全面深入的研究。全文共分为八章。第一章为论文的绪论,主要介绍了论文选题的动机,综述了国内外相关研究现状,提出了论文研究的问题,阐述了论文研究的理论与实践意义,对相关的文献综述进行了评析,介绍了论文研究的背景,总结归纳了论文的研究方法和创新点。第二章为全文的相关理论研究评述,主要包括工作—家庭互动的基础理论、工作家庭冲突的相关研究、工作家庭处理策略的相关研究、企业家及其创业绩效的相关研究。第三章是对企业家的工作家庭冲突与创业绩效的关系研究,主要介绍了研究的目的,提出了研究假设和模型,对变量进行了选取和测度并进行了数据分析。第四章分析了企业家工作与家庭处理策略的维度与类型,主要包括研究目的、理论背景与研究假设、数据收集、内容分析。第五章介绍了企业家的工作家庭处理策略量表的开发及其验证。第六章研究了企业家的工作家庭处理策略与创业绩效的关系,分析了企业家的家庭角色处理策略和工作角色处理策略对创业绩效的影响。第七章是对基于工作与家庭互动的企业家创业绩效性别的差异进行分析与研究,主要介绍了研究的目的,提出了研究假设与模型构建,论述了研究的样本与变量的测量,对相关的数据进行了分析与研究。第八章为全文的总结,主要包括一些基本的研究结论,总结了论文的创新点和理论与实践价值,以及论文研究的局限性。

关键词:企业家　家庭　企业管理　企业绩效

**6216**

**基于内因外因的中国民营企业 IPO 时机选择研究 /** 王军著 ; 赵昌文指导. -- 四川大学, 2009. -- 190 页

论文对基于内因外因的中国民营企业 IPO 时机选择进行了深入全面的研究。全文共分为九章。第一章为论文的导论,主要分析了论文选题的背景、目的、意义,论文的研究方法和技术路线,对基本概念进行了界定,总结了论文研究的基本假设、主要内容和创新点。第二章介绍了文献综述以及论文的理论框架的建立,包括基于内部因素的时机选择理论、基于外部市场机会的时机选择理论、基于综合因素的时机选择理论、其他与时机选择相关的研究成果,对现有数理理论,模型进行了评述,总结了现有的理论和研究方向,建立了基于内外时机的 IPO 时机选择理论框架。第三章是对基于内部成熟度博弈的 IPO 时机分析,主要探究了中国证券市场新股发行监管制度的发展历程,提出了博弈论分析的基本假设,概述了基于 IPO 成熟度的上市审核博弈模型,论述了民营企业与国有企业和政府监管部门基于内部成熟度的博弈。第四章分析了基于外部条件成熟度的 IPO 成本决策。第五章介绍了基于内因外因的综合动态时机选择模型,概述了基于实物期权的 IPO 时机,论述了最优上市时机模型,分析了影响最优时机的因素。第六章是对上市时机选择与业绩检验的实证研究。第七章是对基于内部成熟度指标体系的实证研究,概述了内部成熟度指标的体系,论述了层面分析法基本理论与方法,建立了内部成熟度指标体系,对内部成熟度指标进行了实证检验。第八章是对 IPO 时机外部条件成熟的影响因素的实证研究。第九章为全文的结论和政策建议。

关键词:民营企业　股票发行　决策模型

**6217**

**企业间战略互动导向对协作创新绩效的影响研究 /** 王岚著 ; 宋华指导. -- 中国人民大学, 2009. -- 161 页

论文基于文献回顾,以动态能力理论、资源依赖理论和权变理论为理论基础,构建了战略互动导向关系行为关系价值的理论模型。首先,结合战略导向和互动能力的研究,识别了战略互动导向的两个关键维度——市场互动导向和技术互动导向,并研究了不同的战略互动导向如何影响关系行为进而影响协作创新绩效。根据企业对关系资源整合的行为方式本质,企业间关系行为包括——开发型关系行为和利用型关系行为,即以关系行为作为中介变量,探索不同的关系驱动能力(市场互动导向和技术互动导向)对协作创新绩效的影响过程;基于权变理论,探索了外部环境特征(环境竞争性/环境动态性)如何影响关系行为对协作创新绩效的作用效率。通过对 179 家企业的实证研究,运用结构方程模型和回归模型对数据进行分析,研究结果表明:①高水平的市场互动导向促进企业采用利用型关系行为,进而提升企业的协作创新绩效,利用型关系行为在此过程中扮演着部分中介的角色。②技术互动导向对协作创新的提升作用并不是直接的。高水平的技术互动导向通过促进企业间利用型关系行为和开发型关系行为,进而提升企业的协作创新绩效,两种类型关系行为作为完全中介机制而起作用。③环境动态性负向调节利用型关系行

为对协作创新绩效的影响作用。环境动态性水平高,将减弱企业通过利用型关系行为来提升协作创新绩效。④高度竞争的技术和市场环境,能够促进利用型关系行为对协作创新绩效的正向影响作用,即环境竞争性水平高,促进企业更多地采用利用型关系行为提升协作创新绩效,减弱企业通过开发型关系行为来提升协作创新绩效。

关键词:企业管理　经济合作　技术创新

**6218**

**政府担保对基础设施项目非政府投资主体的激励效应及其价值研究** / 王乐著 ; 郭菊娥指导. -- 西安交通大学, 2009. -- 114 页

论文对政府担保对基础设施项目非政府投资主体激励效应及其价值进行了研究。全文共分为七章。第一章绪论,主要介绍了论文的选题背景和研究意义,对相关的研究概念进行了界定,分析了论文的研究思路、主要工作和研究框架。第二章为文献综述,主要包括非政府投资主体参与基础设施项目融资的理论基础、非政府主体投资基础设施的实践、实物期权方法的理论综述、政府担保在分配风险、定价方面的定义与度量方面的难题四方面的内容。第三章政府担保对基础设施非政府投资主体立即投资的激励研究,分析了基于基础设施项目需求不确定的非政府投资主体投资决策的模型,研究了政府担保对非政府投资主体的投资激励以及序列投资基础设施项目中的政府担保,最后章节进行了小结。第四章基础设施项目政府担保对非政府投资决策的影响,主要分析了基础设施项目政府担保与其他实物权间的相互作用,政府担保上下限对非政府投资主体决策的影响,以及政府担保对非政府投资主体投资收益的影响。第五章介绍了不完全信息条件下政府担保对基础设施非政府投资主体的激励研究,主要分为非政府投资主体道德风险对政府担保激励影响的机理分析、基于政府投资主体道德风险的政府担保激励模型以及非政府投资主体的重复隐匿行为模型对政府担保激励的影响三方面的内容。第六章基础设施项目融资中政府担保的定价研究,主要分析了基础设施项目中政府担保的期权特征,论述了基于任意相继索取权的基础设施项目融资中政府担保定价模型,阐述了政府担保在电力基础设施项目融资中的应用。第七章为论文的总结,介绍了论文需要进一步研究的问题。

关键词:基础设施　国家行政机关　投资　担保　实物期权

**6219**

**以企业家为中心的管理权威关系及影响要素研究** / 王力著 ; 吕景胜指导. -- 中国人民大学, 2009. -- 134 页

论文对以企业家为中心的管理权威关系及影响要素进行了深入全面的研究。全文共分为八章。第一章导论主要介绍了论文研究的理论背景、选题的现实意义、研究的框架及方法、研究的创新点和不足之处。第二章对核心概念进行了界定,主要包括管理权威核心概念的界定、企业家核心概念的界定以及以企业家为中心的权威关系概念模型的论述。第三章介绍了企业理论中的企业家权威综述,分析了企业理论的起源与研究定位,阐述了企业理论视角下的企业家权威理论综述及评价。第四章研究了当代组织理论的成果与管理权威的关系,阐述了当代领导理论的发展与管理权威的关系,分析了组织匹配理论、多样性和互赖性理论,研究了匹配理论、互赖理论与企业家权威的关系。第五章介绍了企业家权威关系营销要素模型及假设。第六章为论文的变量测量及研究方法的阐述,主要对企业家资源控制能力、企业家魅力型领导特征、主客体间价值观一致性匹配、管理客体的资源控制能力以及以企业家为中心的权威关系进行了测量。介绍了问卷设计与样本发放的情况及问卷的可靠性检验及变量的整理。第七章是对数据处理及结果分析的研究,主要对数据进行了描述性统计及相关性分析,对假设进行了检验。第八章为论文的结论和启示。

关键词:企业家　企业领导学　权威性

**6220**

**创业投资机构行为、企业能力与高新技术企业成长研究** / 王敏著 ; 贾生华指导. -- 浙江大学, 2009. -- 168 页

论文对创业投资机构行为、企业能力与高新技术企业成长进行研究。全文共分为六章。第一章绪论,提出了论文的研究问题,研究方法和技术路线、内容安排。第二章创业投资与高新技术企业成长的文献综述,主要包括创业投资相关基础理论、高新技术企业成长的研究进展、创业投资对高新技术企业成长的影响。分析了高新技术企业成长的本质与特征、企业成长机制理论和阶段理论、企业成长阶段决定因素理论,论述了高新技术企业成长决定因素研究的进展。

第三章分析了中国创业投资业与高新技术产业发展现状与特点,主要从市场规模、战略投向、主要机构、风险意识、上市退出、阻碍因素分析了中国创业投资业的发展现状和特点,总结归纳了中国高新技术产业的发展现状、特点和问题,论述了阻碍创业投资机构促进中国高新技术企业成长的主要因素。第四章介绍了创业投资机构行为影响高新技术企业成长的理论模型的构建,主要包括创业投资支持型高新技术企业成长的典型事件分析、创业投资促进晶能光电成长的案例研究以及理论模型构建和研究假设提出。第五章对创业投资机构行为影响高新技术企业成长进行了实证分析,主要包括研究方法与数据获取、创业投资机构行为特征对高新技术企业成长的影响、创业投资机构行为特征对高新技术企业能力的影响以及创业投资机构行为特征、企业能力对高新技术企业成长的影响四方面的内容。第六章为全文的研究结论与展望。

关键词:高技术产业　企业管理　风险投资　企业成长　企业能力

**6221**

**控制、企业合并与合并财务报表研究** / 王鹏著 ; 夏冬林指导. -- 清华大学, 2009. -- 284 页

论文采用规范研究与实证研究相结合的方法,首先从会计角度对控制进行研究,构建了有控制的定义、控制的两种形式、对主题控制的两种方式构成的会计上控制的理论框架。以这一框架为指导,从会计准则的角度依次分别深入、系统地研究了企业合并会计和合并财务报表的基本理论性问题及其实际应用,并提出政策建议。论文认为,企业合并的会计实质是将通过控制形成一个新的报告主体的变化与否做为判断购买法和权益结合法适用的重要的标准,权益结合法的使用已远远偏离了其初衷,应予废弃。同一控制下的企业合并由于受到同一方的最终控制,建议采用一种新的方法——原价值法进行会计处理。合并采取报表是企业合并结果的反应,合并财务报表的决策有用决定了我国合并财务报表应采取主题理论。主题理论的核心内容是控制权益与非控制权益的关系问题。论文初步讨论了主体理论下合并财务报表信息的使用问题,还采用中国上市公司的财务数据对企业合并方法的具体应用和合并财务报表的价值相关性进行了实证检验。

关键词:企业管理　财务管理　会计报表　企业合并

**6222**

**利益相关者导向与企业绩效的关系研究:企业文化的影响** / 王启亮著 ; 翁君奕指导. -- 厦门大学, 2009. -- 110 页

论文以福建省内企业为研究样本,不仅探究和验证利益相关者导向与企业绩效的影响关系,而且探究了这种影响关系的作用机制,即对利益相关者导向是否以及如何通过企业文化影响企业的绩效进行了实证研究。全文共分为六章。第一章绪论,主要介绍了论文的选题背景,研究内容和篇章的结构安排,研究的目标,研究方法,研究的预期创新点。第二章为相关的文献综述,主要包括利益相关者导向与企业绩效、利益相关者导向与企业文化、企业文化与企业绩效等的相关研究综述,并对研究文献进行了小结。第三章介绍了利益相关者导向影响企业绩效机制概念模型的构建,主要论述了利益相关者导向与企业绩效的关系,利益相关者导向与企业文化的关系,企业文化与企业绩效的关系。第四章介绍了论文的研究方案设计,主要包括调查问卷的设计、变量的定义与测量、数据收集的过程以及数据分析的方法四方面的内容。第五章为利益相关者导向与企业绩效的关系的实证研究,主要对样本进行了描述性统计分析,阐述了数据质量的分析,对研究结果进行了分析与研究。第六章为论文的结论和讨论。

关键词:企业绩效　企业文化　利益

**6223**

**应聘者甄选程序公平感的实证研究:基于中国文化的视角** / 王庆娟著 ; 崔勋指导. -- 南开大学, 2009. -- 217 页

论文以中国文化为背景,把文化价值观作为文化差异的指标,从理论和实证两个方面研究文化差异影响应聘者公平感及其结果的作用机制。首先回顾了组织公平理论及甄选中的组织公平特别是程序公平理论的研究进展,然后分析了组织公平及甄选公平跨文化研究的现状,通过对理论和文献的分析总结了儒家思想的核心内容,提炼出和组织公平研究密切相关的维度,结合对现有程序公平原则的回顾和概括,以非结构化面试为例,通过访谈和问卷调查确定了我国文化背景下面试程序公平原则的具体内容及应聘者公平感的评价指标。在分析甄选程序公平领域现有研究文献的基础上,探讨了应聘者公平感的形成机制及应聘者公平感对其入职前后态度和行为的作用机

理,在得出了我国文化背景下应聘者甄选程序公平感研究的理论模型。

关键词:企业管理　文化价值观　人力资源管理

**6224**

**项目融资公司治理模式研究** / 王少丹著 ; 赵德志指导. -- 辽宁大学, 2009. -- 149 页

论文采用逻辑分析、定性分析与定量分析和比较分析与实证分析等研究方法,在以下四个方面取得了具有创新意义的研究成果:首先,论文从资产专用性的角度揭示了项目融资公司治理问题的特殊性。其次,论文从契约理论的角度重新审视了项目融资公司的公司治理,从企业是一组契约组合出发,从契约治理的角度分析公司治理问题,从而推导出公司治理就是对组成公司的契约进行治理,项目融资公司的公司治理问题就是如何对对资产专用性强的长期契约进行治理。第三,论文设计了项目融资公司治理模式并对其治理效率进行了实证分析。最后,论文为如何借鉴项目融资公司治理模式,提高我国企业的公司治理效率提出了建议。论文提出根据各类公司的特点差异化选择公司治理模式,在我国电力、公路和城建领域推广项目融资公司治理模式以及培育利益相关者参与公司治理的意识和外部条件等三个方面的建议,为提高我国企业公司治理水平提供参考。

关键词:公司　项目融资　法人治理结构

**6225**

**企业创新战略与领导型态对新产品开发绩效的影响研究:以台湾科技业为例** / 王盛节著 ; 刘人怀指导. -- 暨南大学, 2009. -- 159 页

论文以台湾科技业为例,对企业创新战略与领导型态对新产品开发绩效的影响进行研究。全文共分为五章。第一章绪论,介绍了论文的研究背景、研究动机、研究目的、研究的流程和结构。第二章相关的文献研究,主要介绍了创新的定义,阐述了创新来源与创新的类型,分析了创新的战略,创新战略与竞争优势的关系。界定了领导的涵义,论述了领导理论的演进过程,分析了创新开发领导者角色与能力。描述了新产品开发绩效的概况,主要包括新产品的定义、新产品开发的流程与问题解决的模式、新产品开发关键因素以及新产品开发绩效的衡量四方面的内容。第三章介绍了论文研究的方法,主要介绍了论文的研究架构,分析了论文研究变数的操作型定义与衡量,总结了论文的研究假设,主要包括企业创新战略与新产品开发绩效的关系、企业创新战略与领导型态之间的关系、企业领导型态与新产品开发绩效的关系等。同时还分析研究对象,论述了问卷设计与抽样,介绍了资料分析方式。第四章为研究结果的分析,主要包括问卷回收与样本结构叙述统计分析、信度与效度分析、因素分析与集群分析、创新战略对新产品开发绩效的关系探讨、创新战略对领导型态的关系、领导型态对新产品开发绩效的关系、创新战略与领导型态配适差异对新产品开发绩效的关系、基本变数对企业创新战略与领导型态及新产品开发绩效的关系八方面的内容。第五章主要论述了论文的研究结论、研究贡献、研究限制以及对后续研究提出的建议。

关键词:企业管理　产品开发　企业战略　企业绩效

**6226**

**员工心理感知对知识共享意愿及知识共享行为的影响研究:基于关系、面子的调节效应研究** / 王士红著 ; 彭纪生指导. -- 南京大学, 2009. -- 181 页

论文通过问卷调查获得研究数据,利用 SPSS13.0 以及 LISREL8.7 软件对所得到的数据进行回归分析与结构方程模型分析,通过实证研究发现,感知的组织动机、感知的互惠利益、感知的损失对知识共享意愿有着重要的影响,但是这三个要素对于知识共享意愿的影响效应有所不同。按照 Baron & Kenny 所建议的方法,分析了知识共享意愿在员工心里感知与知识共享行为关系中的中介作用,表明员工心理感知对于知识共享行为的影响部分是通过知识共享意愿进行的。论文还把中国文化中的两个重要的因素(关系、面子)作为调节变量,通过实证研究表明:关系、面子分别作为调节变量和关系、面子共同作为调节变量都有一些假设得到了验证,但也有一些假设没有得到验证。而不同学历的员工,在知识共享行为表现上具有差异,学历越高的人,越不愿意共享自己的知识;在不同部分供职的员工,在知识共享行为上具有显著差异,研发部门与销售部分最不愿意共享自己的知识。

关键词:企业管理　员工　知识管理　资源共享

**6227**

**并购企业高层管理团队胜任特征模型的理论与实证研究** / 王是平著 ; 芮明杰指导. -- 复旦大学, 2009. -- 161 页

论文对并购企业高层管理团队胜任特征模型进行了理论与实证研究。全文共分为六章。第一章绪论,主要介绍了论文的研究背景与研究动机,研究方法与技术路线,研究的创新。第二章为论文相关的文献综述,主要从企业并购的概念与类型、整合内容以及并购整合的效能对企业并购整合的相关研究进行了阐述,分析了企业 TMT 的理论与实证研究,对胜任力模型进行了理论与实证研究。第三章概念模型与价值,主要分析了运营整合对 TMT 的挑战及其胜任特征,战略整合、组织整合、业务整合对 TMT 的挑战与胜任力特征的要求,人力资源整合对 TMT 的调整及其胜任特征,对文化整合对 TMT 的挑战及其胜任特征进行了研究,从 TMT 与决策层互动的主要内容、与决策层互动中 TMT 面临的挑战以及与决策层的互动中 TMT 所需具备的胜任特征三方面分析了 TMT 与决策层的互动,介绍了 TMT 内部的互动,探究了并购企业 TMT 的胜任特征研究的概念与假设。第四章是对并购企业 TMT 胜任特征模型的构建,主要包括研究目的、研究方法、研究结果、研究结论四方面的内容。第五章是对并购企业高层管理团队胜任特征模型的实证研究,论述了实证的研究设计,对样本特征、TMT 胜任特征以及整合效能进行了描述性统计分析,对并购企业 TMT 胜任特征模型进行了验证研究,分析了研究的目的、方法、结果和结论,研究了并购企业 TMT 胜任特征与整合效能的关系。第六章是对全文的总结和建议。

关键词:现代企业制度　企业兼并　企业领导

**6228**

**科技园区创新平台机制研究** / 王水莲著 ; 李宝山指导. -- 中国人民大学, 2009. -- 225 页

论文对科技园区创新平台机制进行了深入全面的研究。全文共分为十章。第一章为论文的导论,主要介绍了论文的选题背景、研究目的和意义、研究内容、研究方法和创新点以及难点。第二章为相关文献综述,主要对科技园区理论、创新理论、平台理论以及机制理论文献加以梳理。第三章介绍了科技园区创新平台功能的定位:协同,主要包括模型构建、描述性统计、信度与效度分析、假设检验三部分的内容。第四章是对科技园区创新平台机制的系统视角的介绍,主要从系统理论、集成管理理论以及框架理论阐述了科技园区创新平台整体框架的理论基础,分析了科技园区创新平台的系统结构,从概念模型和以方法提升科技园区创新平台功能两方面论述了科技园区创新平台的逻辑框架。第五章是对公司型创新平台机制的研究,主要对公司型创新平台的内涵进行了界定,提出了公司型创新平台的工作原则,从公司型创新平台机制的理性思路、实现路径、集成效应分析三方面阐述了公司型创新平台机制——双管齐下机制。第六章是对系统要素优化的服务型创新平台的机制进行的研究,主要包括服务型创新平台的内涵界定和工作原则以及服务型创新平台机制——双轨再造机制两部分的内容。第七章是对系统结构优化——两类平台关系研究,介绍了两类平台关系机制——双环嵌套机制。第八章是对系统环境优化——平台与环境关系机制的研究,论述了平台与环境关系机制的双链互动机制。第九章是对科技园区创新平台机制进行的案例研究。第十章为全文的总结,主要包括论文内容的逻辑关系,创新点和不足以及展望。

关键词:高技术开发区　创新管理　技术创新

**6229**

**税收遵从:从理性到现实的研究** / 王伟域著 ; 王韬指导. -- 华中科技大学, 2009. -- 108 页

论文对税收遵从进行了从理性到现实的研究。全文共分为八章。第一章绪论,主要介绍了论文的国内外研究现状、研究意义,研究的创新点、研究结构和主要内容。第二章介绍了税收遵从决策理论的发展,主要概述了预期效用理论,分析了预期效用理论缺陷,前景理论与预期效用理论的主要区别,并对理论文献进行了小结。第三章是对税收遵从的影响因素的分析,主要概述了税收遵从,对 A-S 模型中的影响因素进行了分析与研究,阐述了前景理论关于纳税遵从的影响因素,探究了税收遵从成本的影响,分析了其他影响因素。第四章介绍了基于 EU 的一个税收遵从的模型,引入了税收遵从的成本,论述了基本的假定,进行了模型设定与分析。第五章介绍了基于前景理论的个人税收遵从模型,主要包括基本假定、前景理论下的个人税收遵从的模型、变量之间的关系分析以及章节小结四方面的内容。第六章阐述了基于前景理论的企业税收遵从模型,主要从基本假设、前景理论下的企业税收遵从模型以及变量之间的关系分析三方面进行了阐述。第七章提出了促进税收遵从的对策,主要分析了我国税收遵从的现状和问题,完善了税收制度、培养了纳税意识,增强服务的理念,分析了纳税服务问卷调查分析报告。第八章介绍了一

些基本的研究结论、研究的不足以及创新点，对未来的研究进行了展望。

关键词：税收管理　税收理论

**6230**

**基于核心能力的企业战略扩张能力研究** / 王炜著 ；王宗军指导. -- 华中科技大学, 2009. -- 147 页

论文对基于核心能力的企业战略扩张能力进行了研究。全文共分为七章。第一章绪论，主要阐述了论文的实践背景。理论背景，对相关文献进行了综述，提出了论文的研究问题，研究目的与意义，研究路径，论文的创新点。第二章为基于核心能力的企业战略扩张能力研究框架的介绍，主要包括企业核心能力的分析，企业战略扩张的分析，以及基于核心能力的企业战略扩张能力分析。第三章基于核心能力的企业战略扩张潜力评价体系的建立，主要包括基于核心能力的企业战略扩张潜力评价的目的、基于核心能力的企业战略扩张潜力评价指标体系的设计原则、基于核心能力的企业战略扩张潜力评价指标体系以及简约的基于核心能力的企业战略扩张潜力评价指标体系三方面的内容。第四章基于核心能力的企业战略扩张潜力灰色综合评价，主要分析了模糊灰色综合评价模型选择的原因，对模糊综合进行了评价，分析了灰色系统综合评价，以及对基于核心能力的企业战略扩张潜力模糊灰色进行了综合评价。第五章对企业战略扩张执行力的期权博弈进行了分析，主要对企业外部环境、实物期权与战略扩张执行力、博弈论和战略扩张执行力三方面进行了分析。第六章为中国高速公路股份有限公司战略扩张能力分析的实例应用。主要包括中原高速公路股份有限公司简介、研究准备、中原高速的基于核心能力的企业扩张潜力以及研究结论的分析及建议四方面的内容。第七章为全文的总结和展望。

关键词：企业管理　战略管理　企业发展　核心竞争力

**6231**

**亚洲新兴市场银行并购研究** / 王文彬著 ；徐二明指导. -- 中国人民大学, 2009. -- 183 页

论文在分析大量研究文献的基础上，对亚洲新兴市场银行并购进行了分析与研究。全文共分为八章。第一章为论文的导论，主要介绍了论文选题的背景、选题的理论和实践意义，对相关的重要概念进行了界定，分析了国内外的研究现状，阐述了论文的研究思路和方法。第二章为理论基础和研究框架，主要阐述了微观层面的银行并购理论，包括规模经济理论、范围经济理论、X-效率理论、交易费用理论、价值低估理论、协调效应理论以及福利均衡理论。宏观层面的银行并购理论分析了银行并购效率的研究方法和产业组织理论研究范式的变迁，研究了银行产业组织理论研究范式的演进和理论分析框架。第三章是对亚洲新兴市场银行并购的微观动因的分析，主要包括亚洲新兴市场银行并购样本的概述、银行并购微观动因的实证研究。第四章分析了亚洲新兴市场银行并购对股东价值的影响，主要对银行并购对股东价值影响的文献进行了回顾，分析了研究方法，对银行并购对股东价值的影响进行了实证分析。第五章分析了亚洲新兴市场银行并购对微观效率的影响，主要进行了相关文献综述，提出了研究的假设并进行了实证研究。第六章亚洲新兴市场银行并购的宏观动因分析了银行并购宏观动因的研究文献，介绍了研究方法和假设并进行实证研究。第七章是对亚洲新兴市场银行并购的宏观效应的分析。第八章为主要的结论和政策建议。总结了银行并购的研究范式、微观动因、宏观动因以及各方面的影响。

关键词：银行业　银行合并　经济效率　银行管理　亚洲

**6232**

**基于消费者认知视角的品牌选择行为研究** / 王晓辉著 ；赵炳新指导. -- 山东大学, 2009. -- 216 页

论文对基于消费者认知视角的品牌选择行为进行了研究。全文共分为七章。第一章导论，主要提出了论文研究的问题，对相关概念进行了界定，阐述了论文的研究目的与研究框架，研究方法，论文的创新之处。第二章为文献综述，主要对品牌选择影响因素进行了研究与回顾，从宏观视角、企业视角和消费者的视角研究消费者品牌选择行为。第三章介绍了消费者品牌选择认知模型建构的理论基础，回顾了认知和认知心理学相关理论、认知模型的研究综述。分析了认知心理学在品牌选择领域的研究现状。第四章消费者品牌选择认知模型的建构，主要从品牌选择认知成分的识别、品牌选择认知结构模型的构建、品牌选择认知结构模型的拓展分析了品牌选择认知结构模型的构建。同时分析了品牌选择认知过程模型的构建，论述了构建品牌选择总体认知模型。第五章介

绍了研究设计和调研过程,主要包括研究假设、研究设计和调研方法以及章节总结三方面的内容。第六章是对数据分析与结果的讨论,通过研究假设、样本选择、计量尺度、数据分析方法、信度与效度分析、结果模型分析以及假设验证七方面,对消费者熟悉度等多个属性对认知过程的影响、消费者熟悉度对考察属性维度的影响以及消费者属性联想和评价对消费者品牌选择的影响进行了分析与研究。第七章为研究的结论、主要理论与实践贡献以及未来的研究方向。

关键词:消费者行为论　购买行为　品牌效应

6233

**创业者人力资本与新企业绩效关系研究:基于创业学习的视角** / 王晓文著 ; 谭劲松,张玉利指导. -- 南开大学, 2009. -- 193 页

论文基于创业学习的视角,对创业者人力资本与新企业绩效关系进行了研究。全文共分为七章。第一章绪论,提出了论文研究的问题,研究内容和方法,研究的过程和结构安排。第二章为文献综述,主要回顾了人力资本理论、创业者人力资本相关的研究、创业能力相关的研究以及创业学习相关的文献研究,分析了经验学习理论及其在创业学习中的应用。第三章论文的理论假设与模型构建,主要对学习风格、创业能力等相关的概念进行了界定,论述了研究模型的构建,理论推导的过程和假设。第四章为研究设计与方法,主要介绍了研究设计的选择和流程,调查问卷的设计与实施,描述了样本的特征,总结了因子分析、层级回归分析、中介回归分析等论文运用的主要分析方法。第五章分析了创业者人力资本、创业能力与新企业绩效的关系,对创业者人力资本、创业能力、新企业绩效等变量进行了测量,对职能经验、新企业绩效、创业能力等进行了因子分析与信度检验,阐述了实证分析与假设检验,对结果进行了讨论和研究。第六章分析了创业者人力资本、学习风格与创新能力,主要包括变量测量、实证分析与假设检验、结果讨论与启示以及简要总结四方面的内容。第七章为全文的结论和展望。

关键词:企业家　企业管理　人力资本　企业绩效

6234

**企业组织健康及其组织内部影响因素研究** / 王兴琼著 ; 陈维政指导. -- 四川大学, 2009. -- 276 页

论文对企业组织健康及其组织内部的影响因素进行了研究。全文共分为十二章。第一章绪论,主要介绍了组织健康研究的背景与意义,研究的目的和内容,研究方法和技术路线。第二章为组织健康研究文献的综述,主要界定了组织健康的概念,论述了组织健康研究的发展阶段及其分析,阐述了组织健康的特征与维度,探究了组织健康的测量,分析了组织健康的相关研究。第三章介绍了研究理论模型的构建和研究假设的提出,主要包括组织健康的概念和维度界定、组织内部影响因素的分析以及组织健康研究模型和假设、测量工具与方法四方面的内容。第四章介绍了论文的研究方法,主要介绍了调查的过程,样本的情况,数据分析方法与预处理过程,对量表的信度与效度进行了检验,阐述了描述性统计与初步分析。第五章是对组织健康概念的验证分析,主要对组织健康与其各维度的关系进行了分析,测量了组织健康的程度,划分并验证了组织健康的类型。第六章、第七章、第八章、第九章分别研究了企业文化、领导风格、团队特征、员工特征对组织健康的影响,探究了不同所有制企业的企业文化、领导风格、团队特征、员工特征对组织健康及其维度的影响。第十章对影响因素进行了排序研究,提出了组织健康管理策略。第十一章为个案研究,主要分析了国有——YJ 制造有限公司、民营企业——HT 高科技股份有限公司和外资企业——FST 计算机设备有限公司。第十二章为论文的结论。

关键词:企业管理　组织管理　员工　企业绩效

6235

**股权分置改革的公司治理效应研究** / 王栩著 ; 杨蕙馨指导. -- 山东大学, 2009. -- 153 页

论文对股权分置改革的公司治理效应进行了研究。全文共分为七章。第一章导论,主要提出了论文的研究问题,研究视角和方法,研究的思路和主要内容,研究的意义,研究的创新之处。第二章为相关研究评述的归纳,主要包括关于股东之间利益关系的研究综述、关于经营者股权激励的研究综述、关于股权结构与经营绩效的实证研究综述。第三章对股权分置改革的公司治理效应进行了理论探讨,主要分析了股权分置时期的上市公司的治理特征,论述了股权分置改革的进程和改革目标,对股权分置改革进行了理论基础的探究,阐述了股权分置改革与上市公司内部治理的机制和股权分置改革与上市公司外部治理的机制。第四章对股权分置改革中的股东利益关系效应进行了实证研究,概述了股权分置改革对价的方

案,论述了对价水平影响因素的理论分析和研究假设,对对价水平影响因素进行了实证分析。第五章是对股权分置改革中的经营者股权激励效应的分析,主要论述了股权激励的理论基础和国际经验,对我国上市公司股权激励状况进行了总体考察,分析了股权分置改革中的经营者股权激励效应。第六章对股权分置改革之后的公司治理与经营绩效进行了实证研究,主要制定了公司治理效应的度量指标,分析了股权结构对公司治理和经营绩效的作用机制及研究假设,对股权分置改革之后的股权结构与经营绩效进行了实证研究。第七章总结了论文研究的基本结论、针对相关问题提出的建议以及有待于进一步解决的问题。

关键词:上市公司　股权管理　法人治理结构

**6236**

**大学科技园对企业获取资源的作用研究** / 王雪梅著 ; 雷家骕指导. -- 清华大学, 2009. -- 178 页

基于对大学科技园管理者及园内企业创办者及管理者的访谈和对相关理论的梳理,论文发现大学科技园对于企业获取资源有重要的促进作用,并采用结构方程、相关分析、方差分析等方法,利用大样本调查获取的数据,系统分析和验证了这一判断。论文的主要研究结论如下:根据扎根理论方法,将企业获得的外部资源划分为技术资源、政策资源、资金资源、服务资源、管理资源、人才资源和声誉资源等七类。实证研究发现,大学科技园可以促进园内企业获取上述资源,这也是企业选择入驻大学科技园的一个重要的原因。大学科技园有助于企业与大学、政府相关部门、中介机构等主体建立联系。这种联系的建立对于企业发展的重要性和科技园对企业与这些主体建立关系的促进作用与企业通过科技园从相关的主体处获取资源的情况显著相关。大学科技园对于园内企业获取资源和建立关系的促进作用因科技园所依托的大学是否是 985 高校、企业的创办者中是否有人曾是所依托大学的学生或是教工、企业技术来源和企业规模等因素的不同而存在一定的差异。

关键词:高等学校　高技术产业　企业管理

**6237**

**面向订单的钢铁企业生产成本管理方法研究** / 王雅君著 ; 刘晓冰指导. -- 大连理工大学, 2009. -- 139 页

论文对面向订单的钢铁企业生产成本管理方法进行了研究。全文共分为六章。第一章绪论,介绍了论文研究的背景和意义,国内外研究的现状,研究的模型、内容和方法,研究的技术路线和研究大纲,研究的创新和贡献。第二章面向订单的钢铁企业生产成本管理体系,主要介绍了钢铁企业生产流程的特点及其成本构成,分析了基于分层监控模式的成本管理体系,阐述了基于集成技术的成本管理系统的模型。第三章介绍了基于物料追踪溯源模型和 ABC 的订单产品成本核算方法,论述了订单产品物料追踪溯源模型,阐述了基于 ABC 的分阶段分层次成本核算方法,研究了应用实例。第四章分析了面向订单的钢铁企业生产成本估算的方法,主要包括基于产品需求特征的成本估算模型、基于合金最小投料成本的原材料成本估算方法、基于订单需求特征和生产工艺过程的作用成本估算方法以及应用实例五方面的内容。第五章钢铁产品原材料成本影响因素分析及作业成本差异分析,主要分析了炼钢原材料消耗成本的影响因素,对基于 SH-ABA 的钢铁产品作业成本差异进行了分析与研究。第六章介绍了面向订单的钢铁企业生产成本管理系统的实现及其实施应用,主要概述了案例企业成本管理的情况,分析了系统设计与开发的过程,论述了系统实施技术研究,阐述了系统实施成效。

关键词:钢铁企业　企业管理　生产管理　成本管理

**6238**

**基于资源战略观的营销资源层级模型研究** / 王亚江著 ; 韩德昌指导. -- 南开大学, 2009. -- 204 页

论文对基于资源战略观的营销资源层级模型进行了研究。全文共分为七章。第一章绪论,主要介绍了论文的研究背景,研究原因、目的和意义,研究的技术路线与方法,论文拟解决的关键问题与创新点,论文的结构安排。第二章介绍了论文的理论基础,主要介绍了企业资源基础理论,分析了企业资源基础理论提出的背景、理论渊源以及核心概念和理论逻辑。同时介绍了市场营销理论,主要介绍了市场导向理论和关系营销理论。第三章是对营销资源理论文献的回顾与评述,主要包括营销资源理论的核心概念和评述,营销资源理论的概念模型以及评述,对现有研究存在的问题进行了进一步研究分析,提出了进一步研究的思路。第四章介绍了研究模型和研究的命题,对关键变量进行了界定,介绍了维度的选择,论文研究的模型,论文研究的命题,探究了基础营销资源与市

场感知能力的关系、基础营销资源与顾客联系能力的关系、基础营销资源与品牌建设能力的关系、市场感知能力与市场关系资产的关系等。第五章是对关键变量维度的实证检验,主要包括测量指标的建立、问卷编制和前测研究、数据收集与分析、维度验证讨论四方面的内容。第六章是对营销资源层级模型的案例研究,主要介绍了案例研究的方案设计和案例研究的实施,检验了研究的命题,对研究的效度和信度进行了分析,讨论分析了案例研究的结果。第七章主要综述了论文研究的基本结论、研究的局限性、研究的不足之处以及进一步研究的方向。

关键词:企业管理　营销管理　经济资源　企业绩效

**6239**

**我国上市公司监事会统合监控模式研究** / 王砚书著 ; 柯大钢指导. -- 西安交通大学, 2009. -- 121 页

论文对我国现有的内部监控机制进行了研究分析,以我国证券市场上遭到证监会处罚的 109 家上市公司以及随机抽取的相同数量的对照上市公司为研究样本,检验其内部监控效果,发现在监事会制度的 7 个典型的特征中,独立董事亲自参加会议的比例高低是影响上市公司是否违规的一个显著的因素。构建了我国上市公司内部监控的新型模式,即监事会统合监控模式。提出监事会应居于上市公司内部监控模式中的主导地位,审计委员会隶属于监事会,内部审计部门直接对审计委员会负责,即建立监事会—审计委员会—内部审计三位一体的自上而下的监控链。利用 GRAP-ANP 方法和设计的评价指标体系,构建了上市公司内部监控模式暨公司价值提升能力评价模型,并对样本进行了检验。

关键词:上市公司　监事会　监管机制

**6240**

**基于企业生命周期理论的资本结构研究:来自中国制造类上市公司的数据** / 王艳茹著 ; 孙茂竹指导. -- 中国人民大学, 2009. -- 139 页

全文通过分析来自中国制造类上市公司的数据,对基于企业生命周期理论的资本结构进行了。全文共分为七章。第一章引言,介绍了论文研究的背景与选题依据,国内外研究的现状,研究内容及逻辑框架,研究方法及数据来源,对相关的研究概念进行了界定。第二章介绍了企业生命的周期性,主要对企业生命周期进行了定性分析和定量分析。第三章介绍了企业生命周期的现金流特征,主要包括企业生命周期现金流特征的研究假设、企业生命周期现金流特征的数据分析、加强现金流管理的建议三方面的内容。第四章阐述了企业生命周期与资本结构,主要包括资本结构的界定及计量,企业生命周期与资本结构的定性分析,企业生命周期和资本结构的实证检验。第五章从资金来源的视角对企业不同生命周期资本结构成因进行了探析,对企业融资结构进行了分层次比较,对企业不同生命周期融资结构进行了定性分析,同时,对企业不同生命周期融资结构的数据进行了分析,提出了优化企业融资结构的建议。第六章是从股利政策的视角对企业不同生命周期资本结构的成因进行了二次探析,主要包括文献回顾与研究假设、数据统计及描述性分析、优化上市公司股利政策的建议。第七章是对全文的总结和展望。

关键词:上市公司　企业管理　资本结构　融资

**6241**

**推断消费者偏好:模型估计法和自表述法的比较研究** / 王燕著 ; 赵平指导. -- 清华大学, 2009. -- 140 页

论文以消费者对汽车的真实购买行为为例,比较了模型估计法与自表述法这两种消费者偏好推断方法的差异。具体而言,模型估计法采用分层贝叶斯选择模型估计消费者偏好,自表述方法根据确定属性重要性的不同,又可分为相同权重法、自表述重要性法、最好最坏法。同时,论文所采用分层贝叶斯选择模型根据自变量和因变量的处理方法不同,又可分为多元属性模型、多元态度模型、二元态度模型和二元属性模型。论文对两大类方法的七个模型的一致性效度和预测效度进行了深入的比较。论文研究发现:运用分层贝叶斯选择模型与自表述法推断消费者偏好,其结果是不一致的。从对购买意向和实际购买的预测效度来看,分层贝叶斯选择模型的预测效度优于自表述法,这个结论在对个人层面的预测和总体层面的预测中同样成立。在自表述模型中,不同处理属性重要性的不同方法之间的结论基本一致,对于购买意向和实际购买行为的预测没有显著差异,自表述的重要性测量对于推断消费者偏好没有显著作用。在分层贝叶斯选择模型中,态度选择模型在预测效度上优于属性选择模型,这个结论不仅适用于个人层面和总体层面,同时在对行为意向预测和实际预测时均成立。

关键词:市场调查　消费者　市场需求

…重组与绩效 / 王叶敏著；…学, 2009. -- 176 页

…有企业为研究对象,以重组为切入…程中我国国有企业的政治行为。论文…有企业重组中政治行为的动机、类型、作…其对企业绩效的影响,在文献归纳和理论梳…基础上,结合我国国有企业政治行为的实践,建…理论模型,提出若干假设,编制研究问卷,收集国企重组时期相关政治行为的各种资料与数据,进行系统的理论与实证研究。研究发现,面对重组中政府环境的复杂性,国企政治行为的直接动机是争取重组利益的最大化。而政府对重组企业支持的依据既来自于资产所有权的占有,又来自于行政管理权的拥有,政府的支持度是二维的。同时论文将国有企业政治策略概括为直接影响策略与间接影响策略,通过调查分析与计量实证,发现直接影响策略中的直接参与策略、制度创新策略、信息沟通策略及间接影响策略中的代言人策略、人际关系经营策略对企业获得政府支持具有正面影响,是有效的政治策略。论文也认为企业自身结构属性与特征也在一定程度上发挥作用,企业的资产规模、职工规模、销售额、品牌对获得政府的支持具有正面影响。国有企业的政治行为通过一种类似信息过滤的机制来对政府产生影响。政府总体支持度与政府基于资产所有权的支持度相关性更强,企业必须采取不同的、有针对性的政治行为来争取政府来自于不同权力的支持。另外,常见的企业政治行为与有效的企业政治行为并非完全一致。而就企业政治行为对重组绩效的影响而言,有效的政治行为带来了政府基于资产所有权和行政管理权的支持,政府的支持通过在重组政策、资源上的倾斜,对实施这些政治行为的企业在市场与财务绩效方面都产生了有利影响,从而在一定程度上增强了企业的市场竞争力。

关键词:国有企业　企业行为　政治性　企业重组

**6243**

**我国上市公司股利政策研究:基于产权保护和公司治理视角的理论和实证研究** / 王毅辉著 ；吴世农,李常青指导. -- 厦门大学, 2009. -- 180 页

论文基于产权保护和公司治理视角的理论和实证研究,对我国上市公司股利政策进行了深入全面的研究。全文共分为七章。第一章概论,主要分析了论文研究的主题,研究的思路与论文的框架,论文研究的贡献与创新之处。第二章文献综述,主要提出了论文的分析框架,对终极产权、控制权结构与股利政策的关系,产品市场竞争与股利政策之间的关系,宏观公司治理与股利政策的关系进行研究综述,评述了基于非代理成本视角的股利研究。第三章微观层面上终极产权、控制权结构与股利政策关系的实证研究,主要包括研究设计、实证结果与分析方面的内容。第四章对中观层面上产生市场竞争与股利政策关系进行了实证研究,主要介绍了研究的设计过程,分析了实证结果并进行了验证。第五章是对宏观层面上国家制度与股利政策关系的实证研究,对研究结果进行了分析与研究。第六章分析了公司治理、投资者保护和股利政策。第七章介绍了论文的研究结论、研究启示与未来的研究方向。论文立足于中国的制度背景与市场环境,率先提出了基于产权保护和公司治理视角的股利政策分析框架,并在此框架下全面系统地梳理了国内外股利相关研究文献,分析了产权保护层面上的微观、中观、宏观公司治理制度安排对我国上市公司股利政策的影响。

关键词:上市公司　股东　股利政策　控制权　投资者

**6244**

**中国家族上市企业治理内生性融资决策研究** / 王寅著 ；雷星晖指导. -- 同济大学, 2009. -- 185 页

论文对中国家族上市企业治理内生性融资决策问题进行了研究分析。全文共分为八章。第一章导论,介绍了提出的问题、研究意义与创新点、研究方法,以及论文的逻辑框架与结构安排。第二章企业管理与资本结构理论的发展和融合的文献综述,包括从MM 理论到权衡理论、企业理论发展的评判性回顾以及企业管理与资本结构理论的融合。第三章对家族主义、家族企业治理与企业理论进行了分析,讨论了中国家族企业融资决策的文化基点,对企业理论框架下的家族企业融资进行了分析研究。第四章对治理内生性融资决策、二分式治理机制与剩余控制权配置原则进行了分析,主要对家族企业融资决策的治理内生性、泛家族集团内外的二分式治理以及家族上市企业的剩余控制权配置原则三方面进行了分析讨论。第五章对企业家的治理内生性融资决策模型进行了分析,对模型进行了描述并进行了基本假设,对企业家、经理人与外部投资者的效用函数与参与调价进行了分析,然后对企业家作为"核心签约人"

的控制权配置过程进行了讨论,最后对家族企业家的融资决策进行了分析。第六章对家族上市企业的治理与融资决策进行了实证研究,主要包括经理人激励、治理机制选择与治理效率的分析,控制权私人收益与资本结构的分析,以及家族上市公司企业战略地位、治理与融资结构决定因素差异。第七章对家族上市企业的治理内生性融资决策的优化进行了分析,提出了优化家族上市企业治理内生性融资决策的整理思路,并根据该思路对优化家族上市企业治理内生性融资决策提出了具体的政策建议。第八章为研究结论。

关键词:家族企业　上市公司　融资

**6245**

**终极股东对企业投资行为影响的研究:来自中国制造业上市公司的数据** / 王英英著 ; 潘爱玲指导. -- 山东大学, 2009. -- 185 页

论文通过来自中国制造业上市公司的数据,对终极股东对企业投资行为影响进行了研究。全文共分为七章。第一章导论,主要介绍了论文的课题来源,研究背景,研究目的和研究意义,对研究相关的基本概念进行了界定,总结归纳了论文研究的主要创新点。第二章为论文相关的文献综述,主要包括股东间利益冲突的研究、终极股东对企业投资行为影响的理论研究、终极股东对企业投资行为影响的实证研究,对相关的文献进行了综述与评论。第三章分析了终极股东对企业投资行为影响的理论分析及模型构建,主要论述了终极股东对企业投资行为影响的理论基础,终极股东对企业的支持与掏空行为,终极股东对企业投资行为影响的机理。第四章是对中国上市公司终极股权与投资行为的现状分析,主要论述了中国上市公司股东之间的利益冲突的制度背景,分析了中国上市公司投资的行为,对中国上市公司终极股权与投资的效率之间的关系进行了统计分析。第五章是对终极股东对企业投资行为影响的实证研究,主要包括研究的假设、研究样本的选取、模型的构建、变量的界定以及章节小结五方面的内容。第六章介绍了终极股东对企业投资影响的实证结果和分析,主要论述了企业最优投资的水平,分析了终极股东对企业过度投资的影响以及终极股东对企业投资不足的影响。第七章为结论与政策建议,分析了论文研究的局限性和不足,对未来的研究进行了展望。

关键词:上市公司　投资行为　股东　股权结构

**6246**

**基于组织生态学的军民技术转移网络形成、演化与治理研究** / 王永军著 ; 侯光明指导. -- 北京理工大学, 2009. -- 171 页

论文从组织生态学理论的视角出发,研究军民技术转移网络这个特殊的网络组织,对其内涵、形成、演化及治理进行系统的分析。根据军民技术转移网络面临的内外部环境条件,其生态环境分为三个层次:宏观环境、中观环境和微观环境。它们是军民技术转移网络生存的基础。军民技术转移网络的形成过程是基于生态位分离的组织个体竞合策略选择和种群增长的结果。其演化可分为形成、成长、成熟和衰亡或更新四个阶段。通过建立演化博弈模型分析军民技术转移网络,发现其形成与演化需要一定的初始条件,其中组织多样化和政府的关键作用是两个重要的条件。军民技术转移网络的稳定运行是实现技术转移绩效的基础。其稳定性因素分为外部环境条件因素、网络整体因素和网络内部组织因素。运用 Logistic 模型分析,得出军民技术转移网络稳定条件是每个组织均为网络做出贡献和存在一定的竞争。论文建立了基于组织生态学的军民技术转移网络治理模型,其治理目标是稳定和协同,治理机制包括共生机制、学习机制、文化机制和激励机制,分析了这些机制在不同条件下的相互作用关系和建设问题。

关键词:国防工业　技术转让　民用工业　企业管理

**6247**

**基于管理创新的劳资合作模式与效应研究** / 王永乐著 ; 郭跃进指导. -- 中南财经政法大学, 2009. -- 176 页

论文提出应以企业内部劳动关系为中心,探讨通过何种劳动关系调节模式来实现和谐劳动关系的目标。通过回顾国外劳资关系的发展历程和相关理论研究,以基于管理创新的劳资合作模式为研究主题,对劳资合作模式的研究提出了包含四大部分和七个章节(包括导论)的分析框架和内容安排:第一部分,针对我国劳动关系问题的研究现状,在导论部分确定了研究范围和主题。第二部分,为了认清基于管理创新的劳资合作模式的本质,对马克思主义理论——工人主导模式、劳动关系一元论——雇主主导模式、多元论——三方协调模式和综合论——劳资合作模式等四种不同的理论观点及劳动关系调节模式进行了

比较,指出劳资合作模式本质上是唯一与和谐劳动关系目标相一致的、以企业劳动关系为中心的调节模式。第三部分,共包括三个章节。在第三章分析了我国企业采用该模式的内外影响因素,指出了现存的机遇与困难。第四章重点围绕着员工之间的团队水平合作关系、管理层与员工之间的纵向合作关系,从理论上证明了劳资合作模式六个内容要素及其实践之间的互补特征。第四部分即第五章。得出了一系列有价值的研究结果,为我国企业劳资合作模式的建立和完善提供了参考。第六章对全文进行了总结,为劳资合作模式在我国企业的建立与完善提出若干建议,并归纳了文本研究的不足,为后续研究指出了研究方向。

关键词:企业管理　劳资合作　劳动关系　创新管理

**6248**

**基于网络外部性的网络集体购买机制研究** / 王震国著 ; 黄沛指导. -- 上海交通大学, 2009. -- 138 页

论文对基于网络外部性的网络集体购买机制进行了研究。全文共分为七章。第一章绪论主要介绍了论文研究的主体,提出了基本的假设,对相关概念进行了界定,分析了论文的研究框架和技术路线、研究方法,总结归纳了论文的主要创新点,阐述了论文的研究意义。第二章介绍了网络集体购买与网络外部性的理论基础和研究方法评述,主要论述了关于网络集体购买的研究基础、关于网络外部性分析的理论基础以及与课题相关的建模理论与研究方法。第三章介绍了基于计划行为理论的概念模型与实证分析,主要包括概念模型架构、研究变量与假设、研究方法、结果分析以及结论与管理建议五方面的内容。第四章是对网络集体购买交互系统理论模型的建构,主要对网络集体购买交互系统的模型进行了描述,分析了网络集体购买行为效应决策函数。第五章是对基于多智能代理的 WGBI 系统模型仿真实现的研究,介绍了复杂系统与 SWARM 仿真平台,网络集体购买仿真流程,数据初始化的过程,网络集体购买的仿真网络生成的过程,对小尺度仿真进行了示例。第六章是对网络集体购买的动态演化与机制的设计,主要分析了网络集体购买系统动态演化,网络集体购买的社区互动的影响以及网络集体购买的群组影响力扩散,研究了网络集体购买的激励机制,提出了网络集体购买系统仿真的主要结论和管理建议。第七章为全文的总结、建议与展望。

关键词:电子商务　消费者行为论　购买行为　互联网络

**6249**

**台湾社会企业之社会及经济影响实证研究** / 王志英著 ; 齐寅峰指导. -- 南开大学, 2009. -- 185 页

论文对台湾社会企业的社会及经济影响进行了实证研究。全文共分为六章。第一章绪论,主要介绍了论文研究的背景,研究的动机,研究的目的和限制,研究的创新点,研究结构。第二章介绍了社会企业的涵义,主要介绍了社会企业的兴起,对社会企业进行了定义,阐述了社会企业的理论,对社会企业文献进行了回顾,提出了社会企业面临的挑战,社会企业的社会及经济影响。第三章介绍了社会企业的实践,主要阐述了社会企业的种类,分析了社会企业运作的模型,主要模型包括创业支持模型、市场中介模型、雇用模型、服务支费模型、服务补贴模型、市场联结模型以及组织支持模型。阐述了各国及地区社会企业的具体做法。第四章介绍了研究设计与方法,主要包括数据选取与问卷设计、建立双重底线投资评价社会影响、研究假设、变量定义与衡量、研究设计五方面的内容。第五章是对实证结果的分析与研究,主要从问卷回收状况、社会企业属性与地区分布、社会企业员工人数以及成立时间四方面介绍了问卷回收与受访社会企业特质,对社会企业种类及运作模型进行分析与研究,阐述了社会企业的社会及经济影响,对社会企业的社会及经济影响进行了评析和相关性分析以及回归分析。第六章是论文研究的基本结论以及后续研究的建议。

关键词:企业管理　非营利组织　台湾省

**6250**

**组织内上下级信任的发展模式及其效果研究** / 韦慧民著 ; 龙立荣指导. -- 华中科技大学, 2009. -- 187 页

论文对组织内上下级信任的发展模式及其效果进行了研究。全文共分为八章。第一章绪论,主要介绍了论文的研究背景,研究目的和意义,对研究的关键概念进行了界定,阐述了论文研究的方法和技术路线,研究的创新点,研究的框架和内容安排。第二章分析了人际信任理论与文献述评,主要包括人际信任的概念和内涵研究、人际信任的形成与发展研究、人际信任的效果研究三方面的内容。第三章论文研究

的问题,介绍了论文研究的总体构思,提出了论文的研究问题,阐述了论文研究总体构思和研究假设,分析了论文研究的主要内容与总体设计。第四章对信任导向的领导与下属行为特征结构的研究,主要论述了论文研究的目的,对信任发展导向的个体行为特征理论进行了梳理,分析了领导的个体行为特征问卷开发与检验,研究了下属的个体行为特征问卷开发与检验。第五章是对组织内垂直信任发展的跨层次分析,主要包括研究变量测量问卷的治理研究、领导信任发展模式的研究、下属信任发展模式的研究方面的内容。第六章研究了领导的下属信任对领导授权行为的影响机制,介绍了论文研究的理论框架,研究了结果变量与调节变量问卷的质量,情境实验和问卷佐证,对研究结果进行了讨论。第七章是对下属的领导信任对下属行为和绩效的影响机制的研究,介绍了论文研究的理论框架和假设,论文研究的方法,对研究结果进行了分析与研究。第八章主要归纳了论文研究的主要结论、研究不足、研究的管理实践启示以及未来的研究方向。

关键词:企业管理　组织管理　人力资源管理

**6251**

**几类模糊多属性决策方法研究** / 卫贵武著 ; 黄登仕指导. -- 西南交通大学, 2009. -- 152 页

论文研究基于模糊信息的几类多属性决策问题,主要包括以下几个方面:1. 研究了区间数多属性决策的灰色关联分析方法和基于三参数区间数据的调和集结算子。2. 研究基于三角模糊环境的调和集结算子和决策方法。3. 研究了二元语义的多属性决策方法。4. 研究不确定语言多属性决策方法。首先提出了不确定语言混合几何平均(ULHGM)算子,证明了ULWGM 算子和 ULOWG 算子均为 ULHGM 算子的特例,同时提出了一种不确定语言多属性群决策方法;其次针对属性权重完全未知的不确定语言多属性决策问题,给出了一个求解权重的组合方法;针对属性权重完全未知,且对方案有偏好的不确定语言多属性决策问题,给出了求解权重的方法,进而对决策方案进行排序和择优。5. 研究直觉模糊多属性决策方法。首先针对属性权重完全未知或属性权重不完全的直觉模糊多属性决策问题,给出了求解权重的最大偏差的目标规划模型。其次将上述方法推广到区间直觉模糊多属性决策问题;最后提出了动态直觉模糊加权几何(DIFWG)算子和不确定动态直觉模糊加权几何(UDIFWG)算子,并给出相应的动态直觉模糊多属性决策方法。

关键词:群体决策　多目标决策　模糊集

**6252**

**基于终极控制人视角的多元化经营及绩效研究:来自中国上市公司的经验数据** / 魏立江著 ; 宋献中指导. -- 暨南大学, 2009. -- 153 页

论文根据中国上市公司的实际情况,对基于终极控制人视角的多元化经营及绩效进行了分析研究。全文共分六章。第一章绪论,介绍了研究的背景与意义,对相关概念进行了界定,阐述了研究的方法与思路,研究的特色与创新之处。第二章对相关文献进行了综述,分别对公司多元化动因理论与经验数据的研究文献以及公司多元化绩效的有关文献进行了综述,分析了股权结构对多元化绩效的影响,提出了尚待解决的问题,阐述了终极控制人对多元化经营及其绩效的影响,梳理了西方文献中股权对多元化经营及其绩效的影响得出了中国上市公司终极控制人对多元化及其绩效影响分析的可能框架。第三章分析了有关制度背景,阐述了中国上市公司终极控制的制度特征与中国上市公司投资的制度特征,从国资委的态度、地方政府的影响以及私有企业对多元化经营的倾向角度探讨了中国公司多元化经营的取向,对中国上市公司经营的行业信息进行了披露。第四章分析了终极控制人对多元化经营的影响。对终极控制人的特征进行了界定,提出了相关假设,包括对终极控制人的产权性质与多元化经营的假设、终极控制人控股程度与多元化经营的假设以及终极控制人控制方式与多元化经营的假设,介绍了数据来源与研究样本,运用相关性分析与多元回归分析对终极控制人与多元化经营的关系进行了实证检验。第五章对终极控制人特征与多元化经营绩效的内在联系进行了实证研究。提出了有关假设,分析了样本的选择方式、相关的研究变量,进而构建了研究模型,并对终极控制人特征与多元化经营绩效的关系进行了实证检验,对主要研究变量进行了描述性统计。第六章为研究结论与启示。

关键词:上市公司　多元化经营　企业绩效

**6253**

**基于价值网络的跨国公司创造性资产获取机制研究** / 魏明亮著 ; 吴先明指导. -- 武汉大学, 2009. --

201 页

论文对基于价值网络的跨国公司创造性资产的获取机制进行了深入全面的研究。全文共分为八章。第一章为论文的导论,主要提出了论文的研究问题,对论文研究中的基本概念进行了界定,阐述了论文的研究意义、研究方法和技术路线,总结了论文的内容安排和研究框架,归纳了论文的可能贡献和创新之处。第二章介绍了跨国公司价值网络理论,主要包括价值网络的运行模式、价值网络的运作设计以及全球价值链与价值网络的融合、跨国公司价值网络的构成、跨国公司内外部价值网络的融合、跨国公司价值网络的特征、社会网络理论以及社会网络与价值网络的内在关系。第三章介绍了基于价值网络的创造性资产获取途径,阐述了竞争优势获取理论,分析了创造性资产与隐性知识、创造性资产与跨国公司价值网络、价值网络与知识管理,探究了价值网络与跨国公司全球学习能力、价值网络对创造性资产获取的作用机制。第四章介绍了跨国公司创造性资产获取的网络嵌入机制,主要介绍了嵌入的方式,分析了网络嵌入机制对创造性资产获取的作用机理和影响效应,并对其进行了案例分析。第五章介绍了跨国公司创造性资产获取的网络关系机制,界定了强弱关系,阐述了弱关系与异质性信息的获取和强关系与隐性知识的获取,分析了关系建立的资源导向性与强弱关系的转化等。第六章是对跨国公司创造性资产获取的网络位置机制的研究,论述了其作用机理并进行了案例分析。第七章是对 SD 模拟仿真检验的论述,主要简要说明了系统动力学、隐性知识获取的基本模型以及价值网络中隐性知识获取的 SD 变量选取。第八章是对全文的总结与展望。

关键词:跨国公司　企业管理　市场竞争

**6254**

**独资型国有控股公司治理结构研究** / 魏文培著 ; 郑海航指导. -- 首都经济贸易大学, 2009. -- 94 页

论文基于法律、经济学、管理学等多个学科的研究成果和相关调研数据资料,运用比较研究、经验研究和理论分析等方法对独资型国有控股公司治理结构进行了研究。全文共分为八章。第一章引言,介绍了选题背景和意义、研究视角与方法、逻辑结构与主要内容,以及主要创新和不足。第二章对控股公司、国有控股公司及独资型国有控股公司的界定进行了分析讨论。主要包括控股公司的含义,独资型国有控股公司的含义及特性分析。第三章对国有控股公司治理理论进行了综述,对国有企业的公司治理理论和独资型国有控股股份公司治理的理论进行了综述。第四章对国外国内控股公司的治理经验进行了分析研究,提出了设立国有控股公司的目标,对国有控股公司的治理与管控进行了讨论分析,对国有控股公司对子公司的治理与管控进行了分析。第五章对独资型国有控股公司治理结构的经验进行了分析,包括独资型国有控股公司董事会建设以及独资型国有控股公司监事会建设的回顾,独资型国有控股公司治理结构中的重要关系的分析。第六章对独资型国有控股公司治理结构进行了理论分析。对国资委与国有控股公司之间的关系进行了分析,对独资型国有控股公司治理结构的特殊性以及独资型国有控股公司的母子公司治理进行了分析,对独资型国有控股公司治理结构的理论模型的构建进行了讨论分析。第七章对我国独资型国有控股公司治理结构的完善进行了分析。分别从完善独资型国有控股公司董事会、监事会建设,完善董事会、监事会及经理层之间的关系,以及我国独资型国有控股公司对子公司的治理方面进行了分析研究和讨论。第八章为结论与展望,对全文进行了总结,并对今后的研究工作提出了展望。

关键词:国有企业　股份公司　企业管理　公司治理

**6255**

**基于共享与转运策略的供应链成员横向合作研究** / 温涛著 ; 黄培清指导. -- 上海交通大学, 2009. -- 185 页

论文对基于共享与转运策略的供应链成员横向合作进行全面的研究。全文共分为七章。第一章为论文的绪论,主要阐述了论文的研究背景和理论意义,对供应链中的转运问题、信息共享问题、按订单装配的问题以及现有研究总结及未来的研究方向进行了研究与分析,介绍了论文的主要研究内容与结构、主要研究方法。第二章是对横向合作中生产能力投资决策的分析,首先相关文献和章节研究的重点问题进行梳理,描述了论文的模型,对不合作模型、部分合作模型以及完全合作模型进行了分析与研究,并进行了数值模拟分析。第三章是对横向合作中生产决策进行的分析。主要包括模型描述、模型分析、产量和利润的随机比较以及数值模拟方面的内容。第四章介绍了横向合作中 ATO 系统的性能,在相关的文献

综述之后,对模型进行了细致的描述,对负号进行了说明和解释,对仓库对零件的期望缺货水平、平稳条件下分销点处于不同存储状态的概率、分销点对零件的期望缺货水平以及分销点对订单的期望缺货水平进行了分析,进行了数值模拟研究。第五章介绍了横向合作ATO厂商的库存策略分析,主要对不同转运策略下系统的性能指标进行了分析,论述了完全共享以及延迟转运策略下系统性能指标及性质,对厂商库存策略进行了算例和数值模拟研究。第六章是对有生产能力限制ATO厂商的生产订购策略的分析,主要包括基本模型、模型分析、基于遗传算法模型求解方面的内容。第七章为全文的总结和展望。

关键词:企业管理　经济合作　供应链管理　生产能力　信息共享

**6256**

**企业家能力、社会资本与二次创业融资:基于珠三角民营企业的研究** / 文彬著 ; 李新春指导. -- 中山大学, 2009. -- 155 页

论文通过问卷调查、数据分析、假设检验以及模型检验等方法,基于珠三角民营企业案例,对企业家能力、社会资本与二次创业融资进行研究。全文分为六章。第一章导论,阐述了研究的背景以及选题意义,研究的内容、方法和路径。第二章文献评述,通过对公司创业理论的回顾,对资本结构理论与相关企业融资、民营企业二次创业融资、企业家能力与企业融资、企业家社会资本与企业融资等诸多方面进行综述,以公司创业理论为基础对二次创业进行界定,认为二次创业是中国民营企业在特定发展阶段的具有战略意义的公司创业。同时,通过对民营企业二次创业的综述,认为融资困难是制约民营企业发展的关键问题。第三章研究模型与假设,通过文献研究,结合珠三角民营企业二次创业实际,从企业家能力、企业家社会资本以及民营企业二次创业融资绩效等几方面,建立了探索性的理论模型,并设计实证调研,以解释和验证基于企业家视角的民营企业二次创业融资绩效影响机制。第四章研究设计与数据收集,研究采用方便抽样法在珠江三角洲地区进行问卷调查,共获得213份有效问卷,统计分析数据。第五章数据分析与假设检验,通过对问卷调查数据结果的整理,做数据质量分析表,并对测量分量表的信度和效度进行分析,提出假设检验。第六章总结研究的结论,为后续研究指明方向。

关键词:私营企业　企业管理　融资　企业家　社会资本

**6257**

**职业成长对员工承诺与离职的作用机理研究** / 翁清雄著 ; 胡蓓指导. -- 华中科技大学, 2009. -- 265 页

论文对职业成长对员工承诺与离职的作用机理进行研究。全文共分为七章。第一章绪论,主要介绍了论文的研究背景、研究的主要问题,对相关的研究概念进行了界定,总结了论文的研究内容和目标,研究结构,研究方法,研究的创新点。第二章为相关文献的综述,主要包括职业成长相关研究综述、组织承诺研究综述、职业承诺研究综述、离职问题研究综述以及产业集群人才成长相关研究综述。第三章为论文的研究构想,主要对现有的研究文献进行了评析,分析了研究的内容和目标,介绍了论文的研究对象,阐述了论文研究的流程和技术路线,总结归纳了论文的研究方法。第四章是对职业成长的结构维度与差异的分析,主要分析了员工职业成长量表的编制,对员工职业成长的结构模型进行了实证分析,论述了员工职业成长的人口学特征差异。第五章分析了职业成长对员工承诺的影响机理,主要探究了职业成长对员工承诺的影响,分析了感知机会在组织承诺形成中的调节作用,比较了产业集群与非产业集群员工承诺,对职业成长对员工承诺的影响机理进行了实证分析。第六章分析了职业成长对离职倾向和离职行为的作用机理,主要包括员工职业成长对离职倾向的作用机理的实证分析、产业集群与非产业集群员工离职倾向形成机理的比较、员工离职决策路径模型、员工离职决策路径案例分析以及基于职业成长的员工离职整合模型五部分的内容。第七章为全文的总结和展望。

关键词:企业管理　人力资源管理　人才成长

**6258**

**知识产权保护薄弱的国家如何发展高科技产业?:来自中国高科技企业的理论与实证证据** / 吴超鹏著 ; 吴世农, James S. Ang 指导. -- 厦门大学, 2009. -- 153 页

论文共分为六章。第一章导论。主要介绍论文研究背景、研究的问题、研究思路、研究内容以及研究的改进与创新等。第二章文献回顾与理论分析。综合运用经济学、财务学和社会学理论与方法,具体分析阐述知识产权保护及社会资本对高科技企业的融资、研发投资、研发产出、投资区域选择、股权结构选择等

财务决策的作用机制。第三章制度背景分析。首先介绍中国现行的主要知识产权法律法规,以及中国政府与有关国际组织签订的知识产权国际公约;其次讨论了中国各省知识产权执法状况的差异;最后分析世界各国(地区)社会资本水平以及中国各省的社会资本水平的差异。第四章研究知识产权保护对中国高科技企业外部融资、研发投资和研发产出的影响,并具体检验了知识产权保护对高科技企业投融资决策的三大作用机制。第五章研究社会资本对外资高科技企业投资区域选择、股权结构选择以及研发投资选择的影响,讨论外资高科技企业来源国的社会资本和国家文化如何影响投资国社会资本的作用效果。第六章是论文研究结论与启示。

关键词:高技术企业　知识产权　财务管理

**6259**

**组织变革多阶段协同行为策略及其影响机制研究:国际创业的视角** / 吴道友著 ; 王重鸣指导. -- 浙江大学, 2009. -- 224 页

本研究在组织变革、创业管理和战略协同三个领域以往研究的基础上,以我国国际创业企业为研究对象,探讨企业与合作伙伴间的战略协同过程。基于ASD 理论,提出并检验了组织变革多阶段协同行为策略结构模型及影响机制的关系。通过五个研究来完成:一为组织变革协同行为策略内容结构的访谈研究。二为组织变革多阶段协同行为策略演进关系的系列案例研究。研究选取了三家处于不同战略协同阶段的国际创业企业,对企业家和高管团队成员进行了多轮次深度访谈,并收集了相关的案例材料,进行了系统对比分析。三为组织变革多阶段协同行为策略结构模型验证的问卷研究。四为组织变革多阶段协同行为策略作用机制的问卷研究。五为组织变革协同行为策略多阶段演进机制的实验研究。通过对企业战略协同行为实践的分析,设计了组织变革多阶段协同行为策略情景实验,采取 2 × 2 × 2 的组内设计,每个子研究选择了 30 个研究生(业余学习)作为样本。子研究一和子研究二分别检验了战略更新和结构重塑两种变革任务对组织变革特征、国际创业导向与协同行为策略之间关系的调节效应,并检验了组织变革协同行为策略的多阶段演进机制,验证了问卷研究的结论。

关键词:企业管理　组织管理　创新管理

**6260**

**制造商视角的营销渠道竞争战略研究** / 吴烈水著 ; 林峰指导. -- 华侨大学, 2009. -- 92 页

论文开辟了渠道竞争这一研究领域,并构建了营销渠道竞争战略研究体系。主要内容分两大部分:第 3 章到第 7 章全面系统地研究了营销渠道竞争战略理论,目的在于构建营销渠道竞争战略理论的研究体系;第 8、9 两章属于应用研究和实证研究部分,主要目的在于证明营销渠道竞争战略理论在指导和分析渠道竞争实践方面的有效性。具体来说,主要对如下内容进行了研究:①渠道环境分析。②提升渠道竞争力的战略性途径。③渠道进攻和防御战略。④渠道竞争战略理论的应用研究和实证研究。通过研究,主要得出四个方面的结论:①渠道环境不确定性是制造商进行渠道环境分析最为综合性的一个指标。渠道环境不确定性程度对渠道竞争力的提升及竞争战略的制定都会产生很大影响。②渠道竞争力可以分解为渠道硬实力和渠道软实力两个方面。制造商可以通过降低渠道成本和提高差异化程度这两种战略性途径提升渠道硬实力,可以通过预防和化解渠道冲突、加强渠道控制和实施渠道整合这三种战略性途径提升渠道软实力。③正面战略和迂回战略是制造商实施渠道进攻的两种基本战略选择。供货价格、渠道费用、分销政策以及客情关系是制造商实施正面进攻的有效工具;有效启动市场需求是迂回进攻的关键。④设置渠道壁垒、提高下游的转换成本以及有效的还击与报复是制造商实施渠道防御的战略性途径。

关键词:制造工业　营销管理　营销渠道　竞争力

**6261**

**集群供应链网络组织共治研究** / 吴群著 ; 霍佳震指导. -- 同济大学, 2009. -- 169 页

论文对集群供应链网络组织共治进行了研究。全文共分为八章。第一章导论,主要介绍了论文的研究背景和意义,国内外研究综述,论文的研究问题,研究内容和技术路线,研究的主要创新点。第二章对集群供应链网络组织进行了概述,主要对基本概念进行了界定,阐述了集群供应链网络的构成、类型、联结模式。第三章介绍了集群供应链网络组织的运行,分析了集群供应链网络的运行机理,集群供应链网络的运行效应与运行风险,总结了集群供应链网络治理及其作用。第四章论述了集群供应链网络的自组织治理,主要包括具有自组织特性的集群供应链复杂网络、集

群供应链网络竞合机制、核心企业在自组织治理中的作用以及自组织治理的理想目标四方面的内容。第五章是对集群供应链网络的他组织治理的分析，主要论述了集群供应链网络的政府治理视角的分析，行业协会治理视角的分析、市场中介组织视角分析，探究了他组织治理的期望目标。第六章是对集群供应链网络共治框架的介绍，主要提出了集群供应链网络共治的思想，分析了集群供应链网络共治的主体和模式，对集群供应链网络共治效果进行了检验与分析。第七章是对集群供应链网络共治的实例分析，主要研究了浙江余姚模具集群的案例，概述了余姚模具集群供应链网络共治的情况，对余姚模具集群供应链网络共治的效果进行了评价，研究了余姚模具集群供应链共治中的问题和改建的方向。第八章为全文的总结与展望。

关键词:企业管理　供应链管理　网络结构　自组织系统　产业集群

**6262**

**转型经济下企业市场导向问题研究** / 吴水兰著 ; 田志龙,杜兰英指导. -- 华中科技大学, 2009. -- 124 页

论文对转型经济下企业市场导向问题进行了研究。全文共分为六章。第一章绪论，主要介绍了论文的研究背景、研究意义、研究内容、研究方法及论文的创新之处、结构安排。第二章是对相关文献的回顾与评述，主要分析了国内外的研究现状，并对国内外的研究进行了综述。第三章研究了转型经济下市场导向构念的适用性，分析了转型经济及其环境特征，介绍了论文的研究设计，阐述了论文的研究结果并对其进行了分析与讨论。第四章对转型经济下市场导向与企业绩效的关系进行了研究与分析，主要包括章节引言、理论基础与研究假设、研究方法、研究结果以及章节小结五方面的内容。第五章是对转型经济下企业市场导向实施影响因素的探究，介绍了论文的理论背景和研究假设、研究方法、研究结果，并对研究结果进行了讨论和分析。第六章为全文的总结，主要包括一些基本的研究结论、研究过程的局限性以及对未来的展望。

关键词:企业管理　市场导向　企业绩效　经济转型期

**6263**

**公司品牌对产品评价影响的实证研究:公司认同的调节效应** / 吴水龙著 ; 卢泰宏指导. -- 中山大学, 2009. -- 181 页

研究以在校大学生为被试样本，采用实验法通过三个实证章节共四个层层推进的实验。论文详细、深入地定量研究公司品牌对产品评价的影响效果，探讨两者之间的影响机制和作用条件，细化和深化了对公司品牌两个维度的研究。论文的主要研究发现包括:(1)公司品牌与产品品牌对顾客产品态度和购买意向均具有正向的影响作用。(2)其他条件相同的情况下，公司品牌对顾客产品评价影响的效应，显著大于产品品牌对顾客产品评价影响的效应。(3)顾客公司认同在公司品牌和产品评价影响关系中具有显著的调节作用。(4)顾客公司认同对公司品牌两个维度和产品评价具有不均衡的调节效应。论文拓展和深化公司品牌的理论研究，实证了公司品牌和产品品牌对顾客产品评价影响效果的差异性，验证了顾客公司认同对于整体性公司品牌的调节效应，辨识了公司认同对于公司社会责任、公司能力与产品评价之间调节作用的非均衡性。论文研究发现对于创建公司品牌实践具有具体的指导价值。

关键词:企业管理　产品管理　品牌效应

**6264**

**服务品牌内化概念模型研究** / 吴维海著 ; 李宝山指导. -- 中国人民大学, 2009. -- 220 页

论文对服务品牌内化概念模型进行了深入全面的研究。全文共分为五章。第一章为论文的导论，主要介绍了论文选题的背景、选题的理论和实践意义，阐述了案例映射的研究价值，对相关的问题进行了界定，总结了论文的研究机会和创新点，介绍了论文的分析框架。第二章为文献综述，主要对服务品牌内化的概念、服务品牌内化的影响因素、服务品牌的内化理论体系方面文献进行了梳理。第四章是对概念模型的构建，主要定义了概念模型、模型的构建原则，提出了品牌领导与品牌承诺的关系假设、品牌识别与品牌承诺的关系假设、品牌激励与品牌承诺的关系假设、品牌承诺与品牌公民行为的关系假设等。分析了变量维度与问项及理论依据。第四章介绍了概念模型验证，主要论述了探索性研究，通过正式研究的样本概况、数据质量分析、探索性因子分析、概念模型各变量的验证性因子分析以及完整模型的验证性因子分析阐述了概念模型检验与分析，对个人特征对各变量差异性进行了分析。第五章为全文的结论与建议，主要包括论文的结论与发现，阐述了基于研究结论的

建议，例如运用系统工程与价值链理论、构建品牌识别体系、强化信息反馈、建立流程式的品牌管理体系、建立服务品牌内化的评价指标体系以及实施惩戒出局，注重品牌内化的中国情境研究。

关键词：企业管理　商业服务　品牌战略

**6265**

**集群企业创新网络特征、知识获取及创新绩效关系研究** / 吴晓冰著 ; 贾生华指导. -- 浙江大学, 2009. -- 205页

论文对集群企业创新网络特征、知识获取及创新绩效关系进行了全面深入的研究。全文共分为六章。第一章主要介绍论文选题的动机，综述了国内外相关研究现状，提出了论文研究的问题，阐述了论文研究的理论与实践意义，对相关的文献综述进行了评析，介绍了论文研究的背景，总结归纳了论文的研究方法和创新点及难点。第二章为文献综述，主要分析了产业集群理论的演进过程，介绍了产业集群与企业竞争力的优势，从组织间知识转移的过程和模式、组织间知识转移的影响因素以及组织间知识转移理论的简要评述三方面论述了组织间知识转移理论。第三章介绍了概念模型与研究假设，主要从模型提出与构建、集群企业创新网络特征与知识获取、集群企业的知识获取与创新绩效以及集群企业吸收能力的调节作用四方面进行了阐述和分析。第四章介绍了论文的实证研究设计与数据收集，主要介绍了问卷设计的过程和内容，分析了变量测量的内容，从样本选择与问卷发放与回收分析了样本的选择与数据收集的过程。第五章是对集群企业创新网络特征、知识获取及创新绩效关系研究的实证分析与统计检验，主要对集群企业创新网络主体构成进行了实证验证，进行了描述性统计分析，对数据的信度与效度进行了检验，进行了 Pearson 相关分析和多元回归分析，并对结果进行了分析与研究。第六章是对全文的总结与展望。

关键词：企业管理　技术创新　知识获取　企业绩效　产业集群

**6266**

**白领女性人格特质、角色压力与职业生涯发展的关系研究** / 吴晓俊著 ; 关培兰指导. -- 武汉大学, 2009. -- 206页

论文对白领女性人格特质、角色压力与职业生涯发展的关系进行了研究。全文共分为七章。第一章绪论，主要分析了论文研究的理论与现实背景、研究问题、研究意义，对相关的研究概念进行了界定，阐述了论文研究内容与逻辑框架以及技术路线，总结归纳了论文的创新点。第二章文献综述，主要介绍了人格特质的内涵和相关理论，对女性人格特质进行了研究，分析了压力角色、职业生涯的发展，对各变量的相关研究进行了回顾与分析。第三章介绍了论文的研究设计与方法，探究了过去研究的进展与有待于深入的问题，总结了论文研究拟解决的问题，提出了论文的研究假设，构建了论文研究的模型，阐述了论文的研究数据统计与分析方法。第四章介绍了问卷设计与小样本测试，主要包括问卷设计原则与过程、各变量的操作性定义与测量、小样本测试方面的内容。第五章是对正式调查与数据质量的评估，主要论述了数据收集与样本描述的过程，阐述了结构方程的验证性因子分析的过程，对变量的验证性因素进行了分析与研究。第六章介绍了假设检验与研究结果分析，主要介绍了年龄、婚姻状况、子女状况、教育程度、工作年限、职位、单位性质等对研究变量的方程检验，对人格特质与角色压力、人格特质与职业生涯发展、角色压力与职业生涯发展进行了相关分析，对角色冲突、角色模糊、角色负荷、角色压力的中介效应进行了检验分析，同时对研究对象进行了多元回归分析，最后对假设检验进行了总结。第七章为全文的总结与展望，主要包括研究结论、建议、研究的不足以及后续研究的建议。

关键词：女性　职业选择　社会角色　人格特征

**6267**

**基于成本收益的企业环境信息披露研究** / 吴翊民著 ; 李维安指导. -- 南开大学, 2009. -- 204页

论文对基于成本收益企业环境信息披露进行了研究。全文共分为九章。第一章为论文的绪论，主要介绍了论文的研究背景与目的、研究方法、研究框架。第二章是对相关理论的回顾与分析，主要介绍了成长收益分析理论、公司治理理论、企业环境信息披露理论。第三章是对环境信息披露的界定，主要探究了环境的实质与环境问题的根源、企业与环境的关系、企业的环境管理，从企业环境信息披露的现状、目的、必要性分析了企业环境信息披露的必要性。第四章介绍了企业社会责任与环境信息披露，论述了企业社会责任与环境信息披露的关系，企业承担社会责任的动因，分析了企业社会责任的成本收益。第五章是对企

业环境信息披露的成本与收益进行的分析,主要从环境成本概念的国内外研究综述、环境成本界定以及环境成本的核算对企业环境信息披露的成本进行了界定,从环境管理与企业经营绩效的关系、企业环境收益的界定以及环境收益的核算对企业环境信息披露的收益进行了界定。同时,对企业环境信息披露成本收益进行了比较分析。第六章基于成本收益分析企业环境信息披露模式,主要介绍了规范环境信息披露制度、企业环境会计制度,分析了成本收益分析下环境信息披露的路径选择。第七章是对企业环境信息评估模式的研究,主要包括企业环境信息透明度评估、企业环境信息披露的经济性评估。第八章是对企业环境信息披露的实践探讨,主要对通用电气公司、海尔集团、台湾电力公司进行了实证分析。第九章为全文的总结。

关键词:企业管理　环境管理　会计信息　信息披露

**6268**

**360 度评价有效性研究** / 吴铮著 ; 孙健敏指导. -- 中国人民大学, 2009. -- 149 页

论文对 360 度评价的有效性进行了分析研究。全文共分五章。第一章绪论,提出了研究的问题、研究的意义、研究的思路。第二章为文献综述及研究假设,分别对国内外有关 360 度评价的一致性、个人特征对 360 度评价的影响以及 360 度评价对绩效的影响的相关研究进展进行了综述,探讨了之前所做研究的借鉴意义与闪光点,同时指出了研究中存在的不足与缺陷,并在此基础上,提出了论文的研究假设,指出了研究的框架。第三章介绍了研究的方法。介绍了研究的样本与研究工具,阐述了 360 度评价的问卷设计思路,并对业绩结果运用统计方法进行了分析,最后详细介绍了研究实施的全过程。第四章为研究结果及讨论。对 360 度评价的差异性、被评价者性别对 360 度评价的影响、被评价者年龄对 360 度评价的影响、被评价者受教育水平对 360 度评价的影响、自评他评一致性对工作绩效的影响以及 360 度评价在要素层面对工作绩效的影响进行了研究,指明了研究的方法,介绍了研究样本,并对研究的结果进行了分析探讨,随后结合研究假设,分析了研究假设验证的具体情况,并得出了汇总的结论,最后对研究的结果进行了深入的探讨,包括对自评和他评中存在的差异、性别对自评他评的一致性存在的影响、年龄对自评他评的一致性存在的影响、受教育程度对自评他评的一致性存在的影响、自评他评一致性对工作绩效的影响以及不同要素的 360 度评价对工作绩效的影响的讨论。第五章为研究结论与展望。

关键词:企业管理　人力资源管理　人才评价

**6269**

**关系营销与关系品质对于顾客关系忠诚度之影响** / 吴治富著 ; 陈启杰指导. -- 上海财经大学, 2009. -- 220 页

论文以香港旅行社为例,分析研究了关系营销与关系品质对于顾客关系忠诚的影响问题。全文共分六章。第一章绪论,介绍了研究背景与动机、研究的目的,并对研究范围进行了界定,指出了研究路径与研究的创新之处。第二章为文献回顾与研究假说。首先从营销组合到关系营销介绍了营销范式的转移,分析了传统交易式营销与关系式营销的差异,阐述了关系营销与顾客关系管理的内在联系;其次从关系营销、关系质量与顾客关系忠诚度层面探讨了关系营销构面;最后分析了关系营销、关系质量与顾客关系忠诚度的关系,探讨了顾客关系营销与消费者特性。第三章介绍了研究的设计思路。对顾客关系的忠诚度模式进行了探讨,阐述了问卷的设计过程及对变量的操作性确定,对顾客关系营销、顾客关系质量、消费者特性等控制变量进行了介绍,并提出了统计分析方法与样本数据来源,讨论了个案研究程序。第四章介绍了实证的结果。对样本的基本数据进行了分析,探讨了旅行社与顾客的互动以及顾客忠诚度的消费行为,对顾客关系忠诚度模式进行了分类,从信度与因素角度进行了分析,并阐述了关系营销、关系质量与消费者特性的研究,指出了顾客关系忠诚度模式的基本属性,即关系营销、关系质量与消费者特性,进而探讨了三者的内在联系,讨论了关系营销、关系质量与消费者特性之交互关系对关系忠诚度的影响。第五章对个案企业进行了说明,包括 HT 旅行有限公司、SF 旅行社有限公司以及 ET 旅行社,对不同情境下的关系营销、关系质量与关系忠诚度的关系进行了分析。第六章为结论与建议,总结了顾客关系忠诚度的四种模式。

关键词:服务业　市场营销　关系营销

**6270**

**噪声交易者与中国 IPO 真实首日收益研究** / 武龙著 ; 夏新平指导. -- 华中科技大学, 2009. -- 145 页

论文对噪声交易者与中国 IPO 真实首日收益进行了研究。全文共分为八章。第一章导论,介绍了论文研究的背景,研究的意义,研究的思路,结构安排,论文研究的创新点。第二章是相关的文献综述,主要论述了 IPO 首日收益,对抑价进行了解释,概述了噪声交易者的概念,解释了噪声交易者与 IPO 溢价,分析了中国市场的相关研究。第三章介绍了噪声交易者与一级市场的数量套利,主要提出了论文研究的问题,阐述了建模的思路,分析了噪声申购者与投资者的收益,论述了发行市盈率管制的影响,对一、二级市场套利进行了比较研究。第四章是对 IPO 真实首日收益的理论分析,主要介绍了中国 IPO 市场的制度背景,分析了 IPO 真实首日收益的合理性及其组成,分析了噪声申购者与 IPO 发行定价,阐述了噪声交易者与 IPO 名义首日收益以及噪声交易者与 IPO 真实首日收益。第五章是对噪声申购者与 IPO 发行定价的实证研究,主要对噪声申购者在一级市场的存在性以及噪声申购者对 IPO 发行定价的影响进行了检验与分析。第六章是对噪声交易者与 IPO 名义首日收益的实证研究,主要检验了噪声交易者对 IPO 首日价格的影响以及噪声交易者对 IPO 名义首日收益的影响。第七章是对噪声交易者与 IPO 真实首日收益的实证研究,主要检验了 IPO 真实首日收益的合理性以及 IPO 真实首日收益影响因素。第八章是论文的基本结论、研究的局限性以及对未来的展望。

关键词:证券市场　证券交易　股票市场　首次公开发行(IPO)

**6271**

**企业社会责任特征对员工组织承诺及组织公民行为作用机制研究** / 郗河著 ; 徐金发指导. -- 浙江大学, 2009. -- 234 页

论文对企业社会责任特征对员工组织承诺及组织公民行为作用机制进行了深入的研究。全文共分为六章。第一章绪论主要分析了论文研究的理论与现实背景、论文的研究问题、研究意义,对相关的研究概念进行了界定,阐述了论文研究内容与逻辑框架以及技术路线,总结归纳了论文的创新点。第二章为文献综述,主要对企业社会责任、组织认同、组织自尊、组织承诺等相关文献进行了梳理。第三章介绍了研究理论的构建,主要总结了以往研究的主要贡献和尚需改善的地方,确定了研究拟探索的方向,论述了研究的理论基础,对变量间的相互关系进行了分析,并提出了假设。第四章对变量进行了定义,制定了企业社会责任文化、企业社会责任气氛、企业社会责任表现、组织认同、组织自尊、组织承诺的测量量表以及组织公民行为的测量量表,同时介绍了论文的问卷设计过程,对小样本进行了测试,修正和补充了量表。第五章是对大样本的调研与数据分析,主要包括数据收集、样本描述与分析方法的介绍,样本信度与效度的检验、控制变量的独立样本的 T 检验和方差分析,对中介变量进行了相关检验与分析,对研究的假设进行了回归分析与检验并对假设检验结果进行了分析。第六章是对全文研究结论的总结和对未来研究方向的展望。

关键词:企业管理　企业责任　员工　组织管理

**6272**

**服务企业跨国知识转移** / 席文著 ; 范秀成指导. -- 南开大学, 2009. -- 223 页

论文对服务企业的跨国知识转移进行了研究与分析。全文共分为六章。第一章引言主要介绍了论文研究的现实背景和理论背景,研究意义,研究的主题和创新点,研究架构,对论文相关的主要概念进行了界定。第二章为文献综述,主要对关于知识的研究、知识转移、知识跨国界转移以及服务企业的跨国知识转移方面的文献进行了梳理。第三章是对研究模型和研究假设的介绍,主要论述了服务企业跨国知识转移的阶段性,服务企业跨国知识转移两阶段的概念模型,服务企业跨国知识转移进入期的研究假设,以及服务企业跨国知识转移融合期的研究假设。第四章介绍了实证方法与资料来源,主要包括案例分析方法、案例选择、数据收集、数据处理和分析方法四方面的内容。第五章是实证研究结果及其理论阐释,主要对知识转移的有效性研究的客观存在进行了实证分析,对进入期的研究假设进行了验证,从基于被转移知识特征的验证、基于接受方研究假设的检验以及实证结果的汇总以及修正后的研究模型四点对融合期的研究假设进行了检验。第六章是对研究的讨论与总结,主要对滞止转移模式选择的决定因素与中介因素以及知识转移的有效性研究的影响因素进行了讨论,对论文的研究结论进行了总结,阐述了研究的理论贡献与实践意义,总结了论文的研究局限性,对未来的研究方向进行了展望。

关键词:服务业　跨国公司　企业管理　技术转让

6273

**我国民营银行公司治理模式研究** / 夏斌著 ; 王林昌指导. -- 武汉大学, 2009. -- 167 页

论文对我国民营银行公司治理模式进行了分析与研究。全文共分为七章。第一章为论文的导论,主要介绍了论文的选题背景、研究意义、研究框架及主要的观点,对相关概念进行了界定,阐述了论文的研究方法、创新点和不足。第二章为论文的理论基础和文献综述,主要包括产权理论、委托与代理理论、利益相关者理论的介绍与相关文献梳理。第三章为我国民营银行公司治理的简述,主要分析了我国民营银行的产生和发展的现状、民营银行公司治理的现状,以及外部环境对民营银行公司治理的影响。第四章是对民营银行控制权制衡机制的分析,主要包括民营银行中控制权与股权制衡、控制权制衡分析中的纳什均衡模型、民营银行大股东权利约束以及民营银行小股东权益保护的对策四方面的内容。第五章是对我国民营银行激励机制的分析,阐述了民营银行与职业经理人的概念,分析了民营银行激励机制现状和存在的问题、职业经理人效用最大的激励兼容模型,对民营银行激励机制进行了设计。第六章介绍了我国民营银行组织架构的创新,主要包括银行组织架构的描述,基于事业部制定的流程银行运营模式的设计、事业部制评价体系设计以及公司银行业务事业部制设计四方面的内容。第七章是对我国民营银行公司治理的实证分析,主要介绍了民生银行的概况、民生银行股权结构的变迁、民生银行公司治理的特色,分析了民生银行公司治理存在的问题和完善措施。

关键词:私营经济　银行　法人治理结构

6274

**考虑质量议题的库存模型与供应链合约研究** / 夏海洋著 ; 黄培清指导. -- 上海交通大学, 2009. -- 158 页

论文对考虑质量议题的库存模型与供应链合约进行了深入的研究。全文共分为七章。第一章为论文的绪论,主要介绍了论文的研究背景、研究意义,梳理了相关文献,分析了论文的研究框架结构与主要内容及研究的创新点。第二章是对随机瑕疵品率下的最优订货策略的研究,主要包括基本模型、考虑订购费用压缩条件下含瑕疵品的订货模型、检验速率可调整情形下含瑕疵品的订货模型、随机需求下含瑕疵品的订货模型方面的内容。第三章介绍了随机瑕疵品率下的整合库存模型,主要介绍了符号定义与模型假设,从模型的建立与求解、考虑生产设置成本压缩、考虑订购费用压缩以及数值研究四方面论述了卖方采用的"批对批"生产策略及卖方的生产批量为买方订货批量的整数倍。第四章介绍了考虑田口质量损失与过程质量改进的整合库存模型,主要包括田口质量损失、模型描述与相关假设、不考虑过程质量改进下的模型建立与求解、考虑过程质量改进下的模型建立与求解、数值算例与敏感性分析等部分内容。第五章介绍了供应链环境下质量投资与检验策略的 Nash 博弈研究,描述了模型,对生产商与零售商合作情形和生产商与零售商非合作情形下进行了比较分析。第六章分析了不同信息结构下考虑质量议题的供应链合约问题,主要介绍了模型描述与符号说明、买卖双方合作的供应链系统、对称信息情形、非对称信息情形以及数值研究。第七章是对全文的总结,介绍了论文进一步的研究方向。

关键词:企业管理　供应链管理　库存模型

6275

**私人直接投资环境服务领域的路径和实现机制研究** / 肖蕊著 ; 赵昌文指导. -- 四川大学, 2009. -- 166 页

论文对私人直接投资环境服务领域的路径和实现机制进行了全面深入的研究。全文共分为九章。第一章为论文的引论,提出了论文的研究问题、研究方法和框架。第二章为文献综述,主要包括环境保护主体、环保产业投资模式、环境产权、私人投资界定和民营化等方面的文献梳理。第三章介绍了我国环境服务业的内容、现状及对私人直接投资的需求,主要分析了环境服务发展的国际背景,我国环境服务的内容、发展状况和未来资金的需求,经济转型期我国环境服务业投资和运营的特征和私人直接投资环境服务的现实条件。第四章介绍了私人直接投资环境服务面临的主要挑战,分析了影响私人直接投资环境服务的主要因素与三个主要挑战,提出了应对挑战的基本思路。第五章是对私人投资公共环境服务的路径的设计,对引入"排他性"实现私人投资公共物品进行了理论分析,介绍了私人投资公共环境服务的三种路径设计。第六章介绍了自认投资自然垄断型环境服务的路径设计,对创造"有效竞争"实现私人投资自然垄断业务进行了理论分析,设计了私人投资自认垄断性环境服务的三种路径。第七章是对私人投资公益

性环境服务的路径的设计,主要包括在社会公益性项目中推行公私伙伴关系的理论分析、公私伙伴关系的内容、分类和项目选择标准以及在社会公益性环境服务领域推行公私伙伴关系的实践以及公私伙伴关系中的风险分担。第八章论述了私人直接投资我国环境服务领域的实现机制。第九章为全文的总结。

关键词:环境保护　环保产业　投资

**6276**

**中国高等教育市场导向与绩效作用机制研究:基于非营利组织营销思想视角**/肖贵玉著;陈信康指导. -- 上海财经大学, 2009. -- 208页

论文以非营利组织营销思想为理论基石,综合运用了社会交换理论、新公共管理理论,对中国高等教育市场导向与绩效作用机制进行了分析研究。全文共分七章。第一章导论,介绍了研究的背景、研究问题、研究方法与技术路径以及论文的结构。第二章介绍了高等教育市场化的缘起。对全球化的概念进行了界定,指出了全球化对高等教育的影响,探讨了知识经济时代的高等教育变革,具体分析了知识经济时代的特征,阐述了新公共管理运动的起源与特征。第三章为高等教育市场化的实践与理解。结合对美国高等教育市场化模式与英国高等教育市场化改革的探讨剖析了中国高等教育市场化的实践,分析了中国高等教育市场化的政策背景,并对中国高等教育市场化的实践进行了分析与评价,明确了对于高等教育市场化的理解,对各国市场化实践进行了述评。第四章为文献综述,介绍了市场导向研究的理论基础与起源,指出了市场导向的研究框架,并对非营利组织的市场导向的相关研究进行了概述,进而得出了有关结论,在分析了文献中存在的不足,提出了预期的研究方向。第五章介绍了理论框架与假设,分别对高等教育市场导向的激励因素、高等市场导向的抑制因素进行了探讨,分析了市场导向——组织绩效问题,最后提出了概念模型。第六章为实证研究,首先阐述了研究设计的思路,介绍了调研过程与样本特征,随后对测量的有效性进行了评价,并对市场导向影响因素的单变量进行了检验,分析了假设的检验结果。第七章为结论与建议,归纳了中国高等教育市场导向的相关政策启示,分析了论文的主要创新之处,最后对未来的研究方向进行了展望。

关键词:高等教育　市场导向　营销理念

**6277**

**资本结构、公司控制与我国上市公司定向增发**/肖万著;宋光辉指导. -- 华南理工大学, 2009. -- 167页

论文选择定向增发作为研究对象与实证样本,并基于我国上市公司大股东控制的治理结构从资本结构、公司控制权及其逻辑关系分两个层面来研究我国上市公司的定向增发行为及其偏好。在第一个层面,即公司控制权决定资本结构层面,主要研究我国上市公司定向增发的偏好与动机,即研究在众多再融资方式中上市公司或上市公司大股东为什么偏好于选择定向增发。在第二个层面,即资本结构规定公司控制权的配置、竞争和转移层面,研究了定向增发带来的不同股权结构变动对公司控制、公司治理进而公司价值的影响也不同。关联交易与非关联交易定向增发的比较证实了关联交易定向增发的宣告效应要好,但带来的股东财富或公司价值却较低。论文认为,这是大股东利用手中的控制权从事了与上市公司的非公允关联交易造成的,这也说明了大股东偏好定向增发的原因在于其利用定向增发实现的控制权变动获取了控制权私有收益。

关键词:上市公司　资本市场　资本结构　股东控制权

**6278**

**基于企业生命周期的民营企业文化作用模式研究**/肖永玲著;张金隆指导. -- 华中科技大学, 2009. -- 123页

论文采用理论分析和实证研究相结合的方式,以中国民营企业文化的可持续发展和民营企业文化建设落到实处的现实需要为背景,综合吸收与本课题先关的国内外企业文化的基本理论、企业生命周期理论和企业发展等研究成果,以民营企业文化模式、特点及文化维度为切入点,以企业文化与民营企业发展的相互作用及推进机制为主线,重点探讨不同生命周期内民营企业文化对企业竞争优势的作用模式。首先,通过对民营企业和民营企业文化建设现状的分析,归纳总结现阶段我国民营企业文化特征,并分别从内外两方面对企业文化的作用进行了论证。分析结果指出,对内企业文化可以帮助民营企业吸引留住人才,并凝聚人心;对外企业文化能够提升民营企业的信誉度和美誉度。进一步,以战略的视角对新时期民营企业文化建设提供了一系列指导建议,结合民营企业生命周期的特点以及各阶段企业文化的特征,提出了相

应的企业文化建设战略的实施目标、原则和对策,对民营企业文化建设的开展提供了参考价值。在文章的最后,对研究工作进行了总结,并提出了有待于进一步研究的问题和方向。

关键词:民营企业　企业管理　企业文化

**6279**

**基于资源价值的企业战略研究** / 肖勇著 ; 郭跃进指导. -- 中南财经政法大学, 2009. -- 134 页

论文以基于资源属性规律的企业竞争优势形成机制为主线,以探寻适应弱势企业的战略方法论为研究目标,在相对强势企业和相对弱势企业比照的视角下,来检验和分析主流战略理论的适用局限性。首先剖析了适应资源属性内在规律的企业战略研究范式。第二章回顾了企业战略理论的发展历史沿革。第三章结合对资源属性的研究,通过规范分析和实证分析相结合的方法,得出企业网络密度与促进资源的有效利用有着明显的相关关系;合作有利于促进和激发企业组织的创新能力;过于强调竞争容易形成创新方面的"锁定效应"等研究结论。第四章则在西方经济学的语境下,对权力理论进行了重释,提出了权力势能的概念,为实现资源价值为竞争优势的过程原理提供了分析框架,为构建资源价值动态评估模型奠定理论基础。第五章通过借鉴 AHP 层次分析方法和系统动力学方法,分别从静态和动态的角度对资源价值评价和动态监控体系进行了初步模型构建,并对模型涉及各要素以及各要素之间的联系进行分析,并利用模型对现实问题进行解释。第六章阐述了基于资源价值的战略管理体系的贯彻实施要点,对企业尤其是弱势企业,提出与基于资源价值的战略管理体系相适应的理念和方法要点。

关键词:企业战略　资源　核心能力

**6280**

**顾客服务体系的界面管理:理论、机制与酒店业的实证研究** / 谢朝武著 ; 郑向敏指导. -- 华侨大学, 2009. -- 216 页

论文以酒店业为例,对顾客服务体系的界面管理理论、机制进行了实证研究。全文共分为十章。第一章为论文的导论,主要介绍了论文的研究背景、研究意义、研究对象、研究的主要内容、论文研究的逻辑结构、研究的方法。第二章是对国内外研究的评述,主要包括界面管理和服务界面管理的研究评述。第三章是对顾客服务体系及其界面管理的理论研究,主要论述了顾客服务体系、服务界面管理、酒店服务体系的相关理论。第四章主要介绍了顾客服务体系和酒店服务体系的界面结构。第五章是对服务能力与服务绩效的界面驱动机制的研究,主要包括实证研究背景、研究的概念基础、概念模型的定义、衡量与问卷设计、样本资料与描述性统计、因子分析、界面管理与服务能力、服务绩效间的驱动力关系分析、假设检验与研究结论八方面的 内容。第六章是对服务质量与体验质量的界面驱动力机制的研究,主要对界面管理与顾客感知绩效、质量评价间的驱动关系进行了检验。第七章是对酒店业顾客界面期望与界面感知的比较研究。主要分析了数据调研和信度检验,对酒店业顾客界面期望与感知进行了比较与分析。第八章是对服务企业界面管理水平的多维评价研究,主要包括研究背景、服务企业界面管理水平的评价指标体系、服务界面管理水平的评价模型构建以及酒店企业服务界面管理的实证研究。第九章研究了服务界面的设计与优化管理。第十章是对全文的总结与展望。

关键词:饭店　商业管理　商业服务

**6281**

**消费者渠道终端选择行为研究:对生鲜农产品的实证研究** / 谢梅香著 ; 甘碧群指导. -- 武汉大学, 2009. -- 168 页

论文通过对生鲜农产品的实证研究,对消费者渠道终端选择行为进行了研究。全文共分为五章。第一章绪论主要阐述了论文的研究背景及研究意义、研究目的、研究的相关理论,并对研究范围、研究框架以及思路进行了介绍。第二章主要是对相关理论进行了文献综述,包括对营销渠道、渠道终端选择等的概念以及其他学者已有的研究成果进行了梳理和综述,并在对相关文献回顾的基础上提出自己的评价和见解。第三章为研究设计,在文献综述的基础上提出论文研究的架构,推演相关假设,并设计相关量表进行问卷前测分析,通过信度、效度分析对量表语句进行净化,以形成正式调查问卷。第四章为数据分析与假设检验,对样本特征进行了描述性统计分析,以了解样本在各个研究变量上的基本特征,并初步对分析的结果做出了简要的解释;进行方差分析、信度与效度分析、回归分析等,对所提出的研究模型进行了实证检验和分析。第五章在前述理论与实证分析的基础上,提出了研究结论和营销启示,认为生鲜农产品的

商业特征、零售终端的服务、零售终端的环境和购买的便利性等因素对消费者渠道终端选择有不同程度的影响,并且对于不同收入水平的群体的影响程度是不相同的。

关键词:农产品　营销渠道　消费者行为论

**6282**

**企业人力资源管理人员薪酬满意度研究** / 谢宣正著 ; 薛声家指导. -- 暨南大学, 2009. -- 156 页

论文对企业人力资源管理人员薪酬满意度进行了研究。全文共分为六章。第一章绪论,主要对相关的概念进行了界定,介绍了论文的研究背景,研究目标和意义,研究的方法及测量工具,研究的框架和章节安排,研究的创新点。第二章为文献综述,包括薪酬满意度的相关研究、组织公平的相关研究、积极—消极情感的相关研究以及工作绩效的相关研究,并对研究存在的问题和不足进行了探讨。第三章为研究假设与设计,主要阐述了研究非经济报酬的意义,论述了企业资源管理人员的角色和特点,介绍了薪酬满意度构成维度模型和薪酬满意度前因变量和后果变量关系模型,阐述了研究设计。第四章介绍了预试与正式调查,主要确定了非经济报酬测量题项,编制了初始问卷和正式问卷,进行了正式调查。第五章为统计数据分析与假设检验, 主要包括变量及赋值、薪酬满意度构成维度假设检验、不同类别的企业人力资源管理人员薪酬满意度差异假设检验、组织公平与积极—消极情感和薪酬满意度关系假设的检验以及组织公平和积极—消极情感和薪酬满意度与工作绩效关系的假设检验五方面的内容。第六章为论文的研究结论和建议。

关键词:企业管理　人力资源管理　管理人员　工资水平

**6283**

**组织支持感、心理资本与员工工作产出** / 谢竹云著 ; 茅宁指导. -- 南京大学, 2009. -- 138 页

论文在研究大量文献的基础上,对组织支持、心理资本与员工工作产出三者之间的关系进行了研究与分析。全文共分为六章。第一章绪论,主要提出了论文研究的问题,研究的现实和理论背景,对相关概念进行了界定,阐述了论文研究的目的、意义、内容、思路,研究的安排,研究预期结论,研究的创新之处。第二章是对相关文献的回顾与分析,对组织支持感的研究、员工心理资本的研究进行了梳理,从工作绩效的维度结构及其测量以及工作绩效影响因素,分析了关于员工工作绩效的研究和关于员工组织承诺的研究。第三章是对研究理论模型建构的分析,主要介绍了研究的理论模型,论述了研究假设的形成过程,对组织支持感、员工心理资本以及员工工作产出等研究变量进行了操作性定义。第四章介绍了调查问卷设计,主要介绍了组织支持感测量量表、心理资本测量量表、工作绩效测量量表、情感承诺的测量量表,阐述了数据资料收集的过程,阐述了问卷结构的分析方法、基本统计分析方法以及结构方程模型。第五章是数据处理与结果分析,主要对员工组织支持感量表、员工心理资本量表、员工情感承诺量表以及员工工作绩效量表进行了因子分析,对问卷的信度与效度进行了分析,介绍了变量的描述性统计与相关性分析,阐述了结构方程模型与假设检验。第六章是对全文的总结。

关键词:企业管理　人力资源管理　员工　激励管理心理学

**6284**

**基于战略与控制视角的外资银行人力资源资本化管理研究** / 解淑青著 ; 高长春指导. -- 东华大学, 2009. -- 165 页

论文基于战略与控制的视角,对外资银行人力资源资本化管理进行研究 。全文共分为八章。第一章绪论,主要阐述了论文的研究目的和意义,国内外研究现状及存在的问题,对相关的概念进行了界定,论述了论文的研究内容和范围,研究方法和创新点。第二章为外资银行人力资源资本化的战略介绍,主要分析了导致人力资源资本化复杂化的因素,阐述了人力资源资本化的战略一致性,介绍了外资银行人力资源资本化的战略模式,探讨了选择人力资源资本化战略需要考虑的几个因素。第三章为外资银行人力资源资本化的控制机制,主要包括从交易成本论视角的分析、从委托代理理论视角的分析、外资银行人力资源资本化的控制机制三方面的内容。第四章介绍了模型构建、实证分析及人力资源资本化的框架,主要阐述了外资银行人力资源资本化战略选择模型的构建,对相关变量进行了定义,介绍了抽样设计及信效度检验,对外资银行人力资源资本化战略选择、外资银行人力资源资本化控制进行了实证分析,研究了基于战略与控制视角的外资银行人力资源资本化的管理框架。第五章分析了外资银行人力资源资本化的招聘

控制,主要包括外资银行员工招聘的概述、信息经济学视角下的外资银行员工招聘、外资银行员工招聘中的信息甄别制度以及外资银行员工招聘中的信号传递及员工评测方法。第六章分析了外资银行人力资源资本化的培训与文化控制,主要包括员工培训概述、人力资本投资的理论探讨、外资银行员工培训的内容与方法、外资银行人力资源资本化的跨文化管理四方面的内容。第七章介绍了外资银行人资资本的价值评估与价值计量,主要包括外资银行人力资本价值概述、价值评估、计量的理论基础与原则、计量方法等内容。第八章为全文的总结。

关键词:外资银行　东道国　人力资源管理　人力资本

**6285**

**我国地方税种收入能力测算方法及应用研究** / 辛浩著 ; 王韬指导. -- 华中科技大学, 2009. -- 191 页

论文对我国地方税种收入能力测算方法及应用进行了研究。全文共分为八章。第一章绪论阐述了税收收入能力研究的背景和意义,国内外税收收入能力的研究现状,论文研究的主要创新点,研究的结构和主要的内容。第二章是对税收收入能力差异性的分析,阐述了税收收入能力的概念,分析了税收收入能力与纳税能力、征税能力、税收努力的差异,分析了税收收入能力与税收负担能力的差异和税收能力估算与税收收入预测的差异。第三章是对我国税收收入能力估测方法的理论研究,主要包括税收收入能力基于经济学基础的分析、税收收入能力测算的基本原则、分税种税收因素法的理论分析、分税种代表性税制法的理论分析以及分税种直接消耗系数法的理论分析,对分税种税收收入能力估算方法进行了比较研究。第四章是对我国地方流转税和所得税税收收入能力的研究,主要测算了营业税收入能力、企业所得税收入能力、个人所得税收入能力。第五章是对我国其他地方各税税收收入能力的研究,主要论述了印花税收入能力测算、房产税和城市房地产税收入能力测算、车船税收入能力测算等。第六章税制变动与税收收入能力,对国内外的税制进行了比较,探究了税制结构和税收收入能力的关系,阐述了税制结构变化对税收收入能力的影响,并对其进行了实证研究。第七章是地下经济对税收收入能力的影响,论述了地下经济是税收流失产生的重要原因,分析了现金比率法在我国地下经济估算中的应用及不足,对现金比率法测算模型进行了修正,实证研究了地下经济税收流失规模测算,分析了地下经济对税收收入能力的影响。第八章为论文的总结与研究展望。

关键词:地方税收　税收管理　税种　税制改革

**6286**

**企业社会责任研究:一个新的理论框架与实证分析** / 辛杰著 ; 徐向艺指导. -- 山东大学, 2009. -- 184 页

论文通过一个新的理论框架与实证分析,对企业社会责任进行了研究。全文共分为九章。第一章绪论,主要提出了企业社会责任问题,阐述了企业社会责任在中国产生的背景,企业社会责任的实践进展,企业社会责任的演变,对企业社会责任的概念进行了界定,总结了论文的研究意义、研究方法与主要的创新点。第二章为相关理论进展及论文的研究框架,主要包括企业社会责任相关的文献、研究框架、实证概述。第三章企业社会责任价值观:道德主体的本性回归。主要阐述了企业社会责任价值观的含义、不同的价值观倾向、企业社会责任价值观的张力、主要分歧以及实证分析。第四章从利益相关者的界定及理论贡献、工具性观点和规范性观点、利益相关者责任的理论分析、利益相关者的分类以及企业社会责任与利益相关者的实证分析五方面对契约对象的合理扩展进行了分析。第五章介绍了企业社会责任驱动因素,主要包括企业社会责任驱动因素的含义、理论分析以及实证分析。第六章介绍了企业社会责任战略,主要包括理论分析、特征、四种形式、实证分析以及制定与实施五方面的内容。第七章企业社会责任与企业家精神,主要介绍了企业家精神及其社会责任的关系、企业家的社会责任决策、企业家社会责任的实证分析以及企业家社会责任精神的形成。第八章企业社会责任培育,主要阐述了政府、社会和企业三位一体的解决逻辑,分析了政府、企业以及社会公众在企业社会责任培育中的作为。第九章为全文的总结,主要包括一些基本的研究结论、研究中的不足以及研究展望。

关键词:企业管理　社会责任　利益关系

**6287**

**基于个性特质的冲动性购买研究:调节导向、自我建构在冲动性购买中的作用** / 熊素红著 ; 景奉杰指导. -- 华中科技大学, 2009. -- 126 页

论文对基于个性特质的冲动性购买进行了研究,分析了调节导向、自我建构在冲动性购买中的作用。

全文共分为七章。第一章绪论,主要介绍了论文的研究背景,研究意义,研究课题的历史和现状,研究内容和方法,研究的总体结构。第二章对冲动性购买进行了概述,主要包括冲动性购买的定义、过程、分类、特点、冲动性购买行为的测量以及冲动性购买行为的相关概念六方面的内容。第三章冲动性购买文献综述和研究问题,主要论述了以产品为中心的冲动性购买研究,分析了冲动性购买的营销刺激与情景因素,与冲动性购买相关的消费者个性特质,情感对冲动性购买行为的影响,规范性评估和自我控制,冲动性购买的内在机制,总结了冲动性购买的最新研究进展,提出了文献综述总结及研究问题。第四章为实证研究理论基础,主要包括目标系统理论、调节导向理论、调节匹配理论、自我建构理论。解释了调节导向、调节匹配对冲动性购买的部分研究结果。第五章和第六章对基于个性特质的冲动性购买进行了实证研究,主要从章节引言、假设提出、研究方法、结果、研究结论和意义五方面进行了阐述和分析研究。第七章论文研究的基本结论、研究过程的局限性、需要进一步研究的问题,以及对未来研究的展望。

关键词:消费心理学　消费者行为论　购买行为

**6288**

**基于地位建构的炫耀性消费:以家用轿车为例** / 熊小杰著 ; 卢泰宏指导. -- 中山大学, 2009. -- 141 页

当前家用轿车炫耀性消费的确是以价格为基础的,即在高档轿车消费中体现出更强的炫耀性消费特征。在这个基础上,深入挖掘了当前轿车炫耀性消费的一些特征,着重探讨了家用轿车炫耀性消费中所体现出来的主体性——看似相同的消费(如相同车价),对于不同主体而言具有完全不同的主观意义:炫耀性消费具有鲜明的文化性特征。在不同的文化环境中,炫耀性消费会有不同的表现特征。如在中国集体主义文化背景下,当前的家用轿车消费中表现出明显的面子消费特征。面子消费虽然在本质上和炫耀性消费是一致的,均强调消费所指称的社会地位和身份,但相对而言,面子消费更强调节约,更强调要融入群体,而非炫耀性消费那样强调超越群体而显现自己的独特性。最后还进一步揭示了广告在轿车的符号象征意义的构建过程中所起到的独特作用。

关键词:消费心理　消费者　购买行为　轿车

**6289**

**基于管理熵理论的企业知识管理绩效评价研究** / 熊学兵著 ; 任佩瑜指导. -- 四川大学, 2009. -- 167 页

论文对基于管理熵理论的企业知识管理绩效评价进行了分析与研究。全文共分为八章。第一章绪论主要介绍了论文的研究背景、研究意义、研究方法和基本框架、论文的创新点、贡献以及研究的局限性,对相关的研究概念进行了界定和确定。第二章为相关理论基础和文献的介绍,主要介绍了热力学熵、玻尔兹曼熵和信息熵的概念以及耗散结构理论,分析了知识管理绩效评价的相关概念,对企业知识管理绩效评价研究的状况进行了分析。第三章阐述了企业知识管理系统的演化机理,分析了企业知识管理系统结构模型、企业知识管理系统的耗散结构特性、企业知识管理系统演化的诱发机制以及企业知识管理系统演化分叉和企业知识管理系统演化的超循环。第四章介绍了企业知识管理系统的熵机理研究,主要包括企业知识管理熵的提出、界定、分析以及数学模型,知识管理负熵的提出以及数学模型,企业知识管理总熵的提出及其分析以及基于管理熵的企业知识管理绩效集成评价模型。第五章论述了企业知识管理绩效评价因素模型与假设,主要对变量进行了定义,提出了假设,介绍了调查方案。第六章是对企业知识管理绩效评价因素模型检验与统计结果的分析,主要包括描述性统计分析,信度分析、效度分析、验证性因子分析、企业知识管理绩效综合结构分析以及企业知识管理绩效评价的指标系统和权重。第七章是基于管理熵理论的二滩水电开发有限责任公司知识管理绩效评价实证研究,主要包括二滩水电开发有限公司的基本情况、二滩公司知识管理状况、基于管理熵的二滩公司知识管理绩效评价。第八章为论文的结论。

关键词:企业管理　知识管理　企业绩效　评价指标

**6290**

**企业视角的高校核心竞争力研究:以地方性高校为例** / 徐和清著 ; 胡祖光指导. -- 浙江工商大学, 2009. -- 165 页

论文以地方性高校为例,对企业视角的高校核心竞争力进行了深入全面的研究。全文共分为九章。第一章论文的绪论,主要介绍了高校的竞争环境与高校的经营,分析了从企业经营中透析地方性高校经营中存在的问题,分析了论文研究的目标、研究意义以

及研究方法和创新点,总结了论文的总体技术路线和章节安排。第二章为企业核心竞争力理论研究的综述,主要介绍了企业核心竞争力理论产生的渊源、企业核心竞争力内涵界定的主要理论观点以及对企业核心竞争力模型、特征的分析,并对其进行了实证分析。第三章是对人才培养模式可以成为地方性高校核心竞争力的理论分析,对高校是人力资本加工组织、人才培养模式可以成为地方性高校核心竞争力进行了论述,探究了地方性高校核心竞争力和特征。第四章对地方性高校人才培养模式及其绩效进行了实证研究,对高校人才培养模式的构成因素、高校人才培养模式的绩效进行了分析。第五章对企业顾客价值定位视角中的高校人才培养定位进行了分析,主要介绍了基本理论,分析了高校学生顾客的价值以及以学生顾客价值为基础的人才培养定位促进地方性高校核心竞争力培育的理论。第六章是对企业大规模定制视角中的高校人才培养模式定制化进行阐述,介绍了企业大规模定制的基本理论,分析了当前高校人才培养模式个性化及局限性,介绍了建立以顾客价值为基础的定制化人才培养模式的类型,提出了提高顾客价值创造效率的策略。第七章是对企业顾客关系管理视角中的高校学生关系管理的探究。第八章是对企业委托代理理论视角中的高校宏观管理制度创新的研究。第九章为全文的总结和展望。

关键词:高等学校　核心竞争力　学校管理　人才培养

**6291**

**大型工程项目业主风险管理研究** / 徐家新著 ; 刘国山指导. -- 中国人民大学, 2009. -- 189 页

论文对大型工程项目业主风险管理进行了研究。全文共分为七章。第一章导论主要提出了大型工程项目业主风险管理的问题,对大型工程项目进行了界定,界定了风险的意义,论述了论文选题研究的理论意义和实践意义。第二章介绍了国内外文献综述与研究思路,主要介绍了国内外理论与实践的发展现状,论文的主要研究内容和研究方法。第三章分析了大型工程项目的风险及其管理,论述了业主风险和承包商风险,风险识别方法及评价的理论基础以及指标和方法,分析了大型工程项目风险管理思路及其常见的策略。第四章研究了业主风险链概念的形成,主要从各工程项目管理模式链条特点的研究以及业主风险链概念的提出两方面论述了业主风险链概念的形成;通过泊江海子煤炭项目调研、玉龙石化工程总承包项目管理程序的调研、某私营业主大型房地产投资项目调研以及某国家大型体育场馆建设项目调研,分析了业主风险概念的实地调研论证,同时,介绍了论文的问卷调查。第五章是业主对承包商风险的管理,主要总结了业主与承包商间关系的刚性特点,分析了大型工程前期决策风险,大型工程交付的风险,阐述了财务风险以及技术风险。第六章研究了业主风险链其他方风险管理,研究了项目转包商引发的业主风险,分析了项目承包商的供应商引发的业主风险,业主的供应商引发的业主风险,供应商的供应商引发的业主风险及业主的客户引发的业主风险。第七章为全文的总结与研究展望。

关键词:大型建设项目　项目管理　风险管理

**6292**

**组织惯例的演化机制及其效能研究:基于学习视角** / 徐建平著 ; 王重鸣指导. -- 浙江大学, 2009. -- 205 页

论文基于学习视角,对组织惯例的演进机制与效能进行了研究。全文共分为六章。第一章绪论提出了论文的研究问题,对组织变革的研究进行了概述,总结了以往的组织惯例的研究与学习视角下的惯例研究进展,提出了论文研究的构思框架。第二章是对组织惯例构思开发:基于扎根理论研究方法的介绍,主要包括研究目的、研究方法、理论性抽样、资料收集、资料分布、研究结果的评价以及研究结果的讨论与分析总结。第三章是对组织惯例的内容结构及其检验的研究,主要从结构特征和学习视角切入分析了研究的理论背景与研究假设,从组织惯例预试问卷的编制、研究样本、数据收集过程、数据统计分析阐述了研究方法,对组织惯例的探索性因素、验证性因素进行了分析并对研究进行了讨论和总结。第四章是基于4I 学习框架,对组织惯例演进机制进行的案例研究,主要介绍了研究目的,分析了基于4I 的组织惯例演化模型、研究方法,对案例进行了简单陈述和分析研究,最后对基于多层次学习的惯例演化进行了总结。第五章是对组织惯例的前因要素与效能过程的研究,主要介绍了论文的研究目的,从学习绩效、工作特征、学习效应分析了理论背景和研究假设,从样本、测量工具与数据采集、数据聚合、测量工具的信度与效度检验四方面介绍了研究方法,并对研究结果进行了讨论和分析。第六章是对全文的总结。

关键词:企业管理　组织管理　人力资源管理

**6293**

**股指期货的应用及交易策略研究** / 徐凌著 ; 赵昌文指导. -- 四川大学, 2009. -- 170 页

论文对股指期货的应用及交易策略进行了深入全面的研究。全文共分为八章。第一章为论文的导论,主要介绍了论文的研究背景、选题意义、研究对象和数据来源,分析了论文的研究方法、论文的逻辑思路与结构安排,总结归纳了论文的主要创新之处。第二章介绍了股指期货产生和应用的理论与文献综述,主要介绍了金融创新与金融衍生工具、股指期货的推出和发展,对股指期货市场的主要功能、不同类型投资者的交易目的、交易行为与交易策略、国内市场环境与股指期货交易策略的特殊性、中国沪深 300 指数与股指期货的退出四方面的研究状况与文献进行了梳理总结。第四章对股指期货市场的价格发现及对现货市场的影响进行了实证研究,主要介绍了股指期货市场价格发现功能的内涵与应用,论述了股指期货对现货市场价格波动性的影响,对股指期货交易与现货市场波动关联性进行了实证研究,分析了股指期货上市对不同投资者结构的现货市场的短期影响。第五章是对股指期货套利交易与策略的研究,主要阐述了股指期货讨论的类型与基本原理、股票现货与股指期货的套利原理与交易策略,对行业筛选与现货组合指数跟踪效果进行了实证分析,介绍了 ETF 基金与股指期货的套利过程与交易策略。第六章是对现货市场风险规避与套期保值策略的研究。第七章是对股指期货交易度量与管理策略的研究。第八章为全文的总结与展望。

关键词:股票指数期货　期货市场　期货交易

**6294**

**基于消费者认知的品牌定位模式研究** / 徐鹏著 ; 韩经纶指导. -- 南开大学, 2009. -- 185 页

论文对基于消费者认知的品牌定位模式进行了深入全面的研究。全文共分为七章。第一章为论文的引言,主要介绍了论文的选题背景,分析了品牌定位研究的意义,阐述了论文研究方法、主要章节内容及其逻辑关系、研究的基本框架以及主要的创新点。第二章分析了品牌定位的研究理论,回顾了相关的文献综述,阐述了品牌定位研究的多维视角,论述了“品牌定位”的研究主要领域,探究了品牌定位研究的未来趋势。第三章介绍了基于心理认知的消费者品牌知识结构分析的框架,探寻了消费者品牌认知的一般规律,介绍了消费者品牌知识结构的概念与模型,论述了消费者品牌知识结构分析的框架,对关于消费者心理联想层次与维度进行了实证研究。第四章是对四种基本的品牌定位模式的分析与研究,主要界定了品牌定位模式的概念,从营销组合理论的演变、营销组合理论的要素体系分析以及基于消费者心理认知的品牌定位核心要素三方面分析了营销组合要素与品牌定位模式的基础,阐述了四种核心的品牌定位要素。第五章介绍了四种基本品牌定位模式的内部关键结构变量,主要界定了品类定位模式,分析了消费者产品认知要素、消费者品类认知关键结构变量、品牌价格定位模式的内部关键结构因素、品牌体验定位模式的内部关键结构变量以及品牌生活方式定位模式的内部关键结构变量。第六章是对基于消费者认知的品牌定位模式的实证研究,主要包括样本资料的分析、信度与效度的检验、对四个核心要素和 16 个结构要素的层次分析以及整体因子分析和回归分析。第七章是对全文的总结与展望,主要介绍了论文的结论、品牌品类定位模式、品牌价格定位模式、品牌体验定位模式以及品牌生活方式定位模式的营销应用。

关键词:企业管理　品牌　消费者行为论

**6295**

**知识型员工流动影响因素及作用机制研究** / 徐茜著 ; 张体勤指导. -- 山东大学, 2009. -- 187 页

论文对知识型员工流动影响因素及作用机制进行了研究。全文共分为七章。第一章导论,主要介绍了论文的研究背景,研究的问题,研究的意义,研究的思路和基本框架,研究方法和创新点。第二章为相关文献综述,界定了知识型员工的概念,对其进行了分类,并总结了知识型员工的特征,对员工流动的概念和分类进行了论述,分析了员工流动的一般影响因素,评述了员工流动的主要研究模型。第三章是对知识性员工流动的影响因素的分析与研究,主要阐述了知识型员工流动的行为特征,分析了知识型员工流动的直接驱动原因与知识认知调节因素。第四章介绍了知识型员工流动影响因素的作用机制,主要包括直接驱动因素对知识型员工流动的作用机制、认知调节因素对知识型员工流动的作用机制以及基于访谈的知识型员工流动影响因素的识别。第五章知识型员工流动动力模型,主要介绍了直接驱动因素与知识型员工流动的理论假设,工作满意度、组织承诺中介效应的理论假设,认知因素的调节机制的理论假设以及

知识型员工流动动力的模型的构建与变量之间的关联关系。第六章介绍了基于 KEFP 模型的实证研究,主要阐述了实证对象的选择与问卷的编制与发放,对变量的操作性进行了定义与测量,简述了分析方法和数据分析方法,对研究假设验证结果进行了分析。第七章为论文的总结和研究展望。

关键词:企业管理　人力资源管理　人员流动

**6296**

**企业声誉对消费者忠诚影响机理分析** / 徐双庆著 ; 徐金发指导. -- 浙江大学, 2009. -- 279 页

论文对企业声誉对消费者的忠诚影响机理进行了深入全面的分析。全文共分为八章。第一章绪论,主要论述了论文研究的理论和实践背景,研究的问题,研究思路和方法,研究的创新点,研究的技术路线和结构安排。第二章相关文献综述,主要论述了企业声誉、消费者忠诚、组织认同理论。第三章介绍了基于对企业身份认同的企业整体营销理论框架的建立,阐述了关系营销基础性功能及理论演变发展,对基于对企业身份认同特征的企业顾客关系的建立进行了案例分析,论述了从企业身份认同到企业整体营销的过程。第四章对企业声誉、消费者企业认同以及关系质量进行了研究,主要包括企业身份与利益相关者企业认同理论研究、消费者企业认同对关系质量影响理论研究、企业声誉与消费者企业认同研究理论研究以及企业声誉与消费者企业关系质量理论研究。介绍了基于研究假设的模型并进行了检验。第五章是对消费者企业认同、关系质量、消费者忠诚的研究,简述了消费者忠诚具体的表现,研究了关系质量与消费者忠诚关系和企业身份认同与消费者忠诚的关系,构建了基于研究假设的模型。第六章是对企业声誉、消费者企业认同、关系质量、消费者忠诚整合的研究,建立了研究模型,并对模型的实证结果进行了检验和讨论。第七章是对企业声誉的口碑推荐传播仿真的研究,主要包括相关研究理论基础、口碑推荐传播模型建立以及口碑推荐传播系统仿真方面的内容。第八章为研究的结论和展望。

关键词:企业形象　企业管理　市场营销　消费者

**6297**

**控制性股东治理风险与预警研究** / 徐伟著 ; 李维安指导. -- 南开大学, 2009. -- 165 页

论文对控制性股东治理风险与预警进行全面深入的研究。全文共分为六章。第一章提出了论文研究的问题,对控制性股东治理风险进行了界定,阐述了论文的研究目标、方法、思路、框架以及研究内容、主要创新点。第二章概述了相关研究进展,主要分析了控制性股东代理的问题,从公司治理风险测度研究、控制性股东公司治理风险测度的研究分析了控制性股东治理风险的测度。第三章介绍了控制性股东治理风险形成的机理,阐述了控制性股东治理风险行为机理博弈分析,从控制权的正当行使与治理风险、股东大会与治理风险、董事会与治理风险以及监事会与治理风险、经理层与治理风险、资本市场与治理风险等方面分析了控制性股东治理风险的体制诱导因素。第四章论述了控制性股东治理风险特征和影响因素,通过研究假设、控制性股东治理风险影响因素的分析、研究方法以及描述性统计分析四部分分析了研究设计,进行了相关性和方差分析。第五章是对控制性股东治理风险预警模型的构建,主要包括模型的构建、模型的检验、模型的应用三方面的内容。第六章是对全文的总结和展望:不同股权结构下公司治理机制对控制性股东治理风险的影响不同,不同类型控制性股东治理风险的特征不同,外部治理机制对控制性股东治理风险有显著的影响作用,中国分散股权结构的控制性股东治理风险强度略高等。

关键词:股份有限公司　股权结构　公司治理　风险管理

**6298**

**商会管理机制对治理绩效的影响:以家具产业商会为例** / 许家祥著 ; 胡军指导. -- 暨南大学, 2009. -- 130 页

论文中的商会,是指介于政府与企业之间的非营利组织,是属于以联谊、公益活动为主轴的人民团体,也是政府与企业沟通的重要桥梁。本研究的主要目的是希望使用国际标准的平衡计分卡原则及多变量统计学中的典型相关分析方法找出商会经营机制与商会经营绩效的重要相关机制,期望能借由各商会自行改善经营机制来强化经营绩效,进而提升整体经济竞争力。研究显示:①"商会对于组织内部成员权益越尊重",越尽到对于社会责任的付出,则"对外服务方面做得越好",表示商会越有影响力。②"商会之管理阶层纪律越好,其沟通渠道越顺畅",对于组织内部成员"学习与成长之成效越有显著的帮助",这项指针也表示商会将更有影响力。③结论显示商会影响力与经济发展呈现正相关。

关键词:商会 非营利组织 平衡计分卡 经营管理

6299

**人力资本和组织资本对组织绩效之影响研究:以台湾银行业为例** / 许嘉玲著 ; 张金成指导. -- 南开大学, 2009. -- 137 页

论文以台湾银行为例,对人力资本和组织资本对组织绩效的影响进行了研究。全文共分为七章。第一章绪论主要提出了论文研究的问题,论文研究的理论与实践意义,对相关的文献综述进行了评析,介绍了论文研究的背景、研究方法和创新点。第二章为相关理论回顾与评析,主要介绍了人力资本理论与内涵,从组织资本的定语内涵和表征分析了组织资本,论述了组织绩效的定义和内涵。第三章为研究的理论框架和变量的描述,介绍了个人背景变量与各变量间的关系,分析了银行员工对各变量知觉重要程度与落实程度的差异,人力资本与组织绩效级之间的相关性,研究了组织资本对人力资本与组织绩效的中介效果。第四章是对研究对象的选择与调查问卷的设计,主要包括研究对象及抽样、研究工具、正式问卷定稿以及调查实施及数据分析方法四部分的内容。第五章对研究结果进行了分析与研究,主要描述了样本的组织隶属形态、经营权类型、性别、年龄、学历、服务年资、职务、职位等。分析了不同背景变量下银行员工对各变量知觉的差异,人力资本和组织资本以及组织绩效的内涵,人力资本、组织资本与组织绩效的影响关系以及组织资本对人力资本与组织绩效的中介效果。第六章为研究结论和启示的归纳,分析企业整合失败的根源和提高企业竞争力的管理改进措施。第七章分析了论文研究的限制,为未来的研究进行了展望。

关键词:企业管理 企业绩效 人力资本 银行业 台湾

6300

**品牌的文化标志性对品牌联盟的影响** / 许娟娟著 ; 卢泰宏指导. -- 中山大学, 2009. -- 145 页

论文对品牌的文化标志性对品牌联盟的影响进行了分析与研究。全文共分为五章。第一章引言,主要介绍了论文的研究背景,研究目的,研究意义,研究创新点,研究方法和技术路线,对相关的概念进行了界定,分析了论文的研究框架。第二章为相关的文献综述,主要阐述了品牌的文化标注性相关理论,分析了品牌联盟的相关理论,介绍了品牌联盟的理论基础,对激活老字号品牌进行了研究,总结了论文进一步研究的空间和思路。第三章为论文的研究框架和理论假设的介绍,主要分析了论文的主要研究问题,阐述了论文的研究框架,介绍了论文的理论假设。第四章论述了研究设计和数据分析,主要对品牌的文化标志性程度对品牌联盟的影响、产品的文化标志性属性对品牌联盟的影响、产品互补性对品牌联盟的影响进行了研究。第五章为论文的研究结论和讨论,主要包括研究结论、理论贡献和营销意义、研究的局限性和未来可能的研究方向。由于"老字号"品牌有强烈的文化标志性,即"老字号"能够激发强烈的独特的文化联想,所以,在理论上探讨了"老字号"借助与其他品牌的联盟而发展的战略时,"老字号"的文化标志性是有很重要的意义。论文从品牌的文化标志性、品牌联盟和品牌激活三个领域的文献出发,在分析已有文献的基础上,通过讨论这三个领域理论之间的关系,挖掘了进一步研究的空间。

关键词:企业管理 品牌营销 老字号 传统文化

6301

**中国家族企业人际信任、高层管理人员归属感与绩效** / 许秋红著 ; 李新春指导. -- 中山大学, 2009. -- 256 页

论文根据态度—行为理论、社会交换理论、代理理论和差序格局理论,深入探讨家族企业人际信任与归属感的丰富内涵,对家族企业人际信任、高层管理人员归属感与绩效的关系进行了比较系统的实证研究,在文献研究的基础上,提出了本项研究的理论框架和概念模型,采用质的研究(深度访谈)和实证研究方法,对家族企业高层管理人员和企业主进行了访谈和问卷调查,对提出的概念模型和假设进行了检验。论文分为七章。第一章概述本项研究的目的、意义和范围。第二章对相关的文献进行回顾和述评。第三章为质的研究(深度访谈)。第四章提出本项研究的概念模型、理论框架和假设,并阐述立论依据。第五章介绍本项研究的实证研究设计和数据收集与问卷质量分析结果。第六章介绍本项实证研究的数据分析的结果,并进行讨论。第七章为研究的结论、贡献、局限性和今后研究的方向。

关键词:家族企业 信任 企业领导

6302

**团队文化对团队创新的影响及其过程研究** / 薛继东著 ; 郑明身指导. -- 中国人民大学, 2009. -- 167 页

论文对团队文化对团队创新的影响及其过程进行了研究。全文共分为六章。第一章绪论,主要分析了论文的研究背景,主要内容,包括研究问题、研究思路以及研究框架,论文的研究方法、理论和现实意义以及论文的创新点。第二章为文献综述,主要介绍了工作团队相关的研究、团队创新研究、团队过程与表现状态研究以及团队文化研究。第三章介绍了论文的模型构建,主要从"振超团队"的创新案例、"熊猫的墙"团队的创新案例以及两个案例的比较,从市场导向与团队创新、学习导向与团队创新、团队反思中的中介作用以及领导风格的调节作用四方面分析了论文的理论模型与研究假设。第四章介绍了问卷设计与数据收集,主要从测量工具的发展、变量的操作化、调查问卷的形成论述了测量量表的产生。从选择被试企业、调查方法、样本特征、信度与效度检验以及数据的整合检验与度量论述了数据收集与测量。第五章介绍了假设检验及其结果讨论,主要对数据进行了描述性统计与相关分析,分析了控制变量的影响、市场导向对团队创新的影响、学习导向对团队创新的影响,以及团队反思的中介作用和领导风格的调节作用,对学习导向与市场导向影响团队创新进行了讨论。第六章是对为论文的结论与展望,提出了促进团队创新的对策建议,包括创建开放型团队、创建学习型团队、团队反思制度化以及培育复合型团队领导。

关键词:企业管理　企业文化　创新能力

6303

**领导集体的领导效能及影响因素研究** / 闫进宏著 ; 胡军指导. -- 暨南大学, 2009. -- 126 页

论文以广东省厅、处级领导班子和领导干部为研究对象,在文献研究的基础上,通过运用问卷调查、深度访谈、层次分析(AHP)等研究方法,深入探讨了行政组织领导集体领导效能的内容构成,建构了领导集体领导效能的评价指标体系,并对影响群体领导效能的因素进行了探索。研究内容和主要结论有:(1)运用探索性因素分析和验证性因素分析的方法建构了领导集体领导效能的四维度内容结构模型,这四个维度分别是:团队绩效、核心领导特质、团队政治和团队能力。(2)从有利于改善领导集体领导效能的管理实践出发,运用典型相关分析方法探讨了领导集体的行为规范、团队效能感、内部沟通、心理胜任力和团队结构5个因素对领导效能的影响效果。研究结果表明:5个因素对领导集体的领导效能均有显著的正向影响,主要体现在行为规范、团队效能感和内部沟通对团队能力、团队绩效和 团队政治的影响,5个影响因素中,行为规范的影响最为显著。(3)从有利于为评估实践提供量化工具出发,运用层次分析方法(AHP)建立了领导集体领导效能的评价指标体系。研究结果表明,评价指标体系中的权重分配与内容结构模型中因素负荷和解释变异量相对应,两部分研究在一定程度上得到了相互印证。(4)为发挥理论指导实践的作用,选取3个领导班子作为典型个案,运用评价指标体系对其领导效能进行量化评判,从而证实和完善研究成果,并对领导班子的建设有针对性地提出意见和建议。

关键词:领导学　领导效能　领导绩效考评

6304

**行政性垄断组织归因及成本研究:成本核定及实证检验** / 严宏深著 ; 宋常指导. -- 中国人民大学, 2009. -- 190 页

论文通过对成本核定及实证检验,对行政性垄断组织归因及成本进行了研究。全文共分为九章。第一章绪论,主要阐述了论文的研究背景和意义、研究问题、研究方法和研究内容、研究的创新点。第二章为理论基础与文献综述,包括行政垄断的缘起与分析、中国行政垄断的形式与特征、行政垄断与相关概念的关系以及行政垄断的主要危害,以及国内外学者关于行政性垄断组织经济行为的理论研究和国内外学者关于行政性垄断组织成本核定的理论研究。第三章介绍制度背景和归因分析,主要包括经济体制、法律环境。第四章是对行政性垄断影响经济效率的经济学分析,主要包括行政垄断对微观经济效率的影响、行政垄断对产业效率的影响、行政垄断对社会福利及宏观效率的影响三方面的内容。第五章是对突破行政垄断的帕累托改进原理及其应用的思考,主要介绍了帕累托改进的经济学原理,分析了中国电信资费制度变迁中的帕累托改进。第六章是对行政性垄断组织成本的核定机制的介绍,主要包括成本核定的基本原理以及对理论值和实际值的相关性分析。第七章是对成本核定方法在中国行政性垄断行业的应用及检验,主要包括中国典型的行政性垄断行业的现状、中国行政性垄断行业上市公司成本核定以及中国

垄断行业的成本构成与趋势分析。第八章是对行政垄断企业的成本差距的成因分析,主要阐述了行政垄断行业成本披露现状及影响因素,介绍了数据收集的过程,对成本差距的成因进行了分析,并提出了政策建议。第九章为论文总结。

关键词:国有企业　垄断　行政干预　成本计算

**6305**

**虚拟整合:理论维度与整合绩效研究** / 颜安著 ; 罗珉指导. -- 西南财经大学, 2009. -- 235 页

论文对供应链协作环境下的"虚拟整合"进行了研究。全文共分为六章。第一章绪论,主要论述了论文研究的背景,研究的意义和目的,研究内容和主要的研究方法。第二章回顾了与论文研究相关的文献综述,主要介绍了交易成本理论和社会交换理论等相关基础理论文献;分析了垂直整合与虚拟整合、虚拟整合的其他相关概念等基本概念的文献。第三章介绍了虚拟整合的概念模型,主要分析了虚拟整合的概念和基本特征,论述了虚拟整合的价值创造模式以及在虚拟空间为顾客创造的新价值,阐述了虚拟整合与供应链整合的关系。第四章介绍了虚拟整合的理论维度,主要从电子市场分析了虚拟整合的形式维度,论述了虚拟整合的宽度和深度等内容维度,从跨组织信息系统的概念和类型、跨组织信息系统的实现技术以及各主要技术间的比较,分析了虚拟整合的技术维度。第五章介绍了虚拟整合的绩效模型,主要从对虚拟整合绩效的认识、虚拟整合绩效的衡量构面以及虚拟整合绩效的评价体系分析了虚拟整合的绩效,阐述了虚拟整合绩效的影响因素及虚拟整合绩效模型。第六章是对虚拟整合绩效的实证研究,主要介绍了论文的研究方法,阐述了模型变量的操作化定义,对资料进行了叙述性统计分析,对其效度与信度进行了分析,对模型进行了检验和分析,最后对实证分析结果进行了探讨。

关键词:企业管理　战略管理　企业绩效

**6306**

**组织氛围对知识型员工敬业度影响的实证研究** / 杨波著 ; 侯光明指导. -- 北京理工大学, 2009. -- 146 页

论文综合运用了管理学、心理学、统计学等学科的研究方法,通过专家访谈、问卷调查等方法收集来自各类企业的员工敬业状况和组织氛围信息;采用规范定义的方法准确地界定员工敬业度和组织氛围的概念及内涵是实现研究的先决条件;通过相关分析、差异分析、因子分析、描述性分析等数据分析技术,分析调查获得的数据,从中探索可以遵循的规律;选取一个具代表性的案例,通过分析组织氛围改进前后的员工敬业度状况,采集不同时间点的数据和典型事件,验证论文研究结论。论文的主要研究内容包括:第一、构建员工敬业度模型,开发员工敬业度测评工具;第二、修订组织氛围的测评工具;第三、讨论知识型员工敬业度的影响因素;第四、探讨调节变量对组织氛围与员工敬业关系的影响;第五、研究组织氛围对员工敬业度影响的内在机理。通过上述研究,形成的主要结论如下:第一,敬业度由三个维度构成,即投入工作维度、认同组织维度和追求发展维度;第二,对知识型员工敬业度有较大影响的企业因素依次为:薪酬满意度、组织氛围、工作兴趣、工作资源、员工职业发展、自身因素、职业生活质量等;第三,调节变量对组织氛围与员工敬业度关系的影响呈现一定规律;第四,组织氛围各维度对员工敬业度的影响由大到小依次排序如下:凝聚性、奖励性、进取性、灵活性、明确性。第五,根据组织氛围对员工敬业度的作用机理,以改变组织氛围的某一维度为切入点,提出凝聚人心、公平奖励、鼓励创新、明确期望、有效授权等五种基于组织氛围改善的员工敬业度提升路径。

关键词:企业管理　人力资源管理　企业绩效

**6307**

**我国企业社会责任驱动机制研究** / 杨春方著 ; 田志龙,杜兰英指导. -- 华中科技大学, 2009. -- 172 页

论文对我国企业社会责任驱动机制进行了全面的研究。全文共分为七章。第一章绪论,主要阐述了论文的研究目的和研究意义,分析了国内外相关研究文献,论文的研究内容与方法,论文研究的可能创新点。第二章是对企业社会责任研究的概况,主要阐述了企业社会责任思想起源,论述了企业社会责任理论论争,对企业社会责任进行了定义及比较,分析了企业社会责任相关研究的趋势,最后章节进行了小结。第三章企业社会责任驱动机制研究基础和借鉴,分析了企业社会责任驱动机制相关研究、企业社会责任三元分析模式,论述了基于交易理论的企业社会责任驱动机制理论、基于博弈论的企业社会责任驱动机制理论,总结了企业社会责任理论借鉴。第四章企业社会责任内外部驱动机制实证分析,主要包括内外部驱动因素研究假设、内外部驱动因素与企业社会责任回归

分析、内外部驱动因素研究结果、不成立假设原因分析以及章节小结五方面的内容。第五章企业社会责任外部驱动机制博弈分析,主要分析了企业社会责任博弈,企业社会责任外部驱动机制,企业社会责任外资驱动,对企业社会责任外部驱动缺失根源。第六章是对企业社会责任内部驱动机制有效性进行了实证分析,主要包括内部驱动机制有效性研究方法的论述和内部驱动机制有效性研究结果的分析与研究。第七章为全文的总结和展望。

关键词:企业管理　社会责任　企业战略

6308

**股权分置改革后上市公司经理股权激励合约的优化研究** / 杨慧辉著 ; 葛文雷指导. -- 东华大学, 2009. -- 172 页

论文对股权分置改革后上市公司经理股权激励合约的优化进行了研究。全文共分为七章。第一章绪论,提出了论文研究的问题、选题的意义,总结了股权激励的主要理论基础,对股权激励的研究进行了回顾,论述了论文研究的内容和创新,介绍了股权激励合约的内容。第二章分析了我国企业股权激励的发展历程和现状,从激励方式、股票来源以及企业性质和行业分布分析了股权分置改革后我国上市公司股权激励的现状。第三章为股权分置改革后股权激励的激励效应研究,主要论述了经理股权激励的激励机理,分析了经理人股权激励的依据和目标,对经理股权激励与公司绩效进行了实证研究与分析。第四章股权分置改革后股权激励下经理人机会行为研究,阐述了如何最大化股权激励的薪酬,阐述了薪酬委员会的独立性,对股权激励下经理人机会主义行为进行了理论分析,实证研究了股权激励与经理人机会主义行为。第五章研究了股权激励的最优合约,主要包括最优股权激励合约的存在、限制性股票激励的最优合约、股权期权激励的最优合约、股权激励方式与激励效应以及最优股权激励合约下的合约要素分析以及资本结构对最优股权激励合约的影响六方面的内容。第六章对股权激励水平影响因素进行了理论和实证分析与研究。第七章提出了股权激励合约优化的政策建议,具体有:完善公司内部治理机构,提高薪酬委员会的独立性;进一步完善与股权激励相关的政策法规;加强资本市场基础制度建设以及经理人市场建设。

关键词:股份有限公司　上市公司　企业管理　股权设置　公司治理

6309

**基于阶段性消费目标的消费者行为特征研究** / 杨敬舒著 ; 晁钢令指导. -- 上海财经大学, 2009. -- 131 页

论文基于阶段性消费目标对消费者行为特征进行了分析研究。全文共分七章。第一章提出了研究的问题、总体的研究思路、研究方法及数据来源,并对研究的内容进行了界定。第二章为文献综述,首先对国外消费行为理论进行了综述,比较分析了西方古典消费经济理论与当代西方消费经济理论的异同;其次介绍了消费学习理论的两大流派,阐述了霍华德的购买者行为理论,并对消费者信息获得的基本途径进行了探索;最后讨论了关于中国居民消费行为的特征,主要对中国居民“攀比性消费”心理进行了研究。第三章介绍了具体的研究思路、假设及理论模型的构建方法。提出了研究的假设,分析了“攀比性心理”的内在与外在动因,辨析了“阶段性消费”与“经常性消费”的概念,并探讨了“借贷能力”对“阶段性消费目标”和“经常性消费”的影响,在此基础上构建了概念模型,对社会层次划分以及产品选择加以说明。第四章介绍了研究的设计思路,分别对测量工具、样本的基本情况以及样本的普遍性应用进行了说明。第五章介绍了数据分析的结果,对数据进行了项目分析与筛选,进行信度与效度检验,得出了实证结论与补充说明,并对“阶段性消费”的行为特征对总体消费市场的影响进行了考察。第六章提出现有的促进居民消费增长的对策与建议,基于“阶段性消费目标”,提出了包括对中国居民“攀比性”、同质化消费观念进行调整与引导,进行必要的利益诱导等促进居民消费增长的建议。第七章指出了论文的创新之处与不足,并对未来的研究方向进行了展望。

关键词:居民消费　消费心理　消费者行为论

6310

**西藏地区金融资源配置效率与经济增长** / 杨松著 ; 赵昌文,何佳指导. -- 四川大学, 2009. -- 161 页

论文对西藏地区金融资源配置效率与经济增长进行了分析与研究。全文共分为九章。第一章为论文的导论,主要介绍了论文的研究背景、研究的主要问题,对相关的研究概念进行了界定,总结了论文的研究内容和目标、论文的研究结构、研究方法以及研究的创新点。第二章是对区域金融发展与经济增长理论的回顾,主要概述了现代区域金融发展的理论,

分析了金融发展与经济增长相关关系以及国外欠发达地区经济发展过程中的金融支持政策。第三章是对西藏地区金融资源配置效率的理论分析,主要包括金融资源的界定和性质、金融资源配置效率的一般理论分析、区域金融的理论分析、西藏地区金融资源配置的目标、主体、机制以及增长的途径。第四章是对西藏地区金融发展与经济增长的实证研究。第五章是对西藏地区的财政金融资源配置效率与经济增长的实证研究,主要包括财政支出范畴的界定、财政支出规模效益实证分析以及财政支出结构效益的实证分析。第六章是对西藏地区银行中介的金融资源配置效率与经济增长的实证研究,主要从金融效率的定义及其理论模型、实证分析两方面进行了阐述。第七章是对西藏家庭金融资源配置与经济增长的实证研究,介绍了西藏地区家庭金融的研究方法,分析了实证结果。第八章介绍了中央对西藏的特殊金融政策与西藏地区金融资源配置效率的实证研究,介绍了西藏享受的特殊优惠货币政策,分析了特殊金融政策对信贷供求的影响模型,对实证结果进行了分析。第九章为论文的主要结论和进一步研究的方向。

关键词:金融　资源分配　区域经济　西藏

**6311**

**企业信息化能力成熟度的研究** / 杨一平著 ; 郑海航指导. -- 首都经济贸易大学, 2009. -- 151 页

论文对企业信息化能力的成熟度进行了研究。全文共分为八章。第一章引言,主要论述了论文的研究背景,研究的问题,研究的意义。第二章为企业管理信息化的文献综述,主要研究了企业信息化发展的现状、信息化测度方面的研究现状、信息化价值评估的现状、相关模型应用情况的现状以及信息化投入产出分析方法的现状,对企业信息化风险和绩效方面的文献进行了评述。第三章介绍了论文依据,描述了论文的研究框架。对相关概念进行了概述,分析了核心思路的理论依据,阐述了研究框架。第四章企业信息化能力成熟度及其模型体系结构,主要描述了相关的概念,阐述了企业信息化能力的成熟度,从模型内容、内部结构、关键过程域、EICMM 的测度和评价指标体系以及组织保证几方面分析了模型体系的结构,对 EICMM 分层的必要性进行了实证分析。第五章研究了企业信息化能力成熟度测度模型,主要论述了建立企业信息化能力成熟度测度模型的指导思想,模型的结构和主要的内容,介绍了使用测评模型的步骤,对 EICMM 测度模型的数据进行了验证和分析。第六章是对企业信息化能力成熟度投入产出模型的研究,主要包括模型结果和内容、确定模型测试指标、分级基准企业库、模型的使用路径、模型的数据验证和分析五方面的内容。第七章是对企业信息化风险模型的研究,主要阐述了企业信息化风险模型的组成,论述了重视风险管理是信息化成功的关键,对企业信息化风险进行了案例分析。第八章为全文的总结和展望。

关键词:企业信息化　企业管理　企业能力

**6312**

**租赁服务业的类型、发展机理及趋势研究** / 杨勇著 ; 李江帆指导. -- 中山大学, 2009. -- 172 页

论文围绕租赁服务业的类型、发展机理及趋势这一核心主题进行研究,主要想解决租赁服务业具有的类型、产品特征、发展机理、发展趋势和中国的产业政策制定等几个问题。主要研究如下:对租赁服务业的概念进行了界定,并在此基础上阐述了租赁服务业的基本类型。另外,将租赁服务产品与实物产品和其他非实物产品(服务产品)进行了比较,得出了租赁服务产品的特征。选择以 BS 模型为基础的租赁期权定价理论模型,并通过案例分析验证了动态租赁决策的适应性。对较复杂的租赁形式之一的杠杆租赁表外融资的不确定性收益——成本问题建立理论模型分析表明,租赁公司和贷款者各自的借贷款预期收益与其风险收益折现因子乘积的和等于租赁公司与贷款者的交易剩余。在双方风险收益折现因子处于 0 和 1 两种极端情况下,租赁公司侵吞比例等于租赁公司和贷款者交易费用系数之差。指出租赁服务业的发展取决于租赁公司和外部贷款者双方的信息对称性、社会距离、关系治理,资本市场规制、开放度和政府行为等因素。租赁服务业的未来发展趋势表现为:租赁交易额上升律、市场渗透率上升律。随着经济的发展,租赁服务业从业人员比重先升后降,呈倒 U 型发展趋势,存在临界值。服务行业是当地设备的最大承租人(需求者),租赁市场的最大承租人为现代服务业企业。医疗设备承租市场越来越稳定,发展前景被看好。按三次产业划分,租赁额由大到小排列依次为:第三产业 > 第二产业 > 第一产业。中国租赁服务业的特征表现为集聚区域位于东部,先有国际租赁,后有国内租赁,国际租赁以综合租赁为主,国内租赁以自营、联营租赁为主。针对国内租赁服务业存在的问题,认为可以从丰富租赁形式、创新运行方式,进一步完善

租赁服务业"四大支柱"建设、为其快速发展扫清制度障碍,建立全国性租赁协会、加强租赁知识的宣传与推广,逐步建立完善的统计指标体系四方面入手。

关键词:租赁　服务业　产业发展

**6313**

**组织健康的理论构建与捍卫机制研究** / 杨震宁著 ; 王以华指导. -- 清华大学, 2009. -- 256 页

论文回顾了组织健康的理论发展脉络,并对与组织健康研究相关的概念进行了文献综述,认为组织失灵理论、组织免疫行为理论和组织病理学研究对组织健康的研究有重要的启示。采用类比和竞争性理论分析,从操作层面和理论层面进行理论构建,将组织健康理论维度分为结构均衡性、功能活跃性、社会和谐性和环境适应性四个重要理论维度,界定其特定的哲学内涵;将组织免疫行为分为三个理论维度:组织监视、组织防御、组织记忆;认为组织健康状态维度是动态变化的,受到组织免疫行为的捍卫作用,同时受到组织生态环境和组织生态特征的调节作用;提出了"组织生态环境——组织生态特征——组织免疫行为——组织健康状态的分析模式"。采用跨案例研究方法,调查研究了大亚湾核电站、沙角 C 电厂和李宁有限公司三个典型的企业,验证了组织健康的理论维度和捍卫机制模型。采用实证研究方法证明了组织健康存在高阶因此结构,组织免疫行为对组织健康有捍卫作用,并讨论了组织生态环境和组织生态特征对组织免疫行为和组织健康的调节作用。研究过程中设计和开发了测量组织健康的 SFSE 量表,纯化了组织免疫行为的 SDM 量表,采用探索性因子分析、验证性因子分析、高阶因子分析、结构方程模型中的路径方法和调节回归分析对研究模型进行了分析,验证了组织健康的高阶因子结构、组织健康的捍卫机制和生态要素的调节效应。

关键词:企业管理　战略管理　组织管理

**6314**

**上市公司可持续发展研究:基于中国证券市场的证据** / 姚禄仕著 ; 杨善林指导. -- 合肥工业大学, 2009. -- 116 页

论文对上市公司的可持续发展进行了研究。全文共分为七章。第一章为论文的绪论,主要介绍了论文研究的理论与现实背景,论文的研究问题、研究的意义,对相关的研究概念进行了界定,阐述了论文研究内容与逻辑框架以及技术路线,总结归纳了论文的创新点。第二章对上市公司可持续发展研究进行了回顾,主要论述了"可持续发展"理论的缘起,分析了国内外关于上市公司可持续发展的文献,阐述了上市公司可持续发展的理论内涵。第三章是对中国上市公司可持续发展现状与影响因素的分析与研究,主要包括中国上市公司可持续发展现状的分析、基于可持续发展能力较强的上市公司影响因素分析以及基于可持续发展能力不足的上市公司影响因素的分析三方面的内容。第四章是对外部因素与中国上市公司可持续发展的研究,主要论述了宏观经济环境对上市公司可持续发展的影响,政策因素对上市公司可持续发展的影响,介绍了产业结构与上市公司可持续发展的影响,分析了政府行为对上市公司可持续发展的影响。第五章是对内部因素与中国上市公司可持续发展的研究,主要介绍了内部治理机制对上市公司可持续发展的影响、资本结构对上市公司可持续发展的影响、创新能力对上市公司可持续发展的影响以及品牌战略对上市公司可持续发展的影响、企业文化对上市公司可持续发展的影响。第六章介绍了上市公司可持续发展指标体系及其能力评价模型的构建,主要包括构建上市公司可持续发展指标体系的必要性、上市公司可持续发展能力评价的理论基础及其指标体系的构建原则、上市公司可持续发展指标体系的构建以及上市公司可持续发展能力模糊综合评价模型。最后对研究问题进行了案例分析。第七章是对全文的总结。

关键词:上市公司　可持续发展　经济评价

**6315**

**高管团队行为整合的机制和效应研究** / 姚振华著 ; 孙海法指导. -- 中山大学, 2009. -- 166 页

论文从可观察行为视角定义行为整合为"高管团队成员主动积极地分享信息、资源和决策的行为过程",突出了决策参与、开放沟通及团队合作三个维度"合而不同"的辩证统一。论文基于珠三角地区 96 家国企、66 家民企、36 家欧美外企和 127 家公共组织的高层团队样本数据,实证研究高管团队行为整合的构念与测量、形成机制、总经理领导风格对团队特征与行为整合关系的调节机制及行为整合效应,具有较高的理论创新性。构念和测量研究发现,高管团队行为整合的决策参与、开放沟通和团队合作三维模型拟合优度显著高于单一维度模型,支持了三个维度"不同而合"的整体结构。形成机制研究发现,国企、民企和

欧美外企高管团队在人口统计与人力资本特征等方面有显著差异，比如外企高管团队女性比例和教育水平最高，国企团队平均组织任期最长，外企和民企高管团队每周平均工作时间显著高于国企。调节机制研究发现，总经理整合领导水平越高，高管团队规模与行为整合聚合构念、团队合作的负相关越弱，高管团队工作经历异质性对决策参与的负效应越弱，高管团队进入方式异质性对团队合作的负效应越弱，高管团队年龄异质性对行为整合聚合构念、决策参与和开放沟通的负效应越弱，高管团队任期异质性对行为整合、开放沟通的负效应越弱。效应研究发现，高管团队行为整合与决策认同、公司员工满意度、组织长期绩效、短期绩效、客观财务绩效显著正相关，而且行为整合与组织长期绩效的显著水平及相关系数都高于短期绩效，凸现了高管团队的战略领导作用。

关键词：企业管理　企业领导　团队　企业绩效

**6316**

**融资约束下的中国上市公司资本结构研究** / 叶栋梁著 ; 毛道维指导. -- 四川大学, 2009. -- 165 页

论文对融资约束下的中国上市公司资本结构进行了分析与研究。全文共分为六章。第一章为论文的导论，主要介绍了论文的研究背景及目的、研究内容、方法和结构。第二章为文献综述，包括融资约束、资本结构理论、融资效率的文献，对交易成本经济学、信息经济学、契约经济学的理论研究进行了总结。第三章介绍了融资约束下的次优资本结构，主要分为企业资本交易、企业资本供应的有限性、资本需求的“无限性”、企业资本交易中的信度风险、融资约束以及融资约束下的资本结构。分析了企业资本交易中的信度风险产生的原因和影响因素，阐述了融资约束下的次优资本结构。第四章介绍了中国上市公司的融资约束，主要从中国流动性的总体状况、上市公司的内源融资供应能力、股权和债券资本的供应能力、银行信贷的供应能力以及商业信用的供应能力分析了中国社会的潜在资本供应的总量。同时论文还阐述了制度对中国上市公司资本供应的影响，论述了企业特征对资本供应影响的实证，分析了投资—现金流敏感模型、现金—现金流敏感模型，探究了中国上市融资约束普遍性实证的结论，研究了中国上市公司融资约束的顺序。第五章分析了融资约束对中国上市公司资本结构的影响，主要分析融资约束与股权融资偏好、融资约束对中国上市公司融资顺序的影响以及融资约束下的中国上市公司资本结构的融资效率的分析三方面的内容。第六章为论文的结论和进一步研究的方向，主要提出了改善融资约束从而改善资本结构的建议。

关键词：上市公司　资本结构　融资

**6317**

**破坏性创新扩散路径及其效应研究** / 叶雯著 ; 张金成指导. -- 南开大学, 2009. -- 248 页

论文对破坏性创新扩散路径及其效应进行了全面的研究。全文共分为八章。第一章绪论主要介绍了论文的背景与动机，研究方法与研究路线，研究意义，总结归纳了论文研究的创新点。第二章为文献回顾与评析，主要介绍了破坏性创新的理论渊源，分析了熊彼得所提出的创造性破坏，S 曲线与创造性破坏，论述了破坏性创新理论，及其他的破坏性创新理论。第三章介绍了破坏性创新特征及其市场显现，主要分析了破坏性创新的时代特征，破坏性创新来源的种类，破坏性创新的市场实际显现，对历史上破坏性创新的典型案例进行了分析与研究。第四章探究了破坏性创新扩散的动态能力与路径，主要论述了破坏性创新扩散的本质和意涵，企业从事破坏性创新扩散的动态能力，介绍了顾客层面破坏性创新的扩散路径，市场层面破坏性创新的扩散路径，从整合供应端和异业结盟论述了上游供应端层面破坏性创新的扩散路径，从运用信息科技促进互补产品诞生和连锁便利商店透过信息科技协助进行商品与服务销售管理论述了互补产品层面破坏性创新的扩散路径。第五章介绍了破坏性创新产业效应，主要介绍了破坏性创新对产业的影响，探究了机械与电子破坏性创新产业效应以及整合和信息破坏性创新产业效应，分析了不同时代破坏性创新产业效益差异。第六章通过企业破坏性创新洞察力的培养、企业组织结构演变、企业破坏创新的价值传递、企业破坏性创新策略的动态效应四方面分析了破坏性创新的企业效应。第七章论述了破坏性创新的市场顾客效应。第八章为论文的结论与展望。

关键词：企业管理　创新管理　企业战略　技术创新

**6318**

**企业业绩操纵与银行债权保护研究** / 叶志锋著 ; 胡玉明指导. -- 暨南大学, 2009. -- 154 页

论文借助创新的方法将银行借款融资动机与其他动机的业绩操纵加以区分,运用分布检验和多元回归分析方法对企业业绩操纵与银行债权保护问题进行了分析研究。全文共分七章。第一章绪论,介绍了研究的动机与意义,研究的思路与方法,对相关概念进行了界定,并指出了研究内容的安排与研究的主要贡献。第二章为文献综述与理论分析部分,首先介绍了银行债权保护的相关研究,分析了信息与银行债权保护之间的内在联系,探讨了会计信息与银行债权保护问题,并对业绩操纵进行了详细介绍,指出业绩操纵分为三种主要方式,即利润操纵、现金流量操纵以及债务融资动机的企业业绩操纵。第三章介绍了制度背景,对中国银行业改革历程进行了简要回顾,从计划经济下财政主导型的企业融资模式与市场化改革中企业融资模式两个方面梳理了中国企业融资模式的演变与发展过程,阐述了中国商业银行信贷管理制度的演变过程,探究了中国商业银行债券保护程度薄弱的主要原因。第四章分析了银行借款融资动机的业绩操纵,阐述了基于制度背景下的理论分析,提出了有关假设,并对实证结果进行了多元回归分析与稳健性检验。第五章分析了业绩操纵与债务期限结构,从利润操纵与现金流量操纵两个角度入手构建了有关模型,并对实证结果进行了描述性统计与稳健性检验。第六章探讨了业绩操纵与债务违约率的联系,提出了假设,指出了研究的设计思路,并对实证研究的结果进行了分析与检验。第七章为全文的总结。

关键词:企业　债务　融资

**6319**

**群体消费者服务抱怨中情绪感染与行为机制研究** / 伊亚敏著 ; 范秀成指导. -- 南开大学, 2009. -- 183 页

论文对群体消费者服务抱怨中情绪感染与行为机制进行了深入全面的研究。全文共分为九章。第一章引言主要介绍了论文的研究背景、研究问题、论文的论点和创新点、论文的研究方法和整体研究思路以及研究的框架。第二章主要对消费个体服务失败、消费个体服务补救、消费群体在服务投诉中的群体特征等方面文献进行了回顾与总结。第三章对去个体化、群体情绪感染以及情绪宣泄的文献进行了回顾与分析,明确了论文研究的问题与思路。第四章主要对南航 729 事件的文字、照片以及录像进行了回顾与分析,探究了焦点小组的访谈。第五章介绍了论文的研究假设、实验设计与实验控制检验。提出了群体服务失败下去个体化和群体情绪感染机制对抱怨倾向的关系假设以及服务补救中去个体化消失和情绪宣泄对补救后满意和行为倾向的关系假设。第六章和第七章对服务失败下群体消费者的情绪与行为互动机制进行了实验研究,主要包括实验操作与变量的信度与效度检验、核心假设的验证以及主要的研究结论。第八章以电信为例,分析了群体服务失败的预警系统以及群体服务失败补救系统。第九章为论文的讨论和总结。

关键词:消费心理学　消费行为论　市场营销

**6320**

**创业者与创业投资家的信任对创业绩效的影响研究** / 易朝辉著 ; 夏清华指导. -- 武汉大学, 2009. -- 217 页

论文对创业者与创业投资家的信任对创业绩效的影响进行了全面深入的研究。全文共分为六章。第一章主要介绍了论文选题的动机,综述了国内外相关研究现状,提出了论文研究的问题,阐述了论文研究的理论与实践意义,对相关的文献综述进行了评析,介绍了论文研究的背景,总结归纳了论文的研究方法和创新点。第二章为论文文献综述,主要对创业型企业成长理论与资源维度、创业者与创业投资家的关系、社会资本、创业导向与创业绩效的关系三方面文献进行了梳理。第三章介绍了模型构建与假设的推导,主要论述了风险企业的概念、创业者与创业投资家的信任,分析了创业者与创业投资家的信任发展模型并对相关的概念进行了探讨。从基于关键资源驱动成长的视角,对直接模型和间接模型进行了分析与研究。第四章为论文的研究设计与方法的论述,主要包括问卷设计的过程,对创业者与创业投资家的信任、创业导向维度、创业绩效维度、控制变量维度进行测量。从选择、样本描述、数据分析、统计分析方法的论述阐述了数据获取的过程。第五章为全文的数据分析与结果讨论。从调查对象干扰分析和调查方法差异分析,阐述了数据质量评估。从创业者与创业投资家的信任、创业导向、创业绩效、创业环境以及二阶测量模型分析了测量的信度与效度评估并对研究结果进行了分析研究和检验。第六章为全文的总结与展望。

关键词:高技术企业　创业投资　投资者　企业绩效

6321

**基于 RDAP 四阶模型的新产品速度营销动态能力实证研究** / 尹卫兵著 ；吴泗宗指导. -- 同济大学, 2009. -- 239 页

论文对基于 RDAP 四阶模型的新产品速度营销动态能力进行了实证研究。全文共分为七章。第一章绪论,主要介绍了论文的研究背景、研究目的和意义、学术构想和思路、主要的研究内容、理论贡献和技术路线。第二章为基础理论分析,主要介绍了三大主流竞争理论、动态能力理论、时基竞争理论。第三章为文献评述,主要对基于生产技术的实践压缩、基于管理技术方面的时间压缩进行了研究与分析,对速度营销和时基竞争进行了研究,探究了新产品速度模型、市场营销能力模型、跨期整合模型等与论文相关的研究模型。第四章研究了新产品速度营销动态能力运行机理和影响因素。对相关的概念进行了界定,分析了速度营销动态的能力,研究了新产品速度营销效果影响因素。第五章为实证研究设计,主要论述了资源维度变量的测量,对动态能力维度变量进行了测量,阐述了竞争优势维度变量的测量和绩效维度变量的测量,介绍了调节变量的测量以及问卷设计与数据收集,明晰了论文的分析方法和分析工具。第六章数据分析与假设检验,对数据进行了描述性统计分析,对探索性因子和验证性因子进行了信度与效度的检验,检验了 RDAP 全模型的假设和中介变量和调节变量的假设。第七章为全文的结果讨论与研究展望。

关键词:企业管理　销售管理　市场营销

6322

**基于自我调节的变革型领导对员工组织承诺的影响研究:以普通高校为例** / 于博著 ；刘新梅指导. -- 西安交通大学, 2009. -- 136 页

论文以国内普通高校的二级学院院长和任课教师为研究对象,以自我调节为切入点,综合考虑目标设置、自我效能感和目标自我一致之间的关系和作用,来研究变革型领导对员工组织承诺的影响问题。在对相关理论和研究进行梳理和分析的基础上,阐释了目标设置、自我效能感、目标自我一致的自我调节过程;分析了变革型领导与自我调节过程之间的关系。从"外部因素"到"内在动机"转化的视角探讨了变革型领导发挥作用的路径,提出了变革型领导影响员工组织承诺的研究框架,构建了包含变革型领导、目标设置、自我效能感、目标自我一致、组织承诺等变量的概念模型,并提出了 15 条研究假设。在此基础上,利用 309 组样本数据和社会统计分析方法,对变革型领导发挥作用的直接效应和间接效应进行了实证研究。研究结果表明,目标设置、自我效能感、目标自我一致所构成的自我调节过程及三个变量在领导行为和教师组织承诺以及相关变量之间起到了中介作用。

关键词:高等学校　领导　职工　学校管理

6323

**东道国母公司的控制机制对国际合资公司知识获取和学习绩效的影响研究** / 于伟著 ；蓝海林指导. -- 华南理工大学, 2009. -- 171 页

论文对东道国母公司的控制机制对国际合资公司知识获取和学习绩效的影响进行了深入全面的研究。全文共分为六章。第一章绪论主要论述了论文研究的理论与现实背景、研究问题、研究的意义,对相关的研究概念进行了界定,阐述了论文研究内容与逻辑框架以及技术路线,总结归纳了论文的创新点和贡献。第二章为论文的理论基础和文献评述,主要介绍了国际合资公司的定义和成立的目的,分析了 IJV 从母公司获取知识的过程模型、层次以及影响因素,阐述了 IJV 的绩效,论述了母公司对 IJV 的控制维度、机制以及影响因素。第三章为研究假设的介绍,主要介绍了论文研究关注的东道国母公司对 IJV 的控制机制,分析了人员任用控制和文化控制的关系、人员任用控制与文化控制对 IJV 学习绩效的影响、IJV 的知识获取和 IJV 的学习绩效,阐述了假设关系的影响因素。第四章介绍了研究的设计,主要包括变量的操作性定义和测量、问卷设计、研究样本、基本数据分析方法、样本基本特征、信度与效度分析、问题项关联度等方面的内容。第五章是对数据分析和实证研究的介绍,主要分析了两两变量之间的统计结果、多个变量之间的相互影响作用的统计结果,论述了 IJV 股权类型对假设关系的影响以及 IJV 行业类型对假设关系的影响,探究了变量关系的路径,对影响效果进行了剖析。第六章是对全文的讨论和总结。

关键词:跨国公司　知识管理　管理控制

6324

**中国纺织服装在全球价值链中的治理模式和治理能力研究** / 虞冰清著 ；顾庆良指导. -- 东华大学, 2009. -- 173 页

论文对中国纺织服装在全球价值链中的治理模

式和治理能力进行研究。全文共分为七章。第一章绪论,主要介绍了论文的研究背景,研究视角,研究概念框架和范式,研究内容和目标,研究结构,研究方法,研究的创新点。第二章为全球产业网络下的服装价值链治理和产业升级的研究综述,主要包括全球价值链相关研究、全球产业网络的定义和分析框架、全球价值链治理模式的研究、价值链治理模式与产业升级的理论探索以及服装产业价值链治理模式理论及相关研究五方面的内容。第三章是对服装产业全球价值链治理模式的转换的动态表述,主要介绍了价值链治理模式的五分法,分析了纺织服装价值链特性和价值链治理的模式,研究了多属性效用理论在价值链治理模式分类中的应用,对服装产业价值链治理模式转换进行了动态表达。第四章从全球纺织服装产业网络重构、中国在全球产业网络中的地位、全球纺织服装产业链、中国在全球纺织服装价值链中的地位以及中国在价值链治理中存在的问题五方面阐述了中国纺织服装业在全球价值链中的地位。第五章对纺织服装价值链,治理模式与治理能力的研究设计与样本检验,介绍了样本采集的情况,分析了样本统计和描述,对量表数据的信度和效度进行了检验。第六章是对中国纺织服装价值链治理模式与治理能力的研究分析,主要包括纺织服装价值链治理模式、纺织服装企业战略重要性与实际绩效评价、纺织服装买家价值取向及供应商的评价、纺织服装企业战略对价值链治理能力的影响以及案例分析和结果讨论与研究。第七章为全文的总结。

关键词:纺织工业　服装工业　产业发展　价值链　产业结构升级

**6325**

**管理者报酬契约中的业绩评价及其噪音研究** / 喻天舒著 ; 王韬,周仁俊指导. -- 华中科技大学, 2009. -- 171页

论文对管理者报酬契约中的业绩评价及其噪音进行了研究。全文共分为七章。第一章绪论,主要介绍了论文的研究背景和意义,国内外研究的现状与评析,对相关的概念进行了界定,介绍了论文的研究思路、研究内容安排、论文的创新点。第二章为管理者的激励方式与报酬契约的研究,主要论述了公司治理与管理者的激励方式,阐述了不同股权集中度下的管理者报酬契约。第三章是对管理者报酬契约与业绩评价的研究,主要论述了管理者报酬契约中的业绩评价指标,对管理者货币性收益与业绩相关性进行实证分析,对管理者控制权收益与业绩相关性进行了实证研究,探究了管理者货币性收益与控制权收益的相关性。第四章介绍了业绩评价的噪音的盈余管理,主要论述了盈余管理的内涵和动因,分析了盈余管理的具体操作和计量,对管理者报酬、业绩评价与盈余管理进行了实证分析与研究。第五章介绍了业绩评价的噪音的现金流管理,主要阐述了现金流管理的内涵和动因,分析了现金流管理的具体操作和计量,对管理者报酬、业绩评价与现金流管理进行了实证分析。第六章为抑制噪音的因素探究,主要分析了股权结构,董事会特征和管理层的特征,论述了外部监管,对抑制噪音因素与盈余管理程度进行了实证研究与分析。第七章为论文的结论与展望。

关键词:股份有限公司　企业管理　工资管理　企业绩效

**6326**

**科技人员绩效结构及相关研究:基于广东省的调查** / 喻自觉著 ; 凌文辁指导. -- 暨南大学, 2009. -- 139页

论文在文献分析的基础上,通过问卷调查(发出问卷1125份,收回有效问卷947份)、深度访谈和已有材料的收集,运用探索性因素分析和验证性因素分析等方法,对科技人员绩效的内容结构、影响科技人员绩效的组织层面因素和有关个人因素以及科技人员绩效在人口学和组织学变量上的差异等问题进行了探讨。研究结果表明:①我国科技人员绩效的内容结构由二阶二因子一阶5个因子构成,二阶因子为行为绩效和结果绩效;一阶因子为成果影响力、行为规范、适应性绩效、派生成果和直接成果。②影响科技人员绩效的组织层面因素由四个因子组成,它们分别是:组织气氛、组织制度、保障条件和组织支持。③组织层面影响因素对科技人员绩效的作用路径为:组织气氛对科技人员绩效的五个维度均产生显著影响;组织制度和组织支持主要影响行为规范绩效和适应性绩效两个维度;保障条件主要影响成果影响力。④科技人员的理想承诺在组织层面影响因素与其工作绩效之间起着部分中介作用。科技人员的专业能力和成就动机对其工作绩效有显著的正向影响效应。组织层面影响因素对科技人员专业能力与其工作绩效之间的关系具有调节作用,而对科技人员成就动机与其工作绩效之间的关系没有调节作用。⑤科技人员受教育程度、工作类型、专业技术职称,以及他们所在

单位的属性和规模对其绩效内容结构的各个维度有不同的影响。

关键词:科研人员　绩效评价　组织管理

**6327**

**时间框架效应下知识团队任务设计与任务执行冲突研究** / 袁国方著；张钢指导. -- 浙江大学, 2009. -- 231 页

论文对时间框架效应下知识团队任务设计与任务执行冲突进行了研究。全文共分为八章。第一章绪论,主要提出了论文的研究问题,研究目标、框架以及内容,研究方法、创新点和技术路线。第二章文献回顾与评述,主要包括对时间框架效应、时间约束与管理行为决策、知识团队、冲突管理的简介,最后对理论进行了简单的评述。第三章介绍了论文研究的理论建构和整体思路,主要分析了以往研究取得的进展,总结了论文拟解决的理论问题,阐述了研究的理论框架与实证研究步骤。第四章对时间框架效应与团队知识冲突进行了理论扩展和案例分析,主要包括对时间框架效应下的团队知识冲突进行了理论拓展,以 ROUTE66 项目团队为例对时间框架效应对团队知识冲突的影响进行了分析,最后对研究进行了总结。第五章介绍了时间框架效应下时间个性、任务认知和任务参与决策,主要包括理论模型与研究假设、实验方法、实验结果、实验讨论、研究总结等内容。第六章分析了时间个性差异对知识团队任务设计与任务执行冲突及创新的影响:时间框架效应的调节作用。从调查程序与样本结构、研究测量、控制变量、统计分析分析了研究的方法。第七章分析了时间框架效应下知识团队创新的影响机制,主要对关系冲突的中介机制、时间压力的中介机制以及时间框架效应的调节机制进行了研究讨论。第八章为论文的结论和展望。

关键词:企业管理　组织管理　人力资源管理

**6328**

**控制权转移中的内幕交易研究:基于中国上市公司的经验证据** / 岳宝宏著；王化成指导. -- 中国人民大学, 2009. -- 103 页

论文基于中国上市公司的经验数据,对控制权转移中的内幕交易进行了研究。全文共分为八章。第一章导论,研究了论文的选题背景与研究意义、主要内容和研究框架、研究方法、主要创新点。第二章是对论文相关文献进行的综述,主要对内幕交易、控制权转移以及基于控制权转移的内幕交易的相关文献进行了梳理。第三章介绍了制度背景及内幕交易监管的现状,分析了我国控制权市场发展的历程以及存在的问题,我国内幕交易监管的现状以及我国控制权转移中的内幕交易存在的必然性。第四章对控制权转移中内目交易存在性进行了研究,主要包括样本选择、内幕交易存在性的甄别方法、实证结果与分析以及竞争性假说。第五章是对控制权转移中内幕交易严重程度的研究,对内幕交易严重程度进行了界定,分析了控制权转移中的内幕交易严重程度,内幕交易严重程度的影响因素。第六章是对控制权转移中内幕交易者收益率的研究,主要包括内幕交易者收益率衡量的方法、控制权转移中内幕交易者的收益率、内幕交易者收益率的影响因素的分析方面的内容。第七章研究了控制权转移中内幕交易的监管,主要分析了控制权转移中内幕交易监管的重要性,对我国控制权转移中的内幕交易监管进行了案例分析,提出了控制权转移中内幕交易的监管建议。第八章是对全文的总结。

关键词:股份有限公司　上市公司　控制权　股权转让

**6329**

**基于顾客感知价值的百货商店形象对顾客忠诚的影响研究** / 岳俊芳著；吕一林指导. -- 中国人民大学, 2009. -- 161 页

论文采用文献评述、深度访谈、问卷调查等具体研究方法对基于顾客感知价值的百货商店形象对顾客忠诚的影响进行了研究。全文共分为六章。第一章导论主要介绍了论文的研究的实践和理论背景,研究的理论和实践意义,对基本的概念进行了界定,阐述了论文的研究主题和理论创新点,总结了论文的方法和技术路线及研究框架。第二章为文献综述,主要对商店形象、顾客感知价值、顾客忠诚、生活方式等的文献进行了回顾与评述。第三章介绍了研究假设和理论模型,阐述了百货商店形象对顾客忠诚的影响路径,介绍了概念模型,阐述了理论假设。第四章为研究设计与实证研究过程,介绍了论证目标和研究设计,从问卷设计过程、百货商店形象量表的开发过程、变量的操作性定义域计量项目、计量尺度的来源以及问卷设计与小样本检验五方面对问卷设计和修改进行了阐述,同时阐述了数据分析方法和调研设计。第五章介绍了数据分析与讨论,主要是对预调研有关百货商店形象的探索性因子的分析,描述了正式调研的

样本及基本数据的特征,对问卷测试量表的信度和效度进行了分析,验证了模型,对假设检验结果进行了分析与研究。第六章介绍了论文的研究结论。

关键词:百货商店　营销管理　企业形象　顾客满意度

**6330**

**西部民营企业竞争力研究** / 曾春花著 ; 王林昌指导. -- 武汉大学, 2009. -- 192 页

论文对西部民营企业竞争力进行了全面系统的研究。全文共分为八章。第一章为论文的引言,主要介绍了论文的研究背景,对竞争力及西部民营企业研究的文献进行了综述,归纳了论文研究的方法、研究的内容、研究的意义和创新之处。第二章主要介绍了企业竞争力的概念、要素,分析了企业竞争力与企业核心竞争力的区别和联系。第三章对东西部经济发展差距、东西部民营企业发展差距与经济差距的相关性进行分析,阐述了竞争力差异对东西部民营企业发展差距的影响,以及提升西部民营企业竞争力对西部经济发展的作用。第四章主要论述了现有的竞争力评价指标体系和构建的原则,介绍了民营企业竞争力分级评价指标体系的构建。第五章主要对西部民营企业竞争力进行评价,包括西部民营企业规模实例评价、运营能力评价、社会贡献能力评价以及西部民营企业外部环境评价。第六章介绍了西部民营企业竞争力的优势:西部大开发的历史契机、资源丰富带来的成本优势、后发优势。第七章是对阻碍西部民营企业竞争力提升的因素进行了分析,主要阻碍因素包括西部民营企业规模实力低下、西部民营企业运营能力低下、人力资源困境以及外部环境劣势。第八章提出了提升西部民营企业竞争力的途径,主要有西部民营企业集群化发展、充分发挥技术性后发优势和制度性后发优势等。

关键词:民营企业　企业管理　西部地区

**6331**

**实现战略并购价值的内部控制研究** / 查剑秋著 ; 张秋生指导. -- 北京交通大学, 2009. -- 151 页

论文对实现战略并购价值的内部控制进行深入全面的研究。全文共分为八章。第一章为论文的绪论,主要提出了论文的研究问题、研究目的和意义、研究的内容与方法,对相关理论研究进行了回顾与分析。第二章介绍了内部控制与战略并购价值实现的关系,主要探究了内部控制对目标企业价值评估的影响、内部控制对收购方并购价值实现的作用机理。第三章分析了并购价值的实现体系——战略到业务活动的执行框架,主要论述了目标企业战略管理体系及其内控体系,分析了收购方收购战略管理体系及其内控体系。第四章是对目标企业内控保障体系及其调查与评价的介绍,主要包括战略制定层面内部控制体系、规划层面内部控制体系、业务单元内部控制体系、作业部门内部控制体系、作业活动内部控制体系以及目标企业内部控制保障体系调查与综合评价方法六方面的内容。第五章探究了收购方决策与执行内控保障体系及其调查与评价,主要论述了收购决策内部控制及其调查与评价、接管的内部控制调查与评价、整合的内部控制调查与评价,最后对收购方决策与执行内部控制指标量化标准进行说明与解释。第六章对目标企业内控体系与企业价值关系进行了实证研究,主要包括实证研究的概念模型与假设、研究设计与方法、调查数据分析与结果、目标企业战略内控体系与企业价值总体相关性分析以及实证结果说明五方面的内容。第七章是对收购业务内控体系与企业价值关系进行的实证研究。第八章为全文的总结与展望。

关键词:企业合并　企业战略　内部审计

**6332**

**政府干预下的中国国有企业改制和企业行为实证研究** / 张保柱著 ; 龚朴指导. -- 华中科技大学, 2009. -- 122 页

论文对政府干预下的中国国有企业改制与企业行为进行了实证研究。全文共分为六章。第一章绪论,主要提出了论文研究的问题和研究意义,回顾了论文相关的文献综述,论述了论文研究的结构安排,总结归纳了论文研究的创新点。第二章为政府干预下企业改制内生决策机制的理论分析,主要论述了中国政府的行政改革进程和特点,阐述了中国国有企业改革发展的历程,论述了中国国有企业改制的现状和特点,分析了企业改制决策机制的理论分析和模型,对政府干预下的中国国有企业改制进行了小结。第三章是对地方政府干预与企业改制决策机制的实证研究,主要包括章节引言、研究假设、研究的设计与实证分析以及章节小结四方面的内容。第四章是对企业行为与企业成长价值的实证研究,对相关的文献进行了回顾与分析,论述了实物期权的模型,介绍了研究的假设,阐述了研究的设计过程和实证模型的构

建,对研究的结构进行了分析与研究。第五章研究了政府干预、学习行为与企业成长价值的关系,进行了理论分析,提出了研究的假设,对样本的选取进行了介绍,对相关的变量进行了定义,对研究进行了实证检验。第六章为全文的结论和展望。

关键词:国有企业　经济体制改革　行政干预　企业行为

**6333**

**城市旅游目的地品牌合意性研究:基于武汉市实证分析** / 张彪著 ; 张薇指导. -- 武汉大学, 2009. -- 251 页

论文基于武汉市的实证分析,对城市旅游目的地品牌合意性进行了深入全面的研究。全文共分为五章。第一章为论文的导论,主要介绍了论文选题的背景,对论文相关的研究文献进行了综述,阐述了论文研究的思路和方法以及研究价值和指导意义。第二章为论文相关的概念和基本理论的介绍,主要对城市旅游目的地合意性进行了定义,从效率的定义、合意性的内涵、合意性的模式三方面分析了城市旅游目的地合意性效率的含义,阐述了合意性效率机理的基本理论,分析了城市旅游目的地品牌合意性模型的构造过程。第三章是对武汉市旅游目的地品牌建设的实证研究与分析,主要从实证分析程序和实证分析方法两方面阐述了实证分析的过程,介绍了论文的研究假设和设计方案,从量表信度检验、变量测量体系、样本描述性分析、因子分析、相关性分析、差异性分析以及IPA 方格图分析七个方面进行了介绍。第四章是对武汉市旅游目的地品牌合意性效率机理的研究,分析了武汉市旅游目的地品牌合意性动力与乘数效应、武汉市旅游目的地品牌合意性的功能潜力和效率潜力,描述了武汉市旅游目的地品牌的内生经济本质演化和合意性系统的共同演化。同时章节还简述了武汉城市圈旅游目的地品牌自组织合意性效率、武汉市旅游目的地品牌管理的效率和武汉市旅游目的地品牌合意性效率的提升措施。第五章为论文的结论和展望。

关键词:城市旅游　旅游业发展　品牌战略

**6334**

**基于证据理论的商业银行操作风险评价体系研究** / 张晨著 ; 杨善林,朱卫东指导. -- 合肥工业大学, 2009. -- 132 页

论文对基于证据理论的商业银行操作风险评价体系进行了研究。全文共分为七章。第一章绪论,主要介绍了论文的研究目的和研究意义,阐述了商业银行操作风险评价的方法,论述了商业银行操作风险度量模型的要素,总结了不完全信息商业银行操作风险评价体系研究的基础以及论文研究的结构和章节安排。第二章阐述了商业银行操作的风险特征,对其成因进行了分析与研究,介绍了风险测度的基本概念,商业银行操作风险的特征,分析了商业银行操作风险成因的经济学研究及管理框架,商业银行操作风险管理的发展。第三章是对商业银行操作风险评价指标体系的研究,主要分析了商业银行操作风险评价信息的类型和作用、基于业务的商业银行操作风险控制点的研究、商业银行操作风险定性评价要素,研究了商业银行操作风险定性评价的指标和商业银行操作风险定量评价的指标。第四章是对不完全信息商业银行操作风险评价公理的研究,主要讨论了不完全信息群决策的方法,论述了商业银行操作风险的不完全信息多属性评价的公理。第五章是对基于证据理论的商业银行操作风险评价方法的研究,介绍了不完全信息商业银行操作风险评价的属性分类,基于证据理论的不完全信息商业银行操作风险评价的方法。第六章是对基于证据理论的商业银行操作风险评价的实例研究。主要包括基于公开信息的商业银行操作风险定量指标的评价、基于证据理论的操作风险非公开信息定性指标评价、基于证据理论的公开信息和非公开信息的融合评价以及商业银行操作风险评价模型检验及其结果分析。第七章为全文的总结与展望。

关键词:商业银行　银行业务　风险管理　评价指标

**6335**

**企业社会资本、组织学习与技术创新关系:基于台湾 IT 产业的实证研究** / 张晨芝著 ; 毛蕴诗指导. -- 中山大学, 2009. -- 230 页

企业经由持续的组织学习,组织的成员才可以不断提升知识的能力与竞争力,以利于组织的发展和永续经营,于是通过组织学习所产生的创新知识逐渐成为企业知识创造与创新的重要源泉。而新知识的获取、利用、融合与创造不可能脱离与外部环境的联系,企业的组织学习活动也离不开企业内部各职能部门的支持和合作。论文首先在进行了相关文献回顾后,从企业获取内外部新知识的角度,对企业技术创新过

程中获取不同特征新知识的过程进行了分析。通过结构维度、关系维度和认知维度三个构面来刻画和衡量企业社会资本,实证检验了企业社会资本与不同类型技术创新的关系;开发了企业社会资本、组织学习和技术创新的测量量表,并且主成分因子分析结果表明,测量量表满足信度和效度要求,能较好地运用到企业社会资本与技术创新的关系研究当中;企业社会资本与技术创新存在显著正相关关系;企业社会资本是技术创新的前因变量,社会资本正向影响技术创新。在通过调研问卷对企业社会资本、组织学习和技术创新进行实证分析的基础上,也对宏碁、华硕和鸿海三家台湾 IT 企业进行案例研究,作为问卷调查的补充并对理论研究进行检验。

关键词:企业管理　技术革新　社会资本

**6336**

**全球营销标准化与 CBBE 权变关系的实证研究:基于"母国—东道国"和"东道国—东道国"的双重视角** / 张峰著 ; 吴晓云指导. -- 南开大学, 2009. -- 323 页

考虑到当今品牌在形成跨国公司差异化竞争优势中扮演的愈发重要的战略角色,以及品牌资产在衡量顾客绩效方面的代表性,在当前的现实背景下,研究提出如下主题:通过引入基于顾客的品牌资产(CBBE)概念作为绩效评价标准。围绕研究主题,论文主要展开了以下几项研究工作:(1)全面、系统梳理全球营销标准化战略领域、品牌资产构成研究以及企业营销行为与品牌资产关系研究领域的代表性文献。(2)在文献回顾的基础上,通过广泛搜集和整理心理学、信息经济学以及战略管理理论等学科领域的相关理论依据,从顾客认知的视角建立了基于市场相似性调节的营销标准化战略与品牌资产权变关系模型,在详细理论阐释和论证的基础上系统提出了营销标准化和 CBBE 各构成维度以及各构成维度之间的路径关系假设。(3)在对以往实证文献梳理的基础上,通过倒译、营销专家小组访谈、被调查者访谈、预测试等一系列步骤,开发出了基于顾客认知的营销标准化战略各项维度、CBBE 各项维度以及市场相似性的测量量表。(4)研究选择来源于美国的相关测试品牌分别在中国、加拿大、日本、韩国等若干国家或地区的营销活动作为研究对象,以美国和中国作为营销标准化的比较基准国,借助不同国家顾客的实地感知分 别从母国—东道国和东道国—东道国两类研究视角进行了规模性问卷调研和实证检验。

关键词:企业管理　市场营销　营销模式

**6337**

**无形资产主导型企业治理** / 张凤香著 ; 程秀生,李维安指导. -- 南开大学, 2009. -- 172 页

论文在研究大量文献综述的基础上,对无形资产主导型企业的治理进行了全面系统的分析与研究。全文共分为六章。第一章为论文的导论,主要介绍了论文选题的动机,综述了国内外相关研究现状,提出了论文研究的问题,阐述了论文研究的理论与实践意义,对相关的文献综述进行了评析,介绍了论文研究的背景、研究方法和创新点及难点。第二章介绍了无形资产的属性与运营,主要阐述了无形资产的概念、特征与计量,分析了无形资产的经济来源,从无形资产与专用性人力资本投入、无形资产与研究开发、著作权与创作投入的经济学分析、品牌资产与广告费投入以及无形资产的典型运营方式文献分析了无形资产的投入产出与运营,阐明了无形资产的路径依赖性。第三章介绍了无形资产主导的要素投入产出结构与企业治理,主要包括要素结构与无形资产治理、产出结构与无形资产治理、组织形态与无形资产治理以及无形资产出资治理问题分析四方面。第四章介绍了无形资产环境与治理制度,主要分析了无形资产的环境,从无形资产与私有产权、无形资产权益保护、无形资产战略审计、无形资产运营业绩考核机制以及无形资产的披露制度方面分析了无形资产治理的制度。第五章对无形资产与企业价值及企业治理进行了相关性研究,分析了无形资产组成结构,从研究假设、指标设置及含义、相关性检验三方面进行了实证分析。第六章是对无形资产主导型企业运营中典型治理问题的研究,主要对达能娃哈哈纠纷、凯明破产、中芯国际知识产权诉讼进行了分析。

关键词:企业管理　无形资产　法人治理结构

**6338**

**上市公司股东之间的利益冲突研究** / 张光荣著 ; 曾勇指导. -- 电子科技大学, 2009. -- 116 页

论文在回顾国内外相关研究的基础上,从我国证券市场功能定位与发行审批制度、公司的改制上市历程、股权分置的制度设计、投资者保护的法律环境等方面,分析了我国上市公司股东之间存在严重利益冲突的根源和制度背景,通过对大股东掏空上市公司典型案例的研究,揭示了大股东实施支持行为和掏空行

为的动机与实施途径。在制度背景分析和案例研究的基础上,使用我国1009家A股上市公司2001年至2004年数据构成的平衡面板数据,从关联交易、再融资效率角度对大股东与小股东之间的利益冲突进行了实证分析,并检验了股权制衡机制对大股东侵占和公司经营绩效的影响。首先,对大股东是否利用关联交易实施支持行为与掏空行为进行了检验。研究表明,第一大股东对上市公司的控制力越强,上市公司发生关联交易的概率和金额越大。其次,检验了上市公司股权再融资后业绩下滑的影响因素。无论以会计业绩还是股票投资收益度量,我国上市公司实施股权再融资后绩效下降明显,上市公司最终控制人对公司的控制方式是影响股权再融资后绩效下降的重要因素,被间接控制的公司再融资后绩效下降更为显著,表明掏空行为是导致股权再融资效率低下的一个原因。最后,检验了股权制衡对股东之间利益冲突和经营绩效的影响。股权制衡机制可以对大股东的侵占行为产生制约,减轻大股东对公司利益的侵占,有利于保护小股东利益。但同时,股权制衡可能对公司的经营绩效产生显著的负面影响,这种负面影响在国有控股的公司和业绩好的公司中更为明显。

关键词:上市公司　公司治理　关联交易　股权

**6339**

**工作场所员工之间不礼貌行为的形成机制研究** / 张季媛著 ; 赵曙明指导. -- 南京大学, 2009. -- 166页

论文对工作场所员工之间不礼貌行为的形成机制进行了研究。全文共分为六章。第一章绪论,主要介绍了论文的研究背景,研究的问题,研究的创新意义、学术意义和现实意义。第二章介绍了论文的理论框架和文献回顾,主要论述了应对理论,对组织行为理论进行了分析,阐述了组织中和谐人际关系的重要性,研究了关联绩效,分析了工作场所员工变异行为、工作场所员工之间的不礼貌行为。第三章介绍了研究的假设和概念模型,从研究主题与结果变量的选择、前因变量的选择以及调节变量与控制变量的选择分析了变量的选择;通过分析个人属性在各研究变量上的差异、员工对组织情境心理感知与不礼貌行为之间的关系以及五大人格对组织情境心理感知与不礼貌行为关系的调节作用进行研究假设。第四章研究设计与研究方法,主要介绍了设计的思路和研究流程,对关键变量进行了测量,对预调研与探索性因子、正式调研与验证性因子进行了分析与研究,从员工组织情境感知变量得分计算、五大人格变量得分计算以及不礼貌行为变量计算得分对数据进行了预处理。第五章研究结果,主要包括研究变量在人口统计变量上的差异性分析、员工五大人格特征在人口统计变量上的差异性分析、研究变量之间的相关性分析、工作场所不礼貌行为影响因素回归分析、五大人格调节效应检验。第六章为论文的总结和讨论。

关键词:企业管理　组织管理　人力资源管理

**6340**

**价值网络下企业开放式技术创新过程模式及运营条件研究** / 张继林著 ; 张英华指导. -- 天津财经大学, 2009. -- 224页

论文对价值网络下企业开放式技术创新过程模式及运营条件进行了研究。全文共分为八章。第一章绪论,主要论述了论文研究的理论与现实背景,研究问题,研究的意义,对相关的研究概念进行了界定,阐述了论文研究内容与逻辑框架以及技术路线,总结归纳了论文的创新点。第二章文献综述,主要介绍了创新理论的研究综述、开放式技术创新的研究综述以及价值网络理论的研究综述。第三章是对价值网络下企业开放式技术创新模式的内涵及理论基础的介绍,主要对价值网络下开放式技术创新的定义和特征进行了论述,分析了价值网络下开放式技术创新模式的内涵,创新的网络化及其理论基础,对基于共生理论的价值网络下创新主体的关系进行了描述。第四章是对价值网络下企业开放式技术创新过程模式的构建及运行的研究,主要分析了价值网络下开放式技术创新过程构建的前提条件、构建过程,价值网络下开放式技术创新过程模式的形成和构成要素,模型运行过程中技术资源的获取途径及交换形式,以及应注意的问题。第五章是对价值网络下企业开放式技术创新过程模式的内部运营条件的分析,主要包括开放技术创新能力的界定、相关理论及其在论文中的所立命题、吸收能力衡量指标的确定以及转化能力衡量指标的确定。第六章是对价值网络下企业开放式技术创新过程模式的外部运营条件的研究,阐述了技术资源的组件化、价值网络下开放式技术创新平台的构建、平台间交互界面的标准化以及组件化、平台与价值网络的整合四方面的内容。第七章为案例研究。第八章为全文的总结。

关键词:企业管理　技术创新　核心竞争力

**6341**

**民营企业家人力资本与企业成长绩效实证研究** / 张瑾著 ; 杨蕙馨指导. -- 山东大学, 2009. -- 226 页

论文对民营企业家人力资本与企业成长绩效进行了实证研究。全文共分为七章。第一章导论,主要介绍了论文的研究意义和研究目的,研究内容和结构安排,研究方法,研究的技术路线,研究的创新点。第二章为相关文献的综述,主要介绍了企业家人力资本的内涵,分析企业家人力资本要素研究的主要内容,从资源基础观、企业成长绩效测量维度、企业家人力资本与企业绩效关系分析框架、企业家人力资本与企业成长的实证研究结果阐述了企业家人力资本与企业成长绩效的关系。第三章为社会调查及理论模型与假设。通过界定访谈样本范围和访谈对象、设计访谈问卷、资料收集以及资料处理四方面阐述了企业家人力资本与企业家成长的社会调查,对企业家人力资本与企业成长绩效关系的模型和假设进行了研究与分析。第四章是对测量工具及检验的介绍,主要包括完善测量工具的步骤、确定企业家人力资本和企业成长绩效因子及相关测项、设计探测性问卷、初试问卷调查及检验、形成正式调查问卷五部分。第五章为问卷调查与描述性统计分析,主要论述了样本的来源,分析了数据处理的方法,描述了样本特征,阐述了民营企业家人力资本要素与企业成长绩效的总体比较,研究了民营企业家人力资本各要素与企业成长绩效匹配的关系,对各控制变量和企业家人力资本要素与绩效进行了比较。第六章介绍了论文的假设检验,对数据进行了分析,研究了结构方程的建模,对高科技企业与传统企业进行了对比分析,对假设检验进行了小结。第七章为全文的结论和展望。

关键词:民营企业　企业家　人力资本　企业成长　企业绩效

**6342**

**基于利益相关者理论的企业社会责任管理研究** / 张进发著 ; 李维安指导. -- 南开大学, 2009. -- 169 页

随着经济全球化与企业管理国际化的不断发展,企业履行社会责任已不再是企业的被动责任,而更多是企业寻求长期可持续发展的主观意愿,更是社会对企业的期望。本论文从利益相关者理论出发,认为企业的社会责任就是处理好与各利益相关者的关系,满足他们的需求和期望,以获得他们的满意、信任和忠诚。从这个层面说,企业社会责任管理的核心就是利益相关者管理。在如何进行利益相关者管理问题上,在进行利益相关者分析的基础上,引入了市场营销思想,认为可以从内部营销出发进行企业内部利益相关者管理,从客户关系管理出发进行企业外部利益相关者管理,并分别构建了基于内部营销的企业内部利益相关者管理模式和基于客户关系管理的企业外部利益相关者管理模式。构建这些模式的核心目标就是企业通过满足内外部利益相关者的需求和期望,建立与他们之间的良好关系,获得他们的满意、信任和忠诚。在企业的社会责任管理问题上,论证了企业社会责任与利益相关者、内部营销与客户关系管理的关系,并在管理学上对其予以了整合,最后在综合企业内外部利益相关者管理的基础上,提出了基于利益相关者的企业社会责任管理模式。在该模式中,除了以利益相关者管理统领社会责任关系外,还引入了问题管理、社会责任营销和利益相关者共同治理等相应的管理措施和方法。为了更好的验证本论文的结论,选取了国外、中国内地和中国台湾三个典型的企业在社会责任管理上的实践,通过这三个案例的分析和研究,以期找到与本论文结论的共通点,从而为本论文的研究成果提供事实依据。通过使用文献综述、对比分析、归纳演绎和案例分析等方法,以利益相关者管理为核心展开,以处理好利益相关者的关系和获得他们的满意、信任和忠诚为目标,设计了一系列的模型和模式。

关键词:企业管理　社会责任　利益关系　管理模式

**6343**

**区域技术扩散与产业梯度转移问题研究** / 张经强著 ; 夏恩君指导. -- 北京理工大学, 2009. -- 181 页

区域技术扩散与产业梯度转移问题是一个涉及技术创新、技术扩散、区域经济、产业结构以及产业转移等领域的研究课题。论文的研究内容主要有以下几个方面:第一,选取 19 个原始指标,运用因子分析法对我国各省市的技术创新能力进行实证研究。研究结果表明,我国各省市的技术创新能力存在较大的差异性。第二,通过对 CH 模型的扩展,分别建立了四个区域的技术扩散模型,根据模型,对区域间的技术扩散效应进行了实证研究。第三,采用偏离——份额分析法对我国四大区域的产业发展状况进行实证研究。第四,首先根据人均 GDP 和科技进步指数对我国的经济梯度发展水平进行了研究;其次,运用因子分析法对我国产业梯度进行了实证分析和评价。根据

计算结果,划分经济梯度区和产业梯度区,并将二者进行比较。第五,采用 Pearson 相关系数比较技术创新能力与技术进步、技术创新能力与三次产业以及全要素生产率与产业梯度的相关性,结果表明,除全要素生产率与第一产业梯度呈负相关关系外,其余变量之间基本上呈正相关关系。第六,根据实证研究结果对我国四大区域技术扩散与产业梯度转移提出了对策和建议。最后,论文对本研究成果做了总结,对论文研究的不足给予了说明,并提出了本研究需要进一步努力的方向。

关键词:区域经济　技术进步　产业结构

**6344**

**团队氛围、吸收能力对团队绩效影响机制研究:基于知识整合的视角** / 张可军著 ; 廖建桥指导. -- 华中科技大学, 2009. -- 154 页

论文基于知识整合的视角,对团队氛围、吸收能力对团队绩效的影响机制进行了研究。全文共分为七章。第一章绪论,主要介绍了论文的研究背景、研究意义,研究范围和研究方法,对相关的概念进行了定义与分类以及辨析,总结归纳了论文的创新点,研究框架及结果安排。第二章为相关研究文献综述,主要包括知识整合研究、团队氛围与吸收能力研究与团队绩效研究。第三章介绍了基于知识离散性的团队知识整合两阶段、四因素模型,主要包括知识离散性概念及其根源分析、基于知识离散性的团队知识整合阶段划分、基于知识离散性的团队知识整合影响因素分析三方面的内容。第四章为理论结构及研究模型的介绍,主要论述了论文的理论基础、研究假设,介绍了论文的理论模型及变量的测量。第五章为研究假设检验及结果讨论,主要进行了小样本数据测试,分析了数据调查、研究样本与大样本数据处理,检验了模型的假设,对研究结果进行了讨论与分析。第六章基于知识离散性的团队知识整合途径的策略,分析了基于知识离散性的团队知识整合途径模型,基于知识离散性的团队知识整合途径的策略,管理策略案例的应用,总结了管理策略给实现知识整合管理的启示。第七章为论文的结论与展望。

关键词:企业管理　知识管理　团队

**6345**

**知识型员工的工作家庭关系与主观幸福感研究** / 张可莉著 ; 关培兰指导. -- 武汉大学, 2009. -- 144 页

论文对知识型员工的工作家庭关系与主观幸福感进行了研究。全文共分为五章。第一章绪论,主要分析了论文研究的理论与现实背景,论文的研究问题、研究的意义,对相关的研究概念进行了界定,阐述了论文研究内容与逻辑框架以及技术路线,总结归纳了论文的创新点。第二章为相关的文献综述,主要介绍了知识型员工及其特点、主观幸福感的相关研究、压力与压力源的研究文献、工作家庭关系的研究,以及职业生涯的研究。第三章介绍了研究假设和研究设计,主要包括研究模型与假设、研究设计、数据分析方法、样本的选择与数据收集四方面的内容。第四章介绍了数据分析与假设检验,主要对工作家庭关系量表分析、主观幸福感量表分析、职业生涯量表分析以及对不同职业生涯阶段划分;对问卷的信度及因子进行分析,论述样本的特征面;对人口统计变量对研究变量的方差分析进行了阐述;对工作家庭关系变量与主观幸福感变量、职业生涯变量与工作家庭关系变量和主观幸福感变量进行了相关性分析。第五章为研究结论和展望,主要包括论文研究结果的综合讨论、对策与建议、研究的局限性和未来的研究方向。分析了工作家庭关系对主观幸福感的影响、职业发展阶段对主观幸福感的影响以及人口学变量与组织变量对研究变量的影响,修正了研究的模型。

关键词:企业管理　人力资源管理　职业选择　家庭关系

**6346**

**影响个体创新的组织和个体因素** / 张明睿著 ; 孙健敏,John Lawler 指导. -- 中国人民大学, 2009. -- 133 页

论文围绕"组织支持感是否会对个体创新行为有影响以及影响方式"进行了分析研究。全文共分七章。第一章分析了研究的动机,研究的问题与目的,研究的意义,阐述了理论模型的构建,梳理了研究的思路。第二章为文献综述,分别对个体创新的相关研究进展、核心自我评价的相关研究进展、组织对创新的支持的有关文献以及组织支持感的有关文献进行了评述,对个体创新、核心自我评价、组织对创新的支持以及组织支持感的概念进行了界定,进而明确了论文的研究方向。第三章对测量模型进行了构建,并提出了研究的假设。第四章介绍了主要的研究方法。阐述了研究的程序与样本的选取,对变量进行了测量,对数据的信度效度进行了相关分析与层级回归。第五章介绍了数据分析的结果。对个人创新行为量表、组织

对创新的支持量表、核心自我评价量表以及组织支持感量表进行了预研究,对验证性因素进行了分析,探讨了内部的一致性信度,并计算了均值、标准差与相关系数,阐述了层级回归的结果,探讨了核心自我评价、组织支持感和个体创新的关系问题,分析了高低核心自我评价分组下的组织支持感和个体创新以及高低组织对创新的支持分组下的组织支持感和个体创新。第六章为讨论部分,探究了组织支持和组织对创新的支持、环境和个人的关系问题,进而得出了相关管理实践的启示。第七章为研究结论与未来展望。

关键词:企业管理　组织管理　创新

**6347**

**企业社会资本、组织学习和技术创新绩效研究** / 张鹏著 ; 杨蕙馨指导. -- 山东大学, 2009. -- 145 页

论文在知识背景下,对企业社会资本、组织学习和技术创新绩效进行了研究。全文共分为六章。第一章绪论,主要提出了论文研究的问题,研究的内容和结构安排,研究方法和技术路线,论文需要解决的问题。第二章为文献综述,主要包括企业社会资本的相关研究综述、组织学习的相关研究综述、技术创新绩效的相关研究综述、社会资本对组织学习影响的研究综述以及组织学习与创新绩效关系的研究综述,同时总结了从研究综述中得到的启示。第三章为企业社会资本、组织学习和技术创新绩效的概念模型,提出了企业社会资本、组织学习和技术创新绩效概念的模型,分析了企业社会资本与组织学习,企业社会资本与技术创新绩效和组织学习与技术创新绩效。第四章介绍了论文的研究设计与研究方法,主要包括实证研究过程、调查对象的选择、设计问卷、变量的测量、数据的收集以及统计分析与模型分析方法六方面的内容。第五章介绍了数据分析和假设检验,主要包括描述性统计分析,效度测试、信度检验、相关分析、多重共线检验、模型回归分析结果。对企业社会资本与组织学习的关系、企业社会资本与技术创新绩效的关系、组织学习对企业技术创新绩效的影响进行了分析与研究。第六章为论文的总结与展望。

关键词:高技术企业　企业管理　社会资本　组织管理　技术革新

**6348**

**虚拟研发组织战略联盟研究** / 张清山著 ; 张金成指导. -- 南开大学, 2009. -- 210 页

论文对虚拟研发组织战略联盟进行了分析与研究。全文共分为八章。第一章绪论,主要介绍了论文研究的理论与现实背景,研究问题,研究的意义,对相关的研究概念进行了界定,阐述了论文研究内容与逻辑框架以及技术路线,总结归纳了论文的创新点。第二章相关文献的综述,主要介绍了知识的定义与类别,分析了知识基础的核心概念,阐述了知识基础的联盟网络和知识吸收的能力,研究了关系网络知识库。第三章介绍了虚拟研究组织战略联盟及其特征,对虚拟研发组织战略联盟进行了界定,分析了其形成过程。分析了虚拟研发组织战略联盟目标与特点,阐述了虚拟研发组织战略联盟伙伴关系与控制方式。第四章介绍了虚拟研发组织战略联盟不稳定性及治理机制,主要论述了虚拟研发组织战略联盟的稳定性和不稳定性,影响虚拟研发组织战略联盟不稳定性的基本因素,虚拟研发组织战略联盟不稳定性的治理模型和机制。第五章虚拟研发组织战略联盟的知识共享和扩散,介绍了虚拟研发组织战略联盟知识管理的内涵,分析了虚拟研发组织战略联盟内外知识共享,虚拟研发组织战略联盟内外知识传递与扩散,虚拟研发组织战略联盟内外部知识整合。第六章是对虚拟研发组织战略联盟的绩效评估,主要介绍虚拟研发组织战略联盟的绩效评估维度、绩效评估指标以及绩效评估方法。第七章对虚拟研发组织战略联盟个案进行了探讨,介绍了台湾工研院的发展背景及其研究领域,阐述了工研院在台湾实施战略联盟的具体做法及其亮点,总结台湾工研院及其战略联盟实施的启示。第八章介绍了论文研究存在的局限性以及进一步的研究展望。

关键词:企业管理　经济合作　企业绩效　知识管理

**6349**

**企业创业社会网络嵌入与绩效关系研究** / 张荣祥著 ; 王重鸣指导. -- 浙江大学, 2009. -- 173 页

论文对企业创业社会网络嵌入与绩效关系进行了全面深入的研究。全文共分为七章。第一章为文献综述,主要对创业社会网络理论、网络嵌入理论、绩效三方面以往的研究文献进行了总结与分析。第二章为论文研究总体构思与设计的介绍,主要包括研究目的与理论焦点、研究构思、研究方法、研究内容以及研究路线五方面的内容。第三章是对企业创业社会网络嵌入访谈的研究,通过概念检验、内容分类、编码归类、信度分析以及效度检验进行了内容分析。第四

章是对企业创业社会网络嵌入与绩效关系的案例研究。设计包括分析单元、案例选择、数据收集、评价标准的各方面。以杭州格林蓝德信息技术有限公司为实例进行了分析,从案例背景、关键事例、结果讨论、研究小结以及理论与实践意义的总结六方面进行了分析与研究。第五章是对企业创业社会网络嵌入模型内容结构与效度的检验,对企业创业社会网络嵌入探索性、验证性因素进行了分析,探究了企业创业社会网络嵌入模型的构思效度,对企业创业社会网络嵌入进行了方差分析。第六章对企业创业社会网络嵌入与绩效关系及竞争力强度的影响作用进行了研究,主要分析了企业创业社会网络嵌入问卷的信度和效度,对企业创业社会网络嵌入与创业企业绩效进行了相关性分析和回归分析。第七章为全文的总结和讨论。

关键词:企业管理　社会关系　企业绩效　企业竞争

**6350**

**基于一线员工认同的服务氛围与服务绩效之间关系的实证研究** / 张若勇著 ; 刘新梅指导. -- 西安交通大学, 2009. -- 92 页

论文从员工认同的角度入手,提出了服务氛围通过员工认同的影响服务绩效的理论模型。主要分析了一线服务员工感知的服务氛围对员工形成组织认同和角色认同过程中所发挥的作用,以及组织认同和角色认同对服务绩效的影响。主要工作如下:构建了服务氛围—员工认同—服务绩效之间关系的模型。在社会交换理论框架下,通过引入员工认同作为中间路径,探讨了服务分为影响员工服务绩效的机理,揭示了服务氛围、员工认同以及服务绩效之间的有机联系,对 Schneider 等提出的理论观点——服务企业建立服务文化或氛围作为外部控制手段,增强员工的服务角色认同,并内化为一种服务价值观或规范,进而促使员工自觉主动去提供出色服务——提供了实证支持。区分并实证发现组织认同和角色认同分别对于不同类型服务绩效的影响强度有所差异。在中国文化背景下,提出并实证了员工的个人传统性对服务氛围与员工认同之间关系的影响。

关键词:服务业　组织管理　员工　商业服务　经济效果

**6351**

**现代服务业迁移性和交互性与全球化潜力关系的实证研究:以 243 家中外服务企业为样本** / 张伟著 ; 吴晓云指导. -- 南开大学, 2009. -- 205 页

论文对现代服务业迁移性和交互性与全球化潜力关系进行了实证研究。全文共分为六章。第一章引言主要介绍了论文研究的理论背景和现实背景、研究的主题、意义和创新之处、研究框架和技术路线。第二章文献的回顾与分析,主要对服务概念及服务特征、服务营销、全球营销战略等相关文献进行回顾与分析,分析了现代服务业态下全球服务营销研究重点的转变和研究的空间。第三章是对研究模型和理论假设的介绍,主要提出了论文的概念模型,以及概念模型的构建基础,界定了模型研究变量的维度,总结了关系假设及理论依据。第四章是对全文的实证研究设计的介绍,主要分析了量表设计的方法和量表开发的基础,阐述了全球服务产品无形性指标体系、全球服务产品不可分离性体系、全球服务产品异质性指标体系、全球服务产品易逝性指标体系以及全球服务潜力指标体系,论述了预调研的过程、正式调研方案设计及实施,介绍了结构方程模型分析方法和数据分析方法。第五章为数据分析和结果讨论,主要包括样本描述及数据质量分析、外部模型分析、内部模型分析与假设检验,对竞争模型进行了比较分析,对研究结果进行了引申讨论。第六章为论文的研究总结。

关键词:服务业　企业管理　市场营销　经济全球化

**6352**

**中国民营上市公司金字塔结构成因及经济后果研究** / 张文龙著 ; 龚朴指导. -- 华中科技大学, 2009. -- 117 页

论文对中国民营上市公司金字塔结构成因及经济后果进行了研究。全文共分为八章。第一章绪论,主要提出了论文的研究问题,研究了金字塔结构成因理论的文献,介绍了金字塔结构经济后果的文献综述,阐述了论文的研究框架及章节安排,总结归纳了论文研究的主要创新点。第二章介绍了中国民营上市公司金字塔机构的现状,对相关概念进行了界定,分析了样本选择、变量定义及技术性示例,对中国民营上市公司金字塔结构进行了描述性统计分析,论述了中国民营上市公司金字塔的结构特征,对研究的结论进行了研究与分析。第三章金字塔结构成因的理论研究,分析了融资约束、破产危机与控制权私有收益,论述了研究的基本模型,对模型进行了拓展,总结了论文的研究结论。第四章是对金字塔结构成因的实证研究,主要介绍了论文的研究假设,分析了样本

选择、变量设计及研究方法,对金字塔结构决定因素检验结果进行了研究与分析,总结归纳了论文的结论及启示。第五章介绍了现金流权、现金流权和控制权分离程度与公司负债的关系,主要包括研究假设、样本选择、变量定义及模型设定、计量模型结果分析以及研究结论等几方面的内容。第六章从章节引言、股权分置改革前后现金股利支付差异及可能的解释、稳健性检验、结果及启示五方面对现金股利隧道效应进行了实证研究。第七章从样本选择、变量设计及研究方法、金字塔结构与公司价值回归结果对金字塔结构对公司价值影响进行了实证分析。第八章为论文的总结和展望。

关键词:上市公司　民营企业　股权结构　控制权　企业绩效

6353

**投资者情绪与IPO价格行为研究** / 张文生著 ; 王永海指导. -- 武汉大学, 2009. -- 118 页

论文对投资者情绪与IPO价格行为进行了深入全面的研究。全文共分为六章。第一章为论文的引言,主要介绍了论文的研究背景,分析了论文的研究视角与研究意义,总结了论文研究的创新之处,介绍了论文的结构安排,阐述了论文的研究目标和研究方法。第二章对相关的文献综述进行了回顾与分析,主要对IPO抑价现象进行了国际比较和理论解释,对IPO长期弱势的文献进行了回顾与分析,研究了投资者情绪的研究现状,从理性理论忽略了IPO价格行为研究的假设条件完备性、理性理论忽视了投资者的非理性行为、对IPO折价和IPO后市表现的研究处于相对割裂的状态以及对相关指标的选取存在争议四方面分析现有文献的贡献和不足。第三章介绍了IPO短期与长期价格行为,主要包括样本选择、IPO的短期价格行为、IPO的长期价格行为以及IPO的短期价格与长期价格行为之间的关系四部分的内容。第四章是对投资者情绪指数的构建,主要介绍了指标选择与研究设计、投资者情绪指数的构建以及投资者情绪指数的进一步思考:剔除宏观经济因素。第五章是对投资者情绪与IPO抑价的分析与研究,主要包括样本选择与研究设计、实证结果与分析以及稳健性检验。主要对用累积投资者情绪指数替代投资者情绪指数均值以及利用剔除宏观经济因素的投资者情绪指数替代进行稳健性检验。第六章为结论、研究局限与展望。

关键词:证券市场　新股发行　股票价格　投资者情绪

6354

**关系营销视角的网络商店信誉研究** / 张晓飞著 ; 董大海指导. -- 大连理工大学, 2009. -- 123 页

论文对关系营销视角的网络商店信誉进行了研究。全文共分为六章。第一章绪论,主要阐述了论文的研究问题,研究情境,研究路线,研究方法,主要研究发现和贡献,论文的结构和研究视角。第二章相关的文献综述,主要包括企业信誉理论、传统商店与网络商店、网络商店信誉、关系营销理论、营销策略等。研究了信誉的影响因素和网络环境下营销策略的变化。第三章为网络商店信誉关系营销策略的探索性研究,主要分析了网络商店信誉关系营销策略的选择方向和范畴,论述了沟通的内涵、作用和类别,阐述了关系投资的定义、作用和类别,研究了在线访谈与内容,对网络商店信誉关系营销预设集合进行了初步验证。第四章介绍了论文的研究模型和假设,主要分析了策略的研究范式,确定了研究的变量,阐述了研究的模型和情境,提出了沟通策略对网络商店信誉影响的假设和关系投资策略对网络商店信誉影响的假设,总结了调节变量的作用假设,分析了网络商店信誉对绩效的影响假设。第五章分析了假设与模型检验,对变量进行了操作化设计,论述了正式调研的问卷、数据收集以及研究过程。对基础的数据进行了分析与研究,提出了假设检验的方法和统计原理,分析了关系影响策略对网络商店信誉的作用数据。第六章研究的结论、创新点和不足。

关键词:电子商务　商业经营　市场营销

6355

**基于最终控制人差异的上市公司治理比较研究** / 张晓昊著 ; 王林昌指导. -- 武汉大学, 2009. -- 117 页

论文对基于最终控制人差异的上市公司治理进行了比较研究。全文共分为八章。第一章为论文的引言,主要介绍了论文研究的背景、意义、主要内容和目标以及主要研究方法、研究的内容和结构。第二章为论文的理论综述和概念剖析,通过公司治理对比研究,分析了民营上市公司,阐述了企业的概念,界定了要素及交易费用,论述了公司治理的含义。第三章描述性比较分析主要包括历史与发展、数据的采集与选择、描述性比较分析、经营绩效比较分析以及公司绩

效指数的构架和实证分析。第四章分析了外部制度与公司治理的关系,论述了所有制与公司治理的内容,法律环境与公司治理的关系以及社会文化环境对上市公司治理的作用。第五章分析了债券契约与公司治理的问题,主要对相关的理论进行了综述,介绍了数据的描述性分析和假定,对实证进行了分析与研究。第六章分析了股权契约与公司治理的关系,主要包括理论综述、数据描述性分析与假定、实证分析以及主要结论四方面的内容。第七章论述了人力资源契约与公司治理的关系。第八章为论文的总结。

关键词:上市公司　企业管理　企业绩效

6356

**私募股权投资的风险规避研究** / 张旭波著 ; 张子刚指导. -- 华中科技大学, 2009. -- 143 页

论文在研究大量文献的基础上,对私募股权投资的风险规避进行了研究。全文共分为七章。第一章绪论,主要提出了论文的研究问题,基本概念,研究意义,研究方法和技术路线,内容安排和研究框架,论文的可能贡献和创新之处。第二章为文献综述,主要论述了私募股权投资的绩效、选择与构造,分析了私募股权投资风险机制及区域风险差异,研究了私募股权投资的联合投资问题、私募股权投资的委托代理问题以及私募股权投资的退出问题。第三章介绍了联合投资合作伙伴选择的风险规避,主要探究了联合投资伙伴选择的风险因素,论述了静态联合投资伙伴选择模式及求解,阐述了多阶段混合目标联合投资伙伴动态选择风险规避,介绍了 HP 公司多阶段投资伙伴选择的实例。第四章是对项目选择的风险因素及风险规避的探究,主要论述了私募股权投资项目选择风险,介绍了私募股权投资项目选择规避的期权模型和私募股权投资项目决策的风险规避的博弈模型,对 ML 公司投资 LHMY 期权博弈计算进行了实例研究。第五章是对私募股权投资代理风险规避的论述,主要分析了私募股权投资的委托代理特征,对代理风险进行了理论分析,研究了不考虑委托人和代理人能力和经验约束的代理风险规避的博弈以及委托人和代理人能力和经验有限的代理问题风险规避的博弈,对 SZCXT 投资 LD 公司代理风险进行了实例分析。第六章是对基于多目标最优的私募股权退出风险规避的介绍。第七章是对全文的总结与展望。

关键词:股份有限公司　融资　资本市场　风险管理

6357

**股权结构对中国上市公司投资行为扭曲影响的研究** / 张艳秋著 ; 吕长江指导. -- 吉林大学, 2009. -- 134 页

根据代理理论,企业主要行为主体的投资动机存在差异,治理特点不同的企业,其行为主体之间的制衡关系存在差异,这将影响企业投资决策的形成,甚至导致投资行为扭曲。论文基于代理理论,首次将控股股东、管理者、债权人、中小股东等企业主要行为主体纳入同一框架,研究中国制度背景下,企业主要行为主体的投资动机及主体之间的协调制约关系对投资行为的综合影响,从而揭示中国上市公司投资行为扭曲的现状及其产生机理。考虑到股权结构包括股权集中度和股权性质两方面内容,任何一方面发生变化,均可能导致企业的实际控制主体发生变化,且各行为主体的优势对比关系发生变化,企业代理关系的内容及其在投资方面的表现随之发生变化,论文从股权集中度及股权性质两个维度对股权结构进行分类,研究各种股权结构类型的企业行为主体的投资动机及主体之间的协同制约关系对投资行为的影响,对外部市场环境与投资行为扭曲的关系进行了研究。论文研究发现,股权性质不同的企业投资倾向性存在差异,另外,即使同一股权性质的企业,随着股权集中度发生变化,企业的实际控制主体及投资倾向也可能发生变化。中央部委控股企业及中央直属企业所有者缺位现象严重,管理者始终在投资行为中占据主导地位,这两类企业的管理者主要基于行政目标而非经济利益的考量,通常对投资风险持规避态度,具有投资不足倾向;地方国企控股企业和民营企业随着股权由分散到集中的变化,控股股东的“掘隧道(tunneling)”行为逐渐取代管理者的“帝国建设(empire building)”行为,通常更加偏好投资。关于外部市场环境的研究,发现外部市场环境改善对地方国企控股企业及民营企业“掘隧道”目的的投资过度行为抑制作用显著。

关键词:上市公司　投资行为　股权结构　市场环境

6358

**不同场景下零售店铺的消费者惠顾行为研究:以女性服装购物为例** / 张毅著 ; 吕一林指导. -- 中国人民大学, 2009. -- 201 页

论文以女性服装购物为例,对不同场景下零售店铺的消费者惠顾行为进行了研究。全文共分为六章。

第一章绪论主要介绍了论文的研究背景、选题意义,对相关的基本概念进行了界定,阐述了论文的研究目标、研究方法和技术路线。第二章为理论综述,主要包括零售业及零售店铺、店铺选择行为、惠顾行为、购物导向、店铺属性、与购物场景相关的商品用途、女性消费者消费特征以及国内学者研究现状八方面的内容。第三章介绍了论文的研究概念模型,提出了概念模型,对有关惠顾行为的概念模型进行了小结,分析了论文研究的概念模型、初始假设和研究前提假设。第四章介绍了基于 MCI 模型的零售店铺选择概率研究,主要分析了研究目的和研究框架,阐述了研究步骤和方法,分析了量表设计及调查问卷,检验了实验的信度和效度,通过人口统计特征分析、常规购物行为分析、市场关键属性的确定以及购物概率的确定与 MCI 模型校验对实验数据进行了分析与研究。第五章是对零售店铺惠顾行为进行了实证研究,主要阐述了研究框架和假设,对调查问卷的信度与效度进行了检验,分析了常规购物的行为,探究了不同场景下店铺选择行为的数据。第六章为论文的数据,主要总结了论文的主要研究结果,提出了有关店铺选择和有关惠顾行为研究的管理建议,分析了论文研究存在的问题,对今后的研究方向进行了展望。

关键词:零售商店　市场营销　消费者行为论

**6359**

**政企关系对民营企业绩效影响的实证研究:基于社会网络"嵌入"视角** / 张咏梅著 ; 许晓明指导. -- 复旦大学, 2009. -- 107 页

论文整合了社会学和管理学研究视角,从社会网络"嵌入"理论视角切入,对中国民营企业政企关系展开分析。首先对社会学、经济学、管理学等学科对政企关系的研究进行梳理和述评,站在企业政治战略(CPS)、"Guanxi"、社会资本、社会网络理论等研究视角的交叉点上,构建民营企业政企关系研究的理论分析框架并提出假设。采用问卷调查法,回收 163 份有效问卷。以 LISREL 和 SPSS 统计软件对调查数据进行处理,先后进行信效度检验、CFA、路径分析、多元回归分析等,对提出的理论模型进行实证检验。研究发现:企业经营者与政府人员间的"Guanxi"网络能有效提高企业财务绩效和非财务绩效,两者存在明显的正相关关系。企业政治战略(CPS)与企业财务绩效间呈负相关关系,对企业非财务绩效的促进作用不显著。企业内部组织资源能有效促进企业 CPS 战略实施和企业经营者"Guanxi"网络的建立。结果表明,在当前中国民营企业政企关系中,非正式制度嵌入("Guanxi")形式发挥着主导作用,即企业通过经营者与政府人员间的个人关系网络来建立和维系政企关系,而非企业政治战略(CPS)方式。目前,企业政治战略(CPS)的实施会由于大量资金投入而降低企业财务绩效。企业组织资源、政企关系导向对企业经营者与政府人员"Guanxi"网络的建立产生影响。

关键词:民营企业　政企关系　社会关系

**6360**

**上市公司财务困境及脱困研究:基于中国证券市场 ST 公司的实证检验** / 张羽瑶著 ; 宋常指导. -- 中国人民大学, 2009. -- 188 页

论文基于中国证券市场 ST 公司的实证检验,对上市公司财务困境及脱困进行了深入全面的研究。全文共分为七章。第一章前言,主要阐述了论文的研究背景与目的、研究意义,对研究问题的概念进行了界定,归纳总结了论文研究的内容和方法。第二章是对国内外相关研究文献的综述,主要包括财务困境研究综述、财务困境预警研究综述、财务困境成本研究综述、财务困境形成原因研究综述以及脱困途径研究综述。第三章介绍了论文的理论依据与制度背景,主要包括资本结构理论、代理理论、现金流量理论、非均衡理论、过度负债理论、经济周期理论、战略管理理论以及 Scott 的四个理论模型。第四章对我国上市公司财务境况及陷入困境的可能性进行了分析,主要包括我国资本市场的现状分析,我国上市公司财务困境现状及其形成的内在机理,我国上市公司陷入财务困境的可能性。第五章介绍了我国上市公司财务困境脱困的状况。主要阐述了我国上市公司脱困的状况,对财务困境脱困进行了实证检验。第六章是对我国上市公司脱困绩效的分析,主要包括债务重组绩效的理论分析,即负债与公司价值的关系和负债重组与公司价值的关系。同时通过假设的提出、样本的选择与数据来源的分析、变量的设定、描述性统计分析、回归模型建立以及模型检验与回归结果分析六方面对债务重组绩效进行了实证分析。第七章是对全文的总结和归纳。

关键词:上市公司　财务管理　企业绩效　证券市场

6361

**供应链企业间的知识市场及其交易模型研究** / 张玉蓉著 ; 张旭梅指导. -- 重庆大学, 2009. -- 112 页

论文对供应链企业间的知识市场及其交易模型进行了研究。全文共分为六章。第一章绪论，主要介绍了论文的研究背景和意义,研究目的和研究内容,研究思路、方法和分析框架,总结归纳了论文的研究特色与创新点。第二章相关基础理论与文献综述,主要介绍了委托代理理论和交易成本理论,对知识和知识共享、对知识交易和知识市场文献进行了综述,对国内外的研究文献进行了评述。第三章介绍了供应链企业间知识市场的交易方式及影响因素,主要包括章节引言、供应链企业间知识市场的构成、供应链企业间知识市场的交易方式、供应链企业间知识市场的影响因素。第四章供应链企业间知识市场的一次性交易模型研究,分析了核心企业作为管理方的一次性交易性模型,从问题描述及研究假设、模型求解及建立、模型结果分析与讨论探究了知识服务公司作为管理方的一次性交易模型,对模型的管理学意义进行了总结和归纳。第五章供应链企业间知识市场的两阶段交易模型,模型主要包括供应链企业间知识市场的两阶段交易模型、对一次性与两阶段知识交易模型的比较分析以及模型的管理学意义的总结方面的内容。第六章为论文的总结和展望。

关键词:企业管理　供应链管理　知识经济　市场交易

6362

**制度环境、交易规则与控制权协议转让效率** / 张媛春著 ; 李善民指导. -- 中山大学, 2009. -- 104 页

论文借助法经济学的研究视角,对我国控制权协议转让的规则与效率进行了理论及实证研究。全文共分为七章。第一章绪论,主要阐述了论文的研究背景与研究问题、研究意义、研究内容及研究设计。第二章是对关于控制权交易的研究及争论的文献的回顾。主要包括关于敌意接管与控制权市场的有关控制权间接交易的研究和控制权协议转让的有关控制权直接交易的研究。第三章是对市场规则在不同制度环境下的比较分析,介绍了有关市场规则的争论,研究了基于制度环境分析的市场规则的成本比较,总结归纳了比较分析的主要研究结论。第四章分析了市场规则下的我国控制权协议转让的效率,主要包括我国市场规则下的控制权转让及相应的法律法规、对我国市场规则下的控制权协议转让效率的实证检验以及基于我国制度环境的讨论。第五章是对同等权利规则与控制权协议转让效率的理论分析,主要包括同等权利规则的立法依据、基于制度环境分析的同等权利规则与交易效率以及基于我国制度环境的讨论。第六章是对我国同等权利规则的实施与豁免的研究,主要阐述了同等权利规则的实施,同等权利规则豁免的效率结果,并总结了论文研究存在的局限性。第七章为论文结论。

关键词:股份有限公司　企业管理　股权转让

6363

**企业派外人员回任适应与回任后之工作态度相关性研究:以在台企业为例** / 张哲彰著 ; 胡军指导. -- 暨南大学, 2009. -- 170 页

论文以在台企业为例,进行了企业派外人员回任适应与回任后之工作态度相关性研究。全文共分为五章。第一章绪论,介绍了论文研究的背景与动机,研究的目的,研究的结构安排,研究方法与研究步骤和流程,研究对象和局限性。第二章为论文的文献探讨与回顾,主要介绍了回任适应的相关理论,分析了回任的人力资源管理理论,回任后的工作态度理论。第三章论文的研究方法,主要构建了研究构架,介绍了研究假设,分析了研究变数的定义和衡量,阐述了抽样方法,对样本特性进行了描述,介绍了数据分析方法,对其信度与效度进行了分析。第四章是对研究结果的分析,主要包括变数叙述统计、各变项间的关系、各变项间的交互作用的影响、典型相关分析以及访谈结果实录五方面的内容。第五章主要包括论文研究结果的整理、研究发现、研究建议、研究贡献、研究局限性以及后续的研究建议。全文运用 SPSS 软件,进行了回归分析、ANOVA 双因子变异数分析、典型相关分析等统计分析,研究了公司执行回任管理政策与外派人员回任适应程度具有正向关联性;员工回任适应程度与员工工作态度也具有正向关联性。另一方面,公司的派遣属性、员工个体属性、文化因素以及工作角色都会对员工回任适应造成影响。

关键词:企业管理　人事管理　人力资源管理

6364

**中国上市公司经理人行为研究:基于代理理论和管家理论融合的视角** / 张志波著 ; 徐向艺指导. -- 山

东大学, 2009. -- 126 页

论文对中国上市公司经理人行为进行了研究。全文共分为七章。第一章绪论,主要提出了论文的研究问题、研究意义、研究思路、研究的主要方法、研究的创新点。第二章为理论基础与文献综述,主要分析了“经理人问题”的产生,论述了经理人行为分析的理论基础,阐述了代理理论与管家理论研究的综述。第三章是对经理人复杂行为模型的研究,对基于代理理论和管家理论融合的经理人人性进行了研究,对经理人行为选择影响因素进行了博弈分析,提出了经理人复杂行为的模型,实证研究了验证模型。第四章是对基于企业财务风险特征的经理人行为的实证研究,主要包括研究假设、研究模型和变量定义、数据来源与样本描述性统计、实证研究结果以及实证研究结论及启示五方面的内容。第五章是对基于企业投资特征的经理人行为的实证研究,主要介绍了研究的假设,对变量进行了定义,阐述了研究模型,分析了数据来源,对样本进行了描述性统计分析,探究了实证研究的结果,对实证研究结论和启示进行了总结和归纳。第六章是对基于高管薪酬特征的经理人行为的实证研究,主要包研究假设、变量定义和研究模型、数据来源与样本描述性统计、实证研究结果、实证研究结论与启示五方面的内容。第七章为结论、建议与研究展望。

关键词:上市公司　经理　行为分析

**6365**

**战略联盟伙伴特征匹配状况、治理与绩效实证研究** / 赵岑著 ; 姜彦福指导. -- 清华大学, 2009. -- 321 页

论文在文献研究的基础上,结合实际案例的访谈,提出了将联盟伙伴的选择标准与联盟治理、联盟绩效进行系统整合,构建了“联盟伙伴特征匹配状况评价”模型、“联盟治理结构选择”模型、“联盟治理结构匹配”模型以及“联盟伙伴匹配状况—治理—绩效”关联模型;基于来自我国 27 个省市和地区的 913 个有效样本数据,对模型进行实证检验,验证了模型的有效性和可信性,并通过对海兰信公司构建战略联盟实际案例的动态研究,更进一步揭示了战略联盟的动态演化过程,并提出“联盟伙伴特征状况—治理—绩效”动态分析模型。

关键词:企业管理　经济合作　企业绩效

**6366**

**基于员工感知的民营企业劳动关系研究:影响因素、员工反应与契约管理** / 赵琛徽著 ; 梁钧平指导. -- 北京大学, 2009. -- 191 页

论文对基于员工感知的民营企业劳动关系进行了研究。全文共分为九章。第一章绪论,主要论述了论文研究的背景和问题,研究的目的和意义,研究的范围和思路以及方法,研究的主要内容和创新点,对论文相关重要的概念进行了界定。第二章为相关文献综述,主要包括心理契约的相关研究、劳动契约的相关研究、雇佣关系的相关研究以及员工反应的相关研究,并对国内学者关于私营企业劳动关系的研究进行了分析。第三章介绍了民营企业劳动关系管理的理论基础,主要论述了民营企业劳动关系的性质和特征,分析了社会交换理论、组织公平理论,阐述了劳动关系管理的双重契约耦合模型。第四章为研究假设与问卷设计。第五章是对劳动关系影响因素的实证研究,主要介绍了调查量表的描述性统计分析、劳动关系质量及其影响因素的相关分析和回归分析。第六章是对劳动关系与员工反应的实证研究,主要对不同类型的劳动关系进行了描述性分析,对员工的行为进行了方差分析。第七章是对人员统计变量影响的实证研究,分析了人口统计变量对劳动关系及其影响因素的差异性,对人口统计变量员工的劳动契约、心理契约对劳动关系质量进行了相关分析。第八章介绍了劳动关系的全员双重契约差异化管理模式,主要包括衡量员工质性的维度与员工的分类、心理契约与员工管理的逻辑、全员双重契约差异化管理模式的构建以及带来的问题及其治理。第九章为论文的结论和建议。

关键词:民营企业　企业管理　劳动关系　契约

**6367**

**中国民营企业 IPO 前后经营绩效变化问题研究** / 赵国儒著 ; 刘力钢指导. -- 辽宁大学, 2009. -- 132 页

论文从企业的融资和公开开发行为出发,运用对比研究和统计分析的方法对中国民营企业 IPO 前后经营绩效变化问题进行研究。全文分为五章。第一章对相关理论进行了概述,对相关概念进行界定,包括企业融资、绩效理论以及融资与企业绩效的理论。第二章对中国民营企业 IPO 市场的演进与现状进行分析,主要包括 IPO 发行制度研究、市场特征演进以及管理机制演进,主要从民营企业 IPO 发展现状、特征以及动机进行阐述,并就民营企业 IPO 发展中所存

在的主要问题解释。第三章对中国民营企业 IPO 前后经营绩效变化的影响因素进行了分析并阐释了诸多影响因素与民营企业经营绩效的关系,中国民营企业 IPO 影响因素主要包括投资行为因素、行业行为因素、企业生命周期因素、企业规模因素以及融资规模因素。第四章为中国民营企业 IPO 前后经营绩效实证分析,采用样本描述和变量选取的方法对数据进行分析,做出相关描述性分析以及中国民营企业 IPO 前后绩效变化的总体体验和分类体验,探讨不同公司不同的投资战略、行业之间的差异、企业年龄规模以及融资规模对民营企业的 IPO 前后经营绩效的影响,利用单因素方差分析方法将企业 IPO 前后的盈利能力、获利能力、偿债能力与成本控制能力分别进行考察。第五章概述了论文的研究结论并对民营企业的相关政策提出建议,同时也阐述了论文研究中所存在的不足,并对未来进行展望。

关键词:民营企业　首次公开发行(IPO)　经济绩效

**6368**

**虚拟整合供应链网络价值创造研究** / 赵红梅著 ; 罗珉指导. -- 西南财经大学, 2009. -- 180 页

论文对虚拟整合供应链网络价值创造进行了研究。全文共分为八章。第一章导论,主要分析了论文选题的依据,论文的研究方法和研究框架以及主要的内容,同时总结归纳了论文研究的主要创新点。第二章为虚拟整合供应链网络价值创造分析的理论基础,主要阐述了虚拟整合供应链网络的内涵,介绍了从垂直整合到虚拟整合的理论解析,论述了虚拟整合供应链网络价值创造理论的分析。第三章是对虚拟整合供应链网络价值创造的流程协同效应的介绍,主要提出了章节的研究问题,分析了虚拟整合供应链网络流程协同的内涵与协同效应的原理,探究了虚拟整合供应链网络流程的控制参量与序参量,虚拟整合供应链网络流程协同的自组织与被组织的过程,以及虚拟整合供应链网络流程协同价值创造的实现。第四章是对虚拟整合供应链网络价值创造:组织间学习效应的分析,主要提出了论文的研究问题,分析了组织间学习的效应、虚拟整合供应链网络组织学习价值创造机理。第五章是虚拟整合供应链网络价值创造:社会资本累计效应,主要阐述了社会资本与社会资本积累效应的内涵,论述了虚拟整合供应链网络社会资本积累效应价值创造机理。第六章介绍了虚拟整合供应链网络价值创造的协调机制,主要阐述了虚拟整合供应链网络价值创造的协调机制:信息协调;分析了虚拟整合供应链网络价值创造的协调机制:知识治理;探究了虚拟整合供应链网络价值创造的协调机制:关系治理。最后分析了信息协调、知识治理与关系治理关系及其在价值创造中的地位。第七章对丰田、戴尔、利丰虚拟整合供应链网络价值创造进行了比较研究,同时对三种供应链网络价值创造进行了比较研究。

关键词:企业管理　供应链管理　电子商务

**6369**

**基于员工职业发展与组织发展的个人—组织契合权变管理模型** / 赵慧娟著 ; 龙立荣指导. -- 华中科技大学, 2009. -- 134 页

论文对基于员工职业发展与组织发展的个人—组织契合权变管理模型进行了研究。全文共分为七章。第一章绪论,主要介绍了论文的研究背景,研究原因、目的和意义,研究的技术路线与方法,论文拟解决的关键问题与创新点,论文的结构安排。第二章是对个人—组织契合研究的回顾与评析,主要对个人—组织契合的概念进行了辨析,论述了个人—组织契合的动态性,阐述了冰山素食模型和个人—组织契合,探究了价值观契合与能力契合的研究进展。第三章提出了论文研究的问题,阐述了实证研究的总体构想,主要分析了国内外研究尚存在的问题,实证研究的总体构想。第四章是对价值观契合与能力契合的影响因素的研究,主要论述了研究的目的,研究的假设,对对偶比较量表进行了编制与修订,分析了研究方法和结果以及研究结论与假设检验结果。第五章对价值观契合与能力契合的效果进行了研究与分析,主要包括研究目的、研究假设、研究方法、研究的质量分析、假设检验以及讨论六方面的内容。第六章分析了权变管理模型的构建,主要介绍了权变管理理论的核心思想及其启示,阐述了基于员工职业发展的 P-O 契合权变管理模型和基于组织发展的 P-O 契合权变管理模型,最后对模型进行了讨论和补充。第七章是对全文的总结和展望。

关键词:企业管理　人力资源管理　柔性管理

**6370**

**团队两类多样性、互动行为与学习能力关系的实证研究** / 赵慧群著 ; 陈国权指导. -- 清华大学, 2009. -- 129 页

论文定义了团队目标偏好多样性与知识经验多样性两个概念,详细探讨两种多样性如何影响团队学习能力。提出团队互动行为有两个重要维度,即事实导向与情感导向。两种导向的互动行为是调节多样性与团队学习能力关系的重要变量。根据两个维度,可以将团队互动风格划分为四种类型:高事实高情感型、高事实低情感型、低事实高情感型和低事实低情感型。为验证论文所提出的基本假设和理论模型,开展了两个阶段研究。实证研究的最终结果如下:1. 不同互动风格的团队在学习能力上存在差异。2. 团队目标偏好多样性越高,团队学习能力越弱;目标偏好多样性与团队学习能力间可能存在U型关系;当事实导向互动行为与情感导向互动行为比较多时,目标偏好多样性对团队学习能力的负向影响作用减弱。3. 团队知识经验多样性越高,团队学习能力越强;当互动行为两维度比较高时,知识经验多样性对团队学习能力的影响作用增强。4. 目标偏好多样性与知识经验多样性通过团队学习能力的中介作用而间接产生影响。5. 团队学习能力对团队绩效的影响并不受任务常规性的调节。

关键词:企业管理　组织管理　团队　学习能力

**6371**

**转轨时期我国企业多元化并购动因研究** / 赵晶晶著 ; 李善民指导. -- 中山大学, 2009. -- 103 页

论文在总结了国内外关于多元化并购动因的基础上,对转轨时期我国企业多元化并购动因进行了研究。全文共分为六章。第一章导论,主要介绍了论文的研究背景,研究目标和思路,对相关的研究概念进行了界定,分析了论文的研究框架、研究内容和实现方法、研究意义和结构。第二章对论文相关的文献进行了回顾,主要包括并购的动因研究综述、多元化动因研究综述以及多元化并购动因研究综述、文献评论四方面的内容。第三章介绍了我国企业多元化并购的制度背景,主要阐述了行业机会与多元化并购,政治关联与多元化并购,最后提出应该如何研究我国企业多元化并购的动因问题。第四章是对我国企业多元化并购动因的研究,通过理论分析和假设的提出,对研究进行了设计,对我国企业多元化并购的动因进行了实证分析,并进行了稳健性检验。第五章分析了产权性质对我国企业多元化并购动因的影响,主要从理论分析和假设提出、研究设计、产权性质对我国企业多元化并购动因的影响的实证分析、稳健性检验方面的内容进行了阐述。第六章为论文的总结。

关键词:企业并购　多元化　经济转型期

**6372**

**企业家社会网络特质对创业绩效影响的实证研究** / 赵荔著 ; 丁栋虹指导. -- 复旦大学, 2009. -- 118 页

论文围绕企业家社会网络与创业绩效的关系展开研究。基于 Witt 的“社会网络—网络利益—创业绩效”理论模型,具体分析了企业家社会网络的关系特质和结构特质对网络资源支持程度的影响,进而探讨网络资源支持对创业绩效的影响。在此基础上,提出四种典型企业家社会网络模式,并提出“车轮式”模式为最理想的社会网络模式。研究形成以下结论:1. 企业家社会网络的强关系数量与信息支持正相关的假设得到证实。2. 企业家社会网络的结构洞数量与信息支持、资源支持均没有发现显著相关性,但与销售收入增长率发现了相关性,不过没能通过回归分析。3. 信息支持与销售收入增长率正相关。资源支持与销售收入增长率正相关。4. 在前面分析的基础上,本研究进一步对企业家社会网络模式进行方差分析,分析结果显示企业家不同社会网络模式在提供信息支持方面存在显著差异。

关键词:企业家　社会关系　创业　企业绩效

**6373**

**基于网络能力的企业绩效提升路径研究** / 赵爽著 ; 肖洪钧指导. -- 大连理工大学, 2009. -- 156 页

论文对基于网络能力的企业绩效提升路径进行了研究。全文共分为六章。第一章绪论,主要介绍了论文研究的实践背景和理论背景,研究意义,研究的问题和目标,研究的方法和技术路线,研究的创新点及文章的结构。第二章是对网络能力概念模型及测度的研究,主要论述了企业网络与网络能力,对网络能力研究进行了回顾与分析,对网络能力概念模型进行了界定,对网络能力概念模型进行了测度研究。第三章介绍了基于网络能力的企业绩效提升路径理论框架的构建,主要研究了企业绩效理论、组织间学习理论、网络权力理论,分析了基于网络能力的企业绩效提升路径理论框架。第四章提出了研究的假设,建立了关系模型。主要包括网络能力三个维度间的关系假设、网络能力与企业机制的关系假设、网络组织间学习与企业绩效的关系假设、网络权力与企业绩效的关系假设等。第五章是对研究假设的实证检验,主

要包括测量题项的生成和修正、数据收集与样本描述、研究变量的信度与效度检验、研究变量的组织特性差异检验以及研究假设的检验五方面的内容。从相关性分析、结构方程模型的构建方法描述、关系模型的检验以及假设检验结果分析论述了研究假设的检验。第六章为全文的研究结论和展望。

关键词:企业管理　企业组织　企业绩效

**6374**

**全球化之因及实证论据:知识产品密集化对企业发展之影响** / 赵婉淇著 ; 吴泗宗指导. -- 同济大学, 2009. -- 97 页

论文对知识产品密集化对企业发展的影响进行了研究。全文共分为六章。第一章绪论,主要介绍了全球化的历史发展过程,分析了课题研究的目的、理论意义和实际应用价值,介绍了论文的组织结构。第二章介绍了论文相关的文献综述,探究了全球化的起因,全球经济的研究动因,分析了国际经济学的文献,对全球经济进行了理性解释。第三章分析了全球化理论对企业经营的影响,主要论述了全球化的理论框架,全球化对公司发展策略和规模的影响,阐述了全球化理论推导的命题。第四章介绍了论文的数据、实证模型和变量,主要分析了数据资料的来源,对变量进行了测量,阐述了全球化推动了公司的国际化扩张、全球化推动公司规模的扩大、给公司带来了更大的利润,全球化带来公司赢利与公司雇员报酬的两极化的趋势,最后介绍了论文的分析工具。第五章对模型验证结果进行了分析,主要探究了知识产品与全球化的关系,分析了全球化扩张与知识产品的规模效益,在全球扩张中的公司利润绩效,全球化与公司绩效利润率的变异度,知识产品与公司内薪酬的分配,总结了实证调查的主要发现。第六章是对全文的总结与展望。

关键词:企业管理　知识经济　经济全球化　外商直接投资

**6375**

**逆向物流产品回收再制造的运作模式研究** / 赵忠著 ; 谢家平指导. -- 上海财经大学, 2009. -- 131 页

论文对逆向物流产品回收再制造的运作模式进行了全面系统的研究。全文共分为六章。第一章绪论,主要阐述了论文的选题背景,研究的理论与实践意义,从研究范围、研究目标、研究思路、研究方法方面介绍了论文的研究方案,阐述了论文的研究内容。第二章介绍了逆向物流相关理论及研究现状,从逆向物流的内涵、特点和实践分析阐述了逆向物流的特性,介绍了逆向物流运作过程的组织,分析了国内外研究现状,对产品回收、产品拆卸、再制造生产计划进行了研究综述,并归纳了论文研究中存在的问题。第三章介绍了产品回收运作模式,通过产品回收影响因素、非强制性的传统回收模式、EPR 制度下的产品回收模式对产品回收过程的组织进行了分析,阐述了产品回预测方法的选择,对产品回收灰色神经网络组合和产品回收 GERT 随机网络进行了预测。第四章介绍了产品拆卸运作的模式,主要对产品拆卸过程的特性、拆卸装配体判别、产品拆卸线平衡问题进行了分析与研究。第五章分析了再制造生产计划模式,主要从产品再制造特性分析、产品再制造的主要目标、产品再制造的组织模式三方面对再制造过程的组织进行了分析。从再制造生产计划的影响因素、再制造生产计划的层次结构和再制造综合生产计划的制订对再制造生产计划的逻辑架构进行了分析。从问题描述及模型假设、参数设定及符号说明、制造和再制造生产计划模型以及模型应用三方面,论述了分布式多工厂制造和再制造生产计划。对基于确定性近似方法的再制造生产计划进行了阐述。第六章为论文的总结和展望。

关键词:企业管理　废物回收　物流

**6376**

**团队内部人际冲突、面子对团队创造力的影响研究** / 赵卓嘉著 ; 宝贡敏指导. -- 浙江大学, 2009. -- 336 页

论文对团队内部人际冲突、面子对团队创造力的影响进行了研究。全文共为七章。第一章绪论,主要介绍了论文的研究背景、研究问题,论文的内容、层次与对象,论文的研究方法和技术路线、创新点以及论文的结构安排。第二章是相关理论研究评述,主要包括感知面子威胁相关理论研究评述、自己人认同相关理论研究评述、团队内部人际冲突相关理论研究评述、冲突处理模式相关理论研究评述以及团队创造力相关理论研究评述。第三章介绍了研究假设推演及研究框架的构建。主要包括以往相关研究取得的进展、后续研究可进一步拓展的空间、研究拟解决的问题、研究的理论基础以及研究的概念界定、研究的理论推演以及研究的整体构架七方面的内容。第四章介绍了论文的问卷设计与小样本前测,主要分为问卷

设计、小规模访谈、变量测量、小样本前测四方面。第五章阐述了研究数据获取与质量评估,主要介绍了研究数据的获取,分析了团队层面数据聚合,描述了样本的数据,评估了样本的数据质量,对测量工具的信度和效度进行了检验。第六章为假设检验,主要包括控制变量的影响作用分析、冲突类型因素的影响作用分析、感知面子威胁和冲突处理变量的中介效应检验、模型修正与假设检验。第七章为论文的研究结论和展望。

关键词:企业管理　人力资源管理　人际关系

**6377**

**中国证券分析师行业研究:效率、行为与治理** / 郑方镳著 ; 吴世农指导. -- 厦门大学, 2009. -- 186 页

论文将从分析师盈余预测质量和股票推荐的市场反应研究入手,对中国证券分析师所发布信息的效率、偏差和背后的深层原因进行研究。全文共分为八章。第一章导论,包括研究背景与问题的提出、研究思路、研究的主要内容以及研究的改进与创新之处等。第二章为文献综述。第三章介绍中国证券分析师行业的相关制度背景。第四章是对中国证券分析师预测效率的研究。第五章研究中国证券分析师的市场效率。第六章是对证券分析师心理偏差的研究。第七章是对证券分析师利益关系的研究。第八章是对论文研究成果的总结。研究结论如下:①中国证券分析师的盈余预测在准确性上优于基于公司历史盈余进行机械预测的时间序列预测模型,但是分析师盈余预测与季度随机游走模型等部分时间序列预测模型相比,还不是好的市场期望代理变量,说明投资者对分析师预测在准确性上的优势还没有充分认识。②分析师的正面和负面股票推荐发布期间,伴随着同向的股票超额收益率,并且这种超额收益率在股票评级发布一段时间后仍然存在,由此说明,分析师股票评级具有信息含量,而中国证券市场尚未达到半强型有效。股票评级的信息含量与分析师声誉正相关,但与所评级公司的规模之间关系并不显著。③在分析师进行盈余预测时,存在着锚定效应和代表性偏差,但是锚定效应起到主导作用,从而导致分析师在做出盈余预测判断和决策时,表现出明显的对公司盈余相关信息的"反应不足"。随着预测时间向公司年报实际发布时间临近,分析师预测所面临的不确定性减小,这种心理偏差和反应不足程度也逐渐趋弱。④总体而言,中国证券分析师所发布的盈余预测和股票评级存在乐观性偏差,其背后的原因是分析师所面临的复杂利益关系。

关键词:证券市场　证券分析师　经济预测

**6378**

**创意产业价值链价值传递机理研究** / 郑文文著 ; 高长春指导. -- 东华大学, 2009. -- 165 页

论文对创意产业价值链价值传递机理进行了研究。全文共分为八章。第一章导论,主要介绍了论文研究背景,研究的目的与意义,对国内外研究综述进行了评析,总结归纳了论文研究的内容和主要的创新点,研究的分析框架,研究的主要方法。第二章是对创意产业特征的分析,主要概述了创意产业的涵义、分类与比较,论述了创意产业基本的特征,通过中韩创意产业发展政策与法律保护体系的比较、科技创新投入的比较以及中韩创意产业发展战略的比较,对中韩创意产业发展特征进行了比较与分析。第三章介绍了创意产业价值链的构建与解构,主要介绍了创意产业价值链的内涵、构建原则、步骤以及模型,论述了创意产业价值链的静动态结构模型,研究了创意产业价值链价值传递过程中的非盈利组织。第四章研究了创意产业价值链价值传递的市场化机理,主要分析了创意产业与其关联产业在价值链价值传递中的关系,论述了创意产业价值链中价值传递的方式与渠道,分析了创意产业价值链价值传递过程中的价值增值,论述了以规范化市场保护创意产业发展的概况。第五章介绍了创意产业价值链价值传递过程中的激励机理,主要包括激励机理理论概述、基于双层价值传递结构的创意产业激励策略模型、创意产业价值链主体价值影响激励均衡博弈策略模型。第六章介绍了创意产业价值链价值传递网络平衡机理,主要论述了创意产业价值网络的形成机理,介绍了网络模型的建立,介绍了创意产业价值传递网络平衡问题的求解。第七章是对创意产业园区价值链价值传递机理的研究,主要分析了创意产业园区价值链体系,论述了创意产业园区是创意产业核心价值培养的主要空间,总结了创意产业园区价值传递中的区域特色,提出了探讨性建议。第八章为全文的总结。

关键词:文化产业　创意　产业链　价值转移

**6379**

**创业导向影响绩效的内在机理和路径研究** / 郑馨著 ; 崔毅指导. -- 华南理工大学, 2009. -- 211 页

论文以公司创业理论、创业学习理论为基础,研究公司创业导向影响绩效的内在机制和路径。通过创业学习、知识资源中介变量的引入,试图打开两者简单模型的黑匣子,了解创业导向作用于绩效的过程。本研究的主要贡献在于:第一,揭示了创业导向的多维度性。研究结果反映了创业导向内部结构的丰富特点,是对创业导向简单的一维模型的修正和发展,为创业导向的准确研究提供了理论支持。第二,开发了创业学习的维度和学习要素。通过访谈、预测试和正式调研及数据处理,本研究探索和开发了创业学习的二阶四的模型和内在学习要素。第三,探索了创业导向影响绩效的机理和路径。探索了创业导向影响绩效的内在过程,将简单、原始的"创业导向—绩效"双变量直接关系模型进行了延伸和拓展,建立并验证了"创业导向—创业学习—知识资源—绩效"的模型。研究证明了创业学习(以探索式学习和利用式学习相融合,旨在探索和利用机会)是创业导向转换为绩效的内在重要行为和过程,了解了创业学习作用于知识创造和累积,进而作用于组织绩 效的过程。该研究结果拓展了创业导向(价值观念/态度)对绩效(结果)的直接影响,获取了对创业导向如何影响企业绩效复杂过程的了解,打开了两者关系的黑箱。

关键词:公司　企业管理　创业　经济绩效

**6380**

**中国上市公司声誉对公司绩效的影响研究** / 郑秀杰著 ; 杨淑娥指导. -- 西安交通大学, 2009. -- 138 页

论文就中国上市公司声誉对公司绩效的影响进行了实证检验。在对声誉机制作用机理进行分析的基础上,分别从公司声誉对公司财务绩效的影响和对市场绩效的影响两大方面进行了检验。主要研究内容有:建立了声誉租金理论模型。将市场环境因素纳入声誉机制作用机理的分析框架,利用贝叶斯法则构建了声誉租金理论模型,并指出市场中声誉惩罚机制的有效性、市场参与主体的类型、声誉信息的可靠性以及声誉标准等四个因素是声誉机制发挥作用的重要影响因素。提出并验证了中国上市公司声誉能够提升公司财务绩效的判断。通过分析中国上市公司所处的产品市场和要素市场环境,提出了声誉机制在产品市场和要素市场能够发挥作用,从而提高公司财务绩效的判断并进行了检验。提出并验证了中国上市公司声誉对公司市场绩效不能产生显著影响的判断。发现中国上市公司声誉表征指标中的高管持股比例对公司后续市场绩效影响显著,但是对公司财务绩效没有显著影响;而独立董事制度则既对市场绩效有显著影响,又促进了公司的财务成功。

关键词:上市公司　企业管理　商誉　企业绩效

**6381**

**基于企业冗余资源的技术创新激励机制研究** / 钟和平著 ; 张旭梅指导. -- 重庆大学, 2009. -- 158 页

论文基于资源冗余观、创新观、激励理论,研究了企业员工的基于冗余资源的技术创新的激励问题。在介绍研究背景、目的、意义、内容及国内外相关研究文献综述的基础上,从四个方面研究了基于企业冗余资源的技术创新的激励机理和激励机制:首先,研究了基于企业冗余资源的技术创新行为的相关理论。提出了物质冗余与技术创新之间的倒置"U"型关系模型,人力资源冗余与技术创新之间的倒置"N"型关系,财务冗余与技术创新之间的"N"型关系;提出了基于企业冗余资源的技术创新的概念,并分析了基于企业冗余资源的技术创新行为特征和产出优势。其次,研究了完全靠员工自己搜寻企业冗余资源进行技术创新的激励问题,提出了不同冗余程度下的员工的基于企业冗余资源的技术创新的最优激励合约。同时,通过对模型的进一步分析,还提出了效率风险的概念,从理论上解释了企业普遍存在的一种现象:做出重大贡献者往往并不能分享相应的份额。再次,提出了在企业提供新增资源条件下的员工利用企业冗余进行技术创新的最优激励合约。最后,在分析研发人员、营销人员、生产人员等不同创新主体的基于企业冗余资源的技术创新行为的基础上,提出了这些不同主体的基于企业冗余资源的技术创新的最优激励合约,并结合企业典型案例进行了进一步阐释和检验。

关键词:企业管理　创新管理　技术革新

**6382**

**基于公共财政视角的政府审计信息披露研究** / 周长信著 ; 宋常指导. -- 中国人民大学, 2009. -- 211 页

论文基于公共财政的视角,对政府审计信息的披露进行了研究。全文共分为七章。第一章导论,阐述了论文选题的背景及意义、论文的研究目标、研究方法、框架和创新点。第二张是对论文研究文献的综述,主要阐述了国内外有关审计信息披露的研究。第三章从历史沿革和现状分析,研究了中国政府审计信息披露,从政府审计信息披露的起步阶段、探索阶段

分析了中国政府审计信息披露的历史沿革;通过问卷调查的分析和网上审计结果公告样本的分析阐述了中国政府审计信息披露的现状;从政府审计独立性不高、信息透明度较低、不能适应公共财政发展的需求三方面阐述了传统审计模式下中国政府审计信息披露的制度的缺陷。第四章是对西方主要发达国家政府审计信息披露经验的分析,主要包括美英德三国政府审计信息披露制度的比较分析、基于美国联邦政府2008年度审计报告的解读、西方主要发达国家政府审计信息披露经验所提供的借鉴与启示三方面的内容。第五章介绍了基于公共财政框架的中国政府审计信息披露模式的构建,主要包括公共财政框架下政府审计信息披露需求的分析、公共财政框架下政府审计信息披露目标、公共财政框架下政府审计信息披露模式的构建三方面的内容。第六章通过阐述公共财政框架下政府审计信息披露质量评价指标体系的构建和对政府审计信息披露质量的调查,对公共财政框架下政府审计信息披露质量评价进行了研究。第七章是对改进和提高中国政府审计信息披露质量的若干思考,主要包括建立健全政府审计外部监管机制、全面推行政府审计问责制、完善政府审计公告制度以及健全政府审计信息披露规范。

关键词:政府审计　财政　会计信息　信息披露

**6383**

**基于经理人市场均衡理论的薪酬激励研究** / 周方召著 ; 孙明贵指导. -- 东华大学, 2009. -- 133 页

论文对基于经理人市场均衡理论的薪酬激励进行了研究。全文共分为七章。第一章绪论,主要介绍了论文的研究背景及理论与现实意义,研究方法,对基本概念和范畴进行了界定,论述了论文主要的研究内容和创新点。第二章国内外研究现状综述,主要论述了经理人薪酬激励的理论研究,阐述了实证研究的进展。第三章是对委托代理框架下经理人市场均衡的薪酬激励模型的研究,主要分析了经理人薪酬上涨的不同解释,论述了经理人能力匹配的市场均衡模型,阐述了经理人能力匹配市场均衡的委托代理模型,对有关在职消费和公司治理进行了讨论。第四章是对中国经理人薪酬、公司绩效与经理人市场均衡的研究,主要回顾了国内经理人薪酬研究,对经理人选择与薪酬水平的基本模型进行了分析与研究。第五章介绍了经理人市场均衡、制度保护和货币薪酬的关系,主要包括经理人的货币薪酬研究回顾及有效经理人市场、市场的外部法律环境与经理人的货币薪酬两方面的内容。第六章是对经理人薪酬决定因素的实证分析,主要论述了变量确定和数据描述,分析了经理人薪酬、公司规模与绩效经验研究结果,阐述了公司治理水平、公司规模与经理人薪酬。第七章是对经理人市场均衡的制度完善,主要分析了国外经理人薪酬激励与市场均衡状况的最新发展,提出了经理人薪酬激励与市场法治环境的建设,综述了中国经理人能力市场的制度建设与完善。

关键词:企业管理　人力资源管理　经理　工资分配

**6384**

**区域合作中的政府管理模式选择:以滨海新区为例** / 周桂荣著 ; 齐善鸿指导. -- 南开大学, 2009. -- 265 页

论文以滨海新区为例,对区域合作中的政府管理模式选择进行了分析与研究。全文共分九章。第一章引言,主要提出了论文研究的问题、研究的理论与实践意义,对相关的文献综述进行了评析,介绍了论文研究的背景、研究方法和创新点。第二章介绍了政府介入区域发展的理论依据,分析了政府职能理论的演变历程、政府干预与政府失灵的现象、区域非均衡发展与政府干预政策。第三章介绍了区域协作与制度困境,主要包括区域协作的含义及必要性、区域利益与多方利益主体的博弈、基于我国区域协作的制度分析、长三角区域协作的管理困境四部分内容。第四章阐述了政府管理模式的演化,主要包括政府治理的理论基础、政府管理模式演化的历史脉络、管理主义政府管理模式的特征以及对管理主义政府管理模式的反思。第五章阐述了政府管理模式的结构转型,探讨了构建新型政府管理模式、构建新型政府模式的实践、传统的公共行政向公共管理的转变以及公共管理对中国行政管理改革的借鉴意义。第六章介绍了结构转型的目标取向,主要包括政府管理模式转型的时代背景、服务行政管理模式的理论依据、职能定位以及社会转型与服务行政模式的构建。第七章介绍了政府区域治理模式的经验。主要包括精简高效的政府层级设置、政府绩效评估体系完善等。第八章介绍了浦东新区政府管理体制的演变和创新。对浦东新区政府管理体制变革的环境背景进行分析,介绍了浦东新区政府管理体制的演化及主要做法以及改革的目标和举措。第九章介绍了滨海新区政府管理模式的选择。分析了滨海新区的发展与政府管理模式的

确立和运行中存在的问题。阐述了国际大都市政府管理体制改革的发展趋势。

关键词:地方经济　区域经济合作　地方政府　行政管理

**6385**

**组织员工分配公平感的社会比较机制研究** / 周浩著 ; 龙立荣指导. -- 华中科技大学, 2009. -- 143 页

论文对组织员工分配公平感的社会比较机制进行了深入全面的研究。全文共分为六章。第一章绪论,主要介绍了论文的研究背景,研究目的和意义,对论文相关的基本概念进行了说明与界定,介绍了论文的研究框架和技术路线与结构安排以及研究的主要创新点。第二章相关文献综述,主要分析了分配公平感的研究,阐述了社会比较理论研究的进展和参照对象选择研究进展,对文献综述进行了总结。第三章是对中国组织员工参照对象的选择研究,提出了论文研究的问题、研究方法,明晰了资料整理和分析,对研究结果进行了探究和分析。第四章分析研究了制度公平及其分配公平感的影响,主要论述了制度公平的概念,对制度公平量表进行了编制,研究了制度公平对分配公平感的影响,并对研究结构进行了分析与讨论。第五章探究了外部参数对象信息对分配公平感的影响,主要论述了研究的问题,研究的假设,研究方法,对研究结果进行了讨论与分析。第六章总结了论文研究的主要基本结论,阐述了论文研究的局限性,对未来的研究进行了展望。

关键词:企业管理　组织管理　员工　公平分配

**6386**

**跨国品牌命名策略及其对消费者偏好影响研究** / 周静著 ; 周庭锐指导. -- 西南交通大学, 2009. -- 151 页

论文继承了前人基于语言学、符号学、消费者行为学的品牌命名策略的研究成果,阐述在中国市场条件下,消费者的感知和偏好除了受到上述因素影响之外,还要考虑中国传统文化、人口统计学、消费习惯等因素对中国消费者的影响。在总结了大量关于中外品牌命名策略和跨国品牌命名策略的理论基础上,分析了品牌命名策略对品牌偏好的影响要素。针对中国消费者对不同跨国品牌命名偏好和企业真实绩效差异之间的相关性分析,结合认知心理学中的认知理论、消费者心理学中的消费体验分类等多学科的研究成果,重新定义和区分了新的品牌命名策略,将厂家对品牌的命名从产品属性的关联度和消费体验的不同分类中分离出来,定义出产品属性联结型、产品属性抽象型以及享乐型、实用型、其他型五种策略。试图从中国消费者对跨国品牌的命名偏好导致其对该品牌的偏好的相关性出发,将已进入中国的跨国品牌的品牌命名策略重新分类比较,并验证新品牌命名策略将更易引起消费者对该品牌的偏好,从而提升该品牌的品牌形象和品牌资产。针对跨国品牌在中国的命名特征分类分析,收集了消费者对品牌名称偏好以及对品牌偏好的真实数据,并通过三个相互关联的剥离试验,验证了跨国品牌在中国市场条件下命名的最佳模式。

关键词:跨国公司　企业管理　质量管理　品牌营销

**6387**

**产业集群人才吸引力及其影响机制研究** / 周均旭著 ; 胡蓓指导. -- 华中科技大学, 2009. -- 178 页

论文对产业集群人才吸引及其影响机制进行了研究。全文共分为七章。第一章绪论,主要提出了论文研究的问题、研究的理论与实践意义,相关的文献综述,论文研究的背景,研究方法和创新点。第二章相关的文献综述,主要论述了产业集群人才吸引力、人才竞争力、组织吸引力三方面的相关文献。第三章产业集群人才吸引的评价,主要论述了产业集群人才吸引力效应的理论内涵,产业集群人才吸引力的评价量表的开发,对产业集群人才吸引力效应进行了实证检验。第四章产业集群人才吸引力的多层次模型,主要包括产业集群研究中的多层次理论、产业集群人才吸引力的多层次影响因素、产业集群人才吸引力多层次模型实证研究等方面的内容。第五章阐述了不同层次因素对产业集群人才吸引力的影响,分析了区域因素对产业集群人才吸引力的影响、集群因素对产业集群人才吸引力的影响以及企业因素对产业集群人才吸引力的影响,同时对不同层次因素对产业集群人才吸引力的影响进行了实证研究。第六章是对产业集群人才吸引力提升的协同整合策略的研究,介绍了产业集群人才吸引力提升的基本路径,主要包括营造良好的区域宏观人才环境,增强集群内部企业人才吸引力,加强集群中观协同机制建设。第七章是对全文的总结和展望。

关键词:产业经济　产业集群　人才资源开发

6388

**代工企业交易专用性投资的能力构建效应及治理机制研究** / 周俊著 ; 薛求知指导. -- 复旦大学, 2009. -- 241 页

论文对代工企业交易专用性投资的能力构建效应及治理机制进行了研究。全文共分为八章。第一章导论,主要介绍了论文研究的实践背景和理论背景,研究目标和意义,研究过程和研究方法,对相关的概念进行了界定,介绍了论文研究的篇章结构。第二章是对文献综述和研究构思的介绍,主要包括以代工企业为研究对象的相关研究、交易专用性投资的效应及治理机制研究,以及基于理论综述的研究构思。第三章是对多重理论视角下的交易专用性投资正负效应及其调节因素的分析,主要论述了交易成本理论视角下的专用性投资、资源基础理论视角下的专业性投资、资源依赖理论视角下的专业性投资以及关系交换理论视角下的专业性投资,并对四种理论视角的融合进行了分析与研究。第四章是对理论假设与研究模型的介绍。第五章介绍了论文的实证研究设计,主要包括样本选择与数据来源、变量的测量、数据处理程序与方法方面的内容。第六章介绍了中介效应的假设检验,主要论述了关于中介效应的实证模型,分析了潜在变量的验证性因子,对结构模型进行了评估与修正,对假设进行了检验,对结果进行了分析。第七章是对调节效应的假设检验,主要包括实证模型和具体检验方法、量表的效度分析、量表的信度分析、对数据进行的描述性统计与相关分析,对调节效应进行的检验与分析。第八章是研究的结论、理论贡献、管理实践启示以及研究的不足和未来的研究方向。

关键词:加工企业　投资管理　专项资金　经济效果

6389

**国有企业知识员工忠诚的形成机理与提升机制研究** / 周丽著 ; 叶民强指导. -- 华侨大学, 2009. -- 222 页

论文采取文献探讨、访谈、问卷调查等方法,定性分析和定量分析相结合、规范研究和实证研究相结合,核心目标是研究国有企业知识员工忠诚的形成机理和提升机制。内容主要包括六大个部分:(1)员工忠诚的内容结构研究;(2)员工忠诚的影响因素研究;(3)员工忠诚的影响作用研究;(4)员工忠诚的中介效应研究;(5)不同人口学特征变量的差异分析;(6)员工忠诚度评价研究;(7)员工忠诚度提升机制研究。论文构建了提升员工忠诚度的激励与约束机制,即基于报酬设计的基本保障机制、基于企业文化的长期培育机制、基于组织公平的长期保证机制、基于沟通的长期维护机制、基于职业发展的动态提升机制以及基于内部竞争约束的有效推动机制。

关键词:国有企业　人力资源管理　员工

6390

**我国公立医院行为绩效分析:价格管制下的实证研究** / 周丽著 ; 俞乔指导. -- 复旦大学, 2009. -- 175 页

论文在价格管制下,对我国公立医院行为绩效进行了分析与研究。全文共分为九章。第一章绪论,主要提出了论文的研究问题、研究思路和意义,论文的研究方法和路线,论文的结构。第二章是对相关文献的综述,主要包括医院绩效、绩效评价方法、价格管制国内外研究状况、医生引致需求理论四方面的内容。第三章介绍了公立医院价格管制的背景与现状,主要介绍了医疗服务的属性和分类,论述了我国医疗服务价格管制政策的演变历程。第四章对公立医院的内外环境进行了描述,主要包括我国公立医院的外部环境、公立医院成本管理现状。第五章是对公立医院样本描述进行了统计分析,主要分析了样本的来源,对样本财务进行了描述。第六章是对公立医院效率评价进行了实证研究,分析了筛选指标,对公立医院效率进行了实证分析。第七章对公立医院医生决策行为效用进行了分析,主要包括公立医院医生决策行为研究、公立医院医生效用函数模型、医生效用函数的推广方面的内容。第八章是对公立医院价格管制的经济分析与改革,主要包括医疗市场的经济学分析、看病贵问题的系统研究、价格管制的目标与原则以及医疗服务定价方法四方面的内容。第九章是对论文的总结和归纳。

关键词:医院　医疗服务　医疗费用　价格改革

6391

**跨国公司在华技术转移的决定因素研究** / 周伟著 ; 吴先明指导. -- 武汉大学, 2009. -- 182 页

论文在研究大量文献的基础上,对跨国公司在华技术转移的决定因素进行了深入全面的研究。全文共分为七章。第一章为论文的绪论,主要进行了国内外研究文献综述,分析了论文的研究思路和方法、论文的结构安排和创新之处。第二章介绍了跨国公司

技术转移的理论基础,主要对技术转移的基本概念进行了界定,分析了国际技术转移的基本概念,阐述了国际技术转移理论中的技术转移选择论、技术转移周期论、技术转移均衡论以及需求资源关系论。第三章阐述了跨国公司在华技术转移的现状,主要分析了跨国公司在华技术转移的主要渠道、跨国公司在华技术转移的行业分布、跨国公司在华技术转移的地区分布,从被转移技术的来源分布和四种技术转移渠道的技术来源分布两方面分析了被转移技术的来源分布。第四章介绍了东道国环境对跨国公司在华技术转移的影响,主要包括经济环境对跨国公司在华技术转移的影响、技术环境对跨国公司在华技术转移的影响、法律政策环境对跨国公司在华技术转移的影响以及竞争环境对跨国公司在华技术转移的影响四方面的内容。第五章介绍了跨国公司在华技术转移的构成元素及其影响,主要分析了跨国公司在华技术转移的构成元素、技术转移方在跨国公司在华技术转移中的影响以及技术接受方在跨国公司在华技术转移中的影响、被转移技术在跨国公司在华技术转移中的影响。第六章是基于1991—2006年宏观经济数据对跨国公司在华技术转移的决定因素的实证分析,主要包括研究假设、基于1991—2006年宏观数据的实证分析、实证分析结果以及研究讨论。第七章为论文的研究启示、建议和展望。

关键词:跨国公司　技术转移　技术引进

**6392**

**我国企业自主创新的实现机制研究** / 周晓光著 ; 周绍朋指导. -- 中国人民大学, 2009. -- 226 页

论文对我国企业自主创新的实现机制进行了深入全面的研究。全文共分为八章。第一章导论提出了论文研究的问题,对相关的理论进行了回顾与评述,论述了论文的理论价值和现实意义,介绍了论文研究的主要内容和结构安排。第二章介绍了企业自主创新与经济发展战略,主要论述了发展战略与技术进步机制,分析禀赋条件、国家分工与发展中国家的战略选择,分析了中国经济发展的战略变迁。第三章介绍了企业实施自主创新的诱致性变迁,主要论述了企业技术机制的变迁模式,对企业实施自主创新的激励相容进行了分析,探究了企业自主创新的诱致性变迁和公共研发活动对企业实施自主创新的溢出作用。第四章分析了企业自主创新的外部激励机制,主要包括企业创新激励机制的分析框架、创新的市场激励、创新的制度激励、创新的政策激励以及各种激励措施的组合使用。第五章是对企业自主创新的内部激励机制的研究,主要论述了薪酬激励机制的原理与特点,分析了内部晋升机制存在的原因、激励原理以及特点,企业文化激励机制的内涵、结构和特征以及企业文化的激励效应。第六章分析了FDI对我国企业自主创新机制的影响,主要回顾了国内外对FDI溢出效应的研究文献,阐述了FDI对中国企业自主创新机制的影响,对FDI对我国企业自主创新影响进行了实证检验。第七章是对企业自主创新实现机制的实证研究,主要包括研究的问题与角度、研究设计、实证检验结果等方面的内容。第八章为论文的结论与总结。

关键词:企业管理　技术创新　技术引进

**6393**

**符号品牌:中华老字号的双重文化接受机理** / 周懿瑾著 ; 卢泰宏指导. -- 中山大学, 2009. -- 191 页

中华老字号曾有过辉煌的过去,但如今的中华老字号身陷传统文化的断层与外来竞争的夹逼,在经营的盆地中难以突围,举步维艰,革新势在必行,中华老字号需向现代消费者靠近。然而,革新是有文化边界的,尤其是对中华老字号这个传统文化的符号品牌群体来说。基于对符号品牌、多重文化下的个人等以往研究的回顾和分析,论文通过五个实验发现了:第一,中华老字号是传统文化的符号,它的出现可以激发消费者对传统文化价值观的回忆,一些现代符号品牌则会激发消费者对现代文化价值观的回忆。第二,中华老字号与传统文化心理紧密相连,当激发中国消费者的传统文化心理时,他们对中华老字号更加宽容,更加维护,这就使得中华老字号有了潜在的市场价值。第三,当中华老字号进入现代符号品类时,传统文化和现代文化产生了冲突,消费者对中华老字号的评价下降。第四,在品牌营销层面,文化边界的效应仍然存在,当中华老字号采用具有高度现代文化特征的广告时,消费者对其评价降低,但在采用其他低现代文化特征的广告时,消费者对其的评价与对现代品牌的评价相当。论文还在一定程度上揭示了品牌关系的另一个关系维度——文化联结。除去品牌来源国的品牌关系之外,在集体层面,还存在着文化的品牌关系。当激活消费者的传统文化心理时,他们与传统符号品牌关系更加紧密,对中华老字号更加宽容,当激活消费者的现代文化心理时,他们与现代符号品牌关系更加紧密,对现代符号品牌更加宽容。

关键词:企业管理　老字号　品牌效应

6394

**实物期权视角下园区集群效应对企业进入科技园区决策影响的研究** / 周勇著 ; 万迪昉指导. -- 西安交通大学, 2009. -- 147 页

论文从企业投资分析的微观视角,提炼总结出影响企业进入四大园区的集群效应:聚集效应、拥挤效应、政策效应和不确定效应,在此基础上构建了园区集群效应影响下的实物期权模型,并借鉴 Dixit 和 Pindyck 以及 Miranda 实物期权定价模型,从投资分析的基本要素出发,引入集群效应下需求—成本函数的新形式,利用动态规划理论及随机偏微分方程求解了集群效应下企业投资的实物期权价值及投资进入时机;采用了事件史分析的离散时间 Logistic 模型,依托西安国家高新技术产业开发区的发展背景,利用国家火炬计划高新技术产业区内企业年报数据库,使用长达 17 年的纵向企业数据,1858 个企业样本,1567 个企业进入事件,28389 个样本数据实证检验了园区集群效应对企业进入的影响;运用 Logistic 回归模型揭示了不同企业特征及不同行业特征下,集群效应对企业进入的影响差异。

关键词:企业管理　高技术产业区　实物期权　产业集群

6395

**赛事赞助对企业品牌资产影响的实证研究** / 朱洪军著 ; 徐玖平指导. -- 四川大学, 2009. -- 185 页

论文对赛事赞助对企业品牌资产影响进行了实证研究。全文共分为七章。第一章引言主要分析了论文研究的理论和现实背景、研究目的、研究意义、研究内容、研究的方法和思路。第二章主要从赞助内涵、赞助分类、赞助方式、概念辨析、效果评价五方面论述了赞助营销的概念,从概念界定、构成维度以及测量模型分析了品牌资产。第三章为论文的研究设计,主要介绍了意义迁移理论、信息源理论、平衡理论以及归因理论,同时阐述了研究的假设和变量的计量方法,分析了论文的调研对象,通过样本容量的选取、数据缺失的处理、数据正态分析、数据类型的处理、多元回归分析以及结构方程模型的介绍阐述了论文的研究方法。第四章进行了前测分析,主要包括描述分析、探索性因素分析、信度效度检验、假设修正、模型修正方面的内容。第五章为数据分析,主要进行了描述分析和分布检验,通过对品牌资产、赛事质量、契合度的研究进行了验证性因素分析,对赛事质量与品牌资产、赛事质量与契合度、契合度与品牌资产之间的关系进行了回顾分析。最后对理论模型进行了检验和分析,对全模型进行了检验。第六章从明确赞助目标、选择相应赛事、建立有效契合、实现整体共鸣四方面阐述了营销的实践意义。第七章为全文的结语。

关键词:企业管理　品牌战略　品牌营销

6396

**区域产业品牌伞策略的市场效果研究** / 朱辉煌著 ; 卢泰宏指导. -- 中山大学, 2009. -- 206 页

论文对区域产业品牌伞策略的市场效果进行了研究。全文共分为十章。第一章绪论,主要介绍了论文研究的理论与现实背景,提出了论文的研究问题,研究的意义,对相关的研究概念进行了界定,阐述了论文研究内容与逻辑框架以及技术路线,总结归纳了论文的创新点。第二章文献综述,主要介绍了区域产业的品牌,分析了品牌元素与品牌策略,品牌伞与品牌伞策略,论述了企业品牌伞与区域产业品牌伞的概念,介绍了品牌伞与品牌联想。第三章介绍了论文的研究设计,主要包括操作性概念的论述,研究模型的分析,研究假设与研究方法的阐述,以及总体实验设计的方案。第四章、第五章、第六章、第七章、第八章和第九章是从目标与假设、实验方法、实验结果以及讨论四方面对老—新组合情景的策略效果、老—新组合的行业延伸、老—老组合情景的策略效果、新—老结合情景的策略效果、新—老结合的行业延伸以及信息—新组合情景的策略效果进行了六组实验。每个实验都采用组间的设计,基本上验证了先前的预期假设。第十章是对全文的总结和讨论。

关键词:企业管理　企业战略　品牌　市场竞争

6397

**消费者自我建构对中外品牌评价的影响研究** / 朱丽叶著 ; 卢泰宏指导. -- 中山大学, 2009. -- 172 页

论文对消费者自我建构对中外品牌评价的影响进行研究。全文共分为七章。第一章引言,主要介绍了论文研究的现实背景、理论背景以及研究视角,研究主题和创新点,对相关的概念进行了界定,介绍了论文的研究框架结构。第二章为文献回顾与评析,主要分析了来源地效应及消费者民族中心主义,从自我构建的概念和内涵、类型、测量以及消费者行为领域

自我建构的实证研究以及自我建构文献评析等几方面回顾了自我建构的研究,阐述了品牌象征意义以及自我、产品形象的一致理论,分析了论文研究的切入点。第三章介绍了论文的研究设计,主要包括理论框架、实验设计、理论假设三部分的内容。第四章是对自我建构的影响与作用机制的研究,主要实验方法包括预测试、实验材料、被试及实验步骤、自变量与因变量四方面的内容,实验结果包括操控检验、主假设检验以及自我构建的作用机制,并对研究进行了讨论。第五章是对自我建构与广告类型的交互作用的研究。主要包括实验方法、实验结果以及讨论三部分的内容。第六章是对自我建构与广告类型的交互作用进行的二次实验。第七章为研究结论、理论贡献和营销启示、研究的局限性以及对未来研究的展望。

关键词:消费者行为论　品牌　企业管理

**6398**

**信息技术与企业竞争优势的构建:基于环境—战略—结构的视角** / 朱农飞著 ; 赵曙明指导. -- 南京大学, 2009. -- 181 页

论文基于环境—战略—结构的视角,对信息技术与企业竞争优势的构建进行了研究。全文共分为七章。绪论主要包括论文研究的背景及问题的提出、研究内容、思路和方法、研究的意义以及可能存在的创新之处。第一章为文献回顾及研究框架,对相关概念进行了界定,介绍了环境—战略—结构三维框架,分析了信息技术与竞争优势及其他因素关系的研究,阐述了文献综述与论文的研究框架。第二章介绍了信息技术与环境变化,主要包括信息技术下的竞争、信息技术对环境的影响、基于信息技术的虚拟市场以及网络化电力联盟四方面的内容。第三章介绍了信息技术与企业竞争战略选择,介绍了信息技术影响的三个层面,分析了信息技术与创造竞争的优势,阐述了信息技术与企业竞争战略选择。第四章介绍了信息技术与组织结构变革,分析了"T"型组织及其特征和竞争的优势,阐述了信息技术对业务重组的影响。第五章分析了信息技术与企业供应链,主要分析了供应链产生的动因,信息技术对供应链管理的影响,阐述了基于信息技术的供应链整合。第六章分析了信息技术系统构建的途径,主要从制定信息技术战略、明确信息技术价值的变化、信息技术战略的实施三方面进行了分析。第七章主要包括论文的基本研究结论、研究中的不足以及未来的研究方向。

关键词:企业竞争　企业管理　信息技术

**6399**

**信息差异化模型和形成机理研究** / 朱启红著 ; 王方华,顾锋指导. -- 上海交通大学, 2009. -- 154 页

论文对信息差异化模型和形成机理进行了研究。全文共分为七章。第一章为论文的绪论,主要介绍了论文的研究背景和研究意义、研究思路、研究内容,总结归纳了论文研究的创新点。第二章是对信息差异化研究的综述,主要对产品差异化和信息差异化,信息差异化模型,信息差异化和消费者行为等研究文献加以评述。第三章通过分析横向和纵向差异化信息性广告竞争模型、横向和纵向差异化说服性广告竞争模型以及基于信息差异化的企业选址定价博弈模型,分析了厂商主导的信息化模型。第四章介绍了存在消费者搜寻的信息差异化模型,主要包括模型建立、均衡讨论以及关于发现成本的讨论三方面的内容。第五章是对信息差异化形成机理的研究。介绍了广告信息认知,对广告层级效果进行了分析,介绍了信息差异化形成机理理论模型。第六章是信息差异化形成机理实证研究,主要包括研究框架和研究假设、研究设计和数据收集、数据分析以及研究结果讨论四方面的内容。第七章是对全文的总结,从品牌和品牌认知关键因素分析,论述了基于品牌认知信息差异化的策略。

关键词:企业管理　市场营销　营销策略　企业战略

**6400**

**研发人员创新行为的影响机制研究:基于工作生活质量与组织文化导向的视角** / 朱苏丽著 ; 龙立荣指导. -- 华中科技大学, 2009. -- 168 页

论文基于工作生活质量与组织文化导向的视角,对研发人员创新行为的影响机制进行了研究。全文共分为八章。第一章绪论,主要介绍了论文的研究背景,研究目的以及意义,研究范围,研究方法和技术路线,研究创新点及论文的主要结构安排。第二章为相关研究的文献综述,主要包括与员工创新行为、工作生活质量、组织文化导向、研发人员特性等几方面有关的研究评述。第三章介绍了研究的总体设计和调研的情况,介绍了调研的过程。第四章阐述了工作生活质量的类别判定及与创新行为的关系,介绍了工作生活质量组合型多维构念的构建与研究假设。阐述

了研究工具,对工作生活质量的类别进行了判定,介绍了假设检验结果并进行了讨论。第五章介绍了工作生活质量对创新行为的情感影响机制,主要包括研究的假设模型、工具与方法、研究结果以及结论与讨论四方面的内容。第六章阐述了基于收益观的组织文化导向对创新行为的影响机制,主要对基于企业收益观的组织文化导向进行了划分,提出了研究假设,介绍了研究的工具和方法,分析了研究结果并进行了讨论和探究。第七章介绍了控制变量对员工创新行为与积极情感的影响,主要分析了人口统计学变量对创新行为、积极情感的影响,论述了企业特征变量对于创新行为、积极情感的影响。对结果进行了研究与分析。第八章为全文的总结与展望。

关键词:企业管理　组织管理　科研人员　创新能力

**6401**

**我国上市公司高层管理人员人力资本定价研究** / 朱文蔚著 ; 廖泉文指导. -- 厦门大学, 2009. -- 251 页

论文在对企业理论、人力资本理论和人力资本价值计量理论进行全面阐述的基础上,取得以下研究成果:①在搜集上市公司高层管理人员人力资本定价评估指标的基础上,设计了上市公司高层管理人员人力资本价值评估问卷,并根据问卷结果对指标进行了灰色聚类分析,构建了上市公司高层管理人员人力资本定价指标体系。②论文提出高层管理人员人力资本是一种特殊的"看涨期权",具有实物期权的诸多特征。其选择权的价值可以使用 Black-Scholes 期权定价模型计算。③结合了政治经济学中关于商品生产中劳动价值理论的重要概念,引入了人力资本价值量子,并通过 AHP 和关联矩阵法的综合运用,确定了高层管理人员个体的价值贡献系数。将这两个重要概念与模糊实物期权结果相结合,得出了高层管理人员人力资本定价的个体模型。④对现在理论界探讨较多的上市公司高层管理人员人力资本定价的相关热点——在职消费和薪酬差距问题进行了简要的分析,并对这两个问题的相关理论和实证研究进行了梳理并提出了相关建议。

关键词:上市公司　企业领导　人力资本

**6402**

**社会网络与战略的匹配及其对企业绩效影响的实证研究** / 朱振坤著 ; 金占明指导. -- 清华大学, 2009. -- 151 页

通过对文献的系统归纳,论文将社会网络的主要功能归纳为四种,信息获取、互惠合作、结构支持和资源获取,开发了测量社会网络四种功能的量表,并应用验证性因子分析验证了量表的效度。然后在 Miles 和 Snow 战略选择框架下,通过 305 个样本对论文的假设进行了实证验证。研究的内容包括企业规模、年龄和所有制对企业使用社会网络四种功能的影响,社会网络四种功能对绩效的促进作用,探索者和防御者两种战略与社会网络匹配的问题,以及两者匹配对绩效的影响。此篇论文的实证研究得到了以下几个结论:第一,社会网络与企业战略的匹配才能提升企业绩效。第二社会网络信息获取、互惠合作和资源获取对企业绩效有正向促进作用,结构支持的作用不显著。通过对社会网络功能的分类,更加深入地揭示了社会网络对绩效的作用。第三,其他一些控制变量对企业使用社会网络业存在影响。企业所有制与结构支持和资源获取存在显著的相关关系。

关键词:企业管理　企业绩效　企业战略

**6403**

**论权威在企业组织分配中的作用** / 朱子君著 ; 包政指导. -- 中国人民大学, 2009. -- 221 页

论文对权威在企业组织分配中的作用进行了研究与分析。全文共分为七章。第一章绪论,主要介绍了论文的研究背景、研究内容和意义、研究目的、研究结构。第二章基于经济学视角,介绍了关于价值分配的文献综述,主要介绍了经济学有影响的价值理论的内涵、渊源以及逻辑传承,分析了有关分配理论的研究和逻辑联系,对市场经济实际运行中分配规则进行了进一步探索。第三章基于管理学死角,对关于企业组织分配的文献综述进行了介绍,主要包括工业社会的内在冲突、劳资冲突对劳资变革的需求、计时制、传统计件制、利润分享与劳资之间利益的平衡等概念,分析了 21 世纪以来薪酬管理的研究特点,小结了管理学就分配研究的特点和局限。第四章介绍了基于权威的企业组织分配,主要对四个核心命题进行了探究。第五章介绍了论文的研究设计和方法,主要提出了理论假设,介绍了研究的理念、调查、设计以及研究地点以及案例选择的理由,阐述了研究的方法,分析了研究方法需要考虑的事项和局限性。第六章是对案例研究结果的分析,主要列举了中国海外建设有限公司、北京佳城集团有限公司、中联通讯股份有限公

司、TCL 集团的"增量奖励"方案以及联合电脑的"绩效考核"方案并对各方案进行了分析。第七章为全文研究结果的讨论与总结。

关键词:企业管理　分配方式　绩效管理

**6404**

**环境金融产品设计与定价研究:以气候变化环境金融产品设计与定价为例** / 祝超伟著 ; 何佳,赵昌文指导. -- 四川大学, 2009. -- 122 页

论文以气候变化环境金融产品设计与定价为例,对环境金融产品设计与定价进行了全面深入的研究。全文共分为七章。第一章为论文的引言,主要介绍了论文的研究背景、研究的主要问题,对相关的研究概念进行了界定,总结了论文的研究内容和目标,阐述了论文的研究结构、研究方法以及论文研究的创新点。第二章为环境资源市场相关理论文献综述,主要对经典产权理论、环境资源问题市场特性理论研究、管制与环境税和市场机制研究、能源链与环境资源问题与排放权交易研究、环境相关市场机制研究进行了梳理。第三章介绍了环境金融市场理论框架的设计,分析了建立环境金融市场的必要性,选择温室气体减排作为环境金融产品设计的对象的原因,分析了环境金融市场理论框架研究,建立了环境金融市场概念框架。第四章是对气候变化环境金融产品的设计研究,主要包括气候变化环境金融产品的概念、气候变化环境金融产品基本概念分析、气候变化领域常见的环境金融产品分析、环境金融产品设计、气候变化环境金融产品设计的关键因素以及产品设计机制。第五章对气候变化环境金融产品的定价进行了研究,主要分析了常见的金融产品的定价方法、环境金融产品定价机制选择与设计,分析了定价方法评价准则与建议,介绍了拍卖机制的具体设计。第六章是对建立环境金融市场政策的建议,主要包括明确环境金融产品的法律地位、建立统一的产品确认规则与交易制度以及具体的政策建议。第七章介绍了环境金融产品设计的案例研究,主要包括 CDM 项目流程、项目设计文件 PDD 以及对 CER 定价的讨论。

关键词:金融产品　产品设计　气候变化　环境保护

**6405**

**强化理论、双因子理论和三因素模式对顾客满意影响之研究:以品牌手机为例** / 庄素珍著 ; 薛声家指导. -- 暨南大学, 2009. -- 194 页

本研究以手机产业为例,顾客满意为主,探讨品牌手机专业功能、品牌手机外形设计、顾客满意、品牌信任与品牌忠诚间之关系。首先运用赫兹伯格之双因子理论,探讨手机品牌专业功能和品牌手机外形设计对顾客满意之影响。其次将诺曼管理理论中广为人知的员工保健因子和满意因子的道理应用在顾客满意上。以顾客为核心并加上回馈机制,发掘顾客已知及未知的需求。最后利用三因素态度模式或态度模式探讨顾客满意度对品牌信任与品牌忠诚度的影响。论文建立结构方程模型,深入探究顾客与品牌间之相互关联。首先探索品牌手机专业功能和品牌手机外形设计对顾客满意度的影响,以了解品牌形象与顾客满意度间的关联,并期望借由概念化以及衡量顾客的价值观,深入研究为什么以及用何方法可使顾客满意转变成品牌信任与品牌忠诚,由顾客满意度证实品牌手机专业功能与品牌手机外形设计确实对品牌信任与品牌忠诚度有影响。利用探索性因素分析产生研究构面,Cronbach's Alpba 信度分析测试问卷题项之信度,收敛效度分析测验研究构面的效度。透过数据分析以结构方程模型测验统计研究假说,结果显示一个人对于品牌手机功能与品牌手机外形设计的认同度越高,则顾客满意度越强;同时个人对顾客满意度越强,则品牌信任与品牌忠诚度越高。

关键词:手机　品牌　顾客满意

**6406**

**基于标准化和适应性协调的银行顾客感知服务质量模型、测度指标及其实证研究:以中国市场高端个人客户为样本** / 卓国雄著 ; 吴晓云指导. -- 南开大学, 2009. -- 207 页

论文以中国市场高端个人客户为样本,对基于标准化和适应性协调的银行顾客感知服务质量模型、测度指标进行了实证研究。全文共分为八章。第一章引言,主要介绍了论文的研究背景和研究意义,研究的内容和研究框架,研究的方法和技术路线,研究的创新点。第二章研究了中国银行发展及其针对高端个人客户的营销现状,主要对相关的银行概念进行了界定,分析了全球金融发展现状及加入 WTO 后的中国银行市场格局。阐述了高端个人客户选择标准及中国商业银行的营销现状。第三章是对文献综述的介绍,主要对标准化和适应性观点进行了梳理,阐述了服务质量测度研究、银行服务质量研究。第四章是

对BSQ模型创建及量表初始设计的假设,主要分析了BSQ模型的创建,介绍了BSQ模型的基本变量,阐述了BSQ模型测度量表的开发研究。第五章是对研究问题的实证研究设计,主要从界定调研对象、样本选择、调研的前期准备、预调研以及正式调研分析了调研流程整体设计,论述了问卷初始设计及预调研实施的方法,介绍了了正式调研及样本回收情况。第六章是对数据分析与结果的讨论,主要对数据进行了频数分析、验证性因子分析以及平均值等展开数值分布的统计分析,介绍了样本的基本特征,对样本的信度与效度进行了检验。第七章是对BSQ模型在测度中国市场高端个人客户的应用,主要包括高端个人客户对前台服务化程度的期望和感知、高端个人客户对后台服务标准化程度的期望和感知以及中国商业银行基于标准化和适应性协调的服务质量体系建设三方面的内容。第八章为论文的结论、管理启示以及未来研究方向的展望。

关键词:商业银行　营销管理　商业服务　服务质量

**6407**

**中国公司交叉上市的资本成本效应研究** / 邹颖著 ; 汪平指导. -- 首都经济贸易大学, 2009. -- 124页

论文对中国公司交叉上市的资本成本效应进行了研究。全文共分为六章。引言主要介绍了论文选题意义与研究背景、研究的范畴,对相关的基本概念进行了界定,阐述了论文研究的结构和研究的主要创新点。第一章是从资本成本的视角分析了公司交叉上市的理论,主要对公司交叉上市的理论进行了概述,分析了市场分割假说、交叉上市与资本成本,对流动性假说、交叉上市与资本成本进行了探究,论述了投资者认知假说、交叉上市与资本成本的关系,绑定假说、交叉上市与资本成本的关系。第二章交叉上市的资本成本效应研究文献综述,主要论述了利用市场反应和股权资本成本的计量模型衡量交叉上市的资本成本效应,探究了我国学者的相关研究与未来研究方向。第三章研究了中国公司上市的发展、现状与特征,主要分析中国公司交叉上市的发展与现状、背景,对中国公司交叉上市的特征进行了分析与研究。第四章是对交叉上市公司的资本成本效应的理论框架构建的研究,主要对资本成本进行了理论解析,从国际视角分析了资本成本效应度量方法,对理论模型设计与实证研究框架进行了总结。第五章对基于中国公司交叉上市的数据进行了资本成本效应分析,主要对交叉上市的资本成本效应进行了整体检验和因素回归检验。第六章为全文的总结与展望。

关键词:公司　上市　资本管理　成本分析　定价模型

**6408**

**创业导向、社会资本与企业绩效:基于多维调节作用的实证研究** / 左斌著 ; 芮明杰指导. -- 复旦大学, 2009. -- 160页

论文从公司社会资本的视角出发,试图建构其在创业导向与企业绩效基本关系中的作用模型,并展开相关的实证检验。构建了公司社会资本对创业导向与企业绩效的调节关系模型。首先,认为公司社会资本与创业导向具有相互促进作用,而对企业绩效的积极与消极作用并存,同时创业导向对企业绩效的积极作用具有不确定性,社会资本对创业导向与企业绩效之间的关系起到了积极的调节作用;其次,社会资本的细分维度,如外部社会资本和内部社会资本,外部社会资本规模与外部社会资本位势,也都会对创业导向与企业绩效关系起到一定程度的调节作用,但可能会出现一定程度的分化;最后,进一步分析变量间的多维交互调节作用,比如外部和内部社会资本如何同时影响,以及外部社会资本规模与位势又会产生何种作用。在这一系统分析基础上,一共建立了九大调节作用假设。通过对153个上海地区非生存期的非多元化创业企业进行问卷调研,利用相关性分析、垂直回归调节分析和简单斜率分析等方法对研究假设进行验证,得出五项成立,两项部分检验,两项不成立的结果。最后通过对检验结果的汇总与具体解释,对论文的研究局限性做出说明,并就该研究的进一步发展给出了指导性建议。

关键词:企业管理　企业绩效　社会资本

**6409**

**基于多层次列表的多核制造集群网络资源计划体系** / 左小明著 ; 李从东指导. -- 暨南大学, 2009. -- 206页

论文从开放系统的角度揭示外部环境动态变化和集群网络组织业务模式演进的交互机理,分析了传统供应链协调模式向集群网络协作模式演进的自组织机理。构建了基于外部市场机遇响应、集群网络目标形成、集群网络任务导入、成员企业子任务分解和

资源共享,以及超工作中心协作以执行任务的层次列表之间的映射关系,形成了集群网络多层次列表体系的基本框架。在以基本工作中心为企业过程执行单元的基础上定义了超工作中心概念,以此为网络协作过程执行单元,并就集群网络中各种工作中心的性质进行了分析;在企业结构模型的基础上,建立了集群网络结构模型,并对网络协作过程模型、资源消耗模型的基本构件、性质进行了研究;在分析集群网络协作关系形成机理的基础上,提出了协作剩余的概念,并就协作剩余的形成条件、构成、特点进行了研究;针对协作关系形成的阶段不同,建立了集群网络协作关系生命周期模型,并以网络组织治理理论、治理机制为基础,结合协作关系的治理逻辑,构建了集群网络协作关系的多维治理框架;结合多层次列表体系(BOH)理论框架,构建了面向服务架构(SOA)的多核集群网络资源计划(CNRP)体系的系统架构。

关键词:中小企业　产业集群　企业资源计划　协作

## 旅游管理

**6410**

**意象·凝视·认同:对旅游博客中有关大连旅游体验的质性研究** / 陈才著 ; 卢昌崇指导. -- 东北财经大学, 2009. -- 183 页

论文以国内自助来大连游客为研究对象,以其撰写的博客游记为主要研究资料,对旅游体验进行分析。全文共分为十章。第一章,绪论。介绍研究的缘起和研究的背景,研究的问题意识与研究构想,研究流程与研究意义。第二章,文献综述。介绍旅游体验的研究,包括体验的概念,旅游体验的概念与动机,旅游体验的质量等;介绍自助游的含义与自助游客的行为特征;提出旅游意象及相关的研究;对旅游凝视理论及相关研究做出说明,并对认同的含义及类别理论做出阐释。第三章,研究设计与实施。提出研究问题的定位,研究途径的选择,研究资料收集与整理,研究资料的分析方式,研究成文方式与内容结构等问题。第四章,目的地意象与旅游动机。介绍目的地的意象,包括原始意象,诱发意象和复合意象等,从目的地选择和旅游方式选择两个方面提出旅游的动机。第五章,旅游凝视。内容包括对海滨风光的凝视,都市风情的探讨,并介绍旅游者凝视中的大连人。第六章,旅游消费与人际互动。介绍旅游消费体验,旅游过程中的人际互动。第七章,旅游认同。提出认同的构建,并分别就目的地认同、旅游者的角色认同、旅游者的文化认同、旅游者的自我认同几个方面做出探讨。第八章,旅游回味。探讨旅游带来的变化,旅游回味中的感悟等。第九章,对旅游体验的理论探讨。包括对旅游体验的阶段性特征探讨,旅游体验的深度分析等。第十章为论文的结论、反思、建议和创新等。

关键词:旅游业　旅游服务　游客　消费者行为论　大连

**6411**

**分时度假在中国:本土化研究** / 弓宝宏著 ; 张广瑞指导. -- 中国社会科学院, 2009. -- 224 页

论文分别从分时度假基础理论研究、国内外发展实践及经验总结、我国的发展环境研究及本土化对策研究几个层次对分时度假展开讨论。全文共分为六章。第一章导论,介绍论文的研究背景与研究内容,研究文献综述以及论文主要观点和创新。第二章理论与规范:分时度假的认识。介绍分时度假的基本理论,包括分时度假的基本概念,分时度假的实质以及对分时度假的基本认识;提出分时度假的运营机制,包括分时度假产品的基础运营机制,分时度假系统的典型经营方式以及分时度假产业体系;提出分时度假产品类型及演变,分析分时度假产生及发展的动因,从微观和宏观两个层面分别讨论分时度假的经济影响。第三章借鉴与启示:国际分时度假的发展。从分时度假的成长阶段以及国际分时度假行业的发展简史两个方面介绍国外分时度假的发展历程;从总体态势和未来关注点两个方面提出国外分时度假的发展现状,做出实证研究说明,提出国际分时度假的发展启示。第四章,探索与实践:分时度假在中国。提出分时度假在中国的发展历程,分时度假的早期实践与本土化改造;进行案例分析,探讨分时度假在中国发展艰难的原因,并思考分时度假在中国如何实现本土化。第五章市场与环境:分时度假在中国本土化环境分析。一是探讨分时度假在中国的可行性,二是通过对分时度假在中国市场状况的调查研究和分时度假在中国的 SWOT 分析,提出有助于分时度假在中国发展的举措。第六章,对策和建议:分时度假本土化战略构想的提出和展望。

关键词:旅游服务　旅游业发展　本土化

6412

**旅游目的地形象对游客推荐意愿、支付意愿的影响研究:以杭州为例** / 胡抚生著 ; 宝贡敏,周玲强指导. -- 浙江大学, 2009. -- 224 页

论文以杭州为例,对旅游目的地形象对游客推荐意愿、支付意愿的影响展开研究。全文共分为八章。第一章,绪论。介绍论文问题的提出,研究目的和研究意义,研究内容与研究方法,论文创新之处以及论文的技术路线与结构安排。第二章,相关理论研究综述。介绍旅游目的地形象的相关概念及研究,感知价值的相关研究,满意度的相关研究以及顾客行为意愿的相关研究。第三章,研究的出发点和理论基础。对以往研究的主要贡献、不足、本研究拟探索的方向和理论基础做出说明。第四章,问卷设计。对问卷的变量的定义,变量的测量,旅游目的地形象的词量量表,感知价值的测量条款,满意与不满意的测量条款以及行为意愿的测量条款等进行设计说明。第五章,数据获取及探索性因子分析。分析内容包括对大样本数据的获取及描述性分析,对测量条款的探索性因子分析。第六章,理论拓展与概念框架模型的构建。提出理论拓展与假设,假设与框架模型。第七章,模型修正以及假设检验。分析独立样本 T 检验和单因素方差,探讨理论模型的统计分析方法,对理论模型及假设进行验证,包括理论模型 A 及其假设检验,模型 A 的修正,模型 A 拟合结果比较,模型 B 的假设分析,模型 B 的完善和修正,模型 B 拟合结果比较,并提出基于模型通过结构方程检验假设的结论以及竞争性理论模型的比较。第八章为论文的研究结论和展望。

关键词:旅游地　旅游业　旅游服务

6413

**游客景区体验的构成因素及其内在作用机制研究** / 贾跃千著 ; 宝贡敏,周永广,崔凤军指导. -- 浙江大学, 2009. -- 315 页

论文研究游客景区体验的构成因素及其内在作用机制。全文共分为九章。第一章绪论。介绍研究的背景,研究问题的提出,研究意义,研究对象,研究方法以及研究结构安排、技术路线。第二章,相关理论研究评述。包括体验营销相关理论述评,消费者满意度研究述评,消费情感研究述评,服务质量研究述评。第三章介绍研设计的总体思路以及研究的主要切入点。第四章,研究一:基于扎根理论方法的游客满意度研究。概述扎根理论方法,提出研究的对象,并对资料收集与样本进行描述,对三级编码过程做出介绍,并提出研究结果与评判。第五章,研究二:游客景区情感体验维度的探索性研究。介绍研究问题、资料搜集以及对编码的分析,提出游客景区情感体验理论模式的探析,包括游客体验 AIA 维度模型,游客景区情感体验过程的整合理论等。第六章,研究三:旅游景区服务质量因子结构的探索性研究。结合景区服务质量因子结构模型,提出基于访谈景区服务质量因子的结果检验,并提出量表开发和小样本数据搜集与描述,对数据的分析方法做出说明从而进行小样本的数据分析。第七章,研究四:游客景区体验组主要变量维度的实证分析。介绍游客景区体验整合模型的基本逻辑框架,游客景区体验主要变量维度的小样本分析,游客景区体验主要变量维度的大样本分析。第八章,研究五:游客景区体验整合模型研究。提出研究的假设,通过对假设的评判和检验,提出对结果的探讨和汇总。第九章为论文的研究结论与研究展望。

关键词:旅游区　旅游业　旅游管理　服务质量

6414

**基于顾客价值创新的主题饭店竞争优势形成机理研究** / 焦彦著 ; 齐善鸿指导. -- 南开大学, 2009. -- 164 页

论文为基于顾客价值创新的主题饭店形成机理的研究。全文共分为八章。第一章,绪论。介绍选题背景,研究的内容与研究意义,研究的方法与论文技术路线。第二章,文献综述。一是介绍主题饭店及相关研究;二是企业竞争优势相关研究;三是顾客价值的相关研究;四是饭店企业的顾客价值研究。第三章,主题饭店的内涵和辨析。提出主题饭店产生和发展的历史背景,对主题饭店的主题的内涵进行剖析,在此基础上,提出对主题饭店的内涵的界定,并对主题饭店与相关概念进行辨析。第四章,主题饭店竞争优势形成的模型建构——基于典型案例的比较分析。对比较分析的工具做出说明,对拉斯维加斯主题饭店的顾客价值创新内容和基础进行剖析,对顾客价值创新的持续性进行分析,对程度主题饭店的顾客价值创新剖析,结合中外典型主题饭店顾客价值创新的比较分析,提出主题饭店竞争优势形成的模型构建。第五章,主题饭店竞争优势形成的静态模型分析。提出主题饭店的价值诉求与竞争优势,探讨主题与主题饭店

竞争优势以及主题开发与主题饭店的竞争优势。第六章,主题饭店竞争优势形成的动态模型分析。对竞争优势的纵向演进进行说明,提出在微观视角下主题饭店竞争优势的横向延伸以及宏观视角下主题饭店竞争优势的横向延伸。第七章,主题饭店竞争优势形成机理的应用——以成都京川宾馆为例。结合京川宾馆的主题建设现状,对宾馆竞争优势表现作出分析,提出京川宾馆提升竞争优势的战略性建议。第八章为论文的结论与展望。

关键词:饭店业　经营管理　品牌战略　竞争力

**6415**

**顾客产品质量测度与管理研究:基于服务业(旅游业)精确管理的视角** / 李柏文著 ; 田卫民指导. -- 云南大学, 2009. -- 202 页

论文基于服务业(旅游业)精确管理的视角,对顾客产品质量测度与管理展开研究。全文共分为九章。第一章,绪论。介绍研究的背景与研究意义,研究思路与研究框架,提出研究的方法与研究的创新之处。第二章,顾客产品:服务业的基础概念。提出服务产品理论是服务业研究的基础,并对服务产品的研究展开回顾;提出服务产品基础概念设计:顾客产品,并对顾客产品与制造业产品的内涵和趋势做出分析;提出顾客产品的经济特征分析以及顾客产品研究的愿景。第三章,服务质量测度研究回顾。介绍服务质量的研究,包括绝对质量观、相对质量观、综合质量观以及质量观的综合评述,提出服务质量长测度技术和方法。第四章,顾客产品质量测度思路及框架。提出产品质量测度的通则、顾客产品质量测度方法、顾客产品质量测度体系。第五章,顾客产品质量管理工具与框架。介绍顾客产品质量仪表盘,对顾客产品质量管理流程做出说明,并提出顾客产品质量管理的框架。第六章,顾客产品质量分析理论:TRAC&MAP。介绍TRAC&MAP 理论,包括质量结果持续跟踪、产品接触测量与绩效管理,介绍质量仪表盘表格的生成。第七章,顾客产品质量管理内容与实施。对顾客产品质量的内容,质量持续改进模式、TRAC&MAP 调研组织与实施做出讨论,并对数据分析和处理做出说明。第八章,实证分析与数据处理。提出旅行社顾客产品概念界定,顾客产品质量战略与计划,旅行社顾客产品质量测度与管理。第九章为论文的研究结论与展望。

关键词:服务业　旅游业　旅游服务　服务质量

**6416**

**成长型心智模式对职业生涯成功影响的实证研究:以酒店管理人员为例** / 王鉴忠著 ; 齐善鸿指导. -- 南开大学, 2009. -- 201 页

论文以酒店管理人员为例,探讨成长型心智模式对职业生涯成功影响的实证研究。全文共分为六章。第一章,绪论。介绍研究的背景与问题的提出,研究的目标、内容、研究意义和可能的创新点,研究的方法与研究框架。第二章,理论基础与文献回顾评述。介绍研究的认知心理学、心理资本理论、心理韧性理论以及职业生涯管理理论的理论基础,对心智模式理论、职业生涯成功、成长型心智模式对职业生涯成功影响的研究进行回顾和评述。第三章,成长型心智模式概念模型的推演和职业生涯成功评价新标准。提出成长型心智模式概念的推演,包括心智模式概念的模型推演和成长型心智模式概念模型和测量指标;提出酒店管理人员职业生涯成功新评价标准和测量指标。第四章,理论模型推演与假设构建。提出相关概念的界定,包括成长型心智模式、职业价值观念、自我效能信念、成长型思维方式、职业韧性以及职业生涯的成功,提出酒店管理人员成长型心智模式对职业生涯成功的作用机理以及职业韧性中介作用分析。第五章,实证分析与结果。结合研究设计和方法实际,对关键变量的结构维度进行提取和验证,对研究的假设进行检验,并对论文实证研究的结论进行说明和讨论。第六章为论文的主要结论与发现以及对未来研究的进一步展望。

关键词:饭店　商业管理　管理人员

**6417**

**乡村旅游可持续发展决策中的利益相关者关系研究:基于社会网络视角** / 王素洁著 ; 李天元指导. -- 南开大学, 2009. -- 236 页

论文以社会网络理论、利益相关者理论、可持续旅游理论等为依托,通过剖析利益相关者之间的关系结构,构建理想的乡村旅游决策主体关系网络。全文共分为七章。第一章导论。介绍选题背景与研究意义,研究问题与研究思路,研究方法与创新点。第二章文献综述。乡村旅游研究,包括国内外乡村旅游研究的概况和对乡村旅游研究的评述;对乡村旅游可持续发展、旅游利益相关者及社会网络视角下的旅游研究文献进行了梳理。第三章理论基础及相关的概念界定。对乡村旅游相关概念辨析,包括乡村、乡村性

和乡村旅游;对可持续乡村旅游理论的探讨,包括可持续旅游的提出,可持续乡村旅游的内涵与目标,乡村旅游可持续发展研究以及基于利益相关者理论的可持续乡村旅游;探讨利益相关者理论,分析利益相关者理论的内涵,重要利益相关者的辨识,利益相关者管理的具体步骤等;提出社会网络理论与分析方法。第四章理想的可持续乡村旅游决策利益相关者网络。提出可持续乡村旅游决策中的利益相关者,可持续乡村旅游利益相关者的关系辨析,构建理想的乡村可持续旅游决策利益相关者网络结构模型。第五章可持续乡村旅游决策利益相关者网络模型的检验——以河口村与杨家埠村为例。基于案例地的旅游发展概况,提出对其定性研究和定量研究设计与网络分析。第六章,研究发现,提出利益相关者之间的关系结构,旅游决策网络中的利益相关者的重要程度辨析以及可持续乡村旅游决策相关者网络结构的优化。第七章为论文的研究结论与讨论。

关键词:乡村　旅游业　可持续发展　利益关系　社会网络

**6418**

**旅游目的地居民旅游感知影响因素研究** / 王忠福著 ; 王尔大指导. -- 大连理工大学, 2009. -- 235 页

论文从旅游目的地居民的视角,对大连旅游目的地居民对旅游影响的感知态度与感知影响因素做出探讨与分析。全文共分为六章。第一章,绪论。介绍研究的背景与研究意义,主要研究方法和技术路线,主要难点和论文的创新点。第二章,国内外研究综述。包括国外居民旅游影响感知研究与国内居民的旅游影响感知研究现状。第三章,相关理论和相关概念的界定。相关理论包括旅游地生命周期理论、社会交换理论、社会表象理论、影响—态度模式、成长机器理论、涵化理论、社会承载力理论以及距离衰减理论;研究涉及的相关概念与旅游目的地等相关概念的界定,旅游感知和态度等相关概念的界定。第四章,研究区概况和实证分析。分析大连旅游业的背景,初始调查问卷设计和问卷数据的获取,正式调查问卷和数据的获取,对正式调查问卷进行分析,包括描述性统计分析,居民旅游影响感知分析,正式问卷量表信度和效度检验,居民旅游影响感知量表因子分析以及对居民人口统计学特征和居民旅游相关度单因素方差分析。第五章,居民旅游影响感知影响因素研究。包括对居民旅游影响感知影响因素问题的提出,待证明的假设的提出,以及对结构方程模型的分析以及对实证研究结果的讨论。第六章为论文的启示意义和展望。

关键词:旅游业　风景区　旅游资源　资源管理

**6419**

**多目标约束下的梅里雪山国家公园功能分区方法及管理研究** / 杨子江著 ; 杨桂华指导. -- 云南大学, 2009. -- 206 页

论文以梅里雪山国家公园功能分区问题为切入点,对我国国家公园管理目标体系的设定、功能分区方法的设计、分区后的管理等三个方面的内容展开理论结合实证的研究。全文共分为五章。第一章,绪论。介绍研究的背景,研究进展与研究评述,研究基础与研究可行性,研究目的与研究意义以及研究的具体方案。第二章,梅里雪山国家公园管理目标的分析与设定。提出国家公园管理目标设定的理论分析与经验总结,并对梅里雪山国家公园的价值与威胁做出分析;提出梅里雪山国家公园管理目标的设定,包括设定的基本思路以及梅里雪山国家公园管理目标体系内容。第三章,梅里雪山国家公园功能分区方法研究。提出多准则决策的理论与方法,在此基础上,提出基于多准则决策的国家公园功能分区设计方法设计,提出梅里雪山国家公园功能分区的多方案设计以及评价和优选。第四章,梅里雪山国家公园功能分区管理研究。提出梅里雪山国家公园分区管理的内容研究,分区管理的政策制定,分区管理指标检测体系设计。第五章,结论与展望。

关键词:旅游业　经济管理　旅游资源　国家公园　梅里雪山

**6420**

**西安旅游非线性成长与战略地图** / 姚宏著 ; 孙根年指导. -- 陕西师范大学, 2009. -- 207 页

论文采用 1953 年以来西安与其核心景区临潼的统计数据,采用数理模型模拟法、对比分析法、模式法等方法,对西安旅游成长进行定量模拟与定性分析。全文共分为八章。第一章,绪论。介绍论文的研究背景,研究内容与关键问题,研究方法与技术路线。第二章,理论基础与国内外研究进展。介绍旅游地演化成长的主要理论,旅游本底趋势线理论,战略地图理论。第三章,旅游地非线性成长理论以及西安旅游实证分析。结合旅游地非线性成长理论的基本内容与教学模型,提出西安旅游非线性成长综合研究框架以

及西安旅游非线性成长过程分析框架,并对中国旅游的发展过程——西安旅游成长的宏观环境做出说明,对50年来临潼旅游成长过程对全国旅游发展的影响做出分析;最后对西安国际旅游非线性成长做出实证分析,并就西安国内旅游非线性成长做出分析和讨论。第四章,西安旅游非线性成长结构分析。提出西安旅游成长结构分析框架,探讨西安旅游产品结构,对西安旅游客源结构演变进行说明和分析,对西安旅游消费结构进行分析,并探讨西安旅游收入的结构。第五章,西安旅游成长现状与SWOT分析。提出西安旅游成长现状的内部条件SW分析以及西安旅游成长现状的外部环境OT分析。第六章,西安旅游跨越式成长机制:系统创新突破路径依赖。提出西安旅游发展的中期战略目标,基于TANG模式西安旅游业绩预测与战略目标指标对比;对系统创新做出说明。第七章,构建西安旅游系统创新的战略地图。提出西安旅游系统创新的SM基本框架,并对西安旅游系统创新SM做四个层面的确立,从而提出构建西安旅游系统创新SM,以及西安旅游系统创新SM的流程主题、部门SM以及个人BSC。

关键词:旅游经济　地方旅游业　西安

**6421**

**中国旅游业发展中的政府行为模式选择** / 应中元著 ; 张广瑞指导. -- 中国社会科学院, 2009. -- 147 页

论文构建我国政府行政管理体系的系统模型,探讨中国旅游业发展中的政府行为模式选择。全文共分为八章。绪论部分介绍选题的背景与研究意义,旅游业发展中的政府行为研究综述,政府行为相关理论概述以及研究思路和方法,研究的框架体系和创新点。第二章,旅游业发展中的政府行为的作用机理。介绍旅游业的基本经济特征,提出旅游业具有较强的产业关联性,旅游资源具有公共产品属性,旅游景区具有跨地域性,旅游产品具有综合性没旅游促销具有层次性;提出政府介入旅游产业发展的经济作用机理,提出其可消除旅游业的负外部性,提供旅游业发展所需的公共物品,减少旅游业中的信息不对称,避免旅游业发展中公地悲剧的发生,规避旅游业中的合成谬误的产生;提出政府行为干预是旅游业发展的现实要求。第三章,国际旅游业发展中政府行为模式的比较分析。分析包括各国政府介入旅游产业的基本模式探讨以及对典型国家旅游业发展过程中的政府行为做出的分析。第四章,中国旅游业发展过程中政府行为模式的演进。提出中国旅游业发展的不同历史阶段及其政府行为内涵,介绍中央政府旅游行政管理机构与其职能的变革以及地方政府旅游行政管理机构与职能的变革。第五章,中国旅游业发展中的政府行为效能分析。分析包括我国旅游业发展中的政府行为成效、当前我国旅游业发展中的政府行为失灵等相关问题。第六章,我国旅游业政府行为模式选择及其管理体系的构建。提出我国旅游业发展不同阶段的政府行为定位,我国旅游业发展中政府行为模式的选择以及我国旅游业发展中政府主导角色的分析与旅游业发展中我国政府的行政管理体系构建。第七章,促进我国旅游业健康发展的政府行为策略。提出规划行为、扶持行为、保障行为、协调行为以及服务行为五个方面的策略。第八章为论文的结束语。

关键词:旅游业　行政管理　政府职能

**6422**

**都市农业旅游可持续发展的系统分析、评价及仿真研究** / 张蓓著 ; 刘人怀指导. -- 暨南大学, 2009. -- 177 页

论文在借鉴国内外都市农业旅游相关研究成果的基础上,以可持续发展理论、城乡一体化理论和系统科学理论为指导,对都市农业旅游可持续发展的理论与实践进行研究。全文共分为八章。第一章,绪论。介绍研究背景,研究目的和意义,国内外相关研究概况,研究内容和研究方法。第二章,都市农业旅游的理论基础。介绍都市农业旅游的相关概念,可持续发展理论,城乡一体化理论,系统科学理论等。第三章,国内外都市农业旅游的实践分析。探讨国外都市农业旅游的实践与借鉴,提出我国都市农业旅游的实践与问题,并对制约我国都市农业旅游发展的症结进行分析。第四章,都市农业旅游的可持续发展的系统分析。首先提出都市农业旅游的可持续发展概念以及都市农业旅游可持续发展系统的概念模型,在此基础上,提出都市农业旅游可持续发展的要素、都市农业旅游可持续发展的层次并分析都市农业旅游可持续发展的特征,最后对都市农业旅游可持续发展的系统功能做出说明。第五章,都市农业旅游可持续发展的系统评价。首先提出都市农业旅游可持续发展系统评价的基本思路,提出都市农业旅游可持续发展评价指标体系的构建,并对都市农业旅游可持续发展评价指标权重进行确定,从而对都市农业旅游可持续发展展开综合评价,并对广州从化市都市农业旅游可

持续发展的实证展开分析。第六章,都市农业旅游可持续发展的系统建模与仿真。提出SD建模与仿真的原理及步骤,并对都市农业旅游可持续发展的反馈结构进行分析,对都市农业旅游可持续发展做SD建模,并提出广州从化市都市农业旅游可持续发展的SD仿真。第七章,都市农业旅游可持续发展的系统管理。探讨都市农业旅游可持续发展系统管理的原则、步骤以及思路对策。第八章为论文的结论与讨论。

关键词:都市农业　旅游资源开发　经济评价

**6423**

**旅游仪式研究:以西藏当代旅游现象为例** / 张进福著 ; 黄福才指导. -- 厦门大学, 2009. -- 233 页

论文在旅游现象基本矛盾分析的基础上,以旅游者为研究对象,选取西藏为个案,对旅游仪式展开研究。全文共分为六章。第一章,前言。介绍研究背景与研究综述,研究思路与内容框架,研究方法与研究目的、意义和创新。第二章,西藏当代旅游现象及其仪式性的特征。在对旅游现象的基本矛盾以及对西藏个案的选择的介绍基础上,分析西藏当代旅游发展情况,西藏"神圣"的旅游形象和西藏旅游热的原因,并提出苦行—磨砺与西藏旅游仪式的特征。第三章,旅游仪式表达与旅游仪式经历。介绍旅游仪式的时空表达,生命转折与旅游仪式的经历,生命危急与旅游仪式的经历,旅游动机、需要与旅游仪式的关系等。第四章,旅游仪式活动与表现。首先介绍准备仪式,包括准备装备、理发、告别以及遗书准备;接着对仪式性观光与仪式性旅游摄影展开讨论;介绍旅游者的西藏转经,旅游者的朝觐;探讨"反水土不服"与"倒置的文化震惊"。第五章,朝圣与旅游的仪式性比较。一是对朝圣与旅游的概念界定的比较;二是对朝圣与旅游的构成要素比较,包括动机与目标、行为、目的地与吸引物、路线、时间、频率、结果与影响等因素;三是对朝圣与旅游的类型学划分与比较,包括形式、程式与仪式、仪式象征以及行为准则等;最后是对朝圣与旅游的结构性比较。第六章为论文的结论与讨论。

关键词:旅游学　仪式　朝圣

**6424**

**乡村旅游可持续发展研究:从社会建构论的视角看** / 左晓斯著 ; 田卫民指导. -- 云南大学, 2009. -- 202 页

论文采用社会建构论视角,以乡村及乡村性研究为切入点,对乡村旅游、可持续性旅游进行诠释和揭露,从社会学和政治学分析路径探讨乡村旅游可持续发展的办法。全文共分为六章。第一章,导论。介绍研究的背景、目的和意义,国内外研究状况和述评,提出论文的研究设计。第二章,乡村话语与乡村建构。首先对乡村概念之争做出说明,包括关键而又富有争议的乡村概念提出,统计学意义上的乡村,乡村的两面以及勒费布尔空间三合体与哈法克瑞激进乡村;探讨乡村变迁,乡村叙事与乡村商品化,后乡村与乡村差分化;探讨乡村建构与重建,包括大众传媒与中介化乡村,乡村建构与重构的社区诠释,乡村建构中的人口重构与景观变迁,中产阶级与乡村殖民化,乡村建构中的农业话语与非农话语的竞争以及乡村空间的社会生产与重构:旅游作用及游客的角色。第三章,乡村旅游真相与目的地演化的社会建构论诠释。探讨从城市之恶到乡村旅游,乡村旅游的真相,并对旅游目的地演化的社会建构论做出诠释。第四章,旅游可持续发展的实质。首先对可持续旅游做出诠释,提出可持续旅游的批判。第五章,翁丁佤寨:一个蜕变和重构中的乡村目的地。介绍翁丁佤寨的概况、历史和旅游资源,对旅游发展与研究方法做出说明并对结果做出思考与讨论。第六章,结论:乡村旅游可持续发展的出路的提出与总结。

关键词:乡村　旅游业　可持续发展

# 技术经济及管理

**6425**

**供应链知识共享的空间模型及激励机制研究** / 安小风著 ; 杨秀苔指导. -- 重庆大学, 2009. -- 106 页

论文以供应链成员知识共享行为为研究对象,构建了供应链知识共享的I-T-P空间模型作为供应链知识共享制度依存的环境,并针对不同的空间维度设计了不同的激励机制。全文共分七章。第一章绪论,介绍了论文的研究背景、现实意义、研究的内容和方法以及研究的特色和创新点。第二章介绍了论文相关基础理论与文献综述,主要包括知识与知识共享、供应链知识共享和相关基础理论文献综述。第三章分析了供应链知识共享的囚徒困境与空间模型构建。包括基于知识观的供应链与供应链管理、供应链中的知识流动性研究、供应链知识共享的层次及全息性质、供应链知识共享的囚徒困境及其空间模型。第四章介绍了供应链知识共享决策信息空间模型及合约

机制设计。介绍了供应链知识共享决策信息空间模型,包括供应链知识共享决策影响因素分析、信息空间模型以及信息不对称类型及合约的作用机制,道德风险下最优合约机制设计,逆向选择下的最优合约机制设计。第五章介绍了供应链知识共享任务空间模型及合约机制设计。包括供应链知识共享活动的特征、空间模型的构建、任务性质对合约机制设计的影响、多任务环境下供应链知识共享合约机制的设计。第六章介绍了供应链知识共享偏好空间模型及道德市场设计,包括多种偏好的存在与影响因素的分析、偏好空间模型构建及供应链知识共享的道德市场机制。第七章是研究结论。

关键词:供应链管理　知识管理　资源共享

**6426**

**信息披露水平对分析师及投资者的影响:业绩预告视角** / 白晓宇著 ; 李志文指导. -- 清华大学, 2009. -- 140 页

论文基于预测类信息对市场参与者的重要意义,结合沪深两市交易所自 2001 年起正式推行的业绩预告政策,全面分析了 2001—2007 年两市上市公司对于业绩预告政策的执行情况,从中提炼出是否按规定发布了业绩预告(也即是否应预未预)、预告是否变脸、预告发布次数以及预告精度等主要指标,从不同侧面反映了上市公司的信息披露水平,形成一套指标体系。在此基础上,以上市公司对业绩预告政策的执行情况为视角,通过回归分析等方法研究了信息披露水平对于分析师盈余预测及投资者交易决策的影响。论文的研究表明,上市公司对于业绩预告政策的执行情况能够很好地反映其信息披露水平,并且信息披露水平对于包括分析师及投资者在内的市场参与者行为具有显著影响。论文建立了一套合理反映上市公司信息披露水平的系统性指标。同时针对如何完善现有的业绩预告政策和建立健全针对上市公司信息披露水平的衡量机制提出了政策建议。

关键词:证券市场　证券投资　投资决策

**6427**

**基于能力的资源获取与创业绩效关系研究** / 常冠群著 ; 葛宝山指导. -- 吉林大学, 2009. -- 112 页

论文基于资源基础观理论、能力理论、社会网络理论等基础理论对基于能力的资源获取与创业绩效的关系进行了研究。全文共分为七章。第一章绪论,介绍了论文的选题背景、研究意义、框架结构与研究内容、研究方法与研究思路。第二章介绍了相关的理论和文献综述。对资源基础理论、企业能力理论、社会网络理论、创业能力相关理论、社会网络相关理论、企业资源相关理论、创业绩效相关理论等进行了评述。第三章为理论模型的构建,在理论推导的基础上,构建创业能力、网络能力、资源获取、创业绩效之间的关系模型。主要包括要素内涵界定及维度划分,即网络能力内涵及维度划分、创业能力内涵及维度划分、资源获取内涵及维度划分、创业绩效的内涵以及概念模型的内涵。第四章为假设的提出。主要包括能力对创业绩效的影响假设、能力对资源获取的影响假设、资源获取对创业绩效的影响假设。第五章为实证研究。主要包括问卷设计与数据收集以及数据缺失处理与样本 t 检验、研究方法的确定——结构方程模型与回归分析、变量度量与因子分析与可靠性、基于结构方程和逻辑回归的数据分析与检验。第六章主要包括网络能力对创业绩效影响的讨论、创业能力对创业绩效影响的讨论、网络能力对资源获取影响的讨论、资源获取对创业绩效影响的讨论,以及基于以上五种讨论进行的综合讨论。第七章为研究结论及展望。

关键词:企业管理　创业　企业能力　企业绩效

**6428**

**基于 Tiebout 模型的地方公共产品和服务供给问题的理论模型与实证研究** / 陈碧琴著 ; 傅强指导. -- 重庆大学, 2009. -- 110 页

论文以 Tiebout 模型为理论基础,通过放松原模型假设条件,得到了更具普适性的结论;通过理论模型的构建,考察了中央政府和地方政府提供公共产品服务的相对效率;以重庆地区 28 个区县数据为样本,检验了 Tiebout-Oates 体系在中国的适用性。全文共分为七章。第一章为绪论,提出问题,并介绍了研究意义、国内外研究现状、研究方法与内容、创新六处。第二章为 Tiebout 模型的四类变形及其理论诠释,包括研究背景、Tiebout 模型假设的现实性质疑、异质性社区的 Tiebout 模型与原始 Tiebout 模型的比较、规模报酬假定条件下的 Tiebout 模型、结论与政策建议。第三章为基于公共物品自愿供给与强迫供给机制的动态 Tiebout 模型,包括研究背景和基本模型。第四章为基于税收竞争和公共物品供给的中央政府与地方政府的动态博弈分析,包括研究背景、中央政府和地方政府的税收竞争博弈模型、税收竞争的博弈均

衡、模型扩展：中央政府提供地方公共物品的情形、中央政府权力下降的情形、结论与政策建议。第五章为基于 Pareto 偏好的公共产品服务相对效率的理论模型，包括研究背景、基本模型、地方政府与中央政府提供公共服务的相对效率、结论与政策建议。第六章为税收资本化、地方公共服务对房地产价值的影响——基于 Tiebout-Oates 模型的多组团式中心城市的实证检验，包括研究背景、基于 Tiebout-Oates 假说的实证研究、结论与政策建议。第七章为结论与展望部分。

关键词：社区服务　地方政府　财政分配　税收调节

**6429**

**基于能力观的科技型新创企业创业过程研究** / 陈浩义著 ; 葛宝山指导. -- 吉林大学, 2009. -- 196 页

论文以创业过程为研究对象探讨创业者能力与创业过程、创业绩效的关系。全文共分为八章。第一章为绪论，介绍了研究背景、研究问题的提出、研究方法与技术路线以及论文的结构安排。第二章介绍了相关概念的界定及理论基础研究。第三章基于能力观的创业机会识别过程研究，包括创业机会识别理论研究综述，创业机会的特征和机会识别机理，创业者机会识别的信息资源和能力基础，基于创业者能力的创业机会识别过程。第四章基于能力观的创业资源整合过程研究，包括创业企业获取外币资源方式的研究，新创企业资源特点和种类、创业企业资源体系结构分析和基于资源整合皇冠对新创企业竞争优势来源的认识，资源识别的含义和新创企业资源识别过程，基于创业者能力的创业资源。第五章基于能力观的创业团队构建过程研究，包括创业团队研究综述、成功创业团队的特征和风险原因分析、创业团队成员选择过程研究、创业团队的组建过程研究和基于创业者能力的创业团队构建过程的研究。第六章创业者资源禀赋、创业能力、创业绩效关系研究。第七章创业者资源禀赋、创业能力与创业绩效关系的实证研究，主要包括调查问卷设计与数据收集、研究方法的确定、实证研究模型及变量测定、变量间关系的因子分析与可靠性分析和数据分析与检验。最后介绍了论文的研究结论与对未来的展望。

关键词：高技术企业　创业　企业能力

**6430**

**区域水资源生态补偿机制研究** / 陈华东著 ; 施国庆指导. -- 河海大学, 2009. -- 163 页

论文以区域公共管理理论为视角，构建了区域水资源生态补偿府际协调的框架，通过对区域水资源补偿标准、补偿资金的使用和筹集以及水资源生态环境检测服务机制的研究，提出了促进区域水资源生态补偿机制建设的具体措施。全文共分为七章。第一章为绪论，介绍了研究背景及意义、生态补偿的概念辨析、国内外研究进展、研究方法和技术路线、结构安排和主要创新点。第二章对区域水资源生态补偿的相关研究进行述评，阐述了生态补偿的理论基础，从府际管理的角度提出了区域水资源生态补偿机制的框架。第三章构建了区域水资源生态补偿府际协调的总体框架，包括区域水资源生态补偿的理论基础、特征和区域水资源生态补偿机制设计框架。第四章对区域水资源生态补偿各个环节的机制进行了分析，分析了生态补偿标准确定依据，指出区域水资源生态补偿的测算标准确定原则和遵循程序，阐述了经济、环境压力和利益相关者对补偿标准的影响，分析了各类区域水资源生态补偿模型及其转换问题。第五章通过对国内和国外生态补偿方式案例的分析，指出多渠道、多样化的区域水资源生态补偿资金使用和筹集方式可以大大增强补偿的灵活性、适应性。第六章在区域水资源生态监测机制方面分析了水资源生态服务市场的主题和特征，在其委托代理模型基础上证明政府与监测服务机构合谋导致监测服务质量下降，而公众监督则可以改善监测服务质量，并提出了区域水资源生态补偿监测机制设置的建议。第七章对江苏省常州市水资源生态补偿试点进行了案例分析，提出了水资源生态补偿方案的运作和管理的建议。第八章为结论与展望。

关键词：水资源保护　生态环境　补偿机制

**6431**

**城市居民能源消费行为研究** / 陈利顺著 ; 戴大双指导. -- 大连理工大学, 2009. -- 133 页

论文选取大连市城市居民作为研究对象，采用文献探讨、访谈和问卷调查等方式构建研究架构和获取调研数据，筛选并分类我国城市居民能源消费行为及其影响因素，确定各种因素对居民实施能源消费行为的影响与作用，验证情景结构因素对个人特征因素与能源消费行为关系的调节作用，逐步解析各种影响因素对城市居民能源消费行为的作用机理以及构建城市居民能源消费行为模型。全文共分为六章。第一章为引言，介绍了研究背景与意义、研究目的、拟解决

的关键问题、研究对象、研究内容、技术路线、主要创新点。第二章回顾了城市居民能源消费行为的相关文献,包括城市居民能源消费行为的理论、居民能源消费行为的影响因素研究。第三章城市居民能源消费行为的研究框架构建,包括研究变量的界定、研究模型的建立、研究假设的提出。第四章为研究方法与量表的开发,包括研究方法的选择、量表开发、正式量表的信度和效度检测。第五章为居民能源消费行为模型的检验与分析,包括描述性分析、相关性分析、方差分析和均值分析、回归分析、情景结构因素的调节作用、假设检验和模型修改。第六章为结论与展望。

关键词:城市　居民　能源消费　统计分析

**6432**

**电子商务环境下营销渠道选择与协调研究** / 陈树桢著 ; 熊中楷指导. -- 重庆大学, 2009. -- 138 页

论文在渠道和谐与利润最大化的双重要求下,以制造商为核心,运用博弈论、运筹学、市场学及产业经济学等学科的理论和方法对电子商务环境下营销渠道的选择与协调进行了研究。文章共分为七章。第一章是绪论部分,主要介绍了论文的研究背景和问题、研究目的与意义、研究的主要内容与思路及创新点。第二章是国内外相关研究综述,介绍了电子商务环境下的营销渠道与冲突,如何对电子商务环境下的营销渠道进行选择以及双渠道供应链的协调问题的综述。第三章策略性定价下营销渠道的选择,主要介绍了问题的描述和条件假设,分析了单渠道的供应链和双渠道市场的策略性定价分析,后面又介绍了如何对营销渠道进行选择。第四章讲述了补偿激励下营销渠道的选择研究,包括问题描述和条件假设、单渠道供应链的分析、补偿策略选择下基于两种竞争博弈的双渠道的分析以及补偿激励下营销渠道的选择分析。第五章创新补偿下双渠道供应链协调的合同设计,对问题描述与条件假设进行了介绍,分析了创新及其补偿激励下的分散式决策和集中式决策,对创新及其补偿策略下的协调机制进行了研究,主要包括降价补偿合同和两部定价合同。第六章促销补偿下双渠道供应链协调的合同设计,对问题描述与假设条件进行介绍,对集中式和分散式决策模型进行了分析,介绍了双渠道供应链协调的合同设计。第七章是主要结论与进一步的研究方向。

关键词:企业管理　市场营销　电子商务　供应链管理　购销渠道

**6433**

**社保基金投资的过程监管研究** / 陈滔宏著 ; 陈方正指导. -- 同济大学, 2009. -- 157 页

论文基于管理控制的原理,借助理论基础、国际比较和定量分析工具,分别从事前监管、事中监管和事后监管三个阶段对社保基金投资监管的过程进行了研究。全文共分为九章。第一章为绪论,包括选题的背景和意义、研究框架和路径、研究方法。第二章为社保基金投资监管的理论基础与研究综述。第三章为我国社保基金投资和监管的现状分析,包括社保基金相关概念的界定、政策回顾及研究范围限定、我国社保基金投资管理体制的框架、我国社保基金投资和监管的现状。第四章分析了我国社保基金投资监管中存在的问题。第五章主要从市场准入监管、社保基金会选择专业投资机构的程序、社保基金委托投资的信息经济学分析三个方面分析了社保基金投资的事前监管。第六章主要从声誉激励机制的约束效应、社保基金的关联交易监管约束、行业自律和社会监督(主要是金融资信评级)约束等三个方面阐述了社保基金投资的事中监管。第七章主要论述了社保基金投资的事后监管机制,包括用层次分析法构建综合评价指标体系评价社保基金的投资业绩、建立社保基金的相对收益率的担保机制以及对社保基金的投资绩效进行严格的审计等三个方面。第八章提出了适合我国社保基金投资监管的政策建议。第九章是结论和研究展望。

关键词:社会保险基金　投资管理　监管机制　金融监管

**6434**

**基于智力资本的区域创新能力研究** / 陈武著 ; 王学军指导. -- 武汉大学, 2009. -- 316 页

论文在实证研究的基础上,回答了区域治理资本与区域创新能力之间的关系问题和区域智力资本是如何对区域创新能力产生作用和影响的,回归到落脚点培育区域创新能力的智力资本视角上来,运用相关理论提出解决方案。全文共分为七章。第一章为导论,介绍研究背景及其意义,相关文献综述,以及研究目的、基本思路、内容框架安排、主要创新点、研究方法、研究工具和技术路线等。第二章为文献回顾与理论概述,综述了区域智力资本理论、区域创新能力理论和复杂科学管理理论(CSM)。第三章为区域智力资本与区域创新能力的识别,对区域的内涵、区域智

力资本的内涵、区域创新能力的内涵进行了界定和识别，并对区域智力资本及区域创新能力的构成维度及其测度指标体系进行了初步预设。第四章为区域智力资本与区域创新能力的关系，从理论和实证上探讨和分析区域智力资本与区域创新能力之间的关系。第五章为区域智力资本对区域创新能力的作用机理研究，探讨区域智力资本如何对区域创新能力产生作用和影响，区域智力资本是如何转变和形成区域创新能力的。第六章提出了从智力资本视角来培育区域创新能力的框架体系，分别从区域智力资本的三个方面提出了培育区域创新能力的基本框架一般策略和实践建议等，提出了以协同理论为基础的智力资本三维协同驱动区域创新模型和机制以及相关政策建议。第七章归纳论文的主要研究结论，并对论文的不足及未来研究进行展望。

关键词：地方经济　经济发展　创新能力　智力资本　人力资本

**6435**

**物流企业价值创造能力形成机理及提升路径研究**／陈永平著；杨晨指导. -- 河海大学，2009. -- 148 页

论文以能力为视角，以获得经济和社会效益为导向的物流企业价值创造能力提升为目标，结合物流组织网络和业务拓展，寻求其在个体资源瓶颈突破下服务质量提升措施，揭示其价值创造能力形成机理及提升路径，探究物流企业内外部资源整合利用中的价值创造能力提升问题。全文共分为八章。第一章为绪论，通过文献分析，把握此领域研究前沿和发展方向，发掘论文研究的创新点。第二章通过物流企业价值创造能力的界定，阐述其价值创造能力结构，为探究其价值创造能力形成机理及提升路径提供理论依据。第三章通过物流企业价值创造能力影响因素的遴选，分析资源要素的作用，凸显价值创造能力的“资源”因素，且为论文研究提供量化基础。第四章结合物流企业组织网络及业务拓展，分析其突破资源瓶颈束缚，有效整合利用内外部资源，探究其资源要素形成价值创造能力的机理。第五章通过构建结构方程模型，以中国物流企业为样本，对其价值创造能力形成予以实证研究，提出相关假设，且作出验证和解释，完善物流企业价值创造能力形成机理研究。第六章探究组织网络及业务拓展中物流企业价值创造能力提升路径，提高路径的可行性、有效性。第七章运用个案分析，探究典型物流企业价值创造能力提升的经验，第八章为研究结论与展望。

关键词：物流企业　企业管理　企业能力

**6436**

**自然区域电网负荷预测及规划的研究**／陈志强著；牛东晓指导. -- 华北电力大学，2009. -- 123 页

论文主要在以往电网规划研究和电力负荷预测研究成果的基础上对自然区域电力负荷预测技术和电网规划理论和方法进行了探讨和研究。全文共分为八章。第一章为绪论，介绍了选题背景及意义、电力负荷预测及电网规划的研究现状、研究内容以及论文结构。第二章提出了自然区域电力负荷预测和自然区域电网规划等概念，开展了在电力市场环境下，自然区域电力负荷预测、电力需求侧管理，以及自然区域电网规划项目等理论研究。第三章研究了自然区域电力负荷的特征，分析了影响电力负荷的主要因素与电力负荷变化的关系。第四章提出了基于支持向量回归误差修正的灰色自然区域电力负荷预测模型，根据典型的自然区域用电量结构分析，提出基于支持向量回归误差修正的灰色自然区域负荷预测模型。第五章在自然区域电网计划中引入电力需求侧管理因素，研究提高自然区域负荷率的有效措施，突出在电力市场环境下自然区域电网规划的投资经济性，提出基于指数标度层次分析法的电力需求侧管理评价模型。第六章分析了自然区域电网规划的内容、步骤、方法以及存在的问题，并提出了相应的对策建议。第七章提出了自然区域电网规划项目评价体系，用于在电力市场环境下对自然区域电网规划项目的指标评价分析。第八章总结全文，对自然区域电力负荷预测和规划问题的发展方向和趋势进行了介绍和分析。

关键词：电力系统规划　负荷预测　电网　项目评价

**6437**

**基于知识创新的企业人力资源管理模式研究**／程建君著；程森成指导. -- 武汉理工大学，2009. -- 134 页

论文沿着理论—模式构建—实践指导这一逻辑主线，以知识创新为切入点，在人力资源管理及知识创新相关理论的指导下，揭示了企业人力资源管理对知识创新的作用机理，在此基础上构建了基于知识创新的企业人力资源管理模式；提出了知识创新导向的招聘理念与策略，设计了知识型员工和知识创新团队学习的一般流程；构建了知识型员工与知识创新团队

的知识创新激励机制。全文共分为八章。第一章分析了研究目的与意义,阐述了国内外不同学者关于人力资源管理模式的研究,指出了相关研究的不足,并提出了作者的研究方向和研究思路。第二章阐述了基于知识创新的企业人力资源管理模式的三大基础理论:知识创新理论、人力资本理论、人力资源管理理论。第三章从企业知识创新的微观影响因素及人力资源特征着手,揭示了企业人力资源管理对知识创新的作用机理:企业的人力资源存量、人力资本激励、人力资本开发直接作用于企业的知识创新,企业的组织结构也间接影响着知识创新,构建了基于知识创新的企业人力资源管理模式。第四章指出了基于传统岗位的企业员工招聘的不足之处,分析知识型员工的工作性质,提出了知识创新导向的员工招聘理念与策略,并对摩托罗拉的招聘进行了案例研究。第五章通过人力资源开发文献的考察,对基于知识创新的人力资源开发的内涵进行了界定,指出组织学习是基于知识创新的人力资源开发的重要途径,而创造力开发是其主要内容。第六章阐述了激励的相关理论,构建了知识型员工与知识创新团队的激励机制。第七章将模糊综合层次评价原理引入知识创新能力评价,并从知识型员工和企业两个层面对知识创新能力进行了评价。第八章为全文总结与研究展望。

关键词:企业管理　人力资源管理　知识创新

**6438**

**会计准则体系完备性创新研究:从概念框架到具体准则补充修正** / 崔金勋著 ; 史安娜指导. -- 河海大学, 2009. -- 143 页

论文综合运用契约理论、交易费用理论、委托代理理论、产权理论、博弈均衡理论、会计学理论、行为理论、要素理论、熵理论等知识,围绕 2007 年 1 月 1 日起我国上市公司开始执行的企业会计准则这一经济行为展开讨论,从会计系统内部,即基于会计科学本身,运用会计准则的制定与执行中的技术方法与契约关系来预测及解释公司财务管理与公司治理中的相关问题。全文共分为六章。第一章为导论,介绍了研究背景、研究动因、研究文献综述、研究视角与技术路线、研究框架与创新点。第二章从会计准则变迁看我国会计准则机制及其问题,包括会计准则的制度变迁机理,会计准则的制定机制阐释,会计准则的执行机制阐释,会计准则解读——准则的不完备性讨论。第三章为企业会计准则的补充修正,包括会计要素的新理论机制设计,会计要素设置的限制性因素——会计基本假设的修正,概念框架下的准则体系的构建思路,会计准则体系层面的建议。第四章为小企业会计准则的制定架构,包括中小企业的特性、小企业会计准则的设想、小企业会计准则实施适用范围问题、小企业会计准则执行约束机制的建立。第五章为所有者权益准则的修正设计,包括所有者权益准则应遵循的理论基础、所有者权益准则的构成要素设计、所有者权益会计要素间的关系式及衔接协调、所有者权益准则的构建。第六章为结束语。

关键词:会计制度　中小企业　所有权

**6439**

**外部取向管理创新模式的生成机理研究** / 崔淼著 ; 苏敬勤指导. -- 大连理工大学, 2009. -- 148 页

论文以典型成功的外部取向管理创新模式生成为出发点,构建了外部取向管理创新中的企业家精神架构研究框架,运用案例实验法、基于权变理论对研究框架进行了实证研究,从过程视角、通过理论研究与实证研究相结合的方法,系统地研究了我国企业外部取向管理创新模式的生成机理问题。全文共分为七章。第一章为绪论,介绍了选题依据、研究对象与研究内容、研究方法与技术路线、论文的主要创新点。第二章为理论回顾,包括管理创新的定义和分类、管理创新的过程、管理创新的机理、管理创新的测量。第三章为研究框架,包括外部取向管理创新模式声称的过程分析、特点分析和其机理的研究框架。第四章为外部取向管理创新中的企业家精神,包括企业家决策的主体地位、研究框架、研究设计、数据分析。第五章为外部取向管理创新模式的企业家决策机理,包括外部取向管理创新模式的企业家决策机理框架、研究设计和数据分析。第六章为外部取向管理创新模式的组织适配机理,包括环境与外部取向管理创新模式的适配研究框架,环境、企业家导向与外部取向管理创新模式的适配研究框架、基于多案例分析的实证检验等。第七章为研究结论与展望。

关键词:企业管理　创新管理　管理模式

**6440**

**东部地区知识产权战略研究** / 戴宏伟著 ; 郑垂勇指导. -- 河海大学, 2009. -- 109 页

论文综合运用经济学、管理学、法学、统计学基本理论,对东部地区知识产权情况和发展动态进行了分

析,对东部地区知识产权战略的基本原则、目标和主要任务进行了研究和分析,运用SWOT方法对东部地区知识产权战略进行了探讨,厘清了国家知识产权战略与东部地区知识产权战略的关系,构建了东部知识产权战略评价指标体系。全文共分为八章。第一章为绪论,包括选题背景与研究意义、知识产权及其战略研究状况、主要内容、技术路线与创新点。第二章为知识产权战略相关理论基础,包括知识产权理论、战略管理理论、制度经济学理论、创新理论、知识产权的经济学分析、知识产权保护理论、知识产权优势理论。第三章为东部地区知识产权概况,包括我国知识产权工作现状、东部地区的知识产权外部环境、东部地区的知识产权状况。第四章为东部地区知识产权战略制定分析,包括知识产权战略制定和实施的作用、东部知识产权战略的意义和目标、东部地区知识产权战略特点及定位、东部地区知识产权战略制定的SWOT分析、东部地区知识产权战略的重点和主要内容。第五章东部知识产权战略实例研究——以江苏省为例,包括江苏省知识产权概况、实施知识产权战略的重要意义和定位选择、实施该战略的原则与目标和人物分析以及具体的实施方案。第六章为东部地区知识产权战略实施评价体系,包括战略实施评价指标体系研究基本概述、指标设计的指导思想与基本原则、研究的步骤及框架。第七章为地区知识产权战略与国家知识产权战略的衔接。第八章为总结与展望。

关键词:知识产权　经济发展战略　华东地区

**6441**

**基于国际化的中药产业技术创新的系统构建与战略选择** / 丁冬著 ; 邹珊刚指导. -- 华中科技大学, 2009. -- 129页

论文在国内外学者对中药产业问题研究的基础上,分析了中药产业技术创新问题,探究了中药、中药产业与国际化,中药产业技术创新的有关理论,并提出中药产业技术创新存在的不足,运用系统科学、哲学的理论和方法,构建了我国中药产业国际化系统创新模型,并分析了中药产业技术创新系统运行机制:动力机制、激励机制、约束机制,研究了影响中药产业技术创新系统运行的国内和国际环境;探讨了中药产业技术创新的模式选择问题,提出了中药产业关键要素:人才、技术、信息、知识、资金的有效配置问题。从标准与技术创新具有协同经济学效应的论点出发,提出中药产业国际化的技术创新中我国应如何掌握国际标准、参与中药标准的制定,以及重视知识产权保护的重要性。论文从产业整合、中药产业标准化建设、创新服务平台建立、创立中药品牌、实行TQC管理、注重中药人才的培养等方面论述了中药产业国际化的技术创新战略的实施。同时指出要加强对中药产业的惠民政策、促进创新的国际化合作和国际化营销、加强知识产权的保护,通过科工农贸的一体化整合,完善中药产业国际化体系,形成完整的产业链条,促进中药产业健康发展。

关键词:中药产业　技术创新　发展战略

**6442**

**基于商业模式的新创企业价值评估模型研究** / 丁军波著 ; 黄卫伟指导. -- 中国人民大学, 2009. -- 139页

论文建立了"商业模式的合理程度影响了新创企业创业成功的程度"和"创业者商业模式实现能力的程度影响了新创企业创业成功的程度"两个假设,分别对模仿型和创新型商业模式建立了评估模型,试图把定性评估中非常重视的创业者能力引入定量评估。全文共分为七章。第一章为绪论,介绍了选题的背景与意义、基本概念、研究思路和结构安排。第二章就风险投资评估指标、新创企业价值定量评估、实物期权评估新创企业价值等方面进行了文献综述。第三章论述了实物期权价值评估方法,包括资产基础法、收益法、市场法等传统的企业价值评估方法和实物期权方法。第四章为新创企业的价值与商业模式,在概述的基础上,论述了影响新创企业创业成功的因素和新创企业的成长机会。第五章为新创企业价值评估模型,进行了概述,提出对商业模式成长潜能的度量和对商业模式灵活性的度量,提出了新创企业价值评估模型。第六章为实证研究,介绍了变量设计及测量指标选择、调查问卷设计与数据收集,并进行了探索性因子分析、验证性因子分析和结构方程模型分析。第七章总结了全文内容,提出对创业式管理的启示和论文的创新之处,指出了研究的不足并对今后的研究进行了展望。

关键词:企业管理　企业成长　商业模式　价值论　实物期权

**6443**

**中国水资源公共政策形成机制研究** / 范仓海著 ; 唐德善指导. -- 河海大学, 2009. -- 182页

论文结合水资源公共政策形成的一般原理,从南水北调工程水源区与受水区之间的博弈关系、工程决策的程序体系、工程决策与管理的组织结构、工程决策的支持体系四方面实证探讨了水资源公共政策形成机制。全文共分为九章。第一章是绪论,介绍了课题的研究背景、研究目的及意义、国内外水资源公共政策形成机制的研究进展、研究方法与技术路线、研究的主要内容以及论文的创新点。第二章介绍了水资源公共政策形成的理论基础,包括系统理论、组织结构理论、政策生命周期理论、利益相关者理论、公共选择理论以及博弈理论。第三章是对水资源公共政策形成机制的总体分析,包括水资源的内涵、水资源公共政策的内涵与特征、水资源公共政策形成机制的内涵与特征。第四章是对水资源公共政策行成中的利益相关者分析,包括水资源公共政策利益相关者的界定、利益相关者的分析、利益相关者与水资源公共政策的形成。第五章水资源公共政策形成的程序体系,对水资源公共政策形成程序的层次、水资源公共政策形成程序体系的评价进行分析,介绍了我国水资源公共政策形成程序体系的完善措施。第六章介绍了水资源公共政策形成的组织结构体系。内容包括水资源管理的组织结构及其形式、水资源管理组织结构与水资源公共政策形成和我国水资源管理组织结构的完善。第七章介绍了水资源公共政策形成的支持体系,介绍了水资源公共政策形成的资源条件、理论方法条件、支持体系与水资源公共政策的形成,以及我国水资源公共政策形成的支持体系的完善。第八章是案例分析,以南水北调工程公共政策的形成机制为例进行了研究。第九章是结论与展望。

关键词:水资源管理　公共管理　方针政策

**6444**

**基于资源整合的企业动态竞争战略研究** / 范海洲著 ; 唐德善指导. -- 河海大学, 2009. -- 136 页

论文采用案例分析、对比分析、模型分析等研究方法,从资源整合的角度研究企业的动态竞争战略问题,在资源整合理论的基础上分析企业动态竞争优势的构建,讨论资源整合对动态竞争行为的影响和动态竞争战略的选择与实施。全文共分为七章。第一章为绪论,提出问题,介绍了研究背景、选题意义、相关文献综述、研究内容与框架设计以及研究方法。第二章在对动态竞争优势来源、动态竞争行为进行分析的基础上,提出了基于资源整合的动态竞争战略的构建思路。第三章在分析资源整合的经济学动因的基础上,探讨了资源整合的内容及实现形式,构建了资源整合的过程模型,提出了企业动态竞争优势来源于资源整合的思想,以及可持续竞争优势的跃迁路径。第四章从资源的角度对动态竞争行为进行分析,认为企业的资源规模、资源整合行为对企业间的竞争强度、竞争行为都会产生重要影响,从生态学角度构建 Logistic 模型,对企业间的竞争互动规律进行了仿真。第五章从企业环境、竞争对手行为及关联因素等几个方面对企业动态竞争战略的选择进行分析,探讨了动态竞争战略实施过程中的资源整合思想,提出企业遵循“资源整合—实施竞争行动—资源整合”的战略实施路径,有利于企业实现战略突破和竞争优势的跃迁。第六章为论文的案例研究部分,重点采集了我国乳品行业中主要几个乳品企业 2003—2007 年间的相关竞争数据,分析验证了企业的资源规模以及资源整合与企业动态竞争行为的相关关系。第七章为结论与展望部分。

关键词:企业管理　竞争战略　资源优化　整合

**6445**

**规则变迁与国企经营者行为:基于博弈的分析** / 方涌著 ; 蒲勇健指导. -- 重庆大学, 2009. -- 120 页

论文从分析国有企业现有的选拔机制和激励约束机制入手,通过构建国有企业经营者与竞争者之间的二阶段不完全信息动态博弈模型对规则变迁与国企经营者行为进行研究。全文共七章。第一章为绪论,主要包括问题的提出、研究目的和意义、研究的主要内容和逻辑框架以及论文的创新之处。第二章介绍了基本理论与国内外研究概况。包括与论文相关的继任理论和委托代理理论及其研究成果和国企经营者选拔、激励机制问题的研究。第三章介绍了规则变迁与理论假设的现实依据。从新国有资产管理体制确立前国企经营者选拔任用制度的变化和新国有资产管理体制确立后经营者选拔任用制度的现状两方面介绍了国企经营者选拔任用制度的变迁。从国企经营者的收入状况的变化和经营者收入形式的变化介绍了国企经营者薪酬机制的变化,同时还介绍了国有企业的约束机制。第四章介绍了任命制下不同激励机制对经营者行为影响的简单模型。包括在固定工资制、一般线性激励机制、扭曲的线性激励机制下的三种经营者行为,并对简单模型下的几种激励模式进行比较分析。第五章介绍了在固定工资制、一般

线性激励机制、扭曲的线性激励机制下的三种有努力影响的经营者行为,并对这三种行为进行比较分析。同时还介绍了关于股票期权的激励制度。第六章为博弈解释与政策建议。包括国企虚假利润报告行为的博弈解释、对国有资产隐性损失的新定义、制度缺陷与优次均衡、对"国企普遍效益不佳"的一种博弈解释以及政策建议。第七章为研究结论和展望。

关键词:国有企业　企业管理　管理人员　人才选拔　人力资源管理

**6446**

**客户关系赢利能力影响因素和关系仿真研究** / 傅川著 ; 陈云指导. -- 上海财经大学, 2009. -- 160 页

论文利用 CRP 计量方法,围绕客户关系管理的核心内容,将 CRP 计量、客户关系细分、CRP 影响因素分析、客户关系管理策略和客户关系管理仿真有机结合,形成了基于 CRP 的客户关系管理分析框架。全文共分为七章。第一章为绪论,提出了问题,介绍了研究意义、研究思路与研究方法、研究内容和创新点。第二章为文献综述和关键技术,包括客户关系管理基础理论、CRP 研究文献综述、CRP 研究的关键技术和方法。第三章为基于 CRP 的客户关系细分研究,包括 PARETO/NBD 模型简介、客户关系盈利能力计量及实证、基于 CRP 的客户关系细分。第四章为基于客户关系阶段的 CRP 影响因素研究,包括 CRP 影响因素辨析、CRP 影响因素框架模型、基于客户关系阶段的 CRP 影响因素分析和 CRP 影响因素分析模型的验证。第五章为基于客户关系阶段的关系管理策略研究,包括资源分配基准和方法、基于客户关系阶段的资源分配框架、基于 CRP 的客户关系管理策略。第六章为基于客户关系阶段的关系管理仿真研究,包括基于多智能体的仿真平台、基于多智能体的客户关系模型(MACRM)、基于 MACRM 模型的仿真研究。第七章为研究结论和进一步研究方向。

关键词:企业管理　营销管理　客户　经济评价

**6447**

**地方财政支出结构促进经济增长和社会公平研究** / 高大伟著 ; 鞠晓峰指导. -- 哈尔滨工业大学, 2009. -- 132 页

论文通过构建地方财政支出结构与地区经济增长和社会公平的经济计量模型,提出并验证了中国地方财政支出结构与地区经济增长和社会公平之间的关系。全文共分为五章。第一章绪论,提出论文所研究的问题,研究背景,研究的意义、目的和方法,并对国内外相关领域的研究现状进行回顾和评述。第二章是地方财政支出促进经济增长和社会公平的理论基础,包括地方财政支出结构的含义和类型,地方财政支出结构对经济增长和社会公平的作用机制分析,并通过构建地方财政支出结构对经济增长和社会公平的数理经济模型对其作用机制进行数理推导。第三章是地方财政支出结构对地区经济增长影响的实证研究,主要包括构建基本经济计量模型,进行面板数据模型的相关检验:格兰杰因果关系检验、面板单位根检验,对经济计量模型估计结果进行分析。第四章地方财政支出结构对地区社会公平影响的实证研究,主要包括构建基本经济计量模型,进行面板数据模型的相关检验:协整检验、面板单位根检验,对经济计量模型估计结果进行分析。第五章根据前文的经济计量分析结果和结论,对地方财政支出结构如何有效促进地区经济增长和社会公平提出相应的政策建议以及相应的制度保障机制的建立。最后是结论。

关键词:地方财政　财政支出　地方经济　经济增长　公平原则

**6448**

**企业分布式创新机理及其过程研究** / 高小芹著 ; 刘国新指导. -- 武汉理工大学, 2009. -- 170 页

论文通过典型行业的调研、实证和案例分析,解释企业分布式创新的动力因素,构建企业分布式创新过程影响因素模型和过程模型,对企业分布式创新机理及其过程进行了研究。全文共分为七章。第一章为导论,主要包括选题背景和意义、国内外研究的现状、研究内容和研究方法。第二章介绍了企业分布式创新的概述。回顾了与研究相关的文献,对有关科技创新、创新网络和知识的理论进行回顾,分析企业分布式创新历史演进的过程,界定了企业分布式创新的概念,指出其具有的动态性、开放性、本地根植性和网络性的特征。第三章介绍了企业分布式创新系统。主要包括分布式创新网络、分布式创新网络的外部环境、企业分布式网络中的知识转移和企业分布式创新系统。第四章介绍了企业分布式创新的动力,通过对一些跨国企业和大企业的问卷调查和访谈,收集大量数据,利用 SPSS 软件进行因子分析,得出企业分布式创新的主要动力因素,并构建动力因素模型。第五章

介绍了企业分布式创新过程,通过对创新过程的演进进行分析,提出第六代创新过程——分布式创新过程,并且对企业分布式创新过程的阶段进行划分,研究分布式创新过程的影响因素。第六章介绍了企业分布式创新的过程模型。主要包括企业在分布式创新过程中创新能力的评价、企业在分布式创新过程中知识吸收能力的评价、企业在分布式创新过程网络能力的评价、变量关系与研究假设、构建企业分布式创新过程模型、企业分布式创新过程模型对企业的启示以及企业进行分布式创新的实施策略。第八章为全文的总结和展望。

关键词:企业管理　技术创新　管理模式

**6449**

**基于空间布局的城市流通体系构建研究** / 葛金田著 ; 史安娜指导. -- 河海大学, 2009. -- 153 页

论文运用模型分析、因子分析法等,对流通与城市发展相互关系进行了研究,并分四章内容对现代化城市批发体系、多元化城市零售体系、社会化城市物流体系和网络化城市流通信息系统的内涵与特征、功能、体系构成、与城市发展的相互关系、存在的问题及原因等进行了界定和分析,并以山东省为例,分析了我国流通体系构建特别是空间布局存在的主要问题,提出了加快城市零售体系构建和实现空间布局优化的建议对策。全文共分为七章。第一章为绪论,介绍了研究的背景和意义、国内外城市流通研究综述、有关概念的界定、研究框架和方法路径以及论文的创新。第二章为流通与城市相互关系,包括城市的产生与发展、流通发展与城市竞争力、城市流通体系构成框架等。第三章为现代化城市批发体系,阐述了城市批发体系的功能与结构、城市发展与批发业结构变化、中外城市批发体系发展变化和城市批发体系优化等。第四章为多元化城市零售体系,阐述了城市零售体系的特征与功能、城市零售体系业态变迁与趋势、空间集聚与分化,进行空间布局合理性实证分析和城市零售体系空间布局规划。第五章为社会化城市物流体系,包括物流与城市发展关系、城市物流体系构建与优化、城市物流体系规划与空间布局等。第六章为网络化城市流通信息系统,包括概述、城市流通信息化与网络化、城市流通信息系统构建等。第七章为结论与展望。

关键词:城市　商品流通　城市规划　空间规划

**6450**

**限售股解禁的市场反应及减持的识别研究** / 龚媛媛著 ; 耿建新指导. -- 中国人民大学, 2009. -- 158 页

论文利用截至 2008 年 10 月 15 日的上市公司公开数据,对股权分置限售流通股的解禁和减持问题进行了全面研究,包括四大部分共八章的内容。第一部分介绍了论文研究背景和分析框架,相关文献和相关政策制度。第二部分是对解禁后持股股东的减持行为进行理论分析,并进而构建限售股减持行为的识别模型。第三部分是实证部分,对我国限售股解禁的市场反应和减持的识别模型进行了实证考察,这是论文的核心部分。第四部分是对论文研究结论和研究局限性的归纳,以及相应的政策建议。基于以上几部分的研究,论文认为:目前政府监管部门出台的有关限售股解禁和减持的政策已取得较好成效,能有效地分类监管不同解禁股权类型的限售股减持,但在具体的细节层次上,监管层还是任重而道远。

关键词:股票市场　股权转让　股票交易　经济体制改革

**6451**

**促进节能和可再生能源电力发展的绿色电价研究** / 谷志红著 ; 牛东晓指导. -- 华北电力大学, 2009. -- 116 页

论文从促进节能减排和可再生能源电力发展的独特绿色视角,对相关电价政策进行评析,就电价存在的相关问题进行了优化研究。全文共分为九章。第一章是引言,介绍了选题背景及意义、国内外研究动态和论文所做的主要工作。第二章介绍了最大负荷和最大峰谷差预测研究。主要包括基于时间序列和 GARCH 模型的梯次组合最大负荷预测和基于优选组合模型的最大峰谷差预测。第三章对我国电力行业节能减排和可再生能源电力的发展现状进行分析,包括电力行业节能减排的现状及对策和可再生能源电力发展的现状与对策。第四章是对基于绿色视角的电价政策的评析,对我国相关电价机制的情况进行了介绍,对基于绿色视角的电价政策进行了评析。第五章主要对煤电价格联动机制的改进做出研究,介绍了实行煤电价格联动机制的背景和意义、煤电价格联动的政策,并对火电企业的成本—利润进行了分析,分析了电煤价格变动对发电成本—利润的影响。第六章研究了峰谷分时电价优化政策。介绍了峰谷时段的划分和基于 DSM 的峰谷分时电价的模型并进行了算例分析。第七章是对可再生能源电力价格形成

机制的研究,介绍了可再生能源电力价格形成的通行原则、可再生能源电力价格形成的经济学方法、可再生能源电力价格机制的表现形式、可再生能源电力发展促进政策的经济学分析和我国可再生能源电力价格形成机制的方法。第八章介绍了促进节能和可再生能源电力发展的绿色电价政策建议,包括绿色电价政策的认识前提和促进节能与可再生能源电力发展的绿色电价政策的建议。第九章是结论部分。

关键词:电力工业　节能　再生资源　电力价格

6452

**提高电能效率目的下电网企业购售电风险度量与控制模型** / 关勇著 ; 乞建勋指导. -- 华北电力大学, 2009. -- 116 页

论文采用分形理论、动力学理论、优化理论、博弈理论、金融理论等,从提高电能效率的角度,阐述了电网企业在购电侧、售电侧、用户侧所面临的风险,分析这些风险与电能效率之间的关系,对电网企业的风险控制进行研究。全文共分为九章。第一章为引言,介绍了研究背景及意义、国内外研究现状、论文研究的基本框架和主要内容以及创新点。第二章为电网企业电力负荷预测风险控制模型,包括电力负荷预测对电能效率的印象、电力负荷预测给电网企业带来的风险分析、基于分形理论的电力负荷预测风险控制方法。第三章为基于非线性动力学特征的购电电价风险评估模型,包括电网企业购电电价风险控制对提高电能效率的作用、电网企业购电电价风险分析和购电电价波动的影响因素及其风险评估指标设计原则、购电电价风险评估指标设计、电网企业的购电电价风险评估模型和算例分析。第四章为提高电能效率的电网企业水火电联合购电风险决策模型,包括电网企业水火电联合购买对提高能效的作用、电网企业水火联合购买的风险分析、水火电联合购买风险优化模型以及算例分析。第五章为提高电能效率的电网企业分时电价风险控制模型,包括分时电价的定义及对提高能效的作用、分时电价对电网企业的风险分析、峰谷时段的划分方法、电网企业实施分时电价的收入和成本计算模型以及风险控制优化模型和算例分析。第六章为提高电能效率的可中断负荷风险优化控制模型,包括可中断负荷的含义及对提高能效的作用、可中断负荷风险分析、电网企业与发电公司的可中断负荷利益分享机制、考虑用户违约风险的决策模型和算例分析。第七章为提高电能效率的大用户直购电风险控制模型,包括大用户直购电的理论基础、国际经验比较、交易模式、对提高电能效率的作用、风险分析、风险评估、应对策略、算例分析等。第八章为提高电能效率的自备电厂并网风险控制模型,包括自备电厂并网对提高电能效率的作用、风险分析、控制模型、算例分析等。第九章为结论与展望。

关键词:电力工业　企业管理　电力市场　电网　电能　风险评价

6453

**两类管理知识视角下的管理创新探究:框架研究法的提出** / 管斌著 ; 杨晨指导. -- 河海大学, 2009. -- 134 页

论文以中国传统管理思想与西方现代管理理论作为研究中国本土企业所特有的管理创新的理论基础,从这个视角出发,揭示维新式管理创新的内在逻辑,阐述管理知识演进的三种途径和相应的理性准则,提出管理创新知识演进途径,并构建了企业管理创新框架研究法,以海尔创新为例使框架研究法的提出更具实证支撑。全文共分为七章。第一章为绪论,提出研究问题,对相关研究做了综述,并介绍了研究的思路和创新点。第二章为管理知识资源挖掘,包括企业管理创新的文化激荡特质、两类管理知识、管理知识连续统、泛化的管理概念。第三章为样本企业管理创新分析,论述了实践中的本土企业管理创新,对典型案例管理创新法进行探索,包括提出分析方法和分析方法的运用。第四章为企业管理创新内涵,对管理创新的含义进行探析,并从管理实践创新和管理理论创新两个方面对企业管理创新界定。第五章为企业管理理论创新法的设计,包括设计指导思想及基本原则、分析框架的可行性、分析框架的科学性等三个方面。第六章为企业管理理论创新框架研究法的运用,包括分析框架的实用性、框架研究法的延展性。第七章提出了研究结论,指出了论文的局限性和未来的研究方向。

关键词:企业管理　管理创新　管理理论

6454

**我国金融风险形成中非经济因素研究** / 韩启东著 ; 黎志成指导. -- 华中科技大学, 2009. -- 177 页

论文结合我国金融风险特征及其可能的风险诱因,分别对文化、意识形态、法律和政治等因素对金融风险的影响、作用机理以及防范措施进行探讨,主要

工作可归纳为以下几个方面:首先,分析了文化和意识形态形成金融风险的机理,提出了防范对策。在传统文化影响下,造成金融市场上缺乏追求高收益而愿意承担金融风险的主体,整个金融市场上缺乏灵活的交易和风险转移机制,大量的形成金融风险的因素滞留在金融市场而得不到化解。其次,分析了法律和政治因素形成金融风险的机理,提出了防范政策。法律和政治的核心价值就是维护经济利益,法律和政治制度的制定和实施体现了一定利益集团的经济利益,也为利益集团所左右,这会影响到金融交易行为,也由此诱发金融风险。其三,构建了居民储蓄偏好分析模型,分析了高储蓄率产生的微观机理。认为居民储蓄行为与国家(或银行)政策之间存在必然的博弈关系,这种博弈过程又必然与金融风险有很大关系。

关键词:金融体系　风险管理　博弈论

**6455**

**自组织团队创新能力研究** / 郝丽风著 ; 章仁俊指导. -- 河海大学, 2009. -- 159 页

论文在自组织理论、团队理论以及创新理论的基础之上,通过大量研读相关文献,对自组织团队以及自组织团队创新能力的相关问题进行了探讨与分析。全文共分为六章。第一章为绪论,指明研究的背景、目的、意义、研究内容、可能的创新点以及技术路线等问题,并对研究所基于的相关理论进行综述性回顾与探讨。第二章系统分析和探讨了自组织团队的内涵、自组织原则以及自组织团队的特征等问题,在此基础上将团队分为自组织团队和非自组织团队两种类型,并提出了区分自组织团队与非自组织团队的原则。第三章系统地研究了自组织团队创新能力的相关问题,包括自组织团队创新能力的内涵、特征以及涌现机理。第四章探讨了自组织团队创新能力的影响因素,分析了影响因素的影响机制问题,提出了自组织团队创新能力影响因素的概念模型以及相关研究假设,设计了自组织团队与非自组织团队区分量表和自组织团队创新能力量表,并在对初始问卷进行小样本预检验之后,进行了正式的大样本调查,完成自组织团队创新能力实证分析的初步设计。第五章对将要采用的数据分析统计原理以及判断模型拟合度的相关统计指标进行了简单介绍,对所调查的样本数据进行分析。第六章指出本研究所取得的一些初步成果以及相关的研究局限和不足,并展望了未来可能的研究方向与需要特别关注的问题。

关键词:企业管理　组织管理　技术创新

**6456**

**不确定和竞争条件下企业投资决策的期权博弈分析** / 何德忠著 ; 孟卫东指导. -- 重庆大学, 2009. -- 114 页

论文从市场条件、信息结构、资本结构等多角度扩展现有的期权博弈模型,并对模型进行了数值模拟和分析,试图更加真实地刻画企业在不确定条件下的投资行为,同时给企业投资决策提供更加科学的理论指导。全文共分为九章。第一章为绪论,介绍了研究背景、研究意义、论文的结构、主要内容以及创新点。第二章是相关文献综述,简要回顾了投资理论的发展历史,指出了基于折现现金流方法的传统投资决策方法存在的局限性,全面回顾了实物期权理论的发展和期权博弈的研究现状。第三章是对价格上限管制下的投资行为的分析,分析了独家垄断和寡头垄断条件下价格管制对投资行为的影响。第四章研究对称双寡头的条件下企业的进入和退出策略,包括独家垄断情况和对称双头垄断情况的介绍。第五章对考虑市场突变的二重随机因素不对称期权博弈模型进行了研究,主要有经营成本不对称企业面对二重市场不确定因素和可能的市场突变情况下的投资决策问题。第六章介绍了不完全信息下企业投资决策,推导了不完全信息下的两家企业和多余企业的最优抢先投资临界值与价值函数的表达式。第七章介绍了信息不对称的实物期权投资评价,在信息不对称期权博弈模型中加入审核和惩罚要素,研究审核策略的确定,以及惩罚对委托人、代理人的影响是本章的重点。第八章介绍了债务融资约束对投资决策的影响,研究了在债务融资约束情况下的企业投资战略,包括投资临界值、债息,杠杆率和内生违约点的确定。第九章为总结与展望。

关键词:企业管理　投资决策　市场竞争　实物期权

**6457**

**国外消费者对"中国制造"的感知研究** / 何小洲著 ; 杨秀苔指导. -- 重庆大学, 2009. -- 98 页

论文应用博弈分析、问卷调查分析、理论探讨与实证分析等分析方法,以对国外消费者的市场调查为基础,研究国外消费者对中国制造的产品的全面感知与评价。全文共分为七章。第一章为绪论,介绍了研究目的及意义、论文的主要研究内容与框架、论文的

主要创新点。第二章为相关理论及文献综述,对定型观念与归因、原产地与国家形象、产品原产地效应的成因和影响原产地效应的主要因素等相关理论与文献进行了综述。第三章为原产地定型观念与消费者行为模式研究,包括消费体验前和消费体验后消费者的定型观念与消费行为。第四章为国外消费者对"中国制造"的定型观念实证研究,包括研究假设、问卷设计与样本的采集、国外消费者对"中国制造"的定型观念及构成维度分析、消费体验对国外消费者定型观念影响的实证研究等。第五章为影响国外消费者对"中国制造"感知的实证分析,包括研究模型、研究假设与问卷设计、研究方法、数据分析与假设检验等。第六章为促使消费者正面感知"中国制造"的对策研究:以成本正常化为目标,选择正确的定价战略;增强国家责任竞争力;打造创新型国家与创新型企业;打造国家个性与品牌个性;实施跨文化营销组合策略,加强与国外消费者的沟通。第七章为结论及拓展方向。

关键词:企业管理　市场营销　消费观念

**6458**

**中国能源与经济之间关系的模型及实证分析** / 侯建朝著 ; 谭忠富指导. -- 华北电力大学, 2009. -- 130 页

论文综合运用现代计量技术和经济理论,系统研究了我国能源与经济之间的关系以及影响能源效率的主要因素。全文共分为八章。第一章绪论,介绍了研究背景、研究目的和意义、国内外研究动态、论文的内容和特色以及主要创新点。第二章为中国能源消费与经济发展的动态关系研究,提出了问题,阐述了协整技术,并进行能源消费与经济发展的实证研究。第三章为中国生产和工业能源强度影响因素的完全分解研究,包括引言、模型和方法、数据来源和说明、生产能源强度的实证研究、工业能源强度的实证研究、关于技术效应的进一步研究和政策建议。第四章为中国煤炭和石油价格及其需求之间的关系研究,包括引言、煤炭价格和煤炭需求、石油价格和石油需求、煤炭和石油价格政策分析以及政策建议。第五章为中国能源需求:建模、分析及预测,包括引言、能源需求的影响因素、模型和数据、模型设计和结果分析、变量的贡献度分析、能源需求预测、能源发展战略选择。第六章为中国省际能源强度的差异特征及节能潜力研究,包括引言、节能潜力的经济学分析、能源强度的省际对比和节能潜力、电力强度的省际对比及节能潜力、能源强度的差异原因和政策建议。第七章为中国省级 $CO_2$ 排放强度差异及 $CO_2$ 减排潜力研究。第八章为总结与展望。

关键词:能源经济　能源消费　节能　数学模型

**6459**

**港口物流系统协同竞争机制研究** / 胡林凤著 ; 章仁俊指导. -- 河海大学, 2009. -- 189 页

论文运用港口物流理论、供应链管理理论、协同学理论、合作竞争理论、博弈论等原理,以港口物流系统为研究对象,以横向的港口群和纵向的港口物流链为维度,分别对港口物流系统外部和内部进行了研究分析。全文共分七章。第一章导论,主要包括课题的研究背景与选题意义、相关领域研究综述、研究内容、基本思路与技术路线、研究方法以及创新点。第二章港口物流协同竞争机制理论框架,主要包括港口物流协同竞争机制产生的理论基础、港口物流系统的内涵、结构和功能、港口物流系统的竞争与协同以及港口物流系统协同竞争机制的内涵。第三章是对港口物流系统协同竞争机制形成及博弈的分析,内容包括港口物流系统协同竞争机制形成分析、港口物流系统协同竞争机制的表现形式、港口物流系统协同竞争博弈的分析以及船公司与港口营运商协同竞争博弈分析。第四章港口物流系统协同竞争机制的运行。介绍了港口物流系统协同竞争机制信任关系建立,选择港口物流系统协同竞争机制的合作伙伴,港口物流系统协同机制的信息共享以及港口物流系统协同竞争机制的利益分配。第五章港口物流系统协同竞争机制效应的综合评价,介绍了港口物流系统协同竞争机制效应的内涵及形成过程,港口物流系统协同竞争机制效应影响因素,对港口物流系统协同竞争效应评价模型进行构建,应用 ANP 构建港口物流系统协同竞争机制效应的评价模型。第六章是对连云港港口物流系统协同竞争机制的研究,主要包括对连云港港口物流系统协同竞争的现状分析、连云港港口物流系统协同竞争机制的分析以及对如何提升连云港港口物流系统协同竞争的对策的研究。第七章是结论与展望。

关键词:港口　物流　市场竞争

**6460**

**极值理论在中国股市风险度量中的应用研究** / 花拥军著 ; 张宗益指导. -- 重庆大学, 2009. -- 142 页

论文基于 EVT 研究金融极端风险的度量问题,并在相关研究结论之上对我国沪深股票市场的极端风

险进行实证分析。全文共分八章。第一章为绪论,介绍了问题提出及研究意义、研究方法、结构安排、论文的主要贡献和创新。第二章国内外研究现状综述。第三章介绍极值概念与性质以及极值类型定理和极值分布的最大值稳定性、极值分布的最大值吸引场。第四章区间极值模型,介绍广义极值分布、区间极大值与极小值模型、描述区间极值模型参数及高分位数估计、沪深股市极端风险实证分析。第五章阈值模型,介绍广义帕累托分布譬如阈值模型、阈值选取,阈值模型参数及高分位数估计、沪深股市极端风险实证分析。第六章极值序列的相关性分析,介绍了金融时间序列的集聚现象、金融时间序列的渐近独立性、极值指标、极值除串、沪深序列相关性处置实证分析。第七章极值模型回测,介绍了极值模型回测技术、Kupiec 似然比检验、Christofferson 有条件覆盖模型、沪深股市极值风险模型回测及分析。第八章为结论。

关键词:股票市场　风险分析　极值

**6461**

**长株潭城市群发展循环经济对策研究** / 黄国亮著 ; 陈治亚指导. -- 中南大学, 2009. -- 147 页

论文从“两型社会”建设到生态文明建设的角度说明了长株潭城市群发展循环经济的必要性,以及如何发展循环经济的问题。论文分为十章。第一章绪论,介绍了问题提出、循环经济研究与发展现状、长株潭城市群循环经济发展研究现状、研究现状评价以及主要研究内容及组织结构。第二章综述了循环经济的理论基础,包括循环经济的产业特征与结构特征、循环经济的三个层面、中国发展循环经济的“3 + 1”模式、循环经济的理论基础以及中国古代哲学中的循环经济伦理思想。第三章从“两型社会”建设需要、新型工业化建设、生态文明建设三方面分析长株潭城市群发展循环经济的必要性。第四章探讨了长株潭城市群发展循环经济的市场推进,分析了循环经济与市场协同共进关系和成本效益原则,通过分析解决环境外部性的手段、排污交易制度的特点及在美国等发展的实践经验、中国发展面临的困难,探讨了政府在排污权交易中的行为对策及长排污权交易进展与对策。第五章通过分析水资源、土地资源及能源等基础性资源特征及现状,提出长株潭城市群发展循环经济的对策。第六章探讨了长株潭城市群的产业发展现状与规划,研究生态农业发展、基础提升类产业循环经济、旅游业与循环经济,并提出对策和建议。第七章从农业废弃物、工业固体废弃物及生活废弃物分析了长株潭城市群资源综合利用模式,并研究了垃圾处理产业化问题。第八章分析湖南消费特点及长株潭可持续消费模式、主要内容等,提出可持续发展消费是循环经济发展的内在动力。第九章通过对政府的经济职能分析,进行职能定位及对策研究,构建政府在长株潭循环经济发展中作用的一个数学模型。第十章为总结。

关键词:城市群　城市经济　自然资源　资源利用　湖南

**6462**

**基于水权分配的南水北调中线工程运行管理研究** / 黄江疆著 ; 郑垂勇指导. -- 河海大学, 2009. -- 132 页

论文从南水北调中线工程来水用水权的分配使用着手,从理论上探讨了工程运行管理体制问题。文章共分为八章。第一章绪论,介绍了论文的研究背景、研究意义、国内外相关研究综述、研究对象、方法、技术路线与内容结构以及论文的创新之处。第二章对南水北调中线工程运行管理体制架构理论依据进行了分析,主要包括集体行动的困境、水利工程的经济特性、产权理论、利益相关者理论以及组织间网络理论。第三章以美国、法国、澳大利亚为例对跨流域调水工程运行管理体制进行了分析。第四章介绍了基于水权分配的南水北调中线工程运行管理体制的总体框架,包括南水北调中线工程运行管理总体框架的构建和工程运行管理决策实体的设计。第五章介绍了南水北调中线工程来水用水权的初始分配——联席会议协商机制,介绍了初始分配机制选择,初始分配协商机制总体框架,包括协商的基本原则、协商机制的构成要素和组织网络、协商规则以及协商机制的工作流程。第六章介绍了南水北调中线工程来水用水权的再分配—水权交易。首先介绍了引入市场手段的动力机制,包括引入市场手段的必要性研究和可行性研究,其次介绍了南水北调中线工程市场框架的构建。第七章是对南水北调中线工程运行管理配套保障措施的研究,其内容包括完善制度保障、加强经济保障和完善技术硬件保障,建立水利信息化平台。第八章是总结与展望。

关键词:调水工程　南水北调　水权

**6463**

**重振期品牌战略管理研究** / 黄劼著 ; 张国梁指导. -- 大连理工大学, 2009. -- 137 页

论文利用模型建构方法和实证研究方法,对重振期品牌战略管理进行了研究。全文共分为七章。第一章为绪论,介绍了研究的背景、目的、意义,国内外研究现状,相关概念的界定和研究的技术路线、方法和论文架构。第二章为品牌重振战略与战略管理模型的建立,包括品牌重振期的设置、建立基于品牌生命周期的品牌管理流程、确立重振期品牌的重振战略、建立重振期品牌战略管理模型。第三章为品牌重振战略的重振确认方案,包括品牌进入衰退期的诊断与确认和品牌重振的可行性分析。第四章为品牌重振战略的重振策划方案,论述了"重振策划"方案的品牌反思、品牌改革、推陈出新,并以古奇品牌重振策划为例进行了个案分析。第五章为品牌重振战略的重振传播方案,包括重振期品牌的"全方位传播"、建立品牌"重振传播"方案实施的管理系统以及巴宝莉皮牌重振传播的个案分析。第六章对重振确认方案中衰退期确认方法和重振策划方案、重振传播方案进行了实证研究。第七章为结论部分,提出了论文的主要结论和主要创新点,并指出论文的研究局限和未来研究展望。

关键词:企业战略　品牌　产品生命周期

6464

**水库淹没集镇迁建优化研究** / 黄莉著 ; 施国庆指导. -- 河海大学, 2009. -- 192 页

论文采用模型分析、实证研究等研究方法,从动态系统的角度对集镇系统的构成、动态变化及演化机理进行探讨,对集镇迁建的原因进行了梳理,并对水库淹没集镇迁建的现行做法及存在的问题进行了剖析,进而提出一套具有普适性的集镇迁建规划理论与方法体系;建立了规划者与腹地居民互动的双层规划模型,综合确定集镇迁建后在整个区域的空间分布及其规模,并运用模糊综合评判方法对论文提出的一套优化体系方法进行综合评价;运用 SLP 模型对单个集镇内部的主要功能区及基础设施的分布进行了研究,并进行实证研究。全文共分为七章。第一章为绪论,介绍了选题背景及研究意义、文献综述、研究目的、理论基础及研究方法、研究技术路线及内容。第二章阐述了集镇和区域集镇系统。第三章为集镇迁建及区域集镇系统优化理论构架,包括集镇迁建原因、水库淹没集镇迁建的相关问题、集镇迁建对集镇系统及区域经济的影响、区域集镇系统优化研究理论框架等。第四章为集镇迁建及区域集镇系统优化方案设计,包括基于 Multi-Agent 思想的集镇优化系统的总体结构框架、集镇系统优化的总体思路、基于 Multi-Agent 遗传算法的模型求解、优化方案评价。第五章为集镇内部布局优化研究,包括集镇内部布局原则、集镇需求分析与预测、集镇及其功能区规模的确定、基于 SLP 方法的集镇内部布局优化和布局方案评价。第六章为实例研究,包括工程概况、资料来源、工程移民情况、搬迁前、后集镇及区域集镇系统分析。第七章为结论、建议及展望部分。

关键词:水利水电工程　乡镇　城乡规划　移民

6465

**中基层管理人员的能力、使用意图对 IT 应用水平的影响** / 黄曼慧著 ; 谢康指导. -- 中山大学, 2009. -- 214 页

论文以企业中基层管理人员的能力对 IT 应用水平的影响,以及中基层管理人员的 IT 使用意图为主题开展研究。全文共分为六章。第一章为绪论,主要包括研究背景与问题的提出、研究问题与研究内容、技术路线与概念的界定以及章节安排。第二章为文献回顾,包括企业 IT 应用水平及其关键影响因素、能力模型及其构建方法、意图模型及其比较和扩展以及总结性评述。第三章为研究设计,主要包括理论框架的建立、中基层管理人员的能力概念模型、研究假说和研究方法。第四章为数据分析与结果,主要分为能力模型的检验、中基层管理人员的使用意图分析、中基层管理人员的使用意图对部门 IT 应用水平的影响、部门 IT 应用水平与企业 IT 应用水平、不同 IT 应用水平企业的中基层管理人员能力要素比较和共同方法偏差的处理。其中采用分层回归方法分析了中基层管理人员的 IT 使用意图与部门 IT 应用水平之间的关系,采用回归分析方法分析了部门 IT 应用水平与企业 IT 应用水平的关系,采用 ANOVA 和两独立样本 T 检验方法,对处于不同 IT 应用水平等级的企业中基层管理人员进行能力要素差异性分析。第五章为结果讨论。第六章为结论。

关键词:企业管理　管理人员　信息素养

6466

**企业自主知识产权名牌成长机理与路径研究** / 黄永春著 ; 杨晨指导. -- 河海大学, 2009. -- 167 页

论文借鉴国内外现有研究,综合运用管理学、经济学等多学科的理论和方法,以促进"制造向创造转

型”为主题,以“资源—能力—成长”经典框架为分析框架,研析了企业自主知识产权名牌成长机理与路径,进而提出促进我国企业自主知识产权名牌有效成长的方略。全文共分为七章。第一章为绪论,介绍了研究背景及意义、文献综述、研究内容、方法及技术路线和创新点。第二章为企业自主知识产权名牌(IFB)成长机理的理论分析,包括IFB成长的内涵、系统构成要素、系统运营机理。第三章为企业IFB成长机理的实证分析,分为成长机理的实证分析模型、成长机理的实证分析模型验证、成长机理的实证分析结果讨论。第四章为企业IFB成长路径的演化轨迹,包括IFB成长路径的生成机理、技术主导型成长路径的演化轨迹、市场主导型成长路径的演化轨迹、均衡协同型成长路径的演化轨迹。第五章为企业IFB成长路径的选择分析,包括IFB成长路径的选择模型、IFB成长选择营销导向的成因、IFB成长路径的均衡协同导向选择。第六章为企业IFB成长路径的方略设计,阐述了设计理念及其支撑体系、市场主导型成长路径的创值策略、技术主导型成长路径的增值策略。第七章总结了论文的主要研究成果,并指出了论文的不足和今后努力的方向。

关键词:企业管理　品牌战略　知识产权　经营方式

**6467**

**城市物质文化遗产经济价值研究** / 黄兆亚著 ; 施国庆指导. -- 河海大学, 2009. -- 170 页

论文在城市物质文化遗产理论、经济价值理论以及创新理论的基础之上,通过大量研读相关文献,对城市物质文化遗产经济价值的相关问题进行了探讨与分析。全文共分为七章。第一章指明了本研究的背景、目的、意义、研究内容、可能的创新点以及技术路线等问题,并对相关理论进行综述性回顾与探讨。第二章对论文中涉及的一些相关理论加以论述、界定。第三章从物质文化遗产的经济为视角,对城市物质文化遗产的概念进行了分析,从城市物质文化遗产的分类入手,将其分为直接经济价值与间接经济价值,又从城市物质文化遗产的经济特性进行分析,对其经济影响因素进行了分析。第四章进一步细化城市物质文化遗产价值指标体系,分别研究分析其评估因素及评价因子,构建了直接经济价值和间接经济价值的评估体系。第五章通过分析研究,对物质文化遗产的经济价值进行分析,对城市物质文化遗产经济价值评估体系用层次分析法计算出评价因子的权重。借用模糊综合评价法,并在该方法基础上,构建多层次模糊评价模型,得出经济评估数学模型。第六章为实例研究,以历史文化名城淮安河下古镇作为对象,确定经济价值分析的评价要素及评价因子,聘请专家对评价要素进行打分,将第五章的数学模型进行运用分析,以检验模型的可行性,并对城市物质文化遗产的管理提出了建议。第七章为结论、建议和展望部分。

关键词:城市　文化遗产　文物保护　价值分析

**6468**

**股权结构视角下中小投资者利益保护研究:基于中国上市公司的分析** / 金颖著 ; 唐德善指导. -- 河海大学, 2009. -- 169 页

论文主要采用规范研究、博弈分析、实证检验等研究方法,运用委托代理理论、利益相关者理论、产业组织理论、产权理论等,以股权结构为基础,探索中国上市公司中小投资者利益保护的完善之路。全文共分为七章。第一章为绪论,介绍了研究背景、目的与意义、国内外关于股权结构与中小投资者利益研究综述、研究方法和技术路线、相关概念界定、研究的主要内容及创新点。第二章借鉴产业组织理论中“市场结构”的主要特征因素对股权结构现状的基本特征加以分析,考察股权结构中股权集中度和控股股东类型变化的路径,同时分析股权分置改革对我国上市公司股权结构的影响。第三章研究控股股东与中小股东之间利益冲突问题的形成原因及后果,用产权理论分析股权结构与个控股股东的控制权私有收益的关系及结合股权结构特征分析大股东的不同行为,并用模型分析控股股东掠夺行为的影响因素,用案例分析资本系中控股股东行为。第四章建立转让溢价模型对控制权私有收益进行测度,并通过多元回归分析进一步考察控制权私有收益的影响因素。第五章探讨大股东的股权制衡机制对中小投资者利益的影响,以静态博弈模型分析和回归模型构建探讨多个大股东的制衡及与外部监管约束机制的互动关系,讨论大股东制衡机制对公司盈利质量和现金股利“隧道效应”的作用。第六章针对前面的理论分析和实证研究,从内外治理机制两大方面提出完善中小投资者利益保护的对策。第七章为结论与展望部分。

关键词:证券市场　投资者　权益保护　上市公司　股权结构

6469

**高技术产业专利态势与绩效及专利风险研究** / 金泳锋著 ; 余翔指导. -- 华中科技大学, 2009. -- 130 页

论文对信息技术领域相关 IPC 类别的专利数据从七个方面对高技术的专利态势、高技术产业专利绩效予以研究。全文共分为七章。第一章为绪论,介绍了研究背景及课题来源、国内外相关研究现状、拟解决的关键问题、创新点和研究方法。第二章阐述了高技术产业的成因及认定,并对高技术产业进行了特征分析和现状分析。第三章为专利态势及其绩效提升对策,包括中国信息技术专利信息分析、基于专利态势的高技术产业专利绩效分析、中国高技术产业提高专利绩效策略。第四章论述了高技术产业专利风险的概念、特征和来源。第五章为专利地图对高技术产业技术创新风险的预测,包括高技术产业技术创新的特征与风险、高技术产业技术创新风险的影响因素、专利地图的相关理论、专利地图对高技术产业技术创新风险的预测方法。第六章为专利态势及专利风险的影响与对策研究。第七章为研究结论与展望。

关键词:高技术产业　专业　风险分析

6470

**用水总量控制下的两部制阶梯式水价研究** / 雷贵荣著 ; 杨建基,王慧敏指导. -- 河海大学, 2009. -- 147 页

论文采用模型分析和实例分析的定量与定性研究相结合的方法,进行基于水资源利用技术效率的用水总量控制下的水价研究系统研究,试图在理论上对水价问题进行补充和完善,在实践上为我国水价制定、改善和提高水资源技术效率提供有价值的指导。全文共分为六章。第一章为绪论,提出问题,总结国内外研究进展,并阐述了论文的研究内容、研究方法。第二章为用水总量控制下的两部制阶梯式水价基本理论,基于水资源利用技术效率的用水总量控制的内涵,研究用水总量控制下的两部制阶梯式水价概念。第三章为用水总量控制下的两部制阶梯式水价的测算方法,提出用水总量控制下的两部制水价的模式和计算流程,构建基于随机前沿生产函数的农业用水基本水量测算模型和工业用水基本水量测算模型。第四章为基于有色 Petri 网的控制水量测算,构建基于有色 Petri 网的单节点单用户控制水量测算模型、基于配水权重的单节点多用户控制水量测算模型、三层次调水系统控制水量测算模型,并进行算例仿真。第五章为徐州市市管工程两部制阶梯式水价实证研究,构建徐州市基于有色 Petri 网的规划水量测算模型,计算基于水资源利用技术效率的工业用水基本水量和农业用水基本水量;计算徐州市市管工程的供水成本,并对供水成本进行分摊;构建徐州市市管工程的用水总量控制下的两部制阶梯式水价体系;给出徐州市两部制阶梯式水价的实施措施。第六章提出了研究的主要结论和创新点,并对今后的研究进行展望。

关键词:城市供水　价格　用水量　水资源利用

6471

**知识网络组织构建及管理研究** / 雷志柱著 ; 丁长青指导. -- 河海大学, 2009. -- 176 页

论文在明确知识网络组织相关概念的基础上,针对知识网络组织的构建与运行管理问题展开探索性研究,建立相关问题研究的理论体系,为该组织模式的衍生发展及其实际构建活动提供理论依据。全文共分为八章。第一章为绪论,介绍了研究背景、目标与意义、国内外相关研究与理论成果综述、论文的技术路线与研究内容、论文的研究方法与创新之处。第二章为知识网络组织研究的理论基础,分为知识网络组织形成的动因分析、知识网络组织的相关概念、知识网络组织构建的系统理论和知识网络组织的运行管理机制。第三章为知识网络组织合作伙伴选择,分析了知识网络组织合作伙伴选择的过程、基于核心知识能力的潜在合作伙伴搜索,论述了合作伙伴的综合评价、优化组合和动态调整。第四章为知识网络组织系统构建,包括知识网络组织的系统结构及其互动关系、知识创新子系统的层次构建、信息沟通子系统的网络构建、协调控制子系统的稳恒构建、技术支撑子系统的平台构建,并进行案例分析。第五章为知识网络组织利益分配管理,包括知识网络组织利益分配分析、策略和方法,并进行案例分析。第六章为知识网络组织的信任管理,包括知识网络组织中的信任分析、其生命周期各阶段的信任管理、信任发展过程中的信任管理,并进行案例分析。第七章为知识网络组织的风险管理,包括风险分析、知识网络组织构建阶段的风险防范和运行阶段的风险控制,并进行案例分析。第八章为结论与展望。

关键词:企业管理　知识管理　信息技术　网络结构

6472

**深化开放进程中的资源配置优化机理研究:从“锁定效应”视角的分析** / 黎开颜著 ; 陈飞翔指导. -- 同

济大学，2009. -- 173 页

论文共分为十章。第一章导论，介绍了研究背景与动因、研究思路及内容安排、研究方法与预期创新点。第二章文献综述，包括对外开放中存在“锁定效应”、锁定效应对后进中国家经济发展的不良影响、锁定效应的传导机制、后进国家摆脱锁定效应的路径选择、研究成果的总结与评价。第三章为分析框架，包括开放与中国资源配置的变动、基于锁定效应的思考、锁定效应分析的理论模型。第四章为锁定效应与工业结构调整，包括我国对外开放进程中的工业结构调整偏差、锁定效应对工业结构偏差的影响、开放影响工业结构调整的锁定效应实证结果分析。第五章为锁定效应与区域增长不平衡，包括中国区域发展不平衡现状、区域发展不平衡与锁定效应模型、区域发展不平衡的锁定效应机制计量结果分析。第六章为锁定效应与技术依赖，包括深化开放中我国技术引进与高技术产业发展现状、技术变化与技术锁定、技术依赖的锁定效应分析。第七章为锁定效应与劳动力市场结构失衡，包括开放条件下的中国劳动力市场、开放条件下劳动力市场锁定模型理论分析、劳动力市场工资结构失衡的锁定分析。第八章为锁定效应与外部不均衡，包括中国经济增长与国际收支概况、国际收支双顺差模型、国际收支与经济增长计量检验。第九章为减缓锁定效应优化资源配置的政策建议，包括模型分析、摆脱开放中锁定效应的要素资源条件和资源配置条件。第十章为结论及研究展望。

关键词：对外开放　资源配置　工业结构调整　劳动力市场

**6473**

**基于能力视角的我国应对美国反倾销机制研究** / 李锋著；章仁俊指导. -- 河海大学，2009. -- 135 页

论文运用规范与实证相结合、定性分析与定量分析相结合的方法，在整理与分析中外文献资料和案例的基础上，对我国遭受美国反倾销企业以及有关政府部门、行业协会等进行调查研究；运用能力理论，结合统计学、国际贸易学、法学、社会学和国际政治经济学的相关理论对美国对华反倾销问题进行分析和研究。全文共分为七章。第一章为绪论，介绍研究背景、研究目的和意义、研究结构、研究方法、创新点和技术路线，并进行文献综述。第二章为基于能力视角的我国应对美国反倾销机制的理论基础，包括倾销与反倾销理论、企业组织能力理论和基于能力视角的我国应对美国反倾销机制内涵。第三章为美国对华反倾销规律，包括美国对华反倾销商品范围变化规律、实施比例变化规律、商品涉案资金变化规律、税率变化规律和我国出口商品遭遇美国反倾销原因。第四章为我国应对美国反倾销主体及能力体系，包括我国应对美国反倾销主体分析、我国应对美国反倾销能力体系构建与构成。第五章为我国应对美国反倾销能力缺陷分析，包括预警能力、应诉能力和保障能力缺陷。第六章为基于能力视角的我国应对美国反倾销机制的构建，包括预警机制、应诉机制和保障机制的构建。第七章总结了主要工作和研究结论，提出了研究不足，并进行了研究展望。

关键词：反倾销法　对外贸易　双边贸易　中美关系

**6474**

**产学研结合创新的法律制度研究** / 李恒著；罗玉中指导. -- 华中科技大学，2009. -- 184 页

论文共分为七章。第一章为绪论，介绍了研究背景与意义、国内外研究现状、研究思路与研究方法、研究重难点及创新点。第二章为产学研结合创新法律制度概述，包括产学研结合创新能力的相关理论、体系建设和法律保障。第三章在讨论了产学研结合创新历史演进与法律制度的关系的基础上，阐述了主要发达国家促进产学研结合创新的立法与政策措施。第四章为我国产学研结合创新及其法律制度的现状与评价，包括我国产学研结合创新的发展轨迹、机遇与挑战的 SWOT 分析、法制需求，以及我国促进产学研结合创新法律制度的供给和法律法规实施效果评价。第五章为产学研结合创新中的知识产权权益分享法律制度研究，包括其中的知识产权归属法律制度、利益分配一般原理与模型、利益分配法律制度。第六章从立法背景、立法思路两方面阐释了促进产学研结合创新的立法构想。第七章为结论与展望。

关键词：高等学校　产学合作　立法　知识产权

**6475**

**区域输电权市场模式及其市场力控制的理论与实证研究** / 李洪东著；曾鸣指导. -- 华北电力大学，2009. -- 137 页

论文应用市场均衡与价格理论、生产与需求函数理论、最优化理论、对策论以及电力系统分析等相关理论与方法，重点研究了点对点期权型金融输电权的

各种模型,提出了以电力期权、远期合约交易和双边交易为核心的区域输电权市场模式,提出了区域市场力的防范策略,并采用我国某区域电力市场的实际运行数据,对区域输电权市场模式下的发电商市场力控制策略进行了实证研究。全文共分为七章。第一章为引言,介绍了研究背景与意义、国内外研究现状、研究的内容及难点问题、技术路线、主要工作及创新点。第二章为输电权理论及其数学模型研究,包括输电权的基础理论、简化的输电线路潮流的数学模型分析、最优潮流与市场均衡的协调模型及其求解方法研究。第三章为区域输电权市场模型设计,包括电力期权与远期合约交易、期货交易的不同,电力期权、期货的合约形式设计,电力期权交易模式设计,电力期权的套期保值方法,电力期权的定价。第四章为基于输电权的市场力理论研究,包括市场力描述及其研究意义、市场力的表现形式及产生原因、市场力的存在及其维持机理、市场力的影响因素分析、市场力度量方法及指标体系。第五章为电力市场中的市场力控制与监管策略研究,包括市场力的监管方法研究、抑制方法研究、监管策略研究、防范策略研究。第六章为输电权市场模式下市场力控制策略实证研究,包括利用输电权规避输电阻塞、利用输电权通过策略投标获取利益、基于我国某区域的发电商市场力控制策略研究。第七章为结论部分。

关键词:电力工业　电力市场　输电　期权

**6476**

**基于节能调度与需求侧管理的电力优化运营研究** / 李金超著 ; 乞建勋指导. -- 华北电力大学, 2009. -- 137 页

论文试图研究如何推动电网公司积极发挥主体作用,运用节能发电调度与电力需求侧管理等手段建设节能型电力运营机制,进而研究探讨建立节能发电优化调度方法、制定需求侧管理措施以及构建节能型电力运营能力评估体系与评价模型等。全文共分为七章。第一章为绪论,介绍了论文选题的背景及意义、国内外研究现状、主要工作及创新点。第二章为电力优化运营模式相关理论研究,包括电力运营模式现状及趋势分析和节能型电力运营机制下电网公司作用分析。第三章为中国电能效率测算及节电潜力预测,包括中国电能利用效率测算和中国节电潜力分析。第四章为基于节能发电调度的电源供电能力优化,包括概述、节能发电调度的基本原则与适用范围、节能发电调度指标体系、节能发电调度目标函数、基于熵权与改进多粒子群算法的优化调度方法以及实力验证。第五章为电力需求侧管理影响因素分析,包括电力需求侧管理的内涵、结构模型及其建模技术、电力需求侧管理影响因素的意识模型、电能效率影响因素定量分析、基于细分的节电潜力分析。第六章为电力运营能力评价体系与方法研究,包括电力运营能力评价指标体系和循序递进组合评价方法。第七章为结论与展望。

关键词:电力工业　企业管理　电力市场　节能

**6477**

**质量管理与企业绩效:一个制造技术的视角** / 李军锋著 ; 杨秀苔指导. -- 重庆大学, 2009. -- 184 页

论文以我国制造企业为对象,从先进制造技术的视角,对质量管理活动与企业绩效的关系进行了实证研究。全文共分为八章。第一章为绪论,主要包括问题提出与研究意义、主要概念的界定、主要研究内容与方法、论文的创新点。第二章介绍了质量管理与企业绩效的文献综述,主要包括质量管理理论溯源、质量管理实证研究的兴起和主要内容、质量管理活动与企业绩效以及研究述评。第三章介绍了先进制造技术在质量管理活动与企业绩效间的作用:理论模型。包括背景变量——先进制造技术的选择、质量管理与企业绩效:先进制造技术的影响模型、论文的主要研究内容。第四章为研究设计。主要包括研究方法与工具、变量测度与问卷设计、取样与问卷调查以及样本统计与分析。第五章为质量管理活动的实证测度。主要包括理论背景、质量管理活动的框架与内部关系、质量管理活动初始指标选择、实证结果以及结论与讨论。第六章介绍了质量管理活动的分类与企业绩效,主要包括研究背景、研究假设、实证结果、结论与讨论以及先进制造技术在质量管理与企业绩效间作用的初步分析。第七章介绍了先进制造技术在质量管理活动与企业绩效间的作用。主要包括研究背景、研究假设、实证结果、结论与讨论。第八章为结论与展望。

关键词:企业管理　生产管理　质量管理　企业绩效

**6478**

**矿山地质环境管理研究:以华东地区为例** / 李君浒著 ; 施国庆指导. -- 河海大学, 2009. -- 175 页

论文研究了我国矿山地质环境问题的历史与现状及其社会历史根源,通过对政府地质环境管理职能履行和管理手段运用的分析研究,指出了我国现行矿山地质环境管理体制、机制和模式的优势和弊端,总结了政府解决矿山地质环境管理问题的经验和不足,提出了构建我国矿山地质环境管理改革发展的新思路。全文分为三个部分共九章。第一部分为我国矿山地质环境问题现状、社会背景、研究方法及意义。第一章为绪论,介绍了我国矿山地质环境问题现状、社会背景、研究方法及意义。第二章为与矿山地质环境管理相关的经济学、管理学基础理论介绍,着重阐述了这些理论与矿山地质环境管理的关系。第二部分对我国矿山地质环境政府管理问题进行了剖析,研究了政府矿山地质环境管理的职能、手段、机制和模式。第三章研究了我国矿山地质环境管理主要成就、存在问题及其根源。第四章研究了我国矿山地质环境管理职能,包括内涵、功能与履行情况。第五章研究了我国矿山地质环境政府管理手段,包括行政、经济、法律、宣传教育等方面。第六章研究了我国矿山地质环境管理的基本模式,包括体制模式、机制模式、政策模式及运行状况。第三部分探讨了我国矿山地质环境管理改革发展的基本思路。第七章为华东地区矿山地质环境政府管理实例分析。第八章为我国矿山地质环境政府管理改革创新的框架设计。第九章是全文的总结,提出了我国矿山地质环境管理基本结论并进行了前景预测和展望。

关键词:矿山　地质环境　环境管理　管理体制　政府管制

**6479**

**基于网上行为特征的网络精准广告研究** / 李凯著 ; 严建援,林漳希指导. -- 南开大学, 2009. -- 226 页

论文以网络精准广告这一商业实践现象为研究基础,在企业调研和访谈的基础上,从理论和技术两个层面深入挖掘了网络精准广告中的研究问题。全文共分为七章。第一章为绪论,提出问题,介绍了研究背景、研究内容、研究方法与技术路线、研究意义。第二章为文献综述,分析网络广告理论研究的现状及其趋势,包括基于文献计量的文献综述、基于文本挖掘的文献挖掘分析、网络广告点击相关研究、网络精准广告相关概念及发展。第三章为网络精准广告的发展及其商业模式分析,包括网络广告的发展及其行业现状、网络精准广告的兴起及其发展现状、网络广告的价格模式分析、中介型网络精准广告商业模式。第四章为网络用户网上行为特征与广告点击的关系,包括网络用户点击流数据的获取、网上行为特征的抽取、网上行为特征与网络广告点击的实证检验。第五章为网络精准广告实施的系统框架及其关键精准技术,包括商务智能与 WEB 数据挖掘概述、网络精准广告的系统框架、网络广告的聚类、网络用户分类决策模型。第六章为网络精准广告投放分配机制研究,包括现有的网络广告投放分配机制、基于广告排序的网络精准广告投放分配机制和网络精准广告投放分配机制仿真分析。第七章为结论与展望。

关键词:广告　电子商务　市场营销　互联网络

**6480**

**装备产品开发中的技术整合与再利用研究** / 李坤著 ; 张米尔指导. -- 大连理工大学, 2009. -- 126 页

本文采用统计分析与案例研究相结合的研究方法,以装备产品开发项目为研究对象,旨在揭示技术整合与集成创新绩效之间的关系,并在此基础上,探寻项目开发过程中积累的技术知识在后续项目中实现再利用的机制。论文在参考国内外研究的成熟量表和欧盟创新调查基础上,结合中国装备制造业产品开发的实践,设计出装备制造业集成创新的预调研问卷,选择 15 个装备产品开发项目进行预调研,通过正式调研问卷对 142 个项目进行实地调研,在获得的样本数据基础上分析了技术整合对集成绩效的影响机理。全文共分为六章。第一章为引言,介绍了选题背景及意义、相关概念界定、研究方法与主要工作。第二章为相关领域研究进展分析,包括复杂产品系统的研究现状、技术整合的理论基础、组织学习研究现状。第三章为技术整合模型与理论假设,包括装备产品开发特征、研究模型、研究假设。第四章为研究设计与统计分析,包括研究设计、数据分析和技术整合对集成创新绩效的影响机理分析。第五章为基于项目间学习的技术再利用研究,包括研究设计、装备产品开发中的技术再利用过程的案例分析、基于项目建设学习的技术再利用机制。第六章为结论与展望。

关键词:制造工业　企业管理　产品开发　技术创新

**6481**

**有效的退货管理对供应链竞争优势的影响研究** / 李明芳著 ; 刘国山指导. -- 中国人民大学, 2009. --

192 页

论文运用供应链协调理论和委托代理理论,探讨退货的避免、信息反馈和快速处理等管理工作对供应链成本优势、质量优势和速度优势的影响机制;接着基于质量—满意—忠诚理论,研究了退货服务质量对供应链忠诚顾客优势的影响机制,从逆向物流的角度进一步充实了供应链协调理论,并对促使我国企业更好地处理退货、取得竞争优势具有重要的现实意义。全文共分八章。第一章为绪论,介绍了研究背景和主题、研究意义、研究框架和研究内容、研究方法和创新点。第二章介绍了基础理论,对逆向物流、竞争优势、供应链协调等相关研究进行综述。第三章建立了降低无缺陷退货的供应链协调模型,包括问题描述、相关研究回顾、基本假设、数学模型、数值算例。第四章从同样的方面阐述了质量改进的供应链协调模型。第五章为加速退货流动的闭环供应链模型,包括时间网络模型、退货运输中的供应链协调、退货快速处理的委托代理模型等。第六章实证模型提出与退货服务质量量表开发,包括关键研究概念的定义和测量、理论模型推导、退货服务质量测量量表开发、问卷设计、样本设计与调查方法、数据分析方法等。第七章为实证数据分析与研究发现。第八章为数据模型与实证研究的结论、贡献、局限和未来研究建议。

关键词:企业管理　销售管理　供应链管理

**6482**

**电网危机管理研究** / 李士华著 ; 唐德善指导. -- 河海大学, 2009. -- 128 页

论文以电网危机管理的阶段论、系统论、结构论等主要理论为基础,明确电网危机管理阶段的划分,开展电网内、外部危机因素,以及电网管理机制不足等因素的识别。基于"看见整体"的系统思维,必须对电网安全稳定性做系统的评估,了解系统安全的全貌特征,并为安全决策提供理论依据,以化解电能质量危机。全文共分为八章。第一章为绪论,介绍了研究背景及意义、国内外研究、总体构思。第二章为电网危机因素识别,包括电网危机管理的相关理论、电网危机特点分析、电网危机因素的识别。第三章为电网安全稳定评估,包括电网安全稳定评估、电网小干扰稳定性评估、电网负荷特性评估三个子方面。第四章为电网危机管理博弈及预警机制,包括电网危机管理博弈分析、电网危机管理组织"8S"架构、电网危机预警机制。第五章为电网危机黑启动恢复,包括电网危机黑启动恢复的必要性分析、电网危机的黑启动恢复机制、黑启动方案的有效性评估。第六章为电网分层分区与科学合理规划,包括电磁环网运行的危机、电网分层分区运行、电网的科学合理规划。第七章为电网危机管理实证分析,包括危机前的预防预警管理、危机中的协调联动管理、危机后的总结与反思。第八章为结论与展望,提出了研究的基本结论,并指出了研究的不足,进行了研究展望。

关键词:电力系统　稳定运行　安全管理　风险管理

**6483**

**技术进步、资源禀赋与中国省份农产品贸易:一个新古典主义分析框架** / 李西林著 ; 孙中才指导. -- 中国人民大学, 2009. -- 173 页

论文运用新古典主义分析框架对农产品贸易在现代经济中的地位和特征进行分析与讨论,对国际贸易中有关比较优势的新命题在农产品贸易中的体现进行论证,并结合中国省份农产品贸易实践对这一命题进行了经验检验;根据有约束利润函数所定义的利润概念,借助于弹性分析工具对技术进步与资源禀赋对中国农产品生产与贸易的作用进行了考察。全文共分为七章。第一章为前言,介绍了选题依据、研究界定、研究目标和内容以及章节安排中的逻辑联系。第二章为技术进步、资源禀赋与比较优势分析,从新古典主义的角度做了分析综述。第三章为技术进步、资源禀赋与农产品贸易,包括有约束利润函数与新古典两部门分析、有约束利润函数与农产品贸易分析、农业部门模型与农产品贸易分析等。第四章中国省份农产品贸易的基本结构与特征分析,分析了中国农产品贸易额变动趋势、中国省份农产品外贸依存度、中国省份农产品贸易集中度、中国省份农产品贸易的产业性质和相对优势。第五章基于 MALMQUIST 指数法,分析了中国省份农产品生产技术进步。第六章通过建立计量经济模型,分析了技术进步、资源禀赋与中国省份农产品贸易。第七章提出了研究的不足之处并指明进一步研究的方向。

关键词:农产品　国际贸易　技术进步　自然资源

**6484**

**我国养老表现制度经济分析及运行效率研究** / 李星著 ; 李建华指导. -- 吉林大学, 2009. -- 178 页

论文以制度经济学、福利经济学等理论作为理论

研究基础，分别从养老保险制度经济分析和制度运行效率研究两个切入点对我国养老表现制度经济分析及运行效率进行了分析与研究。全文共分为八章。第一章为绪论，主要包括问题的提出、研究目的和意义、国内外相关研究综述、主要研究内容和研究方法、技术路线。第二章介绍了基本概念界定和理论基础，包括基本概念界定，养老保险制度管理的基本原则：依法管理原则、公平与效率原则、集中管理与分散管理相结合的原则、属地管理原则和协调一致原则。论文研究的理论基础包括制度经济学、福利经济学、人本经济学、发展社会学和系统工程理论。第三章为养老保险制度国内外的比较研究，包括德国、瑞典、美国、日本、新加坡、智利六个国家的养老保险制度组织模式、我国养老保险制度发展现状、养老保险制度相关统计数据国际比较研究、国际比较对我国养老保险制度的启示。第四章为影响养老保险制度系统要素辨识及分析。主要包括养老保险制度行为主体——政府与企业间缴费博弈分析、养老保险制度影响因素经济学分析、养老保险制度行为主体相关因素分析、基于 DEMATEL 算法的影响养老保险因素辨识与分析。第五章介绍了我国养老保险制度变迁及制度安排研究。主要包括我国养老保险制度模式发展历程、我国养老保险制度的经济学分析、我国养老保险制度实施的指标数据、我国养老保险制度安排优化模型分析。第六章介绍了我国养老保险制度运行效率的评估，主要包括我国养老保险制度低效率运行的诱因分析、基于 DEA 算法的养老保险制度运行效率分析和吉林省养老保险制度运行满意度分析。第七章介绍了我国养老保险制度优化的对策、措施与建议。第八章为研究结论和展望。

关键词：养老保险制度　经济分析　经济效率

**6485**

**不对称信息下中国中小企业信贷融资问题研究** / 李毅著 ; 蒲勇健指导. -- 重庆大学, 2009. -- 142 页

论文对中小企业外部融资环境和内部因素进行了分析，对不对称信息下中国中小企业信贷融资的问题进行了研究。全文共分为六章。第一章为绪论，主要包括问题的提出与研究意义、研究现状、论文研究内容、创新与不足。第二章介绍了中小企业及其融资特征，主要包括中小企业的界定、我国中小企业发展概况、中小企业融资特征和中小企业偏好信贷融资原因分析。第三章介绍了信贷配给与中小企业信贷融资困境，主要包括银行发展中小企业融资的意义、银行支持中小企业融资乏力的原因分析、信息不对称与信贷配给、信贷配给模型分析、抵押担保信号识别分析、中小企业有效抵押的缺乏以及第三方信用担保的缺失，包括第三方信用担保作用分析、中小企业融资担保缺失原因分析和担保体系改进建议。第四章介绍了中小企业信贷融资创新模式，包括新型信贷融资模式、关系型信贷合约的产生机制和对中小企业信贷融资的意义、关系型信贷模型分析、关系的度量、关系型信贷多期模型与实证分析。第五章介绍了关系型信贷与银行改良措施。主要包括关系型信贷银行的意义，影响关系型信贷的主要因素——信贷双方竞争状况的影响、存款市场的竞争、其他影响因素，在中国发展关系型信贷的优劣势分析，积极发展小银行策略以及改进银行内部委托代理。第六章为全文的总结及政策建议。

关键词：中小企业　信贷　融资　不对称信息

**6486**

**我国投资组合保险理论应用研究** / 李源海著 ; 黄运成指导. -- 同济大学, 2009. -- 147 页

论文着眼于组合保险策略应用的一般市场条件和适合发展的市场环境，对我国证券市场的有效性和组合保险面临的市场环境和存在问题进行分析。全文共分为八章。第一章为导论，介绍了研究背景、研究意义、研究目的、论文的研究方法和框架以及论文创新点。第二章为投资组合保险理论和研究评析，包括组合保险策略的发展历程、组合保险策略研究状况和研究评述。第三章为投资组合保险产品发展状况，介绍了国外组合保险产品发展过程、我国港台地区和内地组合保险产品的发展现状。第四章为投资组合保险应用条件分析，包括投资组合保险适用的市场条件、市场环境，我国内地投资组合保险的市场环境和需求客户分析，我国内地保本基金发展的制约因素。第五章为我国投资组合保险应用基础：市场效率和市场特征分析，包括我国证券市场结构、投资组合保险要求的我国证券市场效率分析以及我国证券市场收益率特征分析。第六章为我国投资组合保险应用有效性实证，包括投资组合保险在我国应用可行性、投资组合保险应用的实证分析和其低效的原因分析。第七章进行了我国投资组合保险应用优化研究，提出要完善组合保险策略的投资管理，利用先行指标和市场趋势，提高组合保险绩效，做好风险控制，实现保险

目标,加快金融创新步伐,丰富组合保险运用工具,完善基金公共平台,促进组合保险产品发展,建立再平衡机制等。第八章为结论与展望部分。

关键词:投资　组合分析　市场效率　证券市场

**6487**

**开放条件下本土企业自主创新路径研究:以汽车产业为例** / 梁玺著 ; 吴贵生指导. -- 清华大学, 2009. -- 223 页

论文运用产业组织理论中纵向差异化模型研究本土汽车企业的进入条件,采用案例研究的方法和假设验证的方式探讨本土企业的进入战略,并采用双重案例的方法研究本土企业战略和能力共生演化规律以及企业能力成长的过程,基于系统理论和系统动力学仿真模型分析了环境、战略、能力成长和绩效之间的关系,并探寻企业的最佳策略。全文共分为七章。第一章导言,介绍了研究背景与意义、研究内容与方法和论文结构安排。第二章为文献综述与研究框架,介绍了追赶理论、进入壁垒和进入战略以及能力理论、研究评述和研究框架。第三章介绍了我国汽车产业创新的历史阶段和开放条件汽车产业创新系统。第四章为进入条件和进入战略研究,包括进入壁垒失效的再分析、经济学视角的进入条件和汽车产业进入战略的案例研究。第五章为能力成长的双重案例研究,介绍了双重案例研究设计、四个典型的汽车企业自主创新能力案例、吉利自主创新能力成长案例。第六章为企业能力成长系统动力学仿真模型,包括模型的适用性和建立过程、模型构建、模型有效性检验和企业能力成长的政策分析。第七章提出了研究结论和论文的创新点。

关键词:工业企业管理　技术创新　产业发展

**6488**

**租赁闭环供应链中回购合同及其对渠道的影响** / 梁喜著 ; 熊中楷指导. -- 重庆大学, 2009. -- 104 页

论文以汽车行业为研究背景,从闭环供应链管理的视角,研究了在单个制造商和单个租赁商构成的分散式租赁闭环供应链中,制造商如何制定合理的回购合同来加强与租赁商的合作,并实现租赁供应链的协调;从混合渠道供应链管理的视角,进一步研究了在零售渠道与租赁渠道构成的混合渠道供应链系统中,制造商采用回购合同会对零售渠道和混合渠道造成的影响。全文共分为七章。第一章为绪论,介绍了研究背景和意义、研究内容、研究思路和方法、创新之处。第二章为国内外相关研究综述,包括耐用品租赁研究、闭环供应链回收管理研究、混合渠道供应链管理研究以及文献简评。第三章为租赁闭环供应链中的回购合同研究,包括问题描述和条件假设、分散式决策、集中式决策、基于回购合同的供应链决策、算例分析。第四章为考虑更新时间的租赁闭环供应链回购合同研究,包括问题描述和条件假设、分散式决策、集中式决策、基于回购合同的供应链决策、算例分析。第五章为租赁闭环供应链中回购合同对零售渠道的影响研究,包括问题描述和条件假设、旧产品质量水平无差异时和有差异时的影响分析。第六章为租赁闭环供应链中回购合同对混合渠道的影响研究,包括问题描述和条件假设、旧产品质量水平无差异时和有差异时的影响分析。第七章为主要结论和进一步研究方向。

关键词:租赁业　企业管理　供应链管理　购销渠道

**6489**

**市场导向对组织绩效的影响研究:基于企业网络和动态能力的实证分析** / 林佳丽著 ; 薛声家指导. -- 暨南大学, 2009. -- 169 页

论文基于企业网络和动态能力的实证分析对市场导向对组织绩效的影响进行了研究。全文共分为六章。第一章绪论,主要包括研究意义及问题的提出、研究对象及概念界定、研究方法、研究内容及逻辑框架介绍。第二章文献综述,主要包括市场导向的定义、衡量,市场导向与组织绩效的相关研究以及简要的评论,企业网络理论、企业动态能力、模型建立与探索性分析、研究设计、实证分析与讨论、变量间关系模型分析和深度访谈。其中模型建立与探索性分析包括理论探索、变量间关系研究、模型的建立与探索性研究;样本特性包括市场导向特性分析、企业外部网络特性分析、动态能力特性分析和组织绩效特性分析;研究设计包括研究框架与研究假设、变量操作性定义域衡量、研究样本与数据收集、资料分析方法、量表信度与效度分析;实证分析与讨论包括三大问题的检验、样本特性分析、变量间关系多元回归分析。变量间关系多元回归分析包括市场导向对组织绩效的多元回归分析、市场导向对企业网络的多元回归分析、市场导向对动态能力的多元回归分析、企业网络对组织绩效的多元回归分析、动态能力对组织绩效的

多元回归分析、企业网络对动态能力的多元回归分析、动态能力对企业网络的多元回归分析。变量间关系模型分析分为中介效应检验和调节效应检验。深度访谈包括企业的市场导向、企业与网络成员关系、企业动态能力培养和企业其他信息。第六章为结论和展望。

关键词:企业管理　企业集群　市场导向　企业绩效

**6490**

**知识产权保险研究** / 林小爱著 ; 朱雪忠指导. -- 华中科技大学, 2009. -- 166 页

论文通过对比分析方法,在论述知识产权保险相关战略管理思路、提出其优缺点的基础上,对美国等发达国家或地区的知识产权保险机制进行分析研究,并根据其经验和教训为中国的知识产权保险机制提出政策性建议。全文共分为八章。第一章为绪论,介绍了研究背景与意义、国内外研究现状、研究内容与方法以及论文主要创新点。第二章为知识产权保险概论,分别介绍了知识产权保险的内涵、渊源、分类、优缺点和特殊性。第三章对知识产权保险进行了新制度经济学分析,包括保险与“产权”制度有机结合、保险分担高昂的“交易费用”、保险分散知识产权的高“风险”。第四章主要讨论了知识产权保险的影响效应,分为知识产权的积极影响和消极影响,积极影响又分为经济、法律制度和司法实践几个不同方面。第五章对发达国家或地区的知识产权保险进行了阐释,对美国、日本、英国、瑞士、欧盟的知识产权保险进行比较分析,并提出其对我国的启示。第六章为发达国家知识产权保险的战略管理,包括实行知识产权保险战略管理的缘由,发达国家知识产权保险的战略管理措施、经验教训以及对我国的启示。第七章为我国开展知识产权保险的建议,包括我国知识产权保险的前期模式、3W 问题分析、拟设我国知识产权险种和其他问题。第八章为结论与展望部分,总结了论文的主要研究成果,并指出了论文的不足和今后努力的方向。

关键词:商业保险　知识产权　专利

**6491**

**转型经济可持续发展论:基于中国经济增长的理论与实证研究** / 林勇著 ; 张宗益指导. -- 重庆大学, 2009. -- 158 页

论文抓住转型经济的可持续发展这个主题,构建可持续的内生经济增长模型,综合运用多种数理分析与实证检验方法,对转型经济可持续发展问题进行了定性与定量相结合的研究。全文共分八章。第一章绪论,介绍了课题研究的基本背景、研究问题的提出、国内外研究现状、研究目的及意义、研究视角与方法论、研究的技术路线及创新之处。第二章介绍了转型经济可持续发展理论的框架。分别介绍了转型经济可持续发展理论的范畴、转型经济可持续发展的子理论和可持续的内生经济增长模型的构建。第三章是对转型经济技术空间的可持续性的检验。介绍了转型以来我国技术进步的现状,基于 Malmquist 的技术进步测算方法及指标确定,并用实证进行了研究。第四章是对转型经济要素空间的可持续性的检验。介绍了经济持续增长的生产要素支持及作用机制,基于动态弹性生产函数的 Bayesian 估计方法论基础,并对主导因素(以资本为例)的经济增长贡献度进行实证分析,最后介绍了基于产业的劳动力结构对经济增长贡献的动态分解。第五章是对转型经济区域空间的可持续性研究,包括区域空间划分及经济区域演进、区域经济增长的可持续性检验以及对经济腹地拓展与经济区划空间重构的分析。第六章介绍了经济权利禀赋与欠发达地区经济发展的研究,包括欠发达地区的类型界定、经济权利禀赋与欠发达地区经济增长的作用关系及经济权利禀赋对欠发达地区经济增长的实证检验。第七章介绍了转型经济可持续发展的战略路径选择,包括技术模仿向技术创新主导转型战略、经济增长主导要素调整提升战略、区域经济腹地拓展战略和欠发达国家地区经济突显战略。第八章是研究结论与研究展望。

关键词:转型经济　经济增长　技术进步　可持续发展

**6492**

**股评建议的市场反应研究** / 刘昶著 ; 李志文指导. -- 清华大学, 2009. -- 114 页

论文考察了报刊股评建议的信息含量、获利能力及其对投资者交易行为的影响。通过检验报刊股评建议的市场反应,发现了价格先涨后跌的异常现象,并探讨了该现象形成的原因。论文发现,股评建议公布后价格上涨,交易量迅速增加,但随后价格迅速下跌,在数个交易日内回落至公布前的水平。股评建议的获利机会转瞬即逝,投资者晚买入或买入后持有时

间过长都会遭受损失。这些结果说明投资者会跟随股评进行交易,但实际上股评建议并没有向市场传递基本面的信息,价格的上涨之势短暂的。通过考察公布后收益的影响因素,论文探究了股评公布后价格异象的形成原因。分析显示,公布日收益与公布后收益负相关;而且公布日的交易量、推荐股票的分析师人数与公布日收益负相关;在控制规模后,公布后收益与公布日收益、公布前收益、分析师推荐强度、市场热度负相关,与机构投资者比例正相关。这些结果说明价格在公布日偏离了基本面,分析师推荐强度大、公司股东中散户多、市场热度高会造成价格在公布日偏离更严重,因而随后的回归越明显。信息含量有限的股评建议引起了投资者集中的交易,造成价格在短期内剧烈波动。

关键词:股票市场　证券市场　证券投资　市场分析

**6493**

**智力资本对企业成长影响机制研究:以中国软件企业为例** / 刘超著 ; 刘卫东指导. -- 浙江大学, 2009. -- 201 页

论文利用问卷调查和模型检验的研究方法,在总结了前人研究和企业访谈的基础上,提出了针对我国软件企业的智力资本的两层次五要素结构,建立了企业智力资本对企业成长的直接影响模型和作用机理模型,探索要素的作用与影响,并分析促进软件企业的竞争优势和快速成长的方法。全文共分为六章。第一章为绪论部分,介绍研究的目的和意义,研究的内容和方法,以及可能的创新之处和全文的结构安排。第二章为国内外文献梳理,针对国内外的企业成长理论和智力资本领域的研究成果进行消化和吸收,形成论文的理论基础。第三章介绍我国软件企业智力资本管理的现状及其对企业成长的影响。第四章结合理论研究和实际访谈,建立本研究的理论模型和研究框架,并提出相应的研究假设,然后进行问卷设计、变量测量以及数据分析方法的介绍,也是论文的核心部分,提出了从基本智力资本到核心智力资本到企业成长的研究框架。第五章为软件企业成长的实证研究,利用 Amos 结构方程和 SPSS 统计分析软件进行效度和信度检验,验证论文的假设,分析了研究的结论,探讨不同的智力资本要素对企业成长的影响。第六章为研究总结,包括本研究的贡献,不足指出,以及进一步研究的方向。

关键词:软件业　企业成长　智力资本

**6494**

**中资企业国际创业风险管理体系研究:Research on international entrepreneurship risk management system for Chinese enterprises-based on Pakistan** / 刘国涛著 ; 葛宝山指导. -- 吉林大学, 2009. -- 147 页

论文在回顾和整理创业研究、国际创新研究和风险研究等相关基础上,结合巴基斯坦国际创业环境和中资企业在巴基斯坦的国际创业现状,构建并形成企业国际创业风险指标体系。论文分为八章。第一章绪论,介绍了选题的背景及意义、结构与内容、研究方法与技术路线。第二章相关理论及研究综述,从创业研究的兴起、概念界定、国际创业概念界定、创业经典模型相关理论及研究进行回顾,从西方经济学关于风险的基本研究、风险的特征、风险控制过程、风险相关研究等方面对风险相关理论及研究进行回顾,为研究提供理论依据。第三章从自然、文化、基础设施、政治、金融、经济、政策环境等对巴基斯坦国际创业环境进行分析,介绍中资企业在巴基斯坦发展现状,探讨中资企业在巴基斯坦国际创业中面临的主要风险。第四章从组织风险、环境风险、战略风险三方面对中资企业在巴基斯坦国际创业风险构成进行详细探讨。第五章通过对中资企业在巴基斯坦的国际创业风险体系构建目的及原则的讨论,构建了中资企业在巴基斯坦国际创业风险指标体系,并进行问卷设计与指标度量,对收集数据、因子分析、可靠性检验、指标体系权重的确定及指标体系的应用进行说明。第六章以海尔巴基斯坦有限公司、中国移动通信集团巴基斯坦集团及普拉姆轻骑摩托车有限公司为例,分别从国际创业概况、历程、应对国际创业风险的策略、国际创业整体风险指数、单一风险指数及创业风险均衡性判别进行探讨。第七章从组织风险和环境风险两方面提出中资企业国际创业风险防范及规避对策。第八章全文总结。

关键词:企业管理　创业　风险管理

**6495**

**中国石油产业信息化测度及其应用研究** / 刘江著 ; 汪向东指导. -- 中国社会科学院, 2009. -- 118 页

论文运用问卷调查和模型分析的实证研究方法,设计测度石油产业的信息化发展水平,并探讨如何运用该测度方法进一步研究中国石油产业信息化与影

响中国石油产业发展的其他相关变量之间的内在关系,并据此提出政策建议。全文共分为六章。第一章提出研究的理论意义与实践意义,以及研究的主要内容和研究方法,研究的主要技术路线,研究可能的创新点。第二章对信息和信息化的相关概念做理论回顾,对信息化的测度理论以及信息化的经济效应的研究文献进行全面梳理和归纳总结,提出当前影响中国石油产业信息化建设的若干重要问题。第三章提出了用于分析中国石油产业信息化与产业竞争力关系的理论假设,据此构建了三个研究模型,基于效能理论分别构建了关于信息化的三个潜变量指标,对于竞争力设计了一个潜变量,在考虑到双向影响关系的情况下提出了12条理论假设。第四章设计了相应的研究问卷,根据调查结果检验问卷的信度和效度,并结合模型的实证研究结果对本研究中所提出的理论假设进行全面解读,分析信息化指标体系与竞争力指标体系中各变量之间的路径关系及其内在含义,并根据实证研究的结果分析中国石油产业的信息化之路。第五章对数据进行了描述性统计分析,并检验了各测量模型,分析了三个模型的结果,对模型进行了综合评价与分析。第六章得出基本结论,提出了存在的问题并进行研究展望。

关键词:石油工业　产业发展　信息化　竞争力

**6496**

**全球经济一体化背景下外资银行的影响及经营模式研究:基于中国境内外资银行的实证研究** / 刘立安著 ; 傅强指导. -- 重庆大学, 2009. -- 122 页

论文通过建立多种模型对全球经济一体化背景下外资银行的影响及经营模式进行了研究。全文共分为八章。第一章为绪论,主要包括问题的提出及研究意义、外资银行机构内涵、外资银行跨国经营基础理论、国内外研究现状、研究方法和研究内容以及论文的主要创新。第二章介绍外资银行在中国经营的现状及特点。第三章介绍外资银行对我国商业银行客户竞争的影响与实例分析。包括研究背景、假设与模型、基于外资银行成本优势的银行贷款合约选择行为分析以及本地银行与外资银行间客户竞争行为评价及实证分析。第四章介绍外资银行对我国商业银行风险控制能力的影响。主要包括研究背景、假设与模型、风险识别技术对实施技术转移的本地银行数量及利润的影响、外资银行的技术示范效应分析。第五章介绍了"法人银行导向"政策下外资银行转制经营的影响因素分析。主要包括研究背景、不同组织形式的外资银行在我国经营业务的差异性分析、外资银行转制经营价值的实物期权方法分析、实证检验。第六章介绍了"法人向导"与"外资参股"政策下外资银行组织形式选择与实证。主要包括研究背景、模型假设、外资银行进入信贷市场的策略选择分析和实证检验。外资银行进入信贷市场的策略选择分析包括外资银行参股前银行信贷市场的均衡分析、外资银行参股中资银行时信贷市场的均衡分析、外资银行成立法人银行时信贷市场的均衡分析以及外资银行的组织形式选择策略及影响。第七章介绍了外资银行经营模式及盈利能力差异分析与实证。主要包括研究背景、模型、本地银行与外资银行均衡利润差异分析、实证分析和讨论与建议。第八章为结论与展望。

关键词:外资公司　商业银行　经营方式　风险管理　竞争力

**6497**

**中德企业软件专利申请行为及影响因素实证研究** / 刘珊著 ; 余翔指导. -- 华中科技大学, 2009. -- 139 页

论文将中德企业软件专利申请行为及影响因素作为研究的主题,综合运用法学、经济学、管理学理论围绕这一主题进行分析,在前人研究的理论基础上提炼出企业软件专利申请动机及影响因素,构建理论分析模型并提出一系列合理假设,通过在德国和中国开展实证研究所得研究结果,对这些假设进行验证。全文共分为七章。第一章为绪论,介绍了研究背景及选题来源、研究目的及意义、相关概念界定、研究内容、研究方法及创新。第二章为文献综述,包括软件发明可专利性及知识产权保护模式选择、软件技术创新与专利制度的冲突、软件专利对技术创新的影响、企业专利申请动机及影响因素,并这些研究进行评述。第三章为企业软件专利申请动机及影响因素理论分析和假设,包括企业软件申请动机、企业软件专利申请行为影响因素、企业专利申请决策分析模型及假设。第四章为影响中德企业软件专利申请行为的法律环境因素实证研究,包括德国软件专利相关法律环境分析、欧洲与德国有关的软件专利相关立法分析、中国软件专利相关法律环境分析以及德国和中国软件专利法律环境对软件专利申请行为影响对比。第五章研究了影响中德企业软件专利申请行为的企业规模和产品种类因素。第六章为中德企业软件专利申请动机及影响因素验证,中德企业软件专利战略选择模

式研究。第七章为结论和展望部分。

关键词:软件　专利申请　中国　德国

**6498**

**科技型中小企业创业风险管理:基于企业生命周期理论** / 刘湘琴著 ; 章仁俊指导. -- 河海大学, 2009. -- 161 页

论文以创业理论、风险管理理论、企业生命周期理论等为基础,以创业风险较大的种子阶段、创立阶段和成长阶段的科技型中小企业创业风险为研究对象,以科技型中小企业的创业过程为研究角度,对科技型中小企业的创业风险管理进行了研究。全文共分为八章。第一章为绪论,介绍了研究背景、研究目的和意义、研究内容和研究方法、技术路线、创新点等,对科技型中小企业、创业及创业风险等概念进行了界定。第二章对科技型中小企业的特征及其创业风险的特征进行了阐述,对科技型中小企业的生命周期及其极端的特征进行了描述,对科技型中小企业创业风险的机理进行分析,建立科技型中小企业创业风险管理体系,构建了基于企业生命周期的科技型中小企业创业风险管理理论框架。第三章对科技型中小企业的创业风险进行了识别,通过发放调查问卷对科技型中小企业的创业企业家和相关专家进行调查,借助 SPSS 软件进行分析,归纳出影响科技型中小企业创业成功的八个关键风险因素,其下一共包括 31 个二级关键风险指标。第四章建立了基于关键风险因素的科技型中小企业创业风险测度指标体系,运用改进的层次分析法和多级模糊综合评价法对种子阶段、创立阶段和成长阶段的科技型中小企业创业风险进行了测度。第五章根据计算出的指标影响权重分别对各阶段的创业风险结构进行了分析,总结出创业风险变化的规律,并解释其中的原因。第六章针对不同阶段的创业风险结构,提出了相应的创业风险控制策略。第七章对江苏省张家港市某科技型中小企业进行了案例分析,运用第三四章的研究成果求解出目标企业在其目前所处的生命周期阶段所面临的创业风险的大小,针对评价结果提出相应的风险控制措施。第八章为总结与研究展望部分。

关键词:高技术企业　中小企业　创业　风险管理

**6499**

**R&D 投资与规模投资影响因素比较分析:基于中国上市高新技术企业的经验数据** / 刘振著 ; 宋献中指导. -- 暨南大学, 2009. -- 166 页

论文从高新技术企业 R&D 投资与规模投资特征出发,结合中国特定的制度背景,从宏观和微观层面分析融资来源、政策补贴方式和 CEO 激励等因素与高新技术企业 R&D 投资、规模投资间的关系。论文共有七章。第一章导论,介绍了研究命题的提出,选题的理论价值与现实意义,研究思路、方法和结构安排,研究的创新之处,主要概念的界定。第二章文献回顾,包括企业一般投资影响因素及企业 R&D 投资影响因素的文献回顾。第三章中国高新技术企业 R&D 投资与规模投资状况分析,经过对国内国际高技术产业纵向和横向比较,分析了中国高技术产业投入与产出状况以及中国上市高新技术企业投资效率。第四章运用规范研究方法,通过对比,从理论上分析融资来源、政策补贴方式和 CEO 激励等主要影响因素与高新技术企业 R&D 投资、规模投资之间的关系。第五章通过实证从融资来源、政策补贴和 CEO 激励因素对 R&D 投资与规模投资的影响进行分析,通过假设提出、模型构建和变量设计、收集数据、统计分析,对其间的关系进行检验。第六章对中国高新技术企业投资扭曲根源分析,从中国高新技术企业投资三方面影响因素的制度背景及中国高新技术企业投资扭曲的制度进行探讨,并提出矫正中国高新技术企业投资行为的政策建议。第七章研究结论与展望。

关键词:高技术企业　研究与开发　投资　上市

**6500**

**我国金融资产管理公司的市场化演变研究** / 柳仲颖著 ; 陈树文指导. -- 大连理工大学, 2009. -- 115 页

论文研究金融资产管理公司的市场化演变,分析比较国内外企业转型的经验,对如何完善公司治理体制进行理论研究;通过综合分析,构建了董事会控制效果模型,进而提出了合理董事会建设的改进模式;从知识的关联性和资本的通用性角度,提出了市场化演变后的我国金融资产管理公司的业务结构优化路径和管理体制;用实证方法得出我国投资银行竞争力影响因素模型,并以此预估评价了我国金融资产管理公司的市场化演变的可能效果。全文共分为七章。第一章为绪论,提出问题,介绍了选题背景、研究意义、拟解决的关键问题、研究方法、内容、论文框架。第二章为金融资产管理公司的相关概念界定和文献综述,包括金融资产管理公司的相关概念界定、国内外研究现状分析、现有研究存在的主要问题。第三章

为我国金融资产管理公司市场化演变中的公司治理研究,包括问题的提出、我国 AMC 市场化演变公司治理一般借鉴模式、公司治理改进的理论基础、我国金融资产管理公司市场化演变的公司治理管理、公司治理建立市场化取向的保障机制。第四章为我国金融资产管理公司市场化演变的业务结构优化,包括问题的提出、我国金融资产管理公司的投行业务现状及优劣势分析、业务结构演变的理论基础、我国金融资产管理公司市场化演变的业务结构优化管理。第五章为我国金融资产管理公司市场化演变的主观风险管理,包括问题的提出、主观风险管理的实证分析、主观风险管理与公司组织文化、我国金融资产管理公司市场化演变主观风险的管理。第六章为我国金融资产管理公司市场化演变的效应和效果评价,包括产业效应、效果评价模型、效果评价和效果评价缺陷。第七章为结论与展望。

关键词:金融公司　资产管理　投资银行

6501

**不同来源地 FDI 技术溢出效应研究:基于面板数据的实证分析** / 隆娟洁著 ; 陈治亚指导. -- 中南大学, 2009. -- 180 页

论文以不同来源地 FDI 为切入点,采用理论研究和实证检验相结合、总体分析和结构分析相结合、计量检验和案例分析相结合的研究方法,结合我国工业部门、服务业、跨国公司 R&D 投资对不同来源地 FDI 技术溢出效应进行考察。全文共分为七章。第一章为导论,介绍了选题背景、研究目的和意义、相关概念界定、国内外研究现状、研究思路和方法、论文结构。第二章为我国吸收 FDI 概况和主要来源地 FDI 分析,包括我国吸收 FDI 的概况和发展趋势、主要来源地 FDI 的特点和差异分析、全球金融危机背景下我国不同来源地 FDI 变动分析。第三章为不同来源地 FDI 技术溢出效应的理论分析,包括 FDI 技术溢出效应相关理论、影响因素和产生机制,以及不同来源地 FDI 溢出效应研究的分析框架。第四章为不同来源地 FDI 技术溢出效应 I——对工业部门的考察,包括不同来源地 FDI 工业企业经济指标比较、不同来源地 FDI 技术溢出效应的实证研究——行业层面、基于联立方程模型的不同来源地 FDI 技术溢出效应——地区层面。第五章为不同来源地 FDI 技术溢出效应 II——对服务业的考察,包括 FDI 的新趋势、不同来源地服务业 FDI 的现状分析、不同来源地服务业 FDI 技术溢出效应的案例研究和实证研究。第六章为不同来源地 FDI 技术溢出效应 III——对跨国公司 R&D 投资的考察,包括 FDI 的新趋势、不同来源地外资的跨国公司 R&D 投资现状和动因分析、不同来源地外资企业的技术创新能力分析和不同来源地外资的跨国公司 R&D 投资技术溢出效应实证研究。第七章为结论、对策建议与研究展望。

关键词:外商直接投资　外资利用　生产效率　区域差异

6502

**基于 TRIZ 理论的企业商业模式研究** / 娄永海著 ; 李建华指导. -- 吉林大学, 2009. -- 138 页

论文针对商业模式指导企业经营的实践问题建立了完整的企业商业模式研究体系,对企业商业模式进行了研究。全文共分为七章。第一章绪论,介绍了研究的意义与作用、研究的预期目的、主要内容和研究方法与技术路线。第二章国内外研究文献综述,对国内外研究文献、商业模式的定义研究、商业模式的体系构成要素研究、商业模式的分类研究、商业模式的评估研究、商业模式创新变革研究进行了综述。第三章介绍了商业模式的理论基础,包括商业模式的系统科学解释、商业模式的熊皮经济理论解释、企业经营管理理论与商业模式研究的整合、TRIZ 理论等。第四章介绍了商业模式的定义、要素及分类研究。第五章介绍了利用 TRIZ 理论实现商业模式的创新,包括商业模式创新概述、按照 TRIZ 理论对商业模式问题的情景分析与描述、商业模式要素冲突及冲突解决原理、以 ARIZ 方法解决商业模式创新思考程序。第六章介绍了商业模式评估理论及实证研究,包括概述、商业模式要素排序评估、商业模式有效性评估。第七章介绍了结论与展望。

关键词:企业管理　经营管理　商业模式　经济评价

6503

**独立董事职能整合分析与实证研究** / 卢溢洪著 ; 张宗益指导. -- 重庆大学, 2009. -- 104 页

论文针对现有关于独立董事与公司绩效间实证研究结果不一致的现象进行综合研究。全文共分为九章。第一章为绪论,介绍了研究背景、研究目的与内容、研究的创新点以及研究思路与论文结构。第二章公司治理的相关概念,介绍了公司治理理论的起源

与发展、公司治理的概念、公司治理的涵义和公司治理的基本功能。第三章独立董事制度的理论与实践,介绍了独立董事的定义、独立董事的基础理论、独立董事制度的国际实践、独立董事功能产生的法律探源和独立董事总体功能结构。第四章独立董事研究文献综述,介绍了国外研究现状、国内研究现状、国外独立董事的定义、国内独立董事的定义,阐述了委托代理理论、现代管理理论、资源依赖理论、制度理论等其他理论。第五章中国独立董事制度的调查分析,介绍了数据来源、中国独立董事制度的发展总体状况。第六章中国上市公司独立董事监控效率实证分析。第七章独立董事职能的整合分析,阐述了独立董事职能,介绍代理理论与资源依赖理论的比较分析、独立董事理论研究的新框架。第八章独立董事职能整合的实证研究,介绍了研究假设、模型设定及变量说明分析了变量描述性统计及回归结果。第九章为研究结论。

关键词:股份有限公司　董事　监督职能　法人治理结构

**6504**

**制造商的合作广告运作决策研究** / 陆媛媛著 ; 刘国山指导. -- 中国人民大学, 2009. -- 189 页

论文运用博弈论和数学规划的相关理论与政策,采用定性与定量分析相结合的方法,针对合作广告运作决策中设计的策略制定、计划执行及效果评价这一整个运作过程展开研究。全文共分为八章。第一章为绪论,提出问题,介绍了研究背景、研究思路与主要内容、研究意义与创新之处。第二章为文献综述,包括供应链与供应链管理、供应链协调相关文献综述、合作广告理论研究综述、广告媒体选择与投放决策研究综述、广告效果评价研究综述和博弈论与广告策略。第三章制造商与渠道势力不对称零售商的合作广告模型,在描述问题的基础上建立模型并进行比较分析。第四章制造商与非竞争性零售商的合作广告模型,在描述问题的基础上建立模型并进行比较分析,进行了数值实验与参数分析。第五章制造商与竞争性零售商的合作广告模型,概述了 Stackelberg 主从对策模型并描述问题,从完全分散式、不完全分散式和集中式供应链系统下的合作广告策略三个角度进行模型分析,对不同系统下的均衡结果进行对比分析。第六章为制造商品牌广告的媒体选择与投放决策研究,在对广告媒体进行概述的基础上介绍了制造商媒体选择与广告投放决策模型和负外部性双边市场中的媒体与制造商广告投放决策模型。第七章为合作广告效果评价研究,介绍了合作广告效果的概况并对其进行评价,并提出评价时的难题。第八章为研究结论与展望。

关键词:制造工业　供应链管理　广告　经济合作

**6505**

**城市经济社会发展评价体系研究** / 栾金昶著 ; 汪克夷指导. -- 大连理工大学, 2009. -- 144 页

论文基于科学发展观的内涵,利用主观评价和客观评价相结合的方法,建立城市经济社会发展评价模型。选取具有代表性的十个副省级城市 2006 年的统计数据,从经济发展、科技进步、人的全面发展以及社会生态发展等方面分别对十个副省级城市进行评价,提出各个城市在发展中存在的问题以及一些政策性建议。全文共分为七章。第一章为绪论,提出问题,介绍了文本的研究思路及主要工作,阐述了科学发展观的内涵及国内外经济社会发展的研究现状。第二章城市经济社会发展指标体系的建立、主客观赋权法和基于相对熵的组合赋权方法。第三章为经济发展评价,主要从经济发展的角度对样本城市进行评价,包括评价原理、经济发展评价的实证分析、中国十个副省级城市经济发展状况分析和经济发展的政策和建议。第四章为科技发展评价,主要从科技发展的角度对样本城市进行评价。第五章为人的全面发展评价,主要从人的全面发展的角度对样本城市进行评价。第六章为社会生态发展评价,主要从生态发展的角度对样本城市进行评价。第七章为综合评价,对样本城市各个方面的均衡发展进行评价并总结。

关键词:城市经济　社会发展　评价体系

**6506**

**中国商业银行风险偏好传导研究** / 马晓冬著 ; 章仁俊指导. -- 河海大学, 2009. -- 143 页

论文主要是对中国商业银行风险偏好传导的研究。文章共分为八章。第一章绪论,介绍了选题的背景和研究意义、研究目标及研究内容、国内外研究综述,并介绍了一些重要概念的界定和理论基础的说明以及研究方法、技术路线、创新点和难点。第二章是对中国商业银行风险偏好传导的理论研究。主要包括中国商业银行风险偏好的传导目标、传导内容、传导框架和传导流程。第三章中国商业银行风险测度

中的风险偏好传导,介绍了中国商业银行信用风险测度中的风险偏好传导,中国商业银行市场风险测度中的风险偏好传导,中国商业银行操作风险测度中的风险偏好传导。第四章中国商业银行产品定价中的风险偏好传导,包括中国商业银行产品定价中的风险偏好传导思路和影响产品定价中风险偏好传导的关键要素。第五章介绍了中国商业银行风险处置中的风险偏好传导,主要内容有中国商业银行风险偏好通过风险吸收策略的传导、中国商业银行风险偏好通过风险分散策略的传导和中国商业银行风险偏好通过风险转嫁策略的传导。第六章对中国商业银行风险偏好传导的对策建议,包括进一步提升经济资本管理应用水平、充分发挥风险因素在绩效考核中的作用以及逐步构建风险偏好传导的持续改进机制。第七章案例分析,介绍了科维尔事件形成的原因、风险偏好传导中存在的问题以及对中国商业银行风险偏好传导的现实借鉴意义。第八章是总结与展望。

关键词:商业银行　银行管理　风险管理

**6507**

**中国中小企业研究联合体信任机制研究** / 马宗国著 ; 武博指导. -- 河海大学, 2009. -- 148 页

论文运用博弈论等分析方法,从考察中小企业RJVs组织形式的特殊性和中小企业RJVs信任关系的特征出发,构建了中小企业RJVs信任机制的研究框架,并根据所构建的新人评价体系对一中小企业进行了实证研究,分析、验证其科学性和合理性。全文共分为八章。第一章为绪论,介绍了研究背景、目的、意义、国内外研究现状、研究的主要内容与技术路线、论文的主要研究方法与创新点。第二章为中小企业研究联合体信任机制的内涵及理论基础分析。第三章为中小企业研究联合体信任关系分析,包括信任在中小企业研究联合体的作用、中小企业研究联合体信任关系的特征、中小企业研究联合体信任建立的内部条件与外部环境、中小企业研究联合体信任合作运行模式探讨。第四章为中小企业研究联合体信任合作动因分析,包括我国中小企业合作研发现状分析、中小企业研究联合体信任合作关系存在的困境、中小企业研究联合体信任关系形成的动因及其博弈分析。第五章为中小企业研究联合体信任机制作用机理分析,包括其类型及影响因素、自组织机理及演进过程、博弈分析。第六章为中小企业研究联合体伙伴选择的信任评价研究,包括新人评价体系的特性和原则、信任评价指标体系的建立、步骤和实证研究。第七章为中小企业研究联合体信任机制稳定性研究,包括概述、优势、影响因素和稳定性对策研究。第八章为结论与展望部分。

关键词:中小企业　经济合作　技术创新

**6508**

**基于共生理论的港口物流产业集群发展模式与机制研究** / 南岚著 ; 史安娜指导. -- 河海大学, 2009. -- 147 页

论文从共生的视角研究物流供应链和生物共生链的关系,分析港口物流产业集群的特征与功能,以及港口物流集聚所形成的产业集群,构建港口物流产业集群共生系统,探索共生系统所形成的区域经济效应,提出港口物流产业集群的共生发展模式和发展机制。全文共分为七章。第一章为绪论,介绍了研究背景与选题意义、国内外文献、研究内容、相关概念及研究方法、创新之处。第二章为港口物流产业集群共生系统的构建,包括港口物流产业集群的内涵与要素、港口物流产业集群的边界范围与层次结构、港口物流产业集群的特征与功能。第三章为港口物流产业集群共生能量演变分析,包括港口物流产业集群的共生能量模型构建、港口物流产业集群共生新能量的生成、共生能量的均衡博弈、共生能量分配的稳定博弈。第四章为共生效应与共生界面选择分析,包括量能扩张选择下、只能提高选择下的共生效应分析和共生界面选择分析。第五章为港口物流产业集群发展模式与机制研究,包括港口物流产业集群生命周期与共生发展模式、点式积累模式和互惠结网模式、均衡创新模式和临界抗阻尼模式、港口物流产业集群的共生模式。第六章为连云港港口物流实例研究,提出了当前连云港的共生发展模式,并提出构建共生机制时的发展对策。第七章为结论与展望。

关键词:港口　物流　产业发展　发展模式

**6509**

**人力资源柔性及其对组织绩效的作用研究** / 聂会平著 ; 王培根指导. -- 武汉理工大学, 2009. -- 158 页

论文从理论和关系研究及实证研究两个方面,研究了基于动态能力的人力资源柔性概念及构成,得出人力资源柔性影响因素,分析了人力资源柔性对组织绩效的作用,构建了动态环境下的人力资源柔性研究关系模型。全文共分为八章。第一章为导论,介绍了

研究背景、选题目的和意义、国内外人力资源柔性相关研究、研究内容和方法。第二章为人力资源柔性研究的理论基础,包括动态环境下企业竞争优势、人力资源柔性构建的理论支撑、人力资源柔性分析的理论框架、组织绩效的界定与衡量。第三章为基于动态能力的人力资源柔性剖析,包括不同视角的人力资源柔性思想辨析、基于动态能力的人力资源柔性本质与构成、人力资源柔性的测度、人力资源柔性结构探索。第四章为人力资源柔性的影响因素分析,包括研究方法与步骤、预研究、正式研究。第五章为人力资源柔性对组织绩效的作用分析,包括其作用的经济学分析和价值分析,以及人力资源柔性对组织绩效的作用机理。第六章为人力资源柔性实证研究关系模型与研究假设,包括人力资源柔性与前因变量、结果变量的关系模型、人力资源管理实践与人力资源柔性、人力资源柔性与组织绩效、变量的度量。第七章为从数据收集、数据检验、数据分析几个方面进行实证分析,并讨论结果和启示。第八章为研究总结与展望部分。

关键词:企业管理　人力资源管理　柔性管理　企业绩效

**6510**

**ERP 实施中关键用户的知识职能:基于多案例的经验研究** / 潘绵臻著 ; 毛基业指导. -- 中国人民大学, 2009. -- 202 页

论文采用多案例研究方法,以跨边界理论与基于时间的知识理论为元理论视角,对多家成功实施 ERP 的企业进行了实地调研,试图基于中国成功实施 ERP 企业中关键用户的经验构建关键用户知识职能的理论模型,具有探索性及归纳性的特征。其数据收集方法主要为深度访谈,同时还补充以文档及实地观察,并主要采用主体编码及认知图两类技术进行数据分析,并构建了关于关键用户知识职能的理论模型。全文共分为七章。第一章为引言,介绍了研究背景、研究问题、研究方法及技术路线、潜在贡献和文章结构。第二章针对 ERP 实施研究、基于知识的 ERP 实施研究和关键用户研究进行文献综述。第三章为理论背景,包括跨边界理论、基于时间的知识视角、信息系统成功、研究框架。第四章为研究方法,包括研究设计、研究情景、案例选择依据、数据收集和数据分析。第五章为关键用户的 ERP 知识职能,包括 ERP 系统成功跨组织间边界的知识情境化、跨组织内边界的知识集成、跨项目边界的知识扩散。第六章为影响关键用户知识职能的因素,其中包括高层领导支持、项目因素和个体因素。第七章为讨论与结论,包括理论模型、研究贡献、实践启示、局限性和未来研究方向。

关键词:企业管理　知识经济　知识管理　技术转移　企业资源计划(ERP)

**6511**

**证券投资基金经理激励机制研究** / 彭耿著 ; 曹兴指导. -- 中南大学, 2009. -- 132 页

论文运用委托代理理论、投资组合理论、委托投资组合理论等相关理论,从理论与实证的角度系统地研究几种典型的激励机制对基金经理行为的影响和作用。全文共分为八章。第一章为导论,主要包括研究背景和研究意义、相关研究综述、主要内容及结构安排、主要创新点。第二章介绍了基金经理投资行为的解释。包括问题的提出、有效投资组合前沿的移动、信号精度成本函数的提出和基金经理的效用最大化。第三章对基金经理线性激励契约进行了研究。通过提出问题对积极线性激励契约的特征加以分析,通过基准组合、模型建立、经理人努力程度可观察到的情形和经理人努力程度不可观察到的情形研究基准组合对基金线性激励契约的影响。第四章为对称费用和激励费用对基金经理风险承担激励的比较研究。主要包括基金费用结构概述、激励费用的一个动态分析、两种费用对基金经理风险承担激励的比较。第五章是基金管理激励效果的实证研究。通过对中国基金市场现状的分析,确定基金管理费的方式,了解中国基金管理费现状及不足,随管理费激励的原理进行分析,设计实证研究,并对实证结果进行分析。第六章为相对业绩差距评估对基金经理风险承担激励的实证研究。通过相关业绩评估概述、相关业绩评估的行为经济的行为经济学解释和相对业绩评估对基金经理的激励作用提出问题,对相对业绩评估影响基金经理风险选择进行理论分析和研究假设,进行实证研究。第七章为中国基金经理激励机制的设计与实践保障,主要包括国内外基金经理机制的设计和基金经理激励机制实践的保障。第八章为论文的结论和展望。

关键词:金融公司　投资基金　人力资源管理

**6512**

**技术变革条件下产业追赶机制研究:以中国彩电产业为例** / 蒲欣著 ; 吴贵生指导. -- 清华大学, 2009. --

255 页

在产业竞争力、产业创新系统和追赶理论等现有研究的基础上,论文构建了新的分析产业追赶的理论框架,并对中国彩电产业在技术变革前后的追赶要素进行了对比和总结,探讨了中国彩电产业的追赶机制,提出了新追赶劣势的概念。论文的研究表明,对于中国彩电产业的问题,不能仅仅从传统的追赶研究角度分析,而要从系统的角度,综合考虑包括产业环境、企业战略、企业能力和绩效这四个维度的多个影响追赶的因素。论文发现,在技术变革前后,中国彩电产业环境、企业战略、企业能力和绩效等因素的相互关联、彼此作用和共同演化决定了产业的演进路径,将这个产业锁定在 CRT 彩电领域,难以及时地实现平板彩电的产业升级,体现出一种新的追赶劣势。“新追赶劣势”是由中国独特的国内市场需求、高转换成本和企业战略性这三个方面的共同作用和动态演化而产生的现象。

关键词:彩色电视　电子工业　技术进步

**6513**

**VaR 约束的商业银行风险管理研究** / 钱艺平著 ; 陈治亚指导. -- 中南大学, 2009. -- 151 页

论文基于巴塞尔新资本协议的视角,研究 VaR 约束的商业银行风险度量与管理,运用 VaR 理论和方法,利用 Matlab 和 Eviews 统计软件,结合大量的实证与数例度量商业银行的风险价值。全文共分八章。第一章为导论,介绍了研究背景、研究意义、文献综述、研究方法、篇章结构、创新之处。第二章介绍了 VaR 的基本原理、计算方法、扩展及其检验。第三章为 VaR 约束的商业银行消费信贷风险管理,包括巴塞尔新资本协议与商业银行信用风险度量、信用风险管理度量模型、基于 Credit Metrics 模型的消费信贷 VaR 度量、基于 KMV 模型的住房消费信贷 VaR 度量。第四章为 VaR 约束的商业银行市场风险管理,包括巴塞尔新资本协议与商业银行市场风险度量、商业银行市场风险 VaR 计量模型、市场风险 VaR 度量样本数据的统计特征与分布、市场风险 VaR 实证研究。第五章为 VaR 约束的商业银行操作风险管理,包括巴塞尔新资本协议与商业银行操作风险、操作风险计量模型、应用极值理论模型度量操作风险 VaR、商业银行操作风险 VaR 实证研究。第六章为基于 VaR 的商业银行资产负债组合优化研究,包括基本原理和优化模型以及应用实例。第七章为基于 VaR 的商业银行经济资本配置、绩效评估与风险策略,包括基于 VaR 的商业银行经济资本计量和 RAROC 模型,以及 VaR 在商业银行风险管理中的应用分析。第八章为结论与展望。

关键词:商业银行　风险管理　风险分析

**6514**

**科技经费配置管理研究** / 秦浩源著 ; 张金隆指导. -- 华中科技大学, 2009. -- 116 页

论文应用基尼系数法、关联分析法、主成分分析法、聚类方法等方法,围绕科技经费配置管理进行了理论、方法和应用上的研究,分析科技经费配置系统的运行机制,提出科技经费配置模式选择与优化的三维分析模式和政府重点支持型、政府选择扶持型、企业为主投入型等分类配置模式,研究了科技经费配置管理机制,并提出了相关政策建议。全文共分为七章。第一章为绪论,介绍了选题背景及研究意义、国内外研究现状、论文研究思路、方法、框架、主要创新点。第二章为我国科技经费配置现状分析,包括科技经费的投入总量与结构、配置分布特征、配置效率分析和我国科技经费配置主要问题。第三章在概述的基础上分析了科技经费配置系统的主体构成和体系架构。第四章为科技经费配置模式构建,包括科技经费配置模式比较分析、模式构建的基本原则和我国科技经费配置模式的三维分析模型。第五章为科技经费配置管理机制研究,对科技经费配置管理机制做分析,论述了科技经费配置组织机制、协调机制和监督机制。第六章为我国科技经费配置政策建议,提出要提高分类配置模式下的科技经费投入能力,优化分类配置模式下的科技经费布局结构,并完善分类配置模式下的科技经费管理体制。第七章为总结与展望部分。

关键词:科研管理　科技经费　管理体制

**6515**

**水利旅游吸引系统研究** / 丘萍著 ; 章仁俊指导. -- 河海大学, 2009. -- 187 页

论文在国内外相关研究的基础上,对水利旅游吸引系统进行了研究,遵循从理论到实证、由问题到对策的研究思路,首先对水利旅游吸引系统进行理论解析,然后对水利旅游吸引系统各组成部分进行测算,最后提出对策。全文共分为八章。第一章为绪论,介绍了研究背景及意义、相关概念的界定、国内外研究进展、相关理论基础和研究内容、技术路线及创新点。

第二章对水利旅游吸引系统相关概念、内部关系和测算过程作了解析。第三章进行了水利旅游吸引力测算,包括水利旅游吸引力产生、水利旅游吸引力测算指标体系、AHP-PCA-Boarda 组合评价过程和我国水利旅游吸引力测算结果。第四章为水利旅游吸引半径测算,包括水利旅游吸引半径理论基础、水利旅游吸引半径模型建立和水利旅游吸引半径实证分析。第五章为水利旅游吸引量测算,介绍了水利旅游吸引量的分类和特征,基于引力模型进行水利旅游需求吸引量测算,以及我国水利旅游需求吸引量的测算。第六章为水利旅游吸引对象感知测算,分为水利旅游吸引对象的感知分析、基于假设检验的水利旅游吸引对象感知测算和水利旅游吸引对象感知测算案例分析。第七章在解析水利旅游吸引系统提升的基础上,提出了水利旅游吸引系统局部和整体提升策略。第八章进行了总结与展望。

关键词:水利工程　旅游资源　资源开发

**6516**

**基于知识管理的企业间合作创新研究** / 任伶著 ; 李京文,张少杰指导. -- 吉林大学, 2009. -- 148 页

论文以知识管理、企业核心能力和合作创新的三方互动模型为研究主线,研究了基于知识管理的企业间合作创新机理。全文共分八章。第一章绪论,主要包括选题背景、研究的目的与意义、国内外知识管理研究现状、国内外企业间合作创新研究现状、论文的主要研究内容和研究方法和研究路线。第二章介绍了相关理论研究,主要包括合作创新的定义和内涵、合作创新的模式、合作创新的相关理论,包括交易成本理论、产业组织理论、合作竞争理论、企业核心能力理论和博弈论理论、知识管理相关理论。第三章对基于知识管理的企业间的合作创新机理进行了研究,主要包括知识管理过程要素在合作创新中的作用和影响、企业间合作创新的知识共享和转移机理分析、合作创新中知识管理与企业核心能力的互动作用、企业核心能力与合作创新的互动作用以及合作创新的整体互动机理分析。第四章介绍了基于知识管理的企业间合作创新博弈分析,主要包括博弈模型的介绍、合作创新中竞争合作博弈模型的分析、企业间合作创新模式选择的博弈分析和企业间合作创新收益分配的博弈模型分析。第五章介绍了基于知识管理的企业间合作创新绩效评价,主要包括评价指标体系的确立目标及原则、评价指标体系的构建、评价指标权重方法的确定、基于知识管理的企业间合作创新绩效评价实证研究(包括案例背景介绍、评价步骤、权重的计算、指标的模糊综合评判、综合的模糊评判结果)。第六章介绍了知识管理的企业间合作创新风险及防范研究,包括企业间合作风险的分类、基于知识管理的企业间合作创新风险因素分析、企业间合作创新风险控制机制的选择、基于知识管理的企业间合作创新风险防范。第七章介绍了促进企业间合作创新发展的政策研究,包括国外企业间合作创新的政策介绍、我国目前合作创新政策介绍、我国政府促进企业间合作创新政策意见以及企业自身促进合作创新的战略措施。第八章为论文的结论和展望。

关键词:企业管理　知识管理　技术革新　企业绩效

**6517**

**项目融资动态担保模型研究** / 单晓丽著 ; 戴大双指导. -- 大连理工大学, 2009. -- 116 页

论文以建立项目融资动态担保模型为研究目标,提出三个关键问题,依此识别出银行在项目融资中面临的关键风险,构建了项目融资动态担保模型。全文共分为八章。第一章为绪论,介绍了研究背景、主要概念界定、研究意义、研究内容、技术路线、主要创新点。第二章为国内外研究现状综述,包括项目融资中银行贷款风险的文献回顾、担保的文献回顾、目前研究存在的不足。第三章为项目融资中银行贷款关键风险识别,包括风险要素集的确定与假设的提出、量表的建立、数据收集与分析、风险因素与项目融资动态担保关系的结构方程建模。第四章为建立项目融资动态担保模型的方法,包括其思路、拟合方法的确定、拟合数据的选取、项目融资动态担保模型框架。第五章为项目融资动态担保模型的建立,包括投资总额与担保金、贷款和股本的比例与担保金、投资回报率与担保金、三种关键风险要素与担保金的关系模型。第六章为项目融资担保金的动态调整,包括担保金调整的依据、周期的确定以及幅度。第七章为项目融资动态担保模型的应用。第八章为结论与展望部分。

关键词:融资　贷款担保　项目管理　风险管理

**6518**

**终极控制股东对企业盈余质量影响的研究:基于中国制造业上市公司的数据** / 邵春燕著 ; 唐德善指导. -- 河海大学, 2009. -- 171 页

论文在对现有文献进行梳理的基础上,说明了上市公司的终极控制股东在公司治理中的作用和效率,分析了终极控制股东与中小股东之间的利益冲突,指出终极控制股东影响企业盈余质量;论述了终极控制股东对企业盈余质量影响的理论基础,阐述了中国制造业上市公司股东间利益冲突的背景以及金字塔式股权结构,并在此基础上阐明了终极控制股东影响企业盈余质量的机理,以中国制造业上市公司 2005—2008 年的 1862 个非均衡样本为对象进行了实证研究,研究了终极控制股东对企业盈余及时性和盈余可靠性的影响。全文共分为六章。第一章为绪论,介绍了研究背景和研究意义、相关文献综述、主要概念辨析和界定、研究思路与内容、主要研究方法和主要创新点。第二章为终极控制股东对企业盈余质量影响的理论分析,包括终极控制股东对企业盈余质量影响的理论基础、盈余质量的衡量、中国制造业上市公司股东间利益冲突的背景、中国制造业上市公司的金字塔式股权结构分析和终极控制股东对企业盈余质量影响的机理分析。第三章为终极控制股东对企业盈余质量影响的实证设计,介绍了研究假设、研究样本、模型构建和变量界定几个部分。第四章为终极控制股东对企业盈余及时性影响的实证分析,包括及时性统计描述、变量的相关性分析、回归检验结果及分析和稳定性检验。第五章介绍了终极控制股东对企业盈余可靠性影响的实证分析。第六章为总结了论文的主要研究成果,并提出了政策建议和今后努力的方向。

关键词:股份有限公司　财务管理　企业利润　股东

**6519**

**制造客户视角的日本知识密集服务业发展研究** / 余硕著 ; 朱雪忠,曹勇指导. -- 华中科技大学, 2009. -- 127 页

论文以日本知识密集服务业为研究对象,向 1000 家日本制作企业发放调查问卷获得数据并借助 SPSS17.0 软件对数据进行相关性及多元回归分析,以制作客户视角,从客户需求、选择、获得、满意度等环节进行知识密集服务业的具体分析。全文共分为八章。第一章为绪论,介绍了背景与研究目的及意义、相关研究现状及述评、研究方法与框架、论文创新点和文章结构。第二章为知识密集服务业相关研究,包括传统知识密集服务业概念及分类、中国知识密集服务业的动态概念及分类、基于交易费用理论的知识密集服务业创新功能分析和知识密集服务业创新成果的保障机制分析。第三章为日本知识密集服务业总体发展状况,包括其与制作客户的合作现状以及发展趋势分析。第四章为日本制作客户对知识密集服务业的需求,包括动因分析、日本知识密集服务业对制作客户创新的意义以及服务需求种类。第五章为日本制作客户对知识密集服务合作企业的选择,分析了制造客户选择标准的影响因素,选择标准、双方的合作障碍因素。第六章为日本制造客户知识密集服务的导入分析,包括服务导入对服务质量的影响、影响知识密集服务传递能力的因素分析、日本制作客户知识密集服务导入方式的选择分析。第七章为日本知识密集服务业发展路径对我国的启示,包括中国知识密集服务业总体发展状况、地区差异决定知识密集服务业发展方向、重视客户需求提升知识密集服务质量和分析客户选择标准明确知识密集服务业发展重点等。第八章为结论与展望部分。

关键词:服务业　知识产权　技术创新　日本

**6520**

**企业协同知识管理研究** / 石宝明著 ; 张少杰指导. -- 吉林大学, 2009. -- 139 页

论文的主要研究内容涵盖了协同知识管理模型、协同知识管理链条建设、协同知识管理能力评价及案例研究。全文共分为九章。第一章为绪论,主要包括选题背景、研究意义、知识管理的国内外研究现状、协同知识管理的国内外研究现状、论文的主要研究内容和论文的研究方法和技术路线。第二章介绍了理论基础及协同知识管理模型。主要包括协同的概念及特点、知识管理的含义、策略、过程和技术、协同知识管理模型和协同知识管理的关键要素。第三章协同知识管理的目标链建设,主要包括企业文化基础理论、企业文化对协同知识管理的推动作用、协同知识管理文化的特点和层次、协同知识管理文化建设的内容、协同知识管理文化建设原则和策略。第四章介绍了协同知识管理结构链建设,主要包括组织结构相关理论、企业组织结构变迁的知识动因、协同知识管理企业组织结构设计原则与步骤、协同知识管理企业组织结构的特征、协同知识管理对企业组织结构的要求和协同知识管理企业组织结构的构建。第五章介绍了协同知识管理过程链的建设,主要包括人力资源相关理论、协同知识管理企业工作者的新特点、协同知识管理企业工作者选用、协同知识管理企业工作者培

训、协同知识管理企业工作者激励和协同知识管理企业工作者职业生涯规划。第六章介绍了协同知识管理平台链的建设,主要包括协同知识管理平台的功能、协同知识管理平台的知识管理技术、协同知识管理平台模块组成、协同知识管理平台设计、协同知识管理平台的运行环境。第七章介绍了企业协同知识管理能力评价,主要分为企业协同知识管理能力评价指标选取原则、企业协同知识管理能力评价指标选取、企业协同知识管理能力评价指标权重、评价方法的选取及模型的构建。第八章为案例分析,主要包括SJM公司简介、SJM公司实施协同知识管理的原因及流程、SJM公司实施协同知识管理实践、SJM公司实施协同知识管理能力评价。第九章为结论和展望。

关键词:企业管理　知识管理　协同

**6521**

**城市基础设施公私伙伴融资项目治理研究:基于利益相关者的视角** / 石莎莎著 ; 史安娜指导. -- 河海大学, 2009. -- 151 页

论文试图从利益相关者理论入手,对公私伙伴融资项目的治理结构、治理机制进行研究。全文共分为七章。第一章为导论,介绍了研究背景、研究意义、城市基础设施投融资的国内外研究综述、研究理论基础、研究内容、创新点和技术路线。第二章为城市基础设施公私伙伴融资项目治理的理论构架,包括公私伙伴融资模式兴起的原因、概念和形式,我国城市基础设施公私伙伴融资项目运作中存在的问题,公私伙伴融资项目治理的总体思路。第三章为城市基础设施公私伙伴融资项目治理结构,包括城市基础设施公私伙伴融资项目治理的特点、利益相关者共同治理结构的构建。第四章为公私伙伴融资项目内部治理机制,包括内部治理结构运行的载体和动力因素、内外动因驱动下的契约治理机制柔性激励机制、特许权契约的柔性激励治理和债务契约的柔性激励治理。第五章公私伙伴融资项目外部治理机制,介绍了利益相关者共同治理结构下的内外治理机制的整合、公私伙伴融资项目的潜在利益主体竞争机制和制度支撑、公私伙伴融资项目的政府管制制度以及消费者监督机制和制度支撑。第六章在前述基础上进行了案例分析。第七章为结论与展望部分,总结了论文的主要研究成果,并指出了论文的不足和今后努力的方向。

关键词:城市　基础设施　融资

**6522**

**南水北调东线一期工程供水成本分摊与核算** / 宋健峰著 ; 郑垂勇指导. -- 河海大学, 2009. -- 152 页

论文对于调水工程供水成本分摊和核算相关的分段、水量分配、供水成本项目、成本分摊核算、特殊问题等方面进行了探讨,并通过对核算结果的比较分析,提出相应的对策建议。全文共分为八章。第一章为绪论,介绍了研究背景、国内外研究综述、研究目的和意义、研究内容、研究方法、思路和依据以及创新之处。第二章对分段理论进行了研究,包括模型、原则、方法等,并提出了本研究的分段方法。第三章为南水北调东线一期工程及区段划分。第四章为水量模拟研究,给出了《可研总报告》确定的水量基础数据,并提出确定南水北调东线一期工程水量数据的几点考虑,进行各区段水量模拟,对输水损失分摊与成本分摊用水量数据进行研究,对南水北调东线一期工程分省各段水量进行模拟,给出泵站新增抽水量数据。第五章为全成本费用项目及核算,包括投资政策与资金结构、成本界定及核算方法、全成本费用构成、全成本费用核算方法及参数、全成本费用核算相关参数说明以及各工程全成本费用核算。第六章为资产与成本费用分摊核算,包括方法,南水北调东线第一期工程资产与成本费用分摊核算原则、步骤、各工程具体涉及的方法及参数,以及新增供水成本费用核算。第七章为各区段分摊的供水成本费用核算,包括区段供水成本分摊模型、南水北调东线一期工程各区段单方水供水成本费用核算和对核算成果的比较分析。第八章为具体的对策建议。

关键词:水利工程　调水工程　成本管理　成本计算

**6523**

**证券市场中小投资者利益保护研究** / 宋晓慧著 ; 陈德棉指导. -- 同济大学, 2009. -- 159 页

论文以系统论为理论框架,将中小投资者利益保护问题置于中小投资者利益保护系统之中进行研究,探讨了利益相关者入大股东子系统、机构投资者子系统和政府管制子系统与中小投资者子系统之间的利益取向,分析了利益冲突的各种情形,进而指明了利益冲突下的中小投资者利益保护导向应遵循的行为模式。全文共分为八章。第一章介绍了研究背景、研究意义和研究目的,回顾了相关研究文献,介绍了研究的理论框架及章节安排。第二章分别从中小投资者利益保护关系以及如何优化中小投资者利益保护

系统功能来研究中小投资者利益保护的系统机理。第三章以现金流权和控制权分离为基础分析了大股东子系统在中小投资者利益保护中的利益取向和利益冲突,并结合我国目前证券市场改革进展状况,分辨了大股东不同的利益侵害手段。第四章,机构投资者对中小投资者的利益侵害主要表现为股价操控,而中小投资者有限理性行为的存在导致操控行为成为可能。第五章是管制子系统对中小投资者利益保护失灵研究。第六章结合我国证券市场中小投资者的行为特征,对中小投资者子系统投资行为与自身利益损失机理进行探讨。第七章研究了我国目前中小投资者利益保护的整体性状态即中小投资者利益保护的规律,并进一步提出保护中小投资者利益的建议。第八章为结论与展望部分。

关键词:证券市场　利益分配　权益保护　金融监管

**6524**

**复杂产品系统项目组织治理研究** / 宋砚秋著 ; 戴大双指导. -- 大连理工大学, 2009. -- 146 页

论文在建立复杂产品系统项目组织治理结构模型的基础上,提出两个治理核心问题,包括复杂产品系统项目组织结构动态调整模型和系统集成商与合作单位的合作创新有效性,并进一步根据项目组织结构动态调整对敏捷性的要求展开敏捷性作用机制研究。全文共分为六章。第一章为绪论,介绍了研究背景、拟解决的关键问题、研究意义、研究对象与内容、研究方法与技术路线、主要创新点。第二章为国内外研究现状综述,对复杂产品系统、合作创新、项目治理研究做了文献回顾。第三章为复杂产品系统项目组织治理模型构建,包括复杂产品系统项目特征分析、利益相关者分析、复杂产品系统项目组织治理模型框架、案例研究方法与背景、复杂产品系统项目组织治理模型的案例验证与核心分析等。第四章为复杂产品系统项目组织结构动态调整模型研究,包括组织结构动态调整案例分析、复杂产品系统项目组织动态调整模型等。第五章为复杂产品系统项目组织敏捷性作用机制,包括理论框架与研究模型设计、实证研究设计、数据分析、实证结果分析、讨论与管理启示等。第六章为复杂产品系统项目合作创新有效性研究,包括复杂产品系统合作创新的效用分析、复杂产品系统合作创新博弈模型构建、考虑外部收益的合作创新博弈模型构建和合作创新博弈结果讨论等。最后为结论与展望部分。

关键词:产品开发　系统设计　项目管理　组织结构　技术创新

**6525**

**技术溢出下企业合作研发博弈分析与协同问题研究** / 孙彩虹著 ; 齐建国指导. -- 重庆大学, 2009. -- 118 页

论文通过构建溢出视角下更具现实意义的合作研发理论研究模型对技术溢出下企业合作研发博弈冲突与协同问题进行了研究。全文共分为八章。第一章为绪论,主要包括研究背景、研究目标、研究内容与技术路线、研究方法、研究主要创新点。第二章介绍了相关概念的界定及文献综述。主要包括有关概念界定、技术溢出研究综述和研发合作研究回顾。第三章介绍了技术溢出下的不对称双寡头企业技术创新博弈。通过构建一个技术溢出非控制型的二阶段博弈模型,研究了半合作创新模式下的不对称性对企业合作研发所造成的博弈冲突问题。第四章介绍了技术溢出下的合作与非合作并行研发模式的博弈分析。基于企业研发过程中核心技术独立研发与非核心技术合作研发的研发模式,提出了水平非控制技术溢出下异质产品的合作与非合作并行研发的两阶段博弈模型。第五章介绍了单边可控溢出下的合作研发中机会主义行为的博弈分析。构建了一个三阶段博弈模型来描述技术溢出水平受单边控制下的企业合作研发中的机会主义行为,主要包括引言、理论模型、不同合作 R&D 模式下的均衡解、均衡解对比分析。第六章介绍了双边控制的技术溢出下的合作研发博弈分析与协同。主要包括引言、理论模型、非合作 R&D 模式下的技术选择、R&D 合作模式下的技术选择、潜在溢出作为政策工具。第七章介绍了技术溢出下供应链零售商过程创新博弈冲突与协同。主要包括引言、垂直模型框架、过程创新研发的影响、恰当激励创新研发、数值分析。第八章为结论与展望。

关键词:企业管理　经济合作　技术创新

**6526**

**低信任下企业网络能力对服务创新绩效的影响研究** / 孙颖著 ; 陈通指导. -- 天津大学, 2009. -- 142 页

论文构建了企业网络能力对服务创新绩效影响的概念模型,并基于服务创新理论、企业网络理论和组织学习理论分别提出了低信任下企业网络能力和服务创新绩效的结构假设、网络能力与服务创新绩效

的关系假设、组织学习能力对网络能力与服务创新绩效关系的调节效应关系假设,采用实证研究方法,通过访谈和问卷调查研究方法收集样本数据,主要运用PLS和层次回归方法对数据进行分析,验证了研究假设,并就验证结果进行了解释和讨论。全文共分为七章。第一章为绪论,介绍了研究背景及意义、研究目标与研究内容、研究方法及技术路线、论文结构安排。第二章对服务创新绩效相关研究、网络能力相关研究、组织学历能力相关研究进行文献综述,并对已有结果进行总结。第三章为研究模型与研究设计,包括理论框架与主要研究假设、研究方法、正式调查数据收集与分析。第四章为低信任下企业网络能力结构研究,包括低信任下的企业网络、研究假设、网络能力量表的初步检验、网络能力结构的探索性研究、网络能力测量结构的验证、研究讨论。第五章为服务创新绩效的结构研究,包括研究假设、服务创新绩效量表的初步检验、服务创新绩效结构的探索性研究、服务创新绩效测量结构的验证、研究讨论。第六章为企业网络能力对服务创新绩效的影响,包括研究假设、网络能力与服务创新绩效关系的验证、组织学习能力对网络能力与服务创新绩效关系的调节作用检验、研究讨论。第七章为结论部分。

关键词:企业管理　服务方式　创新管理　网络环境　企业绩效

**6527**

**南水北调东线第一期工程新增水量优化配置研究**/孙永健著;郑垂勇指导. -- 河海大学,2009. -- 149页

论文主要运用了模型分析等研究方法,在已有众多文献理论的基础上,从理论和实践上对南水北调东线第一期工程受水区的水资源优化配置进行了分析研究,并结合实际情况设置模型应用于实际工程优化配置。全文共分为六章。第一章为绪论,介绍了论文研究的目的和意义、国内外水资源优化配置理论的研究现状、主要内容、技术路线和创新点。第二章论述了复杂系统理论,并以复杂系统理论的思想为基础,探讨了水资源复杂大系统的构成,及其内部各子系统之间的关系,建立了水资源优化配置模型框架和体系。第三章对水质和水权进行了详细论述,讨论了两者在水资源优化配置当中所起的作用,其中分别运用经典博弈理论和进化博弈理论论证了水权制度的建立能够促进用水户更加合理地利用水资源。第四章根据水资源复杂大系统的特点,建立了水资源多目标优化配置模型,探讨了模型目标函数和约束条件的建立,确定了模型参数的取值。运用基于PSO的克隆选择算法对模型进行求解。第五章结合南水北调东线第一期工程实际情况,在详细介绍了该区域的自然、人文等情况后,应用建立的水资源多目标优化配置模型对该受水区第一期工程完成后的新增水量进行优化配置,运用基于PSO的克隆选择算法求解,并对结果进行了分析。第六章为总结与展望部分。

关键词:调水工程　水资源管理　南水北调

**6528**

**区域三农问题的系统研究:以吉林省为例**/滕星均著;葛宝山指导. -- 吉林大学,2009. -- 236页

论文依据区域经济学理论等多种理论,以区域经济突破为主线,以吉林省为例对区域三农问题进行了研究进行了研究。全文共分为七章。第一章绪论,主要包括"三农"问题研究背景、研究现状、研究内容、研究方法和研究思路。第二章介绍了相关理论研究,主要包括产业经济学理论、产业组织生态理论、制度经济学理论、市场机制理论、区域经济学理论和区域创业环境理论。第三章介绍了吉林省"三农"问题现状及存在的问题。主要包括吉林省"三农"问题总体情况、吉林省农业发展现状及存在的问题、吉林省农村发展现状与存在的问题以及吉林省农民收入现状。第四章吉林省"三农"问题形成原因分析,主要包括内外部因素分析、现实及历史因素分析。第五章吉林省"三农"问题发展趋势分析及预测,主要包括吉林省"三农"问题总体发展趋势分析、吉林省农业发展趋势分析及预测、吉林省农村经济发展趋势分析、吉林省农民收入发展趋势预测。第六章介绍了解决吉林省"三农"问题的思路与对策。主要包括解决吉林省"三农"问题的指导思想,即系统地认识"三农"问题、重点发展新型农业、提高农村经济效益、改善农村创业环境,解决吉林省"三农"问题的创新思路,即用工业化思维谋划农业发展、用农业产业化经营统领农村经济工作、用统筹观作为解决三农问题的思想方法、通过创业教育促进农村创业活动,解决吉林省"三农"问题的对策研究三方面。第七章为研究总结和展望。

关键词:农业经济　农村经济　农民

**6529**

**中国农户金融信贷行为及风险控制机制研究:基于行为博弈均衡、机制设计及农户调查数据的实证检验**/

童毛弟著 ; 赵永乐指导. -- 河海大学, 2009. -- 120 页

论文对中国农户金融信贷行为及风险控制机制进行了研究。全文共有八章。第一章绪论。主要介绍了论文的研究背景、结构安排、技术路线和创新点以及文献综述,并进行了相关概念的界定和研究方法的说明。第二章介绍了理论基础,对行为金融及其对于农户金融的应用研究进行了概述,主要内容包括农户的认知偏差、行为偏差和金融机构对农户贷款行为的影响,以及金融机构对农户的认知、行为偏差的交互作用。第三章农户金融信贷风险的类型及成因。介绍了农户金融信贷风险的类型、农户信贷中的“逆向选择”和“道德风险”、农户自身存在的各种认知和行为偏差及其引发的风险和农村金融机构管理体制缺位所产生的风险,对农村金融信贷风险的成因进行了简要的分析。第四章是农村金融信贷行为博弈分析,对农户金融信贷的行为博弈与强化体制进行了简述,介绍了农户金融信贷行为博弈均衡分析、农户与金融机构信贷行为博弈分析、农户贷款行为动机与金融机构的行为动机博弈分析。第五章是基于机制设计的农户金融信贷风险控制研究,介绍了农户金融信贷风险控制的博弈机制、基于农户联保机制的农户间博弈机制的设计、农户与信贷机构学习演化的博弈机制设计和农户金融信贷风险的控制机制体系设计。第六章农户金融信贷行为及风险的实证研究,介绍了农户金融信贷行为的调查背景及其风险控制机制缺陷,基于行为金融学的农户金融信贷行为假设、调查问卷的设计和样本确定,描述性分析了农户信贷行为的调查数据并用实证进行检验。第七章是防范农户金融信贷风险的对策建议,包括完善针对农户的金融信贷体系的管理、规避农户金融信贷中的偏差、防范信贷风险、改革农村金融机构体制完善法人治理、明确农户金融信贷风险控制的政策目标。第八章是论文的不足和未来研究展望。

关键词:农户　信贷　风险管理　农村金融

**6530**

**专利质量指标研究** / 万小丽著 ; 朱雪忠,田力普指导. -- 华中科技大学, 2009. -- 145 页

论文将专利质量界定为专利技术对使用者形成竞争力的重要程度,为专利质量指标研究奠定基础,从竞争力的角度对专利质量进行界定,使其兼具法律性、技术性和经济性,成为一个广义的、相对的概念;从理论上设置了专利质量指标,并选用中国获奖专利和中国在美国获取的专利作为样本,分别运用均值差异法和逻辑回归分析方法对其进行效力验证;构建了专利质量指数模型,并用其进行专利质量评价实例分析。全文共分为六章。第一章为绪论,介绍了研究目的和意义,进行了文献回顾,还提出了拟解决的关键问题、论文创新点和研究方法。第二章为专利质量的界定,包括专利质量的重要性、现有的专利质量定义、竞争力视角下的专利质量定义、专利质量与专利价值的关系。第三章为专利质量指标的设置,阐述了指标设置原则,介绍了包括专利印证指标、专利维持指标、专利范围指标和其他指标在内的专利质量指标。第四章为专利质量指标的效力,包括样本选取与数据收集、个别专利质量指标的效力、整体专利质量指标的效力。第五章为专利质量指数,包括专利质量指数构建、单项专利质量评价、多项专利质量评价。第六章为结论与展望部分,提出了研究结论,指出了论文的局限性和未来的研究方向。

关键词:专利技术　质量管理　质量指数

**6531**

**景区游客忠诚的影响因素研究** / 王斌著 ; 武春友指导. -- 大连理工大学, 2009. -- 170 页

论文以游客对景区的忠诚为研究对象,通过在自然和人文两类景区的实地调研,识别了景区游客忠诚的影响因素,利用结构方程构建了景区游客忠诚的模型,理清了各因素对忠诚的影响机制和因素之间的关系。全文共分为六章。第一章为引论,提出问题,介绍了选题背景、研究目的、研究对象与方法、主要研究内容、研究思路与技术路线。第二章阐述了推拉理论、手段目标理论、时间洞察理论、顾客忠诚的驱动理论、态度与行为的关系理论等相关理论,以及景区、动机、求奇与熟悉、景区形象、游客感知价值、满意、行为倾向、顾客忠诚在内的关键概念内涵。第三章为景区游客忠诚的影响因素的文献回顾,包括影响因素的相互关系、景区游客忠诚的相关研究模型和文献评判。第四章为景区游客忠诚的模型构建及量表开发,包括研究模型的理论基础、研究假设的提出、理论模型、量表开发、量表预试、正式量表的结构、正式测试和正式量表的检验。第五章为景区游客忠诚的模型检验,包括模型的修正与假设的扩展、总体模型的假设检验、维度模型的假设检验、各因素的影响效应分析、游客背景与研究变量的关系、研究假设的检验结果。第六章为研究结论与展望。

关键词:风景区　经营管理　营销管理　游客

**6532**

**跨国公司内的知识转移:共用管理软件的影响** / 王丙乾著 ; 黄卫伟指导. -- 中国人民大学, 2009. -- 127 页

论文运用实证研究、模型分析等研究方法,基于知识的视角从知识特性、组织特性、环境特性三个方面研究了其对跨国公司内的知识转移的影响,并关注“共用管理软件策略”这一行为在其中的作用。论文的研究结论对跨国公司的演进,特别是中国企业的国际化运营具有一定的借鉴意义。全文共分为八章。第一章为引言,介绍了背景与研究动机、研究目的及意义、研究内容及方法、贡献与创新。第二章为文献综述,包括公司中的知识,知识、知识转移与跨国公司,影响知识转移的要素,知识转移过程,共用管理软件策略等方面。第三章为模型与假设,包括研究框架和理论假设构建两个部分,理论假设又分为知识特性与知识转移、组织角色特性与知识转移、共用管理软件与知识转移、共用管理软件的调节作用、共用管理软件策略与吸收能力、控制变量和理论假设模型。第四章为研究方法,包括样本选择、变量和度量、问卷的发放与收集等。第五章为数据分析,包括信度与效度分析、描述统计、多元回归分析。第六章论述了共用管理软件的调节作用、吸收能力、其他作用机制。第七章论述了知识、知识转移与公司优势,知识转移及其影响要素,对中国企业国际化经营的借鉴意义。第八章为研究贡献与展望。

关键词:跨国公司　知识管理　资源共享

**6533**

**软件产业知识产权创新网络研究** / 王春艳著 ; 史安娜指导. -- 河海大学, 2009. -- 121 页

论文对软件产业的知识产权创新网络进行了研究。全文共分七章。第一章绪论,介绍了研究背景、研究价值、研究综述、研究内容和研究方法、技术路线及创新。第二章国外典型的软件产业知识产权创新网络发展及启示,主要包括国外典型的软件产业知识产权创新网络的发展过程、中国软件产业知识产权创新发展的现状及问题以及发达国家的软件产业发展模式对中国的启示。第三章软件产业知识产权创新网络的形成机理。介绍了软件产业知识产权创新网络的内涵和特征,软件产业知识产权创新网络的结构构成和软件产业知识产权创新网络结点联结机制,软件产业知识产权创新网络的联结模式。第四章软件产业知识产权网络创新的关键影响因素作用机理与检验,内容包括软件产业知识产权网络创新的关键影响因素、软件产业知识产权网络创新的的关键影响因素作用机理以及对软件产业知识产权网络创新关键因素作用的实证检验。第五章是对软件产业知识产权网络创新中的创新主体关系进行整合分析,介绍了软件产业知识产权网络创新中的创新主体关系整合影响的因素,软件产业知识产权网络创新中创新主体关系的整合机制,软件产业知识产权网络创新中创新主体关系的整合机制。第六章中国软件产业知识产权创新网络的构建,内容包括中国软件产业知识产权创新网络构建的原则、中国软件产业知识产权创新网络的构建路径以及支配型路径下的中国软件产业知识产权创新网络的体系及其构建。第七章是结论与展望。

关键词:软件产业　企业管理　技术创新　知识产权

**6534**

**中药产业国际化进程中的影响因素分析与发展研究** / 王广平著 ; 孙东川指导. -- 暨南大学, 2009. -- 258 页

论文主要是对中药产业国际化进程中的影响因素与发展进行了分析和研究。全文共分为七章。第一章绪论,介绍了选题的背景和意义,研究思路、内容和方法,研究的数据来源和调研过程以及本项研究的来源。第二章文献综述与理论基础,对中药产业国际化相关概念做出界定,介绍了中药产业国际化发展研究现状和中药产业的发展历程,对世界整体医学体系、国外天然药物市场的发展概况及相关理论基础进行了概述。第三章对中药产业国际化影响因素进行了实证分析,对模型进行构建和假设分析,设计出相应的调查问卷,并对调查问卷进行收集与整理,分析中药产业国际化进程的影响因素,并对测量模型与验证性因子做出分析,介绍了理论模型的假设支持以及结果与讨论。第四章是对中药产业现代化的分析与评价,介绍了中药产业现代化的政策理论与实践,对中药产业经济现代化的时序分析中药产业现代化的截面分析、中药产业现代化评价体系的构建与评价和中药产业对外贸易发展的效果评价进行了探讨,最后介绍了中药产业国际化发展指标的构建思路。第五章中药产业国际化进程与中药知识体系结构,对基于

整体论的中药产业知识体系进行了概述，分析了中药产业发展的技术科学，介绍了基于基础科学层次的中药应用设计与建立，讨论了基于基础科学层次的中药临床标准化问题。第六章介绍了基于知识管理的中药产业国际化发展的思路，包括中药产业国际化发展的系统思想、基本原则，中药产业国际化进程与针灸业协同发展的机制，基于知识管理的国家化发展思路。第七章是结论与研究展望。

关键词：中药材　制药工业　国际化　现代化

**6535**

**我国国债功能及其效应研究：基于功能范式视角的分析** / 王合军著 ; 杨义群指导. -- 浙江大学, 2009. -- 186 页

论文围绕创新拓展国债功能供给、提高国债功能效应的研究思路，初步构建了国债功能基本架构，运用理论与实证、定性与定量、宏观与微观等多种研究方法，对国债功能支撑基础、供给机理、功能变迁、功能定位和功能效应等内容进行了研究。全文共分为十二章。第一章为绪论，介绍了研究背景、目的、意义、研究对象、研究范围、相关概念及内涵、研究方法、研究思路及研究内容、工作要点、创新要点。第二章为国债功能研究综述，包括国债功能理论、国债功能变迁研究、国债功能定位研究、国债功能效应研究。第三章为“功能范式”下的国债功能基本架构，包括构建该架构的重要性和必要性、基础和功能拓展基本框架、基于国债作用特征的功能分类、国债功能效应分类等。第四章为“功能范式”下的我国国债功能供给机理及实证分析，包括国债功能内在供给机理分析、市场补偿机制分析、改革国债发行制度并未解决国债功能供给不足、“功能范式”下央行发行票据增加国债功能供给的实证分析。第五章为“功能范式”下的国债功能变迁：从功能需求型向功能供给型转变，介绍了其必要性、变迁历程、原因和方向。第六章为创新特别国债功能，包括其概念及发行形式、功能作用及其实践、必要性和现实性分析、对策建议等。第七章为基于地方债发行视角的国债融资功能重塑研究。第八章为国债利率效应锁定国债功能转换的理论与实践，以及消除它的对策建议。第九章为国债融资和货币融资协同效应的研究回顾、理论分析、实证分析和加强它的对策建议。第十章为国债促进金融发展效应的研究回顾、实证分析、对策建议。第十一章为国债价格调控功能效应的理论与实证分析以及对策建议。第十二章为研究结论与未来研究展望。

关键词：国债管理　国债市场　金融功能

**6536**

**循环经济条件下的水定价与管理研究：以北京市城市用水为案例** / 王红著 ; 齐建国指导. -- 中国社会科学院, 2009. -- 168 页

论文在回顾相关理论并总结国内外城市水定价实践经验的基础上，抓住当前水的社会循环重要性增加的背景特点，从水定价多重目标均衡的角度出发，研究在水的循环利用、供水约束变化的条件下，基于生活、生产和生态用水等水的不同用途的社会福利最大化的最优定价机制，并以北京市城市用水为案例，结合运用本研究的实践分析与理论研究成果，探讨了如何进一步改进北京市水定价机制的问题。全文共分为八章。第一章为概念与背景，介绍了水的自然循环与社会循环、城市用水、城市水价。第二章为价格基础理论框架，包括竞争市场下一般物品的价格理论、城市失灵条件下的产权理论、市场失灵条件下的外部性理论、市场失灵条件下的公共物品理论、自然垄断行业的价格规制理论。第三章从各国对水定价实践的调研、平均成本与边际成本研究、资源水价和环境水价的定价研究、水定价的其他方面、水定价机制的比较研究几个方面对水定价研究进行了文献综述。第四章介绍了美国、欧盟国家、澳大利亚、日本等国家的水定价实践，并总结了国外水定价实践对我国的启示。第五章为中国水定价实践，包括水价制度的历史沿革、中国区域城市水价、存在问题和改革方向。第六章建立了社会福利最大化的水定价模型，并阐述了其政策意义。第七章北京市案例研究，包括水资源和水环境概况、城市用水分析、水价实践分析和改革方向以及水价改革建议。第八章提出了研究结论和政策建议，并对未来的研究进行了展望。

关键词：城市供水　供水价格　定价　水循环利用

**6537**

**中国商业银行再造研究** / 王李著 ; 赵树宽指导. -- 吉林大学, 2009. -- 186 页

论文介绍了对中国商业银行的再造研究。论文共分为八章。第一章绪论，介绍选题背景、研究意义、对相关概念的界定、框架结构与主要的研究内容以及研究方法、研究思路。第二章是相关理论与文献综述的介绍。对再造相关理论与文献、效率相关理论与文

献进行综述。第三章是对银行再造基本理论的研究。介绍了银行再造的理论基础以及银行再造研究的两个主要阶段和主要成果。对银行再造方法研究进行了说明,同时对流程的实施和银行再造基本元素与内涵进行了介绍,指出了银行再造成败的界定。第四章商业银行发展现状,对商业银行进行了概述,并对中国商业银行经营现状做出分析,指出了中国商业银行进行再造的必然性。第五章是对基于效率视角的商业银行再造的差异分析,主要介绍了商业银行效率的界定、商业银行效率的评价方法、中国商业银行再造前后的效率的比较分析以及银行再造的方向——影响商业银行效率的因素。第六章中国商业银行再造方案,对中国商业银行再造的可行性做出了说明,介绍了中国商业银行再造的总体方案和具体设计,业务流程的再造,商业银行组织结构再造的理念与主要设计方案,信息系统再造的理念与主要设计方案。第七章中国商业银行再造案例,介绍了中国民生银行的概况,对中国民生银行再造的优劣势进行了分析,介绍了中国民生银行的再造过程与总结以及深圳发展银行的再造情况与总结。第八章是研究结论与展望。

关键词:商业银行　经济管理　银行发展

**6538**

**市场环境下供电公司的电价风险控制优化模型** / 王绵斌著 ; 乞建勋指导. -- 华北电力大学, 2009. -- 139 页

论文采用 stable 程序分析、风险分析、模型分析、VaR 历史模拟方法等分析方法,在相关理论的基础上,针对供电公司面临的电价风险问题进行了研究。全文共分为六章。第一章为引言,介绍了研究背景及其意义、国内外研究动态、主要工作和创新点。第二章为风险管理的基本理论,对风险进行了概述,并介绍了风险管理的基本管理程序、风险识别的方法、风险评估的方法、风险控制的方法、供电公司电价风险控制程序等。第三章为供电公司购电价格风险控制优化模型,包括基于分形 VaR 风险度量下购电组合风险控制优化模型,基于分形 CVaR 风险度量下动态购电组合风险控制优化模型,基于分形分布理论下可容许均值—刻度参数购电组合风险控制优化模型,供电公司购电量风险的优化控制模型。第四章为供电公司输配电价风险控制决策模型,包括输配电价的风险分析、输配电价波动下电网投资的风险评估模型、输配电价的风险控制模型。第五章为供电公司售电价格风险控制优化模型,包括峰谷分时电价的风险评估模型、发电侧与供电侧峰谷分时电价联动的风险优化模型、可中断电价的风险评估模型以及可中断电价与峰谷分时电价的联合优化设计的风险控制。第六章为总结与展望。

关键词:电力工业　供电管理　电价　风险管理

**6539**

**多资源均衡间的关联特性及目标函数无量纲化研究** / 王强著 ; 乞建勋指导. -- 华北电力大学, 2009. -- 115 页

论文针对目前资源均衡问题的难点和不足,从考察不同资源在网络上的分配特点入手,分析了不同资源的相关性,对资源进行预处理,提出新的目标函数,并对一些资源均衡的新问题进行了探讨。全文共分为九章。第一章为引言,介绍了研究的背景和意义、研究现状以及研究内容。第二章为网络计划图绘制方法研究,包括工序、网络计划图、绘制最少虚工序双节点网络图、双节点网络图的节点分类。第三章为网络计划时间参数计算方法研究,包括网络计划的时间参数、时间参数的算法、节点类型对节点式计算公式的影响、节点式计算公式修正和实例演算。第四章为多资源均衡关联特性研究,包括资源分类、资源重要度评价、基于资源相关性的聚类和约减。第五章为基于无量纲目标函数的均衡模型,包括资源熵的引入与分析、基于资源熵的多资源均衡模型、基本粒子群算法、改进的粒子群算法、多资源均衡改进粒子群算法。第六章为综合处理过程及算例分析,包括多资源均衡的综合处理过程和实例演算。第七章为多执行模式下资源均衡问题探讨,包括多执行模式资源均衡的数学模型和基于资源最小偏离值的启发式方法。第八章为带均衡要求的资源约束问题,包括资源约束问题的概述、带均衡要求的资源约束问题、基于均衡区间和重心定理的启发式方法。第九章为结论部分。

关键词:数学模型　项目管理　资源分配

**6540**

**城市防洪系统与社会经济系统协调发展研究** / 王瑞娜著 ; 唐德善指导. -- 河海大学, 2009. -- 183 页

论文运用频度分析法、主成分分析法、德尔菲法等研究方法和灰色关联度模型进行定量研究,基于城市防洪建设与社会经济发展需求相结合的理念,研究城市防洪系统与社会经济系统协调发展问题,利用理论和模型对鞍山城市防洪系统与社会经济系统协调发展状况进行综合评价,有针对性地提出促进鞍山城

市防洪系统与社会经济系统协调发展的对策与建议。全文共分为八章。第一章为绪论,介绍了研究背景、课题来源、研究目的、意义及时间价值、国内外相关研究综述、研究内容、方法与技术路线、创新点。第二章城市防洪系统与社会经济系统协调发展理论研究,分析了研究的理论基础,探讨城市防洪系统与社会经济系统协调发展的理论构建。第三章为城市防洪系统与社会经济系统协调关系研究,包括系统分析研究、城市防洪系统与社会经济系统分析、城市防洪系统与社会经济系统协调关系分析和其动因分析。第四章为为城市防洪系统与社会经济系统协调发展指标体系,包括其概念和作用、确定原则、筛选以及筛选指标的含义与算法。第五章城市防洪系统与社会经济系统协调发展综合评价模型,对协调发展综合评价模型理论进行分析,进行模型构建。第六章为鞍山城市防洪系统与社会经济系统协调发展评价。第七章在对鞍山协调性进行综合评价的基础上提出发展中存在的主要问题及原因,并进行发展对策分析。第八章为总结与展望。

关键词:城市　防洪工程　地方经济　协调发展

**6541**

**火力发电企业可持续发展评价理论及实证研究** / 王维军著 ; 牛东晓指导. -- 华北电力大学, 2009. -- 107 页

论文对火力发电企业可持续发展评价理论及实证研究做了分析。全文共分为七部分。第一章为绪论,主要介绍了选题背景和意义、国内外对火力发电的研究动态以及论文的研究内容。第二章主要回顾了火力发电企业可持续发展的概念和特点,包括可持续发展理论的产生和发展、企业可持续发展概念、火力发电企业可持续发展。第三章介绍了火力发电企业可持续发展的影响因素,包括基于波特五力分析模型的分析、基于 PEST 模型的影响因素分析、火力发电企业的社会责任分析、资源环境承载力对火力发电企业的影响、火力发电企业可持续发展的影响因素。第四章主要介绍了火力发电企业可持续发展能力评价和指标体系,包括火力发电企业可持续发展能力评价概述、火力发电企业可持续发展评价指标体系、火力发电企业可持续发展指标体系结构。第五章介绍了火力发电企业可持续发展评价方法,包括多属性综合评价的概念、常用的评价指标的处理方法、多层次指标权重的计算、人工神经网络模型、模拟退火算法、基于模拟退火神经网络的评价模型。第六章介绍了火力发电企业可持续发展评价实证,包括数据收集及预处理、基于模拟退火 BP 网络模型的实证应用、目标电厂可持续能力分析、提高火力发电企业可持续发展能力的对策建议。第七章对火力发电企业可持续发展做了总结并对未来进行了展望。

关键词:火力发电　电力工业　可持续发展

**6542**

**基于选股偏好和交易策略视角的 QFII 投资行为实证研究** / 王伟著 ; 黄运成指导. -- 同济大学, 2009. -- 139 页

论文基于选股偏好和交易策略的视角,同时涵盖了 QFII 投资过程中研究和交易两个重要环节,运用行为金融学理论对 2005 年至 2008 年间 16 个季度中的国内 QFII 投资行为按照全部考察周期、牛市周期以及熊市周期三个不同周期进行实证检验,并对 QFII 制度实施前后国内证券市场波动性变化进行研究。全文共分为七章。第一章为导论,介绍了研究背景与研究目的、研究思路和文章结构、研究方法、数据来源与创新点。第二章为文献综述与理论评析,包括行为金融学在理论和实证研究方面的进展、国内外学者关于机构投资者投资行为研究的回顾、QFII 制度研究的文献综述和国内外相关研究对论文的启示。第三章为 QFII 投资行为的基本特征,包括 QFII 行为配置、个股选择、时机选择等基本特征。第四章为 QFII 选股偏好实证分析,包括数据说明与变量选择、QFII 选股偏好因子分析、实证检验和结果分析。第五章为 QFII 交易策略实证分析,包括研究方法与模型设计、样本选择和数据处理说明、QFII 交易策略实证检验和结果分析。第六章为 QFII 投资行为对 A 股市场波动性影响分析,包括 A 股市场与海外市场联动效应实证分析、QFII 投资行为对 A 股市场波动性实证分析和结果分析。第七章为 QFII 投资行为特征对监管的启示,提出其问题、成因及可能存在的危害,并提出完善我国 QFII 制度的相关建议和局限性。

关键词:证券市场　股票市场　机构投资者　投资行为

**6543**

**FDI 技术溢出对高技术企业技术创新的影响研究** / 王向阳著 ; 卢艳秋指导. -- 吉林大学, 2009. -- 149 页

论文以 FDI 技术溢出、高技术企业吸收能力、智力资本、技术创新能力为研究要素,构建了 FDI 技术溢出影响高技术企业创新能力的概念模型,通过实证

揭示其理论价值及对实践的指导意义。论文分为七章。第一章绪论,介绍了研究问题的提出、研究意义、研究内容、研究方法与技术路线。第二章文献综述,分别对FDI技术溢出、高技术企业智力资本、高技术企业吸收能力、高技术企业技术创新能力等方面进行述评,明确研究要素,并分析要素之间的逻辑关系。第三章对高技术企业智力资本、吸收能力、创新能力等要素进行界定及维度划分,并构建了FDI技术溢出影响高技术企业技术创新的概念模型。第四章分析了FDI技术溢出与高技术企业智力资本、吸收能力、技术创新能力的关系及影响的机理,并提出21条假设。第五章通过制定研究方法、变量度量、问卷设计与样本选取、因子分析等进行实证分析,并通过模型拟合检验模型及假设。第六章根据实证结果从显性和隐性技术溢出两方面讨论FDI技术溢出与高技术企业智力资本、吸收能力的关系及智力资本、吸收能力、技术创新能力三者中两两之间的关系,进一步明确论文研究理论价值和实践意义。第七章为研究结论。

关键词:外商直接投资　高技术企业　技术进步

**6544**

**中国高科技上市公司经营效率及其影响因素研究** / 王晓东著 ; 薛声家指导. -- 暨南大学, 2009. -- 158页

论文综合运用理论分析和实证分析,在国内外学者关于高科技企业相关研究的文献基础上,分析了高科技上市公司的特征,运用数据包络分析法测算了我国2000—2006年的深沪两市782家上市公司的效率指标,构建了企业效率影响因素分析框架。全文共分为七章。第一章为绪论,介绍了选题依据和意义、研究内容、方法、技术路线及构架,并进行了文献综述。第二章为效率相关理论,包括效率理论的发展和效率的测量与分解。第三章为高科技上市公司特征分析,包括高科技企业的一般特征、中国高科技企业的特点、中国高科技上市公司的特点。第四章为高科技上市公司经营效率变化及其趋势分析,包括扩高科技上市公司相关数据的选取及处理、经营效率实证分析、中国高科技上市公司Malmquist生产率实证分析。第五章为高科技上市公司经营效率影响因素理论分析,包括公司治理结构、外部环境、公司管理对高科技上市公司经营效率的影响程度分析。第六章为高科技上市公司经营效率影响因素实证分析,包括样本选择与数据来源、变量说明、描述性统计及初步分析、多变量模型的设定及检验、回归结果及分析。第七章为全文研究结论及对策内涵。

关键词:高技术企业　上市公司　经营管理　技术创新　经济效率

**6545**

**移动通信产业链创新系统研究** / 王昕著 ; 张少杰指导. -- 吉林大学, 2009. -- 192页

论文以移动通信产业链的创新系统为研究对象,构建移动通信产业链创新系统的结构图、评价指标及评价模型,从知识创新、工艺创新等几个方面对我国移动通信产业链创新系统进行了研究。全文共分为八章。第一章绪论,主要包括选题背景与研究意义、研究内容与研究方法、国内外现状。第二章为相关理论研究。主要包括供应链的概念、价值链的概念、产业链的概念、产业集群的概念以及供应链、价值链产业集群、产业链的区别与联系 、创新的概念、创新系统的相关理论。第三章移动通信产业链的概述,主要包括移动通信产业链的概念及组成、移动通信产业链的结构特征、移动通信产业链演进路径比较分析、移动通信产业链的现状及发展趋势分析、移动通信产业链竞争力的影响因素分析。第四章介绍了移动通信产业链创新系统,主要包括移动通信产业链中的创新系统、移动通信产业链创新系统的构成及演进、移动通信产业链创新系统的功能分析以及移动通信产业链创新系统的运行机制。第五章移动通信产业链创新系统的创新模式。主要包括移动通信产业链创新系统创新模式的概念、产业链创新系统创新模式特点分析、我国移动通信产业链创新系统的创新模式的现状分析、日本DoCoMo公司的创新模式、韩国SK电讯的创新模式、英国电信的创新模式、美国高通公司的创新模式、法国电信的创新模式比较研究以及我国移动通信产业链创新系统创新模式存在的问题及经验借鉴。第六章移动通信产业链创新系统创新能力的分析,主要包括移动通信产业链创新系统创新能力的概念、移动通信产业链创新系统创新能力的构成及现状、移动通信产业链创新系统创新能力指标体系的构建、基于移动通信产业链创新系统的创新能力评价模型。第七章为实证研究,主要包括移动通信产业链创新系统的知识创新比较分析、移动通信产业链创新系统的工艺创新比较分析、移动通信产业链创新系统的产品创新比较分析、移动通信产业链创新系统的市场营销创新比较分析、移动通信产业链创新系统的制度、组织、管理创新的对策建议、移动通信产业链创新

系统创新能力综合比较分析。第八章为总结与展望。

关键词:移动通信　产业链　创新管理

6546

**水电开发生态补偿机制研究** / 王雅丽著 ; 唐德善指导. -- 河海大学, 2009. -- 154 页

论文探讨水电开发生态补偿机制,进行福建省闽江流域实证研究,为建立适合中国国情的水电开发生态补偿机制提供理论和实践依据。全文共分为八章。第一章对国内外的生态补偿理论研究和实证研究进行综述,提出国外研究的借鉴和国内研究的不足,提出研究意义、研究方法、研究内容、技术路线和主要创新点。第二章界定了"生态补偿"的内涵,分析生态补偿原则,提出水电开发生态补偿机制的内涵及具体内容,阐述水电开发生态补偿的经济学理论、管理学理论和法学理论基础。第三章概述了水电开发的生态影响,分析筑坝式、引水式和梯级开发三种不同开发方式水电项目的正、负面生态影响,特别针对小水电进行环境效益及影响研究。第四章分析水电开发生态补偿涉及的相关群体的利益、损失,结合水电开发的具体特点,区分水电开发生态补偿的主体和对象,提出适合我国水电开发生态补偿的模式和适合我国不同区域的水电开发生态补偿途径和实施制度。第五章介绍了环境生态价值的三种评估方法,并对各种评估方法进行比较分析,对资金筹措进行研究。第六章从经济学、管理学、法学角度研究了水电开发生态补偿的制度保障。第七章进行了福建省水电开发生态补偿实证研究,分析了福建省水能资源状况、开发利用情况和闽江流域水电开发情况,选取典型电站——北津电站,进行水电开发生态补偿机制的实证研究,针对福建省实证研究中所存在的问题,提出整体建议与对策。

关键词:水力发电工程　生态环境　环境保护　补偿机制

6547

**客户知识共享激励机制研究** / 魏红梅著 ; 鞠晓峰指导. -- 哈尔滨工业大学, 2009. -- 142 页

论文以激励理论和博弈理论为理论基础,根据客户知识共享过程与特征,充分考虑客户存在形式、客户理性、客户间关系和客户知识共享主体间的博弈关系,分别研究个体客户知识共享和企业型客户知识共享的激励机制。全文共分为五章。第一章为绪论,提出问题,介绍了研究背景、研究目的及意义、国内外研究现状及评述、研究内容、方法及技术路线。第二章为客户知识共享及激励机制的理论基础,包括客户知识共享及激励机制的基本概念、客户知识共享构成要素及途径、客户知识共享影响因素及过程、基于博弈的客户知识共享、客户知识共享激励机制分析及设计框架。第三章为个体客户知识共享激励机制模型,包括基本假设、个体客户与企业间知识共享激励机制模型、个体客户间知识共享激励机制模型和个体客户知识共享激励机制。第四章为企业型客户知识共享激励机制模型,包括基本假设,横向竞争条件下、横向合作条件下的企业型客户知识共享激励机制模型,企业型客户知识共享激励机制。第五章为客户知识共享激励机制模型的案例研究,包括企业背景及其客户知识共享现状、比亚迪个体客户知识共享激励机制和企业型客户知识共享激励机制、比亚迪客户知识共享激励机制效果评价。最后为结论部分。

关键词:企业管理　知识管理　客户　激励

6548

**上市公司高管人员组合激励模型研究** / 魏颖辉著 ; 陈树文指导. -- 大连理工大学, 2009. -- 134 页

论文从人性假设理论与心理契约理论入手,通过复式需求维度模型,运用熵权法、离差最大化的原理对上市公司高管人员的组合激励模型进行了研究。全文共分为六章。第一章为绪论,主要包括选题背景、研究方法、研究内容、技术路线、相关概念的界定以及研究的理论和实践意义。第二章上市公司高管激励相关理论与实证研究综述,包括人力资本理论与高管激励、公司治理理论与高管激励、管理激励理论与高管激励、锦标赛理论与高管激励、上市公司高管人员激励的实证研究综述、上市公司高管人员激励有待研究的几个问题。第三章上市公司高管人员的复式需求研究,主要包括复式需求的概念与特点、复式需求维度模型、复式需求维度的重要度评价。第四章上市公司高管人员组合激励模型研究,主要包括高管人员组合激励的委托——代理机理分析、股东与高管人员的激励——努力博弈分析、高管人员组合激励的委托——代理优化模型,包括基于股东监督的优化模型、薪酬与控制权组合机理模型、基于薪酬与控制权的组合激励优化模型、基于创新激励政策的组合激励模型、基于复式需求的同步组合激励模型。第五章上市公司高管人员组合激励的评价与对策研究,主要包

括上市公司高管人员组合激励的制度、上市公司高管激励现状的统计分析、上市公司高管人员组合激励对策研究。第六章为论文的研究总结和展望。

关键词:上市公司　企业领导　激励

**6549**

**农业流域循环经济模式研究** / 吴洪涛著 ; 武春友, 郝芳华指导. -- 大连理工大学, 2009. -- 184 页

论文以我国北方水源地农业流域(简称农业流域)为研究对象,通过构建对一般的农业流域的循环经济通用模式,以及针对具体农业流域的循环经济评价方法和循环经济具体模式构建方法,为农业流域的循环经济工作提供理论参考和实践途径。全文共分为六章。第一章为绪论,介绍了选题背景、文献综述、研究目的与意义、研究内容和技术路线。第二章为农业流域系统分析,包括农业流域系统构成分析、农业流域系统存在的主要问题、基于广义水资源概念的农业流域水循环现状分析。第三章为农业流域循环经济通用模式研究,介绍了农业流域循环经济基础理论,如农业流域循环经济具体的内涵、特征、相关理论和理论框架等,以及从微观层次、中观层次和区域层次三个层次进行分析的农业流域循环经济通用模式。第四章为农业流域循环经济评价模型研究,介绍了农业流域循环经济评价模型,以碧流河上游流域循环经济评价研究为案例进行应用研究。第五章为农业流域循环经济具体模式的构建方法研究,包括农业流域循环经济具体模式的构建思路和构建方法,以及以碧流河上游流域循环经济模式构建研究为案例进行应用研究。第六章为结论与展望。

关键词:区域经济　农业经济　循环经济　水资源管理

**6550**

**企业可持续创新能力研究:基于企业生态学理论的研究视角** / 吴琨著 ; 郑垂勇指导. -- 河海大学, 2009. -- 135 页

论文以企业的可持续创新能力作为研究对象,企业的可持续发展理念作为基本的指导思想,企业的生态学理论作为研究视角,围绕企业可持续创新能力这一主题展开论述,并提出相应对策,探讨提高企业可持续创新能力的途径,构建良好企业生态系统。全文共分为七章。第一章为绪论,介绍了研究的背景、研究目的、研究意义、文献及相关理论综述、研究思路、研究内容、技术路线、研究方法以及论文的创新点。第二章为企业可持续创新的内涵及形成机理,界定了企业可持续创新的概念和特征,分析知识与技术创新的关系,建立了企业生态系统中企业技术创新过程模型,并阐明了企业可持续创新的形成机理。第三章为可持续创新能力体系的构成及运行机理,首先提出了企业可持续创新能力的内涵在企业基本创新能力、持续创新能力和可持续创新能力的关系的基础上分析了构成,介绍 了企业可持续创新能力系统的运行机理。第四章为企业生态系统视角下企业可持续创新能力的指标体系,主要构建了企业可持续创新能力的评价指标体系,共由 3 个一级指标、12 个二级指标和 42 个三级指标构成,并建立了企业可持续创新能力指标体系的 ANP 结构模型。第五章为建立企业生态系统提升企业可持续创新能力的对策,界定了企业核心技术联盟的定义及其形成的动因,分析了其影响,最后提出建立企业核心技术联盟的方法建议。第六章以连云港市新医药产业为例,对企业可持续创新进行了实证分析。第七章提出了研究结论和研究不足并进行了展望。

关键词:企业管理　技术创新　创新管理

**6551**

**城市房屋市场化拆迁估价技术体系研究** / 吴翔华著 ; 唐德善指导. -- 河海大学, 2009. -- 139 页

论文通过研究城市房屋市场化拆迁的内涵和要求,围绕拆迁估价实践中所出现的结构性问题、前瞻性问题开展系统性、创新性研究,构建出符合市场化标准的城市房屋拆迁估价技术体系。全文共分为七章。第一章为绪论,提出问题,介绍了研究背景、研究目的和意义、国内外研究现状、研究的理论基础、研究内容、方法、对象、技术路线、解决的关键问题和论文的创新点。第二章为市场化拆迁估价技术体系的结构框架,提出了现行房地产估价理论与拆迁估价体系的不足,介绍了市场化拆迁估价技术体系的形成。第三章为市场化拆迁估价方法与估价技术路线研究,包括市场化拆迁估价方法选择的基本原则、市场化拆迁估价方法与估价技术路线。第四章为市场化拆迁估价区位划分研究,阐述了市场化拆迁估价区位划分的目的和作用、原则与要求以及划分方法,并以南京市主城区利用图形单元法划分拆迁估价区位为例进行实证分析。第五章为市场化拆迁估价技术参数与估价模型研究,对方法和模型进行研究分析,并以南京

市主城区为例进行实例分析。第六章为市场化拆迁估价技术体系的影响与配套措施研究,包括政策效应影响与对策、最低补偿保障措施、土地使用权补偿措施及更新措施等。第七章为总结与展望部分。

关键词:城市建设　房屋拆迁　土地征用　赔偿

6552

**内蒙古自治区资源型区域电网增发电能消纳管理研究** / 武俊芳著 ; 牛东晓指导. -- 华北电力大学, 2009. -- 176 页

论文通过回归、最小二乘支持向量机预测等多种方法,对内蒙古区域性能源生产现状、内蒙古电力市场供需预测及平衡、内蒙古增发电能消纳和增发电能的消纳风险评估与预警系统进行了研究。全文共分为六章。第一章引言,介绍了选题背景及其意义、国内外研究动态、论文研究主要内容与方法。第二章为内蒙古自治区资源型区域特征分析与电力生产,包括电力体制改革后的全国的能源供应与需求现状、内蒙古自治区能源资源发展现状及特点、内蒙古电力系统电力生产现状与发展规划、内蒙古自治区能源资源发展存在问题、内蒙古电力外送的必要性与可行性。第三章为内蒙古电力市场供需预测及平衡分析,介绍了电力需求供给预测中的相关理论与方法,对内蒙古自治区的电力产业需求进行预测,进行了电力供应预测、电力供需平衡分析、跨区跨省输电潜力分析。第四章为内蒙古增发电能消纳研究,包括内蒙古增发电能消纳 SHAPLEY 值模型、内蒙古增发电能消纳的总体目标与原则、内蒙古增发电能竞争交易类型、内蒙古增发电能消纳运营模式设计、内蒙古增发电能消纳市场运营监管以及可再生能源价格机制和运营模式政策建议。第五章为内蒙古增发电能消纳风险评估与预警,包括风险与风险管理等相关概念、增发电能消纳风险评估与预警系统框架、增发电能消纳风险事项的测度与评价、增发电能消纳风险预警、风险评估与预警模块的支持向量机(SVM)方法、内蒙古增发电能消纳风险分析。第六章为结论。

关键词:电力工业　供电管理　风险分析　预警系统

6553

**流程再造理论在卷烟工业企业的应用研究** / 武怡著 ; 陈德棉指导. -- 同济大学, 2009. -- 124 页

对文在综合归纳国内外业务流程再造理论及应用的大量研究文献后,调研了国内外企业流程再造成功和失败案例的经验教训,特别对中国卷烟工业流程再造做了较系统的分析,并结合我国卷烟工业企业特点和现状,对比了四种不同流程再造模式,并以红叶烟草有限责任公司作为应用研究对象,探讨了烟草工业企业在企业重组大背景下的流程再造模型和方法。全文共分为五章。第一章为绪论,介绍了研究背景、目的和意义,相关文献综述和案例启示,以及本论文的主要工作。第二章为国内外烟草工业企业流程再造现状分析,包括中国烟草行业现状和问题、国外烟草工业企业流程再造的成功经验、中国卷烟工业企业流程再造现状调研。第三章为卷烟工业企业流程再造模型研究,包括卷烟工业企业流程再造的边界条件分析、卷烟工业企业流程再造五阶段循环主程序模型、卷烟工业企业流程再造多轮循环模型、流程再造的目标、流程再造方法和工具、卷烟工业企业流程再造工作内容、卷烟工业企业流程再造解决方案。第四章为红云集团流程再造的个案研究,包括总体情况介绍、第五次循环过程、营销管理流程再造、生产管理流程再造、供应保障系统流程再造、计划财务管理流程再造、人力资源管理流程再造、信息管理流程再造、技术研发管理流程再造、红云集团流程再造效果评价和流程再造风险分析与应对措施。第五章为总结和展望部分。

关键词:烟草工业　企业管理　生产流程　卷烟

6554

**中国钢铁产业的效率与生产率研究** / 夏绍模著 ; 张宗益指导. -- 重庆大学, 2009. -- 170 页

论文从总量层次、省级层次和企业层次,利用中国统计资料可能获取的时间序列数据、面板数据和横截面数据,采用改进的索罗余值方法、DEA 方法以及基于准 DEA 模型的 Malmquist 方法对中国钢铁行业的效率与生产率进行了测度。全文共分为七章。第一章为绪论,提出论文课题、国内外研究现状、研究范围与技术路线、主要工作与创新之处。第二章为效率与生产率的分析方法,包括生产技术及其函数表示、效率与生产率术语、效率与生产率分析方法的简要述评、索罗余值方法、数据包络分析法和基于准 DEA 模型的 Malmquist 指数方法、DEA 模型的计算软件 DEAP2.0。第三章为中国钢铁行业增长的时序分析,包括中国的钢铁生产与消费,中国钢铁行业的投资与产能分析、结构分析、进出口分析、技术进步与技术经济分析。第四章为中国钢铁行业总量层次全要素生

产率的测度与分析,包括既往研究方法的指标选取、指标的改进、模型的构建及剂量问题、总量投入产出数据集、总量层次全要素生产率及其增长率的测算结果与分析。第五章为中国省际钢铁产业效率与生产率的测度与分析,包括模型、指标与数据集,中国各省钢铁产业效率与生产率的测算结果,中国各省钢铁产业效率与生产率的测算结果分析。第六章为中国钢铁企业效率与生产率的测度与分析,包括模型、指标与数据集,基于面板数据的效率与生产率测算结果,基于面板数据测算结果的分析,基于钢铁主营上市公司横截面数据的规模效率测算与分析。第七章为结语。

关键词:钢铁工业　企业管理　劳动生产率

**6555**

**不确定条件下的企业国际贸易汇率风险度量与规避研究** / 谢非著 ; 刘星指导. -- 重庆大学, 2009. -- 122 页

论文主要是对不确定条件下的企业国际贸易汇率风险度量与规避的研究。全文共分八章。第一章绪论,主要介绍了研究背景、研究意义、相关概念界定、主要的研究内容、研究方法和技术路线、研究特色及创新。第二章介绍了相关理论与文献综述,主要包括国际贸易与汇率风险关系、风险度量、汇率风险管理与规避等的研究述评,并对已有的研究进行了简要的分析。第三章是对企业国际贸易汇率风险及影响因素的分析,对汇率风险进行简要的概述,包括汇率风险的内涵、种类以及风险产生的原因。介绍了企业国际贸易面临的新形势,包括人民币升值和全球性金融危机方面,对企业国际贸易汇率风险和风险影响的因素进行了分析。第四章是对确定条件下企业国际贸易汇率风险度量的研究,包括 VaR 原理、CVaR 原理的介绍,企业国际贸易汇率风险度量模型的介绍以及对算例的分析。第五章对收汇期不确定条件下的企业国际贸易汇率风险度量的研究,内容包括 WCVaR 原理的介绍,汇率风险度量的模型描述与建立,对收汇期不确定时企业国际贸易汇率风险度量算例的分析研究。第六章主要对收汇额不确定条件下的企业国际贸易汇率风险度量研究,包括动态规划的原理及应用,动态 CVaR 方法介绍,企业国际贸易汇率风险度量模型的建立以及对收汇额不确定时企业国际贸易汇率风险度量算例的分析。第七章介绍了企业国际贸易汇率风险规避策略及措施,包括汇率风险规避策略选择的原则、企业国际贸易规避汇率风险的策略、确定条件下企业国际贸易汇率风险的控制措施、收汇期不确定性国际贸易汇率风险的控制措施、收汇额不确定性国际贸易汇率风险的控制措施和风险控制保障的对策。第八章是总结与展望。

关键词:企业管理　国际贸易　汇率　风险管理

**6556**

**我国城市化进程中的能源消费效应分析** / 谢品杰著 ; 谭忠富指导. -- 华北电力大学, 2009. -- 161 页

论文综合运用城市经济学、能源经济学和现代计量技术,采用理论分析与实证检验相结合、定性分析与定量分析相结合的研究思路,系统研究了我国能源消费与城市化之间相互影响、制约关系。全文共分为八章。第一章绪论,介绍了研究背景、目标与意义、国内外研究动态、研究方法、数据来源与论文结构、创新之处。第二章为我国城市化、能源消费综合评价及协调性分析,包括我国城市化综合评价、能源消费波动特性分析及综合评价、我国城市化与能源消费的协调性分析。第三章为我国城市化与能源消费动态关联性分析,包括变量及数据说明、协整分析与 GRANGER 因果关系检验、脉冲响应与方差分解分析。第四章为我国城市化进程中能源消费与经济增长关系分析,包括变量及数据说明、不考虑和考虑结构突变的能源消费与经济增长关系分析、模型评价。第五章为能源约束对我国城市化进程的影响分析,包括模型的构建、计量方法、变量及数据说明、实证分析。第六章为我国城市化对能源消费的影响机制分析,包括城市化影响能源消费的机理分析、模型的构建、变量及数据说明、实证分析。第七章为城市化进程中的电力能源风险管理,包括发电上网电价波动预测、发电商售电风险管理、供电商购电风险管理。第八章为总结。

关键词:城市化　能源消费　能源政策　风险管理

**6557**

**技术扩散网络中的关键节点研究** / 解超朋著 ; 李平指导. -- 中国人民大学, 2009. -- 120 页

论文从技术扩散网络的结构出发,旨在通过对高效率的技术扩散网络结构特征的决定因素出发,研究具有不同结构特征的技术扩散节点对网络技术扩散效率的影响。根据节点的结构特征,寻找技术扩散网络中的关键节点,为建立高效的技术扩散体系提出政策性建议。全文共分为七章。第一章为导论,介绍了研究的背景、意义以及技术路径,并对相关的基本概念进行了定义。第二章对现有的研究文献进行了回

顾和评价,提炼了本研究的基本思路。第三章从网络的基本要素和基本结构入手,分析了技术扩散网络的构成以及不同网络结构的特点。第四章通过对技术扩散网络结构的特征变量的分析,找到了对技术扩散效率影响相左的变量之间的融合区间,作为本研究对高效网络中技术扩散过程模拟的基础。第五章通过对小世界网络结构模型的改进,构建了基于技术扩散特点的技术扩散网络模型,构建起了计算机模拟的基础网络,同时根据对节点拓扑特点的梳理,提出了节点特征对技术扩散效率影响的假设。第六章对计算机模拟所得到的数据进行了统计分析,建立了回归模型,并对统计结果进行了分析。第七章对技术扩散网络中的关键节点进行了总结,得出了结论,认为不同的网络结构具有不同的技术扩散效率,而技术扩散网络结构的差异主要来自其中部分关键节点结构特征的差异。

关键词:技术经济学　技术创新　技术进步

**6558**

**知识因素对供应链治理模式选择及其绩效的影响研究**/邢文凤著;严建援指导. -- 南开大学, 2009. -- 206页

论文以"KBV与TCE折衷观"为理论基础,构建了一个研究知识因素如何影响供应链治理模式选择及其绩效的"K-P&T-G模型",通过问卷调查方法从企业中获取抽样数据,采用结构方程模型和有序Probit模型等统计方法对研究假设进行检验。全文共分为八章。第一章为绪论,提出问题,介绍研究意义、研究范畴与研究层次、研究方法与研究路线、论文的逻辑结构与内容安排、主要创新点。第二章为国内外相关文献综述,包括交易成本理论视角、企业知识理论视角和现有研究的不足。第三章为供应链情境下的知识因素,包括供应链情景下知识的隐性属性界定与编码化实践中的难题、知识嵌入性及其对知识的隐性属性的影响、供应链流程中嵌入的供应链知识、供应链知识编码化中的密码本。第四章为知识的复杂性属性,包括复杂性概念的几种内涵、不确定性的分类、基于解决问题视角的复杂性属性的定义。第五章为基于"KBV与TCE折衷观"的理论模型构建,包括两种理论关于供应链治理模式选择及其绩效的探讨、理论依据的人性假设、分析框架的形成和理论模型的建立和研究假设的提出。第六章为概念的操作化与实证数据收集,包括概念的操作化、调查方法的设计与数据收集、测量工具的效度与信度分析。第七章为研究发现与理论解释。第八章为研究结论与启示。

关键词:企业管理　供应链管理　知识管理

**6559**

**面向创新的项目导向型企业评价模型与方法研究**/项志芬著;戚安邦指导. -- 南开大学, 2009. -- 193页

论文在现代项目管理理论和创新管理理论的基础上,对面向创新的项目导向型企业评价进行了研究。全文共分为九章。第一章为绪论,主要包括研究背景、研究问题及意义、研究方法和研究内容、论文框架和主要创新点。第二章介绍了相关理论和文献综述。主要包括企业创新活动的组织管理及其评价、项目导向型企业及其评价、企业组织改革等的相关研究综述。第三章现有企业创新活动的组织评价模型的比较研究,主要包括现有企业创新活动的组织评价模型,包括我国政府有关创新型企业的评价模型、美国PMI的组织项目管理成熟度模型、欧洲IPMA的组织项目管理能力模型、现有企业创新活动的组织评价模型的比较分析。第四章介绍了面向创新的项目导向型企业组织评价模型。主要包括面向创新的项目导向型企业评价的目标与逻辑框架、面向创新的项目导向型企业组织的内涵与模型。第五章介绍了面向创新的项目导向型企业评价指标体系构建。包括面向创新的项目导向型企业评价指标体系的构建、面向创新的项目导向型企业评价指标体系的确认。第六章介绍了面向创新的项目导向型企业评价方法。主要包括面向创新的项目导向型企业的评价过程、面向创新的项目导向型企业评价数据收集与处理方法、面向创新的项目导向型企业评价结果的生成方法。第七章介绍了面向创新的项目导向型企业评价结果的应用研究。主要包括面向创新的项目导向型企业评价结果应用的基础、面向创新的项目导向型企业评价结果的应用过程模型及应用方法。第八章介绍了面向创新的项目导向型企业评价的案例研究。主要包括面向创新的项目导向型企业评价案例研究的设计、案例企业面向创新的项目导向型企业评价结果的比较、案例企业面向创新的项目导向型企业评价结果分析与应用。第九章为结论与展望。

关键词:企业管理　创新管理　组织管理　经济评价

6560

**中国企业对外直接投资进入模式研究** / 徐登峰著 ；李平指导. -- 中国人民大学, 2009. -- 187 页

论文在把握国内外最新学术动态的基础上,根据中国企业的 FDI 实践,采用理论与实证相结合的方法,研究了中国企业 FDI 投资方式选择和股权结构选择的影响因素,建立了分析框架和 LOGISTIC 模型,验证了研究假设。全文共分为七章。第一章为导论,介绍了研究背景、意义、内容和相关概念界定、研究方法、技术路径和创新点。第二章从 FDI 基本理论、FDI 投资方式选择理论、FDI 股权结构选择理论等几个方面进行了文献综述。第三章介绍了中国企业的 FDI 状况,包括中国企业 FDI 迅速发展的制度环境和经济背景,以及中国企业 FDI 的现状和特点。第四章为 FDI 进入模式的分析框架和基本假设,包括 FDI 进入模式的影响因素分析、FDI 投资方式选择的分析框架和基本假设、FDI 股权结构选择的分析框架和基本假设。第五章为模型与研究方法,介绍了 LOGISTIC 模型,阐述了变量定义和测量,问卷设计、调研和最终确定,以及数据来源。第六章为数据分析,包括样本数据的描述性统计分析、数据预处理、量表的信度和效度检验及相关分析、假设检验与数据结论。第七章从中国企业 FDI 投资方式进入模式、股权结构进入模式的分析框架与选择和中国企业对外直接投资进入模式选择的时间和政策意义三个方面提出研究结论,并进行研究展望。

关键词:对外投资　直接投资　跨国并购　投资方式

6561

**基于吸收能力视角的 FDI 技术溢出门槛模式研究** / 徐磊著 ；冉茂盛指导. -- 重庆大学, 2009. -- 126 页

论文以吸收能力这一重要研究视角为出发点,围绕吸收能力与 FDI 技术溢出的关系这一研究主题,分析中国 FDI 技术溢出“门槛效应”的具体门槛模式,旨在明晰吸收能力对 FDI 技术溢出的具体作用机理,客观评价中国现阶段的引资政策及各地区的吸收能力,为各地区结合本地吸收能力情况制定未来的引资政策提供实证依据。全文共分为八章。第一章为绪论,提出问题,研究意义、主要概念界定、主要研究内容和研究方法、主要贡献及创新之处。第二章对技术进步与经济增长、国际技术溢出、吸收能力研究、门槛效应研究以及相关研究方法进行了文献综述。第三章为发展中国家的以吸收能力与 FDI 技术溢出的理论分析,包括引言、基础模型、模型求解及分析。第四章为对外开放程度与 FDI 技术溢出,包括引言、模型的设定与估计方法、数据样本及变量说明、实证结果及分析。第五章为区域创新能力与 FDI 技术溢出,包括引言、创新的界定与测度、模型设定及估计方法、数据样本及变量说明、实证结果及分析。第六章为金融发展程度与 FDI 技术溢出,包括引言、模型设定、数据样本及变量说明、实证结果及分析。第七章基于动态门槛模型的研究,讨论了广义吸收能力与 FDI 技术溢出,包括引言、广义吸收能力的界定及测度、动态门槛模型的构建、模型的估计及检验方法、数据样本及变量说明、实证结果及分析。第八章总结了主要工作,提出结论和政策建议,并做了研究展望。

关键词:外商直接投资　技术进步　区域差异

6562

**基于循环经济的税收体系研究** / 徐利著 ；郑垂勇指导. -- 河海大学, 2009. -- 242 页

论文主要对基于循环经济的税收体系进行了研究。全文共分为七章。第一章绪论,介绍了课题的研究背景、研究现状、研究方法与框架以及论文的主要创新点。第二章重点介绍了基于循环经济的税收理论基础,包括循环经济的发展观,税收政策与循环经济的关系,基于循环经济税收体系构造的理论基础和基于循环经济各类政策的比较。第三章主要针对我国基于循环经济的税收现状进行了分析,介绍了我国发展循环经济税收政策,各分税种有关循环经济发展的税收政策,对我国发展循环经济税收政策中的问题进行了分析,并对现行税制效果进行实证检验,指出各税种中存在的弊端。第四章基于循环经济的税收体系的构建。内容包括基于循环经济税收基础框架的构建、基于循环经济的税收构建的定义模型、基于循环经济的税收基础税率的确定以及基于循环经济的税收体系的构建步骤和税收体系构建中资源综合利用的优惠措施。第五章基于循环经济的税收影响分析与实证研究。主要分析了基于循环经济的税收体系对竞争力的影响和对企业进行清洁生产的调控作用,基于循环经济的税收体系对税收负担率的影响以及基于 CGE 模型的基于循环经济的税收体系的实证研究。第六章介绍了基于循环经济的税收征管机制构建。内容包括对征纳主体逃避缴纳税款的模型的分析、对基于循环经济税收的征管机制的构建以及数据

挖掘在税收征管中的作用。第七章是结论与展望。

关键词:税收体系　税收制度　资源经济学

**6563**

**"自信用"视角下企业商业信用规模决策研究** / 徐小斌著 ; 李传昭指导. -- 重庆大学, 2009. -- 124 页

论文从自身的视角去研究企业商业信息规模决策,并对其进行了研究。全文共分为七章。第一章为绪论,介绍了问题的提出、研究的目的及意义、主要概念的辨析与界定、研究的思路和方法、研究的主要内容和逻辑框架以及论文的创新之处。第二章为基本理论与国内外研究现状,主要介绍了研究的相关基本理论和国内外的研究现状、国内外现有相关研究存在的不足和尚待解决的问题。第三章回顾了"自信用"视角下企业商业信用运用规模的理论分析,包括企业"自信用"视角及商业信用规模的界定、"自信用"视角下的企业商业信息系统结构模型、"自信用"视角下的企业商业信用规模影响因素分析、系统性企业商业信用规模决策思考。第四章企业商业信用规模影响因素实证分析——基于回归模型的解释,包括企业商业信用流动性规模限制、企业商业信用盈利性规模选择、成长性对企业商业信用运用规模的影响、企业商业信用规模关系分析。第五章介绍了系统思维下的企业商业信用规模决策、理论分析与研究假设、模型构建与指标选择、实证分析、基于结构方程模型的企业商业信用规模评价。第六章介绍了优化我国企业商用信用运用规模决策建议,包括企业商业信用管理观念的拓展和优化企业商业信用规模决策的对策措施。第七章为研究结论、局限性及研究展望。

关键词:企业管理　信贷管理　商业信用　信用评估

**6564**

**中国上市公司董事会治理问题研究** / 徐叶琴著 ; 张宗益指导. -- 重庆大学, 2009. -- 100 页

论文从理论和实证两方面对中国上市公司董事会治理进行了研究。全文共分为十章。第一章为绪论,提出问题,介绍了研究背景及意义、研究目的及内容、论文的主要创新点。第二章为公司治理框架及相关概念,包括公司治理理论的起源和发展,公司治理的概念、含义、特征和基本功能。第三章为董事会的起源及相关概念,包括董事会的起源、董事会法律地位的确定、董事会的发展阶段、董事会和董事的概念、董事会类型、董事会的职能及履行职能的手段。第四章对委托代理理论、资源依赖理论、现代管家理论、替代性假说、现代组织理论等董事会治理相关理论进行评价和综述。第五章为董事会规模、内生性与公司绩效,包括文献综述、研究设计、实证分析部分。第六章为董事报酬、独立性与公司绩效,包括文献综述、研究设计、实证分析部分。第七章为董事会行为、公司治理与公司绩效,包括研究设计和实证分析部分。第八章为董事会治理、产品市场竞争与公司绩效,包括理论分析及文献回顾、样本及实证模型和实证分析。第九章为主要研究结论。第十章为研究局限及未来研究展望部分。

关键词:上市公司　法人治理结构　董事会　企业管理　企业绩效

**6565**

**中国企业业务流程重组关键成功因素及其评价的实证研究** / 许红著 ; 刘震宇指导. -- 厦门大学, 2009. -- 176 页

论文试图采用关键成功因素(CSF)管理方法来研究 BPR 的实施,重点研究 BPR 关键成功因素、BPR 评价方法、情境因素对 BPR 的影响。全文共分为六章。第一章为绪论,介绍了论文研究的背景和意义、具体问题、方法及主要创新点、主要内容和论文结构。第二章为业务流程重组研究综述,包括业务流程重组概述、流程重组的实施研究、流程重组关键成功因素的研究、流程重组评价方法研究、中国企业实施业务流程重组的相关研究、流程重组的发展、现有研究的不足。第三章为业务流程重组关键成功因素及其评价的分析,包括中国企业业务流程重组关键成功因素的模型框架、各种影响因素的机理分析、业务流程重组成功评价指标体系、中国企业业务流程重组的特殊性、企业的情境因素分析、研究模型与假设。第四章为业务流程重组关键成功因素及其评价的实证研究,包括研究方法的选择、调查问卷的设计和数据收集及检验、样本数据基本情况分析、数据分析、实证研究的结果。第五章为中国企业业务流程重组的案例研究,包括中国电信业务流程重组的分析、华为公司业务流程重组的分析、企业流程重组的成败分析、中国企业流程重组实施的建议。第六章为结论与展望部分。

关键词:企业管理　生产管理　业务流程重组

6566

**知识产权替代性纠纷解决机制运用研究** / 颜璠著 ; 罗玉中指导. -- 华中科技大学, 2009. -- 157 页

论文运用成本分析法、对比分析法等研究方法,指出诉讼和非诉讼两种纠纷解决机制的优势与劣势,阐述了 ADR 的基本原理,并系统考察了当代主要发达国家和地区知识产权纠纷中有关 ADR 运用的制度规定及其发展趋势,在评析、比较不同国家和地区的制度规定基础上,总结其制度设计的价值取向和制度建构模式,以为我国提供必要的借鉴与参考。全文共分为七章。第一章为绪论,介绍了研究的目的和意义、国内外研究现状、论文的主要创新点和论文的结构安排与研究方法。第二章为知识产权纠纷解决机制概述,介绍了知识产权纠纷的概念和类型以及其解决机制的概念及内涵,对各种纠纷解决机制进行述评并做趋势展望。第三章介绍了 ADR 的基本原理,包括 ADR 的含义、主要形式及基本特征、功能与法律性质,并对 ADR 进行了价值分析和经济分析。第四章是国外知识产权纠纷中的 ADR 运用的制度评析,主要从美国和其他主要国家(地区)以及主要国际组织三个方面进行评析,最后对各国 ADR 制度进行了比较分析。第五章介绍了我国知识产权纠纷解决机制的缺陷,对我国知识产权纠纷现状与 ADR 运用存在问题进行了分析,阐述了我国知识产权纠纷解决机制的重构。第六章为我国知识产权纠纷中 ADR 运用的制度设计,提出了制度选择标准,对主要制度设计进行了详细论述,对我国知识产权纠纷动态解决模型进行了建构。第七章给出了研究结论,并进行了研究展望。

关键词:知识产权　纠纷　知识产权法

6567

**跨区域调水市场的和谐水价研究** / 晏成明著 ; 唐德善指导. -- 河海大学, 2009. -- 121 页

论文分析了调水市场的纯战略纳什均衡、混合战略纳什均衡以及合作博弈,通过寻求利益最大化,得出均衡状态下的调水价格;针对水源区为实施调水所做的贡献,利用调水补偿来协调调水市场各方利益;从经济和心理两个角度分析受水区水价承受能力,根据计量经济学的需求函数模型构建受水区承受水价数学模型,评价用水户的经济承受能力;尝试建立东深工程对港调水市场。全文共分为七章。第一章为绪论,介绍了研究背景、研究目的与意义、国内外研究现状、研究内容、技术路线与研究方法、本文创新点。第二章为跨区域调水与调水市场,包括跨区域调水及其特点、调水市场的基本理论、跨区域调水市场的构建、跨区域调水市场的运行、跨区域调水市场博弈分析、跨区域调水市场的和谐水价等。第三章为调水补偿与调水水价研究,包括调水市场定价机制分析、调水补偿机制研究和跨区域调水水价构成分析。第四章研究了调水水价模型、资源水价模型、工程水价模型、补偿水价模型等跨区域调水水价模型。第五章为跨区域调水和谐水价模型研究,包括受水区水价承受能力分析、跨区域调水和谐水价影响因素分析、跨区域调水和谐水价计算模型。第六章为东深对港调水市场构建与和谐水价确定,包括东江流域概况、东深调水工程概况、东深对港调水市场的构建、东深对港调水水价测算与和谐水价测算。第七章为结论与展望部分。

关键词:引水　水资源管理　水价

6568

**跨国公司全球知识管理模式研究** / 晏双生著 ; 章仁俊指导. -- 河海大学, 2009. -- 184 页

论文以跨国公司知识管理的相关理论为基础,运用哲学的本体论法、定性研究法、文献法及案例法为指导,较具思辨性地演构了"基于核心知识资源系统和核心知识能力系统的企业知识管理模式框架"的理论体系,进而依据矛盾的共性和个性辩证关系的原理,建构了跨国公司全球知识管理的理论模式。全文共分为八章。第一章为导论,提出问题及研究意义,对国内外已有研究成果进行述评,介绍了理论基础、研究目标和内容、研究方法、技术路线和创新点。第二章构建了基于核心知识资源系统和核心知识能力系统的企业知识管理模式框架。第三章为跨国公司全球结构性核心知识资源系统管理,包括跨国公司全球知识管理战略和全球知识管理导向的跨文化管理。第四章为跨国公司全球独立性核心知识资源系统管理,包括跨国公司员工全球隐性知识资源管理和全球市场隐性知识资源管理。第五章为跨国公司全球知识创造管理,包括全球知识创造的涵义、路径以及跨国公司全球知识创造的组织形式。第六章为跨国公司全球知识创新管理,包括跨国公司全球知识创新的路径、模式、所面临的挑战和其组织结构。第七章运用丰田公司全球知识管理模式的案例对跨国公司全球知识管理模式理论进行了实证分析。第八章为结论与展望部分。

关键词:跨国公司　知识管理　管理模式

**6569**

**我国体育市场发展研究** / 叶楠著 ; 王培根指导. -- 武汉理工大学, 2009. -- 151 页

论文沿着体育市场发展的文献综述—体育市场发展研究的理论基础—体育市场发展的影响因素分析—国内外体育市场发展的比较研究—我国体育市场体系的构建—我国体育市场发展模式的优化—体育市场发展能力的 FAHP 综合评价模型—我国体育市场发展路径的选择这一逻辑主线,将常规的研究方法与特殊的研究方法结合运用,力求对我国体育市场发展有关问题进行多学科、整体性的综合研究。全文共分为九章。第一章为导论,介绍了研究的目的及意义、国内外研究、研究内容与技术路线。第二章为体育市场发展研究的理论基础,介绍了体育市场的概念特征、顾客满意理论、市场结构理论、可持续发展理论和政府规制理论。第三和第四章在全面论述和分析影响体育市场发展因素的基础上,比较研究国内外体育市场的发展,进而通过国内外不同体制下体育市场发展的比较制度经济学分析,得出发展我国体育市场的若干启示。第五章从理论与实际的结合上提出发展体育市场的核心问题,对体育市场的组织管理体系、类型结构体系、法制体系、基本保障体系进行系统研究。第六章运用现代经济学的有关理论,联系我国实际,提出我国体育市场发展模式的优化。第七章在社会科学研究方法上引入了数学建模的形式,运用现代运筹学中的层次分析法,结合多级模糊评判,建立了体育市场发展 FAHP 综合评价模型,并运用该模型以山东省体育市场发展为实际案例进行了具体评价分析。第八章从体育市场发展路径选择的发生机理和体育市场发展的制度变迁方式选择,提出我国体育市场发展路径合理选择的对策。第九章为全文总结、主要创新点及研究展望。

关键词:体育　市场体系　体育产业　发展模式

**6570**

**企业自主创新人才评价模型研究** / 殷凤春著 ; 赵永乐指导. -- 河海大学, 2009. -- 148,16 页

论文围绕着"资源—人才—自主创新人才"和"学习力—文化力—创新力"展开,沿着"核心竞争优势→创新力开发→创新评价→评价优化"思路,凸显学习力、创新力和文化力在其中的关键作用。全文分四大部分,共六章内容。第一部分为一至二章,理论分析部分。主要论述企业自主创新人才评价的背景和目标、理论基础和评价主体以及内涵、特征、劳动价值、生态模式,企业自主创新人才评价模型与提成战略的研究现状以及本文的研究思路、基本框架及研究方法,系统论述了企业自主创新评价研究的理论基础,揭示了企业自主创新人才评价的特征,分析了企业自主创新人才劳动的特殊性。第二部分为三至五章,调查建模部分,通过调查统计分析,验证了企业自主创新人才评价模型的合理性和科学性,构建了企业自主创新人才评价指标的识别标准,确定企业自主创新人才评价指标分为一级指标一个,二级指标三个,三级指标十三个,运用层次分析法建立起企业自主创新人才评价模型。第三部分为第五章,优化验证部分,运用遗传算法、模糊综合评价法和证据理论方法对评价模型进行了优化处理,并选择部分企业的自主创新人才,依据要素识别标准赋予分值,进行优劣排序,以识别其创新能力和价值力。第四部分为第六章,概括了论文的主要结论、创新之处及今后研究的设想。

关键词:企业管理　人力资源管理　创新能力　评价模型

**6571**

**沿海地区海洋综合实力测度模型与评价研究** / 殷克东著 ; 李京文指导. -- 华中科技大学, 2009. -- 237 页

论文采用动态分析和结构分析的方法,通过对沿海地区海洋发展现状的分析与梳理,结合海洋经济、海洋科技、海洋资源、海洋产业、海洋管理等领域的特点,对海洋综合实力进行了研究。首先,系统设计、科学构建了一套区域海洋综合实力评价的指标体系。论文认为,要将海洋综合实力的各个要素纳入一个合理的系统,或者说将海洋实力的有机系统准确解释出来,首先要解决将海洋综合实力的各个要素耦合在一起的灵魂或主线。其次,提出并设计了一套综合评价区域海洋事业发展水平的测度模型。论文采用熵权法、灰色关联分析法、主成分分析法和 AHP 方法,设计构建了海洋综合实力测评的主客观结合的决策理论模型,辅以 Kendall 一致性检验方法,对沿海地区海洋综合实力进行了一致性动态测评检验和梯度类型划分。第三,从静态和动态两个方面对我国区域海洋事业发展水平进行了综合测算和分类测算。

关键词:海洋资源　海洋开发　聚类分析

6572

**基于产品内分工理论的套件贸易形式决策及实现研究** / 尹小庆著 ; 刘伟指导. -- 重庆大学, 2009. -- 130 页

论文从套件出口企业的角度分析套件出口过程中的关键决策问题,特别研究套件贸易形成的优化决策和套件贸易中的产品定制管理问题。全文共分为七章。第一章为绪论,主要介绍了问题的提出、国内外的研究现状、研究目的与意义、研究内容与逻辑框架、特色与创新之处。第二部分介绍了套件贸易形式分析,包括套件贸易与其他相关概念比较、产品内分工定义域显示状态、套件分工与产品内分工比较、套件贸易形式。第三部分介绍了实现套件贸易的价值链重构研究,包括全球价值链与产品内分工、套件贸易中的全球价值及其驱动机制、套件贸易中的价值链断裂与重构条件、套件贸易中的价值链断裂区域与套件贸易形式、中国汽车关税升级结构与贸易形式发展的实例分析。第四章介绍了套件贸易形式的优化决策分析,包括分工动因与关税升级、套件贸易形式出口成本分析、套件贸易形式的优化决策、套件贸易形式优化决策应用。第五章介绍了实现套件贸易的产品定制架构体系设计,包括套件定制的需求分析、支持套件的产品定制架构、支持套件的产品定制架构模型、产品层和套件层的模型转换、套件产品配置的关键技术分析。第六章介绍了支持套件定制的产品配置算法,包括产品族配置、套件平台配置、套件族配置、订单配置、套件配置应用实例。第七章为结论与展望。

关键词:国际贸易　国际分工　中间产品　组件决策

6573

**投资者情绪与证券市场价格互动关系研究** / 于全辉著 ; 孟卫东指导. -- 重庆大学, 2009. -- 126 页

论文依照理论分析、模型构建和实证研究的逻辑顺序,构建了有限理性投资者情绪控制模型,从投资者情绪和上证综值、投资者情绪变化和上证收益两个角度分别进行了实证分析。全文共分为六章。第一章为绪论,介绍了研究背景与研究意义、国内外研究综述、主要概念的辨析与界定、研究的思路与方法和论文创新方法。第二章为理论研究述评,对行为经济学、现代金融理论及行为金融学、投资者认知偏差、进化博弈理论做了梳理。第三章为证券投资者行为进化均衡与情绪控制模型研究,介绍了投资者类型的界定、基于鹰鸽博弈模型的证券投资者行为进化均衡、基于 DSSW 模型的证券投资者情绪控制模型。第四章为投资者情绪与上证综指的协整关系研究,包括投资者情绪的分类与度量,协整理论及格兰杰因果关系检验简述、变量及样本选择、描述性统计与相关分析、投资者情绪与上证综指的协整与误差修正模型检验以及投资者情绪的分类、投资者情绪的度量。第五章为投资者情绪变化与上证收益的互动关系研究,包括投资者情绪变化与上证收益的格兰杰因果关系分析,投资者情绪变化与上证收益的回归分析、投资者情绪变化与上证收益波动的关系研究。第六章为总结与展望。

关键词:证券市场　证券投资　投资者　情绪

6574

**公司战略与业务战略的层际关系研究** / 余菲菲著 ; 张阳指导. -- 河海大学, 2009. -- 123 页

论文将通过对协同演化理论、资源基础理论和动态能力理论的综合运用,创新性地提出“环境结构—资源流动—战略演化”这一整合性分析框架,有效地切分公司这一整体性的组织,突破“环境—组织—战略”的经典研究框架,探究公司战略与业务战略的层际关系。全文共分为八章。第一章为绪论,提出问题、研究意义和整体构思,进行国内外文献综述及评价。第二章为基本概念、理论基础、研究预设和整合性分析框架的构建。第三章为战略层际关系的内涵与属性,包括战略的不同认识观、战略层级关系和战略层际关系的内涵分析、比照战略层级关系揭示层际关系的属性。第四章为公司战略与业务战略相互影响环境的解构和内环境层次性分析、决策主体特征对战略层次关系的影响、组织结构对战略层次关系的影响、控制方式与体系对战略层次关系的影响。第五章为公司层与业务层间资源的流动分析,包括公司层与业务层间资源流动的内涵、公司总部与业务部门的角色与功能、公司层面与业务层面流动资源的类型及其分布、公司层面与业务层面资源流动的实现途径。第六章为公司战略与业务战略演化的环境及过程,包括公司战略与业务战略演化的环境要求、演化过程阶段划分的维度、阶段性状态、资源流动对阶段性状态间转化的作用机制。第七章在讨论了研究局限的基础上,提出后续研究与初步设计。第八章为结论与创新点。

关键词:企业管理　企业战略　业务管理

6575

**制度转型过程中的IPOs效率及其改进:基于中国资本市场的实证、博弈及行为金融分析** / 余庆生著 ; 刘波指导. -- 同济大学, 2009. -- 158页

论文首先全面界定IPOs效率的涵义,从IPOs信息效率、运行效率、IPOs初始和长期表现、资源配置效率等角度出发,使用SFA、多元回归等实证方法并借鉴博弈论、信息经济学、行为金融学、新制度经济学等学科前沿理论分别对制度转型过程中的IPOs的效率进行系统分析,研究影响IPOs效率的主要因素及影响机理,为改善IPOs效率提供理论依据和政策建议。全文共分为十章。第一章为绪论,介绍了研究背景、研究目的及研究意义、国内外研究现状、主要内容和章节结构、论文的主要创新点。第二章为IPOs效率的测度及实证分析,包括IPOs效率的含义、测度与检验,基于SFA方法的我国IPOs定价效率实证研究,我国IPOs抑价影响因素的实证研究,我国IPOs长期表现影响因素的实证研究。第三章为企业估值对IPOs效率的影响分析,包括目前国际资本市场主要估值模型及其评价、目前我国资本市场使用的主要估值模型及其评价、企业估值对IPOs效率影响及其改进。第四章为发行定价过程中的博弈对IPOs效率的影响分析。第五章为发售机制对IPOs效率的影响分析,包括IPOs发售机制类别及其使用情况概述、不同发售机制效率的比较分析、我国IPOs询价制的效率分析。第六章为信息披露对IPOs效率的影响分析,包括信息披露的作用分析和信息经济学分析。第七章为证券中介机构激励与约束对IPOs效率的影响分析,包括引入相对业绩比较的显性激励分析、基于声誉的隐性激励分析和券商声誉实证研究。第八章为投资者行为对IPOs效率的影响分析,包括投资者行为模式综述和IPOs抑价现象投资者行为模型构建及分析。第九章为我国证券发行制度对IPOs效率的影响分析。第十章为结论与展望部分。

关键词:证券市场　新股发行　不对称信息　制度安排

6576

**基于效率改进的国有经济布局优化研究** / 袁辉著 ; 戴大双指导. -- 大连理工大学, 2009. -- 98页

论文运用DEA方法、主成分分析方法、模糊模式识别方法、实证研究等多种研究方法,通过建立国有企业进退评价指标体系、国有经济行业布局的调整模型与算法等,着重研究了国有经济的改革发展、布局调整等问题。全文共分为五章。第一章对国有企业的进退、国有经济布局以及数据包络分析与效率测算的相关研究进行了综述,并提出论文创新之处。第二章应用DEA方法对国有企业效率进行评价分析,以某市国资委监管的37家国有企业为样本,并对典型企业进行效率分析,通过对偶分析讨论了该市国有企业重要因素分布情况。第三章应用主成分分析与模糊模式识别方法建立国有企业进退评价指标体系,并通过主成分分析方法对各个企业进行分析。第四章按照可持续发展的要求,运用动态优化方法对经济布局优化问题做出新的探索研究,通过国有经济行业布局的调整模型与算法确定出该市国有经济行业布局优化目标,由此确定出总体目标、总量目标、组织结构优化目标、产权结构多元化目标、固定资产投资目标、技术创新目标等国有经济布局的优化目标。第五章提出加快推进一批国有企业的退出、加快提高国有企业的竞争力和运行效率的措施,并给出政府应该采取的积极推进措施。

关键词:国有企业　企业管理　经济布局

6577

**中国A股市场异常波动机理及波动抑制研究** / 曾伟著 ; 张宗益指导. -- 重庆大学, 2009. -- 138页

论文从我国A股市场的波动特征出发,沿市场“稳定器”机制及实践结果、政策诱因及其传导、上市公司质量与市场波动、投资者结构及行为与市场波动抑制、市场微观结构及监管这一线索,对中国A股市场异常波动机理及波动抑制进行了研究。全文共分为八章。第一章为绪论,主要包括问题的提出、股市异常波动的定义、研究的意义与目的、研究方法、分析框架和主要的创新点。第二章为文献综述,主要包括关于股价波动理论的相关文献、股价波动模型的相关文献、股价波动机理的相关文献和抑制股价异常波动的国内相关文献。第三章介绍了我国A股市场的波动特征。主要包括A股市场波动的描述性统计特征、A股市场不同发展阶段的波动特征、A股市场与成熟市场波动特征对比、A股市场异常波动的波峰、波谷形成过程探析以及频繁且巨幅的异常波动给A股市场带来的后果。第四章介绍了股市“稳定器”机制与实践效果,主要包括我国股市的稳定器架构、稳定器架构的政策意图、稳定器机制的实践效果、我国股市“稳定器”机制失灵的原因及其对市场波动的影响、改

革并深化我国股市的“稳定器”机制的政策意见。第五章介绍了政策诱因及传导机制。主要包括政策性因素对我国股市冲击情况一览、我国股市参与者地位及投资者分类细分、我国股市投资者主要群体心理特征及政策敏感性、政策诱因的传导机制以及减少政策诱因机制异常波动的相关对策建议。第六章介绍了上市公司质量与市场波动的关系实证研究,主要包括文献回顾与理论假设、研究设计和样本选择、实证结果与分析、稳健性检验以及研究结论与启示。第七章介绍了机构投资者与巨幅市场波动抑制,主要包括相关文献回顾与研究假设、研究设计与样本选择、实证结果与分析、稳健性检验以及研究结论与启示。第八章为结论及政策建议。

关键词:股票市场　股票价格　经济波动　证券市场

**6578**

**B2B 电子市场采纳的影响因素研究** / 翟春娟著 ; 严建援指导. -- 南开大学, 2009. -- 232 页

论文以中国这个发展中国家为研究背景,考虑采纳过程的动态性特征,分析了影响组织采纳 B2B 电子市场的关键因素和影响路径。全文共分为八章。第一章为绪论,提出问题,介绍了研究背景、研究目标及意义、研究范围及相关概念界定、研究方法及技术路线、论文框架及创新点。第二章为相关文献综述,包括技术采纳行为研究的主要理论基础、B2B 电子市场采纳行为研究相关文献、研究局限及进一步研究空间。第三章对 B2B 电子市场进行概述,分析了 B2B 电子市场发展的典型特征,对 B2B 电子市场采纳阶段进行划分。第四章对 B2B 电子市场采纳行为进行理论分析,构建研究模型,并给出研究假设、变量设计与测量。第五章为研究方法与设计,包括结构方程模型、问卷设计、数据收集及分析方法、问卷的预调查。第六章为数据分析与模型检验,包括采纳前和采纳后阶段的影响因素分析。第七章为采纳前和采纳后阶段实证研究的讨论结果和影响因素对比分析,并提出研究启示。第八章为结论与展望部分。

关键词:电子商务　网上交易　电子市场

**6579**

**基于技术演化的引进式技术跨越研究** / 张出兰著 ; 傅利平指导. -- 天津大学, 2009. -- 132 页

论文运用技术能力及演化理论,采取理论分析与实证研究相结合的研究方法,以技术演化为切入点,对引进式技术跨越相关问题进行研究,以期为技术跨越的研究提供新的视角和实证经验。全文共分为六章。第一章为绪论,介绍了研究背景、国内外研究现状、研究理论及实践意义、论文创新点、研究思路、研究技术路线和方法等。第二章为相关理论综述,对技术演化理论、技术跨越理论和技术引进消化吸收再创新相关理论进行综述与评价。第三章为引进式技术跨越研究,包括引进式技术跨越相关概念、引进式技术跨越能力演化机理、技术体制视角下的引进式技术跨越。第四章为引进式技术跨越型企业技术跨越路径研究,阐述了引进式技术跨越型企业、熊彼特创新模式、企业创新路径模式及技术演化的 A-U 模型、引进式技术跨越型企业技术跨越路径模式、引进式技术跨越型企业创新路径典型案例分析等。第五章引进式技术跨越型企业跨越路径与产业创新演化,包括企业创新与产业创新的关系、企业创新与产业创新的研究视角、引进式技术跨越型企业与区域产业创新演化、引进式技术跨越与产业创新的实证研究。第六章为总结与展望。

关键词:企业管理　技术引进　技术革新

**6580**

**农村水库移民后期扶持机制研究** / 张春美著 ; 施国庆指导. -- 河海大学, 2009. -- 141 页

论文从构建水库移民后期扶持机制的角度对水库移民安置问题进行探讨。论文共分为六章。第一章介绍研究背景、研究意义、概念界定、文献综述和研究设计。第二章对建立后期扶持机制的动因进行了理论分析和归纳。第三章对建立后期扶持机制的构成要素和运行机理进行了分析,指出了后期扶持主体与后期扶持客体的利益关系与扶持责任,阐述了后期扶持目标、扶持标准及扶持时间的联动关系,并建立了联动模型;阐述了后期扶持方式的形式与选择路径,利用实证分析,建立了后期扶持路径选择模型,并指出教育与科技扶持对移民收入增加和后期扶持目标实现具有特别效用,同时增加资本扶持、增加土地面积对后期扶持目标也有显著正向作用。第四章对后期扶持工作的实施管理进行了梳理,提出了必须建立后期扶持的实施机构,建立以多元的后期扶持筹资渠道和筹资方式为核心的筹资机制,建立后期扶持资金使用管理、监督评估机制。第五章以万安水库移民后期扶持为案例,对万安 10 年后期扶持工作进行了

分析和评价,进一步验证论文观点。第六章为论文的主要结论和需要进一步研究的问题。

关键词:农村　水库移民　移民安置

6581

**企业绩效计划与评估质量及其影响研究** / 张东民著 ; 谢康指导. -- 中山大学, 2009. -- 178 页

论文以绩效计划和评估的管理质量为线索,以建立绩效计划与评估的质量测评指标为工具,运用多层线性模型、扎根理论的定性研究等方法进行实证研究,验证绩效计划与评估管理质量测评维度的有效性;在定量研究的基础上,以制度演化模型为分析工具,对绩效计划与评估的制度演化过程进行了讨论,并借鉴交易成本—镶嵌理论,归纳并讨论了组织内部的绩效计划与评估质量模式。全文共分为六章。第一章为绪论,提出问题,介绍了研究背景、研究内容、主要概念的界定、研究框架与技术路线和内容安排。第二章为文献综述,包括全面质量管理与高绩效工作系统、人力资源管理质量、绩效管理等。第三章为研究设计,包括总体构思和设计,定量研究的理论与假设,定性研究的理论与模型,方法、数据与资料。第四章为绩效计划与评估质量效度检验,包括定量研究结果、绩效计划与评估的演化模型以及交叉检验。第五章为分析与讨论,包括绩效计划与评估的治理模式、绩效计划与评估情境因素、多案例分析及其讨论。第六章为结论。

关键词:企业管理　企业绩效　人力资源管理

6582

**控制权私利对我国上市公司投资决策的影响研究** / 张国林著 ; 刘星指导. -- 重庆大学, 2009. -- 156 页

论文以大股东对控制权私利的追求为研究的逻辑起点,在一种简洁的控制权私利决策的内在机理,并在理论分析的基础上,利用中国上市公司数据进行了实证检验,得出了中国上市公司大股东因控制权私利预期而产生的投资决策扭曲,通过投资决策非效率问题的分析,提出了遏制控制性大股东私利,促进投资决策理性回归的政策建议。全文共分为八章。前两章分别是绪论和文献综述与评价部分。第三章分析了上市公司的投资决策机制,从制度变迁的视角回顾了我国上市公司投资决策的股权融资制度背景以及债务融资背景,对我国上市公司的控制权背景进行了详细的分析。第四章以实物期权方法为工具,对大股东控制权私利下的公司投资行为进行了系统的理论分析。第五章在借鉴国外大宗股权溢价法的基础上,针对国内控制权私利度量方法进行了调整,构建了一个既适合中国资本市场又符合论文研究目的的控制权私利度量模型,并建立了控制权私利影响公司投资支出的回归模型。第六章对控制权私利影响公司投资风险的问题进行了实证检验。第七章针对我国上市公司存在的控制权私利以及控制权私利预期下的非效率投资,提出了针对性的建议。第八章为研究结论、局限性及展望。

关键词:股份有限公司　上市公司　投资决策　控制权　投资风险

6583

**政府对基础设施项目融资担保的价值及行为选择研究** / 张国兴著 ; 郭菊娥指导. -- 西安交通大学, 2009. -- 120 页

论文从投资回报、不竞争保证及政府补贴三个方面着手,构建了政府担保价值模型及政府补贴策略模型,提出了基础设施项目融资的激励与监督策略。论文首先构建了投资回报政府担保价值模型,模拟结果表明突发事件会导致政府担保价值增大以及通过适当降低执行次数有利于政府规避担保风险。其次,论文构建了不竞争保证价值模型,理论推导揭示了不竞争保证水平越高不竞争保证价值越大。再次,构建了经营过程中拥有暂停期权的不对称双寡头投资博弈模型,理论分析揭示了等待均衡、抢先均衡、同时投资均衡及序贯投资均衡下的政府最优补贴策略。第四,构建了政府的行为选择策略模型,理论推导表明提成回报模式具有更强的激励效果。

关键词:基础设施　基本建设投资　融资　担保　国家行政机关

6584

**城市供水业激励性规制研究** / 张菊梅著 ; 史安娜指导. -- 河海大学, 2009. -- 129 页

论文以委托代理理论、激励性规制理论和博弈论为指导,从准入规制、价格规制和服务质量规制三方面对城市供水业激励性规制进行了系统的研究。全文共分七章。第一章绪论,介绍了论文的选题背景和研究意义、研究对象、国内外相关研究内容综述、论文研究内容和方法路径。第二章介绍了城市供水业激励性规制研究框架,包括城市供水业特性分析、城市

供水业市场化与规制,城市供水业规制的重构——激励性规制。第三章是城市供水业激励性准入规制,介绍了城市供水业准入规制的产权基础与市场结构,包括产权改革与市场结构的关系分析、城市供水业产权基础分析、城市供水业市场结构测度以及产权改革与市场结构对准入规制影响,有效市场结构的准入数量确定,包括有效竞争与市场结构关系的分析、准入数量确定涉及利益群体特性的分析和有效竞争市场准入数量的确定;激励性准入的特许经营方式的改进与优化,包括特许经营分类与应用改进、特许经营的激励强化和特许经营的合谋防范。第四章介绍了城市供水业激励性价格规制,主要包括城市供水业定价组成与价格结构规制、城市供水业价格规制的模型比较以及"效率—质量"激励性价格规制模型的构建。第五章城市供水业激励性服务质量规制,涵盖了城市供水业服务质量规制的内涵和必要性和服务质量规制的声誉激励。第六章是对北京市供水激励性规制的分析,包括北京城市供水业规制分析、北京市供水业激励性规制的效果评价以及北京市供水业规制的进一步建议。第七章是结束语。

关键词:城市供水　供水管理　自来水公司

**6585**

**国家创新体系的效率及其影响因素研究** / 张俊芳著 ; 雷家骕指导. -- 清华大学, 2009. -- 295 页

基于国家创新系统理论,结合我国实际,论文在前人已有研究基础上,提出新的"国家创新体系"概念模型,将其划分为"创新主体""创新支撑""创新环境"三个子系统,以及企业、高校、研究机构等九类主体要素,强调创新链接作用、技术转化和扩散是国家创新体系的主要内容。论文在借鉴国内外现有研究文献的基础上,结合我国情况,总结归纳出国家创新体系效率影响因素,并相应提出了 11 条可检验假设。研究表明,创新系统理论中,效率影响因素针对发达国家与发展中国家在不同的效率阶段影响有着显著差异,对中国而言,其效率影响因素既具有发展中国家的共性,也具有向发达国家演进的趋势。其中,政府研发投入强度与我国创新体系效率的部分发展阶段有显著差异,对中国而言,其效率影响因素既具有发展中国家的共性,也具有向发达国家演进的趋势。其中,政府研发投入强度、基础设施建设、教育投入强度与我国创新体系效率的部分发展阶段有显著正相关关系,而企业研发投入强度、产学研合作对创新体系各阶段效率没有显著影响,FDI 对我国创新体系效率的部分发展阶段具有显著负相关关系。对此,论文进行了解释与分析,并对存在的问题提出了相应的政策建议。论文还初步验证了历史演进对影响因素的耦合、互动。

关键词:国家创新系统　效率　技术创新

**6586**

**中国煤电产业链协调发展的优化模型研究** / 张明文著 ; 谭忠富指导. -- 华北电力大学, 2009. -- 112 页

论文针对煤炭与电力产业链的协调发展对两行业积极意义及对社会稳定、经济发展、环境保护和资源节约贡献的问题进行研究。论文分为七章。第一章引言,介绍了选题背景及研究意义、国内外研究现状(包括煤电产业现状、燃煤发电与环境问题、煤电联动、煤电节能优化、煤电合约交易研究等)、论文研究内容和基本框架及论文研究的创新点。第二章介绍了电力产业和煤炭产业改革的历史进程和目前发展现状,在此基础上分析了煤电产业链需要解决的问题。第三章探究碳税对我国经济增长、能源消费与收入分配的影响,通过面板数据的计量模型对我国各省市实证分析,并分析在征收碳税情况下的燃煤发电机组间的节能置换,为将来可能出现的政策变化对机组节煤影响提出可参考模型。第四章分析发电企业上网价格形成需考虑的各因素,建立煤炭价格与因素间的数量关系模型及各因素的计算方法,提出煤炭价格与发电企业合同价格的联动平衡关系模型,并建立煤电价格联动运行机制。第五章分析可中断电价、分时电价对发、输电企业的影响,分别提出各自的优化模型,用浙江某工业的数据进行实证测算。第六章对煤电企业谈判的环境进行了改进,提出一种智能体双边谈判的学习模型,设计了煤电的差价合约模型,运用寡头垄断模型论述差价合约对煤炭商的生产行为与发电商的决策行为的影响分析了发电商之间合作对其效益的影响。第七章对全文研究内容及结果讨论进行梳理总结。

关键词:煤炭工业　电力工业　产业链　优化模型

**6587**

**组织际信息系统对关系治理及其绩效影响的实证研究:以制造商和供应商间的联合行动为例** / 张群洪著 ; 刘震宇指导. -- 厦门大学, 2009. -- 196 页

论文分析了组织际信息系统(IOS)的本质并归纳其特性,总结出组织际关系治理的影响因素,建立 IOS

对关系治理及其绩效影响的分析框架,以此来对组织际信息系统对关系治理及其绩效影响进行研究。全文共分七章。第一章绪论,内容包括研究背景、问题的提出、关键术语的界定、研究意义以及需要研究的内容和技术路线。第二章是理论基础与文献综述。介绍了组织际关系,主要包括其内涵和基于关系强度框架、沟通、因特网和基于治理结构和协商行为的组织际关系的介绍。对理论基础进行了说明,包括技术—经济、社会—权利视角方面。对组织际关系治理和组织际信息系统对关系治理的影响进行研究。第三章是理论框架与假设的提出,包括 IOS 特性对关系治理的影响、关系治理影响因素的作用和 IOS 通过关系治理对关系绩效的影响。第四章主要介绍了研究方法和实证设计,主要包括问卷设计方法与原则、研究变量的测度、数据处理方法与技术手段。第五章是问卷质量检验与维度验证,对样本的基本情况进行了描述,对度量信度和效度进行了验证。第六章是实证研究结果与分析。介绍了 IOS 特性对关系治理影响的实证结果与分析,关系治理影响因素的验证结果,包括影响因素的直接作用、调节作用并对实证结果进行讨论。最后介绍了 IOS 通过关系治理对关系绩效影响的实证结果与分析。第七章是主要研究结论、创新点与展望。

关键词:企业管理　销售管理　组织管理

**6588**

**企业文化资本研究** / 张艺军著 ; 王学军指导. -- 武汉大学, 2009. -- 207 页

论文选择企业层面,对企业文化资本进行了的分析和探讨,试图对企业文化资本进行阐释,论述其特征、功能、运行机制,以及如何对其进行识别与评价。全文共分为八章。第一章介绍了研究的背景、研究意义、文献综述、研究框架、研究方法和可能的创新点。第二章相关的理论进行了梳理与介绍,主要包括企业文化理论、文化资本理论和复杂科学管理理论。第三章主要阐述了企业文化资本与企业资源、知识资本以及文化资本之间的关系,并对企业文化资本的概念进行了阐释和界定。第四章对企业文化资本的内涵、特征与结构进行了分析和探讨,概括了资本所具有的资财、要素、能力、关系等四种内涵,并对企业文化资本的内涵从达成的共识与无形的精神资本两方面进行了诠释。第五章对企业文化资本的运行机制与机理进行了分析,从个体、企业与企业家三个不同角度解释了企业文化资本运行的动因,建立了企业文化资本形成的过程与机制,并论述了企业文化资本积累的特点与机制、企业文化资本演化路径的复杂性与选择机制、企业文化资本的转化及其影响因素。第六章对企业文化资本对企业核心能力的整合以及长期绩效的影响进行了研究。第七章基于企业核心能力评价的有关理论以及企业文化资本的有关特征对企业文化资本的识别问题进行了研究,提出了识别企业文化资本的基本方法。第八章为全文总结,并对未来的研究进行了展望。

关键词:企业管理　企业文化　核心竞争力　企业绩效

**6589**

**市场环境下基于灵活性策略的投资评估方法与应用研究** / 张毅著 ; 曾鸣指导. -- 华北电力大学, 2009. -- 121 页

论文基于人工智能型决策支持系统建立了中长期投资的总体框架,对市场环境下基于灵活性策略的投资评估方进行了研究。论文分为七个部分。第一章为引言,介绍了课题研究的目标、电力市场化改革及其不确定性背景分析、电力工业的投资规划与决策研究动态、价格情景分析和基于 Agent 的电力市场模拟分析研究动态和论文的主要研究内容及特点。第二章介绍了问题与模型的形成,其中主要包括市场环境下考略不确定性因素的规划问题及其模型、发电商的装机扩容规划问题与模型、电力用户的够点问题与模型以及模型与求解方法的要求。第三章介绍了模型求解方法、求解方法的一般性框架、情景的设计与建立以及电力市场多 Agent 系统。第四章回顾了基于实物期权理论考虑灵活性措施的项目评估方法研究,主要包括灵活性的定义和分类、期权定价理论及基于实物期权理论考虑灵活性措施的项目评估模型研究。第五章介绍了基于模糊数学理论考虑灵活性措施的项目评估方法,基于思想、问题的模糊化,基于模糊 DCF 方法考虑灵活性措施的投资项目评估模型及项目评估方法的选择及决策支持系统。第六章介绍了市场条件下基于灵活性侧率投资问题的应用,多 Agent 建模基础,基于 EMMAS 架构的 Agent 市场模拟分析模型,发电商 Agent 在发电容量规划和属性评估中的应用、用户 Agent 在制定最优购电方案中的应用。第七章为结论。

关键词:电力工业　电力市场　长期投资

6590

**专卖体制下卷烟品牌布局研究** / 张永开著 ; 陈通指导. -- 天津大学, 2009. -- 165 页

论文在对中国卷烟品牌发展态势以及国外卷烟品牌进行对比研究的基础上,运用综合评价理论分价格档次对卷烟品牌的竞争力进行研究,通过构建系统而全面的品牌竞争力评价模型,运用层次分析法与模糊评价法,筛选出各价格档次一定数量的主导规格,为烟草行业选择不同价位的品牌构成提供依据。全文共分为十章。第一章为绪论,提出问题,介绍了研究意义、方法、创新点和研究结构。第二章针对行政垄断理论、国外烟草管理理论、品牌竞争理论和品牌架构理论进行了国内外相关研究综述。第三章为烟草管理体制研究,包括世界烟草管理体制研究、我国烟草专卖制度的内容和特征、改革开放后我国烟草行业制度变迁。第四章为卷烟品牌发展影响因素,包括卷烟有关政策、经济环境、技术发展、《世界控烟框架公约》、体制外循环、金融危机的影响分析。第五章为中国卷烟品牌发展态势,包括中国烟草品牌管理政策变迁概述、中国烟草品牌发展态势、中国卷烟品牌存在问题。第六章为国外卷烟品牌发展战略研究和中外卷烟品牌发展比较分析。第七章为中国卷烟品牌竞争力研究,包括品牌竞争力的内涵、形成机理和评价模型。第八章为中国卷烟品牌规划布局研究,包括有关品牌生态系统的基本概念与关系、烟草行业品牌生态位重叠度研究与实证分析、中国卷烟品牌架构设计。第九章为中国卷烟品牌合理化布局的制度设计,包括品牌结构合理化制度设计模型,品牌结构优化途径、支持措施、引导措施、保障措施,品牌市场监测机制。第十章为总结与展望。

关键词:烟草企业　商业品牌　企业战略

6591

**发电市场中的规制理论与应用研究** / 张宇波著 ; 黄文杰指导. -- 华北电力大学, 2009. -- 128 页

论文在分析自然垄断行业的特性和电力行业特有的技术经济特性的基础上,发电市场中政府规制的问题。全文共分为七章。第一章引言,介绍了研究背景、研究目的和意义、国内外研究综述、论文研究的主要内容和工作特色、主要工作及其创新点。第二章为发电市场中的规制理论研究,包括自然垄断、规制与有效竞争,电力产业的技术经济特性分析,发电市场规制的必要性,规制理论在发电市场中的应用。第三章为发电市场的市场条件合理性与规制研究,包括发电市场的市场条件分析、发电市场的进入规制分析、市场条件的合理性判定原则、市场条件合理性评价指标体系、基于模糊可拓的市场条件合理性评估。第四章为发电市场中竞价行为的规制研究,包括发电商的持留行为分析、发电市场中的串谋行为分析、发电市场中竞价行为的规制方法和基于不确定性回报的竞价行为规制设计。第五章为发电商市场力的动态评估与规制研究,包括发电商市场力的评价指标体系、基于集对分析和马尔可夫链的市场力动态评估、算例分析。第六章为发电商的运营效率与电价规制研究,包括我国上网电价规制的现状、基于 DEA 模型的发电商运营效率的评估、基于发电商运营效率的电价规制层次化设计。第七章为结论与展望。

关键词:电力工业　电力市场　市场竞争　电价

6592

**创业网络对新创企业融资方式的影响研究** / 赵镝著 ; 蔡莉, Bernd Rudolph 指导. -- 吉林大学, 2009. -- 160 页

论文对新创企业融资方式的影响模型和以新创企业绩效作为此种影响的最终表现,对创业网络对创新企业融资方式的影响进行研究。全文共七章。第一章为绪论,介绍了研究课题提出的理论和现实背景、研究的意义、论文的框架结构和主要研究内容以及研究方法和技术路线。第二章介绍了与论文相关的 Modigliani-Miller 定理、权衡理论、代理理论、融资优序理论、融资缺口理论、社会网络理论以及新创企业融资相关研究、新创企业绩效相关研究、创业网络相关研究,并对相关研究进行了总体评述。第三章介绍了创业网络对新创企业融资方式影响理论模型的构建。主要包括新创企业融资方式界定、新创企业绩效的内涵界定以及维度划分、创业网络对新创企业融资方式影响理论模型的提出。第四章创业网络对新创企业融资方式影响理论假设的提出。主要包括创业网络对新创企业融资影响的理论假设、新创企业融资方式对新创企业绩效影响的假设、新创企业融资方式选取倾向性的假设三个理论假设。第五章为实证研究。包括问卷设计与数据收集、研究方法的确定——结构方程模型、变量度量与因子分析、数据分析与检验。第六章讨论了创业网络规模对新创企业融资方式的影响、创业网络强度对新创企业融资方式的影响、新创企业融资方式对新创企业绩效的影响、新创

企业融资方式选取倾向性。第七章为结论和展望。

关键词:企业管理　创业　融资方式　网络服务

·

6593

**外商直接投资对我国自主创新能力及经济增长的影响研究** / 赵红著 ; 刘星指导. -- 重庆大学, 2009. -- 144 页

论文主要研究了外商直接投资对我国自主创新能力及经济增长的影响。全文共分为八章。第一章绪论,概括了课题的背景、研究的目的、意义,并对涉及的一些重要概念进行了阐释和界定,介绍了论文的创新点、主要研究内容和逻辑框架。第二章文献综述与评价,介绍了论文的理论基础、技术进步与经济增长关系理论研究的主要成果并对所介绍的理论及实证文献进行了简要评述。第三章是对我国外商直接投资及自主创新的制度环境的分析。从制度演进的角度阐释了改革开放以来我国外商直接投资及自主创新的发展历程,分析了我国引进外商直接投资及我国自主创新的制度环境及变迁,总结了我国利用外商直接投资及自主创新政策变迁的过程。第四章是外商直接投资对我国自主创新能力影响的理论分析,就外商对自主创新的影响等相关研究进行了探索性的回顾和简要评价,构建了外商直接投资对我国自主创新能力影响的理论模型。第五章是外商直接投资对我国自主创新能力影响的实证分析。以 1998—2006 年的数据为样本,计量检验了外商直接投资对我国自主创新能力的影响。第六章是对外商直接投资对我国经济增长的影响的分析。基于以上各章研究成果,构建了外商直接投资与经济增长之间关系的理论模型,然后实证分析了外商直接投资对我国经济增长的影响。第七章是利用外商直接投资促进我国自主创新能力及经济增长影响的对策建议,包括深化我国引资政策改革和加快我国自主创新步伐。第八章是研究结论、局限性及未来研究展望。

关键词:外商直接投资　技术革新　创造能力

6594

**大股东控制下的债务融资选择及治理效应研究:基于我国上市公司股权分置改革的视角** / 赵剑锋著 ; 齐寅峰指导. -- 南开大学, 2009. -- 184 页

论文采用“演绎推理”“比较分析”的研究方法,在公司融资理论研究框架下,对股权分置改革前后大股东控制下的债务融资选择偏好以及债务融资治理效应问题展开研究。全文共七章,涉及大股东控制下的债务融资选择及治理效应的规范性研究、实证分析和政策建议三部分。第一章为导言,介绍选题背景、研究思路和研究框架。第二章对大股东控制以及债务融资问题研究文献进行回顾书评。第三章围绕债务融资来源结构的制度背景和股改前后大股东控制特征展开。第四章构建了包含二期再谈判机制的大股东债务融资选择模型。第二章至第四章构成了论文规范性研究部分。第五章对股改前后大股东债务融资选择偏好问题进行实证研究,并分析了大股东控制特征对债务融资选择的影响。第六章使用大股东资金往来、担保往来、关联方非经营性往来等指标刻画了大股东掏空—支持行为,研究了股权分置改革前后债务融资对大股东掏空—支持行为的治理效应问题。第五章、第六章构成了论文的实证研究部分。第七章对相关研究结论进行总结,提出了改善债务融资结构和治理效应的对策建议,并指明进一步研究方向。

关键词:股份有限公司　上市公司　债务　融资　股权设置

6595

**装备制造业产业集群化研究** / 赵丽洲著 ; 丁长青指导. -- 河海大学, 2009. -- 185 页

论文将产业集群视为一个动态开放性系统,以国内外学者现有研究成果为基础,结合装备制造业产业链特点和技术特点,通过理论研究和案例分析相结合的方法,对装备制造业产业集群化问题进行了研究。全文共分为七章。第一章为绪论,介绍了研究背景、论文的理论意义及使用价值、相关概念的界定、相关理论综述和研究基础、研究内容与技术路线、研究方法与创新之处。第二章装备制造业产业特点及集群化态势,介绍了装备制造业的产业特点,并以中国为例进行了装备制造业产业集聚化程度测评,论述了装备制造业集群化态势和地域分布。第三章装备制造业产业集群的结构及互动分析,包括装备制造业产业集群的结构、装备制造业产业集群核心层主体的互动、装备制造业产业集群核心层主体与辅助层主体的互动、装备制造业产业集群与集群外部的互动。第四章装备制造业产业集群的演化和演化动力机制,包括装备制造业产业集群的生命周期及阶段识别、生命周期视角的装备制造业产业集群演化、装备制造业产业集群的演化动力以及装备制造业产业集群的演化动力机制。第五章装备制造业产业集群的发展模式选

择,其中包含了国内外产业集群的典型模式、市场机制和政府作用视角的集群发展模式,指出装备制造业集群模式选择应考虑的因素,并讨论了装备制造业产业集群模式选择。第六章从五个方面提出了装备制造业产业集群化策略。第七章以长春汽车产业集群为例进行案例分析,在介绍概况的基础上,对长春汽车产业集群的结构及互动、动力机制和发展模式进行分析,最后总结了其经验。

关键词:制造工业　产业集群　发展模式

**6596**

**海洋产业与陆域产业关联关系研究** / 赵昕著 ; 李京文指导. -- 华中科技大学, 2009. -- 229 页

论文主要从产业经济学和系统科学的角度,对海陆产业关联关系,从海陆产业关联关系识别与检验、海陆产业关联关系测度、海陆产业关联效应评估、海陆关联关系演化趋势等四方面进行研究。首先,引入了能量梯度理论,指出了在产业势能的作用下海陆产业关联的根源,分析出了气关联机理,对海陆产业之间的能量梯度进行了实证分析,从产业关联要素和关联特征对海陆产业关联关系进行了分析与识别,并阐明了要素是海陆产业关联的载体和具体表现,指出了海陆产业关联具有共有行、流动性、互补性和竞争性特征。其次,将生产要素约化为技术、资金和劳动力三要素,阐明了三要素流动关联的机理,构建出不同流动形式的良好总技术要素流动性关联模型。再次,应用灰色关联度以及产业波及效果理论,分别从静态和动态两个方面分析了海陆产业的关联效应。最后,以耗散结构理论和自组织理论为基础,建立了海陆产业系统演化方程。

关键词:海洋开发　产业结构　产业布局

**6597**

**西部水电移民风险管理研究** / 郑瑞强著 ; 施国庆指导. -- 河海大学, 2009. -- 195 页

论文基于西部水电开发对于国家经济社会发展的重要性和水电开发过程中移民风险管理问题的现实,从固着化和发展性两个角度,分析了西部水电移民的特征;运用利益相关者理论和冲突分析方法,梳理了西部水电移民安置中各利益相关者间的冲突,进而运用"压力—状态—响应"原理提出了移民风险分析的"利益相关即风险责任"风险辨识模型;概括了西部水电移民风险预警工作的整体框架,设计了"西部水电移民风险预警指标体系",并选取了物元模型综合评价方法进行实证分析,在此基础上提出并设计了西部水电移民动态协同风险管理模式。全文共分为七章。第一章为绪论,介绍了研究背景与研究意义、研究综述、技术路线与研究方法、研究内容与创新之处。第二章阐述了西部水电移民风险管理研究的现实基础和理论基础。第三章为西部水电移民冲突分析,包括西部水电移民主要利益相关者寻求与利益冲突焦点分析、西部水电移民冲突领域与局中人冲突分析。第四章为西部水电移民风险辨识,包括其内涵、范围与方法、产生机理与 SR 模型构建,以及基于模型的西部水电移民风险辨识成果。第五章为西部水电移民风险预警,包括其内涵和运行逻辑、指标体系构建,西部水电移民风险评价与风险区划以及预控管理系统设计。第六章为西部水电移民风险应对,包括治理视野下的西部水电移民传统风险管理审视、西部水电移民动态协同风险管理模式设计、西部水电移民群体性时间风险发生机理分析与防控。第七章为结论与展望。

关键词:移民　风险管理　管理模式

**6598**

**企业内部知识流动网络分析** / 钟琦著 ; 汪克夷指导. -- 大连理工大学, 2009. -- 133 页

论文在企业这一特定的组织形式下,结合企业中知识流动以企业成员间社会网络为路径呈现网络化结构的特点,通过分析企业中知识流动网络的形成和运行机制,构建了一个企业内部知识流动网络理论框架,以此框架为研究基础,以企业内部知识流动网络为研究对象,展开企业内部知识流动的定量分析和优化研究。全文共分为七章。第一章为绪论,提出了研究背景、问题、研究目标及意义、拟解决关键问题与方法、研究思路与论文结构以及研究创新点。第二章从企业知识管理理论、社会网络理论、企业内部知识流动研究进展和社会关系视角的知识管理研究进展等几个方面对理论基础和相关研究进展进行了综述。第三章企业内部知识流动网络理论框架,界定了企业内部知识流动网络的概念及特征,对其形成的内在机制和企业内部知识流动模式进行分析,完整地提出企业内部知识流动网络系统框架。第四章基于社会网络分析方法,对企业内部知识流动网络进行建模并做静态特征分析,以某高新技术企业研发人员知识流动网络为例进行实例研究。第五章是基于复杂网络的企业内部知识流动网络动力学分析,包括企业内部知

识流动网络的小世界效应、小世界网络模型及构造算法、企业内部知识流动网络加权演化模型和企业内部知识流动网络效率的模拟分析。第六章提出了企业内部知识流动网络优化目标和原则并介绍优化方法,提出构建高效企业内部知识流动网络的途径。第七章总结了主要工作和研究结论,提出了研究局限,并进行了研究展望。

关键词:企业管理　知识经济　知识管理

**6599**

**中国"超额货币之迷"研究** / 钟子明著 ; 张宗益指导. -- 重庆大学, 2009. -- 112 页

论文考察和研究中国经济转轨过程中长期存在的"超额货币"现象。全文共分为八章。第一章绪论,介绍了"超额货币"的概念与度量、研究背景与研究意义、研究对象和研究方法、研究思路和主要内容以及主要创新点。第二章为理论及假说综述,对与"超额货币之谜"有关的,产出、货币、物价之间关系的货币理论进行了梳理,特别是对内生货币理论进行了介绍。第三章对 M2/GDP 的长期趋势进行描述与论证,并对 M2/GDP 比率进行了国别比较,肯定了中国 M2/GDP 比率畸高事实,同时为研究其原因提供了线索。第四章提出了第一个理论假说国家隐性补贴假说,认为国家对银行的隐性补贴影响银行的信用创造,是造成"超额货币"现象的重要原因。第五章提出了第二个理论假说地方政府竞争假说,认为中国的货币发行权分散于追求产出最大化的各个地方政府之间,整个货币发行权的分散和地方政府的竞争是形成"超额货币"现象的重要原因。第六章提出了第三个理论假说居民财富偏好假说,认为居民部门对财富的高度偏好扩大了央行通过投放货币促进经济增长的货币政策有效性空间,在短期内为货币过量投放提供了可能。第七章提出了超额货币的存在及产生原因对金融稳定、货币政策效应等的重大启示,论述了超额货币与货币政策中介目标有效性。第八章通过三个解释假说的理论推导和相关的实证研究得出了结论和建议。

关键词:货币管理　货币政策　货币理论

**6600**

**吉林省能源利用与经济可持续发展研究** / 周万清著 ; 赵英才指导. -- 吉林大学, 2009. -- 147 页

论文对吉林省能源利用与经济可持续发展进行了研究。全文共 11 章。前言介绍了选题背景及研究意义、研究目的和研究内容、研究方法和研究路线。第一章能源利用与经济可持续发展相关研究现状及评述,分析了相关研究现状,对研究成果和存在的问题进行了综合评述。第二章介绍对能源及其性能。第三章阐述了能源利用的相关概念,包括能源利用及其分类、能源开发转换过程以及能源的利用率和标准。第四章能源利用管理。内容包括能源管理组织系统、能源管理业务、能源管理内容和能源消耗定额管理。第五章影响能源利用的因素及作用机理。内容有产业结构、科技装备、能源供应渠道、能源结构、经济发展水平和人民生活水平、区位差异、能源消耗价格以及能源管理对能源利用的影响。第六章能源利用与经济可持续发展的相关性,主要包括能源与经济发展的关系、能源利用评价指标、能源利用与经济可持续发展的相关性评价。第七章对吉林省的能源利用进行了分析,介绍了吉林省能源利用的概况,对吉林省能源产出与全国进行对比以及各产业能源消耗增长情况进行了分析,对产业能源消耗与产值相关进行了分析。第八章吉林省工业能源消耗的分析,内容包括工业能源消耗的概况、工业行业能源产出的分析、吉林省能耗重点行业研究、能耗重点行业综合分析、工业产业能源消耗特点分析。第九章吉林省能源利用与经济可持续发展相关性分析,对吉林省的经济可持续发展做出评价,进行了能源消耗与经济可持续发展的相关分析以及吉林省能源消耗与缺口预测,分析吉林省经济增长、人民生活与能源消耗相关性。第十章提出了提高能源利用率的措施,包括进一步推进国家十大节能工程、进一步完善国家节能信息传播机制、明确吉林省能源利用工作重点和加强吉林省能源消耗大户的能源利用管理。第十一章是全文总结与展望。

关键词:能源利用　能源消耗　吉林

**6601**

**供电服务质量综合评价理论与实证研究** / 周文瑜著 ; 曾鸣指导. -- 华北电力大学, 2009. -- 119 页

论文通过从前台服务人员、后台服务人员以及服务支撑系统三个角度构建供电服务质量综合评价体系,对供电服务质量评价工作进行研究。全文分为七章。第一章引言,介绍了论文的研究背景和意义、国内外的研究现状、论文的主要研究内容和技术路线以及论文的主要成果和创新点。第二章介绍了供电服务质量综合测评理论的研究。包括我国供电服务质量分析、服务蓝图理论在供电服务质量综合测评中的

应用以及综合评价方法。第三章介绍了供电服务质量外部总体测评体系的研究。应用客户满意度测评理论,建立了适合我国供电企业的客户满意度模型及客户满意度评价指标体系;运用 SAS 软件,通过 SAS-CALIS 过程进行路径系数分析,得出影响客户满意度的关键因素。第四章介绍了供电服务质量外部专项业务测评体系的研究。通过采用"供电服务业务属性分析—具体业务流程分析—供电服务接触分析"的三维分析思路,构建了专项业务评价指标体系,并采用 SPSS 软件进行求解、确定指标权重;指标纵向细化到各个流程中服务人员与客户的关键直接接触点,以发现影响供电服务质量的最直接因素,并将供电服务责任落实到服务人员;指出业务流程中的关键环节和急需改进的环节。第五章介绍了供电服务质量内部测评体系的研究。从管理者、服务支持体系、资源三方面构建包括供电服务能力和供电服务绩效的供电内部评价指标体系;分别采用 G1 法和三角模糊数法确定供电服务能力指标的权重和供电服务绩效指标的权重。第六章介绍了供电服务质量综合测评的实例研究。对供电服务质量外部总体满意度测评、供电服务质量外部专项业务测评体系和供电服务质量内部评价体系进行了实例分析,给出综合评价方法以及服务质量改进策略的建议。第七章为结论和建议。

关键词:电力工业　企业管理　供电　服务质量

**6602**

**基于动态环境下专利战略变化研究** / 周勇涛著 ; 朱雪忠指导. -- 华中科技大学, 2009. -- 164 页

论文以专利战略变化为研究对象,运用模型分析、实证分析等研究方法,构建了对专利战略变化认识的基本框架,构建了专利战略变化过程模型,揭示了其作用机理,并进行了实证分析;构建了专利战略变化风险研究框架,在对四种风险因素作用机理探讨的基础上,针对不同的风险类别系统地构建了专利战略变化风险管控机制,并建立了基于平衡计分卡理论的专利战略变化绩效管理体系。全文共分为七章。第一章为绪论,介绍了研究目的与意义、国内外研究现状、论文创新点、研究方法、结构安排。第二章为专利战略变化基本问题,包括专利战略变化内涵、时空范围、类型、特征、可能性等。第三章为专利战略变化过程模型,在理论基础上,讨论了专利战略变化过程模型的建构、影响因素和作用机理。第四章为专利战略变化风险,包括专利战略变化风险内涵,专利战略变化风险影响因素模型,专利战略变化风险的类型、成因、形成机理和管控机制。第五章为专利战略变化绩效管理,在理论基础上,阐述了专利战略变化绩效的管理理论、管理体系和评价方法。第六章为专利战略变化过程实证研究,包括问题提出、研究假设、实证方法、SEM 模型分析等。第七章为结论与展望。

关键词:企业管理　专利　企业绩效

**6603**

**电力企业内部控制评价研究** / 周瑜著 ; 郑垂勇指导. -- 河海大学, 2009. -- 139 页

论文运用多学科交叉的集成分析方法,研究了电力企业内部控制的评价问题。全文共分七章。第一章是绪论部分,介绍了文章的研究背景和意义、国内外相关综述、研究的主要内容、研究的技术路线、方法以及创新点。第二章是对企业内部控制评价基本理论的分析,对内部控制机理进行了探讨,包括内部控制的原则、目的、基本要求和活动要素,介绍了内部控制评价的基础理论,包括经济学分析、管理学分析以及有关数学的基本理论,分析了企业内部控制的评价体系。第三章是电力企业内部控制的问题研究,介绍了电力行业的特点及其现状,电力企业内部控制存在的问题及原因,指出电力企业加强内部控制的必要性及电力企业的内部控制活动要素。第四章电力企业内部控制综合评价指标体系的构建。介绍了内部控制评价指标体系的构建原则及标准,评价指标的筛选原则及指标体系的构建。第五章电力企业内部控制的评价模型,介绍了内部控制评价方法的选择,内部控制评价方法分析,包括网络分析法、模糊综合评判法、模糊网络分析法,电力企业内部控制的评价模型的建立。第六章电力企业内部控制评价的实证分析及对策建议。介绍了电力企业 A,并对 A 企业内部控制做出评价,指出加强电力企业内部控制的对策建议,包括加强对人力资源的控制、加强对财力、物力资源的控制、加强对信息系统的控制。第七章是总结与展望。

关键词:电力企业　财务管理　内部审计

**6604**

**基于空间属性的金融危机传染机理研究** / 朱曼玲著 ; 惠晓峰指导. -- 哈尔滨工业大学, 2009. -- 133 页

论文利用模型分析、Hill 指数法和实证研究等方法,归纳和总结了三代金融危机理论模型和当前金融危机的新特点,在对金融危机传染效应的微观基础和

宏观基础加以分析的基础上，分析了金融危机传染发生时微观主体的相互作用和宏观环境的影响，提出了依据数据空间属性研究金融危机传染的思想，以定量的形式揭示了金融危机传染时各国的空间相关性，构建了基于经济地图的空间权重矩阵。全文共分为五章。第一章为绪论，提出研究问题，研究目的及意义、国内外研究现状、研究内容与结构、研究方法与技术路线。第二章为金融危机传染的理论方法分析和效应分析，包括金融危机传染的含义、理论方法分析、传染效应的微观分析和宏观分析。第三章为金融危机传染经济制度空间的构建及空间权重矩阵的建立，包括三维经济制度空间的构建、构建经济制度空间指标的选取、样本数据预处理及统计描述和检验、经济制度空间体系的建立、金融危机传染的空间权重矩阵的构建等。第四章为基于时空数据跨国之间金融危机传染研究，包括金融数据的属性、金融危机传染期研究、金融危机传染时空模型的建立和传染度研究、金融危机传染机制转换研究。第五章为基于时空数据的货币危机与银行危机的传染研究，包括货币危机与银行危机属性研究、货币危机与银行危机传染模型的建立、货币危机与银行危机因果检验的实证分析、金融危机传染原因与过程分析。最后一部分为结论。

关键词：国际金融　金融危机　世界经济

**6605**

**高技术产业二次孵化模式及评价研究** / 左莉著 ； 武春友指导. -- 大连理工大学, 2009. -- 137 页

论文将高技术产业二次孵化模式作为主要研究对象，全文共分为六章。第一章为绪论，介绍了研究背景、研究意义、主要研究内容、研究方法、技术路线。第二章为二次孵化和高技术产业的相关理论研究，包括孵化器理论的回顾、二次孵化的机理、二次孵化的功能定位、高技术产业的界定、高技术产业的特征、高技术产业的培育过程及模式。第三章为高技术产业二次孵化模式研究，包括高技术二次孵化体系的战略目标、制度选择、组织措施和模式。第四章为高技术产业二次孵化服务及保障体系，包括高技术产业二次孵化体系的服务体系、保障措施和政策体系研究。第五章为二次孵化程度评价研究，包括二次孵化程度评价指标体系的构建、二次孵化程度评价模型的构建、我国部分副省级城市二次孵化程度的实际评价、二次孵化程度评价模型的修正和二次孵化程度与高技术产业发展程度的相关性。第六章为结论与展望。

关键词：高技术产业化　运行模式　经济评价

# 农业经济管理

**6606**

**农村和谐社会构建研究** / 白蕴芳著 ； 张波指导. -- 西北农林科技大学, 2009. -- 154 页

论文对农村和谐社会的构建进行研究。全文共分为九章。第一章，导论。第二章，对国外两种类型农村社会转型进行分析以探讨农村社会转型的规律，梳理分析中国农村社会转型的进程以及存在的问题，为构建农村和谐社会这一命题的提出奠定基础。第三章，集中论述有关农村和谐社会的相关理论认识成果。第四章，就构建和谐社会的主体进行论述，指出在中国现实的社会条件下，构建农村和谐社会政府必须发挥主导作用，农民是建设的主体力量，其他社会力量则是不可或缺的重要支持。第五章，围绕中国特色现代农业建设，阐明在我国农业发展的现实约束条件下，符合我国农业自身发展条件又与世界农业发展趋势一致的现代农业发展之路是从和谐理念出发的劳动密集型优质高效农业。第六章，围绕乡村治理，探讨如何顺应我国民主政治发展趋势，按照现代善治理念，完善乡村治理结构与机制，正确处理国家与乡村、政权与农民的关系，在促进乡村治理民主化的过程中，实现民主法治、公平正义，保证广大农民根本利益的实现。第七章，文化建设是构建农村和谐社会的精神基石。第八章，围绕农村公共产品，探讨农村基础设施建设、新型农村合作医疗、农村社会保障体系的建设。重点探讨完善农村公共产品供给机制的创新。第九章，提出农村生态建设的目标。

关键词：农村　社会主义建设　和谐

**6607**

**中国林业发展的小额贷款支持研究** / 鲍岱钦著 ； 朱永杰指导. -- 北京林业大学, 2009. -- 146 页

论文对中国林业发展的小额贷款支持进行了研究与分析。全文共分为九章。第一章为引言，主要简述了研究背景、研究目的和意义、国内外研究综述、研究的思路和方法以及创新之处。第二章金融支持林业发展的理论基础，主要包括林业可持续发展理论及价值决定理论、金融业促进农村经济发展的基本理论以及小额贷款理论与实践。第三章中国林业生产

及林农金融困境，主要包括中国林业发展与扶贫工作、中国林业制度安排对林业生产的影响以及林农生产活动特点及其融资困境。第四章中国农业金融服务体系及主要林业信贷产品，主要从中国农村金融服务体系基本情况及存在的问题、中国林业信贷主要产品及创新、林业扶贫贴息贷款、林权抵押贷款、小额信用贷款比较等方面进行研究说明。第五章国外小额信贷支持林业发展经验借鉴，主要包括尼泊尔社区林业地区的小额信贷业务、危地马拉森林经营及采伐权系统的小额信贷支持、苏丹由阿拉伯胶生产者协会提供的小额信贷融资、秘鲁对巴西坚果生产的小额信贷服务以及国外林业发展小额贷款支持的启示。第六章林权抵押贷款及价值评估，主要包括中国林权制度及林权抵押贷款的特征、福建省的林权抵押贷款实践以及林权抵押贷款价值评估模型分析。第七章小额信用贷款支持林业发展机制的研究，主要包括小额信用贷款的作用机制、社区发展基金、安徽霍山社区林业中的社区发展基金案例研究。第八章小额贷款促进林业发展的政策建议，主要包括完善小额贷款业务支持林业发展的外部环境和中国金融业支持林业发展的政策选择。第九章结论。

关键词：林业　可持续发展　信贷支持　贷款业务

**6608**

**农机补贴对农户购机行为及作业服务需求的影响：基于江苏省水稻种植业的实证研究** / 曹光乔著；王荣，应瑞瑶指导. -- 南京农业大学，2009. -- 151 页

论文分析农业机械补贴政策对农户购机行为和农机作业服务需求的影响，以此评估农业机械补贴政策的直接效果。论文分为八章。第一章导论，介绍了论文问题的提出、研究假设与目标、技术路线与数据来源、主要研究方法、研究内容与论文结构、可能的创新与不足。第二章对基本概念进行界定，提出分析框架，并从理性行为、农户行为、农业补贴、农机具购置补贴、农业机械化政策效果相关研究进行回顾综述。第三章对我国农机购置补贴政策进行概述，同时对江苏省农机购置补贴实施情况进行概述，分析农机购置补贴政策实施效果及存在问题。第四章制订调查方案，对调查地区特征进行描述，从调查样本基本特征、农户购置补贴农机的决策、行为、绩效分析、水稻种植户选择手工和机械作业方式原因分析及购买农机作业服务的因素分析等方面进行描述性统计分析。第五章以机插秧技术为例，比较机械作业与手工作业的综合效益，并从农户购置补贴农机的决策、行为、绩效进行分析，探讨农机补贴对农户购置农机行为的影响。第六章分析农机补贴政策对农机服务供求关系的影响，同时分析农户对农机服务需求的影响因素，探讨农机补贴对农户购买农机服务行为的影响。第七章分析农机补贴政策对不同主体福利变化、农户合作行为、基层农机推广体系的影响。第八章通过对全文研究内容的梳理和总结，得出研究结果，并提出相应的政策建议，以引导农户理性购机，促进形成有效农机作业服务需求。

关键词：农业机械　政府补贴　财政补贴　农户

**6609**

**发展生物质能源对我国粮食安全和能源安全影响的一般均衡分析：以燃料乙醇为例** / 曹历娟著；朱晶指导. -- 南京农业大学，2009. -- 109 页

论文从供需缺口、世界市场供给情况以及我国进口与世界产量时点波动趋势角度对我国的粮食安全和能源安全进行了分析研究。全文共分为十一章。第一章导言。介绍了问题的提出、研究目标及内容、技术路线、论文的结构安排。第二章对概念进行了界定、对文献进行综述，并对研究方法进行了综述。包括生物能源、燃料乙醇、粮食安全及能源安全的界定，关于我国粮食安全、能源安全以及生物能源发展的研究，并介绍了 GTAP 的模型。第三章对燃料乙醇的发展现状进行了分析。分别从世界和中国两个方面分析了燃料乙醇的发展现状以及燃料乙醇的发展对世界和我国粮食安全影响。第四章对我国燃料乙醇发展的可行性进行了分析研究。主要包括世界粮食危机背景下我国的粮食安全问题研究以及世界石油危机背景下我国的能源安全问题，并对我国发展燃料乙醇的可行性进行了分析。第五章对模拟方法以及研究方案的设置进行了分析。分别对研究方案和模拟情景进行了设置。第六章通过模拟分析了对粮食安全的影响，通过作用机理和对结果的预测以及对粮食安全的影响的模拟得出模拟结果。第七章通过模拟分析了对食物安全的影响，主要包括作用机理和对结果的预测，模拟方案的设计和模拟结果分析。第八章通过模拟分析了对能源安全的影响，主要包括影响的路径分析和结果预测，以及模拟方案的设计和模拟结果分析研究。第九章通过模拟分析了对总福利的影响，对模拟方案进行了设置，模拟对我国宏观经济变量影响、对不同部门福利影响以及对不同要素所有者

福利影响。第十章通过模拟对发展边界的确定进行了研究。主要包括粮食安全导向下发展边界的确定以及能源安全导向下发展边界的确定。第十一章为结论与政策建议。

关键词:生物能源　乙醇　能源经济　粮食

**6610**

**小型农田水利建设的投融资问题研究** / 曹鹏宇著 ; 陈晓华指导. -- 中国农业大学, 2009. -- 89 页

论文在借鉴国外农田水利设施建设投融资经验的基础上,对小型农田水利建设的投融资问题进行了研究。全文共分为七章。第一章为导论,简述了研究背景和意义、国内外研究现状、研究目标和研究内容、研究思路和研究方法、相关概念的界定及有关说明以及研究特色和可能的创新。第二章介绍了研究的理论基础,主要有公共物品理论、集体行动理论和公共财政理论。第三章介绍了国外小型农田水利建设的投融资政策及启示,主要包括日本农田灌溉设施的投融资政策、美国水利设施的投融资政策、法国水利设施的投融资政策以及国外政策对我国的启示。第四章介绍了小型农田水利设施发展及投融资现状,主要包括小型农田水利设施发展现状分析、小型农田水利设施的投融资现状、小型农田水利设施建设现存问题以及小型农田水利设施投融资不足的原因分析。第五章介绍了小型农田水利设施投融资主体及其行为分析,主要包括新中国成立以来小型农田水利设施投融资主体的演变、小型农田水利设施投融资主体多元化的理论分析、小型农田水利设施的政府投融资行为分析、小型农田水利设施的农民投融资行为分析、小型农田水利设施的农村集体经济组织投融资行为分析、小型农田水利设施的金融机构投融资行为分析以及不同投融资主体的比较分析。第六章小型农田水利设施的投融资模式的分析,主要包括小型农田水利设施投融资的选择标准、小型农田水利设施投融资模式的理论分析以及小型农田水利设施不同投融资模式对农业生产的影响。第七章主要结论和建议。

关键词:农田水利建设　投融资体制　补偿体制

**6611**

**草场可持续利用中的集体行动研究:基于宁夏盐池数个村庄的观察** / 柴浩放著 ; 左停, Arun Agrawal 指导. -- 中国农业大学, 2009. -- 133 页

论文依据对宁夏回族自治区盐池县数个村庄的观察,收集农民自我可持续管理草原相关资料,运用奥尔森的集体行动理论、奥斯特罗姆的制度分析框架以及公共选择等相关理论对其进行分析,找出在中国农村场景中影响公共自然资源使用者采取集体行动的各因素,并探讨这些因素之间的作用方式和作用关系。全文共分为八章。第一章,引言。介绍研究背景和研究意义,草坪管理的研究现状及评述,论文的逻辑框架和调查层面。第二章,集体行动及相关理论综述。界定相关概念,分析集体行动与相关理论的关系,介绍国内对集体行动理论应用较多的领域,阐释集体行动是自然资源治理的新途径。第三章,介绍论文的研究地点,阐述草场的自然特征和利用现状,对农牧交错带农牧业生产系统进行分析。第四章,禁牧政策带来的经验与启示。介绍禁牧政策出台的背景,分析禁牧政策僵局的流变及禁牧政策僵局的政策暗示。第五章,对社区内已有的集体行动的解析。说明三类草的不同命运,通过一个历史案例说明挖甘草的集体行动,阐述一些零散的案例,介绍政府调控下的集体行动——四墩子实验以及学者型治理的一次失败尝试——古风庄开牧实验。第六章,以盐城农村为例分析草场管理中集体行动的因素。第七章,探讨社区发动集体行动的困境与机遇。第八章,结论。

关键词:草地　草原保护　可持续发展　宁夏

**6612**

**从马尔萨斯陷阱到平衡增长:统一增长模型** / 柴洪辉著 ; 顾海英指导. -- 上海交通大学, 2009. -- 183 页

论文从马尔萨斯陷阱到平衡增长,对统一增长模型进行了研究。全文共分为九章。第一章为导论,主要包括经济增长过程、经济增长事实、经济增长的阶段以及问题的提出。经济增长事实包括马尔萨斯陷阱、库兹涅茨事实、卡尔多事实、人口转型以及驼峰事实。第二章为研究文献综述,主要包括研究进展综述和 G-W 模型评述。第三章统一增长模型:一个分析框架。主要包括导论、统一增长模型的基本假设、统一增长模型:家庭优化。其中统一增长模型的基本假设包括统一增长模型的生产函数、效率工资、家庭偏好、生育成本、人力资本、技术进步以及交换价格。第四章统一增长模型:教育演化。主要包括导论、教育投入的门槛、教育投入的演化。第五章统一增长模型:技术演化。主要包括引言、统一增长模型中的技术演变、教育、技术、人口的联合演化。第六章统一增长模型:人口转型。主要包括引言、长期增长中的停

滞、长期人口增长。第七章统一增长模型:结构转型。主要包括引言、结构转型中的劳动力分配、结构转型中的生产。第八章统一增长模型:长期增长。主要包括引言、长期增长:过程分析。第九章为结论性评述,主要包括基本的结论和主要的创新以及不足和展望。

关键词:马尔萨斯(Malthus, T. R.)　经济增长　人口　数学模型

6613

**南疆三地州优势资源转换战略中的人力资源开发问题研究** / 柴林著 ; 朱美玲指导. -- 新疆农业大学, 2009. -- 221 页

论文以国内外有关人力资源理论与经济发展理论为依据,在借鉴和吸收相关研究成果的基础上,对南疆三地州优势资源转换战略中的人力资源开发问题进行了研究。全文共分为九章。第一章为导论,主要包括研究目的及意义、研究概念的界定以及研究的方法和创新。第二章区域经济发展和人力资源开发的相关研究理论综述,主要包括国内外区域经济发展研究理论综述、国内外人力资源开发研究理论综述以及南疆三地州优势资源转化战略的确立与评价,主要包括南疆单地州行政区划、南疆三地州优势资源转换战略的确定以及南疆三地州优势资源转换战略的分析与评价。第四章南疆三地州优势资源转换战略的经济社会基础与发展要素分析,主要包括南疆三地州优势资源转换战略的经济社会基础、制约南疆三地州经济发展的经济要素分析以及人力资源要素与南疆三地州实施优势资源转换战略的相关性分析。第五章南疆三地州优势资源转换战略对人力资源需求的影响。主要包括南疆三地州优势资源转换战略背景下人力资源需求数量的预测、南疆三地州优势资源转换战略对人力资源需求结构的影响以及南疆三地州优势资源转换战略对人力资源质量提出的要求。第六章南疆三地州优势资源现状和开发机制分析,主要包括南疆三地州人力资源现状、开发机制的现状、存在的问题。第七章南疆三地州人力资源供给趋势预测及供求失衡问题分析。主要包括人力资源供给与供求平衡、南疆三地州人力资源供给趋势预测、资源供求失衡问题的分析研究以及途径分析。第八章构建南疆三地州优势资源转换战略中人力资源开发机制的对策,主要包括构建符合南疆三地州优势资源转换战略需求的人力资源开发体系、构建以农村劳务输出为主体的农村剩余劳动力市场化转移机制以及构建推动南疆三地州优势资源转换效率的人才管理机制。第九章结论和总结。

关键词:人力资源开发　经济发展战略　劳动力转移　新疆

6614

**中国农村劳动力回乡创业问题研究** / 陈波著 ; 韩俊指导. -- 中国农业大学, 2009. -- 137 页

论文通过建立分析农村劳动力行为的状态模型,对中国农村劳动力回乡创业问题进行了研究。全文共分为七章。第一章为引言,简述了劳动力流动对经济的影响、劳动力流动对人力资本的影响、劳动力流动对创业的影响、劳动力流动与两地劳动力市场的关系、劳动力迁移理论以及论文的研究框架。第二章介绍了关于农村劳动力的基本假设,主要包括农民的四种状态、风险的存在、收入的效用函数、基于收入风险的效应函数、状态转变的临界值。第三章介绍了有形资本对回乡创业的决定性作用,主要包括城市创业状态向农村创业状态转变、城市打工状态向农村非投资状态转变、两种投资状态与两种非投资状态之间的转变、有形资本临界值分析结果的汇总、临界值的比较分析以及回乡创业人员的经历。第四章介绍了人力资本、金融机构及家庭因素,主要从人力资本可变时的状态转变、人力资本的积累过程、金融机构以及家庭因素四方面进行了说明。第五章回乡创业人员类型的分析,主要包括外出前情况比较、外出期间情况比较以及回乡后情况比较。第六章介绍了风险态度对回乡的影响,主要包括调查数据的处理、估计保守程度、保守程度对回乡创业影响的研究方法以及保守程度对回乡创业影响的实证结果。第七章为论文的主要研究结论和政策建议以及当前经济环境的影响。

关键词:农村劳动力　创业　人力资本　风险分析

6615

**广东城乡统筹建设现代农业研究** / 陈春霞著 ; 傅晨指导. -- 华南农业大学, 2009. -- 183 页

论文综合运用规范分析法、实证分析法和比较分析法对广东城乡统筹建设现代农业进行了研究。全文共分八章。第一章前言,阐述了研究背景与研究意义、研究所采用的方法以及内容的具体安排,指出了论文可能的创新之处。第二章为文献综述,介绍了国内外的相关方面所进行的研究,加以比较分析并得出小结。第三章城乡统筹建设现代农业的理论基础。

概述了建设现代农业的基本原理，指出了建设现代农业的路径，即改造传统农业，具体分析了传统农业的困境与改造困境的突破，阐述了城乡统筹建设现代农业的原因及分析框架。第四章介绍了广东建设现代农业的实践、成效与问题。将广东建设现代农业的实践具体分为三个发展阶段，即规划论证阶段、示范区建设阶段以及重点推进阶段，介绍了广东建设现代农业的主要成效，指出了广东推进现代农业建设面临的主要问题，有农业基本建设投入不足、农业基础设施薄弱、农业生产手段落后、农业劳动力素质偏低等。第五章对广东建设现代农业的发展水平（1999—2007）进行了评估。介绍了国内主要农业现代化评价指标体系与广东农业现代化评价指标体系，从修订理由、修订内容、指标涵义及评估方法等方面指出广东省基本实现了农业现代化评价指标体系的修订，对广东建设现代农业的水平进行了分析，包括对广东省整体建设现代农业的发展水平进行了评估、对广东省四大区域建设现代农业的发展水平进行了评估与比较以及对广东省21个地级市建设现代农业的发展水平进行了评估与比较，最后进行小结。第六章对广东建设现代农业的进程及主要政策分别进行了评析。第七章介绍了广东城乡统筹建设现代农业的政策措施及制度创新，指出广东城乡统筹建设现代农业面临的机遇与制度障碍，广东城乡统筹建设现代农业的政策措施与制度创新。第八章为结论与讨论。

关键词：现代农业　城乡建设　广东

**6616**

**中国农村公共产品供给制度变迁研究** / 陈定洋著 ；樊志民指导. -- 西北农林科技大学, 2009. -- 165 页

论文按照制度环境决定制度安排、制度安排决定制度绩效、互动这样的研究范式，以历史为线索、以制度集合为考量纬度、以现代国家构建为视角，将我国农村公共产品供给制度变迁主要分四个不同制度环境时期进行考察、分析。全文共分为六章。第一章，导言。阐述选题背景、目的和意义，相关文献研究进展，界定相关概念，说明论文的分析框架、创新点与不足之处。第二章，乡里自治制度时期农村公共产品供给制度环境。介绍乡里自治制度时期农村公共产品供给制度环境、供给制度以及供给制度绩效，阐述乡里自治制度的解体与近代农村公共产品供给危机。第三章，人民公社制度时期农村公共产品供给制度。分析新中国建立后农村公共产品供给探索与农业合作化，人民公社制度时期农村公共产品供给制度环境、供给制度以及供给制度绩效，现代民族国家构建与农村公共产品供给。第四章，家庭承包制度时期农村公共产品供给制度。介绍家庭承包制度时期农村公共产品供给制度环境、供给制度以及供给制度绩效，说明现代国家建构不足与农村公共产品供给。第五章，农村公共产品供给制度新探索。介绍当前农村公共产品供给制度环境以及供给制度，分析“政府失灵”与“市场失灵”是农村社区公共产品供给两个非合作博弈过程，以及现代国家建构中的国家介入与农民合作。第六章，结论和展望。

关键词：农村　分配（经济）　供给制　体制改革

**6617**

**农民城镇迁移行为的经济学分析** / 陈广桂著 ；孟令杰指导. -- 南京农业大学, 2009. -- 168 页

论文对农民城镇迁移的行为进行了经济学分析研究。全文共分八章。第一章导论，提出了问题，对相关概念进行了界定，介绍了研究目标、内容与假说，数据来源与技术路线，可能的创新与不足。第二章为文献综述与分析框架。对农民城镇迁移的行为经济研究、农民向城镇迁移的意愿研究、农民向城镇迁移的动因研究以及农民向城镇迁移的分对象研究等文献进行了综述，并分析了相关研究对论文的启示，介绍了研究的视角、参照系与分析方法。第三章指出了研究的三个基础问题，即农民城镇迁移的途径、农民城镇迁移的模式以及中国农民与市民的需要与可能。第四章对农民城镇迁移的意愿进行了研究，包括发达国家城市化进程中农民城镇迁移的意愿分析（分为对英国、德国、法国与美国城市化进程中农民城镇迁移的意愿分析）、中国农民城镇迁移意愿的调查统计分析以及个体特征对农民迁移意愿的回归分析。第五章对农民城镇迁移的动因进行了研究。从经济角度考量了农民城镇迁移的动因——传统经济学认识中农民城镇迁移的动因、国内对农民城镇迁移经济动因的拓展以及传统经济动因解释城镇迁移时的盲点，从非经济角度考量了农民城镇迁移的动因，包括制度因素与个人特征因素，最后阐述了有限理性下的农民城镇迁移决策。第六章对农民城镇迁移进行了实证研究。介绍了农民市民化的成本收益率与城市规模的关系，对农民市民化的成本进行了结构分析，最后以扬州为例，对市民化中的经济门槛进行了研究。第七章对农民城镇迁移的演化进行了研究。介绍了农民市民化

决策的理论基础——非合作博弈的概念,阐述了农民市民化中的完全理性博弈与农民市民化中的有限理性博弈。第八章为主要结论、政策含义与研究展望。

关键词:人口迁移　农民　劳动力转移　城市化

**6618**

**广东省高新技术产业竞争力研究** / 陈红川著 ; 牛宝俊指导. -- 华南农业大学, 2009. -- 184 页

论文探讨了广东省高新技术产业现状、特征、阶段,并进行了分析,对其广东省高新技术产业竞争力以及四个主导产业竞争力进行了评价,同时提出提升广东省高新技术产业竞争力的对策。全文共分为九章。第一章导言。介绍了研究背景和目的,国内外研究现状,研究思路和方法,以及论文的创新点。第二章从产业分布分析、企业分布分析、科技人力资源分析、经费投入分析几方面介绍了广东省高新技术产业发展现状,并对产业发展特征和发展阶段进行了分析。第三章对广东省高新技术产业进行了 SWOT 分析。具体分析了主要优势、劣势,面临的机遇和挑战。第四章介绍了高新技术产业竞争力评价体系的构建。包括高新技术竞争力的内涵、影响因素、评价指标体系设计的原则以及评价指标体系的构成。第五章运用数据挖掘分析法进行高新技术产业竞争力的评价。包括用电子计算机及办公设备、电子及通信设备、医药、医疗设备及仪器仪表制造业竞争力评价。第六章运用因子分析法进行高新技术产业竞争力的评价。同样从上述四个制造业进行竞争力评价。第七章通过国内和国际比较分析广东高新技术产业竞争力。第八章提出了提升广东高新技术产业竞争力对策。包括制定高新技术产业科技发展计划,加快重点项目建设;建立和完善高新技术产业发展的政策支持体系;高新技术产业市场制度创新;优化高新技术产业发展的生态环境;加强高新技术园区功能建设;建设创新文化,形成发展高新技术产业的氛围;加强高新技术企业知识产权管理。第九章为主要结论与研究展望。

关键词:高技术产业　竞争力　广东

**6619**

**生物经济对农业发展的影响研究:以转基因玉米的商业化种植为例** / 陈健鹏著 ; 韩俊指导. -- 中国社会研究院, 2009. -- 162 页

论文界定生物经济的内涵,以转基因玉米商业化种植为例,研究商业化的过程及其经济社会影响,并以此为基础探讨生物经济对农业发展的影响。论文分为八章。第一章引言,介绍研究的背景、研究的意义和目标、国内外已有的研究、研究的逻辑和方法、数据文献资料来源、论文的结构、研究创新与不足。第二章分析了全球生物技术产业的发展趋势和发展现状,介绍了农业生物技术的基本情况,回顾了农业生物技术的发展历程,探讨了转基因作物商业化的发展现状并对其前景进行展望。第三章回顾和分析了美国玉米育种、种业结构演化的历史,以此分析转基因玉米等品种商业化的产生和发展,并分析转基因生物技术产生和发展的动因及知识产权制度安排、产业集中联合、私人投资对农业研发投入和转基因作物商业化发展的影响。第四章用计量方法研究宏观层面上转基因抗虫玉米采用对单产的影响,利用美国农业部数据对转基因利用相关数据对转基因玉米采用对单产、化学品使用进行实证研究,对转基因玉米商业化种植的收益和风险进行回顾分析,同时对其产生的经济社会福利影响进行分析。第五章对转基因玉米商业化种植生产层面经济影响和转基因玉米商业化中种植对环境影响进行了国际比较研究。第六章对生物经济对农业的影响做了进一步分析讨论,探讨了农业生物技术为核心的生物经济对农业生产方式的影响,农业生物技术在满足全球粮食需求的作用,生物经济的发展对农业相关产业的影响,生物燃料发展对国际粮食市场和我国粮食安全的影响等。第七章结合我国农业生物技术产业和农业发展的现实,分析了转基因作物商业化种植对我国粮食安全和农业生物产业发展的影响。第八章提出主要结论和推进我国农业生物技术产业发展政策建议。

关键词:农业发展　转基因技术　经济影响

**6620**

**基于水资源利用的松花江流域农村减贫问题研究** / 陈军著 ; 尚杰指导. -- 东北林业大学, 2009. -- 119 页

论文以水资源为中心的松花江流域减贫进行了研究。全文共分为八章。第一章为绪论,主要介绍了选题研究背景、目的及意义、国内外相关研究现状、研究内容与结构和研究方法与技术路线。第二章为理论基础,主要包括贫困问题相关理论、水资源使用相关理论以及其他相关的理论。第三章国内外减贫和水资源利用的实践,主要包括减负问题的国内外实践、水资源管理的国内外实践、国内外实践的经验借鉴。第四章松花江流域水资源和农村贫困的现状及

原因,主要包括松花江流域概况、松花江流域水资源现状、松花江流域农村贫困现状与贫困原因。第五章松花江流域水资源对农村贫困的影响。主要包括松花江流域农村贫困的制度性因素、非制度性因素、松花江流域水资源对农村贫困的影响、水资源与农村贫困关系的库兹涅茨曲线分析、制度干预的依据。第六章以水资源利用为中心的松花江流域减贫途径。主要包括建立松花江流域农用水权制度、建立松花江流域农用水资源市场、改进农业灌溉方式发展节水农业、加快松花江流域农业生产布局调整以及加强流域农业水利设施建设与管护。第七章以水资源利用为中心的松花江流域农村减贫政策,主要有加强松花江流域水资源承载力、扩展非传统水资源的利用范围、改革松花江流域雨水利用、完善松花江流域水资源调解制度以及完善农业水利设施的制度建设。第八章以水资源利用为中心的松花江流域农村减贫实践,主要包括富裕县概况、富裕县农村贫困概况以及特征、富裕县农村水资源现状以及对农村贫困的影响、富裕县农村贫困的水资源因素分析、以水资源利用为中心的富裕县农村减贫途径、以水资源利用为中心的富裕县农村减贫对策及减贫成果。

关键词:农村经济　扶贫　水资源利用　松花流域

**6621**

**草地资源可持续管理:基于制度与政策视角的研究** / 陈秋红著 ; 李周指导. -- 中国社会科学院, 2009. -- 226页

论文基于制度与政策的视角,对草地资源可持续管理进行了研究。全文共分为九章。第一章为导论,主要简述了论文的研究背景、开展草地资源可持续管理研究的必要性及研究意义、研究对象、研究框架与研究方法以及研究的创新与不足。第二章介绍了草地资源可持续管理的理论基础,主要包括草地与草地资源、草地资源及其服务变化等几个基本概念的介绍,草地管理概念的发展,草地资源可持续管理的理论基础。第三章介绍了国外草地资源管理实践与经验借鉴。主要包括世界草地资源及其变化、草地牧业发达国家的草地资源管理实践及启示、其他发展中国家草地管理实践及面临的障碍以及国外草地可持续发展管理实践对我国的借鉴与启示。第四章中国草地资源退化与经济发展的一般规律分析,主要从中国草地资源的退化及其影响和我国草地资源退化与经济增长的一般规律分析两个方面进行说明。第五章以内蒙古呼伦贝尔为例的草地资源退化的主要驱动因素的研究。主要阐述了国内外相关研究评述、内蒙古呼伦贝尔近50年来草地资源退化的直接驱动因素、内蒙古呼伦贝尔草原近50年来草地资源退化的间接驱动因素以及内蒙古呼伦贝尔近50年来草地资源退化的主要原因。第六章阐述了完善管理制度与政策体系是草地资源可持续管理的核心。主要介绍了相关正式制度与政策的演变及其影响、现有草地管理体系下相关利益群体的草地利用和管理行为分析。第七章阐述了适宜的草地资源共管制度是草地资源可持续管理的制度的选择。主要介绍了建立草地资源共管制度的必要性和意义的理论分析,适宜的草地资源共管制度能有效实现草地资源可持续利用的案例分析以及如何建立适宜的草地资源共管制度的措施建议。第八章草地资源可持续管理政策的完善,主要介绍了政策完善的方向和政策完善的着力点。第九章为结语。

关键词:草地　草原资源　草原管理　可持续发展

**6622**

**基于产业集群的乡镇企业竞争优势研究** / 陈娆著 ; 蔡根女, 江占民指导. -- 华中农业大学, 2009. -- 130页

论文以产业集群理论等经济管理理论为指导,对基于产业集群的乡镇企业竞争优势进行了研究。全文共分为八章。第一章为导言,介绍问题提出和研究目的与意义、国内外相关研究、研究内容、思路和方法以及创新点和不足之处。第二章基础理论,主要包括基于分工专业化的产业集群理论、基于规模经济的产业集群理论、基于集聚经济的产业集群理论、基于创新系统的产业集群理论以及基于竞争优势的产业集群理论。第三章产业集群与企业竞争优势的内联关系,主要包括产业集群分工专业化的效率优势、产业集群的交易成本优势、产业集群的规模经济优势、产业集群模块的整合优势四方面的内容。第四章基于产业集群的乡镇企业竞争优势博弈分析,主要包括基于价格的企业竞争优势博弈分析、基于信用的企业竞争优势博弈分析以及基于供应链的企业竞争优势博弈分析。第五章乡镇企业产业集群演化的路径分析,主要包括我国乡镇企业改革历程和特点、乡镇企业产业集群演化的案例分析以及乡镇企业产业集群演化的理论阐释。第六章基于产业集群的乡镇企业竞争优势评价,主要包括基于产业集群的乡镇企业竞争优势

的诠释、基于产业集群的乡镇企业竞争优势模型分析以及基于产业集群的乡镇企业竞争优势评价体系。第七章基于产业集群的乡镇企业竞争优势影响因素分析,主要包括问卷设计及发放、描述性统计分析、主因素分析、主因素计量分析及检验。第八章结论和建议。

关键词:乡镇企业　企业管理　市场竞争　产业集群

**6623**

**农户知识、种子市场和政府管理政策对转基因抗虫棉经济效益的影响研究** / 陈瑞剑著 ; 黄季焜指导. -- 中国科学院研究生院, 2009. -- 138 页

论文运用统计描述分析和计量经济模型分析方法,对农户知识、种子市场和政府管理政策对转基因抗虫棉经济效益的影响进行了研究。全文共分为七章。第一章为引言,主要阐述了研究背景、问题的提出、论文研究的目标和内容以及论文的结构。第二章相关的文献综述,主要包括转基因 Bt 技术简介、转基因生物技术的推广及其经济影响、转基因生物技术经济效益的可持续性、农户知识信息、种子市场良种补贴和生物安全管理的研究综述。第三章研究框架和数据,主要包括研究框架和研究样本分布和数据来源。第四章农户知识信息对转基因生物技术有效利用的影响,主要从章节引言、理论模型、主要变量描述和基本统计分析、模型分析结果以及主要结论与政策含义进行了分析。第五章种子市场、农户种子选择行为与 Bt 技术有效利用,主要包括章节引言、我国种子市场及其政策的演化、我国棉花种子市场结构和特征、农户的市场参与和种子实践行为以及市场特征对农户市场参与的影响及其对转基因 Bt 技术有效利用的含义。第六章政府的相关管理政策对转基因 Bt 技术有效利用影响,主要阐述了 2007 年棉花良种补贴政府实施情况及存在的争议、良种补贴政策效果的统计描述分析和计量经济模型分析、生物安全管理政策的回顾及审批实施情况以及生物安全管理对 Bt 棉抗虫效率影响的统计描述及计量经济模型分析。第七章研究结论和政策含义的讨论以及研究中的创新点和不足。

关键词:棉花　转基因技术　种子　农户

**6624**

**征地农转非人员非农就业促进及其管理研究** / 陈绍友著 ; 段豫川指导. -- 西南大学, 2009. -- 212 页

论文对征地农转非人员非农就业促进及其管理进行了分析研究。全文共分为十章。第一章为导论。介绍了问题、选题背景、文献综述、研究设计和可能的创新与不足。第二章非农就业与征地农转非人员的安置。从征地农转非人员安置的系统转换与实践困惑、非农就业在征地农转非人员安置中的核心地位和征地农转非人员非农就业促进的理论框架三个方面阐述。第三章非农就业现状与发展取向。从征地农转非人员非农就业现状描述、就业困难原因剖析和就业发展取向三个方面进行介绍。第四章非农就业与征地农转非社会服务。主要包括农转非小区的出现与存在、农转非小区建设优化——构建城市生存发展之基、农转非社区管理与服务优化——拉动非农就业三个方面。第五章非农就业与征地农转非人员的培训。主要包括培训与农转非人员非农就业的内在关系、农转非人员培训的认识与突破、就业培训市场的政府管理与调控以及就业培训机构的市场运作。第六章非农就业与征地农转非的集体经济。主要从农转非人员集体经济组织存在与发展辨析、农转非人员集体经济发展领域、农转非人员集体经济组织建设三个方面进行论述。第七章非农就业与地方经济发展。主要包括经济发展与农转非人员非农就业、中国城市化战略的反思、着力经济与就业增长并重以化解就业压力和创新城市化发展战略以帮助农转非人员就业。第八章为非农就业与征地农转非人员创业,主要从农转非人员创业的现实性、农转非人员创业培训与指导、农转非人员创业支持三个方面进行论述。第九章非农就业与政府推动,主要包括征地农转非人员非农就业促进主体意识、优化体制机制,强化政府责任,形成直接推动、征地农转非人员非农就业促进的政府间接推动三个方面。第十章结论和后续研究。

关键词:农民　劳动就业　劳动力转移

**6625**

**苏州农户兼业行为研究** / 陈晓红著 ; 刘葆金指导. -- 南京农业大学, 2009. -- 123 页

论文以农户的兼业行为为研究对象,通过运用家庭生产理论等相关理论,对苏州农户兼业行为进行了研究。全文共分为七章。第一章为导论,简述了选题意义、研究对象与研究区域、研究内容、研究目标以及拟解决的关键问题、研究方法及可行性分析、研究的特色、重点难点以及主要的观点和创新之处。第二章农户兼业的相关理论与研究,主要包括农户经济理论

与配第克拉克定理、人力资本理论、劳动供给决策、农户兼业的分析模型构建以及农户兼业的研究进展。对苏州农户兼业行为进行实证研究,以及横向的截面和比较研究。第三章苏州农户兼业行为的历史变迁,主要包括唐代苏州的人口及农户类型、明清时期苏州农户兼业、近代苏州农户兼业及其影响。第四章农户兼业行为的现状及决定因素,主要介绍了苏州农户兼业的现状、苏州农户兼业调查及因素分析以及苏州农户兼业深化及其原因分析。第五章运用计量与统计分析的方法,对农户兼业的微观经济效应进行了研究,主要包括农外兼业对农户经济的影响和非农兼业对农户迁移意愿的影响两方面的内容。第六章农户兼业的宏观经济效应,主要包括农外兼业对农村收入分布的影响和农外兼业对苏州农业发展的影响两方面的内容。第七章结论和后续研究问题以及有待于进一步研究的问题。

关键词:农村劳动力　劳动力转移　农户　苏州

**6626**

**京郊城市化过程中土地农转非绩效分析** / 陈淼著 ; 孔祥智指导. -- 中国人民大学, 2009. -- 181 页

论文从土地产权理论视角出发,对京郊城市化过程中土地农转非绩效进行了分析研究。全文共分为七章。第一章为绪论,主要包括问题的提出、研究对象、相关的文献综述、研究的方法和框架以及研究的创新点和不足。第二章是对土地农转非利益分配的理论分析,主要包括土地农转非利益的形成、对分配的博弈分析、导致农民土地收益受损的原因以及土地农转非制度创新的路径选择及影响因素。第三章京郊土地农转非制度沿革,主要包括北京市农地制度的变迁轨迹、北京市征地补偿政策沿革及存在的问题以及市场经济国家土地征收的特征。第四章是对京郊土地农转非不同模式绩效的分析,主要包括政府将集体土地征为国有并按现有政策给予补偿安置以及农村集体土地直接入市并且农民参与分享土地增值的收益。第五章京郊土地农转非对农村城市化、农村经济发展和农民福祉的不同影响,主要从分析框架、数据来源、变量选取、聚类分析、相关分析以及回归分析等方面进行说明。第六章北京郊区失地农民受偿意愿及影响因素的研究。主要包括样本选择及描述统计、失地农民受偿意愿影响因素的实证结果及分析。分析过程分为研究假设、因子选择、主成分分析以及被征地农民意愿补偿金额的影响因素分析。第七章主要的研究结论和政策建议以及有待于进一步研究的问题。

关键词:城市化　土地征用　土地制度　北京

**6627**

**对外开放对中国制造业行业间工资差距影响的研究** / 陈怡著 ; 周曙东指导. -- 南京农业大学, 2009. -- 125 页

论文从对外开放的视角出发,利用制造行业面板数据和省际面板数据,对中国制造业行业间工资差距影响进行了研究。全文共分为九章。第一章为导言,主要包括问题的提出、研究目标、假说和内容、技术路线与论文结构以及可能的创新点与不足。第二章为相关理论及文献回顾,主要包括开放影响收入不平等的国外研究文献综述、开放影响中国收入不平等的研究文献综述、贸易影响行业收入分配的研究文献综述以及 FDI 影响行业收入分配的研究文献综述。第三章概念的界定和度量的方法,主要为贸易自由化和外商直接投资的定义和工资概念的界定以及工资差距的度量。第四章为对外开放与制造行业间工资差距的格局分析,主要包括中国对外开放的状况、中国制造行业间工资差距状况的分析以及对外开放与制造业行业间工资差距。第五章对外开放对中国制造业行业间工资差距影响的传导机制,主要介绍了贸易自由化和 FDI 对中国制造业行业间工资差距影响的传导机制。第六章贸易自由化对中国制造业行业工资影响的实证分析,主要流程为模型设定、数据说明、样本描述性分析、实证分析和结果。第七章贸易自由化对中国制造业行业间工资差距影响的实证研究,主要包括模型设定、变量和数据说明、对全国样本的讨论以及对东中西部次级样本的讨论。第八章 FDI 对中国制造业行业间工资差距影响的实证研究,主要介绍了模型设定、变量和数据说明以及对全国样本和东中西部次级样本进行讨论,以探讨 FDI 对中国制造业行业间工资差距的影响。第九章结论和政策建议以及进一步研究展望。

关键词:制造工业　工资　收入差距　对外开放

**6628**

**粮食综合性收入补贴政策的作用路径研究** / 程杰著 ; 武拉平指导. -- 中国农业大学, 2009. -- 202 页

论文对粮食综合性收入补贴政策的作用路径进行了研究,并在此基础上构建了综合性收入补贴政策体系。全文共分为九章。第一章为导论,主要包括研

究背景与问题提出、研究意义和研究目标、国内外研究现状及评述、研究方法、技术路线及内容结构以及研究创新。第二章介绍了粮食综合性收入补贴政策基本状况,主要从粮食综合性收入补贴政策的理论基础和粮食综合性收入补贴政策的实施状况进行了阐述。第三章粮食综合性收入补贴政策对农户决策的影响:典型农户的案例分析。主要包括典型案例分析的方案设计、补贴政策的实施情况、补贴政策对农户生产行为的影响、农户对补贴政策的态度和预期以及政策对农户其他行为和态度的影响。第四章介绍了粮食综合性收入补贴政策对农户种植决策的影响,主要包括农户种植决策的研究综述、农户粮食和种植决策的理论框架、粮食补贴政策对农户种植决策影响的实证分析以及模型估计结果及其分析。第五章介绍了粮食综合性收入补贴政策对农户投资决策的影响,主要包括农户投资决策的研究综述、理论框架、实证分析以及模型估计结果与分析。第六章介绍了粮食综合性收入补贴政策对农户劳动决策的影响。主要包括关于农户补贴政策与劳动决策的研究综述、理论框架、实证分析以及模型估计结果与分析。第七章介绍了风险偏好、农户预期与粮食综合性收入补贴政策,主要包括风险偏好和农户预期的研究综述、实验性测试、农户对粮食综合性收入补贴政策的态度和预期以及风险偏好、农户预期对补贴政策选择的影响。第八章介绍了粮食综合性收入补贴政策的框架设计,主要介绍了我国粮食生产支持和保护政策的变迁过程、主要问题、WTO框架下粮食综合性收入补贴政策体系构建以及粮食综合性收入补贴政策体系的制度保障。第九章为基本的结论、政策建议以及进一步的讨论。

关键词:粮食　补贴　农户　决策

**6629**

**欠发达地区农村社区公共产品农户参与供给研究:以安徽省为例** / 崔宝玉著 ; 张忠根指导. -- 浙江大学, 2009. -- 144 页

论文应用经济学和社会学理论,以安徽省为例,对欠发达地区农村社区公共产品农户参与供给进行了研究。全文共分为八章。第一章为导言,主要包括研究背景、问题的提出、研究的意义、概念的界定与研究范围、研究目标与研究内容、研究的关键问题、数据来源及研究方法、研究思路和技术路线以及研究的创新与不足。第二章为理论基础与文献综述,有公共产品理论、制度变迁理论、集体变迁理论以及公众参与理论。第三章农户参与供给的相关理论分析,主要包括农户参与供给的内涵与特征、农户参与供给的理论阐述、农村社区公共产品供给主体间的博弈分析以及供给制度变迁中农村公共产品参与行为的考察。第四章基于安徽三县调查的农村社区公共产品及农户参与供给的现状。主要包括调查的相关说明、税改后农村社区公共产品供给的现状与主要特征、农户参与供给的现状、意愿、态度及主要特征。第五章影响农村社区公共产品农户参与供给的因素分析,主要包括关于农户的基本假定和农户参与供给行为影响因素的实证分析。第六章农户参与供给与农村社区治理,主要从治理与社区治理的理论与现实、农村社区治理:原则与典型案例、影响农户参与供给的内外制度调适三个方面进行说明。第七章农户参与供给与政府支持,主要包括政府支持的内涵与形式、政府财政支持的现状以及农户对政府支持的感知和态度以及政府财政支持对农户参与供给意愿的效应分析。第八章主要结论及政策启示。

关键词:农村　农户　分配(经济)　供给制　欠发达地区

**6630**

**中国—东盟自由贸易区建立的经济影响分析** / 崔奇峰著 ; 周曙东指导. -- 南京农业大学, 2009. -- 104 页

论文从中国与东盟的贸易现状出发,利用UNCOMTRADE及GTAP数据库数据对中国和东盟自由贸易区建立的经济影响进行了分析研究。全文共分八章。第一章引言,介绍了论文的研究背景,包括问题的提出、研究假说与内容,阐述了论文结构与技术路线,指出了可能的创新与存在的问题。第二章为文献综述,分别对自由贸易理论、FTA效应的基础理论以及国内外的实证研究进行了综述。第三章介绍了研究选用的方法,包括贸易结合度指数、显示性比较优势指数、出口产品相似性指数、双边贸易综合互补性指数以及全球贸易分析模型,同时还说明了相关数据来源,包括UNCOMTRADE数据库、GTAP数据库以及其他数据来源。第四章介绍了中国—东盟自由贸易区建设进程,包括东盟概况、中国—东盟自由贸易区建设进程以及中国—东盟自由贸易区货物贸易的框架内容。第五章介绍了中国与东盟贸易发展的情况,具体分为中国与东盟对外贸易额变动的情况、中国与东盟双边贸易额变动的情况以及中国与东盟双

边贸易结构变化的情况。第六章对中国与东盟的贸易关系进行了实证分析,包括中国与东盟的贸易结合度、中国与东盟的显示性比较优势、中国与东盟的出口产品相似度以及中国与东盟的双边贸易互补性。第七章分析了中国—东盟自由贸易区的建立对国民经济、贸易、生产和福利的影响。介绍了研究方案的设计,分析了中国—东盟自由贸易区的建立对中国、东盟国家、世界其他国家与地区以及世界整体的有关国民经济、贸易、生产与福利的影响。第八章为结论、政策以及进一步的研究展望。

关键词:国际贸易　双边贸易　自由贸易区

**6631**

**节肥技术的修正采用与扩散:以参与式农民水稻氮肥实地管理技术研究为例** / 崔永伟著 ; 胡瑞法,黄季焜指导. -- 中国科学院研究生院, 2009. -- 116 页

论文以参与式农民水稻氮肥实地管理技术研究为例,对节肥技术的修正采用与扩散进行了研究。全文共分为八章。第一章为引言,主要包括研究背景、问题的提出、研究目标与内容以及论文的结构。第二章为文献综述,包括技术与创新、创新与技术扩散、农民技术采用决策的决定因素、现代精准农业技术的发展及其采用。第三章为论文的研究框架及方法,主要包括新技术采用的理论模型、是否采用新技术的离散选择模型、新技术采用强度的连续变量决策模型、生产函数模型等。第四章研究样本及数据来源,主要从研究样本的选取和研究中的两类样本进行说明。样本分别是技术推广对试验农户新技术采用的影响和水稻氮肥实地管理技术在非试验农户中的扩散。第五章介绍试验农户氮肥投入量变化及其影响因素,主要包括研究样本的选取、研究样本农户的户主与家庭特征以及试验农户水稻氮肥实地管理技术采用的计量经济学模型三方面。第六章水稻生产氮肥实地管理技术试验投入产出的分析,主要包括农户水稻生产氮肥及其他投入与产出的统计分析与农户水稻生产函数与氮肥的投入。第七章水稻氮肥实地管理技术的扩散及影响因素的研究,主要包括研究样本、是否采用 SSNM 和 MSSNM 技术的定义、非试验农户特征的统计描述以及水稻氮肥实地管理技术在非试验农户中的扩散。第八章基本结论和政策建议,以及论文的创新点和不足。

关键词:施肥　氮肥　水稻　农业技术推广

**6632**

**新型农村金融机构发展逻辑研究:非正规金融正规化的视角** / 邓兴平著 ; 臧日宏指导. -- 中国农业大学, 2009. -- 95 页

论文从非正规金融正规化的视角,对新型农村金融机构发展进行了逻辑性研究。全文共分为八章。第一章为绪论,介绍了研究背景、研究意义、相关概念界定及说明、文献综述、研究目标与研究内容、研究思路与研究方法以及研究特色与创新。第二章非正规金融研究的一般理论,主要包括非正规金融的基本概念、非正规金融的演进方向:新比较经济学的分析框架、非正规金融的效率边界及其扩张限度以及农村非正规金融的正规化探析。第三章新型农村金融机构的发展历程,主要包括"准入政策"的提出、新型农村金融机构及其发展进程、新型农村金融机构的创新意义。第四章非正规金融向新型农村金融机构转化的逻辑分析,主要包括新型农村金融机构对非正规金融的形式替代、新型农村金融机构对非正规金融法人挤出效应以及非正规金融向新型农村金融机构转化的本质。第五章非正规金融向新型农村金融机构转化的动因分析,主要包括民间资本进入农村银行业的金融努力的理论模型、改革以来考察的四因素分析以及新型农村金融机构的兴起促进自发行动与国家推进。第六章非正规金融向新型农村金融机构的转化的成本与收益的分析,主要阐述了评估要点以及两个案例。案例分别为吉林省梨树县百信农村资金互助社和甘肃省陇南市武都金桥村镇银行。第七章是对新型农村金融机构未来发展的关键问题的讨论。主要讨论了产权、性质与治理结构,风险识别与控制、比较优势、规模设定与利益分割。第八章主要结论和政策建议以及有待于进一步研究的说明。

关键词:农村金融　金融机构　机构改革

**6633**

**基于制度均衡视角的中国农村金融制度变迁与创新研究** / 邓岩著 ; 王家传指导. -- 山东农业大学, 2009. -- 163 页

论文将制度因素作为解释农村金融发展的内生与决定性变量,从农村金融制度供求角度对于转型期我国农村金融制度变迁问题进行了分析。论文分为八章。第一章导论,介绍了问题的提出、选题的目的和意义,国内外研究综述,研究的思路和方法,内容安排与主要的创新点。第二章从制度与制度经济学、制

度供求制度均衡与制度变迁理论、产权理论国家理论与制度绩效、理论分析框架的逻辑描述四个方面对农村金融制度变迁的理论基础进行综述。第三章回顾了中国农村金融制度变迁的历史,分析计划经济条件下农村金融制度变迁和转型期农村金融制度变迁。第四章进行中国农村金融制度的需求分析、供给分析和供求的非均衡分析,分析其现状及存在的问题。第五章从经济学角度解析金融制度非均衡现状,分为中国农村金融制度非均衡变迁的特征描述、变迁路径依赖特征分析、制度约束与制度冲突、二元金融与中国民间金融制度供求非均衡等。第六章通过农村信用社制度变迁的绩效评价,以山东省农村信用社为例系统分析了农村金融制度变迁的绩效状况。第七章阐述了国外农村金融制度变迁的经验借鉴与启示,从国外农村金融制度类型、变迁路径进行分析,得出共性经验以及对我国的启示。第八章,根据调研结论,提出农村金融制度创新的总体设想,并提出了基于制度均衡视角的中国农村金融制度改革与创新的政策性建议。

关键词:农村金融　金融体制　金融改革　制度创新

**6634**

**基于公共财政视角的财政农业投入研究** / 丁文恩著 ; 张大红指导. -- 北京林业大学, 2009. -- 152 页

论文对基于公共财政视角的财政农业投入进行了分析研究。全文共分八章。第一章绪论,主要包括研究背景与意义、财政农业投入研究状况综合评述、研究方案,并指出了论文的创新之处与不足。第二章介绍了中国财政农业投入的理论基础。指出农业在国民经济发展战略中的特殊地位,介绍了研究理论,对基本概念与范畴进行了界定。第三章对中国财政农业投入现状进行了分析。包括中国财政农业投入政策、中国财政农业投入的现状以及中国财政农业投入现状的根源。第四章对中国财政农业投入规模进行了分析。包括财政农业投入规模、财政农业投入规模的计量分析以及影响财政农业投入规模的因素。第五章中国的财政农业投入结构。对财政农业的投入结构进行了界定,介绍了财政农业投入结构的演变过程,对财政农业的投入结构进行了计量分析并进行小结。第六章中国财政农业的投入收益。介绍了财政农业投入效益分析的涵义,包括财政农业投入效益分析的概念、原则和方法,财政农业投入效益分析的内容。第七章财政农业投入的国际比较与借鉴。介绍了不同国家的财政农业投入政策,然后对不同国家财政农业投入政策进行了比较分析,得出不同国家财政农业投入政策对中国的启示,包括建立法制化的财政农业投入政策体系、调整农业产业结构、发展生态农业、重视农业科技创新和推广应用、制定政策符合本国国情、完善财政农业投入结构以及健全农业风险保障机制。第八章为研究结论与政策建议。

关键词:农业投资　公共财政　农民收入

**6635**

**农村社会资本的变迁及对社区发展的影响:对重庆市花沟村的个案研究** / 丁湘城著 ; 左停指导. -- 中国农业大学, 2009. -- 131 页

论文以社会资本理论为基础,以西部地区一个行政村为个案,具体通过家庭及家庭关系变化、家族宗族、邻里关系、村民小组、村委会和其他相关组织等对花沟村社区的参与网络现状进行分析,在社会参与网络变化的基础上,分析了信任、制度规范及合作等构成社会资本核心要素的现状及变化。全文共分为六章。第一章,导论。提出问题,说明论文的研究意义、研究设计,阐述论文的创新与不足。第二章,相关理论基础和文献综述。第三章,转型期农村社区社会参与网络变迁。阐述家庭、家庭关系及其变化趋势,介绍家庭宗族参与网络的现状及变化,说明农村邻里关系网络的变化以及农村社区组织的现状及变化。第四章,转型期农村社区信任、规范及合作现状。第五章,从社区资本视角分析农村社区发展的相关内容。第六章,结论。在社会参与网络方面,现代型的公民参与网络有所出现,但政府、社区组织和居民之间的互动网络远远没有形成;在信任方面,农村社区参与网络中的信任是以特殊信任为主,普通信任有选择的提高,信任类型逐渐由原来的深度信任转向浅度信任;在规范方面,礼俗性规范在农村社会中发挥着重要作用,而契约性规范作用比较薄弱;在参与合作方面,村民的合作意愿比较强烈,但是社区的合作途径比较少等。

关键词:农村　社区建设　社会资本

**6636**

**组织租与治理成本:现代化进程中的农村冲突与地方治理问题** / 董筱丹著 ; 温铁军指导. -- 中国人民大学, 2009. -- 144 页

论文对现代化进程中的农村冲突与地方治理问

题进行探讨分析。全文共分为六章。导论介绍当前中国农村冲突的现状和农村冲突化解机制的困境,阐述论文的假说体系与结构框架。第一章,文献综述。介绍国外的社会冲突理论,分析乡村治理体系变迁与现代中国乡村治理的问题,阐述农村冲突与农村可治理性的改善。第二章,城乡二元结构下的农村发展和治理。阐述经济基础与上层建筑的基本概念和拓展,介绍"三农问题"的基本背景与制约矛盾,探讨受制于双重矛盾的农村治理问题。第三章,宏观经济波动与农村治理危机。介绍1970年以来、1980年以来、1990年以来的宏观经济波动与农村治理危机以及30年以来"三农"与"三治"对立统一关系。第四章,新农村建设与农村冲突的预防和转化。阐述新农村建设战略的实施和冲突预防,介绍新农村建设对于农村治理环境的改善,提出新农村建设面临的挑战。第五章,村社理性、组织租与乡村治理。讨论组织租的概念和模型分析影响村社理性的重要因素及组织租、村社理性与治理成本的关系。第六章,主体间性与农村发展和治理基础重建。介绍多元经济结构下的政策歧视模型,阐述部门、资本下乡与"精英俘获","农村主体"与农村稳定。

关键词:农村　社会管理　制度建设　群众自治

**6637**

**我国农产品营销渠道优化研究** / 杜岩著 ; 杨学成指导. -- 山东农业大学, 2009. -- 171 页

论文在明晰农产品营销渠道相关概念的基础上,对国内外农产品营销渠道的研究进行了综述与分析并系统归纳了营销渠道优化的研究脉络。全文共分十章。第一章绪论,介绍了研究背景与研究意义、研究的理论工具、研究思路与方法、研究的内容与框架,指出了论文的创新之处。第二章对国内外相关文献进行了综述,具体包括国内外农产品营销渠道的研究综述以及国内外营销渠道的优化综述。第三章分析了农产品营销渠道的特征及优化的影响因素。对相关概念与基本范畴进行了界定,指出了农产品交易及农产品营销渠道交易成本的特征,对农产品营销渠道优化的影响因素进行了分析。第四章介绍了国外农产品营销渠道运营实践与优化发展的趋势。分析了典型国家农产品营销渠道运营实践,阐述了国外农产品营销渠道优化发展的趋势及国外农产品营销运营实践对中国的启示。第五章分析了中国农产品营销渠道的现状与问题,包括中国农产品流通体制的发展阶段、中国农产品交易市场的发展现状、中国农产品营销渠道的主要类型,指出了中国农产品营销渠道存在的主要问题。第六章介绍了中国农产品营销渠道优化的基本目标、主要方向以及重点领域。第七章介绍了中国农产品营销渠道的组织优化。阐述了中国农产品营销渠道组织现状和基于交易成本的农产品营销渠道组织选择,以及农产品营销渠道组织主体优化的具体方案。第八章介绍了中国农产品营销渠道的结构优化。对中国农产品营销渠道的结构进行了分析,阐述了中国农产品营销渠道结构优化的战略对策,提出了对农产品营销渠道结构各环节运作机制的优化方案及农产品营销渠道结构优化的具体措施。第九章介绍了中国农产品营销渠道的关系优化。对农产品营销渠道的关系合作进行了博弈分析,对基于渠道权力的农产品营销渠道关系进行了分析,概述了中国农产品营销渠道的关系模式与理念,提出了基于一体化的农产品营销渠道关系优化方案与基于联盟的农产品营销渠道的关系优化方案。第十章为结论与展望。

关键词:农产品　市场营销　营销渠道

**6638**

**品牌联合效应形成过程中的调节性因素研究** / 范公广著 ; 陆娟指导. -- 中国农业大学, 2009. -- 121 页

论文通过实证分析对消费者品牌效应形成过程中调节因素的影响进行了研究。全文共分为六章。第一章为导论,主要简述了研究背景、研究意义、研究目的和内容、研究方法与技术路线、论文结构以及论文研究的课题支持。第二章为论文的文献综述,主要有品牌资产理论、品牌关系理论、品牌延伸理论、品牌联合理论、消费者学习理论以及文献梳理与研究构思。第三章品牌联合效应形成中的调节性因素影响及研究假设,主要包括基本概念模型、调节性变量及其影响、联合匹配性感知的形成过程、对联合品牌的评价过程、溢出效应的形成过程以及溢出效应与消费者购买行为的关系。第四章论文的研究设计与方法,主要包括研究环境、基本实证思路、样本与数据收集、研究变量的测量以及数据分析方法。第五章品牌联合效益形成中的调节性因素的实证研究,主要包括品牌关系质量对品牌联合效应的调节性影响和产品介入度对品牌联合效应的调节性影响。第六章论文研究的基本结论、理论贡献、管理学启示、研究局限以及未来的研究展望。

关键词:企业管理　经济合作　品牌效应　消费者

**6639**

**农村信用社经营风险评价与预警研究:以江苏为例**／方金兵著；张兵指导. -- 南京农业大学, 2009. -- 140 页

论文依据金融风险预警理论和农村信用社具体经营实践,以江苏省为研究对象,在设计农村信用社的外部环境风险和内部运营风险监测预警体系基础上,评价内外风险,构建农信社内部运营风险和外部环境风险的预警模型。论文分为八章。第一章导言,介绍问题的提出、文献综述、研究目标和研究内容、数据来源和技术路线、可能的创新与不足。第二章背景介绍,主要对农信社经营风险现状和农信社风险预警体系的发展情况进行简要介绍。第三章论文分析框架和研究方法,重点介绍了研究中涉及的金融风险理论、金融风险预警理论,界定研究中重要概念、逻辑框架,展示了研究方法。第四章设计农村信用社经营风险监测预警系统,构建农信社外部环境风险预警指标体系和内部运营风险预警指标体系,设定临界值,给出单项指标和综合指标风险得分的计算方法。第五章采用实证研究,以江苏省农村金融体系为研究对象,对 1979—2006 年间风险进行评价,设计出农村信用社外部环境风险的宏观检测预警模型。第六章采用案例研究,对样本信用社的内部运营风险进行预算评价,通过各项指标收集、内部运营风险量化分析、内部运营风险的综合评定等方法进行研究。第七章采用实证研究,进一步分析农信社的内部运营风险,以江苏省 66 家具有法人资格的县级农村信用联社为样本,分别采用面板数据和截面数据建立风险预警模型。第八章全文总结和政策建议,依据综合分析,给出相关建议,并对进一步的研究进行展望。

关键词:农村信用社　风险评价　风险管理　信贷

**6640**

**进城农民工的风险与风险管理策略研究**／冯伟著；马九杰指导. -- 中国人民大学, 2009. -- 183 页

论文对中国城市化进程中农民工的风险与风险管理策略问题进行了研究。全文共分为八章。第一章为导论,介绍了问题的提出、概念界定、数据来源、论文的逻辑框架与章节安排以及论文可能的创新与研究不足。第二章相关文献综述,主要包括移民面临的风险冲击与来源、家庭收入风险管理策略、移民正规风险管理机制——社会保护机制研究、农民工循环流动与留城定居意愿。第三章为农民工风险及其影响因素的研究,主要介绍了风险、脆弱性及其来源、农民工面临的风险、对农民工风险及其影响因素的计量检验。第四章农民工风险管理策略选择及其相互关系,主要从农民工风险管理策略选择与权衡、农民工风险应对策略选择的描述性分析、计量模型构建、变量选取与描述、估计结果与讨论进行研究。第五章农民工非正规保险策略与社会资本,主要包括农民工社会资本的描述性分析、社会网络内农民工非正规保险策略的运用、农民工流动性、迁移经历与社会资本。第六章农民工正规风险管理机制与社会保护,介绍了农民工社会保护的现有模式与比较分析、以北京为例的农民工迁入地社会保护、对农民工迁出地社会保护进行的案例分析。第七章农民工风险、风险管理与留城意愿。主要包括农民工风险、风险管理与循环流动的分析框架,农民工留城与返乡意愿的描述统计分析,计量分析及其讨论。第八章结论、政策含义与进一步研究方向。

关键词:农村劳动力　劳动力转移　民工　就业　风险管理

**6641**

**我国农村社区灌溉水资源管理中的集体行动机制研究:基于湖北漳河灌区 40 个村庄社区的实证分析**／傅晋华著；郑风田指导. -- 中国人民大学, 2009. -- 186 页

论文基于湖北漳河灌区 40 个村庄社区的实证分析,对我国农村社区灌溉水资源管理中的集体行动机制进行了研究。全文共分为七章。第一章为导论,主要包括研究背景、问题的提出、研究目的与意义、研究特色与创新、概念界定与数据说明以及论文的结构安排。第二章为相关文献的综述,主要包括有关社区自然资源管理的研究、有关集体行动的理论研究、有关社区自然资源管理集中行动的研究、有关农村社区灌溉水资源管理中集体行动的研究以及文献研究的总结。第三章为研究框架,主要包括农村社区灌溉水资源管理中集体行为绩效的影响因素分析、农村社区灌溉水资源管理中集体行为水平下降对农民用水户的影响效应分析以及农民用水者协会在灌溉集体行动中的作用分析。第四章农村社区灌溉水资源管理中集体行动绩效的影响因素研究,主要包括研究框架及研究假设、数据来源、研究设计以及研究结果。第五章介绍了农村社区灌溉水资源管理中集体行为水平下降对农民用水户的影响效应研究,主要包括农村税

费改革后湖北荆门农村社区灌溉管理现状、集体行为水平下降对农民用水户的表层影响以及集体行动水平下降对农民用水户的深层影响。第六章用水者协会在农村社区灌溉管理集体行为中的作用研究，主要包括基于历史角度的我国农村社区灌溉管理中集体行动制度分析、从理论和实证两方面分析用水者协会在灌溉管理集体行为中的作用、我国农民用水者协会运行发展中存在的主要问题以及农民用水者协会发展的国际经验及对我国的启示。第七章主要结论和评述。

关键词：农村　农田灌溉　灌溉制度　水资源管理　湖北

**6642**

**中国农业技术国际转移问题研究** / 傅素英著 ; 张俊飚指导. -- 华中农业大学, 2009. -- 154 页

论文基于世界经济一体化的背景，对中国农业技术国际转移问题进行了研究。全文共分为九章。第一章为导论，包括选题背景、研究目的与意义、国内外相关研究综述、研究内容、方法及技术路线以及可能的创新点和有待于进一步研究的问题。第二章农业技术国际转移的理论基础，主要包括农业技术内涵及其分类、农业技术国际转移的界定以及农业技术国际转移的理论梳理。第三章中国农业技术国际转移的历史轨迹与转移主体分析，主要包括中国农业技术国际转移的历史演进轨迹以及主体定位和功能分析。第四章中国农业技术国际转移的供需机制分析，主要包括农业技术国际转移的基本条件供需机制分析。第五章中国农业技术国际转移的效应分析，包括社会经济效应分析和生态环境效应分析。第六章中国农业技术国际转移的路径选择，包括路径选择的理论依据、原则和方法、农业技术国际转移的主要路径分析、基于区域视角分析的路径选择以及对中国杂交稻技术转移路径的考察。第七章农业技术转移效率及其影响因素的分析，包括农业技术资源转移的帕累托效率的分析、农业技术国际转移的影响因素的分析、中国农业技术国际转移制约因素的分析以及影响因素的实证分析。第八章国外农业技术国际转移的经验与借鉴，主要包括美国农业技术国际转移的基本经验、荷兰农业技术国际转移的基本经验以及对我国的启示。第八章推进中国农业技术国际转移的政策设计，主要包括优化我国农业技术国际转移的宏观制度环境、创新我国农业技术国际转移的微观激励机制以及提升我国农业技术国际转移的竞争策略。

关键词：农业技术　技术转移　国际合作　农业经济

**6643**

**陕北地区退耕还林(草)可持续发展支撑体系研究** / 高海清著 ; 李世平指导. -- 西北农林科技大学, 2009. -- 120 页

论文对陕北地区退耕还林(草)可持续发展的支撑体系进行了分析研究。全文共分九章。第一章导论，主要描述了论文的选题背景、研究目的、研究现状和研究目的，说明了论文的研究思路、方法以及可能的创新之处。第二章介绍了基本概念与基础支撑理论，对退耕还林工程可持续发展的研究涉及一些基本的理论问题，包括退耕还林、可持续性的基本概念和现代公共管理、社会林业理论。第三章对陕北地区退耕还林(草)的现状进行了分析，介绍了陕北地区恶劣的生态环境状况、退耕还林(草)取得的成果和经验教训，分析了生态恢复重建的艰难性，提出了陕北地区生态环境建设的重要性。第四章评价了陕北地区退耕还林(草)可持续发展的影响因素并构建了支撑体系。介绍了可持续发展影响因素评价指标选取的原则、依据、设计思路以及构建可持续发展影响因素评价指标体系的方法，确定了指标权重并给出了评价结果。第五章介绍了陕北地区退耕还林(草)可持续发展的技术支撑。介绍了林业技术的内涵与理论，指出了还林还草中的主要技术问题并对技术支撑体系进行了完善。第六章介绍了陕北地区退耕还林(草)可持续发展的经济支撑。概述了陕北地区经济发展水平，分析了农业要素变化对可持续退耕的经济支撑，介绍了退耕还林(草)条件下陕北农业主导产业的选择，指出了农业产业结构调整对退耕还林(草)的支撑作用，提出了退耕还林(草)经济支撑的保障措施。第七章介绍了陕北地区退耕还林(草)可持续发展的生态移民支撑。分析了陕北地区人口分布现状与存在的问题，提出了调整人口过剩的必要性与思路以及相应的措施。第八章介绍了陕北地区退耕还林(草)可持续发展的政策与工程管理模式创新支撑。包括退耕还林(草)工程管理属性、政策的协调性、工程效益的评价与监督、退耕还林(草)工程管理的风险、陕北地区退耕还林(草)工程管理模式的创新与案例分析以及退耕还林(草)工程管理有效运行的非正式制度建设。第九章为结论与建议。

关键词：造林　牧草　栽培　可持续发展　陕西

6644

**农业转型期我国农业负外部性的生成研究** / 高明国著；朱启臻指导. -- 中国农业大学, 2009. -- 144 页

论文旨在分析我国农业转型时期,由于农业过度开发及农业化学品的不合理使用所造成的农业负外部性现象,重点研究我国农业负外部性的生成机制。全文共分为六章。第一章,导论。说明研究背景、研究综述、研究设计以及研究的社区。第二章,过度耕作与农业生态环境的恶化。介绍河岸的工地资源,阐述工地向集体地的变化,说明工地被瓜分的过程,并进行整合性范式分析。第三章,肥料施用与农业负外部性的生成。介绍传统肥料的施用以及化肥的施用,家庭承包经营与化肥的大量施用,分析化肥施用负外部性形成的机制并进行整合性范式分析。第四章,农药使用与农业负外部性的生成。分析传统病虫害的防治,农业的使用与推广,农户视野中农药施用的负外部性,探讨农药使用负外部性的生成机制,分析农药施用负外部性产生的两个原因:一方面是制度,另一方面是农户行为。最后进行整合性分析。第五章,农业负外部性的内部化。介绍相关概念,农业负外部性内部化的理论设计以及路径和方式,说明农业负外部性内部化的复杂性,最后通过两个成功的案例说明农业负外部性内部化的实践探讨。第六章,阐述论文的主要结论,提出我国农业可持续发展的政策建议。

关键词:农业经济发展　生态环境　可持续发展　经济转型期

6645

**我国中小企业信贷融资体系研究** / 高明华著；张正河指导. -- 中国农业大学, 2009. -- 145 页

论文对我国中小企业信贷融资体系进行了研究。全文共分为八章。第一章为导论,主要包括研究背景及意义、相关概念界定、国内外研究综述、研究目标、内容及方法以及研究框架与创新说明。第二章中小企业信贷融资相关理论回顾,主要包括非对称信息理论、交易费用理论、信贷配给理论以及关系融资理论。第三章中小型融资现状及内在制约因素分析,主要包括中小企业发展概述、中小企业的融资渠道和资金需求特征、中小企业融资缺口的一般描述、中小企业信贷融资内在制约因素分析以及中小企业融资规模约束实证分析五方面的研究。第四章大型商业银行的中小企业信贷支持分析,主要包括大兴商业银行信贷市场中的地位、中小企业融资促进政策效果分析、大型商业银行中小企业信贷配给问题的分析以及对大型商业银行做好中小企业金融服务的必要性分析。第五章中小商业的中小企业信贷支持分析,主要包括中小商业银行是中小企业的主要外部融资渠道、跨区域中小银行对中小企业的信贷支持分析、地方性中小银行最适合中小企业提供关系型融资以及地方性中小银行对中小企业信贷支持不力原因分析四方面的内容。第六章政策性银行的中小企业信贷支持分析,主要包括政策性金融机构的概念与特征、建立中小企业政策银行的必要性分析以及各国中小企业政策性金融的启示三方面。第七章完善中小企业银行信贷融资体系的路径选择,主要包括中小企业赢得银行信任和支持的根本途径、大型商业银行支持中小企业融资的策略选择、优化中小企业信贷融资环境等。

关键词:中小企业　贷款管理　融资体系　银企关系

6646

**我国种植业保险经营模式研究** / 高子清著；黄清指导. -- 东北林业大学, 2009. -- 104 页

论文对我国种植业保险经营模式进行了研究。全文共分为八章。第一章为绪论,主要包括研究背景、研究目的与意义、国内外相关研究评述、研究内容、研究框架及方法。第二章为基本概念及基础理论,主要有可持续发展理论、现代农业理论、期望效益原理、博弈理论、准公共物品理论以及行为经济学理论。第三章我国种植业和种植业保险现状,主要包括种植业发展现状、种植业保险发展现状、我国种植业保险经营中存在的问题三方面的内容。第四章国内外种植业保险主要经营模式及启示,主要包括国外种植业保险主要经营模式、国内种植业保险经营模式以及种植业保险经营现有模式的启示。第五章种植业保险博弈分析,主要阐述了种植业保险博弈构成、种植业保险经营的合作博弈、种植业保险经营的非合作博弈三方面的内容。第六章构建种植业保险经营模式,包括构建的必要性、构建的原则以及种植业保险经营新模式构建的框架。第七章种植业保险经营新模式的推进措施,主要有完善相应的法律法规、以农村股份合作保险公司为微观基础、建立健全种植业保险在保险制度、政府成立种植业保险服务部门、建立健全监督审查机制以及种植业保险基金筹集多元化。第八章是以鄱阳湖地区为例的实证分析,主要包括鄱阳湖湖区的概况、鄱阳湖地区种植业保险需求调查分

析、实施种植业保险经营新模式后的有效需求分析以及实施新经营模式的保障措施。

关键词:农业保险　种植业　保险模式　博弈论

6647

**中国涉农产业:结构、关联与发展——基于国际比较视角的投入产出分析** / 耿献辉著 ; 周应恒指导. -- 南京农业大学, 2009. -- 142 页

论文基于国际比较视角对中国涉农产业的投入产出进行了分析研究。全文共分七章。第一章绪论,具体包括问题的提出及研究意义、研究的方案、主要研究内容、目标及关键问题,对国内外研究现状进行了介绍与分析,指出了论文的特色与创新之处以及有待进一步研究的问题。第二章介绍了世界农业发展与涉农产业理念的形成。具体分为世界农业发展的历程与趋势、现代农业的形成与特征以及世界(现代)农业的发展趋势,对涉农产业与农业食物系统的概念进行了界定,介绍了涉农产业的发展与实践及世界涉农产业发展的启示。第三章介绍了涉农产业的经济学分析方法:投入产出模型。介绍了均衡与一般均衡理论,并给出了均衡与一般均衡理论的应用——投入产出分析,概述了投入产出表的结构,介绍了投入产出模型以及投入产出分析的主要应用,对投入产出分析的假定及影响涉农产业投入产出分析的因素进行了探讨。第四章对中国涉农产业的总量测度与结构进行了分析。编制了中国涉农产业投入产出表,分析了中国涉农产业的总量测度与最初投入结构,介绍了中国涉农产业的产业结构及特征,并与美国、日本涉农产业体系的总量与结构进行了比较。第五章对中国涉农产业的关联进行了分析与比较。给出了数据来源并进行调整,介绍了中国涉农产业与其他产业的消耗关系、中国涉农产业的中间需求率与中间投入率以及中国涉农产业的影响力系数与感应度系数,对中国涉农产业的需求诱发和需求依存程度以及与美国、日本涉农产业的关联程度进行了比较分析。第六章对国内不同区域涉农产业发展的投入产出进行了分析。具体分为江苏、湖南、甘肃三省涉农产业体系的总量和结构比较,江苏、湖南、甘肃三省涉农产业关联程度的比较分析。第七章为研究结论及中国涉农产业发展战略,包括研究结论、政策含义与启示,介绍了中国发展涉农产业的重要意义并提出了加快我国涉农产业发展的举措。

关键词:农业经济　产业结构　产业发展　投入产出分析

6648

**中国农民对社区林地资源的获取研究:以中南"杉"县农民对集体林资源获取的分析为例** / 苟天来著 ; 左停指导. -- 中国农业大学, 2009. -- 162 页

论文以中南"杉"县农民对集体林资源资源获取的分析为例,对中国农民对社区林地资源的获取进行研究。全文共分为八章。第一章,研究背景、现状、内容和方法。第二章,水平层次上农户获取资源收益的状况。介绍不同产权形式下农户获取资源的状况,分析分户经营的农户获取收益的差异。农户获取林地资源的情况有复杂的现实背景,受众多因素影响,产权仅是影响其林地资源占有的一方面,而其获取在很大程度上是由资源产品链上的一系列利润分配中相关各个利益主体的互动所决定的。第三章,林产品垂直链条上的利润分配状况。第四章,获取资源的原则。第五章,从名义和实际两个方面说明对资源控制的政策。第六章,农民获取资源收益的途径。第七章,对获得性进行综合考察。第八章,结论。在这个过程中,强有力的行动者能够通过能动性用各种资源和异化影响利润链条上收益分配的规制权力,并且塑造和强化有利于自己的机制;虽然农户会从中收益,但是另一方面,规制权力和市场权力会联盟进行市场控制,这些因素直接影响到获取资源的价格,并且也在农户销售资源前向一体化的道路设置了不公平的障碍;社区虽然存在抵制控制的意识形态和弱熟人社会以及能动性的基础,但是还是很难消解这类控制,尤其是对小农而言,其为了生存和安全的需要的获取还顶着意识形态和法律上的污名化的危险。

关键词:农民　土地资源　森林资源　资源利用

6649

**农民合作行为分析:以河北省金村为例** / 郭海霞著 ; 任大鹏指导. -- 中国农业大学, 2009. -- 130 页

论文以河北省的一个普通村庄为个案,采用行动者导向的研究方法,考察了其中的农民合作行为。全文共分为八章。第一章,导论。介绍研究背景和意义,阐述相关文献研究,界定相关概念,说明研究方法和研究框架。第二章,介绍村庄的类型、权利结构与合作行为的变迁。介绍金村的地理位置以及由来、发展现状,说明金村的类型以及村庄的权利结构,阐述农民合作行为的变迁。第三章,资源输入、村庄内源

与农民合作。通过个案分析说明税费改革前的合作博弈以及改革后的合作难题，说明资源输入与金村用水户协会的组建，提出新一轮的合作困境，分析金村梁后农民合作的修路行为，阐述农村公共品供给的方案选择。第四章，大户主导、成员博弈与利益联结。分析金吉农民专业合作社的创建过程、运转过程，介绍政府的扶持以及农民专业合作社的发展。第五章，利益表达、非制度参与和集体上访。通过个案呈现征地风波与集体上访的过程分析集体上访的微观机制，解释集体上访的宏观发生机理。第六章，互惠、关系人情与社会交换。介绍婚礼中的、丧葬中的农民合作行为，分析红白喜事中的互惠、关系人情与社会交换。第七章，农民合作机理。说明农民合作的基本要素，分析不同类型农民合作的差异性，阐述农民的合作机理。第八章，结论和建议。

关键词：农民　农业合作　行为模式

**6650**

**中国农林特产资源保护与可持续利用研究** / 韩浩著；佟光霁，李广指导. -- 东北林业大学，2009. -- 111 页

论文对我国农林特产资源的保护和可持续利用问题进行了研究。全文共分为八章。第一章为绪论。介绍了选题背景，国内外相关研究现状及评述，相关概念解析，研究框架及采用的主要方法，本研究的主要内容与结构。第二章在分析国内外文献的基础上，对农林特产资源概念、特征进行了分析，并在基础理论分析的基础上，以相对优势理论、要素禀赋论、新竞争优势理论、产权理论、自然经济价值理论和可持续发展理论为基础，提出并构建了研究我国农林特产资源保护与可持续利用问题的理论研究范式和分析框架。第三章从野生动植物、人工培育动植物两方面分析了我国农林特产资源现状以及发展遇到的困境。第四章分析了我国农林特产资源保护与可持续利用的经济学属性，并从经济学角度总结分析了发达国家农林特产资源保护和可持续利用的成功模式的经验。然后结合我国农林特产资源现状及发展趋势，有针对性地构建了以“区域特产资源特征、区域主导产业、区域产业链、区域社会组织程度和区域经济发展水平”五个要素构成的我国农林特产资源发展基本模式和四个具体模式。第五章从科技、保护与监控、信息与金融、法律等五个方面完善了我国农林特产资源保护与可持续利用的支撑体系。第六章从农林特产资源价值入手，通过分析其影响因素、构成要素，构成了以生态效益、经济效益、社会效益为子系统的农林特产资源保护与可持续利用评价指标体系。第七章应用 AHP 方法测算出农林特产资源保护与可持续利用评价指标体系各层次指标的权重，在此基础上，应用模糊数学构建方法构建了农林特产资源保护与可持续利用的模糊综合评判数学模型，并应用该模型以黑龙江省农林特产资源—山野菜为样本，进行了分析。第八章从政府角度、产业角度对我国农业特产资源保护与可持续利用的对策，并分析了其指导思想、基本原则与发展目标。

关键词：农业资源　林业资源　资源保护　资源利用

**6651**

**中国食品可追溯体系的利益主体研究：基于北京市的实证调查分析** / 韩杨著；乔娟指导. -- 中国农业大学，2009. -- 150 页

论文以现有的经济学理论为基础，通过理论分析和实证研究对中国食品可追溯体系的利益主体进行了研究。全文共分为八章。第一章为导论，主要包括研究背景及意义、国内外研究现状、研究目标、研究范围、研究内容、拟解决的关键问题、技术路线、研究方法及论文的创新说明。第二章介绍了食品可追溯体系研究的理论基础，主要包括信息不对称理论、公共选择理论与制度理论、供应链管理理论、利益相关者理论与计划行为理论、博弈论和交易费用理论。第三章介绍了中国食品可追溯体系的背景与发展。主要从中国食品可追溯体系的背景和中国食品可追溯体系的发展状况两方面进行阐述。第四章食品可追溯体系中的生产者行为的分析。从生产者的生产决策准则、食品可追溯体系中的企业行为和食品可追溯体系中的农户行为三方面进行研究。第五章为食品可追溯体系的消费者行为分析，主要从消费者的购买决策准则、消费者问卷设计、样本选择及变量特征、消费者对食品可追溯的认知与态度以及消费者对可追溯食品的购买意愿及影响因素四方面进行分析。第六章为食品可追溯体系的政府行为分析。主要包括政府政策制定准则、食品可追溯体系中政府目标、行为及影响因素、中国食品可追溯体系中政府行为的案例分析。第七章介绍了食品可追溯体系的国际比较及对中国的启示。主要包括主要发达国家的食品可追溯体系的主要模式、中国食品可追溯体系主要模式的国际比较以及建立完善中国食品可追溯体系。第八

章介绍了论文的研究结论与对策建议。

关键词:食品卫生　食品安全　质量管理　北京

**6652**

**吉林省国有林区公共产品政府供给研究** / 何继新著 ; 顾凯平指导. -- 北京林业大学, 2009. -- 303 页

论文从当前国有林区公共产品政府供给现实视角将天保工程在吉林省国有林区全面实施为研究的逻辑起点,选择吉林省国有林区这一典型区域对其公共产品政府供给发展运行状况、规律和供给机制构建进行研究。全文共分为十五个章节。第一章绪论。介绍了研究背景,研究目的及意义,国内外研究现状及评述,研究思路和主要内容,研究对象的界定以及研究方法。第二章吉林省国有林区公共产品政府供给相关概念界定。包括公共产品政府供给相关概念界定,林区、国有林区和吉林省国有林区的界定,国有林区公共产品和国有林区公共产品政府供给概念。第三章介绍吉林省国有林区公共产品政府供给的理论依据。第四章介绍了吉林省国有林区公共产品政府供给的现实依据。第五章介绍了吉林省国有林区公共产品政府供给的特殊性依据,包括协同性、政府主导型、生态基础性、社会治理性、政策制度依赖性。第六章介绍了吉林省国有林区公共产品政府供给的演进和变迁。包括完全的计划管理体制阶段,计划管理体制改革阶段,市场经济管理体制阶段。第七章对吉林省国有林区政府供给的公共产品客体进行了分析。第八章对吉林省国有林区公共产品政府供给主体进行了分析。第九章对吉林省国有林区公共产品政府供给行为进行了分析。第十章对吉林省国有林区公共产品政府供给规模进行了分析。第十一章对吉林省国有林区公共产品政府供给结构进行了分析。第十二章对吉林省国有林区公共产品政府供给的经济增长效率进行了分析。第十三章对吉林省国有林区公共产品政府供给的公共需求偏好进行了分析。第十四章介绍了吉林省国有林区公共产品政府长效供给机制的构建,包括需求、筹建、供给管理。第十五章为研究结论、主要创新点和研究展望。

关键词:林区　公用事业　供给制

**6653**

**国家引导型发展中的乡镇政府及其行动研究** / 何君著 ; 李小云, Peter Ho 指导. -- 中国农业大学, 2009. -- 165 页

论文透过新制度主义理论视角,阐述乡镇政府如何采取行动以实践国家引导型发展,同时揭示在不同的发展实践过程中制度对乡镇政府行动的影响。全文共分为七章。第一章,引言。介绍研究的背景及意义,研究的理论框架、研究方法和研究内容以及相关文献研究进展。第二章,国家转型、农村正式制度变迁与乡镇政府行动。分析农村正式制度变迁的背景、制度的行动基础及农村正式制度变迁与乡镇政府行动。第三章,商会构建与运行。介绍商会产生的背景,说明商会的组建与运行,分析制度嵌入的内部收益与外部风险。第四章,纠纷调解。介绍纠纷视角下的乡镇政府,说明纠纷类型的趋势变化与解决渠道,通过案例分析宅基地与施工占地纠纷,说明乡镇政府在“解纷”中的角色与行动。第五章,新型农村合作医疗。分别阐述不同时期农村合作医疗事业的发展演变,不同主体的选择与行动,乡镇政府的默许与授意以及制度约束、被动执行与策略性行动。第六章,烤烟收购与生殖养殖。第七章,结论,提出建议。首先,乡镇政府具有功能上的不可替代性、实体设置上的不可撤销性,以及发展层面上重要的政治和文化意义;其次,乡镇政府通过行动创制出了介于国家与农村社会之间的、能够发挥自由裁量与能动性的“嵌入性空间”,同时,乡镇政府的能动性与理论行动同样会促进嵌入性空间的形成与再创新;最后,正式制度是乡镇政府行动的主要依据。

关键词:乡镇　地方政府　行政管理　政府职能

**6654**

**产权管制放松研究:来自中国农地制度变迁的经验证据** / 何一鸣著 ; 罗必良指导. -- 华南农业大学, 2009. -- 203 页

论文在管制经济学和产权经济学研究成果的基础上,重新考察中国农地产权制度变迁的约束条件并提炼出若干关于产权管制放松的可验证假说,从而构建一个属于转轨经济特有的理论体系。全文共分为九章。第一章,导言。第二章,理论评述。介绍从产权管制放松理论到产权管制放松思想的研究动态,阐述产权制度变迁及其在中国应用与检验的发展动态以及对现有文献的评析及论文的贡献。第三章,研究框架。介绍新制度范式下的实证主义方法论原则,阐述产权主体的行为约束,分析产权管制理论的研究客体,介绍产权管制及其放松的历史背景与理论逻辑。第四章,产权管制放松的基本原理。介绍产权管制放

松概念体系的内涵与外延，产权管制放松第一定律和第二定律，阐述从化 Coase 定力到产权管制放松理论。第五章，原因分析。介绍产权管制放松的原因假说：一个简单的制度非均衡动态博弈模型，并对假说进行检验。第六章，过程分析。对产权管制放松中的讨价还价进行分析。第七章，绩效分析。分析产权管制放送中的制度效应。第八章，对产权管制放松的边界的理论模型进行进一步讨论，并对双重约束条件下不同产权管制结构下制度绩效进行实证分析。第九章，结论。总结产权管制放松实物一般理论范式，说明产权管制放松理论对中国经济转轨与农地产权改革的启示。

关键词：农地制度　土地制度　产权　经济体制改革

**6655**

**黑龙江省湿地保护管理公共政策研究** / 何志鹏著 ；尚杰指导. -- 东北林业大学，2009. -- 119 页

论文从经济学的视角上，对黑龙江省湿地保护的管理公共政策进行了研究。全文共分为七章。第一章为绪论，主要包括研究背景、目的和意义、国内外相关研究现状及其评述、研究内容与结构、研究方法与技术路线。第二章湿地保护管理公共政策的理论基础与分析框架。主要包括相关概念的界定、湿地的功能与作用、湿地保护管理公共政策的理论基础、湿地保护管理公共政策的分析框架。第三章国内外湿地保护管理公共政策的经验与启示，主要包括国外湿地保护管理公共政策、国内湿地保护管理公共政策以及国内外湿地保护管理公共政策的经验与启示。第四章黑龙江省湿地保护管理公共政策现状分析，主要包括黑龙江省湿地及其特点、黑龙江省湿地公共政策的演变过程、湿地的产权特点、湿地保护管理公共政策结构层次分析、湿地保护管理公共政策结构层次的一般特点、政府主要相关部门及其湿地保护管理相关联性研究、黑龙江省重要湿地及其保护区管理现状、黑龙江省湿地的主要干扰和威胁以及湿地的干扰和威胁的来源。第五章湿地保护管理公共政策的缺陷及其原因，主要包括流域管理缺失、产权界定不清晰、管制资源和权限不当、管理机构设置与行政属地管理的体制矛盾、管制措施缺乏激励相容性以及湿地围护方式方法单一。第六章黑龙江省湿地保护管理公共政策的创新，主要包括构建流域分片管理模式、建立联合审议的许可管制制度以及建立集权型垂直结构的行政管理体制。第七章黑龙江省湿地保护管理公共政策的优化，主要包括界定湿地权力，完善政策系统的整体性和关联性、中央政府承担管制责任、理顺管理机构与地方行政管理关系、引入激励性管制措施以及创新湿地围护方式和方法。

关键词：湿地　湿地资源　资源保护　公共政策　黑龙江

**6656**

**行动应对与社会支持：我国农村留守老人的养老研究** / 贺聪志著 ；叶敬忠指导. -- 中国农业大学，2009. -- 162 页

论文考察了我国向现代化转型的过程中，农村劳动力乡城迁徙导致农村养老结构发生的变迁和对留守老人养老需求的影响，并分析面对这种变迁对留守老人造成的养老压力，不同的相关行动主体如何因应及结果。全文共分为七章。第一章，导论。介绍研究背景以及研究设计，阐述相关文献研究。第二章，留守老人的生活现状与所受影响。分析留守老人阐述的原因，留守老人的人口学特征，介绍留守老人外出子女的流动特征，说明留守老人的经济供养，生活照料以及精神慰藉。第三章，留守老人的行动应对。分别介绍留守老人的经济困难和生活困难的应对，留守老人的自我心理调适，阐述留守老人代际团结的维系。第四章，留守老人的家庭支持。概述家庭与家庭支持，分析外出子女对赡养义务的维持，阐述其他家庭网成员的角色补偿和代替，分析留守老人家庭支持系统功能因应的问题和困境。第五章，留守老人的社区支持。介绍留守老人的地缘关系支持以及留守老人的社区正式和非正式组织支持。第六章，留守老人的政府与其他社会支持。介绍我国农村老年福利的制度背景，说明政府对留守老人的制度性支持以及留守老人的其他社会支持。第七章，留守老人养老结构的“断裂”。阐述应对留守老人养老问题的思路。

关键词：农村　养老　家庭结构　社会保障

**6657**

**城市扩张中的农地保护机制研究** / 贺晓英著 ；李世平指导. -- 西北农林科技大学，2009. -- 120 页

论文采用规范分析与实证分析相结合的方法，对城市扩张中的农地保护机制进行了研究。全文共分为七章。第一章为绪论，主要阐述了研究背景、研究目的和意义、国内外研究的评述、研究思路和方法以及论文的创新点和不足之处。第二章城市扩张在农地保护研究的理论基础，主要包括农地保护、城市扩

张等概念的界定，农地保护分析的理论基础以及现实存在的制约因素。第三章阐述了城市扩张中农地保护的严峻形势，主要介绍了城市扩张时农地保护的主要威胁、城市扩张造成农地流失的原因分析、城市扩张导致的农地质量下降与生态的破坏以及以西安市为例的实证研究。第四章美国城市扩张中农地保护方法的研究，主要从美国农地保护的起源和目标、美国农地保护组织体系、美国城市扩张中的农地保护方法及其特点、实施状况与效果和方法的评价四个方面进行了说明。第五章我国农地保护制度体系的分析，主要包括改革开放前后我国农地保护政策体系及其演进以及我国农地保护的政策与方法评价。第六章我国农地保护参与主体及其行为特征的分析，主要包括农地保护的相关参与主体的界定、各参与主体的行为目标及其关系、各主体在农地保护中的行为特征以及基于杨凌区调查的不同主体的农地保护认知及支付意愿的实证分析。第七章我国城市扩张中农地保护机制的完善，主要包括我国农地保护的目标设计、调控机制的完善、激励机制的构建以及我国农地保护的主体完善：创设农地保护非营利组织。

关键词：城市化　农业用地　土地利用　土地保护

**6658**

**北京地区粮食供应链整合研究** / 洪岚著 ；安玉发指导. -- 中国农业大学, 2009. -- 125 页

论文以交易费用理论等基础理论为理论基础，运用价格协整、价格联动的模型等方法，对北京地区粮食供应链整合进行了研究。全文共分为七章。第一章为导论，主要包括研究背景和意义、国内外研究的现状、研究目标与研究内容以及论文的创新与不足之处。第二章粮食供应链整合的理论基础和研究方法，理论包括交易费用理论、网络经济理论以及供应链管理理论，研究方法包括价格协整、价格联动的计量模型、问卷调查、案例研究等。第三章粮食供应链整合的基础分析，主要包括北京地区粮食的供求与流通概况分析、北京地区粮食产业链各主要环节概况与分析以及大宗成品粮企业供应链构建基础分析。第四章粮食供应链整合的主体关系分析，包括粮食供应链整合的驱动因素和目的分析、粮食供应链整合的商业环境分析、产品差异与粮食供应链整合分析以及纵向关系与粮食供应链整合分析。第五章粮食经营企业供给链整合特点分析，主要包括粮油批发市场上经销户与加工商合作关系调研分析、粮食供应链的整合难度分析。第六章粮食供应链整合的实证分析，主要从粮食供应链价格联动模型的选择、数据来源与说明、粮食产区与北京市场价格协整的分析、价格联动与粮食供应链整合关系的分析四个方面进行阐述。第七章为论文的结论和政策建议，以及需要进一步探讨的问题。

关键词：粮食　供应链　粮食企业

**6659**

**贸易开放、价格传导与农民福利：基于相对价格角度的分析** / 洪伟著 ；朱晶指导. -- 南京农业大学, 2009. -- 121 页

论文基于相对价格角度对贸易开放、价格传导与农民福利进行了分析研究。全文共分九章。第一章前言，主要包括研究背景与问题的提出、研究目标、假说和内容、研究方法、数据来源、技术路线以及论文的结构安排，指出了论文的创新与不足。第二章为文献综述，对相关概念进行了界定，给出了分工理论和凯恩斯的价格刚性理论的综述，回顾了从农民收入以外的角度、从农民绝对收入角度、从农民收入购买力角度进行的研究。第三章对贸易开放、工农产品价格及农民福利水平的现状进行了分析。包括贸易开放现状的分析、工农产品价格的分析、农民福利的分析。第四章对农产品市场开放对国内农产品价格传导效应进行了分析。阐述了研究背景及分析框架，对中国主要农产品国内外价格走势进行了描述性分析，并进行了中国主要农产品价格传导的实证分析，最后分析结果并加以解释。第五章基于国际价格走势及贸易开放度对工农产品价格传导进行了比较。阐述了分析框架，具体分析了国际工农产品价格指数走势、中国工农产品市场开放程度以及工农产品国内外价格差异，最后分析结果并解释。第六章基于国内外生产率差异对工农产品价格传导进行了比较。阐述分析框架，具体分析了国内工农业全要素生产率的测算、国外工农产品全要素生产率以及工业品与农产品国内外生产率差异及其比较，最后分析结果并解释。第七章对贸易开放对中国工农产品相对价格的影响进行了分析。包括背景和分析框架、模型、数据和结果。第八章对工农产品相对价格变化对中国农民福利的影响进行了分析。包括研究背景、分析框架与理论模型、模型、数据和结果。第九章为结论与政策建议。

关键词：对外贸易　商品价格　农民　社会福利

6660

**现代农业集群式发展研究:以湖南为例** / 洪艳著 ; 易炼红指导. -- 湖南农业大学, 2009. -- 128 页

论文以湖南为例,对现代农业集群式发展进行了研究。全文共分为八章。第一章为绪论,简述了问题的提出和选题的意义、现代农业的综述、研究思路与主要方法、相关概念与范围界定、研究内容和框架以及可能的创新和不足之处。第二章农业产业集群分析的理论分析,主要从产业集群分析的理论、产业集群识别体系、农业产业集群式发展的内在机理三个方面进行了说明。第三章介绍了国外现代农业集群式发展的经验和启示,主要包括荷兰农业集群模式的产生和发展特点、法国农业集群模式的产生和发展特点、美国农业产业集群模式发展途径分析、美法荷三国产业区域集群发展的启示。第四章介绍了我国现代农业集群发展模式的比较研究,主要包括山东寿光模式、陕西杨凌模式、广东陈村模式、江苏扬州模式以及主要模式的比较与启示。第五章湖南现代农业集群发展的典型案例分析,主要阐述了湖南现有农业产业集群式发展的典型案例、湖南现代农业集群发展存在的问题、现代农业产业集群评价指标体系构建与长株潭的实证分析。第六章介绍了现代农业集群式发展的影响因素分析,主要包括现代农业集群式发展的SWOT分析和湖南现代农业集群发展的影响因素。第七章介绍了现代农业产业集群式发展的战略与模式选择,主要包括现代农业产业集群式发展的战略选择和湖南现代农业集群模式选择。主要模式有农业高科技园区模式、网络离散型模式、地理标志驱动模式以及市场依托型模式。第八章介绍了湖南现代农业集群发展的对策。

关键词:现代农业　产业发展　聚集经济

6661

**发展项目利益相关者关系分析:以三个发展项目为例** / 胡春蕾著 ; 王德海指导. -- 中国农业大学, 2009. -- 128 页

论文基于社会学、管理学和发展学等多学科视角,运用社会网络分析、行动研究和"过程—事件"的分析方法,以国际援助机构在中国开展的三个发展项目为案例,分析发展项目利益相关者的关系环境、关系发展过程和关系策略,以及关系影响发展项目实施过程和效果的作用方式和途径,研究如何在发展项目中有效地进行利益相关者关系管理;并在促进发展项目的管理规范化,提高项目管理水平等方面提出建议。全文共分为七章。第一章,绪论。介绍研究起源、研究背景和研究意义、研究的目的、内容和方法,研究特色、困难与不足。第二章,研究的理论基础和文献综述。第三章,介绍地方项目点的基本情况,说明发展机构的组织框架,阐述利益相关者的识别和具体的研究对象。第四章,利益相关者关系环境与关系发展过程分析。介绍利益相关者的关系环境,分析利益相关者的关系发展过程。第五章,利益相关者关系类型的功能。介绍利益相关者之间的弱关系和强关系功能,阐述项目目标群体的关系类型与资源获得,说明关系节点功能的研究。第六章,关于利益相关者关系管理的思考。引入关系管理概念,阐述发展机构关系管理的具体措施。第七章,结论。

关键词:农村　项目管理　国际合作　经济援助

6662

**城乡统筹的农村社会养老保障:制度选择与政府责任** / 黄庆杰著 ; 韩俊指导. -- 中国社会科学院, 2009. -- 116 页

论文围绕农村养老保障制度建设这一主线,对城乡统筹的农村社会养老保障制度选择与政府责任进行了研究。全文共分为九章。第一章为导论,主要包括研究背景、研究目的、作为应对社会风险的养老保障制度的概念阐释、研究文献综述以及研究内容与方法。第二章农村公共养老保障制度建设的相关理论分析,主要从社会保障的发展历程与规律、社会风险管理与社会保护理论多支柱养老保障模式、制度变迁理论、农村养老保障的政府责任、结论六个方面进行了阐述。第三章为中国农村社会养老保障制度概况,主要介绍了农村各类养老保障项目和以农村养老保险为例农村未能建立正规养老保障制度的新制度经济学解释。第四章为农村社会养老保障制度新型试点的探索,主要包括总体情况、北京模式、苏州模式、嘉兴模式、宝鸡模式。第五章主要国家农村社会养老保障制度变迁与模式比较。主要包括国外农村养老保障制度的主要类型与模式特征、发达国家农村社会养老保障"三支柱"模型及其特征、发展中国家非缴费农村养老金计划、典型国家农村养老保障制度。第六章农村多层次社会养老保障制度框架。主要包括制度目标与功能、制度定位与原则、多层次公共养老保障的制度模式与框架、非缴费福利型养老保障、名义账户养老保险制度。第七章农村社会养老保障制度关键问题研究。主要包括财政投入可行性分析、管理体制、名义个人账户投资运营。第八章制度推进与城乡融合,主

要包括制度推进与城乡融合。第九章内容总结，并对未来的城乡养老保障发展进行了政策展望。

关键词：农村　社会保障　养老保险　政府职能

**6663**

**农户借贷中的声誉作用机制研究** / 黄晓红著 ; 林坚指导. -- 浙江大学, 2009. -- 226 页

论文在博弈分析、文献研究及访谈研究的基础上，构建多个理论模型，对农户借贷中的声誉作用机制进行了研究。全文共分为八章。第一章为绪论，主要包括研究背景、问题的提出、研究的目的与意义、研究方法以及主要创新点。第二章是文献综述，主要包括农户借贷相关研究、一般声誉理论相关研究、借方声誉相关研究。第三章借贷市场中农户声誉的动态形成及其作用机制的博弈分析，主要包括引言、农户与农户声誉、借贷市场中农户声誉形成的过程——一个动态博弈模型、农户声誉效应对借贷前逆向选择的抑制作用、农户声誉效应约束借贷后的道德风险行为以及农户声誉效应的实施机制与作用条件。第四章农户声誉对农户借贷结果影响的模型建构。主要包括引言、农户声誉的基本构成、农户借贷结果的表征变量选择及其影响因素的逻辑关系推演、农户声誉对农户借贷结果影响的理论假设。第五章理论检验的研究设计，主要包括问卷设计、变量测量、数据收集、数据分析方法与工具。第六章数据分析，主要包括数据描述、数据质量检验与量表分析、假设检验、结论与讨论。结论包括农户声誉具有多维结构、农户声誉的信息效应机制、农户声誉的资本效应机制以及信贷类型对农户声誉效应的调节作用。第七章案例研究——农户借贷中声誉作用的现实分析。主要包括案例研究目的与方法、典型案例分析。第八章研究结论与展望。

关键词：农户　借贷　信用

**6664**

**谁塑造了发展需求?：内蒙古中部村庄农民的表达、"代表"与"被代表"的实证研究** / 纪淼著 ; 左停指导. -- 中国农业大学, 2009. -- 130 页

论文在实证研究的基础上，分别将农民的需求表达、代表和被代表作为研究的切入点，以农村社区中的不同发展活动为载体，分析发展过程中不同主体的角色和行为，进而描述农民需求在"代表"和"被代表"过程中被塑造的过程，探析农民需求塑造过程的影响因素和原因。全文共分为八章。第一章，导论。介绍研究背景，研究方案，研究内容和章节安排，研究的创新之处。第二章，文献综述。界定相关概念，讨论发展项目的层次，介绍民主制度化以及我国农村社区发展中的参与和基层民主政治。第三章，不同发展项目对农民需求的回应。第四章，村委会与社区农民的发展需求塑造，分析农民需求塑造的原因。第五章，农民协会与协会成员的发展需求塑造。介绍农民协会的角色，分析不同农民专业协会发展的差异和共同点，协会成员的需求表达、代表与需求塑造。第六章，基层政府部门与社区农民的发展需求塑造。介绍基层部门制度化角色，阐述农民的需求表达、代表以及博弈过程中的需求塑造，分析农民需求塑造的原因。第七章，试验站作为农民发展需求表达主体的尝试。第八章，结论。

关键词：农民　农村经济　经济发展　内蒙古

**6665**

**中国上市商业银行公司治理机制研究** / 姜宝军著 ; 罗剑朝指导. -- 西北农林科技大学, 2009. -- 160 页

论文以现代企业理论等基本理论为基础，对中国上市商业银行公司的治理机制进行了研究。全文共分为十一章。第一章为导论，主要包括研究背景、研究目的和意义、国内外研究动态综述、研究思路与方法以及论文的可能创新之处。第二章商业银行公司治理的基础理论，主要理论有企业理论、产权理论、公司治理理论、商业银行公司治理理论。第三章中国上市商业公司治理机制的现状及问题，主要阐述了上市商业银行公司机制的现状和存在的问题。第四章上市商业银行治理的国际经验，主要分析了日德、英美、东南亚商业银行家族治理模式。第五章中国上市商业银行股权结构与公司治理机制分析，主要分析了不同类型股权结构的商业银行治理的特征、股权结构影响上市商业银行公司治理的机制、股权结构和治理机制与经营绩效实证研究以及改进上市商业银行股权结构的对策。第六章中国上市商业银行股东会决策机制的改进，主要包括上市商业银行的股东决策权、上市商业银行决策机制、实证分析以及决策机制改进。第七章中国上市商业银行董事会制衡机制选择，主要包括上市商业银行董事会运行机制、董事会的制衡机制以及董事会制衡机制的选择建议。第八章中国上市商业银行监事会监督机制的形成与实施，主要分为上市商业银行监事制度、治理机制以及我国上市

商业银行监事治理机制完善。第九章中国上市商业银行管理层约束激励机制的完善。第十章中国上市商业银行外部治理机制优化,主要措施为健全上市商业银行治理的法律制度、完善对上市商业银行的监管体系、改进上市商业银行的信息披露、充分发挥公司控制权市场在上市商业银行治理中的功能等。第十一章为结语。

关键词:商业银行　上市　公司治理

**6666**

**农用水资源需求管理理论与政策研究** / 姜东晖著 ; 胡继连指导. -- 山东农业大学, 2009. -- 176 页

论文运用规范分析与实证分析相结合的方法,通过定量和定性的研究,对农用水资源需求量的影响机理及实际影响进行了研究分析。全文共分为九个章节。第一章导论,介绍了研究目的与意义、国内外研究现状、论文的内容体系以及研究目标。第二章农用水资源需求管理的概论,包括农用水资源需求管理的基本内涵、影响农用水资源需求量的主要因素及其影响机理,以及农用水资源需求管理的鼓励与运作机制。第三章水价与农用水资源的需求管理。主要从我国农用水资源价格及其对农用水资源需求量的影响,农用水资源需求管理的价格机制分析,农用水资源需求管理价格机制现实运作策略三方面进行了分析讨论。第四章水权界定与农用水资源需求管理。在对我国农用水权界定概况介绍之后,分析了水权的实施及其对农用水资源需求量的实际影响,提出了农用水资源需求管理的水权界定和实施策略。第五章水权流转与农用水资源需求管理。分析了我国水权流转的政策取向与实践、水权流转对农用水资源需求量的实际影响,提出了农用水资源需求管理水权流转机制的应用策略。第六章农业节水技术与农用水资源需求管理。包括可供利用的农业节水技术及其节水效率介绍,农业节水技术对水资源需求量的实际影响以及农用水资源需求管理的技术经济机制讨论。第七章以山东省为例,对农业生产结构与农用水资源需求管理进行了分析。在对农产品分类之后介绍后,分别对农业生产结构对农用水资源需求量的影响进行了实证分析,并对农用水资源需求管理的农业生产结构机制进行了分析研究。第八章分析了农用水资源需求管理机制的耦合与协同政策。在对农用水资源需求管理机制的两两耦合分析之后,分析了农用水资源需求量相关影响因素的实现耦合负效应,并提出了农用水资源需求管理的协同政策。第九章对全文进行了总结和研究展望。

关键词:农业　水资源管理　需求管理　激励

**6667**

**山西农村经济发展的金融支持研究** / 阚先学著 ; 罗剑朝指导. -- 西北农林科技大学, 2009. -- 119 页

论文对山西农村金融支持农村经济发展的现状、程度、面临的困境及其成因进行了研究。全文共分为七章。第一章为导论,阐述了选题的目的和意义、研究方法、创新观点及国内外研究的动态。第二章经济发展的金融支持理论基础,主要阐述了金融与经济增长关系的理论基础、金融发展促进经济增长的实现途径以及农村金融发展与农村经济发展。第三章山西农村经济发展金融支持的历史考察,阐述了新中国成立以来山西农村经济发展正规金融支持的历史考察和新中国成立以来山西农村经济发展非正规金融支持的历史考察。第四章山西省农村经济发展的金融支持现状,主要包括农村金融市场的供给主体与行为分析、农村金融需求现状以及山西省农村金融存在金融抑制现象的判定。第五章山西省农村经济发展的金融支持状况实证分析,主要包括山西省农村金融支持农村经济增长状况的实证分析以及山西省农村金融对农民增收支持力度的实证分析。第六章山西省农村经济发展的金融支持所面临的困境及成因分析,主要包括供给型金融抑制阻碍了山西农村经济的发展、需求型金融抑制影响和制约了山西农村金融的发展、山西农村金融存在供给型抑制的微观因素以及山西农村金融存在供给型抑制的宏观因素。第七章提高山西省农村经济发展金融支持水平的政策建议,主要包括构建多元竞争的农村金融体系支持农村经济的发展;推进农业银行改革,发挥其对农村经济的支持作用;加强政策扶持,进一步明确和强化政策性金融的支农作用;农村信用社改革;完善农村金融政策、法规;引导和规范民间金融,支持农村经济的发展以及优化农村金融发展的外部环境。

关键词:农村经济　经济发展　农村金融　山西

**6668**

**中国农业高新技术企业成长的产权变迁研究** / 康艺之著 ; 赖作卿指导. -- 华南农业大学, 2009. -- 139 页

论文以有效的产权制度是组织获得成长的重要保证为起点,运用企业成长理论和产权变迁理论,探

索中国农业高新技术企业成长中的产权变迁及产权现状。论文分为七章。第一章导论,介绍了论文选题背景、选题目的及意义、相关概念的界定、逻辑框架和结构安排、可能的创新之处。第二章文献综述与理论分析,分别从关于农业高新技术企业成长的研究及产权变迁理论的渊源及发展两方面进行回顾,并对已有文献进行评述。第三章产权选择与农业高新技术企业成长的理论拓展,包括产权制度变迁中的主体、外部产权环境与农业高新技术企业成长、内部产权结构与农业高新技术企业成长、中国农业高新技术企业的演进理论。第四章从现实角度分析了农业高新技术企业的成长基础,包括外部环境和影响成长的因素,探讨了中国农业高新技术企业的认定、农业高新技术企业的异质性及中国农业高新技术企业的类型与运行模式,并对中国农业高新技术企业的成长现状进行分析。第五章通过对袁隆平农业高科技股份有限公司、温氏食品集团有限公司两个著名农业高新技术企业快速成长原因的实证考察,分析产权结构与成长特点,并对快速成长的经验进行总结。第六章通过对农业高新技术企业的起源、中国农业高新技术企业成长中的双重身份、农业高新技术企业成长中的产权模式及中国农业高新技术企业的产权现状进行分析讨论,解释农业高新技术企业成长的产权变迁问题。第七章结论与讨论。

关键词:农业企业　技术企业　企业成长　产权变动

**6669**

**城乡就业差异及其影响因素研究** / 赖作莲著 ; 王征兵指导. -- 西北农林科技大学, 2009. -- 148 页

论文以城乡就业差异及其影响因素为研究对象进行探讨,在借鉴与吸收现有城乡就业问题研究成果的基础上,以科学发展观为指导,重点采用了层次分析法、泰尔指数计算法和回归分析法等方法进行研究。全文共分为六章。第一章为导论,包括研究背景、研究目的及意义、国内外研究动态综述、研究视角与范围界定、研究思路、方法与数据来源以及论文的可能创新之处。第二章分析城乡就业差异演变与程度,阐释城乡就业差异的相关概念演变历程,探讨基于层次分析法的城乡就业差异和基于泰尔指数的城乡就业差异程度与城乡就业差异影响因素。第三章就业岗位创造对城乡就业差异的影响,分别详述劳动力需求影响城乡就业差异、就业岗位创造的宏观途径、就业岗位创造的微观途径、就业岗位创造及其途径与城乡就业差异的相关性分析四部分的内容。第四章劳动力市场发育对城乡就业差异的影响,介绍劳动力市场发育与城乡就业差异变动的关系,解析我国劳动力市场发育的历程与现状,就劳动力市场发育与城乡就业差异的相关性进行分析。第五章人力资本积累对城乡就业差异的影响分析,包括人力资本积累与就业促进、我国农村人力资本积累及其对就业的影响、城乡人力资本差异状况与特征、城乡人力资本差异与就业差异的相关性分析。第六章为论文的结论和讨论部分,在总结主要结论的基础上,进一步界定政策含义,最后指出有待于进一步研究的问题。

关键词:劳动就业　城乡差别　劳动力市场　人力资本

**6670**

**西部地区农村市场发育问题研究** / 乐其顺著 ; 雷海章指导. -- 华中农业大学, 2009. -- 156 页

论文对西部地区农村市场发育问题进行了研究。全文共分为九章。第一章为导言,主要包括选题背景与研究的目的意义、研究综述、研究的基本思路、研究内容与研究方法以及可能的创新与不足。第二章农村市场发育的理论分析,主要包括市场与市场经济的一般理论、市场化与市场发育、市场发育的有关理论以及市场发育动因的解释。第三章西部地区农村市场发育的历史轨迹与特征分析,主要包括西部地区农村经济改革的历史背景、历史变迁、主要绩效、主要特征以及西部地区农村市场发育的主要障碍。第四章西部地区农村市场发育程度评估,主要包括农村市场发育评估指标体系的设计、发育程度的评估及分析、评估结果分析以及基本结论。第五章是对广西农村消费市场发育对经济增长的贡献的实证研究,主要包括广西农村经济发展现状、广西农村消费市场的特点与问题、广西农村消费市场需求与变动趋势分析以及广西农村消费市场发育与经济增长的动态均衡关系。第六章介绍了西部地区农业产业化与农村市场发育,主要包括西部地区农业产业化对农村市场发育的作用、现状分析、西部地区农业产业化与农村市场组织发育以及西部地区加快农业产业化发展的对策四方面的内容。第七章介绍了西部地区城镇化与农村市场发育,主要包括城镇化与农村市场发育的互动作用、小城镇在农村市场发育中的作用、西部城镇化面临的主要问题、城镇化滞后对农村市场发育的阻碍分析以及西部地区小城镇发展的战略选择。第八章介

绍了国外促进欠发达地区发育的经验与启示,主要包括美国、日本、巴西欠发达地区的市场发育以及国外促进欠发达地区市场发育的经验教训和启示。第九章介绍了西部地区加快农村市场发育的制度创新,主要包括制度及其功能、制度创新与加快西部农村市场发育、西部地区促进农村市场发育的制度需求以及西部地区加快农村市场发育的政策建议。

关键词:农村经济　产业化发展　消费市场　西部地区

**6671**

**农户灌溉行为对水稻生产技术效率的影响研究:以湖北漳河灌区为例** / 黎红梅著 ; 李明贤,Kei Kajisa指导. -- 湖南农业大学, 2009. -- 139 页

论文基于湖北漳河灌区 2006—2007 年村民组合农户调查的数据库,运用随机前沿分析方法(SFA)分别对三种灌溉行为对农户水稻生产技术效率的影响效应进行了实证分析。全文共分九章。第一章导言,介绍了问题的提出与研究意义、研究目标与研究内容、研究假设、研究范围与研究流程,论文的结构安排、可能的创新与不足。第二章为文献综述,分别对国内外技术效率的相关研究、影响集体行为因素的研究以及节水灌溉技术运用与水稻产量关系的研究进行了述评,指出了对论文的有关启示。第三章介绍了理论基础,包括农户经济行为理论、集体行为理论、社会资本理论、公共池塘资源理论以及交易费用理论。第四章介绍了研究的背景,对湖北的自然资源条件、湖北水稻的生产概况、漳河灌溉水系的基本情况进行了介绍。第五章介绍了数据来源,分为样本抽样方法、问卷设计与调查内容以及调研过程。第六章实证分析了村民组集体水管理对水稻生产技术效率的影响效应。给出了集体水管理的度量方法与指标,对村民组集体水管理的影响因素进行了实证分析,介绍了度量技术效率的随机前沿面理论模型的选择,实证分析了村民组集体水管理对水稻生产技术效率的影响。第七章实证分析了农户形成联合小组对水稻生产技术效率的影响,分为影响农户联合小组形成因素的实证分析与影响农户联合小组形成因素的 Probit 回归结果分析。第八章实证分析了运用节水灌溉技术对水稻生产技术效率的影响。介绍了节水灌溉技术与其所运用的度量,分别对影响节水灌溉技术运用的因素及节水灌溉技术运用与水稻生产技术效率的关系进行了实证分析。第九章为总结与对策建议。

关键词:水稻　栽培　灌溉　节约用水

**6672**

**饲料加工企业成长:模式、组织能力与绩效——基于东北地区的研究** / 李大兵著 ; 翟印礼指导. -- 沈阳农业大学, 2009. -- 130 页

论文以饲料加工企业的成长为主体,对饲料加工企业的组织能力、成长模式与企业绩效之间的逻辑关系进行了研究。全文共分为八章。第一章为导论,主要包括问题的提出、研究目标、基本概念的界定、研究方法与技术路线以及可能的创新。第二章为理论演进与文献综述,主要包括饲料企业成长研究评述、企业能力理论研究进展、论文的研究空间。第三章饲料加工企业成长的特性分析与逻辑框架,主要包括中国饲料产业发展历程回顾、饲料加工企业成长特性分析、饲料加工企业成长特性的"需求"、饲料加工企业成长模式、组织能力与绩效的逻辑关系。第四章饲料加工企业成长的模式选择与绩效分析,主要包括企业成长模式的研究、饲料加工企业成长模式的界定、研究假设、研究方法与数据获取、数据分析以及研究结论和讨论。第五章饲料加工企业成长的组织能力及解构。主要包括组织能力及其测量、饲料加工企业组织能力指标选择、辅助能力的因子分析、基本能力的因子分析。第六章饲料加工企业成长的能力结构与模式选择,主要包括组织能力、企业成长影响因素的研究,变量选取与研究模型,数据分析,研究结论与讨论。第七章饲料加工企业成长的路径演进实践理论分析,主要包括饲料产业发展与饲料加工企业成长实践、企业成长路径演进的理论分析、饲料加工成长分析框架。第八章结论与展望。

关键词:饲料加工　饲料企业　企业成长　企业绩效　企业管理

**6673**

**山东省农村劳动力转移教育培训研究** / 李国强著 ; 田建国指导. -- 中国海洋大学, 2009. -- 130 页

论文运用管理学、教育学等研究方法对劳动力转移教育培训进行了研究。全文共分为七章。第一章为导论,主要包括选题背景与研究意义、国内外文献综述、论文的框架和结构安排、研究步骤、方法和技术路线以及论文的创新点和不足之处。第二章农村劳动力转移教育培训的理论基础,主要有西方劳动力转移理论、厂商理论、外部性与市场失灵理论、公平与效

率理论、人力资本理论以及公共产品理论。第三章教育培训与农村劳动力转移关系解析,主要说明了概念的界定、教育培训对农村劳动力转移的影响以及农村劳动力转移与教育培训的相关分析。第四章山东省农村劳动力转移教育培训现状及问题,阐述了山东省农村劳动力转移和培训的总体状况、山东省农村劳动力转移教育培训现状、山东省农村劳动力转移教育培训存在的主要问题以及山东省农村劳动力转移教育培训存在的问题分析。第五章劳动力转移教育培训的国际经验借鉴,包括政府促进社会公平的教育培训政策、企业教育培训投资促进策略、国外农村劳动力教育培训实践、国外农村劳动力教育培训的特点以及国外农村劳动力教育培训的启示。第六章山东省农村劳动力转移教育培训体系的构建,主要包括山东省农村劳动力转移教育培训模式、山东省农村劳动力转移教育培训策略以及山东省农村劳动力转移教育培训的对策建议。第七章结论与展望。

关键词:农村劳动力　劳动力转移　乡村教育　山东

**6674**

**我国政策性农业保险发展问题研究** / 李海军著 ; 胡继连指导. -- 山东农业大学, 2009. -- 132 页

论文通过运用准公共产品理论、博弈理论、制度变迁理论等作为分析工具,研究了我国政策性农业保险的发展历程,并通过分析国内外政策性农业保险典型模式,考察山东省政策性农业保险试点等方法,给出了关于我国政策性农业保险发展的相关政策意见。全文共分为七个章节。第一章引言。介绍了研究背景及意义,研究方法和路线,论文的创新点及不足。第二章为政策性农业保险的相关理论及阐释。分别阐述了农业保险、政策性农业保险等概念的相关知识,并对政策性农业保险生成及发展的理论基础做了详细阐述。第三章我国政策性农业保险发展的曲折历程,通过对其曲折发展的原因进行分析,探索我国政策性农业保险发展的相关启示。第四章通过对我国政策性农业保险发展的几种典型模式分析对比,总结并借鉴经验。第五章以山东省政策性农业保险试点为例,简要介绍了试点的发展情况,并对存在的现象及相关主体的行为进行分析。第六章通过国外政策性农业保险发展的几种典型发展模式对比分析,总结并借鉴了其经验教训。第七章在对国内外情况分析总结后给出促进我国政策性农业保险发展的几条政策建议:从法律角度出发,建议完善相关法律制度。通过建立管理机构、健全政府财政补贴制度、建立农业巨灾分散转移制度、完善保险税收制度、建立保险与农村信贷相结合制度、坚持自愿与适度强制相结合、建立保险保费资金使用与监督制度等方法,促进我国政策性农业保险持续健康发展。

关键词:农业保险　金融政策　发展模式

**6675**

**农村义务教育教师收入问题研究** / 李霁著 ; 陈锡文指导. -- 中国农业大学, 2009. -- 91 页

论文在已有对我国农村义务教育教师问题的研究基础上,对农村义务教育教师收入问题进行了研究。全文共分为六章。第一章为导论,主要简述了研究背景及研究意义、国内外研究现状分析、论文拟解决的关键问题、研究目标、研究内容和相关概念的界定、使用数据说明、研究方法、研究特色与创新说明以及技术路线。第二章对教师收入现状进行了分析,主要介绍了义务教育教师收入分配制度历史沿革、全国城乡义务教育教师收入现状的分析。第三章教师收入影响因素的相关研究和模型选择,主要包括多层线性模型的计量方法、研究假设与样本说明。计量方法的分析包括多层线性模型的普遍性、形成与发展、样本要求、基本形式等。第四章介绍了小学子样本的多层线性模型,主要包括章节中多层线性模型的变量设定、小学子样本的多层线性分析,包括零模型分析、随机系数回归模型分析、以均值为结果的回归模型分析以及完整的两层线性模型分析。第五章介绍了初中子样本的多层线性模型,主要包括章节中多层线性模型的变量设定、中学子样本的多层线性分析,分析包括零模型分析、随机系数回归模型分析、以均值为结果的回归模型分析以及完整的两层线性模型分析。第六章为论文的结论与建议,主要包括相关结论、农村义务教育教师收入分配中存在的问题、完善农村义务教育教师收入分配的建议以及研究中存在的不足和需要进一步研究的问题。

关键词:农村　义务教育　教师　个人收入

**6676**

**国际粮商商业模式研究** / 李金鑫著 ; 孙中才指导. -- 中国人民大学, 2009. -- 144 页

论文通过对不同粮食产业链条的分析,对国际粮商商业模式进行了研究。全文共分为十二章。第一

章为导论，主要包括问题的提出、研究的界定、研究的内容以及研究的方法。第二章商业模式理论的内涵，主要简述了商业模式的研究综述、商业模式的经济学解释、商业模式的管理学解释以及作为企业分析工具的商业模式理论。第三章粮食产业的特征及粮食企业的商业模式，主要阐述了粮食产业的特点、粮食产业是否存在商业模式、粮食产业商业模式的基础模式以及国内外对国际粮商的研究综述。第四章 ADM 的商业模式分析，主要包括 ADM 概况、ADM 的业务演变、ADM 的业务分析以及 ADM 的商业模式分析。第五章邦基公司的商业模式分析，主要对邦基公司的概况、邦基公司的业务演变、邦基公司的业务分析以及邦基公司的商业模式分析等进行了研究。第六章嘉吉公司的商业模式分析，主要对嘉吉公司概况、嘉吉公司的业务演变、嘉吉对商业模式的重新设计以及嘉吉商业模式分析四方面进行了说明。第七章是对路易达孚的商业模式的分析，主要包括路易达孚概况、路易达孚的业务演变、路易达孚的业务分析以及路易达孚的商业模式的分析四方面进行了说明。第八章康尼格拉公司的商业模式分析，主要包括康尼格拉公司概况、康尼格拉公司业务的演变、康尼格拉公司的业务状况以及康尼格拉公司的战略转型。第九章是对丰益国际的商业模式的分析，主要包括丰益国际概况、丰益公司的业务分析以及丰益公司的商业模式分析。第十章是对国际粮商商业模式的比价分析，主要包括全球粮食产业经营环境的变化、国际粮商对经营环境变化的反应以及国际粮商商业模式的差异性。第十一章中粮集团对商业模式的构建和探索，主要包括中粮集团的业务演变和“全产业链粮油食品企业”。第十二章国际粮商商业模式对中国农业产业化的启示。

关键词：国际贸易　粮食流通　粮食市场　商业模式　产业链

**6677**

**喀斯特地区乡村旅游可持续发展研究** / 李锦宏著；金彦平指导. -- 北京林业大学, 2009. -- 177 页

论文归纳和总结了喀斯特乡村旅游可持续发展的相关基础理论，对贵州省乡村旅游可持续发展问题进行剖析。全文共分为八章。第一章导言。介绍了研究背景、目的和意义、国内外相关研究现状。第二章相关理论基础。主要包括乡村旅游和其他几种旅游类型的关系、可持续发展理论和乡村可持续发展理论。第三章在前面的理论基础上对喀斯特地区乡村旅游发展进行了现实探索，对喀斯特地区乡村旅游资源及喀斯特乡村旅游界定，介绍了喀斯特地区乡村旅游的演进历程主要分为起步阶段、成长期和高速发展时期，喀斯特乡村旅游发展面临的机遇和挑战，对喀斯特地区乡村旅游发展进行了经济效应分析，提出了喀斯特地区乡村旅游发展存在的问题。第四章从可持续发展观、系统动力学和社区参与三个角度出发，明确界定了喀斯特乡村旅游可持续发展研究的主要内容和方法，介绍了喀斯特地区乡村旅游可持续发展的内涵、目标体系以及评价内容，并提出了喀斯特地区乡村旅游发展中应特别注意的几个问题。第五章主要是对喀斯特地区乡村旅游可持续发展问题进行了多学科解释，用系统论对喀斯特乡村旅游系统进行解析和优化，通过博弈论对喀斯特乡村旅游利益主体行为的冲突与协调进行解释，构建了喀斯特地区乡村旅游可持续发展评价指标体系。第六章以贵州省为例，对喀斯特地区乡村旅游可持续发展进行实证研究。第七章主要是喀斯特地区乡村旅游可持续发展的对策研究。第八章是论文的结论、创新与展望。

关键词：乡村　旅游业　可持续发展　喀斯特地区

**6678**

**基于信息不对称的农村金融组织研究** / 李军峰著；王健指导. -- 河北农业大学, 2009. -- 160 页

论文从信息不对称的视角，对农村金融组织进行了研究。全文共分为九章。第一章为引言，主要包括问题的提出、论文的研究意义、国内外研究现状的综述、研究目标、研究内容和解决的关键问题以及技术路线、研究方法和创新点。第二章介绍了信息不对称与农村金融组织理论，主要包括农村金融组织的概念、农村金融组织体系的构成、信息不对称与农村金融市场的资金融通、农村金融组织体系的逆向选择问题以及农村金融组织体系的道德风险的问题。第三章介绍了我国农村金融组织体系改革及面对的问题，主要包括 20 世纪 90 年代以来我国农村金融改革历程概述、我国农村合作基金会的产生发展与被取缔、商业性农业机构——中国农业银行的改革、我国农业信用社的改革历程以及我国农村金融组织体系改革面临的问题再讨论。第四章介绍了农村金融需求分析，主要对农村金融需求的主要发展特征、农户的金融需求和乡镇企业的金融需求三方面进行了分析。第五章介绍了农村金融市场非均衡的分析，主要包括

农村金融市场非均衡概述、农村金融市场被分割的原因分析、非正规农村金融组织的客户类型倾向以及正规农村金融组织的行为选择。第六章信息甄别和监督机制的设计,主要包括农村金融市场信息甄别机制的设计和农村金融市场信息激励和监督监督机制的设计。第七章为典型国家的农村金融组织模式稽考,包括美国、德国、日本、印度和孟加拉国。第八章介绍了我国农村金融组织多元化发展的对策,包括构建多元化农村金融组织体系的必然性分析、我国农村金融组织多元化发展所应遵循的原则、我国农村金融组织多元化发展需求方面的政策建议以及我国农村金融组织多元化发展供给方面的政策建议。第九章为论文的研究总结以及有待于进一步研究的问题。

关键词:农村金融　信用合作社　金融市场　风险分析

**6679**

**省际边界地区经济协同发展研究:以湘鄂渝黔边地区为例** / 李俊杰著 ; 张俊飚指导. -- 华中农业大学, 2009. -- 238 页

论文以湘鄂渝黔边界地区为例,对省际边界地区经济协同发展进行了研究。全文共分为十章。第一章为导论,介绍了论文的研究背景、研究意义、文献综述、研究方法、技术路线以及论文的创新点。第二章介绍了从理论与实践得到的区域经济协同发展的启示。主要包括区域协同发展的理论基础政策指导思想、国内外实践以及从中得到的启示和借鉴。第三章介绍了“跨界陷阱”和“边界效应”。从区域省际区、民族自治区和湘鄂渝黔边界地区分析“跨界陷阱”的表征。从“边界效应”对跨界地区经济发展的制约机理和机制解释“跨界陷阱”。对湘鄂渝黔边地区“边界效应”进行实证检验,破解“边界效应”。第四章是对湘鄂渝黔边区经济协同发展的现状进行考察。主要包括湘鄂渝黔边界地区经济协同发展的基础、困境,以及湘鄂渝黔边区经济协同发展对区域经济增长的效应。第五章介绍了湘鄂渝黔边区经济协同发展战略框架。主要包括区域经济开发模式与湘鄂渝黔边区的选择、“点—轴”开发视角下的跨界区域经济协同发展的空间形态、空间形态评价以及空间组织模式。第六章湘鄂渝黔边区交通基础优化分析。主要包括湘鄂渝黔边协同发展的交通基础设施现状与问题、交通基础设施与湘鄂渝黔边区经济发展的耦合分析、湘鄂渝黔边区交通基础与经济发展一体化互动的优化路径。第七章介绍了湘鄂渝黔边区产业结构优化分析。主要包括湘鄂渝黔边区产业结构发展基础、湘鄂渝黔边区产业结构问题、湘鄂渝黔边区产业集聚分析。第八章湘鄂渝黔边区城镇布局优化分析。主要包括湘鄂渝黔边区城镇布局现状、湘鄂渝黔边区城镇断裂与贯通分析、城镇协同发展的典型案例——龙凤融城。第九章湘鄂渝黔边政府协作机制分析。主要包括湘鄂渝黔边区次区域政策失调的体制障碍、理论解析、博弈解构以及湘鄂渝黔边区域政府协作机制构建思路。第十章介绍了湘鄂渝黔边区经济协同发展政策建议。

关键词:区域经济　经济发展　区域经济合作　产业结构

**6680**

**基于西北边疆安全的兵团特色城镇化发展研究** / 李坤著 ; 龚新蜀指导. -- 石河子大学, 2009. -- 139 页

论文运用比较分析方法,通过对国内外城镇化发展模式的分析,对基于西北边疆安全的兵团特色城镇化的发展进行了研究。全文共分为九章。第一章为导论,主要包括研究背景与意义、国内外研究现状、研究方法与研究思路、研究内容与研究框架以及主要研究创新点。第二章为城镇化相关理论基础。主要包括城镇化的相关概念、城镇化发展的相关理论。主要有经济基础理论、区位理论、结构理论、人口迁移论、非均衡增长论以及生态学派理论。第三章兵团城镇化发展的特殊性分析,主要阐述了国外城镇化发展的状况、我国内地城镇化发展的状况、新疆生产建设兵团的概况以及兵团城镇化与边疆安全的矛盾分析。第四章兵团特色城镇化的功能与作用,主要包括兵团特色城镇化的功能、作用、兵团特色城镇化与边疆安全的矛盾分析。第五章兵团特色城镇化发展的基础评价与症结,主要阐述了兵团城镇发展的基础评价、兵团城镇发展的机遇及优势、兵团城镇发展的症结分析。第六章兵团特色城镇化发展的战略规划与统筹协调。主要包括兵团特色城镇化发展的基本原则、战略目标以及兵团特色城镇化统筹协调。第七章兵团特色城镇化的发展机制。主要包括兵团特色城镇化的动力机制、兵团特色城镇化的融合机制。第八章兵团特色城镇化的路径选择,主要包括基于比较优势下的城镇化路径选择、基于区位发展不平衡下的城镇化路径选择以及以少数民族所占比重划分的城镇化路径选择。第九章兵团特色城镇化发展的保障措施,主

要包括重新定位政府在兵团城镇化中的角色、建立适应兵团城镇化发展的制度创新体系以及加快兵团城镇化中相关支撑政策的调整。

关键词:城镇　国家安全　生产建设兵团　新疆

**6681**

**农业上市公司会计信息质量影响因素及其对资本市场的影响研究** / 李鹏著 ; 王济民指导. -- 中国农业科学院, 2009. -- 101 页

论文针对农业上市公司的会计信息质量进行了分析研究。全文共分八章。第一章绪论,主要包括问题的提出和研究意义、研究现状、研究内容与方法,论文的创新点。第二章介绍了会计信息质量及其与资本市场的关系。包括会计信息质量的内涵及其特征体系、会计信息披露质量以及农业上市公司会计信息质量对资本市场的影响。第三章介绍了会计准则对农业上市公司会计信息质量的影响研究。主要包括会计准则与会计信息质量的关系以及中国新会计准则体系简介。第四章农业上市公司内部治理对会计信息质量的影响研究。包括股权结构对会计信息质量的影响、董事会特征对会计信息质量的影响、独立董事制度对会计质量的影响、监事会职责对会计信息质量的影响以及现有公司内部治理机制下通用会计准则执行的行为选择对会计信息质量的影响。第五章介绍了农业上市公司外部治理机制对会计信息质量的影响。主要包括有效的资本市场对会计信息质量的影响、成熟的经理市场对会计信息质量的影响、产品和要素市场对会计信息质量的影响、控制权市场对会计信息质量的影响以及独立审计市场的存在对会计信息质量的影响。第六章介绍了监管体系对农业上市公司会计信息质量的影响。分析了中国信息披露的监管体制,剖析了监管存在的问题,描述性统计分析了中国信息披露的违规现状,包括披露主体违规与中介机构违规。第七章介绍了农业上市公司会计信息质量及其对资本市场的影响。包括农业上市公司的界定、构建农业上市公司会计信息质量评价指标体系、指标评价标准、评价指标权重的确定、各指标隶属度的确定、会计信息综合评价模型在农业上市公司中的实证研究以及会计信息质量体系隶属度综合得分对股票价格影响实证研究。第八章为研究结论及其政策建议。

关键词:农业企业　上市公司　会计信息　资本市场

**6682**

**我国"以工补农"效果及其主体互动整合研究** / 李强著 ; 王钊指导. -- 西南大学, 2009. -- 199 页

论文从"补农"主体互动整合的角度对新时期提升"以工补农"的效果进行了研究。全文共分为十章。导言主要介绍了研究背景与问题界定、研究目的与研究思路、研究内容与研究方法以及可能的创新点。第一章介绍了文献综述与理论规范,主要包括文献综述、"以工补农"的相关理论借鉴、"以工补农"的概念界定和基本范畴。第二章介绍了三农问题的严峻形势与"以工补农"的基本任务,包括三农问题的实质及其严峻的形势、"以工补农"的基本任务与现实条件。第三章相关行为主体关联关系与"以工补农"的主要渠道,包括相关行为主体及其关联关系、支持性机制的基本要求与实现路径以及现阶段"以工补农"的主要渠道。第四章介绍了政府主导财政直接支农及其效果,主要从财政直接支农计算口径与规模演变、财政直接支农的主要方向及其支持方式、政府主导财政直接支农的效果三个方面介绍。第五章政府引导市场主体支农及其效果。主要包括政府引导市场主体支农的具体运作和政府引导市场主体支农的效果。第六章"以工补农"主体互动存在的问题及其原因。主要包括"以工补农"总体效果问题及其归因、"以工补农"主体互动问题的主要表现以及"以工补农"主体互动问题的原因。第七章主要工业化国家农业支持与借鉴,主要包括主要工业化国家农业政策的演变、工业化国家农业支持基本目标与主体互动模式、工业化国家农业支持正确认识与借鉴。第八章新时期"以工补农"基本思想与主体互动整合模式,主要包括新时期"以工补农"基本思路与基本原则和新时期"以工补农"主体互动整合模式。第九章新时期"以工补农"主体互动整合的实现路径,主要包括通过完善涉农市场制度构建互动平台和通过改革支农管理体制构建互动关系。第十章为研究结论与政策建议。

关键词:农村经济　农业政策　工业化　城乡关系

**6683**

**完善我国政策性农业保险经营机制研究** / 李婷著 ; 肖海峰指导. -- 中国农业大学, 2009. -- 157 页

论文对完善我国政策性农业保险的理论与实践进行了研究。全文共分为九章。第一章导论,主要介绍了研究背景与研究意义、研究目标与研究内容、研究思路与研究方法以及研究的特色与创新说明。第

二章为农业保险相关问题概述及在我国的发展。主要介绍了农业保险的概念与内容、农业保险的特征与作用、农业保险性质的经济学分析、我国农业保险发展的历程以及我国农业保险发展的特点。第三章政策性农业保险不同经营模式的比较分析。主要包括各地对经营政策性农业保险模式的选择与实践和政策性农业保险不同经营模式的比较分析。第四章主要从样本选择与样本结构、对试点地区政策性农业保险实施效果的具体评价以及对试点地区政策性农业保险实施效果的总体评价三个方面介绍了试点地区政策性农业保险的实施效果评价。第五章为农业保险供给主体行为分析。主要包括保险公司开办农业保险的意愿分析与保险公司开办农业保险的主要影响因素。第六章农业保险需求主体行为分析。主要从农户对风险的认知与防范情况、农户对农业保险的认知情况、农户参保情况及对各项指标的评价、农户对农业保险开展的总体评价、农户对农业保险的参保意愿分析和农户参保意愿的主要影响因素分析六个方面阐述。第七章扩大政策性农业保险试点的可行性分析,主要包括政府对农户保费补贴数量的测算、政府对保险公司经营管理费用补贴数量的测算、政府对农业保险再保险费用补贴数量的测算、农业保险补贴投入在各级财政中负担金额的测算、对扩大政策性农业保险试点可行性的判断以及农业保险政策财政支持资金的运行框架。第八章国外农业保险的开展情况以及其对我国的启示。主要介绍了美国、加拿大、欧盟、日本、发展中国家农业保险的开展情况,国外开展农业保险的基本经验评述以及国外农业保险对我国的启示。第九章结论和政策意见。

关键词:农业保险　保险体系　经营机制　经济效果

**6684**

**农村妇女参与村庄治理研究** / 李文著 ; 张晓山指导. -- 中国社会科学院, 2009. -- 121 页

论文基于社会性别和地域差异的视角,对农村妇女参与村庄治理进行了研究。全文共分为九章。第一章为导论,主要包括选题背景和意义、国内外研究现状、基本概念和研究范围、基本问题和研究假设、研究方法和研究路径、资料来源及调查地区介绍、研究内容以及可能的创新与不足。第二章为理论分析框架,主要介绍了社会性别视角以及理论框架的构建。第三章为社会转型期农村妇女在村庄治理中的参与,主要包括转型期的村庄治理和村庄治理中的妇女参与状况。第四章农村妇女参与村庄治理的经济因素分析,主要包括农村经济资源和权利分配的性别不平等、农村性别劳动分工和经济因素对妇女参与村庄治理的影响。第五章农村妇女参与村庄治理的文化因素分析,主要从村落文化的历史变迁、村落文化对妇女参与治理的影响以及意识形态角度的阐释三方面进行说明。第六章农村妇女参与村庄治理的社会资本的分析,主要包括农村社会资本类型及特征、农村社会资本的性别不平等、社会资本对妇女参与村庄治理的影响三方面的内容。第七章农村妇女参与村庄治理的人力资本的分析,主要包括教育人力资本、教育的性别不平等以及受教育程度对妇女参政的影响。第八章妇女参与村庄治理的影响因素的分析,主要包括妇女参与村民选举的影响因素的分析和村庄治理参与的性别差异分析。分析包括数据来源、模型选择与建模原理、变量选择与统计描述以及模型结果与分析。第九章为论文研究的结论和政策建议,以及有待遇进一步研究的问题。

关键词:农村　妇女　参与管理　性别差异

**6685**

**农业产业链功能实现途径研究:兼论湖南省猪肉产业链功能效果评价** / 李文伟著 ; 易炼红指导. -- 湖南农业大学, 2009. -- 161 页

论文对农业产业链功能实现的途径进行了研究,同时分析了湖南省猪肉产业链功能效果的评价。全文共分为九章。第一章为绪论,主要包括研究目的与意义、国内外研究动态及评述、研究的理论基础、研究方法、研究思路与写作框架以及研究的创新点及需进一步说明的问题。第二章介绍了农业产业链功能分析,主要包括农业的功能、农业产业链具有的功能、影响农业产业链功能发挥的不利因素。第三章介绍了农业产业链功能效果评价模型,主要包括评估指标体系的构建原则及组成要素、农业产业链功能效果评估指标体系、运用层次分析法分析产业链功能评价指标体系以及农业产业链功能效果的模糊综合评价。第四章介绍了农业产业链功能实现的内部路径,主要包括农业产业链功能实现的基础、农业产业链功能实现的核心、农业产业链与营销组合体系、农业产业链功能实现的关键、农业产业链功能实现的推进器。第五章介绍了农业产业链功能实现的外部条件,主要包括关于农业和农村的主要法律和政策、关于农产品交易

市场交易的基本准则条件、完善相关法律法规和政府政策。第六章介绍了农业产业链功能实现的风险防范,主要包括农业产业链风险定义、农业产业链风险类型、加强产业链风险管理、保障产业链功能实现。第七章湖南省猪肉产业链功能效果评价,主要包括猪肉产业链内涵、湖南省猪肉产业链发展现状、湖南省猪肉产业链功能效果评价实践。第八章湖南省产业链功能实现途径分析,主要包括加强生产过程控制,提升产业链标准化水平;运用4Ps组合策略,提高产业链市场化程度;立足技术创新推广,健全科技成果转化机制;加强猪肉产品信息管理,完善信息化应用体系;加强政策引导,为猪肉产业链功能发挥提供保障。第九章为结论和展望。

关键词:农业生产　生产管理　产业链　猪肉　湖南

**6686**

**中国农村居民生活质量研究**／李想著；李秉龙指导. -- 中国农业大学, 2009. -- 127 页

论文从客观生活质量着手,在对农村居民客观生活质量进行时间序列上的分析基础上,对中国农村居民生活质量进行了研究。全文共分为七章。第一章为导论,主要包括研究背景及意义、生活质量研究综述、研究目的与研究内容、研究方法与逻辑框架以及研究的创新与不足。第二章生活质量的理论研究与指标选择,简述了生活质量的概念及相关说明、农村居民生活质量的构成因素与宏观影响因素分析、客观生活质量评价体系介绍、客观生活质量评价指标的选择以及主观生活质量的研究。第三章农村居民生活质量时间序列分析,主要包括居民收入、居民消费、居民储蓄、居民素质以及环境、卫生和社会保障的分析。第四章农村居民生活质量截面数据分析,主要对居民收入、居民消费、居民生活效果、文化教育因素、使用因子分析法对各地区客观生活质量情况的排序以及环境、卫生和社会保障等几个方面进行了分析。第五章农村居民主观生活质量描述性分析,主要包括问卷设计及调查方案、被调查对象生活各方面状况的统计分析以及总体状况。第六章农村居民生活满意度影响因素的分析,主要包括主观因素和生活满意度评价和客观因素与生活满意度评价。第七章主要的研究结论和政策建议以及有待于进一步研究的问题。

关键词:农村　农民　生活质量　社会保障

**6687**

**农业产业园区化演进与农业中小企业持续成长的互动机制研究:基于珠江三角洲的实证**／李霄著；和丕禅指导. -- 浙江大学, 2009. -- 272 页

论文基于珠江三角洲的实证分析,对农业产业园区化演进与农业中小企业持续成长的互动机制进行了研究。全文共分为五章。第一章为导论,主要包括问题的提出、农业产业园区化演进与农业中小企业持续成长问题的理论与实践背景、先前相关研究的不足之处、论文研究的目的、内容和范围以及论文研究的方法、重点、创新与结构安排。第二章农业园区、企业成长及其相关理论研究的综述,主要包括相关理论的研究综述、农业产业演进和农业园区的相关研究以及基于企业成长的理论与实践背景。第三章农业产业园区演化与农业中小企业持续成长的影响因素分析,主要包括农业产业园区演化的内涵与动因、农业中小企业持续成长的影响因素、农业产业园区化演进与农业中小企业持续成长、农业产业园区演进的影响因素以及农业产业园区化演进影响因素的实地访谈。第四章农业产业园区化演进与农业中小企业持续成长互动机制研究的实证分析,主要包括农业产业园区化问卷调研的活动与研究思路、顺德陈村花会农业产业园区化演进与农业中小企业成长的因素与机制、南海万顷洋农业产业园区化演进的因素与机制、三水农业产业园区化演进的因素与机制、高明农业产业园区化演进的因素和机制、顺德、南海、三水、高明农业产业园区化演进与企业成长的基本经验以及珠江三角洲地区农业园区发展与企业成长的互动关系调查分析。第五章论文的研究结论和展望以及研究的学术价值以及实践意义。

关键词:农业产业化　中小企业　珠江三角洲

**6688**

**中国大豆主产区农户生产行为与影响因素研究**／李孝忠著；乔娟指导. -- 中国农业大学, 2009. -- 108 页

论文在研究中国大豆主产省大豆产量和波动面积基础上,对中国大豆主产区农户生产行为与影响因素进行了研究。全文共分为七章。第一章为导论,简述了研究背景及意义、国内外研究现状及评述、研究范围与目标、内容框架与技术路线、主要研究方法、数据来源以及创新说明和有待于进一步研究的问题。第二章为理论基础,主要包括行为经济学和农户行为

理论、农户行为理论模型、主产区农户生产行为目标。第三章介绍了中国大豆主产区大豆播种面积波动的分析，主要包括大豆国内供给需求与产量变化、大豆播种面积影响因素分析、播种面积实证分析以及大豆播种面积波动原因分析。第四章介绍了主产区农户行为分析，主要包括研究区域、样本选择的原则与依据、样本分布及来源、研究区农户种植品种结构和成本收益以及不同农户行为分析。第五章农户生产行为选择影响因素分析，主要包括农户生产行为选择影响因素分析框架、农户生产行为选择内部微观影响因素以及农户生产行为选择的外部宏观影响因素。第六章农户生产行为选择的实证分析，主要包括有关农户行为选择理论的一个综述、农户生产经营行为选择模型、变量的选择和计量模型的设定以及模型估计结果及讨论。第七章介绍了论文研究的主要结论和政策建议以及有待于进一步研究的问题。

关键词：农户　经济管理　大豆

**6689**

**新农村建设时期 金融支持农村经济发展研究：基于金融支持功能视角** / 李秀茹著 ; 郭庆海指导. -- 吉林农业大学, 2009. -- 149 页

论文基于金融支持功能的视角，对新农村建设时期金融支持农村经济发展进行了研究。全文共分为九章。第一章为导言，主要包括选题背景及意义、国内外研究的进展、论文的研究范畴、研究主线及逻辑内容、研究方法、创新点及不足。第二章农村金融支持农村经济发展的理论基础，主要包括金融发展理论、农村金融理论、农业政策性金融理论、新制度经济学理论、信贷配给理论以及农村金融支持功能的乘数效应。第三章是对我国农村金融功能与效率的分析，主要包括农村金融支持功能和效率的指标体系、农村金融功能与效率的实证分析以及影响因素的分析。第四章我国农村金融支持中的供给缺失与功能弱化，主要包括农村金融供求非均衡状况概述、“金融抑制”与制度供给缺失、农村金融机构及产品/服务供给不足及功能缺失以及农村金融机构的信贷配给。第五章新农村建设时期我国农村经济发展中的金融需求研究，主要包括农村经济发展中的金融需求概述、农村金融需求的层次性差异化细分、农村金融差异需求与分层供给的模型。第六章国外农村金融支持功能的经验借鉴，主要包括发达国家农村金融体系及其功能、发展中国家农村金融支持的成功模式、国外农村金融支持的借鉴与评价。第七章新农村建设时期我国农村金融体系及功能重塑。主要包括我国农村金融支持体系及功能设计、多元化的农村金融机构功能定位与协调有效发展、功能视角下的农村金融产品与服务创新以及小额信贷的发展与创新。第八章支持功能导向的农村金融制度与政策创新，主要包括农村金融的制度创新与支持政策体系建设、农村金融市场机制与政府支持功能协调机制建设、农村金融机构的产权与激励机制建设、农村金融创新中的信贷担保机制与农业保险体系建设以及农村金融功能监管与法律体系建设。第九章为结论。

关键词：农村经济　经济发展　农村金融　金融支持

**6690**

**基于功能视角的农村金融体系构建研究** / 李学春著 ; 王家传指导. -- 山东农业大学, 2009. -- 181 页

论文简要归纳了我国农村金融体系的历史沿革及金融功能的演进轨迹，并对二元经济体制下农村金融体系供给功能的现状进行了分析。全文共分为九章。第一章为绪论。主要包括选题背景，选题的理论意义和现实意义，国内外研究综述，主要方法、技术路线，文章的基本框架及主要研究内容和创新点及不足之处。第二章阐述了系统、功能与结构理论，是新农村金融体系构建的理论基础，并对功能视角下的农村金融进行了理论界定。第三章对新农村建设引致的农村金融需求特点进行了分析，内容包括新农村建设引致金融需求的特点，新农村建设中农村金融需求的实证分析，农户的金融需求分析，农村企业的金融需求分析，农村基层政府的金融需求分析。第四章实证剖析了在二元经济体制下我国农村的正规金融体系和非正规金融体系的构成、演变及其供给现状。第五章探讨了农村正规金融资源配置功能的异化，农村非正规金融的畸形发展以及功能缺失的制度根源。第六章对国际上较为成功的农村金融体系的典型模式进行了总结，并指出值得我国借鉴之处。第七章阐述了我国农村金融体系重构的总体思路及发展方向。包括我国农村金融体系重构与功能完善的必要性、目标，功能目标下我国农村金融体系构建的原则，我国农村金融体系功能的重新定位与功能完善的总体思路。第八章基于功能视角的中国农村金融体系重构路径选择及其政策建议。内容包括我国农村金融体系重构与功能完善的基本前提和基于功能视角的新

农村建设中我国农村金融体系重构途径。第九章为研究结论。

关键词:农村金融　金融体系　供给　需求

**6691**

**喀纳斯旅游资源评价及可持续发展研究** / 李雪艳著 ; 潘存德指导. -- 新疆农业大学, 2009. -- 82 页

论文依据旅游资源的内涵,通过构建旅游资源评价体系,对喀纳斯旅游资源评价及可持续发展进行了研究。全文共分为六章。第一章为立论与研究框架,主要包括研究目的及意义、研究的科学问题、研究方法、研究的技术路线以及研究拟解决的关键问题。第二章是相关的国内外研究综述及评价,包括国内外研究进展、国外研究现状及评述以及国内研究现状及评述。第三章旅游资源评价体系及评价方法,主要包括旅游资源评价的内容体系框架、旅游资源景观质量评价体系与方法、旅游服务条件评价体系与方法以及旅游资源游憩价值评价的方法。第四章喀纳斯旅游资源评价,主要分为喀纳斯旅游资源的概况、喀纳斯旅游资源开发利用现状、喀纳斯旅游资源景观质量的评价、喀纳斯旅游服务条件评价、喀纳斯旅游资源游憩价值评价以及游客支付意愿的影响因素的分析。第五章喀纳斯旅游资源开发管理中存在的问题,主要有:对旅游资源的保护意识不强,旅游资源开发缺乏科学的规划;环境污染严重,生态系统遭到破坏;旅游资源管理体制不顺,管理能力欠缺;管理队伍人才匮乏、不能满足旅游资源管理的需要;少数民族文化旅游资源在开发中受到冲击;旅游服务条件有待于进一步改进。第六章喀纳斯旅游资源可持续发展的对策建议,主要有增强对资源保护意识,树立可持续发展观;科学规划、适度开发;实行旅游资源资产化管理;合理定位,提高经营企业进入门槛;提高管理能力,增强管理措施;加强宣传,提高公众生态旅游意识。

关键词:旅游资源开发　旅游业　可持续发展　新疆

**6692**

**基于超产权论的乡镇企业制度形成研究** / 李雁南著 ; 方天堃指导. -- 沈阳农业大学, 2009. -- 89 页

论文以超产权论为基本的理论框架,对乡镇企业的制度问题进行了研究分析。全文共分为七章。第一章为导论,包括选题的背景和意义,研究的思路、方法与结构,论文的主要创新点。第二章对相关研究文献进行了回顾与评述。包括有关集体乡镇企业制度形成与绩效的文献回顾与评述,以及有关集体乡镇企业改制原因与绩效的文献回顾与评述。第三章对超产权论的基本内容进行了介绍。主要包括产权论的局限性分析,对超产权论的提出以及超产权论的理论模型介绍以及基本观点讨论。第四章对基于超产权论的企业制度的分析框架进行了介绍。包括企业制度与企业治理机制,竞争的内涵与作用,竞争与企业治理机制的分析,以及企业制度的分析框架介绍。第五章乡镇企业发展的状况。主要包括乡镇企业单位数的发展变化情况分析,乡镇企业就业人数变动分析,以及乡镇企业营业收入变动分析。第六章对基于超产权论的乡镇企业制度的形成进行了分析。包括竞争分析、关于乡镇企业制度的规定、乡镇企业制度类型的总览介绍以及乡镇企业的制度解析,并以江苏和浙江两省乡镇企业为例进行了比较分析。第七章为结论与建议。主要包括论文研究工作的主要结论,并提出了进一步完善乡镇企业制度的对策建议。

关键词:乡镇企业　企业制度　制度建设

**6693**

**我国农村金融市场及其效率研究** / 梁邦海著 ; 郑少锋指导. -- 西北农林科技大学, 2009. -- 114 页

论文在解决"三农问题"的大背景下,对我国金融市场及其效率进行了研究。全文共分为七章。第一章为导论,主要介绍了论文的选题背景、研究目的和意义、国内外研究动态、研究思路以及论文存在的可能创新和不足之处。第二章是对农村金融市场及效率的界定,主要包括农村金融及市场的界定和农村金融市场效率的界定。第三章我国农村金融市场的供给分析,主要对农村金融供给主体、农村金融供给特征、农村金融市场的供给曲线以及农村金融市场主体的行为进行了分析。第四章我国农村金融市场的需求分析,主要包括农村金融需求主体的分析、农村金融需求特性的分析以及农村金融市场的需求曲线及分析。第五章我国农村金融市场均衡与失衡的分析,主要包括农村金融市场的均衡分析、农村金融市场的供求失衡以及农村金融市场失衡的成因分析。第六章我国农村金融市场效率的分析,主要包括我国农村金融市场的资源配置效率分析、我国农村金融市场的适应性效率分析、我国农村金融市场的经济效应分析、我国农村金融市场的分析结果以及我国农业金融市场低效率的成因分析。第七章介绍了农村金融市

场的优化方向与政策建议，主要包括农村金融市场的效率演化路径与优化方向、发展竞争性农村金融市场、以开发性金融建设农村金融市场以及优化农村金融市场的政策建议。

关键词：农村金融　金融市场　市场效率

**6694**

**茶叶产业特性及融资影响因素研究：以福建为例** / 梁劲锋著 ；刘伟平，杨江帆指导. -- 福建农林大学，2009. -- 136 页

论文以茶叶产业发展为研究背景，以金融创新理论等基本理论为基础，建立多元回归分析模型，对茶叶产业特性及融资的影响因素进行了研究。全文共分为七章。第一章为引言，主要阐述了研究背景、研究的相关文献回顾、研究目标、研究方法及内容框架以及论文的研究创新点与不足。第二章茶叶企业融资的理论基础，包括农村金融基本理论、企业融资基本理论、茶叶经济管理相关理论。第三章茶叶产业的特性及其表现形式——以福建为例。主要包括福建茶叶产业的总体态势、福建茶叶产业特性、福建茶叶产业链的特性及表现形式分析。第四章茶叶企业融资影响因素的理论分析，主要阐述了福建茶叶产业发展的可能融资模式、福建茶叶产业发展的现有融资模式、茶叶企业融资的影响因素。影响因素包括茶叶企业的基本情况、茶叶企业信用记录、借款的担保方式及银企关系、茶叶企业产品的基本情况、茶叶企业主个人情况、茶叶企业借款用途、茶叶企业财务状况、茶叶企业借款来源以及茶叶产业的风险因素。第五章茶叶产业融资影响因素的实证研究——以福建省为例。主要包括变量设置及释义、数据获取、模型建立及工具选择、实证研究结果以及结果分析与要论。第六章提升茶叶企业融资能力的具体路径选择，主要包括建立科学合理的茶叶产业融资体制、健全茶叶企业的信用制度、进一步加强财政投资促进茶叶产业化发展的公共服务平台建设以及构建提升茶叶产业融资能力的政府配套政策体系。第七章主要结论及有待进一步研究的问题。

关键词：茶叶　产业化发展　融资模式　融资渠道

**6695**

**新阶段西部农村反贫困研究** / 梁平著 ；戴思锐指导. -- 西南大学，2009. -- 142 页

论文在概括和总结中国农村反贫困的历史进程和经验基础上，对新阶段西部农村反贫困进行了研究。全文共分为十章。第一章为导论，主要包括问题提出与研究背景、研究目的与意义、研究目标及主要研究内容、研究思路、方法和资料应用、相关概念的解释与说明以及论文研究的框架。第二章区域反贫困研究的理论借鉴，主要理论有区域发展理论、可持续发展理论、技术创新理论以及制度变迁理论。第三章是对农村区域贫困的概述，主要包括农民贫困与农村区域贫困、农民贫困与农村区域贫困的标准、农村区域贫困的共性特征、农村区域贫困的一般原因以及农村区域贫困的后果。第四章介绍了西部地区农村反贫困的历史分析，主要包括 1949—1978 年西部农村反贫困的艰苦努力、1979—1985 年的新思路、1986—1993 年的新探索、1994—2000 年实施“八七扶贫”攻坚后西部农村反贫困新阶段、西部农村半世纪反贫困的经验以及西部农村反贫困的教训。第五章我国西部农村贫困的现状和特征分析，主要包括西部概况、西部农村贫困面貌、贫困区域的特征、农民的特征以及反贫困的艰巨性。第六章我国西部地区农村贫困的致因分析，主要包括西部农村贫困成因的一般分析、具体分析、自然原因、基础条件因素、产业发展原因以及社会人文原因。第七章介绍了我国西部农村区域反贫困的思路和模式创新，主要包括西部农村区域反贫困要突出的重点、思路、已破解产业发展瓶颈以及模式创新。第八章介绍了我国西部农村反贫的制度创新，主要包括农村反贫困立法、农村反贫困的集中统一管理、扶贫开发资金及项目科学民主管理、西部农村反贫困的金融支持制度、西部农村市场经济体制的建设以及贫困地区要素吸引政策创新。第九章介绍了我国西部农村反贫困的技术创新。第十章介绍了我国西部农村反贫困的推进策略，主要包括西部农村反贫困的推进措施、突破口选择等。

关键词：农村　扶贫　创新管理　西南地区　西北地区

**6696**

**农村中小企业信贷可得性研究：一个社会资本的视角** / 林丽琼著 ；张文棋指导. -- 福建农林大学，2009. -- 164 页

论文运用社会资本理论考察农村中小企业信贷的作用机理，实证研究分析社会资本对农村中小企业非正式信贷和正规信贷可得性的影响。全文共分为七章。第一章导言，介绍概念界定、研究内容、技术路线、使用的理论工具、研究方法、数据来源和调查方

案,论文的研究目标和创新之处。第二章相关文献综述及启示。主要包括信贷融资相关文献评述、社会资本理论概念的研究、社会资本理论测度的研究、社会资本理论作用的研究、社会资本与信贷可得性关系的研究综述以及从文献综述得到的启示。第三章农村中小企业的社会资本。主要包括农村中小企业社会资本的界定、企业社会资本研究的逻辑起点、企业主社会资本透视和企业主社会资本的特征。企业主社会资本透视包括企业主社会资本概念界定、类型以及描述性分析。第四章从社会资本的角度对农村中小企业信贷获得的理论进行了分析。介绍了农村中小企业信贷融资需求的特殊性、农村中小企业非正规信贷嵌入性依赖机制以及农村中小企业正规信贷获得的社会资本机理。第五章社会资本影响农村中小企业信贷可得性的实证分析。从测度方法的选择、社会资本指标的选取、研究工具选用和数据分析与结果四方面进行企业主社会资本的因子分析。从变量选择、社会资本总指数的影响和社会资本分量指数的影响三方面介绍了企业主社会资本与信贷可得性的实证分析。第六章社会资本与信贷可得性的案例分析。主要包括案例资料来源、传统社会资本与非信贷的案例分析、现代社会资本与正规信贷的案例分析以及整合社会资本的作用。第七章研究结论与政策建议。

关键词:农村企业　中小企业　融资　贷款管理　社会资本

**6697**

**二元结构下的劳动力非家庭化转移研究** / 林燕著 ; 张忠根指导. -- 浙江大学, 2009. -- 219 页

论文通过构建家庭迁移决策模型对二元结构下的劳动力非家庭化转移进行了研究。全文共分为九章。第一章为导言,主要阐述了研究背景与问题提出、研究意义、目标与关键问题、研究方法与技术路线、研究框架结构、创新与不足以及基本概念的界定。第二章文献综述,主要包括国内外的理论研究综述。第三章经济增长、劳动力产业转移与人口城市化。主要包括经济增长与产业结构、就业结构的变动和基于聚集经济理解的经济增长与城市化问题。第四章二元结构下的劳动力转移。主要从新中国成立以来我国的结构变化概况、我国结构变化的特征、人口城市化率滞后于就业结构转变三方面进行阐述。第五章劳动力就业转移与家庭迁移脱节,主要包括关于我国劳动力转移的特殊性、家庭迁移滞后的宏观表现、留守人口情况、农民工在城市的实际居留时间以及农民工在城市的实际居住状况。第六章通过提出家庭迁移还是分离迁移的问题,分析农民的理性、微观迁移决策模型的发展以及二元背景下的非家庭化迁移理论模型三方面问题,介绍了家庭决策下的非家庭化转移理论。第七章劳动力非家庭化转移的实证分析,主要包括计量方法的选择、数据来源与样本构成、特征变量选择及说明以及家庭分离迁移的制度原因的考察。第八章劳动力非家庭化转移的效应分析,主要包括劳动力转移的正面效应、对家庭的微观影响、对土地的影响、家庭迁移困难阻碍城市化进程、对地区差距的影响、对产业聚集的负面影响以及对农民工子女的教育水平的影响。第九章三位一体的制度及其配套改革,主要包括农民工家庭的两部门生存与三位一体的制度、单独的户籍制度改革、公共服务均等化是促进家庭迁移的关键以及户籍、土地、公共服务制度的配套改革。

关键词:农村劳动力　劳动力转移　二元经济　户籍制度

**6698**

**公共投资与区域经济发展研究** / 刘兵著 ; 卫龙宝指导. -- 浙江大学, 2009. -- 197 页

论文在现有研究的基础上,对公共投资与区域经济的发展进行了研究。全文共分为十章。第一章为导论,主要阐述了研究背景、问题的提出、考察的时间和区域研究定位、研究思路及整体设计以及研究创新与不足。第二章区域经济发展和公共投资研究的文献综述,主要包括区域经济发展理论文献综述、公共投资的理论研究综述、公共产品生产和供给理论与财政分权理论。第三章中国区域发展差距的现状及其制度分析,主要包括近年来中国区域发展差距的现状及趋势以及区域发展差距产生的公共政策和制度层面的原因。第四章地方公共投资与区域经济增长分析,主要包括地方公共投资的增长效应、我国地方公共投资的增长效应分析、地方公共投资结构对经济增长的影响。第五章区域教育公共投资与区域经济协调发展。主要包括中国教育发展区域差异状况的描述、实证分析、“十五”期间江西经济发展和教育投入情况分析、“十五”期间江西教育产出情况分析、“十五”期间江西教育投入产出的 SD 仿真、政策展望。第六章公共基础设施投资与区域经济协调发展,主要包括基础设施在经济发展中的作用和地位、理论回顾、现状及其影响以及经济增长总量最大化与区域协调

发展的权衡。第七章公共服务投资与区域经济协调发展，主要包括公共服务的含义、公共服务投资与区域协调发展、实证分析以及基于公共服务均等化与区域协调发展。第八章农村公共投资与城乡协调发展，主要包括城乡发展差距、城乡差距扩大的制度原因、缩小城乡差距与区域协调发展以及农村公共产品的供给与区域协调发展。第九章影响公共投资促进区域协调发展的其他相关因素分析，主要包括不同经济体制下区域投资关系对区域经济协调发展的影响、公共投资公平与效率对区域经济协调发展的影响以及中央和地方政府投资政策对区域经济协调发展的影响。第十章结论与政策建议。

关键词:投资　区域经济　经济增长　协调发展

**6699**

**治理环境、控股股东代理冲突和会计稳健性研究** / 刘嫦著 ; 杨兴全指导. -- 石河子大学, 2009. -- 122 页

论文采用规范研究与实证研究相结合的研究方法对治理环境、控股股东代理冲突和会计稳健性进行了研究。全文共分为七章。第一章为导言，主要包括选题动因和背景、研究目的和意义、研究方法、研究内容及论文框架结构以及研究创新之处。第二章为相关文献的回顾，主要包括会计稳健性的演化发展、会计稳健性的传统影响因素回顾、基于投资者保护视角下的会计稳健性研究。第三章为相关概念的界定和基础理论，主要包括重要概念的界定、会计稳健性原则的理论分析、公司治理理论、集中股权结构视角下的代理理论、债务治理理论以及预算软约束理论。第四章控股股东和中小股东代理冲突对会计稳健性的影响分析，主要包括理论分析、研究假设的提出、变量选择和研究设计、数据来源与样本筛选以及实证研究结果及其分析。第五章控股股东—债权人代理冲突对会计稳健性的影响分析，主要包括控股股东—债权人之间的代理冲突分析及其表现、理论分析和假设的提出、变量定义、研究设计和数据来源以及实证研究结果和分析。第六章治理环境对会计稳健性的影响分析，主要包括理论分析和研究假设的提出、研究设计和治理变量的选择、实证研究和结论的分析以及研究结论和启示。其中理论主要包括治理环境和投资者保护的关系、投资者保护程度和财务会计系统关系分析以及我国投资者保护程度和稳健性财务会计系统关系分析。第七章研究的结论和对策建议。

关键词:上市公司　股东　股权结构　会计制度　稳健性原则

**6700**

**政府环境保护压力与企业环境行为研究:以江苏省为例** / 刘红明著 ; 顾焕章指导. -- 南京农业大学, 2009. -- 125 页

论文从环境保护压力视角分析企业环境行为问题，通过对政府环境保护压力的评价以及政府环境保护压力对企业环境行为作用的实证分析，剖析我国政府环境保护压力的现状与问题。全文共分为八章。第一章导言。介绍了研究背景与问题，研究目标，分析框架和技术路线，研究方法和数据来源，论文结构，以及论文的创新与不足。第二章为文献回顾。介绍了关于环境问题与企业环境行为的研究，从理论与实证上研究关于环境保护压力及其企业环境行为的关系。第三章环境保护压力。介绍了环境保护压力的内涵、类别、成因与评价以及环境保护压力与企业环境行为的关系，主要包括两者之间的争论和波特假说的提出、基本观点以及启示。第四章环境保护压力对企业环境行为的作用机制。介绍了企业环境行为的类型及决策原理，从内部因素和外部因素两方面对企业环境行为影响因素进行了分析，并引用江苏省太湖流域纺织企业环境行为进行了实证分析，从企业环境的驱动力分析、企业对环境保护压力的认知与响应以及环境保护压力对企业环境行为作用的概念模型几方面研究了环境保护压力对企业环境行为的作用机制。第五章对政府环境保护压力的作用进行了分析。包括不同环境保护压力下的比较分析，经济发展中的环境污染与环境保护压力演化以及江苏省经济发展进程与政府环境保护压力的作用。第六章对政府环境保护压力进行了评价。主要包括中国的环境管理体制与政策体系，中国现行环境政策评价，政府环境保护压力的量化评价。第七章对政府环境保护压力对企业环境行为作用进行了实证分析。包括选择分析模型、变量，检验面板数据模型。第八章为总结和政策建议。

关键词:企业管理　环境保护　环境管理　政府行为　江苏

**6701**

**农业技术创新的产权问题研究** / 刘辉著 ; 曾福生指导. -- 湖南农业大学, 2009. -- 213 页

论文从政府、企业、科研机构和农业技术需求者

信息不对称角度分析农业技术产权交易价格的决定，同时设计最优的产权制度组合，构建农业技术创新的制度体系和产权保护体系，并提出针对性强、可操作的对策和建议。全文共分为八章。第一章为导论。阐明论文研究的背景、目的和理论与现实意义，进行国内外关于科技创新的产权制度问题研究，梳理出农业技术创新产权问题研究的基本框架。第二章主要阐述农业技术创新及产权的基本概念，厘清技术创新、农业技术创新的特点和产权的基本功能，把握农业技术的产权结构和属性，明确知识产权是农业技术创新权的核心。第三章从制度变迁动态视角，研讨农业技术创新产权的起源和演化，将沿袭财产—产权—技术产权—农业技术创新产权的思路展开，进而说明农业技术创新产权制度的形成。第四章根据农业技术产权主体交易双方信息不对称，结合激励相容理论，通过数理模型推导出有区别的农业技术创新成果的交易价格契约，进而决定其价格的生成机理与模式选择。第五章考虑到专利是农业技术产权研究的核心环节，以专利为例，结合信息经济理论，从专利的两个纬度构建产权制度绩效模型，分析有效激励农业技术创新的产权组合。第六章是产权制度对农业技术创新主体作用的实证分析。第七章在阐释我国现阶段农业技术知识产权保护现状和分析存在问题的基础上，引入 Romer 和 Barro 的内生技术进步模型，结合农业技术比一般技术更强的公共产品特性，从中引申出促进中国农业技术创新的知识产权保护制度选择。第八章归纳了论文研究的基本结论，形成了农业技术创新产权交易、最优制度设计和产权保护的具体实施策略和对策建议，提出了农业技术创新产权问题研究的进一步展望。

关键词：农业技术　技术革新　产权

**6702**

**基于产业链视角的猪肉质量安全管理研究** / 刘军弟著 ; 王凯指导. -- 南京农业大学, 2009. -- 128 页

论文基于产业链的视角对我国猪肉产业链各环节的质量安全管理进行系统研究，探讨如何通过加强产业链各环节的质量安全管理提高猪肉产品的质量安全水平，保障猪肉质量安全的有效供给。论文分为九章。第一章引言介绍问题提出与研究意义、研究目标、范围与内容、研究方法与数据、资料来源、可能的创新与不足。第二章理论与文献综述，从农业产业链管理理论、食品安全理论、猪肉产业链及其相关领域的研究动态等方面进行述评，分析相关研究趋势与启示。第三章从产业链视角对我国猪肉产业现状进行分析，包括猪肉产业的基本情况、育种、生猪养殖、屠宰与加工、流通与销售、消费环节的产业状况。第四章探讨产业链质量安全管理的基本内涵和目标，从政府监管体制、国家法规、质量标准等方面论述猪肉产业链质量安全管理体系，分析各环节实施质量安全管理的现状，整体把握猪肉产业链的质量安全管理状况。第五章养殖户质量安全管理行为分析，从我国生猪养殖环节疫病防治的现状入手，对养殖户疫病防治行为与认知进行描述性分析，并实证分析养殖户疫病防治意愿及其影响因素，并提出相应措施和建议。第六章屠宰加工企业质量安全管理体系分析，从屠宰加工企业在产业链中的地位和作用入手，并以 HACCP 体系为例分析屠宰加工企业的质量安全管理与控制。第七章流通与销售环节的质量安全管理分析，从流通与销售环节的质量安全管理现状入手，分析流通与销售环节的冷链管理效应及信息追溯管理效应。第八章以有机猪肉为调研载体，在分析消费者对安全猪肉认知水平与消费现状基础上采用条件价值评估法构建 Logistic 模型，就消费者对安全猪肉的消费行为、支付意愿及其影响因素进行实证研究。第九章总结全文得出结论，并提出完善我国猪肉产业链质量安全管理，保障猪肉产品质量安全供给的政策建议。

关键词：猪肉　养猪业　产业链　质量管理　食品安全

**6703**

**村庄终结：城中村及其改造研究** / 刘梦琴著 ; 傅晨指导. -- 华南农业大学, 2009. -- 152 页

论文揭示城中村形成、延续和演变的特殊机理，提出了城中村改造的政策启示和建议。全文共分为九章。第一章前言。说明研究的目的与意义，研究方法以及论文的布局。第二章文献综述，介绍了国内外关于城中村研究的相关文献。第三章对城市化进程中村庄终结进行一般分析，介绍了村庄终结的相关基本理论，分析了中国村庄分化终结的多样性和渐进性以及中国村庄终结艰难的制度根源。第四章研究城中村产生和延续的特殊机制，介绍了城中村产生和延续的城市文化背景、经济条件和制度根源，并从制度经济学解析了城中村的产生与延续。第五章城中村的经济社会功能和被改造的历史命运，主要是因为城中村存在的诸多问题：建筑杂乱无章、公共设施缺乏、

社会治安混乱、食利寄生现象、社会边缘人群，进而对这些问题进行了反思，揭示了城中村问题的本质：一个特殊的“三农问题”。第六章以广州、深圳、西安、郑州、天津等城市为典型案例，实证研究各地城中村改造的进展和政策。总结了城中村改造的困境，主要是城中村二元制度改革滞后、集体经济发展困难以及改造政府角色不明确。第七章研究城中村改造中的利益冲突、利益博弈以及公众参与的化解机制。第八章提出城中村改造的政策启示与建议，主要分为四个方面：城中村改造有条件论、城中村改造目标多元化、城中村改造筹资主体多元化以及要深化城中村改造制度创新。第九章总结全文的主要研究结论，指出研究的不足和今后努力的方向。

关键词：农村　城市化　城中村

**6704**

**平原地区集体林权制度变迁与绩效研究：基于河南省的数据** / 刘珉著 ；唐忠指导. -- 中国人民大学, 2009. -- 196 页

论文基于河南省的数据，对平原地区集体林权制度变迁与绩效进行了研究。全文共分为七章。第一章为导言，主要包括问题的提出、研究意义、已有评述以及研究界定和研究方案。第二章介绍了论文的研究框架。从制度绩效的发生机理和分析框架的构建介绍了研究框架的构建，解释了有关产权变动和制度变迁以及有关激励类型和林权制度绩效的概念。通过研究假设，从研究方法、数据来源、样本点概况三方面对研究的方法和数据进行了说明。第三章介绍了平原地区集体林权制度的变迁，主要包括林业资源及平原地区林业的概况、平原地区林业及林权特殊性的分析、平原地区集体林权制度的变迁。第四章从私有产权变动角度对林权制度的绩效分析，主要包括有关林权私有化的争论、研究假设的提出、数据的来源、模型选择与变量的定义以及模型检验与结果解释。第五章从参与主体态度取向的角度对林权制度的绩效分析，主要包括理论框架、数据来源及描述分析以及结果的解释。第六章从农户行为角度对林权制度的绩效分析，主要包括研究假说的提出、数据来源及描述分析、模型选择与变量的定义以及模型检验与结果解释，并且得出了农户是否种树、种树数量以及投资与制度安排的关系。第七章介绍了论文研究的结论和讨论以及有待于进一步研究的问题。

关键词：林业经济　集体所有制　经济体制改革　企业绩效　河南

**6705**

**我国政府农业投资效率研究** / 刘苏社著 ；唐华俊指导. -- 中国农业科学院, 2009. -- 129 页

论文对中国政府农业投资的规模效率、产出效率和结构效率进行了分析研究。全文共分八章。第一章绪论，主要包括研究背景与意义、国内外相关研究进展、相关概念和政府农业投资范围的界定、基本思路和框架以及研究方法，论文的创新与不足。第二章对政府农业投资效率进行了分析，给出了理论框架。包括政府农业投资的理论依据、政府农业投资效率的理论以及政府农业投资效率：数理经济学解释。第三章介绍了中国政府农业投资规模效率。回顾了中国政府农业投资规模的历史考察，利用方法与模型对政府农业投资规模效率进行了测算，给出了政府最优农业投资规模的判断。第四章介绍了中国政府农业投资产出效率。包括研究方法、指标选取与模型选定、生产技术对所有的投入要素具有规模报酬的不变性质、嘉定全部投入要素具有规模报酬的递增性质以及政府农业投资对其他农业投资的带动效应。第五章介绍了中国政府农业投资结构效率。包括研究方法、建立 VAR 模型，分析五个结构变量之间的内在关系、建立 VEC 模型，分析三个变量与农民人均纯收入之间的关系、中央农业基本建设投资结构以及中央政府“三农”投资结构。第六章介绍了中国政府农业投资管理体制与效率。包括政府农业投资管理体制的历史演进、政府农业投资管理现状、当前政府农业投资管理存在的主要问题、国际经验对中国政府农业投资管理体制的借鉴以及政府农业投资管理体制运行效率的有益探索——整合政府农业投资。第七章介绍了中国政府农业投资效率评价体系的建设。包括中国政府农业投资效率评价体系的理论依据、建立中国政府农业投资效率评价体系的基本思路以及中国政府农业投资效率评价体系框架的设计。第八章为主要结论和政府建议。

关键词：财政支农　农业投资　投资效率

**6706**

**农村教育与经济协调发展研究** / 刘文菁著 ；田建国指导. -- 中国海洋大学, 2009. -- 176 页

论文对农村教育与经济协调发展进行了研究。全文共分为九章。前言包括选题依据和背景、课题研

究目的、理论意义和实际应用价值、国内外研究综述、主要研究内容以及主要研究方法。第一章介绍了农村教育的概述,主要包括农村教育的界定、农村教育的内涵、类型与结构以及基本特征。第二章教育与经济发展,主要包括经济发展与经济增长之间的关系、教育与经济发展以及经济发展与教育。第三章二元结构下的农村教育与农村经济,主要包括我国城乡二元结构的成因与特征和城乡二元经济结构下的我国农村教育问题。第四章我国农村教育与经济协调发展的政策变革,主要包括我国农村经济体制改革的简要回顾、我国农村教育与经济协调发展的综合改革以及新时期农村教育改革发展的战略意义和主要任务。第五章我国农村教育与经济协调发展现状分析,主要阐述了我国农村教育与经济协调发展现状和我国农村教育与经济协调发展中存在的问题。第六章农村教育与经济协调发展的理论考察与实证检验,主要包括农村教育与经济协调发展的基本理论、农村教育与经济协调发展模式、农村教育与经济协调发展的实证检验以及农村教育与农村经济协调的机制。第七章农村教育与经济协调发展的国际经验,主要包括农村义务教育与经济协调发展的国际比较与经验借鉴、农村职业教育与经济协调发展的国际比较与经验借鉴以及农村成人教育与经济协调发展的国际比较与经验借鉴。第八章农村教育与经济协调发展的对策。第九章结论与下一步工作。

关键词:乡村教育　农村经济发展　协调发展

**6707**

**基于农户视角的农村公共产品需求研究:以福建省为例** / 刘小锋著 ; 林坚指导. -- 浙江大学, 2009. -- 178 页

论文从农户视角出发,对农村公共产品的需求进行了研究。全文共分为八章。第一章为导言,主要为问题的提出、研究意义、相关概念界定与前提假设、研究目标与内容、研究方法及技术路线、数据来源以及研究的创新与不足。第二章为理论基础和文献综述,主要有效用理论、公共产品理论、态度一行为理论、需要层次理论、信息非对称理论,同时介绍了相关的文献综述以及现有的研究评述。第三章中国及福建农村公共产品发展现状分析,主要包括中国农村公共产品发展历程、中国农村公共产品现状分析以及福建农村公共产品现状调查分析。第四章基于信息对称的农村公共产品供给与需求关系的分析,主要包括农村公共产品供给与需求之间的信息非对称,信息非对称条件下农村公共产品供需关系均衡分析以及存在的疑问。第五章以生活污水处理设施为例的农村公共产品需求识别及影响因素分析。包括生活污水处理设施的公共产品属性、封闭式条件评价法与农户需求识别、农户需求及影响因素的计量分析、影响农户需求的态度及相关因素分析。第六章不同支付水平下农村公共产品需求强度及影响因素分析:以生活污水处理设施为例。主要包括条件评价法下农户需求强度识别、农户需求强度及影响因素的计量分析。第七章农村公共产品需求演化路径及层次分析,包括农村公共产品需求演化路径分析:基于农村居民生活消费历史数据、农村公共产品需求演化层次分析:基于福建省农户调查数据。第八章构建以农户需求为导向的农村产品供给制度。主要为关于农村公共产品需求研究的主要结论以及以农户需求为向导的农村公共产品供给制度设计。

关键词:农村　公用事业　需求　农户　福建

**6708**

**中国农村信贷配给及其绩效评价研究** / 刘艳华著 ; 王家传指导. -- 山东农业大学, 2009. -- 172 页

论文以信贷配给理论为基础,研究中国农村信贷市场的信贷配给特征,并在计量农村信贷配给的经济效应基础上,评价中国农村信贷配给的绩效。全文共分为八章。第一章为导言。包括研究目的及意义,国内外研究述评,文章的研究方法,论文框架、创新点和不足之处。第二章在对信贷配给的内涵和外延进行明确界定的基础上,定性地剖析均衡与非均衡信贷配给现象的产生原因,以此为理论基础,以经验研究为事实依据,定性与定量地论证均衡与非均衡信贷配给现象在中国农村信贷市场的存在性。第三章追溯中国农村金融制度的变迁,全面解剖制度内生下的信贷配给演进的来龙去脉。第四章构建了两期动态模型,分析信贷配给对农村经济实体的投资产出的影响,阐明货币政策的信贷配给传导渠道,从微观和宏观的角度对信贷配给的经济效应进行理论分析。第五章在对中国农村的信贷需求和信贷供给进行定性和定量描述的基础上,计量信贷供给对信贷需求的满足程度,初步评价中国农村信贷配给的绩效。第六章运用协整分析和 Match 估计的方法,计量中国农村信贷配给的效率和农户的福利效益,进一步评价中国农村信贷配给的绩效。第七章评价中国农业银行、中国农业

发展银行和农村信用社等金融机构的信贷配给效益，农村金融机构信贷配给经营的效率，以及样本农村信用社利用信贷配给防范信贷风险的效率。第八章对论文的研究结论进行了总结，并在此基础上提出了有效提升中国农村信贷配给绩效的政策与建议。

关键词：农业信贷　信贷管理　绩效评价

**6709**

**灌溉水资源：水权安排、水价政策与农户行为** / 刘一明著 ; 罗必良指导. -- 华南农业大学, 2009. -- 159 页

论文通过探讨农业用水定额的几种可能的产权安排方式，对灌溉水资源的水权安排、水价政策与农户行为进行了研究。全文共分为七章。第一章为导言，主要简述了研究背景、问题的提出、研究目标、论文结构。第二章相关的文献综述，主要阐述了水权与水资源配置、水价与农户行为以及论文可能的创新之处。第三章农户灌溉用水行为的理论模型，主要包括影响农户灌溉用水行为的因素、农户灌溉用水行为的模型、水权安排对农户灌溉用水行为的影响以及不同水权安排下水价政策对农户灌溉用水行为的影响。其中影响农户灌溉用水行为的因素包括自然因素、经济因素、技术因素和制度因素。第四章研究区域的选择和概况，主要包括研究区域的基本概况、模型方案的选择、农户灌溉用水行为经验模型的建立。其中研究区域的选择和概况主要包括研究区域的选择和概况、调查村的基本情况和调查农户的基本情况。第五章是对结果的分析与研究，主要包括方案 0 的模拟结果及与调查结果的比较、水权安排对农户行为的影响以及供水不确定性对农户行为的影响。第六章论文的研究结论和政策建议。主要结论：不可交易的农业用水定额且采用超定额累进加价法优于其他方案，可同时实现节水与增收的目的；不同的农作物对水价的敏感程度不同，因而在不同的水价水平达到最低单位灌溉用水量；农业用水定额的初始分配主体为土地的耕种者更适合我国农村的分散经营状况等。第七章介绍了有待于进一步研究的问题。

关键词：水资源　农田灌溉　灌溉管理　水价　节水农业

**6710**

**基于生态安全与农业安全目标下的农业水资源利用与管理研究** / 刘渝著 ; 张俊飚指导. -- 华中农业大学, 2009. -- 186 页

论文着眼于生态安全和农业安全双重目标，用资源可持续利用的思想来研究农业水资源管理的问题。全文共分为八章。第一章为导言，主要包括问题的提出、研究目的与意义、国内外研究动态及评述、研究思路、内容及方法以及可能的创新点。第二章中国农业水资源利用与管理的理论基础与现状分析。主要包括农业水资源利用与管理的理论依据、中国农业水资源利用的特征分析、中国农业水资源观念的现状分析。第三章生态安全、农业安全与农业水资源利用的关系。主要包括生态安全和农业安全概念的界定、生态安全与农业安全的关系：对立与统一、生态安全与农业安全和农业水资源利用效率的相关影响。第四章农业水资源双重安全水平与利用效率的评价，主要分为中国水资源的时空特征、农业水资源生态安全和农业安全水平的评价、农业水资源利用效率的分析。第五章农业水资源利用的宏观趋势分析，主要从改革开放以来中国农业用水量的直观分析、农业用水与经济增长的 Kuznets 假说及验证、农业用水量变化的宏观因素分析以及农业用水 Kuznets 曲线的进一步估计。第六章双目标下农业水资源利用的微观分析，主要包括农户采纳农业节水技术的实证分析、农户生产行为对水资源污染的影响分析以及微观组织农业水资源利用及其效应：基于用水者协会的分析。第七章介绍了双目标下农业水资源管理的经济政策分析，主要包括农业水资源管理的含义与类型、农业灌溉投资及其替代弹性分析、灌溉水补贴分析与补贴模式比较以及国外农业水资源管理政策分析及经验借鉴。第八章介绍了研究结论和政策建议，主要包括主要的研究结论、政策建议和讨论。

关键词：农业资源　水资源利用　水资源管理　生态安全

**6711**

**农民专业合作经济组织成员意愿与行为分析** / 刘宇翔著 ; 王征兵指导. -- 西北农林科技大学, 2009. -- 158 页

论文对农民专业合作经济组织成员意愿与行为进行了分析与研究。全文共分为八章。第一章为导言，主要简介了选题背景、问题的提出、研究的目的与意义、国内外研究动态、研究思路与方法以及可能的创新之处。第二章合作中农民人性假设，主要包括经济学中的人性假设、管理学中的人性假设、人性假设的演进、人性分析和行为预测模型以及合作中我国农

民的人性假设。第三章理论分析框架的构建,主要包括TPB理论分析框架、TPB理论框架的改进、不同理论视角下的成员意愿和行为、研究假设以及问卷设计。第四章影响成员意愿的因素分析,主要包括不同的成员意愿和影响、负面影响意愿产生的原因、不同职位的成员意愿、行为和信任程度的差异分析、影响成员加入意愿的因素分析、农民加入合作组织原因分析、影响成员投资意愿的因素分析以及影响成员支持组织改制、出售股份、违约销售意愿的因素分析。第五章影响成员参与组织管理的意愿、行为的因素分析。主要包括芬兰和我国农民参与合作组织管理的意愿和行为分析、农民最关注合作组织的功能和期望改进的事项以及相关假设检验及中芬问卷数据的比较。第六章信任因素与成员意愿、行为的交互影响。主要从信任的相关界定、中国农村信任模型的演变和现状、农村信任危机产生的原因、合作中信任的定量分析、如何提高成员的信任程度、信任与成员意愿和行为相互作用机制六方面进行了阐述。第七章成员意愿和行为对组织的影响及制度改进,主要包括成员意愿和行为对组织人力资源开发的影响、成员意愿和行为对合作组织筹资的影响以及引导成员意愿和行为的制度改进三个方面内容。第八章结论,包括研究脉络的整体回顾、假设检验和结论总结、理论贡献和实践贡献以及存在的不足。

关键词:农业合作组织　经济合作组织　组织管理

**6712**

**农户对农机装备的需求研究:以河北省和山东省为例** / 刘玉梅著 ; 田志宏指导. -- 中国农业大学, 2009. -- 161 页

论文基于投入要素的需求理论,从微观农户角度出发,以河北省和山东省为例,对农户对农机装备的需求进行了研究。全文共分为七章。第一章为绪论,主要简述了问题的提出、国内外研究现状、相关概念和研究问题界定、研究目标、研究思路和研究方法以及创新点。第二章中国农机装备水平及其特征分析,主要包括中国农机装备水平及其变化趋势、中国农机装备发展的特征分析。第三章农机装备的需求理论分析,主要包括农机装备需求的理论模型以及AES和MES替代弹性。第四章农户对农机装备的需求现状分析,主要从调研方案设计、实施及样本户的基本特征以及农户对农机装备的需求及其结构状况两个方面进行分析。第五章农户对农机装备需求的影响因素的分析。主要有:农户的基本特征对农户农机装备需求的影响、农户家庭的基本特征对农户农机装备需求的影响、生产要素价格对农户农机装备需求的影响。第六章农户对农机装备需求的实证分析,主要包括农机装备需求模型的建立、要素价格对农户农机装备需求影响的实证分析、农户对农机装备需求的影响因素分析。第七章为结论与政策建议,以及有待于进一步研究的若干问题。

关键词:农户　农业机械　需求　农业生产

**6713**

**中间地带:村干部的行动空间——华北山区村干部的权力动作逻辑** / 陆继霞著 ; 叶敬忠指导. -- 中国农业大学, 2009. -- 113 页

论文运用发展社会学"以行动者为导向"的研究方法,旨在分析村干部的权利运作逻辑、行动空间的构建过程及其结果对国家与村落关系的影响,并且从村落文化的角度分析农村社会的政治、经济、文化和宗族特点,从而阐明村干部的日常生活世界及其村落文化环境,此外,通过对计划生育管理、低保政策实践、项目运作及铁矿厂治理四个关键事件过程的描述与分析,探讨国家与村落互动过程的不同场域中村干部的权利运作逻辑及行动空间的建构过程。全文共分为七章。第一章,引言。介绍研究背景,研究综述、研究设计等。第二章,研究村落。分别说明村落的地理、政治、经济、文化以及宗族状况。第三章,说明计划生育管理是角色冲突中的权利底线。阐述计划生育的政策,村落生育文化,分析村干部行动的策略。第四章,说明低保政策实践是正式权利的非正式行使。介绍农村低保制度背景,说明"低保"是农户生计层次的需求分析村干部行动的策略。第五章,说明项目运作是能动性与权力的再生产。第六章,铁矿厂治理是互动过程中的互惠与交换。安全生产是国家的意志表达,铁矿开发是村庄的利益驱动,分析村干部的行动策略。第七章,结论与讨论。国家刚性的正式制度在遭遇村落的非正式制度时,因村干部的存在和策略的运用而没有发生直接的碰撞与冲突,表面上看来,国家的意志于村落社会内得到"表达",而乡村秩序也"有效地"得以维持。

关键词:农村　基层干部　行政管理　行政权力

**6714**

**中国农业科研、推广投资与农业经济增长的关系** / 吕业清著 ; 韩俊指导. -- 新疆农业大学, 2009. -- 137 页

论文以新古典经济增长理论等理论为基础，构建了基于农业科研投资与农业推广投资的农业经济增长理论，对中国农业科研、推广投资与农业经济增长的关系进行了研究。全文共分为十章。第一章导言，主要包括研究背景与意义、研究目的、研究方法和技术路线、研究结论、研究创新与存在的不足。第二章农业科研、推广投资与经济增长理论的文献综述，主要包括经济增长理论综述和农业科研、推广投资与经济增长关系的研究文献综述。第三章农业经济增长模型，主要包括农业经济基本模型描述与分析、动态分析、经济意义以及基于农业技术进步的农业经济增长模型的动态分析。第四章基于质量创新的农业科研开发模型，主要包括模型描述、均衡农业产出的比较静态分析、农业技术与农业科研投资间的关系。第五章中国农业科研的基本情况，主要包括中国农业科研的历史、科研机构、工作人员、中国农业科研投资横向比较以及农业科研的特殊性。第六章中国农业推广基本情况，主要分为中国农业推广历史、机构和人员、推广投资、推广投资强度以及农业推广的国际对比。第七章介绍了实证模型的构建和农业投入产出的基本数据，主要分为农业全要素生产力的定义域测量方法、实证模型的构建、农业投入产出及农业 TFP 数据以及农业科研产出数据。第八章农业科研产出模型的回归分析，主要包括农业科研产出基本内容模型估计、利用农业科研产出模型对科研与非科研人员的分析、利用农业科研产出模型对科研公共投资与私人投资的分析。第九章介绍了农业 TFP 模型的回归分析，主要包括农业 TFP 长期均衡模型、农业 TFP 短期误差修正模型、农业 TFP 弹性、农业 TFP 的农业科研投资弹性、农业科研投资边际内部收益率。第十章主要阐述了农业科研投资、农业推广投资与农业经济增长关系研究的结论与建议，主要包括农业经济增长理论研究的概括以及农业经济增长理论实证检验总结。

关键词：农业经济　经济增长　农业科技推广　农业投入

**6715**

**农业综合开发产业化经营项目效果评价研究** / 栾海波著 ; 唐华俊指导. -- 中国农业科学院, 2009. -- 114 页

论文研究用于测度评价农业产业化经营效果的评价指标体系和评价方法，并选择农业综合开发产业化经营项目实践企业进行实证分析，探寻制约我国农业产业化经营发展的瓶颈因素。论文分为六章。第一章绪论，介绍了选题的背景和意义、国内外相关研究综述、研究方法、研究框架、可能的创新点。第二章农业综合开发的发展历程、特征与成效，从农业综合开发的内涵和类型、兴起与发展、特征与效果、基本经验、发展趋势进行分析。第三章农业综合开发产业化经营项目及管理模式，探讨了农业综合开发产业化经营项目类型，划分农业综合开发产业化经营项目阶段，明确发展的基本思路与目标及扶持方向与立项条件，提出农业综合开发产业化经营项目管理模式。第四章分析多指标综合评价方法，构建评价指标体系，确定评价指标权重，并构建农业综合开发产业化经营项目效果评价模型。第五章农业综合开发产业化经营项目效果评价实证研究，通过选择评价对象测度农业综合开发产业化经营项目效果，并对结果进行分析验证。第六章对全文研究内容进行梳理总结，得出结论，并对进一步研究进行了展望，最后提出政策建议，包括建立科学规范的农业产业化经营项目效果评价机制、加大投入促进农业产业化持续发展、将带动农户增收作为农业产业化项目立项的首要条件、优化农业产业化经营项目资金投入政策。

关键词：农业综合发展　产业化经营　项目评价

**6716**

**消费者安全食品购买倾向研究：基于福建省的数据分析** / 罗丞著 ; 郑庆昌指导. -- 福建农林大学, 2009. -- 121 页

论文基于福建省的数据分析，对消费者安全食品的购买倾向进行了深刻的研究。全文共分为七章。第一章为绪论，主要包括研究背景和问题的提出、概念界定、研究目标、研究框架与思路、数据来源与研究方法、研究内容以及预期的创新点。第二章为国内外相关研究评述，主要包括消费者行为研究的历史沿革、安全食品消费研究、安全食品购买倾向的研究进展以及简要的评述。第三章安全食品购买倾向解释模型的构建，主要包括安全食品购买倾向的定性研究、安全食品购买倾向解释模型的提出、变量的定义和测量以及调查问卷的生成。其中安全食品购买倾向的定性研究包括文献研究获得的购买倾向影响因素、访谈获得的购买倾向影响因素、文献研究和访谈获得的购买倾向影响因素的对比以及安全食品购买倾向影响因素的最终确定。第四章为数据与处理，主要包括调查与数据、主要变量的描述性统计、量表题

项的筛选以及量表的信度和效度。主要变量的描述性统计包括本地安全食品的普及情况、信息各变量的描述性统计、信念各变量的描述性统计、规范各变量的描述性统计、知觉行为控制的描述性统计、态度的描述性统计以及购买倾向的描述性统计。第五章安全食品购买倾向影响因素的实证分析,主要包括假设的提出、研究设计、研究结果、研究讨论。第六章安全食品购买倾向形成机制的实证分析,主要包括形成机制分析框架:简化和完善的解释模型、研究设计、研究结果以及讨论。第七章促进中国消费者安全食品消费的策略建议、主要工作回顾和研究讨论、主要的创新点以及未来的研究展望。

关键词:食品卫生　消费者行为论　购买行为

**6717**

**新疆农户借贷行为研究** / 罗芳著 ; 李平指导. -- 中国农业大学, 2009. -- 179 页

论文基于前人的研究,对新疆农户借贷行为进行了研究。全文共分为八章。第一章介绍了研究背景、研究对象的界定、研究目的及意义、研究思路和方法。第二章对农户经济行为理论、农村金融理论、经济学理论进行了评述,构建论文的研究分析框架。第三章分析了新疆农户借贷所处的农业经济及金融环境。主要包括新疆概况、新疆农户借贷的农业经济环境。第四章主要从农户借贷方式、借贷渠道、借贷资金用途、期限、利率、规模等方面对新疆农户借贷行为特征进行实证描述分析。主要包括样本的选取及调查对象说明、新疆农户借贷行为总体特征、新疆地方农户借贷行为特征以及新疆兵团农户借贷行为特征。第五章选择变量,提出假设前提,建立计量经济模型,分析新疆农户整体借贷意愿及借贷规模的影响因素。第六章运用计量分析方法,分析、比较两种金融供给制度下,新疆地方与兵团农户正规借贷、非正规借贷行为各自不同的影响因素。第七章分析了不同金融供给质素、不同地区分布、不同民族属性农户的借贷行为特征差异,同时比较新疆与内地传统农区、发达地区借贷行为差异。第八章研究结论和政策建议以及有待于进一步研究的问题。

关键词:农户　借贷　经济行为　新疆

**6718**

**我国农民合作经济组织内部合作行为及激励机制研究** / 罗倩文著 ; 王钊指导. -- 西南大学, 2009. -- 151 页

论文试图通过农民合作经济组织内部农户合作行为演化博弈的视角解析农户非合作的困境,寻找促进农户走向合作的条件和机制。全文共分为八个章节。第一章导论。介绍了研究背景及问题阐述、基本概念及对象界定、研究思路与内容安排、研究方法与资料来源以及研究特色与创新之处。第二章对国内外的文献研究进行了回顾与评述。第三章介绍了农民合作经济组织的产生于发展。包括制度变迁与组织选择,农民合作经济组织产生的解释,我国农民合作经济组织发展的历史过程和发展现状。第四章对我国农民合作经济组织的绩效与困境进行了分析。包括产权与集体行动理论,我国农民合作经济组织的绩效判断和合作困境。第五章对我国农户参与合作经济组织的行为与机理进行了分析。包括行为经济学与行为决策,农户参与合作经济组织的意愿调查分析,影响农户参与合作经济组织行为因素的调查分析,农户参与合作经济组织行为机理分析。第六章介绍了农民合作经济组织农户合作行为的演化博弈。包括演化经济学与演化博弈,农户与农户之间合作行为的演化博弈,农户与合作经济组织之间合作行为的演化博弈。第七章介绍了促进我国农户合作的激励机制的设计。阐述了促进农户合作的激励机制设计原则与方向、设计思路,政府作用与外部激励机制。第八章为研究结论与展望。包括对全文的研究工作的总结,提出完善法规倾斜界定产权制度、健全规章制度完善治理结构、加大教育投资提高农民素质、强化道德规范提升社会资本、发挥政府作用营造发展环境的政策建议,以及进一步的研究展望。

关键词:农业合作组织　农户　经济合作　激励

**6719**

**贵州省农村劳动力转移的社会资本研究** / 马红梅著 ; 金彦平指导. -- 北京林业大学, 2009. -- 177 页

论文在对社会资本理论进行深入研究的基础上,对贵州省农村劳动力转移的社会资本进行了研究。全文共分为九章。第一章为引言,主要简述了研究背景和意义、研究目的及拟解决的基本问题、数据来源及研究方法、研究思路和整体安排以及论文相关概念的界定。第二章社会资本理论及对农村劳动力影响的相关文献综述,主要包括社会资本的相关理论、国内外关于劳动力转移的研究、社会资本作用于农村劳动力转移的研究。第三章贵州农村劳动力转移的历史考察和现状分析,主要包括贵州农村劳动力非农转

移的几个阶段、贵州农村劳动力数量与结构的演变、农村劳动力转移带来的影响以及影响贵州农村劳动力外出打工的制约因素。第四章论文的理论基础与农村社会资本分析框架,主要包括社会资本作用分析的理论基础、社会资本的数学模型、农村社会资本理论与分析框架。第五章基于社会资本个体层面分析的贵州农村劳动力转移,主要阐述了个体层面社会资本的基本分析、个人社会资本对农村劳动力转移的作用机理、贵州农村劳动力对个人社会资本的占有和使用情况以及社会资本对农村劳动力转移的作用分析。第六章基于社会资本团体层面分析的贵州农村劳动力转移,主要包括团体层面社会资本的基本分析、社区社会资本对贵州农村劳动力转移的影响以及农村就业服务机构对农村劳动力转移的影响。第七章社会资本对贵州农村劳动力转移影响的实证分析,主要阐述了农村劳动力社会资本测度方法的选择、劳动力转移因素的聚类分析以及个体和团体社会资本对贵州农村劳动力转移影响的实证分析。第八章农村劳动力社会资本的投资及相关政策建议,主要包括农村劳动力社会资本投资的分析和模型以及对其的政策和建议。第九章结论和讨论。

关键词:农村　劳动力转移　社会资本　贵州

**6720**

**中国粮食安全基地建设中的财政支持问题研究:以吉林省为例** / 马明著 ; 郭庆海指导. -- 吉林农业大学, 2009. -- 111 页

论文在广泛查阅资料的基础上,对我国粮食安全基地问题,特别是吉林省作为粮食安全基地的系统建设中的财政支持问题进行了研究。全文共分为八章。第一章为绪论,主要包括问题的提出、国内外研究评述、研究目标 、论文的结构与可能的创新点以及研究方法。第二章介绍了粮食安全视角下的基地建设,主要包括粮食安全基地的概念界定、中国粮食安全形势、中国粮食基地建设的政策评述、中国粮食安全基地建设的状况。第三章介绍了粮食安全基地的财政支出状况,主要包括财政支持与粮食生产、粮食基地建设的财政支持的政策体系以及吉林省财政支农现状。第四章介绍了财政支持与粮食综合生产能力,主要包括粮食安全基地综合生产能力的演变、财政支持对吉林省粮食综合生产能力的长期影响以及粮食安全基地建设中各级政府财政投资的行为博弈。第五章介绍了财政支持与农民增收,主要包括吉林省农民增收基本特征、吉林省农民增收困境以及财政支持对农民增收的长期影响。第六章介绍了财政支持与农业经济增长,主要包括吉林省农业经济增长的基本状况、吉林省农业经济增长的现实动力以及财政支持对吉林省农业经济增长的长期影响。第七章介绍了多元目标下粮食安全基地建设的财政政策效力测度与系统优化,主要包括多元建设目标下财政政策效率测度原理与方法、指标选择与计算结果、分析与讨论以及多元目标下粮食安全基地的财政政策体系优化的难点。第八章为论文的主要结论与政策含义。

关键词:粮食产区　粮食基地　财政政策　财政支出

**6721**

**中国葡萄酒产业发展研究** / 马秀蕊著 ; 乔娟指导. -- 中国农业大学, 2009. -- 157 页

论文基于产业组织理论、产业集群理论等基本理论对中国葡萄酒产业发展进行了研究。全文共分为九章。第一章为导论,主要包括研究背景、研究意义、文献综述、研究目标、研究内容和拟解决的关键问题以及技术路线、研究方法及论文的创新说明。第二章为葡萄酒产业发展研究的理论基础,主要包括产业组织理论、国际贸易理论、国家竞争优势理论、产业集群理论以及政府干预理论。第三章中国葡萄酒产业发展与集群分析,主要包括中国葡萄酒产业的发展历程和中国葡萄酒产业集群分析。第四章中国葡萄酒产业结构、行为与绩效分析,重点分析了中国葡萄酒产业市场结构、中国葡萄酒产业的市场行为、中国葡萄酒产业的绩效以及市场结构与市场绩效的关系。第五章中国葡萄酒产业的国际竞争力分析,主要从世界主要葡萄酒国家的生产和贸易情况、中国葡萄酒贸易的发展状况、中国葡萄酒产业的国际竞争力的比较分析以及中国葡萄酒产业内贸易四个方面进行了阐述。第六章中国葡萄酒产业发展的基本因素分析,主要包括要素禀赋与中国葡萄酒产业发展和市场需求与中国葡萄酒产业发展。第七章介绍了酿酒葡萄种植业与中国葡萄酒产业的发展,主要包括酿酒葡萄种植业与葡萄酒产业发展的关系、中国葡萄种植业概况及对普通酒产业发展的影响以及基于酿酒葡萄种植农户问卷调查的统计分析。第八章介绍了政府行为与中国葡萄酒产业发展,主要包括政府行为影响产业发展的途径与主要策略、贸易政策与葡萄酒产业发展以及产业政策与葡萄酒产业发展。第九章为主要结论与

对策建议的阐述以及有待于进一步研究的问题。

关键词:酿酒工业　葡萄酒　产业集群　产业发展

**6722**

**黑龙江省大豆产业发展问题研究** / 马增林著 ; 郭翔宇指导. -- 东北农业大学, 2009. -- 138 页

论文以产业发展理论为基础,对黑龙江省大豆产业发展问题进行了研究。全文共分为十二章。第一章为引言,主要简述了研究背景、目的与意义、国内外研究文献综述以及研究内容、研究方法。第二章为大豆产业发展的基本理论,主要包括大豆产业的内涵、特征、在国民经济中的地位与作用以及大豆产业研究的理论基础。第三章世界大豆产业发展与经验借鉴。主要包括大豆产业发展的概况、发展现状及国际经验以及世界大豆产业发展的经验借鉴。第四章黑龙江大豆在中国大豆产业中的作用与地位,主要包括中国大豆产业的发展现状分析、黑龙江大豆在黑龙江农业经济发展中的作用和重要意义。第五章黑龙江省大豆的生产与供应分析,主要包括黑龙江省大豆的供给与分析、品种结构、影响供应量的影响因素分析以及供给函数及预测分析。第六章黑龙江省大豆的消费与需求分析。第七章对黑龙江省大豆的流通进行了分析,主要包括黑龙江大豆流通体制的历史演变、贸易流通区域分析以及存在的问题。第八章黑龙江省大豆的加工分析,主要包括黑龙江省大豆加工规模的分析、加工水平及效益以及加工业存在的问题。第九章是对黑龙江省大豆国际贸易的分析,主要包括黑龙江省大豆国际贸易概况、存在的问题以及国际贸易自由化对黑龙江省大豆产业发展的影响。第十章对黑龙江省大豆的国内比较优势与出口市场竞争力进行了分析。第十一章针对黑龙江省大豆产业的发展提出了基本思路与对策建议。第十二章为结语。

关键词:大豆　产业发展　国际贸易　市场竞争　黑龙江

**6723**

**参与式发展干预中的权力与制度:对山乡的案例研究** / 毛绵逵著 ; 李小云,齐顾波指导. -- 中国农业大学, 2009. -- 179 页

论文旨在考察引入参与式发展干预后,各权利主体参与程度的变化对权力主体之间权利关系和权利结构的影响。全文共分为七章。第一章,导论。说明研究背景,研究综述和研究框架,阐述研究的相关概念,介绍社区的背景。第二章,山乡的参与式发展干预。介绍山乡参与式发展干预的历程,重点案例的选择以及案例村的情况,分析参与式项目的影响。第三章,多中心制度结构。阐述多中心结构的理论、参与式项目的多中心制度结构与空间参与变化,介绍多中心制度结构的单中心化和无中心化。第四章,多中心权利结构。阐述权力及权利结构的理论,介绍项目层面的多中心权利结构,说明权利流动的总体路径,分析项目决策中的权利流动以及社区内部的多中心扁平权利结构,探究社区内的权利流动。第五章,权利的话语表达。阐述话语与权利的相关理论,介绍发展干预中的制度性和行动性话语,分析梅寨滚动资金案例中权利的话语表达与话语权的争夺。第六章,非匀质性信息对称与权利结构均衡。介绍信息对称与权力结构均衡,分析非匀质性信息对称及其特征,滚动资金案例中的非匀质性信息对称,介绍权利均衡的技术手段。第七章,结论。

关键词:农村　社会主义建设　权力　经济体制改革

**6724**

**政府应对禽流感突发事件的扑杀补偿政策研究** / 梅付春著 ; 张陆彪指导. -- 中国农业科学院, 2009. -- 111 页

论文从经济学视角对政府应对禽流感突发事件的扑杀补偿政策进行了研究。全文共分为九章。第一章为导论,主要简述了研究背景、研究目标及意义、相关概念的界定、国内外文献综述、研究框架及方法、创新点及不足之处。第二章论述了我国禽流感的概况,主要包括禽流感的简介、我国禽流感现状以及我国禽流感的特点。第三章禽流感扑杀补偿政策现状的分析,主要包括扑杀补偿的定义、扑杀补偿政策体系、扑杀补偿政策的主体与客体、扑杀补偿原则、扑杀补偿政策目标、扑杀补偿政策的内容以及各地不同的扑杀补偿政策。第四章扑杀补偿政策激励相容性分析,主要包括相关理论的阐述、禽流感疫情不同阶段的信息特征、扑杀补偿政策激励相容性的分析。第五章我国现行扑杀补偿政策的评价,主要包括补偿政策目标的缺陷、扑杀补偿标准的缺陷、扑杀补偿范围过小、扑杀补偿金额技术不科学、扑杀补偿款发放程序繁琐、扑杀补偿政策有待法律化、扑杀补偿政策监督机制缺乏以及以辽宁省黑山县为例的扑杀补偿政策效果的评价。第六章家禽养殖户扑杀政策配合意愿

的分析，主要从必要性分析、调查及数据、家庭养殖户配合意愿分析、规模养殖户配合意愿分析四个方面进行了说明。第七章市价补偿政策设计的研究，主要包括扑杀补偿政策的国际经验、扑杀补偿政策设计的原则、不同视角下的最优补偿标准、市价补偿标准的必要性与可行性分析、市价补偿的目的以及范围。第八章市价补偿政策成本最小化机制的分析，主要包括扑杀补偿成本构成、扑杀补偿成本最小化措施理论分析以及扑杀补偿成本最小化方案。第九章介绍了论文的研究结论与政策建议。

关键词：禽流感　紧急事件　补偿　财政补贴

**6725**

**农户参与灌溉管理改革的影响研究：以苏北地区为例** / 孟德锋著 ; 张兵指导. -- 南京农业大学, 2009. -- 145 页

论文借助于苏北地区 35 个社区，以及 710 个农户的调查数据，对参与式灌溉管理改革进行研究。全文共分为九章。第一章，导言。第二章，界定相关概念，说明农户参与灌溉管理改革的动因与条件以及绩效和影响。第三章，苏北地区灌溉改革管理改革的进展。阐述中国灌溉管理体制的演变和发展及苏北地区参与式灌溉管理改革的进展。第四章，说明论文的框架和研究方法。第五章，农户参与灌溉管理意愿的决策模型。第六章，说明参与式灌溉管理对渠道维护和灌溉用水的影响。阐述参与式灌溉管理对渠道维护和用水分配的影响，分析参与式灌溉管理对灌溉用水量的影响。通过指标的选择和分析以及计量模型设定、模型分析对相关因素进行分析。第七章，参与式灌溉管理对农业生产和农户收入的影响。分别探讨参与式灌溉管理对农业生产以及对农户收入的影响。第八章，分析农户对用水协会满意度的影响因素。第九章，结论，提出建议。

关键词：农户　水资源管理　管理体制　江苏

**6726**

**北京郊区农民增收问题研究** / 孟俊杰著 ; 蒋和平指导. -- 中国农业科学院, 2009. -- 120 页

论文对北京郊区农民增收问题进行研究。全文共分为九章。第一章，引言。介绍选题背景，研究目的和意义，研究内容和研究方法、数据来源，论文的创新点和不足之处。第二章，农民增收的理论基础。界定相关概念，说明有关理论基础及其借鉴。第三章，分析北京郊区农民收入状况、特征和影响因素。分析北京郊区农民增收的动态变化过程，对北京郊区农民收入的主要影响因素进行计量分析。第四章，北京郊区农民增收中的劳动力就业结构研究。分析基于收入最大化的农民最优就业结构以及北京郊区农民就业结构的现状和优化路径，北京郊区农业、产业融合及其对农民增收的影响，北京郊区农村劳动力转移的现状和问题。第五章，北京郊区农民增收中的投融资问题。第六章，对北京郊区农民增收中的土地流转问题进行研究。第七章，北京郊区农民增收中的科技支撑问题。第八章，对北京郊区促进农民增收的典型案例平谷山案例进行分析。第九章，结论。研究认为促进京郊农民增收要坚持以人为本的原则、整体增收原则、城乡统筹发展的原则、可持续增长的原则、市场为导向原则、因地制宜的原则。

关键词：农民　收入分配　就业结构　土地流转　北京

**6727**

**Bt 抗虫棉技术生产力的可持续性研究** / 米建伟著 ; 黄季焜指导. -- 中国科学院研究生院, 2009. -- 138 页

论文研究了转基因 Bt 抗虫棉的采用技术生产力在中国小农户生产条件下的长期可持续性。全文共分为八章。第一章为引言，介绍了研究背景、问题的提出、研究目的和内容以及论文的结构。第二章为文献综述，主要包括转基因生物技术发展概况与 Bt 抗虫棉技术生产力的可持续性、转基因生物技术的影响研究综述、Bt 表达量对投入产出的影响及其决定因素、农药市场与农户的害虫控制行为、以 Bt 生物技术为研究对象的经济学研究方法以及研究综述的小结。第三章研究框架与数据说明。第四章 Bt 技术的长期影响，主要包括数据来源与说明、Bt 抗虫棉采用与抗性管理、Bt 抗虫棉采用与次要害虫危害上升。第五章 Bt 表达量的经济影响以及决定因素，主要包括数据收集与实验设计、Bt 蛋白质表达量的差异、Bt 表达量与农药施用、Bt 表达量与棉花单产、Bt 蛋白表达与田间管理。第六章农药市场与农户的虫害控制行为，主要包括农药市场、农户的农药购买行为以及农户的虫害控制行为。第七章介绍了风险和农户的虫害控制行为，主要包括风险偏好与农户的虫害控制行为——描述性统计、风险偏好与农户的虫害控制行为——计量模型。其中描述性统计包括风险偏好与农药施用量、风险偏好与农药种类的选择以及风险偏好与农药质量的选择。第八章总结与政策建议。

关键词:棉花　转基因技术　抗虫育种　生产力

**6728**

**新型农民培养模式研究** / 莫鸣著 ; 刘纯阳指导. -- 湖南农业大学, 2009. -- 162 页

论文以人才培养为逻辑线索,在理论上构建了新型农民培养模式的分析框架,对新型农民的培养模式进行了研究。全文共分为九章。第一章为导论,主要包括问题的提出、研究目的与意义、国内外研究文献综述、研究的思路及方法、基本框架以及可能的创新之处与不足。第二章新型农民培养的理论基础,主要包括新型农民培养在新农村建设中的作用机制分析、政治经济学理论、可持续发展观、人力资本投资理论以及教育经济学理论。第三章农民培养的历史考察,主要包括古代的农民培养、近代的农民培养、新中国建设时期的农民培养、改革开放时期的农民培养以及我国农民培养历程的总结。第四章新型农民培养模式的分析框架,主要包括新型农民的培养对象、培养目标、培养途径、培养体系、组织管理体系、运行机制以及政府行为经济学分析。第五章新型农民培养模式的比较研究,主要包括现有的农民培养模式、分类、政府主导型新型农民培养模式、市场引导型农民培养模式、学者推动型农民培养模式、新型农民培养模式的比较以及"政府 + 学校 + 农民"模式的调查分析。第六章以湖南省为例的政府视角的新型农民培养模式实证分析。主要包括湖南省新型农民培养模式分析、以长沙市为例的经济发达地区新型农民培养、以常德市为例的经济中等发达地区新型农民培养的实践、以怀化市为例的经济欠发达地区新型农民培养的实践、政府视角的新型农民培养模式存在的缺陷。第七章村民视角的新型农民培养模式实证分析,主要包括调查的组织过程、农民视角的新型农民培养模式、村支书视角的新型农民培养、村民视角的新型农民培养模式存在的缺陷。第八章国外农民培养模式的经验借鉴。主要包括东亚、西欧、北美等模式以及国外农民培养的经验借鉴。第九章改革和完善新型农民培养模式的对策、指导原则、完善措施。

关键词:农民　素质教育　培养模式

**6729**

**中国城乡居民奶类消费研究** / 聂迎利著 ; 许世卫指导. -- 中国农业科学院, 2009. -- 147 页

论文在分析和总结我国城乡居民奶类消费历程和现阶段消费特点的基础上,通过定性和定量分析,研究影响城乡居民奶类消费的因素,并以这些因素为基础变量,对城乡居民奶类消费进行聚类分析,得出结论。论文分为八章。第一章前言,介绍了研究的背景与意义,中国奶类消费状况、影响奶类消费因素、奶类供求预测等相关研究的评述,研究方法和数据来源,研究的内容和研究的框架,研究的创新点。第二章中国奶类消费现状及特点分析,从新中国建立前后我国奶类消费状况对比总结分析现阶段我国奶类消费的总体特征。第三章中国奶类消费的主要影响因素分析,包括经济因素、市场因素、饮食传统和习惯,并从城镇和农村两方面进行城乡居民奶类消费的聚类分析。第四章通过奶类消费行为典型调查,对样本的基本情况和奶类消费习惯和行为分析,并得出主要发现及结论。第五章乳品质量安全事件认知的典型调查分析,通过调查并对结果从对"有问题的液态奶"的认知、对政府处理措施的态度、消费者品类转换、消费者品牌转换几方面进行分析,并得出主要发现及结论。第六章通过对奶类总需求预测和奶类供给预测对奶类供需平衡进行分析。第七章提高城乡居民奶类消费水平的对策分析,包括提高城乡收入,完善社会保障制度,夯实增加奶类消费的基础,加大科学饮奶知识的宣传力度等。第八章总结全文研究内容,得出主要结论,并进行讨论。

关键词:养殖业　乳品工业　乳制品　居民消费

**6730**

**广东省专业镇发展的动力机制研究** / 欧阳俊著 ; 张岳恒指导. -- 华南农业大学, 2009. -- 154 页

论文以广东省专业镇的发展为研究对象,通过理论分析以及案例分析对广东省专业镇发展的动力机制进行了研究分析。全文共分为八章。第一章导论,介绍了问题的提出、选题的目的和意义,以及研究的方法和结构。第二章介绍了文献综述以及需要准备的理论,主要包括国内外的研究成果,对相关概念的界定以及论文的理论准备工作和研究视角。第三章对专业镇动力机制的理论进行了分析。包括专业镇动力机制分析的理论框架,专业镇的形成机理,专业镇的竞争优势、动力机制,专业镇形成的动力要素以及专业镇发展的动力机制。第四章对广东省专业镇发展动力机制存在的问题进行了研究分析。在分析了专业镇对广东区域经济的贡献之后,从广东省专业镇形成动力机制存在的危机以及发展动力机制存在

问题方面进行了分析讨论,对广东省专业镇发展面临的机遇与挑战进行了分析总结。第五章以广东省专业镇发展动力机制为例进行了案例分析。主要以广东省中山市古镇灯饰专业镇以及广东省佛山市西樵纺织专业镇为例对广东省专业镇形成的动力机制和发展的动力机制进行了分析研究。第六章对专业镇发展动力机制的经验借鉴方面进行了研究讨论。分别对意大利的中小企业集群发展、美国硅谷的产业集群发展以及浙江台州产业集群发展的经验方面进行了总结概括。第七章对广东省专业镇的发展提出了对策建议。第八章为结论与讨论。

关键词:乡镇经济　产业集群　广东

**6731**

**基于需求视角的中国茶叶出口贸易研究** / 邱海蓉著 ; 冯中朝指导. -- 华中农业大学, 2009. -- 155 页

论文基于需求视角对中国茶叶的出口贸易进行研究。全文共分为九章。第一章,导论。介绍论文的研究背景,研究目的和意义,国内外相关研究,论文的创新和不足。第二章,研究的理论基础。阐述国际贸易的基本理论,需求及其与国际贸易关系的理论,以需求为导向的营销理论。第三章,分析世界及中国茶叶生产与出口状况。第四章,在阐述中国茶叶出口贸易波动特征的基础上分析中国茶叶出口贸易波动与国际需求的相关理论。第五章,阐述中国茶叶主要出口市场的茶叶进口状况,分析中国茶叶主要出口市场的需求弹性与消费偏好,比较国内外茶叶市场需求的特征。第六章,中国茶叶主要出口市场的贸易壁垒。分析贸易壁垒的特点、贸易壁垒对中国茶叶出口的影响、中国茶叶主要出口市场的贸易壁垒、中国出口茶叶的质量安全现状,提出中国茶叶出口跨越技术性贸易壁垒的对策建议。第七章,预测中国茶叶出口贸易及主要出口市场的需求。第八章,阐述中国茶叶出口市场的细分,及中国茶叶出口营销的现状,分析中国茶叶出口营销模式的创新,通过相关案例比如立顿的营销创新以及普洱茶庄园的嫁接旅游文化等进行分析。第九章,结论与建议。

关键词:茶叶　对外贸易　市场需求分析　贸易壁垒

**6732**

**农产品出口竞争政策研究** / 曲云鹤著 ; 田维明指导. -- 中国农业大学, 2009. -- 115 页

论文对农产品出口竞争的政策进行了系统性的研究。全文共分为七章。第一章导论,主要包括研究背景和研究意义、国内外研究现状、研究目标与研究内容、研究方法和数据以及论文的创新点。第二章农产品出口竞争政策的发展历程及现状。主要包括农产品出口竞争政策概念的界定、出口补贴政策的发展和改革历程、出口信贷政策的发展和改革历程、粮食援助的发展和改革历程、国营贸易的发展和改革历程。第三章农产品出口竞争横穿理论分析,主要包括出口补贴、出口信贷、粮食援助、国营贸易。第四章典型国家使用出口竞争政策的原因和影响因素分析,主要包括欧盟使用出口补贴的原因和影响因素的分析、美国使用出口信贷担保计划的影响因素分析、美国使用粮食援助的影响因素分析以及加拿大使用国营贸易的原因分析。第五章农产品出口竞争政策改革的效应评价,主要包括农产品出口竞争政策出口补贴等值的测算、农产品出口竞争政策削减产生的影响。第六章中国的农产品出口竞争政策。主要包括历史实践和中国合理使用出口竞争政策的建议。第七章结论、对中国的启示以及有待进一步研究的问题。

关键词:农产品　出口贸易　市场竞争　出口政策

**6733**

**干预重塑与权力再生产:发展项目干预下的社区权力运行研究** / 饶小龙著 ; 李小云指导. -- 中国农业大学, 2009. -- 136 页

论文以一个具体的发展项目为案例,通过对外部干预下农村社区的观察,对社区权利的运行基础重新进行解释,对发展面临的社区遭遇以及项目过程中不同行动者的行动策略进行分析,并在此基础上对外部发展干预下的社区权力运行进行研究。全文共分为七章。第一章,导论。介绍研究背景和意义,阐述相关研究理论以及研究设计。第二章,试点村社区状况。阐述社区的相关概况和近几年扶贫项目开展的状况。第三章,以社区权力运行基础的视角分析政治空间的构建。说明社区权利的主体及构成,介绍社区权利与权力结构,社区权利资源与获取,说明村干部政治空间的构建以及社区权利合法性基础。第四章,干预变型与重塑。介绍试点项目的基本情况,分析发展项目动态运行的过程。第五章,冲突与依赖。说明发展干预下的社区权利关系,阐述熟人社会是难以冲破的关系网,分析行动者的利益诉求和满足。第六章,权利资源与话语权。介绍不同行动者的权力资源

及其特点,分析不同项目阶段行动者权利资源的变化,介绍不同行动者的能动性,解释发展话语的解构与诠释,分别介绍村干部、村民、地方政府以及干预者等不同行动者的策略。第七章,结论。讨论发展干预的社区遭遇等问题。

关键词:农村　社区　权力

**6734**

**河南省农村已婚妇女就业选择行为研究** / 任晓静著 ; 王秀清指导. -- 中国农业大学, 2009. -- 107 页

论文通过河南省农村已婚妇女劳动力就业状况的描述,对河南省农村已婚妇女就业选择行为进行了研究。全文共分为八章。第一章为导论,主要包括研究背景与意义、概念界定、研究综述、研究目标与研究内容、研究方法以及技术路线与创新点。第二章为研究问题的理论分析框架,主要包括时间分配模型和从农户劳动结构出发的时间分配模型。第三章农村已婚妇女劳动就业的状况,主要包括妇女劳动从业状况、样本特征的描述分析以及样本妇女劳动供给状况。第四章农村已婚妇女劳动力流动行为的选择,主要从模型估计方法和变量选择、数据主要特征描述、估计结果以及和已有经验研究结果进行比较四个方面进行了阐述。第五章是对在家农村已婚妇女就业选择行为的实证分析,主要从相关经验研究回顾、已婚妇女就业决策行为的实证分析以及已婚妇女劳动供给时间的影响因素模型三个方面进行了说明。第六章外出务工已婚妇女就业状况和兼业行为,主要包括对外出已婚妇女特征的描述、已婚妇女外出务工的就业和生存状况的分析以及在外已婚妇女兼业农业的实证分析。其中外出已婚妇女的特征主要包括个人特征、家庭特征和社区特征。第七章家庭主要劳动力劳动时间的相互关系分析,主要从数据分析、计量模型估计和结果解释三个方面对男女劳动力的劳动时间关系、成年子女和家庭其他劳动力劳动时间的相互关系、父母和家庭其他劳动力劳动时间的相互关系进行了研究与分析。第八章为主要结论和政策建议以及有待于进一步研究的问题。

关键词:农村　妇女　就业　劳动力流动　河南

**6735**

**转型期中国农村妇女土地权利保障研究** / 商春荣著 ; 张岳恒指导. -- 华南农业大学, 2009. -- 193 页

论文选择"中国农村妇女土地权利保障问题"进行研究,围绕着妇女地权不安全这一基本判断而展开,表明需要采取相应措施保障农村妇女的土地权利。全文共分为八章。第一章导言。介绍了研究背景和研究意义,研究思路与研究方法选择,论文结构与创新点。第二章研究文献评述与分析框架结构。第三章介绍农村妇女土地产权安全性与产权的界定。包括妇女土地权利的历史回顾与现实描述,从资源特性、主体特性分析妇女地权的安全性以及影响中国农村妇女土地产权的限制因素。第四章介绍了妇女土地权利的保障机制。包括保障妇女土地权利的基本方法,用法律保障、行政手段保障妇女土地,用公平偏好的集体土地所有制进行制度保障,欠发达地区和发达地区农村土地制度安排及妇女土地权利保障,农村妇女个人争取土地权利的行为。第五章介绍农村妇女土地权利保障的效果、区间差异与潜在矛盾。包括妇女土地权利保障的有限性,村社土地制度安排的保障效果,性别歧视对农村妇女地权保障的影响,妇女地权保障的区间差异及其形成,以及保障妇女土地权利的主要难点和潜在矛盾。第六章介绍保障农村妇女土地权利的经验与启示。包括发展中国家与转轨型国家农村妇女的土地权利保障,越南农村妇女的土地权利保障,司法与行政解决妇女土地权利纠纷,广东珠江三角洲地区保障出嫁女股权的经验。第七章介绍保障农村妇女土地权利的政策选择。第八章为总结与讨论。包括对全文的主要研究的总结与有关问题的讨论。

关键词:农村　妇女　土地所有权　权益保护

**6736**

**中国古代农业灾害防减体系研究** / 邵侃著 ; 樊志民指导. -- 西北农林科技大学, 2009. -- 134 页

论文对中国古代农业灾害防减体系进行研究。全文共分为六章。第一章,导言。介绍研究背景、研究目的和研究意义,相关文献综述,研究的思路和方法。第二章,古代农业灾害的基本态势与主要特征。介绍从先秦时期到明清各个时代农业灾害的基本态势,分析古代农业灾害发生态势及成因。第三章,古代农业灾害防测机制。第四章,古代农业减灾系统。分析传统农业时代的农业减灾技术研究,说明工程技术措施在水旱灾害治理中的应用,介绍蝗灾治理与生物减灾技术的初步发展,对技术鲜明的农业减灾系统进行总结。第五章,古代农业灾荒赈救体系。阐述政府灾荒赈救制度的体系化建设,介绍社会化、多元化

的民间施赈，考察在灾民自救中基于救荒植物的历史，总结在政府主导下多主体的农业灾荒赈救体系。第六章，古代农业救荒文献史料价值评估。介绍农业救荒文献的内容体例，然后对农业救荒文献中减灾科学技术资料进行价值评估，并对内容覆盖广、科技含量高的农业救荒文献经进行总结。

关键词：农业　自然灾害　灾害防治

**6737**

**中美农产品期货市场功能比较研究** / 邵永同著 ; 王晓方，高旺盛指导. -- 中国农业大学, 2009. -- 109 页

论文对中美农产品期货市场功能进行了比较研究。全文共分为六章。第一章为绪论，主要包括选题背景和意义、国内外研究现状及其评述、研究的目标、研究内容、研究方法以及技术路线和创新说明。第二章期货市场功能的相关概念和理论基础，主要包括期货市场的产生与发展、期货市场功能的相关概念的界定、期货市场功能的理论基础以及农产品期货市场功能与农业发展。第三章中美农产品期货市场价格发现功能比较的研究，主要包括期货市场价格发展功能的研究方法、数据来源说明及处理、中美农产品期货市场价格发现功能实证研究、中美农产品期货市场价格发现功能的比较分析以及对增强中国农产品期货市场价格发现功能的对策与建议。第四章中美农产品期货市场套期保值功能比较研究，主要包括期货市场套期保值功能的研究方法、数据来源及处理、中美农产品期货市场套期保值功能实证研究、中美农产品期货市场套期保值功能的比较分析以及对增强中美农产品期货市场套期保值功能的对策与建议。第五章中美农产品期货市场国际定价功能比较研究，主要包括期货市场国际定价功能的研究方法、数据来源说明及处理、中美农产品期货市场国际定价功能实证研究、中美农产品期货市场国际定价功能的比较分析以及对增强中国农产品期货市场国际定价功能的对策与建议。第六章为论文的基本结论和政策建议以及研究的不足和有待于进一步研究的展望。

关键词：农产品　期货市场　期货交易　美国

**6738**

**黑龙江省"场县合作"发展现代农业研究** / 沈伟利著 ; 黄清指导. -- 东北林业大学, 2009. -- 121 页

论文对黑龙江省"场县合作"发展现代农业进行了研究。全文共分为九章。第一章为绪论，主要包括研究背景、研究目的及意义、国内外相关研究评述以及研究内容与方法。第二章为基本概念与相关理论的介绍，主要包括现代农业的内涵与特征、"场县合作"基本内涵以及相关基础理论和政策依据。第三章国内外相关经验借鉴，通过对美国家庭经营农场、日本"农协"专业合作组织、我国江苏省外向型企业等的相关经验得出立足自身资源优势选择发展道路、大力提高机械化水平和农业科技水平等启示。第四章"场县"要素禀赋比较分析，主要包括自然资源的比较分析、农业机械的比较分析、资本要素的比较分析、劳动力要素的比较分析以及农业科技要素的比较分析。第五章"场县"生产和消费需求分析，对"场县"双方农业生产状况和农场职工与农民的消费需求进行了分析。第六章"场县合作"制约影响因素的分析，主要制约有体制束缚、资金瓶颈、人地矛盾问题、政府支持弱化、农机合作问题等；分析模型包括结构模型解析法、评价模型的建立和影响因素解析。第七章"场县合作"的实现。"场县合作"的实现原则有自觉自愿、互利双赢、资源共享、优势互补，实现要素包括体制和机制创新、农机合作、农业标准化与规模化经营、产业标准化与规模化经营、产业化合作经营、土地流转等，实现目标有创新农场与县域农村经营体制、实现农场与县域农村优势互补、合作双赢、促进农业产业结构优化升级。第八章"场县合作"的对策与建议，主要包括强化政府引导协调机制、建立"场县合作"现代农业综合试验区、促进土地流转和适度规模经营等。第九章以九三分局农场与嫩江县为例进行了实证分析，主要包括合作的背景条件、合作主要内容、合作取得的成就以及"场县合作"的启示与借鉴。

关键词：现代农业　农业经济发展　农业合作　黑龙江

**6739**

**环境友好农业技术创新激励政策研究：基于创新系统理论的视角** / 沈宇丹著 ; 王雅鹏指导. -- 华中农业大学, 2009. -- 191 页

论文结合知识和信息经济这一时代背景，基于创新系统理论的视角，对环境友好农业技术创新激励政策进行了研究。全文共分为八章。第一章为导论，主要包括问题的提出与研究背景、创新系统基本理论概述、国内外研究进展、研究目的、方法和技术路线以及可能存在的创新点和不足。第二章介绍了环境友好农业技术创新的基本内涵和特征。主要从环境友好

技术、环境友好农业技术创新、环境友好农业技术创新的特征三方面进行了研究。第三章介绍了环境友好农业技术创新与政策激励。主要介绍了技术创新的制度激励的思想及理论进展、农业技术创新制度激励的演变及内在逻辑、环境友好农业技术创新与政策激励经验、对比与借鉴。第四章阐述了可持续发展成为世界各国农业创新的战略核心、美国和欧盟促进环境友好农业技术和政策经验、欧美政策经验对比、欧美政策经验对我国的借鉴和启示。第五章介绍了化肥产业政策调整与改革探析。主要包括我国化肥产业及化肥产业政策现状、我国当前化肥产业政策对环境友好农业技术创新的效应分析以及化肥产业政策改革与调整建议。第六章介绍了农业环境保护政策和环境友好农业技术创新。主要从波特假说理论与证明、农业环境管制成本收益有效假设对环境友好农业技术创新的效应以及我国农业环境友好保护政策现状及对策三方面进行研究。第七章介绍了绿色农业产业政策与环境友好农业技术创新。主要包括绿色农业产业政策的理论依据、绿色农业产业政策与环境友好农业技术创新的作用机理以及我国绿色农业产业政策现状与建议。第八章介绍了农业产业组织化与环境友好农业技术创新。主要阐述了基于新制度经济学和演化理论的农业产业组织演变的逻辑、农业产业组织化对环境友好农业技术创新功能和效应的分析以及我国农业产业组织化现状与对策。

关键词:农业政策　农业技术　技术创新　环境保护

**6740**

**基于产业集聚视角的西安都市圈小城镇发展研究** / 施文鑫著；陈宗兴指导. -- 西北农林科技大学, 2009. -- 132 页

论文在充分认识小城镇的内涵及其发展规律的基础上,从产业集聚的视角,对西安都市圈小城镇发展进行了研究。全文共分为八章。第一章为导论,主要简介了选题背景、研究目的和意义、国内外研究评述、研究思路和方法以及论文存在的创新之处。第二章西安都市圈小城镇发展及产业集聚理论的基础,主要包括小城镇及小城镇发展的相关概念、产业集聚的概念及理论、都市圈及西安都市圈的界定以及小城镇发展和产业集聚。第三章对西安都市圈小城镇发展及产业集聚进行了分析,主要包括西安都市圈小城镇发展状况、西安都市圈小城镇发展中产业集聚的状况、西安都市圈小城镇发展中产业集聚成因和特点、西安都市圈小城镇发展中产业集聚的制约因素以及西安都市圈小城镇发展及其产业集聚中存在的问题。第四章产业集聚对都市圈小城镇发展的影响,主要包括小城镇发展中产业集聚程度的衡量、小城镇发展水平的测度、产业集聚对小城镇发展影响的模型、产业集聚对小城镇发展空间结构的影响、产业集聚对都市圈发展的影响以及都市圈产业集聚与小城镇发展动力机制。第五章西安都市圈小城镇与产业集聚的互动,主要包括产业集聚推进西安都市圈小城镇发展进程、小城镇发展优化西安都市圈产业集聚条件以及西安都市圈小城镇与产业集聚互动模式。第六章基于产业集聚的西安户草堂镇发展实证分析,主要包括西安草堂镇发展背景、草堂镇 SWOT 分析、基于产业集聚视角的草堂镇发展目标与定位、国内三个小城镇案例剖析以及基于产业集聚视角的草堂镇发展策略。第七章推进西安都市圈小城镇发展的对策,主要包括构建西安都市圈产业集聚的基础、通过合理布局产业结构促进产业联动效应、通过培育文化视角来提升产业集聚的层级以及基于资源环境创造集聚发展空间。第八章介绍了全文的总结以及进一步研究展望。

关键词:小城镇　城市发展　产业集聚　西安

**6741**

**中非农业合作模式创新研究** / 施勇杰著；高继宏指导. -- 石河子大学, 2009. -- 130 页

论文对中非农业合作模式进行了研究。全文共分为六章。第一章为导论,主要介绍了研究背景、意义,研究方法、研究框架和创新点,论文的思路。第二章农业国际合作理论。包括比较优势理论、企业国际化经营理论、创新理论、农业国际合作的模式与机制。第三章为中非农业合作的互补性分析,主要介绍了中国农业发展过程中取得的成就和存在的问题,非洲农业发展过程中的资源、生产、存在的问题、受国际农业发展战略演变的影响等状况以及基于中国、非洲的中非农业合作的互补性和可行性分析。第四章中非农业合作的战略框架。主要从中非农业合作的战略意义、中非农业合作战略的基本原则、中非农业合作的战略环境分析——SWOT 分析、中非农业合作的战略规划。战略规划包括战略目标、战略思路、战略领域以及战略阶段。第五章中非农业合作模式创新及运行机制的研究。主要包括中非农业合作历史存在的问题、中非农业合作模式的创新以及中非农业合作模

式创新的运行机制。中非农业合作模式的创新机制包括信任机制、双赢的利益共享机制、结构与技术和制度的传导机制、管理机制以及风险控制机制。第六章为主要结论和政策建议。政策建议包括政府对农业的引导与扶持不可或缺,企业必须成为中非农业合作的主体,加强对中非农业合作的战略规划,多种经营、因地制宜、以农业为基础的商贸工全面发展,建立竞争机制、开拓援外项目经营新模式以及采取"企业运作、中方管理并适当本地化"的项目管理方式。

关键词:农业经济　经济合作　中国　非洲

**6742**

**中国省际间农业生产率差异及技术溢出效应研究** / 石慧著 ; 王怀明指导. -- 南京农业大学, 2009. -- 129 页

论文从 80 年代中后期农业增长及地区差异来源出发,旨在考察生产率因素是否为主导因素,并以生产率水平为对象,判断生产率差异变化趋势,考察各省区生产率向上向下转移可能性,及各要素对农业生产率增长的影响和作用。论文分为八章。第一章导言,介绍了选题意义、研究目标与假说、主要框架、研究方法、数据来源与技术路线、可能的创新与不足。第二章理论回顾与文献综述,分别对经济增长因素的理论探讨和经验研究、生产率概念及其度量理论的发展、生产率及其增长的研究综述进行评述。第三章中国省区农业增长分析,回顾 1978 年以来中国农业的增长历程,讨论单要素生产率的变化,并通过选择方法和模型、数据选取及处理、实证结果检验等步骤分析省区农业生产差距来源。第四章通过探讨生产率测算的基本方法与 Malmquist 生产指数,选取双边比较的 Malmquist 指数方法测算生产率,并进行数据选取及处理、生产率测算结果解读。第五章通过对省区农业全要素生产率测算结果进行统计分析,以及省区全要素生产率增长速度及其构成的变动分析,探讨各省区农业全要素生产率水平差距的变化和趋势。第六章借助马尔可夫链和空间马尔可夫链的研究方法,及空间统计结果分析,讨论中国省区间农业 TFP 的空间依赖性与分布动态。第七章基于空间计量分析,建立模型和实证检验,分析中国省区间农业 TFP 差距的影响因素。第八章通过对全文研究内容梳理总结,得出研究结论,并解读政策含义,最后对进一步研究进行展望。

关键词:农业生产　劳动生产率　区域差异　技术进步　技术推广

**6743**

**重庆区域经济发展不协调问题及对策研究** / 石品著 ; 段豫川指导. -- 西南大学, 2009. -- 108 页

论文对重庆区域经济发展不协调的问题以及对策进行了研究。全文共分为八章。第一章为导论,主要包括问题界定与选题背景、研究的基本思路与技术路线、研究方法。第二章为理论借鉴,介绍了劳动地域分工理论、增长理论、经济辐射理论、钻石理论、输出基础理论、梯度转移理论、系统论和科学发展观理论。第三章重庆区域经济发展的现状。主要包括重庆经济成长阶段的判定、重庆工业化进程的判定、重庆城市化进程的判定以及重庆全面小康社会建设进程的判定。第四章重庆区域经济发展不协调的表现及分析。主要从重庆区域经济板块不协调的表现及分析和重庆城乡经济发展不协调的表现及分析两个方面进行了研究。第五章重庆区域经济发展不协调的原因。通过已有研究对区域经济发展不协调原因的分析,探究重庆区域经济板块发展不协调的原因,同时分析重庆城乡经济发展不协调的原因。找出制约重庆区域经济协调发展的外部条件和制约重庆区域经济协调发展的自身条件,根据制定重庆区域协调发展目标的依据,制定重庆区域经济协调发展的目标,形成推动重庆区域经济协调发展的思路。第七章推动重庆区域经济协调发展的对策。主要包括市场、政府和社会三种力量的相互关系,以市场力量推动区域经济协调发展、以政府主导推动区域经济协调发展和以社会力量推动区域经济协调发展。第八章为研究结论、政策应用以及有待进一步研究的问题。

关键词:地方经济　经济发展　区域差异　重庆

**6744**

**中国政府农业科研投资及其对私人部门农业科研投入的影响** / 时宽玉著 ; 胡瑞法指导. -- 中国科学院研究生院, 2009. -- 109 页

论文对中国政府农业科研投资及其对私人部门农业科研投入的影响进行了研究。全文共分为八章。第一章为引言,主要包括研究背景、问题的提出、研究目标与内容以及论文的结构。第二章相关的文献综述,主要包括农业科技对农业生产的贡献、农业科研投资总量及结构研究综述、私人部门农业科研投资及其决定因素、我国农业科研体制改革以及已有文献对

研究的指导意义。第三章介绍了论文的研究框架、方法和数据来源,研究方法包括相关指标的解释、描述统计分析和计量分析方法。第四章中国农业科研投资变化及其与国际比较,主要包括研究数据的简要说明、我国农业科研投资的现状及其变化、农业科研投资的国际比较以及章节结论和讨论。第五章中国农口科研单位的收入结构变化及其区域间的差异,主要包括研究数据的简要说明、我国农口科研单位经费收入和来源以及我国农口农业科研单位财政经费的分配结构。第六章中国私人部门农业科研投资的发展和现状,主要包括中国种子产业发展历程及取得的成就以及中国作物育种科研体系的发展和现状。第七章中国政府农业科研投资对私人部门农业科技投入的影响,主要包括数据基本情况描述、种子企业农业科研投入影响因素的分析以及中国种子企业农业科技投入影响因素的分析。第八章主要结论和政策建议以及有待于进一步研究的问题和论文的创新点和不足之处。

关键词:农业投入　科学技术　投资　种子

**6745**

**高管权力、公司绩效与报酬激励:基于我国上市公司的理论与实证研究** / 树友林著 ; 王怀明指导. -- 南京农业大学, 2009. -- 121 页

论文以委托代理理论等基本理论为基础,基于我国上市公司理论与实证,对高管权力、公司绩效与报酬激励进行了研究。全文共分为八章。第一章为导论,主要包括研究背景及问题的提出、研究目的和意义、相关概念的界定、研究方法与技术路线以及论文可能存在的创新之处。第二章为理论基础和文献综述,主要为高管权力、公司绩效与报酬激励的主要理论和文献综述。第三章基于中国的制度背景下的高管权力、公司绩效与报酬激励关系的理论分析。主要包括我国上市公司高管报酬激励要素的分析、我国上市公司高管权力的形成路径、特点与影响以及高管权力、公司绩效与报酬激励之间的作用机理。第四章上市公司高管报酬激励结构与水平,包括上市公司高管报酬激励结构以及上市公司高管的报酬激励水平。第五章高管权力、公司绩效与高管报酬关系的实证研究,主要分为高管权力指标的选择、公司绩效的测度与评价、高管权力和公司绩效与高管报酬关系研究的假设的提出、研究设计以及高管权力、公司绩效与高管报酬关系的实证分析。第六章高管权力、货币报酬与在职消费关系的实证研究。主要阐述了高管权力、货币报酬与在职消费关系的理论分析,高管权力、货币报酬与在职消费关系的理论预期,研究设计以及高管权力、货币报酬与在职消费关系实证分析。第七章高管权力与股权激励效应关系的实证研究,主要包括高管权力与股权激励效应关系的理论分析、设计研究以及高管权力与股权激励效应关系的实证分析。第八章论文的研究结论、政策建议与研究展望。

关键词:股份有限公司　上市公司　企业管理　人事管理　企业绩效

**6746**

**我国中小企业组织创新研究** / 宋东风著 ; 王忠贤指导. -- 西北农林科技大学, 2009. -- 169 页

论文对我国中小企业组织创新进行了研究。全文共分为八章。第一章为导论,主要简述了研究背景、研究目的和意义、国内外研究动态、研究思路和方法以及论文的创新之处。第二章为中小企业组织创新的基本理论。主要介绍了中小企业的界定、企业组织理论、组织创新理论、以企业为主体的创新体系以及中小企业组织创新内涵。第三章中小企业组织创新的环境,主要包括对中小企业组织发展历史的回顾、我国中小企业发展的概况以及中小企业组织创新内外部环境的分析。第四章中小企业组织功能的创新,主要包括中小企业组织功能、中小企业组织功能构成要素、中小企业组织社会责任功能创新、中小企业组织文化功能创新、中小企业组织危机管理功能创新以及中小企业战略功能创新。第五章中小企业组织结构设计的创新,主要包括企业组织结构的历史沿革、设计创新思想、设计的权变性、设计创新过程以及设计创新模式 。第六章中小企业组织机制的创新,主要包括中小企业组织动力机制创新、中小企业组织制度机制创新、中小企业组织创新过程以及中小企业组织创新障碍。第七章中小企业组织创新实证分析,主要包括从青岛电冰箱厂到海尔集团、青岛电冰箱厂组织创新的过程、青岛电冰箱厂组织创新的成效与经验以及青岛电冰箱厂组织创新对中小企业组织创新的启示。第八章介绍了中小企业组织创新趋势,主要包括中小企业组织结构的新特点、中小企业组织结构面临的挑战、中小企业组织创新的新思维。

关键词:中小企业　企业组织　组织创新　组织结构

6747

**农村信用社产权制度改革与运行成效研究** / 宋磊著 ; 王家传指导. -- 山东农业大学, 2009. -- 205 页

论文运用实证调研等方法,以农信社产权制度改革与运行成效为研究主线,总结了新一轮农信社产权制度变迁的规律性及特征,设计了农信社产权制度改革与运行成效评价指标体系。论文分为九章。第一章引言,介绍了问题的提出、选题背景、目的和意义,国内外相关研究现状及简要评述,研究的基本目标、逻辑思路、研究方法与技术路线、结构安排与主要创新点,研究对象范围界定与说明。第二章对农信社产权制度相关理论进行阐述,包括信用合作与合作金融相关理论、产权概念及相关理论、制度概念及相关理论、农信社产权制度相关理论。第三章按照历史演进的逻辑,回顾了我国农信社产权制度的变迁,即从试办、推广与调试阶段,曲折前进阶段,改革调整中发展阶段,独立发展阶段到新一轮试点改革与深化发展阶段。第四章对农村信用社产权制度与组织形式改革的现状及其特征进行了比较分析,重点阐释了股份合作制这一中国特色的产权制度在我国的制度适应性和必要性问题。第五章以山东、江苏、上海等地农信社产权制度改革的实地研究资料为依据,着重对2003年新一轮试点改革以来农信社产权制度改革现状与运行成效做出了实证分析。第六章基于前述研究的相关结论,对农信社产权制度改革趋势与组织体系构架等问题提出了具有前瞻性的新见解。第七章在归纳借鉴外国农村合作金融产权制度建设经验的基础上,提出了改革与建设我国农信社产权制度的相关政策性建议。第八章对研究的主要结论予以梳理,并指出了尚待进一步讨论的问题。第九章为附录。

关键词:农村信用社　农村金融　产权制度改革

6748

**茶农生产性投资行为研究:以福建安溪为例** / 苏宝财著 ; 刘伟平,杨江帆指导. -- 福建农林大学, 2009. -- 105 页

论文以福建茶产业为对象,从茶农角度分析了影响茶农进行茶叶生产加工投资的因素以及这些因素的作用方向,并对茶农进一步投资茶产业的意愿进行了实证分析。全文共分八章。第一章导论,介绍了论文的研究意义、研究目的、研究对象、研究方法与技术路线以及结构框架,说明了研究数据来源,指出了论文的创新与不足。第二章对茶农生产性投资行为国内外相关研究进行了综述。介绍了茶农生产性投资行为的理论基础,包括农户行为理论、投资理论以及茶农经济管理理论,农户行为研究的进展,农户投资行为及其影响因素研究的进展,茶叶经济管理研究的进展以及随机前沿生产函数模型研究的进展,最后进行简要评述。第三章对福建茶产业发展态势进行了分析。包括福建茶产业发展态势分析以及福建茶叶乌龙茶主产区的比较分析。第四章调查问卷设计与样本农户基本情况分析。包括调查问卷的设计、调查地点的确定及茶叶生产情况简介以及数据获取、收集与处理。第五章对茶农生产性投资的影响因素进行了分析。包括茶农生产性投资的影响因素理论分析、安溪茶农生产性投资的内容及其比较分析以及安溪茶农生产性投资影响因素的计量分析。第六章对茶农生产性投资的技术效率进行了分析。包括分析理论与方法、选择的分析方法及模型、技术效率测定以及影响技术效率的因素分析。第七章茶农茶叶生产发展意愿的多元 Logistic 模型。介绍多元 Logistic 理论模型,进行数据说明与描述性分析,给出 Logistic 模型结果及其解释。第八章为研究结论与政策启示。

关键词:茶农　投资　技术效率

6749

**财政管理创新推进城乡一体化研究** / 苏春江著 ; 丁学东指导. -- 中国农业大学, 2009. -- 145 页

论文通过深入基层调研,并对公共财政政策、公共产品等理论和相关数据进行研究分析,研究财政管理创新与推进城乡一体化之间的关系。全文共分为七章。第一章为导论,简要介绍了选题背景、目的及意义、国内外研究现状、研究目标、研究内容、拟解决的关键问题、研究方法、技术路线以及研究特色和可能的创新。第二章为有关财政管理创新推进城乡一体化的理论。主要有财政管理创新、公共财政理论、公共产品理论以及城乡一体化理论。第三章城乡一体化程度与财政管理关联性的定量分析。主要介绍了对城乡一体化的评判、财政相关投入变量对城乡一体化程度的影响以及财政管理政策对农民工是否落户城镇的 Logistic 回归分析。第四章财政管理创新推进城乡一体化发展的机制和基本途径。通过分析财政管理创新在市场机制、产业结构转化机制等城乡一体化发展的动力机制中所起的作用,得出财政管理创新推进城乡一体化发展中的影响以及影响机理。从城乡一体化发展的基本实现途径视角,分析财政管理

创新推进城乡一体化发展中的特殊地位。第五章国外财政管理创新推进城乡一体化对我国的启示。主要包括发展中国家的经验、发达国家的经验及其对我国的启示。第六章财政管理创新推进城乡一体化发展案例的分析。主要案例包括美国等发达国家和印度等发展中国家在城乡一体化进程中采取财政管理创新、农村公共产品供给政策的分析,以及北京市大兴区和河南省两个不同层次,不同类型的地区进行的财政管理创新促进城乡一体化的政策分析。第七章为论文的结论和对策建议。

关键词:财政管理　创新管理　财政支农　城乡一体化

**6750**

**西部地区发展适用技术研究** / 苏振锋著 ; 王礼力指导. -- 西北农林科技大学, 2009. -- 150 页

论文在分析适用技术的历史发展,总结前人研究成果的基础上,对西部地区发展适用技术进行了全面的研究。全文共分为七章。第一章为导论,主要包括选题背景、研究的目的和意义、国内外研究动态、研究思路与方法以及论文的创新之处。第二章适用技术的科学理论,主要包括适用技术概念评析、适用技术的科学内涵及理论基础以及适用技术概念与其他技术概念的异同。第三章西部地区发展适用技术的外部环境因素、西部地区发展适用技术的经济系统因素、西部地区发展适用技术的社会系统因素、西部地区发展适用技术的自然系统因素以及西部地区发展适用技术的科学技术系统因素。第四章适用技术与西部地区可持续发展的互动关系分析,主要包括西部地区可持续发展的要求、适用技术与西部地区可持续发展的互动模型构建以及适用技术与西部地区可持续发展互动模型的实证。第五章国外发展适用技术的成功经验,主要包括日本引进适用技术的成功经验、印度发展适用技术的成功经验以及新加坡以职业技术教育促进适用技术发展的成功经验。第六章西部地区发展适用技术的途径,主要有推广已有的适用技术、改造传统技术、引进适用技术、开发适用技术。第七章西部地区发展适用技术的社会支撑系统,主要有宏观管理支撑系统、技术市场支撑系统、科技体制支撑系统、科技教育支撑系统以及人力资源支撑系统。

关键词:地区经济　科学技术　技术革新　可持续发展

**6751**

**农户对农村公共服务需求揭示问题研究** / 孙翠清著 ; 林万龙,冯开文指导. -- 中国农业大学, 2009. -- 113 页

论文借助 AIDS 模型从农户客观支出角度测算了农户对两类典型农村公共服务相关消费支出的收入弹性,间接反映农户对农村公共服务的需求。全文共分为六章。第一章为导论,主要包括研究背景及意义、研究目标、文献综述、拟解决的关键问题及创新之处、概念界定以及研究框架及研究内容。第二章介绍了理论框架:论文所选用的农村公共服务需求揭示方法,主要阐述了表述偏好法揭示农户对农村公共服务的主观需求意愿、可观察的市场数据法揭示农户对农村公共服务的客观需求行为。第三章基于偏好法的农户对农村公共服务需求的主观评价。主要包括数据来源、样本数量及分布、样本村基本情况、样本农户基本情况、农户对农村公共服务体系的整体满意度、农户对各项农村服务的满意度:以五项典型事业类服务为例、农户对农村公共服务各方面要素的满意度以及农户对各项农村公共服务需求的优先序。第四章介绍了基于可观察的市场数据法的农户对农村公共服务的客观需求。主要包括理论框架、实证模型、数据来源及处理、农户对农村公共服务相关消费支出的需求和供给影响因素、农户对农村公共服务相关消费支出的需求弹性以及分析结果对农户农村公共服务需求的揭示。第五章基于可观察的市场数据法的农户义务教育需求影响因素分析的案例研究。主要包括研究思路、分析框架、案例县农户子女进城借读情况、实证模型和模型估计结果。第六章介绍了研究结论及政府建议。

关键词:农户　农村　社会服务

**6752**

**新疆外向型农业发展研究** / 孙加力著 ; 柯柄生,陈彤指导. -- 新疆农业大学, 2009. -- 108 页

论文通过运用定性与定量、规范与实证分析相结合的方法,对新疆外向型农业发展进行了研究。全文共分为七章。第一章为导言,简述了研究背景与意义、国内外研究现状、研究目的、论文内容及结构、论文主要的技术路线及方法以及论文可能的创新及不足之处。第二章是对外向型农业的概述,主要包括外向型农业的概念、内涵与特征、发展外向型农业的意义、外向型农业发展的理论基础以及外向型农业发展的条件和环境。第三章新疆外向型农业发展的状况,

分为新疆农业发展的概况和新疆外向型农业发展的现状。第四章新疆外向型农业发展的实证分析,主要包括新疆农产品出口与农民收入关系的协整分析以及对新疆农产品出口与农业经济增长关系的分析。第五章是对新疆发展外向型农业的SWOT的分析,主要包括SWOT分析释义以及对新疆发展外向型农业SWOT的分析。第六章推进新疆外向型农业发展的对策措施,主要包括基本原则、发展战略、发展目标、政策措施。主要的措施有大力培育具有区域特色和竞争优势的农产品出口基地;做大做强农产品出口龙头企业,大力扶持和培育农产品出口经营主体;强化质量安全管理,提升出口农产品竞争力;实施品牌战略,打造农产品品牌等。第七章为论文的主要结论。

关键词:农业经济　农产品贸易　出口　新疆

**6753**

**我国经济快速发展背景下的肥胖增长及影响因素研究** / 孙瑾著 ; 郑风田指导. -- 中国人民大学, 2009. -- 163 页

论文在我国经济快速发展的背景下,对肥胖增长及影响因素进行了研究。全文共分为九章。第一章为导论,主要简述了研究背景、研究的目的、研究的意义、研究的主要内容和基本框架、概念的界定、研究数据的来源以及论文主要的创新与不足。第二章介绍了关于肥胖流行的原因及风险的文献评述,主要包括肥胖的风险和成本、肥胖流行的原因、对于肥胖的影响因素的实证研究以及国内的研究。第三章介绍了我国肥胖问题的发展趋势及风险,主要包括我国成年居民超重和肥胖的发展趋势、超重和肥胖问题的国际视角以及肥胖的风险。第四章基于理性选择理论,在经济快速发展背景下影响我国居民肥胖的行为因素分析。主要包括理论框架和模型的设定、数据的描述性分析、实证研究结果以及对实证研究结果的进一步分析。第五章介绍了健康知识对肥胖的影响,主要包括理论基础、变量的设置和数据的基本特征、实证分析方法以及研究结果。第六章介绍了家庭环境对儿童青少年肥胖的影响,主要包括文献综述、研究界定、理论基础、实证研究结果。第七章我国营养变迁的特征及相关环境影响因素的分析,主要阐述了营养变迁理论和分析框架、饮食模式的改变、环境对饮食模式的转变的影响分析以及身体活动模式的转变及城市化的影响。第八章预防和应对肥胖问题的政策选择。第九章介绍了论文的主要结论和政策建议。

关键词:经济发展　肥胖病　病因分析　营养卫生

**6754**

**粮食生产直接补贴研究** / 孙顺强著 ; 戴思锐指导. -- 西南大学, 2009. -- 166 页

论文从粮食生产角度研究考察了粮食生产直接补贴的问题。全文共分为九章。第一章为导论,主要阐述了问题的提出与研究背景、研究问题及相关概念、研究目标及主要研究内容、研究方法以及论文的框架设计。第二章粮食生产直接补贴问题。主要包括粮食生产直接补贴的内容与类型及方式、内涵和实质、目的、普遍性以及世界贸易组织允许的粮食生产补贴。第三章粮食生产直接补贴的基本依据,包括粮食生产是基础产业、粮食生产具有多种公共功能、粮食生产具有巨大的正外部性、粮食供求具有特殊性、粮食安全关系国家安全以及服务型政府与公共政策。第四章典型国家的粮食生产直接补贴,包括美国、欧盟、日本、韩国。第五章中国粮食生产直接补贴的特别依据。主要包括中国粮食安全保障压力巨大、中国粮食生产受到资源与环境刚性约束、中国粮食生产风险大、中国粮食生产比较效益低、中国粮食生产面临严峻形势以及中国已具备对粮食生产进行补贴的财政经济条件。第六章中国粮食生产直接补贴,主要包括中国粮食生产补贴的历史变迁,现阶段我国粮食生产直接补贴的主要内容、目的,中国粮食直接补贴实施,省际差异,资金来源以及农垦、军垦农场的粮食直接补贴。第七章中国粮食生产直接补贴绩效评价,主要包括中国粮食生产支撑性补贴绩效评价、中国粮食生产服务性补贴绩效评价、中国粮食直补对粮食生产的影响、中国粮食直补对粮农成本和收益的影响、中国粮食直接补贴绩效的区分评价、粮食直补对粮食产量影响的定量评估以及影响粮食直补绩效的因素分析。第八章中国粮食生产直接补贴后效应分析,主要阐述了粮食生产补贴对中央财政的压力、粮食直接补贴对地方财政的压力、粮食直接补贴的分级负担可能带来的后果、直接补贴对刺激粮食生产的有效性分析以及粮食直接补贴对其他农产品生产的影响。第九章研究结论和政策建议。

关键词:粮食生产　财政补贴　财政政策　粮食安全

**6755**

**转基因抗虫玉米(Bt玉米)在我国商业化种植的经济影响研究** / 孙炜琳著 ; 唐忠指导. -- 中国人民大

学, 2009. -- 153 页

论文对商业化种植转基因抗虫玉米的经济收益和经济风险进行了研究。全文共分为八章。第一章为导论,主要包括研究背景、研究意义、研究内容与研究方法、数据搜集及调查说明、论文的思路与框架和创新与不足。第二章转基因作物经济影响的研究综述。主要从转基因作物商业化经济影响的分析框架和研究方法、转基因作物商业化经济影响的主要研究内容、国内对转基因作物经济影响的研究、关于转基因玉米商业化影响的主要研究四个方面进行阐述。第三章转基因玉米研发及商业化概况。主要包括转基因玉米研发现状及发展趋势、转基因作物商业化概述、转基因玉米商业化概况和经济影响三个方面。第四章经济收益分析的理论框架与数据估算。主要包括玉米螟的危害与 Bt 玉米的收益体现、经济收益分析的假设条件、经济收益分析的方法选择、数据来源与估算。第五章 Bt 玉米商业化种植的农户收益分析,主要从农户调查获取的信息、我国玉米生产的成本收益变化、Bt 玉米与常规品种的成本收益比较、Bt 玉米净利润的影响因素四个方面分析。第六章介绍了 Bt 玉米商业化种植的社会福利分析。主要包括 DREAM 模型中场景的设定、相关参数的计算、Bt 玉米商业化种植的社会福利。第七章 Bt 玉米的商业化种植的经济风险。主要包括与知识产权相关的风险、市场风险、技术风险。第八章论文的研究结论和政策建议。

关键词:种植业　玉米　转基因技术　商业化经营

**6756**

**农业中家庭经济长期存在的理论研究:从分工发展角度的再思考** / 孙永朋著 ; 唐忠指导. -- 中国人民大学, 2009. -- 145 页

论文从分工发展的角度,对农业中家庭经济长期存在的理论进行了研究。全文共分为六章。第一章为论文的导论,主要包括研究背景、问题的提出、概念的界定、数据来源及研究方法、论文结构安排以及创新与不足。第二章介绍了有关农业家庭发展的文献综述,通过回顾兼业与雇工、经营规模、农业家庭与市场等农业家庭的概念,探讨了小农消灭论、小农稳固论等不同小农理论关于农业家庭发展的观点。同时介绍了传统理论对农业家庭发展关键问题的观点与分工经济与农业家庭发展的关系。第三章介绍了农业家庭发展的关键问题,主要介绍了农业在生产过程中劳动对象再生产、劳动者再生产、农业生产过程的生物性特征,以及生物性特征的历史依据。同时阐述了农业、工业与资本主义大生产,农业家庭、一般企业与分工经济,以及农业家庭发展的关键问题研究结论三方面的情况。第四章阐述了农业家庭经济变迁与分工发展。主要包括分工发展的度量、农业家庭的历史形态以及我国农业家庭分工发展。第五章介绍了我国农业家庭专业化水平及行为研究。主要包括我国畜牧业和种植业生产分工水平比较研究与我国专业化农户劳动力投入研究。第六章介绍了研究结论和进一步的思考。

关键词:农村　农业经济　家庭经济学　分工　经济发展

**6757**

**穷人的生计资产:特征、获得和利用——来自甘肃省定西市水村的观察** / 唐丽霞著 ; 李小云指导. -- 中国农业大学, 2009. -- 179 页

论文以甘肃省定西市水村的全体农户作为研究对象,在农户家计调查问卷资料和个案访谈资料的基础上对水村的贫困特征、农户的资产禀赋和结构、资产的获得性和资产的利用等内容进行分析和讨论。在分析方法上采取了可持续生计发展分析框架,在资产的划分上采用了自然资产、人力资产、社会资产、物资资产和金融资产五大资产划分方法。全文共分为八章。第一章,导论。介绍研究背景、研究目标和内容、论文的结构以及论文的创新点和不足。第二章,阐述国内外相关研究进展。分别从贫困研究的宏观和微观两个视角进行探讨。第三章,论文的研究方法和分析框架。第四章,描述水村的贫困特征。介绍不同时期水村的贫困状况,阐述水村贫困农户的地理空间分布以及不同家庭结构类型的贫困分布,以及水村贫困农户的流动与及水村的贫困特征。第五章,农户生计资产特征恶化结构。说明水村不同类型农户的资产存量,分析水村不同类型农户的资产指数,介绍不同类型的农户资产组合。第六章,农户的生计策略。阐述水村农户人力资源的获得,介绍农户自然资产的获得、金融资产的获得、物资资产的获得以及社会资产的获得。第七章,农户的生计策略。介绍农户自然资产的利用,人力资产的利用,社会资产的利用,阐述风险应对时物资资产的转化。第八章,结论。

关键词:农户　贫困　资产结构

**6758**

**劳动力再配置效应对中国经济增长和地区差距的影响研究** / 唐震著 ; 钟甫宁指导. -- 南京农业大学, 2009. -- 121 页

论文研究改革开放以来中国高速经济增长中的劳动力在配置效应,通过劳动生产率增长、各地区和各部门的产出结构与就业结构变动及差异的联系,在宏观角度研究资源再配置问题。论文分为七章。第一章导论,介绍了问题的提出、分析框架、数据来源、技术路线、论文结构安排、可能的创新与不足之处。第二章介绍了哈罗德—多玛增长模型、新古典经济增长模型、内生经济增长模型、结构主义经济增长理论,并对中国经济增长因素与地区差距、结构变化对中国经济增长影响、结构变化对中国地区差距影响的相关研究进行综述。第三章从劳动生产率增长情况和劳动生产率的部门间差异两方面分析部门间劳动生产率的差异,探讨了产业结构变化,包括产值结构、就业结构变化及产值结构与就业结构的偏差。第四章从第一、第二、第三产业三个方面分析劳动生产率的地区差异,并从中国整体经济和第二产业分析中国经济空间结构变化。第五章提出分析框架,并通过实证研究分析劳动力部门间和地区间再配置的增长效应。第六章分析了中国劳动生产率地区差异的演变,从劳动力再配置对各省劳动生产率增长的影响、分阶段考察、年度考察探讨劳动力再配置效应的地区差异,并进行理论、实证分析,以沿海和内地为例,进行劳动生产率水平地区收敛的结构分解。第七章对全文研究内容进行梳理总结,得出相应的结论,并提出政策建议,最后讨论和展望进一步研究方向。

关键词:劳动力转移　劳动生产率　经济增长　区域差距

**6759**

**中国农村银行业产业结构与效率研究** / 滕昊著 ; 何广文指导. -- 中国农业大学, 2009. -- 132 页

论文在遵循产业组织理论结构、行为、绩效的分析模式下,对中国农村银行产业结构与效率进行了研究。全文共分为七章。第一章为导论,简述了研究背景、研究现状与文献评述、研究目标、研究内容及拟解决的关键问题、相关概念的界定及有关说明、研究方法与数据来源以及创新点与不足。第二章中国农村银行产业结构分析的理论基础,主要包括产业组织理论的回顾、银行业产业组织研究的理论基础以及不同市场结构下银行市场化经营行为的理论分析。第三章中国农村银行产业结构与信贷约束的分析,主要包括中国农村银行业组织结构、中国农村银行业信贷结构分析以及中国农村银行业组织信贷供给约束。第四章中国农村信贷组织运营效率分析,主要包括效率与金融效率、中西部地区为例的农信社信贷业务绩效的分析、村镇银行、农村资金互助社、小额贷款公司以及新型信贷机构进入后正规信贷市场效应的分析。第五章影响中国农村银行效率提升的因素分析,主要包括影响农村银行业组织效率提升的内部因素分析和影响农村银行业效率提升的市场因素。第六章中国农业银行业效率优化的路径,主要包括以普惠金融体系为发展目标、充分发挥商业性金融对县域经济的信贷支持的作用、深化农村合作金融的改革以及稳步推进农村金融产品和服务创新。第七章主要结论与政策建议。

关键词:农村金融　银行业　产业结构　经济效率

**6760**

**贸易开放背景下发展中国家农业生产力和粮食生产影响因素分析** / 田国强著 ; 田维明指导. -- 中国农业大学, 2009. -- 105 页

论文在贸易开放的背景下,对发展中国家农业生产力和粮食生产的影响因素进行了分析与研究。全文共分为六章。第一章为导论,介绍了研究的背景和意义、文献综述、研究对象、研究目标、研究方法和数据、论文的框架及研究内容以及研究特色和创新。第二章论文的理论框架,主要理论包括生产函数相关理论、国际贸易理论以及贸易因素和非贸易因素对农业发展的影响机制。第三章发展中国家经济和社会的基本特征,主要包括发展中国家的资源条件、发展中国家的经济发展、贸易发展状况以及发展中国家的社会发展。第四章是对农业生产力的影响因素的分析,主要从农业生产状况、农产品贸易状况、理论框架及模型构建、经验检验、巴西和阿根廷案例比较分析以及其他案例分析进行阐述和说明。分析的重点在了一些难以量化的非贸易因素上。第五章粮食生产影响因素分析,主要包括引言、粮食生产和贸易统计描述、粮食生产经验分析以及孟加拉国和巴基斯坦粮食发展案例的比较分析。第六章主要结论,分为发展中国家自身特征及其对农业的影响机制、影响发展中国家农业生产力的主要因素及政策含义、影响发展中国家粮食生产的主要因素及政策建议以及认识到的局

限性四个方面。

关键词:农业生产力　粮食作物　国际贸易　发展中国家

6761

**经济发展与犯罪关系研究** / 田鹤城著 ; 万广华指导. -- 西北农林科技大学, 2009. -- 122 页

论文以经济学等相关理论为基础,采用实证分析方法为主并结合规范分析的方法,对经济发展与犯罪关系进行了研究。全文共分为八章。第一章为导论,包括研究背景、研究目的与意义、国内外研究动态综述、研究思路和方法以及论文可能创新之处。第二章经济发展与犯罪关系研究的理论基础,主要包括经济人理论、犯罪原因理论以及社会分层、流动与冲突理论。第三章新中国成立以来犯罪总量及各类犯罪变化分析,主要包括犯罪的统计与分析和新中国成立以来犯罪变化分析。第四章经济增长、收入分配与犯罪相关性分析,主要包括经济增长与犯罪关系分析以及收入分配与犯罪关系分析。第五章贫困、失业与犯罪相关性分析,主要包括贫困与犯罪关系分析与失业与犯罪关系分析。第六章区域经济差异、流动人口、城市化与犯罪相关性分析,主要包括区域经济差异与犯罪关系分析、流动人口与犯罪关系分析以及城市化与犯罪相关性分析。第七章经济发展与犯罪关系的实证分析,主要包括相关变量的选择与设定以及基于时序、截面和面板数据的实证分析的经济发展与犯罪关系。第八章根据对经济发展过程中影响经济发展的诸多因素与犯罪的综合分析,得出:经济发展与犯罪之间具有密切关系;经济增长本身可以导致犯罪率的下降,但是经济增长对犯罪率下降的影响效应往往被其他因素对犯罪上升的影响效应所削弱和掩盖等。

关键词:经济发展　收入分配　人口流动　犯罪

6762

**湖南省主要农产品生产效率及比较优势的研究** / 田伟著 ; 李明贤指导. -- 湖南农业大学, 2009. -- 121 页

论文在效率和比较优势理论的指导下,对湖南省主要农产品生产效率及比较优势进行了研究。全文共分为六章。第一章为导论,主要包括相关概念的界定、研究的目的和意义、国内外研究文献的综述、研究的方法、路线和内容。第二章为基本原理与方法的介绍,主要包括随机前沿的基本原理与方法、数据包络分析的基本原理与方法、技术效率研究方法的评述、比较优势的测算以及数据来源与说明。第三章湖南主要农产品的全要素生产率分析,主要包括湖南稻谷的全要素生产率的分析、湖南晚稻生产全要素生产率的分析、湖南柑橘的全要素生产率分析、湖南苎麻的全要素生产率分析、湖南烤烟生产的全要素生产率分析、湖南油菜生产的全要素生产率分析、湖南茶叶生产的全要素生产率分析以及湖南棉花生产的全要素生产率分析。第四章湖南省主要农产品的技术效率分析,主要包括早稻生产的技术效率、晚稻的技术效率分析、湖南柑橘的技术效率分析、湖南苎麻的技术效率分析、湖南油菜的技术效率分析、湖南茶叶技术效率分析、湖南烤烟的技术效率分析以及湖南棉花的技术效率分析。第五章湖南主要农产品的比较优势分析,主要阐述了湖南主要农产品的比较优势系数的测算以及综合比较优势的分析。第六章主要结论和建议以及展望。

关键词:农产品　生产效率　农业技术　湖南

6763

**国家农业综合开发产业化经营项目绩效研究** / 田祥宇著 ; 霍学喜指导. -- 西北农林科技大学, 2009. -- 110 页

论文以农业综合开发产业化经营项目绩效为研究对象,以市场失灵与国家干预经济理论、改造传统农业理论、公共财政理论、"发展极"理论和绩效理论为基础,按照定性分析和定量分析相结合的思路,从宏观和微观视角,对我国农业综合开发产业化经营项目绩效进行研究,解释农业产业化经营项目绩效研究的现状及存在问题,探究农业综合开发产业化经营项目绩效分析的原理与方法,为完善农业综合开发产业化经营项目政策提供理论依据和可行性建议。全文共分为七章。第一章,导论。介绍研究背景,研究目的和研究意义,阐述相关文献研究。第二章,农业综合开发产业化经营项目绩效的概念界定和理论基础。第三章,农业综合开发产业化经营项目的运行状况分析。对农业综合开发产业化经营项目资金的投入方式、项目的投资规模和投资区域进行分析,分析农业综合开发产业化经营项目不同区域资金带动的效应差异性。第四章,农业综合开发产业化经营项目绩效分析现状、存在问题及体系优化。第五章,农业综合开发产业化经营项目宏观绩效分析。分析资金的带

动效应、农民 GDP 增长贡献度以及农民收入增长的促进作用。第六章,农业综合开发产业化经营项目的微观绩效。第七章,结论与建议。

关键词:农业综合发展　产业化经营　项目管理　经济效果

**6764**

**中国农村社区公共物品非政府主体供给研究:基于解决"搭便车"与需求偏好表达问题角度** / 涂圣伟著 ; 孔祥智指导. -- 中国人民大学, 2009. -- 239 页

论文选择非政府主体的供给行为作为研究对象,基于解决"搭便车"与需求偏好表达问题的视角,对中国农村社区公共物品非政府主体供给进行了研究。全文共分为八章。第一章导言,介绍了研究背景,研究的核心问题、概念界定、国内外研究评述以及研究目标、思路。第二章基于现有研究成果,从非政府主体供给公共物品的可能性和效率性的一般论述入手,逐步导入"搭便车"和需求偏好表达两个公共物品研究核心问题,并结合村庄共同体、农民合作经济组织和企业行为,分别提出了关于三类主体行为的相关假设,从而构造了一个农村社区公共物品非政府供给的理论分析框架。第三章围绕"一事一议"制度效力问题,结合村级访谈和农户调查资料,从制度本身和村庄共同体治理"搭便车"能力的角度,探讨农村社区公共物品村庄共同体自我供给的效率问题。第四章构建了一个农民合作经济组织供给社区公共物品的动态分析框架,从声誉角度探讨了组织内部治理"搭便车"进而实现合作均衡的机制,并结合具体案例进行解释。第五章介绍了社会性合约、场地租金与公共物品社区型企业供给。主要包括社会性合约、场地租金与"搭便车"治理,社区型企业与公共物品供给。第六章介绍了产业链结、商品契约与公共物品龙头企业供给,主要包括产业链中龙头企业供给公共物品的行为及动机、产业链中龙头企业供给公共物品的成本补偿机制、产业链中"搭便车"行为的防范与治理机制。第七章主要对不完全信息条件下,"用手投票""用脚投票"、主动接触等几种需求偏好表达机制的实用性和有效性进行综合评价,进而对非政府主体解决需求信息不对称问题的能力进行研究。第八章总结全文,提出了相关的政策意见,探讨了论文研究的不足之处,并对未来的研究进行了展望。

关键词:农村　分配　供给制

**6765**

**县级规划运行过程中的互动研究:以 A 省 C 县为例** / 汪淳玉著 ; 叶敬忠指导. -- 中国农业大学, 2009. -- 99 页

论文旨在分析县级发展规划运行中不同社会行动者之间的互动,以及其互动对于规划运行的影响。在分析规划的正式制度的基础上,引入发展社会学中以行动者为导向的研究方法,从不同社会行动者的能动性和不连续性出发,分析社会行动者对于其行动的合法性建构,以及在规划的制定、实施和监督过程中的行动策略。通过县卫生院、文化旅游、林业局项目、水利局项目、加气砖项目等事件,探讨不同场域中行动者的行为特征。全文共分为六章。第一章,导言。说明研究背景、研究综述、研究设计以及研究社区。第二章,发展规划的制度安排。说明三类规划制定的原则与程序,介绍规划实施过程的制度安排,阐述正式制度下的规划监督过程。第三章,主要行动者的能动性与不连续性。说明县级政府官员的能动性与不连续性,分析私营业主的能动性以及农民的能动性。第四章,规划运行中的合法性建构。分别阐述规划制定中、规划实施中以及规划监督中的合法性建构。第五章,规划运行中行动者的互动过程分析。介绍规划制定过程中、规划实施过程中以及规划监督过程中的互动分析。第六章,结论。说明规划运行时非线性的动态过程,互动是规划运行的内在要求,行动者的行为影响了制度与组织的功能。

关键词:县　经济规划　互动

**6766**

**东北粮食主产区的旱灾风险分析及其减灾对策研究** / 汪金英著 ; 尚杰指导. -- 东北林业大学, 2009. -- 117 页

论文在综合国内外相关研究成果的基础上,系统研究了东北粮食主产区农业干旱灾害的时空发展规律以及抗旱对策建议。全文共分为八章。第一章绪论。介绍了研究背景、目的和研究意义,对国内外研究现状进行了述评。第二章介绍了相关的理论基础及其方法。描述了相关的概念定义,包括东北粮食主产区、干旱以及干旱灾害,介绍了相关干旱评估指标以及指标选择原则以及相关理论方法。第三章阐述了国内外学者关于灾害经济的一些研究和理论,并介绍了美国、日韩、澳大利亚等一些发达国家对灾害的治理方法,并结合国内的灾害管理有效方法,提出了东北粮食主产区应该完善灾害管理和救助的法律体

系,健全其指挥协调机构,灾害管理系统必须以现代科技为基础,加强建设救灾队伍,救灾设备,增强完善救灾物资储备,各地政府加大对灾害管理与救助的资金投入,完善灾后的救助和恢复重建工作等。第四章对东北粮食主产区的旱灾现状进行了分析。主要包括自然地理概况和水资源概况。第五章就历史灾情数据进行了旱灾风险分析,包括旱灾损失频率分析和基于信息扩散理论的旱灾风险分析,在基于信息扩散理论的旱灾风险分析时,以黑龙江省、吉林省和辽宁省历年的干旱灾情进行东北三省旱灾风险分析。第六章介绍了灰色关联分析法的原理与计算,并用灰色关联法来分析黑龙江省和吉林省的粮食总产量与旱灾因子之间的关联度。第七章对东北粮食主产区进行了干旱模糊综合评价分析。第八章分析了东北粮食主产区抗旱减灾的有效途径并提出了相关的对策建议。

关键词:粮食产区　旱灾　减灾管理　东北

**6767**

**我国蔬菜质量安全治理机制及其仿真研究** / 汪普庆著 ; 周德翼指导. -- 华中农业大学, 2009. -- 130 页

论文对我国蔬菜质量安全治理机制及其仿真进行了研究。全文共分为七章。第一章为导论,主要简述了研究背景和意义、研究问题的提出、研究目的与拟解决的基本问题、研究的主要方法、研究的框架与内容以及主要的创新和不足。第二章介绍了论文相关的文献综述,主要包括食品安全问题的涵义、政府监管和食品安全、供应链组织的治理结结构与食品安全以及文献评述。第三章我国蔬菜质量安全监管体制分析,主要包括我国食品安全监管体系的弊端分析、国内外食品安全监管体制改革的探索以及食品安全监管体制对蔬菜供应链的影响。第四章介绍了供应链的组织模式与蔬菜安全,主要包括蔬菜供应链的组织模式、案例介绍与研究以及供应链组织模式对蔬菜安全的影响及其机制分析。蔬菜供应链的组织模式包括“批发商+农户”模式、“公司+农户”模式、出口模式。第五章蔬菜供应链仿真模型的构建,主要包括基于 AGENT 建模、仿真模型的目标与结构、农户 AGENT的设计与描述、批发商 AGENT 的设计与描述、政府 AGENT 的设计与描述以及模型参数和变量的说明。第六章仿真程序的实现与结果分析,主要包括仿真程序的实现与说明和仿真结果的分析。其中仿真程序的实现主要包括仿真的工具与平台、仿真试验的环境、仿真的总框架以及系统的说明。分析结果包括农户的诚信度、政府的监管力度、供应链的组织演化以及其他参数或变量的影响。第六章为论文的主要结论和政策建议以及有待于进一步研究的问题。

关键词:蔬菜生产　蔬菜加工　质量管理　政府监督　食品卫生

**6768**

**生物质能发展对我国粮食供求的影响研究** / 汪翔著 ; 王树进指导. -- 南京农业大学, 2009. -- 124 页

论文通过对生物质能发展和中国粮食供求现状、液体生物质能对国际粮食市场的影响、粮源生物质能对中国粮食供求的影响、非粮生物质能对中国粮食供求的影响四个方面的研究,分析并研究了生物质能发展对我国粮食供求的影响。全文共分七章。第一章导言,介绍了研究背景、问题的提出与研究意义,研究目标、内容与研究方法,相关概念与技术路线,可能的创新与不足。第二章对生物质能与粮食供求的相关文献进行了综述。包括粮食供求影响因素、粮食供求预测问题及生物质能产业发展对粮食供求影响等方面的文献综述。第三章介绍了生物质能发展与中国粮食供求的现状。对生物质能的相关概念进行了界定,对中国生物质能的发展现状进行了概述,介绍了中国粮食供求的现状,包括中国粮食生产的现状、消费的现状以及粮食供求均衡分析。第四章液体生物燃料发展对国际粮食市场的影响,具体介绍了液体生物燃料的发展现状与液体生物燃料发展对国际粮食市场的影响。第五章对粮源生物质能发展对中国粮食供求的影响进行了研究。构建了模型,对粮食供求影响因素及供求弹性参数进行了计算,给出数据计算方法及初始值的设定,进行相关方案的设计,对模型运行结果进行了分析。第六章非粮生物质能发展对中国粮食供求的影响。分析了中国非粮生物质能的资源潜力,对非粮生物质能发展与粮食供求的关系进行了研究,包括对中国耕地和边际性土地的潜力分析与不同非粮生物质能发展路径对粮食供求的影响分析。第七章为主要结论与对策建议。

关键词:粮食　供求结构　生物能源　农业经济

**6769**

**教育差距及其对经济增长影响的研究** / 王爱民著 ; 徐翔指导. -- 南京农业大学, 2009. -- 119 页

论文基于教育差距日益凸显的问题,分析了教育差距及其对经济增长的影响。论文分为九章。第一

章导论，介绍了问题的提出、研究目标与研究假说、技术路线与研究内容、可能的创新与不足。第二章对公平、教育公平、教育差距、城乡和地区等相关概念进行界定，并对相关理论进行综述，为研究提供理论依据。第三章对国外现有的有关教育不平等的理论研究和实证研究进行阐述，并列举国内研究动向，教育差距表现、形成及原因、产生影响、对策等，对相关文献进行述评。第四章研究方法，介绍了教育差距的测算、教育差距的分解及其他计量方法。第五章对我国教育差距现状进行分析，从教育机会差距、教育过程差距、教育结果差距三个方面分析了我国教育差距现状。第六章通过教育差距的分解与比较，得出教育差距的主要原因，用各地区各阶段教育投入的生均经费的比例作为质量系数，构建加权人均受教育年限指标，以测算我国总体教育差距及变动趋势，分析纯城乡间教育差距和纯地区间教育差距的变动趋势并进行比较。第七章分析了教育政策与体制、经济因素、基础条件等主要因素对教育差距的影响，运用一定方法计算各影响因素对教育差距的贡献率，以分析其对教育差距的影响程度及变动趋势。第八章分析了教育差距对经济增长产生的影响，从理论上分析教育差距对经济增长影响的两条机制，借助分布滞后模型和联立方程进行实证分析教育差距对经济增长产生的短期和长期影响。第九章在研究基础上，结合国外教育均衡发展的经验总结，提出缩小教育差距促进教育均衡发展的政策建议。

关键词：教育资源　资源配置　区域差异　城乡差别　经济增长

**6770**

**我国粮食期货市场与现货市场价格关系的研究** / 王川著 ; 王文生指导. -- 中国农业科学院, 2009. -- 137 页

论文研究了我国粮食期货市场与现货市场价格关系，分析当前期货市场价格发现功能的发挥程度，探讨期货价格与现货价格的影响因素，并从市场体系建设的角度出发，提出进一步改进和完善粮食期货市场和现货市场，充分发挥粮食期货市场价格功能的对策和措施。全文共分为八章。第一章导论。介绍了研究背景、研究目的与意义、国内外研究进展、研究内容和方法以及创新说明和有待进一步研究的问题。第二章为粮食期货市场与现货市场价格关系研究的理论基础，进行了相关概念界定，包括期货、期货合约、期货交易、期货市场、现货市场、期货价格和现货价格以及基差，对期货市场功能进行了理论分析，包括风险转移功能和价格发现功能，对粮食期货市场与现货市场关系进行了理论探讨。第三章主要介绍了粮食期货市场与现货市场价格关系的研究方法，包括粮食期货市场与现货市场价格关系的主体研究方法和辅助计量分析方法。第四章从内源因素和外源因素两方面对我国粮食期货市场的影响因素进行了分析，内源因素主要有期货交易主体规模与结构、期货合约设计、期货交易交割制度，外源因素主要是从粮食供应因素、金融货币因素、现货市场因素、粮食政策因素和自然环境因素等方面进行了分析。第五章对我国粮食现货市场价格的影响因素进行了分析，粮食供求关系和粮食生产成本属于内源因素，而国际市场价格、自然灾害因素、粮食价格政策则属于外源因素。第六章对我国粮食期货市场与现货市场价格关系进行了实证分析。第七章主要是分析了我国粮食期货市场价格对现货市场的作用，包括宏观作用分析、微观作用分析和不完全性分析。第八章是论文的研究结论和对策建议。

关键词：粮食　期货市场　现货市场　价格

**6771**

**农村发达地区人才集聚问题研究** / 王东著 ; 孙健指导. -- 中国海洋大学, 2009. -- 143 页

论文对农村发达地区实现人才集聚的问题进行研究，分析农村地区实现人才集聚的可行性基础，考察人才集聚对农村经济发展的推动作用并辨识影响人才集聚的各种因素，建立不同地区实现人才集聚的模式并对如何实现人才集聚提出有针对性的对策建议。全文共分为九章。第一章为绪论。介绍了研究背景、意义，文献综述，学术构想与研究内容，研究方法与技术路线，论文创新与不足。第二章为有关人才集聚的理论分析与研究综述。其中包括人才和人才流动，人力资本理论概述，人才流动的理论回顾，人才集聚理论分析。第三章描述了当前地区的人才状况，并对农村地区的人力资本存量进行了计量。第四章考察了人力资本对农村地区经济发展的贡献，选取了农村地区的时间序列数据运用计量学的方法分析了人力资本对农村经济发展的作用。第五章论述了人才集聚的实现需要具备一定的基础条件，从充分发挥人才作用的角度来看，这种基础条件主要包括外部环境和内部机制两大方面。第六章对影响人才集聚的

因素进行了分析,主要是从微观经济因素、人才自身因素以及外部因素三个方面展开。第七章论述了不同地区的人才集聚模式应该是各有特点,各地应该结合本地情况采取适合本地区的人才集聚模式。第八章阐述了通过加强人才集聚的外部环境建设和提升企业内部机制建设,能够增强农村地区对人才的吸引力,还分别对政府与企业在人才集聚中的行为进行了分析。第九章对华西村是如何吸引人才的进行了详细分析,依照前文理论分析的思路和框架,从华西村实现人才集聚的基础条件、影响人才集聚的因素以及华西村在不同阶段实现人才集聚的不同模式进行了探讨。

关键词:农村　人力资本　人才管理　人才资源开发

**6772**

**中国转型期农民收入问题研究:基于二元经济社会结构的视角** / 王恩胡著 ; 李录堂指导. -- 西北农林科技大学, 2009. -- 143 页

论文在我国转型期农民收入增长演进过程、农民收入问题表现特征描述的基础上,对我国转型期特定的二元经济社会对农民收入增长的影响进行了研究。全文共分为七章。第一章为导论,主要包括研究背景、研究目的及意义、国内外研究动态综述、相关概念以及研究思路和方法。第二章中国转型期农民收入问题研究的理论基础,主要包括收入分配差距测度方法和变动规律、经济学对收入分配规律的理论解释以及社会学对收入分配的理论研究。第三章中国转型期农民收入增长状况及农民收入问题成因分析。主要包括转型期农民收入增长状况及特征、转型期农民收入问题的表现、转型期农民收入问题的成因分析以及转型期农民收入问题产生的根本原因。第四章中国转型期二元经济结构对农民增收的影响,主要包括中国转型期二元经济结构特征分析、中国转型期二元经济结构对农民增收的影响以及转型期二元经济结构影响农民增收的实证分析。第五章中国转型期二元社会结构特征分析、二元社会结构对农民经济权利排斥及其对农民增收的影响以及二元社会结构对农民社会权利的排斥及其农民增收的影响。第六章解决经济发展中农民收入问题的经验,主要包括我国台湾地区解决经济发展中农民收入问题的经验、日本解决经济发展中农民收入问题的经验、巴西解决经济增长中收入分配问题的教训以及美国解决农民收入问题的经验。第七章改革二元经济社会结构促进农民持续增收的思路和对策。主要包括改革二元经济社会结构促进农民持续增收的思路以及改革二元经济社会结构促进农民持续增收的对策。

关键词:农民收入　二元经济　经济结构　社会转型期

**6773**

**新疆农业产业化龙头企业战略人力资源管理研究** / 王会艳著 ; 姜长云指导. -- 新疆农业大学, 2009. -- 176 页

论文从战略人力资源管理的视角对新疆龙头企业的战略和核心竞争力进行了研究。全文共分为十章。第一章为绪论,主要包括问题提出的背景、现实和理论意义、国内外相关研究动态评述、研究内容与技术路线以及论文的创新与不足。第二章战略人力资源管理研究综述和理论依据。第三章新疆龙头企业人力资源管理现状及问题,主要包括新疆龙头企业基本情况和特征、新疆龙头企业人力资源管理及人员现状、新疆龙头企业人力资源管理存在的主要问题以及新疆龙头企业战略人力资源管理所处阶段的基本判断。第四章新疆龙头企业战略人力资源管理职能分析与设计,主要包括战略人力资源管理职能分析、系统分析、战略人力资源管理职能体系以及新疆龙头企业战略人力资源管理职能设计。第五章新疆龙头企业战略人力资源规划研究,主要包括战略人力资源规划及其内容、人力资源规划与企业战略关系、新疆龙头企业战略人力资源规划。第六章新疆龙头企业管理者胜任力模型研究,包括管理者胜任力模型、新疆龙头企业中层管理者胜任力模型、模型思路及框架模型构建以及模型应用。第七章基于 KPI 的新疆龙头企业绩效管理体系研究。主要包括 KPI 绩效管理概述、KPI 指标体系的建立、确立分层分类的 KPI 绩效考核体系以及 C 企业 KPI 绩效管理系统实证研究。第八章基于人力开发与储备的新疆龙头企业员工激励研究,主要包括激励的内涵及过程、新疆龙头企业员工激励必要性、新疆龙头企业员工激励机制的构建。第九章基于能力与素质提升的新疆龙头企业培训体系。主要包括企业培训体系建设与经营绩效的关系、培训体系建设、培训需求、新疆龙头企业基于能力与素质的配需课程开发体系以及评估及流程。第十章基于核心竞争力的新疆龙头企业的企业文化建设。主要包括企业文化及企业文化功能、企业文化与企业核心竞争力、新疆龙头企业的企业文化建设。

关键词:农业企业管理　人力资源管理　核心竞争力

**6774**

**新疆棉花产销政策研究** / 王慧敏著 ; 吴强指导. -- 石河子大学, 2009. -- 110 页

论文对新疆棉花产销政策进行了研究。全文共分为八章。第一章为导言,主要包括研究背景、研究目的和意义、文献综述与理论基础、研究思路、主要研究内容、研究方法、技术路线以及研究创新。第二章分析框架与研究假设,主要分析了棉花产销政策的模式。第三章国内外棉花产销环境的研究。主要包括世界贸易组织农业规则内容、国际棉花产销发展概况以及国内棉花产销发展概况。第四章世界主要产棉国的棉花产销政策介绍及其启示,主要为世界主要产棉国棉花产销政策介绍,分为棉花生产布局政策、棉花种子政策、棉花财政政策、棉花质量检验政策、棉花价格政策、棉花购销政策以及棉花进出口政策。第五章新疆棉花生产政策分析,主要包括新疆棉花生产布局政策分析、新疆棉花种子政策分析以及新疆棉花财政政策分析。第六章新疆棉花销售政策分析,主要从历史演变、政策评述、政策需求三方面介绍了新疆棉花质量检验政策的分析、新疆棉花价格政策分析、新疆棉花购销政策分析以及新疆棉花进出口政策分析。第七章新时期构建新疆棉花产销政策体系的建议,主要包括新疆棉花产销政策制定的目标及原则以及构建有关棉花生产布局、棉花种子、棉花财政、棉花价格、棉花购销和进出口等新疆棉花产销政策体系的建议。第八章为结语。

关键词:棉花　产销结合　农业政策　新疆

**6775**

**农业综合开发战略定位及其运行机制研究** / 王金安著 ; 郑少锋指导. -- 西北农林科技大学, 2009. -- 157 页

论文以经济增长源泉理论等基础理论为依据,理论研究和实地调研紧密结合对我国农业综合开发战略定位及其运行机制进行了研究分析。全文共分为八章。第一章为绪论,主要包括选题背景、研究目的和意义、国内外研究动态、研究思路与方法以及论文的创新之处。第二章农业综合开发的内涵界定及其相关理论。主要包括农业综合开发相关概念内涵界定、经济增长源泉理论、公共产品理论、战略管理理论以及系统运行机制理论。第三章农业综合开发的国际定位趋势与规则空间,主要包括国际农业综合开发目标定位演进的政策背景、发展中国家农业综合开发目标定位的演进趋势、发达国家农业综合开发目标定位的演进趋势以及 WTO 规则与我国农业支持政策的选择空间。第四章我国农业综合开发战略的制度优势。第五章计划强制推动型战略定位模式及其运行机制面临的问题,主要包括计划强制推动型战略定位模式面临的问题、农业综合开发的组织规划机制问题、农业综合开发的投入形成机制问题、农业综合开发的科技服务机制的问题以及农业综合开发的产业化经营机制问题。第六章构建市场优质服务性战略定位模式的创新设想,主要包括农业综合开发应成为解决“三农”问题的核心政策、农业综合开发应定位于农业准公共产品提供、农业综合开发应确立地方政府的开发主导地位以及农业综合开发应真正确立农民的开发主体地位。第七章构建与创新型战略定位模式相适应的运行机制设想,主要包括完善优化农业综合开发组织规划机制、完善优化农业综合开发投入形成机制、完善优化农业综合开发科技服务机制以及完善优化农业综合开发产业化经营机制。第八章为论文的研究结论与存在的不足。

关键词:农业综合发展　发展战略

**6776**

**农村居民消费的区域比较研究** / 王进著 ; 王礼力指导. -- 西北农林科技大学, 2009. -- 180 页

论文在消费经济学、福利经济学分析框架下对农村居民消费的区域进行了比较研究。全文共分为八章。第一章为导论,简述了研究背景、研究的目的与意义、国内外研究动态、研究的思路和方法以及可能创新之处。第二章农村居民消费区域比较研究的理论基础,主要包括相关概念的界定、消费区域比较的内涵和原则、消费区域比较的相关理论以及消费区域差异的测量方法。第三章农村居民消费区域的分类,主要从消费区域分类的意义及特殊性、消费区域分类的计量方法以及指标设置及实证结果三方面进行了说明。指标设置及实证结果包括指标设置的原则、指标设置的依据及说明以及实证结果。第四章农村居民收入和消费支出的演变历程及现状分析,主要包括收入和消费的演变历程和收入和消费的现状分析。第五章同一类型消费区域内部省份间的消费差异比较,主要包括基于相对比重的省份间差异、基于加权

变异系数的省份间差异、基于跨期替代弹性的省份间差异、基于消费结构的省份间差异、基于消费函数假设检验的省份间差异以及消费对经济增长贡献的省份间差异。第六章五类消费区域间的消费差异比较，主要包括基于相对比重的区域差异、基于加权变异系数的区域差异、基于跨期替代弹性的区域差异、基于消费函数假设检验的区域差异以及消费对经济增长贡献的区域差异。第七章农村居民消费区域差异的原因分析，主要包括教育、工资性收入和就业渠道、居民资产、消费结构、区域经济发展、消费观念和消费环境。第八章介绍了促进农村居民消费增长的对策建议，主要包括扩大教育投资、增加就业和提高收入、促进区域经济发展、转变消费观念、改善生态环境、改善基础设施条件、提高农村市场化水平以及研究的不足与研究展望。

关键词：农民　消费支出　消费结构　区域差异

**6777**

**重庆城市带动农村发展模式研究** / 王炬著 ；彭珏指导. -- 西南大学, 2009. -- 203 页

论文围绕城市带动农村发展进程中的城乡关系问题，研究重庆城市怎样带动农村发展。全文共分为十章。第一章为总论，从研究的问题及意义、国内外相关研究综述、研究的目标及假设、研究的思路与内容以及研究的方法与创新五个方面进行阐述。第二章城市带动农村发展的理论借鉴，主要包括城乡协调发展理论、区域非均衡增长理论、二元结构理论以及科学发展观。第三章城市带动农村发展的内容及评价规程，主要阐述了城市发展与农村发展的互动关系、城市带动农村发展的基本内容、城市带动农村发展的保障条件以及城市带动农村发展绩效的评价规程。第四章重庆城市带动农村发展的绩效评价与问题分析，主要包括重庆城市带动农村发展的现状描述、重庆城市带动农村发展的绩效评价以及重庆城市带动农村发展的问题分析。第五章重庆城市带动农村发展问题的成因透视，主要包括重庆城市带动农村发展问题成因的定性分析和重庆城市带动农村发展影响因素的实证分析。第六章重庆城市带动农村发展的模式解析，主要分为国内城市带动农村发展典型模式的简析、重庆城市带动农村发展的“网络化”模式以及重庆“网络化”带动模式实现的条件与动力机制。第七章重庆城市带动农村发展的基本路径，主要有发展城乡关联产业、转移农村富余劳动力以及发展现代农业。第八章重庆城市带动农村发展的条件探析，主要包括优化城乡产业结构及布局、完善健全城乡产业互动机制、完善农村经济社会发展环境、建立城乡要素双向流动机制、构建社会带动农村网络通道以及整合城市带动农村发展力量。第九章重庆城市带动农村发展的制度创新，主要有创新农村土地制度、创新财政支农制度、创新劳动就业制度、创新公共服务制度、创新社会保障制度、创新农村金融制度以及创新户籍管理制度。第十章研究结论及政策运用。

关键词：城乡建设　城乡关系　发展模式　制度创新　重庆

**6778**

**河北省农村信用社发展问题研究：基于农户金融需求的视角** / 王俊芹著 ；王淑珍，赵邦宏指导. -- 河北农业大学, 2009. -- 168 页

论文基于农户金融需求的视角，对河北省农村信用社发展问题进行了研究。全文共分为九章。第一章为导论，主要包括问题的提出、国内外研究现状、研究内容和论文框架、研究方法和主要的创新点。第二章是金融发展理论的评述，主要包括金融发展理论、农村金融发展理论、需求追随和供给领先的金融假说以及借鉴和启示。第三章发达国家农业合作金融制度比较经验借鉴，主要包括德国、法国、日本农村、美国的合作金融制度以及从中得到的经验启示。第四章为农村信用社的历史沿革及与农村经济发展的相关性，主要包括农村信用合作社发展的历史回顾、河北省农村信用社改革的绩效评价及影响因素分析以及河北省农村信用社的金融发展水平与农村经济增长的相关性分析。第五章河北省农村信用社金融供给与农户的金融需求分析，主要包括河北省农村信用社金融供给行为分析、农户经济行为分析、河北省农户金融需求的调查分析以及河北省农村信用社金融供求不平衡原因分析及启示。第六章河北省农村信用社产权与法人治理结构问题分析，主要包括产权的基本理论、农村信用社的一般产权理论及分析、农村信用社的法人治理结构分析以及河北省农村信用社产权与法人治理结构问题分析。第七章河北省农村信用社金融风险分析，主要包括农村金融风险的基本理论、河北省农村信用社面临的金融风险问题分析、河北省农村信用社金融风险的表现形式以及构建农村信用社金融风险预警指标体系。第八章河北省农村信用社发展的对策研究，主要有深化河北省农村信

用社改革的政策保障以及河北省农村信用社改革方案的设计。第九章论文研究的结论及存在的问题以及有待于进一步研究的问题。

关键词:农村信用社　农村金融　农户　金融风险　河北

**6779**

**我国植物新品种保护制度实施效应及影响因素研究** / 王立平著 ; 刘旭指导. -- 中国农业科学院, 2009. -- 73 页

论文对中国植物新品种保护制度实施效应及影响因素进行了分析研究。全文共分七章。第一章前言,主要包括选题背景、研究要解决的问题、研究思路与框架、研究的主要方法与数据来源以及研究的技术路线图,同时指出了论文的特色与创新之处。第二章为文献综述,介绍了植物新品种保护的国际制度与各国法规、植物新品种保护制度的相关理论与实证研究。第三章中国植物新品种保护制度实施的状况以及运行机制,阐述了中国植物新品种保护制度的重要意义,介绍了中国植物新品种保护制度的实施状况并对其进行了结构分析,介绍了中国植物新品种保护制度的运行状况,指出了中国植物新品种保护制度实施过程中存在的问题。第四章阐述了植物新品种保护制度的实施对品种权人的效应分析。包括对品种权主体研发创新行为的影响分析、对品种权人育种的成本构成与影响因素的分析以及对品种权人育种的收益构成与影响因素的分析。第五章对品种权不同方式的行使进行了效应分析。介绍了三种实施方式,包括品种权转让、自主实施以及许可实施,对品种权三种实施方式进行了比较分析。第六章对影响植物新品种保护制度实施效应的因素进行了分析。对影响中国植物新品种保护制度实施效应的因素进行了分析,将中国与国外植物新品种保护制度实施的情况进行了比较,包括与主要国家和地区申请与授权情况的比较以及与主要国家和地区品种终止情况的比较,对影响中国植物新品种保护制度实施效应的因素进行了评价。第七章为论文的总结、政策建议以及尚待解决的问题和下一步的打算。

关键词:植物　品种　法律保护

**6780**

**石油价格波动对我国农业的影响研究** / 王丽红著 ; 田志宏指导. -- 中国农业大学, 2009. -- 141 页

论文以农业与石油的相互关系为主线,多视角分析我国农业对石油的依赖性,探索石油价格变动对农业发展的影响。全文共分为九章。第一章为绪论,主要包括研究背景及意义、文献回顾、研究目标、内容及技术路线、主要研究方法以及论文的创新点。第二章农业对石油依赖的直接途径,主要包括农业对石油依赖的直接途径、我国农业对石油制品的依赖、世界主要国家农业对石油制品的依赖、柴油价格与石油价格的联动分析。第三章农业生产对石油依赖程度的能值分析,主要包括能值理论和方法、农业生产对石油依赖程度的能值预算以及测算结果和分析。第四章农业消耗石油的增长特征研究,主要包括农业生产对石油需求增长性变动的分析框架、农业对石油需求的增长性变动的动因分析、要素相对价格对农业消耗石油的增长性变动的影响以及农业对石油需求增长特性的实证分析。第五章石油价格对农业影响的投入产出分析,主要包括基于投入产出表的均衡价格模型、石油价格波动对农业影响的实证分析以及对实证结果的讨论。第六章石油价格变动对农业影响的对称性研究,主要包括检验的思路、检验方法选择、变量与数据说明、石油价格变动对农业影响对称性的检验结果与分析以及石油价格变动对农业影响的不对称讨论。第七章石油价格变动对我国农产品贸易的影响,主要包括石油价格变动与各国油价政策、石油价格变动的方案设计、石油价格变化对我国农业及其后向关联部门产品国内市场的影响以及石油价格变动对农产品国际贸易的影响。第八章介绍了农业发展应对石油价格变动的政策思路,主要包括农业发展应对石油价格变动的政策目标、国外农业发展的能源支持政策借鉴以及农业发展应对石油价格变动的政策建议。第九章为论文的总结与建议。

关键词:农业经济　经济发展　石油价格　投入产出分析

**6781**

**制度环境变化与当代农村工业兴衰** / 王平著 ; 温铁军指导. -- 中国人民大学, 2009. -- 156 页

论文对制度环境变化与当代农村工业兴衰进行了研究。全文共分为七章。第一章是导论,主要介绍问题提出的过程,已有研究成果和基本理论工具和研究方法。第二章中国近代以来乡村工业化的发展脉络。研究了改革开放后以乡镇集体企业为主线的乡村工业化发展线索以及乡镇企业的历史作用,同时对

工业化、乡村工业化、乡镇企业、影响乡村工业发展的因素进行了概念界定。第三章改革开放后以乡镇集体企业为主线的乡村工业化发展,主要介绍了乡镇企业发展的几个阶段、“计划外”发展起来的乡镇企业、乡镇企业发展中面临的问题。主要问题有融资困难,负债经营,吸纳就业能力下降、乡镇企业环境污染和生态破坏严重。第四章要素的集聚——乡镇企业如何生长起来。从乡镇企业发展的制度“阀门”,分析了劳动力及土地要素的析出和乡镇企业资金要素。第五章上世纪80—90年代乡镇企业发展过程的微观分析。主要对临淮镇乡镇企业兴衰进行微观分析。第六章城乡二元体制下的乡村工业化兴衰——对形成于国家工业化资本原始积累阶段的城乡二元对立的体制矛盾客观造成了中国城乡两个相对独立的利益集团这一假设的检验。研究了乡镇企业发展的宏观经济背景、国有部门与非国有部门以及二元经济结构。第七章沿海和内地乡镇企业发展的不同路径——对我国沿海和内地乡村工业化发展的不同路径是由一系列因素造成的这一假说的检验。论述了乡镇企业的地区差异,并对区域性差异进行了制度经济学分析,包括宏观经济波动下的乡镇企业、农村工业资金严重“贫血”与资金被“抽离”农村的制度通道、二元体制下的二元经济结构和二元社会结构以及决策城市倾向的制度成本:国有企业对国民经济资源的“汲取”。第八章结论分析及近代以来的乡村工业化与“三农”问题的真实逻辑。

关键词:农村　工业化　乡镇企业　企业发展

**6782**

**基于城乡经济二元结构背景下的城乡金融二元结构研究** / 王千六著 ; 王钊指导. -- 西南大学, 2009. -- 137页

论文基于城乡经济二元结构的背景下,对城乡金融二元结构进行了研究。全文共分为十章。第一章为导论,主要包括研究背景及问题界定、研究思路及目标、研究假设与方法以及研究结构与资料。第二章介绍了论文的理论借鉴,主要有二元经济理论、金融发展理论以及金融二元结构理论。第三章介绍了金融二元结构的理论分析,主要包括相关概念的界定、金融结构与经济结构的关系以及经济二元结构与金融二元结构的衡量指标。第四章介绍了城乡经济二元结构与金融二元制度的形成与发展。主要从城乡经济二元结构的历史演变和城乡金融二元制度的形成和演进两方面进行了阐述。第五章城乡经济二元结构与金融二元结构强度考察,主要阐述了城乡经济二元结构和城乡金融二元结构的强度。第六章是关于城乡经济二元结构与金融二元结构的关系实证,主要包括实证方法、实证变量选择以及实证结果与讨论。第七章介绍了城乡金融二元结构形成和发展的原因,主要包括国家倾斜战略与城乡金融二元结构、农村金融抑制与城乡金融二元结构、地方政府管理目标自利化与城乡金融二元结构以及城乡经济发展差异与城乡金融二元结构四方面。第八章介绍了城乡金融二元结构的经济影响,主要包括城乡经济增长两极化与经济二元结构转换困难、城乡金融发展两极化与金融一体化发展困难、农村金融供需矛盾加剧、农村金融整体功能弱化以及农村产业结构调整乏力五方面的内容。第九章介绍了缓解城乡金融二元结构的制度创新及对策,主要包括城乡金融二元结构缓解的目标及指导思想、制度创新方向及推进路径以及制度创新举措。第十章介绍了研究结论与政策运用,以及有待于进一步研究的问题。

关键词:城乡金融　城乡经济　二元经济结构　经济增长

**6783**

**区域财政支农资金配置绩效研究** / 王胜著 ; 冉光和指导. -- 西南大学, 2009. -- 162页

论文是关于区域财政支农资金配置绩效问题的研究。全文共分为九章。第一章为导论,简述了研究问题和背景、国内外研究评述、研究的思路及内容以及研究的方法及材料。第二章区域财政支农资金配置的理论基础,理论有经济绩效理论、公共产品理论、公共选择理论、公共财政理论以及区域经济理论。第三章区域财政支农配置绩效的理论分析框架,内容有区域财政支农资金配置的内涵、区域财政支农资金配置的基本原理、区域财政支农资金配置的作用机理以及区域财政支农资金配置的绩效评价。第四章区域财政支农资金配置的国际经验,主要包括国外区域财政支农资金配置状况的分析,建国以来财政支农政策演变回顾、地方财政支农资金配置状况分析以及中东西区域财政支农资金配置比较。第六章区域财政支农资金配置的绩效的测度与评价,主要包括绩效测度数据包络分析原理与步骤、基于功能视角的区域财政支农资金配置绩效测度、基于分级视角的区域财政支农资金配置绩效以及区域财政支农资金配置绩效评

价小结。第七章区域财政支农资金配置绩效的影响因素分析,主要包括影响绩效的外因分析方法与模型、功能视角绩效的外部影响因子分析、分级视角绩效的外部影响因素分析以及影响区域财政支农资金配置绩效的内因分析。第八章提升区域财政支农资金配置绩效的机制设计,主要有建立区域财政支农资金配置的市场衔接机制、完善区域财政支农资金配置的分工协作机制、探索区域财政支农资金配置的激励引导机制、健全区域财政支农资金配置的内在约束机制以及强化区域财政支农资金配置的监督调控机制。第九章为研究结论与政策建议以及有待于进一步研究的问题。

关键词:财政支出　财政支农　资金管理　经济效果

**6784**

**基于超市供应链的果蔬质量安全治理研究** / 王素霞著 ; 胡定寰指导. -- 中国农业科学院, 2009. -- 122 页

论文通过对中国果蔬超市供应链的研究,提出一个比较完整的食物安全治理的理论框架,并提出如何让小农户纳入现代化的农产品供应链,应对全球大市场,生产高质量的农产品进而从中受益。全文共分为八章。第一章为导论。介绍了选题的目的和意义,研究目标和研究内容,概念框架,研究方法,研究特色与创新说明。第二章为文献综述。包括供应链管理理论、农产品供应链管理、国内外超市供应链发展评述、果蔬质量安全管理,关于小农户纳入供应链的研究及对已有研究的简要评述等内容。第三章通过对中国果蔬超市供应链的研究,提出了一个比较完整的食物安全治理的理论框架。第四章主要论述了果蔬超市供应链特征及其与质量安全关系。内容包括国内外农产品零售渠道发展趋势分析、以农贸市场为中心的传统果蔬供应链、以超市为中心的现代化果蔬供应链。第五章论述了超市供应链果蔬质量安全的市场治理。内容包括质量安全治理的源头——生产者治理,产品治理安全的保障——消费者的强势监督,出口果蔬产品质量安全的中间环节治理。协作式供应链,产品质量安全的零售终端治理:超市自有品牌机制。第六章主要阐述了超市供应果蔬质量安全的政府治理。内容包括果蔬质量安全政府治理的职能、发达国家果蔬质量安全的政府治理、我国果蔬质量安全的政府治理。第七章主要论述了超市供应链果蔬质量安全的 NGO 治理。内容包括国内对 NGO 治理的研究、NGO 治理的有关理论、超市供应链果蔬质量安全的 NGO 治理、果蔬协会案例分析——四川彭州蔬菜产销协会。第八章主要是结论与政策建议。

关键词:农产品　食品安全　质量管理　超市　供应链

**6785**

**中国西部农村教育成本、收益与家庭教育决策的实证研究** / 王婷著 ; 汪三贵指导. -- 中国农业科学院, 2009. -- 107 页

论文利用“甘肃基础教育项目”三年的甘肃农村住户调查数据,探讨农村家庭决定送子女入学所承担的教育直接成本、机会成本及其变化,重点对农村家庭教育决策的影响进行计量分析。全文共分八章。第一章引言。第二章介绍了研究背景和分析框架。主要包括研究背景与问题、研究思路与理论框架,同时还指出了论文的创新点与不足之处。第三章综述相关文献并对数据加以说明。包括农村家庭教育成本研究、农村教育的回报研究以及影响农村教育私人投资的因素分析。第四章介绍了假说、计量模型。包括家庭教育成本的研究方法综述、教育回报率研究方法综述以及家庭教育决策研究方法综述。第五章对西部农村教育成本及其变化进行了分析。主要包括农村家庭教育成本内涵及分类、农村家庭直接教育成本分析、农村家庭教育支出负担率、西部农村家庭子女教育的机会成本以及家庭教育支出的决定因素,第六章介绍了西部农村教育收益率及其变化。包括教育对农业生产的影响、农村居民的个人教育收益率、教育对家庭总收入的影响、对农村教育收益率提高原因的分析、对教育是农村内部收入差距拉大的重要影响因素的分析、农村教育收益率与教育收益预期以及家庭教育决策。第七章对西部农村家庭教育决策的影响因素进行了分析。包括农村适龄学生入学情况调查、13—18 岁子女的家庭教育决策影响因素分析、分性别的家庭教育决策影响因素分析以及分教育阶段的农村家庭教育决策影响因素分析。第八章为总结与政策建议,包括对论文的主要内容的总结以及提出的政策建议。

关键词:农村　教育成本　家庭教育

**6786**

**我国保护性耕作技术推广机制研究** / 王小红著 ; 陈宝峰指导. -- 中国农业大学, 2009. -- 145 页

论文围绕我国保护性耕作技术推广机制问题进行了研究。全文共分为八章。第一章为绪论,主要包括研究背景及意义、国内外研究现状、研究目标、内容、方法和思路、研究特色与创新说明以及相关概念的界定和说明。第二章我国保护性耕作技术现有推广机制总结与分析,主要包括推广机制的内涵及其构成要素、对现有推广机制的基本分析、对现有推广机制的综合评价以及影响推广机制运行的关键因素。第三章保护性耕作技术实施主体经济性研究,主要阐述了实施主体的利益取向、农户经营的经济性、农机户经营的经济性、集体农场的经济性、县农机服务队的经济性以及提升实施主体经济性的途径。第四章保护性耕作技术服务模式的研究,主要包括现阶段作业服务模式、不同作业服务模式的评价、多远化服务模式的培育。第五章保护性耕作技术推广中农民技术采用行为研究,主要包括农民新技术采用行为的理论分析、农民采用保护性耕作技术的行为分析、影响农民技术采用行为的因素分析以及促进农民采用保护性耕作技术的对策。第六章政府推广保护性耕作技术行为的研究,主要包括政府在保护性耕作技术推广应用中的地位和作用、政府财政投入及使用的合理性研究以及项目管理的有效性研究。第七章适合我国保护性耕作技术推广机制的构建,主要包括推广机制建立的目标和原则、推广机制演变的动力和趋势以及保护性耕作技术推广机制的具体构建。第八章研究结论及建议以及有待于进一步研究的问题。

关键词:资源保护　土壤耕作　技术推广

**6787**

**农产品超市零售发展研究** / 王晓红著 ; 胡继连指导. -- 山东农业大学, 2009. -- 179 页

论文实证分析消费者农产品需求和选择行为对农产品超市零售的影响,从农产品生产和流通制度安排角度,阐述农产品超市零售的萌发过程和运行情况。全文共分为六章。第一章为导言。农产品超市零售发展问题的提出和研究背景分析,在综述国内外研究现状的基础上,提出研究的基本思路、结构框架和方法。第二章从消费者需求角度,实证分析农产品超市零售满足消费者农产品以及农产品购买场所的需求情况。其中包括农产品超市零售的消费者需求函数,调查设计,调查结果的统计分析,消费者农产品购买选择的模型构建与估计。第三章对我国农产品零售流通制度历史变迁过程和农产品超市零售的萌发进行新制度经济学解释。运用组织变革理论,分析农产品超市零售演进发展的动力机制和影响因素,从而阐述农产品超市零售发展的客观必然性。第四章运用产业组织理论 SCP 范式,对比分析农贸市场与超市农产品零售组织的市场结构、行为和市场绩效,以及农产品超市零售发展的国际比较与借鉴。第五章结合案例分析阐述农产品超市零售发展在传统农业向现代农业转变过程中牵动和提升的实际效益。包括超市与农产品生产者的连接模式,农产品超市零售使农产品生产方式发生变革,农产品超市零售促使农产品生产标准化,推动农产品品牌化以及要求农民提高组织化程度。第六章综合分析农产品超市零售发展的制约因素和推进对策。从提高超市农产品零售经营能力、政府政策支持以及农产品生产者在农产品超市零售发展中的调适作用三个方面,提出推进农产品超市零售发展的对策。

关键词:农产品　超市　零售

**6788**

**中国民办高等教育投资机制研究** / 王雄著 ; 王忠贤指导. -- 西北农林科技大学, 2009. -- 173 页

论文在总结前人研究的基础上,对中国民办高等教育的投资机制进行了研究。全文共分为九章。第一章为导论,主要包括选题背景、选题的目的和意义、国内外研究动态综述、研究的基本思路和方法以及研究可能的创新处。第二章介绍了民办高等教育投资机制相关概念的界定,主要包括民办高等教育、民办高等教育的产业属性、民办高等教育的产品属性、民办高等教育产业化、民办高等教育投资以及机制、体制和民办高等教育投资机制。第三章从中国民办高等教育发展历程和特征、历程和模式、存在的主要问题三方面介绍了中国民办高等教育投资机制的现状。第四章介绍了国外私立高等教育投资机制与启示,主要介绍了美国、日本、印度私立高等教育投资机制以及国外私立高等教育投资机制带给我们的启示。第六章介绍了民办高等教育投资产权机制,主要阐述了产权理论与教育产权、民办高等教育产权对投资机制的影响以及可持续发展的民办高等教育投资产权机制的构建。第六章介绍了民办高等教育投资财政资助的机制,主要包括第三部门理论和民办高等教育、中国高等教育财政投资发展和改革、民办高等教育投资财政资助存在的问题、民办高等教育成本及投资效益以及与民办高等教育发展相适应的财政资助机制

构建。第七章介绍了民办高等教育投资多渠道筹措的机制,主要包括民办高等教育投资多渠道筹措的机制的理论基础、民办高等教育债权投资机制、民办高等教育股权投资机制、民办高等教育投资基金运作机制、吸纳捐赠组建民办高等教育发展基金机制、民办高等教育资产证券化筹措机制以及利用海外资金筹措机制。第八章介绍了民办高等教育投资法人治理机制。主要包括制度变迁及现代大学制度、现代大学制度下民办高等教育机构法人治理、民办高等教育法人治理结构理论依据和模式以及利益相关者权力制为核心的民办高等教育治理机制的构建。第九章为论文的基本结论和政策建议。

关键词:高等教育　民办高校　投资

**6789**

**我国县域金融的结构、效率与功能研究:以 LY 县为例** / 王旭红著 ; 李明贤指导. -- 湖南农业大学, 2009. -- 146 页

论文以 LY 县的县域金融现状出发,通过理论分析和案例实证分析存在的问题,对我国县域金融的结构、效率与功能进行了研究。全文共分为八章。第一章为绪论,主要包括问题的提出、文献综述、探究的思路与方法、基本概念的界定以及样本县的基本情况。第二章介绍了县域金融的相关理论基础,主要包括金融发展理论、金融结构理论、金融效率理论、金融功能理论以及金融发展观下的金融结构与金融功能。第三章介绍了县域金融的结构、效率与功能的内涵与影响因素的分析,主要从县域金融结构的内涵、县域金融效率的内涵与影响因素分析、县域金融功能与影响因素分析三方面进行了说明。第四章金融支持与县域经济发展的理论分析,主要包括金融结构域粗放式金融支持和金融效率与县域经济发展两方面的内容。第五章介绍了我国县域金融体系的现状、问题及原因,主要包括从历史沿革的视角探讨我国县域金融体系演变、我国县域金融体系的现状、我国县域金融体系存在的问题以及县域金融体系存在问题的原因分析。第六章我国县域金融的功能考察,主要包括金融与经济关系的实质、县域金融机构执行基本金融功能的现状、县域金融功能弱化的主要表现以及金融功能论视角下的县域金融体制障碍因素探究。第七章以 LY 县为例的金融支持与吸纳与经济发展的实证分析,主要包括 LY 县域金融概述、基本假设与实证策略、实证结果分析以及小结和政策建议。第八章介绍了提高我国县域金融效率、优化县域金融结构域功能的相对对策,主要包括提高我国县域金融效率的制度安排与政策选择、优化金融结构的发展战略及实现途径、完善县域金融机构的功能三方面的内容。

关键词:地方金融　县级经济　金融结构　金融功能

**6790**

**基于中美比较视角的中国农产品国际竞争力研究** / 王永德著 ; 尚杰指导. -- 东北林业大学, 2009. -- 172 页

论文从中美比较的视角,对中国农产品国际竞争力进行了研究。全文共分为八章。第一章为绪论,阐述了研究背景、问题的提出与研究意义、国内外研究现状及评述、研究目标和内容以及创新与不足。第二章为竞争力的理论基础与衡量方法文献评述,主要包括竞争力的定义域层次、竞争力的理论基础、影响竞争力的因素以及竞争力的衡量方法。第三章农产品国际竞争力的概念框架与评估指标。第四章中美农产品国际竞争力对农产品出口的贡献比较,主要阐述了中美农产品出口变动、恒定市场份额模型以及对实证估计结果的分析。第五章中美农产品国际竞争力绩效比较,主要包括基于世界市场的中美农产品国际竞争力绩效比较、基于中美市场的中美农产品国际竞争力绩效比较、基于第三地市场的中美农产品国际竞争力绩效比较以及基于盈利性指标的中美农产品国际竞争力绩效比较。第六章中美主要农产品国际竞争力潜力比较,主要包括基于成本指标和质量指标的中美主要农产品国际竞争力潜力的比较。第七章中美农产品国际竞争力影响因素的比较。主要包括识别生产环节的影响因素、识别流通环节的影响因素以及各因素对六种农产品的具体影响。第八章中国农产品国际竞争力实现的机制,主要介绍了成本与质量控制机制的生产环节和成本质量控制与国际营销机制的流通环节。

关键词:农产品　国际竞争力　中国　美国

**6791**

**国际农业发展基金(IFAD)中国农村金融项目转贷模式研究** / 王云魁著 ; 张敏指导. -- 新疆农业大学, 2009. -- 220 页

论文对国际农业发展基金中国农村金融项目转贷模式进行了研究。全文共分为八章。第一章为导

论,简述了研究背景及意义、研究综述与研究目标、研究内容和拟解决的关键问题以及研究思路、方法和解决的主要问题。第二章为理论基础和概念界定,主要理论有哈罗德—多马模型与双缺口模型、金融抑制与金融深化理论 、农村金融理论以及小额信贷理论。第三章 IFAD 农村金融项目在我国实施的状况。主要包括国际农业发展基金会的简介、我国与 IFAD 的合作以及我国初期 IFAD 农村金融项目实施中存在的主要问题。第四章农村金融市场供需与 IFAD 农村金融项目目标主体分析,主要包括我国农村金融体系的构成、我国农村正规金融机构供给行为分析以及 IFAD 农村金融项目目标主体基本分析。第五章我国 IFAD 农村金融项目转贷模式的比较,主要包括 IFAD 农村金融项目转贷模式、调查与研究样本说明、调研项目区 IFAD 农村金融项目资金转贷模式的概述以及转贷模式比较分析。第六章 IFAD 农村金融项目转贷模式的典型案例分析,主要包括 IFAD 农村金融项目转贷模式典型案例选取说明、IFAD 农村金融项目转贷模式典型案例比较、IFAD 农村金融项目转贷模式可持续发展基本条件分析以及 IFAD 农村金融项目转贷模式的改造要求。第七章构建符合我国国情的 IFAD 农村金融项目转贷模式的设想,主要包括 IFAD 调整农村金融项目转贷模式的趋势、IFAD 农村金融项目转贷模式再造的现实基础以及 IFAD 农村金融项目转贷模式再造构想。第八章研究结论及完善 IFAD 中国农村金融项目的建议。

关键词:农村金融　农业信贷　国际信贷　国际农业发展基金(IFAD)

**6792**

**中国农业信息化问题研究** / 王振著 ; 张越杰指导. -- 吉林农业大学, 2009. -- 158 页

论文对中国农业信息化问题进行了研究。全文共分六章。第一章为导言,主要包括问题的提出、概念的界定、国内外农业信息化研究发展现状、研究目标与框架结构、研究方法与技术路线以及研究特色与创新说明。第二章世界各国农业信息化发展的现状,主要包括农业信息化基础设施建设、农业信息技术的发展、农业信息化中的教育与人才培养、农业信息化中社会化服务体系的建立与政府对农业信息化的支持。第三章中国农业信息化发展现状,主要包括信息社会与现代中国农业、中国农业信息化发展现状、中国农业信息化制约因素分析。第四章农业信息化形成机理与机制设计,主要包括信息的特点与农业信息化、农业信息化微观基础分析、农业信息化宏观机制设计分析、农业信息化形成机理与实现机制。第五章我国农业信息化的发展方向,主要包括农业信息化的基本要求和重要意义、农业信息的开发利用与配置、传统农业与信息化农业的关系、农业信息化的问题与机遇、农业信息化建设的基本思路以及农业信息化的发展方向。第六章研究结论与政策建议,主要有明确农业信息化发展方向,充分发挥政府主导作用;健全多元化投入保障机制,加快农业信息基础设施建设、实施农业信息化人才战略,提高农民信息素质与技能、自主创新与比较借鉴相结合,加快信息技术研发利用;推进农业信息资源开发与利用,重视资源整合与分享;完善多层次服务体系,带动农业信息产业全面发展;提高全民意识,营造农业信息化建设良好软环境以及 WTO 新形势下农业信息化建设问题。

关键词:农业经济　信息技术　信息管理

**6793**

**农民土地权益立法保护研究** / 王志彬著 ; 罗剑朝指导. -- 西北农林科技大学, 2009. -- 160 页

论文对农民土地权益立法保护进行研究。全文共分为九章。第一章为导论、主要包括选题背景、研究的目的与意义、国内外研究动态、研究思路和方法以及论文可能的创新之处。第二章农民土地权益立法保护的基础理论,主要包括农民土地权益保护法律的基础、土地产权理论以及地租理论与交易费用理论。第三章农民土地权益保护制度演变及其绩效评价,主要包括土地改革运动、合作生产、人民公社化运动以及家庭联产承包责任制。第四章对承包责任制下的土地改革试验进行了分析,主要包括陕西延安古田制试验、贵州湄潭“强化所有权和活化使用权”的试验、广东南海股份制试验以及其他土地改革试验,同时对土地改革试验进行了总体评价。第五章现行农地产权制度的缺陷分析,主要有农民集体土地所有权缺乏有效的法律保障、土地承包权不确定、受益权不清、征收存在诸多问题以及土地流转出现障碍,农业基础设施建设受到严重影响。第六章国外土地产权人利益保护带给我们的启示,主要包括当今世界上的土地所有制形式及其基本特点、英国土地立法、日本土地立法、美国土地立法以及国外土地立法的启示。第七章我国农民土地权益立法保护路径分析,主要包括农民土地权益立法保护的基本思路、农

民土地权益立法保护的原则、建立集中体现民主思想的农地法律体系以及农民土地权益保护立法的构建。第八章农民土地权益立法保护的建议,主要包括“实化”集体土地所有权主体、创新征地制度、深化土地承包经营权改革以及加强农地流转市场的建设。第九章农民土地权益立法保护环境优化,主要途径有:加强民主文化建设,提高农民自我保护能力;努力创造有利于土地流转的外部环境;加强农用土地定级与估价工作;允许集体建设用地流转以及大力推行土地股份制。

关键词:农民　土地法　权益保护

**6794**

**中国国有商业银行道德风险治理研究** / 卫功琦著 ；钟甫宁指导. -- 南京农业大学, 2009. -- 177 页

论文以信息经济学、新制度经济学、契约理论、委托代理理论等为理论基础,对中国国有商业银行道德风险问题进行分析和研究。论文分为五章。第一章导论,介绍了论文选题背景和研究目的、概念界定和研究定位、研究现状和简要评价、研究方法和论文结论、主要创新点和不足之处。第二章道德风险理论及商业银行道德风险综述,分别从道德风险相关理论如“经济人”假设理论、机会主义行为理论等和商业银行道德风险成因、危害、治理两大方面进行评述,并得出商业银行道德风险的共性治理方法的经验启示,为研究奠定理论基础。第三章现状分析,分别从中国国有商业银行道德风险的主要表现、中国国有商业银行道德风险的制度特征和中国国有商业银行道德风险的治理实践三个方面进行分析。第四章从经理人信贷风险掩饰和推迟视角,对国有商业银行道德风险进行实证分析,构建一个简单的银行经理人信贷风险掩饰和推迟行为分析模型,以国有商业银行贷款质量迁徙和行长变动相关数据,及贷款质量现场检查案例,实证分析了国有商业银行道德风险,验证了国有商业银行道德风险的成因。第五章在归纳总结商业银行道德风险的国际治理经验,梳理中国国有商业银行道德风险治理实践基础上,设计了中国国有商业银行道德风险的“二性一化”治理框架,并提出相应的国有商业银行道德风险治理方式、方法等政策建议,以实现商业银行利益相关者利益最大化目标。

关键词:国有商业银行　道德　风险管理　银行管理

**6795**

**引入治理结构的上市公司财务困境预警模型研究** / 文拥军著 ；张襄英指导. -- 西北农林科技大学, 2009. -- 110 页

论文在对上市公司分析与研究的基础上,对引入治理结构的上市公司财务困境预警模型进行了研究。全文共分为五章。第一章为导论,主要介绍了研究背景、研究的目的和意义、国内外财务困境预警模型研究动态的综述、研究的基本思路与方法以及论文的创新之处。第二章介绍了财务困境预警研究的基本理论,主要包括财务困境的界定、财务困境的基本特征、财务困境形成的原因探析以及公司治理结构与财务困境的关系。其中公司治理结构域财务困境的关系分为股权结构与财务困境的关系、董事会与财务困境的关系以及经营者激励与财务困境的关系。第三章介绍了财务困境预警模型的研究样本和研究变量的辨识与选择。主要从样本的辨识与选择、变量的辨识与选择进行了说明。第四章财务困境预警多类logistic模型的构建与应用结果分析,主要包括对 Logistic 回归模型的辨识、财务变量多类 Logistic 回归预警模型的构建、引入非财务变量的多类 Logistic 回归预警模型的构建以及财务困境预警的多类 Logistic 回归模型的应用结果分析。其中财务变量多类 Logistic 回归预警模型的构建包括模型参数的估计、模型似然比卡方检验与拟合优度的检验和财务变量多类 Logistic 回归预警模型。应用结果的分析包括财务变量的多类 Logistic 回归模型的应用结果的分析和引入非财务变量的多类 Logistic 回归预警模型的应用结果分析。第五章介绍了论文的研究结论与后续研究的思考,主要包括研究结论、模型应用应注意的问题以及研究的局限性和后续研究的思考。

关键词:上市公司　企业管理　财务管理

**6796**

**外界冲击与中国棉花产业链利益变动关系研究** / 肖双喜著 ；刘小和指导. -- 中国农业大学, 2009. -- 108 页

论文在国内外相关研究成果的启发下,借鉴均衡移动模型,对外界冲击与中国棉花产业链利益变动关系进行了研究。全文共分为七章。第一章为绪论,阐述了研究背景与问题的提出、研究意义、国内外研究现状、相关概念的界定、研究目标、研究内容以及研究方法、创新点与意义、技术路线。第二章外界冲击与棉花产业链主体利益变动关系理论模型及模型参考

估计,主要包括纵向市场利益关系表达模型、外界冲击与棉花产业链利益变动关系理论模型、棉花产业链均衡移动模型参数计算以及营销投入品供给弹性敏感性分析。第三章棉花产业链历史、现状与冲击源分析,主要包括我国籽棉生产历史、现状与冲击源分析,皮棉进出口发展历史的历程、加工技术与冲击源分析,服装产业发展的历程、现状与冲击源分析以及棉花产业链主要产品的产量与价格。第四章原料供给冲击与棉花产业链利益变动。主要包括棉花良种补贴政策冲击与棉花产业链利益变动、棉花产业化政策冲击与棉花产业链利益变动、棉花科技传播体系冲击建设政策与棉花产业链利益变动、籽棉价格下降冲击与棉花产业链利益变动。第五章进口政策冲击与棉花产业链利益变动,主要阐述了关税配额冲击与棉花产业链利益变动与滑准税冲击与棉花产业链利益变动。第六章最终需求冲击与棉花产业链利益变动,主要包括金融危机对服装需求冲击与棉花产业利益变动、汇率变动冲击与中国棉花产业利益变动以及出口退税冲击与棉花产业链利益变动。第七章结论和政策建议。

关键词:棉花　农业产业　产业链　利益关系

**6797**

**劳动力流动和农村家庭子女教育:基于中国五省农村地区的实证研究** / 谢贝妮著 ; 李岳云,姜长云指导. -- 南京农业大学, 2009. -- 107 页

论文基于对中国五省农村地区的实证研究对劳动力流动和农村家庭子女教育情况进行了分析。全文共分九章。第一章导言,介绍了问题的提出、研究对象、研究目标与研究假说,分析框架,可能的创新与不足。第二章综述了相关文献并对理论模型进行了介绍。第三章概述了劳动力市场流动的情况与特征,介绍了劳动力流动的定义、概况、特征以及样本劳动力非农就业的总体特征。第四章教育投资的相关内容,阐述了教育投资的定义,对中国国家教育投资的现状、农村家庭的教育投资、农村家庭的教育成本以及农村的教育现状进行了介绍与分析。第五章分析了影响农村家庭教育投资决策的制度因素,指出了是中国的户籍制度限制了劳动力流动和农村子女在城市接受教育,提出了中国的义务教育制度是教育资源分配不均的制度源头,介绍了农村税费制度的改革以及"一费制"和"两免一补"政策。第六章给出了数据来源、计量模型、估计方法与变量分析。第七章分析了劳动力流动对农村家庭教育投资的影响。对样本的基本情况进行了描述,构建了模型并指出相应方法,对结果进行估计。第八章分析了劳动力流动对农村儿童高中升学的影响。进行样本描述,构建模型,指出变量,并估计结果,最后加以小结。第九章为结论与政策建议。

关键词:农村劳动力　劳动力流动　家庭教育　教育投资

**6798**

**农村最低生活保障制度分配效果与瞄准效率研究** / 谢东梅著 ; 郑传芳指导. -- 福建农林大学, 2009. -- 159 页

论文对农村最低生活保障制度分配效果与瞄准效率进行了研究。全文共分为八章。第一章为引言,主要简述了问题的提出及研究意义、国内外最低收入保障计划转移效果研究及启示、研究目标、拟解决的关键问题、研究方法与技术路线以及研究的创新之处。第二章是农村低收入群体社会保护的理论求证,主要包括农村低收入群体及其福利缺失以及农村低收入群体社会保护的理论依据。第三章农村低收入群体社会保护的政策安排,主要包括中国农村扶贫政策演进与减贫、中国农村传统社会救助政策的困境与转型、中国农村最低生活保障制度以及福建省农村最低生活保障制度的实施与运行。第四章农村低收入群体贫困与收入分配状况测度,主要包括低收入标准线的确定、测度指标的选择、基本模型、数据来源以及测度结果的分析。第五章农村低收入群体贫困变动的影响因素分析,主要包括宏观层面的影响因素、微观层面的影响因素。第六章农村最低生活保障制度的分配效果的假设与验证,主要阐述了研究假设、假设验证、小结以及讨论。第七章农村最低生活保障制度瞄准效率实证分析,主要从关于瞄准效率的研究方法及其理论分析、实地调研、关于提高农村最低生活保障制度瞄准效率的一种方法尝试——农户生计资产量化分析三方面进行说明。第八章介绍了论文研究的主要结论和政策建议。

关键词:农村　社会保障　福利制度　分配机制　经济效果

**6799**

**林权制度改革视角下的林业资源利用:方式 · 目标 · 政策设计** / 邢美华著 ; 张俊飚指导. -- 华中农业大学,

2009. -- 292 页

论文基于林权制度改革的视角,对林业资源利用的方式、目标和政策设计进行了研究。全文共分为十章。第一章为导言,主要包括论文的研究背景、研究目的及意义、国内外研究综述、研究思路以及研究可能的创新点。第二章为范畴界定及理论基础,主要理论有产权及制度理论、制度变迁理论、产业结构及优化理论、可持续发展理论以及现代林业理论。第三章是对我国林业资源利用的现状分析与问题剖析。主要阐述了两种发展观与两种林业资源利用模式、我国林业资源利用模式的演变分析、现状分析以及存在的问题与冲突四个方面的内容。第四章我国林业资源利用不合理的制度因素探析,主要包括影响我国林业资源利用的主要因素、我国林业资源的权属状况、明晰产权式实现林业资源合理利用的重要前提以及以产权明晰为主要标志的林权制度改革。第五章林权制度改革背景下的林业资源利用评价,主要包括林业资源利用的评价内容、集体林权改革区域林业资源利用状况、国有林权改革区域林业资源利用状况分析以及林权改革区域林业资源利用总体现状评价。第六章基于林业资源利用的林区林业产业结构优化评价,主要包括我国林区林业产业发展现状的分析、我国林区林业产业竞争力及结构效应分析、结构优化内容及评述方法以及实证分析。第七章基于林业资源利用的林区森林生态效益评价,主要包括我国林区生态环境总体状况分析、生态效益评价以及实证分析。第八章林权制度改革视角下林区林业产业和林业生态目标的构建。第九章林区林业"两大体系"目标实现的政策保障体系,主要包括林业产业和林业生态协调发展的国际经验和启示、林权改革中对林业发展目标实现的影响、实现林区发展目标的制度与政策保障、林区发展目标实现的制度保障以及政策设计。第十章介绍了全文的主要结论、论文的不足以及研究展望。

关键词:林业资源　资源利用　产权制度　林业政策

**6800**

**多哈回合农业谈判中特殊产品问题研究** / 邢晓荣著 ; 田维明指导. -- 中国农业大学, 2009. -- 151 页

论文从我国农业特点着手,对多哈回合农业谈判中特殊产品问题进行了研究。全文共分为九章。第一章为引言,主要包括研究的目的和意义、研究的相关理论基础、对已有研究的评述、研究目标和内容以及研究的创新点和难点。第二章特殊产品议题及其经济学分析,主要包括 WTO 农业谈判中 SP 产品的含义、WTO 农业谈判中 SP 概念分析、WTO 农业谈判中 SP 的理论依据、WTO 农业谈判中 SP 的现实原因——谈判策略的需要。第三章多哈回合谈判中特殊产品议题的提出和发展,主要阐述了乌拉圭回合谈判中的关税保护措施、多哈回合谈判中关税保护措施的研究以及特殊产品议题的提出与发展。第四章 WTO 主要成员重要产品保护措施分析,主要对发达成员的重要产品和发展中成员的重要产品进行了分析。第五章特殊产品与发展中国家农业的关系,主要从主要发展中国家农业发展和发展中成员关税结构分析两个方面进行了说明。第六章特殊产品议题谈判情况及各方立场的分析,主要包括各方关于特殊产品谈判立场的分析以及特殊产品议题谈判情况的分析。第七章特殊产品与中国农业发展的关系,主要从我国农业经济特征、中国农业生产、中国农产品贸易情况以及我国的特殊产品的确定四个方面进行了说明。第八章我国特殊产品的分析,主要从关系粮食安全的三大谷物、关系农村发展的两大经济作物、已经实施低关税的产品以及其他商品四个角度进行了阐述。第九章总结和建议。

关键词:世界贸易组织　贸易谈判　国际贸易　农产品　发展中国家

**6801**

**中国绿色农业发展问题研究** / 徐长勇著 ; 王德章指导. -- 东北林业大学, 2009. -- 121 页

论文在对大量国内外文献进行剖析和研究的基础上,对中国绿色农业发展问题进行了研究。全文共分为八章,第一章为绪论,主要包括问题的提出与研究目的和意义、国内外研究现状、研究思路及研究内容、研究方法和技术路线。第二章相关研究的理论基础,主要包括可持续发展理论、产业组织理论、区域产业结构理论、生态农业理论。第三章绿色农业产生发展历史及其内涵特征,主要包括绿色农业生产的历史背景、绿色农业的内涵与特征、绿色农业的外部性及其表现。第四章国外绿色农业发展的经验及启示。主要包括国外绿色农业发展的历程、国外农业可持续发展的理论、国外农业可持续发展的类型、国外绿色农业发展经验及对中国的启示。第五章中国绿色农业发展的优势与制约因素分析。包括中国绿色农业理论与实践进程、中国绿色农业发展的优势条件分

析、中国绿色农业发展的制约因素分析。第六章绿色农业发展的博弈分析,分为绿色农业发展初期政府与农户的博弈、绿色农业发展成长期的博弈、中央和地方政府间的博弈、绿色农产品的市场中的博弈行为分析。第七章不同生态区域绿色农业发展的产业选择及支撑体系,主要包括中国生态及生态区体系、中国主要生态区域农业发展面临的问题、中国主要生态区域绿色农业发展的产业选择、中国绿色农业发展的支撑体系构建。第八章中国绿色农业发展的对策建议,主要包括坚持可持续农业方向,实施绿色农业战略;调整优化农业产业结构,加大对绿色农业的科技投入;完善绿色农业发展的财政政策;完善绿色农业发展的组织政策;增强全民族绿色意识,开展绿色创汇基地建设。

关键词:绿色农业　生态农业　农业发展

**6802**

**我国农村人力资本团队模式研究** / 徐辉著 ; 李录堂指导. -- 西北农林科技大学, 2009. -- 125 页

论文对我国农村人力资本团队模式进行了研究。全文共分为十一章。第一章为导论,介绍了选题背景、研究目的与意义,国内外研究动态,研究思路与方法,研究的基本框架与可能的创新点。第二章为理论基础,介绍了人力资本理论、团队理论和团队生产理论。第三章我国农村发展现状与农村人力资本团队模式运行的重要意义。分析了我国农村发展的现状,并对农村人力资本的投入产出和农村人力资本团队模式运作进行了分析。第四章国外主要农村人力资本团队模式及成功的经验。主要包括日本、美国、德国、法国以及荷兰农业合作社型人力资本团队模式的运行与成功经验。第五章以技术传播为基础的专业技术协会型人力资本团队模式。主要从农村专业技术协会型人力资本团队模式的概述、形成的影响因素分析、农村专业技术协会型人力资本团队建设影响因素分析以及存在的问题与对策四个方面进行阐述。第六章以市场为基础的农村专业合作社型人力资本团队模式。主要包括农民专业合作社型人力资本团队模式的概述、团队形成的影响因素分析、团队建设影响因素分析和存在的问题与对策。第七章以行政力量为基础的科技特派员型人力资本团队模式。主要包括科技特派员制度的起源与发展、主要类型和存在的主要问题与对策。第八章以资金为基础的创业型人力资本团队模式。主要包括创业型农村人力资本团队概述、作用、典型案例、困难以及对策。第九章以资源为基础的农业园区型人力资本团队模式。主要包括农业园区型人力资本团队概述、典型案例与成功经验、发展中存在的问题、对策。第十章我国农村高效人力资本团队建设的保障机制。第十一章为我国农村人力资本团队模式的发展趋势。主要包括世界农业发展趋势与发达国家农业发展经验、目前我国五种主要的农村人力资本团队模式的比较以及未来我国农村人力资本团队模式的发展趋势。

关键词:农村　人力资本　团队

**6803**

**比较优势、区位优势与我国油料作物区域专业化研究** / 徐锐钊著 ; 张红宇,周应恒指导. -- 南京农业大学, 2009. -- 107 页

论文以中国油料作物种植业的区域布局与区域分工为研究对象,构建了中国农业布局与区域分工分析框架。全文共分八章。第一章导论,主要包括研究意义及问题的提出、研究目标和内容、研究主要方法和数据来源、研究的创新与不足。第二章为理论回顾与文献综述。回顾了新古典贸易理论、区位理论、产业组织理论、竞争优势理论、新经济地理学理论以及产地竞争与主产地形成理论对产业布局与区域分工的研究,区域分布与区域专业化的相关研究。第三章介绍了中国油料作物区域布局与区域专业化的变迁。包括方法的选择以及中国主要油料作物专业化程度测算。第四章对中国农民种植决策的市场信息敏感性进行了分析。介绍了农民微观种植决策理论的基础,建立了中国油料作物农民种植决策的计量模型,并对此模型进行估计与结构解释。第五章对中国油料作物区域分工的影响区域差异进行了分析。包括第一要素,即土地资源、气候资源、降雨量、光照、水资源、农村劳动力数量以及人口自然增长率,第二要素,即交通便利性、地区工业化程度、城市化程度以及当地市场需求状况,第三要素,即人力资本、R&D 水平以及中国油料作物的全要素生产率的地区差异。第六章对基于空间计量经济学模型的中国油料作物区域专业化影响因素进行了实证分析,给出小结。第七章介绍了基于技术效率的视角的油料作物区域专业化的经济效应。包括理论模型以及结果估计。第八章为结论。

关键词:农业经济　油料作物　资源配置　区域布局

6804

**农户农业风险认知和管理策略研究** / 徐雪高著 ; 马九杰指导. -- 中国人民大学, 2009. -- 210 页

论文在现有国内外农业风险管理相关文献基础上对农户农业风险认知和管理策略进行了研究。全文共分为九章。第一章导论,主要包括选题依据及理由、研究目标、内容、技术路线、结构安排、数据来源与研究方法以及论文的创新与不足之处。第二章相关的文献综述,主要包括农业风险的分类与认知研究、农业风险管理策略的研究以及对国内外研究的综述。第三章农户农业风险的形成机理及风险管理框架,主要包括农户农业风险的形成机理、农户农业风险管理的基本框架。第四章农户的农业风险认知,主要包括分析框架、农户农业风险认知的统计描述与分析、焦点小组访谈和个案访谈的描述与评价。第五章整合的农户农业风险管理策略。主要包括非正规与正规机制的分析框架,产量风险管理策略、价格风险管理策略、成本风险管理策略的描述以及最后的结果与讨论。第六章基于产量风险管理视角的农户种植品种多样化策略,主要包括分析框架、实证分析与结论与讨论。第七章基于价格管理视角的农户农产品销售弹性化策略,主要分为分析框架、实证分析与结果与讨论。第八章基于成本风险管理视角的农户参与贸易信贷订单策略。主要分为分析框架、实证分析与结论与讨论。第九章结论、政策建议与研究展望。

关键词:农户　农业　风险管理

6805

**湖南现代农业发展研究** / 徐贻军著 ; 李江指导. -- 湖南农业大学, 2009. -- 168 页

论文回顾、总结相关研究的基本文献并对所有研究进行了理论评述,对湖南现代农业发展与建设的意义进行了实证分析。全文共分为八章。第一章为导论,主要阐述了选题背景及意义、篇章结构、研究方法、创新点。第二章为论文的基本理论,主要有现代农业理论、现代农业定性研究综述、现代农业定量研究综述、文献评述。第三章介绍了基于经济增长视角分析的湖南发展现代农业的意义。主要包括模型指标的选取与说明以及现代农业发展与经济增长的实证研究。第四章介绍了湖南现代农业评价指标体系的设计,主要分为湖南现代农业评价指标体系的设计思路、湖南现代农业评价指标体系的构成。第五章湖南现代农业评价的定量分析,主要包括湖南现代农业评价指标权重的确定、湖南现代农业的测评、湖南现代农业的测评结果分析。第六章介绍了湖南现代农业发展的有利条件及制约因素。有利条件有湖南现代农业保持较高的物质投入水平与产出水平、我国发展阶段的转变为湖南现代农业的发展提供了强大的政策支持、中部崛起战略的实施为湖南现代农业的发展提供了难得的历史机遇、湖南经济快速发展为湖南现代农业的发展奠定了较好的物质基础、农业增长方式的转变为湖南现代农业的发展展示了广阔的前景。第七章介绍了现代农业发展模式的比较与启示,主要模式有美国模式、日本模式、西欧模式。启示有大力发展农业高新技术、大力推进农业产业组织现代化、鼓励有实力的龙头企业进行后向一体化等。同时总结了湖南的典型模式,包括中方的山区现代农业发展模式、湘阴的平原现代农业发展模式、长沙县近郊现代农业发展模式。第八章介绍了论文的对策与建议,主要包括以科学的发展观指导湖南现代农业发展、开发农业的多功能、选择适宜的发展模式以及推进户籍制度改革、建立城乡统一劳动力市场等对策。

关键词:地方农业经济　经济增长　现代农业　湖南

6806

**农户的非正规金融行为:对安徽双沟村的非正规金融活动研究** / 许力平著 ; 党国英指导. -- 中国社会科学院, 2009. -- 116 页

论文通过对安徽双沟村的非正规金融活动的研究,分析农户的非正规的金融行为。全文共分为九章。第一章为绪论,主要包括研究主题、调研过程、研究方法、论文框架。第二章双沟村的外部环境,主要从阜阳的历史变迁、地理环境进行分析。第三章双沟村的历史与现状,主要包括双沟村起源、土地问题、生态环境在内的历史变迁,人口过密化、高生育率的人口环境,恶化的治安和建筑格局的社会环境以及政治环境。第四章双沟村的经济发展,主要论述了工商业发展、农户的生产行为、农户的消费行为。其中农户的消费行为主要包括一般日常消费、住房消费以及人情消费。第五章关双沟村的正规的金融发展。主要包括银行系统、农村信用合作社以及保险与社会救济。第六章双沟村的非正规的金融发展。主要包括私人借贷、双沟村的高利贷以及商会、社会集资、变迁的金融等其他非正规的金融形式。第七章双沟村的债务危机及影响,主要包括深陷衰退的乡村:一个隐藏的事实、债务危机的起源、债务危机对双沟村的影

响。第八章阜阳与温州制度演进路径的比较,主要分析了阜阳制度变迁失败以及温州成功制度变迁的因素。温州制度变迁成功的因素有重商主义传统、自由放任政策、独特的金融体系、完善的产权保护以及商会的作用。第九章双沟村未来的发展模式。主要包括"企业家"的经济学解释、金融发展与企业家精神以及双沟村的农民企业家。

关键词:农户　金融行为　农村金融

6807

**我国上市公司信息披露监管制度变迁与绩效研究** / 薛自强著 ; 罗必良指导. -- 华南农业大学, 2009. -- 179 页

论文利用"参与者与制度变迁"模型对我国上市公司信息披露监管制度变迁与绩效进行了研究。全文共分为七章。第一章为前言,主要简述了问题的提出及研究意义、文献综述、研究对象与研究方法、论文的技术路线及研究内容以及论文可能的创新与不足之处。第二章我国上市公司信息披露监管的理论基础,主要包括上市公司信息披露监管的理论、上市公司信息披露监管的制度变迁的理论分析、上市公司信息披露监管制度变迁的博弈分析。第三章我国上市公司信息披露监管的制度变迁分析,主要从我国股票市场发展状况、我国上市公司信息披露监管制度的变迁、我国上市公司信息披露监管内容的分析以及我国上市公司信息披露监管制度的现状与不足四方面进行了说明。第四章基于参与者的我国上市公司信息披露监管的分析,主要分析了信息披露对证券市场的影响、我国上市公司信息披露监管参与者与制度变迁的分析、我国上市公司信息披露监管的参与者与制度变迁以及我国上市公司强制性信息披露监管分析。第五章我国上市公司信息披露监管的绩效分析,主要包括上市公司信息披露监管绩效研究综述、我国上市公司信息披露监管的市场反应实证分析、基于股票发行信息披露的有关我国上市公司信息披露监管绩效的实证分析以及基于持续信息披露的有关我国上市公司信息披露监管绩效的实证分析。第六章上市公司信息披露制度国际比较与借鉴,主要包括上市公司信息披露的法律基础与借鉴、上市公司信息披露监管的影响因素比较与借鉴以及对我国未来发展的建议。

关键词:股份有限公司　上市公司　企业管理　会计信息

6808

**中国主要粮食作物生产布局变迁及区位优化研究** / 杨春著 ; 陆文聪指导. -- 浙江大学, 2009. -- 207 页

论文在对现有相关文献进行综述的基础上,对中国主要粮食作物生产布局变迁及区位优化进行了研究。全文共分为七章。第一章为导言,主要简述了研究背景、问题提出、研究意义、概念界定与区域划分、研究目标与内容、研究技术路线与方法、数据资料与来源以及研究创新与不足。第二章介绍了论文的理论基础及文献综述,主要有区位理论、新空间经济学理论、生产者行为理论等;综述了于农业生产布局变化及成因的研究、农业区域规划的研究以及空间计量经济方法的研究。第三章粮食作物生产布局历史变迁及存在的问题,包括粮食作物生产布局变化、集聚及格局分析以及阶段特征,粮食生产布局比较优势发挥不显著、粮食供应区域不平衡协作关系不稳定、优质化专用化粮食难以满足需求等。第四章粮食作物生产布局相关影响因素,主要有资源因素、市场因素、经济因素、技术因素、政策因素以及交通运输及其他因素。第五章粮食作物生产布局实证研究,包括理论分析与假设、模型构建、省域层面粮食作物生产布局实证研究以及县域层面粮食作物生产布局实证研究。第六章粮食作物生产布局区位优化的研究,主要包括研究基本思路、模型假设与结构、模拟结果与分析、优化模型灵敏度分析以及粮食作物生产布局优化方向。主要粮食作物生产布局优化的方向包括小麦生产布局优化方向、玉米生产布局优化方向以及稻谷生产布局优化方向。第七章主要结论及政策启示。

关键词:粮食作物　生产布局　经济发展　区位经济学

6809

**西南少数民族地区农村收入差距和贫困研究:以云南布朗山乡住户调查数据为例** / 杨栋会著 ; 樊胜根指导. -- 中国农业科学院, 2009. -- 113 页

论文以云南西双版纳布朗山乡为例,采用统计分析和经济计量模型分析方法,对西南少数民族地区农村收入差距和贫困现状进行了考察研究。全文共分八章。第一章引言,介绍了研究背景、研究目的与意义、研究内容与方法,对相关文献进行了综述,给出了数据来源,指出了创新点与不足之处。第二章介绍了研究的理论与方法,包括收入不平等理论与贫困理论,同时分析了贫困与不平等的关系。第三章样本的

设计与指标的选取,进行样本区选择,对布朗山三大主体民族进行了简介,进行调查设计与指标选取,并介绍了相关的涵义,对变量进行了统计描述。第四章介绍了布朗山乡不平等和贫困状况,具体分为行政村的不平等和贫困状况、自然村的不平等和贫困状况、各少数民族的不平等和贫困状况以及不同收入组的不平等和贫困状况。第五章对收入不平等与贫困的相关因素进行了分析,包括家庭特征与各民族的贫困与不平等、人力资本与农户的贫困与不平等、宗教信仰与各民族的贫困与不平等以及社会资本与各民族的贫困与不平等,并对土地和种植结构进行了分析。第六章介绍了收入不平等的分解,阐述了研究方法,给出了农户收入不平等的分解结果。第七章对农户贫困的决定因素进行了实证分析。介绍了研究方法,给出了变量与研究假说,对贫困决定的 PROBIT 模型结果进行了分析研究。第八章为结论与政策建议。

关键词:农村　收入差距　贫困　少数民族地区　西南地区

**6810**

**新疆农村小额信贷发展研究** / 杨红丽著 ; 陈彤指导. -- 新疆农业大学, 2009. -- 191 页

论文以新疆农村经济和农村金融发展为背景,立足大量的调研资料,对新疆农村小额信贷的发展进行了研究。全文共分为八章。第一章导论,包括问题提出、研究意义、论文对小额信贷内涵的理解和研究范围的界定、小额信贷研究综述及相关理论依据、研究目标和研究内容以及研究的主要方法、研究特色与不足。第二章国内外小额信贷发展实践与启示。主要从小额信贷发展概况、国外小额信贷的发展、中国小额信贷的发展以及国内外小额信贷比较经验启示四个方面进行阐述。第三章新疆农村小额信贷发展的农村经济与农村金融背景。主要包括新疆农村小额信贷发展的农村经济背景、农村金融背景、新疆农村小额信贷发展概况三方面。第四章新疆农村小额信贷供需分析,主要包括新疆农村小额信贷需求分析、供给分析、供需均衡分析。第五章新疆农村信用社小额信贷发展实证分析,主要包括 SW 县农信小额信贷实证分析、NM 县农信小额信贷实证分析、农信社小额信贷与农户收入增长关系的实证分析以及新疆农信小额信贷发展整体概述。第六章新疆农村小额信贷发展的制约因素,主要包括农信社小额信贷发展的制约因素、政府扶贫贴息小额信贷发展的制约因素、非政府小额信贷发展的制约因素以及农村小额信贷发展的其他制约因素。第七章新疆农村小额信贷发展思路及对策,主要包括新疆农村小额信贷发展的总体思路及远景展望、完善新疆农村小额信贷运行机制、建立健全新疆农村正规金融机构小额信贷风险控制机制、完善新疆农村信用社小额信贷管理体制、有效管理非政府小额信贷和商业性小额信贷、完善新疆农村扶贫贴息贷款制度、加强地方政府在新疆农村小额信贷中的作用以及强化新疆农村金融体系的功能建设。第八章分析了新疆农村小额信贷供求实际,对新疆农村小额信贷发展提供了建议。

关键词:农村　信贷　新疆

**6811**

**社区自然资源管理中的非正式制度** / 杨俊伍著 ; 靳乐山指导. -- 中国农业大学, 2009. -- 165 页

论文采用调查研究法、文献研究法和案例研究法对东北某县三村社区自然资源管理中的非正式制度及其变迁做了描述、分析和论证。全文共分为八章。第一章,绪论。介绍研究背景及意义,研究的问题,界定相关概念。第二章,制度与社区共管研究综述。阐述制度的研究综述和非正式制度的研究综述,说明社区共管的产生和发展。第三章,研究点概述。第四章,湿地资源管理制度框架和制度失灵。阐述制度安排、制度实施机制与干预失灵等相关理论,以及社区自然资源管理中的非正式制度的演变及其对自然环境的影响,分析社区自然资源管理制度结构、制度安排、制度实施机制的演变。第五章,社区共管制度的嵌入及其效果。分析社区共管制度建设情况及其问题,说明社区共管在现有经济、政治、文化、制度框架中的嵌入及其效果。第六章,社区公共渔场资源管理。介绍社区公共渔场的情况、公共渔场管理制度和非正式制度及其变迁,以及正式和非正式制度互动的启示。第七章,社区土地资源管理。阐述东鲜村、永丰村以及四排村三个村庄土地资源的历史演变,说明地方政策干预下社区土地资源的制度博弈,阐述农地管理中正式和非正式制度的互动。第八章,结论与建议。

关键词:农村　社区管理　资源管理　制度安排

**6812**

**中国经济增长中的人力资本适配性研究** / 杨爽著 ; 范秀荣指导. -- 西北农林科技大学, 2009. -- 133 页

论文对中国经济增长中的人力资本适配性进行了实证研究。全文共分为七章。第一章为总论,主要包括选题背景、研究目的与研究意义、国内外研究动态、研究对象与研究范围、研究思路与研究方法以及研究创新之处。第二章人力资本适配性的概念、特征及适配路径。主要包括人力资本适配性的概念与特征、经济增长与有效人力资本供给的互动关系、与经济增长"适配"的有效人力资本特征、经济增长中人力资本适配性的表现以及人力资本与经济增长的适配路径。第三章中国经济增长中的人力资本适配度指数,主要包括人力资本与经济增长适配度指标体系、指标构成与含义、指标计算与数据处理、指标权重的确定以及人力资本适配度指数的计算与描述。第四章为人力资本适配度与经济增长影响因素相关性分析。主要包括经济增长影响因素分析、人力资本适配度与地区资本存量、人力资本适配度与人力资本投资、人力资本适配度与技术进步和知识积累、人力资本适配度与产业结构优化、人力资本适配度与制度变迁以及人力资本适配度与区位因素。第五章包含人力资本适配度的中国经济增长模型和实证分析。主要包括包含人力资本适配度的中国经济增长模型、中国经济增长模型的估计与检验、中国经济增长中人力资本适配度门槛。第六章中国人力资本适配性影响因素辨析,主要阐述了影响人力资本适配性的主要因素、门槛上地区人力资本适配性影响因素以及门槛下人力资本适配性影响因素。第七章中国人力资本适配性培养模式和对策建议,主要包括两区域经济增长阶段差异、人力资本适配度门槛上地区人力资本适配性培养模式与对策分析、人力资本适配度门槛下地区人力资本适配性培养模式及对策建议以及政府在人力资本适配性养成中的作用。

关键词:中国经济　经济增长　人力资本　劳动力

**6813**

**黑龙江省农业产业结构调整中的高等农业教育结构适应研究** / 杨晓明著 ; 佟光霁指导. -- 东北林业大学, 2009. -- 124 页

论文对黑龙江省农业产业结构调整中的高等农业教育结构适应进行了研究。全文共分为七章。第一章为绪论,分析了研究背景、研究目的和意义、国内外研究的现状与评述以及研究的内容、方法和技术路线。第二章为主要的概念与基础理论,主要包括高等教育结构的基本概念、经济结构域产业结构理论、农业发展理论、人力资本理论以及荷兰的经济结构与高等教育结构的关系。第三章国内外经验的借鉴,主要包括美国开发型农业与高等农业教育结构调整、法国小规模经营农业与高等农业教育结构调整、印度市场型农业与高等农业教育结构调整、丹麦农工结合的农业与高等农业教育结构调整、国内高等农业教育适应农业产业结构调整以及国内外高等农业教育结构适应性调整的启示。第四章黑龙江省农业产业结构域高等教育结构的实证分析,主要包括农业产业结构发展过程和高等农业教育结构的调整。第五章黑龙江省高等农业教育结构适应性分析,主要包括改革开放以来结构适应性分析、高教强省与高等农业教育结构调整优势与限制及其评述以及适应农业产业结构的高等农业教育结构整体设计。第六章主要影响因素的重要性排序分析,包括农业经济社会发展战略、农业政策、农业科技政策和高等农业教育。第七章研究问题的主要对策和建议。

关键词:农业经济　产业结构调整　农业教育　高等教育　教育结构　黑龙江

**6814**

**中国农产品期货市场风险及其影响因素分析** / 杨雪著 ; 乔娟指导. -- 中国农业大学, 2009. -- 119 页

论文在界定中国农产品期货市场风险、构造中国农产品市场风险形成原因的逻辑框架基础上,对中国农产品期货市场风险及其影响因素进行了分析。全文共分为八章。第一章为导论,主要包括研究背景及意义、研究范围及概念界定、国内外研究现状分析、研究目标和研究内容以及技术路线、研究方法及数据来源。第二章介绍了中国农产品期货市场风险形成的基本理论,主要包括风险的界定及形成的理论探讨和期货市场风险的界定及形成的理论探讨两方面的内容。第三章中国农产品期货市场风险评价的逻辑框架和指标体系的构建,主要包括论文研究的逻辑框架、已有可借鉴的风险水平判断方法综述及评价、实证分析样本的确定和数据处理三方面的内容。第四章中国农产品期货市场风险评价第一部分,主要农产品包括大豆、小麦和玉米。第五章中国农产品期货市场风险评价第二部分,主要的农产品包括天然橡胶、棉花。第六章农产品期货市场风险的内部因素分析,主要对期货市场内部机制对风险产生的作用、中国农产品期货市场内部机制对风险的影响两方面进行了研究。第七章是对农产品期货市场风险的外部环境

因素的分析,主要包括期货市场外部环境因素对风险产生的作用和中国农产品期货市场外部环境因素对风险影响的实证分析两方面的内容。第八章介绍了全文的主要研究结论和讨论,主要包括论文的主要研究结论和观点、中国农产品期货市场风险化解的途径以及创新和有待于进一步研究的问题的讨论。

关键词:农产品　期货市场　期货交易　风险评价

**6815**

**发展干预的谈判过程研究** / 杨照著 ; 叶敬忠指导. -- 中国农业大学, 2009. -- 111 页

论文旨在对现行的发展干预的"线性"范式进行反思,主要以行动者视角的发展社会学、发展人类学理论为依据,以"行动者为导向的研究方法"为研究方法。全文共分为七章。第一章,导论。介绍研究缘起,研究设计,研究过程和内容框架。第二章,谈判的社会语境。分别介绍传统的乡村社会、新中国成立后的乡村社会以及改革开放以来的乡村社会。第三章,谈判的媒介。介绍 H 国援助生态林项目及其项目话语,说明中国林业的发展及其相关法规。第四章,谈判的行动者。介绍不同行动者的生活世界与入场逻辑,说明行动者生活世界的不连续性,阐述生活世界的不连续性与社会界面。第五章,介绍谈判的实施者舞台。介绍文本的逐级解构,专家与地方项目实施者的妥协以及地方项目实施者之间的妥协。第六章,谈判的社会舞台。介绍造林模式与土地权属,说明苗木培育与市场风险,阐述造林现场与权力失衡。第七章,谈判的"一致化"。介绍入场以及谈判的逻辑,说明谈判的策略与手段,分析谈判的"一致化"。研究发现,不同情境下行动者的知识处理也会有所不同,即使同一情境不同行动者也会按照自身的知识处理做出不同的行动选择。因此以"理性选择"来解释行动者的行动逻辑,或以文化差异解释中方和 H 国项目人员行动逻辑的差异均存在局限。

关键词:农村经济　经济发展　行政干预　农民

**6816**

**基于物质流核算的浙江省循环经济研究** / 姚星期著 ; 温亚利指导. -- 北京林业大学, 2009. -- 156 页

论文通过构建以物质流核算体系为基础的区域物质流核算和研究方法体系,对浙江省循环经济进行了研究。全文共分为九章。第一章为绪论,主要阐述了研究背景与问题提出、国内外研究现状及其评述、研究意义、实践意义、研究思路和研究方法。第二章区域循环经济研究的理论问题,主要包括区域循环经济问题研究的基本愿景、区域循环经济内涵和系统概念模型、物质代谢与区域循环经济之间的关系、社会经济系统物质代谢活动核算方法的综合比较。第三章基于物质流核算的区域循环经济研究方法,主要从物质流核算的基本思想、区域物质流核算方法、物质流核算在区域循环经济研究中的作用三方面进行了说明。第四章浙江省区域循环经济发展的现实基础,主要包括浙江省区域循环经济系统的边界选取及数据资料来源、浙江省区域循环经济发展的现实基础以及浙江省区域循环经济发展的概况。第五章浙江省物质流核算,主要包括数据来源和处理方法、区域内资源开采核算、区域内过程排放核算、区域内水的输入输出核算、区域内物质平衡项核算以及区域内隐藏流核算。第六章浙江省物质流分析,主要从物质流规模和结构、物质代谢效率、物质消耗强度进行分析。第七章浙江省循环经济发展影响因素的分析,主要分析包括循环经济发展潜在影响因素系统分析、经济增长因素影响分析、人口因素影响分析、技术因素影响分析、自然资源禀赋影响分析以及对区位条件影响的分析。第八章浙江省循环经济发展模式及路径选择,主要包括国外发展循环经济主要模式及其对浙江省的借鉴意义、浙江省循环经济模式构建、浙江省循环经济发展路径选择。第九章研究结论和政策意见,以及研究创新点和进一步展望。

关键词:自然资源　资源开发　经济发展　经济核算　浙江

**6817**

**新型农村合作医疗对农民就医行为和基层医疗机构经营状况的影响研究** / 易红梅著 ; 张林秀指导. -- 中国科学院研究生院, 2009. -- 125 页

论文对新型农村合作医疗对农民就医行为和基层医疗机构经营状况的影响进行了研究。全文共分为九章。第一章为引言,主要包括研究背景、问题的提出、研究目标与内容以及论文的结构。第二章相关的文献综述,主要包括健康的价值与度量、农村地区常见的疾病风险的防范与处理方法、政府干预医疗保障计划的必要性、有关社区筹资医疗保险的发展经验、患者就医行为影响因素的研究以及农村基层医疗服务体系的相关研究。第三章论文的研究框架、计量方法和数据来源。其中分析模型的设定主要包括逆

向选择模型、患者医疗服务利用的模型和基层医疗机构经营业绩模型。第四章中国农村医疗保障体系和医疗服务体系的历史沿革,阐述了农村医疗保障体系的兴衰、和农村三层卫生医疗服务体系的变迁。第五章新型农村合作医疗的制度设计与实施进展,主要包括数据来源分析、样本新型农村合作医疗的制度设计、新型农村合作医疗的实施进展以及财务可持续性的分析。第六章农民对新型合作医疗的需求影响因素的分析,主要分析了样本基本情况的描述、新型农村合作医疗需求的基本状况、新型农村合作医疗需求的理论模型以及对农民参与新型农村合作医疗的影响因素的分析。第七章新型农村合作医疗对农民医疗服务利用行为的影响,主要包括新型农村合作医疗对参与农民生病后就诊决策的影响、新型农村合作医疗对参与农民医疗支出的影响以及对就诊医疗机构选择的影响。第八章新型农村合作医疗制度的实施对农村基层医疗服务机构经营状况的影响,主要有新型农村合作医疗的实施对乡镇卫生院的影响和新型农村合作医疗对村诊所的影响。第九章结论和政策建议以及创新和不足之处。

关键词:合作医疗　卫生服务　农民　农村

**6818**

**新疆特色林果产品供应链整合构建研究** / 易正兰著 ; 陈彤指导. -- 新疆农业大学, 2009. -- 121 页

论文采用理论研究与调查研究相结合的方法,对新疆特色林果产品供应链整合构建进行了研究。全文共分为七章。第一章为绪论,主要简述了研究背景、研究的目的和意义、研究综述、研究思路与内容安排、研究所用的方法以及研究的重点。第二章介绍了新疆特色林果产品供应链整合构建的基础理论,主要包括农业产业集群与农产品供应链之间的互动关系探讨、集群式农产品供应链模式分析、集群式农产品供应链组织体系以及集群式农产品供应链整合构建分析框架。第三章新疆特色林果产品供应链现状分析,主要包括新疆特色林果产品供应链整合构建的条件和新疆特色林果产品供应链整合构建的障碍。第四章新疆特色林果产品供应链整合构建的基础分析,主要从新疆特色林果产品供应链整合构建的内涵、加工业园区模式培育新疆特色林果产品加工企业群及其现实基础、新疆特色林果产业物流组织体系的构建模式及其现实基础以及新疆特色林果产业集群供应链组织体系案例四方面进行了阐述。第五章介绍了权力格局视角下新疆特色林果产品供应链整合构建,主要从供应链管理关系当中的力量格局和权力格局视角下新疆特色林果产品供应链整合构建的动力条件两方面进行了说明。第六章介绍了基于区域品牌战略的新疆特色林果产品供应链整合,主要阐述了新疆特色林果产业集群区域品牌发展的现状、新疆林果产业集群区域品牌现状分析以及库尔勒梨品牌创建和发展案例。第七章介绍了新疆特色林果产品供应链整合构建的对策。

关键词:果树业　产业发展　供应链管理　新疆

**6819**

**新疆果农在水果产业链中的纵向协作选择研究:以香梨、苹果产业为例** / 余国新著 ; 王凯指导. -- 南京农业大学, 2009. -- 137 页

论文以新疆水果产业为例,基于农户角度对新疆水果产业链的纵向协作关系进行了分析研究。全文共分九章。第一章导论,包括问题的提出、研究目标和内容、研究方法和技术路线,并指出了可能的创新与不足。第二章为理论回顾与研究综述。对关键术语进行了界定,介绍了产业链纵向协作的相关原理,对国内外研究进行了综述。第三章介绍了理论分析框架、计量模型与数据来源。其中计量模型分为 Logit 回归模型与前沿生产函数模型,数据包括样本信息与问卷调查信息。第四章介绍了新疆水果产业链的概况以及纵向协作模式。分析了中国水果产业发展的状况,介绍了新疆水果产业的发展及其作用,新疆水果产业链的发展状况及新疆水果产业链的纵向协作状况。第五章对农户采购苗木环节纵向协作意愿与影响因素进行了分析。介绍了农户购买苗木的纵向协作形式并进行了比较,分析了农户对果树苗木采购环节纵向密切协作意愿选择的影响因素,阐释了计量结果与分析结论。第六章对农户销售环节纵向协作的选择进行了实证分析。包括对农户销售环节纵向协作与交易成本的比较分析、对农户销售环节纵向协作选择行为的影响因素分析以及对影响销售环节纵向协作行为的计量经济分析。第七章分析了纵向协作形式对农户水果质量控制行为的影响。从介绍农户苹果和香梨质量控制行为状况入手,建立了理论分析框架并进行了变量选择,进行了实证分析与小结。第八章分析了纵向协作形式对农户水果生产技术效率的影响。介绍了农业领域的技术效率研究,进行了理论分析并构建了模型,根据数据来源进行统计描述

并进行实证分析。第九章为总结与政策建议,包括对全文的总结、对策建议以及下一步研究的展望。

关键词:水果　产业链　农户　梨　苹果　新疆

**6820**

**农村社区公共产品的需求意愿及影响因素研究:以江苏为例** / 俞锋著 ; 董维春,周应恒指导. -- 南京农业大学, 2009. -- 149 页

论文在文献分析及理论整理的基础上,通过对样本地区调查数据的实证分析和比较分析,对农村社区公共产品的需求意愿及影响因素进行了分析研究。全文共分八章。第一章导论,介绍了问题的提出、研究目标、假说、研究方法、研究内容及技术路线,对相关概念进行了界定,指出了可能的创新与不足。第二章为文献综述,包括对农村社区公共产品供给的制度与政策分析、农村社区公共产品配置的效率研究以及农村社区公共产品需求的影响因素分析。第三章农村社区公共产品的需求意愿。介绍了农村社区公共产品需求意愿分析的理论基础,具体包括林达尔均衡与公共产品定价、马斯洛需要层次与公共产品需求意愿演变以及地方性公共产品预配置效率的区域差异,分析了农村社区公共产品需求意愿的影响因素与内在机理。第四章介绍了农村社区公共产品需求意愿的研究方法。具体有意愿调查价值评估法、聚类分析法、Logit 回归模型分析法以及 Probit 回归模型分析法,最后对数据来源与计算软件的使用进行了说明。第五章对农村社区公共产品的需求意愿特征进行了分析。介绍了农村社区公共产品的需求意愿特征分析方法及调查方案设计,对农村社区公共产品需求意愿进行优先序聚类分析,对农村社区公共产品需求意愿优先序进行归因与对比。第六章以农田水利设施为例对农村生产性公共产品的需求意愿变化及影响因素进行了分析。介绍了农村生产性公共产品的需求意愿变动,分析变动及调查方案设计,农田水利设施的需求意愿变化及影响因素,对农田水利设施需求意愿状况进行了对比分析。第七章以农村基础教育为例对农村生活性公共产品的需求意愿变化及影响因素进行了分析。具体包括农村生活性公共产品的需求意愿变动分析方法及调查方案设计、农村基础教育的需求意愿变化及影响因素分析、农村基础教育的需求意愿状况的对比分析。第八章为论文的结论、农村社区公共产品需求意愿实现的政策建议以及今后进一步研究的方向。

关键词:农村　社区　分配　公共产品　江苏

**6821**

**核电站对所在区域的影响:基于社会核算矩阵的分析** / 袁佩佳著 ; 孔祥智指导. -- 中国人民大学, 2009. -- 232 页

论文基于社会核算矩阵的分析,对核电站对所在区域的影响进行了研究。全文共分八章。第一章为导论,主要介绍了选题背景、问题提出、论文的理论意义与可能的创新、论文的现实意义以及逻辑框架与章节安排。第二章回顾了相关文献,对核电站区域影响进行了评价。主要从章节引言、核电站区域影响研究、基于社会经济核算表的经济—社会—环境一般均衡分析、核电的公众接受性研究四个方面进行论述。第三章核电站区域影响的评价框架。主要包括章节引言、SAM 的基本原理与乘数模型、建立包含水资源账户的扩展 SAM、评价核电站建设和运行影响的模型应用四个方面。第四章核电站对县域经济的影响。主要包括章节引言、秦山核电站和海盐县经济的概况、海盐县 2002 年投入产出表和社会核算矩阵的编制及分析、秦山核电站建设期间对区域经济的影响以及秦山核电站运行期间对区域经济的影响。第五章核电站对县级财政的影响。主要从核电站的建设和运行带来的财政收益、核电站的建设和运行引起的财政支出、净财政影响三个方面进行了阐述。第六章核电站对区域环境的影响,主要包括海盐县 2002 年 SAMWA 的编制、秦山核电站建设期对区域水环境的影响以及秦山核电站运行期间对区域水环境的影响。第七章核电站影响的公众评价。主要包括公众评价的调查方式和内容、受访者个人和家庭基本情况、受访者对核电站的了解程度、受访者对核电站风险的认知、受访者对核电站影响的评价以及受访者对核电站在当地发展的态度几个方面。第八章为论文的结论。

关键词:核电站　县　区域经济　区域环境

**6822**

**农地非农化的价格确定问题研究** / 原英著 ; 严瑞珍指导. -- 中国人民大学, 2009. -- 215 页

论文从经济学理论的角度,对农地非农化的价格确定问题进行了分析。全文共分为七章。第一章为引言,简述了问题的提出、文献综述、研究方法与资料来源以及研究框架与创新。第二章土地价格的基础及地租的决定,主要理论有劳动价值论、均衡价格论、

边际效用价值论以及生产费用价值论，并阐述了经济学中关于地租的理论和对于地租理论的评论及取舍。其中地租理论有地租的剩余价值决定论、地租的级差地租及区位决定论、地租的供求决定论以及地租的边际生产率决定论。第三章农业用地的价格基础，主要包括农业用地地租的决定、日本经验以及我国在计算土地产出弹性、计算农业价格和影响农业用地价格因素三方面的应用。第四章农业用地的价格的影响及其调整，主要包括农地用途、农地位置、农地质量、农地的资产功能四方面的研究。其中农地用途包括劣等土地决定论、最优收益决定论、理论基础、计算和实践案例。第五章农地非农化的价格变化，主要包括非农用地的基础价格、非农用地价格的调整和农地非农化的价格增值。第六章案例分析，对北京市大兴区庞各庄镇的农地非农业价格进行分析，主要包括庞各庄镇的西瓜产业、庞各庄镇的工业以及庞各庄镇的农地非农化三个方面。同时对农地非农化的其他几个案例进行了分析。第七章包括对现行农地非农化的价格确定方法的评论、政策建议、合理确定农地非农化价格的重要意义。

关键词:农业用地　土地征用　土地市场　土地制度　定价

**6823**

**中国酒类地理标志保护制度研究** / 曾洁著 ; 钱克明,郑胜利指导. -- 中国农业科学院, 2009. -- 96 页

论文从经济学和法学视角研究酒类地理标志保护，为完善我国酒类地理标志保护机制提供理论依据和政策建议。论文分为六章。第一章导论，介绍了研究背景、研究目标与意义、相关概念界定、国内外文献述评、研究框架和方法、研究创新点和不足之处。第二章我国酒类地理标志保护概述，回顾了我国酒类地理标志保护的基本现状，分析我国酒类地理标志保护现存问题并得出启示。第三章酒类地理标志保护的经济学分析，从地理标志保护的经济学内涵、地理标志保护的经济效应、地理标志保护的制度经济分析、地理标志保护与县域经济发展等方面分析讨论，并以绍兴黄酒为个案，采用 DID 模型实证研究地理标志保护的经济效率。第四章为酒类地理标志保护的国际经验和趋势，介绍了有关酒类地理标志保护的国际公约及协定，分析了国外主要做法及趋势以及对我国的启示。第五章为我国酒类地理标志保护的法律分析，研究了酒类地理标志权属性质及其法律界定，分析了我国酒类地理标志保护的立法状况和法律手段，并提出了完善立法的建议。第六章为我国酒类地理标志保护机制研究，对酒类地理标志保护的各种手段做了比较分析，通过研究机制设计理论得出对地理标志保护的启示，并构建了合适我国的酒类地理标志保护机制，提出完善我国酒类地理标志保护机制的政策建议。

关键词:酒　地理标志　产权保护　行业协会

**6824**

**尼日利亚农村可持续发展与减贫机制:对农业新发展的启示** / 詹木思(James Bala Dibah)著 ; 陆文聪指导. -- 浙江大学, 2009. -- 171 页

论文通过对尼日利亚农村可持续发展与减贫机制的调研数据进行实证分析与研究，得出了农业新发展的一些启示。全文共分为五章。第一章为引言，简述了研究背景、研究目的与意义、研究内容与研究思路以及论文研究的创新与局限性。第二章对相关文献进行了回顾，主要包括农业经济部门的新发展思路、农业可持续发展与减贫、政策改革与贸易自由化、资源环境保护与农业可持续发展、技术进步对农业与农村可持续发展的作用、未来的展望以及有关政策带来的启示。有关农业可持续发展与减贫的文献包括农业的作用与削减贫困之间的关系、农业作为农村可持续发展和减贫的机制、农业可持续与减贫机制的政策措施、基础建设投资与可持续发展和减贫以及贫困、增长与可持续性的实证证据。第三章阐述了研究方法和数据的来源，主要包括研究设计和数据收集。第四章介绍了实证分析和成果的展示，主要实证分析农业角色和减少贫困之间的关系、减少贫困和可持续农业机制的基础设施投资、作为农村发展和减少贫穷机制的农业、可持续农业和资源管理机制、授予农民和社区权利的可持续农业机制的贸易改革和自由化以及阻止贫困的可持续农业和有效生产机制的政策措施。第五章介绍了论文的结论和政策含义。

关键词:农村经济发展　可持续发展　扶贫　尼日利亚

**6825**

**中国水稻生产增长与政府管理研究** / 展进涛著 ; 陈超指导. -- 南京农业大学, 2009. -- 141 页

论文对中国水稻生产增长与政府管理进行了研究。全文共分为八章。第一章为导言，主要简述了问

题的提出、研究目标、内容方法与论文结构、论文的技术路线以及论文的创新与存在的不足。第二章介绍了论文的理论基础、研究综述以及分析框架，主要有公共经济学理论、技术供给与经济增长以及制度安排与经济增长理论。第三章介绍了中国水稻的历史与现状，主要从中国稻作文化及其历史演变、中国水稻产业发展现状及国际比较、中国水稻生产的波动特征三个方面进行了说明。第四章中国农户水稻供给的微观行为分析，主要包括水稻效益缺失下的农户行为分析、农户水稻供给的微观行为理论与实证分析、水稻产业的发展困境：政府与农户利益的冲突以及结论性评述。第五章政府公共科研投资与水稻生产增长的动态分析，主要包括数据来源及研究方法、水稻公共 R&D 经费的投入倾向与来源、水稻公共 R&D 投资与技术创新和生产率增长的动态分析以及进一步的相关解释。第六章政府公共水稻技术服务供给及其影响分析，主要包括水稻技术服务供给特征与农户角色分化表现、农户对技术推广服务选择决策的实证分析、技术推广服务对农户水稻产出的经济效应以及公共技术推广服务的激励缺失。第七章介绍了专业合作社对水稻生产的影响及其发展过程中的政府角色，主要包括我国粮食专业合作社的发展状况与效应体现、专业组织制度对我国水稻生产的影响以及专业合作制度与水稻产业化模式的选择。第八章介绍了论文的研究结论和政策建议。

关键词：水稻　粮食作物　生产管理　技术推广

**6826**

**中国农村金融资源开发机理与模式研究** / 张波著 ; 冉光和指导. -- 西南大学, 2009. -- 123 页

论文对中国农村金融资源开发机理与模式进行了研究。全文共分为十章。第一章为导论，主要简述了研究背景及问题、研究思路及目标、研究假设与方法以及研究结构和资料。第二章农村金融资源开发的理论借鉴，主要包括金融资源理论、金融产业理论、金融抑制理论、金融深化理论以及交易费用理论。第三章农村金融资源开发的理论框架，主要包括农村金融资源的概念界定、农村金融资源开发的因素及机理。第四章国外农村金融资源开发的经验借鉴，主要包括国外农村金融资源开发状况、开发特征、开发模式以及国外农村金融资源开发的启示。第五章中国农村金融资源开发过程及问题，主要包括中国金融资源开发过程、中国农村金融资源开发现状及特征以及开发过程中存在的问题。第六章农村金融资源开发异化的影响，主要有农村金融资源开发异化对农村经济发展的影响、农村金融资源开发异化对农村金融的影响以及农村金融资源开发异化对农村金融市场的影响。第七章农村金融资源开发异化的原因，主要包括农村金融资源开发异化的历史原因、转型期农村金融资源开发异化的制度原因、农村金融资源开发异化的经济原因以及农村金融资源开发异化的内在原因。第八章农村金融资源开发的运行机制，主要阐述了农村金融资源开发的运行机制概述、农村金融资源开发的动力机制、农村金融资源开发的激励机制、农村金融资源开发的约束机制、农村金融资源开发的自我调节机制以及农村金融资源开发的宏观调控机制。第九章农村金融资源开发的模式及新领域。主要包括农村金融开发的体制模式、组织模式、监管模式以及农村金融资源开发的新领域。第十章研究结论与政策运用。

关键词：农村金融　资源配置　资源开发　运行模式

**6827**

**我国测土配方施肥技术的经济环境效益评价和推广机制研究** / 张成玉著 ; 肖海峰指导. -- 中国农业大学, 2009. -- 142 页

论文利用调研的农户数据，将计量经济法和实证数学规划法相结合对我国测土配方施肥技术的经济环境效益评价和推广机制进行了研究。全文共分为八章。第一章导论，主要包括研究背景与意义、国内外研究现状、研究目标与内容、研究思路与方法以及创新说明。第二章介绍了我国新一轮测土配方施肥技术推广的政策内容，主要包括推广政策的出台、推广政策的具体措施与最终目标、推广政策对补贴项目县要求、补贴对象、方式与标准，技术原理、标准及与传统施肥的差异以及技术推广进程。第三章介绍了测土配方施肥技术的经济效益评价，主要包括经济效益评价方法——实证数学规划法、经济评价的模型设定、研究区域状况和数据来源、不同作物施肥情况对比及单产模型的回归结果分析、不同情形下经济效果模拟以及章节小节。第四章介绍了测土配方施肥技术的环境效益评价。主要包括评价农业环境效益的方法、研究区域状况和数据来源、测土配方施肥技术各种影响的环境效益评价、测土配方施肥技术环境效益的综合评价。第五章介绍了测土配方施肥技术推广不同参与主体的行为研究，主要包括政府各级土肥

管理部门的行为研究、企业行为研究、测配方技术推广中农户行为研究。第六章介绍了测土配方施肥技术不同推广模式研究,主要包括以政府各级土肥站为主导的推广模式——以辽宁为例、大型化肥连锁销售企业和土肥站紧密协作的推广模式——以江苏为例、以农民专业合作社为主导的推广模式——以浙江为例以及三种推广模式的比较。第七章介绍了发达国家的测土配方施肥技术的推广,主要包括美国、德国、日本三个国家的测土配方施肥技术的推广以及带给我们的启示。第八章为主要的结论和政策建议。

关键词:土壤肥力　测定　施肥　化肥

**6828**

**民间金融监管机制研究:基于利率监管的视角** / 张德强著 ; 唐仁健指导. -- 中国农业大学, 2009. -- 105 页

论文基于利率监管的视角,对民间金融监管机制进行了研究。全文共分为七章。第一章为导论,主要包括研究背景及意义、相关概念及研究范围界定、研究目标与研究内容、研究思路及研究方法、研究的基本假设以及研究创新与不足的说明。第二章为民间金融监管的必要性,主要包括基于准公共产品属性的视角、基于外部性的视角、基于脆弱性属性的视角以及市场供需的视角。第三章介绍了民间金融监管的可行性,主要包括基于民间金融视角的依据、基于监管部门视角的依据以及一个完全且完美动态博弈分析的依据。第四章介绍了民间金融监管,主要包括私人机制、国家机制、民间金融监管机制的选择、民间金融利率监管机制的作用、民间金融监管利率体制的选择以及影响利率监管机制有效性的因素。第五章民间金融利率监管机制的运行分析,主要包括民间金融利率的特性、"封闭区"的相关假设及解释、"封闭区"假设的扩展及对现实的模拟分析、来自互助基金会的检验以及对现实的启示。第六章介绍了纳入监管部门的利率监管机制运行分析,主要包括完全市场的民间金融利率形成机制、正规金融寻租行为的影响、正规金融利率变动的影响、信贷配给的影响、民间金融利率水平争论的解释以及一个监管机制雏形——来自温州的实践。第七章为全文研究的主要结论和建议以及有待于进一步研究的问题。

关键词:民间经济团体　金融机构　监管机制　利率机制

**6829**

**制度变迁视角下的城乡劳动力市场一体化研究** / 张福明著 ; 杨学成指导. -- 山东农业大学, 2009. -- 160 页

论文基于制度变迁理论框架,综合运用规范分析、实证分析、博弈分析等方法,对中国城乡劳动力市场一体化的变迁进行了系统研究。全文共分七章。第一章导论,介绍了研究的必要性、目标及意义,对国内外相关研究进行了评述,阐述了论文的研究思路、方法与结构,指出了研究的创新与不足。第二章从概念与原理角度介绍了城乡劳动力市场一体化的理论基础。具体包括劳动力市场相关概念以及劳动力市场一体化有关概念,分析了中国城乡劳动力市场一体化的情况,介绍了中国城乡劳动力市场一体化研究的理论框架。第三章介绍了城乡劳动力市场一体化的历史起点,即传统的劳动力资源配置制度与配置格局。包括传统劳动力资源配置制度的形成机制、传统劳动力资源配置制度、传统的劳动力资源配置机制与改革开放前的劳动力资源配置格局。第四章从机制、过程与结果三个方面探讨了城乡劳动力市场制度一体化的变迁。介绍了城乡劳动力市场制度一体化变迁的路径与机制,分析了城乡劳动力市场的就业制度的一体化变迁、城乡劳动力市场的工资制度的变迁、城乡劳动力市场的社会保障制度的一体化变迁以及户籍制度的变迁。第五章分析了城乡不平等劳动力市场制度的成因与机理。对城乡不平等劳动力市场制度的成因进行了分析,阐述了农村非农产业部门、城镇非正规部门不平等劳动力市场制度规定落实的博弈机理,指出了农村非农产业部门、城镇非正规部门落实劳动力市场制度规定的制约因素。第六章从过程、配置格局与影响因素入手,对城乡劳动力资源配置一体化变迁进行了分析。介绍了城乡劳动力资源配置一体化变迁的过程与当前中国城乡劳动力资源配置的格局,阐述了现行劳动力市场制度对城乡劳动力资源配置一体化的影响以及劳动力市场制度外因素对农村劳动力城乡流动的影响。第七章对进一步推进城乡劳动力市场一体化变迁提出了目标模式与政策建议,并进行了全文的总结。

关键词:劳动力市场　城乡一体化　劳动力资源　资源配置

**6830**

**基于农民行为的农村实用人才开发研究** / 张海涛著 ; 金彦平指导. -- 北京林业大学, 2009. -- 166 页

论文基于农民的行动，对农村实用人才开发进行了研究。全文共分为八章。第一章为绪论，主要包括研究背景、研究目的与意义、基本概念与研究对象、研究思路与研究内容、数据来源与研究方法。第二章为相关研究的文献综述，主要包括有关农民行为研究的相关文献综述、有关人力资本研究的相关文献综述和有关农村实用人才开发研究的相关文献综述。第三章我国农村实用人才开发与发展现代农业，主要从农村实用人才开发与发展现代农业、农村实用人才开发与社会主义新农村建设、农村实用人才开发与农村劳动力就业以及农村实用人才开发和农村经济发展的相关性研究四方面进行了说明。第四章我国农村实用人才开发概况，主要从我国农村实用人才开发面临的机遇、我国农村实用人才的现状、我国农村实用人才开发中存在的问题以及影响农村实用人才开发的主要原因四方面进行了研究。第五章是理论基础的研究，主要包括行为决策理论、农民参与农村实用人才开发行为模型构思、关于农民参与农村实用人才开发行为理论模型的说明三方面的内容。第六章是对农民参与农村实用人才开发的行为研究的实证分析，主要包括研究假设、数据来源、研究方法、农民参与农村实用人才开发行为及其影响因素的研究、行动动机对农民参与农村实用人才开发行为的影响研究、外部环境对农民参与农村实用人才开发行为的影响研究、培训项目管理对农民参与农村实用人才开发行为的影响研究、培训费用对农民参与实用人才开发行为的影响研究以及农民行为的目标对农民参与农村实用人才开发行为的影响研究。第七章基于农民行为的农村实用人才开发对策的研究，主要包括基于农民参与农村实用人才开发行为研究结论的分析、加强农村实用人才开发的对策。第八章研究结论和展望。

关键词：农村　人才资源开发　人才管理　农民参与管理

**6831**

**贸易保护背景下的农产品反倾销及其应对研究** / 张华著 ; 黄祖辉指导. -- 浙江大学, 2009. -- 169 页

论文在贸易保护的背景下，对农产品反倾销及其应对的措施进行了研究。全文共分为九章。第一章为导言，主要介绍了有关的概念、研究的对象和意义、国内外相关研究、研究思路与研究方法、研究假设、研究拟解决的基本问题以及研究创新和可能存在的基本问题。第二章介绍了农产品国际贸易保护制度的历史演变及反倾销的地位。主要包括国际农业保护主义的根源分析、历史演变以及反倾销作为贸易保护手段的特点。第三章农产品反倾销活动的历史考察，主要包括 20 世纪 80 年代以来国际反倾销活动的总体情况、世界贸易组织成立后国际农产品反倾销情况的分析以及中国农产品遭受反倾销情况分析。第四章农产品反倾销的影响分析，主要包括农产品反倾销的直接经济影响分析、间接经济效应分析以及实证分析。第五章农产品反倾销活动的特殊性分析，主要包括农产品反倾销原因特殊性分析、应对特殊性分析、立案上的特殊性、生产过程和品质的特殊性、生产者群体行为的特殊性以及农村品反倾销在效应上的特殊性。第六章国际反倾销规则的改革及反倾销活动趋势及其对产品反倾销的影响。主要包括多哈回合谈判中对反倾销规则的讨论和改革、国际反倾销活动的发展趋势以及 WTO 国际反倾销规则改革和反倾销发展趋势对农产品贸易的影响。第七章典型国家农产品反倾销的比较分析，主要包括 WTO 有关实施反倾销措施的基本程序和相关做法。第八章中国农产品应对反倾销的影响因素分析，主要包括应诉态度的问题、组织协调问题、市场经济地位的问题以及应对机制问题。第九章中国农产品应对反倾销的方略构思，主要阐述了公共合作应对农产品反倾销的必要性分析、理论基础、公共理论和方法在农产品反倾销应对问题上的适用性分析、农产品反倾销应对体系的公共模式选择、农产品反倾销应对公共体系中公共机制的设计以及农产品反倾销应对公共体系稳定运行的条件分析。

关键词：对外贸易　农产品　反倾销　贸易保护

**6832**

**吉林省农民合作经济组织发展研究** / 张冀男著 ; 郭庆海指导. -- 吉林农业大学, 2009. -- 105 页

论文以吉林省为例，对农民合作经济组织发展进行了研究。全文共分为八章。第一章为论文的导论，主要包括问题的提出、相关概念界定、研究目标与主要内容、主要分析方法以及论文的创新点与不足之处。第二章农业合作经济基本理论及相关文献评述。主要包括西方合作经济理论，马克思、列宁主义合作经济理论、制度创新与组织创新理论、市场失灵理论、国内外研究现状及评价。第三章为国内外农民合作经济组织的产生与发展，主要包括国外农民合作经济组织的发展历程、国外农民合作经济组织发展模式、

国外农民合作经济组织的发展经验、我国农民合作经济组织的发展历程、我国农民合作经济组织发展的历史经验和教训。第四章吉林省农民合作经济组织的发展现状及制约因素分析。主要从吉林省农业基本概况、吉林省农民合作经济组织发展的总体情况、吉林省农民合作经济组织主要类型和发展模式、吉林省农民合作经济组织发展问题及制约因素四方面进行了阐述。第五章吉林省农民合作经济组织发展条件分析,主要包括制度基础、市场条件、产业条件、生产专业化程度、市场主体素质、法律、政策和教育环境。第六章农民参与合作经济组织意愿的实证分析。主要包括影响农民合作意愿的因素、吉林省农民合作意愿的调研概况、调查描述性统计分析、估计结果的分析。第七章介绍了农民合作经济发展与政府的行为。主要从政府支持农民合作经济组织的逻辑依据、农民合作经济组织发展不同阶段的政府角色转换、吉林省农民合作经济组织发展中政府行为分析、吉林省农民合作经济组织发展中政府职能定位四个方面进行了研究。第八章介绍了论文的结论与政策建议。

关键词:农村　农业合作组织　经济组织　吉林

**6833**

**交易费用与农户契约选择:来自梨农调查的经验证据** / 张静著 ; 黄祖辉指导. -- 浙江大学, 2009. -- 146 页

论文通过分析梨农调查的经验证据,对交易费用与农户契约的选择进行了研究。全文共分为八章。第一章为绪论,主要阐述了问题的提出、研究目的、概念界定、研究思路、结构框架以及可能创新之处。第二章是对经典学说与理论框架的文献回顾。主要包括国外关于交易费用的理论研究、国外关于契约选择的理论研究、国外关于交易费用与契约匹配的研究以及国内关于交易费用与契约选择的理论研究。第三章是对经验考察与模型设置的文献回顾,主要包括国内关于交易费用与契约选择的经验研究和国外关于交易费用与契约选择的经验研究。第四章实证框架与研究设计,研究设计包括样本区域、调查对象、抽样情况、问卷设计以及调查情况。第五章梨果流通渠道与契约模式,主要包括水果流通体制改革的回顾、全国及样本省区梨果产业概况、基于价值链分析工具的样本省区梨果流通渠道以及梨果交易的契约模式的总结与效率评价。第六章基于计量模型的交易费用与农户契约选择,主要包括交易费用测度的变量比较与体系构建、数理模型与计量模型评述以及经验研究结果。数理模型为 VSJ 模型。第七章基于案例研究的契约安排与交易费用,主要包括文献综述、合同农业、案例研究。第八章研究结论与政策含义的介绍。

关键词:农户　交易费用　契约　价值链

**6834**

**我国农产品品牌建设:理论与实践** / 张可成著 ; 杨学成指导. -- 山东农业大学, 2009. -- 160 页

论文运用微观经济学等理论,从理论和实践两方面对我国农产品品牌建设进行了研究。全文共分为八章。第一章为导论,主要简述了研究的必要性、目的和意义、研究综述、研究思路与研究方法、研究的内容、结构和主要结论以及论文的创新点和不足之处。第二章基本概念和基本理论,主要有品牌、农产品与农产品品牌以及农产品品牌建设。第三章农产品品牌建设的要素,主要包括农产品品牌建设要素的研究视角、农产品品牌建设要素指标体系的探讨、农产品品牌建设要素的确定。第四章农产品品牌建设的主体,主要包括农产品品牌建设主体的内容、农产品品牌建设主体的职能以及农产品品牌建设主体的关系。第五章农产品品牌建设的规划流程,主要包括农产品品牌建设的规划阶段、农产品品牌建设的创立阶段、农产品品牌建设的培育阶段、农产品品牌建设的扩展阶段以及农产品品牌建设的二维模型。第六章农业企业农产品品牌建设的实践,主要包括关于农产品品牌建设现状的三次调查、农业企业提高农产品品牌建设水平的途径。第七章政府、农业行业组织、农户参与农产品品牌建设的实践。第八章蔬菜品牌"燎原"的建设实践的案例分析,主要包括燎原蔬菜品牌的简介、燎原蔬菜品牌的建设过程、燎原蔬菜品牌的评价以及燎原蔬菜品牌建设存在的问题。

关键词:农产品　质量管理　品牌战略

**6835**

**生猪和猪肉流通效率研究** / 张磊著 ; 谭向勇指导. -- 中国农业大学, 2009. -- 177 页

论文在制度经济学等基本理论的基础上,对生猪和猪肉的流通效率进行了系统的研究。全文共分为九章。第一章为导论,主要包括研究背景和研究意义、国内外研究文献综述、研究目标和研究内容、研究方法和研究数据以及研究的特色和创新说明。第二章介绍了中国生猪和猪肉行业的概况,主要包括中国

猪肉的供给与需求、中国生猪和猪肉产业链分析。第三章介绍了生猪和猪肉流通效率的概念界定及评价指标设计,主要包括流通效率的概念界定、生猪和肉猪流通效率的界定与评价。第四章生猪收购环节的生猪流通效率的分析。主要包括中国生猪养殖、中国生猪流通现状、生猪收购产业组织分析以及生猪的区域间流通。第五章生猪屠宰加工环节的生猪和猪肉流通效率的分析,主要包括生猪屠宰加工的历史沿革、中国生猪屠宰加工企业生产现状以及生猪屠宰产业组织分析。第六章猪肉批发环节的猪肉流通效率的研究,主要分为猪肉批发市场的概况、批发环节SCP分析、猪肉批发环节市场整合分析、批发主体技术效率分析、城市批发市场的空间布局以及猪肉配送主体分析。第七章猪肉零售环节的猪肉流通效率分析,主要包括生鲜猪肉零售终端概况、消费者对猪肉零售终端的选择、超市和农贸市场消费者满意度分析、猪肉零售终端布局和农贸市场的改造以及猪肉产业链各环节成本收益比较分析。第八章生猪肉和猪头流通制度对流通效率影响的分析,主要包括宏观管理制度、中观流通制度、微观流通制度三者对流通效率的影响。第九章介绍了研究的结论及政策建议。

关键词:农产品市场　生猪市场　猪肉　市场流通

**6836**

**家庭式迁移农民工的工作—家庭关系研究:基于浙江省的调研** / 张黎莉著 ; 钱文荣指导. -- 浙江大学, 2009. -- 227 页

论文基于浙江省的调研情况,对家庭式迁移农民工的工作与家庭关系进行了研究。全文共分为八章。第一章为导论,主要包括研究背景与问题的提出、研究目的与意义、相关概念界定与研究对象、理论基础与研究方法以及论文的创新与不足之处。第二章为相关研究的文献综述,主要包括斯加斯塔德关于劳动力迁移和流动的成本与收益理论,工作与家庭关系的研究综述以及简要的评述。第三章研究的总体构思与设计,研究分为家庭式迁移农民工的工作与家庭关系的概念构思开发研究、家庭式迁移农民工工作与家庭关系的结构研究、家庭式迁移农民工工作与家庭关系与结果变量之间的关系以及工作特征、家庭特征对家庭式迁移农民工工作与家庭关系的作用研究。第四章家庭式迁移农民工工作与家庭关系的概念构思开发的研究,主要包括研究目的、研究方法、家庭式迁移农民工工作与家庭关系的内容分析以及研究小结。第五章家庭式迁移农民工工作与家庭关系的结构研究,主要包括研究目的、理论背景与研究假设、研究方法、研究步骤、研究分析结果以及结果与讨论。第六章家庭式迁移农民工的工作特征、家庭特征对工作与家庭关系的作用研究,主要包括研究目的、变量设置与研究假设、研究方法、研究分析结果以及研究小结。第七章家庭式迁移农民工工作与家庭关系与结果变量的关系研究。第八章为论文的主要结论与对策建议以及有待于进一步研究的问题。

关键词:民工　工作　家庭　劳动力转移

**6837**

**中国农村居民收入流动性实证研究:收入流动性、长期收入均等化与反贫困** / 张立冬著 ; 李岳云,姜长云指导. -- 南京农业大学, 2009. -- 165 页

论文以经济增长如何兼顾收入公平作为研究点,对中国农村居民收入流动性进行了实证研究。全文共分八章。第一章导言,包括问题的提出与研究意义、研究目标、内容与假说,介绍了研究范围、数据来源与技术路线,阐述了论文的结构安排,最后指出论文的创新与不足。第二章对相关理论基础,包括社会分层与社会流动、持久收入理论与收入流动性、收入流动性与长期收入公平进行了介绍,对概念进行了界定并综述了有关文献。第三章介绍了论文的分析框架与数据来源。具体包括收入流动性的测度方法、收入流动性与长期收入均等化的理论框架、收入流动性影响因素的理论模型。第四章对中国农村收入流动性进行了分析。介绍了中国农村收入流动性的总体概况,对不同类型农村家庭收入的流动性进行了比较,对中国农村与城镇收入流动性的差异进行了分析。第五章介绍了收入流动性与长期收入均等化。包括年度收入不平等与长期收入不平等、中国农村长期收入分配的均等化程度以及收入流动性与中国农村的长期收入均等化。第六章介绍了收入流动性与反贫困。对中国农村的贫困状况进行了概述,介绍了持久性贫困与暂时性贫困的概念,分析了脱离贫困与进入贫困的程度并探讨了哪些个体或群体更容易脱离贫困或进入贫困的问题。第七章对收入流动性影响因素进行了实证分析。介绍了模型的设定与变量的选择方法,对变量进行了描述性分析,给出了实证分析的结果。第八章为总结与政策建议,包括对全文的总结、政策建议以及进一步的研究展望。

关键词:农村　居民收入　收入分配　贫困

6838

**农业综合生产能力研究:基于土地制度的视角** / 张丽君著 ; 程漱兰指导. -- 中国人民大学, 2009. -- 148页

论文基于土地制度的视角对农业综合生产能力进行研究。全文共分为七章。第一章,导论。介绍研究背景和有关文献研究,说明论文的创新之处。第二章,农业综合生产能力的评价指标体系及状况分析。介绍我国农业综合生产能力评价分析指标,对我国农业综合生产能力进行评价,阐述我国农业综合生产能力现状,介绍粮食主产区和粮食主要出售区农业综合生产能力状况。第三章,农业综合生产能力的影响因素分析及现行政策评析。分析农业综合生产能力的影响因素,对我国农业综合生产能力建设现行政策进行评析。第四章,土地制度对我国农业综合生产能力的作用。提出三个假说并进行验证,分析土地制度变迁对我国农业综合生产能力的影响。第五章,现阶段农民土地保障程度及作用。说明现阶段农民土地权益的保障制度,介绍现阶段农民土地权益保障对农业综合生产能力的作用、现阶段提高农民土地权益保障水平的主要障碍和对策,提高农民土地权益保障水平的探索和努力。第六章,案例分析。介绍俄罗斯土地私有化改革以及"台湾"土地改革,对案例进行分析说明。第七章,结论和政策建议。提出要提高农民土地权益保障以提高农业综合生产能力,以及阐述"粮食安全—农业综合生产能力建设"检测体系的建设之路。

关键词:农业生产　生产能力　土地制度　农民

6839

**财政政策对缩小江苏地区经济差距的影响研究** / 张敏著 ; 周应恒,范金指导. -- 南京农业大学, 2009. -- 115页

论文以江苏为例,对江苏省财政政策在促进苏北经济发展和缩小江苏地区差距中的作用进行了论述。全文共分七章。第一章导论,介绍了研究背景与问题的提出、研究目标与研究假说、技术路线与论文结构框架以及研究方法,并对相关概念进行了界定,指出论文的研究意义及创新点。第二章为文献综述,介绍了国内外研究现状并做出述评。第三章对江苏省地区差距的统计特性进行了分析。对江苏省地区差距的发展及各阶段政府政策进行了剖析,使用高斯核密度分布方法对江苏地区差距进行实证分析。第四章对江苏省财政政策的现状进行了分析。在对江苏为缩小地区差距所实施的财政政策进行描述的基础上,进一步对江苏省财政支出规模和结构的数据进行了分析。第五章介绍了江苏省三地区 CGE 模型的基本结构及数据基础。包括江苏省三地区 CGE 模型的基本结构、CGE 模型的数据基础、技术参数的测算以及模型的标定和检验。在多种数据来源基础上建立了一个包括江苏三个区域的多地区多部门动态可计算一般均衡模型。第六章对财政政策对江苏地区经济差异影响的效应进行了分析。包括财政政策影响地区经济差异的理论分析、情景设定、转移支付对江苏经济增长和地区差异影响的效应分析以及财政投资对江苏经济增长和地区差距影响的效应分析。第七章论文的研究结论、政策含义以及进一步的研究展望。

关键词:地区经济　区域差异　财政政策　江苏

6840

**现代多功能农业评价体系研究** / 张世兵著 ; 乌东峰指导. -- 湖南农业大学, 2009. -- 229页

论文从农业的多功能性这一视角出发,对现代多功能农业评价体系进行了研究。全文共分为八章。第一章为绪论,主要包括选题背景、目的和意义、文献综述、研究的基本内容与可能的创新点以及研究方法和步骤。第二章现在多功能农业的现代特征,主要从现代多功能农业的基本内容和特征、现代多功能农业的结构和层次、现代多功能农业的性质界定以及现代多功能农业的发展格局几方面进行阐述。现代多功能农业有有机、生态、能源、旅游、文化和都市六种,发展格局为有机农业、生态农业、能源农业、旅游农业、文化农业、都市农业六种。第三章现代多功能农业的评价特性,主要包括现代多功能农业的评价、现代多功能农业评价的基础、评价的结构、评价的价值。第四章现代多功能农业评价的指标体系。主要包括现代多功能农业评价体系构建的基本理论和构建原则、现代多功能农业评价质变体系的基本内容、评价指标的标准化及处理以及基于层次分析法的现代多功能农业发展评价指标权重的确定。第五章现代多功能农业评价方法和模型,主要包括不同评价方法在农业评价中的运用、现代多功能农业模糊综合评价模型研究、基于 DEA 的现代多功能农业评价模型研究,以及两种模型的比较分析。第六章现代多功能农业评价的区域实证研究——以湘潭市为例。主要介绍了湘潭市农业发展现状及特征、湘潭市现代多功能农业评价分析、湘潭市现代多功能农业发展的不足与政策。

第七章现代多功能农业评价体系建立的规制支持，主要包括构建良好的现代多功能农业评价环境、科学提高现代多功能农业评价的水平、建立现代多功能农业评价的制度保障、加大现代多功能农业评价的政府支持力度、提高现代多功能农业评价公众参与度、建立现代多功能农业评价结果的有效运用机制。第八章结论和展望。

关键词：现代农业　农业经济　评价体系

**6841**

**中国棉花市场价格波动研究** / 张雯丽著 ; 李秉龙指导. -- 中国农业大学, 2009. -- 115 页

论文对中国棉花市场价格波动进行分析与探究。全文共分为九章，第一章为导论，主要简述了选题背景及问题的提出、研究现状与文献综述、概念界定、研究目的与研究内容、研究方法与逻辑框架以及研究的创新点与不足。第二章介绍了市场供求特征与棉花价格波动，主要从棉花供给和需求两方面进行了阐述。第三章介绍了成本、流通与棉花价格波动，主要阐述了生产成本和费用。第四章阐述了政策与棉花价格波动的关系，主要有流通体制变迁与行政价格、宏观调控政策与棉花价格以及滑准税政策实施效果的评述。第五章分析了中国棉花市场价格波动的特征，主要包括价格波动研究方法、棉花价格波动特征的分析以及地区间棉花价格的波动。第六章棉花市场价格波动的动态实证分析，主要从市场运行特征分析及模型的选取、棉花市场价格长期波动的实证分析两方面进行了说明。第七章基于时间序列的棉花价格短期波动的实证分析，主要包括市场开放以来短期波动原因解析、短期价格波动理论分析、变量选择及数据说明、研究方法以及实证检验及分析。第八章棉花期货市场与现货市场关系的研究，主要阐述了理论基础、国际市场价格构成及定价中心、中国与国际期货市场特征以及中国与国际市场期现货价格关系的考察四方面的内容。第九章介绍了主要的研究结论及政策建议以及有待于进一步解决的问题。

关键词：农产品市场　棉花　价格波动

**6842**

**中国有机农产品市场发展研究：基于生产、消费行为的实证分析** / 张新民著 ; 陈永福, 刘春城指导. -- 中国农业大学, 2009. -- 121 页

论文从消费行为和生产行为角度对中国有机农产品市场发展中存在的问题和影响因素进行了分析研究。全文共分七章。第一章绪论，主要包括问题的提出和研究背景、国内外研究现状综述、研究的基本思路、结构框架和方法以及研究范围，对相关概念进行了界定，并指出了论文的主要创新和特色。第二章介绍了中国有机农产品市场发展背景和存在的问题。包括中国有机农产品市场发展的国际背景、中国有机农业的产生和发展、有机农产品市场存在的主要问题、中国农产品市场失灵现象与原因分析以及中国有机农产品市场的特征。第三章对中国有机农业生产经营组织模式与生产行为进行了分析。阐述了分散经营的小农户与有机农产品大市场之间的矛盾，介绍了中国有机农产品生产经营组织模式类型，对有机农产品生产经营组织模式与生产行为进行了分析，最后给出了案例分析。第四章对有机农业的生产效益进行了经济学分析。给出数据来源，对相关概念进行界定，对有机农业生产成本和经济效益以及有机农业生产的环境效益进行分析。第五章对有机农业生产技术效率及其影响因素进行了实证分析。包括有机菜花生产技术效率的计量经济学分析以及有机水稻生产技术效率及其影响因素的分析。第六章对有机农产品消费行为进行了分析。阐述了研究方法与数据，介绍了消费者对有机农产品认知和消费行为的统计学分析、有机农产品消费行为影响因素的统计学分析以及消费者对有机大米支付意愿的实证分析。第七章为结论、政策建议和问题。

关键词：农产品市场　农业生产　经营管理　消费

**6843**

**资源税费制度与区域经济发展差异：侧重于地方财政税收收入差异的分析** / 张亚明著 ; 朱钢指导. -- 中国社会科学院, 2009. -- 156 页

论文侧重于地方财政税收差异的分析，对资源税费制度与区域经济发展的差异进行了研究。全文共分为八章。第一章为导言，主要包括问题的提出与选题背景、研究意义、研究主题、逻辑假设和框架安排、研究方法以及基本概念的界定。第二章资源税费的理论基础和文献综述。主要包括资源税费的理论基础、文献研究综述。第三章我国资源税费制度的形式及其评价。主要包括我国资源税费制度的形成历史、我国现行资源税费制度的构成以及对我国资源税费制度的评价。第三章区域经济发展和财政能力的差异，主要从资源税费制度对中西部地区的重要性、区

域经济发展的差异、区域财政能力差异三方面进行介绍。第五章介绍了资源税费制度与地方财政税收收入差异的相互关系。主要包括资源类税源占绝对比重导致资源型地区税收发展后劲不足，税制安排不合理造成中西部地区资源类税收收入与税源的横向背离，财政体制安排对中西部资源型地区不利，矿产资源租金分配不合理、产权部明细导致税收流失，补偿机制缺失造成中西资源型地区发展缺乏后力。第六章资源税费制度的国际经验，主要包括西方国家的资源税费制度概况、中外资源税费制度比较、主要矿业国家的资源税费制度与资源型地区的关系。第七章资源税的改革思路、措施和效应。主要阐述了资源税改革的具体思路、资源税改革的立法目的、目标和具体措施、资源税改革对资源型地区的影响。第八章构建合理的资源税费体系，缩小区域经济发展差异。主要包括构建完善的资源税费体系，实现资源价值补偿和进一步完善分税制度财政体制，促进资源型地区的可持续发展。

关键词：资源税　税制改革　地方经济　地方财政　地区差异

**6844**

**中国农村合作医疗制度研究** / 张永辉著 ；王征兵指导. -- 西北农林科技大学, 2009. -- 151 页

论文对中国农村合作医疗制度进行了研究。全文共分为八章。第一章为导论，主要包括研究背景和问题的提出、研究的目的和意义、国内外研究动态综述、研究的思路和方法、数据来源说明以及论文的创新点。第二章医疗保障制度的经济学理论，主要有卫生经济学理论、市场失灵与信息经济学理论、人力资本和健康投资理论、公共政策和福利经济学理论、制度经济学理论以及可持续发展理论。第三章我国农村合作医疗变迁的制度经济学视角分析。主要包括传统农村合作医疗制度的演进及评价、新型农村合作医疗制度的发展及评述、不同时期农村合作医疗保障模式的比较分析、新旧农村合作医疗制度的区别和联系以及从制度经济学视角分析农村合作医疗制度变迁的必然性。第四章我国农村基层医疗卫生服务体系的发展，主要包括农村三级医疗卫生服务组织体系的建立及其职能、计划经济时期农村基层医疗卫生服务体系的发展情况以及市场化改革以来农村基层医疗卫生服务体系的发展。第五章新型农村合作医疗制度的运行模式，主要包括新型农村合作医疗制度的特点、新型农村合作医疗制度的运行机制、新型农村合作医疗制度可持续运行的内部制度性障碍因素。第六章农村居民的健康决定及家庭医疗保健消费的实证分析，主要包括我国农村居民自评健康状况的结构分析、我国农村居民健康决定的 Logit 模型分析以及农村居民家庭医疗保健消费的实证分析。第七章新型农村合作医疗制度可持续发展的外部障碍因素，主要包括农村人口健康和合作医疗调查项目的基本情况、农村人口自身的因素、农村基层卫生事业发展落后、农村地区的保障形式单一、社会经济变革对新型农村合作医疗制度的冲击。第八章我国农村合作医疗制度的可持续发展的政策建议。

关键词：农村　合作医疗　医疗保健制度　卫生服务

**6845**

**中国农业科研投资优化配置研究** / 张玉梅著 ；樊胜根指导. -- 中国农业科学院, 2009. -- 126 页

论文利用改革以来 30 年中国国家级和省级数据，测算了农业科研投资对农业经济增长、减贫和宏观经济的作用，对农业科研投资在区域间和部门间的优化配置方案进行了模拟与研究。全文共分八章。第一章导论，介绍了研究背景，研究目的与意义，研究方法与内容，数据来源，论文的创新与不足之处。第二章从理论与实证角度分析了农业科研投资、经济增长与贫困的现状。介绍了技术进步理论，对农业科研投资与经济增长以及农业科研投资与贫困的现状做了分析，引出了农业科研投资的分配决策。第三章从介绍中国农业在国民经济中的地位入手，对比中国农业经济增长情况与中国农村贫困情况，指出了中国农业经济增长与农村贫困之间存在的问题。第四章介绍了中国农业科研体系与科研投资情况，包括中国农业科研投资概况以及农业科研投资强度。第五章介绍了农业科研投资区域优化配置的概念。给出农业科研投资区域优化配置的模型与数据，对区域农业科研投资的作用效率进行了分析，阐述了农业科研投资区域优化配置的相关内容。第六章介绍了农业科研投资部门优化配置，由农业科研投资部门优化配置的模型和数据对部门科研投资的作用效率进行了分析，阐述了农业科研投资部门优化配置的具体内容。第七章对农业科研投资及其分配的一般均衡影响进行了分析。对农业科研投资及其分配的一般均衡分析框架进行了介绍，阐述了中国动态 CGE 模型的结构

与特点，进行模拟方案设计，给出模拟结果，最后对灵敏度进行分析研究。第八章为主要研究结论、政策建议与进一步的研究方向。

关键词：农业科学　科学研究　投资

**6846**

**农村留守儿童问题研究** / 赵富才著 ；田建国指导. -- 中国海洋大学, 2009. -- 168 页

论文遵循“提出问题、明确问题、揭示问题、分析问题、解决问题”的研究思路，对农村留守儿童问题进行了研究。全文共分为六章。第一章导论，主要包括问题的提出、研究的目的和意义、研究思路和研究方法、研究的理论依据。理论依据包括发展经济学理论、社会学理论和儿童心理发展与教育理论。第二章为农村留守儿童问题的概述，主要包括农村留守儿童概念的界定、留守儿童问题的认定、农村留守儿童问题形成的背景以及农村留守儿童问题的相关研究评述。认定的问题有一般社会问题、农村留守儿童社会问题和公众对农村留守儿童问题的价值觉醒。第三章农村留守儿童问题的调查与分析。主要包括研究对象与研究方法、调查对象的基本信息、留守儿童的家庭生活、父母与留守儿童的亲情、留守儿童的学习、留守儿童的心理状况以及留守儿童的品行和安全状况。第四章留守儿童问题的成因，主要包括农村留守儿童问题产生的根本原因、直接原因。大致包括家庭教育的缺陷、学校教育问题、农村社区问题、政府缺乏有效对策以及留守儿童和留守儿童问题自身的特殊性。第五章农村留守儿童问题的特点与对策，主要包括农村留守儿童问题的特点及其社会影响、解决农村留守儿童问题的根本对策、解决农村留守儿童问题的阶段性对策。第六章为结语、研究的创新以及研究的不足。

关键词：农村　儿童　社会问题

**6847**

**东北地区粮食增长与生产效率研究** / 赵贵玉著 ；张越杰指导. -- 吉林农业大学, 2009. -- 106 页

论文运用现代经济增长理论等对东北地区粮食增长与生产效率进行了研究。全文共分为七章。第一章为引言，主要包括研究背景、目的及意义、研究内容及研究方法、技术路线与数据来源、可能的创新之处与值得进一步研究的课题。第二章粮食增长与生产效率的理论基础和研究现状，主要包括粮食增长与生产效率的相关内涵的界定、粮食增长与生产效率的理论基础、关于中国粮食增长与生产效率研究现状。第三章东北地区粮食增长过程的分析，主要包括东北地区粮食生产在中国粮食生产中所占的地位、东北地区粮食增长过程分析、东北地区主要粮食作物增长过程分析。第四章东北地区玉米生产效率分析，主要包括玉米生产效率测量理论模型与数据说明、东北地区玉米生产成本收益分析、吉林省玉米生产效率分析、黑龙江省玉米生产效率分析。第五章东北地区水稻生产效率分析，主要包括水稻生产效率测量理论模型和样本选择、东北地区水稻生产成本收益分析、吉林省水稻生产效率分析、黑龙江省水稻单产增长的 HMB 指数及分区分析。第六章东北地区大豆生产效率分析，主要包括大豆生产效率测量理论模型和样本选择、东北地区大豆生产成本收益分析、黑龙江大豆生产效率分析。第七章论文的结论和政策建议。

关键词：粮食作物　经济增长　生产效率　玉米　水稻　大豆　东北地区

**6848**

**农民专业合作社：绩效及组织、环境改进** / 赵佳荣著 ；曾福生指导. -- 湖南农业大学, 2009. -- 185 页

论文对农业专业化合作社的绩效及组织、环境改进进行了研究。全文共分为八章。第一章为导论，主要包括研究目的与意义、国内外研究综述、研究思路和基本方法以及可能的创新与不足。第二章为研究范畴与理论基础，主要包括有关研究范畴界定和理论基础。理论包括马克思主义合作经济思想、交易费用理论和产权理论、公共产品与公共选择理论、产业组织理论、制度变迁理论。第三章介绍了中国农民专业合作社发育动因与模式。主要包括基于社会经济宏观视角的发育动因、基于农户需求微观视角的动因实证分析、农民专业合作社的基本生产模式。第四章农民专业合作社绩效及影响因素分析——基于种植类专业合作社和“三重绩效”视角。主要包括农民合作社绩效及其评价的一般理论、农民专业合作社“三重绩效”评价指标与模式、影响农民专业合作社绩效的内部组织因素实证分析以及影响农民专业合作社绩效的外部环境因素分析。第五章介绍了农民专业合作社组织制度的改进。主要包括农民合作社组织制度的历史演变、中国农民专业合作社的产权结构、中国农民专业合作社的治理机制以及中国农民专业合作社组织制度的改进。第六章介绍了国外政府干预农民合作社的经验借鉴，主要包括政府在农民合作社

发展中的职能、国外政府与农民合作社的关系、国外政府扶持合作社的具体政策措施、外国扶持和干预农民合作社的启示。第七章中国政府扶持农民合作社的方略,主要包括我国政府扶持农民专业合作社的必要性、计划经济时期我国政府扶持农民合作社的教训、农民专业合作社政治和法律规制的改进、政府经济上扶持农民专业合作社的方略选择、政府主管部门直接引导服务的策略选择。第八章研究结论和展望。

关键词:农业合作社　专业合作社　组织管理

6849

**农业多功能性与黑龙江省多功能农业发展研究** / 赵建著 ; 李昌宇指导. -- 东北农业大学, 2009. -- 114 页

论文对农业多功能性与黑龙江省多功能农业发展进行了研究。全文共分为十章。第一章为导论,主要包括研究的背景、目的与意义、国内外研究状况综述以及研究的主要内容及研究方法。第二章是农业多功能性的基本理论,主要包括农业多功能性的内涵和特征、农业多功能性的评价指标以及研究农业多功能性的理论基础。第三章农业多功能性政策设计的基本原理,主要包括农业商品产出与非商品产出的联合生产、农业多功能性政策设计的核心与目标、农村多功能性政策设计的原则及其复杂性、农村多功能性的政策措施以及以环境补贴为例的农村多功能性政策工具的分析。第四章黑龙江省农村多功能性的现状分析,主要包括黑龙江省农业的生产与经济功能、就业与社会功能、生态与环保功能以及黑龙江省农业的文化与休闲功能。第五章黑龙江省农村多功能性发展存在的问题及原因分析。第六章国外农村多功能性发展状况及经验借鉴,主要包括各国对于农村多功能性问题的意见分歧、欧盟发展农业多功能性的政策措施、韩国发展农业多功能性的政策措施以及国外发展农业多功能性政策的经验借鉴。第七章黑龙江省发展农业多功能性的影响因素和目标选择,主要包括黑龙江省发展农业多功能性影响因素的介绍、黑龙江省发展农业多功能性的目标选择以及发展农业多功能性的具体目标。第八章介绍了黑龙江省发展农业多功能性的资源、环境与产业政策建议。第九章介绍了黑龙江省发展农业多功能性的财政、金融和科技政策建议,主要包括黑龙江省发展农业多功能性的财政政策建议、金融政策建议、促进黑龙江省农业多功能性的科技政策建议以及其他政策建议。第十章为论文的结论。

关键词:地方农业经济　农业政策　黑龙江

6850

**农民用水者协会形成及有效运行的经济分析:基于内蒙古世行三期灌溉项目区的案例分析** / 赵立娟著 ; 乔光华指导. -- 内蒙古农业大学, 2009. -- 143 页

论文在全面、系统综述国内外相关研究成果的基础上,分析基于内蒙古世行三期灌溉项目区的案例,对农民用水者协会形成及有效运行的经济进行了分析。全文共分为八章。第一章为引言,主要包括论文的研究背景、研究的目的及意义、相关概念的界定、研究的关键问题、方法及数据来源、研究内容与结构框架以及论文的创新与不足。第二章国内外的研究进展及评价。主要从国外研究现状、国内研究现状两方面进行了介绍。第三章我国灌溉管理组织制度的演进及现状。主要包括我国灌溉管理组织制度的演进历程、我国参与式的灌溉管理发展现状、内蒙古参与式灌溉管理发展必然性及现状。第四章以用水者协会为核心的参与式灌溉管理制度——河南省的动因及效益分析,主要阐述了以用水者协会为核心的参与式灌溉管理制度产生的动因和农民用水者协会成立的制度收益—成本分析。第五章农民用水者协会的参与式管理运行机制的研究,主要分为农民用水者协会组建与运行、农民用水者协会的水价核定与税费计收、农民用水者协会持续运行的博弈分析以及政府与农民用水者协会的关系。第六章农民用水者协会有效运行的影响因素的分析,通过实证分析农户参与用水者协会的意愿及影响因素,基于农户视角对农民用水者协会发展的影响因素进行分析,同时分析影响农民用水者协会有效运行的其他因素。第七章农民用水者协会运行绩效与问题分析。主要包括数据说明、协会运行过程分析、用水者协会运行绩效分析、农民用水者协会运行存在的问题分析。第八章为论文的结论和政策启示。

关键词:农村给水　协会　灌溉管理　农户　内蒙古

6851

**国内支持与农产品贸易次优格局研究** / 赵文著 ; 周应恒指导. -- 南京农业大学, 2009. -- 106 页

论文通过概述国际农产品贸易格局和主要贸易政策,讨论了 WTO 农业谈判动因,对农业比较优势、

农业政策绩效和农产品市场的扭曲程度进行了分析研究。全文共分八章。第一章指出了论文研究的问题与背景，介绍了论文的基本结构。第二章对相关理论与研究进行了简单回顾并对相关文献进行了综述。第三章描述了国际农产品贸易的格局以及主要的贸易政策，概述了多哈回合农业谈判中的“黄箱”政策，介绍了主要成员国对“黄箱”政策支持的强度与削减以及主要成员国对“黄箱”政策的支持结构，并由此探讨了 WTO 农业谈判的动因，最后进行了小结。第四章对主要农产品贸易国家农业支持政策绩效进行了判定。通过对各国农业支持的比较分析、美日欧农业支持的结构分析、各国农业政策的相对经济效率评价、各国农业比较优势的量化分析、市场扭曲程度、政策经济效率和比较优势的分析进行了小结。第五章对国内支持措施的扭曲效应进行了经济学分析。指出了当前的背景，对国内支持措施的扭曲效应进行了简单分析，使用 OECD 发布的各国农业政策数据，对农业比较优势、农业政策绩效以及国内支持措施的扭曲效应进行了经验分析。第六章对 WTO 农业谈判国内支持削减的影响进行了分析。通过回顾相关文献并加以讨论，对《香港部长宣言》中的“黄箱”削减模式进行了分析，在模拟农业谈判最新协议的基础上，得出结果并解释。第七章对近期中国主要农业国内支持政策进行了评估，简述了近期农业国内支持政策，随后对相关数据进行了处理并设计了模拟方案，对模拟结果进行分析得出小结。第八章为论文的主要结论。

关键词：农产品贸易　国际贸易　贸易政策

**6852**

**城市化进程中的耕地保护：相关主体行为分析** / 郑纪芳著 ; 史建民指导. -- 山东农业大学, 2009. -- 177 页

论文对城市化进程中的耕地保护中的相关主体行为进行了分析与研究。全文共分为八章。第一章为引言，主要包括问题的提出、研究的目的及意义、国内外研究现状、研究框架及方法、论文的内容结构体系以及论文的创新点及需进一步研究的问题。第二章为城市化进程中耕地保护的一般分析，主要包括耕地保护的理论基础、城市化进程中耕地保护的概念及其演进以及城市化进程中的耕地保护。第三章是对城市化进程中耕地保护的中央政府行为的分析，主要阐述了地方政府耕地保护行为机动、地方政府保护耕地的行为策略与绩效、地方政府耕地保护“逆向”行为及其根源以及地方政府耕地保护行为的影响因素。第五章是对城市化进程中耕地保护的农户及农村集体组织行为的分析，主要阐述了农户对“耕地由谁保护，保护什么”的认识、农户对“如何保护耕地”的认识及其行为表现、农户缺乏耕地保护意识与行为的根源、农村集体组织保护耕地行为、农村集体组织土地违法行为及其根源以及农村集体组织耕地保护行为的影响因素。第六章是对城市化进程中耕地保护的用地单位行为的分析，主要阐述了用地单位负有保护耕地的义务、用地单位缺乏耕地保护意识与动力以及用地单位保护耕地行为的影响因素。第七章介绍了城市化进程中耕地保护相关主体行为的规范与协调，主要包括城市化进程中耕地保护相关主体权责及主次协调分析、城市化进程中耕地保护相关主体行为协调机制以及耕地保护主体行为协调机制下的制度安排与路径选择。第八章介绍了论文的主要研究结论以及有待于进一步研究的问题。

关键词：耕地　城市化进程　资源保护

**6853**

**茶农使用农药行为影响因素研究：以福建省为例** / 郑龙章著 ; 张春霞指导. -- 福建农林大学, 2009. -- 179 页

论文综合利用自然科学成果和社会科学理论，综合研究茶农生产用药行为，探讨影响茶农使用农药行为的主要因素，实证分析各因子的影响程度，根据各因子影响程度的不同，提出相应的对策建议。论文分为九章。第一章导言，介绍了研究背景与研究意义、研究内容、目标、研究方法、技术路线、创新与不足。第二章茶农使用农药行为的相关文献综述，从食物安全相关理论与研究、茶叶农药使用研究、茶农使用农药行为与茶叶安全生产研究三个方面进行述评。第三章在介绍中国产业生产与消费概况后，总结茶叶生产中使用农药的历史、现状、存在问题和发展趋势，对农药使用造成的环境污染和农药残留等负外部性进行阐述。第四章通过分析农户行为理论主要学派及农户模型，根据农户行为理论，以茶农是理性经济人为假设前提，分析影响茶农使用农药的各种因素。第五章分析茶农使用农药行为的特征，对茶农使用农药行为进行博弈分析，并对茶农安全生产行为进行经济学分析。第六章基于问卷调查数据，对影响福建茶农使用农药行为的因素进行描述性分析。第七章应用 Logit 模型和多元回归模型，对影响福建茶农使用行为

的因素进行实证分析。第八章对安溪县茶叶安全生产典型案例进行分析,通过介绍安溪县茶叶生产概况,分析了生态茶园建设、茶产业组织创新、政府公共管理职能发挥。第九章总结全文得出研究结论,并从建设生态茶园、茶农教育培训、创新产业组织模式、推行标准化生产、发挥政府职能等方面提出政策建议。

关键词:茶叶　农户　农药残留

**6854**

**中国虾产品主要出口市场需求及空间整合研究** / 周井娟著 ; 林坚指导. -- 浙江大学, 2009. -- 238 页

论文从局部市场需求和市场之间空间整合程度两个角度探析中国虾产品在其主要出口市场的需求规律。全文共分为九章。第一章为绪论,主要包括研究背景、研究目的及意义、研究范围界定与前提假设以及研究内容与方法。第二章为相关理论基础与文献综述。主要包括消费者需求理论、进口需求理论与模型、市场空间整合理论与方法。第三章介绍了中国虾产品的生产、消费和贸易概况,主要包括虾产品的生产布局、虾产品的消费概况以及虾产品的贸易格局。第四章介绍了美国虾产品市场需求分析,主要包括美国虾产品消费市场特点、美国虾产品进口市场特征以及美国虾产品进口需求的 General 模型估计。第五章介绍了日本虾产品市场需求分析,主要包括日本虾产品消费市场特点、日本虾产品进口市场特征以及日本虾产品进口需求的 CBS 模型估计。第六章介绍了欧盟虾产品市场需求的分析,主要包括欧盟虾产品消费市场特点、欧盟虾产品进口市场特征以及以西班牙为例的欧盟虾产品进口需求的 Rotterdam 模型估计。第七章介绍了韩国虾产品市场需求的分析,主要包括韩国虾产品市场消费特点、韩国虾产品进口市场特征以及韩国虾产品进口需求的 Rotterdam 模型估计。第八章介绍美、日、欧、韩虾产品市场空间整合验证。主要包括章节引言、理论框架与研究方法、数据的选择与处理、实证结果与分析以及简要的评述。第九章研究结论、政策启示、研究创新、局限以及展望。

关键词:虾类　出口市场　市场需求　市场结构

**6855**

**开放经济与节能减排的协调机制** / 周力著 ; 应瑞瑶指导. -- 南京农业大学, 2009. -- 117 页

论文对开放经济与节能减排的协调机制进行了研究。全文共分为六章。第一章为导论,主要包括问题的提出、研究目的与逻辑、技术路线与数据来源、研究内容与结构、可能的创新与不足。第二章理论基础与文献综述,主要包括开放经济、能源结构与节能减排等基本概念的界定,发展经济学、资源与环境经济学与可持续发展等理论基础以及文献综述。第三章中国能源、环境及对外经济贸易的特征分析,主要包括中国能源问题的特征分析、中国环境问题的特征分析、中国对外经济贸易的特征分析。第四章开放经济对节能减排的传导机制,主要包括开放经济对节能减排的规模效应、开放经济对节能减排的结构效应、开放经济对节能减排的技术效应以及开放经济对节能减排的政策效应。其中开放经济对节能减排的结构效应主要包括开放经济对工业结构的影响、开放经济对人口结构的影响、开放经济对能源结构的影响以及结构变化对污染排放与能源消费强度的影响。第五章开放经济与节能减排的系统关系检验,主要包括模型设定、研究方法与数据处理、工业生产率的测度、经验分析、进一步讨论:能源价格改革。第六章总结和政策建议以及进一步的研究展望。

关键词:开放经济　能源管理　节能

**6856**

**中国农业科研投资效率研究** / 周宁著 ; 陈超指导. -- 南京农业大学, 2009. -- 128 页

论文在科学度量中国农业科研投资规模的基础上,对中国农业科研投资效率进行了研究。全文共分为八章。第一章为导言,主要包括研究的背景与问题提出、研究目标与研究假说、概念界定与研究范围、分析框架与技术路线、论文结构、研究方法及数据来源以及可能的创新与不足。第二章为理论基础及文献综述,主要包括理论基础和国内外研究现状及评述。第三章中国农业科研投资的现状分析,主要包括中国农业科研投资和中国农业科研投资区域差异。第四章介绍了中国农业科研投资的存量估算,主要包括农业科研投资对经济增长作用具有时间滞后性、农业科研投资存量的模型选择以及中国农业科研投资存量。第五章中国农业科研投资效率的区域分析,主要包括中国农业科研投资效率的衡量、农业科研投资效率的估计方法选择、非参数计量经济模型概述、农业科研投资效率的区域估算以及中国农业科研投资效率的分析。第六章介绍了影响中国农业科研投资效率的宏观因素,主要包括影响农村科研投资效率的宏观因

素、影响农业科研投资效率的农业生产因素、影响农业科研投资效率的经济发展因素以及影响农业科研投资效率的科研管理因素。第七章中国农业科研投资效率影响因素的实证分析,主要包括面板数据模型的基本理论、面板数据模型选择和变量选择、面板数据模型的单位根检验与协整检验以及农业科研投资效率影响因素的面板数据实证分析。第八章全文的主要结论以及政策建议以及研究展望。

关键词:农业科学　科学研究　投资效率　农业技术

**6857**

**中国木材市场供给和需求研究** / 周轶韬著 ; 李周指导. -- 中国社会科学院, 2009. -- 108 页

论文在回顾中国木材市场的总体发展脉络的基础上,对中国木材市场供给和需求进行了研究。全文共分为七章。第一章为导论,主要包括问题的提出、研究的目的与意义、研究的方法、研究框架、研究的难点、论文的一些基本概念以及论文的数据来源。第二章为相关文献综述,主要包括关于木材市场供给和需求的研究综述、木材市场研究的主要模型以及对以往研究的总结。第三章中国木材市场的发展概述,主要包括中国森林资源的概述、中国木材产业总体发展情况、我国木材产品的分析、中国经济增长与木材消耗关系的历史回顾以及我国木材发展中存在的问题。第四章是对中国木材市场区域结构的分析,主要包括中国木材市场的区域分析和对中国木材市场区域结构的估计。第五章是对中国木材市场区域产品结构的分析,主要包括专家估计的各种木材产品市场结构和对中国木材市场各种产品市场结构的估计。第六章是对中国木材市场空间均衡分析,主要包括中国木材市场消费和供给的估计、中国木材市场空间均衡模型的建立、中国木材市场供给和需求函数的估计、对空间距离和运费的估计、模拟结果分析、对模拟结果的分析以及章节小结。第七章主要研究结论和政策建议,主要结论包括中国木材市场需求将持续上升、国内资源供给能力不足且潜力较大、中国木材市场是一个比较有效的市场以及政府对木材市场的发展负有重要的责任;主要政策有继续坚持和完善林权制度改革、增加政府对林业的投入、积极利用国外的资源以及吸引社会资源投入林业。

关键词:木材工业　市场需求分析　市场结构

**6858**

**我国新型农业技术推广体系的制度设计** / 朱方长著 ; 朱有志指导. -- 湖南农业大学, 2009. -- 191 页

论文针对我国新型农业技术推广体系的制度设计问题进行了分析和研究。全文共分为八章。第一章为绪论,主要包括概念和研究对象的界定、研究背景、研究目的和意义、国内外研究现状、研究思路与结构安排、研究方法、研究的主要特色和创新点以及研究的局限性。第二章制度设计的理论基础,主要包括制度的概念、制度的构成、制度的变迁、产权及其结构、管理与组织、系统的观点以及公共物品的供给机制。第三章制度视角下农业技术推广体系构建的国际经验,主要包括农业技术推广组织模式的构建特征、农业技术推广体系的运行机制、农业技术推广体系运行的保障制度、政府在农业技术推广中的作用。第四章传统农业技术推广体系及其改革的制度反思,主要包括传统农业技术推广体系的制度安排特征及缺陷、传统农业技术推广体系存续的制度困境、传统农业技术推广体系改革与创新的制度评析。第五章新型农业技术推广体系制度设计的环境分析,主要包括宏观背景因素对农业技术推广制度的制约分析、组织因素对农业技术推广制度的制约分析。第六章新型农业技术推广体系制度设计的总体思路,主要包括新型农业技术推广体系制度设计的基本原则、新型农业技术推广体系制度设计的思路选择、新型农业技术推广体系制度设计的模式取向。第七章新型农业技术推广体系政府型主导模式的制度重构,主要包括政府型主导模式的基本制度特征、政府型主导模式的组织制度设计、政府型主导模式的投入制度重构、政府型主导模式的运行机制构建、研究教育和推广之间的结合机制重构以及农业技术推广人力资源开发制度的构建。第八章新型农业技术推广体系市场型发展模式的制度选择,主要包括市场型发展模式的基本制度特征、市场型发展模式的组织制度框架、市场型发展模式与政府型主导模式之间的关联机制以及政府对市场型推广体系的制度供给和选择。

关键词:农业技术　技术推广　制度建设

**6859**

**依托城镇网络推进城乡协调发展研究** / 朱广芹著 ; 佟光霁指导. -- 东北林业大学, 2009. -- 118 页

论文对国内外城乡发展的历程进行了梳理,对依托城镇网络推进城乡协调发展进行了研究。共分为七

章。第一章为绪论,主要简述了选题背景、目的与意义、国内外研究综述、研究内容以及研究方法和研究框架。第二章城乡协调发展的国际经验与国内实践,主要阐述了国外城乡协调发展的经验与启示以及中国城镇化进程中城乡协调的演进与现状。第三章城镇化进程中城乡协调“闭锁状态”的形成机理,主要包括城乡协调发展的影响因素、中国城乡协调发展的困境以及中国“城乡协调恶性闭锁状态”的形成。第四章破解“城乡协调闭锁状态”的尝试与绩效,主要包括家庭联产承包责任制的历史变迁与绩效分析、乡镇企业的发展与绩效分析、撤乡并镇及其绩效分析以及社会主义新农村建设及其绩效分析。第五章退出城乡协调闭锁状态的途径——依托城镇网络发展,主要包括依托城镇网络退出城乡协调闭锁状态的设想、依托城镇网络退出城乡协调闭锁状态的原因、依托城镇网络退出城乡协调闭锁状态的可行性、依托城镇网络退出城乡协调闭锁状态的保障以及依托城镇网络退出城乡协调闭锁状态的过程。第六章依托城镇网络推进城乡协调发展的阶段安排,主要包括城乡协调发展评述指标体系的构建、城乡协调发展的历史分析和区域比价以及依托城镇网络渐进式推进城乡协调发展的问题与对策。第七章依托城镇网络推进城乡协调发展的问题与对策。

关键词:城乡建设　城乡一体化　协调发展

**6860**

**我国外商直接投资地区差异研究** / 朱捷著 ; 贾金荣指导. -- 西北农林科技大学, 2009. -- 143 页

论文以 FDI 理论等基础理论为指导,在借鉴国内外已有的研究方法的基础上,对我国外商直接投资地区的差异进行了研究。全文共分为七章。第一章为导论,主要阐述了选题背景、研究目的及意义、国内外研究动态以及研究思路与方法。第二章 FDI 地区差异研究的理论基础,主要包括相关术语的界定及分类、FDI、区位和区域非均衡发展的理论以及 FDI 促进经济增长的作用机理。第三章国外 FDI 的经验及借鉴意义,主要包括美国、日本等发达国家 FDI 地区差异及经验,墨西哥、印度等发展中国家 FDI 区域差异及经验以及国外 FDI 对我国的借鉴意义。第四章我国 FDI 数量的区域差异,主要阐述了 FDI 数量差异的测算方法、我国总体 FDI 数量差异、三大地带 FDI 数量差异以及省际 FDI 数量差异。第五章我国吸引 FDI 能力的区域差异,主要阐述了吸引 FDI 能力的内涵、吸引 FDI 能力的分析方法、FDI 影响因素分析以及吸引 FDI 能力差异评价。其中吸引 FDI 能力的分析方法包括时间序列模型、无量纲化、因子分析法以及聚类分析。第六章我国利用 FDI 效率的区域差异,主要包括不同经济流派对效率的定义、利用 FDI 效率研究的理论方法和衡量标准以及利用 FDI 效率区域差异实证研究。其中不同的流派指马克思、恩格斯以及西方经济学。利用 FDI 效率研究的理论方法和衡量标准从利用 FDI 结构效率研究的理论方法和衡量标准、利用 FDI 微观效率研究的理论方法和衡量标准、利用 FDI 宏观效率研究的理论方法和衡量标准三个方面进行研究。第七章为论文的主要结论和建议。

关键词:外商直接投资(FDI)　地区差异　资金利用

**6861**

**农村职业教育反贫困责任问题研究** / 朱容皋著 ; 唐之享, 曾福生指导. -- 湖南农业大学, 2009. -- 278 页

论文对农村职业教育反贫困责任问题进行了分析研究。全文共分十章。第一章导论,对论文的选题背景、目的和意义、国内外的研究动态及评述做了重点论述。第二章对农村职业教育反贫困责任问题的基础理论进行了研究。对农村职业教育、贫困与反贫困、责任与权利等相关概念进行了辨析,指出人力资本理论、科学发展观以及和谐社会理论是支撑研究的基础理论,同时分析了相关责任。第三章分析了发达国家与发展中国家农村职业教育反贫困的典型模式,指出了六条对中国具有启示意义的经验教训。第四章对农村职业教育反贫困责任问题的现状进行了分析。包括农村职业学校贫困学生的问题现状分析、农村职业教育反贫困的责任分析、公平与发展的理念以及先富与共富的关系分析。第五章对农村贫困个体责任问题的形成原因进行了追问,对农村贫困形成原因、贫困个体形成的基本特征、现状、责任意识、责任原则以及所享受农村职业教育权利的内容进行了研究。第六章对农村职业教育反贫困主体责任进行了审思。分析了农村职业教育反贫困主体与个人的责任、政府反贫困的主体责任、县级政府反贫困的主体责任以及农村职业教育反贫困的社会责任。第七章对农村职业教育投入的模型进行了分析。包括农村贫困家庭对农村职业教育投入的博弈模型分析、农村贫困家庭投人对农村职业教育投入的影响分析。第八章为案例分析。包括对中部发展地区湖南沅陵农村职业教育反贫困责任问题的分析、沿海发达地区农

村职业教育反贫困责任问题的分析以及西部贫困地区归宁农村职业教育反贫困责任问题的分析。第九章解决农村职业教育反贫困责任问题的对策与建议，分为对农村贫困个体解决农村职业教育反贫困责任问题的对策建议、对农村职业学校解决农村职业教育反贫困责任问题的对策建议以及对各级政府解决农村职业教育反贫困责任问题的对策建议。第十章为研究结论、展望以及进一步研究的内容。

关键词:农村　职业教育　反贫困

**6862**

**新疆农村劳动妇女素质与发展问题研究** / 朱晓敏著 ; 陈彤指导. -- 新疆农业大学, 2009. -- 127 页

论文采用实证研究与规范研究相结合、定性分析与定量相结合、微观分析与宏观分析相结合，对新疆农村劳动妇女素质与发展的问题进行了研究。全文共分为九章。第一章为绪论，介绍了研究意义、概念界定及素质内涵、妇女问题研究概述、研究内容、研究思路与研究方法以及特色与不足。第二章妇女素质问题研究的相关理论，主要包括人口理论、性别与发展理论、人力资本理论以及农业经济学理论。第三章影响新疆农村劳动妇女身体素质状况的因素分析，主要包括食物消费水平普遍提高，地区间差异有逐渐增大的趋势；食物消费结构有所改善并趋于合理，但城乡居民仍有差距；医疗卫生资源城乡分布不均，地区间发展不平衡；偏远贫困地区农村劳动妇女生殖健康状况不容乐观。第四章文化教育水平对农村劳动妇女素质影响因素分析，主要包括文化教育素质的基本衡量指标对我国妇女受教育现状、教育对经济发展的贡献以及新疆农村劳动妇女文化教育素质现状及特点。第五章新疆农村妇女科技素质现状分析，主要包括新疆农村劳动妇女科技素质呈逐年提高趋势以及农村劳动妇女科技素质的影响因素分析。第六章农村劳动妇女代际复制和转移对人口素质的影响分析，主要包括代际关系的界定及其内容，代际关系的进一步阐述，代际关系的转移和复制影响，重视女童教育、促进母亲对子女的代际良性影响以及可持续发展要求农村劳动妇女提高自身素质形成良性代际循环。第七章伊斯兰教对新疆少数民族农村妇女的影响分析，主要包括伊斯兰文化释义、伊斯兰文化与经济和社会发展的关系、伊斯兰文化对妇女的影响、新疆少数民族农村女性角色定位以及伊斯兰教对新疆少数民族农村妇女素质的影响分析。第八章南、北疆三个典型调查的实证分析。第九章提升农村劳动妇女素质的对策和建议。

关键词:农村　妇女　素质教育　新疆

**6863**

**中国自由贸易区对国内农业影响研究** / 宗会来著 ; 何秀荣指导. -- 中国农业大学, 2009. -- 181 页

论文对中国自由贸易区及自由贸易区的农业问题进行了分析研究。全文共分为八章。第一章为导论，主要介绍了研究背景与目标、文献回顾、理论基础与基本概念、研究思路、结构与方法。第二章农业贸易自由化与区域贸易一体化，主要从农业贸易自由化发展的历史回顾、区域贸易一体化与多边农业贸易自由化、自贸区谈判及发展趋势以及中国自贸区谈判进展四个方面进行了阐述。第三章是对国外自贸区农业问题的基本评价。主要地区有欧洲地区、美洲地区、亚洲以及大洋洲地区。第四章中国自贸区建设与国内农业发展，主要包括世界农产品贸易基本特征、中国农产品贸易现状与趋势、中国农业产品安全与自贸区建设。第五章中国—东盟自贸区对国内农业产业的影响，主要包括东盟农产品贸易变化特征及趋势、中国与东盟两国农产品贸易特征和演化趋势、中国和东盟农产品比较优势和贸易补偿指数比较、中国与东盟两国农产品关税结构和特征以及一般均衡模型分析。第六章中国—澳大利亚自贸区对国内农业产业影响，主要包括澳大利亚农产品贸易变化特征与趋势、中澳两国农产品贸易特征和演化趋势、中澳农产品比较优势和贸易补偿指数比较、中澳两国农产品关税结构和特征分析以及一般均衡模型的分析。第七章中国—韩国自贸区对国内农业产业影响，主要包括韩国农产品贸易变化特征与趋势、中韩两国农产品贸易特征和演化趋势、中韩农产品比较优势和贸易补偿指数比较、中韩两国农产品关税结构和特征分析以及一般均衡模型的分析。第八章结论和政策建议。

关键词:自由贸易区　国际贸易　农产品　农业产业

**6864**

**新疆食品经营主体信用监管研究** / 左新敏著 ; 蒲春玲指导. -- 新疆农业大学, 2009. -- 90 页

论文对新疆食品经营主体的信用监管问题进行了研究。全文共分为八章。第一章为引言，主要从研究背景、问题的提出、论文的研究意义、国内外研究综述、有关概念和研究范围的界定、研究的目标、基本思

路、研究框架集内容、今后努力的方向等方面进行阐述。第二章相关理论基础,主要有信用经济学的相关理论、政府经济学的相关理论、制度经济学的相关理论以及博弈理论。第三章为新疆食品经营主体的分析,主要包括影响新疆食品经营主体主要因素的分析、新疆食品经营主体特点分析。第四章为新疆食品经营主体信用缺失的分析,主要包括新疆食品交易和监管的分析、完全信息条件下食品经营者和消费者的博弈分析、不完全信息条件下食品经营者和消费者的博弈分析、食品经营者和监管部门的博弈分析、博弈分析的小结、食品经营主体信用缺失的制度原因的分析。第五章介绍了食品市场主体在信用监管中的作用。主要包括政府的作用、食品经营主体的作用、消费者和消费者协会的作用、信用中介服务机构的作用。第六章基于监管的食品经营主体信用信息采集和信用评价。主要包括新疆食品经营主体信用信息的采集和使用、基于监管的食品经营主体信用评价要素的选择分析、基于监管的新疆食品经营主体信用指标的选择、基于监管的新疆食品经营主体信用评价的方法。第七章新疆食品经营主体信用监管的模式选择,主要包括建立新疆食品经营主体信用监管模式的意义以及新疆食品经营主体信用监管模式的选择。第八章介绍了新疆食品经营主体信用监管模式运行机制及政策意见,主要包括新疆食品经营主体信用监管的模式运行机制、新疆食品经营主体信用监管模式运行的对策建议以及进一步的研究设想。

关键词:食品　商业经营　信用　监督管理　新疆

# 行政管理

**6865**

**改革开放以来我国住房政策变迁的轨迹与动力分析** / 柏必成著 ; 丁煌指导. -- 武汉大学, 2009. -- 165 页

论文采用了理论结合历史的分析方法,借鉴倡导联盟理论和间断均衡理论,将政策变迁的类型分为方向性的政策变迁、大幅度的政策变迁和小幅度的政策变迁,并在此基础上提出了一个政策变迁动力的分析框架,对我国改革开放以来的住房政策变迁轨迹和动力进行了具体分析。全文共分六个部分。绪论主要解释了问题的提出、研究现状、研究方法和篇章结构。第一章是关于当前主流的政策变迁理论及其对政策变迁的解释,包括倡导联盟理论及其对政策变迁的解释、多源流理论及其对政策变迁的解释、间断均衡理论及其对政策变迁的解释。第二章是政策变迁轨迹与动力的理论分析,分政策变迁轨迹的理论分析和政策变迁动力的理论分析两部分。第三章是改革开放以来我国住房政策变迁的轨迹分析,描述了改革开放以来我国住房政策变迁的起点,分析了初步尝试住房制度改革时期的住房政策(1979—1988)、全国形成二元住房制度时期的住房政策(1988—1998)、实现住房制度从二元向一元转变时期的住房政策(1998—2003)、调控住房市场时期的住房政策(2003—2007)、调控住房市场与加强住房保障并重时期的住房政策(2007—现在),最后对改革开放以来我国住房政策变迁轨迹进行了总体描绘。第四章是改革开放以来我国住房政策变迁的动力分析,解释了改革开放以来我国住房政策变迁的内部动力因素和外部动力因素,并对政策变迁动力分析框架进行了进一步检验。结语部分对全文进行了总结。

关键词:住房市场　住房政策　政策分析

**6866**

**基于产业升级与政府合作的长三角区域创新系统路径研究** / 毕亮亮著 ; 施祖麟指导. -- 清华大学, 2009. -- 237 页

本研究从创新系统的主体(产业、政府、大学及研究机构)入手,使用创新系统理论的网络分析法,辅以产业集群理论、公共政策分析方法、空间计量经济研究方法,对长三角区域创新系统的建设进行研究和探索。全文共分六章。第一章绪论,主要介绍了文章的选题动因、问题的提出、研究内容框架、研究思路、研究方法以及论文内容的结构安排。第二章区域创新系统研究述评,主要包括区域创新系统的基本相关理论以及区域创新系统的研究述评。第三章长三角产业集群、产业链的升级与合作,对长三角代表性产业集群分布及其全球价值链的现状、共性问题以及产业升级路径进行了分析。第四章长三角差异化城市创新模式与地方政府合作,选取了六个案例进行了分析,包括围绕中心资源集成提升型创新模式,产业水平集聚创新模式,产业纵向集群创新模式,虚拟引进、研发主导的创新模式,区位优势吸引外资的创新模式,利用梯次转移、配套上游、项目引入的创新模式。此外还对长三角差异化城市创新模式及其共性进行了分析,探讨了地方政府共建长三角区域创新系统的

问题等。第五章对建设长三角区域创新系统的路径演进方式进行了研究,总结了长三角经济空间结构演变过程,对长三角城市间科技研发与知识溢出进行了实证分析,提出了构建区域科技创新圈。即在地方政府引导与合作的基础上,构建跨行政区的创新网络——建立以杭州、苏州、南京、宁波为区域次中心的"区域创新圈";通过创新资源的溢出与梯度扩散,构建长三角区域创新系统。

关键词:区域经济　国家创新系统　政府职能　产业结构　长江三角洲

**6867**

**中国政府推进教育公平策略研究** / 蔡秋梅著 ; 彭向刚指导. -- 吉林大学, 2009. -- 116 页

论文以和谐社会为背景出发,阐述教育公平的基本理论,教育公平缺失的后果及政府促进教育公平的责任等问题,在借鉴国外政策与措施的基础上,分析我国教育公平现状并提出解决教育公平问题的对策措施。论文共分为五章。第一章教育公平是构建和谐社会的迫切期待。介绍教育公平的涵义、内容与特征,分析教育公平缺失的后果,即对受教育者个人、对教育本身及对社会整体的影响,研究教育公平在和谐社会中的六大价值体现。第二章政府对于促进教育公平的责任。阐明政府教育公平责任的边界限度,即政府责任不能超越经济社会发展阶段,探讨政府在教育公平中应承担的责任,分析政府在义务教育、公立非义务教育及社会教育中的公平责任。第三章论述部分外国政府解决教育公平问题的主要政策和措施。对美国联邦政府、芬兰、韩国及印度解决教育公平问题的政策进行借鉴,分析部分外国政府解决教育公平问题的三大策略,探讨部分外国政府解决教育公平问题的四大启示观点。第四章分析政府履行教育公平责任的障碍性因素。介绍我国教育公平存在的五大问题,即地区差别、城乡差别、类别差别、阶层差别及性别差别,探讨政府履行教育公平不力的问题及四大原因。第五章探讨政府实现教育公平责任的六大对策思路。

关键词:教育事业　公平原则　教育政策　教育职能

**6868**

**中国翻译人才评价体系设计与应用** / 蔡啸著 ; 王章维指导. -- 北京师范大学, 2009. -- 124 页

论文采用文献调研、问卷调查、访谈、专家小组法、统计分析、归纳与演绎、系统分析等方法,对现有的翻译人才评价体系进行实证分析,借鉴国内外相关经验对其进行设计。论文共分为五章。第一章主要构建人才测评的理论框架。介绍人才测评理论的发展与应用,阐明人才测评的基本原理,包括其前提与基础、作用及体系构建的逻辑思路与步骤,介绍人才测评的主要方法、主要内容、质量检验。第二章介绍中国专业技术人才评价的历史和现状。阐明从中华人民共和国成立至2008年的专业人才评价工作的发展,考察翻译人才评价体系的建立和发展。第三章分析中国翻译人才评价体系设计与应用中出现的问题。论文首先分析翻译人才评价体系宏观方面存在的问题,研究初中级翻译人才考试实施质量评估,探讨当前翻译系列高级职称评审存在的主要问题。第四章考察国内外相关经验借鉴研究。介绍澳大利亚、英国、德国、瑞典、阿根廷等国家翻译人才评价的实践特点及启示,介绍中国工程院院士增选制度,探讨中国出版人才评价体系。第五章论述中国翻译人才评价体系的创新设计。提出翻译人才评价体系设计的整体构想,对初中级翻译资格考试进行创新与完善,研究高级翻译人才评价体系设计,探讨领军翻译人才评价机制的建立。

关键词:翻译　人才　评论　人力资源管理

**6869**

**公共服务的制度基础:走向公共服务法治化的思考** / 曹剑光著 ; 陈振明指导. -- 厦门大学, 2009. -- 343 页

论文主要从法学角度采用"纵向制度层次"分析框架分析、论证公共服务的制度基础,在立足国情,借鉴西方先进经验的基础上,对促进我国公共服务法治化进程提出见解。全文共分为六章。第一章为研究设计,分别介绍研究目的、研究意义、国内外研究综述、相关概念及研究思路。第二章论述公共服务的法理基础。介绍西方与中国的公共服务基础理论,即社会契约论与为人民服务论,阐述公共服务的三大核心理念,分析公共服务的基本原则,即指导原则与运行原则。第三章论述公共服务的基本制度安排。介绍公共服务的供给与生产安排,分析政府间公共服务供给职责分工的基本原则,分别阐述我国与西方政府间公共服务职责分工的现状并对我国进行完善,以德国为例对我国的公共服务的组织法律制度进行完善。第四章论述公共服务的运行过程及机制。介绍西方

公共服务程序法律制度的内容与启示及我国公共服务程序立法现状与未来,分析公共服务运行法律制度。第五章论述公共服务的辅助性制度。介绍公共服务救济法律制度的基本原理及我国公共服务救济法的缺陷与完善。分析西方公共服务伦理建设法治化进程及内容与我国公共服务伦理立法现状与改进。第六章阐明推进我国公共服务法治化的思考。从焦点事件看我国公共服务法治化现状,提出立足国情借鉴西方经验的基本原则,最后提出解决我国公共服务法治化突出问题的途径。

关键词:公共管理　社会服务　法治

**6870**

**政府中的道德责任研究** / 曹淑芹著 ; 张康之指导. -- 中国人民大学, 2009. -- 233 页

论文理论结合现实,研究了政府中的道德责任。全文共分六部分。第一部分导论,阐述了选题背景和意义,然后在分析已有文献的基础上,提出了本文的研究框架。第二部分是政府中的责任结构,从政府中的权力关系、法律关系与伦理关系入手,分析了三种不同的社会治理模式中的责任机构。第三部分是道德责任的依据,阐述了政府道德责任的源起,新公共行政作为道德责任的理论依据,以及公共管理作为道德责任的实践依据。第四部分是道德责任的实现方式、途径,批评了被广泛认同的实现道德责任的"内部控制"和"外部控制"相结合的途径。第五部分是道德责任的困境,从两个方面来分析道德责任的困境,一是官僚制中的责任悖论,二是近代以来公共行政领域中道德与法的分离。第六部分是在政府的变革中实现道德责任。"水门事件"发生后,政府伦理问题受到普遍重视,美国解决伦理问题的途径是行政伦理制度化(伦理立法),这种方式的有效性确实存在,但它显然不能从根本上解决问题。当前,中国政府发生的一些变化,如"三个代表"重要思想和以人为本的科学发展观的提出等,都充分显示出政府对民生问题和公民权利的关注,显示出政府管理理念及政府职能的转变,这表明政府正在通过不断的改革来实现道德责任。

关键词:国家行政机关　行政管理　政治伦理学　道德　责任

**6871**

**贸易的要素含量:中国制造业的经验研究(1987—2005)** / 常黎著 ; 胡鞍钢指导. -- 清华大学, 2009. -- 238 页

该研究采用贸易的要素含量的研究方法,结合投入产出模型和统计学的相关分析方法,对 1987—2005 年中国制造业的贸易结构展开了讨论。全文共分七章。第一章导论,主要介绍了研究背景、问题的提出、逻辑框架、研究方法、篇章结构等。第二章文献综述,对中国贸易结构的研究及主要结论进行了介绍,引入了贸易的要素含量方法,对生产要素、要素禀赋的概念进行了界定,对比较优势与新贸易理论、竞争优势和聚集优势进行了辨析。第三章中国制造业分行业要素投入结算,对资本存量和劳动投入进行了估计,并对数据统计进行了描述。第四章中国制造业贸易的要素含量研究,阐述了 HOV 理论的基本原理和计算指标,分析了 1987—2005 年资本、劳动两要素的基本情况以及 1992 和 2002 扩展的多要素情况。第五章全球要素分工和要素国际流动,描绘了世界主要国家资本、劳动要素禀赋的变化趋势,分析了当代经济全球化的推动要素。第六章中国的贸易发展战略,对全球生产网络下中国出口的"二元"结构的大背景进行了介绍,以纺织服装业和高科技产业为例进行了深入的分析,对国内学者对国际分工背景下的中国贸易发展战略的争论进行了概括和总结,并提出了政策建议。第七章结论,对论文的主要结论、本研究的创新点、研究中存在的不足以及进一步的研究设想进行了概括总结。

关键词:制造工业　经济发展　对外贸易　贸易结构

**6872**

**公共治理视角下政府网站研究** / 陈颢著 ; 刘家真指导. -- 武汉大学, 2009. -- 169 页

论文以公共治理理论为分析工具,对我国当前的政府网站建设加以研究。论文共分六章。第一章介绍了选题缘由,当前学术界对于公共治理、政府网站中服务提供和在线参与、利用公共治理理论对电子政务进行研究等三个方面的研究情况,此外还介绍了论文内容和结构以及创新点。第二章对于电子政务和政府网站的理论和实践进行了概述,并对世界发达国家及我国政府网站的发展情况进行了介绍和分析。第三章对公共治理理论进行了阐述,并对公共治理与政府网站关系进行了分析,得出公共治理理论是政府网站建设的理论指导,而政府网站建设则是公共治理理论的实践投影的结论。第四章对中外政府网站评

估体系进行考察,构建了公共治理型政府网站评估体系,对我国省级政府网站进行了评估。第五章利用SPSS统计软件,对公共治理型政府网站评估体系以及评估结果的有效性进行检验,并对影响评估结果的各种因素做了相关性分析,提出了从内外两方面进行研究分析的视角。第六章从政府网站建设的内部因素和外部环境两个方面对我国政府网站建设中存在的问题以及相应对策做了阐述。

关键词:政府机构　行政管理　电子政务　网站

**6873**

**业主选择与城市小区治理** / 陈建国著 ; 毛寿龙指导. -- 中国人民大学, 2009. -- 210 页

论文采用实证分析的方法,研究了业主选择与城市小区治理的问题。全文共分六章。第一章导论,介绍了问题提出与选题意义,进行了研究综述,阐述了研究思路与研究方法。第二章城市小区公共事务及其治理现状,分析了城市住房制度改革及小区治理的出现、城市小区公共事务的情境、城市小区公共事务治理结构的转换、小区公共事务治理的现状。第三章小区治理的理论视角,介绍了"集体行动"和"治理责任"是小区治理的两大难题,阐述了集体行动的分析路径、治理责任的分析路径、业主选择—整合应用的逻辑基础。第四章小区治理的业主选择分析框架,介绍了业主选择分析框架和模型,界定了小区治理绩效指标体系,分析了外生变量和业主选择在小区治理中的作用。第五章业主选择与小区治理的实证分析,介绍了实证调查的实施过程以及变量测量指标的权重和赋值,进行了实证调查结果描述性统计分析、业主选择与小区治理的回归分析,最后进行了小区治理的事实发现和理论探讨。第6章城市小区自主治理的永续发展之道:投资小区社会资本以促成业主集体行动、保障业主选择权利以提升小区治理绩效、建构外部互动网络以形成支持性环境。

关键词:社区管理　社区建设

**6874**

**知识产权行政处罚制度研究:管制主体、行为博弈与制度选择** / 陈钠著 ; 刘恒指导. -- 中山大学, 2009. -- 187 页

论文通过研究知识产权行政处罚制度的研究进路、管制主体、利益集团及制度选择等来确定最优制度,即处于"弱保护类型"和"强保护类型"之间的"适度保护类型"。论文共分为六章。第一章为导论,主要对研究问题、研究意义、文献评估、文章的创新点和局限性等内容分析。第二章确立论文的研究思路。介绍公共选择理论的基本内容和研究方法,归纳知识产权行政处罚制度研究的分析框架,对分析框架内影响公共选择的关键性要素:不确定性与信息进行研究。第三章对知识产权行政处罚中管制主体进行研究。比较分析中外知识产权行政处罚管制机构,对中国知识产权行政处罚管制机构的行为动机、外在环境和行为策略进行分析,探讨现有管制机构设置的缺陷,以及引入非政府机构作为新的管制机构的可能性和优越性。第四章对知识产权行政处罚制度中的利益集团进行分析。阐明对生产者团体、消费者团体、侵权者团体而言实现效用最大化的主要途径:一是以自身个体选择行为直接参与知识产权行政处罚制度;二是加入相关团体,以集体行动的方式向立法者表达他们的利益诉求,从而间接参与。第五章是对知识产权行政处罚制度选择的研究。介绍制度选择的不同类型,分析"弱保护类型"的制度弊端,在对"弱保护类型"的现存问题和局限性进行深入分析的基础上,探讨构建"适度保护类型"所需进行的各项制度改革。第六章为结语,主要阐明参考文献及后记。

关键词:知识产权　法律保护　行政处罚法

**6875**

**城乡统筹发展研究:以江苏省大丰市为例** / 陈湘珍著 ; 朱国云指导. -- 南京大学, 2009. -- 193 页

论文以江苏省大丰市为例,对大丰市的统筹城乡发展现状进行了研究,指出大丰市城乡发展存在的制度障碍。论文共有八章。第一章导论,主要论述了论文的选题背景、理论意义和实践价值,介绍了国内外统筹城乡发展的各种理论,阐述了论文的基本思路、研究方法,以及研究的重点、难点和创新之处。第二章主要分析了当前我国存在的"三农"问题、统筹城乡发展的条件,提出了统筹城乡发展的内涵、功能与途径。第三章主要简述了大丰市城乡统筹发展的总体概况,分析了大丰市城乡统筹发展的制度障碍,提出了大丰市城乡统筹发展的总体思路和政策措施。第四章主要提出了大丰统筹城乡发展要进一步优化产业布局,加快发展工业化,着力推进现代农业建设,大力实施农业产业化经营,切实抓好农业适度规模经营发展,从而实现城乡产业统筹发展。第五章主要阐述了统筹城乡就业的必然趋势,分析了目前大丰农民就

业的现状和特点,提出了大丰市推进农民就业创业的思路。第六章主要分析了当前城乡居民在社会事业方面存在的身份歧视以及农民遭受不公待遇的原因,提出了大丰市统筹城乡社会事业发展要通过发展农村教育、文化、卫生和社会保障事业来实现。第七章主要阐述了当前城乡投入差别的表现,提出了大丰市统筹城乡投入要通过增加农村财政投入、金融投入、加强农村基础设施建设以及完善农业保险制度来完成。第八章主要阐述了国内外统筹城乡发展的经验,提出了国内外统筹城乡发展经验对大丰市统筹城乡发展的启示。

关键词:城乡建设　经济发展　大丰市

**6876**

**粮食安全的风险与风险管理研究** / 陈占锋著 ; 张成福指导. -- 中国人民大学, 2009. -- 230 页

论文将风险与风险管理理论运用于粮食安全的研究,旨在将风险管理的理念、流程和方法纳入到国家粮食安全保障的视野范围,从风险管理的视角来探讨我国的粮食安全问题。全文共分为七个部分。第一部分导言,介绍了论文的研究背景与意义、研究现状、研究目标、方法和框架结构等。第二部分粮食安全、风险与风险管理,阐述了粮食安全的概念演变和重要意义,分析了当前粮食安全的国内外形势;介绍了风险的概念和风险社会的大背景,并从这一视角界定了粮食安全的风险内涵;概括了风险管理的理论与实践,并由此将风险管理引入粮食安全领域。第三部分粮食安全的风险分布,介绍了分布在生产、流通、消费、储备和贸易等诸多领域和环节的粮食安全风险。第四部分粮食安全的风险源分析,分析了其中的自然因素、经济与市场因素、体制与政策因素、国际政治与外交因素。第五部分粮食安全风险管理的宏观战略,认为开拓粮食安全风险管理的战略视野需要处理好几组关系,包括安全与风险的关系、国内与国际的关系、供给与需求的关系、消费与节约的关系、政府与市场的关系。第六部分则主要介绍了粮食安全风险管理的一般策略。第七部分总结了论文研究的主要结论,并从结论出发提出了未来粮食安全风险管理的发展思路。

关键词:粮食　风险管理　国家安全

**6877**

**我国高校科研创新团队建设研究** / 池颖著 ; 彭向刚指导. -- 吉林大学, 2009. -- 136 页

论文在研究高校科研创新团队理论的基础上,提出高校科研创新团队的内涵、特征与作用,在分析总结国内现状的基础上,借鉴国外发达国家的成功经验,初步勾勒高校科研创新团队建设的模式、途径和方法。论文共分为四章。第一章论述我国高校科研创新团队建设的基本理论。介绍我国高校科研创新团队产生的背景,分析我国高校科研创新团队的内涵及性质、构成要素及特征,探讨我国高校科研创新团队建设的五大意义,阐述我国高校科研创新团队的发展趋势。第二章论述我国高校科研创新团队建设的现状及问题。介绍我国高校科研创新团队建设的发展现状,从团队组建、内部协调、创新能力、科研环境及绩效评估等方面探讨我国高校科研创新团队建设存在的问题,从体制、制度、资源及文化等方面分析我国高校科研创新团队建设问题的根源。第三章论述部分国外高校科研创新团队建设的经验借鉴。介绍部分国外高校科研团队的基本情况,分析部分国外高校科研团队建设的七大借鉴与启示。第四章论述我国高校科研创新团队建设的思考。提出培育我国高校科研创新团队的组织文化、树立我国高校科研创新团队的目标指南、突出我国高校科研创新团队的重点内容、构筑我国高校科研创新团队建设的环境保障。

关键词:高等学校　科研管理　团队　人才培养

**6878**

**基于医疗市场内部性的政府管制研究** / 崔佳著 ; 黄恒学指导. -- 北京大学, 2009. -- 131 页

论文采用案例分析、对比分析等方法,在介绍中美两国医疗市场现状的基础之上,将内部性分析扩展至医疗市场,研究了基于医疗市场内部性的政府管制研究。全文共分八章。第一章导论,进行了文献综述,介绍了研究思路、研究意义、研究方法、论文结构。第二章从医疗保险体制、医疗费用来源及医疗保险覆盖率、医院及医生的情况等方面比较分析了中美医疗市场的现状。第三章进行了医疗市场的内部性分析,介绍内部性产生的原因——交易成本和信息不对称与信息不完全,分析了典型事例——道德风险和供给诱导需求,介绍了解决机制——法律程序和政府管制。第四章分析了医疗市场内部性的投资管制措施,分别从出台原因和政策效果两方面介绍了美国的CON政策和中国的医疗机构投资管制政策。第五章分析了医疗市场内部性的价格管制措施,介绍了美国费率管制政策的出台原因和政策效果,描述了中国的

医疗服务价格管制，解释了中国的药品、医疗器械集中招标采购制度。第六章分析了医疗市场内部性的保险支付方式，内容包括各种保险支付方式的效率、美国改变保险支付方式的效果、中国改变保险支付方式的效果。第七章是对医疗市场内部性相关管制政策的总体评述，分析了管制的优势、管制效果存在不足的原因和改进管制的对策。第八章是结论、创新点和需要进一步研究的问题。

关键词：医疗保健事业　卫生体制　卫生服务　卫生管理

**6879**

**税收遵从行为与纳税服务的关系研究** / 邓保生著 ；王韬指导. -- 华中科技大学, 2009. -- 136 页

论文针对我国税制的具体实践，着重分析了纳税服务对税收遵从行为的影响，为构建和谐征纳关系提供理论基础和建议。首先，对我国征纳双方的状况与发达国家进行了国际比较，证实了我国税务机关纳税服务水平不高和纳税人遵从程度相对较低的现实。基于传统的 A—S 模型，分析了税率、稽查率、处罚率以及收入水平这四个因素对纳税人遵从行为的影响，并介绍了在这一理论指导下美国、欧盟及澳洲国家的稽查实践。其次，针对 A—S 模型在理论和实践中的缺陷，提出了纳税人心理是现实中影响税收遵从的重要因素，由此衍生出了税收道德理念。再次，综合了威慑型的 A—S 模型因素和税收道德因素，建立了税收遵从的计量模型，以更全面地定量考察纳税人的行为，并得到了税收道德与税收遵从之间存在正相关关系，而税务部门提供的纳税服务与税收道德之间亦存在显著的正相关关系等结论。提出了构建纳税服务新体系的思路及方案。最后，总结了遵从行为和纳税服务之间的关系，概括了理论和实证检验两方面的结论，指出了今后的发展方向和当前研究的局限与不足，并对完善我国纳税服务提出了改进方案。

关键词：税收管理　商业服务　纳税人　纳税意识

**6880**

**政府主导下的劳动就业制度公正论：基于非正规就业群体劳动权的制度化保障之考量** / 董亚男著 ；李德志指导. -- 吉林大学, 2009. -- 262 页

论文以政治学和行政学相关理论为根基，通过考量基于非正规就业群体劳动权的制度化保障，窥见政府主导下的劳动就业制度的不公之处进而提出相关对策进路。全文共分为六章。第一章为研究揽要，主要为若干基础性问题的理论阐释。阐明制度公正的政治学释义，探讨政府在制度变迁中的作用之理论回顾与现实定位，介绍劳动权的制度化形态即劳动就业制度，分析公正何以成为劳动就业制度的基本向度及何为劳动就业制度公正。第二章探讨政府主导劳动就业制度公正的基点定格、内在逻辑及分析框架。介绍研究基点定格，即城市劳动力市场双重分割下的非正规就业群体，分析政府主导劳动就业制度公正的现实逻辑，阐明时代语境下政府主导劳动就业制度公正的迫切性，研究政府主导劳动就业制度公正的基本分析框架。第三章探讨政府主导型劳动就业制度变迁中非正规就业的发展与政府公正价值维度的转换。阐明劳动就业制度变迁过程中政府对非正规就业持有的立场，说明劳动就业制度承载的政府公正价值维度转换及其新取向期待。第四章论述非正规就业群体劳动权减损凸现劳动就业制度供给落差。考察非正规就业劳动权的现实状况及其肇因分析，探讨政府对非正规就业领域的劳动就业制度供给过剩与短缺并存的现象，介绍适用于非正规就业的劳动就业制度运行失效的表征。第五章提出政府在主导劳动就业制度供给过程中有失公允。由政府对非正规就业领域的制度供给状况窥见劳动就业制度的实质不公，提出政府“全能主义”情结犹存，探讨政府的制度伦理取向及其行为过程公正性判断。第六章主要探讨政府主导劳动就业制度公正的进路。

关键词：劳动就业　就业制度　公正　政府职能

**6881**

**当代中国地方政府层级改革研究** / 杜常春著 ；张成福指导. -- 中国人民大学, 2009. -- 217 页

论文以交易成本和非均衡博弈为分析工具，对各级地方政府在层级变革中的角色及制度变迁路径进行归纳。全文共分七个部分。绪论部分分析了当前地方政府层级改革的背景及前提，提出论文拟研究的主要问题，梳理和归纳了国内外政府间关系领域的研究概况及实现政府层级变迁的四种路径，做出简要评价，提出了论文的研究路径、研究视角与前提，同时，概括了论文的研究方法、创新之处和主要研究内容。第一章回顾了从商代到我国改革开放以前各级政区的历史变化，总结归纳了变迁规律。第二章探讨了设置地方政府层级的影响因子，指出政府层级结构安排与国土面积、政治体制、经济发展水平、科学技术水

平、社会背景、传统文化、经济体制密切相关。第三章全面阐述了市管县体制的历史沿革、实现模式与历史意义。第四章以浙江省金华与义乌的关系为研究案例,考察自上世纪 90 年代以来,浙江省先后于 1992 年、1997 年和 2002 年以及 2006 年在全国率先开展的经济强县扩权改革的制度背景和运作模式。第五章分析了层级改革视角下各级地方政府的权力配置,探讨了财政体制改革的背景。第六章提出在我国全面建设小康社会的新时期,有必要适当地减少地方政府层级设置,促进地方政府逐步提高行政效率,减少行政成本,将地方行政层级从四级制缩减为三级制,即省—县—乡三级,推进乡镇机构改革,逐步弱化乡镇政府,推动其向自治方向发展,提出了相关的改革配套措施,最后指出地方政府层级改革应当向多中心治理方向发展,促进各级地方政府之间的协商与合作。

关键词:地方政府　行政管理　权力结构　政治体制改革

**6882**

**论澳门特区社会服务传输的改革:网络治理视角** / 高炳坤著 ; 张成福指导. -- 中国人民大学, 2009. -- 363 页

论文以网络治理为视角,将社会素质、社会资本和公共价值三个相互补充的理论整合为一个完整的框架,以此指导整项研究和澳门特区社会服务传输的整体改革,再运用历史分析与现实分析相结合、静态分析与动态分析相结合、文化分析与社会分析相结合等多种方法,研究特区成立前后社会政策和社会服务传输网络形成的历史系络、当今的发展情况、存在的问题以及改革的方案。论文除导论和结语外,分别以五章进行论述。导论介绍了研究的背景与现状、研究的问题与意义、相关的概念与研究方法。第二章介绍了论文的理论基础,包括社会素质理论、社会资本理论和公共价值理论。第三章分析了影响特区社会政策以及服务传输网络的历史系络,尤其是治理模式的演变、社会政策的发展和社会服务网络的建构过程。第四章详细分析了特区成立后政治、经济和社会系络的变化,以及社会政策和社会服务的发展。第五章深入分析了支撑澳门特区近十年在改革治理结构、社会政策和社会服务上的假设和价值基础,与战略目标的配合程度和存在的不足。针对特区社会服务所面临的问题,配合政策循环过程,第六章从价值评估、制度建构和服务传输三个层面提出改革建设:价值与社会的整合、治理结构与民主过程的整合、政府、服务机构和公民的整合。

关键词:社会服务　公共管理　社会资本　澳门

**6883**

**政务流程再造研究:基于电子政务视角** / 高静学著 ; 张锐昕指导. -- 吉林大学, 2009. -- 166 页

论文从电子政务角度,解析中国政务流程再造实践中存在的问题与现实困境,结合发达国家的实践与经验,提出中国政务流程再造的目标设计与政策建议。全文共分为六章。第一章论述政务流程再造研究的缘起。论文分别介绍研究的背景、动因、意义、思路与方法及国内外研究现状。第二章主要为政务流程再造的理论概述。阐明政务流程再造的理论渊源,介绍政务流程再造的基本概念包括流程、政务流程及政务流程再造,从环境、主体、客体、目标、任务等角度分析政务流程再造的特点。第三章论述中国政务流程再造的实践探索、问题透视与现实困境。阐明中国政务流程再造实践探索的萌芽、起步及发展阶段,分析中国政务流程再造中存在的问题,阐述中国政务流程再造的现实困境。第四章论述电子政务建设与政务流程再造的双向互动。分析电子政务建设对政务流程再造的拉动效用,探讨政务流程再造对电子政务建设的推动效用。第五章论述电子政务发达国家政务流程再造的实践与经验。分析新加坡及美国政务流程再造的实践与措施、特点与经验。第六章探讨中国政务流程再造的目标设计与策略探寻。从过程、设计、连接、形式、约束等角度设计中国政务流程再造的目标,从探寻中国政务流程再造的策略。

关键词:行政管理　电子政务　信息技术

**6884**

**东亚经济一体化发展模式研究** / 顾静著 ; 楚树龙指导. -- 清华大学, 2009. -- 153 页

论文在文献调研和统计数据分析基础上对东亚经济一体化发展模式进行了分析。全文共分五章。第一章引言,介绍了论文的中心议题和选题的意义,界定了论文的分析层次和基本概念,构建了论文的理论框架。第二章文献综述,对传统地区主义理论、传统地区经济一体化理论以及东亚联合模式的新地区主义相关理论进行了概述,分析了新地区经济一体化理论与维纳方式的两个不同及其在东亚的应用。第三章东亚经济一体化进程的回顾与模式探讨,将东亚

经济一体化分成了三个阶段,即酝酿阶段、双边发展阶段和地区性发展阶段。在此基础上形成完整的东亚经济一体化发展进程统计表与关系图,从中概括出东亚经济一体化发展模式的三大特征。第四章理论分析模型对东亚经济一体化发展模式的解析,阐述了冷战后国际体系结构定义和东亚地区体系结构定义,对体系结构作用下东亚行为体利益取向进行了分析,包括美国、中国、日本、韩国和东盟。此外还对东亚经济一体化进行了解析,分析了其产生的过程和发展模式的形成。第五章结论、评价和启示,对文章的主要结论进行了概括,点明了文章的主要创新点和难点,对东亚经济一体化进行了评价,对其对中国的启示进行了总结,包括对中国参与东亚地区秩序构建的启示、对中美关系发展的启示以及对中国与周边国家关系的启示。

关键词:区域经济一体化　发展模式　东亚

**6885**

**权责关系的行政学分析** / 郭蕊著 ; 麻宝斌指导. -- 吉林大学, 2009. -- 184 页

论文从权力与责任的关系入手,从历时态的权责关系研究中探寻权责一致的实现方式及造成权责背离的原因,对新时代背景下权责关系的变化特点及发展趋势以展望。全文共分为四章。第一章主要为权责一致的理论阐释。介绍公共权力与责任的内涵并分析权责之间的关系,探讨权责一致的理论来源与现实前提,界定权责一致的内涵及权利、积极责任、消极责任之间的关系,分析权责一致在政府层面、组织及个人层面的表现形态与权责一致的实现方式。第二章介绍权责关系的历史叙事。探讨传统公共行政产生之前的权责关系与时代特征,分析传统公共行政时期的时代背景、权责关系及权责一致的实现方式,阐明传统公共行政反思时期的时代背景、权责关系及权责一致的实现方式。第三章论述权责背离的情境及原因分析。阐述传统公共行政时期产生权责背离的四大情境,介绍传统公共行政反思时期产生权责背离的三大情境,分析权责分离的五大原因。第四章论述对新型权责关系的展望与构想。阐明治理背景下的权力与责任的变化,分析治理背景下权责关系面临的挑战与机遇,进行构建新型权责关系的五大途径初探。

关键词:行政管理　权力　责任

**6886**

**美国大国成长道路:制度治理与战略选择分析** / 郭宇立著 ; 楚树龙指导. -- 清华大学, 2009. -- 253 页

论文运用历史分析、案例研究、比较分析、问卷调查和描述性统计等方法,分析论证了制度治理与战略选择在美国大国成长道路中的基础性作用。建立了理解大国成长的理论框架,即一个大国的成长受两个基本因素的推动和制约:内部治理模式和对外战略选择。验证得出了制度治理是推动美国成长的核心因素,战略选择则加快了美国大国成长的步伐的结论。全文共分七章。第一章引言,介绍了论文的研究问题及意义、研究方法、论文结构,并对美国大国成长模式的争论进行了文献综述。第二章理论框架,分析了大国兴衰背后的逻辑以及大国成长的核心要素,构建了大国成长,制度治理—战略选择的理论框架,追溯了美国制度治理模式的思想和理论渊源。第三章设计制度治理,从独立前美国制度治理的渊源出发,分析了《独立宣言》发表的背景、内容和意义以及《合众国宪法》对《对立宣言》的实践,总结了制度治理的目的和意义。第四章制度治理下美国成长为世界大国,分析了美国在增加国土面积、人口数量,促进教育和经济的发展,保证国家长治久安的过程上所采取的制度措施,进一步分析制度治理对美国成长为世界强国的作用。第五章战略选择加快了美国成长的步伐,深入分析了华盛顿《中立宣言》、门罗主义、14 点计划和罗斯福反法西斯的战略选择的意义。第六章制度治理"失灵"和体制内的自我纠错,分析了美国制度治理的失灵和自我纠错,对最高法院的治理失灵和自我纠错以及越战所体现的错误战略选择与体制内的自我纠正进行了综合论述。第七章总结,对全文进行了回顾,并重点总结了美国大国成长道路的启示。

关键词:政治制度　战略管理　综合治理　国家战略　美国

**6887**

**对外开放进程中我国地方政府涉外职能研究:以武汉市为例** / 何伟著 ; 胡象明指导. -- 武汉大学, 2009. -- 122 页

论文以对外开放进程、地方政府涉外职能及两者的相互作用为研究主题,以武汉市为例,通过阐述地方政府涉外职能伴随对外开放进程演变发展的轨迹,对地方政府涉外职能进行梳理、分析和定义,并结合武汉市在美国、法国、英国、日本、韩国的友好城市政

府涉外职能的比较和借鉴,找出地方政府涉外职能现存的问题,提出重塑地方政府涉外职能的对策。全文共有八章。第一章导论,介绍了选题依据及其研究的必要性、研究主题,文献综述,研究方法与可能创新之处。第二章理论基础,介绍了政府职能理论、邓小平的对外开放理论、外交学和外事管理相关理论。第三章我国地方政府涉外职能及其地位,介绍了政府与地方政府职能、政府涉外职能界定及其分类、地方政府涉外职能与中央政府涉外职能的关系分析、地方政府涉外职能在地方政府职能体系中的地位。第四章我国地方政府涉外职能变迁及其原因分析,我国地方政府涉外职能发展的阶段,介绍了对外开放前我国地方政府涉外职能的基本特征、地方政府涉外职能的变化、我国对外开放以来地方政府涉外职能变迁原因。第五章通过实证分析对武汉市的政府涉外职能变迁进行了梳理。第六章比较和借鉴了武汉市的国际友好城市及其政府涉外职能。第七章以武汉市为例分析了我国对外开放进程中地方政府涉外管理职能存在的问题,并对问题的危害及产生原因进行了分析,讨论了我国地方政府涉外职能的重构与对策。第八章结论及思考,认为:中国改革开放大势所趋,不可逆转;对外开放是地方政府涉外职能发展的原动力;地方政府涉外职能积极促进了对外开放;地方政府涉外职能改革势在必行。

关键词:地方政府　行政管理　政府职能　对外开放　武汉

**6888**

**少数民族地区公务员能力建设问题研究:以内蒙古兴安盟为例** / 胡其图著 ; 李德志指导. -- 吉林大学, 2009. -- 116 页

论文结合内蒙古兴安盟公务员能力建设的个案,在借鉴西方和中国其他地区公务员能力建设的相关经验基础上,提出少数民族地区公务员能力建设的对策。论文共分为六章。第一章为绪论,介绍论文的选题缘由及写作背景、相关文献回顾与评述、研究方法,辨析公务员能力建设的核心概念及少数民族地区公务员能力建设的意义。第二章论述少数民族地区公务员能力建设的理论与法规依据。介绍八大中西方理论依据,分析法规依据即国家公务员法及国家公务员通用能力标准框架。第三章分析少数民族地区公务员能力建设的环境。分析少数民族地区公务员能力建设的生态环境、社会环境、制度环境及政策环境。第四章论述少数民族地区公务员能力建设的成效及存在问题。阐明少数民族地区公务员能力建设的四大成效,分析少数民族地区公务员能力建设存在的四大主要问题。第五章论述少数民族地区公务员能力建设的经验借鉴。探讨英美国家公务员能力建设及北京、武汉、广州地区公务员能力建设对少数民族地区公务员能力建设的启示。第六章探讨强化少数民族地区公务员能力建设的对策。介绍少数民族地区公务员能力建设必须坚持的七大原则与理念,阐明少数民族地区公务员能力建设必须加强培训力度和改进教育方式即及制定科学的少数民族地区公务员能力建设规划,分析加强少数民族地区公务员能力建设的三大核心内容,即健全少数民族地区公务员能力建设的三大机制,提出要完善人力资源市场化建设,促进人力资源合理流动。

关键词:公务员　能力培养　少数民族　民族地区

**6889**

**中国公务员财产申报制度的构建路径研究** / 郇天莹著 ; 刘峰指导. -- 北京大学, 2009. -- 361 页

论文集中探讨了中国公务员财产申报制度的构建路径问题,通过对中国构建该制度的现实条件、阻力因素、国际经验、国内民意等方面的分析,描绘中国构建公务员财产申报制度的"路线图",以期为推动财产申报制度立法做一些基础性的研究工作。论文共有八个部分。导论部分主要提出问题,并对现有研究成果、论文的研究方法、论文可能做出的贡献等方面进行了说明。第一章境外典型国家和地区构建公务员财产申报制度的路径研究,选取美国、韩国、俄罗斯、中国台湾作为典型案例,由公务员财产申报制度的形成与演进历程入手,分析制度构建的现实条件和阻力因素。第二章中国构建公务员财产申报制度的现实条件研究,分析了中国公务员财产申报制度构建的现状。第三章中国公务员财产申报制度构建的阻力因素研究,对中国在构建过程中存在的问题,从收入申报制度缺陷和阻力因素两个维度进行考察。第四章中国构建公务员财产申报制度的调查研究,采用深度访谈以及问卷调查的研究方法,对中国公务员财产申报制度构建的必要性、动力因素、阻力因素和配套机制进行了实证研究,通过对数据资料的分析,从量化的角度反映被试人员的态度差异,并分析其原因。第五章中国公务员财产申报制度构建的案例研究,选取新疆阿勒泰和浙江慈溪两个典型案例,分析

了中国公务员财产申报制度构建实践当中的一些制度探索以及存在的问题,指出今后需要进一步改进的重点。第六章中国公务员财产申报制度构建的相关建议,阐述中国构建公务员财产申报制度的时机选择与构建方略,并在对境外的构建经验和模式选择性借鉴的基础上,根据国情提出制度设计的具体建议。结束语对研究进行了总结分析,指出了研究局限,并对未来进一步研究的方向进行了展望。

关键词:公务员制度　家庭财产　申报　廉政建设

**6890**

**中国国有企业廉实力研究** / 黄宝荣著 ; 佘廉指导. -- 华中科技大学, 2009. -- 143 页

论文从我国国有企业监管制度现状及其实效出发,借鉴软实力理论的研究角度和思路,提出“企业廉实力”的概念并对其内涵进行阐述。全文共有九章。第一章是绪论,介绍了研究的背景、目的、意义,研究对象和分析角度,研究的主要内容、结构和创新点。第二章是企业廉实力研究的理论基础,介绍了反腐倡廉理论、企业软实力研究和企业全面风险管理理论。第三章是国有企业廉实力的基本概念,介绍了国有企业的监管模式和企业廉实力的概念与内涵,分析了国有企业廉实力的现实意义和提升途径。第四章是国有企业廉实力的受损风险分析,介绍了国企廉实力建设的主要受损风险,分析了国企廉实力受损风险的主要特征,讨论了损害廉实力建设的主要原因。第五章是国有企业廉实力的评价指标体系,介绍了评价指标体系的构建原则、评价指标体系的主要构成、盈利能力评价指标的选取、内部控制评价指标的选取、廉洁从业评价指标的选取、国企廉实力的评价指标体系。第六章是国有企业廉实力的综合评价体系,分别从定性指标的定量化、定量指标的归一化、指标权重的确定、综合评价结果等方面进行了论述。第七章是国有企业廉实力评价的案例分析,介绍了评价对象的发展现状,对调查数据进行初步处理,分析研究对象廉实力的综合评价和研究对象的投资决策风险分析。第八章是建设国有企业廉实力的对策,包括推进反腐倡廉教育、完善经营激励机制、加强内部控制实效、运用先进科学技术等。第九章是结论和展望,总结了主要研究成果和今后工作展望。

关键词:国有企业　企业管理　企业制度　监管制度　反腐倡廉

**6891**

**统筹城乡就业中的政策工具选择与优化** / 黄红华著 ; 郁建兴指导. -- 浙江大学, 2009. -- 173 页

论文以统筹城乡就业为目标,研究统筹城乡就业政策工具的运行机制并对其进行选择与组合及评价与优化,分别分析强制性工具、激励性工具、指导性工具、信息性工具及服务性工具。全文共分为六章。第一章为绪论。介绍问题背景、研究评述、分析框架与研究内容、研究方法与技术路线。第二章从统筹城乡就业政策目标入手探讨所需政策工具。介绍研究的三大理论基础,阐述存在的现实问题、机遇与挑战,探讨就业管理与服务、统筹城乡就业中的政府责任、政策体系、政策工具箱。第三章论述统筹城乡就业政策工具的运行机制。对统筹城乡就业政策工具进行分类,分别对强制性工具、激励性工具、指导性工具、信息性工具及服务性工具的运行、特性、性质进行分析。第四章论述统筹城乡就业政策工具的选择与组合。介绍政策工具选择的理论基础,分析建立城乡一体化劳动力市场的强制性政策工具,促进劳动力转移的激励性和信息性政策工具、促进就业福利改善和权益保护的强制性和指导性政策工具以及促进就业、稳定就业和市民化的服务性政策工具。第五章论述统筹城乡就业政策工具的评价与优化。对统筹城乡就业政策工具的实施效果与运用能力进行评价,探讨政策工具优化路径,强调政府内部管理与外部政策的匹配。第六章为结论。分别阐述统筹城乡就业政策工具的匹配、属性、特征与工具组合、运用能力和运行效果、优化路径。

关键词:劳动就业　就业政策　政策工具　城乡关系

**6892**

**集体行动的演化:基于主体建模的博弈推演** / 黄璜著 ; 陈庆云指导. -- 北京大学, 2009. -- 178 页

论文利用一种新的博弈推演方法,即合作演化方法分析影响或决定了集体行动发生及其结果的因素,构造了一个集体行动的演化模型,利用“基于主体建模(Agent-based Modeling)”技术,在 REPAST 软件开发平台上针对上述模型开发了一个模拟系统,完成了二十四个情景的模拟运算。全文共有五章。第一章导论,介绍了研究的缘起,研究方法,相关研究综述,论文贡献与研究设计。第二章对基本模型进行了一般性的概述,介绍了模型的基本假设,阐述了模型的

模拟运行机制,描述了基本演化模型的模拟实验结果。第三章讨论了基于"软性约束"的集体行动演化,介绍了问题的提出、基于"软性约束"的集体合作建模,描述了预设"社会网络"条件下的模拟结果和"自组织"的"社会网络"条件下的模拟结果。第四章讨论了基于"硬性约束"的集体行动演化,介绍了问题的提出、基于"硬性约束"的集体合作建模,描述了单独引入"强合作"策略的实验结构和引入"强欺骗"策略的实验结果,描述了不稳定的"强欺骗者联盟"演化实验和同时引入两种惩罚策略的演化实验。第五章是总结和讨论,首先是对扩展模型1——基于社会资本的集体行动演化的介绍和总结,然后是对扩展模型2——基于"强欺骗者"的集体行动演化的介绍和总结。

关键词:公共管理　行政管理　集体运动　合作现象　数学模型

**6893**

**大国权力转移与技术变迁** / 黄琪轩著 ; 傅军指导. -- 北京大学, 2009. -- 239 页

论文采用个案研究、比较历史研究及访谈方法,研究二战以后苏联的迅速崛起对美国构成的挑战等以此探讨大国权力转移与技术变迁。全文共分为七章。第一章为导言。提出问题,介绍技术进步的经济来源及政治来源,分析权力转移与重大技术变迁,阐明研究方法与全文安排。第二章论述大国、权力转移与技术。阐述大国与大国技术变迁模式,介绍霸权稳定论与权力转移理论,说明二战后的领导国与挑战国。第三章探讨美苏的权力转移与苏联技术变迁。阐明苏联赢得权力增长优势,美苏安全、贸易问题的转向,苏联技术进步轨道的变迁,苏联相对衰落与美苏关系变迁的关系及苏联技术进步方向的再次转变。第四章论述战后美国的领导权与技术变迁。阐明美国对挑战国技术进步的敏感性,美国政治经济体制、政府机构及高校的变化,美国作为科研资助者及科技产品的采购者,美国政府集中资助与技术瓶颈的突破等方面的内容。第五章论述中国的崛起与技术变迁。介绍中国的崛起及影响力的扩大,判断中美的分歧与安全形势,探讨中国对技术自主性的诉求与举措。第六章主要从日欧经验看权力转移与技术变迁。阐明技术进步的市场规模与日本崛起,日本技术进步的方向及欧洲的权力转移与技术变迁革命。第七章为结论。

关键词:国际政治　权力　技术进步

**6894**

**中国省域软科学研究机构竞争力评价研究** / 黄艳著 ; 徐晓林指导. -- 华中科技大学, 2009. -- 191 页

论文以科学发展观为指导,以科学评价与竞争力评价的理论为基础,运用系统理论构建了中国省域软科学研究机构竞争力的评价框架,采取定量方法进行了中国省域软科学研究机构竞争力的实证研究,并在此基础上得出了初步结论。论文共分八章。第一章导论,介绍了选题的目的及意义、国内外研究文献综述、研究指导思想、研究的思路与框架及研究方法、论文的创新点。第二章中国省域软科学研究机构竞争力评价的理论基础,分别阐述了中国省域软科学研究机构竞争力评价的基础理论、概念与内涵及维度。第三章中国省域软科学研究机构竞争力评价指标体系,分析了中国省域软科学研究机构竞争力评价指标体系的设计基础、构建原则和构建。第四章中国省域软科学研究机构竞争力评价方法,分别论述了中国省域软科学研究机构竞争力评价的数据采集、统计与分析、传统方法、评价与预测的关键技术。第五章中国省域软科学研究机构竞争力的专题评价,分别阐释了中国省域软科学研究机构科研课题向量绩效的评价、中国省域软科学研究机构学术成果影响力绩效的评价、中国省域软科学研究机构科研投入体系绩效的评价、中国省域软科学研究机构人力资本构成绩效的评价、中国省域软科学研究机构科研成果绩效的评价、中国省域软科学研究机构科研合作与共享绩效的评价。第六章中国省域软科学研究机构竞争力的综合评价,分别分析了中国省域软科学研究机构竞争力评价报告、中国省域软科学研究机构竞争力成长趋势预测报告。第七章中国省域软科学研究机构竞争力的评价结论与对策建议。最后是总结与展望。

关键词:软科学　科学研究组织机构　竞争力　评价指标

**6895**

**中国区域政策的演变及其对区域经济发展的影响研究** / 黄治华著 ; 施祖麟指导. -- 清华大学, 2009. -- 183 页

论文从理论和实证两方面出发对中国的区域政策对区域经济发展的作用和影响进行了探究。理论上综合了经济增长理论、贸易理论和新经济地理模型,构建了一个多地区包含贸易品部门和非贸易品部门的动态一般均衡模型。实证上采用了描述统计和

计量回归方法。全文共分七章。第一章引言,主要介绍了论文的研究背景、问题的提出、文献评述、研究思路与方法、主要内容等。第二章基本概念,对区域、区域政策、区域政策目标以及区域政策工具进行了辨析,对经济增长理论、贸易理论以及新经济地理核心模型进行了综述。第三章中国区域发展战略及区域政策演变,按时间的先后分析了沿海倾斜战略与政策、西部大开发战略与政策、东北振兴战略与政策以及中部崛起战略与政策。第四章政策作用的理论分析,由基准模型出发,分别分析了开放政策、政府税收、政府转移支付以及政府公共投资的影响分析。第五章政策作用的实证分析,对中国区域经济发展进行了实证描述,包括四大区域间的经济指标跨时比较以及省际经济发展的动态描述。对区域政策的作用进行了回归分析。对分析中的数据、变量、分布密度的核估方法以及 Panel Data 方法进行了说明。第六章基于新经济地理模型的政策作用模拟,在新经济地理模型的基础上进行了数值模拟分析,通过模拟参数变化导致经济均衡与福利的变化来分析政策的可能影响和不足。第七章结论与探讨,对论文的主要结论进行了总结,点明了论文的主要创新点和有待完善之处。

关键词:地方经济　经济发展　经济政策　政策效应

**6896**

**民族区域自治背景下少数民族干部培养选拔机制研究:以 T 县为个案** / 江明生著 ; 严强指导. -- 南京大学, 2009. -- 270 页

论文采取个案的研究方法,对 T 县的少数民族干部培养选拔机制进行实证性研究,阐释少数民族干部培养选拔机制与少数民族干部成长之间的内在关系。全文共分为五章。第一章论述我国民族区域自治发展形态与培养选拔少数民族干部。探讨民族国家构建中少数民族群体权利理论及少数民族群体权利的实现方式,分析我国民族区域自治发展的过渡形态、自治形态及未来形态。第二章主要为转变与选择即两种干部培养选拔机制之考量。从理论和实践两个维度来考量干部培养选拔机制的“统一模式”和少数民族干部培养选拔机制的“特殊模式”,在理论和实践两个维度设置变量,对两种模式进行比较分析,并得出“特殊模式”更利于少数民族干部成长的结论。第三章论述国家、族群和个人对少数民族干部培养选拔机制的需求及其一致性分析。第四章为变动与关联即少数民族干部培养选拔内外机制关系分析。对少数民族干部培养选拔内外机制的概念及其内容进行阐述,对收集的多种资证材料采取逻辑分析方法对少数民族干部培养选拔内外机制的变动关系进行分析,对少数民族干部培养选拔内外机制的关联媒介即理念、会议与管理进行界定和分析。第五章论述少数民族干部培养选拔机制运行的目的、特征及轨迹

关键词:少数民族　干部培养　民族区域自治

**6897**

**县级政府基本公共服务绩效评估指标体系的理论构建与实证检测研究:基于社会公正的研究视角** / 江易华著 ; 张立荣指导. -- 华中师范大学, 2009. -- 149 页

论文以马克思主义政府理论和中国特色社会主义理论为指导,立足于行政学的学科角度,采取定性研究与定量研究相结合的方法,即采用规范研究、实证研究与比较研究的方法,运用文献搜集、问卷设计与调查、统计分析(如 SPSS 软件)等技术手段,开展县级政府基本公共服务绩效评估指标体系的理论构建与实证筛选研究。论文包括六部分内容。导论简要阐释了选题缘起与研究主题,对基本概念进行了界定,介绍了国内相关研究现状,阐明了文章的研究思路与框架结构、研究方法与技术路线、个案地区的基本情况,最后对资料来源进行了说明,指出了论文的创新之处。第一章,分析了县级政府基本公共服务绩效评估指标体系构建的价值取向。第二章,分析县级政府基本公共服务绩效评估指标体系构建的原则与程序。第三章,县级政府基本公共服务绩效评估指标体系的设计与筛选。第四章,县级政府基本公共服务绩效评估指标体系的实证检测。研究的结论主要有:县级政府基本公共服务绩效评估指标体系的构建受到社会公正取向的影响与制约,表现为绩效评估指标的价值目标选择;县级政府基本公共服务绩效评估指标体系的构建是在一般原则和特殊原则的指导下有步骤地进行的,这些特殊原则表现为环境与外部条件对县级政府基本公共服务绩效评估指标体系构建的影响与制约。

关键词:县　地方政府　社会服务

**6898**

**转型期中国政党主导型行政改革的动力学分析:目标、过程与执政逻辑** / 姜国俊著 ; 竺乾威指导. -- 复旦大学, 2009. -- 356 页

论文采用比较分析等研究方法,从目标、过程与执政逻辑等方面对转型期中国政党主导型行政改革进行了动力学分析。论文共有七个部分。导论部分介绍了问题的提出,进行了文献综述,对相关核心概念和基本观念进行了界定,阐释了研究方法与论文框架。第一章转型时期中国的政党与国家政治架构,描述了政党、国家及其政治架构,论述了改革开放前、改革开放后中国的政党与国家政治架构。第二章论述了执政党行为的多元目标和多重约束。第三章主要论述了经济发展、市场化转轨与适应性行政改革,具体内容包括对经济体制的绩效考量、对市场化转轨渐进选择的描述、对适应性行政改革的动力机制和滞后根源的讨论。第四章讨论了政治文明、民主化转型与先导性行政改革,分析了政治文明的民主维度,介绍了民主化转型的可控战略,分析了先导性行政改革的动力机制,讨论了先导性行政改革的推进梗阻。第五章讨论了民族复兴、全球化竞争与压力性行政改革,分析了民族复兴的全球观照,阐释了全球化竞争的效仿效应,介绍了压力性行政改革的动力机制。第六章分析了长期执政与政党主导型行政改革,阐释了长期执政的政治逻辑,进行了政党主导型行政改革的动力学分析。

关键词:行政管理　政治体制改革　动力学

**6899**

**服务型政府框架下行政监察职能研究** / 康贵民著 ; 荣仕星指导. -- 中央民族大学, 2009. -- 109 页

论文运用历史分析法与功能分析法相结合,实证分析法与比较分析法相结合,宏观分析与微观分析相结合的研究方法,探讨在服务型政府框架下,如何充分发挥行政监察职能作用。全文共分为五章。第一章论述行政监察职能对服务型政府建设的推动作用。介绍服务型政府建设对行政监察职能的新要求,研究行政监察职能对推动服务型政府建设作用的理论分析。第二章论述廉政监察与廉洁政府建设。介绍廉政监察的历史发展与性质,分析廉政监察的主要任务和功能作用,探讨影响廉政监察职能作用的主要问题,探索廉政监察对推进廉洁政府建设的理论分析、实务分析及实证分析。第三章论述执法监察与法治政府建设。介绍执法监察的历史发展和性质,分析执法监察的主要任务和功能作用,探讨影响执法监察发挥作用的问题所在,探索执法监察对推进法治政府建设的理论分析、实务分析及实证分析。第四章论述行政效能监察与效能政府建设。介绍行政效能监察的历史发展和性质,分析行政效能监察的主要任务和功能作用,探讨影响行政效能监察发挥作用的问题所在,探索行政效能监察对推进效能政府建设的理论分析、实务分析及实证分析。第五章提出政策建议。

关键词:国家行政机关　行政管理　监察

**6900**

**发展中国家公共政策理论的战略途径研究** / 劳埃德著 ; 丁煌指导. -- 武汉大学, 2009. -- 105 页

论文采用比较分析法、案例分析法等研究方法,对发展中国家公共政策理论的战略途径进行了研究。论文共有五章。第一章绪论,对论文进行了概述,介绍了问题的提出,指出了发展中国家政策制定的困境。第二章理论回溯和研究设计,进行了文献回顾,介绍了研究设计。第三章经验主义的观点:迈向战略途径,描述了中国的政策过程,对比分析了新加坡的政策过程,介绍了相关理论框架,然后分析了加纳的政策过程。第四章战略途径:进一步阐释分析了战略途径的选择——框架、理论抑或模型,阐述了战略途径的哲学。第五章结语,对论证进行了简要概述,并介绍了研究对公共行政理论的贡献。

关键词:发展中国家　行政管理　公共政策

**6901**

**当代中国服务型政府的理论模型及其标准体系:基于“5×1”系统模型的探索性研究** / 冷向明著 ; 张立荣指导. -- 华中师范大学, 2009. -- 217 页

论文以马克思主义政府学说和中国特色社会主义理论为指导,以“5×1”系统模型为分析框架,以系统分析与行政生态分析相结合的视角,主要运用规范分析与实证分析相结合的方法,对根植于我国特定政治—社会—文化环境的服务型政府的环境超系统、目标与价值系统、技术系统、结构系统、社会心理系统和管理系统进行了探究,构建了“中国服务型政府标准”,全文分三大部分。序论为论文的第一大部分,简要阐释了论文的研究主题和研究目的,界定和论析了相关概念的基本涵义和研究现状,构建并阐释了基本理论分析工具,阐明了本文的研究视角、主要方法、论文框架和可能的创新。第一章至第五章为论文的第二大部分。第一章阐释了政府环境超系统和目标与价值系统。第二章探析了政府技术系统。第三章研究了政府结构系统。第四章探究了政府社会心理系统。第五

章考究了政府管理系统。尾论为论文的第三大部分。该部分全面、系统地总结了前文的论析,提炼并阐析了研究服务型政府标准体系的规律性认识,并展望了未来进一步研究服务型政府标准体系的基本方向。

关键词:国家行政机关　行政管理　管理体制　社会服务

**6902**

**广西边远地区普教的可持续发展研究:公共物品与公共财政的视角** / 黎昌珍著 ; 庞绍堂指导. -- 南京大学, 2009. -- 202 页

论文以广西的市政资料为基础,分析我国边远地区农村义务教育投入总量不足和结构短缺并探讨如何构建服务于边远地区教育持续发展的政策和制度保障。全文共分为六章。第一章为导论,主要介绍问题的缘起、相关研究综述、研究意义、研究方法、研究路径、文章结构与创新之处等。第二章为理论概说。介绍公共物品的内涵与外延,界定教育的公共物品属性及边远地区义务教育的公共物品属性,分析公共物品生产与供给的主体及方式,研究公共财政。第三章论述中国边远地区义务教育充分供给的意义。介绍教育充分供给对边远地区转型和发展的作用,提出人力资源向人力资本转化的经济增长,阐明边远地区义务教育充分供给的效用内涵及边际福利效用递减的比较,探讨义务教育充分供给对广西的突出意义。第四章论述边远地区义务教育供给状况。回顾广西边远地区义务教育供给的历史,分析广西边远地区教育供给总量不足的原因,分析结构性短缺即城乡与校际间供给失衡。第五章分析广西边远地区义务教育供给不足的原因,分别为中央政府义务教育财政负担的转嫁与卸载、国家义务教育政策的随意性、教育公共财政制度的缺失。第六章探讨边远地区义务教育发展。介绍"国家财政"与"公共财政",说明普教政策的随意性及其对教育发展的危害,分析义务教育充分供给的制度保障即民主财政,探讨边远地区教育发展的制度选择即政策性投资。

关键词:义务教育　教育管理　教育财政　广西

**6903**

**中国对外直接投资与政府服务研究** / 李景文著 ; 张成福指导. -- 中国人民大学, 2009. -- 212 页

论文采用文献分析法和案例分析法对中国对外直接投资与政府服务进行了研究。全文共分九章。第一章为导论,介绍了研究的主题、核心概念、国内外研究现状、研究的主要内容和方法。第二章为对外直接投资与国家经济安全和发展,从对外直接投资与国家经济安全的关系、对外直接投资对国家经济发展的影响、对外直接投资与国家国际地位之间的关系三个方面进行了论述。第三章为对外直接投资与政府服务的国家经验,从政府提供企业发展的基础性环境服务、法律法规性服务、促进和保障性服务三方面进行了论述。第四章是关于中国对外直接投资与政府服务发展的论述。第五章讨论了中国对外直接投资与政府服务的缺失。第六章讨论了中国对外直接投资与政府宏观领导力的提高。第七章中国对外直接投资与政府管理体制和机制的创新。第八章中国对外直接投资与政府信息咨询服务体系的建立。第九章总结了全文并指出了研究的限制。

关键词:对外投资　直接投资　国家行政机关　行政管理　跨国公司

**6904**

**基于业务重组的城市政府信息资源共享研究** / 李卫东著 ; 徐晓林指导. -- 华中科技大学, 2009. -- 175 页

论文将城市政府信息资源共享需求划分为"弹性共享需求"和"刚性共享需求",应用关联度分析法构建了业务重组与信息资源共享的相互依存关系模型,基于相关理论框架和实证调查,构建了城市政府的业务参考模型和信息资源共享模型,研究了基于业务重组的城市政府信息资源共享问题。论文共有七章。第一章绪论,介绍了选题意义、研究预期目标、研究思路和研究方法以及可行性。第二章文献综述,描述了政府业务流程再造、政府信息资源共享、城市政府组织再造以及当前研究存在的不足。第三章主要介绍了理论框架和研究设计。第四章城市政府信息资源共享方法,介绍了城市政府信息资源共享方法的体系框架和城市政府信息资源共享方法的应用模型。第五章主要介绍了业务环境调查、共享需求调查并对实证检验结果进行了分析,具体内容包括城市政府业务环境调查和业务关联度分析、城市政府信息资源共享需求调查、城市政府业务重组与资源共享相互依存关系的实证检验分析。第六章是对城市政府业务参考模型和信息资源共享模型的介绍,包括城市政府职能模型、城市政府关联模型、城市政府权能模型、城市政府流程模型、城市信息资源共享模型。第七章是结论

与总结部分,主要对全文的主要观点进行了全面的归纳,分析了相关政策性含义,指出了该论文的创新之处,并进一步对未来的研究进行了展望。

关键词:地方政府　城市管理　电子政务　信息资源　资源共享

**6905**

**创新集群评价研究** / 李卫国著 ; 钟书华指导. -- 华中科技大学, 2009. -- 157 页

论文采用文献分析、案例分析等方法,对创新集群评价进行探索。将创新集群的评价分为主体要素评价、结构评价、环境评价、绩效评价和综合评价五个方面,针对不同的评价内容选择相应的评价指标,并运用综合因子分析法和主成分分析法对发达国家的创新集群进行了定量为主、定性为辅的实证分析。论文共有八章。第一章绪论,主要介绍了问题提出及研究意义、研究对象、研究思路、逻辑框架、主要内容、研究方法和论文的创新点。第二章创新集群评价及相关研究的述评。第三章创新集群的主体要素评价,分析了创新集群的主体要素构成、创新集群主体要素评价模型与指标体系,以及爱尔兰 ICT 的创新集群主体要素评价。第四章为创新集群的结构评价,分析了创新集群结构、创新集群的结构评价方法、模型与指标体系以及北欧国家 ICT 创新集群结构评价。第五章是关于创新集群的环境评价,介绍了创新集群的环境、创新集群的环境评价,分析了北欧诸国 ICT 创新集群的环境评价。第六章是关于创新集群的绩效评价,内容包括创新集群绩效分析、创新集群绩效评价模型与指标体系、欧洲 IT 集群绩效评价。第七章是关于创新集群的综合评价,分析了创新集群综合评价内涵及其与专题评价的关系、创新集群综合评价的维度、创新集群的综合评价模型与指标体系,还分析了北欧各国 ICT 创新集群综合评价。第八章是结论与展望,总结了研究内容,得出了结论,并对研究进行了展望。

关键词:国家创新系统　聚集经济　创新管理　评价模型

**6906**

**农村养老保障中的政府角色研究** / 李彦娅著 ; 齐明山指导. -- 中国人民大学, 2009. -- 204 页

论文通过比较分析法、文献研究法等研究方法,从文化比较角度、历史角度、地域角度、人口(人群)角度、治理角度分析探讨了农村养老保障供给中的政府角色及其对相关政策制定的影响。全文共有九个部分。前言部分介绍了选题背景、选题意义、研究问题界定、研究方法、文献综述、研究框架和创新之处。第一章概念界定,介绍了农村养老保障及其政府在其中扮演的角色以及相关理论综述。第二章从历史角度看农村养老保障供给中的政府角色,分别阐述了计划经济时代、1978—1993 年、1993—2003 年以及税费改革后的农村养老保障供给与政府角色,分析了影响农村养老保障供给中的政府角色历史转变的因素和历史上农村养老保障供给中的政府角色特点。第三章国外农村养老保障制度及其对我国的借鉴。第四章治理角度看农村养老保障供给中的政府角色,分析了农村社会养老保障制度中和家庭养老中的政府角色,介绍了商业保险和依靠社会(社区、集体)提供农村养老保障。第五章从地域角度分东、中、西部介绍了农村养老保障中的政府角色,并分别分析了影响农村养老保障供给中的政府角色地域差别的主要因素和农村养老保障供给中的政府角色地域差别不大的原因。第六章分别介绍了留地农民养老保障供给与政府角色、失地农民养老保障供给与政府角色、农民工养老保障供给与政府角色。第七章分析了农村养老保障卡为基础的制度供给与公民选择的均衡。

关键词:农村　老年人　社会保障　政府职能

**6907**

**美国思想库的外交政策影响力研究** / 林芯竹著 ; 楚树龙指导. -- 清华大学, 2009. -- 162 页

论文主要对思想库在外交政策制定领域的影响力进行了了分析,采取理论框架、量化分析和案例实证对比,选取的思想库是外交领域最著名的研究所。全文共分八章。第一章引言,主要介绍了文章的选题背景、本研究的中心问题以及研究概述。第二章文献综述,主要包括思想库影响力研究的相关视角、思想库影响力的相关理论、美国外交政策制定的几个常用分析模式、文章的核心理论框架来源以及公共政策的制定过程。第三章在评析已有的思想库外交政策影响力分析框架的基础上,构建了思想库影响力传导模型。第四章着重分析了美国外交政策制定的主要参与者及其影响力,阐明了美国思想库的主要特征及其影响力。第五章阐述了本文构建的思想库外交政策影响力评价模型及评价方法。第六章为美国思想库外交影响力的实证分析,介绍了美国历届总统外交政策与各个时期的思想库。第七章针对 911 事件中重要思想库进行了经

验性案例分析,包括布鲁金斯学会、卡内基国际和平基金会、卡托研究所、战略与国际问题研究中心、对外关系委员会、传统基金会、哈德森研究所以及兰德公司。第八章总结了文章的主要结论,并对论文的研究意义、创新点以及有待完善之处进行了讨论。

关键词:美国对外政策　政策选择　研究机构

**6908**

**台湾大专院校教师工作倦怠、运动行为与健康状态之研究** / 林新龙著 ; 徐晓林指导. -- 华中科技大学, 2009. -- 87 页

论文通过研究模型探讨了台湾大专院校教师工作倦怠的程度是否影响个人主观评断自己是否有能力、时间能够从事规律运动,进而影响从事规律运动的意图与行为,同时探讨运动行为的有误与工作倦怠的程度是否影响台湾大专院校教师自觉的健康状态。论文共分五个部分。第一部分绪论,介绍了研究背景与动机、研究目的、研究贡献、研究限制以及论文架构。第二部分文献探讨,分析了大专院校教师的工作性质,介绍了计划行为理论,探讨了规律运动行为和工作倦怠。第三部分研究模型与研究方法,介绍了研究模型与研究假说,研究设计和问卷设计流程,对相关名词进行了解释和定义,介绍了数据搜集过程与样本回收,检定了样本稳定度,介绍了数据分析方法。第四部分结果与分析,介绍了研究样本的特性,进行了各变项之统计分析,监测了量表品质,分析了有规律运动及无规律运动两组在信念上面的差异,最后进行了研究假说检定。第五部分结论与建议,分析了台湾各大专院校教师从事规律运动的现况,对计划行为理论进行了验证,分析了工作倦怠、运动行为与健康状态之间的关系,提出相关建议。

关键词:高等学校　学校管理　教师　工作状态　台湾

**6909**

**新苏南模式中的社会管理体制创新研究** / 刘焕明著 ; 童星指导. -- 南京大学, 2009. -- 110 页

论文采用历史分析与逻辑分析相统一的方法、多学科交叉研究的方法、现场调研和实证分析相结合的方法,对新苏南模式中的社会管理体制创新进行了研究。全文共有六章。第一章绪论,介绍了问题的提出、研究的方法、研究的思路,并进行了文献综述。第二章介绍了苏南发展过程中的社会管理体制演变,分析了适宜的社会管理体制产生条件、适宜的社会管理体制标准、“苏南模式”的萌芽、“苏南模式”的发展、“苏南模式”的终结和“新苏南模式”的产生以及社会管理体制创新的基点。第三章从适宜的非正式制度和正式制度等两方面对苏南模式的经验进行了分析。第四章主要讨论了新时期苏南的社会结构变动,内容具体包括社会结构变动的内涵、新时期苏南的社会结构变动、以创新的社会管理体制重整苏南社会。第五章介绍了新苏南模式中社会管理理念和社会管理体制创新。第六章为结论部分,对全文进行了总结,并对未来的研究进行了展望。

关键词:社会管理　管理体制　政治体制改革

**6910**

**面向化工园区建设的政府职能优化研究** / 刘家海著 ; 张立荣指导. -- 华中师范大学, 2009. -- 142 页

论文以马克思主义政府理论和中国特色社会主义理论为指导,以“化工园区建设过程中的政府职能优化”为抓手,综合运用实证分析与规范分析的研究方法展开研究,尤其使用个案研究等实证分析法,对面向化工园区建设的政府职能优化的基础理论、存在问题、优化模型、实施战略策略、实际应用等问题进行了阐析和探究,并提出了具有一定思路、观点和见解。全文共三大部分。序论部分介绍了文章研究的相关问题,研究的主题、目的和意义,国内外相关研究的状况,主要研究方法、框架与可能的创新。第一章政府职能优化的基础理论。第二章以化工园区建设中的政府职能模式为分析对象,剖析了化工园区建设中的政府职能模式的典型类型以及政府职能模式选择的约束条件。第三章从角色、需求、层次三个视角分析了政府职能优化对化工园区建设的影响,阐释了化工园区建设中政府职能的边界和政府职能优化的目标。第四章探析了政府职能优化的战略策略,提出“以优化生态保护职能为首要取向、以优化公共服务职能为第一要务、以优化经济管理职能为重要内容”的战略思想,并分别探讨了相应的优化策略。第五章以武汉市化工新城为个案,剖析其建设过程中政府职能模式的特点、绩效以及优化模式,对四位一体的优化模型以及实施战略进行了检验与修正。结论与讨论部分总结全文,指出了有待进一步探讨的问题。

关键词:国家行政机关　行政管理　社会服务　工业园区　政府职能

6911

**基于信赖交往的两岸往来权益保障研究** / 刘君毅著 ; 周志忍指导. -- 北京大学, 2009. -- 231 页

论文为两岸迈向政治统合或统一提供了一个理论指导框架,并根据这一理论思路框架对两岸往来权益保障有关的议题与做法进行考察,同时针对发现的问题提出相应的政策建议。全文共分为七章。第一章为导论,阐明论文的研究意义、文献综述和评论、研究方法、研究思路与结构安排、可能的贡献与不足之处。第二章探究两岸的历史发展导致两岸交往欠缺互信的问题与成因。指出两岸现代化历程差异乃两岸统合面临的结构性难题,就两岸互动过程中出现的重大争议问题对于两岸民心造成的影响逐项论证分析,分析两岸互信缺乏的成因,探讨两岸重构认同的问题与关键。第三章论述信赖交往理论。分别阐明理论提出背景、理论相关概念文献回顾、理论内涵与框架、理论说明与运用限制及信赖交往视角下的分析指南。第四章探求政权分和的演进规律,介绍欧盟、两德及两韩之统合或统一沿革,此三个案例成功"抑分促统"的具体认识与措施作为两岸未来统合或统一的参考与借鉴。第五章论述两岸经贸争端解决与信赖交往。介绍两岸现有贸易争端的类型及成因。分析两岸经贸政策法制与争端解决机制的问题,探讨提升两岸经贸争端解决效能的建议。第六章论述两岸往来人权保障与信赖交往。介绍国际人权保障发展的相关问题,考察两岸人权保障的思想与实践结果,分析两岸往来有关人权保障的相关法制及现况问题,比较两岸人权保障现况观念与做法的差异,从信赖交往的视角提出调和两岸宪政法制差异的建议。第七章为结论。重申两岸往来"权益保障"与"信赖交往"乃两岸统一、中华民族成功现代化的必由之路。

关键词:海峡两岸　利益　保护　人权

6912

**国有企业发展中的政府行为有效性研究** / 刘溇著 ; 程信和指导. -- 中山大学, 2009. -- 167 页

论文从公共管理学、经济法学的角度探讨国有企业发展中政府行为的有效性问题并研究提高政府行为有效性的对策。全文共分为五章。第一章对论文的理论基础和逻辑分析框架进行阐释。介绍现代政府管制理论与公共部门绩效管理理论,阐述市场经济体制中的政府与国有企业,研究国企发展中政府行为的有效性评价。第二章政府调节行为及其有效性分析。以中国电信业改革中的"政府之手"为实例进行研究,制定政府调节行为目标,使国有经济布局趋于合理,阐述我国国有经济布局现状,考察政府调节行为的成效及元素。第三章政府规制行为及其有效性分析。以"五龙"治电信、深圳政府与中国电信的"管道之争"为实例进行研究,制定政府规制行为目标,以营造适宜的市场机制,阐述我国国有企业经营机制现状,考察政府规制行为的成效及元素。第四章研究公共服务行为及其有效性分析。以电信法"难产"的27年之路为例进行研究,制定服务行动目标,以提供良好的发展环境,阐述我国国有企业发展中的公共服务现状,考察公共服务行为的成效及元素。第五章研究提高政府行为有效性的对策。从主体制度、行为制度及约束制度等三方面来探讨。

关键词:国有企业　企业发展　行政管理　政府行为

6913

**中国基本公共服务均等化研究** / 刘琼莲著 ; 齐明山指导. -- 中国人民大学, 2009. -- 249 页

论文采用文献分析、比较分析的方法,研究了中国基本公共服务均等化问题。论文共包括导论和七章。导论部分主要介绍了选题的背景与意义,进行了文献回顾,阐述了研究基础、视角与方法,概括了基本框架与主要内容,分析了研究的重点难点、主要观点、创新与不足之处。第一章公共服务、基本公共服务及其均等化,介绍了公共服务及其构成,基本公共服务及其均等化和其均等化的意义。第二章基本公共服务均等化的理论基础,追溯了基本公共服务均等化理论,分析了基本公共服务均等化制度假设,探讨了社会公正与制度和谐,分析了基本公共服务均等化的实质和原则。第三章基本公共服务均等化的目标与实现途径,分析了基本公共服务均等化的目标,基本公共服务均等化的实现途径,基本公共服务均等化的运作模式及其与公共行政、公共政策的关系。第四章绩效导向的行政模式与基本公共服务均等化,分析了绩效导向与基本公共服务均等化,行政模式与基本公共服务均等化,政府职能转变视角下的基本公共服务均等化。第五章中国基本公共服务均等化现状及其发展潜力,介绍了中国基本公共服务均等化的总体状况,分析了中国区域之间基本公共服务的差距、中国城乡之间基本公共服务的差距、中国不同群体之间基本公共服务的差距、中国基本公共服务均等化的条

件、中国基本公共服务均等化的潜力。第六章中国基本公共服务均等化的政策路径，分析了中国基本公共服务均等化的目标，建构了中国基本公共服务均等化的价值标准以及中国基本公共服务均等化的政策系统，分析了在政策制定中推进基本公共服务均等化。第七章公共财政与公共产品供给中的基本公共服务均等化，分析了市场经济与资源配置、公共财政建设对公共服务均等化的影响、公共产品与服务供给方式对基本公共服务均等化的影响、中国财政资源配置结构、在新型财政体制建构中实现基本公共服务均等化。

关键词：社会服务　公共财政　以人为本

**6914**

**行政权失范的内在根源及其差序制度约束** / 刘述良著 ; 郭小聪指导. -- 中山大学, 2009. -- 198 页

论文以规范研究为取向，选择制度分析方法，针对性地运用权力理论、制度约束理论及嵌入理论（新经济社会学对行动情境的强调）对行政权力失范问题展开探讨并提出见解。论文共分为四章。第一章为导论，主要介绍问题提出背景及研究意义、文献综述、基本概念界定、研究起点、思路与方法、理论工具选择与基本框架。第二章论述公共行政中行政权失范的内在根源。探讨行政权运行的合法性标准及行政权力有效约束的基本构成，分析现实中行政权失范的主要表现及各类失范的共性及其消极影响，阐明行政权力运行结构的内在张力是行政权失范的根源，主要分析行政权行使的主观与客观方面、制度约束不了行政权的三大原因。第三章论述差序行政格局与同性质制度约束的矛盾。介绍行政权行使中所受约束的类型，分析制度化行政权的同质性约束，主要研究权力分立制衡及同质性约束方案中的行政权力制度安排，阐明差序行政权力格局中同质性约束方案中存在的问题。第四章论述行政权差序制度约束。介绍差序制度约束的内涵及实施差序制度约束的理由，研究行政权差序约束的三原则，探讨差序约束下的行政权运行，分别分析基于程序的行政、权力行使信息公开及公民参与价值的普及。

关键词：行政管理　行政权力

**6915**

**政策协商初论** / 刘兆鑫著 ; 张亲培指导. -- 吉林大学, 2009. -- 194 页

论文通过回顾和梳理相关文献，界定协商民主、公共政策和政策协商之间的关系，系统地论述政策协商的机理、条件、政策诉求、制度基础及政策主体。全文共分为五章。第一章介绍作为协商民主的公共政策。说明公共政策的公共性及理论演进中的政策主体，分析协商的理由和民主的实现，通过探讨协商民主、公共政策和政策协商来界定政策协商的理念与含义。第二章论述政策协商的机理与条件。分析政策协商的机理，即政策协商与共识、政策协商共识的验证，探讨政策协商的条件，即政策协商的一般条件、协商民主的理论诘难、政策协商的限度。第三章论述政策协商中的政策诉求，即差异与调和。介绍多元社会中基于主体角色、需求层次及文化背景的政策诉求差异，分析政策诉求的可通约性，正义原则的定立及宪法的基本精神与调和作用的关系。第四章论述政策协商的制度基础，即公共领域的分化与衔接。介绍公共协商的两种形式，即市民公共领域中的公共协商：市民社会的公众舆论和政治公共领域中的政策协商：公众舆论与政策制定，分析选举制度对政策协商的积极作用及选举制度的中国意义。第五章论述政策协商中的政策主体，即角色与定位。阐明政策协商中的政党制度，分析政策协商中的人大与政府、公众、社会组织及大众传媒。

关键词：行政管理　公共管理　方针政策　民主协商

**6916**

**人力资源战略实施策略研究：基于中美两国的比较分析** / 刘追著 ; 肖鸣政指导. -- 北京大学, 2009. -- 172 页

论文主要采用文献分析法、比较分析法和案例分析法等研究方法，以国家层面人力资源战略的实施策略为研究对象，通过系统分析人力资源战略实施的影响因素，结合中美人力资源战略实践，提出人力资源战略实施策略的分析框架；在此基础上，厘清中美两国在人力资源战略实施过程采取的策略选择，以此得出中美两国实施策略的相似之处和不同之处，并分析产生差异的原因，从匹配的角度提出我国新时期更好地实施人力资源战略的几点策略建议。全文共分六章。第一章导言，介绍了研究背景及问题的提出、研究目的与意义、相关概念界定、国内外研究现状及评价、研究思路与方法、难点及创新之处、研究结构及主要内容。第二章人力资源战略实施的影响因素，分析了战略实施及政策执行的相关理论、环境因素、资源

配置、组织结构、激励与沟通机制、战略评估、制度建设对人力资源战略实施的影响以及美国人力资本战略实施的案例。第三章中美人力资源战略实施策略框架及其因素比较,介绍了中美人力资源战略评价及其实施策略框架,进行了中美人力资源战略实施中资源配置、组织结构、激励与沟通、战略评估、制度建设的策略比较。第四章中美人力资源战略实施策略异同分析及启示。第五章新时期中国人力资源战略实施的策略建议,提出:做好人力资源战略分解,注重战略的可操作性;优化资源配置,注重提高人力资源战略的整体效益;加强组织协调,建立实施主体间的合作伙伴关系;建立人力资源战略评估机制,发挥评估结果的积极作用;提高公众参与度,建立人力资源战略实施的社会网络;加快推进人事制度改革,强化人事制度执法监督。第六章对研究进行了总结和展望。

关键词:劳动力资源　人力资源　资源管理

**6917**

**澳门人力资源开发问题研究** / 柳智毅著 ; 肖鸣政指导. -- 北京大学, 2009. -- 315 页

论文通过收集大量相关的统计数据和文献,特别是大量收集了国内外对人力资源开发与问题措施方面的文献数据,以访谈法、问卷调查法、统计分析法、个案研究法等,分析了澳门人力资源开发存在的实际问题,提出了澳门人力资源开发的策略与建议。全文共有八章。第一章导论,介绍了研究背景、研究问题的提出,进行了相关文献综述,阐释了研究的目的和意义、研究思路与方法、研究重点、难点及其创新。第二章澳门人力资源开发问题研究相关理论,介绍了人力资源的相关概念、内涵及特征,阐述了人力资源的相关理论,分析了这些理论对澳门的启示。第三章澳门人力资源开发的价值及其实践过程分析,分析了澳门人力资源开发的价值,介绍了澳门回归后的人力资源开发的实践过程,分析了澳门人力资源开发实践中的问题与不足。第四章澳门人力资源现状及问题分析,描述了澳门人力资源现状,对澳门人力资源对经济的贡献进行了实证分析,对澳门人力资源总量问题、质量问题进行了分析,讨论了澳门人力资源结构与布局的问题。第五章澳门人力资源问题的成因分析,总结了政治体制、社会历史文化、教育体制、政府政策等方面的影响。第六章针对澳门人力资源开发问题讨论了世界其他地区的先进经验。第七章提出了澳门人力资源开发的策略与建议。第八章是研究结论、不足与展望。

关键词:地方经济　人力资源开发　澳门

**6918**

**改革开放以来中国社会政策的发展及其逻辑** / 楼苏萍著 ; 郁建兴指导. -- 浙江大学, 2009. -- 177 页

论文通过比较分析法、文献研究法等,研究了改革开放以来中国社会政策的发展及其逻辑。全文共分七章。第一章导论,介绍了研究缘起与研究主题,对已有研究进行了述评,阐释了研究内容与拟解决的问题,描述了研究方法与论文结构。第二章社会政策的体制分析传统与中国适用性,介绍了社会政策及其分析传统,对体制分析研究的发展及理论框架进行了剖析,讨论了社会政策体制分析框架中的中国适用性改造。第三章改革开放以来我国社会政策的演变,简要回顾计划经济时期社会政策、改革开放以来主要社会政策的演进,以及 2003 年以来社会政策的新进展。第四章改革开放以来我国福利供给结构的变迁,内容包括福利提供多元主体的"再发现"与福利组合,中国社会政策改革与福利供给主体的多元化,多元供给体系中的国家、市场与家庭。第五章从社会权利的视角考察了社会政策改革的结果,介绍了不平等、社会权利与社会政策,分析了中国的社会权利观念及其考察方式,描述了改革开放以来中国社会权利的变化。第六章从社会政策的分层—流动效应考察了社会政策改革的结果,介绍了社会分层与社会政策关系的一般理论,中国的市场转型与社会政策的"解制"效应,分析了改革开放以来社会政策的分层—流动效应。第七章改革开放以来中国社会政策发展的逻辑,描绘了改革开放以来中国社会政策发展的总体特征及其发展趋势,解释了改革开放以来中国社会政策发展的制度,介绍了中国社会政策发展的未来议程。

关键词:社会政策　福利政策　政治体制改革

**6919**

**地方政府竞争研究:基于激励和约束制度视角** / 卢大鹏著 ; 王有强指导. -- 清华大学, 2009. -- 308 页

论文旨在通过研究 1956 年以来中国经济发展中激励和约束地方政府的制度变化和在上述激励和约束制度下地方政府竞争的内容和方式的选择及其对经济社会发展产生的影响,为地方政府竞争提供一种动态和系统的研究,认识不同时期地方政府竞争的主要内容和方式的选择、特征及带来的影响。全文共分

七章。第一章引言和文献综述,主要介绍了论文的研究背景和国内外研究现状以及论文研究的问题与方法、基本框架。第二章地方政府行为目标和地方政府竞争,对地方政府进行了概述,分析了地方政府的含义、地方政府在经济社会中的角色以及地方政府的行为目标。对激励和约束制度与地方政府竞争的相关内容进行了阐述,包括地方政府竞争的定义和分类、激励和约束机制、制度变革以及地方政府竞争分析框架。第三章计划经济时代制度变革与地方政府竞争分析,阐述了高度集中的计划经济体制的形成及其特征、高度集中的计划经济体制下的激励和约束与地方政府竞争、内生于供给者的制度变革以及制度变革、地方政府竞争与经济绩效的计量分析。第四章1978—1993年制度变革与地方政府竞争分析,分1978—1984和1984—1993两个阶段分别论述了激励和约束制度变革和地方竞争。第五章1993年以后制度变革与地方政府竞争分析,包括经济发展在宏的博弈与社会主义市场经济体制的确立,新时期的激励和约束机制及其对地方政府竞争的影响,1993年以后的地方政府竞争以及制度变革、地方政府竞争与经济绩效的计量分析。第六章案例实证分析和当前地方政府竞争的治理,列举了广德县政府的竞争策略演变与地方发展和苏锡常地级市政府的竞争策略演变与地方发展两个案例,对当前地方政府竞争的治理进行了综合论述。第七章结论,总结概括了文章的主要结论、本研究的贡献与创新点以及本研究存在的不足。

关键词:地方政府　行政管理　经济发展　制度安排

**6920**

**善治取向下的村域公共治理模式研究:以中牟县村域公共治理模式为表述对象** / 吕永成著 ; 张立荣指导. -- 华中师范大学, 2009. -- 135 页

论文采用实证研究的方法,以中牟县村域白沙镇的23个村庄为调查点,重点对其村域治理模式的生成机理、权力结构、运作机制、管理绩效等进行考察,得出结论并用以指导村域治理的实践。全文共分为四章。第一章探讨中牟县村域公共治理模式的生成机理。介绍中牟县村域公共治理模式生成的政治背景、经济背景及区域背景,分析中牟县村域公共治理模式的三大生成动力,阐述中牟县村域公共治理模式的四个生成阶段。第二章论述中牟县村域公共治理模式的权力结构。介绍国家输入的村域公共权力组织框架,分析中牟县村域治理模式下的公共权力组织体系,阐述联户代表制嵌入后村域公共权力新格局,探讨乡镇政府在村域治理新格局中的引导作用。第三章论述中牟县村域公共治理模式的运作及效能。分析基于联户代表制的中牟县村委会换届选举的具体做法及经验与启示,介绍中牟县村域治理模式下公共权力的日常运作体系,探讨中牟县村域公共治理模式的管理效能。第四章论述中牟县村域公共治理模式的创新及价值。介绍中牟县村域公共治理模式的三大机制创新及功能,阐述村域公共治理模式的转换即从权威型治理到参与型治理,探讨中牟县村域公共治理模式的价值。

关键词:农村　群众自治　公共管理　中牟县

**6921**

**协作性公共管理视野下的美国州际协议研究:以《里帕布里肯河流域协议》为例** / 吕志奎著 ; 陈瑞莲指导. -- 中山大学, 2009. -- 267 页

论文运用定性研究方法,选择单案例研究工具,对《里帕布里肯河流域协议》进行分析描述与理论解释,并阐明其对中国的借鉴。全文共分为八章。第一章为导论,主要介绍研究背景与问题、文献综述、研究方法及界定关键概念。第二章论述理论基础与分析框架。阐明研究基础即协作性公共管理,介绍研究思路与分析框架。第三章论述州际协议的演变历史。介绍州际协议的历史起源与演变,阐明州际协议的基本类型,提出州际河流协议为流域协作性公共管理之道。第四章论述多元利益主体间协作与州际协议的签订。介绍《里帕布里肯河流域协议》的背景,阐述协作性管理的开始即州际协议的协商与签订,协作性管理的承诺即公平分水与有效用水,探讨权益、协作与承诺即流域协作性管理关系社群。第五章论述协作性管理机构与州际协议的执行。介绍《里帕布里肯河流域协议》管理委员会,提出里帕布里肯河流域水资源结算公式,分析多元利益主体执行协议。第六章论述协作性博弈与州际协议执行中的争端管理。对里帕布里肯河水权争端管理机制进行整体性安排,分析水权争端的焦点即地下水分配,探讨多元利益主体间协作与地下水权争端的解决,分析新一轮水权争端的焦点即是否履行承诺,探索新一轮水权争端的解决之道。第七章论述《里帕布里肯河流域协议》的四大执行效果即评估协作性管理绩效。第八章为研究结论与借鉴。

关键词:地方政府　公共管理　协作　美国

6922

**我国政府信息公开成效与影响因素分析** / 罗春荣著 ; 蔡立辉指导. -- 中山大学, 2009. -- 201 页

论文以政策执行为理论视角,通过运用对政府网站的调查、对民众的问卷调查、对政府信息公开执行人员的问卷调查和访问座谈等研究方法,对我国政府信息公开成效与影响因素进行分析研究。论文共分为六章。第一章为绪论,主要介绍研究问题背景与意义、相关研究文献、论文逻辑框架及界定核心概念。第二章论述理论基础与研究设计。分析政策执行理论与政府信息公开政策执行,探讨政策执行理论与政府信息公开成效评估,阐明研究设计与实施。第三章论述政府信息开放成效即政府门户网站信息公开调查分析。对政府门户网站信息公开专栏进行调查分析,对政府门户网站信息公开进行调查分析并讨论调查结果。第四章主要分析公众认知度和满意度。对政府信息公开公众认知度和满意度进行分析,对政府信息公开公众认知度、满意度和实施影响关系进行分析,对民众对政府信息公开的需求和希望进行分析。第五章基于执行人员视角对政府信息公开成效与影响因素进行论述。对政府信息公开执行现状与成效进行分析,对政策、执行机关、执行人员因素与执行成效关系进行分析。第六章主要探讨提高我国政府信息公开成效的对策。对调研结果进行综合分析,探讨英美政府信息公开的经验及启示,提出提高我国政府信息公开成效的对策。

关键词:国家行政机关　行政管理　信息管理　信息公开

6923

**激励机制与民族自治地方政府效能研究:以宁夏回族自治区为例** / 马青艳著 ; 李俊清指导. -- 中央民族大学, 2009. -- 164 页

论文以宁夏回族自治区为例,对激励机制与民族自治地方政府效能展开研究。全文共分为五章。导论部分介绍问题的缘起和研究的目的,研究的逻辑视角和技术路线,研究的方法和论文的创新之处。第一章,政府效能与激励机制研究综述与模型建设。一是有关政府效能的研究,包括政府效能的内涵,政府效能的实现途径,政府效能的评估;二是有关激励机制的研究,包括激励机制的界定和要素,全过程激励机制的运行模式,不同理论视域的机理模型;三是提出民族自治地方政府效能与激励机制的关系的模型假设。第二章,宁夏政府效能建设中的目标考核激励。探讨目标考核的激励功能,对问卷中目标考核的变量数据分析,探讨目标考核激励的实际行动基准,目标考核存在的激励障碍。第三章,宁夏政府效能建设中的职业发展激励。探讨职业发展的激励功能,对问卷中职业发展变量的数据进行分析,探讨职业发展激励的实践运行以及职业发展存在的激励障碍。第四章,宁夏政府效能建设中的行政问责激励。探讨行政问责的激励功能,对问卷中行政问责变量相关数据展开分析,探讨行政问责激励的实际表现模式,并探讨行政问责机制存在的激励障碍。第五章,宁夏政府效能建设中的心理契约激励。探讨心理契约的激励功能,对问卷中心理契约变量的数据做出分析,探讨心理契约管理中的困境。最后为论文结语。

关键词:民族自治地方　地方政府　激励

6924

**毛泽东邓小平行政决策思想研究** / 毛劲歌著 ; 彭国甫指导. -- 湘潭大学, 2009. -- 168 页

论文采用“体制—过程—方法”的分析方式,系统诠释毛邓关于行政决策的重要思想,并从横向和纵向两个维度,探讨毛邓决策思想的继承与发展问题。全文共分为八章。第一章为绪论,主要介绍问题背景、研究思路与主要内容、研究方法与主要创新点及相关研究综述。第二章介绍毛邓行政决策思想的形成背景与历史地位。介绍毛邓行政决策思想形成的历史背景、过程及理论渊源,分析毛邓行政决策思想的历史地位。第三章论述毛邓关于行政决策的人民主体性思想。介绍行政决策的本质规定即人民主体性,阐明行政决策人民主体性的显著特征,分析行政决策人民主体性地位的深化即民本决策。第四章论述毛邓关于行政决策体制的思想。介绍行政决策体制构建的目标定位即实现社会关系和谐,行政决策体制的组织形式即民主集中制,行政决策体制的改革路径即职能、法制、效率。第五章论述毛邓关于行政决策过程的思想。分析毛邓关于行政决策制定、执行及监控的思想。第六章毛邓关于行政决策方法的思想。分析行政决策科学化的方法即辩证思维,行政决策民主化的方法即群众路线,行政决策系统化的方法即统筹兼顾。第七章论述邓小平对毛泽东行政决策思想的三大继承与四大发展。第八章论述毛邓行政决策思想

的当代五大启示。

关键词:毛泽东　邓小平　行政管理　决策　思想评论

**6925**

**基层政府信任的逻辑与建构:基于华北地区于镇的个案研究** / 牟永福著 ; 庞绍堂指导. -- 南京大学, 2009. -- 210 页

论文以华北地区"于镇"作为调查单位,运用政治社会学的理论与方法,对于镇政府与村(居)民的信任状况进行了扫描,揭示了政府信任的内在运行逻辑、表现方式、收益、影响因子、可能的后果以及制度设计的情形。全文共分三大部分:绪论、正文和结语。绪论部分主要介绍了研究的意义、主要范畴及国内外研究现状、研究架构及研究的方法和路径。第二章是政府信任的结构,揭示于镇村(居)民与镇政府信任建构的动力、策略和模式。第三章分析了权力与政府信任的关系,通过丰富的实证材料呈现了"街头官僚"、村(居)委会和"草根代表"三种权力主体作为镇政府与村(居)民之间信任"经纪人"的权力角色以及所拥有的信任资源情况,提出了四种权力—信任类型。第四章分别从公众舆论、政治沟通、政治参与和政治文化四个维度,考察了"街谈巷议""流言蜚语""面对面"式接触、"中间人"式接触以及"参与""认知"等信任载体。第五章从政府信任的一般假设出发,探讨了普通村(居)民持有的信任资本、行动逻辑,并运用博弈理论建构了村(居)民与镇政府信任效用的静态分析和动态分析模型。第六章讨论了政府信任的客观性影响变量和主管性影响变量,通过问卷和访谈资料剖析了身份或地位、性别与年龄、收入、受教育程度、媒介影响力、社会安全感、流动性以及公共服务质量、角色期待、心理距离和公信力等变量对村(居)民与镇政府信任关系变化的影响。第七章阐述了政府信任的效应问题,指出了政府信任在"增强区间"和"减弱区间"运行中有可能出现的不同后果。第八章以制度与政府信任的关系为研究对象,介绍了于镇政府信任的制度设计形式以及存在的根本缺陷。结语部分主要提出了作者对政府信任建构的一些看法或建议。

关键词:地方政府　基层组织　行政管理

**6926**

**中国政府公共卫生危机管理体系研究** / 穆罕默德·赫塔卜(Mohammed Khattab)著 ; 杨冠琼指导. -- 北京师范大学, 2009. -- 136 页

论文重点研究中国的公共卫生体系,阐述其全貌、发展状况及优缺点并对其进行完善与发展。全文共分为六章。第一章为导论,主要介绍公共卫生危机的基本内涵、特点、研究意义与目的、研究内容与技术路线、论文创新与不足之处等。第二章公共卫生危机的理论分析。阐述公共卫生危机的形成原因、传播途径与防治途径,探讨公共卫生危机暴发应对机制,构建公共卫生危机传到模型。第三章论述 20 世纪以来中国公共卫生危机管理发展历史。介绍中国公共卫生危机及其管理发展概况。第四章论述中国公共卫生体系的现状、问题、经验与教训。介绍中国公共卫生体系及其危机管理机制,分析中国公共卫生危机管理体系的现状与存在的问题,探讨中国公共卫生危机管理的经验与教训,提出中国公共卫生危机管理所面临的挑战。第五章主要是对中国公共卫生危机管理体系的完善与发展。介绍中国公共卫生危机的应急反应机制及其措施,提出强化公共卫生危机的监控,探讨如何健全中国公共卫生危机管理体系。第六章论述中国公共卫生危机管理的经验对约旦公共卫生危机管理的启示。介绍约旦公共卫生体系及其现状。论述约旦如何借鉴中国公共卫生体系的经验及教训。

关键词:公共卫生　紧急事件　卫生管理

**6927**

**政府改革视野中的中国大学拨款制度研究** / 彭磊著 ; 刘熙瑞指导. -- 中国人民大学, 2009. -- 278 页

论文从政府改革这一基础性背景出发,从政府改革进程中新型大学—政府关系的构建出发,在把握世界高等教育拨款制度模式发展趋势的基础上,探讨新时期中国大学拨款制度改革目标和模式选择。论文分六章。第一章导论,就论文的研究方法和理论视角、资料收集途径和论文结构框架设计等做了说明。通过文献综述,提出了政府改革背景下大学与政府间关系的重新构建是大学拨款制度改革的逻辑起点这一问题。第二章主要就大学拨款制度的理论基础进行探讨。第三章探讨了政府改革与大学拨款制度之间的关系问题。第四章就西方发达国家政府改革背景下大学拨款制度改革的实践进行了分析。第五章探讨了改革视野下的中国大学拨款制度。第六章对我国大学拨款制度改革的前景进行了初步的探讨。论文认为我国大学拨款制度改革的目标应当是在服务型政府的指导下,首先清晰厘定政府与大学的关

系,并在此基础上逐渐引入以绩效为导向的产出式拨款模式,而这需要在组织体制和法律制度方面进行创新:首先是基于府际关系调整的中央与地方政府高等教育投入体制的改革,建立基于分权化的高等教育投入体制。其次是基于政府—大学—社会关系调整的大学拨款组织体系的构建,通过建立高等教育基金会等拨款及评价中介组织,增加拨款的透明度,克服高校的成本最大化行为,提高资金的利用效率,提高高等教育质量。第三,基于政府责任的大学拨款制度法律体系的完善,通过制定《大学法人法》及《教育投入法》等相关法律法规,一方面为大学法人制度的建立和完善建立可操作性的制度规范,另一方面将政府对高等教育的投入数量、程序、方式,以及政府公共投入责任监管体系等,以法律的方式构建起规范化的制度体系。

关键词:高等教育　教育经费　财政体制　政治体制改革

**6928**

**数字时代下韩中三网融合产业监管政策研究** / 朴东钍著 ; 毛寿龙指导. -- 中国人民大学, 2009. -- 170 页

论文采用比较分析、案例分析的方法,研究了数字时代下韩中三网融合产业监管政策。全文共有七章。第一章为导论,介绍了选题的背景与意义、研究的方法、相关研究综述、论文的创新点、研究的结构。第二章为管制政策理论和比较研究的视角,介绍了管制的理论基础,描述了通信和广电管制的理论基础,讨论了比较研究的理论基础。第三章为三网融合的发展、挑战与监管体系的变革,介绍了三网融合的概况,分析了三网融合的动因,讨论了三网融合的推进、融合的特点与产业结构的变化,阐释了三网融合下的发达国家新监管系统向水平型监管体系的转换。第四章以韩中的 IPTV 为例讨论了三网融合的产业政策,介绍了 IPTV 的基本情况和全世界 IPTV 的发展趋势,描述了韩国的以 IPTV 为代表的三网融合政策和中国的 IPTV 三网融合政策现状。第五章以韩中三网融合制度建设为中心分析了三网融合法律制度政策,内容包括三网融合的法律制度变化概论、全世界的法律制度变化动向、韩国三网融合相关法律制度的完善、中国的三网融合法律制度。第六章为三网融合政策的比较分析和政策启示。第七章为结论部分,对全文进行了总结。

关键词:信息产业　产业发展　监管体制　政府监督　韩国

**6929**

**民族自治地方政府合作研究:以德宏傣族景颇族自治州为例** / 普永贵著 ; 荣仕星指导. -- 中央民族大学, 2009. -- 154 页

论文以德宏傣族景颇族自治州为例,对民族自治地方政府合作展开研究。全文共分为五章。导论部分介绍论文的研究背景与选题意义,国内外研究现状和评价,主要研究方法、研究的框架结构和主要内容。第一章,民族自治地方政府合作的理论基础。介绍民族自治地方政府合作的概念界定,民族自治地方政府合作的属性,民族自治地方政府合作的理论来源。第二章,民族自治地方政府合作的缘起与演进。从民族自治地方政府管理环境的变迁展开讨论,探讨区域公共问题:民族自治地方政府合作的逻辑起点,民族自治地方政府合作的动力因素以及民族自治地方政府合作的历史演进。第三章,民族自治地方政府合作的形态——以德宏傣族景颇族自治州为例。介绍该地区的现状情况和历史情况,探讨民族自治地方政府合作的类型,并探讨德宏州政府与国内相邻地方政府间的合作,德宏州政府与国内不相邻地方政府间的合作,德宏州政府与缅甸相邻地方政府间的合作,提出德宏州政府合作的成绩和经验。第四章,民族自治地方政府合作的阻力分析。分析探讨民族自治地方政府合作困境的生成机理,制约民族自治地方政府合作的具体因素。第五章,深化民族自治地方政府合作的路径选择。结合民族自治地方政府合作应遵循的原则,提出建立和完善民族自治地方政府合作的保障机制,探讨深化民族自治地方政府合作的措施。最后为论文结语。

关键词:民族自治地方　地方政府　合作

**6930**

**地方政府跨域合作研究:以区域公共事务治理为中心** / 饶常林著 ; 朱立言指导. -- 中国人民大学, 2009. -- 219 页

论文从区域公共事务治理的现实需求出发,以区域公共事务治理为中心对地方政府跨域合作进行了系统的研究。首先提出地方政府跨域合作是治理区域公共事务的必然要求这一基本命题,进而运用行政学、经济学、组织学、政治学、系统论的相关理论对地方政府跨域合作进行理论解析和模式架构。在规范研究和比较研究的基础上,针对我国国情和地方政府间合作的现实状况,找出我国完善地方政府跨域合

作,迈向跨域治理的现实路径。全文共有6章。第1章导论,介绍了研究背景与意义、文献综述与研究方法、研究范围、基本框架和创新与不足。第2章对区域公共事务的概念进行了厘定,介绍了区域公共事务的涌现及其缘由,分析了区域公共事务对当代政府治理模式的挑战与回应。第3章分析了地方政府跨域合作的必要性、可行性与影响因素。第4章,分析了美国、英国、日本地方政府的跨域合作,并得出了相关启示。第5章,分析了地方政府跨域合作的市场模式、地方政府跨域合作的科层模式、地方政府跨域合作的网络模式。第6章,分析了区域公共事务的善治之道,对我国地方政府跨域合作的实践进行了反思,并对我国地方政府跨域合作治理进行了基本构想。

关键词:地方政府　行政管理　经济管理　经济合作

**6931**

**公共组织智力资本与人力资源开发策略:基于对组织业务知识特征的分析**／饶伟国著 ; 肖鸣政指导. -- 北京大学, 2009. -- 152 页

论文采用了问卷调查与案例分析相结合的方法,检验了在分析总结以往研究成果的基础上所提出的假设:公共组织的智力资本形态与组织业务知识特征之间的匹配程度会影响组织绩效;公共组织在配置智力资本所含的人力资本和结构资本的过程中,可以选择实施具有导向性的人力资源开发策略来实现智力资本与业务知识特征的匹配,进而促进组织绩效。全文共有六章。第一章导论,介绍了问题提出、研究目的、研究内容、研究思路和方法、研究意义和研究的创新点。第二章进行了文献综述,提出了研究假设。第三章研究设计与过程,介绍了抽样过程、样本特征和变量及测量。第四章研究结果与分析,介绍了对问卷的信度与效度检验、人力资本及结构资本对组织绩效的影响分析、知识密集度及知识可重复性的调节作用分析、对四类人力资源开发策略作用效果的验证分析。第五章以某市国税局为例进行了案例研究,对组织的背景和研究过程进行了介绍,并讨论了案例单位智力资本发展的两个阶段。第六章研究结论与讨论,探讨了公共组织智力资本与业务知识特征的匹配、四象限模型、人资资源开发策略与组织智力资本,并提出了相关建议,分析了研究的创新点,介绍了研究的局限性,最后是对未来研究的建议及展望部分。

关键词:国家行政机关　行政管理　智力资源　人力资源开发

**6932**

**巴基斯坦 Barani 村庄发展计划的社会经济影响:一个计量经济学的分析**／睿智著 ; 谭术魁指导. -- 华中科技大学, 2009. -- 119 页

论文采用实证分析的方法,利用来自2000年和2007年两个时间段巴基斯坦 Barani 地区农场家庭代表性调查的数据,对 Barani 村庄发展计划(BVDP)的社会经济影响进行了评价。首先,运用收入—支出法在整个地区对贫困动态特征(如贫困发生率、贫困深度和贫困强度)进行了评估。其次,运用 Logit 回归模型分析了贫困的决定因子,通过该模型阐释了巴基斯坦 Barani 地区低程度和高程度贫困发生的可能性,分析了 Barani 村庄发展计划(BVDP)引致的农民收入增长程度。分析结果表明:灌溉、社会基础设施和物质基础设施开发投资提高了农业生产力,减少了区域贫困和不公平;区域内教育和贫困之间存在负相关,教育在缓解贫困过程中起到了显著作用,农村人口教育是缓解贫困的有效措施;家庭规模的增长、收入不平等的加剧,是高密度区域贫困的主要原因;家庭收入与年龄、文化程度、家庭有收入来源者人数以及土地接近权呈正相关,表明这些变量水平的提高将导致所研究地区农业部门的从业个体总收入增加。论文共分五个部分。第一部分介绍了农业和农村发展在缓解贫困方面的作用。重点介绍了巴基斯坦农村及 Barani 村的相关背景、论文的研究对象及研究问题。第二部分是关于巴基斯坦贫困影响评估、贫困测度、农村发展、农业生产力、妇女权力运动以及贫民小额信贷项目的文献综述。第三部分是关于研究方法论的详细介绍。第四部分是关于研究结果的解释和讨论。最后一部分是研究结论和提供给巴基斯坦政府的政策建议。

关键词:农村经济发展　农业生产力　贫困　巴基斯坦

**6933**

**我国民族自治区生态补偿机制研究**／萨础日娜著 ; 荣仕星指导. -- 中央民族大学, 2009. -- 133 页

论文的研究对象为我国民族自治区生态补偿机制。全文共分为五章。导论部分介绍论文的研究背景、研究意义、国内外研究进展、研究方法以及论文的研究创新点。第一章,生态补偿理论的国内外经验。

介绍生态补偿的内涵与生态补偿机制，对生态补偿的理论基础加以说明，包括生态学理论、外部性理论、公共产品理论和生态价值理论，介绍生态补偿的国内外相关经验与思考现状。第二章，建立民族自治区生态补偿机制的必要性与重要意义。介绍建立民族自治区生态补偿机制的必要性，提出民族自治区是我国重要的生态屏障区和资源储备库，民族自治区生态环境状况直接影响国家的生态安全，生态环境问题成为制约民族自治区发展的主要因素，应为建设好民族自治区生态环境投入大量资金，提出建立民族自治区生态补偿机制的重要意义。第三章，民族自治区生态补偿机制的现状。对民族自治区生态补偿机制及生态补偿总体情况做出说明，介绍内蒙古自治区生态补偿，新疆维吾尔自治区生态补偿，广西壮族自治区生态补偿，宁夏回族自治区生态补偿以及西藏自治区生态补偿，探讨民族自治区生态补偿的典型案例，提出对自治区生态补偿的经验总结。第四章，分析民族自治区生态补偿机制存在的问题，并对民族自治区生态补偿存在问题的原因展开分析。第五章，建立民族自治区生态补偿机制的总体思路。提出对民族自治区生态补偿的机制设计，民族自治区生态补偿的主要内容，民族自治区生态补偿的管理机制以及民族自治区生态补偿的保障措施。最后为论文结语。

关键词：区域环境　生态环境　补偿性财政政策

**6934**

**中国农村公共产品供给制度研究** / 石义霞著 ; 王健指导. -- 北京大学, 2009. -- 212 页

论文按照理论分析—经验借鉴—历史回顾—现状分析—思路对策的思路，提出完善我国农村公共产品供给制度的总体思路和对策。全文共分为七章。第一章为导论，介绍论文的问题背景、研究目的与意义、文献综述、研究思路和框架、研究方法及创新之处。第二章对农村公共产品供给制度相关理论进行分析，提出论文的理论观点。介绍制度的含义及作用、变迁与创新，阐明我国农村公共产品供给制度理论分析，分析影响农村公共产品供给制度的相关因素，包括公共财产制度理论、乡村治理结构理论及其他。第三章国外农村公共产品供给制度的理论和实践借鉴。介绍国外公共产品供给制度的主流理论观点，分析印度、美国、日本农村公共产品供给制度实践及韩国的新村运动，阐明我国农村公共产品供给制度的五大启示。第四章回顾和研究建国后我国农村公共产品供给制度的变迁。分别分析人民公社时期、家庭承包制时期的农村财政制度及公共产品供给制度，研究农村税费改革对我国农村公共产品供给制度的影响。第五章论述我国农村公共产品供给制度存在的突出问题及地方的改革与探索。分析我国农村公共产品供给制度的五大关键问题及近年来基于问题的五大模式实践。第六章提出完善我国农村公共产品供给制度的思路与对策。阐明完善我国农村公共产品供给制度的重要性、原则及总体思路，分析三大对策。第七章为结论，即我国要从改革农村公共财产制度、完善乡村治理结构及创新农村公共产品供给制度等三大方面来解决我国农村公共产品供给制度中出现的突出问题。

关键词：农村　公用事业　供给制　经济制度

**6935**

**利益集团视角下的质量规制研究** / 史红民著 ; 魏成龙指导. -- 北京师范大学, 2009. -- 122 页

论文理论结合实践，以消费者、生产者和规制者三个利益集团为视角，探讨不同利益集团的行为、对质量规制的效应与规制机理，并在此基础上对实践问题进行对应的剖析。全文共分为六章。第一章导论在充分梳理国内外文献的基础上，主要阐述论文的理论意义和实践意义，论文的逻辑起点、研究路径和方法、创新和不足。第二章论述消费者利益集团与质量规制。阐明消费者群体特征与行为，分析消费者在信息不对称条件下的逆向选择问题，通过构建模型来分析市场力量对比下的消费者行为与产品质量，探讨消费者权益保护行为与质量效应。第三章论述生产者利益集团与质量规制。从规制下企业成本收益、企业间质量博弈、重复博弈与质量信誉出发，得出均衡结果和企业质量策略的选择，为政府质量规制提供理论工具。第四章论述规制者利益集团与质量规制。对产品质量规制进行微观解释，探讨激励扭曲与规制失灵，分析我国质量规制机构及其监管方式，阐明央地政府博弈背景下的质量规制异化。第五章分别从消费者、生产者和规制者角度出发，结合“三鹿奶粉”事件、黄静诉华硕案、郑筱萸与“GPM 认证”等实证案例，对我国产品质量规制进行全方位、多视角的分析。第六章为结语，从消费者、生产者和规制者角度提出改进质量规制的政策建议及完善我国质量规制的保障措施。

关键词：产品质量　质量管理　政府管制　利益关系

6936

**转型社会的行业协会失灵:理念、中国问题及其解决方案** / 孙春苗著 ; 王名指导. -- 清华大学, 2009. -- 178 页

围绕转型期中国的行业协会失灵这一核心问题,论文对行业协会失灵的概念体系、解释框架以及克服行业协会失灵的制度设计等一系列问题进行了深入研究。本研究借助实地调研和问卷调查,主要采取了比较研究和统计分析的方法。全文共分八章。第一章导论,介绍了行业协会失灵问题的提出、行业协会失灵的系统表现以及论文的选题背景和选题意义等。第二章行业协会失灵的逻辑及研究内容,对行业协会失灵的相关概念进行了综述,概括总结了行业协会失灵的逻辑。第三章行业协会的体制性失灵,分政府推动型行业协会失灵和市场内生型行业协会失灵,论及了其失灵表现和失灵原因。第四章行业协会的结构性失灵的影响,分析了会员组成对行业协会结构性失灵的影响以及治理结构对行业协会结构性失灵的影响。第五章转型期中国行业协会失灵的机制,主要包括转型期中国行业协会失灵的层次分析以及转型期中国行业协会失灵的理论解释框架以及转型期中国行业协会的作用及其失灵的机制。第六章克服行业协会失灵的制度设计,分行业协会体制性失灵的克服、行业协会机构性失灵的克服以及克服行业协会失灵的制度设计。第七章案例分析,以广东省行业协会的改革为例进行了论述。第八章总结,对论文的主要结论进行了总结,对行业协会理论进行了拓展。

关键词:行业组织　社会转型　转型经济

6937

**我国税务流程再造研究** / 孙云强著 ; 彭向刚指导. -- 吉林大学, 2009. -- 126 页

论文剖析当前我国税收征管中存在的问题,提出税收征管业务重组和流程优化的具体方案设想。全文共分为五章。第一章论述流程再造理论及其实践趋势。阐明流程再造理论产生的时代背景,分析历程再造理论的基本内容,探讨流程再造理论在政府领域中的实践探索及其借鉴。第二章我国实施税务流程再造的必要性与可行性。分析我国税务流程再造的三大必要性,介绍我国税务流程再造的可行性,即流程再造理论的理念支撑及我国税收征管信息系统 2.0 版的技术支持。第三章我国税务流程再造的基本思路。介绍我国税务流程再造的作用及目标、原则及成功的标准、指导思想及方法,探讨我国税务流程再造的先进思想及具体方案,即其总体框架与业务优化。第四章我国税务流程有效运行的控制与保障。介绍三大迫切需要更新的理念和四大强有力的技术支持,阐明三大可靠的制度保障,着重强调税务精神、税务制度、税务行为及税务物态的文化建设。第五章我国税务流程再造的经典个案。介绍实施流程再造的背景,探讨流程再造的具体方案及流程有效运行的保障机制,即执法监督机制与绩效评价机制,分析流程再造的风险管理的意义、基本做法及成效。最后提出完善流程再造的三大建议。

关键词:税收征管　体制改革　业务流程

6938

**行政立法公众参与研究** / 所静著 ; 刘恒指导. -- 中山大学, 2009. -- 183 页

论文以我国行政立法,主要是地方政府立法过程中的公众参与视角,运用机制设计理论研究框架,以博弈分析、制度分析为工具,对行政立法公众参与理论基础、制度设计目标及存在问题进行考察并提出相关政策建议。全文共分为四章。第一章为导论,主要介绍研究问题、范畴和内容、文献综述、研究方法及创新与不足。第二章论述行政立法公众参与的基础。介绍行政立法权,强调对行政机关行政立法权进行控制并进行制度设计与安排,行政立法的公众参与实际上是作为委托人的权力机关针对与作为代理人的行政机关在行政决策过程中出现的信息不对称和目标不一致的问题,通过促成利益代表均衡这一途径,实现对行政机关行政立法权力的控制所进行的制度设计和安排。在此基础上构建行政立法公众参与的控权模型。第三章主要对我国行政立法公众参与的现状进行分析。第四章主要是对行政立法公众参与制度进行设计。介绍行政立法公众参与制度设计的信息与激励,对于行政立法公众参与制度进行比较和借鉴,提出完善我国行政立法公众参与制度、行政立法制度的制度建议方案。

关键词:行政法　立法　参与管理

6939

**公共资源网络治理研究** / 唐兵著 ; 王章维指导. -- 北京师范大学, 2009. -- 172 页

论文在文献研究的基础上,采用比较研究、社会网络分析、案例分析等方法,对公共网络资源治理的

兴起、理论基础、构成要素、运行机制等进行理论性的规范研究。全文共分为五章。第一章主要分析公共资源属性及其治理模式。基于公共物品理论的视角对公共资源的涵义、特征及困境进行阐述,对公共资源已有治理模式进行探讨,分析其治理失灵的现状,介绍公共资源治理的新模式即网络治理。第二章对公共资源网络治理的理论进行溯源。首先构建共资源网络治理的主体框架即多中心治理,探讨共资源网络治理的操作模式即协商民主,介绍共资源网络治理的动力源泉即社会资本,阐述共资源网络治理的现实平台即政策网络,厘清共资源网络治理的社会基础即公民社会。第三章论述共资源网络治理的行动者及其相互关系。分析共资源网络治理中的行动者即政府、企业、NGO、社区与公众,并以政府为中心论述其之间的相互关系。第四章论述共资源网络治理的运行机制。探讨信任机制、协调机制、整合机制及维护机制,分析其内涵、形成机理、必要性及作用方式。第五章以江西省鄱阳湖区生态资源网络治理为例进行应用性研究。对鄱阳湖区生态资源概况进行介绍,阐明鄱阳湖区生态资源治理的发展历程、现状及存在问题,提出鄱阳湖区生态资源网络治理模式的构建策略及保障措施。

关键词:公共经济学　公共物品　行政干预

**6940**

**当前我国城市化进程中征地拆迁矛盾研究:基于政策网络视阈** / 唐丽敏著 ; 彭向刚指导. -- 吉林大学, 2009. -- 152 页

论文以政策网络理论为分析视角,以征地拆迁政策过程中的利益博弈关系为主线,在对征地拆迁政策网络进行制度分析、行为分析与结构分析的基础上,得出构建征地拆迁政策网络利益互动系统为治本之策的结论。全文共分为五章。第一章论述政策过程研究的新途径即政策网络。介绍政策网络的基本理论,包括政策网络的概念、特征、类型、理论流派及主要观点。分析政策网络理论的价值与应用并构建中国征地拆迁政策网络分析模型。第二章论述制度分析与变迁,即征地拆迁政策过程中的利益博弈。介绍征地拆迁问题的基本论域,分析权力与权利的利益博弈关系,阐述中国土地制度及征地拆迁制度的变迁。第三章论述实践中的政策网络行为即征地拆迁政策过程中的矛盾与冲突。分析强者的逻辑即野蛮执法与强制拆迁,分析弱者的武器即积极与消极的维权抗争,探讨征地拆迁矛盾与冲突背景下的利益双输困境。第四章主要分析基于征地拆迁政策网络结构的主体角色。分析政策社群,包括政府、开发商及被征收人的角色,分析议题网络,包括大众媒体、NGO 及专家学者的角色。第五章主要构建征地拆迁政策网络利益互动系统。分别论述构建政府主导下的互动合作型征地拆迁政策网络结构、优化政府的征地拆迁政策网络行为、加强征地拆迁相关制度建设等政策性建议。

关键词:城市化进程　土地征用　房屋拆迁　政策分析

**6941**

**关系网络与精英行动:以城市青年精英为例** / 万闻华著 ; 童星指导. -- 南京大学, 2009. -- 185 页

论文试图在制度变革和社会转型的背景下,对当代中国社会精英在其生成过程以及利益获得过程中的非制度性社会行动进行研究。主要采用定量(问卷调查)和定性(案例分析)相结合的方式对精英的关系网络建构及其运用进行了考察。论文共分为六章。第一章导论,交代了研究背景、研究主题、研究方法和论文结构。第二章研究综述及研究视角。介绍了国外研究中的关系网络、本土研究中的关系网络以及混合经济与关系网络运作等内容。第三章,精英的网络观与网络构成。主要通过调查问卷的方式对人脉与事业成就、精英的先赋性关系网络、一般性网络以及事业成就中的工具性网络的构成情况进行考察。第四章则是借助实地研究和案例分析的方法对精英的关系网络的建构与拓展,以及关系网络建构与拓展过程中所表现出来的策略进行了考察和分析。第五章在案例研究的基础上,对精英借助关系网络而进行的非制度性社会行动进行了分析。第六章对论文经验研究的内容进行总结,就社会转型背景下精英借助关系网络而实现的非制度性行动的空间及其社会影响进行了讨论,并就规范精英行动,加速社会转型,推进制度改革,构建和谐社会提出了相应的对策建议。

关键词:城市　社会阶层　社会结构

**6942**

**知识产权制度生态化研究** / 万志前著 ; 郑友德指导. -- 华中科技大学, 2009. -- 222 页

论文运用了文献分析、比较分析的方法,研究了知识产权制度的生态化改造问题,即在知识产权创造、运用、保护和管理各环节均考虑资源节约和环境

友好。作者认为知识产权制度生态化正当性有其伦理、经济和法理基础,应从创造、运用、保护、管理的"四维"角度加以构建。全文共分八个部分。绪论主要解释了研究背景与研究意义,对基本概念进行了界定,并进行了文献综述,最后阐述了该论文的研究内容、方法和思路。第二章为知识产权制度生态化的背景分析,包括生态危机与救赎中的知识产权制度、知识产权制度的生态回应、知识产权制度的生态化回应。第三章为知识产权制度生态化的正当性,解释了知识产权制度生态化的伦理基础、经济基础和法理基础。第四章为知识产权创造制度的生态化,分别论述了创造主体的生态化和申请审查的生态化。第五章是知识产权运用制度的生态化,讨论了生态技术转移与知识产权、知识产权成果转化的生态化、相关环境因素的知识产权保护等问题。第六章为知识产权保护制度的生态化,主要分析了知识产权保护途径的生态化、知识产权侵权救济的生态化、商业秘密保护的环境限制。第七章为知识产权管理制度的生态化,主要解释了如何优化知识产权行政管理体制、建立生态知识产权信息共享制度以及基于开放式创新的知识产权管理。第八章为结论与展望,对全文进行了总结,并对研究进行了展望,同时也指出了研究的创新与不足。

关键词:知识产权制度　生态环境　环境保护

**6943**

**公共服务中的政府与非营利组织合作:条件、模式与制度** / 汪锦军著 ; 周志忍指导. -- 北京大学, 2009. -- 162 页

论文主要探讨了在公共服务提供中,政府与非营利组织合作的问题。通过对相关文献和访谈资料的分析,讨论了中国政府与非营利组织合作的组织与制度等方面的条件。通过案例研究的方法,从与合作模式相关的正反两方面的典型案例,分析协同增效、服务替代和拾遗补缺三个层次的合作模式在中国的适用性和问题。全文共分五章。第一章是导论,主要介绍了研究背景、相关研究与评价、研究问题的提出、研究框架、资料收集与研究方法、主要研究贡献。第二章对合作的条件进行了讨论,分析了合作关系的历史变迁、合作关系的国家差异、相互关系的解释模型与影响合作的变量以及模型变量与各要素分析。第三章讨论了合作的效用,内容主要包括两种合作类型的效用区分、合作效用、合作产出效用与合作结果效用的分析框架、合作者效用、合作产出效用分析、合作结果效用分析。第四章分析了合作的模式,介绍了对合作模式认识的两种分歧,分析了政府与非营利组织关系模型中的合作性关系,阐释了合作模式的分类框架。第五章是中国的合作,主要介绍了中国非营利组织的发展、合作的条件分析、结合案例分析的合作模式讨论以及推动中国政府与非营利组织合作的制度选择。

关键词:国家行政机关　社会团体　社会服务　合作

**6944**

**转型期我国家庭夫妻暴力的形成与治理研究** / 汪萍著 ; 童星指导. -- 南京大学, 2009. -- 118 页

论文通过聚焦我国社会转型期家庭夫妻暴力的现状,分析了家庭夫妻暴力的表现、特点和主要类型。从访谈个案和调查资料出发,运用目前流行的家庭暴力资源论、社会交换理论、精神分析论、挫折—攻击论、人格特质论等理论,对转型期我国家庭夫妻暴力经济成因的个案、婚外情成因的个案、不良习惯成因的个案、重男轻女观念成因的个案以及人格个性成因的个案进行了具体的溯因分析,并提出相应的预防对策和控制对策,形成我国家庭夫妻暴力治理的整体方案。论文共有五章。第一章导论,介绍了研究缘起、研究综述、研究思路和方法、研究内容和创新。第二章转型期我国家庭夫妻暴力现状,分析了转型期我国家庭夫妻暴力表现、特点、类型。第三章转型期我国家庭夫妻暴力个案成因分析,对家庭夫妻暴力经济成因、婚外情成因、不良习惯成因、重男轻女观念成因、个性成因进行了个案分析。第四章则从历史原因、文化原因、经济原因、社会原因、家庭原因、心理原因对家庭夫妻暴力进行了分析。第五章转型时期我国家庭夫妻暴力的治理,提出了相关对策,认为应:积极开展社会工作,实现家庭夫妻暴力的前预防和前干预;建构社会防控体系,共同治理家庭夫妻暴力;完善法律控制机制,加大执法司法力度;大力开展反家庭夫妻暴力的宣传和教育,形成和谐家庭文化。

关键词:家庭问题　暴力　社会问题

**6945**

**创新集群成长动力机制研究** / 王福涛著 ; 钟书华指导. -- 华中科技大学, 2009. -- 180 页

论文从现象分析着手,用逻辑演绎与案例分析法对创新集群的成长动力问题进行了研究。全文共有八章。第一章绪论,介绍了问题的提出、理论背景、研

究的实践意义、创新集群的概念和研究思路与方法。第二章研究综述,主要对国内外创新集群成长的研究进行了述评。第三章创新集群成长动力机制基本理论,认为创新集群是科技与经济一体化发展的产物,分析了创新集群成长的动力,创新集群成长动力机制的结构。第四章组织层次的创新集群成长动力机制,分析了创新集群组织成员的技术创新动力、企业规模、市场绩效与市场集中、企业技术创新行为分析。第五章产业层次的创新集群成长动力机制,分析了创新集群发育成长的动力源、成本变动影响下的集聚互动、创新集群的进化障碍。第六章区域层次的创新集群成长动力机制,分析了国家创新系统对创新集群发育成长的约束与促进以及创新集群成长动力的传导路径。第七章创新集群成长动力机制的政策意涵:培育创新集群应成为国家创新政策的重要内容,优化政策手段并明确政策定位,培育创新集群需要综合运用产业政策与竞争政策,需要强化创新集群培育政策的针对性,提高集聚度与耦合度。第八章对主要研究结论进行了归纳,指出了研究创新点,并对研究进行了展望。

关键词:高技术产业　技术创新　产业集群　产业发展

**6946**

**美国进步时代的政府治理:1890—1920** / 王涵著 ; 竺乾威指导. -- 复旦大学, 2009. -- 142 页

论文采用了文献分析、案例分析等方法,在对美国进步时代经济、政治、社会三领域内的政府治理过程进行纵向剖析的基础上,在时代背景下从微观、中观、宏观层面对政府治理横向理论总结归纳。全文共有六章。第一章为绪论,介绍了问题的提出、核心概念界定及相关问题说明、研究现状综述、研究方法与研究框架。第二章为政府治理的意识形态基础变迁,内容包括了“治权有限”的历史渊源、进步时代政府治理权扩张的意识形态基础、进步时代政府治理权扩张的取向分析。第三章为市场失灵治理与经济权力调整,论述了经济转型与公司霸权的形成,分析了市场失灵与经济管制。第四章为政治腐败治理与政治权力调整,分析了宪法及基本法的修订、选举制度的改革、行政改革。第五章为社会失范治理与社会权利维护,主要分析了转型期社会失范的主要成因、基于公众利益的社会管制、公民公共精神的培育。第六章为结论,总结了多元治理中的“元治理”、抗衡权力重塑引致的制度变迁、旨在推动民主政治发展的渐进式改革、论文研究的创新点和后续研究空间。

关键词:政府机构　行政管理　政治制度史　美国

**6947**

**中国农村基础教育政策研究:基于人力资本投资的视角** / 王怀兴著 ; 李德志指导. -- 吉林大学, 2009. -- 122 页

论文基于人力资本投资的视角来审视我国现阶段的农村基础教育政策,并基于政策的主要问题及出现原因提出相应对策措施。全文共分为五章。第一章主要为人力资本投资的一般理论分析。介绍人力资本理论的形成过程及主要观点、概念和特点,分析人力资本投资的外部性与公共政策。第二章论述人力资本投资与中国农村基础教育政策。界定农村基础教育的概念,解析农村基础教育政策的概念,探讨人力资本投资对中国农村基础教育政策的指导价值。第三章论述中国农村基础教育政策的演进历程。回顾改革开放前中国农村基础教育政策的历史,介绍改革开放以来中国农村基础教育政策的演进轨迹及其特点。第四章主要分析当前中国农村基础教育政策的主要问题及制约因素。阐述当前中国农村基础教育政策的三大主要问题,分析制约中国农村基础教育投资的政策因素:农村基础教育政策的法制化水平较低、农村基础教育政策的农民参与不足。第五章探讨政府促进人力资本投资的农村基础教育政策改进。分析提高中国农村基础教育政策的法制化水平的三个方面与增强农村基础教育政策中的农民参与程度的三个方面。

关键词:乡村教育　基础教育　教育投资　教育政策

**6948**

**市场经济条件下我国海关行政法治化研究** / 王军著 ; 胡象明指导. -- 武汉大学, 2009. -- 149 页

论文在对法治、权治、行政法治、海关法治等相关概念进行界定与分析的基础上,以经济体制的转变引致的海关治理方式的变革作为理论背景,从实然的角度对当前我国海关治理方式的现状进行了分析,从适应海关管理职能实现新发展等依据出发,提出了市场经济条件下我国海关行政法治化的目标模式及其主要措施。全文由导论和正文六章组成。第一章导论,主要阐明论文选题的理由和研究意义,以及在相关领

域内国内外学者研究的现状,并就研究思路、使用的研究方法以及论文的可能创新之处进行了说明。第二章,介绍了相关概念界定与分析的理论基础,并在此基础上研究了法治理论的形成和发展、基本观点及其对研究海关行政法制化的意义。第三章,分析了我国海关治理方式变革的背景,分别对建国后改革开放前、改革开放后加入世贸组织前和市场经济不断成熟条件下的海关治理方式进行了论述,并得出市场经济呼唤海关法治的结论。第四章是对当前我国海关治理方式的现状与问题分析。第五章则主要论述了市场经济条件下我国海关行政法治化的目标模式,确立了市场经济条件下我国海关行政法治化目标模式的依据,参考我国当前深化行政管理体制改革所提出的决策权、执行权、监督权既相互制约又相互协调的要求,从完善海关行政法治化运行机制的角度出发,从海关行政决策法治化、行政执行法治化以及行政监督法治化三个方面探讨了海关行政法治化目标模式的主要内容。第六章提出了实现这一目标模式的重要措施,并认为它们是我国海关行政法制化的重要途径。第七章是结论和展望,对全文进行了总结,并对研究的新趋势进行了展望。

关键词:海关管理　行政管理　法治　海关法

**6949**

**治理理论及其中国适用性:基于公共行政学的视角** / 王诗宗著 ; 郁建兴指导. -- 浙江大学, 2009. -- 212 页

论文采用案例分析、文献分析等方法,从公共行政学的视角。研究了治理理论及其中国适用性问题。全文共分八章。第一章是导言,主要介绍了选题背景与研究主题、拟解决的问题与研究意义、研究思路、方法与论文结构。第二章讨论了治理的兴起,介绍了福利国家的危机、全球化与国家转型、地方化与新地方主义、社会科学的基本观念。第三章介绍了治理理论及其批评者,内容包括治理定义的、治理理论的主要论点与解释力、治理理论的批评者。第四章分析了治理与民主制度,介绍了从直接民主到代议制民主的过程,解释了参与式民主与治理,讨论了民主与公共行政的重新融合。第五章是关于治理与公共行政范式进步的讨论,分析了范式与公共行政学范式、治理理论、治理理论范式定位与未来发展。第六章是从一种新的分析路径讨论了治理的中国适用性,介绍了治理、善治与发展,阐释了治理的中国适用性争论,最后描述了新的分析路径。第七章是治理的中国检验与理论拓展,主要分析了温州商会这一案例,并讨论公共服务中的合作共治——政府购买居家养老服务以及温岭民主恳谈,最后是基于中国经验的理论拓展。第 8 部分是结论与讨论,总结了治理理论的贡献、治理理论的中国适用性以及未来的治理与治理理论的未来。

关键词:国家行政机关　行政管理　行政学

**6950**

**外资银行进入的原因及影响:理论与实证研究** / 王宇著 ; 俞乔指导. -- 清华大学, 2009. -- 246 页

论文将政策变迁因素纳入到一般的风险—收益分析中,建立了收益—风险—政策的数理模型,对外资银行进入新兴市场国家的原因和目标构建了一个新的分析视角,从而说明,外资银行到新兴市场国家进行投资,相比短期目标,更加注重在东道国的长期发展。全文共分八章。第一章导论,主要介绍了研究背景、问题的提出、概念界定、研究的主要内容以及研究框架。第二章文献综述,主要介绍了外资银行进入的原因、外资银行进入的影响、外资银行进入带来的风险、外资银行进入与东道国政策变迁、外资银行进入与融资、外资银行进入与东道国银行业效率。第三章外资银行进入新兴市场国家的经验研究,包括新兴市场国家银行业开放的背景、银行业开放的历史起点与现实基础、银行业开放、政策变迁与路径选择等。第四章中国的金融改革与开放,论述了中国银行业开放的初始条件与外部环境,中国银行业的贷款扭曲、资源错配与金融风险,中国银行业的开放与政策变迁以及外资银行在中国的发展。第五章政策变迁对外资银行进入影响的理论分析。第六章与第七章为实证分析,首先利用 2007 年中国银行业市场的横截面数据,用数据包络方法求出效率得分,然后用 TOBIT 回归考察银行效率的影响因素,其后用 44 家银行 2003—2007 年的面板数据也用非参数方法计算出技术效率得分,对影响效率的因素进行分析。同时用 46 家银行 1998—2007 年非平衡面板数据,对影响银行业绩效的五个指标进行双重差分估计,来考察外资进入的影响。第八章,结论,总结了外资银行进入的原因与影响。

关键词:银行业　外资公司　金融开放　经济效率　经济效果

**6951**

**公共服务中公私合作困境及应对策略:基于广州市小区教育配套设施建设的研究** / 王桢桢著 ; 郭正林

指导. -- 中山大学, 2009. -- 255 页

论文以广州市小区教育配套设施建设为例,揭示中国社会转型中公私合作的基本特征和问题,多角度多层次剖析公共服务中公私合作困境并提出应对策略。全文共分为六章。第一章为导论,主要介绍研究问题背景、研究意义、相关文献综述、研究框架及界定核心概念。第二章主要为公私合作的理论分析与研究设计。从三个方面构建分析框架:第一,从经典的理论假设与现实映照的冲突出发。第二,从中国特色的公私合作现实困境出发。第三,以公共治理理论为分析框架,借鉴"有组织的无序"的分析工具。第三章论述公私合作的起步与发展。首先分析公私合作的客观条件,研究公私合作的BT模式,分析公私合作的现实困境。第四章论述公私合作困境的实践认知与应对困惑。对合作困境的传统认知使地方政府先后采用了制度供给策略、合同约束策略和会议协商策略,但这些策略并没有达到预期成效,而有效的报复策略又未真正展开。第五章公私合作困境的理论解析与微观解剖。对公私合作困境进行理论解析,分析合作参与方的关系结构,探讨行动者的舞台。论文指出必须突破单纯的制度主义视角,关注非制度因素,包括行动者、权力关系和不确定性。第六章提出应对公私合作困境的策略,包括规范公私合作行为、建立互信与持久的公私合作关系及加强对公私合作行为的监管。

关键词:公用事业　社会服务　公私合营

**6952**

**欠发达地区农村基础设施供给动员机制研究:基于广西东巴凤大会战实践的分析** / 温顺生著 ; 严强指导. -- 南京大学, 2009. -- 270 页

论文以广西前些年开展的较为典型的"东巴凤三县基础设施建设大会战"为研究对象进行个案实证分析,运用"国家与社会"关系的分析理论框架,从政策动员和资源整合的角度出发,采取个案研究法和嵌入式多案例研究法相结合的研究方法对东巴凤大会战的政策动员运行机制及实践逻辑进行描述与评析,揭示出"压力型体制"下中国地方政府动员权力运行规律、地方治理的常态做法,进而对社会转型时期我国"国家与社会"结构关系的变迁及其对欠发达地区扶贫工作、农村基础设施供给的政策动员机制的影响做出勾勒与展望。全文共分六个部分。导论部分介绍了选题的背景与研究的意义、国内外研究现状、论文核心概念的界定,阐释了研究方法、思路框架及研究可信度。第一章主要论述了欠发达地区农村基础设施供给动员机制的理论基础,描述了其背后的形成逻辑。第二章以"东巴凤三县基础设施建设大会战"为表述对象,分析了欠发达地区农村基础设施供给动员机制的实际运作。第三章描述了压力型体制下东巴凤三县基础设施建设大会战动员机制的实现过程,包括大会战动员的政治调控手段和政绩"压力机制"的激励机制两方面的内容。第四章讨论了东巴凤三县基础设施建设大会战动员机制的绩效分析与存在的问题。第五章是关于健全与优化欠发达地区农村基础设施供给动员机制的政策设计,提出了以下建议:加强组织领导,构建动员的组织基础;拓宽宣传渠道和加大宣传力度,营造良好的动员工作舆论氛围;满足人民群众的正当的物质利益需求,更加重视以利益动员实现社会整合;充分尊重农民的主体地位和意见,大力倡导参与式动员;促进动员治理模式转型,健全当代欠发达地区农村基础设施供给的动员运行机制。

关键词:农村　基础设施建设　不发达地区　广西

**6953**

**我国公共企业的政府管制研究** / 吴少华著 ; 李和中指导. -- 武汉大学, 2009. -- 133 页

论文从界定公共企业的概念内涵入手,通过对我国公共企业与政府关系演变及政府管制公共企业现状的分析,结合国外政府管理公共企业的经验及改革趋向,针对我国公共企业政府管制中的弊端提出了完善对策。全文共有五章。第一章公共企业辨析,介绍了公用事业的含义、公共企业的内涵、公共企业的特征,欧盟、日本、美国、中国公共企业的分类标准,分析了公共企业的社会功能,讨论了政府管制公共企业的必要性。第二章我国公共企业政府管制模式的演变,介绍了计划经济时代和市场经济体制构建阶段政府管制公共企业模式及其弊端,分析了我国公共企业政府管制模式演进的特点。第三章我国公共企业政府管制的现状,分析了我国公共企业与政府关系的现状,讨论了我国政府管制公共企业的现存弊端。第四章国外公共企业政府管制的经验与改革趋势,介绍了日本、法国、韩国、美国、加拿大政府管制公共企业的经验,分析了西方国家政府管制改革的总体趋势,西方国家公共企业的非国有化政策,总结了西方国家在公用事业领域保持政府控制力的方式。第五章完善我国公共企业政府管制模式的对策,总结了完善我国

公共企业政府管制模式的总体思路，讨论了管制机构的独立化，认为应该引入信息激励机制和谈判程序。

关键词：公用事业　国有企业　政府管制　运行模式

**6954**

**让绩效预算运转起来：支出部门遵从度研究** / 吴少龙著 ; 马骏指导. -- 中山大学, 2009. -- 159 页

论文先用定性方法归纳支出部门遵从度理论，再用定量方法对理论假设进行检验，即根据支出部门遵从度理论的变量关系，建立 OLS 计量模型对假设进行检验。论文共分为六章。第一章为导论，主要介绍背景和研究问题、研究目的和意义、文献评估等。第二章为研究设计。介绍研究问题和方法论，即采用定性研究与定量研究相结合的方式，分析定性研究，主要为单案例研究、资料收集、资料分析、研究的信度和效度、伦理和道德上的考虑，设计定量研究。第三章研究绩效信息与省级预算决策模式。阐明 A 省本级预算过程及省级预算决策的基本模式，分析标准模式、申请模式、布置模式及外部模式。第四章研究支出部门遵从度。阐明支出部门遵从度理论，即绩效信息“需求”强度、“生产”难度及“消费”程度，分析政治压力与官员竞争、支出部门遵从的关系，说明生产绩效信息，即绩效测量和支出部门异质性及与部门类型的关系，探讨绩效信息应用层次，绩效沟通、绩效管理和绩效预算的关系。第五章论述计量模型与研究发现。介绍 A 省支出部门遵从度，构建计量模型和数据，阐明研究发现即部门遵从度与单位遵从度。第六章总结结论和政策建议。

关键词：国家预算　财政支出　预算管理

**6955**

**行政审批制度改革研究：基于政府规制经济学的分析视角** / 吴盛光著 ; 卓越指导. -- 厦门大学, 2009. -- 190 页

论文在借鉴西方规制改革成功示范的基础上，运用政府规制经济学的分析框架，遵循内外因的研究路径，探寻行政审批制度改革的内在流变规律。全文共分为八个部分。导言部分要解决的基本问题是“为什么要研究行政审批制度改革，以及用什么样的理论工具研究行政审批制度改革”；第一章主要运用政府规制经济学的供给需求理论来剖析现今我国行政审批制度改革是否均衡有效；第二章主要运用政府规制经济学的规制俘虏、规制失灵和放松规制理论来阐述行政审批制度改革的项目清理；第三章侧重点在于行政审批制度改革结构优化的研究，运用政府规制交易成本理论，借鉴西方规制改革实践“一站式”机构服务模式来解析“中国特色”的行政服务中心，指出其困境，指明其路径；第四章阐述的是行政审批制度改革的工具创新；第五章研究的是地方正在探索、也代表着行政审批制度改革未来发展方向的体制创新举措职能归并改革，阐释了行政服务中心发展为行政审批执行局的战略设想；第六章主要从政府规制行政生态理论的角度，论述了行政审批制度的关联性改革，强调了新型行政审批文化、政府职能进一步转变、大部制改革、行政救济制度、公共财政制度及公务员队伍建设等系统治理配套工程的重要性。研究结语对全文进行了概括总结，梳理并提炼出行政审批制度改革的内在规律特点。

关键词：行政管理　政治体制改革　政府规制

**6956**

**中国文化产业创意经理人胜任力模型研究** / 向勇著 ; 肖鸣政指导. -- 北京大学, 2009. -- 276 页

论文运用文献评述、深度访谈、量表设计、问卷调查和案例验证等实证研究和规范研究方法，进行了中国文化产业创意经理人胜任力模型研究。全文共有八章。第一章导论，介绍了问题的提出和研究的意义、研究的目的和创新点、研究的重点和难点、研究框架和研究方法。第二章文献述评，分别对文化产业创意经理人研究文献、胜任力模型研究文献、文化产业研究文献进行了述评。第三章是关于文化产业创意经理人素质内容提取研究。第四章文化产业创意经理人素质内容标杆检验，首先是对标杆创意经理人样本的界定与选择，然后是对标杆创意经理人样本选择的合理性检验，最后是对创意经理人胜任力素质内容的标杆检验过程及结果的分析。第五章文化产业创意经理人胜任力模型构建及分析，对创意经理人胜任力素质问卷调查进行了说明，分析了通过编码频次分析提取创意经理人胜任力模型的结构因素，以及通过因子量化分析简化创意经理人胜任力模型的结构因素，对创意经理人胜任力模型在不同人群中进行比较分析。第六章文化产业创意经理人胜任力模型验证，对杭州某演艺公司 A 总经理、北京某出版社 B 社长及中央某电视剧制作公司 C 总经理等的胜任力进行了结构分析，对创意经理人胜任力特征进行了再次验

证,对文化产业经理人胜任力模型进行了普适性验证。第七章文化产业创意经理人胜任力模型的应用建议,讨论了建立与应用基于胜任力模型的企业三张表管理模式,创建基于胜任力模型的高校创意管理硕士教育品牌,建立基于胜任力模型的政府创意管理公共服务平台,建立基于胜任力模型的国家文化产业创意经理人职业标准。第八章总结与展望。

关键词:文化产业　经理　文化发展

**6957**

**我国转型期地方政策移植研究** / 向玉琼著 ; 黄健荣指导. -- 南京大学, 2009. -- 237 页

论文采用比较分析法、案例分析法等研究方法,对我国转型期地方政策移植进行了研究。论文共有八章。第一章导论,介绍了研究的缘起,对国内外相关文献进行了述评,对论文基本概念进行了解析,阐释了研究的基本前提假设与方法,指出了研究内容及主要创新。第二章主要对我国转型期地方政策的移植进行了必要性与可行性分析,并对我国地方政策移植的主体进行了论析。第三章讨论了我国转型期地方政策移植的制度环境,从央地关系的视界对地方政策移植的自主性空间进行了分析,从财政体制改革的契机对地方政策移植主体独立利益的形成进行了分析,从压力与激励的角度对地方政府移植的有力驱动力进行了分析。第四章从技术变量与政治博弈的角度对我国转型期地方政策移植的发生进行了分析,对我国地方政策移植启动的变量、移植启动的多元博弈进行了分析,对我国地方政策移植的基本过程进行了审视,讨论了我国地方政策传播的模型解析与建构。第五章对我国转型期地方政策移植的模式进行了分析,从两种驱动的角度对我国地方政策移植模式的划分进行了探讨,从内容与路径的角度对我国地方政策移植模式的差异进行了分析,从区域与层级的角度对我国地方政策移植模式的差异进行了分析。第六章是我国转型期地方政策移植的效应分析,对地方政策移植与政策创新、地方政策移植与政策变迁地方政策移植与政策趋同进行了分析,通过案例对我国农地制度扩散问题进行了探讨。第七章从类型、影响及其成因的角度对我国转型期地方政策移植的失灵记进行了分析。第八章主要讨论了我国转型期地方政策移植的优化问题。

关键词:地方政府　行政管理　政策

**6958**

**合作行政行为模式研究** / 谢新水著 ; 张康之指导. -- 中国人民大学, 2009. -- 271 页

论文将合作行政行为模式确定为探讨的主题,探索在多元治理主体出现之后所造就的合作行政行为模式中的行政关系和行政行为。运用比较阐释和批判性研究方法对农业社会、工业社会以及正在生成中的后工业社会的行政类型进行比较,对农业社会的服从行政行为模式和工业社会的协作行政行为模式进行了分析,对合作机制进行了构想,建立合作行政行为模式及其判断标准。全文包括引言、绪论和六章正文。引言对后工业化进程中的时代性质进行了判断,认为在合作治理模式下,研究合作行政行为模式是我们正处于的合作时代的要求。绪论描述了论文研究的主题、研究目的和研究的理论与实践意义等。第一章综述了目前国内外合作理论研究的现状,提出了与后工业化进程中合作治理相适应的行政行为模式是合作行政行为模式。第二章探讨了人类历史发展过程中,分别与统治行政、管理行政和服务行政相适应的三种行政行为模式:服从行政行为模式,协作行政行为模式和合作行政行为模式。第三章对合作行政行为模式的理论基础、组织基础和人格基础进行了分析,认为合作行政行为的理论基础是合作理性,组织基础是合作制组织,人格基础是独立人格。第四章论述了合作行政行为模式的行政心态,综述了行政形态的理论基础,讨论了与三种行政行为模式相适应的三种行政心态:服从型行政心态、协作型行政心态和合作型行政心态,并分析了三种心态形成的基础、特征和功能。第五章对合作行政行为模式的机制建设进行了研究,认为构建合作机制有利于促进合作的形成,并探索了三种主要合作机制——公共对话机制、公共承诺机制和合作回报机制的生成、特征与功能。第六章研究了合作行政行为模式的判断标准。探索了政治标准、管理标准和道德标准等宏观标准,然后分析了合作行政行为模式判断的微观标准,描述了合作能力的概念,并构建了一个简单的合作能力的测量框架。

关键词:行政管理　行政行为　合作

**6959**

**公共部门风险管理的体制机制研究** / 谢一帆著 ; 张成福指导. -- 中国人民大学, 2009. -- 180 页

论文通过对风险、风险管理和公共管理理论和总结和运用,将风险管理纳入到公共部门运行和发展的

视野范围。全文共分六章。第一章导言,介绍了研究背景与意义、研究现状、研究目标、方法和框架结构等。第二章风险、风险管理与公共部门,阐述了风险的内涵、特征、类别等概念界定,论述了风险管理的原理、性质以及风险管理对危机管理的超越,并将风险管理纳入公共部门的视野范围,介绍了公共部门风险管理的内容、公共部门风险管理的职能与角色、公共部门风险管理的原则等,最后区分了公共部门风险管理体制机制建设的两种模式:危机管理模式和风险政务模式,并基于风险政务的视角开展接下来两章的研究。第三章介绍了公共部门风险管理的体制设计。第四章介绍了公共部分风险管理的运行机制。第五章提出以风险认知、风险决策和风险沟通为突破口和抓手,大力推进公共部门风险管理的体制机制建设及全面建设,提升公共部门风险管理的整体水平。第六章总结了研究的主要结论,并从结论出发提出了未来公共部门风险管理的发展思路。

关键词:政府机构　行政管理　风险管理　管理体制

**6960**

**委托—代理关系下地方政府投资项目监管困境研究:以深圳市某体育公园建设为例** / 谢煜著 ; 郭小聪指导. -- 中山大学, 2009. -- 172 页

论文从委托—代理理论出发,整理出项目监管中内、外多级的委托—代理链条,以深圳市某体育公园为案例分析我国地方政府投资项目监管中多存在的实际问题并尝试提出化解困境的相应制度性措施。全文共分为五章。第一章为导论,介绍研究背景与问题、文献评述、基本概念与研究工具、研究方法及论文的思路与框架。第二章以深圳市某体育公园为例探讨地方政府投资项目监管存在的问题。描述案例,通过研究阐明项目建设中的实际问题,分析体育公园项目监管中的委托—代理链、监管权的配置及监管中委托—代理关系的特殊性。第三章分析地方政府投资项目监管困境的形成机理。分析初始委托人监管职能的缺位、弱化,包括政治与行政环境及其影响,阐明地方政府官员“双重身份”的行动困境,探讨终端代理人“道德风险”的成因及表现。第四章重点比较国内外政府投资项目的基本监管模式。介绍计划经济时期、体制转轨时期及市场经济初期政府投资项目管理模式的变迁,分析国际先进区域政府投资项目管理机构的设置及其监管机制。第五章探讨地方政府投资项目监管困境的化解途径。分析内部监管委托—代理关系的优化,论述外部监管委托—代理关系的重构。

关键词:地方政府　投资　项目管理　委托代理

**6961**

**发展低碳经济的公共政策研究** / 邢继俊著 ; 余廉指导. -- 华中科技大学, 2009. -- 128 页

论文论述了在经济全球化的背景下,由于经济的迅猛发展造成了石化燃料的大规模开发利用并且导致了全球生态环境恶化,提出低碳经济的发展模式是解决这一问题的有效途径,分析了发展低碳经济的公共政策。全文共分八章。第一章导论,介绍了研究背景、研究的理论意义、低碳经济模式对中国的影响,进行了文献综述,最后进行了概念界定并阐释了研究框架与方法。第二章研究的理论基础,主要介绍了技术创新与经济增长理论、环境经济与资源经济理论、政府管制理论、进化经济学理论。第三章政府支持低碳经济发展的国际经验,分别介绍了美国、欧盟、日本以及部分发展中国家支持低碳经济发展的做法和经验。第四章低碳经济在中国的发展,介绍了中国的能源与环境状况、中国低碳经济发展的现状、中国发展低碳经济的主要制约。第五章发展低碳经济的政府间政策协调与合作路径,主要进行了应对气候变化国际合作的模型分析、国际合作的制度性框架分析、发展低碳经济的合作路径分析、中国在发展低碳经济中的中国合作。第六章发展低碳经济的公共政策工具,介绍了基于利益相关者的政策模型和以市场为基础的政策工具,政策工具的选择依据与有效性评价、政策工具设计的思路。第七章主要阐述了中国低碳经济发展的目标、途径、模式与政策建议。第八章总结与展望,对全文进行了总结,并对研究进行了展望。

关键词:经济发展模式　环境保护　政府职能　政策支持

**6962**

**治理的兴起与国家角色的转型** / 徐越倩著 ; 郁建兴指导. -- 浙江大学, 2009. -- 181 页

论文主要采用了比较分析、文献分析等方法,研究了治理兴起与国家角色转型的问题,认为发展型国家的转型既是更加全面的国家建构的过程,也是完善的治理体系的建构过程。全文共分七章。第一章为导论,介绍了研究缘起与问题的提出,界定了基本概念,整理了已有文献和理论框架,解释了论文的框架、

研究方法与创新之处。第二章为治理的兴起及其对国家的挑战,介绍了治理的兴起、涵义与特征,治理对现代国家的挑战,讨论了国家中心主义的式微。第三章为全球化、治理风险与国家的新形态,描述了全球化背景下的治理风险、国家新形态以及治理与现代国家的关系。第四章为治理结构中的国家角色,介绍了国家角色转型的理论基础,分析了多层次治理结构中的国家、多中心治理结构中的国家,讨论了国家角色的转型和国家建构理论的兴起。第五章为中国现代国家建构的历史考察与现实挑战,分析了中国现代国家建构的历史过程、全球化进程中的中国国家、超越发展型国家。第六章为中国现代国家建构的实现路径,认为未来中国现代国家构建的实现路径有以下几条:①中国国家建构的基本目标应是加强民主建设,走法治化的道路;②在经济发展的同时,构建全面的社会政策体系,国家应完善其公共服务的职能;③中国应继续发挥市场在资源配置的积极作用,并努力培育公民社会组织,提高社会自主性,合理界定国家—市场—社会三者的关系;④提高国家能力、进行国家制度建设还需要有高效的政府组织。第七章为结论,对全文进行了总结。

关键词:国家行政机关　行政管理　国家

**6963**

**基于遵从理论的税务稽查研究** / 徐正云著 ; 张子刚,马辉民指导. -- 华中科技大学, 2009. -- 123 页

论文主要基于 Marrelli 模型研究偷税的各种影响因素,并根据我国税收体制的特点,重点研究如何设计合理的税务稽查策略,以达到提高税务稽查绩效、有效抑制偷税行为的目的。全文共分八章。第一章为绪论,主要介绍了研究背景及意义、主要创新点、结构与主要内容。第二章为国内外理论研究综述。第三章针对税务稽查体系进行了国际比较,选取的国家有美国、新加坡、澳大利亚、欧盟和我国。第四章对税收遵从行为进行了界定,明确了其分类标准以及相关经济效应,介绍了几个重要的遵从模型,并对税收遵从行为进行了全面的机理分析。第五章基于 Marrelli 遵从模型,建立了企业间接税遵从模型,该模型对 Marrelli 模型进行了改进,根据我国流转税的制度特征以及征管模式,引入了税务稽查水平因素和税收遵从成本因素,更符合当前的税收环境,并通过比较静态分析方法推导了间接税偷税的各种影响因素及其变化趋势。第六章、第七章,结合税务部门公布的稽查统计数据和有关学者的研究成果对我国间接税偷税现象进行了现实分析,讨论了我国间接税偷税规模以及各影响因素的现实状况。根据对各影响因素的现实分析,指出我国税务部门在防止间接税偷税时存在的不足,提出了较为全面的解决我国间接税偷税问题的基本思路。

关键词:税务稽查　税收管理　税收制度

**6964**

**我国独立学院治理研究** / 鄢烈洲著 ; 李和中指导. -- 武汉大学, 2009. -- 179 页

论文采用文献研究、案例分析、对比分析的方法,对我国独立学院的治理关系进行了研究并提出了实现独立学院良好治理的对策。论文共有导论和六章。导论介绍了问题的提出,界定了核心范畴,进行了文献综述,并阐述了研究思路与方法。第一章回顾和展望了独立学院的发展历程,并以教育部 2003 年和 2008 年相关文件颁布为界,将独立学院发展划分为自发设立、规范管理、分流发展三个阶段。第二章循着“以所有权、控制权与受益权分离为基础,以委托—代理关系为主线,以利益相关者协同为重心,以公共责任为依归”的思路,对独立学院治理的理论基础,即产权理论、委托代理理论、利益相关者理论分别进行论述,并就这些理论在独立学院治理中的意义展开分析。第三章以美国社区学院和印度附属学院为例,介绍二者的办学和发展模式,分析和总结它们的治理结构,并与我国的独立学院治理进行了比较研究。第四章从政府、市场、社会、独立学院之间形成的外部关系入手,分析了独立学院外部治理环境。第五章从董事会、行政管理者、教师和学生等利益相关主体阐释四种权力之间的关系,分析权力与行为边界等内容,剖析独立学院内部治理结构。第六章总结分析了独立学院外部治理环境和内部治理缺陷,并提出了实现独立学院良好治理的对策。

关键词:高等教育　高等学校　学校管理

**6965**

**主权财富基金与国际金融体系:发展中国家的视角** / 严荣著 ; 崔之元指导. -- 清华大学, 2009. -- 239 页

论文从体系层面分析主权财富基金对发展中国家改善国际地位的意义。全文共分九章。第一章引言,主要介绍了选题背景、问题的提出、研究的意义、研究的内容和研究方法。第二章文献综述,主要包括

主权基金研究的文献综述、发展中国家与国际金融体系的文献综述以及国家主义理论的研究综述。第三章概念界定与理论假设,对主权基金、国家自主以及发展中国家进行了定义,阐述了论文的理论基础,包括发展中国家的国家力量介入国际市场、非对称相互依赖、发展中国家追求自主以及自主激起外部约束,设定了论文的理论命题和理论假设。第四章主权基金的政治经济起源,对石油美元和外汇储备进行了考察,回溯了主权基金的起源,检验了"自主的悖论"的命题。对于主权基金的体系性意义提出了三条理论假设,即主权基金是现有国际金融体系的产物、主权基金面临美国结构性权力的制约以及主权基金难以促进发展中国家的金融合作。第五章主权基金是现有国际金融体系的产物,分析了国际政治经济的基本要素、国际金融体系的性质、牙买加体系的性质,论证了国际金融体系与主权基金的关系。第六章主权基金面临美国结构性权力的制约,明确了结构性权力的含义,论证了美元的国际通货地位没有受到挑战,特里芬悖论约束着美国的结构性权力,分析了美国对主权基金的矛盾心态。第七章,主权基金难以促进发展中国家的金融合作,重点分析了主权基金在南南金融合作、东亚金融合作以及西亚海湾国家金融合作中发挥的作用和存在的局限。第八章主权基金的国际治理,分析了主权基金国际治理的进程以及影响主权基金组建和对外投资的因素,检验了三条理论假设。第九章结论,总结了论文的主要结论和主要创新点,提出了政策建议,点明了论文的研究不足。

关键词:发展中国家　国家基金　投资　国际金融体系

**6966**

**食品安全监管部门间关系研究:交易费用理论的视角** / 颜海娜著 ; 蔡立辉指导. -- 中山大学, 2009. -- 290 页

论文采取定性研究及案例研究工具,立足于我国食品安全监管现状,以交易费用理论为研究视角,试图从体制的变迁、制度的设计及制度的运行与实践对我国食品安全监管部门间合作的困境进行探究。全文共分为六章。第一章为导论,主要是阐述研究背景,提出研究问题和研究的目的和意义,对核心概念进行界定,对相关研究文献进行梳理及评述。第二章为全文的分析框架与研究设计。基于食品安全监管部门间关系构建交易费用的分析框架,介绍研究设计。第三章论述食品安全多部门分环节监管体制的形成及其特征。介绍以卫生部门为主导的食品安全监管体制的形成及其缺陷,探讨多部门分环节食品安全监管体制的形成及其特征。第四章论述食品安全监管部门间关系的制度设计并对其进行分析。介绍食品安全监管部门间关系的基本构架,分析其在制度设计上的主要问题并对制度设计进行反思。第五章论述食品安全监管部门间合作关系的具体运作并对其进行分析。介绍食品安全监管部门间合作关系的具体运作,分析食品安全监管部门间合作过程中存在的问题,对食品安全监管部门间合作困境进行机理分析与案例分析。第六章在考察发达国家食品安全监管部门间关系变革的实践经验基础上,针对如何突破食品安全监管部门间合作困境提出相关政策性建议,即如何迈向"整体政府"并在此基础上进行进一步思考。

关键词:国家行政机关　行政管理　交易费用

**6967**

**市级政府绩效的公民满意度指数模型研究** / 杨道田著 ; 卓越指导. -- 厦门大学, 2009. -- 235 页

针对我国市级政府绩效的特点,在广泛借鉴国内外顾客度指数模型的基础上,结合我国的具体国情,论文提出了一个区别于企业和政府部门顾客满意度指数模型的市级政府绩效的公民满意度指数(MGPCSI)模型,并以来自厦门市6个区的常住人口抽样调查的公民满意度调查数据对该模型进行大样本的实证分析,找出了影响市级政府绩效的公民满意度之关键因素,较好地解释了公民满意的作用机理。论文共有七章。第一章导论,介绍了研究的缘起、国内外研究现状、研究方法与技术路线、研究内容与结构。第二章概念界定与理论资源,对相关概念进行了界定,介绍了公民满意度的理论基础、形成机理、测评的工具、指数模型。第三章研究设计与方法,介绍了MGPCSI模型的构建思路和研究设计,公民调查设计与执行,阐述了分析方法和工具。第四章预试的探索性研究,介绍了预调查研究样本概况,进行了感知绩效维度的探索性分析、预试数据质量评价和预试概念模型的初步验证。第五章MGPCSI模型检验,介绍了正式调查研究样本概况,进行了正式调查数据质量分析和感知绩效维度的验证性分析,描述了MGPCSI模型的拟合和检验。第六章数据辅助分析与发现,介绍了测评指标的描述统计分析、满意度测评结果的应用、公民满意度的社会学分析。第七章介绍了研究结论与

贡献,指出了研究的局限,并对研究进行了展望。

关键词:市　地方政府　行政管理

6968

**中国环境政策工具的实施效果及其选择研究** / 杨洪刚著 ; 竺乾威指导. -- 复旦大学, 2009. -- 170 页

论文通过制度分析法、案例分析法、比较分析法、访谈法等,围绕中国政府设计和实施的各类环境政策工具在环境治理中的效果、影响各类环境政策工具有效性的因素展开讨论。论文共有七章。第一章为导论,主要就论文的研究问题、研究意义,相关问题的研究现状、研究方法、思路和分析框架等做出阐释。第二章为政策工具的理论阐释,主要对政策工具的类型、政策工具的研究路径、政策工具选择的模型等内容进行理论介绍。第三章为环境治理和环境政策工具,分别介绍了新中国在改革开放前后所呈现出来的环境问题、中国政府针对日趋恶化的环境问题所开展的环境治理实践活动、当前中国环境政策工具的基本情况。第四章为命令控制型环境政策工具,这一章的基本逻辑为:理论依据—历史演进—实施效果—有效性的影响因素探讨。第五章和第六章分别为经济激励型环境政策工具和公众参与型环境政策工具。其中,第五章就经济激励手段中的排污收费制度和排污权交易制度的历史演进、实施效果和有效性的影响因素做了探讨;第六章就公众参与制度的历史演进、公众参与工具中的居民和环保 NGO 两大主体参与环境保护的实践效果以及公众参与制度有效性的影响因素做了分析。第七章为中国环境政策的优化选择。

关键词:生态环境　环境政策　政策选择

6969

**新农村建设语境下我国乡村治理研究:国家与社会合作视角** / 杨金龙著 ; 张创新指导. -- 吉林大学, 2009. -- 176 页

论文以国家和乡村社会合作作为分析框架,以当下我国乡村治理面临的困境及其回应为研究主线,试图寻求一个能够应对后农业税时代的新的乡村治理范式。论文共分为五章。第一章为理论视角,主要研究公共治理相关理论。分析公共行政中的治理理论的内涵及相关概念分析,探讨我国乡村治理变革以及公共治理理论的价值及其本土化分析,介绍相关理论支撑。第二章论述新农村建设背景下传统乡村治理面临的挑战。研究新农村建设及其与乡村治理的理论关联,介绍乡村治理困境的若干表现及其原因分析。第三章是对我国乡村治理变革的若干思考。阐明乡村治理变革的目标诉求即和谐乡村的内涵与特征,提出乡村治理变革的四大基本原则,研究治理困境的路向选择即合作共治,介绍合作共治的内涵与特征,探讨合作共治的生发机制,即其社会基础、民意推动及政治牵引。第四章论述基于结构与功能规范视野下的乡村公共场域下治理变革的主要角色的界定分析。研究作为国家权力基层代理者的乡镇政府及作为成长中的治理主体的乡村社会组织和农村群众。第五章论述乡村合作共治的生成机理。分别探讨政府与乡村社会力量合作互动的前提、基础、支撑与保障。

关键词:农村　公共管理　群众自治　政府职能

6970

**治理理念下的公共行政改革研究:基于联合国在老挝推行的公共行政改革项目的分析** / 杨赛(Yangkou Yangluesai)著 ; 李和中指导. -- 武汉大学, 2009. -- 116 页

论文遵循理论建构与实证检验相结合的逻辑,结合公共行政改革的理论背景,以联合国在老挝推行的政府治理与公共行政改革项目以来,老挝社会各领域发生的变革为分析素材,对老挝社会各领域的改革进行了分析。全文共分四个部分。第一部分是导论。阐明了研究背景和主要问题,并对相关文献做了综述和评论。第二部分包括第一章、第二章,其中第一章对公共治理和善治理论进行介绍,并在此基础上对老挝与中国政府治理的异同对比分析;第二章介绍了联合国在老挝推行的公共行政改革项目的背景及其主要内容。第三部分是文章的主体部分,包含第三章至第六章,从四个层面(公共服务、公民参与、法制建设和财政改革)对联合国在老挝推行的政府治理与公共行政改革项目进行了分析和评价。第三章主要分析了老挝公共服务改革的现状及其存在的问题,核心问题是老挝政府对公务员队伍的管理建设和改革现状。第四章主要讨论老挝的公民参与问题,对老挝社会当前的公民参与现状进行了分析,并在此基础上分析了在这一领域改革需要进一步努力的方向。第五章阐明了法治建设在一个国家经济改革和体制转型过程中的重要性,分析了老挝的法制建设现状,并就老挝法治建设所存在的问题进行了分析。第六章主要探讨公共财政改革,分析了老挝政府在财政改革上的努力,并对其存在的问题进行了分析。第四部分是结论

部分。对老挝政府今后的公共行政改革提出了改革的方向和相关对策建议。

关键词:行政管理　体制改革　法治　老挝

**6971**

**公用事业普遍服务理论研究** / 杨志钢著 ; 黄恒学指导. -- 北京大学, 2009. -- 113 页

论文将公用事业普遍服务作为研究对象,对普遍服务在公用事业领域实施的合理性做理论分析。从普遍服务实现体系、公用事业普遍服务的效率、公用事业普遍服务实施机制三个层面构建了公共事业普遍服务的理论体系。全文共有七章。第一章导论,介绍了选题意义、文献综述、研究思路、研究方法和创新点。第二章公用事业普遍服务相关理论分析,介绍了公用事业概念及其行业特征、公用事业与普遍服务、公用事业普遍服务的相关理论。第三章公用事业普遍服务实现体系,分析了义务和政策主体——政府、普遍服务的执行者——公用事业企业、普遍服务体系中的消费者以及新闻媒体的政策推动和监督作用。第四章公用事业普遍服务与效率,分析了公用事业普遍服务与政府公共管理目标、公用事业普遍服务与效率的关系、普遍服务与收入分配的不公平以及贫困的关系。第五章公用事业普遍服务的实施机制,介绍了普遍服务的目标、普遍服务的价格机制、普遍服务的补贴及其实施。第六章公用事业普遍服务对我国的适用性及政策选择,分析了普遍服务在我国的适用性、我国推行公用事业普遍服务的策略选择。第七章是结论部分。

关键词:公用事业　商业服务　公共管理

**6972**

**我国城市社区治理变革与社会资本研究(1978—2008):一种制度变迁的分析视角** / 易晋著 ; 竺乾威指导. -- 复旦大学, 2009. -- 172 页

论文以一种“合”的理念,结合治理理论、社会资本理论和制度变迁理论的研究路径,通过从整体上去研究我国城市社区问题,从而理解社会的发展规律。文章共分为六章。第一章导论,交代了选题背景与问题的提出、相关研究与文献综述、概念界定、研究方法与意义以及研究结构与框架。第二章为理论工具与逻辑演绎。阐述了治理理论、社会资本理论和制度变迁理论兴起与内容,以及三大理论之间存在的逻辑关系。第三章介绍了我国城市社区治理变革的历程、特点以及方向。分别从前治理阶段、过渡阶段和治理变革阶段对我国城市社区治理变革的内容进行了回顾,并从中归纳出我国城市社区治理变革的三大特征,同时也揭示了我国城市社区治理变革存在的问题。第四章我国城市社区社会资本的变迁与现状。通过对我国部分城市社区的实证分析,归纳了目前我国城市社区资本的总体特征。第五章通过对上海市 Z 社区的个案研究来深入探讨城市社区治理变革与社会资本的互动关系。第六章提出了我国城市社区治理变革的推进与公民社会资本的培育问题。我国城市社区治理变革的推进主要指政府中的政治精英与社区自治组织中的社会精英对城市社区治理变革的推进。此外论文还提出,通过构建公民社会与城市社区组织系统,发挥政府的外在促进作用,来培育由开放性网络承载的普遍信任和互惠规范等要素的公民社会资本是理所当然的逻辑选择。

关键词:城市　社区管理　社会资本

**6973**

**我国食品安全监管问题及对策研究** / 臧立新著 ; 彭向刚指导. -- 吉林大学, 2009. -- 116 页

论文从政府角度,提出食品安全监管的概念、范畴、基本特点及类型,从我国食品安全现状出发,分析政府监管不力的表现与根源,在借鉴发达国家经验的基础上提出一系列对策。全文共分为五章。第一章强调加强食品安全监管刻不容缓。阐明食品的定义及食品商品的特征,分析食品安全的内涵、标准、现状及意义,论述食品安全监管的概念界定、特点及重要作用。第二章强调政府加强食品安全监管责无旁贷。分别论述政府负有的社会责任、公共管理责任、监管责任及法律责任。第三章论述我国政府食品安全监管不力的现状及原因。从食品生产、流通、准入标准及市场等方面阐述我国政府食品安全监管不力的六大主要表现,从人民、经济、企业、社会及政府等角度介绍我国政府食品安全监管不力的六大不良影响,从意识、执法宣传、监测手段、监管信息、制度及经费等方面分析我国政府食品安全监管不力的七大原因。第四章论述部分发达国家食品安全监管的主要特点及其经验借鉴。第五章提出加强我国政府食品安全监管的九大对策。从增强政府对食品安全监管的责任意识、明确政府对食品安全监管的职能定位、加快建设食品安全监管信息化体系、完善食品安全监管应急体系、健全食品安全监管的相关法律法规、强化食

品安全管理监管和检测体系、建立食品安全监管信用体系、打造食品安全监管教育宣传体系、构建食品安全监管的辅助体系等方面入手,进一步论证推进食品安全监管是政府责无旁贷的主要责任之一。

关键词:食品安全　监督管理

**6974**

**政府公共文化服务职能创新研究** / 张波著 ; 彭向刚指导. -- 吉林大学, 2009. -- 148 页

论文以马克思主义基本原理、观点和方法为指导,运用行政管理学和政府学的基本理论,采取系统研究、实证研究和比较研究的方法,对我国政府公共文化服务职能创新这一问题进行全面研究。全文共分为五章。第一章政府公共文化服务职能创新的相关概念。阐明公共文化服务的内涵、要素及主体,探讨政府公共文化服务职能的职责、功能与特点,论述政府公共文化服务职能创新的价值及影响因素。第二章政府公共文化服务职能创新的目标与内容。阐述政府公共文化服务职能创新的核心目标、基本目标、整体目标、长远目标及最终目标,介绍政府公共文化服务职能的方向、范围、重心及结构。第三章论述政府公共文化服务职能创新的机遇与挑战。介绍政府公共文化服务职能创新的背景,分析政府公共文化服务职能创新的机遇,阐明当前政府公共文化服务职能创新面临的挑战。第四章论述政府公共文化服务职能创新的借鉴与启示。分析政府公共文化服务职能创新的理论及政策借鉴,阐明主要国外政府公共文化服务的成功经验对我国的启示。第五章论述政府公共文化服务职能创新的路径与手段。阐明政府公共文化服务职能创新的五大路径。分析政府公共文化服务职能创新的法律、政策、经济、技术及人才等五大手段。

关键词:公共管理　文化管理　政府职能　创新管理

**6975**

**中国行政改革中政府职能模式的选择与构建** / 张皓著 ; 张康之指导. -- 中国人民大学, 2009. -- 274 页

论文采用比较分析法、文献研究法,主要研究了中国行政改革中政府职能模式的选择与构建问题,认为就现实途径而言,引导型政府职能模式的稳步推进,要在改革过程中在对政府与市场、政府与社会及政府自身职能重心的不断调整和合理定位中得以实现,而成熟的引导型政府职能模式的最终确立,则依赖于服务型政府的建构、多中心合作治理体系的形成及服务型社会治理模式中德治的实现,这就形成构建引导型政府职能模式的理想途径。全文共分七个部分。导论介绍了问题的提出与研究意义、国内外研究现状、论文的研究目标、研究方法及框架说明。第一章政府职能理论概述,分析了政府职能与政府职能模式、政府职能模式理论及其历史形态的演变。第二章中国政府职能的历史发展,分析了改革开放前全能型政府职能模型的确立、改革开放后中国政府职能的转变。第三章中国政府职能模式选择的影响因素,分析了中国政府职能模式选择的内在影响因素和当代西方政府职能转变及其借鉴。第四章中国引导型政府职能模式的选择,介绍了引导型政府职能模式,中国的引导型政府职能模式,分析了引导型政府职能模式建构的必要前提和基础。第五章构建引导型政府职能模式的现实途径,分析了强力政府与高效市场的有机耦合、政府与社会的互动与合作。第六章构建引导型政府职能模式的理想途径,分析了服务型政府的构建、多中心合作治理形态的构建、服务型社会治理模式中“德治”的实现。

关键词:国家行政机关　行政管理　政治体制改革　政府职能

**6976**

**我国公共服务创新中公民参与的价值及路径研究** / 张杰著 ; 彭向刚指导. -- 吉林大学, 2009. -- 160 页

论文以马克思主义基本理论为指导,运用规范分析、系统分析、历史分析和比较分析的研究方法,探讨公民参与对公共服务创新的价值,并对我国公民参与公共服务创新的路径进行思考。全文共分为六章。第一章论述公共服务创新的时代背景和目标要求。阐明公共服务创新的时代背景,分析公共服务创新的内涵、内容与特征,介绍公共服务创新的目标要求。第二章公共服务创新期待公民参与。介绍公共服务创新的现实困难,分析我国公共服务创新面临困难的成因,探讨公民参与缺失是公共服务创新面临困难的主要原因。第三章论述公共服务创新中公民参与的价值。阐明公民参与是增强公共服务创新合法性的重要形式,公民参与是体现公共服务创新公共性的根本要求,公民参与是保证公共服务创新科学性的重要途径,公民参与是提高公共服务创新执行力的有效方式,公民参与是实现对公共服务创新监督的重要手

段。第四章论述西方公共服务创新中公民参与的理论和实践。介绍新公共管理理论、新公共服务理论及治理理论，阐述英国、法国、加拿大、德国等国家公共服务创新中公民参与的实践，分析西方公共服务创新中公民参与的理论和实践对我国的启示。第五章论述我国公共服务创新中公民参与的起步及发展阶段、现状及现实问题。第六章探讨我国公共服务创新中公民参与的路径选择，包括提升政府的理性认识，培育公民的参与意识和能力，加强公民参与的制度建设，拓展公民参与的形式，培育和壮大社会组织。

关键词：国家行政机关　社会服务　公民　参与管理

**6977**

**青年科技人才创新行为影响因素实证研究：以高校青年教师为例** / 张相林著 ; 肖鸣政指导. -- 北京大学, 2009. -- 169 页

论文是在系统论、人力资源开发学、创新经济学等学科理论的基础上，通过文献研究、专业访谈、实证研究等方法，分析影响青年科技人才创新行为的内外因素，并基于实证研究的结果进行理论探讨，提出提高青年科技人才创新能力或绩效的对策建议。论文分四个部分共八章。第一部分为论文的第一至二章，即理论分析与研究假设部分。主要论述了选题背景、国内外研究状况以及研究的理论基础，在此基础上，提出可以进一步研究的问题、研究的目的和具体的研究目标，同时，结合个案访谈或深度访谈，探究影响青年科技人才创新行为的关键因素及其作用机理。第二部分包括第三至六章。主要完成量表设计与调查实施，对正式研究的数据进行描述性统计分析、验证性因子分析和创新行为差异性分析，同时，归纳和总结了青年科技创新优秀人才的创新行为特点及其基本特征。第三部分是论文的第七章，探讨实证研究结果的理论意义和现实意义，提出激励和提升青年科技人才创新行为的对策与建议。第四部分是论文的第八章，对整个研究进行了概括性描述，归纳了该研究的主要发现或创新点，并指出了研究的局限、存在问题以及下一步需要继续研究的方向。

关键词：青年　科学工作者　技术创新

**6978**

**工业周期的测度、微观机理与宏观调控研究** / 张新海著 ; 于永达指导. -- 清华大学, 2009. -- 172 页

论文针对工业化进程中的工业周期问题进行了专门研究。首先提出了用“产能利用率”这一指标测度工业周期，阐述了这种新的测度指标的内涵和优点，归纳总结了美国、日本等国家在产能利用率统计监测方面的实践和经验，以美国为例，用美国产能利用率测度了美国工业周期，以我国电力行业为例，比较了不同测度指标刻画的我国电力工业周期，两方面佐证了产能利用率是一个很好的测度工业周期的指标。其次，分析了工业周期形成的微观机理，采用行为经济学的相关理论分析了工业企业的投资行为，重点分析了企业投资决策中存在的过度自信、羊群效应、反应过度等有限理性现象，并通过“铁木项目”“造车热”实例予以例证，建立了一个三阶段最优化模型，通过数理推导揭示了企业“认知偏差”对产能过剩的影响机理，解析了关于产能过剩问题的微观与宏观视角的悖论。第三，分析了转型期地方政府及地方政府官员行为目标的多重性，建立了考虑地方政府行为因素的工业周期波动模型。第四，考察了应对工业周期性大幅波动的宏观调控政策的有效性，重点以钢铁企业为例，从微观角度对政策有效性进行了实证分析。最后，提出了熨平工业波动的宏观调控政策体系，包括加强对工业周期性波动的统计监测，完善宏观调控政策体系，促进工业又好又快发展，规范和约束地方政府行为等。

关键词：工业经济　经济周期波动　经济行为　宏观经济调控

**6979**

**马克思恩格斯公共管理思想研究** / 张中祥著 ; 李和中指导. -- 武汉大学, 2009. -- 142 页

论文运用文献分析法、比较分析法等研究了马克思恩格斯公共管理思想。全文共有九个部分。引言部分介绍了选题的意义、国内外研究现状，对基本概念进行了界定，解释了文章结构和研究方法。第一章探讨了马克思恩格斯公共管理思想的理论来源，主要包括古希腊的政治思想、自由主义的价值观念、黑格尔的政治哲学、空想社会主义等。第二章探讨了马克思恩格斯公共管理思想的方法论，介绍了唯物史观视野下的公共管理。第三章从历史的视角分析了公共管理权力论，包括原始的公共权力与原初的公共管理、政治的公共权力与国家的公共管理、社会的公共权力与公民的公共管理。第四章从经济、政治、社会等方面探讨了公共管理的基础。第五章从国家的视

角探讨了公共管理的主体论,分析了国家的语义途径、国家形式、从政治国家到国家的消亡。第六章从职能的视角探讨了公共管理的运行,包括经济职能、政治职能、社会职能、文化职能等。第七章从人事的视角介绍了公共管理的核心,包括公共人事管理的起源、公共人事管理的地位、公共人事管理的功能、公共人事管理的取向,总结马克思恩格斯公共人事管理观的当代价值。第八章为结论部分,主要介绍了马克思恩格斯公共管理思想对今天的启示。

关键词:公共管理　行政管理　权力　马克思　恩格斯

**6980**

**政府网站的管理冲突:根源剖析与管理策略研究** / 赵建青著 ; 张成福指导. -- 中国人民大学, 2009. -- 237 页

论文采用比较分析的方法,主要研究了我国政府网站的管理冲突问题。全文共分七部分。导言部分主要介绍了问题的提出与研究意义,并进行了文献回顾。第一章中外政府网站比较差异,首先从埃森哲的研究、联合国经济与社会事务部的评估、世界市场研究中心和布朗大学的评估分别对全球政府网站进行了测评,然后分析了国外政府网站建设的先进经验,最后分析了中国政府网站的问题。第二章从公共服务、公民参与和绩效评估三个方面对政府网站管理冲突的根源进行了剖析。第三章是政府网站化解管理冲突的可行性分析,认为政府网站的定位是化解管理冲突的基础,政府网站的改革推动是转化冲突的路径,政府网站的管理再造是化解冲突的抓手。第四章分析了政府网站公共服务和管理策略,认为根本在政府公共服务的全面完善,同时还要优化政府网站公共服务的标准化供给,兼顾网民对政府网站公共服务的多元化需求。第五章政府网站公民参与和管理策略,分析了政府网站与公众参与形成良好互动的理想状态以及实现政府网站与公众参与的良好互动关系的关键点。第六章是政府网站绩效评估和管理策略,认为应该着眼未来,建立整合型绩效评估体系,建立产出、结果、影响三维度的评估体系,完善政府网站绩效评估的指标要素,建立良好的运行机制,为政府网站绩效评估提供保障因素。

关键词:国家行政机关　行政管理　电子政务　网站

**6981**

**构建服务型政府进程中的第三部门发展研究** / 赵敬丹著 ; 彭向刚指导. -- 吉林大学, 2009. -- 154 页

论文运用规范研究与实证研究、历史研究与比较研究的方法,植根于中国国情,分析和研究第三部门与服务型政府的动态关系,指出第三部门存在的问题及制约因素,在此基础上,提出了推动第三部门健康发展的路径,即外部途径和内部途径。全文共分六章。第一章绪论,介绍论题选择与研究价值、核心概念、国内外的相关研究、研究方法及逻辑框架等。第二章阐释与解读,从第三部门的功能定位、服务型政府的价值取向、第三部门与服务型政府内在逻辑的契合三个方面阐释和解读第三部门与服务型政府的理论契合。第三章合作与互动,分析了第三部门与服务型政府的关系定位,主要分为传统范式:政府绝对领导模式;现实范式:政府相对主导模式;未来走向:平等合作的互动关系。第四章局限与困境,指出了构建服务型政府进程中第三部门发展面临的问题,包括第三部门发展的现状、存在的问题及制约因素。第五章比较与鉴定,借鉴了世界发达国家第三部门的发展,包括美国、英国、日本第三部门的发展模式,得出世界发达国家第三部门的发展对我国的启示:完备的法律体系是第三部门健康发展的前提,大量的政府资助是第三部门健康发展的基础,完善的税收体制是第三部门健康发展的关键,有力的内外监管是第三部门健康发展的保障。第六章反思与抉择,在第三部门发展的历史反思和方向选择的基础上提出了第三部门健康发展的路径:外部路径——发挥政府的主导作用,包括完善法规政策与降低准入门槛、转变政府职能与明确二者关系、加大财政投入与完善税收制度、加强监管力度与建立评估机制;内部路径——增强政府部门的自身建设,包括确立组织宗旨与完善组织结构、加强能力建设与开发人力资源、加强信用建设与扩大社会资本、加强国际合作与促进境外交流。通过上述分析得出结论:随着服务型政府建设进程的不断推进,第三部门的发展壮大已成为必然趋势,将逐渐形成政府主导力量、市场基础力量、第三部门中介力量共同参与的和谐治理格局。

关键词:社会团体　公用事业　社会服务　政府职能

**6982**

**城市公共产品供给决策机制研究:以桂林"两江四湖"工程为个案分析** / 赵克著 ; 陈广胜指导. -- 武汉

大学, 2009. -- 175 页

论文在进行实地调研考察和研究的基础之上,以"两江四湖"工程为表述对象建立了一个有关城市公共产品供给决策机制的理论分析模型。该模型通过对"两江四湖"工程决策的主体和过程以及外部环境进行客观的描述和分析,从协商民主理论和系统论的角度,剖析我国城市公共产品供给决策的机制,总结了城市公共产品供给决策的"桂林模式"。全文共分六章。第一章引言,对研究对象、研究现状、研究方法等进行了说明,对城市公共产品供给决策机制及相关概念进行了解读,同时对国内外公共产品供给理论和决策机制相关理论进行了简要回顾。第二章主要分析了城市公共产品供给决策机制研究的理论基础,试图使用国际上方兴未艾的协商民主理论来分析个案。第三章分析了城市公共产品供给决策中的主体,从政府主导、公众参与、专家咨询三个方面进行了解读,并分析了其内在逻辑关系。第四章研究了城市公共产品供给决策中的逻辑过程。第五章分析了城市公共产品供给决策中的环境,从经济、政治、文化、社会等四个外围环境进行了解读。第六章根据城市公共产品供给决策系统的结构维、逻辑维和知识维三个层面,从主体多元化、过程科学化、环境系统化三个视角提出了城市公共产品供给决策机制的构建路径。

关键词:公用事业　公共管理　管理决策

**6983**

**省内转移支付的均等化效应:省际差别和原因——基于 1999—2004 年县级数据的实证研究** / 周美多著 ; 马骏指导. -- 中山大学, 2009. -- 205 页

论文通过测量 1999—2004 年各省省内县际间的财力差异及转移支付的均等化效果系数 TE,运用统计数据描述"现状"并做了解释性研究。全文共分为八章。第一章为导论,主要介绍研究背景、研究问题、研究意义、研究方法和篇章结构。第二章为文献综述。第三章主要论述测量方法和分析框架。首先介绍省内转移支付均等化效应的量度即四步骤测量法。其次阐明制度分析和发展框架。然后构建嵌套的行动舞台。最后分析框架的模型化。第四章主要为省内县际间的财力不均等以及转移支付均等化效应的测算。在调查各省县级政府获得转移支付的总量和人均量的基础上分析转移支付前的初始财力差异、转移支付后的最终财力差异、支付的均等化效果系数、转移支付与自身财力的相关系数、以基尼系数衡量的转移支付后的财力差异。第五章探讨不同类型转移支付对省内县际间财力不均等的贡献,按收入来源进行基尼系数分解。介绍转移支付的分类,阐述按收入来源进行的基尼系数分解法及分解结果,研究贡献率的全国及区域平均值。第六章是 1999—2004 年 27 个省面板数据的实证分析。探讨面板数据分析及实证分析结果。第七章研究政府财政行为的区别性组合,即均等维护的有限集权。对政府财政行为的区别性组合及其均等化效应进行预测,对 2004 年 27 个省(自治区)财政行为进行分类。第八章为结论与思考。对中央宏观政策和省级政府财政行为进行评估,提出政策建议,探讨研究的知识推进、不足及可拓展方向。

关键词:地方财政　财政转移支付　转移支付制度

**6984**

**澳门回归后政府改革研究:基于民本视角的辨析与解读** / 朱妙丽著 ; 周志忍指导. -- 北京大学, 2009. -- 184 页

论文选择"民本"视角,通过国际视野的比较分析,对澳门政府改革路径的独特性做出归纳并进行理论阐释。全文共有五章。第一章民本理念在政府治理中体现方式的理论考察和分析。第二章讨论特区政府的行政改革,包括回归后特区政府体制的变化,特区政府主动实施的民本导向的改革理念和具体措施。第三章公民参与的扩展及其演进轨迹。首先是体制内参与,主要表现为公民通过组织竞选和投票等方式,积极参与立法会选举。其次是体制外参与,即公民用自发游行示威等方式来表达强烈需求。第三是参与组织化的发展趋势,其标志之一是非政府社团的发展。第四章通过比较分析归纳了澳门政府改革路径的独特性。在民主宪政体制问题完全建立的情况下,民本导向的行政改革的推动力、民本导向的行政管理,为什么民本导向的改革会引发政治改革诉求等问题进行了分析和解释。第五章分析澳门独特发展路径面临的独特挑战和困境,包括法律制度的不完善、公民精神与公仆精神不足等。最后从澳门独特发展路径的困境和局限性出发,探讨澳门民本改革未来发展的路径和启示。

关键词:地方政府　政治体制改革　澳门

**6985**

**我国城市居民最低生活保障制度的评估与重构:以浙江省城市低保家庭调查为例的研究** / 祝建华著 ;

林闽钢指导. -- 南京大学, 2009. -- 187 页

论文主要通过“理念—目标—方案”的分析视角，从制度的理念变迁，制度目标中的“需要”与“需要满足”的对应性，以及具体方案中的目标定位方法等三个环节对现行制度进行评估，并以此为核心构建了城市居民生活援助制度。文章分为六个部分。第一章导论，阐述了论文选题的理论与实践价值，并对国内外已有相关研究文献进行了分析，介绍了论文的理论分析框架、研究思路与研究方法。第二章与第三章对我国现行城市居民最低生活保障制度进行政策过程分析，阐述了这项制度建立的时代背景，发展过程与阶段，体现的社会政策意义，主要制度框架，实施现状以及由于制度理念滞后而产生的问题。第四章主要通过对实证调查数据和访谈资料的分析，描述了城市低保家庭在经济、文化教育、社会关系以及医疗等方面的生活状况，对现行城市居民最低生活保障制度的政策效果进行了评估，认为这项制度产生的制度效果可以分为直接效果、附带效果、意外效果等。第五章通过对目标定位方式的分析，进一步阐述了城市居民最低生活保障制度的目标定位问题以及目标定位过程中存在的耻辱感、道德风险等问题，认为现行制度要进一步修正和规范目标定位方式，消除制度可能造成的制度排斥风险。目标定位的分析重点解决“需要”与“需要满足”在目标对象上的对应性问题。第六章提出构建城市居民生活援助制度，并对制度设计理念的转型以及制度目标的重建进行分析。研究还对“基本生活需要”进行了量化操作，结合城市居民生活援助管理系统，从援助标准、救助形式、管理方式、目标定位、服务输送和资金筹集等方面提出了城市生活援助制度的制度框架。

关键词：城市　居民　社会保障

# 社会医学与卫生事业管理

**6986**

**社区老年人多维健康功能评定及其影响因素的研究** / 陈先华著 ; 卢祖洵指导. -- 华中科技大学, 2009. -- 110 页

论文运用模型法、案例分析法，结合理论研究与实证研究，综合计量经济学研究方法，对武汉市社区老年人多维健康功能及影响因素进行研究。论文第一部分是背景与目的，对研究背景、国内外老年综合健康功能评价的文献、研究目的与研究内容等问题进行说明。第二部分是材料与方法，分别论述研究对象、研究的理论模型与研究假设、研究对象的来源与技术路线、研究伦理与质量控制、统计分析与关键技术说明等问题。第三部分是结果与讨论，对基本情况进行介绍，包括性别年龄构成、职业分布、文化程度分布和婚姻状况，对老年人群的综合健康状况、老年人群的多维健康状况、老年人综合健康功能与各维健康功能的相关关系，以及老年人群多维功能损坏状况进行论述，从人口学基本特征、社会经济因素和慢性病三个因素，分析社区服务利用及需求。第五部分是讨论，分析老年人群的单维健康状况与综合健康状况，总结老年人群的主要健康问题，从人口学基本特征和社会因素等方面论述老年人综合健康影响问题，讨论老年人群慢性病的患病与日常生活功能损坏程度的关系，并分析社区老年人 ADL 状况、老年保健服务、多维度评价指标等问题。第四部分是小结，对本研究的结论创新之处和不足之处进行说明。

关键词：老年人　健康状况　卫生服务　社区服务　生活质量

**6987**

**新型农村合作医疗支付方式的利益均衡研究** / 陈瑶著 ; 罗五金指导. -- 华中科技大学, 2009. -- 142 页

论文运用文献分析法、利益相关者分析方法、博弈论的均衡理论以及委托代理博弈模型法、典型案例法、访谈调查法，结合计量经济学理论等研究方法，基于利益均衡原理，从理论入手，构建利益均衡支付方式的理论模型，以陕西镇安县和重庆黔江区支付方式改革的实证研究。研究与新型农村合作医疗制度相契合的供方支付方式的理论模式和实践模式并加以修正和完善。论文首先介绍了研究目的、研究内容、资料来源、研究方法、研究框架等基本要点。其次，对结果进行讨论。第一部分分析新农合利益均衡问题，对均衡的含义、新农合的利益均衡分析和理论模型推导进行说明与论述。第二部分为理论模型的实证研究，研究镇安新农合支付方式改革的利益均衡，主要对经办机构与参合农民的利益变化、县乡医疗机构利益变化、镇安单病种费用分布情况和镇安支付方式改革效果进行总结与阐述。论述黔江新农合支付方式的利益均衡研究，分别对区乡医疗机构收入及构成情况、黔江支付方式改革效果等问题进行考察研究，并做了实证分析结果的讨论分析，得出实证研究结论。研究

实践模型的构建，制定定额标准，考察单病种选择，最后论述监管机制构建等问题。最后一部分为结论。

关键词：农村　合作医疗　支付方式　利益分配

**6988**

**珠海市社会医疗保险模式及其对医疗费用的影响研究**／陈一丹著 ；卢祖洵指导. -- 华中科技大学，2009. -- 190 页

论文运用定量分析法、模型分析法、理论与实证相结合的研究方法，对珠海市社会医疗保险模式及其医疗费用的影响进行研究。论文第一部分是社会医疗保险理论探讨，对相关概念进行解释，分析医疗服务市场的特殊性，并对未来社会医疗保险发展的进行展望。第二部分是珠海市社会医疗保险发展状况及评价，论述珠海市社会经济发展概况，珠海市社会医疗保险的发展状况，包括社会基本医疗保险的参保人数和基本医疗保险基金的运作等，对珠海市的社会医疗保险进行初步评价。第三部分是珠海市社会医疗保险体系模式及变迁，总结珠海市社会医疗保险体系的基本框架，梳理珠海市社会医疗保险政策变迁，考察城镇职工社会医疗保险模式、外来人员大病医疗保险，对珠海市未成年人的医疗保险问题和珠海市城乡居民的医疗保险问题进行论述，提出珠海市社会医疗保险的具体措施及建议。第四部分是珠海市城镇职工医疗保险系统动力学分析，介绍系统动力学，其次构建医疗保险系统的系统动力学模型，并基于系统动力学模型给出建议。第五部分是珠海市医疗保险政策对医疗费用的影响，简介珠海市住院定额结算办法和人民医院情况，对医保病人和自费病人住院费用结构进行对比分析，并分析医保病人和自费病人每日住院费用及住院天数多水平情况，最后提出控制医疗费用、提高服务质量的建议。第六部分为总结。

关键词：医疗保险　费用　基金　珠海市

**6989**

**西部地区村卫生室卫生服务能力评价指标体系构建研究**／崔颖著 ；方鹏骞指导. -- 华中科技大学，2009. -- 229 页

论文运用文献分析法、访谈法、调查法和数学分析方法，建立一套适合于西部地区村卫生室服务能力的实际情况的服务能力评价指标体系。第一章是前言，对研究背景、卫生服务评价的基本理论与方法、研究的目的和意义、论文概览等问题进行论述。第二章研究方法和资料来源，对研究方法、技术路线、资料收集、抽样方法和质量控制问题进行论述。第三章是结果与分析，分析西部地区村卫生室服务的能力现状，对村卫生室服务基本项目、服务内容的合理定位进行考察，回顾了相关文献综述，并对西部地区村卫生室服务项目进行能力评价。分析西部地区村卫生室服务能力评价指标体系，对评价指标权重、评价指标分值、评价指标体系综合评价等方面进行考察。第四章是讨论，主要对以下几个方面进行论述：村卫生室服务项目的界定是评价村卫生室服务能力的前提，评价指标体系的设计应以基本理论为指导，评价指标体系的内容应体现完整性和全面性，评价指标体系的筛选方法应注重合理性和可靠性，评价指标体系的计算方法应保证科学性和准确性，评价指标体系的检验应反映研究的独特性，评价指标体系应考虑运用多种评价方法进行综合验证，建立评价指标体系的过程应定性与定量方法有机结合。第五章为总结。

关键词：农村卫生　卫生室　卫生服务　评价指标　西部地区

**6990**

**新中国高等医学教育的历史回顾与思考：1949—1979**／东梅著 ；李志平指导. -- 哈尔滨医科大学，2009. -- 117 页

论文运用实证分析法、比较分析法和历史分析的研究方法，考察三十年间高等医学教育的发展过程，包括建国初高等医学教育发展情况、高等医学教育的苏联模式等内容，分析影像医学教育发展的相关因素，并在此基础上对医学教育发展过程中所取得的经验以及存在的问题进行探讨。论文第一部分是建国后前三十年的高等医学教育，首先对新中国成立前高等医学教育概况进行回顾，其次论述 1949—1957 年新中国高等医学教育的起步时期，第三论述 1957—1966 年新中国高等医学教育的探索时期，最后考察 1966—1976 年文革时期的高等医学教育情况。第二部分是新中国高等医学教育的苏联模式研究，首先介绍苏联的高等教育概况，总结苏联高等教育模式的特点。其次对苏联高等医学教育概况进行总结，包括十月革命前、十月革命后的高等医学教育发展历史，总结苏联高等医学教育体系的特点与模式。第三论述新中国高等医学教育学习苏联情况，包括新中国成立初期向苏联学习高等医学教育的原因、新中国高等医学教育学习苏联的具体体现、向苏联学习的主要途径

等,并总结新中国高等医学教育学习苏联模式的评价与反思。第四论述关于借鉴苏联模式的探讨,包括突破苏联模式的尝试、反思和启示。最后为结语部分。

关键词:教育史　高等教育　医学教育

**6991**

**山东省公共卫生服务筹资研究** / 董树山著 ; 孟庆跃指导. -- 山东大学, 2009. -- 161 页

论文运用文献分析法、调查研究法、实证分析法、人员访谈法等研究方法,以山东省为例,探讨落实公共卫生服务筹资政策的可操作性方法和措施,为完善政府投入长效机制提供科学依据和决策参考。论文第一章是前言。第二章是研究方法,论述资料来源、调查方法、测算方法、分析方法和分析工具。第三章是公共卫生服务筹资文献综述,回顾公共卫生服务筹资理论,研究公共卫生服务筹资方式,提出需要进一步研究的主要问题。第四章是山东省公共卫生服务筹资现状分析,分别考察了社会经济状况、卫生服务体系、公共卫生服务体系、公共卫生服务提供和公共卫生服务筹资情况。第五章是政府公共卫生服务经费应需投入的测算,对政府专业公共卫生服务、政府基本公共卫生服务、政府公立医院公共卫生服务的经费分别进行应需投入测算,分析测算结果。第六章是政府公共卫生服务经费的筹资与分配。第七章是政府公共卫生服务经费的支付与监管问题,分为支付与监管两部分进行考察。第八章是讨论与政策建议,对政府财政公共卫生服务经费投入责任的量化、责任的分担、经费的分配与支付、经费的监管等方面分别提出相关建议。最后为研究的创新与不足。

关键词:公共卫生　卫生服务　财政支出　资金管理　山东

**6992**

**社会资本理论视角下的我国农村慢性病综合管理模式研究** / 管军著 ; 张亮指导. -- 华中科技大学, 2009. -- 123 页

论文运用公共管理学、卫生事业管理学、卫生经济学、卫生统计学等理论和方法,通过理论分析、现场调查和人员访谈,对社会资本的内涵、当前农村慢性病防治存在的问题、农村社会资本及健康管理特点等问题进行考察。论文第一部分是社会资本的内涵与健康的关系,回顾社会资本理论的内涵,讨论社会资本与健康的关系。第二部分是我国农村居民慢性病发病及管理现状,对我国农村居民慢性病患病的影响因素、我国农村居民慢性病管理存在的问题分别进行论述。第三部分是农村居民慢性病综合管理引入社会资本的理论基础,讨论农村居民慢性病综合管理引入社会资本的理论基础和现实基础。第四部分是农村居民社会资本及健康管理状况分析,主要调查了农村居民的基本情况、社会资本状况和健康管理状况等问题。第五部分是社会资本理论与农村居民慢性病管理之间的联系,提出社会资本理论为农村居民慢性病管理提供了新线索,分析了社会资本理论在农村居民慢性病发病管理中起到的作用,并总结国外慢性病管理模式经验及启示。第六部分是社会资本视角下农村居民慢性病管理模式的构建问题,分析农村居民慢性病综合管理中的利益相关主体问题,考察社会资本理论视角下农村居民慢性病综合管理模式的构建,依次从宏观层面、中观层面和微观层面展开研究。

关键词:农村　慢性病　卫生管理　管理模式　社会资本

**6993**

**浏阳市农村居民抑郁症流行病学研究** / 桂立辉著 ; 肖水源指导. -- 中南大学, 2009. -- 125 页

论文对浏阳市农村居民抑郁症流行病学进行研究。全文共分为四章。第一章,研究背景。介绍国内外抑郁症留行病学的研究现状、精神障碍的流行病学研究工具、抑郁症分布特征及影响因素研究现状、重症抑郁发作的症状特点、抑郁症患者卫生服务利用研究概况以及我国抑郁症流行病学研究中存在的主要问题,并提出研究的目的与研究意义。第二章,对象与方法。提出研究现场,调查对象,研究内容与方法,调查质量控制方法以及数据的整理与分析。第三章,结果讨论。探讨调查完成情况及调查对象的一般情况;介绍抑郁症患病率和性别、年龄分布;对抑郁症患病率的影响因素进行分析,包括社会人口因素对抑郁中患病率的影响,慢性躯体疾病、吸烟和饮酒过多与抑郁症的共患病率,抑郁症患病影响因素的多元logistic回顾分析;提出对重症抑郁发作患者的症状特点及影响因素的分析;提出对抑郁症患者卫生服务利用及其影响因素分析,包括调查完成情况以及研究对象的一般情况,最先采取的措施以及影响因素的分析,正规医疗机构就诊率及其影响因素分析,就诊延迟及其影响因素分析,首次就诊的医疗结构类别和级别,精神专科就诊率及其影响因素分析以及诊断情况

等。第四章为结果讨论。提出抑郁症的患病率和人群分布，抑郁症的流行病学调查方法与工具，抑郁症的发病影响因素，重症抑郁发作患者症状特点及影响因素以及抑郁症患者卫生服务利用及其影响因素等，并对中国农村抑郁症患者求医行为模式展开说明，提出关于我国农村抑郁症预防、控制工作的政策建议。

关键词：农村　抑郁症　流行病学调查　卫生服务　浏阳市

6994

**缅甸佤邦特区卫生发展路径研究** / 黄仙红著 ; 李鲁指导. -- 浙江大学, 2009. -- 119 页

论文运用定量分析法、定性分析法、文献分析法等研究方法，了解佤邦北部居民的健康状况及卫生系统现况，找出主要问题，分析佤邦卫生发展优势、劣势、机会和威胁，结合佤邦社会经济发展实际，探索适合佤邦特色的卫生发展路径。论文第一章是资料与方法。第二章是佤邦卫生现状，主要分析佤邦北部地区居民一般情况、健康状况、卫生服务利用情况、儿童保健情况、健康知识知晓情况等，并考察了佤邦特区政府财政收入和卫生投入情况、医疗机构数量和分布情况、卫生人员分布和素质情况，对佤邦卫生现状作出评价。第三章是佤邦卫生发展的 SWOT 分析，主要对佤邦卫生发展的优劣势、机会与威胁、卫生发展策略等问题进行分析。第四章是卫生发展项目优先次序的建立，对设定项目优先次序的必要性、设定卫生干预项目优先次序的方法、卫生干预项目遴选的原则、卫生发展项目优先次序的建立等问题进行论述。第五章是卫生发展原则、目标和任务，总结佤邦卫生发展的基本原则与卫生发展任务。第六章是卫生发展的主要策略和措施，包括初级卫生保健网的建设、基础卫生队伍的建设、建立渐变的卫生信息系统、减少贫穷、多渠道筹集卫生经费等建议。第七章是卫生发展项目组织实施与评估——PDCA 循环，从制订计划阶段、计划实施阶段、监督和反馈阶段、总结和再优化阶段等环节依次展开论述。

关键词：卫生服务　卫生发展　健康状况　缅甸

6995

**农村慢性非传染性疾病控制机制研究** / 汲进梅著 ; 尹爱田指导. -- 山东大学, 2009. -- 164 页

论文运用抽样分析法、比较分析法、案例分析法，结合理论研究与实证研究方法，在对我国目前慢病控制现状总结的基础上，为合理分配利用资源、提高疾病预防控制人才素质、完善农村地区慢性非传染疾病控制体系提出建立适合我国农村地区慢性非传染疾病控制机制的建议。论文第一章是引言。第二章是慢病控制研究综述，对国内与国外慢病控制研究分别进行考察。第三章是理论基础与研究方法，主要对机制建设理论研究、资料来源与方法进行说明。第四章是样本地区农村慢病现状及影响因素分析，论述农村居民高血压、糖尿病流行情况及疾病经济负担，对高血压、糖尿病患病影响因素进行分析，分析农村慢病健康知识。第五章是样本地区农村慢病控制现状及问题，考察农村慢病控制工作开展情况，讨论农村慢病控制体系现状及存在的问题，研究农村慢病机构的职责履行问题，论述农村慢病控制制度现状和问题。第六章是讨论和建议，分别提出农民慢病控制需要加强建设的主要措施、农村慢病控制与居民健康保障制度的关系、完善以慢病控制需求为导向的居民健康保障体系等建议。论文明确了目前农村地区慢病控制机制建设的差距与薄弱环节，提出了预防、保健、医疗、康复全程控制的思想，并提出了完善机制的手段和方法。

关键词：农村卫生　卫生服务　慢性病　医疗保健

6996

**卫生政策系统综述方法研制与实例研究** / 贾莉英著 ; 孟庆跃指导. -- 山东大学, 2009. -- 243 页

论文运用理论研究与案例分析相结合的研究方法，结合卫生政策本身及其研究的特点，研制卫生政策系统综述方法，并通过实例加以论证与完善。论文的第一部分是前言。第二部分是研究方法，主要对卫生政策系统综述方法的研制过程进行回顾，考察卫生政策系统综述方法的应用实例。第三部分是文献综述，对卫生政策研究特点和询证政策的出现进行回顾，概述系统综述方法，并提出系统综述方法的基本框架，分析卫生政策系统综述研究现状与存在的问题。第四部分是卫生政策系统综述方法，论述两段式卫生政策系统综述方法，阐述卫生政策系统综述关键技术。第五部分是卫生政策系统综述实例，分析描述性系统综述实例，对扩大脆弱人群医疗保险覆盖率的策略进行实例分析；分析效果评价系统综述实例，对儿童医疗保险覆盖率的扩展策略进行实例分析。第六部分是讨论与建议，一方面进行方法学讨论，分析卫生政策系统综述方法的优缺点和关键技术中需要

完善的方向;另一方面讨论卫生政策系统综述研究,依次对卫生政策系统评价问题的宽泛性、证据的多样性、资料的可得性、效果评价的复杂性和综述结果的解释等问题展开论述。最后提出相关建议。论文的最后部分为研究创新与不足。

关键词:卫生工作　方针政策　系统评价

**6997**

**城镇儿童医疗保险可持续性研究** / 蒋虹丽著 ; 陈文指导. -- 复旦大学, 2009. -- 125 页

论文运用比较研究法、定性研究法与实证分析法,以儿童健康福利的社会价值观、儿童健康的经济属性、儿童医疗保险的筹资责任等规范研究为基础,对国际经验、我国城镇儿童医疗保险制度设计和筹资体系等进行比较研究。论文第一部分为前言。第二部分为儿童健康福利的社会价值观,论述儿童福利的性质,分析儿童福利的价值取向,梳理我国政府对儿童健康鼓励的保障。第三部分是儿童医疗保险制度化的经济学分析,对儿童医疗保险制度化中的国家卫生筹资体系保障儿童医疗卫生服务问题进行论述,讨论政府筹资责任中儿童医疗卫生服务的健康投资观点,梳理家庭筹资与儿童健康投资的家庭消费选择。第四部分是国内外儿童医疗保险的发展和现状,对儿童医疗保险的国际经验进行总结,论述我国儿童医疗保险的主要形式。第五部分是城镇儿童医疗保险制度设计的可持续性分析,主要对资料来源、研究结果、讨论等部分展开论述。第六部分是城镇儿童医疗保险筹资的可持续性分析,对资料来源和研究结果进行说明。第七部分是对城镇儿童医疗保险可持续发展的建议,提出本研究的主要结论,阐述理想方案是儿童医疗保险的政府全责模式和修正方案的居民基本医疗保险中的儿童优先模式。最后论述论文创新之处。

关键词:儿童　医疗保险　政府补贴

**6998**

**乡村医生和乡镇卫生院临床医生向执业(助理)医师过度问题与对策研究** / 金建强著 ; 卢祖洵,夏再兴指导. -- 华中科技大学, 2009. -- 140 页

论文运用文献研究法、调查法、访谈法、统计学方法,结合定量分析与定性分析,对全国乡镇卫生院临床医生、乡村医生队伍现状进行调查和分析,根据国家已经指定的法律法规及政策,提出相关建议。论文第一部分是项目县乡村卫生机构基本概况,考察卫生机构基本情况和卫生机构人员情况。第二部分是乡村医生现状分析,对基本情况、乡村医生收入与保障情况、执业考试分析、培训意愿调查分析、乡村医生执业化影响因素分析等问题进行论述。第三部分是乡镇卫生院临床医疗服务人员现状分析,对基本情况、收入与保障情况、执业情况、职业考试分析、培训意愿分析、执业化影响因素分析等进行阐述。第四部分是执业化卫生相关政策研究,分别对政策背景与政策目标、乡镇卫生院医生资格认定限定法律政策及分析评价、乡镇卫生院医生教育培训现行政策及分析评价、对策与建议等问题进行考察,并回顾乡村医生近期政策,分析乡村医生现行相关法律政策,探讨乡村医生执业化法律政策。第五部分是其他部门相关政策分析,主要对民办教师向公办教师过渡、国外农村培养卫生人员的政策所得出的启示进行梳理与总结。最后为结论与建议。

关键词:农村　医生　医师

**6999**

**中国民办社区卫生服务发展现状研究** / 金生国著 ; 卢祖洵指导. -- 华中科技大学, 2009. -- 139 页

论文运用调查分析法、案例研究法、比较分析等研究方法,对 28 个重点联系城市的全部有关 CHS 机构进行了调查分析和研究,对中国民办社区卫生服务发展现状进行了考察与分析。第一章是引言及研究框架。第二章是民办社区卫生服务机构的基本设施现状及相关政策落实情况,论述研究对象与资料来源、研究方法、研究结果,对不同机构类型、不同地区分布的民办社区卫生服务机构的基本设施和相关政策进行考察,并比较民办社区卫生服务机构同政府和企事业单位举办的社区卫生服务站的基本设施情况。第三章是民办社区卫生服务机构的财政收支情况,主要论述研究对象、资料来源、研究方法和研究结果,对不同机构类型、不同地区分布的民办社区卫生服务机构的财务收支情况进行考察,并比较民办社区卫生服务机构同政府和企事业单位举办的社区卫生服务站的财务收支情况。第四章是民办社区卫生服务机构的人力资源情况,论述研究对象、资料来源和研究方法,对不同机构类型、不同地区分布的民办社区卫生服务机构的人力资源情况进行考察,并比较民办社区卫生服务机构同政府和企事业单位举办的社区卫生服务站的人力资源情况。第五章是民办社区卫生服务机构的"六位一体"服务提供情况,考察对不同机构

类型、不同地区分布的民办社区卫生服务机构的“六位一体”服务功能。第六章是民办社区卫生服务机构效率研究，对不同机构类型、不同地区分布的民办社区卫生服务机构的服务效率进行研究。

关键词：卫生服务　社区服务　医药卫生管理

7000

**济宁市青春中前期青少年心理行为、个性特征发育的双生子研究** / 孔庆胜著 ; 卢祖洵指导. -- 华中科技大学, 2009. -- 256 页

论文运用问卷调查法、案例研究法、计量经济学方法和实证分析的研究方法，通过对青春中前期双生子心理行为及个性特征发育的调查，掌握该群体人群的心理行为，探讨主要的影响因素。论文第一部分是课题研究设计，对研究目的、研究内容与思路、质量控制与抽样调查方法、研究创新、存在问题等基本概念进行阐述。第二部分是济宁市青春中前期青少年行为和个性发育常模的制定，主要论述了济宁青少年行为自评量表常模组样本的年龄和性别构成、济宁青少年行为自评量表常模、济宁市青少年心理行为发育的影响因素、济宁市初中学生行为问题检出率、济宁市青春中前期青少年个性发育常模的建立等五方面的问题。第三部分青春中前期双生子心理行为发育状况及影响因素研究，阐述对象与方法，考察结果与分析并加以讨论。第四部分是青春中前期双生子个性发育现状及影响因素研究，阐述对象与方法，论证结果与分析并加以讨论。第五部分是微量元素与激素对青春中前期双生子行为和个性发育的影响，分析对象与方法、结果与分析及讨论。第六部分是青春中前期双生子行为、个性发育及生理、生化、体型指标的遗传度分析。第七部分对实验原理和试验方法进行说明。第八部分是对策与建议。

关键词：青春期　青少年　双生　心理行为　个性发育

7001

**山东省农村居民高血压患病与血压控制的性别差异分析** / 李慧著 ; 孟庆跃, Janet E. Hiller 指导. -- 山东大学, 2009. -- 202 页

论文采用定量分析法和案例分析法，结合理论分析和实证分析，分析男性和女性高血压患病与血压控制的差异，并分析男性和女性各自患病与控制的影响因素及各种影响因素的性别差异。论文第一章是前言。第二章是资料来源与研究方法，从理论研究和实证研究两方面展开论述。第三章是文献综述及理论框架，回顾性别与高血压患病的关系、健康不公平的决定因素、社会性别健康差异的社会决定因素等问题，提出研究的理论框架。第四章是社会经济与一般健康状况的性别差异比较，对被调查家庭的基本情况、调查对象的人口统计和社会经济状况的性别差异、调查对象体检指标、调查对象高血压患病与控制总体状况等问题做出论述。第五章是高血压患病性别差异及其影响因素，通过比较高血压患病的疾病负担和高血压患病的相关因素两方面的性别差异，研究男性和女性高血压患病的危险因素。第六章是高血压知晓状况性别差异及其影响因素，考察高血压知晓率，论述高血压患病类型与严重程度，并对高血压诊断状况问题做阐述，分析高血压患者知晓率影响因素。第七章是高血压治疗性别差异及其影响因素，对高血压治疗率、非药物治疗、药物治疗等问题进行分析。第八章是高血压控制状况的性别差异及其影响因素，对高血压控制率、高血压患者血压控制率影响因素等问题进行考察。第九章是讨论和政策建议。

关键词：农村　高血压　性别差异　卫生统计　统计分析　山东省

7002

**改善农村地区基本药物可获得性策略研究** / 李萍著 ; 张新平指导. -- 华中科技大学, 2009. -- 96 页

论文运用文献研究与实证研究相结合的研究方法，综合运用文献法、现场调查、知情人访谈等多种研究方法，借鉴 WHO\HAI 关于药品可获得性和价格调查方法，以新型农村合作医疗制度为依托，围绕基本药物目录的制定和落实探讨相关策略，借鉴国际基本药物可获得性调查方法，以湖北省为例对我国农村地区基本药物可获得性的现状和存在的关键问题进行分析，提出适合我国国情的农村地区基本药物可获得性促进策略，为促进我国基本药物制度的建立和完善提供理论、政策和实证依据。论文第一章是基本药物可获得性的基础理论，分析基本药物概念及其政策意义、可获得性的概念和内涵、药品可获得性的影响因素、公平理论与基本药物可获得性、激励规制理论与基本药物可获得性。第二章是农村基本药物可获得性现状，论述研究方法和研究结果，分析农村基本药物可获得性方面存在的问题及成因，考察了药物目录制定和基本药物的产生、基本药物的流通、基本药物

的使用、基本药物的补偿、基本药物可获得性障碍存在的根本原因等问题。第四章是农村基本药物可获得性策略，分析基于利益集团的可获得性策略和基于药物品种的可获得性策略。最后为政策建议，分为基本思路与具体措施两部分。

关键词：农村　合作医疗　药物　医疗保健制度

**7003**

**我国公立医院法人治理及其路径研究** / 李文敏著；方鹏骞指导. -- 华中科技大学, 2009. -- 231 页

论文结合理论分析与实证分析，通过统计与运筹学分析方法，对我国公立医院法人治理路径问题进行考察与研究。论文第一章是绪论。第二章是公立医院法人治理理论评述，对相关概念进行界定，提出研究框框及主要创新之处。第三章是我国公立医院的耗散结构分析，介绍耗散结构理论、分析公立医院的耗散结构特征，并讨论我国公立医院的熵分析。第四章是我国公立医院行政机构单一型法人治理模式研究，对行政机构单一型法人治理模式的内涵与特征、委托代理关系分析等问题进行论述，并做出评价。第五章是我国公立医院行政机构分权型法人治理模式研究，对公立医院行政机构分权型法人治理的界定与类型、委托代理关系和治理模式的实践等三方面的问题分别进行讨论，并做实证研究，评价分权型法人治理模式。第六章是我国公立医院理事会型法人治理模式研究，对理事会型法人治理模式的界定与类型、委托代理关系进行分析，并做实证研究和评价。第七章是我国公立医院董事会型法人治理模式研究，对公立医院董事会型法人治理模式的界定与类型、委托代理关系和治理实践进行分析，并做实证分析和相关评价。第八章是我国现阶段公立医院法人治理模式的选择与构建。第九章是我国公立医院治理变革的路径探析与政策建议。第十章是未来我国公立医院利益相关者互动性治理模式的探讨。

关键词：医院　法人　管理机制

**7004**

**我国卫生筹资公平性研究：现状以及支付方式改革效果模拟** / 励晓红著；高解春，郝模指导. -- 复旦大学, 2009. -- 167 页

论文运用理论分析法和定性研究法，对我国卫生筹资公平性进行研究，考察其现状和支付方式的改革效果。论文首先阐述了研究背景、研究意义、课题组前期研究、研究目标与研究内容、主要概念的界定和测量、主要研究方法等问题。第一部分是我国卫生筹资情况，分别论述卫生总费用、卫生筹资公平性、我国财政卫生支出以及社会医疗保障制度建设概况等问题。第二部分是样本地区家庭卫生筹资公平性研究，介绍样本地区的基本情况、样本人群基本情况、患病情况、就诊情况、经济水平情况等，并对家庭灾难性卫生支出进行分析，分析家庭卫生支出与贫困的关系。研究样本地区医疗机构政府补助受益分析，对再分配效果进行分析，得出结论。第三部分是“总额预算+按服务量支付”改革对居民卫生筹资公平性的影响，分析门诊次均费和住院床日费用，考察门诊费用和住院费用报销标准，比较目前以及改革之后就诊家庭的医疗费用和现金支出比较，考察就诊家庭在改革前后发生的医疗费用以及现金支出的变化，并依次分析支付方式改革对家庭卫生筹资累进性的影响、支付方式改革对家庭灾难性卫生支出的再分配效果影响等问题。第四部分是“总额预算+按服务量支付”改革措施的供方和需方意向调查，分别对供方和需方对支付方式改革的接受程度及行医行为变化趋势进行研究。最后为总结与建议。

关键词：医疗保健事业　医疗卫生服务　筹资　支付方式

**7005**

**高校科研创新团队创新行为及其系统动力学模型建构的研究** / 林莉著；王振维指导. -- 第三军医大学, 2009. -- 164 页

论文采用定性与定量相结合的方法，主要进行了四个方面的研究：首先是对高校科研创新团队与团队行为的相关文献进行研究；其次是高校科研创新团队的创新行为的访谈研究，以重庆市高校科研团队作为研究对象；第三构建高校科研创新团队创新行为系统动力学模型；第四对高校科研创新团队创新行为系统动力学模型进行情景模拟，利用计算机仿真技术，分别模拟了沟通效率、绩效差距、创新动机、学习效果和整体运行效果。论文第一部分是导论，主要对选题背景、研究现状、研究目的与意义、研究设计与方法等进行说明。第二部分是文献研究，对相关概念、团队行为的结构及其转变、研究的理论基础等进行阐述。第三部分是高校科研团队创新行为的访谈研究，对访谈目的、访谈设计和访谈结果研究进行阐述。第四部分是高校科研创新团队创新行为系统动力学模型的构

建,主要对创新行为的因果关系、自组织机制进行论述,并做模型的基本有效性检验。第五部分是高校科研创新团队创新行为系统动力学模型的情景模拟,对沟通效率发生变化时、绩效差距发生变化时、创新动机发生变化时和学习效果发生变化时的团队创新行为依次进行考察。第六部分是讨论,对研究过程、研究结果、研究的创新点和研究的局限分别做了考察。

关键词:高等学校　科研管理　创新管理　系统动力学

**7006**

**促进社区卫生服务机构基本药物可获得性策略研究** / 刘利群著 ; 张新平指导. -- 华中科技大学, 2009. -- 97 页

论文运用模型分析法、案例分析法、比较研究法和实证分析法,总结分析中国在促进社区卫生服务机构基本药物可获得性方面采取的措施及存在的主要问题。第一章是前言。第二章资料来源与方法。第三章是结果与分析。讨论了基本药物可获得性理论与实践,主要包括基本药物的界定、基本药物可获得性界定、基本药物可获得性与卫生公平和卫生效率、国际基本药物政策经验与基本药物可获得性、中国促进基本药物可获得性采取的主要措施、中国在改进基本药物可获得性方面存在的问题和中国国家基本药物制度设计等七个问题。分析社区卫生服务机构基本药物可获得性现状,包括社区卫生服务机构药品配备情况的说明、社区卫生服务机构基本药物处方情况、社区卫生服务机构合理用药情况和社区卫生服务机构处方费用分析。讨论社区卫生服务在促进基本药物可获得性中的作用及实践探索,对中国社区卫生服务的发展历程、社区卫生服务在基本药物可获得性中的地位和作用、社区卫生服务机构促进基本药物可获得性的实践等三个问题展开论述。研究社区卫生服务机构基本药物可获得性的主要影响因素。构建社区卫生服务机构基本药物可获得性策略模型,对社区卫生服务机构基本药物可获得性的利益相关者模型、影响因素的系统关系模型、影响因素的递进关系模型和策略模型分别进行构建与研究。

关键词:社区服务　卫生服务　药政管理

**7007**

**我国医学教育领域应用 PBL 教学模式若干问题的研究与实践** / 刘强著 ; 孙宝志指导. -- 哈尔滨医科大学, 2009. -- 126 页

论文探讨我国医学教育领域应用 PBL 教学模式若干问题的研究与实践。全文共分为五章。第一章,对 PBL 教学模式理论认识即教育观念转变的研究。提出国外发达国家开展 PBL 以及国内医学院校研究的进展情况,国内外关于 PBL 教学模式的研究情况。第二章,在中国国情下如何实施 PBL 教学模式的研究与实践。介绍中国医科大学针对我国国情开展 PBL 教学模式的研究与实践,中国医科大学大规模全面开展 PBL 改革情况。第三章,在 PBL 教学模式下开展对学生和项目的评价。提出应对学生进行全面评价,应联系学生和教师对 PBL 展开评价,应对课程本身作出评价,最后探讨 OSCE 评价技术的应用。第四章,如何在我国医学院校中大面积推广应用 PBL 教学模式。对多次召开协作院校 PBL 会议,PBL 改革举措在各协作院校中传播,第六届亚太地区 PBL 国际研讨会和第七届亚太地区 PBL 国际研讨会的情况分别介绍,并对联合国教科文组织来华交流 PBL 改革经验,签署协议的情况加以描述。第五章,在教育科学研究领域对 PBL 教学模式有关课题的研究。包括 PBL 对基础和临床知识的掌握效果评价,学生学习风格与 PBL 关系的有关研究,PBL 对学生批判性思维能力的影响以及 PBL 教学法对教育环境测量评价的研究。最后提出论文的主要结论。

关键词:医学教育　医学院校　教学模式

**7008**

**中国中、西部县域卫生系统绩效及其评价研究** / 刘岳著 ; 张亮指导. -- 华中科技大学, 2009. -- 135 页

论文运用了文献法、系统分析法、访谈法、Delphi 法、专家讨论法、实证研究法和计量经济学分析方法,研究了中西部的山西和重庆的四个样本县,对样本区县的卫生系统绩效进行评价,结合专家评价结果,验证指标体系的合理性。主要目的在于探讨县域卫生系统的概念及绩效评价框架,构建中国中西部县域卫生系统评价指标体系,探讨县域卫生系统绩效评价工具和机制。通过现场调查数据的可得性、各项指标在实际统计报表中的上报形式、获得的数据的质量验证和县卫生局人员反映的指标填报的难易程度,结合专家建议进一步完善指标。论文第一章是前言,对研究背景、研究意义、研究目的和研究内容分别进行论述。第二章是资料来源和研究方法,主要介绍资料来演、研究方法、研究框架和质量控制。第三章是结果与分

析，研究中国中西部县域卫生系统概念框架，考察中西部县域卫生系统绩效及其评价框架，并论述中国中西部县域卫生系统绩效评价指标体系，对中国中西部县域卫生系统绩效评价指标体系的应用加以论述。最后是讨论与建议。

关键词：医药卫生管理　绩效评价　中西部地区

**7009**

**基于资源配置的农村医疗卫生服务均等化研究** / 陆海霞著 ; 程漱兰指导. -- 中国人民大学, 2009. -- 140 页

论文运用案例分析方法和比较分析方法，通过剖析导致资源配置失衡和利用无效率的体制原因，以北京市改革实例来讨论改善资源配置的政策方向，以期提高农村医疗卫生服务的公平性、可及性，推动农村卫生工作的健康发展，实现农村医疗卫生服务的均等化提供和农村卫生工作的向前发展。论文第一章是导论。第二章是文献综述，分别对医疗卫生服务产品属性、医疗卫生资源配置与利用、农村医疗卫生服务供给、医疗卫生服务中市场与政府的作用等问题展开论述。第三章是农村医疗卫生服务体制的变迁，回顾新中国成立前的农村医疗卫生服务情况，考察传统计划经济时期和改革开放后市场经济体制时期的农村医疗卫生服务，讨论 2009—2011 年新时期农村医疗卫生服务体系建设。第四章是“倒三角”的农村卫生资源配置现状，对卫生资金配置、卫生设备配置、卫生机构配置和卫生人员配置等问题依次展开研究。第五章是农村卫生资源配置的效率分析，通过 DEA 方法，描述数据来源并进行 DEA 计算，分析 DEA 计算结果。第六章是资源配置失衡的体制诱因，主要对市场化改革下的政府投入、财政分权改革、人才流动机制等三方面进行研究。第七章是农村医疗卫生服务均等化改革，以北京为例，讨论改革的背景、方案、措施与改革效果。第八章是结论与政策建议。

关键词：农村卫生　医疗卫生服务　资源配置

**7010**

**制度安排与艾滋病姑息关怀模式的研究** / 绳宇著 ; 方鹏骞指导. -- 华中科技大学, 2009. -- 226 页

论文运用文献分析法、访谈调查法、论文和实证研究法，评估河南省、山西省艾滋病感染地区资源特征，分析两省艾滋病管理过程中制度安排的现状；描述和比较河南省、山西省艾滋病患者生活质量和主观幸福感水平，评价两省在当地艾滋病制度安排的指导下艾滋病患者姑息关怀的模式。论文第一章是概述。第二章是理论分析，分别对姑息关怀、制度与制度安排、生活质量和主观幸福感等理论进行阐述。第三章是文献回顾与评述，分析姑息关怀与临终关怀的关系，论证姑息关怀是 HIV 感染者和艾滋病人综合关怀的核心，总结国外艾滋病人姑息关怀模式对我国的借鉴意义，并论述制度安排在确定艾滋病人姑息关怀中起着重要作用。第四章是资料来源与研究方法，交代资料来源与研究方法，研究地区艾滋病管理制度安排及艾滋病患者姑息关怀问题和艾滋病人生活质量及主观幸福度问题。第五章是实证研究，对河南省、山西省的艾滋病患者的姑息关怀模式、生活质量、主观幸福感等因素分别进行考察与论述。第六章是讨论与建议，分析艾滋病管理制度安排，探讨艾滋病患者姑息关怀的模式，分析艾滋病患者生活质量及主观幸福感，提出相关建议。第七章是结论与后续研究思路。第八章是创新与不足。

关键词：获得性免疫缺陷综合征　临终关怀　卫生服务　制度安排

**7011**

**我国新型农村合作医疗制度研究** / 孙翠芬著 ; 王韬指导. -- 华中科技大学, 2009. -- 129 页

论文应用定量研究方法对我国的新型农村合作医疗制度进行了研究。全文共分十章。第一章绪论，主要介绍了问题的提出、课题来源及研究意义、研究方法和技术路线、论文结构安排以及主要创新之处。第二章文献综述，对制度、社会保障、农村合作医疗的相关研究进行了综述。第三章对我国的新农合制度推进进行了现状调查，包括新农合试点工作的进展状况、新农合制度运行现状、新农合制度的成效以及新农合制度存在的问题。第四章构造了六要素的制度变迁分析框架，对 1949 到 2008 年我国农村合作医疗制度发展演变进行了分析，并进一步剖析了湖北省长阳县乐园公社农村合作医疗制度变迁。第五章从管理与监督组织体系，资金来源、管理、给付机制以及医疗服务管理三个方面对中国、日本、印度、泰国、巴西、韩国等现有农村医疗制度进行了比较分析，指出了对我国新农合制度的借鉴与启示。第六章基于农民参与新农合制度决策过程相互影响的客观实际，以相互影响下农民参与合作医疗的效用函数为基础，建立区域农民个体和整体参合状态转移概率模型，并

基于模型对新农合制度推广实践进行应用分析。第七章针对监管机构对合作医疗定点医院的监管构建了单阶段和多阶段博弈模型,针对农民与新农合组织之间的参与博弈模型,在模型分析基础上提出了四类改善新农合制度的建议。第八章针对新农合制度推广绩效评价信息从非完备性的实际出发,基于灰色理论,选择9个指标构建灰关联评价模型,并对部分定性指标采用灰色理论常用的映射方法,转换为定量指标。运用该方法对全国8个省、直辖市2007年的新农合推广绩效进行了排序比较评价,并找出指标体系中影响新农合推广绩效的主要因素,并据此提出了新农合推广绩效改善的四种模式。第九章提出了五项完善我国新农合制度的建议。第十章为全文总结与研究展望。

关键词:农村　合作医疗　卫生体制　卫生服务

7012

**中国妇幼保健机构信息工作现状调查研究** / 汤学军著 ; 杜玉开指导. -- 华中科技大学, 2009. -- 154 页

论文运用抽样调查法、模型法、理论分析法、实证分析法和计量经济学研究方法,抽取全国范围内不同地区各级妇幼保健院机构762家,使用单因素分析不同地理区域、不同级别的机构分布均衡性。通过对762家妇幼保健院的业务发展状况、信息工作组织架构情况、信息化建设基本情况及妇幼卫生信息管理工作展开情况等进行资料收集,采用主成分分析法对各级妇幼保健机构信息工作发展水平进行综合评价分析。论文第一部分是前言,对研究背景、妇女保健机构信息工作的职能与任务、研究目的进行说明。第二部分是材料与方法,分别对研究对象、研究内容和研究方法进行论述。第三部分是结果与分析,论述妇女保健机构的基本状况和妇女保健机构信息工作组织架构情况,考察妇女保健机构信息化建设基本情况和群体保健信息管理工作开展基本情况,对妇女保健机构信息工作水平进行综合评价分析。最后为讨论部分,对妇女保健机构的基本情况问题、妇女保健机构信息工作的发展现状、成绩与不足等方面展开论述。通过分析和研究,了解当前我国妇幼保健机构信息工作的实际发展水平,同时提出针对性的发展策略和措施建议。

关键词:妇幼保健　妇幼卫生组织　信息管理　信息化

7013

**市场经济条件下我国药品价格规制研究** / 唐圣春著 ; 张新平指导. -- 华中科技大学, 2009. -- 138 页

论文运用文献研究法、环境分析法、规范分析方法、利益集团分析方法、定量分析法和时间序列研究方法,探讨我国市场经济条件下药品价格规制的内涵与发展历程,对我国药品价格规制进行系统的研究和评述,分析各阶段药品价格规制政策制定的背景以及与当时社会政治、宏观经济之间的关系、政策的主要内容、政策效果、相关利益集团对药品价格规制的应对,总结我国药品价格规制政策的演变规律及对制定新政策的启示,并通过借鉴国际经验,为我国制定药品价格规制政策提供一些新的思路和视角。论文第一部分是前言。第二部分是资料来源与研究方法。第三部分是结果与分析,首先是理论研究,对主要理论、我国药品价格规制的政策、药品价格规制政策的执行效果、我国与主要国家药品价格规制政策及效果比较研究等方面进行回顾与总结。第四部分是讨论与建议,主要讨论了政府对药品价格规制的必要性、正确认识政府对药品价格规制的作用、药品价格规制效果的制度环境分析、药品价格规制与药品费用的关系、制定药品价格所需考虑的因素、我国药品价格规制的发展趋势。建议包括加强药品价格规制机构建设、逐步建立健全药品价格规制政策和体系、药品价格规应与相关制度协调推进、我国药品价格规制政策运行模式等方面。最后为结论。

关键词:药品管理　价格制度　定价

7014

**山东省农村老年人口高血压患病和控制的社会经济差异研究** / 涂诗意著 ; 孟庆跃,Barbara Hanratty 指导. -- 山东大学, 2009. -- 159 页

论文运用模型分析法、案例分析法、定性与定量相结合的分析方法,对山东省农村老年人口高血压患病和控制的社会经济差异进行研究。论文第一章是前言,对中国的健康公平现状、农村老年人口及其慢性病负担、老年人口高血压社会经济差异等问题简要概述。第二章是资料来源与数据方法,交代资料来源与分析方法,构建综合性老年人口社会经济状况指标。第三章是文献综述,对中国老年人口高血压疾病负担、中国老年人口高血压相关研究、中国老年人口高血压社会经济差异、社会经济状况分层指标及在老年人口中的应用、老年人口高血压社会经济差异研究

现状、健康状况社会经济差异的决定因素等问题进行论述。第四章是老年人口社会经济状况和高血压患病，主要对山东省社会经济背景、项目县基本情况做了基本介绍，并讨论研究对象的人口学特征和社会经济情况，分析老年人口高血压患病率社会经济差异问题。第五章是老年人口高血压危险因素社会经济分布，对高血压危险因素总体暴露水平做了回顾，并依次分析了不同 SES 得分、不同家庭文化程度、不同家庭消费支出和不同卫生支出条件下老年人口高血压危险因素暴露水平。第六章是老年人口高血压卫生服务利用、费用和血压控制的社会经济差异。第七章是讨论和政策建议。

关键词：农村　老年人　高血压　社会经济条件　流行病学调查

**7015**

**中国妇幼保健机构绩效评价指标体系研究** / 王国平著；卢祖洵指导. -- 华中科技大学, 2009. -- 152 页

论文运用模型法、案例分析法、实证研究法，结合计量经济学理论与模型的研究方法，在全国范围内对省市级三级进行分层随机抽样，对三级妇幼保健机构进行抽样调查，利用专家咨询和多种数理统计方法筛选指标和计算指标的权重系数，针对我国省市县三级妇幼保健机构的不同职责与特点，分别形成三级各自对应的妇幼保健机构绩效评价指标体系，利用客观数据采用多种综合评价方法对各级抽样机构的绩效进行综合评价和排序。论文第一章是研究的理论与方法基础，论述绩效、绩效评估、绩效管理及相互关系，绩效评估与绩效管理的先进理论与方法。第二部分是研究内容、研究方法、技术路线的阐述。选定实证研究方法，进行抽样，并应用模型进行评估与分析。第三部分是省市县三级妇幼保健机构绩效评价指标体系建立，介绍专家基本情况、妇幼保健机构绩效评价备选指标、省级指标筛选与权重确定、市级指标体系建立和县级妇幼保健机构评价指标体系建立的情况。第四部分是妇幼保健机构综合绩效评估。第五部分是案例分析，对山西省妇幼保健院的概况、山西省妇幼保健院近年来绩效管理的主要措施、山西省妇幼保健院的绩效管理成效等三方面的问题进行考察与论述。第六部分是讨论与总结。

关键词：妇幼保健　卫生服务　经济绩效　评价指标

**7016**

**全民医保目标下医疗保障制度底线公平研究** / 王欢著；张亮指导. -- 华中科技大学, 2009. -- 176 页

论文运用定量分析法、案例分析法和比较分析法，对全民医保目标下的医疗保障制度底线公平问题进行研究。论文第一章是引言，第二章是研究的理论基础，第三章是研究框架与研究方案。第四章是全民目标下医疗保障制度底线公平的研究基础，对全民医保的提出及界定、底线公平的理论研究等问题进行论述。第五章是底线公平视角下基本医疗保险制度比较，比较多制度政策设计和政策运行结果的多制度，分析多制度底线公平的实现程度。第六章是基本医疗保险制度的差异性分析，回顾医保制度的发展，分析改革的历史背景与改革目标，对城乡二元结构对医疗保障改革的影响，即先城市后农村的改革进程进行解释，分析我国社会保障理念的形成对底线公平的影响。第七章是底线公平视角下某市基本医疗保险体系分析，对 S 市基本医疗保险体系发展历程进行回顾，比较 S 市基本医疗保险体系下的政策，对 S 市基本医疗保险体系底线公平实现程度进行评价，分析 S 市基本医疗保险体系底线公平实现的原因，总结借鉴意义。第八章是以底线公平为指向的全民医保目标实现策略，对改革目标的明确与公平理念的重塑进行论述，分析以底线公平为指向的全民医保目标实现的社会环境，考察以底线公平为指向的基本医疗保险体系构成，分析与底线公平实现有关的几个关键问题。第九章是研究总结与展望。

关键词：医疗保健制度　医疗保险　公平

**7017**

**基层医疗机构合同式监管研究以关系型合同理论为视角** / 吴奇飞著；方鹏骞指导. -- 华中科技大学, 2009. -- 100 页

论文以定性研究为主要研究方法，结合案例分析法和比较研究法，以关系型合同理论为视角，剖析我国新农合合同的缔结、执行和纠纷解决机制，明确新农合合同的性质、特别是此类合同与现有法律体系的关系，从而为完善我国新农合合同的制度设计提供理论支持。论文第一章是问题的提出。第二章是研究方法。第三章是相关理论的回顾与评述，包括新公共管理运动和关系型合同理论。第四章是对医疗服务供方与买方之间合同关系的分析，以英国为例，对英国 NHS 内部市场改革中合同的应用、内部市场改革

的成果与问题、英国医改中买方和供方分离等问题加以论述,并讨论建立在竞争基础上的合同失败的原因,讨论医疗服务买方与供方之间合同的性质,比较企业网络合同与医疗服务合同。第五章是新农合合同的缔结、执行与纠纷解决,以关系型合同理论为视角,考察新农合合同的缔结情况,与履行机制,并对新农合合同争议的解决进行考察。第六章是新农合合同与“主流”关系型合同的差异及成因。第七章是结论与建议。提出可以结合一定时期医疗质量监管的重点,在合同中规定医疗质量结构、过程和终末质量的相关指标,通过设计相应的激励机制,实现缔约时卫生行政部门和合营办在医疗质量监管方面的初衷。

关键词:基层卫生保健　医疗服务　监管体制　合同关系

**7018**

**深圳市劳务工医疗保险卫生服务研究** / 吴森林著 ; 卢祖洵,程锦泉指导. -- 华中科技大学, 2009. -- 165 页

论文主要运用文献研究法、调查访谈法、案例研究法、比较研究法等方法,对深圳市劳务工医疗保险卫生服务进行了调查分析。结合定量分析和定性分析,从需方、供方和管理三个方面试图对卫生服务项目进行系统评价。论文第一部分是理论框架与研究设计,对理论框架、资料来源、调查方法与研究内容、研究方法、观察指标、质量控制、研究特点和统计分析进行说明。第二部分是劳务工医疗保险运行模式及运行情况,主要分析了劳务工医疗保险运行模式和运行情况两方面的内容。第三部分是卫生服务供给情况,分析了街道医院卫生服务供给情况和社区健康服务中心卫生供给情况。第四部分是劳务工卫生服务需要、利用、反应性和满意度分析,对劳务工的基本情况进行考察,介绍卫生服务需要情况,并讨论卫生服务的需求与利用情况。进而对卫生服务的反应性、劳务工医疗保险卫生服务的满意度、卫生服务反应性和满意度影响因素、劳务工医疗保险制度实施情况和劳务工对该制度的理解等问题展开论述。第五部分是研究结论,对成效和主要存在问题进行梳理与总结。第六部分是政策建议,主要包括明确政府的主导作用、提高利用水平、提高医疗保险机构的服务质量、注重与新农合相衔接、建立大病医疗救助制度等。

关键词:民工　医疗保险　卫生服务　深圳

**7019**

**湖南省三甲医院服务质量评价指标体系及综合评价研究** / 伍志刚著 ; 孙振球指导. -- 中南大学, 2009. -- 119 页

论文对湖南省三甲医院服务质量评价指标体系及综合评价进行研究。全文共分为六章。第一章,前言。介绍国内外医院服务质量,提出医院服务质量评价的必要性,对论文研究的目的和研究意义,研究思路与方法步骤做出说明。第二章,医院服务质量评价指标体系的理论研究。对医院服务质量进行概述,包括医院服务质量的概念及其内容,医院服务质量的基本特征以及医院服务质量的特有特征,提出对医院服务质量评价指标的研究,提出医院服务质量评价的相应理论与模型,包括顾客满意度评价模型以及医院服务质量评价模型。第三章,医院服务质量评价指标体系与综合评价模型的构建。提出研究的方法,包括文献复习法、深度访谈法、问卷调查、价值曲线评价法以及专家咨询法,提出医院服务质量评价指标体系的构建,包括医院服务质量的构建原则、研究步骤以及医院服务质量评价指标筛选与权重确定,提出评价指标体系及综合评价模型的构建。第四章,医院服务质量评价实证研究。结合研究的目的、研究对象与抽样方法、研究内容与工具、调查实施以及数据整理与统计分析等情况提出研究的设计与实施内容,对结果进行讨论,包括综合评分法结果、加权 TOPSIS 法评价结果、综合指数法评价结果,最后对三种综合评价方法结果的相关性展开分析。第五章探讨医院服务质量特性与内涵,分析医院服务质量评价指标,提出医院服务质量三维评价的思路、医院服务质量与满意度关系等。第六章为论文结论。

关键词:医院　卫生服务　综合评价　湖南

**7020**

**非政府组织(NGO)参与我国重大传染病控制的治理模式研究** / 杨芳著 ; 方鹏骞指导. -- 华中科技大学, 2009. -- 155 页

论文运用实证研究和规范研究相结合的研究方法,对非政府组织参与我国重大传染病控制的治理模式进行研究与总结。论文第一章是绪论。第二章是研究内容与理论框架,对文献研究进行回顾,提出研究的理论框架和研究内容。第三章是新公共管理理论与多元社会治理架构,论述了新公共管理理论、多元社会治理、市民社会、非政府组织理论等。第四章

是数据来源和分析方法的介绍。第五章是重大传染病控制领域非政府组织基本现状分析,讨论了组织人员状况、机构的组织化程度、组织管理、组织财务状况、社会影响力等问题。第六章是重大传染病领域非政府组织能力状况,研究组织的筹资能力、组织的财务管理能力、组织的个人人力资源管理能力、组织的宣传能力、组织的社会动员能力、NGO组织的活动组织能力、NGO组织能力建设的需求等问题。第七章是非政府组织在重大传染病防治中发挥的作用,分析各类民间组织在传染病防治领域的作用。第八章是现行法律和政策环境基本分析,主要对国家、卫生部和地方基层政府的相关法律和政策进行梳理与研究。第九章是非政府组织发展困境,讨论管理体制的困境、文化环境的困境、自身能力的困境等。第十章是非政府组织在重大传染病防治中的设想与思考。第十一章是政策建议,第十二章是研究成果与不足。

关键词:非政府组织　传染病防治　管理模式

**7021**

**现代医学心理学建立与发展的史学研究** / 杨平著 ; 李志平指导. -- 哈尔滨医科大学, 2009. -- 151页

论文运用历史分析法、理论研究法和定性分析的研究方法,研究医学心理学建立的相关背景,建立和发展的过程,揭示医学心理学发展中与传统医学模式的激烈冲突,以及新的医学模式和现代医学心理学之间的相互作用和影响。论文第一章是医学心理学发展的相关背景。第二章是医学心理学的建立与发展,对20世纪晚期和21世纪早期分别进行医学心理学发展历程的考察。第三章是现代医学心理学和医学模式的互动,主要分析了十个方面的问题:平静中酝酿的冲突与质疑、医学模式的概念、医学模式发展的历史与演进过程、影响医学模式变化的原因、生物医学模式产生的历史作用及其局限性、新医学模式转变的深远意义、医学心理学研究对生物心理医学模式的作用、医学模式的转变给予医学心理学发展的巨大空间、生物—心理—社会医学模式和医学心理学是思维方式和科技体系的辩证统一、医学模式转型遇到的困境与忧思。第四章是现代医学心理学在中国的起步和发展,对中国心理学的发展、中国医学心理学的发展、中国心理学与医学心理学名家列传、我国现代医学心理学的进展情况进行总结和论述。第五章是展望与思考,提出五点观点:树立大心理学观、建立本土医学心理学、构建多元综合模式、强化理论构建和加强实际应用。

关键词:医学心理学　学科建设　学科发展

**7022**

**重庆生物医药产业技术预见及其对策研究** / 杨勇著 ; 罗长坤指导. -- 第三军医大学, 2009. -- 137页

论文采用案例分析法、定量分析法、模型分析法和理论研究法,以重庆市生物医药产业为研究对象,以期获得重庆生物医药产业优先发展领域和关键技术选择,提出重庆生物医药产业的发展对策。论文第一部分是重庆生物医药产业发展对策背景分析,对生物医药产业的历史进行回顾,讨论生物医药产业的主要领域和前沿技术,分析当前世界生物医药产业总体发展趋势及中国生物医药产业的发展概况,论述重庆生物医药产业发展概况。第二部分是重庆市生物医药产业区域竞争分析,对重庆生物医药产业科技竞争力的文献进行文献分析和专利计量分析,对重庆生物医药产业创新竞争力进行分析,通过技术创新能力指数进行分析和论证,对重庆生物医药产业集群竞争力进行分析,从区位商的角度出发进行具体考察。第三部分是重庆市生物医药产业技术预见研究,主要对重庆市生物医药产业技术预见的方法与过程、重庆市生物医药产业技术预见结果分别进行讨论。第四部分是重庆市生物医药产业发展对策建议,包括优先发展的领域建议、SWOT分析和政策建议。

关键词:制药工业　产业发展　技术预测

**7023**

**长沙市社区居民抗菌药物使用状况的社会流行病学研究** / 尹桃著 ; 肖水源指导. -- 中南大学, 2009. -- 137页

论文研究长沙市社区居民抗菌药物使用状况,采用现状调查的方法,用概率抽样获得研究的样本,通过调查和分析社区居民抗菌药物使用,特别是自我药疗的整体状况及其影响因素,探讨预防和控制院外抗菌药物不合理使用的现象的对策,以期促进全社会抗菌药物的合理使用。全文共分为四章。第一章,前言。首先介绍立题的依据国内外的相关研究现状与现有研究的不足,研究的目的与研究意义。第二章,社区居民使用抗菌药物的现状及影响因素的研究。介绍研究对象与方法,包括研究现场,研究人群,样本含量和抽样方法,调查的工具,调查的内容,调查方法,数据库建立及资料录入,统计分析,技术路线,质

量控制,相关术语的定义和计算方法等,对结果进行讨论和总结。第三章,药店顾客购买抗菌药物的现状及影响因素的研究。提出药店顾客样本的特征,抗菌药物购买率及持方购买率,抗菌药物的购买状况及其分布特征,药店顾客的抗菌药物知识水平以及抗菌药物 POM 持方购买的影响因素分析等并做出总结。第四章为论文的主要结论与对策。

关键词:卫生统计　统计分析　抗菌素　流行病学

7024

**我国艾滋病病毒感染者和病人管理策略研究** / 占发先著 ; 方鹏骞指导. -- 华中科技大学, 2009. -- 174 页

论文采用抽样调查法、案例研究法、定量分析法等研究方法,研究我国艾滋病病毒感染者和病人管理策略及相关问题。论文第一章是绪论。第二章是研究内容与理论框架,回顾与评价现有研究,界定研究目标与研究内容,提出研究方法和研究框架。第三章是研究的理论基础与视角,通过新公共管理理论、应对危机理论和经济学基本理论,阐述相关理论基础。第四章是国外艾滋病病毒感染者和病人管理现状,对澳大利亚、美国、乌干达、博茨瓦纳、泰国等国的艾滋病病毒感染者和病人管理经验进行梳理,总结国外艾滋病病毒感染者和病人管理的经验与借鉴。第五章是我国艾滋病病毒感染者和病人管理机制与策略,主要论述了艾滋病防治工作及政策发展、感染者和病人管理的策略和相关法律、艾滋病防治重点人群管理现状与问题等方面。第六章是医学综合管理实践,对卫生行政部门、疾病预防控制部门、艾滋病治疗定点医疗机构的管理分别进行考察。第七章是政府其他相关部门的管理实践,论述了劳动保障部门、民政部门、公安部门、司法部门、教育部门、出入境检验部门的管理。第八章是 NGO 和社区组织参与艾滋病病毒感染者和病人管理,考察了非政府组织参与的管理情况和社区组织参与管理的情况。第九章是艾滋病病毒感染者和病人对管理状况的评价。第十章是加强与完善艾滋病病毒感染者和病人管理的政策与建议。第十一章是研究的创新与展望。

关键词:艾滋病　病人　卫生管理　管理模式　立法

7025

**药品不良反应损害补偿制度研究** / 张芬著 ; 方鹏骞指导. -- 华中科技大学, 2009. -- 113 页

论文运用文献研究法和调查研究法,结合定性分析与定量分析,从研究药品不良反应损害补偿入手,比较国际经验,总结借鉴意义,并以湖北省为例分析药品不良反应损害补偿机制的现状与问题。论文第一部分为序言。第二部分是资料来源与研究方法,对研究思路、研究方法、研究内容和技术路线进行说明。第三部分是国际药品不良反应损害补偿制度的比较与借鉴,比较分析国际上药品不良反应损害补偿模式,比较不同药品不良反应损害补偿制度及其借鉴意义。第四部分是药品不良反应损害补偿现状调查,以湖北省为例讨论药品不良反应统计分析,分析药品不良反应损害补偿态度定性调查及药品不良反应损害补偿的利益相关者。第五部分是药品不良反应损害补偿理论分析,对药品不良反应损害补偿的理论基础和补偿责任分别展开讨论。第六部分是我国药品不良反应损害补偿制度的设计,对设计药品不良反应损害补偿制度必须解决的前提问题、制度框架和可行性进行分析与评估。第七部分是药品不良反应损害补偿资金的筹集与管理,比较国际主要药品不良反应损害补偿筹资模式,对我国药品不良反应损害补偿筹资模式的选择问题进行考察,论述药品不良反应损害补偿资金的测算过程和补偿资金的监管。第八部分是相关政策建议。

关键词:药物副作用　药品管理　补偿机制

7026

**我国非营利性医院投融资模式研究** / 张佳慧著 ; 方鹏骞指导. -- 华中科技大学, 2009. -- 149 页

论文运用文献分析法、定量研究法和财务会计学的基本理论与方法,在全面总结国内外营利、非营利性医院及非营利性组织、大型基础设施等领域融资形式的基础上,对我国非营利性医院投资和融资模式进行研究。论文第一章是绪论。第二章是研究内容与理论框架。第三章是我国非营利性医院多渠道融资的理论基础,对基本概念界定和相关概念辨析的问题给出说明,同时阐述非营利性医院多渠道融资的理论基础。第四章是国内外公共服务领域融资模式借鉴,总结各方面的借鉴意义。第五章是非营利性医院融资环境分析,对我国医院融资体系历史沿革进行梳理,分析非营利性医院多渠道融资的动因,并对我国非营利性医院的融资环境进行分析。第六章是我国非营利性医院资本运营及融资现状分析,分析我国非营利性医院资金运营状况及融资需求和融资现状,分

析各类外部投资主体投资意愿及影响因素。第七章是非营利性医院融资模式的构建之一,即融资渠道选择分析,对政府办非营利性医院、企事业单位办非营利性医院和其他非营利性医院的融资模式分别进行考察。第八章是非营利性医院融资模式构建之二,即支持体系构建与分析,对我国非营利性医院融资关键问题和融资政策环境支持两方面的问题进行研究。第九章是研究总结与展望。

关键词:医院　投资　融资　非营利组织

**7027**

**中国医院治理结构与治理效率研究**／张莉著 ；方鹏骞指导. -- 华中科技大学, 2009. -- 165 页

论文运用运筹学数据包络分析(DEA)、计量经济学方法、案例分析法和实证分析的研究方法,归纳总结中国医院不同的治理模式,并比较不同所有权类型和治理模式下医院治理效率的差异,探索建立符合我国国情的医院法人的治理结构。论文第一章是引言。第二章是治理结构与治理效率的理论基础与逻辑框架,回顾与评述相关理论,研究治理与法人治理的概念演变和内涵延伸,提出本研究的逻辑框架。第三章中国医院治理模式借鉴与分析,阐述国有企业法人治理模式的借鉴经验,分析中国医院治理模式。第四章中国医院权力制衡与内部治理机制分析,通过阐述内部治理机制设计的现实意义与功能,比较中国医院内部治理机制现状,并总结中国医院内部治理机制设计原则与框架,做两个典型案例分析。第五章中国医院外部治理机制与治理环境优化,分析中国医院外部治理机制现状,提出中国医院外部治理机制设计及治理环境优化的政策建议,进行典型案例分析。第六章不同医院治理模式下的治理效率研究,对医院效率评价方法及既往研究结论进行总结,讨论不同医院治理模式下的治理效率研究设计,并对结果进行描述与分析及是典型案例分析。第七章是中国公立医院改革试点政策建议。第八章是结语。

关键词:医院　产权结构　法人治理结构　经济效率

**7028**

**完善新型农村合作医疗筹资与支付制度的实证研究**／张璐莹著 ；程晓明指导. -- 复旦大学, 2009. -- 202 页

论文为完善新农村合作医疗筹资与支付制度的实证研究。全文共分为八章。引言部分介绍研究的背景,研究目的和研究目标,研究的框架,研究的方法。第一章,样本地区的基本情况。对样本地区基本情况加以说明,提出研究的方法,包括样本地区的选择原则以及资料来源和分析方法,对样本地区的基本情况,内容包括人口情况、经济情况、卫生资源及卫生服务情况以及样本地区开展新农合试点的情况进行分析。第二章,2005 年六县(市)新型农村合作医疗制度实施情况。介绍研究的资料来源,分析方法与分析工具,提出 2005 年六县(市)新型农村合作医疗筹资情况,2005 年六县(市)新型农村合作医疗支付情况,2005 年六县(市)新型农村合作医疗组织与规制情况以及 2005 年六县(市)新型农村合作医疗的实施结效果,并加以总结。第三章,2005 年六县(市)新型农村合作医疗制度实施中的问题和原因分析。通过资料和方法的整合,提出 2005 年六县(市)新型农村合作医疗制度实施中存在的问题,并对问题展开讨论,对 2005 年六县(市)新型农村合作医疗制度实施中问题的原因做出分析。第六章,六县(市)新型农村合作医疗筹资与支付制度的调整方案设计。提出六县(市)新型农村合作医疗筹资与支付制度的调整设计,六县(市)新型农村合作医疗筹资与支付具体标准调整设计,并对新农合筹资与支付调整方案实施的可行性做出分析。第五章,六县(市)新型农村合作医疗筹资与支付制度的调整方案实施。第六章,六县(市)新型农村合作医疗筹资与支付制度调整方案的实施情况评价,总结并提出意见。第七章,提出影响新型农村合作医疗筹资与支付制度的关键因素,并分析研究的结果。第八章为论文的总结、讨论和政策建议。

关键词:农村　合作医疗　集资　支付方式

**7029**

**社区卫生服务机构与医院双向转诊运行的管理模式研究**／张明新著 ；方鹏骞指导. -- 华中科技大学, 2009. -- 118 页

论文运用文献分析法、访谈法、调查法、案例分析法等研究方法,结合利益相关者理论、医疗服务需求理论、激励理论等对双向转诊运行管理进行了理论分析,提出基于相关者理论需要建立我国社区卫生服务机构与医院双向转诊中不同利益相关者的政策、医疗保障制度以及相应的管理策略。基于卫生医疗需求行为理论提出需要探索社区居民的人口学特征与居民医疗行为的相关性,以促进双向转诊的顺利开展。

论文第一部分是前言,第二部分是资料来源与研究方法。第三部分是研究结果与分析,对社区卫生服务机构与医院双向转诊相关理论研究进行梳理与总结,分析社区卫生服务机构与医院双向转诊的现状与利弊,讨论双向转诊过程的关键环节与影响因素,分析我国社区卫生服务机构与医院双向转诊运行模式的构建,提出双向转诊运行管理的相关政策现状与对策分析。讨论医院与社区卫生服务机构双向转诊信息沟通机制的构建问题,讨论了社区卫生机构与医院医疗设备资源共享的机制的问卷。最后一部分是讨论与建议,对医院与社区卫生服务机构协议合作模式、托管模式、院办院管模式等问题进行讨论,我国目前大部分城市以医院与社区卫生服务机构协议合作模式为主,同时院办院管模式和托管模式也有一定的代表意义。

关键词:社区服务　卫生服务　管理模式

**7030**

**基于公共治理理论的中国食品安全管理体系研究** / 张天著 ; 张新平指导. -- 华中科技大学, 2009. -- 151 页

论文采用文献检索法、访谈调查法、问卷调查法等研究方法,选取深圳市罗湖区、福田区、南山区等六个行政区为调查对象,对中国食品安全管理体系进行分析,构建新型食品安全管理体系。论文第一部分是结果与建议,其中第一章回顾公共治理理论,包括公共领域管理的模式、公共治理的概念、公共治理的特征、公共治理理论的应用问题。第二章是公共治理视角下食品安全管理模式设计,介绍公共治理模式下的食品安全治理主体,对各治理主体在食品安全公共治理中的定位进行阐述,总结食品安全公共治理模式主体间的互动机制。第三章是公共治理视角下食品安全治理模式的现实分析,对政府管制及服务现状、我国食品生产经营者第一责任的落实情况、非政府组织的食品安全自律和促进作用、消费者食品安全最后防线守卫者作用等依次进行分析。第四章是公共治理视角下食品安全治理模式的典型案例分析,以三鹿奶粉事件为例,对事件的起因、各行为主体的行为进行分析。第二部分为讨论和建议,对影响食品安全公共治理体系形成的关键缺失因素进行梳理和总结,提出构建食品安全公共治理体系的建议:要建立完善的食品安全法规体系、监督体系、风险分析体系、信息体系、宣传教育体系和社会促进体系。

关键词:食品安全　安全管理　风险分析

# 教育经济与管理

**7031**

**地方教育行政体制改革研究** / 褚卫中著 ; 褚宏启指导. -- 北京师范大学, 2009. -- 147 页

论文以地方教育行政体制改革这一实践问题,也是理论问题为研究对象进行了讨论。全文共分为导论部分和三章正文。导论部分介绍研究缘起、文献综述、研究思路、研究范式、研究方法和基本概念界定。第一章在分析中国教育行政体制的现状和问题,对改革作出基本判断的基础上,通过比较教育行政体制改革的理论范式,明确教育行政价值取向,并且通过实证研究和系统分析,分别研究宏观改革影响下的地方教育行政体制改革历程和地方教育行政体制改革的理论模型以及范式选择,阐述地方教育行政价值。第二章论述地方教育行政职能的转变,介绍地方教育行政职能转变的基本理论,即教育行政职能的内涵、本质和主要方面,并以 B 市及其下辖 X 区为例对地方教育行政职能的现状与问题进行剖析,论述地方教育行政职能转变的趋向,指出地方教育行政职能转变的必由路径是制度创新。第三章综述地方教育行政机构改革,说明地方教育行政机构改革的基本理论问题,以 B 市及其下辖 X 区教育行政机构为例讨论地方教育行政机构的现状和问题,探析地方教育行政机构改革的思路。

关键词:地方教育　教育行政　体制改革　教育职能　机构改革

**7032**

**中小学校长—教师互动行为研究** / 傅树京著 ; 陈学飞指导. -- 北京大学, 2009. -- 200 页

论文运用了文献法、访谈法、问卷调查法等,获取一些理论研究的相关情况,同时获取中小学校长与教师互动的实际情况,并且运用编码等技术对访谈数据进行处理,运用 Spss16.0 对问卷数据进行统计分析,对中小学校长与教师互动行为进行系统地研究和探索。全文分为五章。第一章为绪论,包括研究问题、文献述评、相关理论和研究设计。第二章阐述校长与教师互动行为的概念、基础和资源问题,界定核心概念,介绍校长与教师互动行为的基础,具体说明校长

与教师互动行为的资源。第三章分析校长与教师互动行为的现象。第四章论述校长与教师互动行为的影响,在阐述领导效能及其相关概念的基础上,进一步研究校长与教师互动行为影响的呈现以及校长与教师互动行为影响的分析。第五章为论文的结论、建议与评价部分,具体综述该研究的结论,提出提升校长与教师互动行为水平的建议,对论文进行评价,并指出后续可能的研究。

关键词:中小学　校长　教师

**7033**

**石油企业员工在职培训及影响因素研究** / 胡庆喜著 ; 丁小浩,张来斌指导. -- 北京大学, 2009. -- 131 页

论文在回顾与综述企业员工培训相关理论与实证研究的基础上,通过对具有垄断性质的中国大型石油企业及其员工进行重点分析、抽样问卷调查和深度访谈的手段,从人力资本理论、劳动力市场分割理论、社会资本理论等多重视角,对大型国企员工在职培训及其影响因素加以分析,探讨以上三种理论对中国大型国企员工培训以及影响因素进行研究。全文分为九章。第一章为导论,包括研究问题的提出、相关概念界定和研究意义。第二章综述相关理论基础与文献,研究人力资本理论与员工培训动力,分析劳动力市场分割理论与员工培训,解析从社会资本理论看员工培训机会的非均衡。第三章论述研究设计,包括研究分析框架、研究视角和研究方法。第四章综述石油企业及其员工在职培训基本情况,概述中国石油企业和石油企业员工队伍情况,介绍石油企业员工培训现状,探析石油企业培训经费情况和石油企业内部培训机构情况。第五章基本分析石油企业员工培训抽样调查设计,包括抽样方法和数据获取、调查样本基本情况、被调查者参加培训情况、被调查者单位对参加培训的态度分析、影响员工获得培训机会的因素分析、员工培训经费来源以及被调查者对培训的意见和建议。第六章石油企业员工培训机会影响因素的实证研究,介绍研究视角、研究设计、实证检验与讨论,并对研究进行总结。第七章石油企业员工培训需求影响因素的实证研究,分析研究视角与设计,阐述影响员工培训需求的个人特征、企业特征和地区特征。第八章探析石油企业员工培训付费的实证,包括研究假设、实证检验和研究结论。第九章为论文的结论与对策建议部分,并介绍论文的创新之处与局限性。

关键词:石油企业　人力资源管理　员工培训　在职培训

**7034**

**农村留守儿童教育问题研究:基于中部地区三省九县的调查** / 贾勇宏著 ; 范先佐指导. -- 华中师范大学, 2009. -- 275 页

论文在对中部地区三省九县(市)农村留守儿童教育问题的实地调查基础上,从教育经济学和教育社会学的视角采用"多学科视野,宏观与微观相结合,规范与实证研究并用"研究方法来研究农村留守儿童教育存在的问题。全文分为六章。第一章为导论,包括问题提出、文献综述、研究目的与意义、研究方法与数据来源、研究范围与概念界定以及逻辑思路与结构安排。第二章介绍农村留守儿童教育问题的由来与背景,回顾流动中的难题,即儿童留守现象的历史,并阐述转型期的阵痛:留守儿童教育问题产生的背景。第三章论述农村留守儿童生存与发展的基本情况,主要有农村留守儿童生存的人口学特征、农村留守儿童的父母外出务工情况、农村留守儿童与外出父母的情感交流情况、农村留守儿童的监护情况、农村留守儿童的生活情况五个方面的内容。第四章分析农村留守儿童教育问题的表现和基本判断,介绍农村留守儿童教育问题的主要表现,并解析农村留守儿童教育问题的基本判断。第五章探析农村留守儿童教育问题成因,研究家庭教育的缺失和学校教育的乏力,并指出社会制度的阻碍。第六章提出应对农村留守儿童教育问题的思路与对策。

关键词:农村　儿童教育

**7035**

**中国民办高等教育发展 30 年研究** / 李晓明著 ; 俞启定指导. -- 北京师范大学, 2009. -- 224 页

论文以中国民办高等教育发展 30 年为研究对象进行探讨。全文分为八章。第一章为绪论,主要有问题的提出和文献综述两方面内容。第二章阐述民办高等教育 30 年的发展历程,分别介绍 1949—1977 年,社会主义改造完成,高等教育统归国办,以及 1978—2008 年,改革开放 30 年,公办、民办高等教育共同发展。第三章论述民办高等教育 30 年发展与改革开放,从改革开放、经济体制转型与民办高等教育的发展,市场需要、人民群众对接受高等教育的追求与民办高等教育发展,文化传统、中华民族重视教育和民间办学传统与民办高等教育发展,教育改革、高等教

育大众化与民办高等教育发展四个方面进行讨论。第四章分析民办高等教育30年发展与政府政策，简述民办高等教育法律法规体系的建设，介绍民办高等教育法律法规的基本内容，阐述地方政府对民办高等教育的扶持与鼓励，即地方民办高等教育立法现状。第五章综述民办高等教育30年发展与办学者坚韧不拔的努力，包括民办高等教育办学者群体的涌现、认真专注的办学态度、艰苦创业的办学精神、善于融资与资产运作的办学方略、紧密结合社会需要的办学方向以及超前意识的战略构想。第六章探析民办教育30年发展与办学特点，主要论述了民办高等教育资金的筹措、民办高等教育办学规模条件的变化、民办高等教育办学形式的多样化、民办高等教育师资队伍的建设、民办高等教育招生的演变、民办高等教育办学定位的确定与办学特色的形成、民办高等教育办学体制和管理体制、民办高等教育的学生管理工作、民办高等教育发展的多样性十个方面的内容。第七章分析民办高等教育30年发展的巨大作用与制约因素。第八章研究民办高等教育未来发展与对策，提出应进一步健全、完善民办高等教育的法律法规，进一步落实民办高等教育的扶持政策，进一步解放思想、转变观念，正确对待和认识民办高等教育，并认识到高等教育民营化是中国高等教育教育发展的必然。

关键词：高等教育　民办学校　教育事业

**7036**

**基础教育生产率研究** / 刘笑飞著 ; 杜育红指导. -- 北京师范大学, 2009. -- 154页

论文尝试将生产率研究领域内的相关理论与计量方法应用于教育生产状况的分析之中，以基础教育生产率为研究对象。全文分为七章。第一章为导论，包括研究背景、研究目的及意义、研究思路和主要研究内容、研究创新与不足。第二章介绍理论基础与计量方法，对经济学中有关生产率研究的理论与及其相应计量方法进行了梳理与比较，搭建教育生产率的研究框架，在数据可获得的情况下，针对不同的理论研究框架采用不同的计量方法进行实证研究。第三章研究基础教育投入要素的生产率，主要是通过不同的教育投入要素指标分别对我国基础教育普通小学与农村普通小学的生产率状况进行描述，针对人员经费剔除了不同省际之间的工资差异。第四章基础教育投入要素产出弹性研究，主要通过构建教育生产函数，分别对我国基础教育普通小学与农村普通小学的资本投入要素与劳动力投入要素的产出弹性系数进行估计，并就东、中、西部三个地区之间两项投入要素产出弹性系数的差异进行比较。第五章论述基础教育Malmquist生产率指数研究，主要是采用非参数方法对中国各省份的基础教育行业全要素生产率变动情况进行分析，研究对象限定为普通小学与农村普通小学，利用Malmquist-DEA的技术手段估算出中国各省份的基础教育Malmquist生产率指数，并将其分解为技术效率变化和技术进步变化，并就地区差异进行比较。第六章基础教育技术效率的研究，包括研究背景与文献综述、研究方法与数据处理、实证分析结果。第七章在阐述研究主要结论的基础上，进一步提出今后研究的建议。

关键词：基础教育　教育经济　全要素生产率

**7037**

**中韩英才教育比较研究** / 柳京淑著 ; 褚宏启指导. -- 北京师范大学, 2009. -- 126页

论文综合运用文献分析、个案研究、跨文化研究等方法，通过文献检索、访谈等多种方式收集研究资料与数据，并对资料和数据进行质化和量化的分析，对中韩英才教育进行比较研究。全文分为六章。第一章为前言，从选题的背景、研究的目的与意义、文献综述、研究方法、论文的思路与框架五个方面展开论述。第二章介绍理论背景，以概念的界定为逻辑起点，阐述英才教育的特点，并对英才教育的意义与价值进行分析。第三章阐述中韩两国英才教育的历史演变与过程，在分析英才教育的兴起与发展的基础上，分别综述中国英才教育的发展过程及现状和韩国英才教育的发展过程及现状。第四章对中韩英才教育的个案进行探析。第五章研究中韩两国英才教育的比较分析，中韩两国英才教育相关理论与实践问题进行比较分析。第六章为论文的结论和展望部分。

关键词：天才教育　儿童　中国　韩国

**7038**

**中国高等教育与经济发展的协调性研究** / 毛盛勇著 ; 岳昌君指导. -- 北京大学, 2009. -- 163页

论文从规模分析和结构分析两个维度对中国高等教育与经济发展的协调性展开分析，并综合利用了比较先进的统计计量分析方法，对当前特殊时期中国高等教育与经济发展的协调性进行了研究。全文共分为六章。第一章为导论，包括研究问题、文献综述、

相关理论以及框架结构。第二章中国高等教育的规模,阐述高等教育的产品特性及供求理论,对中国高等教育规模进行国际比较,介绍中国高等教育对经济增长的贡献。第三章论述中国经济增长的高等教育就业效应,在评述中国经济增长的一般就业效应的基础上,分析中国经济增长的高等教育就业效应,并探索中国经济增长的就业弹性。第四章综合分析中国高等教育结构与产业结构的匹配性,概述中国经济结构的演变及现状,探析中国高等教育的结构,并讨论中国高等教育结构与产业结构的匹配性。第五章中国高等教育效率及经济发展协调性的省际比较,阐述高等教育协调性及效率的定义及研究方法,并基于DEA的解析对中国高等教育效率进行省际比较,简述中国高等教育与经济发展的区域协调性。第六章为论文的结论以及政策建议部分,包括主要结论、政策建议和该研究的不足之处。

关键词:高等教育　教育事业　经济发展　协调性

**7039**

**影响教师专业发展的关键事件研究:以Z市为例** / 苏红著 ; 褚宏启指导. -- 北京师范大学, 2009. -- 180页

论文选取Z市的中小学教师为研究对象,通过对教师专业发展过程中的关键事件梳理和质性研究、实证研究进行了讨论。全文分为七章。第一章为导论,包括问题的缘起、核心概念界定、研究的问题、基本假设和意义、研究的难点。第二章介绍文献综述,阐述关键事件及教师专业发展的结构、阶段与影响因素,解析成人学习理论视野下的教师学习和成长并进行反思。第三章分析研究设计与实施,主要有研究的技术路线、研究设计与实施、抽样与样本选择、数据收集、数据分析和研究中的伦理问题。第四章对结果进行初步探析,介绍抽样与样本情况,进行元认知问卷的信效度及相关分析、教师教学反思问卷的信效度及相关分析、教师专业发展问卷的信效度及相关分析。第五章论述对教师经历的关键事件的分析,包括关键时间呈现的整体状况分析、关键时间呈现的差异分析、影响关键事件的因素及其路径分析、关键事件的反思水平及其作用的多元回归与路径分析、关键事件对教师专业发展水平的预测力。第六章进一步分析和讨论,概述教师经历关键事件的概况,描述回到师生的交往的关键事件和一个必要的基础的认知冲突,并探析关键事件影响因素的比较。第七章阐述基本研究结论,并提出关于促进教师专业发展的几点建议以及本研究的创新与不足,最后指出对后续研究的建议。

关键词:教师　师资培养　元认知

**7040**

**大学竞争优势的形成机理及提升研究** / 孙健著 ; 王沛民指导. -- 浙江大学, 2009. -- 217页

论文基于当前的实际情况,以大学竞争优势的形成机理及提升为研究对象进行探索和讨论。全文分为七章。第一章为绪论,包括研究的背景、研究的问题、研究的意义、研究的方法、研究的框架。第二章对现有文献资料进行全面梳理与分析,阐述企业竞争优势的研究、大学竞争优势的研究并评述研究现状。第三章对大学竞争优势进行基本分析,界定大学竞争优势的内涵以及相关概念,说明大学竞争优势的特性及载体。第四章大学竞争优势形成机理的理论,指出大学竞争优势形成的根源是核心能力,分析大学竞争优势形成的阶段,并探究核心能力对大学竞争优势形成的影响。第五章对大学竞争优势形成机理的实证进行分析,包括研究的样本及方法、变量的测量和变量关系的分析。第六章论述大学竞争优势的提升,进行理论推演,并利用统计分析方法,验证了理论分析的主要结论,分别介绍基于获取资源能力的大学竞争优势提升、基于配置资源能力的大学竞争优势提升和基于转化资源能力的大学竞争优势提升三个方面。第七章对论文进行总结综述,通过对大学竞争优势形成机理及提升的研究,得出较有新意的结论、创新点以及研究的局限与展望。

关键词:大学　学校管理　核心竞争力　资源配置

**7041**

**大学生的风险态度与其教育和职业选择** / 孙毓泽著 ; 丁小浩指导. -- 北京大学, 2009. -- 119页

论文将问卷调查法和实验经济学的实验方法相结合,将风险偏好纳入到教育投资分析的框架中,研究大学生的风险态度与其教育和职业的选择。全文分为七章。第一章为导论,包括研究问题的提出、研究意义及主要创新。第二章评述文献,阐述风险决策理论中的“风险态度”,研究个体风险态度的测定及其影响因素,讨论风险态度对个体教育和就业决策的影响,并进一步介绍国内关于风险态度的研究、相关研究小结及研究目标。第三章分析框架与研究设计。第四章个体的风险态度及其影响因素,分析个体的风

险态度及其构成因子的影响,对个体风险态度影响因素的实证进行解析。第五章综述实验方法的应用,即风险态度与真实行为,在新研究方法的实验研究的基础上,讨论实验研究设计和风险态度的多角度测定,并探究风险态度测量方法的有效性,进行风险态度对个体选择行为的预测。第六章研究风险态度对个体选择行为的影响,包括风险态度与个体的选择与决策、个体风险态度的教育选择效应和个体风险态度的职业选择效应三方面的内容。第七章指出论文的研究思考及政策建议。

关键词:大学生　教育选择　职业选择　风险分析

**7042**

**职业教育专业调整预警系统研究:基于协同开放机制和网络调查方法** / 汤金松著 ; 安宝生指导. -- 北京师范大学, 2009. -- 165 页

论文基于协同开放机制和网络调查方法,对职业教育专业调整预警系统进行研究。全文包括绪论、五章正文和结语部分。绪论包括问题提出、研究内涵和层次界定、文献综述和研究方法与研究框架。第一章分析国内外职业教育专业调整的现状,指出职业教育专业调整的涵义及存在的问题,解析职业教育及其专业调整影响因素,并介绍发达国家职业教育专业调整的基本情况和职业教育专业调整急需的工作内容。第二章探析职业教育专业调整预警系统,阐述预警概念和理论基础,说明职业教育专业调整引进预警的必要性和可行性,概述职业教育专业调整预警系统,并讨论职业教育专业调整预警系统构成和职业教育专业调整预警系统的运行流程。第三章论述职业教育专业调整预警协同开放机制,包括职业教育专业调整预警引入协同开放理论、职业教育专业调整预警协同开放的价值分析、职业教育专业调整预警协同开放平台系统分析、职业教育专业调整预警协同开放工作流程、职业教育专业调整预警协同开放平台的技术支持、职业教育专业调整预警协同开放平台机制保障六个方面的内容。第四章综述职业教育专业调整预警网络调查方法,描述网络调查基本概况和职业教育专业调整预警网络调查概况,评述职业教育专业调整预警网络调查平台的设计和职业教育专业调整预警网络调查平台的管理机制。第五章以示例为例探究职业教育专业调整预警系统实践模拟,分析预警过程及系统软件运行,对职业教育专业调整预警信息进行采集和诊断,评估及预控职业教育专业调整预警,并提出职业教育专业调整预警系统实施保障。结语部分介绍主要结论、创新及不足之处。

关键词:职业教育　专业设置　预警系统

**7043**

**国家教育考试制度的经济分析** / 童宏保著 ; 靳希斌指导. -- 北京师范大学, 2009. -- 192 页

论文从制度分析和制度经济学的视角,采用经济学理论与方法对国家教育考试制度的经济进行分析和讨论。全文分为八章。第一章为导论,包括问题的提出、研究目的与意义、研究范式与方法、研究框架与体系结构、相关研究与文献综述、创新与不足、后续研究空间。第二章介绍基本概念与理论基础,界定相关概念并分析理论基础。第三章论述我国教育考试制度变迁,说明教育考试制度的形成,阐述国家教育考试制度类型,并就制度变迁展开讨论,详述国家教育考试制度的历时分析、共时分析以及新中国成立以来国家教育考试制度文本分析。第四章探析我国教育考试制度的供求,概述我国考试制度供求体系,解析国家教育考试制度供求框架,并介绍国家教育考试制度的需求和国家教育考试制度供给。第五章分析我国教育考试制度成本,描述教育考试制度成本的涵义,具体阐述教育考试制度成本的构成以及教育考试制度衍生成本实证分析。第六章综述我国教育考试制度效率与效益分析,包括关于效率的涵义、制度效率与教育考试制度效率、制度效率评价标准、制度效率的测度、教育考试制度效益、教育考试服务规模效益、高教自学考试制度效益七方面的内容。第七章研究国家教育考试制度与社会经济发展,释述社会经济结构与教育考试制度关系、考试制度与社会经济发展的历史印证以及经济发展对教育考试制度的作用。第八章探究国家教育考试制度创新的经济分析,在介绍制度创新理论和经济学视角下的制度创新原则的基础上,进一步论述教育考试组织制度创新:决策与服务、制度需求创新:考试制度需求多元化、制度供给创新:制度供给的听证制度,并提出对策建议。

关键词:考试制度　教育制度　经济分析

**7044**

**实践共同体视野下的教师发展:个体和群体共同发展的教师研修个案研究** / 王海燕著 ; 陈向明指导. -- 北京大学, 2009. -- 166 页

论文以个体与群体共同发展的教师研修个案为

研究对象,结合教师研修的鲜活实践,坚持以“看”“听”“做”结合的混合研究取向为方法论基础,采取问卷调查、个案分析等方法来展现探索与改进的过程。论文分为三部分,共九章正文。第一章介绍研究背景与研究目的。第二章阐述文献评述与研究取向,并说明研究问题。第三章论述理论基础与分析框架。第四章探索研究方法。第五章探析研修的设计、组织与实施,反思研究者的角色,分析组织教师研修的关键环节,并进行有效组织教师研修的思考。第六章研究研修中的教师个体发展,说明教师对教育的理解以及自我潜能的重新发展,并讨论教师专业的身份认同,反思关注学生成长的行动以及研修学习的个体差异性。第七章探究研修中教师群体的互动,主要有追求共同的事业、情景学习的相互介入和构建共享的技艺库等方面的内容。第八章综述研究的基本结论与讨论。第九章提出建议与研究中存在的不足。

关键词:教师队伍　师资培养　实践

**7045**

**基于制度变迁理论的中国高校产业管理体制改革研究** / 王均著 ; 赖德胜指导. -- 北京师范大学, 2009. -- 146 页

论文把西方经济学中的新制度经济学理论引入到高校产业管理体制的研究中,将高校产业管理体制改革作为一个制度变迁和制度创新的过程,构建了产业管理体制的制度变迁和路径依赖分析框架,对高校产业管理体制改革进行理论分析。全文分为七章,第一章为绪论,包括选题依据和研究意义、国内外研究现状、研究方法、研究内容和组织结构、主要创新点。第二章阐述新制度经济学视角下的制度变迁与路径依赖理论,主要有制度、制度变迁和路径依赖三方面内容。第三章介绍高校产业管理体制和规范化建设现状,简述高校产业发展历史及特征,分析高校产业管理体制的概念和特征,讨论现行高校产业管理体制的弊端和效率损失,解析高校产业规范化建设。第四章论述高校产业管理体制的变迁,包括高校产业管理体制变迁的历史变迁、高校产业管理体制变迁的历史过程、高校产业管理体制变迁的主体、高校产业管理体制变迁的动力、高校产业管理体制变迁的类型、文化对于高校产业管理体制改革的意义、高校产业管理体制变迁的演化博弈分析。第五章综述高校产业管理体制改革的路径依赖,描述高校产业管理体制路径依赖的表现,介绍高校产业管理体制路径依赖的自增强机制和高校产业管理体制改革的路径闭锁。第六章探析突破高校产业管理体制改革的路径闭锁,提出推进高校产业管理体制改革的政策建议,并研究以三重螺旋理论重塑政府—高校—产业的关系。第七章为论文的结论和讨论部分,阐述基本结论、研究的创新之处、存在的不足以及本章小结。

关键词:高等学校　高技术产业　管理体制　体制改革

**7046**

**高等教育政策工具分析:以改革开放三十年为背景** / 吴合文著 ; 毛亚庆指导. -- 北京师范大学, 2009. -- 162 页

论文以改革开放三十年为背景,基于政策学的理论,结合高等教育特点构建了高等教育政策工具的理论框架,并对高等教育政策工具分析进行研究。论文分为引言、五章正文和结语部分。第一章介绍文献综述与论文设计,阐述政策工具研究的渊源与兴起,厘定相关概念,并说明政策工具的研究途径,评述论文的研究设计。第二章阐述高等教育政策工具的内涵及其分类,包括高等教育政策工具的内涵与分类标准以及依据行为假设的高等教育政策工具分类。第三章论述高等教育政策工具的评价、区分与选择,分析高等教育政策工具的评价体系,研究高等教育政策工具的区分维度,讨论政策工具的选择。第四章审视改革开放以来我国高等教育政策工具的演变,总结了六大特征,并分析基于“51”分析框架下高等教育政策工具选择的成因。第五章在理论分析与经验分析的基础上,综述我国高等教育政策工具模式的困境与创新。结语部分主要阐述论文的主要贡献、研究的不足以及后续研究的建议。

关键词:高等教育　教育政策　改革开放

**7047**

**当代中国大学校长领导力研究** / 闫拓时著 ; 靳希斌指导. -- 北京师范大学, 2009. -- 209 页

论文以教育管理学、组织行为学、领导学与领导力理论为基础,采用文献研究法、问卷调查法、案例分析法,通过分析借鉴国内外具有代表性的领导力研究成果,考察、比较了当代中国大学校长领导力的表现状况。全文分为六章。第一章为导论,包括问题的提出、研究目的、研究意义、研究的方法、论文体系结构、论文创新点与不足、文献综述。第二章阐述基本概念

与理论基础。第三章当代大学校长领导力的构成要素,主要解析大学校长领导力要素的相关理论,并探究当代大学校长领导力构成的主体要素。第四章当代大学校长领导力的形成,分别讨论个人特质与当代大学校长领导力形成、大学组织文化与当代大学校长领导力形成、社会环境与当代大学校长领导力形成三个方面的内容。第五章对当代大学校长领导力的案例进行探析,论述以 A 大学 A 校长为例的案例一、以 B 大学 B 校长为例的案例二和以 C 大学 C 校长为例的案例三。第六章综述当代大学校长领导力的问卷调查与分析,简述大学校长领导力调查问卷设计,说明大学校长领导力问卷调查结果分析,总结该研究内容。结语部分充分肯定了当代中国大学校长的领导力水平,并且提出建议。

关键词:高等学校　校长　领导力

**7048**

**学校组织变革研究** / 于学友著 ; 孟繁华指导. -- 北京师范大学, 2009. -- 160 页

论文以学校组织变革为研究对象进行了研究与讨论。全文分为六章。第一章导论,包括问题提出、核心概念界定、文献综述以及研究方法和研究思路。第二章介绍学校组织变革的基础及研究视角,说明学校组织变革的基础,并进一步阐述社会学制度主义的思想内核。第三章分析学校组织变革的历史脉络与现实困境,从社会学制度主义的视角出发,梳理我国学校组织变革的历史脉络,简述学校组织变革的现实困境,并对变革困境的原因进行分析。第四章论述学校组织变革的场域,从组织场域的视角分析学校组织变革,提出学校组织变革场域的三要素,并从技术、制度、战略与文化四个方面剖析变革的场域层次,系统评述学校组织变革场域的行动者与场力。第五章对学校组织变革成功的影响因素进行了探索性研究,构建了学校组织变革成功的影响因素的理论框架,以此为基础,运用问卷调查收集数据,对学校组织变革成功的影响因素进行实证研究,得出影响我国学校组织变革成功的三个因素。第六章综述学校组织变革的推进策略:需要理念的更新,指出走向基于正义的合理性;应创造适宜的变革空间,并形成多层次的活动参与机制;应当完善相应的激励评价机制,以此理念为指导,推动学校变革的开展。

关键词:学校管理　组织管理　教育改革

**7049**

**高校教师教学工作绩效问题研究** / 张守臣著 ; 林崇德指导. -- 北京师范大学, 2009. -- 108 页

论文以高校教师教学工作绩效问题为研究对象进行探讨。全文分为七章。第一章为绪论,包括问题的提出、相关概念的确定、研究目的与意义、研究假设。第二章分析当前高校教师教学工作绩效评价存在的问题,运用领导评价、自我评价以及学生评价三种方法,并对评价结果的数据进行验证性因素分析,得出当前存在绩效概念不清、维度和指标设计缺少理论依据、更缺少实证研究支持、忽视发展和促进、重视区分和奖罚、评价标准模糊、评价方法混乱、评价实施过程中行政权力大于学术权力等问题。第三章文献综述,介绍国外有关工作绩效的研究,分析国内工作绩效的结构研究,提出工作绩效研究的基本状况和未来发展趋势。第四章研究设计,包括高校教师教学工作绩效维度的确定、高校教师教学工作绩效问卷的编制、高校教师教学工作绩效结构初始模型的建立、高校教师教学工作绩效问卷的施测及验证性因素分析、高校教师教学工作绩效问卷测量结果与效标的关系的建立。第五章研究过程与结果,在阐述《高校教师教学工作绩效问卷》的编制的基础上,说明高校教师教学工作绩效结构初始假设模型的建立以及结果的分析,并探究预测源与效标关系的建立。第六章综合讨论,主要有关于高校教师教学工作绩效结构问题的探讨、关于不同评价源背景下评价结果一致性问题的探讨、关于高校教师教学工作绩效维度中科研促进教学绩效问题的思考、关于研究结果中各绩效维度的"相关"问题的探讨、关于回归方法的使用方法的探讨、关于问卷测量结果与效标间相关不显著问题的探讨以及未来研究的设想。第七章为论文的研究结论部分。

关键词:高等学校　教师　教学工作　综合评价

**7050**

**中国特色工程教育专业认证制度研究** / 张文雪著 ; 王孙禺指导. -- 清华大学, 2009. -- 212 页

论文以历史制度主义和利益相关者理论的视角研究工程教育专业认证制度生成和变迁的路径选择,一方面分析工程教育历史、教育制度以及相关的政治制度和社会文化传统对专业认证制度变迁的影响,另一方面分析工程教育的主要利益相关者——大学、政府、工业界、中介组织在专业认证制度变迁中的参与机制和利益博弈。在此框架下,分别研究了美国、德

国工程教育专业认证制度的路径选择和制度特色,中国工程教育专业认证制度需求、高等教育评估制度的历史逻辑和制度路径。在对美国、德国工程教育专业认证制度和《华盛顿协议》进行比较研究的基础上,提出了工程教育专业认证制度模型,并具体阐述了认证目的、认证机构、认证标准、认证程序、认证结构等五个要素的内涵。遵循适应性原则、等效性原则、开放性原则和发展性原则,探讨了具有国际等效性的中国特色工程教育专业认证制度的建构方向。论文提出了中国特色工程教育专业认证制度中认证标准的逻辑框架和完整体系,主要指标包括专业目标、课程体系、学生发展、师资队伍、支持条件、管理制度和质量评价。论文还探讨了工程教育认证制度对高等学校工程教育改革的影响,提出专业认证制度建设存在的问题和改进建议。

关键词:高等教育　工科(教育)　专业教育　认证

**7051**

**我国公立高等学校学生管理行为的司法审查研究** / 张欣著 ; 安宝生指导. -- 北京师范大学, 2009. -- 109页

论文以我国公立高等学校学生管理行为的司法审查为研究对象进行讨论。全文分为七章。第一章为绪论,包括问题的提出、研究意义、文献综述、基本概念的界定、理论基础、研究方法、研究框架和结构安排。第二章阐述高等学校学生管理权,概述高等学校学生管理权,高等学校学生管理权的性质及权力来源,分析高等学校学生管理过程中形成的法律关系。第三章论述高等学校学生管理行为与司法审查,在说明高等学校学生管理行为和司法审查的基础上,进一步解析司法审查介入高等学校学生管理行为的价值。第四章探析司法审查介入高等学校学生管理行为的历史演进,探讨国外司法审查介入高等学校学生管理行为的历史和我国司法审查介入高等学校学生管理行为的实践与问题。第五章分析司法审查介入我国高等学校学生管理行为的可能性,包括高等学校行政诉讼被告资格分析、高等学校学生管理行为属于行政诉讼受案范围分析以及侵犯受教育权的行政行为的可诉性分析。第六章综述司法审查介入高等学校学生管理行为的界限,介绍高等学校学生管理行为的司法审查强度,阐述以是否涉及学术判断标准为区别的高等学校学生管理行为的意义,探索高等学校学生管理中自由裁量行为的司法审查强度。第七章为论文的结语部分,包括研究基本结论、主要创新和有待解决的问题。

关键词:高等学校　公立学校　学校管理　行政诉讼

**7052**

**高等教育大众化阶段地方大学院长领导力研究:以广东外语外贸大学为例** / 周富强著 ; 陈学飞指导. -- 北京大学, 2009. -- 149页

论文用质的研究方法,以广东外语外贸大学作为案例,研究高等教育大众化阶段地方大学院长的领导力。全文分为九章。第一章为导论,包括研究背景、问题提出、研究意义、研究思路与框架、研究效度与伦理、自身经历与研究的可行性、研究方法、文献述评。第二章概述地方大学院长的领导力,阐述地方大学院长的独特角色,介绍地方大学院长领导力层次与维度,分析地方大学院长领导力问题。第三章地方大学院长,详述院长战略领导力维度和建构地方大学院长战略领导力模型。第四章探究地方大学院长变革领导力,说明变革领导力的理论,并解析地方大学院长变革领导力的模型。第五章研究地方大学院长学习领导力,探析学习领导力理论与实践,建构地方大学院长学习领导力与学习型学院。第六章综述地方大学院长人际沟通领导力,指出自我意识是院长人际沟通领导力的前提,说明信任是院长人际沟通领导力的核心,倾听是院长人际沟通领导力的关键,平衡是院长人际领导力的有效策略。第七章分析院长道德领导力,包括院长道德领导力维度以及地方大学院长的道德困境与道德责任。第八章地方大学院长文化领导力,在介绍大学文化的基础上,进一步探究地方大学院长文化领导力维度。第九章为结语部分,总结研究所得和研究局限,并指出进一步研究的方向。

关键词:高等学校　院长　领导能力

## 社会保障

**7053**

**养老保险法律国际比较** / 陈培勇著 ; 董克用指导. -- 中国人民大学, 2009. -- 180页

论文运用实证分析法、案例分析法、比较分析法和理论分析等研究方法,综合运用纵向、横向、点面结合的比较方法,在详细比较分析国际上养老保险法律

理论和实践的基础上，对中国养老保险法律做了研究。论文第一章为导论。第二章是国际上养老保险法律的外因性分析，主要介绍新历史主义理论、福利经济学理论、新自由主义理论和第三条道路理论。第三章是国际上养老保险法律的内因性理论，对现收现付制、基金制分别进行论述，并比较现收现付制和基金制的各自特点，讨论了部分积累制。第四章是国际上养老保险法律的历程，以德国为例讨论养老保险法律的初创，以英国和美国为例讨论养老保险法律的发展阶段，以英国为例论述养老保险法律的改革阶段。第五章是有关国家的养老保险法律比较，对德国和瑞典的养老保险法律进行比较。对智利和墨西哥的养老保险法律进行比较，并做出进一步的论述。第六章是中国养老保险法律的历程与评价，对中国养老保险法律的初创阶段、恢复阶段和试点阶段分别进行论述，评价中国的养老保险法律。第七章是完善中国养老保险法律的建议。第八章为结论。

关键词：养老保险　保险法　比较法学

**7054**

**中国儿童福利制度供给中的政府与家庭行为分析** / 陈云凡著 ; 孙树菡指导. -- 中国人民大学, 2009. -- 182 页

论文采取定性与定量相结合、规范与实证相结合、比较研究等分析方法，从政府与家庭的关系对儿童福利制度变迁进行分析。论文第一章是导论。第二章是文献综述。第三章是抚育责任中的政府与家庭关系，提出政府与家庭关系的分析框架，其次依次分析家庭代际契约时代的政府与家庭关系、工业革命后代际契约中的欧洲政府与家庭关系、新中国成立后的代际契约中的政府与家庭关系等问题。第四章是中国政府偏好形成于预算约束机制，讨论儿童需求与供给约束分析，对偏好显示与约束机制、预算保障与约束问题进行考察，讨论中国政府政策议程设置与政策执行。第五章是新中国成立后抚育责任变化路径差异性分析，对中国不同阶段儿童政策偏好约束与预算约束的变化进行梳理，讨论了三个阶段的状况：儿童抚育责任集体化的确立、儿童抚育责任集体化与儿童抚育责任家庭化并存、儿童抚育责任家庭化。第六章是儿童抚育责任集体化的复利效果比较分析，对儿童抚育责任承担形式、财政支出情况、支出效果等问题展开论述。第七章是中国儿童抚育责任家庭化的福利效果分析，对中国现阶段生育状况、中国儿童现阶段生存状况以及中国儿童保护效果依次进行考察。第八章是结论与建议。

关键词：儿童　社会福利制度　政府职能　家庭

**7055**

**美国联邦政府社会救助体系的政策与机制分析** / 崔鹏著 ; 董克用指导. -- 中国人民大学, 2009. -- 208 页

论文运用案例分析法、比较分析法、定量分析法、结合理论与实证的研究方法，以美国联邦政府的社会救助政策作为研究对象，研究美国的社会救助政策的形成过程、美国社会救助政策的作用和实施效果、美国社会救助政策对我国的启示，为我国的社会救助相关政策提出若干政策和方法性的建议。第一章是贫困的界定，主要阐述选题背景、认识贫困、度量贫困、美国贫困线的确定等问题。第二章是贫困与社会救助，综述美国贫困问题的研究，回顾社会救助的基本理论，梳理美国福利价值观及其变迁。第三章是美国联邦政府社会救助政策，对美国现金救助政策、实物救助计划和个人工薪收入所得税退税政策分别进行论述。第四章是美国社会救助政策的机制分析，对美国社会救助政策的管理责任分配、联邦政府社会救助计划的财务安排、社会救助政策的运营与实施等三方面的问题展开论述。第五章是美国社会救助政策的实施效果、改革方向与政策思考，对美国社会救助的实施效果、美国社会救助政策的调整和改革，以及美国联邦政府社会救助政策的思考等问题进行考察与论述。第六章是美国社会救助政策对中国的启示，分析中国的贫困问题和中国社会救助的制度变迁与实施效果，总结美国社会救助政策对中国的启示。

关键词：社会福利制度　社会救济　贫困　美国

**7056**

**转型期中国失业保险制度变迁的分析** / 邓婷著 ; 潘锦棠指导. -- 中国人民大学, 2009. -- 265 页

论文选取案例分析法、比较分析法、理论与实证相结合的研究方法，分析社会经济巨变过程中政府、企业和劳动者如何根据自己的目的和选择，最终推动失业保障制度出台及调整的制度变迁轨迹。论文第一章为导论。第二章为制度变迁分析，主要是对方法论的说明。介绍了制度变迁的具体过程和社会制度变迁下的道德博弈，并论述调查分析和论文分析框架。第三章是经济基础推动下的强制性制度供给的

政策选择,对制度构建前的初始状态、制度构建目的、制度构建需求、不同策略行动等问题进程考察,并讨论政府与企业的合作问题,以及旧社会契约与新要求之间的妥协。第四章是适应改革需求的制度微调,主要对政策的地方性调整、制度变迁中旧群体的分化和新群体的形成、差异化的需求和行动等问题进行说明。第五章是失业保险和再就业工场,对中间扩散型的双轨制度变迁进行考察,主要对地方性政策调整、制度变迁目的、利益群体需求和行动、失业保险条例和再就业工程等问题做了考察。第六章是挑战过程中失业保险制度的需求诱致型变迁,主要考察了变迁过程中政府间互动、利益群体分化、需求和策略行动等问题。第七章简述美、英、德、韩四国失业保险制度,进行比较和借鉴。第八章反思转型期中国失业保险制度,回顾中国失业保险制度变迁的四个阶段,对存在的问题进行总结与反思,并提出了调整方向。

关键词:失业保险制度　社会保障　社会转型期

**7057**

**中国农村最低生活保障制度的瞄准机制分析** / 高华俊著 ; 张秀兰指导. -- 北京师范大学, 2009. -- 88 页

论文运用文献研究、案例研究、定量研究与综合比较等方法,对农村低保瞄准机制的演变过程进行了梳理,对低保瞄准的政策规定、实施程序和监督机制进行了归纳分析。论文第一章是导论。第二章是中国农村贫困救助瞄准机制的历史演进与现实情境,论述中国农村贫困救助瞄准机制的发展历程,与历史演进,分析中国农村贫困救助瞄准机制的现实情境。第三章是各地农村贫困救助瞄准机制的政策工具,梳理影响农村贫困救助瞄准机制的关联要素,并考察各地核定农村低保对象的程序,讨论各地农村贫困救助瞄准机制的创新。第四章是农村低保瞄准机制的数据测量与实证分析,对农村低保受益人群的构成进行分析,考察农村低保瞄准机制的多元化数据与测量分析结果,以燕郊镇为例,考察农村低保瞄准机制的地方经验,得出主要结论与政策含义。第五章是讨论与建议。分析农村低保瞄准机制的困境与出路,提出要促进中央政策与地方政策的逐步统一,瞄准机制建设要分类探索、分步实施,借鉴城市低保瞄准的成功经验。提出完善农村低保瞄准机制的政策建议,主要包括制定更加清晰的瞄准政策,重视瞄准工具的选择应用,加强对政策实施过程的监控与评估等。

关键词:农村　社会保障　福利制度

**7058**

**中国企业职工基本养老保险制度模式选择评估** / 高庆波著 ; 潘锦棠指导. -- 中国人民大学, 2009. -- 265 页

论文运用模型分析法、实证分析法、案例分析法和计量经济学方法,对中国企业职工基本养老保险制度模式选择进行考察与评估。论文第一章为引言,第二章是文献综述,对新中国养老保险制度、国际养老保险制度、世界各国养老保险制度和养老保险制度模式等问题进行梳理和总结。第三章是关于养老保险制度的经济模式分析,包括两个新古典经济学模型分析和 OLG 模型进行分析、基于 m + 1 期确定生命模型的养老保险模型分析。第四章是养老保险模式实值拟合情况,对养老保险制度运行过程中各因素的实际情况进行考察,对养老保险自身参数情况进行说明后对养老保险模式赋值计算,比较不同模式的计算结果。第五章是关于不同时间组合的各模式分析比较,对静态条件和动态条件下不同模式的时间组合问题分别进行阐述。第六章是收入效应分析,对不同收入群体的养老金收益情况进行分析,比较各模式养老金成本收益与替代率。第七章是养老金调整机制分析,对现收现付制、统筹账户部分的调整机制、个人账户部分计发基准时间与可发放时间等三种机制分别进行阐述。第八章是不同模式的性别利益比较,对性别利益进行各模式之间和各国之间的比较分析。第九章是当前统账结合模式存在的问题及改进建议,在分析了存在问题和人口约束的基础上提出了完善制度的建议。第十章是总结。

关键词:企业　职工　养老保险制度　经济制度改革

**7059**

**过度医疗的分析及治理:基于医院和医生视角** / 贺敬波著 ; 赵曼指导. -- 中南财经政法大学, 2009. -- 136 页

论文采取定性分析与定量分析相结合、理论研究与实证研究相结合的研究方法,综合计量经济学和宏观经济学理论,沿着"过度医疗界定—过度医疗分析—过度医疗产生原因—过度医疗的治理"这一思路展开。论文第一章是文献综述,依次对诱导需求的文献、防御型医疗的文献做出梳理与总结,并简要评述。第二章是我国医生过度医疗行为分析,论述医生过度医疗的识别问题,分析我国医生过度医疗的收入成本,通过数据和计量经济学方法分析医生特征与医生

过度医疗。第三章是医生过度医疗的机制探讨,考察医生过度医疗的内在机理,包括医疗市场中的信息不对称、特殊的委托代理关系、医生在医疗中的中心地位和医疗市场垄断等因素。考察医生过度医疗的环境机制,包括我国医院补偿机制不完善、政府管制不足和失灵、医生和患者之间存在信任危机等因素。第四章是医生过度医疗的治理,首先要基于声誉机制进行医生自律,构建个人信誉机制,创造医生自律的外部条件等;其次考察医院监管设置的主要内容,分析我国医疗管制的主要问题和医疗监管的设置,提出具体建议包括建立完整的医疗规制体系和对规制者进行规制等;第三要运用第三方购买者对医疗机构的监督功能,强化医疗保险机构对医疗供方的监督。

关键词:医疗卫生服务　医生　行为分析　医疗费用

**7060**

**转型国家养老金制度改革的性别视角分析** / 李娟著 ; 潘锦棠指导. -- 中国人民大学, 2009. -- 220 页

论文运用案例研究法、比较分析法、定性分析法等研究方法,从养老金覆盖面和养老金收入两个方面分析转型国家养老金制度改革对两性利益分配产生的影响。论文第一章是导论。第二章是文献综述,回顾关于养老金的两性分配的相关研究,分析关于转型国家养老金制度改革对两性利益的影响,综合评价现有研究。第三章是转型时期智利养老金制度改革的性别视角分析,从传统制度的养老金两性分配、涉及男女两性利益的制度改革、男女劳动力市场特征与养老金、新制度的养老金两性分配等问题展开论述。第四章是转型时期前苏联东欧国家养老金制度改革的性别视角分析,主要论述传统制度的养老金两性分配、涉及男女两性利益的制度改革、男女劳动力市场特征与养老金、新制度的养老金两性分配、制度环境对于养老金两性分配的影响等问题。第五章是转型时期中国城镇养老金制度改革的性别视角分析,对传统制度的养老金两性分配、涉及男女两性利益的制度改革、男女劳动力市场特征与养老金、新制度的养老金两性分配等问题展开论述。第六章是转型国家养老金制度改革的国际比较,基于性别的视角,考察传统制度的养老金两性分配、涉及男女两性利益的制度改革、男女劳动力市场特征与养老金等问题,并分析了养老金两性分配的变化及原因,提出改善中国养老金两性分配的建议。

关键词:退休金　劳动制度　社会保障制度　体制改革

**7061**

**医疗保障筹资研究:以政府干预的视角** / 李莉著 ; 孙树菡指导. -- 中国人民大学, 2009. -- 194 页

论文运用文献分析法、定量分析与定性分析相结合的方法、比较分析法和调查研究法对医疗保障筹资中政府干预的理由、方式、范围和效果进行分析和研究。论文第一章是导论,介绍选题背景、研究目的及意义,并对文中涉及的相关概念进行界定。第二章考察政府干预医疗保障筹资的基础和政府干预医疗保障筹资的作用。第三章是政府如何干预医疗保障投资,概述医疗筹资系统,阐述政府干预工具及在医疗保障筹资系统的运用。第四章是政府干预医疗保障筹资的范围,讨论政府干预与政府失灵,总结关于政府干预防伪的不同观点,分析政府干预医疗保障筹资的作用空间,讨论医疗保障筹资领域的"干预不足""干预错位"与"干预过度"问题。第五章是政府如何干预最有效,主要包括以下几点:走向普遍覆盖,实现公平可及;按成本效益原则选择优先干预事项;补贴穷人的基本医疗卫生服务;约束各相关方行为,控制医疗费用等。第六章是中国医疗保障筹资中的政府干预,回顾中国政府干预医疗保障筹资的历史,主线路为国家、集体包办—消极回避—积极干预,并阐述中国目前医疗筹资中政府干预的问题和发展方向,从资金筹集、资金汇总和购买机制三个方面进行论述。

关键词:医疗保健制度　医疗保障　筹资　社会保障　行政干预

**7062**

**中国农村社会养老保险制度研究:基于城市化进程中农民分化和流动的视角** / 李琳著 ; 邓大松指导. -- 武汉大学, 2009. -- 152 页

论文运用定性分析法和比较分析法,以农村社会养老保险制度为研究对象,对农村社会养老保险制度的理论基础、农民群体分化、农村社会养老保险制度供给与需求、城市化进程中的农村社会养老保险制度等问题进行考察。论文第一章为导论。第二章农村社会养老保险制度的理论基础,界定相关概念,分析农村社会养老保险制度的理论基础,并论述城市化与农村社会养老保险制度的互动机理。第三章城市化进程中中国农民群体分化,论述城市化进程中农民内

涵的扩展,分析城市化进程中中国农民分化的特征,考察城市化进程中农民的地域转移,进而研究农民群体分化和地域转移对农村社会养老保险制度的影响。第四章农村社会养老保险制度的需求与供给,分别论述了城市化进程中中国农村社会养老保险制度的需求与供给,分析农村社会养老保险制度供给与需求的适配性。第五章城市化进程中农村社会养老保险制度,对耕地农民、农民工、失地农民的农村社会养老保险制度分别进行考察,提出整合现行农村社会养老保险制度的必要性。第六章城市化进程中农村社会养老保险制度构建,阐述城市化进程中农村社会养老保险制度构建的总体思路和制度设计,讨论了建立健全我国农村社会养老保险制度的相关政策措施。

关键词:农村　社会保险　养老保险制度

**7063**

**中国养老金制度中的中央政府与地方政府间责任和权力划分问题研究** / 刘德浩著 ; 李绍光指导. -- 中国人民大学, 2009. -- 162 页

论文运用比较分析法、案例分析法、理论与实证相结合的研究方法,以政府间责权配置的原则及机制为落脚点,研究制度转型背景下中国养老金制度中的政府间责权划分问题。论文第一章为导论。第二章养老金制度与政府介入,论述政府介入养老金制度的理由,分析政府在公共养老金制度中的责权范围、养老金制度中政府间责权划分的必要性。第三章养老金制度中政府间责权划分的理论框架,论述委托代理理论及其在政府间责权划分中的应用,分析委托人和代理人行为决策的博弈模型,并引入协商理论进行分析。第四章养老金制度中政府间责权划分的国际比较,论述联邦制与单一制、联邦制国家养老金制度中的政府间责权的划分以及单一制国家养老金制度中的政府间权责划分问题。第五章是中国养老金制度中的政府责权划分及划分现状,对中国养老金制度中的政府责任、政府间责任划分的现状、问题与危害进行论述。第六章是中国养老金制度中的政府间责权划分,主要对政府间养老保险责权划分的社会基础、政府间社会保险责权划分和政府间养老保险责权划分的机制三方面的问题展开论述。最后为结束语部分。

关键词:养老保险制度　中央政府　地方政府　政府职能

**7064**

**商业银行参与养老基金运营研究** / 刘永涛著 ; 杨宜勇指导. -- 中国人民大学, 2009. -- 145 页

论文运用比较分析法、实证分析法和理论分析法,从商业银行的视角出发,紧密结合我国的现实情况,分析我国商业银行在养老金基金运营体系中的角色定位和政策策略。论文第一章是前言。第二章是商业银行参与养老金基金运营的理论基础,对养老金基金对商业银行影响进行经济学分析,以委托—代理理论作为分析依据研究道德风险和逆向选择。第三章是商业银行参与养老金基金运营的必要性与可行性,对养老金基金风险与盈利的要求进行必要性分析,对商业银行经营能力进行可行性分析。第四章是商业银行参与养老金基金运营的多种角色,分别从作为托管人的商业银行、作为账户管理人的商业银行、作为受托人的商业银行和作为投资管理人的商业银行四个层级展开论述。第五章是国际经验比较,分析各国有关商业银行参与养老金基金运营的政策,对国际养老金基金运营模式做比较,分析不同经营模式下商业银行参与养老金基金运营实践。第六章是我国商业银行参与养老金基金运营的政策策略,分析我国商业银行参与养老金基金运营现状与我国商业银行参与养老金基金运营的盈利,提出对养老金基金运营模式与监管机制的政策建议、对商业银行经营模式的政策建议以及对商业银行参与养老金运营的策略建议。

关键词:养老保险基金　基金管理　商业银行　资本市场

**7065**

**新型农村合作医疗以来贫困农村地区乡镇卫生院的行为和影响因素分析:以云南农村为案例** / 罗敏著 ; 胡晓江指导. -- 北京师范大学, 2009. -- 111 页

论文运用案例分析法、定性分析法等研究方法,用医疗服务递送的责任关系框架考察新农合以来乡镇卫生院的服务提供行为及影响因素,并在此基础上重新思考政府在医疗卫生服务方面的职责和干预手段问题。论文第一章为导论部分。第二章是新农合责任关系的建立,对新农合责任关系的决策者—使用者关系、决策者—服务提供者关系和服务提供者—使用者关系分别阐述。第三章乡镇卫生院服务提供的可及性,分析促进乡镇卫生院可及性服务的激励机制,梳理新农合以来乡镇卫生院服务质量的变化情况,阐述合作医疗竞争机制缺乏是根本原因。

第四章乡镇卫生院服务提供的可得性,依次考察:新农合对乡镇卫生院费用控制的约束机制、乡镇卫生院的医疗服务价格及其变化、付费方式对医疗价格的作用、乡镇卫生院补偿机制与“以药养医”行为。第五章乡镇卫生院的服务能力,论述新农合对乡镇卫生院的能力促进措施,分析乡镇卫生院的服务能力,考察农村卫生资源的配置机制。第六章乡镇卫生院运营的制度环境,讨论乡镇卫生院的治理结构,考察提供医疗服务的财政分权方式,研究政府卫生投入的流向与农村医疗服务的关系。第七章是总结和建议。

关键词:农村　合作医疗　卫生院

**7066**

**流动、排斥与嬗变:新生代农民工城市融合问题研究** / 孟颖颖著 ; 邓大松指导. -- 武汉大学, 2009. -- 241 页

论文运用调查分析法、案例分析法、计量经济学方法、理论与实证相结合的研究方法,对中国改革开放、社会转型时代环境下成长起来的数千万新生代农民工的生存状况进行研究。论文第一章是绪论。第二章比较城市化进程中的新生代农民工与第一代农民工的共性和差异,界定新生代农民工,基于调查问卷对新生代农民工的代际差异进行实证分析,总结新生代农民工的群体特征。第三章社会排斥,考察禀赋、文化和外生制度构成的融合障碍问题,界定社会融合概念,分析新生代农民工的社会排斥问题,以及社会排斥形成的原因。第四章理论阐释,考察新生代农民工城市融合影响因素,阐述新生代农民工城市融合影响因素模型构建的理论与现实基础,并对新生代农民工城市融合影响因素基本模型进行构建,进而进行分析和进一步推导,得出基本结论。第五章经验验证,基于武汉市新生代农民工的调查数据,考察新生代农民工城市融合现状及影响因素分析,对数据、方法和研究框架等问题做出解释,并分析新生代农民工城市融合影响因素的因子,并进行交互分析和多元逻辑回归分析。第六章是实现新生代农民工城市融合的相关思考的上半部分,主要对融合前提和融合根本做了阐述。第七章是实现新生代农民工城市融合的相关思考的下半部分。对融合基础和深层次融合问题进行论述。最后为结语。

关键词:城市化　民工　社会认同

**7067**

**我国中西部高校学生事务工作对学生学业发展的作用研究** / 王东明著 ; 张秀兰指导. -- 北京师范大学, 2009. -- 112 页

论文运用比较分析法、实证分析法、综合理论分析与调研分析,结合计量经济学方法,研究我国高校学生事务工作对学生学业发展的作用。论文第一章是研究的问题、视角与设计。解释问题提出与研究意义,论述研究的视角和研究的设计、研究的步骤,阐述研究的创新。第二章国内外研究综述,综述国外、国内研究,包括学校层面因素对学生学业成绩的影响、学生层面因素对学生学业成绩的影响、大学生个人的大学经历对学业成绩的影响等。第三章中西部高校社会实践工作对学生学业发展的作用,对学生社会实践工作影响学生学业发展的理论基础和实证研究两方面进行讨论,提出学生社会实践工作影响学生学业发展的假设与模型,结合中西部数据进行分析和讨论分析结果,得出学生社会实践工作积极促进学生学业发展的改进建议。第四章是中西部高校就业指导服务工作对学生学业发展的作用,对就业指导服务工作影响学生学业发展的理论基础和实证研究分别论述,提出就业指导服务工作影响学生学业发展的假设与模型,结合中西部数据进行分析,讨论分析结果,给出就业指导服务工作积极促进学生学业发展的改进建议。第五章为结语。

关键词:高等学校　学生工作　学业

**7068**

**我国农村最低生活救助制度价值目标转型研究** / 王三秀著 ; 丁建定指导. -- 华中科技大学, 2009. -- 194 页

论文运用案例分析法、比较分析法、理论与实证相结合的研究方法,对我国农村最低生活救助制度存在的问题及其客观原因进行分析,讨论我国农村最低生活救助制度价值目标转型问题。论文第一章为导论,对选题背景及缘由、相关研究文献综述、研究方法、研究思路、研究内容、核心概念界定、论文创新点等基本内容进行论述。第二章是最低生活救助制度价值目标的基本理论,对最低生活救助制度价值目标的内涵和意义进行解释,对早期自由主义、新自由主义、积极福利主义、发展型福利主义的最低生活救助制度价值目标进行论述,并提出研究国外最低生活救助制度价值目标理论的几点思考。第三章是我国目

前农村最低生活救助制度价值目标的反思。总结我国目前农村最低生活救助制度价值目标特点，论述我国农村最低生活救助制度价值目标设计的原因、理论缺陷和实践困境。第四章是国外最低生活救助制度价值目标的分析与启示，考察英国、美国、印度三国的最低生活救助制度价值目标，总结典型国家最低生活救助制度价值目标的启示。第五章是我国农村最低生活救助制度价值目标的现实转型，对我国农村最低生活救助制度价值目标转型应遵循的原则、建议、着力点和可行性等问题分别进行考察。第六章是我国农村最低生活救助制度价值目标转型的实现路径。第七章是结论与展望。

关键词：农民　社会保障　社会救济　制度创新

**7069**

**基于失地农民的社会保障体系及其实证研究** / 王顺喜著 ; 邹珊刚指导. -- 华中科技大学, 2009. -- 126 页

论文在阐述了社会保障基本理论和我国征地补偿安置制度的演变历程的基础上，采用实例分析法，对目前我国在失地农民安置方面采取的各种模式进行了利弊分析，指出“土地换保障”，建立失地农民社会保障制度是保障失地农民长远生计的一种有效途径。全文共分八章。第一章绪论，主要介绍了论文的选题背景及意义，国内外对失地农民社会保障问题研究的现状，论文的研究思路、框架、创新之处以及有待深化的地方。第二章社会保障理论概述，重点阐述了社会保障的基本内涵、制度特征、复合性功能以及社会保障体系的项目组成，揭示了社会保障制度在构建和谐社会过程中所起的作用。第三章土地征用补偿安置制度的演进，概括总结了我国新中国成立以来土地征用补偿安置制度的沿革以及现行征地补偿安置的主要途径，重点探讨了发达国家的征地补偿安置经验。第四章失地农民纳入社会保障体系的理论分析，分析了失地农民问题的产生、失地农民的生存现状，探究了建立失地农民社会保障制度的必要性和可行性。第五章失地农民纳入社会保障体系的实践探索，介绍了失地农民社会保障安置的代表性模式，总结了各地失地农民社会保障模式的共同经验和有益启示，并对浙江省嘉兴市的失地农民社会保障制度进行了个案研究。第六章失地农民社会保障体系构建，阐述了建立失地农民养老保障制度的基本原则，在其基础上提出了构建失地农民社会保障制度的构建方案。第七章失地农民社会保障的政策建议，重点包括因地制宜创新征地制度改革，完善多元化社会保险基金筹集机制，妥善解决和促进失地农民的就业和发展问题，打通失地农民法律援助的绿色通道。第八章总结与展望，对全文进行了总结，对未来研究进行了展望。

关键词：城市化　农民　社会保障

**7070**

**我国城市廉租房保障制度研究** / 王新著 ; 吴中宇指导. -- 华中科技大学, 2009. -- 128 页

论文运用案例研究法、定性研究法、比较分析等研究方法，对我国廉租房保障制度的基本现状、存在问题和具体案例进行考察，并提出政策建议。论文第一章是导论，对相关研究、概念界定、研究思路、研究方法和创新之处做了说明。第二章是廉租房保障制度的国别特色及启示，对有关国家的廉租房保障制度的构建和启示进行考察，并比较廉租房与其他住房保障形式，对廉租房制度选择进行可行性分析。第三章是我国廉租房保障基本现状，回顾我国廉租房保障制度的建立和发展，论述廉租房保障制度实施的代表模式，对廉租房保障制度的实施简要评价，分析是廉租房保障制度经济功能。第四章是我国廉租房保障制度存在的问题及制约因素分析。第五章以郑州市为代表，对廉租房建设与管理模式进行分析与评价。主要包括根据自身保障能力严格界定保障范围、建立科学的廉租房保障机制等特点，并对廉租房保障中针对外来人员的保障设计问题、廉租房保障措施及实施机制等问题进行分析，评价郑州市廉租房建设与管理模式。第六章是建立我国廉租房保障体系的政策建议。第七章是结论与展望。

关键词：廉租房　住房制度　社会保障

**7071**

**我国城市老年人收入的性别差异研究** / 吴玉韶著 ; 张秀兰指导. -- 北京师范大学, 2009. -- 91 页

论文运用理论与实证相结合、规范与案例相结合、定量分析的研究方法，对城市老年人退休金、家庭转移性、公共转移性和市场性四项收入的性别差异进行分析。论文第一章是导论，论述研究背景、研究意义、概念界定、研究框架和研究内容等。第二章是研究回顾，主要梳理老年人收入的性别差异状况研究、对收入性差异原因的探讨、改善收入性别差异的对策等研究情况。第三章是老年人收入的性别差异概述，总结老年人的基本特征，包括年龄性别构成、受教育

程度、婚姻状况、离退休前工作单位类型和子女状况，并对老年人收入性别差异的情况进行概述。第四章是老年人收入的性别差异分析，主要对退休金收入的性别差异、家庭转移性收入的性别差异、市场性收入及其性别差异和公共转移性收入及其性别差异等四个方面进行考察。第五章是研究结论与对策建议，主要包括研究结论、原因分析和对策建议，在原因分析中提到生命历程理论和社会性别理论，结论为女性老年人的经济收入相较于男性老年人明显处于劣势，老年人收入的性别差异显著。提出强化公共政策的性别意识、提升女性受教育水平、促进女性就业、建立高龄老人补贴制度、建立遗嘱保险制度、缩小男女退休年龄差距、强化家庭养老功能等对策建议。

关键词：城市　老年人　收入差距　性别差异

**7072**

**重建我国农村社会资本的路径选择：基于陕西白水的实证分析** / 谢萌著 ; 张秀兰，屈智勇指导. -- 北京师范大学, 2009. -- 87 页

论文运用案例分析法、调查研究法、实证分析法的研究方法，对陕西白水进行实证调研，分析重建我国农村社会资本的路径选择问题。第一章是导论。第二章是社会资本研究述评，对我国社会农村社会资本现状及重建路径选择进行论述，对国外社会资本理论研究现状进行梳理。第三章是农村社区信任实证研究，界定信任与农村社区信任，以白水社区为例，分析社区人际信任状况，并在社会资本视角下，研究白水社区的信任问题，分析了影响社区信任的个体因素和社区因素。第四章是白水社区参与基本状况分析，介绍社会参与的相关研究，分析白水社区参与的基本状况，并在社会资本视角下对白水社区参与研究做分析。第五章是社区信任与社区参与的变化，对社区主导型发展项目实施及进展进行总结，梳理项目开展前后社区参与的变化，对项目开展前后社区信任的变化进行考察与论述，阐述社区信任与社区参与。第六章是主要结论，包括：增加公共品供给、提高社区参与，能够提升社区社会资本；被调查农村社区人际信任度较高，由于居民联系多，近年来社区信任度得到提高；夫妻分居是影响社区信任的主要个体因素，家庭架构不完整会对社区信任产生负面影响；社区中的弱势群体有强烈参与的需求，但在实际参与中受到限制；人员流动是影响社区参与的主要个体因素。第七章是本研究的启示。

关键词：农村　社会资本　社区管理　信任

**7073**

**养老金制度与劳动力市场** / 阳义南著 ; 李绍光指导. -- 中国人民大学, 2009. -- 157 页

论文采用理论与实证相结合的研究方法，以新养老金经济理论来分析中国的养老金制度与劳动力市场的有关问题和政策。论文第一章为绪论。第二章新养老金经济理论研究综述，回顾新养老金经济理论的兴起，对新养老金经济理论的结构关系养老金生产率理论及其检验进行详细考察。第三章劳动力市场局部均衡框架下的养老金制度，引入养老金的劳动力市场局部均衡分析框架，对养老金制度与劳动力需求关系进行研究，分析养老金制度与劳动力供给的关系。第四章劳动力市场对养老金制度的影响，分析劳动力增长与公共养老金计划的收支平衡问题，讨论养老金制度完全私有化的"结构式改革"的可行性，提出维持养老金制度财务平衡的对策，并在章末研究劳动力市场结构与养老金制度的覆盖面。第五章中国劳动制度与养老金制度改革。第六章分析了中国养老金制度改革与企业的劳动成本、养老金制度改革与劳动力供给、劳动力需求的关系三方面的问题。第七章是我国养老金制度与劳动力流动问题，分析我国养老金制度对劳动力流动的影响，考察当前我国养老金制度对劳动力流动的限制性因素，提出促进劳动力流动的养老金制度改革措施。第八章是中国劳动力市场结构域养老金制度覆盖面的讨论。

关键词：劳动力市场　劳动力流动　劳动关系　退休金

**7074**

**中国社会保险制度：基于企业的研究** / 杨波著 ; 黎民指导. -- 武汉大学, 2009. -- 172 页

论文从企业的角度对中国社会保险制度进行了研究。全文共分引言、正文八章、结论与展望三大部分。引言部分主要介绍了论文的研究背景和选题意图、目前的研究现状、逻辑框架和研究方法以及主要创新之处。第一章企业社会保险信息披露制度，对企业与政府社会保险信息披露模式进行了比较，对沪市 A 股 842 家上市公司的社会保险信息披露进行了实证研究，总结了社会保险会计政策的披露状况，社会保险数据披露的总体状况，社会保险各明细项目数据的披露状况以及上市公司社会保险数据披露存在的问题。第二章企业的社会保险费负担，探讨了企业社会保险费法定费率的局限性，对企业社会保险费负担

率进行了实证研究,进而对企业社会保险费负担率进行了拓展和补充。第三章企业拖欠社会保险费问题研究,对企业拖欠社会保险费进行了界定,确定了衡量指标,对企业拖欠社会保险费拖欠率进行了实证分析,分析了企业拖欠社会保险费的影响因素,对企业拖欠社会保险费进行了历史比较。第四章,社保基金对上市公司的投资及治理,对社保基金持股上市公司进行了详细考察,分析了社保基金持股比例的限制与参与公司治理的矛盾以及社保基金参与上市公司治理的动力和能力。第五章对公司内部治理的社会保险监督机制进行了论述,包括职工、监事会、工会等,并对公司治理与社会保险费拖欠程度进行了实证研究。第六章企业社会保险费征缴制度的经济学分析,包括基于新兴古典经济学的社会保险费征缴机构的分工分析以及基于新制度经济学的社会保险征缴制度的交易费用分析。第七章农民工社会保险分析,从企业利益相关者理论的视角出发对企业利益与农民工社会保险进行了分析,总结了农民工社会保险的模式。结论与展望对文章的主要结论进行了总结概括,对后续研究进行了展望。

关键词:社会保险制度　社会保障　企业管理

**7075**

**职业福利的社会功能与中国职业福利发展对策** / 杨艳东著 ; 丁建定指导. -- 华中科技大学, 2009. -- 146 页

论文运用理论分析法、定性分析法、案例研究法和比较分析的研究方法,对职业福利的社会功能进行考察,提出中国职业福利发展对策。论文第一章是导论,论述文献综述、研究背景、研究意义、概念界定、研究框架、研究内容等。第二章是职业福利研究的理论支撑,介绍福利划分理论、薪酬福利理论和人力资源管理理论。第三章是现代职业福利的发展历程,对西方国家职业福利的发展阶段进行考察,论述中国职业福利的发展变革,最后总结职业福利发展演进的启示。第四章是职业福利的社会功能分析,对职业福利的劳动保障功能进行分析,考察职业福利的就业导向功能,并对职业福利的劳动关系协调能力、职业福利的社会分层功能和职业福利社会功能的动态发展进行论述。第五章是当前中国职业福利的基本状况,主要对国家机关、事业单位的福利状况进行考察,在此基础上分析国有企业、外资企业和民营企业的职业福利状况。第六章是当前中国职业福利存在的问题,对主要存在问题、现存问题的负面影响和当前问题的主要根源等方面进行详细讨论。第七章是中国职业福利的发展对策,提出要明确职业福利的发展定位、厘清职业福利的发展观念、加强职业福利的政府干预和保证职业福利的发展空间。第八章是结论与展望。

关键词:职业　福利制度　社会保障

**7076**

**进城农民工家庭学前儿童看护方式研究** / 苑会娜著 ; 白南生指导. -- 中国人民大学, 2009. -- 136 页

论文围绕学前儿童看护这个主题,研究了农民工家庭学前儿童看护方式,即学前儿童是流动还是留守,流动学前儿童由谁看护,农民工家庭对幼儿园的选择。借鉴中西方家庭教育投资行为、服务利用行为等理论,提出农民工家庭学前儿童看护方式决策的分析框架,农民工家庭资源禀赋、输入地的资源、输出地的资源、学前儿童的人口特征。论文运用了大量一手的调查资料,通过案例、统计描述、计量模型等多种分析方法解释有关变量之间的相互关系及变化规律。论文共分七章,第一章是导言,提出研究的问题、目标与分析框架。第二章对相关文献进行综述。第三章研究进城农民工家庭在城市中的生存状况,主要分析其人口特征、居住、就业等问题。第四章是对农民工家庭学前儿童流动还是留守决策的分析,介绍了流动或留守的几种类型,基于上述分析框架,利用计量回归得出学前儿童流动与否的影响因素。第五章继续分析流动学前儿童由谁看护,并进一步分析农民工家庭对幼儿园选择的影响因素。第六章介绍了城市中幼儿园的服务。第七章是论文的研究结论。研究发现农民工家庭学前儿童的看护主要由核心家庭承担,而且倾向于购买“社会化看护方式”,即幼儿园看护。当母亲时间的机会成本越高时,越倾向于不亲自看护,而母亲教育程度或者父亲收入高到一定程度时,可能会更多地考虑学前儿童看护方式的质量,农民工家庭在城区居住时,更可能将学前儿童留在老家,但一旦带出来更倾向于选择幼儿园看护。

关键词:农民工　学前儿童　看护方式　幼儿园

**7077**

**转型期中国最低生活保障制度发展研究** / 张浩淼著 ; 郑功成指导. -- 中国人民大学, 2009. -- 341 页

论文运用历史分析与逻辑分析相结合、理论分析与实证分析相结合的研究方法,结合新制度经济学理

论,将中国最低生活保障制度的发展变化置于转型期的大背景中进行考察与分析。第一章导论。第二章基本概念、理论基础与文献综述。第三章最低生活保障在1993—1999年间的地方性实验与探索阶段。回顾新中国成立后的传统社会救济制度,分析1993年城市低保制度在上海的初创,讨论各地最低生活保障制度的实践与探索,总结该阶段的制度发展。第四章是最低生活保障在1999年—2006年中央政府主导下以城市为核心的制度建设阶段,主要论述了全国性城市低保制度的正式确立与初步巩固,评述该时期最低生活保障的发展。第五章是最低生活保障在2007年后中央政府主导下迈向城乡一体的制度建设阶段,对全国性农村低保制度的建立和发展做了总结。第六章是转型期最低生活保障的中国特色,对最低生活保障进行制度分析和中国特色分析,并阐述了最低生活保障具有中国特色的合理性。第七章是转型期最低生活保障发展的反思与评估,对制度发展过程进行新制度经济学阐述,对制度发展的决定因素和关键阶段进行总结,并讨论制度发展的启示和实践效果。第八章是转型期最低生活保障制度发展的前瞻,论述了制度的未来长期与短期前瞻。

关键词:社会保障制度　社会福利　社会救济　社会转型期

**7078**

**中国老年残疾人社会保障供需研究** / 张金峰著 ; 郑功成指导. -- 中国人民大学, 2009. -- 165 页

论文运用抽样调查法、定性研究与定量研究相结合的分析方法,对中国老年残疾人口的基本状况、老年残疾人口的社会保障需求和供给、老年残疾人社会保障存在排斥及其原因等方面进行研究。论文第一章是导论。第二章理论基础,主要对社会保障权利理论、福利三角理论和社会排斥理论进行论述。第三章是老年残疾人基本状况,总结为老年残疾人口的规模庞大、老年残疾人口不同特征群体的异质性明显、老年残疾人通入社会生活面临困难等。第四章是老年残疾人口的社会保障需求分析,一方面对老年残疾人社会保障需求做同一性分析,另一方面对老年残疾人不同特征群体社会保障需求做差异性分析。第五章是老年残疾人口的社会保障供给分析,首先论述社会排斥理论的引入与演绎,老年残疾人口总体在社会保障方面的被排斥状态,以及不同特征老年残疾群体在社会保障方面的被排斥状态。第六章是老年残疾人社会保障存在排斥的致因分析,引入与演绎福利三角理论,论述老年残疾人口家庭支持方面的排斥、老年残疾人社区支持方面的排斥和老年残疾人口社会保障制度方面的排斥。第七章是中国老年残疾人社会保障的发展方向,提出发展老年残疾人社会保障的理念、老年残疾人社会保障模式选择与体系完善、老年残疾人社会保障的责任分担和配套措施应完善等建议。第八章是结论与研究展望。

关键词:老年人　残疾人　社会保障制度

# 土地资源管理

**7079**

**乡镇土地利用规划研究** / 鲍家伟著 ; 严金明指导. -- 中国人民大学, 2009. -- 204 页

论文选择乡镇土地利用规划作为研究对象,对其进行了研究。论文共分为九章。第一章为导论,介绍了研究的背景与意义,界定了重要概念,论文的重点和创新点。第二章乡镇土地利用规划的理论支撑,介绍了田元城市和门槛理论、地域分工理论、系统规划和可持续发展理论。第三章对乡镇土地利用规划的总体把握,介绍了对乡镇土地利用规划的回顾与评析以及新时期对乡镇土地利用规划的思考。第四章乡镇土地利用方向的判断与选择,介绍了乡镇土地利用方向的内涵,用考虑的因素及利用方向确定。第五章指标控制下的乡镇土地利用结构优化,介绍了土地利用结构,说明了乡镇土地利用的指标控制,分析了指标控制下的乡镇土地利用结构优化。第六章时空视角下的乡镇土地利用布局,介绍乡镇土地利用时空布局、乡镇土地利用时空布局的实现。第七章城乡统筹下的村庄用地整合,主要包括村庄用地整合内涵和分析两个部分。第八章乡镇土地利用的用途和空间管制。第九章为实证研究,介绍了研究对象、土地供给和需求分析及土地利用方向、目标和方针,对土地利用结构调整和空间布局以及未来土地规划实施保障措施并做了分析与展望。

关键词:乡镇　土地利用　土地规划　土地管理

**7080**

**快速城市化阶段农地转用价格扭曲研究** / 边学芳著 ; 吴群指导. -- 南京农业大学, 2009. -- 143 页

论文从农地转用价格扭曲方面入手,对现有农地

转用价格扭曲进行研究，分析其原因，并由此提出矫正方法与建议。全文共分为八章。第一章为绪论，提出问题，说明研究目的与意义和内容及分析框架，研究方法与技术路线和可能的创新与不足。第二章研究文献综述，介绍了农地转用价格的研究，农地转用价格核算方法研究和农地转用价格扭曲的研究，以及农地转用价格矫正的研究、农地非农化收益分配的研究。第三章介绍了农地转用价格扭曲的基础理论，包括价值、价格及其均衡的一般理论，地组地价理论和价格扭曲理论，产权理论和可持续发展理论，以及收益分配理论和社会保障再分配理论。第四章农地转用价格扭曲的理论分析，介绍了农地转用价格及其扭曲，分析农地转用价格扭曲成因及农地转用价格扭曲的影响。第五章我国农地转用价格扭曲现状分析，分析全国范围农地转用价格扭曲现状，比较不同区域农地转用价格扭曲度，说明了我国农地转用价格扭曲特征与表现。第六章农地转用价格矫正的路径与方法，介绍了农地转用价格矫正的目标，说明了农地转用价格矫正的路径与方法。第七章介绍了农地转用价格扭曲、矫正及其收益分配的实证分析。第八章研究结论与政策建议并对未来做了展望。

关键词：农业用地　土地征用　土地制度　土地流转　城市化

**7081**

**中国土地准征收制度研究** / 柴涛修著 ; 孙佑海，陈利根指导. -- 南京农业大学, 2009. -- 144 页

论文以中国土地准征收制度为研究对象进行探索和研究。全文分为九章。第一章为绪论，包括研究背景与目的、研究范围与内容、研究方法与技术路线、研究的可能创新与不足。第二章介绍国内外研究动态，分别详述资源环境价值、管制政策、财产权保障与损失补偿、土地准征收制度、评价存在的问题与研究的方向。第三章基本理论与基本概念，阐释财产权理论、管制理论、公平理论和地租理论，并进一步界定土地、制度、土地制度、土地征收、土地征用和准征收的含义。第四章分析土地准征收制度的理论内涵，阐明土地准征收制度的概念，解释土地准征收与相关行政补偿的区别，并分析土地准征收补偿的性质与特征，讨论土地准征收的构成要件并进行小结。第五章论述国外及台湾地区土地准征收制度及其发展。第六章分析我国土地准征收制度历史演进及现状，解析我国土地准征收制度的历史演进与土地准征收，并指出我国准征收的现有法律规定及存在的问题。第七章概述我国土地准征收制度的构建，探讨土地准征收制度建立的必要性及意义，讨论我国土地准征收判断程序的建立，解释我国土地准征收补偿机制，得出我国土地准征收制度的立法选择。第八章综述我国典型用地准征收的判断，包括我国土地使用管制类型、淮河流域源区生态用地补偿分析、太湖流域水源保护区农业用地受限补偿研究、三北防护林林地利用受限的案例、古建筑用地案例分析、机场管制区用地案例分析。第九章为论文的主要结论与立法建设部分。

关键词：土地管理法　土地征用　财产权　补偿

**7082**

**农民家庭内部分工及其专业化演进对农村土地制度变迁的影响研究** / 陈会广著 ; 钱忠好指导. -- 南京农业大学, 2009. -- 182 页

论文以农民家庭内部分工及其专业演进对农村土地制度变迁的影响进行研究和探索。全文分为八章。第一章为导论，包括研究背景、研究问题、研究方案以及论文结构与安排。第二章文献综述，阐述分工、专业化与经济组织的理论脉络及进展综述，对制度变迁理论研究进路进行总结和评价，评述中国农村土地制度变迁的理论与经验研究，并指出对研究的启示。第三章分工、专业化与农村土地制度变迁分析框架，分别详述方法论、概念界定以及概念框架。第四章论述家庭内部分工、农户兼业化与农村土地制度的选择，探讨已有的理论局限与农户演化决策，分析理论假说并进行初步证据与进一步讨论。第五章概述农民家庭内部分工与土地承包经营权流转，讨论家庭内部分工与专业化经济模型，探析数据来源与样本特征、估计方法与结果。第六章研究分工演化、产权缔约与土地股份合作的效率，以一项土地股份合作社的调查探究分工演进与土地承包经营权股份化，介绍农民合作组织替代不完备土地市场的集体行动逻辑，分析产权缔约与土地股份合作的效率。第七章综述专业化演进、财产自由与农民土地权力结构变迁，包括农民财产自由与土地权力结构、农村土地制度变迁中的农民土地权利：1949 年以来中国历史经验、专业化演进与农民合作组织治理、合作组织替代不完备市场对农民土地权利结构的影响、对土地股份合作制度创新的政策启示等内容。第八章为论文的研究结论和展望，总结并界定政策含义，说明可能的创新之处与不足之处，最后进行研究展望。

关键词:农村　土地制度　土地改革　分工　农民

7083

**农村宅基地抵押研究** / 陈霄著 ; 谢经荣指导. -- 中国人民大学, 2009. -- 202 页

论文采取规范研究和实证分析相结合的方法,对现行农村宅基地产权制度进行法理辨析并做了研究。论文共分为八章。第一章为绪论,介绍了选题依据和意义,国内外研究现状,论文的主要思路、研究方法和论文的重点、难点和创新点。第二章农民宅基地抵押研究和理论基础,介绍了制度变迁理论、我国的土地产权理论和土地金融。第三章中国古代社会田宅"典"——抵押的历史考察,介绍了中国历史上的田宅"典"——中国历史上的田宅抵押,对古代田宅抵押进行评述。第四章农村宅基地抵押之界定,介绍农村宅基地制度之变迁、农村宅基地范畴之界定、宅基地抵押界定并做了结论与评议。第五章农村宅基地抵押意愿调查,介绍调查的背景、目的及意义,说明调查方法、样本结构和农村宅基地使用现状,进行农民宅基地抵押意愿调查并做了结论。第六章赋予农民宅基地产权完整的权能,对现行农村土地产权处分权能缺失进行分析,阐述赋予农村宅基地权利以处分权之必要性,重构以处分为核心的农村宅基地产权体系。第七章农村宅基地抵押机制分析,介绍了农村宅基地使用权抵押模式和集体经济组织抵押模式,分析宅基地抵押趋势并做了总结。第八章农村宅基地抵押制度建设分析,分析完善宅基地产权的法律制度建设、完善农村社会保障制度建设和完善市场相关配套制度建设并做了展望。

关键词:农村　住宅建设　土地制度　抵押

7084

**住房市场的政府干预政策研究** / 崔崴著 ; 谢经荣指导. -- 中国人民大学, 2009. -- 197 页

论文对我国住房市场的政府干预政策进行了研究。全文共分为七章。第一章为绪论,介绍了选题背景及选题意义,文献综述和研究方法、研究思路,研究内容和主要创新点。第二章政府干预住房市场的理论基础,介绍了政府干预市场理论综述及我国住房市场干预理论的特色。第三章政府干预住房市场的模式分析和选择,介绍了政府干预住房市场的基本原则、总体目标和主要模式,分析了我国政府干预住房市场的目标和模式。第四章政府干预住房市场的主要方法,介绍房地产税收、土地储备和供应及住房保障。第五章政府干预住房市场的效果评价方法,介绍了成本收益分析法、协调度评价法并以北京市为例对政府干预住房市场的效果进行实证分析,分析了我国政府干预住房市场效果不佳的原因。第六章当前我国政府干预住房市场中的主要问题和对策。第八章论文的结论及展望。

关键词:住宅　房地产市场　房价　行政干预

7085

**房地产税对房价的影响机理与实证分析** / 杜雪君著 ; 吴次芳指导. -- 浙江大学, 2009. -- 159 页

论文从改革前后房地产波动、房地产税收收入变化视角对房地产税收对方价的影响机理做了研究。全文共分为九章。第一章为绪论,介绍了研究背景与选题依据,研究目的与意义,研究内容与拟解决的关键问题,研究技术路线以及研究思路与章节安排。第二章为文献综述,介绍了房地产税对房价影响的收益和新论证明,房地产税对房价影响的实证经验研究综述,房地产税对房价影响的理论研究进展。第三章我国房地产税收政策变化与房地产波动,介绍了我国房地产市场发展历程,对我国房地产税收政策进行回顾,分析了房地产税与房地产价格的关系。第四章为房地产税对房价影响的理论模型分析,介绍了房地产税对房价影响的一般理论分析,说明了地方公共支出视角下房地产税对房价影响的理论模型分析。第五章我国房地产税对房价影响的总体特征,介绍了房价、地方公共支出与房地产税赋,房价、地方公共支出与税收并对本章做了小结。第六章我国房地产税对房价影响的区域特征,对我国房地产税对房价影响区域特征进行统计描述,介绍了区域房价与税收并对本章做了小结。第七章介绍了典型案例,分析了杭州房地产税与房地产市场变化情况,对杭州房地产税对房地产价格影响进行调查分析。第八章我国房地产税制度改革的影响效应研究。第九章为结论,总结了论文的特色与创新,并对未来做出了展望。

关键词:房地产市场　房价　房地产税　税收政策

7086

**农村土地纠纷及其化解研究** / 胡勇著 ; 陈利根指导. -- 南京农业大学, 2009. -- 134 页

论文以农村土地纠纷及其化解问题为研究对象进行探索和研究。全文分为十章。第一章为导论,包

括研究的缘起、研究的对象和目的及价值、研究的主要内容与基本框架、研究方法和手段、技术路线以及研究的创新与不足之处。第二章文献回顾,说明农村土地纠纷实质与成因的研究,阐述农村土地纠纷化解的路径研究,分析农村土地纠纷法人类学等交叉学科的研究并进行小结。第三章论述农村土地纠纷的理论解读,分别详述农村土地纠纷定义的解读、理性与理性化及土地利用的系统性、农村土地纠纷的本质三个部分的内容。第四章考察农村土地纠纷化解的历史,以明清以前的案例进行解读中国历史上农村土地纠纷的特点,并以明清以后的案例解读中国历史上农村土地纠纷化解方式。第五章农村土地纠纷的现状诠释与成因,包括当代中国农村土地纠纷的现状与特点、当代中国农村土地纠纷的现状诠释、农村土地纠纷的成因探究三部分内容。第六章农村土地纠纷化解的个案分析与应对策略,以个案的调查分析农村土地纠纷化解的对策与策略。第七章综述农村土地纠纷化解的法律规制,分别详述农地规制法律制度考察与完善、农村土地承包经营权法律制度的考察与完善、农村土地承包经营权纠纷仲裁法律制度考察与建构、土地权属纠纷调处法律制度考察与建构四部分的内容。第八章提出农村土地纠结化解的公共政策选择,在探析农村土地纠纷化解的公共政策建构的多维思考的基础上,进一步探讨农村土地纠纷化解的公共政策建构。第九章指出农村土地纠纷化解的民族文化对策。第十章为论文的研究结论和立法建议部分。

关键词:土地问题　农业用地　民事纠纷　土地管理法

**7087**

**农地边际化及其效应研究:以湖北省通城县为例** / 黄利民著 ; 张安录指导. -- 华中农业大学, 2009. -- 142 页

论文阐述了农地利用变化的驱动机制,对农地边际化及其效应做了研究。全文共分为八章。第一章为引言,介绍了研究背景和研究意义,研究进展和研究内容,研究思路以及论文的创新和不足之处。第二章农地边际化理论探讨,说明了基本概念,介绍了不同主体对农地边际化的效应,分析了农地边际化的进程和程度值构建并做了小结。第三章通城县农地边际化情况分析,说明了通城县概况,介绍了 1985 年以来通城县农地利用变化,对耕地利用集约度变化的驱动因子和驱动因素进行分析并做了小结。第四章农地边际化对粮食安全的影响,提出粮食安全问题,分析区域粮食产量变化的影响因素,介绍了农地利用集约度变化对粮食产量的影响,说明了耕地廖欢对区域粮食产量的影响并做了小结。第五章农地边际化的农地经营、人口迁移及区域经济效应,介绍了农地边际化的农地经营模式,说明了农地边际化的人口迁移和城市化的特征,分析了农地边际化与区域经济的关系并做了小结。第六章农地边际化的生态环境效应,说明了农地边际化的土壤、生物多样性及景观效应,分析了农地边际化与农地生态服务价值变化,介绍了农地边际化的区域生态承载效应并做了小结。第七章农地边际化过程中的制度创新,说明了农地边际化的农地制度、农地边际化中的农地税费制度,探讨农地边际化中的户籍制度和生态环境制度改革并做了小结。第八章结论、讨论和对未来的展望。

关键词:农业用地　土地利用　土地管理　生态环境　粮食安全

**7088**

**信贷约束、房地产价格与宏观经济的互动机理与实证分析** / 黄忠华著 ; 吴次芳指导. -- 浙江大学, 2009. -- 162 页

论文主要对信贷约束、房地产价格与宏观经济的互动机理与实证分析进行了研究。全文共分为十一章。第一章为绪论,介绍了研究背景和选题依据,研究目的与意义,研究思路与章节安排。第二章文献综述,介绍了房地产价格及宏观经济的研究进展,信贷约束、房价与宏观经济的理论研究进展。第三章介绍了我国房地产发展历程简要回顾,及我国房地产市场发展与信贷约束。第四章我国信贷约束、房价与宏观经济互动的全国经验实证,介绍了房价、利率等宏观经济变量的描述分析以及房价、消费、投资之间的关系。第五章信贷约束、房价与宏观经济互动的区域经验实证,介绍了信贷约束、房价与宏观经济互动的影响分析并做了小结。第六章信贷约束、房价与宏观经济互动的城市经验实证,介绍了上海信贷约束、房价与宏观经济互动的实证经验,分析了宏观经济因素对上海房的价影响并做了小结。第七章信贷约束、房价与宏观经济互动的理论分析与实证检验,介绍了信贷约束、房价与宏观经济的局部均衡分析并做了小结。第八章银行信贷与房地产价格的互动影响研究。第九章房价波动对货币政策操作影响的实证研究。第十章信贷约束、房价与宏观经济互动的国际经验。第

十一章,论文的结论、不足之处及对未来的展望。

关键词:房地产业　信贷　房地产价格　宏观经济

**7089**

**土地开发整理规划环境影响评价研究** / 雷广海著 ; 刘友兆指导. -- 南京农业大学, 2009. -- 119 页

论文从概念入手,借鉴国际上环境科学、生态科学、社会科学等学科中环境影响评价的新方法和新理论,构建和完善土地开发整理规划环境影响评价的基础理论,全文分为八章。第一章为导论,包括研究背景及研究意义、研究的内容和方法、研究思路与技术路线、可能的创新与不足。第二章国内外研究进展,介绍环境影响评价的研究、战略环境影响评价方法研究和土地开发整理规划的环境影响评价研究并进行综合述评。第三章阐述基础理论,分别详述系统学理论、可持续发展理论和景观生态学理论。第四章探析土地开发整理规划环境影响评价的内涵,界定土地开发整理的概念及其目标,阐明土地开发整理规划概念、作用及内容,解析土地开发整理规划环境影响评价的内涵、特征及内容。第五章构建土地开发整理规划环境影响识别及指标体系,识别土地开发整理规划环境影响,筛选土地开发整理规划环境影响评价的指标,构建土地开发整理规划环境影响评价的指标体系。第六章论述土地开发整理规划环境影响评价模型,包括综合评价法、多层次灰色评价模型、模糊数学综合评价模型以及幕景分析评价模型。第七章为论文的实证研究,分别详述研究区资源概况、土地开发整理规划概况、基于模糊数学综合评价模型的环境影响评价以及基于幕景分析法的土地开发整理规划环境影响评价四部分内容。第八章为论文的主要结论和展望部分。

关键词:土地开发　土地整理　土地规划　环境影响　综合评价

**7090**

**不动产登记制度的经济学分析** / 李安安著 ; 林增杰指导. -- 中国人民大学, 2009. -- 179 页

论文结合问卷调查得到实践操作方面的政策建议,并应用法经济学的研究模式对不动产登记制度进行分析。全文分为八章。第一章为导论,包括研究背景、研究意义、相关概念说明、已有研究综述、研究方法和研究结构体系及拟创新点。第二章介绍理想不动产登记制度的标准,在说明理想制度的本质特征的基础上,进一步指出理想不动产登记制度的标准。第三章分析不动产登记制度环境的经济学,阐述制度及制度环境的内涵,进一步提出制度环境对不动产登记制度的影响。第四章解析不动产登记制度设计的经济学,探析不动产登记制度设计的功能,并以供求模型讨论不动产登记制度设计过程的经济学分析,得出不动产登记制度设计的结果是不动产登记制度的基本架构,讨论不动产登记制度设计的效应。第五章论述不动产登记制度的变迁,分别详述不动产登记制度变迁的基本问题、不动产登记制度变迁的效应以及不动产登记制度变迁的路径依赖三个方面的内容。第六章我国现行不动产登记制度实证分析,说明我国现行不动产登记制度的演进,探析我国现行不动产登记制度环境及其影响,指出我国现行不动产登记制度存在的问题及经济学分析。第七章提出了完善我国不动产登记制度的对策和建议,主要包括构建合理不动产登记制度的目标、完善我国不动产登记制度的对策以及构建不动产登记制度的问卷分析。第八章为论文的结论部分,包括:理想不动产登记制度应同时满足公平与效率;不动产登记制度受经济、政治和文化制度的影响;不动产登记制度设计应着力于降低制度供给成本或提高制度需求;不动产登记制度变迁史由制度环境或者制度安排过程中的社会力量发生变化引起;应从公平和效率两方面完善我国现行不动产登记制度。

关键词:不动产　登记制度　土地登记　公平与效率　物权法

**7091**

**公平理论视角的城市居民住房承受能力研究** / 李进涛著 ; 谭术魁指导. -- 华中科技大学, 2009. -- 145 页

论文结合公平理论,运用经济学消费行为理论对公平理论视角的城市居民住房承受能力进行了研究。全文共分为八章。第一章为引言,介绍了研究的背景、目的和意义,国内外研究现状与进展以及研究对象和研究范围,研究方法与技术路线,主要内容与结构安排。第二章公平理论视角的城市居民住房承受能力概念,介绍了公平理论和住房公平,城市居民住房承受能力的概念,公平理论视角的城市居民住房承受能力的属性。第三章城市居民住房承受能力的 ELES-MHAI 模型构建,比较了既有住房承受能力测度方法,介绍了城市居民住房承受能力的信测度方法,说明了模型的应用要点与应用步骤并做了小结。第四章城市居民住房承受能力的 ELES-MHAI 模型实

证,说明了数据来源及分组,介绍了数据分析过程和测度结果分析做了小结。第五章城市居民住房承受能力的分宜特征,介绍了城市居民住房承受能力的分异特征实证,分析城市居民住房承受能力分异的家庭社会经济变量特征和社会资本对城市居民住房承受能力水平的影响并做了小结。第六章城市居民住房承受能力与WTP的关系实证,概述了WTP,分析了居民住房承受能力与WTP关系模型、基于居民住房心理承受能力的住房价格并对本章做了小结。第七章介绍了城市居民住房承受能力的公平性判别。最后第八章为论文的结论,并对未来做了展望。

关键词:住房政策　住房制度改革　公平原则

**7092**

**农村劳动力转移对农地利用效率的影响研究** / 李明艳著 ; 孙佑海,陈利根指导. -- 南京农业大学, 2009. -- 114 页

论文应用经济学的相关理论和方法,从劳动力转移和农地利用效率的内涵入手,构建农村劳动力转移影响农地利用和分析框架。全文分为七章。第一章为绪论,包括问题提出、相关概念界定、研究目的和内容、研究方法和技术路线、数据来源以及可能的创新与不足。第二章介绍文献综述,分别详述劳动力转移影响农地利用三个维度的划分、劳动力产业间转移与农业发展、劳动力跨地区流动的经济影响、劳动力不完全转移与农户家庭资源配置以及结论性评述。第三章阐述劳动力转移进程中的农地利用问题,说明农村劳动力转移的历史进程,分析九十年代以来农村劳动力转移的特点,并进一步解析劳动力转移影响农地利用的三个层次,指出劳动力转移过程中的农地利用问题的分析思路。第四章论述劳动力部门间转移与农地利用效率,探讨小农经济、工农经济与农地利用,阐明我国农地制度的变迁和农地利用的特点,解析改革开放以来中国的人地关系演进。第五章概述劳动力跨区转移对区域农地利用效率的影响,包括劳动力跨区转移对区域农地利用的影响的理论探讨、基于DEA方法的省域农地利用效率测算、基于人口普查数据对劳动力跨区转移规模的估计、劳动力跨区转移与区域农地利用效率的计量分析。第六章探析劳动力不完全转移对农户土地利用的影响,简述劳动力不完全转移下农户兼业概况,介绍劳动力不完全转移影响农户土地利用行为的机制,并以实证检验劳动力不完全转移对土地流转的影响和对土地投资的影响。第七章为论文的主要结论和政策启示部分。

关键词:农业用地　土地利用　农村劳动力　劳动力转移

**7093**

**农村生态环境时空特征及其演变规律研究** / 梁流涛著 ; 曲福田指导. -- 南京农业大学, 2009. -- 218 页

论文综合应用总结和归纳的方法、环境库兹涅茨曲线(EKC)分析模型、农村生态环境演变驱动因素计量经济模型、统计调查方法与投入产出法相结合的农村生态环境污染排放量的估算方法等研究方法对农村生态环境时空特征及其演变规律进行研究。全文分为九章。第一章为导论。第二章文献回顾,包括农村生态环境问题特征及其成因研究、农村生态环境演变机制研究、农村发展中生态环境管理机制及政策创新研究以及简要的述评。第三章辨析农村生态环境问题,说明我国生态环境问题的重要特征,即城乡环境二元结构,分析我国农村生态环境问题,解析农村生态环境问题的成因。第四章探析农村发展对生态环境影响的作用机理,分别详述农村发展对生态环境演变影响的作用机理分析框架、农村经济发展对生态环境演变的影响、农村生活方式转变对农村生态环境演变的影响、制度安排对农村生态环境演变的影响以及经济发展阶段与农村生态环境特征五部分的内容。第五章研究农业面源污染时空特征和演变规律,包括农业面源污染核算、农业面源污染时空特征分析、农业面源污染演变规律分析、农业面源污染演变驱动因素分析四部分的内容。第六章论述农村工业污染时空特征与演变规律研究,分析我国农村工业污染时空特征,探讨区域农村工业污染演变规律研究。第七章探析农村生态资源生态服务价值时空演变。第八章概述农村生态环境压力时空演变,阐明农村生态环境压力评价的原则和方法,对农村生态环境压力进行定量评价,分析农村发展中生态环境压力时空演变趋势和农村生态环境压力影响因素。第九章为论文的主要结论和政策建议部分。

关键词:农村　生态环境　农业环境　环境污染　环境保护

**7094**

**农村集体建设用地流转:演变、机理与调控** / 龙开胜著 ; 陈利根指导. -- 南京农业大学, 2009. -- 134 页

论文按照“提出问题”→“分析问题”→“解决问

题”的基本逻辑框架对农村集体建设用地流转的演变、机理与调控进行研究和探索。全文分为七章。第一章为绪论,包括研究背景与意义、基本概念、研究目的与研究内容、研究方法和技术路线、研究可能的创新与不足之处。第二章文献综述与理论基础。第三章研究农村集体建设用地流转的演变,阐明农村集体建设用地流转的发展历程,说明农村集体建设用地流转的现状与效果,指出农村集体建设用地流转面临的挑战。第四章探析农村集体建设用地流转机理的研究,分析农村集体建设用地流转的形成机理,解析农村集体建设用地流转的驱动机理,探讨农村集体建设用地流转的运行机理,并对农村集体建设用地流转机理进行总结。第五章探索农村集体建设用地流转调控的研究,包括农村集体建设用地流转调控的目标和体系、农村集体建设用地流转调控的工具、农村集体建设用地流转调控的传导机制、农村集体建设用地流转调控的具体策略四部分内容。第六章综述农村集体建设用地流转的制度选择,阐述农村集体用地流转选择的一般原则,讨论农村集体建设用地流转的基本构成,介绍农村集体建设用地流转制度的具体内容,论述农村集体建设用地流转制度的配套措施。第七章为论文的主要结论和立法建议部分。

关键词:农村　土地流转　土地所有权　土地制度　土地管理

**7095**

**中国农村集体非农建设用地市场演化机制研究** / 马凯著 ; 钱忠好指导. -- 南京农业大学, 2009. -- 135 页

论文重点从主体行为的视角探讨中国农村集体非农建设用地市场的演化机制问题。全文分为九章。第一章为导论,包括问题的提出、研究目的与研究意义、文献回顾、研究思路、研究内容、研究方法和数据来源、论文可能的创新与不足。第二章以基础理论考察交易费用、制度演化与市场机制,解释市场、机制与市场机制,交易费用、制度、制度变迁与制度演化,分析交易费用、制度演化与市场机制,并得出简要的研究结论。第三章中国农村集体非农建设用地市场的现状,分析国农村集体非农建设用地直接入市政策,即路径变迁;农村集体非农建设用地入市,即政策调整和实践探索;中国农村集体非农建设用地市场,即主要特征及存在问题;中国城乡非农建设用地市场垄断、分割、整合,即效率比较;中国农村集体非农建设用地直接入市的积极意义。第四章论述中国农村集体非农建设用地市场的演化逻辑,说明中国农村集体非农建设用地市场的演化背景,分析利益集团对中国农村集体非农建设用地市场演化的影响,解析中国农村集体非农建设用地市场演化的内在逻辑并得出简要的研究结论。第五章中国农村集体非农建设用地市场演化的规律,以交易的视角分析我国农村集体非农建设用地市场演化,说明模型的建立,并以比较静态分析中国农村集体非农建设用地市场,讨论中国农村集体非农建设用地市场的演化规律。第六章研究中国农村集体非农建设用地市场长期动态均衡,以博弈的视角分析中国农村集体非农建设用地市场长期动态的均衡。第七章以个案研究为对象,概述了中国农村集体非农建设用地市场,分别介绍昆山和厦门个案,并解释农村集体非农建设用地市场演化在昆山和厦门模式中的理论。第八章综述市场失灵与其政策矫正的农村集体非农建设用地市场的直接入市,探求一般性结论,即农村集体非农建设用地市场失灵及其原因,并评析中国农村集体非农建设用地市场失灵的制度之源,提出中国农村集体非农建设用地市场入市的政策矫正建议。第九章为论文的主要研究结论和政策建议部分。

关键词:农业用地　非生产性建设用地　土地市场　土地管理

**7096**

**湿地景观演化的驱动力、效应及分区管制研究:以环杭州湾地区为例** / 任丽燕著 ; 吴次芳指导. -- 浙江大学, 2009. -- 127 页

论文将通过 20 世纪 90 年代以来环杭州湾资源遥感调查,揭示湿地景观演化的时空特征及驱动力,评价湿地景观变化的生态经济效应,在此基础上提出湿地保护与开发利用分区方案并制定相应的管制规则。全文分为八章。第一章为绪论,包括选题背景和意义、研究目标、内容与技术路线、国内外研究进展以及研究区概况。第二章湿地及相关土地利用/覆盖信息遥感提取,说明遥感影像预处理,阐述湿地及其土地利用/覆盖信息提取并进行小结。第三章论述湿地景观演化的时空特征,分别详述湿地类型的转化特征、湿地景观格局的演化特征两个方面。第四章概述湿地景观演化的驱动力,包括自然驱动因素和人文驱动因素两个方面。第五章分析湿地景观变化的生态经济效应能值,解析湿地变化的生态经济效应能值的

原理,探讨能值分析步骤与评价指标,分析湿地与相关生态经济系统能值和湿地景观变化的生态经济效应。第六章综述湿地保护与开发利用分区,讨论湿地分区保护的紧迫性,总结湿地分区及其原则,探析分区类型、分区方法和分区结果。第七章提出湿地分区管制规则及保障措施,在介绍分区管制规则的基础上,进一步指出实施分区管制的保障措施。第八章为论文的结论和展望部分,说明可能的创新点以及进一步研究方向。

关键词:沼泽化地　景观结构　环境演化　环境管理

**7097**

**基于主体功能分区的农地发展权补偿研究** / 任艳胜著 ; 张安录指导. -- 华中农业大学, 2009. -- 145 页

论文对主体功能分区的农地发展权补偿进行了研究。全文共分为七章。第一章为前言,提出问题,说明了研究目的与意义和国内外研究进展评述,阐述了研究思路、方法及可能的创新。第二章农地发展权概述及归属,介绍了农地发展权内涵及特征,分析了农地发展权设置的必要性与可行性,介绍了农地发展权与其他土地产权关系以及农地发展权归属及其意义。第三章为农地发展权定价及实证研究,介绍了农地发展权价格内涵和农地发展权价格形成机理,分析了农地发展权价格影响因素,介绍了农地发展权估价方法,进行了农地发展权定价的实证分析并做了小结。第四章为主体功能区分下农地发展受限,介绍了主体功能区分下农地发展受限内涵,说明了农地发展受限测度的方法对比及选择和理论基础,介绍了农地发展受限程度模型构建及区域选择,对模型结果分析及解释并做了小结。第五章为基于主体功能分区的农地发展权补偿标准研究,介绍了基于主体功能分区的农地发展权补偿内涵、补偿标准理论分析,说明了补偿标准模型构建及区域选择和模型结果分析及解释并做了小结。第六章基于主体功能分区的农地发展权补偿机制研究,介绍了主体功能分区的农地发展权补偿的概念,分析了农地发展权补偿原则、主体与补偿对象,介绍了农地发展权补偿资金来源与分配模式并做了小结。第七章为研究结论与讨论。

关键词:土地制度　农业用地　土地开发　土地征用　补偿

**7098**

**农地城市流转的外部性与社会理性决策研究** / 宋敏著 ; 张安录指导. -- 华中农业大学, 2009. -- 179 页

论文对农地城市流转的外部性与社会理性决策进行了研究。全文共分为九章。第一章为前言,介绍了研究背景和研究意义及目的,研究内容及方法和研究可能的贡献与创新之处。第二章国内外相关研究进展评述,介绍了国内外研究动态并加以研究综述。第三章农地城市流转社会理性决策研究的理论基础,说明了决策理论及其发展和社会理论、成本—效益分析理论、外部性理论和不确定性理论。第四章基于决策环境分析的农地城市流转社会决策者风险态度辨识,分析了影响农地城市流转社会决策者风险态度的决策环境,辨识了农地城市流转社会决策者风险态度。第五章农地城市流转社会理性决策目标与社会福利分析,包括农地城市流转决策的多目标性分析、农地城市流转决策多目标规划模型与社会福利分析、影响农地城市流转决策目标实现的因素分析。第六章保有农地的社会收益及成本分析与估算,分析了保有农地的社会收益及成本,介绍了保有农地的社会收益及成本估算方法,进行了实证研究。第七章开发农地的社会收益及成本分析与估算,分析了开发农地的社会收益及成本,介绍了估算方法并做了实证研究和总结。第八章农地城市流转社会理性决策,介绍了农地城市流转私人决策的市场失灵,分析农地城市流转社会理性决策并做了小结。第九章研究结论与讨论及展望。

关键词:农业用地　土地流转　土地征用

**7099**

**转型时期的农村土地冲突研究** / 涂姗著 ; 谭术魁指导. -- 华中科技大学, 2009. -- 119 页

论文对转型时期的农村土地冲突进行了研究。全文共分为七章。第一章为绪论,介绍了选题来源及背景,研究意义及研究目的和国内外研究综述,研究方法及研究内容。然后第二章农村土地冲突的概念、特点及类型,说明了农村土地冲突的概念及特点以及转型时期农村土地冲突的类型。第三章转型时期农村土地冲突的利益相关者分析,分析了利益相关者的性质、利益相关者的博弈分析以及主要利益相关者之间的博弈分析。第四章转型时期农村土地冲突的原因分析,对社会原因、经济原因、制度原因、法律原因和行政原因进行了分析。第五章转型时期农村土地冲突的诱发因子分析,对冲突诱发因子进行定性定量

分析，介绍了失地访谈分析。第六章转型时期农村土地冲突的规避措施，包括社会措施、经济措施、制度措施和法律措施。第七章主要结论与研究展望。

关键词：农村　土地问题　土地管理　社会转型期

**7100**

**失地农民幸福感研究：基于社会生态学视角** / 吴丽著；吴次芳指导. -- 浙江大学, 2009. -- 160 页

论文以社会生态学的理论剖析失地农民幸福感。全文共分为九章。第一章为绪论，介绍了选题背景和研究意义，研究内容，研究方向和技术路线以及研究的创新点。第二章文献综述，介绍了社会生态学研究综述、幸福感研究综述、相关领域失地农民幸福感研究进展。第三章基于社会生态学研究失地农民幸福感的理论基础及论证，介绍了当前幸福感研究的相关理论，分析了社会生态学理论的内容及发展以及基于社会生态学研究失地农民幸福感的理论论证。第四章幸福感相关概念、测量方法及研究数据准备，分析了幸福感相关概念，幸福的测量方法以及研究数据准备。第五章国际相关研究经验借鉴，说明了几个常用的民众总体幸福感的比较，介绍了几个常用的总体幸福感指标。第六章典型区域失地农民幸福感测量结果分析，说明了研究区域概况，分析典型区域失地农民幸福感特征及其变化，探讨失地农民幸福感特征及其变化的原因。第七章失地农民幸福感函数构建及影响因素探析，介绍了失地农民幸福感函数的初步构建，分析了社会资本变量与幸福感关系并加以总结与讨论。第八章失地农民幸福感变化的社会生态学论证。第九章研究结论、不足并对未来做了展望。

关键词：城市化　农民　幸福　生活状况

**7101**

**像元—对象结合的遥感图像分类技术研究** / 夏帆著；刘艳芳指导. -- 武汉大学, 2009. -- 142 页

论文对像元—对象结合的遥感图像分类技术进行了研究。全文共分为八章。第一章为绪论，介绍了研究背景和研究问题，研究现状，研究内容与组织结构。第二章面向对象的影像分类技术，介绍了面向对象的影像分类技术的研究现状、eCognition 的面向对象分类和研究应用现状，面向对象分类方法的优势与不足并做了小结。第三章为基于像元的遥感影像分类技术，介绍了基于像元分类方法的研究概况和研究现状，说明了基于像元的分类技术的优势与不足，对本章进行了小结。第四章针对面向对象分类方法的特征选择，分析了面向对象分类特征选择的必要性，和特征选择，介绍了粒子群右护法的基本理论，对本章做了小结。第五章为面向对象分类的局限性量化分析，介绍了面向对象分类中分割的特点和分割精度的衡量，描述了对象的特征，说明了支持向量机分类方法和遗传算法并对本章做了小结。第六章介绍了像元—对象结合分类方法研究并对其进行评价。第七章实验结果分析，对实验区及实验数据进行介绍，分析了特征选择结果，对像元—对象结合分类方法进行了小结。第八章为总结与展望，综述了全文的创新点并对未来进行了展望。

关键词：遥感图像　图像处理　支持向量机　粒子群优化算法(PSO)

**7102**

**住房价格与经济波动的关系研究** / 严金海著；林增杰指导. -- 中国人民大学, 2009. -- 182 页

论文对住房消费的一些现象和解释与住房价格与宏观经济波动的关系进行了研究。全文共分为八章。第一章为绪论，说明了问题的提出、文献综述、研究思路、主要内容和方法。第二章住房价格的波动与经济基本面的关系，介绍了我国住房市场发展阶段和价格波动特征，对我国住房价格波动进行理论分析和实证分析，对住房价格偏离经济基本面进一步分析并做了小结。第三章住房价格波动对消费需求的影响，对住房价格波动影响消费需求进行理论分析和经验分析。第四章为住房价格波动对投资需求的影响，对住房价格波动影响投资进行理论分析和实证分析，介绍了住房价格波动影响其他投资的实证分析并做了小结。第五章为住房价格波动与银行信贷，介绍了住房价格与信贷互动机制的理论分析、住房价格与信贷互动关系的实证分析以及互动机制下住房价格波动产生的经济金融风险分析。第六章住房价格波动对总产出和价格水平的影响，对住房价格波动影响总产出和价格水平进行理论分析与实证分析。第七章为促进住房价格与宏观经济相协调的应对之策，首先介绍了金融市场的发展与监督，住房市场的完善与动态监测，协调互补的政策体系的建立。第八章为对未来住房价格进行了展望。

关键词：房地产市场　房地产价格　经济波动　住宅

7103

**土地征收中农民土地权益保护问题研究** / 张春雨著 ; 谢经荣指导. -- 中国人民大学, 2009. -- 159 页

论文以土地征收中农民土地权益保护问题为研究对象,贯穿历史和现实、综合运用法经济学、制度伦理学、制度经济学、社会学和法学等学科知识,对其进行了多方位、多角度的分析。全文分为七章。第一章为绪论,包括问题的提出、论文的核心概念、国内外研究现状、研究思路和方法、研究的创新与不足。第二章概述权利界定,即农民土地权利的历史演变及现状分析,介绍建国后农民土地权利的发展沿革,阐明关于权利的一般理论,并基于权利形态的农民土地权益进行分析,以农民社会保障权辨析土地权利抑或公民权利。第三章土地征收中农民土地权益受损情况的分析,分别详述土地征收程序存在缺陷是农民土地权益受损的根本因素、征地补偿标准过低是农民土地权益受损的主要因素、征地补偿实现过程存在问题是侵害农民土地权益的关键因素。第四章分析成因,即土地征收中农民土地权益受损的制度成因。第五章探讨权利保障,即保障农民土地权益的制度设计,说明构建保障农民土地权益的土地征收制度的政策前提,并提出构建保障农民土地权益的土地征收制度的主要思路。第六章综述利益量化,即土地征收补偿体系和标准的合理确定,介绍土地征收补偿与土地增值收益,进行土地征收补偿体系的比较与重构,研究土地征收费的确定及其实证研究。第七章为论文的结语部分,分别做了总结和展望。

关键词:农民　土地征用　土地制度　权益保护

7104

**城市轨道交通影响下的土地利用模式研究** / 张勇著 ; 林增杰指导. -- 中国人民大学, 2009. -- 167 页

论文以轨道交通影响下的土地利用模式为切入点,研究和分析了轨道交通影响下的土地利用模式的相关问题。全文共分为十章。第一章为绪论,说明了研究背景和研究目的与意义,国内外研究现状与进展,研究思路、内容与技术路线及论文的难点与创新。第二章城市轨道交通与土地利用相互关系的理论分析,对相关概念加以界定,分析区域经济理论,阐明廊道效应理论并对本章做了小结。第三章为城市轨道交通与土地利用协调发展的比较研究,分析发达国家和地区典型城市轨道沿线的土地利用与借鉴意义。第四章基于城市轨道交通与土地利用 TOD 模式研究,介绍 TOD 模式的基本框架,分析了 TOD 模式下轨道交通对土地利用的影响。第五章土地利用 TOD 模式下城市轨道交通的站点分类,说明了分类的原则、体系和方法,以及分类的标准。第六章以北京为例的 TOD 理念的模式思路,分析了商业中心类站点土地利用模式,介绍了城区居住类站点和交通综合类站点并做了小结。第七章城市轨道交通影响下的土地利用协调关系的评价,介绍了协调关系的 DEA 模型并进行了评价分析,最后做了小结。第八章轨道交通沿线保障性住房的规划与布局研究。第九章介绍了实施基于轨道交通下的土地利用 TOD 模式的相关政策建议。第十章总结并对未来做了展望。

关键词:城市土地　土地利用　土地规划　轨道经济

# 图书馆学

7105

**网络信息行为的差异化用户模型:创建与使用型人** / 顾立平著 ; 张晓林指导. -- 中国科学院研究生院, 2009. -- 242 页

论文包括三个研究问题,一是什么是网络用户行为,二是为何他们有相异的行为和特征,三是如何将不同个体描绘为几个典型用户。作者在中国科学院研究生院进行了两项调查。首先利用随机抽样问卷的 497 个有效样本去推论 20 种网络用户行为,主要包括信息搜寻行为、对电子公告栏的行为与认知、对电子邮件的行为与认知、对博客的行为与认知、组织行为与个人决策等和借由卡方分析结果去建立四种模型用户,分别是技术倾向的工匠型、贸易倾向的商人型、理论倾向的学者型以及创新倾向的冒险家型,其次利用机构化访谈收集 36 位受访者的行为与特征原因。调查结果发现,多数学生使用电子邮件、电子布告栏、即时通讯和点对点传输,但是少数学生使用聊天室、播客、社会网络软件、社会标签、内容聚合和博客;使用电子布告栏频率越高,对电子布告栏的学术用途就越认同,多数人使用电子邮件,并且同意它的学术功能,而且,多数不经常使用博客的人,同意它的学术功能;学生们不同的线上行为,与他们的人际关系(导师、同学、研究所与其他单位)有关。以此结果为基础,建议以四种虚构人物(型人)和相异的特征与行为做为数字图书馆系统设计的参考,并且为了日

后更好地理解网络用户行为,建立从型人的研究方法上结合卡方分析、结构方程式、因子分析和聚类分析的改良方式。

关键词:图书馆　信息系统　信息服务　用户　行为分析

**7106**

**社区公共文化知识转移机制研究** / 洪秋兰著 ; 柯平指导. -- 南开大学, 2009. -- 218 页

论文把社区公共文化知识界定为社区历史形成的或当前创造的,为满足社区全体居民出于生产生活需求和休闲娱乐需求所共享的集体知识,包括社区自有公共文化知识以及一切以公益手段提供的文化知识。从个人认知角度的“意义建构理论”、人际关系的“资本理论”以及媒介传播的“媒介适用理论”三个层面考察社区居民的知识需求和行为特点,建立理论框架并进行实践调研。在理论与实证分析基础上设计了社区公共文化知识转移优化方案表以及分析了社区公共文化知识转移的三种机制,并对机制的运行机理、运行方法、运行保障等方面进行了研究。全文共分七章,引入认知学、社会学、传播学等理论,结合知识转移原理进行综合理论架构;采用文献调研、问卷调查、访谈法、参与观察法以及社会网络分析方法等进行数据收集;采用 SPSS16.0 及社会网络分析软件 Ucinet6.0 工具进行问卷数据分析。主要结论可以分为两个层次。首先,居民的知识需求内容广泛,知识需求意识强,但难以获得有效渠道进行自我满足,知识需求受压抑导致知识获取被动行为现象较为普遍。居民的社会交流网络具有较高的群内选择性,从而造成以血缘和亲缘关系为主要构成的同质性,一定程度上限制了陌生人以及群外人员的介入,知识价值效用有限。居民的休闲娱乐空间狭小,居民休闲是普遍现象;休闲娱乐需求和意愿较高,但对社区公共文化活动的感知和满意度评价较低;休闲媒介以电视为主,休闲娱乐的主要目的是放松心情和增长知识。其次,社区公共文化知识转移机制主要有三种基本类型:被动型、主动型、互动型,三者之间存在着层次递进关系。互动机制对于社区公共文化知识转移不仅可促进知识充分交流,还可能促进知识创新;不仅可提高知识转移主体的知识能力,还可以推动社区能力发展。互动机制是社区公共文化知识转移的最佳机制,需要加以推广。

关键词:社区　公共管理　文化工作　知识传播

**7107**

**用户情景敏感的数字信息服务若干关键技术研究** / 李书宁著 ; 张晓林指导. -- 中国科学院研究生院, 2009. -- 128 页

论文在对普适计算领域的情景感知应用、知识管理和数字学习领域的用户注意、图书情报领域的情景敏感服务等进行研究的基础上,定义了情景和情景敏感系统,辨析了资源情景敏感和用户情景敏感,初步构建了用户情景敏感数字信息服务的概念模型,讨论了用户情景敏感数字信息服务研究需要关注的重要内容和关键技术,其中以情景确定和本体构建技术、用户情景获取和本体建模技术和基于 ContextRank 的服务资源推荐技术为重点研究内容。在情景确定和本体构建部分,论文从 6W(When、Where、hoW、What、Who)2R(Relation、Rule)八个方面,系统抽象了数字信息服务中用户服务情景所涉及的核心概念,讨论了情景要素之间的关系,利用 Protégé 构建了数字信息服务的抽象情景本体,并根据对部分国内外图书馆服务网站所提供的资源服务的调查,归纳了其核心概念,拓展调整了抽象本体,构建了图书情报领域的领域本体。在用户情景获取和本体建模部分,论文给出了基本情景和复合情景的概念,并据此提出了“日志直接抽取”“日志要素—知识库匹配”和“日志分析推理”的用户服务情景获取的技术方案,设计了用户计算机端情景日志格式并为其创建了 XML Schema。在分析已有用户情景获取工具不足的基础上,设计开发了基于 IE toolbar 的情景获取插件,并进行了用户情景获取的实验。根据情景要素的稳定程度,设计了用户情景本体建模的基本流程,提出了基于分层的用户服务情景本体建模的思想。在服务资源推荐部分,论文将现有排序方法总结为以资源服务本身特征排序的 CharacterRank 和以资源间关系投票进行排序的 RelationVoteRank,并分析了其存在的问题,提出了基于用户情景的资源服务排序方法 ContextRank,讨论了 ContextRank 的核心思想并对其算法进行描述。在资源排序推荐部分提出了利用查询任务确定情景要素排序权重分配的思想,在服务排序推荐部分提出了利用查询任务确定情景要素排序权重分配的思想,在服务排序推荐部分提出了服务流程路由控制下的用户情景服务排序权重分配的思想,分别详细描述了基本算法,并进行了实验验证。

关键词:数字图书馆　情报服务　用户　情景

7108

**基于知识管理的企业竞争情报系统开发规范化研究** / 刘建准著 ; 刘玉照指导. -- 南开大学, 2009. -- 251 页

论文以竞争情报系统作为研究对象,以知识管理为前提和基础,借鉴软件工程理论作为规范化的依据,对企业竞争情报系统开发实施规范化进行探讨,形成了知识管理作用下的企业竞争情报系统开发规范化框架内容。论文的第一章、第二章是关于论文研究的背景、目的与意义、框架与内容、思路、方法与创新以及相关文献综述,其中文献综述部分主要从知识管理相关理论、竞争情报系统相关理论以及软件开发规范化相关理论以及它们之间的关系进行梳理、回顾与评述。第三章,企业竞争情报系统开发规范化的总体框架,给出了企业 CIS 开发规范化的总体框架结构模型。第四章,基于知识获取的竞争情报搜集系统开发规范化,借鉴 CMM 理论,提出了该系统开发规范化的成果——萌芽期成熟度模型。第五章,基于知识应用的竞争情报分析系统开发规范化,给出了开发该系统的规范化成果——成长期成熟度模型,并探讨了该模型在需求工程实践中的应用。第六章,基于知识共享的企业竞争情报服务系统开发规范化,设计出了规范化开发该系统的成熟度模型——稳定期成熟度模型。第七章,基于知识创新的企业竞争情报评估系统开发规范化,给出了规范化开发该系统的成熟度模型——反馈期成熟度模型。第八章,企业竞争情报系统开发集成规范化,从横向一体化的角度,探讨了 CIS 开发实施的集成规范化,提出了 CIS-CMM,并完成了成熟度模型指导下的 CIS 实现。第九章,结论与展望,对本研究的主要结论进行总结和归纳的同时,进行后续研究展望。

关键词:企业管理　知识管理　竞争情报　管理信息系统

7109

**网络理论与方法在引文分析中的应用研究** / 宋歌著 ; 叶继元指导. -- 南京大学, 2009. -- 182 页

论文是借鉴复杂网络理论和社会网络分析方法,对引文分析理论与方法进行扩展与整合的探索性研究,主要包括五个方面的内容。基础理论部分介绍网络理论的源起与发展及其在引文网络研究中的融合。应用研究部分选取经济学为实证对象,以 CSSCI 中 34 种经济学期刊为研究样本,考察了经济学期刊互引网络的基本特征、中心性以及核心—边缘结构,运用“位置”分析和“角色”分析,从学科分布和等级结构两个维度对 34 种期刊分群,绘制子群关系简化图,并与图书情报学相比较。建立经济学文献引文网络,对经济学高被引文献同引网络进行分析,对经济学文献时序网络进行分析。对作者同引网络进行分析,包括经济学高被引作者分布、经济学高被引作者中介性评价、经济学高被引作者核心性评价。结论部分从数据采集,软件工具,网络分析方法的选择与应用,网络分析与统计分析的比较与结合几个方面进行论述,形成网络理论视角下的引文分析框架。其中,更正对同被引概念的误读,指出目前同被引频次采集过程中的问题,根据各引文数据库的功能特点,提出数据采集与处理的建议;介绍引文分析中可以使用的各类软件;按照 5 种不同分析目的归纳可选择的网络分析方法,说明其不同的应用环境和适用对象,总结凝聚子群分析原则,整合不同算法制定凝聚子群分析流程,从理论基础、方法基础和可视化结果三个方面比较网络分析与统计分析的不同,指出二者可以结合使用的情况和方式。

关键词:引文分析　统计分析　复杂性理论

7110

**e-Science 环境下知识控制研究** / 曾伟忠著 ; 柯平指导. -- 南开大学, 2009. -- 233 页

论文认为知识控制是满足 e-Science 环境下科研人员知识需求的有效途径。论文共分十章。第一章主要对论文的研究背景、研究目的与意义、研究内容、研究思路、研究方法以及论文的结构进行了说明,目的是分析论文的研究动机和研究方案。第二章主要梳理相关研究成果,主要包括 e-Science 理论、知识控制相关理论(控制论、书目控制理论和知识管理理论)和知识控制理论。第三章提出论文的核心观点——e-Science环境下的知识控制,内容包括知识控制的内涵、意义、作用、要素和历史渊源。第四章是 e-Science 环境下知识控制的现状调查和分析,通过文献调研、专家意见和社会问卷进行调查和分析,并用因子分析法对调查问卷的有效性进行验证,从而提出了 e-Science环境下知识控制的指标体系,并在指标体系的基础上建立了知识控制的模型。第五章分析了 e-Science环境下知识主体的控制,从国家知识主体、单位知识主体和个体知识主体的控制三个方面进行了论述。第六章分析了 e-Science 环境下知识客体的控

制,从微观知识元客体、宏观知识资源客体和知识客体的物流控制三个方面进行了论述。第七章分析了 e-Science 环境下知识过程的控制,论文从知识过程的前馈控制、实时控制和反馈控制三个方面进行了论述。第八章分析了 e-Science 环境下知识系统的控制,从知识系统的网路控制、标引控制和智能控制三个方面进行了论述,以学科信息门户知识系统和学术机构知识库知识系统为对象论述了 e-Science 环境下知识控制的方式。第九章从资金、技术和人才三个方面论述了 e-Science环境下知识控制的运行保障措施。第十章对论文的主要贡献、研究局限和研究展望进行了说明。

关键词:知识学　知识管理　知识控制

**7111**

**数字资源长期保存可信度保障体系研究** / 张玫著 ; 张晓林指导. -- 中国科学院研究生院, 2009. -- 133 页

论文从理论基础、实践基础以及对我国图书馆数字资源长期保存现状调查等三方面探讨了研究的社会基础,按照可信度保障体系的分析框架,逐条揭示出现有研究存在的问题,对其中的权益管理机制、保存条件与过程管理机制、继承管理机制及审核管理机制等方面加以讨论。全文共分七个章节。第一章引言,介绍了论文的研究背景、研究目的、研究意义、国内外研究现状、研究内容、研究方法以及研究基础。第二章长期保存可信度研究的社会基础,分析了长期保存可信度研究的理论基础和实践基础,对我国图书馆数字资源长期保存现状进行了调查,总结了长期保存可信度保障体系中尚未解决的问题。第三章长期保存的权益管理机制,分析了长期保存中不同保存责任机构的形成,分别探讨了资源采购方承担保存职责的权益管理机制和资源提供方委托保存的权益管理机制,提出了长期保存权益管理的可信度审核指标。第四章委托保存与合作保存的保存条件及过程管理机制,对委托保存与合作保存中保存条件的可靠性以及委托保存与合作保存中管理过程的可靠性进行了分析,提出了委托保存与合作保存的保存条件及过程管理可信度审核指标。第五章长期保存的继承管理机制,分析了保存服务继承管理的现状及存在的问题,提出了继承管理可信度的审核指标。第六章以我国数字资源保障体系为例构建了长期保存可信度保障体系,包括权益管理机制、保存条件管理机制、继承管理机制以及审核管理机制。第七章结语,对论文的创新点与不足进行了总结。

关键词:数字图书馆　信息资源　信息保存　可信度

**7112**

**企业竞争情报作战室运行机制研究** / 张收棉著 ; 王知津指导. -- 南开大学, 2009. -- 252 页

论文采用文献调查、归纳与演绎、问卷调查、专家调查及因子分析等方法对企业竞争情报作战室运行机制开展研究。全文共分八章。第一章,绪论。在分析论文的研究背景以及研究目的与意义的基础上,阐述研究思路、框架与内容,最后指明采用的研究方法,明确创新点。第二章,相关理论回顾。分别从企业竞争、企业竞争情报、作战室三个理论领域,对国内外相关研究成果进行回顾与评述。第三章,企业竞争情报作战室理论框架的构建。剖析了竞争情报作战室在开发情报的效用以及人的潜能方面所遵循的特殊理论,分析了竞争情报作战室的概念、特征、目标、组成、功能以及类型等,在此基础上构建了企业竞争情报作战室的理论框架及其运行的总体模型。第四章,企业竞争情报作战室的运行准备研究。通过对我国企业竞争情报工作状况进行的问卷调查,分析讨论竞争情报作战室在我国企业开展的驱动因素。从竞争情报资源审计、日常情报流程重组等方面出发讨论竞争情报作战室运行的行为优化问题,并构建了企业竞争情报作战室运行准备模型。第五章,企业竞争情报作战室的运行过程研究。依据问题驱动、高层参与、流程融合等原则设计企业竞争情报作战室运行过程模型,从情报密集聚合与序化、情报分析与预测可视化、情报团队超级合作与互动、情报系统动态维护与调整四个方面,探讨了竞争情报作战室实施的流程管理机制。第六章,企业竞争情报作战室的运行控制研究。根据构建的企业竞争情报作战室运行控制模型,探讨如何对资源、流程、成果三类控制对象在准备、实施、评估三个阶段采取预控制、过程控制、评估控制,以保证竞争情报作战室过程的顺利进行。第七章,企业竞争情报作战室的运行保障研究。基于企业竞争情报作战室运行保障修正模型与指标体系,构建我国企业竞争情报作战室运行保障体系。第八章结论与展望。

关键词:企业管理　市场竞争　信息工作

**7113**

**图书馆网络用户信息隐私保护研究** / 周倩著 ; 孟连生指导. -- 中国科学院研究生院, 2009. -- 181 页

论文采用问卷调查、网站调研、内容分析、案例分析、比较分析等多种研究方法系统分析图书馆网络用户信息隐私的分类、网络用户对其信息隐私的认知与诉求、隐私问题的特点；剖析了我国图书馆网络用户信息隐私保护现状与存在问题；研究图书馆实现网络用户信息隐私有效保护的三个关键性问题，即用户信息隐私保护政策、相关主体用户信息隐私保护行为，以及用户信息隐私保护的组织管理，有针对性地开展我国图书馆网络用户信息隐私保护的对策研究。论文的主要内容可分为六个方面。第一，论文提出基于六维图书馆网络用户信息隐私分类实用系统。利用问卷调查、量表统计等方法研究图书馆网络用户对其信息隐私保护的认知与诉求，对其信息隐私焦虑进行定量测度。第二，将目前我国图书馆网络用户信息收集、利用与保护情况，以及图书馆工作人员对网络用户信息隐私有效保护的三个关键性问题作为论文后续研究的主线。第三，采用网上调研法和内容分析方法，对图书馆网络用户信息隐私保护政策的本质及其制定依据，政策的发布方式与形式，政策的内容要素、政策的描述语言与方式进行研究、分析、归纳与总结。第四，从不同角度研究图书馆、软件提供商、在线电子资源服务商、网络用户等主体应承担的用户信息隐私保护责任及应实施的保护行为，并以数字参考咨询服务为例研究特定图书馆网络服务中用户信息隐私的保护行为。第五，分析图书馆网络用户信息隐私保护组织管理的意义与内容，及与图书馆其他类型管理工作的关系，有针对性地对单个图书馆内和图书馆联盟内的隐私保护组织管理程序与内容进行研究，提出隐私保护状况的评价标准要素。第六，论文紧密结合我国图书馆网络用户信息隐私保护所面临的法律政策环境、需求环境和发展基础，针对现有存在的问题，提出相关改进与加强的具体建议。

关键词：计算机网络　文献检索　读者服务　隐私权

# 情报学

7114

**复合视频信息组织与挖掘技术研究** / 陈芬著 ; 赖茂生指导. -- 北京大学, 2009. -- 191 页

论文对复合视频信息组织与挖掘技术进行了研究。全文共分为七章。第一章为论文的引言，主要介绍了论文的研究背景，研究内容和研究意义，论文的研究方法和技术路线，论文的内容安排。第二章是对研究现状的分析，主要包括国内外研究调研情况的概述，对国内外研究现状的分析，对视频挖掘研究机构和系统的介绍，综合评述了国内外的研究。第三章研究了视频信息组织的结构和模式，主要通过传统的视频信息组织、基于内容的视频信息组织、基于元数据和基于内容相结合的视频信息组织三方面进行研究，并对现有视频信息组织模式进行了分析比较。第四章是对复合视频信息组织模式的构建分析，主要介绍了模型的总体结构设计，分析了视频流的结构设计，探讨了用户交互的设计形式，研究了视频资源描述方式设计的原理。第五章是对支撑复合视频信息组织的视频挖掘技术的研究，主要包括总体技术路线的概述、视频预处理技术的介绍，对特征提取技术进行了描述，阐述了相似度度量的方法，介绍了挖掘技术和可视化技术。第六章对视频挖掘进行了实验和效果检验，主要包括实验环境和框架设计、视频分类挖掘实验、用户分类挖掘实验、卡通分类挖掘技术以及对实验结果进行总结五方面的内容。第七章是对全文的总结，主要包括对研究工作的总结以及领域的发展趋势和进一步的研究工作的总结。

关键词：情报检索　数据检索　视频信号　数据挖掘　视频检索

7115

**高校自主创新信息保障体系及其运行机制研究** / 陈凌著 ; 毕强指导. -- 吉林大学, 2009. -- 162 页

论文对高校自主创新信息保障体系及其运行机制进行了研究。全文共分为七章。第一章为导论，主要介绍了论文的选题背景和研究意义，对国内外相关文献进行了综述，阐述了主要研究内容和研究方法，论文的主要创新点，论文的研究框架。第二章是对创新信息需求与创新环境的分析，主要包括自主创新体系构成及创新主体信息需求、高校自主创新信息需求、高校自主创新信息环境分析三方面的内容。第三章分析了高校自主创新信息利用激励及其影响因素，探究了自主创新与信息利用的关系，介绍了自主创新中信息利用的影响因素，分析了创新活动中信息资源利用的机理。第四章研究了高校自主创新信息保障体系建设，主要包括高校自主创新信息保障体系建设目标、原则及功能，分析了高校自主创新信息保障体系模式，研究了高校自主创新信息保障体系构成要素

及信息服务功能以及支撑技术及其应用,构建了高校自主创新信息保障体系平台。第五章是对高校自主创新信息保障体系运行机制的研究,主要包括高校自主创新信息保障体系总体运行机制、外部保障机制、内部动力机制以及其他相关机制。第六章对高校自主创新信息保障体系进行了案例分析,对我国高效自主创新信息保障体系进行了概述,提出了体系存在的问题及解决方法。第七章是对论文的总结。主要包括论文的创新点的介绍,对未来的展望以及研究的结论。

关键词:高等学校　技术创新机制　信息需求　情报服务　保障体系

**7116**

**基于网络协同的专家知识共享研究** / 成全著 ; 焦玉英指导. -- 武汉大学, 2009. -- 275 页

论文从专家知识交流与共享模式的演变过程与发展趋势分析入手,以网络协同工作理论、组织行为理论、社会资本理论为基础,对网络协同工作的环境以及在此基础之上的专家知识共享的行为、目标、影响因素等问题进行了研究。全文共分为七个部分。第一部分,专家知识交流与共享的概述,对专家知识交流与共享的基本概念进行了剖析。第二部分,专家知识交流与共享模式的演变,对专家知识交流与共享模式的演变与发展历程进行了系统的梳理,提出专家知识交流与共享模式将朝着以网络协同工作平台为环境的开放、主动、互动与高效的方向发展。第三部分,网络协同工作理论基础,对网络协同工作的来源、概念和基本理论进行了阐述。通过对网络群体的协同工作过程中通信、合作与协调的构成要素分析揭示了网络群体协同的本质规律,与此同时,从时空分布和社会关联度两个不同的研究视角对网络协同工作的模式进行了探讨。第四部分,面向专家知识共享的网络协同工作环境,主要对面向专家知识共享的网络协同工作环境进行了剖析,分别从网络协同工作的技术环境和组织环境两个重要方面进行了阐述。第五部分,网络协同环境下专家知识共享行为研究,引入角色机制对社区内参与知识共享行为的主体进行了分析,从专家知识的生产、发布、转移、融合与反馈这五种在知识共享实践过程中所表现出的重要行为类型的实现机制进行了分析,揭示了专家知识共享行为的实现过程。第六部分,专家知识共享的核心目标及影响因素分析,运用了社会资本理论分别从结构、关系和认知三个不同的维度阐明并分析了科研社区中影响专家知识共享的主要因素,同时有针对性地从信息技术的推进、学习动机的生成、激励机制的完善和协作文化的培养这四个方面阐述了促进科研社区内专家知识共享的策略。第七部分,基于网络协同的专家知识共享案例分析,选取 SciVee 和 OpenWetWare 这两个具有代表性的网络协同科研平台。

关键词:互联网络　情报检索　知识管理　知识创新　资源共享

**7117**

**企业知识场研究** / 程红莉著 ; 周宁指导. -- 武汉大学, 2009. -- 187 页

论文遵从从理论到实践的研究线路,对企业知识场研究的理论基础、形态结构、场效应、运行演化以及组织管理等几个方面进行了研究。全文共分六个部分。第一部分讨论了企业知识场的含义与研究的理论基础。第二部分从知识场的构成维度、基本形态、边界、知识源相互关联的网络结构以及场核几个方面刻画了知识场的形态结构。第三部分分析了知识场中的场力、场效应的形成机理以及影响因素。第四部分对企业知识场的运行与演化,包括知识场的运行模式、演化机理以及演化趋势进行了研究。归纳出知识场有两种运行模式,分别是惯性模式与变革模式。企业知识场通常是在惯性与变革两种模式的交替运行中不断发展的,并存在着边界扩张与核体自旋的演化机理。在当前知识经济发展的社会环境下,企业知识场朝着两个方面进行演化,即内部少数人参与的知识场向全员参与的知识场演化以及内部创新场向内外兼顾的开放式创新场的演化。第五部分从实践的角度讨论了企业知识场的组织与管理,包括组织与管理的标、原则、策略以及评价。第六部分是案例研究,从内部知识场的组织、跨企业边界知识场的发展以及知识场的绩效几个方面对宝洁与丰田的知识场进行了案例分析与验证。

关键词:企业管理　知识经济　知识管理

**7118**

**电子商务语义信息共享模式** / 窦平安著 ; 靖继鹏指导. -- 吉林大学, 2009. -- 177 页

论文对电子商务语义信息共享模式进行了研究。全文共分为九章。第一章为绪论,主要介绍了论文的研究主题与基本概念、研究目标与学术价值、相关学术研究与技术发展、研究导向与技术路线以及论文的

创新点。第二章总结了电子商务语义信息共享的理论基础,主要包括信息共享基础理论与扩展分析、信息共享原理、网上销售链中的信息共享、制造商向网上经销共享产品信息创新模式、联属营销与商务信息共享、内容营销与商务信息共享以及多重分类与分面浏览七方面的内容。第三章分析了电子商务信息共享现有模式,对B2B供求商机共享、基于Excel的B2B商务信息交换、产品图片B2B共享进行了案例分析,对通过外网门户实现的合作伙伴之间信息共享模式、以搜索引擎为中介的产品销售信息共享模式、消费评论信息共享模式、网民之间的电子商务知识共享模式进行了分析。第四章分析了电子商务语义信息共享RSS/ATOM模式,介绍了RSS/ATOM的基础、包容性与可扩展、发布模式,分析了谷歌产品源用于网站之间的数据交换以及借助RSS源实现商务信息分层披露。第五章介绍了电子商务语义信息共享微格式模式,主要包括微格式的概述、数据表达方式与应用支持、浏览器网页剪报、数据共享、商务微格式数据源链、应用模式以及商务邮件微格式的应用方案等几方面的内容。第六章是对电子商务语义信息共享RDF模式的研究,主要对RDF核心概念进行了分析,介绍了通过关联创造分散发布的信息的聚合价值、RDF的语义信息表达方式,在电子商务信息共享领域的应用模式。对RDF与微格式和RSS/ATOM进行了对比分析,找出了其融合趋势。第七章研究了电子商务语义信息混搭利用模式,主要包括混搭概念及其相关概念的联系、混搭供源提供的服务以及混搭应用中调用外部数据的方法、技术路线、商务搜索聚合模式等几方面的内容。第八章分析了数据分层与信息拼装效应,主要包括一个文档的多层应用信息、信息有序化进程与信息应用价值跃升规律、信息结构化进程的逆过程、依据一种基础数据实现的信息转换方面的内容。第九章是对全文的总结。

关键词:电子商务　语义　信息管理　信息共享

**7119**

**论信息环境设计** / 杜元清著 ; 徐学文指导. -- 北京大学, 2009. -- 215 页

论文采用了模式化法、实验法等,研究了主体与信息环境的互作用模式。全文共十一章。第一章为导论,介绍了选题的意义和背景、论题的主要研究内容、论题的研究方法和论文的结构。第二章对信息环境设计的相关研究进行了综述。第三章对信息环境、信息环境设计与信息传递样式进行了研究,给出了主体与信息环境相互作用的关系模型图,找出了信息环境设计所需要考虑的三个要素,包括信息内容因素、信息媒介因素和信息用户因素,给出了信息传递的八个样式列表,并针对部分信息传递样式进行了应用示例的介绍。第四章、第五章和第六章分别对信息环境设计的三大因素进行研究。第四章从信息的内涵入手提出了事物特征信息采集的概念以及特征信息采集的三层操作模式。第五章是对信息用户因素的研究,将其分成了知识共同体、合作伙伴主体和非合作主体,对向合作伙伴或者非合作者传送信息过程中的送达问题进行了分析,从信息用户的角度出发对信息资源和信息贫困进行了解释,引出了信息能力的重要性。第六章对信息环境设计中的信息媒介因素进行了分析,包括媒介、媒介链的概念,特征采集的一般工具和特征采集的一般方法。第七章研究了信息环境的效用。第八章对信息环境中的知识共同体进行了剖析,第九章提出了知识共同体的信息环境设计。第十章为信息环境设计与应用试验报告,对信息环境的建设、使用、效果和启示进行了概括和总结。第十一章为结束语,对论题的整体研究进行了总结。

关键词:信息论　信息管理　信息环境

**7120**

**Web2.0 环境下图书馆学术信息服务研究** / 黄传慧著 ; 焦玉英指导. -- 武汉大学, 2009. -- 165 页

论文以用户为中心、以Web2.0的理念为指导,分析Web2.0对图书馆学术信息服务的影响,构建Web2.0环境下图书馆学术信息服务体系和平台,探讨其资源整合方法与技术,论述Web2.0技术在图书馆学术服务中的应用,指出其应用过程中出现的问题及对策。全文由引言和六章组成。引言部分介绍了论文研究的背景和意义、国内外研究现状以及研究内容、研究方法和创新之处。第一章分析了Web2.0对图书馆学术信息服务的影响,包括对图书馆机构、图书馆学术信息服务环境、图书馆用户需求的影响等。第二章构建了Web2.0环境下的图书馆学术信息服务体系,主要内容有Web2.0环境下图书馆学术信息服务的理念、图书馆学术信息服务的目标、功能以及形式。第三章研究了Web2.0环境下图书馆学术信息服务的平台建设,涉及Web2.0环境下图书馆学术信息服务平台的模型、资源整合、技术支持、学科信息门户整合等内容。第四章论述了Web2.0技术在图书馆学

术信息服务中的典型应用,主要包括以厦门大学为例的 Wiki 在图书馆学术信息服务中的应用,以清华大学为例的 RSS 在图书馆学术信息服务中的应用,以厦门大学为例的 TAG 在图书馆学术信息服务中的应用,以沈阳农业大学图书馆为例的 TM 在图书馆学术信息服务中的应用以及以北京大学图书馆为例的 AJAX 技术在图书馆学术信息服务中的应用。第五章探讨了 Web2.0 环境下图书馆学术信息服务的管理,包括学术信息服务的政策问题、法律问题和安全问题。第六章对论文进行了总结,指出了研究中存在的不足,并对 Web2.0 环境下图书馆学术信息服务进行了展望,引出进一步的研究方向。

关键词:图书馆工作　情报服务　互联网络　资源管理

**7121**

**电子政务协同管理机制及其实证研究** / 雷银枝著 ; 孙建军指导. -- 南京大学, 2009. -- 154 页

论文围绕电子政务协同管理的理论基础、形成机制等对电子商务协同管理机制进行了实证研究。全文共分为八章。第一章为绪论,主要论述了论文的研究背景、研究目的和意义,评述了国内外相关研究,介绍了论文的主要研究方法、研究思路和主要内容以及逻辑框架,总结了论文的主要创新点。第二章是对理论研究的综述,主要包括电子政务理论研究综述、电子政务实践研究综述以及其他相关理论研究综述。第三章对电子政务协同管理的内涵和研究框架设计进行了分析,对协同管理进行了综述,分析了电子政务协同管理的内涵、特征、目标、原则等。第四章是对协同学理论视角下的电子政务协同形成机制进行的探究,主要研究了电子政务系统的自组织性,分析了电子政务系统协同管理的关键,探究了电子政务协同形成机制。第五章是对电子政务协同管理实现机制的研究,主要包括电子政务协同管理的模式研究、电子政务协同工作基本单元的构建、电子政务协同工作的技术实现、电子政务协同工作的技术框架的设计、平台设计以及电子政务协同管理的支持保障设计六方面的内容。第六章是对电子政务协同要素的实证分析,主要包括研究问题与研究方案设计、数据分析方法、研究结果统计三方面的内容。第七章是对电子政务系统协同度的评价与实证分析,主要包括基于宏观层面的电子政务复杂系统协调度的测度和基于微观层面的电子政务子系统协同度的测度两方面的内容。第八章为论文结束语,主要包括论文研究的主要结论以及未来进一步研究的方向。

关键词:电子政务　协同

**7122**

**自然语言理解和本体技术在中文医学信息处理中的应用研究** / 李毅著 ; 余锦凤指导. -- 北京大学, 2009. -- 156 页

论文在自然语言处理、语义 Web 和认知语言学基础上,对中文医学本体的构建进行探讨,基于本体建立了计算机化的急性脑梗死静脉溶栓治疗临床实践指南和应急医疗救援多智能体系统模型。全文共分为八个部分。第一章绪论,介绍了该选题的研究背景、研究问题、研究目的、研究意义、研究内容以及研究方法。第二章论述了医学语料库和中文医学文本处理的基本问题,包括中文医学语料库的构建、中文医学文本分词、基于 Lucene 的全文检索和文本表示、文本分类。第三章阐述了中文医学文本信息抽取的基本问题,包括研究现状、文本工程通用框架的性能与应用、中文医学文本抽取的流程、中文医学文本语义标注和本体原型构建以及基于分类词表的特征选择和信息抽取。第四章为中文医学本体的构建,主要讨论了现有的生物医学领域本体、医学本体系统设计和实现的方法以及神经信息学本体的实现。第五章阐述了基于本体的中文医学文本的语义检索和语义信息抽取。第六章基本本体的临床实践指南的应用分析。第七章基于本体的多智能体协同作业模型的构建,主要内容包括本体在 MAS 中的作用、规范及其开发平台的分析,基于本体的 MAS 在医疗卫生领域中应用现状分析以及基于知识本体的综合医院应急救援 MAS 研究。第八章为总结与展望,回顾了论文的主要内容,指出了论文的创新点和进一步的研究工作,对未来的研究做了展望。

关键词:自然语言处理　汉字信息处理　本体

**7123**

**基于产业集群的知识产权管理研究** / 刘驰著 ; 靖继鹏指导. -- 吉林大学, 2009. -- 230 页

论文对基于产业集群的知识产权管理研究进行了分析。全文共分为九章。第一章为绪论,介绍了论文的研究背景与研究意义,对国内外研究现状进行了综述,分析了研究方法、逻辑框架与内容体系。第二章阐述了产业集群知识产权管理相关理论基础,主要

包括产业集聚相关理论、知识产权管理相关理论和基于产业集群的知识产权管理。第三章对基于产业集群的知识产权管理的影响因素与作用机理进行了研究,主要分析了集群行政管理因素及其产业集群知识产权管理的影响、企业内部因素及其对产业集群知识管理的影响、行业环境因素及其对产业集群知识产权管理的影响以及国家宏观环境因素及其对产业集群知识产权管理的影响。阐述了基于产业集群的知识产权管理影响因素的交互作用机理。第四章介绍了基于知识转移的集群企业知识产权管理机制的建立,主要通过基于知识转移的企业知识产权管理机制的构成、组织机制、人才培训机制、知识传播机制、预警与保密机制、激励机制、文化机制以及创新机制八个方面进行分析,并阐述了各个管理机制之间的关系。第五章研究了基于产业集群的知识产权管理体系,主要包括基于产业集群知识产权管理体系的要素结构分析、管理机构体系的研究、政策与制度体系的研究、法律体系的研究、人力资源体系的研究以及信息化体系的研究六方面的内容。第六章研究了基于产业集群的知识产权管理评价,主要介绍了评价方法、评价指标体系以及评价的实施。第七章从产业集群的知识产权管理平台的现状、影响因素、系统分析、平台构建几个方面对基于产业集群的知识产权管理平台设计进行了研究。第八章提出了基于产业集群的知识产权管理的战略与对策。第九章为全文的总结。

关键词:产业集群　企业管理　知识产权

**7124**

**企业内部社会网络对知识共享的影响及策略研究** / 刘佳著 ; 秦铁辉指导. -- 北京大学, 2009. -- 173 页

论文通过研究企业内部社会网络,分析其对知识共享的影响,旨在探索促进企业内部知识共享的新途径。第一,对知识共享理论、社会网络理论以及社会网络与企业内部知识共享关系的相关研究进行了梳理和分析。明确了企业内部社会网络的概念,界定了双重内涵,提出应该从资源和工具两个角度来全面理解企业内部社会网络。第二,从社会网络的资源角度,研究了企业内部社会资本对知识共享的影响。从社会资本的三个维度出发,分析了企业内部社会资本对员工的知识共享机会、意愿和能力的作用,探讨了社会资本如何推动员工之间的知识共享,提出了基于社会资本理论的知识共享机制。第三,从社会网络的工具角度,分别探讨了企业内部社会网络联系和结构对知识共享的影响。首先,基于社会网络理论、社会网络分析方法和知识共享理论,分析了咨询联系和友谊联系的强度对集体隐性、集体显性、个人隐性和个人显性知识的共享产生的影响,进而提出了影响模型和假设,并进行了企业内部社会网络结构对知识共享的影响模型和假设,并应用该模型进行了案例分析。第四,结合理论和实践研究,提出了促进企业知识共享的社会网络优化策略。相关策略包括在企业内部培育社会资本、加强员工关系建设、优化社会网络结构和建立基于"社会网络角色识别"的激励机制。

关键词:企业管理　知识经济　知识管理

**7125**

**网络环境下的社区治理实现路径研究** / 刘婧著 ; 马费成指导. -- 武汉大学, 2009. -- 134 页

论文通过深入地分析国外社区治理中对于最新互联网络技术应用的成功案例及经验,结合当前我国各地社区管理中互联网络运用面临的重点、难点,提出基于 Web2.0 环境下的我国城市社区治理的路径、模式及实施细节,并以 Web2.0 技术应用上的创新为突破口,推行网络环境下的社区协同治理。全文共分八个部分。第一章绪论介绍了该研究的选题依据,研究目的,研究意义,国内外研究现状以及论文的研究方法、研究范围和研究思路。第二章阐述了网络环境下社区治理的理论基础。第三章论述了网络环境变迁对社区治理的影响及启示。第四章对网络环境下我国社区治理的现状进行了深入分析,包括我国社区信息化建设的基本情况及重点模式的分析,以武汉市硚口区易家墩街道为例的社区电子政务信息利用行为实证研究以及对新网络环境下我国社区电子治理中存在的问题的分析。第五章对国外社区电子治理的实践进行了综述,包括美国、加拿大、英国和韩国。第六章以 Web2.0 为视角提出了网络环境下社区治理的新范式。第七章结合协同思想对社区治理进行了进一步深入分析,提出了社区治理的协同架构及演化模型。第八章为研究结论和研究展望。

关键词:社区管理　电子政务　社区服务　信息服务

**7126**

**面向过程的信息系统安全风险评估方法研究** / 卢涛著 ; 马费成指导. -- 武汉大学, 2009. -- 141 页

随着信息技术的不断发展和信息化进程的推进,

信息系统在各行各业应用的广度和深度不断扩展，信息系统的重要性愈显突出。然而由于信息系统组成部分的脆弱性、计算机网络的开放性和用户的有意、无意的不当操作或恶意的破坏，使信息系统面临着许多安全风险。在此背景下信息系统安全风险的评估便愈加重要。论文以此为研究契机提出了一种以国际通用标准CC为基础的面向过程的信息系统安全风险评估的方法——POIRAM。全文共分六部分。第一章引言，介绍了论文的研究背景、国内外的研究进展以及论文的研究目标、研究方法和研究框架。第二章介绍了信息安全风险评估的基本理论和方法，研究发现信息系统安全风险评估的重点完成了从操作系统、网络环境到整个管理体系的转变以及从风险的识别分析和定性评估到风险的量化评估的提升。第三章介绍了目前国内外比较著名的信息安全评估标准，以时间为轴线回顾了各种信息系统安全评估标准产生和发展的历史沿革，从最初由美国提出的可信计算基TCSEC到BS7799再到CC，信息系统安全评估标准逐步完善。在介绍各种标准的基础上，分析了各种标准的特点，并对各种标准进行了比较分析，总结了相关标准的优缺点和适用范围。第四章通过参考根据国际通用标准CC制定的Web Server PP，分析信息系统的安全目标、安全功能要求和安全保证要求，在此基础上，将软件工程中面向过程的思想引入了信息系统安全风险评估领域，面向风险评估的不同阶段的相关过程分别构建了风险评估模型。第五章通过一个具体的系统风险评估实例验证了POIRAM的科学性、实用性和可操作性。第六章为研究结论和研究展望。

关键词：计算机安全　信息系统　信息安全　风险评价

**7127**

**基于作者学术关系的科学交流研究** / 马瑞敏著 ；邱均平指导. -- 武汉大学, 2009. -- 243 页

论文将“理论研究和实证与应用研究”紧密结合，不仅从理论方面来探究科学交流的基本理论，而且从实证与应用角度来研究科学交流的模式、规律和知识结构。论文在内容框架上除了引言和总结展望外，主要分为四个部分。第一部分为理论研究部分，包括科学交流的基本理论和作者学术关系与科学交流研究，由第一章和第二章构成。第二部分是对科学交流模式与规律的研究，由第三章和第四章组成。第三部分为对科学交流知识结构的研究，由第五章和第六章构成。论文从“网络拓扑结构”和“作者社会关系”两个角度研究了作者合作交流模式，通过实证研究证实了作者合作网络是复杂网络，具有小世界效应和幂律分布特征这两大规律；借鉴网络信息计量学和社会网络分析方法研究了作者引用交流模式，并证实作者引用网络也是复杂网络，也具有小世界效应和幂律分布特征这两大规律。同时还证实了作者合作和作者引用之间有着一定的关联，两者结合起来能够更好地认识科学交流的模式与规律；从原理上厘清了作者同被引分析这一常用知识结构发现方法中存在的问题和争议，提出自己的解决方法，并证实了它们的可行性和科学性，同时以图书情报学为例，详细分析了它的知识结构的现状和演变情况；证实了作者耦合分析也可以进行科学交流知识结构的挖掘，并与作者同被引分析进行了比较，两者结合起来可以更好地发现一个学科或者领域的知识结构。

关键词：科学技术　文化交流　科学工作者

**7128**

**数字图书馆知识组织语义互联策略及其应用研究** / 牟冬梅著 ；毕强指导. -- 吉林大学, 2009. -- 177 页

论文对数字图书馆知识组织语义互联策略及其应用进行了研究。全文共分为七章。第一章为绪论，主要阐述了论文研究背景及研究意义，分析了数字图书馆知识组织语义互联研究现状，论文的研究内容和研究方法，论文主要的创新点，论文的研究思路。第二章介绍了数字图书馆知识组织语义互联的理论基础，主要包括相关概念的阐述，对知识组织理论的综述，介绍了本体理论、语义学理论以及系统论。第三章介绍了数字图书馆知识组织语义互联影响因素的研究，主要包括数字图书馆知识组织中语义互联问题的提出，分析了语义互联的主体、客观和环境影响因素，阐述了语义互联影响因素的作用机理，构建了语义互联的核心因素模型。第四章是基于本体的语义模型的研究，主要包括元数据体系、领域本体集、桥本体概念结构、桥本体构建、本体解析体系五方面的内容。第五章是对数字图书馆知识组织语义互联策略与模型的研究，主要包括数字图书馆知识组织语义互联模型的构建、基于语义模型的信息抽取策略、基于语义模型的语义标注策略、基于语义模型的知识库构建、基于语义模型的数字图书馆用户模型构建、数字图书馆知识组织语义互联应用模型六方面的内容。第六章是对数字图书馆知识组织语义互联的实证分

析,主要进行了章节概述,分析了语义互联模拟系统,介绍了系统总体结构和功能界面。第七章是对论文研究内容的总结,包括主要的基本结论,对未来的展望以及需要进一步分析研究的问题。

关键词:数字图书馆　知识管理　语义　本体

**7129**

**知识信息服务绩效评价研究** / 彭哲著 ; 胡昌平指导. -- 武汉大学, 2009. -- 157 页

论文就知识信息服务绩效的概念、相关理论、评价方法进行研究,在此基础上构建了知识信息服务绩效评价的指标体系,确定指标权重,对指标体系进行问卷调查并验证其信度、效度、相关性,最后结合实证进行评价、分析。全文共分六个章节。第一章,引言。对论文的研究背景、研究意义、研究现状、研究思路、研究内容、研究难点、研究方法及创新之处进行介绍。第二章,知识信息服务评价理论、方法与环节。对基于用户满意度的评价理论和基于 LibQUAL +(TM)的评价理论分别做了介绍,在对比这两种方法的基础上提出了基于绩效的综合评价理论,对绩效的概念、知识信息服务绩效的内容和绩效评价的方法做了详细的阐述,分析了知识信息服务绩效评价的组织流程、内容安排、结果认证及反馈等步骤。第三章,知识信息服务绩效影响因素。对知识信息服务质量中的影响因素进行了具体分析,将其分为知识信息资源质量、服务人员与用户、服务过程三大类,并对各因素做出了详细解释和衡量标度,对业务和质量影响因素的相互关系进行分析,指出它们之间是交互作用的,共同决定着绩效的发挥。第四章构建了知识信息服务的评价体系。列出知识信息服务绩效评价的要素,并逐一进行解释,包括评价目标、评价原则、评价模式、评价主体、评价对象和评价标准;建立知识信息服务绩效评价的指标体系,并对一级、二级、三级指标进行说明;确定指标权重方法,对权重方法进行优化,在专家咨询的基础上,利用 yaahp 软件进行计算,得出结果。第五章,知识信息服务绩效评价的实施与验证。第六章,结论。对论文所做研究进行总结,指出研究中的不足之处。

关键词:信息管理　信息资源　情报服务

**7130**

**自适应网络环境中的个性化推荐** / 桑艳艳著 ; 苏新宁指导. -- 南京大学, 2009. -- 143 页

论文对自适应网络环境中的个性化推荐进行了研究。全文共分为八章。第一章为引言,分析了论文的选题背景与意义,论文的研究现状,论文的研究内容、结构和创新点,论文的研究方法。第二章是对个性化推荐的概述,主要分析了个性化与定制化的差别,阐述了个性化推荐的方法,构建了用户模型,对个性化推荐进行了评估,总结了未来的趋势。第三章介绍了个性化推荐中的数据的预处理,主要包括数据建模和表示、个性化推荐数据源、面向个性化推荐的数据预处理以及改进方向四个方面的内容。第四章研究了基于内容过滤的推荐,主要介绍了项目内容模型和用户特征模型,分析了基于内容过滤的推荐算法、基于语义计算的内容过滤方法,并进行了实验分析和总结。第五章介绍了基于 KNN 的协作过滤推荐,主要区别了协作过滤与内容过滤的不同,分析了用户项目评估的矩阵和协作推荐的方法、拟合用户兴趣演变特性的改进推荐方法、基于评价值回顾预测模型的改进推荐方法。阐述了引入并行技术改进的 KNN 建模的性能,并进行了实验分析。第六章是基于潜在语义的协作过滤推荐的研究,主要包括数据属性简约、基于潜在语义模型的协作推荐方法、改进的基于潜在语义推荐方法以及实验分析四个方面的内容。第七章是对基于用户模型整合的推荐技术的分析,主要分析了用户,模型整合的概念、用户数据展现模型、考虑上下文环境推荐的用户模型整合以及用户模型的应用四个方面的内容。第八章是对全文的总结。

关键词:网络应用程序　程序设计　互联网络　电子商务

**7131**

**中国网络政府数字信息资源配置研究** / 司辉著 ; 马费成指导. -- 武汉大学, 2009. -- 173 页

论文对网络政府数字信息资源配置进行了分析和探讨。全文分为引言和六个章节共七个部分。引言部分介绍了论文的研究背景、研究目标和意义、国内外研究现状、研究范围与内容、研究方法与技术路线以及研究特色与主要创新点。第一章对网络政府数字信息资源及其配置的基本理论进行了概述,包括网络政府数字信息资源的概述、网络政府数字信息资源的比较分析以及网络政府数字信息资源配置的基本理论。第二章分析了我国网络政府数字信息资源配置的现状,包括我国网络政府数字信息服务平台建设的总体现状、我国网络政府数字信息资源的分布现

状、我国网络政府数字信息资源的用户使用现状以及我国网络政府数字信息资源配置中存在的主要问题。第三章从 DES 模型的视角和 PEST 模型的视角出发对我国网络政府数字信息资源配置效率的影响因素进行了全面分析。第四章我国网络政府数字信息资源配置效率的评价,包括网络政府数字信息资源配置效率评价的基本理论、基于 DEA 方法的网络数字信息资源配置效率评价模型以及实证分析。第五章构建了我国网络政府数字信息资源优化配置策略与模式。第六章是论文的研究结论和未来展望。

关键词:国家行政机关　电子政务　信息资源　资源配置

**7132**

**基于语义网格的数字图书馆个性化推荐研究:理论及关键技术分析** / 孙雨生著 ; 董慧指导. -- 武汉大学, 2009. -- 188 页

论文在调查现有研究成果的基础上,重点研究和探讨了基于语义网路的数字图书馆个性化推荐问题及其解决方案,利用语义网络技术解决传统数字图书馆个性化推荐中存在的诸多问题。全文共分七章。第一章引言,阐述了论文的选题背景和研究意义,本选题的国内外研究现状,并从研究目标、研究内容、研究方法、研究思路、研究重点及难点、创新之处、论文组织结构七个方面描述了论文的整体架构。第二章围绕着数字图书馆个性化推荐问题,重点研究了数字图书馆最新进展、发展趋势及其面临的挑战,个性化推荐的内涵及其技术进展,典型个性化推荐系统及其应用状况,数字图书馆个性化推荐内涵及其推荐形式、方法,数字图书馆个性化推荐系统存在的问题,数字图书馆个性化推荐在不同领域存在的技术局限性等问题,在此基础上分析了当前数字图书馆个性化推荐的技术需求。第三章阐述了语义网络的产生背景、内涵及技术前景,详细阐述了语义网格的核心技术和国内外应用状况,并说明了语义网格与数字图书馆个性化推荐的关系。第四章主要从设计思路及原则、总体框架、体系架构、运行机制四个方面阐述基于语义网格的数字图书馆个性化推荐架构问题,同时分析了其与传统个性化推荐的区别。第五章主要阐述了传统数字图书馆个性化推荐服务模式与形式全貌,并研究了典型数字图书馆个性化推荐服务形式在语义网格环境下的具体应用问题。第六章主要从推荐门户、推荐平台的构建与管理、推荐资源管理三层构建基于语义网格的数字图书馆个性化推荐技术体系结构及具体技术解决方案。第七章总结与展望,总结了论文已完成的工作、存在的不足之处,并对进一步研究工作进行了展望。

关键词:数字图书馆　信息管理　语义　网格

**7133**

**基于文本挖掘的领域本体学习研究** / 唐涛著 ; 张玉峰指导. -- 武汉大学, 2009. -- 142 页

论文从本体学习和文本挖掘的关系入手,将领域本体学习的任务与文本挖掘技术相结合,对基本文本挖掘的中文领域本体学习的理论、模型、方法和技术进行了研究。全文由引言和六章组成。引言阐述了选题背景和选题意义,综述了国内外研究现状,说明了研究内容。第一章是关于本体、本体学习和文本挖掘的基本理论和技术的综述,分析了本体的实质,阐明了本体学习的内涵,比较了著名的本体学习方法和工具,概括了文本挖掘的流程,揭示了领域本体学习和文本挖掘的紧密关系。第二章提出了基于文本挖掘的领域本体学习模型,该模型包括五个循环模块,依次是领域文本库构建、领域概念学习、概念间关系学习、本体表示和本体评价。本章着重研究了领域文本库构建方法、本体表示方法本体评价方法及指标体系。第三章研究领域概念学习方法,内容包括中文分词方法和软件;利用统计方法、关联规则方法、种子概念方法和词语共现方法进行候选术语的抽取,最后通过同义词识别和领域无关术语删除来确定领域概念。第四章研究概念间关系学习,利用关联规则方法和聚类方法发现概念间的相关性,确定关系类型,介绍概念间关系量化中的语义相似度计算方法。第五章将理论研究成果应用于实践。实验选取了“数据结构图论”为对象,通过种子概念方法构建了领域文本库,利用 ICTCLAS工具进行分词并计算词语权重,利用 Matlab 软件和 SOM Toolbox 对概念进行聚类,进而发现概念间的分类关系。第六章总结了全文的主要内容和结论,反思了论文存在的不足,展望了将来研究的重点。

关键词:数据采掘　文本挖掘　本体　机器学习

**7134**

**信息产业集群生态系统研究** / 王方著 ; 娄策群指导. -- 华中师范大学, 2009. -- 99 页

论文将生态学的有关理论、研究方法引入到信息产业集群研究领域,开展对信息产业集群生态系统的

研究。全文共分八个部分。第一章绪论,介绍了论文的研究背景、研究目的及研究意义,国内外研究现状以及研究思路、研究内容、研究方法等。第二章是信息产业集群生态系统的概述,包括信息产业集群生态系统概念的提出,信息产业集群系统的构成要素的分析以及对信息产业集群生态系统主要特征的归纳。第三章是对信息产业集群生态系统中企业生态位的研究。包括企业生态位概念的界定,从生态位宽度、生态位重叠、生态位空缺角度对信息产业集群生态系统中企业生态位进行的分析以及信息产业集群生态系统生态位选择与优化的策略。第四章是对信息产业集群生态系统生态链的研究,主要包括信息产业集群生态系统生态链概念的界定、特点和类型的分析,信息产业集群生态系统生态链结构模型的建立以及信息产业集群生态系统生态链优化原则和优化策略的提出。第五章是对信息产业集群生态系统生态平衡的研究。第六章是对信息产业集群生态系统协同进化的研究。对协同进化基本理论以及协同进化与动态平衡的关联进行描述。分析了信息产业集群生态系统协同进化的影响因素和协同进化的实现途径。针对信息产业集群生态系统协同进化过程中存在的问题提出了信息产业集群生态系统协同进化策略。第七章结合论文中信息产业集群生态系统相关理论研究成果,对武汉"光谷"光电子信息产业集群生态系统展开实证分析,主要包括对其产业集群发展状况及产业集群生态系统的分析和对其产业集群生态系统运行过程中存在的问题及解决对策的分析。第八章为研究总结和研究展望。

关键词:信息产业　产业发展　产业集群　生态平衡

**7135**

**基于信息共享环境的情报主导警务研究** / 王沙骋著 ; 赵澄谋, Steven E. Miller 指导. -- 北京大学, 2009. -- 200 页

论文对基于信息共享环境情报主导警务进行了研究。全文共分为八章。第一章为绪论,主要介绍了论文的选题背景与研究意义,研究目标与研究方法,论文的基本框架。第二章介绍了情报主导警务的含义及其基本研究现状、情报主导警务的国际主流模式、信息共享的含义及相关研究、信息共享与信息共享的环境以及信息共享和情报主导警务五个方面的内容。第三章通过通告与警报、安全、电子号簿服务、便于用户访问、信息发现与检索、合作以及反情报七个方面,介绍了基于信息共享环境的情报主导警务的作业能力。第四章阐述了基于信息共享环境的情报主导警务架构,概述了情报主导警务的架构,总结了政策与治理模块、信息保障模块、业务模块、应用与服务模块、数据模块以及技术模块。第五章是对基于信息星系的警务情报研判的研究,主要分析了信息星系的提出,基于信息星系的警务情报研判方法体系。第六章对基于信息共享环境的情报主导反恐进行了实证分析,主要分析了美国情报主导反恐现状,对可疑行为报告进行了研究,分析了恐怖分子监控清单、美国情报主导反恐效果以及北京 2008 奥运的情报主导反恐。第七章提出了提高我国情报主导警务水平的对策与建议,包括树立正确的情报主导警务观念、明确情报主导警务改革的方向和重点、采取适当的情报主导警务改革措施等。第八章是对全文的总结和问题的讨论。介绍了论文主要创新之处和不足,归纳了需要进一步研究的问题。

关键词:公安　信息工作　信息管理

**7136**

**企业并购中的知识转移影响因素研究** / 蔚海燕著 ; 梁战平指导. -- 北京大学, 2009. -- 186 页

论文对企业并购中的知识转移影响因素进行了研究。全文共分为七章。第一章为引言,介绍了论文的选题背景和意义,论文研究的理论基础,论文研究的思路与方法,论文的组织结构。第二章对企业并购知识转移研究进行了评述,阐述了知识的定义和分类,介绍了知识转移的概念界定以及与相关研究的关系,分析了知识转移模型主体要素的影响因素,研究了知识转移影响因素和组织层面知识转移影响因素,归纳了企业并购及其知识转移研究的进展。第三章构建了企业并购知识转移影响因素的模型,分析了模型的维度,研究了企业并购知识转移影响因素及变量操作化,对知识转移效果进行了评价,介绍了研究的控制变量,并对企业并购知识转移影响因素进行了实证分析。第四章对企业并购知识转移影响因素进行了定量研究,主要包括问卷调查过程、问卷量表的效度和信度的分析、描述性统计分析、定量数据分析以及研究发现的总结五方面的内容。第五章定性研究了企业并购知识转移的影响因素,主要包括定性数据收集与分析、比利时半导体公司 ICOS 并购知识转移分析、寇捷飞利浦并购知识转移分析以及定性分析结

论四方面的内容。第六章是对研究结果进行的分析与研究,主要包括讨论定量结果、讨论定性结果,提出促进企业并购知识转移的对策三方面的内容。第七章是对全文的总结,包括论文的研究工作,研究发现,创新点、不足以及未来研究展望。

关键词:企业合并　并购　知识管理

**7137**

**基于 Web 的汉语自动分词研究** / 姚兴山著 ; 苏新宁指导. -- 南京大学, 2009. -- 140 页

论文对基于 Web 的汉语自动分词进行了研究。全文共分为七章。第一章为绪论,主要包括选题背景与依据、研究目的与意义,国内外研究现状以及论文的研究思路、方法与主要创新,并简要阐述了论文的主要内容。第二章为理论基础,全面系统地对汉语自动分词研究历程进行了描述,根据所采用的模型和分析工具,对自动分词的理论基础进行了概括。第三章通过对目前主流汉语语料库的分析,指出了其中的不足,提出了一个基于主题的 Web 语料采集模型,并给出了模型的采集算法和实证分析。第四章通过对采集的文本预处理,根据其新词的分布特征分析,实现其未登录词的识别。第五章通过对目前主流的词典结构的研究,在前人的基础上,并结合汉语词自身的特点,提出了一种多次 Hash 的词典结构,实验分析其效率。第六章对汉语自动分词不可避免的存在汉语切分歧义的问题进行了研究,按歧义组成的分两种类型的歧义:交集型歧义和组合型歧义,其中交集型歧义大概占到 80% 左右。对交集型歧义给出了解决方法,对组合型歧义给出了初步的解决方案。第七章是研究结论和展望,对论文的研究价值和结论进行了总结,并指出了论文研究存在的局限性,提出了后续研究的思路和构想。

关键词:自然语言处理　汉语　汉字处理　数据采集

**7138**

**网络档案信息资源组织研究** / 曾娜著 ; 朱学芳指导. -- 南京大学, 2009. -- 205 页

论文在理论分析和实际组织状况调查的基础上,在网络信息资源先进组织理念、技术、方法的指导下,探讨网络档案信息资源组织,包括组织方法体系的构建、组织方案的设计以及组织机制的结构与执行等问题。论文由九章组成。第一章为绪论部分,介绍了该选题的研究背景,国内外研究述评,论文的研究内容和研究意义、论文的研究思路和研究方法以及论文的创新之处。第二章一方面探讨了网络档案信息资源的基本内涵及与其他信息资源的关系等问题,充分了解作为组织对象的网络档案信息资源的基本情况;另一方面,借鉴网络信息组织理论,结合档案特点,明确网络档案信息资源组织的基本概念,并将网络档案信息资源主旨与传统档案整理进行比较分析。第三章对国内档案网站进行了调查,同时分析比较了有代表性的一些国外档案网站信息资源组织的特点,总结了我国网络档案信息资源组织现存的主要问题及其成因。第四章结合当前实际,借鉴网络信息资源组织的一些基本理论,系统阐述了网络环境下档案信息资源组织的原则,主要功能和流程等一系列基础理论问题,为进一步研究网络档案信息组织方法,形成系统的组织方案奠定了理论基础。第五章借鉴了网络信息组织方法的理论和实践研究成果,结合档案信息资源的特点,对现有网络信息组织方法进行了合理的运用、改进与创新,最终形成网络档案信息资源组织方法体系。第六章基于用户需求与档案部门实际状况,提出了网络档案信息资源组织的整体方案,即科学运用各种信息组织方法,建成资源丰富、配置优化、服务智能的档案信息资源共享体系,并辅以丰富的案例说明。第七章对网络档案信息资源组织方案进行了例证分析。第八章是对网络档案信息资源组织机制的研究。第九章进行了研究总结和研究展望。

关键词:档案工作　信息管理　信息资源　互联网络

**7139**

**基于 SOA 的数字图书馆面向服务业务系统架构研究** / 翟晓娟著 ; 苏新宁指导. -- 南京大学, 2009. -- 121 页

论文对基于 SOA 的数字图书馆面向服务业务系统架构进行了研究。全文共分为七章。第一章为绪论,主要分析了论文研究的背景和选题意义,总结了论文的主要研究内容,包括研究思路和方法、重点和难点、主要成果及创新点以及组织结构。第二章对 SOA 理论进行了研究,研究了 SOA 理论的核心内容。第三章是基于实证的 SOA 优势分析,主要包括技术与业务对 SOA 的需求分析以及为此进行的实例分析。第四章研究了基于 SOA 的图书馆面向服务业务系统设计与建模,介绍了设计与建模所做的准备工作,分

析了面向服务业务系统候选服务的全面设计以及基于SOA的图书馆面向服务业务系统服务层面建模。第五章是对基于SOA的图书馆面向服务业务系统关键技术实现的研究,主要介绍了关键技术设计策略及实现目标,阐述了以实体为核心的业务型服务关键技术实现的途径,分析了应用型服务关键技术实现的内容,研究了以任务为核心的业务型服务关键技术实现的内容,探讨了编排型服务关键技术实现的内容。第六章是基于SOA的服务创新研究及SOA理论发展的探索,主要包括SOA服务创新的案例实现、基于SOA理论的服务创新方法研究、SOA理论发展的探索三方面的内容。第七章是对其他领域SOA应用的启示及进一步的研究工作的分析,主要介绍了其他行业SOA应用的案例,展望了SOA在数字图书馆领域的发展趋势。

关键词:数字图书馆　图书馆业务　读者服务　软件开发　SOA微服务

**7140**

**面向知识创新的跨系统协同信息服务研究** / 张敏著 ; 胡昌平指导. -- 武汉大学, 2009. -- 203页

本论文的研究思路是在信息服务中引入协同的思想和技术,拓展信息服务机构之间对资源、技术、服务和人才的协作共享,促进信息服务系统之间及其与网络服务系统、科研、教学等系统的交叉渗透,提升信息系统服务知识创新的质量和效率。关键内容包括信息服务机构之间的组织协同、异构信息系统之间的协同以及信息服务系统与用户知识应用环境的协同。全文共分为六个部分。第一部分探讨了知识创新及其对跨系统协同信息服务需求。第二部分对跨系统协同信息服务及其体系构建进行了分析。第三部分对面向知识创新的跨系统协同信息服务模式进行了研究。论文将跨系统协同信息服务概括为跨系统联合体服务模式、跨系统的协同定制服务模式、一体化虚拟学习协同服务模式和跨系统协同数字参考咨询服务模式,并对这四种模式进行了比较分析。第四部分分析了跨系统协同信息服务的技术实现及其平台构建。在对跨系统协同信息服务的困难、目前应用的关键技术进行剖析的基础上,基于SOA/Web2.0等协同服务技术,构建了跨系统的协同信息服务平台,并探讨了平台的运行机制和功能结构。第五部分探讨了跨系统的协同信息服务的管理。这部分主要涉及了跨系统协同服务的用户管理、动态服务联盟的构建、质量控制与评价、知识产权管理四个方面的问题。第六部分在理论研究的基础上,结合中国科学技术信息研究所主持的中国学位论文收集与服务系统项目和湖北省科技信息研究院的科技信息共享服务平台建设项目,分别探讨了我国学位论文以及湖北省创新发展中跨系统协同信息服务的实现机制和技术方案,分析了其存在的问题,提出了相应的发展对策。

关键词:情报服务　知识创新　管理信息系统

**7141**

**知识资源与服务对科技创新的支撑研究** / 张庆来著 ; 关家麟指导. -- 北京大学, 2009. -- 147页

论文沿着理论分析、实证研究、知识服务支撑体系构建研究的思路,由理论到实践,由宏观到微观,对知识资源与服务对科技创新的支撑进行了研究。全文共分八个章节,研究内容主要有四个方面。第一,进行了知识资源与服务对科技创新支撑的理论分析,从支撑环境、支撑作用、支撑方式、支撑内容、支撑机制等角度,分析了知识资源与服务对科技创新的支撑。第二,进行了知识资源与服务对科技创新支撑的实证研究,通过网络调查、文献调查等手段,对国内外与科技创新相关的知识服务情况进行调查,总结了现有知识服务的模式,指出知识服务发展趋势,在进行案例分析后,给出了知识资源与服务对科技创新支撑的评价指标体系。第三,对知识服务支撑体系进行了研究,提出了知识服务支撑体系的功能和框架,并提出构建知识服务支撑体系的方法,即在微观层面建设知识服务支撑系统,在宏观层面通过构建多层次知识门户的方式来构建知识服务支撑体系。第四,提出构建知识服务支撑体系的对策和建议。

关键词:技术创新　情报服务　信息资源

**7142**

**企业竞争情报采集策略研究** / 张晓翊著 ; 张玉峰指导. -- 武汉大学, 2009. -- 163页

论文的主要研究网络环境下的企业竞争情报的自动化和智能化采集策略。全文由引言和八章组成。引言部分介绍了选题的背景和意义,国内外的研究现状,论文的研究思路与写作框架以及论文的研究方法。第一章阐述了企业竞争情报的内涵,指出企业对于竞争情报价值诉求在于提高企业的竞争优势,分析了企业竞争情报的特征和功能,讨论了企业竞争情报采集在整个竞争情报价值链中的地位和作用,提出了企业竞争情报采集的原则、目标和途径,以及企业竞

争情报自动化采集的相关问题。第二章探讨了企业竞争情报固化的目的、内容和方法,介绍了企业用户需求的获取策略。为了规范、一致地表达、描述和组织企业竞争情报,研究了本体在企业竞争情报采集领域中的应用,构建了面向企业竞争情报的领域本体,提出了基于本体的企业竞争情报采集模型。第三章探讨了 Surface Web 的企业竞争情报采集策略。介绍了基于 Surface Web 信息采集系统的基本原理、基本结构和主要技术,总结归纳了面向 Surface Web 信息采集的常用策略,研究了基于主题—本体的企业竞争情报采集的主要问题,探讨了面向企业竞争情报采集的主题挖掘器的结构模型以及实现主题采集的关键技术。第四章探讨了 Deep Web 的企业竞争情报采集策略。介绍了 Deep Web 资源特点及企业竞争情报在 Deep Web 上的分布特征,分析了 Deep Web 上查询接口的类型、特征及特征抽取,研究了查询接口自动判定的多种策略,探讨了 Deep Web 数据源发现与选择、查询关键词自动提交、信息抽取等策略。第五章探讨了基于人际情报网络的企业竞争情报采集策略。介绍了人际情报网络的概念,阐述了构建人际情报网络的理论基础,研究了 Web2.0 环境下虚拟人际情报网络的构建方法和基于网络特征的企业竞争情报采集策略。第六章则在上述研究的基础上构建了一个基于多 Agent 的自动化、智能化的企业竞争情报采集系统模型。第七章介绍了一个企业竞争情报智能化采集系统的应用案例。第八章对全文进行了总结与研究展望。

关键词:企业竞争　竞争情报　情报搜集　企业管理

# 档案学

**7143**

**档案出版业研究** / 姜海涛著 ; 胡鸿杰指导. -- 中国人民大学, 2009. -- 159 页

论文对档案出版业进行了分析研究。全文共分五章。第一章导论,介绍了研究对象,对相关概念进行了界定,分析了研究的思路,并对相关文献进行了综述,同时阐述了研究的方法,指出了论文可能的创新之处及困难所在。第二章对民国时期的出版活动与档案专业出版的出现进行了研究,阐述了 20 世纪 30 年代的出版背景,指出当时的新文化运动和新出版的兴起促进了近代出版高潮的最终出现,分析了民国时期档案展业出版物的出版问题,探讨了文书档案改革运动与《行政效率》杂志的关联所在,并描述了民国时期档案专业书籍的面世及其出版特色,着重分析了早期档案专业出版物出现的意义,指出了当时档案工作人员的专业化、档案管理经验的理论化以及档案专业学科的社会化现象。第三章梳理了 1949 年后档案出版业的出现及其发展历程。对馆藏档案编纂开发成果的出版情况进行了概述,介绍了馆藏档案编纂开发成果的出版内容以及出版数量,具体研究了档案专业出版机构的建立和发展过程,对中国档案出版社的建立和出版情况进行了分析,讨论了档案专业期刊群的出现和分而不众的问题,探讨了行业报的创办和其副刊、数字报的衍生过程。第四章对当前的档案出版业中存在的一些问题进行了反思。分析了新闻出版业的体制改革与档案出版业的生存危机,对现代档案出版企业经营要素的理解与运用提出了看法与建议,分析了专业图书出版机构的正确定位和科学策划,提出了“以书养书”的经营策略,分析了行业报纸在业界内外的双向发展问题,指出需要提升行业报副刊的社会影响力。第五章阐述了数字环境下的档案专业出版,分别介绍了按需印刷技术与档案专业图书出版、开放存取理论与档案专业期刊出版以及数字化报纸与档案专业报纸出版等问题。

关键词:档案事业　出版工作　出版物

**7144**

**基于 OAIS 的可信电子文件管理系统体系架构研究** / 李泽锋著 ; 冯惠玲指导. -- 中国人民大学, 2009. -- 225 页

论文的研究对象为基于 OAIS 的可信电子文件管理系统体系架构。全文共分为六章。第一章,导论。介绍论文的选题背景、研究意义、研究的主要问题、研究相关概念的界定、研究方法、论文结构以及论文的创新之处。第二章,文献综述。介绍电子文件管理系统研究,OAIS 相关研究,对国内外相关研究的评述。第三章,电子文件管理活动建模分析。通过建模理论和对电子文件管理领域的建模研究,探讨 OAIS 的使用性以及 OAIS 参考模型的基本内容,对 OAIS 应用与档案部门的可行性展开研究。第四章,实证研究。提出对国内电子文件管理系统的分析,包括江西省档案馆电子文件接收管理系统方案,北京市东方飞扬公司飞扬数字档案馆系统,郑州市电子文件档案中心的文

件管理系统分析;对国外电子文件管理项目进行分析,包括ERA、ICPSR和基于OAIS信息模型的元数据案例讨论;提出对国内外基于OAIS的电子文件管理项目建设的比较分析,提出应对电子文件管理进行的顶层设计,扩大电子文件管理实践的合作范围,大力开展基础研究,加强培训和教育以及完善电子文件管理项目建设的保障体系。第五章,可信电子文件管理系统的体系结构构建。基于OAIS的可信电子文件管理系统的体系结构,构建可信的电子文件库,可信的电子文件管理工作流程,并进行格式管理,电子文件管理系统标准与规范设计,电子文件管理系统的公共服务,并构建全国电子文件管理与服务网格体系。第六章为论文的思考、结论与展望。

关键词:电子档案　档案管理　文件管理　电子政务

**7145**

**政府信息资源管理绩效评估研究** / 吕元智著 ; 王新才指导. -- 武汉大学, 2009. -- 177 页

论文针对当前政府信息资源管理绩效评估中普遍存在的问题,对政府信息资源管理绩效评估从理论、方法与制度等层面展开研究。全文共分为七章。第一章,绪论。在分析政府信息资源管理绩效评估时代背景的基础上,结合当前我国政府信息资源管理绩效评估领域中存在的问题,探讨研究的目的、意义、思路、方法和基本构建等。第二章,政府信息资源管理绩效评估研究述评。对国内外政府信息资源管理绩效评估方面的研究成果进行分析,分析国内外该领域研究的特点,并对中外相关研究情况做出比较。第三章,政府信息资源管理绩效评估理论基础。通过分析绩效、评估、政府信息资源管理等概念界定政府信息资源管理绩效评估的涵义。第四章,政府信息资源管理绩效评估的方法体系。按照方法论一般构建思路,从宏观、中观和微观三个层面来构建适合政府信息资源管理绩效评估要求的方法体系。首先,从绩效评估的思路模式出发,通过对比分析各种评估思路的模式优缺点为政府信息资源管理绩效评估确立以结果为主、以控制系统为辅的综合评价思路模式;其次根据评估模式,将平衡记分卡作为政府信息资源管理绩效评估指标体系的构建工具;最后根据政府信息资源管理绩效评估工作需要,利用层次分析法确定指标权重与评价数学模型。第五章,政府信息资源管理绩效评估的制度保障。在分析制度涵义的基础上,探讨制度建设在政府信息资源管理绩效评估中的价值,从制度环境和制度安排两个层面构建政府信息资源管理绩效评估制度。第六章,以我国华东某市A区档案局为例,对政府信息资源管理绩效评估展开实证分析。第七章为论文主要结论。

关键词:国家行政机关　信息管理　资源管理　信息资源

**7146**

**电子政务信息安全互动策略研究** / 孟祥宏著 ; 杨健指导. -- 中国人民大学, 2009. -- 213 页

论文对电子政务信息安全互动策略进行研究。全文共分为六章。第一章,导论。指出论文研究的历史和现实背景,理论及实践意义,论文所要研究的问题、研究的方法,研究的思路以及研究框架,提出论文的主要创新点,并对常用概念进行界定。第二章,文献综述。主要综述国内外信息安全相关理论与技术研究现状,指出目前电子商务信息安全研究中存在的问题和不足,并提出进一步研究的思路。第三章,电子政务信息安全架构的设计。针对电子商务信息安全威胁,通过信息安全对抗、可生存性理论与博弈论构建电子政务虚拟安全工房模型。第四章,信息安全互动策略。针对不同类型的网络攻击将攻击分为攻击前、攻击中和攻击后三个阶段,从攻防的两个角度构建安全策略。第五章,电子政务信息安全的策略配置。针对如何选择安全措施构建良好的安全防御体系的问题,采用多属性决策理论。第六章为论文的主要结论与展望。

关键词:电子政务　信息安全　信息管理　风险分析

**7147**

**档案服务社会化研究** / 饶圆著 ; 胡鸿杰指导. -- 中国人民大学, 2009. -- 171 页

论文对档案服务社会化问题进行了分析研究。全文共分五章。导论分析了研究的背景与意义,指出了研究的空间与基础,同时对研究思路进行了梳理,对基本问题进行了界定,阐述了研究的主要方法与创新之处。第一章对中国的档案服务的历史形态进行了梳理,具体可分为档案服务的“非社会化形态”、档案服务的“半社会化形态”、档案服务的“准社会化形态”以及档案服务的“社会化形态”萌芽。第二章探讨了档案服务社会化的内在逻辑,分析了档案服务社会

化的实践逻辑,指出档案服务社会化是实现档案工作根本宗旨的必然要求,是改革中国档案管理体制的重要探索,是拓展档案事业发展空间的有益尝试,更是提高档案职业社会认同度的有益途径;分析了档案服务社会化的理论逻辑,指出档案服务社会化契合了现代档案管理的"社会视角"理念,是对公民享有档案利用服务权利的有效回应,体现了档案服务市场化、竞争化的高效率。第三章分析了档案服务社会化的生存环境,对档案服务社会化的现实困境及成因进行了具体分析,强调了"服务政府"与"服务公众"的目标的冲突性,指出了档案行政管理部门"全能型"与"有限型"的矛盾,研究了档案服务社会化的内外部条件。第四章介绍了发达国家档案服务社会化的理论与实践,阐述了发达国家档案服务社会化的理论基础,介绍了发达国家档案服务社会化的具体实践。第五章分析了中国档案服务社会化的基本原则、实现路径与运行机制,从而提出了有关建议。最后为文章的结束语部分,总结了全文的主要观点,并对今后的研究进行了展望。

关键词:档案管理　档案工作　社会服务

**7148**

**数字资源长期保存问题的政府治理研究** / 谢永宪著 ; 赵国俊指导. -- 中国人民大学, 2009. -- 151 页

论文对数字资源长期保存问题的政府治理进行研究。全文共分为六章。第一章,导论。主要分析论文的选题背景和选题的理论与现实意义,介绍国内外的研究现状,说明论文的基本结构、主要内容和研究方法,并对论文的创新点做出说明。第二章,数字资源长期保存的战略价值。主要对数字资源长期保存问题的重要战略价值进行分析。第三章,对政府在解决数字资源长期保存问题中的职能定位进行分析界定。提出数字资源长期保存问题来自于社会意识、法律、技术、资金等诸多方面,是多种复杂的社会因素综合作用结果;通过对新时期中外国家政府只能发展的状况分析得出相关结论;从政府职能实现方式、政府实施管理的基本模式和政府职能实现控制方式三个方面阐明政府社会管理职能与传统管理职能的区别;通过分析在解决数字资源长期保存问题时,政府的角色定位和政府管理作为空间发生的变化得出研究结论。第四章,数字资源长期保存问题政府治理的目标与方式。讨论数字资源长期保存问题的政府治理的基本原理,数字资源长期保存问题的政府治理的基本特征,重点阐释了政府治理的目标定位与具体方式方法,并对管制类、经济类、信息类治理工具在数字资源长期保存问题的政府治理过程中的基本安排进行了初步的探讨。第六章为论文的结论与展望,归纳论文的基本研究成果,展望了进一步研究的空间。

关键词:国家行政机关　行政管理　信息资源　信息管理　电子政务

**7149**

**面向网络服务的网络信息链构建研究** / 张军著 ; 周晓英指导. -- 中国人民大学, 2009. -- 155 页

论文结合对相关专家理论和网络应用案例的分析,对网络信息链与网络信息、信息人的关系进行研究,并展开信息链分析流程和设计方法研究。全文共分为七章。第一章,绪论。介绍论文的选题背景和研究意义,研究思路和研究目标,研究方法以及论文的内容框架。第二章,理论综述与概念界定。提出论文研究资料的来源并对网络服务相关理论概述,对信息生态学国内外相关研究现状展开综述,并提出论文研究相关概念的界定。第三章,网络服务的信息生态学解析。探讨网络服务、网络信息生态与网络信息链,网络信息生态三元素的概念,网络信息链——信息生态的集中体现以及信息生态三元素对网络信息链研究的重要意义。第四章,信息生态三元素与网络信息链。分别从网络生态三元素信息链结构的关系,网络生态三元素信息链功能的关系,网络生态三元素信息链动力的关系以及网络生态三元素信息链动态演化的关系几个方面探讨网络生态三元素信息链。第五章,网络信息链的结构、功能与动力机制。结合对网络信息链的结构以及网络信息链的功能的分析,探讨网络信息链的动力以及其动态演化。第六章,网络信息链的构建。探讨网络信息链的构建原则、网络信息链的分析流程、网络信息链的构建方法——信息链加环以及信息链分析和构建研究对网络服务发展的价值。第七章为论文的结语及相关问题的探讨。

关键词:信息学　生态学　信息管理　互联网络

**7150**

**中国开源软件产业政策研究** / 张文波著 ; 赵国俊指导. -- 中国人民大学, 2009. -- 145 页

论文为中国开源软件产业政策的研究。全文共分为六章。第一章,导论。介绍论文研究的选题背景,研究意义,研究的主要问题,研究相关概念的界定,研究方法,论文结构以及论文的主要创新之处。

第二章,文献综述。介绍文献调研的基本情况,国内外相关研究综述以及论文探讨中可以进一步研究的空间。第三章,开源软件与开源软件的产业。对开源软件的相关概念做出说明,提出开源软件的历史、开源软件的特点、开源软件的解决方案以及开源软件的应用情况、对开源软件产业、开源软件产业链以及全球开源软件发展现状及趋势做出说明。第四章,中国开源软件产业政策与实践。结合中国开源软件产业现状,对中国开源软件产业政策及其效果展开说明。第五章,中国开源软件产业政策的发展。提出大力发展开源软件产业是中国信息化进程的必然选择,认为开源软件已经成为信息化建设的可行选择,中国信息化进程对开源软件产业具有依赖性;从政策目标分析、政策手段分析以及存在的主要问题几个方面,提出对我国现有开源软件产业政策的分析;分别从英国、美国、南非和澳大利亚等国现状,对国外开源软件政策对我国相关政策发展的借鉴价值展开分析;从政策目标建议、基本策略建议以及具体措施建议几个方面提出关于中国开源软件产业政策的具体意见。第六章为论文的主要结论与研究展望。

关键词:软件产业　产业政策　经济发展　软件开发

**7151**

**瑶族档案及其工作研究** / 郑慧著 ; 刘耿生指导. -- 中国人民大学, 2009. -- 222 页

论文综合运动档案学、民族学、历史学、文献学、情报学、管理学等多学科的理论方法,对瑶族档案及其工作展开研究。全文共分为四章。绪论部分主要介绍论文的研究背景与意义、国内外研究现状、研究思路与方法、研究的创新与不足。第一章主要介绍瑶族档案的整体情况和瑶族档案研究的主要情况。按照档案形成时间的早晚,分别介绍无文字实物档案、口碑古籍、纸质档案以及石刻档案的内容、形制、收藏地点、产生、版本、性质、特色、价值、作用、传播以及影响等。第二章主要讨论瑶族档案工作的实践。回顾瑶族档案工作实践的历史,按照档案工作完成的各个程序的先后顺序进行研究,运用专门的理论和公式对瑶族档案工作实践进行客观和科学的评价,对瑶族档案工作实践进行科学规划,展示其未来的发展方向,提出其应采取的措施。第三章主要进行瑶族档案工作理论方法的研究。将瑶族档案工作理论与实践按照档案工作程序逐一对号入座,展现理论与实践的统一。第四章具体论述瑶族档案及其工作研究的多方面意义。主要选取民族学、档案学、经济学以及国际关系学四个方面的意义进行阐述;提出对瑶族档案及其工作研究的展望。结论部分是对全文所论述的内容进行的总结思考。

关键词:瑶族　档案工作　档案管理

# 林业经济管理

**7152**

**森林环境服务业发展的理论与实践研究** / 戴广翠著 ; 高岚,张彩虹指导. -- 北京林业大学, 2009. -- 167 页

论文为森林环境服务业发展的理论与实践研究。全文共分为九章。第一章,绪论。介绍研究问题的提出,研究的目的及意义,国内外相关研究综述,研究的方法与技术路线,研究的思路与内容安排。第二章,森林环境服务业发展的理论基础。介绍森林环境价值理论、森林环境服务价值评估理论方法、森林环境服务核算理论、供需理论分析、森林环境服务交易理论以及产业政策理论。第三章,森林环境服务业的概念及定性分析。包括对森林环境服务业的概念界定,森林环境服务业的地位及产业联系,森林环境服务业的特点介绍。第四章,我国森林环境服务业的供给与需求分析。介绍我国森林生态建设的历程、建设方式以及我国森林环境服务产品的类型,提出我国森林环境服务需求的现状。第五章,我国森林环境服务业发展的现状及问题。森林环境服务业政府发挥着主导作用,市场手段开始引入森林环境服务领域,分析森林环境服务业发展存在的问题,并探讨森林环境服务市场化发展趋势。第六章,我国森林环境服务业发展的实证分析。结合案例地森林资源与社会经济状况,探讨发展森林环境服务业的紧迫性以及森林环境服务的有偿使用途径,提出森林环境服务的有偿使用中存在的问题。第七章,国外森林环境服务业发展的启示。结合国外森林环境服务业发展的历史与现状,提出对我国有益的借鉴。第八章,提出我国森林环境服务业发展的对策与相关政策建议。第九章为论文的结论与展望。

关键词:林业经济　森林　服务业　生态环境

**7153**

**县域生态经济的研究** / 多金荣著 ; 张大红指导. -- 北京林业大学, 2009. -- 126 页

论文从理论和实践两个层面对县域生态经济发展进行了研究和分析。全文分为八章。第一章为绪论,包括研究背景与意义、县域生态经济研究现状综合评述、研究方案以及论文的创新之处和不足。第二章介绍县域生态经济的理论基础,界定并阐述县域生态经济的基本概念与范畴,分析县域生态经济发展的相关理论。第三章分析县域生态经济发展,解析县域生态经济发展的基础、县域生态经济潜力,指出建设县域生态经济是打破城乡二元经济结构的基础。第四章论述中国县域生态经济发展模式,包括县域生态经济发展的原则、县域生态经济的发展体系、县域生态经济发展模式分析、县域生态经济发展目标研究和高目标县域生态经济发展分析。第五章探索中国县域生态经济发展路径,主要从发展生态经济建立县域经济核心产业、发展县域生态经济建设县城社会综合效益、由阶段性渗透到普遍性发展生态经济、确立县域生态经济发展的战略方案、低成本发展县域生态经济的路径以及多路径发展县域生态经济六个方面进行讨论。第六章探析县域生态经济发展政策,包括县域经济发展的普遍性政策、扶持性政策、目标性政策以及县域生态建设的对策建议和保障措施。第七章对案例进行分析,以河北省张家口地区义县为例分析资源依托型县域生态经济发展,以内蒙古伊古昭盟达拉特旗为例分析政策依托型县域生态经济发展。第八章为论文的总结部分,提出了建议,指出论文的创新点和研究的问题。

关键词:县级经济　生态经济　经济发展　可持续发展

**7154**

**松嫩平原库区生态环境与经济协调发展研究:以大庆市南引水库库区为例** / 高玉娟著 ; 王兆君指导. -- 东北林业大学, 2009. -- 96 页

论文以大庆市南引水库库区为例,对松嫩平原库区生态环境与经济协调发展问题展开研究。全文共分为八章。第一章,绪论。介绍论文的选题背景,研究目的及意义,国内外研究现状,研究的内容以及研究的方法与技术路线。第二章,研究范围的界定与理论基础分析。对松嫩平原库区界定,提出库区生态环境与经济协调发展的内容;提出研究的理论基础,包括生态环境与经济协调发展的经济学理论、可持续发展理论、生态经济学理论、区域科学理论、共生理论以及系统控制论。第三章,国外生态环境与经济协调发展的经验借鉴。分别对美国俄马水库,菲律宾坎拉昂山国家公园水域资源配置做出分析评价,探讨国外水库流域管理的实践与发展趋势以及国际经验的可借鉴之处。第四章,松嫩平原库区生态环境与经济发展现状与问题分析。分析探讨松嫩平原库区自然概况,松嫩平原库区生态环境现状与问题,并提出松嫩平原库区经济现状与问题。第五章,松嫩平原库区生态环境与经济发展因素分析。分别对松嫩平原库区环境因素的水环境与土壤环境分析,在此基础上,提出松嫩平原库区经济发展的因素。第六章,松嫩平原库区生态环境与经济发展的协调评价。构建评价指标体系,提出协调发展的评价方法,并基于因子分析法的经济和生态环境子系统综合评价对松嫩平原库区生态环境与经济的协调发展分析。第七章,综合讨论,提出对松嫩平原库区生态环境与经济发展的对策研究。第八章,松嫩平原库区生态环境与经济协调发展的林业行动。提出对库区林业需求的判断,参与式林业模式在库区林业建设中的应用,并提出库区林业发展的思路与重点。最后为论文结论。

关键词:松嫩平原　生态环境　经济发展　协调发展

**7155**

**中国木质林产品出口贸易结构的实证研究** / 顾晓燕著 ; 聂影指导. -- 南京林业大学, 2009. -- 160 页

论文为中国木质林产品出口贸易结构的实证研究。全文共分为八章。第一章,绪论。介绍论文研究问题的提出,研究的意义,国内外相关文献综述,研究的对象、研究方法、研究内容与技术路线,提出研究可能的创新与不足。第二章,出口贸易结构研究的理论基础。对基于古典贸易理论的出口贸易结构决定,基于新古典贸易理论的出口贸易结构决定,基于新贸易理论的出口贸易结构决定以及基于新兴古典贸易理论的出口贸易结构决定做出说明。第三章,中国木质林产品的出口贸易状况。结合对中国木质林产品的出口规模分析以及中国木质林产品的出口竞争力分析,提出中国木质林产品出口贸易面临的困境。第四章,中国木质林产品出口商品的结构分析。分析讨论中国木质林产品出口商品结构的变动,中国木质林产品出口商品结构的形成机理,并对中国木质林产品出口商品结构相关指数分析,对中国木质林产品出口商品结构相关问题做实证分析。第五章,中国木质林产品对外贸易模式结构分析。分析探讨了产业间贸易

和产业内贸易两种模式的贸易结构,对中国木质林产品产业内贸易相关指数分析,中国木质林产品产业内贸易类型分析,并探讨中国木质林产品产业内贸易的影响因素。第六章,中国木质林产品主要出口市场结构分析。分别对中国木质林产品主要出口市场的结构变动,中国木质林产品出口市场结构相关指数,中国与主要贸易伙伴的木质林产品贸易指数以及中国木质林产品市场增长的影响因素作出分析。第七章,提出对中国木质林产品出口贸易结构的风险测算。第八章为论文的结论及出口机构的优化建议。

关键词:林产品　出口贸易　贸易结构　市场结构

**7156**

**中国农村合作组织分析:回顾与创新** / 胡振华著 ; 聂华指导. -- 北京林业大学, 2009. -- 183 页

论文以中国农村合作社组织为研究对象,对其进行回顾与创新。全文分为八章。第一章为引言,包括研究意义、研究的基本内容、论文的基本假设、分析范式与评价、分析方法与流程、个案的选择以及可能的创新之处。第二章对文献进行综述,界定若干概念并进行小结。第三章中外农村合作组织:经验考察和历史变迁,说明国际上农村合作组织的经验考察和中国农村合作组织的历史变迁,并对中外农村合作组织进行比较和小结。第四章探索农村合作组织的理论,主要有农村合作组织的经济学分析、农村合作组织的政治学分析以及农村合作组织的社会学分析。第五章农村合作组织制度安排:一个基本框架,解析农村合作组织制度嵌入的基本约束,阐述农村合作组织的制度,探析农村合作组织制度演进。第六章以瑞安农协个案为例,论述农村合作组织新模式,介绍产生的思想背景,讨论瑞安农协组建和"三位一体"模式,指出瑞安农协模式的创新,总结瑞安农协模式创新的启示。第七章农村合作组织要素投入和绩效分析,在说明要素投入途径和评价指标的基础上,实证"农协模式"资金流程和绩效,探索农村合作组织绩效的影响因素,考察农村合作组织的社会和政治绩效。第八章对全文进行总结,包括论文的主要结论以及需要进一步研究的问题。

关键词:农业合作组织　农村　组织创新　绩效评价

**7157**

**林业企业实施森林认证的动力机制研究** / 黄晓玲著 ; 杨建州指导. -- 福建农林大学, 2009. -- 145 页

论文的研究对象为林业企业实施森林认证的动力机制。全文共分为九章。第一章,引言。介绍论文的研究背景,国内外相关研究进展,研究的目标和拟解决的关键问题,研究的方法与内容框架。第二章,林业企业实施森林认证的内在动力机制及其模型。探讨林业企业实施森林认证的心态与偏好,林业企业实施森林认证动力机制的内涵与界定,林业企业实施森林认证动力机制模型的构建。第三章,林业企业实施森林认证动力机制的实证分析。分析包括林业企业实施森林认证动力的社会调查分析、影响因素分析以及林业企业实施森林认证影响因素的多元回归分析。第四章,林产品贸易发展对林业企业实施森林认证的基本要求。对相关概念界定,对林产品贸易的发展趋势做出分析,探讨森林认证对中国林产品国际贸易的影响,分析林业企业实施森林认证与林产品贸易发展的规范,探讨林产品贸易发展对林业企业实施森林认证的要求。第五章,森林认证系统体系建设对林业企业实施森林认证的影响分析。包括森林认证系统体系的结构与功能,森林认证系统体系能力建设的界定,森林认证系统体系发展能力建设对林业企业提升实施森林认证动力的互动机理。第六章,林业企业实施森林认证的成本效益与生态经济分析。一是对林业企业实施森林认证的经济和社会效应分析,二是对林业企业实施森林认证的成本效益分析,三是对林业企业实施森林认证成本效益分析模型的构建,四是对林业企业实施森林认证的生态经济分析。第七章,福建省永安林业股份有限公司实施森林认证的案例分析。第八章,提升林业企业实施森林认证动力的路径选择探讨与结论说明。第九章为论文的主要结论。

关键词:林业企业　质量管理体系　认证

**7158**

**林业资源型城市经济转型研究** / 姜传军著 ; 蒋敏元指导. -- 东北林业大学, 2009. -- 102 页

论文的研究对象为林业资源型城市经济转型。全文共分为九章。第一章,绪论。介绍论文的研究背景,研究目的及意义,相关研究综述,研究内容与研究方法。第二章,研究的理论基础。介绍可持续发展理论的基本内容,可持续发展理论对林业资源型城市经济转型的要求;生态经济理论的内容以及生态经济理论对林业资源型城市经济转型的要求;产业经济理论的内容及产业经济理论对林业资源型城市经济转型的要求;区域经济发展理论的内容以及区域经济发展

理论对林业资源型城市经济转型的要求。第三章,我国林业资源型城市现状及存在的问题分析。探讨林业资源型城市的概念、界定标准与分布,分析林业资源型城市的基本特征,林业资源型城市的发展现状,林业资源型城市存在的主要问题以及林业资源型城市经济转型的现实动因。第四章,国内外资源型城市经济转型的经验与启示。分别对国外资源型城市经济转型的经验以及我国典型资源型城市经济转型的经验做出说明,提出对我国林业资源型城市经济转型的启示与讨论。第五章,林业资源型城市经济转型发展战略构想。对林业资源型城市经济转型战略条件做出分析,并提出林业资源型城市经济转型的战略构想。第六章,林业资源型城市经济转型的模式构建。提出确立林业资源型城市经济转型的模式原则,林业资源型城市经济转型的模式特点以及林业资源型城市经济转型基本模式与运行方式。第七章,提出林业资源型城市经济转型评价指标体系,并指出林业资源型城市经济转型的评价方法。第八章,林业资源型城市经济转型的保障机制的建立与讨论。第九章,通过对伊春市的经济转型实证研究,提出典型的林业资源型城市的做法与评价。最后为论文结论。

关键词:城市经济　经济转型　产业结构调整

**7159**

**东北国有林区林业生态经济发展模式研究** / 荆立新著 ; 耿玉德指导. -- 东北林业大学, 2009. -- 93 页

论文的研究对象为东北国有林区林业生态经济发展模式。全文共分为七章。第一章,绪论。介绍研究的背景,研究的目的与意义,国内外研究综述以及研究的主要内容,研究的方法与技术路线。第二章,研究的理论基础。介绍林业生态经济系统的内涵及其构成,林业生态经济系统的运行规律,研究的相关理论及其应用。第三章,东北国有林区林业生态经济发展的现实需求。探讨东北国有林区林业生态经济发展关于经济增长方式转变的需求,国家宏观政策的需求,社会对生态环境的需求,特殊的地位和作用是林区林业生态经济发展的客观需求,解决林区突出矛盾是林区林业生态经济发展的迫切需求。第四章,东北国有林区林业生态经济发展模式的构建。对发展模式构建的影响因素进行分析,探讨发展模式构建的指导思想,发展模式构建的原则以及发展模式构建的总体思路,提出分区的模式构建。第五章,东北国有林区林业生态经济发展模式运行机制预评价。提出发展模式运行制机构建的原则与框架,发展模式的运行机制,东北国有林区林业生态经济发展模式的体系与评价。第六章,东北国有林区林业生态经济发展模式运行支撑保障体系。介绍体制的支撑、宏观政策与制度支撑、资金支撑、法律支撑、科技支撑、宣传支撑、管理支撑等。第七章,结合实际案例,对大兴安岭林区林业生态经济发展模式提出构建与评价。最后为论文结论。

关键词:林区　林业经济　生态经济　可持续发展　东北地区

**7160**

**区域生态认证机制研究:区域可持续发展市场化的理论探索** / 景杰著 ; 温作民指导. -- 南京林业大学, 2009. -- 112 页

论文试图在不改变现有行政管理体系体系和法律责任的条件下,设计一种普遍使用的可持续发展认证制度体系——区域生态认证体系,为区域可持续发展创造新的市场动力。全文分为十二章。第一章为导论,包括背景、国内外研究现状、区域生态认证机制研究目的和意义、研究创新点和难点、研究方法和技术路线。第二章介绍区域生态认证基本原理,主要有虚拟环境权实体产权化原理、环境成本区域分摊原理和复合生态系统理论。第三章规定区域生态认证的概念,追溯生态认证的起源,比较生态认证体系,界定区域生态(REC)定义。第四章阐述区域生态认证基本制度,包括区域生态认证(REC)原则、区域生态认证(REC)基本程序和区域生态认证(REC)技术规程。第五章论述区域生态认证指标体系,比较现有区域生态指标体系,阐述区域生态认证 ETE 指标的建立,并且解析区域生态认证指标体系的设计和批准。第六章分析区域生态系统治理企业,建立 REME:分工理论和企业理论的推导,探析 REC 机制中 REME 的博弈,说明 REME 的获利途径。第七章探索区域生态认证动力机制,介绍似商标权:REC 标志使用权的经济属性,研究 REC 标志使用权的价格决定,评估 REC 标志使用权的价值。第八章探析生态认证产品销售,对基本假定进行实证,即分析生态认证产品的消费者,并对基本假定进行补充实证,也就是对生态认证产品中间商的解析。第九章讨论区域生态认证环境,在法律因素和法治环境的基础上,解析政治和政策因素,并说明文化影响和对基本假定的进一步分析。第十章综述区域生态认证体系的改进和启动,基于“PDCA

循环"的 PEC 体系改进，进一步研究 REME 的建立、REC 市场启动策略和 REC 国际化路径。第十一章探究区域生态认证市场动力案例，包括对生态认证市场动力的实例分析生态认证产品生产者和对 REC 市场动力的实例分析生态认证产品生产者补充分析。第十二章总结全文，并提出了建议。

关键词：区域经济　生态经济　经济发展　环境保护　可持续发展

7161

**我国东北林区滑雪经济可持续发展研究** / 李松梅著 ; 黄清指导. -- 东北林业大学, 2009. -- 131 页

论文通过运用可持续发展、区域经济发展、竞合理论及利益相关者等基础理论，对东北林区滑雪经济可持续发展问题进行了探讨。全文分为八章。第一章为绪论，包括研究背景、目的和意义、国内外相关研究评述、研究内容、结构与方法。第二章介绍相关概念和基础理论。第三章阐述国外滑雪经济可持续发展状况与经验，包括发展状况和主要经验，并进行总结。第四章指出东北林区滑雪经济发展历史、现状与主要问题。第五章对滑雪经济可持续发展评价指标体系进行构建，分析构建方法的选择，说明指导思想与原则，构建指标体系框架，并进行小结。第六章论述滑雪经济可持续发展评价指标体系的应用，在指标权重确定的基础上，分析案例，并且进行综合评价与总结。第七章探析东北林区滑雪经济可持续发展的模式，包括区域滑雪经济协同发展模式、网状滑雪产业链模式、滑雪循环经济模式、社区参与模式以及模式评价与应用。第八章提出东北林区滑雪经济可持续发展的对策建议，主要从制定科学的规划、实现协同管理、拓展经济效益空间、重视生态环境的保护、促进区域合作、提升服务质量、提高林区参与度七个方面进行探讨，最后对该章进行总结综述。

关键词：林区　滑雪　体育经济　可持续发展　东北地区

7162

**规模化养猪场沼气工程发展的影响因素研究：以福建为案例** / 林斌著 ; 余建辉指导. -- 福建农林大学, 2009. -- 110 页

论文以外部性理论、信息不对称理论和行为决策理论为指导，通过问卷调查和案例研究对规模化养猪场沼气工程发展进行大量的实际研究和深入的理论分析，并运用多元回归分析的方法对规模化养猪场沼气工程发展的影响因素进行实证研究，找出推进规模化养猪场沼气工程发展的关键因子，以此为契机提出一套科学可行的推进规模化养猪场沼气工程发展的政策保障体系。全文分为七章。第一章导言，包括问题的提出、研究目标、研究内容、研究意义、研究方法、技术路线、相关概念的界定、研究特色和可能的创新。第二章综述规模化养猪场沼气工程发展的研究，介绍规模化养猪场沼气工程的工艺技术国内外研究现状，阐述规模化养猪场沼气发展影响因素的研究现状，说明规模化养殖场沼气产业化发展的国内外研究现状，讨论规模化禽兽养殖场沼气工程发展障碍的研究现状，论述禽兽养殖业环境管理策略的国内外研究现状和沼气工程建设与管理的国内外研究现状并进行小结。第三章分析福建省规模化养猪场沼气工程的发展现状，包括福建省养猪产业的发展概况、福建省规模化养猪场污染现状及治理模式、福建省发展规模化养猪场沼气工程的必要性和可行性分析、福建省规模化养猪场沼气工程的发展概况。第四章探析规模化养猪场沼气工程发展的技术经济，主要有规模化养猪场沼气工程的工艺模式和规模化养猪场发展沼气工程的经济评价。第五章规模化养猪场沼气工程发展影响因素：分析框架与数据来源，介绍规模化养猪场沼气工程发展影响因素的理论分析框架和规模化养猪场沼气工程发展影响因素的理论模型，并且描述数据来源。第六章规模化养猪场沼气工程发展影响因素：实证模型与结果分析，分析规模化养猪场沼气工程发展影响因素的实证模型选择，界定变量的定义，解析样本描述统计和回归结果。第七章论述规模化养猪场沼气工程发展政策的国内外比较研究，包括法律政策、金融政策、财政政策、税收政策四方面。

关键词：养猪场　废物处理　粪便处理　沼气工程

7163

**中国退耕还林政策系统性评估研究** / 刘诚著 ; 刘俊昌，田治威指导. -- 北京林业大学, 2009. -- 154 页

论文为中国退耕还林政策的系统性评估研究。全文共分为八章。第一章，引言。介绍论文的研究背景，研究对象、目的及研究意义，研究的数据来源以及研究的思路与结构安排。第二章，研究基础。介绍国内外退耕还林政策研究的文献述评，退耕还林政策评估研究的理论基础。第三章，退耕还林政策体系及评估框架。对退耕还林工程简单评价，分析退耕还林政

策体系，厘清退耕还林政策的评估框架，包括退耕还林政策评价体系的思路，退耕还林政策评价框架和内容，退耕还林政策评价指标的原则，退耕还林政策评价指标体系以及退耕还林政策评价方法。第四章，退耕还林政策制定背景回溯分析。分析退耕还林政策制定的全球背景，发达国家实施退耕还林的目的和背景以及对我国退耕还林政策实施的现实背景分析。第五章，退耕还林政策实施进展分析。结合退耕还林政策的实施进展情况，对退耕还林政策进展中的状况提出分析，包括退耕还林政策实施中出现的偏离以及退耕还林政策实施发生偏离的原因分析。第六章，退耕还林政策效果的多维度评价与分析。分别从生态目标实现程度，对农民收入的影响，对农业经济的影响，对粮食安全的影响四个维度对退耕还林政策效果作出评价讨论。第七章，退耕还林政策效果的综合评估。从退耕还林政策的多目标评价，指标及属性的确定方法，指标权重的方法确定以及退耕还林政策综合效果评价方法的应用几个方面讨论。第八章为论文的研究结论与政策建议。

关键词：退耕还林　林业政策　综合评估

**7164**

**林业企业信用管理体系研究** / 刘俊芹著 ；蒋敏元指导. -- 东北林业大学，2009. -- 104 页

论文运用系统和比较分析相结合，定性与定量分析相结合的方法研究林业企业信用管理的主要问题，构建林业企业信用管理体系。全文共分为九章。第一章，导论。介绍论文选题的背景，国内外研究现状与评述，研究范围及概念界定，主要内容与结构，研究的技术路线与主要方法。第二章，信用管理的理论基础。介绍信息经济学理论、契约理论、交易费用理论、制度变迁理论、产权经纪理论。第三章，林业企业信用管理的现状及合理定位。分析林业企业信用管理的现状、林业企业信用管理的内涵、林业企业信用管理体系的合理定位。第四章，林业企业信用管理体系构架。介绍构建林业企业信用管理体系的原则和指导思想，林业企业信用管理体系的层次，林业企业信用管理体系的基本构建及其关系。第五章，受信管理：林业企业信用评价要素及评价模型。提出林业企业信用评价要素、林业企业信用指标体系、林业企业信用评价模型。第六章，授信管理：林业企业信用销售管理及风险转移。介绍林业企业信用销售的特点、林业企业信用销售管理现状、林业企业信用销售管理的组织机构、林业企业信用销售管理与控制分析、林业企业信用风险转移、林业企业信用风险转移方式以及林业企业信用担保品。第七章，林业企业信用监管体制。介绍林业企业信用管理监督原则，内外结合、全程动态、多视角的监管体制，信用管理监管措施。第八章，探讨与实施建立 G&B 林业企业信用管理信息化系统。第九章，林业企业信用管理的保障。分别提出基于林业企业自身的保障，基于政府的保障以及基于独立第三方信用服务中介机构的保障。最后为论文的主要结论。

关键词：林业企业　企业管理　信用管理　评价模型

**7165**

**黑龙江国有林区职工生存与发展激励体系研究** / 刘丽红著 ；曹玉昆指导. -- 东北林业大学，2009. -- 157 页

论文以马克思人学思想、激励理论与林业可持续发展理论为基础，对黑龙江国有林区职工生存与发展激励体系展开研究。全文共分为七章。第一章，绪论。介绍论文的研究目的、研究意义以及研究缘起，提出国内外相关研究现状，介绍论文的研究思路与研究方法，研究的主要创新之处。第二章，主要概念界定及相关基础理论。介绍研究设计的主要概念内涵，对研究的马克思的人学思想及其相关理论，激励的基本理论以及林业可持续发展理论做出介绍。第三章，黑龙江国有林区职工生存与发展状况、存在的问题分析。对职工家庭就业状况、收入状况、支出状况进行分析，探讨家庭特征对收入与支出的影响。第四章，黑龙江国有林区职工生存与发展状况的影响因素分析。确定黑龙江国有林区职工生存与发展影响因素的内容与黑龙江国有林区职工生存与发展影响因素的界定，对黑龙江国有林区职工生存与发展的影响因素做出定量分析。第五章，黑龙江国有林区职工生存与发展激励体系理论框架。探讨生存与发展激励体系构建的基本原则，生存与发展激励体系的构成要素及其相互关系，生存与发展激励体系构建的外部保障。第六章，黑龙江国有林区职工的生存激励策略。提出完善社会保障体系，发挥社会保障制度的约束激励作用，更新职工生存观，为改善职工生存状况提供经济动力。第七章对黑龙江国有林区职工的发展激励策略做出解释。

关键词：国有林　林区　人事管理　黑龙江

**7166**

**森林自然资本公允价值计量研究** / 刘梅娟著 ; 温作民指导. -- 南京林业大学, 2009. -- 264 页

论文以价值理论、产权理论、会计目标理论以及会计计量理论为基础,运用规范分析和实证分析的研究方法,选择林业企业最重要的森林自然资本——森林生物资产和森林生态资产的会计计量问题为研究对象,以公允价值计量为主线,对森林自然资本价值的会计计量规范及其公允价值计量的获取技术、计量模式及财务报告进行了系统的研究。全文分为十章。第一章为导论,包括研究背景、国内外研究现状及分析评价、研究目的及意义、研究对象与研究方法、整体框架与主要研究内容、可能的创新之处。第二章森林自然资本及公允价值的概念研究,阐述与森林自然资本有关的基本概念,说明森林自然资本的定义、特征及分类,并介绍公允价值的概念,界定论文研究的森林自然资本范围。第三章论述研究的理论基础,主要有价值理论、产权理论、会计目标理论和会计计量理论。第四章构建森林自然资本价值会计计量的框架,确定森林自然资本会计计量的基本构架,界定森林自然资本的产权,并分析森林自然资本的实物计量、货币计量,以及森林自然资本货币计量方法在会计系统中的应用。第五章森林自然资本公允价值获取技术途研究(一):途径与方法,介绍森林自然资本公允价值的获取途径,研究森林生物资本公允价值获取技术,论述森林生态资产公允价值获取技术。第六章森林自然资本公允价值获取技术(二):会计信息质量视角,说明会计信息的质量特征,即 FASB 及 IASC 的观点,指出森林自然资本公允价值获取技术的信息途径,也就是解决如何具有可验证性问题,并且完善和规范森林自然资本公允价值评估机制,根据成本效益的权衡选择森林自然资本公允价值获取技术。第七章研究森林自然资本公允价值计量模式,主要有森林生物资产及生态资产的计量模式和森林自然资本的收益决定模式。第八章构建森林自然资本财务报告模式,指出传统林业财务报告模式及呈报存在的问题,阐述森林自然资本财务报告模式构建的基础工作,并分析森林自然资本财务报告模式的构建。第九章对典型案例进行研究,包括选点依据及研究点概况、墟沟林场森林自然资本价值计量研究、墟沟林场森林自然资本公允价值会计信息的列报与披露研究以及墟沟林场森林自然资本公允价值会计计量的启示。第十章对全文进行了总结,并提出需要进一步解决的问题。

关键词:森林生态经济学　林业经济　资产　会计计量

**7167**

**中国野生植物利用产业发展分析及对策研究** / 罗彦平著 ; 刘俊昌,温亚利指导. -- 北京林业大学, 2009. -- 185 页

论文对我国野生资源产业进行分析,探讨中国野生植物利用发展与对策。全文共分为十二章。第一章,引言。介绍论文的研究背景,研究的目的和意义,研究的思路和主要内容。第二章,研究基础。介绍论文研究的国内外现状,论文的基本理论基础。第三章,野生植物利用产业化的内涵界定。提出对野生植物、产业以及野生植物利用产业的概念界定,对野生植物利用产业分类,提出野生植物利用产业的特征与野生植物利用产业化的分析框架。第四章,我国野生植物利用产业发展的过程分析。分析我国野生植物利用发展的历程,野生植物利用产业的发展阶段,野生植物利用产业发展中存在的问题。第五章,资源禀赋与野生植物利用产业空间布局分析。分析探讨资源禀赋与野生植物利用产业布局的关系,资源禀赋的自然与社会经济影响因素,提出我国资源禀赋区域特点分析与我国野生植物利用产业空间布局分析。第六章,野生植物利用产业的发展动力与市场发育分析。包括对野生植物利用产业发展的动力分析以及野生植物市场的发育分析。第七章,野生植物利用产业结构以及产业发展的水平分析。包括对我国野生植物利用产业结构的介绍与评价,提出我国野生植物利用产业结构特点与存在的问题,并对野生植物利用产业发展水平与限制因素做出分析。第八章至第十章分别对中国野生植物利用产业组织模式、野生植物利用产业的政策、中国野生植物利用产业产业的发展对策进行分析。第十一章结合福建省明溪县红豆杉利用的产业分析,探讨产业发展过程中存在的问题与发展建议。第十二章为论文的结论与展望。

关键词:野生植物　林业经济　产业布局　产业结构　产业政策

**7168**

**林业高等职业院校发展动力机制的研究** / 倪筱琴著 ; 张敏新指导. -- 南京林业大学, 2009. -- 119 页

论文采用理论分析方法、比较分析和实证研究方

法,将"动力机制"的概念和分析框架引入高职院校发展机理研究中,从动力源的角度探索研究林业高等职业院校的发展需要创造的环境条件以及相应的制度设计和管理变革。全文分为七章。第一章为导论,包括研究背景及意义、国内外研究综述、研究技术路线和研究内容及方法。第二章介绍林业高职院校发展背景,阐述林业教育的发展历史,并分析林业高职院校发展现状。第三章林业高职院校发展动力机制,分析林业高职院校的基本属性及定位,并解析林业高职院校发展动力机制的基本内涵与结构。第四章是对高职院校发展动力机制的国际比较研究,主要有美国、澳大利亚、德国和部分国家及地区高职院校发展动力机制的比较研究。第五章以实证探析林业高职院校发展动力机制,包括广西生态工程职业技术学院发展动力机制的实证研究、杨凌职业技术学院发展动力机制的实证研究、江苏农林职业技术学院发展动力机制的实证研究和浙江嘉兴职业技术学院发展动力机制的实证研究。第六章林业高等职业院校成功发展的探索与创新,指出发展的基础是外部政策环境,发展的灵魂是先进和科学的办学理念及定位,发展的重要特征是产学合一,发展的要旨是适应经济发展方式的转变,发展的重要内涵是适需的人才培养模式,发展的重要前提是特色发展和多元发展,发展的重要保障是构建终身职业教育培训体系。第七章对全文进行总结和展望,包括主要内容、重点总结以及本研究的创新点、不足与展望。

关键词:林业　高等职业教育　学校管理　教育培训

**7169**

**基于组织学习的农业企业知识联盟研究** / 潘辉著 ; 佟光霁指导. -- 东北林业大学, 2009. -- 122 页

论文为基于组织学习的农业企业知识联盟的研究。全文共分为八章。第一章,绪论。介绍论文研究的选题背景,研究目的与研究意义,国内外研究现状和述评以及论文的研究方法、研究内容与研究技术路线。第二章,概念界定及基础理论。介绍农业企业知识联盟的相关概念,包括农业企业,农业企业知识联盟;介绍农业企业知识联盟相关理论,包括交易费用理论,公共产品理论,资源和能力理论,社会网络理论;介绍组织学习理论,包括组织学习的涵义,组织学习的类型,组织学习与学习型组织的关系,从组织内学习转为组织间学习,知识联盟与组织学习之间的关系以及农业企业知识联盟理论框架。第三章,基于组织学习的农业企业知识联盟现状及障碍。对我国农业企业知识联盟的现状做出介绍,从科研机构科研创新方面、农业企业主体方面和农业企业组织学习三个方面分析我国农业企业知识联盟存在的问题;对知识联盟发展的障碍性做出分析,探讨农业企业自身发展的障碍和制度方面的障碍。第四章,基于组织学习的农业企业知识联盟形成机理及博弈分析。探讨农业企业知识联盟的形成动因、农业企业知识联盟组织学习的形成机理、农业企业知识联盟的博弈分析并得出结论。第五章,农业企业知识联盟组织学习的模式构建。提出农业企业知识联盟组织学习的构建原则,农业企业知识联盟组织学习的过程构建,农业企业知识联盟组织学习的框架等以及农业企业知识联盟组织学习的运行模式。第六章,农业企业知识联盟组织学习的运行机制。介绍基于组织学习的农业企业知识联盟实现的机制特点,农业企业知识联盟组织学习机制的建设以及农业企业知识联盟外部组织学习机制新建设等问题。第七章,农业企业知识联盟综合绩效评价。提出 AHP 模糊综合评价模型的内涵和构建,并运用层次分析法确定指标权重与评价。第八章,基于组织学习的农业企业知识联盟发展的对策与建议。最后为论文主要结论。

关键词:农业企业管理　知识经济　知识管理　技术创新

**7170**

**中国林业金融支持体系研究** / 秦涛著 ; 田治威,潘焕学指导. -- 北京林业大学, 2009. -- 282 页

论文从我国林业产业化发展的金融基础、产融互动和林业金融资源效率等角度,对中国林业金融支持体系展开研究。全文共分为九章。第一章,引言。介绍论文研究问题的提出,文献综述,论文的研究体系结构与研究方法。第二章,林业金融支持的相关理论。包括林业分类经营理论,产融结合理论,金融发展理论与金融创新理论。第三章,林业金融支持激励与金融支持体系框架。介绍我国林业金融支持的经济学机理,林业资本形成机制与投资效率分析,我国林业金融支持体系的总体框架。第四章,林业融资需求分析与信贷约束解决机制。分别对林农融资需求与信贷约束程度作出分析,对林业信贷供给理论与影响因素分析,探讨抵押机制在林业信贷融资中的应用模式,分析林业金融服务体系构建的路径。第五章,

林业产业吸融力评价及提升路径。对商品林投资盈利能力做总体评价,对商品林投资风险种类及水平进行测定,提出对投资收益率与风险影响因素分析,探讨增强林业产业引资能力的总体思路。第六章,林业融资模式优化与金融工具的创新机制。探讨利用资本市场进行直接融资,林业信托融资模式创新方式,林业产业投资基金设立与应用模式,林业高新技术产业化风险投资体系,林业项目资产证券化融资模式创新以及林业项目 BOT 融资模式应用与创新。第七章,林业风险管理与防范体系构建。对林业一体化风险管理体系总体框架与林业保险业务创新发展模式,林产品期货市场重建与发展策略做出说明讨论。第八章,提出我国林业金融支持制度供给与发展模式。第九章为论文的研究结论与展望。

关键词:林业经济　金融政策　融资　投资

7171

**我国南方集体林区森林保险事业发展对策研究** / 石焱著 ; 夏自谦指导. -- 北京林业大学, 2009. -- 139 页

论文为我国南方集体林区森林保险事业发展的对策研究。全文共分为九章。第一章,引言。介绍研究的目的与意义,国内外相关研究现状,研究的内容、技术路线与方法。第二章,森林保险的理论基础。介绍保险的概念与要素,保险的特点、职能与分类等,森林及森林保险的内涵,提出森林保险的额相关基础理论。第三章,森林保险演变过程、存在问题与原因分析。分别对森林保险的演变过程,森林保险发展过程中存在的不足之处,森林保险发展缓慢的经济学原因以及森林保险发展面临的变革做出讨论。第四章,世界森林保险发展及借鉴。分别以日本模式、瑞典模式、芬兰模式与美国模式为例,介绍世界森林保险模式,介绍国外森林保险发展的经验与借鉴启示。第五章,南方集体林区森林保险实践探析。分别以福建省、江西省、湖南省为例,探讨各省灾害发生情况以及林业经营的主要风险,探讨森林保险开展的具体形式与保险方案,介绍各省的投保情况以及主要经验与做法,对案例做总结分析,并探讨南方集体林区开展森林保险后的变化。第六章,农业保险的内涵与特点分析。第七章,构建南方集体林区政策性森林保险体系的基本框架。结合建立政策性森林保险的指导思想与基本原则,提出政策性森林保险的模式选择,政策性森林保险的基本体系与政策性森林保险的基本内容及发展存在的关键问题。第八章,提出促进南方集体林区森林保险事业发展的对策。第九章为论文的结论与展望。

关键词:林业　集体林　农业保险　保险事业

7172

**浙江省林业产业发展战略研究** / 宋超智著 ; 宋维明,温亚利指导. -- 北京林业大学, 2009. -- 123 页

论文围绕浙江省林业产业发展这一主题展开了相关研究。全文分为九章。第一章为导论,包括研究背景、国内外研究动态、研究目的及意义、研究的主要内容、研究的主要方法以及林业产业概念的界定。第二章介绍研究的理论基础,主要有战略理论、产业发展战略理论和产业经济学相关理论。第三章分析浙江林业产业发展概况及特征,阐述浙江森林资源状况、林业产业发展概况,论述浙江林业发展特征。第四章解析浙江林业产业发展战略目标,在林业产业发展符合浙江循环经济和浙江现代林业建设目标的要求的基础上,确定浙江林业产业发展战略目标。第五章探析浙江林业产业发展战略影响因素系统,分析生产要素和需求条件,阐述企业战略、结构和同业竞争,介绍相关支持性产业、政府和机会三个问题并进行总结。第六章探索浙江林业产业结构现状及发展趋势,在浙江林业产业结构现状的基础上,讨论浙江林业产业结构的灰色关联和灰色预测并进行总结。第七章论述浙江省林业发展战略的选择,包括 SO 战略选择、ST 战略选择、WO 战略选择以及 WT 战略选择。第八章综述浙江林业产业发展战略的政策体系设计,指出政策对产业发展的外部助推和导向作用,并设计浙江林业产业发展战略的政策体系。第九章为论文的总结与创新。

关键词:林业经济　产业发展　经济发展战略　浙江

7173

**城市旅游与城市生态建设研究:以扬州为例** / 孙萍著 ; 温作民指导. -- 南京林业大学, 2009. -- 170 页

论文以扬州为例,探讨城市旅游与城市生态建设。全文共分为九章。第一章,绪论。介绍研究的背景与意义,国内外相关研究现状,研究的目标与主要内容,研究的方法与技术路线。第二章,相关理论基础与概念辨识。介绍研究的相关理论,包括城市生态规划、景观生态学理论、系统科学理论、经济学理论以及城市水生态理论,对论文的旅游概念、城市旅游概

念以及生态旅游的内涵做出界定。第三章,城市旅游与城市生态建设的联动效应。解析城市生态系统,探讨城市生态系统的内涵与特点,提出城市生态系统的景观格局与特征,探讨城市生态建设的内涵,包括生态城市的内涵以及城市生态建设的主要内容,分别对城市旅游的演进机制探讨,对城市旅游发展缺失及成因解析,提出城市旅游发展的生态观,并探讨城市生态旅游的开发系统。第四章,城市生态旅游空间整合。基于对城市旅游空间结构的解析,对城市生态旅游空间分类,提出城市生态旅游空间结构的特征;整合城市生态旅游空间范畴,并探讨城市生态旅游空间整合模式。第五章,城市生态旅游系统评价。基于系统论的旅游系统理论研究,探讨城市生态旅游系统的作用机制,城市生态旅游系统结构,城市生态旅游的系统评价,并以扬州凤凰岛生态旅游区为例展开讨论。第六章,扬州城市旅游发展概况。结合扬州城市概况,对扬州城市性质解读,提出城市的生态建设框架体系,并提出扬州城市旅游发展情境与未来展望。第七章,基于生态视角的扬州城市旅游战略。探讨扬州生态园林城市建设与湿地建设,扬州城市生态文化培育与扬州最佳绿色旅游城市的创建。第八章对扬州城市水系旅游的开发目标、概况,扬州城市水系环境质量评价与优化以及扬州城市水系旅游质量提升与建议做出讨论与总结。第九章为论文结论。

关键词:城市旅游　生态旅游　景观生态建设　扬州

**7174**

**中国木质家具产业国际竞争力研究** / 王波著 ; 张春霞指导. -- 福建农林大学, 2009. -- 157 页

论文采用了出口优势变差指数、国际市场占有率、贸易竞争指数、显性比较优势指数和恒定市场份额模型对中国和国外的木质家具产业国际竞争力变动进行分析,并且以波特理论为指导研究中国木质家具产业国际竞争力。全文分为十一章。第一章为绪论,包括问题的提出、研究目的、意义及目标、研究方法、研究思路、论文结构、研究对象的选取和数据来源及处理、主要创新与不足。第二章对文献进行综述,介绍国际竞争力的研究动态和国内外对(木质)家具产业国际竞争力的研究。第三章阐述理论基础与评价指标选择,说明国际竞争力来源的理论解释,并解析中国木质家具产业国际竞争力评价指标的选择。第四章论述中国木质家具产业国际竞争力的评价,分析世界木质家具生产贸易状况、中国木质家具生产概况和贸易并进行国际比较,评价中国木质家具产业国际竞争力。第五章中国木质家具产业国际竞争力的影响因素之一:生产要素,比较森林资源、劳动力资源、交通和通讯设施、科技人员、经费和成果等。第六章中国木质家具产业国际竞争力的影响因素之二:相关及支持性产业,对森林培育业的国际竞争力、人造板业的国际竞争力、家具五金业的国际竞争力、灯具业的国际竞争力和木工机械业的国际竞争力进行比较。第八章中国木质家具产业国际竞争力的影响因素之三:企业结构、战略与竞争,探索中国木质家具产业结构和中国家居市场竞争状况,并比较中西家具文化。第九章中国木质家具产业国际竞争力的影响因素之四:机会角色和政府作用。第十章基于 panel data 对模型木质家具国际竞争力的影响因素进行实证分析,介绍面板数据模型,阐述变量设置和样本选取,介绍计量经济模型和基于面板数据的实证分析。第十一章为结论与展望。

关键词:木家具　家具工业　产业发展　国际竞争力

**7175**

**江西省林木生物质能源产业化研究** / 王连茂著 ; 宋维明指导. -- 北京林业大学, 2009. -- 186 页

论文的研究对象为江西省林木生物质能源产业化。全文共分为八章。第一章,前言。介绍论文研究背景,研究目的及意义,林木生物质能源的产业化文献述评,论文研究思路与研究方法以及论文结构与章节的安排。第二章,林木生物质能源产业化研究的理论基础。一是对基本概念的说明,包括能源的内涵及种类,林木生物质能源的内涵及种类;二是循环经济理论,包括循环经济的内涵界定,循环经济模式的理论基础;三是制度变迁原理探讨,包括制度的内涵以及制度变迁原理内涵;四是政府经济学原理,提出政府经济学的研究对象,政府行使经济职能的理论基础,政府积极干预经济的主要理论以及市场机制的缺陷与中国政府的角色。第三章,林木生物质能源的产业化背景。介绍能源消费结构的变动,探讨能源消费与经济增长,世界能源消费结构的变动趋势与中国能源消费结构的变动趋势,对温室气体排放与能源结构变动作出说明,并探讨林木生物质能源产业与发展趋势。第四章,江西省林木生物质能源产业化策略。提出循环经济模式是林木生物质能源产业化的指导思想,对江西省林木生物质能源的产业布局提出设想,并提出江西省林木生物质能源的一体化策略,江西省

林木生物质能源产业化过程中的制度创新。第五章,江西省林木生物质能源产业化的基础。结合江西省自然和社会经济发展情况与江西省林木生物质能源现状,探讨林木生物质能源产业化的资源基础。第六章,江西省林木生物质能源产品生产策略。对江西省能源产品结构变动、江西省木质能源产品需求影响因素进行分析,提出江西省木质能源产品生产技术策略。第七章为相关的案例研究与结果讨论。第八章提出论文的结论与展望。

关键词:生物能源　林木　产业发展　江西

**7176**

**城市林业与房地产复合生态经营系统评价研究** / 王泽福著 ; 党凤兰,宋维明指导. -- 北京林业大学, 2009. -- 162 页

论文为城市林业与房地产复合生态经营系统评价研究。全文共分为七章。第一章,导论。介绍论文问题的提出,研究的目的和意义,城市林房系统评价研究状况,论文的研究方法与技术路线,研究的主要内容和研究要重点解决的问题。第二章,城市林房系统评价研究的基本理念。介绍与城市林房系统有关联性的概念,城市林房系统的概念及基本原理,城市林房系统的目标特征,城市林房系统的配置,以及城市林房系统评价的主要理论依据。第三章,城市林房系统的经济效益评价。提出城市林房系统竞技效益评价研究的现实环境与城市林房系统经济效益评价研究的现实意义,对城市林房系统经济效益评价中涉及的主要概念的内涵做出说明,并分析城市林房系统经济效益评价的基本方法,分析城市林房系统外部经济效益与城市林房系统经济效益评价的基本框架,提出对城市林房系统经济效益评价的案例分析。第四章,城市林房系统生态效益的评价。提出城市林房系统生态效益的评价现实意义,分析城市林房系统生态效益的评价计量评价的复杂性,并对城市林房系统生态效益做界定分析,提出城市林房系统生态效益评价的方法与城市林房系统生态效益评价的指标体系,并对城市林房系统生态效益评价做相关案例分析。第五章,城市林房系统社会效益评价。结合城市林房系统社会效益评价的现实意义,思考城市林房系统社会效益评价的复杂性与界定,并提出效益分析法与城市林房系统社会效益评价的基本指标体系与相关理论。第六章,城市林房系统综合效益评价。结合城市林房系统综合效益评价的现实意义,提出评价的相关理论与方法体系。第七章,对城市林房系统效益评价研究提出总结与展望。

关键词:城市环境　森林　房地产　居住环境

**7177**

**黑龙江省发展入境旅游促进林区经济增长研究** / 魏薇著 ; 黄清指导. -- 东北林业大学, 2009. -- 131 页

论文对黑龙江省林区经济、林区产业现状以及林区旅游业的总体发展态势、存在问题做出分析。全文共分为七章。第一章,绪论。介绍论文研究的背景与目的意义,国内外相关研究综述,研究的内容与方法。第二章,相关的基础理论。一是区位理论,介绍区位理论的概况,旅游区位理论,区域比较优势理论。第三章,黑龙江省入境旅游与林区经济增长的相互影响分析。对入境旅游的概念做出界定,结合黑龙江省国有森林区经济现状,探讨黑龙江省入境旅游与林区经济增长的关系,并提出该部分讨论结论。第四章,黑龙江省发展入境旅游促进林区经济增长的市场环境分析。首先对市场需求分析,包括入境旅游的市场需求以及入境旅游的客源市场;对市场的供给分析,包括基础设施,饭店和旅行社,旅游资源与旅游产品。第五章,黑龙江省发展入境旅游促进林区经济增长的模式。结合入境旅游区域合作的原则与目标,探讨局县统筹合作带动林区经济增长模式与城市旅游区域合作带动林区经济增长模式。第六章,黑龙江省发展入境旅游促进林区经济增长模式的实现。分别探讨局县统筹合作带动林区经济增长模式的实现,城市旅游区域合作带动林区经济增长模式的实现。第七章,黑龙江省发展入境旅游促进林区经济增长的对策建议。提出应坚持政府的主导作用,合理开发入境旅游资源,丰富入境旅游产品,加快入境旅游品牌建设,提升入境旅游企业竞争力,注重旅游人才队伍建设,推进入境旅游信息化假设。最后为论文结论。

关键词:入境旅游　森林旅游　林业经济　经济发展　黑龙江

**7178**

**网站信息分类体系优化方法及其应用:以林业政务网站为例** / 吴胜著 ; 张智光指导. -- 南京林业大学, 2009. -- 134 页

论文对网站信息分类体系优化方法及其在林业政务网站中的应用进行研究。全文分为八章。第一章为概述,包括问题背景和研究意义、国内外研究综

述、论文研究方法、技术路线和结构。第二章介绍网站信息分类体系优化的总体框架，主要有网站信息分类体系优化目标、网站信息分类体系优化步骤和网络信息分类体系优化问题的模型描述。第三章评价网站信息分类体系，阐述网站信息分类体系评价方法分类，分析网站信息分类体系质量评价，解析网站信息分类体系管理体系水平评价，说明网站信息分类体系评价复杂性和评价风险。第四章对网站信息分类体系特征进行优化，对特征优化分析和描述，介绍网站信息分类模式与常见分类特征，研究自顶向下的特征优化。第五章论述网站信息分类体系粒度和命名优化，包括粒度优化和命名优化。第六章探析网站信息分类体系结构优化，对结构优化进行分析和描述，阐述理想结构的特点，提出结构优化方法。第七章讨论分类体系优化方法在林业政务网站中的应用，在概述国家林业局网站信息分类体系优化的基础上，分析体系优化前后的对比和优化方法应用。第八章为全文的总结，主要有论文所做工作、论文的创新点和展望。

关键词：网站　信息管理　分类体系　最优设计　电子政务

**7179**

**基于休闲旅游的城郊森林公园旅游规划研究：以南京城郊森林公园为例** / 杨财根著 ; 肖平指导. -- 南京林业大学, 2009. -- 118 页

论文以南京城郊森林公园为例，基于休闲旅游的城郊森林公园旅游规划展开研究。全文共分为九章。第一章，绪论。介绍研究的国际背景与国内背景，国内外相关研究的综述，研究的意义，研究目标与研究内容，研究方法与研究技术线路。第二章，城郊森林公园旅游规划的理论基础。一是对城郊森林公园与休闲旅游的概念做出解释；二是提出城郊森林公园旅游规划的相关理论，包括比较优势理论、旅游可持续发展理论、生态旅游理论、利益相关者理论、社区参与理论以及福利经济学理论。第三章，城郊森林公园休闲旅游驱动机制。分析森林生态环境与城市居民休闲旅游的需求，探讨森林公园资源与环境优势的拉力牵引，城市化问题的推力效应以及推拉力耦合效果，分析城市旅游核心—边缘理论效应与城郊森林公园旅游区位优势，分析城市居民休闲消费成本与休闲旅游决策的驱动，从环城游憩带形成机制与环城游憩带旅游市场效应两个方面分析环城游憩带旅游市场效应的影响。第四章，基于休闲旅游的城郊森林公园旅游规划定位。探讨城郊森林公园旅游区域与旅游客源市场定位，讨论经济效益主导型旅游规划与社会效益主导型旅游规划，对城郊森林公园旅游规划的三大效益进行权衡，分析城郊森林公园旅游规划导向，并进行城郊森林公园旅游系统的规划。第五章，城郊森林公园旅游规划三位一体分析系统编制。结合城郊森林公园三位一体的分析意义与指导原则，提出对城郊森林公园旅游环境分析、城郊森林公园旅游资源分析、城郊森林公园休闲旅游市场分析以及对城郊森林公园发展休闲旅游的 SWOT 分析。第六章，城郊森林公园旅游规划五位一体的系统构建。分别提出对城郊森林公园旅游规划理念体系构建、城郊森林公园旅游规划目标体系构建、城郊森林公园旅游规划功能区化体系构建、城郊森林公园旅游规划产品体系构建以及支持体系构建。第七章和第八章分别以实证研究对此做出讨论。第九章为论文结语。

关键词：森林公园　旅游规划　南京

**7180**

**造纸企业竞争力的实证研究：评价、判别及预警** / 杨文著 ; 余建辉指导. -- 福建农林大学, 2009. -- 211 页

论文结合实际案例，对造纸企业的竞争力展开研究，提出研究的评价、判别与预警。全文共分为九章。第一章，导论。介绍选题背景与选题意义，研究内容与结构安排，研究方法与创新之处。第二章，造纸企业竞争力理论的文献综述。分别对企业竞争力的内涵与结构，企业竞争力理论的研究，企业竞争力评价的研究，造纸企业竞争力评价的研究以及企业竞争力预警的相关研究做出综述。第三章，造纸企业竞争力影响因素及评价方法分析。通过对企业竞争力的五力模型分析以及 SWOT 分析，提出造纸企业竞争力的影响因素以及造纸企业竞争力评价方法。第四章，造纸企业竞争力评价的实证分析。提出竞争力评价实证模型的选择，并对模型提出设计与处理，展开对造纸上市企业竞争力因子的分析与评价。第五章，造纸企业竞争力判别模型构建与分析。提出对竞争力的分类与研究设计，分析研究的过程与结果。第六章，造纸上市公司竞争力变化的原因分析。包括造纸上市公司竞争力的单指标分析、造纸上市公司竞争力的单样本分析，并提出对实例分析的结论。第七章，造纸企业竞争力风险预警模型构建与分析。提出多变量判别模型的选择及思路，对构建模型并进行评价检验。第八章，提

高造纸企业竞争力的建议与对策。提出:开展竞争力评价,熟悉产业竞争环境;开展竞争力判别,明确自身实力;探究造纸竞争力的变化原因;开展竞争力预警,强化动态管理。第九章为论文的结论与建议。

关键词:造纸工业　工业企业管理　核心竞争力

**7181**

**中国木材产业资源基础研究** / 印中华著 ; 宋维明指导. -- 北京林业大学, 2009. -- 154 页

论文的研究对象为中国木材产业资源。全文共分为十章。第一章,绪论。介绍论文的研究背景,研究目的及要解决的问题,研究的内容与研究方法。第二章,国内外相关研究的回顾与评价。首先对研究相关概念界定,包括木材产业的界定,资源的界定以及竞争力的界定,提出对木材产业的相关研究综述,对企业资源理论的综述。第三章,木材产业资源投入与配置的现状分析。分析介绍原始性资源、创出性资源及内涵。第四章,原始性资源与产业发展。介绍木材资源与产业发展,劳动力资源与产业发展以及物质资本与产业发展。第五章,创出性资源与产业发展。探讨技术资源与产业发展,治理资本与产业发展,融资能力与产业发展。第六章,资源对产业发展的贡献。介绍资源贡献的理论依据,包括资源与竞争力的持续性,资源与边际收益,资源与规模经济;对资源贡献做出实证分析,提出生产要素贡献率的测定,全要素生产率的变化及构成;探讨资源基础转换的提出,分析资源基础的实证分析,资源基础的转换思想。第七章,资源基础转换的路径。分别对由劳动密集型向技术密集型转换,由人力资源向智力资源的转换,由物资资本向智力资本的转换,由一元融资向多元融资的转换,由天然林木材种为主向人工林材种为主的转换,由规模不经济向规模经济的转换几种形式作出探讨。第八章,资源基础转换的制约因素。分析了技术进步的制约因素,智力资本培育的制约因素,融资渠道多元化制约因素,产业规模化经营的制约因素。第九章,对策的设计与选择。提出技术进步与创新,智力资本的培育与积累,融资渠道的多元化,产业规模化经营。第十章为论文的结论与创新提出。

关键词:木材工业　资源结构　竞争力

**7182**

**森林生态效益外部性的会计理论与方法研究** / 张长江著 ; 温作民指导. -- 南京林业大学, 2009. -- 154 页

论文以森林生态效益外部性的会计理论与方法为研究对象进行研究。全文分为八章。第一章为绪论,包括研究背景、研究目的及意义、文献综述、理论支撑与研究方法、主要研究内容与技术路线以及创新之处。第二章对森林生态效益外部性的经济学进行分析,界定森林生态效益外部性的基本内涵,辨析森林生态效益外部性与环境外部性,探析森林生态效益外部性的特殊性及经济后果,解析森林生态效益外部性内在化的条件及途径。第三章阐述森林生态效益外部性会计核算基本理论,主要有森林生态效益外部性会计核算目标、森林生态效益外部性会计核算对象、森林生态效益外部性会计基本假设和一般原则、森林生态效益外部性会计要素。第四章论述森林生态效益外部性会计的确认,介绍森林生态效益外部性会计实质,并对森林生态效益价值、森林生态收益以及森林生态效益外部性进行确认。第五章探析森林生态效益外部性会计计量,介绍森林生态效益外部性的会计计量模式选择,说明森林生态效益计量、森林生态收益计量和森林生态效益外部性计量,指出公允价值模式在森林生态效益外部性计量中的实施问题。第六章基于事项法与价值法的契合,阐述森林生态效益外部性会计信息披露模式研究,综述研究现状,解析森林生态效益外部性会计信息披露纯价值法的困惑,提出森林生态效益外部性会计信息披露事项法与价值法契合的合理性及基本思路,基于事项法和价值法契合的森林生态效益外部性会计信息披露模式设计与实施研究。第七章探究森林生态效益外部性会计核算案例,介绍案例林场概况,论述案例林场森林生态效益外部性确认与计量,分析案例林场森林生态效益外部性会计价值信息的披露。第八章对全文进行总结和展望,包括主要结论、研究局限性、任务与展望。

关键词:森林生态系统　生态效应　经济评价　会计理论

**7183**

**我国农民专业合作社治理问题研究** / 张满林著 ; 金彦平指导. -- 北京林业大学, 2009. -- 175 页

论文的研究对象为我国农民专业合作社的治理问题。全文共分为九章。第一章,导论。介绍研究背景、研究目的与意义,国内外研究现状,明确研究重点解决的问题、研究思路与研究方法。第二章,我国农民专业合作社的发展分析。在讨论什么是合作社的基础上,对我国农民专业合作社进行界定,总结我国

农民专业合作社的发展历程,分析我国农民专业合作社发展的现状与特点。第三章,我国农民专业合作社治理的理论基础。包括治理、农民专业合作社有关概念的界定,农民专业合作社治理的起因、内涵、实质、目的和功能,介绍交易费用、所有权结构、委托代理理论等合作社治理的基本理论。第四章,总结美国、加拿大、日本、德国等农民专业合作社治理特征及最新发展趋势,讨论国外农民专业合作社治理对我国的启示。第五章,分析农民专业合作社现行治理结构和激励机制。第六章在辽宁等地农民专业合作社进行调查的基础上,揭示我国农民专业合作社治理中存在的问题,运用博弈论等方法剖析我国农民专业合作社治理失效的原因。第七章根据前述的理论分析与我国农民专业合作社治理的实际,提出优化农民专业合作社治理结构的建议。第八章探讨我国农民专业合作社治理机制完善的思路,包括对科学决策机制的设计、管理层激励机制与社员参与激励机制、监督机制的设计,以及完善农民专业合作社治理外部环境的对策与建议。第九章提出研究的结论以及可能的创新点,提出研究未来的展望。

关键词:农民　农业合作组织　法人治理结构

**7184**

**资本市场与林业产业发展关系研究** / 张瑜著 ; 张彩虹指导. -- 北京林业大学, 2009. -- 114 页

论文的研究对象为资本市场与林业产业的发展关系。全文共分为九章。第一章,研究背景。分别对现代资本市场理论的发展、中国资本市场的发展、我国林业产业发展现状、林业资金投入的历史沿革、资本市场与林业产业关系现状做出述评。第二章,介绍论文的研究内容与技术路线,研究的创新之处。第三章,我国林业产业发展特点及模式。对公益林与商品林的概念做出介绍,提出林业产业的发展过程,林业产业标识以及林业产业的社会性,探讨林业产业发展的特殊性,提出调整发展是林业产业健康发展的保障,并提出林业产业发展模式。第四章,资本营运及其与资本市场的关系。对与资本营运有关的几个概念做出解释,并探讨资本营运效应,企业发展与其生存空间,对资本市场及其功能以及现代企业的发展情况做出阐释评价。第五章,林业产业融资渠道及其结构分析。从四个方面对林业产业的主要融资渠道进行说明,并对我国的资本市场利用展开分析与讨论,最后提出林业上市公司的重要作用。第六章,资本市场对林业产业的作用。通过对我国资本市场林业产业的宏观分析,结合林业产业特点导致的融资困难,外部环境条件对林业产业融资的限制,提出资本市场是林业产业健康发展的必然选择,对资本市场对林业产业的作用做出总结。第七章,对林业产业发展中出现的资本制约因素做出阐释,提出面临的主要问题与解决办法。第八章,结合前文讨论,在对问题评价整合的基础上,提出林业产业发展的投融资对策与展望。第九章为论文的主要结论。

关键词:林业　产业发展　资本市场　融资结构

**7185**

**北京湿地生态系统保护与管理对策研究** / 张元著 ; 刘俊昌,温亚利指导. -- 北京林业大学, 2009. -- 112 页

论文的研究对象为湿地生态系统保护与管理对策。全文共分为十章。第一章,引言。介绍论文的研究背景,研究目的和意义,国内外湿地生态系统保护与管理研究进展与评述,论文问题的提出,研究的主要内容、研究方法、技术路线以及论文的主要创新点。第二章提出论文的理论基础。第三章,研究区域资源概况。分析水系概况,包括潮白河水系、永定河水系、北运河水系以及大清河与蓟运河水系,介绍湿地植物资源概况和北京湿地动物资源概况。第四章,提出北京湿地生态系统保护与管理现状。对北京湿地生态系统保护与管理的现状做出分析与评价,在此基础上,从自然因素、社会因素与经济因素三个方面对北京湿地生态系统退化的成因分析;提出北京湿地生态系统保护与管理面临的问题,并作出研究的相关结论。第五章,北京湿地生态系统服务功能评价评估。提出北京湿地生态系统服务功能评价评估的意义和评价方法,探讨北京湿地生态系统服务功能的价值,包括支持功能价值、调节功能价值、文化功能价值、产品功能价值,对北京湿地生态系统服务功能价值的动态变化做出说明。第六章,北京湿地生态系统保护与管理体制研究。介绍我国湿地生态系统保护与管理体制的现状,北京湿地生态系统保护与管理的现行机制,并对北京湿地生态系统保护与管理中存在的体制问题做出分析,提出对北京湿地生态系统保护与管理体制优化与完善的建议。第七章,北京湿地生态系统保护与管理立法研究。提出北京湿地立法的意义,我国及北京湿地保护与管理立法现状以及相关立法内容的构建。第八章,北京湿地生态系统保护与管理伦理意识研究。提出环境伦理意识对湿地生态系统保

护与管理的意义,并对北京湿地生态系统保护面临的环境伦理问题做出分析,提出伦理意识的培养方法与内容。第九章,北京湿地生态系统保护与可持续管理的对策研究与评价。第十章为论文的结论。

关键词:沼泽化地 生态系统 环境保护 生态管理 北京

**7186**

**农业面源污染实证分析与政策选择** / 周早弘著 ; 张敏新指导. -- 南京林业大学, 2009. -- 147 页

论文利用规范分析与实证研究,运用环境经济学理论、农业经济理论、农业技术经济理论和数量经济理论等方法,对农业面源污染实证分析与政策选择进行研究。全文分为十章。第一章为导论,包括问题的提出、研究的理论与现实意义、研究目的与地域范围界定、研究方法、技术路线、主要内容、可能的创新点与不足之处。第二章综述相关理论研究,主要有农业面源污染及其外部性、市场失灵与政策失灵、农业面源污染控制对政策研究综述、可持续发展与农业可持续发展。第三章分析鄱阳湖区农业面源污染现状与投入品环境经济,包括农业面源污染现状和农业投入品的环境经济分析。第四章探析农业面源污染与农业经济增长的相关性,阐述经济发展与环境质量,对经济发展与农业面源污染关系的实证进行检验并进行小结。第五章探索鄱阳湖区农户对农业面源污染的认知与行为调查,在抽样调查的基础上,说明鄱阳湖区农户对农业面源污染的认知程度,并基于 CVM 法对鄱阳湖区农户对农业面源污染治理的支付意愿分析,讨论鄱阳湖区农户经营行为及其对面源污染的影响与效应。第六章农业面源污染利益相关者,介绍农业面源污染利益相关者及其构成,对利益相关者的权利—利益分析,并解析利益相关者的行为博弈,构建利益相关者共同参与治理农业面源污染组织。第七章提出防止农业面源污染的国际经验及其借鉴,描述防止农业面源污染的主要政策工具以及各国防治面源污染的法律、法规,指出各国防止农业面源污染的激励政策与技术措施,借鉴国外控制农业面源污染的经验。第八章阐述我国农业面源污染政策分析与对策,包括我国环境政策现状、我国农业面源污染的管理政策、我国农业面源污染管理政策存在的问题以及防治农业面源污染的政策建议。第九章概述控制农业面源污染的系统分析与对策,在分析农业面源污染的系统结构的基础上,介绍农业面源污染的前馈与反馈复合控制系统,并提出系统对策与建议。第十章为全文的主要结论和展望。

关键词:农业污染源 面源污染 污染防治 政策选择

**7187**

**“共生型”中国农产品价值链管理的理论与方法研究** / 朱述斌著 ; 高岚指导. -- 北京林业大学, 2009. -- 125 页

论文对产业链与农业产业链、供给链与农业产品供应链、价值链与共生型农产品价值链的内涵、结构与管理问题进行探讨。全文共分为十章。第一章,绪论。介绍论文的选题背景、意义与价值,国内外研究综述,主要内容与研究设计方法,研究的技术路线与研究的创新之处。第二章,农产品价值链管理的理论渊源与相关概念界定。对农业链与农业产业链管理及其相关概念界定,对供应链与农产品供应链管理及其相关概念界定,探讨价值链与共生型农产品价值链管理以及农业产业链、农产品供应链与共生型农产品价值链的关系。第三章,共生型农产品价值链的经济理论基础。对产业分工与协作理论、共生理论等内涵加以介绍,对农产品价值链的一般特点与治理模式做出比较,并探讨其理论与实践。第四章,共生型农产品价值链管理模型的设计与协同管理问题。提出对共生型农产品价值链管理模型的设计,探讨共生型农产品价值链的协同管理问题,并以大宗农产品为例,探讨农产品供应链的集成优化策略。第五章,共生型农产品价值链的连接模式与主体企业绩效评价。探讨共生型农产品价值链中的企业角色,不同角色企业在共生型农产品价值链运作中的作用并提出共生型农产品价值链的链接模式选择。第六章,共生型农产品价值链的价值分享与激励机制。探讨共生型农产品价值链伙伴间的价值分享机制以及管理的激励机制。第七章,共生型农产品价值链的信息管理理论与实践问题。结合中国传统农产品价值链的信息不对称主要表现,分析其中原因,提出解决该问题的政策建议。第八章,共生型农产品价值链管理的理论模型与案例分析。提出共生型经济组织的一般逻辑理论分析与假设,在此基础上提出研究的理论模型,并以温氏模式为例展开讨论,提出基本结论。第九章以澳大利亚经验为借鉴,探讨农产品价值链管理中的质量保障体系建设。第十章为论文的研究结论与研究展望。

关键词:农产品 产业链 供应链管理 价值增值

# 著者索引

## D

## H

## K



## L

# T

## W

## X

## Y

## Z

# 关键词索引

## A



## B

# C

# D

# E

# F

# G

## H

## J

## K

# L

# M

# N

# O



# P

# Q

# R

# S

# T

# W

## X

## Z

# 中国博士学位论文提要

（人文社会科学部分） 2009

上册

国家图书馆　编

國家圖書館出版社
National Library of China Publishing House

**图书在版编目(CIP)数据**

中国博士学位论文提要.人文社会科学部分.2009/国家图书馆编. --北京:国家图书馆出版社,2014.9

ISBN 978-7-5013-5455-9

Ⅰ.①中… Ⅱ.①国… Ⅲ.①博士—学位论文—内容提要—中国—2009 ②人文科学—学位论文—内容提要—中国—2009 Ⅳ.①Z89:G643.8

中国版本图书馆 CIP 数据核字(2014)第211802号

**书　　名**　中国博士学位论文提要(人文社会科学部分)　2009
**著　　者**　国家图书馆　编
**责任编辑**　金丽萍　高　爽　王炳乾

**出　　版**　国家图书馆出版社(100034　北京市西城区文津街7号)
(原书目文献出版社　北京图书馆出版社)
**发　　行**　010-66114536　66126153　66151313　66175620
66121706(传真),66126156(门市部)
**E-mail**　btsfxb@nlc.gov.cn(邮购)
**Website**　www.nlcpress.com ——→投稿中心
**经　　销**　新华书店
**印　　装**　北京华艺斋印务有限公司
**版　　次**　2014年9月第1版　2014年9月第1次印刷

**开　　本**　889×1194(毫米)　1/16
**印　　张**　183.75
**字　　数**　5500千字

**书　　号**　ISBN 978-7-5013-5455-9
**定　　价**　1080.00元(全三册)

# 《中国博士学位论文提要(人文社会科学部分)》2009年卷编委会

## 编制说明

一、本书共收录2009年度人文社会科学博士学位论文提要7187篇,涉及哲学、经济学、法学、教育学、文学、历史学、管理学等学科门类。

二、本书首先按学科门类(一级学科)分类,学科门类(一级学科)下,按二级学科(专业)编列(以国务院学位委员会办公室1997年6月6日颁布的《授予博士硕士学位和培养研究生学科专业目录》为依据),同一个二级学科的论文提要,按作者姓名汉语拼音顺序排列。

三、每篇论文提要包括论文题目、作者、指导教师、学位授予机构、学位授予年代、页数、提要正文和关键词。

四、每篇论文提要按顺序编排流水号,以便读者掌握某一专业在某一时期所发表的论文数量。

五、论文提要力求在较短的篇幅内概括出文章的中心思想和主要内容,提示出文章的精神要义,反映出作者的学术观点和研究成果。

六、书后附有《著者索引》和《关键词索引》,均按汉语拼音顺序排列。

# 目　录

# 哲　学

## 马克思主义哲学

## 中国哲学

## 外国哲学

## 逻辑学

# 伦理学

## 美学



## 宗教学

## 科学技术哲学

# 经济学

## 政治经济学

## 经济思想史



## 经济史

## 西方经济学

# 世界经济

## 人口、资源与环境经济学



## 国民经济学

## 区域经济学

目　录

# 财政学(含税收学)

## 金融学(含保险学)

## 产业经济学

# 国际贸易学

## 劳动经济学

# 统计学

## 数量经济学

# 法　学

## 法学理论

# 法律史

## 宪法学与行政法学

# 刑法学

## 民商法学(含劳动法学、社会保障法学)

## 诉讼法学

## 军事法学



## 环境与资源保护法学

# 国际法学

## 政治学理论

## 中外政治制度

# 科学社会主义与国际共产主义运动

# 中共党史



# 国际政治

目　录

# 国际关系

## 外交学



## 社会学

## 人口学



## 人类学

# 民俗学



# 民族学

## 马克思主义民族理论与政策



## 中国少数民族经济



## 中国少数民族史

## 中国少数民族艺术



## 马克思主义基本原理



## 思想政治教育

## 国外马克思主义研究



## 马克思主义发展史



# 教育学

## 教育学原理



## 课程与教学论

# 教育史



# 比较教育学

# 学前教育学



# 高等教育学

## 特殊教育学



## 成人教育学



## 基础心理学

目　录

## 发展与教育心理学

## 应用心理学



## 体育人文社会学

## 运动人体科学



## 体育教育训练学

## 民族传统体育学



# 文　学

## 文艺学

# 语言学及应用语言学

## 汉语言文字学

## 中国古典文献学

## 中国古代文学

## 中国现当代文学

## 中国少数民族语言文学

## 比较文学与世界文学

目　录

# 英语语言文学

## 俄语语言文学

## 法语语言文学



## 德语语言文学



## 日语语言文学



## 印度语言文学



## 阿拉伯语言文学



## 亚非语言文学

# 新闻学

# 传播学(含编辑出版传媒经济学　广告学等)

# 艺术学



# 音乐学

## 美术学



## 设计艺术学

## 戏剧戏曲学



## 电影学

## 广播电视艺术学

# 历史学

## 史学理论及史学史



## 历史地理学

## 历史文献学



## 专门史

## 中国古代史

## 中国近现代史

# 世界史

## 考古学及博物馆学

# 管理学

## 管理科学与工程

目　录

目　录

目　录

目　　录

# 会计学

目　录

## 企业管理(含财务管理、市场营销、人力资源管理)

目　录

目　录

目　录

## 旅游管理



## 技术经济及管理

目　录

## 农业经济管理

目　录

## 行政管理

目 录

## 社会医学与卫生事业管理

## 教育经济与管理



## 社会保障

# 土地资源管理

# 图书馆学



# 情报学

## 档案学



## 林业经济管理

目　录

# 哲　学

## 马克思主义哲学

0001

**现代消费与人的生存**／鲍金著 ；袁贵仁指导. --北京师范大学, 2009. -- 192 页

论文的研究对象为现代消费与人的生存。全文共分为六章。引言部分介绍论文的背景,提出现代消费成为人的生存表征,现代消费研究的范式与现状,论文的研究框架与研究意义。第一章,现代消费与人的生存:思想史考察。一是探讨现代性视域下的消费生存,二是提出后现代性视域下的消费与生存,最后提出消费与生存是现代消费研究凸显的主题。第二章,生存方式的变迁:现代消费的积极影响。结合对传统消费下的生存困境讨论,探讨现代消费与生存方式的变革,文化消费与精神生活的拓展,现代消费与生存的超越本性显示。第三章,生存方式的物化:现代消费的消极影响。首先提出现代消费与物化生存方式的构建,介绍物化生存方式的价值标准,物化生存方式的传播过程以及物化生存方式的确立定性;探讨物化生存方式的后果,提出人的价值世界的贬值,知与行的背离以及全球向度的生存不平等;探讨现代消费生存的价值取向的迷失。第四章,现代消费中的生存悖论。探讨需要与欲望,生存与发展,经济价值与人本价值以及财富与幸福。第五章,资本逻辑下的消费属性:消费与生存关系的探源。探讨现代消费及其属性的发生根据,消费属性的两重性以及消费属性在资本推动和资本限定之间的发展。第六章,现代消费与新的生存向度的开拓。提出开拓的基点:资本边界意识的自觉,并分别以社会视野改进消费的个人主义视野、人本身的财富融入现代财富观以及以生存方式的改变来深化可持续发展观三个方面探讨新的生存向度。

关键词:消费　生存　人学

0002

**和谐社会视野中人的健康精神生活**／陈春莲著 ；梁树发指导. -- 中国人民大学, 2009. -- 149 页

论文从马克思主义哲学的视角对人的精神生活进行研究与讨论。全文共分为五章。导论部分介绍论文选题的意义,国内外研究现状以及论文的创新之处,论文的研究方法,论文的基本内容与框架结构。第一章,现代中外思想家关于人的精神生活研究。一是现代外国思想家关于人的精神生活研究介绍,包括弗兰克论人的精神生活,弗洛姆论人的精神生活,马尔库塞论人的精神生活;二是现代中国思想家关于人的精神生活研究介绍,包括冯友兰论人的精神生活,梁漱溟论人的精神生活,张东荪论人的精神生活介绍。第二章,马克思主义经典作家论人的精神生活。分别对马克思、恩格斯论人的精神生活以及列宁论人的精神生活内涵做出介绍与评价;提出毛泽东、邓小平、江泽民与胡锦涛论人的精神生活的内容。第三章,人的精神生活的本质、特点与运动规律。提出精神生活的概念、精神生活的本质,提出精神生活的特点是超越性、历史性和多样性、社会性以及阶级性;探讨精神生活的运动规律。第四章,我国改革开放以来人的精神生活。提出人的精神生活更加丰富、日益充实、不断提升,并对我国改革开放以来人的精神生活存在的问题和成因做出分析。第五章,健康精神生活与构建社会主义和谐社会。探讨创建健康精神生活的内涵,提出健康精神生活对构建社会主义和谐社会的重要意义,并提出建设与和谐社会相适应的人的健康精神生活的路径选择。最后是论文结束语,提出和谐社会呼唤健康的精神生活。

关键词:社会生活　生活质量　精神文明　社会主义建设

0003

**毛泽东问题观探微**／陈东明著 ；朱传棨,陈祖华指导. -- 武汉大学, 2009. -- 164 页

论文的研究对象为毛泽东问题观,探讨毛泽东问题观的内涵、特点与对毛泽东问题观研究的相关启

示。全文共分为四章。导论部分介绍毛泽东问题观研究的重要意义以及研究的思路与研究方法。第一章,毛泽东问题观探源。对毛泽东问题观的思想来源概述,提出毛泽东对知行合一问题观的继承与发展,毛泽东对发展变化的辩证问题观的继承和发展。第二章,毛泽东对问题的一般理解。首先对问题的本质概念、问题与方法之间的关系以及问题与思维之间的关系做出说明,探讨问题的结构与问题的解决过程,并对问题进行分类,分别提出对基本问题与非基本问题、理论问题和实践问题、主体问题和对象问题以及战略问题和战术问题的讨论。第三章,毛泽东问题观方法论的基本原则。一是探讨以调查研究为出发点的基本原则,二是探讨以实事求是为核心的基本原则,三是探讨以矛盾分析为根本方法的基本原则。第四章,毛泽东解决问题的思维特征。对毛泽东解决问题的思维特征进行分析,提出其特征之一是创造性与批判性的辩证统一,对思维的创造性、思维的批判性以及锐意创新与严格批判的有机结合的讨论;探讨分析性和综合性的辩证统一,包括思维的分析性讨论,思维的综合性讨论以及深刻分析和系统综合的有机结合特点。最后提出论文的结语。

关键词:毛泽东思想　方法论　思维

**0004**

**赫斯的《论货币的本质》及其与马克思早期思想关系研究** / 陈东英著 ; 安启念指导. -- 中国人民大学, 2009. -- 174 页

论文的研究对象为赫斯的《论货币的本质》及其与马克思早期思想的关系。全文共分为五章。导论部分介绍论文研究的背景、学界研究现状以及研究构想及其特色所在。第一章,赫斯:马克思早期思想发展中的重要人物。介绍赫斯的生平及其著作;《莱茵报》时期,《德法年鉴》时期以及《德意志意识形态》时期,1846—1848 年,赫斯与青年马克思的交往。第二章,《论货币的本质》:探讨赫斯与马克思关系的重要文本。首先介绍《论货币的本质》的写作背景,接着探讨《论货币的本质》的方法论特点,然后对《论货币的本质》的内容分析,包括赫斯对人的现实本质的诠释,赫斯在异化观赏的开拓性发展,经济异化思想的创新视角,市民社会批判理论,赫斯的独特贡献以及人类社会的未来走向等。第三章,围绕《论货币的本质》与马克思早期思想关系的争论。首先分析《论货币的本质》与马克思思想异化观的经济学转向,提出认为《论货币的本质》影响马克思早期异化观的经济学转向,认为早年马克思的经济异化思想影响赫斯的《论货币的本质》;探讨《论货币的本质》与马克思早期共产主义思想;探讨《论货币的本质》与马克思货币理论的关系。第四章,《论货币的本质》与马克思早期著作比较。比较《论货币的本质》与《论犹太人问题》,《论货币的本质》与《〈黑格尔法哲学批判〉导言》,《论货币的本质》与《1844 年经济学哲学手稿》以及《论货币的本质》与《德意志意识形态》作比较,并得出比较结论。第五章,从《论货币的本质》看赫斯对马克思早期思想的影响。探讨《论货币的本质》与马克思人的本质理论,《论货币的本质》与马克思异化观的经济学转向以及《论货币的本质》与马克思早期的共产主义思想。最后为论文结语。

关键词:赫斯　马克思　论货币的本质　异化(哲学)　共产主义

**0005**

**中国环境保护的理论思考** / 陈亮著 ; 马绍孟指导. -- 中国人民大学, 2009. -- 243 页

论文从马克思主义哲学中探求环境保护的理论,对中国环境保护的理论做出思考与探讨。全文共分为八章。引言部分提出当代环境问题的产生、环境问题的特点以及环境问题存在的问题;对环境与环境保护的内涵做出说明。第一章,环境问题的原因。对环境问题的产生提出经济原因的分析,并对环境问题的观念原因透视,对环境问题的资本逻辑分析。第二章,环境保护的本体之思。探讨自然观的革命性变革,人的革命性变革;提出人与自然关系的六重性以及人与人关系的四重性。第三章,环境保护的价值之维。对环境伦理的争论做出反思,并对环境正义的内涵、代内的环境正义问题以及代际的环境正义问题提出分析评价;探讨环境伦理与环境公正的理论变革。第四章,环境保护的思维之变。一是系统生态哲学方面对思维方式转变的探讨;二是对发展观的历史演变与发展观的革命性变革的讨论;三是对消费观的历史演变与消费观的革命性变革探讨。第五章,当代中国环境保护理论的发展与创新。分别对三代领导核心关于环境保护理论的探索与发展、可持续发展观的环境保护理论以及可持续发展观与环境保护的关系做出讨论与评价。第六章,中国环境保护的社会大生产视角分析。首先提出当代中国环境保护面临的形势,并对三种生产活动的内容与关系做出分析;最后分别从物

质生产视角分析环境保护,从人口生产视角分析环境保护,从精神生产视角分析环境保护,并得出结论。第七章,从社会公众参与和市场机制的角度探讨中国环境保护。探讨环境保护的主体缺位与错位,环境保护中的公众参与,并提出建立健全环境保护的市场机制。第八章,从国家管理体制和手段对环境保护进行分析。探讨环境保护管理体制的发展与完善以及环境保护手段发展与完善,并提出改变国际政治、经济格局,建立全球环境新秩序。最后为论文结论。

关键词:生态环境　环境保护　环境意识　可持续发展

**0006**

**马克思主义经济哲学视域中宏观调控若干基本问题研究** / 陈鹏著 ; 姚润皋指导. -- 南京大学, 2009. -- 177 页

论文对马克思主义经济哲学视域中宏观调控若干基本问题展开研究。全文共分为六章。第一章,导论。介绍论文选题的缘起,相关研究现状与研究成果综述,论文研究的指导思想与基本方法,论文的基本结构和主要内容以及论文的主要创新与不足。第一章,宏观调控的概念界定与基本内涵。提出宏观调控是中国特色社会主义理论的创造性经济范畴,马克思主义经济哲学是宏观调控的哲学依据;探讨宏观调控的理论基础与支援背景,并提出社会主义宏观调控的基本特征。第二章,宏观调控的主体。提出宏观调控的主体为政府,并探讨政府的职能,包括国家的经济职能,国家经济职能的演变历史以及社会主义国家政府的经济职能;对宏观调控的主体的优化做出说明。第三章,宏观调控的客体。介绍宏观调控客体的经济关系,宏观经济关系中的波动与失衡,并对我国宏观调控的客体做出分析。第四章,宏观调控的目标与手段。探讨一是以人的需要为核心追求经济关系和谐,二是经济合理的不平衡与全面协调发展,三是化宏观经济的高低波动为高平波动,四是宏观调控的具体经济目标,并解决宏观调控目标的矛盾与协调;在上述讨论基础上,提出宏观调控的手段。第五章,我国宏观调控的历史与现状。对我国宏观调控的历史回顾,并提出我国宏观调控经济关系的现状,探讨宏观调控存在的问题和不足并提出对外国宏观经济管理模式的借鉴。第六章,中国宏观调控的模式建设。探讨中国宏观调控模式建设的运作机制以及中国宏观调控模式建设的体系框架。最后为论文结语。

关键词:宏观经济管理　宏观调控　经济哲学　马克思主义

**0007**

**个人与社会的辩证法:阿多诺社会理论研究** / 陈燕著 ; 王晓升指导. -- 中山大学, 2009. -- 191 页

论文探讨个人与社会的辩证法,对阿多诺社会理论展开研究。全文共分为五章。第一章,物化的社会:一种晚期资本主义社会的素描。探讨生产力与生产的关系,阶级与阶级意识的新形式,极权主义的经济与国家干预——兼论与波洛克国家资本主义的比较,同一性与交换原则以及物化与整体被管制的社会。第二章,一种思辨的理论:阿多诺的社会观。对其展开分析,探讨阿多诺的社会观是一种超越个体的抽象观念还是个人与社会之间辩证的中介,是否是一种描述性抑或功能性的概念,是一种可理解还是不可理解的观念,是静态还是动态的范畴。第三章,一种社会的领悟:阿多诺的个人观。首先分析其对康德先验主体的超越,探讨个人观念的形成;接着提出个人是一种社会中介的范畴;再次提出个人的三个美学模型:从奥德修斯、哈姆雷特到汉姆;最后提出个人的佛罗伊德心理分析模型:自恋的自我。第四章,走向非同一性:个人与社会的辩证法。探讨普遍与特殊的辩证法——黑格尔批判;探讨客体优先性——社会对个人的先在性;对晚期资本主义的现状展开分析,分析主体对社会的关系;分析心理分析机制:个人领域里的社会因素和社会联系;最后反思非同一性。第五章,探寻个人与社会的和解。包括内在批判与政治实践,个人自由与非同一性,个人与社会的和解以及历史进步的可能性。最后为论文结语,包括哈贝马斯与霍奈特的回应以及阿多诺社会理论的不足与启示。

关键词:阿多诺(Adorno, Theodor Wiesengrund)　哲学思想　思想评论

**0008**

**詹姆逊的马克思主义文化阐释学研究** / 陈自清著 ; 曾枝盛指导. -- 中国人民大学, 2009. -- 176 页

论文对詹姆逊的马克思主义文化阐释学展开研究。全文共分为五章。导论部分介绍詹姆逊及其理论的进路,关于詹姆逊的研究现状,论文的设计以及论文研究中需要说明的几个概念。第一章,元批判:走向马克思主义文化阐释学的辩证批判。分别探讨从反对反解释开始的讨论,辩证风格与辩证思维以及

辩证批判的总体化要求。第二章,詹姆逊的马克思主义文化阐释学框架。一是介绍绝对的历史主义,包括历史主义的四种模式,马克思主义与历史主义;二是探讨直至无意识,阐释正式视角与社会象征性行为;三是对詹姆逊的阐释模式讨论,包括在批判中继承的模式以及阐释的三个视域。第三章,意识形态与乌托邦:詹姆逊文化阐释学的任务。首先探讨作为詹姆逊文化阐释学任务的意识形态,提出意识形态概念的一般考察,意识形态的遏制策略,叙事与意识形态的阐释;二是提出乌托邦和意识形态的辩证统一。第四章,后现代主义的文化阐释学实践。提出资本主义的文化形态,后现代主义晚期资本主义的文化逻辑以及晚期资本主义的空间逻辑。第五章,文化阐释学视域中的马克思主义。首先提出关于后马克思主义的五条论纲,包括马克思主义的当代必要性讨论,社会主义的前途,理论与实践的结合,解体的苏联以及马克思主义在晚期资本主义的地位的探讨;探讨作为哲学问题的全球化与政治策略。最后为论文的结论。

关键词:詹姆逊(Jameson, Fredric) 西方马克思主义 后现代主义 文化哲学 阐释学

**0009**

**家庭的哲学思考** / 程秋君著 ; 邬焜指导. -- 西安交通大学, 2009. -- 149 页

论文的研究对象为家庭,从哲学的角度提出对家的思考。全文共分为七章。绪论部分介绍国内外的相关研究现状,提出论文研究的可能的创新、理论与方法。第二章,亲属的经验。一是探讨何为家庭,对家庭的概念以及家庭一词的演变做出分析讨论;二是对亲属称呼与姓名的内涵与演变过程做出介绍与讨论。第三章,被围住的家庭。一是提出"无家性"的哲学;二是探讨父权制的家庭;三是对基督教的道德与基督教家庭的讨论;四是对"技术的宗教"与家庭的讨论;五是提出市场经济时代的家庭异化,包括货币经济与婚姻以及消费逻辑与家庭。第四章,家庭之空间性释义。首先介绍抽象空间,生活空间以及家庭生活空间的区别与联系;二是对异化的家庭生活空间的介绍,包括男性中心主义的空间文本以及技术时代的家庭生活空间介绍;三是提出家宅——栖身的宇宙,探讨作为"世界中心"的家宅以及"身体—家宅—宇宙"的同构性。第五章,家庭之时间性的释义。对时间权力与家庭做出讨论,包括测量时间与日常生活时间以及时间摆置家庭的探讨;探讨家庭的时间经验,从西方哲学的视角看经由家庭原始地经验时间,中国古代哲学中的家庭时间性以及活在"活的过去"之中;探讨时间外的童年。第六章,家庭之生命对话精神。对提出家庭是"真正的对话"的原始场所,并提出对家庭对话精神的推广。第七章为论文的结论与展望。

关键词:家庭 异化 空间性 时间性 生命

**0010**

**鲍德里亚消费社会理论及其批判** / 在良计著 ; 吴晓明指导. -- 复旦大学, 2009. -- 122 页

论文的研究对象为鲍德里亚消费社会理论及其批判。全文共分为五章。导论部分介绍鲍德里亚生平及其思想体系,鲍德里亚思想的研究现状。第一章,消费社会的探讨。通过对传统社会中的物以及消费社会中的物的对比分析,探讨物体系的意识形态。第二章,消费社会的特征及其逻辑。一是对生产社会与消费社会的概念理解与对比;二是对消费社会的特点的讨论,提出消费社会是消费无极限,不平等加剧,强制消费与强化差异;三是提出消费社会的逻辑,认为消费是一种主动模式,消费是一种总体性反应,消费对象符号化,消费正全面操制社会。第三章,偏离马克思:构建一般的政治经济学。首先批判传统的政治经济学,认为生产和需要是传统政治经济学的核心理念,传统政治经济学是资本主义的意识形态;二是提出符号政治经济学的建立,认为消费社会的意识形态是符号政治经济学,符号政治经济学仍然是意识形态;三是探讨构建一般政治经济学,提出符号政治经济学批判和象征性交换理论。第四章,反叛马克思:对生产的批判。探讨对马克思生产概念的解构,对马克思的劳动概念的批判。第五章,消费社会的出路:象征交换。一是提出象征交换理论的内容,包括象征交换的涵义与象征交换的特征;二是讨论仿象与死亡的内涵。最后为论文结论。

关键词:鲍德里亚(Baudrillard, Jean) 消费 社会学

**0011**

**政治哲学的第一哲学论证:费希特政治哲学思想评析** / 崔文奎著 ; 阎孟伟指导. -- 南开大学, 2009. -- 219 页

论文探讨政治哲学的第一哲学论证,对费希特政治哲学思想展开评析。全文共分为九章。第一章,形而上学的前提:绝对自我。介绍自我的本源性、自我的实在性,提出形而上前提的基本命题,包括自我与非我的设定命题以及自我与他我的思考。第二章,权

利。提出权利的先天基础,包括纯粹自我与感性自我的统一性以及感性自我的合目的性;提出费希特的权利理念,包括权利的界定及法权规律的推演以及权利与义务的探讨。第三章,正义。提出正义的先验基础以及费希特的正义理念。第四章,自由。对自由的自我本源性,费希特的自由理念作出说明。第五章,平等。一方面从绝对自我与个体自我,个体自我与他我两个方面他那套平等的自我本源性;另一方面探讨费希特的平等理念,包括对平等理念的内涵,完全平等与法权平衡以及国家、社会与平等关系的思考。第六章,民主。首先介绍民主的先验基础,包括自我的自由因果性,自我的实践性以及自我的自由社会性;二是提出费希特的民主理念,包括民主的内涵,费希特民主理念的特征以及人民主权与权力制约。第七章,法治。从法治的自我本源性出发,探讨法的知识依据,自我设定非我的法学意蕴;提出费希特的法治理念,包括法律的界定,法律与道德,国家与法治以及对从合理的法治国到合乎法制的商业国的探讨。第八章,合法性。探讨耶拿时期的合法性以及柏林时期的合法性。第九章,费希特对马克思的影响。分别从费希特先验的规范主义、费希特实践概念以及费希特政治哲学三个方面提出费希特对马克思政治哲学的影响。

关键词:费希特(Fichte, J. G.) 政治哲学 哲学思想

**0012**

**机体生成之道:怀特海生存论研究** / 但昭明著 ; 张廷国指导. -- 华中科技大学, 2009. -- 151 页

论文探讨机体的生成之道——怀特海生存论。全文共分为九章。第一章,导言。介绍论文研究问题的缘起,国内外相关研究现状,论文的研究意义与方法。第二章,形而上学的复兴。探讨传统形而上学的奠基意识及其内在症结,形而上学的内在动因以及怀特海的思辨哲学。第三章,从实体到机体。分别对实体主义的历史脉络,从后现代科学的切入视角对从实体到机体的内涵做出探讨,对一种机体的存在现实实有内涵做出说明。第四章,现实实有的自我实现。从三个终极性范畴:一、多与创造性三个方面以及摄入——现实实有自我实现的途径和确定性形式——永恒客体三个方面对其自我实现内涵做出说明。第五章,从客体到主体的思维模式。探讨因果关系的存在论转向,因果效验及其存在论的底蕴以及对康德的哥白尼革命的倒转思考。第六章,机体生存的意义开显。对现实实有的来世存在,现实实有的时间性以及机体生成的价值三个方面做出导论,对机体生存的意义作出说明与诠释。第七章,机体哲学与中国天道观。探讨作为机体存在的老庄之道,道与言以及从人道到天道的内涵。第八章,机体哲学与马克思。分别分析马克思的社会机体论,社会机体的过程和谐以及解释世界与改变世界内涵。第九章为论文结语,提出建构机体生存论。

关键词:怀特海 哲学思想 思想评论

**0013**

**四肢结构论:从实体主义到关系主义的新推进——广松涉《存在与意义》的文本学解读** / 邓习议著 ; 张异宾指导. -- 南京大学, 2009. -- 176 页

论文结合广松涉《存在与意义》的文本学解读,探讨四肢结构论,从实体主义到关系主义的新推进。全文共分为五章。导论部分介绍广松涉其人其著,社会历史背景,广松哲学与马克思,论文研究状况与研究方法。第一章,从实体主义到关系主义。介绍古典实体论的主客二分及其图式,近代实体论的预设与困境,四肢结构论的关系论背景,四肢结构论的形成路径。第二章,认识世界的四肢结构。探讨现象的所知的二肢性,现象的所与,意义的所识,所知的二肢性的机制。第三章,认识世界的四肢结构。首先介绍能知的二重性,包括身体的自我的放大,所知—能知与理论反打;接着介绍能知的个人,包括人称的分极化与语言的归属性;介绍能识的人,包括普遍的人,自我意识与他人意识,反思与自身指涉,能知项的存在机制;探讨能知的二重性的形成,包括现象的所知—意义的所识与质料—形式,能知—能识与被表的意义;探讨现象世界的四肢结构的相互中介性。第四章,实践世界的四肢结构。探讨用在性财态的二肢性,包括现象世界的表情性,要求特性与诱发特性,用在性与财态;探讨实在的所与,包括财态与实在,价值即情绪说,经济学的价值论;探讨意义的价值,包括价值的对象性,意义的价值的存在性格;对财态的二肢性的机制做出讨论,包括兴发性的等值化的统一,条件反射机制与“伴随说”,意义的所识与价值的所识的区别。第五章,实践世界的四肢结构。探讨能为的二重性,能为的个人,职位的人,并分析能为的二重性的形成,探讨实践世界的四肢结构的相互中介性。最后为论文结语。

关键词:广松涉 实体 关系 哲学思想

**0014**

**社会主义和谐社会建设中的公共性问题** / 董嫱嫱著 ; 梁树发指导. -- 中国人民大学, 2009. -- 146 页

论文探讨社会主义和谐社会建设中的公共性问题。全文共分为四章。导论部分介绍研究的概念辨析,公共性问题的研究意义,公共性问题的研究现状以及论文的研究方法。第一章,西方学者的公共性思想。首先提出公共性思想的内容,包括阿伦特的公共性思想,哈贝马斯的公共性思想,社群主义者的公共性思想,罗尔斯的公共性思想;对西方学者的公共性思想做出评价,探讨可资借鉴的理论以及乌托邦的色彩。第二章,公共性的本质、问题的发生与实现。提出公共性的本质与其类型,并对公共性问题的发展与公共性的实践做出说明。第三章,当代中国社会的公共性问题。首先提出问题的表现,描述转型时期的公共性问题,缺乏完善的个人主体性,政府公共性的现实缺失,民间组织欠完善,道德缺失现象突出,社会信仰缺失以及环境公共性意识欠缺;提出问题的原因,认为受到转型时期的社会条件的影响,公民社会发展不够完善,中国传统公私观念的影响以及公共精神的缺乏。第四章,和谐社会视域中的新型公共性建构。探讨以人为本的新型公共性,提出促进国家公共性与市民公共性的统一,培养现代公共性精神,营造公共和谐的文化氛围并通过协调整合利益关系,夯实社会和谐基础,加强制度建设,保障社会公平主义,加强公共安全建设,加快推进以改善民生为重点的社会建设。

关键词:社会主义建设　和谐　公共利益

**0015**

**唯物史观视野中的文化本质问题研究** / 段迎晖著 ; 陈先达指导. -- 中国人民大学, 2009. -- 181 页

论文为唯物史观视野中的文化本质问题研究。全文共分为四章。第一章,多维理论视野中的文化本质观及其评析。探讨文化人类学视野中的文化本质观,哲学人类学视野中的文化本质观,文化形态学视野中的文化本质观,西方马克思主义视野中的文化本质观。第二章,考察文化本质的唯物史观视野及其意义。首先探讨马克思、恩格斯著作中"文化"概念的缺席及其历史原因,认为从社会实践发展状况看,文化问题尚不是马克思、恩格斯时代的显问题,从思想史背景看,马克思恩格斯对18、19世纪盛行的文化史观保持着高度警惕;探讨唯物论史观对考察文化本质的方法论意义,包括唯物史观的本质与当代价值,唯物史观对考察文化本质的方法论意义。第三章,唯物史观视野中文化的本质。一是对历代马克思主义者对文化本质问题的探索,包括马克思和恩格斯对文化本质问题的探索,马克思主义继承者对文化本质问题的探索;二是理解文化本质的三个维度,包括实践与文化的本质,人的本质与文化的本质,社会有机体的结构与文化的本质。第四章,先进文化的本质与当代中国先进文化建设。首先探讨唯物史观视野下先进文化的本质,包括判断文化先进性的标准以及当代中国的先进文化;接着提出中国先进文化建设的当代境遇,主要从经济全球化、数字化与网络化以及社会主义市场经济三个方面做出讨论;最后探讨当代中国先进文化建设需要处理好的几个关系,即社会主义市场经济与先进文化建设的关系,文化民族性与世界性的关系以及文化继承与文化创新的关系。最后为论文结语。

关键词:文化理论　本质　历史唯物主义

**0016**

**马克思主义哲学传入中国的文化机制探讨** / 范丹卉著 ; 郭建宁指导. -- 北京大学, 2009. -- 160 页

论文的研究对象为马克思主义哲学传入中国的文化机制。全文共分为五章。导言部分介绍论文研究问题、研究方法与研究现状、预期成果。第一章,马克思主义哲学与中国传统文化的差异契合。首先探讨马克思主义哲学的真理价值与普适意义;提出对马克思主义哲学与中国传统文化的显著差异的说明,包括中国传统文化的内涵与形成来源,中国文化传统的特点以及与中国传统文化的特征分析;提出马克思主义哲学与中国传统文化的天然契合,认为两者都立足物质的本体论,都主张实践的认知论,都采用辩证的方法论,都倾向入世的价值论。第二章,马克思主义哲学回应"五四"中国的文化需求。首先对"五四"时期中国社会的文化需求做出介绍;对"五四"时期中国社会的文化环境介绍,包括文化环境的含义及决定要素,"五四"时期中国文化环境特点以及国际形势对中国文化环境的影响;对中国文化环境及以马克思主义哲学传入中国的背景做出介绍。第三章,"五四"知识分子接受马克思主义哲学的思想条件。结合对"五四"知识分子的社会功能和文化特点,"五四"知识分子的中西文化观的分析,提出传统文化的积极影响有利于马克思主义哲学传入中国。第四章,马克思主义哲学传入中国的文化机制之效用问题。首先分析马克思主义哲学传入中国的文化机制失灵及原因,并对

马克思主义哲学传入中国的文化机制个案展开研究，探讨马克思主义哲学传入中国的文化机制之效用区间以及马克思主义哲学传入中国的文化机制之效用边际。第五章,马克思主义哲学传入中国的文化机制的文化机制总体探讨。提出马克思主义哲学传入中国的文化机制的概念,并探讨马克思主义哲学传入中国的文化机制的运行过程、基本特点与马克思主义哲学传入中国的文化机制的历史结果。

关键词:马克思主义哲学　文化　传播　五四运动

**0017**

**论马克思经济学研究立场的根本转变** / 方以启著 ；王金福指导. -- 苏州大学, 2009. -- 138 页

论文通过对马克思文本意义的理解,揭示马克思在经济学研究进程中研究立场发生根本性转化的事实,说明马克思最初经济学研究的动因,论述马克思早期经济学研究的哲学立场,阐述马克思后期经济学研究的实证科学立场,对西方经济学研究中的非实证科学的研究立场进行讨论。全文共分为五章。第一章,马克思经济学研究的动因和进程。探讨马克思最初经济学研究的动因,介绍马克思早期的经济学研究内容和马克思后期的经济学研究情况。第二章,马克思早期经济学研究的哲学立场。首先介绍马克思思想发展进程中的哲学时期,在此基础上,提出马克思对古典政治经济学批判的哲学立场以及马克思批判蒲鲁东政治经济学的哲学立场。第三章,马克思的实证科学研究立场的确定。一是介绍马克思开始否定哲学,确立实证科学研究立场的情况;二是提出马克思否定"哲学"的真实意义;三是马克思的实证科学立场与孔德的实证哲学讨论。第四章,马克思后期经济学研究中实证科学立场。提出马克思对蒲鲁东的公平正义原则的批判,马克思对巴师夏和凯里的和谐原则的批判以及马克思后期经济学研究的实证科学立场。第五章,西方经济学研究中的非实证科学立场。一是经纪人假设:"理性经纪人"到"新理性经纪人";二是经济正义论:"正义即合法与平等"到"正义即个人权利"的讨论。最后为论文的主要研究结论。

关键词:马克思主义政治经济学　经济哲学　经济理论

**0018**

**公共利益问题探究:从公共理性的视角看** / 房德玖著 ; 陈晏清指导. -- 南开大学, 2009. -- 173 页

论文从公共理性的视角对公共利益问题展开研究。全文共分为四章。第一章,导论。介绍公共利益问题的提出和政治哲学诠释,探讨课题研究的国际国内现状,论文研究的基本思路并对论文的研究结构框架作出说明。第一章,公共利益观念及其历史发展。首先对公共利益概念作出分析,包括利益与公共利益以及利益冲突;二是对公共利益的含义分析,探讨公共利益术语的渊源,理解公共利益问题的思路,并对公共行政理论中公共利益观念做出说明;提出公共利益观念史,分别分析评价公共利益与私人效用,公共利益的当代诠释。第二章,公共理性的理念。首先介绍公共理性的一般性意义,包括公共理性思想发展的一般线索以及合理性的观念;提出罗尔斯公共理性观的基本意义;对公共理性的挑战做出修正与回应。第三章,公共理性作为社会的基本利益。首先探讨公共性的术语内涵,公共性的社会—政治表现形式;对公共理性与社会基本利益的正当分配做出说明,探讨公共理性的一般性涵义,公共理性的公共冲突,公共理性的规范性意涵,正义论中的公共性,正义原则中关于利益分配的规定等。第四章,政治合法性的理念。提出政治合法性作为政治哲学的主题以及马克思韦伯对合法性的问题界定,对政治合法性的涵义做出说明;提出合法性问题的规范性论证。最后为论文结语。

关键词:利益　理性　正义　政治哲学

**0019**

**转型时期我国社会矛盾分析** / 冯海波著 ; 梁树发指导. -- 中国人民大学, 2009. -- 214 页

论文探讨马克思主义经典作家的社会矛盾思想,在哲学、政治经济学、政治学、社会学等学科视角下探讨我国社会转型时期的矛盾。全文共分为五章。导论部分介绍论文选题意义,研究现状,研究内容与研究方法。第一章,马克思主义经典作家的社会矛盾思想。分别介绍马克思、恩格斯的社会矛盾思想,列宁的社会主义社会矛盾思想,斯大林的社会主义社会矛盾思想,毛泽东的社会主义社会矛盾思想以及邓小平的社会主义社会矛盾思想。第二章,国内外学者论社会矛盾。提出社会冲突学派,西方马克思主义理论家的社会矛盾思想以及国内学者关于社会矛盾思想的研究。第三章,社会转型时期我国矛盾现状。探讨社会矛盾系统中的社会转型,提出社会转型的界定,当代中国社会转型的理论基础,社会矛盾与社会转型;探讨转型期我国社会矛盾的现实形态,包括社会主体

视角下的社会矛盾以及社会客体视角下的社会矛盾;介绍转型期我国社会矛盾的总体特征。第四章,社会转型时期我国的社会矛盾分析。探讨我国社会矛盾的性质与基本格局,分别从阶级阶层视角、社会制度视角、社会文化视角与社会交往视角四个层面对我国的社会矛盾进行分析。第五章,转型时期我国社会矛盾的治理。探讨制度整合的主要路径,社会建设的内在要求以及舆论导向的关键环节,提出应正确引导人的物质和精神需求,重建社会理性。

关键词:社会主义社会　矛盾　社会转型

**0020**

**劳动范畴在马克思哲学中的核心地位** / 冯溪屏著 ; 张奎良指导. -- 黑龙江大学, 2009. -- 189 页

论文的研究对象为劳动范畴在马克思哲学中的核心地位。全文共分为四章。导论部分介绍论文问题研究背景,相关文献的述评以及论文的逻辑结构。第一章,劳动的历史性出场。介绍黑格尔思辨哲学的劳动观,包括追求自由的时代精神,辩证否定性与人类劳动;介绍国民经济学的劳动概念,包括早期经济学对劳动的思考以及亚当·斯密的劳动价值论;探讨空想社会主义关于劳动与私有制的学说,包括西欧工人运动的发展与劳动问题的突现,起源于《乌托邦》的私有制批判以及十九世纪三大空想家对劳动的致思路向。第二章,劳动范畴是马克思实践哲学的基石。提出在批判旧世界中发现新世界,探讨马克思基于劳动范畴的视觉融合,劳动范畴与马克思的哲学变革。第三章,劳动与人类世界二重化。探讨劳动与生产方式,包括劳动二维结构的生成,从外化劳动到异化劳动,从劳动范畴到生产方式理论的逻辑;介绍生产力的自由维度以及社会经济形态发展的自然历史过程。第四章,时间的自由向度。探讨劳动与源始时间经验,包括时间性经验与人的生存,人类劳动与未来先行,文化危机与时间的遗忘;探讨对象化幽闭的时间,包括资本逻辑与时间的空间化,对象化与对象的丧失,消费社会的时间黑洞;探讨自由时间与人的解放,包括自由时间弥合劳动的分裂,全面的对象性与自然的复活以及自由劳动与相互确认。最后为论文结语:自由王国中的真善美。

关键词:劳动　自由　马克思主义　历史唯物主义

**0021**

**生态文明与可持续发展** / 高德明著 ; 马绍孟指导. -- 中国人民大学, 2009. -- 212 页

论文的研究对象为生态文明与可持续发展。全文共分为六章。第一章,导论。介绍论文研究的选题缘由与意义,对研究问题的界定,研究的设计方法与结构以及论文研究的主要创新与研究中的难点。第二章,困境与共识:可持续发展从概念到行动。提出人类生存和发展的现代化特征与困境,对工业文明提出理性的反思,并探讨可持续发展的理论探索与实践行动现状,对可持续发展观、生态时代观、生态本位观、社会文明观的内涵做出阐释。第三章,本质与架构:生态文明的科学内涵与理论构建。分别从生态文明的概念界定与本质内涵,生态文明的核心内容与主要特征,生态文明的发展途径与建设内容以及生态文明的功能地位与历史意义四个方面对生态文明的本质与架构做出说明。第四章,保障与促进:生态文明与可持续发展的辩证关系。对生态文明与可持续发展的辩证关系的讨论提出,生态文明是可持续发展的本质内涵,生态文明是可持续发展的支撑和保障,可持续发展可以推动和促进生态文明建设。第五章,对比与分析:西方生态文明观的各种思潮和马克思主义的生态文明思想。介绍西方人类中心主义与西方非人类中心主义观点,对马克思主义的生态文明观做出介绍说明。第六章,理论与实践:中国生态文明与经济社会的可持续发展。提出生态文明是中国传统文化中的思想精华,并对狭义的生态文明执政理念做出说明,对广义的生态文明的实践做出讨论,提出构建生态文明,是中国经济社会可持续发展的必然选择,以可续发展观指导生态文明建设可以推动我国经济社会的可持续发展。

关键词:生态环境　环境保护　可持续发展

**0022**

**批判的可能性:关于当代社会理论的性质与使命的一种思考** / 高宁著 ; 朱红文指导. -- 北京师范大学, 2009. -- 199 页

论文以可能性概念为统摄,对批判性社会理论的方法论性质与现实使命进行研究。全文共分为六章。第一章,批判性社会理论的基本概念和理论特征。介绍关于基本概念的辨析,包括知识批判与社会批判,理论的可能性与现实的可能性以及对批判性社会理论的三种理解;提出批判性社会理论的理论特征,认为批判性社会理论不同于法拉克福学派的批判理论,并对批判性社会理论的理论特征内涵做出说明。第二章,理论、批判与人的生存实践。提出理论的本性

是批判与超越,批判源自人的实践活动,应以批判来开启希望。第三章,批判性社会理论的价值理想。首先提出实证主义的社会理论批判,包括效法自然科学以及无头脑的社会科学;二是解释性批判性社会理论,包括价值关联与价值中立,描述主义的隐忧等;探讨知识解放与人的解放。第四章,批判性社会理论的知识学奠基。对反思与自反的现代性及其风险展开探讨,分析知识奉献与知识批判的辩证关系,并提出以公共性克服知识的自反性困境。第五章,批判性社会理论的修辞策略。首先从语言学转向到修辞学转向,提出修辞是构建公共生活的语言实践,并对说服、探究与批判的内涵做出说明。第六章,批判性社会理论的社会政治空间。提出社会的危机与社会理论的民主诉求,并对交往权利的法制保障与社会基础做出解释与评价,提出民主反对资本主义的可能性与局限性。最后为论文结语。

关键词:社会学　现代主义　社会批判论

**0023**

**社会信仰论** / 谷生然著 ; 欧阳康指导. -- 华中科技大学, 2009. -- 266 页

论文的研究对象为社会信仰论,提出社会信仰的冲突与危机现象,并对当代社会信仰的基本原则做出说明讨论。全文共分为八章。第一章,导论。介绍课题的目的和意义,研究现状,论文的创新之处以及研究方向的难点。第二章,社会信仰的内涵与社会信仰的本质。首先提出信仰对世界的整体立意与内涵;接着对社会信仰的公共信仰属性作出评价;最后探讨信仰、个人信仰以及社会信仰三者之间的区别与联系。第三章,西方传统社会信仰:上帝与理性。分别对古希腊哲学对神与神理性问题的探讨,近代以前基督教哲学关于上帝与理性的探讨以及近代哲学对信仰与理性问题的探讨三个方面作出解读。第四章,中国传统社会信仰:道与德。一是介绍古代信仰从天神崇拜到重视人伦;二是探讨儒、道、释信仰与道德冲突;三是对理学信仰与伦理道德的探讨。第五章,现代社会信仰的基本形态。分别对马克思主义信仰、人本主义信仰和科学主义信仰作出说明和评价。第六章,社会信仰冲突。探讨社会信仰冲突及其本质,并对基督教、伊斯兰教与儒学信仰的冲突,对马克思主义信仰与自由主义信仰的冲突做出说明与评价。第七章,社会信仰危机。探讨社会信仰危机及其本质,并对传统社会信仰的真理性危机以及现代社会信仰危机做出讨论。第八章,社会信仰的当代构建。提出以马克思主义信仰引领时代精神,积极弘扬传统社会信仰的当代价值,并提出多种信仰和谐共存与相互促进。

关键词:信仰　宗教信仰　马克思主义　精神文明建设

**0024**

**通向解放的乌托邦之路:哈贝马斯交往思想研究** / 关桂芹著 ; 刘福森指导. -- 吉林大学, 2009. -- 137 页

论文站在普遍交往的全球化时代背景下,通过对哈贝马斯整个思想体系脉络的梳理,探讨隐藏在其后的"解放"旨趣,并对哈贝马斯的解放与乌托邦和马克思的解放理想加以比较研究,探讨"乌托邦"人类解放的新思路。全文共分为四章。前言部分介绍哈贝马斯思想提出的时代背景,哈贝马斯思想相关研究现状,哈贝马斯思想的内在逻辑以及哈贝马斯社会理想的研究价值。第一章,问题的提出:晚期资本主义新变化对马克思社会解放理论的挑战。首先探讨国家干预职能的"悖论式"发展,就近期而言,国家干预增强保障资本主义制度的稳定性,从长远来看,国家干预加强导致晚期资本主义面临社会危机;探讨科学技术意识形态化的双重作用,提出科学技术成为晚期资本主义统治合法性的基础,探讨科学技术造成人性的物化和异化;探讨晚期资本主义新变化对马克思社会解放理论的挑战,包括晚期资本主义新变化促使人民质疑马克思的阶级斗争学说,科技成为第一生产力对剩余价值学说的冲击,晚期资本主义"生命力"对马克思社会解放理论的挑战。第二章,重建社会解放的"阿基米德点":交往行为理论的引入。探讨交往行为与交往合理性,交往行为的规范基础,交往行为的背景预设。第三章,交往合理性与生活世界合理化。提出生活世界是主体间性的世界,系统合理化对生活世界的殖民,生活世界的内在结构及其合理化以及以交往合理性重建社会合理化,提出要辩证看待哈贝马斯的生活世界理论。第四章,社会合理化的终极追求:无限制的交往共同体——世界公民社会。从人际交往层面、社会制度层面和后民族结构三个方面展开讨论。最后为论文结语。

关键词:哈贝马斯(Habermas, Jurgen)　哲学思想　语言交往　思想评论

**0025**

**偶然相遇的唯物主义:阿尔都塞晚期哲学思想研究** / 郭华著 ; 唐正东指导. -- 南京大学, 2009. -- 166 页

论文对阿尔都塞晚期哲学思想展开研究,探讨偶然相遇的唯物主义。全文共分为五章。导言部分介绍国内外对阿尔都塞晚期思想的研究动态,论文研究的方法与研究意义以及论文的结构与工作目标。第一章,阿尔都塞提出偶然相遇的唯物主义理论的背景。分别探讨马克思主义的政治危机,理论危机,并提出偶然相遇的唯物主义诞生的前夜。第二章,阿尔都塞视域中的偶然相遇的唯物主义的思想渊源。分别介绍古希腊的原子论哲学以及海德格尔的唯物主义。第三章,阿尔都塞视域中偶然相遇的唯物主义的发展。一是讨论马基雅维利对伊壁鸠鲁偶然相遇的唯物主义哲学的继承与发展;二是探讨斯宾诺莎中一个真正理解马基雅维利政治思想之哲学意义的人;三是霍布斯和卢梭提出的政治理论中偶然相遇的唯物主义历史观。第四章,阿尔都塞偶然相遇的唯物主义哲学的基本内容。首先对偶然相遇的唯物主义哲学中的相关概念进行解读;在此基础上,探讨偶然相遇的唯物主义哲学的基本原则,包括偶然性优先于必然性的原则以及物质性优先于偶然性的原则;分析偶然相遇的唯物主义哲学的特征,探讨偶然相遇的唯物主义哲学的世界观和历史观。第五章,对晚期阿尔都塞哲学的批判性解读,探讨马克思是否具有偶然相遇的唯物主义哲学。从马克思主义哲学的生产方式概念出发,对阿尔都塞对马克思生产方式概念的偶然唯物论解读,并探讨偶然相遇的唯物主义哲学的实践性,并对其批判维度作出说明。

关键词:阿尔都塞(Althusser, Louis)　哲学思想　思想评论

**0026**

**马克思现代新型民主观发展轨迹及其当代价值** / 郭丽兰著 ; 王东指导. -- 北京大学, 2009. -- 156 页

论文探讨马克思现代新型民主观发展轨迹及其当代价值。全文共分为十一章。导言部分交待论文的问题缘起,国内外研究状况和方法论思考,论文的研究目的与逻辑结构。第一章,马克思民主观的萌芽。介绍马克思民主观萌芽的历史背景,马克思民主观萌芽的思想原点以及《莱茵报》之前的民主观。第二章,马克思民主观理论来源初探——以《克罗茨纳赫笔记》为例。分析提出法国革命时期的思想家是马克思民主观的理论来源,复辟时期历史学家为马克思民主观提供理论资源,卢梭等近代政治思想家是马克思民主观的直接理论来源,赫斯等青年黑格尔派对马克思民主观形成的促进。第三章,马克思民主观初步奠基——《黑格尔法哲学批判》等新解读。对市民社会决定国家做出解释,对官僚体制、专制主义的严厉批判,探讨马克思的人民主权论与马克思的人民立宪论。第四章,马克思民主观的政治宣言——《共产党宣言》新解读。探讨资产阶级代议制民主的历史贡献与历史局限,无产阶级新型民主实现的历史条件,无产阶级新型民主实践以及无产阶级新型民主的价值目标。第五章,马克思民主观的理论雏形——《法兰西阶级斗争》与《雾月十八日》中的民主思想。分析普选的实质,三权分立的背后,探讨工农联盟的民主思想。第六章,马克思民主观的经济基础——《资本论》中的民主思想。探讨商品经济中的民主要求,民主与劳动的二重性学说,民主与社会有机体理论以及民主与国家的职能变迁,提出马克思民主观的价值诉求。第七章,提出《法兰西内战》中的民主思想与马克思民主观的理论建构关系。第八章,对马克思晚年著作与笔记提出探讨,思考马克思民主观的理论扩展。第九章,马克思民主观的基本理论。探讨马克思民主观的理论出发点,人民民主的实现条件,人民民主的参与形式与监督体制。第十章,提出对马克思民主观的历史比较研究。第十一章,结合前文讨论,提出对中国民主政治建设的理论思考。

关键词:马克思主义　民主　政治哲学

**0027**

**毛泽东与唯物史观中国化** / 韩爱叶著 ; 李景源指导. -- 中国社会科学院, 2009. -- 98 页

论文的研究对象为毛泽东与唯物史观中国化。全文共分为五章。导言部分重新解读中国化马克思主义哲学,探讨现代建构作为马克思主义哲学中国化的历史语境,以历史唯物主义为实质的中国化马克思主义哲学,以唯物史观为核心的马克思主义哲学中国化,提出论文研究的思路、研究意义与内容。第一章,近代历史主体与唯物史观的传播。探讨世界历史与民族解放,社会变革呼唤科学历史观,理性的博弈与唯物史观的生成以及唯物史观在“五四”前后的传播及确立。第二章,毛泽东历史观的转变。一是探讨其年少时的历史意识,讨论对历史主题的敏锐把握,对历史主体的初步质疑以及对现实问题的初步思索;二是对历史观的追问及其唯心史观思想的探讨;三是提出实践与毛泽东对唯物史观的选择;四是提出把马克思主义哲学中国化。第三章,毛泽东哲学思想的基本问题。

提出主观与客观的统一,理论与实际的统一,领导与群众的统一以及共性与个性的统一。第四章,以历史唯物主义为实质的毛泽东哲学思想。提出毛泽东哲学思想的核心是群众史观与生产力史观的统一,并探讨以唯物史观为核心的认识论以及以唯物史观为核心的方法论。第五章,邓小平对晚年毛泽东的超越。探讨邓小平历史观的拨乱反正以及邓小平的生产力史观。最后为论文结语,提出与时俱进的唯物史观中国化。

关键词:毛泽东　历史观　历史唯物主义　马克思主义哲学

**0028**

**管理公正论** / 韩小荣著 ; 李兰芬指导. -- 苏州大学, 2009. -- 165 页

论文结合管理的意义,对管理公正论的基本问题及其实现做出讨论,并对国内管理公正性的相关案例做出评价。全文共分为五章。开篇为论文导论部分,介绍研究管理公正的缘起,管理公正研究的历史与现状,论文的研究思路、方法和主要内容。第一章,管理公正概述。对管理公正的概念分析,包括管理的具体含义,公正价值的涵义审视,管理公正的涵义;探讨管理公正的本质和特征,管理公正的结构体系。第二章,管理公正思想的历史考察。对管理公正的相关历史情况做出归纳总结,包括古典管理时期的管理公正思想,新古典管理时期的管理公正思想,现代管理时期的管理公正思想,后现代管理时期的管理公正思想。第三章,管理公正的基本问题概述。结合管理公正既存的基本问题,探讨个人、组织与社会的相互关系,效率与公平的关系,权利与义务的关系。第四章,管理公正的实现。通过对改革开放 30 年管理公正观的嬗变,探讨管理公正的基本原则和基本要求,管理公正的内升机制与实现机制,管理不公正的表现及其成因分析以及管理公正实现的思路。第五章,管理公正性的评价。首先对近年来国内评价理论研究展开综述,在此基础上,对“韩琨事件”做出说明,并从中探讨管理公平性评价的重要意义,提出管理公正性评价的标准问题以及管理公正性评价的型构,对影响管理公正性评价的因素做出说明。最后为论文结语。

关键词:管理哲学　公正　公正与效率

**0029**

**认知公正论** / 何丹著 ; 欧阳康指导. -- 华中科技大学, 2009. -- 193 页

论文以认知与公正为题,考察知识的社会辩护问题。全文共分为五章。第一章,引言。介绍认知公正的意义以及认知公正的用法,对选题的意义与选题目的,研究的现状与研究方法,研究的创新点与研究难点做出说明。第二章从知识辩护理论入手,考察知识的三因素定义,进而考察变化的概念。提出辩护理论的发展必将从内在变化发展到社会辩护,从私人辩护发展到公共辩护;提出的内容突破经典认识论对自治的认识主体的预设,转而在群体中寻求知识的有效性辩护。第三章以科学和民主的关系历史为线索,结合当代知识的生产状况,探讨认知公正概念的提出的理论必然性。一是在思想史上提出认知与公正是分属于不同学科的,认识是一个认识论的概念,公正是一个伦理学、政治学的概念,前者属于科学理论,后者属于实践科学;提出认知与公正在思想史上和实践上并没有关系,两者应该相互依赖,相互补充,融为一体。第四章确定几个当前社会知识生产、传递和解释过程中的几个认知公正问题,确定场景类型,并提出这些场景中出现的知识社会变化问题,相伴随的资源分配问题与权利分配问题。第五章重新总结了认知公正的概念与内涵,提出认知公正的定义以及认知公正诸多原则以及相应的依据,并分别从分配的公正、交换的公正以及话语的工程角度论述认知公正所涉及的各个层面。最后提出论文的结论与观点。

关键词:认知　公正　知识　民主

**0030**

**当代发展风险问题的哲学研究** / 何小勇著 ; 李建群指导. -- 西安交通大学, 2009. -- 155 页

论文为当代发展风险问题的哲学研究。全文共分为七章。第一章,绪论。介绍问题的提出及研究的意义,论文课题的国内外相关研究现状,论文的学科定位、研究思路与研究方法。第二章,风险概念的哲学辨析。提出风险概念的词源学和语义学考察,专业学科中的风险概念,当代社会学理论中的风险概念以及风险概念的马克思主义哲学阐释。第三章,当代发展风险问题的凸显及其理论化。一是探讨当代社会发展的风险景象,包括当代社会发展中的生态风险,当代社会发展中的经济风险,当代社会发展中的政治风险与当代社会发展中的文化风险;提出发展研究中风险意识的觉醒,包括现代化理论善变中的风险意识,法兰克福学派现代性批判中的风险意识以及后现代主义发展理论的风险意识;探讨当代社会学理论对

发展风险问题的理论化,提出风险社会理论,风险文化理论,风险的复杂自系统理论以及风险的治理性理论;对当代发展风险问题的特征与本质做出说明。第四章,马克思发展风险思想的当代阐释。探讨马克思劳动异化理论的风险意蕴,马克思的经济危机理论与当代发展风险问题,马克思人与自然关系理论中的风险思想。第五章,当代发展风险问题的多维透视。探讨全球化、资本逻辑与发展风险,科技理性与发展风险以及现代性发展观与发展风险。第六章,当代中国转型发展期的风险识别与治理。对当代中国转型发展期的风险识别与治理的内容、风险、原因与思路展开分析。第七章为论文的结论与展望。

关键词:发展　全球化　风险分析　马克思主义

**0031**

**日常思维生成机制研究** / 贺苗著 ; 衣俊卿指导. -- 黑龙江大学, 2009. -- 176 页

论文在日常生活批判的视域内,将人们熟知而非真知的日常思维纳入研究视野,系统考察日常思维的基本图式和生活机制,结合现代性问题和中国社会的文化转型,反思中国的现代化与日常思维的变革,试图建构适合中国日常思维的批判和重建模式,促进人自身的现代化。全文共分为五章。第一章,思维与日常思维。界定思维的范畴,对思维进行分类,提出日常思维的一般界定。第二章,日常思维的基本图式。从重复性、自发性和实用性三个方面介绍日常思维的经验图式,从礼俗性、不平等性和情感性三个方面介绍日常思维的习俗性图式,从模仿、类比、隐喻和直觉四个角度介绍日常思维的方法图式。第三章,历时态的日常思维生成机制。一是原始的日常生活世界,包括原始文化的和原始思维的历史演进,原始的日常生产实践,原始的日常交往活动;介绍原始思维的物化形态,包括巫术、原始宗教、图腾崇拜和神话;介绍原始思维和日常思维。第四章,共时态的日常思维生成机制。介绍共时态的生成途径,经验活动的图示化,日常交往活动的类型化,非日常思维的常识化。第五章,日常思维与现代性。一是现代性与思维的反思性,包括现代性的含义,现代性的思维机制,现代性对日常思维的改造;二是日常思维转型的双重性,包括日常思维对人的生存和社会发展的双重性以及日常思维现代转型的双重后果;三是中国的文化转型与日常思维变革,包括中国传统日常思维的超稳定性,现代性与日常思维转型以及中国日常思维的转型与重建。最后为论文结语。

关键词:日常生活　思维规律　思维科学

**0032**

**中国公民社会的发育:现状、问题与前景** / 侯一夫著 ; 徐伟新指导. -- 中共中央党校, 2009. -- 116 页

论文探讨中国公民社会的发育现状、问题与发育前景。全文共分为三章。导言部分介绍论文的选题缘由、研究意义、研究综述以及研究方法与论文的架构。第一章,公民社会理论溯源。一是讨论公民社会的历史演进,介绍公民社会产生的历史背景,公民社会概念的历史演进;介绍公民社会的基本范畴,包括公民社会概念的界定,公民社会组织的分类,公民社会的基本特征以及公民社会的功能作用;提出公民社会出现是历史的必然。第二章,中国公民社会发育的历史与现状。首先从建国前的传统社会,建国初的中国社会以及改革开放后的中国三个方面提出中国公民社会发育的历史背景;介绍中国公民社会发育的要素和条件,提出市场经济的确立是公民社会发育的基础,民主政治的发展要求公民社会实行自治,法制健全是公民社会发育的关键和保障,民间组织的蓬勃发展促进公民社会发育;探讨中国国家与社会的关系;对中国公民与公民社会以及中国公民社会发育现状做出介绍,包括中国公民社会发育现状,中国公民社会发育的制约因素以及公民社会的特征和作用。第三章,积极推进中国公民社会成长。提出应完善社会主义市场经济体制,加强社会主义民主政治建设,制定和完善相关的法律法规,努力培养社会主义公民意识,扩大我国中等收入阶层的比重,扶持鼓励公民社会的组织发展以及普及网络,促进公民社会的发育。

关键词:公民　社会主义建设　民主政治　社会秩序

**0033**

**公共利益研究:基于政治哲学视角的分析** / 胡朝阳著 ; 丁东红指导. -- 中共中央党校, 2009. -- 165 页

论文基于政治哲学的视角,对公共利益展开研究。全文共分为六章。导言部分介绍选题的缘由、研究综述、研究意义、研究方法以及研究的难点与创新和不足。第一章,当代中国公用利益问题的凸显。从市场化改革以来公共利益问题的凸显出发,分析当前公用利益问题的状况,并提出正确认识公用利益问题的必要性和重要性。第二章,利益和公用利益问题的历史考察。分别提出中国哲学史上关于利益和公用

利益问题的研究,西方哲学史上对于利益和公用利益问题的研究,马克思主义关于利益和公用利益问题的研究。第三章,公用利益范畴的基本分析。首先探讨公用利益产生的根源、形成条件以及公用利益的实现,接着对公用利益在人类共同体中的发展以及公用利益的内涵与特征做出说明。第四章,公用利益与相关利益范畴的辨析。提出公用利益与私人利益的关系,公用利益与国际利益的关系以及公用利益与集体利益的关系讨论。第五章,公用利益公共权力以及公民权利。分别对公共权力与公用利益,公民权利与公用利益,公用利益、公民权利以及公共权力的实现内涵、关系做出探讨。第六章,当代中国公用利益实现的保障。提出公用利益实现的社会制度保障,公用利益实现的法律保障以及公用利益实现的精神保障。最后提出实现公用利益与公民个人利益之间的协调,提出公用利益造福于全体公民。

关键词:公共管理　公民　国家　利益　政治哲学

**0034**

**西方马克思主义的现代性批判理论研究** / 胡绪明著 ; 陈学明指导. -- 复旦大学, 2009. -- 147 页

论文的研究对象为西方马克思主义的现代性批判理论。全文共分为四章。前言部分介绍与论题相关的国内外研究现状,论题的研究目的与研究方法和意义。第一章,早期西方马克思主义的现代性批判理论。提出早期西方马克思主义现代性批判的理论缘起,对马克思的商品拜物教思想以及马克思·韦伯的合理化理论,第二国际的"庸俗马克思主义"的解释路向做出说明;探讨卢卡奇现代性批判的双重维度,包括卢卡奇对资本主义社会物化的批判,卢卡奇对资产阶级形而上学的批判,卢卡奇对现代性批判的局限与意义;探讨柯尔施对实证主义及其现代性意识形态的批判。第二章,法兰克福学派早期批判理论与启蒙现代性批判。探讨启蒙现代性批判的问题意识,包括启蒙现代性批判的问题意识的现代基础与伦理基础探讨;提出对启蒙辩证法与现代性的反思;探讨否定辩证法与对现代性的批判。第三章,哈贝马斯的现代性的重建。首先探讨现代性哲学话语的批判意识,包括对后现代主义的理论反驳,对黑格尔现代性规范基础的批判以及对现代性哲学话语的特征与困境的评价;提出对现代性哲学话语的批判与讨论;探讨哲学范式的转换与现代性的重建。第四章,辩证地对待西方马克思主义现代性批判理论。分别探讨西方马克思主义与现代性的辩证批判,西方马克思主义现代性批判理论的根本局限。最后提出对在历史唯物主义立场上坚持对现代性的辩证批判的总结。

关键词:西方马克思主义　哲学思想　现代主义

**0035**

**历史理论的"问题结构"与马克思历史理论的重建** / 胡亚军著 ; 王新生指导. -- 南开大学, 2009. -- 189 页

论文探讨历史理论的"问题结构"与马克思历史理论的重建。全文共分为五章。第一章,绪论:历史理论与历史实在。探讨范导性与构成性,范导性的历史实在以及构成性的历史理论。第二章,问题结构:历史理论的相对预设。首先对问题结构的一般性做出说明,提出问题结构是确定历史研究对象时做出的行对预设,问题机构与伦理内容之间的关联性与构成性原理,问题结构是先验的观念与认识形式;探讨范导性的历史学家与问题结构的主观性,包括对问题结构主观性与客观性的讨论以及对范导性的主观因素的说明;第三章,问题结构的功能的构成性,提出问题结构的功能为确定历史理论的界限,导致历史理论出现理论空白或理论失明,历史理论的连续性与间断性,问题结构与历史理论的建构;提出个人历史传记的问题结构讨论。第三章,问题结构的两种理想类型。探讨连续性历史理论的问题结构,历史进步论的问题结构,间断性历史理论的问题结构,在两种问题结构之间的现实中的历史理论的讨论。第四章,马克思历史理论的问题结构。探讨《德意志意识形态》的问题结构,《路易·波拿巴的雾月十八日》的问题结构。第五章,重建马克思历史理论的诸种方案。探讨重建历史理论的总体目标:间断性的历史理论;对赖希关于意识形态与心理结构做出说明;讨论阿尔都塞用结构主义的方法重建历史唯物主义;探讨悉尼·胡克关于建构历史中的英雄议论;最后对马克思主义理论发展史的内在连续性做出说明。

关键词:史学理论　历史哲学　社会发展　马克思主义

**0036**

**吉登斯现代性社会理论与"第三条道路"思想研究** / 胡颖峰著 ; 张曙光指导. -- 华中科技大学, 2009. -- 164 页

论文的研究对象为吉登斯现代性社会理论与第三条道路的思想。全文共分为六章。第一章,导论。介绍吉登斯的生平与吉登斯的思想发展,国内外关于

吉登斯思想的研究现状,吉登斯思想的核心与吉登斯思想的现实关怀,并提出论文的结构与研究思路。第二章,站在巨人的肩膀上:吉登斯现代性思想溯源。从启蒙与现代性,古典现代性理论以及吉登斯对古典现代性理论的融合与发展三个层面对吉登斯现代思想起源做出介绍与评价。提出吉登斯通过对古典现代性理论进行清理与反思,系统总结古典现代性理论的三个明显的主线——资本主义、工业主义和理性化,结合晚期现代性社会的时代背景,从而建立起富有特色的现代性社会理论。第三章,全球化与现代性。介绍全球化与现代性的扩张,现代性的动力机制以及全球化的维度。第四章,后传统社会及其存在的问题。提出当今的西方社会是后传统社会,并探讨后传统社会存在的主要问题。第五章,生活政治的构想。分别对生活政治的内涵,生活政治的构想以及生活政治关注的主要问题做出说明。第六章,求解现代性问题的现实方略:第三条道路。该部分重点对第三条道路的提出,第三条道路中包含的政治做出分析评价,并提出全球世界主义秩序的理论构建。最后提出对吉登斯三条道路政治的总结与评价,并得出论文结论。

关键词:吉登斯(Giddens, Anthony)　政治思想　社会问题

**0037**

**走出思辨的囚笼:马克思的本体论批判** / 黄秋生著 ; 旷三平指导. -- 中山大学, 2009. -- 141 页

论文以马克思对传统本体论批判为研究主体,揭示经典作家是如何在批判中走出思辨王国从而实现哲学史上的伟大变革。全文共分为六章。第一章,马克思早年的哲学立场。介绍两种原子论的差异,伊壁鸠鲁哲学的本质以及《博士论文》的哲学立场。第二章,马克思本体论批判的逻辑进路之一。一是思辨神学的批判,包括早期的神学本体论批判,思辨神学批判的费尔巴哈之桥,神学本体论批判的深化;接着探讨思辨本体论的政治批判,包括思辨本体论的神学秘密和现实关切与终极关怀;探讨思辨本体论的经济学初次批判,包括经济学批判的最初成果,黑格尔辩证法和整个哲学的剖析以及思辨本体论批判的延续。第三章,马克思本体论批判的逻辑进程之二。首先介绍“思辨本体论批判”的批判,包括费尔巴哈的“思辨本体论批判”的内容及其不彻底性,对旧哲学特别是费尔巴哈哲学的批判;二是对从前哲学信仰的清算,包括对自然本体论的清算,对思辨本体论的清算以及唯物史观的创立。第四章,马克思本体论批判的逻辑进程之三。分别探讨《资本论》与关系存在以及《晚年笔记》与终极关怀。第五章,马克思本体论批判的思维方式变革。首先探讨实体思维到关系思维,包括西方哲学史上“实体”的演变,实体思维与关系思维的内涵,实体思维到关系思维的转变;接着探讨二分思维到圆融思维,包括二分思维方式的形成,消解二分思维的努力以及实践基础上圆融思维的确立;探讨预成思维到生成思维,包括预成思维的哲学传统,生成思维及其特点以及历史的生成性。第六章,马克思本体论批判的当代启示。提出“现实的人”的关注,人的生存境域的关系以及对人的生存本性的合理解释。最后为论文结语。

关键词:马克思主义哲学　本体论

**0038**

**马克思主义视域中的当代西方亚文化** / 黄瑞玲著 ; 易杰雄指导. -- 北京大学, 2009. -- 164 页

论文的研究对象为马克思主义视域中的当代西方亚文化。全文共分为六章。绪论部分介绍选题的意义,国内外当代西方亚文化研究现状述评,研究的创新之处。第一章,亚文化的概念厘定。介绍文化、亚文化的概念,并分析文化、主文化与亚文化之间的关系。第二章,西方亚文化的近代起源。分别对英国早期的流民亚文化,美国早期的移民亚文化的内容与特点做出介绍。第三章,当代西方亚文化的典型形态。探讨的对象一是对希普霍普亚文化,二是波西米亚主义,三是朋克亚文化,四是达达主义,五是性亚文化,六是嬉皮士亚文化。第四章,当代西方亚文化的趋势:后亚文化时代。首先提出亚文化内涵的拓展,并分析新兴的亚文化现象及其特征,包括城市部落,后亚文化时代的种族、民族,后亚文化时代的音乐,后亚文化时代的性别亚文化以及新技术后亚文化的分析介绍。第五章,当代西方亚文化的哲学透析。首先探讨当代西方亚文化产生的根源,包括当代西方亚文化产生的经济根源,当代西方亚文化产生的文化根源以及当代西方亚文化产生的社会根源;提出当代西方亚文化的基本特征:相对于主文化的独立性,亚文化形态的多样性,亚文化发展的间断性,快速变化的时尚性,在整个社会文化中的边缘性以及对主文化的叛逆性;探讨当代西方亚文化的社会功能。第六章,当代西方亚文化研究对中国社会主义文化建设的启示。探讨中国当代亚文化产生的背景和原因,提出中国当代亚文化的主要表现、影响与应对,提出全球化进程

中我国主文化对亚文化的可能性选择。

关键词:马克思主义哲学　西方文化　亚文化

0039

**逻各斯与人的生命:对生存论哲学中一个根本性问题的研究** / 贾丽民著 ; 贺来指导. -- 吉林大学, 2009. -- 117 页

论文探讨逻各斯与人的生命,对生命论哲学中的一个根本性问题展开研究。全文共分为四章。第一章,逻各斯与人的生命的哲学内涵。一是探讨逻各斯的哲学内涵,包括逻各斯概念在哲学史上的多重涵义,理解逻各斯的三个基点,提出逻各斯与理性主义精神;探讨人的生命的哲学内涵,包括人的双重生命以及人的生命存在的特点;对逻各斯与人的生命从统一到分裂的关系做出讨论,包括从原初的素朴统一到分裂,分裂的深层原因探讨以及分裂的现实后果讨论,探讨人的现实完整生命的失落。第二章,现代性的困境:逻各斯与人的生命分裂的现实表现。首先探讨现代性的三重困境,包括现代性的根本困境——主体形而上学困境,现代性的显性困境——资本逻辑困境以及现代性的隐性困境——工具理性困境;分析讨论现代性困境与形而上学同一性思维的关系,并提出逻各斯与人的生命的矛盾,分析现代性逻辑及其困境的实质。第三章,生存论路向中逻各斯与人的生命的融合。从生存论路向的呈现,生存论路向实现的哲学转换,生存论路向中的根本问题三个方面探讨现代性困境促逼下的生存论路向;提出对逻各斯与人的生命关系问题的自觉性,包括对拒斥逻各斯中心主义以及对生命力量的推崇的探讨;对逻各斯与人的生命的融合的思想努力及其局限性做出分析讨论。第四章,马克思实践哲学对逻各斯与人的生命的现实统一。探讨黑格尔对逻各斯与人的生命的辩证概念式整合,马克思实践哲学对黑格尔哲学的非现实性的批判以及马克思实践哲学对逻各斯与人的生命的否定性统一的活动。最后为论文结论。

关键词:逻各斯　生命　生存

0040

**艺术与经验:杜威艺术哲学研究** / 贾媛媛著 ; 丁立群指导. -- 黑龙江大学, 2009. -- 221 页

论文从杜威的哲学观出发,以艺术哲学的视角,系统地研究杜威是如何对传统哲学与艺术观进行改造的,揭示杜威的艺术哲学在西方哲学史上的价值和意义。全文共分为六章。第一章,杜威艺术哲学的理论溯源。介绍达尔文学说的影响,黑格尔哲学的启发,实用主义思想的发扬。第二章,杜威艺术哲学的基础:杜威的经验哲学。首先介绍杜威的哲学观,包括哲学的源泉,对传统哲学的分析;接着提出改造"经验",结合传统的经验论,从经验向生活的拓展,经验与自然的连续性,经验的内在统一性三个方面对杜威的经验论做出说明;提出完满的经验,包括"一个经验"的特征和"一个经验"的性质,介绍审美经验。第三章,艺术的生成:艺术即经验。通过对自然主义艺术观和工具主义艺术观的介绍提出艺术的起源;介绍艺术与完整经验的同一性,艺术与普通经验的连续性,艺术的欣赏与创造以及艺术批评。第四章,艺术的功能:文化的交流与融合。探讨艺术在不同文化模式间的交流以及艺术与其他文化领域间的交流。第五章,艺术的贡献:在哲学的改造对社会的改造中。介绍哲学与批判中艺术的力量,探讨艺术对理想社会的关系。第六章,杜威艺术哲学的深层意义。首先介绍杜威艺术哲学的实践哲学特征,包括马克思与现代西方哲学的实践转向,经验、艺术与实践以及实践哲学向美学领域的延伸;探讨杜威艺术哲学的文化哲学视野,包括当代文化哲学的理论定位,杜威艺术哲学的文化哲学转向以及对当代文化的批判。最后为论文结语。

关键词:杜威　艺术哲学　哲学思想　思想评价

0041

**政治哲学视野下的公共理性研究** / 江作军著 ; 任平指导. -- 苏州大学, 2009. -- 147 页

论文采用历史研究与政治哲学研究相结合的方法,对公共理性观进行历史回溯,对公共理性做现代建构,重点研究公共理性的本质特征、哲学基础和形成机制,并探讨交往实践的公共理性原则对当代中国发展的启示,包括培育公共理性对完善市场经济、推进民主政治、建设先进文化、构建和谐社会以及协调国际关系的重要作用。全文共分为三章。导论部分为论文问题的提出,问题的本质内容,问题的意义以及论文文献综述。第一章,公共理性观的历史回溯。介绍西方古典理性观,包括西方古典政治哲学中的理性传统,亚里士多德的理性观与公民思想;介绍西方近代理性观,包括启蒙主义的理性观念,卢梭的公共意志学说,康德的先验理性论,黑格尔对公共意志学说的批判与超越;介绍当代西方政治哲学中的公共理性观,包括罗尔斯的公共理性观,哈贝马斯的交往理

性观,罗尔斯与哈贝马斯关于公共理性的论争以及社群主义者对罗尔斯公共理性观的挑战。第二章,公共理性观的现代建构。探讨公共理性的本质,分析公共理性的哲学基础,公共理性的形成机制。第三章,公共理性与当代中国发展。首先探讨公共理性与市场经济的完善,提出市场经济的理性缺失,建构市场经济秩序的基本视野以及市场经济交往中的公共理性;探讨公共理性与民主政治的推进;探讨公共理性与先进文化建设,包括中国文化理性的传统之维,中国文化理性的当代视域以及中国文化理性的价值诉求;提出公共理性与和谐社会的建构,包括公共理性的社会心理基础,公共理性的当代建构路径以及和谐社会的核心价值目标;提出公共理性与国际关系的协调。最后为论文结语。

关键词:政治哲学　理性　人间交流

**0042**

**中国权力结构转型的哲学研究** / 焦石文著 ; 韩庆祥指导. -- 中共中央党校, 2009. -- 124 页

论文的研究对象为中国权力结构的转型哲学。全文共分为四章。导论部分介绍论文研究问题提出的理论与现实依据,对相关研究成果的清理与总结,论文的主要研究方法以及论文研究的难点与学术创新。第一章,权力与权力结构。从权力的词源学分析及其演变,权力的基本含义和特征,权力的构成要素及分类以及权力的相关范畴几个方面探讨权利的本质;从社会结构与权力结构讨论,权力结构的一般历史形态等内容对权力结构进行界定。第二章,中国传统的权力结构的权力运作方式。从经济因素、政治因素与文化因素三个方面对中国传统的权力结构形成的历史基础做出说明,在此基础上,提出中国传统权力结构的历时演变,并分析中国传统的权力结构及其基本特征,对中国传统的权力结构历史作用以及中国传统的权力运作方式做出解释。第三章,中国问题的权力性解读。分别从经济领域的权力干预,政治领域中的权利膨胀,文化领域的权利管制以及社会领域的权利激越四个方面对中国问题展开权力性解读。第四章,新型权力结构的理性设计。首先探讨新型权力结构的形成原因,提出领域分离导致传统权力结构的消解,解决中国问题有赖于新型权力结构的建立;对三维互动的新型权力结构做出说明,包括市场经济与经济权力,公民社会与民主权力以及服务型政府与公共权力;提出新型权力结构的理论和现实意义。

关键词:国家机构　行政管理　行政权力　政治哲学　中国

**0043**

**马克思的"资本"与"生态"关系的理论研究** / 孔欢著 ; 陈学明指导. -- 复旦大学, 2009. -- 148 页

论文的研究对象为马克思的"资本"与"生态"关系的理论。全文共分为十一章。前言部分介绍论文处境及其任务,国内外研究的现状及研究该论题的意义,论文所要解决的主要问题和研究的途径与方法。引论部分提出马克思的生态思想,包括马克思关于人的概念的主要观点,马克思关于自然的概念以及马克思生态思想的内容。第一章,提出《1844 年经济学哲学手稿》是马克思生态思想的最早雏形,对人的劳动中介作用与异化影响做出分析与哲学讨论。第二章,探讨《德意志意识形态》对马克思生态思想的历史唯物主义表达。第三章,对《共产党宣言》内涵剖析,提出《共产党宣言》是生态社会主义的第一个伟大纲领性的宣言。第四章,介绍《资本论》准备手稿——《1857－1858 年经济学手稿》对生态唯物主义的系统论述。第六章,对生态危机的内涵做出探讨,分析资本对劳动力的剥削导致人与人关系以及人与自然关系的双重异化,提出生态危机是一个历史范畴。第七章,资本主义生产前的各种形式。分别对原始公社社会、奴隶占有制社会和封建所有制社会的历史发展与特征做出说明。第八章,通过对商品与资本的哲学剖析,提出商品和资本的出现使人与自然的异化成为现实。第九章,探讨帝国主义(垄断资本主义)的发展与生态危机之间的关系。第十章提出对前文的总结与思考。第十一章,总结马克思的生态思想内涵,提出马克思生态思想的当代价值。

关键词:马克思主义　生产方式　生态环境

**0044**

**中华民族共有精神家园现代建构的双重文化进路** / 兰文华著 ; 万小龙指导. -- 华中科技大学, 2009. -- 148 页

论文探讨中国民族共有精神家园现代建构的双重文化进路。全文共分为六章。第一章,导论。介绍论文选题的原因、目的和意义,论文采用的研究方法和研究思路,论文的主要创新尝试以及研究的相关综述。第二章,建设中国民族现代精神家园的价值及基本原则。解释精神家园的含义,中华民族共有精神家

园的释义以及建设中华民族精神家园的价值及中华民族精神家园的构建原则。第三章,建设中华民族现代精神家园的总体文化进路与传统文化进路。分析中华民族现代精神家园的总体文化进路与传统文化进路之间的关系,提出从创新中华文化方面建设中华民族现代精神家园的总体文化进路,从传统文化现代化方面建设中华民族现代精神家园的传统文化进路。第四章,建设中华民族现代精神家园的信仰文化进路。介绍科学的信仰与科学的信仰体系,中国的信仰现状及其原因分析,探讨培育科学的信仰体系的方法论原则。第五章,坚定马克思主义信仰——建设中华民族现代精神家园的信仰文化进路之一。对马克思主义信仰解析,对当下的马克思主义信仰主导弱化及其根源展开探讨,提出应坚定马克思主义信仰,建设中华民族共有的精神家园。第六章,培养宪法信仰——建设中华民族现代精神家园的新航文化进路之一。提出现代宪法可以作为中华民族共有精神家园,通过对我国宪法信仰的现状及其原因分析,提出培养宪法信仰的基本策略。最后为论文结语。

关键词:中华民族　传统文化　信仰　马克思主义　宪法

**0045**

**中国特色社会主义道路及其对越南的启示** / 黎重亨著 ; 萧诗美指导. -- 武汉大学, 2009. -- 155 页

论文探讨中国特色社会主义道路及其对越南的启示。全文共分为五章。导论部分介绍论文问题的提出,研究对象的研究现状与不足之处,研究的意义,论文的主要研究方法以及论文的篇章结构。第一章,毛泽东对中国社会主义道路的探索。分别从毛泽东论中国社会主义道路的必要性,毛泽东对中国社会主义道路的实践与探索以及毛泽东对中国社会主义道路实践和探索的历史地位三个方面提出对中国社会主义道路的探索历程。第二章,邓小平开创中国特色社会主义道路。一是介绍邓小平开创中国特色社会主义道路的历史背景,介绍邓小平开创中国特色社会主义道路的思想前提以及关于中国特色社会主义道路的历史定位;介绍中国特色社会主义道路的主要内容,包括中国特色社会主义道路的经济战略与中国特色社会主义道路的政治战略;对邓小平与中国特色社会主义道路的贡献做出说明。第三章,第三代领导对合中国特色社会主义道路的拓展。分别从第三代领导对中国特色社会主义道路的创新和第三代领导对中国特色社会主义道路的进一步拓展两个方面讨论描述。第四章,探索中的越南特色社会主义道路。提出越南社会主义道路的形成过程,对革新开放前越南的社会主义道路与革新开放中的越南社会主义道路展开描述。第五章,中国特色社会主义道路对越南的启示。提出应坚持社会主义道路与越南实际相结合,坚持制度巩固与制度创新相结合以及坚持内与外相结合。

关键词:中国特色社会主义　社会主义建设　越南

**0046**

**政治哲学的现代危机和古典出路:施特劳斯思想研究** / 黎世光著 ; 张廷国指导. -- 华中科技大学, 2009. -- 152 页

论文对施特劳斯思想展开研究,探讨政治哲学的现代危机和古典出路。全文共分为六章。第一章,导论。提出论文的选题背景,国内外相关研究综述,研究的选题意义。第二章,施特劳斯对政治哲学的现代危机诊断。一是施特劳斯的现代性分析讨论,二是施特劳斯的现代性危机诊断思考评价。第三章,现代哲学的危机历程。首先对施特劳斯的现代性三次浪潮内涵做出介绍,接着分别对施特劳斯现代性第一次浪潮,施特劳斯现代性第二次浪潮以及施特劳斯现代性第三次浪潮做出具体的说明与讨论。第四章,施特劳斯对于现代性的反叛。首先提出施特劳斯对现代性第三次浪潮的质疑,进而提出反驳现代性第三次浪潮的民主批判,反驳现代性第三次浪潮的生机主义以及反驳现代性第三次浪潮的历史主义。第五章,回归古典政治理性。提出回归古典政治理性的意义,并对施特劳斯的古典政治理性做出说明。第六章,施特劳斯的哲学评述。首先对施特劳斯的哲学意图做出说明,提出反哲学的政治化内涵。进而分别对反哲学政治化与时代的创伤记忆,反哲学政治化与启蒙批判的传统,反哲学政治化与马克思主义之间的关系做出评价与讨论。最后为论文的结束语,提出施特劳斯思想研究对政治哲学现代危机的启示以及相关的经验教训思考。

关键词:施特劳斯(Strauss, Leo)　政治哲学　政治思想　保守主义　历史主义

**0047**

**苏联哲学政治化研究** / 黎学军著 ; 李尚德指导. -- 中山大学, 2009. -- 219 页

论文的研究对象为苏联哲学政治化,建构对苏联哲学的当代批判性解释。全文共分为六章。绪论部

分介绍苏联哲学的内涵，建构当代的批判性解释背景以及研究的主旨与方法。第一，厘清政治化概念及苏联哲学政治化根源透析。对政治性与政治化的概念及其相互关系辨析，探讨哲学教科书的演进轨迹，苏俄历史视野中的哲学与政治互动，对苏联哲学政治化的国内背景做出说明。第二章，知识分子的哥萨克情结。探讨俄国知识分子哥萨克情结的发展历程，探讨与别人不一样的人以及说话的权利与说话的成本。第三章，闻政起舞的哲学界。探讨对哲学界以学理形式对斯大林的批判，对全民党与全民国家的论证以及两证辩证法之辩和哲学界的自我批判。第四章，重大哲学事件的政治标签。探讨哲学船事件，介绍先扬后抑的德波林，被放逐的托洛茨基，“党的最可贵的和最大的理论家”布哈林的遭遇以及西欧哲学史的批判；探讨“认识论派”与“本体论派”的对峙。第五章，对社会主义社会发展规律的误解。提出社会主义发展的最初的设想，探讨冒进的延续，提出发达社会主义之困惑，并提出超越理论的“降调”。第六章，被忽略的哲学学科研究。探讨宗教哲学、科学哲学、马克思主义人学以及经济哲学内涵。最后为论文结语，提出哲学不应该迷失自己。

关键词：马克思主义哲学　政治　苏联

**0048**

**马克思科学观对现代西方科学哲学的超越：兼论马克思科学观的当代意义** / 李本洲著 ; 吴晓明指导. -- 复旦大学, 2009. -- 160 页

论文探讨马克思科学观对现代西方科学哲学的超越，兼论马克思科学观的当代意义。全文共分为五章。导论部分介绍现代西方科学哲学的理解模式与局限，马克思科学观的当代意义，论文研究的基本思路和逻辑框架安排以及论文研究主题的国内外研究现状与文献综述。第一章，现代西方科学哲学的科学建构。探讨科学的理性建构，科学社会学、社会建构主义的科学建构，后社会建构主义的科学建构，并思考现代西方科学哲学理论变迁的实质及其困境。第二章，在社会历史中建构科学。首先探讨科学研究的对象，提出马克思科学观中的“现实的自然”以及自然的科学现实是关于社会形态和自然观的统一表达；探讨科学主体的社会历史性，包括脱离社会的科学主体的抽象性以及作为现实个人的社会历史性。第三章，科学理论和实践的统一。探讨现代西方科学哲学研究范式转换的不彻底性，马克思科学观关于科学理论和实践的统一。第四章，近代科学和资本主义的生产方式。首先对近代科学单生的社会历史背景考察，探讨行业手工业、工厂手工业和机器大工业，分析机器大工业的技术基础和近代科学的形成；分析抽象劳动和抽象物质的量化，包括作为中介的现代技术与抽象劳动和抽象物质的同构性；探讨资本和科学的相互依存以及马克思对科学异化的批判。第五章，科学与人文之间的相互对立探讨以及提出马克思关于科学和人文统一的实践态度评价。最后为论文结语，提出生活世界与科学世界之间的关联。

关键词：马克思　科学观　科学哲学　西方国家

**0049**

**恩格斯晚年社会主义思想研究** / 李慧著 ; 庄福龄指导. -- 中国人民大学, 2009. -- 203 页

论文的研究对象为恩格斯晚年社会主义思想。全文共分为四章。导言部分对关于恩格斯晚年时期的科学划分以及研究恩格斯晚年社会主义思想的理论与现实意义做出说明。第一章，恩格斯晚年社会主义思想的历史背景。分别从恩格斯晚年所处的时代条件，恩格斯晚年从事的主要活动以及恩格斯晚年社会主义思想的理论源流三个方面对其进行说明。第二章，恩格斯晚年对资本主义发展趋势的新认识。提出恩格斯晚年对资本主义发展潜力的再认识，恩格斯晚年对资本主义生产关系形式的分析以及恩格斯晚年对资本主义发展趋势的不同看法。第三章，恩格斯晚年对社会主义的革命理论的新思考。提出恩格斯晚年对无产阶级革命斗争新策略的分析考虑，恩格斯晚年提出的坚持和发展无产阶级专政的理论，恩格斯晚年对无产阶级政党理论的丰富与发展以及恩格斯晚年社会主义革命理论面临的挑战。第四章，恩格斯晚年对社会主义发展的深入研究。提出恩格斯晚年对社会发展规律认识的深化与发展，恩格斯晚年对资本主义向社会主义过渡的理论探索，恩格斯晚年对落后国家向未来社会主义发展的可能性分析以及恩格斯晚年对未来社会主义发展规律的认识，提出恩格斯晚年始终坚持共产主义信念，面对激烈变动的资本主义实践，面对国际工人运动奋勇向前的形式，提出新世纪是共产主义取得胜利的世纪。最后为论文的结束语。

关键词：恩格斯　科学社会主义理论　社会主义革命　资本主义

0050

**现实中的超越:论崇高** / 李慧青著 ; 高文新指导. -- 吉林大学, 2009. -- 100 页

论文的研究对象为崇高的议论,探讨崇高与现实中的超越。全文共分为五章。第一章,崇高的原、由与意。提出原是崇高的萌芽,分别从古希腊史诗、悲剧和神话中的崇高,中国古代神话中的崇高思想以及希伯来精神中的崇高美三个方面讨论;探讨崇高的提出——由,探讨《论崇高》提出的背景,《论崇高》的内容框架,《论崇高》思想的评价与延伸;探讨崇高的界定——意,分析崇高与优美,崇高与壮美以及崇高与崇高感。第二章,西方崇高概念和思想的演变。首先探讨浪漫主义的自然崇高,对自然崇高的首创者——艾迪生以及自然崇高的完善者——博克作出介绍;探讨康德美学的哲学崇高,对崇高感与美感的区分以及崇高范畴的辩论方式作出解释;探讨海德格尔哲学中的意境崇高,对面临死亡的召唤而向死而生的崇高体验以及艺术审美过程的形而上学意义上的崇高作出阐释;探讨利奥塔的表现"不可表现者"的先锋崇高。第三章,人的本质——崇高的逻辑起点。对追求崇高的历史寻神者,包括对古希腊寻神者的超越意识,中世纪基督教外衣下的自我观,近现代自我超越意识的真是觉醒以及东方关于自我思想的大智慧作出介绍;提出作为历史寻神者的人的本质探讨。第四章,人的自由——崇高的真正内涵。分别对自由的两种不同哲学表达,马克思自由理论对崇高问题的深刻揭示以及追求自由的真善美是崇高的理论表征三个方面对崇高的内涵探讨。第五章,人的现实生活与解放——崇高的实现。对人们在日常生活中追求崇高,在生活世界中实现崇高的意义作出讨论,并提出解放全人类是人类一切崇高目标的实现。最后为论文结语。

关键词:崇高　超越　自由　解放

0051

**文化积淀与历史进程:西方文化、东方文化、印度文化、伊斯兰文化分析** / 李若冰著 ; 张奎良指导. -- 黑龙江大学, 2009. -- 183 页

论文对西方文化、东方文化、印度文化与伊斯兰文化对比分析,对文化积淀与历史进程展开讨论。全文共分为五章。第一章,文化积淀与社会发展。首先介绍文化的内涵、文化的功能以及文化积淀;接着对文化积淀与社会发展机制做出介绍,包括文化模式与社会进程,文化精神与社会变迁,文化冲突与社会变革以及文化转型与社会转型;三是对文化积淀和社会发展本质的讨论,包括文化积淀与人的生存发展,文化积淀与社会经济发展,文化积淀与社会制度形成以及文化积淀与民族精神形成;最后介绍文化积淀和文化形态史观,包括斯宾格勒的文化史观,汤因比的文化史观以及雅斯贝斯的文化史观。第二章,西方文化。首先概述西方文化的主体,接着对古希腊文化,希伯来文化以及罗马的法律文化做出介绍。第三章,东方文化。概述东方文化,介绍中国文化与日本文化,包括中国论文中伦理社会的特征,对民族性格的影响,对历史进程的影响,日本文化民族文化特征,祖先崇拜和神道教,对民族性格的影响以及对历史进程的影响。第四章,印度文化。概述印度文化,介绍印度文化的内涵,印度文化的典型特征以及印度文化对历史进程的影响。第五章,伊斯兰文化。概述伊斯兰文化,介绍伊斯兰文化的内涵,《古兰经》与民族性格,伊斯兰文化对历史进程的影响。最后为论文结语:文化融合与社会发展的思考。

关键词:文化传统　社会发展　东方文化　西方文化　伊斯兰教

0052

**政治哲学视域下的生态马克思主义研究** / 李淑梅著 ; 万希平指导. -- 南开大学, 2009. -- 161 页

论文探讨政治哲学视域下的生态马克思主义。全文共分为六章。导言部分介绍国内外相关研究状况,论文的研究思路与研究方法以及论文的创新之处。第一章,批判主题的转换——生态马克思主义政治哲学的研究视角。首先提出伦理生态主义的环境伦理,提出自然具有内在价值对保护环境的意义,生态平等与正义的内涵,伦理生态主义伦理的合理性与缺陷;提出法兰克福学派的技术理性批判,包括技术理性批判主题的确立,技术理性批判的目的,技术理性批判伦理的积极意义与局限性;提出生态马克思主义的社会制度批判与重建,包括对生态危机与社会制度的批判,社会制度批判与重建的理论目的以及研究主题转换的深层意蕴;探讨生态马克思主义的历史演进与红绿政治的关系,提出红绿政治是当代生态问题的政治转向。第二章,生态危机的根源:资本主义生产方式。首先提出早期生态马克思主义对资本主义反生态的揭露,接着探讨经济理性与生态理性的冲突以及物质变换方式的异化;对资本主义的双重危机做

出说明。第三章,生态危机的政治维护机制。提出生态主义政治制度的反生态本质以及阶级分裂与生态危机内涵。第四章,生态危机与价值误导。探讨自由主义文化传统与文化帝国主义。第五章,生态社会主义——生态马克思主义的社会理论构建。提出生态社会主义条件下人与自然关系的理论,生态社会主义经济管理模式,生态社会主义整治方案,生态社会主义文化建设以及生态社会主义对传统理论的突破。第六章,对生态马克思主义的评价。提出生态马克思主义的积极贡献与局限性。

关键词:西方马克思主义　生态学　政治哲学　生态环境

**0053**

**价值冲突与规范之匙:哈贝马斯价值与规范问题研究** / 李薇薇著 ; 冯平指导. -- 复旦大学, 2009. -- 115 页

论文探讨价值冲突与规范之匙,探讨哈贝马斯价值与规范问题。全文共分为五章。导论部分介绍论文的选题意义,文献综述以及论文的研究思路。第一章,哈贝马斯的价值与规范。一是对价值与规范的区分,包括价值与规范在性质上的区分,价值与规范在问题域上的区分以及价值与规范在形态上的区分;二是探讨对价值与规范关系的批判,提出对价值与规范混同理论的批判,以价值为基础的规范理论的批判以及对价值与规范联系的讨论;探讨后形而上学思想条件下的价值与规范,包括对价值理论以及法律规范与道德规范的探讨。第二章,哈贝马斯视野中的价值冲突。分析其对韦伯价值冲突理论的批判,介绍价值冲突的基本内容,价值冲突的原因以及价值冲突与利益冲突。第三章,哈贝马斯论规范的确立。首先探讨多元价值与规范同一性的联结之纽——交往理性,探讨多元性与同一性问题,语言中介里的理性同一性以及交往理性中的多元价值与同一规范;对商谈原则与类型做出说明;讨论程序主义的内涵、中心性原则以及程序主义立法的中心与边缘;对解决价值冲突的规范视角做出说明。第四章,价值冲突的全球化及世界公民社会。探讨价值冲突的全球化问题,对永久和平与世界公民社会的内涵做出说明。第五章,价值哲学家的他山之石。介绍普特南对哈贝马斯价值与规范问题的批判,实质价值伦理学中的价值、规范与价值冲突。

关键词:哈贝马斯(Habermas, Jurgen)　哲学思想　思想评论

**0054**

**知识、身份与认同:知识合法性视阈中的摩尔《伦理学原理》研究** / 李西杰著 ; 李兰芬指导. -- 苏州大学, 2009. -- 137 页

论文探讨知识、身份与认同,对知识合法性视域中的摩尔《伦理学原理》展开研究。全文共分为五章。导论部分介绍伦理学合法性的当代三大困境:知识合法性危机、知识生产危机与社会认同危机,介绍课题的研究意义和研究现状,论文写作与研究的脉络。第一章,摩尔与《伦理学原理》,第二章为摩尔《伦理学原理》的知识合法性立场。第一章与第二章通过对摩尔生平与学术历程和《伦理学原理》知识时代背景与学术背景的简单回顾,以及对摩尔《伦理学原理》基于研究对象、研究方法的文本考察,描绘摩尔的学术旨趣、目的及其元伦理学的知识功能,进而认为,摩尔对伦理学知识合法性的知识论解读表明,伦理学知识内容必须有自己存在的独立性,而他们的独立性又是这些空间的内在逻辑决定的,失去伦理学研究对象与方法的独特内在逻辑,伦理学知识内容合法性就很难真正确立。第三章,伦理学知识内容的危机。介绍摩尔"捍卫常识"的知识观,回到摩尔的立场,探讨一个柏拉图的时代背景与个人学术旨趣,伦理学知识问题的把握与学科建设以及伦理学知识的学术目的与社会功能,探讨任何未来科学的伦理学何以可能。第四章,伦理学家的身份危机。探讨当代社会与人文知识分子以及伦理学家身份的裂变。第五章,伦理学知识的认同危机。包括知识分子的良知"谋划",知识市场条件下的道德优越感何去何从,伦理学知识的实践发展的路径依赖。最后为论文结语。

关键词:伦理学　自然主义　元伦理学

**0055**

**生产力的发展与社会劳动分工的转型** / 李映楠著 ; 赵凯荣指导. -- 武汉大学, 2009. -- 296 页

论文的研究对象为生产力的发展与社会劳动分工的转型。全文共分为五章。引言部分介绍论题研究的意义,论题研究的现状综述,论文研究的思路以及论文的研究重点与难点。第一章,生产力发展与社会劳动分工转型的一般分析。一是探讨自由劳动与生产力的内涵;二是探讨社会劳动分工的科学内涵;三是提出生产力的充分发展是实现自由劳动的决定性条件。第二章,生产力的发展与社会劳动分工的历史转型。一是介绍原始社会生产力的发展与社会劳

动力分工的转型；二是对阶级社会生产力的发展与社会劳动力分工的转型的探讨，包括奴隶社会生产力的发展与社会劳动力分工的转型，封建社会生产力的发展与社会劳动力分工的转型，资本主义社会生产力的发展与社会劳动力分工的转型；三是介绍产品经济时代社会生产力的发展与社会劳动力分工的转型，包括社会主义社会生产力的发展与社会劳动力分工的转型以及共产主义社会生产力的发展与社会劳动力分工的转型。第三章，生产力的发展与社会劳动力分工的辩证转型。提出生产力发展为消除强制性社会劳动分工提供物质基础，生产力发展为消除强制性社会劳动分工提供社会关系基础，生产力发展为消除强制性社会劳动分工提供自由时间，生产力发展为消除强制性社会劳动分工提供人身基础，生产力发展为消除强制性社会劳动分工提供社会制度基础。第四章和第五章分别提出知识经济时代知识生产力的发展与社会劳动力分工的转型与当代中国社会生产力的发展与社会劳动分工的转型，并提出论文的主要结论。

关键词：社会发展　生产力　劳动分工

**0056**

**论阿尔都塞对马克思哲学革命的解读** / 李勇著 ；朱传棨，陈祖华指导. -- 武汉大学，2009. -- 208 页

论文讨论阿尔都塞对马克思哲学革命的解读。全文共分为五章。导言部分介绍论文的讨论背景，研究的问题提出，国内外相关研究现状，论文的研究目标与思路。第一章，阿尔都塞的出场：保卫马克思。介绍马克思哲学的危机以及阿尔都塞的理论干预。第二章，阿尔都塞对马克思哲学革命的思想史考证。分别介绍对传统哲学思想史的研究方法论做出批评，对新的科学方法论原则的确立，马克思哲学思想发展的“认识论断裂”。第三章，阿尔都塞对马克思哲学革命意蕴的理论发掘。首先提出对《资本论》的哲学解读：征候阅读，接着探讨马克思哲学革命的实质，分别从否定的方面看马克思哲学的基本规定性，从肯定的方面看马克思哲学的基本规定性，并提出对该部分的总结讨论。第四章，阿尔都塞对马克思哲学的意识形态理论的探索。分别对意识形态一般，意识形态国家机器，意识形态与主题构成三个方面对阿尔都塞对马克思哲学的意识形态理论的探索进行解读。第五章，阿尔都塞对马克思哲学革命解读的理论意义与影响的讨论。通过对阿尔都塞与马克思的关系与理论探讨，以及前文关于阿尔都塞对马克思哲学革命的思想史考证，理论发掘与意识形态的探索结果，提出阿尔都塞对马克思哲学革命解读的理论意义，并对阿尔都塞对马克思哲学革命解读的理论影响做出说明。

关键词：阿尔都塞（Althusser, Louis）　哲学思想　西方马克思主义　意识形态　思想评论

**0057**

**法与人类解放：马克思法制观与当代中国法制建设** / 刘和清著 ；高文新指导. -- 吉林大学，2009. -- 101 页

论文的研究对象为法与人类解放：马克思法制观与当代中国法制建设。全文共分为六章。第一章，导论。介绍国内外学术界研究状况，论文分析框架以及论文的基本观点，并对论文的主要研究方法做出说明。第二章，马克思法制观的主要内容及实质。包括《黑格尔法哲学批判》法制观，《德意志意识形态》法制观，《法兰西内战》等法制观，探讨马克思法制观的针对性，并对马克思法制观的实质做出讨论。第三章，马克思法制观与人的发展。提出法是人的生存条件，探讨法与人的异化以及法与人的全面发展之间的关系。法与一定的阶级相联系，为特定的阶级所服务，体现着一定社会关系中处于统治地位、掌握国家政权的统治阶级的利益、愿望与要求。第四章，马克思法制观与人类解放。提出人类解放是马克思法制观的内在逻辑，人类解放是马克思法制观的价值取向，人类解放是马克思法制观的最高目标，并做出具体的说明和讨论。第五章，中国化马克思主义法制思想。介绍中国化马克思主义法制思想的主要代表，包括毛泽东法制思想，邓小平法制思想以及江泽民的法制思想。第六章，当代中国的法制建设。提出中国法治建设现状与特点，当代中国法制建设的问题及原因以及当代中国的法制建设内容与评价等。最后为论文的主要结论。

关键词：马克思主义　法律观　社会主义法制　法制建设

**0058**

**疏离与自由：青年马克思自由哲学的文本研究** / 刘明艳著 ；刘森林指导. -- 中山大学，2009. -- 189 页

论文以现时代社会问题为触发点，基于马克思文本（博士论文——《〈黑格尔法哲学批判〉导言》），以疏离/分离—结合为视角、平台，集中探究青年马克思以何自由，即追寻自由者的主观资质，与如何自由，即在哪里追寻自由、依凭什么而自由，透析青年马克思

的自由哲学。全文共分为四章。第一章，青年马克思与疏离—结合概念考察。探讨分离—结合在柏拉图—亚里士多德那里的原始意蕴与嬗变，介绍马克思对分离—结合原始意蕴的改写。第二章，青年马克思自由哲学的主题基础。探讨青年黑格尔派的致思路径：自我意识的哲学研究；提出对自我意识与自主性的吁求；伊壁鸠鲁派、斯多亚派和怀疑派概观；探讨“原子脱离直线而偏斜”对人的能动性的始因性隐喻，包括青年马克思论自愿意识的基础，勾连本质界与现实界的中介，本原与基质的辩驳，现象的绝对形式与承担者，原子论学说在天象中的崩溃；借“被锁链锁住的普罗米修斯”意象，表达思想解放的时间诉求；分析原子偏斜隐喻着人与人分离—结合之自发性趋向。第三章，市民社会与政治国家分离。分析认为自由言论、新闻出版自由是人类全部心灵能力的实现——《评普鲁士最近的书报检查令》与《关于新闻出版自由和公布省等级会议辩论情况的辩论》；探讨世界与哲学的同构；探讨从纯政治转向初设经济关系问题。第四章，市民社会与政治国家的分离。探讨马克思与黑格尔国家理论，马克思批判黑格尔法哲学的背景与动因，马克思批判黑格尔法哲学的根本目的，政治解放和人的解放与市民社会和国家的分离以及工业社会与人类解放的物质承担者。最后为论文结语。

关键词：马克思主义哲学　自由　国家　市民社会

**0059**

**全球化进程中的意识形态问题研究** / 刘娜著 ; 杨生平指导. -- 首都师范大学, 2009. -- 164 页

论文在对全球化理论群的反思的基础上，进一步分析全球化进程中的意识形态之争。全文共分为五章。导论部分介绍论文选题背景和意义，研究状况和研究重难点，研究方法和主要内容。第一章，全球化的客观进程及其“意识形态化”。介绍全球化的起源。全球化词源及其内涵，全球化的客观历史进程；介绍全球化进程中的主观因素；探讨全球化的意识形态化。第二章，全球化所引发的意识形态争论及其影响。首先介绍全球化问题的意识形态性争论，包括关于对全球化的价值评价，关于全球化与世界历史走向，关于世界市场和经济秩序，关于文明冲突及文化全球化；探讨全球化的意识形态，全球化的意识形态本质，全球化意识形态的特征；从理论层面、实践层面和逻辑层面探讨全球化意识形态的影响。第三章，全球化意识形态性的形成机制及其必然性，包括利益驱使下思想与权力的合谋，全球化意识形态的形成条件，全球化意识形态的必然性单个方面的讨论。第四章，全球化意识形态博弈及其逻辑归宿。首先分析全球化语境下的资本主义扩展，包括利用全球化推动全球经济制度制定，利用全球化推行“政治一体化”和全球治理，利用全球化实施文化霸权和文化帝国主义；探讨全球化意识形态博弈；探讨全球化意识形态的作用机制及逻辑归宿。第五章，全球化语境下社会主义意识形态的建设。探讨在融入全球化进程中发展社会主义，在与不同意识形态冲撞中坚持科学全球观，在全球化背景下构建我国主导价值观。最后为论文结语。

关键词：社会意识形态　全球化

**0060**

**列宁帝国主义论的再理解** / 刘维春著 ; 刘怀玉指导. -- 南京大学, 2009. -- 193 页

论文借鉴西方列宁学，以问题的形式对列宁帝国主义论提出再理解。全文共分为五章。导论部分介绍论文的研究背景，提出再理解的必要、再理解的核心、再理解的现状以及再理解的障碍。第一章，帝国主义概念的界定与划分。介绍帝国主义的语源与理解的多义性，帝国主义概念的划分以及马克思主义的帝国主义理论与列宁的帝国主义理论。第二章，列宁资本主义观的两种范式及其转化。介绍 1914 年之前的经典资本主义观以及两种范式的转换，并提出转换的代价。第三章，列宁帝国主义理论与其他理论的关系。分别讨论列宁帝国主义理论对拉法格帝国主义基本特征理论的整体集成；列宁帝国主义理论对霍布森“资本扩张本质论”的利用和帝国主义寄生性的补充；列宁帝国主义理论对希法亭“金融资本垄断论”的基本集成，列宁帝国主义理论对卢森堡“积累规律论”的部分借鉴，列宁帝国主义理论对布哈林的资本“国际化”与“民族化”的直接吸收以及列宁帝国主义理论对考茨基“超帝国主义论”的全盘否定，在此基础上，提出列宁帝国主义理论的原创新与列宁帝国主义理论的缺陷。第四章，列宁帝国主义理论的历史生成与核心内容。探讨两大笔记向《帝国主义论》的演变，列宁帝国主义理论的系统表述以及列宁帝国主义理论的核心——否定之否定辩证法。第五章，“新帝国主义论”和“后帝国主义论”与列宁帝国主义理论的关系。提出“新帝国主义论”和“后帝国主义论”的兴起，并探讨“新帝国主义论”和“后帝国主义论”与列宁帝国主义论的联系与后者的发展空间。

关键词:列宁　帝国主义　列宁学

0061

**马克思的自由概念** / 刘伟著 ；阎孟伟指导. -- 南开大学, 2009. -- 197 页

论文对马克思的自由理论进行系统阐释,主要探讨马克思自由概念的形成过程、逻辑结构以及理论再生长点。全文共分为五章。导论部分包括问题的提出,自由及其现实性,自由的主体性问题以及论文研究的基本思路和框架。第一章,马克思之前的自由理论遗产。一是作为历史主题的自由,包括古希腊罗马时代的自由观念,中世纪宗教神学中的自由观,近代自然哲学和政治哲学中的自由观;介绍德国思辨哲学中的自由观念,包括自由的历史性,自由的矛盾性以及自由理念的历史辩证法。第二章,马克思自由概念的形成。分析马克思自由观念形成的背景,探讨马克思自由观念的形成过程,在此基础上,理解马克思的自由概念。第三章,马克思对自由主体的确证。首先对自由主体与历史主体相关概念辨析;接着探讨自由主体从自在到自为的发展,包括可能意义上的自由主体,现实意义上的自由主体以及自由主体生成的历史必然性;确证自由主体的科学方法论,内容包括从抽象上升到具体,逻辑与历史相统一,历史的矛盾运动是促进历史理论逻辑演进的根本动力。第四章,马克思对自由主体生成史的揭示。首先从普遍的物化与异化,资本的自由性和剥夺性,马克思的异化概念几个方面,分析讨论资本主义的自由与不自由;分析资本主义社会在总体历史发展中的特殊地位,资本主义社会中主体与客体矛盾形成过程,探讨资本主义自由的历史由来;探讨资本主义自由的自我否定。第五章,马克思对自由的现实性的理解和期待。探讨"自由王国"思想的理论内涵,"自由王国"思想与时代主体。

关键词:马克思主义哲学　自由　主体　辩证法

0062

**执政伦理研究** / 刘武根著 ；戴木才指导. -- 中共中央党校, 2009. -- 197 页

论文运用跨学科、历史与逻辑相统一、归纳与演绎、从抽象到具体与从具体到抽象的研究方法,对执政伦理的问题展开研究。全文共分为六章。第一章,导论。介绍选题的依据与论题价值,论文的研究现状,研究的方法与重点、难点以及论文的设计与创新之处。第二章,执政伦理的基本范畴。一是对执政伦理的内涵介绍,执政伦理的特征介绍与执政伦理的功能介绍;二是对执政价值的内涵与特征以及执政价值的形式与作用讨论;三是对执政价值合理性与执政工具的合理性讨论;四是对执政的正当性与执政善的内涵思考;五是提出执政责任的内涵,执政责任的特点以及执政责任的作用。第三章,执政伦理的基本问题。首先分析执政伦理基本问题的成因与执政伦理基本问题之间的关系,对执政伦理基本问题的历史嬗变做出思考讨论,提出关于执政伦理的相关问题辨析。第四章,执政价值合理性。基于对执政价值合理性的历史发展思考,提出执政价值合理性的主要形态,并提出执政价值合理性是实现执政伦理的先导。第五章,执政工具的合理性。探讨执政工具合理性的历史变迁,执政工具合理性的主要类型,并提出执政工具合理性是实现执政伦理的关键。第六章,中国共产党的执政伦理。分别对中国共产党的执政伦理的一般性与特殊性,中国共产党的执政伦理的基本问题探索以及中国共产党的执政伦理中的重大问题做出说明。

关键词:中国共产党　执政　政治伦理学

0063

**市场秩序基础理论的哲学审视** / 刘希良著 ；董德刚指导. -- 中共中央党校, 2009. -- 198 页

论文运用马克思主义哲学的基本原理和基本方法,对市场秩序的基础理论进行哲学考察和分析,提出市场秩序基础理论的哲学审视。全文共分为五章。引言部分介绍选题的缘起,市场秩序研究的历史与现状概述,论文对市场秩序涵义的界定,研究市场秩序基础理论的方法以及研究市场秩序基础理论的意义。第一章,西方古代秩序思想的探源。探讨古希腊早期、中期以及晚期的秩序思想,并对西方中世纪的秩序思想做出说明。第二章,神圣力学范式的市场秩序理论。探讨近代市场经济的发展与市场秩序的形成,近代市场经济的价值性理论,近代市场经济的制度化理论以及近代市场经济的现代化理论。第三章,知识进化范式的市场秩序理论。分别对市场秩序理论范式的变革,现代市场经济的现代化理论,现代市场经济的制度化理论以及现代市场经济的价值性理论。第四章,社会发展范式的市场秩序理论。首先提出马克思的市场经济理论;接着探讨马克思关于市场经济的价值性批判,包括市场经济的效率,市场经济的平等以及市场经济的自由;提出关于马克思取代市场经济的制度化构想;探讨马克思、列宁的世界历史理论

与实践。第五章,我国社会主义市场秩序的形塑。分别讨论我国社会主义市场经济的合理性,我国社会主义市场经济的的价值型,我国社会主义市场经济的制度化建设,提出防范市场风险和治理市场危机。最后为论文结语。

关键词:社会主义市场经济　市场秩序　制度建设

**0064**

**敌友政治观:卡尔·施米特政治哲学的视角** / 刘增明著 ; 孙利天指导. -- 吉林大学, 2009. -- 163 页

论文以卡尔·施米特政治哲学的视角,探讨敌友政治观,认为敌友政治观是卡尔·施米特探讨政治哲学的重要视角。全文共分为四章。第一章,绪论。介绍卡尔·施米特其人其著,西方政治思想史对卡尔·施米特政治理论的影响以及卡尔·施米特政治哲学的理论传统。第二章,敌友政治观与西方政治思想传统。首先对神学传统与人性恶进行假定,包括古希腊的神学传统,对抗源于人性恶以及神学人类学构想;接着分析敌友政治论与自然状态论,包括卡尔·施米特与自然状态论,自然状态理论与政治神话学等;接着分析威权主义的必然趋向,从理论上切入施密特的威权主义。第三章,敌友政治观的现代阐释。首先探讨敌友划分理论及其内在困境,包括敌友划分理论的提出,敌友划分理论的具体内容,敌友划分理论的内在困境;接着从政治是生活的本质,统治与臣服,政治存在主义及其潜藏危机几个方面对政治的生存性展开分析;探讨敌友划分理论与他者问题,包括防御性与自我保护,敌友划分与差异性他者,他者如何成为关系自我的问题;探讨敌友政治观与技术批判,包括神学法魅与阶段说,技术进步宗教时代的来临,政治的宗教,从马克思主义哲学看政治宗教;分析以敌友政治对抗个人主义的自由主义,辨析资产主义的个体性生存方式,探讨在对待个人生命上展开的对峙以及以敌友政治反击个人主义的去政治化倾向;探讨反对政治派浪漫,包括对浪漫派与自由主义的同盟关系,机缘性与无决断性,反对浪漫派的政治审美化等。第四章,敌友政治观与马克思的阶级理论。包括阶级斗争的敌友政治学本质,敌友政治与理性专政,马克思阶级斗争理论的真实意蕴。最后为论文结语。

关键词:施米特(Schmitt, Carl)　政治思想　政治哲学　阶级斗争　思想评论

**0065**

**新康德主义与文化哲学转向** / 刘振怡著 ; 衣俊卿指导. -- 黑龙江大学, 2009. -- 170 页

论文通过对文德尔班、李凯尔特、卡西尔等新康德主义代表人物的文化哲学思想挖掘,梳理新康德主义流派实现哲学研究范式转向的理论脉络,深入剖析其哲学研究范式对传统思辨意识哲学的超越,在此基础上审视新康德主义之后哲学研究方法发生的深刻嬗变、文化哲学与马克思主义哲学的内在关联,并对中国当下文化哲学发展进行反思。全文共分为五章。导论部分介绍西方哲学史上两种哲学理解范式的历史演变,新康德主义的文化哲学转向,国内外研究状况以及论文的基本框架。第一章,新康德主义内部流派分析及其核心概念界定。首先对时代背景分析,包括社会政治背景,历史文化背景,新康德主义文化哲学产生的历史必然;介绍新康德主义之中的文化哲学趋势,对新康德主义核心概念分析。第二章,弗莱堡学派:自然科学与文化科学的区分。介绍文德尔班关于历史科学与自然科学的区分,李凯尔特关于文化科学和自然科学的区分。第三章,卡西尔符号——文化哲学。首先提出文化哲学概念,对哲学和文化哲学的理解;探讨文化哲学的主题:人是创造符号的动物;介绍文化哲学的印证,文化科学何以可能。第四章,关于新康德主义文化哲学范式的特征分析和价值判断。介绍哲学合法性的重构,哲学自然科学化的消解以及普遍理性主义思维定势的执著。第五章,新康德主义与文化哲学发展。介绍内容包括新康德主义与 20 世纪西方文化哲学,马克思主义与文化哲学以及对当下文化哲学发展的启示,并得出总结。最后为论文结语。

关键词:新康德主义　哲学分析　文化哲学

**0066**

**葛兰西的领导权思想及其当代意义:走向政治的哲学智慧** / 吕连凤著 ; 孙利天指导. -- 吉林大学, 2009. -- 113 页

论文与《狱中札记》为主要蓝本,遵循历史与逻辑相统一的原则,从整体角度对葛兰西的领导权思想以完整论说,并适当阐发其所具有的当代意义。全文共分为四章。第一章,葛兰西领导权的思想背景。介绍葛兰西领导权的生活背景;分析其思想来源,包括马基雅维利:政党与雅各宾渊源,马克思:历史唯物主义的理论源泉,列宁:领导权的理论化与实现;介绍其理论批判,包括葛兰西对黑格尔的批判,葛兰西对克罗

齐的批判,葛兰西对布哈林的批判。第二章,领导权“理论”:哲学与政治的融合。一是领导权理论的渊源:市民社会理论,介绍市民社会概念渊源,从“国家”到“市民社会”,市民社会理论;二是领导权范畴,包括领导权概念的提出,文化领导权与政治领导权,意识形态与文化领导权;三是领导权实现主体:知识分子,包括传统知识分子和有机知识分子,知识分子与文化领导权,现代知识分子的伦理与政治困境。第三章,领导权“实践”:革命。首先介绍革命的历史渊源:政党历史考察,包括第一次复兴时期以前的知识分子历史:从“世界主义的”转向“民族的”,第一次复兴时期政党:温和派与行动党;介绍革命的领导者:政党,包括意大利共产党与雅各宾,政党与知识分子;介绍革命:历史的行动,包括革命的具体形式:运动战与阵地战,革命的最终旨趣:人类解放以及哲学与政治、理论与实践的统一。第四章,葛兰西领导权思想的当代意义。探讨葛兰西思想对马克思主义理论的创造性发展,对研究当代资本主义社会的启示意义以及对社会主义文化建设的指导意义。

关键词:葛兰西　政治哲学　领导权　意识形态　思想评论

**0067**

**艾思奇马克思主义哲学中国化思想研究(1932—1947)** / 罗永剑著 ; 郭建宁指导. -- 北京大学, 2009. -- 106 页

论文的研究对象为艾思奇马克思主义哲学中国化思想。全文共分为六章。第一章,绪论。介绍研究缘起、对论题的剖析、研究现状、研究方法以及论文的内容安排。第一章,艾思奇中国化思想提出的历史必然性和主体条件。首先从文本考察思想产生的历史具体情势,双重梳理发展史与中国化思想史,深入阐释文化发展的影响作用,提出中国化思想提出的必然性;二是提出中国化思想提出的主体条件,包括主题性文化观的内在决定,对一般和个别、抽象和具体、理论和实践辩证关系的深刻把握以及对马克思主义哲学的科学理解。第二章,马克思主义哲学中国化的内涵。从中国化思想的基本概念的表述和变化,马克思主义哲学中国化内涵以及艾思奇马克思主义哲学中国化思想的发展三个方面探讨其内涵。第三章,马克思主义哲学中国化的原因。提出马克思主义哲学中国化是马克思主义哲学的本性要求,是马克思主义哲学现实化的需要,应用实践马克思主义哲学必须注意中国的特殊性,并探讨中国民族民主革命胜利的必要保证与马克思主义哲学中国化的关系,对马克思主义哲学中国化的可能性做出分析。第四章,马克思主义哲学怎样中国化。提出马克思主义哲学中国化的总体思路,马克思主义哲学中国化的具体步骤与做法。第五章,艾思奇马克思主义哲学中国化思想的评价与现代启示。介绍马克思主义哲学中国化的开创者与奠基者,提出马克思主义哲学中国化的研究达到了较高的水平,并分析马克思主义哲学中国化思想的历史局限。第六章,对推进马克思主义哲学中国化研究的思考。结合对马克思主义哲学与马克思主义哲学中国化概念的辨析,对当前马克思主义哲学中国化现状研究分析,提出当前马克思主义哲学中国化应注意的几个误区与研究的关键问题。

关键词:艾思奇　哲学思想　马克思主义哲学

**0068**

**唯物史观视域中的交往理论研究** / 马新晶著 ; 李景源指导. -- 中国社会科学院, 2009. -- 152 页

论文为唯物史观视域中的交往理论研究。全文共分为五章。导言介绍交往问题凸现的现实背景与哲学语境,作为唯物史观重要范畴的交往,本选题的国内外研究历史与现状以及论文的研究思路、方法和基本内容。第一章,马克思交往理论的理论渊源。介绍康德批判哲学的交往观,费希特“自我”与“非我”同一的交往观,黑格尔的自我意识与主奴辩证法以及费尔巴哈“类哲学”中的“我—你”关系。第二章,马克思交往理论的逻辑进路,探讨马克思交往理论的最初发展:与青年黑格尔派的分道扬镳,交往与异化:《1844 年经济学哲学手稿》中的交往思想,交往理论的创立:《德意志意识形态》中的交往理论,交往与资本:《1857—1858 年经济学手稿》。第三章,马克思交往理论的科学内涵与本质特征。首先介绍马克思交往理论的科学内涵,包括马克思对交往概念的界定,马克思交往理论的主要内容,马克思交往理论的价值旨归:实现人的自由、全面发展;对交往与唯物史观诸范畴进行辨析,包括交往与实践,交往与生产力、生产关系,交往与分工以及交往与社会形态更替;探讨马克思交往理论的基本特征。第四章,唯物史观与西方马克思主义交往理论。包括西方马克思主义交往理论的形成与演变,西方马克思主义交往理论的基本维度以及西方马克思主义交往理论之失。第五章,马克思交往理论与和谐社会。介绍全面交往与和谐理念,

马克思交往理论与社会主义和谐社会关系以及马克思交往理论与和谐世界的关系。最后为论文结语。

关键词:历史唯物主义　马克思主义　心理交往

**0069**

**历史与辩证法之镜:雷娅·杜娜叶夫斯卡娅哲学研究** / 蒙木桂著 ; 张异宾指导. -- 南京大学, 2009. -- 106 页

论文探讨历史与辩证法之镜,对雷娅·杜娜叶夫斯卡娅展开哲学研究。全文共分为五章。引言部分介绍雷娅·杜娜叶夫斯卡娅的概况以及雷娅·杜娜叶夫斯卡娅的"革命三部曲",提出论文的研究现状。第一章,理论支援背景。对研究进行综述,介绍早期西方马克思主义思潮,包括卢卡奇与《历史与阶级意义》以及柯尔施与《马克思主义与哲学》;探讨美国的激进运动与马克思主义理论的发展,对《美国共产主义运动的头十年》、《对卡尔·马克思的理解》以及《理性与革命》进行讨论;探讨罗莎·卢森堡的革命哲学,包括罗莎·卢森堡与伯恩斯关于西方马克思主义的讨论以及罗莎·卢森堡的革命哲学——革命自发性概念以及妇女解放的维度。第二章,雷娅·杜娜叶夫斯卡娅的哲学构建。一是探讨雷娅·杜娜叶夫斯卡娅视镜下的黑格尔辩证法;二是探讨雷娅·杜娜叶夫斯卡娅视镜下的马克思历史唯物主义,包括马克思与马克思主义的断裂处,雷娅·杜娜叶夫斯卡娅视镜下的马克思历史唯物主义。第三章,雷娅·杜娜叶夫斯卡娅的劳动解放思想。探讨资本主义与异化劳动以及阶级斗争与人道主义。第四章,雷娅·杜娜叶夫斯卡娅的激进主题概念。介绍两种主体性,理论与实践的统一,作为独立解放维度的妇女运动。第五章,对雷娅·杜娜叶夫斯卡娅哲学的总体评价。一是探讨雷娅·杜娜叶夫斯卡娅哲学的独特性,二是对雷娅·杜娜叶夫斯卡娅哲学的理论展望。

关键词:杜娜叶夫斯卡娅(Raya Dunayevskaya)　哲学思想　人道主义　西方马克思主义

**0070**

**分歧之辩:马克思主义与存在主义** / 苗爱芳著 ; 王金福指导. -- 苏州大学, 2009. -- 138 页

论文从对马克思主义的存在主义理解入手,进行分析和梳理,以存在主义和马克思主义对于存在、人的本质以及实践范畴、异化理论等主要问题上的争论和分歧为线展开分析综合研究。全文共分为五章。第一章,对马克思主义的"存在主义"的理解。介绍存在主义与马克思主义思潮的形成与发展,提出对马克思主义的"存在主义"理解的主要思想。第二章,存在主义思潮及其历史发展。介绍存在主义的基本含义以及存在主义在历史上不同阶段的主要发展变化情况。第三章,"存在"之辩:"存在"是人的存在还是物质的存在讨论。分别对存在主义和马克思主义进行系统的讨论,其中存在主义认为"存在"是人的存在,马克思主义的主要观点为"存在"是物质的存在。第四章,"人"之辩:"人"是抽象的人还是现实的人的讨论。存在主义认为"人"是抽象的人,马克思主义则提出"人"是现实的人,分别对存在主义和马克思主义的不同观点讨论和对比,得出该部分的主要结论。第五章,"实践"之辩:实践是精神实践还是物质实践的探讨。一方面,存在主义认为实践是精神的实践,另一方面,马克思主义则提出实践是物质的实践,对两种观点做出具体的分析和讨论。第六章,"异化"之辩:"异化"是源于人的存在与类本质的矛盾,还是根源于具体的社会历史条件的讨论。分别对存在主义提出的"异化"是根源于人的存在与类本质的分离以及马克思主义提出的"异化"根源于分工与私有制的具体观点做出分析和讨论。最后为论文结语。

关键词:马克思主义　存在主义　存在

**0071**

**马克思、恩格斯教育公平思想研究** / 漆明春著 ; 庄福龄指导. -- 中国人民大学, 2009. -- 142 页

论文的研究对象为马克思、恩格斯的教育公平思想。全文共分为六章。导言部分介绍论文的研究问题,研究意义,研究现状与研究方法。第一章,马克思、恩格斯教育公平思想的内涵、基本关系以及性质分析。提出马克思、恩格斯教育公平思想的内涵表达,生产关系与教育公平辩证的关系分析,并提出教育公平的历史性与具体性。第二章,马克思、恩格斯对资本主义教育不公平现状的揭露和批判。结合对资本主义教育不公平的主要表现,提出资本主义教育不公平的原因分析,并探讨对资本主义教育不公平现状批判的辩证性。第三章,教育公平实现途径是马克思、恩格斯教育公平思想的特点。提出教育公平的实现途径,并对马克思、恩格斯教育公平思想的特点——科学性与人民性做出说明。第四章,当代西方发达国家教育公平状况的新变化与马克思、恩格斯教育公平思想的生命力。结合对当代西方发达国家教

育公平状况的新变化分析以及对当代西方发达国家教育公平状况的新变化原因分析，探讨马克思、恩格斯教育公平思想在当代西方发达国家的生命力。第五章，列宁对马克思、恩格斯教育公平思想的集成与发展，介绍关于批判民粹派的教育改良观、揭示俄国教育不公平的制度根源，立足俄国具体实践，发展马克思、恩格斯教育公平思想等建设性思想内涵。第六章，马克思、恩格斯教育公平思想的新发展与马克思主义中国化的新成果。讨论提出，毛泽东为马克思主义教育公平思想中国化奠定基础，并对马克思、恩格斯教育公平思想中国化的新成果做出说明，提出社会转型期教育公平面临的挑战，并对当代中国推进教育公平的途径展开探讨。

关键词：教育哲学　教育思想　马克思　恩格斯

**0072**

**伯恩施坦思想再研究** / 祁海军著 ; 余源培指导. -- 复旦大学, 2009. -- 172 页

论文在马克思主义的视域中，检视伯恩施坦修正主义的理论进路与具体结论。全文共分为六章。前言部分对现代哲学对主体性问题的提法，马克思主义的语境重置，伯恩斯坦主义问题域的界定以及伯恩施坦主义的历史与逻辑前提分别做出介绍。第一章，导论。介绍伯恩斯坦的内容与含义，意义上的总体性的内涵以及当代关于此类问题的相关研究综述。第二章，修正主义之实践根据与新康德主义—进化方法论。提出修正主义的实践依据，并探讨伯恩斯坦与恩格斯晚年的思想关联，伯恩斯坦的新康德主义—进化方法论，并对马克思之后的伯恩斯坦与理论的直观形态做出说明。第三章，批判与建构——以《前提》文本解读为中心。分别对“科学的”历史唯物主义概念阐明，并提出辩证法的空白，探讨开放的政治经济学批判，并对何谓科学社会主义中的“科学”以及反—反马克思主义与实践的马克思主义内涵做出讨论评价。第四章，马克思主义危机与修正主义的论战。分别从左派的批判，正统派的回应以及修正主义派的辩护三个层面探讨马克思主义危机与修正主义的论战。第五章，修正主义与主题重构。一是探讨“观念的力量”与马克思主义的意识形态化；二是分析阶级立场分散化与阶级认同——财富扩散与中间阶级成长；三是提出主体与共同体内涵；四是讨论经济民主与政治民主。第六章为论文结论。

关键词：伯恩斯坦主义　马克思主义　政治思想

思想评论

**0073**

**辩证的乌托邦：哈维空间政治学的文本解读** / 钱厚诚著 ; 邹诗鹏指导. -- 复旦大学, 2009. -- 193 页

论文研究辩证的乌托邦，对哈维的乌托邦思想进行梳理，对哈维空间政治学的文本进行解读。全文共分为四章。第一章，走进哈维：空间政治思想的基本论域。提出思想的历程：从实证主义向马克思主义的转变；探讨理论主题的进一步拓展和深化；对国内外相关研究情况做出说明；提出应认真地对待乌托邦思想。第二章，解放政治：从《共产党宣言》出发的重构企图。探讨提出《共产党宣言》的当代意义，《共产党宣言》中的地理—空间：成就与缺憾；提出迎难而上的谋划：联合的行动。第三章，全球化与身体：现实矛盾中的解放潜能。首先对“全球化”与“身体”的内涵做出说明；接着探讨全球化：空间生产与不平衡的地理发展，从全球化的实质——资本主义的空间生产过程的一个新阶段以及全球化的矛盾和后果——不平衡的地理发展两个方面展开论述；探讨全球层面上的联合斗争；提出身体与全球空间中资本积富的策略；对身体层面上的联合斗争做出说明讨论。第四章，乌托邦理想的反思整合。一是探讨空间的乌托邦理想，包括文本层面的分析以及实践层面的考察；二是提出过程的乌托邦理想，包括文本层面的分析以及实践层面的考察；三是对乌托邦理想的辩证思考；最后提出替代方案与行动纲要，包括人类的基本技能，生命之网与联合的行动以及建筑师的形象、规模互动与权利体系的探讨。

关键词：哈维(Harvey, David)　政治思想　乌托邦思想评论

**0074**

**中国市民社会培育与和谐社会构建** / 邱丽著 ; 盛邦和指导. -- 上海财经大学, 2009. -- 139 页

论文的研究对象为中国市民社会培育与和谐社会的构建。全文共分为六章。第一章，导论。介绍论文研究问题的提出，研究方法与文章的思路以及论文的结构与关键概念。第二章，市民社会概念的历史溯源。首先介绍亚里士多德、西塞罗以及契约论者关于古典市民社会的概念；二是探讨现代市民社会概念的提出与完善，探讨黑格尔对市民社会的诠释，马克思对市民社会的解读；三是提出当代市民社会概念在西

方的发展,分别对葛兰西与哈贝马斯两人的观点做出探讨,最后对市民社会概念的历史与现状做出总结。第三章,市民社会的经济基础:市场经济。探讨市场经济的不可逾越性;提出市场经济造就市民社会,市民社会反作用于市场经济;探讨马克思主义关于国家与社会关系的基本理论,以及从国家本位走向社会本位的关系;对权利以及权力的届分及其合理定位做出说明。第四章,中国市民社会发育的路径选择。分别从马克思的亚洲观、中国国家与社会的同构关系以及中国市民社会的培育三个方面对中国市民社会发育路径选择的背景与内涵做出交代。第五章,构建社会主义和谐社会。提出和谐社会是社会主义市场经济的内在要求,培育市民社会是构建和谐社会的必由之路,并探讨社会主义和谐社会的核心价值体系,构建社会主义和谐社会的目标,构建社会主义和谐社会的途径以及构建社会主义和谐社会的意义。

关键词:中国特色社会主义　社会发展　市民和谐

**0075**

**霍耐特承认伦理研究** / 任彩红著 ; 张廷国指导. -- 华中科技大学, 2009. -- 181 页

论文的研究对象为霍耐特承认伦理,从承认伦理的基础、承认伦理的建构、社会伦理以及政治伦理等几个方面展开讨论。全文共分为六章。序言部分介绍研究问题的由来,国内外相关研究综述,论文研究的创新点与难点。第二章,承认伦理的基础。分别从承认到承认伦理,承认与道德,黑格尔的承认理论以及米德的社会心理学四个方面角度对承认伦理的基础做出介绍,为后文的讨论提供理论支持。第三章,承认伦理的建构。一是对亚里士多德和康德伦理学的反思,探讨在权利与善之间的承认伦理;二是对哈贝马斯话语伦理学的反思,探讨在先验与经验之间的承认伦理;三是对后现代伦理学的反思,探讨在同一与差异之间的承认伦理;最后提出承认伦理的内涵。第四章,承认与社会伦理。探讨作为社会病理学的社会哲学,承认与社会冲突以及作为一种社会伦理的承认伦理的内涵,并做出评价。第五章,承认与政治伦理。分别对承认与再分配的概念与内涵做出说明,对承认与劳动的概念与内涵做出说明,在此基础上提出作为一种政治伦理的承认伦理,从而对承认与政治伦理之间的关系做出说明。第六章,承认伦理的意义与局限。结合前文对承认伦理的基础、建构以及与社会伦理、政治伦理间的关系分析,分别对承认伦理的意义和承认伦理的局限性做出说明,得出论文的结论与启示。

关键词:霍耐特(Honneth, Axel)　哲学思想　伦理学　思想评论

**0076**

**现代性视域中的风险概念与发展观的哲学反思** / 任春雷著 ; 贺来指导. -- 吉林大学, 2009. -- 184 页

论文为现代性视域中的风险概念与发展观的哲学反思。全文共分为四章。第一章,风险:现代性自我理解的关键概念。首先探讨启蒙现代性对风险的遗忘,介绍风险词源的现代背景,现代性的最初方案,启蒙现代性的风险控制思维;接着分析风险的失控与启蒙现代性的危机,包括现代社会风险的演化,风险失控的现代景象,现代性问题意识与风险分析的范式变革;提出风险概念与现代性的自我理解,包括风险概念的现代意蕴,风险是现代人生存状态的表征,风险概念与反思性现代性。第二章,启蒙现代性视域中的发展观及其理论困境。一是启蒙现代性的发展话语,包括发展概念的缘起以及启蒙的阐释,启蒙现代性与发展理论的原发状态,发展主义的危机与发展观意识的觉醒;二是传统发展观的解释框架及其哲学根据;探讨风险概念的回归与"发展"神话的幻灭,包括后形而上学思想与风险概念的回归,风险对传统发展观的解构。第三章,现代性的风险反思与发展观的当代重建。首先介绍风险概念的发展哲学意义,包括风险的不确定性与社会发展的偶然性,风向的属人性与社会发展的选择性,风险的差异性与社会发展的多样性;反思现代性视域中的发展观致思路向,包括颠覆经典社会学理论的范畴框架,避开现代主义和后现代主义的言路,超越激进的意识形态批判路线;提出发展观当代重建的多维思考,包括理性的重新定位,伦理的重新塑造以及民主的重新构建。第四章,马克思现代性批判中的风险意识及发展观变革。探讨马克思现代批判中的风险意识,马克思发展观与现代性风险反思的范式契合,全球风险社会与马克思发展观的当代性。最后为论文结语。

关键词:马克思主义　社会发展　风险论

**0077**

**反思与重建:齐格蒙特·鲍曼流动现代性理论探析** / 任东景著 ; 崔新建指导. -- 北京师范大学, 2009. --

193 页

论文的研究对象为齐格蒙特·鲍曼流动现代性理论。全文共分为五章。绪论部分介绍齐格蒙特·鲍曼的生平、著述和思想渊源,齐格蒙特·鲍曼流动现代性理论的研究现状,论文的内容结构、研究方法和预期目的。第一章,流动现代性理论形成的历史境遇。一是吊诡的现代性,包括现代性之意义和现代性之隐忧;二是现代性困境面前的解构抑或重构;三是齐格蒙特·鲍曼对现代性的反思性批判,以反思现代性的独特理论视角,提出对工具理性的批判和对矛盾性的推崇。第二章,流动现代性理论的哲学透视。探讨从现代性到流动现代性的过度,包括不确定性的降临,不安全感的产生,流动现代性理论范式的提出;探讨哲学视域中的流动性,包括时间统治空间的时空观,非控制性和易变性的运动观,解构与建构传统的历史观;三是流动现代性理论的实践意蕴,包括资本与劳动的分离,从定居到游牧以及从权威到榜样。第三章,流动现代性时代的症候透视:人的无根基生存样态。首先提出全球化之思:资本的飘逸,包括世界历史理论到全球化,全球化背后的资本逻辑,流动现代性的后果;接着提出个体化之惑:人际纽带的脆弱,包括自由主义和社群主义关于个体的论争,鲍曼对于自由主义和社群主义个体观的超越以及个体化社会中人际纽带的脆弱;提出消费主义之忧:自我价值实现的幻化,包括从生产性社会到消费性社会的介绍,消费型社会的悖论以及消费主义的欺骗性探讨。第四章,流动现代性症候的化解之道:新生活共同体的重建。提出重塑他者负责之伦理观,重建公共领域之政治观以及重构身份认同之文化观。第五章,马克思与齐格蒙特·鲍曼:在流动现代性的路上,分别对两者的伦理做出介绍和评价,提出鲍曼对马克思现代性理论的坚守与偏离。最后为论文结语。

关键词:齐格蒙特·鲍曼　现代主义　哲学思想

**0078**

**人的创新能力的哲学研究** / 师英杰著 ; 韩庆祥指导. -- 中共中央党校, 2009. -- 126 页

论文为人的创新能力的哲学研究。全文共分为四章。导论部分对研究的背景分析,提出注重人的创新能力的历史必然性,对人的创新能力进行哲学研究的必要性,并提出论文分析的问题,研究的方法以及研究的学术目标。第一章,人的创新能力思想的历史清理与总结。首先探讨我国传统哲学中的相关思想,包括生的哲学思想对研究人的创新能力的借鉴以及朴素辩证法对研究人的创新能力的启发;对西方哲学中的创新问题展开研究,提出对人的主体性的确定研究,对创新及创新生成的阐述,对思维方式创新的研究;提出马克思对创新、能力问题的探索,包括马克思对创新问题的论述以及马克思对能力的关注。第二章,人的创新能力概念的哲学解释。首先探讨人的创新能力的内涵,包括人的创新能力的概念诠释,人的创新能力的基本内容以及人的创新能力的典型特征;对人的创新能力的立足点做出说明,提出创新必须注意人的本质与人的生存环境的内在同一性,应从人的生态属性发掘人的创新能力,协调人的自然属性与社会属性冲突,更好地发挥人的创新能力。第三章,哲学视野中的人的创新能力理论。提出对人的创新能力的认知论考察,对人的创新能力的实践基础分析,探讨唯物史观视野中的人的创新能力,提出方法论视野中的人的创新能力考察。第四章,提升人的创新能力的实践路径探索。提出培育创新文化,提高认知水平,改善政治环境,拓展创意经济,倡导教育创新,增强人的创新能力。最后为论文结语。

关键词:人学　创新能力　实践

**0079**

**发展型国家及其超越:兼论当代中国的国家转型** / 石德金著 ; 郁建兴指导. -- 中山大学, 2009. -- 236 页

论文探讨发展型国家及其超越,兼论当代中国的国家转型。全文共分为七章。导论部分介绍论文的研究背景,相关研究现状以及论文的研究意义和论文结构。第一章,"东亚奇迹"与发展型国家理论的提出。介绍发展型国家的发展战略:经济发展主义和策略性的产业政策,善于结网的蜘蛛:发展型国家紧密的公私合作以及理性的利维坦:发展性国家的官僚和国家。第二章,发展型国家的效应及其转型。介绍发展型国家范式的积极效应,包括积极的经济效应,积极的社会效应,积极的理论效应以及积极的制度效应;探讨发展型国家范式的挑战,包括经济发展主义的挑战,经济国家主义的挑战,权威合作主义的挑战以及发展型国家的合理性危机和合法性危机;三是超越发展型国家,包括超越发展型国家范式的直接动力,超越发展型国家范式的几种可能途径。第三章,社会主义发展型国家。介绍社会主义发展型国家概念的提出,社会主义发展型国家的工业化道理以及变化中的社会主义发展型国家:走向一种"有引导的市

场"。第四章,中国发展型国家的形成、特点及其效应。介绍经济发展主义,包括经济发展主义的形成、特征和效应;介绍经济国家主义的形成、特征和效应,介绍独特政商关系的形成、特征以及政商关系的效应;介绍国家合作主义模式的形成、特征及其效应。第五章,中国发展型国家的反思与超越。提出超越经济发展主义:重置经济、自然和社会的关系;完善有引导的社会主义市场经济,优化国家与市场的关系;改善政商关系,寻求社会正义;超越国家合作主义,调整国家与社会的关系。第六章,中国国家转型的挑战与未来。介绍国家转型中的挑战,应对挑战的策略以及国家的未来发展模式。第七章,与狼共舞:危机时代对发展的省思。探讨发展的目的,发展的道路以及发展中的国家、市场和社会关系,并得出结论。

关键词:发展中国家　社会主义建设　新自由主义

**0080**

**从思辨辩证法到实践辩证法:论马克思对黑格尔辩证法的颠倒** / 石阔著 ; 孙利天指导. -- 吉林大学, 2009. -- 142 页

论文的研究对象为思辨辩证法到实践辩证法,分析并讨论马克思对黑格尔辩证法的颠倒。全文共分为四章。第一章,黑格尔辩证法被颠倒的必然性。首先分析黑格尔辩证法的基本特征,包括绝对真理的体系,思辨逻辑的方法以及唯心主义的性质;接着探讨黑格尔辩证法的内在矛盾,包括逻辑先在性与时间先在性的矛盾,方法与体系的矛盾,抽象与具体的矛盾以及主体能动性与宿命论倾向的矛盾;分析黑格尔辩证法被颠倒的历史必然性,包括青年黑格尔派的产生及其意义,费尔巴哈的批判及其局限,提出时代呼唤新的辩证法理论。第二章,马克思对黑格尔辩证法颠倒的实质。首先提出对物质辩证法颠倒的批判;在此基础上,结合马克思以前的实践观以及马克思对实践的理解,提出对实践辩证法的理论;分析实践辩证法颠倒思辨辩证法的原因;最后提出对人学辩证法颠倒的质疑。第三章,马克思对黑格尔辩证法颠倒的内容。讨论内容包括现实的人与自我意识,劳动的异化与自我意识的异化,实践的认识论与理念的认识论,物质生活的生产史与绝对观念的运动史,以及对社会发展规律的揭示。第四章,实践辩证法在整个辩证法体系中的地位。结合一般辩证法的基本内容,实践辩证法的基本特征以及实践辩证法的思维方式,提出实践辩证法是一般辩证法的特殊形态;分析实践辩证法与精神辩证法的关系,提出精神辩证法是实践辩证法的内在环节,实践辩证法是精神辩证法的现实基础,精神辩证法对实践辩证法起到促进的作用;探讨实践辩证法与物质辩证法的关系,提出实践辩证法是物质辩证法的发展,对物质辩证法的认识是实践辩证法的结果。最后为论文结论。

关键词:马克思　黑格尔　辩证法　实践论

**0081**

**马克思历史创造思想** / 宋洪云著 ; 郭湛指导. -- 中国人民大学, 2009. -- 162 页

论文的研究对象为马克思历史创造思想。全文共分为五章。导论部分介绍论文研究的理论意义与价值,对以往历史创造观念做出分析评价,并提出论文的研究结构与研究方法。第一章,马克思历史创造思想的缘起。一是介绍自由世界观:马克思历史创造思想的基础,包括马克思自由世界观的确立等;提出马克思的博士论文初涉的历史创造问题。第二章,人创造历史的内在基础。提出创造生成历史的人,创造是认为进化禁止,创造之为人的价值取向,创造是人的自由本质的内在表现;创造生成人的历史,创造的现实性生成人的现实历史,创造的社会性生成人的社会历史,创造的超越性推进人的历史发展。第三章,历史创造与环境。首先提出马克思对环境的新理解,对感性的环境与环境的感性,人创造环境与环境创造人做出说明辨析;提出环境是人创造历史的基础和前提,认为人的历史创造的现实基础是自然环境,人创造历史的历史前提为历史环境;提出人创造历史的人化的自然,包括对马克思的人化自然思想的说明,认为物质生产实践是人创造历史的基本形态,并探讨创造的代价与创造人化自然的和谐原则内涵;最后提出在历史继承上创造的观念。第四章,历史创造与历史规律。提出历史规律是人创造活动的规律,历史规律与人创造的可能性空间以及历史规律通过人的创造活动来实现。第五章,历史创造的主体。提出人们自主创造自己的历史,人作为历史创造者的历史发展,人创造历史的最强大手段,并对主体创造历史的精神因素做出说明。最后为论文结语。

关键词:马克思主义哲学　历史唯物主义　人类活动

**0082**

**历史主义与现代价值危机** / 宋友文著 ; 张曙光指导. -- 北京师范大学, 2009. -- 171 页

论文的研究对象为历史主义与现代价值的危机。全文共分为五章。第一章,历史主义的兴起。首先探讨历史意识的觉醒,介绍古希腊反历史的形而上学,犹太教——基督教的溯源,反启蒙历史意识的觉醒;介绍历史主义的起源与特征,包括个体性与发展,德国浪漫派的历史观,历史主义的解释学背景;介绍历史主义之集大成——德国历史学派的出现。第二章,历史主义的发展及其逻辑展开。探讨历史主义的世界观与形而上学;介绍历史主义的方法论和认识论,包括历史科学方法论与自然科学方法论,历史科学与价值论以及历史知识的客观性及其困境;分析克服历史主义困境的两种哲学思路,包括严格的哲学与历史主义,历史性与历史主义以及历史性与相对主义。第三章,历史主义的危机与价值相对主义。首先从世界的理性化,神学的历史化两个方面探讨历史意义的丧失;探讨世界观与价值相对主义,包括世界观与知识社会学,历史主义危机的核心;探讨虚无主义——价值相对主义的极致,包括价值虚无主义、存在虚无主义、虚无主义与形而上学以及从历史性到存在的历史。第四章,回到"自然"与克服虚无主义。首先介绍洛维特与施特劳斯,接着探讨西方自然观念的嬗变,探讨自然状态与自由以及自然必然性与自由,最后介绍自然与历史的二分。第五章,马克思与历史主义文体。探讨历史的意义与"有限的目的论",马克思与历史科学,探讨马克思与形而上学、马克思与虚无主义以及马克思与启蒙理性,并得出结论。最后为论文结语。

关键词:马克思主义哲学　历史主义　虚无主义　价值

**0083**

**马克思恩格斯权威理论研究** / 隋学礼著 ; 马绍孟指导. -- 中国人民大学, 2009. -- 143 页

论文的研究对象为马克思、恩格斯权威理论。全文共分为七章。第一章,导论。介绍选题的背景与意义,马克思、恩格斯权威理论的国内外研究现状,研究的基本内容、框架安排以及研究的方法,论文的研究创新与不足之处。第二章,马克思、恩格斯权威理论的产生。提出马克思、恩格斯权威理论产生的社会基础,马克思、恩格斯权威理论产生的阶级基础,马克思、恩格斯权威理论产生的理论基础以及马克思、恩格斯权威理论的形成过程。第三章,马克思、恩格斯权威理论论权威的本质与特征。对权威的语义溯源,分别从本体论层面、实践层面、社会关系层面以及内在联系层面提出权威的本质是一种意志服从关系,并对权威的基本特征做出说明,探讨权威的阶级性,权威的服从性,权威的合法性,权威的制度性,权威的绝对性与相对性以及权威的局限性。第四章,马克思、恩格斯权威理论的相关范畴与变政府安溪。对马克思、恩格斯权威理论中的重要相关范畴做出界定,并对权威相关范畴的辩证关系做出说明。第五章,马克思、恩格斯的权威分类理论。提出马克思、恩格斯关于权威分类的思想以及马克思、恩格斯关于五种社会形态权威的论述。第六章,马克思、恩格斯权威理论的实践价值。提出应科学认识马克思、恩格斯权威理论的实践价值,并对马克思、恩格斯权威理论的时间价值在经济、政治、文化建设与公共事务领域内的体现做出阐释。第七章,与时俱进的马克思、恩格斯权威理论。提出马克思主义权威理论是与时俱进的科学理论,并阐释坚持与发展马克思、恩格斯权威理论中存在的几个问题。

关键词:领袖　权力　权威　马克思　恩格斯

**0084**

**论马克思"人的存在的现象学":关于马克思哲学革命的阐释** / 孙成竹著 ; 何中华指导. -- 山东大学, 2009. -- 163 页

论文提出关于马克思哲学革命的阐释,探讨马克思人的存在的现象学。全文共分为五章。第一章,问题的提出。提出先进研究对马克思哲学革命的两种理解及其局限,并提出重新理解马克思哲学革命的实质的契机。第二章,现象学及其基本精神之审视。探讨现象学的内涵,提出关于现象学的基本精神,对现象学的源头——黑格尔精神现象学做出说明,并探讨海德格尔现象学对马克思哲学事业的开启。第三章,马克思"人的存在的现象学"的建构。提出建构的直接理论来源,包括黑格尔现象学和辩证法,青年黑格尔派与思辨哲学的解体,费尔巴哈人本学;探讨人的存在的现象学的逻辑前提,包括人的感性对象性思考与关于实践本体论的思考;探讨历史及其辩证法——人的存在之敞显,分析马克思的存在论奠基,祛除意识形态之弊,复归人的本真存在,对辩证法作为人的存在的生成样式做出分析,提出辩证法只有作为人的存在的生成样式才是可能的,人的存在得以历史地敞开的辩证形式;探讨经济学:人的存在的现象学的历史叙事,分析经济学作为"人的存在的现象学"不可或缺的环节,比提出马克思经济学的人本主义性质,包

括经济学属人性的内在之源以及经济学的人本主义性质的体现。第四章,人的存在的现象学在现象学运动中的地位与优势。提出人的存在的现象学是现象学运动的重要环节,人的存在的现象学具有迄今不可超越的优势。第五章为论文结语。

关键词:马克思主义哲学　人学　存在　现象学

**0085**

**政治哲学视阈中的"意识形态领导权":从葛兰西到拉克劳、墨菲** / 孙民著 ; 孙承叔指导. -- 复旦大学, 2009. -- 199 页

论文从葛兰西到拉克劳、墨菲,探讨政治哲学视域中的意识形态领导权。全文共分为六章。前言部分介绍论文研究的问题凸现,论题的研究现状,论文的研究意义与研究思路。第一章,"意识形态领导权"理论形成的前提逻辑。介绍"意识形态领导权"理论的社会实践基础,"意识形态领导权"理论的文化背景以及"意识形态领导权"理论的理论渊源。第二章,"意识形态领导权"理论的原生逻辑。从葛兰西到阿尔都塞的角度探讨意识形态,分析作为概念的"意识形态领导权"以及作为理论的"意识形态领导权"和作为政治哲学的"意识形态领导权"。第三章,"意识形态领导权"理论的次生逻辑讨论。探讨阿尔都塞对葛兰西的发展,阿尔都塞意识形态理论的内涵以及阿尔都塞意识形态理论的政治哲学意蕴。第四章,"意识形态领导权"理论的次生逻辑评价。探讨普兰查斯对阿尔都塞的超越,普兰查斯的系统阐述以及普兰查斯意识形态理论的政治学意蕴。第五章,"意识形态领导权"理论的再次生逻辑。分别提出拉克劳、墨菲的"新葛兰西主义"概要,并对"新领导权"理论中的"意识形态领导权"理论的"后现代转向"提出说明,探讨"新领导权"理论的政治哲学意蕴。第六章为论文结语,介绍"意识形态领导权"理论的实质以及"意识形态领导权"理论的现实意义。

关键词:政治哲学　意识形态　马克思主义

**0086**

**"生活"的发现与历史唯物主义的形成:《德意志意识形态》研究** / 孙云龙著 ; 陈学明指导. -- 复旦大学, 2009. -- 165 页

论文对《德意志意识形态》展开研究,探讨"生活"的发现与历史唯物主义的形成。全文共分为六章。导论部分介绍研究的论题解释,研究方法,研究的结构安排以及论文的不足之处。第一章,《德意志意识形态》的文献学研究。现实对《德意志意识形态》的德文本出版史做出说明,介绍马克思、恩格斯在世时的《德意志意识形态》,德文版、俄文版以及日本版的出版情况,提出对德文版本的简评;介绍《德意志意识形态》的中文翻译史;提出《费尔巴哈》章的文献研究综述。第二章,关于《德意志意识形态》的相关学术讨论综述。提出关于《形态》时期理论范式断裂的文献综述;关于马克思哲学本体论的文献综述以及关于《形态》文本逻辑的文献综述。第三章,《德意志意识形态》中的生活概念的文本考察。提出对生活概念研究概述,《德意志意识形态》中的生活概念,生活概念的翻译检讨以及对从现实的人界定现实的生活,马克思生活概念的界定的说明。第四章,《德意志意识形态》中生活概念的逻辑考察。分别对生活、需要与生产,生活、生产力与交往方式以及生活与意识的内涵做出说明。第五章,《费尔巴哈》章逻辑重构。提出对小束手稿排版词序的研究,探讨以生活概念为线索的叙事逻辑,并提出《费尔巴哈》章逻辑重构方案。第六章,《德意志意识形态》生活概念研究对于历史唯物主义的理论意义讨论,并提出论文的主要结论。

关键词:德意志意识形态　生活　唯物史观　马恩著作研究

**0087**

**论人的公共性及其发展:一种唯物史观的解读** / 谭清华著 ; 郭湛指导. -- 中国人民大学, 2009. -- 172 页

论文对人的公共性及其发展的唯物史观解读,探讨人的公共性存在与发展的社会条件,人类共同体与人的公共性形态,人的公共性历史形态。全文共分为五章。导论部分介绍人的公共性问题研究背景,人的公共性问题研究的意义,论文研究综述和论文主要内容。第一章,群体、社会、社会关系与公共性。介绍群体生活的本能指向,社会生活的自觉指向;探讨生存性社会关系与其他社会关系,提出社会是建立在物质生产关系基础上的关系有机体,探讨社会性生活关系和其他社会关系的集合体,提出西方思想家对生存型社会关系的论述,生存性社会关系的特点以及生存性社会关系与其他社会关系的关系;探讨人的公共性与社会性,包括阿伦特视野中的公共性与社会性,哈贝马斯视野中的公共性与社会性以及唯物史观视野下的公共性与社会性;分析人的公共性的内涵和维度,包括公共性的概念和内涵,公共性存在和发展的社会

基础,公共性发展程度的社会历史维度。第二章,人的公共性存在与社会发展条件。探讨作为社会条件的生产关系,公共性的产生以及生产关系对公共性的影响和制约。第三章,人的公共性存在与社会发展条件中关于政治、法律关系对公共性的影响和制约,传统和集体性意识对公共性的影响和制约。第四章,人类共同体与人的公共性形态。介绍人类共同体内涵,原始共同体及其人的公共性,城邦共同体及其人的公共性,民族共同体下人的公共性,宗教共同体及其人的公共性,城市共同体及其人的公共性,国家共同体及其人的公共性。第五章,人的公共性的历史形态。探讨人的依赖关系下的公共性,物的依赖关系下的公共性,人的自由全面关系下的公共性。最后为论文结语。

关键词:人学　社会性　共同体　社会关系

**0088**

**哈贝马斯和罗尔斯政治与经济关系思想比较研究** / 唐巴特尔著 ; 李淑梅指导. -- 南开大学, 2009. -- 118 页

论文的研究对象为哈贝马斯和罗尔斯政治与经济关系思想比较研究。全文共分为四章。第一章,一个时代性课题。探讨时代变迁对反思经济和政治关系的需求,哈贝马斯的理论背景和分析框架,罗尔斯的理论背景和分析框架。第二章,对晚期资本主义合法性危机缘由的分析。一是探讨自有资本主义的基本结构及经济危机,包括自由资本主义社会的基本结构和合法性问题,自由资本主义社会危机的特征分析;二是讨论晚期资本主义社会的基本结构和合法化危机,包括晚期资本主义社会的基本结构与全面的危机趋势及其关系;三是探讨政治合法性问题的争论与合法化原则,介绍合法性和合法化的概念辨析,对政治合法性问题争论的回应。第三章,罗尔斯正义论的政治与经济关系思想。提出正义是社会结构的首要价值,对功利论与传统契约论反思,探讨支撑正义原则的基本概念;分析两个正义原则及其关系与社会基本结构,探讨对正义原则的解释方式,两个正义原则之间的关系以及两个正义原则体现的政治与经济关系;分析政治与经济关系的规范框架与正义原则的运用,探讨立宪民主制和市场体系的结合,分配正义的背景制度与政府的功能以及财产所有的民主制。第四章,交往合理社会与公平良序社会。探讨政治的正义性与合法性,福利国家的出路以及对哈贝马斯和罗尔斯政治与经济关系的思想的评价。

关键词:哈贝马斯　罗尔斯　政治哲学

**0089**

**公开问题的哲学追问** / 唐霄峰著 ; 王伟光指导. -- 中共中央党校, 2009. -- 118 页

论文运用历史与逻辑相统一、归纳与演绎相统一、分析与综合相结合以及抽象与具体相结合的方法对公开问题从哲学上进行讨论。全文共分为四章。导言部分介绍选题缘由,研究现状,研究方法及论文架构,论文可能的创新与不足。第一章,公开的内涵、外延和边界。提出对公开内涵的词源学考察,公开的定义,公开与相关范畴的比较;探讨公开的范围,公开的类型以及公开的一般特征;分析公开边界的概念,公开的边界与公开边界的科学证明。第二章,公开的根据、条件与生成。首先提出公开的根据,提出信息不对称性的客观存在要求公开,公开是社会发展的客观要求,公开是现实的个人实现其社会存在的客观要求;探讨公开的条件;提出公开的生成路径与公开生成的辩证法。第三章,公开的结构、功能与动态。首先对公开的结构做出说明,在此基础上,提出公开的功能,认为公开促进人类交往的实现及其进步,公开推动人的自由全面发展,公开推动社会全面进步;探讨公开的动态,包括公开自身的动态呈现,公开在历时中的动态呈现以及公开的制度化演进。第四章,公开的现实观照:全球化、民主化与中国化。介绍全球化背景下的公开,政治民主化进程中的公开问题,提出当代中国社会转型中推进公开化的四维途径,认为应树立科学的公开理念,树立正确的公开原则,建立完善的公开制度,构建科学的公开机制。最后提出论文的主要结论。

关键词:信息管理　信息公开　交往　实践

**0090**

**詹姆森历史理论研究** / 唐志敏著 ; 杨耕指导. -- 中国人民大学, 2009. -- 203 页

论文的研究对象为詹姆森的历史理论。全文共分为六章。导论部分介绍论文研究的意义,国内外相关研究综述,研究的目标与内容以及研究方法,研究中的创新与不足。第一章,“永远历史化”——历史主义论。探讨批判非历史主义,分析历史主义,冲破语言的牢笼以及真正的历史主义。第二章,历史是缺场的原因——历史唯物论。介绍文本的历史与真实的历史,经济基础与上层建筑和生产力与生产关系,文化与社会历史。第三章,“不同方法导致不同后果”——历史方法论。提出坚持历史辩证法,对批判

反辩证法理论,辩证思维,历史唯物主义与唯物辩证法做出讨论;对二元范畴的矛盾分析,包括矛盾、普遍统治特俗,同一性与非同一性的同一,形式与内容,必然性与偶然性,叙事的因果逻辑以及不对称的主客体做出说明;探讨总体化视域,确定可能性关系的中介以及后现代空间中的认知测绘。第四章,"驱动历史向前的动力"——历史决定论。提出反对经济最终的决定论,肯定经济的重要作用,批判庸俗马克思主义,提出多元决定伦优于简单决定论;提出生产方式是终极的决定因素;分别探讨意识的力量,阶级斗争决定论,文化是暂时的决定因素,技术非终极决定论,政治的知识分子以及革命相关的内涵与意义。第五章,"断代无法避免"——历史分期论。探讨历史分期在符码转换中的实现,时期与断裂的辩证关系,资本主义的文化分期以及历史转折中的六十年代。第六章,詹姆斯历史理论评述。探讨詹姆斯历史理论的形成原因,特点以及价值。

关键词:詹姆森(Jameson, Fredric)　西方马克思主义　历史唯物主义　社会发展

**0091**

**和谐社会的政治价值研究** / 田俊峰著 ; 徐伟新指导. -- 中共中央党校, 2009. -- 237 页

论文的研究对象为和谐社会的政治价值。全文共分为六章。导言主要说明选题缘由、研究现状、研究思路、研究方法、论文主要解决的问题和创新,以及论文研究的价值和意义。第一章,政治价值基本理论,分析政治价值的内涵、特征与基本范畴。第二章,政治价值思想资源。通过对人类社会发展史上政治价值追求的分析和反思,分析和谐社会政治价值研究可资借鉴的思想资源,主要包括西方不同历史时期、中国不同历史时期以及马克思主义的政治价值思想。第三章,和谐社会政治价值的基本理论。分析和谐社会政治价值的内涵、功能与界限和取向。第四章,和谐社会政治价值的分析维度。以现实的人作为和谐社会政治价值研究的根本出发点,从人性、自由、秩序与发展四维向度分析和谐社会的政治价值,指出和谐社会政治价值的人本属性、自由真韵、秩序共用和发展指导。第五章,和谐社会价值的现实分析。现状分析主要从政治价值资源、要素、结构、趋向角度,分析当代中国政治价值的现状;对因素分析,提出影响社会主义和谐社会政治价值构建的主要因素要有政治价值主体的多元性、政治价值客体的冲突性、政治价值选择的多样性。第六章,和谐社会政治价值的实现途径。从政党善政、政府善治、公共行政和公民自治四个方面指明实现社会主义和谐社会政治价值的根本途径。

关键词:社会主义政治学　社会主义建设模式　价值　民主　自由

**0092**

**协商、适应、行动:诺顿环境实用主义思想研究** / 田宪臣著 ; 万小龙指导. -- 华中科技大学, 2009. -- 185 页

论文对诺顿环境实用主义的思想展开研究。全文共分为八章。第一章,引言。介绍研究问题的提出背景,对国内外相关研究现状作出评述,提出论文的研究意义以及论文研究的创新之处与难点。第二章,环境实用主义辩证。提出对环境的定义,对实用主义的定义,对环境实用主义的定义以及诺顿对环境实用主义的解读。第三章,诺顿环境实用主义思想的形成。提出诺顿环境实用主义思想形成的思想基础,诺顿环境实用主义思想形成的社会条件以及诺顿环境实用主义思想形成的实践经历。第四章,弱人类中心主义——诺顿环境实用主义思想的伦理基础。通过两类环境伦理,趋同假说以及多元主义价值论几个理论情况提出诺顿环境实用主义思想的产生背景与情况。第五章,适应性管理——诺顿环境实用主义思想的理论旨趣。对意识形态时代的消亡,适应性管理时代的兴起:后意识形态时代以及层级管理:适应性管理的基本形式三个方面做出讨论与评价。第六章,可持续性——诺顿环境实用主义思想的实现目标。结合可持续性的涵义与可持续性类型的划分,提出代际伦理学,即我们对后代的责任,并消除对可持续性的误读。第七章,实用主义环境政策——诺顿环境实用主义思想的实践指向。提出哲学分析与政策选择,环境分析与环境行动以及环境评估的内涵。第八章,论文研究的评价与意义。

关键词:生态环境　伦理学　实用主义

**0093**

**阿尔都塞的科学的文化哲学研究** / 涂亚峰著 ; 何萍指导. -- 武汉大学, 2009. -- 232 页

论文的研究对象为阿尔都塞的科学的文化哲学。全文共分为六章。第一章,阿尔都塞的科学的文化哲学的理论来源。分别提出对马克思主义哲学的文化哲学解读,对法国哲学思潮的文化哲学解读,对精神分析学说的文化哲学解读。第二章,阿尔都塞的科学

的文化哲学范式的确立。探讨文化世界的结构特征与多元决定论;科学的文化哲学的理论图式;文化创造的文职特征与认识论的断裂以及文化实践的根本方法与症候阅读法。第三章,理论与实践关系的科学的文化哲学阐释。探讨理论与实践的关系问题在哲学史上的地位,马克思主义历史科学与科学的文化哲学,理论实践的提出及其文化哲学内涵,并对"哲学归根到底是理论领域的阶级斗争"情况做出讨论。第四章,偶然相遇的唯物主义的文化哲学视域。提出偶然相遇的唯物主义的内涵与孤独境地,探讨马基雅维利的偶然相遇的唯物主义的哲学,并分析偶然相遇的唯物主义的文化哲学的特点以及偶然相遇的唯物主义的哲学与文化史的批判。第五章,意识形态及其国家机器的文化哲学批判。介绍意识形态文化批判的理论缘起,意识形态文化客体批判,意识形态的文化主体批判以及意识形态国家机器批判与文艺意识形态批判。第六章,科学的文化哲学与现实生活的实践批判。探讨天主教思想批判,人道主义思潮批判与历史主义哲学批判。最后提出阿尔都塞的科学文化哲学的启示。

关键词:阿尔都塞(Louis Althusser)　文化哲学　哲学思想　意识形态

**0094**

**后马克思主义的社会历史观述评** / 王芳著 ; 曾枝盛指导. -- 中国人民大学, 2009. -- 161 页

论文的研究对象为后马克思主义的社会历史观。全文共分为五章。导论部分介绍论文的选题缘起与意义,主要内容与研究方法以及论文的研究现状与创新。第一章,后马克思主义与社会历史观。介绍后马克思主义的产生背景与内涵;社会历史观的一般以及社会历史观的演变;后马克思主义的社会历史观的思想渊源与概述。第二章,后马克思主义的社会历史发展主体论。提出社会历史发展的主题问题,包括新中间阶层的出现以及新社会运动的兴起;探讨社会历史发展的主体理论,探讨关于主体是否存在的争论,阶级主体、工人主体与多元主体内涵;对后马克思主义的社会历史发展主体理论评析。第三章,后马克思主义的社会历史发展动力论。首先从对生产力和生产关系的再考察,对经济基础和上层建筑的关系再考察,对社会基本矛盾与阶级斗争的关系再考察,提出社会历史发展动力的问题;探讨社会历史发展的动力理论;对后马克思主义的社会历史发展动力理论评析,探讨话语理论的唯心主义实质,学习机制的技术决定论倾向以及生产模式的多元决定错误。第四章,后马克思主义的社会历史发展规律论。提出后马克思主义对历史的一般认识,后马克思主义的社会历史发展规律理论,后马克思主义的社会历史发展规律理论评析。第五章,后马克思主义的社会主义观。探讨对资本主义的批判,对社会主义的认识,对后马克思主义的社会主义策略以及后马克思主义的社会主义观评析。最后提出论文的结论。

关键词:马克思主义　后现代主义　历史观

**0095**

**马克思"生产实践论"研究** / 王佳著 ; 孙利天指导. -- 吉林大学, 2009. -- 121 页

论文在系统清理马克思有关"生产实践"思想的基础上,对"生产实践"的思想渊源、内在结构及其当代发展进行考察,通过对"自由"的分析和理解,实现生产实践与道德实践的统一。全文共分为六章。第一章,导论:学界对马克思实践理论的一般理解。对国内外对马克思实践理论的研究现状归纳总结,提出论文的研究思路和研究目标。第二章,"生产实践"概念的提出。提出生产实践是马克思实践的基本内涵,并介绍生产实践的涵义以及生产实践的特征。第三章,"生产实践"溯源。首先提出生产实践的概念,分析生产对道德实践的延展,并得出生产实践原则的确立:实践观点思维方式的确立。第四章,"生产实践"的当代发展。提出"生产实践"是作为一种社会存在的物质生产,"生产实践"是作为一种社会方式的人的生产,"生产实践"是作为一种社会制度的制度生产以及"生产实践"是作为一种社会文明的文化生产。第五章,生产实践和道德实践的统一。内容包括自由劳动:马克思的共产主义思想,自由:生产实践和道德实践的桥梁,劳动:生产实践和道德实践的统一。第六章,当下中国社会主义生产实践的基本原则。介绍马克思主义哲学的任务以及中国社会主义生产实践的基本原则——可续发展观。最后为论文的主要结论。

关键词:马克思主义哲学　实践论　自由　科学发展观

**0096**

**中国的自主辐射型现代化:理论创新与路径选择** / 王铁著 ; 任平指导. -- 苏州大学, 2009. -- 165 页

论文研究的对象为中国的自主辐射型现代化:理论创新与路径选择。全文共分为五章。第一章,后发

展中国家现代化发展路径:一个跨世纪的重大问题。提出并分析马克思的东方社会理论,列宁的"一国胜利"理论,斯大林的"一国建成"理论,经典现代化理论,发展"依附论"和"世界体系论","后现代化"理论,中国特色社会主义革命理论以及中国特色社会主义建设理论等。第二章,中国现代化发展进程中的三个历史阶段。探讨新全球化时代:中国自主发展的时代语境,中国现代化的三个阶段和三种模式,走向新现代化的科学发展观:开放型经济与自主创新道路。第三章,中国实现自主辐射型现代化的必要性。提出未来时代发展特征的必然要求,未来中国国情发展的必然要求,世界现代化强国成长兴衰发展规律的启示。第四章,中国自主辐射型现代化发展的基本内涵。主要从中国自主辐射现代化发展的基本前提、中国自主辐射现代化发展的基本实质、中国自主辐射现代化发展的基本内容以及中国自主辐射现代化发展的基本特征四个方面对其内涵讨论并总结。第五章,实现中国自主辐射现代化的基本路径。提出自主创新式实现中国自主辐射型现代化的根本基础,和平发展是实现中国自主辐射型现代化的基本道路。最后是论文的主要结论。

关键词:现代化　创新　社会主义建设

**0097**

**当代中国发展语境中的正义共识研究** / 王文东著 ; 任平指导. -- 苏州大学, 2009. -- 201 页

论文为当代中国发展语境中的正义共识研究,探讨正义共识的涵义,根基以及正义共识的实现机制。全文共分为四章。导论部分介绍正义共识研究的意义以及正义共识困境的原因分析。第一章,何谓正义。探讨正义的面相,包括作为秩序的正义,作为平等的正义,作为公平的正义,作为自由的正义,作为效率的正义,作为美德的正义,作为安全的正义,作为交往权利的正义以及作为生存方式适应的正义;探讨走向当代中国新现代性的正义观,包括当代中国发展实践与正义的诉求,政治概念的界定及其原则以及正义的特征。第二章,何谓正义共识。对正义共识的国内外研究现状做综述,提出共识的概念和界定,理解与共识的区别;介绍正义共识概念的界定以及正义共识的特征。第三章,正义共识的根基。探讨根基与正义共识的关系,包括根基的哲学内涵,根基的特征,根基与正义共识的关系;对形而上学时代正义共识根基的考察,包括宗教信仰根基,经验人性根基以及先验理性根基;提出后形而上学时代正义共识根基检视,探讨公共理性:重叠共识的根基,交往理性:商谈共识的根基,社群:社群主义寻求正义共识的平台,认识型:知识相似性的根基;探讨交往实践视域中的正义共识根基,包括非马克思主义正义共识根基观的缺陷,正义共识与生产方法以及正义共识的深层根基。第四章,正义共识的实现机制。探讨形而上学时代正义共识的悬搁,后形而上学时代正义共识的理想追求,当代中国发展语境中正义共识的形成机制。最后为论文结语。

关键词:正义　政治　中国

**0098**

**《资本论》续篇的准备材料群:马克思晚年笔记的整体研究** / 王晓红著 ; 王东指导. -- 北京大学, 2009. -- 151 页

论文对马克思晚年笔记做整体研究,探讨《资本论》续篇的准备材料群内容。全文共分为八章。第一章,马克思笔记的写作过程。分别介绍与讨论前期、中期与晚年马克思读书笔记的写作。第二章,马克思笔记的写作方法。分别介绍早期马克思哲学创新笔记群的写作方法,中期马克思《资本论》创作笔记群的写作方法以及晚年马克思《资本论》续篇准备材料笔记群的写作方法。第三章,马克思晚年笔记的主旨:《资本论》续篇的准备材料群。首先澄清事实,提出马克思晚年并未中断放弃《资本论》的研究与写作;接着提出理解《资本论》与晚年笔记关系的钥匙:"六册结构计划";最后提出晚年笔记的写作过程和主要内容,对《资本论》的深化扩展。第四章,人类学笔记及其与《资本论》体系构想的关系。探讨人类学笔记的核心《摩尔根〈古代社会〉笔记》以及人类学笔记的重要内容:《资本论》体系构想中的国家篇准备材料。第五章,世界历史笔记及其与《资本论》体系构想的关系。探讨国际贸易和世界市场基础论,国际关系体系中介论以及世界历史总体论。第六章,俄国与东方发展道路笔记及其与《资本论》的关系。分别对印度等国家土地所有制关系发展演变研究,对俄国村社制度的二重性研究,对东方国家未来发展的道路研究并总结。第七章,晚年马克思著作和西方社会发展道路笔记及其与资本论的关系。探讨西方未来社会发展的基本原则,西方社会未来发展道路的整体考察,西方社会不同国家发展道路的差异性与一致性,从毛勒笔记看德国古代村社制度及其发展道路,并探讨西方社会发展道路笔记及其与《资本论》深化扩展研究关系。第

八章,提出马克思晚年笔记的哲学创新与当代意义。

关键词:资本论　马克思著作研究

**0099**

**马克思早期哲学中的主体意识** / 王效良著 ; 高文新指导. -- 吉林大学, 2009. -- 137 页

论文的研究对象为马克思早期哲学中的主体意识。全文共分为三章。第一章,近代哲学中的主体意识。探讨存在于形而上学阶段的主体意识,包括近代早期自然形而上学中的主体意识,经验论、唯理论中的主体意识;探讨知识论中主体意识的发展,包括哥白尼式的革命,德国古典哲学中主体思维能动性的开端;介绍近代主体意识的主客同一阶段,介绍康德哲学中的先验统觉,提出实体即主体,提出主体自我的实现是一个过程。第二章,马克思升华于德国古典哲学的主体意识。首先介绍《博士论文》对近代理性主体意识的继承,对黑格尔哲学中的主体意识以及《博士论文》中的主体意识做出具体的说明;接着探讨《莱茵报》时期马克思实践主体思想的萌芽,包括理性自由的呼吁,等级制度的批判,提出国家和法是有产者的工具,探讨官僚制度与个人利益的对立;接着探讨马克思实践主体思想的形成,提出市民社会决定国家,探讨个人解放与宗教解放和政治解放的内涵,提出阶级斗争是人的现实解放的途径。第三章,马克思实践主体意识的确立。首先提出马克思哲学对费尔巴哈哲学的唯物主义思想的吸取;接着围绕私有财产、生产和资本三个方面,对马克思的历史辩证法做出介绍和讨论;最后提出现实斗争之中建立的实践主体意识,反驳资产阶级对共产党的指责,对其他主张无产阶级解放的政党提出批评。最后为论文结语。

关键词:马克思主义哲学　主体意识　主观能动性　实践

**0100**

**社会时间论** / 吴兰丽著 ; 欧阳康指导. -- 华中科技大学, 2009. -- 183 页

论文的研究对象为社会时间论,探讨社会时间的本体论与认识实践、理解与诠释。全文共分为九章。第一章,导言。介绍研究问题的缘起,选题的意义与目的,国内外相关研究综述,论文课题研究的思路与方法。第二章,时间问题的思想史考察。介绍时间的词源学释义与马克思的时间思想。第二章,社会时间的思想史考察。提出时间的词源学释义以及马克思的时间思想。第三章,社会时间的一般规定。提出对社会时间的语义辨析,社会时间的理论基础,社会时间的现实表现以及社会时间的主要特征。第四章,存在与发展:社会时间的本体论之维。介绍本体论的释义,社会时间的"存在"的本体论的可能,生命的存在与体验以及社会历史的存在与发展。第五章,社会时间的认识机制。介绍自然机体到认识主客体的分化——主体的时间"表现";认识活动的时间;认识中的社会实践之辩以及认识中的社会时间维度。第六章,文明进程与社会时间。分别对文明的社会时间进程,文明的社会时间评价以及社会时间的坐标图做出说明。第七章,社会时间与社会转型。提出社会时间的现实基础以及社会时间的历史类型。第八章,和谐、健康的当代中国的社会时间的建构。分别探讨当代中国的社会时间建构前奏——迈向现代性指向后现代,源泉——传统的时间,差异——西方世界的社会时间以及重建——当代的社会时间。第九章,展望:社会时间的未来发展讨论。最后为论文结语。

关键词:时间哲学　社会存在　社会进步

**0101**

**中国传统文化视域中的和谐观念及其当代转换** / 吴天智著 ; 陈晏清指导. -- 南开大学, 2009. -- 211 页

论文探讨中国传统文化视域中的和谐观念及其当代转换。全文共分为五章。前言部分介绍研究的背景,提出研究为重大的时代课题,和谐社会建构的文化视域,和谐社会建构的中国传统文化资源以及论文的叙述结构。第一章,中国传统和谐文化的形成与特征。一是介绍中国传统和谐文化的形成背景与特质,包括中国传统和谐文化的衍生背景,中国传统和谐文化的基本特质,中国传统和谐文化的哲学解读;二是探讨和谐文化在中国传统文化中的地位,介绍中国传统文化对和谐的界说,提出和谐是先秦文化基本的致思取向,和谐构成中外文化交融的价值指向;探讨中国传统和谐文化的基本精神。第二章,人与自然和谐共生:天人和谐的概念。指出中国传统文化对天人关系的关注,中国传统文化对天人和谐的主要观念内容,对中国传统天人和谐观念的反思。第三章,人与社会和谐共处:群己和谐的观念。提出中国传统文化视域中的群己和谐,群己和谐观念关涉的四个基本界域,并提出对中国传统群己和谐观念的评析。第四章,人与自我和谐统一:身心和谐的观念。首先提出中国传统文化对身心和谐的关注,接着探讨中国传统

文化中关于身心和谐的基本观念,最后提出对中国传统身心和谐观念的评析。第五章,中国传统和谐观念的当代转换。通过探讨中国传统和谐文化的认同危机,中国传统和谐文化的当代价值以及中国和谐文化的重建指向,指出研究当代转化的问题结论。

关键词:古代哲学　文化哲学　哲学思想

**0102**

**现代性的矛盾与超越:当代视域中的马克思现代性思想** / 郗戈著 ; 丰子义指导. -- 北京大学, 2009. -- 251 页

论文探讨当代视域中的马克思现代性思想,分析现代性的矛盾与超越。全文共分为六章。导论部分介绍现代性问题的缘起、结构与言路,马克思现代性思想的当代凸显,国内外相关研究现状与面临的困难,提出论文的基本思路。第一章,马克思现代性思想的问题意识。介绍问题的演进、审视的对象、思考的主旨以及现代社会理论的思想性质分析。第二章,马克思现代性思想的方法论特征。分别探讨从制度诊断到总体治疗,矛盾分析中的内在批判,历史视野中的过程分析,全球眼光与人类关怀的结合,价值评价与历史分析的贯通。第三章,现代性的生成与发展。提出现代性的最终根源为现代生产,对现代性的基本动力——资本,现代性的社会基础——市民社会以及现代性的世界拓展——全球化分别做出内涵与特点的讨论。第四章,现代性的矛盾与困境。结合对现代性逻辑的分析,提出现代性的矛盾本质,并对现代性矛盾的表现形式做出说明,探讨资本逻辑与自由民主的悖论,自由、民主的催生与歪曲以及民主的裂变。第五章,现代性的终结与超越。探讨现代性的内在超越,内在超越的内涵与形式,内在超越的基础与前提以及内在超越的目标与途径。第六章,马克思现代性思想的当代价值。从中国现代性建构的特殊境域出发,探讨资本与当代中国的现代性矛盾,并提出当代中国现代性矛盾的合理解决的前提、关键与途径。

关键词:马克思主义哲学　现代主义

**0103**

**理解"历史规律":一项从因果观演变视角的考察** / 许恒兵著 ; 王南湜指导. -- 南开大学, 2009. -- 252 页

论文针对一项从因果观演变视角的考察理解"历史规律",追溯历史规律概念在人类思想史上的理解历程。全文共分为六章。导论部分介绍研究历史规律与意义,提出关于历史规律的研究现状,论文的研究思路与逻辑结构。第一章,"历史规律"概念的史前史。介绍古希腊时期和中世纪时期的历史规律与内涵,探讨两种目的论下历史规律概念的缺场。第二章,启蒙时代的历史观。首先提出近代科学精神本质特征与目的论的失灵;接着对近代科学精神在十七世纪的影响——非历史性倾向与亲历史倾向做出说明;三是提出启蒙时代的历史规律概念,包括以自然科学精神征服历史领域,内在必然性的历史规律与人的能动性,人性科学和启蒙时代历史感的缺失。第三章,德国古典哲学——辩证的目的论因果关系。一是提出康德大自然的机会和目的论的历史观;二是探讨自然历史观和人道;三是探讨费希特的先验目的论历史观,四是对黑格尔的理性目的论历史观与理性的狡计进行说明。第四章,两种因果观在现代西方哲学中的命运。探讨现代西方哲学对两种因果观的态度,现代西方哲学中普遍否定历史规律的倾向以及作为历史认识前提而存在的历史规律。第五章,马克思的历史概念。提出合理理解马克思哲学历史观的理论来源,从历史"异化论"到历史唯物主义,马克思历史观视野中的"历史"概念以及马克思历史观中的理论和实在。第六章,复合因果观——马克思历史观的再理解。探讨马克思哲学视野中的目的概念,历史规律的存在方式与性质以及人的目的和历史规律的关系。最后为论文结论。

关键词:历史观　历史哲学　马克思主义

**0104**

**教育生活之危机与救赎:通过新教育走向新生活** / 许新海著 ; 朱永新指导. -- 苏州大学, 2009. -- 261 页

论文探讨教育生活之危机与救赎,提出通过新教育走向新生活。全文共分为十章。第一章,教育生活现状之危机与批判。首先对教育生活危机概念界定,在此基础上,提出危机重重的教育生活内容,提出对教育生活危机的剖析与批判。第二章,教育生活的哲学诠释。首先提出对教育生活的释义,分写教育生活的发展性、活动性、建构性、主体性、意义性等特性;探讨教育生活的本质,提出教育生活即生性的激活,教育生活即生存的方式,教育生活即生命的呵护,教育生活即生长的过程,教育生活即生涯的持续。第三章,教育生活观念之发展。介绍人类教育生活的变迁,教育生活中要观念之批评,欧洲新教育活动的思想遗产。第四章,马克思主义人性发展观的出场语境。探讨人的自我发展的一般规定,人的自我发展的

历史考察,生活世界与人的发展之交互关系,教育与人的生活世界。第五章,中国新教育实验:教育生活理论的重建。首先提出对"新教育"的历史追寻及现实发展,接着探讨"新教育"的基本理念及其行动哲学,最后提出"新教育"对教育生活的解放与救赎。第六章,教育生活救赎的意义。探讨救赎及其必要性,幸福完整的教育生活内涵与目标。第七章,教师生活解放。内容包括突破短板的障碍,找回在家的感觉,自我的课程的双向建构以及编制共同生活四个方面解读。第八章和第九章为学生生活重构的讨论,提出重建以学生发展为本位的课程,道德生活的新视野,阅读生活的新生态,智能生活的新维度以及教育生活的综合化和个性化。第十章,制度生活变革。介绍学校教育制度的历史变革,重建新学校制度的价值取向及其策略,学校制度救赎的文化意蕴以及新学校制度文化语境下的教育生活。最后为论文结语。

关键词:教育理论　教育哲学

**0105**

**分工的起源、发展及其历史作用:试论马克思的分工理论** / 薛秀军著 ; 叶汝贤指导. -- 中山大学, 2009. -- 155 页

论文分析马克思的分工理论,结合马克思和恩格斯以唯物主义历史性的视野审视分工的论点,探讨分工的起源、发展及其历史作用,并以此探索人类历史发展的一般规律和资本主义发展的特殊规律,探讨分工在人类社会共同体发展演变中追求自由、走向解放的现实道路,从而构建和确立马克思分工理论的独特逻辑。全文共分为五章。第一章,分工研究的不同视域。介绍内容包括古代分工思想的研究视域,近代以来分工研究的不同领域,马克思分工理论的独特视域。第二章,分工与人类历史发展规律的科学考察。包括分工与人类历史的形成发展,分工的历史作用及其影响机制,分工与唯物史观理论体系的形成。对分工的系统性研究始于近代,人们从哲学、经济学、管理学、社会学、文化学等不同研究视域对分工进行把握,从而形成分工研究的不同理路。第三章,分工与资本主义特殊运动规律的透析。介绍分工与资本主义的形成发展,资本主义分工的演化及其历史作用,分工与资本主义剥削秘密的揭示。第四章,分工与个人解放。探讨分工与个人的形成发展以及分工与个人解放的现实道路。第五章,马克思分工理论的历史和现实价值。探讨当代分工发展的新趋势以及马克思的分工理论与当代中国社会的发展。最后为论文结语。

关键词:马克思　社会分工　历史唯物主义

**0106**

**人的发展价值略探** / 杨昌尧著 ; 郝立新指导. -- 中国人民大学, 2009. -- 118 页

论文对人的发展价值研究主体采取界定、意义、目标、现状、实现的行文逻辑展开讨论。全文共分为五章。前言部分介绍选题的现实与理论意义,课题相关的研究概况以及论文可能的创新之处与研究方法。第一章,人的发展价值的界定。对人的发展价值的哲学涵义以及价值的哲学涵义做出说明,对人的本体展开分析,包括人的社会本质,人的特点以及人的地位,并对人的发展内涵做出说明。第二章,人的发展的重要意义。提出人的发展是目的与手段的统一,探讨人的发展的二重性,人的发展的目的性价值与目的论以及人的发展的工具性价值与人的工具化;探讨人的发展对个体与社会的重要价值;提出应重视人的发展,是现代发展观的要求。第三章,人的发展的主要价值向度。首先探讨人的自由发展,提出自由的意义,自由发展的辩证性,自由发展与自由时间;介绍人的全面发展,包括分工与人的全面发展,人的全面发展内容;探讨人的充分发展,包括人的充分发展的重要地位,人的充分发展要求以及人的充分发展的相对性。第四章,我国人的发展现状。基于对我国当前人的发展的阶段定位,探讨人的发展的代价,并对我国当前人的发展的价值的认识与实践提出评价。第五章,我国当前人的发展价值的实现。提出人的发展价值实现最大化的途径,人的发展的价值选择以及人的和谐发展。最后为论文结语。

关键词:人　发展　价值　教育

**0107**

**社会资本研究:基于社会哲学层次的一种解读** / 杨东柱著 ; 贾高建指导. -- 中共中央党校, 2009. -- 144 页

论文基于社会哲学层次对社会资本展开研究与解读。全文共分为六章。导论部分介绍论文研究社会资本的意义,理论界有关社会资本研究的进展,论文研究的基本定位、主要内容与论文的研究方法。第一章,社会资本的界定。介绍资本范畴的发展及社会资本概念的形成,包括资本范畴的历史演进与社会资本概念的产生;对不同社会科学对社会资本概念进行界定,并提出社会资本的评析;探讨社会哲学层

次下的社会资本,包括社会资本概念的语义解析以及对其的定义。第二章,社会资本的基本属性、特征与分类。提出社会资本的基本属性,包括主体性与客体性的统一,绝对性与相对性的统一,稳定性与变动性的统一;对社会资本的特征做出说明,提出对社会资本的结构分析与分类。第三章,社会资本的功能。提出社会资本的积极功能,社会资本的消极功能,并在研究基础上探讨社会资本积极功能的实现与消极功能的预防。第四章,社会资本的生成、演变与运作。基于社会资本生成的依据,提出社会资本演变的过程与社会资本演变的规律,并探讨社会资本的运作,包括社会资本的投资,社会资本的维持以及社会资本的弱化和消失。第五章,社会资本的评价。提出对社会资本评价的定位与原则,社会资本评价的尺度及方式。第六章,转型期中国社会资本的现状与构建。结合担待中国双转型期的现状,提出转型期中国社会资本的特点以及构建方式。最后为论文结论。

关键词:社会哲学　社会关系　社会资本

**0108**

**实践时空观** / 杨沐著 ; 孙正聿指导. -- 吉林大学, 2009. -- 103 页

论文的研究对象为实践时空观,探讨时空的历史演进,时空生活实践基础以及时空的实践构建。全文共分为三章。第一章,时空的历史演进,历史的时空可以区分为自然时空和抽象时空,绝对时空与先验时空,相对论时空观与生命哲学时空观。第二章,时空的生活实践基础。首先提出时空思维:从主客二分到实践,对时空的生活世界溯源,探讨客观时空的实践生成,包括实践发展的要求,时空技术的进步以及社会的“规训”,时空的进一步演进便是从主客二分模式中解脱出来,克服时空的两极化和外在化的缺陷,走向实践、走向生活,这种克服同时也是一种回归。第三章,时空的实践构建。对时空的新内涵提出界定,探讨时空的实践本质,包括时空的属人性,时空的立体性以及时空的演化性。从现象学的时空溯源和发生学的时空溯源来看,原初的时空便是人的实践活动,而在实际生活中占统治地位的外在化的客观时空,也是由实践建构的,这种建构过程设计到实践发展的要求、时空技术的进步和社会的规训,在此基础上,进一步把时间界定为实践的隐匿性或否定性,把空间界定为实践的显现性或肯定性,完成对时空的新内涵界定。最后把时空的本性区分为属人性、立体性和演化性,从而具体地表明实践时空观是一种属人性的时空观、立体性的时空观和具有演化性的时空观。最后为论文结语。

关键词:时空观　实践论　人性

**0109**

**马克思的自然观及当代价值** / 杨卫军著 ; 张廷国指导. -- 华中科技大学, 2009. -- 177 页

论文以“自然”的概念入手,采取从历史研究到现代研究的研究方式,考察马克思之前西方自然观的历史流变、马克思自然观实现的哲学范式的变革,马克思的自然观的思想进路,马克思的自然观在西方的影响以及马克思自然观对解决生态问题的多方面意义与启示,并提出现今社会马克思自然观对我国生态问题的影响与意义。全文共分为六章。导言部分介绍论文研究问题的提出,研究的方法与研究意义。第二章,西方自然观的历史流变。介绍古希腊有机和谐的自然观,中世纪神学自然观以及近代的机械自然观。第三章,马克思自然观实现的哲学范式的变革。探讨马克思自然观的理论渊源,马克思自然观的历史发展以及马克思自然观与旧自然观的根本异质性分析。第四章,马克思自然观的基本思想。探讨自然概念的多重界说,提出对象性关系中的人与自然,自然与历史的辩证法讨论等。第五章,从马克思的自然观到西方马克思自然观。分别讨论了早期西方的马克思自然观,法兰克福学派自然观与科学技术观以及生态学马克思危机理论。第六章,马克思自然观的当代价值。探讨马克思自然观与全球生态问题,马克思的自然观与环境伦理学以及马克思的自然观与我国的生态问题,提出马克思自然观对现今发展的主要启示和意义。最后提出论文的结语。

关键词:马克思　自然哲学　哲学思想　思想评论

**0110**

**心灵哲学的脑科学维度:埃德尔曼的心灵哲学及其意义** / 杨足仪著 ; 高新民指导. -- 华中师范大学, 2009. -- 184 页

论文的研究对象为心灵哲学的脑科学维度,并探讨埃德尔曼的心灵哲学及其意义。全文共分为八章。第一章,心灵研究的历史及其当代走向。提出心灵观念的源考,西方心灵哲学的历史演进以及西方心灵哲学的当代走向。第二章,脑科学的心灵探索。探讨脑

科学心灵探索的历史起源与演变，当代脑科学心灵探索的基本理论形态以及当代脑科学研究的基本技术方法。第三章，埃德尔曼心灵哲学的方法论平台。提出对你心灵研究方法的回顾与反思，他那套克里克意识研究的方法论论略，埃德尔曼意识研究的方法论平台。第四章，人脑新图像。介绍大脑的演化，大脑丛林图以及大脑神经解剖结构与动力学特征。第五章，意识论。对意识概念辨析，提出意识的特点，意识的神经分布活动以及意识的机制特征。第六章，主观特性。提出主观特性的概念与辩证，主观特性的论证与反驳，并思考埃德尔曼的主观特征解难。第七章，记忆。介绍记忆的分类，记忆的过程与机理以及非表达性记忆的内涵。第八章，埃德尔曼心灵哲学对发展马克思主义意识论的意义。探讨马克思主义意识论面临的挑战，提出埃德尔曼心灵哲学对发展马克思主义意识论的意义举要，并分析马克思主义意识论若干重要问题的解读与思考。最后为论文结束语，提出意识问题的研究需要跨学科意识。

关键词：心灵学　脑科学　马克思主义哲学　意识论

**0111**

**唯物主义在现当代的发展研究** / 殷筱著 ; 高新民指导. -- 华中师范大学, 2009. -- 140 页

论文对现代哲学当中的唯物主义做出讨论，分析唯物主义在现当代的发展。全文共分为八章。第一章，马克思主义意识论与现当代唯物主义的发展。探讨马克思主义意识论的主要内容与面临的问题，丰富和发展马克思主义意识论的可能的途径，并分析唯物主义在现当代的发展与研究现状。第二章，哲学行为主义。对行为主义的缘起与种类，赖尔的行为主义，维特根斯坦的行为主义以及哲学行为主义的缘起、总类、内涵与特征作出介绍。第三章，同一论。介绍同一论的起源与演变，包括从朴素同一论到属性同一论，从机械同一论到心脑同一论；探讨语言同一论，包括费格尔的指称同一论与奎因的指称—意义同一论；探讨实体同一论，包括类型同一论与个例同一论；提出同一论的理论困境，包括意义性的难题，感受性的缺失以及可多样实现性难题。第四章，取消主义。介绍取消主义的缘起与演变，民间心理学，取消主义的主要内容，对取消主义的责难。第五章，功能主义。对功能主义的概念辨析与研究缘起，功能主义的基本主张，功能主义的种类以及对功能主义的责难与辩护做出说明。第六章，随附论。探讨随附性理论的起源与演化，随附性诸概念的逻辑关系，心身随附的反常一元论以及随附性与还原、非还原唯物主义。第七章，探讨唯物主义在现当代发展的主要成果、特点与问题，并做出总结评价。第八章，发展马克思主义意识论的两点启示。提出彻底驱除意识研究中的二元论幽灵，从意识的本体论地位重新审视哲学的基本问题。

关键词：马克思主义　意识形态　唯物主义

**0112**

**空间、资本与历史地理唯物主义：大卫·哈维空间批判理论文本学解读** / 尤作欣著 ; 张异宾指导. -- 南京大学, 2009. -- 198 页

论文依据哈维的英文文本及其思想发展变化，以哈维如何把空间整合到马克思的《资本论》为视角展开讨论。全文共分为五章。开篇导言部分介绍大卫·哈维，研究哈维的意义，国内外视域中的哈维以及论文采用的文本状况、研究方法和文本创新等。第一章，不同的社会空间问题式：从晚年列斐伏尔到索亚。介绍列斐伏尔与《空间的生产》以及索亚的社会空间问题式。第二章，空间、马克思主义与城市化。提出社会过程决定空间形式，探讨空间的概念，并对绝对空间、相对空间以及关系空间作出辨析；探讨马克思主义：一种革命的理论与方法；探讨城市化的一般理论，介绍城市化与生产方式，提出城市化的本质是社会剩余的空间循环，对哈维与列斐伏尔关于城市化的不同见解做出说明。第三章，资本与空间："重构马克思理论"。一是资本积累与空间介绍，包括《资本论》，"用时间消灭空间"与空间矛盾，马克思与帝国主义理论间的探讨；二是资本积累与城市空间，包括马克思理论，人造环境及其矛盾以及资本积累的三级循环与危机。三是"空间修复：黑格尔、冯·杜能与马克思"相关理论的介绍。第四章，资本积累的时空逻辑建构。对生产力与生产关系之间的矛盾展开再理解，探讨资本积累的时间动力：从固定资本到金融资本，资本积累的空间动力：从空间构形的生产到空间修复。第五章，历史地理唯物主义：一种关系时空辩证法。一是探讨历史唯物主义的危机，对资本积累的时空逻辑分析；二是辩证法原理，探讨辩证法原理的内容，过程辩证法，辩证法的应用以及内在关系辩证法；探讨通向一种历史地理唯物主义理论，包括时空的社会构建性，货币的时空性，通向一种关系时空辩证法。最后为论文结束语。

关键词:马克思主义　空间　城市化　历史唯物主义　地理学

0113

**唯物史观视野下的后现代主义个案研究** / 余乃忠著 ; 段忠桥指导. -- 中国人民大学, 2009. -- 109 页

论文研究对象为唯物史观视野下的后现代主义个案。全文共分为四章。导论部分介绍论文的选题意义,国内外研究现状以及论文创新之处。第一章,元叙事的终结:利奥塔反规律性的自困。介绍利奥塔后现代知识论的悖谬,包括知识对于国家的重要与失效,纷争理论的同一,消解批判理论的再批判以及终结宏大叙事的宏大叙事;后探讨"原初的遗忘",为"只可意会"的事物创造出可以想象的暗示以及重写时代性的圈套。第二章,象征交换与死亡:鲍德里亚"共产主义相同逻辑"的虚构。内容接撒后拟像:一是黑格尔式形而上学的复活,包括编码:一种生存论上的魔咒,符号经济学:一种原罪情绪的解脱,诱惑:一种反本质主义的陷进,死亡:一种呼应同谋的赞歌,拟像:一种黑格尔式的反叛;二是死亡的谱系学的虚构性策略,包括死亡引渡学的诞生,象征交换的出场,二分法的重提以及政治经济学的终结;三是死亡谱系学的形而上学再延伸,包括生物学死亡,死亡冲动,死亡的计划,死刑以及绝对的时间紧缺;四是符号革命:鲍德里亚权力结构的死码,包括"差异进攻"的虚张,"部落责任"的伪装,"处死能指"的臆狂,"威胁原则"的诡计。第三章,延异与马克思的幽灵:德里达相对主义文本解释学的歧路。首先探讨延异:一种差异化动作的非概念化造作,认为延异既非一个词,也非一个概念,不遵守哲学的逻辑话语线索,是瞬间的持存,既不是本质,也没有本质,是一种系统游戏和一种再创造,是间距化或岩宕化的后果;接着探讨延异后的政治学话语。第四章,知识考古与权利谱系:福柯政治决定论的迷思。对知识考古学的叛道与走向政权系统的末梢的权利推演之反展开讨论。最后为论文结语,后现代主义"否定的迂回"。

关键词:后现代主义　历史唯物主义　形而上学　共产主义

0114

**和谐哲学** / 禹国峰著 ; 毛卫平指导. -- 中共中央党校, 2009. -- 194 页

论文探讨和谐哲学,对当代中国马克思主义哲学形态从两个方面展开研究。全文共分为七章。第一章,哲学形态的基本规定及其演变理据。介绍哲学形态的概念,哲学形态的构成要素和本质特征;提出哲学形态的变革理据,包括哲学形态变革的基本理据,哲学形态变革的根本理据以及主要原则与时代精神的一致性。第二章,和谐哲学的创生。一是提出和平与发展:时代主题与精神的历史演变;二是探讨和谐主导原则,即和谐哲学的生成;三是对和谐哲学的基本规定及其与斗争哲学的关系做出探讨。第三章,马克思主义哲学的主要演变形态:和谐哲学的反思场域。首先探讨马克思主义哲学的创生及其初步衍生形态,接着分析当代中国马克思主义哲学形态的演进及其特点;最后对当代中国马克思主义哲学的形态展开探讨,提出其辩略与局限。第四章,中国传统和的哲学:和谐哲学的民族根基。首先提出传统和的哲学的总体特征,并探讨传统和的哲学的方法论误区;在此基础上,探讨和谐哲学对传统和的哲学的扬弃。第五章,西方哲学的和谐思想:和谐哲学的重要思想资源。对西方哲学和谐思想的流变做出说明,探讨和谐哲学对西方哲学社会和谐思想的甄别。第六章,和谐辩证法:和谐哲学对唯物辩证法的反思与丰富。首先提出和谐辩证法的前提——革命辩证法,并对和谐辩证法的创生与基本内容做出讨论,探讨和谐辩证法的思维与方法论。第七章,和谐哲学:唯物史观的当代解释。介绍和谐哲学的自然观,和谐哲学对中国特色社会主义的影响以及和谐哲学在当代世界视野中的合法地位。最后提出论文结论。

关键词:马克思主义哲学　和谐　哲学理论

0115

**发展风险的哲学审视** / 袁初明著 ; 庞元正指导. -- 中共中央党校, 2009. -- 160 页

论文以风险概念和发展概念为理论出发点,在对两者进行概念界定的基础上提出发展风险概念。全文共分为六章。导论部分介绍问题的提出与意义,相关问题的研究现状以及论文的研究思路与理论架构。第一章,风险与发展的概念分析。首先对风险的概念界定,探讨词源学的考察,具体学科中的风险概念,风险与不确定性的关系辨析,作为哲学范畴的风险概念;提出发展概念的辨析;最后对发展风险的定义与特征做出说明,提出发展风险理论与我国现代化建设。第二章,发展风险类型及辩证考察。对风险分类概述,并提出发展风险的类型,提出对发展风险的辩

证考察。第三章,发展风险成因探究。分别对发展理念与风险,发展动力与风险,发展方式与风险以及时空压缩与风险做出探讨说明。第四章,发展风险与危机。首先提出对危机的概念界定,包括危机的定义、危机的特点、危机与风险以及危机与危害;提出发展风险可能引发的危机——能源危机、社会危机、金融危机、生态危机以及文化危机;对风险转换为危机的原因做出分析。第五章,发展风险与发展机遇。探讨机遇的内涵,风险转变为机遇的可能性,风险转变为机遇的方法论研究。第六章,正确应对发展风险。提出应树立风险意识,研究风险规律,提高驾驭风险的能力。最后提出论文的结束语。

关键词:马克思主义哲学　发展　风险分析

**0116**

**当代社群主义自我观研究** / 袁洪英著 ; 张奎良指导. -- 黑龙江大学, 2009. -- 216 页

论文围绕社群主义对自我的界定,社群主义者对自我观的不同理解进行阐述,对社群主义自我观形成超越性的认识即共享式自我观的价值定位,并对其进行多维解读,对社群主义自我观的理论价值与时间价值进行检视。全文共分为五章。第一章,自我观的历史回溯。介绍自我的萌芽,自我的上帝缔约;分析主体自我,理性自我和自我作为实体与主体的统一;讨论经验自我观,包括雅斯贝尔斯的自我澄明和萨特的人道主义视野。第二章,自由主义自我观的困境。对自由主义的理论预设——独立理性自我,自由主义自我观的典型表现形态以及自由主义自我观的多重困境做出说明。第三章,社群主义自我观的出场。首先介绍社群主义的理论内涵及其流变;接着探讨社群主义自我观的理论资源,包括作为城邦至善生活中的自我,作为政治显现的自我,作为生存状态的自我以及作为现实关系总和的自我;探讨社群主义者自我观的评价,包括叙事性自我,构成性自我,关联性自我,对话式自我以及惯性自我。第四章,社群主义自我观的阐释性内涵。介绍自我的特定场域,自我与构成以及自我与语言。第四章,对社群主义自我观的深层解读。探讨社群主义自我观内部的理论结构,包括社群主义自我观的逻辑前提,连接个体与社群的纽带,社群自我的德性修炼,自我的物质依托和意义框架,自我的价值寄托;提出社群主义自我观的重新定位——共享式自我,包括共享式自我的理论定位,共享式自我的基本思想意蕴以及对共享式自我的多维理解。第五章,马克思主义哲学视域下社群主义自我观的价值审视。介绍社群主义自我观的理论价值,社群主义自我观的现实观照以及社群主义自我观的价值缺憾。最后为论文结语。

关键词:政治哲学　自由主义　自我　西方国家

**0117**

**马克思实践哲学的科学范式:政治经济学批判** / 袁凌新著 ; 陈新夏指导. -- 首都师范大学, 2009. -- 159 页

论文的研究对象为马克思实践哲学的科学范式,探讨其对政治经济学的批判。全文共分为五章。导论部分介绍论文的选题缘起,研究综述及问题,论文的研究方法、主要内容及创新观点。第一章,西方传统哲学范式。首先介绍德性伦理的实践哲学,包括古希腊实践哲学的价值目标,亚里士多德德性伦理实践哲学内涵;介绍功利伦理的实践哲学,包括功利主义的前导,功利伦理实践观的展开以及功利伦理与政治经济学的实践结合;探讨德性与功利的形而上学改造,包括康德实践哲学以及黑格尔的实践哲学。第二章,马克思实践哲学的逻辑起点——马克思政治经济学批判的出发点。通过对实践即科学批判,初步的政治、经济批判的提出,讨论马克思实践观的演变,探讨马克思的生产劳动实践观内容。第三章,马克思实践哲学的初步绽现——马克思政治经济学批判转向。一是异化劳动观,包括简单商品生产中的异化和雇佣劳动与资本的异化;二是唯物史观的创立与异化理论的扬弃,包括从异化劳动观到唯物史观的过渡,唯物史观的形成及其指导意义,唯物史观对道德问题的批判以及唯物史观对功利问题的批判。第四章,马克思实践哲学的科学展开——马克思政治经济学批判的成熟形态。探讨资本消极的功利性,资本积极的功利性以及人的发展与社会形态的关系。第五章,当代中国政治经济学的实践哲学范式。提出马克思实践哲学范式的启示以及当代中国的政治经济学批判。

关键词:马克思　实践论　政治经济学

**0118**

**马克思感性世界理论及其当代意义** / 翟俊刚著 ; 丰子义指导. -- 北京大学, 2009. -- 135 页

论文的研究对象为马克思感性世界理论以及其当代意义。全文共分为五章。导言部分介绍论文问题的提出,研究的意义,研究的现状以及论文的思路与框架。第一章,超感性世界观的演进历程。一是探

讨问题方式的发生与转换,介绍从柏拉图到笛卡尔以及康德对感性的重构;二是分析黑格尔的绝对精神论,介绍绝对精神的现象学之旅,世界进程及其辩证逻辑;三是超感性世界观的总体特征与局限;四是对费尔巴哈的感性观及其批判意蕴的讨论,提出感性世界是真实、完整的存在,感性世界是人和自然的统一,直观观点的限度与深度。第二章,感性世界理论的生成逻辑。分别探讨思想启蒙的原初背景,寻求现实世界的真理,从劳动出发把握感性,确立科学的实践观点以及走进资本批判的语境。第三章,感性世界理论的核心观点。探讨一是时间观点的全面把握,提出实践观点的核心地位,实践的交往维度;感性世界的多面审视,包括感性世界的对象性、感性世界的现实性以及感性世界的自在自为性;探讨自然、人与社会关系的辩证理解。第四章,感性世界理论的哲学意义。探讨存在论的深刻变革,历史观的抽象性与科学性,认识论的感性基础以及价值观的现实维度。第五章,感性世界理论与现当代思潮。分别讨论生活世界的现象学视界,生活世界与交往范式,从日常生活批判到仿真世界论以及现代世界与后现代思维。最后为论文结语。

关键词:马克思主义哲学　世界观　实践

**0119**

**马克思社会关系理论的存在论境域及其现实意义** / 詹晶著 ; 陈学明指导. -- 复旦大学, 2009. -- 172 页

论文探讨马克思社会关系理论的存在论境域及其现实意义。全文共分为五章。第一章,以关系论为基础的社会关系。提出发现关系论视域的新坐标,阐发社会关系的时代价值,人在社会关系中的自我生成。第二章,马克思社会关系理论的生成基础。提出西方社会关系的思想踪迹,存在论境域中的社会关系理论;探讨社会有机体理论与社会关系,提出认识社会关系必须把握好三个统一,即历史活动五种生产的辩证统一,社会关系内部四种关系的辩证统一,社会生产力与社会关系的辩证统一。第三章,社会关系必须借助其形式表现出来。介绍社会关系的显现形态,社会关系的物化中介以及社会关系与语言的关系。第四章,马克思社会关系理论的内容旨要。提出利益关系是社会关系的出发点,生产关系是最重要的社会关系,阶级关系是社会关系的集中反映,并对社会关系的历史生成与变迁做出说明。第五章,当代社会关系建构的现实基础。结合当代社会关系建构的思考背景,探讨马克思社会关系理论的当代意义,提出马克思社会关系理论是对马克思哲学现代性的彰显,社会关系境域就是要改造世界,并对社会关系再生产的现实意义做出说明;探讨当代中国的社会关系,提出在改革开放中走向现代化的中国,发展中的力量均衡与科学发展以及构建和谐的当代中国关系。

关键词:马克思　社会关系　社会发展

**0120**

**马克思利益观研究** / 詹宇扬著 ; 章海山指导. -- 中山大学, 2009. -- 129 页

论文从马克思、恩格斯原著出发,论述马克思利益观的萌芽、形成与发展过程,提炼马克思关于利益的历史唯物主义认识。全文共分为五章。第一章,勾勒马克思主义利益观的形成历程,剖析利益范畴在马克思视野中的理解及其特点,认为利益是历史唯物主义的重要范畴,是人类进行历史活动的内在动力与追求,具有主观性与客观性,个体性与社会性,一般性与特殊性等特点。第二章,分析马克思关于人与自然的利益关系的内容,提出人是自然发展与维护的根本主体,人与自然之间的利益关系是对立统一、互为促进的辩证关系,马克思反对在自然之上的人类中心主义的利益至上。第三章,论述马克思关于人与人的利益关系的思想。认为资本主义时期,人与人之间的利益关系受制于血缘、家庭与国家,表现出由平等、模糊向分化的过渡;资本主义时期则形成在异化劳动基础上的利益对立与冲突,整个社会分类成资产阶级与无产阶级,其中资产阶级占据无产阶级的利益分配,必须打破资本主义的利益关系,实现利益关系的重构。第四章,论述马克思关于人与社会的利益关系。马克思一直反对人与社会之间的利益对立,反对两者都进行抽象的利益建构,阶级社会导致人与社会之间的利益分立,社会成为虚幻的集体,必须建立自由人的联合体,才能真正实现社会向真实的集体的生成,从而使人从偶然的个人生成为有个性的个人。第五章,马克思利益观在中国当代的发展与运用。论述从毛泽东、邓小平到江泽民、胡锦涛等中国共产党人,对于马克思利益观的推进与贡献,并提出论文主要结论。

关键词:马克思　利益　历史唯物主义

**0121**

**民主理论的批判与重建:哈贝马斯政治哲学思想研究** / 张翠著 ; 刘可风指导. -- 中南财经政法大学,

2009. -- 187 页

论文以哈贝马斯的民主理论为视角来考察其政治哲学思想,提出对民主理论的批判与重建。全文共分为六章。导论部分介绍选题背景、论文理论价值与现实意义、国内外研究综述以及论文研究思路与方法、主要内容以及创新与不足之处。第一章,哈贝马斯对民主理论的批判。介绍哈贝马斯论当代民主的实践危机,哈贝马斯对自由主义民主与共和主义民主理论的批判,哈贝马斯论民主困境的哲学根源。第二章,哈贝马斯重建民主理论的哲学基础与规范基础。从意识哲学转向语言哲学以及从主体性到主体间性探讨哲学范式的转换,从交往行为、交往理性以及交往理性的实现三个方面探讨交往理性的确立。第三章,审议民主理论:哈贝马斯重建民主理论的新模式。第一节,审议民主理论:哈贝马斯重建民主理论的新模式。内容包括哈贝马斯构建审议民主理论的前提:重构生活世界;哈贝马斯审议民主理论的基本机制;哈贝马斯审议民主理论的核心目标。第四章,后民族民主:哈贝马斯审议民主理论的世界拓展。介绍哈贝马斯论民族国家的命运与世界政治的图景,宪法爱国主义及其认同机制,宪法爱国主义对民族主义的超越,哈贝马斯的后民族民主的构想。第五章,哈贝马斯的审议民主模式与政治哲学思想的特质。介绍哈贝马斯审议民主模式的特点,哈贝马斯的审议民主对共和主义民主与自由主义民主的扬弃以及哈贝马斯政治哲学思想的特质。第六章,审议民主的效应与评析。介绍民主理论的审议转向,审议民主面临的挑战,并对哈贝马斯审议民主理论进行评析。最后为论文的结语。

关键词:哈贝马斯　政治哲学　民主　哲学思想

**0122**

**揭穿"意识内在性"之幻相:马克思对意识的存在性质的探讨** / 张红岭著 ; 王德峰指导. -- 复旦大学, 2009. -- 235 页

论文为对马克思对意识的存在性质的探讨,提出揭穿"意识内在性"的幻相。全文共分为六章。第一章,何谓形而上学的"意识内在性"的幻相。探讨近代形而上学中的"意识内在性"问题,胡塞尔与海德格尔对于"意识内在性"的批判。第二章,马克思对黑格尔哲学之"意识内在性"特征的批判。首先提出马克思对黑格尔哲学之"意识内在性"特征的解释,在此基础上,提出马克思对黑格尔哲学之"意识内在性"之中的所有思辨幻想内容的批判。第三章,马克思对费尔巴哈的直观唯物主义批判。提出费尔巴哈的几个"划时代的论点",指出马克思对费尔巴哈之拘于"意识内在性"哲学传统的揭示与批判。第四章,马克思克服"意识内在性"的哲学新原则。探讨马克思的"对象性活动"原则,马克思的"感性活动"原则以及马克思的"实践"原则。第五章,意识的感性本质。探讨"意识"在知性形而上学中的存在性质,"感性意识"概念的提出,"感性意识"的本质内涵,并探讨从语言的感性本质阐明"感性意识"的概念,提出"感性意识"的异化。第六章,马克思的"意识内在性"批判与历史唯物主义。探讨克服"思辨唯心主义"的历史观,提出历史唯物主义的历史解释原则,探讨马克思"历史科学"的目标与方法。最后为论文结语。

关键词:马克思　意识论　存在

**0123**

**马克思恩格斯生态哲学思想研究** / 张进蒙著 ; 陈志良指导. -- 中国人民大学, 2009. -- 187 页

论文以马克思主义实践观为理论基础,揭示马克思、恩格斯人与自然关系理论在哲学范式上的生态哲学转向。全文共分为四章。导论部分介绍论文选题的缘起与研究的意义,马克思、恩格斯生态哲学思想研究的现状述评以及论文的研究方法。第一章,马克思、恩格斯生态哲学思想在当代的出场路径。通过全球环境问题的哲学反思,提出对当代生态政治浪潮的缘起与勃发的讨论,并提出马克思、恩格斯生态哲学思想的当代彰显。第二章,马克思、恩格斯生态哲学思想的渊源与历史流变。首先介绍马克思、恩格斯生态哲学思想的理论渊源,包括古代有机论的自然观,近代机械论的自然观以及德国古典哲学的思辨自然观;二是提出马克思、恩格斯生态哲学思想发展的哲学前提,提出马克思、恩格斯生态哲学思想的实践论基础与伦理前提;探讨马克思、恩格斯生态哲学思想的形成与发展,包括马克思、恩格斯生态哲学思想的萌芽,马克思、恩格斯生态哲学思想的形成与马克思、恩格斯生态哲学思想的发展。第三章,马克思、恩格斯生态哲学思想的理论意涵。首先提出人与自然的辩证关系这一理论主题,并分析马克思、恩格斯生态哲学思想的运思理路,最后探讨马克思、恩格斯生态哲学思想的理论向度。第四章,当代西方生态哲学理论的观照与批判。基于人类中心主义环境伦理观的审视,提出自然中心主义环境伦理观的困境,并提出

生态学马克思主义的启示。最后为论文的结束语。

关键词:马克思　恩格斯　自然哲学　生态环境　哲学思想

**0124**

**N. 弗雷泽的社会正义理论研究** / 张静著 ; 崔新建指导. -- 北京师范大学, 2009. -- 110 页

论文的研究对象为 N. 弗雷泽的社会正义理论。全文共分为五章。导论部分介绍弗雷泽生平及著作,弗雷泽社会正义理论及研究现状,论文的研究视角与主要内容。第一章,时代困境与理论任务:弗雷泽社会正义理论建构的背景。介绍当代社会视野中的正义理论,弗雷泽社会正义理论构建的时代困境以及弗雷泽对当代社会正义问题的诊断。第二章,弗雷泽社会正义理论的内容诠释。一是说明弗雷泽社会正义理论的内涵是再分配、承认与代表权;二是提出弗雷泽社会正义理论的规范理想为参与平等,从作为一种普遍原则的参与平等以及三个维度的参与平等两个方面做出说明;三是对弗雷泽社会正义的主体做出说明,提出关于弗雷泽社会正义理论正义主体的争论以及弗雷泽对正义主体的反思。第三章,弗雷泽社会正义理论的建构逻辑。一是视角多元论,探讨弗雷泽社会正义的社会诊断与批判逻辑;二是制度化民主政治,探讨弗雷泽社会正义的实践政治逻辑。第四章,弗雷泽与社会批判理论的范式演进。从哈贝马斯、霍耐特到弗雷泽理论探讨展开,在此基础上,对弗雷泽与批判理论的政治伦理转向做出探讨。第五章,弗雷泽社会正义理论的影响与意义。提出弗雷泽社会正义理论创造了批判理论的新形态,恢复了马克思社会科学的宏大叙事传统,对经济自由主义和文化保守主义的反击,对西方新社会主义做出了战略贡献,最后提出弗雷泽社会正义理论与马克思主义正义理论的发展。

关键词:N. 弗雷泽　正义　政治哲学

**0125**

**伯恩施坦哲学思想研究** / 张茂林著 ; 安启念指导. -- 中国人民大学, 2009. -- 198 页

论文的研究对象为伯恩施坦的哲学思想。全文共分为六章。导言部分介绍论文选题的提出,选题的目的,选题的意义以及论文的理论框架。第一章,伯恩施坦和伯恩施坦主义。介绍伯恩施坦的生平与著作,对伯恩施坦主义的背景和内容做出说明。第二章,作为伯恩施坦主义基础的伯恩施坦哲学思想。介绍伯恩施坦的演化过程,分别对思想摸索时期,马克思主义时期和修正主义时期特点做出说明;提出伯恩施坦主义的主要观点;介绍伯恩施坦主义的理论框架,包括伯恩施坦主义的体系化与基础性。第三章,伯恩施坦哲学对马克思主义哲学的修正。首先提出修正论的本质与内涵;探讨伯恩施坦对马克思主义哲学的批判,包括对理论体系的批判,对世界观的批判,对方法论的批判以及对历史观的批判;探讨批判的实质及其影响。第四章,伯恩施坦哲学思想的批判研究。分别探讨德国社会民主党内的批判,苏联马克思主义者的批判,中国学者的批判,并对批判研究的内容、特点与意义做出总结。第五章,伯恩施坦哲学思想的比较研究。首先提出伯恩施坦哲学思想的比较研究内涵与作用;提出伯恩施坦哲学思想与列宁哲学思想的比较,伯恩施坦哲学思想与卢卡奇哲学思想的比较,并探讨比较视域中的伯恩施坦哲学。第六章,伯恩施坦哲学思想的总体评析。介绍伯恩施坦哲学思想产生的必然性,伯恩施坦哲学思想的理论误区以及伯恩施坦哲学思想的历史价值与经验启示。

关键词:伯恩斯坦(Eduard Bernstein)　哲学思想　修正主义　伯恩斯坦主义

**0126**

**理性、社会实践与意识形态批判** / 张梅著 ; 魏小萍指导. -- 中国社会科学院, 2009. -- 97 页

论文为理性、社会实践与意识形态的批判。全文共分为八章。导论部分介绍论文的问题提出,研究现状以及论文的基本框架。第一章,启蒙理性与意识形态概念的降生。介绍意识形态概念的缘起——假相说与偏见论,意识形态概念的降生为启蒙理性与观念科学。第二章,资本主义基本矛盾与意识形态概念的否定性使用。一是提出马克思意识形态概念诞生的实践背景;二是提出马克思论述意识的逻辑主线;三是提出对马克思意识形态理论歧义的说明。第三章,批判传统道德和理性与肯定人的感性肉体生命。探讨基督教道德和传统哲学理性范畴的意识形态色彩,对人的感性肉体生命的肯定。第四章,科技、文化的意识形态化与工具理性批判。分别提出理性的工具化与启蒙的自我否定,科技的意识形态化与工具理性批判以及否定的意识形态观与大众文化批判。第五章,知识——权力的联结与对理性主体的拒斥。探讨自主话语的幻想与反主体的考古学,权力的谱系分析与自我伦理学。第六章,起源迷失、语言对传统主体

哲学的结构。分别介绍理性与胡塞尔《几何学的起源》以及语言的出场、延义与对传统主体哲学的结构。第七章,交往理性与重建现代性。分别提出现代性的理想范式,对现代性问题哲学基础的反思,交往理性、社会合理化与重建现代性。第八章,无意识的误认、资本主义内在矛盾与犬儒意识形态。对拉康主体理论的核心,商品形式的秘密、拜物教与意识形态以及资本主义内在不可克服的矛盾、短缺与犬儒意识形态做出探讨。最后为论文结语。

关键词:意识形态　社会实践　理性

**0127**

**马克思阶级理论的当代研究** / 张荣艳著 ; 高文新指导. -- 吉林大学, 2009. -- 148 页

论文的研究对象为马克思阶级理论,结合马克思阶级理论的内涵,探讨马克思阶级理论对分析和把握当代资本主义社会的阶级结构和政治秩序以及实现人的自由和解放的意义。全文共分为四章。第一章,马克思阶级理论的基本内容和实质。介绍马克思阶级理论的古代社会的阶级与近代社会的阶级来源;提出马克思阶级理论的形成,包括以经济秩序为基础、以阶级意识为条件两个方面;介绍马克思论阶级斗争,探讨阶级斗争存在的前提条件,阶级斗争的实质,阶级斗争的主要形式以及阶级斗争的作用;介绍马克思论阶级解放,包括阶级解放的目标、阶级解放的主体、阶级解放的条件以及阶级解放的途径。第二章,马克思阶级理论的影响及作用。首先介绍列宁的阶级理论与俄国十月革命的胜利;介绍毛泽东的阶级理论与中国新民主主义革命的胜利;介绍"全球化"过程中马克思阶级理论的凸显。第三章,当代西方学者对马克思阶级理论的挑战。一是阶级主体的转变,包括经理和专业人员成为主体,非劳动者的非阶级成为主体,知识分子成为主体;二是阶级结构的多极化,包括以职业和地位划分的阶级结构,以文化和经济资本划分的阶级结构以及以经济、社会和政治并重划分的阶级结构;三是阶级斗争的让位,阶级斗争让位于政治竞争和工业谈判,阶级斗争让位于文化冲突,阶级斗争让位于集团、种族和性别间的矛盾和冲突;四是阶级功能的弱化,提出阶级解释功能的弱化,阶级预测功能的弱化;五是阶级分析的终结,包括对个体化取代阶级分析和对身份分析取代阶级的分析。第四章,马克思阶级理论对西方学者挑战的回应。对阶级主体转变回应,提出无产阶级仍然是革命的主体;对阶级结构多极化回应,提出阶级结构仍然具有两极化趋势;对阶级斗争让位回应,提出阶级斗争仍在震撼着现代资本主义世界;对阶级功能弱化回应,提出阶级理论依然是理解当代社会的思想武器;对阶级分析终结回应,分析马克思阶级理论的当代生命力。最后为论文结语。

关键词:马克思　阶级　资产阶级　无产阶级

**0128**

**中国后发现代性的当代阐释:对科学发展观的一种哲学解读** / 张时佳著 ; 安启念指导. -- 中国人民大学, 2009. -- 130 页

论文为中国后发现代性的当代阐释。全文共分为五章。第一章,后发现代性的当代意蕴。一是介绍西方后发展研究的时代凸显,包括对半个多世纪以来的世界后发现代化实践以及西方后发展研究的时代特征的讨论;二是对后发现代性的当代中国呈现做出说明,包括中国的后发现代化历程以及后发现代性在当代中国的呈现。第二章,经典现代性及其超越。首先介绍现代性及其危机,包括对现代性内涵与现代性危机的阐释;提出马克思的现代性批判,分别对马克思现代性批判的基本内容视域,马克思现代性批判的内在逻辑,马克思现代性批判的基本特点以及马克思现代性批判的当代意义做出说明;探讨当代西方后现代主义和二次现代性的现代性批判。第三章,后发现代化的理论基础。一是马克思的东方社会发展理论,对东方社会的发展背景,东方社会非资本主义发展道路的理论,东方社会非资本主义发展理论的现实意义做出说明;提出国外现代化的理论,包括依附理论与世界体系理论;探讨邓小平的中国现代化理论,邓小平的中国现代化理论主要内涵以及邓小平的中国现代化理论的世界历史意义。第四章,当代中国后发现代性的基本内涵。提出当代中国后发现代性的内在规定性以及当代中国后发现代性的基本特征。第五章,当代中国后发现代性观照下的科学发展观。提出科学发展观的目标定位,科学发展观的路径选择以及科学发展观的方法取向。最后为论文结语。

关键词:现代化　社会主义建设　科学发展观

**0129**

**寻求自由:马克思早期自由观研究** / 张伟著 ; 段忠桥指导. -- 中国人民大学, 2009. -- 137 页

论文以马克思的早期文本为依据,通过分析不同

文本之间的理论关联,论述马克思早期自由观的发展历程及其主要观点,从而呈现马克思早期自由观发展的内在逻辑线索。全文共分为四章。导论部分介绍论文研究背景,研究现状以及研究构式。第一章,马克思早期自由观的初始视阈:意识自由。介绍马克思早期自由观形成的历史背景,包括社会背景和学术背景;对博士论文时期的自由思想探析,包括自由观的方法论,自由观的基本内涵以及自由的实现途径。第二章,马克思早期自由观的理论发展:政治自由。一是莱茵报时期的政治自由思想研究,包括自由的转换,法和国家是维护林木占有者物质利益的工具以及国家和法的理性原则与私人利益的对立;二是《黑格尔法哲学批判》的政治自由理论要义,包括转变方法论,转变国家观,形式的政治自由取代实质的政治自由以及政治自由的实现途径。第三章,马克思早期自由观的理论延伸:经济自由。探讨《德法年鉴》从政治自由转向经济自由,《1844 年经济学哲学手稿》的经济自由理论分析,《神圣家族》的经济自由思想解析。第四章,马克思早期自由观的理论皈依:历史中的自由。对《德意志意识形态》中的自由观展开分析,探讨唯物史观前提是现实的个人,唯物史观是理解自由的方法论,自由在生存方式变迁中嬗变,自由具有历史性与阶级性,自由在自由人联合体中的实现;分析《德意志意识形态》对错误自由观的批判,包括对德国资产阶级自由观的批判,对费尔巴哈人道主义自由观的批判以及对施蒂纳利己主义自由观的批判。最后为论文结语。

关键词:马克思　自由　政治　经济自由论　历史唯物主义

**0130**

**论历史认识的真实性** / 张云飞著 ; 杨耕指导. -- 北京师范大学, 2009. -- 200 页

论文议论对象为历史的真实性。全文共分为五章。第一章,历史认识真实性问题的理论定位。提出历史认识真实性概念的内在澄明,包括真实性概念的词源学考察,在历史本体层面上的真实性,在历史认识层面上的真实性;提出历史认识真实性概念与周遍概念的比较;探讨历史认识真实性问题的症候。第二章,历史解释及其中存在的真实与虚构的冲突。提出历史解释的涵义与目标,探讨历史解释性质的科学与艺术之争,探讨哲学和历史进行历史解释的差异与互补。第三章,历史事实及其真实性分析。一是解释历史事实的含义,包括对历史事实概念界定的两个极端的说明,对历史事实进行界定的现实途径;二是对历史事实的形成过程分析,探讨历史事件的发生,历史事实及其在文本中的第一次呈现以及历史事实在历史研究中的缺席在场;提出历史事实真实性的有效证明。第四章,历史文本及其在理解真实性中的作用。探讨历史文本的内容与形式及其辩证关系;对作者、文本与读者之间的联系做出说明,提出作者是文本的创造者,读者是文本的理解者,并对历史文本做出社会定位;探讨历史文本在解释中的生态链。第五章,历史研究方法及其与真实性的关系。探讨历史研究方法的重要性,包括对方法及历史研究方法的概念与地位作用的讨论;提出对各种历史研究方法的理论考察与思考。最后为论文结语。

关键词:历史哲学　真实性

**0131**

**政党政治与政治现代性** / 赵宬斐著 ; 任平指导. -- 苏州大学, 2009. -- 258 页

论文以现代性演进的角度为切入点,探讨政党政治与政治的现代性。全文共分为七章。导论部分提出现代性的多重维度及其主题流变,政党现代性拓展的起因与路径,并提出对政党现代性视域中的三种向度分析。第一章,现代性的演进及发展向度。从现代性的演进出发,对政治现代性的展开,以及政治现代性由经典现代性的建构到后现代性的生成的多重维度展开探讨。第二章,政党的生成及现代性功能。探讨政党的发展演变以及政党的现代性制度功能。第三章,政党的现代性内涵。分别对政党的合法性,政党的民主性,政党的法治性以及政党的参与性做出说明讨论。第四章,政党现代性嬗变的多重维度。一是探讨经典现代性政党的发展向度,二是反思现代性视域中的政党,三是探讨政党的转型与后现代政党的指涉。第五章,社会转型视域中政党现代性的困惑与调整。结合对政党现代性困惑的理解,提出对政党现代性的调整:欧洲左翼政党的现代性调整以及绿党的新走向与生态政治的突进,提出转型过程中政党现代性的维度之调整。第六章,中国政党现代性的生成与构建。提出模仿的现代性与中国政党的现代性试错,自觉的现代性与本土化政党的建构。第七章,中国政党新现代性发展的几重向度。提出自觉把握政党与国家和社会的关系,以党内民主推动人民民主的开展,中国政党的公共建构与提升,科学执政、依法执政与

民主执政。最后为论文结语。

关键词:马克思主义　政治哲学　政党

0132

**西美尔货币哲学视域下的文化冲突** / 赵文力著 ; 张廷国指导. -- 华中科技大学, 2009. -- 159 页

论文的研究对象为西美尔货币哲学视域下的文化冲突。全文共分为七章。第一章,导言。介绍论文问题的提出,选题意义,国外研究的现状以及论文的研究方法。第二章,文化冲突的根源——生命与生命形式的矛盾。探讨文化冲突的涵义,康德的"形式"概念和叔本华的"生存意志",对生命与形式,社会交往与社会形式以及社会化形式与个体的内涵做出说明。第三章,文化冲突的社会动力——货币。介绍货币的价值根源,货币的本质与哲学内涵以及货币作为社会构造的动力内涵。第四章,文化冲突的现代生成。从文化形式的变迁为起点展开讨论,分析文化冲突的表现极其趋势以及文化冲突生成的现实逻辑。第五章,文化冲突下的现代性体验。分析现代人的生存状态,探讨手段对目的的影响,并分析价值观的扭曲,探讨理智对情感的胜利,并对自由的空洞化做出说明。第六章,文化冲突下个体的精神突围。探讨现代个体的出现,个体生命的顺应,个体生命的反抗以及个体生命的精神突围。第七章,文化冲突与现代性的困境。通过对西美尔、马克思、韦伯的现代性思想的比较,加深对西美尔文化冲突的理论认识,从对现代性批判理论的讨论出发,探讨现代性的困境与出路并提出中国语境下的现代性分析。最后为论文结语。

关键词:齐美尔(Simmel, Georg)　文化冲突　货币

0133

**罗尔斯政治哲学中的理性(Reasonableness)观念研究** / 赵亚琼著 ; 陈晏清指导. -- 南开大学, 2009. -- 158 页

论文的研究对象为罗尔斯政治哲学中的理性观念。全文共分为五章。导论部分介绍罗尔斯思想的自身发展,罗尔斯思想的研究概览以及论文的主题与论证脉络。第一章,罗尔斯式理性观念的理论来源。首先介绍罗尔斯式理性观念的界定,包括不同于理性和合理性,理性的和合理的;接着提出罗尔斯式理性观念的理论来源,一是来源于康德,二是来源于西布里;介绍罗尔斯式理性观念的发展,包括其 1980 年之前的著作和 1980 年之后的著作分析。第二章,罗尔斯式理性观念的语境分析。首先介绍原初状态中"理性的"条件限制;接着探讨"理性的"正义观念,提出"理性的"而非"真的","理性的"正义观念;探讨"理性的"完备性学说与"理性的"人,包括理性的完备性学说与理性的人的关系,"理性的"强弱意义;最后对该部分讨论内容做一些补充说明。第三章,罗尔斯式理性观念的内涵解析。首先介绍罗尔斯式理性观念的特点,提出罗尔斯式理性观念是作用于政治领域的,罗尔斯式理性观念是政治证成的标准,罗尔斯式理性观念表达了民主公民的政治德性;提出罗尔斯式理性观念的规范性内容,包括规范性内容的来源,规范性内容的构成,探讨区别于宽容主义和怀疑主义;介绍对罗尔斯式理性观念的几种具体理解,包括理性的完备性学说,理性的政治主义观和理性的主张或论证。第四章,罗尔斯式理性观念的作用阐发。包括理性观念之于政治主义的观念,理性观念之于重叠共识,理性观念之于公共理性。第五章,罗尔斯式理性观念的局限和意义。对理性观念在实践中遇到的问题以及罗尔斯式理性观念之于其政治哲学做出说明。最后为论文结语。

关键词:罗尔斯　政治哲学　理性　思想评论

0134

**人工智能的基础哲学问题探究** / 赵泽林著 ; 高新民指导. -- 华中师范大学, 2009. -- 157 页

论文的研究对象为人工智能的基础哲学问题。全文共分为六章。第一章,人工智能研究的现状与基础哲学问题。提出智能研究的历史演进与人工智能的研究现状,智能存在的形式,智能实现的可能性以及智能被复制的可能性探讨。第二章,概念辨析与人工智能的"楷模"。分别提出对智能、人工智能与自然智能的辨析,对智能进行哲学阐释与智能的科学探究,提出智能的理论与心智模型。第三章,人工智能与自然智能研究的民间心理学情结。分别探讨民间心理学与智能的理论,民间心理学的智能图式,民间心理学的光荣以及民间心理学的废墟,并做出总结与评价。第四章,自然智能的历史性探析。探讨天赋与习得的内涵与发展,分析智能的发生与进化论,种系的智能的可能性以及个体的智能的可能性。第五章,自然智能的共识态之辩。探讨人是机器与人似机器的内涵,并对意识与自然智能,小人理论与环境论以及自然智能的结构做出讨论。第六章,人工智能研究

的出路。首先探讨理性主义与经验主义内涵，分别对造就心灵与造就大脑，自然进化与人工进化，人工智能的哲学限度做出思考与讨论，提出智能在主体与客体的关系中获得意义，对于智能的研究不能从个体的心灵或智能机器本身展开，不能再科学或哲学的领域自说自话，任何仅仅从主体或仅仅从客体展开的智能研究必将走向失败。

关键词：科学哲学　人工智能　哲学问题　马克思主义

**0135**

**现代性批判的问题域：马克思与韦伯思想比较研究** / 郑飞著 ; 王南湜指导. -- 南开大学, 2009. -- 125 页

论文围绕现代性批判的问题域，深入阐释马克思与韦伯的现代性社会理论，并在此基础上对二者的思想进行全面而系统地比较。全文共分为五章。第一章，现代性批判：马克思与韦伯比较研究的问题域。首先提出马克思与韦伯比较研究的前提，介绍马克思与韦伯之间的时代相遇，探讨马克思与韦伯比较研究的基础；提出现代性批判的问题域，包括存在论基础与意识形态批判，“物化”的双重维度。第二章，现代性批判的存在论基础。一是提出马克思关于现代性存在论基础的研究，包括对现代性存在论基础之前提提示，作为现代性批判的政治经济学批判以及奠基在“对象性的活动”基础上的存在论；介绍韦伯关于现代性存在论基础的研究，包括文化论与制度论的统一，现代性制度的考察以及反对“经济决定论”；三是现代性存在论基础的同与异，包括对现代性问题的总体性看待以及切入现代性的不同立足点与路径。第三章，现代性与意识形态批判。首先分析马克思与意识形态批判，探讨意识形态的虚假性，拜物教意识批判；介绍韦伯与意识形态批判，包括现代性文化的考察以及合理化与意识形态批判；对马克思与韦伯意识形态批判做出比较，提出意识形态是现代社会系统不可或缺的组成部分，探讨意识形态的依附性与独立性。第四章，社会关系领域的“物化”与社会批判理论。介绍马克思的社会批判理论，韦伯的社会批判理论，并对马克思与韦伯社会批判理论进行比较。第五章，生产过程领域的物化与技术批判。内容包括马克思对生产技术的追问，韦伯与技术批判理论的兴起以及马克思与韦伯技术批判的比较。

关键词：马克思主义哲学　意识形态　马克思　韦伯（Max Weber）

**0136**

**马克思自然范畴的本体论解读** / 郑丽娟著 ; 旷三平指导. -- 中山大学, 2009. -- 175 页

论文为马克思自然范畴的本体论解读，阐释马克思自然范畴的本体论意蕴和内涵，解释人与自然及其关系在人的感性实践活动中的生成与原初关联，旨在呈现人与自然的本真存在与圆融共生关系，反思当下自然异化与生态危机的实质。全文共分为四章。第一章，马克思自然范畴的源始与延展。介绍马克思自然范畴的德国古典渊源，马克思自然范畴的延展，提出马克思自然范畴本体论的解读及其针对性。第二章，马克思自然范畴本体论解读的思想内涵。一是对自然的理解，包括自然为何物的历史考证以及马克思的自然范畴；二是自然范畴的本体论确证，提出自然存在的深层依据以及人与自然关系生成的发源地；三是自然和人的生成结构讨论，包括马克思本体论视野中存在的主要特征，自然与人彼此生成的过程，自然向人的生成以及生成中的筹划；四是自然生成的本质显现，介绍自然本质向度的总指向，提出历史是人的真正自然史。第三章，自然范畴本体论解读的实践价值趋向。探讨人的生命活动的历史性遮蔽，讨论抽象思辨异化观的扬弃与马克思异化观的实践与生成本性，马克思异化劳动理论的内在规定；分析自然与人的异化，包括自然与人的异化的具体内容，人与自然关系的异化以及自然及其与人的关系异化的实质；对异化的扬弃与双重矛盾的和解做出说明，提出自然异化的当代反思与批判。第四章，自然范畴本体论解读的生存意义。内容包括人之生存的本体论诉求：寻求新的统一性，哈特曼自然本体论的可能性，自然美学境界的提升和审美的人的历史性生成以及马克思自然范畴本体论内涵与生态审美思想的当代启示。

关键词：马克思　自然　本体论

**0137**

**经验范式的辩证法解读：阿多诺“否定的辩证法”研究** / 郑伟著 ; 吴向东指导. -- 北京师范大学, 2009. -- 148 页

论文对阿多诺“否定的辩证法”展开研究，对经验范式的辩证法解读。全文共分为五章。导论部分介绍经验在辩证法中的命运。包括前现代辩证法哲学视野中的经验，现代性哲学开端中经验的失落，现代理性辩证法与经验世界以及对现代的超越与经验世界的重构。第一章，辩证法起点概念的重构。分别探

讨辩证法主观构造的思维模式,对辩证法起点概念的批判,传统哲学中的经验概念以及否定的辩证法中的经验。第二章,绝对的否定与差异性逻辑。首先提出形而上学的图式,对目的与本原,第一哲学的幻想,哲学的数学情结,哲学体系的数学图式以及阿多诺的图式理论与海德格尔的世界图像做出说明;提出打破必然性,崩溃的逻辑与背后的差异性逻辑讨论;探讨差异性的外观,包括还原与差异以及差异概念的兴丛。第三章,否定的真理观。一是介绍形式逻辑中的真理观;二是对先验逻辑中的真理观说明;三是提出唯心主义辩证逻辑中的真理观;四是探讨差异性逻辑中的真理观;最后提出否定真理观的理论意义。第四章,否定的自由观。探讨天赋自由观的理论渊源,对天赋自由观的理论困境作出说明;探讨客体的优先,并分析否定的自由观的理论意义。第五章,辩证法精神的两个维度及其实现途径。一是探讨辩证法精神的第一个维度及其内部建构;二是对辩证法精神的第二个维度及其双重内涵的说明;三是探讨辩证法革命性的历史前提。最后为论文结束语。

关键词:阿多诺(Adorno, Theodor Wiesengrund)　经验　哲学思想

**0138**

**达尔的多元主义民主理论研究** / 钟彬著 ; 李淑梅指导. -- 南开大学, 2009. -- 144 页

论文在政治哲学的视野下,按照民主的理想性与现实性相统一的研究方法探讨达尔的多元主义民主理论。全文共分为四章。导论部分介绍论文问题的提出,国内外相关研究现状,论文的研究方法以及论文的结构安排。第一章,达尔多元主义民主理论的背景。首先讨论达尔多元主义民主的社会背景,分析美国殖民地时期的自治因素,利益集团在美国的兴起,垄断组织和国家干预,二战后第三部门的出现以及跨国公司的发展;第二节,达尔多元主义民主的理论渊源,对组织多元主义的理论传统和社会衡制思想的理论传统做出说明。第二章,达尔多元主义民主理论的建构。一是分析关于民主的分析路径,包括民主概念所蕴含的难题,对民主概念的分析,民主进程的标准以及多头政体与民主标准的契合;二是探讨多元民主的内涵,包括对多元主义民主的规定,以组织为中介的分析框架,以自由平等为目标的价值取向;三是讨论多元主义民主理论在民主谱系中的定位,探讨民主的三次转型。第三章,多元主义民主的现实困境及其应对。一是对多元主义民主的困境做出说明,包括多元主义民主的缺陷以及多元主义民主困境的国家差异;二是提出多元主义民主困境的应对方式,对解决困境的四种可能途径,多头政体的发展趋势以及有利于多头政体发展的条件做出说明。第四章,多元主义民主的可能出路与前景。分析多元主义民主的可能出路以及世界民主的景象与世界民主的未来。

关键词:达尔(Robert A. Dahl)　政治思想　思想评论

**0139**

**毛泽东意识形态观的历史进程** / 周兵著 ; 徐俊忠指导. -- 中山大学, 2009. -- 313 页

论文以历史为线索,对毛泽东的意识形态观展开研究。全文共分为四篇十章。第一篇,意识形态概念辨析——思想史与毛泽东的双重角度。第一章,思想史上的意识形态概念——以马克思、恩格斯的意识形态概念为考察中心。介绍马克思、恩格斯之前的意识形态概念,马克思、恩格斯的意识形态概念以及马克思、恩格斯之后的意识形态概念;第二章,毛泽东意识形态概念考辨——以汉语意识形态概念的早期传播为背景,包括汉语意识形态的兴起时间,毛泽东意识形态概念辨析以及毛泽东意识形态概念的含义。第二篇,从文化崇拜到文化与政治军事的复合——建国以前毛泽东文化观的嬗变。第三篇,改革学术,彻底变换国民思想——毛泽东早年的文化崇拜。探讨"数千年来民智之不开,国几蹈于沦亡之惨",倡学以动人心,从研究和宣传"主义"到"主义的结合"。第四章,文化与政治军事的复合。介绍"文化普及与平民,术学周流于社会","共产党是要左手拿传单右手拿枪弹才可以打倒敌人",共产主义教育与苏维埃文化教育方针的提出。第五章,文化战线与文化革命。探讨毛泽东的马克思主义文化观,文化战线与知识分子以及文化革命与新民主主义文化方针。第三篇,从文化批判到文化革命——毛泽东的社会主义意识形态建设之路。第六章,确立马克思主义在意识形态领域的领导地位。探讨《共同纲领》与新中国文化教育方针,电影《武训传》的批判与马克思主义的宣传教育,"三反""五反"与资产阶级思想的再批判。第七章,社会主义意识形态的初步探索。探讨过渡时期总路线与意识形态领域的社会主义改造,多快好省建设社会主义与"双百"方针的提出,思想政治战线上的社会主义革命。第八章,文化革命与政治挂帅,探讨毛泽东对社

会主义意识形态建设的思考。第四篇,继续革命:从"社教"到"文革"——毛泽东晚年的反修防修之路。第九章,反修防修视野下"社教"活动的介绍。第十章,反修防修与"文化大革命"的探讨。最后为论文结语。

关键词:毛泽东　意识形态　文化

**0140**

**马克思的生产方式概念** / 周嘉昕著 ; 张异宾指导. -- 南京大学, 2009. -- 208 页

论文的研究对象为马克思的生产方式概念。全文共分为五章。绪论综述"生产方式"概念的历史讨论并点明论文的研究方法论问题和总体框架结构。第一章考察马克思"生产方式"概念的史前史,以这个概念为出发点回顾前马克思的社会历史变迁和思想史演进。第二章讨论青年马克思问题,即马克思确立"生产方式"概念和历史唯物主义的思想探索之旅。第三章分析"生产方式"概念作为人类历史与社会存在基础的一般路径说明的涵义。第四章,说明作为一定社会与历史运转主导逻辑批判的"生产方式"概念的一个深化与发展过程,并创新性地提出"资产主义生产方式"与"资本主义生产方式"的分析,包括对"资本主义生产方式"概念的反思,对"资本主义生产方式"概念的确立以及"资本主义生产方式"概念的完成的全部探讨过程。第五章对资本的逻辑,"资本主义生产方式"与狭义历史唯物主义,"资本主义生产方式"视域中的历史分别进行讨论,分析狭义历史唯物主义现实批判的自我展开,其中不仅包括《资本论》的逻辑叙事,还包括从"资本主义生产方式"出发对现代社会结构和历史趋势的理解。结语专门讨论马克思"生产方式"概念的自身作为一种"开放性批判方法"的特点,强调只有成为一个理论上真正的唯物主义者才能把握这个概念。

关键词:马克思主义哲学　生产方式　生产力　生产关系　社会形态

**0141**

**新公民论:当代中国个体社会政治身份建构引论** / 周金华著 ; 朱传棨,陈祖华指导. -- 武汉大学, 2009. -- 304 页

论文的研究对象为新公民论——当代中国个体社会政治身份建构引论。全文共分为六章。导论部分介绍社会身份发展的历史与逻辑进程,现代性与中国公民身份的建构以及分析框架和方法论。第一章,臣民:传统中国人的社会政治身份。提出臣民身份的解释,中国臣民身份的维度,中国臣民身份的三种匮乏以及中国传统社会臣民身份长期延续的原因探析。第二章,公民:现代人的社会政治身份。分别对现代公民身份的生成条件与过程,现代公民身份的本质特点以及现代公民身份模式的特点及其问题做出讨论与评价。第三章,中国人:臣民向公民身份的艰难转变。提出中国现代型的构建与公民身份问题的凸显情况,并对中国近现代公民身份建设的阶段做出讨论,对中国改革开放以来的公民身份理性构建提出评论,并结合前文的思考,对中国现代公民身份构建过程与特点做出说明,对中国现代公民身份构建的特点归因分析。第四章,理想型公民身份建构与中国现代性的完成。对理想型公民身份做出探讨,提出中国现代性的建构以及对中国现代性方案进行求解,对中国的新公民身份做出讨论。第五章,中国新公民身份的建构:条件、目标与模式。探讨当代中国新公民身份建构的背景条件,提出当代中国新公民身份建构的应有目标以及当代中国新公民身份建构的模式选择。第六章,当代中国新公民身份建构的内容:内容·道路·措施。提出当代中国新公民身份建构的主要内容,并结合对内容的分析,提出建设当代中国新公民身份建构的道路方法与措施。最后为论文的结论。

关键词:公民　身份　个体　权利

**0142**

**人性与政治** / 周前程著 ; 侯才指导. -- 中共中央党校, 2009. -- 275 页

论文的研究对象为人性与政治,分别探讨中国传统哲学、西方古典哲学、西方近现代哲学以及马克思主义中的人性观与政治观。全文共分为五章。导论部分介绍论文选题的依据、目的和意义,国内外相关研究现状,论文的基本概念、研究对象、方法与可能的创新与不足之处。第一章,中国传统哲学中的人性观与政治观。分别探讨儒家的人性观及其政治思想,道家的人性观及其政治思想,法家的人性观及其政治思想以及对中国传统的人性观及其政治思想的述评。第二章,西方古典哲学中的人性观及政治观。介绍古希腊时期的人性观及政治观,罗马时期的人性观及政治观,基督教的人性观及神学政治观以及西方古典人性观及政治观述评。第三章,西方近现代哲学中的人性观及政治观。介绍马基雅维里的人性观与实然政治逻辑,资本主义社会上升时期的人性观及政治观,

施蒂纳的无政府主义及其人性理论基础,西方现代哲学对利己人性观与功利主义政治观的重释,并探讨资产阶级人性观及其政治思想。第四章,马克思主义的人性观及政治观。探讨马克思的人性观与其政治思想,在此基础上,分析中国马克思主义中的人性与政治。第五章,人性与政治的辩证关系。分别从人性观决定政治观,政治对人性的影响,人性与政治关系及其完善以及建立符合人性发展需要的政治文明几个方面对辩证关系进行讨论。

关键词:人性　政治　人道主义

**0143**

**马克思个人理论研究** / 周世兴著 ; 杨楹指导. -- 华侨大学, 2009. -- 426 页

论文探讨现实的个人论、个人形态论、个性发展论和个人发展论等马克思个人理论内容。全文共分为四章。第一章,现实的个人论。首先介绍现实的个人论的提出背景;接着提出现实的个人论的理论内涵,提出现实的个人是现实存在着的、活动的人,现实的个人是现实的历史的人,现实的个人是由他们的活动和他们的物质生活条件所规定的人;探讨现实的个人的理论意义以及现实的个人论与马克思哲学的人文关怀;最后讨论现实的个人与马克思关于个人与社会关系的理论构建。第二章,个人形态论。对个人形态论概述,并探讨马克思的个人形态理论,探讨马克思个人形态论的理论意义与现实意义。第三章,个性发展论。对个性、个性自由、自由个性概述,探讨马克思的个性形态理论;对个性发展演变的历程与自由个性的生成作出讨论,提出个性发展演变的一般过程以及自由个性的生成条件;探讨自主活动、自由时间、自由王国、自由的精神以及生产与自由个性。第四章,个人发展论。提出个人发展和社会发展辩证的历史的统一,探讨个人发展和社会发展辩证历史统一的内在逻辑,个人发展和社会发展辩证统一的历史进程,并探讨辩证地看待异化在个人发展和社会发展过程中的作用;探讨马克思个人自由而全面发展的理论,并对个人自由而全面发展的时空维度做出阐释。最后为论文结语。

关键词:马克思　恩格斯　个人　个性　发展

**0144**

**程序正义与人的存在** / 朱丹著 ; 衣俊卿指导. -- 黑龙江大学, 2009. -- 210 页

论文从正义与程序正义的基本概念、内涵以及关系层次入手,在分析、归纳、总结程序正义的源起、基本要义以及古今中外关于程序正义的价值理解的基础上,基于马克思主义实践哲学关于人的理解的视域,分析程序正义的深层价值与基本要求。全文共分为五章。导论部分介绍程序正义对于法制的重要性和对于人的存在的重要价值,对已有研究的特点和局限性做出分析,提出论文研究的基本定位及基本架构。第一章,正义与程序正义。介绍正义的含义以及正义的分类。第二章,西方司法实践中程序正义的历史演变。包括程序正义观念的萌芽,英国的自然正义,美国的正当法律程序以及欧洲大陆的程序正义观念。第三章,程序正义的价值内涵。首先提出西方关于程序正义的主要理论建树,包括程序工具主义,程序价值主义,综合性程序价值以及其他有影响的见解;接着分别对程序正义的内在价值,程序正义的外在价值以及程序正义的深层价值做出说明。第四章,程序正义的人性诉求。对程序正义的理性文化基础做出说明;对马克思主义实践哲学对人的价值确认,包括哲学与人的问题,人是“非决定”的自我创造性的存在,马克思实践哲学视域中的人的本质生成:实践是人的存在方式,马克思实践哲学视域中人存在的最高价值意义;探讨程序正义的生存论意义,包括法规范与人的存在,价值与人的存在以及程序正义与人的存在。第五章,中国语境中的程序正义问题。探讨历史上程序正义观念的缺失,法理和司法实践中程序公正的困境以及程序正义的中国化构建。最后为论文结语。

关键词:诉讼程序　正义　人权　人学

**0145**

**社会中介组织的伦理审思** / 朱虹著 ; 戴木才指导. -- 中共中央党校, 2009. -- 123 页

论文为对社会中介组织的伦理审思。全文共分为六章。第一章,导论。提出研究社会中介组织伦理问题的缘起与意义,社会中介组织伦理研究的综述以及研究的方法、思路与创新之处。第二章,社会中介的组织概论。首先对社会中介组织的历史进行回顾,探讨国外社会中介组织的产生和发展以及我国社会中介组织的历史演进;对社会中介组织的基本内涵进行说明,提出社会中介组织的概念,社会中介组织的特征以及社会中介组织的分类;探讨发展社会中介组织的现实性与必然性。第三章,当前我国社会中介组织道德失范的表现及成因。首先对当前我国社会中

介组织道德失范的主要表现做出说明;接着提出对我国社会中介组织道德失范的成因分析,包括社会中介组织道德失范的内因与外因。第四章,价值认同:社会中介组织伦理检视的基础。提出价值认同是社会中介组织伦理建设的基本目标,并对社会中介组织伦理建设价值取向做出说明;探讨价值认同建立的基础,包括价值认同的心理要素分析以及价值认同的建立基本原则;思考价值认同的实现路径。第五章,伦理制度:社会中介组织建设的必要保障。提出社会中介组织伦理制度建设的必要性,社会中介组织伦理建设的制度保障,并对社会中介组织伦理制度保障的限度做出说明。第六章,德性培育:社会中介组织伦理建设的核心。提出培育个体德性的价值,培育社会中介组织从业主体德性的对策,并探讨社会中介组织领导干部的道德人格与完善措施。最后为论文结语。

关键词:伦理学　道德社会学　中介组织　价值

**0146**

**实践价值论与价值哲学的变革** / 朱晓东著 ; 张盾指导. -- 吉林大学, 2009. -- 91 页

论文的研究对象为实践价值论与价值哲学的变革。全文共分为四章。第一章,导论。首先介绍现代西方价值哲学发展的历史及其现状,包括传统哲学中的价值问题,现代西方价值哲学的总体发展状况,价值哲学的内在困境,价值哲学陷入困境的根本原因以及价值哲学的出路;介绍实践价值论在我国的研究现状及其未来发展方向,包括实践价值论的兴起及其理论成果以及实践价值论与主客体问题。第二章,价值与主客体关系。探讨价值与主客体的概念,理解价值的切入点,分析价值作为关系范畴以及价值质性与非价值质性;介绍价值的形成,包括主客体的相互作用,客体主体化,主体客体化,价值与客体主体化,并得出简要结论:从认识论价值哲学到实践价值论。第三章,价值与需要。探讨需要概念作为哲学问题,内容包括需要概念的意义,对需要概念的两种常见误解,误解需要概念的深层原因;探讨在实践的基础之上的理解需要,包括需要与实践的内在关联,实践的社会性,需要的社会客观性,实践的历史性以及需要的历史性。第四章,价值的客观性。对以往价值客观性观点进行分析,包括价值客观性问题的意义,摩尔的直觉主义价值论与价值的客观性,舍勒的现象学价值论与价值的客观性,杜威的认知的自然主义价值论与价值的客观性,探讨由上述理论所引出的问题;分析价值客观性的具体内涵,包括价值社会性与客观性以及价值的历史性与客观性。最后为论文结语。

关键词:价值论　实践论　客观性

**0147**

**寻求限定性与自主性的平衡:中国与国际接轨问题研究** / 朱正阳著 ; 王伟光指导. -- 中共中央党校, 2009. -- 115 页

论文寻求限定性与自主性的平衡,对中国与国际接轨的问题展开研究。全文共分为四章。第一章主要是对与国际接轨的理论基础做出先行铺垫。对全球化的发展历程与内在本质,与国际接轨的内涵与方式,限定性与自主性的理论涵义与矛盾关系这些基础理论问题做出界定和说明,从而为后面主题内容的展开做出理论上的准备。第二章,提出为什么要与国际接轨的问题,对接轨的原因与意义进行系统的分析。这一章分别从限定性的外在要求、自主性的内在要求、寻求限定性与自主性的平衡三个方面进行多角度的分析与综述,回答与国际接轨是世界潮流、势之所趋,是新时期建设中国特色社会主义的客观要求,是有成本、有收益、总收益大于总成本的一种新型发展战略,在接轨中重在寻找到限定性与自主性的平衡。第三章,提出中国与国际接轨的内容与边界,分别从限定性与自主性两个方面展开讨论。限定性方面,提出应积极进行接轨;自主性又要求不可盲目接轨;提出接轨边界的设定在于把握好限定性与自主性的平衡。第四章,中国与国际接轨的方法与策略。首先对接轨的现状述评,对开放以来所取得的接轨成就以及接轨过程中出现的相关问题做出说明;提出限定性方面的方法与策略,提出应主动接轨,融入国际社会,全面接轨,分层分步推进,发扬正效应,屏蔽负效应并博采众家所长,平衡利害关系;提出关于自主性方面的方法与策略,并建立合理的机制实现限定性与自主性的平衡。最后为论文结束语。

关键词:中国特色社会主义　国际规则　国际惯例　独立自主　全球化

**0148**

**在矛盾中创造和谐** / 祝菲著 ; 郭湛指导. -- 中国人民大学, 2009. -- 160 页

论文以矛盾域为主要研究对象,审视矛盾的内在结构和基本属性,对实践领域中的和谐实现路径做出探索。全文共分为六章。导论部分介绍问题的提出

与研究意义,论文的结构安排,论文的研究方法。第一章,从历史矛盾到创造和谐。探讨人类历史的演进:失和与求和;对等待和谐与创造和谐做时代的反思;提出创造和谐的基本内涵。第二章,创造和谐的思想资源。探讨中国传统文化中的思想资源,西方历史文化中的思想资源,马克思主义哲学中的思想资源,当代科学理论中的思想资源。第三章,重审矛盾:创造和谐的理论考察。一是探讨矛盾的结构,包括本体与中介,一分为二与一分为三,重新认识中介以及最基本的矛盾结构;二是探讨矛盾的属性:斗争、同一与互补,提出互补性是矛盾的根本属性,互补性通过矛盾的中介体现,和谐是互补性的表现;对矛盾的状态——异属、对峙与冲突做出讨论。第四章,从矛盾的中介入手创造和谐。提出矛盾经由协调并举到和谐,探讨矛盾运动的三个方面,和谐产生于矛盾的协调并举以及矛盾运动的协调并举方式;探讨中介在协调并举中的作用,探讨从中介入手寻找创造和谐的路径,中介对矛盾双方的翻改,中介模式的选择,中介态的甄别以及中介量的调节。第五章,尝试和探索:人的实践中的创造和谐的路径。提出并探讨从存在的空间看物质与精神需要和谐,从发展的时间看历史与现实需要和谐,从认识的层次看内容与形式需要和谐。第六章,创造和谐的现实意义。探讨方法论意义,对构建和谐社会的意义以及对人的全面发展意义。

关键词:矛盾　马克思主义哲学　辩证唯物主义　和谐

**0149**

**意识形态的历史与逻辑** / 邹放鸣著 ; 刘林元指导. -- 南京大学, 2009. -- 370 页

论文探寻意识形态的历史与逻辑,对意识形态概念的产生历史条件以及发展现状做出讨论与评价。全文共分为八章。第一章,意识形态及其概念的出场。从传统到现代的历史转折,革命与意识形态的时代以及马克思的批判与建构几个方面引出对意识形态的探讨与理解。第二章,意识形态概念及其理论的流变。分别从知识社会学意蕴,非理性主义的视界,精神分析学说的向度,社会与文化批判的旨趣,科学和语言的路进以及后现代语境下的言说几个方面做出探讨。第三章,马克思的意识形态理论。从马克思的意识形态学说的深化内容出发,分别对其与资产阶级意识形态的批判,马克思意识形态学说的完善,意识形态与唯物史观方法的拓展以及恩格斯对意识形态理论的阐发几个方面做出说明。第四章,从第二国际到列宁主义。探讨马克思意识形态学说的传播,普列汉诺夫的理论贡献,列宁的意识形态学说以及列宁论社会主义意识形态建设。第五章,苏联模式及其意识形态。结合苏联早期意识形态领域的状况,分别对列宁主义与马克思主义作出讨论,提出苏联模式的意识形态理论与实践。第六章,苏联意识形态模式的式微与终结。分别通过意识形态领域的政治批判运动,后斯大林时期社会思潮的起伏,苏联的解体及其所昭示的历史教训几个方面作出讨论。第七章,西方马克思主义的理论演绎。分别对卢卡奇、葛兰西以及阿尔都塞的相关理论做出演绎与评价。第八章,中国马克思主义的创新实践。对毛泽东的意识形态学说以及邓小平的相关理论做出说明,并提出结论。

关键词:马克思主义　意识形态　逻辑

# 中国哲学

**0150**

**唐君毅文化意识论研究** / 巴文泽著 ; 宋志明指导. -- 中国人民大学, 2009. -- 203 页

论文从"文化意识"出发,对唐君毅的文化思想从多个层面展开论述和研究。文章分为引言、正文和结语,其中正文分为六章。引言对文章的选题缘起、意义和方法做了阐述,并对当前唐君毅的研究状况,尤其是唐君毅文化思想方面的研究做了比较全面的考察。第一章论述了唐君毅文化意识论的哲学基础,主要从两方面展开论述。第二章论述了文化意识在表现或创造文化中的道德价值,即文化意识也就是一种道德共识。第三章论述了文化意识在创造文化世界时,贯穿了一种人文精神,故而文化意识即人文精神。第四章论述了唐君毅文化意识论的终极指向——宗教信仰。文章首先论述了宗教观念产生的必然性;然后论述了宗教观念的种种形态及宗教观念与其他文化观念间的关系,宗教观念可以助成其他的文化观念,也能否定其他的文化观念而造成文化之间的冲突;最后论述了世界各大宗教之间的特点及融通趋势。第五章论述了东西文化问题。文章首先论述了文化意识客观化的外部条件,指出对文化影响最大的外部条件是地理环境和经济生活。此外,还对中国学习西方文化的历程和心态做了分析和批判。第六章论述了文化意识对人的生命存在的指导意义。文章

首先论述了唐君毅的文化意识论对整个人类面临的危机和困境提供补救;其次是文化意识对中国传统文化所面临的困境提供补救方案;最后,唐君毅对现代个人所面临的困境做了分析,并提出了走出困境的方法。最后是结语部分,从总体上对唐君毅文化意识论做了一个评述,对其理论成果和不足作一分析,以期促进中国文化发展,并对中国文化的发展做一展望。

关键词:唐君毅　新儒家　文化哲学　哲学思想　思想评论

0151

**孟子人性论研究** / 白宗锡著 ; 李中华指导. -- 北京大学, 2009. -- 135 页

论文主要通过对孟子生平著述的分析,对孟子的人性论思想展开深入研究,总结了孟子的人性思想的贡献并对其作出评价。文章分为绪论、正文和结论部分,其中正文分为六章。第一章,介绍了孟子人性思想的渊源。指出孟子的人性思想来源于对孔子"仁"思想中人性思想继承和发展。文章还分析了孔子、《郭店楚简》,然后讨论其与孟子思想的异同。第二章介绍了孟子人性思想的产生背景。指出孟子的思想是在当时政治和经济条件下产生的,孟子所谓"仁政""暴政""王道""霸道"等反映了社会政治背景和思想文化背景之间的联系。第三章,阐述了孟子对人性的分析。论文首先分析了孟子的人性范畴,并分别从"性"与"命"、"性"与"心"、"性"与"情"以及"性"与"欲"四个方面展开讨论。进而分析了孟子的性善说,指出性善的根据为四端,对比了性善的先天性和后天性差异,探讨了孟子关于性、心的伦理对待问题。此外,文章还分析了仁义内在说,以及仁政说。第四章主要探讨了孟子的心性修养说。首先介绍了心性修养的提出,继而介绍了心性修养的本质与现象,最后提出了"人性本善"的扩充条目。第五章介绍了孟子的理想人格说。首先阐述了心性修养人格的哲学根本,然后对理想人格以及人性思想的价值问题做了探讨。第六章总结了孟子人性思想的贡献,并对其贡献做了合理评价。

关键词:孟子　哲学思想　人性论　思想评论

0152

**《论语集解》与《论语集注》的比较研究** / 常会营著 ; 张奇伟指导. -- 北京师范大学, 2009. -- 217 页

论文针对《论语集解》与《论语集注》这两个《论语》学最为重要的注本,从著述背景、写作动机、作者、成书时间、学术评价、文字训释、义理阐发等若干方面予以比较。文章分为前言、正文和结语三部分。第一章,首先考察了《论语集解》与《论语集注》的著述背景与动机问题。其次,分析了《论语集解》与《论语集注》的作者与成书时间问题。继而探讨了《论语集解》与《论语集注》的学术评价问题。第二章对《论语集解》与《论语集注》的文字、章义疏解探析。首先是分章断句之比较,《集注》较《集解》来说,对于《论语》篇章中的一些细节问题如场合、时间和事情、类记与否、可否独立、前后顺序等更为重视;继而是字义训释之比较以及章义疏解的比较。第三章及第四章,论文就《论语集解》与《论语集注》之义理阐发做了一下系统比较。第三章,首先是对于"知天命"的不同解析,对汉儒与宋儒的"知天命"思想进行了比较,并对《集解》与《集注》对《论语》其余论天命篇章的注解进行比较。进而从对历史人物的不同评价角度展开探讨,并对《集解》与《集注》对于亲情理论的态度进行比较分析,最后探讨了君子与小人的评价标准。第四章,首先探讨了道、德、仁等的不同解释,进而对《集解》与《集注》为学进行了比较,最后比较了《集解》与《集注》对"异端"的不同态度。结语部分论文主要对中国古典解释学从历史角度予以了考察。

关键词:论语集解　论语集注　比较研究　解释学

0153

**会通儒释:以周汝登为中心对明末阳明后学的研究** / 陈慧麒著 ; 张立文指导. -- 中国人民大学, 2009. -- 155 页

论文以周汝登为中心,对明末阳明后学进行了全面研究。文章分为前言和正文,其中正文分为六章。前言介绍了思想背景、生平以及其师承考。第一章主要介绍了其思想渊源。首先阐述儒学渊源,具体包括家学传统与师门学友两个方面。其次,阐述佛教渊源,具体介绍了其与佛教界交往,儒禅的不可合与不可分等问题。最后,文章还介绍了会通儒佛的特点。第二章阐述了会通佛教真知的良知论。文章从良知心体、良知即"甚知"以及良知现成三个角度展开论述。第三章阐述了有无圆融的无善无恶论。首先介绍了对天泉正道的推崇;其次对无善无恶的思想进行分析;再次,文章介绍了习心致恶;最后,文章对有无圆融进行阐述。第四章分析了即悟而修的工夫论。首先,文章阐述了顿悟渐修的思想;其次,辩证地分析

了着实工夫与自然工夫;再次,文章还分析了自得与自照的关系;最后,从立志、立信与勇猛精进三个方面介绍了工夫前之准备。第五章主要阐述了平民化的教化。首先介绍日常修养教化,具体阐述了孝弟、举业、改过迁善三个层面;接着,文章对讲学讲会进行探究;最后,介绍了海门对功过格的倡导,功过格设想出报应运作的图景,并以众神存在作为监督为基础。第六章为余论部分,主要介绍了海门之后阳明学的继承者,最后对明末会通儒佛思潮进行总结。

关键词:周汝登　理学　心学　儒学　佛教　哲学思想　明代

**0154**

**早期现代新儒家直觉观考察:以梁漱溟、冯友兰、熊十力、贺麟为例** / 陈永杰著 ; 高瑞泉指导. -- 华东师范大学, 2009. -- 161 页

在中国现代哲学史上存在着这样一个现象,即早期现代新儒家都推崇直觉方法。论文试图从这一现象入手,挖掘早期现代新儒家四位先生——梁漱溟、冯友兰、熊十力、贺麟关于直觉问题的思想资源,梳理出直觉理论脉络。论文共分为五章。第一章是绪论,对“现代新儒家”和“直觉”的概念进行了界定,介绍了现代新儒家的直觉理路和直觉的其他进路。第二章对梁漱溟的直觉观进行了考察。梁漱溟主张东西方文化的对立就是直觉和知性的对立,唯有直觉的生活才符合生命本性,而知性思维、工具思维的片面发展是造成东西方文化危机的根源,因此需要直觉来救治。文章认为他忽视了与知识论相关的直觉的意义,对于理智矫枉过正。第三章对冯友兰的直觉观进行了考察。冯友兰力主吸收逻辑分析方法(即正的方法)使中国传统哲学尤其是宋明理学获得一种逻辑化的表现,形而上学在他这里由动态的生命体验转向静态的逻辑分析。文章认为冯友兰的哲学思想缺乏实践的品格以及情感、意志的认同。第四章对熊十力的直觉观进行考察。熊十力从批判主客二分的思维方式和过分依赖分析技术的缺陷出发,强调要把握真实的存在,必须注重知行合一的直觉。文章认为他延续了儒家过度贬抑工具理性的痼疾,没有给予理智以相应地位,理论的玄学构造以为鲜明。第五章考察了贺麟的直觉观。贺麟谋求结合重直觉体悟的陆王心学与重理性思辨的新黑格尔主义,试图将传统儒学转换成现代认识哲学,为其“新心学”寻找方法论支撑。文章认为他没有深入道德、情感等领域,不能不说是过于注重直觉作为方法的严谨而带来的缺失,失去了中国哲学的特色和诸多意蕴。通过考察,文章总结了早期现代新儒家直觉理论的内在理路。

关键词:新儒家　哲学思想　直觉　冯友兰　熊十力　梁漱溟　贺麟

**0155**

**太虚大师对近代基督教在华传播的回应** / 迟耀兴著 ; 楼宇烈指导. -- 北京大学, 2009. -- 137 页

论文主要探讨了中国近代佛教改革运动推动者太虚大师对基督教在华传播的回应。文章主要分为六章。第一章是引言部分。主要介绍了太虚大师与近代中国佛教,以及近代基督教在中国传播的状况。首先从基督教在中国社会上所做的慈善事业入手进行分析,然后又介绍了当时社会上的知名人士,以及近代西方和近代中国对于基督教的看法。第二章介绍了太虚对基督教教理的质疑和批判。首先,在科学方面,基督教无法用科学证明,不合“科学因果律”,基督教是人智未开之前才信仰的宗教;在民主自由方面,一神论乃不平等、不自由之因,基督教是专权的根据,是强权主义的根源;在道德方面,基督教不合“道德因果律”,自身难保,故此无法给予中国社会道德重建上的任何帮助;最后指出,欧美需要佛教,基督教不能改造社会。第三章主要讲述了太虚对于佛耶对话的看法。太虚虽然有一些佛耶“包容”“融会”的见解,但更多地倾向于强调佛教的至尊性和超越性,基督教只不过是佛教的“人天乘”、是进入佛教的初级阶段而已。第四章主要探讨了太虚对于基督教制的回应。首先介绍了太虚对基督教教制的肯定,佛教需借镜基督教,中国需要基督教精神;进而介绍分析了杨文会之基督教教制的见解对太虚的影响;最后,介绍了太虚的“志在整理僧伽制度”,如僧义、与时俱进的教制改革等问题。第五章阐述了太虚对基督教社会慈善事业的回应。首先介绍了太虚对基督教社会慈善事业所持的肯定态度,简介了其他佛教法师对基督教社会慈善事业的看法,最后介绍了太虚的《瑜伽菩萨戒》以及其对社会的关怀。第六章对论文进行了总结。

关键词:基督教　佛教　佛学　理性

**0156**

**《春秋谷梁传》礼学思想研究** / 邓文辉著 ; 李宗桂指导. -- 中山大学, 2009. -- 150 页

论文以《谷梁传》的礼学思想作为研究对象,研究

了传统文化中的核心思想,以及经学的核心内容。文章分为五章。第一章,论文从《谷梁传》"善经"的特点出发,详细分析了《谷梁传》中"以例释经"和"即经见文"两种阅读《春秋》文本的方式,凸显出其在解经目的、方法原则和基本义例等方面追求规范秩序的思想特质和以"礼"为中心的价值取向。第二章论文重点分析了《谷梁传》以"正"为核心价值,以"主正""正礼"和"正名"三方面为支撑的礼学体系。《谷梁传》对《春秋》文本进行"正""不正""非正""复正"等价值判断,从"经礼"和"变礼"两方面表达"主正"的思想,其实质就是"以礼为正"。第三章介绍了《谷梁传》的"正礼"思想。《谷梁传》贬斥破坏古代礼制的行为,阐发了"礼"具有历史的合理性和可继承性,从典章制度和行为规范两个方面来批判春秋时代的"脱序"现象,主张通过"尊王"来恢复礼的权威。第四章探讨了《谷梁传》的正名思想。主张"以礼制王",站在"守礼"的立场来讨论"尊王"的合理边界,主张以"道"来考量君臣职分,将"重民"作为君臣之道的重要内容,反映出儒家"民本"思想的鲜明特点。第五章探讨了《谷梁传》的历史影响。主要分析了《谷梁传》的礼学思想与汉宣帝时期政治、社会、文化之间的联系。

关键词:春秋　谷梁传　礼　哲学思想

**0157**

**司马光哲学思想新探** / 段海宝著 ; 张立文指导. -- 中国人民大学, 2009. -- 241 页

司马光以史名世,但其学术造诣尤厚,道德、学问及政绩皆为后世所重,影响深远,以其独特的运思方式为理学的创造发展做出卓著贡献。作者对司马光哲学思想进行新的探索研究,论文共分为导论和五章正文。导论介绍研究现状并分析,概述了宋初人文语境。第一章本于孟子知人论事之训,简略介绍司马光的生平事迹,可以概括为:诚以志学,宦海浮沉,退修通鉴,晚景芒寒。第二章主要论述司马光对天人之道的穷究探索。天人关系本是儒学常往常新的话题,一以贯之而原始要终,司马光首先选择周易而进行重新诠释,尝试天人之道贯通的新努力,试图合自然之道与人文价值为一体,以匡救时弊。第三章主要论述司马光的礼学思想。第四章主要论述司马光的"中和"思想。"中和"范畴在司马光的思想体系中具有本体地位,是司马光学术思想化繁为简的"有得"之言。他的"中和论"有深远的传统,是对儒道学派中和思想的继承和发展,通过对历史上"中和"思想的梳理,可以更加明朗地理解司马光的思想。第五章主要探讨司马光与宋明理学的关系。司马光生活在理学创造最为活跃的时期,且他与学界公认的理学创造者,邵雍、二程、张载来往频繁,经常切磋学问。他们的学术创造有共同的谈辩境域,不是截然分明的学派纷争,皆是要变社会无序为有序,无道为有道,实现内圣外王之道的贯通。

关键词:司马光　哲学思想　理学　思想评论

**0158**

**20 世纪中国哲学建构中的"情"问题研究** / 方用著 ; 谢遐龄指导. -- 复旦大学, 2009. -- 201 页

论文着重梳理了"情"在 20 世纪中国哲学中的发展脉络,力图厘清"情"在古今中西之争中的不同内涵和意义,揭示"情"之概念形成、演变的内在逻辑,凸显"情"在 20 世纪中国哲学的自我确立、构建中的特殊地位。全文分为引言、七章正文和结语。引言介绍了中西思想处理"情"问题的不同范式,以及两个范式之间的冲突与融合所生成的 20 世纪中国哲学思考"情"的新视域、新范式。第一章:从"情"到"理"——梁漱溟论"无私的感情"。梁漱溟等由"情"开始构建"情理",以与科学之"物理"争夺地盘;并主张注目于有"情"的现实人生、不远离百姓日用的中国思想传统。第二章论述了"科玄论战"中的"情""理"之争。第三章论述朱谦之的"唯情论"。朱谦之的"唯情哲学"以六经之首的《易》为思想资源,以"情"为"性",为宇宙的本体、人生的实在和通达本体的唯一方法,但唯"情"独尊、无"理"观照的哲学无疑是不够全面的。第四章论述方东美"情理集团"论。方东美以"情理集团"论生命,强调"情""理"相摄、"情""理"互生,试图走出"情"与"理"的对抗。第五章论述体、道、理哲学中的"情"。熊十力、冯友兰、金岳霖都积极回应科学、建本立极为使命,他们重建的"体""道""理"的哲学使 20 世纪的中国哲学拥有了可持续的生命与生长的逻辑。第六章论述了牟宗三的"情"与道德的形而上学。第七章论述了李泽厚的"情本体"论。结语部分总结了论文的结论。

关键词:梁漱溟　情　朱谦之　方东美　牟宗三　李泽厚　哲学思想

**0159**

**李光地易学思想研究** / 冯静武著 ; 詹石窗指导. -- 厦门大学, 2009. -- 175 页

论文对李光地的生平及著述进行探究,对其思想做了深入分析,对中国哲学研究具有重要的意义。文章分为导论和正文,其中正文分为五章。导论部分主要介绍研究的动机与目的、李光地学术思想研究回顾、课题研究的意义、思路与方法。第一章对李光地的生平及著述。首先对李光地的生平与经历进行介绍,具体包括平定三藩、收复台湾;兴修水利、利国利民;推举贤才、弘扬理学;以及李光地"三案"决疑。其次,文章介绍了李光地的学思历程及著作。第二章阐述了李光地易学思想的背景与渊源。首先介绍李光地易学思想的时代背景;继而分析李光地的易学渊源,具体包括家学渊源、诗友启迪、《参同契》的启蒙,以及程朱易学思想的影响。第三章主要介绍李光地对《周易》的基本认识以及释易的方法。首先介绍李光地对《周易》的性质与内容的理解,阐述《周易》的由来,以及《周易》的象数与义理;其次,文章介绍李光地释《易》的方法,具体包括训诂方法、综合比较、继承与创新、运用比喻、时与位等。第四章阐述了李光地的易学象数思想。文章分别介绍了李光地的"图书说","卦象说"等学说,并介绍了李光地对《周易参同契》的理解。第五章主要阐述李光地的易学义理思想。包括易与自然的关系,以及对"乾""坤"的新解,理气等问题,最后还介绍了易与心性之学。

关键词:周易　先秦哲学　哲学思想　李光地

**0160**

**从《维摩诘经》到人间佛教** / 高永旺著 ; 赖永海指导. -- 南京大学, 2009. -- 154 页

论文对《维摩诘经》及其对人间佛教思想的影响进行较深入、系统的研究,力图在揭示《维摩诘经》基本义理、思维方法和理论构架的基础上,进一步探讨其对中国佛教、特别是对现当代人间佛教思想的影响。文章主要分为八章。第一章重点分析《维摩诘经》的成书时间、译本、注疏、思想要旨、结构风格,概论《维摩诘经》对中国佛教,尤其是对禅宗、现当代人间佛教思想的影响,阐释《维摩诘经》与禅宗、人间佛教的密切关系。第二章重点探讨《维摩诘经》对小乘的批判。同时,文章还论述了《维摩诘经》的叛教思想,认为《维摩诘经》也蕴含着调和大小二乘的倾向。第三章重点探讨《维摩诘经》对于出世与入世相互关系的看法。文章依次探讨在家与出家、佛道与非道、如来种与菩萨行等问题。第四章重点揭示了《维摩诘经》"心净则佛土净"的思想。第五章重点研究《维摩诘经》"不二法门"的思维方法。重点讨论不可思议与不二法门的性质与内涵、证悟不二法门的方法与途径,以及理解不可思议本质的佛教"慧学",即般若与菩提。第六章论述《维摩诘经》与大乘佛教世俗化转向的问题。主要讨论《维摩诘经》与佛教转向的问题,以及佛教传入中国后,对以《维摩诘经》为代表的大乘佛教盛行的状况、原因等问题进行深入探讨。第七章重点分析《维摩诘经》对禅宗人间佛教思想的影响。第八章论述《维摩诘经》对现当代人间佛教的影响。

关键词:大乘　佛经　佛教　宗教思想

**0161**

**陆九渊哲学思想研究** / 高在锡著 ; 陈来指导. -- 北京大学, 2009. -- 232 页

论文是对奠定"心学"基础的陆九渊哲学思想的全面研究。文章共分为八章。第一章为绪论部分,主要介绍文章的研究目的、研究方法和相关著作。第二章研究了陆九渊的生平与家学影响关系。在考证《年谱》的基础上,将陆九渊的生平分为"求道""讲学""为官"的三个阶段,详细论述。第三章考察了陆九渊的经学观和对经典的解释观点。他一生几乎没有一部系统研究经典的书,只有少量的诗文、杂著、序赠、书信及讲学时期的语录,所以重点整理了散在《陆九渊集》中他对经典的解释。第四章详细分析了陆九渊的道学观和道统观,以及与当时被称为"道学家"一员的朱熹和张栻、吕祖谦的交流关系。文章如实地研究陆九渊与东南三贤的学问交流关系,考证了在《陆九渊集》、《张栻全集》、《东莱集》、《晦庵先生朱文公文集》以及语录中的相关资料。第五章研究了陆九渊哲学思想的核心概念——"本心"。对其所提到的本心结构和意义进行了详细分析。第六章考察了陆九渊所谓的"知行合一"的观点和"知行不一"的原因。第七章分析了陆九渊所说的讲明与践履的关系及其具体功夫方法。还有,他主张常人需要渐进地恢复本心的功夫,但他还提出"生知"者,会自然地依本心而行。因此,又研究了他所说的"扩充"与"贯通"之义。第八章得出文章的结论。

关键词:陆九渊　心学　哲学思想

**0162**

**《韩非子》思想研究** / 关立新著 ; 张锡勤指导. -- 黑龙江大学, 2009. -- 152 页

论文在对各家已有看法梳理的基础上,对于《韩

非子》的思想进行比较深入细致的研究，提出自己的看法和主张，以期还《韩非子》以本来面目。全文在内容体系上分为三部章。第一章为《韩非子》的哲学思想。文中对《韩非子》的本体论、认识论和历史观进行了梳理，并对先秦时期各家的看法和主张给予了理论的厘清与分类。《韩非子》的本体论明显体现出道本论的倾向，其中的《解老》《喻老》两篇文章阐述了“道理相应”的唯物主义规律伦和注重“参验”的认识论。第二章为《韩非子》的伦理思想。主要阐述了人性论、道德观、功利主义、公私观、基于利己自卫的人际交往原则以及韩非子的女性伦理观六个问题。韩非主张人性的自利目的，好利恶害，所以为他的法治论提供了理论依据。文章还介绍了韩非子的复杂的道德观。功利主义一节首先对义利关系进行了梳理，肯定为国家建功立业的合理性。公私观一节主要阐述了韩非所尚之法自然是公，所维护的君权与人民之私欲是对立的。第五节主要谈了基于利己自卫的人际交往原则，第六章则重点论述了韩非的女性伦理观。第三章为《韩非子》的法治论。第一节是对儒家德治主义的否定，第二节是论法治是治理国家唯一的有效手段，第三节是法、术、势三位一体，第四节是论道德关系，第五节是“以法为教，以吏为师”，第六节则介绍了基于法治的管理思想。结余部分对《韩非子》思想研究的问题进行总结，并对论文的创新与不足之处做了简要说明。

关键词：韩非　哲学思想　伦理思想　法治　人性

**0163**

**熊十力“乾元”易学思想探析** / 郭丽娟著 ； 林忠军指导. -- 山东大学, 2009. -- 127 页

论文主要探讨了熊十力易学思想，由乾元一元本体论、乾元本心论及心物合一之复杂本体论、乾元健动之宇宙论、乾元性海之心性修养论、乾元仁体之内圣外王论五个主体部分构成。文章主要分前言、正文和结语部分，其中正文分为六章。前言简要总结了熊氏易学基本观念，在概述前人研究成果的基础上，指出论文的研究角度和创新之处。第一章，首先论述了熊氏易学体系中的乾元本体具有绝对性和超越性，确立了乾元本体之主宰义和根本义。继而从体用两面论述乾元与万物的关系，指出熊氏以本体之功用解读现象。最后，通过比较乾元与太极两个概念的异同，指出熊氏易学为乾元论而非太极论的原因是“乾元”更能表达其即体即用的思想。第二章，从心、物的角度探讨乾元的属性。首先以熊氏命题“乾元本心”展开，将熊氏本心论置于宋明心学易的大背景中，指出熊氏在前人的基础上进一步结合易学与心学，从乾元易简、本心自昭、心体万物三个角度展现本心的样态。进而从心物两面探讨乾元的属性。第三章探讨了熊氏易学宇宙生成论。首先揭示其生成论的前提是乾元本体具有健动不已、生生不息的本性；然后从翕辟相反相成的转化过程，呈现乾元本体化生万物的历程。最后，对熊氏关于《大易》变易思想的阐发。第四章围绕熊氏“乾元性海”命题，展开“乾元”与人之本性及修养工夫的关系。第五章是对熊氏“乾元仁也”命题的讨论。第六章则是从解释学的角度对熊氏“乾元”思想的现代解读。结语部分总结了熊氏对易学的新发展及其创新。

关键词：熊十力　本体　周易　哲学思想

**0164**

**永明延寿“一心”与中观思想的交涉** / 郭延成著 ； 韩强指导. -- 南开大学, 2009. -- 261 页

论文注重对延寿之所以取得佛学思想上巨大成就的原因进行分析，认为延寿取得巨大成就的原因是多方面的，强调延寿正是在汲取诸多佛教大师思想精华的基础上才创造了辉煌的成就。文章分为绪论和正文，其中正文分为五章。绪论部分主要介绍文章选题的意义、研究现状综述、研究方法、创新点、难点、论文结构等。第一章阐述了延寿的时代、生平及著述。首先介绍延寿出家之前的生涯以及出家生涯；继而分析其著述，详细介绍各传记对延寿著述的记载，并简述了延寿的著作。第二章重点介绍延寿的“一心”思想。首先介绍延寿“一心”思想理论的来源；其次，对“一心”的内涵进行阐述；再次，文章分析了“一心”与真心、妄心的关系。第三章则主要探究了延寿“一心”与中观思想的交涉。文章分析了延寿对空宗的判摄，延寿“一心”思想之下的缘起论，延寿“一心”思想之下的空观，以及延寿“一心”思想之下的中道观等四个方面的内容。第四章介绍了延寿“一心”与中观交涉所涉及的理论问题。文章首先探究了“中道一心”的成立，以及延寿眼中的“中道”及“一心中道”的证成；其次，介绍了妄心的内涵、产生及本性特征；再次，文章分析了真心、妄心的关系。第五章，则主要阐述了延寿的历史地位及延寿佛学思想的当代意义。

关键词：永明延寿　佛教哲学　理论体系　思想评论

**0165**

**即超越即内在的圆融之教:牟宗三儒学宗教性思想研究** / 韩国茹著 ; 方克立指导. -- 南开大学, 2009. -- 253 页

论文以牟宗三为研究主体,全面论述其儒学宗教性思想的内涵。全文共分为绪论、五章正文和结束语。绪论探讨了儒学与宗教的关系以及牟宗三与儒学宗教性的关系。第一章论述牟宗三的人文主义宗教观。牟宗三抛弃了物质宗教与精神宗教杂而不分的“宗教”概念,在物质宗教与精神宗教区分、西方宗教与东方宗教区分的基础上,把宗教性、宗教精神当体之本质规定为人的内在主体性,人的内在主体性本身即是超越者、绝对、神圣与完全。第二、三章论述儒学宗教性的核心特征。牟宗三认为儒学不是基督教意义上的宗教但是却具有深刻的宗教性;相对于外在超越的基督教而言,儒学宗教性的形态是即超越即内在。两章分别论述即超越即内在之“即”的两层含义:1. 天道性命相贯通意义上的分析之“即”。2. 超越内在诡谲之“即”。第四章论述牟宗三的叛教思想。牟宗三在儒释道耶的叛教之中显示儒学宗教性的特性。内在超越思想提出之后,既有赞同与发展,也有否定与批判。第五章论述了现代新儒家内部第三代学者杜维明、刘述先对内在超越思想的发展,也讨论了安乐哲对内在超越的批判。安乐哲认为超越与内在这两个概念在中西文化的交流中必然蕴含了二元对立,因此不能用来阐释古典儒学。结束语对牟宗三儒学宗教性思想进行了评价,并指明儒学宗教性思想的未来发展以及儒耶对话的新方向。

关键词:牟宗三　新儒学　哲学思想　思想评论

**0166**

**中国现代哲学共相理论研究** / 韩立坤著 ; 胡军指导. -- 北京大学, 2009. -- 135 页

论文通过共相的实在问题、共相与经验的问题、共相的关系问题,以及共相重建形而上学的问题等几个大方面对中国现代哲学的共相理论展开探究。文章分为序论和正文,其中正文分为五章。序论介绍文章的内容、目的以及研究现状。第一章主要介绍共相理论的问题取向与逻辑分析方法。首先阐述了中西方哲学对共相理论的理解,其次对逻辑方法的引进进行了介绍。第二章主要分析比较了共相、殊相的内涵。首先,共相的内涵主要探究了共相与“理”的关系,指出共相是个体化的可能。其次,文章阐述了共相与“事”的关系。最后,文章对共相与殊相这一对概念进行总结,指出其为概念的内涵与外延。第三章主要探讨了共相“在”的方式及与殊相的关系。首先,文章分别从柏拉图共相论的“分有说”困境、中国哲学之“理一分殊”与“月印万川”、西方哲学对共相存在的理解三个层面对哲学史中“一”与“多”关系进行溯源;继而介绍形上世界与实际世界的区分,阐述了分析命题与先天命题的形而上学地位,指出抽象与思议和想象的区别,并比较了真有与实在。再次,阐述了“理”在“事”上与“理”在“事”先的关系。最后,阐述了“理”在事中的思想。第四章主要介绍共相的关联问题。首先对逻辑实证主义和休谟问题进行回应,分析休谟问题的困境和归纳原则的可能,最后指出共相的关联是科学知识和普遍法则的形而上学基础。第五章主要介绍中国现代哲学共相理论的意义,并对其进行反思。

关键词:现代哲学　共相　逻辑实证主义　中国

**0167**

**《礼记》礼乐教化思想研究** / 贺更粹著 ; 向世陵指导. -- 中国人民大学, 2009. -- 173 页

论文以《礼记》为基本文本,旨在对礼乐教化的理论依据、价值意义、建履方式以及旨归效用,做一基本梳理与分析。全文共分六章。第一章为引言,阐述了选题意义,分析了礼乐教化思想产生的历史背景,论述了《礼记》礼乐教化思想的形成,介绍了研究现状与方法。第二章“礼乐法天地通人伦”。论述了《礼记》礼乐教化的理论依据,以及天道、礼乐、人伦的相互交通。共分为三节。第一节说明礼乐不是人凭空制造的,而是本有法则而作的。第二节从人性论的视角回答了礼乐教化的根源。第三节论述了礼乐分工。第三章论述礼乐教化与成德的关系,分为四节。第一节从德的认识论与生成论意义方面阐述礼乐与德的关系。第二节论述德的伦理意义。第三节论述德的教化论意义。第四节论述礼乐与政治意义上的德的关系。第四章“成人和家的人生之礼”,论述人生礼仪所蕴涵的“成人”“和家”的礼义精神。第五章“慎终反始的丧祭之礼”,论述丧祭礼的礼义精神,“慎终”指的是丧礼,“反始”指的是祭礼。分为两节。第一节论述贯穿丧礼的总原则——“称情而立文”。第二节论述贯穿于祭礼的核心精神——致“敬”。第六章“出入应对的交接之礼”,论述射礼、乡饮酒礼、燕礼、聘礼等交接礼仪所蕴涵的立德、正心、尊贤、致敬、尊老、尊长、别尊卑、明贵贱、致尊让、致洁敬、和乐而不流、弟长而

无遗等礼义精神。最后为结语。《礼记》礼乐教化的旨归是“和”,而致和又是一个循序渐进的生命化的过程。

关键词:礼记 礼乐 美育 思想评论

**0168**

**中国佛教仪式研究:以斋供仪式为中心** / 侯冲著 ; 方广錩指导. -- 上海师范大学, 2009. -- 478 页

论文从斋供仪式的角度,结合田野调查,挖掘佛藏经律、敦煌遗书、俄藏黑水城遗书以及传世佛教仪轨文本中的相关材料,认真解读,分为道安三例、唱导、水陆法会、预修斋供等若干专题,考察研究了从佛教初传到南宋时期,中国佛教仪式的发生、发展和演变,对中国佛教仪式进行了全新的探索。文章分为前言、正文和结论三部分,其中正文分为六章。前言部分介绍了文章的选题背景、论文选题和切入点、使用资料、研究方法、目的和文章结构。第一章主要介绍了斋僧与斋供仪式。首先阐明了斋僧的背景和理论基础,继而介绍了斋供仪式为斋僧的不同表现形态。斋供仪式是斋僧的不同表现形态,是斋僧过程中僧人和施主互动的产物。第二章,文章指出道安三例与中国佛教斋供仪式的形成有密切关系,道安三例中的斋供仪式大致可包括行香唱赞、安佛设座、诵经转读、讲经论义、布萨忏悔等内容,论文对此进行了详尽的考释,在此基础上对什么是斋讲做了解读。第三章对“唱导”展开研究。介绍了“唱导”的背景、斋意的不同名称,并对斋意文进行了解释,最后分析了“俗讲”与“唱导”的关系。第四章探讨了斋供仪式的分类与程序。文章指出,根据斋供仪式的斋意以及程序的内容不同可以分为不同的类型。第五章主要就水陆法会展开研究。首先介绍了无遮大会与水陆法会的关系,继而探究了水陆法会的历史源流,最后介绍了水陆法会的实践。第六章对“预修斋供”的问题展开研究,最后阐述了预修类经典的源流及其影响。

关键词:佛教 宗教仪式

**0169**

**真我之觉与惺:谢上蔡哲学研究** / 黄继新著 ; 冯达文指导. -- 中山大学, 2009. -- 128 页

论文对北宋著名新儒家谢良佐哲学思想“真我之觉与惺”进行专门研究。论文主要分为引言、正文和结语三部分,其中正文分为四章。第一章“真我生活”简略介绍北宋著名新儒家上蔡先生的生平与著作,主要概述了其时代背景、学习过程、享受殊荣等。第二章“真我之觉”是对上蔡最著名的思想“以觉论仁”的研究,从这个思想的师承、创新、意义以及影响等方面加以阐述。并进一步指出上蔡“以觉论仁”说是对二程所创立的天理观、尤其是大程的主体性天理观的进一步发展和落实。第三章“真我之惺”评述上蔡的著名命题“敬是常惺惺法”。文章从该论题的禅学根源、儒学意义以及对二程的超越和对朱子等人的影响等方面做了探讨和说明。指出上蔡“以常惺论敬”是对二程主敬论的超越,既可避免大程主敬论过于松懈的缺点,又可避免小程主敬论过于拘谨的问题。常惺之敬具有积极和消极双重功用,并且成为统摄其他工夫的主要工夫。第四章“真我境界”,指出上蔡通过“理便是我”命题把大程的万物一体论落实为三种相关的境界论,“与天为一”“内外两忘”和“本末一贯”。结语部分,着重阐述上蔡在思想史上的地位和影响以及其所存在的不足,指出上蔡的哲学富有主体精神,上蔡是宋明新儒学历史上一位重要的早起心理学家。

关键词:谢良佐 哲学思想 心学 思想评论

**0170**

**《童溪易传》研究** / 姜颖著 ; 刘大钧指导. -- 山东大学, 2009. -- 127 页

论文以宋代理学发展状况为背景,分八部分论述《童溪易传》基本思想。引言重点阐述《童溪易传》的写作背景,并梳理王宗传生平及《童溪易传》撰述情况。第一章主要从王宗传对《周易》象数理占四部分内容及其相互关系的理解与观点来讨论王宗传的易学观。认为《童溪易传》在以心性为重点的儒学复兴的时代,以易学经典为文本,重在表达天道性命相贯通的思想主旨。第二章从本体论的角度论述了《童溪易传》的天道观。在继承王弼与程子易学的基础上,王宗传提出,乾元本体是人与万物存在和发展的价值根据。文章还介绍王宗传运用易学话语符号系统,以乾坤两经卦言生之本,反对汉代的卦变说。第三章论述了《童溪易传》心性论,表达了人所以能够成就圣贤的自身根据。介绍王宗传继承了中国哲学天道下贯心性的道德形而上学的传统,主要体现了王宗传主张天道性命相贯通、及人性的发育流行与天道合一的思想。第四章论述了《童溪易传》的工夫论,揭示了道德修养在实践上的可能性。王宗传主张以“存道制慾”和“敬”的工夫达到本心的澄明,实现成圣的理想。体现了《童溪易传》重德性修养,将外在追求随时的理想

收归向内在追求心性涵养的特点。第六章论述了《童溪易传》的社会政治思想,认为理想的社会建构应该是明天道而设政教,建立礼乐教化的和谐社会。最后,总结王宗传《童溪易传》的学术地位,以及论文的不足之处。

关键词:周易　天道　哲学思想

0171

**中国近代权利义务思想研究** / 姜昱子著 ; 张锡勤指导. -- 黑龙江大学, 2009. -- 215 页

论文从历史的角度入手,探讨了从鸦片战争时期到"五四"新文化运动时期中国思想家探寻国家富强的思想历程,对中国近代权利义务思想展开研究。文章主要分为五章。第一章,论述了西方权利义务思想及中国古代民本思想。首先介绍了自然权利义务的形成过程,继而讲述了近代权利义务思想的形成,并分析了中国古代的民本思想。第二章,介绍了戊戌维新之前的理论积淀。鸦片战争时期,龚自珍的"自我"和魏源的人格平等理念都是个性解放与平等的微弱呼声。早期的维新派的民本思想是民本与议会制的结合,文章从郭嵩焘、王韬、薛福成、郑观应等四位早期维新派的视角展开论述。第三章介绍了权利义务思想的正式提出与阐扬。首先介绍了康有为的平等观与社会责任观,包括以先验平等否定三纲,对女子权利的关注等问题;继而介绍了谭嗣同理想主义的平等情愫,即"仁—通—平等"的伦理观,文章还论述了其对"三纲"的批判,以及民权主张的实质;严复的权利和义务思想则主要探讨了对君主专制的矛盾态度、对自由的辩证理解、实现民权的三个要素等三方面的问题;此外,文章还介绍了梁启超的权利义务观,以及麦孟华、何启、胡礼垣的民权观。第四章探讨了辛亥革命准备时期的民权思想。其具体包括提倡国民权利以改造国民性、批判三纲、否定神权、伸张人权、提倡女权等内容。第五章介绍了"五四"新文化运动时期的权利义务思想。简要介绍了伦理的觉悟、改造国民性、科学精神、健全的权利义务观等问题。

关键词:政治思想史　权利　义务　民权　民主　近代

0172

**湛若水生平与学术思想研究** / 黎业明著 ; 冯达文指导. -- 中山大学, 2009. -- 161 页

论文主要从湛若水的生平、湛若水对白沙学说的阐释、湛若水与王阳明的学术论辩等方面,加以考证、分析与论述,以彰显湛若水生平的复杂、学术思想的价值。论文主要分为六章。第一章对湛若水的生平进行概述。分别从五十七岁以前、五十七岁至七十五岁以及七十五岁以后三个阶段介绍了湛若水,进而引出了明中期至清初关于湛若水的评论。第二章讲述了湛若水生平的若干重要问题。首先探讨了湛若水与"大礼仪",继而讲述了湛若水与严嵩的交往。第三章介绍了湛若水对陈白沙学说的解释。分别从湛若水对陈白沙的自然学说、自得学说、静坐学说等三个学说的阐发进行探讨。论文还对比分析了《白沙先生诗教解》与《白沙子古诗教解》的差别。第四章主要论述了湛若水与王阳明之间的学术论辩。首先介绍了湛若水与王阳明之间的交往,进而介绍了湛若水与王阳明关于儒释道之辨的争论,以及湛若水与王阳明关于格物致知问题的论辩。第五章阐述了湛若水关于儒家与道家之别的观点。首先交代了湛若水撰作《非老子》的背景,继而讲述了湛若水对《老子》作者的考辨,最后阐述了湛若水关于儒道之别的观点。第六章介绍了湛若水重游南岳期间的讲学与思想。首先介绍了湛若水对佛教的批评,以及其对一些历史人物的评价,此外,文章还对湛若水自己的思想进行了阐释,最后介绍了湛若水的"大同默识"之训。

关键词:湛若水　生平事迹　学术思想　思想评论

0173

**经典与历史:以《知圣篇》为中心对廖平经学的考察** / 李长春著 ; 冯达文指导. -- 中山大学, 2009. -- 160 页

论文试图从廖平最重要的著作《知圣篇》切入,从今文经学的内在视野、经典世界与历史世界的分合、由帝国形态向民族国家转型过程中儒教的新变等多个角度来透视廖平经学思想的哲学意蕴。文章主要分为导论和正文,其中正文主要分为四章。第一章主要介绍了廖平对汉代以来的中国思想传统独到的观察和深刻的反省。梳理了廖平对汉、宋两大学术传统的评价,指出宋学关注内在心性而忽略了政治世界;以"致用"为旗帜的清代汉学回归经典、关注"制度",但其训诂考据为主的研究方法加剧了经典与历史的割裂。第二章介绍了经史与语文。首先澄清了经书与史书的差别,经书之所以是经书,就在于它完全不同于历史记录。廖平认为中国文字因为早期的经典书写而获得了系统的整理,经典的作者甚至于可以看作文字的创造者。此外,文章还介绍了语文之别。第

三章探讨了大义与微言的问题。文章指出廖平在重建对孔子是“受命制作”的素王这一信仰的基础上，对汉代儒学“大一统”思想进行了改造。文章还对《论语》进行了诠释。第四章探讨了制度与疆域的问题。廖平使“三统”说展开为“疆域论”，使“三世”说转变为“制度论”。从“疆域”的角度来讲，这一转变意味着中国人对世界的认知由华夷共处的“天下”转变为万国并存的“全球”。从制度的角度来讲，这一转变意味着从已成为历史的帝国制度模型转出“待人而行”的民族国家教化理想。

关键词：廖平　知圣篇　经学　哲学思想

**0174**

**老、庄、韩“道”论比较研究** / 李慧敏著 ; 徐水生指导. -- 武汉大学, 2009. -- 174 页

论文在已有研究成果的基础上，立足于《老子》、《庄子》、《韩非子》，尝试从“道”的角度对三者思想做出整体把握，旨在探讨老、庄、韩之“道”的差异和同一性。文章除引言和结语外，共分为四章。论文主要论述了两个问题：一是阐述论文的主要思路和研究方法。二是以“道”为中心，绍述了老、庄、韩之“道”的研究现状。第一章以“天”为中心，追溯了西周“天命观”的形成和瓦解。第二章主要考察了老子之“道”。首先，老子发明了本根之“道”，并以之取代“天”，“天”被还原为自然之天，“道”是“天地万物母”；其次，在“道”物关系基础上，老子通过“道”世关系提出了自己解决乱世问题的思路；再次，老子之“道”不仅是天地万物的本根，还是自然社会的总规律。第三章主要考察了庄子之“道”。首先，庄子继承了老子本根之“道”，但庄子“道”物关系相对于老子亦有许多变化；其次，与本根之“道”相比，庄子更强调境界之“道”，并通过“道”物关系建构了“道”世关系；再次，庄子之“道”是宇宙万物的本根、法则，也是理想境界。第四章，以韩非之“道”为考察对象。韩非吸纳了老子之“道”，以本根之“道”作为其“治国之道”的来源和根据。结语部分侧重于从整体把握进行了总结：老子发明了本根之“道”、庄子强调了境界之“道”、韩非则偏重于“治国之道”，三者之“道”存在着巨大的差异；但从整体上来看，老、庄、韩之“道”都在“道”物关系和“道”世关系中展开，且以整体论的方式把宇宙自然、社会人生融为一体。

关键词：道家　法家　哲学思想　老子　庄子　韩非子

**0175**

**二十世纪末中国神秘主义思潮研究** / 李庆利著 ; 韩强指导. -- 南开大学, 2009. -- 252 页

二十世纪末中国神秘主义思潮盛行，对中国社会的发展产生了不良影响。论文对这一现象进行研究，全文共分为绪论和七章正文。绪论对选题背景、意义、研究现状等进行了说明，并对神秘主义和思潮这两个范畴进行了界定和论述，最后分析了二十世纪末中国神秘主义思潮的基本脉络与特征。第一章论述了特异功能和神化气功是如何从打着唯物与科学旗号一步步走向邪教的。第二章分析了二十世纪末中国神秘主义思潮的传播路径，主要有特异功能和“人体科学”的宣传鼓动，气功的神秘化与“神功大师”的宣传，以及“神化气功”走向民间邪教的造势宣传。第三章论述了二十世纪末中国神秘主义思潮的理论支柱，主要有：人与宇宙的遐想及终极关怀；“人体科学”夸张为“思维科学”；“灵感思维”与灵魂不朽；神秘主义与伪科学；科学界与哲学界的理论争论与民间神秘主义思潮。第四章论述了中外神秘主义的交汇与融合，首先介绍了中国传统文化中的神秘因素，然后论述了国外神秘主义对中国近代神秘主义的影响。第五章从现代西方社会的新时代运动和现代中国的新世纪运动出发，分析认为现代社会转型促使神秘主义思潮兴起。第六章分析了神秘主义思潮兴起的社会心理原因，认为是由于科学精神的缺失、思维方式的偏差以及个体和社会心理需求的混乱。第七章分析了神秘主义思潮的影响，并提出了应该如何选择治理政策。

关键词：神秘主义　特异功能　气功　邪教

**0176**

**隋唐时期儒释道的冲突与融合** / 蔺熙民著 ; 刘学智指导. -- 陕西师范大学, 2009. -- 514 页

论文立足于隋唐时期，力求完整深入地揭示隋唐时期三教冲突和融合的历程，探究其内在发展脉络，以试图对隋唐三教关系有整体的把握与深刻揭示。文章分为概说和正文，其中正文分为四章。概说部分主要包括中国古代三教关系研究概况及文章的研究思路、中国古代三教关系简况、中国古代三教关系的历史演变，以及隋唐三教关系总论。第一章探讨了隋代三教关系。主要围绕隋政权是如何在统一的政权之内将南北朝末期三教并存的经验积淀下来，做到了三教的初步国家化，初创了三教鼎立的新格局。第二章探讨了唐初(唐高祖与唐太宗时期)三教关系。在

隋代三教鼎立格局初露端倪的基础上,三教并行的文化政策继续巩固,突出的是儒家经学继汉代之后再一次一统化与国家化。第三章主要探讨了盛唐三教关系。集中反映了唐代三教关系的特点,三教鼎立真正形成,标志着中国古代社会从三国魏晋以降从儒道互补模式转入三教模式,并最终完成。第四章主要探讨唐代中后期三教关系。安史之乱的巨大社会变动使得三教关系有了新的转向,其中政权对于三教的管理与限制放松,而依赖性增强;三教之间的关系总特点是冲突明显减少,融合得到彰显,并且三教在如此大背景下,自身进行着各自艰难的裂变,寻求着新的探索。另外,论文还包括一个较长的概说,对三教关系进行整体论述,尤其是围绕三教的冲突与融合,对三教关系的演化历程进行了揭示,以期对整个三教关系有一个全面把握以及对隋唐部分三教关系有更清晰的了解。

关键词:儒家　佛教　道家　多元文化　隋唐时代

**0177**

**朱熹对孔子门人言行的诠释:以道的传承为视角** / 刘贡南著 ; 陈少明指导. -- 中山大学, 2009. -- 137 页

论文以道的传承为视角,以面向朱熹诠释的三大语境为方法,通过研究朱熹对孔子门人言行的诠释,阐述朱熹依据自己的生活经验对于《论语》这一经典所反映的生活世界的理解及其思考方式,揭示这些理解和思考的哲学内涵或普遍意义。论文分为导论、正文和结语三部分,其中正文分为四章。第一章,颜回之乐与贤,分别从所乐何事、颜回之言说、颜回之乐与他乐的区别,以及颜回之贤四个方面展开论述,介绍了孔子对擅长于德行的颜回乐与贤,体现了道的传统理念。第二章阐述了子贡之知与言。介绍了孔子传授擅长于言语的子贡知与言的具体方法,体现了道的传承方式。第三章介绍了子路之志与政的问题。分别从"亚于浴沂""其言不让""勇于义者""喟然之叹"等五个方面展开探讨,说明擅长于政事的子路以施政纲要言志,体现了道的传承目的。第四章介绍了子夏之学与仁。论文从先传后学、礼后乎、仁在其中三个方面进行分析,叙述了擅长于文学的子夏探讨学与仁的关系,体现了道的传承内容。论文面向朱熹诠释的《论语》的三大文本《论语或问》《论语集注》《朱子语类》,分别把它们当作与宋儒、古人、门人对话的三种不同语境,作为朱熹思想创新不可缺少的三个重要环节。最后得出论文的结论。

关键词:朱熹　哲学思想　儒学　阐释

**0178**

**早期全真道情欲论思想研究** / 刘恒著 ; 盖建民指导. -- 厦门大学, 2009. -- 269 页

论文以王重阳与全真七子的思想为主,以他们修炼过程中的心性变化历程为案例,详细探究了其情欲论思想,并结合现代心理学、生理学分析其合理性,力图为现代人提供安顿身心的参考途径。论文分为绪论、正文和结语三部分,其中正文分为四章。绪论部分主要介绍了道教情欲论概念的提出,道教中与情欲有关的概念,现代心理学中与情欲有关的概念,并对国内外学术界有关研究进行了回顾,进而总结了全真道情欲论思想研究的意义及理论框架。第一章研究了道教情欲论的理论基础。主要介绍了道教形气神统一的身心观,以及道教情欲论的心性学基础。第二章对全真道情欲论做了概述。首先道出全真道情欲论的教旨背景,包括"全真"的基本含义等;继而对全真道的心性层次结构进行探析,得出全真道心性层次的核心是真性,分析了情欲与真性的关系,并对全真道心性层次结构与精神分析理论人格结构进行了比较;最后总结了全真道情欲论的基本观点。第三章阐述了全真道对基本生理欲望的超越。首先介绍了全真道关于生理欲望的思想主张,继而指出生理欲望的关键是性欲,包括性机能对人的意义,以及全真道控制性欲的途径;最后对全真七子去欲炼心的案例进行分析。第四章总结了全真道情欲论的特点。具体分析了全真道情欲论与马斯洛心理学的关系,以及对全真道情欲论的再认识。最后对论文进行全面的总结。

关键词:全真道　心性　情欲

**0179**

**胡安国《春秋》学思想研究** / 刘昆笛著 ; 蒋国保指导. -- 苏州大学, 2009. -- 161 页

论文通过对胡安国《春秋传》认真细致的梳理与分析,揭示了胡安国《春秋》学思想的渊源和内容,道出了胡安国《春秋》学对南宋力学发展的作用与意义,以及胡安国《春秋》对后世社会政治文化的长远影响。文章主要分为引言和正文,其中正文部分分为五章。第一章梳理了胡安国诠释的《春秋》经典译本、制作《春秋传》的文化背景———宋代《春秋》学转型内容和北宋理学家的《春秋》学底蕴,进而对胡安国《春秋》学思想的理论渊源进行分析,并对胡安国《春秋

传》的义理诠释模式进行归纳。第二章是以胡安国对于《春秋》文本中“元”的解读为中心，剖析他是如何将“元”上升为理学中“理”的超越高度，并将之作为其《春秋》文本诠释体系的核心概念和诠释范式的，同时结合胡安国在两宋之际的政治活动和政治思想，来探讨如何以“元”作为核心将自己的精神世界与现实世界统一起来的历程。第三章以胡安国《春秋传》对孔子笔削鲁国旧史的书法原则的理学推阐为对象，分析胡安国以天理、人欲之辨为价值标准来评判《春秋》案例的思路，以此探求他以理学大义统贯《春秋》文本解读的义理诠释模式。第四章以《春秋》学的传统主题“王霸之辨”为主题，结合北宋“尊王”思潮的时代背景，阐述了胡安国承继孟子，宣扬王道，贬抑霸道的王霸之辩理论结构，对他和以往王霸之辩理论的区别进行了探析。第五章对胡安国《春秋传》中所彰显的时代话语“夷夏之辩”加以分析，梳理以往“夷夏之辩”理论对他的观点所造成的影响，结合两宋之际的时代背景，分析他以反思唐、五代以来的夷夏关系为思想基础而对“夷夏之辩”做出的新解释以及该解释的思维路径。

关键词:胡安国　哲学思想　《春秋》

**0180**

**先秦儒学对“怨”的诊断与治疗** / 刘美红著 ; 黎红雷指导. -- 中山大学, 2009. -- 154 页

论文通过对早期儒家话语系统中的负面生存体验“怨”做深入剖析，探讨了先秦儒学对“怨”的诊断与治疗的问题，以试图深入而系统地挖掘出先秦儒学中“怨”的诊断和治疗资源。文章共分为五章。第一章，先从语言学和现象学两个角度对“怨”感的本质结构和内在心理机制进行了剖析，指出生存性的受伤感、受伤责任的外向归咎、生存性的无能体验以及隐而未发却又穿透心灵的生存性敌意是构成“怨”感的本质要素。第二章，对“怨”的病原进行诊断，分析了过度的欲望、病态的自爱、不当的苦难释义与“怨”疾产生的关系。第三章，从道德层面阐述了先秦儒学中蕴含的“怨”的治疗资源。“怨”这种心理疾病与人们不当的价值观念和思维方式密不可分，在很大程度上是过度的欲望、病态的自尊以及不当的苦难释义的产物。第四章，论文从艺术的层面阐述了先秦儒学中蕴含的“怨”的治疗资源。分别从“怨”的诗教治疗、礼仪治疗、音乐治疗三个方面展开探讨，防治“怨”的根本途径就在于个体心性道德的提升和生活品质的转化。第五章，文章从社会层面阐述了先秦儒学中蕴含的“怨”的治疗资源。其主要包括社会公平正义的实施，以及对社会怨情的合理疏导。怨的消弭与治疗并不只是单纯的个体心性改良与教养问题，还内在地涉及社会正义的实施以及怨忿情绪的社会疏导问题。

关键词:儒学　怨　先秦时代

**0181**

**韩非道论思想研究:政治哲学视角的解读** / 刘小刚著 ; 周可真指导. -- 苏州大学, 2009. -- 132 页

论文从政治哲学的视角，以韩非道论为出发点，阐述韩非思想中道、理、德、法等范畴的含义，分析道在其思想中的意义及其展开，进而探求韩非法治思想中的积极影响和内在缺陷，以期提供一个重新审视韩非哲学乃至政治思想的视角和途径。文章分为序言、正文和余论部分，其中正文分为六章。第一章主要介绍了韩非和《韩非子》的相关研究状况。从身世、求学经历以及使秦的外交活动来简介韩非生平;从名称的变迁、篇目的真伪认定、篇目卷数和版本等了解《韩非子》，并就其思想的古今研究现状做了梳理。第二章从先秦道家、儒家、稷下黄老之道的发展大背景出发，阐述韩非之道的历史演变。第三章从道、德、理、性、情等哲学范畴入手，分析其在韩非哲学思想中的意义。韩非继承和发展了老子“道”的思想，并对其进行了改造，使老子“自然之道”转化为其社会政治秩序中的“必然之道”。第四章对君、道关系做了辨析。鉴于宗法等级社会的需要，从老子开始，先秦诸子往往不自觉地以道证君，简单地将天道与人君相比附。论文进而分析了韩非政治秩序设计中的明君形象以及君所取舍之臣民。第五章重点阐述明道、法之结合演进过程。“道”与“法”的关系，在先秦经过了由“道生法”到“因道全法”的发展过程。第六章分析和探讨了韩非道论思想的现实关照——法治论。余论部分简要回顾了道在中国历史上的基本发展途径，并对论文之主要内容做了归纳总结。

关键词:韩非　道　政治哲学　哲学思想

**0182**

**在情与礼之间:论明清之际的礼学转向** / 刘永青著 ; 干春松指导. -- 中国人民大学, 2009. -- 220 页

明清之际，思想界出现了两种令人瞩目的现象，一是情欲的觉醒，一是礼学的复兴。两者之间看似互不相关，甚至相背，但又存在着密切的联系，它们在同

一时空中进行着不断的交融和对话，共同推进了明清之际的礼学转向。作者对明清之际的礼学转向进行研究和讨论，全文共分为导言和七章正文。导言对情与礼的关系起源进行探讨。第一章介绍明清之际的情欲观与礼学复兴的萌动，首先介绍了从先秦时期到明清之际的情欲观，然后重新阐释了明清之际理欲关系，最后探讨了情理的流转与复礼的萌动。第二章论述了明清之际的情欲觉醒与重礼思想之蔚起，包括明清之际"遂欲达情"的思想趋向，"情识而肆"的社会风气以及移风易俗的重礼诉求。第三章分析认为明清之际对宋明礼教的反思是情与礼的冲突。首先介绍了以天理为基础的宋明礼教，然后分别论述了"合私以为公"思想对君权的挑战，亲尊之辨与父权的动摇以及"夫妇之恩"对夫权的抗衡这三个方面的冲突与反思。第四章分析认为明清之际复兴礼学的努力是情与礼的调和，包括有：明清之际的崇礼之风；重情原则下的新"礼"观；情欲之重视与礼的践履；明清之际的礼学转型。第五章通过经学背景下的礼学研究，达情与循理的双重维度以及重礼思潮三个方面来论述了明清之际礼经对情欲因素的诠释。第六章探讨了重情原则下礼秩的重建。第七章论述了"遂欲达情"与清代礼学的兴盛之间的关系。

关键词：礼　理学　儒家　哲学思想　明清时代

**0183**

**方以智心性论思想研究** / 刘元青著 ; 吴根友指导. -- 武汉大学, 2009. -- 235 页

论文通过对方以智心性论思想的研究，对其相关的学说进行探讨，对方以智思想有了深入了解，对当代哲学思想的发展也具有重要意义。文章分为引言、正文和结语部分，其中正文分为四章。引言部分主要介绍研究现状、存在问题、研究方法、重点及意义。第一章阐述了方以智的天道观。文章首先分析了"因时设施，各有方言"——"於穆不已"之天道诸异名及其内涵。其次，文章还介绍了"举一明三"——体用相即的圆融论思想，具体包括"一""二""三"的内涵，"一在二中"的体用圆融论，"举一明三"的两种涵义三部分内容。第二章主要阐述了方密之的心、性观。文章分别从方密之论性与论心两个层次展开探讨。第三章主要探究了方密之论善恶与情的问题。首先介绍"至善在善恶中"的善恶论；继而对"情不可纵，亦不可灭"的情欲论进行深入分析。第四章主要介绍"打通内外"的工夫与"率性"之境。文章从"但肯见心，自然见性"的修养工夫、"格破内外"与"致无知之知"的格物、致知论、"外学多、内学一"的工夫论三个方面对"打通内外"的工夫论进行分析；并对"从心率性"及"礼"进行思考，探讨了"率性"与"无故不去琴瑟"的思想，分析了"法为中下者立"论。结语部分主要是对方密之思想归宗的认定，具体对方密之本人及其亲友说法进行了检讨，并对其思想归宗进行认定。

关键词：方以智　哲学思想　理学　明代

**0184**

**现代化进程中关于中国传统终极文化命运的实证研究** / 卢宪英著 ; 康晓光指导. -- 中国人民大学, 2009. -- 130 页

论文以经验数据为基础，通过简明清晰的推理，澄清了两个问题，一是中国传统终极文化的生存状态，既不是华夏中心论所言的"一成不变"，也不是欧洲中心论所言的"彻底消亡"，在经历了一个半世纪的被妖魔化的历史之后，经过损益的传统终极文化仍然活着，并且仍然对文化、政治、国际关系具有强大的影响力。二是传统文化复兴现象，并不是一场误会，而是历史的必然，不是稍纵即逝的泡沫，而是一个长期历史趋势的开端。论文还分析了中国传统终极文化之所以会在此时此刻走上复兴之路的机制。首先是中国的终极文化具有超越时代的素质，这种素质孕育了其复兴的可能性；其次是工具文化现代化获得了空前的成功，这种成功创造了使其可能转化为现实的条件。可能性加上有利的条件，造成了一种大势，在这种大势的驱动下，其他因素和机制开始发挥作用。一方面，民间在"结构性紧张"的驱动下，在良好的"政治机遇结构"下，开始复兴中国传统终极文化。另一方面，政府也为了解决自身面对的问题，开始推动传统终极文化的复兴。民间与政府的良性互动，相得益彰，最终改变了传统终极文化持续衰落的百年大趋势，并使其走上了复兴的轨道。论文建立了"中国传统终极文化演变理论"。该理论继承了"二元文化分析框架"，把文化划分为终极文化和工具文化；根据终极文化的属性和工具文化现代化的状态解释终极文化的命运；讨论了中国传统终极文化的基本演变模式；得出了传统终极文化的命运是其自身属性、工具文化现代化程度、时代因素共同作用的结果。

关键词：中华文化　传统文化　现代化

0185

**现代性视域中的牟宗三哲学** / 卢兴著 ; 李翔海指导. -- 南开大学, 2009. -- 252 页

论文着眼于"现代性"的视域对牟宗三哲学思想予以全面考察,展现牟氏哲学与"现代性"之间的复杂关系,以此透显出"现代性"问题在中国语境中的复杂性,进一步通过考察牟宗三对这一问题的思考和解决方式,揭示其思想的积极贡献与内在问题以及对于"中国现代性"构建的启示。文章分为引言和正文,其中正文分为五章。第一章梳理了"现代性"的概念起源、基本特征及其在西方与中国不同语境中的发展演变。文章坚持"多元现代性"的观念,考察了"现代性"的普遍内涵与特殊文化语境之间的辩证关系。第二章从文化层面揭示牟宗三的"现代"意识,在总体上把握其对于"现代性"的基本立场。牟宗三对"现代"有切身感受,体现出鲜明的现代性意识,在"普遍"与"特殊"的哲理思辨中对"现代性"予以定位。第三章从哲学理念层面审视牟宗三哲学的现代性特征。首先分析了牟宗三与西方近代主体哲学,并着重分析了牟宗三的主体性哲学理念。牟宗三在传统的基础上,借鉴了康德、黑格尔哲学的概念和框架,在"人格主体性""世界统一性"和"历史目的性"三方面消化了现代性精神,体现了其汇通中西、双向诠释的思想特征。第四章展现了牟宗三哲学与"现代性"之间的双向互动。阐述了面向现代性的儒家哲学重建,以及立足于儒学的现代性批判的问题。第五章,论文对牟宗三哲学进行总体定位,并总结了其哲学思想的意义。

关键词:牟宗三　哲学思想　西方文化　思想评论

0186

**通经明道 康国济民:李觏的外王思想** / 鲁学军著 ; 林宏星指导. -- 复旦大学, 2009. -- 163 页

抱着好奇的心情,作者对李觏思想进行研究,试图在前人研究的基础上,全面介绍李觏哲学思想的特点,强调他对传统儒家学说的继承与突破,并进一步凸显他在中国哲学史的地位。全文共分为前言、八章正文和结论。前言介绍研究的背景与意义等。第一章为导论,扼要地介绍了唐中叶以来至北宋中期的学术背景、李觏的生平著作以及李觏思想的发展、性格。第二章阐明了李觏的礼学思想,并通过与荀子礼学思想的比较,说明了李觏对儒家之礼的继承和发明。第三章介绍李觏的易学思想,李觏将易道与礼合而为一,把易道从玄学下解放出来,突出了他重人事的学术性格。第四章论述李觏的天命、人性论,也涉及了他"义利并用,王霸兼顾"的思想。第五章介绍李觏排斥佛道的特点,是他哲学思想的延伸,突出了李觏在北宋思想转型时期的历史作用。第六章讨论李觏富国、强兵、安民的经世思想,在肯定李觏为进步思想家的同时,重在说明他对传统儒家外王思想的继承和发展上。第七章从儒家道统的传承上,阐明了李觏作为一代儒宗的独特贡献和理论缺失,指出了他是儒法合璧的探索者和杰出的社会批评家。第八章探讨了李觏对后世,特别是对王安石和张载的思想影响,也涉及了李觏与南宋事功学派的关系问题。结论部分总结了全文。文章末尾的附录讨论了"关于李觏不喜孟子",是全文不可分割的组成部分,也在一定程度上表述了作者的个人见解。

关键词:李觏　哲学思想　儒家

0187

**彝汉两族思想关系论:彝族哲学思想的新诠释** / 罗昆著 ; 伍雄武指导. -- 南开大学, 2009. -- 198 页

论文首次对少数民族(彝族)与汉族的思想关系做出比较全面、系统的论述。提出两者之间存在双向、交互影响的关系,而不仅是少数民族(彝族)被汉化的关系。彝族意识形态研究是研究彝族文化的一个重要方面,能够从深层次上揭示彝族的民族精神。本课题的研究将从彝汉民族文化关系的角度来研究彝族的哲学思想,从而揭示出彝汉哲学思想之间的内在关系。论文共分为绪言、五章正文和结束语。绪论介绍选题原因、研究意义、思路与方法,并对彝文哲学文献进行概述。第一章主要从彝族历史文化的特点,历史上彝汉政治经济关系和历史上彝汉的民族与文化交融三个方面概述了彝族与彝汉关系史。第二章分别对彝族创世神话、彝族宇宙论、彝族方法论、神灵世界进行了诠释。第三章从两族关系诠释彝族宗教观念。首先论述了彝族毕摩教与彝族文化的关系,接着诠释了彝族祖先崇拜的现象,然后对彝族土主信仰进行了诠释,最后对彝汉神谱进行了比较分析。第四章诠释了彝族社会历史观,主要诠释了圣祖合一论、礼仪德行论、善政治国论三个方面的社会历史观。第五章诠释了彝族伦理观。首先探讨了交流与融合中形成彝汉伦理观的共性,接着讨论了彝汉伦理道德观念的一致性,最后论述了个人修养论与宗族论的共性。结束语部分总结了彝汉两族哲学思想关系的特点及启示。

关键词:彝族　汉族　哲学思想　文化关系

0188

**方以智儒、佛、道三教会通思想研究** / 彭战果著 ; 颜炳罡指导. -- 山东大学, 2009. -- 221 页

论文讨论的主题是方以智三教会通思想,通过论述,证明了儒、佛、道三家的核心概念、命题的本质即是方以智所建立的本体论体系,以此揭示了三教会通所以可能的依据。论文主要分为导言和正文,其中正文分为六章。导言部分主要介绍中年遇际与三教会通自觉、三教会通命题分析和界定、研究述评及论文观点的提出三方面的内容。第一章主要介绍三教会通的外缘。首先分析吴观我"圆三宗一"说和觉浪道盛"托孤说";其次分析早期方氏易学,具体包括方学渐"虚实合一"说、方大镇"善贯有无"说和王宣"河洛"说三种学说;最后,文章还介绍了方孔炤易学思想。第二章重点介绍三教会通的根源。文章分别从"所以""有、无""一二之辨""三分架构""心物一体"等五个层次展开探讨。第三章主要分析会通儒家的依据。首先对《论语》概念进行分析,接着对《中庸》概念进行分析,最后阐述了性论形上意义。第四章主要介绍会通佛家的依据。文章介绍了会通禅宗的根据,并分析了《易》与华严的关系。第五章则重点探讨了会通道家的依据。文章先阐述了《庄子》与诸家的会通,接着又对《庄子》的相关概念进行分析。第六章主要对三教会通进行反思。分析了三教会通的历史特征,并对其思维特点进行探究。

关键词:方以智　哲学思想　儒家　佛教　道家　思想评论

0189

**戴震哲学思想发微** / 朴永镇著 ; 陈来指导. -- 北京大学, 2009. -- 258 页

论文对清代思想家戴震的"以人为中心"的人本位哲学思想进行分析,旨在推进哲学研究的深入发展,对人重新进行哲学的探讨。文章分为导论和正文部分,其中正文分为八章。导论部分介绍研究戴震哲学思想的研究目的、研究方法,并介绍了戴震的哲学著作。第一章阐述了戴震之前的社会、学术状况以及他的学术历程及其成就。第二章阐述了考据学与哲学之关系以及戴震哲学的理论框架。第三章阐述了戴震进行哲学研究的动机与目的及其方法论。第四章,阐述了"气化即道""理在事中""理存于欲"等戴震的天道思想;戴震对宋明天道论起源的观点。第五章阐述了"命性才""欲情知""私与蔽""自然与必然""性善才美"等戴震的人性思想;戴震对历代儒家人性论的评论。第六章阐述了"仁义礼智""智仁勇""权衡轻重""修养之道""以理杀人""体情遂欲"等戴震的人伦日用之道与社会思想;戴震对宋明儒学的人道论的批评。第七章阐述了戴震哲学的思想渊源、变迁过程、社会影响、其后学术潮流。第八章阐述了戴震学术、哲学的特点,试论了戴震哲学的历史意义。通过批判宋明儒学的空疏玄虚、不务实学,戴震试图把哲学从天上引回到现实世界中。但这并不是简单的回归,而是思维由抽象的具体演进为具体的抽象,在清代以及当代的学术和社会进步都具有积极的意义。

关键词:戴震　哲学思想　天道　人性　人道

0190

**贾谊《新书》思想研究** / 乔向春著 ; 郑万耕指导. -- 北京师范大学, 2009. -- 104 页

论文对贾谊《新书》诸多方面的思想进行概括分析,旨在为回溯古典时期的思维特征提供有益的帮助。文章正文共分为五章。第一章是对贾谊及其《新书》思想研究的简述。文章首先对《汉书·贾谊传》进行论述,接着对《新书》的研究状况进行简述。第二章主要对《新书》基本哲学思想进行分析。文章从道的观念和德的观念两个方面展开探讨。具体从道的观念所体现出的认识意义、道的特征、道与人对自身的自觉认同意识三方面介绍了道的观念,又具体从德的观念所体现的认识意义与行为意义两个方面对德的观念进行论述。第三章对《新书》基本哲学思维进行概括。首先介绍《新书》的世界观念,接着介绍《新书》中的本质观念,然后对《新书》中的整体观念进行分析,此外,文章还分析了《新书》中关于整体与人口自身关系的观念,以及关于人自身成就的观念。第四章,对《新书》社会政治思想进行研究。首先对仁义之说进行探究,分析《新书》社会秩序思想的基本观念,指出仁义观念体现的社会自组织功能意义;其次,文章对"君道"进行阐述,分析《新书》社会秩序思想中的君主观念;再次,文章探究了"民本"思想,对《新书》社会秩序思想中的民众观念进行详细分析。第五章主要对《新书》中社会文明与教化思想进行研究。

关键词:贾谊　新书　政书　思想评论

**0191**

**《太平经》哲学思想探微** / 史婷婷著 ；丁原明指导. -- 山东大学, 2009. -- 140 页

论文以“《太平经》哲学思想探微”为题,试图对《太平经》的理论渊源、思想体系、内在矛盾及其在道教发展史上所发挥之承前启后的作用做一探析,力求揭示出早期道教思想的历史渊源、理论特质以及发展演变等问题,以彰显古代道教所蕴含着的时代精神和文化意义,企冀对这个业已形成的理论热点推动波澜,进而消解学界在这项研究上的薄弱环节。全文共分为导论、五章正文和结语。导论主要论述了目前学界研究的概况及其不足,阐明了论文所采取的基本思路与研究方法,并对文章的拓展及不足之处进行了总结。第一章着重论述了《太平经》与太平道的关系,《太平经》的著者、成书年代及其思想来源。第二章主要论述了《太平经》“道”“气”“神”的宇宙论。第三章主要阐释了《太平经》宗教神学的天人观。第四章主要剖析了《太平经》的生命观、修养观与炼养观。第五章主要阐释了《太平经》“天下太平”的政治哲学。指出:相比于后世正统道教的离尘遁世、专注修仙,《太平经》作为早期道教经典,有参与社会政治生活的强烈愿望。结语对《太平经》在哲学与宗教上的贡献和不足进行了概括和总结。强调该书在宇宙论、天人观、生命伦理学、社会政治观等方面,既蕴含着哲学理性的光芒,又表达了一种人文关怀、社会关怀的生命精神,直到今天仍有对其继续解读的价值。

关键词:太平经　道教　宗教哲学　哲学思想

**0192**

**穷理致用:真德秀哲学思想研究** / 宋道贵著 ；徐洪兴指导. -- 复旦大学, 2009. -- 137 页

真德秀哲学思想可以概括为穷理致用,作者对其哲学思想进行研究,全文共分为绪论、四章正文和结论。绪论介绍了真德秀的生平事迹、学习经历等人物背景知识,概述了目前对真德秀哲学思想的研究现状,最后交代了论文的研究思路。第二章论述了理气论的起源、继承和发展历程。首先介绍了从周张二程到朱熹以来理学宇宙论的形成,论述理学宇宙论兴起的思想缘起,理学宇宙论是从周敦颐、张载、二程到朱熹逐步构建的。其次论述了真德秀对理学宇宙论的继承与发展,真德秀认为理是“使之然”者,而且理事应当保持一致。第二章论述了真德秀哲学思想中的心性论。主要分为五个方面:(1)心者一身之主;(2)心之本体;(3)心即仁,仁即心;(4)心之德、爱之理;(5)人心、道心。第三章论述了真德秀哲学思想中的功夫论。主要分为四个方面:(1)主敬;(2)主静;(3)养气;(4)道德修养功夫的养生论意义。其中关于主敬的方面,又详细介绍了主敬说的思想流变,界定了敬字之义,主敬说主张毋不敬,俨若思,安定辞;省察、克治、存养。第四章论述了真德秀哲学思想中的知行论。具体来说,真德秀认为应当格物致知,知及仁守,知行一致。结论部分总结了全文的主要结论,认为真德秀哲学思想是对朱子学的继承与发展,为朱子理学的发展做出了重要的贡献,在中国哲学史上占有重要的作用和地位。

关键词:真德秀　心学　理学　哲学思想

**0193**

**荀子“美善相乐”的礼乐思想研究** / 宋宁宁著 ；姜日天指导. -- 中国人民大学, 2009. -- 150 页

荀子对礼乐文化的理论探讨是一次深入的,有创新的归纳整合。在承认礼仪规范及和谐美感等作用的基础上,将礼乐纳入美善相乐的道德修养及社会规范之中。这正是论文的研究重点所在。全文分为导论、六章正文和结语。导论对荀子其人其书及其美善相乐的礼乐思想进行了一个基本交代,进而阐发研究荀子礼乐思想的理论意义和现实意义,并综述了相关研究的现状,最后交代了论文的研究方法和基本思路。第一章探究了礼乐思想的源泉。从与上古时期相关的文献中分别论述了“礼”之思想产生的萌芽及“乐”之思想产生的萌芽。第二章论证了荀子的礼乐乃是人道之极。荀子对已有的礼乐思想进行了整合与重组。在荀子看来,“礼”即道德境界的最高层面,是“人道之极”。第三章从天地乃礼乐之大本的角度切入,论证了“明于天人之分”“不求知天”都是特定语境下的表述,不可理解为天与人的截然两分。第四章从内修性而外定分的角度讨论了荀子的礼乐之礼在修身及之人方面的作用。第五章从善民心而易风俗的角度探讨了荀子的礼乐之乐在成性成德方面的作用。第六章结合此前的礼与乐思想的考察探究,在儒墨道各家礼乐之辨的基础上,通过由学致诚,明确了礼乐之“美善相乐”的终极和谐意义之所在。结语部分对于儒家的道德与政治之间的关系做了界定。

关键词:荀况　哲学思想　礼乐　道德

0194

**余英时对中国传统文化的现代诠释** / 苏菡丽著 ; 蒋国保指导. -- 苏州大学, 2009. -- 110 页

论文从余英时对中国传统文化的现代诠释的角度来观测余英时的学术理念、方法与特色,并依据余英时独特的研究视角、理念和方法来审视余英时对传统文化内在特性、内在变迁的诠释,及对中国文化重建的探索。文章主要分为绪言和正文部分,其中正文分为六章。绪言部分主要介绍了余英时与现代诠释、余英时的学术研究特点、综述。第一章概述了余英时的学术生命历程,以及其学术因缘和学术渊源。第二章介绍了余英时对传统文化诠释的理念与方法。论文对"诠释"做了探讨,其具体包括现代学人说"诠释",陈寅恪、钱穆的"诠释",以及余英时的诠释理念与方法。第三章主要介绍了余英时对中国传统文化的价值系统的论述。具体分析了余英时对中国文化的"内向超越"性的讨论,指出内向超越价值系统的文化表现,即内向超越系统导致中国没有发展出民主与科学,但内向超越系统不妨碍中国发展资本主义。第四章介绍了余英时对文化内在变迁的论述。首先介绍了"内在理路"的提出,接着介绍了余英时对"内在理路"的应用,最后总结了"内在理路"的思想要义。第五章,探讨了余英时对中国文化的现代价值与重建问题的看法。主要分析了中国文化的现代危机、现代价值以及现代重建等三个方面的问题。第六章分析了余英时在现代学术史上的地位,总结了余英时文化研究的现代意义,最后对余英时学术思想提出了质疑。

关键词:余英时　学术思想　传统文化

0195

**孔孟人生哲学研究** / 苏俊霞著 ; 郑万耕指导. -- 北京师范大学, 2009. -- 89 页

论文通过对孔孟的人生价值观、生死观、人性论、理想人格论的详尽细致的梳理,对孔孟人生哲学进行了深入探讨。文章共分为前言、正文和结语三部分,其中正文分为四章。前言部分介绍了孔孟人生哲学的意义、研究状况,并说明了论文重点突破的问题以及尚未解决的问题。第一章,介绍了孔孟的人生价值观。从仁义的内涵入手,继而阐述了仁义的重要性,仁义的修养以及孔孟的义利观;并对孔孟的崇中思想做了分析,分别介绍了孔子的中庸思想和孟子的"中道"思想。第二章探讨了孔孟的生死观。分别从生存的可贵性、死亡的必然性与偶然性、悲死与安死的态度、对鬼神有知觉的怀疑以及对死亡仪式的重视等五个方面展开分析。第三章分析了孔孟的人性论。首先介绍了孔子"性相近,习相远"的人性论,人的本性都是相近似的,后天的修习使人与人之间产生了不同人性。继而介绍了孟子"人之所以异于禽兽者几希"的性善论,包括性善论的内容、孟子对人性善的论证以及对性善论的评价。第四章针对孔孟的理想人格论展开研究。首先分析了孔孟理想人格的特质,其中理想人格具有多个层次,包括圣人人格、贤人人格、君子人格、士人格等,每一层次的理想人格都具有各自的特质;论文进而提出,孔孟成就理想人格的内在依据是他们的人性论;最后,论文对孔孟理想人格的实现方式做了探讨。

关键词:孔丘　孟子　人生哲学　仁　义　中庸　人格

0196

**西周的哲学译词与中国传统哲学范畴之关联** / 孙彬著 ; 魏常海指导. -- 北京大学, 2009. -- 84 页

论文以西周的哲学译词与中国传统思想文化之间的关联为主线,以"哲学""性"与"理"这三个哲学概念为关键词,分别考察了西周对于这三个重要哲学概念的翻译情况以及中国传统哲学概念对其翻译的影响;并且就西周对于西方哲学的理解做了进一步探讨。文章分为五章。第一章为绪言。第二章介绍了关于哲学一词的翻译。文章通过对西周全集进行通读,在对现行相关研究进行客观分析的基础上,按照时间顺序,就西周将"philosophy"译为"哲学"一词的过程的问题,提出与以往的研究不同的看法与见解;同时对于西周之所以将"philosophy" 译为"哲学"一词的原因的问题进行探讨,指出中国传统哲学概念对其影响是解决该问题的关键所在,试图对西周"哲学"一词翻译的研究提出新的解决思路与研究视角。第三章主要介绍了西周译名中出现的"性"及其对"性"的认识。文章在通读西周哲学文本的基础上,考察到西周关于"性"的英文译词有"nature""faculty""property"以及"attribute"。第四章主要介绍西周对理的翻译以及认识。关于理的词有"reason""law""principle""idea""truth"以及"relation"。通过对这些英文词汇的考察发现,除了中国传统哲学中在形而上的意义上来理解的"性"与"理"之外,西周还赋予"性"与"理"这两个概念以形而下的含义。第五章为结语部分。

关键词:西周　哲学思想　日本　中国

**0197**

**项安世易学思想研究:《周易玩辞》解读** / 谭德贵著 ; 郑万耕指导. -- 北京师范大学, 2009. -- 191 页

论文试图对南宋著名易学家项安世之易学思想做一全面系统的探讨,以使我们深层理解这一伟大历史时期思想演变的大致脉络。文章主要分为六章。第一章在论述项安世的生平与著述情况后,从宋朝历史本身的特点、文化史的特点、易学本身的历史与逻辑特点出发,论述了项安世思想的历史与逻辑背景。第二章指出,宋朝易学基本上形成了疑经派、守经派义理创造派等诸多学派。项安世是一种综合性人物,从立场看属于纯儒,思想上又自称是对程颐易学思想的继承与发展。第三章指出,项安世是义理与象数统一的易学家,他的卓越贡献首先表现在他提出了“二圣人之道”的思想,从言、象、辞的统一中,实现象数义理内在的逻辑的统一。第四章主要探讨项安世象数易学思想。项安世首先继承了汉易合理的象数思想,而非像王弼般扫象,亦非程颐式轻象,并在此基础上对汉易理论进行了改造与发展,对卦变、卦气、大衍之数等进行了研究,提出许多新观点。第五章在继承王弼“一”的思想的前提下,赋予“一”以气的内涵,并且严格遵循明天道而推人事的理论逻辑。第六章指出,宋朝时,中国传统文化的核心面临由《五经》向《四书》的转变,朱熹一生都在确立《四书》至高无上地位,所以,宋朝诸多思想家都有轻《五经》之倾向,项安世则坚守《五经》之至高地位。

关键词:项安世　周易　象数之学　哲学思想　宋代

**0198**

**陈乾初哲学研究:以工夫实践为视域** / 汤建荣著 ; 吴震指导. -- 复旦大学, 2009. -- 235 页

论文以工夫实践为视域来诠释明末清初思想家陈乾初的实践哲学,旨在阐明陈乾初哲学“问题意识”是对于时代课题的反省,是由反思学术蹈空产生的经世关怀以及由此而来的经验强调。文章分为导论、正文和结语部分,其中正文分为六章。导论部分主要介绍文章的引言、综述与问题、目的与方法。第一章针对陈乾初的生平、著作与思想背景展开讨论。第二章主要介绍“以气见性”的问题。文章具体分析行善本体、性相近、实践能力、义理之性与气质之性、以气见性、扩充尽才始见性之全等五方面内容。第三章则对理欲论展开探究。首先分析对天理的态度,其次指出人欲正当处即天理,最后文章分析“恶源于习”的问题。第四章分析力行实践的思想。文章从慎习复性、体证本心的工夫、改过实践、知行合一等四个方面展开分析。第五章主要介绍《大学》非圣经的问题。文章首先分析了《大学》的结构,接着介绍辨《大学》之原因,此外文章还介绍《大学辨》的主旨和评价。第六章从素位与葬论思想两方面介绍了社会关怀这个问题。最后结语部分指出,乾初之学并未脱离宋明理学的传统,仍然属于心学一系,是理学的重要补充与发展。儒家的义理思想最终要表现在力行实践上,乾初正是对儒学实践传统的继承与发扬,努力开拓儒学发展的新方向,对儒学向“平实朴素”回顾做出了重要贡献。

关键词:陈乾初　实践　心学　哲学思想

**0199**

**《太玄》易学思想研究** / 田小中著 ; 刘玉建指导. -- 山东大学, 2009. -- 129 页

论文对《太玄》易学思想进行研究,全文共分绪论、五章正文和结语。绪论从扬雄个体因素对《太玄》创作背景进行了探讨,评述了学界关于《太玄》易学思想的研究,进而提出问题,形成论文研究视角。第一章对《太玄》的创作背景进行了宏观考察,认为杨雄在西汉今古文经学的大背景下,形成了精通和博识相统一的知识形态与经典诠释观。第二章对《太玄》象学进行探讨,认为其彰显了易象之学中隐含或潜萌的思想因素。第三章分析了《太玄》的数理结构,认为《太玄》的“三分”是《易传》“二分”数理思想的演绎;其九赞是把《易》中蕴含的思想因素即六爻可以反映事物的发展过程普遍化,同时表现出对《易》“知几”“中和”“物极必反”等思想的融摄;其八十一首是对卦气学说的吸收和改造,彰显了《易》卦之时的思想。第四章论述了《太玄》的主要义理,认为其“罔直蒙酋冥”的宇宙论体系及其进一步抽象而成的数字图式,是对《易传》宇宙论思想的发展;其以“思”“心”决定祸福,是对《易》道德践履主体做出的诠释。第五章讨论了《太玄》的筮法,认为其继承《易传》“尚占”思想,形成了体现“人谋”的完备的筮占体系。结语部分首先从扬雄的治易方法、释易方面述及《太玄》对后世易学的影响,也分析了其影响远逊于《周易》经传本身的原因。其次总结了论文的主要结论。

关键词:扬雄　周易　太玄　哲学思想

0200

**先天后天:邵雍哲学思想研究** / 王诚著 ; 陈来指导. -- 北京大学, 2009. -- 290 页

论文以先天后天为题,综合论述邵雍哲学思想,探讨了其图学、易学、历史哲学、诗学和方法论。文章主要分为前言和正文,其中正文分为五章。前言部分,通过对于邵雍的家世与学承的分析 ,结合其生平对其学术思想为其正名,并介绍了他的著作及其流布情况,以及新中国成立以来的研究现状和文章的价值取向。第一章,文章以《先天图》为中心,在总结前人研究成果的基础上,探讨了图书之学的起源以及各种围绕他的争论,不但究其然,更注重于究其所以然。此外,论文还探讨了图学之学及其与易学、理学的关系,并分析了《先天图》缘何而作,及朱熹对其改造。第二章,主要介绍了邵雍根据《先天图》所构建先天易学思想。文章从先天后天的划分上入手,介绍了邵雍的三种标准;针对邵雍之学历来被“数学所掩”的历史现状,文章运用唯物辩证法中有关质、量、度的范畴来解析邵雍易学中的理、数及理数概念,述理数之辨;论文还对物理性命、易外别传方面的问题进行探讨。第三章首先通过中西历史哲学的比较,认为邵雍的历史哲学是一个天人合一、时空一体的庞大体系,反映了中西方哲学精神的根本差异。此外,文章还探讨了邵雍的华夷之辨及道统孔思想。第四章通过“有无之境”“安乐逍遥”“诗意栖居”和“理趣理障”四个环节来揭示邵雍的境界哲学。第五章,文章介绍了邵雍以先天“心法”追求主观辩证法与客观辩证法统一,并提出了四象比类法、加一倍法和以物观物等认识方法。

关键词:邵雍　理学　哲学思想

0201

**蔡沉《书集传》校注与研究** / 王春林著 ; 向世陵指导. -- 中国人民大学, 2009. -- 156,303 页

论文旨在对《书集传》进行校注与研究,以彰显其学术思想价值,也算是首次对《书集传》进行较全面而系统的文献整理与思想研究。论文分为导言、上篇、下篇。上篇为《书集传》的研究,下篇为《书集传》的校注。导言主要介绍论文的选题意义、研究现状和难点、论文特点与创新之处、基本思路及研究方法。上篇是《书集传》的研究。第一章是立身与宏道,介绍蔡沉的生平与著述。第二章是变古与阐理,介绍《书集传》的学术背景。第三章是达意与考辨,介绍《书集传》的解经特色。第四章是师说与己意,论述《书集传》与朱熹《尚书》学的关系。《书集传》得之于朱熹的真传,但蔡沉也有不少自己独到的见解。第五章是天理与民心,论述《书集传》的天命观。天命观是《尚书》也是《书集传》的核心思想,蔡沉天命观的实质就是天理思想。第六章是执中与建极,论述《书集传》的心法论。心法论与天命观一样是《书集传》的核心思想。《尚书》被蔡沉视为“求心之要”,因此将“求圣人之心”定位《书集传》的宗旨。结语论述了《书集传》的历史地位及其影响。《书集传》首先是一部理学著作,既继承了程朱思想,又有不少的创见,在理学史上占有重要地位。下篇是《书集传》的校注。此片采用繁体字,竖排版。包括凡例、校注正文、跋三部分。《跋》是笔者对《书集传》的补充说明。

关键词:尚书　注释　校勘　蔡沉　宋代

0202

**前驱先路者的探索:薛福成文化观研究** / 王冬著 ; 韩强指导. -- 南开大学, 2009. -- 270 页

论文采用史论结合、比较分析的方法,以薛福成为个案人物,通过对薛福成的思想渊源和所处时代历史背景的深入分析,深刻地揭示和把握薛福成文化观的内在哲学逻辑。文章分为绪论和正文部分,其中正文分为五章。绪论部分主要介绍薛福成研究综述、选题意义、文章的创新之处、研究方法、文章的框架。第一章介绍了薛福成文化观的思想渊源和历史背景。首先阐述了千古未有之变局;其次,分析了中西文化的冲突与交融;最后,文章介绍了曾李幕府的洋务实践与出使经历。第二章对薛福成文化观的内在哲学逻辑进行分析。首先分析在变与不变中倡言求变;进而分析“变器卫道”的改革思路;然后对“中学为体,西学为用”的价值取向进行分析;最后,文章指出了考旧知新的发展方向。第三章探究了“知己知彼,评断中西”的问题。文章先分析走出“天下国家”,即舆地新说与世界观念,此外,还对中西社会伦理风俗、中西商业观、中西法律观进行比较。第四章介绍了关于中国近代化的改革思路。文章分别从“教民”“养民”“安民”三个角度入手分析了中国教育、经济、政治的近代化。第五章主要介绍了对薛福成文化观的评价。文章具体分析了实学思维的深化与体用思维模式的局限,从“师夷长技以制夷”到近代改良主义的过渡,以及中西文化的交融会通与独立自主综合创新。

关键词:薛福成　哲学思想　文化　现代化

**0203**

**荀子“圣王”观念研究** / 王鹏著 ; 林宏星指导. -- 复旦大学, 2009. -- 127 页

论文的主题是对荀子的“圣王”观念做以研究。全文共分为导论、四章正文以及两个附录。导论部分包括四方面的内容,即:1. 荀子的“时代问题”;2.“客观化”的意谓;3. 荀子思想的“逻辑还原”;4.“圣王”对荀子的意义。第一章“圣王之为圣王者”,旨在说明“圣王”观念之兴起及其演变,共分三节。第一节阐明“圣”“王”观念之本义及其最初的兴起;第二节概述了“圣王”观念在春秋时代的演变,特别是在道、墨、法三家之学中的展开;第三节论述了早期儒学对此一观念的了解,包括孔子、孟子及郭店楚简所反映的七十子后学之思想。第二章“荀子的圣、王观念”,则是对荀子所理解的“圣”和“王”做以具体之梳理,共分三节。第一节先阐明荀子对于“人之为人”的规定;其后两节则分别论述了荀子对于“圣”和“王”观念之规定与界说。第三章“圣王之内涵与意义”,意在说明荀子“圣王”观念之内涵及其所以构建之意图,共分两节。第一节说明了在荀子看来,“圣王”从本质上说乃是一个观念的存在;第二节则分梳了荀子对于“圣王”之具体担当的规定。第四章“圣王与荀子的理想政治”,主要是从政治的角度对于“圣王”观念作以把握。文章附录的两部分内容分别是:1. 文献综述,即对学术界目前关于此一主题之研究现状的说明。2. 对荀子“心”观念的分梳。

关键词:荀子　政治思想　礼治　思想评论

**0204**

**荀爽易学研究** / 王棋著 ; 王新春指导. -- 山东大学, 2009. -- 213 页

论文将荀爽易学置于汉代经学、汉代易学的大视域下,深入分析荀爽易学的思想架构及内涵,凸显其时代意蕴与学术特质,肯定荀爽易学的独特价值,以期更好地理解与把握汉代象数易学乃至整个易学的发展。文章分为概述和正文,其中正文分为五章。概述部分主要介绍文章的研究现状、研究意义、研究方法以及预期的突破。第一章介绍时代与学术。首先对时代问题进行反思,继而介绍了学术意识的自觉。第二章主要阐述了荀爽易学的形成。荀爽一生游走于政治与学术之间,其易学的形成既有深厚的家学渊源,又有今古文经易学的师承授受。第三章主要介绍了荀爽象数学说的重建。作为汉末易学大家,荀爽是透过一系列象数体例的建构完成象数学说重建任务的。第四章主要阐述了乾坤为体、阴阳为用理念下的易学天人之学。易学是在象数独特话语系统中以三才之道为核心贯通天地人的天人之学,荀爽易学亦是如此,他透过象数学说的建构展示其对总体宇宙的理解,以及对社会人生之所以然、之所应然的理解。第五章则主要阐述了荀爽易学的影响与评价。荀爽后学主要保存和延续了荀爽象数易学,但荀爽后学中也有向义理之学发展的倾向。荀爽易学传承与创新的学术精神,关注现实、批判政治与建设秩序的儒家担当精神,升降变易的生生不息之精神,有其独特的学术价值与实践意义。

关键词:荀爽　周易　学术思想　思想评论

**0205**

**罗钦顺哲学思想研究** / 王武龙著 ; 张立文指导. -- 中国人民大学, 2009. -- 462 页

论文结合罗钦顺对宋明时期儒学内外的程朱理学、陆王心学、道教哲学等各种哲学思潮的不同回应及由此显示的学术立场,研究罗钦顺哲学思想的理气观和心性观及其逻辑结构,研究罗钦顺哲学逻辑结构的主要特点、内在矛盾及构成内在矛盾的深层原因,为探讨明代哲学思潮、宋明理学思潮乃至整个中国古代哲学思潮提供了一个很好的范例。文章主要分为十章。第一章为绪论。阐述了研究罗钦顺哲学思想的重要意义、研究现状、遵循的基本方法、研究的基本思路,并点明了研究罗钦顺思想应注意的一些问题。第二章论证了罗钦顺对张载“太虚”“气化”学说的质疑与批评。第三章论证了罗钦顺是程朱数君子虔诚的追随者,是程朱理学坚定的卫道者。第四章论证了罗钦顺在白沙心学、阳阴心学勃然兴起的明代中叶对程朱理学、孔孟儒学之道统延续面临威胁的警觉与担忧。第五章主要论证了罗钦顺是坚定站在孔孟儒学的立场上来判定学术之是非。第六章介绍了罗钦顺哲学思想中的“气”范畴是物质性的哲学范畴;“理”范畴是精神性的哲学范畴。第七章介绍了罗钦顺思想中的“心”范畴是物质性的哲学范畴,“性”范畴是精神性的哲学范畴。第八章主要分析了罗钦顺哲学思想的逻辑结构。第九章主要论述了罗钦顺哲学逻辑结构的主要特点、内在矛盾及其矛盾原因。第十章阐述了关于罗钦顺哲学思想研究的几点思考。

关键词:罗钦顺　哲学思想　逻辑结构　思想评论

**0206**

**诠释与重建:成玄英《庄子疏》的哲学意蕴** / 魏冬著 ; 刘学智指导. -- 陕西师范大学, 2009. -- 121 页

成玄英是初唐著名道教学者,他的《庄子疏》在道教思想史上具有重要的地位,但目前仍缺乏系统性的研究。论文以经典诠释学为出发点,并立足于文献的系统整理和义理发掘,考察了成玄英对《庄子》的经典认同意识和诠释特色,展现了成玄英庄学构建的思路进路,并探讨了成玄英庄学思想体系内在的哲学意蕴。全文共分为四章。第一章介绍了选题的背景及意义。第二章:经典诠释。成玄英认同庄子是"道冠重玄"的圣人,认同《庄子》是"钳揵九流,括囊百氏""谅区中之至敬,实象外之微言"的经典文本。他不仅对《庄子》做了整体的把握,认为《庄子》具有明确的思想主旨和严整的思想结构;而且在具体的疏解中借用道家、道教、玄学、佛学等大量的思想资源,对郭象《庄子注》做了有所区别的吸收认同和有效处理,同时运用重玄双遣、自身否定、并照双非的思维方法和大言若反、浑化一体的言说方式,对《庄子》思想做了创造性的经典诠释。第三章:思想理路。成玄英认为《庄子》内、外、杂三篇是一个统一的意义文本,其中内七篇意义贯联,集中表现了成玄英庄学的思想主题。第四章是结论,总结了成玄英庄学中的哲学宗趣,以"道德""重玄""无为""独化"为基本标志。从现代哲学的体系来看,"道德""重玄""无为""独化"四个哲学范畴体现于境界论、道体论、心性论、修养论、圣人论五个哲学主题,构成了一个相对完整的哲学体系。

关键词:庄子　道家　哲学思想　成玄英

**0207**

**先秦义思想研究** / 魏勇著 ; 李宗桂指导. -- 中山大学, 2009. -- 146 页

论文以先秦义思想的形成发展流变为主线,以诸子思想为主要考察点分三大部分对义思想进行了研究,旨在为处于社会转型期的当代中国起到一定的引导作用。文章主要分为绪论、正文和结语部分,其中正文分为上中下三篇,共六章。绪论部分介绍了义的辞源、性质,以及论文的基本框架和主要观点。上篇主要分析了义的渊源与嬗变的问题。第一章介绍了义的渊源,首先介绍了五帝时期"义"的核心内容是大公无私、任人唯贤、除暴安良的品质;继而介绍了夏商周三代"圣王"通过率先垂范使义在国家得以实现;最后,西周时期,义成为礼的价值原则,礼成为义的制度保障。第二章介绍了"义"的嬗变。分别从礼崩义失、义乃国利、义为广德、义以建利、诗书义府五个方面展开探讨。中篇针对心性与天理展开讨论。第三章介绍了"义本心性"问题。论文指出,孔子将义归为君子的本质,使义摆脱了社会身份关系的束缚,开启了从人本探究义本源的道路;《郭店楚简》将义确为人道之表;孟子将义溯源至人的善性。第四章主要介绍了天理路向探求。指出天理路向在追求义社会规范功能的同时却为君主专制创设了理论依据。下篇主要论述了质疑与重建的问题。第五章介绍了义的失落,其中包括义战不义、绝仁攘义、攘义就公三个方面,详细说明了进入阶级社会后,义面临着理想与现实巨大反差而形成的紧张。第六章针对义的重建问题展开讨论。

关键词:义　哲学思想　先秦时代

**0208**

**龙虎山天师府建筑思想研究** / 吴保春著 ; 盖建民指导. -- 厦门大学, 2009. -- 226 页

论文结合道教建筑研究现状,就何谓道教建筑,道教建筑的思想与道教的建筑思想有何区别等,首次提出新论。在此基础上,论文首次就龙虎山天师府建筑思想进行深入研究,并以点带面,力图探索道教建筑思想研究新范式,并指导相关活动。论文分为绪论和正文部分,其中正文分为四章。第一章探讨了道教神仙信仰如何影响天师府建筑环境选择,侧重于这一空间艺术之"仙"味。文章通过以龙虎山天师府环境选择为研究切入点,既发掘了道教建筑环境选择中的神仙意识,又展示了道教的建筑思想。第二章探讨了道教宇宙理念与天师府建筑布局规划内在关联,侧重于探讨这一空间艺术所蕴含的天人合一之"道"味。龙虎山天师府建筑布局规划,实为道教宇宙理念物化形式,其中蕴含了"太极演化""两仪谐和""乾坤定局"思想。第三章探讨了仙道化传统礼制与天师府建筑体量形式内在关联,侧重于探讨这一空间艺术凡圣合一之"道"味。龙虎山天师府建筑体量形式,深受"凡"伦与"圣"道即仙道化礼制影响。艺匠营造府内建筑体量形式,以礼制而自律,严格把仙道化礼制纳入龙虎山天师府建筑体量形式中。第四章探讨了道教法术与天师府建筑空间功能内在关联,同样侧重于探讨这一空间艺术神人合一之"道"味,并首次就建筑精神功能,提供一法术意境,进行研究。府内道人体道行法实践,寄心托性、畅神寓志,从空间维度极大地

升华了天师府建筑精神功能。

关键词:宗教建筑　道教　建筑设计　哲学思想

**0209**

**臻逍遥于有物之域:郭象《庄子注》研究** / 徐桂娣著 ; 李景林指导. -- 北京师范大学, 2009. -- 123 页

郭象是魏晋时期重要的哲学家,他以寄言出意的方法注解《庄子》,将己意贯通其中,使其《庄子注》成为具有独立价值的哲学著作。该著对魏晋玄学的主要问题,如有与无、内圣与外王、名教与自然等问题均提出了独到的见解。作者对此展开研究,全文共分为导论、四章正文和结语。导论介绍选题的背景及意义等。第一章介绍了郭象的生卒年月、籍贯、著作以及才性等生平事迹,并对郭象的两本著作《庄子序》与《庄子注》进行了详细介绍。第二章是有物之域。在《庄子注》中郭象以肯定万物的差别性作为其立论的基础。他明确否定造物之主,反对以"无"为存在的根据,将目光转向有物之域,认为天地万物皆出自于自生、自造。进而着重论述万物各有"性分"。第三章是适性、无心而任自化。在个体如何得性的问题上,郭象强调"自",即个性自证、自成、自我完足。"自"并不意味着自私,故郭象又突出"顺""任",主张"无心",即反对以己制物,要求在自己证成性分的同时,亦不妨碍他者性分的证成。各证其性,最终亦实现整体的和谐;反之,整体的和谐又是各证其性的保障。第四章是神器独化于玄冥之境。郭象已经自觉的从心性的角度来解决天人之际的问题。他认为"天"不是万物之上的根据,而是万物的总名。结语部分总结了论文的主要结论。

关键词:庄周　郭象　庄子注　逍遥　哲学思想

**0210**

**帛书《易传》解《易》思想研究:以意义生成的诠释结构为视角** / 徐强著 ; 汤一介指导. -- 北京大学, 2009. -- 174 页

论文从解释学的角度切入,希望以此使帛书《易传》向读者展示出不同的东西,试图接近本体的层次,对帛书《易传》的诠释行为本身和内在诠释结构做出反省。文章分为导言和正文,其中正文分为五章。导言部分主要介绍问题的提出及研究目标、研究现状、研究方法和思路。第一章对帛书《易传》的大致成书年代做了一个定位,认为总体上创作于战国。接下来,文章逐章体系化地构建了这个具体的诠释过程。第二章中指出帛书《易传》以"后亓祝卜""观亓德义"表明了其由"占筮"到"德义"的诠释视野的转换。第三章主要以"阴阳""刚柔""文武"等概念范畴以及一般的宇宙概念为例,探讨了解释者对这些概念范畴以及宇宙天地的一般理解如何作为解释的"前见"影响了帛书《易传》的易学解释,使《周易》获得了新的意义。再次,概念范畴、一般思想观念构成了这个解释过程的基础、前提,而"意义预期"则引导了解释的具体目标方向。第四章指出"治道"和"圣人君子之道"是帛书《易传》在《周易》解释中所指向的首要目标,其解《易》实际上是在这两个具体的问题意识和人文关怀中展开。第五章则关注和构建了这个诠释体系的主体性要素,认为解释主体的"天人"思维和尊重传统的历史性思维作为内在的思维模式和心理结构,决定了帛书《易传》解《易》的言说方式或展开方式。

关键词:周易　先秦哲学　哲学思想

**0211**

**无心之心:王龙溪与天泉证道** / 许多著 ; 张学智指导. -- 北京大学, 2009. -- 149 页

论文围绕对中晚明哲学发展有着巨大影响的王阳明和王龙溪等学者的天泉证道谈话和严滩论学,分义理篇和考证篇两部分,对王龙溪以无为宗的哲学思想以及相关文献做了细致的研究。文章分为绪言和正文,其中正文分为上下两篇,共七章。第一章介绍了王龙溪以弟子礼师事王阳明,是由于王阳明对于无之精神境界的追求,也正是王龙溪的关切之所在。并指出王龙溪哲学的重要价值和意义。第二章讲述了王龙溪甲申之悟与佛教对于空的体验相符合,是理解王龙溪哲学的重点。介绍了王龙溪对于儒家传统文献所做的哲学诠释的重要内容。第三章主要探讨"有与无"的问题。分别阐述了严滩论学、四有与四无、顿悟与渐修、良知见在等四个哲学问题。第四章指出,王阳明严滩论学的四句偈语阐发了有无的境界,阳明对于有与无、有心与无心的阐述是对于天泉证道主题的深化。论文进而将阳明后学中注重为学工夫的钱德洪与欧阳南野的哲学思想加以细致阐述和比较。第五章讲述了在阳明《传习录》整理过程中呈现出来的种种争论,并对《传习录》成书过程加以考证,指出《传习录》下卷收录了钱德洪关于天泉论道的语录,但没有收入王龙溪关于天泉论道的语录。第六章介绍了《阳明年谱》和《传习录》中分别有王阳明天泉论道语录,但两条语录所记载的内容有较大的不同。第七

章通过对《龙溪会语》的详细研究，提出王龙溪在讲学活动中亲自撰写会话，《龙溪会语》即由龙溪门人将若干龙溪所作会语汇集刊行。论文还提出《王龙溪全集》中《天泉证道纪》、《大学首章解义》等七篇会语均为龙溪所作。

关键词：王龙溪　王阳明　哲学思想

**0212**

**中庸哲学研究** / 杨少涵著 ; 杨泽波指导. -- 复旦大学, 2009. -- 451 页

论文主要通过对《中庸》的几大形上课题的介绍，引出《中庸》中的哲学问题并进行了深入研究。文章分为导论、正文和附论三部分，其中正文分为六章。导论部分介绍了中庸的内外根据与三层境界，即智者境界、仁者境界和圣人境界。第一章介绍了儒学的内化转向与《中庸》的形上课题。指出《中庸》属于儒学内化的早期作品，它完成了道德情感的内化，良知之心的内化则是由孟子完成。第二章分析了《中庸》的第一个形上课题：道德本体的初证。指出道德本体是道德实践所以可能的内在本体和形上根据，中是道德本体的形式表示，人与诚是道德本体的实质内容。第三章阐述了中庸第二个形上课题：道德终极根源之极成。指出了人格天不能成为道德的终极根源的两个原因，分别为历史原因和理论原因。并对中庸的自然天及其生生不已的特征进行了分析，对道德终极根源进行了论证，道出了道德终极根源的成因。第四章探讨了《中庸》的情感形上学问题。详细分析了未发已发与两种感情，指出未发已发都是从感情来说的，并对比介绍了道德情感与感性情感。文章进而指出《中庸》所建立起来的儒家形而上学可以说是一种情感形而上学。第五章阐述了《中庸》的至诚工夫。指出两种情感及其区分就是《中庸》工夫实践的理据，与两种情感相适应，成就道德就需要两套工夫。第六章，介绍了儒学内化的完成与发展。文章指出孟学是儒学的内化发展，荀学是儒学的外化发展。此外，文章还对宋明"心学"两派及其内在问题进行探讨。最后的附论部分主要介绍了《中庸》成书的九大疑点，以及对《中庸》的成书时间的义理推断。

关键词：中庸　儒学　哲学思想　思想评论

**0213**

**《朱子语类》经学思想研究** / 杨燕著 ; 詹石窗指导. -- 厦门大学, 2009. -- 281 页

论文对宋代朱熹《朱子语类》经学思想进行研究，审视了朱熹对《五经》、《四书》及佛道主要经典的研读情况。论文主要分为导论、正文和余论部分，其中正文分为五章。导论部分对相关重要概念及其关系进行辨析，分析了《朱子语类》版本源流及其与朱熹经学思想的关系，并介绍了文章的基本思路与研究原则和方法。第一章，介绍了《朱子语类》经学思想的文献基础。首先对《五经》、《四书》及相关文献展开讨论，并对《朱子语类》所涉及的其他主要文献展开分析。第二章，在文献梳理的基础上，进一步分析了《朱子语类》经学思想中经典体系构建的问题。分别介绍了新典籍体系的选择与重构，新典籍体系构建之因由，以及新典籍体系构建之影响。第三章介绍了《朱子语类》经学思想的阐释理论，包括《朱子语类》阐释理论的基本精神，《朱子语类》阐释理论的实现路由，以及《朱子语类》阐释理论的现实困境。第四章介绍了《朱子语类》经学思想的概念。着重分辨了"天理人欲""仁"及"止"三个学界比较熟悉，也是《语类》经学思想中十分重要的概念。第五章，论文考察了儒家经学中的宗教传统及朱熹的宗教情怀，着力分析了《语类》经学修养论和天命论，指出作为《语类》经学思想重要修养方法的"观"是以古代祭祀为根源发展而来的，在其被纳入经学修养论后，仍保存着浓厚的宗教意味。最后，结语部分介绍了《语类》经学思想对当代儒学发展的启示。

关键词：朱子语类　朱熹　经学　哲学思想

**0214**

**多元视角下的文化透视：张东荪泛文化论研究** / 殷鸣放著 ; 宋志明指导. -- 中国人民大学, 2009. -- 209 页

论文对于张东荪文化论的研究是一个尝试，意在考察张东荪如何以多元的视角来透视文化问题，如何以文化来说明和解决现实问题，并从中挖掘其理论的时代价值与现代意义。文章主要分为导言、正文和结语三部分，其中正文分为六章。导言部分就张东荪本人及其思想做一个基本介绍，对其泛文化论形成的时代背景及其思想渊源进行了分析，并对目前学术界关于其思想的研究之现状进行了简要概括。第一章是张东荪的泛文化论概述。探讨了其对文化概念的界定、文化的分类以及"文化层"的形成，在此基础上引出其泛文化论。第二章是文化基础论，即文化的多元知识构成。首先探讨文化的知识基础，其次探讨文化对知识的限制。第三章是文化价值论，即文化在个体

生命层面的展开。文章首先分析人生观的基础即为层创进化的宇宙观,继而指出文化价值的实现需要以人生为载体。第四章是文化道德论,即文化在群体层面的拓展。文章具体从道德的产生、道德的性质、文化的进展与道德的进化三个层面展开探讨。第五章主要介绍文化形态论,对中西文化进行比较。首先介绍中西文化思潮,其次分析中西文化的差异性,再次探究中西文化差异的根源,最后,文章对中西文化的兼容性问题进行讨论。第六章则主要对文化走向论进行探究。结语部分是对张东荪文化论在实践问题上的初步运用,而文化走向论则是张东荪文化论思想的最终归宿,也是他进行文化论研究的现实意义。

关键词:张东荪　文化　知识论　哲学思想

**0215**

**冯契的理想观研究** / 余华著 ; 王向清指导. -- 湘潭大学, 2009. -- 126 页

论文对现代著名哲学家冯契先生的理想观所涉及的各方面进行了深入的阐释和思考,分析了其理想观的特点、作用以及理论渊源等。文章主要分为五章。第一章对冯契的理想观进行概览。首先对理想内涵进行界定,进而论述了冯契眼中的理想的特点,指出理想是真善美的统一,也是知、情、意的统一,最后总结了冯契眼中理想的作用。第二章介绍分析了冯契理想观的主要内容。分别从人生理想、社会理想、道德理想、审美理想四个方面展开论述。首先介绍了人生理想的内涵及其确立前提,继而对历史上的人生理想学说进行反思,并指出人生理想的实现即为在实践中改变世界和发展自我。社会理想方面则主要介绍了社会理想的含义,并对冯契的社会理想进行了阐述。对道德理想的介绍则主要从道德理想的涵义及其与利、真的关系入手进行分析,并对历史上的道德理想学说进行了反思,提出了道德理想实现的途径。最后,文章还阐述了审美理想的实现途径。第三章主要探究了冯契理想观的理论渊源。首先介绍了马克思主义理想学说的基本内容以及冯契对其的完善、丰富和发展;接着分析了古代理想学说的影响;最后介绍了冯契对近代人格理想变革以及对近代社会理想的研究和扬弃。第四章介绍了"智慧"说视野中的理想观。文章指出"智慧"说以理想为价值依归,并介绍了理想观对"智慧"说的深化。第五章,总结了冯契理想观的成就和局限。主要探究了冯契理想观的历史地位、历史意义,并分析了冯契理想观的理论和局限性。

关键词:冯契　理想　智慧　哲学思想

**0216**

**以《易》测天:黄道周易学思想研究** / 翟奎凤著 ; 陈来指导. -- 北京大学, 2009. -- 265 页

论文从黄道周的易学代表作入手,对黄道周易学思想进行了深入细致的研究,并总结出其在历史上的地位与作用。文章主要分为序言和正文部分,其中正文分为六章。序言部分介绍了论文的选题意义、研究综述以及论文思路。第一章探究了黄道周的生平、思想与研《易》历程,具体包括早年时期的《易本象》,中年时期的《三易洞玑》,晚年时期的《易象正》,以及黄道周生命的最后两年的历程。第二章介绍了黄道周的三易思想,即伏羲易、文王易、孔子易等三种思想,并比较了黄道周的易学思想与易学史上的三易说的异同。第三章探讨了"变卦解易"的问题。首先论述了《春秋》说象与《系辞》说象,并指出黄道周对历史上的"变卦解易"思想具有重大影响。第四章主要介绍了黄道周推步历史的思想。从总体上概括了黄道周象数易学的几个特色,首先是《易》、历、律一体的思想,黄道周在《易象正》和《三易洞玑》中对其反复论述,并通过易象数来阐述日月五星运行的规律,来解释律吕学的数学关系。第五章,介绍了易象数四论。首先介绍了易象数与天文历法的关系,继而介绍了易象数与乐律的联系,并指出黄道周用易象数来解释《诗经》和《春秋》,最后介绍了黄道周的天方思想,即用九重方圆相互内切、外接的几何形式试图解释日月运行、律吕、河洛之数等很多问题的数学关系。第六章主要介绍了黄道周及其思想在清代的影响,以及明清以来对黄道周易学的各种评价。

关键词:黄道周　周易　哲学思想　思想评论

**0217**

**追寻幸福:先秦儒家幸福观研究** / 张方玉著 ; 吾敬东指导. -- 上海师范大学, 2009. -- 139 页

论文从先秦儒家的幸福观的概念入手,并进一步以早期儒家德性幸福、功利幸福之间的紧张与融合为中心展开论述,探讨了先秦儒家的幸福观的形成和发展。文章主要分为五章。第一章,对先秦儒家幸福观的前奏进行概述。具体介绍了《易经》中关于幸福的概念及其功利色彩,《尚书》中的"五福",以及《诗经》中素朴的功利幸福与贵族的德性幸福。第二章探讨

了儒家德性幸福的奠基。分析了孔子德性幸福的三种形态,指出德性幸福的实现途径是"成人之道","义利之辨"则主要讲了幸福原则问题,最后从"天人之辩"看孔子德性幸福的内在超越。第三章介绍了德性幸福与功利幸福的对峙与融通。具体介绍了孟子幸福观的四重向度,德性幸福的实现模式,孟子幸福观的原则,以及孟子德性幸福的内在超越等四个问题。第四章对荀子的思想进行探讨,分析了功利幸福在儒家幸福中的地位提升。文章首先指出德性幸福与功利幸福的双峰对峙,进而介绍了荀子关于德性幸福的实现形式,并分析了荀子"两得"的幸福原则,即"合性伪·统理欲·兼义利"的思想。最后,文章从"天人之辩"看荀子幸福观的内在超越。第五章简要介绍了先秦儒家幸福观的新发展。首先分析了《大学》中"止于至善"的思想,指出其蕴含着德性幸福与功利幸福的统一;《中庸》中的"至诚无息"则是对儒家德性幸福的境界提升;最后分析了《易传》中"盛德大业"的幸福形态和幸福境界。

关键词:儒家　人生哲学　哲学思想　幸福　先秦时代

**0218**

**二程性道思想研究** / 张理峰著 ; 李承贵指导. -- 南京大学, 2009. -- 241 页

论文从儒家之言"性与天道"入手,引出了对程颐、程颢关于性与天道的思考,并对二程性道思想做了深入细致的研究。论文主要分为序言和正文部分,其中正文分为五章。序言部分介绍了论文选题、研究现状、研究目的与方法以及二程的生平与著作。第一章,主要阐释了儒家性道思想的演变与佛道之学的影响。从孔子、孟子以及荀子的思想探讨了儒家性道思想的演变,继而分析了佛家与道教的影响。第二章介绍了北宋诸儒与二程之学。分别对北宋诸儒中的王安石、邵雍、周敦颐、张载的思想与二程做了对比分析。程颐、程颢的性道之思,也是在同北宋其他儒者的思想交流中逐步展开的。二程对北宋诸儒的性道思想或多或少地表达了自己的意见,从中收获了启示。第三章探讨了程颢的"仁"视域下的"性与天道"之思。程颢以"识仁"为理论进路,在一种"仁"视域中展开了他的性道之思。提出了"生生之谓易"的生命意识之自觉,以及"识仁为先"的生命视域之确立。第四章介绍了程颐在"理"视域下的"性与天道"之思。程颐以形上形下的道器之辨作为其理论进路,并在一种"理"视域中展开其性道之思。第五章对程颐程颢性道思想进行比较和评价。首先指出,程颐与程颢两种视域下的性道之思,既有相互交融之处,又存在着相当的差异。最后,论文对程颢程颐的性道思想做了客观的评价,分析了其价值、意义以及局限,并对其进行合理的定位。

关键词:程颢　程颐　性　天道　仁

**0219**

**德性、政治与礼乐教化:《礼记》礼义学研究** / 张树业著 ; 李景林指导. -- 北京师范大学, 2009. -- 178 页

论文重点围绕《礼记》展开对中国传统礼学思想的研究。文章分为绪论、正文和结语部分,其中正文分为六章。绪论部分主要介绍了礼乐传统与现代中国、古典礼乐文化的基本结构以及《礼记》研究的意义与方法。第一章,文章介绍华夏礼乐文明源流与儒家礼仪学的兴起。文章首先阐述了华夏礼乐文化的起源与早期演变,具体包括初民仪式生活与礼乐之发端,礼乐文化的兴起、整合与繁荣,礼乐教化与古代贵族精神的融合,以及贵族制的没落与礼乐文化的转型等几个方面;其次,文章介绍了先秦诸子的礼乐批判与儒家礼仪学的产生。第二章阐述了儒家礼乐文化释义的核心原则。文章分别从本乎天人之际、察乎文质之辨、达乎中和之道三个层次展开讨论。第三章主要探究礼制教养体系中的人生轨迹。首先介绍成人礼与德性生命的起点是冠礼;继而,文章指出家族伦理的根本为婚礼;然后,文章还阐述了乡饮酒礼、射礼、燕礼、聘礼等。第四章阐述了古典礼制中的生命意识与终极关怀。文章首先介绍丧礼的情文意识与社会功能,接着介绍其终极关怀与社会教化。第五章则主要针对礼制国家的王道政治规划进行分析。《礼运》是对礼治国家的理论奠基,而王制、《月令》是礼治国家的政治纲领。第六章则介绍了乐教与古典教化行动的完成。结语部分则主要总结了礼乐华夏的近代式微、当代学界的现代性反思、礼乐文化的现代命运。

关键词:礼乐　礼治　美育

**0220**

**《黄帝四经》管理哲学研究** / 张欣著 ; 詹石窗指导. -- 厦门大学, 2009. -- 160 页

论文从马王堆乙本《老子》卷前所附四篇古佚书发掘、整理、考证的情况入手,以这些考证和研究为基础,阐述了《黄帝四经》管理哲学研究问题。论文主要

分为导论和正文部分,其中正文分为五章。导论部分介绍了马王堆乙本《老子》卷前所附四篇古佚书发掘、整理、考证的情况以及目前四篇古佚书思想源流的疏考情况和相关结论,阐述了采用《黄帝四经》这一名称指称四篇古佚书的缘由,同时阐述了《黄帝四经》管理哲学的内涵与体系架构。第一章,论文分析了《黄帝四经》管理哲学的本体论。首先阐述了《黄帝四经》中“道”的基本意涵,认为“道”既是万物产生的本原,又是万物运动变化的本体依据,因此是统治和管理活动的本体。第二章分析了《黄帝四经》管理哲学的认识论问题。重点阐述了《黄帝四经》的认识路线,“循名责实”和“循名究理”及其思维模式。“以天道推演人事”的传统辨证理路,分析了其思维方式的形成基础。第三章分析了《黄帝四经》管理哲学的方法论。首先介绍了方法论概述,进而考察了《黄帝四经》刑德并用、文武并行的主张,认为这一主张既是效法天道的结果,又是融合和吸收儒、法等思想的结果。第四章,介绍了《黄帝四经》管理哲学的价值观。总结了《黄帝四经》管理价值观的体系内容并分析了其形成的基础、特点与意义。第五章从古为今用的角度,以《黄帝四经》为源头,在现代管理的本质、管理主客体关系以及现代管理中国化等方面进行了哲学反思。

关键词:黄帝四经　黄老学派　管理哲学

**0221**

**公选公正论:中国公开选拔制度的政治哲学研究** / 张子云著 ; 刘启良指导. -- 湘潭大学, 2009. -- 176 页

论文通过对公选公正的原理、环境、内容、理念、制度以及效应等六个方面展开论述,深入探究了中国公开选拔制度的政治哲学。文章分为导论和正文部分,其中正文分为六章。导论部分主要介绍了公选制度的起源、特点、成效的基本估价以及论文的主要价值和写作方法。第一章主要介绍了公选公正的原理。首先对和谐社会进行了阐释,探讨了伦理共体、伦理关系、伦理资格;继而介绍了共同治理的原理,并分析了公选公正的原理,包括公选公正的主题、目的和层面。第二章介绍了公选公正的环境。首先讲述了初选境况的性质、根据以及意义;接着对阳光之幕的概念进行阐述,并介绍了相关规定和依据;最后介绍了公选环境的特点。第三章着重介绍了公选公正的内容。其具体内容包括资格公正、竞优公正、考核公正和匹配公正四方面内容。第四章对公选公正的理念展开探讨。首先介绍了配置公正的特点,并阐释了复合平等的理念与根据;进而分析了公选之善的特性,即公共性、真理性、价值性;最后对公共理性进行论述,详细介绍了公共理性的范围、运用以及限制。第五章主要介绍了公选公正的制度。论文从公选制度、公选商谈、公选义务三个方面展开讨论。第六章阐述了公选公正的效应。公选公正的效应是公选公正制度运行效果的产物,其主要包括公选效应和制度效应两个方面。

关键词:干部　人才选拔　公正　政治哲学

**0222**

**“孝”的观念及其制度化研究** / 赵宏宇著 ; 陈少明指导. -- 中山大学, 2009. -- 136 页

论文通过严谨的历史分析与文本解读,对中国传统文化中的孝文化做了全盘考察,并以现代的视角对传统孝道伦理的价值及其意义做了反思性的讨论。论文主要分为四章。第一章,首先从分析儒家“孝”的观念入手,依次考察了《论语》、《孟子》、《荀子》、《礼记》中对“孝”的种种论述,并循着文献的脉络,展示出儒家孝道思想中“养生”与“送终”的两个方面,然后在诸子争鸣的历史背景下,凸显墨、道、法三家与儒家在环绕“孝”之价值问题上的争论,试图以更广阔的视野来审视儒家孝道思想所包含的意蕴。第二章主要介绍了“孝”的制度化形态。着重从“制度化”的角度分析汉代“以孝治天下”的施政措施及其意义。分析了《孝经》在汉代教育制度中的地位,并通过对《春秋繁露》、《太平经》等作品的分析介绍了天人感应观念下的孝道演变,最后介绍了“三年之丧”与汉代丧制。第三章则从“法律文化”的视角切入,论述的重点是历代法律文件中有关劝孝的内容,其主题既涉及对历代律典中“不孝”罪的解读,也包含对亲亲相隐,血族复仇、存留养亲等体现孝之价值的法律规定的分析。第四章为余论部分。主要介绍了现代对孝道理论的反思,探讨了孝的价值与意义。具体分析了清末民初思想界的“非孝”浪潮,并从现代的角度分析了孝的价值,对其可能展开的维度做了一些尝试性的预想。

关键词:孝　儒家　文化　哲学思想

**0223**

**退溪心论研究** / 赵楠楠著 ; 彭永捷指导. -- 中国人民大学, 2009. -- 295 页

退溪之学直承于朱子,理学之味纯正,但并非只是依样,退溪因当时学理之要求、自身学问之取向,对

朱子之学做了有益之推进。论文对退溪心论进行研究,全文共分为导论和六章正文。导论介绍问题的提出、退溪哲学研究的情况、退溪哲学的属性问题以及论文研究的范围与方法。第一章考察了朱子之后、退溪之前,朱子理学内部对"心"之理论发展的趋势和特点。第二章退溪之"心论"在朱子理学发展的逻辑上,之后考察退溪心论形成的具体背景和契机。第三章进入对退溪心论理论体系的讨论。首先研究了心之构成,退溪规定理气合而为心,一心之内具有理气之两面特性,所以要了解退溪的理与气之性格。第四章考察心的如此结构所表现出来的作用。这章的主题是心之体用,厘清"心统性情"的结构中性、心、情的各自定义和复杂关系。第五章探讨退溪用"敬"之功夫来保证"心"的作用。退溪要通过"敬"达到其学问自身的功效,即主体的确立、真知的实践、物我的合一等。第六章在和阳明心学的比较中把握退溪之心论的理论属性和特性,以阐明其作为朱子理学的新阶段的面貌。这章通过介绍退溪的阳明学观和在《传习录论辩》中退溪对阳明心学的具体批判内容,以区分退溪心论和阳明心学的理论方式和取向的根本差别,以发现退溪心论对朱子理学发展的意义。

关键词:李滉　理学　哲学思想　思想评论　朝鲜

**0224**

**邵雍易学哲学研究:兼论易学对于北宋儒学复兴的贡献** / 赵中国著 ; 严正指导. -- 南开大学, 2009. -- 360 页

论文通过将邵雍的思想与同时代的其他思想作了对比研究,从而总结了邵雍易学哲学的内涵及其对于宋代儒学复兴的重大意义。文章主要分为绪论、正文和结语三部分,其中正文分为六章。绪论部分首先介绍了易学对于传统儒学的意义、佛教对儒学的挑战,以及北宋五子以前的儒家对佛教挑战的应对,提出了北宋儒学复兴的思想主题,以及论文的研究方法、任务和意义。第一章,阐述了北宋早期易学发展及其儒学意义。首先从历史的角度介绍了北宋早期象数易学的传承,并对李之才易学和刘牧易学做了概述,进而在儒学复兴视野下对北宋早期易学进行反思。第二章对邵雍本体论展开研究。首先分析了邵雍本体论的内涵,进而论述了《先天图》《后天图》并列时所蕴含的"先天后天"意义,以及本体论中"先天后天"概念。论文还对邵雍本体论与同时代的程颐理本论、张载气本论、王安石和苏轼的道本论进行比较;分析了邵雍心本论与陆王心学的差异,并介绍了王龙溪对邵雍之学的诠释。第三章对邵雍象数哲学展开研究。首先总结了邵雍象数哲学的特质,继而论述了邵雍象数哲学的内容,包括邵雍象数哲学的象数学基础等内容;并对邵雍象数哲学与同时代的周敦颐易学、司马光易学进行比较;最后对邵雍象数哲学进行反思。第四章对邵雍人生哲学展开探讨。主要介绍了邵雍人生哲学的旨归,即天人合一。继而介绍了邵雍人生哲学的修养方法,邵雍人生哲学的境界,并把邵雍修养理论与张载、程颐修养观做了比较,以及把邵雍境界论与程颢境界论做了比较。第五章阐述了邵雍易学对后世的影响。文章对邵雍后学做了概述,介绍了朱熹对邵雍及其易学的定位和诠释,以及明末清初著名学者对邵雍先天学的批评;最后讲述了清代《周易折中》对邵雍先天易学的弘扬。第六章,主要概述了邵雍易学哲学对于北宋儒学复兴的贡献。

关键词:邵雍　周易　儒学　象数之学　哲学思想

**0225**

**以杜维明和成中英为例的波士顿儒学与夏威夷儒学思想研究** / 郑秋月著 ; 柴文华指导. -- 黑龙江大学, 2009. -- 268 页

论文以波士顿儒家学派和夏威夷儒家学派的主要代表人物杜维明、成中英为例,探讨了美国不同派别的儒家思想,力图站在国际视角来审视儒学,为世界范围内的儒学研究增添新鲜血液。论文分为六章。第一章,对儒家哲学做了概述。分别从儒学的缘起、儒学关切以及儒学践履三个层次展开探讨,总结出儒家哲学迥异的缘起与相同的归途。第二章分析了儒家传统的内在资源及其限制。首先溯本追源,介绍了儒家传统的原型观念与核心价值,儒家传统的宗教性以及儒家的知识分子;进而对儒家的思想进行样态厘析与分期,分析了儒学的不同价值取向,介绍了儒学三期模式;最后是对儒家传统的反思与提升。第三章探讨了超越启蒙心态的儒学反思。首先介绍了"启蒙"内涵及由来,从而指出代表启蒙理性的科学技术无处不在;其次文章介绍了作为强势意识形态的启蒙心态,以及科学带给人类的双重疑惧;最后,文章介绍了对启蒙心态的超越与理性精神的重建。第四章,探讨了儒家伦理与工业东亚的问题。首先对现代性模式进行了阐述,进而分析了东亚新现代性模式,并以新加坡为例介绍了工业东亚。文章还指出,儒家伦理是东亚发展的动力与契机之一,并分析了东亚社会的"双理"效应。第五章主要介绍了全球化与本土化情

境下的儒家新人文主义诉求,其中包括“文明对话”课题的提出及界定,以及当代视域下的儒学反思等问题,并对儒学第三期发展的前景做了展望。第六章主要介绍了中国哲学与世界哲学的儒家新契机,指出本体诠释学的落实问题,即在世界哲学的背景下尝试重建中国哲学。

关键词:杜维明　成中英　儒学　思想评价

**0226**

**东汉天人观研究** / 周玲著 ; 姜日天指导. -- 中国人民大学, 2009. -- 203 页

“究天人之际,通古今之变”是中国哲学的基本问题,而对“究天人之际”问题讨论十分集中而活跃者当属东汉时期。论文在参考国内及日本已有关于东汉天人关系问题研究成果的基础上,对东汉时期天的神化而以人附天与还自然之天以立人两个历史过程做了较为详备系统的研究。论文共分为前言和六章正文。前言介绍选题的原因及意义,回顾了前人研究成果,并交代了研究的步骤与预期。第一章论述东汉天人观产生的思想背景,其阐发的重点放在董仲舒“天人相应”理论的宗旨以及道家思想在两汉之际的新变化。第二章着重说明东汉初期具有预兆性质的“符籙”说,沿袭了西汉儒生以宇宙论证明君主统治合法性的思考,从宇宙生成与构成两个向度对“天”观念中所蕴含的神秘性做了充分的推演,使其呈现出绝对神化的趋向。第三章通过对王充“天道自然无为”命题的分析,以阐述东汉时期在天道观上的新变化。第四章以王符、仲长统以及荀悦的天道观为中心展开了较为细致的分析与论述,试图说明东汉后期“天道”内涵上的系列转化,是基于士人们出于王充式的自然之天无法安顿人及人类社会价值的忧虑,而对由“天道自然无为”命题隔断的天人关系进行修补的反映。第五、六章从人及人的世界的视角,在天道观念关照下对人的生成、人的命运以及对性、情等概念做了详细的分析。

关键词:天道　天人关系　哲学思想　东汉时代

**0227**

**胡适、冯友兰、金岳霖的逻辑方法研究** / 周璇著 ; 柴文华指导. -- 黑龙江大学, 2009. -- 199 页

论文以逻辑方法为主线,再现胡适、冯友兰、金岳霖三位哲学家的学术成果,对比他们思想中由于方法的同异而展现出的契合与疏离,凸显出他们为中国文化的现代化转型所做出的重大贡献。文章主要分为绪论和正文,其中正文分为五章。绪论部分介绍了文章的研究意义、对象和研究的相关文献。第一章介绍了实验主义方法与胡适哲学。首先从存疑的态度,实验的方法,实验主义方法中的逻辑精神三个方面阐述了实验主义的方法;继而介绍了实验主义方法与胡适的经验论、真理论以及胡适的其他学术研究。第二章阐述了逻辑分析方法与冯友兰哲学。首先介绍了冯友兰对西方哲学方法的阐释,继而引出冯友兰的哲学方法论,其中包括“正的方法”和“负的方法”,最后探讨了逻辑分析方法与冯友兰的形上学。第三章探讨了逻辑分析方法与金岳霖哲学。文章先对传统演绎逻辑进行评价,对现代数理逻辑做了介绍,并对逻辑系统理论进行思考。进而分析了逻辑分析方法与金岳霖形而上学和知识论。第四章对胡适、冯友兰、金岳霖逻辑方法进行比较研究。首先介绍了三位哲学家的逻辑方法的契合,分别从对逻辑方法的科学理解、用逻辑方法从事哲学体系的创作、用逻辑方法分析和解决社会的具体问题以及用逻辑方法促进传统哲学的改造四个方面展开论述。接着对三位哲学家的逻辑方法的疏离进行探讨。详细介绍了其对逻辑方法理解的分歧、逻辑方法在其哲学体系中所占的比重以及追求和目的等方面问题。第五章论文总结了胡适、冯友兰、金岳霖逻辑方法对中国哲学的现代化进程的影响。

关键词:胡适　冯友兰　金岳霖　哲学思想　逻辑方法

**0228**

**《论语集注》的解释学研究** / 周元侠著 ; 李存山指导. -- 中国社会科学院, 2009. -- 143 页

论文在学界提出的“创建中国解释学”背景下,从解释学的视角对《论语集注》进行了研究,不仅具有历史价值,更具有现实意义。文章分为引言和正文,其中正文分为五章。引言概括了今年来《论语》和中国经典解释学的研究现状,阐述了从解释学角度研究《论语集注》的研究意义和目的,以及论文的研究内容和方法,最后指出了论文的创新与不足。第一章主要梳理了《论语》自汉至宋的地位和注释情况,简要介绍了何晏的《论语集解》、皇侃的《论语集解义疏》,以及邢昺的《论语正义》三部划时代性的集成之作,为分析《论语集注》做铺垫。第二章,将《论语》放在《四书》体系中,论述了《四书》的形成及其意义,同时阐述了

朱熹阅读与诠释《四书》的贡献,试图把朱熹对《四书》诠释的经验总结应用于对《论语集注》的分析中去。第三章分析了《论语》中的四个范畴:学、政、礼、仁。通过对比《论语》文本本意和《论语集注》的注释,突出了朱熹注释《论语》既有继承,又有创造。第四章指出《论语》和《论语集注》之间存在差异的根源在于两部作品所处的时代不同而造就的思想体系之间的差异。这种差异直接促使《论语集注》对《论语》中"性与天道"的注释融入了天理观、心性论等理学视域。第五章总结了《论语集注》在中国哲学史上的地位和意义,以及研究《论语集注》对中国解释学的创建和当代解释学发展的启示。

关键词:论语　儒家　解释学

## 外国哲学

**0229**

**语言:作为行动与权力的工具——布尔迪厄社会语言学研究** / 鲍建竹著 ; 冯俊指导. -- 中国人民大学, 2009. -- 128 页

论文通过对布尔迪厄社会语言学的研究进一步探索语言:作为行动与权力的工具问题。整个语言交流关系也表现为象征性权力关系,而这种象征性权力在误识与共谋的基础上发挥作用,并体现为一种象征性暴力,这也就是布尔迪厄所说语言是"行动与权力的工具"之本意。全文分为绪论、五章正文和结语部分。绪论部分包括问题的提出、布尔迪厄研究的评述、理论意义和应用价值、研究方法及思路。第一章阐述理论背景,首先介绍英美分析的语言哲学,接着分析现象学运动中的语言思想,最后讨论结构主义—后结构主义的语言哲学。第二章研究元理论,在说明实践理论是对马克思主义的继承与偏离的基础上,进一步探析关系性思维的两手技艺,即为类比与反思。第三章论述生成性阅读之文献学研究,首先进行关于布尔迪厄学术分期的说明,接着解析结构主义时期与理论过渡时期,最后探究建构的结构主义时期。第四章探索关系性阅读Ⅰ即语言生产的社会条件,包括从语言到合法语言、意义和表达方式或风格三方面的内容。第五章综述关系性阅读Ⅱ,即为语言的社会效应,分别概述语言资本、权力和象征性暴力三方面的内容。在论文的结语部分指出布尔迪厄与社会语言学的尴尬境地与出路。

关键词:布尔迪厄(Pierre Bourdieu)　语言哲学　社会语言学

**0230**

**当代西方关于人格同一性问题的论争** / 蔡立庆著 ; 冯俊指导. -- 中国人民大学, 2009. -- 130 页

论文以当代西方关于人格同一性问题的论争为研究对象进行深入地的研究和探索。全文分为序言和五章正文。序言部分详述人格同一性问题的基本概念。第一章介绍人格同一性问题的历史演进,首先讨论古代关于人格同一性相关问题,接着说明洛克的思想及影响,最后探讨洛克之后的问题。第二章系统地探究分裂与人格同一性思想的发展,首先提出分裂事例的最初,接着讨论当代关于分裂的事例,最后阐述当代两种基本理论。第三章论述威廉姆斯对身体标准的维护,包括身体的必要性、身体交换——对心理主义的批判、分裂或者复制问题三个方面的内容。第四章分析帕菲特对心理主义的发展,首先解析电子传输与关系 R,接着阐释谱系理论以及分裂,最后探究关系 R 的彻底化,并简析人是什么的问题。第五章综述人格同一性是否重要,首先对关于两种理论争论进行进一步讨论,接着指出两种理论分歧的实质,最后探析人格同一性是否重要的问题,人格同一性问题的最终解决,要取决于科学发展提供的证据和哲学家的理论创新。总之,论文对近代西方关于人格同一性问题的争论进行了梳理,分析在"分裂阶段"人格同一性问题面临的困境,并尝试做出初步解答,以期引起国内对这一问题的关注和研究,也标志着关于人格同一性问题的研究发生革命性变化。

关键词:人格　身体　自我　西方哲学

**0231**

**循理以求道:西方哲学对西方大学的影响研究——从中世纪到后现代** / 楚艳红著 ; 冯俊指导. -- 中国人民大学, 2009. -- 155 页

论文拟研究西方哲学史中从中世纪到后现代这一段历史时期,哲学对大学的发展变迁的重要影响,重点考察在不同时期的代表主流方向的大学的理论与实践与哲学思想的联系。全文分为八章正文。第一章为导论,包括问题的提出、国内外的研究现状、主要研究内容和论文的基本构架、研究方法和创新之处。第二章阐述中世纪经院哲学和人文主义与大学,首先介绍经院哲学与大学的产生,接着说明中世纪大

学，最后解析文艺复兴和人文主义教育。第三章论述德国古典哲学与大学，分别详述康德与大学、费希特与大学、洪堡、施莱尔马赫与柏林大学。第四章具体地讨论美国实用主义哲学与大学，首先分析实用主义哲学对理性主义的批判，接着研究实用主义与服务社会，最后评述大学实用主义招致的批判。第五章概述后现代主义哲学与大学，分别分析后现代主义哲学是对传统哲学的批判、批判否定性与大学、“多元性”与大学、“开放性”与大学、“主体间性”与大学、后现代主义哲学对大学的批判。第六章为该论文的结束语部分，首先探析大学的个性化发展道路，接着说明哲学与大学的联系，最后总结该研究的理论意义和现实意义。大学是民族精神的反映，每一个特定的时代，每一个国家，都会对其大学的教育有当时的特定情境下的独特的需求，我们在吸收和借鉴西方大学发展过程中的理念变迁的思想时，不应忽略大学的个性化发展取向。

关键词：高等教育　高等学校　西方哲学　后现代主义　西方国家

**0232**

**意识的神学：施莱尔马赫神学方法研究** / 黄毅著 ；赵林指导. -- 武汉大学，2009. -- 168 页

论文以施莱尔马赫的神学方法作为研究论题，系统和深入地研究施氏的意识神学方法。全文包括导言、六章正文和结束语三部分。导言部分介绍施莱尔马赫神学研究现状、论题的提出与分析以及论证思路与各章主要内容。第一章介绍争论中的十八世纪神学，在说明启蒙运动对正统派神学的批判的基础上，进一步分析意识神学的先驱——莱辛神学。第二章阐述《论宗教》中的意识神学，首先分析“泛神论之争”，接着探究《斯宾诺莎哲学体系概要》中的形而上学，最后概述《论宗教》对宗教如何可能的解答，并进行小结。第三章阐释“绝对依赖感”，首先梳理从康德到早期浪漫派的近代自身意识理论背景，接着解析《辩证法》中的自身意识理论，最后论述《信仰论》导论中的绝对依赖感问题。第四章分析基督徒宗教意识，在介绍上帝意识向基督徒宗教意识的进展的基础上，进一步探讨罪意识、原罪、恶以及恩典意识与基督论。第五章论述基督教崇拜团体，包括解释学与艺术哲学的区别、类意识与自身表现、艺术的发生机制、宗教沟通的必要性与机制、宗教团体起源的一般描述、基督徒“崇拜”解析、基督徒崇拜的具体形式以及林贝克的误读八方面的内容。第六章综述作为基督徒团体反思的基督教神学，首先说明基督教神学的必要性与性质，接着评述有机的神学体系，最后提出教义学的方法，并进行小结。在论文最后的结束语部分对该研究进行了总结，并附录了施莱尔马赫的真理学说。

关键词：施赖玛赫　基督教　神学　意识论

**0233**

**从整体上理解的诺齐克政治哲学** / 姜延军著 ；顾肃指导. -- 南京大学，2009. -- 98 页

论文以从整体上理解的诺齐克政治哲学为研究对象进行深入的研究和探索。全文分为引论、五章正文和结束语三部分。在论文的引论部分介绍诺齐克与《无政府、国家和乌托邦》及其之外，分别论述研究综述——诺齐克及其理论聚焦点、研究思路——理解诺齐克思想整体的意义、研究框架——从整体上理解诺克齐的政治哲学。第一章阐述诺齐克政治哲学的方法论渊源，包括分析哲学方法论、历史主义方法论、自由主义方法论以及怀疑主义方法论。第二章论述诺齐克政治哲学的论证方式，首先寻找逻辑之“根”，接着凸显理性结构的解释力量，并建构连续的问题链条，最后审慎的判断。第三章分析诺齐克政治哲学的道德基础，首先说明道德哲学与政治哲学关系，接着阐释“人是目的”与“人人是目的”“博爱”与“边际约束”，最后分析“功利”与“权利优先”。第四章探究诺齐克政治哲学的经济考量，首先对“简单性”的哲学进行反思，接着研究“看不见的手”与国家，最后评述“博弈”与选择。第五章综述诺齐克政治哲学的人生指向，包括哲学与人生、“态度”：人生选择之维度、“真实”：人生追求之目标、“自变”：人生提升之路径、“适度”：人生幸福之根本。最后为论文的结语部分，概述该论文就是围绕诺齐克最有建树、最有影响的政治哲学思想，系统梳理其全部著述，在对其方法论渊源和论证方式解读的基础上，将其具有一贯追求的理论从政治与道德、经济和人生等相互关联的层面整体性地架构起来，从而勾画出诺克齐思想丰满的整体形象。

关键词：诺齐克（Robert Nozick）　政治哲学　哲学思想　思想评论

**0234**

**后期维特根斯坦存在论思想探究：兼与海德格尔比较** / 焦卫华著 ；陈亚军指导. -- 南京大学，2009. -- 150 页

论文以后期维特根斯坦存在论的思想为研究对象进行深入地探究,并对海德格尔的思想进行比较,作为同时代的思想家,他们都从这个问题着手,看到了传统形而上学的局限性以及图像式和表象主义的流行造成的思想的贫乏。全文分为绪论、五章正文和结束语。绪论部分包括理论拓新和研究意义、国内外研究现状以及研究思路和框架。第一章介绍图像论的终结,首先说明海德格尔是世界存在论的根基,接着分析反奥古斯丁语言图像论,最后探究反表象主义。第二章阐述意义、"面相"与生活形式,首先指出海德格尔是意义的存在论的根基,接着解析"面相转换"与意义构建,最后讨论生活形式是理解的存在论基础。第三章论述语言的界限:"他心"和动物语言,分别论述海德格尔即为"他心"问题的存在论根基、反私人语言的存在论维度以及"想象一种语言就是想象一种生活形式"三方面的内容。第四章研究语言的困境,在指出海德格尔是语言的存在论根基的基础上,进一步探究"语法"分析的存在论维度和现象学的方法。第五章综述诗歌、隐喻和返乡,分别详述海德格尔的返乡之路、隐喻和诗歌,提出这种海德格尔式的从隐喻的角度对语言和世界的分析虽然不是维特根斯坦所推崇的,但也不是他所反对的,因为虽然他认为对伦理学、神学和艺术的探究是超出语言之外的,但对这种探究却"表示尊敬"。

关键词:维特根斯坦　哲学思想　存在论　思想评论　海德格尔

**0235**

**从去蔽到澄明:海德格尔的无蔽之思** / 李孟国著 ; 张荣指导. -- 南京大学, 2009. -- 185 页

论文以海德格尔的无蔽之思为对象深入地研究从去蔽到澄明的过程。全文分为导论、六章正文和结语部分。导论部分包括无蔽之思在海德格尔哲学中的重要地位、海德格尔无蔽问题的研究现状分析以及论文的思路、结构和意义。第一章介绍哲学史上的真理理论及其矛盾,首先说明真理之为哲学问题的最初发展,接着阐述中世纪启示真理观及其对真理符合论的适应,最后分析符合论真理观在近、现代的发展。第二章论述作为无蔽之思方法论的现象学,分别具体叙述现象学真理概念作为无蔽之思的最初起点、现象乃是自现者本身、作为一种方法的现象学以及此在现象学就是解释学四方面的内容。第三章详述去蔽之为真理的源始现象,首先分析此在之存在即操心,接着分析此在的展开状态即源始的真理,最后评述作为去蔽的无蔽对真理符合论的奠基。第四章研究澄明乃是自行遮蔽的无蔽本身,包括"返回步伐"与存在之思、遮蔽属于无蔽的原初本质、澄明是无蔽的异名以及信仰之真与真理的本质四方面的内容。第五章探究无蔽的隐—显运作与存在之真的生成,首先说明艺术作品是真理的根本发生方式,接着解析技术集置乃解蔽之命运,并讨论本真的栖居意味着对存在之真理的守护,最后探索语言的言说将存在者带入澄明的问题。第六章综述无蔽之境,即经验本有的本真之境,包括本有作为"自行规定"之"规定"、本有的居有运作意味着源始的构成之势、本有是开端而非本原以及入于无蔽之境是经验本有的可能方式。结语部分对该研究进行总结。

关键词:海德格尔(Heidegger, Martin)　哲学思想　思想评论

**0236**

**诺齐克之权利政治思想研究** / 李先敏著 ; 冯俊指导. -- 中国人民大学, 2009. -- 280 页

论文以诺齐克权利政治思想为研究对象进行深入的探讨和研究。全文分为前言和七章正文两部分。前言部分包括引论、设想与思路、国内外研究现状分析及主要中外文参考文献。第一章为总论,概述诺齐克权力政治思想,并对罗尔斯与诺齐克的权利观争论进行研究。第二章系统地阐述自然状态:从洛克到诺齐克,分别论述权力从自然状态中产生、正义的初始环境:罗尔斯与诺齐克、自然权利的过渡三方面的内容。第三章研究权利的背景,即为最弱意义的政府辩护,主要有超弱意义政府的遗憾、最弱意义政府、守夜人国家、建构最弱意义国家的政府的理论困境。第四章探究自主权利的实现,包括边际道德、正义的权利、权利的眼睛、财富与正义、"看不见的手"、实现正义社会的分歧六个方面的内容。第五章综述权利,即为一种多元主义的表述,阐述罗尔斯的两个正义原则的失落与平等正义的抵抗,解析哈耶克对诺齐克的影响,从这些线索和问题入手,试图厘清其逻辑联系,并分析多元主义自由观的悖论以及多元化权利观与元乌托邦。第六章介绍理想社会,包括元乌托邦社会和批判乌托邦。第七章指出当代西方对诺齐克的回应,探析社群主义对诺克齐的批判,讨论自由主义与诺克齐权利观的冲突,并评述诺克齐与无政府主义。最后对全文进行总结和思考。

关键词:诺齐克(Nozick, Robert)　政治哲学　政治思想　权利　自由

0237

**解构—指引:海德格尔现象学及其神学意蕴** / 李章印著 ; 刘杰指导. -- 山东大学, 2009. -- 398 页

论文以海德格尔现象学及其神学意蕴为视角对"解构—指引"进行深入的研究。全文分为六篇。第一篇为胡塞尔的还原—构造现象学,分为三章:第一章介绍从德国古典现象学到胡塞尔现象学,分别从"现象"的复兴与"现象学"的出现以及从德国古典现象学到胡塞尔现象学两方面进行讨论;第二章提出哲学如何成为真正的科学,首先介绍继续西方哲学的千年科学梦,接着说明科学世界与生活世界,最后阐述关于生活世界的科学;第三章论述现象学的还原和构造,包括本质还原、先验还原、构造问题1、构造问题2、胡塞尔还原—构造现象学简评五方面的内容。第二篇为从还原—构造现象学到解构—指引现象学,分为三章:第一章分析海德格尔与胡塞尔的学术关系,在介绍作为"前海德格尔现象学"的胡塞尔现象学的基础上,进一步阐明胡塞尔现象学的突破与对胡塞尔的感谢;第二章分析从理论方式到前理论方式;第三章提出"形式指引"的方法。第三篇为追问存在及其形式指引方法,分为三章:第一章论述从意识走向存在——对胡塞尔的进一步超越,指出从意识问题到意识的存在方式的问题,探究对胡塞尔两种存在的超越,并进行进一步的讨论;第二章研究追问存在;第三章提出追问存在的基本思路与形式指引方法。第四篇为对现象和现象学的阐释,分为三章:第一章澄清"现象"的概念;第二章阐述作为方法的现象学与现象学的现象;第三章探究现象学的任务和基本环节。第五篇为思想,即解构—指引现象学的归宿,分为三章:第一章继续追问存在;第二章探索对存在的多维追踪和指引;第三章解析思想,包括思想与存在、什么叫思想、思想的紧迫性、思想的任务、只能思想的神秘"域化域"和思想的本性。第六篇为对基督教神学的解构和指引,分为四章:第一章介绍从守护故乡世界到脱离天主教体系;第二章研究早期弗赖堡时期对基督教的解说与解构;第三章分析《存在与时间》时期对基督教神学的解构与指引;第四章提出朝向一种崭新神学。

关键词:海德格尔　现象学　神学

0238

**趋向至善:托马斯·阿奎那的伦理思想初探** / 刘光顺著 ; 黄颂杰指导. -- 复旦大学, 2009. -- 150 页

论文以趋向至善为研究对象对托马斯·阿奎那的伦理思想进行初探,在阿奎那看来至善有着宗教语境之下信仰之上的特定内涵,那就是创造一切、引导一切、预定一切的善的根源的上帝。全文分为引言和五章正文。引言包括国内阿奎那伦理思想研究现状、研究的写作思路以及与至善相关的几个关系。第一章阐述至善的观念的演变,首先介绍前亚里士多德时期的演变,接着分析亚里士多德的创新和突破,最后进一步说明阿奎那对前人的继承和发展。第二章指出趋向至善的可能,提出人有追求至善的愿望,并得出人有追求至善的可能,最后阐述上帝确保世人去追求至善。第三章探析通过内塑德性使人趋向至善,分别说明先天赋予的人的本性是实现至善的基础以及后天自我进行的德性修养是追求至善的必要条件。第四章研究通过外在的引导和约束使人取向至善,首先介绍人在社会中的发展和完善,解析人类婚姻应有正当的目的和形式,接着指出经商不可以取利为目的,对背信者应加以强迫,最后提出要通过法律约束和引导人趋向至善。第五章从阿奎那的学说对后世的理论研究以及生活实践两个方面的影响探讨了他学说的影响和意义,通过考察他的学说逐渐被认可被推崇的过程,揭示了学说的顽强生命力和开创性;通过后来一些学者对他研究特别是新托马斯的兴起说明他的学说在今天理论界仍有着重要作用,通过对信徒的精神指导以及南美洲的解放神学探讨他的学说在具体实践领域的重要作用。

关键词:阿奎娜(Aquinas, Thomas)　哲学思想　伦理学　思想评论

0239

**死亡权的确立及其实现** / 吕建高著 ; 顾肃指导. -- 南京大学, 2009. -- 215 页

论文以死亡权的确立及其实现为研究对象进行了深入的研究和探讨。全文包括导论、六章正文和结语三大部分。导言部分包括选题的背景和意义以及论文的结构与内容。第一章介绍死亡权研究文献综述,分别阐述国内死亡权研究文献综述和国外死亡权研究文献综述,并进行小结。第二章说明死亡权的缘起与发展,分别详述其缘起与发展,最后进行该章的小结。第三章分析死亡权的理论基础,主要从哲学、

伦理和宪法的角度论证死亡权的基础,首先梳理人的尊严之历史渊源和法律规定,并从作为选择的尊严和作为关系的尊严两个层面对之予以诠释,论证它们与死亡权之间的关系,从而视之为死亡权的哲学基础,接着讨论病人自主,即死亡权的伦理基础,最后研究从隐私到自由,即死亡权的宪法基础,并进行小结。第四章论述死亡权的实体规定,首先界定死亡权,接着探析死亡权的渊源,最后探究死亡权的形态。第五章系统地综述死亡权的实现机制,主要论证神志清醒病人和神志不清病人实现死亡权的机制,前者以知情同意为基本原则,在对知情同意理论的实践进行考察的基础上提出知情同意的基本法则,并指出适用知情同意原则的例外情形;后者以代理决定为基本准则,并阐述了代理决定的主体和标准。第六章具体地讨论死亡权的中国情境,在阐述死亡权的发展现状的基础上,进一步分析死亡权的立法规范,从而确立和完善我国死亡权的保障机制。

关键词:死亡哲学　死亡　人身权

**0240**

**威尔逊人性论研究** / 米满月著 ; 舒远招指导. -- 湖南师范大学, 2009. -- 151 页

论文以威尔逊人性论为研究对象进行深入的研究和探索,这种生物人性论可以追溯到达尔文在《人类的由来》一书中所阐发的思想,即立足于自然选择论来描述和说明人性,尤其是道德意识的起源。全文分为导论和四章正文。导论部分包括研究威尔逊人性论的意义、威尔逊人性论的研究现状、研究的思路以及研究威尔逊人性论的主要文献与资料。第一章阐述威尔逊人性论的思想渊源,首先说明超自然主义人性论与自然主义人性论,即为西方传统人性论的二元对立,接着介绍古典生物人性论,最后分析现代生物人性论的崛起。第二章探究威尔逊人性论的方法论,首先阐明自然科学与社会、人文科学研究相结合的方法,接着提出还原与综合相结合的方法以及人性的先天与后天相统一的研究方法,最后对威尔逊人性研究方法进行评价。第三章研究威尔逊人性论的主要内容,首先界定人性的定义及特点,接着分析人性的结构,最后指出有关人性论的其他问题。第四章论述对威尔逊人性论的评价,分别详述对威尔逊人性论的肯定评价和威尔逊人性论存在的问题。威尔逊的人性论有强烈的遗传决定论色彩,所以他的思想一问世,就遭到了来自社会各界的批评。其实,威尔逊生物人性论的积极意义是不容忽视的。论文在阐释他的生物人性论的同时,试图对这个理论做出自己的评价。

关键词:威尔逊(Wilson, Edward Osborne)　人性　基因

**0241**

**神经伦理学:实证与探新** / 亓奎言著 ; 盛晓明指导. -- 浙江大学, 2009. -- 133 页

论文以神经伦理学为研究对象,对其进行深入地实证与探新,并从神经伦理学对道德判断、道德原则、自由意志、规范伦理学和元伦理学的关系等方面进行了探讨。全文分为五章正文和结语部分。第一章为导论,主要介绍两种伦理学进路、神经伦理学的产生、发展与研究现状以及论文的内容与结构。第二章具体地阐述情绪与道德判断,首先以达马西奥的躯体标识假设为例进行情感与社会行为的判断,接着说明情绪与道德判断以及情绪、公平与脑机制,最后为该章的结语,即道德判断更接近休谟的主张。第三章论述进化、文化与道德原则的形成,首先分析从动物的社会性到人类良心的形成,接着探究移情与大脑以及自然选择下的利他何以可能,最后解析文化与道德原则,并得出结语,也就是神经伦理学更支持美德论。第四章研究自由意志与大脑,首先指出利贝特的实验及其存在的问题,接着得出对利贝特实验的拓展及其结论,最后提出“我们有自由意志”的感觉来自哪里的论题。第五章综述神经伦理学,即一种正在凸显的范式,包括神经伦理学对传统伦理学的挑战、神经科学与元伦理学:道德相对主义的论述、社会与大脑以及道德的准实在论三个方面的内容。在论文最后的结语部分系统地综述神经伦理学是一个开放的领域。

关键词:伦理学　神经科学　道德判断　自由意志

**0242**

**康德《纯粹理性批判》中的对象概念** / 沈晓武著 ; 张志伟指导. -- 中国人民大学, 2009. -- 136 页

论文主要针对康德在《纯粹理性判断》中的对象概念进行逐一探讨,主要以康德第一版和第二版的先验演绎为基点,通过比较研究,说明对象与知识共同的先天条件,探讨对象与知识的统一问题。全文分为导言和六章正文。导言部分包括研究范围及意义、国内外研究现状及分析、论文思路与结构。第一章阐述康德对象理论背景,介绍理论背景,主要针对康德对象理论的历史渊源同经验论与唯理论的内在关系,两

派理论对康德的影响进行讨论,并说明康德对象理论渊源。第二章界定《纯粹理性判断》中对象的有关涵义,主要有显象与物自体、先验对象与现象、对象与客体的区别,并进行逐一地梳理。第三章论述对象与范畴(上),介绍何谓先验演绎,并分析主观演绎与对象的认识。第四章综述对象与范畴(下),首先解析客观演绎及其内在逻辑进程,接着阐述我思—统觉—先验自我以及范畴与对象,最后探究知性和对象的关系——两版演绎中关于综合行动的比较研究,研究康德的对象理论的历史踪迹,并对与洛克、莱布尼兹的比较研究进行系统地综合与分析。第五章描述图形与对象,主要有图形、判断图形与对象。第六章提出其影响与反思,在详述胡塞尔意向性理论的基础上,进一步指出真理·符合·存在是真理的本质。在文章最后对全文进行了总结性的陈述。

关键词:康德(Immanuel Kant)　德国古典哲学　哲学思想　对象　先验论

**0243**

**海德格尔的惟一之思:存在** / 师庭雄著 ; 邓晓芒指导. -- 武汉大学, 2009. -- 190 页

论文以海德格尔的唯一之思——存在为研究对象进行深入的探索和探究。全文分为引言和四章正文部分。第一章具体讨论从生存论—存在论意义上追究存在,首先论述此生的生存与"在—世界—之中—存在",接着分析此在在世的诸环节以及操心的意义,最后研究时间性展示为操心的存在论意义,并进行小结。第二章系统地阐述从存在论上说存在:从"存在与时间"到"时间与存在"的转渡,在介绍从对待真理的态度看海德格尔思想的转向的基础上,进一步研究关于"在场"的理解,并详述在场的形而上学,在该章最后进行总结。第三章分析前存在论上的考察:同一者,径直去谈存在,分别探究对存在的限制和前苏格拉底的希腊经验中作为同一者的 λογοζ[逻各斯]和 Μοτρα[命运],并对该内容进行总结。第四章综述存在命运般的遣送:作为存在之极端表达式以及作为本有之先行形式的集置,首先解析"存在"在现时代的显现:作为在场化之极端形式的集置,接着进一步说明后期海德格尔以空间来说存在的取向,并且兼论四重整体,最后讨论入于本有的诗与思,以及该章小结。最后,我们可以看出:海德格尔终其一生都在追究"存在问题"。这种追究虽然发生着前后运思间的某些差异,但根本说来,海德格尔并没有离弃过"存在"问题。

关键词:海德格尔(Martin, Heidegger)　哲学思想　思想评论

**0244**

**论笛卡尔的机械论哲学:从形而上学与物理学的角度看** / 宋斌著 ; 钱捷指导. -- 南开大学, 2009. -- 173 页

论文从形而上学与物理学的角度以笛卡尔的机械论哲学为研究对象进行深入的研究和讨论。全文分为引言和三章正文。引言包括问题的由来、国内研究现状综述以及国外研究启示。第一章介绍笛卡尔机械论哲学的一般特质,与建立与旧的亚里士多德自然哲学相对抗的机械论哲学的意图相关联,笛卡尔形而上学的最主要目的可以概括为确立"灵魂"与"物体"的二元划分,并分析与同时期其他的机械论哲学相比。第二章论述灵肉之分的机械论的形而上学基础,该章第一部分探究从认识论到形而上学,首先《探求真理的指导原则》:以"直观"为基础的认识论,接着分析由认识论走向形而上学的明显与确定,并阐述永恒真理的上帝创制说,即笛卡尔第一个形而上学学说,最后讨论笛卡尔形而上学的基本方法——观念论,第二部分评述形而上学之根,即灵肉之别,从什么是笛卡尔的"夸张的怀疑"、不可怀疑的阿基米德点:我思,故我在、思维为何、怀疑的消除及知识的确定性原则、物体的本质及其存在五个方面进行探究。第三章综述机械论在自然科学中的应用,即物理学和生物学中的应用,首先介绍总论,接着研究与牛顿物理学相比的笛卡尔物理学,与亚里士多德物理学相比的笛卡尔物理学,最后探讨对于生命的激进的机械论观点的笛卡尔生物学。

关键词:笛卡尔　机械唯心主义　形而上学

**0245**

**作为"现实乌托邦"的万民法:罗尔斯国际正义理论研究** / 谭宇生著 ; 顾肃指导. -- 南京大学, 2009. -- 117 页

论文以作为"现实乌托邦"的万民法为视角对罗尔斯国际正义理论进行深入的研究和探索。万民法作为一种"现实乌托邦"实际上就是要基于现实去探求一种可行的国际正义理论,这种现实就是不同"人民"之间的合理多元主义,因此一种合理的万民法,必须能够呈现出多样性的合理人民所接受。全文分为

导言和四章正文。第一章阐述从“正义即公平”到“现实乌托邦”，首先介绍国内正义理论：“正义即公平”，接着说明“正义即公平”的可行性，并分析从“正义即公平”到“政治自由主义”，最后指出政治哲学视阈下的万民法：一种“现实乌托邦”。第二章论述万民社会：自由人民对合宜人民的宽容，首先探究何为“人民”，接着研究“人民”或个人，最后讨论何为宽容。第三章综述援助义务与万民社会的正义，分别包括重负社会与援助义务、万民社会的基本结构与重叠共识、回应对援助义务的质疑三个方面的内容。第四章探究全球健康和万民法，首先解析为何万民法必须应对全球健康问题，接着对“合宜人民”进行深入地反思，最后从健康权的视角进一步对罗尔斯万民法的发展进行讨论，得出应将一种最低限度意义上的健康权纳入到万民法中。健康权包含一定的环境条件、生活条件以及基本的卫生保健和医疗条件，并成为合宜性的判断标准之一。自由人民和合宜人民有义务援助重负社会以帮助后者建立起合理公正或合宜的制度，从而确保健康在后者中的实现。

关键词：罗尔斯　正义　法的理论

**0246**

**生存与超越存在：雅斯贝斯哲学信仰的确立** / 王春梅著；黄颂杰指导. -- 复旦大学, 2009. -- 113 页

论文试图通过对《哲学》细致而贴实的解读，发掘“哲学信仰”的内涵与意义，澄清它在雅斯贝斯思想中的地位与线索性的作用，从而更深入地理解雅斯贝斯思想的内核，弥补相关研究视角的缺失。全文分为导论和五章正文。导论包括雅斯贝斯的哲学思想主题、哲学信仰主要的思想内容、国内外的研究现状三部分内容。第一章介绍对哲学信仰的处境的反思，在阐述个体性生存自身及其信仰的缺失的基础上，进一步说明西方传统哲学的困境。第二章阐述确立哲学信仰的方法，包括非客观性的方法、主客分裂的方法、超越的方法、理性的方法和其他方法。第三章阐明对哲学信仰的生存性，即哲学信仰中生存性自我存在的确立，首先概述生存阐明，即有关生存阐明的意义及阐明的步骤与方法，接着探究生存性自我与非生存性自我、生存性自我存在的基础以及生存性自我在交往、历史性与自由中阐明自身的问题，最后研究生存遭遇边缘处境，以及生存在绝对意识中确信自我存在与超越存在问题。第四章论述超越存在的生存性显现，分别分析超越存在在形而上的逻辑超越中显现自身、超越存在在生存性的关涉中显现自身、超越存在在密码中显现自身。第五章综述大全视域中的哲学信仰，首先介绍大全，接着阐述哲学信仰在大全各个样态及其之间的关系的阐明中显现，并探析有关大全内部逻辑关系问题，最后评述超越存在与大全的关系。在论文的结论部分介绍雅斯贝斯哲学信仰的内涵、意义、问题所在、该论文的努力与不足。

关键词：雅斯贝斯　哲学思想　信仰　生存　思想评论

**0247**

**从自然到人为：论霍布斯政治思想的特征** / 王军伟著；张汝伦指导. -- 复旦大学, 2009. -- 167 页

论文以霍布斯政治思想特征为视角深入的研究和探索从自然到人为的过程，霍布斯遵循的思想方法是对子式的“自然和人为”的两立，这不仅表现在他对哲学的分类上，表现在他所使用的方法上，也表现在他对人和对政治体的看法上，霍布斯不仅在价值立场上重人为而轻自然，同时也想说明，在推理顺序上，霍布斯遵循的是先自然而后人为的思想路线，他把自然作为推理的前提，而把人为作为推理的结论。全文共分为导言、四章正文和结束语部分。导言部分介绍了研究缘起、论文的思路和结构、霍布斯的国内研究状况简述以及霍布斯国外研究状况简介。第一章阐述哲学的自然和人为，在说明霍布斯的哲学观和思想体系的基础上，进一步分析霍布斯自然哲学、形而上学与公民哲学的联系。第二章论述方法的自然和人为，解析分析—综合的方法，并讨论修辞学的方法与公民哲学的理想。第三章探究人的自然和人为，首先研究人性及其缺憾，其次探索趋向和平的自然法。第四章综述群体的自然和人为，在阐述自然状态极其悲惨的基础上，进一步评述通向和平的立约建国之路。任何思想的形成都要遵守一定的发展顺序，霍布斯的思想发展也是这样，在论文的最后，就霍布斯“从自然到人为”在现代性上的表现做了简单的评价。

关键词：霍布斯　政治思想　哲学思想　思想评论

**0248**

**保罗·尼特的宗教多元论与宗教对话思想研究** / 王蓉著；王志成指导. -- 浙江大学, 2009. -- 204 页

论文以当代人类的信仰和生存困境为背景，介绍和阐释当代基督教神学家保罗·尼特的宗教多元论和宗教对话思想。全文分为九章正文。第一章为绪

论,介绍论文的选题意义及研究角度、以往的研究成果及论文的创新之处、论文探讨的主要问题。第二章阐述他者之音:时代的挑战,首先说明引言,接着分别探究其他宗教:一个不可回避的现实、多元论:宗教性和宇宙性的生活事实、威胁与机遇:基督教面临的难题和希望,最后得出评价与反思。第三章研究与他者一道走过的旅程:保罗·尼特的对话奥德赛,包括引言、从排他论到兼容论、走下拉纳之桥、走向诸宗教的解放神学、信仰的探索以及评论与反思六个方面的内容。第四章论述相互关联和全球负责的对话模式,分别详述引言、当前的诸宗教对话模式与宗教间关系、相互关联与全球负责模式的几个主题、难题与陷阱:后现代主义者的警告、世界的痛苦:一种宗教挑战、评论与反思六方面的内容。第五章探究相互关联和全球负责的伦理实践,首先说明引言,接着分别分析全球责任:共同的信仰间对话伦理基础、生态—人的福祉:一个宗教真理标准、解放性对话:信仰间对话的伦理实践,最后讨论全球负责的信仰间对话运作以及评论与反思。第六章探析相互关联和全球负责的诸宗教神学,在介绍引言的基础上,进一步概述文化意识和基督教信念的支持,并提出"相互关联和全球负责式是基督教的吗?"的问题,说明相互关联和全球负责的基督论,以及建设相互关联和全球负责的基督教会,最后进行评论与反思。第七章再论耶稣的独一性,即评论与挑战,包括引言、耶稣独一性的五个论题、走向转化:约翰·B.科布的意见、约翰·希克的五点疑惑、谁的独一性:雷蒙·潘尼卡的诘问、走向解放还是多元论:詹姆斯·弗里德里克的挑战以及评论与反思七个论题。第八章综述逾越与回归:保罗·尼特的自我超越,介绍引言,讨论涅槃与作为他者的上帝、耶稣与悉达多·乔达摩、和平的期待与行动,并得出评论与反思。第九章提出一个引导性结论,包括论文的内容总结及结论、论文的贡献与局限、对当今时代宗教对话的展望。

关键词:基督教　神学　宗教哲学　多元论

**0249**

**语言的本质:本质的语言——海德格尔后期的语言观** / 王颖斌著 ; 张志伟指导. -- 中国人民大学, 2009. -- 181 页

论文以海德格尔后期的语言观为对象对语言的本质,也就是本质的语言进行深入系统的研究。海德格尔对语言的探讨是依照存在的历史性命运展开的,对存在的不同理解规定着对人的理解,而对存在和人的理解又规定着对语言的理解。语言在历史中的不同显现就是存在的人在历史中的不同显现,由此展现了什么曾在、什么当前在、什么将来在的整体关系,因此论文的各个部分都或显或隐地贯穿着存在、人、语言三者的关系。全文分为前言、导论、四章正文和结束语部分。前言部分介绍选题意义、国内外研究状况以及研究方案。导论部分阐述海德格尔前后期语言思想的转向、关于"语言的本质:本质的语言"以及论文结构三方面的内容。第一章论述"语言的本质"——对传统形而上学语言观的批判,分别提出存在是什么、人是什么、语言是什么三个问题,并进行解析。第二章指出什么召唤语言之思,包括技术的白昼、语言的技术化以及转向。第三章探究本质的语言,首先详述存在如何在,接着分析人如何在,最后解析语言如何在。第四章综述本真的道说,分别探究诗、思以及诗与思的对话。论文最后的结束语部分阐释内容为在途中,即海德格尔把他对语言的探讨看作是在通向语言的途中,因为我们只能获得一些语言的经验,但永远达不到语言本身。

关键词:海德格尔(Mardin Heidegger)　语言哲学　本质　哲学思想

**0250**

**西方造型艺术高峰的哲学探究** / 王战著 ; 黄振定指导. -- 湖南师范大学, 2009. -- 217 页

论文以西方造型艺术高峰的哲学为研究对象进行深入的研究和探索。全文分为绪论部分、四章正文和结论部分。绪论部分包括西方艺术史哲学综述、国内学术界的研究状况以及论文的研究特点、方法及结构。第一章具体地阐述西方造型艺术史的高峰突显,在说明"艺术高峰"的界定与分期的基础上,并进一步分析"造型艺术高峰"的一般特征。第二章论述"西方造型艺术高峰"发生的社会机制,首先评述社会环境:由"繁盛"走向"振荡",接着探究社会观念:由"整一"走向"多元",最后对"西方造型艺术高峰"与社会机制的关系进行系统地研究。第三章探析"西方造型艺术高峰"的美学规律,首先说明"感性"与"理性"之美交织的世界,其次讨论"感性"与"理性"之美的互动式发展。第四章综述"西方造型艺术高峰"的驱动力:神本、人本与科学,在梳理神本、人本与科学:"造型艺术高峰"的三驾马车的基础上,并探索神本、人本与科学:艺术精神中的"神""人"的角逐。论文最后部分的结

论总结了四方面的内容:“造型艺术高峰”生成与发展的社会环境因素、“造型艺术高峰”生成与发展的社会观念动力、“造型艺术高峰”生成与发展的美学规律特征以及“造型艺术高峰”生成与发展的哲学逻辑阐释。

关键词:艺术造型　艺术哲学　艺术史　西方国家

0251

**哲学的迷途与归向:杜威偶然性思想研究** / 魏建华著 ; 刘放桐指导. -- 复旦大学, 2009. -- 110 页

论文以杜威偶然性思想研究为中心对哲学的迷途与归向进行深入地探索和研究,从这一问题的产生到最后的解决,使哲学重新归向偶然性,从而使哲学摆脱虚假问题的困扰,杜威的偶然性思想也展现出来。全文分为六章。第一章概述科学与价值的冲突,即传统哲学对偶然性否定的一个后果,分别阐述作为价值的实在和近代哲学的危机。第二章论述经验、偶然性与哲学,分别详述杜威的经验概念、杜威的偶然性概念、连续以偶然性为起源以及偶然与经验方法。第三章介绍经验、理智与偶然性的关系,在分析经验中的理智的基础上,进一步探究理智与偶然性的关系。第四章研究经验、偶然性和目的关系,首先界定传统的目的概念,接着解析审美与经验的关系,最后深入地探析杜威的目的概念。第五章梳理经验、偶然性和心灵的关系,分别从传统的心灵概念和杜威的心灵概念两个方面论证。第六章综述偶然性、批判与哲学的关系,提出批判是科学与价值的新关系,并说明哲学是批判的批判。论文最后总结出:哲学作为经验的一部分,应该立足于为它本身所一直关注的价值领域,用经验方法和科学方法来展开价值评判工作,这就意味着偶然性是哲学批判的起点,科学方法也是偶然性进入哲学批判领域的途径,而哲学的文学化并不能避免基础主义和本质主义。

关键词:杜威　哲学思想　偶然性　思想评论

0252

**集体意向性与制度性事实:约翰·塞尔的社会实在建构论研究** / 文学平著 ; 俞吾金指导. -- 复旦大学, 2009. -- 156 页

论文通过研究约翰·塞尔的社会实在建构论探究集体意向性与制度性事实问题。全文分为导论和四章正文。导论介绍从言语行为到社会实在构建,包括从言语行为到社会实在建构、研究塞尔社会实在建构论的意义、塞尔社会实在建构理论的研究现状以及论文的基本思路和研究方法。第一章阐述不可还原的集体意向性,首先说明自然化的心灵和意向性,接着分析塞尔关于集体意向性的主要论题,并梳理集体意向性的内在结构,最后解析塞尔集体意向性理论的特征。第二章论述从集体意向性到制度性事实,研究集体的功能赋予,并讨论制度性事实的创设、维持和标识以及制度性事实中的语言因素,最后探析制度性事实中的理性、自由和自我问题。第三章综述制度性事实的结构特征,分别论证制度性事实的逻辑结构:构成性规则、制度性事实的逻辑结构:道义性权力、原初事实在逻辑上先于制度性事实、制度性事实的其它结构性特征。第四章提出塞尔社会实在建构理论中的问题与方法,首先指出塞尔社会实在建构模型中存在的问题,接着进一步探究塞尔力图解答的问题及其有待解答的问题,最后对塞尔分析社会实在的方法及其局限进行讨论。总体来讲:塞尔对于社会实在的本体论揭示是富有原创性的伟大理论,因为它给我们每天都生活于其中并习以为常的大量社会现象带来了新的视角和洞见,但也存在不少有待于进一步加以解决的问题。

关键词:塞尔(Searle, John R)　哲学思想　社会制度　思想评论

0253

**人何以拥有某物?——一种基于人的交互主体性而做的对拥有合理性的辨析** / 吴敏著 ; 翟振明指导. -- 中山大学, 2009. -- 290 页

论文以一种基于人的交互主体性而做的对拥有合理性的辨析进行探讨,以深入地研究“人何以拥有某物?”这一论题。全文包括前言、引论和六章正文。前言部分包括原理、解析和论证框架。引导部分介绍方法论的哲学问题,分别简述解题:拥有问题的关键词及分析方法、对分析原则及易混淆概念的说明这两个问题。第一章阐述回溯法,首先说明拥有问题成立的三个前提,并提出谁是拥有的主体,即谁在何种情景中做宣称,接着分析如何以及何以宣称赋予价值意义,也就是何谓拥有合理性,最后解析拥有合理性的两个维度以及回溯法的内容。第二章论述争论一:为何以及如何对人性做价值预设,首先指出对人性做价值判断的理由,接着分析传统的政治哲学语境下如何对拥有赋意以及三种赋意的交叉发展,最后评述传统价值预设带来的逻辑倒置及其修正。第三章概述争论二:回溯起点之争,分别探究拥有对共同体的构建、何种自我、以交互主体性的自我为起点三方面的内

容。第四章研究完整辨明拥有合理性的正义理论框架,首先论证主体性对抗:两个争论的核心,接着对实质进行分析,即两个争论的联结,最后得出完整辨明拥有合理性的正义理论。第五章综述拥有的建构,包括在交互情境中建构拥有:主体对对象的几种控制形态、拥有合理性的内容、三项基本权利、三种基本权利之间的关系以及拥有权力化的结构。第六章探析作为权利的拥有,分别介绍辩论拥有规则的基本辩论原则、合理的拥有与不合理的拥有、政治共同体中目标设定与拥有之关系、拥有权利化的两个内涵、对私有产权合理性的辩护以及作为制度的拥有。论文最后结论部分论述作为拥有的正义。

关键词:人　主体　权利　价值

**0254**

**斯宾诺莎哲学中的欲望与理解** / 吴树博著 ; 黄颂杰指导. -- 复旦大学, 2009. -- 156 页

论文力图展示出欲望在斯宾诺莎哲学中的具体内涵,以及它在斯宾诺莎哲学体系的构建和展开过程中发挥了何种作用,我们要以欲望作为特定的视角来阐释斯宾诺莎哲学——特别是斯宾诺莎伦理学——的总体的构建过程。全文分为导言、六章正文和结语部分。导言部分介绍朝向理解斯宾诺莎的新维度。第一章阐述欲望的主题化,说明欲望在早期现代哲学中的主题化并不是哲学家得到某种神秘启示之后直接出现的,而是文艺复兴之思想成果的哲学化的表达和体现。第二章分析欲望阐述的切入点:本质与力量。第三章评述从努力到欲望的过程。第四章论述受动、想象与盲目的欲望。第五章探究主动、理性与合理的欲望。第六章研究理解、理智与至福。结语部分总结欲望与斯宾诺莎哲学的一些特质。斯宾诺莎认为,最好的结论必须是从一个特殊的肯定的本质推演而出,因为一个观念愈特殊,便愈明晰,从而也就愈是清楚。每个人由于其自身的力量和能力的有限,不可能认识所有的人,也不可能对既定范围内的每个人的本质都有清楚明晰的把握,但是这对斯宾诺莎而言并不是最为紧要的因素,因为具体的知识对于个别本质的认识,并不是一种科学的或单纯知识论上的构想和规约,它应当是智慧的实践,是我们为了更好地生活、为了更真诚地生活、为了与他人结成真挚的友谊和形成一个和谐的共同体所必然追求的知识,继而将这种知识投入于现实的生活过程中。

关键词:斯宾诺莎　欲望　本质　哲学思想

**0255**

**维特根斯坦全景综观的语言游戏观研究** / 吴艳著 ; 张志伟指导. -- 中国人民大学, 2009. -- 162 页

论文选择维特根斯坦的"语言游戏"观入手,旨在一目了然地传递维特根斯坦思想的精髓,从全景综观的层面理解思想家维特根斯坦的哲学之关键。全文分为导言和五章正文。第一章介绍全景综观的语言游戏观,首先阐述语言游戏观的背景及其运思过程,接着分析语言游戏观,即描述的语言哲学及其目的,最后指出全景综观的运思、描述及拟解决的问题,并解析全景综观法。第二章研究哲学病的诊断治疗及其方法,首先提出传统本质主义和心理主义的问题、怀疑主义的表征及其问题,接着阐释"私人语言"、私人经验及"甲虫盒"的启示,最后分析日常语言与全景综观法。第三章论述全景综观的生活形式与世界图景,包括生活形式、遵循规则与人的哲学家园、"遵循规则"悖论与哲学语法、全景综观的流变性语言游戏及创新性的遵循规则、世界图景和社会行为及广义的遵循规则。第四章探究维特根斯坦的思维方式及其比喻,首先研究元哲学方式,接着讨论词的意义、意向性与语言行为,最后探索个体生存、生活形式及生活世界。第五章为论文的结语部分,分别详述了人类生存、生活形式与语言理解,个体的生存、社会规约性的实践和流变性的哲学对象,反思传统形而上学与全景综观的视域,语言游戏观及其对西方现代哲学的影响,挑战现代人类世界思维及生活方式的创新者。

关键词:维特根斯坦(Ludwig Wittgenstein)　哲学思想　语言哲学

**0256**

**杜威的工具主义探究理论研究** / 徐陶著 ; 赵敦华指导. -- 北京大学, 2009. -- 159 页

论文主要对杜威的工具主义探究理论进行系统的阐述,一方面使之成为一个比较系统的体系,并且阐明杜威逻辑思想的内涵与实质,同时把杜威的相关哲学观点也融入探究体系中,另一方面,探究理论可以看作是杜威的基本哲学思想与杜威在社会人文领域之思想的中介。全文分为导言和七章正文。导言部分介绍问题的提出及意义、国内外的研究现状以及论文的研究思路、方法和创新点。第一章为探究概念的理论背景,首先探究概念的理论来源,接着说明杜威的实用主义哲学,并提出探究概念,最后阐述探究概念的语言哲学意义以及探究概念的形而上学意义。

第二章概述对于探究的探究:逻辑,首先介绍杜威逻辑思想的理论背景,接着分析杜威早期的逻辑思想:逻辑与思维,以及杜威后期的逻辑思想:逻辑与探究,最后指出杜威逻辑思想的当代意义。第三章论述探究的起源与模式,包括探究的生物性与社会性起源、科学探究与常识、探究的模式、探究与当代认知科学、探究与当代技术哲学。第四章研究探究与真理,分别详述杜威的实用主义真理观、"有根据的可断言性"、杜威和罗素关于真理问题的争论以及探究理论的其他版本。第五章为探究的终结,即判断,首先说明判断的构成,接着讨论判断的推论性以及判断的实践性与评价性判断,最后分析对几种判断的形式。第六章为探究的工具,即为命题,包括普遍命题、命题的分类与联系、词项的意义和联系。第七章综述作为科学研究方法论的探究理论,首先解析探究理论与自然科学哲学,接着说明探究理论与社会科学哲学,最后阐明探究理论应用之范例:教育学。

关键词:杜威　工具主义　逻辑　命题　哲学思想

0257

**海德格尔思想道路中的居之问题** / 徐歆茹著 ; 张汝伦指导. -- 复旦大学, 2009. -- 143 页

论文考察海德格尔思想道路中的居之问题,即:以居之问题为切入点;从居之问题在海德格尔思想道路中的变化透视海德格尔思想内在理路的发展。论文分为引言、三章正文和结语部分。引言部分介绍论文课题和国内外研究状况,并阐述论文内容及结构。第一章研究海德格尔思想早期的居之问题,从海德格尔思想的开端、经历和周围世界三个方面讨论《哲学的观念与世界观问题》中的居之问题,并进一步从居之问题的三个要素、存在问题、此在、在世之在四个方面探究《存在与时间》当中的居之问题。第二章论述海德格尔思想折回时期的居之问题,首先在真理问题的部分具体地讨论从此在的生存论分析到存在史、真理概念对于此在之有限性以及真理的本质,接着详述世界之作为世界和大地,最后从诗作为艺术的本质、荷尔德林和诗意地居、诗意地居和追忆以及本质性的思四个方面分析诗是人在存在之真理中的居之方式。第三章综述海德格尔思想后期的居之问题,首先说明 Ereignis 的含义,接着以虚无主义、无家可归状态和家乡、人道主义和人的本质的视角探析对人的本质的质疑,并进一步讨论四重整体世界,包括世界之为统一的复性概念、物之物性:聚集、大地、天空、诸神、终有一死者和世界拥有人这七方面内容,最后提出对人的本质的重新思考,详述语言和人的本质、语言是存在的家、第一开端中的人的本质以及逻格斯和语言,并介绍终有一死者之居于世界。

关键词:海德格尔　哲学思想　存在　精神(哲学)思想评论

0258

**巴布宗教思想研究** / 许宏著 ; 蔡德贵指导. -- 山东大学, 2009. -- 122 页

论文考察了巴布思想的宗教文化背景和理论来源,紧紧抓住"渐进性天启"论这一理解巴布思想的关键,从上帝观、宗教人生哲学、正义王国等方面系统论述了巴布的宗教思想。全文分为前言和六章正文。前言概述巴布及其宗教思想,并介绍研究现状、逻辑思路、创新与不足。第一章阐述巴布思想的宗教文化背景和理论来源,在说明巴布思想产生的宗教文化背景的基础上,进一步论述伊斯兰教哲学思想及其对巴布的影响,探讨如何看待巴比教及巴哈伊教与伊斯兰教的关系。第二章分析"渐进性天启"论:巴布宗教思想的理论基础,介绍启示与宗教以及巴布的"渐进性天启"论,提出宗教的演进是动态的、不断自我完善的过程,并指出巴布不同时期之"启示"的渐进性。第三章探究巴布的上帝观,分别综述上帝是唯一的存在,上帝是造物之主、宇宙法则的制定者,上帝是至高至善的救世之主,认识上帝之道四方面的内容。第四章研究巴布的宗教人生哲学,主要包括人性论、人生的理想与价值取向、人生的归宿以及实现人生理想的途径。第五章探析"正义王国":宗教视野下的社会改革蓝图,首先阐述社会动荡与大变革的时代背景,接着总结巴布"正义王国"思想的主要内容,最后简述神学与宗教基础上的"乌托邦"。第六章论述巴布宗教思想的影响,深入地分析后世对巴布宗教思想的批评、继承与发展,并进一步指出巴布宗教思想的当代意义。

关键词:巴布　宗教文化　上帝　思想评论

0259

**保罗·利科文本理论研究** / 姚满林著 ; 汪堂家指导. -- 复旦大学, 2009. -- 126 页

论文以保罗·利科文本理论为研究对象进行深入的探讨和研究。全文分为导论和五章正文。导论部分简要介绍了国内外学者对利科思想研究的状况,并介绍了论文的写作思路及当代意义。第一章阐述

诠释学和利科哲学,第一条线索从古典诠释学、浪漫主义诠释学、普遍诠释学和当代诠释学四个方面介绍诠释学的发展历程,第二条线索从现象学诠释学、文本诠释学和自我诠释学三个方面对利科诠释学进行讨论。第二章探讨文本理论(Ⅰ),首先对利科的文本概念进行具体研究,利科在诠释学理论中的一个重大贡献在于拓展文本概念的内涵,接着分析利科视野中的文本,最后界定与之相关的概念,主要有象征、解释、反思。第三章探究文本理论(Ⅱ),集中探讨精神分析问题,精神分析自始至终都是解释,佛罗伊德将这种解释运用到了文化的阐释中,包括艺术、道德、宗教,并从超越快乐原则和面对死亡本能两个方面研究来自死亡本能的挑战。第四章论述文本理论(Ⅲ),分别论证涉及作品与隐喻问题的书写文本、作为文本的行为、讨论说明与理解关系的解释理论。第五章系统地综述哲学的对话,是在更高的层面上考察利科诠释学,以文本理论为基础,利科实现了分析哲学传统与欧陆哲学传统之间的对话与沟通,并对各种冲突的解释进行了公断。

关键词:里克尔(Ricoeur, Paul)　文体　哲学思想

**0260**

**道路之思:海德格尔"存在论差异"思想研究** / 张柯著 ; 张荣指导. -- 南京大学, 2009. -- 225 页

论文以道德之思——海德格尔"存在论差异"的思想进行深入的研究和探索,该研究之主旨最终指向的必然是海德格尔思想的整体性,围绕"存在论差异"问题分为思想之渊源、生成、拓展以及其最终指向的"本源问题"等几个阶段展开,都效力于对海德格尔思想之"根本指向"之"如何"的显现与揭示。全文分为导论和七章正文。导论部分包括何谓"存在论差异""存在论差异"是海德格尔思想的主导问题、研究思路、研究现状以及创新之处。第一章介绍"有效"与存在之真,包括海德格尔的"洛采研究""双重判断"与"真""有效之真"与存在论差异。第二章阐述"被给予"与存在自身,首先说明感性直观与范畴直观之区分,接着分析存在之"被给予"与存在自身,最后总结双重渊源,即渊源问题。第三章论述 Dasein 与存在论差异,首先指出存在论差异问题的生成问题,接着提出何为"Dasein",最后探析 Dasein 与存在论的差异。第四章研究"自身性"与"真"的双重拓展,主要有存在论差异思想的拓展问题、超越与自身性、"本质"的真理。第五章探究作为传递之"通道"的存在论差异,在说明存在论差异向本源之思的"传递"的基础上,进一步介绍传递之必然性,即"本质与实存之区分"与"存在论差异"。第六章论证同一与差异,包括"同一与差异"的辩证法、同一与差异之"共属"。第七章综述本源之思,首先解释 Ereigns 和 Austrag 的释义,接着介绍存在论差异与 Austrag,最后分析 Ereigns 与 Austrag。在论文最后对该研究进行总结。

关键词:海德格尔(Heidgger, Martin)　哲学思想　思想评论

**0261**

**施莱尔马赫直接自我意识理论研究** / 张云涛著 ; 何卫平指导. -- 武汉大学, 2009. -- 127 页

论文以施莱尔马赫直接自我意识为研究对象进行深入地研究和探索。全文包括导言和五章正文。导言部分综述了国内外施莱尔马赫神学和解释学的研究现状,指出了他的直接自我意识所具有的重要意义。第一章论述施莱尔马赫直接自我意识理论产生的背景,首先介绍信仰的危机,接着深入地研究康德的批判哲学和费希特的绝对主体理论,最后提出早期浪漫派也发展了主体学说,荷尔德林和诺瓦利斯指出了费希特自我意识学说的困难。第二章阐述施莱尔马赫的辩证法,首先指出施莱尔马赫的哲学(辩证法)是理解他的其他思想的前提,然后具体考察了他的辩证法的先验部分的基本思想,分别评述知识何以可能、先验根据(上帝)不可知以及情感再现先验根据。第三章分析施莱尔马赫的直接自我意识理论,首先介绍施莱尔马赫"情感"思想发展简史,接着提出情感和直接自我意识如何是敬虔感,最后总结直接自我意识和感性自我意识的关系。第四章论述施莱尔马赫的直接自我意识神学,在说明施莱尔马赫教义学的基本结构的基础上,进一步解析施莱尔马赫教义学的核心思想及其上帝论,评述黑格尔对施莱尔马赫的著名批评。第五章综述辩证法的解释学和解释学的辩证法,并进行详述。结语部分总结了施莱尔马赫的直接自我意识理论,并简评了其理论意义。

关键词:施莱尔马赫(Friedrich Schleiermacher)　基督教　神学　哲学思想

**0262**

**有道德的个人:欧克肖特政治哲学透视** / 郑黎明著 ; 刘放桐指导. -- 复旦大学, 2009. -- 101 页

论文通过透视欧克肖特的政治哲学来深入地研

究和探索有道德的个人,论文的主旨并不是要对欧克肖特的政治哲学做全景式的展示,而是要主张"有道德的个人"是开启其政治哲学的一把钥匙。理性主义表现在培根、洛克、边沁等其他思想家的理论中。全文分为导言和四章正文。第一章阐述欧克肖特的政治哲学总论,首先介绍哲学与实践,接着进一步分析政治中的理性主义,最后讨论保守气质的政治哲学。第二章论述批判的批判,即欧克肖特论霍布斯,分别探究朝向和平的政治哲学、理性与社会契约、理性与政治神学、欧克肖特霍布斯,并进行了小结。第三章研究有道德的人,欧克肖特倾向于传统,主张个人的自主道德,首先说明欧克肖特道德思想的宗教背景,接着探析休谟论个体性道德,最后总结习俗道德与反思性道德以及个体道德与反个体道德的关系。第四章综述道德的公民联合体,在梳理人类联合的两种形式的基础上,进一步分析法律、政治与公民道德,欧克肖特试图提倡的一种公民联合体的基础是道德自愿,力图呼吁人们拒绝成为国家或者政府等公共产品的附庸,而应该努力地养育自己的道德,并认为真正的个人不会是理性主义政治的产物,而是对公共事业保持一定的冷漠的道德自主能力的结果,最后进行小结。

关键词:欧克肖特(Oakeshott, Michael) 政治哲学 道德 思想评论

**0263**

**阿伦·奈斯"生态智慧T"思想研究** / 郑娴著 ; 刘放桐指导. -- 复旦大学, 2009. -- 142 页

论文以阿伦·奈斯"生态智慧T"整个思想历程为考察对象,通过追溯其思想渊源,阐释其思想的理论体系,达到对其生态智慧思想全方位的把握。全文分为导言和五章正文。第一章阐述阿伦·奈斯"生态智慧T"思想的渊源,分别介绍西方哲学传统、东方哲学与宗教传统以及现代科学,集中讨论了斯宾诺莎的整体观念和平等思想、甘地的非暴力哲学、道家的智慧、印度教和佛教文化及现代科学理论等等。第二章分析阿伦·奈斯"生态智慧T"的理论体系,首先说明阿伦·奈斯"生态智慧T"思想的历史进程,接着回顾"生态智慧T"一词的创造,以及阿伦·奈斯"生态智慧T"的理论内涵,最后探究阿伦·奈斯"生态智慧T"的方法论特征。第三章论述阿伦·奈斯"生态智慧T"的实践旨趣,包括生态智慧T对生活方式的主张、生态智慧T的经济主张、生态智慧T的科技主张以及生态智慧T的政治主张。第四章提出阿伦·奈斯"生态智慧T"的意义,首先对阿伦·奈斯"生态智慧T"进行历史定位,接着分析其理论意义,最后指出其实践意义。第五章综述对生态智慧T的评价、争论及其发展,首先概述生态智慧T是一种新的范式,接着讨论阿伦·奈斯"生态智慧T"对来自各方面批判的回应,最后指出阿伦·奈斯"生态智慧T"的不足及发展。

关键词:奈斯(Arne Naess) 哲学思想 生态学 思想评论

**0264**

**埃克哈特思想研究** / 周锴著 ; 赵林指导. -- 武汉大学, 2009. -- 93 页

论文的基本构思立足于埃克哈特的拉丁作品和德语作品两个基本点,从其思想背景出发,较为全面、完整地梳理埃克哈特的神学思想,并以其不同时期的思想内容为依据,将埃克哈特思想设立为一个内在、逻辑的发展过程,集中表现在其早期思想的萌发、形而上学的体系构建及其晚期思想的成熟。全文分为导言部分和五章正文。第一章具体地介绍埃克哈特思想背景,首先说明埃克哈特所处的时代,接着进一步分析前埃克哈特时期的神学进路,最后阐述埃克哈特时代的神学。第二章论述埃克哈特早期神学思想的发展,包括埃克哈特的早期作品及主要内容、埃克哈特早期神学的基本特征。第三章探究埃克哈特形而上学体系的结构与内容,首先阐释形而上学的逻辑起点,即为存在论,接着解析认识论,最后研究伦理学及其他。第四章综述埃克哈特神学思想向神秘主义的转换,首先讨论埃克哈特晚期思想的神秘主义转向,接着分析理性的神秘化,最后解析埃克哈特神秘主义的必然结果,即神人合一。第五章指出埃克哈特思想的影响,从其晚年的异端问题出发,梳理埃克哈特思想对后世思想文化的影响,并就其思想与近代德国哲学的关联予以分析和说明,以此为埃克哈特思想在汉语学术界的研究尽微薄之力。

关键词:爱克哈特(Eckhart, M. J.) 哲学思想 基督教 神学 神秘主义

**0265**

**生活宗教:唐·库比特宗教哲学研究** / 朱彩红著 ; 王志成指导. -- 浙江大学, 2009. -- 263 页

论文以当代英国非实在论基督教思想家唐·库比特的宗教哲学为研究对象,考察他的生活宗教对基督教传统的转化方案。全文分为八章。第一章为绪

论,包括选题意义、研究角度和范围、国内外研究概况和论文的材料依据、章节安排和研究方法。第二章阐述库比特小传,首先介绍一位未来思想家的成长,接着分析思想旅程:十个阶段、写作方式:“重复思考”、身份与目标:基督教传统的转化者,最后进行小结。第三章论述库比特宗教哲学思想的起源,分别阐释第二轴心时代与基督教的变迁、宗教非实在论:从尼采到库比特、维特根斯坦对库比特的两个影响以及总结。第四章阐明生活宗教的背景,即西方当前的处境,首先解读三条路径,接着解析非实在论世界图像,最后指出现代西方是基督教的天国阶段,并进行小结。第五章探究生活宗教的方法论,即日常语言调查方法,首先说明日常语言调查方法的缘起与含义,接着介绍两个日常语言三部曲和日常语言调查方法的结果,最后进行总结。第六章研究生活宗教的内容:表现主义的宗教,包括太阳伦理学、人道主义伦理学、人生大问题、信仰之海网络以及最后的总结。第七章综述问题与挑战,分别叙述库比特与其他宗教哲学作家,信仰之海的作家对库比特的继承、超越与挑战,关于生活宗教的五个问题。第八章得出最后的结论,首先阐述论文的结论,接着进行学术贡献之自我评估,最后提出论文的局限及未来研究之展望。

关键词:宗教哲学　哲学思想　基督教　库比特(Don Cupitt)

**0266**

**胡塞尔《逻辑研究》中意义问题的背景及其发展脉络** / 庄威著 ; 邓晓芒指导. -- 武汉大学, 2009. -- 238 页

论文以胡塞尔《逻辑研究》中意义问题的背景及其发展脉络为研究对象进行深入的研究和探索。全文分为引言和第一部分和第二部分。引言包括研究综述和论文如何看待意义。第一部分包括第一章到第四章,系统地阐述意义问题的背景:纯粹逻辑学、本质学、现象学和意识。第一章介绍纯粹逻辑学,分别阐述什么是纯粹逻辑学、纯粹逻辑学的任务以及其他说明:流行论、数学家和哲学家。第二章分析本质学和现象学,包括本质和本质学、本质的把握以及现象学和本质学。第三章说明反思和明证性,在反思的基础上,进一步对胡塞尔明证性原则和皮尔士进行比较性评价。第四章论述《逻辑研究》中的“意识”概念,主要有“意识”概念所处的理论位置、胡塞尔看待意识的三种视角、意向性层面上的基本概念和问题只分析、围绕意向体验继续开展的诸问题分析、意向内容以及对胡塞尔“意识”理论的评价。第二部分包括第五章到第十一章,详细综述《逻辑研究》中的意义问题及其发展。第五章探索作为种类的意义:第一研究中的意义问题,首先介绍含义问题提出的背景,接着解析和意义相关的符号理论和德里达的批评,最后界定对表述行为的详细分析和作为种类的含义。第六章研究一般对象和意义层面的转移;关于第二研究,包括一般对象与一般意识、批判:一般之物或观念之物的存在、抽象与注意力、抽象与代现、关于休谟的抽象理论、对各种抽象和抽象物的概念划分。第七章总结整体和部分:第三研究中的意义问题,在介绍独立对象和不独立对象的基础上,进一步分析关于整体与部分的纯粹形式之理论的构想及其他。第九章指出表象和意义:第五研究中的意义问题,分别讨论单纯表象、判断和作为称谓行为的表象以及表象行为称谓行为和陈述行为的质性统一属。第十章探究意义与充实:第六章研究中的意义问题,包括认识作为充实的综合及其诸阶段、客观化和充实层面上的探索、认识阶段的现象学。第十一章综合研究意义的问题的存在论化:《逻辑研究》之后,阐述《逻辑研究》后胡塞尔思想的发展,并进一步提出《观念 1》中的意义问题,指出《经验与判断》中的意义问题。

关键词:胡塞尔(Edmund Husserl)　逻辑学　现象学　哲学思想

# 逻辑学

**0267**

**涵义与指称理论的逻辑哲学研究:从 Frege 到 Klement** / 曹青春著 ; 任晓明指导. -- 南开大学, 2009. -- 180 页

论文运用理论研究法和比较研究法,论述了 Frege 的涵义和指称理论的基本思想以及面临的困境,在此基础上总结了 Frege 涵义和指称理论问题的两种方案,并指出 Frege 涵义和指称理论仍然有无法克服的悖论问题,谈后提出了发展 Frege 涵义和指称理论的出路,并在内涵主义和外延之争的背景下对 Frege 涵义和指称理论进行了逻辑哲学的系统研究。论文着重从逻辑哲学的视角切入探讨如何摆脱 Frege 涵义和指称理论的困境问题,并且较为深入地研讨了内涵、外延、内涵逻辑、外延逻辑与涵义和指称理论的关系等重要哲学问题。论文第一章是 Frege 的涵义与指称

理论及其价值,首先分析Frege的涵义与指称理论,其次阐述Frege涵义与指称理论的价值。第二章是Frege涵义与指称理论面临的困境,首先解释Frege的困惑,其次阐述Russell悖论,第三总结Quine对Frege涵义和指称理论的质疑。第三章是Klement对Frege涵义与指称理论的逻辑阐释,首先论述作为逻辑语言的概念文学,其次阐述值域和句法规则,第三论述对Frege形式系统的扩张。第四章是偏离Frege,阐述Church的涵义与指称理论,首先解释Church的涵义与指称理论,其次论述其局限性。第五章是回到Frege的Klement的涵义与指称理论,首先分析Klement的涵义与指称理论,其次论述其局限性。第六章是继承和发展Frege,首先阐述基于非Frege理论的涵义与指称的逻辑,其次阐述Frege逻辑给我们的启示,最后分析印度逻辑的借鉴意义。

关键词:弗雷格(Gottlob Frege)　逻辑哲学　哲学思想

**0268**

**"真矛盾论"与悖论:普利斯特亚相容解悖方案研究** / 付敏著;张建军指导. -- 南京大学, 2009. -- 109页

论文在当代逻辑悖论研究的背景下,对普利斯特的"真矛盾论"及其亚相容解悖方案进行了评判性研究。全文共分五章。首先导论,介绍了选题的背景,分析了国内外研究的现状,并指出了研究路径以及论文的创新之处。第一章分析了"真矛盾论"视域中的悖论,首先对悖论的定义及类型进行了界定,随后讨论了"真矛盾论"的"解悖"资格,阐述了经典的解悖方案。第二章介绍了亚相容解悖方案的提出,首先分析了"真矛盾论"与亚相容逻辑的关系,指出亚相容逻辑是"真矛盾论"的必然选择,同时深入分析了普利斯特构造LP的动机,随后分析了LP逻辑系统,包括对LP命题逻辑、LP量词逻辑的探讨。第三章讨论了"真矛盾论"的语义学困境,指出"真矛盾"在语义上无法识别,即语形型"真矛盾"具有局限性,且面临着困境,同时"真矛盾"与"语义封闭性"不可兼得,即"语义封闭"在LP中无法实现。第四章介绍了"真矛盾"、可靠性与寇里型悖论,指出菲尔德针对分离规则的保真性,构造了一个寇里型悖论,使得"真矛盾论"陷入了两难,无论接受或不接受该悖论,结果都将是"真矛盾论"的"自我击毁"。第五章在上述讨论的基础上,进行了进一步的反思,首先对矛盾律进行了辩护,从"三分世界"的视角阐释了"矛盾律"的基础地位,反驳了普利斯特的诘难,随后又以是否与经典逻辑相协调和融贯作为标准,对"语境敏感"方案和"语境迟钝感"方案进行了比较,论述了前者的优势地位,并从此角度进一步考察了亚相容解悖方案中的"经典"取向,作为对经典解悖方案的辩护。最后为结论性评述。

关键词:普利斯特(Graham Priest)　逻辑学　悖论

**0269**

**司法裁判中的理性实现** / 贺寿南著;潘天群指导. -- 南京大学, 2009. -- 131页

论文通过分析程序理性与实体理性间的关系,指出程序理性与实体理性发生冲突的原因,并意图从论辩程序的合理构建、事实认定的合理性、裁判规范的理性构建以及裁判结论的理性决策等方面进行程序上的完善。全文共分五章。首先导言,介绍了研究的缘起,对国内外的研究进行了概述,并指出了论文的研究方法与主要成果。第一章探讨了司法裁判中的理性及其问题,在简要分析理性这一概念的基础上,讨论了搞成司法裁判中的理性的两个重要概念,即程序理性与实体理性,指出程序理性是达到实体理性的前提与保证,程序的合理性与裁判结果的合理性是实现实体理性的重要条件。第二章分析了法庭论辩程序的合理构建,首先从论辩的静态构成和动态构成展开,分析了论辩实践的形式结构,随后设想了构建理性论辩的对话框架,最后提出了论辩的评价及其标准。第三章介绍了理性程序下的事实认定,首先对事实以及司法裁判中生活事实、案件事实、裁判事实做出了简要的界说,随后分析了事实认定的主体、对象及依据,并对英美法系、大陆法系国家以及中国的事实认定模式进行了比较分析,最后讨论了事实认定的合理性及其现实问题。第四章阐述了裁判规范的理性构建,首先对法律规范与裁判规范进行了简单的概念分析,明确其内涵,随后详细介绍了裁判规范的生成过程,指出寻找和确定裁判规范的三个环节,依次为:案件事实的初步法律判断、裁判规范的理性选择以及裁判规范的初步形成。第五章分析了裁判结论的理性决策,分别对事实与规范的结合模式、合议庭的评议决策机制以及裁判结论进行了分析,指出所有的判决结论都应当是依据法律规范与案件事实为前提而做出的,法律规范与案件事实在任何情况下都不可能自动结合。最后为文章的结语部分。

关键词:审判　程序　理性决策　推理

**0270**

**直陈条件句逻辑哲学研究** / 胡怀亮著 ; 任晓明指导. -- 南开大学, 2009. -- 164 页

论文对直陈条件句的逻辑哲学进行了分析研究。全文共分六章。首先导言,说明了文章的选题背景,介绍了论文的基本思路与篇章结构的安排。第一章探讨了直陈条件句研究面临的挑战,首先对条件句研究的传统进路进行了介绍,随后阐述了条件句的分类,最后说明了直陈条件句与传统进路所面临的困境。第二章研究了对直陈条件句进路的拯救,首先提出了"会话含意能否拯救传统进路?"的问题,从而进一步讨论了会话含意与逻辑、怪论的关系,分析了辩护的局限性,随后提出"规定含意能否拯救传统进路?"的问题,对所谓的 Ramsey 测验与鲁棒性进行了介绍说明。第三章分析了直陈条件句的非真值条件进路,指出非真值条件进路渊源于"Ramsey 测验",描述了人们接受 p,并对他的其他信念做最小信念修正后,决定是否接受 q 的问题,而非真值条件进路的载体是"概率逻辑",它是 Ernest W. Adams 对有效推理中概率传递的研究的名称,其核心思想是嘉定条件句的概率就是相应的条件概率。第四章探讨了条件句概率是否应等于相应的条件概率的问题,指出对于此问题的论争明显分为两个阵营,支持者认为此假说的产生不是没有任何依据的,而反对者则认为此假说不成立。第五章讨论了非真值条件进路是否完美的问题,通过对 Ramsey 测验的重新审视,得出了非真值条件进路尽管体现了"Ramsey 测验"的思想,但没有完全抓住其精髓的结论。第六章为结语,从辩证统一的视角分析指出非真值条件进路不是直陈条件句逻辑的终结,并预计了当代直陈条件句逻辑的发展趋势。

关键词:条件句　哲理逻辑

**0271**

**《荀子》比类式说理方式研究** / 黄伟明著 ; 鞠实儿指导. -- 中山大学, 2009. -- 184 页

论文运用文献资料法、理论研究法和对比研究法,研究《荀子》的比类式说理方式,因其语言表达式由比类句和表意句两部分组成,前者通常是在文化共同体内部或说理活动诸参与主体之间具有较高可信性或共许度的经验知识或文化常识,后者是说理表达主体所"说"之"理",即希望听堵着接受的价值语句。论文第一章是引论,第二章是《荀子》说理诸要素及其"类""理"观念,首先分析《荀子》说理诸要素,其次分析《荀子》的"类"观念,最后阐述《荀子》的"理"观念。第三章是《荀子》的比类式说理方式,分别对比类式说理方式的语言表达式、比类式说理方式的性质、比类式说理方式的生效机制、比类式说理方式的规则等问题展开论述。第四章是比类式说理方式生效机制的根据,首先阐述比类式说理方式生效机制的文化根据,其次分析《荀子》对其比类式说理生效的理论支持。第五章是《荀子》比类式说理实例分析讨论,首先分析对句型比类式说理实例,其次阐述排比型比类式说理实例,最后阐述非典型的比类式说理实例。第六章是广义论证与推类和类比推理,首先考察广义论证与推类的关系,其次阐述广义论证与类比推理的关系。比类式说理的这种生效机制,在于中国传统文化中"天人合一"的世界观、意象和求善思维方式及其感性经验范式等特点,形成了"类"观念的感性化和将比类句与表意句作同质化理解的现象,使听读者可由相信比类句而接受"同类"的表意句。

关键词:荀子　哲学思想　语言表达　类比

**0272**

**信息流理论的逻辑研究** / 娄永强著 ; 李娜指导. -- 南开大学, 2009. -- 146 页

论文运用理论研究法和定性研究法,根据信息流理论,在介绍解释信息流逻辑已有研究的基础上,尝试构建新的信息流逻辑系统,论文目标是构造出能够表征容错性信息流推理的信息流逻辑系统。论文第一章是引言,第二章是信息流理论,主要对量化信息流思想、质化信息流理论进行论述,并提出对信息流理论中相关问题的一些看法。第三章是信息流逻辑中的研究基础,首先阐述巴威斯、盖贝和哈特纳斯的信息流逻辑研究,其次阐述范本特姆的信息流逻辑研究,第三提出信息流逻辑研究中的问题和我们的研究思路。第四章是信息流逻辑中的理想信息流逻辑,首先考察理想信息流逻辑的语义结构有效性,其次分析信息流逻辑的极小树图系统 IS,最后论述 IS 的扩张。第五章是信息流逻辑中的模态信息流逻辑及其限定,首先分析模态信息流逻辑,其次对限定模态信息流逻辑进行阐述,第三对限定信息流蕴含逻辑做出论述。第六章是信息流理论在相关逻辑领域中的应用,首先分析由信息流理论而来的信息框架,其次分析从信息流视角看条件句逻辑,最后论述从信息流视角看相干逻辑。第七章是信息流理论及其逻辑研究的影响及其他,首先分析信息流理论及其逻辑研究对现代逻辑

领域的影响,其次论述信息流理论及其逻辑研究对语言学和信息研究的影响,最后提出相关哲学思考。

关键词:信息学　逻辑学　推理

**0273**

**非良基集与模态逻辑** / 史璟著 ; 李娜指导. -- 南开大学, 2009. -- 119 页

论文运用理论研究法,研究非良基集合与模态逻辑的关系,在模态逻辑的集合论语义下探讨了一些重要的语义概念,进而研究了集合的构造、可定义性等等模型论问题。论文的研究意义体现在把非良基集合与模态逻辑相结合的研究成果引进和介绍到国内,在非良基集合语义下重新研究了模态逻辑,解决了一些模型论问题,这有利于促进各个逻辑分支的共同发展,更大程度地发挥逻辑学的工具性作用。论文第一章是非良基集合概述,首先论述良基集合和非良基集合,其次论述非良基集合的研究历史和现状,第三论述非良基集合与循环现象。第二章是非良基集合的基本理论,首先论述本元与非良基集合,其次论述集合与图,第三论述集合与方程解,第四论述互模拟问题。第三章是模态逻辑的集合论语义,首先阐述模态语言的句法和语义,其次论述框架、模型与集合问题,第三阐述模态语言与集合论语言,最后论述集合运算和保持结果,分析互模拟与模态等价。第四章是模态可定义性,首先分析使用模态公式刻画集合,其次对有穷模态语言与单个集合的刻画,第三对使用集合类对模态公式分类这一问题展开论述,最后论述一些刻画结果。第五章是模态逻辑的元逻辑性质,分别阐述了完全性、有穷加标图性和可判定性、集合论语义与元逻辑性质等三个问题。

关键词:模态逻辑　公理　集合　元逻辑

**0274**

**言语行为中的说话者意图研究** / 王晓萍著 ; 梁庆寅指导. -- 中山大学, 2009. -- 107 页

论文运用理论研究和实证研究相结合的研究方法,对言语行为中说话者的意图进行分析。论文第一章是意图和说话者的意图,主要考察关于说话者意图的哲学分析。第二章是意义和说话者意图,考察意义研究中的意图问题,以及基于说话者意图的意义理论。第三章是言语行为和说话者意图,考察意图与言语行为、说话者意图与说话行为、说话者意图与语旨行为等问题。第四章是直接言语行为中说话者意图的传达和理解,主要对说话者意图的交流、直接言语行为中说话者意图的传达、理解以及传达和理解的条件和框架等问题进行阐述。第五章是间接言语行为中说话者意图的传达和理解,分析间接言语行为的产生及其动机,考察间接言语行为中说话者意图的传达、理解以及传达和理解的条件与框架。第六章是隐喻中说话者意图的传达和理解,首先分析隐喻的产生和类型,其次分析隐喻中的说话者意图的传达和理解,最后分析隐喻中说话者意图传达和理解的条件和框架。第七章是反语中说话者意图的传达和理解,首先分析反语交流的特点和使用动机,其次论述反语中说话者意图的传达和理解,最后阐述反语中说话者意图传达和理解的条件和框架。第八章是言语行为中说话者意图成功交流的一般模式,主要分析说话者意图的传达、说话者意图的理解、成功言语行为的条件等三个问题。

关键词:言语行为　语言表达　语言理解　语言逻辑

**0275**

**混合语言下的二维空间逻辑** / 王轶著 ; 刘壮虎指导. -- 北京大学, 2009. -- 150 页

论文运用理论研究法,对混合语言下的二维空间逻辑进行论述与研究。论文第一章是引言,第二章论述克里普克语义学下的经典混合逻辑,首先论述从经典模态逻辑开始的例子,其次论述状态的名字与标签,第三论述混合逻辑 Kh,第四论述框架完全性的一般性结论,第五论述混合语言谱系,第六论述对应理论和可定义性,最后阐述现代混合逻辑的前身。第三章是混合逻辑的根岑演算,首先阐述使用一阶语言解说混合语义,其次论述一阶逻辑的根岑演算,第三论述 IECI 混合逻辑,最后阐述关于@ – 前缀系统中的子公式性质。第四章是拓扑语义学下的认知逻辑,首先阐述拓扑模型和子集模型,其次论述与拓扑空间有关的一些概念,第三论述谈论知识的拓扑概念,第四论述拓扑语义学中的不变性和可定义性,第五论述谈论信念的拓扑逻辑,最后阐述全称模态算子与差别算子,最后阐述谈论努力的二维拓扑逻辑。第五章是混合子集空间逻辑,首先阐述语言、语义及基本设定,其次论述演算系统,第三论述 Cut 消去,第四阐述可靠性和强完全性,并对一些问题进行讨论,最后论述海曼尼的二维混合子集空间逻辑。第六章是混合空间逻辑,考察领域语义学、空间语义学、空间语义学与克里普克语义学、混合空间逻辑以及混合拓扑逻辑等问题。第七章是结语,主要讨论了论文所做的内容,以

及开放性问题和后续研究计划。

关键词:哲理逻辑　认知逻辑　语义学

0276

**动态语义下的反事实条件句** / 王莹莹著 ; 鞠实儿指导. -- 中山大学, 2009. -- 92 页

论文运用理论研究法和逻辑学研究方法,选取动态语义下的反事实条件句为研究对象,因为传统的静态逻辑语义不适合用于解释自然语言中的句子,进而提出 Stalnaker-Lewis 反事实条件句所做的可能世界语义学解释正是以传统的静态逻辑语义为基础的,用它来分析自然语言中的反事实条件句必定会出现一些问题,论文主要考虑其中的两个问题:一是反事实驴子句的解释,二是动态语境中的反事实条件句的解释。这两个问题均在目前反事实条件句的语义研究领域中备受关注。论文认为,从根本上来说这两个问题都是由自然语言的动态性引起的,因而需要放弃传统的静态逻辑语义的解释框架才能找到解决问题的途径。论文第一章是 Stalnaker-Lewis 可能世界语义学解释及其困难,首先论述反事实条件句,其次阐述严格条件句解释,第三分析 Stalnaker-Lewis 可能世界语义学解释,最后提出论文所要探究的两个问题。第二章是动态语义及其优势,首先分析基本思想,其次论述一阶模态谓词语言的动态语义,第三分析两个优势。第三章是反事实驴子句,首先分析 van Rooij 的动态语义解释理论,其次阐述存在的问题,提出一种新的解释,最后讨论问题的解决和进一步的问题。第四章是动态语境中的反事实条件句,首先对已有的理论进行回顾,其次分析存在的问题,进而提出一种新的解释,最后阐述问题的解决和进一步的问题。

关键词:语言逻辑　语义学　条件

0277

**拉尔夫·约翰逊论证理论研究** / 谢耘著 ; 梁庆寅指导. -- 中山大学, 2009. -- 103 页

论文运用理论研究法和定性研究法,选取约翰逊的论证理论为研究对象,尝试对约翰逊的论证理论做出全面而系统的深入研究。一方面,结合非形式逻辑的发展历程,论文详尽分析约翰逊论证理论的发展轨迹与理论体系,并全面探讨其中的诸多理论问题。另一方面,在更广的论证理论背景中,论文深入解读约翰逊论证理论的内在脉络和理论特质,明确澄清它在当代论证研究中的价值与定位,并对之做出合理的理论辩护与完善。论文第一章是 RSA 三角标准,首先阐述 RSA 三角的提出,其次论述 RSA 三角辩护与发展问题,最后论述真标准。第二章是论辩的论证,首先从论辩术视角的引入,论述论证概念的革新,对论辩性外层进行界定与澄清,最后考察论辩性外层的问题与辩护。第三章是论辩充分性,首先考察论辩性义务,其次论述论辩充分性标准。第四章是为非形式逻辑辩,首先阐述非形式逻辑的学科建构,其次论述非形式逻辑与形式逻辑,最后论述推理理论中的非形式逻辑。第五章是论辩术、修辞学、逻辑学的论证,首先考察论辩术到逻辑学的化归,其次论述对修辞学的主动拒斥,第三研究逻辑与论证的批判性之维,系统地考察约翰逊论证理论中"展示理性"这一核心概念,并通过援引论证中的批判性维度,对之做出更合理的理论辩护与完善。

关键词:拉尔夫·约翰逊　形式逻辑　论证

0278

**逻辑观念演变研究:中国文化的视角** / 杨岗营著 ; 翟锦程指导. -- 南开大学, 2009. -- 172 页

论文考察了逻辑观念演变的原因及历程,重点研究自西方逻辑传入中国以来对中国文化对"Logic"的认识演变,以及这种演变对中国逻辑研究的影响和启示。全文共分六章。首先导论,介绍了研究的缘起,分析了研究的意义,并指出了论文的结构及研究方法。第一章分别对逻辑观、文化逻辑观进行了名词解释,阐释了逻辑观的内容,同时还介绍了逻辑观的分类。第二章探讨了逻辑观念演变的溯因,首先分别从西方逻辑名称的演变与逻辑中文译名的演变入手研究,逻辑的英文单词有"Logos、Dialectic、Logic",而其中文译名则有"名理探、穷理学、格致学、逻辑"等,最后又从逻辑定义的演变加以考察。第三章介绍了文化逻辑观念的缘起,首先对文化逻辑观念的缘起进行了说明,随后依次介绍了几位具有代表性的人物,分别为"不用为用,众用所基"的徐光启、"通贯众学之具"的李之藻、"实事求是,必考物以合理"的王韬以及"是学为一切法之法,一切学之学"的严复,最后进行了小结。第四章分析了文化逻辑观念的奠基过程,包括"《墨经》楬举精理……窃疑其必有微言大义"的孙诒让、"西语的逻辑,墨家叫做辩"的梁启超、"大秦与墨子……短于因明"的章炳麟、"墨家的名字……有学理的基本,却没有法式的累赘"的胡适以及"寻逻辑之名起于欧洲,存乎天壤"的章士钊。第五章着重介绍

了张东荪的文化逻辑观,对文化决定逻辑、四种逻辑论进行了详细的解读,并分别阐述了学界对张东荪文化逻辑观的质疑与辩护,最后剖析了张东荪文化逻辑观的现代价值。第六章用文化逻辑观审视了中国逻辑的研究,通过对现当代中国逻辑研究发展的分析,得出了文化逻辑观念对中国逻辑研究的启示。最后为文章的结语。

关键词:逻辑学　逻辑史　文化

**0279**

**普特南意义与真理理论研究** / 张高荣著 ; 张建军指导. -- 南京大学, 2009. -- 132 页

论文对普特南意义与真理理论及它们对当代哲学的影响进行了分析与研究。全文共分五章。第一章绪论,阐明了普特南意义与真理理论的历史地位及其产生与发展的历史背景,概述了国内外有关的研究状况,说明了论文的基本结构、研究方法与主要成果。第二章阐述了普特南的意义理论,系统梳理和研究了普特南前期意义理论以及普特南与塞尔、特麦琪等人关于意义理论的论争,首先重点阐明了普特南的意义理论与传统的意义理论主要分歧在于"意义是否在头脑之中",接着深入考察了普特南独立与克里普克而提出的因果指称理论,全面评述了其"意义不在头脑之中"的语义外在论的主要内容,最后通过对围绕普特南的意义理论的论争的考察,指出已意外在论和意义内在论都有其合理的一面,但同时不可避免地存在着理论困境。第三章探讨了普特南意义理论对真理理论的影响,指出普特南逻辑哲学思想的发展历程呈现出两个前后有别的时期,前期以意义理论为重心,后期以真理理论为重心,而前后期在其意义理论与真理理论上都发生了重大转折。第四章系统地梳理和研究了后期普特南真理理论,指出普特南的真理理论是在批判约定主义真理观、塔尔斯基·戴维森形式主义真理观、传统的符合论真理观以及相对主义真理观的基础上产生的。第五章对普特南意义理论与真理理论的成就和问题做出了全面评价,并探寻了其走出困境的可能途径,首先指出普特南的意义理论与真理理论对于当代哲学关注的两大领域都提出了独到的见解,同时也指出普特南的意义理论与真理理论都存在着其自身难以克服的困难,最后在对现有的方法论的基础上,提出了解决其中疑难问题的基本方法与途径。最后为结语部分。

关键词:普特南(Hilary Putnam)　逻辑哲学　哲学思想　真理

**0280**

**逻辑视域下的群体科学决策** / 邹渝著 ; 何向东指导. -- 西南大学, 2009. -- 123 页

论文基于逻辑视域,对群体科学决策进行了分析研究。全文共分七章。第一章绪论,对决策理论的相关研究进行了综述,分析了决策逻辑研究的现状及问题,并指出了论文的研究目标、基本结构和主要内容。第二章介绍了群体科学决策,首先对群体科学决策的定义和要素进行了阐述,随后介绍了群体科学决策的程序,包括其基本程序、程序的构成及运行方法以及决策我支持系统的新发展,接着讨论了决策逻辑和群体科学决策的基本问题,可分为理论与实践的问题以及群体科学决策的问题,最后对群体科学逻辑研究的几个方向进行了简析。第三章分析了群体科学决策的方法,具体分为群体科学决策的模型方法、条件决策方法、规范决策方法以及实证方法,并对这几种方法进行了简要说明与方法举例,同时指出决策的模型化方法是群体科学决策的重要组成部分。第四章阐述了群体科学决策中的理性问题,首先对理性的定义进行了界定,随后分别对群体理性进行了理论分析与逻辑分析,最后补充了群体的公共知识。第五章阐述了群体科学决策中的偏好与概率,关于偏好问题,着重讨论了偏好与效用的关系,同时也指出了决策函数在社会困境中的具体应用,并对偏好的逻辑研究进行了简述,关于概率问题,加少了概率的几种解释及基本理论,阐述了贝叶斯定义的理论支持来源,同时还列举了贝叶斯理论的应用,最后分析了群体博弈的决策问题,构建了有关群体博弈的决策模型。第六章分析了群体科学决策的公平与效率,介绍了阿罗不可能性定理分析,并提出了一个阿罗不可能性的解决思路。第七章为总结与展望,收束全文,并对进一步研究的方向进行了展望。

关键词:群体决策　科学决策　决策方法　理性逻辑

# 伦理学

**0281**

**十八世纪西方中国国民性思想研究** / 陈丛兰著 ; 肖群忠指导. -- 中国人民大学, 2009. -- 193 页

论文运用比较分析法和定性研究法,对十八世纪西方中国国民性特征问题展开研究。国民性是一个国家的人民在长期的历史发展与社会实践的过程中,由于外在的物质基础和内在的精神元素相互作用而逐渐形成的与之相适应的群体社会心理和社会行为的普遍倾向与特征。论文第一章是西方中国国民性思想的历史演变,首先论述发轫时期,其次回顾演进时期,最后论述深化时期。第二章是颂华派中国国民性思想论析,首先分析中国国民的价值取向,其次论述开明君主制中圣与王的理想人格,最后论述开明君主制中群体人格特征。第三章是贬华派中国国民性思想论析,首先论述中国国民的价值取向,其次论述专制主义制度中圣与王的人格特征,第三论述专制制度下过敏群体人格特征。第四章是西方中国国民性思想的反思批判,首先论述西方中国国民性思想的解释理论,其次对颂华派与贬华派中国国民性的观点评析,最后论述十八世纪西方中国国民性思想的影响。论文认为,颂华派思想家从道德史观、唯理论的立场出发,阐述中国国民性的价值取向和性格特征,把中国人形象视为"道德的中国人",目的在于为欧洲树立一个道德君王和道德国民之楷模;而贬华派则从进步史观和自由主义理论出发,批判和贬斥中国国民性,把中国人定位在"奴性的国民""道德堕落的中国人",其动机是为了证明欧洲人在种族、文化和道德方面的优越性。

关键词:民族性　价值取向　汉学　中国　西方国家

**0282**

**发展困境及其超越:乌托邦当代价值新探** / 陈庆超著 ; 钟明华指导. -- 中山大学, 2009. -- 180 页

论文运用历史研究法、理论研究法和定性研究方法,对乌托邦精神在现代的困境和应对问题展开论述,考察乌托邦的本源意义和整个历史发展,并将乌托邦精神放之于现代社会,考察其现代价值和启示。论文第一章是导论,第二章是乌托邦的积极意义论析,从思想史的角度展开论述,首先考察乌托邦的提出及其概念界定,其次论述乌托邦思想的历史追溯,第三论述20世纪以来的乌托邦的境遇。第三章是政治、社会与时空中的乌托邦,考察乌托邦的意识形态,论述乌托邦与可能世界的关系,分析时空维度中的乌托邦,并对乌托邦与教育的关系进行研究。第四章是乌托邦精神,首先阐述对发展困境的诊断,其次探讨存在困境的原因,最后论述乌托邦精神与发展困境的应对,阐述乌托邦引领下的发展状况前瞻。第五章是乌托邦精神培育的路径选择,基于政治生活的视角,首先论述乌托邦精神培育途径,其次论述政治生活与乌托邦精神在现实中的对接,最后论述对可能存在的指责的回应。乌托邦精神对于应对发展困境具有重要意义,在乌托邦衰微的时代重新培育乌托邦精神就显得越发必要。文章指出,乌托邦精神的重建可以寄予于宗教、艺术与政治生活三条基本的道路。宗教与艺术都是人类超越自身的一种内在情趣与内在情感体验。

关键词:乌托邦　精神(哲学)

**0283**

**当代中国流动人口管理伦理问题研究** / 陈祥松著 ; 杨君武, 刘湘溶指导. -- 湖南师范大学, 2009. -- 283 页

论文运用规范研究和实证研究相结合的研究方法,对我国流动人口管理中的伦理问题进行研究与论述。论文第一章是我国流动人口的现状、特征及其管理,首先论述我国当代流动人口的现状和特征,其次论述我国当代流动人口的管理,第三论述流动人口管理伦理的基本内涵。第二章是流动人口管理伦理思想的历史追溯,首先论述先秦时期流动人口管理伦理思想,其次论述秦代以来历朝流动人口管理伦理思想,第三论述民国时期流动人口管理伦理思想,第四论述外国人口迁移及其管理伦理思想。第三章是我国流动人口管理制度应遵循的伦理理念和原则,首先考察我国当代流动人口管理制度的伦理现状,其次总结我国当前流动人口管理制度所体现的伦理思想与流动人口伦理诉求的矛盾,第三论述流动人口管理制度应遵循的伦理理念和原则。第四章是我国流动人口管理活动应遵循的伦理理念和原则,首先考察我国当代流动人口管理方式的演变,其次论述我国当前流动人口管理活动忽视和侵犯流动人口的伦理诉求和权益的若干情形,第三论述实施道德化管理,消除对流动人口伦理诉求的忽视和权益的侵犯。第五章是我国流动人口管理主客体应当遵循的道德规范,首先提出流动人口行政管理者应当遵循的道德规范,其次论述流动人口使用者应遵循的道德规范,最后论述流动人口自身应遵循的道德规范。

关键词:流动人口　人口管理　伦理思想　道德规范

0284

**文学欣赏伦理研究** / 成海鹰著 ; 李建华指导. -- 中南大学, 2009. -- 182 页

论文运用理论研究法、实证研究法和定性研究方法,选择文学的伦理学问题为研究对象,中心问题是确立文学欣赏是否有伦理价值,针对当前危机四伏的文学领域中存在的道德衰退和道德失范问题进行论述,在伦理学层面上对文学进行研究,有着理论与现实的双重意义。论文第一章是导论,首先论述文学欣赏伦理研究的意义和思路,其次论述选题的机制和创新之处,第三论述文学伦理和文学欣赏伦理的界定,最后论述文学伦理研究现状和文献综述。第二章是文学欣赏的伦理价值,首先对文学及文学欣赏内蕴的道德进行论述,其次对什么样的文学欣赏有伦理价值这一问题进行研究,最后论述审美反应的伦理学。第三章是文学欣赏中的伦理关系及规范,首先论述对读者作为欣赏活动主体的伦理审视,其次论述对作者作为创作活动主体的伦理问题,最后论述伦理视域下的审美共同体。第四章是文学与欣赏中的伦理问题,首先对文学中的伦理问题进行研究,其次对技术复制时代的文学欣赏问题进行研究,最后论述网络文学兴起的道德问题。第五章是伦理原则的确立和文化资源借鉴,首先对文学欣赏的伦理原则进行考察,其次对欣赏伦理的传统诗学资源问题进行阐释,最后论述欣赏伦理的西方诗学资源问题。最后为结语,基于社会和谐发展的文学欣赏伦理研究做了总结。

关键词:文学欣赏　文学评论　伦理学

0285

**中华民族精神的文化观照与历史嬗变** / 迟成勇 ; 郭广银指导. -- 南京大学, 2009. -- 358 页

论文运用历史研究法、理论研究和实证研究相结合的研究方法,遵循文化演变逻辑,论述了中华民族精神的历史嬗变过程和表现形态。论文第一章是民族精神的基本理论问题,首先阐述民族与中华民族的概念,其次论述精神与民族精神的概念,第三论述民族文化与民族精神的关系,最后论述民族精神形成和发展的影响因素与基本规律。第二章是中华民族精神的基本理论问题,首先考察中华民族精神的性质与内容结构,其次论述中华民族精神的主要载体与基本特质,第三论述中华民族精神的科学内涵和价值诉求。第三章是中华民族精神的文化渊源,首先论述中华原始文化与中华民族精神的萌芽,其次论述中华原典与中华民族精神。第四章是儒释道文化与中华民族精神的培育,首先考察儒家文化与中华民族精神的培育,其次论述道家文化与中华民族精神的培育,最后论述佛教文化与中华民族精神的培育。第五章是中国近现代文化与中华民族精神的转型,首先论述中国近代文化与中华民族精神的近代转型,其次论述中国现代文化与中华民族精神的现代转型。第六章是社会主义先进文化与中华民族精神的弘扬和培育,首先论述社会主义先进文化的科学内涵和基本特征,其次论述社会主义核心价值体系与中华民族精神的弘扬和培育。

关键词:中华民族　民族精神　中华文化

0286

**先秦儒家幸福观研究** / 崔雪茹著 ; 肖群忠指导. -- 中国人民大学, 2009. -- 149 页

论文运用文献资料法、理论研究法和比较研究方法,选取先秦时期儒家的幸福观作为研究对象,考察主要思想家的幸福观。论文第一章是春秋前的幸福观,对什么是幸福、福由何定、致福之道进行论述。第二章是孔子、孟子和荀子的幸福观,阐述孔子在福祸是命定还是人定问题上摇摆不定的观念,进而论述孟子继承孔子思想,最后论述荀子对先秦儒家幸福思想的深化贡献。第三章是比较研究,比较先秦儒家、墨家和道家的幸福观,首先比较幸福目标,其次论述致富路径,最后论述社会作用。第四章是理论反思,对先秦儒家幸福观的特点和价值进行研究,首先阐述先秦儒家幸福观的特点,其次论述先秦儒家幸福观的现代分析,最后论述实现德福一致的路径。最后为结语,提出先秦儒家幸福观是中国传统思想中一朵瑰丽的奇葩,它强调以道义的满足为乐,不在乎外在的物质利益,求得人内心的平和,这对于我们今天解决德福背离的不公正问题,建设现代科学的幸福观具有借鉴意义,当今社会,很多人在西方个人主义、拜金主义、利己主义思想的影响下,认为金钱就是幸福,结果走上了不归路。德福一致是几千年来人们的价值信仰和道德理想,重新弘扬先秦儒家的幸福观的合理性因素,对于协调现实社会中人与人、人与社会之间的紧张关系,建设和谐社会具有重大意义。

关键词:儒家　伦理思想　幸福　先秦时代

0287

**金融的伦理维度** / 丁瑞莲著 ; 杨明指导. -- 南京大学, 2009. -- 215 页

论文运用理论研究与实证研究相结合的研究方法,围绕金融与伦理内在统一这一核心命题,遵循从微观到宏观、从宏观到具体、从一般到个别的逻辑,试图揭示金融的伦理维度。论文第一章是导论,第一节提出研究问题和研究意义,第二节论述国内外研究现状,第三节阐述研究思路和框架。第二章是金融与金融伦理,第一节论述金融及其伦理意蕴,第二节考察金融伦理的理论渊源,第三节考察金融伦理的解说与结构,最后论述金融伦理的特性与价值。第三章是金融制度伦理,首先概述金融制度,其次论述金融制度伦理的根据,最后论述金融制度伦理的内容和作用机理。第四章是金融市场伦理,首先概述金融市场,其次论述金融市场伦理的根据,第三论述金融市场伦理的内容,最后论述金融市场伦理的作用机理。第五章是金融机构伦理,首先概述金融机构,其次论述金融机构伦理的根据,最后论述金融机构伦理的内容和作用机理。第六章是金融个体道德,首先分析金融个体道德的存在根据,其次论述金融个体道德的内容,第三论述金融个体道德的作用机理。第七章是金融伦理秩序的实现机制,首先论述金融伦理的价值引导机制,其次论述金融伦理的制度强制机制,第三论述金融伦理的文化提升机制,最后论述金融伦理的教育疏导机制。

关键词:金融学　伦理　道德

**0288**

**关怀伦理学视阈内的道德教育:诺丁斯关怀教育理论研究**／范伟伟著 ; 肖巍指导. -- 清华大学, 2009. -- 176 页

论文运用理论研究法和定性研究法,在对诺丁思"关怀"涵义进行哲学层面的解析,对其关怀结构进行现象学的描述之后,阐述了关怀教育理论的构成。关怀教育侧重于从情感进行道德教育,从女性主义视角阐释善恶观与幸福观,采用榜样、对话、实践与肯认的融会贯通方法,以道德叙事取代道德说教,将直觉纳入道德教育的实践中;主张淡化道德教育的专职化色彩,将关怀作为教育的首要目标,实现始于家庭、学校主导、社会共建的道德教育总动员。论文第一章是导论,第二章是关怀教育理论的产生,分别阐述相关的社会背景和理论背景。第三章是关怀结构与关怀教育,首先讨论关怀的内涵,其次论述关怀的外延,第三分析关怀的结构,最后论述关怀教育。第四章是关怀教育理论的构成,首先论述关怀教育理论的内容,其次论述关怀教育理论的方法,最后论述关怀教育理论的模式。第五章是关怀教育与其他道德教育的对话,首先论述与以理性为基础的道德教育的对话,其次论述与以德性为导向的道德教育的对话。第六章是对关怀教育理论的省思,首先论述关怀教育理论的价值所在,其次论述关怀教育理论的问题所在,最后论述关怀教育理论的未来展望。结语部分主要针对关怀教育理论的本土化实践进行几方面的探索:融入传统道德文化的精髓;提升教师的关怀素养;消除道德教育甚至整个教育领域中的性别歧视;实现道德教育向生活的回归,从而为关怀教育理论在中国的生根发芽寻找合适路径。

关键词:诺丁斯(Nel, Noddings)　伦理学　伦理思想　品德教育　教育理论

**0289**

**物权的道德:物权法平等保护私有财产权的伦理正当性研究**／方兴著 ; 田海平指导. -- 东南大学, 2009. -- 209 页

论文运用理论研究法和定性研究法,从伦理学角度考察物权法的道德性。论文第一章是从物权法的法律价值判断到伦理价值判断,首先阐述问题的背景,其次对问题进行分析,第三论述物权法伦理价值判断的基础是物权的道德,最后论述私有财产权的道德正当性是物权道德的核心问题。第二章是物权道德的意义,首先阐述从财产的狭义概念到广义财产概念,其次论述广义财产凸显财产主体性原则的问题,最后阐述广义财产揭示财产与人格的内在联系。第三章是实证法学对物权的伦理中立性解释面临的困境,首先阐述法律维度的物权定义及特征,其次论述实证主义法学影响下的物权法律概念只是一种法律规定下的权利资格,最后论述从法律权利到道德权利。第四章是一般伦理学意义上的物权,首先讨论物权的道德蕴含,其次阐述财产权利是人格实现的第一要素,最后论述一般伦理学意义的物权向人权的发展。第五章是完整的人权,首先考察人权是人类社会最低限度的道德标准这一问题,其次论述平等是人权的本质属性,最后论述受到平等保护的私有财产权即是人权,分析我国传统文化中人权意识的缺失在财产权利制度领域中的体现。第六章是私有财产权的道德合理性基础,首先论述私有财产权是人因其自然本性所应当享有的权利,其次论述私有财产权是自由的源泉,第三论述私有财产权是社会正义的保障,第四

论述私有财产权促进社会效率的实现。第七章是马克思主义的物权道德观,第八章阐述对物权法中征收规定的伦理考察。

关键词:法学　伦理学　财产权　民法　物权法

**0290**

**苗族伦理文化研究:以建筑为视角** / 何泌章著 ; 李萍指导. -- 中山大学, 2009. -- 137 页

论文运用田野调查法、实证研究法和定性研究法,采取历史分析与现实分析相结合的方式,选择具有曲折发展历史过程的苗族伦理问题为研究对象,从建筑的视角来挖掘整理民族伦理文化,对苗族伦理文化的研究从生命伦理、家庭伦理、社会伦理、环境伦理四个维度展开论述,具有一定的创新意义。论文第一章是苗族生命伦理意识,首先论述建筑和苗族生命伦理意识问题,其次论述建筑朝向与苗族生命伦理意识,最后论述建筑防护功能与苗族生命伦理意识问题。第二章是苗族家庭伦理意识,首先论述苗族巢居建筑,其次论述民居营造过程与苗族家庭伦理意识的关系,最后论述民居建筑的使用与苗族家庭伦理意识的关系。第三章是苗族社会伦理意识,首先论述民居建筑与苗族社会伦理意识的关系,其次论述公共建筑与苗族社会伦理意识的关系,最后阐述单群建筑之间与苗族社会伦理意识的关系。第四章是苗族环境伦理意识,首先论述民居准备过程与苗族环境伦理意识问题,其次阐述建筑美与苗族环境伦理意识问题。最后为结束语,作者认为苗族在宅基的选择和平整地基过程中都充分考虑到环境因素,并用自己的方式正确处理建筑与环境的关系,实现人与自然的和谐,并且这种和谐还表现为美,是人工美和自然美结合基础上的和谐。

关键词:苗族　建筑　伦理学　民族文化

**0291**

**"第四条原则——设计伦理"研究** / 姜松荣著 ; 唐凯麟指导. -- 湖南师范大学, 2009. -- 300 页

论文运用案例分析法、理论研究法和定性研究法,从伦理的角度出发,以古今中外的设计活动为审视对象,追寻古代设计活动的伦理依据,审视现代设计中的伦理缺陷,为提出设计的伦理原则寻找理论依据和事实基础,并进而论述设计伦理在设计活动中的意义、地位与作用;设计的伦理原则与实用原则、经济原则、审美原则之间的相互关系;伦理影响设计活动的机制、途径与结果以及如何实用伦理原则得到有效的贯彻与实施等诸多问题。论文第一章是古代设计的伦理思想探析,首先论述设计伦理与宗法等级,其次考察设计思想与宗教精神,第三论述设计理念与天地秩序。第二章是现代设计的伦理审计,首先论述民主与公平,其次论述理性与冷漠,第三论述地球的尊严,最后阐释城市的表情。第三章是第四条原则——设计伦理,首先论述实用经济美观的价值缺陷,其次论述实用与伦理,第三论述经济与伦理,第四论述审美与伦理,最后论述设计伦理与设计活动同生共荣的关系。第四章是设计伦理影响设计活动的机制、途径与过程,首先论述设计伦理影响设计活动的机制,其次阐述设计伦理影响设计活动的途径与过程。第五章是设计伦理原则的贯彻与实施,首先论述"自律"与职业道德,其次论述"他律"与行业法规,第三论述设计伦理教育。

关键词:设计　伦理学　伦理思想

**0292**

**科研不端行为及其防范体系的理论与范例研究** / 蒋美仕著 ; 李建华,刘大椿指导. -- 中南大学, 2009. -- 290 页

论文运用案例研究法和比较研究法,对科研不端行为及其防范体系的相关问题展开研究与论述,对于构建中国科研不端行为综合防范体系、积极应对来自不端行为事件的严峻挑战并切实有效地解决其现存的主要问题,都具有极为重要的理论价值与现实意义。论文第一章是导言,第二章是科研不端行为的概念剖析,首先论述科研不端行为的概念剖析,其次论述科研不端行为的特征分析,第三论述科研不端行为的类型区分。第三章是科研不端行为的因果分析,首先论述科研不端行为的成因追溯,其次论述科研不端行为的后果分析,最后提出科研不端行为因果关系的系统分析框架。第四章是科研不端行为的理论探析,首先对 H. K. 默顿的学院科学规范理论及其评价,其次论述齐曼之后学院科学规范结构理论及其评价,最后对科研诚信理论及其评价做出论述。第五章是美国防范科研不端行为的策略与制度,首先论述美国防范那科研不端行为的策略转变,其次论述美国防范科研不端行为的政策法规体系,第三做出简要评析。第六章是美国防范科研不端行为的机制与程序,首先论述美国科研不端行为的层级监管机制,其次论述美国防范科研不端行为的标准与程序,第三进行简要评

析。第七章是结语,首先阐述严峻的挑战,其次提出积极应对策略,得出中国从美国模式中可得到的启示与借鉴。

关键词:科学研究机构　科研管理　伦理学

**0293**

**当代伦理学视阈中的"是—应当"问题** / 刘隽著 ; 万俊人指导. -- 清华大学, 2009. -- 123 页

论文运用理论研究法和定性研究法,结合规范研究和实证研究,考察现代伦理学研究的核心问题"是"与"应当",该问题缘自 18 世纪英国经验主义哲学家休谟的《人性论》,他在该书中指出,包含"是"的事实判断与包含"应当"的道德价值判断之间存在着深刻的两分性与不可通约性。论文第一章是导论,第二章是"是—应当"问题的休谟式解读,首先论述休谟道德哲学的特点,其次论述对理性主义的批判,第三论述标准解释及其争论。第三章是:"是—应当"问题的二分的确立,首先考察"是—应当"问题与直觉主义,其次论述"是—应当"问题与情感主义,最后论述"是—应当"问题与规约主义。第四章是"是—应当"的语义阐释,首先论述"是"的语义学特征,其次论述"应当"的语义学特征。第五章是"是—应当"的逻辑分析,阐述"是"与"应当"之间的逻辑转化,分析间接语境下的"是"与"应当",最后论述作为命题算子的"应当"。第六章是形而上学与"是—应当"的缠结,首先论述普特南的内在实在论,其次论述自然主义与"是—应当"的融合,第三论述道德客观性的论争。第七章是结语,讨论当代伦理学视域中"是"与"应当"的关系,考察"事实"概念的演变,对"是—应当"问题的解答和理论意义分别加以讨论。

关键词:伦理学　哲学　道德　客观性

**0294**

**罗素的"人"的教育思想研究** / 龙希成著 ; 胡伟希指导. -- 清华大学, 2009. -- 254 页

论文运用案例研究法、理论研究法和比较研究法,对罗素的"人"的教育思想进行深入讨论与研究。论文第一章是引论,第二章是数理哲学家罗素关注人和"人"的教育,首先论述一战刺激数理哲学家罗素关注人,其次论述教育史一切事务之本,最后论述罗素勾画"人"的教育思想。第三章是人心的教育,首先比较罗素与苏东坡的人性思想,其次论述人的基本需求、冲动与欲望、人生理想,第三论述本能、思想与精神和谐发展的人,第四阐述克服坏的情感,第五讨论培养好的情感,最后论述性爱的教育。第四章是"人"的品格教育,首先论述罗素的人的品格的概念,其次论述活力、激情和智力钻劲,第三考察自我主导和勇敢,第四论述真诚或诚实,第五论述以公正品格对付自私心,第六论述惩罚对品格的有害影响,最后论述技能是本能和品格的伟大训导者。第五章是"人"的知性教育,首先论述知性教育的重要性,其次论述罗素真是七种知性美德,第三论述知性教育赋予人科学方法,第四论述知性教育赋予人清晰思考的能力,最后论述知性教育的教与学。第六章是"人"的价值教育,首先论述柏拉图、亚里士多德与罗素论精神生活,其次论述作为罗素伦理思想基础的价值论,第三论述精神训导和升华人的本能之爱,第四论述历史教育的价值,最后论述宗教教育的价值和哲学教育的价值。第七章是"人"的教育面临组织控制,主要对罗素教育思想突出"个人"的观念进行论述,考察作为个人与作为公民的教育,论述社会政治制度与人的教育的相互作用。第八章是结语,首先对四大重要问题进行辨析,其次提出四点关于"人"的教育的启发。

关键词:罗素( Bertrand Russell)　人　道德　教育思想　哲学思想

**0295**

**科尔伯格道德发展和道德教育理论研究** / 罗俊丽著 ; 龚群指导. -- 中国人民大学, 2009. -- 184 页

论文运用案例研究法、理论研究法和定性研究法,首先研究科尔伯格理论的基础,并将其放置在历史的大背景中,为理解科尔伯格理论做好铺垫。然后深入研究和挖掘科尔伯格道德发展和道德教育理论的内容,全面理解科尔伯格的理论思想,并总结了学术界对于科尔伯格理论的正义和科尔伯格对此的反馈,以及科尔伯格对道德发展和道德教育研究领域的影响作用。最后展开自己对于科尔伯格理论的理解、思考和发展,并提出其理论对中国的启示和意义。论文第一章是科尔伯格理论的基础,首先对科尔伯格个人经历和研究经历进行概述,其次阐述道德发展和道德教育理论的思想背景,第三论述科尔伯格道德发展理论的起源。第二章是科尔伯格道德发展理论,首先阐述哲学基础,其次论述道德发展理论的研究方法,最后阐述其理论核心。第三章是科尔伯格道德教育理论,首先论述对品格教育和价值澄清理论的批判,其次论述学校道德教育策略,最后论述隐性课程的问

题。第四章是科尔伯格理论的争论和影响,首先论述争论和回应,其次阐述其他方面的争议,最后论述科尔伯格理论的发展和影响。第五章是对科尔伯格理论的反思,首先阐述对科尔伯格理论的补充说明,其次论述科尔伯格的理论对中国道德教育的意义,最后阐述超越科尔伯格的思考。

关键词:劳伦斯·科尔伯格(Kohlberg, Lawrence) 道德心理学 道德发展 品德教育

0296

**道德之维:自然法和法律实证主义视角下的德法关系研究**/弭维著;卢风指导. -- 清华大学, 2009. -- 229页

论文运用理论研究法、定性研究法和比较研究法,结合理论和现实,以"法律和道德关系"问题为主线,首先借助庞德、哈特和罗尔斯等的学说,阐述了此问题的问题史和问题域。论文第一章是导论,第二章是法律和道德关系问题诸面向,首先论述问题史和问题域,其次论述法律和道德关系的六个面向。第三章是"法律和道德分离"和法律实证主义理论图景,首先论述实证主义的方法论及简要历史,其次论述法律实证主义的方法论特征及其理论目的,第三论述法律实证主义的核心命题。第四章是法律实证主义的思想谱系,首先阐述功利原则和立法改革,对边沁学说进行解析;其次论述奥斯丁的实证主义学说;第三阐释哈特的实证主义学说。第五章是理性和良善生活,考察自然法理论的古典图景,首先阐述自然法图景的概况,其次阐述古希腊的自然法观念,第三论述西塞罗的自然法学说,第四论述阿奎那的自然法学说。第六章是自然法的世俗化、衰落及其现代转型,首先考察自然法的世俗化,其次阐述新兴的自然法与自然法的衰落,第三论述自然法的当代景象。第七章是道德的力量及其限度,对法律的伦理解释展开研究,首先澄清自然法和实证主义,其次比较四个典型问题,最后是结语,得出法治中国和有意义的生活的相关结论。

关键词:道德 法律 自然法 实证主义

0297

**社会转型期我国公务员职务犯罪的道德调控研究**/缪斌著;张怀承指导. -- 湖南师范大学, 2009. -- 212页

论文运用定性研究法和实证研究法,结合法律伦理学、政治伦理学、经济伦理学和社会学等其他交叉学科的研究方法,研究社会转型期公务员职务犯罪,力图弥补和消除遗忘相关研究的缺口和盲点,充分发挥伦理学的研究优势,以期在公务员职务犯罪研究的深度和广度上有所拓展和深化。论文第一章是公务员职务犯罪的界定,首先阐述公务员职务犯罪的界定问题,其次阐述公务员职务犯罪的原因。第二章是道德调控的时空透视,首先论述职务犯罪的道德调控性,其次论述道德调控的他山之石,第三评述国外公务员道德立法,最后回顾建国前后公务员道德建设问题。第三章是道德调控组织机构、运行模式及作用机制,首先分析道德调控的社会文化系统,其次阐述道德调控的组织机构,第三分析道德调控的运行模式,最后论述道德调控的作用机制。第四章是道德调控与制度伦理,首先分析制度建设中的道德规范体系,其次分析制度建设的伦理选择,第三分析制度伦理的道德调控功能。第五章是公务员道德教育创新,首先论述公务员道德教育的概况,其次对道德教育创新探索进行考察,第三对道德教育中的道德人格塑造问题展开论述。提出公务员道德教育本身是一个信息传播的过程,其核心是树立为人民服务的理念,在一定程度上,这是一个劝服性的过程。

关键词:职务犯罪 公务员 预防犯罪 道德

0298

**论同情**/牟世晶著;龚群指导. -- 中国人民大学, 2009. -- 238页

论文运用理论研究法与定性研究法,以"同情"这一概念作为核心来构架全篇,主要对"同情是什么""从何而来,如何发生""其存在的意义是什么或是说具有哪些主要作用"三个问题而展开具体研究。围绕这一系列相关主题具体展开为以下几个主要问题:古今中外存在哪些关于同情问题的论述即同情观的历史演变问题、同情概念的界定问题即解决"同情是什么"的问题、同情的存在与发生问题即解决同情"从何而来,如何发生"的问题、同情的价值分析即主要解决同情的"存在意义或具有的作用"。论文第一章是中西伦理思想史上同情观概述,首先论述中国伦理思想史上的同情观,其次论述西方伦理思想史上的同情观。第二章是同情概念分析,首先对概念进行界定,其次对与相关概念的关系展开论述。第三章是同情的存在与发生,首先对同情存在基础进行研究,其次对同情的发生条件进行论述,第三对同情的影响因素展开讨论。第四章是同情的价值及限域,首先论述同

情的价值表现，其次对同情的价值限域进行讨论。第五章是普遍同情的寻求，首先论述普遍同情的界定，其次阐述普遍同情的可能性，最后论述普遍同情的必要性，以及寻求普遍同情的意义。提出在具体结合当下现实需要的基础上，不但有利于个体间关系的和谐，而且对于社会和谐或者说世界和谐理想目标的实现也具有积极的意义、发挥着具体的促进作用。

关键词：同情　道德行为　价值

**0299**

**伦理视域下的佛教平等观** / 欧顺军著 ；张怀承指导. -- 湖南师范大学, 2009. -- 227 页

论文运用理论研究法和定性研究法，从缘起论、性空论、佛性论、业力果报论四方面对佛教平等观的合理性进行论述，佛教平等观最根本的理论前提是缘起论，空论是其本体论依据，佛性论是其心性论依据，业力果报论是其现象论依据。论文第一章是佛教平等观要义，首先论述佛教平等观的涵义，其次论述佛教平等观的历史形态。第二章是佛教平等观的论证，首先考察佛教学说的最高原理缘起论，其次论述佛教平等观的基本依据空论，第三论述佛教平等观的心性论依据佛性论，第四论述佛教平等观的现象论依据业力果报论。第三章是佛教平等观的践行，首先考察佛教伦理的基本精神，其次论述佛教平等观在自我身心关系中的体现，进而讨论平等观在人与人关系中的贯彻，最后论述平等观在人与自然关系中的运用。第四章是佛教平等观的特性，首先讨论世俗性和超越性的统一，其次论述自律性和他律性的统一，最后论述生命观、自然观和理想价值观的统一。第五章是佛教平等观的现世伦理价值，首先考察佛教平等观关于自我身心关系的伦理启示，其次论述佛教平等观关于人我关系的伦理启示，最后阐述佛教平等观关于人与自然关系的伦理启示。提出我们应当以马克思主义的科学平等观理论为指导，采取扬弃的态度分析对待。

关键词：佛教　平等观　伦理思想

**0300**

**知识产权伦理研究** / 彭立静著 ；曹刚指导. -- 中南大学, 2009. -- 199 页

论文运用理论研究与实证研究相结合的研究方法，从伦理学视角研究知识产权，论述知识产权的伦理基础，确立知识产权伦理的基本原则，考察和分析知识产权运行中的伦理内涵与伦理规范，探讨知识产权保护具体实践中的伦理困境，并努力寻求解决知识产权伦理冲突的现实途径。论文第一章是导论，论述知识产权的伦理追问。首先对问题缘起进行论述，其次对财产权、知识产权与知识产权伦理进行考察，最后提出研究思路与研究方法。第二章对知识产权理论辩护的三种理论进行研究，首先阐释劳动理论，其次阐释人格理论，最后阐述功利理论。第三章是知识产权伦理的基本原则，依次论述了人道原则、公正原则、功利原则、效用原则和整体原则等问题。第四章是知识产权运行的伦理分析，对知识产权授予的伦理蕴含进行阐述，考察知识产权使用与转让的伦理，最后对知识产权收益分配的伦理进行思考。第五章是知识产权保护实践中的伦理困境，首先论述道德底线的挑战，对人体基因专利保护进行伦理反思；其次论述专利权与生命健康权的博弈，对药品专利国际保护的伦理问题进行审视；最后考察信息自由与版权垄断的对立问题，研究信息社会版权保护的伦理冲突。第六章是结语，从中庸之道的层面出发对知识产权保护进行展望。

关键词：知识产权　法律保护　伦理学

**0301**

**生态人格论** / 彭立威著 ；唐之享，李培超指导. -- 湖南师范大学, 2009. -- 195 页

论文运用历史研究法、理论研究法和比较研究方法，选择生态人格为主要研究概念，追溯经典理论，系统考察生态人格论的相关问题。论文第一章是生态人格的历史积淀，第一节研究中国传统伦理文化中的生态人格思想，包括儒家伦理文化中的生态人格思想、道家伦理文化中的生态人格思想、佛教伦理文化中的生态文化思想。第二节研究西方伦理文化中的生态智慧及其启迪，主要论述了古希腊的自然观及其启示、基督教伦理的生态理念及其启示、西方后现代哲学中复魅自然的思想及其启示等。第三节论述马克思主义伦理思想的生态人格价值指向，考察人的本质和人的异化问题、自然主义与人道主义的统一问题和人的全面发展问题。第二章是环境伦理与生态人格的勾连，第一节研究环境伦理的现实基础和思想根源，第二节论述环境伦理的人格指向。第三章是生态人格的时代意蕴，第一节论述人格的生态缺失问题，第二节论述精神危机和伦理根源的关系，第三节讨论生态人格与个体人格的完满，第四节阐释生态人格与个体人格的完满问题。第四章是生态人格塑造的实现路径，第一节论述环境文化的熏陶，第二节论述环境教育的

内化,第三节考察生态实践的锤炼。最后为结语,提出生态人格必须通过环境文化的熏陶、环境教育的内化、生态实践的锤炼等路径才能得以逐渐培养与实现。

关键词:人格　生态学　道德　伦理

**0302**

**道德能力研究** / 任重远著 ; 曹刚指导. -- 中南大学, 2009. -- 196 页

论文运用理论研究法和定性研究法,选取道德能力作为研究的核心概念;以人之仁化为基本理论路径,以儒家成人思想为主要理论资源,对于道德能力予以了一个系统的诠释,文章认为道德能力是人之仁化的能力,是一个人自觉实现其道德潜能,追求其道德人格的道德自我修养能力。论文第一章是道德能力的界定,首先对能力的内涵进行澄清,其次考察道德能力的概念,最后阐述道德能力的人文辨析。第二章是道德能力的伦理向度,首先论述道德能力的立己向度,其次论述道德能力的达人向度。第三章是道德能力的生成诠释,首先论述道德能力的生成背景,其次论述道德能力的生成逻辑。第四章是道德能力的情感溯源,主要讲述孝悌之情、睦友之谊和推己及人三个方面的问题。第五章是道德能力的责任诠释,包括责任意识的规范认同、学礼的主体践行、学礼的人己安顿等三方面的问题。第六章是道德能力的心理解析,首先考察良心的情感发用,其次论述良心的权威内化,第三论述良心的超越呈现。第七章是道德能力的人格解读,首先论述道德知识的学习,其次阐述道德情感的迁移,最后考察道德意志的磨炼问题。最后为结语,提出人之仁化是一个永无止境的人之自我超越的进程,而人之道德能力也随之不断完善与转化。

关键词:道德　自我意识　伦理学

**0303**

**蒙古族"训谕诗"的德性与教化思想研究** / 萨 · 巴特尔著 ; 廖申白指导. -- 北京师范大学, 2009. -- 187 页

论文运用案例研究法、定性研究法、理论研究与实证研究相结合的方法,选取蒙古族的"训谕诗"为研究对象,考察蒙古族"训谕诗"的德性与教化思想。论文第一章是"训谕诗",即蒙古族的道德教化载体的基本情况介绍,首先论述蒙古族"训谕诗"的起源、内容和特征;其次论述蒙古族"训谕诗"的人文精神,第三论述蒙古族"训谕诗"的伦理学意义。第二章是"训谕诗"与蒙古族"敬畏生命"的伦理学精神,首先论述蒙古族"敬畏生命"的伦理精神及其自然崇拜,其次论述蒙古族"敬畏生命"的伦理精神及其祖先与图腾崇拜,第三论述蒙古族"敬畏生命"的伦理精神及其人与神,第四论述蒙古族"敬畏生命"的伦理精神及其三维论题的理论根基。第三章是"训谕诗"与蒙古族"敬畏生命"的伦理精神,首先阐述蒙古族的灵魂论,其次阐述蒙古族的理念论,第三论述蒙古族的善恶论,第四论述蒙古族的幸福论,最后阐述蒙古族"敬畏生命"的伦理精神及其诸理性之间的逻辑联系。第四章是"训谕诗"与蒙古族的基本德性,首先考察蒙古族智慧的德性,其次考察蒙古族勇敢的德性,再次论述蒙古族勇敢的德性,最后依次论述蒙古族忠诚的德性,总结蒙古族的基本德性及其诸要素之间的内在逻辑关系。结语阐述蒙古族的道德教化是一种生命的教化的命题。

关键词:蒙古族　诗歌　伦理　德育

**0304**

**道德意志论** / 沈永福著 ; 夏伟东指导. -- 中国人民大学, 2009. -- 156 页

论文运用比较研究法与定性研究法,在总结前人研究成果基础上,力图以马克思主义伦理学的基本立场、观点和方法,从理论、历史与实践三个方面对道德意志问题进行系统研究,尝试梳理马克思主义关于道德意志问题的系统理论。道德意志是伦理学的一个重要范畴,对道德意志进行研究,既具有重要的理论意义,也具有重要的现实意义。论文第一章是道德意志的概念,首先对道德意志进行界定,其次论述道德意志的特征,第三阐述道德意志的本质。第二章是道德意志的历史理论探讨,首先论述中国传统伦理思想中的道德意志理论,其次论述西方传统伦理思想中的道德意志理论。第三章是道德意志的发生与发展,首先阐述道德意志的人类学发生,其次阐述道德意志的个体发生,第三论述道德意志的发展。第四章是道德意志的结构与功能,首先阐述道德意志的多维结构,其次论述道德意志的特殊功能,最后论述道德意志的运行过程。第五章是道德意志的培养,首先论述道德意志培养的原则,其次论述道德意志培养的方法与途径。文章提出培养个体的道德意志,应当遵循以下基本原则:社会道德调控与自我约束相结合、道德灌输机制和自主选择机制相结合、自我修养与社会实践相结合、普遍性与特殊性相结合。在实践生活中,道德意志的培养需要社会的培育和自我的修养。

关键词:道德修养　意志　伦理学

**0305**

**报:中国古代社会的伦理平衡机制——以儒家传统为中心** / 王硕著 ; 姚新中指导. -- 中国人民大学, 2009. -- 172 页

论文运用文献资料法和定性研究法,选取“报”作为研究对象,“报”是中国古代社会的伦理平衡机制,文章提出“报”属于道德范畴,是气道平衡作用的伦理运行机制,即在社会关系大系统及社会伦理关系系统内,基于内部构成要素的有机关联性,及其同外部诸因素之间的有机关联性,协调并统一其矛盾的具有制约性的动态机理和制度。论文第一章是儒学中报的内涵与历史演变,首先对报的语言进行分析,其次对报的伦理维度进行阐述,第三对报在儒家传统内的演变做出论述。第二章是报的伦理特质与运行机理,首先分析报的社会依据,其次阐述报的伦理原则,最后阐述内嵌于“五常”中的报的机制。第三章论述报与个体道德的关系,首先对道德心理的失衡与修复问题展开讨论,其次对道德行为的选择与激励进行研究,最后论述道德人格的类分与和合。第四章是报与人伦交往,首先论述传统交往的广泛性伦理杠杆,其次讨论人伦交往的维度及其相应的报的原则,第三论述复杂人伦关系的现实平衡机制。第五章是报与社会国家的关系,首先分析报与社会正义的关系,其次论述国家的报,最后阐述民间的报。在结语部分,归纳传统报机制的四大特点:“动”“隐”“广”“衡”,反思其正反两方面的历史作用,揭示“报”的现代境遇及其价值,指出它对我们今天建设新的伦理运行机制所具有的启发意义。

关键词:伦理学　社会关系　伦理思想　儒家

**0306**

**颜李学派伦理思想研究** / 吴雅思著 ; 焦国成指导. -- 中国人民大学, 2009. -- 156 页

论文运用案例研究法、文献资料法和比较研究法,选取颜李学派的伦理思想为研究对象,从学术史的视域,探讨颜李学派伦理思想中的人性论、义利观、习行修养方式、经世致用思想的内在逻辑与理论内容,揭示其学术兴衰的缘由及其理论价值和实践价值。论文第一章是时代背景及学派特色,首先论述颜李学派产生的时代背景,其次论述颜李学派的理论特色。第二章是人性一元论,对颜李学派伦理思想的哲学基础进行研究,首先追溯气质性善论的源流,其次论述颜李学派人性论的内容,第三对颜李学派人性论的价值进行评价。第三章是颜李学派伦理思想的价值取向,首先论述义利问题的产生与变异,其次阐述“正义谋利,明道计功”的义利观,最后阐述颜李学派义利观的价值。第四章是颜李学派伦理思想的圣贤培养方式,首先考察理想人格的界定及由来,其次论述理想圣贤的培养方式,第三对“习行”进行评价。第五章是对颜李学派伦理思想回归到经世致用的论述,首先考察经世致用思想的历史回顾与明清之际的现状,其次论述经世致用思想的主体内容,第三对经世致用理论的价值做出评价。第六章是比较颜李学派与亚当·斯密,首先论述在比较视野下的伦理问题及其理论解决,其次阐述理论的命运异同比较和原因分析。

关键词:颜李学派　伦理学　人性论　经世致用

**0307**

**法律与道德的界限:哈特的法伦理思想研究** / 吴真文著 ; 唐之享,李培超指导. -- 湖南师范大学, 2009. -- 213 页

论文运用理论研究法和定性研究法,选取哈特的法伦理思想为研究对象,考察法律与道德的界限问题。论文第一章是法伦理学的理论界域,首先阐述法伦理学的基本内涵,其次阐述法伦理学研究的多种进路,包括历史法学派、哲理法学派、社会法学派、自然法学派、实证法学派和综合法学派。第二章是哈特的法伦思想的基础和主题,首先论述哈特其人其书,其次论述哈特法伦理思想的基础,再次论述哈特法伦理思想的主题。第三章是法律与道德划界的目的,首先论述法律形式理性的需要,其次论述法律实践理性的需要,最后论述法律正义的客观需要。第四章是法律与道德划界的方法,首先阐述对语言分析方法的借鉴,其次阐述对传统实证主义的超越,第三论述在辩论中寻求突破的几个典型论证。第五章是法律与道德划界的限度,首先对法律与道德划界的相对性和绝对性问题进行研究,其次论述相对性划界的要求。第六章是哈特法伦理思想的现实启示,首先论述以人为本的法律之上的条件,其次论述克服法伦理的缺陷,最后论述树立法律与道德的边界意识。最后为结论,提出了法律至上的人本主义思想和德法并举的思想为哈特相对分离法伦理思想的现实启示;系统论述了哈特法伦理思想的理论渊源和现实条件;总结了哈特主张法律和道德相对分离所采用的方法以及划界的限度。

关键词:哈特(Hart, H. L. A)　法伦理学　道德

0308

**道德评价合理性研究** / 伍志燕著 ; 江畅指导. -- 武汉大学, 2009. -- 216 页

论文运用理论研究法和定性研究法,以道德评价合理性问题为中心,结合国内外研究现状以及元伦理学、德性伦理学、规范伦理学、应用伦理学等多学科领域的研究成果,从合理性的视角对行为主体的道德人格和德性、个体道德行为以及组织道德行为的道德评价进行多维度、多层次、全方位的研究,试图通过道德评价活动全过程进行合理性的审视,建立一种科学、合理、系统的道德评价图式。论文第一章是道德评价合理性的逻辑基础,首先阐述合理的评价术语,其次论述道德评价中的判断及其合理性证明,最后论述道德评价中的推理及其合理性。第二章是对德性、人格道德评价的合理性,首先阐述德性和人格及其关系,其次对德性和人格进行内评价,第三对德性和人格进行外评价。第三章是个体行为道德评价的合理性,首先论述道德动机,其次阐述道德评价的前提,第三论述道德规范与行为过程,最后论述行为效果的判断与合理性。第四章是组织行为道德评价的合理性,首先考察组织动机和社会善,其次论述衡量行为计划的三个"度",进而讨论组织行为实施中的"手段"合理性,最后论述组织行为的道德责任。第五章是道德评价合理性的评判,首先阐述道德评价标准和尺度的合理性评判,其次论述道德评价方式的合理性评判,最后阐述道德评价结论的合理性评判。

关键词:道德评价　价值　人格

0309

**走向伦理精神的道德教化:现代性道德教化的哲学反思** / 肖会舜著 ; 宣兆凯指导. -- 北京师范大学, 2009. -- 167 页

论文运用理论研究法和定性研究法,选取道德教化作为研究对象,提出伦理精神的道德教化的目的就是要重构"伦理性的统一",也即重构"精神"的普遍性,而且精神性的普遍性只有通过特殊性才能实现自身。论文第一章是教化的内涵及其历史源流,首先阐述教化的涵义,其次对传统儒家道德教化进行梳理,最后论述古希腊道德教化中的伦理特质。第二章是伦理性道德教化与现代性"无伦理的道德",首先论述伦理性道德教化的反思,其次论述现代性的价值追求及其悖论,第三阐述现代性德性内涵的嬗变问题。第三章是走向伦理精神的道德教化,首先阐述教化范式转换的思维根基及其表现,其次论述道德教化中精神结构的互主体性,第三论述伦理德性与意义世界的生成。第四章是道德教化的伦理性及其实现,首先论述伦理义务的解放意蕴,其次阐述教化论事业下的德性,最后阐释道德判断力与伦理秩序的形成。结束语部分论述道德教化的当代使命。提出我们现在的使命就是要在社会利益高度分化中重建人的心灵的秩序,培养一种品质的普遍性。这种品质的普遍性就不是对现有规范、制度在形式上的遵循,而是秉持一种普遍性的价值觉察和人道情怀,使人能够在一切具体领域的具体活动中实现道德精神和价值内容,从而让人获得一种实体性的自由。

关键词:道德　德育　伦理学

0310

**道德与法律:哈特、德沃金与哈贝马斯对法律正当性的三种论证模式** / 肖小芳著 ; 王晓升指导. -- 中山大学, 2009. -- 225 页

论文运用了理论分析法、比较分析法和文献研究法,从道德与法律关系视角出发,论述几种典型的理论模式涉及道德与法律关系问题的相关部分。论文第一章是导论,阐述道德与法律关系的历史溯源,并提出写作思路与研究意义,对有关概念进行澄清。第一章是哈特"合法律性的正当性"模式,考察道德与法律无必然联系的问题,首先论述道德与法律的相对分离和相对包容,其次论述哈特模式招致的批判,最后论述哈特模式的理论价值与伦理缺失。第二章是德沃金"合道德性的正当性"模式的挑战,首先论述"合道德性的正当性",其次梳理对德沃金模式招致的批判,最后论述德沃金模式的理论价值与理论缺失。第三章是"合法律性的正当性"的可能,首先论述交往行动理论与商谈伦理学,其次论述道德与法律相互分化和相互区别的问题。第四章是合法律性、合道德性和商谈程序正当性,阐述基本立场,论证向度,并对权利审视、认可方式和哈贝马斯的积极价值等问题进行论述。第五章是对哈贝马斯纯粹程序论证模式的再思考,首先论述哈贝马斯模式的窘境,其次论述其他几种理论方案的述评,最后论述哈贝马斯模式的修缮问题,论述重视商谈论证的承认规则的作用等方面。论文最后为结语,对西方法律正当性理论与中国的法治建设问题进行阐释。

关键词:法律　道德　正当性

0311

**“位格”视角下的马里旦完整人道主义思想研究** / 徐瑾著 ; 张传有指导. -- 武汉大学, 2009. -- 122 页

论文运用理论研究法、案例研究法和文献资料法,试图从人的存在的形而上学,即从雅克·马里旦的“位格”理论的视角出发去解读并反思其“完整人道主义”思想。论文第一章是马里旦的“位格”理论,首先对“位格”的范畴进行概述,其次对马里旦的“位格”理论进行论述。第二章是马里旦的“完整人道主义思想”,首先阐述对“以人为中心”的古典人道主义的批判,包括人的悲剧和文化的悲剧;其次论述建立“以上帝为中心”的完整人道主义,包括真正的自由和从“旧人”到“新人”的转变;最后阐述“新基督教世界”的构建。第三章是“位格”作为完整人道主义的前提和基础,首先阐述“位格”与人道主义,其次论述“位格”与“以上帝为中心”。第四章是“位格”作为完整人道主义的理论和现实落脚点,首先阐述恩典与自由的关系,其次论述信仰、理性与乌托邦的关系,再次论述建立“以位格为中心”的真正的人道主义。最后为结束语,论述人的存在的形而上学考察应当作为人道主义研究的起点和终点,提出形而上学是哲学的根,人的存在的形而上学是唯一真实的形而上学,这种唯一真实性表现为人是唯一的主体和唯一的实体,从这个意义上来说,人的存在的形而上学考察应当作为人道主义研究的起点和终点。

关键词:马里坦　哲学思想　人道主义　形而上学思想评论

0312

**道德耻感论** / 杨峻岭著 ; 吴潜涛指导. -- 中国人民大学, 2009. -- 160 页

论文运用比较研究法、理论研究法和定性研究法,坚持唯物史观的基本立场、观点和方法,从心理学、现象学、社会学等多学科视角审视了道德耻感,厘清了道德耻感及其与其相近、相关概念的联系与区别,科学揭示了道德耻感的内涵、本质、类型、基本特征及其功能、作用。论文第一章是道德耻感的内涵,首先论述道德耻感的学理依据,其次论述道德耻感相关概念,最后对道德耻感这一概念进行界定。第二章是道德耻感的本质与特征,首先分析道德耻感的本质属性,其次论述道德耻感的基本特征。第三章是道德耻感的类型与功能,首先论述道德耻感的分类,其次分析道德耻感的基本功能。第四章是道德耻感的形成与发展,首先论述人性与道德耻感的发生,其次论述道德内化与道德耻感的发生,第三论述道德耻感发生的因素,最后论述道德耻感的发展阶段。第五章是道德耻感思想的历史渊源,首先论述中国传统耻感思想历史源流,其次论述日本的耻感文化,最后论述中世纪西方基督教的罪感思想。第六章是道德耻感的缺失与培育,首先论述道德耻感的缺失,其次论述道德耻感的培育。提出培育道德耻感,推动社会道德向个体道德的转化,消除由于道德耻感的缺失、淡薄而导致的道德冷漠,促进个体道德人格的健全发展,实现民族情感的优化。

关键词:道德　人性　伦理思想

0313

**现代商业经营者伦理研究** / 杨良奇著 ; 唐凯麟指导. -- 湖南师范大学, 2009. -- 159 页

论文的导论部分是现代商业经营者伦理概说,首先论述商业与现代商业的关系,其次论述现代商业伦理的内涵,最后论述现代商业伦理的核心问题,并提出研究目的与意义、研究方法与思路。第一章是现代商业经营者伦理的重要性分析,第一节论述商业伦理与现代市场体系的健康运行,第二节论述商业伦理与商业信用关系的建立,第三节论述商业伦理与现代商业可持续发展问题。第二章是现代商业经营者伦理的源流,首先对中国传统商业伦理及其经营者的伦理特点进行总结,其次对西方传统商业伦理及其经营者伦理的特点进行论述,最后归纳现代商业伦理的生成及其经营者伦理主要特点。第三章是现代商业经营者伦理标准的理性把握,首先论述把握现代商业经营者伦理标准的理论依据及其意义,其次对现代商业经营者伦理标准的功利原则、权利原则和公正原则进行论述。第四章是现代商业经营者伦理问题的类型及其生成诱因进行论述,第一节主要考察商业贿赂问题,第二节考察胁迫问题,第三节至第七节依次论述了偷窃、歧视、欺诈、违约、掺假等问题。第五章是促成现代商业经营者合乎伦理标准的商业行为的主要对策,提出提高组织决策的伦理性,建设支持合乎伦理行为的组织文化,培养商业组织个体的道德素质,构建完善的外部监督体系等建议。最后为结语,总结现代商业经营者伦理问题的相关建议。

关键词:商业　商人　经济伦理学

0314

**朱熹“理”本论道德哲学研究** / 尤吾兵著 ; 董群指导. -- 东南大学, 2009. -- 128 页

论文运用文献资料法、案例研究法和定性研究法,结合理论研究与实证研究,对以朱熹思想的核心“理”为红线将朱熹的人性论、德性论、工夫论、社会道德实践等融为整体,放回到朱熹生存的“历史文化现场”中,把握朱熹道德哲学的逻辑发展变化和相互之间内在有机联系,勾画出朱熹道德哲学的图景,还原出朱熹思想具有的深切关怀人类生命的意义与存在,用于担当社会责任的儒家伦理真精神。论文第一章是朱熹道德哲学“理”本体的求证,首先论述“理”的历史逻辑演化,其次论述现实意义上朱熹“理”本体的寻求,第三考察理论意义上朱熹“理”本体的论证,最后论述价值意义上朱熹“理”本体的设定。第二章是“理一分殊”个体生命秩序的安排,首先论述朱熹“理一分殊”命题的源起和价值意义,其次论述朱熹“理一分殊”命题下的性善论设计,第三论述朱熹“理一分殊”命题下的德性和谐论设计,最后论述人性之恶的根源。第三章是“格物致知”与“存理去欲”,考察实现个体生命完满的功夫论,首先考察传统儒家工夫论发展的脉络,其次总结朱熹工夫论的特点。第四章是“循理求利”与“循理救国”套路理想社会秩序的追求,首先论述理和礼的关系,其次论述朱熹经济伦理思想,最后论述朱熹政治伦理思想。

关键词:朱熹　道德哲学　理学　思想评论

0315

**康德与萨德:启蒙道德的再反思** / 曾志浩著 ; 王晓升指导. -- 中山大学, 2009. -- 134 页

论文运用比较研究法、理论研究法和定性研究方法,选取康德和萨德为研究对象,康德和萨德分布代表了启蒙理性的两个极端,康德的理性是通往善良的理性,而萨德的理性则是导向邪恶的理性,论文选择“康德与萨德”作为研究中心,比较分析典型学者对“康德与萨德”的观点。论文的引言部分阐述了启蒙及启蒙道德问题,对启蒙道德的困境问题进行阐述,并讨论康德与萨德。第一章是对萨德的解读,首先分析萨德和他的作品,进而梳理萨德的反道德观,最后总结萨德的启蒙意义。第二章是“萨德是康德的真理”,论述霍克海默的理念,首先考察启蒙神话与意识形态批判问题,其次论述萨德与康德的比较研究,最后对萨德与尼采进行比较研究。第三章是“康德是萨德的真理”,即拉康的理念,主要讨论拉康与精神分析学,以及康德与萨德的比较研究阐述。第四章是“康德同/反萨德”,即齐泽克的理念,首先论述康德与萨德的相同观点,其次论述康德反对萨德的观点部分。第五章是对“康德与萨德”的道德反思,首先论述对两种善恶观的反思,其次论述对两种欲望观的反思,最后论述对欲望的道德再思考,论文认为康德和萨德从人的理性自主出发,却分别抵达善恶的两端,是因为他们二者对人的欲望所持的不同态度所造成的。

关键词:康德　萨德　道德　理性

0316

**环境正义理论与实践研究** / 张斌著 ; 刘湘溶,王泽应指导. -- 湖南师范大学, 2009. -- 225 页

论文运用理论研究与实证研究相结合的研究方法,从全球化背景下整个人类生存发展和文化价值观念转变及人类生存方式的变革角度出发,用哲学伦理学的基础理论对环境正义理论与实践进行了探讨。论文第一章是环境正义思想产生的现实缘由,第一节论述多层次的矛盾现实,第二节论述环境正义运动的兴起。第二章是环境正义思想产生的理论背景,第一节论述环境伦理学的发展与困境,第二节论述生态学马克思主义的崛起与变革。第三章是正义诸模式的考察,第一节从目的模式论出发考察德性正义与群体倾向,第二节从权利论模式出发讨论财产持有正义与个体至上,第三节从功利论模式出发论述利益最大化原则与个体基础问题,第四节从综合正义论角度出发论述介乎权利与功利之间的几种经典正义观。第四章是环境正义理论,第一节论述环境正义作为类正义的证成,第二节考察环境正义的三重属性,第三节论述环境正义的原则,第四节论述环境正义的呈现维度。第五章是环境正义的实践问题,第一节考察环境正义与生态文明建设,第二节考察环境正义与主体之责。第六章是环境正义之德,第一节讨论环境正义德性的涵义及价值,第二节研究环境正义德性之培育。第七章是国际环境正义,第一节从环境殖民主义层面论述国际环境非正义问题,第二节论述国际环境正义问题。

关键词:环境保护　伦理学　正义

0317

**企业竞争制度伦理研究** / 张立波著 ; 陈少峰指导. -- 北京大学, 2009. -- 129 页

论文运用理论研究和实证研究相结合的方法,从

伦理角度出发考察我国的企业竞争制度。论文第一章是市场逻辑与企业竞争,首先论述市场里的企业,其次阐述企业竞争的市场规则,最后讨论自发秩序与人为秩序。第二章是企业竞争制度的道德标准,首先论述企业竞争制度的道德基础,其次论述同一标准的公平,最后论述区别对待公平的问题。第三章是企业竞争中的政府干预,首先考察市场中的政府,其次考察政府干预的合理性,最后对政府干预的角色及方式进行研究。第四章是反垄断的道德与法律视角,首先论述垄断概念的结构化,其次论述公平准则的优先性,再次论述反垄断中道德准则的冲突。第五章是中国式政府干预的特点,首先对政府主导型的资源配置进行研究,其次对企业差别待遇制进行论述,最后对维权型商业贿赂进行论述。第六章是国有企业现象的论述,首先概述国有企业的现象,其次论述市场禁入或限入的问题。最后是结语,提出考察我国的企业竞争制度,既要检讨同一标准的公平的实现程度,也要反思对不同规模、不同所有制的企业进行区别对待的合理性。我国企业竞争中存在着企业差别待遇,国有企业现象和维权型商业贿赂等特殊问题,其核心是以国有企业为形式的行政垄断。促使政府成为在市场之中但又超然于竞争之外的无偏旁观者,从根本上由竞争主体或利益主体转变为监督主体或服务主体,实现角色转变。

关键词:企业伦理　企业竞争　行政干预

**0318**

**从分裂走向融合的个体道德与公共伦理:基于个体自我与社会角色的研究** / 张伟著 ; 杨明指导. -- 南京大学, 2009. -- 158 页

论文运用理论研究法和定性研究法,基于个体自我与社会角色的视角,从认识论和生存论的层面出发,考察从分裂走向融合的个体道德与公共伦理。论文第一章是难以面对的现代困境,首先论述流动的现代社会,其次论述破碎的日常生活,第三考察无根的个体道德,第四论述失落的公共伦理。第二章是源于认识论的原因分析,首先考察无社会的个体,其次考察无个体的社会,第三论述无角色的自我,最后论述无自我的角色。第三章是源于生存论的视角转换,首先论述认识论的困境,其次阐释生存论的彰显,第三分析生存论视域下的个体与社会,最后分析生存论视域下的自我与角色。通过本章的考察可以发现,缺少生存论基础的认识论只能导致概念上的逻辑演绎和方法上的“认识论中心主义”,只有采取一种历史性、生成性的生存论思维方式,即从“解释世界”走向“改变世界”,才能克服认识论固有的缺陷。第四章是基于个体自我与社会角色的融合,首先论述个体自我的生成与结构,其次论述基于个体自我的相对融合,第三论述社会角色的生成与结构,最后论述基于社会角色的相对融合。通过本章的论证可以发现,现实生活中的个体自我和社会角色并非是一种单一的、独白式的存在,而是一种个体与社会互动过程中对话式的、建构性的存在。

关键词:个体　道德　社会公德　社会角色

**0319**

**公民服从的伦理分析** / 张秀著 ; 翟振明指导. -- 中山大学, 2009. -- 154 页

论文运用比较研究法、理论研究与实证研究相结合的研究方法,从伦理学角度探讨公民服从问题。论文第一章是公民服从的基本概念分析,首先阐述公民身份的辨认问题,其次阐述对“服从”的辨析,最后阐述公民服从的伦理视角。第二章是公民服从的道德论证,首先论述政治义务的来源,其次论述公民服从的主观面向,最后论述公民服从的客观面向。第三章是公民不服从的道德争论,首先考察公民的义务,其次论述良心拒绝的道德理据,最后论述公民不服从的道德理据。第四章是反思,论述极权主义服从的道德困境,主要论述了对极权主义服从的反思、公民服从与道德责任的关系两大问题。第五章是公民教育问题,考察走出公民服从的伦理误区,首先论述公民教育与理性服从,其次论述公民教育与公民社会的构建问题。文章提出公民服从的行为应当在公民自主决断、理性反思的过程中做出,而一旦这种理性的反思能力转向一种习惯或者这种自主判断的能力被消解和蒙蔽,公民的服从缺乏理性审视的时候,一种服从的恶就会产生。如何从伦理学的角度建立良好的公民服从机制,使公民的行为既不陷于盲从又不至于过激,既不会陷入狂热的政治信仰又能够使各种公民意愿的表达方式限定在合理的范围内。显然,一种正确的公民教育理念和真正的公民社会的构建将有助于公民摆脱臣民意识,走出盲目服从区域。

关键词:政治伦理学　公民　服从行为

**0320**

**直面道德相对主义:麦金太尔后期道德哲学研究** / 张言亮著 ; 卢风指导. -- 清华大学, 2009. -- 187 页

论文运用案例研究法、理论研究法和定性研究法,从六个不同维度阐明了什么是道德相对主义,分析了道德相对主义产生的原因,反对道德相对主义的理由以及麦金太尔与道德相对主义之间的紧张关系。论文第一章是导论,第二章是道德相对主义及其相关问题,首先考察道德相对主义的界标,其次论述道德相对主义的历史渊源,最后分析道德相对主义在现代社会越演越烈的原因,阐述反对道德相对主义的理由,并论述麦金太尔与道德相对主义的关系。第三章是追寻美德谋划和道德相对主义,首先阐述追寻美德谋划的缘起,其次论述如何进行追寻美德谋划,第三阐述麦金太尔对美德概念的阐释,最后论述麦金太尔的追寻美德谋划是否能够避免道德相对主义的指责。第四章是道德探究观和道德相对主义,首先论述麦金太尔的道德哲学观,其次阐释对作为道德研究观的"传统"的进一步思考,第三论述基于传统的道德探究观能够摆脱道德探究的困境。第五章是道德形而上学思想和道德相对主义,首先论述道德与形而上学的问题,其次论述麦金太尔的道德形而上学的构建,最后讨论地基是否坚实可靠的问题。第六章是结语,主要讨论了麦金太尔为什么不是一位道德相对主义者、如何克服道德相对主义、麦金太尔道德哲学的启示等三个问题。

关键词:麦金太尔(Alasdair MacIntyre)　伦理学　相对主义　形而上学

**0321**

**论弱势群体的伦理关怀** / 周蕾著 ; 焦国成指导. -- 中国人民大学, 2009. -- 177 页

论文运用定性研究法、理论研究法与实证研究法相结合的研究方法,以马克思主义伦理学为指导,以马克思主义实践观为理论依据,多维度、多视角地对弱势群体的伦理关怀这一重大问题进行分析和阐述,以期为新时期弱势群体的相关理论与实践问题提供理论支撑。论文导论从概念的界定、理论前提、现实意义和研究方法四个层面对弱势群体进行了分析和阐述。第一章是弱势群体权利缺位及其伦理关怀,首先考察弱势群体的法权,其次论述我国弱势群体权利现状及其分析,第三论述伦理视域下弱势群体的权利关怀。第二章是人及社会交往困境及其伦理关怀,首先论述实践视野下的伦理交往关系,其次分析弱势主体的交往困境,第三总结弱势群体交往困境的伦理超越及保障机制。第三章是机会差异及其伦理关怀,首先论述主体间性视域下的弱势群体,其次考察机会的"限入"与"准入"问题,最后论述基于正义制度的伦理关怀。第四章是心理失衡及其伦理关怀,首先考察弱势群体心理失衡的表象及缘起,其次论述道德影响与心理变迁,最后论述弱势群体心理关怀的思路与对策。论文提出应当注重社会价值观的引导、建构科学的社会机制、适时进行心理救助、增强弱势群体自身的能力等办法对弱势群体心理失衡进行伦理关怀。

关键词:边缘群体　权利　伦理学　社会救济

# 美学

**0322**

**先秦美学中的身体审美和身体问题** / 方英敏著 ; 薛富兴指导. -- 南开大学, 2009. -- 184 页

论文运用文献资料法、历史研究法和定性研究法,对先秦美学中身体审美和身体问题进行研究,首先集中讨论先秦身体审美的历史环节与内在构成,根据先秦人对身体美认识程度的加深和主题转化,大致分为三个历史阶段,即原始三代、西周至战国中期前和战国中后期,来展示先秦人对身体美及其构成由外而内、由生理到心理、由自然到文化的认知过程。论文第一章先秦人体审美历程,首先论述中华史前人体美的起源,其次论述夏商时代的人体审美观念,第三阐释《诗经》时代的人体审美观念,第五论述战国时代的人体审美观念,第五论述先秦人体审美中的扭曲现象。第二章论述身体审美观念的深化,首先论述《以貌论人》现象与内美挂念的凸显,其次论述外美与内美的关系,最后阐述"习"与内在美的养成。第三章是人格美理想的建构,首先阐述"德"与中华春秋前人格美意识的觉醒,其次论述诸子价值取向与人格美形象的塑造,最后论述德性之心与自然之美。第四章是身体的本体认定,首先是"贵身论"释义,其次阐述贵身论出场的文化背景。第五章是身体构成论,首先论述生命本质,其次阐述气论与身心一如的生命观。第六章是修身与赤身,对两种不同的处身理想进行研究,首先考察修身即身体的社会性规训,其次论述赤身即身体的自然性归根。

关键词:美学　身体　审美　先秦时代

**0323**

**展示与销售:民国前期美术展览的文化性与市场性研究(1912－1937)** / 郭淑敏著 ; 王宏建指导. -- 中央美术学院, 2009. -- 151 页

论文运用文献资料法、历史研究法和定性研究法，以民国时期的美术展览活动为研究对象，搜集整理本研究领域原始资料，借鉴当前学术界对本课题研究范畴的学术成果，详尽描述了民国时期美术展览的“展示与销售并举，文化与市场并重”这一独特文化现象，分析其对在中国近现代美术传播，艺术市场培育，乃至对绘画风格演变所产生的深远影响。力图从文化、市场等不同的角度，阐述美术展览对于中国美术现代转型过程的学术价值和历史意义。论文第一章是清末民国美术展览兴起的时代背景，首先论述美术展来兴起的文化情景，其次论述美术展览兴起的思想基础，第三论述美术展览兴起的客观条件。第二章是民国时期美术展览的概貌与分期，首先论述美术展览的兴起阶段，其次论述美术展览的发展阶段，最后论述美术展览的兴盛阶段。第三章是美术展览与文化传播，首先考察美术展览的文化传播特点，其次论述国内美术展览促进了美术文化的大众普及，最后论述海外美术展览增强了中国美术文化的对外传播。第四章是美术展览与市场交易，首先论述民国时期美术市场概况，其次论述美术展览的市场交易特色，最后论述美术展览市场化的进步意义与历史局限。第五章是美术展览与画坛动向，首先阐述美术展览对于艺术本体的意义，其次论述从美术展览观画坛动向的问题。

关键词：美术史　展览会　民国

**0324**

**网络文化主体性研究** / 皮海兵著 ; 刘清平指导. -- 北京师范大学, 2009. -- 120 页

论文运用理论研究与实证研究相结合的方法，主要探讨和回答的问题是：人作为主体，在网络文化空间里是怎样进行实践活动的，遭遇了怎样的困境，产生了自我认同危机，怎样才能构建完善的文化审美主体。论文试图从审美文化的角度来考察网络文化主体，首先网络文化是一个不同于现实文化的空间，是一个全新的研究领域，具有自己的本质特征。论文第一章是网络文化与主体性，首先论述网络文化，其次阐述主体性。第二章是网络文化主体的实践，首先论述虚拟现实，其次阐述虚拟实践，最后论述虚拟实践的特征。第三章是网络文化主体的异化，首先论述异化的概念与类型，其次论述网络文化主体异化的表现及特征，最后阐述网络文化主体异化的本质。第四章是网络文化主体的认同，首先论述网络文化主体的认同危机，其次论述网络文化主体身份的构建，第三对网络文化主体认同进行哲学分析。第五章是网络文化主体的重塑，首先论述主体性的缺陷，其次论述主体性转向主体间性。最后论述网络文化主体审美自由的实现。要构建完善的审美主体，建立一个和谐美好的网络文化社会，追求真善美及审美自由，就必须实现主体性向主体间性的转向。最后为结束语，论文认为，实现主体性向主体间性的转向，是构建完善的审美主体的需要，是创建一个和谐美好的网络文化空间的需要，是实现网络文化审美自由的需要。

关键词：互联网络　文化　人学　主体性

**0325**

**以苗族服饰为例探究苗族文化与汉文化的关联** / 王斐著 ; 刘清平指导. -- 北京师范大学, 2009. -- 106 页

论文运用案例研究法、比较研究法、理论研究与实证研究相结合的方法，通过对苗族服饰对苗族文化进行研究，苗族服饰作为一种文化的符号与象征，既有其独特的审美特点，如通过形式、色彩、图案、材质等等表达的审美形态，同时又承载了苗族的历史、苗族的文化及民族情感。论文通过苗族服饰深入挖掘苗族文化，揭示其内在的情感和精神境界，并且与汉文化加以比较研究，试图找到两种文化的传承和互渗的关系，为苗族文化与汉文化的研究提供一个新的视野，为两种文化的比较开拓出新的路径。论文第一章是苗族文化与苗族服饰，首先阐述苗族文化在服饰中的体现，其次论述视觉传达的要素，第三阐述审美形态的表达，最后论述情感是苗族服饰文化传承的动机。第二章是汉族文化与苗族文化的关联，首先论述苗族文化与汉墓出土文物的关系，其次阐述楚文化、汉文化、苗族文化之间的关系。第三章是苗族服饰的内在民族情感与汉文化的关联，首先论述宗教情感，其次论述伦理情感，最后论述艺术情感。第四章是苗族服饰所彰显的精神境界，首先考察中华民族的精神境界，其次论述苗族服饰创造出的精神境界。最后为结语，论述苗族文化与汉文化关联的研究意义与价值，讨论汉族文化和苗族文化发展的不同趋势，考察从苗族服饰探究两种文化关联的意义与价值。

关键词：苗族　民族文化　服饰

**0326**

**唐代自然审美研究：以《全唐诗》为文本** / 朱建锋著 ; 薛富兴指导. -- 南开大学, 2009. -- 143 页

论文运用定性研究法、实证研究与理论研究相结

合的研究方法,对唐代进行自然审美研究。从全唐诗这一特殊文本出发,在研究对象上,确定全唐诗都描写些什么,要对全唐诗所描写的自然对象进行详细的材料归类和分析,具体对象上,自然指天文和地理,天文包括天空宏观整体、天空日月星痕等微观天体对象和阴晴风雨等自然气候现象三类,地理包括山川、河流、植物和动物三类。具体类型上,自然包括象征性自然、事实性自然、想象性自然和理想型自然四类。论文第一章是自然审美的对象,首先论述自然的具体对象,其次论述自然的类型。第二章是感官系统下的自然性相,依次对视觉、听觉、嗅觉、肤觉、其他感觉展开论述,并讨论身体的整体参与。第三章是李兴义视下的物景交融,首先论述空间对照问题,包括地理方位对照、山水对照、动植物对照、景物高下的对照、俯仰对照、远近对照、大小对照、明暗对照;其次论述时间等其他对照,包括朝夕对照、声色对照、声味对照、动静对照;第三对自然的整体图景进行论述。第四章是自然审美意识分析,首先论述自然、心灵、文化的三个审美维度,其次论述人与自然的三种关系,第三论述自然审美的发生机制,第四论述形式层、情感层、指挥层的自然审美三个层面。

关键词:唐诗　审美分析　审美意识

# 宗教学

**0327**

**从宗教的认同性和别异性探讨甘宁青地区民族社会的历史发展** / 白建灵著 ; 吕大吉指导. -- 中央民族大学, 2009. -- 143 页

论文运用历史研究法、比较研究法和定性研究法,对元明清和民国时期的甘宁青地区民族社会发展中宗教因素的作用进行考察与研究。论文第一章是宗教对甘宁青地区诸民族形成的作用,首先分析宗教对藏族形成的作用,考察藏族形成过程中的宗教因素与吐蕃王的关系;其次分析宗教对土族形成的作用,研究土族宗教的相关内涵和崇拜;第三,研究宗教对裕固族形成的作用,研究裕固族的"回纥"宗教信仰和文化结构;第四,研究宗教对回族形成的作用,考察回回人信仰伊斯兰教的意义和内涵;第五,论述宗教对撒拉族、东乡族和保安族形成的作用,依次分析了宗教对三个民族形成过程中的作用。第二章是宗教对甘宁青地区民族社会历史发展的作用,首先考察宗教对元代甘宁青地区民族社会的发展作用,研究藏传佛教、伊斯兰教和汉传佛教的作用;第二论述宗教对明代甘宁青地区民族社会的发展作用,考察藏传佛教格鲁派、伊斯兰教衰落和儒家文化对甘宁青地区民族社会发展的作用;第三,研究宗教对清代甘宁青地区民族社会的发展作用,包括藏传佛教格鲁派、伊斯兰教门宦和儒家文化对甘宁青地区民族社会发展的作用;第四,分析宗教对民国时期甘宁青地区民族社会的发展作用,考察科学与民主、藏传佛教、伊斯兰教和汉文化对甘宁青地区民族社会近代化的作用。第三章是宗教对甘宁青地区民族社会历史演变的作用,分别考察了元代、明代、清代和民国时期宗教对甘宁青地区民族关系的作用。最后为结语。

关键词:少数民族　宗教　民族文化　社会变迁　民族地区

**0328**

**李道纯中和哲学思想及其丹道研究** / 岑孝清著 ; 牟钟鉴指导. -- 中央民族大学, 2009. -- 185 页

论文运用历史研究法、比较分析法、案例研究法,选取李道纯为研究对象,从历史发展的角度出发,梳理多元通和民族宗教文化发展过程中李道纯的生平活动,分别对李道纯的本体论、心易论和丹道论等方面出发,研究李道纯的中和思想和丹道思想。论文第一章是多元通和民族宗教文化发展进程中的李道纯,第一节研究多元通和的复合型民族宗教文化,对宋元时期的复合型民族宗教文化和民族文化传播者的历史进行考察;第二节介绍李道纯的生平及活动区域。第二章是虚静通和的本体论,第一节介绍真常之道与虚静道性;第二节阐述真常之道的通和形式。第三章是神通致和的心易论,第一节阐述心易理论;第二节阐述心易法则。第四章是守中致和的丹道论,第一节论述道教丹道理法论;第二节阐述李道纯"守中致和"丹道理法论;第三节研究李道纯"守中致和"理法阐真及与道玄同"境界"。第五章是通变致和的三教论,分析道儒佛三教思想关系,考察李道纯中和哲学思想与道儒佛三教中和思想的关系,提出李道纯中和哲学思想继承贯通了道教中和思想、李道纯中和哲学思想涵化融通了儒家中和思想、李道纯中和哲学思想内化会通了佛教中和思想等三项观点。最后为结语。

关键词:李道纯　道士　哲学思想

0329

**明清时期天主教和东正教在中国传教的比较研究** / 陈海卫著 ; 张百春指导. -- 北京师范大学, 2009. -- 95 页

论文运用比较分析法、历史分析法和定性研究法,介绍天主教和东正教传入中国的背景,分析天主教和东正教来中国后各自的传教情况,论述天主教和东正教在清朝传教的不同格局,并阐述天主教和东正教在文化交流层面的几个问题,考察天主教和东正教在中国的活动。论文第一章是明清时期天主教与东正教入传中国的历史背景,阐述天主传入的背景、俄罗斯东正教传入的历史背景、天主教与东正教进入中国的方式等问题。第二章是明清时期天主教与东正教的传教方式,首先研究《天津条约》之前的天主教与东正教,其次考察从《天津条约》到义和团运动时期的天主教和东正教。第三章是天主教和东正教在中国的传教格局,首先分析天主教在中国的后期发展,重点研究了天主教的"互益改造"方式;其次分析东正教在华郊区的初步形成。第四章是天主教和东正教关于汉学研究的几个方面,首先分析天主教和东正教的儒学,其次考察已经的研究和翻译,论述天主教传教士和东正教传教士对于中国佛教和道教的研究,并分析天主教传教士和东正教传教士的词典编纂与语言学习,最后对天主教和东正教的《圣经翻译》进行比较分析。对天主教和东正教在中国的传播进行回顾与总结,提出正确对待异质文化交流,尽可能地寻求共识。

关键词:基督教　罗马公教　东正教　传教　明清时代

0330

**总持之智:太虚大师研究** / 丁小平著 ; 陈兵指导. -- 四川大学, 2009. -- 251 页

论文运用历史分析法、比较分析法和定性分析法,主要从"佛法的总持"和"世间法的总持"这两个方面,具体挖掘和阐述太虚大师的总持智。论文第一编是佛法的总持,包括前三章。第一章论述佛教的综摄,讨论佛教历史发展的综摄、佛教教法次第的判摄、大乘佛教宗派的融摄等三方面的问题。第二章是佛教义理的融贯,本章主要研究了基本教理的融贯问题,研究汉藏显密教理的融贯问题,论证唯识学与如来藏学的融贯问题,最后分析了般若空宗与唯识宗的融贯问题。第三章是佛教义理的整体构建,主要分析了对佛教发展历史的反思、佛教义理整体的提炼和融贯、世界佛教的构建等三个方面的问题。第二遍是世间法的总持,主要包括第四章到第七章。第四章研究以佛教摄导科学,佛教对整体科学的摄导进行研究,分析佛教对进化论的摄导,并研究佛教对心理学的摄导。第五章是以佛教摄导哲学问题,首先研究佛教对本体论的摄导,其次研究佛教对认识论的摄导,最后研究佛教对人生观的摄导。第六章是以佛教摄导其他宗教的研究,首先分析佛教与宗教的关系,其次进行对宗教的分析,最后研究佛教对其他宗教的摄导。第七章是佛教对国学的摄导研究,分析了佛教对《易》理的摄导、佛教对先秦儒家的摄导和对宋明理学的摄导。

关键词:佛教史　太虚　哲学思想　宗教哲学

0331

**赴日元使一山一宁禅师及其禅法** / 侯怡萍著 ; 杨曾文指导. -- 中国社会科学院, 2009. -- 111 页

论文运用历史研究法、文献研究法和定性分析的研究方法,对一山一宁禅师的生平概况、一山一宁禅师的赴日历程、一山一宁禅师的禅法思想、一山一宁禅师的教学思想、一山一宁禅师对中日交流的贡献等几个方面分别展开论述。作者选择一山一宁禅师作为研究对象,因为他作为元朝赴日使节,为传播中国禅宗文化,恢复和推进中日两国佛教文化友好交往,并对日本的禅学、宋学、文学、书法等领域,作出了重要贡献,从而在中日文化交流史上占有重要地位。论文第一章是一山一宁禅师以前的中日佛教文化交流概述,对宋末元初中日佛教文化交流的回顾进行研究,考察元朝两次东征日本及其失败原因。第二章是一山一宁禅师生平及其奉命出使日本,第一节分析一山一宁禅师的出家修学经历;第二节考察一山一宁禅师主持道场;第三节论述一山一宁禅师东渡日本的历程。第三章是一山一宁禅师的禅法思想,第一节研究一山一宁禅师的传承法脉;第二节研究一山一宁禅师的禅法思想。第四章是一山一宁禅师的教学与弘化,第一节研究一山一宁禅师对参学者的教学方法;第二节研究一山一宁禅师对日本当政者的弘化方法;第三节论述活用经教文具。第五章是一山一宁禅师对中日文化交流的贡献和影响,第一节论述一山一宁禅师修复两国关系、重续中日两国友好交往;第二节论述一山一宁禅师传播宋学、五山文学开创者。

关键词:禅宗　佛教史　文化交流　日本

0332

**《瑜伽师地论》思想的目的论特征** / 金刚著 ; 方立天指导. -- 中国人民大学, 2009. -- 167 页

论文运用定性研究法、比较研究法和理论研究法,研究目的在于对《瑜伽论》的理论进行哲学的分析,在本体论、认识论和修道论中找出其中目的性解释的部分,使得讨论目的的论述形成完整的理论形式。主要着力于解决两个问题:一是目的性的内容在本体论、认识论中有怎样的表现形式;二是说明这个目的如何表现自己是内在的、是属于法本身的。论文第一章是《瑜伽论》的基本思想,阐述《瑜伽论》对法相思想的解释和发现,论述瑜伽行派对缘起思想的解释和发展。第二章是本体论的目的论解释,首先考察对世界的看法,论述了二乘观点和唯识观点,二乘观点认为烦恼是世间流转之因,唯识观点认为分别是世间流转之因;其次研究对有情的分析,依次论述杂染的自体所具有的维持自身同一的性质和清净的自体所具有的维持自身同一的性质。第三章是认识论的目的论解释,首先研究瑜伽行派的本体论与认识论的统一;其次介绍凡夫认知的过程;第三,论述认识的目的。第四章是修道论的目的论解释,首先研究了实现目的的因素,对杂染法的增长、清净法的增长进行阐述,分析修行与所缘相的关系;其次研究本体论的目的的内在原因,主要从世间道修行和出世间道修行两个方面进行阐述;最后论述认识论的目的是内在的原因。最后为结语。

关键词:佛教　大乘　瑜伽行派　目的论

0333

**启示与历史:潘能伯格神学研究** / 冷欣著 ; 张庆熊指导. -- 复旦大学, 2009. -- 125 页

论文运用比较研究法、历史研究法和文献研究法,以启示与历史为主要线索,对于潘能伯格神学中关于上帝的认识、人论、基督论、三一上帝论予以探讨。通过对于其神学中的一些根本问题的探讨,以求达到对潘能伯格神学体系的一个系统的梳理与把握。论文第一章是启示、历史与终末。第一节讨论启示作为历史还是作为上帝之道,第二节研究历史主义的进路;第三节研究对潘能博格启示作为历史这一神学进路的反思。第二章是人论,从上帝敞开性到人的使命角度进行论述,第一节研究基本神学人论,从向世界敞开性到向上帝敞开性的角度出发,阐述基本神学和人类学的关系;第二节是教义学人论,从上帝的形象与人的使命层面研究人的本性、人的尊贵与人的苦难。第三章在历史——人类学视域下以及三一论视域下的耶稣其人及其神性的层面考察基督论,第一节是自下而上的基督论,讨论嫉妒的历史与天命;第二节是自下而上的基督论,从三一论视域下的耶稣基督其人及其神性进行研究。第四章是上帝的将来与三位一体的上帝论,第一节研究关于上帝论的早期思想,第二节考察《系统神学》中三位一体的上帝论问题。最后为结论,考察潘能伯格神学定位及黑格尔的暧昧关系,认为潘能伯格乃是为了为信仰提供合理的理由和依据。

关键词:潘能伯格(Wolfhart Pannenberg)　神学　基督教　上帝

0334

**魏晋南北朝时期佛教对科学的影响** / 李小花著 ; 赵士林指导. -- 中央民族大学, 2009. -- 93 页

论文运用历史分析法、文献分析法、比较分析法和定性研究法,选取佛教发展的黄金时期,即魏晋南北朝时期作为研究范围,从文化学、哲学、文献学等角度,对这一时期佛教对科学特别是天文历算和医学的影响做了初步的探讨,希望进一步扩宽中国宗教史和科学史的研究领域。论文第一章是魏晋南北朝佛教和科学发展概述,首先简介魏晋南北朝的历史,分析佛教在各个时期的发展及特点,并阐述魏晋南北朝时期科学发展及特点。第二章是佛教译经传法与科学传承,对汉译佛经与科学知识的保存、讲经弘法与科学的传播、佛教私学与科学教育等问题进行研究。第三章是佛教对天文历算的影响,分析佛教与天文历算的关系渊源,阐述汉译佛经中的天文历算知识,并对佛教与天文历算交流活动进行考察。第四章考察佛教对医学的影响,首先论述佛教与医学关系的渊源,其次论述中外僧人的医学实践和贡献,最后分析佛教与中外医学交流的历史。第五章是从三教关系看科学发展的思想文化背景。对佛教与儒学的关系及其科学发展、佛教与道教的关系及其科学发展两方面的问题分别加以阐述。第六章是佛教哲学与科学思想的关系考察,探讨佛教、玄学与科学思想的关系,并论述神灭神不灭之争与科学思想。最后为结语,探讨本研究的意义与不足。

关键词:佛教　科学　魏晋南北朝时期

0335

**城市化进程中作为文化软实力的民俗、习俗与宗教信仰嬗变的研究:以北京市大兴区瀛海镇个案调查为例** / 林克庆著 ; 李秋零指导. -- 中国人民大学,

2009. -- 166 页

论文以田野调查为切入点，通过个案研究与历史分析的研究方法，解读瀛海镇农村的中国传统信仰与制度化的基督宗教文化在这一社会转型背景下的沉浮演进，探寻城市化过程与文化深层次要素的互动关联。论文第一章是城市化进程，从文化视角的选择出发，论述选题背景和研究路径，最后介绍调查社区的相关问题。第二章是瀛海镇城市化进程的要素分析，首先阐述瀛海镇的背景材料，其次论述瀛海镇的社会结构调整，，第三研究经济结构的多元化，最后论述生活方式转向。第三章是城市化进程与信仰嬗变的关联，首先分析社会结构转型与信仰变迁的关系，其次论述经济结构多元化与信仰变迁的关系，进而阐述生活方式转向与信仰变迁、精神文化样态与信仰变迁的关系。第四章是城市化对瀛海镇传统宗教的挑战，回顾传统宗教，考察文化渊源的历史，进而研究传统宗教的现实态势。第五章是城市化助推瀛海镇基督宗教散播，首先研究大兴基督宗教文化渊源，其次分析发展态势，进而研究精神体征与奉献参与问题。第六章是城市化场景下的宗教境遇，分析宗教差异问题，以及矛盾冲突的表现形式，最后研究互动与融合的方面。第七章是一个依旧敞开的论争，对信仰善变的文化机制、信仰变迁的传统分野、台湾个案的参照系数、民间信仰的尺度把握和互动境遇的未来走向等五个方面的问题依次进行阐释。最后为结论。

关键词：城市化　风俗习惯　信仰　宗教　地方文化　大兴区

**0336**

**西王母之变容：论六朝道经中西王母信仰** / 林巧薇著 ; 王卡指导. -- 中国社会科学院, 2009. -- 138 页

论文运用历史研究法、文献研究法、定性研究等研究方法，从六朝道经中的西王母信仰入手，钩沉清理六朝时期西王母信仰演化的历程、文化底蕴和宗教意义，揭示西王母从原始信仰、民间信仰进入道教的宗教转变历程、转变成因以及这种转变在道教发展上的宗教意义。论文第一章是六朝以前西王母信仰之演变，第一节分析先秦时期西王母神话与传说，对《天子经》和《穆天子传》进行分析；第二节是汉代西王母信仰，对两汉文献中的西王母、汉代文物中西王母图像、汉代升仙思想与图像分别加以论述。第二章是六朝道经中西王母形象之转变，第一节论述西王母异名考；第二节论述西王母会汉武帝传说故事之演变，对相关古籍进行研究；第三节论述西王母神话之道教化。第三章是六朝道经的造作与传授，第一节考察东晋南朝的主要道教流派与道教经典，第二节考察研究道教的造经神话，第三节考察上清传法世系与受经传说。第四章是道教神仙系谱中的西王母，第一节考察神仙系统之形成于西王母的位阶；第二节研究西王母与东王公的信仰；第三节论述西王母与元始天王的关系，最后考察西王母所统领下的女仙世界。第五章是道教思想和实践下的西王母信仰，第一节研究服食之说与西王母；第二节考察道教内神与存思炼养；第三节研究宝神养生思想。最后为结语，总结西王母形象之演变与信仰的道教化。

关键词：经文（道教）　神话　人物形象　宗教信仰

**0337**

**道教天心派"北级驱邪院"研究** / 刘莉著 ; 郭武指导. -- 四川大学, 2009. -- 156 页

论文运用历史研究法和定性研究法，通过对"北极驱邪院"的"印""律"和"法职"等各个方面的研究，道教天心派中的"北极驱邪院"问题。论文第一章是道教天心观与"北极驱邪院"的出现。首先分析宋代新符篆道派天心观，论述天心观的出现及发展概况、道教天心派的法术等问题；其次考察宋代倒角神灵系统的变化与"北极驱邪院"在天心派的出现，对宋代道教"天"的结构与变化进行梳理与总结。第二章是"北极驱邪院"的渊源及神灵，首先分析"北极驱邪院"的渊源，考察宋代以前道教的"北极"信仰；其次研究"北极驱邪院"的神灵及其渊源，考察"北极驱邪院"神灵及其特点、渊源。第三章是"北极驱邪院"的职能，主要为"印"和"律"。首先分析"北极驱邪院"的职能，其次分析"北极驱邪院"的"印"，最后分析"北极驱邪院"的"律"。第四章是天心派与"北极驱邪院"的关系，首先研究天心正法与"北极""北极驱邪院"；其次研究天心派道士与"北极驱邪院"。第五章是从"北极驱邪院"看北宋年后天心正法的发展和影响，首先分析宋代道教"北极"信仰的发展与"北极驱邪院"在其他道派中的出现；其次分析由"北极驱邪院"看北宋以后天心正法有关的法术；最后论述由"北极驱邪院"看南宋以后天心正法在民间的传播。最后为论文总结。

关键词：道教　宗派　北宋

**0338**

**王权与佛教：从东晋到唐初的个案研究** / 刘威著 ; 方立天指导. -- 中国人民大学, 2009. -- 212 页

论文运用历史研究法、案例研究法与比较研究法,研究范围从东晋至唐朝初年,选取几个有代表性的案例进行论述与分析,研究王权与佛教之间的双向互动。基于历史发展的角度,对两者关系进行历史考察与学术研究。论文第一章是东晋十六国时代的王权与佛教之间的选择与互动,首先分析石勒、石虎与佛图澄的关系;其次研究道安与王权的关系;第三,论述慧远的沙门不敬王者;最后,研究鸠摩罗什与姚兴的关系。第二章是以南朝梁武帝为例,研究王权与佛教的冲突与统合,首先论述梁武帝政权面临的政教关系基础;其次论述梁武帝的佛教政策及变革措施;最后讨论王权与佛教的统合。第三章研究北朝王权与佛教从冲突走向极端的过程,讨论北魏太武帝的灭法事件及其影响,论述北周武帝的毁佛运动,最后研究北朝王法与佛法关系的演变过程、特点与规律。第四章是南北统一背景下的王权与佛教,首先研究隋文帝与佛教,其次论述隋炀帝与佛教的关系,最后阐述佛教服务王权的三个例子。第五章是唐初王权与佛教的关系,依次阐述了唐高祖与佛教、法琳与傅奕之争、唐太宗与佛教、玄奘与太宗四个阶段的历史。最后为结语,总结王权与佛教的关系,分析影响王权与佛教关系的因素,总结王权与佛教关系的类型与模式,最后归纳出规律与特点。

关键词:佛教史　政权　政治制度　魏晋南北朝时期　隋唐时代

**0339**

**弗洛伊德的宗教思想研究** / 陆丽青著 ; 吕大吉指导. -- 中央民族大学, 2009. -- 267 页

论文运用文献研究法、历史研究法、比较分析法和定性研究方法,选取弗洛伊德的宗教思想作为研究对象,将他的宗教思想置于理论框架之中,力图真实、全面、深入地对其思想加以阐述,并对其进行客观中立的评价,对宗教学和宗教心理学研究做出一定的贡献。论文第一章论述选题意义、研究动态和创新、研究方法等。第二章是弗洛伊德宗教思想的形成和发展,第一节分析弗洛伊德宗教思想的渊源;第二节分析弗洛伊德宗教思想的理论前提;第三节分析弗洛伊德宗教思想形成的脉络。第三章是弗洛伊德宗教思想之一:宗教的起源和发展。第一节研究万物有灵论、巫术和思想万能;第二节阐述宗教的起源和发展。第四章是弗洛伊德宗教思想之二:宗教的本质。第一节论述宗教观念,对宗教观念产生的根源、宗教观念的实质、宗教教义的功能和弗洛伊德关于宗教观念产生的心理根源研究的影响等问题依次展开论述。第二节论述宗教经验。第三节论述宗教行为,从强迫性行为和献祭、教会等层面研究宗教行为。第五章是弗洛伊德宗教思想之三:宗教和文化。第一节考察弗洛伊德的宗教文化观,考察弗洛伊德对文化的理解,以及宗教在文化体系中的地位和作用。第二节研究宗教和道德的关系。第三节研究宗教和科学的关系。

关键词:弗洛伊德　宗教心理学　宗教哲学　哲学思想　思想评论

**0340**

**民国时期中国伊斯兰教汉文译著研究** / 马景著 ; 周燮藩指导. -- 中国社会科学院, 2009. -- 238 页

论文运用历史分析法和定性研究法,结合历史学、社会学、民族学等学科的理论与方法,以民国时期第一手的伊斯兰教汉文译著为主,参照民国时期穆斯林报纸杂志的相关内容,结合国外的零星研究成果,探讨民国时期中国伊斯兰教汉文译著。通过梳理民国时期中国伊斯兰思想发展特征,总结这一时期的历史与教训,对于充分认识宗教信仰者在构建和谐社会中的作用,宗教管理部门管理宗教,积极引导宗教与社会发展相适应方面具有重要的借鉴价值。论文第一章是绪论,第二章是民国时期伊斯兰教汉文译著兴起的文化背景,依次论述了中国社会环境发生变化、近现代伊斯兰思潮的影响、传教士对伊斯兰教的曲解、侮教案的刺激、明清时期汉文译著的缺陷和穆斯林的自我反思等六个方面的问题。第三章是民国时期伊斯兰教汉文译著及其著作概述,首先分析阿訇阶层的汉文译著,其次分析知识分子的汉文译著,再次分析汉族知识分子和传教士阶层的汉文译著。第四章是民国时期汉文译著的重要思想,对汉文译著的维新思想进行研究,包括教义学、教法学和礼俗方面的革新思想;其次研究汉文译著的教育思想,包括宗教教育、普通教育与职业教育;第三论述汉文译著的国家民族思想;第四分析汉文译著的明真释疑思想;最后研究汉文译著的对话思想。第五章是民国时期汉文译著的特点和社会贡献。第六章是结语。

关键词:伊斯兰教　翻译　汉语　民国

**0341**

**早期佛教中"心"、"意根"和"识"研究** / 难达著 ; 张风雷指导. -- 中国人民大学, 2009. -- 118 页

论文运用定性研究法与理论研究法，对早期佛教中“心”“意根”“识”三个元素进行深入研究。论文第一章是心、意根与识和个人概念的解释，首先论述分析方法与精神和物质因素；其次论述众生概念与它的精神基础；第三研究个人识力的特殊性；第四研究个人与重生概念的精神基础；第五研究综合方法与精神和物质元素；最后论述精神因素的主要活动和个体概念。第二章是心的定义及其在上下文中的用法，首先对心的定义及其意义进行阐述；其次对“名蕴”的定义及其意义进行论述；再次分别对“感觉器官”“心”与“受”的产生、“心”与“想”的关系、“心”与“行”的关系、“心”的相对活动、“心”的特殊性等概念依次展开论述。第三章是意根的定义及其在上下文中的用法，分别阐述了“意根”的定义及其意义、“意根”与“受”的关系、“意根”对情感的影响、“意根”对记忆与化生的影响、“意根”对意业的影响、“意根”对作意的影响、“意根”对概念的影响、“意根”的主要活动与特点等问题。第四章是识的定义及其在上下文中的用法，讨论“识”的定义及其意义、“识”的来源、“识”的展开、“识”的存续、“识”对生命的影响、“识”在十二因缘中的位置、“识”与“无明”等概念的关系、“识”与精神问题、“识”与四种食的概念、“识”的特殊性和主要活动等问题。第五章是心、意根与识的比较和所反映的概念，讨论巴利和汉语经典中三种概念的位置，分析相关的问题。第六章是佛教对生命的发展，分别讨论精神、情感、知识、行为与对应概念关系的问题。

关键词：佛教　意识　情感

**0342**

**阿奎那的变质说研究** / 濮荣健著 ；段德智指导. -- 武汉大学, 2009. -- 184 页

论文运用文献研究法和定性研究法，对阿奎那的变质说的圣经根据和理论渊源作出必要交代的前提下，依据文本着力对阿奎那的变质说的本体论、认识论、世界观和宗教伦理学基础作出研究与论述。论文第一章是阿奎那的变质说的圣经根据与理论渊源，第一节分析阿奎那的变质说的圣经根据；第二节研究早期教会关于圣餐的神学思想；第三节研究中世纪早期关于圣餐的神学转向；第四节论述中世纪中期关于圣餐的争论。第二章是阿奎那的变质说与以存在为中心的本体论，第一节分析阿奎那的哲学观；第二节分析阿奎那的实体论；第三节分析阿奎那的变质说和本质学说。第三章是阿奎那的变质说与温和实在论，第一节研究作为认识论的温和实在论；第二节阐述阿奎那的变质说和共相；第三节分析阿奎那的变质说的语言。第四章是阿奎那的变质说与神学世界观，第一节讨论阿奎那的变质说与基督论；第二节讨论阿奎那的变质说与灵魂观；第三节讨论阿奎那的变质说与恩典观；第四节讨论阿奎那的变质说与其他教义的关系。第五章是阿奎那的变质说与圣事伦理，第一节分析阿奎那的圣事观；第二节分析变质说对于其他圣事的关系；进而研究领受变质说的伦理和主持圣餐的伦理。第六章是阿奎那的变质说的历史影响，分析了阿奎那的编制谁与路德的同体说、变质说对笛卡尔和莱布尼茨的影响、新托马斯主义和梵二会议之后的变质说等问题。最后为结论。

关键词：托马斯·阿奎那　圣经神学　哲学思想　思想评论

**0343**

**美国波士顿人格主义的基督教伦理研究** / 钱宁著 ；李秋零指导. -- 中国人民大学, 2009. -- 194 页

论文运用定性分析法、比较分析法和案例研究法，从四代人格主义思想家中的每一代中选取一至三名在伦理方面思想颇深的代表人物，以人格观、上帝观和伦理为主线，系统地研究四代人格主义者的宗教伦理和社会伦理思想，试图找到他们思想之间的内在联系和发展规律。并把人格主义思想放在美国社会历史的大背景下研究，区分人格与人格性，具有重要的理论意义和实践意义。论文第一章是鲍恩的人格主义思想，对鲍恩的生平简介和思想渊源、以人格性为中心的人格主义、人格主义的上帝观和伦理观、人格的道德属性、无限的人格和有限的人格等基本概念进行阐述。第二章是布莱特曼的人格主义思想，介绍布莱特曼的生平简介、思想渊源及思想概述，分析人格的含义、有神论的有限论、人格与道德法则等问题，并考察布莱特曼对于鲍恩思想的继承和超越。第三章是伯托西、缪德等人的人格主义思想，分析了他们的人格主义思想。第四章是马丁·路德·金的人格主义思想，对马丁·路德·金进行生平简介，讨论他的思想渊源和主要思想，对其人格主义的人格观和上帝观进行考察与论述，并分析“爱的群体”的理想和人格主义的自由观。第五章是结论，对人格主义代表人物的思想进行综述，分析人格主义的意义、发展现状和前景。

关键词：人格主义　哲学思想　基督教　伦理学

**0344**

**道教以“道”化人思想研究:以宋元为例**／史冰川著；潘显一指导. -- 四川大学, 2009. -- 190页

论文运用文本分析法和定性研究法,在整个中国文化的背景下,从《道德经》和《南华经》等经典出发,结合现代科学知识,从“道”与“化”的视角来发掘老庄之道的深层内涵和现代意义,然后,以“道”论来梳理庞杂的道教思想,提炼出以“道”化人的主要思想和方法,再以宋元道教为例,阐述上述思想在这一时期的治世、伦理、内丹、美学等领域的应用。论文第一章是绪论,第二章是道与化,依次分析了道之体、道之相、道之用、道之全体、物之化等五个方面的问题。第三章是以“道”化人,阐述以“道”化人的目标、以“道”化人的思想、以“道”化人的方法和步骤、以“道”化人的范围等问题。第四章是以“德”化人的论述,分析了“德”与“道”的关系,阐述“冲气以为和”与“治人事天,莫若啬”,章末分析以德治世模式。第五章是以“仁”化人,第一节分析“仁”与“道”,第二节分析上善若水的道教劝善书的仁化思想,第三节分析慈爱与仁义的全真道的仁化思想,最后阐述孝—忠—明的净明道的仁化思想。第六章是以“术”化人,分析了“术”与“道”的关系,阐述道术的分类,并概述内丹以及宋元内丹术的修炼思想。第七章是以“美”化人,论述了美与道的关系,依次分析了三种审美境界,即虚静之美、灵动之美和和谐之美。

关键词:道教　哲学思想　宋元时代

**0345**

**〈吉祥悦意〉《梵网经》的“三戒”“六十二见”译注**／释祥智著；陈兵指导. -- 四川大学, 2009. -- 202页

论文运用文献研究法和历史研究法,选取《南传大藏经》《长部》第一经《梵网经》的经文为研究对象,以及该经文对应的注释书的翻译部分。在《吉祥悦意》译本的选择方面,本论文以巴利圣典协会在1968年出版的罗马字体巴利原文作为主要依据,对照泰国摩诃马古德大学在1993年出版的泰语字形的泰译大藏经。而《梵网经》的经文部分,除了上述二者之外,还参考了1990年台湾元亨寺妙林所出版的汉语译本《南传大藏经》。笔者在不同版本的对比过程中,发现巴利语传到各国,收到各语言发音不同的影响而会出现不同的书写版本,尤其在连音方面会有所差异。论文第一章是《梵网经》概述及觉音论师著作简介,第一节考察《梵网经》的要义;第二节论述“戒”与“见”之意义;第三节简介论疏,对论疏的意义及其文献进行研究;第四节考察关于觉音论师的生平和著作。第二章是《梵网经》译校及对比研究,第一节考察《梵网经》译校;第二节论述巴利语《梵网经》及其汉译本《梵动经》、《梵网六十二见经》对比研究。第三章是“三戒”译注,首先分析“三戒”不同巴利语本校勘;其次分析巴利语论疏“三戒”的汉语译注。第四章是“六十二见”译注,分析“六十二见”不同巴利语本校勘,并考察巴利语论疏“六十二见”的汉语译注。第五章是觉音论师写作特色的分析部分。

关键词:大乘　佛经　翻译　注释　梵网经

**0346**

**理性、浪漫主义和基督教:C. S. 路易斯神学思想评述**／汪咏梅著；何光沪指导. -- 中国人民大学, 2009. -- 223页

论文运用文献研究法和比较研究法,全面介绍C. S. 路易斯其人及其神学思想,同其他有关神学家和哲学家的思想进行比较,分析C. S. 路易斯的渊源与特点。论文第一章是导言,第二章是C. S. 路易斯的生平、著作、思想渊源和核心。第三章论述客观的道德规律,首先阐述道德律——上帝存在的一个证明,从罪的意识等角度论述上帝存在的证明;其次阐述客观的道德规律,对弗洛伊德、主观主义和自然主义等观点进行驳斥。第四章阐述对天国的渴望,首先论述命题“我的体验就是我的证明”;其次研究普遍存在而由普遍遭到误解的渴望;第三,研究渴望与荣耀的关联;最后,梳理其他人对渴望的论述。第五章研究“纯粹的”基督教,首先对基督教徒的信念进行研究;其次论述基督教徒的行为。第六章阐述“神迹”,对“大神迹”“旧创造的神迹”和“新创造的神迹”等三个问题分别展开论述。第七章是“苦难”,首先进行历史回顾;其次研究C. S. 路易斯的苦难观。第八章是祷告,对祷告的性质、必要性、有效性、祷告与上帝的意志、时间永恒与自由、祷告的应允与拒绝等问题依次加以阐述。第九章论述爱,对需求之爱、给予之爱、欣赏之爱等问题进行研究,比较C. S. 路易斯与柏拉图、奥古斯丁等人的观点。第十章是C. S. 路易斯的洞察力,从民主、谦卑和基督教的灵性生活几个方面进行考察。第十一章是结语。

关键词:路易斯(Lewis, C. S.)　神学　基督教　理性　浪漫主义

0347

**松潘黄龙多宗教共存与融合现象研究** / 汪志斌著 ; 潘显一指导. -- 四川大学, 2009. -- 222 页

论文运用案例研究法、调查分析法的研究方法,以松潘地区多民族多宗教共存与融合为背景的以"黄龙寺"和"黄龙真人"为主要对象的宗教文化考察与研究,力求在点面结合中把我松潘地区宗教文化的整体面貌与实质,揭示并确立"松潘地区的宗教文化"在"多宗教共存与融合"现象中的典范地位,从而为进一步的"松潘地区宗教文化"研究奠定基础,为多宗教共存与融合现象的研究提供样本与范例,为中国宗教背景下的现代宗教学研究提供支持。论文第一章是松潘地区的多宗教共存与融合现象,首先分析松潘的民族与宗教情况,其次分析松潘宗教文化的总体特点,最后论述黄龙与黄龙真人。第二章是雪宝顶与"神山—山神"崇拜,研究了"神山—山神"崇拜,并对雪宝顶崇拜进行考察与论述,最后分析赤松子崇拜与松潘赤松观。第四章分析黄龙寺,对黄龙庙会、黄龙真人、黄龙寺的历史和寺庙建筑等问题进行考察,章末分析黄龙寺与道教的关系。第五章是松潘的民间经卷,首先分析黄龙庙会所见的民间经卷,其次分析民间经卷中的多宗教共存与融合的现象。最后为结束语,阐述作者的感悟与启示。总体而言,在黄龙沟的宗教文化中,"山神—神山"崇拜提供了各民族公出的基础,道教形态提供了多民族宗教聚会的演变方向,与之相应的内在结构则需要在人的心灵结构中去把握。

关键词:宗教文化　文化交流　道教　松潘县

0348

**超越亚里士多德:对托马斯·阿奎那《〈形而上学〉评注》的一个研究** / 王成军著 ; 段德智指导. -- 武汉大学, 2009. -- 285 页

论文运用文献研究法和定性研究法,以阿奎那《(形而上学)评注》为研究对象,寻求阿奎那对形而上学的根本性理解。论文第一章是阿奎那《(形而上学)评注》的思想渊源与理论背景,第一节分析阿奎那《(形而上学)评注》的思想渊源;第二节分析阿奎那《(形而上学)评注》的理论背景;第三节研究阿奎那写出此书的双重动机、基本形式与文本结构。第二章研究阿奎那《(形而上学)评注》中的"形而上学"观,第一节研究"形而上学"的学科性质问题;第二节研究"形而上学"的方法论问题;第三节研究形而上学的可能性问题。第三章研究阿奎那《(形而上学)评注》中的"存在者"观念,第一节考察"存在者"的历史;第二节研究阿奎那对"存在者"意义的解析;第三节研究"存在者"的首要意义在于个别实体。第四章研究"存在者"之天线为自然复合实体的形式与质料,第一节研究阿奎那对质料与形式的区分;第二节研究自然实体之作为形式与质料的复合;第三节考察质料是自然实体个体化的原则问题。第五章是"存在者"之体现为自然复合实体的存在于本质,论述了阿奎那对存在于本质的区分、自然实体之本质与存在的复合等问题。第六章是阿奎那《(形而上学)评注》的性质、意义和影响,研究其性质判定与思想特征等问题。

关键词:阿奎那(Thomas Aquinas)　哲学思想　形而上学　经院哲学

0349

**儒家的"宗教学":明末清初耶儒丧葬礼仪比较研究** / 王定安著 ; 李天纲指导. -- 复旦大学, 2009. -- 185 页

论文运用比较分析法、历史分析法和理论研究法,通过对明末清初基督宗教与儒家文化丧葬礼仪交流情况的考察,历史地说明两种丧葬礼仪互动互渗的事实。论文跳出本质主义的思路,参以文化人类学及比较宗教学的方法和视野,厘清明末清初这场争辩的历史,揭示论争的实质,对基督宗教与儒家做出跨文化诠释。论文第一章是明末清初耶儒丧葬礼仪的交流,分析两种仪式的相遇与互渗,分析利玛窦与龙华民的分析,对耶儒丧葬礼仪规程进行比较与分析。第二章是中国礼仪之争关于儒家"宗教性"的争辩,首先分析关于丧葬礼仪争辩的来龙去脉,其次讨论争论的根本问题,即迷信、崇拜和宗教性的问题。第三章是经学与神学的交流,对17世纪80年代初对儒家宗教性的礼仪考辨,第一节是背景,主要包括"广州会议"与"万济国事件";第二节是阿奎那神学与经学的交锋,对万济国与《辩祭参评》进行研究;第三节是汇总过信徒的辩护与考证,对福建和杭州的情况分别进行研究。第四章是从丧葬礼仪看儒家的"宗教性",以《李师条问》等为例,对复礼、饭含、殉葬、择葬等问题进行研究与论述。第五章是耶儒灵魂观比较,首先分析耶儒灵魂观的基本结构,其次讨论传教士对儒家魂魄观的批评,对黄宗羲的回应与对耶儒灵魂观进行跨文化的诠释。第六章是全文结语。

关键词:儒家　基督教　礼仪　宗教　对比研究

0350

**王治心的"中国基督教"思想研究** / 王兴著 ; 卓新平指导. -- 中国社会科学院, 2009. -- 197 页

论文运用历史分析法、理论分析法和比较分析的研究方法,以王治心的中国基督教思想为研究对象,通过全面、系统地梳理对基督教在华本色化使命的理解、建议与实践,并从融合基督教与中国文化创造本色化的教会,到鼓吹自立的教会的思路出发,对王治心的中国基督教思想进行研究。论文第一章是导论,第二章是王治心的生平与著述。第三章是王治心的本真基督教信仰,首先分析上帝观,其次论述基督论,第三研究罪、赎罪、天国观与圣经观的问题,第四阐述检视与比较。第四章是王治心的中国文化观,对中国文化的源流与体系进行考察,分析中国文化的伦理性与根本精神,探究中国文化中的宗教与宗教思想,最后分析中国新文化,章末进行检视与比较,分析王治心的中国文化观的特色,在中国文化论争视野下考察王治心的中国文化观。第五章是中国基督教之本色化的教会,首先分析本色化教会的神学与精神;其次分析本色化教会的礼仪与生活;第三分析本色化教会的中国佛教比照;最后进行检视与比较,考察王治心的本色化教会礼仪观。第六章是中国基督教之自立的教会,分析了自治的教会、自养的教会、自传的教会等三个问题,最后进行检视与比较,分析王治心自立教会的特色,阐述国家主义与普世主义视野下的王治心的自立教会观。第七章是结语。

关键词:王治心　基督教　传统文化　本土化

0351

**净影寺慧远的如来藏思想** / 魏农著 ; 方立天指导. -- 中国人民大学, 2009. -- 138 页

论文运用历史研究法、案例研究法和定性研究法,选取伸出南北朝末期、隋朝初年的净影寺慧远为研究对象,因其兼有地论师与涅槃学的学术背景,考察慧远的如来藏思想,通过研究慧远对如来藏学说争议较大的几个问题的观点,研究慧远自己建立的缘起论,以华严宗二祖智俨与慧远间思想联系为例来说明这些问题。论文第一章四慧远的生平及其如来藏思想的背景,回顾了慧远的生平与著述,考察中印佛教中的如来藏思想。第二章是慧远对如来藏的基本理解,论述如来藏在慧远思想体系中的地位,考察慧远对如来藏名义的解释,以及慧远论述的如来藏三种义。第三章是慧远对几个有关如来藏学说问题的阐释,首先分析如来藏与空的关系;其次分析如来藏的当有与现有;第三分析如来藏之"缘因""正因""生因""了因";最后,研究一阐提是否有佛性。第四章是慧远的如来藏缘起论,首先考察八识的名义,其次对三识分类和三识分类中的熏习进行阐述。第五章是慧远的法、报二佛性显发过程说,首先分析性净与方便的两条因果序列;其次分析法、报二佛性在因行位的发展;最后论述涅槃与菩提中的性净、方便。第六章是慧远如来藏思想的特点与影响,分析慧远如来藏思想的特点,考察慧远的如来藏思想对智俨的影响。

关键词:慧远　佛教　大乘　佛学

0352

**都市藏族移民之藏传佛教信仰改变研究** / 吴碧君著 ; 陈昌文指导. -- 四川大学, 2009. -- 179 页

论文运用定性分析与定量分析相结合的研究方法,基于条件限制和成都市藏族移民之典型性和代表性,针对成都市的藏族移民中的藏传佛教行为、观念进行专题研究。研究主题是场景转换与移民信仰表达形式之间的因果关系。论文第一章是序章,介绍宗教场景的都市化改变,对前期研究进行综述,并考察环境决定论下的都市藏族移民宗教信仰,最后提出研究方法。第二章是都市藏族移民信仰发生地与信仰迁入地基本要素比较,首先比较经济社会,其次比较信仰环境,最后考察成都市藏族移民概况。第三章是都市藏族移民宗教行为的变化,首先对宗教场景的不完整复制进行研究,其次考察仪式的增减和改变。第四章是都市藏族移民信仰的现代转换,分析作为传统哲学和心理学之宗教交易的现代转化,考察都市藏族移民信仰的现代性特征。第五章是都市藏族移民宗教信仰分化重组机制的基本构成,分析了都市藏族移民宗教信仰分化组合的全球性背景,研究都市藏族移民宗教信仰的分化与重组,提出研究结论与研究展望。基本结论为,在现代都市的各种世俗化要素冲击下,都市藏族移民信仰在总体趋势上具有分化与重组的特征,藏民对藏传佛教信仰的持续需求,最终使藏传佛教成为都市多元宗教传统中的又一传统,而不是趋于消亡。

关键词:藏族　移民　喇嘛宗　宗教信仰

0353

**"天会"与"吾党":明末清初天主教徒群体之形成与交往研究(1580—1722)** / 肖清和著 ; 孙尚扬指导. -- 北京大学, 2009. -- 289 页

论文运用文献分析法、案例分析法和比较分析的研究方法,分析明末清初天主教徒群体形成过程的相关问题,集中于群体交往与宗教生活两个主题。论文第一章是明末中国天主教徒群体之形成及其与中国社会之间的互动,首先论述耶稣会传教士交往策略的形成、变化与其确立;其次分析中国天主教徒群体网络的形成;第三,研究中国天主教徒群体与中国社会之间的互动。第二章是中国天主教徒群体交往网络作用及其影响,首先论述护教,即天主教群体的形成部分;其次研究反教,即反教群体的形成部分。第三章是福建地区天主教徒群体交往研究,对福建地区天主教的概况进行研究,探讨信徒群体的网络和宗教生活的中西融合。第四章是明末到清初信徒群体交往的变化,研究清初中国天主教徒的新发展与新变化,考察清初乡村教会中的宗教生活及其问题,研究教会身份的确立及其负面后果。第五章是中国天主教徒的宗教生活与群体之形成,研究以天主教丧葬礼为中心的问题,考察明清天主教有关礼仪制度的著作,论述普通教徒的生活,对明清中国天主教徒群体的宗教生活进行阐述,最后分析和比较中西的丧葬之礼区别。最后为余论,对人际网络与明清天主教徒的关系、明清天主教徒群体的形成与天主教徒身份的确立等问题进行再一次的阐述。

关键词:罗马公教　天主教　基督教徒　明末清初

**0354**

**从本色化看19世纪新教关于"God"的汉译之争** / 薛忠洙著 ; 孙尚扬指导. -- 北京大学, 2009. -- 139页

论文运用比较研究法、历史研究法和定性研究法,试图在福音和本土文化的关系下,更确切地说,是在本色化视角下分析译名之争,进而对中国文化的终极存在即"上帝""天""神"进行宗教史的理解。由此,以这两种立场所面临的现实为前提,来理解它们对于God译名的解释,并使之作为西方传教士和中国信徒之间的桥梁。论文第一章是对基督教本色化的一般考察,论述本色化的基本概念,讨论本色化的范式。第二章是佛教和基督教与终极实在的理解,讨论对"上帝""神"的理解,论述对《圣经》中God译名的考察研究。第三章是God译名之争的发生和展开,研究了汉语《圣经》的翻译史,对19世纪新教传教士关于God译名之争的历史考察进行论述,讨论中国信徒对译名之争的参与,最后阐述对"Holy Spirit"译名问题的考察。第四章是新教创造论与儒家生成观,对19世纪译名之争中新教对于生生观的理解,讨论了对基督教的上帝和儒家的天的理解,对生成观在新教以前、God译名之争中两个阶段的诠释依次进行研究,论述中国信徒对创造论的宣扬和对儒家生成论的诠释。最后为结论,讨论译名之争的意义,本论文通过对God译名之争的研究,探讨"上帝"和"神"这两种立场的意义及其对基督教本色化的贡献。这两种立场表达了基督教在传播过程中对中国本土文化的理解,只有对当时的中国文化有相当全面的了解,才能更好地理解译名之争。

关键词:新教　汉语　翻译　译名

**0355**

**马钰研究** / 杨兆华著 ; 潘显一指导. -- 四川大学, 2009. -- 135页

论文运用辩证唯物主义方法、比较分析法、文献研究法和案例研究法,选取中国道教史上占有重要地位的道教思想家马钰为研究对象,对马钰进行较为全面、系统、深入的研究,分析马钰的思想和行为,考察马钰对道教的发展所产生的深远影响,并论述马钰及其思想对教育学、文学、医药学等方面发展的促进作用。论文第一章是马钰的生平及其与早期全真道的发展。第一节研究马钰的家世,第二节研究马钰的生平,第三节研究马钰与早期全真道的发展。第二章是马钰的内丹思想。第一节是理论依据,第二节阐述修道原则,第三节论述修炼方法。第三章是马钰的三教合一思想。第一节分析三教合一思想的成因,第二节总结三教合一思想的特征。第四章是马钰的教育思想。第一节分析教育者和教育对象,第二节分析教育内容,第三节总结教育原则和方法。第五章是马钰的诗词及对文学的渗透。第一节概述马钰诗词,第二节分析马钰诗词的艺术特色,第三节考察马钰诗词对文学的渗透。第六章研究马钰与丘处机。概述丘处机的生平,比较马钰与丘处机。第七章分析马钰与孙不二。第一节概述马钰妻子孙不二的生平,第二节分析马钰对孙不二的影响,最后阐述马钰男女平等的思想及影响。余论部分对论文进行概括性总结,然后简要介绍马钰在医药学和伦理学等领域的影响。

关键词:马钰　全真道　内丹

**0356**

**唐大圆及其"东方文化"思想研究** / 尹晓彬著 ; 张风雷指导. -- 中国人民大学, 2009. -- 171页

论文运用比较分析法、历史分析法和个案分析的研究方法,选取唐大圆为研究对象,梳理其生平事迹,深入近代佛教史研究。文章以文化形态为视角,围绕"东方文化"的"内学"和"外学"两个层面,对"东方文化"做出进一步的考察。唐大圆的"东方文化"思想是上世纪佛教文化在特定时期的一项不容忽视的成果,研究这一思想,将有助于我们更加深入地考察上世纪初佛教运动复杂的历史状况,呈现佛教文化学者主动激发佛法活力去参与文化格局改塑的积极姿态。与此同时,也将在现实层面为拓展文化建设的思路提供借鉴。论文第一章是唐大圆生平考述,对生卒年考辨、家世、求学及折心向佛、师友交往和含冤致死分别进行回顾与梳理。第二章是唐大圆"东方文化"思想的形成,对文化保守主义思潮的兴起进行论述,研究佛化运动的窘迫与危机,并对东方文化研究院和《东方文化》进行研究。第三章是唐大圆"东方文化"的基本特征,分析佛教本位的文化立场、大乘精神的价值取向和内学为体,外学为用的形态架构。第四章是唐大圆"东方文化"中的佛法,对唐大圆从佛法到唯识、温故而知新与"化唯识与常识"等问题进行阐述。第五章是唐大圆"东方文化"的中西文化观,比较西方文化中欲拒还迎的思想和欲扬还抑的儒家文化观念。

关键词:唐大圆　佛教史　传统文化　思想评论

**0357**

**山东省烟台市区的基督教徒苦难观研究** / 张爱辉著 ; 谢文郁指导. -- 山东大学, 2009. -- 129 页

论文运用宗教人类学的个案访谈法和观察等方式的田野调查法,结合理论分析与实证调研,选择山东省烟台市为调查点,选定两个新教徒和两个天主教徒为调查对象来展开对其苦难观的实践调查。主要内容是结合对山东省烟台市的基督教徒个案实地调查的情况,分析他们在现实生活中对基督宗教苦难观的实践过程,着重揭示他们应对苦难时的态度和反应,以及他们苦难观所呈现的特色,从而试图形成对他们的双重身份认同,展现基督宗教信仰和中国传统文化在一个现实基督教徒身上的融合。论文第一章是烟台市区基督教徒苦难观的调查概况,分别介绍了调查的范围和目的、调查和分析的方法、被调查者的情况三方面。第二章是基督教徒和神义论,首先论述"苦难"的界定及调查的初步印象,其次分析基督教徒对"神义论"的追问,研究基督宗教思想史上的"神义论",阐述基督教徒对"神义论"的继续追问。第三章分析基督教徒苦难观的特点,首先论述基督教徒对苦难意义的观点,从理论上归纳基督宗教关于苦难意义的观点,从传统上分析中国传统文化对苦难意义的"赋义",并基于以上两个层面分析基督教徒对苦难意义的观点;其次论述基督教信仰与中国传统文化伦理上的融合,讨论基督教徒苦难现实中的道德意识和身份认同,考察基督教徒之间的关系。最后为结语。

关键词:基督教徒　宗教学　人类学　信仰　烟台市

**0358**

**汉传佛教爱欲论** / 张海滨著 ; 陈兵指导. -- 四川大学, 2009. -- 214 页

论文运用比较分析法、文献分析法和定性分析法,以汉传佛教的爱欲论为主题,研究佛教对三界六道有情的爱欲现状的解释,通过考察佛教中关于爱欲的产生、分类、作用、性质、本质的论述进行深入探讨,总结佛教为应对爱欲的过患而提出的独特的修行方式。论文第一章是佛教眼中的爱欲世界,首先对爱欲进行界定与分类;其次对三千大千世界的爱欲进行阐述;最后对欲界有情的爱欲进行论述。第二章是爱欲与轮回,首先分析爱欲与业的关系;其次分析爱欲与生死;最后论述爱欲与十二因缘。第三章是爱欲的发生,首先讨论爱欲的根源;其次分析爱欲的本质;最后分析爱欲的性质。第四章是爱欲的功能,首先论述我爱与生命维持;其次分析爱欲与生命成长;最后分析爱欲的社会功能。第五章研究性爱,点后弦论述戒律对性的规定;其次论述邪淫之变;第三论述不男与同性恋;第四研究性爱的本质;最后反思佛教的禁欲。第六章研究性别与婚姻,首先阐述性别的产生,其次分析佛教与女性的关系;最后论述婚姻之爱。第七章是爱之净化,第一节探讨了爱欲与发心修道的关系,并从禅定、忏悔、苦果观、无常观、不净观、体空观等角度分析了佛教如何对治爱欲;第二节分析了大乘之爱对爱欲的超越,对对比了大乘慈悲之爱与凡夫之爱的区别。

关键词:佛教　爱情　性别　婚姻

**0359**

**近代北京佛教社会生活史研究:以馆藏民国档案为中心的考察(1912—1949)** / 张蕾蕾著 ; 温金玉指导. -- 中

国人民大学, 2009. -- 185 页

论文运用个案研究法、比较研究法和历史研究法,从僧团组织、经济、政治三大方面进行考察。其中,僧团组织的佛教内核,经济运营是其基础,政教协调是外护,三者不可缺一。论文第一章是导言,第二章是近代佛教的缩影,以北京法源寺为个案进行研究,首先考察法源寺历代法统与寺院的宗派传承;其次研究清末的志果接位及传法道阶;第三,研究北洋政府时期道阶法师对法源寺的经营与涉讼;第四,研究短暂的奉系军阀时期倓虚的接手;第五,研究国民政府失业空也法师的被撤与复职;第六,研究日据时期梵月主持掌控下的法源寺;第七,研究抗战胜利后的法源寺。第三章是近代京城僧尼的生活制度,首先讨论近代北京佛教寺僧现状,对寺院数量、僧尼人口等问题进行考察;其次分析佛教传统组织形式与现代之新变化;最后研究民国佛教构成,即宗教职业者的准入制度。第四章是近代北京佛教的寺院经济,对北京近代佛教寺院的"恒产"进行研究,论述北京佛教的经忏佛事,最后考察近代僧侣的化缘情况。第五章是近代北京佛教与政府的博弈,通过考察近代北京政府对于佛教的管理,考察佛教的政治社会互动,包括寺院求助于政府的寺院官司、社会时局影响之下的寺院游行活动,以及近代北京佛教对社会活动的参与等问题。

关键词:佛教史　社会生活　北京　民国

**0360**

**道教与中国封建王权关系研究** / 周德全著 ; 潘显一指导. -- 四川大学, 2009. -- 294 页

论文运用历史分析法、文献分析法和定性研究法,系统地阐述道教与中国封建王权的关系,探索中国历朝与道教交流的历史特点和规律。论文第一章考察东汉末三国两晋南北朝时期道教与王权的历史性相遇中对抗到合作的过程。首先分析原始道教与王权的对抗;其次分析神仙道教的政道观;第三,分析天师道与王权的初步合作;第四,分析寇谦之和陆修静改革天师道与道教传入宫廷的问题;第五分析"夷夏之争"与道教挤入社会主流意识形态。第二章研究道教成为政治正统的隋唐时期,道教与王权关系的新发展。第一节研究道教进图朝廷官僚机制的历史;第二节研究突出老君崇拜与"道为三教之首"的问题;第三,分析唐代王权与儒道联手抑佛;第四,考察道举制与唐代宗法化的道教管理制度。第三章是分析五代十国时期道教与王权关系的新调适,对道教与五代王权的疏远进行分析,考察道教在十国的传播,并分析五代十国时期内丹派道士的应世之道。第四章阐述宋朝时期道教与王权合一的过程,分析送出王权与道教的交流,对宋太宗、宋徽宗与道教的互动进行归纳与阐述,最后提出道教官僚化与对王权的完全依附。第六章分析金元道教与王权貌合神离的历史,对金朝的道教观进行分析,对金元王朝与道教的交流与互动进行研究。第七章考察明朝王权对道教的抑制,分析明朝的政治特点与宗教政策。第八章分析鸦片战争前清朝王权对道教的遗弃,分析道教的政治边缘化过程。

关键词:道教史　封建社会

**0361**

**明代民间宗教思想研究:基于民众理解力的思想与精神探究** / 朱钧著 ; 徐小跃指导. -- 南京大学, 2009. -- 185 页

论文运用文献分析法、定性分析法和比较研究法,研究明代民间宗教思想,着重于对民众理解力的思想与精神进行探究。论文第一章是民间宗教综述,首先分析元末白莲教、摩尼教与明代民间宗教的关系;其次论述明代主要民间宗教;第三,分析民间宗教思想的两个体系和三个阶段;第四,分析明代民间宗教思想的整体特色。第二章是五部六册系统的主要思想,首先分析五部六册中的名相与引书;其次分析五部六册中的"苦"与"无常"思想;第三,分析五部六册中的修行思想;最后辨析五部六册与佛教的关系。第三章是无生老母系统信仰目标的概念分析,首先论述"真空家乡"概念的内涵与产生的社会原因,其次探讨"无生老母"信仰的发展过程及其概念渊源。第四章是无上老母系统信仰体系的结构域内容,分析无生老母系统信仰体系的结构与内容,归纳与总结无生老母系统宗教的末劫拯救思想以及主要的拯救途径。第五章是无生老母系统思想中的三教关系,对明代的三教合一思想、无生老母系统思想中的三教混杂分别加以阐述。第六章是明代民间宗教中的精神状态,分析宗教宝卷的悲痛与哀伤情绪,考察宗教宝卷中的颓废气息。第七章是跨文化考察,对无生老母系统宗教与基督教思想进行比较,并对无生老母系统宗教与诺斯替宗教的"返乡"思想进行比较。最后为结论。

关键词:民间宗教　思想评论　明代

# 科学技术哲学

0362

**生命理性创造有机时空:生物符号学的本体论研究** / 曹昱著 ; 萧玲指导. -- 南京大学, 2009. -- 163 页

论文以马克思主义哲学视角,试图论证生命符号存在的可能性,考察生物符号学"自由解释"范式的有效性,力图发现生命的生成逻辑,提出科学作为生命理性活动的实践论意义。全文共分为六章。第一章,分子生物学理论,以科学家共同信念为前提,在建立理论假设的基础上,通过交流和磋商达成一致性意见,从而维系生物学物理主义范式。第二章,物理主义者强调生命规律的必然性,仅将人性化术语作为方便的譬喻。这使物理主义范式产生了巨大危机;从物质虚化到精神。生命内在的异质性发了生物符号学理论转变。第三章,从生命交流理性出发,发现生命理性活动。科学作为生命理性活动的一种形式,成为生命交流的环节。第四章,剖析作为科学交流中介的语言符号的时空特征,寻找时间生成空间的符号逻辑。由生命外在符号的生成逻辑发现生命内在的分子符号,尝试建构有机时空。第五章,在有机时空下,生命理性活动创造了生命意义整体。生命活动的生成逻辑就是一种创造的逻辑。"指涉—解释"构架成为研究生命理性活动的模型。第六章,在本体论的层面上,生命科学成为生命交流的产物。生命科学的整体论范式以一种自然主义态度将本体论、认识论和价值论研究包括进生命交流理论研究中,以此回应新生物哲学的问题。

关键词:生物学　符号学　生命　本体论

0363

**干细胞转化研究的治理:一种基于案例研究的分析** / 陈海丹著 ; 盛晓明指导. -- 浙江大学, 2009. -- 155 页

论文基于对案例的研究分析,探讨干细胞转化研究的治理。全文共分为八章。第一章,导论。对实现再生医学的干细胞进行研究,释疑解惑,并说明论文的结构。第二章,分别阐述库恩后的科学论、行动者网络理论、从共生产看治理以及转化研究的模型。第三章,中国的生命科学。介绍研究的组织结构、科研经费、人力资源、文章发表以及研究的重点领域。第四章,干细胞研究的伦理和政策。阐述人类胚胎干细胞研究的伦理和政策,介绍干细胞转化的研究,说明欧洲管理政策的发展、美国管理政策的发展以及中国管理政策的发展。第五章,介绍北科干细胞的历史发展、商业模式、治疗表象、伦理争议以及不确定性。第六章,阐述干细胞从实验室到临床研究的科学背景、规范之路、创新之路,探讨孰是孰非。第七章,天津实验室和临床相互合作的干细胞产业化。介绍脐带血和脐带库相关研究。第八章,中国的干细胞转化医学的过去和将来。和欧美其他国家一样,中国在干细胞研究和应用的管理方面曾经有过长期不确定的政策环境,但这并没有产生"野蛮的东方"管理格局,确切地说,这使得多个利益相关者采取不同的管理策略。中国最新出台的管理方法再次证明,中国已经采用有效的、合法的管理政策使干细胞科学进入临床应用。

关键词:干细胞　细胞转化　产业化　伦理学

0364

**科技政策法律化之研究:基于科技与社会的多维视角** / 陈历幸著 ; 胡守钧指导. -- 复旦大学, 2009. -- 123 页

论文基于科技与社会的多维视角,对科技政策的法律化进行研究。论文共分为五章。首先,引言。介绍论文的研究意义与研究方法,并对已有的研究成果进行综述。第一章,科技政策法律化的逻辑起点。对政策的含义、科技政策的含义以及其他相关概念进行概述。第二章,科技政策法律化的必要性。首先从当前社会发展的趋势以及当前经济发展的趋势来分析科技政策法律化的必要性,然后分析当前科学技术发展以及科技政策发展趋势下科技政策法律化的现实基础,最后说明当前科技法律发展的趋势下科技政策法律化的现实基础。第三章,科技政策法律化何以可能。首先对政策与法律的区分标准进行回顾和反思,然后基于"不可通约性"理论的视角看政策与法律的差别,最后分析科技政策法律化与科技政策合法化、科技法律政策化以及科技法律系统化的区别与联系。第四章,探讨科技政策法律化的方式。随着现代科学技术一体化的发展以及科技社会化、社会科技化融合进程的加速,世界各国先后都开始采用法律形式规定科技投入制度、技术创新和转化制度、税收减免制度等;就科技政策而言,在政策性贷款、减免税、规划和计划、车间和设备的登记、新设备的申报、劝告、设置特别机构等方面。第五章,阐述国外经验对我国的启示。

关键词:科技政策　法律　立法

0365

**科学知识社会学的反思困境及出路** / 陈群著 ; 万小龙指导. -- 华中科技大学, 2009. -- 125 页

论文对科学知识社会学的反思困境以及出路进行探讨。全文共分为六章。第一章,序言。阐述科学社会学研究的理论及方法,分析论文存在的问题与困境,探讨解决问题的思路,说明论文的创新点及不足。第二章,科学知识社会学。介绍科学知识社会学的兴起,说明科学知识社会学的理论建立,分析科学知识社会学的集体认识论和社会认识论。第三章,科学知识社会学反思困境的渊源。对反思性概念进行辨析,阐述知识的反思性问题,说明反思性的哲学内涵,最后探讨社会学的反思性。第四章,反思困境的出路。分析马尔凯的话语以及传统话语,介绍新文本形式。第五章,反思困境的出路。分析实践科学的形成,介绍实践科学观的特征。基于反思困境,后期对科学的研究走出仅仅对科学的知识形态的研究,从对理论形态的研究转向实践视域的科学观,即对实践中的科学进行研究。第六章,科学知识社会学反思研究的评述阐述从集体认识到社会认识论的实践认识论。实践科学观具有重要的意义。传统的科学观是二元对立的科学观,要么强调自然实在,要么强调社会实在,实践科学观在认识论上抛弃理论优位的科学观,强调一种辨证的认识论。既强调客观物质对象的实在地位,也体现人的主动性,人与社会与自然的彼此建构的双向性与不可逆性。

关键词:科学哲学　科学社会学　实践

0366

**中国近现代地质学建制化研究** / 陈炜著 ; 童鹰指导. -- 武汉大学, 2009. -- 135 页

论文力图通过对中国近现代地质学建制化历程的探索,了解中国地质学建制化在不同阶段的基本状况,分析中国地质学建制化的特点与建制化的程度,并提出推动中国地质学充分建制化的现实举措。全文共分为六章。第一章,中国地质学建制化的开端。中国地质学建制化的开端时期可分为前建制化时期和建制化萌芽期。前期分析中国地质学伴随着西方地质学的传入而兴起的基本情况,在萌芽期着重分析开始发端的中国近代系统化地质教育、最早设立的地质研究机构,以及地质学家职业化的出现几个方面。第二章,中国地质学建制化的基本实现。首先从数量、教育情况、群体分层几个指标分析了中国地质学研究群体的基本情况,继而对科学权威在中国地质学建制化中的主导作用进行论述,然后论述外国学者对中国地质学给予的帮助,还分析了中国地质学者勇于承担的社会责任。第三章中国地质学建制化的深入发展。首先分三个时期探讨了地质学管理体制与科研机构变迁的基本状况,其次论述地质学研究群体的基本情况,然后总结地质学教育在培养地质工程师的导向下发展,最后论述了以地质学会为支撑,以地质出版物为依托的地质学交流的广泛开展,以及多种形式的地质科学普及与地学文化传播。第四章,在对中国地质学建制化历程总结的基础上,对中国地质学建制化的特征进行分析。第五章,基于可由建制化标志判断学科建制化是否充分这一基本理论,对中国地质学建制化程度进行分析。第六章,针对中国地质学建制化不充分的现实状况,结合中国地质学当前所面临的面向国际的学科发展需要、面向国内的实际应用的需要,提出学科自身发展充分建制化的对策。

关键词:地质学　学科建设　学科发展　管理体制

0367

**建国以来中长期科技规划的历史演进和理念解析** / 陈正洪著 ; 刘晓力,刘孝廷指导. -- 北京师范大学, 2009. -- 251 页

论文对于新中国成立以来的中长期科技规划的历史演变进行了系统研究,归纳凝练出不同历史时期的科技规划理念,并对其解析。全文共分为五章。第一章,建国前科学技术发展对科技规划的影响。介绍从根据地到建国前的科学技术,然后阐述革命时期典型科技人物以及典型人物对新中国科技规划和科技政策的影响,最后介绍国统区科学技术奖励以及留学归国人员的贡献。第二章,计划体制下的科技规划与理念解析。首先介绍 1956—1967 年科技规划的政治背景、经济背景以及规划制定的过程和成果、意义,然后阐述 1963—1972 年科技规划与自力更生的理念,最后说明文革中科学技术规划与科学技术的艰难发展。第三章,转型期科技规划与规划理念。首先介绍“文革”后带有理想色彩的首次科技规划,然后说明 1986—2000 年国家中长期科学技术的发展纲领以及 1990—2000—2020 跨越 30 年的科技纲领,阐述科学技术发展十年规划和“八五”计划纲要,最后介绍国民经济和社会发展九五计划和到 2010 年远景目标纲要。第四章,介绍 21 世纪的科技规划,阐述 NATURE 对中国科学技术发展和科技规划

的评价与反思。第五章,科技规划的理念解析与案例分析。介绍科技规划理念的历史流变,分析科技规划理念对当代学术的影响,最后对科技规划中的大飞机专项的案例进行分析研究。

关键词:科学技术　科技规划　科技政策

**0368**

**人工智能语境论范式研究** / 董佳蓉著 ; 殷杰指导. -- 山西大学, 2009. -- 218 页

论文将存在于人工智能哲学中的核心概念与心灵哲学、认知心理学等其他相关学科相区别,并对同一术语在人工智能学科内部各范式中的不同涵义相区别,并通过概念分析来体现人工智能哲学与心灵哲学之间的根本区别所在。论文共分为五章。首先,绪论。对论文的选题、主旨、研究目的、提纲以及写作意义做了详细说明,简单介绍各专题性论述的主要内容,澄清论文中的主要概念、观点及创新之处。第一章,语境论视野下的人工智能表征,指出人工智能表征发展的核心在于自然语言处理,其发展体现出从语形到语义、再到语用的趋势。第二章,语境论视野下的人工智能计算,对人工智能计算的特征进行了概括。第三章,人工智能语境论范式的构造。通过对人工智能范式发展中的语境分析指出,独特的表征理论和计算理论是现有范式理论得以成立的基础。第四章,人工智能语境论范式的应用。网络化语境论范式突破现有范式理论在智能行为处理中分解的思维特征,为构建下一代机器人的智能模式提供了重要的理论支持。第五章,人工智能语境论范式的前景。以语用为目的的人类认知特征是光机智能难以超越人类智能的根本所在。而未来光机智能理论同样会面临表征与计算的语境问题,这是制约未来光机智能理论的根本瓶颈。

关键词:人工智能　语境　科技哲学

**0369**

**司马贺机器发现观研究:理解科学发现的独特案例** / 樊阳程著 ; 傅世侠指导. -- 北京大学, 2009. -- 266 页

论文主要从科学发现的逻辑、科学发现与问题解决、科学发现的本质三方面入手,从科学哲学的角度考察司马贺对这些问题及其子问题的看法,分析争论中学者们的不同立场和观点,对相关问题进行探讨。全文共分为五章。第一章,导言。说明发现的哲学研究需要复兴,阐述相关研究现状,介绍论文的研究思路和研究的问题。第二章,介绍司马贺与科学发现的逻辑。首先介绍司马贺研究科学发现逻辑的历史背景,然后阐述司马贺对科学发现逻辑的辩护,最后说明司马贺的科学发现逻辑。第三章,科学发现与问题解决。说明问题发现作为科学发现的特征,探讨是问题发现还是问题解决。第四章,机器发现与科学发现的本质。探讨科学发现的本质,阐述科学发现的社会解释与认知解释,最后对司马贺的科学发现观进行考察,将司马贺的科学发现与库恩、瓦尔德斯—佩雷斯、萨伽德科学发现进行比较。第五章,结语。司马贺机器发现观及其争论的启示。首先阐述司马贺的机器发现观,然后说明机器发现观之争改变了对科学发现的认识,最后说明机器发现观之争的启示,探讨机器发现与科学发现研究的未来。论文得出两点结论,首先,机器发现是科学发现的新工具,是人类思维过程的延伸和替代;从科学发现产物角度看,实现再发现的机器发现程序不是新形象的发现,而是科学方法的发现,且是这种科学发现类型的突出体现;其次,司马贺的机器发现研究及其争论也提示我们,科学发现研究需要多学科交叉的多层面考察。

关键词:西蒙　科学发现　机器发现　人工智能

**0370**

**论中西医学的范式差异及中医现代化** / 付晓男著 ; 许志晋指导. -- 吉林大学, 2009. -- 131 页

论文运用了案例分析和实证研究的研究方法,以马克思主义认识论为指导,以中医现代化为问题核心,以中西医学凡事差异为基本线索,对中医发展在当前遇到的瓶颈似的问题进行哲学上的反思。论文第一章绪论,包括问题的提出,研究的意义,国内外研究的现状,研究内容和逻辑结构,研究方法和主要创新点。第二章论述中西医学本体论的差异,包括自然观差异,天人观差异,人体观差异。首先论述了元气论和原子论对中西医学的影响,然后论述天人合一和天人对立,最后论述功能性疾病与器质性疾病。第三章论述中西医学方法论的差异,首先论述认识方法的差异,然后论述研究方法的差异,最后论述思维方法的差异。第四章论述了中西医学差异的缘由,包括中西医学的历史轨迹,影响中西医差异的因素。首先论述了中西医学的起源和发展,然后论述了科学技术因素和政治经济因素,最后论述了文化因素。第五章中西医结合与中医现代化,包括西体中用和中体西用。研究结论:虽然在现阶段中西医学难易结合,但是,中

西医结合是历史发展的趋势。当前还应允许中西医学范式差异的存在,以多元模式共存的方式,保持和发挥中医学的特色和优势,剔除通过比较发现的具有历史局限性的东西,才能使中国走上民族化,世界化和现代化的道路。

关键词:中西医学评论　中医现代化研究

**0371**

**技术存在论:斯蒂格勒技术哲学思想研究** / 郭晓晖著 ; 朱葆伟指导. -- 中国社会科学院, 2009. -- 92页

论文运用了案例分析和实例研究的研究方式,对该著作阐发的技术哲学思想的一个系统研究。全文将斯蒂格勒的思想内容分解为三个有机部分进行阐述。作者阐述了斯蒂格勒从动物学,人类学与技术学的结合部所开发出来的关于人的进化的生成说,认为这一学说作为斯蒂格勒的关于人性的结构进化论是对他的人格结构论和技术存在论所做的一个科学论证。论文第一章论述了基于神话的人类起源说与技术存在论。首先论述人类起源说到技术存在,然后论述技术存在与死亡,最后论述技术存在的时间历史性。第二章论述后种系生成说,包括后种系生成说的对象,方法和目的,相关差异与外在化运动的辩证法。第三章论述人的技术性存在,首先论述了时间性的问题,然后论述了被遗忘的技术。第四章论述了从缺陷存在论到技术存在论,首先论述了存在,缺陷存在与技术存在,然后论述了技术存在论的主体和特征,最后论述了技术存在论与芬博格的技术批判理论。研究结论:论文把技术作为在此的时间—历史性的建构因素来阐述,这是斯蒂格勒的技术哲学不同于甚至超越于海德格尔的最夺目的亮点之一。斯蒂格勒通过批判仍停留在传统形而上学立场的结论是正确的。从最后一个部分出发,以斯蒂格勒的缺陷存在论为基础,系统阐述了作者本人在技术存在论上的一些思考,以期为以后的技术哲学研究指明方向。

关键词:技术哲学　存在论　人性　哲学思想

**0372**

**身体意象与身体图式:具身认知研究** / 何静著 ; 黄华新指导. -- 浙江大学, 2009. -- 145页

论文运用了案例分析和实证研究的研究方法,试图借助神经科学,生理学,行为科学,心理学等经验性学科的研究成果,考察身体意象和身体图式的不同功能,并进一步探讨身性是如何通过身体意象和身体图式,以一种前意向性的方式对我们的行动和认知产生重要影响的。这是一种将哲学与经验性的科学成果融合在一起的全新的,大胆的尝试。论文第一章论述了身体图式的功能,首先论述了身体图式的三种功能,然后论述了伊恩案例给我们的启示。第二章论述了身体图式和身体意象是天生的。首先论述了传统经验的观点,然后论述了新生婴儿的模仿,接着论述了新生婴儿与莫利纽克斯难题,最后论述了先天身体图式环路。第三章论述了身体意象,身体图式和幻肢现象。包括学术界关于先天性幻肢现象的争论,幻肢现象的产生和先天的身体图式环路。第四章论述了知觉行动中的身体图式,首先论述了对身心二元论的扬弃,然后论述了具身性使知觉和行动成为可能,最后论述了具身性对知觉与行动的限制。研究结论:论文通过对一些病理学案例和经验性科学实验的分析,表明了具身性在人类体验和认知的重要作用。从人类语言的获得和创造到包括判断和隐喻在内的更高级认知能力的发展都离不开具身性的作用。而具身性对我们认知和体验的作用正是通过身体意向和身体图式系统的功能来实现的。

关键词:认知科学　本体　身体形态　表象(心理学)

**0373**

**中国、加拿大科技政策的比较研究** / 胡新著 ; 李光指导. -- 武汉大学, 2009. -- 178页

论文在综合及分析中国和加拿大科技政策的基础之上,在面对经济、科技全球化的背景下,通过对两国科技政策的比较,意在为中国科技政策提供借鉴。全文共分为六章。第一章,对科技政策进行概述。说明科技政策的基本概念以及科技政策的特征,阐述科技政策制定的基本原则,介绍科技政策的运行过程。第二章,介绍中国、加拿大科技发展的历史沿革,说明中国、加拿大发展的现状,最后介绍中国和加拿大的科技合作。第三章,阐述中国科技政策与特点。第五章,分析中国、加拿大科技政策的共同点、差异以及政策比较的启示。第六章,促进我国科技政策发展的政策建议。第一,重视科技政策的研究工作。需要借鉴国外先进研究经验,建立完备的科技政策研究学科,重视科技政策的理论研究和创新研究,重视科技政策研究的国际合作。第二,规范科技政策的运行过程。规范科技政策的运行过程就是规范科技政策的制定、执行、评估、监督和调整以及更新等过程。第三,完善

科技政策的配套体系。要完善科技配套政策支持体系,完善科技政策协调机制,完善科技政策咨询体系,完善科技政策追责机制,完善科技政策的法律法规保障体系。第四,加强科技政策的宣传普及。必须强化科技政策宣传普及的针对性,促进科技政策宣传普及的多元化,加强公众参与科技政策的运行。

关键词:科技政策　对比研究　中国　加拿大

**0374**

**京津冀区域科技创新中的地区合作模式研究:以河北省为视角** / 霍光峰著 ; 李醒民,胡志强指导. -- 中国科学院研究生院, 2009. -- 108 页

论文以河北省为视角,对京津冀区域科技创新中的地区合作模式进行研究。全文共分为七章。第一章,导论。提出问题,阐述论文的研究意义,说明国内外研究现状,介绍论文的研究思路和结构安排。第二章,京津冀区域创新系统中的地区合作问题。首先,对京津冀区域创新的能力进行探讨,分析京津冀三地区的优劣势,对河北省在京津冀区域创新系统中的功能进行定位,第三章,以廊坊为例,基于产业链对地区合作模式进行研究。比较廊坊市与京津地区的产业发展,分析基于区位优势的京津廊科技合作模式,阐述廊坊与京津合作的经验。第四章,以保定为例,研究基于特色产业集群的地区合作模式。说明保定与京津科技合作的相关政策以及发展战略。第五章,以曹妃甸为例,研究瞄准产业升级的地区合作模式。阐述曹妃甸与京津科技合作的实践与经验,提出要加强曹妃甸与京津科技合作的相关政策。第六章,研究京津冀地区的创新系统。在明确京津冀区域创新系统建设目标与任务的基础上,探讨京津冀区域地区合作的机制,提出京津冀区域的合作举措,即围绕产业集群、瞄准产业升级等。第七章,主要结论与建议。河北省在京津冀区域科技合作中的战略定位应为:坚持差异化发展战略,建立开放的区域创新体系,通过地缘优势和联系,加强同京津冀的科技合作,充分利用京津的各种发展资源,建立开放的区域创新体系,主动接受京津的科技合作,充分利用京津的各种发展资源,建立开放的区域创新体系,通过地缘优势和联系,加强同京津的科技合作,充分利用京津的各种发展资源,建立开放的区域创新体系,主动接受京津强力辐射,提高创新能力,实现快速发展。

关键词:区域经济　经济合作　技术创新　北京　天津　河北

**0375**

**理性与可能世界:科学的形而上学重构** / 贾玉树著 ; 邢润川指导. -- 山西大学, 2009. -- 240 页

论文的核心内容是重建哲学可能世界。全文由前言、正文和结语组成。正文共分为五章。前言部分重返历史深处,简要地考察以自然哲学为代表的思辨理性主义和以自然科学为代表的经验理性主义在后现代语境中面临的共同困境,即理性的超越性、独断行和实在世界的虚幻性,进而从理性本体化的后现代困境中引出可能世界概念,并进一步具体阐述可能世界研究的目的、意义、国内外现状、论文的总体构想及其所涉及的理论和方法等问题。第一章,从重构可能世界开始,主要讨论哲学可能世界范畴的具体界定问题。第二章,进一步讨论可能世界的性质问题。首先全面梳理古希腊以来哲学、逻辑学和物理学三个领域中形形色色的可能世界思想,在此基础上,选择刘易斯关于可能世界实在论阐述和克里普克关于可能世界的现实主义阐释这样两个在模态逻辑领域中极具特色的可能世界理论进行专题评述。第三章,讨论可能世界的种类问题。第四章,接着讨论可能世界的种类,主要是历史上被自然哲学和自然科学误读了的几种十分典型的可能世界。第五章,讨论可能世界中的科学哲学,核心是关于科学理论的性质问题。结语部分重返理性问题,同前言呼应,以可能世界作为走出理性本体化困境的一条可能的出路,从而完成了在后现代语境中重建理性的总体构想。

关键词:科学哲学　形而上学　理性

**0376**

**科研不端行为及其防范体系的理论与范例研究** / 蒋美仕著 ; 刘大椿指导. -- 中国人民大学, 2009. -- 292 页

论文将理论与实践相结合对科学不端行为及其防范体系进行探讨。全文共分为七章。第一章,导言。说明问题提出的背景、研究目的与意义,阐述国内外相关研究综述以及论文的研究方法、研究思路和基本框架。第二章,剖析科研不端行为的概念,分析国外学者关于科研不端行为的特征以及科研不端行为的内在特征和外在特征,最后对国内学者以及国外学者关于科研不端行为进行分类。第三章,首先追溯国内学者与国外学者关于科研不端行为形成的成因,然后分析国内外学者关于科研不端行为的后果,最后说明科研不端行为因果关系的系统分析框架。第四

章,探析科研不端行为的理论框架。阐述科研诚信理论的内涵及其评价。第五章,美国防范科研不端行为的策略与制度。首先阐述美国防范科研不端行为的策略转变,介绍美国防范科研不端行为的政策法规体系,最后对美国防范科研不端行为的策略和制度进行评价。第六章,美国防范科研不端行为的机制与程序。说明美国科研不端行为的层级监管机制,阐述美国防范科研不端行为的标准与程序,对美国科研不端行为的监管机制以及查出程序进行评价。第七章,结语。介绍发生在中国的科研不端行为的事件,然后说明面对如此严峻的挑战,中国建立现有的科研不端行为的防范体系进行积极应对,最后阐述中国可以从美国模式中可以得到的启示与借鉴。

关键词:科学研究工作　道德　科研管理　科学研究组织机构

**0377**

**技术价值论研究** / 巨乃岐著 ; 邢润川指导. -- 山西大学, 2009. -- 221 页

论文以马克思主义为指导,运用系统论方法,从本体论,实践论、认识论三个层面,对技术价值的生成基础、多样存在、深层本质、实践创成、社会评价、历史进化等进行多维分析,系统揭示技术价值的深刻内涵,建立相对完整的技术价值论理念体系。全文共分为六章。第一章,阐述技术价值的生成基础。技术价值存在并生成于技术价值活动的五维系统之中,有赖于一定的物质基础和主客观条件。第二章,阐述技术价值的多样性存在。技术价值的存在是形态多样性与本质一致性统一,是共时互动性与历时转化性的统一。第三章,透析技术价值的本质。技术价值的深层本质是主体客体化与客体主体化的辩证统一,是自然的人化与人的自然化的辩证统一,是人的内在尺度与自然的外在尺度的辩证统一,是宇宙发展新阶段开始的标志及其水平质态的指示器。第四章,技术价值的实践创成。这是技术价值从潜在到显在、从自发到自觉、从精神到物质的创造过程。第五章,技术价值的社会评析。技术价值评价的内容主要是判断、评定和预测技术价值效应的关系、有无、性质和大小,是对技术先进性、功利性、精神性和生态性等多种功能与效应的评价;技术价值评价要做到正确、有效,必须坚持主体明晰化原则、实效最大化原则和系统化原则。第六章,阐述技术价值的历史进化。

关键词:技术哲学　价值　技术进步

**0378**

**达尔文的斗犬?——青年赫胥黎研究** / 柯遵科著 ; 吴国盛指导. -- 北京大学, 2009. -- 149 页

论文运用了文献分析的研究方法,认为赫胥黎放弃为物种不变之后,也只能将突变作为物种转变的方式。赫胥黎终其一生都对自然选择保留态度,怀疑他是否能够够真正地产生出新的品种。他就杂交不育问题对自然选择提出直接的质疑,坚持认为它只是假说而非理论。论文第一章论述导论,包括传统形象的建构与颠覆和研究途径。第二章论述一个伪达尔文主义者的博物学观念,首先论述什么是达尔文主义,接着论述青年赫胥黎的形态学研究和类型观念,其次论述从反对物种转变到坚持突变论,最后论述反对自然选择。第三章论述青年赫胥黎的宗教和社会立场,包括贫民意识和杂交不育问题。第四章论述科学职业化及其在社会改革中的功能,包括 19 世纪英国的科学职业化和海军的机遇和福布斯的影响。第五章论述达尔文的斗牛犬,首先论述达尔文寻求赫胥黎的支持,然后论述赫胥黎的抉择,最后论述类型学的物种概念和柏拉图主义。研究结论:赫胥黎将关于达尔文进化论的争论引向人类起源的问题,迫使英国科学界就是否要将宗教清除出科学的领域表明立场,从而彻底分裂为老一代的科学绅士和职业科学人两个阵营。人类起源问题的争论不仅将决定达尔文进化论的接受与否,也将决定职业科学人是否能够成功地推进科学职业化的改革。

关键词:赫胥黎　达尔文　进化论　科学思想　思想史

**0379**

**柯亨技术批判思想研究** / 李华荣著 ; 乔瑞金指导. -- 山西大学, 2009. -- 172 页

论文的主旨是解读柯亨思想的"内核",即从总体上把握他的技术批判思想。全文共分为七章。第一章,导言。在综合分析国内外柯亨研究现状的基础上,提出并论证论文研究的主题和核心线索以及论文的框架等。第二章,主要目的在于考察柯亨技术批判思想的基点,完整呈现柯亨对技术语义分析和对技术批判的根本看法。分别从技术的本质、技术的社会所有权形式、技术在工业生产中的实现方式、技术的"工具性规定"等四个方面展开论述。第三章,确立柯亨技术批判的理性准则。分别从技术的"首要性"与"首要性命题""首要性"的本质、技术的"发展命题"、技术的双层决定与"技术决定论"辩护等四个方面展开论述。第四章,主要剖析技术批判的规范基础。柯亨

强调技术就其本质而言是社会形式的物质内容;技术的首要性依托功能解释,功能解释为技术批判提供了科学的理论解释路径。第五章,聚集于技术异化的社会现实分析柯亨技术批判的特质。分别展示柯亨对社会制度、阶级压迫、社会不平等、人的自由、经济生活的异化等方面的思考。第六章,揭示柯亨技术批判的价值维度。柯亨剖析了不平等的社会机制。第七章,探讨柯亨技术批判的最终旨归。柯亨分别从平等和自由角度探讨技术作为人类解放的工具,其根本目标乃是要追求平等与自由相统一的正义社会。

关键词:柯亨(Cohen, G. A.) 技术哲学 哲学思想

**0380**

**赛博技术的伦理问题研究** / 李蒙著 ; 任晓明指导. -- 南开大学, 2009. -- 187 页

论文试图通过对赛博技术伦理问题的分析,提倡对于传统伦理理论进行整合或者超越,也就是说将道义论和后果论融合。全文共分为五章。首先,导论。提出问题,阐述国内外研究现状以及论文的框架。第一章,理论基石。分析赛博技术伦理问题的立足点:道德决策和伦理学理论。第二章,网络信息发布的伦理问题。分析垃圾邮件的伦理问题以及反垃圾邮件的伦理问题,探讨网络色情、网络审查以及《儿童网络保护法案》的伦理问题,介绍侵犯消费者、员工及公民隐私权的现象,说明言论自由的负面影响。第三章,软件盗版与数字鸿沟。介绍知识产权及其争论,分析软件复制的道德问题,最后探讨"填平数字鸿沟"及其争论。第四章,计算机病毒、黑客及其监管。首先介绍计算机病毒的概念和特性,阐述计算机病毒的发展历程,然后对尼尔森的黑客行为以及中国"红客"的案例进行分析,最后 阐述赛博技术职业的特殊要求以及对赛博技术职业监管的争论。第五章,赛博技术的伦理反思。为实现道义论后果论的辩证统一,要在道德方法论中提倡一般主义与特殊主义的融合,在绝对主义和相对主义中保持必要的张力,努力超越内在理由和外在理由的二分,超越美德伦理学和规则伦理学,实现二者互补,顺应当代实践哲学主流,复兴亚里士多德主义,改进康德主义和修正后果论。

关键词:技术伦理学 科学技术 道德 赛博技术

**0381**

**中国灵学活动(1906 – 1935)研究** / 李欣著 ; 任定成指导. -- 北京大学, 2009. -- 131 页

论文对 1906 年 – 1935 年中国的灵学活动进行研究。全文共分为七章。第一章,梳理了灵学机构的数量和类型,描述中国灵学活动的历史概貌。第二章,分析灵学会和中国心灵研究会的组织设置和运作。第三章,揭示中国灵学活动的目的主要是提倡用灵学来"补充"和"替代"科学。第四章,梳理灵学机构开展的催眠活动和相应的推广活动,分析了灵学借用催眠的原因,讨论了灵学机构利用催眠术的社会影响。第五章,研究中国灵学家开展的灵魂摄影活动,分析灵学机构使用摄影术的原因,讨论了灵魂摄影活动的社会影响。第六章,分析中国灵学家们开展的扶乩活动与传统活动的区别以及灵学家开展扶乩活动的原因,讨论了灵学机构利用扶乱的社会影响。第七章,研究中国灵学活动的社会支撑群体和社会反对群体,描述了中国灵学活动的最后发展结局。研究结果表明,中国灵学活动是中国近代一次主要由知识分子和留学生发起的较大规模的精神运动。催眠术、灵魂摄影和扶乱三者,既是中国灵学活动得以存在和发展的根基,也是中国灵学机构开展的主要活动内容。通过这三种活动,中国灵学家试图为灵学组织和理念打上"科学化"的色彩。在这些活动中,中国灵学家们所使用的一些现代"科学"语言符号和社会修辞,体现在科学强势勃兴的社会环境里,他们利用"科学"推销灵学、反对科学、批判所谓物质科学、建立所谓精神科学的一种努力。

关键词:自然科学史 伪科学 唯灵论 灵学

**0382**

**STS 视域下的多维度可持续发展研究** / 刘钒著 ; 李光指导. -- 武汉大学, 2009. -- 128 页

论文对可持续发展研究视域进行维度扩展,梳理各个维度之间的相互作用关系。全文共分为六章。第一章,导言。介绍论文的研究背景、研究现状,说明论文的研究工作以及论文的内容安排。第二章,多维度可持续发展的方法论。首先阐述可持续发展的整体论,然后介绍可持续发展的系统科学方法论,最后在 STS 视域下对 STS 进行分析。第三章,可持续发展的多维度解析。分别分析可持续发展的自然资源维度、生态维度、经济维度、政治维度、文化维度、伦理维度以及科技维度。第四章,多维度可持续发展的概念框架。首先分析科学技术与自然资源维度、生态维度、经济维度、政治维度、文化维度、伦理维度的关系,然后阐述科学技术与可持续发展的互动,最后介绍以科学技术为支撑的多维度可持续发展的概念框架,特

别强调可持续发展本质上是“行为规则”而非“发展模式”的理念。第五章,多维度可持续发展的案例研究。首先概述加拿大STP问题,然后分析STP问题的自然资源维度、生态维度、经济维度、政治维度、文化维度、伦理维度以及技术维度,论文最后结合中国当前发展现状,尤其是严重的工业污染,从政府行为、基层组织作用、联合行动组、技术路线选择和循环利用等五个方面提出较有参考意义的经验和启示。

关键词:可持续发展　科学　技术　社会

**0383**

**论数学真理困境及其实在论出路** / 刘杰著 ; 郭贵春指导. -- 山西大学, 2009. -- 184页

论文从实在论的角度出发,分析数学真理困境出现的根源,并对求解困境各种策略的优势与不足进行深入剖析,在吸纳各种策略的合理内核的基础上,尝试性地提出求解困境的语境实在论进路。全文共分为七章。第一章,对数学真理困境的本质进行分析。分析贝纳塞拉夫数学真理困境的表现形式,深入挖掘数学真理困境出现的根源,并基于对贝纳塞拉夫为数学真理解释所开列的两个限制条件的不同理解,归纳求解困境的各种可能选择。第二章,分析数学真理困境的不可或缺论证求解策略的具体论证及其不足。首先剖析不可或缺性论证策略的理论基础及其对数学真理困境的具体求解方案,其次分析这种策略存在的问题,最后阐明不可或缺性论证为我们寻求数学真理困境方案的有益启示。第三章,探讨自然主义实在论对困境的解决策略以及它所面临的问题。第四章,对数学真理困境的结构主义实在论求解策略的探讨。第五章,剖析数学真理困境的新弗雷格主义实在论求解策略。阐明语境原则是回应认识论难题的有力工具。第六章,以虚构主义为例,论述当代数学反实在论对数学真理困境的求解策略及其对实在论的挑战。第七章,为数学真理困境提出一种新的求解策略——语境实在论。指出语境实在论能够为数学真理提供与科学真理一致的语境化语义学解释和一致的语境化认识论说明,从而满足贝纳塞拉夫为合理的数学真理理论所开设的两个限制条件。

关键词:科学哲学　真理　实在论

**0384**

**拉图尔的反哥白尼革命:制造中的世界与行动中的科学** / 刘鹏著 ; 蔡仲指导. -- 南京大学, 2009. -- 322页

论文考察了拉图尔体系的内在变化逻辑,挖掘他与法国科学哲学之间的关系,对其进行合理定位,分析拉图尔有关科学有效性问题的部分解决与不足,在与符号学进行比较研究的基础上,将其思想体系的根基定位为符号学。全文共分为十二章。第一章,引论。介绍拉图尔,说明拉图尔的学术影响,以及论文的创新点。第二章,介绍《实验室生活》时期的拉图尔,阐述科学论的微观视角和实践研究,介绍社会构建主义走向本体论。第三章,经验哲学方法论。分析巴斯德案例研究中的自然、社会与科学,对爱因斯坦相对论的符号学进行分析。第四章,行动者网络理论。说明行动者的异质性、杂合性,分析网络的点化与坍塌,介绍联结的不确定性。第五章,反二元论。说明主客二分的现代世界从未存在过,语言与世界的二分并不存在,阐述人类不是主体,非人类不是客体。第六章,介绍认识论与本体论的合一,阐述建构主义的实在论,最后比较建构主义的实在论与实在论和社会建构主义之间的比较,探讨如何将建构主义的实在论放入到拉图尔的哲学体系中。第七章,对科学哲学的几个传统概念进行考察。第八章,说明技术是一种实存方式。第九章,体系与定位。介绍关系主义、关系唯物主义、消除主义的唯物主义,阐述后结构主义与实存主义。第十章及十一章,分析法国哲学视域以及科学论视域下的拉图尔。第十二章,辩护与批判。

关键词:拉图尔(Bruno Latour)　科学哲学　哲学思想　建构主义

**0385**

**纳米技术的伦理审视:基于风险与责任的视角** / 刘松涛著 ; 李建会指导. -- 北京师范大学, 2009. -- 156页

论文以风险与责任为视角,从应用伦理学的基本原则出发,重点剖析纳米技术的健康风险、环境风险、社会风险、军事风险及其相关的伦理问题;借鉴责任伦理的思想资源,给出应对纳米技术风险思维伦理建议。全文共分为五章。第一章,纳米技术的健康风险与伦理问题。分别分析纳米材料、纳米食品以及纳米医学的健康风险和伦理问题。第二章,首先介绍纳米技术的环境应用以及环境风险,然后对纳米技术的环境问题进行反思,分析纳米技术的自然价值与人的伦理责任。第三章,纳米技术的社会风险与伦理问题。分析纳米信息技术的隐私风险,并对纳米信息技术的隐私风险进行伦理反思,然后分析纳米鸿沟的可能性并对纳米鸿沟进行伦理反思,最后探讨纳米技术产业化的代价与伦理问题。第四章,纳米技术的军事风险

与伦理问题。首先阐述纳米技术军事应用的必然性以及纳米军事技术的特点与未来战争的影响，然后分析纳米军事技术与国家、国际安全的联系，最后反思纳米武器的伦理反思，即纳米武器可能消解正义战争标且不会使战争手段更人道，纳米武器可能会降低军人的伦理水准并且可能会浪费大量资源。第五章，纳米技术的风险管理与伦理规约。分析纳米技术风险的不确定性，评析纳米技术风险的管理原则，最后提出责任伦理是应对纳米技术风险的重要伦理资源。

关键词：纳米技术　伦理　责任　风险管理

**0386**

**社会的语言结构：塞尔社会哲学研究** / 柳海涛著 ； 万小龙指导. -- 华中科技大学, 2009. -- 115 页

论文对塞尔的社会哲学进行系统研究。全文共分为四章。第一章，塞尔论社会实在。阐述社会实在的构建，介绍制度事实的创造和保持，说明社会实在的层次结构。通过对塞尔实在建构过程的分析认为：第一，社会实在是一种客观化的主观性意义，集体意向性是这种客观性的保证。第二：社会实在的创造离不开语言符号的表征。第二章，作为社会实在之前提的集体意向性。阐述集体意向性研究的现状及问题，说明塞尔论的集体意向性，探讨集体意向性的进路与本质。第三章，阐述言语行为的理论，说明言语行为在制度事实创造过程中的功能。第四章，塞尔社会哲学批判。在介绍几位欧陆哲学家的社会哲学思想的基础上对塞尔社会哲学进行评价，并对制度事实进行新定义。最后结语。简单反思中国社会的现代性道路，社会实在有赖于集体意向性和语言的表征与建构，社会的本质是一套意义和价值体系，它在本体论上蕴含着社会共同体的集体意向。因此，社会成员共同精神家园的塑造，以及对马克思主义语言在中国传统文化语境中的反复解读就成为中国社会现代性建设的首要任务。由于社会实在的建构和规则的建构具有同一性，制度事实的本质是道义权利关系，则以建设“和谐社会”为目标的社会转型的成功就取决于以规则为中心的道义结构的重新确立。

关键词：塞尔（Searle, John R.）　社会哲学　社会存在　言语行为　思想评论

**0387**

**科学发展观的范式研究** / 鲁本录著 ； 李光指导. -- 武汉大学, 2009. -- 126 页

论文对科学发展观的范式进行研究。全文共分为四章。第一章，按照逻辑与历史相一致的线索系统考查了发展与发展观内涵的演变过程，重点剖析二战以来国外的发展观的演变过程，并对这些范式的合理性与不足之处做了评价，指出任何一种发展理论的产生都是基于当时的经济社会发展的现实，都是对其时代发展实践经验得总结和理论提升，同时也难免打上时代的烙印，不可避免地具有历史的局限性。第二章，全面分析科学发展观形成的国内外背景，指出它是国外大气候和国内小气候交织下形成的时代产物，同时阐述科学发展观的基本内涵，为后面的写作确立了新的语境。第三章，主要以范式理论为切入点解析科学发展观。首先，在吸收其他学者对库恩范式理论研究成果的基础上，解析范式概念的内涵，指出范式的主要特征是整体性、规范性、坚韧性和不可通约性。接着分析科学发展观产生的历史继承性。最后具体探讨了科学发展观的理论创新。第四章，详细探讨了科学发展观的范式意义。从理论层面来看，科学发展观的提出不仅丰富了人类社会发展的理论成果，同时又对我们的实践活动提供理论指导，为科学共同体的科学研究活动指明了方向，通过凝聚作用它吸引了一批坚定的拥护者，将社会科学家的注意力在发展过程中遇到的现实问题上，共同解决我们在发展过程中所面临的难题。

关键词：中国特色社会主义　社会主义建设　发展观

**0388**

**中外科学技术史学科建设比较研究** / 陆勇著 ； 童鹰指导. -- 武汉大学, 2009. -- 157 页

论文以科学技术史学科建设为对象，以学科建设内涵和学科建设基本内容等理论问题为研究重点，从发挥科学技术史学科建设在高等教育中的龙头作用出发，通过历史的和跨国的视野对比研究中外科学技术史学科的建设和发展状况，揭示中外科学技术史学科建设的演变规律，最终对我国科学技术史学科的建设提出有针对性的研究对策。全文共分为七章。第一章，对科学技术史学科在中外学科目录设置中的归属和性质进行较系统的梳理和阐述。第二章，对中外科学技术史学科建制化活动形式和历程进行回顾，对中外科技史建制化外在表现形式如科研机构、高校建制、学会、学术会议、刊物进行了系统总结和对比评述。分析我国科学技术史学科建制化在不同时期的

特点,指出国际科学技术史学科建制化历程和特点对我国的启示和借鉴之处。第三章,分别论述中外科学技术史学科学术队伍建设。第四章分别阐述中外科学技术史学科方向和科学研究情况。归纳总结我国科技史学科方向和科学研究的现状特点并分析国外科学技术史学科方向和科学研究的特点与发展趋势。第五章,分别论述中外科学技术史学科环境和基础条件建设。第六章,分别论述中外科学技术史学科人才培养建设状况。第七章,在借鉴国外先进经验基础上,对中国科学技术史学科建设提出实质性的具有可操作性的对策与建议。

关键词:自然科学史　技术史　学科建设　对比研究

**0389**

**多元视域的量子力学解释比较研究** / 马兰著 ; 万小龙指导. -- 华中科技大学, 2009. -- 137 页

论文对多元视域下的量子力学解释进行比较研究,共分为八章。第一章,理论与解释。探讨量子力学是否需要解释,说明量子力学的数学形式与物理概念,阐述经典物理学原则。第二章,哥本哈根解释。介绍不确定性原理、对应原理以及互补性原理,阐述波函数与量子测量,介绍玻恩统计解释,以及哥本哈根解释的影响。第三章,系统解释。首先,介绍系统解释的分类,然后阐述爱因斯坦的系统解释以及最低限度的系统解释,最后将系统解释与正统解释进行比较。第四章,玻姆解释。说明玻姆对哥本哈根解释的批判,阐述玻姆的量子力学本体论解释,最后将玻姆解释与正统解释进行比较。第五章,对多世界解释进行评价,将其与正统解释进行比较分析。第六章,分析介绍模态解释的发展。第七章,退相干解释。第八章,多元的量子力学解释及比较。分析量子力学解释的意义与价值,然后从多元视角对量子力学进行解释。量子力学解释体系十分庞大,并且相关的形式表述非常复杂,哲学理念差异明显。每种解释的解释力与附加性要求不尽一致,从解释力强弱与附加性要求多少两个方面对六种量子力学解释做比较,寻求解释力强弱与附加性要求多少之间的张力,作为所支持的多元量子学解释的充分理由,论文认为同一学科的不同认识论领域可以同时并存两种,甚至两种以上的主导科学风格场的整体多元主义的立场。

关键词:量子力学　解释学　多元主义

**0390**

**积极心理学及其应用的理论研究** / 马甜语著 ; 葛鲁嘉指导. -- 吉林大学, 2009. -- 114 页

论文运用了案例分析和实证研究的研究方法,在系统化积极心理学理论体系,积极心理学理论与企业管理有机结合和应用,积极心理学思想与中国古代庄子思想的分析比较,尝试为积极心理学理论在中国社会生活中的应用提供了一个新的视野等方面进行了初步的探索和创新。论文第一章论述了积极心理学的理论解析,在界定积极心理学概念的基础上,分析了心理学出现积极转向的内外在原因。概括分析了积极心理学的三个研究领域:积极体验,积极人格和积极社会组织系统。第二章论述了积极心理健康。这部分既简单交代了积极心理学的发展历史,同时也对积极心理学的一些理论观点进行了补充,剖析了积极心理健康在概念界定,研究对象,研究思路上的新观点。第三章论述了目前积极心理学研究比较深入的三种积极品质,包括主观幸福感,乐观和希望。第四章论述了积极心理学和当代企业的管理,把积极心理学和企业管理实现工作相结合,提出了以员工积极体验为核心的积极管理理念。研究结论:积极心理学是促使个体和社会走向繁荣的科学研究。这不仅仅是积极心理学的宣传口号,也提示心理学研究者一方面致力于研究怎样解决人类所面临的心理问题,同时也要致力于研究人类如何变得积极的机理。只有当心理学真正做到了这两个方面,才有可能使人类获得真正的繁荣。

关键词:心理学　心理健康　管理心理学

**0391**

**科学知识的地方性与地方性知识** / 蒙本曼著 ; 刘大椿指导. -- 中国人民大学, 2009. -- 265 页

论文对科学知识的地方性以及地方性知识的问题进行研究,共分为六章。首先,导言。阐述选题的缘起以及基本理论,说明论文研究的出发点以及写作目标,介绍论文的结构、创新点与存在问题。第一章,知识地方性问题的研究基础。首先探索知识的地方性,然后阐述地方性知识的研究成果,最后探讨知识地方性问题的研究路径。第二章,强势科学与弱势科学的地方性博弈。首先对知识“中心”和弱势“边缘”进行解读,然后说明强势科学的话语霸权,提出对科学优越性的质疑,介绍地方性知识的话语权,最后说明知识地方性的不可通约性,相对性的科学普遍性,

介绍文化相对主义的理念,提出“和而不同”的多元文化观。第三章,本土科学与地方性知识的科学审视。首先阐述本土科学的地方性特征,分析科学视域中的地方性知识 ,即地方性知识是一种本土的知识体系,地方性知识是本著民族的一种社会活动,地方性知识是民族文化传承的过程,最后说明科学知识具有高度的地方性,阐述本土的意义世界,并对知识现代化模式进行反思。第四章,非科学的地方性知识及其价值。介绍科学与非科学的划界之争,分析非科学的地方性知识的价值,说明“非遗”保护与地方性知识的再生产。第五章,另类科学实践中的知识地方性。提出要辨证看待地方性知识研究中的问题。第六章,分析知识地方性问题的深远意义。

关键词:科学社会学　科学知识　多元化　本土化

**0392**

**科学创新方法的当代建构研究** / 潘睿著 ; 刘大椿指导. -- 中国人民大学, 2009. -- 181 页

论文对科学创新方法的当代建构进行研究,拟建构起由三个层次组成的科学创新方法体系,包括创新方法主体内容的建构、创新方法的程式化建构以及创新方法的社会文化建构。全文共分为七章。首先,导论。阐述中国为什么要走自主创新的道路,说明国内对创新方法的关注不够。第一章,辩护主义科学方法论的缺失。阐述科学方法论的近现代研究,介绍辩护主义方法论的特点以及科学进展下辩护主义方法论的失落,最后分析科学方法论的新发展。第二章,分析创新方法的必要,阐述基本架构的形成和意义。第三章,阐明创新思维的本质在于超越,介绍创新思维兴起的过程,最后说明创新思维的当代方法论进展。第四章,说明城市化的努力与危险,分析创新中的系统思想与方法集成,阐明方法创新在现实中的缺失。第五章,说明工具创新是科学发展的标志,工具创新是思维创新与方法创新的物质实现,工具创新是中国科技与经济发展的关键。第六章,研究机器的发现机理,并以 TRIZ 为例阐述创新方法如何作为公共知识的,最后反思创新方法程式化建构的基本理念。第七章,创新方法的社会文化建构。阐述认知传统对思维方式的设定,分析科学建制下的创新方法的建构,最后阐述创新的社会文化认知,说明企业是社会化认知的重要一维。

关键词:科学方法论　创新　文化

**0393**

**复杂系统研究与计算机模拟方法** / 齐磊磊著 ; 颜泽贤指导. -- 华南师范大学, 2009. -- 181 页

论文运用了实证研究的研究方法,用计算机模拟方法来研究复杂系统,在科学和哲学上都具有重要意义。论文第一章论述复杂系统的基本特征和基本概念。首先介绍复杂系统科学兴起的历史背景及其研究的重点内容,然后着重分析我们同圣菲研究所的基本观点。论文第二章论述对科学中的模型与模型方法进行讨论。我们力图说明模型作为模拟方法的基础在科学解释中具有重要的作用,并分析模型的基本概念,类型以及评价与选择标准。第三章论述了几种系统模拟方法的基本原理,特别阐明研究复杂系统时计算机模拟方法的价值,但有效性确认问题仍是一个迫切需要解决的问题。第四章论述运用元胞自动机模拟方法探索复杂系统突显的机理和复杂性产生的条件。首先论述对突现的动力学机制进行分析,然后给出“模拟”概念的形式化说明。最后结合复杂应答过程理论进一步讨论计算机模拟方法在分析人类社会等复杂适应系统时需要注意的问题。研究结论:作为对计算机模拟方法的一个后续讨论,当代计算主义思潮有其兴起背景以及不同的观点争辩。我们反对本体论上的计算主义,既反对这种行为“宇宙的本质是计算”的新毕达哥拉斯主义,但赞成认识论和方法论上的计算主义,认为计算是认识世界和理解世界的最重要的方式或最重要的方式之一。

关键词:复杂系统　计算机模拟　元胞自动机

**0394**

**科学哲学视野中的中医形象** / 乔文娟著 ; 李建珊指导. -- 南开大学, 2009. -- 122 页

论文对科学哲学视野中的中医形象进行研究。全文共分为四章。首先,前言。第一章,中医存废之争。首先阐述废医论提出的浅层原因,说明中医信任的丧失,最后介绍现代中医存废之争的流派,质疑中医是不是科学这个问题。第二章,中医学的实践理论。首先简要回顾中医理论的发展历史,分析中医实践理论的范式基础,说明中医的实践主体是科学共同体,然后探讨中医理论的方法,最后阐述近代医学模式的哲学基础及其困境,探讨现代医学模式的中医学启示。第三章,中医学与科学哲学的实践转向。首先介绍科学的价值负载,分析科学实践活动的负面影响,介绍科学合理性的辩论,然后说明科学研究的主

体性，介绍SSK及其科学观，阐述作为实践建构的科学，说明中医是科学实践哲学的地方性知识。第四章，科学文化哲学与中医存废之争。分析科学文化与人文文化的分野，介绍科学精神与人文精神，阐述中西医文化的基础，最后分析中医存废之争的实质。中医学作为一种文化，是本民族长期实践的理论总结，而中医存废之争，正是文化全球化背景中文明冲突的争论。科学本应是价值负载的，是理性精神与人文精神的同在。然而，科学主义盛行，人文精神失落了。科学哲学的文化转向，正是要重新塑造科学与人文的同一性。

关键词：科学哲学　中国医药学　传统文化　中医存废斗争

**0395**

**柯亨分析的马克思主义及其方法论研究** / 沈步珍著；王贵友指导. -- 武汉大学，2009. -- 156页

论文从方法论视角对于柯亨的历史理论和政治哲学思想进行解读，重点分析柯亨在历史理论和政治哲学中的分析方法，详细阐述功能解释方法并对功能解释方法运用于唯物史观的方法进行分析和澄清。全文共分为五章。第一章，分析马克思主义兴起的社会历史背景、学术文化背景，最后探讨分析的马克思主义的发展源流。第二章，柯亨分析的马克思主义之基本思路。首先介绍柯亨的思想发展历程，然后阐述柯亨对历史理论的辩护，最后对柯亨的历史理论和政治哲学进行评析。第三章，柯亨分析的马克思主义之方法论及其特点。分别介绍语言分析方法以及逻辑分析方法，介绍功能解释及其结构。第四章，柯亨与分析的马克思主义及其代表人物方法论之争论。首先阐述反功能主义派对功能解释方式的批判，介绍方法论的个人主义与理性选择，最后分析柯亨与帕里斯的反驳与辩护，说明功能解释是马克思主义的内在解释，合理的功能解释无需馈环。第五章，结论及意义。分析柯亨方法论的合理性和局限性，说明柯亨与分析的马克思主义其他代表人物方法论的共同特点即都趋向实证化，强调分析方法否定辩证法，强调理性而否定辩证法，然后分析在唯物史观研究中运用分析的马克思主义的分析方法的必要性、可能性及其局限性，最后说明分析方法与现代人本主义方法的融合互补。

关键词：柯亨　马克思主义　历史理论　政治哲学　方法论

**0396**

**科学创造视角下的意会认知论：以波兰尼与庄子比较为基础** / 石仿著；刘仲林指导. -- 中国科学技术大学，2009. -- 145页

论文主要探讨如何从认识论的角度，继承、发展传统意会理论的精华，并通过中西对比，积极地、批判地汲取国外意会理论新成果，分析其在科学创造中的作用和地位，在此基础上，提出改进我国科研教育长期存在的弊端和不足。全文共分为六章。第一章，绪论。界定论题，阐述国内外研究现状，说明论文的研究方法和框架结构以及论文的创新点和难点。第二章，波兰尼意会思想综述。分析意会认知理论的思想渊源，介绍波兰尼的意会知识，阐述意会认知的结构。第三章，庄子意会思想概述。第四章，横向比较波兰尼意会认知论和庄子意会思想。对庄子和波兰尼意会理论的比较，着重从哲学概念、思维方式、方法论等方面进行比较，指出波兰尼和庄子思想的异同点，在追溯意会知识历史沿革的基础上，对庄子和波兰尼意会理论之间互补的必要性和可能性进行分析。第五章，探讨科学创造和意会认知之间的关系。从科学认识论的角度，运用创造学相关理论，对科学创造过程中涉及的科学美、直觉思维、审美推理等意会因素在科学发现过程中的作用进行详细的阐述，并结合科学史上的典型案例，对意会认知在科学创造中的作用进行具体阐述。第六章，在综合考察我国科研教育的培养模式、科研体制以及文化传统等因素的基础上，深入探讨我国现阶段科研教育存在着忽视、回避甚至排斥意会认知的现象，并提出针对性意见。

关键词：波兰尼（Polanyi, Michael）　庄子　哲学思想　认识论　科学哲学

**0397**

**宇称不守恒与判决性实验** / 舒国萱著；张志林指导. -- 中山大学，2009. -- 126页

论文以弱相互作用中宇称不守恒的具体研究为切入点，通过对判决性实验进行精细的逻辑刻画和细致的案例分析，旨在为判决性实验之可能做辩护。论文的目标是支持两个论断：第一，判决性实验逻辑上是可能的。第二，具体的科学实践中存在判决性实验。全文共分为五章。第一章，通过案例分析弱相互作用中宇称不守恒的理论原由、挽救性假说以及不守恒的内在机制。第二章，判决性实验的问题

集。第三章,判决性实验的重要历史态度。追源判决性实验的概念,表明判决性实验不能绕过的重要历史态度。第四章,阐述培根的指路牌事例,表明迪昂对判决性实验的质疑,最后介绍判决性实验的精细结构。第五章,判决性实验之可能论证。论文区别于以往辩护者的思想的主要创建性工作是:第一,刻画宇称不守恒案例中的实验证据与理论之间的逻辑关系。第二,刻画判决性实验的精细结构。第三,克服格伦鲍姆的论证的不足,为判决性实验之可能进行新的辩护论证。通过全面的分析和论证,论文明确得出以下结论。第一,判决性实验逻辑上可能;第二,具体的科学实践中存在着判决性实验;第三,判决性实验的精细结构是其自身存在的条件;第四,在具体科学实践中,判决性实验可以是单一实验,也可以是一组实验。一组实验的判决效力比单一实验的判决效力强。

关键词:科学哲学　宇称　能量守恒定律　实验

**0398**

**论制度性事实的建构:从言语行为理论观点看** / 宋春艳著 ; 蔡曙山指导. -- 清华大学, 2009. -- 116 页

论文从语言哲学的角度研究社会本体,采取"概述社会事实,主要论述制度性事实"的研究策略,对制度性事实的构建进行论述。论文共分为五章。第一章引言介绍选题背景和意义以及研究现状,说明论文的研究目标。第二章,制度性事实、行为式话语和适应方向。首先阐述制度性事实的涵义,分别介绍奥斯汀、巴赫、塞尔的行为式话语,探讨行为式和塞尔的制度性事实构建论的理论困境,最后说明塞尔对适应方向的重新理解以及适应方向与语用行为的类别关系。第三章,首先介绍构建制度性事实的三大工具:集体意向性、功能赋予以及构成性规则,说明言语行为与制度性事实的内在联系,然后阐述建构制度性事实的宏观模式以及微观模式,最后说明言语行为构建制度性事实的逻辑框架。第四章,制度性事实建构论下的库恩的"范式"理解。说明范式是一种制度性事实,分析作为制度性事实的范式的提出、保持以及范式形成的特征。论文从塞尔的适应方向这个角度去界定构建制度性事实的言语行为的类别,具有世界适应词语的适应方向的言语行为。第五章,结构和进一步研究。新范式的提出是向科学界做出宣告,而不仅仅是描述自然发现,这将给传统科学观带来一定程度的影响。

关键词:语言哲学　言语行为　语言表达

**0399**

**11 世纪中国的科学、技术与社会** / 苏湛著 ; 刘晓力指导. -- 北京师范大学, 2009. -- 210 页

论文选取北宋咸平四年(1001)和宣和二年(1120)之间的 120 年历史作为研究对象,以《中华人名大辞典》为主要资料来源,采用科学社会学的经典方法,对活跃于这一时期的北宋社会精英群体进行集体传记研究,以分析这 120 年中北宋主流精英阶层科技兴趣的变化情况,并结合其他资料分析这些变化的原因。论文尝试解答两个问题。第一,北宋的主流社会究竟怎么看待和评价科学技术以及科学活动的参与者的;第二,这种态度的变化是否与当时的社会风气变迁有关。全文共分为七章。第一章,首先讨论将默顿方法应用于中国古代科学史研究时可能遇到的困难,并尝试制定新的解决方案。然后用这种方案处理来自《中华人名大辞典》的数据,从各个角度分析其中的信息,以找到宋人科技兴趣变化的规律,以及导致这种变化的原因。第二章,分析北宋 1001—1120 年间科技产出率以及政府对科技态度的变化,并与第一章得到的结果进行比较,以得到对北宋王朝科技发展状况的更全面的认识。从第三章到第五章,从职业、地域和意识形态三个方面人手,研究宋代不同群体对科技活动的态度差异,并讨论造成这种差异的原因。第六章和第七章,将对北宋社会风尚和宋学精神的形成、发展、演变过程进行总体梳理,并讨论其中可能与宋人科技兴趣变化有关的因素。

关键词:自然科学史　北宋

**0400**

**中国研发"两弹一星"的文化透视** / 孙丽著 ; 王鸿生指导. -- 中国人民大学, 2009. -- 184 页

论文从社会文化视角主要考察中国研发"两弹一星"这一重大历史事件。全文共分为四章。第一章,介绍中国研发"两弹一星"的历史文化背景,探讨留学归国科学家以及部分具有留学背景的中共党内的政治家在中国"两弹一星"研发事业中的重要作用。第二章,阐述中国研发"两弹一星"的主要历程。重点探讨苏联对华进行核技术援助的问题,对中国研发成功的"两弹一星"之后国际社会的反响进行考察和分析,提出美苏都曾为维护其自身利益而遏制中国发展,中国甚至一度面临美苏两国联合核打击的险境;而印度

和日本视中国核力量为极大的威胁，因此加紧防范中国；广大第三世界友好国家则理解和支持中国。第三章，分析“两弹一星”事业成功的原因。说明“两弹一星”事业成功的主要原因可以归纳为三个方面，即核心领导人的重要作用，核心科学家的直接贡献以及集中统一领导体制的优势作用。第四章，说明“两弹一星”事业成功的意义。考察中国核战略的演变，对中外截然不同的核战略进行分析论证，指出西方核战略具有强势攻击性，而中国核战略则具有积极的自卫防御特征。“两弹一星”研发过程中形成的核心价值和人文精神深刻地影响和塑造了当代中国文化，在精神层面深刻地影响了中华民族。

关键词：原子弹　氢弹　人造卫星　核战略　国家安全

**0401**

**简单性：技术复杂性的意向性解析** / 王金柱著 ; 刘晓力指导. -- 中国人民大学, 2009. -- 149 页

论文从物理立场、设计立场与意向市场相关联的角度，通过对人的意向、技术系统的意向、社会意向的分析，从复杂性技术与简单性信念、技术系统进化的意向性展开、简单意向中的技术复杂性、技术简单性意向的对象化实现几个方面，对人的简单性意向与技术复杂性之间的内在关联做出解释和说明。全文共分为四章。首先，导言。提出问题，阐述论文的研究现状、研究意义以及研究方案。第一章，复杂性技术与简单性信念。探讨世界的复杂性本质，说明技术世界的复杂性，阐述简单性的历史偏爱、美意内涵、理性经济以及主体信念。第二章，技术系统进化的意向性展开。阐述技术对变革自然意向、社会意向以及人性意向的背离，说明技术进化的自主意向、社会意向和逻辑方向。第三章，简单性意向中的技术复杂性。说明技术进化的事实与意向，分别阐述客观层面、认知层面与实践层面的技术复杂性，表明技术复杂性需要经济理性。第四章，简单性意向的技术实现。说明技术复杂性引发的生态危机、社会风险以及人性困境，阐述意向性意向的多向度实现，即回到事实的简单性意向，面向复杂性的主体协同，揭示真理的维度和选择以及虚假需求的意向性审度，最后介绍简单性意向对象化度量的原则以及时空度量和身心度量。论文最后强调，技术对人类简单性意向的贯彻需要批判理性的回归。

关键词：科学技术　复杂性　技术哲学

**0402**

**社会工程与中国现代性的建构** / 王英伟著 ; 许志晋指导. -- 吉林大学, 2009. -- 152 页

论文运用了案例分析和文献分析的研究方法，探讨了社会工程作为科学方法为中国消除其现代社会的矛盾，解决其现代性发展中的两难困境，进而构建和谐社会提供的方法论支撑。与此同时，围绕我们现代性生成的四个核心问题，即社会发展的价值抉择问题，社会制度正当性的问题，社会结构的合理性问题以及社会个体的主体性问题，论文提出了详细的建构方案。论文第一章论述了现代性及其危机分析，首先论述了现代性的起源和发展，然后论述了现代性的丰富内涵，最后论述了现代危机及其根源分析。第二章论述了中国现代性及其历史困境，包括现代性的中国定位，中国现代性起源与发展的回溯和中国现代性的艰难抉择。第三章论述了现代性建构的社会工程化思维的全面阐述，首先论述了社会工程的界定，最后论述了现代性建构社会工程思维的提出及其前提批判。研究结论：论文在详细考察中国现代性历史发展过程的基础上揭示了中国现代性发展的内在逻辑、特点、现实困境与发展需要，指出中国现代性的特殊性，复杂性和差异性决定了我国的现代性发展需要培育中国特色。应对这个现实需求，在马克思的现代批判理论及其实践哲学视域中，从理论上解答了现代性是否能够以社会工程的方式加以建构的疑问，提出了现代性建构社会工程化的思维。

关键词：社会学　社会主义建设　现代主义　社会关系

**0403**

**技术的人性本质探究：马克思生存论视域下的技术** / 王治东著 ; 萧玲指导. -- 南京大学, 2009. -- 178 页

论文采用历史与逻辑相结合的方法，结合人类史、技术史和哲学史的发展脉络，在纵向历史时空中，以技术为线索，分析、剖析技术的人性本质和技术的生存本质，并通过生存方式和人性本质的研究进一步揭示技术的本质、技术异化的技术因素与人为因素等，揭示技术与人之间的回馈关系，在此之中实现技术与人之间的双向解读。论文着力解决三个问题。一是通过生存方式和人性本质的研究揭示技术的本质，二是探讨技术异化产生的根源，三是为技术实践和技术未来发展提供一定的理论指导和参考思路。全文共分为七章。第一章，阐述海德格尔、法兰克福等

西方学者技术救赎之梦,介绍后现代的技术之悖,开启和引出论文的视角。第二章,借助马克思生存论视域,探讨技术本质、生存本质与人的本质的统一性与连接点问题。第三章,通过历史考察,探究人—技关系的表征与实质问题。第四章,探讨技术功能分化与两种文化冲突问题,并尝试对技术文化本质进行分析。第五章,通过时间和空间的制约因素,揭示技术的社会运行机制问题。第六章,通过现实的人—技关系分析,指明技术僭越与人类生存危机问题。第七章,针对几个重要的问题给予回答,通过寻求问题解决途径,探讨技术理性与人类未来。其中,技术发生学、技术异化论、人—技关系及其相关的两种文化问题等,是论文重点关注的方面。

关键词:技术哲学　马克思　人性　生存

**0404**

**跨国公司在京研发机构及其与北京市区域创新系统关系研究** / 吴桂英著 ; 叶中华指导. -- 中国科学院研究生院, 2009. -- 163 页

论文对跨国公司在京研发机构及其与北京市区域创新系统关系进行研究。全文共分为五章。第一章,引用大量文献和数据,对跨国公司研发全球化的发展历程、动机、区位分布、产业分布、活动模式、组织结构模式等进行归纳和分析,并辨析了研发全球化的主要发展趋势。第二章,对跨国公司在华及在京研发机构的发展状况进行概括和总结,并通过二手数据整理和第一手数据分析,指出这些机构所呈现出来的特征。第三章,在对北京市区域创新系统状况进行分析和描述的基础上,通过问卷调查和实证研究,分别指出北京市区域创新系统中的各个要素在吸引跨国公司设立研发机构方面的作用。第四章,首先从理论上对跨国公司在京研发机构推动北京市区域创新建设的途径和效果进行探讨,继而利用问卷调查的结果,从跨国公司在京研发机构与北京相关机构的关系及跨国公司在京研发机构推动北京市区域创新系统建设的作用两个方面,对跨国公司在京研发机构推动北京市区域创新建设的状况进行实证分析,并提供两个案例作为辅助说明。第五章,在对国内外有关跨国公司研发投资的政策进行梳理和评述的基础上,结合问卷调查的结果,有针对性地提出了利用跨国公司在京研发机构加强区域创新系统建设的对策建议。

关键词:跨国公司　区域经济　国家创新系统　投资　北京

**0405**

**中国人文化成思想的本土心理学探究** / 奚彦辉著 ; 高申春指导. -- 吉林大学, 2009. -- 112 页

论文运用了文献和案例分析的研究方式,对中国人文化思想的本土心理学研究,依循文化问题而来,以学术实践主体性的建立为旨归,阐释中国传统的"文化"的理解,并将此种理解作为阐释中国文化心理的一种方式,探究中国人文化的本土心理学。论文第一章论述中国传统人文化成思想的必要性。首先阐释人文化成思想的必要性,然后论述"化"之独到内涵的凸显。论文第二章论述人文化成思想的新诠释以及成人思想的研究。包括人文化成的解构和重构,中国传统的成人思想探析和传统成人思想的局限性分析。第三章论述人文化成之成人的复杂性探析,首先论述自我之化的解析,然后论述人文化成的过程中我执与人之化的盾性的解析,最后论述人文化成过程中化的几种方式。研究结论:论文对人文化成思想进行新的诠释,得出人乃是经由文化而成的成人理解。对人文化成人过程进行复杂性解析,考察民众的观念理解;以"自我"为切入点,来架构现代人之成人的心理学理解,对传统的我执观念进行现代的诠释与转换,指出我执与人的关联;区分人文化成的过程中几种化的理解。人文化成的人性观,不在人性善恶问题上做争论,着重强调人性是可化的,注重化性的实践。以人文化成思想的心理学探究,作为中国本土心理学的一种努力。

关键词:民族心理　精神分析　传统文化　人文环境

**0406**

**区域创新与公共信息服务平台:以北京顺义区为例** / 夏春秋著 ; 胡新和指导. -- 中国科学院研究生院, 2009. -- 180 页

论文以北京顺义区公共信息服务平台建设为案例,具体分析顺义区区域创新系统的特点,分析顺义区公共信息服务平台建设的架构思路、技术平台、影响效果,为区域创新系统的理论研究提供实证材料,为公共信息服务平台的建设提供可借鉴的经验和教训。全文共分为五章。第一章,引言。第二章,在国内外学者有关区域创新系统的研究基础上,分析创新与制度性学习的关系,特别分析政府、企业、高校和科研机构等组织之间的互动网络结构对学习过程的影响,从理论上总结信息交流与共享对区域创新系统的

重要性，总结适合于区域创新活动的信息交流与共享机制的一般特征。第三章，分析北京市顺义区区域创新系统的特征，包括外部依赖性、成长性、多层次、多主体、多产业、多功能，在问卷调查的基础上，分析顺义区企业创新的内部和外部影响因素。第四章，分析以往的技术体系满足顺义区公共信息服务平台系统耦合要求的困难，分析了用于顺义区公共信息服务平台建设的新的技术平台 e-flow 的特点。第五章，分析顺义区公共信息服务平台对区域创新的作用，分析针对政府用户、企业用户和公民用户的问卷调查资料，总结公共信息服务平台对不同组织和个人的实际影响，概括不同用户群体对目前公共信息服务平台所反应的问题。

关键词：区域经济　国家创新系统　信息系统　地方政府　顺义区

**0407**

**社会科学中的个体主义与整体主义：从可还原性的视角分析** / 夏代云著 ; 张志林指导. -- 中山大学, 2009. -- 253 页

论文运用了案例分析和实证研究的研究方法，论证部分可还原整体论。其主要思想是承诺层级本体论，认为个体和社会建制都是本体上存在的现象，并认为社会理论部分的可还原到关于个体的理论。论文第一章论述个体主义与整体主义的本体论承诺之争。首先论述孔德的社会有机体论，然后论述社会存在本体论，最后论述突现的动力学机制。第二章论述社会究竟是什么。首先论述看待社会的几个视角，然后论述本理论的还原论之强纲领，接着论述走向层资本体论，最后论述一个工作的假说：作为方法论的层级本体论承诺。第三章论述社会科学中的解释：方法论个体主义与方法论整体主义之争。包括迪尔凯姆的方法论整体主义主张，波普尔的方法论主张，卢克斯对方法论个体主义的反驳和扎勒对于多重可实现性论证的反驳研究结论：理论还原论题被卷入本体论论题和方法论论题中，且二者的理论主张均发生了变迁，发展出不同的形式，其中某些形式融合了双方的一些因素。方法论个体主义分为强，弱两大类。其中，强形势认为，在本体论上，社会中只有人是真实存在的，在方法论上，所有的社会现象都应该用个体及其互动来解释，应该被还原为，或原则上还原为关于个体及其互动的规律。弱形式则将社会建制和社会结构置于社会科学解释中的重要位置。

关键词：社会科学　本体论　方法论　科学哲学

**0408**

**科学技术促进循环经济发展研究** / 严炜著 ; 李光指导. -- 武汉大学, 2009. -- 190 页

论文运用比较分析法、动态分析法、系统分析法等多种方法，从科技哲学角度对科学技术促进循环经济发展问题进行系统深入的研究，并提出以科学技术促进循环经济发展的重要举措。论文共分为五章。第一章，论述循环经济与科学技术的关系。分析科学技术的现代特征和社会价值，明确循环经济产生的时代背景、基本内涵、技术特征和技术支撑体系，并提出科学技术促进循环经济发展的理论依据。第二章，分析发达国家科学技术促进循环经济发展的实践。主要发展绿色技术、重视基础研究、高新技术产业化、推行清洁生产技术与工艺、兴办生态产业园。第三章，论述我国科学技术促进循环经济发展的实践。我国循环经济的科技主攻方向和战略重点明确，绿色技术使工农业循环经济发展良好，国际科技合作有助于循环经济国际化进程。第四章，对中外科学技术促进循环经济发展进行比较。中外科学技术促进循环经济发展，经历大致相同的发展历程，也存在一些差异。这些差异的主要成因在于科学技术的发达程度、市场经济建构的时空条件、思想家的理论催化作用、文化背景等方面不同。第五章，提出以科学技术促进循环经济发展的运行机制。首先，要建立科学技术促进循环经济发展的运行机制。其次，要强化科学技术促进循环经济发展的对策措施。其次，要强化科学技术促进循环经济发展的对策措施。再次，要完善科学技术促进循环经济发展的基础保障。

关键词：自然资源　资源经济学　经济发展　科学技术　循环经济

**0409**

**唐娜·哈拉维的女性主义技科学思想研究** / 杨艳著 ; 蔡仲指导. -- 南京大学, 2009. -- 231 页

论文主要研究当代著名女性主义科学论者唐娜·哈拉维的技科学思想及其发展过程，并从中透视当代科学论、当代女性主义及当代文化的时代特征。全文共分为五章。第一章，解读哈拉维透过女性主义视角所做的灵长学史与免疫学文化研究，并分析她提出的白人男性科学家以外的人循着科学知识生产中的性别与种族关系建立科学的“叙述理论”。第二章，

研究哈拉维最负盛名的“赛博理论”的本体论及政治学内涵，阐明自然与文化的混合本体论思想，并引申赛博理论的重大文化意义。第三章，讨论哈拉维针对客观性问题提出的独特女性主义方案——情境知识，考察在这种客观性中传统主体与客体理论的革新。第四章，试探求哈拉维完成对自然/文化二分法的批判工作后，转入到日常生活中思考如何重新建立自然与文化之关系的新思想动态。第五章，对哈拉维的技科学思想做综合评价，包括方法特征、理论定位、理论意义和理论局限。论文是目前国内学术界第一项全面系统研究唐娜·哈拉维科学论思想的成果。论文在思想观点介绍、评析、定位及引申方面，还有当代科学论发展的前瞻性把握方面均有一定的创新，对于推动国内科学论研究与国际接轨有一定参考价值，特别是对我们探索多样性的、开放的科学观有很好的借鉴意义。

关键词：哈拉维（Donna Haraway） 科学哲学 哲学思想 女性主义

**0410**

**信念视域分隔与知识命运选择：社会认识论研究的廓清与建构** / 尤洋著 ; 殷杰指导. -- 山西大学, 2009. -- 296 页

论文的主要目的是试图总结和廓清所有有关社会认识的思维，并且试图构建一个合理的研究体系。全文共分为六章。第一章，认识论的社会化趋势。主要阐述认识论的现代发展的新特征，说明认识论的两个生成方向，系统指出两种转向的生成原因，最后说明社会认识论的研究意义。第二章，社会认识论的涵义。首先，从历史发展的角度，追溯社会认识论的发展线索和思想脉络演变；其次，对社会认识的内在涵义做出了基本界定，展示出其研究风格和多元理解，最后进一步明确其与传统认识论、知识社会学的划界。第三章，具体分析社会认识论的三种不同的理论定位，指出哲学式和社会学式的两类研究路径，在此基础上将社会认识论的研究内容大致归纳为三个不同的域面，并相应地将其中所包含的具体研究内容做出了详尽的论述和分析，从而构建一条把握社会认识论的核心思维主线。第四章，介绍五个不同的理论和思想，指出这些理论的内容、特征和哲学意义。第五章，从具体问题上来透视知识的社会性、知识的社会维度思想在求解哲学难题上的意义和方式，详尽分析了社会认识论之于科学知识合法化、认知偏见、信息与知识、研究伦理学问题上的启迪和朝向认识社会化的发展，揭示认识论的社会化思想给哲学研究带来新的思维和观念。第六章，认为社会认识论显示出的思维方式和认识观念的变革和方法论的更新，必将为认识论研究带来深刻启迪和认识价值。

关键词：社会学 认识论

**0411**

**不妥协的因果解释：论维果茨基的言语思维学说** / 原琦著 ; 李建珊指导. -- 南开大学, 2009. -- 121 页

论文对维果茨基的言语思维学说进行论述，解释不妥协的因果关系。全文共分为四章。第一章，维果茨基心理学研究的起点。介绍维果茨基艺术心理学的反射学进路，阐述维果茨基对条件反射学说的分析，最后介绍维果茨基对本能—情绪行为的研究。第二章，维果茨基的哲学观。首先说明现代心理学的主要矛盾是解释与描述问题，阐述维果茨基对历史上主要情绪理论比如詹姆斯—兰格理论、丘脑理论的分析与比较，说明新旧理论的共同窠臼，然后分析主要情绪理论与笛卡尔激情学说的关系，探讨现代心理学危机的笛卡尔根源，最后从斯宾诺莎哲学的反笛卡尔性看解决问题的出路。第三章，维果茨基对情绪与理智关系的探讨。回顾情绪理论的历史，说明情绪与理智的关系，介绍意志与言语思维。第四章，维果茨基的言语思维学说。首先介绍高级心理机能的社会文化起源理论，然后说明自体刺激与言语思维，介绍高级心理机能的成长历程，由混合思维阶段到复合思维阶段再到潜在思维，最后分析概念发展的本质。对人类个体高级心理机能发展过程的历史回顾，恰好可以展示作为人类思维之核心部分的概念发展的本质。而维果茨基有关人类高级心理机能，即言语思维发展过程理论的丰富内涵也可以给我们对某些重要哲学问题的解答带来灵感和启示。

关键词：言语 思维 情绪 心理过程 维果茨基（Vygotsky）

**0412**

**技术文化意义的合理性研究** / 曾鹰著 ; 乔瑞金指导. -- 山西大学, 2009. -- 191 页

论文考察在当下技术危机与文化裂变的境遇中，技术文化意义世界的裂变、扭曲与失落及其重构。论文共分为四章。首先，导论。指证当代技术已构成人类无法逃脱的命运，尤其是“技术转向”喻示着当代技术文化成为一切问题“问题化”的索引，为此展开对技

术文化合理性重构的研究。第一章,对当前技术文化研究的合理性反思。从合理性视域透视技术文化,说明技术哲学研究中所直面的问题论域,阐明论文合理性反思把握技术文化的基本意蕴,说明技术哲学研究的文化转向缘由。第二章,对技术文化存在方式的合理性特征的分析。追溯和考察从前现代、现代到当代技术文化的嬗变,阐述技术与文化的关系,指出技术是人类文化意义世界的基础。第三章,技术文化意义危机的合理性透视。阐述当代技术文化危机的表征、根源,进而揭示出"意义危机"在任何时候都表现为其内在核心力量的展示,而这种核心力量在当代就是起主导作用的技术文化,以及这种技术文化所蕴涵的价值力量。第四章,技术文化意义的合理性重构。提出超越现代技术的工具理性,使整个社会重构,摆脱危机需要变革,核心是重建人类的意义世界。这一变革也是文化重建的过程,通过反思人类的价值世界,重建人与自然、人与人、人与社会的关系。拓展当代技术"文化批判",重构技术化时代的"人文向度"。

关键词:技术哲学　文化

**0413**

**高速公路建设与社会经济发展的系统研究** / 曾兆庚著 ; 颜泽贤指导. -- 华南师范大学, 2009. -- 212 页

论文以系统科学原理为基础,采用定量分析与定性分析相结合的分析思路、理论研究与实证研究相结合的研究过程;借鉴系统科学、系统动力学、电轴开发理论、增长极理论、交通经济带理论以及区域经济学和地理经济学的相关理论观点,构建高速公路对社会经济发展促进作用的评价指标体系,在提出相关假设基础上,构建基于系统科学的高速公路对社会经济发展的三层次模型,并运用系统动力学论述三层次间的正反馈效应和时间滞后效应;再结合广东省高速公路发展数据和各项经济发展的数据,通过相关性分析、DEA 分析法等实证研究对模型进行检验,得出相关结论。全文共分为八章。第一章,绪论。第二章,介绍论文研究所用到的理论。第三章,分析高速公路建设的现状以及高速公路建设对环境的影响,阐述高速公路建设对社会经济发展的促进作用类型,最后分析高速公路建设对经济发展促进作用模式。第四章,探讨高速公路建设对社会经济促进作用研究模型。第五章,通过实证研究高速公路建设对广东社会经济的影响。第六章,基于时间维度探讨高速公路建设对广东社会经济的促进效应。第七章,基于空间维度探讨高速公路建设对广东社会经济的促进效应。第八章,结论。结果表明关东高速公路建设对第一产业和第二产业的贡献率递增,对第三产业贡献率递减;广东高速公路建设对落后地区的经济贡献率要高于发达地区,但对珠三角地区经济发展的绝对贡献额要远大于落后地区。

关键词:高速公路　经济建设　地方经济　经济发展　广东

**0414**

**中国科学史学史研究** / 詹志华著 ; 郭金彬指导. -- 厦门大学, 2009. -- 365 页

论文运用了史学研究的方法,详细论述了中国科学史与包括中国科学史,中国史学史在内的历史学科,中国哲学与科学哲学,以及科学社会学等学科的关系,突出其研究的学术价值。论文还阐述了科学史学与科学创新的关系,主要论述了科学史学与科学发现,科技发明之间的关系,突出了其研究的社会影响。论文第一章论述了中国大陆地区科学史学史概述,首先论述了大陆地区科学史学的发展历程,然后论述了科学史学的机构和团体简介,接着论述了大陆地区科学史学会议,刊物选介,最后论述了大陆地区科学史学之展望。第二章论述了中国台湾地区科学史学的发展历程,包括台湾地区科学史学的开创及早期研究,台湾地区科学史学的低谷,转机和兴起以及台湾地区科学史学的建制和繁荣。第三章论述了中国科学史与相关学科。首先论述了中国科学史学与历史学科,然后论述科学史学与传统哲学,科学哲学和科学社会学的关系。第四章论述了科学史学与科技创新,包括国外科学史学的发展状况和走向世界的中国科学史学。研究结论:论文把中国科学史学的发展置身于世界背景之下,进行重新审视。在对国外科学史学发展历程与国外科学史学状况进行必要梳理的前提下,探讨它们对中国科学史学发展的价值和意义,并讨论了"全球化"背景下中国科学史学的发展问题。

关键词:科学史学　科学史　史学史

**0415**

**怀疑:可能、现实与潜在——皮尔士可错论的形而上学基础** / 张立静著 ; 钱捷指导. -- 南开大学, 2009. -- 136 页

论文以从范畴概念到怀疑概念再到可错论的推进过程为基础考察皮尔士可错论的形而上学基础。

全文共分为六章。第一章,导论。对皮尔士进行介绍,说明论文的选题背景、选题意义以及研究现状,介绍论文的结构。第二章,范畴理论与可错论。阐述皮尔士范畴理论的提出以及范畴的推导与证明,介绍波普尔、拉卡托斯的可错论及其困难,说明皮尔士可错论的三个主题。皮尔士的"怀疑"概念始于对笛卡尔主义的批判,它既不是笛卡尔怀疑一切意义上的怀疑,也不是像休谟那样将怀疑当作人类认识的最后界限,而是一种以批判的常识为基础的"真正的活生生的怀疑"。第三章,怀疑的第一性:混沌与可能。首先,阐述第一性范畴的质料性、形式性以及范导性作用,说明怀疑的可感受性,最后介绍科学的可错性、逻辑推理的可错性以及数学的可错性。第四章,怀疑的第二性:进化与现实。阐述第二性的质料性、形式性以及动力性作用,探讨怀疑的动力性即观念的澄清、信念与习惯以及探究方法,分析自我修正的探究主题。第五章,怀疑的第三性:范导与潜在。说明第三性的质料性、形式性以及潜在性作用,阐述怀疑的普遍潜在,最后介绍探究的形而上学主题。第六章,怀疑的形而上学地位与价值,探讨解决可错论问题的可能进路。

关键词:皮尔斯　哲学思想　怀疑主义　思想评论

**0416**

**进化生物学哲学研究:索伯论适应与事实** / 张昱著 ; 任晓明指导. -- 南开大学, 2009. -- 146 页

论文阐述自然选择理论中适度概念何以成为自然选择的核心概念问题,探讨了适应度概念是否为自然选择理论唯一的可资使用的理论问题。全文共分为四章。第一章,提出适应度是解释自然选择理论的核心概念,适应度的概率解释促进了对适应度如何建构进化论之问题的理解。第二章,提出通过考察作为适应纲领之一的适应主义,自然选择是生物学多样性事实的最重要的、但是并非唯一的原因,支持索伯关于适应主义难以测试的论断。第三章,提出选择单位主要涉及作为进化原因的事实,自然选择造成特征进化的原因有利于生物钟,利他性概念比自私的概念在解释特征进化时具有更为透彻的解释力。第四章,指出系统学的科学哲学凸显作者对作为进化结构的事实之研究思路,进化生物学本质上是一种系统生物学,生命之树所展现的祖先—后代之演绎关系可以归结到分类学中的物种概念、阶层性等问题。总之,索伯的进化生物学哲学思想是深刻而且全面的,他既创造性地继承逻辑经验主义哲学基础,譬如提出适应度的概率解释、简单性、一致性、分类学的系统哲学等,又大大开拓进化生物学哲学的研究视域,比如利他性概念在科学哲学中的扩展。文章提出索伯的进化生物哲学研究纲领乃是建基于"适应与事实"及两者之联系。

关键词:索伯(Elliott Sober)　进化论　生物学哲学　思想评论

**0417**

**美国环保协会研究** / 赵菁奇著 ; 史玉民指导. -- 中国科学技术大学, 2009. -- 114 页

论文在定性分析、定量说明的基础上,对美国环保协会进行比较系统的研究,具有一定的创新性。全文共分为六章。第一章,绪论。说明论文研究背景,相关概念以及国内外研究现状,阐述论文的研究目的、研究内容和研究方法。第二章,美国环保协会形成与发展的历史背景。首先阐述环境问题是美国环保协会产生的客观原因,分析环境问题与政治问题的关联性,最后阐述美国环保协会形成与发展的思想背景和客观基础。第三章,美国环保协会的建制特点及工作方式。介绍美国环保协会的基本情况以及主要特点,阐述美国环保协会关注的主要问题,分析美国环保协会的资金状况,最后阐述美国环保协会解决环境问题的实际工作方式,即广泛和企业合作,积极利用市场机制,网络取向型工作方式。第四章,美国环保协会在我国开展的具体项目及影响分析。分析美国环保协会在我国开展的必要性,对在我国开展的项目进行分类,从项目概况、执行形式两方面分别进行探讨,对项目取得的成果从理念层面、战略层面、制度层面分析美国环保协会对我国的影响。第五章,分析我国环境非政府组织的现状,用 SWOT 方法分析我国环境非政府组织的优势、劣势及机会、威胁因素,探讨美国环保协会运作特点及工作模式对我国环境非政府组织的启示。

关键词:生态环境　环境保护　协会　美国

**0418**

**直觉与创造** / 照日格图著 ; 王天成指导. -- 吉林大学, 2009. -- 105 页

论文运用了案例分析和实证研究的研究方法,以直觉与创造为主题,论述了以下四个方面的相关问题。论文第一章论述了直觉的本质特征是思维的直接的能动创造性,包括普通心理学的感知觉概念及其缺陷和直觉作为直觉与思维的统一。第二章论述了

直觉领会,直觉洞察和直觉抽象。首先论述了直觉领会的整体建构和超越,然后论述了直觉洞察的本源性选择与比较,最后论述了直觉抽象的完型的把握本质结构。第三章论述了直觉与想象力。首先论述了想象力的自发性和自觉性,然后论述了自发层面上的想象力的建构能力,接着论述了自觉层面上的想象力和创造活动,最后论述了自由想象力的不断变更与本质的体现。第四章论述了直觉与逻辑的统一,包括对直觉与逻辑统一性的静态分析和主体辩证本性及其直觉与逻辑的辩证统一。第四章论述了直觉与逻辑统一的创造过程,首先论述了创造思维过程的不同的层次,然后论述了科学创造的实质及其具体方法和模式,最后论述了科学规律发现的具体模式及其实质。研究结论:直觉与逻辑自发渗透的创造过程,主要显现为直觉过程;直觉与逻辑分化后二者表现为对立且结合的科学创造过程,主要体现为逻辑思维过程;直觉与逻辑高度融合的理论创造过程,显现为直觉与逻辑同时进行的既自觉又自发的高悟性的创造过程。

关键词:创造性思维　直觉　逻辑　想象力

**0419**

**在自然科学与意识形态之间:中宣部科学处(1951—1966)研究** / 郑丹著 ; 龚育之,任定成指导. -- 北京大学, 2009. -- 160 页

论文围绕“自然科学的意识形态治理”这一研究主题,对科学处行动进行刻画和分析,揭示马克思主义指导的中央集权体制下自然科学与意识形态的关系,展现国家、政党与科学共同体的互动。全文共分为八章。第一章,阐述机构的沿革与历史背景。第二章,刻画不同阶段批判在选题方向、科学方法、科学内容、科学应用和哲学意识形态等方面的重点变换。第三章,发掘科学处以马克思主义指导自然科学研究的理论纲领和现实举措,揭示用于指导科学的“马克思主义”从辩证唯物主义向毛泽东思想的蕴涵演化过程。第四章,梳理科学处参与重大科技方针制定的过程,分析它在制定过程中的理念和实践,考察它将意识形态原则“政策化”的方式。第五章,从建制化和自身研究两个方面,刻画科学处建立自然辩证法事业的经过,提出其动因是为意识形态治理提供学术支撑,讨论其对科技工作的影响。第六章,分析意识形态治理的典型案例。第七章,探讨科学处取消后意识形态治理如何被替代,刻画其历史发展阶段特征,与美苏的类似治理进行比较,分析科学处群体的颜面术特征,对其历史使命和行动后果进行评价。第八章,结论。实证结果表明意识形态治理影响到了具有不同人类学特征的遗传学者群体的科学观点、政治态度和科学观。

关键词:中国共产党　党史　宣传工作　意识形态　自然科学　马克思主义

**0420**

**实践与文化的科学观:SSK、后 SSK 和后现代主义背景下科学哲学之发展** / 郑玮著 ; 吕乃基指导. -- 东南大学, 2009. -- 164 页

论文以科学观为切入点,着眼于科学哲学的当代重构,对实践与文化的科学观进行系统论述,并从“元科学哲学”层面做出反思,分析关于科学哲学的当代重构。全文共分为四章。前言介绍研究的工作背景,说明研究工作的主要特点与论文的基本结构,阐述论文的研究方法、创新之处以及存在问题。第一章,说明 SSK、后 SSK 和后现代主义对科学哲学的冲击、后现代主义对本质主义与预设主义哲学传统的批判以及后现代主义者对科学的批判。第二章,介绍实践的科学观。首先对“理论优位”的科学哲学进行批判和反思,然后说明从“实验实践”到“概念实践”的过程,最后从“科学活动论”谈起,介绍科学的实践观念以及科学实践的新定位。第三章,阐述文化的科学观。首先对科学哲学语境中的科学文化进行研究,说明“实践的科学观”与“文化的科学观”的必要互补,然后对比库恩的“范式”和齐曼的“真科学”两种文化,最后阐述社会整体性的科学文化,探讨科学是如何成为意识形态的。第四章,科学哲学的当代审思。介绍科学哲学研究中的“科学主义”传统,说明对于“科学主义”传统的必要超越,然后阐述开放的科学哲学,分析“外推式研究”向“内生式研究”的必要转变,最后说明 SSK、后 SSK 和后现代主义视野下的基本问题。

关键词:科学哲学　科学观　后现代主义　科学知识社会学(SSK)

**0421**

**黑格尔的实体运动思想及其科学哲学意义** / 钟晓宏著 ; 周昌忠指导. -- 复旦大学, 2009. -- 190 页

本论文运用案例分析和文献分析的研究方法,立足于对黑格尔扬弃近代哲学三大对立关系过程的认识,结合当代科学哲学及相关科学的研究领域的困惑,展开黑格尔的实体运动的内在目的性思想在当代

的现实意义的研究。论文第一章论述了导论:黑格尔精神实体运动的思想的科学哲学意义,首先论述了论文思路的总体性思考,然后论述了黑格尔实体思想与近代自然科学发展的内在关系,然后论述了黑格尔对精神运动的制度化批判,最后论述了从当代科学的发展反思黑格尔思维的实体运用思想各个层次的现实意义。第二章论述黑格尔关于认识活动是人的认识能力的社会性的再生过程的思想,首先论述了从认识能力的内在性到目的性的发展,然后论述认识活动是认识能力的再生过程,接着论述个人的认识活动从属于人类认识过程的时代性,最后论述认识能力就是劳动本身。第三章论述了认识能力的类属性,包括认识能力及其社会性和认识能力的发展。研究结论:近代哲学的唯理论的逻辑主义传统,经验论的心理主义传统,社会学的原子式个人的传统相继在科学哲学,科学社会学,科学知识社会学中得到继承。这些以孤立的,单个的,反思的态度考察科学的哲学预设,在近代造成了怀疑论,不可知论的时代风气,同样给当代关于科学的研究带来怀疑主义的潮流。

关键词:黑格尔　哲学思想　科学哲学

# 经济学

## 政治经济学

0422

**中国西部地区自然资源禀赋与经济可持续发展** / 布和朝鲁著 ; 邱海平指导. -- 中国人民大学, 2009. -- 228 页

论文的研究对象为中国西部地区自然资源禀赋与经济可持续发展的关系及其发展规律,在梳理相关理论文献的基础上提出西部地区经济发展阶段论,分析说明在西部地区经济发展的不同阶段自然资源禀赋的地位和作用。全文共分为六章。第一章,导论。首先介绍论文的研究背景,并提出问题;交代论文的研究对象和研究方法;其次,通过对主流经济增长理论的回顾,指出以往的经济增长理论解释经济增长的源泉时忽略自然资本作用这个事实;最后对论文的结构与分析框架、创新之处做出说明。第二章,西部地区经济发展阶段论。对区域经济发展阶段理论进行评述的基础上,通过发展要素与发展机能的理论分析,提出经济发展阶段划分的新的分析框架。第三章,西部地区经济发展历史与现状。在对西部地区经济发展历史进行简要回顾的基础上,通过东西部区域合作视角与区域经济发展内部视角的分析,从自然资源禀赋与经济发展的关系上阐述了西部地区经济发展模式的特征。第四章,资源依赖型经济转型与可持续发展。通过对国外资源依赖型区域经济转型发展模式和经验教训及其国内资源依赖性经济谋求可持续发展范例的介绍,着重分析资源依赖型经济的发展规律与转型发展时机的选择、转型发展阶段的判定问题,并认为西部地区推进经济发展模式转型正当其时,必须从区域经济可持续发展的战略高度,不失时机地推进经济发展模式转型。第五章,西部大开发战略:促进区域经济转型的外推力。介绍国家支持西部大开发的政策措施,西部大开发战略政策的实施效果以及深入实施西部大开发战略面临的挑战与思路。第六章,西部地区实现经济转型的内在动力。分析阐述西部地区经济发展模式转型的内在动力,基于论文的分析框架,从发展要素和发展机能及其相互关系在区域经济发展中的地位与影响的角度,着重从自然资源管理制度与创新、人力资本积累和知识资本积累的角度进行理论分析和对策性阐释。

关键词:自然资源　资源开发　经济发展　可持续发展　西部地区

0423

**国际分工下我国模块化企业集群研究** / 蔡勇志著 ; 郭铁民指导. -- 福建师范大学, 2009. -- 171 页

论文为国际分工下我国模块化企业集群的研究。全文共分为六章。第一章,研究综述。从全球价值链的定义、动力机制、治理模式、升级路径等进行归类综述,并从模块化产品、模块化企业、模块化企业集群等方面对模块化理论进行综述。第二章从国际分工的微观和中观层面进行分析。在研究模块化企业、模块化企业集群的内涵、模式、组织设计与集群抗风险激励等基础上,研究跨国模块化分工网络的发展现状、空间分布,及发达国家、发展中国家在全球价值链中的不同位置,指出发展中国家要在跨国公司的互动中学习,提高创新能力和营销水平,向价值链的高端攀升。第三章重点研究国际分工下中国模块化企业集群的发展现状。着重分析中国制造的发展现状及制造业生产的集群式分布以及产业集群的三种类别,并以长三角和珠三角的电子信息模块化企业集群为例,考察在全球价值链背景下我国模块化高新技术产业集群的发展过程和现状。第四章以我国三大产业为研究对象,即劳动密集型的纺织服装产业、资本密集型的汽车产业、技术密集型的高新技术产业,进行中外的横向比较,从比较中分析我国的优势及存在的主要不足,找出差距为下一章提出对策奠定基础。第五章是总结性内容,对上面各章分析的问题提出自己的建议,仍就从宏观、中观和微观三个层次来提出针对性的对策思路,包括融入全球价值链,积极承接跨国知识外包,强化关键模块化研发,开发内销市场等。第六章为论文的主要结论和展望。

关键词:制造工业　企业集群　国际分工　价值链

0424

**经济全球化背景下中国产业安全问题研究:基于外资并购视角的实证分析**／曹诗雄著；曾繁华指导. -- 中南财经政法大学, 2009. -- 198 页

论文基于外资并购视角的实证分析,对经济全球化背景下中国产业安全问题展开研究。全文共分为七章。第一章,导论。介绍论文研究背景,产业安全研究的理论意义和现实意义,国内外研究现状及其评价,产业安全研究的基本思路、研究方法与创新之处。第二章,经济全球化背景下中国产业安全理论概述。包括国家经济安全问题分析,国家产业安全的分类视角、内涵及其特征,中国产业安全的理论基础。第三章,外资并购对中国产业安全的影响。介绍外资在华并购新动向及其特点,外资并购对中国产业安全的影响机理,外资并购对中国产业安全影响的辩证分析。第四章,中国产业安全实质分析。分析包括中国产业市场安全分析,中国产业技术安全分析,并提出处理好产业市场与产业技术安全的关系。第五章,中国产业安全测度指标体系。介绍构建产业安全测度指标体系的基本原则与方法,产业市场安全的评价,中国产业技术安全测度指标体系,中国产业安全评估模型以及产业安全的预警。第六章。中国产业安全的实证分析,包括对中国日用品化工行业安全的案例剖析,中国装备制造业安全案例剖析,中国汽车产业安全案例剖析。第七章,维护中国产业安全的对策。根据国外维护国家产业安全的对策及其国际借鉴,提出维护中国产业市场安全的对策,提出提升中国产业技术安全的对策,并做出总结。

关键词:产业经济　国家安全　跨国兼并　经济全球化

0425

**马克思资本理论与西方资本理论比较研究**／曹彦生著；郑贵廷指导. -- 吉林大学, 2009. -- 140 页

论文对马克思资本理论与西方资本理论进行比较研究。全文共分为五章。导论部分介绍论文选题意义,国内外研究现状,研究方法与论文的基本框架,论文的创新点。第一章,马克思资本理论体系与西方资本理论体系概论。介绍两种资本理论体系不同的价值论基础,包括马克思资本理论体系的劳动价值论基础,西方资本理论体系的效用价值论基础;介绍两种资本理论体系不同的认识思路,包括以人与人之间关系为研究中心的认识思路,以物与物之间关系为研究中心的认识思路;介绍两种资本理论体系之异同,包括两种资本理论体系的差异性,两种资本理论体系的一致性,并提出理论思考与启发。第二章,资本内涵与多重性。提出资本本质是一种生产方式,资本依存的载体——生产要素,价值增值——资本的关键属性,资本内涵比较研究之理论启发与思考。第三章,资本价值增值理论比较。首先介绍资本增值过程的起点——货币资本的对比考察;介绍资本价值增值过程——生产资本的对比考察;介绍资本价值增值的实现——商品资本的对比考察,最后提出资本价值增值理论比较的启发与思考。第四章,社会总资本运用理论比较,首先对马克思关于社会总资本运用规律的理论概述,接着对西方资本理论中有关社会总资本运动规律的理论述评,最后提出社会总资本运动理论的启发与思考。第五章,资本理论比较的总体结论。

关键词:马克思主义政治经济学　资本论　经济理论

0426

**发展战略与收入分配**／陈斌开著；林毅夫,巫和懋指导. -- 北京大学, 2009. -- 127 页

政府重工业优先发展战略和由此衍生的一整套政府干预政策是中国城乡收入差距扩大的重要原因,也是中国地区收入差距居高不下的重要影响因素。论文从理论和实证两方面对发展战略与收入不平等的关系进行了研究。第三章从理论上探讨了发展战略通过劳动力市场影响收入不平等的机制,从动态框架和静态框架两个方面进行了研究。第四章从理论上探讨了发展战略通过资本市场影响收入不平等的机制。为支持违背比较优势的重工业企业的发展,政府通过金融抑制以降低其生产成本。第五章从理论上分析了发展战略对城市化和城乡工资差距的影响。文章证明,落后国家推行重工业有限发展战略将带来耕地的城市化水平和更大的城乡工资差距。第六章利用中国 1978—2004 年 27 个省级面板数据对发展战略与城市化、城乡工资差距的关系进行了实证检验。基于对最优技术选择指数的不同假设,构建可用于实证检验的计量模型。经过理论和实证研究表明,政府发展战略是初次分配实现公平最重要的决定因素。当一国政府遵循比较优势发展战略,经济就可以在初次分配实现公平与效率的统一。相反,赶超战略不仅将导致效率低下,同时还将导致收入分配恶化。

关键词:经济发展战略　收入分配　重工业　城市化

0427

**长三角区域创新系统中的协同效应研究** / 陈丹宇著 ; 张小蒂指导. -- 浙江大学, 2009. -- 201 页

论文选择具有典型示范意义的长三角,在大国转型经济的背景下,研究区域创新系统中的协同效应,剖析创新协同提升的内在机理。全文共分为八部分。第一部分为导论,介绍问题提出与研究背景、研究目标和意义、研究内容和方法、预期创新与有待研究的方面。第二部分为文献综述,对区域创新系统理论研究、协同及协同效应研究展开综述。第三部分为区域创新系统中协同效应的理论研究框架。首先介绍区域创新协同的内涵,包括区域创新协同的概念和本质;其次讨论区域创新协同的机理和动因;第三讨论影响区域创新协同的三重维度;最后介绍区域创新协同的理论诠释,对资源禀赋理论及其拓展、交易成本理论和博弈论做出介绍。第四部分为长三角区域创新系统模式及其构建的分析,内容包括江浙沪区域创新系统模式及其特点比较,一体化模式形成机理研究,一体化模式构建途径。第五部分是对长三角区域创新系统中协同剩余形成与增进机理的剖析。首先揭示协同剩余的理论分析;其次解释协同剩余的几何模型,包括麦氏模型和解释的几何模型;最后讨论协同剩余形成与增进的机理,对区域分工与协同剩余、区域竞争与协同剩余和区域融合与协同剩余做出说明。第六部分为长三角区域创新系统中协同度的实证分析。讨论复合系统协同度测算模型的构建,符合系统协同度测算指标体系的设计,整体协同度的测算和测度结果原因的分析。第七章为长三角区域创新系统中协同效应增进:化解信息障碍的途径。对区域创新协同中的信息保障及其特殊性、化解信息障碍的概念和化解信息障碍的有效途径做出分析总结。第八部分为论文的结论与展望。

关键词:地方经济　国家创新系统　协同效应　长江三角洲

0428

**我国企业生态化建设研究** / 陈国铁著 ; 郭铁民指导. -- 福建师范大学, 2009. -- 200 页

论文以马克思和恩格斯的物质循环思想和生态思想为指导,综合运用生态系统理论、可持续发展理论和循环经济理论,对我国企业生态化建设展开研究。全文共分为七章。绪论部分介绍选题的现实背景和意义,国内外企业生态化研究综述,论文研究思路、研究内容、结构框架和研究方法,创新和需要进一步研究的问题。第一章,企业生态化研究的理论基础。介绍马克思和恩格斯物质循环思想和生态思想,生态系统理论,可持续发展理论和循环经济理论。第二章,国内外企业生态化实践概况。对企业生态化的内涵展开研究,提出我国企业生态化建设的现实背景,介绍我国企业生态化实践概况和国外企业生态化实践概况。第三章,企业生态化的内在机理和激励机制分析。包括企业生态化建设的必要性分析,生态化建设中的政府和企业博弈均衡分析,影响企业生态化建设的相关利益因素,企业生态化建设的内部和外部激励机制。第四章,企业生态化的运作研究。研究包括建立生态化的企业生产系统,健全企业的生态技术支撑体系,强化企业生态管理,加强企业生态文化建设。第五章,企业生态化评价体系研究。包括相关研究述评,企业生态化评价指标分析,企业生态化评价体系分析。第六章,企业生态化的实证研究。以福建三钢的生态化建设为依托,介绍其建设概况,建设成效分析,以及建设的实践启示。第七章,我国企业生态化的对策建议。提出健全企业生态化建设的制度创新体系,完善企业生态化建设的法律法规体系,强化企业生态化建设的政策激励机制,建立职责分明的社会参与机制。最后为论文结论与展望。

关键词:企业管理　经营管理　环境保护　管理模式

0429

**财政分权对政府支出和城市发展的影响研究** / 陈海达著 ; 汪斌,金祥荣指导. -- 浙江大学, 2009. -- 173 页

论文在充分借鉴国外财政分权理论的基础上,重点关注中国财政分权对政府支出和城市发展的影响。全文共分为七章。第一章,导论。介绍选题背景与意义,相关概念界定,国内外研究综述,研究思路与论文结构,可能的创新点。第二章,中国财政体制改革与城市化历程分析。介绍财政体制改革历程,包括财政体制改革的第一阶段和第二阶段;介绍财政收支现状,财政收支总额,财政占 GDP 比重,中央与地方的比重,预算外资金,转移支付;探讨中国城市化进程与特点。第三章,财政分权与政府支出规模。首先对相关文献回顾;提出研究的理论模型;基于全国各省数据,

对分权与政府支出规模实证，分析全国及省的分权现状，回归模型的设定，总政府规模的实证，中央政府规模的实证；基于城市的数据，提出财政分权与政府支出规模实证。第四章，财政分权与政府支出结构。对相关文献回顾，介绍中国财政支出结构，包括全国的支出格局，分省的支出格局，城市的支出格局；介绍分权与支出结构的理论与计量研究，包括理论假说，财政分权与各国支出结构，财政分权与省的支出结构，财政分权与城市支出结构。第五章，财政分权、政府支出与城市发展理论假说。介绍城市发展影响因素的理论综述，政府支出对城市发展的假说，财政分权对城市发展的假说。第六章，财政分权、政府支出与城市发展的实证检验。结合浙江省管县财政与城市发展现状，展开浙江财政分权与城市发展的计量研究，全国财政分权与城市化的计量研究。第七章为论文主要结论与研究展望。

关键词：财政支出　支出结构　城市经济　财政管理

**0430**

**中国石油安全的政治经济分析** / 陈惠芬著 ; 邓翔指导. -- 四川大学, 2009. -- 180 页

论文从石油安全的相关理论出发，研究中国石油安全的影响因素，分析中国石油的供需形势，借鉴国外保障石油安全的经验，得出保障中国石油安全的战略构想。全文共分为十章。第一章，石油安全的基本概念与相关理论。介绍国家安全、资源安全等基本概念，阐明石油安全在国家安全、资源安全中的重要地位，界定中国石油安全是海外石油供应安全，论文对博弈理论、国际关系理论、价格理论进行归纳，在价格理论的基础上，分析国际石油价格的特点。第二章，中国石油安全的影响因素。详尽分析影响中国石油供应安全的众多因素，认为中国石油安全的影响因素可以分为供给和需求层面，并做出具体的解释。第三章，世界及中国石油资源状况。分析世界石油资源、石油生产、消费、贸易情况；中国石油资源、石油生产、消费、供需缺口、进口情况。第四章，中国石油需求法制。选取 1998 年至 2007 年为样本区间，用弹性系数法、单位产值能耗法、人均能耗法、部门分析等多种方法对 2008 年至 2012 年中国石油需求进行预测。第五章，国外保证石油安全的经验借鉴。分析国际石油进口大国美国、日本、印度在保障本国石油安全方面的先进经验。第六章，中国石油的地缘安全。分析围绕石油存在石油生产国与消费国之间、石油生产国之间、石油消费国之间的博弈，以中美、中俄为例分析大国围绕石油的博弈，并从地缘政治的角度出发，分析中国石油地缘的严峻形势。第七章，中国石油价格安全。对 2004 年开始的石油价格上涨进行回顾，在对油价上涨对中国经济影响的实证分析基础上，提出构建中国石油价格安全体系应对油价上涨。第八章，中国石油企业的海外发展。论述中国石油企业海外发展目标市场、经营方式选择以及中国石油企业在海外发展面临的政治风险及其规避。第九章，中国石油运输安全。分析中国石油运输的基本情况及存在的问题。第十章，中国石油储备。论述石油储备的重要性、必要性，并提出相关意见。

关键词：石油工业　石油价格　石油运输　石油储备　安全评价　国家安全

**0431**

**合作经济的理论与实践模式：基于中国农村合作经济的研究** / 陈家涛著 ; 程恩富指导. -- 上海财经大学, 2009. -- 151 页

论文对“小农户”与“大市场”有效对接的合作经济组织展开研究，探讨合作经济组织尤其是中国农民合作组织如何在市场经济环境下从理论和实践上突破原有的瓶颈。全文共分为七章。第一章导言。第二章，合作经济思想的改变，总结了各个时期主要代表人物的合作思想，论述合作经济思想变迁和发展过程，包括合作思想的产生、西方经济学关于合作经济思想的理论研究、马克思主义经典作家合作经济理论及当代中国合作经济理论，最后评价合作经济思想对中国合作的影响。第三章，农民合作经济组织效率的经济学分析。首先运用博弈论原理分析农民合作经济组织产生的原因，其次通过对沃德模型的分析，认为“反常的反应”不合实际，只注重纯理论，忽略了合作社制度安排的内部分析。在分析合作社目标决策时采用估价方程，揭示出具有不同风险偏好、资产数量、投资方式和讨价还价能力的社员之间相互作用的过程及结果，以及由此产生的内部交易费用和对合作社效率的影响。第四章，以我国农村合作经济组织的历史变迁为主线，按照时间顺序对民国时期农村合作社、国民党政府创办的合作社、新民主主义时期合作社及社会主义时期的合作社、供销社、信用社分别进行客观评价。第五章，中国新型农民合作经济组织。探讨在家庭承包责任制以后形成的新型农民合作经

济组织,是一种在借鉴外国成功经验和总结中国历史经验下的新形式,并具体以村镇银行为例,全面分析新的合作组织形式对农村的影响。第六章采用交叉分析的方式,对中西方合作经济模式、合作经济模式与集体经济等其他经济模式进行比较分析,在分析集体经济的过程中,采用案例形式剖析当前农村三种有代表性的集体经济组织。第七章在前文分析的基础上,针对主要结论做出再归纳,并提出当前合作经济组织发展中需要进一步研究的问题。

关键词:农民　农业合作组织　经济合作　运行模式

**0432**

**建立农民年金制与农村社会养老保险制度改革** / 陈娟著 ; 李顺荣指导. -- 北京大学, 2009. -- 138 页

论文采用实证与规范分析相结合、实践与理论分析相结合、定性与定量分析相结合的研究方法,对建立农民年金制与农村社会养老保险制度改革展开探讨。全文共分为四章。导论部分首先对选题做出说明,对文献进行回顾和述评,接着介绍了研究的方法和论文的创新之处,最后介绍了论文的基本思路和论文的结构。第一章,农村养老保险制度的历史演进与现状,包括国内政策之现状,国外相关政策的借鉴,基本农保制度的提出,并对该系列内容进行总结。第二章,建立农民年金势在必行。首先认为,农保养老待遇低而无法维持老年基本生活,对原有农保制度下的养老待遇进行分析,对新型农保制度下的养老待遇进行分析,对江苏省沟墩镇新型农保参保案例进行分析;之后提出农保养老金替代率极低而使得农民参保意识淡化,对养老金替代率展开理论分析,并探讨基本养老金替代率情况,对农村实际养老金替代率进行案例分析;第三节基于对个人缴费比例的影响分析,政府补贴比例的影响分析,账户给付利率的影响分析,缴费年限的影响分析,缴费基数的影响分析以及农保养老待遇的政策敏感性分析总结提出,农保养老待遇政策敏感性不高而使其调节作用有限;最后提出了农民年金的概念。第三章,建立农民年金的条件基本成熟。首先是对农民年金需求展开实证分析,包括农村经济发展现状,农村人口发展现状,农村居民家庭基本情况以及农保发展现状及问题;之后是对农民年金需求的理论分析,包括社会养老的理论基础,农保制度基本保障功能的分析,农保制度改革最低保障水平的测算;最后是对建立农民年金的宏观经济指标和微观经济指标的分析。第四章,建立农民年金的操作模型,分别对当前美国、国内市场上的养老年金产品分析,并建立农民年金估算模型,对农民年金操作模式展开探讨。最后为结论。

关键词:农村　农民　养老保险制度　体制改革

**0433**

**收费公路运行机制的经济学分析** / 陈磊著 ; 杨继瑞指导. -- 四川大学, 2009. -- 190 页

论文从理论上对收费公路和公路收费政策进行研究。全文共分为七章。第一章导论,首先说明论文的选题背景、选题的意义,然后对收费公路在我国的研究现状进行回顾和评述,为以后的研究提供参考,最后简要说明了研究方法和论文的主要贡献。第二章为收费公路存在的必要性,首先对公共产品理论进行综述,然后结合公路特点说明公路的性质,分析收费公路的性质,并对公路收费进行经济学分析,最后结合收费公路在国内外的发展历程和本章前的理论分析,说明公路收费的合理性和长期存在性,为公路收费政策提供理论支撑。第三章,公路收费条件的界定。利用图形分析法,从理论上分析公路收费的条件,然后选取两个具体的案例验证理论分析得出的结果。第四章,收费公路投资及运营主体及模式分析。首先从理论上分析公共物品不同供给主体的优劣,然后结合收费公路的特点分析收费公路在选择投资运营主体时应该考虑的因素,再根据我国收费公路发展历程讨论我国收费公路运营主体的状况,并利用新制度经济学交易成本的概念对当前我国收费公路领域政府还贷路和公共企业占多数的成因进行分析。第五章,收费公路定价机制与方法。首先探讨收费路的定价现状,说明当前收费公路定价中存在的主要问题,然后分析收费公路的定价目标以及与定价目标相对应的定价理论,最后说明定价理论在实践中的作用。第六章,收费公路的进入和退出。围绕收费公路的进入、转让和退出,分析现行法律法规的意图,实际执行规定中存在的问题及成因,并对一些问题从新制度经济学角度做了进一步的解释。第七章,燃油税条件下收费公路可持续发展。本章借用可持续发展概念,从可持续发展的三个支柱以及收费公路的供求平衡方面,分析收费公路的发展现状,说明当前收费公路可持续发展中存在的问题,以及在燃油税条件下收费公路可持续发展需要关注的内容。

关键词:公路运输　收费道路　经济学分析

**0434**

**股指期货在机构投资者资产管理中的运用:理论与实证** / 陈露著 ; 陈宪指导. -- 上海社会科学院, 2009. -- 106 页

论文从资本资产定价模型和布莱克肖尔斯期权定价公式出发,讨论股指期货在机构投资者资产管理中的运用:理论与实证。全文共分为七章。引言部分提出股指期货将改变证券市场的生态结构,并介绍了论文研究的目的和全文的结构。第一章,股指期货的合约、交易制度和风险控制制度。首先介绍了股指期货的基本概念,股票指数期货的合约和股指期货的交易制度、风险控制制度。第二章,从马克维茨证券组合选择理论到布莱克肖尔斯期权定价理论。首先介绍了马克维茨证券组合选择理论及其衍生,对证券组合选择理论的发展,资本资产定价模型的基本原理,套利定价理论和套利定价理论和资本资产定价模型的联系展开论述;然后介绍了布莱克斯科尔斯期权定价理论,包括布莱克斯科尔斯定价模型及其假设条件以及放宽布莱克斯科尔斯模型的假设。第三章,运用股指期货的投资策略,理论发展与现实演进。首先介绍了投资组合保险策略的原理及其发展,包括投资组合保险策略的产生背景、概念及其发展,投资组合保险策略的主要类型;之后介绍了指数化投资的衍生型策略的基本原理及其发展,包括指数化投资的衍生性策略产生的背景,指数化投资的衍生型策略的原理,指数化衍生性策略的主要类型;第三节介绍阿尔法策略的产生发展及其原理,从阿尔法策略产生的背景出发,介绍了阿尔法策略的概念、原理和特点以及其发展,介绍了股指期货在海外机构资产管理中的运用,包括其影响因素、方式及其目的。第四章,股指期货运用于驼子组合保险策略的实证研究。对研究目的和文献进行了综述,介绍了论文的研究方法,对股指期货运用于投资组合保险策略进行实证和探讨,最后得出主要的结论。第五章,指数化投资衍生性策略的实证研究,介绍研究的目的和文献,对运用股指期货进行指数化投资的实证研究展开论述并提出研究的结论和建议。第六章,股指期货运用于阿尔法策略的实证研究,包括文献综述、实证思路和结果分析几个部分。第七章为研究结论和进一步研究的建议。

关键词:机构投资者　股票　指数　期货交易　投资组合

**0435**

**我国西部民族地区民营企业与政府关系研究:基于非正式制度的视角** / 陈文烈著 ; 曹阳指导. -- 华中师范大学, 2009. -- 150 页

论文基于非正式制度与西部民族地区经济发展的视角,依据非正式制度视角下政企关系的内在理论逻辑以及该问题在制度分析中达成均衡所涉及的不同层面,对西部民族地区政府和"自发"的民营企业在制度变迁与民营企业发展过程中的相互关系的内在联系、作用机制及演化路径展开研究。全文共分为八章。第一章导论部分,通过刻画当前民族地区非正式制度的基本概念和主要表征以及西部民族地区民营企业非正式制度诉求的路径,综述国内外关于非正式制度、政企关系的不同论述,引出论文要讨论的问题。第二章提出西部民族地区政企关系非正式制度诉求的深层根植缘由是西部民族地区政府行政干预的存在,通过西部民族地区政企关系非正式制度诉求问题中隐含的逻辑线索,在对原因、结果梳理的基础上,对西部民族地区政府干预逻辑展开等问题进行理论反思,指出政府干预的存在是西部民族地区政企关系非正式制度诉求的深层根植缘由。第三章通过剖析影响民营企业主行为选择的机构性因素与西部民族地区社会结构的变迁,表明西部民族地区民营企业主基于关系网络建构的行动逻辑具有传统文化的现代性工具特点。第四章对西部民族地区民营企业与政府官员关系研究进行讨论,在从理论上分析的基础上,就关系机制对社会福利的影响展开讨论。第五章通过对西部民族地区民营企业发展过程中对非正式社会关系资源的利用及其演化分析,指出经济转型过程中,西部民族地区民营企业与政府市场化关系所起的作用的重要性。第六章在嵌入性视角的引导下,进入合同的关系性特征理论领域,对合同的关系性特征加以分析,并提出相关假设;讨论合同治理结构和嵌入关系结构之间不同的对应关系,并特别对两者间的结构关系展开探讨。第七章提出"模糊关系产权"的概念,从社会学、制度经济学的理论逻辑出发,为解释产权在西部民族地区转型经济中扮演的角色和有关的经济现象提供不同角度的分析。第八章对论文的研究结论进行总结,并提出论文研究的不足和未来工作的展望。

关键词:民营企业　政企关系　民族地区

**0436**

**集聚经济形成的内部机制研究:基于市场结构和厂商行为的视角** / 陈溪著 ; 陈宪指导. -- 上海社会科学院, 2009. -- 104 页

论文从市场结构、厂商行为、偏好等视角,研究集聚经济形成、演变的内在机制,解释我国集聚经济的形成机制,为政策研究提供建议和帮助。全文共分为九章。第一章介绍研究的背景和意义,包括研究意义、研究目的、研究方法、主要创新点、论文结构和内容安排以及相关小结。第二章为文献回顾,首先探讨集聚经济及其相关概念,接着对集聚经济的经典理论、集聚经济形成机制的文献回顾以及论文相关研究领域的文献进行回顾和总结。第三部分为外部性对集聚经济的影响,首先通过马歇尔外部性对外部性理论进行介绍和分类,接着阐释外部性对集聚的影响。第四章为集聚与市场结构,在完全竞争市场与集聚、不完全竞争市场与集聚以及浙江集聚经济的市场结构和特点介绍的基础上阐释集聚经济的市场竞争结构;其次阐释集聚经济的子市场结构及外部性,包括子市场结构理论及子市场外部性以及固定资产交换市场、信息交换市场和技术交换市场;第三是对集聚市场与非集聚市场的关系展开说明;最后介绍集聚市场的共生,包括同心圆式的空间集聚模式,制造业集聚和消费者集聚的共生以及不同集聚模式的比较。第五章为集聚与厂商行为,介绍厂商行为与厂商特质,集聚厂商间的竞争与合作,并对不同规模厂商的行为做出分析,对不同技术水平厂商的行为进行分析,最后探讨集聚的技术层级结构、集聚链以及技术进化。第六章,厂商偏好与集聚决策,介绍厂商偏好、预期对集聚地选择的影响以及厂商偏好与集聚决策的博弈模型。第七章,农村集聚与城市集聚,首先介绍城市的比较优势和农村地区的发展基础,接着对城市和农村在吸引集聚上的差异及农村地区形成集聚的原因做出分析。第八章,集聚经济的持续与转型,内容包括影响集聚经济可持续性的因素,集聚经济与地区经济的可持续发展以及集聚经济的转型。第九章为结论与展望。

关键词:区域经济　经济发展　市场结构　产业集群

**0437**

**公平视角下的税制改革研究** / 陈霞著 ; 曹阳指导. -- 华中师范大学, 2009. -- 139 页

论文结合税收学、经济学的知识,通过对中外学者关于税收公平的思想研究,构建税收公平理论,并针对自然资源过度开发、自然环境破坏严重、生态结构失衡、环境污染严重等问题,以环境伦理、生态本位的思维模式研究我国现有环境税收。全文共分为六章。第一章,导论。介绍论文选题的背景、研究意义,国内外研究相关文献综述、研究目标、逻辑思路及研究方法。第二章,税收公平理论研究。首先介绍西方税收公平理论的演进,包括配第的税收公平理论、尤斯蒂的税收公平理论、斯密的税收公平理论、李嘉图的税收公平理论、西蒙斯的税收公平理论、瓦格纳的税收公平理论、凯恩斯税收公平理论以及马斯格雷夫的税收公平理论;其次对马克思主义税收公平理论做出介绍,内容包括马克思的税收公平理论、毛泽东的税收公平思想、邓小平的税收公平理论以及胡锦涛的和谐税收观。第三章,环境税改革。首先从税收筹集环境保护所需资金,税收在国民经济发展中起着重要调节作用,税收能够缓解城乡之间、区域之间的不公平,税收能进一步增进人民的环保意识等几个方面阐释研究环境税改革的意义;接着基于资源税设置上的缺陷,环境保护税的缺位,促进环境保护的税收优惠措施不够完善以及环境税的利益调节功能不到位的现状基础,阐释我国现行环境税的缺陷;最后介绍构建我国生态税收制度的依据和原则,并对构建我国生态税收制度的内容做出介绍。第四章,增值税改革。在对增值税的公平性分析的基础上,探讨我国实行的生产型增值税中的不公平问题,并提出促进增值税公平的具体措施,对增值税转型的理论与实践做出讨论。第五章,个人所得税改革。基于对我国个人所得税概况分析的基础上,讨论我国个人所得税在公平原则上的缺失,并讨论致力于公平收入分配的个税改革的措施。第六章,不动产税改革。首先分析我国现行不动产税的概况和弊病,借鉴国外不动产税的主要特征,提出开征物业税的意义;最后分析开征物业税面临的困境,并提出防范物业税风险的措施。

关键词:税收管理　税制改革　公平税负

**0438**

**财政分权与农村基础教育分级供给问题研究** / 陈雪娟著 ; 孙蚌珠指导. -- 北京大学, 2009. -- 152 页

论文采用历史和逻辑相结合、理论模型与实证计量相结合的方法,考察农村基础教育发展之公平与效率问题的成因和根源,并在此框架下分析并提出如何

实现城乡一体化的教育财政政策安排。全文共分为为五章。导论部分介绍论文主要概念界定、问题聚焦、研究目的与意义、早期国内的相关研究、国内外关于教育财政分权的研究、关于教育分级供给的研究、论文思路、方法与结构安排以及论文创新之处与不足。第一章,财政分权变革中农村基础教育供给责任的变迁,首先介绍农村义务教育财政体制的分权化改革,包括改革前的教育财政的行政分权,教育财政向分权化过渡的时期以及教育财政的分权化改革;其次介绍适度集权的农村义务教育财政体制,讨论了包括农村义务教育责任主体上收,"以县为主"的新特点及其问题和农村义务教育被纳入公共财政保障的范围等问题;最后分析教育财政分权对农村高中教育的影响,认为农村普通高中办学有向城市中心的倾向,高中教育是教育发展的瓶颈,高中瓶颈形成新的城乡教育不公。第二章,三级联动下公共教育经费配置与农村基础教育的模型与模拟分析。对财政分权下的教育分级推进与农村基础教育,三级联动下个体理性选择的动态随机人力资本模型加以讨论,并分别利用数值模拟的方法对高校扩招对农村基础教育的影响及高中阶段投入变动对公平与效率的效应展开分析。第三章,农村基础教育分级供给的均衡机制一:财政责任再分配分析。对中国财政分权下三级教育的责任配置变迁展开介绍,对地区间三级教育的教育经费差距的时政以及生均教育经费的影响因素进行分析,并对中国农村基础教育供给责任的再配置展开设计。第四章,农村基础教育分级供给的均衡机制二:转移支付分析,分别对教育分级供给框架下转移支付的理论,现行义务教育的均衡机制的均等化效应以及地方政府争取义务教育转移支付的博弈展开具体的分析。第五章为结语。

关键词:财政制度　教育财政　财政政策　农村基础教育

**0439**

**国有企业劳动者参与剩余分配研究** / 谌洁著 ; 张衔指导. -- 四川大学, 2009. -- 123 页

论文以国有企业劳动者的剩余索取权为研究对象,对国有企业劳动者参与剩余分配的依据和制度安排进行分析。全文共分为五章。导论部分主要阐述文本的选题背景、意义、国内外研究现状、研究思路和研究方法、主要内容、结构安排以及创新点和不足之处。第一章提出国有企业的效率困境,对国有企业改革路径及成效进行简要综述,总结国有企业改革在四个不同阶段取得的成就和存在的不足,概括出国有企业改革的一贯缺陷。第二章对国有企业劳动者参与剩余分配的理论依据进行阐述,在对社会主义经济制度的基本框架、中国特色社会主义经济制度的创新、社会主义经济制度与国企员工剩余索取权的介绍下对社会主义经济理论进行分析;对现代企业理论简要回顾,对企业劳动契约的性质、企业劳动契约的治理理论、国企劳动契约的治理理论创新介绍,对现代企业理论进行说明。第三章对国有企业劳动者参与剩余分配的现实依据进行阐述,包括国企劳动者主人翁地位的复归、和谐社会微观基础的构建。第四章对四种具有代表性的国有企业劳动者剩余索取权制度构想进行比较分析,包括净收入分成制、劳动者个人实所有制、员工人力资本持股计划、人力资本折股制,并对以上内容进行比较并做出评价。第五章在前一章基础上,对国有企业劳动者参与剩余分配的实现途径进行制度设计,进一步完善员工人力资本持股计划,并得出论文的主要结论。

关键词:国有企业　企业管理　劳动者　剩余分配　公有制

**0440**

**国际经济新秩序与中国对非洲直接投资战略研究** / 崔荻著 ; 张仁德指导. -- 南开大学, 2009. -- 300 页

论文以经济全球化和区域经济一体化为研究背景,旨在规划和论证中国将对非洲直接投资列入经济发展的对外延展战略。全文共分为导论和正文两大部分。导论部分主要介绍文章的选题意义和核心概念,并对文章引证的主要理论进行梳理和述评,同时说明论文的创新点与研究拓展的方向。正文共包括七章。第一章介绍全球化与国际经济新秩序的构建。首先对经济全球化演进过程中形成和发展的世界格局进行回顾,理顺不同时期形成的不同世界政治经济格局的历史脉络;然后从必要性入手,对国际经济新秩序的发端与艰巨性进行梳理;最后结合论文主题指出"旧"秩序对非洲的戕害,提出在构建"平等、互利、共同发展"新秩序的大方向下,中国投资非洲的基本方略。第二章阐述全球化进程中的非洲经济与发展机遇。首先对非洲经济资源和发展状况进行考察;然后对非洲区域经济一体化进程的历史、现状及未来依次进行分析。第三章论述全球化下的非洲经济地位与现实困境。剖析非洲经济发展和引资过程中存在

的社会经济问题、宏观金融问题及资本不足问题;论述非洲经济的"边缘化"和"碎片化"现象;同时,对非洲 FDI 流入、特征及流向分别进行分析。第四章是对中非经济合作关系的历史考察和前景分析。回顾中非经贸合作和援助的历史发展过程,并指明中非经济合作的新问题、新挑战。第五章探讨新型中非经济关系下的对非洲直接投资。首先简述中国对非洲直接投资的演进过程、现状特点及效益状况;然后从中国自身角度,提出对非洲直接投资有助于优化中国经济结构;最后以非洲视角,阐述中国对非直接投资有助于强化非洲经济资源优势及优化非洲发展环境。第六章探究新时期下中国对非洲直接投资新战略。首先分析投资非洲对于中国和非洲互利、合作、共同发展的战略意义;然后从总体上表述中国对非洲直接投资的战略规划,重点是战略目标、产业发展与优化结构的定位、不同投资方式的区别以及战略实施的基本原则;随后提出中国对非洲直接投资的六大总体战略,并分别按照目标市场和产业两个分类标准深入至中观和微观层面,讨论对非投资的不同策略;最后从政府行为和企业行为两个角度分别论述对实施总体战略的相关支持。第七章是构建新型中非经济关系的结论与建议。分别提出针对非洲特有优劣势的宏观政策建议,针对我国政府投资非洲战略的政策建议,以及针对我国企业投资非洲战略的政策建议。

关键词:中外关系　对外投资　直接投资　新的国际经济秩序　非洲

**0441**

**加工贸易与中国经济增长:产品内分工视角的研究** / 崔玮著 ; 张铁刚指导. -- 中央财经大学, 2009. -- 163 页

论文以产品分工视角对加工贸易与中国经济增长展开研究。全文共分为七章。第一章为导论,阐述论文的背景与写作的理论意义与实践价值、有关概念界定、介绍论文的总体框架与结构、研究方法、主要创新点与不足。第二章对相关理论与文献进行总结和回顾,主要对重商主义理论、古典贸易理论、新古典贸易理论、新国际贸易理论关于贸易与经济增长关系的研究进行回顾,并针对加工贸易与经济增长以及相关的理论基础——产品内分工理论的研究现状进行综合评述。第三章论述我国加工贸易发展的动因与现状,从内部动因和外部动因两个方面探讨我国加工贸易发展的动因。第四章对产品内分工下加工贸易与我国经济增长的关系进行理论与实证分析。通过构建一个两国家—两要素—两产品模型,论证产品内分工对发展中国家经济和福利的影响,并进一步运用计量经济分析方法研究产品内分工下加工贸易对我国经济的影响。第五章着重探讨我国加工贸易影响经济增长的途径。在总结前人研究成果的基础上,选取技术进步、人力资本积累、国际资本积累、外商直接投资、产业结构升级等变量作用传导变量,对加工贸易与各传导变量的关系进行协整检验与回归分析,以判断加工贸易是否对各传导变量起到促进作用,在此基础上,对各传导变量影响国内生产总值的程度进行定量测算。第六章对产品内分工下加工贸易的利益分配问题及我国的利益所得进行论述。第七章提出促进加工贸易发展,提升我国在产品内分工中地位的对策和建议。

关键词:加工贸易　经济增长　分工　贸易利益

**0442**

**垄断竞争产业升级研究** / 戴群著 ; 唐杰指导. -- 南开大学, 2009. -- 144 页

论文利用比较优势理论、内生增长理论和空间经济学理论相结合的方法,发展以专业化劳动力及其差异性为基础的三个数学模型,用动态专业化劳动力比较优势来探讨发展中国家向技术和知识密集型产业升级的可能和途径。全文共分为七章。第一章导论,提出本论文要研究的问题,即中国是否只能按照雁行理论跟在发达国家的后面发展经济,然后介绍本论文的研究方法,并对论文研究内容进行简要地概括,指出本论文的创新点和不足。第二章对开放型产业结构理论进行综述,指出现有理论不能得到发展中国家有可能成为头雁的理论,分析的理论内容主要包括国际贸易理论、垄断竞争和空间经济理论、内生经济增长理论以及内生分工理论。第三章中建立了内生专业化劳动力增长和产业升级模型,论证了经济增长与专业化劳动力工资率成正比;知识外溢的空间限制,可以被解释为作为知识载体的专业化劳动力的跨区域转移存在成本,并成为产业集聚的原因;高级产业是具有更高规模经济性的产业,低级产业的规模经济性较小,高级产业集聚的同时,低级产业会发生扩散,产业结构在这个过程中实现升级。第四章介绍产业组织理论演进与专业化劳动力,工业化进程与市场结构演进,产业模块化与专业化劳动力以及垄断竞争市场结构下的创新。论证了由于专业化的劳动力成为

新经济时代的核心生产要素禀赋,垄断竞争的市场结构成为新经济时代最主要的产业组织形式。第五章通过对仍处在发展时期的日本、韩国和中国在细分市场形成专业化劳动力比较优势,建立在该市场上的全球领先地位的案例,印证内生专业化劳动力增长模型。第六章,通过对深圳产业升级的路径,印证区域内生产业升级模型。第七章论述了开放条件下产业升级的阶段性,指出发展中国家的产业升级过程依赖专业化劳动力的积累和本地的分工深化。

关键词:产业结构升级　垄断　市场竞争　产业集群

**0443**

**家族企业制度变迁的比较分析** / 党国栋著 ; 李义平指导. -- 中国人民大学, 2009. -- 273 页

论文的研究对象为家族企业制度变迁的比较分析。全文共分为九章。第一章,导论。内容包括问题的提出及研究的目的和意义、国内外研究现状、研究的结构安排、研究的方法以及论文的主要创新和不足,并对家庭、家户和家族,家族企业的管理和企业的家族式管理,古典家族企业和古典式家族企业三组概念进行辨析。第二章,家庭、家族和家族企业。介绍家庭、家族和家族(家庭)的特点,并对家族企业的定义、家族企业的分类和家族企业的产生做出介绍。第三章,影响家族企业变迁的因素。认为社会形态因素、制度因素、技术因素、市场因素、文化因素和企业生理因素(初创期、成长期、成熟期、转化期)。第四章,家族企业演变的历史。首先介绍古典家族企业,内容包括古典家族企业的市场环境、古典家族企业的技术条件、古典家族企业的来源以及古典家族企业的主要形式;其次是近代家族企业(19 世纪 60、70 年代至 20 世纪 40 年代)的介绍,包括近代家族企业的市场环境、近代家族企业面临的技术条件、近代家族企业的形成以及近代家族企业的组织形式;最后对现代家族企业(20 世纪 40 年代以后)进行介绍,包括现代家族企业的市场环境、现代家族企业面临的技术条件和现代家族企业的主要形式。第五章,家族企业治理结构的比较分析。内容包括家族企业治理的一般规律,古典家族企业的治理结构,近代家族企业治理结构和现代式家族企业的治理模式。第六章,家族企业的国际比较,对美国家族企业、欧洲家族企业、日本家族企业、韩国家族企业和东南亚华人的家族企业历史、特点等进行对比,并分析得出结论。第七章,中国家族企业的历史回顾。第八章,现代中国家族企业的变迁与改革,包括中国现代家族企业的发展历史,中国家族企业的典型性分析和中国家族企业面临挑战和变迁的动因。第九章是家族企业变迁的若干结论。

关键词:私营企业　家族企业　企业管理　企业发展战略

**0444**

**创业与经济增长:基于创业者异质型人力资本产权实现机制的研究** / 邓强著 ; 张铁刚指导. -- 中央财经大学, 2009. -- 151 页

论文基于创业者异质型人力资本产权实现机制的研究,探讨创业与经济的增长。全文共分为七章。第一章,绪论。介绍论文研究背景,研究方法及框架,论文创新与不足。第二章,创业——创业者人力资本实现为核心的经济过程。介绍创业概念框架的分析与调和,创业理论的演进逻辑——创业者人力资本产权实现的视角提炼,提出创业与经济增长理论——基于创业者人力资本产权实践的评述。第三章,创业与经济增长的链接——基于创业者异质型人力资本产权实现机制的联接。介绍人力资本理论中的创业者人力资本产权实现机制,包括人力资本理论的产生,人力资本与经济增长理论的回顾与评价,人力资本理论的深化;探讨创业者异质型人力资本产权实现机制与报酬递增。第四章,人力资本产权及其实现机制。介绍产权理论的溯源,人力资本与人力资本产权,人力资本产权的结构与功能,人力资本产权的实现机制。第五章,创业者异质型人力资本产权实现机制。首先提出创业过程——基于创业者异质型人力资本产权实现机制的整合;探讨基于社会网络关系的创业者异质型人才资本产权的实现机制;介绍基于市场交易关系的创业者异质型人力资本产权实现机制,基于科层组织的创业者异质型人力资本产权实现机制。第六章,个人自由与经济繁荣——自发的创业者异质型人力资本产权的实现机制与经济增长。介绍自发秩序思想,自发秩序中的创业,自发的创业者异质型人力资本产权实现机制促进经济增长的现实。第七章,中国创业者异质型人力资本产权实现机制的演进。提出行政命令支配的创业者异质型人力资本产权实现机制,放权让利改革开启创业者异质型人力资本产权实现机制的变革,社会主义市场经济下的创业者异质型人力资本产权实现机制具体内容以及适应知识经济时代的创业者异质型人力资本产权实现机制。

关键词:创业　人力资本　经济增长

**0445**

**我国商业银行利差变动与宏观经济波动关系研究** / 董飞跃著 ; 陈宗胜指导. -- 南开大学, 2009. -- 169 页

论文分析在"二元利率结构"下的利率市场化及其他因素对我国商业银行利差的影响以及从商业利差的视角分析我国的宏观经济波动问题。论文共分为七章。第一章,绪论。主要论述文章的研究意义、研究背景以及研究内容、研究方法,并且说明了文章的创新与不足。第二章研究利差变动与宏观经济波动的相关性。第三章从商业银行存贷款利差变动的角度分析我国改革开放以来的宏观经济波动情况。我国目前尚处于"双重过渡"经济时期,也处于一个金融深化阶段,银行存贷利差的扩大不但没有降低全社会固定资产投资总额增长率,反而促使固定资产投资总额增长率的提高。第四章通过设定模型、收集数据以及相关数据检验分析我国商业银行利差的影响因素。第五章通过计量模型和数据模型、平稳性检验、协调检验、向量误差修正模型的建立、格兰杰因果关系检验、脉冲响应分析以及方差分解分析分别分析了利差变动与经济增长、信贷及通货膨胀的动态关系。第六章用同样的方法分析利差变动与投资、消费及就业的动态关系。第七章是总结与建议。总结改革开放以来我国商业银行利差呈现的趋势以及影响利差的原因与因素,并且提出针对性政策:加快银行体制改革,推动利率市场化进程,形成合理的利差决定机制;重视商业银行利差管理,保持宏观经济稳定,促进经济发展。

关键词:商业银行　利率管理　经济波动　利率市场化

**0446**

**创新网络内知识流动机制研究** / 董瑞华著 ; 谢思全指导. -- 南开大学, 2009. -- 194 页

论文的研究对象为创新网络内知识流动与整合机制,从信息传播的角度来结构创新网络内知识流动和整合过程,探讨知识流动过程中的障碍与对应的解决方案。全文共分为八章。第一章为导论,主要内容包括选题研究意义、相关概念界定、国内外研究状况、研究方法、结构安排和可能的创新点与不足,是对全文的设计和总揽。第二章为问题的提出,认为技术创新是一个知识运动的过程,分工导致的知识分立使企业在技术创新过程中产生对外部知识的依赖,在获取外部知识的过程中,企业面临三个难题。第三章分析创新网络内关系联接的生成机制,首先考察创新网络内部关系联接的类型;其次论文从关系投资的路径依赖的角度分析随机市场交易关系为什么会向稳定的交易关系收敛;最后分析企业向纵向关系联接与横向关系联接的生成机理。第四章分析创新网络在解决知识的表达难题方面的机制与优势,认为默会知识在技术创新过程中处于重要地位,对于不可表达的默会知识,只能通过环境共享来传播。第五章分析创新网络在解决知识的解读难题方面的机制和优势,首先从作为人质资本的共享代码和对共享代码概念的扩展两个方面对认知资本与知识整合进行说明,接着讨论创新网络中的认知资本,包括创新网络与知识存量势差的弱化以及创新网络内的价值观与知识流动。第六章分析创新网络在解决知识定价难题方面的机制与优势,分别对只是流动中的定价难题以及新人资本与价格不确定性的降低两个方面问题展开具体的探讨和分析。第七章在前文分析的基础上,与现实结合,以中关村创新网络的结构型分析以及内部只是流动与整合的分析为基础,探讨中关村创新网络的有效性。第八章为论文的主要结论与政策启示。

关键词:企业创新　技术创新　网络结构　知识管理

**0447**

**论国内需求与汇率制度安排** / 樊世杰著 ; 王东京指导. -- 中共中央党校, 2009. -- 141 页

论文采用历史和逻辑、规范与实证的分析方法,围绕我国扩大内需的主线,坚持马克思主义的唯物辩证法,着重从汇率制度安排的视角对国内需求问题展开研究。全文共分为五章。第一章是有关扩大内需的文献综述,主要介绍和评述国内外学者关于目标问题的研究成果,包括马克思的消费和投资理论,凯恩斯的有效需求理论,新古典综合派的消费和扩大内需理论,其他流派的消费和扩大内需理论,并对亚洲金融危机前和亚洲金融危机后的研究展开描述。第二章主要从我国经济发展的实践出发,考察和评价外向型发展战略的成败得失,研究和分析中国从以出口导向等为主要内容的外向型发展战略,转向立足于扩大内需的经济发展战略的历史背景,在历史地分析中国外向型发展战略演变过程的同时,用实践证明中国需要立足内需发展的客观必然性。第三章是论文的核

心内容,分析内需、外需与汇率的相互关系,提出处理内需外需相互关系的基本原则,重点分析汇率对扩大内需和利用外需的影响,指出要积极有效地扩大内需、利用外需,必须营造一个稳定的货币环境。在对有关汇率选择理论和我国汇率制度的演进进行考察后,提出有利于扩大内需的汇率制度安排——盯住一揽子商品汇率制度的初步构想。第四章主要分析我国扩大内需实践中财政货币政策的效用,并在评价和反思近年来我国扩大内需政策的基础上,得到有益的启示。第五章主要对美国、日本和泰国扩大内需的典型实践进行回顾和借鉴,并在分析我国当前扩大内需面临的现实问题的基础上,提出我国扩大内需的综合性对策建议。

关键词:汇率机制　汇率波动　人民币汇率　扩大内需

**0448**

**基于社会资本理论视角的家族企业治理研究** / 范烨著 ; 周生春指导. -- 浙江大学, 2009. -- 180 页

论文遵循"制度—行为—绩效"的研究思路,以"家族企业的社会资本与治理行为"作为全文的研究主线,力图探究基于社会资本理论视角的家族企业治理问题。全文共分为七章。第一章为引言,主要介绍研究背景和意义、主要问题、研究框架和结构安排、研究方法和理论创新点。第二章为文献综述。阐述社会资本的概念和类型、理论困境及企业社会资本理论的发展,其次研究社会资本理论视角的家族企业。第三章家族企业的社会资本。首先介绍家族企业社会资本的概念和构成、双重物品属性(俱乐部物品属性和私人物品属性)及产权结构和特征。其次探讨社会资本、代理问题与家族企业的治理结构。第四章论述家族企业组织内部社会资本与关系治理。首先介绍家族企业内部的双重委托代理关系。其次探讨社会资本家族企业内部的关系治理与信任机制下的家族企业内部关系治理。最后是案例分析,探究百年家族企业李锦记的内部关系治理。第五章论述家族企业组织间社会资本与网络治理。首先阐述关系契约、交易成本与家族企业网络的产生及组织间社会资本与家族企业网络的演化。其次探究家族企业网络治理的特点和效率边界。最后分析社会资本与华人家族企业的网络治理。第六章论述企业家社会资本与家族企业绩效。首先研究企业家社会资本在家族企业成长中的作用。其次分析家族企业中企业家政治参与的动因和渠道。最后阐明企业家政治参与、家族控制与企业绩效。第七章为研究结论和未来展望。

关键词:民营企业　家族企业　社会资本　法人治理结构

**0449**

**西藏草场产权制度变迁研究** / 范远江著 ; 杨明洪指导. -- 四川大学, 2009. -- 249 页

论文在对西藏草场产权制度变迁的逻辑过程梳理的基础上,从制度需求和供给的角度研究变迁主体发动变迁的原因,分析变迁主体是如何进行变迁路径选择的,并通过讨论变迁绩效明确是否有利于西藏草场畜牧业的发展,并提出相关建议。全文共分为八部分。第一部分,导论,提出研究的背景、研究意义、研究对象、文献综述、主要内容及创新点以及论文的研究方法与不足之处。第二部分,西藏草场产权制度的演变逻辑,首先对牧区的特征进行界定,对草场资源和地位、作用与特征进行界定,并提出西藏草场产权制度的演变及逻辑启示。第三部分,西藏草场产权制度变迁的原因分析。具体讨论了推动西藏草场产权制度变迁的因素,政府供给主导型制度变迁分析,西藏非正式制度对制度变迁的影响。第四部分,西藏草场产权制度变迁的路径分析。首先做出对草场产权制度变迁的路径分析;其次是对草场产权制度变迁的目标选择;之后讨论草场退化与人口增长对制度变迁路径的影响;最后讨论西藏草场在流转的正外部性内在化的途径。第五部分,现行西藏草场产权制度的绩效分析。首先提出草场产权制度影响经济绩效的途径;其次提出草场承包经营权流转绩效评价指标以及草场产权制度变迁的趋势;最后对草场承包经营制度对西藏牧业经济增长展开分析,对退牧还草项目对西藏牧民收益影响展开研究,对现象草场的产权制度进行评述。第六部分,西藏草场承包经营权的物权化分析。在介绍集体草场承包经营权物权化的依据基础上,探讨草场承包经营权物权的内容,分析草场承包经营权物权化的必然性。第七部分,案例分析——西藏那曲县草场产权制度改革。对那曲县概况进行介绍,并提出草场产权制度改革的具体方案,做出改革的成效分析,讨论改革存在的问题并探讨对策。第八部分为对目标问题的建议及展望。

关键词:草地　土地所有制　产权　畜牧业　西藏

0450

**中心城区国家级经济技术开发区转型和提升研究：基于宁波经济技术开发区的实证分析** / 傅晓著 ; 张道根指导. -- 上海社会科学院, 2009. -- 151 页

论文用大量的统计资料和一手材料客观评价了经济技术开发区的绩效,进一步论证经济技术开发区转型和提升的必要性,并对经济技术开发区发展过程中存在的问题、经济技术开发区的绩效和转型、提升的路径进行更深入的分析。全文共分为六章。第一章为导论。主要介绍论文的研究背景、国内外研究状况、论文的研究方法和结构、论文可能的创新与不足。第二章阐述经济技术开发区的形成和发展。首先概述二元社会结构下的制度变迁,之后依次分析农村改革的曲折和成效、企业改革的困境、特区建设的探索和经验以及经济技术开发区的形成和发展。第三章论述经济技术开发区的功能定位。首先介绍经济技术开发区功能的最初设计,并从五个方面简述经济技术开发区功能定位的实现;然后对宁波经济技术开发区的功能定位进行实例研究。第四章阐明经济技术开发区发展中存在的悖论。首先说明诺斯悖论的内涵、表现及拓展;然后依次从五个方面阐述经济技术开发区发展过程中的悖论,并对宁波经济技术开发区发展中存在的问题进行分析。第五章是对经济技术开发区经济绩效的评价。首先对我国经济技术开发区发展评估研究进行回顾;然后介绍评价模型,并对宁波经济技术开发区的经济绩效进行评估。第六章概述中心城市国家级经济技术开发区的转型。首先阐明全球化中的中心城市概念;然后提出经济技术开发区转型和提升的路径,并以宁波经济技术开发区为实证案例,对经济技术开发区的转型及提升路径进行更深入的分析。

关键词:高技术开发区　开发区建设　经济评价

0451

**中国集体所有土地征收研究:基于法经济学的分析** / 高建伟著 ; 朱光华指导. -- 南开大学, 2009. -- 164 页

论文的研究对象为中国集体所有土地征收,对土地征收的三个法律要件进行经济学分析,并将分析框架建立在对英美法律制度和案例分析的基础上。全文共分为八章。第一章引言,提出论文的研究背景、研究问题、研究意义、文献综述、研究方法、效率标准、结构安排以及论文的创新点与不足之处。第二章为土地与土地产权,首先介绍经济学中的产权,接着对产权与土地产权的概念展开描述,最后介绍地租理论与低价理论,并对土地涨价归公还是归私做出讨论。第三章为土地产权的法律界定,首先介绍讨价还价理论,接着对交易成本及其分析范式和法律界定产权的目标做出讨论,包括效率目标、公平目标和效率与公平之间的替代和选择,最后介绍科斯定理和波斯纳定理,并对我国《物权法》中的物权做出界定。第四章为土地产权的法律保护,首先对产权保护的规则做出概述,对财产规则与责任规则做出说明,对不可转让规则进行阐释,最后对我国《物权法》中的物权保护做出介绍。第五章针对土地征收提出一个分析框架,首先提出征收权与征收的三要件;接着对征收权的英美法理论学展开溯源;接着提出土地征收中公共利益的效率假说——美国的司法实证的概念,包括美国土地征收中的公共利益,土地征收中公共利益的效率假说和美国土地征收重公共利益的司法实证;其次提出,合理补偿是规避个人道德风险与政府的财政幻觉,对为什么要进行征收补偿、什么是合理补偿、高补偿标准下的个人道德风险以及低补偿标准下的政府财政幻觉做出讨论;最后介绍国际土地征收的制度借鉴。第六章为城乡分隔与土地征收制度,对城乡分割的土地产权制度,集体所有土地产权的保护,中国土地征收制度的变迁以及“中国特色”的土地征收制度做出介绍。第七章为集体所有土地征收的经济绩效与改革建议,包括征地痛苦指数、土地财政、高昂的房价以及土地征收制度改革建议。第八章为结论。

关键词:土地征用　土地制度　集体所有制

0452

**中国产业集群升级研究** / 龚双红著 ; 杨秋宝指导. -- 中共中央党校, 2009. -- 149 页

在激烈是国际竞争背景下,只有及时进行升级的产业集群才能保持和获得新的竞争优势,论文首先对产业集群升级进行理论考察和一般情况分析,分析我国当前产业集群发展现状,并借鉴国外经验具体分析如何促进我国产业集群升级。论文共分 7 章。第一章对产业集群进行理论考察。介绍产业集群的涵义和性质、特征和类型、形成机理和竞争优势。第二章分析产业集群升级的涵义、一般模式、影响因素及升级评价指标体系设计。第三章分析我国产业集群发展状况。首先简要介绍我国产业集群发展的基本情况,然后以制造业为纲,对我国产业集群现状进行实证分析。接着指出当前我国产业集群发展中存在强

优势竞争与低附加值并存的悖论，最后提出我国产业集群发展的未来出路在于及时升级。第四章分析产业集群升级的主要动力：集群创新。论证集群创新是产业集群升级的主要动力，提出增强我国产业集群创新能力的若干措施。第五章论述产业集群升级的内部途径：集群治理。分析产业集群治理的动因和必要性，介绍产业集群治理机构和治理机制，并探究当前我国产业集权网络结构存在的问题以及集群治理的措施。第六章论述产业集群升级的外部途径：嵌入全球价值链。首先介绍全球价值链的动力机制和治理模式，随后分析全球价值链的片断化与地理集聚性的内在关系，接着说明产业集群的空间等级特征，指出产业集群在全球价值链上的升级路径，最后提出我国产业集群在全球价值链中升级的四大战略。第七章主要分析政府如何实施产业集群政策来促进我国产业集群升级。首先介绍产业集群政策的涵义，然后介绍产业集群政策在欧盟与日本等国家的实践状况，随后对我国所实施的产业集群政策进行回顾分析，明确我国当前促进产业集群升级的政策选择。

关键词：产业结构升级　产业发展　产业集群　中国经济

**0453**

**中国农民合作经济组织研究** / 顾卫兵著 ; 张东刚指导. -- 中央财经大学, 2009. -- 153 页

论文为中国农民合作经济组织的相关研究讨论。全文共分为八章。第一章，绪论。介绍选题意义与研究的问题，文献综述，基本概念与相关经济理论分析，研究方法、分析框架和论文创新之处。第二章，合作社的起源及制度内核。介绍合作社的起源及其社会经济原因，合作社的基本原则和内在逻辑，合作社制度的演进趋势以及现代合作社制度的基本内核。第三章为对中国合作经济组织的现状考察，内容包括对中国农民合作经济组织的总体考察，农民专业合作社，农民专业协会以及农民股份合作企业的相关介绍。第四章，中国农民合作经济组织的案例分析。分别对实体型农民合作经济组织的案例分析，对会员制农民合作经济组织的案例分析，对契约型农民合作经济组织的案例分析。第五章，中国农民合作经济组织的制度因素。探讨中国农民合作经济组织制度困境的政策因素，中国农民合作经济组织制度困境的法律因素以及中国农民合作经济组织制度困境的观念因素，中国农民合作经济组织制度困境的体制因素与中国农民合作经济组织制度困境的环境因素，并总结中国农民合作经济组织自身建设的几个具体问题。第六章，国外农业合作组织对我国的借鉴意义。分别提出美国农业合作社对我国的借鉴意义，欧盟奶业合作社对我国的借鉴意义，日本农协制度及对我国的借鉴意义以及印度亚兰德合作模式及对我国的借鉴意义。第七章，中国农民合作经济组织的总体设计。首先分析中国农民合作经济组织呈现的新特点，提出中国农民合作经济组织的发展经验与发展思路，最后探讨中国农民合作经济组织的制度创新。第八章为论文总结。

关键词：农业合作组织　农民　农业现代化

**0454**

**中国地方公共品供给失衡问题研究** / 管新帅著 ; 刘东指导. -- 南京大学, 2009. -- 150 页

论文围绕中国地方公共品供给这一主题探讨了三个问题：一是中国地方公共品供给的特征；二是影响中国地方公共品供给失衡的主要原因；三是如何矫正中国地方公共品供给失衡。简要论述了地方公共品供给的各种文献背景资料，概括了主要研究内容，总结了主要研究方法，指出了论文的研究方向。论及了中国地方公共品供给的两大特征：增长与失衡。论述了地方公共部门激励与地方公共品供给。主要分析了意愿表达机制与地方公共品供给之间的内在关系。论及了财政转移支付与地方公共品供给均等化。并对全文的主要结论做了系统论述。论文的主题主题思想可以概括为：解决中国地方公共品供给问题的关键"既在增长，更在均衡""既在地方，更在中央""既在经济，更在政治"。自上而下地方政府激励偏向、自下而上的意愿表达虚弱、转移支付体系抵消导致我国地方公共品供给背离了基本公共服务均等化的目标，因此，只有通过优化地方政府激励与考核、健全地方居民意愿表达机制、完善转移支付体系才能改善地方公共品供给的效率，从而让地方公共品供给能够公平有效地惠及全国各地人民，为促进社会和谐添砖加瓦。

关键词：地方财政　公用事业　供给制　财政支出

**0455**

**冲突、合作与治理：国家的政治经济学** / 桂林著 ; 杨瑞龙指导. -- 中国人民大学, 2009. -- 112 页

论文以国家为讨论主体，就国家的起源、国家之间的竞争与分合、国家的政治制度变迁以及国家制度

僵化的原因提出解释并给出形式化的论证,且通过历史事实来印证观点。全文共分为六章。第一章为导论。主要阐述问题的提出、论文的研究方法、主要观点、贡献与不足、内容安排。第二章论述国家的起源。首先阐述不同国家起源的争论及经济学相关文献,并引出论文的观点;之后介绍社会契约的特征及模型。第三章对农耕王国和游牧部落进行比较分析。对游牧部落与农耕王国进行静态比较分析,以西汉对匈奴策略的演变为例进行实证分析,阐明游牧部落与农耕文明的特征,并讨论历史上游牧部落和农耕文明的策略互动,以期解释历史、启示现在。第四章以中央政府的视角分析国家的治理结构。首先建立模型,并进行福利分析;然后进行静态比较,指出资源配置给富人会造成社会收入差距的进一步拉大,从而带来更大的社会不稳定,穷人会通过游行、示威以及其他的不合作行为来表达自己的不满,从而政府要承担社会不稳定的成本;最后总结中央政府选择政治治理结构的过程也就是政府主导型的政治制度变迁过程,并且政治治理结果的优劣依赖于具体的经济环境。第五章考察国家与法制。首先建立模型,并进行模型扩展与讨论;然后得出展望性总结,指出出台法律和复杂冗长的办事程序等官僚政策,是为了防范合谋的需要。第六章是对全文的总结。

关键词:国家　政治经济学　竞争　政治制度　法制

**0456**

**中国农村金融形式的选择** / 郭鸿著 ; 杨瑞龙指导. -- 中国人民大学, 2009. -- 139 页

论文在吸收借鉴以往理论的基础上,从农村生产、分配、交换、消费的一般均衡体系出发,建立起一个分析农村经济和农村金融问题的模型框架,实现理论构建和实务分析的统一,并在系统阐述中国现有农村金融体制的基础上,以理论模型为指导,研究中国农村金融形式的选择。全文分为七章。第一章为导论,包括问题的提出、研究方法、基本框架和创新之处。第二章回顾并借鉴农村金融理论,研究现代农村金融理论和国内农村金融问题,并进行简评。第三章以一个基础理论框架为实例,分析农村金融中介作用,介绍资本、金融中介作用的基本模型,并论述不同生产结构间的转换。第四章阐述中国农村正规金融形式,包括中国农村正规金融发展和现状、中国农村正规金融缺陷根源以及中国农村合作金融问题。第五章探讨中国农村非正规金融形式,首先界定了农村非正规金融的定义和基本形式,接着讨论中国农村非正规金融的发展和影响,最后指出中国农村非正规金融发展的制约因素。第六章对中国农村准正规金融形式的代表——小额信贷的发展进行探析,首先提出农村小额信贷的若干基本问题,接着总结国外农村小额信贷的发展及其经验,最后论述中国农村小额信贷的发展。第七章探析并总结中国农村金融形式的选择,主要综述了中国农村金融形式选择的指导思想、中国农村正规金融形式的选择和中国农村非正规金融形式的选择、中国农村小额信贷的发展方向、中国农村宏观金融市场的完善以及研究展望。

关键词:农村金融　金融组织　信贷　信用合作社

**0457**

**产权的福利效应:基于利益实现机制视角的分析** / 郭凌晨著 ; 周冰指导. -- 南开大学, 2009. -- 127 页

论文基于利益实现机制视角的分析,以产权的福利效应为研究对象,试图构建关于产权制度对社会福利影响的统一分析框架,研究产权制度如何影响经济主体的行为,产生怎样的经济绩效和财富分配状况,最终决定社会福利的大小。论文分为七章。第一章为导论,主要介绍论文的问题及其意义、论文基本概念的界定和解析、研究思路、研究方法、创新点以及不足。第二章提出了一种研究产权福利效应的正确途径,首先对从利益关系到产权关系进行分析,接着总结前人的研究与局限,最后建立产权福利效应的分析维度及研究框架。第三章对私有产权的利益实现机制及福利效应进行分析,包括私有产权的利益实现机制、市场交换中的社会利益实现和私有产权制度的福利效应分析。第四章探析传统公有制经济的利益实现机制及福利效应,系统阐述公有制经济的利益实现机制、按劳分配规则作用下的社会利益实现和分配规则变形对公有制经济福利效应的影响。第五章比较公有产权和私有产权的福利效应,基于利益实现机制视角进行分析,论述了产权制度与社会福利的一个模型,并基于社会福利最大化逻辑对有效产权进行构建。第六章分析国有产权制度改革的福利效应,指出国有企业改革的目标及现状,并解释国有企业改革的福利效应,提出对增进全民福利视角下的国有企业改革的深化。第七章对该论文进行了总结

关键词:产权　所有制　社会福利

**0458**

**浙江经济发展中的制度创新研究** / 韩芳著 ; 胡希宁指导. -- 中共中央党校, 2009. -- 125 页

论文通过历史唯物辩证法,相关理论的比较研究和历史文献分析法,并且采用相对静态和相对动态的分析方法,运用社会学、政治学、心理学、行为学等学科的思想和观点对浙江经济的制度创新进行理论分析、实证分析和规范分析,旨在为浙江经济的可持续发展提供一定的理论指导意义,且为其他省市区域的制度创新研究提供一定的参考和借鉴作用。论文共分为五章。绪论介绍选题的缘起、理论和现实意义,阐述有关制度创新的研究现状、研究思路和主要研究方法,并且说明研究内容和可能创新点。第一章,系统回顾国内外学术界对制度创新的相关理论和研究思路、方法,详细论述国外马克思主义理论和西方经济学理论中的相关理论和研究方法。第二章,对改革开放以来发生在浙江的一些主要经济制度的创新进行阶段性评述,分析经济创新的经济绩效和特点。第三章,着重分析研究浙江经济制度创新的动力和主要影响因素。第四章,从微观层面、中观层面、宏观层面分析浙江经济制度创新形成、发展和扩散的基本路径。第五章,指出在今后的一个阶段浙江进行经济制度创新需要引起注意的一个问题,并提出了一个促进制度创新的机制构建。论文对浙江经济发展中的制度创新的研究只是对浙江经济研究的一个开始,随着浙江社会经济的进一步发展,文章的研究内容需要不断改进和完善。

关键词:经济发展　经济体制改革　浙江

**0459**

**城乡统筹视野下的经济中心发展研究:以重庆为例** / 韩鹏著 ; 邓玲指导. -- 四川大学, 2009. -- 236 页

论文以重庆为例,研究在城乡统筹背景下经济中心的功能创新,以及发挥功能的途径。全文共分为五章,前言部分交代选题的背景与意义,介绍论文的结构与内容以及研究的主要创新点。第一章,范畴界定、文献综述与相关理论述评。对城乡统筹、经济中心和重庆的范畴做出界定,对关于城乡统筹的研究和经济中心的相关研究综述,并对城乡统筹相关理论与经济中心相关理论做出述评。第二章,经济中心的理论分析。首先介绍经济中心的特征与分类;其次介绍经济中心的功能,包括经济中心的一般功能和城乡统筹视野下经济中心的功能;最后分析政府培育经济中心的行为选择,分别讨论了经济中心以集聚、增生、扩散为主的发展阶段中的政府的行为选择。第三章,重庆统筹城乡发展中市域空间内部的经济中心。先是对重庆统筹城乡发展的实践动态进行介绍,包括重庆市统筹城乡改革的动态以及对重庆市城乡统筹改革措施的反思;其次对重庆市域空间内的不同层次的经济中心做出介绍;最后讨论重庆市统筹城乡发展中不同层级经济中心的功能完善途径,包括一级经济中心、二级经济中心和三级经济中心的功能完善途径。第四章,重庆市在长江上游地区统筹城乡发展中的经济中心功能。先是对长江上游地区统筹城乡发展的时间动态做出介绍,认为三个集中是成都市统筹城乡改革的最大特点,借用市场力量成为成都统筹城乡改革提供根本动力,服务型规范政府的建设是程度统筹城乡发展的机制保障,构建城乡一体的制度体系是成都城乡统筹的关键;接着分析长江上游地区不同层次的经济中心;最后讨论完善重庆市在长江上游地区城乡统筹发展中的经济中心功能的途径——推动区域合作。第五章,重庆在统筹城乡中强化经济功能的思路和对策,提出应发展内陆开放型经济,区域合作应政府推动,区域合作应有市场驱动,通过产业链整合推进区域合作,通过基础设施建设构建区域合作的基础,环境保护是区域合作推进的重要前提,良好的整合创新资源是区域合作的重要平台。最后得出研究结论。

关键词:地方经济　城乡一体化　经济中心

**0460**

**住房融资体系有效性研究** / 韩晓杰著 ; 陈享光指导. -- 中国人民大学, 2009. -- 226 页

论文采用现代经济学的方法,将住房融资理解为围绕住房生产、销售、维持、流通等交易环节的资金运动,将与之相关的住房建设融资和购买融资、市场融资与政府融资纳入一个体系,对住房融资体系的有效性进行考察。全文共分为九章。第一章,导论,提出论文的研究背景及意义、有关问题说明、研究思路、研究结构和论文的创新点与不足。第二章,对国内外关于住房融资体系有效性的研究文献进行综述。首先围绕发展我国有效住房融资体系问题,总结回顾我国住房融资研究的历史脉络和最新动态,之后对国外关于住房融资体系有效性和转型国家发展有效住房融资体系的相关研究进行总结回顾,并总结国内外研究的贡献和不足。第三章提出关于住房融资体系有效性的理论界说。首先从住房的特性阐明住房需求的

特殊性，然后分析住房产业的资本运动特点及其融资需求的特点，并在此基础上对住房融资及住房融资体系进行界定；其次从功能有效性和经济有效性两个方面对住房融资体系的有效性进行论述，分别阐述功能有效性与经济有效性的必要性、内容及主要影响因素；最后阐述功能有效性与经济有效性之间的关系。第四章，对市场住房融资的有效性进行分析，提出纯粹市场住房融资难以实现其功能有效性与经济有效性的统一。第五章，对政府住房融资有效性进行分析，提出纯粹政府住房融资也难以实现功能有效性和经济有效性的统一。第六章，基于政府与市场相结合，对住房融资体系的有效性进行分析，认为住房融资体系有效性的实现，需要合理的融资机构、融资方式、融资机构和政府干预政策，以及适宜的外部环境。第七章，依据上述分析框架进行住房融资体系有效性的国际比较，对美国、德国、新加坡、印度四个国家的住房融资体系进行比较并总结相关结论。第八章对我国住房融资体系的有效性进行评估。第九章在第八章的基础上，提出提高我国住房融资体系有效性的对策和有针对性的建议。

关键词：住宅　信贷　融资　房地产市场

**0461**

**经济虚拟化视角下的中国货币政策传导机制效应实证研究：2003.1—2008.6** / 郝全洪著 ； 卫兴华指导. -- 中国人民大学, 2009. -- 251 页

论文将房地产纳入虚拟资产范畴加以考察，立足于当前我国经济虚拟化的特殊结构，对我国经济虚拟化条件下的货币政策传导机制及效应进行理论分析和实证研究。全文共分为八章。第一章是论文的导言部分，主要介绍文本研究背景、意义、主题、国内外研究状况、论文的机构、内容、方法和创新，主要对论文涉及的重要概念进行明确界定。第二章，货币政策传导机制理论研究概述，基于货币政策传导的货币观与信贷观的框架，对货币政策传导机制理论研究进行了概述。对国内外基于货币观和信贷观的货币政策传导机制及其有效性理论研究脉络进行梳理，对相关研究成果进行概述。第三章，经济虚拟化发展中的货币政策传导机制，在对世界经济虚拟化进程，尤其是中国现阶段经济虚拟化特殊结构进行分析的基础上，具体研究货币政策、虚拟资产价格以及实体经济之间的内在联系和作用机理，研究经济虚拟化条件下货币政策的虚拟资产价格传导渠道，并对虚拟资产价格传导渠道的有效性问题进行理论探讨。第四章，货币政策虚拟资产价格传导机制理论，分别从股票市场和房地产市场两条线路研究货币政策股市和房市传导渠道的作用途径、内在机理，重点就货币政策到股市和房市的内部传导，以及虚拟资产价格到实体经济的外部传导的具体路径做出理论分析。第五章，数据处理与经济计量模型的选择，主要交代论文所选的理论数据来源、处理方法，以及论文选用的计量实证模型的主要内容和选择依据。第六章，基于货币观和信贷观的中国趋紧货币政策传导效应实证研究，在对我国三个层次货币数量进行比较研究的基础上，着重对货币观和信贷观的货币数量传导渠道、信贷传导渠道、利率和汇率传导渠道的效应进行实证分析，并对货币数量渠道的效应进行比较研究。第七章，中国货币政策虚拟资产价格传导渠道实证研究，对包含虚拟资产价格指数的我国金融条件指数的可行性进行理论分析和实证研究。第八章是论文的结论部分。

关键词：货币政策　虚拟资本　经济波动　股票市场　房地产市场

**0462**

**高管层激励股权分布结构与股权激励绩效：基于中国上市公司的实证研究** / 何凡著 ； 张衔指导. -- 四川大学, 2009. -- 122 页

论文在梳理现有文献的基础上，将研究的焦点聚集到对我国实施股权激励的上市公司激励股权分布的构成，以及其与股权激励绩效的关系研究。全文共分为六章。第一章，文献回顾。对关于股权激励与公司绩效关系的现有研究进行回顾，在回顾现有文献的基础上，指出现有研究的贡献和缺陷，阐释需要在委托代理理论基础上，进一步以薪酬管理理论相关结论对现有研究的理论基础加以拓展的必要性。第二章，现有研究理论基础的再分析和拓展。在文献回顾的基础上，针对现有研究理论基础的特点进行进一步的分析，指出其特点以及存在进一步拓展的需要，并在此基础上提出对股权激励与公司绩效关系的研究应如何吸收该领域现有研究结论的启示和思路，总结了全文的写作框架。第三章，激励股权分布结构成因及效应的理论研究。首先界定了激励股权分布结构的定义，如何阐明激励股权分布结构与高管层薪酬层级差距之间的联系，在此基础上分别从锦标赛理论和行为理论的实践分析了激励股权分布结构与股权激励绩效之间的关系，并在此基础上对激励股权分布结构

的成因进行了理论分析,最后利用图形的形式概括了论文研究的整体框架。第四章,激励股权分布结构与股权激励绩效。首先进行了对样本公司股权激励绩效的描述性统计,然后对激励股权分布结构与股权激励绩效之间的关系进行了理论分析,并在此基础上提出了本章的研究假设,接着分别从激励股权分布总量结构与股权激励绩效、激励股权分布分量结构与股权激励绩效的关系两个角度具体分析了激励股权分布分量结构与股权激励绩效之间的关系,最后是运用样本公司的数据,分别对现有研究方法和激励股权分布结论进行验证。第五章,激励股权分布结构影响因素研究。首先对样本公司的激励股权分布结构进行描述性统计分析,并在此基础上提出研究假设,最后通过构建回归模型对上述研究假设进行了检验。第六章,结论及建议。

关键词:上市公司　股份有限公司　管理人员　激励　股权结构

**0463**

**金融结构差异与货币政策传导研究** / 何晓夏著 ; 罗美娟指导. -- 云南大学, 2009. -- 205 页

论文建立一个从微观到宏观、合乎逻辑的系统框架,解释金融结构差异和货币政策传导之间内在联系机理,论证核心结论并给出实证检验,提出建立金融结构和货币政策传导协调机制的相关政策建议。全文共分为八章。第一章,导论。包括问题的提出,选题的意义,基本框架与研究方法,章节安排及主要内容,论文创新和特色。第二章,相关理论分析。介绍货币政策传导机制的一般理论,金融结构与货币政策传导机制关系的梳理。第三章,研究框架的构建。首先提出背景框架的构建,在此基础上对总体框架进行设计。第四章,金融中介导向结构与货币政策传导。介绍金融中介导向结构中的交易成本条件;介绍金融中介导向结构与经济主体的行为决策,包括模型的交易成本条件,政府行为决策,金融中介行为决策,企业行为决策以及消费者行为决策;探讨金融中介导向结构与利率机制,金融中介导向结构与信用机制。第五章,金融市场导向结构与货币政策传导。介绍金融市场导向结构中的交易成本条件,金融市场导向结构与经济主体行为决策,金融市场导向结构与利率机制以及金融市场导向结构与信用机制。第六章,案例分析之一:国别研究。分析金融结构的国别差异,提出典型国家和地区的金融结构特征,介绍金融结构国别差异与货币政策传导的探讨。第七章,案例分析之二:中国研究。包括中国金融结构功能机制及其交易成本条件,中国的货币政策传导机制的经济主体行为模式,中国金融结构与货币政策传导信用机制,中国金融结构与货币政策传导利率机制。第八章为论文政策启示。

关键词:金融　经济结构　货币政策

**0464**

**社会性规制的协调机制研究** / 何笑著 ; 陈富良指导. -- 江西财经大学, 2009. -- 186 页

论文采用社会性规制理论、委托代理理论和组织协调理论等多学科的知识和工具,对社会性规制的协调机制展开研究。全文共分为七章。第一章导论部分,主要介绍文本的选题背景与意义,研究的主题与方法,研究的思路与框架,以及可能的研究创新与不足之处,以便对全文的研究主旨和内容有一个大致的了解。第二章是文献评述与分析框架,首先对社会性规制理论的内容做一个全面的阐述,其次对组织协调理论、委托代理理论等领域学者在相关方面所做的研究进行大致的梳理和评析,最后在综合三个学科相关知识的基础上,提出社会性规制协调机制的基本分析框架,从而为全文的研究提供一个理论的支持,以便清晰地把握全文的基本脉络。第四章是社会性机制协调的必要性与可行性分析,主要分析什么是社会性规制协调以及为什么需要在社会性规制中强调协调的意义。在对论文所定义的社会性规制协调的概念和内涵做出明确解释的基础上,指出个规制部门之间在利益目标、价值观、信息、政策、组织结构等方面存在的冲突是导致社会性规制效率降低的重要原因。第四章对社会性规制中的利益冲突大致分为政治家和规制者之间的纵向利益冲突和不同规制者之间的横向利益冲突两种类型。第五章首先将目前的组织结构大致区分为公共官僚制和新公共管理这两种基本模式,并具体分析和比较这两种模式背景下结构冲突及协调机制的明显区别,指出官僚制模式下的组织通常存在比较严重的纵向结构冲突与横向结构冲突问题。第六章主要在前面研究的基础上提出社会性规制协调机制的选择和设计问题,根据二分法的分析框架,将社会性规制协调机制大致分为两种形式。第七章是全文的理论应用部分,提出论文的结论和政策性建议。

关键词:规制经济学　协调　冲突　行政干预

0465

**大企业崛起的金融支持** / 贺守海著 ; 吴宣恭指导. -- 厦门大学, 2009. -- 200 页

论文致力于探讨金融因素在大企业发展中的作用。全文共分为八章。第一章导论,导论部分陈述了论文研究背景与研究意义、研究思路、框架以及创新和不足,并对相关概念进行界定。第二章是关于大企业发展相关理论问题。首先回顾了大企业发展的相关理论,然后探讨影响大企业发展的决定性因素,接着总结了不同国家大企业的发展模式以及大企业的成长方式。第三章主要是关于金融与企业发展关系的理论性铺垫。首先对金融体系及其与经济发展和企业的关系进行简单介绍,其次回顾了金融发展理论从宏观向微观领域深入的过程,点出金融对企业发展的作用正日益受到理论研究的重视,第三从金融功能观的视角梳理了金融体系对企业的发展作用,第四讨论了金融机构与政府干预和金融功能的关系。第四章,从四个方面分析了金融促进大企业发展的作用。第一,金融为企业发展提供融资支持;第二,金融支持促进企业的技术创新,推动企业的扩大;第三,金融在公司治理中发挥重要作用,为企业发展提供制度支持;第四,金融体系对企业的外部并购扩张提供了重要的支撑。第五章从历史视角分析了金融在支持大企业发展中的作用。首先通过金融制度和企业组织的历史演进,探讨了金融功能的历史扩展及现代大企业的出现;其次结合历史上的三次产业革命,分析了大企业发展及金融在其中的支持作用。第六章分别考察了美日韩三国大企业发展中的金融支持的国际经验。美国经验凸显了资本市场的强大作用,日本主银行制度在其大企业发展中起到了重要作用,韩国大企业的发展过程则集中体现了政府对金融的主导作用。第七章分析了中国大企业发展中的金融支持问题。首先考察了中国大企业发展的现状及存在的问题,其次分析了当前大企业发展中金融支持的不足,最后为如何加强对大企业发展的金融支持提出了一系列的政策建议。第八章考察了金融危机条件下的大企业发展问题,着力分析作为金融风险集中爆发结果的金融危机对大企业发展的影响以及如何在危机条件下促进大企业的发展。

关键词:大型企业　金融支持　企业发展

0466

**由乱至治:1927—1952 年中国金融与财政问题研究** / 贺水金著 ; 杜恂诚指导. -- 上海社会科学院, 2009. -- 307 页

论文以时间为经,以 1927—1952 年中国发生的重大金融事件为纬,对货币制度、货币改革、国家垄断金融体系的建立、国际资本流动、汇率变动、通货膨胀与治理、通货膨胀条件下金融行业运行等中国近现代宏观金融领域的诸方面进行分析和研究,对金融息息相关的南京政府财政收支结构、特点、弥补赤字方式,战时、战后财政与通货膨胀关系等进行研究。全文共分为十四章。前言部分介绍论文的研究范围、基本框架和主要内容以及论文的研究特色和研究方法。第一章,财政向金融渗透。提出建立政权、巩固政权成本很高,以实例证明抓钱袋子是政府最快捷的金融手段。第二章,金融向财政靠拢:被动中的主动。对南京政府成立前金融界对国民革命的支持、充当南京政府临时财务部、垫借款项、诚募公债、国库券以及上海金融界与南京政府关系嬗变的事实做出说明。第三章,财政金融合一原因的说明与利弊的评析。第四章,货币紊乱与近代中国经济和社会民生现状的介绍。第五章,从废两改元的准备过程、实施过程和成功的原因和意义三个方面对确立本位制、统一铸币权的事实进行阐释。第六章,法币改革的说明,内容包括法币政策前的国际国内背景,法币政策是实施以及法币政策的历史评价。第七章,近代中国国际资本流动:流向、流量、特点与影响因素的分析。第八章,银本位制下的中国汇率变动,包括 1931 年以前中国汇率的基本特点,1931 年以后中国汇率之变异,第一次世界大战时期与 20 世纪 30 年代两次银贵的比较和汇率影响下的中国金银移动。第九章,国际资本流动、汇率变动对中国金融及经济的影响及分析。第十章,抗日战争与通货膨胀,对通货膨胀的定义及文献展开综述,对战时财政收支、赤字与弥补方式以及抗日战争时期中国境内货币发行总量做出分析。第十一章,中国与德国在人类史上两次比较恶劣的通货膨胀的影响做出比较分析和研究说明。第十二章对中央银行反通货膨胀政策及绩效做出评析。第十三章,通货膨胀条件下的金融业。第十四章论文的思考结论。

关键词:金融　财政史　经济史　民国

0467

**中国农民工流动就业问题研究** / 侯晋封著 ; 胡希宁指导. -- 中共中央党校, 2009. -- 110 页

论文以中国农民工的流动就业问题为研究对象,分为六章。第一章为导论,主要介绍研究背景、研究

意义、研究综述、概念界定、研究思路和创新之处。第二章概述了农民工流动就业的相关理论,包括马克思关于农村劳动力转移就业的思想和发展经济学关于农村劳动力转移就业的理论。第三章从农民流动就业的历史过程、巨大贡献、原因、现状和主要问题五个方面对我国农民工流动就业的现状及问题进行了说明。第四章分析阻碍我国农民工流动就业的主要原因,主要有户籍制度、土地制度、社会保障制度和劳动力市场分割等因素。第五章介绍了国外关于农村劳动力流动就业的经验,通过论述工业化过程中农村劳动力转移的一般规律、世界各国农村劳动力转移的主要模式和劳动力转移的国际经验与教训,得出对我国的启示。第六章提出促进我国农民工流动就业的对策,总结为四点:第一,应破除体制性障碍,为农民工流动就业创造宽松环境;第二,完善相关政策,提高农民工流动就业能力;第三,大力发展县域经济,促进农民工就地就近就业;第四,统筹城乡发展,吸引农民工回乡创业。

关键词:民工　劳动就业　劳动力转移

**0468**

**我国上市公司信息披露制度及其有效性研究** / 胡静波著 ; 杜莉指导. -- 吉林大学, 2009. -- 158 页

论文研究我国上市公司信息披露制度及其有效性对于我国证券市场的持续发展、理论完善的意义。全文共分为八章。第一章,绪论,对中国证券市场发展状况进行简要概括,提出有效的上市公司信息披露是保护投资者利益的关键,对论文结构进行概括,介绍研究方法,并指出论文的创新和不足。第二章,理论综述。介绍证券市场中的有效市场假设理论,信息不对称理论,委托代理理论,交易成本理论,博弈理论在上市公司信息披露及提高其有效性中的应用,论述信息披露的理论基础,对目前国内外信息披露有效性的研究文献进行评述。第三章,我国上市公司信息披露制度概述。介绍信息披露制度的内涵,归纳界定上市公司信息披露的基本原则,介绍信息披露制度的发展历史,概括目前我国建立的上市公司信息披露制度体系,并介绍国外信息披露制度。第四章,财务信息披露制度及有效性分析,介绍我国财务信息披露制度现状,从信息披露基本原则的几个方面,对我国上市公司财务信息披露的有效性进行评价和探讨,进一步分析有效性表现的原因并提出相应对策。第五章,公司治理信息披露制度及有效性分析。对公司治理信息进行内涵的界定,介绍我国公司治理信息披露制度现状,从信息披露基本原则的几个方面,对我国上市公司治理信息披露有效性进行评价和探讨,进一步分析有效性表现的原因并提出相应对策。第六章,重大事件披露制度有效性分析。讨论管理讨论层讨论与分析披露制度的有效性,同样利用信息披露基本原则作为评价标准,并进一步分析有效性表现的原因并提出相应对策。第八章,证券发行信息披露制度及有效性分析。讨论证券发行信息披露制度的有效性,同样利用信息披露基本原则作为评价标准,进一步分析有效性表现的原因并提出相应对策。

关键词:上市公司　证券市场　信息披露　财务管理　公司治理

**0469**

**煤炭资源产权与开发外部性关系及我国资源产权改革研究** / 胡文国著 ; 吴栋指导. -- 清华大学, 2009. -- 194 页

论文针对我国煤炭资源开发外部性问题,首先分析煤炭资源开发外部性问题产生的原因,然后建立资源开发规模影响模型,最后提出综合运用庇古方法和科斯方法解决我国煤炭资源开发外部性问题的思路,并提出产权改革的建议。全文共分为六章。第一章为导论。介绍选题背景,研究的意义,相关问题的研究现状,研究方法,论文框架及主要内容安排。第二章介绍煤炭资源产权及资源开发外部性理论基础。分别简述产权理论的基础、我国煤炭资源产权现状、外部性理论及我国煤炭资源开发外部效应现状。第三章阐述煤炭资源产权对外部效应的影响及作用机理。首先对外部效应产生的原因进行分类,然后重点分析煤炭资源的所有权、使用权和收益权对资源耗竭、生态环境破坏及生产安全等外部效应的影响及作用机理,以及产权明晰对外部性问题的影响及其作用机理。第四章是对我国煤炭资源产权影响外部效应的实证研究。建立资源开发规模影响模型及生产安全影响模型,分别论述所用权、使用权和收益权分配对资源耗竭外部效应以及生产安全外部效应的实证分析。第五章阐述外部性问题解决措施及我国煤炭资源产权改革研究。分析我国煤炭资源产权中存在的问题,产权变革的方向及应遵循的基本原则,简述我国煤炭资源产权变革的基本内容,提出综合运用庇古方法和科斯方法解决我国煤炭资源开发外部性问题的思路,并提出产权改革的建议。第六章是研究的

主要结论、主要创新点及有待进一步完善的问题。

关键词:煤炭资源　产权　经济体制改革

**0470**

**中国城镇新贫困问题研究** / 胡永和著 ; 蒋永穆指导. -- 四川大学, 2009. -- 240 页

论文的研究对象为中国城镇新贫困问题,对转型、城市化以及全球化背景下中国城镇新贫困的现状及成因进行深入研究。全文共分为五部分。第一部分为导论,分析选题的背景,论述反贫困的国际意义与中国反城镇新贫困的现实意义。第二部分为论文的第二、第三章,回顾贫困概念的历史发展,并对一些主要的贫困概念以及与贫困相关的概念进行分析和界定,追溯国内外各种贫困与反贫困理论的发展轨迹,为研究奠定理论基础。第三部分为论文第四章,重点分析中国城镇新贫困问题的现状及发展趋势,指出由于贫困标准偏低以及现行户籍制度的制约,目前理论界及政府一定程度上低估城镇贫困人口的数量级贫困程度。第四部分为论文的第五、第六、第七章。从经济转型、城市化以及全球化发展三个不同的角度对中国城镇新贫困问题形成的原因进行系统的分析和考察,指出中国城镇新贫困问题的产生是不公平的经济增长方式、社会保障制度建设滞后以及市场化、全球化风险冲击增多等多种因素综合的结果;而对农村人口的长期歧视政策是以进城市农民工为代表的农村迁移人口贫困化的根本原因。第五部分为第八、第九章,介绍一些发达国家和发展中国家城镇反贫困的模式,由于发达国家和发展中国家所面临的是不同性质的贫困问题,发达国家的反贫困政策主要倾向于社会保障、社会保护以及就业促进,而发展中国家的反贫困政策仍然强调实现公平的经济增长。中国城镇新贫困的问题的解决也同样离不开经济增长。研究指出中国反城镇新贫困模式应当是在可续发展观的指导下实现有利于穷人的经济增长,并提出论文的最终结论。

关键词:城市化　贫困　社会转型期　扶贫

**0471**

**转型期中国企业社会责任研究** / 胡永红著 ; 许卓云指导. -- 华南师范大学, 2009. -- 156 页

论文针对众说纷纭的企业社会责任,就企业社会责任的逻辑、边界、内容、影响因素、路径选择等问题做深入探讨和系统研究。全文共分为八部分。第一部分导论,提出论文的选题意义、分析视角、研究目标、研究思路与论文结构以及可能的创新之处。第二部分为理论回顾,介绍国外研究概况和国内研究现状,并做出小结与评述。第三部分为企业社会责任的逻辑,首先讨论企业社会责任的本质论,包括经济视角下的企业社会责任及其局限性和社会视角下的企业社会责任;其次是企业社会责任内生论,包括市场博弈催生社会责任和企业两面应对社会要求的分析;接着是对三次分配统一论和价值、工具理性统一论的思考;最后为对权责对等论的分析。第四部分为中国企业社会责任的现实性,讨论我国企业社会责任的现实困境,并对该现象的原因做出分析,探讨企业承担社会责任的可能性。第五部分为影响中国企业承担社会责任的主要因素,以西方国家的政府与政策、工业化程度、法律与法规、文化传统和 NGO 为例进行一般因素分析,以中国转型期语境的文化传统、经济体制、外部影响、利益相关者的期望与维权行动、企业的所有制性质、企业的生命周期、企业规模和行业特征做出特殊因素分析。第六部分为中国企业社会责任的边界与内容,讨论企业承担社会责任的边界以及企业承担的社会责任的具体内容。第七部分为推进企业社会责任建设的路径选择,讨论国外利益相关者运动与企业社会责任的承担,我国企业社会责任的实现机制,我国企业社会责任的承担方式以及我国企业社会责任的微观治理。第八部分为论文的结论与展望。

关键词:企业管理　社会责任　经济转型期

**0472**

**构建学习型区域创新体系研究** / 胡云华著 ; 蒋应时指导. -- 上海社会科学院, 2009. -- 198 页

论文综合运用经济学、经济地理学和区域科学等理论,将学习型区域创新体系作为研究对象,从理论和实践的角度探讨学习型区域创新体系的理论分析框架,并以上海为例,对于上海如何构建学习型创新体系提出了若干对策,以期推动区域创新体系研究向纵深发展。全文共分为引言和正文两大部分。引言主要介绍论文的选题背景和意义、研究思路和方法。正文共包括九章内容。第一章简述区域创新体系研究的理论基础。分别从不同层面阐述创新经济学理论、现代区域发展理论及国家创新体系理论。第二章介绍学习型区域创新体系。首先简要阐述国内外区域创新体系研究的综述;然后分析学习型区域的研究现状和研究评价;最后探讨学习型区域创新体系的涵

义及特征，并指出构建学习型区域创新体系的价值涵义。第三章是对学习型区域创新体系的机制构建研究。依次论述学习型区域创新体系的形成、演化、学习机制及调控机制。第四章是对学习型区域创新体系的环境构建分析。首先指出区域社会资本是学习型区域创新体系环境构建的核心因素，并进行具体分析；然后阐述区域文化的涵义、特征及其与学习型区域创新体系的关系。第五章是对上海学习型创新体系构建的背景分析，指出目前上海所面临的经济发展背景要求上海构建学习型区域创新体系。第六章是对上海创新体系发展现状的分析。从区域创新主体：企业、政府、高校及科研院所发展现状及基于产学研角度的主体间交互作用现状两个方面，分析上海创新体系发展现状。第七章分析上海学习型创新体系构建的学习条件。从教育和劳动力职业培训、技术获得途径、技术研发投入和技术活动产出四个方面分析上海学习条件状况，指出上海已经具备构建学习型区域创新体系的条件。第八章是对上海学习型区域创新体系构建的若干思考。依次从企业、人才国际化、政策体系及长江三角区域创新体系创建等四个角度分别思考上海如何构建学习型区域创新体系。第九章对论文的主要论点进行总结，并指出存在的不足和今后的研究方向。

关键词：区域经济　国家创新系统　技术创新　上海

0473

**金融不良资产处置的博弈行为及其效应分析** / 华静著 ; 沈坤荣指导. -- 南京大学, 2009. -- 185 页

论文在对国际、国内金融不良资产处置模式比较的基础上，结合考虑中国不良资产的现状与格局，探讨不良资产的本质是配置不当的经济资源，资产价值的不确定性是不良资产的天然属性。全文共分为七章。第一章导论，介绍选题背景与研究意义、研究方法和结构内容以及论文的创新与不足之处。第二章是对理论与文献的回顾，首先是对金融不良资产的概述；其次介绍了金融不良资产的理论研究，包括国外关于金融不良资产的理论研究以及国内关于不良资产处置的理论研究；之后介绍了国内商业银行不良资产的现状以及国有商业银行不良资产的成因分析。第三章，金融不良资产处置的模式比较。首先是国外金融不良资产运作的基本模式，包括美国重组信托公司的成功经验，瑞典资产管理公司的经验和运作模式，韩国不良资产处置的运作模式及启示，波兰处置不良资产的模式和经验，日本处置银行不良资产的模式和教训；其次是国外金融不良资产处置模式的借鉴意义；最后介绍了中国金融不良资产处置的基本模式，包括中国金融不良资产的处置方式、金融不良资产的处置现状以及中国金融不良资产的处置格局。第四章，金融不良资产处置的定价行为。首先是对金融不良资产处置定价行为的概述，包括不良资产定价的定义，不良资产定价行为的过程分析以及不良资产定价的难点剖析；其次是金融不良资产定价的理论基础以及定价模型构建的思路，包括不良资产定价的理论基础，影响不良资产定价的因素分析，不良资产定价模型构建的思路，然后介绍了金融不良资产的估值方式及定价模型的建立；最后是金融不良资产处置定价的案例分析。第五章，金融不良资产的交易行为。首先对金融不良资产处置交易行为展开概述，之后对金融不良资产交易的理论基础及影响因素展开分析；之后是对单项资产处置的交易行为和批量资产处置的交易行为的分析。第六章，金融不良资产处置的效应分析，包括微观效应和宏观效应两方面。第七章，制度安排与政策建议，共提出四方面建议。

关键词：金融资产　不良资产　资产管理　博弈论

0474

**建设"创新型湖北"的战略与对策研究** / 黄国斌著 ; 张秀生指导. -- 武汉大学, 2009. -- 288 页

论文研究沿着"创新型区域的界定与评价—创新型区域的形成因素—湖北创新型区域的建设现状—建设创新型湖北的对策"的学术构想与研究脉络对建设创新型湖北的战略与对策展开探讨。全文共分为十三章。导论部分介绍论文选题缘由，现有创新型区域的研究成果述评，论文的研究内容与基本框架，论文的研究方法以及论文的创新点与需要进一步研究的问题。第一章，创新型区域概述。在对创新型区域研究的理论基础展开讨论的前提下，介绍创新型区域的内涵、特征、模式和机构，讨论影响区域经济发展的要素与创新型区域模型。第二章，创新型区域的评价指标体系。首先确定评价指标体系构建的原则；接着对创新型区域评价指标体系的总体框架及指标选择做出探讨；最后提出评价的方法与模型。第三章，国内外典型创新型区域的比较。分别对国内外典型创新型区域做介绍，对国内外创新型区域的发展模式展开比较，对国内外创新型区域发展战略做出比较，对

国内外创新型区域政策做出比较,包括美国、日本、意大利、韩国、印度和中国的创新型区域。第四章,创新型区域发展中的路径依赖与内部运行机制。讨论创新型区域发展中的路径依赖,并从创新型区域内部运行机制的内涵和设计对其运行机制做出说明。第五章,分析建设创新型湖北的必要性、机遇与挑战。第六章,建设创新型湖北的总体思路,包括建设创新型湖北的路径选择、基本原则和主要的战略部署方法。第七章,产业创新与创新型湖北建设,内容介绍了产业创新与创新型区域建设、湖北产业创新现状和创新型湖北产业创新模式的构建。第八章,技术创新体系与创新型湖北建设的介绍。第九章,制度创新与创新型湖北建设的介绍。第十章,文化创新与创新型湖北建设的介绍。第十一章,创新型城市与创新型湖北建设的介绍。第十二章,企业与创新型湖北建设的介绍。第十三章,从创新型区域建设中政府定位与主要行为、政府在湖北区域创新中的作用和主要对策介绍政府与推进创新型湖北建设的关系。

关键词:地方经济　发展战略　创新管理　湖北

**0475**

**长三角地区劳动力流转与城乡居民收入差距关系实证研究** / 黄国华著 ; 沈开艳指导. -- 上海社会科学院, 2009. -- 146 页

论文从促进劳动力合理流转影响因素阐述缩小城乡居民收入差距的对策,并从提高迁入地收入的边际效用和缩小迁入过程的成本消耗两方面综合考虑,提出促进劳动力合理流转的对策。全文共分为七章。第一章为绪论,论述论文研究的问题、文献综述、相关概念、主要研究内容、研究方法、创新点、不足之处及总的结论。第二章为理论分析部分,分别阐述和评价传统城乡居民收入差距理论以及劳动力流转和转移理论。第三章为理论构建部分,综合考虑多种因素,构建出城乡居民收入差距影响因素的理论模型和劳动力流转影响因素的理论模型。第四章和第五章为论文的实证部分。第四章运用 EVIEWS 统计软件和动态面板数据分析外部劳动力流动、本地城市化水平、城乡非均衡增长、政府的扶农政策对域内城乡居民收入差距的影响方面及影响程度,验证了创建的理论模型,并求出长三角 16 地级市的城乡居民收入差距跟随城市化发展水平的拐点。第五章运用 EVIEWS 统计软件,分析内部城乡居民收入差距、就业容量因素以及流动成本的变动对外部劳动力流入的影响,分析了内部城乡居民收入差距、就业机遇因素及转移的成本的变动对农村劳动力向城镇转移的影响,分析了单纯的域内外收益变动因素对外部劳动力流动的影响,分析了单纯的城乡收益变动对本地农村劳动力向城镇转移的影响,证实了模型理论,并且基于利润最大化理论和影响因素分析法,对于单纯的收益变动因素对劳动力流转没有解释力的根源进行了深入剖析。第六章分析了城乡居民收入差距和劳动力流转的内在联系,把论文的两大主旨紧密连接起来。第七章为论文和政策建议部分,对长三角地区缩小城乡居民收入差距和推动劳动力合理流转,提出若干政策建议。

关键词:劳动力流动　居民收入　收入差距　经济关系　华东地区

**0476**

**垂直解体与低运输成本下的产业集聚间分工研究:来自长三角的微观实证** / 黄洁著 ; 陈建军指导. -- 浙江大学, 2009. -- 161 页

论文在市场一体化程度较高的地区发展水平接近的前提下,提出产业集聚间分工这一研究主题,通过描述产业集聚间分工产生的微观机制,明确垂直阶梯和运输成本对形成产业集聚间分工的作用,并在此基础上进一步探讨产业集聚间分工对发展广域产业集聚的影响,解释多个分散的产业集聚如何演化为在空间范围上更大,在产业层次上更高的地区竞争优势的过程。全文共分为七章。第一章,绪论。介绍研究的背景,研究的目的与内容,概念界定,研究的逻辑思路、基本框架和章节安排,研究的创新点。第二章,分工视角下的产业集聚核心思想综述。介绍产业集聚理论沿革,分工思想的演进,分工和产业集聚,新经济地理学:来自中国的实证研究。第三章,垂直解体、专业化生产和运输成本:一个理论框架。介绍产业集聚的经济—空间二维性,垂直专业化、运输成本和产业集聚间分工,产业集聚间分工的形成机理,产业集聚间分工的演进。对数据描述,提出研究角度和指标选取,长三角产业集聚概况,长三角产业集聚间分工,长三角产业集聚间分工和产业集聚。第五章,垂直解体、运输成本和产业集聚间分工。介绍垂直解体、运输成本和产业集聚间分工的形成,对变量描述,介绍模型的计算。第六章,产业集聚间分工、产业同构和地区竞争优势。介绍产业集聚与产业同构及其影响,产业集聚间分工和地区竞争优势,产业集聚间分工和产业同构的实证分析。第七章为论文结论与对未来

研究的展望。

关键词:产业经济学　生产专门化　分工　运输成本

**0477**

**我国股票市场传导货币政策机制研究** / 黄琳著 ; 马庆泉指导. -- 中国人民大学, 2009. -- 134 页

论文采用理论分析与实证分析相结合的方法,以我国股票市场传导货币政策的机制为研究对象进行深入研究。全文分为七章。第一章为绪论,包括研究的背景、目的、意义、研究思路、逻辑结构、主要内容、研究方法、文献综述、创新点、难点以及不足点。第二章论述西方货币政策传导机制理论与实践,首先概述货币政策传导机制,接着介绍了古典和现代货币政策传导机制理论,最后概述西方主要发达国家货币政策传导机制。第三章分析股票市场传导货币政策机制理论,主要研究货币政策传导到股票市场的渠道和货币政策通过股票市场传导到实体经济的渠道。第四章探析我国股票市场与货币政策的关联性分析,在阐述我国股票市场发展历程的基础上,说明我国货币政策目标的演变历程以及我国货币政策传导机制发展历程,并进行我国股票市场与货币政策的关联性分析。第五章对我国股票市场传导货币政策实证进行分析探索,在分析框架与方法的概述的基础上,检验我国货币政策传导到股票市场的效率和我国货币政策由股票市场传导到实体经济的效率。第六章指出我国股票市场传导货币政策机制障碍因素,进行分析,并提出对策,分析我国股票市场传导货币政策的障碍因素,提出了提高我国股票市场传导货币政策效率的对策。

关键词:股票市场　股票价格　货币政策　宏观经济调控

**0478**

**中国城镇劳动力市场性别和户籍差异实证研究** / 黄志岭著 ; 姚先国指导. -- 浙江大学, 2009. -- 139 页

论文为中国城镇劳动力市场性别和户籍差异实证的研究。全文共分为八章。第一章,导论。介绍论文问题的提出,研究方法和思路,研究内容和结构,论文可能的创新点。第二章,劳动力市场歧视研究文献综述。包括西方劳动力市场歧视的理论研究,劳动力市场歧视的实证研究方法,前劳动力市场因素差异研究以及国内劳动力市场歧视的研究现状。第三章,城镇职工性别工资差异。对城镇职工性别工资相关数据整理介绍,提出研究模型,并对计量过程及结果进行分析,包括按职业分类的男女工资决定方程,男女职业分布估计,性别工资差异分析。第四章,城镇职工性别就业差异研究。介绍模型和方法,数据和变量定义,对计量结果进行讨论。第五章,城镇职工性别间教育回报率差异研究。包括数据的统计性描述,教育回报率性别差异及其解释,教育回报率性别差异的自选择问题,工作特征差异问题,性别间相对劳动供给差异等。第六章,城市外来人员性别间工资差异研究。包括数据说明,研究的模型和方法,外来人员性别职业分割,职业分割对性别工资差异影响的分析。第七章,城乡劳动力流动模型和城乡户籍工资差异。介绍城乡劳动力流动模型,包括分割的城乡劳动力市场,劳动力流动模型;探讨户籍工资差异及人力资本的作用,包括理论分析和研究方法的介绍,数据介绍,实证研究结果及讨论等。第八章为论文结论。

关键词:城镇　劳动力市场　性别差异　户籍

**0479**

**国际垄断资本主义下的技术创新研究** / 贾利军著 ; 胡钧指导. -- 中国人民大学, 2009. -- 205 页

论文以利用政治经济学的分析范式,从马克思的技术创新理论入手,揭示资本主义推动技术创新的根本原因,分析由资本主义技术垄断引起的国际分化,探寻发展中国家进行技术创新的路径,为发展中国家政府建立自主技术创新能力,促进本国生产力发展提供深层次的理论基础为方法论,研究国际垄断资本主义下的技术创新。全文分为六章,第一章为导论,包括选题背景、意义、问题的研究现状、研究目标、研究内容、结构与研究方法。第二章介绍技术创新的一般理论,评述西方经济学家关于技术创新的研究,并分析马克思经济学关于技术创新的理论框架,以及生产关系与技术创新的关系。第三章研究国际垄断资本主义下的技术创新机制,介绍跨国公司与当代技术创新的新特点以及竞争与垄断在技术创新中扮演作用的新特征,分析垄断资本主义国家对技术创新的影响,并论述技术引导国家分工的新发展。第四章探讨发展中国家的技术引进、模仿与创新突破问题,在探析国际垄断资本主义主导下的技术创新与发展中国家的发展的关系基础上,进一步寻找发展中国家技术创新的路径。第五章研究建立我国创新型国家的技术创新机制,在说明国际垄断资本进一步演进下的技

术创新趋势后，论述中国社会主义市场经济条件下的技术创新问题，最后提出建立我国创新型国家的技术创新集合机制。

关键词：垄断资本主义　知识经济　技术创新

0480

**中国区域产业转移动力机制及影响因素分析** / 江霈著 ; 周立群指导. -- 南开大学, 2009. -- 170 页

论文将研究重点聚焦于当前我国区域产业转移开展的内部动力机制和外部影响，特别是那些根植于中国实际，具有一定地域特殊性的机制特点和关键因素。论文着重于在现有的成果中所缺乏的对区域经济与国际经济差异环境下不同类型产业转移的分析比较，以期对该领域研究做出一些有意义的创新型拓展。该论文分为七章。第一章为引言部分，主要介绍了研究意义与目的、研究对象与研究背景、研究方法与论文结构。第二章对经典理论进行回顾，包括国际产业转移经典理论总述、五大经典理论评述及在中国区域产业转移中的应用，此章还对国内产业转移相关研究做了评述，其中有比较优势战略与逆比较优势战略之争、梯度理论与反梯度理论之争。第三章从中国地区间工业部门结构比较、中国区域产业转移的独特动力机制、区域产业转移在社会发展层面的客观必然性三个方面论述了中国区域产业转移的独特动力机制——工业部门结构现状因素的影响。第四章阐述空间地理因素对区域产业转移开展的影响，并对中国独特的二元地理结构不利于内陆地区外向型经济发展、区域产业转移规模受转移行业国内外市场分布影响等问题进行说明。第五章系统概述区域间要素流动特点对产业转移开展的影响，主要分析了中国劳动力流动回顾及特点、劳动力流动对资本流动的替代、东部地区制造业劳动力价格相对变动情况的考察和“民工荒”、民工失业等新背景下的要素流动情况。第六章阐释了产业集群及产业同构现象与区域产业转移。第七章通过上述研究，论文最终得出核心结论：受当前东部、中西部工业部门结构特征的影响，区域产业转移在推动中西部落后地区工业化进程方面的经济动机小于一般的国际产业转移，而在提高中西部劳动就业吸纳能力方面的社会动机大于一般的国际产业转移，根植于中国区域经济特点和中国特有国情的三大外部因素，则从不同方面都会对中国区域产业转移造成一定程度的阻碍。针对此现状，该章提出了相应的政策建议。

关键词：地方经济　产业结构　产业转移

0481

**三峡物流中心建设与发展研究** / 江时强著 ; 张秀生指导. -- 武汉大学, 2009. -- 155 页

论文的研究对象为三峡物流公司的建设和发展。全文共分为九章。第一章，导论。主要介绍论文选题的目的意义、国内外关于物流中心问题的研究现状、论文研究的总体思路和框架、研究方法、论文创新之处以及需要进一步研究的相关问题。第二章，物流中心概述。主要阐述与三峡物流中心研究相关的一些概念，全章从介绍物流的基本概念、物流中心的涵义、特征、类型及功能入手，对三峡物流中心做了一般性简述，为后面进一步研究三峡物流中心建设与发展问题做好铺垫。第三章，物流中心相关理论综述，简略介绍现代物流理论、区域经济和产业经济理论、现代物流与区域经济发展关系理论、区域物流中心与区域经济发展关系理论中对论文研究十分重要和相关的基本思路，为后面的进一步研究奠定理论基础。第四章，三峡物流中心建设与发展的战略背景。主要包括四个方面：构建大交通大物流是我国经济发展的大势所趋；建设区域性物流中心已成为区域性中心城市的战略选择；宜昌的重要节点地位呼唤加快建设区域性物流中心；过坝运量迅猛增长赋予宜昌翻坝转运的物流重任。第五章，三峡物流中心建设与发展的必要性和可行性。具体分析宜昌独特的区位交通优势，以及经济腹地广阔、物资集散量急剧增加、面临的发展机遇、良好的经济发展态势、港口物流投资需求快速增长等有利现实条件，论证三峡物流中心建设与发展的可行性。第六章，三峡物流中心建设与发展的制约因素。探讨三峡物流中心建设与发展面临的一些制约条件，包括物流基础设施不够完善、翻坝转运效率不高、物流业发展软环境不优、物流企业现代化程度不高、区域协作机制尚未监理等。第七章，国内外物流中心建设与发展及其经验借鉴，总结并分析其相关经验。第八章，三峡物流中心的功能定位和目标定位。探讨城市物流定位及其三峡物流中心的功能定位和目标定位问题。第九章，提出建设与发展三峡物流中心的原则、思路和措施。

关键词：物流　物资管理　经济规划　三峡工程

0482

**中国中小企业成长研究：与大企业互动关系的视角** / 金铁鹰著 ; 黄泰岩指导. -- 中国人民大学, 2009. -- 184 页

论文以中小企业与大企业的互动关系为研究视角,在"3"法则中市场环境作为动力源的分析框架下,建立中小企业成长的演进博弈模型,分析中小企业的成长问题。全文共分为六章。导论在当前的背景下指出论文研究工作的理论意义和实践意义,并就基本结构、主要内容、研究方法、创新和不足做出必要说明。第一章,理论文献综述,结合论文关注的焦点问题,梳理中小企业与大企业互动关系,市场环境对中小企业成长的影响和知识经济中对中小企业成长关系的影响三个方面的国内外经典理论和前沿理论文献。第二章,中小企业成长的理论分析框架和基本模型,建立研究工作的理论分析框架和基本模型,为下文的技术分析和具体研究进行理论准备和逻辑架构。论文以"3"法则作为分析框架的理论基础,使分析跳出以往就中小企业而言中小企业的分析思路,以中小企业和大企业的互动关系视角分析中小企业的成长问题。第三章研究分析短缺市场环境下中国中小企业的成长问题,结合演进博弈模型的分析,认为中小企业与大企业的互动关系主要表现为共同成长,由于市场需求旺盛,二者竞争程度较低,中小企业借势取得长足发展,企业规模、企业数量、生产能力和吸纳就业的能力均显著增强,并形成一些具有鲜明特色的中小企业成长模式。第四章研究分析相对过剩市场环境下中国中小企业的成长问题,指出中小企业与大企业在市场环境现状的互动关系表现为传统竞合关系,出现竞争加剧和多态合作的微妙现象。第五章研究分析知识经济市场环境下中国中小企业的成长问题,其中的演进博弈模型对现状环境做出解释,认为中小企业与大企业此时的互动关系主要表现为新型竞合关系,二者间相互创新、相互学习、相互融合、相互渗透的趋势。第六章关于中小企业成长转型的实现机制做出讨论,在明确中小企业成长转型目标的指导原则和目标走向的基础上,为顺利实现转型提供对策建议。

关键词:中小企业　企业管理　企业成长　知识经济　市场环境

**0483**

**企业孵化器与区域经济发展** / 柯进生著 ; 曾国安指导. -- 武汉大学, 2009. -- 205 页

论文从宏观的层面,从企业孵化器的视角,通过对企业孵化器促进中小企业发展、促进区域技术创新、促进产业结构升级进而促进区域经济发展的理论和实践进行深入的研究和分析,揭示企业孵化器促进区域经济发展的根本原因,并据此探讨促进中小企业、高新技术产业与区域经济协调发展、实现孵化器事业健康发展的制度建议。全文共分为导言和正文两大部分。导言主要介绍论文的选题背景与目的、国内外研究概况及论文的研究计划。正文共分为八章。第一章对企业孵化器与区域经济发展的基本理论进行分析。从企业孵化器的功能与分类入手,从不同视角、不同层面对企业孵化器的基本属性进行分析与概括,并阐明在市场经济条件下企业孵化器的发展趋势,同时对企业孵化器产生与发展的理论基础进行归纳,并对企业孵化器与区域经济发展的逻辑关系进行分析。第二章对企业孵化器促进中小企业发展的内在机制进行全面分析。旨在从微观和中观层面揭示企业孵化器促进中小企业的形成,提供融资帮助,培育企业家及企业家精神,以及促进中小企业集群形成的根本原因,从理论上探讨企业孵化器促进中小企业发展的内在机理与方式。第三章阐述企业孵化器促进区域创新体系建设的根本原因。从宏观和中观层面阐明区域创新系统与区域经济发展的关系,分析企业孵化器在区域创新系统中的地位、功能和作用,并探讨企业孵化器促进区域技术创新的方式,揭示企业孵化器促进区域创新系统建设,提升区域创新能力,进而促进区域经济发展的内在机理。第四章对企业孵化器促进产业结构升级的逻辑关系进行分析。探讨企业孵化器促进区域产业结构升级的主要因素,同时对企业孵化器促进科技园区发展与"二次创业"的机理进行研究,并从资源共享的角度分析企业孵化器促进区域经济集聚的原因和方式。第五章从区域经济发展的角度,探析企业孵化器的自身发展问题。第六章对国际典型企业孵化器的发展实践分别进行比较分析,总结其成功经验,为我国企业孵化器的发展提供借鉴。第七章分析武汉、上海等国内典型地区发展企业孵化器的实践情况。第八章针对中国企业孵化器发展的现状及存在的问题,从战略层面和公共政策视角提出促进企业孵化器发展的相关政策建议。

关键词:企业孵化器　中小企业　技术创新　产业结构升级　地方经济　经济发展

**0484**

**城乡劳动力流动模式研究** / 来君著 ; 姚先国指导. -- 浙江大学, 2009. -- 103 页

论文在发展经济学理论框架下,探讨在中国经济

转轨的大背景下城乡劳动力流动出现“候鸟式”阶段特点的缘由,并从人的“可行性能力”角度,研究不同因素对于农民工选择不同流动模式的重要影响和作用。全文共分为七章。第一章为导论。第二章是理论分析框架与文献综述。分别对劳动力流动理论和劳动力流动模式进行研究,并指出论文的理论借鉴和研究方向。第三章论述中国劳动力流动及其模式选择。首先介绍中国城乡劳动力流动历史;之后从制度、教育、社会等角度分析城乡劳动力流动模式的成因,并探讨城乡劳动力流动模式选择的影响。第四章是对劳动力流动模式选择的理论剖析。提出“民工荒”现象及其引发的思考,从模型的假设条件、模型的建立及模型的解释等三个方面重点分析二元社会结构下的劳动力流动模式选择模型。第五章是对农民工“永久性”迁移意愿的影响因素分析。首先提出“候鸟式”流动与“永久性”迁移的概念和现象;之后阐述劳动力市场分割下的“候鸟式”流动模式;最后是对农民工“永久性”迁移意愿的实证调查与分析。第六章是对农民工“永久性”迁移能力的影响因素分析。以“候鸟式”流动中的“举家迁移”现象为例,建立模型方法,并进行实证分析和结果讨论,引出农民工永久性迁移指数的概念及实验设计。第七章是论文的总结及后续研究展望。

关键词:劳动力流动　劳动力转移　民工　人力资本

**0485**

**“公司 + 农户”型产业化经营组织契约风险研究 /** 李彬著 ; 杨明洪指导. -- 四川大学, 2009. -- 177 页

论文首先构建一个契约风险问题的分析框架,然后应用山东省部分农户和龙头企业的调查数据,对契约风险的形成机理以及风险因素的评估进行研究,最后得出论文的研究结论,并在此基础上构建了相应的风险防范机制。论文共分为六章。第一章,导论。主要阐述研究背景和研究意义,通过对国内外研究文献综述,明确论文的研究内容和研究方法,提出研究的重点和可能的创新点,并指出文章研究的不足及继续研究的方向。第二章,说明“公司 + 农户”型产业化经营组织与契约关系。首先概述“公司 + 农户”组织和契约关系的涵义、类型;然后分析“公司 + 农户”组织契约的成因、模式、特征与实现条件;最后说明如何选择契约市场与产品市场。第三章,介绍“公司 + 农户”组织契约风险的形成机理。主要从契约市场外部风险因素及风险层因素、违约风险的形成进行分析。第四章,主要介绍用层次分析法对“公司 + 农户”型产业化组织契约风险因素的评估。第五章,首先分析“公司 + 农户”组织交易模式的演进;然后说明“公司 + 农户”组织契约风险外移的可能性及渠道;最后介绍美国订单农业与期货市场。第六章,首先阐明契约风险防范的总体思路,然后分别说明契约市场内部与外部的防范机制,最后总结要加强契约管理,提高违约成本。

关键词:农业经济　产业结构　产业组织　风险分析

**0486**

**广告投资效益测评与组合策略研究 /** 李方毅著 ; 伍新木指导. -- 武汉大学, 2009. -- 131 页

论文基于政治经济学的相关理论方法对广告的本质进行深入探讨,研究广告投资效益测评与组合策略。全文共分为五章。第一章,绪论。首先介绍了选题的意义,包括选题的理论意义和现实意义,以及论文的创新之处;之后介绍了论文的研究背景,对国内、外目前的相关研究展开讨论和评述;最后是论文研究方法与内容安排的介绍。第二章,广告的经济学分析。主要从广告的经济内涵和广告市场的经济分析两个方面展开讨论,介绍的内容包括广告的政治经济学研究,广告的商品属性,广告的价值交换以及广告投资成本与效益分析,广告投资成本与效益的影响因素。第三章,广告投资效益测评方法。首先介绍广告投资效益测评体系,分为定性的广告效益测评体系,定量的广告效益测评体系,对两种广告效益测评体系的比较以及广告投资效益测评模式的选择;之后对广告投资的效益测评模型展开论证,分别讨论了广告投资对总收入的效用模型以及广告投资对用户数的效用模型。第四章,广告投资的组合策略。首先是广告投资组合策略的一般性分析,介绍广告投资组合的基本原则,广告投资组合的经验方法以及广告投资组合的优势所在;之后对新型媒体及其广告投资进行展望,介绍了新型媒体的几种主要形式,新型媒体出现的原因,新型媒体的特点以及新型媒体对广告投资活动的影响;最后是广告投资组合的决策方法,包括广告投资组合基础模型构建和模型实证分析及其优化。第五章,结论。首先提出了论文研究的主要结论,之后分别从测评误差局限和样本数据时效性与变量全面性的局限两个方面说明了本研究结果的局限性;最后提出了论文有待进一步研究的问题,提出模型变量

的完善与修正，认为应进一步纵向研究与横向对比研究，并应对广告各利益攸关方和对新型媒体及投资策略展开相关研究。

关键词：广告　投资　经济效益

**0487**

**中国共产党民族地区现代化思想及实践研究** / 李红梅著；周新城指导. -- 中国人民大学，2009. -- 190 页

论文以改革开放以来国内外形势的变化为背景，以改革开放三十年来民族地区的现代化建设时间为线索，以党的有关文献资料为依据，以党和国家主要领导人的论述为重点，对改革开放以来所形成的中国共产党民族地区现代化思想及实践进行较为系统的历时考察和理论分析。全文共分为四章。第一章首先考察分析中国共产党民族地区现代化思想产生的理论基础，着重对马克思主义经典作家关于民族及民族发展的若干思想进行阐述，并从三个方面分析其对中国共产党的影响。第二章主要从六个方面对中国共产党关于民族地区现代化的思想核心内容进行较为全面的论述和分析，包括中华民族的伟大复兴离不开民族地区的现代化思想；民族地区的现代化建设要兼顾经济效益和生态效益思想；民族地区的现代化建设必须坚持两个开放的思想；民族地区的现代化建设离不开国家扶持与帮助的思想；民族地区的现代化建设应大力培养选拔高素质的少数民族干部思想等。在此基础上，简要概括中国共产党民族地区现代化思想的主要特点，以进一步深化对其思想的认识。第三章着重考察中国共产党领导下的民族地区现代化建设的若干实践，首先考察对口支援建设、沿边开放、西部大开发及兴边富民行动等几项重大建设实践的实施情况、作用效果和存在的问题，接着着重针对上述实践中存在的问题进行原因分析，并提出解决思路。第四章在上述研究的基础上，对中国共产党民族地区现代化思想及实践的基本经验进行总结分析，得出具有规律性和现实指导意义的几点结论。结语部分着重分析当前民族地区现代化建设所面临的挑战，并得出具体结论。

关键词：中国共产党　民族工作　民族政策　现代化建设

**0488**

**农民经济合作的行为逻辑和动力机制研究** / 李佳著；杨明洪指导. -- 四川大学，2009. -- 197 页

论文采用演绎和实验验证相结合的方法，分析农民在经济领域的合作。全文共分为八章，五个部分。第一部分为第一章和第二章，提出研究背景及研究意义，对前人的相关研究做了梳理，对研究对象、目标进行明确界定，提出研究的思路和基本框架；分析农民的行为特征与合作的逻辑起点，从理性的经济学假设出发理解农民的合作行为，说明社会成员间合作的内在逻辑性是超越道德判断的趋利避害的生存法则。第二部分为论文的第三章和第四章，从历时关联的角度对农民合作行为的演化和当前农民合作的概况做了分析，探索农民合作的行为逻辑。首先分析农民经济合作行为的演化，描述农民经济合作演化轨迹的基础上，对演化的趋势、内在机制和路径做了总结性分析；从纵向的角度考察农民合作，对理解现代合作行为的积极意义；在此基础上分析农民经济合作的重构与创新，从新型农民合作产生的背景、组织载体、规模、生成路径等方面对当前农民合作提出一个概貌性的描述和分析。第三部分为论文的第五章和第六章，分析农民经济合作的内生和外生动力机制，提出农民经济合作的产生是一个复杂的作用机理过程，农民合作的达成是内生于外生动力两种因素共同作用的结果，外生和内生动力在影响农民合作行为中并非是相互游离的，二是形成一个影响农民行为的合理，从而决定农民的合作途径、合作模式和合作效率。第四部分为论文的第七章，分析农民经济合作的关联域，对市场、风险、土地这三个对农民合作产生深刻影响的领域进行分析。第五部分为论文第八章，分析抑制农民经济合作的制约因素，并提出论文的几点意见。

关键词：农民　经济合作　农业合作组织　经济效益

**0489**

**企业纵向边界、生产组织与区位分布的选择** / 李婧著；金祥荣指导. -- 浙江大学，2009. -- 159 页

论文试图在企业层面上将生产的制度、技术和禀赋性因素统一起来，在融合不完全企业理论、新贸易理论和新经济地理学理论分析框架的基础上，探讨不同企业特别在全球化背景下的跨国企业在纵向边界、生产组织与区位分布上的不同选择。论文共分六章。第一章为绪论，阐述论文的选题背景、研究目的、内容、意义、框架、方法、创新点和难点。第二章为文献综述。首先论文以企业边界理论、新贸易理论和新经济地理学理论的逻辑演变与发展为脉络梳理与论文

研究课题相关的研究文献,从基本思想、理论模型与主要结论等方面进行分析。第三章探讨了全球化与企业边界、生产组织和区位分布的变革趋势。首先界定经济全球化的趋势与内涵。其次分析全球化背景下企业边界的变革趋势,即企业的横向边界在扩展,纵向边界却在收缩。其次论述全球化促进国际生产组织的产生及国际生产组织的主要特征。最后分析全球化对企业生产力空间分布的影响,即在发达国家和发展中国家之间构成一种国际垂直分工体系的梯级结构。第四章构建数理模型来研究企业纵向边界与生产组织形式的选择。分别分析了封闭经济模型、产品周期动态模型及开放经济模型,并分析这三种模型的基础模型和假设及均衡条件。第五章阐述企业跨国生产的空间组织与区位分布选择。论文在对称区域下异质性企业的区位选择、对称区域下异质性企业的空间组织选择及不对称结构下异质性企业的区位选择和空间均衡等三方面做出分析。并在最后做了案例研究。第六章阐述论文的主要结论与政策建议。

关键词:企业管理　生产组织　国际分工

**0490**

**中国公有经济部门人力资本回报的实证研究** / 李乐夫著 ; 吴栋指导. -- 清华大学, 2009. -- 165 页

论文以辩证唯物主义的方法论,通过对于 2002 年样本数据的实证分析,研究了不同所有制中劳动人力资本回报状况,实证了公有经济部门内劳动力教育回报率高于私有经济部门的事实,并且围绕这一事实分析了下岗职工和不同年龄、不同教育层次的劳动力教育回报率问题,作为对于这一实证结果的解释。全文从数理实证和理论上证明了国有企业在我国经济改革和社会发展中的积极作用。共分为六部分,第一章为导论,概要介绍了研究背景与研究意义以及论文所涉及的理论概念、数理方法以及数据说明。第二章为理论回顾与文献综述。第三章为所有制因素对于教育回报率的影响。第四章为公有制部门职工下岗再就业对于回报率的影响。第五章为年龄层次与教育层次对于不同所有制教育回报率的影响。第六章为结论。通过论文的实证结果的支撑,研究最终要证明我国公有经济部门的存在不但没有影响我国劳动力市场要素的自由流动,反而更加有利于我们在增加效率的同时减少社会收入分配差距;更为基本的理论结论是,任何产权制度都可以通过适当的治理结构来优化劳动力市场,在微观层次上公有产权绝不意味着低效率,相反公有部门让职工参与利润分配的机制更有利于员工福利、收入水平的提高,也有利于人力资本得到更高的回报。

关键词:劳动力市场　人力资本　收入分配　公有制经济

**0491**

**信息服务与西部地区经济发展研究** / 李林著 ; 杜肯堂指导. -- 四川大学, 2009. -- 262 页

论文在对信息服务、区域经济发展等基本范畴和信息化与工业化关系、信息倍增与知识经济、信息时代的区域空间结构、后发优势和跨越式发展等基本理论进行梳理的基础上,探讨信息服务对促进西部经济发展的重要意义以及信息服务如何服务于西部现代农业建设、工业优化升级、现代服务业发展与西部空间布局优化等理论与实践问题。全文共分为七章。首先,前言阐述选题背景、论文的结构与内容以及论文的主要创新点。第一章,界定信息服务与区域经济等相关概念,介绍国外信息服务发展中可借鉴的经验。第二章,说明西部大开发对信息服务的迫切要求,分析西部地区信息服务现状,提出发展西部地区信息服务的总体构想。第三章,提出信息服务推动西部现代农业发展的实施路径,并且探讨了相关对策。第四章,回顾西北工业演进的历史,说明西北工业优化升级的主要任务,总结信息服务对西部工业优化作用的机制和模式。第五章,论述信息服务在推动西部现代服务业发展方面的作用,提出西部地区现代服务业发展的重要途径就是服务外包。第六章,根据西部具体区情和空间结构演进的一般规律,探讨对信息服务如何促进西部地区空间结构优化,城乡区域协调发展的路径。第七章,探讨信息服务促进高效的服务型政府建设、推进地方政府管理创新的问题。

关键词:区域经济　经济发展　信息技术　信息服务　西部地区

**0492**

**中国烟草产业集中研究** / 李林著 ; 徐光远指导. -- 云南大学, 2009. -- 180 页

论文的研究对象为中国烟草工业企业,对其展开集中研究和并对研究结果做出说明。全文共分为七章。导言部分介绍选题的背景和意义,国内外研究综述,研究的内容,研究的方法以及研究的主要创新点。第一章,理论分析框架:产业集中与产业竞争力。介

绍产业集中度的定义，产业集中度的度量，产业竞争力，产业集中的环境和背景，产业集中与产业竞争力的关系。第二章，中国烟草产业竞争力现状：从产业集中角度分析。对中国烟草产业国际竞争力比较，对产业分散的原因做出分析，介绍中国烟草产业的规制与产业集中，特殊税制下的地方政府行为与产业集中。第三章，中国烟草产业集中的历史进程。提出中国烟草产业集中的背景，产业集中的方法，不同时期烟草产业的结构调整，产业集中的模式有效性评估，产业集中绩效分析。第四章，产业规制与产业集中的国际比较。介绍烟草产业规制下的国内产业集中，自由市场经济下的国内烟草产业集中，跨国烟草公司的成长历程。第五章，中国烟草产业集中的政治经济学分析。提出加快中国烟草产业集中的意义，分析产业集中下的国内关系，提出中国烟草财税制度设计及其政策建议，并对产业集中下的国际政治经济学进行分析。第六章，中国烟草产业集中的路径研究。探讨中国烟草产业集中的规模，推动中国烟草产业集中的路径选择，中国烟草产业集中的制约因素以及突破产业集中的困境方法。第七章，研究综述及研究展望。

关键词：烟草工业　产业集聚　竞争力

**0493**

**消费波动、消费增长和中国经济波动** / 李凌著 ; 权衡指导. -- 上海社会科学院, 2009. -- 269 页

论文以中国居民的消费波动和消费增长为研究主线进行研究。全文共分为六章。首先，导论。介绍研究主题、研究现状、选题意义及创新与不足。第一章，梳理五种经济波动的理论解释，旨在为中国经济波动和消费波动研究奠定理论基础。第二章通过对不同宏观结构计量方法和时间序列滤波方法的比较，阐明文章所使用的 RBC 方法和 CF 滤波法的特点及合理性。第三章，对中国消费波动经验事实进行比较分析，发现改革开放以后消费波动大于产出波动的经验事实，并从消费分成角度，印证消费波动大于产出波动的判断在总量和个量数据上的统一。第四章，在对消费波动经验事实整理的基础上，根据中国居民消费行为的三个观察现状，建立含流动性约束和内部消费习惯的跨期最优模型，从消费函数的角度分析影响消费增长的因素，其中着重剖析消费变动与收入变动之间的非对称关系，并运用 1991—2006 年省际动态面板数据测算中国城乡居民消费的过度敏感性，分别对流动性约束、短视行为、风险厌恶情绪、预防性储蓄及假说进行验证。第五章，在对消费过度敏感性测算的基础上，在劳动可分为 RBC 模型中，加入流动性约束、政府消费冲击和居民消费习惯冲击等需求因素，将 RBC 模型的微观基础从一元情景拓展到二元情景，在异质性代表性行为人的动态随机一般均衡框架内，分别检验以上三种需求因素对消费波动性的影响，解析中国“消费易动之谜”。第六章，通过建立消费习惯养成的消费波动和消费增长的经济福祉成本模型，运用 1991—2006 年城乡居民人均收入按收入等级分组消费数据，计算不同消费群体消费波动和消费增长的经济福祉成本。最后，对全文进行总结。

关键词：中国经济　经济波动　居民消费　消费结构

**0494**

**论资本主义财产关系的社会化发展** / 李强著 ; 张彤玉指导. -- 南开大学, 2009. -- 329 页

论文在对已有财产理论系统回顾和评价的基础上，构建了财产关系社会化的理论研究框架，对资本主义财产关系社会化发展的五个主要方面进行了最新的概括和总结。从财产关系社会化发展规律出发，对我国如何克服当前市场经济体制改革的深层次矛盾，使其不断向纵深推进提出了新的理论建议。论文共分 9 章。第一章回顾西方非马克思主义财产理论。首先回顾哲学视野中财产关系中从绝对财产到相对财产的嬗变，拓展新制度经济学的财产理论。最后简要评价西方非马克思主义财产理论。第二章综述马克思经典财产关系理论及当代研究。首先介绍马克思关于财产起源的思想，接着分析财产关系的内部结构及功能以及资本主义财产关系的社会化发展，最后探讨当代马克思主义者对于资本主义财产关系变化的研究。第三章论述财产关系社会化的内涵、动力机制、性质及意义。第四章论述资本社会化与四次科技革命的历史进程、资本社会化在当代资本主义国家的发展及资本社会化的二重性质。第五章论述公司治理社会化与利益相关者治理模式。首先阐述利益相关者理论的出现和发展，利益相关者治理模式的社会化性质、存在问题及发展趋势。其次分析利益相关者的界定、甄别及利益要求。最后介绍利益相关者治理模式在各国的发展状况。第六章论述生产管理社会化。首先阐明企业生产组织形式的演化和生产管理职能的变革。其次分析生产性服务业发展的动因及服务组织的社会化本质。最后研究国家干预和调控

的手段、政策及局限性。第七章论述资本虚拟化及虚拟资本的国际化发展。第八章论述分配关系社会化。首先介绍当代资本主义分配关系的社会化特征,分析分配关系社会化发展的原因,最后阐明资本主义国家福利制度的形成、发展、危机及改革。第九章论述资本主义财产关系的全面社会化及其对我国建设市场经济体制的启示。

关键词:资本主义所有制　分配　生产管理　公司治理

**0495**

**中国西部社区保护地保护建设研究** / 李晟之著 ; 杜肯堂指导. -- 四川大学, 2009. -- 242 页

论文在对区域、可持续发展、生态文明建设、生物多样性保护、参与式发展等理论梳理的基础上,探讨社区保护地保护建设在落实科学发展观和建设生态文明中的重大意义以及社区保护地产业结构优化、森林碳汇和加强社区保护地的制度保障等问题。全文共分为六章。前言部分介绍论文的选题背景、论文结构和主要内容以及论文主要创新观点。第一章,范畴界定与文献综述。首先对社区、区域、保护地与自然保护区、社区保护地和要素进行界定;其次对可持续发展、生物多样性与生物多样性保护、生态文明、参与式和制度方面的相关文献进行综述;最后对国外社区保护地发展状况展开介绍。第二章,社区保护地区域经济学分析。内容包括对社区保护地区域空间分析、社区保护地的区域经济系统要素、社区保护地保护建设的目标和社区保护地保护建设策略。第三章,中国西部社区保护地状况与发展趋势,对中国西部社区保护地状况与发展趋势,社区保护地案例,社区保护地与自然保护区二元结构和中国西部社区保护地保发展趋势与需求做出分析。第四章,生态旅游——社区保护地保护建设产业选择,讨论社区生态旅游原则与定义,并在此基础上,分析社区生态旅游产品及开发模式、社区生态旅游组织管理模式等。第五章,森林碳汇——社区保护地保护建设网络拓展,对森林碳汇的概念起源与发展状况,森林碳汇与社区保护地保护建设,森林碳汇基金促进社区保护地保护建设进行探讨。第六章,社区保护地制度建设,内容包括社区保护地产权保障、社区保护地长效机制建立、政府主导与社区参与保护新模式和统筹规划社区保护地保护建设。最后提出论文的结论和成果。

关键词:自然保护区　生态环境　环境保护　生态旅游　可持续发展　西部地区

**0496**

**基于行为经济学的法经济学效用函数建构** / 李素文著 ; 李松龄指导. -- 湖南大学, 2009. -- 111 页

论文从行为经济学理论中概括出公平的内涵和外延,将纷繁复杂的公平统一为规则公平和分配公平,并在此基础上开展论述其对法经济学效用函数的影响。全文共分为五章。第一章,前言。介绍文献综述,选题背景和意义,论文的主要内容及篇章结构。第二章,行为博弈与公平偏好。介绍行为经济学的三个经典实验与人们的公平偏好,基于行为经济学的法经济学中公平的内涵探讨,法经济学效用函数中的公平与人类理性和功利主义。第三章,规则公平对法经济学效用的函数影响。介绍收入分配规则对效率的形影相吊,包括礼物博弈试验及其模型化,囚徒困境;探讨一般规则对效率的影响,包括不公平规则对效率的影响以及公平规则对效率的影响;提出效率是规则公平的函数,包括由配置效率到公平,规则公平决定效率的讨论。第四章,分配公平对法经济学效用的函数影响。首先探讨分配公平对经济效率的影响,包括基于分配公平偏好的 FS 模型建立的报酬契约,分配公平直接提高经济效率的讨论;介绍分配公平的核心,提出分配公平的目标不在于保证结果平均,分配公平的目的在于整个社会真正能实现规则公平;提出分配公平与规则公平的平衡点,探讨罗尔斯正义两原则,能力发展是分配公平与规则公平的平衡点。第五章,基于行为经济学的法经济学效用函数。介绍新的法经济学效用函数的构建,公平的供给分析及启示以及对"效率优先、兼顾公平"的述评。最后为论文结论。

关键词:法学　经济学　行为经济学

**0497**

**中国医药和医疗体制改革的回顾与反思:一个基于利益集团的分析** / 李纬著 ; 谢思全指导. -- 南开大学, 2009. -- 140 页

论文的研究对象为中国医药和医疗体制改革,以公共选择中的利益集团理论作为基本理论框架,探索在药品价格虚高的背后存在的问题。全文共分为六章。第一章,导论。介绍选题背景和研究意义,国内外的相关研究现状,研究思路和框架,研究方法以及拟实现的创新。第二章,理论综述:公共选择学派及奥尔森利益集团学说。介绍利益集团问题研究背景

及概述,包括利益集团问题研究背景和概述;对公共选择理论思想综述,包括公共选择学派和公共选择理论,布坎南的理论贡献及其政府失败论,政府干预的局限性——利益集团对政府的游说;对奥尔森利益集团理论思想评述;介绍有关利益集团的理论模型。第三章,中国医改:利益集团垄断市场的形成。介绍中国医疗医药体制的演变,我国医疗保障制度的演变,药品生产流通体制的改变,医改道路引发的争论与问题,并结合实证案例,提出总结,对医疗医药体制市场化改革提出反思。第四章,模型分析。首先提出模型的理论假设与整体框架;介绍多重加价模型,药价居高不下的原因;提出信息博弈模型,政府治理的加入。第五章,国际经验比较与借鉴。首先介绍各国医疗体制的主要模式,包括英国、美国、日本、新加坡、德国、法国和巴西的模式;介绍各国药品定价的主要经验,政府控制定价,参考定价制度,利润控制定价,市场竞争定价;介绍各国药品流通模式;提出医疗体制、医药体制、医院体制、监管体制的经验总结。第六章,未来医疗体制改革的目标和对策。提出医药医疗领域利益格局的重构,公共医疗服务体系的完善,新体制和新机制的探索。

关键词:医疗保健制度　体制改革　价格分析　利益集团

**0498**

**成渝经济区产业结构优化研究** / 李文东著 ; 邓玲指导. -- 四川大学, 2009. -- 177 页

论文以科学发展观为指导,以成渝经济区产业结构现状、成渝经济区的历史使命和产业结构优化的相关理论作为研究的现实起点和理论起点,在对区域产业结构优化等相关概念进行界定、有关理论进行评述的基础上,对成渝经济区产业结构的内在机理进行系统性分析,提出针对性较强的对策措施,旨在为优化成渝经济区的产业结构进行有益的探索,做出积极的贡献。全文共分为导论和正文两大部分。导论介绍研究背景、结构与内容及主要创新点。正文共分为八章。第一章是范畴界定、文献综述与研究框架。对经济区、区域产业结构优化等概念进行界定,对研究成渝经济区、产业结构优化的文献和理论进行梳理和回顾,提出区域产业结构优化的关键是合理化、高级化和生态化。第二章提出成渝经济区产业结构优化的基础、使命和关键。从三次产业的比例关系、产业的整体质量、产业结构的演技、产业之间协调度以及各次产业在区域空间中的配置等角度对成渝经济区产业结构的现状进行全方位的研究和分析,阐明成渝经济区现有的产业结构的基本特征,简述成渝经济区产业结构优化的主要内容。第三章对成渝经济区产业结构合理化进行研究。对产业关系、空间布局、流域产业分别进行分析,提出着力推进成渝经济区产业布局合理化的措施,并对产业集群和产业链进行分析。第四章是对成渝经济区产业结构高级化的研究。首先指出产业结构高级化的表现形式及判断标准,后对成渝经济区产业结构高级化程度、成渝经济区主导产业及重点地区阶段分别进行分析。第五章对成渝经济区产业结构生态化进行研究。首先对产业结构生态化进行评价,介绍成渝经济区产业结构生态化的宏观背景和微观基础,然后对成渝经济区产业生态化状况进行分析。第六章阐述成渝经济区创新体系建设。首先指出创新体系的功能、现状和问题,然后提出成渝经济区创新体系建设的途径。第七章分析区域经济合作与成渝经济区产业结构优化。首先提出区域经济合作的内涵、动力机制和障碍,然后分析加快成渝经济区区域一体化进程的措施。第八章提出要发挥政府与政策的积极作用。首先分析发挥政府职能的必要性,介绍政府的作用领域,然后指出产业政策的内涵、内容及构成,并提出其他相关政策。

关键词:地方经济　产业发展　产业结构优化　成都　重庆

**0499**

**中国证券投资基金的功能、绩效与监管研究** / 李鲜著 ; 张荐华指导. -- 云南大学, 2009. -- 293 页

论文为中国证券投资基金的功能、绩效与监管研究。全文共分为六章。第一章为论文的导论部分,介绍论文研究主题,研究目的与研究意义,研究的方法,研究思路和研究总体框架。第二章,证券投资基金功能及基本理论分析。首先介绍证券投资基金功能与基金业的发展;介绍委托代理理论与证券投资基金,交易成本节约与证券投资基金,风险管理与证券投资基金,人力资本专用性与证券投资基金。第三章,中国证券投资基金发展的历史、现状与存在问题。首先介绍中国证券投资基金产生的社会经济环境,分析中国证券投资基金业的发展历程,在此基础上,对证券投资基金在中国经济社会发展中的作用进行说明和评价。第四章,中国证券投资基金的绩效评价。首先对基金绩效的研究展开概述,接着提出基金的微观绩

效分析，基金的宏观绩效分析，并对中国证券投资基金稳定市场作用进行考察，提出影响中国证券投资基金功能发挥的因素，展开分析得出结论。第五章，中国证券投资基金监管研究。首先介绍政府监管与基金业的发展，接着提出政府在促进我国基金业发展中的作用；探讨中国证券投资基金监管的成绩，中国证券投资基金监管的现状及存在问题；对监管经验总结，提出监管趋势的判断。第六章，加快我国证券投资基金业发展的制度与政策研究。提出研究的具体内容，并得出论文主要结论。

关键词：证券投资　基金　经济绩效　监督管理

**0500**

**公用企业的治理与运营** / 李旭晨著 ; 杨宇立指导. -- 上海社会科学院, 2009. -- 144 页

论文从公用企业治理和运营的视角，立足公用企业的企业经济特质，借助自然垄断、政府规制和企业共同治理模式等理论，对公用企业的治理与运营展开研究。全文共分为七章。引言部分介绍论文的选题背景与意义，研究对象的界定，西方国家公用企业市场化的改革路径以及论文的研究思路与基本框架。第一章为理论综述，首先介绍自然垄断理论的演进，包括规模经济与自然垄断理论、范围经济、自然垄断边界的动态性；其次介绍激励性规制理论，包括传统规制理论的局限性、激励性规制的内涵和激励性规制设计的思想；最后介绍公司治理模式的转型，包括股东利益至上理论和利益相关者理论。第二章为中国经济转型前后公用企业发展轨迹的思考，对转型前公用企业的变革、转型中公用企业的市场化进程和公用企业改革的绩效与缺陷做出介绍。第三章，公用企业的有效竞争与产权机构。基于自然垄断边界的变化、有效竞争理论的提出和公用企业的有效竞争分析，对自然垄断与有效竞争的融合问题做出说明，对产权改革的路径做出分析，提出产权结构"调节器"的引入问题。第四章，公用企业的共同治理模式。在对公用企业选择利益相关者共同治理模式的动因分析的基础上，探讨公用企业的核心利益相关者和中国公用企业共同治理模式构思。第五章，公用企业激励性定价机制。对定价理论演进、公用企业产品定价方式的改进、激励性定价方式比选和定价监督机制的完善做出说明。第六章，融资模式创新：ABS 资产证券化相关问题的阐释。第七章，上海公交企业运营模式改革的案例分析。在对上海公交改革的考察基础上，分析公益性与市场化的关系，并完善上海公交企业改革的思路。

关键词：公用事业　企业管理　运行模式　经营机制

**0501**

**经济学视野下的宽容** / 李学迎著 ; 盛洪指导. -- 山东大学, 2009. -- 169 页

论文针对当今宽容的研究缺乏对于宽容的经济学分析这一现象，对宽容这个研究对象进行经济学分析。全文共分为六章。第一章，导言。首先是问题的提出，然后介绍论文的研究意义和研究方法，理清了论文的研究思路，并对论文的创新和不足之处展开讨论。第二章，多学科视角的宽容研究——从古典宽容到现代宽容。首先介绍了宽容的概念，介绍人类历史上的不宽容灾难与对宽容的追求；然后介绍古典宽容——以基督教宽容和儒教宽容为例；之后对比分析了宗教宽容和现代宽容，比较了现代社会宽容与现代宽容的不同之处；最后是关于宽容的既有经济学分析。第三章，公共产品理论视角下的宽容。首先介绍公共产品的基本理论，之后分别介绍了作为纯公共产品的宽容知识存量以及作为准公共产品的宽容知识教育。第四章，人力资本理论视野下的宽容。首先是人力资本及其主要特征的介绍，之后对宽容是存在于人体的知识和能力进行了阐释；第三节介绍了获得作为人力资本的宽容需要付出的成本；第四节介绍宽容作为人力资本带来的收益。第五章，新制度经济学视角下的宽容，包括新制度经济学的主要理论，宽容制度于危难中挽救了生产和交易，并介绍了经常状态下不同种宽容制度对生产和交易的贡献——以基督教宽容制度和儒教宽容制度为例。本研究发现：基督教宽容制度与儒教宽容制度对于生产和交易的主体在平等地位上的不同构建会造成不同的生产成本和交易成本，基督教宽容制度与儒教宽容制度对教权、国家政权和神权等的不同构建会不同程度地影响生产和交易；基督教宽容制度和儒教宽容制度对于生产、交易、分配、消费等经济生活的不同规定会不同程度地影响生产成本和交易成本；基督教宽容制度与儒教宽容制度对信息不对称和有限期博弈的克服以及对公正的奖惩机制的不同构建也会造成不同的生产成本和交易成本。第六章为结语。

关键词：宽容　人力资力　制度经济学

0502

**中国货币错配的宏观经济效应研究** / 李雪莲著 ；邓翔指导. -- 四川大学, 2009. -- 230 页

论文以理论模型分析和计量研究相结合,遵循概念框架、实证分析、结论和政策含义的研究范式,按照从理论到实证,由抽象到具体的逻辑次序对货币错配的宏观经济效应展开研究。全文共分为十部分。导论介绍了选题的背景与研究意义,对国内外研究现状展开综述,介绍了论文内容及结构安排和论文的研究方法与主要创新点。第一部分为货币错配理论综述,包括货币错配的主要理论假说,货币错配的相关理论模型。第二部分为中国货币错配的现状、国际比较与发展趋势,其中中国货币错配的现状包括基本指标的选取和界定,中国货币错配程度的测算及状况分析;国际比较与评估包括与发生过严重金融危机的代表性国家的比较以及1996至2007年间主要国家净外国资产绝对值变动情况比较,另外对中国货币错配的特点和中国货币错配未来发展趋势进行了介绍。第三部分为货币错配影响经济的内在机制,对资产负债表效应,资产组合效应,净值效应与竞争效应以及危机效应进行阐释。第四部分为中国货币错配与经济增长,包括错比错配影响经济增长的理论分析,货币错配影响经济增长的模型构建及经验分析,货币错配影响经济增长的实证分析。第五部分为中国货币错配与物价稳定,介绍了货币错配与通货膨胀以及货币错配与货币政策。第六部分为中国货币错配与国际收支的平衡,包括货币错配与贸易收支、货币错配与汇率制度以及货币错配与外汇储备方面的阐释。第七部分为中国货币错配与金融稳定及监管,对货币错配与金融稳定、货币错配与资本管制展开介绍。第八部分为中国基于货币错配的宏观经济政策分析,认为应该注重内外均衡,调整中国宏观经济发展战略,合理控制改革进程,逐步实施目标区汇率制度,以稳健为基调,推进货币政策传导机制的改造与完善,改革外汇储备管理机制,控制规模优化结构,有步骤推进资本账户开放,引入价格型管制措施,完善金融监管体制,加强对货币错配的审慎性监控,加强东亚区域货币合作,逐步推进人民币国际化。第九部分为结论及未来研究方向。

关键词:货币制度　货币政策　宏观经济分析　汇率

0503

**为什么产业不从东部向西部转移:基于空间经济学的我国东西部产业转移研究** / 李娅著 ；曹和平指导. -- 云南大学, 2009. -- 124 页

论文基于空间经济学来研究我国东西部区际产业转移问题,尝试用空间经济学的分析框架和模型工具来研究我国东部产业转移滞缓的原因。论文共分为七章。第一章为导论,提出论文的研究背景和意义,界定了研究的范围和基本概念。第二章,产业转移的相关理论及评述,包括赤松要的雁行模式理论,弗农的产品生命周期理论,小岛清的边际产业扩张理论,梯度转移理论,国际投资理论和区位理论,是对前人研究的论述和总结,探讨了已有理论的贡献和不足。第三章,基于空间经济学的产业转移理论框架,介绍我国制造业的中心——外围结构,产业集聚与扩散的三种均衡选择,产业集聚与扩散的影响因素,产业转移与克鲁格曼外部性以及产业转移与欠发达地区的发展等,运用空间经济学理论,逐步形成探讨产业区域转移的理论框架。第四章,基于空间经济学产业转移模型,建立论文的基础模型。首先介绍模型的准备,包括模型的基本假设、消费者行为、生产者行为和自由资本模型的短期和长期均衡;其次介绍空间经济学中产业扩散的机理——中间产品模型;之后分别对空间经济学中产业扩散的影响因素展开分析,包括不同的劳动密集程度产业的扩散,处于上下游产业的扩散和与其他产业具有不同关联强度的产业的扩散等。第五章,产业转移模型的动态模拟,包括基于各种影响因素的动态模拟,对模拟结果的进一步分析等,用动态模拟的方法分析我国东西部产业区域转移滞缓的影响因素。第六章提出东西部产业转移的模式构想,分为讨论国际分工模式及其对中国的影响,外包与内部整合——两种制造业发展模式的比较,东部产业链跨区域垂直型分工模式的合理性以及西部承接产业转移模型的思考。第七章是结论和政策含义部分。

关键词:地区经济　经济发展　产业转移　区位经济学

0504

**创意劳动论:基于马克思劳动论和劳动价值论的理论研究** / 李喆著 ；何炼成指导. -- 西北大学, 2009. -- 152 页

论文针对创意劳动在我国当代经济活动中的特殊性,构建一个以创意劳动为核心概念、以马克思劳动论和劳动价值论为基本理论框架的创意劳动理论体系,以论证狭义创意劳动的成立性及其劳动产品的

价值决定和分配方式为主要研究内容。论文分为八章。第一章为绪论,介绍研究背景、研究意义、相关问题研究现状、该文的研究起点、论文的结构及主要内容。第二章论证创意劳动概念及成立性,阐释了创意劳动的概念界定及其内涵,并探究创意劳动在马克思理论体系中的存在逻辑。第三章概述创造商品的创意劳动二重性,说明作为具体劳动的创意劳动与体验型的使用价值,并指出创意劳动的抽象劳动属性与价值创造。第四章对创意劳动的圈层结构进行分析,包括核心层创意劳动、中间层创意劳动和拓展层创意劳动。第五章论证创意劳动的生产劳动,首先介绍资本主义生产劳动特殊与社会主义生产劳动特殊,接着研究商品性创意劳动的生产劳动,最后对非商品性创意劳动的生产劳动进行界定。第六章探析商品性创意劳动产品的价值决定,主要有研究背景及基本假设、两种形态创意劳动产品的价值决定、纵向整合中的创意劳动产品价值决定和公共性创意劳动产品的"价值决定"。第七章研究了创意劳动产品的价值构成,在说明研究前提的基础上,分析纵向整合中的创意劳动产品价值构成和未实现纵向整合的创意劳动产品价值构成。第八章综述了创意劳动产品价值的分配方式,指出按创分配的研究现状及存在的缺陷,并介绍创意劳动产品的价值分配方式,最后对现实中创意劳动产品分配方式中存在的问题及其原因进行分析。

关键词:创意　劳动　价值论

**0505**

**二元税制影响城乡居民收入差距的理论与实证** / 李志勇著 ; 陈宗胜指导. -- 南开大学, 2009. -- 152 页

论文将发展经济学和公共经济学相关研究结合起来,从收入分配的政府再分配渠道入手,探讨政府二元税制对城乡收入差距的影响程度及其作用规律。全文共分为六章。第一章是导论部分,主要介绍本研究的选题背景、目的、整个研究中用到的方法、创新点以及论文研究中的不足。第二章是对城乡收入差距问题的理论综述。主要涉及如下几个方面:城乡两部门理论的研究脉络;国内外主流学者对中国呈现收入差距的研究;中国城乡收入差距研究的财政学视角;相关问题的概括评述。第三章重点考察中国二元税制的含义及其衡量指标。主要考察二元税制对城乡收入差距的影响规律,为了能够实现定性研究和定量刻画的有机结合,参考已有研究成果并在考察中国二元税制演化的基础上,对二元税制进行定性说明,并给出具体的测度指标及其分解指标,为研究测算二元税制对城乡收入差距的影响做了理论上的有益铺垫。第四章主要侧重于规范分析。突破传统二元经济理论原有的古典经济学假设,认为一个二元经济社会中会存在政府的再分配行为;在这一假设的基础之上,将政府税收分配纳入城乡收入差距决定模型,并对政府二元税制影响城乡收入差距的作用规律进行规范性说明。第五章主要是实证分析。在对二元税负系数进行测度的基础上,就二元税制对城乡收入差距的影响进行重点考察;通过改革开放以来的数据分析,认为无论从双变量角度还是从其他控制变量角度,中国二元税制对城乡收入差距都会产生反向影响;通过对二元税负系数进行指标分解,对二元税制影响城乡收入差距的作用规律进行实证分析。第六章是结论和政策建议部分,主要给出全文分析的结论并就构建和谐的城乡收入分配格局提出相关财政思路。

关键词:居民收入　收入差距　收入分配　税收制度

**0506**

**经济结构与高等教育结构的协同发展研究:以福建省为例** / 练晓荣著 ; 李建平指导. -- 福建师范大学, 2009. -- 127 页

论文以马克思主义理论为指导,以福建省为例,对经济结构与高等教育结构协同发展展开研究。全文共分为七章。绪论部分介绍论文选题背景、研究意义、研究方法、基本思路与框架结构、主要创新点与有待进一步研究的问题。第一章,经济结构与高等教育结构协同发展的理论基础。包括马克思主义经典学说,邓小平教育思想以及相关教育和经济的理论介绍。第二章,经济结构与高等教育结构协同发展研究文献综述。首先对基本概念界定;介绍经济结构与高等教育结构协同发展理论的国内外研究综述并对现有研究分析思考。第三章,经济结构与高等教育结构协同发展理论研究。探讨经济发展与高等教育的关系,经济结构与高等教育结构的一般关系,经济结构与高等教育结构的特殊关系,经济结构与高等教育结构的互相影响机理。第四章,福建省经济结构与高等教育结构协同发展的现状与问题。首先提出福建省经济结构的发展现状,包括经济结构调整加快,区域经济格局初步形成,福建省经济结构调整的重要任务;从布局结构分析,层次结构分析,学科结构分析,形式结构分析和体制结构分析五个方面介绍福建省

高等教育结构的现状;提出福建省经济结构与高等教育结构协同发展存在的主要问题。第五章,福建省经济结构与高等教育结构的协同度评价。包括基于模糊积分的协同度评价和对福建省高等教育结构差异对经济增长影响的分析研究。第六章,发达国家经济结构升级与高等教育结构优化的经验借鉴。介绍发达国家对高等教育结构优化的途径选择以及发达国家高等教育结构的特点与启示。第七章,福建省经济结构与高等教育结构协同发展对策。介绍福建省经济结构升级对高等教育结构改革的要求,福建省经济结构与高等教育结构协同发展原则,福建省经济结构与高等教育结构协同发展对策。

关键词:经济结构　经济发展　高等教育　福建

**0507**

**技术合同的经济学分析** / 梁剑著 ; 朱方明指导. -- 四川大学, 2009. -- 181 页

论文在考察分析我国近二十年技术市场上技术合同发展变化的各种数据、指标并综合比较的基础上,针对我国基础合同运作过程中存在的困难和问题,回到经典的经济学理论中寻根溯源,探讨解释问题的依据和解决问题的方法。全文共分为三个部分,九章。第一部分即第一章,导论。主要介绍论文的选题背景以及国内外研究的现状,阐明技术合同在理论和实践中的重要研究意义,为后面部分的研究做铺垫。第二部分是论文的中心内容,在章节上为全文的第二章至第八章。第二章至第六章,主要从分析技术合同的经济特征和属性入手,立足相关理论,着重从委托代理关系、产权界定、非对称信息、交易成本几个方面对技术合同的全过程进行考察,找到技术合同运行中各种矛盾和问题的根源、特征及其原因。第七章至第八章,基于前面的具体研究,具体对技术合同类别选择、定价以及履行合约等问题进行分析,重点讨论了交易主体的行为和决策因素,以期待可以解决交易主体在技术合同运作中的一系列理论与实践问题,主要包括技术合同中的定价问题及其机制研究,讨论了技术定价相关理论,影响技术定价的主要因素,技术定价的主要方法,技术供需双方的定价策略等。并对技术合同履约机制及困境展开探讨,对技术合同履约情况考察,分析制约技术合同履行的主要因素,技术合同履行中的机会主义困境及其合理性。第三部分为全文的第九章,我国技术合同发展现状及完善技术合同制度的建议。这部分立足于前述的理论分析,从我国技术合同发展的现状出发,进行多方面的实证与比较分析,从中发现我国技术合同实际运作的矛盾和问题,指出这些理论和问题的根源在于我国技术合同制度的不合理、不完善,进而提出健全我国技术合同制度的相关建议。

关键词:企业管理　技术管理　技术合同　技术创新　合同法

**0508**

**影响中国金融安全因素分析与预警指标体系设计** / 林森著 ; 睢国余指导. -- 北京大学, 2009. -- 125 页

论文的研究对象为影响中国金融的安全因素,对金融安全问题展开分析研究,并对预警指示体系进行设计。全文共分为六章。第一章,导论。介绍选题的意义、研究的方法、研究的架构、创新点及难点。第二章在各种金融安全的定义中梳理了金融安全的内涵,接着通过分析金融安全与金融风险、金融危机的区别和联系,提出论文对金融不安全的研究主要是通过系统性金融危机、货币危机、银行危机和债务危机展开的。第三章按照前述危机的分类,首先介绍马克思和明斯基对经济危机和金融危机的论述,接着阐述了三代货币危机理论模型。在分析银行挤兑、银行体系关键论、金融恐慌、债务—通货紧缩等银行危机与债务危机理论的基础上,本章最后比较各危机理论的优缺点及其政策意义。第四章承接上一章马克思金融危机理论,并借鉴四类危机模型,从经济基本面、实体经济与虚拟经济部门的关系、金融全球化、国际资本流动、金融创新、政府作用等方面,结合中国的实际国情分析影响发展中国家和我国金融安全的因素,提出在现有国际金融和货币体系下,发展中国家处于劣势地位,需要进一步强化风险意识,加强维护金融安全的手段。第五章首先介绍 20 世纪 90 年代以来金融危机预警的相关研究,分析信号法和参数法在历次危机爆发前后的预警效果。在实证研究的基础上,分析当前我国银行危机、债务危机爆发的几率较小,指出我国当前金融安全的主要威胁是货币危机风险。第六章是文章的结论部分,结合我国当前经济和金融形势,提出相应的政策和建议。

关键词:金融　风险管理　金融危机　国际资本流动

**0509**

**农村土地流转市场机制研究** / 林旭著 ; 杨继瑞指导. -- 四川大学, 2009. -- 209 页

论文将农村土地流转市场机制作为研究对象，以国内外农地流转理论与实践研究为基础，以现代经济学理论为背景，在对农地流转形成机理分析的基础上，对市场流转的前提——农地产权的界定进行讨论，系统研究农村土地流转方式、流转价格形成机制、流转年期、流转市场体系的构建、流转的风险及其防范机制和农地流转金融制度。全文共分为九章。第一章为导论。阐述论文的选题背景、意义、研究思路、研究现状、论文的创新点及不足。第二章研究农地流转的形成机理。以四川省和成都市为例，在对农地流转的现状进行分析的基础上，对农地流转的驱动因素和阻碍因素进行系统研究，并提出完善农地流转市场机制的必要性。第三章对流转市场机制建立的前提——产权界定进行研究。认为我国农地产权界定在产权主体界定、所有权行使主体职能与角色定位、全能结构、产权完整性和国家在产权界定中的角色定位等五个方面存在困境，并针对此困境提出农地产权界定创新的思路。第四章研究农地流转方式。分别对现有的土地承包经营权、集体建设用地使用权和宅基地使用权流转方式进行总结和分析，提出不同发展水平区位农业用地流转的三种选择模式，对集体建设用地使用权和宅基地流转方式提出改进建议。第五章分析农地流转价格的形成机制。在劳动价值论基础上提出地价二元构成理论，研究土地的经济价值和社会价值，并分别对农地承包经营权流转价格、集体建设用地使用权流转价格、宅基地使用权流转价格的形成机理进行分析，提出相应的价格理论模型，并针对以上三种土地流转不同形式的流转价格进行研析。第六章对农村土地流转年期进行研析。研究农地流转年期确定的现状与问题，指出规定流转最高年期的意义与作用，并提出集体建设用地使用权出让最高年期制定的依据和确定农村土地流转年期的政策建议。第七章论述农地流转市场体系的构建。在对农地流转市场体系存在问题进行分析的基础上，提出构建农地流转市场体系的目标和系统构成，并针对完善市场结构、建设流转有形市场、健全流转市场中介服务体系、完善农地流转调控及管理机制等流转市场体系建设的重点进行理论研究和实践模式探索。第八章提出农地流转过程中可能存在的社会风险，并提出构建农地流转社会风险防范机制的对策与建议。第九章研究农地流转金融服务体系。通过农地金融制度的国际比较和农地金融体系现状的分析，根据我国农村发展的实际，提出农地金融服务体系创新的基本思路。

关键词：农业用地　土地流转　土地市场　土地制度

**0510**

**中国经济发展进程中农民土地权益问题研究** / 林翊著；林卿指导. -- 福建师范大学，2009. -- 271 页

论文的研究对象为中国经济发展进程中农民土地权益问题。全文共分为七章。绪论部分阐释研究背景、目的与意义，综合国内外相关研究成果，介绍论文研究方法、基本思路和可能的创新点。第一章，基础理论。以马克思主义经济学理论为主导，借鉴西方经济学理论，阐述利益理论、产权理论、地租理论、资源配置理论、公平与效率理论以及制度变迁理论。第二章，我国经济发展进程中农民土地权益保护的内在逻辑。在对土地与土地权益内涵界定的基础上，基于利益动机、经济发展、权益格局演变之间的内在联系，提出农民土地权益问题的内涵和意义，并提出意见。第三章，农村土地制度变迁与农民土地权益演变。通过对中匈两国土地制度变迁下的农民土地权益演变进行比较分析，探寻农地制度对农民土地权益实现的重要影响，揭示农民土地权益保护对提升农村土地制度绩效的积极作用，并结合匈牙利土地制度改革的经验教训和我国国情，提出对我国农地产权制度改革的思考。第四章，土地征收与农民土地收益。对土地征收的相关理论基础进行评述，对我国土地征收过程中农民土地权益流失的状况分析，指出农民土地权益大量流失的原因和保障农民土地权益的几点意见。第五章，农村土地使用权流转与农民土地权益，围绕我国农村土地承包经营权的流转展开研究，从农民土地权益保护视角，对农村土地使用权流转制度的完善进行思考。第六章，农民土地权益保护主体。探讨国家的作用，农民组织的作用，农民权益的自我保护，农民土地权益保护的主体合力。第七章，农村土地制度创新与农民土地权益保护。提出农村土地制度创新应充分关注农民土地权益，农村土地制度创新的基本原则，农村土地制度创新的目标取向与路径构想以及农村土地制度创新的必要保障。最后为论文结论。

关键词：农民　土地所有权　权益保护　制度创新

**0511**

**中国股市波动的宏观经济因素分析** / 林毓鹏著；吴宣恭指导. -- 厦门大学，2009. -- 130 页

论文致力于研究我国股市市场波动的宏观经济

影响因素,以期进一步了解影响证券市场发展的深层次原因,揭示影响我国股市变动的因素,并有针对性地提出相应的解决方案。论文共分为六章。第一章,导论。主要论述论文的研究背景和研究意义,并对有关宏观经济与股市波动之间关系的理论文献进行简要回顾。之后对影响股市变动的主要因素进行分析,并介绍了文章研究的思路与方法及理论框架。第二章,中国股票市场的发展及波动。第一节主要介绍国内股票市场的发展状况,并对中国股票市场的几个发展阶段进行了划分。第二节主要阐述中国股票发行制度的特点以及在其影响下股市的特点,指出股权分置是股票市场大幅波动和股价扭曲的重要原因。第三节介绍了中国股票市场的波动情况,并指出我国股票价格指数波动具有指数波动幅度逐渐降低、换手率较高、明显的"政策市"等三个特征。第三章,主要研究宏观经济运行情况与股票价格波动的关联性,从理论和实证上对经济增长与股票价格波动之间关系进行分析。第一节对有关经济增长与股票市场发展的相关文献进行了理论回顾;第二节对我国股票市场发展与经济增长的关系进行了描述性实证分析;第三节对我国的经济周期与股票价格波动进行了分析,指出股市周期与经济周期的运行紧密关系,股市波动的根源在于经济周期性运行本身。第四节对我国证券市场"晴雨表"功能失灵的内在原因进行了思考、探析。第四章,主要分析货币政策对股票价格波动的影响。首先进行文献综述与理论分析,并分析了货币政策的股票市场传导机制。随后三节分别从理论与实证上对利率、货币供应量、汇率等三种因素对股市发展的影响进行了深入分析。第五章,主要研究财政政策和税收政策对证券市场发展的影响。第六章介绍了文章的主要研究结论,并提出了需要进一步研究的内容。

关键词:股票市场　股票价格　经济波动　宏观经济

**0512**

**企业在职培训与农村转移劳动力的人力资本形成** / 刘冰著 ; 姚先国指导. -- 浙江大学, 2009. -- 125 页

论文从我国劳动力"乡—城"转移的大背景出发,研究农村转移劳动力这一特殊群体的在职培训问题。全文共分为八个部分。第一部分为导论,内容包括问题的提出、概念的界定、研究方法、数据介绍以及研究思路和结构安排。第二部分为文献综述和理论分析框架,首先介绍人力资本视角下劳动力转移理论,包括刘易斯二元经济模型及其发展,托达罗的就业概率明星以及国内关于人力资本与劳动力转移的研究;其次是对现代人力资本理论的概述;再次提出在职培训的理论模型,内容为在职培训的成本—收益模型以及压缩的工资结构和在职培训投资;最后对在职培训的实证研究成果做出说明,提出在职培训的测度与参与率,在职培训的效应以及在职培训的成本分担问题。第三部分为劳动力转移进程与在职培训概况。首先对改革开放后农村劳动力转移的进程和新方向进行概括说明;接着介绍 2003 年以来我国农村转移劳动力的就业特征;最后探讨我国农村转移劳动力的人力资本投资现状,包括转移劳动力的人力资本存量以及企业在职培训的投资现状。第四部分,企业特征和在职培训的供给,对企业提供在职培训的影响因素,在职培训的供给水平和企业特征,企业在职培训的总体性分析以及企业对农村转移劳动力的培训投资做出说明。第五部分,人口特征、就业特征与在职培训的获得。首先说明人口特征、就业特征在培训中的作用,在此基础上,分析城乡劳动力在职培训的差异,对模型设定及回归结果以及实证分析结果进行了讨论。第六部分,转移劳动力在职培训的成本分担,对培训成本分担机制及争论,模型设定和主要变量的统计性质,基于全体样本的成本分担等问题做出阐释。第七部分为在职培训的国际经验及主要启示,对德国、美国、英国、韩国的经验做出归纳总结。第八部分为主要结论和研究展望。

关键词:企业管理　职工培训　农村劳动力　劳动力转移　人力资本

**0513**

**转型期中国反贫困问题研究:基于模式演进的理论分析** / 刘杰著 ; 洪银兴指导. -- 南京大学, 2009. -- 211 页

论文研究转型期中国的贫困问题的基本特点和形成原因,分析各种扶贫模式的演进和成效,探讨如何进一步减少绝对贫困和解决当前日益突出的相对贫困问题,研究对象既包括绝对贫困和相对贫困,又包括地区贫困和个体贫困,在研究方法上,使用了规范分析与实证分析相结合的方法、定量分析与定性分析相结合的方法,区域分析方法和制度分析方法。论文先对经济增长的间减贫效果进行了分析,发现经济增长有助于减少贫困,但近年来其效应呈现递减趋势,这可能与贫困人口数量减少和无劳动能力人口比

重上升有关。通过对各国反贫困实践的比较,笔者发现,各国政府不仅明确了促进经济增长和保障穷人的基本生活是减少贫困的有效手段,而且注意提高穷人的人力资本和能力,这对中国的反贫困工作有一定的启发。全文共有六个章节。第一章为引言。第二章主要论述转型期中国的贫困与反贫困,包括转型期中国的反贫困目标的变化、贫困人口规模、经济增长与反贫困以及全球反贫困实践给中国的启示。第三章到第五章分别论述开发式扶贫:增长与减贫、救助式扶贫:保障与减贫、能力扶贫:发展与减贫。第六章主要论述反贫困进程中的公共服务。

关键词:贫困　扶贫　社会服务　社会保障

**0514**

**股指期货对股票市场影响的研究** / 刘考场著 ; 李树丞指导. -- 湘潭大学, 2009. -- 172 页

论文从理论上阐述股指期货在经济学中的定位及基本职能,基于监管者视角,从理论分析和实证研究两个层面对股指期货对股票现货市场波动性和流动性影响进行深入探讨,对成熟的股指期货经验进行分析比较,得出对我国的启示并提出我国股指期货的制度设计。全文共分为五章。第一章,绪论。介绍论文的研究背景,研究文献综述,主要内容和创新点。第二章,股指期货的相关理论基础。一是马克思主义关于资本市场的理论,包括马克思关于商品的理论阐释,马克思关于货币的理论论述,马克思关于资本的理论阐述,马克思关于价值规律的理论阐述;二是期货市场的相关理论概述,包括期货市场的经济学定位,关于期货价格的理论,关于期货功能的理论,期货市场的价格形成机制;三是股指期货的特征与股指期货的市场功能,包括期货交易与金融期货的特点,股指期货的主要特征,股指期货市场的投资策略与基本功能,股指期货市场与现货市场的关系;四是股指期货需求供给理论和股指期货保证金和涨跌停板的设计相关理论。第三章,股指期货对于市场波动性影响的分析。包括股指期货对现货市场波动性影响的理论分析,国际股指期货及其现货指数样本波动性的比较分析,股指期货对股市波动性影响的实证分析。第四章,股指期货对股市流动性影响的分析。包括股指期货对股市流动性影响的理论分析和实证分析。第五章,我国股指期货风险控制制度设计与安排的建议。分别对全球金融危机条件下股指期货推出的可行性分析,对我国适时推出股指期货的必要性分析,对政府监管的必要性分析并提出经验借鉴,对我国股指期货监管制度进行设计。最后为论文结论及展望。

关键词:股票市场　股票指数期货　股票交易　风险管理

**0515**

**中国股票价格波动与货币政策的关联性研究** / 刘萍萍著 ; 张红伟指导. -- 四川大学, 2009. -- 219 页

论文以中国股票价格波动与货币政策的关联性研究为对象,系统探讨股票价格波动与货币政策目标的关联性、股票价格波动与货币政策中介目标的关联性以及股票价格在货币政策传导渠道中的有效性,在此基础上,提出应对股票价格波动的货币政策框架。全文共分为六章。导论部分介绍选题背景与意义、研究目的与方法、研究框架与内容、研究的难点与创新点以及论文研究的不足之处。第一章,股票价格与货币政策相关文献综述,分别对股票价格及波动,股票价格波动与货币政策目标关系,股票价格波动与货币政策中介目标关系,货币政策应对股票价格波动四个方面展开相关的研究。第二章,中国股票价格波动周期与货币政策周期的关联性分析。包括对中国股票市场的发展概况及波动周期的分析,中国 1991 年以来的货币政策周期分析以及中国股票价格波动周期与货币政策周期的互动关系分析等。第三章,中国股票价格波动与货币政策目标的关联性分析,主要分析了中国股票价格波动与通货膨胀的关联性,包括股票价格波动影响通货膨胀的机制,通货膨胀影响股票价格波动的机制,中国 1991 年以来历次通胀以及与股票价格波动的联动效应以及中国股票价格波动与通货膨胀关联性的实证分析,然后分析了中国股票价格波动与金融稳定的关联性,包括银行信贷扩张影响股票价格波动的机制,股票价格波动影响金融稳定的机制,中国银行信贷资金影响股票价格波动的机制以及中国股票价格波动与银行信贷关联性的实证分析等。第四章,中国股票价格波动与货币政策中介目标的关联性分析。对中国股票价格波动与货币供应量的关联性、中国股票价格波动与利率的关联性、股票价格波动影响利率变动的机制和中国历次利率调整与股票价格波动的关联性进行了分析。第五章,中国货币政策股票价格传导渠道效应分析,包括对中国货币政策传导渠道的现状和中国货币政策股票价格传导渠道的有效性阐释。第六章,中国应对股票价格波动货币政策框架的构建,提出自己的意见建议。

关键词:股票市场　股票价格　货币政策　经济波动

0516

**我国上市公司债务融资的治理效应研究:公司债券与银行贷款的比较** / 刘清江著 ; 谷书堂指导. -- 南开大学, 2009. -- 165 页

论文研究的对象是我国上市公司债务融资的治理效应,构建一个在代理成本理论分析中引入三个层面异质性假设的债权治理效应研究综合框架,并据此对我国上市公司债券融资和银行贷款的治理效应进行比较分析。全文共分为七章。第一章导论部分,提出论文的研究背景及意义、有关问题说明、国内外研究现状、研究思路和论文的创新点与不足。论文第二章为代理成本、债务融资与治理效应,首先介绍资本结构与公司治理结构,包括公司治理的涵义和本质,资本结果理论的回顾,资本结构与公司治理的融合;接着阐释代理成本与债权治理效应,对代理冲突与代理成本,代理成本与债权治理效应,债务结构与债权治理效应以及债权治理与最优资本结构进行说明;最后论述债权治理效应的机制,包括债权治理的激励机制以及债权治理的监督约束机制。第三章,我国企业债务融资的异质性与债权治理效应。首先分析我国上市公司债务融资现状及特点,对我国上市公司债务融资总体状况、债务的期限结构特征、债务的来源结构特征以及我国上市公司债券融资的特点进行说明;其次是对公司债券与银行贷款治理效应的比较,对债券治理动机、债券治理能力以及我国上市公司债券融资和银行贷款的治理效应进行说明;最后为对我国上市公司债务融资治理效应展开实证分析,在提出研究假设的基础上对研究展开设计,并用实证验证结果,利用稳健性检验和考虑内生性后的实证检验。第四章,我国上市公司异质性与债权治理效应。首先分析企业异质性及其对债权治理效应的影响,之后讨论我国上市公司的一致特征及其对债权治理的效应影响,最后对企业异质性对上市公司债权治理效应影响展开实证分析。第五章,环境异质性用途债权治理效应,分别对环境异质性及其债权治理效应的影响,我国债权人保护和金融发展现状,债务融资治理效应的保障机制以及环境异质性对上市公司债权治理效应的影响展开讨论与实证分析。第六章,介绍我国债券市场的管制与发展现状,并分析存在问题。第七章为结语。

关键词:上市公司　融资方式　企业债务　贷款　法人治理结构

0517

**股市危机及安全网的理论和经验研究** / 刘肃毅著 ; 姚先国指导. -- 浙江大学, 2009. -- 171 页

论文以股市危机及安全网作为研究对象,以"识别危机—预防危机—处置危机"为主线,通过理论分析和经验研究,总结梳理出一个股市危机的理论体系架构,以此指导和推动股市危机及安全网的学术研究、实践运用和制度完善。全文共分为六章。第一章,引言,介绍论文选题背景、学术研究现状和研究意义,核心概念的界定和说明,研究方法和技术路线,框架结构和主要内容,创新和主要成果。第二章,文献综述。介绍金融稳定理论,金融危机理论,金融安全网理论,股市泡沫、波动性和危机的理论。第三章,股市危机发生机理的逻辑分析框架。介绍导致故事危机的内在因素,股市危机发生机理的制度和投资者行为交互作用,制度和投资者行为交互作用的模型证明。第四章,股市危机的经验研究:中美股市危机案例的实证分析。分别对 2001 年中国股市危机和 2007 年美国次贷危机展开实证分析,对中美股市危机做出比较探讨。第五章,股市危机的理论体系架构。首先介绍股市危机管理的研究视角,股市危机理论体系架构的构成;介绍股市危机发生成因理论,股市危机发生过程理论,股市危机传导机制理论,股市危机后果评估理论,股市危机发生周期理论。第六章,预防和处置股市危机的股市安全网。介绍股市安全网的构成及其功能模式,股市安全网的九个功能模式,股市安全网现存的问题及历史提供的改革经验,股市安全网的构建原则。第七章为论文结论展望。

关键词:股票市场　金融危机　投资者

0518

**经济增长与产业结构变动的关系及其效应研究:以山东省为例** / 刘涛著 ; 刘伟指导. -- 北京大学, 2009. -- 251 页

论文以进一步探讨现代经济增长与产业结构演变的关系为研究对象,分析经济增长与产业结构相互影响、相互制约、相互促进的内在作用机制,该文以山东省为例,将这一理论运用于实证分析。论文共分为八章。第一章为绪论,说明论文研究的背景、意义、研究思路、研究方法、研究的内容以及研究的基础。第二章介绍国内外相关研究进展及其理论基础,先进行了相关概念辨析,接着概述国内外相关研究进展。第三章分析产业结构变动与经济增长关系的系统,首先

阐述了区域经济增长的机制及其影响因素，产业结构变动的机制及其影响因素，并对经济增长与产业结构变动关系进行概括总结，最后比较国外、国内的产业结构变动与经济增长。第四章对山东省经济增长因素及其特征进行论述，包括TEP与经济增长——理论与方法、基础数据、经济增长因素及其特征、资本投入山东对经济增长的贡献分析、所有制及产权结构对经济增长贡献的分析五方面的内容。第五章探讨山东省产业结构变动及其影响因素，在说明山东省产业结构演进的历史与现状的基础上，对山东省工业结构的演化进行分析和山东省产业结构变动影响因素的定量分析，并介绍山东省产业结构变动能力、速度及其方向。第六章论述山东省产业结构变动与经济增长的相互关系，对基于多部门经济模型的产业结构与经济增长关系、基于生产函数的产业结构变动与经济增长关系以及山东省三次产业变动对经济增长贡献进行分析，并指出山东省工业内部结构对工业经济的拉动作用。第七章研究分析经济增长和产业结构变动的效应，首先对经济周期与产业结构变动进行分析，接着说明经济增长和产业结构变动对区域经济差异的影响，并分析经济增长和产业结构变动的环境效应和产业结构变动与城市化的关系。第八章为论文的结论、展望及其对策，包括主要研究结论、主要创新点和研究展望以及山东省区域协调发展的对策。

关键词：区域经济　经济增长　产业结构调整　山东

**0519**

**国家实物战略储备：经济社会可持续发展的视角** / 刘旭友著；何炼成，黄少安指导. -- 西北大学，2009. -- 130页

论文在分析国内外储备思想的基础上，说明国家实物战略储备是国家实现可持续发展的重要战略手段。论文共分为八章。第一章，导论。介绍选题背景以及选题的理论意义与现实意义，说明研究的内容与研究框架及文章的主要创新点。第二章，总结说明中国古代、马克思以及国外的主要储备思想，并介绍储备思想最新的研究概况。第三章，界定国家实物战略储备，介绍可持续发展理论的形成与内涵，说明可持续发展的物质基础是资源的可持续供给，并提出资源可持续供给的重要途径是国家实物战略储备。第四章，分析国家宏观调控对经济社会可持续发展的作用，并从自然要求、社会要求、经济要求三个方面说明国家实物战略储备与经济社会可持续发展的契合。第五章，分析国家实物战略储备的经济理论，主要从国家实物战略储备的必要性、有效性及可信性三个方面进行分析说明。第六章，分析说明国家实物战略储备的运行机理，介绍国家实物战略储备的调控组合。第七章，以退耕还林为例说明国家粮食储备与可持续发展的关系。首先，介绍退耕还林的背景，说明退耕还林的粮食支撑，分析退耕还林的生态效益、经济效益、社会效益，并对上述研究进行总结。第八章，对整篇文章进行总结，说明研究存在的不足之处，并提出进一步的设想。

关键词：国家战略　国家物资储备　宏观调控　可持续发展

**0520**

**贵州石漠化防治区经济转型研究** / 刘肇军著；杜肯堂指导. -- 四川大学，2009. -- 236页

论文阐述经济转型的科学涵义，审视岩溶地区、石漠化地区和石漠化防治区的区域特征，分析贵州区情揭示贵州石漠化地区生态恶化与经济发展的深层次矛盾，提出通过经济转型和生态修复破解这一矛盾的基本思路。论文共分为七章。首先，前言阐述选题背景及意义，论文结构与主要内容，并且说明论文的主要创新点。第一章，对区域经济、石漠化等相关概念进行界定，说明国外生态脆弱区和岩溶地区在生态保护与开发方面可以借鉴的经验。第二章分析贵州石漠化防治区经济转型的基本思路。首先，介绍贵州省的基本区情以及贵州岩溶地区生态与经济的双重困境，在此基础上，说明贵州石漠化防治区经济转型的必要性，并且提出贵州石漠化防治区经济转型的基本思路。第三章分析贵州石漠化防治区产业现状与产业转型取向，提出贵州石漠化地区在农业、工业、服务业方面的转型的思路。第四章介绍贵州石漠化防治区生产方式、消费方式的转变。第五章论述贵州石漠化防治区经济空间布局优化。针对贵州石漠化防治区经济空间的布局，阐述“一圈一带两区”经济发展新格局，最后介绍贵州新农村建设中村庄整治的实践及效果。第六章提出在经济转型中推进贵州石漠化防治工程，说明石漠化防治工程的必要性以及基本思路，并且列举了若干重大贵州石漠化防治工程。第七章提出贵州石漠化防治区经济转型的保障措施：完善国家为主题的差别化区域政策体系；制定石漠化防治区的产业政策；建立石漠化防治区财政转移支付制度；其他配套政策与制度。

关键词:沙漠化　地方经济　经济发展　转型经济　贵州

0521

**西部欠发达地区小城镇发展研究** / 刘志生著 ; 白永秀,曹钢指导. -- 西北大学, 2009. -- 97 页

论文以西部欠发达地区小城镇发展为研究对象,综合采用归纳与演绎相统一的方法,比较分析法以及定性分析为主、定量分析为辅的方法,对西部欠发达地区小城镇发展的基础理论和特点、问题及根源、目标和原则、重点、对策、国外和我国东部地区小城镇发展的经验等进行较为系统的研究。全文共分为七章。第一章是导论。对国内外文献进行综述,重点介绍论文的研究背景、意义和方法、框架结构和主要创新点。第二章对西部欠发达地区小城镇发展的基础理论进行研究。阐述小城镇的概念、特点与功能,指出小城镇发展的条件与动力,特别是西部欠发达地区小城镇发展的必然性。第三章分析西部欠发达地区小城镇发展的现状、特点、问题及成因。首先论述我国西部欠发达地区小城镇发展的现状,接着通过实证分析得出西部欠发达地区小城镇发展的基本特点和当前存在的主要问题,并从资源、资金、人才、土地政策、经济环境和管理体制等方面对制约西部欠发达地区小城镇发展的根源进行剖析。第四章对国外和我国东部地区小城镇发展的经验进行介绍和总结。第五章阐述西部欠发达地区小城镇发展的原则与重点。加快西部欠发达地区小城镇发展,应当遵循突出个性、可持续发展、规模经济和以人为本等原则,并把形成多元化的西部小城镇发展模式、依托交通干线发展具有增长潜力的中心城镇、依托中心城市优先发展城市群内的小城镇作为战略重点。第六章论述西部欠发达地区小城镇发展的对策选择及制度创新。从七个方面分析加快西部欠发达地区小城镇发展的对策,并从五个方面简述加快西部欠发达地区小城镇发展的制度创新。第七章提出论文的结论及需要进一步研究的问题。

关键词:小城镇　城市发展　欠发达地区

0522

**论国内政府间的市场产权关系** / 龙苗著 ; 曾繁华指导. -- 中南财经政法大学, 2009. -- 162 页

论文的研究对象为国内政府间的市场产权关系,拟从国家理论的演绎中透视政府权力的性质,通过合理地确定政府市场的产权边界,为解决我国中央与地方政府间长期存在的矛盾关系问题提供视角。全文共分为六章。第一章是论文的导论部分,首先提出论文的写作背景和意义,在对国内外相关研究进行评价的基础上,指出当前研究中的不足,由此提出论文的研究思路,并介绍论文的主要内容和创新之处。第二章主要介绍和论文研究相关的基础理论,分别从政府、市场和产权三个方面对前人理论进行归纳,并阐释区域经济理论和博弈论。第三章是政府间市场产权关系的逻辑思辨。第四章是政府间市场产权关系的核心内容部分,首先对市场产权含义做出界定,同时为了与公共产权区别开,特别地将市场产权和公共产权进行对比分析;接着介绍政府间市场产权关系的内涵,分别从三个方面说明政府间市场产权关系所包含的内容;第三节是市场产权界定的成本分析,把市场产权构建成本、运行成本和监管成本归纳为市场产权的具体成本,并提出市场产权的抽象成本,建立一个市场产权的成本模型和成本函数;第四节对市场产权界定的效应做出分析,指出市场产权的效应包含收入分配效应和资源配置效应,并通过对政府间关系发展历程的研究得出一系列结论。第五章是中央与地方政府间市场产权关系的研究。首先对中央与地方政府间关系的变迁进行回顾,在此基础上,针对目前我国政府市场的现状特点及市场产权的发展趋势,构建一个中央与地方政府间市场产权的关系模型,并以模型为参照系具体分析改革开放以来中央与地方政府间市场产权关系的性质及演变特征,最后提出进一步完善中央与地方关系的思路。第六章是对地方政府间市场产权关系的研究,是从理论抽象上升到现实具体的过程,并得出论文结论。

关键词:国家行政机关　市场　产权关系

0523

**西方现代农业合作经济组织的制度分析** / 娄锋著 ; 张彤玉指导. -- 南开大学, 2009. -- 411 页

论文着重从历史事实的角度,对西方农业现代化进程中的合作经济组织制度特征及其发展演进规律给予一个全面、深刻的制度解析,以期能够通过对西方农业合作经济组织的发展提供可资借鉴的经验。全文共分为九章。第一章,导论。主要介绍选题的依据、研究的目的、重点问题以及研究的思路、方法、内容、结构等。第二章。在对合作经济组织理论研究回顾的基础上,解析合作经济思想的产生与合作运动的发展,揭示当代西方合作运动的理论渊源,并重新界

定合作经济组织的基本特征及其质的规定性，最后系统梳理当前国内外有关农业合作经济组织的主要研究成果，确立论文的研究基础和理论成长点。第三章，在对西方农业生产经营组织发展演进的历史考察中，系统研究农业合作经济组织的产生、发展演进的内在逻辑，分析影响其发展演进的因素，实现理论逻辑与历史逻辑的统一。第四章，对比分析马克思制度经济学和新制度经济学产权理论。第五章，首先研究马克思制度经济学与新制度经济学分析范式对企业管理制度的产生及管理权归属问题的理论分歧，指出新制度经济学分析范式的理论缺陷。随后，以前述分析为理论起点，着重探讨西方农业合作经济组织管理制度。第六章，对比分析新古典经济学、新制度经济学与马克思制度经济学的价值决定及收入分配理论，揭示马克思价值决定及收入分配的科学性，以此为逻辑起点，解析西方农业合作经济组织的分配制度。第七章，揭示新一代合作社如何从传统合作社演化而来以及演化的本质，揭示其产权制度，指出其特点和发展趋势。第八章，主要探讨西方农业合作经济组织在产生与发展过程中的政府制度安排、政府支持的形式及内容、相关利益主体互动及立法制度导向等制度环境问题，以揭示政府和农业合作经济组织在农业现代化发展中密切联系的本质原因。第九章，阐述西方农业合作经济组织给我们带来的启示。

关键词：农业合作组织　经济合作　经济制度　西方国家

**0524**

**中国传媒业的系统竞争研究：一个媒介生态学的视角** / 卢文浩著；齐兰指导. -- 中央财经大学, 2009. -- 175 页

论文在经济全球化和科技的迅速发展背景下，以中国传媒业为研究对象，借助政治经济学及西方经济学中的竞争理论，从媒介生态学的视角对中国传媒业进行重新审视，采用产业组织理论的 SCP 范式和生态学中的生态位理论为研究工具，构建 I-N-SCP 分析框架，从三大层面对中国传媒业的竞争问题进行讨论，并提出中国传媒业发展的共生目标及相应的具体措施。全文共分为六章。第一章，绪论。介绍论文问题的提出，相关概念的引入与界定，研究思路、研究工具和研究方案。第二章，相关理论文献综述。包括竞争理论评述，传媒业市场竞争理论研究成果概述以及媒介生态竞争理论简述。第三章，中国传媒业的群落竞争研究。研究包括传媒业国际竞争环境，跨国传媒集团与中国传媒群落的竞争。第四章，中国传媒业的种间竞争研究。包括中国传统媒体的种间竞争研究和中国新旧媒体的种间竞争研究。第五章，中国传媒业的种内竞争研究。分别提出中国报业种内竞争实证研究，中国电视产业种内竞争实证研究，中国互联网产业种内竞争实证研究。第六章，实现中国传媒业系统共生目标的政策建议。结合中国传媒业系统竞争中 I-N-SCP 范式的互动关系，提出 I-N-SCP 范式下系统共生思路，并提出中国传媒业系统共生目标模式下的具体政策与建议。最后为论文的总结与展望。

关键词：传播媒介　市场竞争

**0525**

**外商直接投资的环境效应及其管理：基于我国工业废气排放指标的分析** / 陆亚琴著；施本植指导. -- 云南大学, 2009. -- 148 页

论文对国内外有关外国直接投资和环境效应的理论和实证研究进行回顾、梳理和归纳，分析在华外商直接投资的发展规模、来源、流向、行业分布等特点，分析外国直接投资对我国经济增长的贡献以及对中国资源环境造成的负面影响，提出相应的对策建议。全文共分为八部分。第一部分导论，介绍论文的研究背景、选题意义、研究思路及主要内容、研究方法和论文创新之处。第二部分为 FDI 与环境效应的相关理论综述，首先对外国直接投资、环境、污染密集型企业等相关概念做出界定；其次对有关国际直接投资和环境效应理论——国际投资附加环境效应理论、FDI 在东道国的环境效应理论以及环境规制与产业竞争力做出介绍。第三部分为 FDI 在东道国的环境效应理论分析，首先从经济增长的环境效应模型对经济活动与环境相互作用做机理分析，接着讨论 FDI 影响东道国环境的机理，FDI 对东道国环境影响的效应以及具体的结果。第四部分为外国直接投资在我国经济中的地位。首先基于中国利用 FDI 的发展历程和 FDI 在我国的特点，分析 FDI 在我国的发展；其次讨论 FDI 对我国经济的拉动效应；最后阐释 FDI 对中国环境与发展的负面效应。第五部分，在华外商直接投资环境效应的实证分析。基于关于指标选择和在华 FDI 与工业废气排放量的回归分析，讨论在华 FDI 与环境之间的相关性，并讨论在华 FDI 区域分布对工业废气排放量的影响，包括我国东部地区 FDI 对工业废气排放量的影响以及我国中部地区和西部地区 FDI 对工

业废气排放量的影响。第六部分为我国对 FDI 的管理,探讨基于环境管理视角下我国的环境管理体系,我国对外国直接投资的环境管理以及国际上对投资与环境的管理。第七部分为与 FDI 有关的环境政策的国际经验借鉴,包括日本的外资、产业结构与环境保护的冲突与协调以及韩国的外国直接投资与环境保护。第八部分为促进我国 FDI 与环境持续发展的对策思考,针对全文的分析,提出论文的结论和意见。

关键词:外商直接投资　生态环境　环境管理　可持续发展

**0526**

**基于市场产权的政府经济职能研究** / 吕红梅著 ; 曾繁华指导. -- 中南财经政法大学, 2009. -- 179 页

论文为基于市场产权的政府经济职能研究。全文共分为八章。第一章,导论。介绍选题的背景,选题的意义,国内外研究现状及评价,研究思路、研究方法及论文创新之处。第二章,政府经济职能的一般理论分析。包括政府职能的内涵、影响因素及基本分类,市场失灵与政府失灵,政府经济职能的历史考察。第三章,市场产权的要素、特征与形式。首先介绍所有权、产权与市场产权,介绍市场产权的构成要素,市场产权的基本特征以及市场产权的基本形式。第四章,市场所有权与政府经济职能。首先介绍市场所有权:政府经济职能的新依据;提出政府市场所有权新智能界定及其内容;探讨政府市场所有权规则的全球调节及其应用。第五章,市场所有权与政府经济职能。首先介绍市场所有权职能界定及其内容;接着探讨政府企业关系界定及其管理模式,包括政府与公有制经济企业关系界定及管理模式,政府与非公有制经济企业关系界定及管理模式,政府与混合所有制经济企业关系界定及管理模式;探讨市场使用权与政府反垄断机制。第六章,市场占有权与政府经济职能。首先对市场占有权做界定,并对其内容进行说明;介绍市场占有权与国家竞争力;市场占有权与产业竞争力;市场占有权与企业竞争力。第七章,市场收益权与政府经济职能。介绍市场收益权职能界定及其主要内容,探讨市场收益权国内规则及其调整。第八章,从市场产权入手健全政府经济职能。提出健全市场产权的规则,科学确定政府干预市场的临界点,维护国家经济安全。

关键词:国家行政机关　经济职能　产权　行政干预

**0527**

**构建和谐西藏的经济学分析:基于就业机会与教育偏好的视角** / 罗绒战堆著 ; 杨明洪指导. -- 四川大学, 2009. -- 215 页

论文在基于中国统计年鉴、西藏统计年鉴、西藏教育统计资料汇编以及西藏自治区实地调研资料的基础上,采用发展经济学、劳动经济法和教育经济学等经济理论以及田野调查、比较静态分析、最优化、统计回归和博弈论等不同研究方法,研究西藏和谐发展,突出强调西藏和谐发展中就业因素的重要性及其对西藏实现和谐发展的作用过程。全文共分为七章,五个部分。第一章和第二章为论文的第一部分,在分析研究背景、研究意义、研究方法与创新点和既有文献的基础上,提出文章研究的问题和研究的新视角:就业机会与教育偏好。第三章为全文的第二部分,分析西藏和谐发展中的就业因素,强调西藏居民就业机会的把握、就业机会的均衡以及西藏居民就业机会的供给优化机制。第四章和第五章是全文的第三个部分,强调西藏教育主体的偏好、教育需求与供给的行为分析,以及相关教育主题偏好的调整、教育的经济属性以及供给中的问题及其调整。第六章是全文的第四个部分,强调在西藏和谐发展的过程中教育与就业等两个关键因素的内在联系、协调的必要性及协调现状,以及实现协调的互动过程。第五章是文章的最后一个部分,在总结全文的基础上,提出值得继续研究的方向。

关键词:就业　劳动力市场　教育　人力资本　西藏

**0528**

**产业集群兴衰机理的研究** / 麻勇爱著 ; 雎国余指导. -- 北京大学, 2009. -- 162 页

论文从最基本的经济学假定——经济人假定出发,对产业集群的兴衰机理进行剖析,构建产业集群兴衰模型。全文共分为八章。第一章,导论。首先提出研究的背景与研究的问题,认为产业集群既是历史现象,又是世界性的普遍现象,既是学界研究热点,又是重要的经济发展战略;之后提出产业集群与经济发展中制度与经济发展的关系以及产业集群与经济发展之间的关系;最后介绍了研究的内容、方法与研究意义以及研究理论框架与创新点所在。第二章,产业集群理论与发展现状。首先介绍产业集群的定义、分类和产生的机制;对国内外产业集群研究的进展进行说明,包括古典经济学中产业集群理论萌芽与马歇尔

的产业区理论，韦伯产业区位理论，地域生产综合体、增长极理论与其他区位理论，近期欧洲与北美学者相关研究，我国产业集群的相关研究等；最后介绍产业集群发展现状。第三章，产业集群兴起的原因。首先对产业集群兴起原因的基本理论展开说明，之后介绍了产业集群兴起的不同方式，最后提出集群剩余是产业集群存在的必要前提。第四章，产业集群衰落原因分析。首先分别从经济学视角、管理学视角、社会学视角、生物、生态学视角等对产业集群风险理论述评，之后阐释了产业集群衰落的根源——集群剩余的公共品性质，最后分析了产业集群衰落的直接原因——集体行动的失败。第五章，产业集群兴衰与外部因素。首先介绍了工业化进程中的产业集群，之后介绍了市场化进程中的产业集群以及全球化、信息化进程中的产业集群，分别对其内涵、创新以及带来的影响展开评述。第六章，产业集群兴衰与政府作用。包括对政府作用的原则与策略的介绍，对政府产业集群政策概述以及选择性激励体系的构建的阐释。第七章，产业集群兴衰案例分析与政策经验。分别讨论了浙江产业集群的兴衰与政策经验以及意大利中小企业产业集群的兴衰与政策经验，并得出结论与启示。第八章为结论。

关键词：产业经济　产业集群　激励　政府作用

**0529**

**中国对外直接投资的产业选择研究** / 马静著 ； 宋涛指导. -- 中国人民大学，2009. -- 171页

论文采用宏观、中观、微观相结合，规范分析和实证分析相结合，静态分析和动态分析，一般分析和个别分析相结合的研究方法，分别从宏观、中观、微观三个维度，对中国对外直接投资的产业选择展开研究。全文共分为五章。第一章导论部分，介绍论文的选题背景及意义、国内研究现状、研究思路以及主要的研究方法，并对论文的篇章结构和论文的创新和不足之处进行说明。第二章从宏观、中观、微观三个角度介绍对外直接投资产业选择的理论。第三章从宏观角度阐释了中国对外直接投资的产业选择，认为针对不同的区位，我国对外直接投资应结合当地的区位特点，选择不同的产业，针对不同的产业，我国对外直接投资应根据各地区位特点选择不同的投资地点。第四章从中观角度阐释中国对外直接投资的产业选择，在实证分析中国对外直接投资及其产业现状的基础上，归纳概括了中国对外直接投资产业选择的基准，以及产业选择的重点，认为根据中国现阶段的经济发展状况，目前应有选择地投资于进口替代型的资源开发业，以具有相对优势的制造业作为境外投资重点，适当扩大对高新技术产业的投资规模，并逐步提高对金融保险等服务业的投资比重。第五章从微观角度阐释中国对外直接投资的产业选择，分别研究了中国资源开发业、劳动密集型制造业、高新技术产业和现代服务业的代表——石油业、家电业、通信制造业和银行业内的企业所具备的相对竞争优势及其劣势，并在此基础上进一步说明了未来石油业、家电业、通信制造业和银行业扩大对外直接投资的战略构想。第五章从宏观、中观、微观三个层面分别提出中国对外直接投资的策略建议，认为应尽快突破制度、技术、人才掣肘，来培育有竞争力的大型跨国公司，并通过大力发展跨国并购的投资方式来增强中国企业的竞争优势，同时采取多种形式，保证对外直接投资企业的资金要求，并得出最终结论。

关键词：对外投资　直接投资　投资战略　产业定位

**0530**

**中国货币政策目标研究** / 马君实著 ； 陈享光指导. -- 中国人民大学，2009. -- 160页

论文在理论和实践相结合的基础上，对货币政策目标问题进行考察，分析货币政策最终目标的选择、货币政策中介目标的选择、货币政策的扰动因素与治理问题和通货膨胀目标制在中国的适用性，并结合中国的现实提出相关的政策建议。全文共分为七章。第一章导论，介绍论文的基本背景、研究思路、研究方法、主要创新点、不足之处和主要结论。第二章对设计货币政策目标的西方经济学主要学派的理论和近年的国内外文献进行综述，首先对西方经济学的主要学派做出回顾，其次对国内外文献进行概况综述。第三章对中国货币政策最终目标的选取进行理论和实证分析，并得出结论，即中国货币政策的最终目标制，应该是一个以经济增长为主要最终目标，以通胀目标为从属最终目标的主从目标制。第四章对货币政策中介目标的选取进行理论和实证分析，首先分析货币的供应量，其次介绍了泰勒规则的基本思想，接着从介绍国外以汇率作为中介目标的实践展开论述，并分析汇率的政治经济二重性，最终实证分析显示，相比于利率和汇率，以货币供应量目标作为货币政策中介目标是更好的选择。第五章从涉外经济因素和金融市场的发展两个角度分析对货币政策目标实现有影

响作用的扰动因素,并提出治理建议。第六章讨论认为在中国采用通货膨胀目标制的时机还不成熟,首先分析通货膨胀目标制的不同视角,其次论述国外的实践,最后分析通货膨胀目标制在中国的适用性,并得出结论。第七章对主要结论进行归纳,并提出修改货币政策目标法律表述的建议,建立通货膨胀因素分析系统,建立货币供给检测系统,及时调整资本管制制度,加强金融监管,增加中央银行的透明度和独立性等政策建议。

关键词:货币政策　经济增长　通货膨胀　金融监管

0531

**中国规制政策的影响评价研究** / 梅黎明著 ; 陈富良指导. -- 江西财经大学, 2009. -- 127 页

论文在政府规制理论、公共管理理论和美国、欧盟、OECD 国家或地区的经验基础上,结合中国具体情况,采用历史分析和比较分析相结合、规范分析和实证分析相结合、定性分析和定量分析相结合的分析方法,设计出规制政策影响评价指标体系的一般性框架,并运用规范分析方法对井冈山市 2008 年环境规制政策影响进行系统评价,对我国规制影响评价的构建提出建议。全文共分为七章。第一章,导论。介绍问题的提出和研究意义,国内外相关文献综述,研究的目的和研究方法,研究思路和研究框架,论文可能的创新与不足之处。第二章,规制影响评价的理论基础与分析框架,介绍政府规制理论,公共管理理论,规制影响评价分析的框架内容。第三章,中国规制影响评价实践的现状与问题。首先分析中国环境影响评价制度的发展与现状,接着提出中国引入规制影响评价面临的问题,在此基础上,提出中国引入规制影响评价的迫切性和可行性。第四章,国外规制影响评价的实践与启示。通过对美国规制影响评价,欧盟规制影响评价以及 OECE 组织的规制影响评价的讨论和说明,对国外规制影响评价进行比较,并提出国外规制影响评价对中国的启示。第五章,中国规制影响评价制度的构建。介绍中国引入规制影响评价制度的路径选择,中国规制影响评价的组织体系和设计流程,中国规制影响评价的指标体系设计并提出中国规制影响评价的主要方法。第六章,对中国规制政策影响评价的实证分析。分析环境规制影响评价指标体系,对规制影响评价指标权重,以井冈山市 2008 年为例,探讨规制影响评价二级指标值及评价,并做出产出分析。第七章,结论和政策建议。

关键词:行政干预　市场经济　经济政策

0532

**农村土地产权回归农民的制度研究:基于南昌、永修、武宁 3 县的农村调查** / 闵桂林著 ; 温锐指导. -- 江西财经大学, 2009. -- 198 页

论文采用频数分析、卡方检验、交叉列联表分析、Logistic 回归分析等方法,基于南昌、永修、武宁三县的农村调查,对农村土地产权回归农民的制度展开研究。全文共分为六部分。第一章导论,主要内容为选题的背景与意义,学术回顾与研究述评,研究内容与研究方法以及研究的创新与不足之处。第二部分为论文的理论准备,农地产权回归农民的制度分析基础。首先对农地与农地产权、农地产权回归等基本概念进行界定;接着提出农地产权回归农民的理论依据——中国传统民本经济思想与农地回归农民的经济伦理,西方经济学派有关农地产权回归农民的经济哲学,马克思关于农地产权回归农民的理论依据;三是提出农村土地产权回归农民的理论与技术分析工具。第三部分为历史考察,农地产权回归农民的制度实践与历史逻辑。首先介绍农地产权回归农民的几个历史考察命题,包括波斯纳的产权效率标准,农地产权回归农民的历史考察;其次对农地产权回归农民的制度变迁做出说明;最后根据农地产权回归农民的历史逻辑,提出农地产权回归农民的历史结论。第四部分为现状调查,对农地产权回归农民展开实证分析。首先进行实证研究设计,在设计基础上对农地所有权利益是否惠及农民、农地使用权是否具有稳定性、农地流转权及其权益实现以及农地其他权利与农民权益实现的状况做出分析。第五部分,农地产权回归农民的制度建议,提出农地产权回归农民的根本性改革方法,农地产权回归农民的改良性政策,农地产权回归农民的关键措施及重要条件等。第六章为论文的结束语,介绍论文的主要结论和意见。

关键词:农业用地　土地产权　土地制度

0533

**中国西部地区非正规金融发展:模式选择、制度设计与政策建议** / 穆林著 ; 邹东涛,王正斌指导. -- 西北大学, 2009. -- 155 页

论文采用理论与实践相结合,宏观分析与微观分析相结合,对比等方法,探讨中国西部地区非正规金

融发展,并提出模式选择、制度设计与政策建议。全文共分为七章。第一章,导论,介绍论文选题背景和研究意义,国内外研究现状,研究思路和研究方法,论文可能的创新之处以及论文框架。第二章,相关概念阐述和基本理论综述。介绍非正规金融、二元结构、西部地区的概念,以及金融抑制理论、金融深化理论、金融中介理论、现代合约理论、市场定价机制理论、经济增长理论、制度变迁理论。第三章,国内外非正规金融发展演进及借鉴。首先介绍非正规金融在发展中国家的发展演进和在发达国家的发展演进;介绍非正规金融在世界各国发展演进所带来的经验和启示;提出国内非正规金融的发展现状。第四章,中国西部地区非正规金融的现状分析。包括中国西部地区经济运行情况概述,中国西部地区银行非金融运行情况概述,中国西部地区非正规金融情况概述;对中国西部地区非正规金融的绩效分析,提出中国西部地区非正规金融发展过程中存在的问题。第五章,中国西部地区非正规金融发展的模式选择。介绍中国西部地区非正规金融的发展趋势,中国西部地区非正规金融发展的模式选择。第六章,发展中国西部地区非正规金融的制度设计与政策建议。结合非正规金融与中国金融制度变迁,提出发展中国西部地区非正规金融的制度设计和发展中国西部地区非正规金融的政策建议。第七章为论文进一步研究方向。

关键词:金融体系　地方金融　金融发展　经济增长　西北地区　西南地区

**0534**

**开放经济条件下贸易保护对技术进步的影响:理论及基于中国经验的实证研究** / 聂红隆著 ; 许统生指导. -- 江西财经大学, 2009. -- 141 页

论文采用规范分析和实证分析相结合、静态分析和动态分析相结合、逻辑与历史相统一的研究方法,对开放经济条件下贸易保护对技术进步的影响——理论及基于中国经验的实证研究展开讨论。全文共分为九部分。第一部分,导论,介绍论文范围界定、问题聚焦、研究目的与意义、相关文献综述、论文思路、方法与结构安排以及论文创新之处与不足。第二部分,贸易保护与技术进步:概念、理论及研究综述。对贸易保护程度的度量方法以及贸易保护对技术进步影响的理论及实证研究展开综述,并简要介绍论文的研究起点。第三部分,贸易保护对技术进步影响的理论分析。首先介绍技术进步途径及技术进步度量方法;其次对贸易保护对技术创新、技术模仿影响理论展开分析;之后对国际贸易、贸易保护对技术转移影响的理论展开分析;最后总结贸易保护对技术进步的影响机理。第四部分,贸易保护对技术创新影响的实证分析,包括中国 R&D 投入产出的现状分析和国际比较,中国对外贸易发展状况与贸易政策分析,基于中国贸易保护程度的技术创新效应分析,并做出相关总结。第五部分,贸易保护对技术转移影响的实证分析,首先对技术转移概念界定及技术转移指标体系进行构建,接着对中国技术贸易的发展状况进行分析,包括纯技术贸易发展状况分析、高新技术产品贸易、高新技术产品贸易的简要评析;最后是对贸易保护对技术转移影响的实证分析。第六部分,贸易保护技术溢出相应实证分析。首先讨论了基于进口贸易开放度的技术溢出:中国 1981—2007 年的时间序列分析;之后对中国产品进口贸易保护的技术溢出效应实证分析,并对资本品贸易保护技术溢出效应展开实证分析。第七部分,贸易保护对中国技术进步影响的实证分析。基于整体影响的研究,通过对贸易保护程度和中国全要素生产率等的估算,展开相关讨论。第八部分,贸易保护、经济发展与技术进步的国际比较研究。该部分基于截面数据的分析,并做出分析结论。第九部分为主要结论与政策建议。

关键词:中国经济　对外开放　技术创新　技术进步　贸易保护

**0535**

**发展中国家参与和推进区域经济一体化的动力机制研究** / 宁莉著 ; 施本植指导. -- 云南大学, 2009. -- 192 页

论文在抽取已有研究中关于一体化效应的研究,围绕动力机制这条主线对已有文献进行系统梳理,构建动力机制分析框架,提出发展中大国和小国的不同策略。论文共分 7 章。第一章是导论,介绍了研究的选题背景及意义、内容和论文框架、思路和研究方法、创新和不足。第二章阐明理论回顾和文献综述。首先界定相关概念(区域经济一体化、发展中国家、动力机制)。其次介绍相关研究文献综述。第三章论述发展中国家参与和推进区域经济一体化的动力机制。首先分析发展中国家参与和推进区域经济一体化的内在动力、外在推力及主体。其次阐明动力机制发生作用的两个阶段。最后分析动力机制的核心问题及其解决方案。第四章论述发展中大国参与和推进区

域经济一体化的动力机制。阐明发展中大国与发展中小国的界定和划分,发展中大国参与和推进南北型及南南型区域经济一体化的推动力。最后分析其动力机制发挥良性作用的关键问题。第五章论述发展中小国参与和推进区域经济一体化的动力机制。首先分析发展中小国参与和推进区域经济一体化的推动力。其次研究其动力机制发挥良性作用的关键问题。最后比较发展中大国和小国参与和推进区域经济一体化的动力机制。第六章是实证分析。提出数学模型,然后分别以中国作为发展中大国吸引日韩直接投资和墨西哥作为发展中大国参与北美自由贸易区(NAFTA)为例,考察发展中大国的相关动力机制,得出相应结论。第七章是总结和展望。

关键词:发展中国家　区域经济一体化　竞争力

**0536**

**战后美国利润率长期变动的研究**／牛文俊著；张彤玉指导. -- 南开大学, 2009. -- 162 页

论文对战后美国利润率进行重新计算,在前人研究的基础上,对战后美国利润率的长期变动进行研究。全文共分为六章。第一章,导论。首先介绍选题的背景和意义,之后对剩余价值率与利润率、资本有机构成、利润份额、产出资本比和能力利用率等论文相关概念做出界定和说明,最后介绍了论文的结构内容安排以及论文创新之处与进一步研究的方向。第二章,一般利润率下降趋势理论及其争论。首先是经济学说史上关于一般利润率下降问题的争论,包括古典学派关于利润率下降的观点,庸俗经济学关于利润率下降的观点以及马克思关于利润率下降的观点;其次是关于马克思利润率下降趋势理论的争论,有国外学者对马克思利润率下降规律的批评和对国外学者非议马克思利润率下降规律的分析;最后论证利润率下降趋势的不同观点和研究方法,对利润率下降的几种原因解释、研究方法上的分歧以及利润率计算方法的分歧做出探讨。第三章,战后美国马克思主义学者对美国经济的研究。首先介绍垄断资本主义学派的反利润率下降理论,从垄断资本主义学派的产生,垄断资本主义学派的主要观点,战后美国经济繁荣与衰退的主要原因以及新自由主义本质及其冲突几个方面展开讨论;其次是社会积累结构学派的利润率下降理论,包括社会积累结构概念的思想来源、提出及其发展,资本主义经济繁荣与衰退的原因以及对利润率的实证研究的介绍。第四章,西方核算体系对马克思主义利润率理论范畴间的关系。详细介绍了西方国民经济核算体系,马克思主义利润率理论以及马克思利润率理论范畴与西方国民经济核算体系的对应。第五章,战后美国利润率计算及其分解,介绍利润率计算的方法,利润率的分解以及战后美国利润率变动原因,做出相应的统计和分析。第六章,战后美国利润率长期波动分析,对战后美国利润率长期波动进行分期研究,并对利润率与经济波动的关系做出论述。最后为全文结语。

关键词:利润率　经济波动　新自由主义　美国

**0537**

**新加坡房地产投资信托基金研究**／潘舜耀著；洪银兴指导. -- 南京大学, 2009. -- 119 页

论文回顾房地产投资信托基金在新加坡的发展历程,探讨新加坡房地产投资信托基金发展的经验,总结新加坡政府发展房地产投资信托基金的政策措施、推行及监管方面的经验,对后行的发展中国家,尤其是对中国发展房地产投资信托基金提出启示。全文共分为五章。第一章,导论。介绍选题背景和研究意义,文献回顾与评论,研究思路与论文结构安排。第二章,房地产投资信托基金的产生及其作用。介绍房地产投资信托基金的产生与发展,房地产投资信托基金的作用,房地产投资信托基金的风险与防范。第三章,新加坡房地产投资信托基金发展及其特点。介绍新加坡房地产投资信托基金的形成与发展,新加坡房地产投资信托基金的作用及其特点,新加坡促进发展房地产投资信托基金的政策和监管。第四章,新加坡房地产投资信托基金的运作——以嘉德置地为案例的分析。首先介绍嘉德置地的组成和发展;从嘉德置地看新加坡房地产投资信托基金的运作;探讨嘉德置地在新加坡房地产投资信托基金发展中所扮演的角色,并提出意见和总结。第五章,新加坡房地产投资信托基金的发展对中国的启示。介绍中国启动房地产投资信托基金的意义,新加坡房地产投资信托基金发展的经验,并提出对中国发展房地产投资信托基金的建议。

关键词:房地产　信托投资　基金　资产证券化　新加坡

**0538**

**创新人才与区域经济发展研究**／彭亮著；杜肯堂指导. -- 四川大学, 2009. -- 243 页

论文从经济学意义上，对创新人才的涵义进行论述，探讨创新人才促进区域经济发展的机理和路径及高等教育如何提高区域创新能力，推动区域可持续发展的作用机理。全文共分为六章。第一章界定相关范畴及评述相关理论。首先界定人才、创新人才、区域经济发展及相关范畴。其次评述五大相关理论并介绍国内外研究现状。第二章分析我国区域发展与人才资源现状。首先介绍我国区域发展和人才资源现状。其次论述我国人才与区域发展的矛盾。最后分析人才强国战略与区域协调发展的关系。第三章论述区域特色经济培育与创新人才有效供给。首先介绍区域经济的特色性和多层次性。其次介绍我国人才状况及其在区域经济发展中的适应性评价。最后探究构建适应特色经济发展的创新人才成长不同模式。第四章论述城乡区域统筹发展与创新人才合理分布。首先介绍城乡区域统筹发展的策略。其次探讨实现城乡区域人才资源合理分布的措施。最后探究适应城乡区域发展的高校创新人才培养及成长方案。第五章论述区域创新能力建设与创新人才管理改革。首先阐述区域创新能力与创新型区域建设。其次分析高校在推动区域创新中的地位、作用分析与面临的挑战。最后提出高校在推动区域创新体系建设中改革创新人才管理的建议。第六章论述区域可持续发展与人力资本持续投入。首先研究人力资本与区域可持续发展的相互关系。其次探讨适应区域经济发展的高校人力资本积累与持续投入。最后是高等教育的人力资本积累效应对四川经济发展影响的实证分析。

关键词：区域经济　经济发展　人才　科技创新

**0539**

**经济增长与保险发展相互关系研究** / 彭琼著 ；魏华林指导. -- 武汉大学, 2009. -- 180 页

论文依据金融发展与经济增长关系的理论，在总结归纳改革开放以来保险发展成果的基础上，运用结构模型对保险业发展与经济增长关系进行实证研究。全文共分为六章。第一章导言，介绍选题的背景和选题意义，对国内外相关理论研究，包括金融发展与经济增长、保险发展与经济增长、实证研究的模型与评价进行综述，对研究范围做出界定，并介绍了论文的研究方法和视角，提供论文的研究思路。第二章，保险发展和经济增长的理论基础，首先介绍经济增长理论，对经济增长源泉、经济增长衡量指标和经济增长模型进行介绍，之后对保险发展理论，包括保险发展的动力、保险发展的衡量指标展开介绍。第三章为保险发展与经济增长相互作用的机制，分别从保险发展对经济增长的影响路径，经济增长对保险发展的影响路径以及二战结束以来世界经济增长与保险发展三者关系展开讨论，涵盖了对保险发展影响经济增长的直接路径与间接路径，保险增长对保险需求的影响、对保险供给的影响、对保险制度变迁的影响，以及对二战后世界经济增长与保险发展的关系和当前世界保险发展特征的具体分析和讨论。第四章，保险业发展与经济增长，中国的实践。首先介绍中国经济增长的历史与现实，从改革开放以来中国经济增长的历程，经济增长的地区比较，经济增长的国际比较和经济增长的因素分析四个方面展开讨论，之后对中国保险发展的历史与现实进行阐释，包括改革开放以来中国保险的发展，保险业发展的地区比较以及保险业发展的国际比较三部分。第五章，保险发展与经济增长的实证检验。先是对实证检验方法进行介绍，对单位根检验、协调 Granger 因果检验的方法介绍；之后分析产出保险发展与经济增长的关系，从指标选取、时间序列分析、单位根检验、协整检验等展开；最后介绍保险业发展与三大产业产出的关系。第六章，中国保险发展与经济增长的关系。对中国保险发展与经济增长之间的问题做出分析并提出政策建议。最后为研究的结论与展望。

关键词：中国经济　经济增长　保险业　产业发展　经济关系

**0540**

**中国多层次住房保障体系研究** / 彭源贤著 ；张宇指导. -- 中国人民大学, 2009. -- 187 页

论文以中国多层次住房保障体系为研究对象，在借鉴国内外对于住房保障体系已有的研究的基础上，在诸多方面有所改进和创新。论文分为五章。第一章为导论，主要介绍研究目的及意义、国内外学者对于住房及住房保障研究的文献回顾、研究方法和章节安排，并指出现有研究的主要缺陷及本研究的创新与不足。第二章系统概述论文的理论框架，即中国多层次住房保障体系的分析框架，首先我们对住房保障体系的概念进行界定和厘清，接着对住房的多种属性进行探讨，并在此基础上建立了住房市场的多层次分析框架，讨论了住房领域的市场失灵和政府失灵问题，最后得出多层次住房保障体系的基本原则。第三章

介绍多层次住房保障体系建设的国际经验,包括有美国、英国、日本、新加坡、俄罗斯的住房保障体系和各国建设住房保障体系进程中的经验和教训。第四章论述中国住房保障体系的演化分为形成、改革、深化与创新三步,首先阐述中国住房保障体系的进程和中国住房保障体系中政府行为及其经济效应的演进,接着指出住房保障体系的经济效应及存在的问题,并对我国住房保障体系建设仍然存在的差距进行了分析。第五章对全文进行总结,概括论文的四个主要结论,并提出丰富的、可供操作的政策建议。

关键词:住宅　社会保障　房地产业　房地产市场

**0541**

**企业年金模式比较研究:兼论我国企业年金模式选择** / 蒲晓红著 ; 朱方明指导. -- 四川大学, 2009. -- 215 页

论文以企业年金模式比较为研究对象,并用马克思经济理论分析我国企业年金模式选择等问题,提出企业年金模式的整体框架,澄清企业年金模式的概念,表述具有创新性的观点。论文分为导论和七章正文。导论部分介绍了选题背景与意义、国内外相关文献综述、研究思路与方法和论文的创新与不足。第一章,企业年金的产生与发展,分别介绍我国和国外的企业年金的产生与发展。第二章,企业年金的建立模式,首先说明企业年金的性质,并对企业年金建立模式进行理论分析,接着比较各国企业年金建立的模式,该章最后分析了我国企业年金的建立模式。第三章,企业年金的筹资模式,探讨企业年金资金来源,并分析企业年金的筹资模式和我国企业年金的筹集。第四章,企业年金的给付模式,从企业年金给付模式的种类、比较和我国企业年金的给付模式三个方面综述了企业年金的给付模式。第五章,企业年金的税收优惠模式,包括税式支出理论在企业年金中的运用、企业年金税收优惠政策的作用及企业年金税收优惠模式的国际比较,在此基础上论述我国企业年金税收优惠模式。第六章,企业年金的管理模式,介绍了企业年金的管理方式、企业年金管理模式的比较和我国企业年金管理模式。第七章,企业年金的监管模式,基于监管机构的企业年金监管模式,探讨了企业年金的投资监管模式。在文章最后对该研究做了总结并提出政策建议。

关键词:企业　养老保险　模式选择

**0542**

**中国金融资产管理公司的改革与发展问题研究** / 戚积松著 ; 郑贵廷指导. -- 吉林大学, 2009. -- 112 页

论文从经济学基础理论入手,分析资产管理公司存在的必要性,结合国外金融资产管理公司运作的经验和教训,充分运用比较分析法、数据统计分析法以及理论联系实际等分析方法,对我国金融资产管理公司的组建、发展、资产处置、经营机制、运作效率、转型策略和思路等进行探讨和研究。全文共分为六章。导论部分介绍问题提出及其理论、现实意义,介绍国内外研究现状,研究方法和篇章结构,论文创新和不足之处。第一章,资产管理公司建立和发展的理论问题。介绍金融中介理论与资产管理公司的存在与发展,金融风险管理理论。第二章,我国资产管理公司的发展现状。介绍资产管理公司的发展历程,资产管理公司的运营成效,当前资产管理公司发展面临的问题,资产管理公司实施股份制改革的紧迫性和可行性。第三章,资产管理公司改革与发展的国外模式借鉴。首先介绍国外发展模式,接着探讨发展与改革的国际经验,提出改革方案与资产管理公司定位、金融体系构建等密切相关,改革发展需要具备良好的内外条件。第四章,中国资产管理公司改革的理论模式设计。介绍商业性资产管理公司或投资银行,政策性金融资产管理公司以及多种业务的金融控股公司。第五章,中国资产管理公司改革的现实路径选择。介绍混业经营概念,中国金融混业经营的推动力;介绍混业经营趋势下的市场化选择,混业经营趋势下的非市场化选择,并以长城资产公司为例综述集团化改革模式。第六章,资产管理公司改革的外部环境假设和配套设施。提出加强对资产管理公司转型、不良资产处置等方面的立法,加快推进社会信用体系建设,积极进行配套措施改革。

关键词:金融公司　企业发展　经济管理

**0543**

**中国区际税收竞争的经济学分析** / 秦成逊著 ; 张荐华指导. -- 云南大学, 2009. -- 188 页

论文以区际税收竞争效应为切入点,对我国区际税收竞争的发展历程进行回顾,对省际区域税收竞争的运行机理和特点进行梳理,对区际税收竞争与地方经济发展之间的关系进行实证检验,对影响区际税收竞争的因素进行剖析,探讨适度区际税收竞争应成为我国地方政府之间税收竞争的创新模式。全文共分

为六章。绪论部分介绍论文问题提出的背景、研究现状、研究思路、研究结构和研究方法、研究的创新之处与不足。第一章,区际税收竞争的理论分析。首先对税收的涵义、区际税收竞争的涵义和税收竞争效应的涵义进行界定;其次讨论区际税收竞争的实现方式,包括税收优惠、其他税费减免和财政返还或补贴;最后讨论区际税收竞争的特点和机理。第二章,我国区际税收竞争的发展历程。首先对我国区域税收的优惠政策进行概括介绍;其次对我国区际税收竞争的发展阶段展开说明,包括局部税收竞争阶段,全面的适度税收竞争阶段和规范税收竞争和进行税收协调阶段。第三章,区际税收竞争的手段及其效应分析,首先对税率变动及其效应、税基变动及其效应和投资税收抵免、出口退税及其效应展开说明,接着讨论变相区际税收竞争手段和其产生的具体效应。第四章,区际税收竞争效应的主要影响因素分析。首先在对地方财政实力、地方财政实力分类和地方财政实力对区际税收竞争的影响的说明基础上,讨论地方财政实力与区际税收竞争;其次介绍区位优势与区际税收竞争的关系;再次对产业集群与区际税收竞争做出分析;最后对公共产品提供和区际税收竞争以及地方政府行政效率与区际税收竞争的概念和相关影响,做出具体的介绍和阐释。第五章,区际税收竞争对资本形成及经济发展的影响。内容包括资本对区域经济发展的重要性、区际税收竞争与资本形成、区际税收竞争对地方经济发展的作用分析和区际税收竞争与社会总福利。第六章,区际税收竞争的模式创新、制度完善和政策建议。先讨论区际税收竞争模式创新的必要性,接着对制度完善和政策建议做出讨论,得出文章结论。

关键词:地方税收　税收管理　税收政策　竞争

**0544**

**我国上市公司间交叉持股研究** / 秦俊著 ; 朱方明指导. -- 四川大学, 2009. -- 211 页

论文以我国上市公司间交叉持股为研究对象,通过对上市公司间交叉持股的概念、特征、分类、影响的全面分析,从中提炼出我国上市公司间交叉持股已经产生和易于产生的一系列问题,最后提出规范我国上市公司间交叉持股的具体途径。全文共分为九章。第一章为导论。主要阐述论文写作的背景和意义、研究方法、研究框架及主要内容、主要创新点及不足。第二章是公司间交叉持股的理论综述与分析。分别简述国内对交叉持股的理论和实证研究综述,并对已有文献进行分析,指明论文的研究范围。第三章介绍公司间交叉持股的定义和分类。从交叉持股的英文词源角度重新阐释交叉持股的含义,并分别描述了交叉持股和相互持股的一般分类,然后根据我国目前上市公司间交叉持股的现状,对我国上市公司间交叉持股进行专门的分类阐述。第四章分析我国上市公司间交叉持股的成因、现状及特征。第五章概述其他国家及地区公司间交叉持股的比较与分析。首先对日本、德国及美国公司间交叉持股的演进进行比较分析,引出对我国上市公司间交叉持股的模式分析,然后从目的、主体、方式和参与度等几个方面对日德模式及英美模式交叉持股的具体表现形式进行比较分析,最后对各国和地区交叉持股的立法进行比较和分析。第六章探究上市公司间交叉持股对公司竞争力的影响。首先介绍公司竞争力的概念和评价指标、研究对象及样本的选取,之后具体阐述交叉持股对公司规模竞争力、效率竞争力及增长竞争力的影响。第七章讨论上市公司间交叉持股对证券市场及其参与者的影响。首先依次分析上市公司间交叉持股对我国证券市场稳定性及流动性的影响,并进行综合评价;然后分别阐明上市公司间交叉持股对投资者、中介服务机构及监管机构的影响,并进行综合评价。第八章是对我国上市公司间交叉持股的问题分析。提出动机和目的的错位是导致我国上市公司交叉持股短期性和盲目性的原因,指出我国上市公司间交叉持股容易产生漏洞,并从五个方面阐述上市公司间交叉持股易于形成利益联盟从而引发的多重问题。第九章论述对我国上市公司间交叉持股的规范途径。提出要从基础法律制度、专门制度和配套制度三个层面来完善我国上市公司间交叉持股的制度体系。

关键词:上市公司　交叉持股　企业绩效　证券市场

**0545**

**马克思主义共同需要思想与社会主义基本公共服务建设** / 秦楼月著 ; 周新城指导. -- 中国人民大学, 2009. -- 151 页

论文在梳理马克思主义共同需要思想主要内容的基础上,结合我国几十年基本公共服务的历史实践,分析我国当前基本公共服务中存在的主要问题并揭示原因,提出现阶段基本公共服务建设的思路。全文共分为四章。导论部分介绍论文的研究意义、国内

外研究现状、论文结构、论文研究方法以及论文的创新与不足之处。第一章,马克思主义共同需要思想的主要内容,介绍了包括共同需要思想的方法基础,共同需要思想的内涵,实现共同需要思想的手段方法,共同需要的途径,满足共同需要的根本目的,满足共同需要的归宿等方面;其次对马克思恩格斯共同需要思想在中国的发展做出阐释,主要为毛泽东的共同需要思想,邓小平的共同需要思想,“三个代表”重要思想与共同需要以及科学发展观与社会主义和谐社会构建中的共同需要思想;然后探讨马克思主义共同需要思想与西方基本公共服务理论,从西方基本公共服务理论的发展阶段开始介绍,讨论西方基本公共服务发展演变原因,并将马克思主义共同需要思想与西方基本公共服务理论做出分析比较。第二章,新中国成立以来我国基本公共服务建设的历史考察。介绍改革开放前我国基本公共服务的实践探索以及改革开放后我国基本公共服务制度的改革,包括了各个时期改革的初始阶段和发展阶段,并对取得的成就展开描述和评价。第三章,现阶段基本公共服务改革中存在的问题和原因探讨。首先介绍现阶段基本公共服务存在的问题及其影响,包括基本公共服务总量的不足,基本公共服务制度安排的缺陷,基本公共服务供给结构失调,基本公共服务存在的问题对社会经济发展的影响;其次对现阶段基本公共服务中存在的问题原因展开探讨。第四章,现阶段我国基本公共服务体系建设,讨论现阶段我国基本公共服务体系建设的价值取向以及现阶段我国基本公共服务体系建立的原则与对策选择,并做出结论。

关键词:需要　商业服务　社会服务　公共管理　社会主义　马克思主义

**0546**

**我国农村发展中的财政支持研究** / 曲婷婷著 ; 逄锦聚指导. -- 南开大学, 2009. -- 167 页

论文采取规范分析和实证分析相结合的方法分析我国农村发展中的财政支持问题,对我国财政支农的现实依据和理论依据采用定量和定性分析相结合的方法,通过比较分析方法研究财政支农的国际经验,用计量实证方法分析财政支农的最优规模等问题。全文共分为六章。第一章导论,主要论述论文研究的背景、研究的意义、研究的思路和框架结构,并对国内外的相关文献进行综述。第二章,分析我国财政支持农村发展的现实依据。主要从现实层面论述我国财政支农的必要性,通过分析我国财政支农过程中的制度和政策约束、资金约束以及当前财政支农的力度等因素,从现实的角度说明我国农村发展需要财政提供相关支持。第三章分析我国财政支持农村发展的理论依据。从理论层面论述我国财政支农的必要性,说明我国农村发展需要财政提供相关支持。第四章,财政支持农村发展的国家、地区比较和借鉴。分别就美国、日本、韩国和我国台湾地区在财政支持农村发展中所采取的具体措施进行比较和分析,从中得到完善我国财政支农机制可资借鉴的启示。第五章,分析我国财政支农资金的最优规模与投向。首先分析增加我国财政支农资金的发展,设计估计财政支农最优规模的理论方法,并通过历年我国财政支农支出和农村经济发展的相关数据进行实证分析,得到我国财政支农的最优规模,研究我国财政支农资金投向的原则和具体思路。第六章是论文研究的结论和政策建议。

关键词:农村经济　经济发展　财政支出　财政支农

**0547**

**现实约束下的中国农村金融的深化与发展** / 任伟著 ; 邓翔指导. -- 四川大学, 2009. -- 309 页

论文针对现实城乡经济发展水平差距过大的问题,提出当前国家应采用“有约束金融深化”的金融发展策略来发展农村金融。论文共分为十章。第一章,介绍选题的背景、研究的目的和意义、研究的思路和方法以及国内外研究的动态,论文的创新和不足之处。第二章,阐述金融发展和经济增长的相关理论。第三章,在分析农村金融系统和金融发展的阶段性状况的基础上,对农村金融发展和农村经济发展的实证进行分析。第四章,分别论述在“金融抑制”和“金融约束”下的农村金融发展。第五章,说明农村发展的求解:有约束金融化。并且论述有约束金融化的前提条件以及有约束金融化的政策涵义。第六章,从农户视角阐述有约束金融化的农村金融需求。首先对农户借贷行为进行理论分析,然后以金堂清江镇新水碾村为例分析农户的借贷行为,在对比分析农户借贷行为特征差异的基础上,说明农村金融市场上农户借贷的困境。第七章,论述有约束金融深化中的金融中介之一:小额信贷视角。阐述小额信贷的概念以及中国小额信贷的发展状况,分析国外小额信贷的发展状况和对我们的启示。第八章,论述有约束金融深化中的金融中介之二,正规金融视角。介绍农村金融发展中的合作性金融、商业性金融、政策性金融。第九章,论

述有约束金融深化中的金融中介之三，民间金融视角。分析民间金融的一个案例：农民李有才的放贷经历。第十章，提出有约束金融化下促进农村金融发展的建议，完善制度改革和体系建设。

关键词：农村金融　金融工作　农村经济发展

**0548**

**教育、医疗公共品供给与城乡收入差距的关系研究** / 任重著；陈宗胜指导. -- 南开大学, 2009. -- 154 页

论文以二元经济为背景，通过构建一个两部门的增长模型来分析城乡教育、医疗公共品供给与城乡收入差距的动态关系，并测度城乡收入差距对总体收入差距的贡献度及各因素对城乡收入差距的贡献度，并提出政策建议。全文共分为八章。第一章，绪论。首先提出研究意义和研究背景，其次介绍研究的内容和研究方法，最后对文章的创新和不足做出解释。第二章，相关文献评述，首先介绍改革开放以来我国收入分配领域若干问题的研究进展，包括收入分配制度研究的三次争论、双重过渡经济中的收入分配理论，改革以来我国总体收入差距与测度方法，中国地区收入差距研究进展等；接着对中国城乡收入差距研究进展做出论述，包括城乡差距的测度，体制改革、发展战略与城乡收入差距，要素禀赋与城乡收入差距，公共投资与城乡收入差距，教育、医疗与城乡收入差距，金融发展与城乡收入差距，比较劳动生产力与城乡收入差距，交易效率与城乡收入差距几个方面。第三章，中国的城乡收入差距与二元经济转换，首先介绍中国城乡收入差距及其变动趋势，接着对中国二元经济结构及其变动趋势做出论述。第四章，中国城乡教育、医疗公共品供给。主要从中国城乡二元教育体制，中国城乡教育公共品供给及其差异，中国城乡卫生医疗体制改革，中国城乡医疗公共品供给及其差异以及中国城乡居民健康状况差异几个方面展开评述。第五章，教育、医疗公共品供给与城乡收入差距的动态关系。本章为理论分析，内容是介绍教育、医疗公共品供给与城乡收入差距的作用机制，并在此基础上分析教育、医疗公共品供给与城乡收入差距的动态关系。第六章，教育、医疗公共品供给与城乡收入差距的动态关系的实证分析。分别基于全国层面和省级层面对教育医疗公共品供给与城乡收入差距的动态关系进行分析讨论。第七章，教育、医疗公共品供给差距对城乡收入差距贡献度的分析。主要从城乡收入差距对总体收入差距的影响和影响城乡收入差距的因素展开分析。第八章为全文的结论和政策建议。

关键词：公共物品　供给制　居民实际收入　城乡差别

**0549**

**合约实施效率与中国地区产业比较优势研究** / 茹玉骢著；金祥荣指导. -- 浙江大学, 2009. -- 141 页

论文从制度的重要维度——合约实施效率角度切入，讨论中国地区产业比较优势和地区产业出口规模的微观决定机制。全文共分为八部分。第一部分导言，介绍论文的背景、研究内容和方法、研究基本思路和分析框架。第二章，合约实施与国际贸易文献综述。对和与实施效率与比较优势、合约实施效率与贸易规模以及和与实施效率、金融发展与比较优势的相关文献做出说明。第三部分，产业特征描述方法与地区产业结构差异分析的新视角。为产业特征差异的一般性描述和其他描述提供方法——要素使用密集度方法和要素产出弹性法；对产业特征要素产出弹性法与要素密集度描述方法之间的关系和中国地区产业结构差异分析的新视角加以探讨，并对地区出口产业结构差异重新考察。第四部分，合约实施效率、专用性中间品与中国地区比较优势。介绍专用性中间品合约不完全实施模型、合约实施效率与地区比较优势以及合约实施、专用性中间品密度与比较优势的计量模型，并对相关数据进行说明、分析和讨论。第五部分，合约实施效率、债务融资与中国地区比较优势。提出债务融资合约实施模型，探讨债务合约实施、相对价格与地区比较优势，合约实施效率、融资比较优势，对数据和指标进行说明，对回归结果做出分析。第六部分，合约实施效率、外资区位选择结构性差异与地区比较优势。内容包括专用性中间品合约不完全实施模型，外资区位选择，合约实施效率与外资区位选择以及数据与指标说明。第七部分，制度、企业生产效率与中国地区出口。分析开放条件下两地区出口垄断竞争模型，地区制度差异与出口规律差异，对计量回归结果做出解释。第八部分为论文结论。

关键词：地方经济　产业发展　经济优势　制度安排　经济效率

**0550**

**中国公共物品供给转型的路径研究** / 阮萌著；李罗力指导. -- 南开大学, 2009. -- 157 页

论文以中国公共物品供给转型的路径为研究对象，试图促进公共物品的充分与有效供给。论文分为

七章。第一章为导论,包括研究的背景、意义、已有的研究、研究的重点和创新点。第二章分析公共物品及其供给的一般理论,说明公共物品的概念及分类、公共物品的重新审视和论述公共物品的多元供给,并进行小结。第三章阐述非营利组织及其在公共物品供给中的作用,首先介绍非营利组织的概念及分类,接着论述公共物品非营利组织供给的必要性和可行性、非营利组织供给公共物品的作用和范围、政府及市场在公共物品非营利组织供给中的作用,并对发达国家的实践进行分析,最后对该章进行小结。第四章探析公共物品供给制度变迁的理论,包括制度变迁的一般理论以及公共物品供给制度变迁框架的分析,并对该章进行概括总结。第五章探讨了发达国家公共物品供给改革的实践,在介绍英国、美国和德国的公共物品供给改革基础上,分析发达国家公共物品供给改革的制度变迁,并对该章进行总结。第六章讨论中国公共物品供给转型的制度变迁,论述计划经济体制下公共物品的供给制度、转型时期公共物品供给制度改革以及转型时期公共物品供给改革的效果,并进行小结。第七章指出完善我国公共物品供给的制度安排,说明完善我国公共物品供给的原则、我国公共物品多元化供给改革的目标模式和完善我国公共物品多元化供给的路径,并提出相关的政策建议。

关键词:公共物品　供给制　非营利组织　公共经济学

**0551**

**我国城市化发展进程研究** / 闪伟强著 ; 刘伟指导. -- 北京大学, 2009. -- 187 页

论文回顾、分析和判断我国城市化发展的历史进程,了解各种问题和矛盾的成因,总结城市化发展的经验和教训,把握其未来发展趋势,为加快推进城乡一体化进程提供必要的、更有针对性的借鉴。全文共分为六章。第一章,导论。介绍选题的背景,选题的意义,基本思路和框架,研究方法,论文的创新和有待深入研究的问题。第二章,国外城市化发展的基本历程和规律。介绍世界城市化发展进程及主要特征,提出世界城市化成为不可逆转的潮流,世界城市化发展表现出梯度转移的特征,大城市数量迅速增加、规模急剧扩大,发达国家的逆城市化,大城市带的发展情况;介绍英国城市化发展的基本特征和规律,美国城市化发展的基本特征和规律,日本城市化发展的基本特征和规律。第三章,国外有关城市化发展的理论概述。介绍区位理论,增长极理论,梯度转移理论,新经济地理理论,二元经济结构理论,新制度经济学理论。第四章,我国城市化发展基本历程及阶段划分。对我国城市化发展阶段的研究综述,介绍 1949 至 1977 年我国城市化发展历程及阶段划分,1978 年以来我国城市化发展历程及阶段划分。第五章,对我国城市化发展进程的基本判断。提出对于我国城市化发展进程评价的主要观点,将我国城市化发展进程与国外城市化发展进程的速度进行比较,提出与国外城市化发展中城市体系结构变化的比较,介绍城乡居民收入差距与城乡二元结构,三次产业边际劳动生产率差异与城市化发展进程。第六章,制度变迁与我国城市化发展的动力。介绍我国城市化动力机制研究综述和新制度经济学的基本观点,经济制度变革、经济化发展与城市化,农村土地制度变迁与农业发展,户籍制度变迁与城乡二元结构,并得出结论。

关键词:城市化进程　二元经济结构　制度建设

**0552**

**贵州少数民族地区人才资源开发研究** / 单晓娅著 ; 邓玲指导. -- 四川大学, 2009. -- 258 页

论文以贵州少数民族地区人才资源开发问题为研究对象,初步构建了研究贵州少数民族地区人才资源开发的理论框架,即"人才资源与区域关系—现状分析—问题分析—战略取向—对策研究"。论文分为导论和六章正文。导论简述了背景与意义、研究目的、研究方法与重点难点、研究思路、研究结构与内容和主要创新点。正文第一章对相关范畴的概念和相互关系进行界定,介绍文献综述和相关理论评述,并指出借鉴国外有关人才资源开发的研究及其经验。第二章主要论述贵州少数民族地区人才资源与经济社会发展的关系,包括贵州少数民族地区的区情、贵州少数民族地区人才资源的特征分析、贵州少数民族地区人才资源与经济社会的相互影响。第三章对贵州少数民族地区人才资源开发的现状进行了分析,从队伍建设、教育投入、市场改善、环境优化、安全保障、农村人才资源开发、管理机制和政策法规八个方面介绍贵州少数民族地区人才资源开发的现状,分析并指出其特点。第四章剖析了贵州少数民族地区人才资源开发的问题及其原因,首先阐述贵州少数民族地区人才资源开发存在的问题,之后通过问卷调查的形式从主观原因和客观因素两方面分析贵州少数民族地区人才资源开发中所出现的问题。第五章提出贵州少数民族地区人才资源开发的战略取向,说明了贵州

少数民族地区社会经济发展战略对人才资源的需求和构建科学发展观指导下的贵州少数民族地区的人才观，综述贵州少数民族地区人才资源开发的目标、重点、步骤和空间布局。第六章探究了贵州少数民族地区人才资源开发的对策，主要包括建立贵州少数民族地区人才资源开发的认知系统、机制系统、运行系统、启动系统和预警系统。文章最后对需要进一步研究的问题做了续论。

关键词：民族地区　人才资源开发　贵州

**0553**

**中部地区现代物流产业发展研究** / 上官海兰著 ； 张秀生指导. -- 武汉大学, 2009. -- 200 页

论文结合中部地区现代物流产业发展的实际，分别从城市、企业、政府及政策等不同角度对这一产业的发展进行了深入的研究，提出相关发展建议。全文共分为六章。第一章从基本概念入手，在梳理和综合已有研究成果的基础上，给出对物流、现代物流、物流产业和现代物流产业等基本概念的界定。第二章选取美国、日本和欧洲三个比较典型的国家和地区，就其现代物流产业发展历程进行分析，对其发展经验进行总结，并分析发达国家现代物流产业发展对中部地区现代物流产业发展的启示。第三章从分析中国中部地区现代物流产业发展的现状入手，对中部地区现代物流产业发展的政策、经济和文化环境进行分析，运用经济学中比较优势和竞争优势的原理，对中部地区现代物流产业发展的比较优势和竞争优势进行分析。第四章对中部地区物流企业发展现状进行分析，指出中部地区物流企业发展中存在的问题，并进一步剖析存在问题的深层次原因，尝试提出进一步发展的对策及建议。第五章在理论界已有研究成果的基础上，选取城市区位商、中心性、市场繁荣度、货运量比重、工业总产值等 5 个特征指标，对中部地区主要城市和城市群的物流发展水平进行分析及评价，并探讨各省会城市在中部地区现代物流布局中的发展目标定位及提出相关对策建议。第六章在分析中部地区现代物流产业发展政策制定与实施现状的基础上，对制定中部地区现代物流产业发展政策提出若干建议。

关键词：物流　产业发展　产业组织　中部地区

**0554**

**平台企业定价研究** / 沈倩岭著 ； 朱方明指导. -- 四川大学, 2009. -- 182 页

论文从平台企业的价格基础、价格形成、定价特点、定价行为和价格管制等角度出发，对平台企业定价进行分析。论文共分为九章。第一章是导论部分，主要对论文研究背景与主题、研究意义、研究动态、研究思路、研究框架、研究方法及研究特色进行阐述。第二章是平台企业界定及其特征，主要分析平台企业的产生、内涵、特征、类型以及生活中常见的一些平台企业，基于现有学术界对双边市场的定义对平台企业进行界定，在此基础上分析平台企业成立的条件、功能和分类，最后分析银行卡组织、大型购物中心、电子商务平台的平台企业特征。第三章是平台企业定价特点及因素分析，首先分析平台企业服务的价格基础，在此基础上分析平台企业定价的影响因素，包括市场结果以及平台企业的市场行为。第四章是平台企业的垄断定价和竞争定价，首先分析平台企业垄断及其表现，对现有垄断平台及竞争平台定价模型进行分析和评价，并从中得出在平台垄断和竞争情形下平台的定价。第五章是在捆绑销售情况下平台企业的定价，主要构建一个两阶段竞争模型，分析平台企业捆绑销售对定价的影响。第六章是平台企业在实施排他协议下的定价，主要构建两阶段的博弈模型分析平台企业排他性协议对定价的影响，最后以双边市场中发生的一些案例对模型结果进行验证。论文第七章分析平台企业服务差异化行为下的定价，分析平台企业差异化的形式、实施差异化的原因以及在实施差异化情形下平台企业的定价。第八章分析对平台企业定价的规制，分析平台企业规制的必要性和特殊性以及人们对平台企业价格规制认识上的一些误区，并对特定产业的平台企业规制进行简要分析。第九章就论文的研究创新点、研究不足和未来进一步研究的重点进行阐述。

关键词：企业管理　销售管理　市场竞争　定价　电子商务

**0555**

**中央政府与地方政府关系研究：政治经济学的研究视角** / 沈尤佳著 ； 胡钧指导. -- 中国人民大学, 2009. -- 200 页

论文力图运用规范分析与实证分析，建立所有制性质及其实现形式对央地关系具有本质决定作用的理论，详细分析央地政府间两大核心利益关系，对改革时期中国央地关系的基本性质和未来的基本走势做出判断并给出相应的政策建议。全文共分为五章。

第一章为导论。主要阐述选题意义、研究对象与研究方法、论文框架和创新之处及相关文献评述。第二章论述生产资料所有制与央地关系。论文分别介绍奴隶社会的央地关系与生产资料所有制性质即分封制，封建社会的央地关系与生产资料所有制性质即郡县制，资本主义社会的央地关系与生产资料所有制性质即民选制、联邦制与单一制，苏联式社会主义的央地关系与生产资料所有制性质即集中体制。第三章论述中中国改革时期的所有制结构与央地关系。论文分别介绍全民所有制与央地关系，农村集体所有制与央地关系，非公有制与央地关系。重点论述其内容与含义。第四章主要分析央地核心利益关系。首先分析国有资产在央地间的分割即国有资产的国家所有性质与分级代表及两级国资的主要矛盾。其次分析财权与事权在央地间的分割即财税的国家所有性质与分级占有、央地政府围绕支出责任与财税争夺的主要矛盾。第五章论述论文结论及政策含义。

关键词：中央与地方的关系　权力结构　经济关系　所有制　政治经济学

**0556**

**中国政策性农业保险优化风险配置的机理研究** / 施红著 ; 张小蒂指导. -- 浙江大学, 2009. -- 159 页

论文通过对政策性农业保险优化风险配置机理的研究，提高中国政策性农业保险的风险配置效率，从而实现资源的优化配置，促进农业发展。全文分为八章。第一章为导论，包括问题的提出、研究思路与研究方法、研究内容、主要创新与进一步研究方向。第二章回顾并评价了相关研究，主要有农业保险市场失灵理论、政府介入农业保险的模式及补贴机制、农业保险财政补贴的福利分析、美国农业保险财政补贴政策的经验与教训，以及已有研究的评价。第三章分析政策性农业保险优化风险配置的理论框架，先介绍政府介入农业保险的内生性，接着论述政府介入农业保险风险配置效率的影响，并说明政府介入农业保险优化风险配置的约束条件，最后阐述政府失效对农业保险风险配置效率的影响并进行小结。第四章以实证探析中国政策性农业保险风险配置模式，在介绍中国政策性农业保险的风险配置模式的基础上，指出主要问题，并对“问题”根源进行探索。第五章从政府“补位”和政策性农业保险体系的构建两方面研究中国政府政策性农业保险优化风险配置的障碍突破。第六章探究中国政策性农业保险优化风险配置的机制设计，主要有甄别支付意愿的保费补贴机制和保险公司的报酬激励机制。第七章分析中国政策性农业保险优化风险配置的实施机制，在阐述第三方实施机制和自我实施机制的基础上，论证法律与信誉的互补性。第八章对该研究内容进行总结及前瞻，并提出了政策建议和进一步的研究方向。

关键词：农业保险　风险管理　灾害保险

**0557**

**转型期中国反垄断政策研究** / 石俊华著 ; 邓翔指导. -- 四川大学, 2009. -- 336 页

论文采用跨学科研究法、历史方法、定量分析和定性分析相结合等方法对我国反垄断政策的发展历程、反垄断政策的构成、反垄断政策与市场结构、产业政策的关系、我国反垄断法实施面临的挑战等进行全面系统的分析。全文共分为十部分。第一部分导论，介绍论文的选题意义、国内外研究现状、论文的研究方法、论文结构和主要内容以及论文可能的创新。第二部分为反垄断政策概述，内容包括反垄断政策的定义、反垄断政策的目标、反垄断政策的历史演变以及反垄断政策的实施方式。第三部分为反垄断政策的理论基础。首先介绍竞争理论的产生和发展，包括完全竞争理论、动态竞争理论和有效竞争理论，之后分析产业组织理论的演化，介绍哈佛学派的 SCP 范式、芝加哥学派的效率学说以及新产业组织理论的产生。第四部分为反垄断政策的国际比较，对发达国家的反垄断政策、转型国家的反垄断政策、我国反垄断政策现状以及中国反垄断政策实时面临的挑战做出探讨。第五部分为中国反垄断政策的发展历程，首先从计划经济体制下国家垄断形成的社会历史背景出发，探讨中国计划经济体制下的国家垄断；其次讨论转型经济时期中国反垄断政策的发展；最后对面向经济全球化的中国反垄断政策做出具体的说明，包括经济全球化条件下中国面临的市场竞争环境，经济全球化条件下我国反垄断面临的新问题以及面向经济全球化的中国反垄断具体政策。第六部分为中国反垄断政策对经济性垄断的规制。首先对禁止垄断的协议进行概述；接着讨论禁止滥用市场支配地位的内容以及滥用市场支配地位对经济的影响；最后对控制经济者集中问题做出说明。第七部分介绍中国反垄断政策对行政垄断的规制，从概述出发探讨其配置效应及影响。第八部分为中国市场结构与反垄断政策，包括内涵和分类以及转型过程中中国市场结构的变迁说明。第

九部分介绍中国产业政策与反垄断机制。第十部分对反垄断政策的国际协调与中国的对策做出阐释。

关键词:反垄断法　中国经济　经济政策　市场结构

**0558**

**经济发展中的中国农村教育问题研究** / 时磊著 ; 杨德才指导. -- 南京大学, 2009. -- 164 页

论文利用经济学的分析方法,以激励机制为核心,分析中国农村教育发展中的农民、政府、学校和教师三方主题的行为和激励,详细地分析现有制度安排导致能力不足、激励扭曲或错误激励。并在此基础上,做出结论,提出相应政策建议。文章首先回顾了中国农村经济和教育发展的历史,剖析了中国农村经济和教育发展的现状,在此基础上总结出中国农村教育发展的几个"特征性事实":教育经费短缺、教师与教育质量低下、学生辍学率居高不下。进而从农民家庭收入和支出的角度对中国农民教育投资激励进行研究,得出了政府是现有状况下制度成本最低的、克服市场失灵,有效供给教育服务的制度方案。对此进行深入研究后提出了论文的核心结论:提高参与人的激励,具体细分为提高农民、地方政府、学校和教师的激励,农村教育改革是个系统工程。论文共分为七大部分,第一张为导论;第二章经济发展中的中国农村教育:历史、现状与特征性事实;第三章农民家庭收入结构与教育投资激励;第四章农民家庭支出与教育投资能力;第五章政府教育投资:责任、能力与激励;第六章市场化与学校、教师激励;第七章结论与政策建议。

关键词:乡村教育　经济发展　投资　农民

**0559**

**国际直接投资与我国区域经济结构优化研究** / 宋大勇著 ; 杜肯堂指导. -- 四川大学, 2009. -- 209 页

论文在对国际直接投资与区域经济结构范畴以及相关理论回顾的基础上,探讨国际直接投资对区域产业结构、区域空间结构、区域技术结构优化的作用机理和优化效应,并对新时期我国如何利用国际直接投资优化区域产业结构,促进区域协调发展和建设创新型区域等方面问题进行研究。全文共分为前言和正文两大部分。前言介绍研究的选题背景、内容结构及主要创新观点。正文包括六章内容。第一章是对范畴界定与相关理论的回顾。首先对经济全球化、国际直接投资等概念进行界定,然后分别回顾资本输出和利用外资理论、国际直接投资理论及区域经济发展与区域经济结构优化理论,并述评国际直接投资对区域经济结构优化影响的相关研究。第二章介绍我国利用外资促进区域经济结构优化的形势和思路。首先简单介绍国际直接投资发展进程及我国利用外资的基本情况,指出区域经济结构优化的国际环境与发展趋势,然后对我国利用国际直接投资促进区域经济结构优化的思路进行分析。第三章论述国际直接投资与区域产业结构优化。分别介绍我国区域产业结构的演进历程、结构现状及问题,国际直接投资的产业结构特征以及国际直接投资对区域产业结构优化的作用机制,并对国际直接投资与区域产业结构优化进行实证分析。第四章论述国际直接投资与区域空间结构优化。首先介绍我国区域空间结构的演进历程,然后对国际直接投资与我国区域空间结构的形成进行实证分析和案例分析,并探究国际直接投资对区域空间结构优化的作用机制。第五章论述国际直接投资与区域技术结构优化。首先对我国区域技术结构的现状及问题进行分析,探究国际直接投资对区域技术结构优化的作用机制,并进行实证分析。第六章提出利用外资与区域经济结构优化的问题与对策。对利用外资对我国区域产业结构、区域空间结构及区域技术结构优化的不利影响分别进行分析,并提出相应对策。

关键词:区域经济　产业结构优化　国际投资　直接投资　经济全球化

**0560**

**体制转型中国有企业产权制度与会计模式变迁** / 宋智勇著 ; 周冰指导. -- 南开大学, 2009. -- 170 页

论文研究的对象为体制转型中国有企业产权制度与会计模式的变迁。全文共分为七章。第一章导论,介绍论文的选题及其意义,关于产权与会计的相关文献述评,论文的研究思路与研究方法以及论文研究的重点、难点以及可能取得的创新。第二章,产权、企业与会计的作用。首先介绍产权及其运行,包括产权的内涵,产权的实施与运行;其次对会计是产权运行的技术条件进行讨论,对会计的产权功能、产权运动与会计、产权在企业中的运动过程、产权运动特征以及企业会计核算的特征做出说明;最后是对产权契约、企业的性质与会计作用的说明。第三章,产权视角下的会计制度。在对会计本质概念辨析的基础上,探讨产权理论下会计的本质以及知识积累、产权博弈与会计制度的变迁,最后阐释了会计制度非中性与经

济后果。第四章,企业产权制度与企业会计模式。首先介绍产权制度的内涵,包括企业的契约性质以及两种基本的企业产权契约结构;接着在对会计制度与会计模式概念说明以及对企业会计模式的主要因素的探讨的基础上,对企业会计模式及其决定做出介绍;最后介绍会计规则制定与会计运行机制以及企业产权制度对企业会计模式的决定性作用分析成果。第五章,转型中企业制度变迁与各产权主体的确立。首先对转型过程中的政府行为及其职能变化展开分析,介绍转型过程中的企业行为,包括计划体制下国有企业的行为,转型过程中国有企业的行为变化以及国有企业独立财务主体地位的确立及其意义;其次对转型过程中经理人员、企业职工的地位与作用变化做出分析;最后讨论投资主体、债权人的地位与作用变化。第六章,转型过程中的企业会计模式变迁。分别对转型过程中会计技术进步的路径,计划经济体制下的企业会计模式,体制转型初期的企业会计模式以及体制转型近期的企业会计模式进行分析和讨论。第七章,国有产权制度与企业会计模式的优化路径,分别对国有产权制度的优化路径和我国企业会计模式的优化路径做出解释。

关键词:国有企业　体制改革　产权制度　会计模式

**0561**

**产业视角的中国经济波动研究** / 孙海波著 ; 唐杰指导. -- 南开大学, 2009. -- 184 页

论文从中国经济波动产业层面特征事实的数量分析入手,通过对经济波动中的产业更替与波动传导研究,提出经济波动决定于主导产业的周期更替,高效率的产业更替会导致持续的繁荣,产业间增长的协同性水平提高会减少经济波动这样一个命题。全文共分为九章。第一章,引言。介绍研究背景、研究的思路框架、创新与不足。第二章,进行文献回顾,总结出经济波动的总需求理论、经济波动总供给理论、马克思的经济危机理论以及经济增长中的结构理论。第三章,阐明中国学者关于经济波动的研究。第四章,通过数据收集,分析说明中国经济波动在产业层面的特征:持续性、波动性、共动性。第五章,分别阐述经济周期中的煤炭产业波动、钢铁产业波动以及汽车产业波动,然后对这些产业波动的特征数量进行比较。第六章,首先概括中国经济波动中的结构变化,然后介绍产业结构变动中的重化工业趋势以及领先部门的更替,最后举例进行说明。第七章,分析中国经济波动的产业传导。并将美国和日本的产业的短周期波动传导进行分析。第八章,介绍产业更替的动力机制深入——制度的引入,说明开放的制度变革与产业更替,最后对产业波动的模型进行分析。第九章,说明中国产业波动特征对波动理论及实际经济的启示,并提出论文进一步需要研究的方向。

关键词:中国经济　经济波动　产业布局　产业调整　经济关系

**0562**

**中国收入分配公平的制度变迁** / 孙浩进著 ; 纪玉山指导. -- 吉林大学, 2009. -- 149 页

论文系统回顾收入分配理论,运用新制度经济学观点,构建基于公平的收入分配制度变迁的分析框架,对中国收入分配公平的制度变迁展开研究。全文共分为五章。第一章,收入分配的理论综述。一是国外收入分配理论,包括古典经济学的收入分配理论,新古典经济学的收入分配理论,马克思的按劳分配理论,现代西方主要收入分配理论,收入分配理论的扬弃;二是中国收入分配的思想及理论,包括中国古代收入分配思想,中国资本主义性质的收入分配思想,改革开放 30 年来中国的收入分配理念和中国收入分配思想及理论评析。第二章,实现收入分配公平的思路:制度变迁。首先探讨收入分配公平的必要性;介绍制度变迁实现收入分配公平的意义;提出实现收入分配公平的制度变迁分析框架。第三章,收入分配制度变迁的中外比较和借鉴。对不同国家的收入分配制度变迁做说明。包括福利国家:瑞典的收入分配制度变迁,发达市场国家:美国的收入分配制度变迁,发展中大国:巴西的收入分配制度变迁以及转型时期中国收入分配制度变迁;介绍中外收入分配制度变迁的比较、经验和教训。第四章,当代中国的收入分配不公平问题。介绍收入分配不公平的表现和危害,包括收入分配两极分化的实证测度,收入分配不公平对经济的不利影响,收入分配不公平潜在的社会风险;探讨收入分配不公平的根源,并介绍收入分配改革的长远性考虑。第五章,收入分配制度的变迁。介绍当代收入分配制度变迁的起点,收入分配制度变迁的过程以及收入分配制度变迁的终点。最后为论文结论。

关键词:收入分配　分配制度　公平分配　制度安排

0563

**农村公共产品供给:基于农民和政府行为的研究** / 孙继琼著 ; 杨明洪指导. -- 四川大学, 2009. -- 242 页

论文采用综合运用比较法、图表法、归纳演绎法、回归分析、协整分析、问卷调查等方法对农村公共产品供给中农民和政府特性、行为目标、行为决策以及其行为选择对农村公共产品供给的影响展开分析。全文共分为七章。第一章和第二章主要介绍全文研究的背景、目的、意义、思路和方法,综述近十几年来,国内外有关公共产品特别是农村公共产品的研究成果,研究方向涉及农村与公共支出作用、农村公共产品供给模式、供给效率、供求均衡等多方面,认为已有研究都是基于某一侧面进行,缺乏全面系统的研究,具有一定的局限性。第三章至第六章是全文的核心,首先从需求和供给两方面对农村公共产品供给现状进行分析,剖析需求和供给中存在的问题,在此基础上构建农民和政府行为分析的一般框架。在分析一般框架下,先后基于农民和政府的层面对行为的主体特性、行为目标、行为决策及其对农村公共产品的影响进行分析,并以村庄为个案对中国特殊区域农村公共产品的供求状况进行调查研究,以期总结规律,为类似地方提供经验借鉴。第七章在前面分析的基础上归纳出全文的一般结论,提出优化我国农村公共产品供给的若干对策建议,包括农村公共产品供给的重点领域、需求表达机制的完善、决策机制的完善、农民和政府行为的引导、激励和监督等。

关键词:农村　公用事业　农民　国家行政机关

0564

**政府主导下我国证券市场投资者保护水平的选择** / 孙莉著 ; 王天义指导. -- 山东大学, 2009. -- 117 页

论文对我国证券市场的投资者保护水品及其变化轨迹进行描述,分析变化轨迹对证券市场效率的影响,对中国证券市场投资者保护水平的变化过程分析和解释,探讨国家追求目标与产权保护水平之间的理论关系。全文共分为六章。第一章引言部分提出论文所要研究的问题,介绍所使用的主要概念、研究方法等内容。第二章从投资者保护与资源配置效率之间的关系、国家在产权保护中的角色两个角度进行文献回顾,发现现有文献的研究主要集中在投资者保护的衡量指标、投资者保护水平对证券市场的影响、决定投资者保护水平的因素以及国家为什么要保护产权、国家保护产权的行为是如何影响经济效率等问题上。第三章从一般意义上介绍了投资者保护制度的构成、投资者保护的实施方式以及影响投资者保护水平的因素,并着重分析国家这一实施者在投资者保护中的双重角色。第四章对我国证券市场的政府主导特征以及这一特征所决定的投资者保护水平及其变化轨迹进行分析,发现我国证券市场上,政府是在根据自身利益相机调控投资者保护水平,投资者保护水平存在波动性,而不是持续地提升。投资者权利保护水平的波动对证券市场效率产生影响。第五章对中国证券市场上投资者保护水平的变化规律进行理论分析,首先将国家的效用目标界定为垄断租金收益与社会剩余形成的税收收入双重目标,前者与投资者保护水平负相关,后者与投资者保护水平正相关。研究认为,强势政府的共容利益导致了证券市场制度变迁。由于政府获取垄断租金利益的行为缺乏制度化约束,当获取垄断租金利益的紧迫性增加时,国家依然会因此侵害投资者利益,所以我国证券市场上的投资者保护水平存在波动性。第六章对全文进行总结,并根据研究结论提出一些完善中国投资者保护制度的政策和建议。

关键词:证券市场　投资者　权益保护　产权保护　政府职能

0565

**新制度经济学与新经济社会学的比较及综合:交易组织制度分析** / 孙涛著 ; 黄少安,洪永淼指导. -- 山东大学, 2009. -- 147 页

论文是一项考察经济和社会问题基本分析方法的基础理论研究,主要集中于对交易方式、交易组织和交易制度进行新制度经济学和新经济社会学的比较及综合研究。全文共分为九章。第一章为导言部分,首先是研究的背景与问题的提出,其次介绍了论文的研究思路和分析方法,然后介绍了论文的主要内容和分析结构,最后是论文的主要观点和可能的创新之处。第二章为新制度经济学的理论体系评述,通过对已有文献的考察,评析了新制度经济学对交易方式、交易组织及制度的研究及发展线索。第三章为新经济社会学的理论体系评述,对新经济社会学的产生和理论构建进行介绍和评析。第四章为新制度经济学和新经济社会学的比较及综合。这一部分从研究对象、研究范围、研究方法和学科功能等方面系统地对新制度经济学和新经济社会学(特别是它们的核心理论:交易成本理论和社会网络理论)进行比较以及整合。对已有理论研究进行比较和评述,探讨理论构

件和体系的差异以及沟通融合的问题,以期为建立综合新制度经济学和新经济社会学研究范式的研究框架做好理论基础准备。第五章是一个综合的分析框架,交易组织制度分析的初步构建,界定了其分析对象,基本前提假设,研究方法论以及分析的具体层次,并且阐述了新制度经济学和新经济社会学融合的学理基础以及学科融合的科学哲学意义。第六章界定了交易组织和制度的主要性质,对家庭、企业以及市场等代表性的交易组织和制度进行了较为具体的研究,建立引入违约风险的风险分担理论模型。第七章集中研究经济行为的文化嵌入性和经济制度的社会构建,并以文化传统影响下中国养老方式安排以及社会养老结构的研究为例。第八章为研究展望,从理论研究和案例应用研究两个方面探讨论文研究的进一步发展方向。第九章为论文的结论。

关键词:新制度经济学　经济社会学　交易

**0566**

**中国特色社会主义分配理论与制度研究** / 索海军著 ; 张仁德指导. -- 南开大学, 2009. -- 242 页

论文采用产权理论、经济体制理论、国家理论作为研究的方法论基础,结合中国改革开放后收入分配制度改革和实践,集中探讨中国特色社会主义分配理论的精髓和制度构建问题。全文共分为七章。导论部分介绍论文的选题背景、现实意义、中国分配问题研究文献综述、研究角度、研究方法、研究思路以及论文的创新点和不足。第一章,研究分配问题的方法论基础。首先介绍产权理论,包括产权的本质、产权的历史运动规律、所有权的机构、产权与分配制度;其次介绍经济体制理论,对经济体制的内涵和分类、计划体制与分配制度以及国家理论进行说明;最后讨论马克思主义的国家理论和奥尔森的国家理论。第二章,马克思社会主义分配理论及其渊源。首先探讨空想社会主义的分配思想,对圣西门的事业制度及其按劳动贡献分配思想,傅里叶的协作制度及其按比例分配的观点以及欧文的劳动公平交换市场及其按劳取酬原则分别进行介绍和评价;接着对马克思的按劳分配理论,具体从理论的前提、形成与发展几个方面对内容进行阐释;最后讨论恩格斯对马克思收入分配理论的新贡献。第三章,社会主义分配制度的实践与沿革。内容包括前苏联社会主义分配制度的建立与实践以及我国的社会主义分配制度的形成与实践,其中,我国的制度与实践主要对毛泽东的按劳分配思想,计划经济时代的收入分配制度,对计划经济时代收入分配制度安排的绩效做出分析。第四章,中国特色社会主义分配制度探索。分别对中国特色社会主义概念、中国特色社会主义分配理论以及中国特色社会主义分配制度的内涵做出探讨和评价。第五章,现阶段我国收入分配现状及存在的主要问题。在对我国收入分配格局现状和目前个人收入分配差距状况研究的基础上,总结出现阶段我国收入分配存在的主要问题。第六章,中国特色社会主义分配制度的构建。在对中国特色社会主义的价值追求分析的前提下,提出建议。第七章,国家介入分配的理论分析与国家改革,对改革建议做出具体的说明和总结。

关键词:分配(经济)　分配制度　按劳分配　中国特色

**0567**

**区域金融中心的经济学分析** / 唐高原著 ; 杨继瑞指导. -- 四川大学, 2009. -- 187 页

论文采用文献研究法、规范分析与实证分析相结合的方法、系统分析法和历史分析法等多门类相结合的理论研究方法,对区域金融中心进行经济学分析。全文共分为十章。第一章,导论。介绍论文的研究背景、研究目的与意义、国内外研究现状、研究重点与突破点、主要研究内容以及研究的思路和研究方法。第二章,区域金融中心的概述。主要从区域金融中心概念的概说,区域金融中心的基本特征,区域金融中心的分类几个方面展开介绍。第三章,区域金融中心的形成机理。首先介绍区域金融中心形成的理论依据,接着说明区域金融中心形成的条件,之后讨论区域金融中心形成的成本与收益以及区域金融中心形成成本收益的均衡分析。第四章,区域金融中心的演化与发展。首先介绍区域金融中心演化形成的标志,探讨区域金融中心形成模式,然后对区域金融中心的演化功能及区域金融中心形成发展与区域经济发展的互动性展开讨论。第五章,区域金融中心的业态与企业集群。介绍区域金融中心业态与企业集群的相关概念、基本特征和基本属性,对区域金融中心形成与企业集群的互动关系以及区域金融中心金融业态创新发展与企业集群效应的实现展开论述。第六章,基于区域金融中心的城市金融竞争力评价。首先建立区域金融中心城市金融竞争力评价指标体系,接着阐述区域金融中心城市金融竞争力评价方法与步骤。第七章,中国西部区域金融中心城市景荣竞争力实证评

价。对中国西部区域金融中心城市金融竞争力评价指标体系设置特点、具体形成及其数据收集以及评价的相关建议做出讨论。第八章,区域金融中心银行经营风险及其防范机制,分析风险发生的原因,并对防范机制做出规范。第九章,介绍区域金融中心构建的配套制度安排及其金融生态环境营造的方式方法。第十章,成都创建西部区域金融中心实践探析。提出成都创建西部区域金融中心实践的具体需求,SWOT分析以及战略思考,并做出结论。

关键词:区域经济　金融事业　金融市场　经济发展

**0568**

**发售机制、信息偏倚与 IPO 抑价** / 唐勇著 ; 史晋川指导. -- 浙江大学, 2009. -- 164 页

论文的研究对象为发售机制、信息偏倚与 IPO 抑价。全文共分为七章。第一章导论,提出论文研究的主要问题,介绍具体的研究思路、结构安排以及所采用的研究方法和可能的创新。第二章,文献回顾。通过对 1980 年代以后西方金融学界主要的 IPO 抑价解说进行回顾和梳理,介绍各流派解说的主要理论观点以及不同流派之间的理论分歧,并结合最新的实证结果和自身的研究体会对既有解说存在的缺陷进行评述,提出论文研究的切入点。第三章,固定价格机制下 IPO 抑价的理论研究。首先从不同认购行为下的心理差异和利益驱动下的行为倾向揭示 IPO 认购市场信息多方偏倚的原因;然后以 Welch 的信息瀑布模型为基础,引入信息的多方偏倚变量,构建认购市场信息多方偏倚和信息瀑布效应双重影响下 IPO 定价基本模型,得到在多方偏倚的信息环境下,新股发行可能呈现 IPO 抑价和 IPO 定价偏高并存的结论;最后结合中国股市的特点对基本模型进行衍生分析,揭示中国股市 IPO 定价过高和 IPO 抑价幅度畸高的原因。第四章是累计投标询价机制下 IPO 抑价的理论研究。首先从分期销售和卖空限制两方面因素揭示询价机制下 IPO 市场信息多方偏倚的原因;然后以美式询价制为蓝本,在多方偏倚的信息结构下,基于机构投资者行为选择的二元性构建一个嵌入卖空限制变量的 IPO 定价模型;最后结合中国股市的特征对基本模型做衍生分析,指出禁止卖空导致中国股市 IPO 定价过高。第五章是固定价格机制下中国 IPO 实证。首先通过调查问卷的方式对 IPO 认证市场信息的多方偏倚特征进行验证;然后通过对固定价格机制下的 IPO 数据进行回归分析,最后得出结论;第六章是累计投标询价机制下中国 IPO 实证,验证卖空限制与 IPO 抑价之间的相关关系。第七章是结论与研究展望。

关键词:股票发行　IPO　股票价格

**0569**

**网络产业的结构、行为与绩效研究** / 陶爱萍著 ; 钟祥财指导. -- 上海社会科学院, 2009. -- 167 页

论文以网络产业的结构、行为与绩效研究为主题,在扩展的 SCP 范式即 SCP-R 的范式框架下,对网络产业的市场结构、企业行为、经济绩效以及政府对网络产业的规制进行系统地研究。全文共分为六章。第一章为理论基础和理论论述部分,首先对论文的理论基础即产业组织理论按照历史演进的顺序进行梳理,接着对网络经济和网络产业的有关理论进行概述,内容涉及网络经济的内涵、网络产业的界定、网络经济的特征以及网络产业的运行规律。第二章探讨网络产业垄断形成的机理,分析网络产业垄断的特征、竞争的特征以及垄断和竞争的关系,通过测算网络经济核心行业集中度对网络产业的市场结构进行实证分析。第三章在指出传统均衡价格决定论和定价策略在网络产业失灵的基础上,探讨网络产业的免费定价、渗透定价和歧视定价模式。第四章对网络产业中的竞争行为及策略选择进行研究,内容涉及争夺市场份额的竞争与主流化策略、用户基数的稳定性与锁定策略、标准化与标准竞争策略以及差别化竞争与兼容策略。第五章在前三章对网络产业市场结构和企业行为研究的基础上,分析网络产业的经济效率,包括静态的资源配置效率和 X 效率、动态的技术创新和技术进步效率。第六章对网络产业中政府规制机制的构建、网络产业中可能存在的非效率问题及其规制措施选择以及政府规制的有效性等问题进行研究,包括衡量垄断指标体系的构建、政府反垄断规制价值取向的变迁、政府反垄断规制目标的变化以及政府反垄断规制内容的调整,另对网络外部性、多重均衡与政府规制,标准竞争、标准化与政府规制,滥用市场优势地位的行为与政府规制进行阐释,对政府规制失灵的原因和矫正放松规制进行讨论。

关键词:网络经济　产业组织　市场结构　企业行为　经济效果

**0570**

**最优国民收入分配研究** / 田卫民著 ; 景维民指导. -- 南开大学, 2009. -- 296 页

论文追溯并分析经济史中收入分配与经济增长理论,在此基础上建立基于经济增长的最优国民收入分配的理论模型并通过计量分析表明,我国国民收入分配严重偏离最优国民收入分配格局。论文共分为八章。第一章为导论。介绍论文目的选题背景、研究对象、研究思路、方法与创新及结构安排。第二章为文献综述。论文综述了古典经济学的分配与增长理论、马克思的分配与增长理论、新古典经济学的分配与增长理论及凯恩斯主义经济学的分配与增长理论。第三章构建理论模型。论文首先介绍最优国民收入分配标准的理论界定。其次提出该模型的基本假定及模型的数理表述。最后阐述模型表达的主要思想。第四章论述经济发展阶段与国民收入分配格局。论文首先阐述国民收入分配格局基本发展过程。其次介绍计量经济方法与数据及国民收入分配格局的变动趋势。最后研究要素收入格局、主体收入格局、国民收入使用格局等三种国民收入分配格局与经济增长绩效的聚类分析。第五章论述国民收入在劳动和资本之间的最优分配。论文首先介绍柯布—道格拉斯生产函数并用此来测量中国的资本投入及劳动投入。其次探讨中国经济增长的源泉。第六章论述国民收入在国家、企业和居民之间的最优分配。重点阐述主体分配格局的计算方法和结果、经验检验、变动趋势与特征事实并设定模型。第七章论述国民收入在投资和消费之间的最优分配。设定模型以界定基于经济增长的最优投资与消费规模。第八章主要论述优化国民收入分配格局的方法和途径。

关键词:国民收入　收入分配　经济增长　分配格局

**0571**

**邓小平改革观研究:基于马克思主义政治经济学视角的分析** / 田要武著 ; 王瑞璞指导. -- 中共中央党校, 2009. -- 149 页

论文研究的对象是邓小平最有代表性、最具根本性的理论贡献,是其对马克思主义政治经济学的继承和发展。全文共分为五章。序言部分介绍了选题的背景和缘由、理论综述、研究主题的界定和深化的方向、研究方法和重点难点等。第一章,引入邓小平改革观的科学体系,引出中心论题,对于社会主义与商品经济的关系、计划与市场的关系、社会主义经济体制改革的目标、所有制与分配制等问题的探讨,构成邓小平改革观的经济学内涵。第二章,《必然论》,讲的是邓小平改革观的立论依据。根据其三个依据得出一个结论:中国必须发展,发展是硬道理,发展是解决中国一切问题的关键。但是,国际国内正反两个方面的经验教训表明,旧的发展模式已经成为生产力发展的障碍,所以不许改革,不改革,死路一条。这一章通过《必然论》,回答了"为什么改"的问题。第三章,《本质论》,讲的是邓小平改革观的实质精神。社会主义改革的本质,就是解放和发展社会主义社会生产力,改革的本质与社会主义的本质相一致,衡量改革得失成败的根本标准是"三个有利于",这是生产力标准的发展,反映了科学社会主义的本质要求。《本质论》从生产力和经济基础的角度回答"改什么"的问题。第四章,《方向论》讲的是社会主义改革的方向及其目标。社会主义商品经济理论的突破性创新,是邓小平对马克思主义政治经济学的卓越贡献,社会主义市场经济体制目标的确立,破解了公有制与市场经济结合这一世界性、世纪性难题。《方向论》是从生产关系和上层建筑的角度回答"改什么"的问题。第五章,《风险论》,讲的是社会主义改革的风险及其对策。介绍了邓小平在深刻总结国内外社会主义改革的经验教训基础上得出的科学结论以及邓小平改革观的重要和有机组成部分。《风险论》回答的是"如何改"的问题。最后是结语,阐释邓小平改革观的政治经济学贡献、对30年改革实践的指导作用、对深化改革的意义。

关键词:邓小平　改革开放　体制改革　社会发展思想评论

**0572**

**以工促农论** / 汪时珍著 ; 陈征指导. -- 福建师范大学, 2009. -- 162 页

论文的研究对象为以工促农的战略目标和实现路径。全文共分为五章。绪论主要是介绍论文的研究背景、理论意义、现实意义、内涵界定、研究思路、研究内容和结构框架、研究方法等,特别是对以工促农的内涵、以工促农与以工哺农的区别进行明确界定。第一章是以工促农的战略安排,主要对以工促农的战略目标、战略步骤、战略重点以及实施以工促农的战略的制约因素进行分析,为以工促农做了整体的战略安排,勾画以工促农各阶段的目标和重点任务。第二章是以工促农的实现路径。以工促农实质上就是生

产关系的运动与调整,必须回归到马克思所构架的生产、交换、分配、消费四个环节,通过生产领域的产业兴农、分配领域的以工哺农、流通领域的市场活农、消费领域的全面惠农才能找到其真正有效的实现路径。第三章是研究以工促农的实现机制。首先是介绍以工促农的动力机制,包括以工促农动力机制的内容和以工促农动力机制的构建;其次是以工促农的传导机制,包括以工促农传导机制的内容,以工促农传导机制存在的阻滞以及疏通以工促农的传导机制;第三节讨论以工促农的协调机制,对我国工农业协调关系做出分析,对工农业协调发展的基本内容做出介绍。第四章探讨以工促农中的政府职能和政策保障问题,带有总括性质,主要通过制定现代农业发展策略、农村公共品供给政策、农民权益保障政策来给以工促农的战略目标、战略重点、实现路径、实现机制提供保证,完成以工促农的预期目标和历史任务。第五章是结论部分,对论文的主要观点进行归纳提升,并提出以工促农的建设性意见。

关键词:工业经济　农业经济　经济发展战略

**0573**

**汶川地震四川灾区产业重建研究** / 王彬彬著 ; 邓玲指导. -- 四川大学, 2009. -- 214 页

论文坚持“以人为本、尊重自然、统筹兼顾、科学重建”的生态文明重建理念,在大量实地调研、资料调研、学术交流的基础上,形成灾后产业化选择、重建、布局的初步结论。论文共分为七章。首先,导论介绍选题背景与意义,结构与内容以及论文的主要创新点。第一章,总结汶川地震的时空特征,概述汶川地震的基本特征、发生机制、主要破坏及其主要原因,初步界定汶川地震四川灾区的空间范围。第二章,按照区域经济学科的分析范式,沿着“环境—经济—产业”的线索,从地理资源基础、区域经济基础和灾前发展态势三个方面研究汶川地震四川灾区震前产业发展状况,并且说明该区域的三个特征。第三章,对灾害直接经济损失和间接经济损失进行界定,比较分析工程意义上的经济损失与经济意义上的经济损失的区别,综述不同评估方法在历次自然灾害中的实证应用,并对农业、化工、装备制造、能源、食品、建材、冶金、旅游、交通运输、保险、金融、房地产、通讯等重点产业的损失情况进行经验评估,对生态等产业间接损失进行分析。第四章,对比研究灾后产业重建的国际经验及其阶段性特征,梳理总结汶川地震后国家的《条例》、《意见》、《措施》等重大法规政策,指出汶川地震救灾重建选择了一条有中国特色的救灾重建的战略路线。第五章,在分析灾后产业选择的特点、原则的基础上,构建灾后产业选择模型。第六章认为灾后产业布局是市场自觉形成与政府主导推动的协调过程,从灾后产业布局的微观机制和中观机理入手,通过分析四川灾区承载功能,结合四川省情,展望发展远景,提出四川灾区“安全布局”“调整布局”“发展布局”的三重任务。第七章论述四川灾区产业重建的制度保障。

关键词:区域经济　经济发展　地震灾害　产业结构调整　可持续发展　四川

**0574**

**我国中央政府与地方政府关系的经济学研究** / 王琛伟著 ; 吴树青指导. -- 北京大学, 2009. -- 144 页

论文为对我国中央政府与地方政府关系的经济学研究,从理论上寻找理顺中央和地方利益关系的均衡点,并提供解决问题的行之有效的思路措施。全文共分为五章。导论部分介绍选题的意义,研究的目的,研究的着眼点,研究方法与分析框架,论文创新之处与不足。第一章,中央与地方经济关系中存在主要问题分析。探讨新中国成立以来中央与地方关系的演变,对中央与地方经济关系中存在的问题的概述,提出中央与地方政府经济职能界限混淆不清,中央对地方保护主义的整治亟待加强。第二章,关于中央与地方关系的相关研究进展情况。介绍国外相关研究进展以及国内相关研究综述。第三章,地方政府间相互关系以及单个政府主体利益最大化的目标的实现。首先介绍我国东、西部城市的划分,提出地方政府间的两种类型关系,探讨政府利益函数和约束条件,最后探讨单个政府主体最大化目标的实现,包括无私利存在情况下的单个利益最大化和有私利存在情况下的单个政府利益最大化。第四章,相互关联的中央与地方利益关系的均衡。首先对中央政府与地方政府效用函数进行区分,展开对要素禀赋相近城市在竞争中达于帕累托的最优分析,对要素禀赋互补地区共同达于帕累托最优分析,提出达于帕累托最优的中央和地方间利益均衡略论,总结中央与地方利益均衡分析方法在现实中遇到的问题。第五章,中央与地方经济关系中存在问题的解决路径。首先介绍影响中央和地方政府行为选择的两个因素,提出中央与地方间职责边界的确定以及地方保护主义的消解,最后探讨创

造规范中央与地方关系的有利条件。

关键词:中央与地方的关系　经济关系　经济利益

**0575**

**金融衍生工具系统风险的宏观效应研究** / 王红强著 ; 王天义指导. -- 中共中央党校, 2009. -- 193 页

论文从金融衍生工具系统风险的基础理论,形成的主要原因,系统风险传导效应和开放经济条件下的宏观经济效应进行分析,对我国发展金融衍生工具提出建议。全文共分为六章。第一章主要是介绍金融衍生工具系统风险理论基础及有关概念。首先对金融衍生工具的产生背景及其特点和分类进行概述,对金融衍生工具的套期保值、价格发现和投机套利三个基本功能进行介绍;其次对金融衍生工具的产生、发展和影响的主要理论基石进行分析;最后对金融风险理论进行简要的回顾,对金融市场上存在的风险、特征和分类进行介绍,对金融衍生工具系统风险进行概念鉴定,并对其产生的机理进行简要的分析。第二章主要是对金融衍生工具系统风险成因进行分析。从利率、通货膨胀和货币政策三方面对金融衍生工具系统风险成因进行阐述。第三章主要分析金融衍生工具系统风险的传导效应。主要从货币传导机制、市场主体行为的角度和汇率传导机制入手分析和阐述金融衍生工具的传播途径和机理。第四章主要分析金融衍生工具系统风险的放大效应。首先对资产证券化这一现代广泛使用的衍生工具进行分析;从国际资本流动方面分析资本流动对金融衍生工具系统风险的影响机制,认为资本的趋利避害本质,使得资本在国际金融市场上频繁流动。全球经济发展的不平衡、国际贸易的不平衡、各国经济政策的导向不同和国际货币金融体制存在的缺陷,导致金融风险发生的必然。第五章主要对金融衍生工具市场效率与系统风险的关系进行分析。首先分析虚拟经济与实体经济的相互促进作用;其次对政府行为理论进行分析;最后分析政府的非理性行为和有效市场假说在现实中的实效和影响。第六章主要对金融衍生工具系统风险防范进行制度分析,并得出论文结论。

关键词:金融市场　风险分析　金融衍生工具

**0576**

**中国国有经济发展的逻辑基础** / 王金胜著 ; 林岗指导. -- 中国人民大学, 2009. -- 180 页

论文从唯物辩证法的观点和立场出发,坚持历史与逻辑的统一,在梳理各种国有经济改革理论的基础上,重点分析了我国当前存在的各种国有经济低效率的理论观点,通过论证这些观点的片面性来指出国有经济低效率的错误性,并在此基础上分析了我国社会主义市场经济条件下国有经济发展的逻辑基础,指出理论上的支持与现实的需要为我国国有经济的发展奠定了现实逻辑基础。论文分为三个部分,一共七章。第一部分是国有经济发展的功能逻辑:传统理论回顾,包括第一章到第三章的内容。第一章为绪论,介绍研究背景、研究现状、文章的研究方法、内容安排和文章的主要创新与不足。第二章梳理了马克思主义经济学中国有经济发展的逻辑,并指出国有经济存在和发展的理论基础,包括有空想社会主义的国有经济思想、马克思主义经典作家的国有思想和传统社会主义经济理论中的国有经济思想。第三章从微观视角和宏观视角两方面论述了西方经济学中的国有经济理论。第二部分是国有经济发展的效率逻辑:基于对"国有经济失灵论"的反思,包括第四章到第六章的内容。第四章概述国有经济逻辑之一般效率逻辑批判——弥补市场失灵论,从弥补市场失灵论的理论基础、主要观点和评价三方面展开分析。第五章探讨国有经济逻辑之微观效率逻辑批判——国有企业低效论,主要介绍人性自私论、委托代理链条论和国有企业高效的垄断论,并得出总结。第六章讨论国有经济逻辑之改革逻辑批判——国退民进论,对"国退民进"理论提出的背景、主要内容和评价进行说明。第三部分剖析了国有经济发展的现实逻辑在于社会主义市场经济的召唤,即用第七章一章对这个问题进行了阐述,说明社会主义市场经济条件下国有经济发展的逻辑有理论支持和现实召唤的两个方面。

关键词:国有经济　经济发展　社会主义市场经济　经济体制改革

**0577**

**经理股票期权的契约优化研究:中国上市公司的实证分析** / 王劲松著 ; 宋冬林指导. -- 吉林大学, 2009. -- 153 页

论文对中国上市公司实证分析,对经理股票期权的契约优化展开研究。全文共分为七章。第一章,导论。介绍问题的提出,研究选题的意义,研究方法,论文创新点,论文结构。第二章,相关文献回顾与评述。首先对股票期权机理的理论阐述,包括企业契约理

论,委托代理理论,企业效率理论,人力资本理论,产权理论,控制权转移理论;对股票期权激励展开实证分析,包括美国经理股票期权激励的分析和中国经理股票期权激励分析。第三章,经理股票期权制度内涵。介绍经理股票期权的性质与特点,经理股票期权制度优势,并对三种薪酬激励机制比较。第四章,经理股票期权激励机制研究。首先提出经理股票期权激励模型,介绍经理股票期权的激励机制,探讨经理人行为对公司价值的影响,最后对契约优化设计进行理论分析。第五章,中美经理股票期权契约比较研究。一是美国经理股票期权激励制度与契约分析,探讨美国经理股票期权的类型和授予股票的来源,经理股票期权计划的授予对象和管理机构,经理股票期权契约要素;分析美国经理股票期权制度的基础,对美国经理股票期权制度的负效应做出说明,提出美国经理股票期权制度对中国的启示;最后介绍股票期权在中国的发展历程,分析中国上市公司股票期权模式演化,并对中国股票期权激励制度及契约分析。第六章,中国上市公司的实证分析。首先对中国上市公司股票期权的现状提出分析,对股票期权定价模型展开研究;进而对 B-S 模型参数做敏感性分析,对 B-S 模型参数敏感性做出实证检验,最后提出对我国经理股票期权契约的优化建议。第七章为论文结论与展望。

关键词:上市公司　经理　股票期权　激励

**0578**

**房地产价格变动对城市居民消费的影响研究** / 王乃合著 ; 陈宗胜指导. -- 南开大学, 2009. -- 162 页

论文从理论和实践两个方面对房地产价格变动对城市居民消费的影响展开研究和讨论。全文共分为七章。第一章,导论。介绍研究意义与研究背景,研究方法与论文结构,论文创新与不足。第二章,消费函数理论与房地产财富效应文献回顾。介绍消费函数理论的发展演变及在中国的应用,对国内外房地产财富效应研究文献综述。第三章,金融体系、流动性约束与房地产财富效应。介绍金融体系的演进规律,不同金融体系国家的住房金融体系比较以及住房抵押贷款二级市场,金融体系、流动性约束假说与房地产财富效应,中国金融体系及住房金融体系特征分析,中国的资产证券化尝试与房地产财富效应预测。第四章,房屋销售价格变动对消费的影响的实证分析。首先介绍中国城镇居民的商品化住宅;对房屋销售价格变动对全国居民消费的影响展开实证分析,包括生命周期消费函数模型的回归分析,全国点读数据的协整分析及误差的修正模型,全国季度数据的协整分析与误差修正模型;对房屋销售价格变动对典型城市居民消费的影响的协整分析;探讨房屋销售价格变动对不同收入等级家庭消费影响的面板。第五章,房屋租赁价格变动对消费的影响的实证分析。介绍中国房屋租赁市场与财产性收入,对全国房屋租赁价格年度数据做出回归分析,对四个直辖市房屋租赁价格年度数据展开实证分析,对全国房屋租赁价格季度数据做出实证分析。第六章,人口年龄及其结构与房地产财富效应。介绍国外有关人口年龄及其结构与房地产财富效应的研究,中国的人口年龄结构与房地产财富效应。第七章,全文结论与政策建议。

关键词:城市　房地产价格　价格波动　居民消费

**0579**

**中国农村公共品供给制度研究** / 王青云著 ; 周新城指导. -- 中国人民大学, 2009. -- 162 页

论文以辩证唯物主义和历史唯物主义的制度分析方法为基本框架,研究对象为农村公共产品及其供给制度。全文共分为六章。第一章到导论,交代选题背景、研究意义、对国内外研究现状的梳理总结、对重要文献的概括评述,并交代论文的研究思路、写作框架和论文研究涉及的基本方法。第二章为论文的理论基础部分,介绍马克思主义关于公共品供给的思想、西方经济学关于公共品的一般理论、财政学和行政管理学关于公共服务的研究、农村公共品供给的理论分析、农村公共品供给制度的分析框架等五部分内容。第三章从供给主题、筹资机制、运行机制三个不同角度,回顾我国人民公社时期、实行家庭承包经营以及实行农村税费改革之后这三个历史阶段农村公用品的供给制度。第四章选取美国、日本、欧盟、韩国、印度等发达国家和新兴国家,总结分析他们关于农村公共品供给的主要做法和特点,以期通过国际比较得出一些可以借鉴的方法和经验。第五章总结当前我国农村公共品供给存在的主要问题,并从制度层面深入剖析其根本原因,作为进一步开展农村公共品供给制度研究的前提和基础。这一部分综合运用数据、案例和情况分析等,对我国当前农村公共品供给的状况进行研究。第六章是政策研究部分,在上述分析的基础上,立足马克思主义关于制度分析的理论框

架,分别从构建政府为主导的供给主体体系、公共财政为主导的多渠道资金筹集体系、以农民为主体的运行机制等三方面,提出构建与有中国特色的农村公共品供给制度的政策建议。

关键词:农村　公用事业　供给制　经济体制改革

**0580**

**金融发展影响经济增长的多重机制:基于中国经验的实证研究** / 王翔著 ; 石良平指导. -- 上海社会科学院, 2009. -- 159 页

论文运用归纳对比及实证分析的方法,从资本有效积累的前端、资本有效积累的过程和资本有效积累的后端(结果)三个方面探究中国的金融发展影响经济增长的不同机制。全文共分为七章。第一章为导论。包括问题的提出与研究的意义,金融发展的内涵及其在中国的拓展,以及研究的基本架构与内在逻辑。第二章以文献评析和实证技术选择的角度分析金融发展对经济增长的贡献。首先对现有文献进行评析,归纳金融发展影响经济增长的若干种微观机制,并讨论两者之间的因果关系;然后构建度量中国金融发展的两个指标;最后根据研究内容和数据特征,比较并确定相应的计量经济学技术。第三章分析金融发展和经济增长的联接关系。首先阐述国际上和我国金融发展与经济增长关系的一些特征事实,然后重点分析中国金融体制改革的历程,抓住银行业改革这一条主线,考察信贷资金管理体制的变革。第四章论述金融发展、收入差距与高储蓄模式的转变。从资本有效积累的前端着手,使用 1992—2005 年的省级面板数据和动态面板回归技术,考察金融发展与影响我国居民储蓄模式的城乡收入差距之间的关系。第五章分析金融发展、资本形成机制转型与经济增长。从资本有效积累的过程着手,整理中国 1993—2004 年的省级面板数据,运用动态面板技术,重点考察转型期中国的资本形成与银行业市场结构变迁之间的内在联系。第六章探析金融发展、投资结构优化与经济增长。从资本有效积累的后端(结果)着手,使用中国分省 1993—2005 年的面板数据和固定效应面板回归技术,首先检验金融发展在经济增长和经济波动之间的作用;然后分析金融发展影响经济波动的微观机制,并利用模型、数据和回归方法对金融发展、投资结构和经济增长进行实证分析;最后提出相应的政策建议。第七章是论文的结论。

关键词:中国经济　经济增长　金融业

**0581**

**开放条件下我国商业银行的风险管理** / 王琰穆著 ; 李义平指导. -- 中国人民大学, 2009. -- 209 页

论文通过对商业银行风险管理理论和国际银行业风险管理实践的研究和探讨,对全球银行业的风险管理获得一个总体性认识。在此基础上,通过对我国商业银行风险管理现状、问题的研究与分析,为我国银行业未来的健康发展提出若干建议性意见。论文共分为六章。第一章,绪论。介绍选题的背景及意义,说明研究的内容与框架结构并阐述论文的研究方法与创新之处。第二章,总体论述商业银行风险管理。首先,介绍商业银行风险管理的相关定义,然后论述商业银行内部风险管理理论的发展,最后阐述银行监管理论的研究。第三章,介绍国际银行业风险管理的历史演进过程,论述大萧条以来的美日银行业危机以及危机中的风险管理,说明基于历史经验所得的启示,最后阐述当前国际银行业风险管理面临的主要挑战和发展趋势。第四章,总体分析我国商业银行风险管理的框架。分析我国商业银行风险的成因,说明商业银行实现风险管理的基本制度前提,并介绍银行内部与外部的风险管理。第五章,说明在开放条件下我国商业银行内部与外部风险管理两个方面所面临的挑战,并分析我国商业银行在信用风险、市场风险、流动性风险以及操作风险方面的变化。第六章,总结全文,说明我国银行业存在的风险以及风险管理现状,并针对我国商业银行风险管理提出若干建议。

关键词:商业银行　银行管理　风险管理　金融危机

**0582**

**《资本论》方法论研究** / 王一妍著 ; 郑贵廷指导. -- 吉林大学, 2009. -- 148 页

论文将《资本论》方法论同西方经济学方法论对比分析,探讨其不同点和交叉点,并提出意义和结论。全文共分为五章。导论部分介绍选题原因及意义,关于《资本论》的方法文献综述,论文思路。第一章,《资本论》中的辩证唯物主义。介绍《资本论》中的逻辑,《资本论》中的辩证法,《资本论》中的认识论,《资本论》中逻辑、辩证法与认识论的统一。第二章,《资本论》中的历史唯物主义。首先介绍黑格尔的历史哲学和马克思的唯物史观;接着探讨唯物史观与剩余价值理论的关系,包括唯物史观指导剩余价值理论的研究,唯物史观和剩余价值理论是共产主义由空想变成

科学的说明;提出历史唯物主义作为《资本论》方法论的特殊意义;对辩证唯物主义和历史唯物主义统一于《资本论》的具体内涵做出说明。第三章,《资本论》与实践转向。介绍《资本论》的哲学涵义,提出实践转向是对传统哲学的批判,实践转向的理论意义;探讨马克思的政治经济学与实践转向的必然联系;介绍《资本论》中的实践转向,包括《资本论》中时间转向问题的提出,剩余价值生产过程中所体现的实践转向,剩余价值分配过程中体现的实践转向。第四章,《资本论》方法论与西方经济学方法论的比较研究。研究包括西方经济学方法论史,西方经济学方法论的涵义,19 世纪的经济学方法论——证实主义,20 世纪经济学的方法论——证伪主义,提出关于实证经济学和规范经济学的区别;介绍西方经济学者论《资本论》的方法;《资本论》方法论与西方经济学方法论的比较。第五章,《资本论》方法论在社会主义市场经济理论中的体现。介绍辩证唯物主义在社会主义市场经济理论中的体现,历史唯物主义在社会主义市场经济理论中的体现,实践转向在社会主义市场经济理论中的体现。最后为论文结论。

关键词:资本论　方法论　辩证唯物主义　历史唯物主义　实践

**0583**

**生态脆弱地区的经济发展研究:基于土地发展权的理论与政策** / 王永莉著 ; 杨明洪指导. -- 四川大学, 2009. -- 254 页

论文基于土地发展权的独特视角,运用案例分析、比较研究等方法,对生态脆弱区经济发展的相关理论与政策做专门探讨。全文共分为七章。第一章为导论。主要介绍论文的选题意义、研究方法、文献回顾、论文结构以及可能的创新。第二章提出论文的基本理论框架。追溯生态脆弱地区经济发展问题的认识历程,分析生态脆弱地区经济发展面临的困境,最后从发展权和土地发展权缺失的视角入手,提出后文具体论述的分析架构。第三章介绍保护优先的中央政府。首先简述政府行为的理论框架,指出中央政府面临的错综复杂的局势及采取的政策措施;然后简述中央政府的制度创新和职能绿化。第四章论述发展优先的地方政府。首先概述地方政府行为的理论框架,简述地方政府的经济发展抗争,并介绍地方政府的生态保护举措;之后分析地方政府绩效评估与行为调试。第五章阐述追求发展的农户。首先分析农户经济行为的理论框架;然后概述退耕还林及生态移民中农户发展权的限制与抗争;最后分析生态文化的调适及农户的行为优化。第六章概括介绍追求发展的企业。首先简述企业经济行为的理论框架;然后分析生态脆弱地区的企业开发限制;最后对生态脆弱地区企业的社会责任进行辨析,指出生态技术是提升企业的绿色竞争力。第七章是对土地发展权保障的政策评析,总结现行促进经济发展的主要政策。论文研究认为,从土地发展权保障和实现的高度,应对生态补偿、生态移民、产业开发等相关政策进行调整和完善,尽可能发挥各行为主体在促进经济发展中的积极作用。

关键词:区域经济　土地利用　生态环境

**0584**

**我国农村公共产品供给机制研究** / 王永莲著 ; 叶祥松指导. -- 西北大学, 2009. -- 138 页

论文的研究对象为我国农村公共产品供给机制研究,提出政府供给、市场供给、社区供给及自愿供给都是我国农村公共产品供给应该借鉴的模式,并做出具体说明和讨论。全文共分为八章。第一章,绪论。介绍论文研究背景和研究意义,研究思路和方法,论文的基本框架和主要内容,论文的主要创新。第二章,国内外研究综述。介绍国内有关公共产品概念和公共产品供给模式的相关研究综述,介绍国外有关公共产品与农村公共产品,公共产品与农村公共产品供给机制研究综述。第三章,相关理论概述。介绍公共产品供给的基本理论,农村公共产品供给的基本理论,农村公共产品供给机制。第四章,我国农村公共产品的政府供给。提出我国农村公共产品供给中政府失灵的表现,包括政府供给总量不足,农村公共产品的供给结构失衡;介绍我国农村公共产品供给中政府失灵的原因;介绍农村公共产品政府供给完善的措施,提出提高政府意愿,增加政府供给,完善农村公共产品政府供给的科学决策机制,明确规定政府提供公共产品的责任。第五章,我国农村公共产品的市场供给。首先分析农村公共产品市场供给的必要性和可能性,我国农村公共产品供给中市场失灵的原因,农村公共产品市场供给的完善。第六章,我国农村公共产品的社区供给。介绍农村社会能够供给公共产品的原因,我国农村公共产品社区供给不足的原因,农村公共产品社区供给的完善。第七章,我国农村公共产品的资源供给。介绍农村公共产品自愿供给的理论依据及现实需要,我国农村公共产品自愿供给不足的原

因,农村公共产品自愿供给的完善。第八章,建立和完善多层次农村公共产品的供给机制。介绍建立和完善多层次农村公共产品供给机制的原则,多层次农村公共产品供给机制的建立和完善措施,建立和完善多层次农村公共产品供给机制的配套措施,并提出农村公共产品多层次供给的案例。最后为论文结论。

关键词:农村　公用事业　供给制

**0585**

**转型期中国地下经济的评估与治理** / 王永兴著 ; 景维民指导. -- 南开大学, 2009. -- 194 页

论文以转型期地下经济为研究对象,对国内外相关领域的重要研究成果进行了详细的梳理和总结,以此为基础,对我国地下经济的形成机制、实际规模、区域分布、实际影响及其治理等诸多领域进行全面的考察,初步构建并形成了一个比较完整的地下经济研究体系。论文分为七章。第一章为引言,主要介绍选题背景、选题意义、论文研究方法、研究思路、可能的创新以及有待进一步深入研究的方向。第二章从地下经济的概念与分类、国外地下经济研究的进展和中国地下经济研究的进展三个方面对地下经济的研究进行综述。第三章探析了地下经济的形成机制和理论基础,包括地下经济形成的一般原因、中国地下经济形成的特殊原因和地下经济研究的理论基础。第四章对中国地下经济规模进行实证研究,从一般现金比率模型、收支差异模型、实物投入模型及多指标多因素模型四种对中国地下经济规模进行估测。第五章探讨地下经济发展的区域比较和国际比较,首先分析比较中国地下经济发展的区域,接着阐述世界主要经济体地下经济发展比较与借鉴。第六章概述地下经济对中国经济和社会发展的双重影响,包括负面和正面的影响。第七章论述转型期中国地下经济问题的治理,分析了宏观协调机制、中观社会协调机制、微观协调机制和潜在协调机制四种机制与地下经济问题治理。

关键词:地下经济　经济发展　社会发展

**0586**

**中国特色分享经济理论与西方经济理论比较研究** / 王珍著 ; 李炳炎指导. -- 中央财经大学, 2009. -- 141 页

论文对中西方分享经济理论代表性观点进行梳理、分析和比较,从马克思主义政治经济学的角度分析国际上各种分享经济理论产生发展的背景、环境,从而明确分享经济理论的一些基本问题,结合中西方分享经济理论的各自优势,探索适合我国国情的,解放生产力的,能为劳动者造福的经济理论。全文共分为四章。导论部分介绍论文研究的意义,国内外文献评述,研究的方法,研究的创新点和难点。第一章,李炳炎的分享经济理论。介绍中国特色社会主义分享经济理论的来源,中国特色社会主义分享经济理论的基本范畴,中国特色社会主义分享经济理论的内在逻辑与理论公式。第二章,西方分享经济理论的主要观点。介绍威茨曼的分享经济理论,德国的共同决定只,劳动管理型企业的具体内容。第三章,中西方分享经济理论代表性观点的比较。首先提出中西方分享经济理论代表性观点内容的比较;接着提出中西方分享经济理论代表性观点研究目的的比较,中西方分享经济理论代表性观点的产权内容的比较,中西方分享经济理论代表性观点企业制度内容的比较;最后提出中西方分享经济理论代表性观点的相同点,并对研究做出总结说明。第四章,中西方分享经济理论主要实现的形式比较。首先探讨中国特色分享经济理论的实现形式,接着提出威茨曼分享经济理论的实现形式,最后探讨净收入分成制与职工持股计划的比较。

关键词:经济利益　经济理论　中国特色　西方国家

**0587**

**制度视角下的经济增长方式转变问题研究** / 王祖继著 ; 宋冬林指导. -- 吉林大学, 2009. -- 114 页

论文对制度视角下的经济增长方式转变问题展开研究。全文共分为四章。导论部分介绍选题的背景和意义,主要内容和结构安排,研究方法和创新要点。第一章,理论回顾与文献综述。介绍马克思的经济增长理论,包括马克思的社会再生理论,马克思关于经济增长因素的分析以及马克思关于经济增长方式的研究;介绍西方经济增长理论,包括古典经济增长理论和现代经济增长理论;对我国学者关于经济增长方式的问题探讨做出归纳,介绍制度推动论,技术推动论和结构推动论。第二章,经济增长方式的制度经济学分析。首先提出对经济增长方式的一般性分析,包括经济增长方式的内涵、经济增长方式与经济发展方式以及经济增长方式的评价标准;介绍经济增长方式转变的动力机制,包括经济增长方式转变的内涵,经济增长方式转变的影响因素分析以及经济增长方式转变的动力机制;探讨制度与经济增长方式的辩

证关系,包括制度的内涵,制度与经济增长,提出制度是经济增长方式转变的决定因素。第三章,我国经济增长方式转变的实证研究。研究包括提出我国经济增长方式转变的历史沿革,对制度变迁对经济增长方式影响的实证分析以及对我国经济增长方式转变的障碍分析。第四章,以制度创新推动我国经济增长方式转变。首先提出我国经济增长方式转变的模式选择,探讨经济增长方式转变与制度基础设施建设内容,并介绍经济增长方式转变与政府职责体系的建设。最后为论文结论。

关键词:经济增长　经济发展战略　制度建设

**0588**

**中国上市公司中小投资者权益保护制度研究** / 危兆宾著 ; 国世平指导. -- 辽宁大学, 2009. -- 160 页

论文以上市公司中小投资者权益保护为主线,以中外学者经验研究为基础,对中国上市公司做出实证分析,对中国上市公司中小投资者权益保护制度展开研究。全文共分为七章。绪论部分介绍论文问题的提出,研究的意义,研究的方法,基本结构与主要内容,主要创新点及不足。第一章,国内外文献综述。介绍国内外关于上市公司中小投资者权益保护相关问题的讨论和评价。第二章,中国上市公司中小投资者权益受损的机理分析。分析包括上市公司中小投资者权益的基本内涵,中国上市公司中小投资者权益受损的表现形式,后股权分置时期上市公司中小投资者权益受损的新变化,中国上市公司中小投资者权益受损机理的一般分析,中国上市公司中小投资者受损的制度根源。第三章,中国上市公司中小投资者权益保护的博弈分析。探讨中国证券市场上主要博弈主体及特征,证券以及市场上发行共同体与证监会之间的博弈,证券二级市场上机构投资者与中小投资者之间的博弈。第四章,中国上市公司中小投资者权益保护的制度安排。介绍中国上市公司中小投资者权益保护的制度演进,中国上市公司中小投资者权益保护制度的主要内容。第五章,中国上市公司中小投资者权益保护制度的经济分析。分析包括上市公司中小投资者权益保护的制度成本,上市公司中小投资者权益保护的制度效应,上市公司中小投资者权益保护制度绩效的实证检验。第六章,美、英、韩、中国台湾和香港地区上市公司中小投资者权益保护的经验与借鉴。第七章,中国上市公司中小投资者权益保护的制度重构。提出中国上市公司中小投资者权益保护的制度选择,上市公司中小投资者权益保护的内部治理制度重构,上市公司中小投资者权益保护的外部治理制度重构以及上市公司中小投资者自我保护的制度重构。

关键词:上市公司　投资者　权益保护

**0589**

**广西北部湾经济区经济整合研究** / 韦海鸣著 ; 杜肯堂指导. -- 四川大学, 2009. -- 272 页

论文在对区域经济整合的相关研究进行梳理的基础上,根据广西北部湾经济区的战略地位和经济发展中存在的“散、小、弱”问题,提出经济整合的方略,并对实施经济整合的重点领域和运作机制进行系统分析。全文共分为七章。第一章,导论。第二章,分析广西北部湾经济区发展的优势与劣势,说明经济区发展的机遇与挑战,然后针对经济区在发展中存在的问题,对经济区的发展进行定位,提出广西北部湾经济区经济整合的必要性与内容。第三章,首先分析港口通道整合的论文,然后针对广西北部经济湾地区进行港口通道分析,并且构建广西北部湾经济区港口通道整合体系。第四章,在阐述区域市场整合理论以及分析广西北部湾经济区市场状况的基础上,对广西北部湾经济区市场进行整合分析。第五章,说明区域产业整合的基础,分析港口地区产业整合的理论,然后对广西北部湾经济区产业结构进行分析,提出广西北部湾经济区产业整合体系的构建。第六章,在阐述港口地区空间整合理论以及广西北部湾经济区空间结构的基础上,提出广西北部湾经济区空间整合体系的构建。第七章,首先,说明区域政府整合的理论,然后分析广西北部湾经济区地方政府职能与政府间的关系以及国外政府整合的模式及经验,最后提出广西北部湾经济区政府整合体系的构建。

关键词:北部湾　经济区　经济发展　广西

**0590**

**人类合作行为与合作经济学理论分析框架** / 韦倩著 ; 黄少安指导. -- 山东大学, 2009. -- 136 页

论文对人类合作行为进行分析,并初步构建合作经济学的理论分析框架。全文共分为七章。第一章,引言。主要介绍论文的写作目的、意义、结构安排、创新之处等问题,另外从经济思想史的高度论述了一些经典作家的著作中对人类合作行为的关注。第二章为相关基本范畴与影响群体合作的因素,主要对“合作”的一些基本范畴进行界定,还基于实验和田野调

查的最新证据对影响群体的合作的因素进行了分析和总结。第三章为强互惠理论综述。首先介绍了强互惠行为在维持人类合作秩序中的作用,接下来回顾了近年来强互惠的进展状况,并简单讨论了强互惠理论今后研究的发展方向。第四章为强互惠理论的拓展:提高惩罚能力的若干社会机制与群体合作秩序的维持。进一步思考了人类社会中存在的可以有效增强惩罚能力的若干社会机制。第五章为合作经济学理论体系框架,主要对合作经济学理论体系发展的一些基本问题进行讨论,并且还对合作经济学的基本理论内容以及基本方法论等问题进行探讨。第六章为企业的性质,一个基于合作视角的分析框架。把企业抽象为对雇主和雇员之间的博弈进行治理的一组制度安排,在讨论企业的性质时,不再以交易成本为中心,而是以合作为中心探讨企业促进合作的机制。第七章为经济增长中的合作因素。目前国内外还没有从宏观角度来考察人类合作行为对整个社会经济增长的贡献研究,我们运用规范的经济学研究方法构建了一个包含合作因素的经济增长模型,试图填补这一理论空白。

关键词:合作经济学　经济增长

**0591**

**农民工与中国农村现代化** / 韦向阳著 ; 陈征指导. -- 福建师范大学, 2009. -- 205 页

论文以马克思主义的辩证唯物主义和历史唯物主义为根本原则,以马克思主义政治经济学为理论基础,以经济学的视角对农民工与中国农村现代化的论题进行研究。全文共分为六章。绪论部分介绍论文选题的背景、依据和意义,相关概念的界定,研究综述,研究思路和方法,创新与需要进一步研究的问题。第一章,总论:农民工与中国农村现代化。介绍农村现代化的内涵,中国特色农村现代化的主要内容及其相互关系,提出农民工是中国特色的现代化进程的必然产物和宝贵经验,探讨农民工与农村现代化的关系。第二章,农民工与中国特色的农业现代化。介绍中国特色的农业现代化,提出中国特色的农业现代化是农民工产生的条件,农民工对中国特色农业现代化的影响。第三章,农民工与中国特色的农民现代化。介绍农民现代化的地位和作用,当前中国农民现代化的基本状态,提出农民工是当代中国农民走向现代化的中介。第四章,农民工与乡镇企业发展与小城镇建设。探讨农民工与乡镇企业的发展,农民工与小城镇建设之间的关系,并做出讨论总结。第五章,返乡农民工与中国农村现代化。结合对农民工"回流"的基本判断,提出返乡创业的农民工将成为农村现代化建设的新生力量,提出应切实推动农民工返乡创业。第六章,农民工与城乡一体化。首先对城乡一体化概述,提出农民工是实现城乡一体化的纽带和桥梁,应在城乡一体化的进程中解决农民工问题。最后为论文结语。

关键词:农民工　农业现代化　劳动就业　创业

**0592**

**从模仿到创新的路径研究与中国经验** / 魏枫著 ; 张平指导. -- 中国社会科学院, 2009. -- 142 页

论文采用统计与计量分析的方法,对中国由模仿到创新的路径与中国经验展开研究。全文共分为八章。导言部分介绍问题的提出,论文的研究思路与内容以及论文的主要创新点和后续研究方向。第一章,相关文献回顾。首先从以创新为主要形式的技术进步、以模仿为主要形式的技术进步和增长理论中关于规模经济效应的讨论三个方面探讨技术进步如何内生于经济增长模型;其次从物化性技术进步、全要素生产率与人力资本积累、中国技术进步主要体现探讨技术进步如何实现;最后从总量生产函数中对物化性技术进步的刻画和产品多样性与质量提升对物化性技术进步的刻画两个方面说明物化性技术进步的两种研究框架。第二章,中国的经济增长成就与典型化事实。介绍中国自改革以来经济增长所取得的成就以及中国经济增长的典型化特征,并对这两方面内容做出总结。第三章,中国增长路径的模型化。包括技术模仿的基本模型:最终产品厂商行为、中间品厂商行为和推动技术进步部门的行为;市场均衡与动态收敛路径;比较静态与福利:储蓄率、模仿效率、资本价格和福利。第四章,改进模型——模仿与创新。基于模仿与创新提出改进模型,并对均衡分析与动态收敛路径、比较静态分析与政策选择做出介绍。第五章,模仿到创新的渐进式演变。对异质厂商与市场推广能力和创新对模仿替代的渐进式过程进行讨论。第六章,模仿阶段市场干预加速经济增长。提出中国经济增长过程中的加速动力,并以来自新兴工业化国家经济起飞阶段的事实进行证明。第七章,模仿向创新转换的关键时期。对中国近期所处的技术路径位置做出判断,从全国总量角度对基本判断做出证明,提出分省面板数据计量验证 R&D 投入促进增长具有阶段性。第八章为论文的基本结论和政策方面的建议。

关键词:中国经济　经济增长　技术进步　技术创新

0593

**中国现代物流产业发展与制度创新研究**／吴爱东著；张彤玉指导. -- 南开大学, 2009. -- 249 页

论文主要在马克思主义制度理论的指导下,借鉴西方创新理论和制度经济学的科学成分,运用制度分析方法,揭示制度在现代物流产业发展中的特殊地位和作用,探索现代物流产业发展与制度创新的规律和特点。综合运用了马克思主义经济学、新制度经济学、产业经济学、管理学等学科的一些研究方法,从多学科角度研究现代物流产业发展与制度创新问题,力求以新的理论方法研究深度。全文分为导论和八章正文部分。导论部分介绍了选题背景及研究意义、论文研究视角与研究方法、研究的基本思路及框架结构、论文的创新点及不足。正文第一章对相关文献进行回顾与评论,首先评述物流产业有关的理论,进一步总结制度及制度创新理论的历史考察,最后阐述制度创新的基本理论——制度功效与制度创新功能。第二章分析现代物流产业演化的理论,在说明马克思主义经济学对物流产业形成的阐释和新型古典经济学对物流产业形成阐释之后,进一步界定物流产业的内涵及经济属性,并论述现代物流产业的演化定位和演化动力,最后得出现代物流产业发展路径的演化,即一个综合的理论框架。第三章探析现代物流产业发展的产业条件与制度因素,研究市场条件——物流产业需求与供给分析、技术条件——物流技术创新分析、竞争条件——现代物流产业核心竞争力的构建三方面内容,最后讨论现代物流产业发展中的制度因素。第四章构建现代物流产业发展的动态过程与制度结构,首先解释现代物流产业发展动态过程的理论,接着整合了并购式产业组织、集群式产业资源以及战略联盟式产业功能,最后比较现代物流产业三种整合模式与相应的制度结构。第五章综述现代物流产业发展的环境与制度创新,探究环境对现代物流产业的影响、现代物流产业发展的环境分析,并指出制度创新是中国现代化物流产业发展的现实选择。第六章进行了现代物流产业发展与制度创新的国际比较分析,主要包括美国、日本、欧洲以及新加坡现代物流产业发展与制度创新,并进行分析比较,最后提出发达国家现代物流产业发展与制度创新带给中国的启示。第七章指出中国现代物流产业发展模式与制度障碍,在介绍中国现代物流产业发展的基本情况基础上,研究中国现代物流产业发展面临的制度障碍,最后构建中国现代物流产业发展与制度创新的模式。第八章得出中国现代物流产业发展与制度创新对策,回顾中国现代物流产业发展与制度创新的历史沿革,提出中国经济发展阶段与现代物流产业发展目标,最后提出中国现代物流产业发展与制度创新对策。

关键词:物流　产业发展　技术创新　制度建设

0594

**软件外包产业发展研究**／吴琳著；杨秋宝指导. -- 中共中央党校, 2009. -- 116 页

论文利用以往的研究成果,以软件外包产业发展为研究对象,进行深入探讨。全文分为八章。第一章为绪论,包括有选题背景及目的、国内外相关研究现状及评述、论文的研究思路与框架、论文的研究方法以及创新方面的探索。第二章综述软件外包产业相关理论,主要有软件外包内涵以及软件外包产业的概述。第三章阐述软件外包产业发展的五大要素,并探究了软件外包产业发展五要素与产业竞争力之间的关系。第四章介绍软件外包产业发展的五要素模型,首先是软件外包产业发展的五要素组成动态系统,接着论述软件外包产业发展五要素中存在的关系线,最后重点研究软件外包产业发展的五要素模型。第五章提出对软件外包产业发展五要素的培养,应从增强软件外包需求条件、在软件外包产业中建立企业信任、创造软件外包产业高级生产要素、制定有利于长期竞争优势的国家软件外包战略和软件外包产业集群的发展五个方面进行培养。第六章通过介绍印度和爱尔兰的软件外包产业的规模及政策推动,并总结他国的经验启示,提出应当借鉴国际软件外包产业的发展。第七章分析我国软件外包产业发展的现状,在介绍我国软件外包产业的演变、现状、特点以及在经济社会发展中的地位的基础上,探析我国软件外包产业面临的机遇、存在的问题和挑战。第八章对我国软件外包产业发展提出建议,包括我国软件外包实行利基战略、我国软件人才的培养引进模式、我国软件外包产业集群的升级以及强化行业协会在集群治理中的职能四个方面。

关键词:软件产业　产业发展　对外承包　产业集群

0595

**企业社会责任研究**／吴默然著；张银杰指导. -- 上海财经大学, 2009. -- 165 页

论文立足于中国社会主义基本阶段的国情，以马克思主义经济学的基本原理出发，吸收西方经济学理论的合理成分，用理论与实践相结合、逻辑与历史想统一的方法，对企业社会责任进行辨证的理论分析。论文共分为三个部分。第一部分(第一章、第二章)介绍研究的起源、思路和方法以及基本相关概念的界定，梳理国内外企业社会责任研究的进展和企业社会责任理论历史演进，为论文的分析奠定基础。第二部分(第三章、第四章)是论文的核心部分。第三章从对一元社会责任的质疑和反驳开始，认为一元社会责任理论者只看到了社会的生产属性，从而只强调企业的经济责任而忽视企业的其他责任，容易导致企业遭到社会的排斥，难以获得可持续发展。正确的社会责任观，应该在企业的二重性的基础上，把企业的经济责任和其他责任对立起来。第四章针对第三章提出的企业社会责任的三个方面展开研究。在内容上，参照卡罗尔的金字塔模型，把企业社会责任划分为经济责任、法律责任、伦理责任和慈善责任，并对各项责任的内容和层次进行了界定；在对象上，企业责任的主要实体就是宽泛意义上的各类利益相关者，这样才使得企业社会责任具有清晰性和可操作性，但是对于每个利益相关者需要承担的社会责任的依据是不同的。第三部分(第五章)对我国的企业社会责任承担情况进行了实证的分析，并提出相应的对策和建议。

关键词:企业管理　社会责任　利益关系

**0596**

**网络经济下企业组织与市场变迁研究** / 吴清著 ; 洪银兴指导. -- 南京大学, 2009. -- 157 页

论文围绕网络经济的现状，对互联网络如何影响企业与市场的议题展开研究。全文共分为七章。第一章，导论。首先提出论文要研究的问题，接着对网络信息技术对企业的影响和其对市场的影响展开综述，并对论文中出现的互联网络和网络经济内涵作出概念界定，最后介绍论文的研究框架和创新之处。第二章，企业变迁:组织结构变化。首先分析企业组织结构的概念与影响因素，接着对网络经济下企业内部组织结构的变化展开介绍，包括互联网络对组织结构复杂性的影响，互联网络对组织结构规范性的影响，互联网络对组织结构集权与分权的影响三个方面。第三章，企业变迁:生产专业化和模块化。分别从生产视角下的组织变迁，网络经济下企业分工与生产专业化以及网络经济下的模块化生产与组织三个方面展开论述，具体内容包括分工、专业化与组织变迁，技术进步与组织变迁，网络经济下企业分工与专业化变化前提，网络经济下企业分工与专业化的超边际分析，网络经济下分工与专业化演进以及模块化分工等。第四章，企业组织结构及专业化变迁的实证分析，首先提出假设，之后提出分析的研究方法——变量的定义与测量以及数据收集，最后对数据进行分析并得出结论。第五章，市场组织结果的变迁。首先介绍互联网络与市场，包括市场的含义，作为市场基础的互联网络；接着分析市场结构与效率变化，包括市场结构变化、市场效率的变化、交易范围的变化以及价格形成机制的变化四个方面；最后对新兴市场组织形式——电子市场做出在内涵、分类以及其为企业带来的价值的分析。第六章，电子市场应用影像因素的实证分析，包括影响电子市场应用因素，提出假设和分析与结论。第七章，企业与市场的关系变迁。分别探讨了企业与市场边界的变化，企业内部引入市场机制，在市场中嵌入科层机制以及企业与市场融合的其他形式，并做出结论。第八章为结语。

关键词:网络经济　企业组织　组织结构　市场结构

**0597**

**中央银行信贷政策研究** / 吴显亭著 ; 陈享光指导. -- 中国人民大学, 2009. -- 208 页

论文集中研究中央银行的信贷政策，尝试构建我国中央银行信贷政策理论分析基本框架。全文共分为九章。第一章为导言。介绍选题的意义、研究框架和基本思路、创新点及不足。第二章阐述信贷政策与发展中国家中央银行的职能。探讨中央银行信贷政策的内涵、功能和特点，信贷政策、货币政策和财政政策的区别和联系，并分析发展中国家中央银行为什么需要信贷政策以及我国信贷政策的发展实践。第三章论述信贷政策的理论基础。从经济学和货币银行学基础理论的角度追溯了中央银行信贷政策的理论渊源，并有针对性地评析产业经济理论、货币政策传导中的信贷渠道理论、不完全竞争市场中的信贷配给理论、信息不对称与信贷合约理论和机制设计理论。第四章简述信贷政策的国际实践及经验借鉴。有选择性地分析和梳理国际上有代表性的国家在推动产业结构调整、改善区域经济结构失衡、支持特殊群体、扩大消费和应对巨灾五个方面的政策实践；同时，初步归纳梳理国际上灵活多样的信贷政策工具选择，分

析总结国际实践对我国中央银行信贷政策的借鉴和启示意义。第五章介绍信贷政策与信贷结构调整。回顾与我国经济、金融体制改革发展进程相伴的产业政策、信贷政策与信贷结构调整变化的历史演进趋势,探讨我国商业银行“贷长、贷大、贷集中”和严重存贷期限错配问题有着深层的体制机制的原因,并探索性地提出解决我国信贷结构失衡和严重存贷期限错配的可行政策建议。第六章论述信贷政策和信贷产品创新。深入分析新形势下中央银行信贷政策产品创新为什么更多体现为供给主导型创新而不是需求诱导性创新,并总结民生类信贷产品创新的典型做法和经验。第七章阐述信贷政策与信用风险转移。深入分析信贷资产证券化转移信用风险的机理和信用衍生产品转移信用风险的机制,并提出关于信用风险转移机制的反思。第八章是对信贷政策导向效果的评估。首先介绍西方公共政策评估的内涵及发展,以及美国公共政策绩效评估的典型经验;然后概述我国信贷政策导向效果评估的试点实践,并以评估小额农户信用贷款政策效果为例,利用模糊数学和层次分析法探索设计了开展信贷政策导向效果评估的评估方法和评估标准。第九章是提高中央银行信贷政策有效性的政策建议。

关键词:中央银行　信贷　金融政策　金融市场

**0598**

**多重均衡的刀刃解:产品责任制度的法经济学分析** / 吴晓露著 ; 史晋川指导. -- 浙江大学, 2009. -- 299 页

论文的研究对象为产品责任制度的经济学逻辑,试图为其提供一个统一的分析框架,理清产品的责任扩展与演进的内在逻辑和规律。全文共分为三部分。第一部分由第一、二、三章组成,致力于理清问题,综述本研究所立足的现实背景和理论基础,并在对现有理论进行批判的基础上,提出论文所要研究的主要问题。第一章从选题的目的和意义出发,在对论文有关概念明确定义的基础上,提出研究所立足的背景和论文所采用的研究方法、框架及与原有产品责任制度分析框架的不同之处。第二章与第三章集中对产品责任制度的历史与现实及相关文献做出简要的回顾与批判。文章的第二部分为核心,由第四、五、六、七章构成,围绕信息不对称问题,在理论上,通过建立标准的经济数理模型,沿着论文的逻辑路线逐步展开对“交易者规范—私人仲裁—产品责任法—产品责任规则”的理论探讨,以实现理论逐渐向现实拟合。第四章在一个新的研究视角上提出产品责任中的生产者与消费者之间的博弈关系。第五章在上述研究视角下,正式开启产品责任法经济学研究的序幕,求出可能的最优交易者规范和相应的激励相容约束、交易双方的效用函数及社会福利函数。第六章分析第三方治理机制——私人仲裁者和侵权责任法的存在对交易双方的效用函数及社会福利函数的影响,求出责任法的最优路径及相应的激励相容约束,进一步通过生产者资不抵债与存在逃避被控告的可能性及法规的错误判断的可能性和信息处理能力约束下理性人规则适用的现实拟合来修正前面的基本假设。第七章继续前一章司法失灵的现实,论证选择事前规则作为司法失灵的可能矫正方式。第八章的结论,总结前面的主要分析结果,并给出本研究的一些不足之处与深入研究的建议和方向。

关键词:法学　经济学　产品责任法

**0599**

**企业社会责任的理论和实践研究** / 吴雪林著 ; 王冰指导. -- 武汉大学, 2009. -- 212 页

论文在借鉴国内外有关企业社会责任研究成果的基础上,探讨目前在复杂多变的外部环境下,利用国内外学者对企业社会责任的研究成果,分析企业社会责任理论演变、企业社会责任本质内容、企业社会责任现实机制和企业社会责任在中国的实践。全文共分为六章。第一章“企业社会责任的概念、本质和边界”,提出企业的社会责任绝不是无限的,是有限度的,既不能容忍企业无视社会责任,也不能过度要求企业承担无限的社会责任,必须处理好企业与利润的边界,企业与政府的边界以及企业与企业慈善责任的捐赠边界。第二章“企业社会责任与经济社会可持续发展”,认为赤道原则是由世界主要金融机构根据国际金融企业和世界银行的政策和指南建立的,旨在判断、管理与评估项目融资有关的社会和环境问题的一套自愿性原则或金融行业基准,也是推动企业承担环境责任,实现经济社会可持续发展的重要措施。第三章“企业社会责任与企业可持续发展战略”,提出战略在企业可持续发展中发挥导向作用,企业要想获得可持续发展,培养核心竞争力,就必须对其相关利益者承担相应责任,梳理可持续发展战略观、建立适应企业可持续发展的战略,形成优势战略是实现企业可持续发展的重要一环。第四章“企业社会责任与经济伦理”,认为企业伦理行为是通过道德资本的运动内在

于企业的市场活动中，而企业诚信是伦理经营的核心内容，这种互相信任和良好关系使消费者从创造信任的伦理性行为中获益，使商品交换关系成为可能。第五章“企业社会责任与社会契约”，提出企业社会责任契约分为三个层面：超规范层面、多元层面和操作层面，这些契约是在不同利益相关者的反复博弈调整过程中，通过一定的制度安排与机制设计来缓解冲突、达成的契约的。第六章“企业社会责任与经济全球化”，提出经济全球化在推动企业社会责任的全球化，国际社会对企业社会责任的努力，以 SA8000 为代表的企业社会责任国际标准，在推动企业社会责任全球化发展方面发挥着越来越重要的作用。

关键词：企业责任　社会责任　企业管理

**0600**

**城市土地利用与经济发展的互动机制研究** / 吴英杰著 ; 周生春指导. -- 浙江大学, 2009. -- 145 页

论文综合运用土地经济学、资源经济学、城市经济学、计量经济学、产业经济学和系统论等学科的有关理论，采用统计分析、定性分析与定量分析相结合、理论研究和实证研究相结合等方法，研究城市土地利用与经济发展战略各维度之间的互动关系和互动机制。全文共分为八个部分。第一部分是绪论，介绍了研究背景、意义、内容、方法与技术路线以及论文的创新点。第二部分文献综述，包括城市土地利用研究综述和城市土地利用与经济发展理论研究，对城市土地利用驱动因素研究，城市土地利用空间布局研究，城市土地利用结构优化研究，城市土地利用与经济发展关系研究，城市土地利用与经济增长关系研究，城市土地利用与产业结构关系研究以及城市土地利用与工业化、城市化关系的研究做出介绍。第三部分为城市土地利用与经济发展的互动分析框架。首先对城市土地相关概念界定，并对其内容进行阐释；之后从经济增长、产业结构、工业化和城市化四个方面阐释经济发展的内涵；最后提出城市土地利用与经济发展的互动分析框架，先是对城市“土地—经济”系统分析，接着对城市土地利用与经济发展的互动要素分析，并提出总体分析框架。第四部分为城市土地利用与经济发展的总量与分量关系分析。首先介绍数据获取与变量测定，接着对城市土地利用与经济发展的总量关系展开分析，最后对城市土地利用与经济发展的分量关系展开分析。第五部分，城市土地利用与经济发展互动机制分析：联立性。首先提出联立方程模型理论，包括联立方程的关键变量、联立方程的识别问题及其估算方法，接着提出城市土地利用与经济发展联立方程理论模型的构建，最后是城市土地利用与经济发展联立方程模型的实证分析。第六部分，城市土地利用与经济发展互动机制分析：区域差异，对面板数据模型理论，样本选择与区域差异描述以及城市土地利用与经济发展：面板数据联立方程模型构建展开讨论。第七部分对我国城市土地利用与经济协调发展策略展开分析。第八部分为结论与展望。

关键词：城市土地　土地利用　经济发展

**0601**

**企业社会责任的经济学伦理学分析** / 伍旭中著 ; 吴宣恭指导. -- 厦门大学, 2009. -- 236 页

论文基于企业自身的视角，对企业社会责任进行经济学伦理分析。全文共分为九章。第一章导论部分，介绍论文研究的缘起、视角、意义、主要内容和可能有的创新点。第二章为企业社会责任研究的文献综述，重点是关于企业社会责任的规范研究，并进一步提出论文要研究的主要问题和分析视角。第三章，企业社会责任概念界定与具体内容。分析企业与社会关系、企业本质以及责任的涵义，界定企业社会责任概念，指出企业社会责任是一种宽泛意义上的道德责任，明确企业社会责任的目的、性质、经济意义等，并从企业和利益相关者角度廓清企业社会责任的具体内容。第四章，企业社会责任理论边界与约束条件、考察影响企业社会责任产品或服务的供给与需求因素，从管理者与利益相关者的角度探讨企业社会责任的最适投入水平。第五章，企业产权与企业的社会责任，以人权作为签约基础的利益相关者理论的企业社会责任思想和实践进行评述。第六章，企业伦理与企业社会责任。从实践和理论上考察企业非道德神话的破灭，并从企业产权伦理、企业家伦理等伦理视角，对企业履行社会责任进行交易成本经济学的分析，认为企业履行企业社会责任能够降低企业的非必要交易成本。第七章，企业竞争力与企业社会责任。首先从理论上分析得出，企业社会责任影响企业竞争力四个因素，最终形成责任竞争力，而责任竞争力与其他因素共同影响企业的竞争力；之后从责任上讨论企业可通过影响企业竞争力的三个层面，将企业责任内化为企业竞争力。第八章，企业社会责任的实现机制。回顾企业社会责任在中国的历史发展，分析企业社会责任存在的问题及其原因，并用博弈论知识分析

企业、政府、社会三方面利益行为的选择。第九章为结论以及对中国企业社会责任的展望。

关键词:企业责任　社会责任　经济分析　伦理学

**0602**

**中国自然垄断产业组织模式演进问题研究:以天然气产业为例** / 武盈盈著 ; 侯风云指导. -- 山东大学, 2009. -- 163 页

论文以天然气产业为例,从理论分析和经验分析两方面研究了中国自然垄断产业组织模式演进问题。全文分为九章,第一章为导论,先提出问题,接着对相关文献进行评述和评论,并讨论论文的研究方法、研究思路和内容,最后说明论文的创新点。第二章探析自然垄断产业组织模式及其演进,首先介绍自然垄断理论,接着探讨组织类型与自然垄断产业组织模式,并分析自然垄断产业组织模式及演进的绩效分析,以及自然垄断产业组织模式演进的利益集团分析范式,最后进行小结。第三章分析天然气产业组织模式动态演进的框架,在介绍天然气产业组织模式类型的基础上,对天然气产业组织模式动态演进和政府定位,并论述天然气产业组织模式下垄断程度的测度。第四章进行天然气产业组织模式演进的国际比较,阐述不同国家天然气产业组织模式演进的国际经验,并研究世界天然气产业组织模式演进规律与改革措施,最后进行小结。第五章综述中国天然气产业组织模式及垄断程度的测度,回顾中国天然气产业市场开放进程,并分析中国天然气产业重要制度特征,阐述中国天然气产业组织模式类型及价格管制和中国天然气产业垄断程度的测算。第六章探索中国天然气产业组织模式的绩效,在说明天然气产业链条相关利益主体及利益关系的基础上,研究了天然气产业链条上、中、下游厂商利益分配问题,中央政府与地方政府间利益分配问题,资源所有者、资源垄断开采商、各级政府、消费者利益主体间利益分配问题。第七章分析中国天然气产业组织模式演进的实证,包括假设和检验模型、样本数据的单位根检验、考虑结构突变的协整分析。第八章对中国未来天然气产业组织模式演进的路径进行选择,主要有上游生产领域改革的路径选择、中游运输领域改革的路径选择、价格形成机制改革的路径选择、天然气产业法律框架改革的路径选择。第九章对自然垄断产业组织模式演进研究进行进一步思考。

关键词:天然气工业　垄断行业　产业组织

**0603**

**内部性问题及其管制的产权分析:一个关于健康和安全管制的理论框架及其应用研究** / 向宏桥著 ; 程启智指导. -- 中南财经政法大学, 2009. -- 125 页

论文以内部性问题及其管制为研究对象,在深入剖析内部性问题的基础上,引入产权研究范式,探索内部性问题的本质及其根源,分析内部性管制的目标效率及其行为边界问题,并以此为基础,对我国健康和安全管制进行一定应用研究。全文共分为六章。导言部分介绍选题的意义,相关理论述评,论文的基本思路、结构安排和研究方法,论文的创新与不足。第二章,内部性问题及其管制的产权本质。介绍内部性问题的基本阐释,内部性问题的产权分析,内部性管制的产权分析以及论文产权分析的框架及其简要总结。第三章,内部性管制的行为边界分析。首先对行为边界问题引述;接着提出内部性管制行为边界分析的逻辑框架;介绍内部性管制与市场,包括内部性管制与产权界定模型,内部性管制的效率边界,内部性管制的强度边界;对内部性管制与法院执法的交易成本比较,提出交易成本范围,对内部性管制条件下的交易成本分析,对法院执法条件下的交易成本分析,提出制度替代的历史分析。第四章,生产安全管制研究。对生产安全管制问题引述,提出生产安全管制的一般理论分析,企业生产安全决策行为的模型;并对死亡赔偿金标准变动的效应分析,对我国生产安全管制进行研究。第五章,产品安全管制研究。对产品安全问题引述,探讨产品安全领域的内部性及其产权分析,企业产品安全决策行为分析,对我国食品安全管制研究,对我国药品安全管制研究,并得出结论。第六章为论文的总结。

关键词:政府管制　行政干预　产权

**0604**

**国有企业经营者激励约束机制研究** / 肖治合著 ; 吴敬琏,刘伟指导. -- 北京大学, 2009. -- 85 页

论文的研究对象为国有企业经营者激励约束机制。全文共分为六章。第一章导论,介绍论文的选题背景、研究思路、研究方法和现有研究及不足。第二章基于对激励理论、委托代理理论的文献综述,建立一个国有企业的治理的委托—代理模型,分析公司治理及其与治理环境的关系,认为公司治理是为了最小化代理成本,不同的治理环境具有不同的代理成本,具有不同的治理模式选择。第三章对在所有权与控

制权分离的条件下的现代公司治理先行的西方发达国家在公司治理过程中的激励与约束机制方面的理论研究实践做一个系统综合的考察，提出西方发达国家的公司治理模式随着治理环境的不断变化而调整，国有企业高管的激励约束机制与现代公司对企业高管的激励约束机制存在着显著性差异。第四章考察中国国有企业在激励约束机制方面历史演进与现状，分析其存在的主要问题，包括：所有者缺位，内部人控制；非竞争性的产品市场给激励约束机制的制定带来严格的信息约束；要素市场的不完善弱化外部约束且长期激励机制的实施；薪酬机制的设计上存在一刀切现象，难以反映不同企业经营者的经营能力；管理者任用行政化造成激励扭曲。第五章根据上述问题探讨如何深化国有企业治理改革以进一步降低代理成本、提高国有企业运行效率，提出进一步明确国资委的权利与责任、确保所有者在位；将国有企业大致分为垄断型行业与竞争性行业，并根据不同行业特定的技术经济属性进行分类治理，避免一刀切；大力加强国有企业的监管和约束；建立专门的独立性专家委员会分行业对国有企业的经营情况进行定期检查等。第六章为论文的结论和政策性建议。

关键词：国有企业　企业领导　激励　约束　所有权　控制权

**0605**

**可持续发展视角下中央与地方关系研究** / 解涛著；邱海平指导. -- 中国人民大学, 2009. -- 172 页

论文采用实证分析方法、规范分析方法、博弈论、历史研究和比较研究方法、跨学科多角度综合研究法、案例分析方法等，以历史唯物主义和唯物辩证法为指导，深化对央地关系本质、经济社会与自然环境协调发展规律以及地方政府间竞争的表现形式和作用机制的认识，对如何进一步科学合理界定央地关系做出综合规范分析。全文共分为六章。导论简述论文的研究目的、研究意义、研究方法和基本结构。第一章总体上围绕论文选题背景、意义、研究问题、研究的内容和结构、方法、目标以及创新与不足等方面做出总体性介绍，为下面分析论证过程做出铺垫。第二章是相关基础理论的阐述部分，即关于央地关系理论以及可持续发展理论的文献综述。重点在于阐释了马克思主义经典作家关于理论的提出及其演进发展进程，并由此理论上推导出界定央地关系应充分考虑一国的经济制度、生产力水平、民族关系、历史传统、社会结构、政治文化、利益诉求等多方面综合因素的理论命题，最后对国内外的相关理论和文献做出概要评价。第三章介绍现行央地关系制度安排所带来的负面影响。首先回顾新中国成立后央地关系经历的不规则周期变动，然后从过度投资、产业结构趋同、隐性融资等三个层面考察地方政府对宏观调控绩效的负面效应，最后考察现行央地关系对地方政府自身的影响。第四章分析可持续发展与央地关系两者之间的相互影响和相互作用。分别从人口、资源环境、经济社会等角度探讨可持续发展与央地关系之间的交互作用，接下来从可持续发展的角度分别考察中央和地方可能面临的约束，最后分别从中央和地方两个层面出发对构建可持续发展指标体系和评价方法进行深入分析。第五章分析探讨决定央地关系的诸多因素，并在此基础上总结出央地关系演进的基本规律。第六章运用比较分析研究方法，对美、日、英等国央地关系模式进行比较分析，吸收借鉴国外经验教训。第七章是中央和地方关系的重构，并做出结论。

关键词：中央与地方的关系　经济关系　经济发展　可持续发展

**0606**

**中国企业产权结构多元化及其治理研究** / 徐楷著；程启智指导. -- 中南财经政法大学, 2009. -- 205 页

论文基于马克思的生产关系依赖理论，借鉴西方现代产权经济学的成果，从企业产权结构多元化角度，对这一经济结构的历史变迁、现状和未来发展趋势进行较为系统的研究，从而探寻中国企业改革和发展的路径。全文共分为七章。第一章是导言，主要介绍选题的背景和意义、国内外研究现状、研究思路、内容和方法、研究创新与不足。第二章建立了一个理论分析框架。首先介绍马克思生产关系二维理论即所有制理论与依赖理论。其次阐述马克思主义产权经济学之当代重建。最后论述社会主义现实选择及社会主义市场经济的基本制度选择即现代产权制度。第三章记录了中国不同所有制企业产权结构变迁的过程，分别阐述中国国有企业产权制度的结构演变、中国私营企业的发展及其产权制度分析、中国混合所有制企业的产生和发展。第四章主要是介绍、归纳、创新企业产权理论和治理理论，分别阐述企业的起源和性质及西方现代产权学派的企业理论，分析中国企业产权结构多元化理论及产权多元化背景下的公司治理机制。第五章主要分析国有企业产权结构及其

治理存在的问题与解决方案。首先介绍市场经济体制下国有企业的性质和使命。其次从产权角度及治理角度看国有企业存在的问题。最后从各方面讨论了产权结构多元化背景下国有企业的治理创新问题。第六章论述私营企业产权结构多元化及其治理。首先分析私营企业产权特征及原因,其次探讨私营企业产权结构单一化的缺陷及治理机制存在的问题。最后提出构建多元化产权私营企业内部治理机制的对策。第七章论述混合所有制企业产权结构多元化及其治理,重点分析完善我国混合所有制企业多元化产权制度的路径选择。

关键词:企业管理　产权结构　多元化

**0607**

**民营企业家资源对区域经济绩效的影响研究:基于江浙两省的比较分析** / 徐旻著 ; 张小蒂指导. -- 浙江大学, 2009. -- 159 页

论文基于江浙两省的比较分析,对民营企业家资源对区域经济绩效的影响展开研究。全文共分为六部分。第一部分,引言,介绍论文问题提出的背景、选题意义、主要研究内容、研究方法和论文的创新之处。第二部分文献综述,首先介绍古典企业家理论的主要观点和新古典时期企业家理论的相应观点,接着介绍当代企业家理论的主要观点,包括卡森的企业家理论,主流企业理论中的观点和国内学者的观点,最后是有关政府角色的国内外学者理论评述。第三部分为民营企业家资源对区域经济绩效提升的理论分析,首先介绍民营企业家的概念及其特点;接着对企业家和经济绩效关系理论分析;第三节对民营企业家影响经济绩效的途径做出分析;第四节是对民营企业家努力水平的分析,包括民营企业家努力水平的形成、生产性努力和分配性努力以及影响民营企业家努力水平的政府因素;最后是对民营企业家能力的分析,包括基于创新的民营企业家能力分析和民营企业家能力的动态变化。第四部分为民营企业家资源对区域经济绩效影响的实证分析。首先基于民营企业家资源数量不断攀升和民营企业家资源品质的不断提升,探讨江浙两省的民营企业家资源测度;接着通过模型相关数据及说明、模型的 granger 因果关系检验、模型构建、单位根检验和回归分析与协整检验对模型构建做出介绍和结果分析。第五部分为民营企业家的培育与地方政府的良性互动,包括地方政府的角色定位,基于县域经济的重心下移的制度比较分析,税与费的适度安排,取与予的明智选择以及以激励相容为特征的政企良性互动。第六部分为结论与政策建议。

关键词:区域经济　经济发展　民营企业　企业家经济绩效

**0608**

**资本市场与区域经济发展研究** / 徐明著 ; 杜肯堂指导. -- 四川大学, 2009. -- 177 页

论文将空间分析引入资本市场研究,并以资本市场与区域经济发展为研究对象。全文分为前言和六章正文。前言介绍选题背景、论文结构与主要内容、主要创新点。正文第一章评述范畴界定与相关研究,即范畴界定、相关研究以及研究的思路与框架。第二章论述资本、资本市场与区域经济增长,在说明资本与资本要素在区域经济增长中的重要地位以及资本市场在区域经济增长中的重要作用之后,研究资本市场促进区域经济增长的机理和资本市场促进区域增长的路径。第三章探讨资本市场与城乡区域经济的协调发展,首先介绍我国资本市场的梯次发育与区域经济发展格局演进,接着阐述资本市场与统筹城乡区域的协调发展,最后分析资本市场促进城乡区域协调发展的路径选择问题。第四章提出对资本市场与区域产业结构的优化,基于区域统筹协调发展的产业结构的优化,并探析资本市场促进产业结构优化的机理以及资本市场促进产业结构优化升级的路径。第五章反思我国资本市场的制度性缺陷并提出完善思路,首先完善我国资本市场的国际经验的借鉴,接着指出我国资本市场制度性缺陷以及克服,最后基于产业结构优化的资本市场发展提出建议。第六章以资本市场支持四川地震灾后重建为例,分析了资本市场促进特殊区域发展的途径和方法,在阐述灾后重建的基本框架的基础上,构想了发行特别国债支持灾后重建、发行地方政府债券支持灾后重建和发行企业债券支持灾后重建。

关键词:资本市场　地方经济　经济发展

**0609**

**我国对外贸易顺差的效应及对策分析** / 许梅恋著 ; 吴宣恭指导. -- 厦门大学, 2009. -- 376 页

论文通过考察贸易顺差形成的历史背景,对贸易顺差的构成、经济效应、成因进行分析,并进一步探讨处理贸易顺差的对策,推动相关国际贸易理论在中国的实证运用并加以发展,为我国如何对待和处理贸易

顺差提供有益的思路。论文共分为六章。第一章阐述我国贸易顺差出现的历史背景及发展历程。论文首先介绍改革开放后我国对外贸易发展的情况。其次介绍我国对外贸易体制改革及其作用。最后阐明我国贸易顺差概况。第二章研究我国贸易顺差的构成分析。首先分析我国贸易顺差的地区构成、商品构成及经营主体构成。其次分析我国贸易顺差的贸易方式来源即加工贸易,重点分析我国加工贸易的特点及效益、存在问题及发展趋势。最后研究贸易顺差构成及其质量的国际比较。第三章论述我国贸易顺差的经济效应。首先介绍文献综述,其次分析我国贸易顺差之利弊。第四章分析我国贸易顺差的原因。首先介绍关于贸易顺差原因的各种理论,并从国内供给与需求的角度及从外部供给与需求角度分析贸易顺差的原因。其次阐明制度变迁对贸易的影响及其他原因(政治因素、统计因素)。最后比较德国和日本产生贸易顺差的原因。第五章论述我国贸易顺差的发展趋势。论文分析影响贸易顺差发展的内部因素、外部因素及其他因素并探索我国对欧美贸易顺差的发展趋势。第六章论述正确处理我国贸易顺差的政策建议即控制顺差、优化顺差及积极发展对外直接投资。

关键词:对外贸易　贸易顺差　经济效应

**0610**

**中国新型工业化道路的政府职能转变研究** / 许明强著 ; 蒋永穆指导. -- 四川大学, 2009. -- 238 页

论文在吸取发展中国家政府职能理论营养和借鉴典型国家工业化道路中履行政府职能的历史经验的基础上,提出政府职能转变的思路,并针对政府职能转变面临的主要问题提出政府职能转变的实现路径。全文共分为导论和正文两大部分。导论主要介绍论文的研究背景和意义,研究主题和方法,研究思路与框架,以及可能的创新与不足。正文部分共包括八章。第一章是工业化道路中政府职能研究的文献综述。分别回顾马克思、恩格斯、西方经济学者及国内经济学者关于工业化道路中的政府职能理论,并介绍关于中国工业化道路中政府职能的研究现状。第二章分析典型国家工业化道路中的政府职能。分别考察英国、美国、德国、日本和韩国在工业化道路中的政府职能,然后从经济调节、市场监管、社会管理、公共服务和政治体制改革五个方面揭示从这些国家中得到的启示。第三章阐述中国工业化道路中政府职能的演变与现状。分别回顾建国初至 1978 年的全能政府模式及 1992 年后围绕市场经济体制改革而演变的政府职能,提出当前政府职能履行中存在的问题。第四章指出中国必须实现工业化道路从传统道路到新型道路的转变。首先回顾中国工业化道路探索和实践的过程,然后通过资源利用效率的评估和环境污染的考察,认定中国当前的工业化道路必须实现向高效率低污染的新型工业化道路的转变。第五章指出走新型工业化道路的关键在于转变政府职能。分析当前中国传统工业化道路的直接成因,指出传统工业化道路的根源在于政府职能异位,转变工业化道路的关键在于转变政府职能。第六章论述新型工业化道路中政府职能转变的思路。首先指出走新型工业化道路要求政府职能实现到位、回位和对位;然后依次论述政府职能转变的基本原则、目标、主要任务及评估职能体系。第七章基于制度变迁和制度实施的视角分析政府职能转变面临的主要问题。首先指出政府职能转变是政府职能制度变迁和实施的统一,然后回顾新制度经济学关于制度变迁和制度实施的主要理论,并在这个理论框架下分析政府职能转变面临的问题。第八章论述新型工业化道路中政府职能转变的五个实现路径。

关键词:工业经济　工业政策　工业化进程　政府职能　市场经济

**0611**

**我国农村金融供给模式研究** / 许清正著 ; 周立群指导. -- 南开大学, 2009. -- 167 页

论文以我国农村金融供给为研究对象,通过国内外的比较研究,分析农村金融与非农村金融之间的差异,提出农村金融供给问题与中小企业融资问题之间的差异。全文共分为七章。第一章,导论。介绍选题背景与意义,理论渊源及其意义,研究方法与结构安排,研究对象的限定及说明,理论创新与不足。第二章,理论综述。介绍国外的相关研究,我国农村金融供给研究。第三章,政府—市场互动与农村金融供给:一个框架分析。介绍农村金融的性质及特点,农村金融的供给与需求,基于宏观视角的农村金融供给模型,对农村金融供给与政府—市场互动一个分析框架的讨论。第四章,农村金融供给Ⅰ:金融机构的结构体系。首先介绍规模视角下的金融机构体系,包括基本概念,金融机构的结构体系与中小企业融资;介绍金融机构的组织结构与农村信贷供给,探讨农村金融机构的组织结构模型,对农村非正规金融的应用分

析,对农村合作金融组织的应用分析;第三章,中小金融机构的局限与农村金融机构的政府—市场互动,包括中小金融机构的局限性分析,政府—市场互动与农村金融机构体系的发展。第五章,农村金融供给Ⅱ:信贷合约设计。介绍信贷合约基本理论与信贷配给的发生,微型金融的作用机理及其经济效果,合约创新的局限与政府—市场互动的供给模式。第六章,农村金融供给Ⅲ:相关配套制度。提出基于投资回报率的农户贷款模型,介绍农业补贴、价格调整与农村金融供给,公共财政及社会保障制度与农村金融供给,农业组织演进与农村金融供给。第七章为论文结论。

关键词:农村金融　资金供给　金融管理　管理模式

**0612**

**虚拟经济发展与东北老工业基地振兴研究** / 杨春霆著 ; 杜莉指导. -- 吉林大学, 2009. -- 148 页

论文在对国内外虚拟经济相关理论研究的基础上,运用马克思主义基本原理,对虚拟经济的基本问题做深层次的探讨和论述。全文共分为五章。第一章,虚拟经济的理论框架。包括虚拟经济概述,马克思关于虚拟经济的理论,西方经济学中关于虚拟经济的理论,区域经济的相关理论。第二章,虚拟经济与实体经济关系的实证分析,包括虚拟经济与实体经济之间的关系分析,虚拟经济对实体经济的影响机制分析,虚拟经济影响实体经济的实证分析。第三章,东北地区虚拟经济发展状况的考察与分析。结合东北地区虚拟经济的发展现状,提出东北地区虚拟经济发展中存在的主要问题,并对东北地区虚拟经济发展做出实证分析。第四章,制约东北地区虚拟经济发展的因素分析。探讨影响虚拟经济发展的因素,提出产权制度是虚拟经济发展的前提和保障,信息技术是虚拟经济发展的物质基础和技术条件,金融创新是虚拟经济发展的催化剂,虚拟资本的增值要求是虚拟经济发展的内在动力;分析虚拟经济产生风险的根源,虚拟资产的定价方式是虚拟经济产生风险的根源,信息不对称时导致虚拟经济产生风险的重要原因;最后提出制约东北地区虚拟经济发展的特殊因素。第五章,发展虚拟经济推动东北老工业基地的振兴。提出应大力发展实体经济,为虚拟经济发展提供运行基础;加大金融政策支持力度,推动虚拟经济的发展;积极利用财政政策支持,加快虚拟经济的发展;加强宏观调控,强化对虚拟经济的风险监管。

关键词:虚拟经济　经济发展　东北地区

**0613**

**基于市场产权的国家经济安全研究:一个新的国家经济安全的理论分析框架** / 杨东昌著 ; 曾繁华指导. -- 中南财经政法大学, 2009. -- 143 页

论文为基于市场产权的国家经济安全研究,提出一个新的国家经济安全的理论分析框架。全文共分为七章。第一章,导论。首先分析论文的写作背景和意义,阐述国内外关于市场、产权以及市场产权等基本理论研究现状并做出简要评析,阐释与论文内容相关的几个重要概念,介绍论文的基本思路,研究方法与创新之处。第二章,市场和产权的基础理论探析。对市场和产权的范畴及理论进行历史与逻辑的分析和思考,力图抓住市场和产权的范畴和理论的实质,为后文进行的市场产权理论的探索奠定一个较为扎实可靠的基础。第三章,市场产权核心理论新探。在归纳整理现有市场产权理论成果的基础上,对市场产权核心理论进行探索。第四章,市场产权与国家经济安全关系的理论探析。将市场产权基础理论应用于国家经济安全问题的研究,从理论上分析市场产权与国家经济主权和国家经济安全质检的内在联系,以及从市场产权视角研究国家经济安全的理论依据及其重要意义。第五章,具体领域中的市场产权问题对国家经济安全的影响。主要从市场产权的视角对一些重要经济领域存在的问题及其对国家经济安全的影响做出尝试性分析。第六章,引资与入世对国家市场产权与经济安全的影响。对我国引资与入世两个现状及其存在的问题进行分析,重点从市场产权的视角,研究其对国家经济安全的影响,并提出初步的应对策略与措施。第七章,经济生态平衡事业中的市场产权预警及安全。主要从生态文明和可续发展的思想入手,从全球的、生态的和平衡的视野来审视市场产权与经济安全问题,在理论分析的基础上提出经济生态平衡新概念,并以此对市场产权保护与国际经济安全和世界经济和谐三者的关系进行思考和说明。

关键词:经济　国家安全　产权

**0614**

**混业经营趋势下金融企业的边界选择** / 杨娥著 ; 石良平指导. -- 上海社会科学院, 2009. -- 93 页

论文将现代企业能力理论和包括信息不对称、价值增加等现代金融中介理论纳入交易费用经济学范

式,构建了金融企业边界选择模型,在此基础上分析了综合化经营和专业化经营对交易费用的影响,论述了混业经营趋势下金融企业的边界选择。全文分为六章。第一章为导论,包括问题的提出、选题意义、论文的写作目的、技术路线、创新与不足之处,以及主要名词的解释。第二章对理论部分进行综述,主要有对关于企业组织边界的理论研究、关于现代金融中介理论研究、关于金融业模块化的研究、关于价值链管理的理论研究四方面进行评述,并对文献进行了总评述。第三章论述金融企业边界的考察,并对金融企业边界决定的交易费用分析范式进行研究。第四章提出金融企业组织发展的新方向为模块化生产组织,包括模块化的网络结构、金融企业的模块化以及金融企业模块化路径。第五章以银行业为例,探讨模块化路径和机制,首先介绍银行价值链模块化的重构,接着说明银行价值链模块化的路径,最后分析金融企业模块化网络结构的风险管理。第六章提出了关于我国商业银行组织边界选择的政策建议,主要有我国混业经营趋势的发展现状、我国商业银行的战略选择现状以及商业银行模块化改革的建议。

关键词:金融企业　组织管理　经营方式　模块化

**0615**

**中国现代农业发展与农地流转模式研究:兼以日本农地流转的经验为借鉴** / 杨国新著 ; 周立群指导. -- 南开大学, 2009. -- 153 页

论文从现代农业发展理论和博弈分析的角度,以日本农地流转的经验为借鉴,探讨了当前农地流转需要从深层次上改革与创新问题。全文分为六章。第一章为引论,包括选题的意义、目前主要的相关研究、思路、创新点与可能的突破,论文的结构安排和思路。第二章说明中国农地流转的现状与问题,首先介绍中国农地流转的基本现状,接着分析农地流转的趋向,该章最后研究中国农地流转的主要问题。第三章探讨政府、企业与农民的博弈及土地流转机制,提出政府、企业与农民在土地流转过程中的目标,并分析农地流转过程的博弈模型框架,得出结论以及政策的意义。第四章论述现代农业非技术特征与农地流转的政策取向,指出现代农业和农地流转理论的不足,分析现代农业的非技术特征,并说明对我国农地流转的理论支撑与政策引导的意义。第五章借鉴世界第二经济国日本已取得的成功经验,在日本农地流转的背景下,介绍完善农地流转的外部条件和日本农地流转的模式,为农业规模化理论的丰富和现代农业的非技术特征的确立提供了实际经验方面的印证。第六章指出我国农地流转模式选择及有待完善的问题,改善农地流转的外部条件以减少政府失灵现象,论证我国农地流转的模式选择,并提出重大改革行将突破,理论研究任重道远。

关键词:农业用地　土地制度　土地流转　模式选择　现代农业

**0616**

**统筹城乡发展金融推动力研究** / 杨建光著 ; 李天德指导. -- 四川大学, 2009. -- 463 页

论文采用抽象分析、调查研究、推理预测、个案研究和比较研究等方法,对经济和金融、城镇和乡村之间的关系加以讨论,对统筹城乡发展金融推动力展开研究。全文共分为七部分。导论部分介绍选题目的及背景、文献综述、研究思路及研究方法、框架设计及主要内容、论文的主要创新点和论文研究的不足之处。第一部分,统筹城乡发展金融推动力的相关理论介绍,包括我国城乡二元结构的形成和演变,马克思、恩格斯、列宁农村发展的主要思想、农村发展主要理论、城乡关系问题研究的主要观点等。第二部分,我国农村经济和金融发展现状分析。首先对二元经济结构分析和讨论二元信贷市场的内生逻辑,对农村经济与金融发展的协同性做出分析;其次从信贷视角,理解农民、农村经济和农村金融;最后讨论农村金融转型与扶贫性金融。第三部分,农村金融的配置功能分析。讨论金融与经济关系的本质、农村金融功能,对城乡居民消费行为解析,讨论农村金融资产机构、质量与效益的关系。第四部分,对我国金融改革的基本评价。第五部分,从一个推进构建和谐社会的经济视角,讨论统筹城乡发展,包括统筹城乡发展的真义、统筹城乡发展中的政府作用、统筹城乡发展的对策建议等。第六部分是对农村金融发展和政府扶持政策的国际比较。首先从农村金融理论提出发展脉络;其次考虑国际农村发展的金融支持经验;再次对具有代表性的国家的典型经验及金融制度安排进行说明,包括法国、美国、日本、德国、荷兰、孟加拉、墨西哥、印度尼西亚、泰国、乌干达、菲律宾等;最后为对农村金融制度安排及金融支持的国际经验借鉴。第七章总结统筹城乡发展的金融推动措施。

关键词:城市建设　城乡差别　城市化　金融政策

**0617**

**中国农村金融制度创新研究** / 杨奕著 ; 赵长茂指导. -- 中共中央党校, 2009. -- 129 页

论文采用实证分析、动态分析和静态分析相结合、比较分析、宏观分析和微观分析等研究方法,从需求和供给两个方面对农村金融制度进行剖析。全文共分为四部分。导论阐述论文研究的意义、相关文献综述、框架结构及研究方法及论文创新之处,提出作者研究农村金融制度的背景,对国内外研究农村金融制度的成果进行回顾分析。第一部分是制度、金融制度和农村金融变迁。首先对关于制度、金融制度、制度变迁和农村金融制度创新等重要概念的含义、内容及功能进行阐释;在回顾1949年新中国成立以来的农村金融制度变迁的过程后,通过对我国农村金融制度安排及历史变迁,包括制度变迁的背景、制度变迁的主要原因及制度的阐述,对我国农村金融制度变迁进行反思。第二部分是我国农村金融制度分析,首先从需求入手,在分析农村中的农户金融需求状况、农村的借贷行为逻辑和行为选择以及农村中的中小企业的金融需求状况的基础上,对我国农村金融供给进行分析。第三部分是国外农村金融制度及启示。介绍发达国家和发展中国家和地区的农村商业性金融制度、政策性金融制度、合作性金融制度,因地制宜根据国情建立各有侧重、各具特色的农村金融制度,对各类机构之间职责明确,业务相互交叉和补充,政府对农村金融制度采取很多扶持措施和优惠政策,把健全的法律作为制度保障作为农村金融制度的特点做出阐释。第四部分是中国农村金融制度创新的路径选择。在前几部分的基础上,针对我国农村金融制度的缺陷,借鉴国外农村金融制度经验,提出我国农村金融制度创新的路径选择,并得出最终结论。

关键词:农村金融　金融制度　制度创新

**0618**

**企业的合作演化理论、模型及经验研究** / 杨勇著 ; 罗能生指导. -- 湖南大学, 2009. -- 177 页

论文的研究对象为企业的合作演化理论、模型和经验。全文共分为七章。第一章,绪论。首先介绍问题的提出;接着对理论综述,包括理论发展概览,不确定性与企业理论的分化,合作机制与企业理论的整合,合作演化机制与企业理论的可能进路;最后介绍论文的内容与结构以及论文的研究创新。第二章,企业的合作演化理论分析框架。分别对交往,交往、合作与经济组织内生,企业的合作及其内在机理以及企业的合作演化及其机制做出说明,并得到简短的结论。第三章,协调成本内生的企业合作演化模型。首先提出模型背景与假设;介绍企业分工内生化增长中的合作演化,包括基本模型,协调成本内生时的合作均衡,分工深化、一般知识与企业的合作演化;探讨企业的合作演化逆转及其林杰条件。第四章,技术对企业的合作演化的决定机制。介绍要素使有权交易的履约过程,履约过程的建模思路,履约的过程模型;并对分成惯例及合作水平的经验做出研究,包括研究的步骤、数据、假设与方法,各行业分成惯例及合作水平,分成惯例的分布检验以及企业规模的分布检验。第五章,市场对企业的合作演化的决定机制。探讨内容包括古诺竞争方式的设定,考虑谈判力的企业竞争行为以及不同市场情形下治理结构的演化。第六章,制度环境对企业的合作演化的决定机制。对中国企业的合作演化逆转现象分析,提出开放背景下中国企业合作演化逆转的强化机制并得出结论。第七章,促进企业合作演化的制度环境设计。提出促进企业合作演化的政策取向,硬件基础设施与人的基础设施的协调建设以及践行可续发展观的核心价值体系。最后为论文结论。

关键词:企业理论　经济合作　演化经济学

**0619**

**引入制度因素的经济增长模型与实证研究** / 杨友才著 ; 黄少安,史鹤龄指导. -- 山东大学, 2009. -- 141 页

论文研究的对象为引入制度因素的经济增长模型与实证研究。全文共分为八章。第一章导言,介绍了论文的选题意义、研究目的、研究方法与文章的创新与不足。第二章文献综述,主要从产权制度、政治制度等方面梳理了制度对经济增长的文献并对此做出自己的评论。第三章,引入制度因素的内生经济增长模型,包括两个模型,一个是依据马克思的制度变迁理论来将制度内生化到经济增长模型,探讨从消费者效应最大化角度出发所建立模型的均衡点的存在性、稳定性和均衡点存在且稳定性存在的情况下制度影响因子对收敛速度的影响;模型二是采用技术研发的模式,考虑在这种情况下引入制度因素到内生经济增长模型,主要考察制度影响因子对平衡增长路径的影响。第四章,基于路径依赖的制度变迁与经济增长模型,包含模型三和模型四两个模型。模型三是从制度变迁主要是受到物质资本、人力资本、技术和制度

本身的角度,尝试建立引入制度因素的内生经济增长模型,讨论所建立模型均衡点的存在性、稳定性以及对长期平衡增长率进行比较静态分析。模型四试着在一个较为一般化的柯布——道格拉斯生产函数的基础上,建立一个基于路径依赖特点的制度变迁内生经济增长模型,模型四的结论是主要探讨基于路径依赖特点的制度变迁与经济增长的相互作用。第五章,基于路径依赖的制度变迁与经济增长实证研究。在模型四的基础上建立计量模型来说明基于路径依赖的制度变迁与经济增长之间的关系。第六章,制度的协调性与经济增长,主要结合中国在1994年开始财政分税制度改革既定的前提下,产权制度如何改革使与之相适应,才能更好对经济增长发挥作用的国情,运用面板门限计量方法进行详细的讨论。第七章,制度空间溢出性与经济增长,运用空间面板固定效应计量的方法对此进行分析。第八章为结论。

关键词:经济增长　经济制度

**0620**

**开放式创新模式研究:一个技术创新研究的新视角** / 杨志强著 ; 何自力指导. -- 南开大学, 2009. -- 270页

论文从知识的视角对开放式创新模式进行了重新的界定和深入地分析。全文分为七章。第一章为导论,介绍选题的背景及意义、开放式创新的研究综述与本研究视角的选择、研究方法与内容、论文创新与不足之处。第二章综述技术创新理论研究,阐述熊彼特的创新理论,界定并分类技术创新概念,并认知经济学视野下的技术创新研究。第三章探讨知识、学习与开放式创新,阐述知识的本质、特性与分类以及认知、个人学习与组织学习,并说明开放式创新的内涵与特征。第四章探析开放式创新模式下的知识创造,首先对知识创造模型进行简述,接着揭示开放式创新模式下知识创造内涵,最后探讨开放式创新模式下的组织内知识创造与组织间知识创造。第五章提出开放式创新模式下的知识治理,在介绍知识治理的理论基础与内涵基础上,设计开放式创新模式下知识治理机制,并介绍开放式创新模式下知识治理的作用机制。第六章研究开放式创新模式下知识创造的组织基础,包括知识与组织结构、开放式创新模式的组织基础构建以及开放式创新模式下组织能力体系的构建。第七章得出开放式创新实践及对我国的启示,以开放式创新实践的案例为研究对象,指出开放式创新在我国的实践现状与存在问题,并指导加快我国开放式创新实践的对策研究。

关键词:技术经济学　技术创新　创新管理

**0621**

**中国城市商业银行的并购问题研究** / 姚成杰著 ; 韩康指导. -- 中共中央党校, 2009. -- 116页

论文的研究对象为中国城市商业银行的并购问题,主要讨论城市商业银行普遍定位于“服务区域经济、服务中小企业”,并购的直接后果是规模扩大和区域扩张,是否会影响城市商业银行的初始定位;实践中,城市商业银行并购往往伴随着政府产权的退出,并购后政府存在退出不足和退出过度两种错误倾向,政府角色应该怎样定位和转变的问题以及城市商业银行并购使银行业更加集中,对中国金融体系的效率和稳定的影响问题。全文共分为六部分。第一部分首先提出问题,分析为什么要研究城市商业银行并购,以及研究的三个问题;接下来,总结银行并购的国外研究现状,指出论文的逻辑架构和新的发现。第二部分是银行并购的一般理论分析。首先界定银行并购的概念,然后运用企业并购的一般理论分析银行并购,最后按照从一般到特殊的顺序,在金融自由化、全球化的背景下,运用金融功能理论分析银行并购。第三部分是城市商业银行并购的现状分析,首先论述市场化并购时城市商业银行适应区域经济发展、应对外部竞争的需要,然后总结城市商业银行并购的模式和主要特征。第四部分研究城市商业银行并购对自身功能定位的影响,首先分析跨区域并购对城市商业银行服务区域经济功能定位的影响,然后从资产规模和组织结构入手,分析城市商业银行并购对服务中小企业功能定位的影响。第五部分分析城市商业银行并购后的政府角色定位,首先分析城市商业银行并购之后政府的越位和缺位,然后指出城市商业银行并购之后政府应该扮演的角色。第六部分研究城市商业银行并购对金融体系的影响,这一部分从高度垄断和过度竞争并存的银行市场结构入手,分析城市商业银行并购对金融效率和金融稳定的影响。

关键词:商业银行　银行管理　银行合并

**0622**

**中国家族上市公司最终所有权结构研究:Research on ultimate ownership structure of family-controlled public firms in China** / 叶长兵著 ; 陈凌指导. -- 浙江大学, 2009. -- 167页

论文基于中国转轨经济和新兴市场双重制度背景和“家文化”传统，对中国家族上市公司最终所有权结构展开研究。全文共分为七部分。第一部分为导论，介绍论文的研究意义和背景，对家族上市公司、最终所有权结构、家族金字塔控股结构和掏空四个概念做出界定，并对论文的研究框架与内容安排和研究方法与创新点做出介绍。第二部分，文献综述。分别叙述了关于家族企业治理研究的兴起与发展，家族上市公司治理结构研究以及最终所有权结构与家族上市公司核心代理问题的相关研究。第三部分为中国家族金字塔控股结构特征分析，首先分析中国家族上市公司最终所有权的结构类型，包括单一家族间接控制、单一家族直接控制、多家族共同控制、其他形式的最终所有权结构以及最终所有权结构的变动介绍；接着对家族金字塔控股结构做出相关界定，包括所有权与控制权分离视角的狭义界定，内部资本市场视角的广义界定以及中国家族金字塔控股结构的界定等；最后论述中国广义家族金字塔控股结构的特征，对中国家族金字塔控股结构的典型构成和中国家族金字塔控股结构最终控制权与现金流权的分离做出介绍。第四部分，中国家族金字塔控股结构的统计分析与比较，在分析中国家族金字塔控股结构总体特征的基础上，对IPO和非IPO家族上市公司做出比较分析，并论述股权分置改革与家族金字塔控股结构和不同界定下家族金字塔控股结构的比较分析。第五部分，法律规制、治理环境与家族金字塔控股结构。该部分对现有研究对家族金字塔控股结构的成因做出解释，并作出理论分析，提出假设，对实证结果展开分析。第六部分，家族金字塔控股结构与掏空，对不同掏空行为的激励和约束展开分析，并做出实证检验。第七部分为研究结论、政策建议和研究展望。

关键词：民营企业　家族企业　上市公司　股权结构　所有权

**0623**

**社会资本与劳动力乡城迁移：理论模型与经验证据** / 衣光春著 ; 叶静怡指导. -- 北京大学, 2009. -- 127 页

论文用社会资本的视角研究中国农村劳动力的乡城迁移问题，从理论和实际两个方面证明社会资本对劳动力乡城迁移的重要影响。全文共分为六章。第一章，导论。提出论文的研究背景和意义，论文思路、方法和难点以及论文的结构。第二章，中国劳动力乡城迁移的现状。首先介绍中国劳动力乡城迁移的历史进程，对乡城迁移概念做出界定，对乡城迁移的历史进行回顾；提出中国劳动力乡城迁移现状和存在的问题，包括现阶段劳动力乡城迁移的现状及其特点以及目前劳动力乡城迁移存在的问题。第三章，对劳动力乡城迁移、社会资本及两者关系的研究进展，包括劳动力乡城迁移的理论和实证研究进展，社会资本理论及研究现状以及社会资本与劳动力乡城迁移关系的研究。第四章，社会资本：一个研究劳动力乡城迁移的新视角。首先探讨影响劳动力乡城迁移的非社会资本因素，包括经济因素、制度因素、社会因素和个体因素；接着从迁入地社会资本和迁出地社会资本两个方面分析劳动力乡城迁移中的社会资本因素；最后提出包含社会资本投资的劳动力乡城迁移模型，包括劳动力乡城迁移模型、社会资本投资模型和包含社会资本投资的劳动力乡城迁移模型。第五章，实证分析：来自两个样本的经验证据。分别从全国样本的实证检验和北京市样本的实证检验两个实例对迁出地社会资本与农村劳动力迁移、迁入地社会资本与农村劳动力迁移做出说明。第六章，总结和讨论。对全文内容做出归纳总结，提出论文的创新点以及论文不足和进一步研究的方向。

关键词：农村劳动力　劳动力转移　社会资本

**0624**

**分权、问责与治理：关于地方政府激励的理论研究** / 尹振东著 ; 杨瑞龙指导. -- 中国人民大学, 2009. -- 116 页

论文采用合约理论的方法构建理论模型，研究对象为分权、问责与治理：关于地方政府激励的理论研究，探讨针对地方政府放松市场监管的问题，建立垂直管理体制；针对地方财政支出结构扭曲的问题，中央直接加大对地方服务型公共物品的投入；针对缺乏居民偏好显示的问题，加强上访问责制度，揭示居民偏好。全文共分为六章。第一章，导论，交代论文选题背景与研究意义、研究方法、结构安排与主要内容以及主要贡献与不足。第二章，文献综述。首先是中国地方政府的财政和晋升激励研究；其次是对官僚的激励研究，包括官僚组织的特征，激励官僚的方法以及集权整体下的官僚激励；第三是中央和地方事权划分的研究；最后分析方法的简要综述，包括多任务道德风险模型和合谋理论。第三章，地方政府激励与垂直管理体系。分别介绍了水平管理与垂直管理在否决均衡、通过均衡和均衡选择方面的探讨以及对管理

机制的选择的研究。第四章,地方政府激励与地方财政支出的结构扭曲。首先从社会最优(F. B.)和资本流动下的分权与地方政府竞争(S. B.)分析地方财政支出机构扭曲的原因,接着提出对策,内容为地区相互协调、调整考核比重和中央提供地方公共物品,最后对该章内容进行总结。第五章,地方政府激励与上访问责制度。首先提出上访的基准模型,接着对截访问题展开讨论,最后是从中央处理上访有成本、中央对地方截访的回应、越级上访和集权 VS 民主四个方面对模型拓展与讨论得出最终结果。第六章为本研究的结论与具体的政策建议。

关键词:地方政府　行政管理　激励

**0625**

**政府引导企业科技投入的模型分析与实证研究** / 于永信著 ; 黄少安指导. -- 山东大学, 2009. -- 103 页

论文引入相关性分析、类生产函数模型、GM(1,N)模型、博弈模型、系统动力学方法等,通过定性分析与定量分析的有机结合,研究并分析了政府引导企业科技投入的模型与实证。论文分为六章。第一章为绪论,包括选题背景、意义、政府与企业科技投入的地位及任务、政府引导企业科技投入的主要概念及理论、政府引导企业科技投入的国内外研究现状、本论文的研究思路框架与创新点。第二章探析政府科技投入对企业科技投入的影响,主要企业科技投入与政府科技投入的时滞分析和政府科技投入对企业科技投入的效应分析。第三章说明政府—企业科技投入博弈模型,首先介绍委托—代理理论的分析框架,接着是信息对称情况下和信息不对称情况下的最优激励合同,最后分析山东省政府—企业科技投入博弈。第四章论述政府引导企业科技投入的动态模拟,在阐述系统动态学模拟方法和政府—企业—社会科技投入系统因果反馈结构后,进行了模型模拟调试及系统仿真实验。第五章提出科技投入的创新对策,应进一步加强政府科技投入的力度、优化投向并切实加大基础研发投入、提高企业科技投入的积极性、制定科学的科技投入绩效参评机制、制定政府科技投入与企业科技投入的互动机制、加强政府对科技投入的引导和管理、大力发展风险投资。第六章对论文的研究内容进行总结和展望。

关键词:企业管理　技术开发　政府职能　科技政策

**0626**

**政府行为和制度变迁:以农业产业化经营为例** / 俞雅乖著 ; 杨明洪指导. -- 四川大学, 2009. -- 206 页

论文通过研究农业产业化经营变迁中的政府行为,探索农业产业化经营变迁中政府行为的作用机理,并建立合理的政策框架对该问题展开探讨。全文共分为九章。导言部分介绍选题与意义、研究内容、研究现状及相关概念的界定。第一章从制度变迁中政府行为的分析框架和农业产业化经营变迁的总体展开分析。第二章,农业产业化经营变迁中的政府行为:供求分析。主要是对农业产业化经营变迁中的政府行为的总体分析和农业产业化经营变迁的供求均衡分析。第三章,农业产业化经营变迁与政府行为的逻辑分析,在相关理论假设基础上阐述制度变迁中政府行为的一般理论,从而建立制度变迁中政府行为的具体分析框架。第四章,农业产业化经营变迁中的政府行为:变迁方式。运用第三章所建立的分析框架,主要从变迁方式来梳理纵向历程上农业产业化经营变迁中的政府行为。第五章,农业产业化经营变迁中的政府行为:风险防范机制,从利益联结和风险防范两个具体制度,分析横向的农业产业化经营变迁中的政府行为。第七章,农业产业化经营变迁中政府行为的案例分析,结合四川省资阳市六方合作这一农业产业化经营的具体模式,从纵向历程和制度安排角度梳理农业产业化经营变迁中的政府行为,并对这一农业产业化经营变迁具体案例的绩效进行分析。第八章,农业产业化经营变迁中的政府行为:绩效分析,包括制度变迁绩效的一般分析和制度变迁绩效分析的具体方法。第九章,结论与政策建议,在对农业产业化经营中变迁的政府行为得出结论的基础上,总结出有利于农业产业化经营持续健康发展的政策框架,并指出农业一体化是农业产业化经营的发展方向。

关键词:农业经济　经济发展　产业化经营　产业结构　行政干预

**0627**

**转型经济中的货币需求与 M2/GDP 的变动:投机视角下基于中国市场化改革历程的实证研究** / 张波著 ; 胡家勇指导. -- 中国社会科学院, 2009. -- 133 页

论文利用费里德曼所提供的货币理论分析框架以及麦金农的理论研究方法,将经济生活中一种重要的经济现象——投机引入货币需求函数,由此形成了

一个有助于更加全面解释不发达经济运行的宏观经济模型,以投机视角下基于中国市场化改革历程的实证为例,研究转型经济中的货币需求与M2/GDP的变动。全文分为六章。第一章为导论,包括问题的提出及研究意义、研究现状与评述、全文结构安排、主要创新点。第二章对货币需求的一般均衡分析的经典理论进行回顾,说明货币需求分析的理论框架,并对不发达经济的货币需求与经济运行——麦金农的金融深化理论进行再析。第三章论述投机、货币需求与经济波动,在新古典理论体系中的投机及有关争论的基础上,阐述投机行为下的货币需求理论:假说与模型。第四章基于价格双轨制的理论分析,研究中国M2/GDP问题(一):1978—1992,首先再论"中国之谜",接着阐述价格双轨制的运行机制,并分析价格双轨制中的投机:事实与理论,最后论述价格双轨制中的投机控制与有关评价。第五章基于双轨制逻辑在土地、资金市场上的重演,解析中国M2/GDP问题(二):1992—2008,包括土地市场化中的双轨制逻辑和资金市场化中的双轨制逻辑。第六章提出了结论和政策建议,在对中国M2/GDP变动进行基本认识后,总结前景预测、政策建议、不足之处及未来研究方向。

关键词:货币需求　货币供应量　投机　经济转型期

**0628**

**金融脆弱性的政治经济学分析** / 张栋著 ; 陈享光指导. -- 中国人民大学, 2009. -- 206页

论文的研究对象为我国金融脆弱性,对我国的金融脆弱性进行定量分析,并考察我国金融脆弱性的潜在原因,据此提出相关的政策建议。全文共分为八章。第一章,序言。分析金融脆弱性问题产生的理论和实践背景,介绍选题的理论意义和实践意义,概述相应的研究方法,总结论文的研究框架和结构安排,指出论文的创新与不足之处。第二章,金融脆弱性的不同解说。首先总结国内外学者对金融脆弱性概念的不同界定,分析概念中的不足,在明确金融脆弱性问题后,对西方经济学关于金融脆弱性的早期研究和最新进展进行梳理,在总结理论的基础上,为建立一个政治经济学的金融脆弱性分析框架提供基础。第三章运用马克思经济学理论,从货币的视角对金融脆弱性进行政治经济学分析。第四章,货币运动和资本生产是对立统一的,不能将二者割裂开。第四章在第三章的基础上,通过层层递进、逐步剖析的过程,从货币的视角、从货币资本的视角对金融脆弱性进行分析,并为继续深化马克思主义金融脆弱性研究奠定基础。第五章,发展马克思的虚拟资本理论,说明中央银行信用体制下虚拟资本的产生及运动规律,并解释这种环境下发生金融脆弱性的机理。第六章首先分析说明金融自由化进一步导致并放大金融脆弱性,进而认为这是因为随着金融自由化的发展,虚拟资本总量的扩大使得单个金融机构面临的信用风险急剧上升,并提出应对风险的建议。第七章对我国金融脆弱性的测定进行实证研究,借鉴国内外对金融脆弱性的现有定量研究,在第五章的分析框架下结合我国的实际,从银行体系来对我国的金融脆弱性进行定量的研究。第八章从定性的角度分析了我国目前可能存在的金融脆弱性,并提出具体的建议。

关键词:金融体系　货币资本　金融监管

**0629**

**策略互动、协调与区域经济发展:基于地方政府博弈行为的分析** / 张熇铭著 ; 谢思全指导. -- 南开大学, 2009. -- 167页

论文研究对象为策略互动、协调与区域经济发展,从经济学的视角出发,探索区域内经济主体之间协调失败的成因、如何克服协调失败、如何使区域经济走出协调失败的困境并走上协调发展之路。全文共分为七章。第一章,导论。介绍选题背景与选题意义,研究思路、研究方法与文章结构,可能的创新之处及有待改进之处。第二章,区域经济发展研究述评。一是国外研究综述,包括区位理论与区域经济学,新经济地理学对空间规模报酬递增效应的研究,区域经济增长与发展模式研究,对区域经济发展中地方政府作用的研究;二是国内文献部分,包括对区域经济发展模式的研究,对经济区域发展差异与空间集聚动因的研究,对区域经济发展中地方政府的研究;三是现有研究述评。第三章,区域经济协调与地方政府策略互动的理论分析框架。对区域经济协调发展的相关概念阐释,提出区域经济协调发展与地方政府策略互动的理论逻辑,并对论文理论框架提出总结。第四章,地方政府协调博弈的基本模型。介绍模型基本概念,模型基本假设与参数的设置,参与人策略互动及博弈均衡的形成。第五章,我国地方政府协调失败问题及其改进的理论分析。探讨我国三大经济区域发展中的协调失败现象,对参与人策略的协调基础进行讨论,提出参与人改进协调失败的基本模式。第六

章,我国三大经济圈协调失败改进的经验研究。对我国三大经济圈发展现状做出比较说明,提出三大经济圈地方政府实现策略协调的禀赋分析,三大经济圈地方政府参与人协调博弈的策略改进。第七章为论文结论、政策建议和研究展望。

关键词:地方政府　行政管理　经济发展　政府职能　博弈

**0630**

**对外贸易对我国就业的影响** / 张华初著 ; 李永杰指导. -- 华南师范大学, 2009. -- 151 页

论文的研究对象为对外贸易对我国就业的影响。全文共分为八章。第一章,绪论。介绍论文研究现状评述,论文选题意义和价值,论文的结构安排和可能的创新之处。第二章,对外贸易与就业关系的理论发展。介绍重商主义及其对就业的论述,比较优势理论及其对就业的论述,H-O-S 模型及其对就业的论述,对外贸易乘数理论及其对就业的论述,剩余出口理论,国际贸易与就业基本模型,效率工资与比较优势模型,最低工资规定与比较优势模型和理论评述。第三章,我国对外贸易与就业的发展特点。介绍我国货物贸易发展特点,我国服务贸易发展特点,我国就业的发展情况。第四章,我国对外贸易与就业关系的实证分析。包括对我国货物贸易与就业关系的实证分析,货物贸易与职业介绍率,我国服务贸易与就业关系的实证分析,加工贸易的就业效应。第五章,我国对外贸易对就业结构的影响。对我国就业结构演变分析,包括产业结构与就业结构的偏离度分析,产业结构与就业结构的国际比较;展开对外贸易依存度与就业结构演变的实证分析;提出中国就业结构的 SDA 分析。第六章,金融危机对我国就业的冲击。结合主要经济体的运行状况,介绍金融危机对我国经济的冲击效应,包括出口与生产的反应,经济与就业的反应以及贸易保护主义抬头导致的贸易摩擦效应;探讨金融危机下出口变化对我国就业的冲击。第七章,扩大就业的战略思考。探讨出口导向还是内需拉动,提出出口导向发展战略的反思,并对消费、投资和出口拉动就业进行比较。第八章,扩大就业的宏观政策。提出充分发挥对外贸易对就业的拉动作用,扩大就业的消费政策,扩大就业的投资政策,实行扩大就业的劳动力市场政策。最后为论文结语。

关键词:劳动就业　对外贸易　就业结构

**0631**

**中国城镇医疗改革模式的选择** / 张军著 ; 吴敬琏指导. -- 北京大学, 2009. -- 142 页

论文的研究对象中国城镇医疗改革模式的选择。全文共分为七章。第一章,导言。介绍选题说明,论文研究的关键概念,国内外相关研究综述,研究思路与方法以及论文结构。第二章,居民的基本健康。一是外部性介绍,包括福利经济学,外部性,外部性如何导致资源配置的低效率,外部性的解决方法;二是提出个人基本健康是一种具有正外部性的产品,介绍个人基本健康外部性的表现,个人基本健康服务外部性的解决方法,医疗服务对健康水平的影响。第三章,医疗服务市场。介绍医疗服务需求,包括医疗服务需求的特征,医疗服务需求的影响因素;介绍医疗保险的需求,医疗保险对医疗消费者行为的影响,医疗保险的供给,医疗保险机构控制医疗费用支出措施;介绍医疗服务供给,包括影响医疗服务提供市场结构的主要因素,医院的行为模式,医院的竞争;介绍政府如何保证居民获得基本的医疗服务。第四章,医疗模式的国际比较。分别对英国医疗体系的发展和现状,德国医疗体系的发展和现状,美国医疗体系的发展和现状做出说明。第五章,中国城镇医疗体系改革的历史分析。对计划经济时代中国城镇医疗体系,1978 年以后中国城镇医疗体系的改革,1978 年以后中国中国城镇医疗体系改革效果做出说明。第六章,当前我国城镇医疗体系改革的模式选择。介绍医疗模式的比较和选择,医疗改革争论,各机构医疗改革方案分析,新医疗改革方案分析以及新医疗改革方案存在的问题及我国进一步的医疗改革。第七章为论文结论。

关键词:城镇　医疗保健制度　体制改革

**0632**

**中国货币供给的内生性研究** / 张明君著 ; 陈享光指导. -- 中国人民大学, 2009. -- 174 页

论文采用“剥洋葱”分析方法,对中国货币供给的内生性展开研究。全文共分为八章。导论部分对论文的选题意义与研究目的、研究框架、研究方法和角度以及研究概念的界定展开说明。第一章,货币供给内生性质的文献综述,首先对贵金属货币供给内生性质的文献综述并做出评价,接着分别介绍了信用货币供给的四类内生性文献:凯恩斯及其以前、拉德克里夫报告、格利和肖及托宾、后凯恩斯主义学派以及国内一些学者。第二章,货币供给内生决定机制的研

究,对信用货币内生决定机制提出了三个方面的问题:经济总量对于货币供给量的决定,货币口径及流通速度对货币供给的影响以及货币创造机制中非央行控制因素对货币供给的影响,并对信用货币内生决定机制的统一做出说明。第三章,货币供给内生性与信贷研究的第一部分,包括流通商品交易价格总量PT的确定,货币替代品交易支付数额与M1的确定,现金所执行的支付流量与活期存款的确定,货币流通速度的理论与实验数据,支付工具与货币流通的速度,活期存款流通速度与活期存款的确定以及商业银行信贷需求量的确定。第四章,货币供给内生性与信贷的进一步研究,首先讨论存贷款利率的决定过程,接着对乘数公式与商业银行信贷供给,存贷比与商业银行信贷供给,资本充足率与商业银行的信贷供给展开分析,并阐释影响商业银行信贷供给的其他因素,对信贷供给量的现实满足,决定货币供给的因素类型以及货币供给内生性的总结展开分析。第五章,货币供给内生性与国际部门。首先分析外汇展宽对货币供给的影响,接着对人民币国际化对国内货币供给的影响进行分析,最后讨论输入型通货膨胀对我国货币供给的影响。第六章,货币供给内生性的现实表现及实证性分析,包括对国外货币供给内生性的一些现实表现的实证分析以及我国货币供给内生性的一些现实表现的实证分析。第七章,现实中的货币供给内生性以及货币供给内生性政策含义,对相关的文献综述和含义做出说明。第八章为论文结论、创新点和研究的不足。

关键词:货币管理　货币供给　货币政策

**0633**

**征地活动中经济主体的利益和行为研究** / 张期陈著 ; 李慧中指导. -- 复旦大学, 2009. -- 199 页

论文的研究对象为征地活动中经济主体的利益和行为研究。全文共分为六章。第一章,导论。首先提出研究的背景,交代论文需要解决的问题;之后介绍论文的研究思路、论文结构和研究的方法与技术路线;接着对论文的创新点和论文的不足之处做出解释;最后介绍了论文中基本概念的界定,并对国内外学者相关文献展开综述。第二章,征地与我国城乡整体经济利益。首先介绍征地的根源及其宏观经济利益取向,包括城市化、农地城市化与征地以及征地的根源分析;接着讨论了征地与我国城乡整体经济利益的一致性,包括征地量、国内生产总值、产业结构与城乡整体经济利益以及征地量、资本与劳动力要素的利用、城乡居民收入与城乡整体经济利益的关系;第三节分别基于中国征地量与国内生产总值的历史比较,中国征地量与产业结构变化的历史考察以及中国征地量与城乡居民收入变化的历史考察三方面对征地与我国城乡整体经济利益的一致表现做出表达;最后介绍征地与我国城乡整体经济利益的冲突性及其表现。第三章,我国征地的微观利益冲突。首先基于莱芜市征地调研的分析,对征地微观经济主体间的利益冲突做出讨论,讨论内容包括对莱芜市基本情况的介绍与基于村庄调研得出的冲突主要表现,之后对地方政府多度征地的经济解释,对征地微观利益冲突与城乡整体经济利益进行论述。第四章,征地活动中微观经济主体利益冲突和行为选择,包括利益集团主要模型述评,村委关系与征地,利益集团、压力资源投入与征地补偿们征地模型主要结论汇总及其总体经济含义的分析。第五章,我国征地过程中被征地村民利益的维护,主要是从被征地村民的集团化以及征地议价与政府规制两个方面展开讨论。第六章,政府的制度设计与征地利益冲突,首先对国际征地制度及其实施作出述评,之后介绍我国农地产权制度史,国内外征地制度与实践的比较与启示;最后做出总结并提出建议。

关键词:土地征用　土地制度　经济利益　利益集团　行为分析

**0634**

**国际服务外包纵向联盟及中国对策研究** / 张倩著 ; 齐兰指导. -- 中央财经大学, 2009. -- 182 页

论文为国际服务外包纵向联盟及中国对策研究。全文共分为七章。第一章,绪论。介绍论文研究背景,研究的基本思路和主要贡献,论文的重点、难点和创新,论文的关键概念界定和区别。第二章,国际服务外包纵向联盟理论和文献综述。介绍国际服务外包纵向联盟研究的理论基础,国际服务外包及纵向联盟的文献综述。第三章,国际服务外包纵向联盟的发展和对接包国的影响。介绍国际服务外包纵向联盟的发展现状,探讨国际服务外包及纵向联盟对接包国的具体影响情况。第四章,介绍中国承接国际服务外包的发展现状,中国承接国际服务外包的影响分析,中国发展国际服务外包及纵向联盟存在的问题,中国承接国际服务外包相对落后的制度原因分析。第五章,中国选择外包国际服务外包纵向联盟模式的思考。介绍国际服务外包纵向联盟的治理结构模式,国

际服务外包纵向联盟治理结构模式的发展,国际服务外包纵向联盟的管理模式,中国选择国际服务外包纵向联盟治理结构模式的思考。中国选择国际服务外包纵向联盟管理模式的思考。第六章,国际服务外包纵向联盟成功因素和经验借鉴。首先对国际服务外包纵向联盟成功进行衡量,提出影响国际服务外包及纵向联盟成功的因素,提出国际服务外包纵向联盟成功的经验和启示。第七章,中国发展国际服务外包纵向联盟的对策建议。首先提出中国发展国际服务外包纵向联盟的目标,在此基础上,阐释对中国发展国际服务外包纵向联盟的政策建议,中国企业发展国际服务外包及纵向联盟的对策建议。最后为研究结论与展望。

关键词:服务业　对外承包

**0635**

**都市旅游发展与政府职能研究** / 张侠著 ; 曾菊新指导. -- 华中师范大学, 2009. -- 221 页

论文采用文献分析法、比较研究法、数据分析法等研究方法,展开对都市旅游发展中政府职能的综合研究。全文共分为八章。第一章为绪论,主要对论文研究的背景、论文研究的意义、国内外相关研究状况以及论文的思路框架进行阐述。第二章为研究的理论基础,主要对都市旅游的特征和发展趋势、都市旅游竞合背景下政府职能的演变规律进行阐述;以政府职能理论、产业经济学理论和城市发展理论为基础阐述相关理论依据,并着重解析都市旅游发展观。第三章分析旅游发展对都市发展的影响,重点阐述旅游发展对都市经济、社会文化、环境资源等方面的影响,提出旅游发展与都市发展的系统关系和互动关系。第四章分析政府职能对旅游都市发展的影响,在阐述部分国家以及我国旅游发展中政府与产业、政府与市场的关系的基础上,通过分析旅游产业政策、政府投入与税收、管理体制等与都市旅游发展的关系,对都市旅游发展与政府职能的范围、强度以及政府行为“泛化”现象等进行初步研究。第五章对都市旅游发展中政府职能的运作进行研究,从基本职能、运行职能和部门职能三个方面界定旅游发展中的政府职能;阐述都市旅游发展中政府主要职能之间、政府职能与都市旅游发展阶段之间、都市旅游发展战略与职能运作之间的关系;总结我国都市旅游发展中政府职能运作的主要经验和不足;提出旅游发展中政府职能的主要发展趋势。第六章研究都市旅游发展中政府职能的优化路径,提出优化的总体原则;着重阐述行政运行职能的优化思路;总结政府管制、政府主导和自组织三种智能模式;阐述政府职能优化的政策保障、法律保障、财税保障和危机管理体系;根据都市旅游发展的不同阶段,提出产业一体化、价值一体化和社会一体化三种职能优化途径。第七章分析武汉市都市旅游发展和政府职能运作的现状,提出政府职能优化的基本对策和建议。第八章提出论文研究的基本结论。

关键词:城市旅游　旅游发展　政府职能

**0636**

**经济全球化背景下中国能源经济安全战略研究** / 张翔宇著 ; 张宇指导. -- 中国人民大学, 2009. -- 160 页

论文以全球化背景下的中国能源经济安全体系的构建和完善作为中心论点,运用理论分析并佐以计量分析和实证检验的方法,对中国的能源经济安全面临的形势及其各影响因素展开论述。全文共分为五章内容。第一章为绪论。主要阐述问题的提出、国内外研究状况、研究的目的和意义、论文的分析思路与结构框架、理论基础和基本方法、创新点与不足之处。第二章论述经济全球化与国家能源安全。分别简述经济全球化、国家经济安全及国家能源安全的定义及性质,指出能源安全对国家经济安全的重要意义,并阐述经济全球化背景下的国家能源安全的影响因素。第三章剖析经济全球化背景下中国能源安全面临的挑战。首先介绍中国能源安全的国内现实基础,指出中国能源安全面临的结构性挑战及体制性危机,并分析国际能源分工对国家能源安全的影响;然后以原油价格形成为例,考察国内外能源价格波动性及其互动关系;最后对国际能源分工体系下中国能源可获得性进行分析。第四章是国际能源安全体系建设对中国的启示。通过对中国能源安全形势影响比较大的国家(俄罗斯、日本、美国)及组织(欧盟)的能源安全体系经验的比较分析,总结出我国的能源安全体系建设应从全球化角度和实现可持续发展战略的高度,借鉴国际经验并结合实际国情,通过科技创新、管理创新和制度建设,立足国内,开源与节流并举;面向国际,积极参与经济全球化,走高效、节能、绿色、环保的发展道路。第五章提出经济全球化背景下中国能源安全体系构建的对策。首先分析完善国家能源安全体系的必要性,接着从六个方面总结出完善中国能源安全体系的对策。

关键词:能源经济　国家安全　经济发展战略　经

济全球化

**0637**

**东北资源型城市经济转型期居民收入分配差距研究:以黑龙江省为例** / 张新颖著 ; 宋冬林指导. -- 吉林大学, 2009. -- 134 页

论文以东北地区为空间范围,以黑龙江省资源型城市为案例,以居民收入分配为研究主要对象,对于东北资源型城市居民收入差距进行系统研究。全文共分为六章。第一章,绪论。介绍论文研究背景及问题提出,国内外关于资源型城市和居民收入研究现状,论文研究目的与意义,研究思路与方法以及论文可能的创新之处。第二章,居民收入相关理论回顾与相关概念界定。理论部分包括西方经济学收入分配的相关理论和国内对收入分配的理论研究。第三章,东北资源型城市转型期居民收入分配差距实证分析。首先对东北资源型城市居民收入差距做区域比较;介绍资源型城市转型期居民收入总体状况;对资源型城市家庭状况分析,包括资源型城市居民家庭收入和消费状况,资源型城市人均消费支出水平差距较大现状;资源型城市城市居民收入差距表现在生活上的贫困现象;基尼系数对收入分配差距的测度,包括煤炭城市基尼系数的测定,收入不良指数对两极分化的测度,资源型城市居民收入差距的基本判断。第四章,东北资源型城市转型期居民收入差距因素分析。分析包括东北资源型城市居民收入分配差距因素量化分析,东北资源型城市居民收入分配差距因素定性分析。第五章,资源型城市居民收入差距与城市可持续发展。探讨居民收入对经济发展的影响,居民收入差距对社会进步的影响。第六章,调节东北资源型城市居民收入分配差距的政策。提出东北资源型城市居民收入差距的调节与政策取向,国外调整居民收入分配的对策借鉴,东北资源型城市经济转型的居民合理收入差距政策框架。最后为论文结论。

关键词:经济转型期　居民收入　收入差距　东北地区

**0638**

**政府管制下的中国资本市场效率研究** / 张兴著 ; 谢鲁江指导. -- 中共中央党校, 2009. -- 171 页

论文的研究对象为政府管制下的资本市场效率问题,阐述政府管制下资本市场的历史效率、制度供给效率和经济效率,研究政府管制的立场、目的和方式是如何影响企业进而影响资本市场经济效率的。全文共分为八章。第一章首先阐述资本及资本市场的内涵,随后辨析资本市场效率与资本市场有效性的异同,认为两者是包含和被包含的关系,资本市场效率不仅体现在信息效率、交易效率方面,也体现在资金实际运用效率上。第二章主要考察中国资本市场政府管制的历史,探究管制的历史背景、管制的必然性和管制的结构性,认为管制的结构主要由融资结构管制、进入管制和市场层次结构管制组成,三者之间相互强化,共同影响资本市场的发展。第四章是在前三章研究的基础上,概括出中国资本市场的特征、资本市场效率的评价体系,认为现阶段必须将资本市场置于政府管制的约束下,来研究资本市场配置资源的经济效率。第五章主要分析融资结构管制对资本市场效率的影响。首先研究利率管制和企业债券管制如何形成"强制储蓄",进而导致股票市场流动性过剩的问题,并对"强制储蓄"与股票市场波动的关系进行实证分析;其次研究企业债券管制如何弱化债券市场功能,进而影响中小企业债券融资问题;接着研究融资结构管制如何异化企业融资行为,以及对企业和产业质量的影响。第六章主要分析主板市场金融管制对资本市场效率的影响。首先说明进入管制的层次性如何抑制非公有制企业上市,并说明进入管制的派生物与股票"柠檬市场"形成之间的关系;然后分析进入管制对股票市场结构的扭曲;最后研究进入管制下市场参与者之间的博弈,以及博弈对资本市场效率的影响,得出市场非理性的结论。第七章分析市场层次结构管制对资本市场效率的影响,认为单一层次资本市场导致资本区域配置失衡和技术创新不足,因此对经济增长的贡献不高。第八章通过对资本市场效率的证实检验,验证中国资本市场效率有关特征。

关键词:资本市场　证券市场　融资　经济效率

**0639**

**行政垄断的收入分配效应:理论及中国的经验研究** / 张原著 ; 陈凌指导. -- 浙江大学, 2009. -- 187 页

论文研究行政垄断的收入分配效应,以中国经验为基础分析行政垄断导致收入差距扩大的机理和历史表现,研究其造成的工资与非工资性收入差距扩大的制度选择。全文共分为七章。第一章,导论。介绍论文研究背景和问题提出,研究思路和研究框架,研究方法,研究的创新性和局限性。第二章,相关概念的界定及文献综述。第三章,中国行政垄断收入分配

作用的制度演变。介绍行政垄断与收入分配关系的基本制度及其变迁,行政垄断与收入分配作用的历史回顾与现状,行政垄断与收入分配作用造成的主要问题。第四章,行政垄断的收入分配效应理论模型。首先提出基本模型假设和模型分析,接着对要素价格行政垄断下的模型分析,包括基本假设的调整,调整后的模型分析;提出要素分配和利润分享比重行政垄断下的模型分析,介绍基本假设的调整,调整后的模型分析。第五章,实证研究——行政垄断的工资与非工资性收入分配效应。结合具体实例,介绍行政垄断的工资收入分配效应,行政垄断的非工资性收入分配效应,并对两者比较分析,做出总结。第六章,行政垄断的收入分配差距治理。内容包括工资和非工资性收入分配制度改革,二次分配和监管对行政垄断部分收入的调节,行政垄断部门垄断权力的改革。最后为论文主要结论与研究展望。

关键词:收入分配　收入差距　行政干预　垄断行业

**0640**

**中国劳动力市场的城乡分割:形式、程度与影响** / 张昭时著 ; 姚先国指导. -- 浙江大学, 2009. -- 153 页

论文在理论上采用制度分析的方法,实证上采用多元统计分析、计量经济学和结构方程建模的方法,对中国劳动力市场城市分割的形式、程度以及后果进行探讨。论文共分为八章。第一章,介绍研究背景、研究的问题和方法,阐述论文的结构安排,说明论文的主要结论和创新点。第二章,阐明劳动力市场分割理论——SIM 理论,分析劳动力市场分割的测度方法并介绍中国的经验。第三章,首先,介绍“城乡二元体制”的历史背景和形成,继而说明“城乡二元体制”与前劳动市场的城乡分割形成的关系。第四章,阐述行业分割与职业分割的特点,提出劳动力市场分割的两重“二元性”假说。第五章,基于 Mincer 方程的城乡分割指数,并在转换回归模型样本区分的基础上,计算出各个分割层次的分割指数,说明“二级部分”的分割程度高于“一级部分”,同时,在“二级部分”内部,相对“差”行业及所有制的分割程度高于“好”行业和所有制。第六章,介绍研究的方法与数据,说明总体城乡分割程度与一、二级市场城乡分割有效性及指数,比较二级劳动力市场内部,城乡分割程度在不同类行业间及不同所有制间、就业机会方面的差异。第七章,阐明劳动力市场城乡分割的后果:福利不平等。第八章,总结全文,提出结论及政策建议,并且说明今后的研究方向。

关键词:劳动力市场　资源配置　城乡差别　户籍制度

**0641**

**中国民营经济产业结构演进研究** / 张志民著 ; 林民书指导. -- 厦门大学, 2009. -- 192 页

论文对改革开放以来中国民营经济的产业结构演进进行多层次、多角度的研究,在分析民营经济三大产业总体演进轨迹的基础上,对民营经济工业和服务业内部的产业结构演进、产业结构演进的动因和发展趋势等诸多方面进行细致深入的研究。全文共分为十章。第一章,产业结构演进的理论分析。包括产业和产业机构的涵义,产业机构演进的理论综述,产业机构演进的规律和动因。第二章,民营经济的基本概念和发展历程。介绍民营经济的基本概念,民营经济的消亡和复兴,改革前期民营经济的发展,民营经济的全面发展。第三章,民营经济的总体结构演进。介绍民营经济产业结构演进的轨迹,各类民营企业的产业机构演进,民营经济产业机构演进的阶段性特征。第四章,民营工业的产业机构演进。探讨工业的产业分类和演进规律,民营工业企业的产业机构演进;民营企业与其他类型企业产业机构演进的比较。第五章,民营服务业的产业机构演进。介绍服务业的分类和演进趋势,个体服务业的产业机构演进,私营服务业的产业机构演进,并对不同所有制经济的服务业产业分布进行比较。第六章,民营经济产业结构演变的程度与效率分析。包括民营经济产业机构变量程度测定,民营经济产业机构变动的稳定性分析,民营经济产业机构演变的效率分析。第七章,需求结构与民营经济产业机构演进。探讨消费需求变动与民营经济产业机构演进,投资需求变动与民营经济产业机构演进。第八章,供给结构、技术进步与民营经济产业结构演进。介绍民营经济劳动力供给的变动,民营经济资本存量的估算,民营经济技术进步率的估算。第九章,政策体制环境与民营经济产业结构演进。介绍政策体制环境的进步与民营经济的产业扩张,政策体制环境的尚存不足,改善民营经济体制环境的对策建议。第十章,民营经济产业结构的现存问题和发展趋势探讨,并提出论文结论。

关键词:民营经济　产业结构

0642

**经济发展方式转变中我国居民消费增长机制研究** / 赵东安著；洪银兴指导. -- 南京大学, 2009. -- 202 页

论文论述了进一步调整投资和消费的关系,调整需求结构,内需强调消费,尤其是居民消费,才有利于经济发展方式的转变。不断提高和扩大消费的数量和质量,引导消费结构升级,人民才能共享经济社会发展成果,最终促进经济发展和和谐社会的构建。文章采用发展经济学的分析框架,运用理性预期消费函数理论、信贷约束条件下的消费者行为理论和预防性储蓄理论等理论分析工具,引入消费对收入的超敏感系数和消费的跨时期利率弹性的概念,分析了造成居民消费率下降的因素。论述了消费拉动带来的经济发展方式的变化,探讨了消费在经济发展方式转变中的作用。论述了消费波动和消费增长的因素分析,分析了消费波动的类型,探讨消费波动和收入波动的关系及居民消费倾向变动等。针对居民消费对收入的敏感程度进行了实证分析,通过详细分析城乡居民的收入增长机制,就收入分配格局进行论证。研究了收入转化为消费的机制,包括城乡收入差距、城乡二元社会结构、地区间收入差距及居民收入分配对居民消费率的影响,城镇居民消费倾向、就业变化对社会的影响等。论述了消费信贷对消费的促进作用。概括了我国消费信贷的发展,借鉴了美国消费信贷发展的经验教训,进而对我国消费信贷体系的规划提出了一些建议。提出建立完善的社会保障体系,运用宏观手段促进就业和发展,完善税收政策调控收入分配和促进消费增长。

关键词:经济发展　发展方式　居民消费　消费水平　居民收入

0643

**资本积累、技术进步与劳动力市场动态:马克思经济增长理论与模型研究** / 赵辉著；谢思全指导. -- 南开大学, 2009. -- 125 页

论文在介绍马克思经济增长理论的基础上建立一个基于马克思经济增长理论的内生增长模型,并与西方经济增长理论和模型进行比较研究,最后对中国的经济增长研究和政策提供一些建议。论文共分为七章。第一章,导言。介绍选题的背景及意义、论文的主要内容和章节安排,并对文章的研究方法、创新、不足进行说明。第二章,梳理世界经济增长的历史,介绍长期经济增长的典型化事实。第三章,在分别阐述古典经济学家、新古典学派、后凯恩斯学派的经济增长理论的基础上,介绍西方经济增长理论的发展。第五章论述马克思的经济增长理论。从工场手工业时期的分工和协作发展成为现代经济增长的机器和大工业,并且说明了马克思的社会再生产理论以及需要进一步研究之处。第五章对马克思经济增长的模型进行研究,从无技术进步模型、技术进步外生模型、技术进步内生模型、消费品种类多样化内生模型及马克思的经济周期模型五个方面进行论述研究。第六章,通过比较分析前人对新古典的经济增长理论的评论,揭示经济增长的本质原因,提出资本积累对技术进步和经济增长的促进是通过劳动力市场的动态变化进行的,解释经济增长和人力资本的关系:人力资本的提高是资本积累和经济增长的结果。第七章,阐述中国的经济增长,并根据马克思的经济增长理论对当前经济增长研究中广泛使用全要素生产率对经济增长进行分解的方法提出了批评意见。

关键词:马克思　经济增长　资本积累　技术进步　劳动力市场

0644

**中国消费文化变迁研究** / 赵吉林著；袁文平指导. -- 西南财经大学, 2009. -- 213 页

论文在历代经济文化演进的基本背景下,对不同社会形态及同一社会的不同发展阶段中物质消费文化、精神消费文化和生态消费文化的基本状况做出分析,揭示相关社会制度、观念、习俗、环境等各种文化要素的变迁对社会成员消费生活的影响,展示我国消费文化从传统走向现代的基本历程。全文共分为七个部分。导论主要交代论文的研究背景及研究意义、研究思路和研究方法,概括论文的逻辑结构及各章的主要内容等。第一章探析消费文化的内涵,在阐释国内外众家文化定义的基础上,将文化界定为社会文化,即人类创造的物质财富和精神财富的总和。第二章主要梳理中国传统农业经济发展与消费文化形成的脉络,归纳中国古代消费文化的总体表征:传统农业经济社会消费生活方式的基本特征:自给自足、结构单一、水平低下、等级森严、宗亲消费等,从而凝练出中国消费文化的核心。第三章重点考察中国现代化前期的经济社会发展中,消费文化从传统走向现代化的曲折转型,分析消费方式特点是消费观所面临的冲击及由此带来的变迁。第四章阐述中华人民共和国实现经济现代化进程与消费文化演进的同一性与

同向性。第五章从全球化的视角,考察中西方消费文化的融合与冲突,认为全球化是世界现代化进程的必然趋势,经济全球化必然伴随文化的全球文化趋同化,并得出经济全球化对中国传统消费文化带来的双重效用。第六章重点分析在当前中国混杂的价值形态和文化形态下,多元消费文化存在的基础及其发展趋势。第七章立足于加快全面建设小康社会的进程,构建和革新中国特色社会主义消费文化体系,并得出全文的主要结论。

关键词:消费文化　社会变迁　现代化　经济发展

**0645**

**中国水污染治理中的排污权交易制度研究** / 赵顺著 ; 睢国余指导. -- 北京大学, 2009. -- 130 页

论文围绕水污染治理面临的两个难题——经济发展和环境保护之间的矛盾、水污染治理的紧迫性与资金短缺之间的矛盾,综合当前国内外的最新理论和研究成果,对针对中国水污染治理的跨行业排污权交易的思路展开探讨。全文共分为十章。第一章绪论,介绍研究的背景与意义、国内外相关文献、研究思路与方法以及论文的创新之处和有待深入研究的问题。第二章为全球水污染及其治理状况,包括全球水资源状况、全球水污染现状以及全球水污染的治理状况。第三章为中国水污染及其治理状况,对中国水资源状况、中国水污染现状、中国水污染的形成原因以及中国水污染的治理状况进行介绍。第四章,水污染的经济根源。首先介绍市场经济与自然资源配置;其次为自然资源的产权与外部性;最后介绍环境政策的分类和作用。第五章,水污染治理的经济学研究,对排污收费制度、排污权交易制度、排污收费制度展开介绍,对排污权交易制度进行比较并对国外排污权交易制度的实践展开探讨。第六章,中国排污收费制度的经济学分析,包括中国排污收费制度的发展、评价和制度的不足之处的说明。第七章,中国排污权交易制度的研究。研究包括排污权交易制度的总体框架、排污权交易的初始分配、排污权交易的制度设计。第八章,跨产业的排污权交易研究,对城市水污染治理和农业水污染治理展开分析。第九章,中国排污权交易的时间及其经济分析,对中国水污染排污权交易的实践、中国排污权交易的主要问题以及中国水污染排污权交易的发展思路展开探讨。第十章,跨产业排污权交易制度的案例分析,对太湖流域的水污染、水污染治理、水污染治理规划等问题做了一定的讨论。最后为总结和展望。

关键词:水污染　污染防治　排污交易　环境政策

**0646**

**环境规制与资源消耗型经济增长方式的转变:着重于减排的分析** / 赵廷元著 ; 李义平指导. -- 中国人民大学, 2009. -- 123 页

论文采用时间序列回归模型的方法,对环境规制与资源消耗型经济增长方式的转变进行讨论,着重于减排的分析。全文共分为七章。第一章,导论部分介绍论文范围界定、问题聚焦、研究目的与意义、相关文献综述、论文思路、方法与结构安排以及论文创新之处与不足。第二章,中国以减排为主的环境规制与经济增长的关系。首先提出减排对中国经济增长影响的实证分析:1987—2007,提出模型、变量与数据说明;之后得出结果,认为从“九·五”至“十·五”以减排为主的中国环境规制对中国经济增长不起作用,污染物排放量与经济增长正相关,而“十一·五”,资源消耗型经济增长趋势继续,环境规制没有实际效果。第三章,中国经济增长是否改善环境问题:中国各省、直辖市的国民生产总值、外商直接投资增加与中国全国二氧化碳、二氧化硫排放量的关系。首先提出模型、变量与数据的来源,之后对结果做出具体的分析。第四章,环境规制没有成效的原因,认为主要是低廉的资源价格刚性与资源、环境市场的不完善;环境、能源政策与产业政策的不协调;从发达国家转移的以资源消耗型制造业为主的产业结构;中央与地方的政策目标差异四个方面的原因。第五章,对中国中央政府环境规制,经济增长有关政府职能的思考:大政府好还是小政府好。首先对环境规制有关政府职能的国际比较(美国和中国),并对美国从小政府到大政府的转变经验以及中国在环境领域政府职能的变化做出总结。第六章,探索减排推动中国“绿色增长”的可行性。首先分析火电变化的可行性;其次讨论现实性的方案——核电站的扩散以及太阳能等清洁能源的发展潜力与限制;之后还对“绿色增长”模式展开国际比较,并以试点方式进行渐进式的发展探讨。第七章为论文的主要结论和政策建议。

关键词:经济增长　资源开发　生态环境　环境保护　节能

**0647**

**我国基本公共服务地区均等化研究** / 赵怡虹著 ; 洪银兴指导. -- 南京大学, 2009. -- 206 页

基本公共服务均等化是我国实现社会公平、可持续发展及构建和谐社会的重大举措，是解决区域发展差距中能实现也是首先需要实现的目标，对其研究也就具有格外重要的理论价值和现实意义。基本公共服务均等化的理论和实践在我国都不成熟，因此论文对其进行了尝试性的探索，从动态视角分析了均等化的目的和基本要求。根据科学发展观的理论和目标，论文提出基本公共服务地区均等化的目的是实现公平与效率的统一，在二者的协调中促进区域发展。论文对我国省级单位基本公共服务水平的实证研究表明，我国基本公共服务地区间的非均等状况较为严重。政府虽然在基本公共服务均等化过程中发挥着主导作用，但也不可忽视其他主题不可或缺的参考作用。从政府作为公共服务的唯一或主要供给者，到公共服务的市场供给和社会自主供给，再到公共服务提供的多方合作，是公共服务提供机制及模式发展变化的基本轨迹。论文主要分为六个部分。第一章为导论；第二章为基本公共服务地区均等化的目的和基本要求；第三章为我国基本公共服务的地区格局及其成因；第四章为完善中央政府转移支付体系；第五章为改善地方政府公共支出偏好；第六章为构建多元化公共服务供给方式。

关键词：社会服务　财政支出　财政转移支付

**0648**

**垄断条件下产品差异的经济学分析** / 赵英杰著；宋涛指导. -- 中国人民大学, 2009. -- 129 页

论文的研究对象为垄断条件下产品差异的经济学。全文共分为八章。第一章研究的基本情况，内容包括问题的提出、基本概念界定、研究内容、研究方案和论文的主要创新点。第二章，产品差异相关研究文献综述。首先是西方经济学对产品差异的研究，包括产品差异的内涵和分类，主要研究方法，主要模型，演化经济学对产品差异的研究；其次是马克思主义经济学对产品差异的研究，从马克思关于产品和产品差异的分析、马克思关于人的需要的社会性的分析以及其他马克思主义学者的分析对内容展开讨论；最后为国内学者的相关研究。第三章，产品差异与垄断生产过程，首先从商品二因素与产品差异、实用价值差异分析、价值差异分析以及使用价值差异与价值差异关系分析对产品差异的内涵进行确定；接着从差异产品生产与生产组织方式的变革和差异产品需求与生产组织方式的变革两个方面探讨产品差异与生产组织方式的变革；最后说明了产品差异的物质内容与社会形式。第四章，产品差异与垄断流通过程，对产品差异与垄断竞争、产品差异与垄断价格以及产品差异与垄断利润三个方面展开分析。第五章，产品差异与进入壁垒。首先介绍进入壁垒与差异产品的价值表现形式，接着对产品差异进入壁垒展开分析，最终得出不同生产组织方式下的产品差异进入壁垒的现象问题。第六章，产品差异与合谋兼并。对产品差异下的合谋和兼并两类问题从一般分析和实证论述展开说明。第七章为产品差异与扩大再生产。首先介绍产品差异扩大再生产的内涵，对产品差异与产能过剩的问题做出讨论。第八章为论文的结论和展望。

关键词：理论经济学　产品差异　垄断　市场竞争

**0649**

**区域一体化视角下的城市群形成机理研究** / 赵勇著；刘世锦，白永秀指导. -- 西北大学, 2009. -- 144 页

论文从区域一体化的视角，以城市群形成机理为研究对象，特别是对处于转型和发展双重阶段的发展中大国城市群形成机理和一体化过程进行研究。全文分为八章。第一章为绪论，包括选题背景与研究意义、研究对象与研究方法、研究思路与框架结构、论文的创新之处。第二章评述城市群研究的文献，综述了国外城市群研究的文献和国内城市群研究的文献，并评论国内外城市群研究文献。第三章分析城市形成机理的理论框架，介绍城市群的本质及特征，并对城市群形成机理的研究进行假设，提出城市群形成机理的理论假说。第四章基于企业区位选择对城市群形成机理进行分析，首先说明企业区位选择分析的逻辑起点，接着论述企业区位选择与城市群生产网络的形成，最后阐述企业区位选择与城市功能的一体化。第五章基于产业演化对城市群形成机理进行分析，从产业集聚扩散与城市集聚经济、产业集聚扩散与城市群结构演化、FDI 集聚扩散与城市群功能升级三个方面进行研究。第六章基于制度变迁对城市群形成机理进行分析，指出制度变迁在城市化进程中的作用，并探析了制度变迁与城市群的一体化以及制度变迁与城市群的协调可持续发展。第七章对城市群形成机理的案例进行分析，首先介绍长江三角洲城市群发展历程及现状，接着指出长江三角洲城市群空间结构及其特征，最后探索长江三角洲城市群形成机理。第八章提出了加快我国城市群形成的政策建议，应当通过优化企业区位选择、加快产业演化、加快制度变迁来

推动城市群的形成。

关键词:城市群　区域经济一体化　区位选择　产业集聚　制度创新

0650

**环境规制约束下的企业发展研究** / 赵玉民著 ; 朱方明指导. -- 四川大学, 2009. -- 192 页

论文分析环境规制对企业发展带来的影响,探讨我国环保法律法规和环境经济政策的现状、不足及其完善,分析社会服务支持体系的类型、原则、构成和任务等内容。论文共分为八章。第一章,导论。介绍论文的选题背景、意义、框架结构、主要研究方法、创新与不足。第二章,阐述环境规制的涵义、类型及特点,介绍环境规制的产生、发展与变化过程,揭示环境问题的成因与实质,剖析环境成本的内涵、特征与影响因素。第三章,分析企业发展的内涵,并将之与企业成长、企业增长及企业的可持续发展做比较。第四章,分析环境规制与企业发展之间的关联,研究环境规制对企业发展的影响性质、影响机理与影响程度。第五章,从战略选择角度分析环境规制约束下的企业发展对策。主要从行为选择角度与空间布局角度探讨环境规制约束下企业发展的战略选择。第六章,从制度创新的角度分析环境规制约束下的企业发展对策,认为环境规制背景下,企业要顺利发展,需要在营销制度、生产制度、财务制度、组织结构和企业文化等方面进行创新,实施绿色营销、清洁生产和绿色会计制度等。第七章从技术创新角度分析环境规制约束下的企业发展对策,认为环境规制背景下,企业顺利实现发展,还需要进行绿色技术创新。第八章,从企业外部角度为环境规制约束下的企业发展提出对策。

关键词:企业管理　经济发展　生态环境　技术创新

0651

**国家助学贷款的发放效果** / 郑广琯著 ; 朱玲指导. -- 中国社会科学院, 2009. -- 115 页

论文回顾国内外关于国家助学贷款发放的相关研究,把国家助学贷款发放效果聚焦于发放、使用与回收等方面,选取南方某大学——C 大学,作为国家助学贷款的调查点,采集大量样本数据,采用经验研究的方法进行讨论分析。全文共分为六章。第一章,绪论。介绍论文研究背景,国家助学贷款问题的相关文献综述,选题的意义、研究目标与研究方法。第二章,调查样本的基本特征:统计性描述。介绍调研单位的相关情况,以南方某大学——C 大学作为国家助学贷款的调查点,采用大量的样本数据,调查还贷学生的特征,还款违约者的特征,采用经验研究的方法进行讨论分析,并得出结论。第三章,国家助学贷款的发放情况。对国家助学贷款的发放机制分析,对国家助学贷款发放的实际情况分析,对国家助学贷款发放的对象做出计量分析,并得出结论和探讨。第四章,国家助学贷款的使用效果。介绍国家助学贷款对经济困难学生获取高等教育机会的影响,国家助学贷款对学生学习成绩的影响,获得助学贷款学生的就业状况,以及国家助学贷款对学生一生的影响。第五章,国家助学贷款还款违约的问题。对国家助学贷款回收被拖欠的情况分析,并对国家助学贷款违约问题做出计量分析,并得出结论与讨论。第六章,论文的主要结论和研究展望。

关键词:助学金　贷款　违约

0652

**东亚货币合作的现实基础及中国的战略选择** / 郑旭著 ; 施本植指导. -- 云南大学, 2009. -- 227 页

论文以东亚地区的货币合作为主题,把东亚货币合作置于国际货币合作的多学科视角下,力图从多学科的角度全面审视这一地区的货币合作机制及前景。全文共分为六章。第一章为导论。主要介绍研究背景及问题的提出,国内外研究综述,研究的视角、思路、方法和主要创新点,以及论文的结构安排。第二章论述国际货币合作的性质与理论基础。首先简述国际货币合作的多学科含义、类型与阶段划分、原则与目标,然后分别从经济学、政治学、国际政治经济学、国际法学、生态学角度分析国际货币合作的理论基础。第三章指出区域货币合作是国际货币合作发展的主流趋势。论文从最初的加洛林货币政策到正式货币联盟的发起,再到欧洲货币一体化、拉美国家美元化和非洲法郎区的货币合作,论述货币合作的历史发展进程,并简述欧、美、非三种货币合作模式的比较与借鉴,指出区域货币合作是全球化背景下地区经济发展的现实选择,也是国际货币制度发展的历史必然选择。第四章分析区域货币合作浪潮中的东亚货币合作。首先分别介绍东亚货币合作的早期构想、实质进展及面临的困难和障碍,然后从三个方面阐述东亚货币合作的现实基础,最后探讨东亚货币合作的模式选择和路径安排。第五章论述东亚货币合作中的

汇率制度选择。首先介绍汇率制度理论的发展及面临的困境,然后提出关于东亚汇率合作的几种设想,并指出东亚货币合作与汇率制度的发展方向。第六章将东亚货币合作与中国的战略选择联系起来,在中国视角下分析中国参与东亚货币合作的战略选择。

关键词:货币　国际经济关系　国际合作　汇率制度　人民币汇率　东亚

**0653**

**西藏农村公共产品供给研究:以农牧区"四基"供给为例** / 郑洲著 ; 杨明洪指导. -- 四川大学, 2009. -- 265 页

论文以西藏农村和谐社会建设为研究出发点,运用一般与特殊相结合、文献搜集与实地调查研究相结合、个案分析、比较分析及系统分析等方法,从影响西藏农村和谐社会建设的一系列内部因素入手,着重从解决西藏农牧民群众最关心、最直接、最现实的利益问题。全文共分为七章。第一章是导论。介绍论文的选题背景及意义、研究方法、论文结构及可能存在的创新。第二章对西藏农村公共产品供给进行总体分析。以西方公共产品理论为指导,结合西藏农牧区特殊实际情况,对西藏农村公共产品的概念、特征、分类及供给方式等进行具体界定,然后具体论述农牧区基础设施、基础教育、基本医疗卫生及基本社会保障等"四基"供给现状及供给作用。第三章对农牧区基础设施供给进行研究。主要以农牧区道路、人畜安全饮水与农田灌溉、农牧区电力等农村公共产品供给为例,对其供给现状、存在问题及改革措施进行研究,并以扎囊县德吉新村朗赛林提灌站建设与维修为例,对西藏农村公共产品供给进行个案分析。第四章西藏农牧区基础教育供给进行分析。首先阐述农牧区基础教育发展面临的特殊困难及政府采取的一系列特殊供给方式,并分析政府供给成效及存在的问题;然后结合农牧民群众对基础教育的实际需求,构建基础教育供给的局部均衡分析模型,并考察农牧区基础教育供给效率。第五章对西藏农牧区基本医疗卫生服务供给进行研究。首先分析西藏农牧民面临的主要健康风险,考察政府对西藏农牧民所实施的一系列特殊的医疗服务供给,在此基础上,重点论述西藏新型农牧区医疗管理制度的实践成效及完善对策。第六章对西藏农牧区基本社会保障进行分析。首先对西藏城乡基本社会保障服务供给进行对比,在此基础上,重点分析农村基本社会保障服务供给面临的特殊困难,并以农村居民最低生活保障、农牧民基本住房保障等农村公共产品供给为例进行具体研究,考察农牧民基本社会保障服务供给存在的问题及完善对策。第七章是论文的结论部分,主要从五个方面提出改革与完善西藏农村公共产品供给体制的一些思考与建议。

关键词:农村　公用事业　基础设施　供给制　西藏

**0654**

**我国社会主义新农村建设若干问题的研究** / 钟贤华著 ; 曹阳指导. -- 华中师范大学, 2009. -- 147 页

论文以现阶段社会主义新农村建设为研究线索,从农业所具有的特殊性质和农业多功能的特点出发,探讨工农关系、城乡关系和"三农"问题产生的原因,概括介绍当今社会主义新农村建设具有的鲜明时代特征,并对如何大力培育和发展农民合作经济组织进行探讨。全文共分为导论和正文两大部分。导论主要介绍论文研究的意义和背景、研究综述、研究方法及基本框架、论文可能的创新点。正文部分包括五章内容。第一章简述工农关系、城乡关系与"三农"问题的理论渊源。首先介绍农业的特性及新形势下我国的"三农"问题;然后引出马克思主义经典作家和学术界关于工农城乡关系的论述,对经典城乡理论进行回顾;最后提出国际工农业关系演变的经验。第二章指出统筹城乡发展战略背景下的社会主义新农村建设是时代特征。首先概述建设社会主义新农村的历史背景,社会主义新农村的特点及建设的形态;然后提出建设社会主义新农村的指导思想、目标,以及社会主义新农村建设的特征,并指出当前新农村建设过程中存在倾向性问题;最后对我国社会主义新农村建设的已有研究成果进行简述。第三章探究完善社会主义新农村建设中的农村公共产品供给制度。首先介绍国外农村公共产品供给经验借鉴;然后论述我国农村公共产品的供给现状及供给制度的变迁;最后指出现阶段我国农村公共产品增加有效供给的途径。第四章论述社会主义新农村建设中农村社会保障机制的建立与完善。首先简述国外建立农村社会保障制度的情况及其启示,在此基础上提出我国农村社会保障制度的现状;然后分别以我国农村社会养老保障制度和农村医疗保障制度为例,说明我国农村社会保障制度的现状、存在的问题及其完善途径。第五章探究社会主义新农村建设中农民合作经济组织的培育与发展。首先介绍世界和我国农民合作经济组织的发

展现状;然后指出我国农民合作经济组织发展中存在的主要问题和障碍;最后提出促进我国农民经济合作组织发展的途径。

关键词:农村　社会主义建设　中国

**0655**

**我国“三农”发展中的金融支持研究** / 周才云著 ; 张进铭指导. -- 江西财经大学, 2009. -- 166 页

论文以我国不同时期的“三农”政策为研究背景,强调破解“三农”困境,促进农村金融市场快速健康发展的重要性。全文共分为八章。第一章为绪论。包括选题背景及意义、国内外研究现状、论文的结构安排、研究方法及论文的创新与不足之处。第二章是对农村金融理论的回顾与评述。首先提出金融概念,并深入分析金融的功能,阐述农村金融的内涵及作用;随后分别介绍金融支持理论和农村金融理论;最后对相关农村金融理论做简要评述。第三章是农村金融发展对农村经济支持作用的实证分析。首先,简要阐述帕加诺模型,并在此基础上实证分析改革开放以来农村金融发展对农村经济增长的支持作用;其次,基于柯布—道格拉斯生产函数方程,实证检验 1978—2007 年我国农村金融发展对农民收入增长的支持作用。第四章以供给视角分析“三农”发展与金融支持。简要介绍农村金融中供给体系各自的发展历程和运行状况,即农村政策性金融(中国农业发展银行)、农村合作性金融(农村信用合作社)、农村商业性金融(中国农业银行)、邮政储蓄银行、新型农村金融机构、农村民间金融和农业保险。第五章以需求视角分析“三农”发展与金融支持。简要分析“三农”的含义及表现,并系统地依次研究“三农”发展中的金融需求层面,包括农业的金融需求分析、农村的金融需求分析及农民的金融需求分析。第六章论述农村金融支持缺陷与“三农”困境。基于农村金融支持缺陷这一层面分析“三农”困境。首先对改革开放以来的“三农”问题进行回顾;然后结合统计数据,深入描述全国、城镇和农村金融支持的规模、结构及效率,并从外在和内在因素上分析我国农村金融支持缺陷的原因。第七章介绍国外农村金融支持的经验与启示。分别介绍韩国、日本和孟加拉国的农村金融发展模式与特点,并总结出有益启示。第八章是结论与政策建议。在总结研究结论的基础上,提出加强农村金融支持“三农”发展的政策建议,包括加大农村资金投入、优化农村金融生态、规范农村小额信贷、健全农业保险体制及鼓励农村金融创新。

关键词:农村金融　金融支持　农村经济　经济增长

**0656**

**新农村建设中的乡镇企业发展研究** / 周建群著 ; 陈征指导. -- 福建师范大学, 2009. -- 207 页

论文为新农村建设中的乡镇企业发展研究。全文共分为五章。第一章,绪论。介绍论文研究问题的提出,研究的意义,研究的现状,思路与方法,论文创新与有待进一步研究之处。第一章,中国特色社会主义新农村建设的伟大历史任务。介绍马克思主义农村经济发展理论,建设社会主义新农村的背景,建设社会主义新农村的重要意义,社会主义新农村建设的内涵。第二章,乡镇企业的发展历程和发展模式。介绍乡镇企业概念的内涵和外延,对乡镇企业的发展历程进行回顾,介绍乡镇企业的发展模式,包括苏南模式、温州模式、平定模式、珠江模式和晋江模式。第三章,发展乡镇企业是实现农村现代化的必由之路。从多种方面考察,介绍乡镇企业与新农村建设的关系;介绍乡镇企业在农村经济发展中的作用,提出乡镇企业是农村经济增长的支撑者,乡镇企业是农村经济发展的重要力量;探讨乡镇企业与农业现代化;介绍乡镇企业与农村富余劳动力转移的理论以及增加农民收入的实证分析;分析乡镇企业发展向农村提出民主管理要求内涵,乡镇企业对民主建设的促进作用以及乡镇企业对民主建设发生作用的方式和程度,提出乡镇企业发展促进农村民主化进程。第四章,乡镇企业与中国特色的新型工业化道路。提出新型工业化道路是中国社会主义的一大特色,发展乡镇企业必须走新型工业化道路,并分析农村新型工业化道路要注意的几个问题。第五章,当前我国乡镇企业存在的问题和发展对策。结合我国乡镇企业的发展环境和存在的问题,分析乡镇企业面临的挑战和机遇,提出对乡镇企业发展的对策和建议。最后为论文结论。

关键词:农村　乡镇企业　企业发展

**0657**

**收入不均等对人力资本的影响研究** / 周景彤著 ; 孙蚌珠指导. -- 北京大学, 2009. -- 173 页

论文采用规范与实证相结合的方法、分析与综合相结合的方法、定性分析与定量分析相结合的方法,遵循“由小到大”和“由小到大”相结合,重点研究收

入不均等如何影响教育、健康和迁徙等不同形式人力资本的形成和积累,进而对经济增长的影响。全文共分为六章。第一章,导论。首先,界定研究的范畴,并进行文献回顾说明研究的理论意义,然后介绍中国收入不均等状况变化与研究的实践意义,最后,说明分析框架和研究方法以及研究的重点、难点和创新点。第二章,说明收入不均等与人力资本的基本模型,并用计量回归结果与数据说明收入不均等对人力资本形成或积累的影响。第三章,通过文献回顾说明家庭背景、制度迁徙及收入不均等与教育获得的关系,然后,通过指标测定、回归结果说明收入不均等对教育的影响。第四章,分析收入不均等影响健康的作用机理,三种解释与假说:基于物质资源的解释、基于社会心理的解释、基于健康投资价值的假说;然后通过指标选择、数据描述与估计结果说明收入不均等对健康的影响。第五章,首先,界定劳动力迁徙是否属于人力资本的范畴,然后,分析劳动力迁徙的决定因素,最后,通过数据分析说明中国劳动力迁徙的特点以及收入不均等对人口迁徙的影响。第六章,总结全文,说明政策含义。

关键词:国民收入分配　不平衡　人力资本

**0658**

**区域创新网络的结构与创新能力研究:基于知识、学习和社会资本的视角** / 周立军著 ; 何自力指导. -- 南开大学, 2009. -- 282 页

论文从知识、学习和社会三个角度研究区域创新网络从结构到运行的整个过程,并在此基础上对区域创新网络的创新能力做简要评价,提出适合我国发展区域创新网络的对策与建议。全文共分为七章。第一章导论,首先是问题的提出及背景,其次介绍创新网络的研究现状,最后介绍论文的主要内容、研究方法和创新之处。第二章,区域创新网络及其功能。首先是网络的涵义及其功能的介绍,接着是创新模式的演变与创新网络的提出,并对区域创新网络的概念、特点及功能展开详细的介绍。第三章,区域创新网络创新能力的来源。首先是区域创新网络的知识基础,包括知识的涵义,知识的特征,知识的类型以及区域创新网络中知识、知识创造与技术创新;其次是学习与创新能力,包括个体学习、组织学习以及区域创新网络中组织学习与知识创造、创新能力;最后是社会资本与区域创新发展的介绍,包括社会资本的内涵,社会资本的分析层次与类型,社会资本的基本功能,社会资本在知识获取和创新过程中的作用分析以及区域社会资本与区域创新网络创新能力的介绍。第四章,区域创新网络系统化结构分析,首先是区域创新网络系统及构成,其次是区域创新网络系统结构模型的介绍,最后阐释了系统化区域创新网络的创新优势。第五章,区域创新网络的运行分析,首先介绍了区域创新网络的运行特点,其次介绍区域创新网络的形成与动力机制,包括利益诱导机制,市场驱动机制,政府推动机制,环境支持机制以及各动力机制之间互动关系及其对区域创新网络的作用机理,然后对区域创新网络的学习与创新机制、区域创新网络的协调与治理机制以及区域创新网络的总体运行模型展开介绍。第六章,区域创新网络创新能力及其评价,包括区域创新网络创新能力及其构成以及区域创新网络创新能力的评价。第七章,中国区域创新网络发展模式与创新能力提升。本章列举了不同国家区域创新网络发展的成功经验,并针对中国区域创新网络的发展现状及存在的问题提出相应的解决思路和对策。

关键词:区域经济　经济发展　技术创新

**0659**

**中国新型城市化道路选择研究** / 朱攀峰著 ; 刘海藩指导. -- 中共中央党校, 2009. -- 125 页

论文旨在以准确判断中国城市化现有水平为前提,以回顾和总结中外城市化经验教训为基础,通过详细分析我国城市发展的内部条件和外部条件的变化,提出一条适应时代、国情和经济社会综合发展的新型城市化道路。全文分为导论和五章正文。导论部分主要包括研究背景与问题提出、研究现状和文献综述、论文的研究方法与创新。正文第一章分析关于城市化的基本理论,首先界定了城市的本质和城市化的范畴,接着论述城市化相关动力机制的选择以及城市文明与城市发展,最后综述中国城市化道路的范畴及其选择。第二章回顾国外城市化道路的历程,主要有英国和美国、日本和韩国、印度和巴西城市化道路的历程回顾与评述。第三章对中国城市化道路的历程进行回顾,包括改革开放前和改革开放至今两个阶段。第四章分析中国新型城市化道路的内涵,指出新型城市化的本质是城市现代化,并对中国走新型城市化道路进行必要性的分析,揭示了中国新型城市化道路的内涵与特征。第五章提出走中国新型城市化道路的战略措施,首先应走出误区、建立符合国情的现代城市体系,其次应认识到新型工业化是中国新型城

市化的持续动力,最后建立以城乡基本公共服务均等化为起点,塑造新型城乡关系。

关键词:城市化　工业化　城市发展　科学发展观

**0660**

**中国上市公司失败:特征、影响因素及其特殊性** / 朱相平著 ; 曹洪军,魏建指导. -- 山东大学, 2009. -- 203 页

论文的研究采用了理论分析和实证分析相结合、定性分析与定量分析相结合以及国际经验和中国实际案例分析相结合等研究方法,将所有的研究置于中国特定的政策与制度背景下,以上市公司的特征表现及其影响因素为研究对象,并对中国上市公司失败的特殊问题及其根源做了深入的剖析。论文分为八章。第一章为导论,主要阐述了论文的选题及其意义、基本假设和研究方法、研究思路与框架安排等。第二章为文献综述:企业失败的理论研究,该章主要从企业失败定义、企业失败的不同理论解释以及企业失败的影响因素等方面对企业失败理论进行了全面的综述,并进行了综合评价与分析。第三章为现象描述:中国上市公司失败的特征分析,首先对中国上市公司失败进行界定,接着从行业分布、地区分布、资产规模分布、时间分布、存续分布、时间分布、失败路径及财务特征等方面对我国上市公司失败的特征性表现进行了分析,并给出风险警示结论。第四章论述影响上市公司失败的外部因素,该章在区分了一般影响因素和特殊影响因素的前提下,对影响上市公司失败的外部因素进行了理论描述,并对相关因素的影响进行了实证检验与分析。第五章说明影响上市公司失败的内部因素,同样地在区分了一般影响因素和特殊影响因素的前提下,对影响上市公司失败的内部因素进行了理论描述,在此基础上,从财务角度和公司治理角度对上市公司失败进行了实证检验与分析。第六章指出上市公司失败的根源是上市公司价值的过度高估,该章首先对上市公司资源价值的形成进行了经济学分析,在此基础上提出上市公司失败特殊性产生的根源在于对上市公司价值的过度高估,并对上市公司价值过度高估的原因进行了理论分析。第七章介绍了上市公司失败的综合治理对策,主要从政府和上市公司两个层面上提出针对上市公司失败的综合治理对策。第八章为结论,总结了论文研究得出的主要结论,并说明论文的创新点、不足之处及后续研究设想。

关键词:上市公司　破产　财务分析　法人治理结构

**0661**

**不确定条件下中小企业竞争行为研究** / 朱小燕著 ; 张衔指导. -- 四川大学, 2009. -- 156 页

论文相对系统地研究不确定条件下中小企业的竞争行为,强调市场竞争行为以及创新行为,并分析竞争行为的演化趋势,为进一步的研究打下理论基础。全文共分为导论和正文两大部分。导论主要介绍论文选题的背景和意义、基本概念和假定、国内外研究综述、研究内容和方法、可能的创新点及需进一步研究的问题。正文部分共包括无章内容。第一章阐述不确定性与不确定性条件下的企业竞争行为理论。首先提出不确定性的含义、类型与特征,之后介绍马克思经济学、交易费用理论等多个不确定条件下企业竞争行为理论。第二章是对不确定条件下中小企业竞争行为的一般分析。依次阐明不确定条件下中小企业竞争行为的目标与优势,中小企业竞争战略及竞争行为特点。第三章具体阐述不确定条件下中小企业市场竞争行为。首先简述不确定条件下中小企业的定价决策行为与价格竞争行为;然后从非价格竞争行为的种类及不确定性、非价格竞争行为的实物期权、中小企业采用非价格竞争行为的有利之处三个方面分析不确定条件下中小企业非价格竞争行为。第四章论述不确定条件下中小企业创新行为。首先对中小企业技术创新行为的优势和劣势进行分析,并剖析不确定条件下中小企业创新行为的基本特点和技术创新模式;然后对中小企业制度创新行为的定义、作用及类型分别进行考察。第五章在不确定条件下对中小企业竞争行为的演化趋势进行分析。首先简述竞争行为的演化过程;然后提出竞合行为的定义,并依次阐述中小企业竞合行为产生的原因、有利之处与风险,以及竞合行为的组织表现方式。

关键词:中小企业　企业管理　企业竞争　技术创新

**0662**

**中国传媒上市公司风险管理研究** / 邹钟星著 ; 伍新木指导. -- 武汉大学, 2009. -- 125 页

论文选取高政治风险、法律风险、经营风险,也是当前政府改革重点的传媒行业作为研究对象,结合我国传媒上市公司的实际情况以及风险管理的思路与研究方法,研究传媒上市公司的风险管理模式,对促进传媒公司健康稳定的发展,具有特殊而重要的现实

意义。全文共分为九章。第一章为绪论。主要阐述论文研究的背景、意义与目的,并阐述研究的基本内容结构、研究方法和创新观点。第二章介绍国内外研究现状。以公司风险研究的发展和主题为主线,分别评述公司风险管理的研究成果。第三章对中国传媒上市风险进行分析。首先阐述公司风险及风险管理的涵义,分析传媒上市公司风险形成的原因与机理;随后,探讨中国传媒上市公司大于一般上市公司的主要风险因子,并在识别关键风险因子的方法研究中,创造性地提出模糊识别模型;最后,依据该识别模型识别出传媒上市公司的七个关键风险因子。第四章阐述中国传媒上市公司风险衡量与预警模式。首先分析当前常用的风险评估方法,在此基础上提出中国传媒上市公司的 CFaR 风险评价模型,并简述中国传媒上市公司的风险预警模式,创造性地提出中国传媒上市公司的模糊风险预警模型。第五章论述中国传媒上市公司风险管理的组织形式及管理方式。首先分析传媒上市公司的组织与运营特点,并探讨传媒上市公司风险管理组织架构设计的基本问题;在此基础上,提出中国传媒上市公司风险管理组织架构;随后,分析传媒上市公司风险管理组织设计中应注意的问题。最后,根据 COSO 框架下的风险管理定义,并依据中国传媒上市公司的行业特点提出其风险管理方式。第六章概述中国传媒上市公司危机的有效处理模式。首先分析中国传媒上市公司危机的特征以及危机与风险之间的关系;接着分析其危机的形成原因,并提出中国传媒上市公司危机的形成机理模型;随后,探讨中国传媒上市公司危机管理团队的组织结构与注意事项;最后提出危机的应对策略。第七章是对中国传媒上市公司风险程度与其绩效的实证研究。选取我国 A 股市场的传媒上市公司 27 家从 2000 年到 2007 年的财务数据,分别从两个方面实证研究中国传媒上市公司 CFaR 与绩效的关系、其他风险指标与绩效的关系。第八章是对中国传媒公司经营及风险管理的国际比较。选取国际知名的两家传媒集团公司分别分析其经营管理模式与全球化战略,并阐述这两家公司的总体风险管理思想;随后,从国际视野比较传媒公司风险管理的条件与管理方式;最后,通过分析国际传媒公司国际化特征与方式,提出我国传媒上市公司国际化战略。第九章是结论与展望。在对全文研究进行总结的基础上,提出还需要进一步研究的问题及如何防范传媒上市公司的国际化风险。

关键词:传播媒介　上市公司　风险管理

**0663**

**跨国公司对中国汽车产业安全的影响** / 左世全著 ; 齐兰指导. -- 中央财经大学, 2009. -- 137 页

论文在吸收借鉴跨国公司投资理论、产业安全理论和产业组织理论等理论基础上,以坚持改革开放与维护国家汽车产业安全并重指导原则,系统探讨跨国公司对中国汽车产业安全的影响。全文共分为七章。第一章,导论。介绍论文问题的提出和研究意义,对几个重要概念做出界定,提出论文研究思路、框架与方法,论文的创新之处。第二章,跨国公司与产业安全理论评述。介绍跨国公司投资理论述评,产业安全理论述评,跨国公司对中国汽车产业安全的影响研究述评。第三章,跨国公司与中国汽车产业发展历程。介绍世界汽车产业特征及发展态势,跨国公司进入与中国汽车产业发展历程,跨国汽车公司在华战略的新变化。第四章,跨国公司对中国汽车产业安全的影响分析。介绍跨国公司影响东道国产业安全的理论分析框架,跨国公司竞争效应对中国汽车产业安全的影响,跨国公司技术溢出效应对中国汽车产业安全的影响。第五章,跨国公司对中国汽车产业安全的影响评价。探讨基于跨国公司影响的汽车产业安全评价指标体系,基于跨国公司影响的汽车产业安全评价模型以及跨国公司对中国汽车产业安全的影响测度及结论分析。第六章,后发工业国维护汽车产业安全的经验做法及其启示。分别对日本维护汽车产业安全的时间与政策,韩国维护汽车产业安全的时间与政策,巴西维护汽车产业安全的时间与政策做出说明,提出对日本、韩国和巴西经验做法的经验总结和启示。第七章,维护中国汽车产业安全的政策建议。基于对跨国公司进入条件下汽车产业政策的反思,介绍维护中国汽车产业安全的政策目标以及实施措施。最后为论文结论。

关键词:汽车工业　跨国公司　经济安全

# 经济思想史

**0664**

**中国农村剩余劳动力转移思想发展研究(19 世纪末——2008 年)** / 毕艳峰著 ; 赵晓雷指导. -- 上海财经大学, 2009. -- 176 页

论文运用实证分析法、定性分析法和理论模型法,对中国农村剩余劳动力转移思想的发展路径进行

考察,并运用发展经济学的相关理论,从理论高度分析了农村剩余劳动力转移思想发展演变的经济逻辑。第一章为19世纪末期到20世纪上半期中国农村剩余劳动力转移思想的萌芽,作者首先介绍了中国农村剩余劳动力转移思想萌芽的历史背景,并梳理了理论界关于中国农村剩余劳动力转移问题的探索,最后对农村剩余劳动力转移思想萌芽的历史进行评析;第二章为20世纪50—70年代限制农村剩余劳动力转移思想的发展演变,首先介绍50—70年代限制农村剩余劳动力转移思想产生的背景,进而是50—70年代限制农村剩余劳动力转移思想的主要内容,并对该思想的影响进行了分析,总结了限制农村剩余劳动力转移思想的理论;第三章为20世纪70—90年代初就地转移指导思想的发展演变,分别为20世纪70年代末到90年代初理论界关于农村剩余劳动力转移思路的论述,中国农村剩余劳动力就地转移指导思想的发展演变,理论界关于就地转移模式局限性非讨论,中国农村剩余劳动力就地转移思想的影响分析和中国农村剩余劳动力就地转移思想的理论分析;第四章为20世纪90年代中期到2008年中国农村剩余劳动力城镇化转移思想的发展演变,主要包括理论界关于城镇化转移道路的讨论、中国利用该指导思想的发展演变、理论界关于农村剩余劳动力转移体制性障碍的思索,以及中国农村剩余劳动力城镇化转移指导思想的影响分析和理论分析;第五章为农村剩余劳动力转移思想的中外比较及现代启示,包括中外比较视野下的中国农村剩余劳动力转移思想探究,中国农村剩余劳动力的转移思想的特点及历史启迪。

关键词:剩余劳动力　劳动力转移　二元经济结构

**0665**

**政府公共产品供给能力研究:基于机制设计理论视角** / 陈国庆著 ; 陈银娥指导. -- 中南财经政法大学, 2009. -- 176页

论文立足于新古典经济学的福利经济理论,以萨缪尔森的公共产品研究范式为基础建立分析框架,通过理论分析法和定性分析法,对中国政府公共产品供给能力进行了研究。第一章为导论。第二章为政府主导公共产品供给分析,包括公共产品纯度与供给主体选择、公共产品供给效率与供给主体选择、公共产品供给主体比较分析,和中国需要政府主导公共产品供给等问题。第三章是政府公共产品供给能力分析,分别分析了政府能力的核心是公共产品供给能力,政府公共产品供给的行为分析,政府公共产品供给能力构成问题和中国政府公共产品供给能力评估体系。第四章主要内容为公共需求显示机制,兼论公共产品决策能力,从公共需求显示路径分析、困难分析和困难的解决思路等三个层次进行论述,并分析了建立中国特色的公共产品需求显示机制。第五章主要内容为公共产品融资能力,兼论公共产品的提供能力,依次对公共产品补偿一般分析、公共产品融资主体多元化提高融资能力、公共产品融资方式多元化提高融资能力做了论述,章末研究中国政府公共产品融资规模与风险控制。第六章是公共产品供给方式,兼论公共产品生产能力,主要研究了政府生产与政府提供公共产品、政府分析提供公共产品、公共产品供给效率评估和提高中国政府公共产品供给管理水平等问题。最后为结论与建议。

关键词:国家行政机关　供给制　分配(经济)　公共经济学

**0666**

**投资者有限理性、信用扩张与资产价格泡沫研究** / 陈朔著 ; 吴易风指导. -- 中国人民大学, 2009. -- 180页

论文采用了理论分析法、模型分析法、案例分析法、比较研究法等方法,从全方位视角寻找当代资产价格泡沫频频发生的本质原因,并探究资产价格泡沫生成机理和必要条件等。论文第一章为导论。第二章在新古典经济学视角下介绍投资者行为与资产价格泡沫,主要内容包括预期理论、理性与其效用理论、理性投机泡沫模型;第三章介绍有限理性与资产价格泡沫,从投资者的有限理性出发,分析了投资者的异质性、认知偏差与展望理论、有限理性投机泡沫理论及模型,并展开讨论了凯恩斯的选美论、噪声交易者模型、正反馈投资策略模型、投资者心态模型、DHS模型、统一模型和羊群效应模型;第四章用马克思主义经济学阐释资产价格泡沫,主要介绍了马克思对虚拟资本及其价值运动的研究和马克思主义经济学家对虚拟资本研究的发展,讨论了希法庭、保罗斯 · 威奇等人的研究;第五章为资产价格泡沫形成机理分析,通过供求说、信用扩张与紧缩、信息不对称和博弈论的视角分别论述;第六章为当代资产价格泡沫成因与危害,对其成因、影响和危害进行了分析;第七章主要讨论当代国家资产价格泡沫事件考察,对美国次贷危机、日本20世纪90年代资产价格泡沫分别论述,并比较了二者的异同;第八章为当前我国资产价格泡沫

分析,对我国股市震荡之谜做了解释,同时研究了我国楼市泡沫问题;第九章为结束语。

关键词:资本市场　信贷　信用　泡沫经济

0667

**退出—呼吁动态、地区制度竞争与中国经济改革** / 杜长征著；严清华指导. -- 武汉大学, 2009. -- 120 页

论文运用了模型构建法、案例分析法、定性研究法等,通过引入退出—呼吁动态模型来分析中国经济改革和地区制度竞争问题,并对多个案例做了具体分析。论文第一章提出了退出—呼吁动态、制度竞争与制度变迁的分析框架,并对此分析框架进行了说明;第二章回顾中国经济改革时代的地区制度竞争秩序,包括中国分权式下的增长锦标赛、主导型制度市场结构域竞争模式的转换、制度市场与制度竞争的中央管制;第三章为退出—呼吁机制与地区制度供给权利竞争,主要介绍突破完全垄断的地区制度供给权利分体,供给专利权竞争问题以及制度供给普适权竞争问题,通过对农村土地家庭承包经营模式的创新与扩散进行案例分析;第四章为退出—呼吁机制与地区制度供给成本—价格竞争部分,主要讨论寡头垄断下的制度供给成本与价格、地区制度竞争中的政府退出与成本削减问题以及外部的进入—呼吁与地区制度价格竞争,并分别加以案例研究;第五章为退出—呼吁机制与地区制度供给方式竞争,主要内容包括垄断竞争下的制度供给方式、退出—呼吁与地区服务型政府竞争、呼吁机制的改进与地区参与式治理问题,并加入多个案例分析;第六章为地区制度竞争促进经济改革的绩效评估,对地区制度竞争与整体经济改革进展、竞争低效与改革僵滞现象和低效原因进行了分析;第七章为构建一个更有效率的专柜制度市场做了论述,包括健全退出—呼吁机制,修正分权化增长锦标赛的问题和优化制度市场管理体系做了探讨。

关键词:经济体制改革　市场竞争　区域经济

0668

**20 世纪 80 年代以来西方发达国家私有化运动研究** / 甘鸿鸣著；颜鹏飞指导. -- 武汉大学, 2009. -- 131 页

论文采用了实证研究法、比较分析法等研究方法,从广义角度对 20 世纪 80 年代以来西方国家私有化运动进行了研究,并通过对西方发达国家完善的私有化体制的分析比较,提出了对我国市场化改革和私有化进程的启示。第一章为导论。第二章为私有化的理论基础和实证研究,首先解释了私有化和私有化的原因,并介绍了产权理论、公共选择理论、竞争理论、产权和竞争、管制理论等。第三章分析 20 世纪 80 年代以来西方发达国家私有化运动的进程和产生的原因。依次论述了 20 世纪西方国家的国有化运动,对英国全面而持久的私有化运动、法国混合经济、德国两种体制、美国追求更高的经济自由度、日本有线的私有化进行了比较,并总结了 20 世纪 80 年代以来西方发达国家私有化运动产生的原因。第四章为 20 世纪 80 年代以来西方发达国家私有化运动的成效,包括各国私有化的总体效果,各种行业的私有化成效、企业私有化的成效和发展中国家私有化绩效与发达国家相比的异同。第五章是西方发达国家的私有化运动给我国市场化改革的启示,依次论述了西方的私有化运动和我国市场化改革的比较,我国市场化改革的历史进程、我国市场化改革的绩效等问题,阐述了西方发达国家私有化为我国市场化改革改革提供的借鉴。

关键词:私有化　市场经济　西方国家　发达国家

0669

**经济思想史视角中的就业问题研究** / 高雷业著；姚开建指导. -- 中国人民大学, 2009. -- 235 页

论文遵循经济思想发展的历程,采用文献研究法、模型法、理论比较法等,对有关就业问题的理论与模型进行了梳理,并提出了分析框架,通过研究成果观察中国就业问题。第一章为古典经济学的协调衰退论,包括凯恩斯主义对古典经济学和萨伊定律的理解,古典经济学协调衰退论的基本内容,和对古典经济学协调衰退论的评价;第二章为凯恩斯的就业理论,包括对凯恩斯就业理论体系的概括,并论述了降低货币工资并不能保证实现充分就业,分析就业增殖倍数并提出对凯恩斯就业理论的评价;第三章为新古典综合学派的就业理论,通过收入—支出模型、IS-LM 模型、AD-AS 模型分析就业水平,并用通货膨胀的视角分析就业,对投资与就业的关系进行论述,章末为对新古典综合派就业理论的评价;第四章是新剑桥学派的就业理论,分别分析了罗宾逊对凯恩斯就业理论的批评,罗宾逊开放经济条件下怎样决定就业水平,并评价了新剑桥学派的就业理论;第五章为新自由主义经济学的就业理论,主要为弗里德曼的就业理论、理性预期学派的就业政策无效论、供给学派的就业理论等;第六章为新凯恩斯主义经济学的就业理论,概述了新凯恩斯主义经济学的就业理论后,又分析了效

率工资理论的基本思想,信息经济学的效率工资理论、行为经济学的效率工资理论,章末评价效率工资理论;第七章是发展经济学的就业理论,主要是经济增长理论与就业,刘易斯的充分就业理论,拉尼斯—非京汉的充分就业理论,以及托达罗的充分就业理论4个理论分析;第八章为马克思的相对过剩人口理论,分析了基本概念,并评价这一理论同西方经济学就业理论的不同;第九章为就业问题分析框架与扩大就业政策选择,包括对本论文研究成果的理论概况,以及通过本论文的研究框架认识中国经济增长与就业问题。

关键词:经济思想史　就业　劳动力市场

0670

**美国金融体系研究** / 戈国莲著 ; 颜鹏飞指导. -- 武汉大学, 2009. -- 344 页

论文采用比较分析法、实证研究法、案例研究法等分析方法,阐述了美国金融体系的总体情况和发展规律、面临问题以及对中国的启示。论文共分七章,第一章对美国金融体系及其构成要素的经济地位做了介绍,介绍了金融体系在整个国民经济体系中的功能与地位以及美国金融体系的国际地位。对美国金融体系建立的历史渊源、改革集成、存在的问题以及发展趋势做了介绍。第二章、第三章和第四章首先分析了二战以来美国金融机构体系发展的战略调整。20 世纪 50—70 年代金融机构的创新性、技术性、以业绩为基础的任命制、竞争性为主要特征,80 年代合并浪潮的兴起推动金融机构进项战略调整,90 年代初期在金融自由化的浪潮推动下,美国金融机构竞争格局呈现新的特点。最后介绍了美国金融监管体系的变迁,分为 20 世纪 30 年代以前以自由银行制、双轨银行制为主导的较少管制的自由竞争时期,20 世纪 30—70 年代安全有限的金融监管阶段、20 世纪 70—80 年代效率优先的金融监管阶段和 20 世纪 90 年代以来兼顾效率与安全的审慎监管。第五章介绍了美国金融危机是美国金融体系失职的危机,分别从金融机构、金融市场、金融监管导致金融危机的原因、现状和影响。第六章介绍了美国金融体系与英、日、德、法、韩、泰、印的金融体系进行比较。第七章结合分析美国金融体系的框架,对我国金融体系做出了分析和借鉴。

关键词:金融体系　金融机构　金融市场　金融监管　金融危机　美国

0671

**经济增长中的居民收入分配:理论与实证分析** / 关艳丽著 ; 罗郁聪,杨继国指导. -- 厦门大学, 2009. -- 193 页

论文采用实证分析法、计量经济学分析方法和案例研究法等,从经济思想史角度对增长和分配的理论进行梳理,并以此作为研究的理论基础和逻辑起点。利用中国数据进行了详细的实证研究,对中国经济增长中的收入分配有效性和库兹涅茨曲线做了考察。第一章是导言。第二章是经济思想史上关于增长与分配的理论评述,具体包括古典及新古典经济学关于增长与分配的理论、马克思主义关于增长与分配的理论、新剑桥学派关于增长与分配的理论、发展经济学关于增长与分配的理论等。第三章是经济增长与分配的公平效率分析,主要阐述公平与效率的内涵、分配的公平与效率和中国经济改革与收入分配制度变迁问题。第四章是经济增长对居民收入分配的影响,用一个多维的分析框架,对经济增长阶段、总量波动、结构变动、技术进步、人力资本和政府作用等多个因素与居民收入分配的关系依次阐述。第五章是开放经济中国际贸易、FDI 对居民收入分配的影响分析。首先阐述经济全球化的基本事实,贸易与 FDI 间的关系,其次是分析国际贸易对居民收入分配的影响,进而分析 FDI 对东道国的居民收入分配影响,并用中国的例子分析了改革开放以来中国对外贸易与 FDI 概况。第六章是中国经济增长中的居民收入分配,做一个实证研究,分析我国经济增长与收入概况的关系。第七章是经济增长和居民收入分配的国际比较和借鉴,论述了发达国家、新兴工业化国家、发展中国家和转轨国家的增长与分配。第八章为结论。

关键词:居民收入　收入分配　公平与效率

0672

**农产品物流模式创新研究** / 李碧珍著 ; 李建平指导. -- 福建师范大学, 2009. -- 293 页

论文采用理论分析法、比较分析法、案例研究法等研究方法,对农产品物流模式创新机制进行了论述。第一章是农产品物流模式创新的理论基础,首先界定农产品物流的范畴,其次对马克思、列宁、斯大林、毛泽东和邓小平关于农业经济与商品流通的理论进行梳理,并介绍了其他理论。第二章是农产品物流模式的国际经验借鉴,首先论述发达国家农产品物流发展的阶段演进,第二论述发达国家典型农产品物流模式分析,具体包括北美、欧盟和东亚发达国家的农

产品物流模式，第三论述发达国家农产品物流发展趋势，第四论述发达国家农产品物流发展的共同经验与启示。第三章是我国农产品物流模式演进分析，依次分析了农产品物流发展阶段的状况、农产品物流模式的历史演进情况和农产品物流模式的演进动因分析。第四章是多元化农产品物流模式创新审视，首先是多元化农产品物流模式的比较分析，其次是农产品物流模式创新成效评析，具体包括多元化农产品物流模式主体的初步形成、农产品物流模式总体规模逐年增长、农产品物流模式标准化程度较低以及农产品物流模式渠道和储藏保鲜技术现状、农产品物流基础设施现状和农产品物流园区等问题。第五章是模式创新中的金融与信用困境分析。主要对金融困境和信用困境分析。第六章是创新趋势，对协同性农产品物流金融模式创新的紧迫性、构建原则、信息共享平台、协同型农产品和风险控制等问题进行了论述。第七章是协同型农产品物流金融支撑体系构筑，包括协同型农产品物流金融发展瓶颈和农产品物流金融的支撑体系构筑做了阐述。

关键词：农产品　物流　物资管理

**0673**

**马克思的异化理论及其当代解读** / 李铭著 ；乔洪武指导. -- 武汉大学, 2009. -- 182 页

论文采用理论分析法、比较分析法和历史材料的研究方法，总体上对异化的起源、马克思异化理论的内容及对我们的指导意义、当代西方马克思主义的异化理论及对我们的借鉴意义、激进政治经济学派的异化理论及其对我们的借鉴意义进行了梳理、从而反思我们在经济建设中出现的各种异化现象，思考应对之策。论文共分八章。第一章综述了国内外对马克思异化理论的研究概况。第二章是马克思之前的异化理论，包括异化理论的起源、费希特与黑格尔的异化理论、费尔巴哈的宗教异化理论等。第三章对马克思的异化理论进行了概述，从马克思异化理论的起源、形成和发展过程等角度进行了论述。第四章是马克思的异化理论中劳动理论的形成。首先是马克思的异化劳动的概念阐述，其次是马克思的异化劳动理论的形成，最后是马克思的异化劳动理论的发展。第五章是当代马克思的异化理论。首先对当代马克思的异化理论进行了概述，其次介绍了卢卡斯的异化理论和法兰克福学派的异化理论，最后是列斐伏尔的日常生活批判理论。第七章是激进政治经济学派的异化理论，主要包括激进政治经济学派关于人的异化的理论和技术理性与权力的异化问题。第七章是当代的异化理论与马克思主义异化理论的区别与联系。第八章是异化理论对我国的指导与借鉴意义。具体分为马克思、西方马克思主义和激进政治经济学派的异化理论对我国的借鉴意义。

关键词：马克思　异化理论

**0674**

**有效经济增长的理论研究：中国（1978—2007 年）有效经济增长过程的理论分析** / 李月著 ；张世晴指导. -- 南开大学, 2009. -- 183 页

论文采取实证研究法、模型分析法、定量分析法、比较分析法和案例分析法等研究方法，对有效经济增长的理论、模型和现实案例进行了论述。第一章为导论，第二章为国内外关于经济增长理论的综述，主要分析了西方经济增长理论的演变过程和国内外学者对中国经济增长理论研究的文献综述。第三章提出有效经济增长的动态模型，通过超额人均收入函数、超额人居收入增损模型和超额人均收入增长率模型等分析工具，对有效经济增长做出了数学计量分析。第四章为我国有效经济增长的长期趋势特征，通过有效经济增长动态模型的扩展，修正了一系列参数，对超额人均收入及相关变量的测定做了细致规定。接着对改革开放以来我国有效经济增长的趋势特征进行研究，分析了改革开放以来我国有效经济增长的类型转换，最后分析了投资、消费、净出口对有效经济增长的拉动和有效经济增长趋势的成效差别分析。第五章为中国有效经济增长的周期波动，包括我国有效经济增长的周期波动的基本特征，有效经济增长周期波动的生成机制，投资、消费与我国有效经济增长周期波动等问题。第六章是中国有效经济增长和国际的比较。比较了中国内地、中国台湾和日本的有效经济增长模式之间的异同。第七章为主要结论与展望。

关键词：中国经济　个人收入　消费水平

**0675**

**晚清财政思想史研究** / 彭立峰著 ；何炼成指导. -- 西北大学, 2009. -- 219 页

论文综合运用史论相结合、规范分析与实证分析相结合、理论与实践相结合、横向与纵向比较以及跨学科研究等多种研究方法，对纷繁庞杂的晚清财政思想进行梳理和探讨。第一章为绪论。第二章研究晚

清财政原则思想史,首先介绍量入为出的原则和量出为入的原则,以及两种原则的必然性、理论探讨和双重影响。第三章是晚清财政收入思想史研究,首先从魏源、冯桂芬、洪秀全三个人的财政收入思想出发总结出农本理念的财政收入思想,其次研究了重商理念下的财政收入思想,代表人物有王韬、郑观应、陈炽等人,最后介绍了工本理念下的财政收入思想,代表人物包括康有为、梁启超和严复。第四章为晚清海关关税思想史研究,包括关税存废之争、关税属权之争、关税政策之争。第五章为晚清外债思想史研究,分析了甲午战争前外债思想和甲午战争后外债思想,包括借债救国、捐款救亡、外债善恶等理论。第六章分析晚清财政支出思想史研究,包括财政行政主义、财政投资主义和财政利民主义等。第七章分析晚清财政管理体制思想史研究,首先分析传统的没落,其次分析现代的萌芽。最后为结论部分,通过理清晚清财政原则思想、收入思想、海关关税思想、外债思想等各自演变轨迹,指出这些不同的演变轨迹有着共同的前进方向:市场化、民主化和法治化。

关键词:财政　经济思想史　清后期

**0676**

**我国民(私)营经济产权制度创新研究** / 沈灿煌著 ; 陈永志指导. -- 厦门大学, 2009. -- 202 页

论文采用理论分析法、实证研究法、比较分析法等方法,对我国民营企业经济产权制度现状和创新做具体研究。第一章为导论。第二章论述经济思想史上有关产权的理论回顾,包括西方学者的古典经济学派、新古典学派、制度经济学等西方产权理论,并总结了其特点和启示。接下来总结了马克思主义经典作家关于理论的论述,并将西方理论与马克思主义理论比较。第三章是产权、产权制度与现代企业发展。依次介绍了产权范畴的界定、产权制度与治理结构、产权制度与现代企业发展的关系。第四章是我国民营企业初始产权的形成与制度特征。分别介绍了我国现阶段民营经济的产生与发展、我国民营企业初始产权的形成、我国民营企业产权制度的现状与特征等问题。第五章为我国民营企业经济产权制度创新的需求诱致与供给分析。首先论述了我国民营经济产权制度的利弊以及制度创新的需求诱致,其次论述了我国民营经济产权制度创新的供给制约。第六章是发达国家民营企业产权制度变迁的经验及启示,分别对日本私营企业产权制度变迁的经验、美国私营企业产权制度变迁的经验、德国私营企业产权制度变迁的经验做了讨论,总结了西方发达国家私营企业产权制度变迁的启示。第七章是我国民营企业产权制度创新的路径选择与对策措施,第八章为我国民营企业产权制度创新的政府作为与环境改进。最后为结语部分。

关键词:民营经济　私营经济　产权制度

**0677**

**民国会计思想研究** / 宋丽智著 ; 邹进文指导. -- 中南财经政法大学, 2009. -- 207 页

论文采用会计学与经济史学相结合的视角,以静态分析和动态分析法相结合,纵向叙述与横向比较法相结合,归纳法与演绎法相结合,对民国时期会计思想的发展进行了梳理总结与思考。第一章研究清末传统会计思想的近代转型,首先概述清末会计思想的产生背景及总体情况,包括清末及其前期会计组织与会计法制迹象、清末会计的具体运用和西式会计的事物传播、中式会计落后于西式会计的原因等。第二章论述北洋政府时期会计思想。首先分析了这一时期的财计组织结构设置思想和会计法制化思想。指出北洋政府时期会计法制化思想已经初步发展,并总结了这一时期较为突出的会计思想的发展及实践。第三章主要研究国民政府时期的财计会计组织结构设置和会计法制化思想,提出和推行经过及其特点,总结归纳了不同群体的会计年度结清思想并加以讨论。第四章以专题形式探讨国民政府时期会计大争论,即会计改良与会计改革之争,首先阐述了中式会计革新运动思想产生的背景,然后分改良派和改革派两派梳理其会计思想。第五章研究国民政府时期会计的进一步发展及实践和具有代表性人物的会计思想,并总结这一时期会计思想的特征。最后为结语,从民国会计思想的基本轮廓、主要特点、发展轨迹的历史追踪及历史规律和经验借鉴四个方面进行了简要总结。

关键词:会计学　经济思想史　民国

**0678**

**中国古代两种宏观经济管理思想研究** / 王萍著 ; 韦苇指导. -- 西北大学, 2009. -- 184 页

论文以唯物辩证法和历史唯物主义为根本方法,同时采用典型案例分析法、古为今用分析法、中西比较分析法、史论结合分析法、现在经济学分析法、文化经济一体性分析法等,对古代国家宏观经济管理中的最基本内容进行分析。第一章为绪论。第二章为文

献综述,主要从胡寄窗、赵婧、石世、叶世昌、陈绍闻、巫宝三、朱家桢、叶坦、何炼成、王一成、韦苇等学者对古代宏观经济思想研究成果进行梳理与总结。第一部分为先秦时期两种宏观经济管理思想的产生,包括第三章和第四章,第三章是先秦时期自由放任经济管理思想的历史先声,包括儒家、到家和墨家的经济思想;第四章为先秦时期国家干涉经济管理思想的历史先声,包括李悝、商鞅、韩非子的经济思想。第二部分为两汉时期两种宏观经济管理思想的产生,包括第五章到第七章。第五章为司马迁的自由放任经济管理思想;第六章为《管子》中的国家干涉经济管理思想,包括其历史渊源,微观基础和宏观经济管理思想;第七章为西汉中期以后国家干涉宏观经济管理实践,包括桑弘羊的财政改革以及经济思想,西汉宣帝时期耿寿昌的"常平仓"制度,还有东汉王莽时期"六管"的全面失败。第三部分为封建社会中后期宏观经济管理思想的发展演变,包括第八章和第九章。第八章论述了自由放任经济管理思想的发展演变,包括南宋叶适、明代丘浚和明末清初唐甄的经济思想;第九章为国家干涉经济管理思想的发展演变,包括唐刘晏、白居易和北宋熙丰变法的管理思想等,最后为全文结论。

关键词:宏观经济管理　经济思想史　古代

**0679**

**劳动价值论论战研究** / 王强著 ; 姚开建指导. -- 中国人民大学, 2009. -- 195 页

论文采用了理论分析法、比较分析法、定性研究等分析方法,从马克思主义劳动价值论的基本原理出发,运用辩证唯物主义和历史唯物主义的方法论原则,梳理回顾和分析研究了国内外学者围绕劳动价值论的论战历史过程、基本内容和主要原因。重点对各种怀疑和否定劳动价值论的错误观点进行了批判和反驳,并在比较分析国内外学者论战的基础上,提出了坚持和发展劳动价值论的基本原则、主要方法和理论线索。第一章回顾和分析了马克思以前国外学者关于劳动价值论的探索和挑战。包括亚里士多德、马格努、阿奎那、斯密和李嘉图等人的思想。第二章介绍了马克思劳动价值论的创新和发展,主要包括马克思创立劳动价值论的历史过程、马克思劳动价值论的基本内容和马克思劳动价值论的历史地位三部分。第三章和第四章分别阐述了百年来国外学者关于劳动价值论的论战和新中国成立以来我国学术界关于劳动价值论的论战。每章按照由抽象到具体的逻辑顺序,对不同的专题梳理、分析和评价了国内外学者围绕劳动价值论论战的各种观点。第五章阐述了国内外学者关于劳动价值论论战的启示,重点是在总结前四章内容的基础上论述了国内外学者关于劳动价值论论战对于坚持和发展劳动价值论的启示。

关键词:劳动价值论　马克思主义　经济思想史

**0680**

**经济全球化下的中国劳资关系研究** / 吴宏洛著 ; 李建平指导. -- 福建师范大学, 2009. -- 195 页

论文采用实证研究法、理论研究法等,立足于经济全球化背景,从资本全球化、贸易全球化、劳动力市场全球化以及劳动标准全球化等四个维度,阐发经济全球化下特别是当前国际金融危机背景下的国际劳动问题以及对中国劳资关系走向的影响,并从实证层面探析中国劳资矛盾的深层问题。第一章是劳资关系的历史沿革,主要从劳资关系的演进和劳资关系的理论研究两方面进行研究。对马克思主义经济学、古典经济学、新古典经济学、新自由主义、法国调节学派和管理主义学派的劳资关系进行了总结。第二章是经济全球化下的劳资关系,在总体描述经济全球化时代资本与劳动关系的总体描述后,对经济全球化时代的资本流动做了讨论,第三章是经济全球化对中国劳资关系的影响,首先研究资本全球化对中国劳资关系的影响,其次分析贸易自由化对中国劳资关系的影响,第三研究国际劳工标准对中国劳资关系的影响,最后分析经济全球化对中国劳资关系的总体影响。第四章以《劳动合同法》为分析视角,对中国劳资关系做了实证研究,主要包括劳资关系面临的主要问题、《劳动合同法》面临的主要问题和其影响。第五章是劳资关系的调整与企业治理,分别分析了产权视角下的劳资关系与劳资互利共赢,劳资关系的产群基础、劳资博弈与企业民主协商制度的构建等。第六章为结论。

关键词:劳资关系　经济全球化　中国

**0681**

**西方幸福经济学理论研究** / 肖仲华著 ; 乔洪武指导. -- 武汉大学, 2009. -- 175 页

论文采用理论分析法、比较分析法和实证研究等分析方法,对西方幸福经济学理论的各个学派的主张、内涵以及测度等问题做了研究。第一章是幸福经济学的基本理论,分别对幸福的含义、经济学理解的幸福和幸福经济学的基本问题做了论述。第二章是

主流经济学的幸福理论,首先是古典经济学的幸福理论,包括斯密的道德情感主义幸福原理、边沁的功利主义幸福原理、穆勒的功利主义幸福理论等。其次介绍了新古典经济学的幸福理论,主要包括功利主义幸福理论的数理表达、理性经济人、偏好和理性选择、消费者剩余和需求弹性以及市场均衡等概念。第三是论述福利经济学的幸福理论,包括帕累托最优、次优理论和不可能定理。第三章是经济学各分支学科中的幸福理论,首先是行为经济学的体验功利主义幸福理论,其二是实验经济学的体验功利主义幸福理论的验证,其三是其他分支学科中的幸福理论。第四章是幸福经济学的基本假设,首先是自然人的幸福,其次是有限理性,另外还阐述了不完美信息和不完美市场以及满意化、最大化的理论。第五章是幸福指数和幸福感的测量,首先是幸福指数问题,包括个体幸福指数和国民幸福指数。其次是幸福感额定测量与核算问题,包括幸福感的核算原则、数据结构和测量方法。第六章是幸福经济学的消费理论和供求理论,首先论述了生命成本论和广义消费函数,其次是消费与生产在需求层次论视角上的供求关系。第七章是幸福经济学的价值观和发展观,主要包括幸福经济学的价值观和方法论,以及幸福经济学的人本发展观。第八章是总体评价与启示和借鉴。

关键词:西方经济学　价值观　幸福　经济思想

0682

**费尔普斯经济思想研究** / 徐秋慧著 ; 高鸿业,吴汉洪指导. -- 中国人民大学, 2009. -- 162 页

论文采用了理论研究法、历史材料法和定性分析法等,以费尔普斯的经济思想为研究对象,旨在研究费尔普斯经济思想和学术贡献,评价费尔普斯在经济思想发展史上的地位,构建费尔普斯经济思想研究的理论框架,并分析费尔普斯经济思想中对我国经济理论创新有用的成分。论文导论考察国内外学界对费尔普斯经济思想研究的现状,并在此基础上提出论文的研究对象,解释使用的研究方法,设计论文的结构和内容安排,理清总体研究思路。第一章是费尔普斯经济思想概述,主要评价费尔普斯生平和主要著述,总结费尔普斯的经济主张和理论贡献。第二章是费尔普斯对不确定性和预期理论的发展,考察费尔普斯对发展不确定性和预期理论的学术贡献,研究费尔普斯运用不确定性和预期理论构建宏观经济学的微观基础的学术实践。第三章是费尔普斯对菲利普斯曲线的发展,考察菲利普斯曲线的演化轨迹,研究费尔普斯提出的附加预期的菲利普斯曲线及其货币政策主张,另外还讨论了费尔普斯模型、弗里德曼模型和卢卡斯模型的异同,指出各个模型的创新和缺陷及其发展方向。第四章是费尔普斯对失业理论的发展,主要研究费尔普斯提出的自然失业率理论,重点是结构主义的失业理论。第五章是费尔普斯对经济增长理论的发展,论证费尔普斯为最终确立和发展现代经济增长理论做出的贡献。第六章是费尔普斯的经济活力和经济包容思想,第七章是费尔普斯思想与中国,主要分析费尔普斯经济思想对我国经济理论创新和经济发展的启示和意义。

关键词:费尔普斯(Phelps, Edmund)　经济思想　失业率　思想评论

0683

**货币量值的经济增长与经济波动模型** / 张楷弛著 ; 谷书堂,柳欣指导. -- 南开大学, 2009. -- 112 页

论文采用模型法、比较分析法、实证分析法等研究方法,从剑桥增长公式和乘数理论出发,将要素间分配额和各阶层的储蓄率作为外生变量,从而由需求角度得到利润如何收投资影响的规律。第一章是导论。第二章是文献综述,首先是经济增长的分析框架,其次是关于总量生产函数的争论,第三论述了货币经纪波动的原因。第三章是经济的均衡增长状态,解释了基本模型和模型求解。第四章是关于均衡增长状态的讨论,首先是比较静态分析,其次是有效需求变化分析,最后是理论比较和政策含义。第五章是外生冲击下的经济波动,分别对模型、模型求解和理论对比的过程进行说明,分析了政策含义。第六章是经济的内生波动,首先是模型和模型求解过程,其次是一个简化的例子分析,最后为理论对比和政策含义。第七章是通过一个二元经济的例子分析名义总量与价格水平,通过模型选择、模型求解得出结论。第八章是经济周期中的名义总量与价格水平的经验分析,对工业化国家经济周期中的名义总量与价格水平、工业化阶段的劳动力转移速度、工业化阶段经济周期中的名义总量与价格水平等问题做了论述。第九章是对中国的名义总量与劳动力转移做出经验分析,对高经济增长与低劳动力转移速度做出论述。第十章是结论与进一步的研究思路。

关键词:经济增长　经济波动　资本　货币

# 经济史

**0684**

**中国期货历史及经济学分析** / 常远著 ; 董志凯指导. -- 中国社会科学院, 2009. -- 196 页

论文采用了文献研究法、历史梳理法、比较分析法等,理论基础是风险经济理论与制度经济学中的制度变迁和交易成本理论。通过风险理论,对中国期货历史进行文献考察和理论总结,并用经济学角度分析比较了中国期货历史的特点。用制度变迁理论总结了不同时期中国期货市场制度变迁的特征。第一章为导论。第二章论述了风险理论与期货市场的关系,以及新制度经济学与期货市场的关系;第三章回顾了民国时期的中国期货市场,包括清末、抗战前、抗战期间与抗战后以及民国时期的期货市场;第四章梳理了1949年至1992年的社会变迁与期货市场雏形的再生,包括新中国成立后和20世纪70年代到90年代的中国期货发展路径;第五章回顾市场经济目标确立后期货市场的试点与稳步发展,包括历次规范整顿与制度变迁,市场机制发挥基础作用后期货市场的稳步发展,以及重生后期货市场的制度变迁;第六章分析了商品期货的品种选择及交割制度分析,对商品期货品种的选择标准以及细分进行了论述;第七章论述了金融改革、金融风险与金融期货,以及金融改革、金融风险对金融期货的影响与作用;第八章从历史的角度比较了中外期货市场的各自特点,包括商品期货与金融期货的发展历史,中美期货市场的比较分析及其经济结构的变化与期货市场的关系等;第九章为结论。

关键词:期货市场　交易成本　风险分析　经济史

**0685**

**20世纪50年代前期中南区新贫农问题考察** / 陈春华著 ; 苏少之指导. -- 中南财经政法大学, 2009. -- 185 页

论文采用实证研究法、描述性研究法、历史分析法,对20世纪50年代前期中南区农村新贫农的产生历史进行了梳理,考察了当时新贫农出现的原因、雇佣关系、生活状况、政府政策、借贷关系等一系列经济活动。第一章为20世纪50年代前期中南区农村经济情况概述,包括土地改革以后中南区农村社会的经济变化,20世纪50年代前期中南区农村的中农化趋势,以及20世纪50年代前期中南区农村中农化趋势中的新贫农等;第二章为20世纪50年代前期中南区新贫农经济状况的实证考察,包括分析新贫农存在的原因,新贫农阶层的经济概况,新贫农的内部分层;第三章为20世纪50年代前期中南区新贫农的地权交易情况,包括当时的土地政策和农村地权交易的一般原因分析、新贫农与土地买卖和土地租佃、土地典当的关系;第四章为20世纪50年代前期中南区新贫农的雇佣关系,包括当时关于雇工问题的相关政策、农村雇佣的一般原因分析、新贫农雇佣关系的发展和新贫农雇佣关系的新变化;第五章20世纪50年代前期中南区新贫农的私人借贷关系,分析了新贫农的私人借贷情况,借贷关系和借贷政策;第六章为20世纪50年代前期国家对新贫农的辅助,包括累进税制减轻新贫农的负担、发放农贷扶助农民生活生产、兴办农村信用合作社、政府探索救灾救济体系和积极领导组织农业生产互助,推动农业集体化等;第七章为结语和启示。

关键词:贫农　土地改革　农村经济　经济史　中南地区

**0686**

**经济一体化视角下的明清晋商:以中俄恰克图茶叶贸易及其结算方式为例** / 成艳萍著 ; 刘建生指导. -- 山西大学, 2009. -- 171 页

论文运用历史学、国际经济学等相关理论,从16—19世纪的国际市场需求入手,将中俄关系等因素作为环境变量,对晋商从茶叶贸易、钢材贸易到票号的经营过程进行纵向分析,发现其中存在的某种关联,以利于我们更加充分地认识晋商,全面了解中国近代化进程。论文第一章是环境变量与晋商茶叶贸易,首先是1600—1800年国际需求的变迁,其次是清代的闭关与北路战争,并分析了清代的外交与外贸。第二章是需求引导下的北路贸易,依次对北路贸易产生的条件、晋商茶叶贸易的经济学悖论以及商人利益与国家利益影响下的北路贸易做出论述。第三章是恰克图市场的国际性特征,首先通过《尼布楚条约》和《恰克图条约》分析了中俄边境贸易的历史演变,其次对恰克图贸易的市场化标志做了讨论,具体有交易的主体与客体、交易市场、市场信息、交易磋商、贸易方式、惩戒机制与纠纷处理的原则等。第三对恰克图市场圈的准自由贸易区性质做了讨论,包括边境贸易、免税贸易、互补性贸易以及特别规定做了论述。第四章是茶叶贸易、白银与票号。首先是茶叶贸易结算方

式引发的问题，其次是新结算工具的产生与发展，最后对票号及其在茶叶贸易中的运用做了解释。最后是结语部分，通过对不同层面上因素的考察更加深入地了解了晋商。

关键词：晋商　茶叶　对外贸易　贸易史　明清时代

**0687**

**近代上海公共租界工部局经济职能研究** / 樊果著；萧国亮指导. -- 北京大学, 2009. -- 398 页

论文采用案例分析法、实证研究法和比较分析的研究方法，选取上海公共租界中工部局作为政府职能机构这一视角，从分配职能、稳定职能和配置职能三个角度入手，重点分析上海公共租界工部局的分配和稳定职能，以公共租界内供水和供电为例，对工部局的配置职能进行分析。论文的第一篇研究工部局的稳定和分配职能，其中包括三章。第一章为工部局的维护市场秩序以及稳定职能，包括提倡自由竞争、提供有利环境和规划管理租界。第二章论述工部局制定公共政策的职能，包括对社会安全和稳定的维护，对不同行业的管制和建立工厂秩序。第三章的主要内容是运用公共财政管理租界，包括平衡预算、管理债券和通过财政支出提供公共品的调节收入分配。第二篇主要以供水为例来分析工部局的配置职能，首先是分析工部局在1880年到1927年对自来水事业的监管及其特征，其次是1927年到1941年工部局对自来水事业的监管及特征。第三篇以供电为例分析工部局的配置职能，首先介绍了早起供电状况，例如店里公司、电灯、电线和相关购买合同等；其次介绍了电气处的大概情况，包括供电及收费情况、电气处财务状况、电气处管理、电厂扩建历史和电气处出售等相关问题。接下来作者论述了电力公司的特许权、收费调整、附加费分级扩展等问题。最后一部分为结论，主要是近代性与近代上海公共租界问题、现代性、工部局与公共租界经济发展等问题。

关键词：租界地　行政管理　经济职能　上海　近代

**0688**

**清代榷关与北路贸易：以杀虎口、张家口和归化城为中心** / 丰若非著；刘建生指导. -- 山西大学, 2009. -- 194 页

论文以历史实证与计量统计相结合的方法为主，以杀虎口、张家口和归化城三个清代北方内陆重要的榷关为中心，运用中国第一历史档案馆和台北故宫博物院的大量档案资料，揭示清代北路贸易的一般发展路径。第一章为导论。第二章论述清代榷关的发展与完善，对清代榷关的发展特点、系统分类和清代北路三关的历史沿革做出了分析。第三章是清代北路贸易概况，分别通过恰克图陆路贸易等案例分析了清代北路贸易，发展特点。第四章为清代北路三关的管理模式分析，包括人事管理、公开税收管理、严禁私设口岸、明确商贩路线和商客职责、不准例外多征等各项规则的介绍。第五章为清代北路三关额定税银的相关分析，依次论述了额定正额银的确立与比较、额定盈余银的确立与比较、清代北路三关中的工部关等问题。第六章为清代北路三关实征关税的波动与分配，主要分析了清代北路三关实征关税的波动和具体分配。第七章为清代北路三关的税收统计，包括贸易货物种类的变更、税则与税率、北路三关之间的征税关系和北路三关的免税货物。第八章为从贸易额估算透视清代北路贸易之消长，对清代北路三关贸易额估算进行了分析，同时剖析了清代北路贸易的发展阶段及其历史成因，论述了乾隆、嘉庆、道光、咸丰、同治、光绪年间的贸易情况。第九章为结论与有待深入讨论的问题。

关键词：税收管理　关税　区域贸易　清代

**0689**

**近代中国的收入分配：一个定量的研究** / 关永强著；张东刚指导. -- 南开大学, 2009. -- 343 页

论文研究了发展中国家包括中国长时间内收入分配及其变化趋势，依托近代大量的统计调查资料，对近代中国收入分配展开定量考察。第一章是近代中国农家的收入与分配，首先是近代中国农家收入与分配状况，其次是农家副业对近代中国农民收入及分配的影响，同时分析了近代中国地主城居的趋势以及影响，最后是近代中国雇农阶层的规模和工资状况。第二章是近代中国农家的消费、负债与生活水平，包括近代中国农家的日常生活消费、近代中国农家的收支与借贷。第三章是近代中国农村的地权分配问题，首先是近代中国农村的地权分配问题的文献回顾，其次是近代华北地区的地权分配问题，例如河北省、山西省、山东省、陕西省、河南省等地区的地权问题。其三论述了近代南方地区的地权分配问题，其四是近代东北和西南地区的地权分配，最后是近代中国的地权分配状况与土地革命的经济意义。第四章是近代中国城

市的新式富有阶层。包括近代中国买办阶层和民族企业的收入与利润情况。第五章是近代中国城市的中产阶层。第六章是近代中国城市工人的收入状况，主要为近代中国工厂工人的收入水平与变动趋势、近代中国其他城市工人的收入状况以及近代中国工厂工人的日常生活消费。第七章是近代中国的中下层市民的收入状况。第八章是近代国民收入中的财政性因素分析，第九章是影响中国近代收入分配的国际因素。

关键词：收入分配　收入差距　生活水平　经济史

**0690**

**中国物流近代化研究（1840—1949年）**／贾杉著；傅建成指导. -- 西北大学, 2009. -- 144页

论文采取了历史分析法、实证研究法和定性研究法等，将近代化理论与现代物流学概念相结合，从技术—思想—技术的递进逻辑出发，对中国物流近代化的发轫及其影响进行了探讨。第一章为绪论，主要介绍研究对象与选题意义、文献综述、研究方法和文章框架。第二章是中国近代物流环境的发展与变化，首先介绍了古代传统物流活动的流变，其次是近代物流自然地理环境的变化，接下来论述近代物流经济环境的变化，最后是近代物流政治制度环境的变化。第三章是近代物流技术革命，分别从航运物流技术革命、陆路物流技术革命和近代公路物流技术革命三个层面，分析轮船、火车和汽车在近代物流发展史中的作用。第四章研究思想革新与物流近代化的关系，首先介绍经世致用思潮对近代物流的意义，其次是洋务思潮与近代物流的关系，最后分析实业救国思潮与物流近代化的发展关系。第五章介绍物流近代化的发轫，依次论述了物流产业资本的积累、劳动力要素发展、经营方式变革和国家物流管理体制变革。第六章是中国物流近代化的影响与意义，分别对物流近代化对中国国内市场发展、中国城市发展和对其他城市部分的影响做了分析。最后一章为结语，包括对论文的整合与反思，并对物流近代化做出评价。

关键词：物流　近代化　经济史

**0691**

**改革开放以来以广东省为例的农村剩余劳动力转移**／李淑清著；陈勇勤指导. -- 中国人民大学, 2009. -- 140页

论文采用历史梳理法、定性分析法、定量分析法、个案研究法相结合的研究方法，以广东省为例，分析了农村剩余劳动力转移的推动因素和阻碍因素，以及与此相关的方针政策、经济形势和未来趋势。论文的主体分为四部分，第一章介绍1979—1996年农村剩余劳动力的转移情况。首先回顾了建国后至改革开放前农村劳动力剩余的情况，其次是农村劳动力供给继续增加造成劳动力过剩情况显性化，但是乡镇企业的发展推动了农村剩余劳动力的转移，农村小城镇的建设也有利于农村剩余劳动力的转移；第二章为1997—2002年城乡就业困境阻碍了农村剩余劳动力的转移，包括乡镇企业的调整减少了对农村剩余劳动力的需求，国有企业改革也使农村剩余劳动力的转移受阻，农村劳动力出现回流；第三章为2003年至今农村剩余劳动力转移形式复杂的论述，包括农村剩余劳动力因为二元经济、制度因素和结构因素的影响而难以转移，民工荒出现的原因既有体制性的原因，也有产业结构和民工权益的因素，另外惠农政策支持了农村剩余劳动力的转移，并在章末分析了农民工返乡的原因，包括我国经济增长模式的影响、全球金融危机的影响和沿海地区民营企业的破产倒闭带来的负面作用等；第四章为农村剩余劳动力转移的未来走势，分析了农村剩余劳动力转移过程，并从户籍制度改革、劳动用工制度改革、社会保障制度改革和乡镇企业改革四个方面提出了促进未来农村社会剩余劳动力转移的可行性路径。最后为结论部分。

关键词：农村劳动力　剩余劳动力　劳动力转移　广东

**0692**

**近现代中国典当业之研究**／李维庆著；王玉茹指导. -- 南开大学, 2009. -- 159页

论文采用实证研究法，比较分析法，个案研究法，对中国近代典当业的组织形式、资本构成、经营理念、业务范围、风险防控和机构网络等方面进行实证研究，并对我国典当行业的历史沿革和现代状况进行比较分析。第一章为中国典当的起源与历史，包括典当的含义与类型、典当业的演进过程和近代典当在部分城镇的发展状况；第二章为传统典当的业务经营，包括典当的开当程序、收当和当物保管、赎当、当铺与账簿以及其他业务；第三章为传统典当的经营组织管理，论述了典当行业的组织结构设计、运作管理、人事管理制度，例如甄选普通员工、培训员工和论资排辈的升迁制度；第四章为典当的行会约束，主要包括行会的发展，行会的主要行规，章末分析了典当行会的

对内作用和对外作用,着重考察了北京、山西、上海、天津四地的行规;第五章为现代典当行业的发展过程、现状和问题,主要包括现代典当业的发展过程及其现状,内部环境和外部环境各自存在的问题等;第六章为借鉴传统典当业的经验,加快现代典当业的发展部分,分析了喜欢同典当业和现代典当业的各自作用、传承特点以及二者差别;提出了应当加快现代典当业的发展对策,同时加强典当业外部环境的塑造和内部环境的科学管理。最后为结束语。

关键词:典当业　经营管理　经济史

0693

**分工演进、经济组织与农村发展:基于共和国经济史的研究** / 刘星著 ; 陈勇勤指导. -- 中国人民大学, 2009. -- 140 页

论文采用案例分析法、实证研究法、理论归纳法等研究方法,对中国农村经济与组织和经济分工的关系进行了研究。第一章是导论,主要介绍研究的动机、思路和背景。第二章是理论框架的上半部分分析,主要探讨分工演进、报酬递增和经济发展的关系。首先从报酬递增的视角分析经济发展的主要线索,其次是内生报酬递增机理的新古典经济学解释,然后是以现代农业报酬递增的分工水平测度。第三章为理论框架的下半部分,即分工演进中的经济组织,主要包括社会分工中的经济组织、农民经济组织的特征和功能和分工深化、组织强化与农村发展的互动。第四章以集体化为例,考察1949年到1978年的分工抑制、组织半强化与农村不发展。主要研究了集体化的动因、农业剩余与组织半强化、和集体生产与分工抑制问题。第五章以乡镇企业为例,考察1978年到2000年的分工深化、组织强化与农村发展问题。研究了乡镇企业的历史、分工深化与组织强化。第六章是结论与进一步研究方向,得出的主要结论有:第一,经济发展是一个基于分工的演进过程,是一个利用分工经济实现报酬递增的过程;第二,经济组织产生于分工,而分工的深化又推动组织的发展;第三,农民经济组织是农民参与市场竞争的必要载体;第四,分工受到抑制、经济组织缺乏效率是农村不发展的重要原因,第五是组织创新和制度创新对于农村发展意义重大。

关键词:农业经济史　农村经济　经济发展　分工　现代史

0694

**晋商与清代的北路贸易:基于旅蒙商和恰克图茶商的考察** / 任强著 ; 刘建生指导. -- 山西大学, 2009. -- 142 页

论文运用了个案分析法、史料分析法、定量分析法、定性分析法,对搜集到清代中俄贸易的大量一手史料进行分析,并用统计学定量方法结合国际贸易、新制度经济学、寻租理论等相关理论,分析了清代北路贸易的地理、区域市场圈和恰克图市场的形成与发展。对恰克图贸易进行重点考察,并用比较分析法提出了茶叶与皮毛的对比分析思路。第一章论述清代以前北路贸易的环境与渊源,包括清代以前北路的商业与山西人性格特征,塞外民族的饮食结构域欧洲茶叶世纪的到来,以及清初中国与蒙古和俄罗斯的关系;第二章为旅蒙晋商与蒙古地区的经济发展,包括晋商对蒙贸易的环境分析,清政府对于旅蒙贸易的管理分析,旅蒙晋商的供销与交易方式以及旅蒙晋商的经营策略和对蒙古地区的开发;第三章为北路国际商路的开辟与晋商茶帮的兴衰,分析了清代中俄外交与恰克图贸易的关系,晋商从五以上到恰克图、从两湖茶叶到恰克图、从张家口到莫斯科的茶路历史,并对晋商恰克图贸易进行了量化分析,包括恰克图贸易种类的变化、恰克图贸易量与贸易额的分析和恰克图主要商品 茶叶的贸易量与贸易额。最后为结论部分,作者提出了两点关于北路贸易的思考,一是恰克图贸易的兴起顺应了双方人民、政府以及商人的需求,二是中国及全社会不是完全闭关锁国的。

关键词:晋商　贸易史　清代

0695

**对轮船招商局企业制度变迁动因、企业制度特性和经济绩效的考察(1873—1895)** / 申晓勇著 ; 贺耀敏指导. -- 中国人民大学, 2009. -- 157 页

论文综合运用历史学、马克思主义政治经济学和新制度经济学的分析方法,对洋务运动时期我国第一家新型股份制企业——轮船招商局企业制度变迁、企业制度特性和企业经济绩效进行深入分析。论文第一章为官方的倡办和轮船招商局的产生,主要包括路径依赖层面的官营工业的传统和意识形态层面的中国传统社会意识形态特点,接着分析了企业立法的制度供给滞后和民间资本的投资路径,最后是轮船招商局的产生和李鸿章官方人格化代表地位的确立。第二章分析1873年到1883年官方人格化代表在企业运

行中的地位和作用，包括筹借官款、为论处按照省局争取到承运漕粮机会、为招商局获得承运官务的专利权和坚持商股商办的各项努力。第三章为 1873 年到 1883 年轮船招商局企业制度的市场化导向，依次分析了 1873 年到 1883 年招商局经营者的人名，轮船招商局的资金筹措与产权多元化，招商局经营活动的市场化导向，招商局的财务制度与激励制度。第四章是轮船招商局官方人格化代表的多元偏好与有限理性，主要在政治考量、军事考量和资金考量三个角度分析了有限理性。第五章是招商局官方人格化代表面临的多重竞争约束，主要为外部竞争约束和内部竞争约束。第六章分析交易费用约束下的“官方监督”与上海金融风潮后企业制度变迁，包括人力资本经营着缺失、经理人员与董事二位一体机制、股东权利虚置等问题。第七章是 1995 年到 1895 年轮船招商局企业制度的“反市场化”导向。第八章是轮船招商局 1873—1883 年、1885—1895 年两个时段企业经济绩效的考察，最后为结论部分。

关键词：经济史　企业管理　企业制度　轮船招商局　近代

**0696**

**中国国家农贷制度的结构与变迁** / 杨乙丹著 ; 高德步指导. -- 中国人民大学, 2009. -- 280 页

论文运用了模型分析法、历史材料法、实证研究法等，解释和勾勒出我国农贷制度变迁的整体图景。论文的第一章分析国家农贷制度的结构与逻辑，分别论述了农贷的层次与结构、制度变迁与国家农贷制度、国家农贷制度的一般逻辑，农户借贷的结构差异与国家农贷，以及国家农贷的特征、国家模型和国家农贷制度结构的变迁；第二章为传统国家农贷制度的一般考察，依次论述了传统农业社会的国家和农户，从功能视角看国家农贷存在的逻辑，并对传统国家农贷的放贷对象结构、空间结构和内容结构做了分析，以及传统国家农贷的两种基本用途及一般化倾向，章末分析了三重利益结构下传统国家农贷的二元利率倾向；第三章为恢复时期国家农贷制度的重建，对国家农贷制度的重建以及农贷的结构特征、绩效与缺陷做了分析；第四章是合作社时期国家农贷的职能扩展与结构演进，主要内容为国家效用函数的调整，农业集体化与国家的农村金融控制，以及合作社时期农户借贷需求的变动，章末为合作社时期国家农贷结构的演进与小结；第五章为人民公社化时期国家农贷制度的均衡运行，包括农村信贷供给的国家主导地位，农贷需求的体制抑制效果，以及国家农贷制度的均衡运行；第六章为市场化改革探索时期国家农贷的结构变迁与商业性凸显，主要为农村经济主体的重塑与民间借贷的发展问题，国家农贷组织结构的演化过程，国家农村信贷的多元化与农贷的结构变迁，最后为国家农贷的分化与商业性凸显分析；第七章为国家农贷的结构分离与双轨运行部分，作者论述了国有银行商业性农贷和政策性农贷的体制分离，国家农贷的双轨运行制度，以及在结构变迁中的矛盾与困境，并总结了国家农贷制度的回归与创新。第八章为结论与前瞻。

关键词：农业信贷　贷款管理　农村金融　金融体制

**0697**

**历史演进、制度变迁与效率考量：中国证券市场的近代化之路** / 尹振涛著 ; 魏明孔指导. -- 中国社会科学院, 2009. -- 230 页

论文主要以新制度经济史学的核心理论——制度变迁理论为分析框架，对近代中国证券市场进行分析，勾勒出市场发展的历史轨迹，并做出评价。第一章是近代中国证券市场产生的动因分析，首先是近代中国证券市场产生的制度需求分析，其次是对中国近代中国证券市场产生的成本与收益进行了分析，最后是意识形态与近代中国证券市场的产生之间的关系。第二章是诱致性制度变迁主导下的近代中国证券市场，依次论述了初级行动团体的努力、次级行动团体的出现以及刺激行动团体的制度供给三个问题。第三章是强制性制度变迁主导下的近代中国证券市场，首先论述了产权理论、国家理论与制度变迁中的政府行为，接着分析了政府接入证券市场的目的与方式，并对证券市场的立法与监管、发行公债弥补财政等问题做了论述，最后是夹缝中曲折发展的股票市场分析。第四章是近代中国证券市场的外在效率及参与者行为，分为从融资者角度分析产业与近代政权市场的脱节，从投资者角度分析钱庄对近代证券市场的参与，从投资者角度分析银行与近代证券市场的利用三大块。第五章是近代中国证券市场的内在效率及价格波动，首先是近代证券市场波动的总体考察，其次是近代证券市场波动的市场因素分析，最后是近代证券市场波动的政府因素分析。

关键词：资本市场　证券交易　市场特征　近代

0698

**明清晋中经济发展与城镇化变迁** / 张华宁著 ; 刘建生指导. -- 山西大学, 2009. -- 146 页

论文采用定量分析法、定性分析法、个案研究法和历史搜集法等,对明清时代晋中城镇化的过程进行了梳理和分析,得出了明清晋中社会首先以工商业兴起城镇,并符合城镇化发展一般规律的结论。第一章介绍了城镇化的相关问题,主要为城市的起源及概念界定、明清晋中城镇化的基本表征;第二章为明代晋中的商业与社会生态,首先分析了明代晋中文化的基本脉络,其次是明初晋中的乡土社会特征及其商业圈分析,接下来论述明代晋中手工业和商业格局,明代晋中城镇的基本格局,以及明代晋中社会生态结构中的地方治理形式、文化宗教信仰等;第三章主要为清代晋中经济发展与城市繁荣问题,分为三部分,首先是晋中经济的发展与票号的兴起,以及与此相关的经济发展与晋中城镇化趋势,其次是晋中全国金融中心市场的形成与确立;最后一部分是晋中乡土社会解体及人口流动的原因;第四章主要内容是清代晋中社会结构的分化,首先论述了城镇人口的结构性转型,城镇新增人口的身份怎样转型,蒙学教育和民谣的重商倾向,其次是清代晋中社会的重组与城镇化特征,作者从商会组织及社会职能变迁和绅商群体对晋中权力控制两个角度进行阐述,最后研究清代晋中城镇发展趋势和城市经济与城建格局的特征;第五章为明清晋中城镇化模式总结,主要对晋中城镇化的发展沿革和路径模式进行了梳理和总结。

关键词:地区经济　经济发展　城市化　经济史　晋中　明清时代

0699

**中国宏观调控的历史考察:1978—2008 年** / 张璐著 ; 赵凌云指导. -- 中南财经政法大学, 2009. -- 171 页

论文采用历史时间序列,以实证分析法、案例研究法和比较分析等研究方法,对 1978—2008 年中国宏观调控的历史轨迹、各阶段特点、存在的问题与历史启示等方面做了考察。第一章为 1978—1991 年体制转轨局部推进阶段宏观调控的历史过程。首先分析 1979—1981 年以调整国民经济比例关系为主的宏观调控,其次是 1985—1986 年以压缩总需求、稳定物价为主的宏观调控,再次是 1989—1991 年以治理严重通货膨胀为主的宏观调控。第二章 1992—2002 年是体制转轨全面推进阶段宏观调控的历史过程,首先论述 1993—1996 年以整顿金融秩序、稳定物价为主的宏观调控,其次是 1998—2002 年以防通缩、促增长为主的宏观调控。第三章是 2003—2008 年市场经济体制初步完善阶段宏观调控的历史过程。包括 2003—2005 年、2006—2008 年两阶段的宏观调控。第四章是 1978—2008 年中国宏观调控模式的历史演变,首先是 1978—1991 年行政命令直接控制性的宏观调控,其次论述 1992—2002 年经济手段间接调整型的宏观调控模式,最后是 2003—2008 年预防性局部间接微调型的宏观调控模式。第五章是宏观经济运行中"怪圈"的历史考察。对"一放就热,一收就冷"的怪圈进行了界定、宏观分析和微观分析,并分析了此怪圈的各微观基础长期存在的原因,对怪圈长期存在的综合原因也做了分析,得出的结论为宏观调控的不完善性是怪圈长期存在的直接原因,发展观的不完善是怪圈长期存在的主观原因,改革的不完善性是怪圈长期存在的体制原因,发展方式的不科学性是怪圈长期存在的实践基础。第六章为结论与启示。

关键词:宏观经济调控　宏观调控体系　改革开放

0700

**明清河东盐业研究:1370—1807 年的变迁** / 张朋著 ; 刘建生指导. -- 山西大学, 2009. -- 118 页

论文采用比较分析法和案例研究法探讨中国明清时期一个著名的地区盐业经济——河东盐业。作者从经济和政治的角度出发,完整论述河东盐业经济发展状况。全文分为六个部分,第一章为导言,第二章是对河东盐业经济在明朝兴起的相关背景的探讨,追溯前朝对河东盐业的影响,尤其是唐代、元代的河东盐业轨迹,结合明初边塞军事政策开中制的实施,和盐法制定、延边队山西商人的影响,说明了山西商人作为地域性商帮的形象,在明代已形成。第三章考察了明清河东盐业的运销及管理。集中探讨盐务管理和官职设置问题,同时论述了河东盐业从清初至中后期经历复兴到危机再到摆脱困境局面,期中课归地丁的重要盐政变革的实施,对河东盐业乃至全国盐业都产生很大影响。第四章从盐业经济历来难以摆脱的四眼问题这一角度探讨河东盐业。河东盐业问题与全国其他地区的私盐问题既有相似之处,更有与众不同的情况。第五章及结语,首先提出河东盐业衰落始于乾隆中后期,尽管试行了课归地丁的有效变革,但无奈清政府政策的改变,河东盐业经历短暂复兴后仍然无法重振辉煌。结余部分提出关于明清时期河

东盐业的基本看法,盐业经济是河东地区经济的核心,在雄厚的盐业资本基础上,河东地区的经济、文化、教育事业、城市发展无不领先于其他地区,而随着盐业贸易的衰落,这个河东名区的辉煌已消退。

关键词:制盐工业　盐商　明清时代　盐业史

**0701**

**内蒙古牧区民主改革:经验与启示——乌兰夫牧改思想初探** / 张晓兵著 ; 高德步指导. -- 中国人民大学, 2009. -- 120 页

论文采用案例分析法和实证研究法,对内蒙古牧区民主改革的进程、特点、成功经验的启示做了研究。论文第一章为绪论。第二章是内蒙古牧区民主改革的理论基础,主要从马克思制度变革理论和新制度经济学的制度变迁理论阐释了理论基础,内蒙古牧区的民主改革是乌兰夫领导下的内蒙古党委和内蒙古人民为了迅速发展内蒙古畜牧业而实施的制度创新过程。第二章是内蒙古牧区民主改革的历史背景,依次分析了内蒙古牧区民主改革的政治背景、社会经济背景,以及内蒙古牧区民主改革前的民族发展特点、畜牧业的发展状况和民主改革前的阶级关系特点。第四章是内蒙古牧区民主改革政策的形成,分别论述了内蒙古牧区民主改革的主要任务、基本政策、工作方针以及内蒙古牧区民主改革的具体政策做了详细讨论。第五章主要内容为内蒙古牧区民主改革的经济效应,主要分析了牧区民主改革与畜牧业的发展以及特点,例如牧畜数量的迅速增长、增长方式的持续改进和牧畜质量的不断提高,同时分析了牧区民主改革与农牧经济结构的优化,章末是牧区民主改革与牧民生活状况的改善。第六章是内蒙古牧区民主改革对社会主义改造的影响,本章主要分析内蒙古牧区民主改革的发展必然要求、政策延续和必要条件。第七章是内蒙古牧区民主改革的经验启示,本章主要分析内蒙古牧区民主改革的基本经验和重要启示。

关键词:乌兰夫　经济思想　畜牧业经济　经济改革　内蒙古

**0702**

**中国报业集团化发展研究** / 周燕群著 ; 陈勇勤指导. -- 中国人民大学, 2009. -- 181 页

论文以马克思主义政治经济学理论为指导,以制度经济学、信息经济学等为理论工具,将历史分析和现实分析比较相结合,并以实证研究法借鉴制度变迁理论与产业经济理论,剖析我国报业集团的发展轨迹和面临的问题。第一章为导论。第二章是对我国报业集团化进程的经济学分析,从宏观、中观、微观等三个层面,探讨影响我国报业集团化进程的因素:宏观为省会经济发展水平、政策法规、人口环境等;中观层面主要是产业市场发育程度、市场环境、技术因素等;微观原因包括竞争策略、资源整合与利用率等。第三章是对我国报业集团化进程的实证研究,在系统回顾多年来我国报业集团化发展历程的基础上,总结报业集团多年的探索和改革成果;第四章集中论述我国报业集团化发展中存在的主要问题,主要包括行政壁垒、区域壁垒和资金壁垒,同质化困境、产权困境、整合困境、数字化困境和人才困境。第五章为报业集团化的国际比较,分别从监管制度方面、市场环境方面和操作模式方面进行了国际比较。第六章为研究结论与对策建议,包括研究结论和我国报业集团化发展的策略建议,在着重指出我国报业集团在发展过程中存在的问题基础上,针对集团化滞后发展的原因以及集团化未来发展的出路问题提出相关对策建议

关键词:报业　报纸　企业集团　产业发展　传播媒介

# 西方经济学

**0703**

**我国对外直接投资的技术进步效应研究** / 白洁著 ; 卫平指导. -- 华中科技大学, 2009. -- 114 页

论文在对国内外相关文献进行归纳综述的基础上,运用新经济增长理论、技术进步理论和对外直接投资理论,构建对外直接投资与母国技术进步的理论框架,并运用中国的相关数据进行实证分析。论文共分为七章。第一章是绪论,就研究的目的、意义和研究的问题进行了阐述,界定了对外直接投资和技术进步等基本概念,并对相关理论进行了分类综述。第二章提出了一个对外直接投资与技术创新、技术扩散的理论分析框架。分别讨论了对外直接投资影响母国研究投入及技术创新效率的作用机制,以及对外直接投资产生的反向技术溢出效应的发生机理。第三章考察了我国对外直接投资的历史和现状,并对我国企业开展技术寻求型对外直接投资的实践进行了分析。第四章实证检验了对外直接投资是否对我国技术创新水平产生积极影响,即对外直接投资的技术创新效

应是否存在。第五章实证检验了对外直接投资渠道溢出的国外研发资本是否能够促进我国全要素生产率增长,即对外直接投资的反向技术溢出效应是否存在。第六章将人力资本和 R&D 存量作为吸收能力的决定因素,分析了我国技术吸收能力对对外直接投资技术进步效应的影响。第七章总结了实证检验结论,并提出了相关政策建议。

关键词:对外投资　直接投资　技术创新　技术进步　人力资本

**0704**

**发展中国家技术进步途径研究** / 蔡玲著 ; 谭崇台指导. -- 武汉大学, 2009. -- 127 页

落后国家成功实现技术赶超,是每一个发展中国家都致力于达到的目标。这固然是落后国家的民族情感使然,但更客观地说,技术进步与经济增长像一对孪生兄弟。对于发展中国家,能否实现技术赶超,更是是否实现经济起飞的关键因素。在历史上,落后国经济赶超领先国,总是伴随着技术赶超。论文对发展中国家技术进步途径进行研究,全文共分为引言、四章正文和结论。引言介绍选题的背景和意义等。第一章对技术创新相关的文献进行综述。首先界定了技术的定义;接着介绍了技术与经济发展之间的关系;然后论述了劳动分工理论、熊彼特的创新理论、技术进步与增长理论;最后论述了国家创新体系。第二章关注发展中国家技术进步的过程,这个过程不是均衡的。因此作者采用最优路径的方法描述落后国家技术赶超的过程。第三章使用 ACE 模型解释消费需求对技术进步的影响。使用 ACE 模型是因为有望弥补上述古典分析工具的不足,给发展经济学带来新发展。模型得出结论,大量广告的宣传和支持国货的行为确实是有效提高国内产品技术水平,赶超国外领先企业的有效手段。第四章探讨消费与技术进步的关系,主要分析了消费促进技术进步的表现和原因。结论部分总结了全文的结论和下一步的研究方向。

关键词:发展中国家　消费需求　技术创新

**0705**

**终极产权与利益侵占:基于中国上市公司的分析** / 蔡卫星著 ; 高明华指导. -- 北京师范大学, 2009. -- 136 页

中国证券市场自建立之日起,控股股东侵占上市公司利益进而损害中小投资者的现象频频发生,成为困扰证券市场健康发展的一大顽疾。论文正是基于中国特殊的制度背景,从理论和各实证两个方面来考察最终控制人的利益侵占行为。论文共分为九章。第一章是绪论,简要介绍了研究主题、选题背景、研究意义、研究方法、研究思路及论文结构等。第二章从三个方面对国内外有关终极产权与利益侵占这一主题在理论和实践方面的成果进行了综述。第三章介绍了中国制度环境与利益侵占的关系,中国的资本市场有着自己特殊的制度背景:证券市场发展在为国企解困目标下的功能扭曲和投资者权益保护的法律环境亟待完善。第四章对终极产权与利益侵占进行了理论分析,分析表明在其他条件给定的情况下,最终控制人的现金流权与利益侵占程度成反比,控制权与利益侵占程度成正比,控制权与现金流权的分离程度越大,利益侵占程度越高。同时,论文从实证角度使用中国上市公司的样本对理论分析得出的结论进行了检验。第五章是实证分析的起点,对所使用的主要样本进行介绍,并在此基础上对中国上市公司的终极产权进行了初步分析。第六章从关联交易的视角,使用中国资本市场的相关数据对第四章得出的理论假设进行了实证检验,第七章采用案例研究的方法,对最终控制人的利益侵占行为予以揭示,提供有关最终控制人利益侵占行为更为生动直观的证据。第八章从信息披露的视角为上述主题提供了进一步的经验证据。第九章总结里论文的主要结论,提出了相关政策建议,并指出了研究局限和未来的研究方向。

关键词:证券市场　上市公司　产权　信息披露

**0706**

**我国居民收入与幸福感关系的研究** / 曹大宇著 ; 彭代彦指导. -- 华中科技大学, 2009. -- 102 页

全文共分为七章。第一章绪论,介绍了选题的背景、国内外研究现状、论文的思路、研究方法、可能的创新点和结构安排等。第二章首先对幸福的概念进行了界定;然后对有关幸福感测量的问题进行讨论,指出现有的有关幸福感调查的数据是可靠有效的;接着通过对我国数据的描述性统计,指出我国目前也存在西方国家普遍存在的“幸福悖论”;最后借鉴实验经济学的方法进行了一个调查实验研究,所得到的结果可以跟计量经济分析的结果相互印证。第三章是关于绝对收入与幸福感的研究,研究表明绝对收入对我国居民幸福感的影响在统计上是显著的,但是影响不大。而且绝对收入与幸福感之间并不总是存在正相

关的关系。第四、五章是关于相对收入与居民幸福感的研究与对相对收入效应的实验检验。研究表明在考虑到相对收入效应的情况下,绝对收入对人们幸福感的影响将会减少。调查实验也发现相对收入和绝对收入对被调查者的效用均具有重要的影响,因此相对收入效应并非是完全的。第六章是关于地区总体收入与居民幸福感关系的研究,发现一个地区的总体经济发展水平与居民幸福感之间的关系并不是很显著,但是经济增长速度对居民幸福感具有显著的影响。此外收入分配对居民幸福感也具有显著的影响。第七章是全文的结论以及得出的政策启示,并指出了论文的不足,提出进一步研究的建议。

关键词:经济增长　居民收入　幸福

**0707**

**经济增长质量:一种理论解释及中国的实证分析** / 钞小静著 ; 任保平指导. -- 西北大学, 2009. -- 144 页

论文采用国际规范的逻辑实证主义分析方法,以经济转型为背景,在对经济增长质量进行清晰界定与准确度量的基础上,构建了一个系统的分析框架对中国的经济增长质量问题进行理论解释与实证分析。全文共分为十章。第一章导论,介绍选题的背景与意义、研究思路与研究内容、研究的方法、论文拟创新之处、论文的框架结构等。第二章对经济增长质量研究做了文献综述,阐述经济增长质量的内涵界定与测度,经济增长数量与经济增长质量的关系,影响经济增长质量的因素和对现有研究的评价等。第三章论述经济增长质量的界定及其分析框架,并对经济增长质量分析与数量分析做了比较。第四章是对中国经济增长质量的状态评价,首先概述中国经济转型期的经济增长状态;接着整体描述和评价中国经济增长质量;最后评价了中国地区增长质量,并对地区差异做了分析。第五章是中国经济增长质量结构维度的分析,介绍了中国经济增长结构的基本状态,然后对经济增长结构与经济增长质量做了理论阐释与实证分析。第六章是中国经济增长质量稳定性维度分析,介绍了中国经济增长稳定性的基本态势,然后对经济增长稳定性与经济增长质量做了理论阐释与实证分析。第七章是中国经济增长质量福利分配维度分析,介绍了中国福利变化与成果分配的基本态势,然后对福利变化、成果分配与经济增长质量做了理论阐释与实证分析。第八章是中国经济增长质量资源环境代价维度分析,介绍了中国资源利用与生态环境代价的基本态势,然后对资源利用、生态环境代价与经济增长质量做了理论阐释与实证分析。第九章探讨提高中国经济增长质量的路径选择,认为应该继续推进经济转型,不断调整和优化经济增长的结构,不断增强经济增长的稳定性,推动公平的经济增长,转变经济发展方式,重视地区经济增长质量的差距等。第十章总结了论文研究的主要结论,并指出了有待进一步研究的问题。

关键词:中国经济　经济增长质量　经济结构　稳定性

**0708**

**中国分权化背景下的金融发展与经济增长** / 陈波著 ; 马颖指导. -- 武汉大学, 2009. -- 158 页

论文对中国改革开放 30 年来分权化、金融发展和经济增长之间的长期稳定关系进行了探讨。在市场经济体系不完善和金融市场缺位的背景下,分权化改革促使"大一统"财政兼金融计划体制瓦解并形成了一个以银行为主体的市场导向的金融体系。全文共分八章。第一章,对论文的研究背景、研究思路与方法、文中结构与内容以及创新之处做了简要说明。第二章,分别就分权化、金融发展以及金融发展与经济增长之间的关系做了文献综述。第三章,首先对中国分权化改革、金融发展以及经济增长的机制予以说明。在此基础上,引入了一个金融发展促进经济增长的描述性模型,对分权化、金融发展对经济增长的作用进行了刻画。第四章利用自回归分布滞后模型对财政分权化、金融体制转型是否对金融发展具有正向的促进作用进行了检验。第五章,分别构造了金融发展、金融体制变迁、财政分权化等变量,利用第四章提到的自回归分布滞后模型以及向量自回归模型检验这些变量与经济增长之间的作用关系。第六章,利用 1978—2006 年 28 个省(区、市)的面板数据对中国改革开放以来财政分权化、金融体制转型、金融发展、工业化与经济增长之间的长期稳定关系进行了检验。第七章,提出了一个利率市场化的金融发展模型以描述中国金融体制改革与经济增长的长远发展趋势,然后针对全文的理论与实证模型给出了全国和区域两个层面的政策结论。第八章,对全文的结论做了进一步的全面说明,并对论文研究领域将来进一步的研究趋势做了展望。

关键词:金融体制　经济体制改革　经济增长

**0709**

**西方宏观经济政策理论演进** / 陈剑著 ; 王健指导. -- 中国人民大学, 2009. -- 182 页

论文整理了古典经济学以来特别是凯恩斯主义以后的现代宏观经济学关于宏观经济政策研究的主要文献,分析宏观经济政策研究演化的规律和趋势,并构建宏观经济政策研究框架,在此基础上,进一步探讨了中国特色的宏观经济政策分析框架。论文的研究共分为四个部分。第一部分是导论,主要介绍了论文的研究背景、选题意义、研究方法和结构安排。第二部分由第一、二、三章组成,论述宏观经济政策研究的演进。第一章介绍了萌芽及发展阶段的宏观经济政策研究,分别论述了重商主义、古典政治经济学和新古典经济学的宏观经济政策思想,并分析其存在的问题及对以后研究的影响;第二章介绍了繁荣阶段的宏观经济政策研究,分别论述了凯恩斯主义、供给学派、现代货币主义、新古典宏观经济学和新凯恩斯主义的宏观经济政策研究;第三章介绍了宏观经济政策研究的新进展,着重论述了凯恩斯主义的新进展(包括新开放宏观经济学、"第三条道路"经济学与宏观政策新共识)以及新新古典综合派关于宏观经济政策的研究。第三部分由第四、五、六章组成,主要内容是宏观经济政策研究的基本框架。第四章讨论了宏观经济政策的微观基础,着重分析了消费行为、投资行为和市场结构及交易机制。第五章论述了宏观经济政策体系的构成要素及运行机制,分别阐述了财政货币政策的目标、工具和作用机制。第六章考查了宏观经济政策的国际协调、重点论述了宏观经济政策的国际溢出效应、国际协调的发展及内容。第四部分由第七、八章组成,主要研究西方宏观经济政策研究对中国的启示。第七章构建一个有中国特色的宏观经济政策模型。第八章进一步讨论了宏观经济政策的协调。

关键词:西方经济学　宏观经济　经济政策　财政政策　货币政策

**0710**

**规模经济与中国产业国际竞争力提升** / 陈金锟著 ; 马颖指导. -- 武汉大学, 2009. -- 197 页

论文以规模经济为理论基础和核心,研究规模经济在提高产业国际竞争力中发挥的作用和机制。全文共分为七章。第一章为导论,主要介绍了产业竞争力研究的现实背景,以及研究的理论意义和现实意义,然后对论文的研究思路、方法、内容及研究的创新点和难点进行了讨论。第二章是关于规模经济和产业国际竞争力基础理论的综述和分析。第三章提出了现有产业国际竞争力模型在处理规模经济时理论假设和模型设定中的不足之处,及现有模型的理论结论对产业政策的误导。第四章以提高中国相关产业的国际竞争力及其在国际分工链条上的地位为目的。第五章主要分析企业的产品结构和产业国际竞争力之间的关系。通过分析企业的多元化战略和专业化战略,我们提出了企业产品规模决定产业国际竞争力的思想。通过依据核心技术集来重新定义多元化战略,构建了一个规模经济、产品结构与产业国际竞争力模型来描述企业的产品结构对产业国际竞争力的影响。第六章分别从分权改革下的地方政府、金融市场和企业家等三个方面分析了阻碍中国产业国际竞争力提升的各种因素。从不同层面上分析了影响中国产业规模、企业规模和产品规模形成的障碍以及影响中国提升产业国际竞争力的机制。第七章从规模经济的角度指出现有提升中国产业国际竞争力政策建议的不足之处,并分别从宏观层面和微观层面给出了提升中国产业国际竞争力的政策建议。

关键词:中国经济　规模经济　产业结构　国际竞争力

**0711**

**我国上市公司并购问题研究** / 陈朗平著 ; 林少宫, 唐齐鸣指导. -- 华中科技大学, 2009. -- 150 页

随着经济的告诉增长和市场经济体制的逐步推进,我国上市公司的并购交易不断发展。论文以我国上市公司为研究对象,借鉴国外公司并购交易中成熟的理论和丰富的经验,结合我国的实际国情,对我国并购交易进行深入的研究,并对相关的案例进行的剖析,寻求建立适合我国上市公司的并购交易理论体系。全文共分为七章。第一章是绪论,介绍了选题的背景及问题的提出、研究的意义、研究内容与结构、论文的研究方法和创新点等,并就相关理论进行文献综述。第二章是对我国上市公司并购的概述,包括上市公司并购的概念和历程回顾,股改后的并购市场,次贷危机对上市公司并购的影响等,最后对我国上市公司并购做了总体评价。第三章是对我国上市公司并购的程序分析,先是介绍了我国上市公司并购的相关概念,然后分别对并购的战略管理、尽职调查、实施和后期整合进行分析,最后进行相关案例分析。第四章是对我国上市公司并购的价值评估,首先概述了并购

的评估价值、交易价格,价值评估的特征及程序,目标公司价值的初步评估方法,然后分别论述并评价了并购价值评估的常用方法和新型企业价值评估方法,最后进行相关案例分析。第五章探讨了我国上市公司并购的财务问题,论述了上市公司并购的支付方式、融资方式以及会计和税收问题。第六章是对我国上市公司特色并购的实务分析,包括要约收购、外资并购、管理层收购和借壳上市等。第七章总结了论文的主要结论,指出需要进一步研究的问题。

关键词:上市公司　企业管理　企业并购

**0712**

**论"科学技术是第一生产力"的经济学基础** / 陈立峰著 ; 吴宇晖指导. -- 吉林大学, 2009. -- 188 页

论文旨在研究"科学技术是第一生产力"的经济学基础。全文共分为六章。首先,导论。介绍选题目的、选题背景和研究价值,说明论文的思维框架和研究方法,阐述论文的主要创新。第一章,阐述科学技术的概念及内涵,说明科学发展成技术的历程,总结技术是科学规律的实施条件,新技术必能发现新生产规律,最后分别说明科学技术在经济学中的地位和作用。第二章,阐述色诺芬《经济学》中的科学技术与技术关系,分析亚当·斯密认为科学技术是劳动生产力提高的原因,以及萨伊、熊彼特、罗斯托的经济学思想,梳理对三个重要经济增长模型的认识,分析科学技术水平与西方经济学理论中的基本问题的关系以及科学技术与马克思主义经济学中的几个主要观点之间的关系。第三章,说明科学技术对生产力的决定作用。首先分析生产力水平是由科学技术水平决定的理论基础,然后分别介绍科学技术与劳动者、农业生产资料、工业生产资料以及计算机之间的关系,最后说明科学技术转化为生产力的市场机制和制度保障。第四章,阐述生产模式概念、几个因素的内在关系以及生产模式划分规则,介绍几个典型的工业生产模式,分析要素间支配关系和分配关系的形成过程,最后比较工业与农业支配关系和分配关系。第五章,分析中国农业历史上几个重要指标来阐述科学技术发展阶段与农业经济发展阶段的对应关系。第六章,介绍经济发展的理论框架,分析经济飞跃的模型,利用科学技术对经济的作用理论规范性分析我国的经济政策。

关键词:理论经济学　科学技术　生产力

**0713**

**集群视角下的 FDI 技术溢出效应研究:以长三角为例** / 董联党著 ; 常云昆指导. -- 西北大学, 2009. -- 104 页

论文选取 FDI 主导型集群发展较为充分的地区——长江三角洲作为研究对象,对 FDI 主导的集群中跨国公司对当地企业的技术溢出进行深入分析。全文共分八章。第一章是绪论,介绍了选题背景、研究意义、研究思路、框架结构、理论背景、研究方法、主要概念和创新之处。第二章是文献述评,对国内外相关问题研究进行综述,并对国内外相关文献进行了评价与借鉴。第三章是对长三角 FDI 技术溢出经济环境界定,首先介绍了长三角集群发展概况及 FDI 利用特点与 FDI 技术溢出的政府行为背景,然后分析了国际产业转移与外商独资化。第四章论述长三角 FDI 主导集群的分类及其特征,包括 FDI 与地方产业集群的互动关系,FDI 主导的地方产业集群的主要类型和长三角 FDI 主导集群的主要特征。第五章建立了集群中跨国公司技术溢出的博弈分析模型,阐述了模型的基本假定,模型及求解,解的经济含义等。第六章是长三角 FDI 集群中跨国公司技术溢出的实证检验,阐释了计量模型的建立、数据说明、计量结果及其解释等。第七章论述政策含义,包括地方政府政绩考核机制设计、转外资优惠政策为国民待遇、建立区域集群政策协调机制、变产业链整体移入为补链招商、提升当地企业知识吸收能力等。第八章为主要结论和有待进一步研究的问题。

关键词:外商直接投资　跨国公司　技术进步　聚集经济

**0714**

**人本经济发展观探索** / 杜勋昶著 ; 张培刚, 张建华指导. -- 华中科技大学, 2009. -- 247 页

论文是对人本经济发展观的探索。在探索中论文明确了仅仅将财富(富裕)作为经济发展的目标,人类永远只能是手段,只有将自由(和谐)、幸福(保障福利)从手段地位提高到目的地位,使其成为价值目标,才能使人类成为经济发展的目的。全文共分为九章。第一章是导论,提出问题,对相关文献进行综述,并阐述研究意义、研究指导思想、研究方法、研究思路、框架和创新点。第二章概述人本经济发展观的产生根源与发展历程。第三章论述人本发展观的基本涵义和基本理解。第四章论述人本经济发展

观的理论内容与理论框架。第五章提出经济富裕是人本经济发展的物质目标,认为应通过发展经济能力和运用经济权力,共创经济富裕。第六章提出经济和谐是人本经济发展观的社会目标,认为应通过发展经济能力和运用经济权力,共建经济和谐。第七章提出经济幸福是人本经济发展观的精神目标,认为应增强服务能力,共促经济幸福;保障经济权力,实行福利经济。第八章论述国民发展总值是人本经济发展指标的重构,阐释提出国民发展总值标准的基本理由,分析国民发展总值标准的探讨状况和科学确立国民发展总值标准。第九章是论文的总结和展望。

关键词:经济发展　发展观　人本主义

0715

**虚拟经济与实体经济关系研究** / 段彦飞著 ; 刘骏民指导. -- 南开大学, 2009. -- 163 页

虚拟经济是市场经济高度发达的产物,虚拟经济和实体经济成为宏观经济运行中两种不同的经济形态。由于当代经济中虚拟经济与实体经济的紧密联系,论文研究如何正确处理虚拟经济与实体经济的关系。全文共分为六章。第一章是引言,介绍问题提出的背景和意义,相关的理念和方法,相关文献综述,以及论文的框架结构和创新点。第二章论述经济虚拟化的历史演进。首先介绍货币虚拟化的演进过程;接着论述信用关系发展与虚拟经济深化之间的关系;最后探讨全球流动性膨胀对世界经济虚拟化的影响。第三章论述虚拟经济与实体经济关系的部门模型,主要有:虚拟收入循环与部门模型;企业和家庭的两部门模型;加入金融部门的三部门模型;加入政府部门的四部门模型;加入国外部门的五部门模型等,最后分析了虚拟经济与实体经济的增长及其关联。第四章构建了虚拟经济与实体经济的宏观均衡模式,首先分析了货币在虚拟经济和实体经济之间的配置;接着论述了新的二分法下宏观经济的均衡机制;然后探讨了虚拟经济与实体经济失衡下的金融危机;最后分析了美国债务经济的国际循环。第五章对虚拟经济与实体经济的关系进行了计量检验。第六章论述了虚拟经济与实体经济关系的政策表述,包括经济虚拟化对宏观经济稳定的影响,以及虚拟经济与实体经济关系的宏观调控。

关键词:经济学　虚拟经济　实体经济　宏观经济

0716

**资产证券化风险问题研究** / 樊忻昕著 ; 王志伟指导. -- 北京大学, 2009. -- 161 页

论文从委托代理风险、制度性风险和基础资产风险三个层次分析了资产证券化的风险及防范问题。从实践角度看,中国发展资产证券化是大势所趋,国内对资产证券化的呼声越来越高。全文共分为八章。第一章导论,简介了问题的提出、研究目的和意义、研究内容和结构、创新与不足等。第二章关于资产证券化的文献综述。第三章运用信息经济学的框架,分析了资产证券化的信息不对称问题。第四章从新制度经济学的角度分析了资产证券化制度性风险及其防范。指出风险隔离制度是资产证券化的核心制度,是通过符合真实销售的资产转移来达到隔离风险的目的。第五章从微观层面探讨了资产证券化的基础资产风险问题。分析了借款人在资产证券化过程中进行违约和提前偿付的微观机制,并且从实践角度,介绍了如何通过理论和计量方法对这两种风险进行度量。第六章以美国的资产证券化实践为借鉴,分析了美国资产证券化的产生、发展过程,从而对我国的证券化实践提供参考。第七章分析了我国资产证券化的发展情况和条件,对我国资产证券化实践提出了一些建议,从而探讨了中国资产证券化过程中如何借鉴美国的经验,发展符合中国国情的资产证券化道路。第八章对全文做了总结。

关键词:资产证券化　证券市场　风险管理

0717

**中国生产率的变化及其影响因素研究** / 傅东平著 ; 徐长生指导. -- 华中科技大学, 2009. -- 115 页

改革开放以来,我国取得了巨大的经济成就,为今后经济的可持续增长奠定了良好的基础,但是我国经济在总量增长的同时,经济增长质量如何,仍需进行研究。提高经济增长的质量,对实现经济的可持续增长,具有重要意义。论文主要对我国生产率的变化及其影响因素进行研究,全文共分为六章。第一章导论,提出了问题,对相关理论文献进行了综述,介绍了研究的方法、内容和与创新点。第二章阐述了改革开放以来中国经济的运行概况,生产率增长测算方法——数据包络分析(DEA),中国省际生产率的变化。第三章论述了技术进步与生产率变化之间的关系,先对技术进步的源泉进行了理论综述,接着介绍了改革开放以来我国技术进步的变化,最后对中国技

术进步与生产率变化做了实证分析。第四章论述了需求因素与生产率变化的关系,分析了需求因素对生产率影响的途径,并分别对需求因素对我国全要素生产率的间接影响和直接影响做了相应的实证分析。第五章则论述了要素价格与生产率变化的关系,先概述了中国要素价格的变化及其发展趋势,接着对要素价格变化与全要素生产率关系进行了理论分析,并对要素价格与生产率变化做了实证分析。第六章是对全文的总结,得出了论文的主要研究结论,并对进一步的研究做出了展望。

关键词:中国经济　经济增长　全要素生产率　技术进步

**0718**

**人民币汇率传递效应及汇率变动对贸易收支的影响** / 傅雄广著 ; 宋国卿指导. -- 北京大学, 2009. -- 148 页

论文重点针对人民币汇率变动对贸易品价格、贸易收支以及国内外经济的影响等问题进行了理论和实证研究。全文共分为八章。第一章是绪论,介绍选题背景、选题意义、研究方法、研究思路和论文主要创新点。第二章是文献综述,分别就人民币汇率传递理论、汇率传递实证、贸易收支弹性分析法、贸易收支弹性分析法实证等方面的相关文献进行文献综述。第三章研究人民币汇率对国内价格的传递效应,结果表明,人民币名义有效汇率对国内不同价格的传递程度存在差异并且都有一定的时滞,汇率对进口价格的传递程度最高而对消费者价格的传递程度最低。第四章研究人民币汇率对各产业进口价格的传递弹性,结果表明,无论在短期还是长期,人民币名义有效汇率对各产业进口价格的传递程度存在较大差异。第五章研究人民币汇率对各产业出口价格的传递弹性,并进一步探讨了我国出口厂商的定价行为。结果表明,无论在短期还是长期,各产业出口价格的汇率传递程度存在较大差异;同时不同产业的出口厂商在国际市场上也表现出不同的竞争力。第六章估计了中国个产业进出口贸易的价格弹性,同时也分析了我国贸易收支对人民币名义有效汇率的弹性。结果表明,人民币升值可以有效地减少贸易顺差,同时汇率是导致出口结构变化的重要因素。第七章考察人民币升值对国内外经济的影响,数值模拟结果显示,汇率升值对本国和外国的产出及物价都有紧缩性效应,同时升值有利于减少我国的贸易顺差。第八章是论文的主要结论和进一步的研究展望。

关键词:人民币汇率　汇率波动　对外贸易　贸易收支

**0719**

**我国职称制度改革的经济学分析** / 高百宁著 ; 张卫东指导. -- 华中科技大学, 2009. -- 128 页

论文基于探索、总结和应用的目的,试图从制度经济学、信息经济学的角度,通过深入的理论探索,系统梳理职称制度相关理论问题;通过历史考察和典型分析,寻找职称制度的基本原则与规律,探讨职称制度存在的合理性与推动作用,进而探究职称制度的改革和发展方向。论文共分为八章。第一章是导言,介绍选题背景、研究思路、研究方法、创新点、研究内容和结构安排等,并进行相关文献综述。第二章我国职称制度的演进,论述职称制度的本质及目的和新中国职称制度演变及目的轨迹。第三章介绍国内外职称制度的实践现状,包括我国部分省市的职称改革模式、国外职称制度模式和我国职称制度改革的方向。第四章论述职业生涯理论与职称制度,主要包括职业生涯管理理论要点、职称制度应遵循的原则、职称—职能相匹配的管理模式和职称评聘模式的选择。第五章对职称制度进行管理学分析,探讨激励理论与职称制度的关系,并对高校职称评审标准的量化分析。第六章对职称制度进行制度经济学分析,首先介绍关于职称制度的争论,然后对职称进行制度经济学分析,最后分析了职称评定制度的社会化改革。第七章对我国职称制度进行演化博弈分析。第八章提出我国职称制度改革的建议:职称制度的保留论证;学术自治与我国职称制度的改革取向;职称序列及定位与制度约束;构建职称的制度文化;改革职称制度的具体建议。第九章总结了论文的主要研究内容和结论,并对未来研究进行了展望。

关键词:国家行政机关　人事制度　职称

**0720**

**资产选择、房地产价格波动与金融稳定** / 高恩辉著 ; 柳欣指导. -- 南开大学, 2009. -- 225 页

论文主要探讨资产价格与金融稳定、货币政策之间的关系。全文共分为九章。第一章是导论,介绍论文的选题背景、意义、研究思路、研究方法、结构、主要结论和主要创新及不足等。第二章介绍了房地产泡沫与金融危机的一般理论,包括房地产价格波动内涵,房地产泡沫形成的微观机理,金融稳定、银行稳定

与货币稳定的关系,金融风险形成产生原因分析,金融创新、资产价格泡沫与金融风险的关系。第三章介绍了家庭资产选择理论,包括资产选择理论基本原理的提出、成熟完善和发展应用等,并对资产选择理论做了评价。第四章论述家庭资产选择、房地产价格与货币供求的关系,首先分析家庭资产负债表与资产选择的关系;接着构建金融支持条件下家庭风险资产选择模型;进而分析房地产选择与货币供求的关系;然后对房地产价格波动与货币供求的一般均衡分析;最后得出结论并提出政策建议。第五章分析资产价格、金融中介与房地产泡沫的关系主要从资产价格与资产价格波动,资产价格泡沫成因的理论回顾,基于银行代理制的房地产泡沫模型三个方面展开。第六章先后从理论综述,美国储贷危机例证,国际经验及其借鉴等方面论述房地产价格泡沫与金融体系稳定的关系。第七章论述房地产价格波动与货币政策的关系。第八章以日本和美国为例,实证分析了房地产泡沫与金融风险的关系。第九章对中国房地产价格波动与金融风险进行实证研究,首先论述转轨时期房地产泡沫与金融危机;接着对市场体制下房地产价格相关因素进行分析;然后分析了我国房地产价格波动与金融风险;最后提出要完善宏观调控手段来有效防范金融风险。

关键词:金融事业　经济发展　投资　房地产　货币政策

**0721**

**转型中国的政府治理与经济增长** / 高远著 ; 张军指导. -- 复旦大学, 2009. -- 154 页

论文关注中国转型时期经济增长源泉的重要因素——政府治理。全文共分为七章。第一章是导论,介绍了问题的提出,核心概念——治理,研究方法,研究思路,论文创新点和论文结构。第二章是对政府治理与经济增长关系研究的现有文献述评,介绍了对中国改革相对成功的不同解释,阐述了治理与增长的六个方面——言论和问责,政治稳定,法治,管制质量,政府效率和对腐败的控制,论述了关于政府治理与经济增长的中国经验及相关研究。第三章对制度、治理、增长三者的关系做了理论阐释,还涉及政治组织(即政府)和政治组织中的关键参与者(官员)。第四章讨论了经济增长背后的政府治理因素,特别强调对官员的治理(包括行政、人事、工资制度改革和反腐败制度)。第五章研究"反腐败(对腐败的控制)"这个治理指标与经济增长指标(FDI)之间关系,对反腐败从多个角度详细地进行客观度量,并厘清腐败与反腐败之间的关系。第六章在1985年和1993年公务员工资制度改革的历史背景基础上,建立符合中国现实效率工资模型探讨在这些年间公务员工资的增加是否有效地改进了政府效率,探讨了制度安排如何影响政府治理。第七章总结了全文,说明了论文的政策指导意义,提出中国政府治理展望,并指出了进一步的研究方向。

关键词:国家行政机关　行政管理　经济增长　经济效率　社会转型期

**0722**

**中国经济转型期就业制度研究** / 郜风涛著 ; 张培刚,徐长生指导. -- 华中科技大学, 2009. -- 175 页

论文以科学发展观为指导,运用经济学的分析方法,在透视和把握国内外就业制度转型相关理论和实践经验的基础上,对中国就业制度的转型问题做研究和探讨。全文共分为八章。第一章是导论,介绍选题背景、意义、研究思路、内容、方法、创新点等,对相关文献进行综述,并界定了相关概念。第二章对国外就业制度转型进行比较,分别介绍并比较了发达国家、发展中国家以及经济转型国家的就业制度。第三章对中国就业制度转型做了历史考察,主要考察了中国就业制度转型的轨迹和诱因,以及中国就业制度渐进式转型的路径。第四章分别分析了体制改革、经济增长、结构调整和国际环境四个方面的因素对中国就业制度转型的影响。第五章论述了中国就业制度转型的立法成果及评估,介绍了中国《就业促进法》的立法背景、立法原则、主要内容和特点,并简要评估其实施效果,最后论述了中国经济转型期就业制度的框架体系。第六章探讨中国经济转型期的就业保障制度,分别讨论了社会保险制度、最低生活保障制度、劳动合同制度三者与就业制度的关系。第七章论述了中国经济转型期就业制度创新的对策建议,首先介绍了全球性失业狂潮与中国当前严峻的就业形势的大背景;接着论述中国当前稳定与扩大就业的政策措施;最后探讨了国际金融危机与中国就业制度创新的关系。第八章总结了论文结论,指出不足之处,并提出研究展望。

关键词:就业制度　就业政策　经济转型期　社会保障

0723

**投资技术冲击、异质性定价行为与宏观经济波动：基于相对价格变化的理论与实证分析** / 顾标著 ; 宋国卿指导. -- 北京大学, 2009. -- 143 页

论文着重关注相对价格变化与宏观经济波动之间的内在联系。以相对价格的变化为主要线索,在主流经济学的一般性分析框架内,建立起相对价格的长期趋势特征——技术冲击的产品或部门差异——经济周期波动——多部门灵活价格 RBC 模型;以及相对价格的短期变化——定价行为的异质性差别—经济周期波动——多部门黏性价格模型之间的关系。全文共分为前言和三章正文。前言介绍了研究的问题与相关的背景。第一章由投资品相对价格的长期趋势特征识别出投资技术冲击,进而在价格灵活可变的 RBC 模型中考察了投资技术冲击对于经济周期波动,特别是劳动要素投入的影响。第二章在标准的多部门黏性价格 DSGE 模型的分析框架内,着重分析、比较部门异质性差别,特别是定价行为特征及部门差异——包括名义黏性、后顾比率——与货币政策冲击的宏观动态效应之间的联系。第三章着重考察了相对价格变化的政策涵义问题。首先描绘了相对价格与通货膨胀在产品—部门之间的分布状况。进一步发现货币政策存在着比较明显的相对价格效应:当正向的利率冲击——即"识别的"货币政策冲击——实现以后,尽管绝大多数部门价格将有所下降,价格"逆向上涨"现象绝非偶然;而上述部门差异在短期内的表现尤为明显。此外如果中央银行能够充分合理地利用所掌握的信息,特别是蕴含于各类价格指数中的丰富信息,货币政策的决策制定过程及其实施效果将大为改观。

关键词:价格变动　宏观经济　经济波动

0724

**金融功能视角下的县域金融体系重构研究** / 郭建民著 ; 白暴力指导. -- 北京师范大学, 2009. -- 133 页

论文对"功能视角下县域金融体系的重构"这一课题进行了探讨,全文共分为七章。第一章是绪论,介绍了选题及其意义,论文的基本框架与研究方法,并进行国内外研究综述。第二章从功能视角研究县域金融体系的理论基础,包括县域金融及其组织体系范畴的界定,县域金融体系研究的核心理论,功能视角下县域金融体系构建的理论基础。第三章运用现代金融发展理论和内生增长理论,实证分析了县域金融发展对经济增长的影响因素,并利用时间序列模型对 1996—2006 年中国沿海开放区、珠三角区、西部区所选取的 18 个样本县的金融发展对经济增长的影响进行逐一检验,得出结论为:就长期而言,县域金融发展是供给导向型的,县域金融发展与经济增长正相关,县域经济增长已经从仅依靠增加各种资源投入的外延增长模式转向依靠金融要素投入的内生增长模式,并提出通过功能性县域金融体系的重构来实现县域金融资源的优化与配置。第四章运用现代金融发展理论及其分析工具,在对所选取的 18 个县进行金融总量描述和现状分析的基础上,分别对三个经济区域的县域金融体系发展进行比较分析。第五章在对 IMD 的金融国际竞争力评价模型和金融资源论评价模型进行分析的基础上,结合中国县域金融体系发展实际,构建出中国县域金融体系评价模型,并运用该模型对所选取的 18 个样本县进行了实证评价。第六章探讨了功能视角下县域金融体系重构的目标、原则和路径选择。第七章总结了论文的主要结论,指出了论文的创新点和有待进一步研究的问题。

关键词:县　金融体系　金融功能　评价模型

0725

**预算软约束与公用事业国有企业改革:基于新规制经济学视角** / 郭锐欣著 ; 高明华指导. -- 北京师范大学, 2009. -- 92 页

论文重点利用新规制经济学的理论框架分析公用事业国有企业的预算软约束问题的产生根源。全文共分为八章。第一章,绪论。介绍选题的背景及意义,说明论文的研究方法、主要创新点与文章的结构。第二章,文献综述。阐述预算软约束的概念,理论演进以及转型经济中的预算软约束问题,分析传统规制理论以及基于委托代理理论的新规制经济学,基于新规制经济学说明公用事业领域的政府规制方法,阐述公用事业国有企业改革的国内研究现状。第三章,界定国有企业的概念以及分类,回顾国有企业改革的历史,说明公用事业国有企业的形成过程以及存在问题。第四章,介绍公用事业的特征,分析公用事业国有企业预算软约束产生的原因以及不良影响。第五章,运用模型分析公用事业国有企业预算软约束的产生。第六章,分析公用事业国有企业私有化,一方面维持原有供给水平无法硬化预算约束,另一方面,硬化预算约束难以保证原有供给水平。第七章,探讨硬化公用事业国有企业预算约束的途径:补贴拍卖、异质竞争、信息公开以及公共监督。其中对不同经营者

拍卖补贴并且对胜出者的机会主义行为设定严格惩罚的方式，能够促进经营者申报真实类型，从而使最有效率的经营者胜出，以硬化规制者的补贴。第八章，总结。

关键词：公用事业　国有企业　预算

**0726**

**产业协调发展与工业结构升级研究** / 韩德超著 ；张建华指导. -- 华中科技大学, 2009. -- 117 页

产业结构是决定经济增长方式的重要因素，是衡量经济发展水平和体现国民经济整体素质的重要标志。论文构建了产业协调发展与工业结构高度化的基础理论框架，在此基础上，对我国产业结构的现状和存在的问题进行了分析，进而分析了如何通过促进我国生产性服务业发展实现产业结构协调发展，进而推动工业结构不断高度化。论文共分七章。第一章是导言，首先探讨了产业协调发展、工业结构高度化的定义和判断标准，并根据研究目的选择了研究的标准。第二章是论文研究的理论基础，对产业协调发展与工业结构升级机理进行分析，得出结论认为：产业协调发展能推动工业结构不断升级。第三章是实证研究部分，旨在通过对西方发达国家工业化历程的考察，为上述理论基础提供进一步的证据支持。第四章从产业协调发展的角度对中国产业结构发展中存在的问题进行了诊断分析。第五章和第六章探讨了我国生产性服务业与制造业发展的关系及生产性服务业 FDI 对中国工业结构升级的影响，以促进产业协调发展，推动工业结构不断升级。第五章考察了中国生产性服务业对制造业的影响。第六章研究了生产性服务业 FDI 对中国工业结构升级的影响。第七章总结了论文的研究结论和创新点，并指明了研究的不足与展望。

关键词：中国经济　产业发展　产业结构　工业结构调整

**0727**

**中国投资与消费的不平衡及其对经济增长的影响研究** / 何刚著 ；徐长生指导. -- 华中科技大学, 2009. -- 104 页

论文以转型期中国的投资与消费不平衡增长及其对经济增长影响为研究对象，按照提出问题、建立模型、计量分析、经验检验和得出结论的研究方法，构建起转型期中国投资与消费不平衡增长相关问题的研究框架，对我国投资于消费不平衡增长问题进行了理论和实证分析。全文共分六章。第一章为引言，介绍了研究的背景、目的和意义，进行了文献综述，简介了研究的方法和思路以及论文的创新点。第二章在对国内外文献进行的梳理和评述的基础上，对改革开放 30 年来中国的投资与消费相关的经济事实进行总体考察和国别比较。结果表明，中国经济存在投资率相对较高、消费率相对较低的特征。第三章基于转型期中国的现实特点，建立修正的经济增长模型来解释在投资于消费不平衡增长的现实背景下，中国经济依然持续高速增长的原因。第四章从中国的投资与消费的内部结构的角度出发，寻找中国投资效率不断上升和当前消费增长缓慢的原因，对中国投资消费的不平衡增长问题进行进一步的研究。第五章从静态分析转向动态分析，利用 1953—2008 年样本数据，运用向量自回归模型研究了中国消费、投资与经济增长之间的动态相关性，在此基础上使用脉冲响应函数、Granger 因果检验、方差分解模型等对中国消费、投资于经济增长之间的作用机理进行了分析。第六章对全文进行了总结，结论如下：论文分析了投资消费不平衡增长的具体原因，中国当前较高的投资率同所处的发展阶段有着密切关系，同时也有经济增长方式的问题和高储蓄率的推动。中国的低消费率主要与收入分配差距的扩大、金融市场的不发达和居民面临的各种不确定性等因素有关。论文对解决投资率和消费率不平衡问题，促进中国经济的长期可持续发展提出相应的政策建议和进一步的研究方向。

关键词：中国经济　经济增长　投资　消费水平　经济关系

**0728**

**国有商业银行中间业务转型研究** / 侯尧文著 ；胡怀邦，常云昆指导. -- 西北大学, 2009. -- 162 页

论文运用规范分析和实证分析相结合的研究方法，从理论和实践两个层面对商业银行中间业务转型问题进行研究，力求对国有商业银行的中间业务转型提供理论依据和创新性的政策建议。全文共分为六章。第一章是绪论，介绍研究的背景、目的、意义、内容、思路、方法、框架结构和主要创新点。第二章对商业银行中间业务转型的相关文献进行综述。第三章从传统银行业的脆弱性及其负外部效应入手，对西方商业银行中间业务转型的历史背景及其转型路径进行了研究，对商业银行中间业务转型的内涵和模式等进行界定。第四章分析了国有商业银行中间业务转

型与体制转轨的逻辑关系，阐述了创新在国有商业银行中间业务转型中的内生动力作用，实证分析了影响国有商业银行中间业务收入的宏观因素和微观因素，为国有商业银行的中间业务转型提供理论依据。第五章探讨了创新主导下的国有商业银行中间业务转型策略，包括经营理念、中间业务产品设计、不同类型产品的定价和服务机制等方面的创新。第六章根据中间业务风险的特殊性，在总结西方商业银行在中间业务风险管理方面的经验，包括美国次贷危机暴露出的商业银行在中间业务风险管理方面存在的问题的基础上，从内部控制和外部监管两个方面，提出了国有商业银行中间业务转型中的风险管理策略。

关键词：国有商业银行　银行业务　创新管理　风险管理

**0729**

**中国农村公共投资的减贫效应研究** / 胡江辉著 ； 方齐云指导. -- 华中科技大学，2009. -- 132 页

论文主要就农村公共投资的减贫效应，以及公共投资与减贫的内在作用机制进行了研究。全文共分为八章。第一章是导论，介绍选题目的、选题意义、研究思路、研究方法、研究结构和创新点，并就相关文献加以述评。第二章概述中国农村的贫困现状，首先介绍贫困的概念与测度，然后分别论述中国农村的总体贫困状况、贫困特征和扶贫发展阶段。第三章概述中国农村公共投资的发展与现状，首先介绍公共投资的定义与范围，然后分别论述中国农村公共投资总量、中国农村基础设施投资现状，以及用于农村人力资本的公共投资。第四章进行公共投资、经济增长与减贫内在关系的理论研究，先后探讨公共投资的减贫原理、公共投资与经济增长的关系、经济增长与减贫的关系等。第五章进行中国农村公共投资、经济增长与减贫的实证研究，首先探讨农村公共投资与农业增长的实证关系，然后对中国农村公共投资与减贫效果进行研究。第六章探讨如何加强农村公共投资项目的管理，概述了中国农村公共投资存在的问题和公共投资项目的管理，并分析了“参与式扶贫”在我国农村公共投资中的实践。第七章介绍并改进农村公共投资的减贫效应评估方法，首先介绍项目评估和部门间分配问题，然后提出了对现有方法的改进。第八章在总结论文的主要结论的基础上，提出一些政策建议。

关键词：农村　基本建设投资　公用事业　扶贫

**0730**

**企业生态责任的经济学分析** / 贾成中著 ； 纪玉山指导. -- 吉林大学，2009. -- 143 页

论文以马克思主义理论为理论基础，并综合运用西方经济学中关于环境经济发展的理论以及环境伦理学、宏观环境经济学等交叉学科的基本理论，围绕企业生态责任问题展开研究。全文共分为五章。首先，导论。介绍研究背景与意义，阐述企业生态责任的理论基础及研究方法、论文的框架结构及创新之处。第一章，阐述企业生态责任的概念，界定企业生态责任的内涵，说明企业生态责任的理论渊源，分析企业生态责任的必然性。第二章，分析企业生态责任生成的微观机理，提出企业生态责任能力培养的必要性、手段以及指标体系。第三章，分析企业生态责任生成的中观环境，分别说明行业自律和区域产业政策管理与企业生态责任的关系。第四章，分析企业生态责任的制度建设，探讨企业生态责任的实现机制，阐述生态足迹理论中的生态责任思想，提出主题功能规划的生态思想。第五章，探讨中国企业生态化的发展战略以及中国企业生态化的模式选择，分析经济全球化的利弊，提出中国企业应对生态国际化趋势的对策性建议。最后得出结论，企业变“经济人”为“生态人”是社会发展的必然，企业承担生态责任是一个系统工程，既有企业自身能力和素质的提升，又需要产业结构及行业管理等中观环境的发展，同时，政府宏观政策以及消费者的绿色选择等外生变量亦是不可或缺的因素。

关键词：企业管理　社会责任　生态环境

**0731**

**中国农村基础设施公共投资与农业增长研究** / 姜涛著 ； 汪小勤指导. -- 华中科技大学，2009. -- 111 页

农业是国民经济的基础。中国是一个发展中的农业大国，长期积淀起来的“三农”问题影响着经济的健康发展。论文从影响“三农”的基础条件——农村基础设施公共投资的视角，研究农村基础设施等公共物品的提供对农业增长的影响。论文共分为七章。第一章是绪论，介绍研究背景、研究意义、研究方法、主要内容、创新点和不足之处，并进行国内外研究的文献综述。第二章概述农村基础设施公共投资理论，包括一般理论概述，农村基础设施公共投资的内涵、外延及其特点，农村基础设施投资与农业增长关系的理论，政府对农村基础设施进行投资的理论原因。第

三章论述中国农村基础设施公共投资的演进历程与改革开放以来中国农村基础设施公共投资的现状,并对中国农村基础设施公共投资种类的现状进行了分析。第四章研究了农村基础设施公共投资与农业增长的关系,首先以农业 R&D 公共投资为例,探讨了农村基础设施公共投资与农业 GDP 的动态关系;然后研究了农村基础设施公共投资于农业技术效率的关系。第五章从基础设施公共投资于农业增长,农村基础设施公共投资的优先序研究,以及农村基础设施公共投资的区域差距研究三个方面进一步研究了农村基础设施公共投资与农业增长的关系。第六章探讨了农村基础设施公共投资的国际经验,包括发达国家和发展中国家的农村基础设施公共投资,提出要借鉴国外农村基础设施公共投资的经验。第七章从相关政策和制度层面思考了完善中国农村基础设施投资的措施与建议。

关键词:农村　基础设施建设　投资　农业经济　经济增长

**0732**

**我国农村贫困、收入分配和反贫困政策研究** / 蒋凯峰著 ; 张建华指导. -- 华中科技大学, 2009. -- 121 页

论文主要从农村贫困和不平等测算、反贫困政策评价和减贫进程演进特征与趋势等方面展开分析。全文共分为七章。第一章是导论,介绍选题背景、研究方法、意义和结构安排,并进行文献综述。第二章从不同的视角测算农村贫困和不平等状况。论文采用七种不同的贫困线,三种不同的家庭等值算子对贫困和收入不平等变动进行洛伦茨曲线的洛伦茨占优分析、各种不平等指数的对比分析、贫困指标的变动分析与分解分析。第三章从省域视角研究了农村收入分布演进特征。第四章主要对我国农村反贫困政策进行了评价。在总结农村贫困特征的基础上,通过将我国农村反贫困政策划分为救济性扶贫阶段、开发式扶贫阶段、注重参与、内外兼顾扶贫政策阶段和整村推进、多元化扶贫阶段四个阶段,来重点分析农村反贫困政策演进的特征与原因。第五章主要探讨了我国农村减贫进程的特征与发展趋势。在贫困分解的基础上,运用贫困弹性的动态特征,从理论和实证的角度探讨了经济增长和收入分配对贫困减少的影响。第六章运用门槛面板数据模型实证研究了贸易自由化影响我国农村贫困的机制和关系特征。结果发现,贸易自由化主要从经济增长、就业与工资以及物价水平四种路径影响农村贫困。第七章是论文的主要结论、创新点和进一步研究的展望。

关键词:农村　贫困问题　收入分配　扶贫

**0733**

**金融结构与经济增长:理论模式与中国实证** / 蒋泽敏著 ; 邹薇指导. -- 武汉大学, 2009. -- 146 页

论文从金融机构的功能出发,结合其他影响金融机构促进经济增长功能的因素来分析金融结构与经济增长的关系。全文共分为八章。第一章是导论,主要介绍论文选题的理论和现实背景、论文区别于以往研究的主要特征和意义,以及论文研究所涉及的主要方法、内容和结论。第二章是相关文献综述,分别就两种金融结构与经济增长之间的现有文献进行综述,并从中梳理出金融结构与经济增长研究的发展方向:要素禀赋观。第三章运用最新的全球金融结构数据库对世界各国的金融结构情况进行分析比较,研究发现,在人均收入更高的国家和地区中,银行、其他金融结构和股票市场的规模越大,银行体系越有效、市场交易越活跃。第四章在 Chakraborty 和 Ray(2006)的基础上构建了金融结构与经济增长的模型。第五章在 Deidda 和 Fattouh(2005)的基础上构建了银行业结构与经济增长的关系。第六章利用中国的金融结构和经济结构数据,分析了中国当前的金融结构与经济结构演变和现状。第七章以中国为例子对金融结构与经济增长的关系进行实证分析。第八章是全文的一个总结。

关键词:经济增长　金融结构　金融组织　中国

**0734**

**中国经济预测的偏误实证研究:兼论预测者的羊群行为** / 康健著 ; 杜宁华指导. -- 上海财经大学, 2009. -- 102 页

市场经济与经济预测是一对"双胞胎"。一方面,市场经济是经济预测产生和发展的沃土;另一方面,市场经济时刻离不开经济预测。然而,由于信息、激励等因素经济预测会出现显著的偏误。论文从宏观经济预测与股票投资评级两个方面对我国经济预测的偏误特征及其来源进行分析。全文共分五章。第一章绪论,提出论文的研究问题、研究思路、结构安排以及文本的主要创新点与不足之处。第二章对我国宏观经济预测偏误进行了实证分析。从信息更新约束和理性偏误两个角度对 GDP 增长率和 CPI 上涨率

预测数据进行统计检验。检验发现,我国经济学家的预测存在系统性偏误,与完全信息理性预期假设存在不一致性。第三章对证券分析师投资评级的乐观偏误进行了讨论。从证券公司业务的利益冲突切入,使用我国证券分析师2007/07—2009/06间投资评价数据重点分析了经纪和承销业务的影响,得到了以下的结果:1. 经纪业务收入占证券公司营业总收入的比重越大,分析师越倾向于做出乐观的评级。2. 分析师没有因为其所在的证券公司与上市公司的密切的承销关系而发布乐观的投资评级。3. 机构投资者持股比例越高,投资评价的乐观程度会降低,这是分析师与证券公司基于声誉因素的考虑。第四章,对我国经济预测者羊群行为进行了探讨。在回顾基于信息流的羊群行为和声誉羊群行为理论基础上,重点对股票投资评级中的羊群行为进行了分析。第五章,对全文内容进行了总结,并指出了论文的主要创新点和存在的不足。

关键词:中国经济　经济预测　投资　经济效率

**0735**

**中国农村金融体系构建研究:基于"三农"实证视角** / 雷启振著 ; 汪小勤指导. -- 华中科技大学, 2009. -- 197 页

论文以中国金融体系面对的"三农"作为起点、以满足中国"三农"的资金需求为目标,研究和探讨如何构建健全的农村金融体系,以加强农村金融对推动农业生产、繁荣农村经济以及改善农村居民生活。全文共分为九章。第一章为导论,介绍研究背景、目的、方法、内容、可能的创新点和进一步研究之处。第二章对金融发展理论、农村金融及其发展理论、金融体系构建理论等相关理论进行述评。第三章概述我国金融体系的作用机制、演变历程和存在的问题。第四章论述中国农村金融体系面临的经济环境——"三农"及其影响,所处经济环境是弱质农业、弱势农民、薄弱农村,严重影响它的健康发展壮大,并造成它病弱、脆弱;反过来看,病弱、脆弱的农村金融体系也减少对"三农"的支持。第五章是关于我国金融体系与农业、农民、农村经济的实证分析。第六章介绍美国、德国、日本等国家农村金融体系构架,并加以学习与借鉴。第七章逐一对中国农业银行、中国农业发展银行、中国邮政储蓄、农信社以及农村民间金融所面临的问题、功能定位、改革发展等问题进行了探讨。第八章对我国农村金融市场体系、监管体系、调控体系及生态环境体系进行分析,勾勒出未来一个时期中国农村金融体系的基本构架,提出一系列的相关见解。第九章是论文的结论。

关键词:农村金融　金融体系　金融监管

**0736**

**研发的周期性:兼论我国研发对全要素生产率的影响** / 李宾著 ; 曾志雄指导. -- 北京大学, 2009. -- 161 页

论文主要研究了内生增长与经济周期理论中的一个前沿问题,即研发活动的周期特征及其对整合增长与周期研究的启示。第一章经验分析,通过使用无条件交叉相关系数和VAR预测残差相关性,观察了美国二战之后研发活动的周期性特征,还借助结构VAR方法观察了研发总量对总需求冲击的累积脉冲反应。结果发现,研发相对量呈现反周期,这一结果支持了机会成本观,也表明研发活动同时呈现绝对量的顺周期性和相对量的反周期性。第二章理论工作,把基于熊彼特思想的垂直创新内生增长框架与RBC外生冲击的分析方法相结合,在一个动态随机一般均衡模型中,通过区分出成本效应、资本化效应和资源效应,解释了研发相对量的反周期性及与之共存的研发绝对量的顺周期性。第三章研发在中国,计算了我国改革开放后的全要素生产率的变动,将之作为希克斯中性的技术进步率的表现形式,然后让它对我国自主研发强度与国外技术溢出指标做回归。在多种设定形式下,论文结果均稳健地表明我国自主研发对技术进步没有显著的正向影响,由国外直接投资渠道发生的技术溢出是我国改革开放以来全要素生产率(TFP)提高的主要原因。对于我国当前的研发现状,经过与美国、日本的历史轨迹做对比,论文发现我国的基础研究环节还相当薄弱,而这将涉及我国日后的科技乃至经济竞争力。针对这方面,论文提出了几点政策建议。

关键词:技术经济学　技术创新　经济周期　全要素生产率

**0737**

**不确定情景下的能源与环境经济决策:中国应对气候变化政策分析** / 李冰著 ; 胡大源指导. -- 北京大学, 2009. -- 161 页

论文应用环境经济学基本原理和方法,结合近年来相关科学研究的新成果,对全球变暖问题的争议和不确定性加以综述,在收益—成本分析的基础上进行研究,为我国相关政策的制定提供依据。全文共分七章。第一章,气候变化问题的挑战,介绍了气候变化

问题、气候变化问题的经济学和中国能源问题与 $CO_2$ 减排。第二章，环境改善的价值评估，阐述了环境改善后的社会价值与福利变化，并进行了环境质量变化的价值评估。第三章，气候变化及其影响的不确定性，说明气候变化观测资料存在不确定性，气候的可预测性是有限的，气候变化的原因无法确定，温室效应以及全球变暖影响并不清楚。第四章，气候变化影响及其经济影响评估综述，简介了气候变化影响评估的方法，损害评估，成本响应函数法评估损害，综述了列举法评估结果，指出了列举法的缺陷，气候变化对中国的影响，建立集成综合评估模型得出了评估结果。第五章建立了动态模型，分析了气候保护政策的最优资源投入原则和路径，从理论上证明了政策制定如何因应气候变化不确定性而调整。第六章专门建立了联立方程系统，估计出中国利用价格机制减少资源消费和 $CO_2$ 减排的收益是极端不确定的。第七章是结论部分，对全文的结论进行了总结。论文认为，全面正确地分析气候变化政策，为中国在国际谈判中获得有利地位，保障国家利益，创造良好经济发展环境，有着重大现实意义。

关键词:能源经济　经济政策　环境经济学

**0738**

**中国广西城乡经济互动发展研究** / 李慈军著 ；汪小勤指导. -- 华中科技大学, 2009. -- 165 页

论文在阐述城乡经济互动的内涵、特征、目标、内容以及国内外城乡经济互动发展的理论研究成果和实践经验基础上，以欠发达的广西壮族自治地区为个案研究，构建反映城乡经济互动发展度的测评体系，分析城乡经济互动的现状和深层原因，探讨广西城乡经济互动发展的有利和不利因素，提出广西城乡经济互动发展的思路和对策。论文共分为六章。第一章为绪论，介绍问题的提出和意义、研究思路和内容、研究方法与创新等。第二章是国内外城乡经济发展的有关理论综述。第三章是关于国内外城乡经济发展的实践及经验借鉴。对国内外城乡经济互动发展的成功经验、模式和措施进行总结，为广西城乡经济互动发展提供实践参考和借鉴。第四章为广西城乡经济互动发展现状及综合评价。主要运用发展经济学、计量经济学的一些理论和方法对广西城乡经济互动发展的现状进行综合评价，从中找到广西城乡经济互动发展的特点、存在的问题及成因和努力的方向。第五章是关于进一步加强广西城乡经济互动发展的有利因素和制约因素分析，研究影响广西城乡经济互动发展的优势、潜力和机遇，以及劣势或挑战，以在广西城乡经济互动发展实践中扬长避短，发挥优势，制定正确的发展战略和政策措施，促进广西城乡经济协调、健康、快速发展。第六章是关于广西城乡经济互动发展的思路、理念及对策研究。论文构建了城乡经济互动协调度定量综合评价指标体系；对广西城乡经济互动协调度进行了定量分析和测评，得出了广西城乡经济互动协调度仅处于勉强协调或接近不协调状态的结论；对影响广西城乡经济互动发展的积极和消极因素进行了分析，得出了一些有关于广西城乡经济良性互动发展问题的规律性认识；对广西城乡经济互动发展的思路和对策做出了探讨。

关键词:地方经济　城乡关系　城乡经济联系　广西

**0739**

**税收成本及其控制问题研究** / 李飞著 ；张卫东指导. -- 华中科技大学, 2009. -- 125 页

论文从制度安排和信息不对称的角度对我国现阶段税收成本问题进行了研究，剖析了税收成本高企的原因，提出了控制税收成本的思路和政策建议。全文共分为五章。第一章是导论，介绍选题背景、意义、研究方法、研究思路、创新点和存在的问题，并就相关文献进行综述。第二章是对税收成本的概念界定和现状描述，介绍税收成本的内涵与构成，各税收成本之间的内在联系和我国税收成本高企的现状。第三章提出了分析税收成本问题的理论框架，运用制度经济学和信息经济学的相关理论，从正式约束、非正式约束、实施机制及信息不对称等方面深入剖析了税收成本高企的原因。第四章进行了税收成本高企的经济效应分析。税收成本高企不仅使实际税收收入减少(与国外比较差距较大)，降低了国家财政收入规模，而且使国家宏观调控功能弱化，进而影响财政分配秩序，减少社会就业，并加剧投资和消费比例的失衡，也降低了税收行政效率及生产效率。第五章运用比较分析方法对税收成本的主要影响因素——税收制度、税收征管环境、税收征管制度等进行了分析。通过与部分发达国家和发展中国家进行国际横向比较，揭示了国外的成功经验，提出了符合中国国情的税收制度改革、税收征管环境改善、税收征管水平提高的有效途径和相关措施。

关键词:税收管理　成本分析　税制改革

**0740**

**行为激励、制度保障与经济发展** / 李高产著 ; 谭崇台指导. -- 武汉大学, 2009. -- 155 页

自亚当·斯密时代到200多年后的今天,人们对经济发展取得成功的原因仍然不得其解。作者将人的因素置于经济发展的核心,认为人类社会的基本运行机制——行为激励与制度保障对经济发展起着至关重要的作用,并对此展开研究。论文共分为导论和七章正文。导论介绍了问题的提出、研究的问题、研究的意义、研究的主要内容和方法以及论文的创新之处。第一章从繁荣是制度性的,规则来源于自利,"开放进入的社会秩序"与经济增长,参与者的意向性、制度变迁和经济变迁这四个方面来论述了经济变迁的过程。第二章对经济增长相关理论做了梳理,并进行了反思与讨论。第三章通过分析主流经济学对人类心理状态和行为研究的忽视,以及竞争信念的社会属性与领先性增长的关系,提出行为激励与制度保障对经济发展有着重要的影响。第四章分析了不平等与腐败对经济增长的影响,认为不平等与腐败会使经济增长动力泄漏。第五章以荷兰、英国和美国的崛起的历史来探讨分析了激励对历史上大国崛起的重要作用。第六章从中国的经济增长记录与中国经济高增长的由来两个方面讨论了激励对中国的高速增长的作用。第七章论述了中国当前经济发展的困境,并据此提出了中国未来发展的政策建议。

关键词:发展经济学　经济增长　经济发展

**0741**

**新实证产业组织理论的方法及应用研究** / 李国栋著 ; 肖俊极指导. -- 上海财经大学, 2009. -- 142 页

论文首先梳理了新实证产业组织理论方法的演进轨迹,在此基础上,通过其在"中国银行业市场竞争程度"和"消费者的多种产品选择行为"两个具体事例中的运用,分别对新实证产业组织理论同质产品和差异产品两个视角下的方法和应用进行探讨和研究,并在此基础上对其研究方向及前景做了展望。论文包括七章。第一章是导论。首先介绍论文的研究动因及背景;其次阐述论文的研究思路以及结构安排;最后说明论文的创新之处及不足。第二章是论文的理论铺垫。主要阐述产业组织理论为何从结构—行为—绩效范式向新实证产业组织理论迈进。第三章是方法研究,梳理了新实证产业组织理论的同质产品方法,具体阐述三种方法:Panzar-Rosse 模型对市场竞争程度的估计方法,需求供给方程联立估计方法,以及成本方程出发的估计方法。第四章是对第三章同质产品方法的一个应用研究。以中国银行业为例,分别使用结构—行为—绩效范式、Panzar-Rosse 模型以及从成本方程出发的结构式计量模型进行研究。第五章也是方法研究。梳理了新实证产业组织理论的差异产品方法,对每种方法的述评基本按照理论逻辑、数据要求、适用性及局限性等进行展开。第六章是对第五章差异产品方法的一个应用研究。分析消费者的多种产品行为。第七章是论文的结论及研究展望。从方法和应用两方面总结了论文的结论,说明了论文的局限并指出未来研究方向。

关键词:产业组织理论　市场竞争　有效需求　数学模型

**0742**

**大学生终身教职制度:基于关系契约的研究** / 李鸿飞著 ; 张建华指导. -- 华中科技大学, 2009. -- 165 页

论文应用关系契约的理论和方法,对终身教职制度的学术声誉激励、关系产权激励、关系评价激励和关系规则演化等进行制度分析,构建了一个终身教职制度的关系契约理论框架,以便从制度安排、机制设计、制度环境、制度效率和制度条件等方面对终身教职制度进行系统分析,并结合中国大学教师聘任治理以及改革取向进行初步探讨。全文共分为七章。第一章导论,提出问题,进行相关文献综述,介绍选题意义、研究视角、方法与基本思路。第二章提出终身教职制度的关系契约理论研究框架,阐释了终身教职制度的关系契约性质与制度结构之间,声誉激励机制与制度绩效之间,关系契约实施与制度条件之间的关系。第三章分析了终身教职制度子制度之一的教师能力筛选机制,分析从职位设计与新进人员选拔,试用期与非升即走,终身教职授予与终身教职后评估等方面展开,并通过案例对中国大学教师能力筛选机制运行失灵进行解析研究。第四章分析了终身教职制度子制度之一的教师学术控制机制,分析从大学教师人性假设,大学教师人力资本产权属性,大学教师学术控制权配置等方面展开,并通过案例对中国大学教师学术控制权配置弱化进行解析研究。第五章分析了终身教职制度子制度之一的教师学术评价机制,分析从第三方不可验证条件下的教师学术评价,内部同行专家评价制度,外部同行专家评价制度等方面展开,并通过案例对中国大学教师学术评价制度供给不

足进行解析研究。第六章对中国大学终身教职制度改革取向进行研究,分别对中国大学终身教职制度的改革制度环境、目标设计和路径设计。第七章在总结论文的基本结论的基础上,指出了论文的创新点,并对未来的研究做了合适的展望。

关键词:高等学校　人事制度　契约

0743

**技术外溢的测度:理论、政策效应及经验推算** / 李剑著 ; 沈坤荣指导. -- 南京大学, 2009. -- 233 页

论文从理论、政策和经验等方面研究技术外溢问题。全文共分为八章。第一章,导论。介绍研究背景、动机和思路,界定相关概念,说明论文的结构、创新与不足。第二章,评述技术外溢的理论,概括技术外溢经验研究的影响因素和研究方法。第三章,说明生产函数的新古典特征,阐述技术进步的类型,分析劳动增进型技术的一般性。第四章,阐释什么是ROMER型技术外溢,分析C-D生产函数下以及一般新古典函数下的ROMER型外溢。第五章,阐述什么是LUCAS-ROMER型技术外溢,并且针对C-D函数以及一般新古典生产函数分析LUCAS-ROMER型外溢。第六章,概述什么是R&D型技术外溢,分析模型的均衡状态,说明政府政策对R&D外溢测度的影响。第七章,首先,总结技术外溢的测度,分析ROMER和LUCAS-ROMER型技术外溢的推算,说明R&D型技术外溢强度的校准,阐述R&D技术外溢测度的推算。第八章,总结,说明可能的政策含义并提出展望。结论有八个方面:w1 揭示市场经济和计划经济之间的相对收益率差异,w2 揭示给定资源配置中,存在技术外溢和不存在技术外溢两种情况下创新收益的相对差异;外溢测度的基本决定因素:f、v、k、L、e;推导出政府最优补贴率;在一定假设条件下技术研发函数是线性函数;利用中国经验数据推算出外溢测度的经验值;FDI对内资企业没有技术外溢,而是内资企业对FID有技术外溢;区域内或行业间的R&D技术外溢程度要低于行业内外溢;将劳动模型技术进步的一般性从外生储蓄率模型中推广到内生储蓄率模型,理论分析更加严谨。

关键词:技术经济　收益率　外商直接投资

0744

**区位优势与我国中部民营企业发展的战略研究** / 李静著 ; 方齐云指导. -- 华中科技大学, 2009. -- 115 页

论文着重讨论区位选择和企业区位选择的一般理论,探讨我国中西部地区民营企业发展的现状和区位优势,我国中部地区民营企业资本运营与融资、公司治理模式、技术创新战略的选择。第一章是导论,介绍选题背景、意义、研究方法、研究思路、论文结构和创新,并对相关文献进行综述。第二章是对企业区位选择的一般理论与企业发展理论的综述,阐述了区位与区位优势、企业区位选择的基本理论、企业发展理论综述及对中部民营企业发展的启示。第三章介绍我国中部地区民营企业发展的现状和区位优势,首先总体概述中部地区民营企业的发展,接着论述了影响和制约中部地区民营企业发展的宏观因素和微观因素以及中部地区的区位优势。第四章探讨我国中部地区民营企业资本运营与融资的战略选择,首先介绍我国民营企业资本运营和融资现状并分析成因,接着论述资本扩张模型与民营企业融资选择,然后分析中部地区民营企业资本运营和融资的区位优势,最后提出中部地区民营企业资本运营和融资的战略选择。第五章探讨我国中部地区民营企业公司治理模式的战略选择,首先论述我国民营企业治理模式的特征和演变,民营企业家族式治理模式的内生机制,现代企业制度治理模式及家族制的衔接等,然后提出中部地区民营企业治理模式的战略选择。第六章探讨我国中部地区民营企业技术创新的战略选择,先是概述我国民营企业技术创新的现状,接着论述我国民营企业技术创新模式的选择,最后提出中部地区民营企业技术创新的战略选择。第七章是全文的总结。

关键词:民营企业　企业发展战略　区位优势　中部地区

0745

**中国农村老年人劳动供给研究** / 李琴著 ; 陈广汉指导. -- 中山大学, 2009. -- 111 页

论文在应用现代劳动经济学和家庭经济学研究成果的基础上,研究老年人的供给行为,对于当前我国正在实施的新型农村养老保险试点,农村劳动力的顺利转移以及社会主义新农村建设都具有重要的理论意义和现实意义。全文共分为八章。第一章,介绍论文的研究背景以及论文的特色与创新之处,阐述论文研究的局限性和论文的结构安排。第二章,从社会保障、农村劳动力转移、代际经济支持、健康方面综述与老年人供给的问题,然后从理论上分析劳动供给的模型,说明论文的理论框架。第三章,展示数据与劳

动供给模型，并说明研究的指标：劳动指标、个人特征、家庭特征、健康的测量。第四章，研究老年人劳动时间的配置问题。第五章，运用理论模型说明自己的健康对种植业劳动参与的影响，配偶的健康对劳动供给的影响以及影响渠道。第六章，运用理论模型与数据分析说明外出打工人数对老年人供给的影响渠道。第七章，比较分析农村老年人与城市老年人的劳动情况，探究健康对农村老年人与城市老年人劳动供给影响是否不同。第八章，总结，提出政策建议：关爱老年人的健康问题，建议农村医保向老年人倾斜；加快建立农村新型养老保险制度；消除劳动力转移给老年人带来的不利影响；关爱老人，继续倡导传统的孝文化。

关键词：农民　老年人　劳动力市场　劳动关系

**0746**

**基于人力资源开发的中国农村扶贫模式研究** / 李清锋著 ; 方齐云指导. -- 华中科技大学, 2009. -- 120 页

论文立足与新世纪中国农村减缓贫困的实际情况，把中国农村贫困与人力资源开发置于中国农村经济发展的内在联系和矛盾中来研究，构建了立足于人力资源开发的扶贫开发新模式，并结合中国 1986 年以来农村扶贫成效与问题，提出促进人力资源开发式扶贫的政策建议。论文分为七章。第一章导论，介绍了研究背景、文献综述、研究方法、结构安排与创新之处。第二章贫困的基本概念与界定标准，介绍了古典贫困标准、绝对贫困标准、相对贫困标准三种贫困标准和中国贫困的基本成因。第三章人力资源的开发与扶贫，阐述了人力资源的概念及其特征，中国人力资源开发与管理的实践及经验，对 1986 年以来中国农村扶贫效果的评价，论述了人力资源开发对扶贫的意义和贫困地区人力资源开发面临的约束。第四章人力资源开发扶贫模式的比较研究，构建了生产三要素耦合模型——贫困地区人力资本、物质资本与技术，市场化农村人力资源开发模式，基于人力资源开发的政策选择模式，并对各种扶贫模式的绩效进行了分析和比较。第五章基于鲁山县人力资源开发扶贫的案例分析，分析了鲁山县的扶贫现状和人力资源开发中面临的问题，总结了鲁山县人力资源开发扶贫的启示。第六章基于人力资源开发的扶贫思路，提出了基本思路与原则，主要有：构建市场化反贫困的制度环境；引导扶贫资源流入人力资源开发；促进遵循比较优势原则的人力资源投资；在人力资源开发中脱贫致富。第七章构建人力资源开发扶贫模式的政策建议，主要是：遵循市场规律，创新扶贫机制；结合新农村建设，实现多形式人力资源开发扶贫。

关键词：扶贫模式　人力资源开发　农民工

**0747**

**企业横向并购模拟研究** / 李秀玉著 ; 吴汉洪指导. -- 中国人民大学, 2009. -- 198 页

论文在我国《反垄断法》经历了 13 年立法进程之后，终于在 2008 年 8 月 1 日正式实施的背景下展开企业横向并购模拟研究。论文共分为八章。第一章界定了企业横向并购和并购模拟的含义，分析说明了并购模拟的基本要求和科学性，重点分析说明了并购模拟在企业横向并购分析中的应用及其在并购安全港中的应用。第二章梳理了并购模拟的理论基础。第三章是并购模拟的一般性分析。阐述了并购模拟的基本步骤和单边效应的估计，说明了并购模拟所需的三个基本要素，并分析了数据收集时应该关注的环节，说明了在并购模拟中式市场界定的问题。第四章分析了基于竞争形式的并购模拟模型的应用，分别对 Cournot 模型、Bertrand 模型和拍卖模型这三类常用模型在模拟中的应用做了分析和说明，并讨论了模型的适用性。第五章分析了并购模拟中的需求模型。首先讨论了需求模型选择的原则，然后重点分析线形和 log 线形需求模型、离散模型和 Logit 模型、AIDS 和 PCAIDS 模型在并购模拟中的应用，接着分析如何估计需求弹性及价格对需求弹性的敏感性分析，说明了并购模拟中的检验问题。第六章是对发电行业的并购模拟分析。首先阐述了发电市场的竞争格局和竞争状况、市场界定、数据来源、需求分析和竞价上网模式，接着利用 PCAIDS 模型对发电企业间的并购单边效应进行模拟，并分析模拟结果。第七章利用计算机技术实现一个简单的并购模拟系统。第八章总结了论文的基本结论，并提出了展望与建议。

关键词：企业兼并　企业管理　企业绩效

**0748**

**政府设租与企业寻租的一般均衡分析** / 李旭光著 ; 李平指导. -- 辽宁大学, 2009. -- 101 页

论文主要研究政府设租与企业寻租问题，并对其做了一般均衡分析。全文共分为绪论和六章正文。绪论介绍了问题的提出和论文的结构、创新和不足。第一章有关定义、假设和相关理论述评，通过对相关理论述评，引出论文将要采取的理论分析方法是综合

应用寻租经济学理论和管制经济学理论,来分析在管制背景下的政府设租行为和企业寻租行为。第二章政府设租与企业寻租的供求模型,说明了政府设租、抽租行为与租金供给,企业或消费者个人的寻租行为与租金需求的关系,并进一步阐述了政府设定租金的交易价格确定机制。第三章政府设租与租金的供给分析,通过使用中央政府和地方政府(直属管理部门或管制机构)之间的委托代理关系,说明了政府设租行为实际主要是地方政府(直属管理部门或管制机构)为了一己之利鼓励企业之间竞争而可能设租的博弈分析。第四章对企业寻租与租金的需求进行分析,说明了寻租竞争的存在可能降低寻租者人数但不仅不会减少租金的供给,反而会有所增加的可能性。第五章是对政府设租与企业寻租的一般均衡分析,说明了在位企业、消费者和政府之间的相互作用对政府设租与企业寻租的影响。第六章规范政府设租与企业寻租的一种解决方法,主要是基于前面分析,提出了中央政府应对地方政府设租后,企业或消费者个体寻租的过程中可能出现的违规违法问题的一种解决方法,即中央政府可以通过督促地方政府在设租过程中实施拍卖设计将是解决地方政府设租分配的一种有效方法。最后给出了论文的结束语。

关键词:公共物品　供给制　寻租理论　企业　国家行政机关

**0749**

**不完全契约与中国改革** / 梁爽著 ; 平新乔指导. -- 北京大学, 2009. -- 103 页

论文运用不完全契约理论来分析中国改革开放 30 年来农业改革和国有企业改革中的问题。分别从价格的不完全性、股份的不完全性、契约期限的不完全性三个层面,各放入农业改革和国企改革的不同场景中进行讨论。全文共分为五章。第一章导论,提出问题,介绍论文的写作思路与结构,并进行文献综述。第二章探讨解除监管、农民的定价权与重新谈判等在农业改革中的农产品价格体系的变化引起政府与农民之间整个契约关系的改变,重点分析了价格的不完全性所带来的变化。第三章就国有企业改革中政府遇到的国企人才流失的问题进行研究,在微观经济学的的框架下讨论政府和国有企业经理人之间的博弈。首先讨论契约完全时政府的最优选择以及经理人的选择,在引入企业家人力资本的价值变量前提下,得到政府应当将企业的股份全部卖给企业家的结论。第四章就我国农业改革中家庭联产承包责任制采用的渐进式改革,运用动态契约模型引入承包期限的不完全性,对政府应如何对承包期限向农民承诺的问题做了研究。证明了在一定参数条件下,不承诺将土地永久的承包给农民是政府的最优选择,给出了我国政府采用这种渐进式改革方式背后的理论依据。第五章总结了论文的基本结论,说明了论文的价值,并提出了未来的研究方向。

关键词:契约　国有企业　农村经济　联产承包

**0750**

**中国经济转型时期经济利益和谐的机制研究** / 林建华著 ; 常云昆指导. -- 西北大学, 2009. -- 124 页

我国从 1978 年开始的以市场为导向的经济转型,其实质是利益的调整和分配。论文以经济转型为背景,运用制度分析方法首先研究西方经济学有关经济利益和谐的制度基础及经济利益和谐机制,在分析经济转型过程中的制度特征——双轨制及其后果的基础上,通过对政府行为的研究揭示转型期利益冲突的原因及形成机制,进而提出实现经济利益和谐的路径选择。全文共分八章。第一章导论,介绍了选题的背景与意义、研究思路与研究内容、研究方法、论文创新之处、论文的框架结构等。第二章对西方经济学与马克思经济学利益和谐理论进行了综述,并对两者进行了比较,得出了一定了启示。第三章对经济利益和谐的一般实现机制进行了分析,主要从经济利益天然和谐的实现机制,经济利益人为和谐的实现机制,经济利益和谐的基础制度三个方面展开来分析。第四章阐述了中国经济转型与利益格局的转化,首先概述了中国经济转型,接着阐述了中国经济转型中利益关系的转化,经济转型中经济利益格局调整的性质,中国经济转型中经济利益格局的特征,最后分析了转型时期利益格局转化的后果。第五章分析了转型时期利益冲突的表现与形成机制,首先介绍了冲突、利益冲突及类型,接着论述了转型时期利益冲突的表现与形成机制,最后以吉林通化钢铁集团改制为例进行案例分析。第六章是中国经济转型期利益和谐的政府行为分析,首先简介了政府与市场的关系,然后对政府职能、中国经济转型过程中的政府职能、中国经济转型期政府行为进行了分析,最后阐释了中国经济转型期政府的利益诉求与经济利益冲突、经济转型与政府职能回归以及政府职能回归的路径选择。第七章探讨了由利益冲突走向利益和谐的机制转换途径,包

括加快基础制度建设、推进公民社会建设、建立初次分配制度、收入再分配的矫正机制、实施扩大就业政策、完善教育政策等等。第八章总结了论文的主要结论,指出了有待进一步研究的问题。

关键词:转型经济　经济利益　利益关系

0751

**中国的智力国际流动与经济发展** / 林琳著 ; 谭崇台指导. -- 武汉大学, 2009. -- 163 页

智力国际流动是个人对发达国家高收入的一种理性回应,论文探索人们放弃海外高薪回国工作的各种因素,解析智力国际流动与经济发展之间的关系。全文共分为六章。第一章是导言,介绍研究背景、意义、理论基础、研究方法、研究角度、创新之处以及研究思路,并就相关文献进行综述。第二章对中国智力国际流动进行了历史回顾和现状分析,概述了中国智力国际流动情况。第三章对中国智力国际流动成因进行研究,可以发现影响我国智力国际流动的原因包括:个人特征因素、社会文化因素、政策制度因素等,当然还包括最重要的经济因素。第四章对有关中国智力国际流动与经济发展之间的关系进行了研究,认为智力国际流动提高了我国的平均人力资本水平和人均工资水平;大大推动了我国科学技术的发展;促进了我国的产业升级与发展;加强了我国的对外交流,进一步与国际市场融合;造就了中国社会新阶层的诞生。第五章对几个发达国家和新型工业经济体的智力国际流动的经验进行了研究,进而在第六章对我国的智力流动和人才政策措施提出了以下几点建议和意见:第一,坚持开放科学的人才流动观;第二,加快构建现代国民教育体制;第三,鼓励海外留学人员回国创业;第四,推进人才引用利用体制的创新;第五,制定人才回流的税收优惠政策;第六,改革与完善智力人才激励机制;第七,组织多种形式的海外留学人员回国工作和创业活动。

关键词:人才学　人才流动　人力资本

0752

**中国居民消费需求增长的制度因素分析** / 刘安民著 ; 张培刚,徐长生指导. -- 华中科技大学, 2009. -- 130 页

论文从制度角度对中国现阶段的消费需求增长问题进行研究,在描述改革开放以来我国消费增长的质量与结构特征的基础上,分析探讨消费需求不足的制度原因,从完善制度方面提出扩大消费需求的政策建议。全文共分为七章。第一章导论,提出问题,对相关理论进行文献综述,简介了论文的研究方法、主要内容和创新之处。第二章阐述我国居民消费需求增长状况,包括消费需求变化的总量特征、消费需求增长的结构转变、消费需求结构变化的特点,并阐述了消费增长与经济增长的关系。第三章分析收入分配制度变化对消费的影响,论述了我国改革开放以来收入分配格局的转变,消费能力分布及其局限。第四章分析就业体制改革对消费的影响,介绍了就业体制变化的简要过程,然后理论分析了就业体制转变,最后总结了就业体制转变对消费的影响。第五章讨论分析了教育体制改革与医疗体制改革对消费的影响。第六章分析养老保险体制改革对消费的影响,概述了养老保险制度发展的基本经验和养老保障体制面临的问题和挑战,指出未来的发展方向是建立可持续发展养老保障制度体系,最后分析了谨慎动机与消费需求。第七章总结了论文的主要结论与政策含义。论文的主要结论是:1. 收入分配差距的扩大(以基尼系数的上升来表示)是我国居民平均和边际消费倾向下降的主要原因。2. 就业的市场化改革使居民的工作岗位变得不稳定,居民未来收入的预期由此变得不稳定,取得收入的成本上升,也就意味着消费的代价上升,因而会减少消费。3. 教育和医疗体制的改革使居民的预期支出增加,因而强化了居民的储蓄动机,由此会减少消费。4. 社会保障体制的不健全,使居民未来的生活缺乏保障,增加储蓄、减少消费也顺理成章。

关键词:居民消费　消费需求　制度安排

0753

**社会福利指数、政府支出规模及其结构优化研究** / 刘长生著 ; 郭小东指导. -- 中山大学, 2009. -- 143 页

论文对基于社会福利水平的政府支出规模及其结构优化进行研究,全文共分为八章。第一章是引言,介绍了选题的背景,研究的理论与现实意义以及研究内容和研究方法。第二章对社会福利、政府支出规模及其结构优化进行了文献综述。第三章基于社会福利的视角构建了两个理论模型,分析政府支出规模、支出结构与社会福利之间所存在的相互影响关系:一个是基于传统的经济增长理论框架下的政府支出—福利效应模型(EGWE-MODEL);另一个是基于世代交叠的政府支出—福利效应模型(OLGGW-MODEL)。第四章在相关社会福利指标的基础上,提出了

一个新的衡量社会福利的指数,并利用各年度数据对中国和不同省份的社会福利水平进行了实证测算。第五章对衡量政府支出规模及其支出结构体系的指标进行了设定,并以我国年度数据实证分析了其内在规律性。第六章构建计量经济学模型,实证检验了不同时期中国政府支出规模、支出结构与社会福利之间所存在的相互联系。第七章提出了优化我国政府支出规模及其结构体系的政策路径。第八章是全文总结及其研究展望,阐述了论文研究的主要内容和基本结论,论文的创新之处,并提出了需要进一步完善的问题。

关键词:国家行政机关　财政支出　社会福利

**0754**

**住房市场政府干预研究:中国经验 1998—2008** / 刘会洪著 ; 梁东黎指导. -- 南京大学, 2009. -- 144 页

论文对住房市场政府干预的政策措施进行理论分析,探讨政府干预措施的政策效应,并运用相关数据,对我国住房市场政府干预的绩效进行实证检验。全文共分为六章。第一章,导论。第二章,运用产业组织理论分析住房市场结构,介绍市场失灵与政府干预,说明政府干预的绩效与理论演进,并且介绍政府干预的主要政策工具,其中包括税收、信贷、土地规划、住房保障、行政管制等多种政策手段,以稳定房价、调整住房供应结构、抑制住房投机性需求、保障低收入阶层的住房需求等。第三章,首先分析住房市场的结构与效率,阐述住房市场的投机行为与产业泡沫,介绍住房的特殊商品属性与住房保障,强调住房产业与国民经济的强相关性,最后分析住房市场政府干预的政策效应。第四章,介绍政府干预的宏观背景,分析住房市场政府干预的原因,其中开发商垄断、住房信息的不充分形成住房泡沫膨胀、房价上涨不利于社会稳定三个方面是我国政府干预住房市场的内在原因,最后阐述中国住房市场政府干预的政策实践。第五章,分析住房市场资源配置效率、住房政策绩效以及保障性住房政策绩效,最后说明税收与信贷政策绩效检验。第六章,总结,提出建议,认为应当完善住房机制,逐渐减少对市场的直接干预,更多地使用市场性手段来间接调控,应是我国住房市场政府干预的改革方向。

关键词:住房　房地产市场　行政干预

**0755**

**自然力可持续利用的经济学研究** / 刘静暖著 ; 纪玉山指导. -- 吉林大学, 2009. -- 300 页

论文以经济学为视角研究自然力利用的可持续性。论文共分为六章。首先,导论。提出问题,阐述文献评述,介绍论文的主要内容及创新之处。第一章,阐释关于自然力的含义,说明自然力的经济特征,总结按照自然载体、产权归属、效用性质以及认知程度四个方面自然力的分类。第二章,首先梳理自然力运行中的定律和变动规律以及自然力构成生产力的物质内容和发展的先决物质条件,然后说明生产中的基本要素是自然力,最后论述自然力是财富的源泉。第三章,说明自然力的三个经济学测度:自然承载力指标、生态土地指标、自然力可持续性的测度。第四章,自然力的比照估价。首先梳理自然力比照估价的意义及内涵,然后比照所替代的劳动对自然力估价,最后分别比照人造自然、负价值以及地租对自然力的估价。第五章,分别从微观角度与宏观角度分析自然力的供求,然后分析自然力供求的生态盈亏。第六章,阐述自然力可持续利用的目标管理,说明自然力扰动最小化的经济人有限理性"再塑"。探讨全球性公共自然力危机的国际救治:强化自然力国际管理机构权力,提高直接管制比重;对欠发达国家公共自然力危机救助;完善国际排污权交易市场。最后分析灾害自然力的规避即为减负等于加正,灾害自然力的转化即是变负为正。

关键词:自然经济　可持续发展　经济分析

**0756**

**中国经济增长过程中工资的调节机制研究** / 刘丽著 ; 任保平指导. -- 西北大学, 2009. -- 154 页

论文从前人对经济增长与工资关系的相关研究中梳理出经济增长与工资之间存在内在关系,并对此关系进行理论解释,从而提出经济增长过程中工资调节机制的分析框架,然后据此分析中国经济增长过程中工资变动的基本态势,并从微观、中观、宏观和区域角度研究工资的调节机制。全文共分八章。第一章导言,介绍选题背景、研究意义、研究思路、研究方法、论文矿机和创新点,并就相关文献加以述评。第二章在理论分析层面上,对前人对经济增长与工资内在关系的相关研究进行梳理得出经济增长与工资之间可能存在正向和负向相关关系,并对存在的这种关系进行理论解释。第三章在经济增长过程中工资调节机制的分析框架中,指出工资调节具有微观性、中观性、宏观性和区域性,并据此提出了一个工资调节机制的逻辑分析框架。第四章在研究中国工资调节机制的

应用层面上,利用前文的分析框架研究了中国在经济增长过程中工资的调节机制问题。为此,通过经济数据对中国工资变动进行统计分析,得出经济增长过程中工资变动的基本态势。第五、六、七、八章分别从微观、中观、宏观和区域四个角度对中国经济增长过程中工资的调节机制问题进行分析。在结尾部分,论文总结了论文的结论及有待进一步研究的问题。

关键词:工资调整　经济增长　工资增长速度

**0757**

**我国对外贸易与环境问题关系研究** / 刘林奇著 ; 张培刚,宋德勇指导. -- 华中科技大学, 2009. -- 165 页

近年来我国对外贸易发展迅速,但环境污染则十分严重。论文主要对我国对外贸易与环境问题关系进行研究。全文共分为五章。第一章是导言,介绍了选题的背景、目的和意义,国内外文献综述,研究思路、研究方法、创新点和主要结构安排等。第二章阐述了对外贸易的环境效应,把对外贸易环境效应进行了分类,比较了贸易政策与环境政策的环境效应,构建了对外贸易环境效应的数学模型,并介绍了国际污染产业的转移。第三章论述了环境政策的贸易效应,说明了环境政策的分类,静态环境政策的贸易效应,单边动态环境政策贸易效应和双边动态环境政策贸易效应。第四章进行了我国对外贸易与环境问题关系的实证分析,介绍了我国对外贸易与环境污染状况,对外贸易区域结构环境效应、外贸易行业结构环境效应以及环境管制贸易效应进行实证分析。第五章是对我国对外贸易与环境协调发展的思考,回顾了国际社会处理对外贸易与环境协调发展的方式和政策,指出了我国处理对外贸易与环境问题关系方面存在的问题,提出了我国对外贸易与环境协调发展的途径。论文认为我国在处理对外贸易与环境问题关系时存在着"重贸易,轻环保"等问题。为了使我国对外贸易与环境走向良性循环,必须做好如下工作:一是要走可持续发展的道路;二是要努力实现环境成本内部化;三是要进行有效的国际合作。

关键词:对外贸易　生态环境　环境管理

**0758**

**企业的最优技术进步路径** / 刘小鲁著 ; 左大培指导. -- 中国社会科学院, 2009. -- 143 页

论文在动态最优化分析框架下讨论厂商的最优技术进步路径。在论文的分析中,企业技术进步行为被具体化为产品质量的提升,并被分解为两个层次的最优化问题。这两个层次的最优化问题相结合,便构成了对厂商最优技术进步路径选择的完整刻画。全文共分为七章。第一章是引言,对相关理论做了文献综述,并介绍了论文的分析思路与结构安排。第二章是对厂商的动态最优技术进步路径问题的总体描述,包括基本的模型设定和对厂商最优技术进步路径决策问题的分解。接着,论文分析了两种情形下厂商最优技术进步方式的变化路径。第三章论述在第一种情形下,厂商遵循最优化分析的决策方式,其研发能力能够随厂商技术进步活动的展开而逐步提升,因此厂商的技术进步决策具有长期的动态效应。第四章论述在第二种情况下,论文在假定企业研发能力不变的前提下对包含多个厂商的技术进步博弈进行了讨论。分析表明,无论是在同质厂商假设还是异质厂商假设下,尽管各个厂商的产品质量都呈现出递增趋势,但是递增速度逐渐减缓,即各产品阶段上技术进步的总体目标数量(产品质量提升幅度)逐渐下降。第五章是讨论与拓展分析,讨论了联合利润最大化下厂商的最优技术进步路径,资金约束问题,产业状况与模型的整合,技术引进成本函数等。第六章对异质性厂商博弈进行了分析,以便分析技术进步是否具有收敛性。一种情形表现在厂商具有相同的技术研发能力,但单个产品阶段上的最大产品质量提升幅度存在差异。另一种厂商异质性表现在技术研发能力上的差异,这进一步造成了厂商自主研发的成本差异。第七章总结了论文的结论。

关键词:企业管理　技术进步　技术引进　技术开发

**0759**

**中国公共投资问题研究** / 刘洋著 ; 徐长生指导. -- 华中科技大学, 2009. -- 118 页

论文结合公共投资的一般理论,通过研究中国改革开放以来经济高速增长过程中长期呈现的投资主导的状况,把公共投资从总投资中独立出来,考察公共投资的结构、规模、效应和体制等问题,着重研究公共投资在经济运行中的作用机理,回答中国公共投资的结构是否合理,规模是否合适、效果是否令人满意、体制是否完善等问题。全文共分为七章。第一章是导论,介绍了研究的主题、目标、方法、思路、主要内容和论文的创新点,并就相关理论进行了文献综述。第

二章阐述了公共投资的基本问题,包括公共投资的基本理论、基本概念、基本性质以及影响公共投资的主要因素。第三章是对中国公共投资的规模分析,首先介绍了公共投资规模的定义、衡量标准和分析方法,然后分析了我国公共投资规模,提出我国公共投资的适度规模。第四章是中国公共投资的结构分析,首先界定了公共投资结构的相关概念,接着阐述我国公共投资结构变化的阶段,最后对中国公共投资结构变动的趋势进行分析。第五章是我国公共投资的效应分析,首先概述公共投资效应的定义、影响因素和分类,接着分析我国公共投资的产出效应,最后对我国人力资本投资和科技研发投资产出效应进行分析。第六章探讨中国公共投资体制改革的深化,首先概述我国公共投资存在的问题和公共投资体制的弊端,接着剖析我国公共投资问题的原因,最后提出提高我国公共投资效应的政策建议和对当前经济刺激计划的建议。第七章是对全文的总结,并提出了下一步的研究展望。

关键词:公用事业　基础设施建设　投资结构　投资规模　体制改革

**0760**

**货币政策规则及其在我国的适用性研究** / 龙成学著 ; 徐长生指导. -- 华中科技大学, 2009. -- 166 页

货币政策操作规范是影响货币政策有效性的重要因素。根据货币经济学理论,货币政策操作规范有两种基本类型:以规则行事和相机抉择。论文在借鉴国内外已有研究成果的基础上,通过数理建模、统计分析、计量分析、经验分析以及比较分析等方法,分别从理论与实证两个方面对货币政策的规则及其在我国的适用性进行了研究。论文共分为八章。第一章是导论,介绍研究主题、意义、论文结构安排、研究方法和主要创新点,并对相关文献进行综述。第二章回顾了货币政策的规则及相机抉择之争,第三章介绍了货币政策规则研究的三种模型,第四章阐述了各种货币政策规则的内涵及特点。第五章对麦克勒姆规则与泰勒规则这两种工具规则在我国的适用性进行了分析,第六章对利率规则和货币供应量规则这两种目标规则在我国的适用性进行了分析,第七章对通货膨胀目标制在我国的适用性及其具体操作框架进行了探索。第八章在总结论文主要结论的基础上,指明了进一步研究的方向。论文得出的主要结论有:1. 长期来看,货币政策应当依规则行事而不是相机抉择。2. 固定或消极的规则与纯粹的相机抉择是货币政策操作规范的两个极端,都不可取。最明智的做法是,央行既应当关注政策的可信度和透明度,又应当考虑政策的灵活性和前瞻性。3. 麦克勒姆规则与泰勒规则目前在我国不具有适用性。4. 利率目标规则和货币供应量目标规则目前在我国同样不具有适用性。5. 我国目前已具备实施灵活通货膨胀目标制的基本条件。

关键词:货币供应　利率　货币政策　通货膨胀

**0761**

**产业结构变动的能源约束研究** / 卢永明著 ; 方福前指导. -- 中国人民大学, 2009. -- 183 页

论文研究的主题是产业结构变动的能源约束问题。论文共分为六章。第一章为导论,主要介绍选题的背景和意义、基本概念、研究的思路与方法、创新之处等问题。第二章是能源约束与产业结构变动的研究综述,在回顾归纳马克思政治经济学,西方经济学关于产业结构变动有关理论、能源与经济发展有关理论的基础上,对能源约束与产业结构变动关系方面的相关文献进行了综述,并对现有理论和文献做了总体评价。第三章是能源约束与产业结构变动的一般原理分析,在分析能源约束与产业结构变动一般关系的基础上,分别从产业结构变动对能源需求的影响和能源约束对产业结构变动的影响两个方面进行详细阐述。第四章是能源约束产业结构变动的具体路径分析,分别从能源价格、能源替代、能源禀赋、能源技术和能源政策等五个方面具体分析能源约束对产业结构变动的影响。第五章是我国能源约束产业结构变动的实证分析,在分析了改革开放以来我国产业结构变动和能源发展情况的基础上,分别从能源消费总量和能源消费结构两个角度对能源约束我国产业结构变动的情况进行定量分析。第六章是我国能源约束产业结构变动的原因和对策分析。论文的主要结论有:第一,能源与产业结构变动是相互促进、相互制约的关系。第二,能源对产业结构变动的约束主要有总量约束和结构约束两种形式。第三,能源约束主要通过能源价格、能源替代、能源禀赋、能源技术和能源政策等五个方面具体路径来影响产业结构变动。第四,我国能源约束产业结构变动关系的实证分析。第五,造成能源约束我国产业结构变动的原因是多方面的。第六,提出了缓解能源约束我国产业结构变动的一些政策建议。

关键词:产业结构　能源政策　能源供应　经济发展

0762

**最优环境税与经济增长** / 吕志华著 ; 刘凤良指导. -- 中国人民大学, 2009. -- 152 页

论文在经典的 Lucus 模型的基础上引入环境质量和环境税,发展了一个考虑环境质量和环境税的内生经济增长模型。其中,环境质量既是一种生产要素,也是一种公共消费品。论文理论模型的研究表明,开征环境税对经济增长的短期影响和长期影响是截然不同的。全文共分为七章。第一章是导论,介绍了选题背景与研究意义、论文的主要内容和结构、可能的创新和不足之处等。第二章对相关文献进行了综述,包括环境税与经济增长关系的研究、最优环境税研究、环境税问题的国内研究进展等。第三章构建了环境税与经济增长的一个内生经济增长模型,提出了几个基本假设,并进行了模型的稳态求解,分析环境税的长期经济影响,对模型转型动态分析了环境税对短期经济增长的影响。第四章探讨了最优环境税问题,阐述了增长优先和福利优先的两种环境税类型,最后通过一个比较研究来对最优环境税进行抉择。第五章以发达国家环境税实践与经济增长关系为例进行实证研究,介绍了主要发达国家的环境税实践和发达国家开征环境税的基本经验,实证研究了发达国家环境税对经济增长的影响。第六章探讨了开征环境税与中国经济的关系问题,论述了中国经济增长的环境压力和环境保护政策的现状,做了环境税与中国经济的一个模拟运算,分析了开征环境税的政策含义。第七章是主要结论与政策含义,总结了全文,得出了主要结论,并指明了政策含义。

关键词:环境税　税收制度　环境保护　经济增长　环境经济学

0763

**国际分工、利益集团与贸易摩擦** / 罗琳著 ; 刘海云指导. -- 华中科技大学, 2009. -- 144 页

论文在现有贸易政策政治经济学的分析框架下,基于利益集团的视角,对不同分工形式下贸易摩擦的形成及特点进行分析,在国际分工演进下对贸易摩擦的特点进行比较,并对不同国家之间、针对不同产品所发生的贸易摩擦进行经验分析。全文共分为六章。第一章是导论,就研究背景、目的和问题进行了阐述,并对贸易摩擦现有研究进行了梳理。第二章在对贸易摩擦相关概念进行界定的基础上,提出国际分工、利益集团与贸易摩擦的政治经济学分析框架。第三章对产业间分工贸易摩擦进行分析。基于 GH(1994)保护待售模型、GH(1995)贸易战模型分析得出产业间分工下贸易摩擦的特点;随后对纺织服装、食品等行业的贸易救济措施摩擦情况,从利益集团、政治经济学的角度进行经验分析,并选取美日纺织品摩擦这一经典案例进行分析,分析结果与理论指出的摩擦形成及摩擦特点相符。第四章对产业内分工贸易摩擦进行分析。基于 Pao-Li Chang(2005)垄断竞争保护代售模型、吴韧强和刘海云(2009)垄断竞争贸易战模型分析,得出产业内分工下贸易摩擦的特点;随后对化工及相关产品行业的贸易救济措施摩擦情况,从利益集团影响、政治经济学的角度来进行经验分析。并选取美日半导体贸易摩擦这一经典案例进行分析,分析结果与理论指出的摩擦形成及摩擦特点相符。第五章对产品内分工贸易摩擦进行分析。认为最终产品是否能获得支持性贸易政策不仅取决于自身的政治组织状况、生产状况(国内产量),同时还取决于中间产品生产者的政治组织状况。第六章是总结和展望。先对各种分工形式下的贸易摩擦进行总结。然后对国际分工演进下的贸易摩擦特点进行比较分析。最后对中国应对贸易摩擦提供有益的启示,并指出未来研究方向。

关键词:国际贸易　国际争端　国际分工　利益集团

0764

**我国股市与货币政策的传导机制研究** / 马林武著 ; 方齐云指导. -- 华中科技大学, 2009. -- 97 页

论文对我国股市与货币政策的传导机制进行了研究,目的在于改善我国股市的货币政策传导机制、提高货币政策的有效性。全文共分九章。第一章导论,介绍了研究的背景与主题,国内外文献综述,论文研究的思路、方法与创新点。第二章,我国股票市场的产生发展及其对货币政策的影响,阐述了我国股票市场的历史沿革与发展状况以及股票市场影响货币政策的主要途径。第三章,股票市场对总需求的影响,探讨了股票市场对消费需求和投资需求的影响。第四章,股票市场与信贷市场的关系,介绍了股票价格引发信贷条件改变的微观理论基础,分析了股票价格波动对银行信贷供给和企业信贷需求的影响。第五章,股价波动与货币政策的选择,分析了股票价格波动是如何引发金融危机以及引发的条件,探讨了应对股票价格波动的货币政策选择和股票价格引发金融危机的对策。第六章,次贷危机——股市波动与货

币政策之案例研究,介绍了次贷危机的本质与传导机制,美联储应对危机的措施及效果,我国将面临的新环境和对策。第七章,我国股票市场的发展与货币政策传导机制,分析了导致我国股票市场货币政策传导机制不畅的原因和我国股票市场的发展方向。第八章,股票市场与货币政策有效性,研究了股票市场与货币政策有效性的关系,分析了信贷资金流入股票市场的利弊,提出了提搞货币政策有效性的措施。第九章是结论,对全文进行了总结,并得出了一些基本结论。

关键词:货币政策　股票市场　经济波动　金融危机

**0765**

**财产所有权与企业所有权比较研究** / 马晓春著 ; 杨惠昶指导. -- 吉林大学, 2009. -- 132 页

论文通过对马克思、亚当·斯密等经济学家的财产所有权理论和新制度学派企业所有权理论的比较分析,提出公有制与私有制相和谐的观点,指出社会所有是公有制的有效实现形式,社会所有制就是在公有制的基础上建立起个人所有制的高级混合所有制,这是对马克思产权理论的继承和发展。全文共分为六章。首先,绪论。介绍选题背景和现实意义,说明论文的结构与创新之处。第一章,阐述财产所有权理论。分别介绍经典经济学家的财产所有权思想及马克思的财产所有权理论。第二章,企业所有权理论。首先分别说明交易费用理论、团队生产与代理理论、不完全契约与 G-H-M 理论;然后阐述企业所有权的内涵以及具体的安排形式。第三章,探讨企业是要替代市场还是要适应市场。在阐述"斯密认为中国制造业的发展离不开国内外市场,西方微观经济学原理说明企业不能替代市场,马克思强调企业必须适应市场"等观点的基础上,说明我国社会主义市场经济实践对企业适应市场理论的创新。第四章,阐述私人企业与社会企业相关理论。第五章,介绍企业相关制度。第六章,阐述以马克思主义产权理论为指导建立社会所有的公有制有效实现形式。首先介绍公有制的多种有效实现形式,然后说明社会所有是公有制的有效实现形式,最后揭示信用是社会所有制有效性的根源,法律是社会所有制有效性的保障。

关键词:国企改革　企业产权　所有权　公有制

**0766**

**企业所得税改革对企业行为的影响研究** / 毛发青著 ; 吴汉洪指导. -- 中国人民大学, 2009. -- 146 页

企业所得税是我国重要税种之一,在国家财政具有举足轻重的地位。2008 年 1 月 1 日起将正式实施新的《中华人民共和国企业所得税法》。论文研究的主要内容是新企业所得税法的实施将对作为微观主体的企业行为产生的影响。全文共分为八章。第一章导言,介绍了选题背景、问题的提出与研究意义、基本概念的界定、研究方法与结构安排、创新与不足。第二章论述了企业所得税的经济学理论基础,包括企业所得税的征税依据,企业所得税模式的讨论,企业所得和应纳税所得的理论和企业所得税对企业行为影响的理论。第三章概述了 2008 年我国企业所得税改革,主要包括 2008 年我国企业所得税改革的背景、原则、内容和特点以及对企业行为的影响。第四章进行了所得税对资本形成的影响研究和国内外对"国内税收竞争"的研究两个方面研究的文献综述。第五章论述了 2008 年企业所得税改革对企业设立的影响分析,新企业所得税法将影响到企业对内、外资性质的选择,将有效地阻止"假外资"现象的发生,预计对外资的吸引力依然强劲。新企业所得税法也将对企业在总、分公司和母、子公司的选择上产生较大影响,同时对企业设立时进行组织形式的选择产生影响。第六章论述了 2008 年企业所得税改革对企业投资的影响分析,这次企业所得税改革对企业的投资方式、投资总量、投资行业和投资项目,以及投资资产类型等产生直接影响。第七章论述企业所得税改革对企业行为的间接影响,即国内税收竞争。分析了我国国内税收竞争及其存在的主要特征。第八章是结论和建议部分,总结了论文研究的结果,最后分别对企业和政府提出建议。

关键词:企业所得税　税收改革　税收制度　企业行为

**0767**

**行为消费理论的拓展与应用研究:以中国居民消费数据为例** / 那艺著 ; 贺京同指导. -- 南开大学, 2009. -- 135 页

论文通过对行为消费理论的既有研究实施拓展,构建一个能够描述个体长期偏好与短期偏好之冲突的跨期选择模型,从而对个体时间偏好率的形成机制进行解释,并用以分析改革开放以来我国居民消费行为的阶段行特征。全文共分六章。第一章是引言,做了关于选题的说明,对我国消费行为研究进行文献回顾,介绍了论文的主要内容和各章安排。第二章在对

消费行为理论的缘起和发展简要回顾的基础上,提出虽然生命周期假说与持久收入假说被作为新古典消费行为理论的两大基础,但实际上在这二者之间存在很大不同,并对两者进行了对比分析。第三章概述了行为经济学与行为消费理论。第四章对行为消费理论的既有研究实施合理拓展,可以对时间偏好率的形成机制进行一定说明,从而在消费行为理论中恢复持久收入假说被遗弃的观点。然后以行为消费理论中的双自我模型为基本分析框架,将个体视为由关心长期利益的计划者与关心眼前利益的行为者两种人格构成,并认为任何决策行为都是这两种人格力量的冲突产物。第五章根据前文双自我模型的基本结论,对我国改革开放以来的居民消费行为进行了研究。从短期消费波动对收入波动的敏感性以及长期消费增长与收入增长的关系两方面探讨了居民消费行为的阶段性特征。在此基础上,对 1978 年以来我国居民的时间偏好率进行了测算。第六章进行了全文总结,并指出存在的问题与进一步的研究方向。

关键词:消费经济学　消费者行为论　居民消费

**0768**

**开放源代码知识生产研究:基于交易成本与产权经济学的视角** / 聂盛著 ; 张卫东指导. -- 华中科技大学, 2009. -- 119 页

论文基于交易成本与产权经济学的视角,以开放源代码许可为主线,对开放源代码产品的产权选择、资源与利益分配、激励与合作机制进行了研究。论文共分为七章。第一章导言,提出问题,介绍论文结构安排、研究方法和主要创新点,并对相关文献进行综述。第二章概述开放源代码软件发展概况,开放源代码模式在其他知识产业的发展概况,开放源代码知识产业研究的主要理论基础。第三章论述开放源代码许可证及其共有产权制度,分别讨论了开放源代码许可证下产品的产权结构、开放源代码软件与私有版权软件比较、知识产品共有产权的合理性和开放源代码许可证制度的功能。第四章研究逆版权制度及其合作机制,首先介绍什么是逆版权;接着构建逆版权下的知识合作生产博弈模型;然后探讨逆版权许可证在知识生产中的应用;最后以 Unix 的开源与闭源为例进行案例研究。第五章论述生产者类型与许可证选择在开放源代码产品中的分离均衡,首先介绍两类开放源代码产品的理论假说;接着进行开放源代码产品的实证研究;然后对两类开放源代码产品模式的实证研究结果进行讨论;最后探讨了了开放源代码知识生产的分离均衡。第六章论述合作 R&D 视角下的开放源代码知识生产,首先对开放源代码知识生产与传统合作 R&D 进行比较;然后分析了知识分享合作 R&D 中技术交易的合约安排;最后探讨了开放源代码合作模式的适用性以及未来发展前景。第七章在总结论文的研究结论及理论意义的基础上,指出了研究的不足并指明了未来研究的方向。

关键词:知识经济学　知识产权　版权　许可证

**0769**

**新型工业化背景下发达县域工业发展现状研究:以核心百强县为例** / 欧恒著 ; 白暴力指导. -- 北京师范大学, 2009. -- 122 页

论文以核心百强县为例对新型工业化背景下发达县域工业发展现状进行研究,全文共分为七章。第一章为绪论,主要介绍了论文的选题背景和意义、研究对象以及研究方法和思路。第二章为理论基础和研究综述。对论文的理论基础——工业化理论、产业集群理论和交易费用理论的发展历程及主要观点进行了梳理;有关我国县域工业研究现状的文献综述中整理和归纳了县域工业的界定、分类、作用、发展历程以及发展县域工业的对策等,并就有些问题阐述了笔者的观点。第三章是对中国新型工业化道路的理论分析。第四章采用理论分析和实证分析相结合的方法,从核心百强县重点发展产业及特点、核心百强县工业发展政策以及对核心百强县工业化阶段的判断四个方面来描述核心百强县工业发展现状。第五章根据唯物辩证法中内因和外因的关系原理,将核心百强县工业发展的影响因素分为外部因素和内部因素。第六章是对策建议部分。从三个方面提出了发展县域工业的对策和建议。第一,采用层次分析法建立了县域工业评价模型。第二,构建了包括基础环节、中心环节、调控环节、保障环节在内的县域工业发展基本框架。第三从宏观、中观和微观三个层次提出了新型工业化背景下发展县域工业的具体措施。第七章是论文的结论和有待深化研究的地方。

关键词:县　工业经济　经济发展

**0770**

**大学科技园发展模式研究:以中山大学国家大学科技园为例** / 祁军著 ; 舒元指导. -- 中山大学, 2009. -- 141 页

论文从国内外科技园发展比较出发,探讨了大学科技园的发展模式。全文共分为九章。第一章引言,介绍提出的问题、研究视角、研究意义、研究方法、创新之处、结构框架等。第二章文献综述,阐述了大学科技园的概念、产业经济和知识经济理论、产学研理论等。第三章科技园发展历史和现状,包括国外科技园和国内大学科技园的发展状况。第四章大学科技园的创建,综述了大学科技园创建模式,中山大学国家大学科技园创建历程,对创建思路进行了总结。第五章是中山大学国家大学科技园的现状,包括总体现状、主孵化园区发展情况、科技园发展规划和存在的问题等。第六章是大学科技园的功能,论述了大学科技园的功能、企业对大学科技园的价值趋向、科技园企业的研发等。第七章是科技园服务平台建设,阐述了知识交流平台建设、虚拟化的科技服务平台和学科性公司管理机制创新等。第八章论述了大学科技园的外部环境,介绍了国家对科技园及园区企业的优惠政策,对不同园区优惠政策进行比较,探讨了有限的政府与无限的服务。第九章是结语,总结了全文,并对下一步的研究做了展望。论文提出政府重在营造经营环境,并借鉴日本韩国科技园建设的经验和教训提出有限政府的概念,政府应扶持小企业,减少重复建设和战略雷同,大学科技园的建设应靠近大学和政府关注扶持的区域。此外,科技园应帮助企业减少和政府打交道的交易成本。

关键词:高等学校　高技术产业　高技术园区　发展模式

**0771**

**外资在华并购的政府规制研究** / 任超锋著 ; 吴易风指导. -- 中国人民大学, 2009. -- 263 页

论文从政府规制这一新的理论视角来研究外资在华并购问题。全文共分为七章。第一章导论,论文选题的理论和实践意义,以及国内外对外资并购规制问题研究的文献综述,论文的研究思路和方案。第二章对外资并购和政府规制的理论文献做一归纳综述,并着重阐述马克思主义经济学的跨国并购理论和西方规制机制设计理论的演变与新发展。第三章主要就外资在华并购对我国造成的影响进行分析,解决为什么要对外资并购进行政府规制的问题。在此基础上,对外资在华并购导致的垄断和经济安全威胁进行具体分析。第四章从经济学基本分析方法出发,揭示政府规制外资并购的政策形成机制,解决怎样规制的问题。第五章考察外资在华并购的政府规制现状,主要分析我国外资并购政府规制政策的演变过程,总结规律;同时分析我国规制外资并购的政策体系存在的问题。第六章选取了不同经济发展水平的国家和不同时期的案例进行比较分析,并具体引述中国企业海外并购遭遇国外规制而并购失败的案例,就中外政府对外资并购规制进行比较制度分析,从而全面把握对外资并购进行规制应当考虑的视角和方向。第七章对我国外资并购政府规制的规制体系进行构建确定规制目标及规制工具和政策的设计。结束语总结了论文的结论和进一步研究的问题。

关键词:跨国公司　外资公司　企业合并　企业管理　行政干预

**0772**

**美元本位下的货币错配** / 石岩著 ; 杨惠昶指导. -- 吉林大学, 2009. -- 162 页

论文在阐述货币错配研究现状的基础上,分析货币错配产生的原因,说明货币错配带来的潜在风险,并针对中国提出解决货币错配的方法。全文共分为八章。第一章,绪论。介绍选题的背景与意义、研究思路和基本方法,说明论文的主要内容和结构安排以及论文的创新与不足。第二章,论述国内外货币错配理论的研究现状,对现有货币错配研究理论进行评价。第三章,阐述马克思的货币错配思想。说明金银复本位会造成货币错配,金本位制下与布雷顿森林体系下都不会产生货币错配风险,而美元本位下必然会产生货币错配风险。第四章,界定货币错配的相关概念与类型,说明货币错配的测定指标,以及货币错配的发展形势。第五章,说明货币错配与金融安全的关系,从理论上分析货币错配的潜在风险。第六章,以东南亚金融危机与2007年国际金融危机为例实证分析货币错配的负面效应。第七章,阐述如何应对货币错配问题。应同时运用国内措施与国际措施,建立统一货币体系以及国际协调措施等。第八章,阐述关于中国的货币错配,说明“高储蓄两难”带来的升值困境,提出中国解决货币错配问题的政策。要解决货币错配问题,需要美国和其他国家合作,一起承担汇率稳定的责任;作为长远目标,具备条件的国家应该实现货币一体化。

关键词:货币制度　美元　汇率

0773

**财政支出与经济增长:基于中国的实证分析** / 宋海荣著 ; 邹薇指导. -- 武汉大学, 2009. -- 199 页

在我国经济增长背后,财政支出政策与经济之间的关系到底是什么,财政支出对经济增长是否具有推动作用,财政支出如何优化? 论文以“财政支出与经济增长—基于中国实证分析”为题,以新经济增长理论为基础,分析我国财政支出与经济增长的关系。论文共分为七章。第一章引言,介绍了问题的提出、研究目标、分析方法与结构安排。第二章介绍综述内生经济增长理论中关于财政支出与经济增长关系以及相关模型,显示政府应通过公共支出政策,向产生外溢的微观经济主体活动提供补贴,补贴的标准应该是使私人收益率等于社会收益率,从而促进经济增长处于最优状态。建立相关理论模型框架来分析经济增长与财政支出的关系。第三章建立财政支出规模与经济增长模型分析公共支出规模与经济增长的关系。第四章建立公共资本与经济增长模型,并以中国为例实证分析了公共资本支出规模与经济增长的关系。第五章建立财政支出结构与经济增长模型,并以中国为例实证分析了财政支出构成与经济增长的关系。第六章通过实证分析我国改革开放以来经济增长与财政支出的关系,比如分析财政支出对经济增长的影响、估计我国财政支出的规模、公共资本的最优规模、不同财政支出项目(包括中央地方财政支出)对经济增长的影响以及中央与地方财政支出的最优份额配置等。第七章是主要的结论与进一步研究的内容,论文实证分析表明:其一,我国财政支出与GDP之间存在长期的均衡关系;其二,我国公共投资的最优规模约是占 GDP 的 2.8%,产出弹性是 0.30(低于私人资本的产出效率);其三,我国财政支出结构不够合理。

关键词:财政支出　经济增长　财政管理　中国经济

0774

**技术变迁与经济发展:演化发展经济学的视角** / 宋宗宏著 ; 谭崇台指导. -- 武汉大学, 2009. -- 166 页

技术变迁是经济增长和发展的关键性驱动力量。论文运用演化理论对技术变迁与经济发展的内在关联进行分析,将有关技术变迁的演化研究应用于后发国家的情境,并指出应在国家创新体系框架下探讨发展中国家的技术变迁与经济发展问题。全文包括八章。第一章为绪论,是对选题背景和研究起源的简单陈述,主要从理论和现实两个方面说明为何要研究技术变迁与经济发展之间的内在作用机制。第二章是对相关的理论文献、仿真和实证研究进展进行回顾和评述。第三章是对传统新古典理论有关技术变迁与经济发展的观点的局限性进行反思,并指出了其有关技术与知识的隐含假定及其后果。第四章建立了一个一般的演化分析框架,首先介绍了演化经济学的世界观及其基本概念,然后指出应在企业的技术能力构建和产业发展与宏观的增长体制之间建立联系,并指出有必要引入创新系统方法来探讨后发国家的技术变迁和经济发展问题。第五章主要探讨作为发展的关键机制的动态不完全竞争的含义、以不同技术能力基础为核心的竞争力范式及其经济发展含义,指出经济发展不可能是自动发生的。第六章主要对东亚国家的追赶经验(尤其是韩国)进行历史和制度分析,探讨其对发展中国家的一般性含义。第七章提出把发展中国家所面临的问题放在国家创新系统的框架下进行考察,将会得到许多更具启发意义的观点和政策建议。第八章是总结性评论以及本研究的政策含义,指出了本研究的不足之处以及未来的研究议程。

关键词:经济发展　技术革新　竞争力

0775

**以知识分层为基础的 R&D 增长理论** / 孙大海著 ; 高鸿业,刘凤良指导. -- 中国人民大学, 2009. -- 141 页

新古典主义增长理论经过长期发展,逐渐以 R&D 为基础形成了内生增长理论和准内生增长理论两个派别并且在两者的争论中形成了后内生增长理论。全文共分六章。第一章,绪论,主要通过对于研究背景的分析,提出研究的主要问题和基本思想,并对篇章结构和主要研究方法做出了简要说明。第二章从论文的角度回顾新古典主义以 R &D 为基础的增长理论的发展过程,从结构上指出了新古典主义增长理论目前在理论发展面临的困境及深层次原因。第三章介绍了知识分层的概念。说明了知识定义不同对于经济增长理论差异的意义,并正式提出了塔式知识分层的概念。第四章探讨了塔式知识结构中存在的横向溢出效应和垂直溢出效应,并综合了两种效应和知识的规模经济之间的权衡关系,结合增长理论既有框架,建立了以知识分层为基础的 R &D 增长理论。第五章则构建了一个建立在知识分层基础上的 R &D 增长模型,论证了将知识分层结构融入知识积累动态和

生产函数的必要性与可行性。第六章对建立在知识分层基础上的R &D增长模型的动态机制和规律进行了分析,得出了关于知识最优研发层次变化的趋势和条件,并以此建立了内生增长理论、准内生增长理论和新兴古典主义增长理论诸学派之间的内在联系。第七章是结束语。面对主要理论的现实意义及政策含义进行了说明,指出如何通过各种政策手段以外生知识输入的方式改变塔式知识结构内部构成,从而影响知识最优研发层次的移动路径以影响经济增长。

关键词:经济增长　知识经济　知识结构　研究与开发

**0776**

**制度与中国经济增长** / 孙浩著 ; 彭代彦指导. -- 华中科技大学, 2009. -- 96页

中国经济增长奇迹在特定的制度环境下发生,因此制度与中国经济增长之间具有何种关系就成为亟待解决的问题。论文总结经验,厘清经济增长中的主要因素,测定制度因素对经济增长的贡献。论文分为六章。第一章绪论,提出问题、研究的思路和方法、相关概念的界定、主要创新和不足、研究内容和结构。第二章对相关的理论研究进行论文文献综述,包括生产要素决定论,地理条件决定论,文化、宗教信仰决定论,制度决定论和中国经济增长的解释。第三章阐述了制度影响经济的一个路径,介绍了吸收能力、制度与新技术创新和采纳,构建了技术采纳模型,分析了模型理论含义,并进行了经验研究。第四章构建了制度内生的经济增长模型,阐述了模型框架、经济的动态学和平衡增长路径,得出了模型结论与政策含义。第五章分析了制度视角下的中国经济增长,阐述了中国经济增长的历程和中国的制度变迁,探讨了制度变迁和经济增长的相互影响。第六章进行了中国经济增长中制度因素的实证分析,构建计量模型,并进行变量设计和数据处理,得出了计量结果,并进行分析,最后得出结论。论文认为制度对经济增长具有重要的作用,制度安排、制度质量和制度变迁影响经济增长水平。中国的制度安排、制度质量和制度变迁不同时期对经济增长起到的作用是不同的,与社会经济水平相适应的时候推动经济增长,反之则阻碍经济增长。因此从全面协调可持续的科学发展观战略高度,建立起与技术水平和经济发展相适应的制度,将会推动中国经济的持续增长和良性循环。

关键词:经济增长　经济体制改革

**0777**

**开放背景下需求约束与我国产业发展研究** / 孙军著 ; 梁东黎指导. -- 南京大学, 2009. -- 180页

从需求角度来看,消费、投资和净出口构成了一国经济增长的"三驾马车"。改革开放以来,我国经济增长形成了严重依赖投资和出口拉动的局面。但从投资和消费的关系来看,消费是推动经济可持续发展的最终动力。而我国出口导向型的经济发展模式的主导地位使得政策制定者们忽视了提高国内消费需求的重要性。国内市场需求的抑制与对外出口规模持续扩大的不平衡发展必然是我国产业发展更加外向,导致产业成长时出现偏差,这肯定会对我国经济的长期增长产生深远的影响,基于此,论文进行了研究探索。全文共分为八章。第一章,导论,提出问题,进行了相关概念的界定,并介绍了论文的主要方法和创新之处及论文框架与各章内容。第二章,从需求约束与经济增长、产业发展之间的关系以及工业品需求结构分析三个方面阐述了需求约束与发展中国家产业发展的关系。第四章,引入了一个理论模型,进行需求约束下的产业演化分析,并分析了开放条件下后发国家的市场需求与产业演化的关系。第四章,以中国为例,理论分析与案例分析相结合,分析了需求约束与产业结构演变的关系。第五章,分别引入理论模型和计量模型,通过数据分析与实证,探讨了需求约束与地区产业集聚的关系。第六章分析了需求约束、全球价值链和产业升级之间的关系。第七章从我国居民收入分配格局以及城镇居民工业品消费需求出发分析了收入分配、工业品消费需求与产业升级之间的关系。第八章,总结全文,得出主要结论,提出了一些政策建议,并做了进一步研究的展望

关键词:产业发展　产业结构　产业集聚　市场规模

**0778**

**贸易条件与经济增长** / 孙伟忠著 ; 杨惠昶指导. -- 吉林大学, 2009. -- 130页

贸易条件是国际贸易的最基本问题之一,对于各国的贸易利益和经济发展都有着至关重要的意义。论文共分为五章。前言介绍研究背景与研究现状,论文的结构和创新之处。第一章,首先对贸易条件的经济含义进行梳理,然后阐明贸易条件不同含义所代表的不同经济意义。第二章,从理论角度出发,分析汇率、FDI和贸易政策对贸易条件产生的影响。第三章,通过"普雷维什—辛格命题"和贫困化增长理论阐明

发展中国家在贸易条件上的共同困境。首先,阐释“普雷维什—辛格命题”的含义以及对“普雷维什—辛格命题”的争论;然后说明贫困化增长理论、贫困化增长的存在以及贫困的相对性。第四章,系统分析贸易条件和经济增长之间相互影响的机制,一方面,探讨贸易条件的变动对经济增长的影响;另一方面,分析长短期贸易条件变动以及贸易条件波动对经济增长的影响。第五章,对我国贸易条件和经济增长关系进行实证分析。首先,考察1995—2007年我国贸易条件的总体状况、我国分类商品的价格贸易条件情况,以及我国收入贸易条件状况;然后分析我国价格贸易条件以及分类商品价格贸易条件的变动趋势,利用数据分析经济增长等因素对我国贸易条件影响,最后实证分析我国贸易条件变动对经济增长影响。

关键词:国际贸易　贸易条件　经济增长　贸易利益　发展中国家

**0779**

**产业集群与区域经济非均衡协调发展** / 孙霞著 ; 方齐云指导. -- 华中科技大学, 2009. -- 122页

论文围绕产业集群与区域经济非均衡协调发展这一主题,运用发展经济学、区域经济学、产业经济学等多学科相关理论,以及大量经验数据分析和计量经济学方法,借鉴国外产业集群发展推动区域经济增长的经验,并结合我国产业集群与经济发展的现状,从产业集群角度出发寻找影响区域经济非均衡协调发展的因素及其作用机制,建立起一个基于产业集群基础的区域经济非均衡协调发展的分析框架,为指定基于产业集群的区域经济协调发展战略提供理论支撑。论文共分七章。第一章导论,提出了问题,对相关文献进行了综述,简要介绍了研究的目的和意义、论文的机构安排和研究方法、论文的创新之处等。第二章是我国产业集群发展概况,阐述了我国产业集群的形成条件及动力机制、发展阶段、基本特征、类型、发展过程中表现出的具体特点、发展趋势等。第三章是对区域经济非均衡协调发展战略相关问题的分析,首先介绍了我国非均衡协调发展战略提出的背景,接着阐述了非均衡协调发展的含义、特征、内容和运行机制,最后论述了我国区域经济非均衡协调发展的战略部署。第四章是对产业集群与区域经济非协调发展的关系分析,首先介绍了我国产业集群发展的不协调现状,然后分析指明我国产业集群发展的不协调是造成区域经济发展不协调的重要原因,最后分析了产业集群推动区域经济非均衡协调发展的运行机制。第六章论述实施产业集群战略推动区域经济非均衡协调发展,阐述了实施产业集群战略推动区域经济非均衡协调发展的路径选择和实施产业集群战略过程中要注意的问题。第七章是结论和研究展望,总结了全文,得出了结论,并进行了下一步的研究展望。

关键词:地方经济　产业发展　聚集经济

**0780**

**新制度经济学与马克思主义经济学企业理论的比较研究** / 索红著 ; 纪玉山指导. -- 吉林大学, 2009. -- 120页

论文以马克思主义经济学基本原理为指导,对新制度经济学和马克思主义经济学的企业理论进行比较研究,着重探讨马克思主义经济学与西方新制度经济学的原则区别和相通之处。全文共分为七章。第一章,导论。说明研究的理论和现实意义,分别阐述新制度经济学、马克思主义经济学对企业理论的有关研究,说明论文的研究方法与创新之处。第二章,首先说明新制度经济学对人的本质和人的行为的基本假定,然后阐述马克思主义经济学对人的本质及行为的分析,最后比较研究新制度经济学和马克思主义经济学关于人的本质与行为特点的分析。第三章,分别阐述新制度经济学以及马克思主义经济学关于企业起源的理论,然后从推动因素及资源配置方式比较研究新制度经济学和马克思主义经济学关于企业起源的理论。第四章,在介绍新制度经济学与马克思主义经济学企业性质的基础上,对他们的理论进行比较分析研究。第五章,比较研究新制度经济学与马克思主义经济学企业产权结构。第六章,说明新制度经济学企业理论方法论的基础、出发点与研究形式,阐述马克思主义经济学中关于企业规模扩大的动因与边界,最后进行比较研究。第七章,说明新制度经济学企业理论存在的主要问题与不足,阐述马克思主义经济学企业理论的现实意义,并说明马克思主义经济学企业理论对国企改革的启示。

关键词:企业理论　新制度经济学　马克思主义政治经济学

**0781**

**晋升激励与科学发展:中国地方官员晋升机制及其发展绩效研究** / 田伟著 ; 沈坤荣指导. -- 南京大学, 2009. -- 150页

论文抓住中国政府管理体制中的“行政首长负责

制”这个关键的制度特征,通过对现行晋升机制引导之下地方官员晋升激励考察,从官员个体行为视角尝试揭开地方政府行为研究的理论“暗箱”,进而对晋升机制设计的发展绩效进行考察。全文共分为七章。第一章,导论。介绍研究的背景,界定相关概念,提出问题,说明论文的研究视角,分析框架以及结构安排。第二章,分析中国的分权管理模式以及M型政府层级组织的形成,说明M型政府层级结构下的地方官员晋升机制。第三章,阐述援助之手行为的表现即是以增长为取向的制度创新,说明晋升机制的激励功能以及发挥作用的前提,提出相对绩效考核的缺陷与不足,并对中国经济之谜进行制度内生性阐述。第四章,分析地方政府的投资行为及其对增长稳定性与可持续性的影响,说明成本考核的软约束与地方官员投资冲动的形成,讨论衡量晋升激励的增长绩效的企业决策模型。第五章,阐述经济建设型地方政府公共职能的弱化与社会发展的相对滞后,以晋升激励的视角解释地方政府公共服务职能弱化的原因。第六章,说明地方政府行为与区域发展差异,讨论地方政府的效用函数与博弈模型,分析中国地方官员行为与区域经济的差异。第七章,说明中国欲实现科学发展,关键在于推进地方政府职能的转型。

关键词:国家行政机关　人事管理　地方政府

**0782**

**阶层结构、工业化和经济增长** / 汪川著 ; 卢荻指导. -- 中国人民大学, 2009. -- 155 页

工业革命是人类历史上经济起飞和发展的重要标志。论文旨在用近年来发展起来的统一增长理论的框架来具体分析工业化问题的起源。论文共分为八章。第一章主要阐述论文的选题意义、研究方法以及论文的创新和不足之处,以及设计结构框架。第二章是对经济增长理论本身以及其发展趋势的一个简要综述。第三章讨论了统一增长理论的产生、发展趋势以及标志性文献。第四章主要分析统一增长理论中的阶层结构和阶层变迁的影响。第五章和第六章是全文的核心部分,以一个动态一般均衡的经济模型来描述工业化的特征并分析各国工业化过程中的差异。第五章阐述工业化对于农业部门生产效率的边际影响是工业化本身得以持续的重要条件。第六章把第五章的标准模型做了四个方面的扩展,并得出如下的结论:第一,农业生产率的提高可以通过增加工农业利润水平来提高均衡的经济增长率;第二,劳动力的增长和其朝向现代工业部门的流动在农业生产率同步提高的前提下对工业化进程起到加速作用。第七章主要从经济史角度来证实第五章和第六章的理论模型,并突出工业化过程中乡绅商人阶层的作用。论文指出,工业化过程是由这个乡绅和商人阶层所引导的。第八章对全文进行总结,并指出了全文的贡献和进一步研究的方向。

关键词:工业化　社会阶层　社会结构

**0783**

**纵向关联与局部规制** / 王焯著 ; 吴易风指导. -- 中国人民大学, 2009. -- 191 页

自20世纪80年代以来,实践中开始了一种新现象:政府对自然垄断的规制往往仅侧重于生产链条中的某一环节。论文将这一现象归纳为“纵向关联与局部规制”两个基本特征,并对这两个特征展开研究。论文共分为七章。第一章是导论,介绍现实问题、理论现状、已有理论与现实的差距、理论意义与现实意义、研究内容与框架、基本思路、研究方法和创新之处等。第二章对纵向关系与规制经济学理论进行了回顾。第三章对纵向关联与局部规制做了一般性归纳,做了基于三维度框架的比较静态分析,提出了规制政策可能基于最优规制政策,并以三维度为视角对“纵向关联与局部规制”研究进行回顾。第四章构建了空间模型,利用博弈论方法,在“规制规则、纵向产业间关系和上下游各自产业结构”三维框架下,对“纵向一体化、无上游价格规制(市场交易)、上游价格规制”三种规制政策的市场均衡和社会福利进行了计算和比较,从而对纵向关联与局部规制做了进一步说明。第五章为展示“纵向关联与局部规制”一般性理论在实践中的具体应用,对中国煤电产业间矛盾进行考察。第六章对“纵向关联与局部规制”领域的最新理论动向进行了介绍。该理论动向反映了国外学者的关注焦点,有助于国内学者对“纵向关联与局部规制”理论发展思路的把握。第七章总结了论文的主要内容及结论,指出了论文的局限以及下一步的研究方向。

关键词:垄断行业　产业链　产业结构　经济发展　行政干预

**0784**

**中国宏观经济运行:增长与波动——基于古典一般均衡货币视角的分析** / 王晨著 ; 樊纲,柳欣指导. -- 南开大学, 2009. -- 140 页

论文在建立货币理论体系的基础上,解释中国的宏观经济运行:增长与波动。全文共分为五章。首先,导论。介绍论文理论和实践层面的重要意义、研究背景、研究方法以及创新与不足。第一章,对货币理论进行梳理,站在货币理论争论的角度,着重讨论货币理论的"两分法、存量与流量、内生与外生的货币供给"三个基本问题。最后从货币理论出发得到了一种加总异质品的方法。第二章,表明相对价格与总量的相互作用,通过阐述收入的性质和收入效应,在总量和相对价格之间建立联系,从而说明一种完全不同于新古典的一般均衡理论,这种均衡理论即是由斯密、李嘉图和马克思所表明的古典一般均衡理论。第三章,构建一个简化的货币经济宏观模型,并以此来对我国内生经济增长下财政与货币政策产生的动态效应进行分析。第四章,在上述模型的基础上,从资本存量与收入流量均衡的角度,分析中国长期经济增长中,功能性收入分配比例失衡的原因及其有效需求结构的影响。从而试图构建一种解释功能性收入分配失调与有效结构失衡问题的新框架,并对此进行实证分析,最后提出政府在调节经济的同时,应特别注意有效需求问题,同时调整收入分配,保持资本存量与收入流量之间适当的比例关系,这对实现国民经济平稳、快速的增长有重要意义。第五章,以生产函数为基础的传统经济理论,认为宏观统计变量之间是以技术为基础的投入产出关系,预测中国经济增长有可能将遭遇滞胀。

关键词:中国经济　宏观经济运行　经济增长　有效需求　收入分配

**0785**

**全球价值链视角下地方产业集群升级机理研究:以浙江产业集群升级为例** / 王传宝著 ; 张培刚,方齐云指导. -- 华中科技大学, 2009. -- 151 页

论文对全球价值链视角下我国地方产业集群升级机理进行研究,从我国(尤其是浙江)产业集群的实际出发,提出地方产业集群升级的对策建议。全文共分为五章。第一章是绪论,介绍研究目的与意义、创新方法、创新点、技术路线和章节设计,界定核心概念,对相关文献加以述评。第二章阐述全球价值链视角下地方产业集群升级机理,包括模型构建,模型要素,全球价值链视角下地方产业集群升级机理的运行,升级实现方式的运行机制,以及全球价值链视角下地方产业集群升级的动态演进路径。第三章论述产业集群升级为导向的公共政策,先后阐释产业集群升级为导向的公共政策理论、公共政策的制定、公共政策内容、公共政策的实施和协调。第四章分别以浙江宁波服装产业集群升级、浙江温州打火机产业集群升级、浙江永康五金产业集群升级和浙江绍兴纺织产业集群升级为例进行全球价值链视角下浙江产业集群升级案例研究。第五章是研究结论和对策建议,指明研究中存在问题及后续研究方向。

关键词:地方经济　产业集群　价值链

**0786**

**中国货币政策区域效应研究** / 王丹著 ; 王维安指导. -- 浙江大学, 2009. -- 180 页

论文主要研究我国货币政策的区域效应,建立了分析我国货币政策区域效应的理论框架,从多个视角阐释了我国货币政策区域效应的作用机理;利用我国的经验数据,采用动态时间序列方法研究了我国货币政策效应区域差异程度,并实证检验了我国货币政策区域效应的成因;最后有针对性地提出了对策建议。论文共分为七章。第一章为导论,介绍了问题的提出、研究意义、研究方法、研究思路与框架、主要的创新等。第二章进行了相关的文献综述,对相关概念进行了界定,对区域也进行了划分和界定,对国内研究做了文献综述。第三章介绍了我国的货币政策决策机构、决策机制和货币政策工具的历史演进,分析了我国货币政策的特殊性和区域经济差异。第四章是以区域总需求—总供给(AD-AS)模型、区域货币乘数模型、区域货币政策乘数为基础的理论分析。第五章是机理分析,结合货币政策相关理论和中国经验数据,从多个视角分析了我国货币政策对区域经济影响的具体作用机理。第六章在理论和机理分析的基础上,实证研究了我国货币政策的区域产出效应和价格效应,并检验了我国货币政策区域效应的成因。第七章对全文进行了总结,并提出了相应的政策建议。论文研究的主要结论如下:1. 理论分析表明,货币政策变动对东部经济的影响大于中西部欠发达地区,这体现在 AS 曲线斜率、基础货币分布、货币乘数、货币政策乘数的区域差异上。2. 机理分析表明,扩张性货币政策对我国东部影响较大,而紧缩性货币政策中各因素的影响效果不尽相同。3. 实证检验也证明了上述结论,东部地区的货币政策区域效应最大,中部地区其次,东北地区再次之,西部地区为负值;各地区受货币政策影响的区域价格效应差异较小。

关键词:货币政策　区域经济　经济发展

**0787**

**北京市知识经济发展的评价研究** / 王军著 ; 宋德勇指导. -- 华中科技大学, 2009. -- 137 页

论文在论述知识经济性质特征基础上,阐明了知识经济评价的一些基本概念,主要对北京市知识经济发展做了评价研究。全文共分为六章。第一章为导论,介绍了知识经济评价研究的背景及意义,对知识经济评价相关研究成果进行了综述,阐述了论文研究的主要内容及创新点。第二章阐述了知识经济的基本概念与本质特征,介绍了知识经济评价的作用和对象。第三章是知识经济评价的思路,概述了与知识经济评价思路有关的几个概念及关系,分析了知识经济评价的要点。第四章阐述了知识经济的产业分类,主要包括信息产业分类、高(新)技术产业分类、文化产业分类、文化创意产业分类和知识产业分类。第五章是知识经济评价指标体系的研究,论述了知识经济评价方法的选择,建立知识经济指标体系的原则,知识经济指标体系的结构与内容,知识经济评价指标的含义与计算,知识经济指标体系评价指数,知识经济评价指数的分析运用方法。第六章以北京市的知识经济发展为例做了知识经济评价的实证分析,首先对北京市知识经济发展做了基本评价,接着阐述了信息化发展、研究开发(R&D)投入和专利增长对知识经济的作用,然后分析了北京市知识产业发展的特点及作用,最后对知识经济发展做了对策研究。

关键词:知识经济　知识产业　经济评价　北京

**0788**

**我国政府 R&D 资助与企业自主创新** / 王俊著 ; 刘东指导. -- 南京大学, 2009. -- 173 页

论文从微观、中观和宏观等三个层面分析政府 R&D 资助的理由,提出政府 R&D 资助与其他创新政策存在一定的互补关系,利用新制度经济学的路径依赖理论解释技术后进国政府 R&D 资助的必要性。全文共分为七章。第一章,导论。提出问题,界定基本概念,综述文献,说明研究的意义、研究思路与主要内容,并提出论文的主要创新点以及需要进一步研究的方向。第二章,政府 R&D 资助的经济解释。分析政府 R&D 资助的政策主张、理论依据、福利效应及利弊权衡,说明技术后进国政府 R&D 资助的必要性。第三章,阐述政府 R&D 资助的主要形式以及政府 R&D 资助对企业自主创新的作用机制,说明政府 R&D 资助方式与自主创新的匹配组合关系,分析政府 R&D 资助对企业自主创新的影响效应。第四章,针对我国说明政府 R&D 资助以及制度支持。梳理我国政府直接资助规模与流向,阐述我国政府 R&D 资助的激励强度以及我国政府 R&D 资助方式的制度支持,最后对我国政府 R&D 资助政策进行评价。第五章,首先阐述政府 R&D 资助使用效果的理论假说,然后比较我国政府直接 R&D 资助与企业 R&D 产出弹性,最后总结实证经验及启示。第六章,分析税收优惠对我国企业 R&D 投入影响,说明融资约束、金融支持与企业 R&D 投资的实证研究,最后实证分析政府采购与我国企业的自主创新。第七章,从完善政府 R&D 资助的法律制度、协调机制、资助规模、资助手段、监督机制等方面论述我国政府 R&D 资助体系的设计与优化。

关键词:企业创新　研究与开发　政府补贴

**0789**

**能源约束下的工业结构优化升级研究** / 王秋彬著 ; 张建华指导. -- 华中科技大学, 2009. -- 105 页

论文结合我国的基本国情,分析了能源约束下的工业结构优化升级的机理;研究了工业内部的能源结构优化升级和工业行业的能源效率与工业结构优化升级;最后从产业关联的角度,通过案例分析,探讨了企业应如何通过重组整合、节约能源,来促进工业结构优化升级,从而充分提高能源效率实现工业结构优化升级。全文共分为六章。第一章为导论,提出问题,界定基本概念及研究范围,对国内外研究现状进行述评,最后阐述了研究框架、思路及方法。第二章探讨能源约束的经济含义,进而讨论能源约束下的工业结构优化升级的机理。第三章针对我国能源约束现状,构筑了一个可持续发展的能源供应评价指标体系,并运用它对我国能源供给现状进行实证分析,最后在借鉴日本处理能源约束问题经验的基础上,提出构建可持续发展的能源供应体系的方法和途径。第四章运用 DEA 数据包络分析法,测度了不同行业、地区的能源效率差异,并对其影响因素进行实证检验,在借鉴日本节能经验的基础上,提出了促进我国工业结构优化升级的发展战略路径。第五章是例证分析,从产业关联角度对平煤神马集团的重组前和整合后的产业发展现状及问题进行剖析,分析认为此次重组将会取长补短,使集团实现规模运营,拓宽了产业链,还会避免同业竞争以及重复建设。第六章是论文的

主要结论、可能的创新之处和进一步研究展望。

关键词:工业结构调整　产业结构升级　能源供应

**0790**

**中国农村公共产品供给主体及其供给行为研究** / 王书军著 ; 彭代彦指导. -- 华中科技大学, 2009. -- 162 页

论文研究农村公共产品各类供给主体供给中存在的问题,明晰各主体之间的合理边界,构建能兼顾公平和效率的公共产品供给体制,对增加农村公共产品的有效供给、缩小城乡差别、实现社会主义和谐社会的目标将起到积极的推动作用。论文共分为八章。第一章是绪论,介绍选题的背景、意义、研究方法、研究内容以及论文主要的创新点,界定了基本的概念,并进行文献综述。第二章对新中国成立以来我国农村公共产品供给主体的演变历史进行了考察,发现农村公共产品供给经历了从私人合作供给—政府单一供给—多元化供给的演进轨迹。第三、四、五章从不同视角对农村公共产品的三类供给主体依次进行了分析和考察。通过对影响政府供给绩效的因素分析发现人口流动不仅降低了政府的农村物质资本支出效率,而且对政府的农村人力资本投资效率也有显著的负面影响。对私人供给的分析主要侧重于从制度变迁的视角,通过案例来剖析私人供给这一诱致性制度变迁过程发生的机制,对私人供给的福利效应分析显示,农村公共产品所具有的自然垄断和正外部性的属性,使得追求利润最大化为目的的私人供给会带来社会总福利上的损失。社区供给分析的重点是家庭承包制实施以后,尤其是农村税费改革以来社区供给的"一事一议"筹资筹劳的制度安排所面临的"集体劳动的困境"。第六章总结了国外农村公共产品供给的经验借鉴及启示。第七章介绍了公共产品供给主体选择的影响因素,并利用一个交易成本的分析范式从理论上对公共产品的供给主体的边界进行了界定。第八章总结了论文的主要研究结论和论文的不足之处及后续研究展望。

关键词:农村　公用事业　供给制　投资主体

**0791**

**国有企业改革与最优产权安排:基于交易费用视角的研究** / 王希著 ; 张卫东指导. -- 华中科技大学, 2009. -- 140 页

论文综合使用了契约选择理论和交易费用分析法,将静态分析与动态分析相结合,在剖析我国国有企业产生的特殊背景和企业的特有性质的基础上,建立了一个基于交易费用视角的国有企业最优产权安排模型,并利用这个模型回答了困惑我们的问题。论文共分为七章。第一章是绪论,提出问题,并进行相关理论综述,介绍了论文的研究方法、结构安排和创新之处。第二章是关于政治法律环境、交易费用与产权安排关系的理论框架,比较了几种不同制度定义,阐释了制度环境与制度安排的关系,探讨了一定约束条件下最优产权安排。第三章介绍了我国国有企业所处的政治法律环境、我国国有企业的契约性质和我国国有企业的交易费用。第四章构建了国有企业最优产权安排模型,阐释了三种不同形式的产权结构、国有企业最优产权安排的静态模型和动态模型。第五章是关于国有企业最优产权安排模型的应用,论述了我国国有企业产权改革历程,并进行了评价。第六章探讨了当前政治法律环境下的国有企业最优产权安排,首先对当前政治法律环境进行了分析,然后探索了"新国有化"趋势及其背后的原因,提出了国有企业最优产权安排的政策建议,最后总结了金融危机的经验教训。第七章是论文的结论。

关键词:国有企业　体制改革　产权制度

**0792**

**中小企业信用缺失问题研究** / 王锡建著 ; 张卫东指导. -- 华中科技大学, 2009. -- 101 页

论文从信用的基本概念入手,对信用的经济学性质进行了初步的探讨。全文共分为八章。第一章绪论,提出问题,阐述研究意义、研究思路、研究方法和论文的主要工作,并对国内外相关研究加以述评。第二章论述中小企业信用理论,概述了信用的基本概念和基本性质,信用在经济发展中的作用,以及中小企业信用的内涵,并对中小企业信用关系进行分析。第三章首先界定了中小企业的概念,然后阐述我国中小企业现状及信用缺失表现,最后分析中小企业信用缺失的影响。第四章是对中小企业金融需求的特征进行分析,分析内容包括中小企业特点、中小企业金融需求特点和中小企业融资问卷调查分析。第五章是建立中小企业信用行为的信号博弈模型对其信用行为进行了分析。第六章主要研究中小企业信用缺失的现实成因,分别对中小企业信用缺失进行了经济学分析、制度因素分析和结构因素分析。第七章提出了中小企业信用缺失问题的对策和建议,包括:通过多种方式强化市场主体的信用观念和信用意识;加快信用制度建设,严格失信惩戒力度;规范发展信用机构,

提供社会化信用服务;积极强化企业信用建设;完善金融机构中小企业信贷管理制度。第八章在总结了全文的研究的基础上做出了未来的研究展望。

关键词:中小企业　企业信用　行为分析　博弈论

**0793**

**劳动合同期限及其法律管制** / 王新荣著 ; 周业安指导. -- 中国人民大学, 2009. -- 154 页

论文研究了劳动合同期限及其法律管制的问题。全文共分为七章。第一章是导论,介绍了研究背景、理论意义、现实意义、贡献与不足及论文的结构安排。第二章是文献综述,综述了劳动合同期限理论、劳动合约的解约问题,以及合同期限的法律管制方面的相关文献。第三章按照两种视角分别讨论劳动合同期限问题,并进一步考察了不同的法律制度安排对劳动市场结果的影响,以及不同的法律制度安排对劳动市场结果的影响。第一种视角是考察在自由签约条件下最优的劳动合同期限受哪些因素的影响,第二种视角是考察在法律管制企业的解约行为时劳动合同期限的状况。第四章讨论了劳动合同期限受企业内部道德风险因素影响的问题。论文认为长期合同减少了工人未来工资流的现值和企业未来重新签约成本的现值。从激励角度而言,企业提供无固定期限劳动合同,也就意味着失去考核和监督工人工作绩效的途径。第五章讨论了解雇成本对劳动合同解约行为的影响。论文认为由于交易机制的不健全等原因,事前的转移支付不会完全抵消解雇费,因此解雇费可能会导致过度失业或者过度就业。第六章考察了欧洲国家关于劳动市场法律管制的改革历程。理论上对于就业保护法规的合理性和必要性一直没有形成统一的观点,没有充分的证据或者理由可以说明是否应该放弃就业保护法规。欧洲劳动市场的改革历程当中有些经验教训对我国的劳动市场法律制度改革具有一定的借鉴意义。第七章总结了全文。

关键词:劳动法　劳动合同　劳动关系

**0794**

**企业边界理论的研究:基于科斯思想的演变与发展** / 王洋著 ; 吴宇晖指导. -- 吉林大学, 2009. -- 242 页

论文把科斯关于企业边界理论的四个核心问题作为分析各个流派的主线,分析关于企业边界理论的思想发展脉络和未来的发展方向以及对中国企业未来发展的影响。全文共分为九章。第一章,导论。介绍论文的研究目标、研究思路,论文的基本观点与框架结构、论文的创新及不足。第二章,在分别介绍古典经济学、弗兰克·奈特、新古典经济学关于企业边界理论的基础上,分析科斯企业边界思想的形成。第三章,分析说明基于交易费用的企业边界理论。分析企业边界形成的一般化原因。第四章,基于管理费用的企业边界理论。研究企业边界的稳定性,分析大企业的控制权与企业模式的多样性之间的关系。第五章,基于战略的企业边界理论。分别介绍波特、安著斯、波特比较、瑞迈欧特、温特的观点关于为什么出现异质性企业,异质性企业的战略基础,企业异质性的经济学基础、基于企业战略的企业异质性的模型,体现知识和能力的战略资产等一系列问题。第六章,基于知识的企业边界理论。分析管理模式与企业边界稳定性关系以及企业边界扩大的原因。第七章,基于资源的企业边界理论。说明基于资源的企业理论的提出、框架、继承和发展以及模型问题。第八章,基于能力的企业边界理论。第九章,分析基于科斯以及战略的企业边界理论,说明西方企业边界理论对我国企业模式发展的意义。

关键词:企业经济　经济理论　企业发展

**0795**

**中国转型期家族企业成长的制度分析** / 韦革著 ; 张建华指导. -- 华中科技大学, 2009. -- 166 页

论文探讨的中心问题是,在转型经济背景下,如何以制度创新推进中国家族企业成长。论文共分为六章。第一章导论,介绍了问题的提出和研究意义,进行了国内外相关研究述评,并阐述了研究设计。第二章分析家族企业的制度属性和生成、成长机理。家族企业的制度属性可划分为家族属性和企业性,制度属性的形成,除技术和市场因素之外,还应看到宏观微观制度、正式制度和非制度之间的互动情况。第三章分析了家族企业契约的意义和转型。推进关系契约由人格化向非人格化转型,才能推进家族企业制度转型,促进家族企业健康成长。第四章对中国家族企业内部成长的路径、现状和问题的突破进行制度分析。第五章对中国家族企业外部成长的路径、现状和问题的突破进行制度分析。第六章是结论与展望,对论文的主要观点做了总结,指出了创新点和尚存在的问题,并作了进一步研究展望。论文提出家族企业不是一种过渡性制度安排,家族企业可以做强做大,但前提是家族企业要解决好资金、技术、人才缺口的制度创新(通过企业公司化和网络化)问题。明确指出

转型期中国家族企业内部制度变迁现实目标是通过产权明晰化，解决家族企业产权纷争，在保全家族控制权同时，通过产权开放达到融资融智的目的；企业控制权由家族内外分享；关系治理和契约治理结合。同时从内部和外部、宏观和微观角度分析了中国家族企业成长的制度障碍，认为以“企业利润率”作为企业成长的终极标志，把企业规模、技术进步、管理水平、网络化等企业成长的途径统领在提高企业利润率的终极目标下，发掘企业多种成长方法。

关键词：私营企业　家族制　企业成长　制度安排

**0796**

**中国短期国际资本的流动与管制研究** / 吴昊著 ； 巴曙松指导. -- 华中科技大学, 2009. -- 108 页

论文对中国短期国际资本的流动与管制进行研究，全文共分为六章。第一章是导论，介绍选题的背景与意义、研究方法与思路、论文的创新与不足等，界定了短期国际资本的概念，并进行文献综述。第二章论述了短期国际资本的流动与管制的理论研究，主要有国际资本流动的动因理论，蒙代尔—弗莱明模型与不可能三角定律，以及国际资本流动下的货币供给模型。第三章在宏观经济学和国际经济学理论的基础上，对中国短期国际资本流动的途径进行了分析，对其规模进行了测算。第四章在前文的基础上分析了中国短期国际资本流动的可能的动因，并构建了理论模型，并进行实证检验。第五章梳理了中国对短期国际资本流动的管制体系和近年来管制政策的变化，通过实证分析测试中国对短期国际资本流动管制的有效性。在经验比较分析的基础上，提出了资本项目自由化进程中对中国短期国际资本流动管制的政策建议，为提高中国短期国际资本流动的管制效率提供参考。第六章是论文的主要结论和今后的研究方向。论文的主要结论如下：1. 近年来，中国短期国际资本流动呈现出渠道多样化、流动隐蔽化、规模增加、波动变大的趋势。2. 中国短期国际资本流动的根本动因是对人民币汇率的预期，而国外利差、资产价格的影响则不显著。3. 中国短期国际资本流入管制政策在维持国内外利差和降低人民币升值预期上是有效的。

关键词：国际金融　资本循环　国际资本流动

**0797**

**贵州工业园区发展研究** / 吴扬杰著 ； 彭代彦指导. -- 华中科技大学, 2009. -- 153 页

发展工业园区是欠发达地区发挥地区优势、加快工业化进程的重要途径。论文在工业园区发展的理论基础上，重点研究了贵州工业园区的发展。论文共分为四章。第一章是绪论，介绍了问题的提出、选题的背景、选题的意义、主要内容和结构安排、研究方法和主要创新之处等。第二章是基本概念和基本理论，界定了相关的基本概念，阐述了工业园区发展的理论基础和工业园区发展理论及其应用。第三章是欠发达地区工业园区发展的理论框架，分析了我国欠发达地区工业园区状况，指出了欠发达地区工业园区发展的关键要素、演进路径和管理机制。第四章是贵州省工业园区演变和发展，阐述了贵州省工业园区演变历程与贵州省工业区的现状，并对贵州省工业园区发展做了理论分析。论文认为欠发达地区发展工业园区必须从客观实际出发，选择符合实际的发展道路和管理机制。具体到贵州省，可以采取以下政策措施：第一，正确处理好各种关系，奠定工业园区发展基础；第二，对园区进行整合，提升园区的综合竞争力；第三，提高大开放能力，大力发展园区的外向型经济。

关键词：地方工业　工业园区　工业化进程　贵州

**0798**

**与贸易相关的知识产权保护摩擦的政治经济学分析** / 吴郁秋著 ； 刘海云指导. -- 华中科技大学, 2009. -- 110 页

伴随着国际经济贸易交往，贸易摩擦也不可避免地存在着。由于知识产权在贸易中价值的增加，与贸易相关的知识产权保护摩擦在这些贸易摩擦中所占的比重也出现了上升趋势。论文主要对与贸易相关的知识产权保护摩擦的问题进行政治经济学分析，全文共分为七章。第一章是导论，介绍选题的背景及意义，论文研究的基本思路、方法、创新点、研究内容与结构安排。第二章对现有文献进行了梳理与归纳，发现目前对知识产权保护引起的贸易摩擦的研究比较分散，主要分为：知识产权保护的相关研究；贸易摩擦的政治经济学分析的相关研究；知识产权摩擦的相关研究。第三章在文献研究的基础上，基于知识产权保护水平差异的现状，从利益集团的视角出发，系统的研究了知识产权贸易摩擦的诱发机制。第四章在知识产权保护摩擦发生机制的分析基础上，从理论模型上寻求政府对知识产权保护政策决策过程的解释。第五章为了对利益集团的政治因素影响知识产权保护摩擦的理论分析进行检验，运用 TRIPS 协议下发达

国家与发展中国家之间的知识产权保护摩擦的案例进行分析,这是制度层面贸易摩擦的表现形式。第六章将案例研究进一步扩展到中美之间以337调查形式表现的知识产权保护摩擦问题,这种摩擦表现为产品层面的贸易摩擦。第七章是论文的主要结论和进一步研究展望。

关键词:国际贸易　双边贸易　知识产权保护

**0799**

**结构冲击、货币政策和宏观经济波动:贝叶斯分析框架** / 习江平著 ; 刘文忻指导. -- 北京大学, 2009. -- 141页

论文在考虑中国转轨经济的特殊背景下,通过引入各种外生结构冲击、多种名义和实际摩擦,构建了一个新凯恩斯主义动态随机一般均衡(DSGE)基准模型框架,分析了我国宏观经济周期波动的短期、中期和长期驱动因素,讨论中央银行的货币政策经验规则和最优规则,并计算由于随机因素导致的各个货币政策体制下宏观经济波动的福利成本问题。论文共分为五章。第一章是导言,介绍了研究背景和问题的提出、研究主题和意义、研究方法和数据来源、主要创新和不足之处、全文结构安排等。第二章介绍了贝叶斯分析方法,包括贝叶斯分析方法的内容、贝叶斯宏观计量方法、贝叶斯向量自回归模型、贝叶斯动态随机一般均衡模型以及贝叶斯分析方法的适用性。第三章是基于新凯恩斯主义DSGE模型的分析,论述了新凯恩斯主义DSGE基准模型、基准模型的对数线性化、竞争均衡和模型的解、模型估计和比较分析以及基准模型的应用。第四章探讨了最优货币政策和经济波动的福利成本,论述了简单新凯恩斯主义DSGE模型、最优货币政策规则和经济周期的福利成本。第五章是结论和研究展望部分,总结了主要结论,并提出了进一步研究的展望。

关键词:宏观经济管理　经济波动　货币政策　贝叶斯估计

**0800**

**公共财政支持高新技术产业发展方法与政策研究** / 夏喜全著 ; 张建华指导. -- 华中科技大学, 2009. -- 123页

论文在探讨公共财政支持高新技术产业发展理论依据的基础上,研究公共财政支持高新技术产业发展的政策工具,论文共分为八章。第一章是导论,介绍了问题的提出、研究方法、意义、结构安排和论文的创新点,并就相关理论进行文献综述。第二、三章为第一部分,从理论的角度研究公共财政支持高新技术产业发展的依据和方法。论文首先探讨了高新技术产业的特征和发展过程;接着论述高新金属产业在经济增长中的重要作用,以及高新技术产业改造传统产业的机制与路径;最后重点讨论公共财政支持高新技术产业发展的政策工具,特别是各种政策工具的作用与特征。第四、五、六章为第二部分,从历史经验的视角研究世界发达国家公共财政支持高新技术产业发展的经验,以及公共财政支持高新技术产业在中国的发展历程与政策绩效。第七章为第三部分,重点讨论了完善我国公共财政支持高新技术产业发展的政策建议。首先分析我国公共财政支持高新技术产业发展方面存在的问题,然后提出了完善公共财政支持高新技术产业发展的政策建议和具体政策措施,以及针对中西部地区高新技术产业发展财政支持措施。第八章总结了论文的主要结论,并做出进一步研究的展望。

关键词:高技术产业　产业发展　财政补贴　税收优惠　金融支持

**0801**

**论美国金融危机的成因与蔓延** / 肖辉著 ; 杨惠昶指导. -- 吉林大学, 2009. -- 176页

论文以马克思主义货币危机理论为指导研究当前美国的金融危机。全文共分为八章。第一章,绪论。介绍研究背景、研究的现实意义,说明论文的研究方法及论文结构,分析论文的创新与不足。第二章,阐述金融危机的内容,说明次级抵押贷款的特点分类以及利率重设和房价下跌风险,分析"次级抵押贷款"如何转化为"次级债贷",介绍美国MBS市场的种类和规模,阐明美国次级抵押贷款危机如何爆发,如何升级为美国金融危机以及金融危机的损失、如何演化为经济危机。第三章,阐述本·伯南克、乔治·索罗斯、保罗·克鲁格曼、明斯基等西方经济学家和政策制定者对美国金融的解读。第四章,从四个方面介绍美国金融危机的直接原因:美国不可持续的经济增长模式、信用的过度扩张导致投机过热、虚拟资本未来收益的现值骤然下降、金融监管的缺失。第五章,说明美国金融危机的根源。货币内在矛盾的激化、经济人利己和利他的冲突、资本内在矛盾的激化。第六章,阐述美国金融危机是周期性危机。第七章。

首先介绍马克思的货币危机与国际传导理论,说明美国金融危机向新兴市场化国家的传导机制,分析新兴市场化国家面临的金融风险。第八章,分析美国金融危机给中国造成的损失,然后说明中国为何不会发生金融危机:国际收支持续顺差稳定了人民币的对外价值;中国有充足的外汇储备,足以抗击外部冲击;党和政府有信心、有能力防范金融危机。

关键词:金融危机　信用危机　房地产抵押贷款　金融监管　美国

**0802**

**中国经济增长模式转型的结构分析** / 谢琦著 ; 任保平指导. -- 西北大学, 2009. -- 156 页

论文在对经济增长理论和中国经济增长实践反思的基础上,从经济增长模式结构转型的视角对经济增长理论进行阐释,运用计量经济学和统计学的分析方法与分析工具探讨经济增长模式结构转型的内在规定性和量的确定,寻求中国经济增长模式转型的结构路径,从实践上为提高中国经济增长的质量、降低中国经济增长的代价提供对策和建议。全文共分九章。第一章是导言,介绍了选题的背景、目的和意义,论文的研究思路、内容、研究方法、创新之处和结构框架,并就国内外相关文献进行述评。第二章是对结构转变的内涵界定与经济增长模式转型的理论界定。第三章首先对结构转变与经济增长、经济增长模式转型的关系进行理论解释;接着对结构转变促进经济增长模式转型进行机理分析;最后讨论分析了结构转变的机制。第四章对中国经济结构状态进行统计描述,包括对供给结构状态和需求结构状态的统计描述。第五章是对中国经济结构转变与经济增长模式转型的实证研究,首先概述中国经济结构对经济增长的贡献;然后基于投入产出视角对中国经济增长模式转型的结构畸形分析;最后用因子分析法对中国经济增长模式转型的结构做出了评价。第六章是对中国经济增长模式转型的供给结构分析,包括投入结构分析和产出结构分析。第七章是对中国经济增长模式转型的需求结构分析,论述了需求结构转变的思路和方式,需求结构转变促进经济增长模式转型的途径。第八章讨论结构转变促进中国经济增长模式转型的创新支持,包括以技术创新、行政体制创新、经济体制创新和体制的综合创新来引导推进经济增长模式的转型。第九章是论文的结论,并指出了有待进一步研究的问题。

关键词:中国经济　经济增长　发展方式　经济结构

**0803**

**外商技术转移对我国技术创新的影响** / 邢斐著 ; 张建华指导. -- 华中科技大学, 2009. -- 134 页

论文旨在将 FDI 与技术贸易两种技术引进渠道纳入统一框架中,以考察两种技术引进方式对我国技术能力的促进效果,并据此为我国今后的技术引进政策提出政策建议。论文共分为六章。第一章是导言,提出问题,介绍研究意义、研究思路、创新点与论文框架,并界定相关概念。第二章是文献回顾,包括理论研究评述和实证研究评述。第三章在累积创新框架下建立一个两阶段动态博弈模型,考察外商对 FDI 和技术许可这两种技术转移方式的选择,以及相应转移方式对我国企业自主研发的促进或抑制作用。第四章就以上提出的理论假说进行实证检验,就不同技术转移方式对我国企业研发投入的影响进行计量分析。第五章为了保证结果的可信性,选择了具有典型意义的行业进行案例分析。对我国汽车行业的分析认为,我国汽车工业从 1983 年开始走上的 20 多年的合资合作之路,并没有使中国的合资汽车企业获得关键技术的自主研发能力。论文研究表明,我国通过技术贸易方式引进了先进技术并促进了自主创新能力的提升,而 FDI 的进入对我国技术创新并没有产生显著影响。第六章总结了全文,并提出了政策建议和进一步研究的展望。论文认为我国仍需要继续坚持引进和吸收国外先进技术的政策取向;调整技术引进方式,扩大外商所转移技术的溢出效应;国家要有选择的加强对重点行业技术创新的扶持力度。

关键词:工业技术　技术革新　技术转移　技术引进

**0804**

**人民币升值后的汇率传递效应与贸易结构调整** / 熊威著 ; 张培刚, 徐长生指导. -- 华中科技大学, 2009. -- 110 页

在人民币升值的背景下,论文从汇率传递的角度,探讨了人民币汇率变化对进出口行业、中国贸易收支以及贸易结构调整的影响。全文共分为七章。第一章为导论,介绍选题背景、研究方法、研究思路和创新点等,并就相关文献进行综述。第二章阐述汇率传递和汇率影响贸易收支的理论与实证模型,论述了

汇率变化对进口与出口价格的传递理论和汇率对贸易收支的冲击的计量分析方法。第三章论述人民币升值对我国出口行业的汇率传递效应,首先进行厂商的定价行为与出口价格汇率弹性的理论分析,接着进行我国出口行业汇率传递弹性的计量研究和日元升值对出口价格传递效应的经验研究。第四章论述人民币升值对我国进口行业的汇率传递效应,对人民币升值对进口价格汇率传递效应进行了实证分析,并对细分进口商品做了分析。第五章论述人民币升值对中国贸易收支的影响,实证分析了人民币升值对贸易收支的影响,同时论述了日元升值对贸易收支的影响及其借鉴。第六章论述人民币汇率升值对中国贸易结构的影响及调整,首先计量分析人民币的汇率和中国的出口的商品的结构,然后分析了人民币升值对中国贸易方式的影响,最后论述日元升值对贸易结构的影响及其借鉴意义。第七章在总结论文主要结论的基础上,指明进一步研究的方向。

关键词:人民币　货币升值　汇率　出口贸易　贸易结构

**0805**

**房地产价格中的泡沫因素研究** / 徐浩庆著 ; 左大培指导. -- 中国社会科学院, 2009. -- 145 页

房地产在现代经济生活中扮演着越来越重要的角色,不仅对一个家庭的财产状况和生活水平影响很大,而且其运行状态也关系到一国经济、金融安全。论文对房地产价格中的泡沫因素进行研究,全文共分为六章。第一章是导言,提出了房地产泡沫研究问题,界定了泡沫概念,介绍了论文的分析思路、结构安排、研究成果与未来研究方向。第二章对资产泡沫和房地产泡沫的研究进行了述评,并给出了作者自己的定义。第三章在理性预期的假定下讨论了理论泡沫类型。借鉴 Granger,Swanson(1997)的研究成果,把鞅的概念引入到理性泡沫的研究。第四章放松了行为主体"完全理性"的假定,从行为经济学的角度探讨了房地产泡沫的形成原因。现实中行为主体容易受到多数派观点和权威观点的影响从而产生盲目从众行为,当购房者不再遵循"理性预期"时,房价和住房需求会同时上涨。第五章讨论了银行信贷对住房价格的影响。模型的结论是:当市场完美时,金融参与促进了房地产市场的繁荣,此时形成的住房价格上涨属于理论上涨;纯粹的投机行为可能会促进泡沫的产生。第六章旨在提供房地产泡沫的检验理论。在对一般泡沫检验理论进行述评的基础上,我们提供了单位根——协整检验、投机度检验、混合理性投机泡沫检验等几种检验方法。

关键词:房地产市场　房地产价格　泡沫经济　经济分析

**0806**

**利益集团视角下的政府管制研究** / 徐云鹏著 ; 张旭昆指导. -- 浙江大学, 2009. -- 145 页

信息不对称问题是困扰政府管制的核心问题,由此导致的管制合谋造成了管制的低效率。博弈论和信息经济学的发展促进了激励性管制理论的诞生。全文共分为五章。第一章是绪论,介绍了研究背景及选题、研究的思路和方法、研究的基本框架、可能的创新点和研究不足等。第二章是文献综述,从多方面进行了利益集团理论的述评和政府管制理论评述。第三章对利益集团视角下政府管制研究进行了理论分析。首先研究了管制机构的激励相容约束条件不能被保证时的政府管制问题。接着以信息传递者的角色将消费者引入管制模型。然后比较了中国和美国管制听证制度中对消费者转移支付的不同规定,这些规定对最终份额社会福利水平产生了不同的影响。考虑到委托人同样有可能追求私人利益而不是公共利益,论文构建了一个完全利益集团视角下的政府管制模型。模型分析了社会不满最小时的最优价格水平及其变动方向。第四章是对利益集团视角下的政府管制研究的实证分析。首先,通过构建一个检验指标体系,对理论模型中关于管制合谋及其社会福利影响的结论进行了检验。接着,利用我国城乡用电"同网同价"改革的案例对理论模型中关于管制的最优定价和交叉补贴行为进行实证检验。第五章研究结论与政策建议,指出管制合谋造成了管制的低效率,降低了社会福利水平,因此必须对管制合谋行为进行制约。提出了通过普及和完善管制听证制度来制约管制合谋的政策建议以及完善我国听证制度的一些建议。

关键词:规范经济学　行政干预　利益集团　社会福利

**0807**

**中国经常项目持续失衡的根源研究** / 许伟著 ; 易纲指导. -- 北京大学, 2009. -- 145 页

论文首先通过构建一个开放经济条件下的两国内生增长模型,分析资本利用效率、投资的调整成本、

居民主观贴现率以及死亡率对经常项目余额影响，探讨经常项目失衡产生的原因及其有效的调整路径，将对促进经济内外均衡发展具有重要意义。全文共分为七章。第一章，绪论。介绍选题背景及意义、研究内容及结构安排，阐述主要研究角度和问题以及论文的创新之处。第二章，经常项目决定理论的文献综述。首先阐述传统的分析方法，然后论述跨期优化的分析方法，最后说明我国经常项目决定因素的理论与实证研究。第三章，结构性因素和经常项目失衡——基于内生增长框架的解释。在文献综述后，介绍基本模型、小国开放经济模型以及两国模型。第四章，从储蓄—投资视角展示经常项目决定的跨国实证，并对实证进行模型设定以及变量选取，然后估计结果对结果进行分析。第五章，首先介绍人民币实际汇率低估程度估计及长期趋势变化，然后阐述 1999—2008 年基于单位劳动力成本的人民币实际汇率，最后对中国进出口贸易弹性进行估计。第六章，贸易顺差和人民币实际有效汇率的结构分解。在相关文献回顾的基础上，阐述理论模型，并说明实证模型和长期限制的条件，最后对结果进行估计与分析。第七章，总结。经常项目持续失衡可以看作是国内结构因素变动在全球化进程中的一种自然延伸。如果本国资本利用效率下降或者投资调整成本上升，均衡结果是本国的经济增长率和资本价格下降，经常项目改善，世界真实利率下降，而外国经济增长率和资本价格上升；如果本国储蓄倾向提高，均衡结果是本国经常项目改善，本国和外国的资产价格及经济增长率都会上升，世界真实利率下降。

关键词：国际收支　储蓄　投资　人民币汇率

**0808**

**特许经营复合体系：一个经济学分析框架及经验检验** / 薛绯著 ; 黄险峰指导. -- 辽宁大学, 2009. -- 99 页

论文把特许经营复合体系纳入到经济学的框架中，从特许经营主体双方在不确定条件下的投资决策角度出发对特许经营复合体系进行了分析。论文分为绪论和五章正文，绪论介绍了研究的背景、思路等内容。第一章综述了特许经营理论以及特许经营复合体系的相关文献。第二章利用经济学的分析框架，从特许经营主体双方在不确定条件下的投资决策出发构建了一个特许经营主体双方投资决策模型，并分别得出了特许人采用加盟店和直营店的区间范围，以及受许人投资特许经营体系和建立独立品牌店面的区间范围。第三章分析了特许经营复合体系中加盟店的最佳比例及影响因素，通过对特许人的成本收益进行分析，从特许人利润最大化的要求出发，得出特许体系复合形式中加盟店的最佳比例，影响加盟店比例的因素有加盟费、特许人开设直营店的预期收益、特许权使用率、受许人风险规避度、特许人风险规避度、特许人单店投资成本等。第五章运用世界特许经营前 500 强中餐饮行业、服务行业、儿童产品及服务行业、家庭产品及服务行业的数据，对模型的预测进行检验，在验证过程中，运用加盟费、特许权使用率、企业排名、企业经营年数等四个变量对加盟店比例进行回归，发现加盟费、企业排名和企业经营年数这三个变量都显著地影响加盟店的比例。第五章总结了全文，得出了论文的结论，指出了研究的不足，并对进一步的研究做出了展望。

关键词：特许经营　经营体系　投资决策

**0809**

**市场结构及其影响因素对中国企业技术创新的作用研究** / 严海宁著 ; 汪小勤指导. -- 华中科技大学, 2009. -- 158 页

当前在美国金融危机的影响下，只有通过企业技术创新推动企业和产业的技术进步，进而提升产品的技术和知识含量及附加值，才是破解中国企业进一步发展困局的唯一出路。论文从市场结构与企业创新的关系的角度，研究企业技术创新问题。全文共分为九章。第一章为绪论，提出问题，进行文献综述，并简介了研究的方法及预期的创新点。第二章对市场结构及其影响因素对企业技术创新的作用进行了一般理论分析，指明了竞争程度、企业规模、外资企业和行政垄断对企业技术创新的作用。第三章通过总量和比重这两个不同的角度，对我国企业技术创新的基本状况进行分析，指出随着我国经济总量规模的迅速扩大，企业技术创新总量也在明显增长，但从企业层面看，技术创新的比重却没有得到相应的提升，甚至呈现下降趋势。第四章对市场竞争程度及其对创新影响进行分析，发现竞争不足不利于我国企业的过程创新和产品创新；过度竞争会使企业对产品创新有所侧重，但不能有效提高企业产品创新的能力，反而会成为妨碍我国企业技术创兴的重要因素。第五章从企业规模及其对创新的影响进行分析，发现无论是过程创新还是产品创新，大型企业都占据绝对优势，但中国的国有大型企业创新效率和水平不高，技术创新尚

未成为推动我国各类规模企业发展的重要决定因素。第六章考察了外资企业的进入对我国市场结构的影响,认为外资企业的进入具有重要影响,但其对技术创新的诉求和积极性并不明显高于内资企业,甚至表现出明显的消极和抑制作用。第七章分析了行政垄断对我我市场结构的影响,认为虽然行政垄断保护下国有企业获得大量垄断利润,却妨碍了我国企业技术创新水平的提升。第八章探讨了当前市场结构下我国企业技术创新模式的选择,提出模仿创新和合作创新模式可能是最优的选择。第九章总结了论文的主要结论,并对未来研究做了进一步的展望。

关键词:企业管理　技术革新　市场结构

**0810**

**R&D、创新与中国TFP的研究** / 杨剑波著 ; 彭代彦指导. -- 华中科技大学, 2009. -- 122 页

理论研究和大量国际经验表明,R&D对创新以及创新对全要素生产率具有显著贡献。论文旨在研究我国R&D活动对创新产出的影响以及创新产出对我国全要素生产率(TFP)的影响。全文共分六章。第一章为导论,阐明论文的选题意义、研究内容、研究方法和组织框架,对数据来源、论文的创新之处和不足之处做了说明。第二章对有关R&D内生增长理论的文献进行了综述。第三章使用不同类型的时间序列数据和面板数据,研究在封闭经济条件下,我国R&D、创新和TFP关系进行实证分析,并得出以下结论:我国R&D资金投入和R&D人员投入直接促进我国创新的发展,产业结构调整、创新和进出口贸易对我国的TFP均有显著积极的影响,创新对TFP的作用居第二;企业自身R&D活动对创新的作用最大;R&D活动对三大区域的创新均产生了积极显著的影响;R&D对我国高科技制造业领域中的创新产出是正向且显著的。第四章使用不同类型时间序列数据和面板数据,研究在开放经济条件下,我国R&D、创新和TFP关系,结果发现我国进出口贸易和FDI对我国的创新均有积极显著的影响。第五章对中美日韩四国的R&D活动、创新产出和TFP变化进行了比较研究后发现:从R&D活动投入的资金和R&D创新产出来看,我国已经是一个R&D投入和创新大国;但从创新质量和影响力来看,我国还远不是一个创新强国。第六章是论文的结论和政策建议。论文提出应该进一步加大R&D的投入,R&D项目应该面向市场,提高创新产出成果的转换为实际生产力的比例,重视基础R&D的研究,提高我国R&D的研究质量等。

关键词:中国经济　R&D　技术创新　全要素生产率

**0811**

**城市经济分工内在机制研究** / 杨扬著 ; 舒元指导. -- 中山大学, 2009. -- 144 页

论文主要采用理论推导和实证分析相结合的方法,从我国城市经济产业分工的现实出发,从技术进步、异质性劳动力投入以及新型经济分工——功能型经济分工的角度探讨城市经济分工的内在机制。全文共分为六章。首先,绪论。介绍选题意义,界定重要概念,阐述研究思路、方法与基本框架以及研究创新。第一章,文献综述。分析产业经济学中经济增长与经济分工的相互关系,阐述国际贸易理论中的增长与经济分工理论,介绍城市经济分工的理论分析基础以及城市经济分工的实证研究基础。第二章,分别说明经济增长中的城市内经济分工以及城市间经济分工。第三章,首先介绍技术的动态演进与城市均衡变化,然后阐述城市产业分工与赶超的转移动态,最后分析广东省城市间产业集聚与产业分工演化以及广东省内城市间经济发展与产业转移。第四章,阐述异质性劳动力与经济分工。第五章,基于服务业考察我国的城市功能型分工,说明城市功能型分工的机理。第六章,得出结论。我国城市经济增长与经济集聚的关系基本符合Williamson假说;根据目前我国城市经济发展的整体水平,城市内部的第二产业比重越高,城市经济增长速度越快,城市第二产业的分工比重越高,经济增长速度越快;技术革新为城市的兴起、新旧城市的赶超和分工交替提供了机会,是决定城市生命周期和经济增长的重要原因之一;存在异质劳动力时,伴随需求a的增长,商品之间替代程度d的增加,劳动技能集合I的增加,工人技能与合适工作的匹配机会的增加都会促进经济活动更均匀地在两个城市之间分布;我国功能型城市经济分工态势明显。

关键词:城市经济　经济增长　产业结构　分工

**0812**

**中国能源效率的影响因素研究** / 杨正林著 ; 方齐云指导. -- 华中科技大学, 2009. -- 146 页

能源问题一直是我国经济发展中的焦点和热点问题。论文研究的目的在于从地区、产业、行业等多个角度,运用多种定量方法,对中国能源效率及其影

响因素进行评价，为相关部门制定长期能源发展战略提供基本依据。论文共分为八章。第一章是绪论，提出问题，介绍研究意义、研究方法、研究内容和创新点，并进行文献综述。第二章是对中国能源效率的长期均衡和短期波动的基于协整和 VECM 的实证检验，研究表明改革开放以来我国能源利用效率、技术进步、能源价格、产业结构变动、对外开放度和工业化之间存在长期均衡关系。第三章应用完全分解模型从地区、产业和工业行业三个层次对中国能源强度进行分解，从行业角度研究中国工业能源效率变化特征。第四章论文基于 DEA 方法构建的全要素能源效率指标，对地区间能源效率差异及其成因进行实证分析。第五章对能源效率与工业经济转型进行研究，结果表明中国工业行业能源效率总体水平较低，工业能源效率变化具有明显的工业经济转型特征，开放程度高、竞争性强的行业的能源技术效率较高，而开放程度低、高垄断度的行业能源效率水平较低。第六章是对能源生产率差异与收敛的研究，结果表明中国地区间能源生产率的总体差异并没有呈现出显著收敛，而是表现为不同的阶段性特征。第七章构建了一个理论模型，说明开放经济条件下贸易自由化对能源效率的作用机制，研究表明，中国人均能源消费量和能源消耗强度随着人均 GDP 水平不断提高而呈现出先上升后下降的倒"U"型曲线关系，符合"能源库兹涅兹茨曲线"假说。

关键词：能源经济　经济效率　可持续发展

**0813**

**中国财政支出对居民消费的影响研究**／杨智峰著；胡永刚指导. -- 上海财经大学, 2009. -- 109 页

中国经济正面临以投资和出口拉动为主向以内需拉动为主的经济增长方式的转变，如何启动作为内需的一个重要组成部分的居民消费是当前经济界的一个重要议题。论文围绕政府财政支出，研究政府财政支出对居民消费的影响问题。论文分为五章。第一章为导论，提出论文研究的问题、阐明研究的意义、说明研究的思路、简要介绍论文研究的主要结论和交代论文的创新点。第二章为中国财政支出对居民消费影响的事件分析和 SVAR 分析，是对中国财政支出对居民消费影响的实证研究，使用事件分析法和结构向量自回归方法分析中国财政政策对居民消费的影响，同时考虑到中央和地方财政支出的不同性质和特点，考察了二者对居民消费可能产生的不同影响，并根据中国财政支出中有较大一部分用于经济建设这一特色以及中国特有的二元经济，考察财政支出不同构成部分对城镇和农村居民消费的影响是否有所不同。第三章为财政农业支出对农村产出与居民消费影响的 SVAR 分析，是对财政农业支出对农村居民消费影响的实证研究，使用 SVAR 方法就农业财政政策对农村产出与居民消费的影响进行冲击响应、方差分解和弹性及乘数分析，同时考察财政农业支出的不同部分对农村产出与居民消费的不同影响。第四章为中国财政支对居民消费影响的理论说明，是对中国财政支出（财政总支出）对居民消费影响的理论研究。第五章为结论。

关键词：财政支出　居民消费　经济关系

**0814**

**中国现阶段农地制度研究**／易永锡著；汪小勤指导. -- 华中科技大学, 2009. -- 104 页

论文通过对家庭联产承包责任制本身及其与其他农地制度的比较研究，来解读它一度成功的原因，更对它存在的问题进行探索，以此为基础提出有助于解决中国农村、农业、农民问题和加快农业现代化发展的制度创新建议。全文共分为七章。第一章是导论，介绍选题研究的背景、意义、思路、方法和可能的创新点，并进行了文献综述。第二章介绍了对农地制度的一般研究，包括农地制度的内涵、功能、特点、基本内容与外部环境。第三章介绍中国农地制度的变迁，并对制度效率进行实证研究。论文从制度理论特别是有关农地制度理论出发，结合经济学的生产理论建立了农业增长的生产函数，通过实证研究和反历史度量法的新经济史研究方法，对比研究了新中国成立以来中国所实行的三种农地制度的效率及各自的优势与缺陷，发现了家庭联产承包责任制确实在一定时期内具有相对效率，但其内在的问题如果得不到解决可能导致它的效率丧失，成为一种低效率的制度。第四章研究了中国农地制度关于农地长期投资的问题。第五章研究了中国当今的农地制度与农地流转和农地规模化经营。第六章研究了中国农地非农化过程中的耕地保护和农民权益保障，介绍了中国农地转用制度的历史渊源及现状，以及现行农地转用制度产生的问题，指出了农地转用制度的国际经验及对中国的启示。第七章讨论了中国农地制度创新的问题，先对国外农地制度选择及经验进行分析，然后对我国农地制度改革和创新进行了思考。

关键词:农业用地　土地制度　产权结构　土地流转　耕地保护

**0815**

**知识产权保护与发展中国家的经济增长:基于技术供给的视角** / 余长林著 ; 王瑞芳指导. -- 厦门大学, 2009. -- 207 页

论文基于发展中国家技术供给的角度,在内生增长理论和南北贸易的分析框架下考察了知识产权保护对发展中国家技术供给与经济增长的效应,并对知识产权保护影响发展中国家经济增长的作用机制展开了研究。论文共分为八章。第一章是导论,介绍选题背景、研究意义、研究目标、研究思路、研究视角、结构框架、研究方法、论文主要的创新与不足,并对相关概念进行界定。第二章对知识产权保护、技术供给与经济增长三者之间关系的研究进行里理论综述。第三章构建模型探讨知识产权保护对发展中国家的技术供给的影响。首先分析了知识产权保护对发展中国家技术供给的总体影响;然后分别分析了知识产权保护对国际技术转移、模仿引致的技术转移和 FDI 引致的技术转移的影响。第四章对于知识产权保护对发展中国家的经济增长影响进行理论分析。首先设定模型;然后探讨模型的市场竞争均衡;最后做了稳定均衡状态的比较静态分析。第五章进行知识产权保护、技术供给与经济增长的跨国实证研究。探讨了知识产权保护与东道国特征对进口贸易、FDI 的影响,并对知识产权保护与经济增长的门限效应进行了估计。第六章以中国为例做了知识产权保护、技术供给与经济增长关系的实证研究。首先测算了中国知识产权保护水平;然后分析了知识产权保护与行业特征对进口贸易、FDI 的影响;然后分析了知识产权保护、自主创新与国外模仿的关系;最后对知识产权保护与区域经济增长的门限效应进行估计。第七章通过分析以日本和韩国为例的知识产权保护的国际经验提出了发展中国家的知识产权保护政策建议。第八章总结了全文的结论。

关键词:发展中国家　经济增长　知识产权保护

**0816**

**资产价格波动与宏观经济稳定研究** / 余喆杨著 ; 方齐云指导. -- 华中科技大学, 2009. -- 152 页

1980 年以来,世界各国成功控制通货膨胀的同时,频繁发生的资产价格大幅波动及与之相伴而生的金融不稳定,对宏观经济稳定造成了严重负面影响。论文研究资产价格决定及波动与宏观经济稳定之间的关系以需求应对之道。全文共分为七章。第一章是导论,介绍研究背景、选题意义、问题的提出、论文框架、研究方法、可能的创新及存在的不足,对论文研究对象进行说明和界定,并进行文献综述。第二章考察了资产价格的决定与波动。因为理论分析和实证检验并不一致,所以作者构建了一个基于有限理性和有限套利的假设的资产价格波动模型。从而论证了投资者非理性行为可能造成非理性的资产价格波动甚至泡沫。第三章论证了资产价格波动通过财富效应和托宾 q 效应对宏观经济稳定的影响力度是十分有限的。第四章在对历史上若干奠定的资产价格泡沫事件进行深入考察和分析的基础上,不仅分析了诸次泡沫历史事件中资产价格泡沫形成、发展与崩溃的原因及其对宏观经济稳定的影响,而且还归纳出了资产价格泡沫一般性特征。第五章从金融体系信息不对称的视角对信贷扩张和资产价格波动的相互作用机制进行了研究,并在金融稳定的视角下研究了资产价格波动影响宏观经济稳定机制。第六章分析了资产价格波动影响宏观经济稳定背景下货币政策目标的两难困境,并针对货币政策应对资产价格影响宏观经济稳定所面临的困境提出了一些新的对策建议。第七章总结了论文研究的结论和未来可能的继续研究方向。

关键词:资本市场　价格波动　货币政策

**0817**

**中国公共财政转型中的支出公共化和均等化问题研究** / 贠杰著 ; 袁钢明指导. -- 中国社会科学院, 2009. -- 115 页

"公共性"和"均等化"是现代公共财政的核心属性,但是中国的公共财政建设却在这方面存在明显的缺失。论文从实证研究的角度,选择了最能直接反映公共财政特性和职能范围方向的财政支出视角,以"公共性"和"均等化"为基本考量标准,通过纵向历史考察和横向国家比较的研究方法,考察和分析了当前中国公共财政领域的基本特点,以及在财政支出领域存在的主要问题和巨大差距,提出了公共性不足、公共化滞后和公平性缺失,是当前制约中国公共财政转型的主要因素。论文共分为六章。第一章是导言,简要介绍了选题的背景和意义、研究现状与文献综述、基本思路与结构安排、论文创新点与不足等。第二章分析了市场经济中的公共财政的公共性及其维

度,包括财政的公共性及其发展,现代公共财政的基本维度以及公共财政转型的核心分析维度——公共支出。第三章阐述了中国财政支出规模的扩张趋势及其困境,介绍了财政支出规模的扩张与社会不公平的加重,中国财政支出规模的发展轨迹及其实证分析,对中国财政支出规模进行了国际比较,分析了关于财政支出增长的若干理论模型解释,对当前中国财政支出规模做了基本判断与分析。第四章是对中国财政支出结构的分析,分析公共性及其局限,论述了公共化进程滞后的中国财政支出结构,公共财政转型过程中的中央与地方财政关系,财政支出结构公共化的国际比较等。第五章分析了中国财政支出均等化的公平性及其缺失,解析了支出均等化与财政分配公平性的关系,均等化明显不足的区域间财政分配,指出城乡财政支出均等化在民生福利领域的严重失衡。第六章是结语,总结了全文,同时指出目前中国财政领域的“非公共化”与“非均等化”倾向还没有得到扭转的明显迹象,这也预示着中国公共财政的转型依然任重道远,还是一个远未实现的神话。

关键词:公共财政　财政支出　财政分配

**0818**

**中国引进海外人才的理论分析与实证研究** / 袁旭东著 ; 吴宇晖指导. -- 吉林大学, 2009. -- 150 页

论文主要运用人力资本理论,对我国引进海外人才的理论与实践问题展开研究。全文共分为六章。第一章,导论。介绍选题的缘起,回顾国内外研究的历史,说明研究方法以及研究的理论和现实意义,阐述论文的创新与不足之处。第二章,界定关于“人才”“海外人才”的概念,说明人力资源的概念和特征,阐述人力资本与人力资源的联系,总结人力资本理论对我们的启示。第三章,介绍人力资本流动的内容、发展阶段以及意义,说明人力资本流动全球化的特点与必然趋势,分析影响人力资本跨国流动的动因,以及人力资本跨国流动的几种趋向。第四章,说明人才短缺是各国普遍面临的问题,分析发达国家吸引外国人才的主要做法和基本经验以及部分新兴国家和发展中国家吸引外国人才的主要做法及基本经验。第五章,阐述新时期引进海外人才的历史背景,分析新时期引进海外人才思想的形成,说明新时期引进海外人才工作的发展历程与主要特点,并且分析新时期引进海外人才的典型案例,最后总结我国引进海外人才的基本经验。第六章,分析当前中国人才资源配置存在的问题以及中国引进海外人才的现状,提出引进海外人才工作存在的主要问题,并且说明提高我国引进海外人才竞争力的若干政策建议。

关键词:劳动力资源　人才流动　人力资本

**0819**

**中国大众传媒产业的经济绩效分析** / 岳芃著 ; 任保平指导. -- 西北大学, 2009. -- 133 页

在中国经济改革的广阔背景下,中国传媒产业已经开始步入国际间的竞争。在激烈的市场竞争中,生存与发展成为中国大众传媒产业面临的首要问题。提高大众传媒产业绩效成为中国国大众传媒产业生存和发展的关键。论文致力于该问题的研究,全文共分为八章。第一章是导论,介绍选题意义、研究背景、研究对象、研究思路、研究方法、创新之处以及论文的框架结构等。第二章介绍了国外以及中国的传媒经济理论研究的发展与演变历程。第三章运用制度分析法和比较分析法,以“结构—行为—绩效”的现代产业经济学的分析范式为核心,建立了中国大众传媒产业绩效分析的基本框架。第四章运用这一分析框架通过建立中国大众传媒产业绩效评价的主要指标,对中国大众传媒产业的绩效水平进行了评价。第五章分析了中国大众传媒产业的市场结构特征并对各个子产业的市场结构特征进行了比较分析,揭示了中国大众传媒产业具有明显的行政性垄断的市场结构特征。第六章分析了在行政性垄断的市场结构下,中国大众传媒的市场行为及其对社会福利和产业绩效水平的影响。第七章通过对国外发达国家传媒产业的组织结构和产业监管政策的分析,构建了中国大众传媒产业的产业组织和监管的基本思路,在此基础上提出了提高中国大众传媒产业绩效的对策和政策建议。第八章是总结了论文的主要结论,并指出了论文的局限性和有待进一步深入研究的问题。

关键词:大众传播　传播媒介　产业市场　监管体制

**0820**

**我国居民消费需求不足及其影响因素研究** / 战昱宁著 ; 贺京同指导. -- 南开大学, 2009. -- 156 页

论文旨在研究我国居民消费不足及其影响因素及其影响因素以及经济增长过程中扩大居民消费需求的对策。全文共分为七章。第一章,引言。介绍研究的背景及意义,说明研究目标及研究的主要内容,

分析论文可能存在的创新与不足之处。第二章,分别阐述国内和国外关于消费的经济理论的研究现状。第三章,阐述我国消费需求不足的表现,剖析我国消费需求不足的实质,说明消费需求不足对经济增长的影响。第四章,表明我国居民收入分配失调的现状,分析收入分配对居民消费需求的理论关系,最后用实例论证我国居民收入差距对消费需求的影响以及不同水平下的居民消费需求。第五章,首先分析社会保障制度对我国居民消费行为的影响,推导预防性储蓄对消费需求的影响,最后实例论证预防性储蓄对消费需求的影响。第六章,分析我国居民消费结构,说明投资供给结构对居民消费需求的影响,最后实证分析三次产业结构对我国居民消费水平的影响以及三次产业结构与居民消费结构之间的相互关系。第七章,说明调整消费政策的必要性,提出全面建设小康社会消费政策总体思路、构建原则以及实行鼓励可持续消费政策的若干建议,包括提高居民收入增长率,调整和完善收入再分配政策;以消费结构为基点,实现产业结构的优化;建立多元化、覆盖面广的社会保障制度;发展信贷市场,转变居民消费观念。

关键词:居民消费　消费需求　需求不足　收入分配

**0821**

**中国银行业有效监管问题研究** / 张宏著 ; 张宗成指导. -- 华中科技大学, 2009. -- 126 页

国内外银行业发展的实践表明,银行监管对于维护良好的金融秩序、优化资源配置和促进资金融通具有十分重要的作用。论文对中国银行业有效监管问题进行研究。全文共分为七章。第一章是导论,从世界金融危机对银行监管带来的警示入手,提出了加强银行有效监管的必要性和紧迫性,并且分析银行有效监管理论取得的进展,进而研究了银行有效监管理论。第二章探讨银行监管效率问题,界定适度监管区域,对影响有效监管的主要因素进行了分解,从而量化了对银行有效监管问题的分析。第三章设计了银行有效监管的指标体系框架,分别从存款人利益保护、银行业稳定性、银行业效率、发展性目标、消费者利益保护等方面,全面设计衡量银行有效监管的基本指标体系。第四章对银行监管政策法规进行深入研究,在对中国银行监管政策法规的现状和挑战分析的基础上,阐述银行监管的法律体系、组织体系和方法体系,进而提出构建中国银行业有效监管政策法规体系的政策措施。第五章着眼于对国外银行监管的比较,分别研究了美国、日本、韩国等国家银行监管的演化状况及发展趋势,归纳出他们银行监管的规律性特点,提出对中国银行业有效监管的现实启示。第六章剖析中国银行监管在监管模式、信息披露机制、监管法律体系、监管协调配合、处理问题机构机制以及监管人才队伍等方面存在的制度性缺陷,进而提出要从监管理念、监管重心、监管要求等方面实现监管转变。第七章是论文的结论和未来研究的展望。

关键词:银行业　银行监管　制度安排

**0822**

**中国生态工业园建设问题研究** / 张延明著 ; 张卫东指导. -- 华中科技大学, 2009. -- 131 页

论文运用现代经济学的理论和方法,结合生态学原理,探讨了生态工业园的建设问题,提出了生态工业园建设的理论基础和政策建议。论文共分为八章。第一章为导论,简介了选题背景、研究意义和目的,国内外相关文献研究综述,研究方法和思路,主要创新点,论文结构安排等。第二章阐述了循环经济对传统经济发展模式的变革,概括了生态工业园实施的层次性和生态工业园的基本特征、运行机制、实现模式和行动领域。第三章探讨了生态工业园建设的理论基础和基本原则,论述了生态工业园的建设方法、发展障碍及解决途径。第四章在分析了生态园建设的宏观背景的基础上,探讨了生态工业园在中国的实践与中国生态工业园发展的问题,并对我国生态工业园建设进行了 SWOT 分析。第五章分析了生态工业园演进的一般趋势,总结国外经验及其对我国的启示,提出了生态工业园建设中的制度安排和我国生态工业园建设的路径选择。第六章简介了生态工业园建设中的失灵及其克服,对建设生态工业园的利益相关者进行了分析,探讨了制度创新与生态工业园的建设之间的关系,提出了生态工业园建设的政策支持体系。第七章以郑州经济技术开发区生态工业园建设为例,总结了生态工业园建设的经验,指出了建设中存在的问题,印证了前述关于生态工业园建设的理论,其中特别强调了政府在生态工业园建设中的主导作用。第八章总结了全文,并提出了进一步的展望。论文认为政府可以通过对特定区域内的企业实行优于传统体制的税收、管理等方面的政策优惠措施,达到吸引外资、推动园区发展的目的;政府通过提供良好的基础设施和广泛的宣传,全盘考虑和规划整个园区生态产业网

络的构建,有力地推动了生态工业园的建设和发展。

关键词:工业区　生态环境　环境规划

**0823**

**经济虚拟化条件下的货币能量功能与政策含义** / 张云著 ; 刘骏民指导. -- 南开大学, 2009. -- 139 页

论文认为货币基础理论的困难与争论的根源在很大程度上是来自对货币功能的理解。论文主要研究经济虚拟化条件下的货币能量功能与政策含义,全文共分为六章。第一章是引言,提出问题,介绍选题意义、研究内容、研究框架、研究方法、主要创新点和不足,并就相关文献研究进行回顾和综述。第二章阐述货币功能嬗变的背景——从货币虚拟化到经济虚拟化,阐释了货币虚拟化、虚拟资本和虚拟经济等概念,并对经济虚拟化进行数据论证。第三章通过以货币能量刺激美国经济的虚拟化,以及以全球流动性膨胀为例对货币能量功能进行了经验分析与理论阐述。第四章以当代美国金融危机为研究对象分析了货币能量功能对当代美国金融危机原因的影响,以及货币能量的功能与作用。第五章和第六章从实践角度提出了货币能量功能视角对宏观调控政策的两点启示:第一,从当代国际本位货币配置全球资源的能量功能提出要积极推进人民币国际化,谋求人民币的能量功能,论文具体分析了人民币国际化的基础条件、必要性和机遇以及面临的风险和解决途径;第二,在能量功能视角下,认为完善现有国民经济核算体系中的货币流量分析方法,观测、监控乃至调控实体经济和虚拟经济之间以及虚拟经济各市场内部之间的货币能量和流向,揭示风险的产生、放大以及传播的机制,具有重要的实践意义,具体讨论和拓展了货币流量的投入产出表分析方法以及介绍了货币流量分析方法的最终目标——建立基于交易量的"全象资金流量观测系统"。

关键词:经济功能　货币政策　虚拟经济

**0824**

**选择性执法与潜在违法者行为** / 张云辉著 ; 杨晓维指导. -- 北京师范大学, 2009. -- 82 页

改革开放以来,中国已经建立了一个相对完整且规模庞大的成文法体系。但是,法律往往并未得到有效执行,普遍存在选择性执法现象。论文主要对选择性执法与潜在违法者行为进行研究,全文分为五章。第一章是导论,介绍研究的背景、内容、方法和意义及进一步研究的意义。第二章对执法理论进行综述,包括威慑执法理论和最优执法理论。论文将执法者和潜在违法者(及其他公众)视为对局中的两个局中人,各自有其对应的支付函数。第三章通过一个完全信息静态博弈模型,说明选择性执法会改变在完全执法条件下对违法者的执法概率及违法成本,从而改变潜在违法者的违法程度及违法数量。第四章运用不完全信息动态博弈模型,分析执法者与潜在违法者间的动态博弈过程。执法的选择性,意味着执法行为是非随机的,从而潜在违法者可以通过投入学习资源,获取相关执法行为信息,并以此修正自己的行为,偏离在随机执法框架下的最优行为。此类机会主义行为,一方面带来资源的无效率配置;另一方面增加了执法选择性的程度,使法律公信力遭受损害。迫于情势的选择性执法,在实现执法者当前目标的同时,也损害了法律的公信力和法治社会的建立。应该尽力减少甚至消除选择性执法,以真正实现法律对社会行为的规范。最后,第五章通过一些相关案例,为上述理论分析提供了相关经验证据。

关键词:法律　执法力度　法治

**0825**

**人力资本与农村劳动力非农就业研究** / 赵海著 ; 彭代彦指导. -- 华中科技大学, 2009. -- 121 页

"三农"问题的核心是农民问题。促进农业剩余劳动力从农业领域转移,大力实施非农化就业,是推进农村经济发展、农民收入增长和统筹城乡发展的重要举措。论文主要从人力资本视角对农村劳动力非农就业进行研究,主要的分析方法包括理论分析和实证分析。全文共分为八章。第一章是绪论,介绍问题的提出、研究意义、拟解决的基本问题、相关概念的界定、数据的来源、研究方法、论文结构安排、论文的创新与不足等。第二章对包括人力资本理论、非农就业理论、人力资本对非农就业影响等相关方面的研究进行文献综述。第三章在宏观视角下构建了一个四元经济社会下农村劳动力非农迁移模型,并对模型的政策含义进行讨论;微观视角下,论文从劳动者效应最大化入手,构建了农村劳动力非农劳动参与和非农劳动时间模型。第四章从收入最大化的角度,构建了农户的人力资本投资决策模型。该模型很好地解释了我国农村人力资本投资低下的原因。第五章分别从宏观和微观视角探讨了人力资本影响非农就业的机理。第六章是宏观方面的经验分析,探讨了农户人力资本投资与非农收入增长。第七章是微观方面的经

验分析。论文运用调研数据，分别分析了人力资本对非农就业参与、人力资本对非农就业时间、人力资本对非农就业工资的影响。第八章总结了全文的结论，提出促进非农就业和加强人力资本投资的一些政策建议，并指明了未来研究的方向。

关键词:农民　劳动就业　人力资本

**0826**

**国有上市公司信息披露监管的选择性执法分析** / 赵娟著；杨晓维指导. -- 北京师范大学，2009. -- 89 页

论文基于戴治勇和杨晓维(2006)的选择性执法理论，对我国上市公司虚假信息披露监管中的"选择性监管"行为进行分析。全文共分为五章。第一章是导论，就研究主题、研究意义、论文创新与不足和论文结构等进行阐述。第二章是文献回顾，对包括古典执法理论、最优执法理论和选择性执法理论在内的相关理论进行综述。第三章是对中国式信息披露选择性监管的分析，从中国式证券监管目标、最优信息披露监管路径和上市公司的最优化行为三个方面展开。第四章是经验证据，首先概述中国信息披露现状、中国证券监管发展概况和中国信息披露监管概况，然后以关联交易信息披露监管、琼民源事件和红光事件为例进行案例分析。第五章提出一些相关政策建议。论文认为，中国证券建立之初，从中国的现实出发，证券监管部门不可能严格实施监管执法，只能基于不同的政治、社会、经济情势在两个冲突目标间进行权衡取舍。但是监管的选择性执法也损害了执法的严肃性，客观上助长了潜在违规者的机会主义行为，对证券市场的健康发展产生了消极的影响。随着改革的深化，国有企业已经摆脱资金困境，证券市场有效运行的外部环境得到了改善。在新的环境下，证券监管部门就无须将国有企业上市融资作为最重要的一个行为目标，已具有更为严格的执法条件。最后结合当前的现实，提出改善证券监管，避免"选择性监管"的相关建议

关键词:证券市场　上市公司　信息披露　金融监管

**0827**

**公共研发政策、吸收能力与企业的 R&D 活动** / 郑绪涛著；夏振坤，徐长生指导. -- 华中科技大学，2009. -- 110 页

现代经济增长理论表明，如果社会最优的技术创新水平能够较好地通过市场机制实现的话，人类社会将可实现快速的经济增长。但市场机制对 R&D 活动的刺激往往失灵。因此必须设计出若干政策措施来修正市场机制对 R&D 活动的刺激失灵，以实现社会最优的技术创新水平。论文共分为六章。第一章是绪论，介绍了研究的主题及意义、文献综述、研究思路和方法、可能的创新点、研究内容和框架等。第二章对公共研发政策功效进行了理论分析和实证分析，并探讨了中国公共研发政策的激励功效，从而总体论述了公共研发政策在激励企业 R&D 活动方面的功效。第三章论述了吸收功能在激励企业 R&D 活动方面的功效，对吸收能力功效进行了理论和实证分析，并分析了影响吸收能力的因子。第四章对公共研发政策与吸收能力之间互补关系进行了理论研究，首先分别构建了吸收能力的理论模型和公共研发政策的理论模型，接着分析了有成本的吸收能力模型，探讨了两者之间互补关系，并对各模型下对应变量进行了比较分析。第五章是对公共研发政策与吸收能力之间互补关系的实证研究，主要通过构建模型，以及相关变量和数据来验证，得出了验证结果并对结果做了分析。第六章是主要结论及其政策建议，得出了全文的主要结论，提出了一些政策建议，并指明了进一步研究的方向。

关键词:企业管理　技术创新　技术进步　经济政策

**0828**

**产业集群发展的制度因素研究** / 郑耀群著；周新生，张晓明指导. -- 西北大学，2009. -- 145 页

产业集群已成为区域经济发展的重要推动力。论文选取产业集群发展的制度因素为研究对象，立足于中国产业集群发展的现实状况，从制度经济学的视角，结合区域经济学、产业经济学、经济社会学等相关学科理论，运用制度分析、博弈分析、定量分析、案例和比较分析等方法，研究制度因素对产业集群发展的作用机制，建立了一个产业集群的制度分析框架，探寻产业集群持续发展的制度途径。论文共分为九章。第一章是导论，介绍了研究的背景、意义、对象、方法、思路、内容和创新之处。第二章就产业集群理论和产业集群制度等相关理论进行文献综述。第三章构建论文的理论研究框架。包括人的行为假设，产业集群内在规定性与特征的界定，理论逻辑框架的构建。第四章和第五章依托前文构建的理论框架，从制度结构的角度剖析了正式制度因素和非正式制度因素对产业集群发展的作用机制。第六章分析了由于制度变

迁的路径依赖导致制度锁定,使制度因素与产业集群的发展不兼容,产生了对产业集群发展的负面效应。第七章对影响产业集群发展的制度因素进行了区域比较分析。第八章提出了促进产业集群持续发展的制度创新建议。第九章是论文的结论和有待进一步研究的问题。论文的主要结论为:一是产业集群是一个从制度经济学方面加以界定的概念。二是影响产业集群发展的正式制度因素包括地方政府行为和行业协会,两者都属于显性协调机制。三是影响产业集群发展的非正式制度因素包括社会资本、企业家精神和区域文化,非正式制度是产业集群发展的隐性协调机制。四是制度变迁的路径依赖和锁定会导致产业集群的衰退。五是制度差异是导致产业集群区域发展差异的重要原因。六是要形成与产业集群发展相兼容的制度结构。

关键词:区域经济　经济发展　可持续发展　产业集群

**0829**

**中国企业薪资结构与激励机制研究:以 IT 行业为例** / 朱常波著 ; 唐齐鸣指导. -- 华中科技大学, 2009. -- 133 页

如何激励员工功能更加努力工作成为企业管理中的一个重要议题,论文提出建立新型薪酬激励模型,全文共分为六章。第一章是绪论,介绍研究背景、研究目的、研究意义、研究目标、研究内容、研究方法、研究路线、文章结构和主要创新点。第二章是薪酬激励理论文献综述,介绍了新古典经济学视角和内部劳动力市场视角下的薪酬激励理论,阐述现有研究不足及论文切入点。第三章是对内部劳动力市场薪酬结构发展现状分析,首先介绍中国内部劳动力市场薪资结构的历史沿革,然后分别做了中国内部劳动力市场薪酬决定及差异研究和 IT 企业薪资结构特点的国际比较研究。第四章是理论模型建立与分析,包括模型扩展思路、理论模型建立、模型分析和政策意涵。第五章是对薪资激励机制与绩效关系的实证研究,首先进行数据选取说明与实证研究简介,建立实证模型并简介变量,然后进行数据描述性统计分析,薪酬结构凸性检验,激励机制与企业绩效关系实证分析,最后揭示了实证结果的经济意涵。第六章是结论和展望,总结了论文的研究结论,指出目前研究不足,并做了下一步研究展望。

关键词:企业管理　工资管理　激励　企业绩效

**0830**

**技术进步、资本深化与就业变动:中国实证与区域比较** / 朱轶著 ; 宋德勇指导. -- 华中科技大学, 2009. -- 134 页

论文对我国技术进步、资本进化及就业之间关联机制进行探讨,全文共分为八章。第一章导论,通过对现实状况以及经验现象的描述,引出论文选题的背景、目的和意义,并介绍研究方法和思路框架。第二章对技术进步、资本深化以及就业相关文献进行综述,作为进一步研究的基础。第三章对我国技术进步、资本深化以及就业之间的作用机制和影响机理进行了探讨,对我国与西方成熟市场经济国家企业技术路线选择的背景和影响因素进行了比较。第四章在估算我国 1978—2007 年各省市二、三产业的资本存量的基础上,对我国各区域产出、就业以及资本深化情况进行了评估和比较,结果表明,在 1985—2007 期间,我国各区域二、三均出现了显著的资本深化加强的态势,同时各区域间资本深化程度的差距正不断扩大,表现出显著的发散。第五章使用基于 DEA 的 Malmquist 方法,对我国各区域整体经济以及二、三产业的技术进步情况进行了测度和比较。第六章对我国各区域二、三产业技术进步特征进行了实证分析,并对我国技术进步与资本深化之间的因果关系进行了检验。第七章针对我国技术进步、资本深化与就业之间的关联进行了实证分析。第八章在总结全文分析结论的基础上,针对我国资本深化及劳动力剩余背景下的产业发展与就业政策选择提出了对策建议。

关键词:中国经济　技术进步　资本管理　劳动就业

**0831**

**养老金结构与金融结构的相关性研究** / 诸艳霞著 ; 张卫东指导. -- 华中科技大学, 2009. -- 175 页

论文选择以结构演变作为切入点或研究视角,关注人口老龄化背景下世界养老金制度改革的趋势及养老金制度改革与金融发展的相互作用。全文共分为七章。第一章导论,提出问题,回顾相关文献,讨论和界定若干基本概念,介绍论文的研究思路、研究方法、主要结论与不足之处。第二章介绍了养老金系统构成、养老金结构以及养老金制度改革的时代背景,比较了不同养老金制度改革,论述了当前世界各国养老金制度改革的趋势。第三章提出养老金结构与金融结构理论分析框架,分析了养老风险管理的需求,

金融功能观与金融结构的演化,金融功能观与金融中介风险管理功能的转变等。第四章养老金整体结构与金融结构的相关性分析,首先分析养老金整体结构;接着从风险管理方式的角度探讨金融结构决定养老金整体结构;然后从养老金制度改革的角度分析养老金整体结构影响金融结构的演化;最后以来自典型OECD国家的经验证明做了经验分析。第五章是对私营养老金结构与金融结构的相关性分析,包括私营养老金结构分析,金融结构对私营养老金结构的作用分析,私营养老金结构对金融结构的影响分析,养老产品的金融创新与金融结构的演化分析等。第六章是对我国养老金结构与金融结构的相关性分析,首先介绍了我国的养老金体系的构建和发展以及我国金融体系的发展;然后分析了我国养老金整体结构与金融结构的相互作用;最后分析了我国私营养老金计划的发展及金融机构的竞争。第七章提出我国养老金体系与金融体系良性良性互动的政策建议,包括了优化我国的养老金体系的制度选择,我国社会养老保险个人账户的做实与资产管理,积极发展我国的私营养老金计划,以及促进我国金融结构完善及金融机构效率提升的政策激励因素。

关键词:退休金　投资　金融市场　金融结构　风险管理

# 世界经济

**0832**

**在华韩国企业本土化战略研究** / Jung Dong Ill 著 ; 李俊江指导. -- 吉林大学, 2009. -- 97 页

论文的研究对象为在华韩国企业本土化战略研究,通过对韩国大公司和其在中国进行的商业活动的分析得出实现本土化的要求和战略步骤。全文共分为六章。引言部分介绍研究目的和研究方法,并对国内外有关本土化的主要研究成果进行检验,通过对一些在华的领头的韩国电子业企业跨国公司进行有关本土化的SWOT分析,制定出合适的韩国企业在华本土化策略之前,得出中国本国的企业是如何进行本土化经营的。第一章,介绍研究方法和方法的具体组成,描述论文的研究背景和研究目的。第二章介绍本土化理论的涵义和之前描述的本土化研究的具体内容,探讨影响本土化的各种因素,以及他们构成的论文的分析框架。第三章描述目前韩国和中国投资现状,并通过各个机构的统计数据对目前中国的外商投资现状和韩国在华投资状况做了检验。第四章进行了SWOT分析和实证研究,对样本的可靠性和适当性做出检验,并对各个因素和本土化程度的关系做出研究。第五章在第三章和第四章的基础上,对韩国企业提出对策和新的发展战略。第六章对研究做出总结性的陈述,包括对文章的总结,根据研究的具体内容得出的意见建议,研究的局限性和未来的研究方向。

关键词:外资企业　本土化　企业战略

**0833**

**FDI 对国际收支平衡的影响研究** / 蔡兴著 ; 贺力平指导. -- 北京师范大学, 2009. -- 113 页

论文采取理论与实证相结合的方法,对FDI对国际收支平衡的影响进行了研究。全文共分七章。第一章前言,提出了论文的研究问题,指明了论文的研究意义、论文的基本结构、研究内容及创新之处;第二章介绍了前人关于FDI影响国际收支平衡的研究成果,并提出了进一步深化研究的方向;第三章建立了一个FDI双向流动影响国际收支平衡的动态最优化模型,模型考虑了投资利润率随FDI存量增加而下降的内在关系,FDI的双向流动(即流入和流出)以及FDI在当地采购原材料和中间产品等因素;第四章是对FDI、证券投资波动性的测度,首先回顾了前人设计的测度资本流动波动性的方法,随后选择其中两种较为合理的方法,并利用全世界近百个经济体、长时期的国际资本流动数据,对FDI、证券投资的波动性进行了测度,同时,从时间维度上分析了它们各自波动性的变化情况;第五章从一个新的角度比较FDI与证券投资的波动性,即通过实证分析检验国际资本存量组成对货币时期金融账户逆转规模和程度的影响;第六章认为汇率预期不仅对短期资本流动产生重要影响,而在对某国货币汇率变化预期长期存在的情况下,这种预期也将影响FDI这种长期资本的流入;论文还以中国近期的数据对这一推断进行了检验,并得到了支持。

关键词:外商直接投资　国际收支　资本流动

**0834**

**双边 FTA 谈判中的经济分析方法和工具** / 柴非著 ; 王新奎指导. -- 上海社会科学院, 2009. -- 222 页

论文采取理论和实证相结合的研究方法,创建了多个独立的分析方法和定量模型,沿着理论和技术相

结合的思路，对双边 FTA 谈判进行分析。全文共分六个部分。第一部分论述了 FTA 在全世界范围内迅速发展的背景下，为解决我国积极实行自由贸易区战略过程中遇到的问题和不足，并为我国 FTA 谈判提供重要的定量决策参考方法和依据；第二部分评述了双边 FTA 谈判的相关理论，及区域经济一体化理论、双层博弈理论、CGE 理论和 GTAP 模型；第三部分在分析和建立多个阶段的独立模型的基础上，合成建立了双边 FTA 谈判模型，通过深化 GTAP 模型的应用并建立逆向分析方法，建立了谈判策略的逆向选择模型；第四部分通过对中韩 FTA 谈判的实证分析，应用和检验论文建立的谈判模型。界定出第三部分建立模型的有效范围，并进一步完善了谈判模型的策略选择；第五部分将谈判模型与政治因素相结合，分析在政治因素影响下，谈判模型的相关假设和参数的变化对谈判结果的影响，并定性地分析得到谈判策略选择的变化及其有效性：当文中模型中的政府双边 FTA 的建立存在政治意愿时，最终的策略选择及其有效性将同时受到政治和经济因素的双重影响；第六部分总结全文，在结合理论和实证分析的基础上归纳出论文的启示。

关键词：双边贸易　自由贸易　贸易谈判

**0835**

**东亚区域经济一体化研究** / 陈光武著 ；张宝仁指导. -- 吉林大学, 2009. -- 149 页

论文结合国际经济学一体化理论与国际政治学地区主义理论，多视角跨学科地探讨东亚区域经济一体化的模式、主导权、各国在合作中的角色与作用、重点推进领域等问题，分析推动东亚区域经济一体化对于中国的重要性，指出中国推动东亚区域经济一体化的策略。全文共分为六章。第一章，导论。介绍选题背景与意义，研究思路与研究方法，论文创新与不足。第二章，区域经济一体化一般分析。探讨区域经济一体化的含义、组织形式与基本类型，区域经济一体化的理论基础，世界主要地区的经济一体化实践以及国内外相关研究的文献综述。第三章，东亚区域经济一体化的基础及模式。首先分析东亚区域经济一体化的基础，包括东亚各国的地缘经济关系分析，东亚文化的构建；介绍东亚区域经济一体化模式，包括东亚自由贸易区建设及东亚共同体建设；提出区域经济一体化面临的主要问题。第四章，东亚区域合作的主导权及相关国家的作用。介绍区域合作组织的主导权模式，中国、日本、韩国、东盟对东亚区域经济一体化的作用。第五章，东亚区域经济一体化中重点选择的合作领域。首先介绍东亚能源合作，包括东亚主要国家能源资源状况分析，东亚能源合作现状分析，建立东亚能源合作机制的意义，东亚能源合作面临的问题，东亚国家能源合作的具体途径；二是东亚金融合作，包括东亚各国现行金融体系分析，东亚现行金融体系存在的弱点，东亚金融合作进程与主要成果，当前金融合作存在的问题，东亚金融合作应采取的措施。第六章，中国与东亚区域经济一体化的关系及其策略。介绍中国与东盟的经济一体化，中日韩自由贸易区建设及中国相应的措施，中国推进东亚经济一体化的策略。

关键词：区域经济　经济一体化　经济合作　东亚

**0836**

**中国—东盟地缘经济关系研究** / 陈锴著 ；黄仁伟指导. -- 上海社会科学院, 2009. -- 146 页

论文以和平发展和新安全观为基点，汲取西方地缘政治经济理论（批判性地缘政治学和边缘地带理论）以及区域经济学非均衡发展理论（增长极理论、点轴理论和梯度推移理论），从地缘经济角度对中国—东盟地缘经济关系问题进行了研究。全文共分九个部分。第一部分前言，提出了论文的研究意义、研究方法；第二部分对地缘经济的理论如美国的地缘经济、中国地缘经济理论进行了研究，指出了地缘经济研究有待完善之处；第三部分分析美、日、印等大国对于亚洲地缘经济政治结构的影响，结合中国和东盟所处的地缘环境，分析了双方存在的地缘经济优势与地缘政治劣势，继而从地缘经济视角阐析中国与东盟地缘经济合作的动因；第四部分阐述了中国—东盟地缘经济关系研究的现状，梳理了中国—东盟地缘经济关系的发展历程，并分析了东盟对中国的地缘经济影响，以及中国对东盟的地缘经济影响；第五部分至第七部分，从区域层次、次区域层次以及边境地区等三个不同层次切入，阐析中国—东盟地缘经济合作在贸易、投资、金融等不同领域的相应体系，剖析了中国—东盟地缘经济合作的诸多机遇和挑战，从经贸合作层次看，人民币的区域结算货币地位仍有待巩固，从金融投资层面看，双方需要进一步完善区域金融合作监督机制并改进区域贸易结算机制；从次区域经济合作层面看，主要问题在于维持次区域内经济的可持续发展并突破资金、技术方面的瓶颈；第八部分至第九部分，针对中国—东盟地缘经济合作前景展开分析，认为东盟与中国具有稳固的共同利益基础，概括了中

国—东盟区域内地缘经济关系的总体表现特征,结合中国—东盟地缘经济合作的发展趋势提出适用于中国—东盟边境层次、次区域层次以及区域层次边缘经济合作的建设性构想。

关键词:中外关系　对外经济关系　区域经济　经济合作　东盟

**0837**

**外商直接投资技术溢出效应:基于中国制造业企业数据的实证研究** / 陈琳著 ; 林珏指导. -- 上海财经大学, 2009. -- 283 页

论文利用世界银行1500多家中国制造业企业的面板数据,运用 Levinsohn &Petrin (2003)半参数方法估计生产函数,就外商直接投资对中国制造业企业的水平溢出效应和垂直溢出效应进行了研究。全文共分七章。第一章绪论,提出了论文的研究问题、选题意义、研究内容、研究框架及论文的创新点;第二章对外国直接投资、技术、技术溢出、FDI 技术溢出的概念进行界定,并对溢出效应理论进行了综述,对国内外实证研究进行了述评;第三章对中国引进外资的背景进行分析,对市场化改革、企业所有制改革和财政分权改革进行了论述;第四章对中国引资的实践进行了阐述,分析了外资在中国的分布结构和在中国发展的新趋势;第五章对外商直接投资水平溢出效应进行了分析,构建了竞争、示范效应理论模型,并对水平和垂直溢出两种溢出效应进行了估计;第六章对外商直接投资垂直溢出效应进行了检验,并进行了理论解释和案例分析;第七章为论文的结论和政策含义,并指出了进一步研究的方向。论文的研究结论是:外资参股在当期提高了企业生产率,但是,加入企业固定效应后,外资对企业效率正向的作用不再显著;外商直接投资通过人员的流动和传染效应促进了国内企业生产率的提高,但是并没有通过竞争和示范渠道给中国本地企业带来正向的溢出;外资的前向关联效应显著为正,后向关联效应却不存在;国有企业从外资的人员流动、前向联系、后向联系中都获得了正向的溢出效应,而外资对中国私营企业的溢出效应,无论是水平方向,还是垂直方向都是不存在的。

关键词:外商直接投资　技术引进　技术进步

**0838**

**世界航空制造业的竞争与集聚:兼论天津滨海新区临空产业区的发展** / 陈绍旺著 ; 冼国明指导. -- 南开大学, 2009. -- 112 页

论文以法国空客和美国波音公司、加拿大庞巴迪和巴西航空工业公司为例,通过理论和实践两个方面,剖析了航空制造寡头企业的特点,对世界航空制造业的竞争与集聚问题进行了研究。利用斯塔尔伯格模型和古诺模型从理论上模拟航空制造寡头企业在价格和数量方面采取的竞争战略,扩展分析了技术领先和市场领先战略。全文共分八个部分。第一部分引言,提出论文的研究问题、研究思路、研究方法、研究结构,及论文的创新之处;第二部分对产业集聚和产业转移的主要理论及发展天津航空产业和航空城的相关研究进行综合论述;第三部分对航空产业发展理论进行分析,构建了航空产业市场模式和理论模型;第四部分对航空城形成的原理进行分析,分析了产业集聚与航空城的形成以及航空产业转移与新兴航空城形成的原因;第五部分对法国航空谷、美国西雅图航空城、蒙特利尔航空城等国外主要航空城的形成与发展进行了实证研究;第六部分分析了天津发展航空城产业的基本条件,具备的优势,并将天津与其他地区进行比较,提出天津临空产业区发展的目标,对天津航空产业提出了发展建议;第七部分给出了天津临空产业区发展的国家政策建议和天津地方政策建议;第八部分结论与展望,对全文的主要研究结论进行总结,对天津航空产业发展进行展望,并指出了论文的不足之处及进一步研究的问题。

关键词:航空工业　制造工业　市场竞争　产业发展　天津

**0839**

**国际合作背景下的西部地区区域旅游合作模式与路径研究** / 陈实著 ; 李树民指导. -- 西北大学, 2009. -- 95 页

论文为国际合作背景下的西部地区区域旅游合作模式与路径研究。全文共分为七章。第一章,导论。介绍论文选题背景及意义,研究对象与方法,基本思路和框架结构。第二章,区域旅游合作理论的研究综述。一是关于区域合作研究文献综述,包括区域经济均衡发展理论,区域经济非均衡发展理论,近年来区域经济差异理论的新发展,国际合作理论与国际区域合作理论;二是区域旅游合作理论研究文献综述,介绍区域旅游合作的几个基本概念和区域旅游合作的相关研究进展情况;最后对区域理论和区域旅游合作理论的研究简评。第三章,区域旅游合作的动力

机制研究。首先介绍区域旅游合作组织,包括经济组织与组织经济学对区域旅游合作组织的分析角度和工具介绍,区域旅游合作组织形成的诱因和基础;对区域旅游合作动力机制进行博弈分析,包括概念的界定,区域旅游合作博弈所应涉及的问题,区域旅游合作动力机制的博弈具体分析内容。第四章,西部地区旅游合作的现状和原因分析。首先对西部地区旅游发展概述,接着提出基于价值链角度的西部地区区域旅游合作的必然性分析,提出西部地区旅游合作的现状和问题,并从三方面展开对西部区域旅游合作存在的问题的原因分析。第五章,西部地区旅游合作的模式选择。介绍以要素组合为视角的合作模式及分析,以产业组织为视角的合作模式及分析。第六章,西部地区旅游合作的路径选择研究。包括西部地区国际区域旅游合作的可行性和必然性,西部地区旅游合作的路径选择。第七章为论文结语。

关键词:旅游资源　资源开发　国际合作　西北地区　西南地区

**0840**

**人民币汇率与中国股票市场关系研究** / 陈云著 ; 陈浪南指导. -- 中山大学, 2009. -- 152 页

论文通过构建理论模型,阐释汇率、股价的决定及二者之间的关系,在此基础上,运用人民币汇率与股价指数数据,实证研究人民币汇率与股市的波动性特征、二者之间的溢出效应与信息传导、二者之间内在经济联系。全文共分为六章。第一章,绪论。介绍论文的命题提出,研究思路和方法,论文创新之处,论文结构安排。第二章,文献评述。分别对汇率与股市关系的国外文献,人民币汇率与我国股市关系的文献,理论方法文献评述以及实证方法的文献进行评述。第三章,人民币汇率市场化与我国股市的发展。介绍人民币汇率的市场化概念,人民币汇率的概念,我国股票市场的发展历程以及我国主要的股价指数。第四章,汇率、股价及其关系的理论模型。介绍汇率、股价的 DSGE 模型,外生冲击下经济变量之间的内在联系,DSGE 模型的稳态解,DSGE 模型的动态解,并进行总结。第五章,人民币汇率与我国股市关系的实证分析。探讨人民币汇率水平,人民币汇率的波动率,股价指数水平,股市的波动率,人民币汇率与股市的价格溢出效应,人民币汇率与股市的波动溢出效应,人民币汇率与股市之间的内在经济联系。第六章为论文的结论与建议。介绍研究的主要成果,政策启示及其未来研究的发展方向。

关键词:人民币汇率　汇率波动　股票市场　股票价格　经济关系

**0841**

**美国农产品贸易政策研究** / 陈阵著 ; 赵放指导. -- 吉林大学, 2009. -- 140 页

论文研究对象为美国农产品贸易政策,对美国农产品贸易政策分析讨论并总结其对中国的启示。全文共分为七章。第一章,导论。介绍选题意义和问题的提出,相关概念界定,主要内容和研究方法,论文的创新和不足。第二章,美国农产品贸易政策的发展历程述评。分别介绍自 20 世纪 30 年代起各个历史阶段美国农产品贸易政策的发展变化和具体内容。第三章,美国农产品贸易政策的制定过程分析。首先介绍美国国会与农业政策制定的立法程序,后分别对美国行政部门与农业政策制定以及利益集团与农业政策制定做出说明,并对美国 2008 年农场法案制定过程的案例进行分析。第四章,美国农产品贸易政策措施评价。分别对美国农产品市场准入措施评价,美国农产品出口计划评价,美国农产品国内支持计划评价。第五章,WTO/FTA 框架下的美国农产品贸易政策。介绍 GATT/WTO 农产品贸易谈判下美国的立场及其影响,农产品贸易争端对美国农产品贸易政策的影响,自由贸易协定中的美国农产品贸易政策。第六章,美国农产品贸易政策的改革与发展趋势。分析美国农产品贸易政策的利弊,美国农产品贸易政策改革的必要性,美国农产品贸易政策改革的主要影响因素以及美国农产品贸易政策的发展趋势。第七章,美国农产品贸易政策对中国的影响和启示。结合中国农产品贸易政策的发展历程,对中美农业发展及农产品贸易政策比较分析,提出美国农产品贸易政策对中国的影响和启示。最后为论文结论。

关键词:农产品贸易　贸易政策　美国

**0842**

**美元主导下的现行国际货币体系研究** / 初春莉著 ; 杜厚文指导. -- 中国人民大学, 2009. -- 175 页

论文采取理论与实践相结合的方法,从美元本位入手,揭示了美元主导下现行国际货币体系与全球经济失衡、当前全球性金融危机之间的关系。全文共分六章。第一章导论,介绍了论文的选题背景、选题意义、对现行国际货币体系的国内外研究现状进行了论

述,说明了论文的研究思路、研究框架、主要内容、创新及不足;第二章对国际货币体系的相关概念进行界定,指出了国际货币体系存在的内在矛盾,并对稳定国际货币体系的理论进行求解;第三章在源头上对国际货币体系本身是否存有内在矛盾或冲突、历史沿革及其矛盾演变与制度约束等方面进行考察,为分析美元主导下现行国际货币体系的矛盾转化与约束缺失奠定基础;第四章从国际货币体系几个要素入手,寻找导致全球经济失衡形成、加剧并得以维系的运行机理,并对全球经济失衡与美元地位走向互动进行可能性分析;第五章从现行国际货币体系下美联储凭借美元国际地位所获取的特权入手,考察美国经济政策调整对国内与世界其他国家的影响,为金融危机的产生、爆发到传递提供理论解释;第六章借鉴以往的国际货币体系改革方案,讨论当前国际货币体系改革需迫切解决的问题及中国对策。论文的主要结论是:国际货币体系本身由于货币关系非对称性和国际收支调节冲突性而存在内在矛盾,国际货币制度在历史沿革中或多或少存有稳定国际货币体的约束机制;美元主导下的现行国际货币体系是全球经济失衡形成、加剧并得以维系的制度根源;国际美元本位是当前全球性金融危机的风险形成、危机显现到逐渐扩散的根本原因。

关键词:国际货币体系　美元　国际经济　金融危机

**0843**

**中国钢铁产业规模经济研究** / 楚序平著 ; 张岩贵指导. -- 南开大学, 2009. -- 200 页

论文通过与美国、日本、韩国三个具有代表性、不同发展阶段的钢铁产业强国的对比研究分析,研究我国钢铁产业规模经济存在的问题。全文共分为七章。第一章,导论。介绍研究的背景和意义,文献综述,研究的主要观点、内容和研究方法,论文的创新和不足。第二章,规模经济理论的研究综述,首先分析规模经济的经济学观点,包括古典经济学观点、新古典经济学观点、新制度经济学观点和其他观点;对钢铁产业最优规模度量,包括规模经济的内涵和分类,钢铁产业最有规模的度量。第三章,发达国家的钢铁产业规模经济分析。分别对美国钢铁产业的规模经济,日本钢铁产业的规模经济,韩国钢铁产业的规模经济分析,包括产业发展概况,产业的演进和市场结构,产业规模经济绩效分析以及产业政策规制;提出美国、日本和韩国钢铁产业的规模经济基准。第四章,我国钢铁产业市场结构实证分析。结合我国钢铁工业的发展现状,对我国钢铁产业市场结构做出实证分析,对中国钢铁产业集中度弹性系数研究,对中国钢材产品的集中度做出研究。第五章,我国钢铁产业规模经济的实证分析,包括对我国钢铁产业规模经济的 DEA 指标分析,MALM 指标分析,对大型特大型钢铁产业规模经济指标进行分析。第六章,影响中国钢铁产业规模经济的诱因分析。一是对中央政府主管部门在钢铁产业规模经济中的作用实证分析,包括中央政府部门的钢铁产业规制,对中央政府主管部门 1995—2005 年钢铁产业调控的实证分析;同样的方式,对地方政府在钢铁产业规模经济的作用做出实证分析,对国有钢铁企业行为实证分析,对首钢搬迁提出博弈分析。第七章为论文结束语。

关键词:钢铁工业　规模经济　产业结构

**0844**

**产业转移、世界制造中心变迁与中国制造业发展研究** / 崔海潮著 ; 李树民指导. -- 西北大学, 2009. -- 135 页

论文采用理论与实证相结合的方法,用产业转移视角,探讨世界制造中心演变、特征、条件、规律,并结合产业转移理论建立了产业竞争力评价体系,分析在新一轮世界制造中心演变过程中,中国制造业国际竞争力评价、产业转移趋势及其区域发展战略问题。全文共分七章。第一章绪论,说明了论文的选题背景、研究背景、研究意义、研究对象、研究方法、研究内容、研究结构,以及论文的创新点;第二章对产业转移相关理论进行了研究综述;第三章阐述了世界制造中心的三次变迁,揭示了世界制造中心演变的特征与一般规律,并对世界制造业产业转移与世界制造中心形成的理论进行分析;第四章分析了中国制造业的现状,并对中国制造业竞争力进行了评价和分析;第五章对中国制造业区域转移趋势和中国区域承接国际制造业转移趋势进行了分析;第六章分析了中国制造业发展的机遇与挑战,并对中国制造业发展路径选择进行了阐述,提出了中国制造业发展的政策建议;第七章总结与展望。论文的主要研究结论是:世界制造中心地位形成的实质是世界产业转移的结果;产业转移的根本原因是出于产业利润最大化的追求;产业转移的影响因素可以分为非流动性因素和可流动性因素;基于产业转移影响因素基础建立了制造业竞争力模型,并运用此模型分析中国制造业的发展态势、优劣势及产业转移趋向;中国制造业竞争力与产业转移因素优劣势表明,发展知识密集型、技术密集型制造业体系

及其采取"外承西移"将成为东部地区承接世界制造业转移的必然趋势;在世界产业转移背景下,中国制造业应采用国际化发展战略和区域差异化发展战略。

关键词:制造工业　经济发展　产业转移

**0845**

**开放条件下我国知识产权制度安排及效应研究** / 代中强著 ; 张二震指导. -- 南京大学, 2009. -- 129 页

全文共分为八章。第一章,导论。介绍研究缘起,相关文献综述,论文的目标、方法和框架,论文可能的创新与不足。第二章,经济发展、外部约束与知识产权制度的变迁。介绍影响知识产权制度变迁的因素,研究的模型、数据和方法,结合来自世界的证据展开实证研究,提出对发展中国家和地区的进一步讨论。第三章,我国知识产权制度变迁的动力机制。首先介绍研究的理论模型,提出我国知识产权制度变迁动力机制假说,对知识产权制度变迁量化并对模型进行设定,对实证结果进行分析和讨论。第四章,知识产权制度安排效应 FDI 方面的考察。介绍知识产权保护与内部化优势,省际知识产权保护水平的测度,FDI 区位选择因素及计量建模,最后对实证结果分析和讨论。第五章探讨知识产权制度安排对我国自主创新的影响。利用动态面板数据常用的阶差分和系统 GMM 估算方法,实证研究提出,中国目前的研发支出方面主要是模仿创新导向型的,而且在现有的强名义保护、弱实际保护的知识产权制度安排下,伴随着中国的对外开放程度的提高和外资存量的增加,这种创新模式有可能得到进一步强化。第六章从对外贸易的角度考察知识产权制度安排的影响。包括对我国知识产权贸易竞争力的 TC 指数分析和 RCA 指出分析,探讨货物出口贸易中的知识产权壁垒。第七章,知识产权制度安排相应 TFP 方面的考察。包括全要素生产率的估算,理论分析和假设,实际保护水平与全要素生产率的实证分析。第八章为论文结论、政策建议和研究展望。

关键词:知识产权制度　创新　知识产权保护

**0846**

**开放条件下的中国收入差距问题研究** / 戴枫著 ; 赵曙东指导. -- 南京大学, 2009. -- 146 页

论文从理论和实证的双重角度论证中国贸易和投资的开放对收入不平等的影响效果。全文共分为七章。第一章,导论。介绍选题背景和意义,相关文献综述,研究框架和主要研究内容,可能的创新与不足。第二章,对我国开放以来收入差距演变的主要特征做出分析,通过多种指标的比较和对我国收入差距的分析得出目前我国城乡间、地区间和行业间的收入差距都呈不同程度的扩大趋势,并对传统框架下解释收入差距的原因进行概况总结。第三章,从理论上探讨改革开放因素影响收入差距的具体机制。比较传统 HO 框架下和存在技术进步前提下贸易对收入差距影响机制的不同,并分析在考虑资本跨国流动的情况下,FDI 可能通过就业和产业结构、区位分布,以及技术进步等渠道影响东道国的收入差距。第四章,从实证的角度探讨中国贸易自由化对收入分配的影响。首先对我国开放以来贸易自由化进程进行回顾,然后用 Granger 因果检验法和 Stepwise 方法对中国的贸易自由化与收入不平等进行相关性检验,并进一步分解出影响收入分配的具体贸易因素。第五章从多重角度分析 FDI 对中国收入分配变化的作用效果。首先选取中国总体时间序列数据,检验外资进入对不同类别收入差距产生的影响,并选择外资投向的新热点行业——生产者服务业的 FDI 作为主要解释因素,基于上海 1986—2007 年的数据进行实证检验。第六章立足要素禀赋理论对亚洲和拉丁美洲发展中国家对外开放与国内收入分配进行经验性比较。首先分析发展中国家开放的工资效应的理论基础,分别对亚洲和拉美发展中国家的开放和不平等状况进行经验型描述,并对前人的相关实证分析进行归纳总结,最后通过一个非平衡面板模型,将劳动力划分为低中高技能三类的基础上,对两地区部分国家 1960—2005 年的数据进行实证检验。第七章为开放条件下调节中国收入差距的政策选择总结。

关键词:贸易自由化　对外开放　收入分配　收入差距

**0847**

**创新导向型财政理论与政策选择:基于国际比较的研究** / 戴毅著 ; 张志超指导. -- 南开大学, 2009. -- 178 页

论文运用公共财政理论及其相关经济学说,分别从经济和政治两个市场,分析具有公共产品属性的技术创新供给效率缺失问题。全文由七部分构成。第一部分导言主要是基于全球科技与经济竞争态势、国内建设创新型经济体(国家、区域、城市等)的现实问题提出问题,同时阐明研究此问题的理论和实践意

义,总结与回顾此问题的国内外研究成果和现状,厘清进一步研究此问题的空间、可能的创新点及难点,并据此提出研究此问题的基本思路、框架和方法等;第二部分对技术创新理论、政府对经济的干预性理论、财政对创新的干预性理论等进行了综述和评析;第三部分构建了我国创新导向型财政的理论框架;第四部分对财政绩效评价进行概述,并对创新导向型财政政策绩效进行评价;第五部分对创新导向型财政进行国际比较,给出了我国创新导向型财政政策的选择;第六部分基于前述理论分析并运用实证研究方法,探讨创新导向型财政与创新型国家、城市等创新型经济体建设的关系,选择若干样本国家、城市进行不同层面相关财政实践的国际比较,提出加快创新型国家、城市建设的若干财政政策建议;第七部分在总结全文的基础上,概括出论文研究的结论并对创新导向型财政理论的研究和实践进行展望。

关键词:财政理论　财政政策　财政管理

**0848**

**中国对外直接投资与对外贸易关系研究** / 党远鸿著 ; 唐海燕指导. -- 华东师范大学, 2009. -- 176 页

论文通过构建相关理论基础,对中国对外直接投资与对外贸易关系进行了研究。论文共分六个部分。第一部分导论,说明了论文的研究目的、研究意义、研究方法、研究结构、创新点,并对对外直接投资与对外贸易关系研究进展进行了阐述;第二部分对西方有代表性的对外直接投资与对外贸易关系理论进行了综述,并加以评价,从蒙代尔的替代关系理论到小岛清的互补关系理论,再到互动关系理论,建立一个对外直接投资与对外贸易关系理论分析的框架;第三部分从投资国、东道国和第三国的不同角度,观察到对外直接投资与对外贸易不同的关系,从三个层面分析了投资国对外直接投资与对外贸易的关系:微观层面(企业层面)、中观层面(产业层面)和宏观层面(国家层面),每种层面分析提供对外直接投资与对外贸易关系的不同视角,力求全面分析二者之间的关系;第四部分运用较为翔实的统计资料,实证分析了美国、日本、韩国对外直接投资与对外贸易的相关关系,通过对世界有代表性国家对外直接投资和对外贸易关系分析,总结分析了对外直接投资与对外贸易相互关系的一般原因,在吸收和借鉴国外对外直接投资与对外贸易相互关系理论研究成果和成功经验的基础上,探讨了中国对外直接投资与对外贸易的相互关系;第五部分通过对中国对外直接投资和对外贸易发展历程和现状的考察,从宏观和中观两个层面,实证分析了中国对外直接投资与对外贸易的相互关系;第六部分结合贸易投资一体化的国际发展新趋势和中国国情,从对外直接投资对外贸易影响的角度,提出可供中国政府和企业对外直接投资的战略对策和政府发展对外直接投资的政策建议。

关键词:对外直接投资　对外贸易　政策选择

**0849**

**中国企业的对外直接投资:优势、动因与战略选择** / 丁祥生著 ; 张岩贵指导. -- 南开大学, 2009. -- 155 页

论文探讨中国企业的对外直接投资的优势、动因和战略选择。全文共分为七章。第一章,导论。介绍研究背景,国内外研究现状,论文结构与主要创新。第二章,跨国公司与对外直接投资理论评述。介绍对外直接投资理论的发展阶段与研究路线,传统跨国公司理论评述,发展中国家跨国公司理论,跨国公司理论研究的新进展,对跨国公司理论的评论。第三章,中国企业对直接投资的优势。探讨企业价值链理论与企业竞争优势,价值链理论视角下中国企业的竞争优势,发达国家跨国公司的竞争优势,发展中国家跨国公司的竞争优势及其变迁,中国企业的竞争优势与国际比较。第四章,中国企业对外直接投资的动因。首先是企业对外直接投资动因的理论解释,接着提出企业对外直接投资的动因类型,不同类型国家企业对外直接投资的动因比较,中国企业对外直接投资的动因,中国企业对外直接投资动因的调查问卷的佐证。第五章,中国企业对外直接投资的战略选择。一是探讨中国企业对外直接投资的区位选择,中国企业对外直接投资的进入方式选择,中国企业对外直接投资的股权策略。第六章,中国企业对外直接投资的战略选择:案例研究。分析案例的区位与进入方式的选择,股权比例策略,获取创造性资产:联想并购 IBM PC 业务。第七章,论文的主要结论与进一步研究的方向。

关键词:对外投资　直接投资　优势利用　投资战略

**0850**

**中国股票市场价格波动与经济增长的关系研究** / 丁志卿著 ; 蒋殿春指导. -- 南开大学, 2009. -- 153 页

论文采用理论与实证相结合的方法,计量分析和“事件研究”等研究方法,以股票市场价格波动与经济

增长关系为研究对象,从非政策性传导机制和政策性因素两个方面对我国股票市场价格波动与经济增长的关系进行了研究。论文共分八章。第一章导论,说明了论文的研究背景、研究方法、主要内容及创新之处,并对国外研究进行了综述;第二章对股票市场与经济增长关系理论进行探讨,并对传统金融发展理论、新金融发展理论和新制度经济学下股票市场和经济增长的关系进行了研究;第三章构建了股票市场价格波动与经济增长关系模型,以美国、英国、德国、中国香港对股票市场价格波动与经济增长关系的国际经验进行了实证与比较;第四章对我国股票市场与经济发展进行了回顾,并对我国股票市场价格波动与经济增长关系进行了实证检验和周期检验;第五章基于非政策性传导机制研究视角,对我国经济增长对股票市场价格波动影响及我国股票市场价格波动对经济增长的影响进行了实证研究,并对我国股票市场价格波动与经济增长背离的原因进行剖析;第六章基于政策性因素对我国股票市场价格波动与经济增长背离的原因进行了剖析,指出了政策变动对我国股票市场价格波动的影响,并对政策变动对我国股票市场价格波动影响进行了实证分析,对其根源进行了探析;第七章对发挥股票市场与经济增长之间传导机制效应提出了政策建议,并对弱化宏观政策对股票市场影响的改革进行了建议;第八章对全文进行了总结,指出了论文的不足及对未来的展望。

关键词:股票市场　价格波动　经济增长　经济关系

**0851**

**应对全球气候变化:市场、权力与规则** / 董德利著 ; 张宇燕指导. -- 中国社会科学院, 2009. -- 123 页

论文将气候问题置于制度框架中进行分析,主要从市场、权利与规则等不同层面,分析国际社会在应对气候变化中的合作与竞争,从低碳经济转型与国际规则的角度探讨中国在国际气候合作中可能的战略选择。全文共分为八章。第一章,引言。介绍论文选题背景,问题的提出与思路框架,论文的研究方式与方法。第二章,文献综述,介绍气候变化的科学问题,气候变化的经济学问题,气候变化的政治学问题,气候变化的全球治理问题以及制度相关的理论回顾。第三章,全球气候变化的应对格局。首先介绍温室气体排放的特点与冲突,接着探讨国际社会应对气候变化的历程,国际气候合作中的利益集团与博弈,国际气候合作中的公平与效率以及国际气候合作的制度取向。第四章,国际气候合作的集体劳动逻辑。探讨国际气候合作的集体行动与公共产品性质,气候变化全球公共产品及其供给,气候变化的集体行动困境,集体选择实现的层次与可能性:对规则分析。第五章,碳交易、市场理性与国际气候合作。首先介绍气候变化的环境规制工具及其选择,接着分析国际碳排放交易市场的形成与发展,国际碳排放交易市场的潜力,国际碳排放交易市场的机构、行为和绩效,最后分析京都机制的制度有效性。第六章,权力、大国作用与国际气候合作。介绍权力及其来源,多边主义、权力与国际合作,国际气候合作中的大国责任与权力,国际气候合作的比较:欧盟与美国,大国作用与国际气候合作。第七章,低碳经济、国际规则与中国的选择。首先对气候变化与低碳经济的涵义和内容作出说明,接着提出后京都时代的国际气候合作与规则,气候变化与中国面临的挑战,对中国应对气候变化的行动与选择做出总结。第八章为论文结语。

关键词:气候变化　国际合作　碳交易　权力

**0852**

**服务外包绩效评价指标体系研究:基于中国与巴西的比较** / 杜耀武著 ; 张汉林指导. -- 对外经济贸易大学, 2009. -- 119 页

论文把握服务外包的本质,深入分析服务外包的理论基础,考察全球服务外包的发展现状、未来趋势,及中国在全球服务外包格局中的地位,在此基础上,分析中国现存服务外包绩效评价体系的特点与不足之处,构建出中国服务外包的绩效评价体系,为中国服务外包的可持续发展提供可量化、操作性强的量度评价体系。全文共分五章。第一章导论,主要对研究价值、研究意义、文献综述、研究思路和技术路线图、不足支出和创新等进行论述;第二章是服务外包的理论基础,尝试从理论的角度对服务外包产生的原因、动力和发展进行分析梳理,分别从专业化分工理论、价值链理论、全球供应链管理理论、核心竞争力理论、交易理论及钻石模型理论深入分析服务外包的理论基础;第三章分析中巴服务外包发展现状及特点,主要对巴西和中国服务外包的发展情况和特点进行分析;第四章着重构建中巴服务外包绩效评价体系,首先分析影响全球服务外包发展的主要因素,考察现有的服务外包绩效评价体系,重点分析美国科尔尼公司的全球离岸服务外包的目的地指数和中国商务部牵

头制定的中国服务外包示范城市综合评价指数;第五章是研究结论和政策建议,主要对服务外包的战略地位和发展前景进行分析和预测,以中国为视角,给出了具体的发展服务外包政策措施。

关键词:服务业　对外承包　评价指标

**0853**

**资源约束下的日本产业结构演进研究** / 段文博著 ; 徐文吉指导. -- 吉林大学, 2009. -- 185 页

论文在分析日本资源禀赋、资源约束条件及产业结构演进过程、特征、模式基础之上,探讨资源约束条件与日本产业结构演进的相互关系。全文共分为七章。第一章,绪论。介绍选题目的与意义,研究对象与基本思路,文献综述,创新与不足。第二章,资源约束与产业结构演进的理论依据。介绍资源经济学相关理论,产业结构演进相关理论,资源约束与产业结构演进的相互作用机理。第三章,日本的资源禀赋与资源约束条件分析。一是日本资源的存量约束,包括矿产资源的存量约束,能源资源的存量约束,劳动力资源的存量约束,其他资源的存量约束;二是日本资源的流量约束,包括日本资源的供给总量变动和日本资源的需求总量变动;三是日本资源的价格约束,包括日本资源进口价格变动,日本资源的价格约束;提出战后日本资源自给率变动及其影响因素的分析。第四章,资源约束条件与日本产业结构演进的相关性分析。探讨日本产业结构的演进及特征,日本资源消耗变动及其影响因素分析,资源约束条件与日本产业结构演进的相关性,资源约束下日本产业结构演进的路径选择。第五章,资源约束下日本政府在产业结构演进中的政策选择。探讨日本产业结构演进的相关经济政策,资源约束下日本政府的政策选择及其经济效果。第六章,资源约束下日本企业在产业结构演进中的应对措施。首先提出日本企业发展的外部影响因素,接着分析资源约束下日本企业的调值对策及其经济效果。第七章,日本产业结构演进对我国的启示。最后为论文结论。

关键词:产业经济　产业结构优化　产业结构升级　日本

**0854**

**要素集聚、国际分工与中国的比较优势研究** / 范云芳著 ; 叶祥松,赵景峰指导. -- 西北大学, 2009. -- 155 页

论文主要采用规范研究与实证研究相结合、比较分析法等方法,研究生产要素的国际间集聚对一国比较优势和国际分工地位的影响。全文共分七章。第一章绪论,提出了论文的研究背景、研究意义、研究思路、研究框架、研究方法及创新点;第二章阐述了国际分工和比较优势理论的演进,以及从资本集中理论、集聚经济理论向要素集聚理论的演进过程,对相关文献进行了综合论述;第三章对要素集聚的相关概念进行界定,并对要素集聚的主观动因和客观因素进行了分析,指出了要素集聚的途径和方式,以及影响要素集聚和中国要素集聚的因素;第四章研究了要素集聚对国际分工的作用:要素集聚推动了国际分工体系的建立,推动了国际分工形式的多样化,促进国际分工边界从产业向产品发展,并对要素集聚对国际分工的负效应和要素集聚对中国参与国际分工的作用进行了分析;第五章对要素集聚对比较优势的作用进行了研究,论述了要素禀赋与静态比较优势的形成;第六章以荷兰、英国、美国为例对要素集聚与国际分工和比较优势的相互关系进行了研究;第七章分析了中国在国际分工中的地位,分析了中国在国际分工中的比较优势,提出要集聚国际要素提升中国国际分工地位。

关键词:世界经济　国际分工　生产要素　市场竞争

**0855**

**外部环境差异下的再制造逆向物流决策研究** / 房巧红著 ; 陈功玉指导. -- 中山大学, 2009. -- 161 页

论文为外部环境差异下的再制造逆向物流决策研究,通过对不同企业、行业和区域间逆向物流决策的差异性做出解释,为企业和政府决策提供理论依据,并完善逆向物流相关理论的研究框架。全文共分为八章。第一章,绪论。介绍论文研究背景,研究内容与界定,研究意义,研究方法和创新以及研究思路与结构安排。第二章,逆向物流与再制造研究综述。包括逆向物流概述、再制造概述、国内外相关研究综述以及对以往研究不足的探讨。第三章,供给环境差异下的再制造逆向物流决策分析。首先对参数说明并提出假设,接着分别探讨垄断环境下再制造逆向物流决策模型,制造商竞争下的完全信息静态博弈模型,制造商与再制造商竞争下的博弈模型,并提出小结。第四章,需求环境差异下再制造逆向物流决策分析。探讨市场需求环境对再制造逆向物流决策的影响机理,具有公众环保意识的再制造逆向物流决策,

具有差异性多需求市场环境下的再制造逆向物流决策以及新产品与再制造品市场差异的再制造逆向物流决策。第五章,政策环境差异下的再制造逆向物流决策分析。探讨政府在逆向物流推进中的作用,分析经济惩罚下的再制造逆向物流决策及影响效应,"命令—控制"下的再制造逆向物流决策及影响效应,并对发达国家电子废弃物政策提出比较和启示。第六章,物流服务环境对逆向物流决策的影响分析。首先对逆向物流运作模式进行比较,提出第三方在企业逆向物流中的作用及影响,对非营利性第三方参与下的再制造逆向物流决策分析。第七章,推进我国再制造产业发展的战略思考。对我国发展再制造产业的必要性做出分析,对国内外再生行业发展对比,结合我国相关环境法规及政策现状,提出发展我国再制造产业的对策建议。最后为论文结语。

关键词:企业管理　物流　供应链

**0856**

**从流动性过剩到流动性紧缩:金融危机下的流动性特征** / 封丹华著 ; 徐明棋指导. -- 上海社会科学院, 2009. -- 187 页

论文将金融危机下的流动性特征作为研究对象,从理论和实证角度,系统分析了流动性的概念、理论、度量、效应、逆转、传导和风险防范。全文共分七章。第一章导论,说明了论文的选题背景、选题意义、研究思路、主要内容、研究方法、创新性与不足,并对国内外相关研究进行了综合论述;第二章对流动性的概念进行了界定,分析了流动性的供给与需求,并给出了流动性的度量方法;第三章对流动性的微观效应和宏观效应进行分析,分析了流动性的周期波动与金融危机之间的关系;第四章以金融危机的发源地美国为研究视角,分析了流动性从过剩到紧缩逆转的具体表现和原因,以及流动性在金融机构和金融市场的扩散过程;第五章在经济全球化背景下,从微观和宏观角度,对美国流动性变化向欧元区、英国、加拿大等发达国家和俄罗斯、巴西、墨西哥等新兴经济体国家的传导过程进行了实证分析;第六章以中国为视角,重点分析了全球和美国流动性及实体经济变化给我国实体经济带来的影响;第七章通过对以美、英和欧盟为代表的发达国家,以金砖四国为代表的新兴经济体和发展中国家,在应对全球金融危机中对流动性逆转采取的有关措施进行具体分析,详细阐述应对流动性逆转风险的有效措施,以及下一步针对流动性管理的主要启示和方法。

关键词:金融危机　货币供给量　资产流动性

**0857**

**服务补贴制度与绩效评估:基于美国服务补贴制度的研究及中国的借鉴** / 付亦重著 ; 张汉林,桑百川指导. -- 对外经济贸易大学, 2009. -- 259 页

论文从探讨补贴定义出发,运用范例分析和实证分析的研究方法,以美国服务补贴制度为主要研究对象,对服务补贴制度及绩效评估相关问题进行了研究。全文共分七章。第一章导论,提出了论文的研究问题,指明了论文研究的理论意义与实践意义,研究目标、研究难点与创新点,并对国内外研究现状进行了分析;第二章探究了美国补贴制度的历史与构建,并根据论文的服务部分门类及美国财政支出在服务业的分布,考虑服务业自身的特征和功能,选取运输业与电信业对美国服务补贴的具体情况进行了分部门的论述及分析,分别从财政支出补贴与管制两个角度审视了补贴形式的选择与运作;第三章根据补贴的定义,结合参考国运行实际以及服务补贴实行过程中应具备的特点,设计了一个政府的服务补贴体系的决策框架;第四章对美国服务补贴制度进行了研究,回顾了美国主要服务业补贴的历史,并对美国联邦政府服务补贴模式及特征的转变进行了研究;第五章利用论文设计的框架,结合美国公共运输部门的补贴运行情况,在 20000 多个数据的基础上,运用 EDA 模型对其绩效进行评估,根据运算结果对补贴政策进行评价,并进一步对模型和框架中涉及的问题进一步说明和阐释;第六章结合中国服务业发展的现状与特征,发觉服务业发展中存在的若干问题,回顾了中国目前的财政补贴与其他产业激励措施;第七章为中国的服务补贴制度的构建提出了若干政策建议。

关键词:服务业　政府补贴　绩效评估　美国　中国

**0858**

**货币危机与苏联解体** / 富景筠著 ; 张宇燕指导. -- 中国社会科学院, 2009. -- 106 页

论文秉承"货币因素—经济增长—国家权力"的分析框架,从货币角度探讨苏联经济崩溃及国家解体的原因。全文共分五章。第一章对与货币金属论、货币的社会性以及货币国定论等理论相关的历史文献进行了梳理,并由此引出论文考察货币的视角及对货币性质的理解;第二章首先分别考察了苏联计划体制

下的财政与信用，并对它们在整个苏联经济中的地位和作用做出分析和评价，继而对戈尔巴乔夫改革后中央政府不断加剧的财政赤字给出原因分析；政府投资规模扩张、庞大的军费支出、农业部门的巨额补贴以及切尔诺贝利核电站爆炸事件的赔偿，导致财政支出的大幅增长；第三章着重分析戈尔巴乔夫政府的货币政策和金融改革如何导致了货币领域混乱局面的出现，由于货币数量的增长速度大大超过商品供给，居民货币收入与可供消费的商品和服务数量之间的差距日益扩大，由此货币滞存数额迅速激增；第四章首先考察了苏联末期卢布的去功能化问题，分别从消费者和生产者的角度解析了卢布去功能化是如何作用于实体经济并最终导致苏联经济的崩溃；第五章将视角转移到地方政府和加盟共和国层面，考察它们排挤卢布流通域、力维主权货币的自治行为是如何一步步导致了国家的解体。在卢布实际购买力急剧下降、物资极度短缺的情况下，地方政府和加盟共和国采取了对卢布流通域进行蚕食鲸吞的自我保护政策。

关键词：货币危机　计划经济　社会主义　苏联

**0859**

**拉美金融自由化改革及金融危机研究** / 高静著 ； 江时学指导. -- 中国社会科学院, 2009. -- 161 页

论文采取理论与实践相结合的研究方法对拉美金融自由化改革及金融危机进行了研究。全文共分七章。第一章分析了拉美国家金融自由化改革的背景，并指出了拉美国家金融自由化改革的理论依据，指出了金融自由化改革是拉美国家经济转换模式的内在要求；第二章简要介绍了拉美国家的金融自由化改革进程，分析了拉美国家金融自由化改革的动因和理论基础，并以 2003 年以前的数据为依据对改革成效进行了初步评估；第三章、第四章和第五章详细剖析和比较了墨西哥、阿根廷以及智利金融危机的原因，并从第二次金融自由化改革入手，解释了为什么初始条件相同的国家其改革的成效会存在巨大差别；第六章分析了金融自由化改革和金融危机的关系，阐述了金融自由化导致金融脆弱性的路径，并揭示了拉美国家金融自由化改革失败的表层和深层原因；第七章总结了拉美国家金融自由化对我国金融业改革开放的主要启示：金融自由化改革虽然会导致金融脆弱性，增强金融危机爆发的机率，但在宏观经济实质性稳定、金融监管完善、制度健全的前提下，金融自由化就能对经济增长发挥积极作用。论文的研究结论是：对外开放使我国经济易受外部经济周期影响，金融业本身的顺周期性会加剧经济波动，稳健的财政机制不仅是应对周期、稳定经济从而保证改革顺利进行的基础，也是制度能够赢得公信力的物质保障。

关键词：金融自由化　金融改革　金融危机　拉丁美洲

**0860**

**中印经济转型与发展模式比较** / 龚松柏著 ； 姜凌指导. -- 西南财经大学, 2009. -- 180 页

论文分别运用经济转型理论、二元经济结构转化结论以及对外经济关系理论等理论工具，对中印两国经济起飞阶段经济转型与发展模式进行了全面的比较。全文共分八个部分。第一部分导论，提出了论文的研究问题、研究目的、研究思路、研究方法、主要观点、创新点及进一步研究的问题，并对相关研究文献进行了评述；第二部分阐述了中印经济转型与发展比较相关的一般经济学理论，如罗斯托的经济增长阶段理论、经济转型理论、二元经济结构转化理论和国际经济学相关理论等；第三部分从经济起飞前的资源禀赋、经济体制和经济水平三个方面分析了中印两国经济起飞前提的异同；第四部分对中印经济体制转型中的基本理念、转型的方式、所有制改革进行了比较；第五部分对中印产业政策及主导产业部门、中印农业发展道路以及中印经济结构的转化进行了比较；第六部分对中印经济改革以来对外经济关系的基本战略、中印对外贸易、中印利用外资和对外投资进行了比较；第七部分对中印经济发展中的政治因素、文化因素、国际环境因素等非经济因素进行了比较；第八部分对上世纪 80 年代以来中印两国经济发展的绩效进行了比较，分析了中印两国经济发展模式的优势和劣势，并探讨了中印经济转型与发展模式对其他发展中国家经济发展的启示。

关键词：中国经济　经济转型　发展模式　对比研究　印度

**0861**

**人口结构与经济增长：基于人口老龄化视角下的研究** / 巩勋洲著 ； 余永定指导. -- 中国社会科学院, 2009. -- 120 页

论文采用假设—演绎的研究方法，运用了最优控制和动态规划的动态经济学方法，以人口老龄化背景下经济能否持续增长为研究主题。全文共分八章。

第一章导言，提出了论文的研究问题、研究方法、论文框架、创新点及不足；第二章对人口结构改变与国际收支、人口结构改变与储蓄率、人口结构改变与社会保障等经济增长文献进行了回顾；第三章对人口红利与经济增长研究的文献进行了回顾，对第一人口红利和第二人口红利进行了表述，并对人口老龄化背景下经济存在持续增长可能性进行了假设；第四章对人口结构研究方法的文献进行综合论述，基于消费者行为与厂商行为的局部均衡构建了理论框架，对理论模型进行扩展，将人力资本和技术进步因素纳入进来进行分析；第五章以日本为例，对人口老龄化背景下的日本经济进行了理论模型的验证，分析了人口老龄化与日本社会、家庭的变化及宏观经济的关系；第六章应用理论模型，将人口结构与消费函数结合，考虑人口结构的中国居民消费函数；第七章理论推导与实证检验相结合，对人口结构的中国居民消费函数进行实证检验；第八章结语，给出了全文的结论及政策建议。论文的研究结论是：资本存量的边际收益等于社会消费的时间偏好率减去技术进步率。老龄化促使消费的时间偏好率提高，当技术进步的提高程度能追平甚至超时间偏好率提高的程度时，经济中的资本存量就不会减少而是向黄金资本存量靠拢，经济增长是可持续的。

关键词：国民经济增长　人口老龄化　人口构成　人力资本

**0862**

**新兴市场国家金融稳定问题研究** / 郭萍著 ; 李俊江指导. -- 吉林大学, 2009. -- 174 页

论文从分析新兴市场国家的金融自由化入手，揭示新兴市场国家由于其内在制度方面建设的欠缺，存在的严重金融脆弱性，并从三个角度对新兴市场国家的金融稳定性问题展开研究。全文共分为六章。第一章，绪论。介绍论文研究的背景和意义，国内外研究现状，研究思路和框架，研究主要内容，研究方法和创新等。第二章，新兴市场国家的金融不稳定性。介绍传统观点下新兴市场国家金融危机的基本理论，金融自由化下新兴市场国家的金融不稳定性本质和表现，并对美国次贷危机后对新兴市场国家金融稳定性提出重新的审视和评价。第三章，新兴市场国家的资本账户开放与金融稳定。介绍资本账户开放的内涵与测量，新兴市场国家资本账户开放的进程及特征，资本账户开放与金融稳定——基于几个典型新兴市场国家的经验分析。探讨资本账户开放的风险，资本账户开放与金融危机——基于历史的经验分析，并基于对几个新兴市场国家的考察，提出资本账户开放对新兴市场国家金融稳定的影响。第四章，新兴市场国家的汇率制度选择与金融稳定。首先对新兴市场国家汇率制度选择提出理论探讨，基于货币错配的角度，提出新兴市场国家汇率制度选择的困境，最后分析新兴市场国家汇率制度变迁与金融稳定。第五章，开放经济条件下新兴市场国家的危机传导。首先分析开放经济条件下金融危机的传导机制，接着以东南亚金融危机为例对新兴市场国家之间危机传导分析，以次贷危机为例对新兴市场国家受发达国家危机的传导分析。第六章，中国金融体系概述及其发展战略。介绍中国金融市场体系发展概况，并提出中国实现金融稳定的阻碍和对策展望。

关键词：新兴市场　资本市场　汇率制度　金融危机

**0863**

**跨国公司竞争优势研究** / 郭玉华著 ; 蒋瑛指导. -- 四川大学, 2009. -- 182 页

论文从经济学视角研究跨国公司竞争优势的全球获取行为，初步建立了跨国公司竞争优势获取的理论框架。全文共分九章。第一章导言，说明了论文的研究背景、研究意义、研究思路、研究方法、研究结构、研究内容和相关理论；第二章对国内外跨国公司竞争优势理论的研究动态进行了研究，并对国内外研究动态做了简要评价；第三章对跨国公司竞争优势进行了经济学解释，分析指出了跨国公司竞争优势与垄断优势、不完全竞争与跨国公司竞争的优势，对跨国公司竞争优势进行了衡量；第四章从生存视角研究了跨国公司竞争优势的“利用”，提出了海默的“垄断优势理论”，巴克利和卡森的“内部化理论”，邓宁的“折衷范式理论”，弗农的“产品生命周期理论”和小岛清的“比较优势理论”，重点分析投资动机、投资流向、投资决策三个问题；第五章从发展视角研究了跨国公司竞争优势的“获取”，阐述了跨国公司竞争环境的变化和竞争优势的变迁，指出了跨国公司竞争优势理论的新发展，跨国公司竞争优势获取的方式，并对跨国公司竞争优势理论的发展进行了比较；第六章阐述了东道国与跨国公司关系的一般理论，介绍了东道国政府规则的内容及其演变，将跨国公司与东道国政府的关系归纳为三个方面；第七章通过跨国并购案例、研发全球化案例和战略联盟案例的实证分析，发现在追求发展的时代，跨国公司获取竞争优势的方式发生了较大

的变化，跨国公司开始通过跨国并购、研发全球化和战略联盟等方式，从全球获取竞争优势；第八章从企业和政府两个方面提出了中国跨国公司全球获取竞争优势的策略选择。

关键词：跨国公司　经营管理　市场竞争　竞争力

**0864**

**TRIZ 的项目管理功能研究：当代世界经济中一种新的项目管理理论** / 哈什敏（Shabir Mohsin Hashmi）著；林珏指导. -- 上海财经大学，2009. -- 191 页

论文采用 Microsoft Excel 和 SPSS 对数据进行实证研究，以 TRIZ 的管理功能研究为选题，对 TRIZ 在商业和管理方面的绩效进行分析，研究的目的是探讨 TRIZ 在项目管理方面的优势以及其对项目管理创造性的帮助。全文共分八章。第一章前言与理论框架，讲述方法论，主要探讨集中统计学方法，包括卡方检验、访问、案例研究以及职业经理的调研；第二章文献综述，对目前国际学术界在 TRIZ 方面的研究进行了回顾；第三章 TRIZ 项目管理方法，对 TRIZ 产生后在项目管理中的意义，该方法的创新，以及其对风险管理的意义等问题进行了研究；第四章探讨了 TRIZ 在创新和创意活动中的应用，并指明了 TRIZ 相对于其他传统创意方法的优点；第五章构建了 TRIZ 解决难题的模型；第六章构建了 TRIZ 的决策模型；第七章分析了 TRIZ 的项目管理工具，包括 ARIZ 模型、次领域分析、预期失效测定、针对产品演进、76 个标准创新解决方案等；第八章对上述研究进行总结，并提出本课题的未来研究方向。论文的研究结论是：63% 的经理认为产生创造性的点子是开发新产品或新服务最困难的事情，而有 51% 的经理认为风险管理是最困难的事情，此外，决策、生产工序、发展、销售和选择也被认定为最困难的事情。因此，要改善项目管理技巧，论文推荐了 TRIZ 的创新原则经营管理、解决组织矛盾和冲突的分离原则、物质场分析的可视化高度复杂系统、TRIZ/DFM、TRIZ/并行工程、Fantogramm 模式以及项目管理的 40 原则。

关键词：项目管理　经济理论

**0865**

**战后美国石油安全政策研究** / 韩军著；林珏指导. -- 上海财经大学，2009. -- 227 页

论文运用吉尔平的国际体系理论和奥尔森的集体行为理论对美国石油安全政策的实质、内容、收益、变化等情况进行了分析，并对战后美国不同时期的石油安全政策做了较全面的梳理和分析。全文共分七个部分。第一部分绪论，主要是问题的提出、研究意义和目的、国内外文献综述、论文框架与研究方法；第二部分首先分析世界石油供需情况，分析中东产油国及 OPEC 的脆弱性及其对世界石油安全的影响，对战后历次石油危机演变情况进行分析；第三部分美国石油安全政策情况及安全政策的理论分析，首先分析了美国石油供需情况、美国石油消费波动及油价波动对 GDP 的影响，分析了美国制定石油安全政策的直接动因及政策内容，运用吉尔平的国际体系理论和奥尔森的集体行动理论对美国石油安全政策的目的、效果、变化等情况进行分析；第四部分首先分析美国从 1945 年到 1973 年期间石油安全政策，分析美国从 1974 年到 1985 年期间和从 1979 年到 1985 年间两个阶段的石油安全政策，最后分析 1986 到 2000 年期间美国石油安全政策，重点探讨不同时期美国石油安全政策变化的动因、内容及效果；第五部分首先分析小布什政府时期美国石油安全环境状况，详细论述小布什政府的具体石油安全政策，对小布什政府石油安全政策的绩效情况进行分析，采用案例分析和实证分析相结合的办法；第六部分分析奥巴马政府石油安全政策的走势及美国石油安全政策对世界石油安全的影响，论述中国石油安全问题现状，重点分析中美石油安全政策的互动情况，提出解决中国石油安全问题的对策；第七部分提出论文研究的内容和结论，指出论文的创新点与不足。

关键词：石油问题　国家安全　政策分析　美国

**0866**

**美国资本利得税研究** / 郝正非著；胡国成指导. -- 中国社会科学院，2009. -- 109 页

论文运用历史的方法，对美国资本利得税的产生、变革、趋势以及资本利得税对经济发展的影响进行了说明和分析。全文共分四个部分。第一部分论述了美国资本利得税体系的形成，并对美国早期征收资本利得税的社会背景和社会目标进行了交代；这一时期的税法认为资本利得不是生产经营所得，而是不劳而获，征收资本利得税更多的是出于公平社会分配的角度和取得财政收入；第二部分论述了资本利得税与美国经济的关系，阐述了资本形成与经济增长、资本利得税与资本锁定效应之间的关系。资本利得税对资本形成的影响主要是基于锁定效应，

由于只有在资产出售完才纳税,纳税人可以通过持有资产而免于纳税,从而形成“锁定效应”;第三部分对美国资本利得税立法的变革进行了研究,并按时间段对资本利得税进行了论述,分析了资本利得税制演变的原因。整个资本利得税制由复杂到简便、税率由高到低的演变过程,实质上是效率优先、兼顾公平的理论实践过程,较低的资本利得税极大地促进了美国当代经济的发展;从上世纪80年代起,美国逐渐修改税法,简化了资本利得税的计算方法,降低了资本利得税税率;第四部分探讨了资本利得税改革的趋势,在吸引流动性资本为目的的国际税收竞争中的成功,提高了一国的国际竞争力,这是美国资本利得税演进的趋势。

关键词:税收制度　资本税　税收改革　美国

**0867**

**诱致性技术、制度创新与战后菲律宾农业发展** / 何爱著 ; 廖少廉指导. -- 厦门大学, 2009. -- 154页

论文从技术和相应制度投入的角度对战后菲律宾农业成败进行分析,探讨诱致性技术、制度创新与战后菲律宾农业的发展。导论部分介绍问题的提出,研究的理论背景,研究问题、研究方法和框架安排,研究的难点与亮点。第一章,诱致性创新:理论演变与研究评述。介绍诱致性技术创新理论的发展,诱致性技术创新应用于农业的研究回顾,诱致性制度创新理论的发展、实证与争论。第二章,战后菲律宾农业发展与相关研究。研究一方面是战后菲律宾农业发展的农业绩效,二是其他的相关研究情况总结。第三章,菲律宾农业技术变革诱致性偏向的检验。介绍要素禀赋、农业生产率与增长,农业技术的变革,诱致性技术创新假说的检验:时间序列与ECM。第四章,影响农业技术扩散的制度因素——基于所选亚洲国家水稻生产的面板分析。分析包括生物技术扩散与土地生产率,影响农业技术扩散的因素,模型与数据,面板分析的结果与结论。第五章,菲律宾的农业技术变革与相应的制度建设。探讨技术变革和水利基础设施建设,农业技术研发与价格的支持与打压,农业制度建设的跨国比较,制度建设的扭曲:诱致性变迁VS强制性变迁。第六章,总结。内容包括对全文回顾和结论,对菲律宾粮食安全与农业可持续发展的总结,研究的不足与未来研究的发展方向。

关键词:农业技术　技术革新　菲律宾

**0868**

**实施贸易保障措施的动因及经济影响研究** / 宏结著 ; 赵春明指导. -- 北京师范大学, 2009. -- 210页

论文遵循贝格威尔和思泰格尔世界贸易体系经济学的逻辑,在综述实施保障措施获得短期收益和中止协议的成本的国际经济学相关理论的基础上,运用一般均衡和局部均衡的分析方法,分别就保障措施对发达国家和发展中国家经济的影响进行了分析。全文共分七章。第一章导论,说明了论文的选题背景、选题意义、论文结构、研究思路、研究方法、论文的创新点及不足,对相关文献进行了综合论述;第二章分析了贸易保障措施制度的理论基础,给出了贸易保障措施的概念和特征;第三章和第四章对实施贸易保障措施的内因和外因进行了分析,第三章论述了WTO成员发起保障措施的基本情况,并对发达国家和发展中国家实施贸易保障措施的内因进行分析;第四章分析了WTO多边贸易体制的发展与贸易保障措施的实施,以及国际和国家间摩擦与贸易保障措施的实施;第五章和第六章研究了保障措施对实施国和被实施国经济的影响,特别是“入世”以来,由于“特保措施”被各成员国频繁使用,中国已经成为保障措施的受害国,论文计算了我国遭受保障措施最多的机电、纺织、食品、化学品竞争力指数,发现保障措施不仅使中国的出口增长率受到影响,而且由于遭遇保障措施的都是中国优势产业或者正在成长的未来的优势产业,保障措施一定程度上阻碍了这些产业的成长,并据此提出相应的政策主张;第七章运用所建立的理论分析框架,讨论了利益集团理论在中国的适用性问题,以此为基础对中国钢铁保障措施进行了贸易政治经济学分析,并从经济学的角度对我国保障措施的立法提出政策建议。论文的结论是:WTO框架下,国际经济影响小的贸易小国比较适于使用保障措施,而贸易大国因为多边交叉报复的成本很高,要慎用保障措施。

关键词:多边贸易　保护贸易　经济影响

**0869**

**中国商品贸易模式演进与背离研究** / 洪宇著 ; 庞德良指导. -- 吉林大学, 2009. -- 239页

论文在梳理和评析比较优势理论和战略性贸易政策理论的基础上提出贸易模式均衡假说,进而建立一个贸易模式演进特征及其背离倾向的分析框架,对1992—2008年中国对外贸易政策与商品贸易模式的关系进行多方面的经验性研究。全文共分为七章。

第一章导论,介绍论文选题的意义和研究目的,基本概念的界定,论文的结构安排以及论文的创新之处。第二章,理论综述与基本研究方法。介绍比较优势理论,战略性贸易政策理论,论文研究的基本测度指标体系以及贸易数据与产品归类。第三章,中国对外贸易模式及其背离现状研究。介绍整体的贸易模式现状,初级产品(PP)的贸易模式,资源型制成品(RB)的贸易模式,低技术制成品(LT)的贸易模式,中等技术制成品(MT)的贸易模式以及高技术制成品(HT)的贸易模式。第四章,对外贸易模式及其背离倾向演进研究。首先分析贸易结构和贸易模式演进的动态性,包括出口和进口产品结构的调整,Hillman 指数的演进以及专业化程度变动的 Cantwell 检验;介绍 RSCA 与 NRX 的演进特征;最后探讨贸易模式背离倾向的演进特征。第五章,基于时间序列分析的贸易模式背离动因研究。首先介绍中国的制度变迁;提出本章研究方法与研究数据;对单位根检验,对协整关系检验;进行 GRANGER 非因果关系检验,包括长期效应分析和短期效应分析;最后对方差分解分析。第六章,基于面板数据分析的战略性贸易政策绩效研究。首先提出面板数据分析方法,对面板数据进行平稳性检验,协整关系检验以及 GRANGER 非因果关系检验,并做出总结。第七章为论文结论。

关键词:对外贸易　贸易政策　经营方式

**0870**

**产品内分工与贸易的决定因素:基于贸易理论和不完全契约理论相结合的分析** / 侯增艳著 ; 薛敬孝指导. -- 南开大学, 2009. -- 125 页

论文利用回归分析和主成分分析法,将 Grossman-Hart-Moore 的不完全契约理论与国际贸易理论结合,在 Dixit-Stiglitz(DS)垄断框架内建立理论模型,对产品内分工与贸易的决定因素进行分析和研究。全文共分六个部分。第一部分导论,对产品内分工与贸易及相关概念做了界定,并介绍了文章的选题背景、理论现实意义、研究思路和方法、结构安排、创新点和有待研究的问题;第二部分对产品内分工与贸易的成因及企业组织方式选择的相关文献进行梳理,并归纳了产品内分工与贸易的度量方法;第三部分在国际贸易理论框架下分析产品内分工的成因,在 Dixit-Stiglitz(DS)垄断竞争框架内建立理论模型,从不完全契约的角度分析产品内分工的出现及其模式选择,并讨论不完全契约对产品内贸易的影响;第四部分对亚洲经济体参与产品内分工与贸易的现状进行分析,并根据出口竞争力 RCA 指数和出口相似度指数,对各经济体产品内贸易情况进行比较,研究中国参与产品内分工与贸易的主要形式——加工贸易的发展状况及存在的问题,利用投入产出分析法计算我国工业行业出口的垂直专业化指数,从而进一步对我国参与产品内分工与贸易的程度进行分析;第五部分利用 1996—2007 年亚洲经济体的产品内贸易数据建立模型,分析国际产品内贸易的决定因素,在计量型检验结果的基础上,采用主成分分析法对产品内分工与贸易的影响因素进行动态评估;第六部分为结论和政策建议部分。

关键词:世界经济　国际分工　国际贸易

**0871**

**跨国公司的社会责任:以天津为例的经验分析** / 胡博著 ; 盛斌指导. -- 南开大学, 2009. -- 185 页

论文分三个部分展开,以天津为例的经验分析,对跨国公司的社会责任问题进行研究。全文共分为十章。第一章,导论。介绍选题背景与意义,研究问题和基本假设,论文的研究方法与框架结构。第二章,公司社会责任概念的演变。介绍公司社会责任概念的形成,公司社会责任概念的成熟阶段,公司社会责任概念的多元化发展。第三章,公司社会责任的相关理论。首先提出公司社会责任理论的概览,对利益相关者理论,社会契约理论,企业生命周期理论,公司社会责任的需求与供给理论做出具体说明。第四章,跨国公司对公司社会责任理论的扩展。介绍经济全球化中的跨国公司,跨国公司对公司社会责任理论的扩展,跨国公司社会责任的制度约束。第五章,国际社会对公司社会责任的引导和规制。首先提出国际组织对跨国公司的法律规制,接着探讨国际组织对跨国公司社会责任的规制和促进,最后指出各国政府在促进公司社会责任方面的作用。第六章,中国政府对公司社会责任的促进和规制。一是中国对公司社会责任的法律规制,包括公司法中的相关规定,保护劳动者权益,环境保护,消费者权益和慈善捐赠;提出中国有关公司社会责任法律的主要特点;最后介绍促进公司社会责任的非法律措施及执行机构。第七章,跨国公司社会责任的国际实践。内容包括公司治理与股东利益,产品质量与安全,尊重人权与体面工作,环境保护与生态平衡,慈善捐赠,治理腐败与商业贿赂。第八章,跨国公司在中国的社会责任实践,介绍外国直接投资与中国经济发展,在华跨国公司承担社会责

任的现状,在华跨国公司社会责任的主要问题。第九章,以天津经济技术开发区为例的案例经验分析。结合天津经济技术开发区的概况和调研的结果,对其跨国公司的社会责任进行分析和总结。第十章,论文主要结论和政策建议。

关键词:跨国公司　社会责任　政府职能

**0872**

**论国际贸易道德风险** / 胡美伦著 ; 李天德指导. -- 四川大学, 2009. -- 256 页

论文综合运用信息经济学、制度经济学、伦理学多学科知识的交叉,从信息不对称和道德缺失的角度研究国际贸易风险。全文共分八个部分。第一部分导论,提出了论文的研究问题,说明了论文的选题意义、研究的重点、难点和创新点、研究思路与方法、研究的主要内容及论文结构,并对论文的相关文献进行了综合论述;第二部分论述了道德风险的社会科学基础,对道德风险进行了经济学阐释,总结归纳出国际贸易中道德风险的特征以及分类;第三部分以马克思主义思想为指导,运用辩证唯物主义的方法,分析国际贸易中道德风险的一系列诱因;第四部分、第五部分和第六部分从国际贸易理论和实务相结合的角度,深入当前的国际贸易实际,对进口商、出口商、国际贸易代理机构(银行、承运人/货运中介、保理商)所面临的道德风险一一进行探讨;第七部分从世界各国人民的共同利益出发,试图通过对世界新的经济伦理结构的探索、建立全球统一的信用体系、从全人类共同发展的道德要求考虑,改变不合理的国际贸易制度安排,为世界和谐贸易提出一系列具有战略性和前瞻性的化解国际贸易道德风险的思路;第八部分提出了中国防范与化解国际贸易中道德风险的路径选择。

关键词:国际贸易　风险评价　职业道德

**0873**

**资本项目开放与金融稳定:20 世纪 90 年代拉美国家比较研究** / 黄志龙著 ; 苏振兴指导. -- 中国社会科学院, 2009. -- 182 页

论文在借鉴现有国内外研究成果的基础上,对拉美地区资本项目开放的两种模式、资本项目开放对拉美金融体系的影响、拉美国家适度资本管制的有效性以及资本项目开放与拉美国家资本外逃、资本流入逆转和金融危机的关系进行了全面分析。全文共分五章。第一章绪论,简要说明论文的选题背景和研究动因,对现有的国内外研究文献进行综述,界定论文研究对象和若干核心概念,介绍论文各章内容、创新之处和研究方法;第二章考察了拉美国家资本项目开放的两种模式:全面激进和渐进有限的开放,选取墨西哥、阿根廷和哥伦比亚作为案例,全面探讨三国资本项目开放的历史经验和开放的主要内容,以上述重点国家的研究为基础,对拉美地区资本项目开放进行整体综合的评价;第三章是拉美国家资本项目开放的效应分析,分析了拉美国家 20 世纪 90 年代资本项目开放对国内货币、汇率和金融体系的影响;第四章为拉美国家资本项目开放进程中适度资本管制的有效性研究,选取实行渐进有限资本项目开放的巴西、智利和哥伦比亚为案例,重点介绍三国 20 世纪 90 年代最主要的资本管制措施,并对三国的资本管制措施有效性进行评估,以巴西为重点,分析外资规避资本管制的各种渠道;第五章为资本项目开放条件下拉美国家资本外逃、资本流入逆转和金融危机的关系。论文研究的主要结论是:资本项目开放不是拉美地区金融脆弱性的主要因素,但是资本项目开放带来的国际资本大规模跨境频繁流动,仍可能成为爆发金融危机的直接导火索和催化剂。

关键词:银行　对外开放　金融自由化　拉丁美洲

**0874**

**跨国公司在华并购对我国产业发展影响的研究** / 贾建忠著 ; 张志超指导. -- 南开大学, 2009. -- 219 页

论文的研究对象为跨国公司在华并购对我国产业发展的影响。全文共分为八章。第一章,导言。介绍研究背景和意义,主要创新点,研究方法与结构安排。第二章,并购与产业经济理论的相关文献综述。包括企业视角的并购理论及评述,跨国公司直接投资和并购理论及评述,产业经济增长的理论和评述,企业并购绩效的实证研究评述。第三章,企业并购浪潮与我国经济衰退成因。介绍并购浪潮与经济衰退,产业经济系统和非产业社会体系,经济危机的根源。第四章,并购的政府治理选择。内容包括不同并购对产业经济增长的影响,再论企业性质,非生产性资本集聚对经济的危害,并购使产业市场和政府的双失灵,并购对经济的影响,不同性质并购的治理,跨国公司的并购。第五章,跨国公司市场挤出式并购对我国产业发展的影响。首先分析跨国公司在华并购方式与特点,接着提出跨国公司在华并购活动引发的争议,

对并购国内龙头企业展开经济学分析，并提出跨国公司市场挤出式并购的产业效应。第六章，跨国公司挤出式并购对产业发展的影响。结合跨国公司在华技术转移的现状，分析跨国公司在华技术转移的新动向，跨国公司技术溢出效应的机制，跨国公司技术挤出式并购对产业技术的影响。第七章，跨国公司品牌挤出式并购对产业发展的影响。一是对品牌效应的经济学分析，二是对跨国公司品牌与民族品牌的比较，三是探讨跨国公司挤出式并购对民族品牌的影响，最后探讨跨国公司品牌挤出式并购对产业竞争力的影响。第八章，结论与政策建议。

关键词：跨国公司　并购　产业经济　经济发展

**0875**

**商业银行信托业务研究：理论与实践** / 姜新雷著 ； 张帆指导. -- 中国人民大学, 2009. -- 165 页

论文结合博弈论、信息经济学和新制度经济学理论，探索信托业务的理论和优化模型，对商业银行信托业务进行了研究。全文共分八章。第一章导论，说明了论文选题的理论意义及实践意义，对国内外相关问题研究的现状进行了描述，指出了论文的研究内容、研究难题、创新与不足，以及论文采取的研究方法；第二章对委托人和代理人的相关理论进行了分析；第三章分析了商业银行信托的起源与发展，分析了商业银行信托的主体和客体，比较了信托的制度设计和信托与委托代理的关系，并对英国、美国、日本商业银行的信托业务进行了研究；第四章对中国商业银行信托业务进行了分析，阐述了商业银行信托业务的基本原则，并对商业银行的基金托管业务和委托贷款业务进行了研究；第五章对中国商业银行证券投资基金业务进行了分析，指出了商业银行进入基金管理业务的新发展，并对证券投资基金业务的代理成本和基金管理费进行了计算；第六章对代理成本和激励机制进行了进一步分析，并分析了博弈论在委托代理理论中的应用；第七章对英国、美国、日本三国的信托业监管进行了论述，并对三国信托业监管模式进行了比较，得出了对我国的启示；第八章阐述了我国商业银行信托业发展的现状，指出我国商业银行信托业务存在的问题，提出了我国商业银行信托业务发展的对策和建议。

关键词：商业银行　信托业务　委托代理　金融监管

**0876**

**欧元区东扩背景下参与国经济趋同性研究** / 姜艳霞著 ； 彭刚指导. -- 中国人民大学, 2009. -- 186 页

论文采用理论研究与实证研究、定性分析与定量分析相结合的研究方法，对欧元区成员国和候选国在经济货币一体化进程中的经济趋同表现、影响因素、作用机制等进行研究。全文共分六章。第一章导论，从论文的选题意义入手，详细阐述了论文选题的立意所在，对已有相关文献进行了归纳、总结，在此基础上给出关于经济趋同问题的界定；第二章从多个角度对经济趋同的理论基础进行了归纳，对新古典经济增长理论与经济趋同的关系展开研究，考察新经济增长模型与经济趋同的关系；第三章从定性研究的角度对欧元区参与国的经济趋同性进行了详细考察，回顾了欧洲经济货币一体化的发展历程，从最初的欧洲国家的货币合作到最终实现单一货币的流通，对论文的研究对象进行了详细界定，明确了欧元区参与国的范围，考察了欧元区各参与国在名义趋同和实际趋同上的表现，运用巴萨拉—萨缪尔逊效应对候选国加入欧元区的前景进行分析；第四章对欧元区参与国经济趋同进行界定，并对欧元区参与国经济趋同性进行实证研究；第五章在一般分析和实证研究的基础上，考察欧元区经济趋同的影响因素，从传统角度对欧元区经济趋同的影响因素进行研究，又结合欧元区自身的运行特点，考察欧元区特定的制度安排对经济趋同的影响；第六章根据对欧元区参与国经济趋同的考察，得出欧元区参与国经济趋同性的结论及对中国的启示。

关键词：欧元区　经济一体化　经济发展　欧盟

**0877**

**美国社会性管制的经济学分析** / 蒋抒博著 ； 项卫星指导. -- 吉林大学, 2009. -- 159 页

论文的研究对象为美国社会性管制的经济学分析，研究美国社会性管制的演进与现状，分析美国社会性管制的成本与收益，对中国社会性管制的发展与完善提出意见。全文共分为五章。导论部分介绍选题背景与意义，研究方法，论文结构，论文的创新之处和不足之处。第一章，社会性管制理论研究综述。介绍社会性管制的定义及分类，管制理论的开端，社会性管制方法的相关理论，社会性管制影响评估理论。第二章，社会性管制的经济学分析。一是环境管制的经济学分析，包括外部性与效率损失，命令—控制型管制方法，经济激励型管制方法，以及对两种管制方

法的评论；二是健康安全管制的经济学分析，包括健康安全管制与信息不对称，市场机制对信息不对称的缓解，政府管制对信息不对称的缓解。第三章，美国社会性管制的演进。分别介绍萌芽时期、初步发展时期、高速发展时期的社会性管制，放松管制浪潮下的社会性管制，管制成本收益分析制度下的社会性管制，探讨美国社会性管制的运行体系。第四章，美国社会性管制的收益成本分析。介绍美国管制成本收益分析制度的演进，美国管制成本收益分析的运行机制，美国社会性管制的成本收益分析方法，美国管制成本收益分析的制度的绩效评估。第五章，美国社会性管制对中国的借鉴与启示。介绍中国社会性管制现状，总结美国社会性管制对中国的借鉴和启示。最后为论文主要结论。

关键词：国家干预　产业经济　利益集团　美国

**0878**

**开放经济条件下的货币政策效率问题研究** / 焦巍著 ；徐明棋指导. -- 上海社会科学院, 2009. -- 149 页

论文从世界经济的视角出发，对比了前布雷顿森林体系时期日本、德国走向开放经济时期的货币政策效率问题和后布雷顿森林体系时期越南、印度两国的货币政策效率问题，在建立扩展模型的基础上，对开放经济条件下的货币政策效率问题进行研究。全文共分六章。第一章导论，提出了论文的研究问题、研究思路和研究方法，并对相关文献进行了综合论述；第二章构建了加入资本市场预期因素和汇率预期因素的 IS-LM-BP 模型，并对加入资本市场预期因素的开放经济货币政策效应模型进行了分析，阐述了理论模型的政策内涵；第三章以日本、德国、越南、印度为例，对开放经济条件下货币政策效率问题进行了国际比较；第四章提出了开放经济条件下美国自身的货币政策效率问题，指出了美国货币政策对他国货币政策的影响；第五章构建了开放经济条件下的中国货币的基本框架，并指出了开放经济条件下利率、汇率和资产价格渠道对中国货币政策效应的影响；第六章进行外汇储备增加和对货币投放影响的计量研究，并对货币供应量作为我国货币政策主要中介目标效率和开放经济条件下我国证券市场对货币政策效应的影响进行了实证研究。论文的研究结论是：利率平价在资本冲击下，由于资本市场收益预期和汇率单向波动预期的存在，难以对资本流动发挥实质作用；通货膨胀和汇率升值并不具有简单的替代关系；在开放经济条件下，中国货币政策应盯住内部均衡，实行通货膨胀目标制，才能实现货币政策的有限作用。

关键词：货币政策　资本市场　汇率　国际货币体系

**0879**

**中国外汇储备风险管理问题研究** / 焦志文著 ；李翀指导. -- 北京师范大学, 2009. -- 151 页

论文回顾当前与外汇储备风险研究相关的文献资料，对中国外汇储备风险管理的问题展开研究。全文共分为六章。第一章，介绍论文所研究的问题的背景和意义，梳理国内外关于外汇储备风险问题的研究文献，提出论文所要回答的主要问题和研究思路和研究方法。第二章，分析欧元区、挪威、新加坡、香港和日本等具有代表性的国家和地区外汇储备管理体制和风险管理方式，总结这些国家和地区的经验，得出一些有益的启示。第三章主要构件中国外汇储备层次。首先通过分析中国国际收支结构并判定中国的外汇储备具有较好的稳定性，之后分析中国外汇储备的需求层次，并以此为依据将外汇储备划分为流动性组合和盈利性组合，最后利用 1985 年到 2007 年的数据估计这两部分外汇储备的实际规模，结果显示 2001 年之后将外汇储备分层管理更有效率。第四章分析外汇储备流动性组合的风险管理问题，在探讨流动性组合投资和风险管理特点的基础上，建立外汇储备流动性风险管理的动态系统，之后通过建立双重基准优化模型讨论最优币种的选择问题，讨论一些具体的风险测度和管理问题。第五章分析外汇储备收益性组合的风险管理问题，讨论这部分外汇储备投资和风险管理特点，然后利用扩展的 EGP 模型介绍如何在风险约束下实现最优资产配置，最后分析外汇储备收益性组合风险管理框架和具体的风险测度和管理问题。第六章主要研究外汇储备全面风险管理问题。分析外汇储备风险与央行整体风险及其管理的相互关系，然后分析人民银行资产负债特点，在此基础上以央行为了有效实行货币政策而需要保持独立性为出发点设定约束条件，建立市场风险化模型，提出建立外汇储备全面风险管理体系，建立中国外汇储备全面风险管理体系的具体建议。

关键词：外汇储备　风险管理

**0880**

**新阶段外资政策调整动力与机制研究** / 康银功著 ；张幼文指导. -- 上海社会科学院, 2009. -- 163 页

论文主要从理论和现实两个方面探讨了外资政策调整的必要性和可能性，对外资政策调整的动力、机制、方向进行了研究。全文共分七章。第一章主要是有关外资政策调整问题的提出、相应的文献综述和论文的结构安排；第二章主要介绍了国际直接投资和发展中国家吸引外资的一般理论，目的是为全文做出一定的理论背景铺垫；第三章主要介绍了外资在我国改革开放后发展的历史、目前外资投向的结构性特点，并对我国外资政策调整的必要性进行了简单的理论分析；第四章主要介绍了 FDI 政策的基本类别、评价标准、东道国外资政策干预一般原则和界限，并对跨国公司行为在东道国外资政策变迁中的作用、外资政策对跨国公司的选择影响等进行了理论分析；第五章主要介绍了我国外资优惠政策的基本内容和特征，并对外资优惠政策引资效应、外资激励政策的扩张机制、外资优惠政策导致的扭曲及国民福利损失进行了分析；第六章转入对外资经济效应的实证部分，对外资企业的微观经济效应与国民收入损益进行了分析，对外资可能存在经济增长效应、对内资的挤出挤入效应、技术溢出效应分别了计量检验，对外商直接投资的就业效应进行了简单分析；第七章是总结和建议，主要总结了论文的主要观点并对我国外资政策调整方向提出了自己的建议。

关键词：外商投资　直接投资　外资政策　政策分析

**0881**

**股权投资基金的价值创造及估值研究：国际经验与中国实践** / 赖建平著 ； 陈漓高指导. -- 南开大学, 2009. -- 166 页

论文采取理论与实证相结合的研究方法，对股权投资基金的价值创造和估值进行研究。全文共分六章。第一章导论，指出了论文的研究背景、研究意义、研究框架结构、创新点，并对国内外相关研究文献进行了综述；第二章以股权投资基金的基本概念入手，分析了其基本的含义、组织模式和运作机制、发展历史等，并介绍了股权投资基金的相关理论；第三章采用价值链理论，对股权投资基金的价值形成过程：设立、融资、选项、投资、管理、退出和清分进行了剖析；第四章对股权投资基金的投资估值问题进行了研究，指出各种估值方法，如成本法、收益法、市场法、期权法和市场对赌法在中国的适用性，并对政府创投引导基金的估值问题进行了创新性分析；第五章对美国、欧洲、日本、以色列和中国台湾的股权投资基金产业的发展轨迹进行了论述，并在对中国股权投资基金的发展历史和特点进行分析的基础上，从价值链的角度对中国股权投资基金的发展战略进行了论证；第六章立足于中国现实，配合股权投资基金的价值创造，为中国发展股权投资基金提供战略指导和支持，并指出在中国股权投资价值链整合的基础上，需要基金主体、行业协会和政府之间的三方合作与协调，才能实现中国股权投资基金产业的健康稳步发展。

关键词：金融市场　股权　投资基金

**0882**

**日本节能与新能源发展战略研究** / 雷鸣著 ； 余昺雕指导. -- 吉林大学, 2009. -- 173 页

论文为日本节能与新能源发展战略研究。全文共分为九章。第一章，绪论。介绍研究的背景和意义，世界节能与新能源发展概况，文献综述，研究思路与架构。第二章，理论综述。介绍论文研究中所用的资源经济学相关理论，环境经济学相关理论以及循环经济学相关理论。第三章，日本节能事业的发展与政策体系的确立。首先介绍日本节能事业的发展历程，提出日本节能政策体系的建立与完善，最后分析日本节能政策体系的特点。第四章，日本的节能法规与节能管理。主要介绍日本节能法律体系的背景，日本节能法律体系的内容和特点，日本节能法规的修改和扩展；日本节能管理体制的发展，包括日本的节能管理体制内容，日本的节能管理机构，日本的节能诊断管理体系以及日本的节能管理方法。第五章，日本节能技术的应用实例研究。介绍日本能源消费结构的变化，日本工业部门节能技术的发展，日本运输部门节能技术的应用以及日本民生部门节能技术的开发，最后提出日本产业节能技术应用的未来发展。第六章，日本全民节能观念的建立和培养。对日本政府对节能观念的推进，日本企业对节能观念的培养，整个社会对节能观念的培养，城市对节能观念额培养，学校对节能观念的培养以及媒体对节能观念的培养的具体工作内容做出介绍。第七章，日本新能源产业发展与城市。首先介绍日本新能源产业发展历程和发展现状，分析日本新能源产业的优势和问题，对日本新能源产业的发展前景展望。第八章，日本新能源政策研究。提出日本新能源战略的制定与实施，介绍日本扶植新能源产业发展的政策体系，提出建立管理新能源产业的法规体系以及加强财政金融扶植力度。第

九章,对我国能源安全的启示。结合中国能源结构的现状及存在的问题,探讨我国节能减排工作的发展与日本的启示;对我国新能源发展战略研究,提出应加强与日本在节能与新能源开发方面的战略合作。最后为论文结论。

关键词:能源经济　经济发展战略　节能政策　日本

**0883**

**新兴大国崛起中的国际经济协调:中美战略经济对话研究** / 黎兵著 ; 刘杰指导. -- 上海社会科学院, 2009. -- 167 页

论文以新兴大国崛起为研究背景,以国际经济协调为研究主线,以中美战略经济对话为研究客体,对新兴大国崛起中的国际经济协调问题进行了研究。全文共分七个部分。第一部分导论,内容包括论文选题的背景和意义,国内外研究现状、研究的基本思路和方法、研究的主要内容和创新;第二部分对国际经济协调的概念进行了拓展,强调各国的微观经济政策也进入国际经济协调的内容;第三部分从中美经贸关系的历史进程及相应的经贸对话机制,创立中美战略经济对话机制的缘由等多角度考察了中美战略经济对话的背景;并分别从国际经济体系变革和转型、共同应对全球性问题、中美两国战略地位、中美经贸相互依存、美国对华经贸新战略等角度探究了创立中美战略经济制度化机制的缘由;第四部分将中美战略经济对话归为两类:第一类是中美贸易失衡及其衍生议题,第二类是全球性问题;第五部分阐述了权力因素是影响中美战略经济对话的重要因素,中美战略经济对话并非单单是两国政府间的对话,也受到两国国内政治因素的影响;第六部分首先对中美战略经济对话的意义进行了深入探讨,从多个视角展望了中美战略经济对话的前景,认为中美今后将继续延伸、深化、提升诸如中美战略经济对话之类的高层协调与合作机制,随着中国综合国力的提升,中美在高层经济协调与合作机制中的地位将日趋对等;第七部分在前面各章分析的基础上归纳出论文的主要结论,并对论文的后续研究指出了方向。

关键词:国际经济关系　中美关系　经济合作

**0884**

**日本公司治理契约关系变革研究** / 李博著 ; 徐平指导. -- 辽宁大学, 2009. -- 164 页

论文以"契约关系变革"为切入点,运用契约理论、利益相关者理论和制度变迁理论对日本公司治理的变革进行研究。全文共分八个部分。第一部分绪论,提出了论文的研究问题、研究现状及局限、研究思路与研究结构;第二部分界定了公司治理的内涵,阐述了公司治理与契约理论,对契约演进和制度变迁进行了研究;第三部分分析了日本公司治理契约关系的形成,日本公司治理契约关系的特征,及日本公司治理契约关系变革的起因;第四部分指明了日本股东与经营者的契约关系特点,分析日本股东与经营者契约关系变革的动因,总结出日本股东与经营者契约关系变革的特点;第五部分分析了主银行制的内容和功效,并对主银行制变革的动因进行了研究,阐述了银企关系的变化;第六部分分析了日本雇佣关系的特点、优势和劣势,对日本雇佣环境的变化和雇佣关系的调整进行了研究,得出了日本雇佣关系变革的结论;第七部分指明了日本下包关系的形成、特点和租用,并对日本下包关系变革的结果和影响进行了论述;第八部分分析了日本公司治理契约关系的变革趋势,并指出了日本公司治理变革对我国的启示。论文研究的结论是:日本公司治理的契约关系已经由封闭转向开放,由重视协调转向重视竞争;日本公司治理正在发生出乎人们预料的变革,这一变革并不是对传统公司治理契约的全面否定,也没有向英美公司治理模式单项趋同,而是在更高的层次上形成了新的制度均衡。

关键词:企业管理　法人治理结构　契约　日本

**0885**

**欧盟国家文化创意产业与区域经济增长** / 李博婵著 ; 王鹤指导. -- 中国社会科学院, 2009. -- 112 页

论文的研究对象为欧盟国家文化创意产业与区域经济增长。全文共分为九章。第一章,绪论。介绍文化创意产业在全球兴起的理论背景、现实背景,文化创意产业在欧盟兴起的特殊背景;论文研究的意义和主要的研究方法;论文的思路和框架以及论文的创新点和局限。第二章,文献综述。介绍文化创意产业概念综述,创意城市理论综述以及创意阶层理论综述。第三章,文化创意产业相关概念和含义。首先介绍文化创意产业的相关概念,包括文化和创意,文化创意产业的概念特征,各种命名方式之间的异同以及论文的文化创意产业的定义;提出文化创意产业的发展脉络,从文化到文化产业,从文化产业到创意产业,从国有部门到私人部门;分析的产业为分类和产业特点,包括文化创意产业的层次划分。第四章,文化创

意产业与区域经济增长。首先介绍区域经济增长理论的发展脉络,包括区域经济增长理论的研究对象,分类以及对"空间"概念的理解;探讨文化创意产业的地方性与促动经济增长的方式,提出文化创意产业是高度的地方化产业,并分析地方化经济与区域经济的增长;分析文化创意产业的空间发展趋势。第五章,欧盟文化创意产业与经济增长。首先介绍欧盟国家文化创意产业对经济增长的间接贡献;介绍文化创意产业对欧盟经济增长的间接贡献;探讨信息通讯技术产业与文化创意产业的相互促进。第六章,欧盟国家文化创意产业就业,探讨欧盟文化创意产业的就业趋势,就业特点和影响欧盟文化创意产业就业的因素,劳动力的跨国流动障碍。第七章,欧盟创意城市,探讨文化创意产业对城市发展的作用,创意城市类型,欧盟文化都市和创意城市建设。第八章,欧盟国家文化创意产业的比较优势分析。介绍欧盟的电影业,音乐产业,视频游戏产业以及设计业。第八章,欧盟关于文化创意产业的政策提出。欧盟对试听和多媒体产业的支持,英国文化创意产业政策及其影响,欧盟其他政策对文化创意产业发展的影响。第九章为欧盟文化创意产业存在的问题、挑战及对我国的启示。

关键词:文化产业　区域经济　经济增长　欧洲国家联盟

**0886**

**人民币国际化路径研究** / 李军睿著 ; 李晓指导. -- 吉林大学, 2009. -- 152 页

论文的研究对象为人民币国际化路径研究,在总结已有货币国际化成功经验和分析人民币国际化现状与影响因素的基础上,提出人民币国际化应遵循首先实现人民币的周边化,由周边化推动人民币区域化,再由区域化实现人民币国际化的发展思路。全文共分为七章。第一章,绪论,介绍问题的提出,相关文献综述,论文的结构与主要论点,论文的研究方法,论文的创新和存在的不足。第二章,货币国际化的经验研究。分别对英镑或计划路径研究,美国国际化路径研究,探讨从马克到欧元——货币国际化的新思路。第三章,人民币国际化的现状及其条件。首先分析人民币国际化现状,包括人民币作为国际交易媒介的现状,人民币作为国际记账单位的现状,人民币作为国际价值储藏手段的现状;对人民币国际化的比较优势分析,并提出人民币国际化的约束条件。第四章,人民币国际化的路径构想。首先对人民币国际化的路径进行设计,提出设计的原则和思路;接着提出人民币国际化的实施步骤,提出建立币值稳定的货币制度,人民币离岸市场的建立,加强自由贸易区建设,积极推动东南亚区域货币的合作。第五章,人民币离岸市场的建设规划。首先对人民币离岸市场提出总体设计,在此基础上,介绍人民币离岸市场的地点选取以及人民币离岸市场的风险控制。第六章,自由贸易区建设——人民币国际化的地域基础。介绍中国自由贸易区建设的现状,自由贸易区建设的指导原则和目标,自由贸易区建设的模型分析以及中国自由贸易区建设实施方案。第七章,东亚区域货币合作——人民币国际化的必由之路。首先指出 OCA 指数模型,接着提出对东亚区域 OCA 指数的计算和评价,以及东亚区域货币合作的路径构想。最后为论文结论。

关键词:人民币　国际化

**0887**

**美日两国信息社会建设与发展的比较研究** / 李理著 ; 刘昌黎指导. -- 东北财经大学, 2009. -- 258 页

论文从环状看因果的观察角度,采取演绎推理和经验实证分析相结合、具体分析与综合分析相结合、纵向分析和横向分析相结合,对美日两国信息社会建设与发展进行比较研究。全文共分十章。第一章讨论和分析了研究的背景和目的,对相关概念和研究范围进行了界定,对国内外的相关研究进行了回顾和评述,确立了研究方法和基本框架;第二章在分析美日两国信息基础技术、信息系统技术以及信息应用技术发展的基础上,对美日两国信息技术发展的异同之处及导致差异产生的主要原因做出探讨;第三章在对美日两国信息产业发展背景、历程及 IT 外包的发展进行分析的基础上,探讨美日两国信息产业发展的异同之处及导致差异产生的主要原因;第四章在分别对美日两国信息化的主要方面——企业信息化、电子商务、政府信息化、家庭和个人生活信息化、教育信息化以及农业信息化发展情况进行研究的基础上,对美日两国信息化的异同之处及导致差异产生的主要原因做出探讨;第五章在对美日两国信息资源管理、开发和利用情况进行分析的基础上,对美日两国信息资源管理、开发和利用的异同之处以及导致差异产生的主要原因展开研究;第六章在对美日两国信息网络建设情况进行分析的基础上,探讨美日两国信息网络建设的异同之处以及导致差异产生的主要诱因;第七章分别从信息技术教育与培训、IT 人才引进、人才激励机

制三方面对美日两国IT人才队伍建设情况进行分析,总结出两国IT人才队伍建设的异同之处,并探讨导致差异产生的主要诱因;第八章在对美日两国信息制度环境进行分析的基础上,对两国信息制度环境建设的异同之处及导致差异产生的主要原因做出探讨;第九章提出论文的研究结论;第十章在上述研究的基础上,就信息社会的内涵与基本特征、信息社会建设与发展的基本内容及其相互关系、信息社会与工业社会的区别、信息技术革命对经济增长的作用机理展开理论思考。

关键词:信息化社会　对比研究　美国　日本

**0888**

**人口老龄化对贸易收支的影响** / 李晴著 ; 庄宗明指导. -- 厦门大学, 2009. -- 168 页

论文的研究对象为人口老龄化对贸易收支的影响。全文共分为六章。第一章,导论。介绍问题的提出,文献综述,研究思路和研究方法。第二章,理论模型。包括理论模型的构建,基于理论模型的模拟,理论模型总结。第三章,人口老龄化对贸易收支影响的实证分析——世界。首先分析国际贸易与世界人口的发展现状,包括国际贸易的发展现状,世界人口的发展现状,老龄化背景下的各国消费;结合进出口贸易与世界人口老龄化概况,提出人口老龄化对贸易收支影响的实证分析,并得出分析结论;结合双边贸易与相对老龄化,对人口老龄化对双边贸易收支影响展开实证分析,并得出实证分析结论。第四章,人口老龄化对贸易收支影响的实证分析,以中国为例。首先介绍中国对外贸易的发展现状,中国人口的发展现状,人口老龄化背景下的中国居民储蓄与消费;提出人口老龄化对中国贸易收支影响的实证分析;探讨基于不同类别的产品贸易收支的分析,包括按经济大类(BEC)分类的中国贸易收支,中国对G7国家按BEC分类和贸易收支。第五章,人口老龄化对贸易收支影响的拓展分析——基于对理论模型的补充和反思。首先分析消费差异性的表现和影响,探讨人口转变与老龄化差异的影响;接着探讨社会保障的影响,包括社会保障对储蓄和消费的影响,社会保障的现实情况及影响,并提出对社会保障的补充分析;探讨国际直接投资的影响。第六章,结论、展望以及对中国的启示。

关键词:人口老龄化　对外贸易　贸易收支

**0889**

**中美贸易不平衡实证研究** / 李伟著 ; 张蕴岭指导. -- 中国社会科学院, 2009. -- 168 页

论文采用理论与实证相结合的研究方法从外商直接投资和产业转移两个角度,对中美贸易不平衡的原因,尤其是中美贸易不平衡持续快速扩大进行了研究。全文共分六章。第一章导言,提出了论文的研究问题,指明了论文的基本框架和研究方法,揭示了论文的主要观点;第二章文献综述,对中美贸易不平衡研究相关的文献进行综合论述;第三章对中美经贸关系进行了回顾,分析了中美贸易不平衡的结构,并以计算机产品为例对有代表性的产业部门进行了分析;第四章对中美贸易不平衡的原因进行了分析,指出了论文的理论性框架,对全球化背景下的产业投资转移和产品内分工进行了说明,论述了经济全球化给中美贸易带来的外部环境的变化,对中美贸易不平衡问题的中国因素和美国因素进行了研究,并对中美贸易不平衡与日美贸易不平衡进行了比较;第五章论述了中美贸易不平衡的多重影响,并对中美贸易关系发展的前景进行了展望;第六章结语。论文的主要研究结论是:导致中美贸易不平衡的原因是多维的,中美之间存在着非对称性相互依赖关系,增加了中国在中美贸易不平衡中的脆弱性和对美国市场的依附性,与对美国经济的影响程度相比,中美贸易不平衡对中国经济的影响要更大。

关键词:双边贸易　中美关系　贸易差额　外商直接投资

**0890**

**跨国公司全球采购研究** / 李献兵著 ; 蒋瑛指导. -- 四川大学, 2009. -- 160 页

论文采取理论与实证相结合的研究方法,对跨国公司的全球采购进行了研究。全文共分八个部分。第一部分导言,说明了论文的选题背景和选题意义、研究思路、论文结构和研究方法,并指出了论文的创新与不足之处;第二部分跨国公司全球采购研究文献综述,对与跨国公司全球采购相关的理论研究文献进行简要回顾和介绍,从而为跨国公司全球采购提供理论上的支持;第三部分跨国公司全球采购概述,主要论述跨国公司全球采购的概念、特点和趋势等,从而对跨国公司全球采购有一个比较概括的认识和了解;第四部分跨国公司全球采购的动因,分析了跨国公司全球采购产生、发展的动机和原因;第五部分跨国公

司全球采购的模式,论述了传统采购模式的缺陷,对跨国公司全球采购模式进行了分析,并对跨国公司全球采购模式与传统采购模式进行了比较;第六部分跨国公司全球采购的风险,对跨国公司全球采购风险进行了定义,并指出了跨国公司全球采购风险的影响因素,阐述了跨国公司全球采购的风险及其防范;第七部分跨国公司全球采购实证研究,以沃尔玛在华全球采购为例,就跨国公司全球采购在我国的产生、发展、趋势以及对我国的影响进行了分析研究;第八部分我国应对跨国公司全球采购的措施,理论联系实际,向我国政府和企业提出应对跨国公司全球采购的具体措施,从而增强理论研究的实践意义。

关键词:跨国公司　采购管理　运行模式

**0891**

**开放背景下金砖四国证券市场国际化联动的研究** / 李晓广著 ; 张岩贵指导. -- 南开大学, 2009. -- 168 页

论文采取理论与实证相结合的方法,关注新兴市场经济国家证券市场的开放问题,探讨经济或金融危机期间,新兴市场经济国家股票市场的波动特征,重点探讨这种波动在国家市场的联动性,探究这种联动性在危机时期、非危机时期以及危机时期内各阶段的发展及演变规律。全文共分六章。第一章导论,概述选题的研究背景、阐明选题意义、论文结构、研究方法、主要创新点、基本结论和不足之处;第二章证券市场国际化联动的文献综述,介绍国内外同类或相近研究的成果现状,包括股票市场波动性和联动性的文献综述,以及介绍证券市场开放与市场国际化联动的关系;第三章证券市场国际化联动的理论基础,对证券市场联动的含义、途径等进行简要介绍,系统介绍现代金融危机的特点和传播机制,对论文重点关注的三次经济金融危机进行较为全面的介绍;第四章开放背景下证券市场国际化联动的实证研究,设计考察各国证券市场波动性、联动性的理论及实证模型,确定论文的具体研究样本、研究时期与数据来源,对证券市场国际化联动进行实证分析;第五章从巴西、印度、俄罗斯和中国证券市场的发展沿革、市场环境等角度分析实证研究结果的成因和差异;第六章研究结论与政策启示,总结全文的研究结论,进一步探讨实证结论和成因分析带给我们的政策启示,并针对新兴市场国家在证券市场开放过程中,防止出现过度国际化联动进行细致的对策研究。

关键词:证券市场　金融市场　经济波动　金融危机

**0892**

**基于人力资本角度分析的中、印经济起飞与可持续发展** / 李昕著 ; 徐勇,徐滇庆指导. -- 中山大学, 2009. -- 204 页

论文研究为基于人力资本角度分析中、印经济起飞与可持续发展。全文共分为十一章。第一章,传统发展经济学有关人力资本理论的回顾。介绍发展经济学模型,经济增长与技术进步及人力资本的关系。第二章,中、印的经济比较——起点和差距。介绍中印两国几乎完全相同的起点,中印国内总体经济情况比较,中印两国国民生活水平比较,中印两国对外贸易情况比较,中印两国重要工业产品产量和运输能力比较,中印对能源要求的比较,中印在农产品市场上的比较,中印在科教方面的比较,以及中印宏观数据比较;探讨中印的相同和不同之处。第三章,非人力因素与中印经济起飞。介绍世界的贫富差距,非人力因素与经济增长,外部直接投资与经济发展,债务减免与经济增长,外部优惠贷款与经济增长,中印的经济增长与外部援助,外援效果的局限性。第四章,人力资本与中国经济起飞——劳动力密集型产业。介绍劳动力密集型产业转移的历史轨迹,劳动力密集型产业的发展与中国经济起飞,产业转移中的工资变化规律,产业转移的必然性,人力因素与持有劳动力密级型产品的时间跨度,产业转移与外来人力因素,人力因素与劳动力密集型产业的第四次转移。第五章,人力资本与印度经济起飞——技术密集型产业。介绍服务业外包的定义、经济学原理及意义;技术密集型产业在印度的发展。第六章,人力资本定量分析与中印生产率水平比较。探讨传统经济理论中的人力资本,内生增长理论中的人力资本,人力资本对中国经济作用的实证分析,中印人力资本与劳动生产率水平比较。第七章、第八章与第九章分别探讨人口与就业压力与经济的可持续发展之间的关系,产业、就业等结构变化与中印的可持续发展,人均收入差距与中印的可持续发展。第十章,就业与中、印、美之间的博弈。介绍中印所属竞争组别的比较,从就业角度分析中印经济发展对美国的冲击。第十一章为论文总结及相关的政策建议。

关键词:经济发展　可持续发展　人力资本　中国　印度

**0893**

**服务业国际转移研究** / 李源源著 ; 蒋瑛指导. -- 四川大学, 2009. -- 152 页

论文以服务业国际转移为研究对象,在服务全球化和国际产业转移呈现新特点的背景下,对服务业国际转移的特点、动因、主要途径和影响展开论述,并在此基础上提出了我国承接服务业国际转移的政策建议。全文共分六章。第一章导论,主要介绍了论文的研究背景、选题意义以及拟采用的研究方法,重点梳理了国内外学者在服务业国际转移领域的研究成果,总结了各种学派的基本观点和理论框架,并进行简要评述;第二章介绍了服务、服务业的内涵和特点,界定了服务业国际转移的基本概念、主要路径,并从国际投资理论、贸易理论的角度对服务业国际转移的经济学意义进行了初步探讨;第三章从分析全球化进程入手,指出服务业国际转移已成为当今国际产业转移的主流,并呈现出网络化、协同化、非均衡性、非渐进性等特征,从微观的服务业自身特殊性与变化、中观的跨国企业主要载体推动以及宏观壁垒障碍减弱等三个层次来分析服务业国际转移的动力机制;第四章对服务业国际转移的两种途径进行了分析,从各自的含义、实现方式、影响因素等方面分析比较了服务业国际直接投资、服务离岸与外包这两种途径的异同,并系统论述了各自的发展特点,分析比较了印度和爱尔兰两国服务外包发展模式的异同;第五章以服务业国际转移对世界经济格局以及发展程度不同国家的影响为研究对象,指出服务业国际转移不仅是推动经济一体化进程、深化国际分工和引发全球生产体系变革的重要力量,同时使东道国乃至母国实现双赢;第六章对我国承接服务业国际转移提出了政策建议。

关键词:服务业　国际市场　产业转移　经济全球化

**0894**

**技术进步与贸易差额:基于国际外包的分析** / 梁俊伟著 ; 张二震指导. -- 南京大学, 2009. -- 134 页

论文以中国—发展中国家—参与国际外包为背景,重点分析外包对于技术进步和贸易差额的影响路径,在综合梳理外包的起源、概念、分类以及理论争议的前提下,分别从理论和实证上探讨承接外包对于东道国的技术进步,进而工资差异和贸易差额的影响路径。全文共分为七章。第一章,导论。介绍选题的意义,国内外研究现状,研究目标、内容、可能的创新和不足,研究的技术路线图。第二章,文献综述。介绍外包及相关概念,外包背景下针对技术及贸易的研究。第三章,技术进步对贸易差额的影响效应——一个理论框架。介绍外资引致技术进步产生背景,技能水平对生产成本影响的分析,一个改进的理论分析框架。第四章,技术垄断与贸易差额的均衡分析。内容包括封闭经济中技术进步与生产决策,开放经济中的一般均衡分析及研究过程总结及展望。第五章,引致技术进步影响中国货物贸易差额的实证研究。探讨技术进步的影响路径,对研究数据做出说明,并对技术进步影响效应做出实证分析。第六章,本土技术进步对中国服务贸易差额的影响效应。提出服务贸易的统计性描述,模型及数据的说明以及检验结果的分析和结论。第七章,中国技术进步与贸易结构战略调整。分析参与国际外包的背景,探讨外包提升产业技术水平的战略,并提出对外包调整贸易结构的战略思考。

关键词:对外承包　技术进步　贸易差额

**0895**

**从次贷风暴起因探讨债券衍生商品定价缺失与因应对策** / 林昌亮著 ; 邱立成指导. -- 南开大学, 2009. -- 130 页

论文针对 Copula 方法与分析架构进行剖析,再模拟美国道琼斯工业指数 4 家上市公司所发行无担保债券作为连结标的之担保债券凭证为例,进行模拟实证并分析其结果。全文共分六章。第一章绪论,提出了论文的研究问题,指明了论文的研究意义、研究结构、研究内容、创新及不足;第二章对债券信用风险模型相关文献进行了评述;第三章对债券衍生商品定价的 Copula 方法进行了介绍,对传统债券定价模式、Copula 原理和运用进行了阐述;第四章阐述了证券衍生商品定价隐含的问题,对市场上 SPV 计算 CDO 分券溢酬进行了分析,指出模拟定价看 CDO 定价存在的问题,提出了改善建议;第五章对次贷危机对两岸直接影响和两岸在次贷危机的经济影响进行了分析,指出了中国大陆债券发行方式演变与交易现况,及中国大陆发展债券衍生商品面临的问题,并对两岸债券及其衍生商品市场进行了比较研究;第六章对历史上金融危机进行了综合分析,对政府部门、中央银行、金融业者、国际央行对各部门应对策略进行了阐述,提出了次贷危机理论,并对此进行了反思。

关键词:金融市场　金融危机　债券　风险管理资料缺乏

**0896**

**资产价格泡沫与货币政策** / 刘贵辉著 ; 李天德指导. -- 四川大学, 2009. -- 201 页

论文以货币理论、金融发展理论等为理论基础,采用理论与实际相结合、实证分析和规范分析、定性分析和定量分析、典型分析和案例分析等研究方法,对资产价格泡沫如何影响实体经济以及货币政策如何应对资产价格泡沫等问题进行了系统的分析和考察。全文共分六个部分。第一部分绪论,对选题背景、国内外研究现状、研究思路和全文框架、研究方法等进行了较为详尽的阐述;第二部分研究了资产价格泡沫相关概念、形成机制和检测方法,对资产价格泡沫的概念和理论进行了梳理,对有效市场假说理论(EMH)、资产基本价值确定理论、理性泡沫和非理性泡沫理论、泡沫的检测方法等进行了介绍;第三部分研究了资产价格泡沫对宏观经济的直接影响渠道,运用有关的消费理论和投资理论,分析了资产价格泡沫影响消费和投资的机制,并介绍了西方学者的实证研究成果,介绍了金融危机有关理论,分析了资产价格泡沫对金融稳定影响的机制;第四部分研究了资产价格泡沫对货币政策的影响,对资产价格泡沫如何影响货币政策最终目标——经济增长和通货膨胀进行了理论分析,分别从相关性、可控性和可测性三个方面分析了资产价格泡沫对货币供应量中介目标有效性的影响,就资产价格泡沫如何影响货币政策传导机制进行了探讨;第五部分研究了货币政策如何应对资产价格泡沫,把学术界和实务界整个观点分为消极反应和积极反应两类,将货币政策应对资产价格泡沫的反应策略分为反应策略、资产价格定标策略、利率规则调整、弹性通货膨胀目标制等四个类别,并分别进行了详细地介绍;第六部分研究了中国资产价格泡沫的影响以及中国货币政策的应对之举。

关键词:资本市场　泡沫经济　实体经济　货币政策　宏观经济调控

**0897**

**资产泡沫的结构性演化机制研究** / 刘培刚著 ; 高乐咏指导. -- 南开大学, 2009. -- 136 页

论文从行为经济学、金融过度支持假说以及国际波动和传导机制三方面的理论出发,采取定性与定量相结合的方法对资产泡沫的结构性演变机制进行研究。全文共分六章。第一章引言,介绍论文的研究对象、研究背景、研究方法、结构体系以及主要内容;第二章介绍资产价格泡沫结构演变的理论框架,对国内外学术界有关资产价格泡沫的研究状况以及方法演进进行归纳和评述;第三章对美、日、中的资产价格泡沫现象进行比较分析,并从居民对安全资产和风险资产的替代选择行为出发,分析资产价格泡沫的形成和关联机制;第四章在前文对资产价格泡沫演变机制进行剖析的基础上,以中国股票和房地产市场为例,分析中国资产价格泡沫的特征以及居民理性和非理性预期对资产财富效应的基础作用;第五章借助国际化的分析视角,探讨资产价格泡沫的国际传导机制,探讨资产价格预期对泡沫形成的跨期影响,并考察资产价格泡沫的波及效应和跨国传导机制,分析资产价格泡沫国际传导中的关键影响因素,分析中国的输入型资产价格泡沫以及资产价格泡沫深层次的原因,考察全球化背景下,资产价格泡沫危机对中国经济的影响,以及资产价格泡沫的正面效应和负面效应;第六章从微观经济主体和宏观层面两个角度出发研究资产价格泡沫的治理与防范,对各国应对资产价格泡沫危机的政策进行梳理,提出加强金融监管、对资产价格泡沫进行干预和建立国际协调机制等政策建议。

关键词:资本市场　资产结构　泡沫经济

**0898**

**经济全球化背景下我国产业结构优化升级研究** / 刘强著 ; 陈建安指导. -- 复旦大学, 2009. -- 147 页

论文采用理论与实践相结合的方法以及比较研究的方法,对经济全球化背景下我国产业结构优化升级进行了研究。全文共分六章。第一章导论,指出了论文的选题背景、选题意义、研究思路、研究结构、研究方法、创新点及不足;第二章对产业相关概念进行了界定,并对封闭经济条件下的产业结构相关理论进行了回顾;第三章对在经济全球化背景下世界各国产业结构演变的趋势进行了分析,对美国、日本、东亚"四小龙"的产业发展和产业结构升级的路径进行了定性研究,并总结出这些国家和地区产业升级所具有的共性和差异性因素;采用面板协整检验方法和FMOLS、DOLS 的估计方法,针对论文研究所得到的相应观点,使用同时期韩国、台湾省、香港特别行政区、马来西亚和泰国 5 个东亚国家和地区的数据,进行实证分析;第四章对我国产业发展的历程和模式进行了回顾和描述,在此基础上选择了全球化背景下我国具有代表性的行业,对其国际产业竞争力进行评价和分析,通过与日本 1970 年代产业振兴计划进行比较,对我国应对当前国际金融危机而新出台的产业振兴政策的有效性进行了研究;第五章构建了我国产业结构升级路径的理论分析模型,并得出了相应的结论,为

了验证理论分析的结论,构建了实证分析模型,使用我国30个省份的面板数据对理论模型进行了检验,并对计量结果进行了评价;第六章是我国产业振兴与结构优化升级的政策措施,在前面研究的基础上,结合我国实际情况,提出了我国产业发展模式以及当前我国制定产业政策应当遵循的若干基本原则,并提出了促进我国产业振兴和结构优化升级的政策主张和建议。

关键词:产业结构优化　产业结构升级　产业政策

**0899**

**现代国库管理体系建设研究** / 刘文卿著 ; 孙健夫指导. -- 河北大学, 2009. -- 153 页

论文以现代国库理论为基础,以研究建设现代国库管理体系建设为主线进行了论述。全文共分五章。第一章导论,阐明中国的财政国库制度改革正处于一个向纵深发展的十字路口上,改革的深化迫切需要有关理论的支持和统领,指出了论文的研究目的和意义,综述了近年来,国内外不同学者和机构对国库概念和职能的不同认识,理出国库理论的近期发展脉络;第二章阐述了国库管理制度在古代、近代、现代的历史沿革,从公共财政理论、经济控制理论、委托—代理理论、制度创新理论四个方面,阐述现代国库管理理论基础,提出了在市场经济体制下现代国库的概念、特征、职能等基本理论,构建了国库管理体系建设的理论平台;第三章系统阐述了美国、英国、澳大利亚和法国四个西方市场经济国家的国库管理制度、国库职能、收支运行方式、国库管理体系等问题,对西方各国现代国库管理的异同和特点,进行了比较、归纳、总结,阐述了在市场经济条件下西方发达国家现代国库制度对中国国库管理的启示;第四章通过案例形式,对中国中央财政以及湖北、云南、福建、深圳四省市财政国库改革的现状进行全面、细致的考察,从强化财政资金管理、提高资金使用效率、增强财政宏观调控能力等7个方面总结中国财政国库改革所取得的成效,重点分析和归纳了中国现代国库改革进程中,在管理体系建设和信息系统保障方面存在的不足;第五章以经济控制理论为基础,参考国际货币基金组织推荐的国库模型,构建了中国现代国库管理模型,在国库管理模型框架下,对现代国库模式管理体系中的收付控制、政府采购、现金管理等内容进行了研究,并对构建现代国库管理体系的技术保障,提出了具体的建设思路。

关键词:国库　财政管理体制　信息化　经济控制论

**0900**

**中国制造业企业跨国经营研究** / 刘晓燕著 ; 蒋瑛指导. -- 四川大学, 2009. -- 185 页

论文采用理论与实践相结合的方法,评价分析中国制造业企业近年来跨国经营实践的特点,对制造业企业跨国经营的战略选择进行了系统论述。全文共分八章。第一章导论,回顾了相关研究文献,并界定了制造业、跨国经营等概念的内涵;第二章是关于跨国经营的经济学理论,在中国企业跨国经营的存在性问题上,介绍了以发展中国家为背景的边际产业扩张理论、适应性技术转移等相关理论,从横向和纵向分析了企业从事跨国经营的演进理论以及跨国公司战略理论,提出了适合中国对外直接投资的有效资本型跨国经营理论;第三章回顾了中国制造业企业跨国经营的历程,并从总体规模、主体特征、产业结构、区域分布等角度分析了近年来,尤其是中国加入世贸组织以来,中国制造业企业跨国经营的现状特点,并进一步从宏观和微观层面上结合经验数据对制造业跨国经营的绩效做了定性和定量的评估;第四章在整理跨国经营竞争优势理论的基础上,定量分析了中国制造业国际竞争力;第五章比较分析了贸易、契约和投资等进入模式的差异,分析了影响企业选择的因素,进一步提出了依照企业跨国经营组织能力的差异,选择企业国际市场进入模式,并以联想集团为例做了分析;第六章分析了跨国经营在区位选择上的影响因素,以华为集团为例提出了结合国际生产价值链布局和企业跨国经营动机因素来选择跨国经营目标区位;第七章结合实例具体阐述了中国制造业企业跨国经营的技术创新战略、品牌战略、本土化战略;第八章提出了有利于促进中国制造业企业跨国经营的相关扶持政策建议。

关键词:制造工业　企业管理　跨国经营　区位选择

**0901**

**基于外商直接投资视角的东亚经济增长研究** / 刘志雄著 ; 舒元指导. -- 中山大学, 2009. -- 170 页

论文研究的核心问题是外商直接投资能够促进东亚经济增长,探讨外商直接投资促进东亚经济增长的原因,即外商直接投资促进东亚经济增长的渠道。全文共分为八章。第一章,绪论。介绍研究背景、问题提出、研究意义、研究方法、数据来源、创新之处及论文的研究思路和结构框架。第二章,文献综述。介

绍西方经济增长理论,外商直接投资、技术进步与经济增长、对东亚经济增长的相关研究述评。第三章,外商直接投资与东亚经济增长的关系,介绍东亚经济增长与外商直接投资的现状,东亚经济增长与外商直接投资的周期波动,东亚经济增长与外商直接投资的关系检验,并得出讨论的结论。第四章,外商直接投资形式与东亚经济增长。介绍不确定下外商直接投资的形式,对东亚外商直接投资的投资形式分析,并以服务业为例,探讨水平型投资与东亚的经济增长。第五章,外商直接投资、技术进步与东亚经济增长关于区域内投资角度的考察。探讨东亚地区的对外直接投资,东亚区域内投资的不断加强,外商直接投资、技术进步与东亚经济的均衡增长。第六章,外商直接投资、技术进步与东亚经济增长。探讨东亚外资进入、技术水平与信号的传递,外商直接投资对东亚技术进步的作用,外商直接投资与技术进步对东亚经济增长的作用。第七章,东亚加强利用外资促进经济增长的相关建议。提出将外资投向基础设施建设,促进东亚经济增长;加强东亚的技术吸收能力;加强东亚的区域合作。第八章为论文结语。

关键词:经济增长　外商直接投资　技术进步　东亚

**0902**

**服务业国际转移及其溢出效应研究** / 刘志中著 ; 程伟指导. -- 辽宁大学, 2009. -- 116 页

论文结合中国承接服务业国际转移的情况,对服务业国际转移对东道国的溢出效应进行了理论和实证分析。全文共分六个部分。第一部分绪论,提出了研究的背景和意义,对于论文的研究对象进行了界定,对国内外研究现状进行了综述,指出了论文的研究方法和创新点及不足之处;第二部分分析了产业转移动因和转移方式理论,指出传统产业转移理论对于服务业的适用性及不足;第三部分对服务业国际转移相关情况进行了系统的分析,介绍了服务业国际转移现状,分析了服务业国际转移迅速发展的条件,分析了服务业国际转移的主要影响因素,指出与制造业国际转移相比较,服务业国际转移具有的特点,列举了主要的服务业转出国和承接国,指出了服务业国际转移的发展趋势;第四部分,从服务业国际转移对东道国、母国和整个世界的影响三个方面进行论述;第五部分服务业国际转移对中国溢出效应的实证分析,运用因果检验和回归分析等计量工具,结合中国服务业利用外资数据,对服务业国际转移对东道国溢出效应进行了实证检验,同时,结合生产性服务业典型企业——花旗银行和消费性服务业典型企业——麦当劳的实践,进一步分析了服务业国际转移东道国的溢出效应;第六部分中国服务业国际转移发展现状和对策,对中国发展服务业国际转移现状进行了说明,结合前文的分析,提出了一些有助于中国服务业发展的对策建议。

关键词:服务业　国际分工　产业转移

**0903**

**中国贸易结构升级研究:基于适宜技术的视角** / 刘钻石著 ; 唐朱昌指导. -- 复旦大学, 2009. -- 175 页

论文把适宜技术理论应用于国际贸易领域,研究一国贸易结构升级问题。全文共分八章。第一章导论,给出了论文的选题背景、研究意义、研究视角、分析框架、创新点和不足;第二章为文献综述,比较分析了各种贸易结构决定理论,并阐述适宜技术理论的基本思想,综述了国内外关于贸易结构升级的主要观点;第三章为适宜技术模型的经济分析框架,构建了在封闭条件下一国适宜技术模型,分析研发投资、人力资源等变量对适宜技术选择的影响,构建了开放经济条件下一国适宜技术模型,分析国外变量对适宜技术选择的影响;第四章为中国对外贸易结构概况分析,分析了改革开放以来的中国贸易结构概况,分别从贸易发展过程、贸易市场、贸易方式的角度讨论中国贸易结构;第五章为中国出口贸易技术水平即适宜技术理论的实证分析,实证检验适宜技术理论在国际贸易领域的正确性,为中国贸易结构升级提供实证依据;第六章为贸易结构升级的国际经验借鉴,以东亚为主要研究对象,分析东亚国家在贸易结构升级方面的经验,以便中国学习、借鉴;第七章为中国贸易结构升级路径,通过中国出口贸易技术水平的测定和适宜技术理论的检验结果,参考国际经验,给出中国贸易结构升级的路径;第八章为全文总结,给出了全文分析的主要结论。

关键词:对外贸易　贸易结构　技术水平

**0904**

**基于资源中间品贸易的经济增长模型构建及其应用** / 陆建明著 ; 高乐咏指导. -- 南开大学, 2009. -- 152 页

论文采用理论与实践相结合的方法,构建相关模

型，讨论了国际资本流动和技术进步等外部冲击对经济增长的影响。全文共分九章。第一章引言，指明了论文的研究背景、研究的基本思路、结构安排、主要内容，并指出了论文的创新之处及研究意义；第二章指明了模型构建的基本思路，给出了模型的基本假定条件；第三章构建了封闭条件下的经济增长模型，并对经济增长过程中各要素的报酬及收入分配进行分析；第四章提出了影响经济增长进程的三个均衡条件，指出了经济增长过程中的三个阶段及其特征，并构建了开放条件下的经济增长模型；第五章分析了国际直接投资和间接国际资本流动对经济增长的影响；第六章分析了资源中间品节约型技术进步、资源中间品增产型技术进步、资源基础扩张型技术对经济增长的影响，并对三种类型技术进步经济增长效应进行了比较；第七章对资源中间品部门的产业政策及其效应，对最终产品部门的产业政策及其效应进行了分析，并对不同部门实施产业政策的效应进行了比较；第八章对非数量限制性贸易政策的经济增长效应进行了分析，并指出了资源中间品出口配额对经济增长的影响；第九章为论的主要研究结论，指出了论文的局限及进一步研究的方向和设想。论文的研究结论是：在封闭条件下，经济增长过程中最终产品部门与资源中间品部门的资本投入将始终保持固定的比率，而且经济增长将受到自然资源禀赋的约束，自然资源禀赋数量越高，经济增长的空间就越大。

关键词：自然资源　经济增长　国际贸易　产业政策

**0905**

**次贷危机背景下的创新与金融稳定关系分析** / 罗惠良著 ; 胡海峰指导. -- 北京师范大学, 2009. -- 150 页

论文将次贷危机成因作为研究背景和线索，重点以金融创新和会计计量标准变革两大因素为突破口，借助于理论模型和计量技术，探讨二因素与金融稳定的关系。全文共分五章。第一章绪论，阐述选题背景、研究意义、论文框架、研究方法、预计的创新和局限；第二章对金融创新与金融稳定关系研究进行综述，包括狭义金融创新、广义金融创新与金融稳定两方面的内容，总结提出金融创新与金融稳定关系的两部门和三部门一般均衡分析框架，对金融创新与金融稳定关系进行实证检验，还对金融创新的实际进行了考察，包括金融创新发展实践、金融创新与风险转移以及风险转移与金融稳定分析；第三章对会计计量标准变革与金融稳定关系研究进行综述，基于美国次级债券市场分析会计计量标准变革对房价与债券价格间反馈机制的强化效应，将会计计量标准变革引入金融创新的三部门框架，分析了会计计量标准差异对危机的影响；第四章主要依托国内传导和国际传导两大视角，总结提炼出单个银行挤兑、银行间直接传导、银行间间接传导、银行与其他部门(保险)间传导等国内传导机制，以及财富效应、投资者信息处理能力、国际金融市场传播等国际传导机制；第五章除一般分析外，探讨了华尔街“发起——销售”模式对金融稳定的影响，论文基于负效应从次贷危机视角提出了加强金融稳定的具体应对措施。

关键词：金融创新　金融风险　公允价值

**0906**

**国际粮食垄断资本跨国投资及其影响研究：以大豆产业为例** / 罗智波著 ; 蒋瑛指导. -- 四川大学, 2009. -- 135 页

论文以中国大豆产业为例，从理论和实证两个方面对国际粮食垄断资本扩张现象进行了研究，分析了国际粮食垄断资本对我国粮食安全所产生的影响，并在此基础上提出了相应的政策建议。全文共分五章。第一章导论，主要为研究背景的介绍，选题的依据，研究的意义、思路和方法，以及对既有相关理论和实证研究文献的回顾和评述等方面的内容，同时引出相关的问题；第二章对国际粮食垄断资本的形成及特征进行了分析，并分析了国际粮食垄断资本的扩张及影响因素；第三章以美国、巴西、阿根廷、中国四大大豆主产国为例，对国际粮食垄断资本跨国投资效应进行了分析，重点阐述了以四大粮食跨国公司为代表的国际粮食垄断资本针对可以形成大豆种植规模效益的中国所采取的控制方式，进而控制全球大豆产业链的过程和内含的资本扩张本质，使世界粮食安全和中国粮食安全都受到严重威胁，并提出了简要结论；第四章分析了国际粮食垄断资本的跨国投资对世界粮食安全的影响，共六个方面，引发粮食经济不安全、引发粮食营养不安全、高粮价导致营养不足人数上升，并反作用于粮食生产、高粮价引发冲突和战乱、自然环境恶化进一步威胁世界粮食安全、生物燃料的出现直接影响世界粮食安全；第五章针对前文所述的理论和实证分析结果，以及中国目前所处宏观经济和政治背景的变化，在结合中国大豆产业实际所面临的困难和对国际粮食垄断资本现状的分析的基础上，给出了若干

政策建议。

关键词:粮食行业　跨国公司　金融资本　粮食安全

0907

**外资银行进入对东道国银行绩效影响研究** / 马如静著 ; 邱立成指导. -- 南开大学, 2009. -- 126 页

论文分别从微观视角的外资银行进入对东道国银行部门产权结构影响和宏观视角的外资银行进入对东道国银行部门市场结构出发,研究外资银行进入对东道国银行绩效影响的传导路径及约束条件。第一章,导论。介绍问题提出与选题意义,国内外相关研究进展与述评,研究方法与技术路线,研究内容与结构安排,研究结论与创新之处。第二章,外资银行进入的理论背景。介绍外资银行概念的界定,银行跨国经营的理论基础,外资银行进入发展中国家的动因分析。第三章,外资银行进入对东道国银行绩效的微观影响分析。介绍银行绩效的内涵与衡量,产权结构与银行绩效,外资银行参股、东道国银行产权结构与绩效。第四章,外资银行进入东道国银行绩效的宏观影响分析。分析包括市场结构与银行绩效,外资银行进入、东道国银行市场结构与绩效,东道国市场环境的影响因素分析。第五章,外资银行进入对东道国银行绩效影响的实证研究。一是模型的构建,包括总体设计,模型设定与变量选取;二是数据来源与处理;三是回归结果探讨,包括单位根检验,外资银行进入对东道国银行绩效影响的回归结果分析,外资银行进入影响东道国银行绩效约束条件的回归结果,稳健性检验。第六章,外资银行进入与中国银行绩效:影响与对策分析。首先分析外资银行进入中国的现状,接着对外资银行进入对中国银行绩效的影响分析,最后对中国银行业引入外资银行的对策分析。第七章,结论及展望。

关键词:外资公司　商业银行　银行管理

0908

**企业异质性与中国出口省际失衡研究** / 马相东著 ; 王跃生指导. -- 北京大学, 2009. -- 126 页

论文围绕企业异质性与中国出口省际失衡主题,分别从理论研究述评与展望、数据统计与分析以及模型设定与实证检验等方面进行研究和分析。全文共分六章。第一章导言,提出了论文的研究问题、研究结构、研究方法、创新与不足;第二章重点介绍 Melitz (2003)模型,在此基础上对其新近扩展模型进行简要梳理和述评;第三章全面考察中国企业的规模、劳动率等各方面的异质性问题,并对中国出口企业与一般企业的异质性进行了分析,为后文的研究做铺垫;第四章重点分析改革开放 30 年以来中国出口省际失衡问题及其影响因素,为第五章的经验分析提供支持;第五章延续第四章的研究,采用 1996—2007 年中国 31 个省份的面板数据,检验企业的规模、劳动生产率等企业异质性因素对中国各省份出口贸易的深度边际和省际地区结构失衡的影响;第六章全文总结和政策建议,归纳总结出全文基本思想和研究结论,并提出了未来中国出口省际地区结构调整的方向和重点:着力提高企业劳动生产率和工资水平,从企业微观层面改善中国出口的省际失衡问题;大力发展航空运输和公路运输,从行业中观层面优化中国出口的省际地区结构;借鉴东部经验,发展外向型经济,从国家宏观政策层面上支持中西部内陆省份经济发展和外贸增长。

关键词:对外贸易　贸易结构　企业结构　区域差异

0909

**外资并购国有企业的定价问题研究** / 马永亮著 ; 蒋殿春指导. -- 南开大学, 2009. -- 169 页

论文采用理论与实证相结合的方法对外资并购国有企业的定价问题进行研究,并构建了实物期权模型和 NPV 模型。全文共分七章。第一章导论,提出了论文的研究问题、选题意义、研究思路、研究方法、创新点及文章结构,并对相关文献进行了综合论述;第二章对并购的定义、分类、动因、发展历程进行了阐述,并对跨国并购的理论进行了阐述;第三章对外资并购整体概况进行阐述,分析外资并购的特征,并指出了外资并购中存在的问题;第四章构建了传统定价模型和实物期权定价模型,根据外资并购中中国经济特征选择了外资并购中的定价模型;第五章对外资并购国有企业的定价过程进行分析,构建相关模型,并采取实际案例,对外资并购国有企业的定价进行计算;第六章指出了影响国有企业价值的微观因素、行业因素和宏观因素,并对决定并购交易价格的因素进行分析和外资并购国有资产进行再思考;第七章提出了论文的研究结论,并对完善外资并购市场制度提出了政策建议,包括:逐步修订定价原则,完善外资并购交易市场制度、提高国有企业财务信息透明度。论文

研究结论是:外资并购国有企业的定价问题的解决还需要包括国有企业产权改革等一系列制度的实证性改革,不是一个能够在短期内解决的问题。

关键词:企业合并　资产定价　实物期权

**0910**

**跨国公司"参股——并购"行为的战略动因与行业垄断效应** / 马勇著 ; 蒋殿春指导. -- 南开大学, 2009. -- 140 页

论文从跨国公司垄断市场的动机出发,从理论层面揭示了跨国公司在参股及并购国内企业之后追求"反协同效应"的动机,分析了跨国公司的"参股—并购"战略对于降低跨国公司控制国内企业、实现市场垄断的代价所起的作用进行了理论分析。全文共分七章。第一章导论,介绍了论文的选题背景、研究的问题、研究思路与意义以及论文的结构框架;第二章为理论综述部分,系统梳理了国际直接投资以及跨国企业并购的相关理论与实证研究;第三章的理论分析部分,从跨国公司行业垄断的动机出发,利用跨国公司与国内企业的竞争博弈模型分析了不同类型的跨国投资者在与国内企业合资和并购过程中的战略选择,以此为基础对跨国公司"合资—并购"的战略模式提供了一个理论依据;第四章和第五章分别利用我国上市公司和制造业的相关数据分析了企业遭受合资和并购之后的绩效变化以及跨国公司对我国企业的并购行为所产生的垄断效应,分析了外资并购我国企业的绩效,并基于 DEA 方法对外资并购上市公司效率进行了分析,以娃哈哈集团和蒙牛集团为例对外资并购上市公司进行了案例分析;第六章是政策建议环节,针对前文的理论和实证分析对我国在规制外资垄断,规范引资政策方面提出具体的政策建议;第七章的结束语部分总结了前文分析中所得出的核心结论,并指出了文章的主要创新和不足之处。

关键词:跨国公司　直接投资　并购　垄断

**0911**

**中韩双边自由贸易协定研究** / 苗子瑜著 ; 李晓指导. -- 吉林大学, 2009. -- 137 页

论文为中韩双边自由贸易协定研究。全文共分为六章。第一章,绪论。介绍研究问题的提出,文献综述,论文结构与主要观点,论文研究方法以及论文的创新之处与不足。第二章,双边 FTA 的相关理论,介绍自由贸易理论,经济一体化及效应理论,区域或双边 FTA 理论。第三章,中韩 FTA 的全球及区域背景。首先介绍 WTO 进展与全球 FTA 的发展浪潮,包括 WTO 的进展及面临的障碍,全球 FTA 的发展及趋势,WTO 与 FTA 的关系;探讨东亚区域合作整体推进的障碍,包括东亚区域合作的整体进展,当前东亚区域合作整体推进的障碍及原因,寻找东亚区域合作的突破口;分析东亚双边 FTA 的发展及其新趋势。第四章,中韩建立双边 FTA 的必要性。一是对中韩日益紧密的贸易、投资联系总量分析,二是中韩经济可持续发展的客观要求探讨,最后分析中韩双边 FTA 的贸易、投资效应。第五章,中韩建立双边 FTA 的可行性。首先探讨中韩参与区域或双边 FTA 的实践,包括中国的区域或双边 FTA 实践及特点,韩国的区域或双边 FTA 实践及特点,对政府主导的中韩双边 FTA 的可行性展开研究;对中韩产业结构的互补性与竞争性展开分析,分析中韩在东亚区域产业分工体系中的地位,中韩双边贸易和投资结构,中韩 RCA 指数与产业内贸易指数;提出对中韩双边 FTA 的国际政治经济学分析,指出中韩 FTA 面临的挑战、机遇和潜在收益。第六章,中韩建立双边 FTA 的战略步骤。提出中韩建立双边 FTA 的总体原则,中韩双边 FTA 的主要内容,中韩双边 FTA 的区域地位及作用。最后为论文结论。

关键词:对外贸易　双边贸易　自由贸易　贸易协定　韩国

**0912**

**知识产权保护、吸引 FDI 与东道国创新:基于面板门槛模型的经验分析** / 倪海青著 ; 张岩贵指导. -- 南开大学, 2009. -- 216 页

论文采取理论与实践相结合的方法,对发展中国家的知识产权保护、FDI 与创新进行研究。全文共分六章。第一章导论,介绍了论文的研究背景,阐述了研究的动因、目的以及所研究问题的理论和现实意义,交代了研究思路、研究方法以及论文的创新与不足之处;第二章着重对我国的 FDI、知识产权保护以及创新的历史发展、特点和经验事实进行了梳理和概括性介绍;第三章介绍了 FDI、知识产权和创新的有关基础理论;第四章通过运用南北产品周期模型、博弈模型以及博弈对比模型着重探讨了知识产权保护对 FDI 引致东道国创新的 FDI 知识溢出引致创新机制、FDI 竞争引致创新机制以及 FDI 关联引致创新机制的影响;第五章综合利用 90 多个国家的宏观数据、美国的海外投资数据以及中国的产业数据,从国际比较层

面、我国的宏观层面和产业层面三个层面检验了知识产权保护、FDI 和东道国创新的关系;第六章是结论和建议部分,对全文进行了概括性总结,针对论文理论研究和经验检验所发现的问题并结合中国目前所处的特殊阶段和发展现状,尝试性地提出了一些相关的政策建议。论文的研究结论是:东道国知识产权保护可以对三种 FDI 引致创新机制产生重要影响,这种影响可能是非线性的复杂的影响;知识产权保护对 FDI 引致创新的影响会受到东道国的发展阶段、国家特征以及引进 FDI 所在行业的特征的非线性的复杂影响。

关键词:发展中国家　外资利用　技术创新　知识产权保护

0913

**跨国公司 FDI 技术转移影响因素研究:基于发展中国家的视角** / 倪晓覦著 ; 庄宗明指导. -- 厦门大学, 2009. -- 151 页

论文基于发展中国家视角,对跨国公司 FDI 技术转移影响因素展开研究。全文共分为六章。导论部分介绍论文研究的背景和意义,国内外研究现状,研究思路和框架,研究主要内容,研究方法和创新。第一章,文献综述,介绍 FDI 及其外溢效应的研究,跨国公司 FDI 技术转移及其影响因素研究,国内相关研究进展和文献的简要述评。第二章,跨国公司与国际技术转移,介绍跨国公司在国际技术转移中的作用与控制,跨国公司在技术转移的发展趋势。第三章,技术差距与跨国公司基础转移的微观层面上的分析。首先提出发展中的技术差距:理论与现实,接着对技术差距与 FDI 技术转移的理论与实证展开分析,最后提出对技术差距对跨国公司对华技术转影响展开实证研究。第四章,市场结构与跨国公司技术转移的行业层面的具体分析。内容包括市场结构与企业技术创新,东道国市场结构与跨国公司技术转移的理论分析,网络型寡占市场结构与跨国公司的技术转移,以及对市场结构对跨国公司对华技术转移影响的实证研究。第五章,外资股权政策与跨国公司技术转移的宏观层面的分析。探讨发展中国家外资股权政策的发展及其影响,提出对外资股权政策与跨国公司技术转移的相关性研究,对外资股权政策对跨国公司对华技术影响展开实证研究。第六章,政策建议及后续的研究方向。结合中国外资政策的演变历程与调整,介绍促进跨国公司对华 FDI 技术转移的政策建议,并分析论文研究的局限性以及后续的研究方向。

关键词:跨国公司　外商直接投资　技术转移

0914

**国际贸易对工资与就业的影响:中国工业部门的经验研究** / 牛蕊著 ; 盛斌指导. -- 南开大学, 2009. -- 172 页

论文采取理论与实践相结合的方法对国际贸易对工资和就业的影响问题进行了研究。全文共分八个部分。第一部分导言,介绍了文章的研究背景、研究目的、研究方法及创新;第二部分为文献综述,分别从理论和实证两个方面梳理贸易影响劳动力市场的相关文献,在理论文献部分按照国家贸易理论的发展轨迹整理,在实证部分按照国际贸易影响劳动力市场的三种不同途径进行整理;第三部分、第四部分、第五部分分别利用中国工业部门面板数据按照国际贸易对劳动力市场工资收入分配、就业和劳动力需求弹性三个层面的影响测算了国际贸易的工资、就业差异化和就业风险效应;第七部分作为实证研究的扩展,从中间品贸易角度测算了贸易对工业部门全要素生产率及工资的影响;第八部分是全文研究的归纳总结以及未来研究方向的展望。论文的主要结论:贸易特别是出口的就业扩张效应仍是现阶段促进就业的主要动力,但国内需求特别是对非贸易品的需求是未来扩大就业的潜力来源;贸易提高了初等教育水平劳动力工资收入,降低了中等教育水平劳动力工资收入;就业除与劳动力成本密切相关外,还受到众多宏观经济因素的影响;贸易和汇率指标对劳动力需求弹性具有非常显著的影响,同时它们主要是通过改变劳动力与其他生产要素之间的替代效应来对劳动力需求弹性产生作用;外包和外商直接投资显著促进了工业部门全要素生产率及工资水平提高,同时扩大了国内熟练与非熟练劳动力工资差距。

关键词:对外贸易　劳动力市场　工资　劳动就业

0915

**基于策略视角的并购与并购浪潮研究** / 欧志斌著 ; 冼国明指导. -- 南开大学, 2009. -- 136 页

论文采取理论与实证相结合的方法,基于策略视角对并购和并购浪潮进行了研究。全文共分十个部分。第一部分导论,提出了论文的研究问题、研究方法、研究思路与研究结构;第二部分对美国企业并购和并购跨国化进行了研究;第三部分对并购的绩效进行了研究,并从管理视角、经济视角、策略视角等角度

对并购浪潮进行了研究;第三部分构建了分析框架,并对初始并购对其他公司并购策略影响进行了研究,对并购浪潮可人操纵问题进行了思考;第四部分从更广阔的研究视角对论文的分析框架与核算框架进行了阐述;第五部分从产品市场和资本市场不一致对资本边际效率进行了分析;第六部分对并购与内部投资的成本收益进行了比较,并指出了并购的门槛;第七部分从技术变革、资本市场、政府管制、石油价格等角度对冲击与并购浪潮进行了分析;第八部分对并购与并购浪潮进行了经验性检验;第九部分是全文的结论及政策建议。主要结论是:资本市场是并购和并购浪潮顺利进行的必要条件,由于资本市场和产品市场的反应速度不一致,资本市场上资本的边际效率对产品市场上的收益率变化超调,超调使一些收购企业能够克服并购特定的交易成本,在某些情况下,并购比内部投资要更加经济,在通常情况下,只有少数企业能够具备并购的条件。

关键词:企业兼并　企业管理　资本市场

**0916**

**世界开发园区发展模式研究:世界开发园区发展模式的探索与借鉴** / 潘大钦著 ; 李天德指导. -- 四川大学, 2009. -- 185 页

论文采用理论与实践相结合的方法对世界开发园区发展模式进行了研究。全文共分十三个部分。第一部分导论,对国内外研究现状进行描述,提出了论文的主要目的、主要意义、研究的难点、拟解决的问题和论文的框架结构;第二部分世界开发园区的形成与发展,从园区经济学的角度对开发园区的概念、内涵做出界定,按照不同的经济性特征对开发园区做出分类;对与开发园区形成及发展模式构建相关的理论进行分析;对世界上不同开发园区在不同发展阶段的一般性特征做出判断;第三部分是开发园区发展模式及核心构成,从经济学的角度对发展模式的概念、内涵进行界定,从园区经济学的角度,对开发园区发展模式的概念、内涵做出合理界定,对开放园区发展模式的主要内容进行论述,提出开发园区发展模式的三个核心要件,同时对各构成要素之间的互相关系进行剖析;第四部分世界开发园区管理模式的构建,从管理模式的概念、内涵入手,对世界开发园区管理模式的主要类型和开发园区管理中的政府行为进行分析,并对世界各类开发园区管理模式的利弊进行综合评价;第五部分世界开发园区土地开放模式的构建,从土地开发模式的概念、内涵入手,对世界开发园区土地开发模式的主要类型进行分析,并对世界各类开发园区土地开发模式的利弊进行综合评价;第六部分世界开发园区产业增长模式的构建,对开发园区增长模式的概念、内涵,类型及世界各国促进产业增长的途径进行论述;第七部分我国开发园区的形成与发展,按照发展过程把我国开发园区的形成和发展划分为两个阶段,对各个阶段的特征进行论述;第八部分将世界开发园区管理模式与我国进行比较分析;第九部分对世界开发园区土地开发模式与我国进行了分析,主要对我国开发园区土地开发模式的类型进行剖析,对每种土地开发模式的利弊进行比较,提出构建我国开发园区土地开放模式的建议;第十部分将世界开发园区增长模式与我国进行了比较分析;第十一部分我国开放园区发展模式的显示选择;第十二部分探讨了绵阳国家科技城及绵阳国家科技城的发展模式,对绵阳国家科技城的基本情况及绵阳国家科技城的发展模式的现状进行了系统分析;第十三部分对绵阳国家科技城发展模式进行了优化设计。

关键词:经济开发区　模式　产业增长

**0917**

**对反补贴、反倾销和环境壁垒三种非关税壁垒的分析** / 潘圆圆著 ; 海闻指导. -- 北京大学, 2009. -- 84 页

论文采用理论与实践相结合的方法,并构建相关模型,对反补贴、反倾销和环境壁垒三种非关税壁垒进行了分析。全文分为三章。第一章分析了进口国两个利益集团对他国出口补贴的不同立场,及对进口国最优抵消性政策产生的影响,中间品的消费者会由于出口补贴而获益,但中间品的生产者会对补贴持反对态度;第二章对反倾销这种新的贸易保护主义对中国贸易造成的影响进行了实证分析;第三章的基本模型沿用了传统的垂直差异模型,分析了施加配额以及环保标准(最低减污要求)对两国企业利润,消费者剩余,社会福利等的影响,并给出了相关的实证分析。论文的研究结论是:如果进出口国都捐款对政府进行游说,来影响政府贸易政策的决策,政府的抵消性措施可能比没有游说的情况下更严格(或者宽松),这取决于市场结构、市场规模和两国相对成本大小;控制了被反倾销起诉的共同因素,中国遭受的反倾销起诉仍然显著多于其他任何国家;中国遭受大数量的反倾销起诉主要原因在于出口量的快速增长以及汇率方面的

因素,主要贸易伙伴国不承认中国的"市场经济地位"也是中国被频繁起诉的重要原因;对于化学行业——这个被起诉最频繁的行业而言,行业集中度过低,低原料成本等因素是其被频繁反倾销的主要原因。

关键词:国际贸易　贸易壁垒　关税　补贴　反倾销

**0918**

**多边贸易体制下的 RTA 研究** / 彭福永著 ; 张幼文指导. -- 上海社会科学院, 2009. -- 156 页

论文采取理论与实证相结合的方法,构建相关理论模型,对多边贸易体制下的 RTA 进行研究。全文共分七个部分。第一部分引言,提出了论文的研究问题、研究意义、研究思路、研究方法、研究结构,并对相关文献进行了综合论述;第二部分对多边贸易体制与区域贸易安排(RTA)进行了传统经济学分析,并阐述了 RTA 的理论;第三部分阐述了多边贸易体制下 RTA 的发展历程,分析了多边贸易体制下 RTA 发展的特点,并对推动 RTA 发展的现实原因进行了研究;第四部分说明了 RTA 在多边贸易法律体制中的地位和作用,阐述了多边贸易体制对 RTA 法律规制存在的问题,并对 RTA 和多边贸易体制的法律关系进行了研究;第五部分对多边贸易体制与 RTA 关系进行了理论分析,构建了理论分析的基本模型,分析了 RTA 的福利效应和可持续性,并研究了多边贸易体制对 RTA 的影响;第六部分对 RTA 区域贸易与世界贸易关系进行实证分析,先论述了 RTA 区域贸易和世界贸易发展的状况,然后对 RTA 区域贸易与世界贸易的相关性进行了分析;第七部分对多边贸易体制下中国参与 RTA 的战略进行思考,分析了加入 WTO 后中国参与 RTA 的现状和动因。论文研究的主要结论是:GATT/WTO 的多边贸易体制也是一种 RTA,其与 RTA 中的优惠贸易区(PTA)有两个相同的基本点,通过建立一个不完全竞争模型,验证了 GATT/WTO 多边关税下降不利于其可维持性,但成员规模扩大有利于其可维持性的结论,多边贸易体制发展对 RTA 发展有促进作用。

关键词:区域贸易　多边贸易　贸易体制

**0919**

**欧洲经济周期趋同研究** / 秦爱华著 ; 王鹤指导. -- 中国社会科学院, 2009. -- 96 页

论文采取理论与实证分析相结合的方法,从对外贸易、货币政策和财政政策三个方面对欧盟成员国经济周期的影响进行了分析,对 20 世纪 60 年代以来欧盟 14 个成员国经济周期趋同的背景、原因和对其有影响的经济政策进行了比较全面的分析,并根据欧洲经济一体化的进程,从关税同盟、统一市场、经济货币联盟三个时期探讨经济一体化进程对欧盟国家经济周期趋同的影响。全文共分六章。第一章导论,说明了论文的选题背景和意义、研究的方法论、研究的思路和框架,以及论文的主要创新点;第二章对经济周期理论的成因理论,欧洲经济周期趋同及影响因素的相关文献进行了综合论述;第三章阐述了欧洲经济周期趋同的演变,对欧洲经济周期趋同情况进行了分析,分析了不同阶段的周期趋同,对成员国经济周期与欧洲平均经济周期的差异进行了比较;第四章分析了国际贸易增加、统一货币政策以及协调财政政策对欧洲经济周期趋同的影响;第五章研究了欧洲经济周期趋同的特征,总结了欧洲经济周期波动的规律;第六章结论与展望。论文的研究结论是:欧盟的对外贸易、统一货币政策和协调财政政策对欧盟成员国的经济周期趋同具有不同程度的积极影响。经济一体化的发展使得成员国的经济周期显著趋同,在经济货币联盟成立之后欧盟内部形成了经济周期趋同性最为显著的经济核心集团,特别是德国作为欧盟的核心国家,对欧盟整体的经济发展具有锚定的作用。

关键词:经济一体化　经济周期　经济波动　欧洲

**0920**

**跨国公司行为规制研究** / 秦永红著 ; 蒋瑛指导. -- 四川大学, 2009. -- 156 页

论文运用经济学方法进行定性分析,借鉴行为学方法,从理论和实践两方面出发,对跨国公司规制行为进行了研究。全文共分九章。第一章导论,说明论文研究目的和意义、研究思路和方法、论文的结构安排,提出了论文的创新和存在的不足;第二章对跨国公司行为规制的有关理论文献进行了综述;第三章分析了跨国公司与东道国的竞合博弈关系,从东道国面临的市场失灵和跨国公司挑战东道国国家主权两方面分析了东道国对跨国公司行为规制的动因,从规制的适度性、灵活性、公开性和效率性四个方面分析了东道国对跨国公司行为规制的特征;第四章简单介绍市场准入规制的内涵,在此基础上重点分析了跨国公司市场准入规制的五个特征,从六个方面重点分析了跨国公司市场准入规制的发展趋势;第五章在分析产

业价值链与产业升级关系基础上，探讨了跨国公司产业升级的规制措施；第六章分析了跨国公司垄断限制竞争行为的特征、原因、途径和影响，在此基础上探讨了东道国对垄断限制行为的规制；第七章从跨国公司承担社会责任的原因和内涵两方面分析了跨国公司与社会责任的关系；第八章从经验借鉴的角度，选择性地分析了主要发达国家美国、欧盟和日本对跨国公司行为规制的法律法规和政策重点，重点分析了发展中大国印度对跨国公司行为规制的演变、特征和经验；第九章在分析总结我国跨国公司行为规制演变的基础上，指出了我国跨国公司行为规制存在的缺陷，根据科学发展观的新要求，探讨了我国对跨国公司行为规制的目标模式。

关键词：跨国公司　东道国　行政干预

**0921**

**东北亚跨国地方间经济合作研究：以中国吉林省，俄罗斯滨海边疆区，韩国江原道为主** / 全洪镇著 ; 张宝仁指导. -- 吉林大学, 2009. -- 180 页

论以中国吉林省、俄罗斯滨海边疆区、韩国江原道为主，对东北亚跨国地方间经济合作展开研究。全文共分为八章。第一章，绪论。介绍选题背景与意义，选题目的与研究对象，基本思路与研究方法，论文创新与不足。第二章，跨国地方间经济合作综述。介绍跨国地方间经济合作的含义与类型，跨国地方间经济合作的目的与内容，跨国地方间经济合作的相关理论。第三章，东北亚跨国地方间经济合作的背景与原因，结合东北亚地理范围的界定及其特征，分析东北亚跨国地方间经济合作的背景，与能够合作的原因分析。第四章，东北亚国家间与局部地区间经济合作状况及其形式。首先探讨东北亚国家经济合作现状及其制约因素，接着分析局部地区经济合作的形式及其特点，最后总结东北亚国家与局部地区间经济合作对跨国地方间的影响。第五章，东北亚跨国地方间经济合作的发展过程及现状。分析东北亚跨国地方间经济合作的动机与历程，结合东北亚跨国地方间经济合作的现状及其发展趋势，分析东北亚各国政府对参与跨国地方间经济合作战略的选择和东北亚跨国地方间经济合作的发展趋势。第六章，典型案例分析。分析包括东北亚地方政府知事省长会议，东北亚地区地方政府联合会，环东海据点城市会议，东北亚区域旅游论坛，开通中国珲春—俄罗斯扎鲁比诺—韩国束草航线，并提出启示与发展方向。第七章，东北亚跨国地方间经济合作的构想：相邻地方间经济合作。首先对中国吉林省、俄罗斯滨海边疆区、韩国江原道为主，对东北亚跨国地方间经济合作的基础条件分析，接着提出三地间经济合作的构想。第八章为论文结论。

关键词：区域经济合作　经济一体化　东北亚经济圈

**0922**

**货币政策与我国经济波动研究** / 史文涛著 ; 冼国明，蒋殿春，张诚指导. -- 南开大学, 2009. -- 154 页

论文通过构建相关模型进行假设，采取理论分析和实证分析相结合的方法对货币政策与我国经济波动之间的关系进行了研究。全文共分八章。第一章导言，通过一些典型事实提出了论文研究的问题，指出了论文的研究思路、研究框架，得出了主要结论；第二章对我国经济波动的度量及特征进行了分析，并构建了我国经济波动社会福利效应的分析模型；第三章对相关研究文献进行了综合论述；第四章对标准货币经济模型进行了实证研究，分析了标准货币经济模型的结构，并对模拟结果进行了分析；第五章对内生货币经济模型进行了实证分析，构建内生货币经济模型的结构，并对内生货币经济和标准货币经济进行对比，对内生货币经济中实际产出与货币供给之间关系进行分析；第六章对名义粘性经济模型进行实证研究，通过构建模型进行实证检验，并对模型模拟结果进行分析；第七章对我国货币政策的有效性进行了实证研究，总结出货币供给内生性，给出了相应的货币政策；第八章对政策动态不一致性与我国货币政策有效性进行了比较，分析了我国不同阶段货币政策规则的特征，并对其有效性进行了分析，最后给出了全文的结论及政策建议。论文的结论是：我国宏观调控部门尽管不可能在短时间内消除由于外汇占款和特殊的汇率制度所导致的货币供给内生性，但可以通过将货币政策中间目标从货币供给量转向利率指标从而在一定程度上增强我国货币政策调控的有效性。

关键词：货币政策　经济波动　社会福利

**0923**

**印度农村反贫困研究** / 宋志辉著 ; 文富德指导. -- 四川大学, 2009. -- 199 页

论文采用理论与实践相结合的方法，全面、详尽地阐述和分析了印度农村的贫困问题和反贫困的各个方面。全文共分八个部分。第一部分综述，对国内

外对印度农村贫困问题的研究现状进行论述，对印度农村反贫困研究的发展趋势、理论意义和现实意义、重点和难点、研究方法、研究思路、研究框架进行了综合论述；第二部分对贫困问题做了全面概述，通过阐述关于贫困的相关理论、国际机构的贫困标准、印度各界的贫困标准，并对印度社会的贫困现状做了介绍和分析；第三部分分析了印度农村贫困问题的根本原因，包括制度原因、经济原因、社会人口原因和宗教文化原因等；第四部分分析了农村贫困对印度经济、社会和政治的影响；第五部分介绍了印度政府的农村反贫困措施和非政府组织的扶贫措施，分别介绍了印度在独立初期、20 世纪 80 年代、20 世纪 90 年代和进入新世纪以来农村反贫困措施以及非政府组织的扶贫措施；第六部分介绍和分析了印度政府农村反贫困工作的成绩、农村反贫困工作中存在的问题和反贫困工作的前景；第七部分对中印两国农村反贫困工作进行了比较，一是对两国农村反贫困的政策比较，二是对两国农村反贫困的方法进行了比较，三是对反贫困的绩效进行了比较；第八部分分析了印度农村反贫困的经验、教训和对中国的启示，并指出了印度农村反贫困工作中存在的问题。

关键词：农村　贫困　农村经济　印度

**0924**

**全球金融中心演进规律的实证研究：以伦敦和纽约为例** / 苏立峰著 ; 潘英丽指导. -- 华东师范大学, 2009. -- 177 页

论文采取协整分析方法，以美国和纽约为例，对全球金融中心演进规律进行了实证研究。全文共分七个部分。第一部分导论，说明了论文的研究背景、研究意义、主要研究内容、研究方法、论文结构以及创新点；第二部分对相关理论研究和计量研究文献进行综合论述；第三部分构建了指标体系和实证模型；第四部分对伦敦金融业发展概况进行描述，对伦敦全球金融中心发展水平、伦敦全球金融中心影响因素进行了统计分析，并对发展水平和影响因素之间进行了协整检验；第五部分概述纽约全球金融中心发展，并对纽约全球金融中心发展水平和纽约全球金融中心影响因素进行了统计分析，并对发展水平和影响因素之间进行了协整检验；第六部分从资本对内对外流动的角度，以伦敦和纽约从 18 世纪末以来的演进过程为例，总结出了一个国际金融中心演进的三阶段理论，即实体型金融中心一般会从“内资内用型”的国内中心阶段首先演进到“内资外用型”的国际中心阶段，到最高阶段后则分化为以伦敦为代表的“外资外用型”模式和以纽约为代表的“外资内用型”模式；第七部分全文总结。论文的研究结论是：国际金融中心的演进，尤其是金融中心银行业的发展会对东道国的人均收入、人均消费和财政收入产生有利的效应，从而提高东道国的福利水平，但金融中心演进对降低东道国的失业率没有作用。

关键词：国际金融中心　发展模式　伦敦　纽约

**0925**

**欧盟共同农业政策与地区政策及其经验借鉴** / 孙定东著 ; 徐明棋指导. -- 上海社会科学院, 2009. -- 177 页

论文采取理论和实证相结合的方法，从“二元经济”的角度对欧盟共同农业政策与地区政策进行了分析，并对其经验进行了总结和借鉴。全文共分九个部分。第一部分前言，说明了论文的选题背景及意义、研究思路与内容、研究的创新点；第二部分从系统的角度对二元经济的发展及农业市场一体化的相关理论和地区发展的内生增长、聚合、市场力、均衡和非均衡协调发展的有关理论进行了说明，对市场一体化的度量进行了介绍，并以成熟的欧盟市场为例总结了市场一体化的方法；第三部分阐述了欧盟共同农业政策的理论基础，对欧盟共同农业政策的基本内容进行了介绍，并对共同农业政策的作用及其在市场一体化中的地位进行了分析；第四部分阐述了欧盟地区政策的理论基础，对欧盟地区政策的基本内容进行了介绍，并对欧盟地区政策的作用及地位进行了分析；第五部分通过市场一体化的视角对欧盟共同农业政策与地区政策的关系进行了研究；第六部分阐述了中国市场一体化的发展现状，并对中国农业政策的市场一体化效应和中国地区政策的市场一体化效应进行了分析，讨论了市场一体化中的农业问题和地区问题的相互交融；第七部分分析了财政政策在农业和地区发展中的市场一体化效应，阐述了财政政策在市场一体化发展中的地区经济影响，并对欧盟和中国财政政策的市场一体化功能进行了比较；第八部分总结了统一大市场发展中欧盟共同农业政策和地区政策的经验借鉴；第九部分主要结论及后续研究。

关键词：农业政策　经济一体化　欧盟

0926

**知识产权与新时期中国国家经济安全问题研究** / 孙宏飞著 ; 李晓指导. -- 吉林大学, 2009. -- 121 页

论文以国际经济学理论为依据,沿现代经济学的发展脉络,结合新兴知识经济学理论,充分挖掘西方发达国家在知识产权保护方面的经验,深刻反思中国自身经济发展过程中存在的制度性缺陷和观念性误区,利用历史分析和经验总结的研究方法,发现中国在知识产权方面存在的缺陷和问题,分析知识产权对中国经济安全的冲击、威胁和影响,进而对中国提出相应政策建议。全文共分为六章。第一章,导论。介绍论文选题背景与意义,相关文献综述,结构安排与研究方法,创新之处与存在的不足。第二章,知识产权保护与国家经济安全。介绍知识产权的基本概念,知识产权保护与经济增长,国际政治经济学中的新课题,技术进步与大国的兴衰,技术封锁与技术转让,知识产权与中国国家经济安全。第三章,世界知识产权保护的新发展及其对中国国家经济安全的影响。结合当前国际知识产权保护的主要条约,WTO《与贸易有关的知识产权协议》问题的由来,探讨 TRIPs 的形成背景及主要特征,TRIPs 引发的争议,并对世界知识产权新制度与中国国家经济安全做出说明。第四章,中美知识产权摩擦与中国国家经济安全。介绍中美知识产权摩擦问题的出现,中美知识产权摩擦的根源与实质,结合美国对中国贸易政策的基本目标,探讨中美知识产权摩擦对中国国家经济安全的影响。第五章,日本知识产权战略的制定与实施经验。介绍日本知识产权战略的制定内容及其实施情况,日本知识产权立国战略计划,探讨日本实施知识产权立国战略对中国国家经济安全的影响。第六章,中国的知识产权战略与新时期国家经济安全。结合中国知识产权战略的制定及战略目标,提出知识产权战略对新时期中国国家经济安全的意义,并提出政策建议。

关键词:知识产权　经济安全　国家安全

0927

**中国有效银行监管研究** / 孙辉著 ; 张彬指导. -- 武汉大学, 2009. -- 132 页

论文分别从信息经济学、新古典经济学、凯恩斯主义与新自由主义、寻租经济学、福利经济学等角度,采取理论与实践相结合的方法对中国有效银行监管进行了研究。全文共分八章。第一章介绍了论文的选题意义、国内外研究现状,论文的研究方法、研究路径和研究内容,创新点和有待进一步研究的问题;第二章分析和总结了有效银行监管的理论基础,构建了有效银行监管的理论模型;第三章总结了有效银行监管的模式及其变迁,从监管主体、监管方式、监管内容等方面将世界各国的有效银行监管模式进行划分,对有效银行监管理念和模式的不断变迁进行了分析,分析了此次国际金融危机与银行监管的关系以及导致危机的原因;第四章介绍了有效银行监管的国际经验,从长期的国际监管实践中,总结了各国银行监管都遵循的最基本的有效银行监管原则,分析了有效银行监管的内容、监管方法和监管手段;第五章在回顾我国银行监管历程的基础上,考察了我国有效银行监管取得的成绩,探寻了我国有效银行监管存在的问题;第六章对我国有效银行监管进行了实证分析,运用 copula 方法对银行监管稳定与效率之间的非线性相依关系进行了实证考察;第七章重构了我国有效银行监管体系,构建了与有效银行监管相适应的基于六要素的监管体系框架,通过模糊层次分析模型(FAHP)应用于六要素有效银行监管体系框架的设计,建立了我国有效银行监管的评价模型;第八章在分析的基础上提出了我国有效银行监管的提升手段和对策措施。

关键词:银行监管　监管机制　经济效率

0928

**跨国公司服务离岸外包研究** / 孙庆刚著 ; 蒋瑛指导. -- 四川大学, 2009. -- 214 页

论文采用理论与实践相结合的研究方法,从跨国公司服务离岸外包现象入手进行系统分析。全文共分七章。第一章导论,介绍了论文的研究背景、研究意义、研究方法、研究思路和研究内容;第二章探讨了服务离岸外包及与之相关的一些概念,并借此深入认识跨国公司服务离岸外包的内涵,总结了跨国公司服务离岸外包的项目分类,回顾了跨国公司服务离岸外包的发展历程和当前在国际市场的发展情况;第三章探讨了跨国公司服务离岸外包的动因,从内部因素和外部因素两个方面分析了跨国公司服务离岸外包的驱动因素;第四章进一步讨论跨国公司服务离岸外包的策略和规律,从跨国公司自身的角度归纳跨国公司进行服务外包决策的总体标准、方案及其整合,从外包对象的选择、外包业务承包商的选择、外包业务风险控制以及外包业务绩效的评价四个方面总结了外包策略;第五章研究跨国公司服务离岸外包在我国的

发展情况,概述了我国服务离岸外包市场的总体情况,从具体行业、发包商和出口市场三个方面分析了我国服务离岸外包市场的发展特点;第六章探讨了我国承接跨国公司服务离岸外包的必要性和可能性,分析了当代国际分工的特点和决定因素,分析了我国国际分工的现状和承接跨国公司服务离岸外包对改善这一现状的意义,分析了承接服务离岸外包改善我国国际分工地位的具体渠道;第七章针对如何促进我国承接跨国公司服务离岸外包提出了相应的政策建议。

关键词:跨国公司　商业服务　服务业　对外承包

**0929**

**欧盟产业政策研究** / 孙彦红著 ; 罗红波指导. -- 中国社会研究院, 2009. -- 149 页

论文旨在以此前欧洲学者的研究为基础,尝试对欧盟产业政策进行较为全面系统的分析研究。全文共分为九章。第一章,引言,介绍论文的选题背景,国内外研究现状,研究任务、意义和方法与结构安排。第二章,概念辨析与研究对象的界定。介绍有关产业政策的探讨,对欧盟产业政策的界定。第三章,欧盟产业政策的发展历程与新动向。介绍欧盟产业政策的发展历程,并对欧盟产业政策的新动向展开背景分析。第四章,欧盟产业政策的主要内容——实施方式与工具。介绍内容包括欧盟产业政策的横向政策和部门政策。第五章,欧盟产业政策关于信息通讯技术产业的案例研究。对欧盟信息通讯技术产业发展与竞争力状况进行分析,提出欧盟信息通讯技术产业政策的主要内容。第六章,欧盟产业政策关于纺织服装业的案例研究,包括欧盟纺织服装业的特点及面临的挑战,欧盟防治服装业产业政策的发展和内容。第七章,欧盟产业政策的运行机制——兼论欧盟与成员国产业政策的关系。介绍欧盟产业政策的运行机制:决策主体与多层互动,欧盟与成员国产业政策的关系。第八章,欧盟产业政策的理论探讨。介绍产业政策的经济学理论基础,欧盟产业政策的理论基础。第九章,总结与评价——兼论对中国的影响与启示。一是对欧盟产业政策的总结与评价,二是提出欧盟产业政策对中国的影响和启示。

关键词:产业政策　竞争力　欧洲国家联盟

**0930**

**区域经济组织的贸易便利化研究** / 孙衷颖著 ; 宫占奎指导. -- 南开大学, 2009. -- 174 页

论文采取定性与定量相结合、理论分析与实证分析相结合的方法对区域经济组织的贸易便利化进行研究。全文共分五章。第一章导论,说明了论文的选题背景、选题意义,研究思路、结构安排、研究方法和创新,并对国内外贸易便利化问题进行了综合论述;第二章详细介绍了目前国际上对贸易便利化概念的界定、贸易便利化的领域范围以及各种贸易便利化行动措施,系统地梳理了与贸易便利化相关的理论,包括开放条件下的交易成本理论、关税同盟理论、共同市场理论、自由贸易理论、新区域主义理论等作为在区域经济组织框架下研究贸易便利化的理论基础;第三章分析了区域经济一体化的发展历程,并对区域贸易协定的现状进行了论述,对各区域贸易协定中的贸易便利化进程进行了比较;第四章从贸易便利化的角度出发,详细分析了贸易便利化在区域经济组织中的发展,选取全球具有代表性的区域经济组织为代表,对贸易便利化进行测评和实证研究;第五章在前文分析研究的基础上,给出了中国贸易便利化的发展现状和政策建议。论文的研究结论是:在港口效率方面,虽然中国六年间港口效率与世界同比的变动趋势并不明显,但在水上运输、航空运输和基础设施建设水平从措施的执行到相关政策法规的建设均有长足的发展。

关键词:区域性经济组织　国际贸易　自由贸易

**0931**

**中国利用外资的功能变迁与政策选择** / 太平著 ; 桑百川指导. -- 对外经济贸易大学, 2009. -- 156 页

论文以中国利用外商直接投资的功能为主要研究内容,考察中国利用外资功能的动态变迁与政策选择。全文共分七章。第一章导论,提出了论文的选题背景、研究意义、研究对象、研究方法、创新之处与论文结构,并对相关文献进行了综述;第二章根据利用外资政策、吸收外资规模与效果,按时间段将中国利用外资三十年的历史详细划分为五个阶段,详细分析各个阶段的利用外资的目标、政策背景和取得成效,总结出中国利用外资在空间、目标、政策方面的演进路径,为考察利用外资的功能变化奠定基础;第三章采用理论分析和实证检验的方法对外资弥补资金缺口功能、产业结构优化功能和技术外溢功能在中国的动态变化进行了考察;第四章在总结现阶段中国利用外资条件变化和外商对华投资发展趋势的基础上,分析这些变化和趋势对中国未来利用外资功能的影响,

并做出中国利用外资进入转型期的判断;第五章在探讨东道国经济发展阶段与利用外资功能关系的基础上,对转型期中国利用外资的功能目标进行界定,并在分析国内经济发展与利用外资的矛盾基础上,借鉴国内外利用外资经验,综合考察外资优惠政策利弊,指出外资政策转换的必要性,对中国利用外资政策转换的路径提出了建议;第六章对实现转型期利用外资的三个功能目标,即自主创新、产业升级和区域协调发展,提出切实可行的对策;第七章结论与展望,得出论文的主要结论,并对未来研究进行了展望。

关键词:外资利用　外商直接投资　产业结构升级　技术革新

**0932**

**欧盟债券市场一体化研究** / 田鑫著 ; 周茂荣指导. -- 武汉大学, 2009. -- 142 页

论文以欧盟证券市场的发展与一体化进程为研究对象,运用 SVAR 模型进行实证分析,在分析一体化理论基础的前提下,对欧盟债券市场一体化进行了研究。全文共分七章。第一章导论,提出论文的主要问题、研究背景及意义,并对相关文献进行回顾和综述,同时提出论文的研究思路、框架结构和创新与不足;第二章对于影响欧盟经济货币一体化的相关理论进行探讨,回顾了金融一体化的相关理论和实证检验方法,为欧盟债券市场一体化的实证分析奠定理论基础;第三章详细论述了欧盟为推动整个金融市场一体化所构建的一系列制度安排,论述了欧盟债券市场相关市场基础设施的建设和完善;第四章探讨了欧盟债券市场监管体制的调整和完善,选择以欧盟证券市场监管体制的调整和改革为研究对象,通过比较分析目前欧盟各主要成员国证券市场监管体制的模式和差异,发现现存监管体系无法有效应对证券市场一体化快速发展的新局面;第五章通过对欧盟债券市场一级市场和二级市场的详细论述,探讨了欧元的引入对于欧盟债券市场的运行效率、市场结构、规模经济等方面的深远影响;第六章对欧盟债券市场一体化所带来的经济效应进行深入分析;第七章在总结前面各章相关结论和观点的基础上,得出论文的最终研究结论,并指出欧盟债券市场一体化进程中亟待解决的问题。

关键词:债券市场　一体化　监管体制　欧洲国家联盟

**0933**

**在线市场价格离散问题研究** / 涂志玲著 ; 张二震指导. -- 南京大学, 2009. -- 144 页

论文以在线市场的价格离散现象为研究对象,分别用三个模型对该问题进行研究,包括一个多商品序贯搜寻模型,一个基于消费者搜寻的寡占模型,一个产生价格离散的简单 clearinghouse 模型。全文共分为六章。第一章,导论。介绍研究的选题背景和研究意义,研究思路和论文结构安排,论文可能的创新与不足。第二章,文献综述。介绍价格离散的理论研究,价格离散的实证研究,在线价格离散的其他综合研究。第三章,在线市场特征及价格均衡。介绍在线市场的主要特征,在线时长环境下的多商品序贯搜寻模型,多商品序贯搜寻模型的比较静态分析。第四章,在线市场中基于消费者搜寻的寡占模型。首先提出模型的具体内容,接着提出对高搜寻强度下的均衡分析,对中等搜寻强度下的均衡分析,对低搜寻强度下的均衡分析,并得出该部分的结论。第五章,基于 C2C 在线市场的价格离散实证研究。研究探讨 C2C 在线市场环境下的 Clearinghouse 模型,分析在线价格离散的测量方法与数据来源,提出对数据的描述性统计分析,并进行计量分析。第六章,在线市场价格离散成因分析及研究启示。探讨在线市场中信息的多面性对价格离散的影响,并对在线市场价格离散的成因提出分析,探讨在线市场价格离散研究的具体启示。最后为论文的结论及研究展望。

关键词:电子商务　价格　消费者

**0934**

**内外失衡背景下中国的 FDI 研究:A research on China's inward FDI under internal and external disequilibrium** / 王保国著 ; 雷达指导. -- 中国人民大学, 2009. -- 174 页

论文采取理论与实践相结合的方法,对国内外失衡下中国的 FDI 进行了研究。全文共分七章。第一章导论,说明了论文研究背景、研究内容、研究思路、创新之处,并对国内外关于 FDI 动因和影响研究相关文献进行了综述;第二章分析中国 FDI 流入的宏观经济绩效,特别是 FDI 流入对中国贸易、贸易收支以及经济增长的影响,并分析了 FDI 流入对我国宏观经济内部结构失衡问题的影响,证明 FDI 是导致我国内部结构性失衡的重要原因之一;第三章从国际分工体系的调整过程与全球经济失衡这一背景出发,探讨了影

响中国 FDI 流入规模和产业分布的国际因素;第四章分析了中国产业结构的调整过程,探讨 FDI 流入与中国产业结构调整过程的相互作用;第五章在前述分析的基础上,从定性和定量两个角度分析 FDI 流入与中国宏观经济内部失衡形成过程的关系;第六章从我国宏观经济长期可持续增长的目标出发,探讨 FDI 的影响。论文的主要论点有:以美国产业结构调整为先导的国际产业和国际分工体系调整,是推动世界经济失衡动态演变的根本力量;随着经济全球化的深入发展和我国制度调整与 FDI 流入的持续,我国国内因素在吸引 FDI 流入时的边际贡献不断递减;在我国的工业化进程中,FDI 发挥了巨大的推动作用,但是随着我国宏观经济约束条件的变化,FDI 的作用机制也在不断发生变化。

关键词:外商直接投资　外资利用　产业结构调整　经济增长　宏观经济

**0935**

**中东欧转轨国家国有商业银行公司治理结构改革研究** / 王达著 ; 项卫星指导. -- 吉林大学, 2009. -- 213 页

论文为中东欧转轨国家国有商业银行公司治理结构改革研究。全文共分为七章。第一章,导论。介绍选题背景与选题意义,文献综述,结构安排与研究方法,创新之处与存在的不足,相关概念的界定。第二章,转轨国家国有商业银行的公司治理结构改革:理论基础与分析框架。首先对公司治理结构的回顾与评述;接着提出转轨国家公司治理结构理论研究;最后是一个基于产权改革和战略引资视角的分析框架。第三章,中东欧转轨国家国有商业银行的产权改革与公司治理结构改革。介绍转轨国家国有商业银行产权改革的理论分析,凭证式私有化与公司治理结构改革,竞价出售、国内资本市场公开发行上市与公司治理结构改革,国有商业银行资产重组与产权改革中的战略引资。第四章,战略引资与中东欧转轨国家国有商业银行公司治理结构改革。介绍 1990 年代以来新兴市场国家金融部门外国直接投资的兴起与发展,金融部门外国直接投资问题研究,中东欧转轨国家国有商业银行改革中的战略引资,战略引资对中东欧转轨国家国有商业银行公司治理结构的影响。第五章,中东欧转轨国家国有商业银行的公司治理结构改革:案例分析。包括凭证式私有化与公司治理结构改革:捷克 Komercni 银行改革,战略引资与公司治理结构改革的失败:捷克 IPB 银行改革,国内资本市场公开发行上市与战略引资:波兰 BSK 银行改革,国有商业银行转型的成功案例:波兰 PKO BP 银行改革,分散股权结构下的内部人控制:匈牙利 OTP 银行改革。第六章,中国国有商业银行的公司治理结构改革。介绍中东欧转轨国家国有商业银行公司治理结构改革的经验与启示,2003 年以来中国国有商业银行的股份制改革,战略引资与中国国有商业银行的公司治理结构改革,全球金融危机与中国国有商业银行境外战略投资者的股权减持。第七章,主要结论与政策建议。

关键词:国有商业银行　体制改革　产权　法人治理结构　中欧　东欧

**0936**

**外资银行进入对东道国银行体系稳定性影响研究** / 王凤丽著 ; 邱立成指导. -- 南开大学, 2009. -- 123 页

论文采取理论和实证研究相结合的方法,对外资银行进入对东道国银行体系稳定性影响进行了研究。全文共分七章。第一章引言,阐述了研究背景和选题意义,安排研究思路、方法,介绍研究的内容,并归纳主要观点和创新;第二章建立一个影响银行稳定性因素的总体分析框架,在此基础上分别从理论上分析外资银行与东道国银行在信贷市场上的竞争效应和外资银行进入的现状,分析外资银行在东道国经济波动时对东道国银行体系稳定性的影响;第三章基于信贷市场研究对外资银行进入对东道国银行体系稳定性的影响,并分析了外资银行进入对东道国银行贷款利率和银行信贷质量的影响;第四章基于风险传导研究对外资银行进入对东道国银行体系稳定性的影响,构建了外资银行进入的风险传导理论模型;第五章基于地区经验分析外资银行进入对东道国银行体系稳定性的影响,指出了外资银行在金融危机中的稳定性作用;第六章采用 10 个中东欧发展国家 1995—2006 年 262 家银行数据为研究对象,以银行的经营性指标和流动性指标等一系列财务指标作为衡量银行体系稳定性的被解释变量,以外资银行资产占比、外资银行信贷规模占比及东道国经济发展水平等一系列指标作为解释变量,对外资银行进入与东道国银行稳定性变化之间的关系进行实证检验;第七章基于理论分析和实证研究结论,结合我国外资银行进入的现状,分析外资银行进入我国银行体系稳定性的影响,并提出在金融全球化环境下政府和银行部门的对策建议。

关键词:东道国　外资银行　银行体系　风险分析

0937

**中日制造业产业关联研究:基于投入产出分析方法** / 王科唯著 ; 徐平指导. -- 辽宁大学, 2009. -- 113 页

论文以中日制造业产业关联为研究视角,利用产出分析方法和实证分析方法,对两国合作进行分析。全文共分八个部分。第一部分绪论,提出了论文的研究问题、研究背景、选题依据、研究意义、基本框架、创新点和不足,并对国内外关于产业关联和中日制造业的研究进行综述;第二部分对产业关联进行了概述,阐述了产业关联的基本理论;第三部分进行相关数据的搜集与整理;第四部分对中日制造业自给率进行比较分析,对中日制造业贸易结构进行了关联分析;第五部分对中日制造业差距的诱因和中日制造业总产出差距的结构进行了分析;第六部分对中日制造业潜在的产业关联进行了分析;第七部分建立了中日经济增长互动模型,探讨了中日经济增长互动模型在制造业中的应用,分析了日本和中国各产业产出增加对对方各产业产出的影响;第八部分研究结论及展望。论文的主要研究结论是:中日制造业之间存在着巨大的梯度差距;中日制造业之间存在着巨大的合作潜力;中日制造业之间存在着合作的必要性;中国和日本在制造业方面虽然存在着一定的差距,但是合作潜力巨大,并且双方的经济增长是相互促进、互为增长条件的,这为两国经济合作提供了中观经济基础。因此,通过加强两国制造业间的分工合作,对促进中国产业结构升级和优化以及日本经济的增长乃至东亚一体化进程都具有十分重要的意义。

关键词:制造工业　产业关联　经济合作　经济增长　日本

0938

**国际货币制度视角下的货币危机机理研究** / 王立荣著 ; 刘力臻指导. -- 东北师范大学, 2009. -- 111 页

全文共分七章。第一章导论,说明了论文的选题背景、主要内容、结构安排和创新之处;第二章对论文中涉及的重要概念给予界定,并对货币危机理论进行系统梳理;第三章对国际货币制度的历史演进进行了阐述,介绍了布雷顿森林体系的建立与崩溃,以及牙买加体系的建立及内在矛盾;第四章论述了国际金本位制度、布雷顿森林体系、欧洲货币体系(EMS)与货币危机的关系,固定汇率制度下的货币危机主要包括国际金本位制度和布雷森林体系的崩溃,以及欧洲货币货币体系的瓦解;第五章对浮动汇率制度的研究背景进行介绍,并构建了浮动汇率波动机制的理论模型,对汇率"过度"波动进行检测,重点分析了自由浮动汇率制度下汇率的过度波动问题;第六章分析了区域美元本位、货币局制度与货币危机之间的关系,分别分析了区域美元本位及货币局制度下货币危机发展的机理;第七章分析了目前新型区域货币合作模式出现的必然性,及各模式下如何规避货币危机。论文研究结论是:以贵金属黄金或某一强国货币作为国际本位货币的国际货币制度是行不通的,是终将走向灭亡的,国际货币体系未来的变革趋势应该是创造一种既不依赖于黄金、又不依赖于某一单一强国货币的超主权的世界货币,以避免主权世界货币的内在缺陷;而目前出现的国际间区域货币合作模式,则是国际货币制度演变的必经阶段。

关键词:货币危机　国际货币制度　汇率制度

0939

**开放经济下的汇率协调** / 王起著 ; 张帆指导. -- 中国人民大学, 2009. -- 177 页

论文采用理论与实践相结合的方法,对开放经济下的汇率协调问题进行研究。全文共分七章。第一章导论,主要介绍选题的意义、研究方案、研究意义、主要研究方法和创新之处;第二章介绍了汇率协调的概念、类型、动因及特点;第三章为汇率协调相关理论及述评,提出了国际汇率协调的必要性和国际汇率协调机制、国际汇率协调效果的有关理论;第四章为汇率协调实践研究,对七国集团、欧洲地区和拉美地区的汇率协调问题进行了研究;第五章为汇率协调的博弈分析;第六章为东亚汇率协调理论、实践及现实的选择,考察了东亚汇率协调的相关理论、方案及进展,提出东亚汇率协调的现实选择是构建"东亚次优汇率协调机制";第七章为中国适度参与汇率协调的模式,考察了中国适度参与汇率协调的必要性、可行性及相关制约因素,提出了中国适度参与汇率协调的目标、原则及具体模式。论文的主要结论是:在开放经济条件下,开展国际汇率协调是必要的;各国、各地区在开展汇率协调时,既应借鉴已有的理论和实践模式,更应充分考虑本地区现实的经济金融条件,汇率协调机制的设计应充分考虑相关制约因素,以提高汇率协调的效率;东亚地区开展汇率协调的现实选择是构建"东亚次优汇率协调机制";随着中国金融实力的增强和中国经济日益融入世界经济,是否以及如何参与汇率协调已成为中国不容回避的问题。

关键词:汇率理论　汇率政策　经济协调

**0940**

**住房保障制度:国际经验与中国的选择** / 王伟,Bill Wang著;唐朱昌指导. -- 复旦大学,2009. -- 152页

论文的研究对象为住房保障制度的国际经验与中国的选择。全文共分为六章。第一章,导论。介绍论文选题背景、研究目的和意义,研究文献综述,研究方法,论文的主要创新与不足,论文的写作逻辑。第二章,若干国家与地区住房保障制度的特点与经验。分别介绍美国公共住房保障制度的演变与特点,英国社会性住房保障制度的演变与特点,香港地区住房保障制度的演变与特点,新加坡住房保障制度的演变与特点。第三章,若干国家和地区住房保障制度对中国的启示。首先提出住房保障制度发展的基本趋势,结合美、英、港、新住房保障制度现状提出其制度对中国的主要启示,并得出结论。第四章,中国住房保障制度:历史、现状与挑战。首先从中国住房制度的演变出发,提出中国住房保障制度的内容,并分析中国当前住房保障制度存在的主要问题。第五章,中国住房保障制度的改革和完善。内容包括中国经济适用房制度的改革和完善措施,廉租房制度的创新与完善内容,中国公积金制度的改革与完善方式。第六章,中国住房保障实施模式的选择:集权与分权。分别对住房保障中集权型体制的利弊做出分析,对住房保障中分权型体制的利弊分析,探讨人口流动性与保障性住房的分权治理效率,提出当前中国政治经济背景下的模式选择。第七章为论文主要结论。

关键词:住宅　社会保障　住房市场

**0941**

**欧盟应对气候变化的基本经验及其对中国的借鉴意义** / 王伟男著;周建明指导. -- 上海社会科学院,2009. -- 124页

论文采取理论与实践相结合的方法,对欧盟应对气候变化的基本经验进行了总结和梳理。全文共分九个部分。第一部分绪章,提出了论文的问题,如欧盟应对气候变化的基本经验,并指出了本课题的研究现状与论文的主要研究方法;第二部分到第四部分,谈到了在应对气候变化方面,欧盟的包含四个步骤的基本响应模式,即"把握挑战—凝聚共识—依法决策—贯彻实施";第二部分是从挑战到共识,所谓把握挑战就是对气候变化的事实及其对欧盟的危害进行全方位的评估和预测,所谓凝聚共识就是在对气候变化提出的挑战进行全面评估和预测的基础上,就应对这一挑战所要达到的主要目标和基本途径集思广益、统一认识,在本章最后以关于适应问题的绿皮书为案例进行研究;第三部分阐述了欧盟应对气候变化的决策和立法程序,并构建了欧盟应对气候变化的政策框架;第四部分谈了欧盟应对气候变化的实施路线,包括技术路线、内部路线和国际路线;第五部分采取建立排放交易机制应对气候变化,介绍了欧盟建立排放交易机制的背景、主要内容,并对欧盟排放交易机制的成效进行了分析;第六部分欧盟应对气候排放所采取的能源政策与措施,致力于开发可再生能源,提高能源的使用效率;第七部分欧盟应对气候排放所采取的交通政策与措施,在交通领域,欧盟把降低公路交通的温室气体排放作为重点,同时大力发展铁路和水运,推动多式联动;第八部分谈了欧盟应对气候排放所采取的其他政策与措施,如在农业和林业领域,加强对土壤和森林的保护,并把它们纳入到可持续发展的大框架中;注重除CO2以外的其他温室气体的减排,在国际层面上,欧盟针对不同发展程度的国家,制定不同的方针;第九部分欧盟经验对中国的借鉴意义。

关键词:气候变化　对策　欧洲国家联盟

**0942**

**外商直接投资对中国制造业竞争力提升的影响机制研究** / 王文治著;张岩贵指导. -- 南开大学,2009. -- 183页

论文从外商直接投资的角度,在产业竞争力理论的基础上,从三个层面研究外商直接投资对我国制造业竞争力提升的影响机制,揭示我国制造业竞争力提升过程中外商直接投资的作用。全文共分为六章。导论部分介绍研究的背景和问题提出,研究的框架,研究方法以及论文研究的创新与不足。第二章,相关理论和研究文献综述。介绍产业竞争力的内涵和理论基础,FDI与产业竞争力的研究综述,中国制造业竞争力研究的述评。第三章,FDI技术流入对中国制造业技术进步的影响。首先是总体分析FID促进东道国技术进步的影响机制,接着提出外商直接投资条件下的技术转移,外商直接投资的技术外溢效应,以及外商直接投资对制造业技术进步的作用效果。第四章,外商直接投资对中国制造业市场结构的影响。首先对跨国公司的竞争行为做出说明,接着提出跨国直接投资条件下的竞争与反竞争效应,并对外商直接投

资对制造业市场的竞争结构与作用效果做出总结。第五章,外商直接投资对中国制造业产业结构调整与升级的影响。分析外商直接投资与东道国产业结构调整和升级的一般关系,包括产业结构调整和升级的一般涵义,跨国直接投资影响东道国产业结构调整和升级机制;介绍外商直接投资与东道国产业结构调整和升级的一个理论模型解释;最后提出外商直接投资对制造业产业结构调整和升级的作用效果。第六章,合理利用外资提升中国制造业竞争力的思考。首先基于制造业的现实条件,分析外商直接投资对制造业竞争力提升的催化作用,接着提出合理利用外资推动我国制造业竞争力提升的建议。最后为论文结束语。

关键词:机械制造业　外商直接投资　技术进步　产业结构

**0943**

**中国参与国际垂直专业化分工问题研究** / 王中华著 ; 赵曙东指导. -- 南京大学, 2009. -- 161 页

论文运用国际经济学的相关理论,建立了基于生产工序分工的国际垂直专业化理论框架和模型,对中国参与国际垂直专业化分工问题进行了研究。全文共分七章。第一章导言,提出了论文的选题背景、选题意义、研究内容、研究方法、研究结构、创新点及不足,并对相关文献进行了回顾;第二章分析了国际垂直专业化的基础、决定因素与对参与各国福利的影响;第三章对中国参与国际垂直专业化程度进行度量,并对影响中国参与国际垂直专业户程度因素进行了实证分析;第四章对中国参与国际垂直专业化的收入分配效应进行研究,分析了我国总体收入差距、工资收入差距变化趋势;第五章阐述了国际垂直专业化与技术扩散、外溢的动因与实现途径,并对中国参与国际垂直专业化的行业技术进步效应和产业竞争力提升效应进行了分析;第六章对中国参与国际垂直专业化的国际收支效应进行了分析;第七章在对理论与实证结果的总结和梳理的基础上,提出我国参与国际垂直专业化分工的产业升级、外贸增长极贸易发展战略的调整路径。论文的主要结论是:国际垂直专业化由比较优势和规模经济两方面因素决定的;无论从行业 VSS 指标(垂直专业化程度指标)还是总体 VSS 指标看,近十几年来中国融入国际垂直专业化分工体系的速度和深度均有显著提高;在要素跨国流动、贸易投资一体化条件下,国际垂直专业化分工可能会扩大参与国熟练劳动力与非熟练劳动力的相对工资差距;国际垂直专业化分工过程中的技术转移与技术扩散提高了发达国家的利益,同时促进了发展中国家的技术进步;国际垂直专业化分工条件下贸易放大与投资互补效应的共同作用,形成了我国贸易收支持续巨额顺差的独特格局。

关键词:国际分工　收入分配　产业经济　国际收支　对外贸易

**0944**

**人民币区域实际有效汇率研究** / 王子剑著 ; 陈建安指导. -- 复旦大学, 2009. -- 168 页

论文采取理论与实际相结合的方法对人民币区域实际有效汇率进行了研究。全文共分七章。第一章导论,首先对所研究的问题进行了界定,阐述了研究背景和意义,对前人的研究进行了简要综述并介绍了论文的研究思路和结构安排;第二章是人民币区域实际有效汇率的测算和长期关系比较,界定了相关概念,依据双边贸易模型测算了北京、上海、天津等 18 个省(市)1996—2006 年的实际和名义有效汇率指数,使用计量方法研究了区域实际有效汇率和人民币整体的实际有效汇率的长期关系;第三章是名义冲击(主要是货币供给量变化)对人民币区域实际有效汇率的影响,构造一个理论模型,从理论角度探讨了名义冲击对实际有效汇率的影响,采用实证方法对中央银行的货币政策对各个地区的实际有效汇率的影响进行了研究,在实证研究结果的基础上对造成名义冲击对各地区实际有效汇率造成的差异因素进行了探讨;第四章是真实冲击对人民币实际有效汇率的影响,从供给因素冲击(主要是劳动生产率变化)的角度研究了真实经济变量对区域实际有效汇率水平的影响,对巴拉萨—萨缪尔森效应为什么在中国不存在的问题(即"人民币实际汇率之谜")做出了探索,从需求因素冲击(主要是政府支出变化)的角度出发,探讨了需求因素对区域实际有效汇率水平的影响,将需求和供给两方面的因素纳入到一个计量模型,进行综合分析;第五章为人民币实际有效汇率的贸易收支效应,从理论角度探讨了实际有效汇率对贸易收支的影响,采用计量方法,使用人民币整体实际有效汇率数据和区域实际数据分别测算了实际有效汇率对贸易收支的影响系数;第六章引入汇率预期因素,通过理论模型与数字模拟和 VAR 计量模型两种方法探讨了人民币市场汇率、汇率预期和就业之间的关系;第七章对全文的总结。

关键词:人民币汇率　宏观经济分析

**0945**

**中国企业跨国经营风险预警的理论与实证研究** / 韦军亮著 ; 陈漓高指导. -- 南开大学, 2009. -- 200 页

论文为中国企业跨国经营风险预警的理论与实证研究。全文共分为六章。第一章,导论。介绍选题的背景和意义,相关文献回顾,主要研究方法和论文结构,论文主要创新和研究展望。第二章,企业跨国经营风险预警理论基础。首先提出风险预警的概念和理论基础,探讨风险预警与风险管理的关系;提出企业跨国经营风险的主要挑战;介绍风险预警的基本方法。第三章,中国企业跨国经营风险预警管理形式评估。首先分析中国企业跨国经营的现状和特点,接着提出中国企业跨国经营风险管理形势的评估,提出治理风险是中国企业跨国经营风险面临的最大风险,中国跨国经营企业与发达经营体 MNCs 面临许多共同的风险,境外中资企业总体而言风险预警管理水平偏低,企业战略与风险管理脱节现象严重,企业风险管理多为事后控制,缺乏主动性。第四章,中国企业跨国经营风险预警体系的建立。首先介绍先进 MNCs 全球经营风险预警管理的经验和教育,接着提出中国企业跨国经营 EWSR 构建的基本原则和要求,最后阐释中国企业跨国经营风险预警体系的基本框架,并对中国企业跨国经营 EWSR 的实际运行,以及中国政府、行业协会以及监管部门和专业组织的作用作出阐释。第五章,中国企业跨国经营风险预警的实证研究:以外汇风险为例。首先介绍企业跨国经营外汇风险的主要形式和形成机制,探讨影响中国企业跨国经营风险的主要因素,并对外汇风险主要预警模型进行评价;提出中国企业跨国经营外汇风险预警的时间框架,介绍企业跨国经营外汇风险预警:基于时间框架的信号模型。第六章为论文结语。

关键词:跨国经营　风险管理　预警系统

**0946**

**中国房地产业持续健康发展研究:基于金融创新视角** / 魏润卿著 ; 张永岳指导. -- 华东师范大学, 2009. -- 176 页

论文在评介现代西方金融创新理论的基础上,对房地产金融创新进行了研究,并对金融创新促进房地产业持续健康发展的机理进行了深入的探讨。全文共分七章。第一章导论,说明了论文的研究背景、研究意义、研究思路、研究方法、创新点及不足,并对国内外研究文献进行综述;第二章对宏观调控背景下房地产业持续健康发展进行了探讨,分析了经济转轨时期中国房地产业发展现状,提出了影响房地产业持续健康发展的方面;第三章论述了中国房地产金融发展的历程,指明了经济转轨时期中国房地产金融发展特征,并提出了中国房地产金融存在的问题;第四章介绍了房地产金融创新的理论基础,指出房地产金融创新动因、原则及方向,并论述了金融创新促进房地产业持续健康发展的研究逻辑;第五章以金融制度和金融工具创新为视角,对金融创新支持房地产业持续健康发展进行了研究,并对个人信用制度创新、住房信贷保障制度创新和房地产金融工具创新进行了介绍;第六章以金融市场和金融机构创新为视角,对金融创新支持房地产业持续健康发展进行了研究,并对住房抵押贷款证券化、土地证券化进行了介绍;第七章指出了房地产金融创新的再生风险,并提出了金融全球化和经济转型条件下房地产金融创新再生风险的防范。

关键词:房地产业　泡沫经济　金融风险防范

**0947**

**资源视角下发展中国家对外直接投资研究:兼论中国对外直接投资** / 闻开琳著 ; 陈建安指导. -- 复旦大学, 2009. -- 143 页

论文广泛运用战略管理领域的资源基础理论,采取案例分析方法,利用一个简单的博弈模型指出了技术落后国家向先进国家直接投资的可能性,对发展中国家对外直接投资问题进行研究。全文共分八章。第一章导论,提出了论文的选题背景、研究问题、研究思路、论文结构和创新点,并对相关文献进行回顾;第二章对发达国家跨国公司对外直接投资历程进行了概述,并对发展中国家对外直接投资发展进行了分析,得出了简要结论;第三章对跨国公司理论的评论进行了回顾,包括经典跨国公司和直接投资理论、发展中国家跨国公司对外直接投资理论和发展中国家跨国公司对跨国公司理论;第四章对缺乏比较优势企业对外直接投资的模型进行了分析,对企业资源基础理论进行了回顾,并对资源基础理论与后进国家跨国公司对外直接投资战略进行了研究;第五章对中国对外直接投资的发展历程进行了回顾,分析了中国对外直接投资的特征,分阶段分析了中国对外直接投资特点,对中国直接投资趋势进行了预测;第六章对中国对外直接投资微观动机进行了考查和实证研究,分析

发展中国家对外直接投资动机,对中国对外直接投资动机进行了调查;第七章从微观企业视角下中国跨国企业对外直接投资的战略决策进行了研究,构建相关模型,并运用联想、TCL 和华为三大企业国际化案例检验了模型的假定;第八章基于全文分析提出了相应的政策建议。

关键词:对外投资　直接投资　跨国公司

0948

**FDI 的区位分布、路径依赖与区域经济增长** / 吴俊梅著 ; 李树民,赵景峰指导. -- 西北大学, 2009. -- 128 页

论文综合运用演绎和归纳法,在总结区位理论和 FDI 区位理论基础上分析 FDI 在我国的分布特征,采取区域经济学和经济地理学以及国际直接投资理论,分析 FDI 在我国的区位分布及其经济影响。全文共分七章。第一章导论,介绍了论文的研究背景及研究意义,指出具体的研究方法、框架结构以及研究结论;第二章归纳区位理论的发展及其在 FDI 理论中的应用,并对 FDI 的区位研究进行了综述;第三章从分工的角度分析造成 FDI 区位分布差异的原因以及对区域经济差异的影响;第四章分析 FDI 在我国东西部之间的区位分布差异以及路径依赖的特征;第五章从地区空间和产业空间的角度分析 FDI 对我国区域经济的影响,如对经济增长的促进、贸易创造及技术溢出等;第六章以陕西省为例分析 FDI 对区域经济增长的影响;第七章简短的结论及有待进一步研究的问题。论文的主要研究结论是:经济增长的迸发经常有地理集中点,经济活动是不均匀分布的,国家的城市和地区经济存在着巨大的差异,外商直接投资在东部的高比例分布加大了我国区域经济发展的差距。区域差异不断加大的趋势影响经济协调发展,关系到社会稳定和人民基本生活。因此缩小区域差异是实现社会和谐发展的基础,具有重要的理论意义和现实意义。

关键词:国际投资　直接投资　外资利用　区域经济

0949

**基于投资策略的机构投资者行为研究:国际经验与中国实践** / 吴鹏飞著 ; 陈漓高指导. -- 南开大学, 2009. -- 125 页

论文采取理论与实践相结合的研究方法,对基于投资策略的机构投资者行为进行研究。全文共分八章。第一章介绍了论文的研究背景和选题依据、研究目的和意义;第二章对国内外行为金融学理论进行综合论述;第三章界定了投资策略定义以及分类,从定义、成因、国内外最新研究三个角度分析了动量投资策略、逆向投资策略、成本平均投资策略、时间分散化投资策略以及小盘股投资策略;第四章是世界主要国家机构投资者发展比较的实务研究,对投资者进行了界定,并对美国机构、日本机构和中国机构的投资概况进行了介绍,指出我国机构投资者具备发展速度快、结构基本具备但不够完善,研究实力迅速上升的特点;第五章是对基金重仓股与基金经理的实证分析,实证证明动量效应与逆向效应是中国资本市场证明存在的两个策略效应,开创性地论证出中国的资本市场并不存在稳定的动量效应与逆向效应;第六章运用框架思路法对大小非全流通后产业资本对金融资本的影响做了再研究,大小非的全流通是构建完善资本市场非常重要的一步,是沟通产业资本机构投资者与金融资本机构投资者的重要渠道;第七章发展机构投资者的对策建议,包括:大力发展机构投资者、培养构建正确的机构价值投资理念,探索建立有效的机构投资者激励机制,发挥机构投资者提高资本市场效率的作用。

关键词:资本市场　机构投资者　投资行为　经济策略

0950

**东亚货币合作研究** / 吴晓霞著 ; 王胜今指导. -- 吉林大学, 2009. -- 124 页

论文采取定性与定量相结合、实证与规范相结合以及比较分析的研究方法,对东亚货币合作展开研究。全文共分为六章。第一章,前言。介绍论文的选题背景与意义,相关概念界定,国内外文献综述,论文研究方法以及论文的结构安排。第二章,国际货币合作的理论及实践。一是介绍最优货币区理论的创立与发展,包括早期的最优货币区理论,最优货币区理论的发展,最优货币区的最新发展以及最优货币区理论的评述;介绍国际货币合作的具体实践,包括欧洲货币合作的实践和拉美国家美元化的实践。第三章,东亚货币合作的经济因素分析。介绍东亚区域货币合作的背景,东亚货币合作的必要性和可行性,东亚货币合作的成本与收益分析,东亚货币合作可行性的实证研究。第四章,东亚货币合作的模式选择和路径安排。首先介绍东亚货币合作的进展,提出东亚货币合作的模式选择,并对东亚货币合作的路径安排分近期安排、中期安排和长期安排三类进行说明。第五

章,东亚汇率协调机制的构建。探讨汇率制度选择的一般理论分析,汇率制度选择的现状及困境,构建东亚汇率协调机制的选择方案。第六章,东亚货币合作趋势下中国的战略选择。首先分析中国参与东亚货币合作的成本和收益;总结中国参与东亚货币合作的现状,包括中国参与东亚货币合作的进程,中国在东亚货币合作中的作用,中国参与东亚货币合作的障碍;最后提出中国推动东亚货币合作的对策。最后为论文结论。

关键词:货币　国际经济关系　区域经济合作　东亚

0951

**经济国力的国际比较:评估方法与指标体系** / 吴雪明著 ; 张幼文指导. -- 上海社会科学院, 2009. -- 254 页

论文从中国发展水平的刻度和建设经济强国的目标着手,在总结提炼世界经济和中国经济发展评估理念的基础上,借鉴综合国力、现代化、国际竞争力等现有指标体系,探索经济强国的指标体系构建和指数合成方法,并应用国际权威数据库,测算中国的国际经济地位。全文共分七个部分。第一部分提出我们应当建立一个与现阶段中国发展目标相对应的经济国力评估指标体系,以更好地刻画中国逐步成长为世界经济强国的轨迹;第二部分分析现有评估指标、指标集和指标体系中的理念和方法,从中借鉴如何更加科学、比较客观地衡量中国经济国力的思路与方法;第三部分提出指标体系构建方法,包括综合指数、分类指数和单项指数的设计原理与基本原则以及经济国力评估指标体系的总体架构等;第四部分探讨指标数据梳理方法,包括选择数据库、数据分析与补充、数据无量纲化处理与改进等内容;第五部分论述指数合成方法,包括权重确定方法、指数合成公式等;第六部分应用经济强国指数计算结果,对中国经济国力水平和国际经济地位进行初步测算和比较分析,包括与四个类型国家组的国际比较和中国八大分类指数的结构与优劣势分析等;第七部分结论部分总结了经济国力研究的应用价值和中国经济国力评估的主要结果,同时对经济国力研究有效性进行自评,并提出向综合国力评估进行拓展的初步框架。

关键词:经济发展　GDP 增长　评价指标

0952

**RTA 对 FDI 影响的第三国效应:基于知识—物质资本模型的研究** / 武娜著 ; 宫占奎指导. -- 南开大学, 2009. -- 178 页

论文以知识—物质资本模型为基础,分析了 RTA 对 FDI 影响的第三国效应,即考察一国周边经济体的 RTA 策略对该国吸引 FDI 的影响。全文共分七章。第一章导论,简要介绍了论文的研究背景、意义,研究的主要问题、研究方法、创新点和结构安排;第二章主要是对区域经济一体化与国际直接投资理论演变的综述,从投资创造与投资转移、跨国公司直接投资理论、贸易与投资的关系等不同视角归纳和总结了该领域的理论和实证研究;第三章分析了 RTA 与 FDI 的发展现状、特点及趋势,以及作为国际直接投资主体的跨国公司在区域经济一体化不断深化的过程中,对投资模式、投资战略等做出的调整,并进一步对 RTA 对 FDI 的影响机制展开了研究,对 RTA 于 FDI 的关系进行了统计分析;第四章回顾了与知识资本模型相关的文献,运用知识资本模型构建了一个 3 × 3 × 2 的知识—物质资本模型,通过对跨国公司投资决策的分析,重点考察了 RTA 与 FDI 的第三国效应;第五章以知识物质资本模型为基础,对美国在亚太地区的直接投资进行了空间计量分析,验证了 RTA 对 FDI 存在显著的第三国效应;第六章对中国在亚太区域内参与 RTA 现状及吸引 FDI 的效果进行了分析,并针对中国参与 RTA 的特点,对中国如何通过 RTA 的网络布局吸引 FDI 提出了相关政策建议;第七章给出了主要结论和对外来研究的展望。

关键词:国际投资　直接投资　经济一体化　区域贸易协定(RTA)

0953

**服务型跨国公司模块化研究** / 夏辉著 ; 金润圭指导. -- 华东师范大学, 2009. -- 319 页

论文采取理论与实证相结合的方法对服务型跨国公司模块化进行研究。全文共分十一章。第一章主要介绍选题的研究背景、研究意义,以及论文的研究路线、研究方法、可能的创新点;第二章是论文研究的理论起点,通过对模块化理论以及跨国公司理论综述进行研究,对其理论发展脉络进行梳理,从而为后续研究提供坚实的理论基础;第三章是论文研究的现实起点,通过对服务业及服务型跨国公司历史及现状的研究,指出了服务型跨国公司进一步全球化的障

碍；第四章通过探究服务型跨国公司模块化的原因及动力来更好地认识和理解服务型公司模块化产生的起源；第五章到第九章是全文的主体部分，通过构建服务型跨国公司模块化发展模型，勾勒出由服务流程设计模块化到服务流程生产模块化、再到服务企业模块化、服务全球价值网络模块化的由低级到高级、由局部到整体的服务型跨国公司模块化发展路径，并通过对金融业和国际快递业这两个典型样本行业的详细具体的案例分析，以及对服务型跨国公司模块化动机实现条件的探讨，创新性地构建起较为完善的服务型跨国公司模块化理论体系；第十章是论文的实证部分，选取跨国银行作为样本行业，通过问卷调查和统计分析来验证作者构建的服务型跨国公司模块化发展模型并进行相关假设检验；第十一章是对全文研究体系的概括总结，以及对后续研究方向的展望。

关键词：服务业　跨国公司　企业管理

**0954**

**东亚经济一体化发展模式与路径研究** / 肖长培著 ； 王勤指导. -- 厦门大学, 2009. -- 134 页

论文在系统回顾梳理区域经济一体化的各种理论和国际经济学界对东亚经济一体化研究相关的基础上，运用非传统收益的区域经济一体化理论和轮轴—辐条理论对东亚经济一体化暂时停滞不前的原因进行分析，探讨其未来的发展模式和可行途径。全文共分为六章。第一章，导言。介绍问题的提出，国内外文献综述，研究方法、主要内容和创新点。第二章，区域经济一体化理论及其评述。介绍区域经济一体化的概念及其模式，区域经济一体化的理论回顾，区域经济一体化的理论述评。第三章，东亚经济一体化的演进历程。内容包括东亚地区独特的政治、经济和文化结构分析，东亚经济一体化的演进历程，东亚经济一体化的发展特征。第四章，东亚各国的东亚经济一体化的战略及美国的态度，介绍东盟的东亚经济一体化战略，日本、韩国、中国的东亚经济一体化战略，美国对东亚经济一体化的态度，并对分析做出简要的述评。第五章，东亚经济一体化的影响因素分析。包括对东亚经济一体化的经济因素分析，东亚经济一体化的政治文化因素的讨论，并介绍对东亚经济一体化的经济与政治讨论结果。第六章，东亚经济一体化的发展模式及可行路径。分析东亚经济一体化的新契机，东亚经济一体化的发展模式以及东亚经济一体化的未来发展路径，并得出结论。

关键词：经济一体化　经济发展模式　东亚

**0955**

**中国私募股权基金的发展与政策研究** / 谢东凯著 ； 邱立成指导. -- 南开大学, 2009. -- 119 页

论文对私募股权基金、设立形式、市场结构、市场功能等几个方面和私募股权基金基本理论进行全面阐述，结合美国、欧洲和日本三个国家和地区私募股权基金发展的历史和现状对国外私募股权基金的发展现状进行研究。全文共分为六章。第一章，绪论。介绍论文问题的提出，国内外相关研究综述，研究意义、框架结构，研究方法，论文创新点与不足。第二章，外国私募股权基金的发展现状研究。研究首先分析私募股权基金的内涵，私募股权基金的特征；其次对外国私募股权基金的发展展开研究和评价，并得出现状研究的具体结论。第三章，外国私募股权基金进入对中国的影响研究。首先分析外国私募股权基金进入中国的发展现状，包括外国私募股权基金进入中国的背景，外国私募股权基金进入中国的现状分析，外国私募股权基金进入中国行业选择的特点；对外国私募股权基金进入中国的影响展开研究，包括外国私募股权基金进入中国的正面影响和负面影响。第四章，中国私募股权基金的发展现状研究。研究对中国私募股权基金发展现状分析，并提出中国私募股权基金发展中存在的主要问题。第五章，完善中国私募股权基金发展的体制和机制研究。首先提出外国私募股权基金的运作经验研究，在此基础上，明确中国私募股权基金战略发展方向，完善中国私募股权基金环境建设，建立适合的私募股权基金运作模式，建立市场监控和风险控制机制，完善中国私募股权基金的运作机制。第六章，促进中国私募股权基金发展的对策建议提出。包括促完善中国私募股权基金规制的对策建议，提升中国私募股权基金运作竞争力的对策建议，积极应对外国私募股权基金进入的对策建议。

关键词：企业融资　股权投资　基金市场　风险控制　市场监管

**0956**

**墨西哥农业改革开放研究** / 谢文泽著 ； 江时学指导. -- 中国社会科学院, 2009. -- 126 页

论文重点研究 20 世纪 80 年代中后期以来墨西哥农业改革开放对农业增长和农民收入的影响。全文共分为五章。导言部分介绍选题的来源和国内外

研究状况,基本概念和分析框架。第一章,改革开放的主要原因。首先探讨村社土地集体所有制抑制农民积极性的问题,接着分析政府干预扭曲资源配置。第二章,改革开放的主要政策措施。提出农产品贸易的自由化,粮食流动市场化,村社土地私有化,构建农业支持的政策系统。第三章,改革开放的积极影响。探讨改革开放对农业发展的促进机制,资源配置和农产品价格发生的预期变化,农业增产、出口增加和农民增收的具体内容。第四章,改革开放的消极影响。提出农业增长速度相对较慢,不公平竞争不利于增加农民收入,玉米种植面积有所减少,农村地区的收入差距扩大。第五章,墨西哥农业改革开放的经验教训。提出要处理好农业开放与农业支持的关系,墨西哥农业的改革开放进程以对外开放推动内部改革和速度快的两大特点决定墨西哥在改革开放初期未能处理好农业开放与农业支持的关系;提出农业支持优越于农业保护,农业支持能够有效地增加农民收入,改善国民的经济福利,在诸多农业支持政策中,以现金方式向农民提供转移支付是较为有效的农民增收措施;提出家庭土地产权制度优越于集体土地产权制度,是农业支持政策和农民的积极性有效结合的基本条件,能够使土地的生存保障功能逐渐向经济收入功能过度。

关键词:农业经济　改革开放　农民收入　墨西哥

**0957**

**房地产投融资体制的国际比较:对当前国际金融危机的一种研究视角** / 熊凌著 ; 杜厚文指导. -- 中国人民大学, 2009. -- 195 页

论文采用比较研究、实证与规范相结合、宏观与微观相结合的方法,对美国、英国、日本、德国、新加坡和中国香港等国家(地区)的房地产投融资体制进行研究,分别阐述了这些国家和地区房地产投融资体制的特点、形成原因和背景。全文共分五章,第一章导论,说明了论文的选题背景和选题意义,对国际金融危机前的主要研究概况和国际金融危机爆发后主要研究的相关文献进行综合论述,指明了论文的研究方法、结构体系、创新点和不足之处;第二章论述了西方国家房地产投融资体制改革的背景,对金融自由化、金融创新、金融全球化的含义及影响进行了说明,阐述了资产证券化的原理及其发展过程;第三章对美国、日本、英国、中国香港特别行政区、新加坡和德国的房地产投融资制度进行了简单的介绍,并进行了国际化对比;第四章介绍了美国次级按揭贷款的产生和发展,梳理了次贷危机发生和发展的内外部原因,重点分析了次贷危机对美国经济及世界经济的重大影响,论述了次贷危机以来美国政府的拯救措施及实施效果;第五章介绍了我国房地产投融资体制的历史沿革,分析了政府在房地产投融资体制中的地位和作用,指出了我国房地产投融资体制存在的主要问题,分析了我国商业银行房地产信贷风险管理的现状与不足,提出了进一步完善我国房地产投融资体制的政策建议。

关键词:房地产业　投融资体制　资产证券化　对比研究

**0958**

**国际货币竞争问题研究** / 修晶著 ; 贺力平指导. -- 北京师范大学, 2009. -- 120 页

论文以国际货币竞争为研究对象,从国际货币发展史出发,探讨国际货币竞争所遵循的规律并对当今主要国际货币的竞争情况进行实证分析,对人民币成为主要国际货币的可能性进行展望。全文共分六章。第一章主要研究国际货币的概念以及国际货币的职能,并从货币史的角度介绍了主要国际货币的发展过程;第二章分别从国际货币等级形成、作为交易媒介的竞争、作为价值贮藏手段的竞争和作为记账单位的竞争等角度进行综述;第三章从总体上研究后布雷顿森林体系下国际货币竞争应遵循的规律,进一步提出符合良币的具体条件;第四章采用面板协整分析方法对主要国际货币在全球外汇储备中的比重及其影响因素之间的关系进行检验;第五章运用货币进入效用模型,进一步讨论惯性存在于美元国际地位变动的问题,并进行了数值模拟;第六章对人民币国际化进行展望,认为人民币要跻身于全球主要国际货币的行列,还需要不断努力。论文的研究结论是:在货币的相对贡献率一定的情况下,主要国际货币在异国持有外币资产总额中的比重越高,该国对这种货币通货膨胀率的忍耐力越强,联系到美元的实际情况,美元在世界各国国际储备货币中的比重最高,各国对美元的通货膨胀率的容忍程度也更大,即使美国出现一定程度的通货膨胀,美元的国际地位也不会很快丧失;只有中国经济保持持续健康发展的态势,人民币才能逐渐成为重要的区域货币,最终成为主要的国际货币。

关键词:国际货币　市场竞争

0959

**东盟主导东亚经济合作原因、问题与趋向研究** / 徐咏梅著 ; 张宝仁指导. -- 吉林大学, 2009. -- 237 页

论文为东盟主导东亚经济合作原因、问题与趋向研究。全文共分为八章。第一章,绪论。介绍选题的背景及意义,研究内容与研究方法,论文的理论价值即创新点。第二章,区域经济一体化理论及国内外研究情况综述。介绍地区主义及新地区主义理论,区域经济合作理论纵向梳理,国内外相关文献综述。第三章,东盟成为东亚经济合作中心的过程与原因分析。介绍东盟的建立及其一体化,东盟的形成与发展,东盟的一体化进程,东盟经济及其一体化现状;介绍东盟在东亚合作中的平台作用及其引力,包括"10+3"及3个"10+1"的建立,与东亚之外国家的经济合作成果;分析东盟成为东亚经济合作中心的战略诉求和实践,一是政治家对地区主义的理解与应用,全球化和区域化趋势对东盟地区主义发展的促进作用,亚洲金融危机与东盟经济合作。第四章,"10+3"建立与东北亚合作机制化建设滞后的因果关系。首先介绍东北亚国家间特殊经济关系及问题,包括区域内经济高度依存与合作机制滞后的反差,区域合作研究结果与合作实践的反差;探讨东北亚合作机制建设迟缓症结剖析,中日韩东亚政策与东盟主导东亚合作的关系。第五章,"10+3"内部影响其成为东亚合作主渠道的问题。提出东盟方式决定了"10+3"对东亚合作的有限作用,日本觊觎东亚合作主导权与东盟被边缘化的危险。第六章,美国对"10+3"发展趋向的影响。首先从美国全球战略分析其东亚安全、经济政策,解读美国FTA战略,探讨美国对"10+3"发展趋向的影响。第七章,东亚合作发展趋向——从"10+3"走向亚太自由贸易区。对东盟主导东亚经济合作因素变化趋向分析,探讨从"10+3"到亚太自由贸易区,"10+3+1+n"的提出与阶段性作用,对APEC走向FTAAP的基本看法,东盟在"10+3+1+n"路径中的利益和作用分析。第八章,FATTP框架下中国的利益分析与战略。介绍FTAAP与中国的经济收益,在经济外交方面的潜在收获,调整经济合作政策的最佳时机,影响中国FTAAP建设态度和因素分析。最后为论文结论。

关键词:区域经济合作　经济一体化　东南亚国家联盟　东亚

0960

**俄罗斯中小企业发展研究** / 徐昱东著 ; 徐坡岭指导. -- 辽宁大学, 2009. -- 192 页

论文从新的视角切入,以俄罗斯中小企业总体性发展问题为研究对象,在归纳分析俄罗斯中小企业发展过程中出现的税收、法律、行政壁垒等中小企业面临的共性问题。全文共分七个部分。第一部分绪论,一般性介绍了研究的目的及意义、文献综述、拟解决的问题、创新点以及理论分析工具和分析方法;第二部分阐述了俄罗斯中小企业的概念、类型以及发展阶段等基本特征,分析了俄罗斯中小企业的总量和结构性特点,从吸纳就业、总产值、中产阶级培育等角度分析了其对国民经济的贡献,借鉴国内学者的研究构造了"俄罗斯经济体制结构动态模型",用以大致评价中小企业发展对俄罗斯经济增长的长期影响;第三部分基于新制度经济的视角,考察分析了影响俄罗斯中小企业发展的一般性制度因素,即历史发展道路的影响,经营传统、意识形态、宗教信仰等非正式制度,以及税收、行政壁垒、法律等正式制度的影响;第四部分和第五部分以时间为线索,利用新制度经济学理论、公共选择理论、利益集团理论等理论分析工具,剖析了俄罗斯转型的两个重要时期,即叶利钦时代和普京时代影响俄罗尔斯中小企业发展的重大经济政治因素。分析了转型初期在国家制度能力弱化、制度供给不足的条件下,作为正式制度的不完全代替的中小企业商业关系网络的作用、中小企业部门之间的契约关系对中小企业发展的影响,以融资制度、协会制度的发展为例分析了制度需求与制度供给的演进对中小企业发展的影响;第六部分以空间为线索,分析了俄罗斯中小企业发展的地区不平衡性,即根据俄罗斯国家企业问题系统研究所公布的系列报告提供的数据,利用多元统计的因子分析方法,对俄罗斯诸联邦主体中小企业发展的不平衡性进行实证分析;第七部分总结了俄罗斯中小企业发展的经验教训,与大型企业相比,中小企业的健康发展更需要政府的扶持。

关键词:中小企业　企业发展　俄罗斯

0961

**俄罗斯经济转轨中的金融自由化** / 许娜著 ; 雷达指导. -- 中国人民大学, 2009. -- 149 页

论文采取理论与实证相结合的方法对俄罗斯经济转轨中的金融自由化进行了研究。全文共分六章。第一章导论,指出了论文的选题意义、主要内容、创新

点及难点,对文献进行了综述;第二章对金融自由和金融发展的早期理论、麦金农和肖的金融自由理论等金融自由化的理论基础进行了介绍;第三章对俄罗斯金融自由化的国际背景、政治背景、国内宏观背景进行了介绍,并指出了俄罗斯经济发展的主要问题和矛盾;第四章从俄罗斯银行体系改革、外汇市场改革、资本市场改革等方面介绍了俄罗斯金融自由化的内容进行了介绍;第五章介绍了金融自由化过程中俄罗斯经济的发展轨迹,并对金融自由化对俄罗斯经济发展的作用力度和作用方式进行阐述,预测了金融自由化与俄罗斯经济未来的发展;第六章论述了中俄经济转轨道路选择差异的根源,对两种经济转轨进行了思考,并指出了俄罗斯金融自由化的教训及对我国的启示。论文的主要结论是:俄罗斯通过金融自由化建立了银行体系的核心——包括中央银行和商业银行的二级银行体系,形成了国家有价证券市场、股票市场、外汇市场等一系列的较为完善的金融市场,其金融自由化进程虽然在1998年的金融危机中备受打击,但许多累积的矛盾在危机中得以解决,此后开始逐步发挥其应有的功能。

关键词:金融市场　金融自由化　经济体制改革　俄罗斯

**0962**

**东盟五国通货膨胀的实证研究** / 闫森著 ; 王勤指导. -- 厦门大学, 2009. -- 171 页

论文在实证研究基础上,将东盟五国作为一个整体来研究通货膨胀产生的原因、性质、福利损失及其与货币政策的相互作用,对东盟五国1961—2008年之间通货膨胀周期进行比较和分析,探讨隐藏在通货膨胀现象背后的深层经济矛盾。全文共分为六章。第一章,导论。介绍问题的提出,文献综述,论文结构和研究方法,论文创新和不足。第二章,东盟五国的通货膨胀及其成因。介绍东盟五国通货膨胀率的测量,POOLED PROBIT模型的构建,估计结果与成因分析,财政政策与通货膨胀,并进行总结。第三章,东盟五国通货膨胀的持续性和动态特征。介绍通货膨胀持续性的测量,1961—2008年通货膨胀持续性的结构转变——多重结构断点的检验,1990—2008年通货膨胀持续性的结构转变——未知断点的单断点检验;探讨通货膨胀持续性的结构转变与货币立场的相关关系,提出通货膨胀持续性的动态特征与政策意义。第四章,东盟五国通货膨胀的福利分析。介绍通货膨胀福利成本的度量方法,提出需求函数的估计,消费者剩余方法,标准MIU模型以及货币优先模型。第五章,通货膨胀与货币政策的动态相依性。内容包括东盟五国的货币政策框架,结构向量自回归的贝叶斯估计法,货币政策与通货膨胀的动态关系,利率政策和汇率政策的协调,货币政策独立性与通货膨胀。第六章为论文主要结论。

关键词:通货膨胀　货币政策　东南亚国家联盟

**0963**

**外商直接投资与工资升水、工资溢出:来自中国的证据** / 杨长志著 ; 冼国明指导. -- 南开大学, 2009. -- 135 页

论文基于理论分析给出了更为合理的理论框架,并提出了相应的理论假说,运用中国的数据进行实证检验,对中国外商直接投资工资溢出效应进行了研究。全文共分八章。第一章引言,提出了论文的研究问题,并对外商直接投资、工资和薪酬等概念进行界定,提出了论文的研究方法、论文结构及创新点;第二章对外资所有权与工资升水的相关研究进行了综合论述,包括水平比较法、差异比较法、外资所有权工资升水的原因等文献;第三章对中国外商直接投资的发展和分布状况进行了说明,并阐述了中国外商直接投资的经济影响;第四章对中国外商投资企业和内资企业工资进行了对比,并构建了相关的理论框架,进行实证性研究;第五章从来自中国企业层面的证据探讨了外资所有权与工资升水的关系;第六章分析了外资所有权不同和工人工作性质不同的异质性,进行了简要评述;第七章通过来自中国的证据,分析对外商直接投资与工资溢出的关系;第八章结论与前瞻。论文的研究结论是:外商直接投资对内资企业的工资并无显著的影响,可能的原因是外商投资企业对内资企业并无明显的技术外溢,外商投资企业的进入没能有效地提高内资企业的劳动生产率,所以内资企业不会提高职工的工资;外商直接投资对我国工资总体水平无影响或是有很小的正面影响。

关键词:外商直接投资　企业管理　工资

**0964**

**开放条件下的美联储货币中间目标** / 杨浩勇著 ; 胡国成指导. -- 中国社会科学院, 2009. -- 111 页

论文主要采用历史和案例分析的方法,并辅之以计量模型,对美联储货币中间目标的决定进行分析。

全文共分为七章。第一章为导论。主要介绍选题背景、研究对象的界定和论文主要结论。第二章主要对美国金融业和美联储的历史进行回顾,并详细介绍美联储的内部结构,从而对美联储有一个纵向的认识。第三章对美联储的货币政策目标进行区分,阐述货币中间目标和货币最终目标之间的联系。第四章进一步分析美联储可以控制货币中间目标的实际决策程序,对美联储的行为进行分析。第五章以美国国内的实际情况为例,分析美国政治意识形态、党派因素、财富结构等对美联储货币中间目标政策形成的影响,从分析中得出美联储一直声称的政策独立性有内在的原因,是政治派别斗争的结果。第六章主要阐述开放条件下美联储货币中间目标的决定。首先简述美国的基本开放条件,包括经常账户、国际货币美元、美国的国际储备和世界国际储备;讨论提出,在金融危机不断深化的情况下,美联储面临着和日本央行一样的困境——货币政策失效,在危机面前,美联储采用一些非传统的货币政策,包括开动印钞机,美联储采取的不同货币政策工具在美联储的资产负债表中都有所体现,因此提出美联储将资产负债表作为特殊时期美联储新的货币中间目标工具。第七章为论文结论。

关键词:货币政策　宏观调控目标　目标选择　美国

**0965**

**美国交通网的生成及其经济影响** / 杨会军著 ; 胡国成指导. -- 中国社会科学院, 2009. -- 165 页

论文透过美国交通网的生成经历,从理论和现实两个层面探讨三个次第展开的根本性宏观经济问题:驱动人类经济演进的一条内在逻辑;交通在这条逻辑路径中的角色和功用;交通自身的来龙去脉及其经济影响。全文共分为九章。第一章,绪论。介绍问题的由来,基本概念和论域界面,分析逻辑和结构内容。第二章,交通经济理论的发展综述。介绍亚当·斯密的交通经济思想,马克思的交通经济思想,其他经济学家的交通经济思想以及当代交通经济学的理论。第三章,水运网对北美经济的塑造。首先分析北美交通网的发轫及其经济影响,内容包括开辟北美交通网的原动力,汰选殖民先驱的残酷程序,政府支持的必要性,地理因素影响经济开局,舶来经济的特性;分析大西洋沿岸的海港及其经济影响;分析早期的内河航运网及其经济影响,包括康涅狄格河,哈得逊河以及萨凡纳河。第四章,美国早期道路网及其经济影响。介绍内容包括早期道路网的生成逻辑与特征,早期道路网的案例分析。第五章,美国早期运河网及其经济影响。一是探讨早期运河网的生成路径与特征,包括开辟运河的战略意义,最早的尝试,资金的筹措,成功的典范,工程师的培养,运河的经济影响;提出早期运河网的案例分析,包括宾夕法尼亚州的运河,马里兰州的运河,康尼狄格州的运河,特拉华州的运河,俄亥俄州的运河,密歇根州的运河,伊利诺伊州的运河。第六章,美国铁路网及其经济影响。探讨美国铁路网的发轫及其经济意义,美国早期铁路的成网及其经济影响,美国铁路网的嬗变及其经济影响,美国铁路网的现状及其经济影响分析。第七章,汽车交通及其对美国经济的影响。分析美国汽车业的兴起、演进及其经济意义,美国高速公路网的生成,公路交通对美国经济的影响。第八章,航空交通及其对美国经济的影响。包括航空业的兴起,美国航空业的现状讨论以及航空业对美国经济影响的分析。第九章为论文结论。

关键词:交通运输业　交通网　经济发展　美国

**0966**

**中国房地产宏观金融调控研究** / 杨建平著 ; 李天德指导. -- 四川大学, 2009. -- 162 页

论文运用实证分析和规范分析、定性分析和定量分析、比较分析和归纳分析、博弈分析等研究方法,对中国房地产宏观金融调控的概念、特性、理论基础、运行机理、参与主体间的博弈关系、政策运行绩效等内容进行系统的分析和考察。全文共分九个部分。第一部分导论,介绍了论文的背景、意义、方法、内容和创新点;第二部分对房地产宏观金融调控的概念、特征、理论基础以及与之相关的一些概念进行了界定;第三部分对房地产宏观金融调控的目标进行了分析,将其分为总体目标和分项目标,分别进行介绍;第四部分对房地产宏观金融调控运行机理进行了分析,构建了房地产市场运行的四象限模型;第五部分对房地产宏观金融调控进行了博弈分析,说明房地产宏观金融调控的参与主体,对房地产宏观金融调控参与主体的行为倾向进行分析;第六部分对中国房地产宏观金融调控的阶段进行了划分,并对不同阶段房地产宏观金融调控背景进行了分析,对不同阶段房地产宏观金融调控政策的主要内容进行了介绍,找出房地产宏观金融调控政策存在的主要问题并提出了相应的对策;第七部分探讨了金融危机对中国房地产市场的影响,并揭示了金融危机对中国房地产宏观金融调控的启

示,及今后中国房地产宏观金融调控走向;第八部分提出了提高房地产宏观金融调控效率的政策建议;第九部分结论。

关键词:房地产市场　房地产管理　金融调控

**0967**

**中国证券发行保荐制度研究及绩效检验:基于信息经济学视野** / 杨健著 ; 佟家栋指导. -- 南开大学, 2009. -- 143 页

论文基于信息经济学视角,以中国证券发行保荐制度的历史演进和背景、保荐制度理论解释及其绩效检视为主要研究对象,分别建立了未有保荐人参与的发行市场模型以及保荐人参与的发行市场模型,探讨了中国证券市场发展过程中最重要的源头性问题——证券发行制度问题。全文共分七章。第一章导言,说明了论文的研究目的、研究意义、研究思路、创新点,并对国内外相关研究文献进行了回顾;第二章阐述了我国证券发行制度的演变过程,并介绍了我国的保荐制度;第三章搭建了信息经济学的理论框架,论述了证券市场与经济运行的关系,构建信息经济学在证券发行市场的基本模型,并指出了博弈论分析的局限性;第四章设立了保荐制度的基本模型,并对保荐制度产生进行了理论分析;第五章对保荐制度进一步分析,构建了保荐机构参与的发行市场模型,讨论了如何避免保荐机构参与造假,并对保荐制度进行了完善;第六章对保荐制度进行了绩效检验,并对保荐制度的绩效进行了总结;第七章对保荐制度的基本理论进行了分析,提出了完善保荐制度,逐步走向注册制度的建议,指出了论文的局限性和进一步研究的方向。论文的主要结论是:在一个不完善的市场上,保荐机构利用其特殊地位进行低效的保荐,其保荐结果中会有假冒公司。投资者投资频率不高或者发行人实际经营信息不容易检验的公司,更容易出现假冒现象。

关键词:有价证券　证券市场　资本市场

**0968**

**中国钢铁产业可持续发展研究:基于矿产资源利用的国际比较** / 杨丽梅著 ; 朱延福指导. -- 中南财经政法大学, 2009. -- 201 页

论文对中国钢铁产业可持续发展研究,研究基于矿产资源利用的国际比较。全文共分为八章。第一章,导论。介绍选题的背景和意义,研究对象的界定和特点,研究框架与方法,研究思路和创新之处,论文的写作结构和结论。第二章,文献综述。介绍中国钢铁产业发展,可持续发展理论的研究及其战略制定与实施,国际直接投资研究。第三章,世界钢铁产业概述。首先分析钢铁产业的发展与世界经济增长,探讨钢铁工业的作用,世界钢铁产业发展以及钢铁产业与世界经济增长关系;介绍主要产钢国位序变化,包括英国、美国和德国、前苏联、日本和韩国以及中国;介绍世界钢铁生产分布以及世界钢铁需求状况,并对世界钢材贸易情况做出介绍。第四章,影响中国钢铁产业可持续发展因素。首先对中国钢铁产业发展概述,包括中国钢铁产业的发展历程和中国钢铁产业现状;探讨中国钢铁产业可持续发展的影响因素,提出中国钢铁企业的国际竞争力相对较低,中国钢铁产业布局不合理、结构型产能过剩,技术滞后、创新不足,资源、能源和环境对全行业发展的制约进一步加大,中国钢铁企业的产业集中度不高,成本高、盈利水平较低;提出中国钢铁产业可持续发展目标;对中国粗钢消费量及铁矿石需求量预测。第五章,外国钢铁产业发展的启示与借鉴。介绍日本钢铁产业发展的经验,美国钢铁产业发展经验,总结美国、日本钢铁工业发展对中国钢铁产业发展的启示。第六章,世界铁矿产资源概况。包括对世界铁矿石资源概述,世界铁矿石生产、消费和贸易情况。第七章,中国铁矿石的生产、消费情况介绍,阐释铁矿石长期合同与现货贸易。第八章,中国加强利用国外铁矿石的对策。介绍贸易方式和国际直接投资方式,提出中国利用外国铁矿资源的政策建议。最后为论文结论。

关键词:钢铁工业　产业发展　可持续发展　铁矿石　资源利用

**0969**

**中印贸易合作研究** / 杨梅著 ; 文富德指导. -- 四川大学, 2009. -- 169 页

论文采取定量与定性相结合的研究方法,通过构建相关理论框架和回顾中印贸易合作的历程,对中印贸易合作进行了研究。全文共分八章。第一章导论,指明了论文的选题背景、选题意义、研究方法、研究思路,以及论文的重点和难点、创新点和不足,并对国内外研究现状及发展趋势进行了综述;第二章从 1950 年中印建交以来至今,根据显著的时代标志,将中印贸易关系划分为五个阶段,回顾了基于政治影响因素的中印贸易关系发展历程;第三章从“非经济因素”的

合作障碍和“经济因素”的合作障碍两个方面进行分析和探究;第四章揭示了印度对华贸易救济的实施情况,展示了印度对华贸易救济的新特征,分析了新的贸易救济形式下中国的对策;第五章分析了本次全球金融危机后(后危机时期)对中印两国双边贸易关系的机遇与挑战;第六章通过定性与定量两种分析方法,对中印贸易合作的潜力进行了研究和分析,发现在农产品、制造品、燃料和矿产品以及服务产品四大领域,中印两国具有不同程度的合作潜力;第七章对中印构建自由贸易区的设想、进程进行了阐述,分析了构建进程进展缓慢的原因,分析了推动中印贸易自由区构建进程的因素,提出了完成这一设想的策略;第八章以中印未来合作的热点领域为例展望了中印贸易合作的未来前景,从解决现存障碍因素的策略和未来进一步发展双边贸易策略两个方面对中印未来双边贸易的发展建言献策。论文的研究结论是:尽管中印贸易合作受到诸多因素的阻碍,但是合作的动力更加强大。

关键词:对外贸易　贸易合作　中国　印度

**0970**

**美元本位制下美国金融危机的形成与国际传染机制研究** / 杨绪彪著 ; 黄泽民指导. -- 华东师范大学, 2009. -- 176 页

论文采取理论与实证相结合的方法对美元本位制下美国金融危机的形成与传染机制进行了研究。全文共分八章。第一章绪论,提出了论文的研究问题、研究思路、研究方法、研究内容,并对相关概念进行界定,对研究文献进行综述;第二章对美元本位制进行了概述,对当代金融危机的相关研究进行综述,论述了美元本位制与当代金融危机的关系;第三章对美国金融市场进行了概述,对美国金融危机的本质进行研究;第四章阐述了金融脆弱性理论,并论述了美元本位制的内在脆弱性与美国金融危机之间的关系;第五章论述了美元本位制和美元霸权、美元霸权与美国金融政策,美国金融政策与美国金融危机之间的关系;第六章论述了经济结构与金融危机、美元本位制与美国经济结构失衡、美国经济结构失衡与美国金融危机之间的关系;第七章研究了美元本位制下美国金融危机的国际传染机制,对金融危机的国际传染机制进行概述,并对国际金融危机传染机制进行了分类;第八章结论,对论文主要结论进行了回顾,并指出了进一步研究的课题。论文的主要研究结论是:美元本位制与当代金融危机尤其是发展中国家金融危机的发生关系密切;美元本位制的内在脆弱性引发了美国金融危机;美元本位制下的金融政策导致美国金融危机;美元本位制下的经济结构失衡造成了美国的金融危机。

关键词:美元　本位币　金融危机　国际金融　美国

**0971**

**商业银行跨国经营研究** / 杨雨著 ; 李天德指导. -- 四川大学, 2009. -- 144 页

论文采用实证分析法与规范分析法、静态分析法与动态分析法、经济因素分析法与非经济因素分析法、对比分析法等对商业银行跨国经营进行了研究。全文共分六个部分。第一部分分析了商业银行跨国经营是经济全球化背景下逐渐发展的必然结果,说明了我国商业银行跨国经营具有的重要现实意义;第二部分对商业银行跨国经营相关理论进行了综述,从较早时期的古典主义贸易理论中绝对优势理论和相对优势理论,到后来发展的邓宁的国际生产折衷理论和卡森的内部化理论,以及其他一些理论进行了介绍,并说明了不同理论观点的研究角度和特点;第三部分总结了商业银行跨国经营的趋势,并结合动因理论和模型,分析了跨国发展动因的主要因素;第四部分重点分析了银行跨国经营的两种模式,即新建投资和跨国并购,从两种模式的概念、影响因素、效应等角度深入比较了各自的特点,以定性和定量的方式,对两种模式进行了阐释;第五部分把我国商业银行跨国经营的整体状况和问题作为研究的基础,通过分析进一步指出了我国银行当前发展跨国经营业存在的不足,特别是在产权结构、收入结构、风险控制体系、银行信息化建设、业务流程再造、人才资源配置等几方面存在的问题;第六章提出了目标市场、进入市场模式的选择策略,有针对性地提出了提高我国银行跨国经营核心竞争力的改革建议,通过分析次贷危机的成因及影响,结合巴塞尔新资本协议中银行风险监督和管理要求,提出了完善风险防范机制改革的建议。

关键词:商业银行　经营管理　跨国经营　经营策略

**0972**

**产业集群中 FDI 行业内与行业间溢出效应研究:基于长三角地区制造业企业面板数据的分析** / 姚娟著 ; 高乐咏指导. -- 南开大学, 2009. -- 164 页

论文采用理论分析和实证分析相结合的方法，选取长三角地区 2002 年—2006 年（剔除 2004 年）制造业企业层面大样本面板数据，考察 FDI 行业内和行业间溢出效应的存在性及其各种影响因素。全文共分七章。第一章导论，说明了论文的研究背景、研究意义、研究思路、研究方法、创新点，并对基本概念进行了界定；第二章对基于技术溢出的外商直接投资理论和 FDI 溢出效应研究进行了回顾，对相关文献进行了综合论述；第三章指出了 FDI 溢出效应的分类和产业集群内 FDI 技术溢出，并对 FDI 溢出效应的理论模型和市场结构对 FDI 行业间溢出影响的理论进行了分析；第四章概述了长三角地区外商直接投资的概况，分析了长三角地区利用外资的特点，对中国引资现状进行了阐述；第五章构建相关模型对 FDI 行业内与行业间溢出效应存在性进行了检验；第六章对 FDI 溢出效应影响因素的理论进行了分析，分别采用 OLS、FE、LP、DEA 等各种估计方法对 FDI 溢出效应影响因素进行了实证研究；第七章研究结论和政策建议。论文的主要结论是：行业间溢出较行业内溢出是更为重要的 FDI 溢出途径；随着内外资企业技术差距的增大，水平溢出效应越明显；对于后向溢出来说，只有技术差距小的情况下才会产生正的后向溢出效应；对于各差距水平的样本组来说，前向溢出均为正。

关键词：产业经济学　产业结构　产业集群　外商直接投资（FDI）

**0973**

**中国对外贸易对国民财富和福利增长的影响** / 叶劲松著 ; 张幼文指导. -- 上海社会科学院, 2009. -- 120 页

论文以贸易理论为依据，借助大量实践数据，运用平稳性检验和协整理论，对出口和进口贸易与国民财富和福利增长之间关系进行了实证分析。全文共分八章。第一章导论，阐明了论文的选题背景与研究意义，介绍了论文的研究思路、研究方法和创新点，交代了论文的主要内容；第二章介绍国民财富的内涵，给出了相关观测指标，提出用 GDP/GNP 衡量客体形态财富，用人自身能力的提高来衡量主体形态财富，并采用全要素生产率和人力资本作为人自身能力提高的观测指标，结合中国所处发展阶段提出用收入差距来观测对外贸易的国民福利增长效应；第三章从贸易理论角度分析了对外贸易对物质财富增长的影响，并介绍了国内外的相关实证研究，从全要素生产率、人力资本和收入差距等角度介绍了对外贸易影响国民财富和福利增长的实证研究；第四章分析了对外贸易影响一国财富和福利增长的主要途径，分析了外贸对收入差距的影响途径；第五章分析加工贸易的影响，中国对外贸易中加工贸易地位包括三块内容：加工贸易的理论基础，加工贸易的促进作用，加工贸易的不良影响；第六章从进出口、工业制成品与初级产品相对比的角度实证分析了中国对外贸易对国民财富和福利增长的影响；第七章主要从一般贸易与加工贸易相对比角度加以分析，从全国层面分析了不同贸易方式对物质财富、TFP、人力资本和收入差距的影响，选取了浙江和广东这两个贸易强省为考察对象，分析两种贸易方式在这两个地区的表现；第八章总结篇，归纳了计量分析的主要结论并简要分析了原因，就实证分析中存在的问题提出了建议。

关键词：对外贸易　国民收入　国民财富　社会福利

**0974**

**南北贸易的技术进步效应与南北国家的就业变动** / 喻美辞著 ; 庄宗明指导. -- 厦门大学, 2009. -- 177 页

论文以我国经济体制转型时期的典型特征为出发点，对中国转型期间失业问题的理论与实证展开分析。全文共分为八章。第一章，绪论。介绍选题背景、研究失业问题的理论与实践意义，关键概念的界定，研究思路、内容与框架，技术路线与研究方法，论文的创新点与不足之处。第二章，失业理论的相关研究述评。介绍马克思主义失业就业理论的研究范式，失业理论研究的古典方式，失业理论研究的凯恩斯范式，改革开放后中国学者对失业与就业问题的研究。第三章，世界性失业问题与中国失业率的测算。提出全国范围内失业问题的普遍性，对中国失业人数、失业率进行测算，提出中国失业问题的严峻性。第四章，中国总量失业与经济增长之间的非线性关联效应分析。对中国经济总量的状况展开描述，提出中国经济对奥肯定律的偏离，对中国失业率与经济增长率之间的非线性检验。第五章，中国总量就业与 GDP 产出结构的弹性效应分析。首先介绍中国 GDP 增长率与就业增长率，提出中国的就业弹性系数，并分析中国不同产业部门的就业弹性效应，探讨中国资本深化和对外贸易升级与就业弹性，最后对就业弹性的异化作出分析。第六章，转型期中国失业与就业问题出现异化效应的机理阐释。分别探讨中国经济体制转型与失业，城乡二元经济结构、二元劳动市场与失业，中国

经济结构调整与失业,中国经济增长方式转变与失业以及中国从短缺经济到相对过剩经济的转变与失业。第七章,中国转型期失业问题的治理对策。提出中国转型期政策目标和就业政策框架,包括应健全失业统计制度,构建统一有效的劳动力市场,促进经济增长模式的结构性转变,以开发农村劳动力市场破除知识性瓶颈,构建失业风险预警机制。第八章为论文结论和进一步研究方向。

关键词:劳动就业　就业政策　贸易政策　技术进步

0975

**世界金融危机背景下的金融监管研究** / 袁宁著 ; 朱延福指导. -- 中南财经政法大学, 2009. -- 148 页

论文研究对象为世界金融危机背景下的金融监管,结合经济学、法经济学、政治学、管理学、辩证法、金融学的综合知识,运用规范分析和模型分析相结合的方法对金融监管理论和实践展开研究,得出完善中国金融监管的对策。全文共分为六章。导论部分介绍论文研究的背景和意义,国内外研究现状,研究思路和框架,研究主要内容,研究方法和创新。第一章,金融监管内涵及理论综述。介绍金融监管的内涵,金融监管理论的产生,金融监管理论的多学科综述,金融监管国际化理论内容。第二章,金融危机概述及其对世界经济的影响。首先分析金融危机的内涵和成因,介绍论文要探讨的金融危机,对本次金融危机对世界经济的影响和对中国经济的影响进行分析。第三章,金融危机背景下现代金融风险的本质分析。介绍国际资本流动风险,国际投机资本风险,资产证券化风险以及有效性冲突风险。第四章,金融监管的经济学分析。首先对金融监管行为最优化分析,包括金融监管成本与收益分析,金融监管目标函数和最优化问题,金融适度监管的成本—收益分析;对金融监管的博弈分析,包括监管当局与被监管对象之间的纵向博弈以及监管当局之间的横向博弈。第五章,金融监管制度的国际比较分析。对金融监管制度介绍,提出金融监管制度模式的比较分析,西方发达国家金融监管制度的比较分析,西方发达国家金融监管制度的经验与启示。第六章,中国金融监管制度建设策略分析。探讨金融危机背景下中国面临的机遇和挑战,存在的主要问题,在此基础上,提出合理的政策建议。

关键词:金融监管　金融危机　金融风险

0976

**中日国际竞争力的比较研究:基于比较优势、竞争优势、知识优势的分析** / 曾珠著 ; 姜凌指导. -- 西南财经大学, 2009. -- 179 页

论文通过实证分析,阐明一国的知识创新和对外贸易竞争力之间的因果关系,深化比较优势理论、从比较优势、竞争优势引申出知识优势,进一步论证了以专利为代表的知识创新能力和一国对外贸易竞争力的关系。全文共分七章。第一章导论,说明了论文的研究背景、研究意义、研究内容和研究方法,并对国内外研究现状进行了介绍;第二章对比较优势理论及其局限性进行了分析,阐述了比较优势向竞争优势的转化;第三章以美国为例介绍了比较优势理论的内涵和外延,概括出比较优势的演进规律,论述了从比较优势、竞争优势到知识优势的转变;第四章对中日国际竞争力进行了实证分析,对国际竞争力概念进行界定,阐明了国际竞争力的理论基础,对创新与国际竞争力关系进行了实证分析;第五章从企业(微观)、产业(中观)、国家(宏观)三个层次对中日国际竞争力进行分析,包括自主知识创新与企业竞争力、产业竞争力和国家竞争力;第六章对中国现有贸易战略进行了评价,探讨了中国国际竞争力的提升;第七章全文的结论,对论文的研究工作进行了回顾与总结,指出了有待进一步深入研究的课题。论文的主要研究结论是:无论是继续实施原有的战略还是选择新的战略,为了保持经济的持续发展,必须重视技术进步和创新。

关键词:对外贸易　技术创新　日本

0977

**中美贸易失衡问题研究** / 张波著 ; 郭连成指导. -- 东北财经大学, 2009. -- 138 页

论文采用历史分析法、实证分析法、对比分析方法和数理模型与定量分析方法探讨中美贸易失衡问题。从历史角度分析美国对华巨额贸易逆差问题;中美贸易的互补性、中美贸易的摩擦和外商在华直接投资部分都采用了实证分析法,美国对华出口管制部分采用了实证分析方法和对比分析方法;对中美贸易失衡的发展趋势是通过建立模型进行定量分析完成的。全文共包括七章。第一章是导论部分,着重介绍了选题的背景和意义以及国内外学者、政府机构和研究机构对中美贸易失衡问题的研究情况。第二章是贸易失衡相关理论综述,本部分根据国际货币基金组织指定的《国际收支手册》给出国际收支的定义,从而引出

贸易平衡和贸易失衡的内容。第三章介绍了中美贸易的发展历史、中美贸易的依存情况,并分析了中美贸易失衡的总量、商品结构、变化过程和基本特征。第四章是论文的核心内容,重点分析了中美贸易失衡的原因,主要包括外在原因和内在原因两个方面。第五章介绍了中美贸易失衡对两国以及双边贸易的影响。第六章是中美贸易失衡扩大或缩小的因素分析,主要研究了影响中美贸易失衡扩大的因素、影响中美贸易失衡规模缩小的因素等。第七章分析了应对中美贸易失衡的措施。

关键词:双边贸易　中美关系　加工贸易　服务贸易　外商直接投资

**0978**

**世界经济长波:测度与验证** / 张芳著 ; 李天德指导. -- 四川大学, 2009. -- 250 页

论文在国内外已有研究的基础上,依据大量的历史数据和历史事实,选择 G7 和"金砖四国"为研究对象,运用国际上先进的 CF 滤波分析和时间序列预测方法,对各国真实的 GDP 时间序列进行研究。全文共分九个部分。第一部分导论,包括研究背景、研究意义及论文的研究思路、研究方法及主要内容;第二部分对经济长波研究所涉及的理论基础进行全面阐述,通过对相关理论的分析和评价,建立综合运用研究的观点;第三部分通过对国内外学术界在世界经济长波理论的主要研究成果的梳理,指出其中的不足和发展方向;第四部分重点阐述了传统经济周期、现代经济周期的测度方法,考察了经济周期测度方法的发展历程,详细介绍了传统测度方法和现代测度方法,特别是对滤波方法进行了系统分析和比较,着重比较了不同方法在实践运用中的优缺点和适用条件,选择了对长波分析具有操作性的适用方法;第五部分对世界经济长波的存在性和生产机制从历史角度进行定性分析,通过对每轮世界经济长波的形成机理的分析,定性概括研究不同时期的世界经济长波的发生过程中的各种生产因子,揭示其内在逻辑;第六部分和第七部分分别研究发达国家和发展中国家的长波计量特征,根据确定的选择标准,将 G7 和"金砖四国"纳入研究样本,运用 CF 滤波法,通过对所收集的各国真实 GDP 数据做分析;第八部分从我国和世界经济、与美国经济长波的协动性入手,重点考察了我国经济长波的开放性特征;第九部分结论和展望,概述论文的主要研究结论,及有待进一步研究的问题。

关键词:世界经济　经济波动　经济周期　产业革命　技术创新

**0979**

**我国国有企业监管模式选择及其环境约束研究** / 张贵平著 ; 张诚指导. -- 南开大学, 2009. -- 155 页

论文主要研究我国国资监管模式的选择和构建问题,探讨不同监管模式环境约束及其完善。全文共分为七章。第一章,导论。介绍论文研究的问题,文献回顾和研究进展,研究内容、思路和方法,论文创新和不足。第二章,国资监管和理论基础。介绍委托代理理论,契约理论,产权理论。第三章,我国国资监管目标的确立。首先介绍国有资本的性质与目的,接着提出国有企业的性质和目标,并对我国国资监管目标的确立做出说明,最后提出对我国国资监管目标的均衡分析。第四章,我国国有资产监督管理模式的历史演进。一是介绍国资委成立前我国国资监管体制历史演进的具体内容,包括计划经济时期高度集权的监管状态,由计划向市场过渡时期的无序监管状态,社会主义市场经济体制下逐步走向理性和成熟的监管状态;二是提出我国国资监管体制的新发展;最后对我国国有资产监管体制演进制度进行分析。第五章,国外国资监管模式的比较研究。首先介绍若干发达国家的国有资产监管体制,包括美国的国有资产管理体制,英国的国有资产管理体制,法国的国有资产管理体制,德国的的国有资产管理体制以及意大利的国有资产管理体制;介绍若干发展中国家的国有资产管理体制,包括新加坡、印度和韩国;最后对国外国有资产监督管理提出比较和值得借鉴的内容。第六章,我国国有资产监督管理体制模式选择的政策建议,探讨经济目标型国有企业的监管模式,社会目标型国有企业的监管模式,混合目标型国有企业的分拆与重组。第七章,国资监管效率的环境约束及其完善。基于国资监管效率的内涵与评价方法,介绍国资监管效率的外部环境约束条件及其完善,国资监管效率的内部环境约束条件极其完善。最后为研究结论。

关键词:国有资产　国有企业　监管制度　管理模式

**0980**

**政府支持技术创新的政策国际比较** / 张娟娟著 ; 宫占奎指导. -- 南开大学, 2009. -- 138 页

论文从分析技术创新的特征出发,运用比较研究

的方法,以国际上较成功运用财政政策、金融政策、产业政策促进本国技术进步的美国、日本和韩国为例,对政府支持创新技术进行了比较。全文共分六章。第一章介绍了论文的选题背景和研究意义,对国内外的政府支持技术创新的理论进行了回顾,对技术创新和技术创新政策的概念进行了界定,并介绍了论文的写作思路、框架和主要创新点;第二章从分析技术创新的特点入手,讨论政府在技术创新中发挥作用的各种理论,从分析政府对于技术创新的干预出发,论述政府参与企业技术创新的必要性;主要阐明两个问题,一是政府为什么应该为技术创新提供政策支持,二是政府以政策支持技术创新的实现途径和方式;第三章政府支持技术创新的财政政策国际比较,主要对美国、日本和韩国对技术创新的财政支持政策进行了比较;第四章主要从技术创新金融支持的制度基础和面向技术创新的金融机构与金融业务两方面进行比较分析;第五章主要从政府支持技术创新的产业技术政策方面进行比较分析;第六章我国政府支持技术创新的现状及国际经验借鉴,通过分析我国以财政政策、金融政策和产业政策促进技术创新的现状,借鉴国际经验,提出我国政府进一步支持技术创新的政策建议。

关键词:技术创新　政策支持　政府职能

**0981**

**微型金融运行模式研究** / 张亮著 ; 李天德指导. -- 四川大学, 2009. -- 163 页

论文立足于中国微型金融和农村金融的发展现状,结合国外微型金融的实践和经验,着重研究了微型金融的核心运行机制,并从需求和供给两方面分析了我国现存微型金融体系,指出当前微型金融发展中存在的问题,构建了微型金融体系,构建了微型金融机构运行效率评价模型。全文共分八个部分。第一部分导论,介绍了论文选题背景,论证了写作意义,对国内外微型金融的相关研究进行了文献综述,对论文整个研究体系和主要内容进行了概括,介绍了论文的研究方法及创新点;第二部分微型金融的产生和发展,回顾了微型金融产生的历史背景,对微型金融的相关概念做出了界定和分类,引入了微型金融产生的理论基础,介绍了国际微型金融的发展趋势;第三部分国际微型金融模式比较研究,介绍了亚洲地区的孟加拉乡村银行模式、印度尼西亚人民银行模式以及东亚一些国家的情况,将中国和国际成功模式进行比较,得到启示;第四部分微型金融运行模式的核心机制——信贷机制,对微型金融的核心机制进行了理论论证,保证了微型金融机构客户群的偿还率和机构自身的可持续发展;第五部分中国微型金融现存体系分析,着眼于微型金融的需求方分析,结合当前实际状况对农户的金融需求特征展开讨论,分析微型金融的供给方情况,联接供需双方,建立了微型金融供需框架,试图实现供需双方多层次的均衡;第六部分微型金融运营管理与风险控制风险,分析了我国微型金融发展中存在的主要障碍,针对微型金融运行过程中的各种不确定风险进行分析,提出了控制策略;第七部分微型金融运行绩效评价,微型金融机构作为一种特殊金融机构,身兼社会扶贫和赢利双重目标,对于其效率的衡量不同于一般传统金融机构,介绍了覆盖面、持续性、福利影响三大评判标准,利用数据包络方法对国际五大地区的微型金融机构运行效率进行了实证分析;第八部分中国微型金融模式建议,针对我国微型金融发展现状,提出了涵盖宏观层面、中观层面、微观层面的微型金融总体构架,提出了具体的微型金融产品设计。

关键词:农村金融　运行模式　风险管理　经济评价

**0982**

**服务外包在国际产业转移中的作用分析:基于发展中国家视角的研究** / 张权著 ; 廖少廉指导. -- 厦门大学, 2009. -- 146 页

论文从作为承接方的发展中国家角度,运用改进后的横向产业理论工具,在国际产业转移的大背景下研究服务外包的作用,并根据不同的服务外包经营形式,分析服务外包对发展中国家的不同作用,以及提供给发展中国家在经济发展过程中可供选择的、低成本和快速有效的发展道路。全文共分七章。第一章导论,说明了论文的研究背景、研究意义、研究结构及创新点;第二章对服务外包的概念进行界定,并对服务外包理论和文献进行了综述;第三章给出了国际产业转移的定义,阐述了它的主要形式,分析了当前国际产业转移的特点及未来发展趋势,对发展中国家在国际产业转移中的地位现状及决定因素进行了研究;第四章对全球服务外包发展的基本情况进行了介绍,分析了全球服务外包市场的规模,并对全球服务外包承接方市场的总体情况和特点进行了阐述;第五章对服务外包对发展中国家的作用及服务外包推动发展中国家经济发展的原因进行了分析;第六章阐述了主

要发包国外包模式的差异,并对国际服务外包承接地综合评价体系进行评价,并对发展中国家发展服务外包提出了政策建议;第七章分析了中国服务外包业的现状与不足,揭示了服务外包对我国经济发展的作用,提出了具体的政策建议。

关键词:服务业　对外承包　产业转移　发展中国家

**0983**

**矿业投融资体制与模式探讨** / 张荣光著 ; 李天德指导. -- 四川大学, 2009. -- 158 页

论文采取理论与实证相结合的研究方法,在借鉴国外发达国家矿业投融资体制建设经验的基础上,分析了当前我国矿业投融资体制存在的问题,从国家、社会、企业等角度提出相关措施改革我国矿业投融资体制,同时对我国矿业企业的投资模式进行了探讨。全文共分七个部分。第一部分导论,说明了论文的研究目的、研究意义、研究思路和研究方法,指出了论文的创新点及不足,并对相关文献进行了综合论述;第二部分为矿业投资的基本概念,简单介绍了最新的成矿理论、矿业投资的特点、矿业生产过程、矿业投资资金来源、矿业市场特征、结构以及主体、矿产品市场及价格等;第三部分分析了我国矿业投融资体制的宏观环境,从制度变迁的角度考察了我国矿业投融资体系的改革,对我国矿业权市场的现状、矿业权融资难题进行了分析,并对我国矿产资源法律法规进行了详细介绍;第四部分主要从实证的角度介绍了国外发达国家的投融资体制,选择了美国、加拿大、澳大利亚等资源丰富、矿业发达的国家和国内资源贫乏但是矿业投资颇见成效的日本的矿业管理经验以供学习和借鉴;第五部分矿业企业的投融资决策研究,从企业制定投融资决策的角度分析了矿业项目的经济评价方法,探讨了矿业投资不同阶段融资的特点以及具体的融资途径,从我国矿业企业的实际情况出发,分析了现阶段我国矿业企业投融资存在的问题;第六部分对我国矿业企业投资模式进行了分析,从矿业企业在国内的做大做强和跨国经营分别进行了研究;第七部分对矿业投融资体制与模式进行了创新研究,分别从矿产品市场的改革、矿业权市场的改革、矿业资本市场的改革以及矿业投资模式的创新等角度对我国矿业的健康长远发展提出了建议。

关键词:矿业投资　融资　创新管理

**0984**

**战后日本流通产业演进研究** / 张沈青著 ; 余昺雕指导. -- 吉林大学, 2009. -- 133 页

论文在对战后日本流通业的发展进程进行整体分析的基础上,着重对战后日本流通业的结构演进与日本流通业的特点进行深入分析与研究,从中展出规律性结论,为我国流通业深化改革提供有价值的理论与实践依据。全文共分为七章。第一章,导论。介绍论文选题背景与意义,国内外研究现状,论文的结构安排和观点说明,论文的创新点和有待进一步完善之处。第一章,流通及其理论。介绍流通的概念及其内涵,流通产业在产业结构中的地位,流通与物流,流通理论。第二章,日本流通业的演进。介绍战后流通产业面临的环境,战后日本流通产业的演进历程,日本流通业的未来。第三章,日本批发业结构演进分析。分析包括批发及其功能,日本批发业的组织形态及特点,日本批发业的演进分析。第四章,日本零售业的结构演进分析。首先介绍零售业及其作用,接着分析日本零售业态的发展及其特点,最后对日本零售业的演进做出分析说明。第五章,战后日本政府的流通政策。介绍战后经济复兴时期的流通保护政策,高速经济成长期的流通近代化政策,稳定经济成长期的加强管制政策,20 世纪 80 年代以后流通政策的开放,以及日本政府监管流通业的主要政策。第六章,战后日本流通业发展的特点分析,提出其过度保护与逐步开发,传统与现代并存,复杂与独特的体制、渠道,逐步重视国外流通,与高龄化、少子化相适应的流通以及品牌、特色保存发扬的特点。第七章,日本流通业发展对中国的启示。结合中国流通业的发展历程,中国流通业的发展现状及存在的主要问题,提出日本流通业发展对中国的启示,并提出中国流通业的发展展望。

关键词:商品流通　产业发展　批发业　零售业　日本

**0985**

**国际合作中贸易与环境的协调研究** / 张天桂著 ; 张幼文指导. -- 上海社会科学院, 2009. -- 216 页

论文对国际合作中贸易与环境的协调进行系统研究,审视并探究通过国际合作协调贸易与环境的现实途径,借鉴区域经济一体化先行者协调贸易与环境的成功经验,从中国自由贸易区战略的实施出发,为中国通过国际合作促进贸易与环境的协调提出相应的对策建议。全文共分七章。第一章导论,概述研究

背景与意义、研究框架与方法、研究特色与创新;第二章研究综述,阐明贸易自由化的环境效应和环境规制的贸易影响;第三章探讨协调贸易与环境的理论基础和现实途径;第四章通过对中国贸易自由化的环境效应和环境规制的贸易影响的实证分析,表明中国所面临的贸易与环境问题;第五章全面分析中国协调对外贸易与环境保护的现实进程,阐明中国在加强自身建设、苦练内功、夯实基础,通过国际环境合作协调贸易与环境的同时,还应在自由贸易区战略的全面推进过程中,以"可持续发展"重大战略为基础,注重环境保护和贸易与环境的协调,通过国际贸易合作促进贸易自由化和环境保护;第六章选取中国—东盟自由贸易区进行区域合作中贸易与环境的个案分析;第七章总结,从实施自由贸易区战略出发,为中国通过国际合作促进对外贸易与环境保护的协调提出相应的对策建议。

关键词:自由贸易　区域经济一体化　国际合作　环境保护

**0986**

**我国货币政策效果区域差异研究** / 张巍著 ; 李翀指导. -- 北京师范大学, 2009. -- 131 页

论文的研究对象为我国货币政策效果区域差异,研究重点集中在对我国货币政策区域效应理论的推演和实证检验、探讨我国货币政策区域效应的成因和其弱化措施三个方面。全文共分为七章。第一章,导论。介绍选题依据、研究方法与技术路线,概念界定、研究内容和创新。第二章,相关理论与文献综述。介绍货币政策趋于效应理论的演进;国外研究文献综述,包括对 EMU 成员国的研究,一国内的研究以及实证方法研究;提出国内研究进展,包括早期研究和近几年的相关研究情况。第三章,我国货币政策效果区域差异的理论分析。分析探讨货币政策传导的信贷观点,RCC-RLM 模型的构建,RCC-RLM 模型对我国货币政策效果区域差异的解释。第四章,我国货币政策效果区域差异存在性的实证检验。基于 VAR 模型的研究,对我国货币政策效果区域差异存在性展开实证,提出对我国不同货币政策阶段下区域效应的实证分析,并对我国总量性货币政策适用性做出分析。第五章,我国货币政策效果区域差异诱因——基于区域基础非均衡的研究。首先分析我国区域经济差异现状和成因;接着探讨我国区域经济差异与货币政策区域效力,分析我国区域金融差异的现状与成因,最后探讨我国区域金融生态差异与货币政策区域效益。第六章,我国货币政策效果区域差异诱因——基于传导机制的研究。探讨货币供应量的区域差异效应,利率传导渠道的区域效应,信贷传导渠道的区域效应。第七章,我国货币政策效果区域差异的弱化研究。对我国区域型货币政策的适用性分析,提出动态约束下的区域货币政策选择,分别以货币政策柔性设计的视角提出我国货币政策效果区域效应的弱化措施,以区域经济、金融协调发展的视角提出我国货币政策效果区域效应弱化措施,以优化货币政策运行外部环境的视角提出我国货币政策效果区域效应弱化措施。最后论文总结。

关键词:货币政策　经济效果　区域差异

**0987**

**财政分权与经济体行为分析:基于博弈论的视角** / 张一著 ; 余永定指导. -- 中国社会科学院, 2009. -- 134 页

论文以现代经济学的理论为基础,根据中国实际情况,对中央政府和地方政府的效用函数进行了探讨。全文共分八章。第一章绪论,对文章的选题来源、理论意义和相关文献等方面进行了介绍;第二章对改革开放以来财政制度的改革历程进行了梳理,并分析了分税制下转移支付的特点;第三章主要分析现阶段财政的收支特点,对财政收入的趋势进行了分析,指出当前财政收支和财政制度的不合理之处;第四章主要对中央和地方的效用函数进行探讨,并对分税制和晋升博弈背景下,影响地方政府效用函数的因素进行分析;第五章主要对财税约束下的不同行为主体之间的博弈进行分析,博弈的类型主要包括政府和生产者之间的博弈、中央政府和地方政府之间的博弈以及地方政府之间的博弈;第六章主要验证资本可自由流动情况下地方政府招商引资的动机,结果显示招商引资通过提高预算外收入的方式满足了地方政府提高实际税率的需要;第七章通过计量模型检验中央政府承诺对地方政府征税积极性的影响,并对税收空间和征税效果进行分析;第八章结论,政策建议及未来进一步的研究方向。论文的研究结论是:地方政府的招商引资确实满足了地方政府提高实际税率的需要,同时中央政府明确承诺在一定程度上激发了地方政府的征税积极性。

关键词:财政制度　财政分散制　财政收支　政府行为　税收管理

0988

**美国镀金时代经济发展研究** / 张准著 ；李天德指导. -- 四川大学，2009. -- 264 页

论文本着历史和逻辑相统一的原则，理论联系实际，规范分析和实证分析相结合，以数据为支撑，辅之以案例研究、图表分析，以镀金时代的美国经济发展为研究对象，分别从区域开发（西进运动）、农业资本主义、工业资本主义、第二次工业革命、经济垄断化五个方面对美国经济的发展进行了分析研究。全文共分七部分。第一部分导论，介绍了论文的选题背景和目的，论证了论文的理论价值和实际意义，对论文的研究体系和主要内容框架进行了概括，指出了研究的重点和难点，明确了研究方向，对论文之所以突破了传统的对"镀金时代"的界定进行了解释和阐述；第二部分从西进运动的模式分析和总体评价入手，指出镀金时代是西进运动的高潮阶段，分别从铁路建设、西部矿业开发、畜牧业和农业开发四个方面进行具体阐述，分析了"边疆的消失"及其影响；第三部分从总体上介绍了镀金时代美国农业的巨大发展，分析了镀金时代美国农业发展的原因，探讨了镀金时代美国农业发展面临的问题，对所谓"美国式"农业发展道路进行了简要评析；第四部分介绍了镀金时代美国工业发展的总体概况、工业结构和工业布局，从内战的影响、自然资源条件、人口增长、政府政策四个方面分析了镀金时代美国工业迅速发展的原因，对同期美国产业工人状况进行了分析，揭示了当时美国资本主义剥削的残酷性，并对美国文明的耻辱——童工问题进行了专门介绍；第五部分介绍了第二次工业革命的前提和先导——以电力技术为核心的第一次科技革命，从科学管理和大规模生产两个方面，分析了管理革命与工业体制改革，对美国率先完成第二次工业革命的原因进行了研究；第六部分从美国经济向垄断过渡的前提条件入手，大体上按时间顺序依次探讨了垄断组织的发展、托拉斯与第一次企业合并高潮、金融寡头与经济垄断化的完成，分析了镀金时代美国的反垄断思潮和实践；第七部分结论和展望。

关键词：经济史　经济发展　美国　近代

0989

**中美制成品产业内贸易与利益分配** / 章丽群著 ；谢康，金芳指导. -- 上海社会科学院，2009. -- 146 页

论文运用国际经济学、产业经济学、管理学相关理论，采用理论分析与实证分析方法，对中美制成品产业内贸易的发展机理、发展现状与中美制成品产业内贸易利益及其分配进行了较为深入系统的研究。全文共八个部分。第一部分前言在概括论文研究背景和研究意义的基础上，结合国内外对产业内贸易，特别是基于 FDI 的产业内贸易的研究现状，提出了论文的基本研究思路和采用的基本研究方法、论文的主要内容和结构框架，并归纳总结了论文的主要创新点；第二部分阐述了产业内贸易的理论模型和计量方法；第三部分从中美制成品贸易的结构特征入手，通过分析中国产业内贸易的总体状况和中美制成品产业内贸易的总体发展水平，比较分析中美劳动密集型、资本或技术密集型制成品产业内贸易的发展；第四部分指出中美制成品产业内贸易发展的微观基础是中美要素禀赋的差异、美国对中国的直接投资和中美加工贸易的发展；第五部分区分了产业内贸易利益与传统贸易利益，结合中国和美国参与制成品全球价值链的基本状况，说明全球化条件下产业内贸易利益包括比较优势效应。规模经济效应和源于资源稀缺性的经济租，指出中美贸易利益的分配取决于中美两国在全球价值链环节上的附加值；第六部分结合中国贸易与投资的现实和中国长期以来的外贸和外资政策，从国内要素价格扭曲、外资优惠政策、人民币汇率升值、跨国公司内部转移价格和中美贸易争端博弈等五个方面提出对中美贸易利益分配的影响；第七部分从要素市场的完善、加工贸易的升级、中国边际产业的对外转移、贸易与投资政策的调整等方面提出实现中国贸易利益的提升；第八部分在前面各章分析基础上总结出论文的主要结论和研究中存在的不足，并为论文后续研究指明方向。

关键词：对外贸易　双边贸易　制成品　国际投资　中美关系

0990

**经济全球化、技术选择和工资差距** / 赵达著 ；海闻指导. -- 北京大学，2009. -- 132 页

论文研究结合了中国劳动力市场供给、所有制改革、FDI 和外包等因素对经济全球化、技术选择和工资差距开展理论分析和实证检验。全文共分五章，第一章导论，提出了论文的研究问题，指明了研究思路、研究结构；第二章基于企业普查数据，估计中国的工资差距及其变化，在超越对数形式的技术工人工资份额方程基础上，检验技术工人需求的影响因素；第三章构建内生技术选择模型，阐述南北贸易自由化对南方

工资差距的影响渠道,技术工人供给上升带来的市场效应,提高了技能扩大型技术的模仿激励,在长期扩大工资差距;随后,引入差异化产品种类扩张模型,阐述贸易自由化引起南方对技术密集型产品需求增加,提高了技术工人的相对需求;第四章检验出口对效率、人均资本和增加值等绩效指标,以及技术工人就业比例之间的相互关系,基于中国企业面板数据,研究为企业"出口自选择"理论提供了证据支持,从行业层面检验出口对绩效的影响,选用地理特征和行业的出口退税作为出口比例的工具变量,解决内生问题;第五章结束语,得出了论文的主要结论,并对未来研究进行了展望。论文的主要结论是:人均资本和行业产出变动是技术工人需求上升组有力的解释变量;出口比例上升对行业效率、人均资本、增加值和技术工人就业比例有显著的促进作用,外资产出份额上升会显著提高行业的人均资本和技术工人的就业比例。

关键词:工资　收入差距　技术选择

**0991**

**战略管理理论在银行战略管理中的应用** / 赵晓菊著 ; 张幼文指导. -- 上海社会科学院, 2009. -- 172 页

论文采用理论与实践相结合的方法对战略管理理论在银行战略管理中的应用进行了研究。全文共分八章。第一章导论,介绍了论文的选题目的、选题意义、对国内外相关研究进行了综合论述,提出了论文的研究对象、研究范围、研究方法、研究框架、主要内容、创新点;第二章对战略的概念和战略管理的概念做了阐述;对战略管理的主要流派及其理论基础分别做了介绍,包括资源观理论、企业核心能力理论、竞争动力理论、利益相关者理论、交易成本理论、代理理论;第三章对战略管理理论演进和趋势及其对中国战略管理的影响进行了深入的研究,对国内外部分专家关于战略管理研究发展阶段的划分方法做了概括的介绍;第四章对国际银行业提高竞争力的战略管理的路径进行了分析研究,分析、阐述竞争力的相关概念,对国外银行较多采取的提升银行竞争力的四种战略做了介绍和分析;第五章研究在全球经济一体化的大背景下,跨国银行全球战略管理的理论、模式、动态和趋势,分别阐述了全球战略的相关概念、类型、意义、目标及管理的理论,对跨国银行的全球战略的模式及其在中国实施做了研究与评析;第六章对中国的银行业战略管理的演进及案例分析,结合中国银行业的改革,对中国银行业战略管理的演进与变迁做了概述;第七章分析了后危机时期经济环境的变化及银行业战略调整转型应关注的问题与对策;第八章论文结论和对未来研究的展望。

关键词:银行业　战略管理　竞争力

**0992**

**区域经济一体化的经济增长效应研究** / 郑晶著 ; 宫占奎指导. -- 南开大学, 2009. -- 189 页

论文从理论考察、统计分析和实证检验方面研究区域经济一体化的经济增长效应,考察区域经济一体化同成员国经济增长收敛性和中、长期经济增长之间的关系。全文共分为七章。第一章,导论。介绍问题的提出和研究的意义,对区域经济一体化概述,提出论文研究方法与论文结构。第二章,区域经济一体化研究文献综述。介绍区域经济一体化理论的演进,市场增长理论的发展,区域经济一体化的经济增长效应。第三章,全球区域经济一体化的发展。介绍区域经济一体化的成因,区域经济一体化的发展阶段,区域经济一体化的发展现状,并分析当前区域经济一体化的发展特点和趋势。第四章,区域经济一体化内生经济增长效应的路径分析。一是区域商品贸易自由化的经济增长效应,包括基本模型,区域内商品贸易自由化之前的均衡,A、B 两国建立自由贸易区以及 A、C 两国或 B、C 两国建立自由贸易区的讨论;二是区域内要素自由流动的经济增长效应,介绍区域内劳动自由流动的内生增长效应以及区域内 FDI 自由流动的内生增长效应。第五章,区域经济一体化经济增长效应的案例分析。介绍区域经济一体化对欧盟经济增长的影响,北美自由贸易区的经济增长效应分析,东盟区域经济一体化经济增长效应的案例分析。第六章,区域经济一体化经济增长的效应实证研究。首先提出对区域经济一体化经济增长收敛性的实证检验,接着对区域经济一体化经济增长效应提出实证检验。第七章,结论及对中国参与区域经济一体化的政策建议。

关键词:区域经济　经济一体化　经济增长　经济关系

**0993**

**对外直接投资:企业获取竞争优势研究** / 郑磊著 ; 陈漓高指导. -- 南开大学, 2009. -- 192 页

论文的研究对象为对外直接投资:企业获取竞争优势的研究,通过对理论模型和实证检验确认通过 FDI 提升企业竞争优势的现实可行性,对我国企业如

何建立相应战略提出建议。全文共分为七章。第一章,导论。介绍论文的选题背景和意义,论文内容结构与分析方法,研究难点和主要创新点。第二章,国内外研究文献综述。介绍竞争优势的界定及相关理论,对外直接投资与企业特定优势条件和动机,对外直接投资与企业竞争优势的寻求,对外直接投资的产业与区位选择以及发展中国家对外直接投资理论。第三章,论文的理论基础和分析框架。首先对竞争优势的概念界定,提出对附加策略变量的 OLI 模型的简化和拓展,探讨通过 FDI 获取技术提升竞争力优势的博弈模型,并提出理论简评与分析框架的建立。第四章,对外直接投资获取竞争优势的国际经验分析。首先介绍对外直接投资实践与理论演进,介绍发达国家对外直接投资获取竞争优势,发展中国家的对外直接投资获取竞争优势以及国际对外直接投资获取竞争优势的规律。第五章,中国企业对外直接投资获取竞争优势分析。分析中国对外直接投资的现状,提出中国企业对外直接投资获取竞争优势的途径。第六章,以获取优势为目的的对外直接投资理论模型和实证检验。介绍以获取优势为目的的 OL 模型分析,并进行实证研究。第七章,中国对外直接投资获取竞争优势的建议。首先分析中国企业对外直接投资存在的主要问题和解决思路,在此基础上,提出中国对外直接投资获取竞争优势的策略性建议。最后为论文结论。

关键词:跨国公司　对外直接投资　企业管理　跨国经营　核心竞争力

**0994**

**FDI 与我国产业结构升级研究** / 郑澎著 ; 邱立成指导. -- 南开大学, 2009. -- 148 页

全文共分为六章。第一章,导论。主要介绍论文选题的背景、意义、相关概念的界定以及国内外研究的理论综述、总体思路以及研究方法与求新之处等。第二章主要论述中国产业结构的总体现状和演变情况,分析中国产业结构演变的主要特点,通过对主要发达国家产业结构的国际比较,挖掘我国产业结构中存在的问题,指出中国产业结构升级、调整和优化的主要方向。第三章主要论述外商直接投资与中国产业结构优化升级的基本状况和体系框架,包括中国吸收外商直接投资总体状况和发展趋势,中国产业结构升级的状况和主要特征,中国引进 FDI 的产业结构与行业结构概况,FDI 与中国产业结构升级体系框架以及中国产业结构升级的模式。第四章主要论述外商直接投资对我国产业结构升级优化的传导机制和路径分析,从技术溢出、挤出效应和关联效应三个方面进行论证利用外商直接投资促成我国产业技术优化升级新的增长点。第五章运用回归分析法,从 FDI 对我国产业结构总体、工业、服务业三大方面的实证分析来研究 FDI 对我国产业结构优化升级的影响,经过实证研究提出 FDI 在推动我国经济发展的过程中,在一定程度上优化三次产值的比重,促进产业结构的升级。第六章基于 FDI 的中国产业结构升级的对策研究,针对吸引外资的总体战略目标和最新调整,提出我国促进产业结构升级的目标和方向,然后利用 FDI 促进产业结构升级的可行性分析,对利用 FDI 促进产业结构升级的战略、政策调整的取向、外资产业投向和政策措施提出可供参考的建议。

关键词:中国经济　外商直接投资　产业结构升级　产业结构优化

**0995**

**WTO 框架下贸易与环境问题的南北协调:基于环境产品和服务贸易的研究** / 钟娟著 ; 佘群芝指导. -- 中南财经政法大学, 2009. -- 239 页

论文基于环境产品和服务贸易的研究,提出 WTO 框架下贸易与环境问题的南北协调。全文共分为七章。第一章,导论。介绍问题的提出及研究意义,相关概念界定,研究思路、方法和创新。第二章,相关理论综述。包括贸易与环境问题的经济学分析,环境产品和服务贸易的自由化研究。第三章,GATT/WTO 框架下的贸易与环境问题。首先提出贸易与环境南北关联理论的依据,接着分析 GATT/WTO 框架下的贸易与环境问题;提出 WTO 新一轮贸易与环境谈判,包括 WTO 新一轮谈判的背景,贸易与环境谈判失败的原因以及贸易与环境谈判应遵循的基本原则;探讨 WTO 贸易与环境谈判的焦点问题与各成员谈判的立场,包括 WTO 与各类多边环境的协议,WTO 环境产品与服务贸易的自由化谈判,环境措施与市场准入谈判,《与贸易相关知识产权协议》和环境问题分析,贸易与环境谈判的未来趋势。第四章,WTO 框架下环境产品与服务贸易自由化。包括 WTO 框架下环境产品与服务贸易自由化谈判、国际环境产品与服务贸易、环境产品与服务贸易南北比较。第五章,EGS 贸易自由化对南北的影响。首先分析我国环保产业的现状,包括发展概况、产业结构、发展趋势、我国 EGS 贸易发展概况以及我国环境产品和服务贸易行业情

况;对EGS贸易自由化影响分析,提出环境产品贸易自由化对总体经济和全球贸易的影响分析,对发达国家的影响,对发展中国家的影响;提出EGS贸易自由化可持续影响评价。第六章,WTO框架下贸易与环境问题的南北协调——以EGS贸易为例。介绍WTO框架下贸易与环境问题南北协调的原则,发展中国家环境产品谈判模式和谈判战略选择,发展中国家环境服务谈判策略与供给能力培育,发达国家EGS贸易发展策略。第七章为论文结论与启示。

关键词:国际贸易　环境保护　服务贸易

**0996**

**跨国公司地区总部区位选择与中国经济发展研究** / 周华起著 ; 李俊江指导. -- 吉林大学, 2009. -- 162页

论文为跨国公司地区总部区位选择与中国经济发展的相关研究。全文共分为八章。第一章,绪论。介绍选题立意,国内外研究现状,研究思路、内容和方法以及论文的主要创新和不足。第二章,跨国公司地区总部区位选择的概念界定和理论基础。首先介绍跨国公司地区总部的概念、历史溯源以及产生的动因,提出跨国公司地区总部的类型、职能和最新发展趋势;提出跨国公司地区总部区位选择的理论基础,包括区位理论、国际直接投资理论和产业集群理论。第三章,跨国公司地区总部区位选择的影响因素。结合跨国公司地区总部区位选择的内生需求与外生需求,提出跨国公司地区总部区位因素。第四章,跨国公司地区总部区位选择的效应分析。分别提出对跨国公司地区总部区位选择对企业自身效应分析,对跨国公司地区总部区位选择对东道国效应分析,对跨国公司地区总部区位选择对区域发展效应分析。第五章,跨国公司地区总部区位选择的成功案例分析。分别介绍美国曼哈顿、英国伦敦、日本东京和新加坡的案例进行分析和讨论。第六章,跨国公司地区总部对中国经济的影响。探讨跨国公司地区总部在中国的发展现状,跨国公司地区总部对中国经济的促进作用以及跨国公司地区总部区位选择与中国总部经济的发展关系。第七章,中国各地区建立总部经济集聚带的战略构想。分别提出环渤海总部经济集聚带,长三角总部经济集聚带,珠三角总部经济集聚带,海峡西岸总部经济集聚带,成渝总部经济集聚带以及东北亚总部经济集聚带。第八章,中国吸引跨国公司地区总部的策略研究。探讨搭建吸引跨国公司地区总部的环境平台,解决吸引跨国公司地区总部过程中所带来的几大矛盾,提出中国吸引跨国公司地区总部的具体建议。

关键词:跨国公司　区位选择　经济环境　经济发展

**0997**

**印度跨国公司对外直接投资研究** / 周杰著 ; 文富德指导. -- 四川大学, 2009. -- 189页

论文以跨国公司、尤其是发展中国家跨国公司对外直接投资理论为基础分析工具,阐述独立以来印度跨国公司对外直接投资的发展历程与环境。全文共分十一个部分。第一部分导论,介绍论文的选题背景和意义、国内外相关研究现状、论文思路与基本框架等;第二部分理论部分,介绍了跨国公司对外直接投资的理论,通过对传统跨国公司和发展中国家跨国公司对外直接投资理论的梳理,为后文研究印度跨国公司对外直接投资的诸多方面内容提供必要的理论工具;第三部分介绍印度跨国公司对外直接投资的历程与特征,以时间为界,将印度企业对外直接投资的发展历程分为三个阶段,分别从投资量、投资行业、投资区位和投资方式等四个方面介绍印度跨国公司对外直接投资的特征,总结出印度跨国公司产生、成长和壮大的发展历程;第四部分阐述印度跨国公司对外直接投资的国内环境,以时间为界,对经济改革前、改革初期和新世纪以来三个阶段的国内环境做了介绍;第五部分介绍印度跨国公司对外直接投资的国际环境,仍以时间为界,对经济改革前、20世纪90年代和新世纪以来印度跨国公司对外直接投资的国际环境进行介绍;第六部分深入分析印度跨国公司对外直接投资的原因,运用跨国公司相关理论,深入分析印度跨国公司对外直接投资的驱动因素;第七部分分析了印度跨国公司对外直接投资的影响,包括对印度经济发展、技术进步和企业自身发展的影响;第八部分分析了印度跨国公司对外直接投资的发展趋势,通过对印度企业海外投资发展有利和不利因素的总结,归纳其总体发展趋势;第九部分对中印跨国公司海外直接投资进行比较,通过比较部分揭示了印度跨国公司,尤其是私营跨国企业具有更强海外竞争能力的原因;第十部分归纳印度跨国公司对外直接投资的经验教训及对我国的启示;第十一部分结束语。

关键词:跨国公司　对外投资　直接投资　印度

**0998**

**中国商业银行外部风险研究** / 周路著 ; 张幼文指导. -- 上海社会科学院, 2009. -- 136页

论文采取理论与实践相结合的方法,对中国商业银行外部风险进行研究。论文共分六个部分。第一部分导论,提出论文研究的问题,介绍研究背景、界定研究范围、确定全文的研究基础;第二部分主要对国内外有关银行风险的相关理论述评,分析金融风险传统理论与银行风险,金融生态理论与银行风险、新制度经济学理论与银行风险、奠定了论文研究的理论基础;第三部分从国外银行业不良资产分析入手,介绍美国、日本、东亚、拉美等国家银行外部风险的成因和应对实践,研究防范和控制商业银行不良资产的国际协作机制与国际监管;第四部分从中国银行业面临的国内风险环境角度,分析了国内商业银行外部经营环境对银行不良资产变化的影响及相关的不同意见;第五部分对中国商业银行在开放经济条件下,所面临的国际外部风险进行分析研究;第六部分在对全文加以总结的基础上,提出改善国内外银行经营环境的应对建议和对策。论文的研究结论是:外部环境包括政府行为可能是中国商业银行资产风险形成的主要原因,要解决政府跨界行政干预,有必要成立宪法法院来监督制约政府违宪行为,如地方保护主义等;中国金融债权保护不力除了政府对稳定等政治目标考虑过高之外,还有与抵押权应优先保护的法理价值观落后有关;为了加强与改善金融监管,有必要成立国家金融稳定委员会。

关键词:商业银行　经营管理　风险管理

**0999**

**劳动力流动视野下的区域经济增长研究:1978—2007年** / 周晓津著 ; 徐勇指导. -- 中山大学, 2009. -- 175 页

论文研究1978至2007年劳动力流动视野下的区域经济增长研究,论文将区域经济增长和区域人均差异置于人口大流动的背景下展开系统的理论与实证研究。全文共分为八章。绪论部分介绍论文问题的提出,研究的意义和方法,数据来源,创新之处,结构框架。第一章,文献述评。包括中国流动人口规模研究综述,人口流动理论和模型研究综述,经济增长与区域差异研究综述,中国总失业率研究综述。第二章,劳动力流动规模。介绍中国流动人口规模,区域人口规模估计,主要劳动力输出省份,主要劳动力流入省份,劳动力流动速率与经济增长率的关系。第三章,劳动力流动与区域经济增长中心。介绍中国经济增长速度,刚性经济数据,真实GDP,省区经济增长变动,省级区域增长中心。第四章,劳动力流动与区域增长效应。介绍增长溢出效应模型,跨区域外部性:空间计量模型,区域空间相关估计与检验,省区增长效应:实证模型设定与检验,模型估计与结论。第五章,劳动力流动与省区增长收敛。探讨转型期的经济增长,增长收敛实证研究的模型与方法,劳动力流动视野下的增长收敛性。第六章,劳动力流动与城乡收入差距。介绍地区差距的动态演变,城乡收入差距,统筹城乡发展。第七章,劳动力流动、失业与增长。探讨剩余劳动力及其转变,总失业率测度,劳动力流动、失业与增长,劳动力就业与经济增长:影响与对策。第八章,结语。

关键词:区域经济　经济增长　劳动力流动

**1000**

**一般均衡框架下的国际资本流动研究** / 祝国平著 ; 刘力臻指导. -- 东北师范大学, 2009. -- 198 页

论文以国际资本流动为研究对象,将各种形态的国际资本流动纳入到一个一般均衡的框架之中,通过具有规模报酬递增特征的动态一般均衡建模,比较系统地分析了国际直接投资、国际借贷和国际短期投资等国际资本流动。全文共分六章。第一章对文中涉及的重要概念给予界定,指明了论文的主要内容和创新之处;第二章对国际资本流动的现实以及相关理论研究文献进行了梳理和综述;第三章研究了国际直接投资(FDI)形式资本流动,对其影响因素、直接投资风险、东道国效应等因素进行了考察;第四章研究了国际借贷形态的资本流动,详细分析了导致国际间债务产生的两种机制,并分析了由这两种机制所导致的两种不同形态的国际债务危机;第五章研究了以债券投资为主要形态的国际短期资本流动,比较深入地探讨了国际短期资本流动的机制,着重研究了国际短期资本在风险与收益之间的权衡机制;第六章应用前述理论分析的结果,对我国所面对的国际资本流动的现实进行了实证分析,重点对我国吸引FDI以及应对短期资本流动等问题进行了分析。论文的结论是:经济全球化与金融自由化为国际资本流动创造了条件,而国际间利差的吸引以及国际投资风险的权衡是影响各种形态的国际资本流动的共同因素,但不同形式的资本又各具特点。

关键词:国际金融　资本循环　外商直接投资　国际资本流动

# 人口、资源与环境经济学

1001

**中国东北地区资源承载力研究** / 陈英姿著 ; 王胜今指导. -- 吉林大学, 2009. -- 154 页

论文在可持续发展、生态经济和系统科学等理论的指导下,运用多因素模糊综合评价方法,对中国东北地区资源承载力进行深入研究。全文分为八章。第一章为绪论,包括研究目的和意义、国内外相关研究动态、研究内容和基本框架、研究方法及技术路线。第二章介绍资源承载力研究的理论基础,分别详述可持续发展理论、生态经济学理论以及系统工程理论三方面的内容。第三章论述资源承载力评价模型与方法,首先说明资源承载力常用评价方法,接着进一步阐述资源承载力模糊综合评价模型,最后讨论资源承载力系统动力学预测模型。第四章概述东北地区经济发展的资源基础,探究东北地区的经济发展,并探析东北地区的资源基础。第五章对东北地区资源承载力进行模糊的综合评价,分别进行土地资源的承载能力评价、水资源的承载能力评价以及资源综合承载力的评价。第六章分析东北地区资源承载力的系统动力学预测,建立系统动力学仿真模型,并进行仿真运行结果及系统的优化调控。第七章对相对承载力的区域进行比较,在对东北地区相对资源承载力动态分析及省际比较的基础上,进一步对我国相对资源承载力区域进行比较。第八章综述提升我国东北地区资源承载力的对策,包括保障自然资源的可持续利用、发展循环经济、提高资源利用效率、改善生态环境、推动产业结构调整、区域内整合资源六项内容。

关键词:地方经济　自然资源　承载力　东北地区

1002

**我国矿产资源循环利用研究** / 段海燕著 ; 王胜今指导. -- 吉林大学, 2009. -- 162 页

论文在对矿产资源利用相关理论综合分析的基础上,对我国矿产资源循环利用进行了研究和探索。全文分为七章。第一章为绪论,包括选题背景及选题意义、关于矿产资源循环利用的研究综述、研究方法及研究内容、论文的难点和创新之处。第二章介绍矿产资源循环利用的理论基础,首先说明矿产资源的内涵,接着阐明矿产资源利用的相关理论,并进一步分析循环经济理论与可持续发展理论,最后指出矿产资源循环利用的内涵及必要性。第三章我国矿产资源的供需态势分析,首先探讨矿产资源消费现状及需求趋势,接着讨论我国矿产资源供应现状,最后综述我国矿产资源供应安全问题及配置选择。第四章论述发达国家矿产资源循环利用的理论与实践,分别详述矿产资源循环利用与矿物原材料需求的关系、发达国家的矿产资源循环利用实践、发达国家矿产资源循环利用体制及保障。第五章概述我国矿产资源循环利用的现状及成效,首先简述我国矿产资源循环利用现状,接着分析我国矿产资源循环利用的成效,最后对矿产资源循环利用进行国际比较。第六章综述我国矿产资源循环利用的潜力及障碍,首先构建矿产资源循环利用潜力评价指标体系,接着分析矿产资源循环利用潜力,最后指出我国发展矿产资源循环利用的障碍。第七章提出我国矿产资源循环利用的推进路径及对策建议,首先探析我国矿产资源循环利用的路径选择,接着进一步研究我国矿产资源循环利用的政策法规保障,最后总结我国矿产资源循环利用的对策建议。

关键词:矿产资源　资源利用　循环使用　可持续发展

1003

**基于钼业市场联合度量的中国钼铁市场作用与价格波动研究** / 方兰著 ; 李夕兵,段玉贤指导. -- 中南大学, 2009. -- 198 页

论文首次以计量分析方法,基于钼业市场联合度量对中国钼铁市场作用与价格波动进行研究和探索。全文分为七章。第一章为绪论,包括选题背景及意义、国内外研究现状、研究结构、方法与创新。第二章对中国钼业的发展进行回顾,首先说明钼业结构分析的主要理论与框架,接着阐述中国钼业发展的特点以及中国钼业调控政策的变迁,最后评析政策效果,并进行小结。第三章国际钼铁市场联合度量,首先研究国际钼铁市场价格月度实践序列数据,接着研究国际钼铁市场价格之间的均衡关系,并进一步探究国际钼铁市场价格传导机制,最后进行钼铁市场影响力的国际比较。第四章对国际氧化钼市场与钼铁市场相互影响进行实证检验,界定国际市场氧化钼价格之间的均衡关系,接着分析国际氧化钼市场与钼铁市场均衡关系,最后研究中国钼铁市场对国际氧化钼市场价格引导关系,并进行小结。第五章概述中国钼铁市场价格预测模型的建立与实证检验,首先得出预测的前提

是国际钼业市场有效性检验,接着探讨国际钼业市场价格月度时间序列数据的记忆存在性检验,最后讨论模型的框架和变量的选择。第六章综述中国钼业证券与实物市场相互影响的实证检验,详述中国钼业股票数据样本分析、钼业证券市场特征分析、中国钼业证券市场波动与均衡、中国钼业证券与实物市场之间的均衡关系及影响力度量四部分的内容。第七章对论文进行总结,并提出中国钼业经济提升可持续竞争力的对策建议。

关键词:冶金工业　钼铁　市场价格　物价波动

**1004**

**供需平衡视角下的我国石油资源安全研究** / 郭琳著 ; 景跃军指导. -- 吉林大学, 2009. -- 195 页

论文在供需平衡视角下,采用主成分分析法,对我国石油资源安全进行了分析与综合评价。全文分为八章。第一章为绪论,包括论文研究的背景和意义、已有相关成果研究综述、论文的研究方法、结构及数据来源。第二章理论基础,首先界定关于能源及石油安全,接着进行相关理论的分析,最后解析石油资源供需的一般影响因素。第三章阐述世界石油资源视野下的我国石油供需现状,包括世界石油资源供需现状分析、我国石油资源供给现状分析以及我国石油资源需求现状分析三部分内容。第四章我国未来石油资源供给与需求的预测分析,包括我国未来石油资源的供给预测、我国未来石油资源的需求预测、能源结构和研究对我国石油资源需求预测三方面的内容。第五章我国石油安全现状与趋势分析,探讨我国石油安全战略的意义,分析我国石油安全现状,并探析我国石油资源安全趋势。第六章我国石油资源安全,阐明多要素指标体系的石油资源安全,并讨论其他方法对石油资源安全的评价。第七章发达国家石油安全战略,分别详述美国、日本和欧盟石油安全战略。第八章系统地提出关于我国石油安全的对策,首先探索关于石油资源供给的对策,接着探析关于石油价格的对策,最后指出关于节油的对策。

关键词:石油资源　石油经济　国家安全　安全评价

**1005**

**中国社会保障制度对城镇居民储蓄影响研究** / 洪轶男著 ; 穆怀中指导. -- 辽宁大学, 2009. -- 161 页

论文以中国城镇为研究对象,主要考虑城镇社会保障制度发展较快,可以作为中国社会保障制度运行的代表。全文分为绪论和四章正文。绪论部分阐释研究的问题及意义、国内外研究现状、研究方法和研究内容,并归纳主要的创新观点。第一章社会保障对储蓄影响基本理论的综述,首先说明生命周期理论,接着阐明世代交叠模型和社会保障再分配理论,最后分析养老金对储蓄影响理论。第二章中国社会保障制度对城镇居民储蓄影响的实证分析,包括中国社会保障制度对城镇储蓄影响的宏观分析、社会保障制度对城镇居民家庭储蓄影响微观分析和中国城镇家庭不同收入阶层社会保障制度对储蓄影响实证分析。第三章中国社会保障制度对城镇居民储蓄影响途径的分析,包括中国城镇居民家庭高储蓄原因分析和中国城镇社会保障制度对居民家庭储蓄影响机制分析两部分的内容。第四章基于社会保障对储蓄影响状况的政策措施,首先应建立居民收入长效增长机制,其次应当扩大中国社会保障制度覆盖面,以及提高社会保障制度统筹层次,最后注重社会保障制度内容改革拓展。由于社会保障制度不健全,居民利用自我保障形式填补社会保障制度空白。居民大额储蓄挤占消费,使中国城镇不能享受经济发展的成果。中国社会保障制度只有通过不断改革与完善,才能真正起到保障居民生活,增加居民消费,增进人民福祉的作用。

关键词:城镇　居民　储蓄　社会保障　福利制度

**1006**

**吉林省城市化发展与水资源可持续利用研究** / 胡泊著 ; 尹豪指导. -- 吉林大学, 2009. -- 191 页

论文利用系统动力学,应用循环经济理论,并按照“3R”原则,对吉林省城市化发展与水资源可持续利用进行深入地的研究和探索。全文分为八章。第一章为绪论,包括研究的背景、国内外研究现状综述、论文研究的思路与方法、研究目的与意义、主要内容与框架五部分内容。第二章介绍城市化及水资源可持续利用的相关理论,首先说明城市化及相关理论,接着进一步阐述水资源与水资源的可持续利用,最后构建城市化发展与水资源持续利用的关系。第三章论述吉林省城市化发展的水资源基础,主要详述水资源总量、特点及变化趋势、地表水资源特征、地下水资源特征以及水资源开发利用现状。第四章分析吉林省城市化进程与用水变化的关系,首先简析吉林省城市化的水平,接着探讨吉林省城市化发展的水资源利用的变化,最后界定吉林省城市化与用水量的关系。

第五章预测吉林省的人口与城市化,在对吉林省未来人口预测的基础上,进一步进行吉林省城市化发展的预测分析。第六章综述吉林省未来需水情况的系统动力学预测,首先介绍需水预测方法,接着对选择系统动力学方法进行预测,最后构建吉林省各地区系统动力学需水预测模型。第七章综述吉林省水资源循环经济模式的建立,包括吉林省实现水资源循环经济发展的途径、水资源循环经济模型的建立、水资源循环经济模型的预测结果以及吉林省水资源循环经济模式的分析四部分内容。第八章为论文的结论和建议部分,总结并说明不足之处,以及简述推动水资源循环经济的对策建议。

关键词:水资源管理　循环利用　城市化进程　吉林

**1007**

**西藏林芝地区生态环境质量评价与生态规划研究** / 胡旭彬著 ; 叶文振指导. -- 厦门大学, 2009. -- 104 页

论文在综合了国内外生态环境质量评价和生态规划研究的基础上,进一步厘清了有关概念,对常用的生态环境质量评价和生态规划的方法进行了总结和评价,并对林芝地区生态环境及其特点进行了分析、调查和研究,收集了1998—2007年这10年间相关指标的数据,运用模糊数学法和层次分析法对2007年林芝地区和所属七县的生态环境质量进行了评价,并采用主成分分析法和层次分析法对1998—2007这10年的生态环境质量进行了评价和分析。全文分为六章。第一章为绪论,包括选题依据、论文主要研究内容及技术路线。第二章文献综述,首先说明国内外研究现状,接着阐明区域生态环境质量评价和生态规划的理论基础,并进一步阐述区域生态环境质量评价的主要方法,最后分析区域生态规划方法。第三章介绍西藏林芝地区概况,包括自然状况、经济社会状况以及林芝地区生态建设和可持续发展优、劣势分析三部分内容。第四章评价林芝地区生态环境质量,探析林芝地区生态环境质量评价指标体系,并对林芝地区生态环境评价进行实证研究。第五章概述林芝地区生态规划,首先对概述进行说明,接着分析林芝地区生态功能区划,并规划林芝地区生态产业,最后讨论林芝地区生态产业文化建设规划、林芝地区生态规划重点建设项目和林芝地区生态规划效益分析。第六章为论文的结语部分,在探讨结论与建议的基础上,进一步总结创新点和不足,并阐述研究展望。

关键词:区域环境　生态环境　环境质量　环境规划　林芝地区

**1008**

**外籍劳动力对韩国经济发展的影响研究** / 金永花著 ; 尹豪指导. -- 吉林大学, 2009. -- 175 页

论文以劳动力国际迁移等理论为基础,根据韩国统计厅、韩国法务部、韩国劳动部、韩国劳动研究院等官方的统计资源,对统计数据进行比较分析,并结合我国国情提出进一步完善劳务输出机制,增加对韩劳务输出的建议,对外籍劳动力对韩国经济发展的影响进行深入的研究。全文分为七章。第一章为导论,包括选题意义、研究综述、思路与方法、创新与不足。第二章介绍基本概念与相关理论,说明劳动力国际迁移理论,并分析劳动力国际迁移的经济效应。第三章论述韩国的经济增长与劳动力状况,在阐明韩国经济增长与劳动力状况的基础上,进一步分析韩国劳动力国际迁移。第四章概述韩国外籍劳动力现状,包括韩国外籍劳动力流入背景、韩国外籍劳动力雇佣现状以及韩国外籍劳动力的就业环境三部分的内容。第五章提出韩国外籍劳动力的政策,首先探究韩国外籍劳动力政策的沿革,接着进一步讨论韩国现行外籍劳动力政策,最后指出韩国现行外籍劳动力政策存在的问题。第六章综述外籍劳动力对韩国经济发展的影响,首先研究外籍劳动力对韩国产业发展的影响,接着评述外籍劳动力对韩国劳动力市场的影响,最后介绍外籍劳动力对韩国中小企业的影响。第七章总结韩国外籍劳动力政策展望及对中国的启示。

关键词:经济增长　劳动力流动　国际劳务市场　劳动政策　韩国

**1009**

**基于城市化过程的东北地区生态安全研究** / 李辉著 ; 尹豪指导. -- 吉林大学, 2009. -- 149 页

论文以城市化和生态安全的相关理论指标为指导,以东北地区1995—2008年人口、经济、社会和资源环境等主要相关数据为依据,对基于城市化过程的东北地区生态安全进行深入的研究。全文分为绪论和六章正文。绪论部分介绍选题背景和意义、国内外相关研究综述、研究思路与方法。第一章介绍研究的理论基础,首先辨析基本概念,接着说明城市化与生态安全的相关理论,最后阐述生态安全的研究视角与评价方法。第二章分析东北地区生态安全的状况,分

别详述东北地区人地关系的历史演进、东北地区的自然资源状况、东北地区的生态建设状况和东北地区生态安全的主要问题四部分内容。第三章论述东北地区城市化过程的生态安全效应,首先分析东北地区城市化过程,接着指出东北地区城市化对生态安全的积极作用,最后解析东北地区城市化对生态安全的负面效应。第四章对东北地区生态安全进行综合评价,探讨东北地区生态安全评价的方法,分析东北地区生态安全评价结果,并对东北地区城市化与生态安全关系进行综合判断。第五章综述东北地区城市化与生态安全趋势分析,首先预测东北地区城市化趋势,接着对东北地区生态安全趋势进行预测,最后解析东北地区未来城市化的生态安全影响。第六章为论文的对策建议部分,对生态安全视角下东北地区城市化道路进行选择,并提出东北地区城市化与生态安全协调发展的对策。

关键词:生态环境　城市化　区域经济　东北地区

**1010**

**排污权交易制度研究** / 李晓绩著 ; 王胜今指导. -- 吉林大学, 2009. -- 129 页

论文以排污权交易制度为对象进行深入的探索和研究。全文分为八章。第一章为绪论,包括选题的背景、选题的意义、文献综述、研究方法、论文的结构以及研究的难点。第二章介绍环境经济学理论基础,首先分析环境问题的经济学,接着进一步说明外部性内部化的经济手段,最后探究解决环境问题的经济手段。第三章探析排污权交易制度的理论,概述排污权交易制度,进一步分析排污权交易的效率,并进行排污权的相关研究。第四章美国排污权交易的理论与实践,首先讨论美国排污权交易制度的历史沿革,接着阐明美国排污权交易制度特点,最后指出美国排污权交易制度的启示。第五章全球温室气体减排机制分析,包括《联合国气候变化框架公约》、《京都议定书》与京都机制和京都机制的理论与实践。第六章我国排污权交易制度的发展分析,厘清了排污权交易制度的历史沿革,并说明 2007 年排污权交易试点。第七章我国排污权交易试点的案例分析,分别详述嘉兴市综合排污权交易平台的案例、江苏省太湖流域 COD 排放权交易试点和电力行业 $SO_2$ 排污权交易试点三部分内容。第八章提出我国建立和完善排污权交易制度的建议,首先讨论建立和完善排污权交易制度的意义,接着指出排污交易试点过程中存在的问题,并介绍我国排污权交易制度的基本框架,最后为我国建立排污交易制度的建议。

关键词:排污收费　环境费用　环境保护　环境政策

**1011**

**基于综合承载力的吉林省适度人口研究** / 李秀霞著 ; 尹豪指导. -- 吉林大学, 2009. -- 170 页

论文从系统整体性出发,以资源决定供给为立论基础,将人口、资源与环境看作是一个互相影响与作用的整体,对适度人口、承载力等概念及内涵进行剖析,尝试利用系统状态空间法,基于综合承载力的吉林省适度人口进行深入的研究。全文分为六章。第一章为绪论,包括选题背景、研究进展的文献综述、研究方法和研究框架。第二章介绍适度人口理论的基础,首先界定相关概念,接着阐述适度人口理论,最后说明可持续发展理论。第三章基于综合承载力对区域适度人口模型进行构建,首先阐明研究的逻辑起点,接着分析适度人口与承载力的关系,最后基于综合承载力的区域适度人口模型进行解析,并基于综合承载力探讨区域适度人口测算方法。第三章分析吉林省人口资源环境现状,包括概况研究与吉林省人口发展支撑条件的分析。第四章论述基于综合承载力的吉林省适度人口测算,主要包括吉林省适度人口测算和吉林省各地市(州)适度人口测算两部分内容。第五章探析吉林省适度人口时空变化,首先探究吉林省适度人口的时间维,接着讨论吉林省适度人口的空间维,最后综述影响吉林省适度人口的变化因素。第六章系统地指出吉林省人口适度发展调控对策的研究,分别提出实施人口控制对策和提高人口支撑能力对策两方面。

关键词:人口承载力　人口容量　可持续发展　吉林

**1012**

**中日韩跨国旅游人口发展研究** / 梁春香著 ; 王胜今指导. -- 吉林大学, 2009. -- 171 页

论文尝试建立旅游人口社会学的理论体系,以人口社会学和旅游文化学为其理论的基础,融汇旅游行为的理论,社会学、经济学,市场学等理论形成跨学科的交叉领域,以中日韩跨国旅游人口发展为对象进行研究。全文分为绪论和七章正文部分。绪论包括选题背景和研究意义、已有相关研究成果、研究对象和

研究思路。第一章介绍有关跨国旅游人口的主要理论,首先说明旅游乘数效应理论,接着阐述旅游人口社会学理论,最后提出旅游适度人口的主要理论。第二章论述中日韩跨国旅游人口增长的现状与演进,首先阐明中日韩跨国人口规模的现状,接着分析中日韩跨国旅游交流板块的形成,最后解析中日韩跨国旅游人口发展历程。第三章概述中日韩跨国旅游人口发展模式及转型,包括中日韩跨国旅游人口发展模式的转型、中日韩国际旅游人口发展模式分析、中日韩三国旅游人口变动特点以及中日韩跨国旅游人口动态发展规律四方面的内容。第四章探究中日韩跨国旅游人口构成的特征和变化,首先讨论中日韩跨国旅游人口数量构成及特征,接着探析区域内旅游人口构成比例的特征,最后研究中日韩跨国旅游人口的目的特征,并讨论中日韩跨国旅游人口流动时间分布特征。第五章提出中日韩跨国旅游人口的影响因素及负面作用,包括国际旅游的宏观环境影响因素、旅游市场环境的影响因素、旅游者自身的影响因素和旅游人口发展的负面影响四方面的内容。第六章综述中日韩跨国旅游人口的适度发展及预测,在探析中日韩旅游人口空间分布的"两极化"的基础上,分析中日韩跨国旅游人口"极核"的人口密度,并预测中日韩跨国旅游人口增长。第七章对中日韩潜在旅游人口相互认知进行实证分析,包括中日韩三国相互间的认知度、中日韩三国旅游环境的认知度、中国潜在旅游人口的旅游认知分析、出境游与个人因素的关联性以及出境游意向和吸引力五方面的内容。

关键词:旅游业发展　国际旅游　旅游资源

**1013**

**我国环保产业发展研究** / 任赟著 ; 尹豪指导. -- 吉林大学, 2009. -- 163 页

论文旨在阐述环保产业与一般产业之间的不同及关联,分析环境政策与环保产业发展的相互作用,对我国环保产业的发展进行深入的研究和探索。全文分为绪论部分和六章正文。绪论研究背景和意义、文献综述以及内容与结构安排。第一章介绍环保产业的相关理论,界定环保产业的相关概念,并进一步阐明环保产业发展的理论基础。第二章阐述我国环保产业的产生背景,首先指出我国人口状况与环境承载力不相适应的现象,接着进一步说明我国经济增长方式滞后,最后分析得出我国环境管理手段单一。第三章论述我国环保产业的兴起与发展,分别详述我国环保产业的发展历程、我国环保产业的发展现状、环保产业的发展对我国经济的影响以及我国环保产业可持续发展的前景。第四章概述我国环境政策与环保产业发展的相互作用。首先探析环境政策的分类及比较,接着讨论我国环境政策的发展阶段及特征,并指出环境政策对环保产业发展的推动作用,最后评述环保产业的健康发展对完善环境政策体系的影响。第五章综述我国环保产业发展面临的困境,包括环保产业市场机制不完善、环保产业结构不合理、环保产业的融资困境、制约我国环保产业发展的因素分析四方面的内容。第六章提出我国环保产业发展的模式选择及对策,首先介绍发达国家环保产业发展的特点及经验,接着进一步解析我国环保产业发展的模式选择,最后总结促进我国环保产业发展的对策。

关键词:环境保护　产业发展　可持续发展　环境政策

**1014**

**中国农村剩余劳动力转移问题研究** / 徐文著 ; 王胜今指导. -- 吉林大学, 2009. -- 122 页

论文对中国农村剩余劳动力转移问题进行了深入的研究和探索。全文分为前言部分和六章正文。前言部分包括中国农村劳动力在经济建设中的作用、中国农村劳动力的现状以及中国农村劳动力转移的必要性。第一章介绍农村剩余劳动力转移的基本理论,首先界定农村剩余劳动力转移的相关概念,接着进一步分析国内外关于农村剩余劳动力转移的理论,最后说明发达国家与发展中国家劳动力转移现状。第二章分析中国农村劳动力过剩的原因,首先阐述二元社会经济结构,接着指出经济发展水平的问题,最后分析农村人口增长快。第三章论述中国农村剩余劳动力转移的历程,首先回顾农村剩余劳动力转移的历史,接着进一步介绍农村剩余劳动力转移的现状和农村剩余劳动力转移的特征,最后提出农村剩余劳动力转移的意义。第四章分析中外农村剩余劳动力转移的模式,包括中国农村剩余劳动力转移的模式、国外农村剩余劳动力转移模式、中外农村剩余劳动力转移模式的比较三方面的内容。第五章概述影响中国农村剩余劳动力转移的要因,首先探析影响农村剩余劳动力转移的制度因素,接着解析影响农村剩余劳动力转移的市场因素,最后研究影响农村剩余劳动力转移的政策因素和素质因素。第六章提出促进中国农村剩余劳动力转移的对策,包括建立城乡统一的劳动

力市场、大力发展非农产业、统畴城乡协调发展、加快农村城镇化建设以及提高农村劳动力的整体素质五部分的内容。

关键词:农业剩余劳动力　劳动力转移　管理模式

1015

**基本养老保险统筹层次研究** / 邹丽丽著 ；穆怀中指导. -- 辽宁大学, 2009. -- 157 页

论文以基本养老保险统筹层次为研究对象进行深入的研究和探索。全文分为绪论和七章正文。绪论包括选题背景和意义、国内外文献综述、研究方法和主要创新点。第一章介绍基本养老保险统筹层次提高的理论依据,包括大数法则原理、社会公平理论和收入再分配理论三部分的内容。第二章基本养老保险统筹层次实施的现状及发展趋势,解析养老保险统筹层次实施的现状,并进一步探讨养老保险统筹层次的发展趋势。第三章基本养老保险统筹层次提高的合理性分析,讨论现行制度下基本养老金的给付,并阐述养老保险统筹层次提高的合理性。第四章基本养老保险统筹层次提高条件的分析,首先探析养老保险统筹层次提高的有利条件,接着说明养老保险统筹层次提高的阻碍因素,最后介绍养老保险统筹层次提高应坚持的原则。第五章综述基本养老保险统筹层次提高的方案设计,包括影响收入再分配的因素分析、基本养老金的计发基数、统筹层次提高的方案设计以及统筹层次提高后的收入再分配效应研究四部分的内容。第六章社会统筹养老金收支均衡及财政支撑能力的分析,首先预测社会统筹养老金缴费人口与退休人口,接着进一步预测社会统筹养老金收支均衡,最后分析社会统筹养老金收支缺口财政支撑能力。第七章指出基本养老保险统筹层次提高的相关对策,分别详述缓解养老金缺口财政负担的对策和统筹层次提高的相关配套改革问题。

关键词:养老保险　统筹管理　收入分配　收支平衡

# 国民经济学

1016

**西部大开发中西南区域内经济联动发展战略研究** / 曹华著 ；刘瑞指导. -- 中国人民大学, 2009. -- 203 页

论文在对相关文献进行系统介绍和梳理的基础上,从理论基础和现实条件两个方面对我国西南区域内经济联动发展战略形成的基础条件和动力机制进行探讨,利用大量的统计数据对西南各省区生产要素联动、产业联动和区域经济政策实施效应等方面进行综合考察和系统分析,进而提出构建西南区域内各省区的经济联动发展的战略目标和构想。论文由七个章节构成。导论部分主要介绍选题背景,研究的理论和现实意义,论文的基本思路、框架、运用到的主要研究方法以及论文中的主要创新点和难点。第 1 章从理论的不同角度对既往的相关文献进行介绍和梳理,其内容主要是围绕比较优势理论、区域经济理论、中国区域经济协调发展理论等几个基础理论展开述评的。第 2 章分析了构建我国西南区域内经济联动发展战略的历史背景、客观条件和体制环境,以及目前西南各省区进行经济联动发展面临的机遇和挑战、优势和劣势;在此基础上,探讨西南区域内经济联动发展的主要内驱力,提出构建我国西南区域内经济联动发展战略的动力机制和模式。第 3 章主要利用大量统计数据对西南区域内各省区生产要素联动发展的比较优势和竞争力情况进行对比分析。第 4 章是围绕着我国西南区域内产业联动发展的问题展开讨论。第 5 章是对我国西南区域内经济联动发展战略的构想。第 6 章是关于区域经济政策与西南区域内经济联动发展战略的讨论。第 7 章是结论及对后续研究的展望。

关键词:区域经济　区域开发　经济发展战略　西南地区

1017

**城镇住房保障制度结构与政策效果研究** / 陈劲超著 ；赵曼指导. -- 中南财经政法大学, 2009. -- 193 页

论文在归纳大量研究文献的基础上,对城镇住房保障制度结构与政策效果进行了研究。全文共分为六章。第一章为导论,主要介绍了论文研究的背景,对相关的基本概念进行了界定,总结了相关的理论,对相关文献进行了综述,阐述了论文研究的方法和内容框架。第二章分析了我国城镇住房保障制度的历史变迁,主要介绍了计划经济体制下的福利住房保障制度,分析了改革时期住房保障制度的变迁特点。第三章对境外住房保障制度进行了比较研究与借鉴,主要介绍了瑞典、美国、新加坡、中国香港、英国等境外住房保障制度的典型模式及特征,对境外住房保障制度进行了比较和分析,并总结了境外住房保障制度的

经验对我国住房保障制度的启示。第四章是对我国现行城镇住房保障制度结构及运行效果的分析,主要包括住房公积金制度、经济适用房制度、廉租房制度三种制度的介绍,以及对经济适用房与廉租房的政策效果进行了比较,同时介绍了了一些其他保障性住房的模式。第五章阐述了我国城镇住房保障制度的基本构想和方案,主要进行了理论分析与方法的选择,对城镇住房保障制度进行了总体构想,提出了城镇住房保障制度的具体设计方案。第六章从住房保障制度改革的财政政策支持、住房保障制度改革的金融政策支持以及住房保障制度改革的配套政策建议三方面阐述了我国城镇住房保障制度改革的政策支持。最后论文对全文进行了总结和展望。

关键词:城镇　住房制度　住房政策

**1018**

**房地产业与区域经济发展的关系分析** / 陈雪松著 ; 胡春力指导. -- 暨南大学, 2009. -- 116 页

为了正确认识房地产业与经济发展的关系,正确对待房地产业,基于目前对房地产业与区域经济关系的研究,论文提出了房地产业与区域经济发展关系的研究,并将这一命题展开,从以下三个方面进行研究:第一,阐述房地产业与区域经济发展的相互定位关系;第二,阐述房地产业与区域经济发展的相互作用关系;第三,阐述了房地产业与区域经济发展表现在总量方面的关系。全文共有 9 个部分。第 1 部分绪论,介绍了问题的提出及研究意义,对房地产业与区域经济发展研究进行了综述,理清了论文的研究内容、框架与研究方法,指出了论文的创新与不足之处。第 2 部分房地产业定义、发展特性及与区域经济的协调发展,介绍了房地产业的相关定义及其关系,描绘了房地产业的发展特性,阐释了房地产业与区域经济的协调发展。第 3 部分房地产业与区域经济发展的相互定位分析,介绍了房地产业在区域经济发展中的功能定位和区域经济在房地产业发展中的基础支撑定位。第 4 部分房地产业与区域经济发展的相互作用分析,对房地产业对区域经济发展的作用和区域经济对房地产业的基础支撑作用进行了分析。第 5 部分分别从正面作用和负面作用两个方面进行了房地产业对区域经济发展作用的案例研究。第 6 部分对房地产业与区域经济的总量关系进行了分析,包括房地产业与区域经济发展倒 U 曲线关系的分析、从需求层次理论看倒 U 曲线的形成、从非均衡发展理论看倒 U 曲线的形成。第 7 部分是对我国房地产业倒 U 曲线的检验分析,包括房地产业倒 U 曲线存在性的检验、我国房地产业倒 U 曲线存在的可能性分析、我国房地产业的倒 U 曲线的统计分析。第 8 部分是对我国房地产业调控机制的分析及建议。第 9 部分是结论部分。

关键词:房地产业　区域经济发展　经济关系　宏观经济调控

**1019**

**邮政储蓄风险管理研究** / 褚昀著 ; 曹玉书指导. -- 中国社会科学院, 2009. -- 163 页

论文主要在不确定性经济学的框架下,采取理论与实践相结合的方式,利用金融中介理论、金融市场理论和公司财务理论,阐释邮政储蓄机构风险管理的理论和实践意义。在此基础上,采取案例分析的方式,详述世界先进金融机构和邮政储蓄机构的风险管理实践,归纳出全球金融机构全面风险管理实践的几种成熟模式,并结合世界邮政储蓄机构和我国邮政储蓄银行的风险特性,提出适合我国邮政储蓄银行的全面风险管理模式、全面风险管理架构和全面风险管理的风险计量方法。全文共有八章。第一章绪论,介绍了选题来源和意义、研究思路、方法和主要创新点。第二章是对邮政储蓄机构风险管理的理论基础,包括不确定性经济学视角下的风险管理文献综述、商业银行风险管理创造价值、邮政储蓄机构。第三章主要介绍了世界邮政储蓄机构的发展历程。第四章介绍了中国邮政储蓄银行的发展历程与风险特征。第五章分析了中国邮政储蓄银行全面风险管理模式的选择。第六章是中国邮政储蓄全面风险管理体系的建立,包括中国邮政储蓄银行风险管理战略、中国邮政储蓄银行全面风险管理组织架构、中国邮政储蓄银行全面风险管理流程、中国邮政储蓄银行专业风险管理体系建设。第七章是对中国邮政储蓄银行全面风险管理的计量实证研究。第八章是主要结论与政策建议。

关键词:邮政储蓄　商业银行　经营管理　风险管理

**1020**

**我国发展信用衍生产品的理论与实证研究** / 董爱国著 ; 陈东琪指导. -- 中国社会科学院, 2009. -- 117 页

论文研究在当前条件下我国是否应该发展信用

衍生产品、采取什么模式以及如何发展。论文共有八个部分。导论部分介绍了研究的背景与意义、国内外研究现状、研究思路与内容、主要观点和创新之处。第一章信用衍生产品、金融安全与金融效率,内容包括信用衍生产品与金融安全、信用衍生产品与金融效率、信用衍生产品发展规律。第二章是关于信用衍生产品的运行模式,首先介绍了美国信用衍生产品的发展,然后分析了美国信用衍生产品发展过度的成因。第三章从美国次贷危机看信用衍生产品的作用与风险,分析了美国次贷危机的爆发和发展、信用衍生产品放大的风险、信用衍生产品分散的风险、次贷危机的根源。第四章是信用衍生产品发展的趋势,分析了发达国家信用衍生产品发展的趋势、新兴市场国家信用衍生产品发展趋势、信用衍生产品发展的全球化趋势。第五章是对我国信用衍生产品发展现状的分析,首先是对我国金融衍生产品发展现状的分析,其次是对信用衍生产品发展不足的利弊的分析,最后分析了影响我国信用衍生产品发展的因素。第六章从制度模式选择的角度分析了我国信用衍生产品的发展,具体内容包括我国信用衍生产品发展目标、我国信用衍生产品发展模式、交易制度设计、监管制度设计、其他制度设计。第七章则从实施路径的角度分析了我国信用衍生产品的发展,内容包括我国建立信用衍生产品市场制度的实施原则、我国发展信用衍生产品的方式、我国发展信用衍生产品的时机选择、我国建立信用衍生产品制度的路径、我国信用衍生产品制度建立的过程管理。

关键词:信用　金融衍生产品　金融安全　制度安排

**1021**

**主要国家证券监管机构的比较研究** / 杜宁著 ; 顾海兵指导. -- 中国人民大学, 2009. -- 246 页

论文提出由广度、深度和密度构成的证券监管强度概念,设计了监管机构的监管能力衡量指标,并利用了案例分析法,试图利用对世界主要国家证券监管机构历史和现状的考察、比较和分析,找出有价值的研究方向,并对其进行理论和实践两方面的探讨,同时针对我国证券监管机构目前存在的缺陷和问题,结合经验研究所得,提出有针对性和可操作性的解决对策。全文共分为五章。第一章为导论,首先从国内和国外两方面介绍问题提出的背景,并说明研究在理论和实践中的意义,系统提出论文的研究思路、框架结构和研究方法以及研究中的创新之处。第二章为基本概念界定和相关文献综述,首先对论文中涉及的基本概念包括证券、监管、机构和主要国家等进行界定,厘清研究对象和研究范畴,然后分别介绍国外和国内证券监管的相关理论文献并进行综合评价。第三章为主要国家证券监管机构概述,选取美国、英国、日本、德国、法国作为比较研究的对象,在大量第一手资料的基础上对所有国家进行综合评述。第四章为各国证券监管机构的经验和启示,从证券监管模式的改革、治理、监管强度等方面对各国监管机构的经验进行研究,最后利用成本收益分析方法对证券监管机构的经济评价进行研究。第五章为中国证券监管机构现存问题及对策,对中国证券监管机构的发展演变及现状进行了详细介绍,并根据前文分析框架对中国证券监管机构的缺陷和问题进入深入剖析,然后应用各国比较研究中得到的启示和借鉴,结合中国具体情况有针对性地提出可行性政策建议。

关键词:证券市场　金融市场　金融监管　监管制度　国际金融

**1022**

**韩国对华直接投资区位选择研究** / 范宇新著 ; 刘成瑞指导. -- 中国人民大学, 2009. -- 252 页

论文对韩国对华直接投资区位选择问题进行了系统研究,具有较强的理论和现实意义。全文采用理论分析与实证研究、定性分析与定量分析相结合的研究方法以及系统分析的方法,对外商对华直接投资区位选择决定因素进行了理论分析,在规范的经济学分析框架下,对韩国对华直接投资区位选择决定因素进行了实证研究,对韩国企业撤资的原因进行了分析和论证,并对下一步吸引韩国投资提出了相应的政策建议与措施。论文共有八章。第一章导论,介绍了研究的背景与意义、研究对象、研究的内容与结构安排、研究方法、研究中所要突破的难题及论文的特色与创新之处。第二章是理论分析与文献回顾,分析了传统对外直接投资理论中的区位因素,介绍了西方区位理论,描述了实证研究现状。第三章是外商对华直接投资区位选择的"六因素分析法"以及六因素对不同投资主体影响的差异性分析。第四章是韩国对华直接投资的总体分析,主要介绍了韩国对华直接投资在中国利用外资总额中的情况分析、在韩国对外投资总额中的情况分析、发展历程、主要特征。第五章是韩国对华直接投资区位选择的实证分析,内容包括韩国对华直接

投资区位选择的基本假设条件、变量选取及数据来源、模型构建与分析方法、相关与回归结果分析、政策含义及结论。第六章是韩国对山东省直接投资区位选择研究,包括韩国在山东省投资的总体特征分析、韩国在山东省直接投资区位选择的实证分析、进一步推进韩国对山东省投资的对策建议。第七章是韩国对华直接投资撤资行为分析。第八章是韩国对华直接投资区位选择趋势分析及政策建议。最后是结论部分。

关键词:对华投资　直接投资　区位选择　韩国

**1023**

**选择行为的不确定性与厂商转化效率的品牌经济学研究** / 高宇著 ; 孙曰瑶指导. -- 山东大学, 2009. -- 100 页

论文是在品牌经济学的“选择成本分析范式”之下,从选择成本的角度来解释选择行为不确定性的产生根源、降低机制,以及选择行为不确定性通过竞争性市场交换环节传导至厂商生产行为,并由此产生的厂商为提高其转化效率——生产效率的实现程度——而采取的品牌策略等相关问题。论文将品牌要素引入到选择和决策行为不确定性分析中,构建出关于品牌选择和决策行为不确定性的一般理论。论文共有 7 章。第 1 章导论,介绍了问题的提出,阐述了研究思路与方法,描述了研究框架与内容,指出了论文的创新点。第 2 章文献综述,阐述了对不确定性的研究、不确定性条件下选择行为的研究、品牌经济学的研究视角。第 3 章是对选择行为不确定性的界定及分类,首先介绍了选择行为不确定性理论的演进,然后描述了选择行为不确定性的一个分类,其次介绍了艾尔斯伯格—张悖论,最后是对 Ambiguity 研究的展望。第 4 章是对选择行为不确定性产生根源及其降低机制的讨论。第 5 章则主要讨论了厂商生产效率与消费者选择行为不确定性,具体内容包括效率与生产效率、生产效率理论的比较、外部消费者选择行为与生产效率。第 6 章是对厂商转化效率的选择成本分析,介绍了转化效率问题的提出,对生产效率与有效生产效率进行了辨析,进行了品牌与转化效率作用机制的分析。第 7 章是简要总结及研究展望。

关键词:企业管理　品牌　质量管理　生产效率

**1024**

**产业结构变迁中的收入分配问题研究** / 顾严著 ; 刘成瑞指导. -- 中国人民大学, 2009. -- 181 页

论文以库兹涅茨假说为理论源头,借鉴库兹涅茨假说的“结构式”分析特色和“异质性”产业假定,从部门之间与部门内部两个角度探究产业结构影响收入分配的作用机制,并借助非参数分析提供相应的经验证据,理论与实证并重,是对结构式收入分配研究的补充。论文共有 6 章。第 1 章导论,介绍了选题的意义、国内外研究现状,对基本概念进行了界定,并阐述了研究思路和方案。第 2 章主要讨论了工业化、多稳态格局与产业部门间收入差距,首先介绍了库兹涅茨原思想,其次分析了产业部门异质性与多个稳态并存,最后讨论了工业化与收入差距的非参数估计。第 3 章主要讨论了产业结构、产业异质性与产业内部收入差距,分别分析了人力资本机制、收入结构机制、就业风险机制,最后分析了产业间与产业内部收入差距贡献评估。第 4 章主要讨论了服务业发展、服务业行业结构及其分配效应,首先介绍了服务业与收入差距的特征事实,其次分析了服务业发展与产业间收入差距,再次分析了服务业行业机构与产业内部收入差距,最后讨论了收入分配视角下的服务业行业划分。第 5 章是跨国面板、大国实践及其与中国情况的比较,基于人口大国跨国面板数据集讨论了产业结构与收入分配问题,基于描述统计的国际比较分析了产业结构与人均产出比,基于非参数估计的规律提炼分析了产业结构与收入差距,参照美国平等主义的发展对中国收入分配复杂性进行了补充讨论。第 6 章则阐述了主要结论,进行了政策讨论,并对未来的研究进行了展望。

关键词:产业结构　收入分配　收入差距

**1025**

**经济增长视角下的中国自主创新模式研究** / 郭红卫著 ; 林木西指导. -- 辽宁大学, 2009. -- 112 页

论文从经济增长的理论出发,探讨经济增长与技术进步之间的关系,建立了中国自主创新的宏观经济模型,得出了中国自主创新的理论模式,并根据中国自主创新的现状,借鉴国外自主创新的经验,指出了中国自主创新的实现路径。除了绪论,论文的主要结构分为六章。第一章文献综述部分,从国内和国外两个角度分别对技术创新和自主创新的模式和实现路径的相关研究做了较为全面的综述和简要评价。第二章基于经济增长的视角,通过对经济增长理论模型(如研究和开发与增长模型、干中学模型等)的分析,提炼出自主创新进程中的技术进步的两大要素。第

三章从中国自主创新中 R&D 经费投入情况、科技活动人员变化特点、承担主体、高科技产业的技术进步状况、产出分析等方面对中国自主创新的现状进行了分析，并指出中国自主创新中存在的问题，最后分析了造成这些问题的原因。第四章则分别对日本、美国、韩国等国的技术创新模式进行了深度剖析，分别总结了这些国家自主创新的成功和失败的经验教训，运用横向和纵向比较相结合的方法，对这些国家的自主创新模式做了简要的评价。第五章通过中国工业化中期经济发展水平的分析，判断中国目前人力资本和实物资本的数量和水平（也就是技术进步模型演变路径的起点），在知识增长模型的演化规律的基础上中得出中国自主创新必须是市场和技术同时驱动的自主创新模式的结论并进行 了实证分析。第六章先对中国自主创新的实现路径进行总体上的概括，指出中国自主创新的实现路径分为三个阶段。

关键词：技术革新　技术进步　经济增长　管理模式

1026

**国有股权结构变革：资本权力错配与重置研究** / 郭世辉著 ; 师萍指导. -- 西北大学, 2009. -- 166 页

论文采用规范研究与实证分析相结合、定性分析与定量研究相结合及成本收益比较分析法等方法，探讨造成国有资本收益低下的内在原因。全文共有七章。第一章导论，介绍了研究背景和意义、研究方法、主要内容与论文框架、可能的创新之处或个人贡献。第二章是对资本结构及股权结构研究综述，包括对有关资本结构研究的理论进行了梳理，对国内外关于股权结构的研究综述。第三章是对国有资本特性及其内在矛盾的描述，介绍了该文研究的几个假定，对资本及国有资本的概念进行了界定，描述了国有资本特性、国有资本三大特征的内在矛盾与调和矛盾需要满足的条件、国有资本内在矛盾的难以调和性、“诺斯悖论”及国有资本特性对国有资本运营的要求、国有资本运营的目标设定。第四章是对我国国有资本经营业绩评估，分别介绍了我国国有资本经营业绩评价标准、国有资本绩效评估、基于杜邦模型的国有资本收益低下成因分析。第五章讨论了国有股权结构，首先介绍了资本结构、股权结构及论文的研究视角，分析了广义资本结构难以解释国企资本收益低下的成因、国有股东股权结构之谜、国有资本权力错配的四大因由、国有资本权力错配的负效应分析。第六章是对国有普通股转优先股研究。第七章是总结了研究的观点、论文研究的不足和今后进一步研究的方向。

关键词：国有企业　国有股权管理　股权结构

1027

**中国农村贫困地区人力资本投资与反贫困问题研究** / 韩林芝著 ; 蒋选指导. -- 中央财经大学, 2009. -- 165 页

论文对中国农村贫困地区人力资本投资与反贫困问题进行了研究。全文共分为六章。第一章为导论，主要介绍了论文的研究背景与问题的提出，简述了论文研究的目的和意义，对贫困与人力资本投资的基本概念进行了界定，分析了研究的内容、方法以及论文的创新点。第二章对反贫困与人力资本投资文献进行综述，评述了反贫困问题的相关研究，以及对国内外反贫困相关的人力资本投资研究进行综述。第三章介绍了国际人力资本投资反贫困的经验与启示，主要包括主要发达国家经验与启示、主要发展中国家的经验与启示以及对国外农村反贫困措施的经验借鉴三方面的内容。第四章是对中国农村贫困现状与致贫原因的分析。第五章研究了中国农村贫困地区教育与反贫困，对相关的国内外研究进行了综述，分析了教育对反贫困的贡献，简介了中国农村贫困地区教育与反贫困战略实施的基本状况，总结了中国农村教育反贫困存在的主要问题，提出了完善中国农村贫困地区教育反贫困的政策建议，最后进行了章节小结。第六章是对我国农村贫困地区医疗保障制度的研究，主要分析了针对我国农村情况的研究综述，阐述了我国农村合作医疗制度的历史演变，对我国贫困地区新型农村合作医疗制度面临的问题进行了分析与研究，并从世界典型国家农村医疗保障制度中得到经验和启示，提出了完善我国农村贫困地区医疗保障制度的建议，最后章节进行了小结。论文最后为结语，包括论文研究的基本结论以及对未来研究的展望和有待于进一步研究的问题。

关键词：不发达地区　农村　人力资本　人力投资

1028

**我国住房保障问题研究** / 何俊芳著 ; 武少俊指导. -- 中国人民大学, 2009. -- 140 页

论文主要通过我国住房问题进行深入的分析，找出我国住房问题产生的主要原因。论文共有 7 章。第 1 章序言，介绍了选题背景、研究目的和意义、研究现状、内容结构与研究方法、研究的重点与创新点，对

相关概念进行了界定。第2章对我国住房问题的产生及原因进行了讨论。第3章则重点分析了我国住房保障政策的运行状况,包括经济适用住房政策、廉租房政策运行现状分析。第4章是对我国住房保障水平的研究,首先介绍了适度住房保障水平的原则,其次介绍了影响住房保障水平的因素,之后分析了适度住房保障水平区间的确定,最后介绍了住房保障水平的测算方法。第5章是对住房保障水平测算的实证研究,首先从需求角度测算了北京住房保障水平,然后从供给角度测算了北京住房保障水平,最后是对北京市住房保障水平测算的结果比较。第6章是对住房保障政策的经验借鉴,首先介绍了典型国家与地区的住房保障政策,然后介绍了部分国家及地区住房保障政策的比较,最后是对住房保障政策的经验借鉴。第7章是解决我国住房保障问题的对策建议,认为需要:建立与我国国情相适应的住房保障模式,动态调整住房保障的适度水平,完善住房保障政策实施的关键环节,完善我国住房公积金制度的住房保障功能,加快我国住房保障金融模式的创新。

关键词:住宅　社会保障　住房政策

**1029**

**中国地方公共物品供给差异性分析** / 何丽双著 ; 林木西指导. -- 辽宁大学, 2009. -- 119页

论文以地方公共物品为研究对象,首先对我国地方公共物品的供给现状进行了描述性分析,然后从财政管理体制和非财政管理体制两大方面,探究了造成地方公共物品供给差异性的原因,继而运用实证分析,找出公共物品的供给与经济发展之间的关系,最后给出适当的政策建议。论文共有7个部分。绪论部分介绍了问题的提出、研究的意义、研究的方法、基本结构与主要内容、主要创新点及不足。第1部分进行了国内外文献综述。第2部分分析了中国地方公共物品差异性供给的现状,具体内容包括地方公共物品供给总体分析、主要地方公共物品供给分析。第3部分分析了造成地方公共物品差异性供给的财政体制原因,首先介绍了事权划分的一般理论,然后阐述了政府事权划分的基本现状,最后分析了事权划分现状的成因与原则审视。第4部分分析了造成地方公共物品差异性供给的非财政体制原因,介绍了前提假定、模型分析、中国地方公共物品差异性供给的深层原因。第5部分对地方公共物品差异性供给对经济的影响进行了实证分析,包括对面板数据模型的说明。第6部分是增加地方公共物品有效供给的政策建议:深化政治体制改革,积极推进区域协调发展战略,积极推进政府经济职能转变和财政转型,进一步完善分税制,完善转移支付制度,构建政府支出绩效评价体系。

关键词:地方财政　财政管理体制　公共物品　供给制

**1030**

**短期融资券信用风险定价研究** / 胡乃红著 ; 王洪卫指导. -- 上海财经大学, 2009. -- 144页

短期融资券引领债券市场化发展之路能否走好、能走多远,当前信用体系建设至关重要,而信用风险定价是核心环节。基于此,论文主要对短期融资券信用风险定价进行了讨论。论文首先概要分析了短期融资券信用风险定价研究的背景、意义及相关文献研究综述,阐述了论文研究的重点与难点及主要创新之处。论文的第二章以短期融资券市场特征和发展优势作为研究的起点,从理论与实证两个方面分析阐述了短期融资券发展在融资市场上的重要地位。第三章、第四章以短期融资券市场化的核心内容——信用风险定价为研究内容,通过对短期融资券信用风险定价理论和信用价差实证的系统分析,以期对建立科学合理的信用风险计量机制。第五章、第六章重点探讨短期融资债券发展的信用环境,从短期融资券的信用评级、当前金融生态环境以及市场监管特殊性三个层面加以分析阐述,探索信用风险定价的形成原因,以期为短期融资券市场积极发挥市场价格发现、有效金融配置以及服务金融市场给予基础性和创造性的帮助。在综合全文研究结论的基础上,论文尝试构建一个涵盖短期融资券前期和后期的信用风险全程监控体系。最后,论文总结目前研究中存在的不足并提出今后进一步研究的方向。

关键词:金融市场　债券融资　信用风险　定价

**1031**

**重大自然灾害对我国国民经济的影响及对策研究** / 胡彭辉著 ; 钟契夫,刘瑞指导. -- 中国人民大学, 2009. -- 158页

论文选择重大自然灾害对我国国民经济的影响以及防灾减灾对策研究为题,对相关方面进行了分析,提出了改进我国防灾减灾现状的政策建议。全文共有7章。第1章绪论,介绍了选题背景,进行了文

献综述,介绍了研究内容与研究方法,指出了研究困难与创新之处。第2章灾害的概念讨论,对基本概念进行了辨析,描述了自然灾害的基本特性,对致灾因子进行了经济学分析。第3章主要讨论了我国自然灾害系统的区域划分,首先介绍了我国自然灾害的特点,然后分析了我国自然灾害区划的制定。第4章讨论了重大自然灾害对我国国民经济的影响,首先分析的是灾害的经济影响,其次介绍的是分析框架,最后分析了四川汶川地震对我国国民经济的影响。第5章是对国外应对重大自然灾害的经验借鉴,分别介绍了日本、美国、俄罗斯的经验。第6章是我国的防灾减灾对策,首先分析了我国防灾减灾现状及其薄弱环节,然后提出了我国的防灾减灾对策:实施环境保护战略,寻求社会经济发展的良性循环模式;健全灾害管理法律和规划体系;完善灾害应急管理体系;加强自然灾害监测预警体系建设;建立防灾减灾投入渠道的制度保障;加强防灾减灾领域的基础科研工作;加强救灾物资储备以及灾后恢复重建支持工作;加强部队救灾训练保障与开展防灾减灾国民教育;发挥非政府组织在防灾减灾中的积极作用;加强防灾救灾国际交流与合作。

关键词:自然灾害　国民经济　防灾　减灾管理

1032

**中国商业银行引进境外战略投资者研究** / 胡星城著 ; 张中华指导. -- 中南财经政法大学, 2009. -- 139 页

论文运用制度经济学、现代金融学、博弈论、计量经济学等相关理论与方法,以中国商业银行改革发展为主线,从理论与实证、宏观与微观、动态与静态等多角度对中国商业银行引进境外战略投资者相关理论展开研究,并实证引进境外战略投资者以后的效应。全文共分六章。第一章为绪论,主要阐述了中国商业银行引进境外战略投资者的理论意义与实践价值,对国内外现有研究文献进行了述评,阐述了全文的研究思路、主要研究方法。第二章为外国商业银行引进境外战略投资者的实践和启示,界定了境外战略投资者的内涵,指出了战略投资者与财务投资者的区别和联系。第三章为中国商业银行引进境外战略投资者实践,从新制度经济学和公司治理理论层面分析了中国商业银行引进境外战略投资者的必要性。第四章为中国商业银行引进境外战略投资者定价机制的分析。指出在商业银行引进境外战略投资者过程中,政府的效用目标首先是维护金融机构的稳健、促进金融稳定,其次是维护社会稳定、妥善安置员工,再次则是通过出售商业银行股份获得财政收入。第五章是境外战略投资者参与中国商业银行公司治理的效应。实证分析了境外战略投资者参与中国银行公司治理的实践 。第六章是引进境外战略投资者的风险和防范,认为外国战略投资者的入股将直接改变商业银行股权结构,进而削弱国有股东在公司治理中的话语权和影响力。

关键词:商业银行　资金引进　投资者　公司治理　风险管理

1033

**中国原油定价机制研究** / 华晓龙著 ; 李国平指导. -- 西安交通大学, 2009. -- 118 页

论文以中国为范本,探索能够反映市场供求关系、资源稀缺程度、环境(生态)损害成本,以及拥有相应定价权的原油定价机制。论文首先建立中国原油定价机制理论分析框架,以原油资源产权属性描述作为理论分析的基础,建立所有权、矿业权和环境权与原油成本间的联系。其次,构建中国原油定价模型,重点探讨开放条件下国内外原油价格相互作用的关系,并进一步分析现代国际分工秩序下国际原油价格影响因素的作用机理。其次,剖析期货定价机制的优势与不足,运用 Johansen 协整检验,IS 模型和动态 VaR 证实现行国际原油定价机制是以期货价格决定现货价格的“间接定价方式”,发现原油价格风险非常高。再次,使用外生性检验、Johansen 协整检验及 Granger 因果检验等计量经济学方法对目前中国原油定价机制存在的问题进行定量分析,验证理论分析结论。最后,针对中国原油定价机制存在的问题提出了完整的中国原油定价机制转型方案。

关键词:石油工业　原油　定价

1034

**产业内垂直分工研究:基于产业组织的视角和中国的实证** / 黄晶著 ; 胡春力指导. -- 暨南大学, 2009. -- 182 页

论文基于产业组织的视角,通过中国实证的分析,对产业内垂直分工进行了深入细致的研究。全文共分为九章。第一章为绪论,阐述了论文的研究背景,总结了论文的理论意义以及现实意义,归纳了论文的主要创新点和不足,并介绍了论文的研究方法和基本框架。第二章通过产业划分、产业间分工、产业

内水平分工以及产业内垂直分工四个方面对国际分工方式及其演变历程进行了研究。第三章介绍了产业内垂直分工的定义、特点和其存在的基础。主要对产业内垂直分工进行了界定,描述了产业内垂直分工的主要特点,分析了产业内垂直分工之所以存在的基础。第四章通过一个扩大的动态李嘉图产业内垂直分工模型,对完全竞争、同质性产品与产业内垂直分工进行了分析,主要包括完全竞争市场和基本假设前提、封闭经济下的生产、无产业内垂直分工的开放经济下的生产、产业内垂直分工四方面的内容。第五章通过一个扩大的动态张伯伦产业内垂直分工模型,对不完全竞争、差别化产品与产业内垂直分工进行了研究,分析了不完全竞争市场与差别化产品的区别、介绍了模型的基本框架,对短期均衡和短期非均衡以及长期动态均衡进行了比较和分析。第六章介绍了产业内垂直分工对全球产业发展的影响,研究了产业内垂直分工与全球产业发展的概况,分析了产业内垂直发展对发达国家产业发展的影响以及产业内垂直分工对发展中国家产业发展的影响。第七章通过分析产业内垂直分工对中国经济发展的影响,提出了相应的对策和方法,主要包括产业内垂直分工计量方法、中国产业内垂直分工比重变化情况、上升的原因以及控制比重上升的主要措施四方面的内容。第八章分析了产业内垂直分工下中国区域经济发展的案例—东莞模式,阐述了改革开放后东莞产业发展的历程,介绍了东莞产业的主要特征,研究了东莞的产业危机,总结了地方政府提出的政策措施以及东莞模式的主要出路。第九章是论文的主要结论和研究展望。

关键词:国际分工　产业结构　产业发展

**1035**

**企业违约概率测度及其宏观经济影响因素研究** / 贾海涛著 ; 邱长溶指导. -- 西安交通大学, 2009. -- 113 页

论文构造了粗糙集和遗传算法集成的财务指标和非财务指标的简约模型。针对各省、区所处的宏观经济环境和政策环境的不同,将我国某商业银行的内部数据按省份分类处理,得出不同省份影响企业违约率的主要指标。构建了分地区企业违约率预测微观模型。采用各省、区 2003—2007 年大样本数据对神经网络模型、Logistic 模型和 SVM 模型三种违约率预测模型进行训练和检测,并对三个模型的精度进行了比较。得出从准确率的稳定性以及增长幅度、第一类错误率、第二类错误率来看,RBF 神经网络对全国各地区企业违约预测精度平均值最高,效果最好。论文还对各地区企业违约率进行了预测研究。最终选用 RBF 神经网络预测全国各地区检验样本的违约率,比较发现:企业违约率整体趋势从 2003—2007 年有所下降,各行政区划企业违约率的差异在逐渐缩小。论文最后基于动态面板数据模型实证分析了宏观经济因素对企业违约率的影响。针对宏观经济变量影响具有滞后性的特征,将各地区宏观经济变量及其一阶滞后项以及因变量的一阶滞后项作为自变量,各地区的违约率作为因变量构建动态面板数据模型,并采用 GMM 进行估计。动态面板的数据模型的实证分析,克服了国内没有建立实证模型探讨宏观因素与违约率之间的相关性,不能全面考虑影响企业违约率内、外部因素的缺陷。

关键词:商业银行　贷款管理　风险分析　信用　宏观经济

**1036**

**资产价格波动与最优货币政策反应** / 蒋成杰著 ; 方竹兰指导. -- 中国人民大学, 2009. -- 141 页

论文主要研究了资产价格波动与货币政策反应的问题,归纳起来,主要回答了以下四个方面的问题:一是资产价格和货币政策是如何相互影响的,以及影响的程度有多大?二是资产价格是否能反映未来通货膨胀的变化?三是从理论上分析,应对资产价格波动的最优货币政策反应是什么?四是实际操作中,各国中央银行面对资产价格波动的货币政策反应是什么?并得出了如下结论:利率和货币供应量对股价和房价的影响差别并不大,但是,国内生产总值对房价的影响要远远大于对股价的影响;股价和房价在我国不存在财富效应;房价变动对固定资产投资的影响大于股价变动;加入资产价格的跨期生活成本指数和金融状况指数可以部分反映资产价格的波动,但是不能反映未来通货膨胀的变化;通过加入资产价格的 BALL 规则,可以发现,中央银行应该适度关注资产价格的波动;日本央行和美联储的错误货币政策是造成日本泡沫经济、互联网泡沫和次贷危机的主要原因。论文共有 6 章。第 1 章是绪论。第 2 章是资产价格与货币政策的互动机制。第 3 章是资产价格纳入通货膨胀指数体系的尝试。第 4 章是货币政策针对资产价格的最优反应。第 5 章是货币政策在资产价格泡沫形成和崩溃中的作用。第 6 章则主要对全文的观点进行了总结,并对未来的研究进行了展望。

关键词:资本市场　价格波动　货币政策　通货膨胀　经济关系

1037

**城市化、动力机制及其制度创新:基于政府行为的研究视角** / 景春梅著 ; 邹东涛指导. -- 中国社会科学院, 2009. -- 150 页

论文立足于中国城市化进程全面提速和当前金融危机的现实背景,通过对城市化理论和政府行为理论的梳理,指出了政府行为对城市化的作用机理,并从政府—市场的角度对城市化的动力机制理论的分析框架进行了重构;构建了城市化动力机制指标体系,运用主成分分析法和回归分析法,对改革开放以来城市化水平与政府、市场之间的关系进行统计学分析和计量分析,得出了我国的城市化进程是由“政府主导”的结论;考察了新中国成立以来城市化的发展历程,对城市化中的政府行为进行了实证检验——一方面总结了政府行为的绩效,另一方面对政府行为的困境,即“政府悖论”现象进行了全面揭示和理论阐发,弥补了现有文献对“政府悖论”研究的不足;最后,提出了破解“政府悖论”的制度安排和优化政府行为的公共政策建议。论文共有七章。第一章导论,介绍了研究背景和意义、城市化与政府行为的研究现状述评、研究方法、研究内容和结构安排、可能的创新或贡献。第二章主要讨论了城市化、政府行为及其动力机制理论框架的重构。第三章对中国城市化进程中政府行为进行了实证分析。第四章讨论了中国城市化进程中政府行为的巨大绩效。第五章讨论了中国城市化进程中的政府行为困境。第六章主要讨论了中国城市化进程中的政府行为优化及其制度创新。第七章是结论及尚待深化研究的问题。

关键词:城市化　政府行为　行政干预　制度创新

1038

**中国社会保障制度对居民收入差距影响研究** / 李峰著 ; 蒋选指导. -- 中央财经大学, 2009. -- 135 页

论文对中国社会保障制度对居民收入差距影响进行了研究。全文共分为六章。第一章为导论,分析论文研究的背景和意义,总结了国内外对于社会保障制度与收入差距研究的现状,提出了论文的研究方法和研究思路。第二章论述了中国社会保障制度的资金筹集和待遇给付。通过养老保险、企业年薪、失业保险、医疗保险、工伤保险、生育保险和农村社会保障制度等十个方面对我国现行社会保障制度的运营现状进行了分析,并对中国现行社会保障制度中各种保障项目在资金筹集机制和待遇给付两方面具体政策进行了比较分析。第三章进行了中国社会保障制度与居民收入差距的定量研究,通过定量分析中国社会保障制度的资金筹集和待遇给付过程中对城镇、农村居民收入差距的影响,揭示了中国社会保障制度的资金筹集和待遇给付过程没有真正实现其优化收入分配、缩小差距的最初目的,反而一定程度上加剧了收入差距。第四章分析了中国社会保障制度资金筹集和待遇给付中的问题,发现当前中国社会保障制度在资金筹集机制和待遇给付方式上存在一定的问题,造成了中国社会保障制度对于居民收入差距累退效应的产生,亟待进行改革。第五章对美国社会保障制度的发展概况和主要内容进行了简单的分析,重点研究了美国社会保障的资金来源机制,具体介绍了美国的社会保障税和个人所得税。同时,定量分析美国社会保障制度的资金筹集和待遇给付对于美国居民收入差距的影响,发现了美国社会保障税在美国存在一定的累退性效应,美国社会保障制度的待遇给付过程可以有效调节居民的收入分配。第六章提出了完善中国社会保障制度的政策建议,通过分析中国社会保障制度发展过程中存在的基础性和差异性特点,总结完善中国社会保障制度需要遵循的基本原则。然后根据中国社会保障制度在资金筹集和待遇给付环节存在的问题以及美国社会保障制度可供借鉴的经验和教训,提出了改革的措施。

关键词:居民收入　收入差距　社会保障制度

1039

**产业集聚生成机理及经验研究** / 李景海著 ; 陈雪梅指导. -- 暨南大学, 2009. -- 181 页

论文吸收新经济地理学以及其他相关理论研究成果,对产业集聚生成机理及经验进行了研究。全文共分为九章。第一章为导论,主要介绍了论文的研究目的、对相关文献进行了综述,分析了论文研究的内容、思路和框架,介绍了论文研究的方法,总结了论文的理论意义和实际意义。第二章是对初始条件与社会资本的根植性机理进行了研究,主要从初始条件、社会资本和产业集聚、地方生产要素与本地生产系统、“蝴蝶效应”与区位“分岔”四个方面进行了分析与研究。第三章分析了企业家与企业选址的策动性机理,主要包括“地缘”现象和产业网络结构、企业家

与生产要素内生化、企业家和企业区位选择的应用模型以及值得思考的问题四个方面的内容。第四章分析了内部规模经济的动力机理,主要研究了地方化需求与产业地方化,分析了联系效应与要素迁移,阐述了递增收益和贸易成本与制造业集中的关系,论述了产业上下游垂直联系,简述了市场潜力和积累循环因果的关系。第五章介绍了外部规模经济的自增强机理,主要分析了公共物品投入和中介组织发展,研究了人力资本外部性和共享劳动力市场,论述了知识溢出和企业创新的概念,介绍了分工和生产过程的相互依赖性,并阐述了模块化和创新网络组织。第六章是对冲击与预期的触发性机理进行了研究,主要介绍了自发性市场和制度安排的共生研究的过程,构建了产业集聚生成和研究模型,分析了偶然性和系统冲击与预期,最后简述了产业规划与设立高技术开发区。第八章是对产业圈布局与区域差异化发展的介绍,主要包括"屠能圈"与城市发展、产业集聚视角下的产业圈层布局、社会再生产链条下的区域差异化发展以及政策建议四方面的内容。第九章是论文的结语。

关键词:产业经济　产业集聚　经济地理学

**1040**

**资产价格波动对消费和投资的影响研究** / 李珂著 ; 侯荣华指导. -- 中央财经大学, 2009. -- 162 页

论文在归纳大量国内外文献的基础上,对资产价格波动对消费和投资的影响进行了研究。全文共分为六章。论文开始部分为导论,主要介绍了论文的研究背景,分析了选题的研究意义,对相关概念进行了界定,归纳了研究现状和文献,简述了论文的主要内容以及研究方法,总结了论文的创新点。第一章阐述了资产价格形成的理论基础,介绍了主流资产定价理论并对其进行了分析与研究,同时论述了新的非线性资产定价理论,并分析了资产价格的形成机制对宏观经济理论的影响。第二章是对资产价格波动对消费影响的考察,主要包括资本市场对消费的储蓄作用、资本市场的替代效应和财富效应、预防性储蓄和流动性约束、中国资产价格波动与消费关系的实证研究四方面的内容。第三章探讨了资产价格波动与投资关系,主要包括托宾 Q 理论在资产价格影响投资的效应中的应用、我国资产价格波动等因素与投资的实证检验以及对我国股票价格和投资之间不相关性的解释三方面的内容。第四章是对资产价格波动对消费、投资影响的信贷传导渠道的研究,主要介绍了资产价格波动影响企业投资的信息经济学原理,分析了信贷与金融加速器模型。第五章是对资产价格波动和经济危机关系的考察,主要描述了美国、日本两次危机发生的事实,对经济危机的理论进行了回顾,分析了资产价格泡沫与信贷推动以及信用在金融危机和经济危机中的作用。最后章节对经济危机进行了进一步分析,研究了资产价格在消费和投资结构中的作用。第六章从资产价格波动角度,对消费者和货币政策问题提出了政策建议。

关键词:资本市场　经济波动　消费　投资

**1041**

**我国信托业务发展与创新研究** / 李强著 ; 张汉亚指导. -- 中国社会科学院, 2009. -- 131 页

论文主要对我国信托业务的发展与创新进行了研究。除导论外,全文共分八章。导论主要概述了选题提出的背景及研究的意义、理论工具和研究方法、论文的基本思路、论文创新点和不足。第一章对信托的定义界定,对信托的起源及发展进行概述,简要分析了信托的经济功能和职能以及现代信托活动的发展趋势。第二章对信托创新有关的理论进行分析,将国内外学者有关金融中介理论及金融创新理论的主要观点进行了梳理和综述,寻找了信托创新的内涵和动因。第三章对美国、英国、日本和德国的信托业务进行分析,并对这些发达国家信托业务发展的规律进行总结,从中得出一些对于我国信托业务发展和创新可以借鉴的规律性的东西。第四章将我国信托业务发展的历程进行全面的梳理,分析了我国信托业务发展的现状,并将我国信托业务发展模式进行国际比较,得出一些对我国信托业务发展和创新的启示。第五章以信托功能定位的理论研究为基础,对信托业务扩展进行了研究,提出我国信托业务的功能定位,分析我国信托业务发展模式的问题和现状,提出适合我国的信托业务发展模式定位。第六章结合法学理论重点分析了我国信托业务发展和创新的政策环境,对改革开放以来我国信托政策环境的变迁历程及现行政策进行分析,研究现行信托政策对信托业务发展与创新的影响,并对我国未来信托政策走向进行讨论。第六章结合法理学重点分析了我国信托业务发展和创新的政策环境,对改革开放以来我国信托政策环境的变迁历程及现行政策进行分析,研究现行信托政策对信托业务发展与创新的影响,并对我国未来信托政

策走向进行探讨。第七章对我国信托业务创新的现状进行分析，研究总结出我国信托业务创新的四个途径，分析我国信托业务创新的四个发展趋势，对我国信托业务发展与创新进行了展望。第八章分析了我国信托业务发展和创新面临的问题，并针对问题提出了相应的政策建议。

关键词：信托业　信托业务　金融创新

**1042**

**中国经济增长的理论与实证研究：一个基于Leontief生产函数的结构模型** / 李学林著 ；陈璋指导. -- 中国人民大学，2009. -- 180 页

论文主要构建了基于 Leontief 生产函数建立的中国经济增长结构模型，并使用改革开放以来我国 30 年经济增长的时间序列数据来检验中国经济增长结构模型中所推导出来的一系列结论，发现该模型较好地揭示了中国经济运行的本质特征和外在表现，能够比较科学客观地解释中国经济增长问题。论文的主要创新点有：基于历史主义的经济学方法论，深入剖析了西方经济学中关于经济增长研究的基本范式；在中国经济增长基本假设条件下，基于 Leontief 生产函数，构建独特的中国经济增长结构模型，以解释中国经济增长。论文共有 7 章。第 1 章导论，介绍了选题背景、选题意义、主要研究思路和结构安排、研究方法、论文的创新与不足。第 2 章则主要介绍了历史主义经济学方法论，具体内容包括科学哲学中的历史主义、历史主义与西方经济学方法论。第 3 章进行了历史主义视角下的经济增长理论综述，主要回顾了 Harrod-Domer模型、Solow 模型，阐述了对新古典增长模型的批评与新古典模型的发展，最后还分析了内生增长模型。第 4 章主要讨论了中国经济增长的基本假设条件：生产力不平衡结构假设、引进科学技术进步机制假设、劳动力过剩假设、强政府控制力特征。第 5 章主要介绍了中国经济增长结构模型。第 6 章是中国经济增长的实证检验，包括中国生产函数设定的检验、中国经济增长模型的实证检验。第 7 章是基于中国经济增长模型的政策建议，包括全球金融危机下的我国经济运行态势、基于论文理论模型的政策建议等。

关键词：中国经济　经济增长　经济模型　生产函数法

**1043**

**跨国并购与产业安全研究** / 李燕著 ；聂名华指导. -- 中南财经政法大学，2009. -- 163 页

论文以经济全球化条件下跨国并购对中国产业安全的影响为研究背景，对跨国并购与产业安全进行了研究。全文共分为七章。第一章为导论，主要介绍了选题背景以及意义，分析了国内外研究现状及不足，讨论了论文的主要内容和研究方法，总结了论文的主要创新和不足之处。第二章是对跨国并购与产业安全的理论研究的总结，主要包括跨国并购的理论与现实动因研究、产业安全理论研究、跨国并购与产业安全的理论研究三方面的研究内容。第三章通过分析美国、德国、日本、韩国在跨国并购中维护产业安全的实践，进行了跨国并购中维护产业安全的国际比较。最后阐述了跨国并购中产业安全防范体系的国际比较以及得到的启示。第四章分析了中国跨国并购和产业安全的现状，主要包括跨国公司在华并购的类型和方式、跨国公司在华并购的新特点、跨国并购对中国产业安全的影响、中国跨国并购发展历程与政策演变四个方面的内容。第五章建立了跨国并购与产业安全评价体系，主要研究了国内外关于跨国并购与产业安全评价体系，提出了跨国并购与产业安全评价体系的判断标准，分析了跨国并购与产业安全评价体系指标的选取，构建了跨国并购与产业安全评价模型，最后总结了跨国并购与产业安全预警。第六章是对跨国并购对中国产业安全影响的实证研究，对跨国并购与中国产业安全进行了总量分析，分析了跨国并购与中国典型产业安全的评价模型，对跨国并购与中国典型产业安全进行了案例研究，最后从实证分析得出有关的结论。第七章是对中国在跨国并购中维护产业安全的对策研究，主要包括政府对策、产业对策、企业对策三方面。

关键词：跨国兼并　产业　国家安全

**1044**

**我国对冲基金的发展路径研究** / 李以学著 ；王春正，刘鹤指导. -- 中国人民大学，2009. -- 161 页

论文主要运用比较分析方法并辅以博弈论数量分析方法、归纳与演绎分析方法以及辩证分析等方法，以对冲基金的基本理论为依据，借鉴国际上的发展经验，力求对以上问题给予回答。全文共为八章。第一章是导论。首先介绍了论文选题的动因与意义，在对国内外研究状况进行综合评述的基础上，确定了论文的研究目标、研究思路与研究方法，进而界定了论文的研究范围，最后提出了论文研究的主要内容和创新之处。第二章是全文的逻辑起点和铺垫，首先考

察我国非公募基金的现状;然后考察国外对冲基金发展的模式;最后,提出我国对冲基金发展大致可分为三个阶段。第三章从基金主体的角度,探讨了我国非公募基金向私募基金并进而向对冲基金的转化问题。第四章探讨基金当事人的规范和发展方向。首先探讨在金融国际化、金融混业化的影响下,基金管理人的发展方向即朝着全能金融集团或投资银行、基金管理集团、专业基金管理公司以及证券投资管理公司或投资顾问公司等方面演进;然后对托管、承销人的准入的规范和发展方向进行探讨,提出要尽快脱产和培育其他的私募基金销售渠道和基金承销人。第五章探讨在我国对外开放的情况下,我国对冲基金国际化的现状及未来国际化的形式。第六章探讨如何构建我国对冲基金的监管体制和政府监管模式。第七章探讨如何构建和改善对冲基金的发展环境。第八章首先总结了全文研究的主要结论,然后,指出了论文研究的局限和不足之处,并探讨了进一步完善该研究的方向。

关键词:对冲基金　金融市场　金融监管　监管体制

**1045**

**中国资产证券化产品定价研究** / 林煊著 ; 郑秉文指导. -- 中国社会科学院, 2009. -- 106 页

论文对中国资产证券化产品定价进行了研究。全文共分为八章。第一章为导论,介绍了论文的研究背景——我国资产证券化市场的发展,分析了论文研究的基本思路、方法和主要内容,总结了论文的理论和实践意义。第二章是对资产证券化的演变及其定价理论发展的综述,主要介绍了资产证券化的内涵与特征,概括了资产证券化的起源及其演变的过程,最后对国内外的研究文献进行了理论综述。第三章介绍了资产证券化产品定价特殊性,简介了结构化金融产品,分析了资产证券化产品定价的特殊性。第四章分析了资产证券化定价一般模型的应用性,主要包括定价模型框架、利率二叉树模型及其原理、静态现金流收益率模型、蒙特卡罗模拟模型、期权调整利差法定价模型五个方面的内容。第五章是对资产证券化产品的风险因素及提前偿付行为的分析,主要包括资产支持证券的风险因素的分析、提前偿付行为的研究、提前偿付的模型三个方面的研究。第六章是对中国 MBS 产品定价模型的研究,主要包括分析了中国 MBS 产品的基本特征及定价模型,对建元 2005-1RMBS 基本情况的分析,对建元 2005-1RMBS 定价分析的阐述。第七章是对中国 ABS 产品定价模型的分析与研究,介绍了 ABS 产品及其定价的特征,分析了 2005 年第一期开元 ABS 基本情况,论述了 2005 年第一期开元 ABS 定价分析。第八章是对论文的总结,简述了资产证券化定价研究的现实意义,思考了次贷危机引发的问题,分析了中国资产证券化产品定价的前景。

关键词:金融市场　资产证券化　金融产品　定价

**1046**

**中国私募股权投资发展研究** / 刘甲求著 ; 陈东琪指导. -- 中国社会科学院, 2009. -- 209 页

论文在总结大量文献的基础上,对中国私募股权投资发展进行了研究。全文共分为八章。第一章为引言,主要介绍了选题背景,阐述了研究的目的与意义,对国内外研究现状进行了评述,介绍了研究内容与研究的基本思路,归纳了论文的研究方法和核心思想。第二章是对私募股权投资的理论分析,主要包括私募股权投资的概念与类型的界定、企业理论及其扩展、私募股权投资的本质和收益获取的机制分析、私募股权投资兴起的经济学分析四方面的内容。第三章对私募股权投资发展与机制进行了国际比较,介绍了美国、欧洲的私募股权投资发展与制度,分析了私募股权投资的亚洲模式,解释了私募股权投资制度与发展的差异。第四章是对我国发展私募股权投资的可行性分析,主要包括我国资本市场的制度缺失、我国发展私募股权投资具备的条件、发展我国私募股权投资的经济后果分析三方面的内容。第五章阐述了我国发展私募股权投资的体制与机制,主要阐述了经济发展阶段与企业盈利模式,分析了经济体制改革的深化与私募股权投资的发展,总结了中国私募股权投资治理机制存在的问题,并提出了我国私募股权投资治理机制的创新措施。第六章是对私募股权投资发展的案例研究,主要介绍了杠杆收购在中国的适用性、私募股权投资的风险与政府的作用、基金的组织形式与税收的选择、发展私募股权投资的科技与产业意义以及私募投资的成长经历五个方面的内容。第七章通过私募股权投资中政府角色的定位、私募股权投资监管与国家经济安全防范、发展我国私募股权投资的建议三个方面介绍了我国发展私募股权投资的政策环境。第八章是对论文主要结论的总结和进行了一些讨论的介绍,以及论文研究的局限性以及需要进一步探索的问题。

关键词:企业融资　股权投资　资本市场　政府职能　制度创新

1047

**欧美四国社会保障制度模式比较研究** / 刘琳著 ; 李晓西指导. -- 中国社会科学院, 2009. -- 182 页

论文选取了美国、英国、德国和瑞典四个典型国家的社会保障制度模式,从四个方面进行了比较分析。首先,分析了经济因素、历史因素、政治因素和价值观对社会保障制度模式形成的影响。其次,从社会保障内容、覆盖面和社会保障支出情况对四个国家的社会保障水平进行了比较分析,并通过定量分析考察了社会保障水平与经济发展水平、失业率和储蓄率之间的关系。再次,对欧美四国社会保障基金筹资模式进行了比较分析。社会保障基金筹资模式是基金的财政来源、负担对象、负担比例、基金的征缴方式和基金的筹集方式等多个要素的组合。在比较分析的基础上提出了与社会保障给付模式相结合的四种社会保障筹资模式,并重点介绍了其中的名义账户制。最后,对经济全球化背景下欧美四国社会保障制度改革的主要内容进行了比较分析。全文共有 7 章。第 1 章导论,介绍研究的背景与意义,对相关概念进行了界定,阐述了研究方法、研究内容、结构与可能的创新点。第 2 章社会保障制度模式选择,首先进行了社会保障制度模式分类的文献综述,然后论述了艾斯平—安德森与福利资本主义的三个世界,最后阐述了社会保障制度模式选择。第 3 章从经济因素、历史因素、政治因素、价值观的角度对欧美四国社会保障制度模式的成因进行了比较分析。第 4 章首先介绍了欧美四国的社会保障制度与水平,然后对社会保障水平相关因素进行了分析。第 5 章对欧美四国社会保障基金筹资模式进行了比较分析。第 6 章对欧美四国的社会保障制度改革进行了比较分析。第 7 章阐述了欧美四国社会保障制度模式对中国的启示。

关键词:社会保障制度　运行模式　英国　德国　瑞典　美国

1048

**外商直接投资与征税关系的宏观分析:基于中国视角的考察** / 刘玮著 ; 顾海兵指导. -- 中国人民大学, 2009. -- 117 页

论文从外商直接投资和涉外税收的一般理论入手,分析了影响 FDI 流动的各种因素(包括税收因素与非税收因素),认为外资企业企业所得税是影响 FDI 流动的重要税种,也是论文的主要研究对象。接下来从理论上分析了东道国税收激励政策对 FDI 流动的影响,在对我国外商直接投资现状以及我国企业所得税激励政策介绍的基础上,进行经验分析和实证分析,对我国新《企业所得税法》实施前的税收激励政策进行了客观评价,并对新《企业所得税》实施后 FDI 流入进行了展望。最后从国家经济安全的角度对我国外商直接投资与征税关系进行了再思考,从影响国家经济安全的角度分析了我国外商直接投资现状,并提出了有利于我国国家经济安全程度的税收政策建议。论文共分 6 章。第 1 章导论部分,简要介绍论文的选题背景和意义,国内外研究情况,研究的主要思路以及篇章结构,指出论文创新点和不足。第 2 章介绍外商直接投资和涉外税收的基本理论,为全文研究的展开做必要的理论铺垫。第 3 章是对外商直接投资与东道国企业所得税税收激励政策进行的一般性分析。第 4 章介绍了我国外商直接投资的现状。第 5 章主要讨论我国外资企业企业所得税实际税率水平与 FDI 流入规模之间的关系,在此基础上对新《企业所得税法》实施后我国 FDI 流入规模进行展望。第 6 章从国家经济安全的角度对我国外商直接投资和征税的关系进行了再思考。

关键词:外商直接投资　税收政策　企业所得税　宏观经济分析

1049

**服务外包组织治理模式与运行机制研究** / 刘征驰著 ; 赖明勇指导. -- 湖南大学, 2009. -- 137 页

论文立足于微观视角,试图打开服务外包组织的"黑箱",通过对服务外包组织中发包方和接包方企业互动行为的刻画,揭示服务外包组织存在和运行的一般规律。主要研究的内容有:首先,通过对市场组织、企业组织和外包组织三种制度形式的对比,对服务外包组织的本质属性进行界定,得出服务外包组织本质上一种基于关系型契约的双边治理模式,即解决了服务外包的组织"是什么"的问题。在对服务外包本质属性进行清晰的界定的基础上,论文从人力资本和进入权治理视角对服务外包组织进行了分析,认为其核心治理机制是通过发包企业向接包企业开放其关键资源进入权,激励接包企业进行相应的人力资本专用性投资。这种组织治理模式在知识和人力资本密集型服务交易中有独到的治理优势,这也就解释了服务外包的产业为何能够在近年来得到发展和壮大。论文提出了服务外包组织契

约特征及其治理模式。揭示了服务外包组织治理的核心机制,并基于“进入权”和“声誉”机制从静态和动态两个层面构建了带有不对称信息的不完全契约模型。建立了服务外包多任务激励模型、服务外包发包决策模型、服务外包知识共享模型。

关键词:服务业　对外承包　组织管理　人力资本

1050

**影响中国经济波动和长期增长关系的总需求渠道研究** / 刘志琳著 ; 王柯敬指导. -- 中央财经大学, 2009. -- 114 页

论文对影响中国经济波动和长期增长关系的总需求渠道进行了研究。全文共分为六章。第一章为导论,主要阐述了问题的提出和选题的意义,对经济波动和长期增长关系的国内外文献进行了综述和评价,界定了基本的范畴,阐述了论文的基本研究思路和方法以及总结了论文的难点、重点和创新。第二章对中国经济周期波动与长期增长的相关性进行了实证分析与研究,主要包括章节引言,中国高速增长和经济周期波动特征的事实阐述,产出增长率条件波动性的测度以及对中国经济周期波动与长期增长关系的实证分析。第三章分析了投资、经济波动与长期增长的关系,主要包括章节引言、投资影响波动与增长关系的理论基础、中国投资增长的现状、中国固定资产投资和经济波动与增长关系的实证分析四方面的内容。第四章研究了居民消费、经济波动与长期增长的关系,主要通过居民消费影响波动与增长关系的一般理论分析、中国居民消费增长和波动、居民消费和经济波动与增长关系的实证研究三方面对居民消费、经济波动与长期增长的关系进行了研究。第五章是对对外贸易、经济波动和长期增长的分析,对贸易影响波动与增长关系的理论进行分析,阐述了中国进出口贸易增长和波动,对中国对外贸易、波动和增长关系进行了实证分析与研究。第六章是对全文进行了总结,归纳了论文的结论和不足。

关键词:社会总需求　经济波动　经济增长

1051

**企业员工价值实现与企业文化建设研究** / 龙安芳著 ; 曹玉书指导. -- 中国社会科学院, 2009. -- 130 页

论文对企业员工价值实现与企业文化建设进行了研究。全文共分为六章。导论部分主要简述了选题依据及研究意义,对企业员工的范围进行了界定,提出了假设的前提、论文研究方法,分析了论文突破的重点、难点及可行性,对国内外的相关文献进行了综述。第一章介绍了企业员工价值及实现的理论基础,主要包括对人的需求的认识,价值的本质和人的价值的思考,人的价值观的演变历程,人的价值的经济学含义以及人的价值与企业员工价值的关系。第二章分析了企业员工和企业的价值构成及实现条件,主要包括企业员工需要结构分析、企业员工价值观与价值构成、企业员工价值模型的建立与分析、员工效用最大化实现的条件分析、企业的价值观及价值构成以及企业价值模型的建立与分析六方面的内容。第三章是对企业文化的相关论述,主要阐述了企业文化的内涵与特征、企业文化的产生与发展、构成及表现形式,对企业文化进行了经济学分析和国际比较。第四章是对企业文化基本原理应用的分析,主要研究了企业文化与企业发展的关系、企业文化与经济发展的关系,并对企业文化与社会和谐与进步进行了分析。第五章研究了企业员工价值实现、企业价值最大化与企业文化建设的关系,主要对企业员工效用最大化与企业价值最大化的关系、企业价值最大化与企业文化建设的关系、企业员工价值实现与企业文化建设的关系进行了分析与研究。第六章是对企业文化建设路径的探讨,提出相关的路径与具体措施。

关键词:企业管理　职工　企业文化　企业价值

1052

**汇率变动对国际直接投资的影响研究:基于中国数据的实证与思考** / 马翔著 ; 聂名华指导. -- 中南财经政法大学, 2009. -- 135 页

论文基于中国数据的实证与思考,对汇率变动对国际直接投资的影响进行了研究。全文共分为七章。导论部分主要介绍了论文的研究背景和意义,研究目的与内容、研究方法与技术路线以及研究的创新与不足。第一章是对汇率与国际直接投资的相关理论和文献的综述,主要评述了汇率对国际直接投资影响的相关理论,综述了汇率对国际直接投资影响的相关文献。第二章描述了人民币实际汇率变动的独特性与国际直接投资变动的新特征,主要包括人民币实际汇率的概念与测算、人民币实际汇率的度量与变动独特性观测、外商在华直接投资的新特征以及中国境外直接投资的新特征。第三章是对汇率变动对国际直接投资影响的传导机制的分析,主要阐述了汇率变动的利率传导机制以及汇率变动的价格传导机制。第四

章对人民币汇率变动对国际直接投资影响进行了理论分析,主要介绍了真实期权模型理论框架及简评构建了汇率变动对国际直接投资规模影响的理论框架和汇率变动对国际直接投资结构影响的理论框架。第五章是对人民币汇率变动对国际直接投资规模影响的实证分析,主要包括人民币汇率变动对外商在华直接投资规模影响的实证分析以及人民币汇率变动对中国境外直接投资规模影响的实证分析。第六章是对人民币汇率变动对国际直接投资结构影响的实证分析,主要包括人民币汇率变动对外商在华直接投资结构影响的实证分析以及在中国境外直接投资结构影响的实证分析。第七章是对人民币升值预期的汇率制度与外资政策安排。

关键词:外商直接投资　汇率波动　人民币

**1053**

**中国装备制造业自主创新的品牌经济研究** / 马晓云著 ; 孙曰瑶指导. -- 山东大学, 2009. -- 155 页

论文意在利用品牌策略解决中国装备制造业自主创新如何取得市场收益最大化的问题。全文共8章。较以往研究有所不同,该文是基于品牌经济的视角,属于将已有的理论应用于新的领域,即用已有理论解决现实问题。第1章导论,介绍了问题的提出、论文的研究思路与框架。第2章分别对自主创新文献和装备制造业自主创新文献进行了研究述评。第3章是基本假设与概念界定。第4章则介绍了基于品牌的装备制造业市场收益静态模型,首先进行了装备制造业市场特性分析,其次介绍了基于品牌的市场收益静态模型。第5章则介绍了基于竞争的装备制造业市场收益动态博弈模型,首先描述了博弈模型,然后对模型进行了拓展,最后介绍了模型的应用。第6章介绍了基于终端的装备制造业市场收益熵模型,首先介绍了基本模型,然后对模型进行了拓展。第7章介绍了中国装备制造业品牌建设组织策略,首先讨论了装备制造业品牌建设的缺陷,然后对装备制造业品牌经理制进行了定位,最后阐述了装备制造业如何实施品牌经理职能制。第8章是结论与研究展望。总之,论文围绕“过剩经济条件下,中国装备制造业自主创新如何实现市场收益最大化”的问题,论证在现实经济环境和强大在位者的条件下,“品牌”是实现中国装备制造业自主创新获得市场收益最大化的重要前提条件。

关键词:制造工业　创新管理　经济收益　品牌

**1054**

**我国产业不平衡结构演进及其对经济快速增长的推动:基于投入产出的多部门分析框架** / 马仪亮著 ; 刘起运指导. -- 中国人民大学, 2009. -- 175 页

论文主要基于投入产出的多部门分析框架对我国产业不平衡结构演进及其对经济快速增长的推动进行了研究。全文共有6章。第1章介绍了问题的提出,进行了文献综述,对主旨概念进行了界定,对主要研究内容进行了概括,指出了研究面临的难点、研究方法与创新。第2章是对我国产业不平衡结构演进及动因的介绍,首先分析了改革开放前产业不平衡结构形成与发展,然后介绍了改革开放后产业不平衡结构的演变,接着分析了当前我国产业不平衡结构基本面,最后分析了产业不平衡结构形成的动因。第3章是对产业不平衡结构演进对我国经济增长推动的阐述,具体内容包括产业不平衡结构演进与经济增长关系的一般描述、我国经济增长中不同产业的贡献差异、产业不平衡结构影响我国经济增长的路径和表现方式、产业不平衡结构演进推动我国经济快速增长的机理、政府主导型产业极化效应对我国经济增长的促进、产业跳跃式演进对我国经济快速增长的推动。第4章是关于我国产业不平衡结构的识别及其历时更迭,具体内容包括产业不平衡结构的基本特性及分析要求、考虑社会技术水平的产业结构偏差判断——基于主特征值法的实证对比、考虑产业关联的产业不平衡结构分层识别——基于解释结构建模与投入产出技术结合的建模分析。第5章则主要讨论了能源约束下不平衡产业结构演进及其对经济增长的影响。第六章是对全文的总结与展望。

关键词:中国经济　产业结构　经济增长　投入产出分析

**1055**

**中国农村劳动力转移研究** / 欧阳慧著 ; 王一鸣指导. -- 中国社会科学院, 2009. -- 113 页

论文采用比较分析法、案例研究法等方法,对中国农村劳动力转移的问题进行了研究。全文共有八章。第一章导论,介绍了选题背景和意义,对相关概念进行了辨析,描述了研究框架和可能的创新。第二章主要讨论了农村劳动力转移理论的演进,首先介绍了国外关于农村劳动力转移的理论,其次阐述了国内关于农村劳动力转移研究的进展,最后是借鉴与启示。第三章分析了中国农村劳动力转移的进程,分别

描述了改革开放前中国农村劳动力的转移进程、改革开放以来中国农村劳动力转移进程、改革开放以来中国农村劳动力转移特征及其变化。第四章对中国劳动力转移进行了机理分析,介绍了中国农村劳动力转移的特殊制度背景以及中国农村劳动力转移机理。第五章分析了中国农村劳动力转移的流量与存量,首先分析了中国农村劳动力转移的流量,其次分析了中国农村剩余劳动力的存量,最后对完成农村劳动力转移时间进行了估算。第六章分析了中国农村劳动力转移的模式创新,首先介绍了中国农村劳动力的传统转移模式,其次分析了中国农村劳动力转移模式创新的必要性和紧迫性,最后分析了中国农村劳动力转移模式创新面临的障碍、各地农村劳动力转移模式创新的实践、中国农村劳动力转移模式创新的路径选择。第七章讨论了推进中国农村劳动力"完全转移"的政策选择。第八章对全文进行了总结。

关键词:农村　劳动力转移　本地化　制度创新

1056

**养老保险名义账户利率确定及其指数化变量选择研究** / 齐传君著 ; 郑秉文指导. -- 中国社会科学院, 2009. -- 120 页

论文采用案例分析法、比较分析法等研究方法,对养老保险名义账户利率的确定及其指数化变量的选择进行了研究。论文共有六个部分。第一部分绪论,介绍了问题的提出,指出了选题的意义,说明了文章的结构、研究方法、文章特色与创新之处。第二部分从理论与实践的角度介绍了名义账户制,首先对名义账户制进行了概述,然后讨论了向名义账户制转型的相关问题,最后介绍了名义账户制的实施情况。第三部分则主要讨论了名义账户利率的理论来源与局限性,内容主要包括现收现付制的历史发展与经济学含义、现收现付制内部收益率理论、世代交叠模型下内部收益率的本质与局限性。第四部分通过对瑞典案例的讨论探讨了名义账户利率的确定这一问题,主要包括不可保险下养老金制度的两难境地、现收现付制养老金债务与资产、复式记账法下名义账户制利率的确定。第五部分基于不同国家的案例分析,对名义账户利率指数化变量选择进行了比较研究,首先介绍了名义账户利率指数化变量选择的分类与简单依据,然后分析了拉脱维亚的以缴费工资总额增长率作为名义账户利率指数化变量,接着分析了意大利的以GDP增长率作为名义账户利率指数化变量。第六部分基于中国引入名义账户制的设想,对中国名义账户利率指数化变量的选择进行了讨论。

关键词:养老保险　利率　社会保障

1057

**机构投资者与公司治理研究** / 钱露著 ; 张中华指导. -- 中南财经政法大学, 2009. -- 137 页

论文运用定性分析与定量分析相结合、规范分析与实证研究相结合的方法对机构投资者与公司治理进行了研究。全文共分为六章。导论部分主要介绍了问题的提出,阐述了研究的理论与现实意义,对重要概念进行了界定,分析了论文的基本结构和研究方法以及论文的创新点和有待于深化的问题。第一章对机构投资者参与公司治理的文献进行了综述,主要阐述了机构投资者参与公司治理的动力机制,影响机构投资者参与公司治理动机的因素,分析了机构投资者持股对公司绩效的影响以及机构投资者持股对公司绩效影响的差异,描述了机构投资者参与治理的目标公司的特征。第二章是对机构投资者参与公司治理的动机及其影响因素的分析,主要包括了机构投资者的特征分析、机构投资者参与公司治理的动机、影响因素、理性决策模型以及博弈模型五方面的内容。第三章研究了机构投资者参与治理的行为特征及效应。分析了机构投资者参与公司治理行为的异质性,阐述了机构投资者参与治理与投资者利益保护,研究了机构投资者参与治理对公司治理结构、经营决策以及公司绩效的影响。第四章介绍了我国机构投资者参与公司治理的实践,对我国机构投资者参与公司治理的意义、可行性进行了案例分析,并总结了阻碍我国机构投资者发挥公司治理作用的因素。第五章是对我国机构投资者持股对公司绩效影响的实证研究,介绍了研究的检验方法、度量准则、数据采集以及结论分析。第六章提出了促进我国机构投资者发挥公司治理作用的建议。包括推进上市公司股权结构的优化、机构投资者自身的完善、以及健全和完善相关的法律法规。

关键词:机构投资者　上市公司　公司治理　股权结构　企业绩效

1058

**畜牧业产业化研究:以内蒙古自治区为例** / 萨如拉著 ; 蒋选指导. -- 中央财经大学, 2009. -- 118 页

论文以内蒙古自治区为例,对畜牧业产业化进行

了研究。全文共分为六章。第一章为导论,介绍了论文的研究背景和问题的提出,阐述了论文研究的意义,对国内外农牧业产业化研究进行了概括,对产业化相关概念进行了界定,介绍了论文的研究方法以及总结了论文创新点和难点。第二章介绍了产业化发展研究的理论基础,主要包括分工与专业化理论与农业产业化、产业组织理论与农业产业化、制度创新理论与农业产业化、交易费用理论与农业产业化四方面的内容。第三章分析了内蒙古畜牧业发展的现状,主要分析了畜牧业的地位和作用,研究了内蒙古畜牧业发展的现状,阐述了内蒙古畜牧业发展面临的问题及其影响因素,最后对内蒙古畜牧业发展影响因素进行了实证分析。第四章是对内蒙古畜牧业产业化发展的评述。主要包括畜牧业产业化发展现状、畜牧业产业化机遇与优势、畜牧业产业化面临的风险、畜牧业产业化发展制约因素四方面的内容。第五章阐述了畜牧业产业化模式与案例分析,主要包括我国农业产业化模式类型、畜牧业产业化发展模式类型及其评价以及内蒙古畜牧业产业化发展模式案例三方面的内容。第六章是针对畜牧业产业化发展提出的对策,分析了国外畜牧业产业化的经验,提出了畜牧业产业化发展的对策建议,最后归纳了论文的基本结论以及研究展望。

关键词:畜牧业　产业化　产业发展

1059

**中国股票市场效率与政府政策** / 水润东著 ; 刘迎秋指导. -- 中国社会科学院, 2009. -- 126 页

论文从 EMH 理论出发,将政府与市场紧密结合在一体,对中国股票市场效率与政府政策进行了研究。全文共分为六章。第一章为导论,主要介绍了选题的来源,总结了选题的理论与实践意义,归纳了文章的主要创新之处。第二章对相关理论进行了综述,主要评述了有效市场理论,对政府政策与市场效率研究进行了简单的概述,同时对理论模型和检验方法进行了全面的评述。第三章是对政府政策对股票市场有效性的定性分析,主要介绍了我国宏观经济政策对股票市场的影响现状,阐述了作为解释变量的政府标准,对财政政策、货币政策以及市场监管政策进行了阐述和介绍。最后对政府政策对股票市场影响进行了总结。第四章通过典型政策的分析,对股权分置改革前后股票市场有效性进行了实证分析与研究。主要包括股权分置改革政策的实证研究、股权分置改革政策前后股票市场的有效性分析以及有关股票分置改革政策作用的结论三方面的内容。第五章实证分析了政府政策产生的影响,主要包括对时间序列数据的选取和检验、模型推断原理过程、模型的推断过程以及对于前期收益问题的研究四方面的内容。第六章对全文的研究进行了总结,提出政策建议,认为要高度重视股市剧烈波动的危害性,将趋势关注改为背离度关注;正确认识政策政策对股市的传导作用;建筑于目前反应模式下的监管政策选择以及通过典型政策的策略选择对股权分置改革政策进行再思考。

关键词:股票市场　市场效率　金融政策

1060

**人民币汇率与股价波动研究** / 宋琴著 ; 张中华指导. -- 中南财经政法大学, 2009. -- 182 页

在金融危机的背景下,研究汇率与股价波动的关系,对于准确把握汇率与资本市场的关系,制定合理的汇率政策,促进股市健康发展,防止国际投机资本立体性攻击,具有重大的理论和现实意义。论文主要对人民币汇率与股价波动问题进行了研究。在研究方法上,注重理论与实践相结合,定性与定量分析相结合,局部均衡与一般均衡分析相结合的范式。论文分为四个部分共六章。第一部分为导论。导论部分主要提出要研究的问题、研究的理论与现实意义、论文的基本结构和研究方法、论文的创新点和有待深化的问题。第二部分为第一、二章。其中,第一章为文献回顾部分。在该部分中主要评述了有关汇率溢出与传递的文献,同时综述汇率与股市关联的国内外文献。第二章主要阐述汇率与股价波动的主要传导中介,探讨其传导机制。第三部分为实证分析部分,包括第三、四、五章,这也是该研究最重要的部分。第三章主要介绍变量选择,对数据的分析与处理,及在实证分析的过程中所使用的计量经济学方法。在第四、五章,采用国内外该领域研究中常用的主流工具来分析汇率与股价波动的关系。第四部分为结论部分,包括第六章和结束语,依据前面五章关于汇率与股价波动的分析建立汇率与股价波动的系统图,从而提出相应的投资策略和政策建议,指出进一步研究方向。

关键词:人民币汇率　外汇市场　股票价格

1061

**农户参与分享土地市场化收益的机制研究:论农地股份合作的可行性** / 孙彬彬著 ; 焦必方指导. -- 复

旦大学, 2009. -- 185 页

论文旨在尝试运用历史和现实相结合的视角,探索农户参与分享土地市场化收益的可行机制,特别是分析农地股份合作作为农户参与分享土地市场化收益机制的可行性。全文内容共九章,分为五个部分。第一部分包括第一章和第二章,是全文框架展开的基础和铺垫。第一章绪论给出论文研究的背景和动因、论文研究的切入点、技术路线和主要方法。第二章对有关农户参与分享土地市场化收益的机制研究和农地股份合作的文献进行梳理。第二部分包括第三章和第四章,是全文分析的理论前提和基本框架。第三章依据小农经济的历史逻辑建立农户与土地关系的基本分析框架,同时探讨农户基本需求和行为特征,进而分析在1978年家庭联产承包改革之前,中国传统社会农户与土地关系以及农户结合土地获取收益的情况。第四章将农户与土地关系的基本分析框架置于国家和地方利益的约束下,进一步解读农户的现实需求。第三部分即第五章,主要分析日本的经验。第四部分包括第六章、第七章和第八章,是全文分析的主体。第四部分明确提出农户参与分享土地市场化收益的可行途径是农地股份合作,同时具体分析农户结合农地股份合作参与分享土地市场化收益的相关机制和实际发展情况。第五部分即第九章,给出该文主要结论和政策建议。

关键词:农户　土地市场　股份合作

**1062**

**工业初级产品价格波动与国民经济增长** / 孙丹著 ; 武少俊指导. -- 中国人民大学, 2009. -- 186 页

论文系统地研究了工业初级产品价格波动与国民经济增长的问题。全文共有九章。第 1 章绪论,介绍了问题的提出、研究目的、文献综述、研究的内容及方法、论文的主要创新点。第 2 章则主要讨论了工业初级产品价格波动相关的基本理论,包括价格形成机制理论、价格运行机制理论、资源价格理论。第 3 章讨论了我国价格改革的历程,描述了我国社会主义价格理论的发展与改革、我国价格改革的整体历程、我国工业初级产品及其相关产品价格改革的历程以及我国工业初级产品价格波动情况。第 4 章从生产价格的角度描述了工业初级产品价格形成的基础,首先进行了理论铺垫,然后分析了生产成本的代表——劳动报酬,之后分析了生产价格的重要组成部分——矿产资源价格,最后分析了生产价格的最后组成部分——企业利润。第 5 章讨论了工业初级产品价格运动过程中的影响因素,宏观因素包括经济周期、经济结构,中观因素包括工业初级产品的市场供求、市场结构,最后分析了政策因素。第 6 章分析了国际市场工业初级产品价格波动情况及其影响因素。第 7 章则进行了工业初级产品价格波动本质性影响因素分析。第 8 章对工业初级产品价格波动进行了实证分析。第 9 章提出了应对工业初级产品价格波动的对策建议:改革完善矿产资源价格体系;推动产业结构的调整升级;完善期货市场,积极参与全球商品定价;完善矿产资源战略储备体系;提高引进外资质量,优化产业结构。

关键词:国民经济　经济发展　工业产品　价格经济波动

**1063**

**中国上市银行公司治理与综合绩效的实证研究** / 孙君阳著 ; 徐向艺指导. -- 山东大学, 2009. -- 117 页

论文在银行公司治理改革与模式探讨的基础上,将视角深入到了银行内部,把股权结构、董事会安排、高管薪酬等内部治理要素纳入到银行公司治理的范畴,形成一个较为完整的银行公司治理分析框架。在这一框架下,深入研究了银行公司治理机制的特殊性,确立了风险控制为核心的治理理念,进而选取了具有银行特性的变量,实证检验了内部治理变量与银行综合绩效间的关系,提出了优化银行公司治理机制的政策建议。论文共有 8 章。第 1 章导论,介绍了选题的背景与意义,对相关范畴进行了界定,阐释了研究思路与内容,描述了研究方法和论文创新点。第 2 章研究基础与文献综述,介绍了商业银行的特殊性、银行公司治理的特殊性、相关文献述评。第 3 章是对中外上市银行公司治理比较分析,具体内容包括上市银行股权结构与公司治理、上市银行董事会安排与公司治理、上市银行高管报酬与公司治理。第 4 章是对上市银行股权结构与综合绩效实证分析,首先介绍了研究样本与数据,之后是中国上市银行股权属性与综合绩效分析、中国上市银行股权集中度与综合绩效分析、中国上市银行的国有控股问题。第 5 章是对上市银行董事会安排与综合绩效的实证分析,包括中国上市银行董事会规模与综合绩效的分析、中国上市银行董事会构成与综合绩效分析、中国上市银行的独立董事制度分析。第 6 章是对上市银行高管薪酬与综合绩效的实证分析,包括高管报酬与银行绩效关系的相关研究、研究假设、研究设计、实证分析。第 7 章是对上市银行内部治

理机制与综合绩效关系的实证分析,包括研究假设、研究设计、实证分析。第8章是研究结论与展望部分。

关键词:商业银行　上市公司　法人治理结构　企业绩效

**1064**

**信托制企业年金及其监管模式** / 孙守纪著 ; 邹东涛指导. -- 中国社会科学院, 2009. -- 114页

论文在介绍信托概念的基础上,重点分析了传统信托和现代信托约束受托人的不同机制及其内在联系。论文共有6个部分。导论部分介绍了研究背景和问题的提出,阐述了文献综述、主要观点和章节安排,指出了该文的创新点和后续有待研究的问题。第2部分信托及其保护受益人的机制,分析了信托及其古今异同、传统信托对受益人的保护、现代信托对受益人的保护。第3部分是信托制企业年金及其保护受益人的机制,对信托制与公司制、契约制进行了比较,分析了信托制企业年金的优势,介绍了信托制企业年金保护受益人的机制。第4部分是信托制企业年金的监管模式及其特点,介绍了信托制企业年金的监管框架、目标和内容,描述了基于风险的监管方法,介绍了企业年金监管机构设置,阐述了企业年金监管机构与其他金融监管机构的分工合作。第5部分是英国职业养老金监管体制的发展历程及其监管模式的历史透视,首先对英国职业养老金监管体制进行了概述,然后分别分析了英国职业养老监管体制发展的第一阶段、英国职业养老金监管体制发展的第二阶段、英国职业养老金监管体制发展的第三阶段。第6部分是中国企业年金监管制度的改革趋势及其政策建议,首先介绍了中国企业年金制度沿革及其发展状况,然后分析了中国企业年金监管制度存在的问题,最后提出了中国企业年金监管制度改革的建议。

关键词:企业　养老保险　信托　金融监管

**1065**

**煤炭资源富集的欠发达地区经济发展研究:以贵州省毕节地区为例** / 滕飞著 ; 厉以宁指导. -- 北京大学, 2009. -- 151页

论文以贵州省毕节地区为例,对煤炭资源富集的欠发达地区经济发展进行了研究。全文共分为五章。开始部分为导论,主要介绍了论文研究的背景及意义,对文献进行了初步回顾,阐述了论文的研究思路和框架,总结了论文的探究方法和数据来源,论文的主要创新点。第一章介绍了煤炭资源富集的欠发达地区的发展概况与相对资源承载力,主要包括概念的界定与研究区域的选择、贵州省与毕节地区煤炭开发与经济发展的概况、贵州省资源承载力状况研究三方面的内容。第二章是对煤炭开发欠发达地区经济增长的"资源诅咒"的再考察。对"资源诅咒"文献进行了回顾与评述,阐述了数据的选择与描述,并做了计量分析,研究了煤炭资源开发对经济增长的影响机制。第三章基于经济增长供给因素的研究,分析了煤炭开发与经济效率的关系,主要对全要素生产率的文献进行了回顾,阐述了技术方法;以贵州省为例,对基于区域层面的生产率进行了分析与研究;然后以毕节地区为例,对基于行业层面的生产率和结构效应进行了分析与研究。第四章基于经济增长结构因素的研究,分析了产业结构与循环经济。介绍了煤炭资源富集的欠发达地区产业结构的特征,阐述了主导产业的选择与产业协调,分析了循环经济与生态工业。第五章是基于权利和分配制度的研究,对煤炭收益分配与居民生活进行了研究,主要包括煤炭资源的价值构成和权利主体、当前煤炭资源的权利安排以及收益分配、煤炭资源收益分配与居民生活三方面的内容。

关键词:不发达地区　经济发展　资源开发　煤炭资源

**1066**

**中国上市公司行为、绩效和市场表现** / 童英著 ; 周黎安指导. -- 北京大学, 2009. -- 89页

论文研究的主要是中国资本市场上市公司的行为、绩效及市场表现,主要研究方法是实证,具体包括双差分、三差分方法、截面与面板数据回归以及事件分析法。论文首先发现在控制了行业、地区以及年份后,上市公司上市后的销售利润率、资本利润率以及效率指标相对于非上市企业变得更差,只有资产负债水平显著改善。此外,该部分还进一步对国有企业上市后相对业绩变差的原因进行了探讨。其次,论文还从第二大股东的视角来研究上市公司的股权结构及对公司绩效的影响。最后论文还利用事件分析法量化了产品质量安全事件给企业带来的间接损失。论文共有四章。第一章导论,介绍了研究动机和意义,描述了论文的内容安排,阐述了论文的研究方法与主要发现。第二章是对中国国有企业上市后业绩变化的解析,首先介绍了研究背景,然后描述了数据和方法,之后进行了结果分析,最后进行了稳健性检验。第三章是对第二大股东的选择与作用的讨论,首先是

对样本数据及描述统计的讨论，其次是对一、二大股东的关联情况与绩效之间的关系的分析。第四章是对中国股票市场对食品药品质量安全问题反应的讨论，首先是背景的介绍，其次是对数据样本及方法的介绍，之后是对相关结果的分析。第五章是结论部分，对全文的观点进行了总结，并指出了后续研究的方向。

关键词：上市公司　企业管理　企业绩效　股权

**1067**

**资产证券化风险研究** / 王保岳著 ; 刘迎秋指导. -- 中国社会科学院, 2009. -- 105 页

论文在前人研究成果的基础上，尝试性地把资产证券化风险研究分为传统和现代两种模式，遵循了最简单的逻辑过程，即提出问题、分析问题、解决问题，然后运用多种方法进行阐述。论文提出的现代资产证券化风险研究模式是对传统研究的一种补充，它的研究内容主要包括评级风险、监管风险和道德风险，同时借鉴了制度经济学、行为经济学和金融生态学等学科的研究方法，把风险研究从纯技术层面提升到了制度层面，并融入了更多的中国元素，力图搭建适应中国未来经济发展的风险控制框架。全文共有七个部分。导论部分介绍了研究的背景、研究的方法、研究思路和主要内容、论文的创新和不足之处。第一章是对资产证券化风险理论研究的综述，首先对资产证券化风险研究的模式进行了划分，其次对传统资产证券化风险研究进行了回顾与评价，最后是对现代资产证券话风险研究的回顾与评价。第二章是资产证券化风险的主要表现形式，包括传统资产证券化风险的主要表现形式、现代资产证券化风险的主要表现形式。第三章主要讨论了中国资产证券化风险的主要表现形式和现存问题。第四章讨论了中国资产证券化风险的发生原因与形成机制。第五章是对中国资产证券化风险调控的制度分析，内容包括制度变迁理论与资产证券化风险调控制度的联系、建立更合理的本土化评级制度、建立完善的本土化监管制度。第六章是对中国资产证券化风险控制的对策建议：构建资产证券化风险预警系统，建立金融突发事件应急机制，警惕“软政权化”的侵蚀，谨慎借鉴国外经验。

关键词：资产证券化　风险分析　风险管理

**1068**

**中国证券投资基金的货币政策效应研究** / 王彬著 ; 郑超愚指导. -- 中国人民大学, 2009. -- 142 页

论文以戈德史密斯的金融结构和金融发展理论为基础，偏重于从金融功能角度来研究中国证券投资基金的货币政策效应，从货币供给、货币需求和货币政策传导机制等方面进行考察和探讨，实证研究分析了证券投资基金的发展对我国货币政策的影响，并通过与发达国家证券投资基金业的比较分析，提出了若干政策建议。论文从金融结构角度出发，研究分析我国证券投资基金的货币政策效应，在选题方向和研究方法的选择上具有一定的创新性。论文共有 6 章。第 1 章为导言，简要介绍了选题的背景与研究意义、研究思路和研究方法、基本框架和主要内容等。第 2 章主要讨论证券投资基金引发的金融结构变迁对货币政策微观基础的影响。第 3 章主要探讨证券投资基金对我国货币供给的影响。第 4 章主要研究证券投资基金对货币需求的影响。第 5 章着重分析证券投资基金对货币政策传导机制的影响。第 6 章主要研究证券投资基金对货币政策利率管理模式的促进作用，通过分析证券投资基金对公众资产组合的影响，强调了证券投资基金对货币市场和资本市场的联结作用，进而提出证券投资基金有助于提高我国货币需求的利率弹性，促进我国利率市场化的进程，推动我国货币政策操作模式由货币供应量管理转向利率管理模式。

关键词：证券投资　投资基金　货币政策　金融结构

**1069**

**我国私募股权投资的融资研究：基于中美比较的视角** / 王磊著 ; 郭立宏，师萍指导. -- 西北大学, 2009. -- 191 页

论文选择私募股权投资的融资为研究主题，围绕私募股权投资的资本供给、有限合伙制度，以及养老金投资制度这个核心内容进行研究。研究方法方面，论文主要采用了实证分析和经济史的研究方法、比较研究方法、系统分析方法等。论文共有六章。第一章导论，介绍了研究背景与研究意义，进行了文献综述，描述了研究的主要内容、方法和结构，最后指出了可能的创新和有待继续研究的问题。第二章主要讨论了中美私募股权投资的历史演进及相关概念，首先介绍了私募股权投资的相关概念，其次描述了基金的发展历程，然后是对美国私募股权投资发展的概述，最后是对我国私募股权投资发展的概述。第三章是对中美私募股权投资的资本供给分析，并对中美私募股

权资本来源和结构进行了比较。第四章是对中美私募股权投资的组织制度分析,具体包括私募股权投资有限合伙制度的演进、企业组织结构和效率、契约理论与私募股权投资有限合伙契约、不同组织形式下私募股权投资的绩效差异。第五章是对我国养老金投资私募股权领域的探索,具体内容包括养老金投资与投资组合理论、私募股权投资有限合伙制与养老金投资、我国养老金管理体制与基金构成、我国养老金投资运营分析。第六章是研究结论与政策建议部分。

关键词:股份有限公司　融资　股权　投资　中国　美国

**1070**

**我国居民财产性收入问题研究** / 王绍辉著 ; 刘扬指导. -- 中央财经大学, 2009. -- 121 页

论文在归纳大量国内外文献的基础上,对我国居民财产性收入问题进行了研究。全文共分为五章。第一章为导论,主要介绍了论文的选题背景和选题的意义,对相关文献进行综述,分析了论文的研究方法和结构安排,归纳了论文的创新点和不足。第二章是对财产性收入及相关概念的界定,分析了财产的发展历程,对财产的理论进行了界定,研究了财产与财产性收入的关系,并进行了比较。第三章分析了发达国家的居民财产性收入,研究了以金融资本和产业资本为代表的两类发达国家,分析了美国财产性收入的变动规律,对美国财产性收入与经济增长的关系进行了阐述。同时对德国、加拿大居民财产性收入进行了分析与研究,最后章节对几个发达国家居民财产性收入进行了分析比较,并对财产性收入的发展变化趋势进行了研究。第四章是对我国居民财产性收入的分析与研究,主要包括我国居民财产性收入问题的背景分析、1992 年以来我国居民财产性收入的变化特征、影响我国居民财产性收入增长的因素分析以及增加居民财产性收入的措施四个方面的内容。第五章是对论文主要结论的总结和增加财产性收入的建议。主要政策建议包括用法律保护居民财产;用土地流转和统筹城乡发展增加农民财产性收入;积极完善分红制度,增加投资渠道;促进房地产市场的发展,提高居民房产收入以及强化居民的分配地位,缩小财产性收入的分配差距。论文试图从数据中寻求财产性收入发展变动的规律,本质上是一种归纳方法。实证分析以相关的理论为依据展开,多侧重我国居民财产性收入现状的对比分析和对影响因素的经验分析。

关键词:居民收入　财产　个人收入

**1071**

**我国公共工程项目绩效评价体系研究** / 王晓生著 ; 魏礼群指导. -- 中国人民大学, 2009. -- 170 页

论文从独立于公共工程项目建设单位、施工单位、管理单位的政府审计视角,以公共工程项目的生命周期为主线,以提高项目绩效为目标,针对我国公共工程项目在管理、投资、建设和营运等方面的特点,构建了 17 类 144 个公共工程项目绩效评价通用指标体系。研究共分 7 章。第 1 章是绪言部分,简要阐明研究的背景、意义和方法。第 2 章在深入分析公共工程项目主要特征的基础上,从理论的层面对公共工程项目绩效评价的内容、相关理论解释进行了阐述,并剖析了影响我国公共工程项目绩效的因素。第 3 章主要论述了公共工程项目绩效评价的基本要素,包括绩效评价的主体与内容、模式与方法、原则与程序、标准与报告等内容。第 4 章从结果和过程的理念出发,以项目建设前期、项目建设期和项目竣工运营期等公共工程项目周期的三个阶段为主线,构建了 17 类 144 个通用指标构成的公共工程项目绩效评价体系。第 5 章和第 6 章分别以防洪工程和高等级公路项目为例,以第 4 章构建的绩效评价体系为指导,立足两类公共工程项目的技术特征,围绕这两类项目建设周期,分别构建了与之适应的绩效评价体系。第 7 章根据建立的公共工程项目绩效评价体系,从构建科学的绩效评价模式、确定政府官员的角色、完善后评价体系、建立投资决策机制与责任制、加强监督管理等 7 个方面,提出了提高公共工程项目绩效的建议。

关键词:基本建设项目　公共工程　项目管理　经济评价

**1072**

**中国城乡居民收入差距预警研究** / 王亚红著 ; 顾海兵指导. -- 中国人民大学, 2009. -- 180 页

论文以中国城乡居民收入差距为立题核心,以当前中国时代背景为切入点,对“城乡居民收入差距预警、适度城乡居民收入差距”的内涵进行了界定,并在此基础上构建了符合这一内涵的中国城乡居民收入差距预警系统。论文的研究创新点主要有:1、注重中国城乡居民收入差距的宏观背景研究;2、研究方法上更加突出专家调查法和计量方法的运用;3、提出中国城乡居民收入差距预警和“适度”城乡居民收入差距

的概念。全文共有7章。第1章导论部分主要涉及论文的选题背景、主要概念的界定、研究内容框架与研究方法、意义和可能的创新;第2章主要从城乡居民收入差距的衡量、原因、影响及适度标准四个方面对国内外的研究结果进行了梳理;第3章主要对中国的城乡居民收入差距历史及现状进行了纵向的历史状况分析、横向的区域分析和解构分析。第4章在前面分析研究的基础上,针对中国实际情况,从可操作的角度构建了中国城乡居民收入差距预警体系并划定了警度区间。第5章按照预警体系的思路对中国城乡居民收入差距分别进行了年度预警(2008年)。第6章对中国近期和远期城乡居民收入差距预警进行了初步思考。第七章提出城市倾向型发展战略和相关政策的转变是解决中国城乡居民收入差距问题的关键。

关键词:居民收入　收入差距　城乡差别

**1073**

**中国经济内外均衡问题研究** / 王远鸿著 ; 王春正, 刘鹤指导. -- 中国人民大学, 2009. -- 293页

论文在充分收集国内外有关研究文献的基础上,以开放经济下的宏观经济学为基础,梳理了与内外均衡相关的理论和分析模型,综合运用均衡分析、系统分析、定性分析和定量分析、实证分析和规范分析、总量分析和结构分析等分析方法,依托大量的国内外宏观经济数据,展开对中国经济内外均衡问题研究。全文共分为六章。导论部分介绍了选题的背景和意义、国内外文献综述、研究的思路与方法、研究的创新点。第一章是经济内外均衡相关理论和分析框架,探讨了开放条件下经济内部均衡与外部均衡、开放条件下经济内外均衡的冲突以及开放条件下经济内外均衡冲突的政策调节。第二章是中国经济内外失衡的主要表现和相互关系的实证分析,重点分析了内部失衡和外部失衡的主要特征,并利用Johansen协整检验和Granger因果关系检验对内外失衡之间的关系进行检验。第三章是中国经济内外失衡的成因与风险分析,首先从粗放式经济发展方式尚未根本改变、收入分配失衡不断加剧、政府职能转变滞后和对公共产品供给缺失三个角度分析了内部失衡的原因,其次从出口导向政策弊端日益显现、全球经济失衡不断加剧两个方面分析了外部失衡的原因,最后简要分析了中国经济内外失衡不断加剧的风险。第四章是中国经济内外均衡冲突与宏观调控。作者介绍了改革开放以来中国经济的内外均衡冲突和化解冲突的政策实践,并对中国宏观调控政策效应进行了实证分析。第五章是后危机时代中国经济内外均衡的前景分析,首先介绍了国际金融危机对中国经济内外均衡产生的巨大冲击,接下来展望了后危机时代全球经济"再平衡"的前景和中国经济内外均衡的前景。第六章是后危机时代促进中国经济内外均衡的对策,作者分别给出了促进中国经济内外均衡的总体思路和原则以及短期对策和中长期对策。

关键词:经济发展　开放经济　经济均衡　中国经济

**1074**

**中国汽车工业安全的主要问题研究** / 王梓薇著 ; 叶卫平指导. -- 中国人民大学, 2009. -- 272页

论文利用国家经济安全的研究方法、主成分分析方法、计量分析方法、案例研究方法和比较研究方法,对中国汽车工业的安全问题进行了系统研究,并对中国汽车工业安全与否的分指标体系和总指标体系进行评价,在比较研究的基础上提出保障中国汽车工业安全的建议。全文共分为七章。第一章为导论,着重介绍论文的选题背景、理论和现实意义、研究方法、创新和不足之处。第二章是对汽车工业和汽车工业安全概念进行了界定,并归纳了国内外有关汽车工业安全的主要理论观点。第三章从股权、增加值、利润、资产负债率、纳税、全员劳动生产率、总资产贡献率等方面分析了中国汽车工业的资本和效益结构中存在着的安全问题,最后运用主成分分析法对汽车工业资本结构安全的分指标体系进行了测度。第四章从乘用车、商用车、发动机三个方面分别研究了它们的市场结构、技术结构、品牌结构存在着的安全问题,最后运用主成分分析法对汽车工业产品结构安全的分指标体系进行了测度。第五章从乘用车、商用车、发动机三个方面分别研究了它们进口结构和出口结构存在的安全问题,最后运用主成分分析法对汽车工业进出口结构安全的分指标体系进行了测度。第六章在前文基础上进一步对中国工业的综合安全水平进行测度。第七章在比较多个国家保障汽车工业安全的经验教训的基础上,从三个方面分别提出了实现中国汽车工业安全的对策。

关键词:汽车工业　企业管理　质量管理　市场竞争　技术创新

1075

**货币政策对房地产价格波动的区域效应** / 魏玮著 ; 王洪卫指导. -- 上海财经大学, 2009. -- 170 页

论文利用规范的定性分析与定量的实证分析相结合的方法,严格遵循从实践到理论再到实践的经济理论发展规律,对货币政策对房地产价格波动的区域效应进行了较为详细的分析。全文共有七章。第一章论述了货币政策对房价波动区域效应的经济和理论背景,指出了研究意义,归纳了相关领域的最新进展,对相关概念进行了界定,理清了全文的研究思路和基本框架,并指出了论文存在的可能创新。第二章将凯恩斯学派、货币学派和金融中介学派中的货币政策传导机制理论与房地产价格周期波动理论相结合,分别建立利率渠道对房地产价格的静态传导机制模型和信贷渠道对房地产价格的动态传导机制模型。第三章从实践角度对我国货币政策对房地产市场调控的政策演变过程进行梳理,并指出其重点调控环节。并分别就利率和信贷政策对房地产市场的宏微观调控效应加以阐述。第四章使用双向协整分析、格兰杰因果检验等多种时间序列分析方法从国家、区块和省市三个层面证实我国房价波动具有鲜明的区域特征。第五章将货币政策与区域房价波动相结合,建立 PVAR(面板向量自回归)模型,使用脉冲响应函数分析方法,测度各种货币政策工具对东、中、西部房地产市场的动态效力的异同。第六章从房地产市场组织结构、消费者行为、区域金融成长空间三个角度对货币政策对房地产市场效力区域差异产生的原因进行理论假设和回归检验。第七章列出了全文的主要结论并提出了相应的政策启示,其中包含多项采用适度差别化的货币政策协调区域间房地产市场发展的具体政策建议,最后还指出了论文研究的局限性及未来的深化方向。

关键词:房地产业　房价　经济波动　货币政策　经济协调

1076

**自然资源租金、公共环境服务与经济可持续发展** / 吴述松著 ; 林擎国指导. -- 厦门大学, 2009. -- 182 页

论文采用案例分析法、比较分析法等研究方法,对养老保险名义账户利率的确定及其指数化变量的选择进行了研究。论文共有六个部分。第一部分绪论,介绍了问题的提出,指出了选题的意义,说明了文章的结构、研究方法、文章特色与创新之处。第二部从理论与实践的角度介绍了名义账户制,首先对名义账户制进行了概述,然后讨论了向名义账户制转型的相关问题,最后介绍了名义账户制的实施情况。第三部分则主要讨论了名义账户利率的理论来源与局限性,内容主要包括现收现付制的历史发展与经济学含义、现收现付制内部收益率理论、世代交叠模型下内部收益率的本质与局限性。第四部分通过对瑞典案例的讨论探讨了名义账户利率的确定这一问题,主要包括不可保险下养老金制度的两难境地、现收现付制养老金债务与资产、复式记账法下名义账户制利率的确定。第五部分基于不同国家的案例分析对名义账户利率指数化变量选择进行了比较研究,首先介绍了名义账户利率指数化变量选择的分类与简单依据,然后分析了拉脱维亚的以缴费工资总额增长率作为名义账户利率指数化变量,接着分析了意大利的以 GDP 增长率作为名义账户利率指数化变量。第六部分基于中国引入名义账户制的设想,对中国名义账户利率指数化变量的选择进行了讨论。

关键词:自然资源　资源利用　生态环境　可持续发展

1077

**我国商业银行引入外资战略投资者的绩效与策略研究** / 吴玉立著 ; 龚六堂指导. -- 北京大学, 2009. -- 129 页

论文对我国商业银行引入外资战略投资者的绩效与策略进行了研究。全文共分为七章。第一章为导论,主要介绍了论文的选题动机与研究背景,阐述了论文的基本思路,分析了研究对象并对相关概念进行了界定,阐述了论文的研究方法,总结了文章结构与主要的创新点。第二章是对商业银行引入外资战略投资者的历史进行了回顾与分析研究,主要包括发达国家银行引入战略投资者的历史与特点、墨西哥银行引资改革的历史与特点、匈牙利银行引资改革的历史与特点、引入外资战略投资者对我国银行改革的意义、我国商业银行引入外资战略投资者的特点和存在的问题以及政策法律环境对我国银行业战略引资的影响七方面的内容。第三章是对外资进入的动因分析与经济开放度的测算,对外资战略投资者的进入动因的理论进行了评述,分析了基于经济开放度的引资动因,探析了商业银行引入战略投资者选择。第四章是对外资战略投资者对我国商业银行影响的实证研究,主要包括相关研究结果的综述、相关盈利水平的

实证回归分析、基于委托代理模型的分析以及关于磨合期的实证检验。第五章是对我国商业银行引入外资战略投资者的策略与定价研究，主要包括战略投资者的认定与选择、银土战略投资者的风险和应对措施、股权转让与合理定价以及国有商业银行引资案例研究四方面的内容。第六章是在金融动荡环境下我国商业银行的引资研究，主要分析了当前金融危机对全球银行业的冲击，对外资回流原因及影响进行了分析，并提出了应对措施。第七章是对全文的总结。

关键词：商业银行　体制改革　外资利用

1078

**中国石油安全的主要问题研究** / 刁文静著 ；叶卫平指导. -- 中国人民大学, 2009. -- 319 页

论文运用国家经济安全和国防经济安全的理论方法、主成分分析方法、竞争力评价方法、产业组织理论的研究方法和一般均衡理论分析法、投入产出分析方法、不确定性条件下的选择分析方法以及比较分析方法，对我国石油生产、国际贸易、流通和消费四个环节进行系统分析和评价，在比较研究基础上提出保障我国石油安全的对策。全文共分为八章。第一章是绪论，主要陈述了论文的选题背景、理论和现实意义、研究方法、创新和不足之处。第二章是基本概念界定和理论综述，主要对石油和石油安全的概念进行界定，并归纳了已有石油安全问题研究的理论观点。第三章是中国石油生产环节安全研究，分析了中国石油采制业对外开放的特点，比较了中国石油公司与跨国石油公司在国内外市场的竞争力，介绍了外资进入对我国提高石油供给能力的作用，从国防安全视角分析中国石油生产安全问题，最后用主成分分析法对中国石油生产环节安全的分指标体系进行了测度。第四章是中国石油国际贸易环节安全研究，从中国“入世”时在石油贸易方面的承诺入手，分析了它对中国石油进口依存度的影响；通过石油进口来源地、石油进口支付能力、石油进口运输能力三个方面的分析，评价了进口石油买得起、买得到、运得来的问题；通过对国际石油期货市场特点和中国进口企业石油套期保值巨亏案的分析，揭示了参与石油期货交易对石油国际贸易安全的影响；最后运用主成分分析法对中国石油国际贸易环节安全的分指标体系进行了测度。第五章是中国石油流通环节安全研究，分析了中国石油分销业对外开放的特点，比较了中外成品油销售企业的竞争力，探讨了石油流通体制和石油定价机制是否应该取消管制的问题，研究了石油储备体系存在的问题，最后运用主成分分析法对中国石油流通环节安全的分指标体系进行了测度。第六章是中国石油消费环节安全研究，分总量和结构两个方面研究了中国石油消费与经济发展的协调问题，最后运用主成分分析法对中国石油消费环节安全的分指标体系进行了测度。第七章是对中国石油安全综合指标进行了综合测度。第八章是中国石油安全保障对策，在比较分析其他几个国家石油安全的经验教训的基础上，从四个环节分别提出了保障我国石油安全的对策。

关键词：石油经济　经济发展　国家安全　石油储备

1079

**中国资源性产品价格形成机制改革研究** / 向弟海著 ；魏礼群指导. -- 中国人民大学, 2009. -- 159 页

论文在文献回顾的基础上，介绍了资源性产品性质与价格之间的关系、资源性产品价格改革对中国经济增长模式转换影响和对宏观经济的冲击，最后讨论了资源性产品价格形成机制改革的相关配套政策和国际经验。全文共分为四个部分，共九章。第一章提出问题，首先介绍了改革开放以前中国资源性产品价格形成机制的特征和改革开放以来资源产品价格形成机制的改革与现状，并给出了论文的篇章结构。第二章和第三章构成第一部分，重点回顾了国内外关于资源性产品价值及其价格形成机制的相关研究成果。第二部分阐释了资源性产品价格形成机制改革问题复杂性的原因之一在于资源性产品以及用于生产资源性产品的自然资源本身具有一定的特殊性。第四章从“经济效率”角度来考察资源性产品最有利用及其定价的一般准则。第五章重点研究外部性存在的情况下资源性产品的最优使用原则和理论价格。第三部分为第六章和第七章。第六章中重点讨论资源性产品价格形成机制改革与中国工业化的关系。第七章重点研究资源性产品价格形成机制改革与宏观经济稳定，特别是资源性产品价格与通货膨胀之间的关系。最后部分包括两章内容。第八章在第七章研究的基础上提出了资源性产品价格形成机制改革的一些基本思路以及相应的配套改革措施。第九章则是选择主要的资源性产品，比较研究资源性产品价格形成机制的国际经验，为资源性产品改革提供简要的思路。

关键词：商品流通　商品价格　自然资源　经济体制改革

1080

**制度安排与产业集聚:理论与经验研究** / 谢里著 ; 罗能生指导. -- 湖南大学, 2009. -- 186 页

论文尝试通过历史解读、理论分析和实证研究,探寻制度因素对产业集聚形成与变迁的作用机制。论文首先从经济史的角度考察世界工业聚集中心形成与变迁历史现象及其内在机制,世界工业聚集中心最早起源于英国,再转移到美国,日本也将继美国之后成为世界工业集聚中心之一。通过分析世界环境和不同的经济发展阶段的国情之后,发现世界工业集聚中心的形成与变迁虽然存在历史机遇,但在其背后必然有与历史机遇相匹配的政策或制度保障。除了国家的地理位置、自然资源禀赋、劳动力、人口、交通基础设施、对外贸易等因素之外,一国构建的产权保护、贸易、金融、投资、教育等制度优势,能显著的刺激该国工业的发展,并逐步促成其成为世界工业集聚中心。其次,论文借鉴了交易成本划分外生交易成本和内生交易成本的理论,将内生交易成本引入到新经济地理模型之中,并在一般均衡的分析框架中分析内生交易成本对企业生产区位选择的作用原理,以此阐明地区的制度安排通过内生交易成本作用于产业集聚形成与变迁的金融机制。再次,论文以制造业为分析对象,在控制自然因素、经济地理和新经济地理的基础上,将制度的因素纳入构建产业集聚影响模型影响因素的计量模型之中,从国际层面和中国地区层面以及行业层面,实证分析制度因素对产业集聚的影响。

关键词:产业集聚　区位选择　制度安排　政策选择　产业经济学

1081

**新形势下我国出口退税政策调整研究** / 徐策著 ; 陈东琪指导. -- 中国社会科学院, 2009. -- 157 页

论文主要探索了新形势下我国出口退税政策应该如何调整问题,为此,作者分别从理论和国际实践的维度构建了出口退税政策调整的两大"参考系",对政策功能进行定位,为政策调整提供方向。之后又从历史的维度,考察了 1994 年—2009 年 4 月为止,我国出口退税政策调整的过程。以一个宏观调控的视角,揭示了出口退税政策调整与经济周期之间的关系,并提出了该项政策存在的困境。同时,从实证的角度检验了我国出口退税政策功能效果的变化轨迹。最后,结合新形势,对我国出口退税政策的调整取向做出判断,并给出了必要的风险提示。论文共有七章,第一章导论,介绍了选题依据与研究意义,阐述了国内外研究现状,介绍了研究目标、范围与主要内容、方法论与分析框架、可能的创新与不足之处。第二章讨论了出口退税政策的功能定位,具体内容包括出口退税的理论依据、出口退税政策与其他鼓励出口政策的比较。第三章是出口退税政策冲击经济系统的机制分析,具体内容包括经济冲击与出口退税政策调整、出口退税政策冲击经济系统的传导机制分析。第四章是出口退税政策的国际比较与启示,首先介绍了出口退税制度在国际实践中总体运行的特征,然后描述了主要国家的出口退税政策,最后分析了各国出口退税制度的共性特征。第五章则主要描述了我国经济周期与出口退税的调整。第六章则是对我国出口退税政策效应变化特征的解析。第七章则描述了新形势下我国出口退税政策的调整取向与风险。

关键词:出口退税　财政政策　税收管理　出口贸易　宏观调控

1082

**中国开放型经济需求管理** / 徐伟著 ; 郑新立指导. -- 中国社会科学院, 2009. -- 194 页

论文从需求、消费两个经济学的基本方面入手,根据中国的实际情况,结合投资需求和出口需求、市场机制与宏观调控等方面对中国开放型经济需求管理进行了深入研究,提出相应的政策建议,并从需求管理的角度,对中国未来经济发展可能面临的机遇与挑战进行了分析。全文共分为七章。序言部分介绍了选题背景、选题意义、基本概念及内涵、研究方法、论文创新点及不足、文章结构。第一部分对国内外相关的研究理论进行了文献综述。第二章阐述了 1978—2007 年中国经济增长需求管理变化历程及经验,以及需求约束条件下的宏观经济管理。第三章为中国消费需求管理分析,包括中国消费需求结构的变动及特点,中国消费需求不足的原因分析,消费需求将保持持续旺盛增长分析和扩大消费需求的对策。第四章为中国投资需求管理分析,包括投资与 GDP 增长的理论关系,1992 年以来中国投资结构的变动及特点,中国投资需求将保持旺盛增长原因分析和优化投资需求结构分析。第五章为中国出口需求管理分析,包括中国进出口结构分析,资本和金融项目下的资本结构分析,双顺差对我国国际贸易的影响,加强我国需求管理。第六章为运用宏观调控政策优化需求结构,包括开放条件下宏观调控的必要性,消费与投资关系的分析,我国财政

政策和货币政策的特点及作用,综合运用经济政策和发挥市场机制作用促进内外需协调发展。第七章为中国经济发展面临的机遇与挑战,包括需求管理与中国经济的发展,实现预期目标的有利因素,我国长期经济发展面临的约束及不确定性,美、日、德在需求管理方面的启示及借鉴,最后为政策建议。

关键词:中国经济　开放型经济　宏观经济管理　社会总需求

1083

**R&D 驱动经济下的财政政策与经济增长** / 严成樑著 ; 龚六堂指导. -- 北京大学, 2009. -- 125 页

论文尝试在研发为基础的增长框架下考察政府财政政策对经济增长的影响,以期加深我们对这一框架下财政政策作用于经济增长机制的认识,同时也为国内学者研究类似问题提供一些研究思路。此外,根据 1997—2005 年我国 31 个省份的数据,通过面板数据模型考察了我国分类的生产性公共支出对经济增长的影响,并提出了一些合理的政策建议。论文共有 7 章。第 1 章序言,介绍了研究背景、研究意义、文章框架和主要结论。第 2 章文献综述,对财政支出理论框架进行了评述,对最优资本收入税率等于零的理论、最优资本收入税率严格大于零的理论进行了分析,对税收对经济增长和社会福利影响进行了定量分析,对基于财政支出与税收理论进行了经验分析。第三章则主要讨论了人力资本积累、研发与财政政策,包括代表性的研发为基础的增长模型、模型框架和社会计划者经济。第四章对 R&D 驱动经济下的最优财政政策进行了研究,包括模型框架、社会福利、拆分对经济的影响。第五章探讨了资本积累与创新相互作用框架下的财政政策与经济增长,包括模型框架和参数化与数值模拟。第六章对生产性公共支出对经济增长影响进行了经验分析,包括引言与文献回顾、理论模型评述、数据说明与模型设定、实证检验结果与分析。第七章结语,描述了文章的不足与进一步的研究、关于其他问题的思考。

关键词:财政政策　经济增长　税收　财政支出

1084

**现阶段我国行政垄断的经济学分析:基于市场机制和政府规制角度的研究** / 杨海斌著 ; 侯荣华指导. -- 中央财经大学, 2009. -- 121 页

论文基于市场机制和政府规制的角度,对现阶段我国行政垄断进行了经济学分析与研究。全文共分为六章。论文开始部分为导论,主要介绍了论文选题背景及选题意义、国内外文献综述、基本范畴的界定、主要内容及结构安排以及论文的重点、难点和创新点。第一章为行政垄断的理论分析,阐述了垄断的主要理论,市场失灵的主要理论、政府规制的主要理论、政府失灵的主要理论。第二章对行政垄断对市场机制影响进行了理论探讨,主要包括市场机制发挥作用的前提条件、行政垄断对价格机制的影响、行政垄断对竞争机制的影响以及对供求机制的影响四方面的内容。第三章是对我国行政垄断的系统考察,主要分析了我国行政垄断的现状,研究了垄断的原因,介绍了行政垄断的特征,并对我国行业行政垄断福利损失进行了计算。第四章介绍了我国行政垄断规制及其委托代理关系,主要介绍了我国行政垄断规制的现状、行政垄断规制的效果、委托代理关系与行政垄断规制失灵以及"特殊利益集团"与双方联合四方面的内容。第五章通过全球化下国家主权的弱化、拉美国家的三方联合、行政垄断的双方联合与我国全球化的新三方联合三个方面对全球化及其我国行政垄断规制的影响进行了分析。第六章介绍了我国行政垄断规制改革的建议,分析了改革的目标与原则,提出了改革建议。主要建议包括加强规制体制改革,建立约束与激励机制;深化政治体制改革,提升市场资源配置功能以及突出立法地位,警惕"合法"身份。

关键词:行政干预　垄断　市场经济　市场机制

1085

**中国西部大开发战略经济效应评价:基于经济增长质量的视角** / 杨洋著 ; 李国平指导. -- 西安交通大学, 2009. -- 155 页

论文从区域经济政策效应评价的理论和经济增长质量的视角出发,结合西部大开发战略的政策体系、实施过程和战略目标,对西部大开发战略经济效应进行了系统深入的理论探讨和实证分析:首先在总结和梳理西部大开发战略实施效果的基础上,提出了经济增长质量视角下的西部大开发战略经济效应评价的理论分析框架;其次,从宏观经济生产率、产业结构优化、企业经济效益三个方面探讨了西部大开发战略对西部地区经济增长质量的影响机理;然后,通过西部地区不同层面的经济数据,以面板数据计量模型和 Malmquist-DEA 模型实证考察了西部大开发战略对西部地区企业经济效益的影响。最后,从提高经济发

展质量和效益的角度，提出了深入推进西部大开发战略的政策建议。论文的主要工作和研究发现：一是基于 Diez(2001)提出的“理论基础评价模型”，运用结构影响评价的方法体系，依据区域经济政策效应评价精确性、可控性和可移植性的要求，在剖析经济增长质量的内涵以及提升路径的基础上，构建了经济增长质量视角下的西部大开发战略经济效应多层次评价模型。二是借鉴欧盟区域政策评价的 Hermin 模型，以引入人力资本的 C-D 生产函数为基础建立计量模型，在对省际国内生产总值、物质资本存量和人力资本存量数据进行了面板协整检验、豪斯曼检验和冗余固定效应检验的基础上，分别采用随即效应模型、固定效应模型和混合估计模型对我国西部、中部、东部和东北地区物质资本边际生产率、劳动力和人力资本边际生产率进行了测算，发现西部大开发战略未能促进西部地区物质资本边际生产率的提高，但促进了劳动力和人力资本边际生产率的提高。三是将传统的偏离一份额模型按临近区域产业增长速度和邻近区域产业专业化程度进行空间拓展和动态化，发现西部大开发战略规划的特色优势产业中除旅游业外都属于全国性增长行业。四是根据中国工业企业数据库，对西部地区公有制和非公有制企业、大型和中小型工业企业经济效益指数进行了综合测算，发现西部大开发战略促进了西部地区工业企业经济效益的提升，但是并没有改变东强西弱的格局，于是提出西部地区预防“美左桥诺”现象的意见。

关键词：地方经济　发展战略　经济效应　西北地区　西南地区

**1086**

**消费需求拉动型经济增长机制研究** / 姚海利著 ；方竹兰指导. -- 中国人民大学, 2009. -- 171 页

论文提出建立消费需求拉动型经济增长机制，具体分析了需求因素、供给因素、体制因素之间相互关系和对建立消费需求拉动型经济增长机制的制约，较为全面地提出建立消费需求拉动型经济增长机制的对策，对于拓展我国当前消费理论、经济增长理论和国民经济管理理论做了有益的尝试。全文共分为六章。第一章介绍写作背景及研究意义、文献综述、研究的主要内容、研究方法及创新和不足。第二章分析我国传统经济增长机制的特征，在对相关概念进行了界定的基础上，指出我国具有投资驱动型和出口拉动型经济增长特征。第三章分析消费需求对经济增长的作用机制，包括消费需求的增长速度影响着经济增长的速度；消费需求提高和结构优化促进经济增长质量的提高和产品结构的优化；消费需求具有稳定性，能够自动减缓经济周期，平抑经济波动；消费边际倾向变化影响财政、货币政策效果，并在此基础上进行了相关的实证分析。第四章分别从消费规模与消费水平角度、消费结构角度、国际比较角度来分析我国改革开放以来消费需求的变动。第五章分析我国建立消费需求拉动型经济增长机制的制约因素，支出消费不足、产业结构不合理和粗放型经济增长方式、市场机制缺陷和机制不健全分别是建立消费需求拉动型经济增长机制的需求制约、供给制约和体制制约。第六章提出我国建立消费需求拉动型经济增长机制的对策。

关键词：居民消费　产品需求　消费结构　经济增长

**1087**

**行业信用评级研究** / 于晨曦著 ；宋逢明指导. -- 清华大学, 2009. -- 94 页

论文主要有四方面结论：首先，通过对实践中采用的行业评级方法的系统分析，发现其中存在一些不科学的因素。特别是其中定量部分采用的主成分分析方法，即在各项指标中寻找变动最大的指标组合，并将其作为影响信用风险主要因素的方法忽视了指标和行业信用状况之间的联系，是不科学的。其次，通过对同一行业企业贷款集合的风险收益状况的分析，可将行业信用风险定义为行业违约概率，即违约企业占全部企业的比率。通过行业违约概率的分布来揭示行业信用风险特征。再次，从行业信用状况的定义出发，采用结构化模型的思路，构建了行业违约率的理论和统计模型，对现有的行业评级方法进行了改进，并根据个体企业数据的可获得性，提出了构建两种不同的估算行业违约情况模型的方法。最后，在结构化模型的基础上，通过构造系统性变量进行了违约相关性研究，分析了违约相关性对行业信用的影响，并进一步应用广义混合线性模型对实际数据进行了实证分析，估算了有关行业违约分布情况。

关键词：信贷　信用　风险分析　资信评估　商业银行

**1088**

**生态补偿的政府间供给议价：以水资源补偿为例** / 余璐著 ；李郁芳指导. -- 暨南大学, 2009. -- 177 页

论文以水资源补偿为例,对生态补偿的政府间供给议价进行了研究与分析。全文共分为七章。第一章为导论,主要介绍了论文的选题依据,对国内外文献进行了综述,探讨了论文的研究意义,分析了论文的研究思路与结构安排,介绍了论文的研究方法,总结了研究的特色和创新点以及研究的不足。第二章是对生态补偿的溢出性地方公共品属性的介绍,主要从生态补偿是一种公共品、生态补偿是一种地方公共品和生态补偿是一种溢出性地区公共品三个方面进行了阐述。第三章是对建立政府供给为主的生态补偿机制的阐述,主要包括公众需要生态补偿、生态补偿可能的供给部门、非政府部门难以成为生态补偿的供给主体以及政府应该成为生态补偿的主体四方面的内容。第四章分析了政府供给生态补偿的双层选择性决策机制,主要进行了模型基本假设的制定、分析的基准,研究了补偿决策由地方政府做出的机制和决策由中央政府做出的机制,并对补偿由集权决策和有分权决策进行了比较。分析了我国生态补偿的双层选择性决策机制,并以淮河为例,对我国生态补偿供给机制进行了研究与分析。第五章介绍了政府供给生态补偿的议价方式,分析了地方政府间的议价,并比较分析了中央政府与地方政府间的议价,阐述了地方之间的议价与地方代表在中央立法机构议价的差别,得出了地区间以及生态功能区之间都需要议价方式,最后以晋江为例,对我国生态补偿议价机制进行了分析与研究。第六章介绍了政府间的议价支持系统,主要包括政府间议价关系的障碍和建立政府间议价支持系统的政策建议两方面的内容。第七章是对论文的主要结论的归纳和阐述。

关键词:生态环境　补偿　水资源

**1089**

**中国流动性过剩与政策调整** / 张从丽著 ; 刘迎秋指导. -- 中国社会科学院, 2009. -- 156 页

论文在判断我国流动性特征的基础上,探寻我国出现流动性过剩现象的特殊原因和经济机理。全文共有六章。第一章导论,介绍了选题的来源及其意义,进行了有关流动性过剩的文献综述,阐释了分析框架及主要内容,描述了研究方法、创新和不足。第二章是对流动性过剩的界定和度量,具体内容包括流动性的概念、流动性过剩的涵义、流动性过剩的表现与测量方法,流动性过剩与流动性不足、流动性能力、流动性陷阱的关系。第三章分别介绍了货币供给、货币需求与流动性过剩的发生及其过程。第四章介绍了流动性过剩发生的原因和机制,具体内容包括超额准备金与流动性过剩、国际收支双顺差与基础货币量供给过多、储蓄与投资关系与流动性过剩的产生、国际货币体系与我国流动性过剩、货币乘数扩大的原因、货币政策传导过程的"渗漏"效应。第五章则主要讨论了防止流动性过剩和防范流动性不足的政策选择,介绍了流动性过剩的风险含义,阐释了经济实现内外均衡的宏观政策选择。第六章主要描述了流动性格局的变动规律,并分析了流动性过剩变动规律的意义。论文的创新点在于:首先,笔者从货币供给和货币需求的角度对流动性过剩的发生过程进行了实证分析;其次,第一次从超额准备金的角度,论证了我国银行的流动性过剩主要是由于非自愿性因素所导致的;最后,尝试性地对流动性格局的变动规律进行了总结。

关键词:货币供给　货币政策　货币需求

**1090**

**产业集群持续竞争优势研究** / 张国亭著 ; 于良春指导. -- 山东大学, 2009. -- 178 页

论文从集群学习与创新、集群社会资本、集群品牌、政府政策四个维度,深入系统地分析产业集群实现持续竞争优势的机制与措施、途径,弥补了当前集群研究的不足,是对集群理论的补充与完善。论文综合运用了经济学、管理学、社会学、政治学、地理学、博弈论等学科的知识与方法进行理论分析,结合实地调查、访谈调研与对比分析等实证研究,提出了实现集群持续竞争优势的机制与措施。论文共有 7 章。第 1 章导论部分,介绍了研究的背景、研究的意义、国内外研究的进展,以及论文的框架、研究方法与创新点、不足之处。第 2 章基本概念与理论基础部分,探讨了产业集群的基本概念、特征。第 3 章从集群学习、创新角度论述了集群持续竞争优势问题。第 4 章从集群社会资本角度论述了集群持续竞争优势问题。第 5 章从集群品牌角度论述了集群持续竞争优势问题。第 6 章从政府政策维度论述了集群持续竞争优势问题。第 7 章对全文进行回顾与总结,归纳主要研究结论,并指出需要进一步研究的问题。由于对数学工具掌握的欠缺,以及数据收集与处理的困难,该文对所调研的数据未分行业,对调研对象未区别规模,因而未能展开更准确更系统的数理论证与实证分析,研究方法过于粗放,对产业集群发展、升级问题的研究尚

欠系统与深入。

关键词:产业经济　产业集群　市场竞争

1091

**银行信贷与金融宏观调控有效性研究** / 张宏坤著 ; 白和金指导. -- 中国人民大学, 2009. -- 141 页

论文主要研究了银行信贷与金融宏观调控的有效性问题。全文共有六个部分。前言部分主要进行了背景分析,介绍了选题的意义、内容安排、研究方法,指出了研究的创新点和需要进一步加强的地方。第 1 章主要讨论了对银行信贷与金融宏观调控的再认识,首先从宏观的视角讨论了银行信贷,然后探讨了对金融宏观调控的再认识,并对银行信贷在金融宏观领域中的主导地位进行了分析。第 2 章是对银行信贷与金融宏观调控相关性的分析,首先对金融宏观调控有效性的理论分析,然后介绍了银行信贷是传导金融宏观调控意图的中间环节,最后是基于银行信贷渠道的金融宏观调控有效性的分析框架。第 3 章是金融宏观调控对银行信贷的作用效果分析,包括存款准备金率对银行信贷的作用效果分析、利率变动对银行信贷的作用效果分析、窗口指导对银行信贷的作用效果分析。第 4 章是对银行信贷宏观绩效的实证分析,首先是银行信贷对经济增长和物价的绩效分析,其次是银行信贷对产业结构的绩效分析,最后是银行信贷对区域发展的绩效分析。第 5 章是提高基于银行信贷渠道的金融宏观调控有效性政策建议,包括金融宏观调控政策的优化、金融宏观调控有效性的市场构建、金融宏观调控相关制度建设,最后提出以金融危机为戒,强化银行监管,提高传导效率。

关键词:信贷　银行监管　金融宏观调控　货币政策

1092

**产业链视角下的中国油脂产业发展研究** / 张俊著 ; 高铁生指导. -- 中国人民大学, 2009. -- 178 页

作者认为在研究涉及多个产业环节的理论中,产业链视角比较适合来研究我国油脂产业。论文主要思路是在梳理和分析产业链理论的基础上,由一般到特殊,着重分析油脂产业链各环节的发展情况、问题和原因,然后进一步研究油脂产业的整体运行情况,并在借鉴主要生产国和需求国发展油脂产业链的经验与教训的基础上,从实际出发,提出中国油脂产业发展的原则、目标、发展模式和政策建议。全文共有 8 章。第 1 章导论,介绍了选题背景及意义,进行了文献综述,描述了研究内容、框架与方法,介绍了创新与不足。第 2 章讨论了产业链与油脂产业,具体包括产业链及其相关理论、粮食安全与油脂产业、油脂产业链的构建。第 3 章分析了油料种植业,主要内容包括世界油料种植业发展整体情况、中国油料种植业的发展情况、中国油料消费需求分析、中国油料种植业生产的影响因素、中国油料种植业生产存在的问题分析。第 4 章分析了油脂加工业,主要内容包括世界油脂加工业发展整体情况、中国油脂加工业发展的成就和主要问题、中国油脂消费需求分析、中国养殖业的发展及其油脂产业的影响。第 5 章主要分析了流通及进出口,具体内容包括世界油脂油料产品贸易情况、中国油脂油料产品流通、中国油脂油料产品进出口情况、中国油脂油料产品国际竞争力分析。第 6 章分析了油脂产业链的整体运行,具体内容包括中国油脂产业链的物流、信息流和价值流、纵向组织关系、发展取得的进步、发展中存在的问题。第 7 章是世界其他国家油脂产业链发展借鉴,具体内容包括美国油脂产业链发展情况、马来西亚油脂产业链发展情况、印度油脂产业链发展情况、日本油脂产业链发展情况、世界其他国家油脂产业链发展的启示。第 8 章是产业链视角下的中国油脂产业发展政策建议,具体内容包括产业发展的原则与目标、发展战略模式选择、产业链视角下中国油脂产业发展的政策建议。

关键词:食品工业　食用油脂工业　产业发展　产业链

1093

**循环经济理念下的中国产业结构优化研究** / 张茜著 ; 刘瑞指导. -- 中国人民大学, 2009. -- 175 页

论文主要回答了以下问题:循环经济理论与传统产业结构理论在解释现代产业结构变动时存在哪些优势?循环经济理论对产业结构理论有哪些继承与发展?循环经济理念影响产业结构变动的机理何在?基于循环经济的产业结构优化路径如何?全文共有 6 个部分。第 1 章绪论,主要介绍了选题意义、论文框架、创新点与研究方法、概念界定。第 2 章主要分析了循环经济理论对传统产业结构理论的继承与发展。第 3 章主要论述了循环经济理念影响产业结构变动的机理,还论述了循环经济影响产业结构变动的支撑因素,重点论述了支撑因素之产业模式和技术范式。第 4 章主要在遵循产业结构优化的一般前提下,提出

我国基于循环经济的产业结构优化路径,并且讨论了在循环经济理念成为发展战略的情况下,循环经济技术进步基准就成为主导产业选择的一个可以参照的基准。第5章主要阐述了构建基于循环经济的产业结构优化评价指标体系,并对中国各地区的产业结构优化效果进行分析比较。第6章主要提出相应的政策建议,具体包括经济政策、产业政策、财税政策、金融政策、技术政策、消费政策、构建循环经济法律体系、完善循环经济统计制度等等。这些政策建议所提到的制度保障是循环经济影响产业结构变动的支撑因素之一。

关键词:产业结构优化　经济发展战略　自然资源　资源开发　循环经济

**1094**

**中国普通高校学费政策评估研究** / 张蓉著 ; 张炜指导. -- 西北大学, 2009. -- 135 页

高校学费政策作为教育公共财政政策的重要组成部分,其政策过程牵动着千万学子及其家庭的利益。论文以中国普通高校学费政策评估为研究对象,主要内容包括:第一章阐述论文的选题背景与研究意义、研究对象与方法、研究思路与框架结构、可能创新之处。第二章梳理并评价国内外有关高校学费政策及教育政策评估的研究成果。第三章对中国高校学费政策及高校学费政策评估的概念进行界定;建立高校学费政策系统及其政策过程模型;阐述中国普通高校学费政策的历史变迁与现状;探讨影响中国普通高校学费政策的各种因素;基于公共经济学理论,对高等教育产品的提供方式及其定价机制进行了分析。第四章探讨了中国普通高校学费政策评估的主体和客体、评估环境、评估标准、评估指标体系以及评估实施程序,并构建中国普通高校学费政策评估系统模型。第五章对西安市5所普通高校在校生进行了问卷调研,分析了在校生的付费能力、付费意愿,调研了在校生对中国普通高校学费政策的了解程度及态度。并通过对10位高校教师的调研,对中国现行普通高校学费政策过程进行了综合评估,找出其政策过程中所存在的主要问题。第六章就进一步完善中国现行普通高校学费政策提出对策建议。第七章阐述论文的主要研究结论以及有待进一步研究的问题。

关键词:高等学校　教育经费　高等教育　财政政策

**1095**

**经济增长阶段与人力资本积累阶段研究** / 张晓阳著 ; 文魁指导. -- 首都经济贸易大学, 2009. -- 150 页

论文从经济增长阶段理论切入,重点对人力资本积累的五个阶段的划分进行了研究,提出了与经济增长阶段相对应的人力资本积累五个阶段的划分依据,重新审视了人力资本形成的途径,解释了科学研究与技术创新的人力资本积累中的关键作用,进而对经济增长阶段与人力资本积累阶段之间的关联性进行考察,提出关于二者之间关系的关联机制假设,初步构建起经济增长阶段与人力资本积累阶段的关联机制模型,并对这一模型假设进行了实证分析,得出经济增长阶段与人力资本积累阶段有着密切的关联机制的结论。论文共有六个部分。第一部分引言,介绍了研究的背景和意义、研究对象和研究方法、论文创新之处、研究框架和主要内容。第二部分是理论综述部分,主要介绍了经济增长理论和人力资本理论,并对经济增长与人力资本(积累)关系进行了研究。第三部分则分别介绍了经济增长阶段理论、人力资本积累阶段研究,并分别从科技部分和教育部分对经济增长阶段与人力资本积累阶段相关性进行了历史考察。第四部分是对经济增长阶段与人力资本积累阶段的关联机制的研究,首先是对经济增长阶段与人力资本积累阶段关联机制的模型构建,其次分别介绍了经济增长与人力资本积累的相关性研究、知识增长与制度变迁的相关性研究、经济增长与人力资本积累的相关性研究、人才结构与产业结构的相关性研究、人才政策与经济增长效率的相关性研究。第五部分是对西部地区人力资本积累阶段与经济增长阶段的分析,具体内容包括人力资本积累阶段的实证分析、西部地区1980—1996年人力资本效应的实证分析、西部地区1996—2007年间人力资本效应的实证分析。第六部分是结论与展望。

关键词:经济增长　人力资本　资本积累　关联分析

**1096**

**全国视角下的陕西省经济增长因素研究:基于1978—2007年数据的实证分析** / 赵俊民著 ; 王正斌指导. -- 西北大学, 2009. -- 185 页

论文根据新古典经济增长理论、内生增长理论、经济增长核算理论、发展经济学、新制度经济学、创新经济学等理论,采取定性与定量分析相结合、主要偏

重于定量分析的方法，测算了1978—2007年间资本形成、最终消费、货物和服务净流出、物质资本、劳动、TFP增长（广义技术进步）、人力资本、R&D资本、矿产资源开发、经济社会结构演化、对外开放、制度变革、行政成本等因素对陕西省经济增长的作用和贡献率，分析了地域文化心理因素对经济增长的影响，提出了系列政策建议。论文共有12章。第1章是导论，主要介绍了研究的背景、目的和意义、研究方法，研究思路、论文框架。第2章是对经济增长理论、经济增长核算理论和研究动态的综述。第3章分析了投资、消费、出口三大需求与陕西经济增长。第4章则主要讨论了物质资本、劳动、技术进步与陕西经济增长。第5章分析了人力资本与陕西经济增长。第6章分析了R&D资本、财政科技投入与陕西经济增长。第7章分析了经济社会结构演化与陕西经济增长。第8章分析了对外开放与陕西经济增长。第9章分析了制度变革、政府因素与陕西经济增长。第10章则介绍了涵盖多因素的陕西省经济增长模型。第12章是结论部分，对论文的主要工作进行了回顾，归纳了论文研究的主要结论，指出了论文的创新之处以及有待进一步研究的问题。

关键词：经济核算　技术进步　人力资本　对外开放　陕西

**1097**

**中国对外直接投资战略研究**／赵小平著；高铁生指导. -- 中国人民大学，2009. -- 286页

论文主要集中讨论四个方面的问题：（1）中国对外直接投资战略基本情况：中国对外直接投资战略形成，中国对外直接投资的发展，中国对外直接投资的动因、实施对外直接投资战略对本国经济的影响；（2）国有企业在对外直接投资中占据主导、政府政策在本国对外投资发挥重要作用的条件下，中国实施对外直接战略所面临的外部投资环境；（3）对外直接投资战略国际对比部分：日本对外直接投资的发展历程、特点分析、日本政府的角色、对外直接投资的主体、日本企业对外直接投资面临的国际投资环境和投资摩擦；（4）结论部分：对中国对外直接投资战略的分析。论文共有七章。第一章导言，介绍了问题的提出、论文脉络和框架结构、对外直接投资相关概念。第二章是关于中国对外直接投资战略研究的文献综述，包括对外直接投资战略的形成、发展、动因等研究的文献综述、中国实施对外直接投资战略外部投资环境研究的文献综述。第三章介绍了对外直接投资理论发展和中国对外直接投资战略的理论基础，论述了早期的对外直接投资理论的发展、基于发达国家对外直接投资实践而发展的对外直接投资理论、基于发展中国家对外直接投资实践而发展的对外直接投资理论、20世纪80年代以来对外直接投资理论的最新发展、中国对外直接投资战略的理论基础。第四章阐述了中国对外直接投资战略的形成和对外直接投资的发展。第五章是对中国实施对外直接投资战略所面临的国际投资环境分析。第六章是关于日本的对外直接投资发展及其战略。第七章是中国对外直接投资战略分析。

关键词：对外投资　直接投资　投资战略

**1098**

**国有商业银行不良资产处置及资产管理公司发展研究**／钟吉鹏著；许光建指导. -- 中国人民大学，2009. -- 152页

论文采用比较分析法、系统分析法、规范分析与实证分析相结合等方法，对国有商业银行不良资产处置及资产管理公司发展进行了研究。论文共分为六章内容。第一章，导论。主要阐述了论文的选题意义，研究方法、结构安排和论文的创新之处。第二章，对我国国有商业银行系统不良资产的规模、成因进行阐述分析。该章立足于数据整理和分析，通过对四大国有商业银行的不良资产现状和成因的描述，得出我国不良资产整体状况和几年来如何发展的清晰脉络，分析注资和剥离的成效以及必要性判断。第三章，对20世纪末国外银行业不良资产产生原因和处置方式进行比较性分析，选取此次次贷危机前美国、日本、瑞典等发达国家和亚洲金融危机后的泰国、韩国、马来西亚等亚洲国家，以及中东欧转轨经济国家进行对比，总结出具有普适性的经验和建议。第四章，对我国四大金融资产管理公司处置不良资产成效进行分析。从十年来各资产管理公司接受的不良资产总量，处置进度和效率进行阐述和比较分析。对四大金融资产管理公司在处置不良资产过程中遇到的问题，存在的问题进行分析总结。第五章是对我国银行业改革成本进行估算，对成本如何分担进行分析和思考。第六章是对美国次贷危机背景下我国金融资产管理公司今后的转型进行分析。

关键词：国有商业银行　不良资产　资产管理　金融公司

1099

**中国企业对外投资研究** / 朱红根著 ; 肖金成指导. -- 中国社会科学院, 2009. -- 118 页

论文在对国际投资的各种理论进行了综述的基础上,对中国企业对外投资进行了研究。全文共分为八章。第一章是对国际投资理论的综述,主要介绍了国际投资理论的框架,对强式优势论、半强式优势论、弱式优势论进行了阐述,并分析了中国学者的研究。第二章介绍了对外投资的主体,主要包括对外投资利益攸关方、中国对外投资主体的形成与发展、中国对外投资主体的现状和特点、中国对外投资主体的优势分析、中国对外投资主体的主要缺陷以及促进对外直接投资主体的发展六个方面的内容。第三章分析了对外投资的动因,研究了马克思主义,解释了对外投资宏观理论和跨国公司理论,同时对具体情况进行了分析。第四章研究了对外投资的产业选择,主要包括对外投资产业选择的背景、对外投资与产业结构的关系、对外投资产业结构的现状与特点、对外投资的产业标准以及对外投资的产业政策五方面的内容。第五章是对对外投资的区位选择的阐述,主要介绍了对外投资的区位选择理论,阐述了对外投资区位的现状,分析了对外投资的区域特征以及总结了中国对外投资的区域选择。第六章介绍了对外投资的方式,进行了概念体系的界定,分析了对外直接投资与证券投资、并对对外直接投资的各种方式进行了比较,研究了中国企业对外投资的方式以及选择。第七章分析了对外投资的风险,介绍了风险的定义和类别,阐述了中国企业对外投资的风险以及应对措施。第八章提出了对外投资的政策,分析了政府的责任与职能、对外投资的经济效应、政策体系以及政策建议的方向与原则,并对改革模式进行了设想。

关键词:对外投资　产业结构　区位选择

1100

**旅游景区品牌延伸机制与应用研究** / 朱红红著 ; 孙曰瑶指导. -- 山东大学, 2009. -- 179 页

论文利用品牌延伸策略解决旅游景区盈利成长性与资源有限性之间的矛盾问题,属于已有理论与现实的冲突研究。论文运用品牌经济学的分析方法和工具对品牌延伸进行经济分析,或者说将品牌延伸这个要素引入到品牌经济学分析框架当中,重点是解决品牌延伸条件问题。现有理论没有解决景区盈利成长性,论文首次提出运用品牌延伸解决这一问题。同时,论文首次采用经济学分析范式建立基于情感偏好的品牌延伸模型,从消费者偏好和市场进入问题入手,分析品牌延伸的条件和影响因素。论文主要有 7 章。第 1 章导论,介绍了问题的提出、论文的研究思路和框架。第 2 章对旅游景区盈利理论和品牌延伸理论进行了述评。第 3 章是对基本假设与基本概念的界定。第 4 章是对旅游决策与消费者选择行为的讨论,分别分析了消费者行为的情感、快乐的品牌经济、基于情感偏好的消费者选择行为、基于情感偏好的旅游决策行为。第 5 章是对品牌延伸模型的介绍及其经济学分析,包括品牌延伸分类、基于情感偏好的品牌延伸静态模型、引入竞争机制的品牌延伸动态模型、基于情感偏好的品牌延伸实证分析、品牌延伸"软""硬"件、路径及策略分析。第 6 章是品牌延伸的现实应用,包括旅游景区新型分类及盈利模式、以趵突泉为例的观光型景区品牌延伸应用分析、奥运经济持久性的品牌延伸策略。第 7 章是结论与展望部分。

关键词:旅游景区　经营管理　品牌战略　盈利

1101

**R 平方、噪声交易和价格中信息含量** / 朱蓉著 ; 龚六堂,王亚平指导. -- 北京大学, 2009. -- 89 页

论文考察了关于价格中信息含量和 R 平方的几个问题。论文共有七章。第一章导论,介绍了问题的提出、研究方法、结构安排、主要创新和不足。第二章主要对关于 R 平方的文献和关于噪声交易的文献进行了回顾。第三章主要介绍了信息含量的指标,具体内容包括引言、价格中信息含量、R 平方、零汇报天数比例等。第四章是关于 R 平方和噪声交易量的讨论,首先介绍了噪声交易指标,然后阐释了数据和样本选择以及基本的实证设计,最后描述了实证结果和稳健性检验。第五章讨论了修正的 R 平方,首先是对理论基础和计算方法的介绍,其次是对实证检验的介绍。第六章讨论了同步性、信息和盈余公告,首先介绍了 R 平方(修正的 R 平方)和价格反应,然后介绍了盈余公告前后 R 平方(修正 R 平方)和噪声交易。第七章是结论部分。

关键词:股票市场　股票价格　资源配置

1102

**不平衡发展条件下我国城乡居民消费问题比较研究** / 朱诗娥著 ; 王柯敬指导. -- 中央财经大学, 2009. -- 102 页

论文在不平衡发展条件下,对我国城乡居民消费

问题进行了比较研究。全文共分为六章。导论部分主要介绍了论文选题背景及选题意义、国内外文献综述、研究内容与方法以及论文的重点、难点和创新之处。第一章分析了城乡不平衡发展的原因及现状,主要介绍了工业化过程中的城乡经济不平衡发展,分析了城市偏向的发展战略与我国城乡经济不平衡发展,总结了城乡发展不平衡的现状。第二章对城乡居民消费进行了对比分析,主要包括城乡居民消费总量水平的对比、城乡居民消费结构的演进历程、城乡消费差距产生的主要原因、提高我国农村居民消费需求的相关政策建议以及章节总结。第三章介绍了收入水平与城乡居民边际消费倾向,主要包括相关文献的综述,实证检验以及对计量结果的分析及与已有研究结果进行比较分析。第四章分析了城乡居民消费地区的差异,主要研究了不均衡发展战略与我国地区经济不平衡发展,总结了城乡居民消费地区差距的现状,测度了城乡居民消费地区的差异,最后提出了相关的政策建议。第五章是对城乡消费差距与地区经济发展的分析,主要包括经验事实的研究,对城乡居民消费差距与地区经济发展的相关性分析以及进行了实证检验分析,最后论文对城乡居民消费差距的发展前景进行了展望。第六章是论文的结语,主要包括论文研究的主要结论以及有待于进一步研究的问题。

关键词:城镇　居民消费　消费水平　区域差异

# 区域经济学

**1103**

**中国分权体制对辖区经济增长的影响研究:基于地方政府竞争、外资集聚的视角** / 蔡伟贤著 ; 陈甬军指导. -- 厦门大学, 2009. -- 107 页

论文基于地方政府竞争、外资集聚的视角,对中国分权体制对辖区经济增长的影响展开研究。全文共分为六章。第一章,导论。介绍论文的研究背景,研究的理论和现实意义,研究思路和结构安排,研究的创新之处和进一步研究的发展方向。第二章,财政分权、地方政府竞争、外资与经济增长的相关文献述评。一是财政分权理论述评,包括 Tiebout 的"用脚投票"假说,Oates 的分权定理,分权的俱乐部理论,第二代财政分权理论,财政分权与经济增长;二是地方政府竞争理论述评,包括地方政府竞争的一般理论,转型经济下的地方政府竞争;三是财政支出与经济增长理论述评,包括财政支出与经济增长关系的理论模型以及财政支出与经济增长关系的实证检验;四是 FDI 与经济增长理论述评;五是基础设施投资与经济增长理论述评。第三章,政府支出竞争、FDI 与经济增长模型的构建。讨论内容包括政府支出对经济增长的影响,FDI 对经济增长的影响以及政府支出、FDI 与经济增长综合理论模型的构建。第四章,地方政府竞争及其影响的实证检验。首先通过变量和数据分析,面板数据模型分析以及空间计量模型分析,探讨地方政府引资竞争对财政支出结构的影响;接着通过分析我国基础设施水平得以显著改善的现实,我国基础设施得以显著改善的原因;在此基础上,探讨我国基础设施改善的影响,中国式分权体制的影响。第五章,分权体制下地方政府竞争与 FDI 集聚。分析地方政府竞争对外商直接投资的影响,并提出实证模型,设定变量,最后对实证结果做出分析。第六章,地方政府支出、外资集聚与辖区经济增长的实证研究。通过分析地方政府竞争对辖区经济增长的影响,提出实证模型,并设计变量,对实证结果分析,得出基本结论和研究展望。最后为论文的主要结论。

关键词:区域经济　财政分散制　财政支出

**1104**

**边界效应、区际贸易与区域经济增长:基于垄断竞争框架的分析** / 陈飞著 ; 安虎森指导. -- 南开大学, 2009. -- 166 页

论文沿用垄断竞争和规模收益递增的分析框架,采取理论分析和实证检验相结合的研究方法,分析和探讨我国的区域经济增长问题。论文总共分为七章。第一章引言阐述了选题背景和选题意义,界定相关概念和术语,介绍了研究思路和研究方法,从总体上概括了论文的主要内容和结构安排,并指出论文的创新点。第二章对贸易相关理论及贸易与经济增长、贸易与集聚关系进行系统地回顾和述评,归纳论文的理论出发点与研究起点。第三章阐述了核心—边缘模型的基本逻辑及基本假设,并对短期均衡和长期均衡进行分析,得出核心—边缘模型的基本思想。第四章探讨了艾瑟尔的内部和外部规模经济及加入交易成本的艾瑟尔模型,提出了内外部规模经济下的经济地理模型,并进行均衡分析,探讨了市场规模与区域经济发展,从资本流动与产业份额的变化和人口规模、中间品种类与经济发展两个方面进行分析。第五章从降价效应的分解和存在性两个角度分析了单边贸易被保护对产品价格的影响,并概括了欠发达地区工业化

的市场条件。第六章在界定边界效应相关含义和存在性的基础上,对国际贸易与经济增长实证研究和区域贸易与区域经济增长的实证研究现状进行回顾和述评,通过统计数据对边界效应及贸易自由度等一系列变量之间的关系、对区域贸易与区域经济增长进行实证分析。第七章梳理全文内容,归纳总结得到研究的主要结论,并根据前文理论和实证分析指出模型背后的经济涵义,提出区域贸易和发展的政策建议,在指出论文的创新及不足的基础上对下一步研究做出展望。

关键词:区域经济　市场竞争　自由贸易

1105

**城市群协调发展研究:以泛长株潭城市群为例** / 陈群元著 ; 宋玉祥指导. -- 东北师范大学, 2009. -- 248 页

论文以城市群的协调发展为研究对象,以泛长株潭城市群为实例,探析我国城市群发展现状,并提出合适我国城市群协调组织创新的几种模式类型。论文分为七个章节。第一章绪论阐述了选题背景与研究意义,总结国内外有关城市群研究的基础上,提出了研究的总体思路,研究内容与方法。第二章论述了城市群协调发展研究的相关理论,相关方法论及相关思想渊源,论述了协调论和城市群协调论的内涵与本质,为城市群协调发展研究提供重要指导方法论。第三章针对国内外对城市群发展阶段的划分标准不统一,结合城市群发展演化的特征把城市群划分为四个阶段,论述了不同阶段具有的共性与个性特征,提出城市群不同发展阶段的开发模式。第四章比较我国发达地区城市群、欠发达地区城市群和泛长株潭城市群的不协调发展现象,探析我国城市群不协调发展问题产生的根源,构建了城市群系统的一般协调关系模型,发达地区城市群的治理式关系模型和泛长株潭城市群的预防式协调关系模型。第五章总结了国内外城市群或区域协调发展的有关组织管理的总体模式,结合对泛长株潭城市群总体发展现状的分析,构建了泛长株潭城市群协调发展的总体模式,基础设施协调模式,产业发展协调模式和生态环境协调模式。第六章论述了我国城市群协调发展的政策保障,制度保障和组织保障,提出了合适我国城市群协调组织创新的几种模式类型。第七章总结全文研究内容,得出基本结论,指出了研究的创新及不足之处,并对进一步研究做出了展望。

关键词:城市群　城市经济　经济发展　发展模式

1106

**德国鲁尔工业区衰退与转型研究** / 陈涛著 ; 朱显平指导. -- 吉林大学, 2009. -- 167 页

论文的研究对象为德国鲁尔工业区衰退与转型的研究。全文共分为六章。第一章,绪论。介绍论文的选题背景与意义,研究现状,研究思路和方法,研究的主要内容和框架以及研究可能的创新与不足。第二章,老工业区衰退和转型的有关理论。首先介绍区域问题和问题区域;其次对老工业区衰退的理论介绍,包括生命周期理论、循环累积因果理论、路径依赖理论;最后介绍老工业区转型的理论基础,包括产业结构调整理论和区域创新理论。第三章,鲁尔工业区的形成与发展。首先从行政区划、资源条件、地址条件、交通条件、历史发展过程几个方面介绍鲁尔工业区概况;接着从货币与市场的统一、战争的因素、工业革命的影响、企业的发展、政策和市场推动以及劳动力的供给几个方面介绍鲁尔工业区的形成;最后介绍鲁尔工业区的发展,包括煤炭工业、钢铁工业及其他工业。第四章,鲁尔工业区的衰落及其成因。介绍衰落的概况以及衰落在经济、人口、环境以及失业率四个方面的表现;提出衰落的原因,包括市场方面的原因、资源方面的原因以及制度及企业文化方面的原因。第五章,鲁尔工业区转型分析。分析转型的目标,转型的政策,对转型的经济结构特征分析,介绍转型的效果,以及转型后仍然存在的问题。第六章,对振兴东北老工业基地的借鉴和启示。结合我国东北老工业基地的基本情况,做出其与鲁尔工业区的共性和差异性分析,在此基础上,总结鲁尔工业区转型对振兴东北老工业基地的启示。最后为论文的结论。

关键词:工业区　老工业基地　转型经济　德国

1107

**最优城市规模理论与实证研究** / 陈卓咏著 ; 叶裕民指导. -- 中国人民大学, 2009. -- 122 页

论文以迪克西特—斯蒂格利茨垄断竞争模型和城市空间结构模型为理论基础,建立最优城市规模理论模型,并引入劳动力流动和运输成本对模型进一步扩展,提出可应用与政策分析的理论框架。论文分为七章。第一章导论,主要介绍论文选题背景及意义,在对最优城市规模的界定和城市规模与效率问题分析的基础上,提出论文的基本内容及主要创新点。第二章根据研究框架和角度的不同,将中西方城市与区域经济学领域关于最优城市规模的理论模型进行分

类综述,重点介绍单中心城市增长理论模型,城市总成本—收益模型,城市规模分布模型及基础设施投资与最优城市规模增长的数量关系模型的研究成果。第三章建立最优城市规模理论模型,推导倒"U"字形净工资—城市规模曲线,引入劳动力流动因素的扩展模型,探讨城市体系和流动人口问题,引入运输成本因素得到的扩展模型为滞后的小城市和规模很大的首位城市的共存及专业性城市和多样性城市的并存提供理论依据。第四章实证研究,通过计量检验估算中国不同类型城市的最优规模,从而得出中国大部分城市经济规模偏小的结论。第五章为影响城市规模的制度因素分析,从改革开放前,改革开放后及世纪之交三个阶段的中国城市化道路政策选择入手,探讨了户籍制度,城市设置标准和城市规模的统计指标及口径。第六章证明了城市增长边界的存在可使城市从均衡规模移向最优规模,基于 UGB 内涵建立了土地储备数量和周期的预测模型,并分析 UGB 对中国城市规模增长管理的积极作用。第七章总结全文研究内容得出主要结论,并就有待进一步研究的问题做出了展望。

关键词:城市化　城市发展　规模结构　可持续发展

**1108**

**人力资本与介入型边缘化群体能力建设** / 程广帅著 ; 杨云彦指导. -- 中南财经政法大学, 2009. -- 99 页

论文利用三峡库区移民和丹江口库区移民的调查数据,从人力资本的角度分析工程移民在迁移过程中能力变化的机制。全文共分为六章。第一章,导论。介绍论文的研究背景,研究主体和研究思路;对相关概念进行界定,包括人力资本、作为非正规人力资本的社会资本、能力以及人力资本与能力的关系;介绍人力资本与收入的相关研究现状;提出论文的研究目标、结构框架以及研究方法;对论文研究的数据来源进行说明。第二章,介入型边缘化群体人力资本变化机理:一个理论分析框架。对被动性迁移与移民人力资本变化的逻辑进行分析,提出一个理论模型,探讨政府后期扶持是否可以促进移民人力资本的积累问题。第三章,移民人力资本现状及与其他群体的比较。分别根据受访者受教育水平,健康状况,技术培训现状,社会资本现状,迁移、满意度与人力资本的调查内容进行总结,对相关变量再检验。第四章,移民和非移民的收入差异及人力资本在其中的作用。分析收入差异与人力资本的特征,探讨收入差异及人力资本因素的影响,并对收入的分位数进行回归分析。第五章,满意度、人力资本与移民能力的理论与实证。首先提出研究的框架与模型,包括满意度、人力资本与能力,数据来源的介绍以及变量的说明;根据对移民和非移民的对比分析,对总样本回归分析,对实证分析结果做出讨论;最后分析满意度对能力的传导机制,包括移民与非移民的对比分析以及人力资本影响程度的分析。第六章为论文的结论与政策涵义。

关键词:人力资本　移民　收入差距

**1109**

**自主创新与区域经济发展:基于技术能力成长视角的研究** / 丁晓玲著 ; 陈秀山指导. -- 中国人民大学, 2009. -- 174 页

论文选择从技术能力视角对区域层面自主创新能力构建和模式进行研究,探讨自主创新能力面临的核心现实问题,并提出政策建议。论文分为七章。第一章导论,介绍了选题的研究意义,在对核心概念的说明的基础上,提出研究的思路、内容及方法,并指出主要的创新点与不足之处。第二章从理论上对自主创新的内涵与界定标准的各种观点进行梳理和评述,并重点对自主创新的资源与能力基础和自主创新的技术环境展开了评述。第三章从技术能力理论的视角首先阐述了区域技术能力的内涵、特点,认为技术能力的构成要素可以分解为生产能力和技术吸收能力及自主创新能力,其次对影响区域层次技术能力成长的因素进行分析,并对技术能力的演化与区域技术进步的模式进行了探讨。第四章针对已有新经济增长理论文献在研究后发区域经济发展和技术进步的不足之处,尝试将技术能力变量引入内生增长模型,分别构建一个单区域模型和一个双区域模型,从区域技术能力成长的视角对开放条件下区域经济发展与技术变迁进行考察。第五章构造了区域技术能力指数,并对我国区域的技术能力发展现状进行了分析,对区域技术能力发展的影响因素进行了检验,并分别对我国东部中部西部和东北地区的技术能力变化特征进行实证研究。第六章对制度创新对技术能力成长和区域经济发展的影响进行理论分析和实证检验,从理论上阐述了制度创新与技术创新的关系,从国际经验方面考察技术创新的制度结构,并分析我国自主创新的制度现状与制度激励机制,最后检验了制度创新对区域技术能力发展和区域经济发展的影响。第七章总结了研究结论

及其政策含义,指出了论文不足之处,并对进一步研究做出展望。

关键词:技术经济学 技术创新 区域经济 经济发展

1110

**东北老工业基地人力资源开发研究** / 房国忠著 ; 支大林指导. -- 东北师范大学, 2009. -- 108 页

论文的研究领域为区域人力资源开发,研究对象为东北老工业基地的人力资源开发,在系统阐述人力资源理论发展过程的基础上建立区域人力资源开发度评价体系,运用该体系对东北老工业基地的人力资源开发现状进行评价和分析,并提出相关建议。全文共分为七章。第一章,导论。介绍论文的选题意义,研究内容,研究方法,创新与不足。第二章,人力资源开发理论综述。介绍人力资源的概念,人力资源开发的内容、形式和特点,并对人力资源开发理论综述。第三章,东北老工业基地人力资源开发的现状。首先分析东北老工业基地的历史地位;进而对东北老工业基地人力资源现状分析;最后探讨东北老工业基地人力资源的开发现状。第四章,东北老工业基地人力资源开发的问题及成因分析。一是东北老工业基地人力资源开发存在的问题,包括人力资源基本素质的问题,人力资源结构的问题以及人力资源配置效率的问题;二是东北老工业基地人力资源开发问题的成因分析,包括国家区域政策的影响,国际政治环境的影响,计划经济的影响,产业结构的影响,地域文化的影响以及地理环境的影响。第五章,东北老工业基地人力资源开发程度分析。分别对人力资源道德能力开发度、人力资源体力能力开发度、人力资源技术能力开发度、人力资源结构、人力资源配置效率进行评价,并作出总结。第六章,国内外发达经济区域人力资源开发经验。分别借鉴国内“长三角”“珠三角”“京津唐环渤海”地区的人力资源开发经验以及国外有关经济区的人力资源开发经验进行总结和比较分析。第七章,东北老工业基地人力资源开发模式构想。提出东北老工业基地人力资源开发战略、开发策略以及开发策略的具体实施内容。最后为论文结论、学术创新以及遗留的问题。

关键词:人力资源 人力资源开发 东北地区

1111

**中国高技术产业的效率和空间特征** / 冯超著 ; 陈耀指导. -- 中国社会科学院, 2009. -- 124 页

论文运用增长效率测算的框架和产业区位理论,对中国高技术产业和地区进行实证分析,探讨其要素投入模式效率和分布特征,对发展趋势做出判断,并给出相关政策建议。论文分为八章。第一章导论在界定相关概念的基础上阐述了论文研究意义,介绍了研究方法,并从总体上概括了论文的框架和内容。第二章对增长理论对产业效率的研究和中国高技术产业的研究现状进行回顾,介绍了产业区位理论和创新的地理纬度,并进行述评,归纳论文的理论出发点与研究起点。第三章通过对中国高技术产业和其他国家及中国高技术产业和制造业进行对比,归纳总结了中国高技术产业的所有者类型和区位分布,得到中国高技术产业的统计特征。第四章通过检验的理论和计量方法,对所有者类型、全要素生产率和创新倾向进行研究,同时分析了所有者类型和科技投入效率之间的关系。第五章在介绍相关理论和计量方法的基础上,研究了引进外资和自主创新能力,探讨了技术获取方式和绩效。第六章介绍了相关理论和计量方法,深入探讨了区域技术进步类型和效率的差异,并对高技术产业发展和区位特征进行分析。第七章介绍了相关概念与理论及计量方法,采用区位基尼系数的估计,采取区位在产业中所占份额的估计,探讨了高技术产业的特征和集聚问题。第八章主要结论和政策含义,通过对全文研究内容进行梳理,归纳总结出研究的主要结论,并分析了局限性,最后就关于高技术产业化和创新效率和关于高技术产业的区位分布问题给出了具体的政策建议。

关键词:高技术产业 产业发展 技术创新 经济效率 区位选择

1112

**日本首都圈城市功能分类研究** / 冯建超著 ; 赵儒煜指导. -- 吉林大学, 2009. -- 225 页

论文立足于日本首都圈的空间地域,将城市功能与都市圈的耦合作为研究内容,对都市圈城市功能网络体系的构建和影响其形成和发展的内在机制进行初步探讨。全文共分为八章。第一章,绪论。介绍论文的选题背景,研究现状,研究意义,研究思路和方法以及论文的内容和结构安排。第二章,基本概念及相关理论。包括都市圈的概念、都市圈的形成和演化、城市功能相关理论以及相关研究的进展介绍。第三章,日本首都圈的区位条件。根据日本首都圈的地域范围,日本首都圈的地理位置与发展条件,探讨区位

要素对日本首都圈城市功能分布的影响。第四章,日本首都圈的规划与城市体系发展。首先介绍日本首都圈的规划背景,探讨日本首都圈的城市功能网络结构和规划调整,分析日本首都圈的"一极集中"地位的形成内容,提出日本首都圈城市体系的主要特征。第五章,日本首都圈城市功能分布的人口、土地、产业特征。介绍内容一是基于人口分布的城市功能布局,包括日本首都圈人口分布趋势,日本首都圈人口迁移以及基于人口分布的城市功能布局变化;二是基于区域用地的城市功能布局,包括日本首都圈土地供应量演变,土地价格演变,日本首都圈四类型住宅供给变动以及基于区域用地的城市功能布局变化;三是基于工业结构的城市功能布局,包括日本首都圈产业结构空间布局,结构升级趋势以及制造业专业化分工的特征。第六章,日本首都圈城市功能的数量分析。提出日本首都圈城市功能分类的分析方法,根据方法实践,提出日本首都圈城市功能的分类结果,并讨论日本首都圈城市功能的空间组织。第七章,日本首都圈城市功能分布的形成机制。介绍包括城市功能分布的理论前提,经济全球化与都市圈经济增长极的功能提升,政策规划与都市圈城市功能整合,产业结构与都市圈城市功能调整,圈层结构与都市圈城市功能分化,聚集经济与都市圈城市功能演化等内容,最后对都市圈城市功能网络构建的理论总结。第八章为论文结论及政策建议。

关键词:都市圈　城市经济　城市功能分区　日本

**1113**

**台湾80年代以来景气循环下经济运行分析** / 葛立祥著 ; 曹小衡指导. -- 南开大学, 2009. -- 143页

论文总结国际上景气循环理论的成果,对我国台湾地区自上个世纪80年代产业构成升级的实际经济运行状况进行研究,研究并阐述台湾地区景气循环下宏观经济现象各个侧面的特征,并以实证分析为依据,剖析台湾地区景气循环波动的机制,并总结规律,为我国大陆地区经济运行提出一些建议。全文共分为八章。第一章,导论。介绍论文研究的意义,研究思路、方法和创新,论文构成安排,西方景气循环理论综述。第二章,现代经济景气循环理论与台湾经济景气循环。提出现代西方景气循环的动态模型和台湾景气循环波动的动态模型。第三章,台湾景气循环特征。介绍台湾景气循环中的上升和下降,景气循环下各种指标的分析,并对台湾景气循环特征进行归纳。第四章,台湾景气循环中的物价上涨和经济成长。首先对基本的理论进行描述,提出景气循环中物价上涨与实际产出的特征,物价上涨与实际产出的特征,并对台湾物价上涨和经济成长的规律进行归纳。第五章,台湾景气循环中产业构成分析。包括产业构成与台湾景气循环性波动的关系分析,服务业构成与台湾景气循环性的关系,服务业发展与台湾经济成长和景气循环的关系分析,并对台湾产业发展规律进行归纳。第六章,台湾货币政策有效性分析。包括台湾货币政策运行特征归纳,货币需求与实际产出关系介绍以及台湾货币政策运行规律归纳。第七章,台湾政策可持续性分析。分析包括西方和台湾岛内对财政可持续的研究现状,财政可持续性的理论模型,台湾财政可持续性的实证分析以及台湾财政可持续性归纳。第八章,台湾经济运行经验对大陆的借鉴。

关键词:台湾经济　经济周期　经济运行分析　台湾省

**1114**

**水权、南水北调水资源分配与区域利益关系调整研究** / 关爱萍著 ; 杨云彦指导. -- 中南财经政法大学, 2009. -- 185页

论文以水量变化为切入点,以水权配置理论为基础,以协调发展为导向,通过构建基于水资源分配的区域利益相关分析框架,探讨我国南水北调中线工程跨区水资源调配中所形成的区域利益分配格局、区域利益关系变化以及如何调整的问题。全文共分为七章。第一章,绪论。介绍论文研究背景与研究意义,相关研究现状,研究思路、论文框架与研究方法。第二章,水权、南水北调水资源分配与区域利益关系:理论与分析框架。对水权及水权配置做出理论阐释;介绍水权配置与南水北调水资源分配的概念和层次结构;提出跨区水资源调配工程的区域利益关系及分析框架。第三章,南水北调调水流域水权初始配置与区域利益分配格局。首先介绍南水北调中线工程及其调水流域概况;在此基础上,分析调水流域水权初始配置的必要性、原则和模式选择;最后基于调水流域水权初始配置的区域利益分配格局,探讨区域利益关系,并分析不同水权配置模式对区域利益分配格局的影响。第四章,南水北调中线工程调水量分配及区域利益增进。首先介绍南水北调中线工程的水区概况,水资源规划和调水量分配方案;对区域利益增进衡量,探讨南水北调增量供水的区域利益增进;最后探

讨基于调水量分配方案的区域利益分配格局。第五章,调水水权初始配置与南水北调水资源分配利益格局调整。基于对南水北调调水水权初始配置的指导思想及基本原则,配置模式,层级结构的认识,分析调水水权初始配置模型的选择和研究路径,提出基于利益协调的调水水权初始配置模型,并对南水北调中线调水水权区域间初始配置进行实证分析。第六章,利益关系调整与区域协调发展。探讨基于调水的非均衡利益分配格局和利益关系调整与区域协调发展的路径与措施。第七章为论文结论及有待进一步研究的问题。

关键词:南水北调　水资源管理　资源分配　水权

1115

**中国工业全要素生产率区域差异性研究:基于超越对数生产函数模型的实证分析** / 韩妍著 ; 高新才指导. -- 兰州大学, 2009. -- 142 页

论文基于超越对数生产函数模型的实证分析,对中国工业全要素生产率区域差异性展开研究,全文共分为六章。第一章,导言。介绍论文选题的意义,研究思路和主要结构框架,研究方法和数据来源以及论文可能的不足与创新。第二章,理论回顾与文献综述。介绍经济增长理论的演进,区域经济增长理论的评述,全要素生产率研究的发展,并对全要素生产率测度方法论述。第三章,基于超越对数生产函数随机前沿分析模型的中国区域工业全要素生产率估计。探讨超越对数函数的随机前沿分析模型及全要素生产率增长率的分析,对中国三大区域工业要素生产率地区差异及波动性展开研究,并提出该部分的结论。第四章,基于 DEA 的 Malmquist 生产率指数法的中国区域工业全要素生产率测度。首先提出 Malmquist 生产率指数,在此基础上探讨基于 DEA 的 Malmquist 生产率指数法的中国区域工业全要素生产率测度,并对中国三大区域工业全要素生产率增长的差异进行分析,对两种模型估计结果进行比较。第五章,基于各区域时间序列数据单位根检验的工业生产技术传播路径判断。首先对全要素生产率收敛研究做出概述,对中国区域工业全要素生产率的收敛性分析,在此基础上,对工业生产技术传播的路径进行检验,最终得出该部分的讨论结果。第六章,论文的研究结论与未来研究方向展望。

关键词:地方工业经济　全要素生产率　区域差异

1116

**中国城市服务业发展的理论框架研究:以北京、上海和广州为例** / 黄璜著 ; 叶裕民指导. -- 中国人民大学, 2009. -- 204 页

论文用世界城市网络、服务业经济学和投资环境的前言理论和分析方法来从国际驱动力、产业增长机制和微观投资环境三个层面研究中国城市服务业的发展,并构建综合的理论框架。全文共分为八章。第一章,前言。介绍论文的选题背景,研究思路和主要内容,论文的创新和意义。第二章,服务业发展理论的文献综述。介绍服务业的定义和特征,服务社会的兴起,服务业发展与世界城市网络,服务业增长理论,服务业企业的微观战略研究以及社会主义国家的服务业发展。第三章,中国城市服务业发展的研究方法和理论假设。包括中国城市服务业研究的核心概念,中国城市服务业发展的研究方法和理论假设。第四章,中国城市服务业发展的宏观背景和制度框架。分别介绍新中国成立到 1978 年,1978 年到 1992 年,1992 年到 2001 年以及 2001 年以后四个阶段中国城市服务业发展的背景和相关的制度。第五章,中国城市服务业发展的国际驱动力。内容包括外商直接投资发展的国际背景,外商直接投资在中国的发展,外商直接投资在中国城市的发展,中国城市与世界企业网络,全球服务贸易的国际背景,服务贸易在中国的发展,服务贸易在中国城市的发展以及世界城市基础设施网络等。第六章,中国城市服务业的增长机制。探讨促进服务业增长的国内需求因素,分析中国服务业的产业结构,劳动生产率,从业人员的特征,阐释中国城市产业结构及业态。第七章,中国城市服务业发展的微观投资环境。对中国城市服务业发展的基础设施和生产投入,中国城市的宜居性对服务业发展的影响,中国城市服务业发展的本地市场效应、政治因素和营商环境等问题进行讨论。第八章为论文结论。

关键词:城市　服务业　经济发展

1117

**我国城市食品封闭供应链运行模式及其政策研究** / 焦志伦著 ; 刘秉镰指导. -- 南开大学, 2009. -- 180 页

论文从食品供应链运行模式的角度论述了针对食品安全的封闭供应链的运行模式,提出封闭供应链运行模式中的三种封闭方式,并提出基于城市食品封闭供应链的相关政策建议。论文分为九章。第一章绪论,概括地介绍了论文的理论和现实背景及题目来

源,研究思路与研究方法,研究意义及技术路线和创新点,并对封闭供应链等概念进行理论上的界定和比较,明确论文研究范围。第二章对相关理论和文献进行梳理和总结,将与封闭供应链运行模式研究相关的文献分为三类,即对供应链运行模式的研究,与食品安全相关的食品供应链研究及食品安全的相关研究。第三章对我国食品供应链的发展现状进行了总结,包括我国食品生产流通系统的一些基本事实,我国在食品安全上存在的问题及成因以及发达国家的食品生产流通系统对我国的经验借鉴。第四章分析论述了城市食品供应链封闭运行的政府市场准入制度,即通过在供应链各节点设置具有强制性的市场准入,实现对经营者的食品质量安全控制,通过博弈论的模型进行分析。第五章从生产者行为出发,论述了供应链核心企业的安全责任集成、供应链生产经验企业的多极监测制度等,并构建了城市食品供应链多极检测封闭运行方式。第六章从消费者行为角度出发,分析食品安全支付意愿、食品安全责任追溯等消费者行为,分析这些行为对食品供应链和食品安全的影响。第七章提出了整合市场准入、多级检测和信息追溯三种封闭方式的封闭供应链运行模式,并分析这种封闭供应链运行模式的内部协调性与外部协调性。第八章在总结论文理论成果的基础上提出了面向城市食品封闭供应链的政策建议。第九章结束语对论文的总体结论进行了简单说明,并对相关研究进行了展望。

关键词:食品工业　供销管理　供应链管理　食品安全

**1118**

**我国农村外出劳动力回流研究** / 金沙著 ; 郭志仪指导. -- 兰州大学, 2009. -- 129 页

论文回顾我国农村外出劳动回流的历史,重点对现阶段农村外出劳动力回流的特征进行分析,在此基础上,从理论和实证两个方面对现阶段我国农村外出劳动力回流的原因、效应及回乡创业等问题进行具体论述。全文共分为五章。导言部分介绍论文的选题背景及意义,概念的界定,研究思路和方法,论文的难点和可能的创新之处,论文的基本框架。第一章,对农村外出劳动力回流的历史回顾,介绍农村外出劳动力回流的现状和基本特征。第二章,农村外出劳动力回流的原因分析。理论方面,依据托达罗模型和推拉模型,对我国农村外出劳动力主动回流和被动回流的原因进行解释;现实方面,归纳二元户籍制度,农村外出劳动力自身素质、经济因素、政策因素、心理及家庭因素、创业因素等影响农村外出劳动力回流的具体原因。第三章,农村外出劳动力回流的效应分析。从主动回流和被动回流两个角度对我国回流效应进行分析,在此基础上,分析农村外出劳动力回流与新农村建设以及我国二元经济结构改造之间的关系。第四章,农村外出劳动力回流的实证研究——以四川某镇为例。对回流原因、效应等问题进行实证研究,探讨处在大都市边缘区的回流农村外出劳动力在回流原因、效应上与其他欠发达地区同类群体的差异性。第五章,促进农村劳动力有序流动的对策建议。建议通过健全和完善法律制度、社会保障制度、职业教育制度来抑制被动回流,并通过拓展融资渠道、制定相关的优惠政策等措施来鼓励主动回流,使农村剩余劳动力能够顺利转移,同时又能为社会主义新农村建设提供急需的高素质人才。最后为论文结语。

关键词:农村劳动力　劳动力转移　人口流动　农村建设

**1119**

**区位特性对城市居住空间结构的影响分析** / 康琪雪著 ; 陈秀山指导. -- 中国人民大学, 2009. -- 232 页

论文以城市居住空间结构为研究对象,分析区位经济特征和区位社会特性共同作用下城市居住空间结构的形成机理,从而试图探究城市居住空间结构存在问题的深层次原因。论文分为七章。第一章导论,提出选题的缘由,以及选题的理论以及和现实意义,并对论文中涉及的概念进行界定,最后提出了研究思路框架,研究方法及创新和不足。第二章对国外不同学派从不同角度对城市居住空间结构的理论观点进行总结,得出论文建立理论基础的启示,并对国外最新的研究发展进行综述,最后对国内的相关研究从理论和实证两个方面进行总结评析。第三章以城市竞价模型为基础,从区位的经济特性出发分析城市居住空间结构形成机制,根据活动场所举例和区位的宜人性水平这两种资本化因素,建立竞价的一般模型。第四章对决定区位社会特性的因素、城市居住空间结构的作用力及城市竞价理论和人文生态学派对城市居住空间结构优化的观点进行分析说明。第五章从城市发展的背景和不同主体行为的角度,分析了我国城市居住空间结构问题,从开发商、政府和居民三个主体的行为出发分析形成问题的原因。第六章对北京居住空间结构进行实证分析,首先对北京的发展进行

分析，引出目前城市居住空间结构的问题，通过调查，计算了不同类型居民的区位支付能力并分析了不同类型居民社会特性对区位选择的影响状况，从而论证区位经济特性和社会特性对城市居住空间结构形成的影响机理。第七章对论文进行总结，概括论文的基本观点和结论，并指出论文的不足之处和需要进一步深入研究的问题。

关键词：城市规划　城市住宅　居住空间　空间结构

1120

**中国西部生态补偿机制构建研究** / 李长亮著 ; 聂华林指导. -- 兰州大学, 2009. -- 142 页

论文从生态补偿的基础理论出发，从理论和实践两个方面对国内外生态补偿进行了研究，在此基础上构建了一个新的生态补偿机制，并对西部生态补偿机制的构建提出了一些政策建议。论文分为八个部分。导论部分介绍了选题的背景与意义，在对国内外研究现状与文献的述评的基础上提出了论文的研究思路与方法及技术路线，从总体上概括了论文的框架和主要内容，并指出论文可能的创新与不足之处。第一章介绍了生态补偿的理论基础，包括外部性理论与公共物品理论，生态资本理论与社会—经济—自然复合生态系统理论，归纳论文的理论出发点与研究起点。第二章对西部生态环境与社会经济发展现状进行分析，阐述了研究的背景。第三章总结了生态补偿的国内外的实践经验，从退耕还林工程及国外生态补偿的实践的对比中得到启示，对其经验进行借鉴。第四章分析了生态环境与社会经济发展的关系，并对西部生态问题的形成机理进行研究，认为西部生态恶化实质是 PPE 怪圈和 RAP 怪圈恶性循环相互耦合的结果。第五章构建了一个新的补偿机制，主要从补偿主体与对象，补偿标准和补偿方式等方面进行研究，对过去的补偿机制进行完善，此外还对生态补偿的配套机制包括产权机制与法律机制等进行了研究。第六章基于研究结果提出相应的西部生态补偿机制构建的对策建议，如建立以政府主体多方参与的生态补偿投入机制及合理确定补偿对象等。结语部分梳理了研究内容，总结得出基本结论，并对后续研究进行了进一步的展望。

关键词：生态环境保护　生态建设　补偿性财政政策　西北地区　西南地区

1121

**农户居住空间演变及区位选择研究：以河南省巩义市为例** / 李君著 ; 李小建指导. -- 河南大学, 2009. -- 227 页

论文以河南省巩义市为研究对象，分析农村经济社会不断发展背景下不同空间尺度的农户居住空间演变趋势和居住区位选择特征，探讨农户居住空间分布演变与区域自然、经济及社会环境的相互关系。论文分为六章。第一章引言主要分析了论文的选题背景和意义，指出农户居住空间研究的重要性，在此基础上提出了论文的研究思路和研究方法，并概括了论文的框架和内容安排。第二章阐述了农户居住空间研究的基本特征，在对国内外相关研究总结性综述的基础上，指出进一步研究的三大问题，即农户居住空间演变的内在机理，区位选择的空间行为及效应研究，空间演变与区域环境关系的理论研究。第三章基于农户居住空间演变的系统特点，从理论上概括了农户居住空间演变的阶段及类型，并从外部区域发展环境和内部农户居住行为响应两个方面归纳了农户居住空间演变及居住区位选择的影响因素。第四章以河南省巩义市作为研究区域，以区域内农村居民点为研究对象，探讨了农户群体聚居空间分布演变与区域自然、经济及社会环境等因素之间的相互关系以及农户聚居空间的总体演变趋势和变迁模式。第五章农户家庭居住区位选择与演变实证分析，选择 3 个具有不同类型农户居住区位演变模式的村庄，基于对农户家庭居住情况的实地抽样调查，探讨村域内和村际间农户居住区位选择的特点及变化原因，归纳农户家庭居住区位选择和演变的主要特征。第六章梳理全文研究内容，总结出研究的主要结论，阐述了论文的创新之处，在分析研究中不足的基础上，指明了需要进一步研究的问题，并做出展望。

关键词：农户　居民点　居住空间　区位选择

1122

**西部地区农村金融深化中的政府行为研究** / 李阳著 ; 高新才指导. -- 兰州大学, 2009. -- 135 页

论文运用金融深化理论，研究我国西部地区农村金融深化问题，并主要就政府在其中的行为作用进行探讨。全文共分为七章。导论部分介绍论文问题提出的背景，提出研究相关概念和研究对象的界定，综述国内外相关文献，提出研究基本思路和分析框架以及研究方法与技术路线。第一章，金融深化中政府行

为研究的相关理论。介绍关于金融深化的一般理论,农村金融理论,一般政府行为理论和区域经济政策理论等内容。第二章,西部地区农村金融深化的实证分析。分析过程包括衡量指标的选取,西部地区农村金融深化的程度以及对西部地区农村金融成熟度的测算。第三章,农村金融深化中的政府行为分析。首先分析政府在其中的地位和作用,进而探讨政府行为失灵的原因,并对其边界分析;最后探讨政府行为在农村金融深化中的传导机制。第四章,西部农村金融深化过程中政府行为的经验。内容包括对国外农村金融深化中政府行为的相关经验总结和思考,对中国西部地区的经验借鉴。第五章,西部农村金融深化过程中政府行为的直接方式。探讨货币金融政策区域差别化的选择,政府行为的选择——全国统一与区域差异的有机结合,构建货币金融政策区域差别化。第六章,西部农村金融深化过程中政府行为的间接方式。提出对农村土地流转体系的完善,对农村社会保障体系的进一步完善以及农村公共财政机制的平衡。第七章为论文结论与研究展望。

关键词:农村金融　金融改革　西部地区

**1123**

**信息流动的空间结构与形成机制研究** / 梁辉著 ; 杨云彦指导. -- 中南财经政法大学, 2009. -- 106 页

论文总结信息流和信息流量的概念与特征,以及信息流动的规律,在把信息流动看做是源于区域间相互联系的基本思想下构建模型,揭示信息流的宏观空间分布格局——多中心网络化,分析信息流动空间格局形成的内在机制以及信息流对数字鸿沟的影响,并据此提出政策建议。全文共分为八章。第一章,导论。介绍研究的问题,研究所属分支与目标,研究的内容和创新之处。第二章,信息的空间流动:理论基础与相关述评。对信息与信息流、信息量与信息流量的概念进行辨析,对信息流空间结构,信息空间流动影响因素以及实物要素流关系述评。第三章,信息的空间流动:现状分析与研究框架。介绍信息存量的空间极化,信息需求的空间分层,对我国主要城市间航空客流的空间格局分析,并提出假设:信息流多中心网络化的空间结构,最后提出论文的研究框架。第四章,信息流空间集聚与扩散趋势的定量分析。首先介绍信息化的地理邻近效应,基于空间自相关的方法,对信息流空间集聚与扩散作出定量分析,对信息流区域集聚与扩散格局进行分析。第五章,信息流空间结构的定量分析。包括空间相互作用与信息空间流动,区际信息流动规模模型构建以及信息流动空间结构与新的区域等级体系。第六章,信息的空间流动:机制分析。对信息流入的动力与流出的路径进行分析,探讨信息流的规模收益递增性与信息流空间集聚,社会网络与信息流动的多层极化。第七章,信息空间流动与数字鸿沟演化。对区际数字鸿沟的界定并分析其演变规律,探讨信息空间流动与数字鸿沟演变的关系。第八章,结论、政策涵义与研究展望。

关键词:区域经济学　信息经济学　信息资源

**1124**

**海峡西岸经济区承接台湾科技产业研究** / 林坚著 ; 李非指导. -- 厦门大学, 2009. -- 248 页

论文以区域经济学、产业经济学和国际直接投资理论等为研究的理论基础,以科技产业对接为切入点,探讨海峡西岸经济区建设和台湾产业转型、结构升级之间的关系,并尝试从博弈的研究视角来揭示海峡西岸经济区和台湾地区之间的两性互动范式。全文共分为七章。导论部分介绍论文研究的背景和目的,研究对象和方法,研究创新和局限。第一章,理论与文献回顾。一是区域经济学有关理论,包括与本论文研究相关的国际竞争力理论,区位理论和区域分工理论;二是产业经济学有关理论和研究成果,包括产业转型升级与企业转型升级的研究,产业集群理论及与相关研究成果;三是国际直接投资理论与产业转移理论;四是博弈论,包括博弈论研究方法的导入,博弈视角看海西区建设与台湾产业结构的转型;五是两岸学者关于台商投资区位和模式选择方面的研究成果,包括大陆对台商投资区位的研究,台湾对企业投资大陆动机、区位选择和进入模式的研究。第二章,台湾科技产业投资大陆的现状、演进和发展趋势。包括海峡两岸对(高)科技产业的界定,台湾科技产业发展概况和基本评价,台湾科技产业投资大陆的机构和形态,台湾科技产业投资和大陆区域分布、演进和发展趋势。第三章,台商投资大陆的环境需求和投资风向分析——基于大陆台商的视角。分析台湾科技产业投资大陆的动因,台湾科技产业资本投资的区位选择与投资环境偏好,对 TEEMA 历年调查结果比较分析,探讨大陆的投资环境和投资风险。第四章,海峡西岸经济区建设与台湾产业结构调整——科技产业对接的正和博弈。第五章基于福建与三大台商投资区的比较,探讨海峡西岸经济区承接台湾科技产业的经济

环境和经营环境。第六章探讨海峡西岸经济区承接台湾科技产业的战略定位和模式选择。第七章在前文讨论基础上,提出海峡西岸经济区承接台湾科技产业的政策取向相关研究和讨论结果。最后为论文的结论和展望。

关键词:地区经济　高科技产业　产业投资　产业结构调整　经济环境　台湾省

**1125**

**重大工程建设与边缘化区域经济发展:以南水北调中线工程沿线区域为例** / 凌日平著 ; 杨云彦指导. -- 中南财经政法大学, 2009. -- 213 页

论文从经济边缘化现象及边缘化区域的视角,构建重大工程效应与区域经济边缘化研究框架,剖析区域经济边缘化的内在机理,并揭示重大工程效应在其中的作用,具有理论价值和现实意义。论文分为七章。第一章在介绍了选题背景的基础上阐述了选题依据及研究意义,对边缘化和边缘化区域的相关研究进行评述,介绍了研究方法,并从总体上概括了论文研究思路和研究内容。第二章界定了边缘化区域的概念,总结了边缘化区域的类型与一般特征,并对重大工程与边缘化解释模型进行分析研究,从重大工程引致资源利用与收益分配变化等方面阐述了重大工程与边缘化的研究框架。第三章通过应用边缘化评价指标与方法对边缘化现象的特征进行分析,以鄂豫晋三省为实例,从其边缘化现象与现象的构成角度对其进行分析评价,并具体研究了案例 I 县市和案例 II 县市的边缘化表现,从而得出我国边缘化现象的特征。第四章阐述了鄂豫晋三省社会经济发展概况,介绍了边缘化区域判别方法,分析了鄂豫晋边缘化区域的空间分布,并以案例 I 区域和案例 II 区域的空间结构归纳出边缘化区域空间结构。第五章通过对鄂豫西部省际县市和晋豫省际边界县市的边缘化机理的分析,归纳总结出边缘化的一般机理。第六章对南水北调中线工程建设水源地效应与受水区效应进行深入研究,分析重大工程效应与边缘化区域发展的关系。第七章梳理全文研究内容,通过归纳总结得出研究主要结论,并对边缘化区域发展及重大工程建设提出相应的政策建议。在结束语部分指出研究的主要创新点与有待进一步研究的问题,并做出研究展望。

关键词:区域经济　基本建设项目　经济发展　资源利用　发展战略

**1126**

**两岸经济一体化取向下台湾与大陆西部经济合作研究** / 刘澈元著 ; 李非指导. -- 厦门大学, 2009. -- 194 页

论文对两岸经济一体化取向下台湾与大陆西部经济合作问题进行研究,说明台湾与大陆西部区域经济合作的必要性和必然性。论文共分为八章。导言部分阐述了研究的缘起与选题依据,陈列拟解决的问题,介绍研究方法与价值预期,并指出研究的创新与不足之处。第一章对两岸经济合作适用性理论的选择过程进行回顾和评述,同时对两岸经济合作的进展与内容的相关研究进行文献综述,最后对台湾与大陆西部区域经济合作研究进行述评,归纳了研究的背景。第二章在界定研究对象的基础上,提出前提预设和理论实证与经验支持,并对研究的基础理论与相应理论进行阐述和分析。第三章概括了两岸经济合作历程,分析了台商大陆投资的区域分布及两岸贸易特点,并对两岸经济合作进行一体化考察,分析了两岸经济一体化的条件及其转化。第四章界定了市场化的含义与类型,以市场化与工业化及一体化的关系为考察维度,回顾了 1950 年代以来台湾经济的发展即市场化进程中工业化的合规律演进历程,通过对台湾二次经济转型的反思,分析经济区域化背景下台湾经济困境的形成,并探讨了台湾经济走向与路径。第五章描述了中国大陆区域经济关系的现状,分析了中国大陆区域经济侧重于外商投资及其产业转移的影响,并研究了国际产业分工体系中大陆的地位与国内区际分工。第六章描述台湾与大陆西部区域经济合作的现状,从理论上解释了西部开发中台资缺位的原因,对西部综合区位优势与台资关联性进行两阶段考察与分析。第七章对台湾与大陆西部区域经济合作进行理论认识与思考,分析合作的有利条件与制约因素。第八章归纳产业合作领域及其区域分布,并提出了台湾与大陆西部经济合作的政策实施机制。

关键词:海峡两岸　经济一体化　经济合作　台湾省

**1127**

**创新对企业区位选择影响研究** / 刘静著 ; 赵儒煜指导. -- 吉林大学, 2009. -- 193 页

论文运用规范研究和实证分析相结合的方法,研究创新对企业区位的选择影响。全文共分为七章。第一章,绪论。介绍论文问题的提出及选题意义,国

内外研究现状,研究思路和研究方法,论文结构安排和主要创新。第二章,企业区位选择理论综述。探讨企业区位的涵义与特征,企业区位选择的界定以及企业区位选择对区域经济发展的意义;综述企业区位选择理论,包括古典区位理论,近代区位理论,现代区位理论和当代区位理论;对传统企业区位理论评价。第三章,创新对企业区位选择的作用。首先提出创新的主要构成内容,探讨创新理论的发展,分析创新对企业区位选择的作用。第四章,技术创新对企业区位选择的影响。首先分析技术创新对企业区位选择的影响,在此基础上,提出技术创新对企业区位选择的综合影响机制,并对技术创新对企业区位选择影响的案例进行分析。第五章,组织创新对企业区位选择的影响。在讨论组织创新对企业区位选择影响的因素和综合影响机制的基础上,结合台商电子制造业企业集群在广东东莞的区位选择分析和跨国企业耐克运动服装公司国际区位选择两个案例,对这一问题进行讨论。第六章,制度创新对企业区位选择的影响。包括影响因素和影响机制的讨论,以及制度创新对企业区位选择影响的案例分析。第七章,企业区位选择的对策建议。在对我国企业区位选择与区域布局现状与成因讨论的基础上,提出对我国企业区位选择的四点对策与建议。最后为论文结论。

关键词:企业管理　区位选择　技术革新　制度建设　组织创新

1128

**公共支出转型及其经济发展效应研究** / 刘俊英著 ; 耿明斋指导. -- 河南大学, 2009. -- 148 页

论文结合相关理论,构建了一个统一的公共支出分析框架,把经济增长与社会公平统一于经济发展的理论框架,基于政府职能转变的视角分析了公共支出转型及其对经济发展的影响。论文总共分为七章。第一章阐述了选题依据与研究意义,界定了研究对象的两个范畴,即经济发展与公共支出转型,总体上概括了研究的内容,介绍了研究方法与技术路线,并指出研究的主要创新点。第二章阐述了公共支出相关的基本理论,并对国内外公共支出与经济增长及公共支出与社会公平的相关研究文献进行述评。第三章区分了公共物品与私人物品,阐述了政府定义及政府职能,探讨了政府职能由经济建设型转向公共服务型的调整和转型体制下的财政制度与政府公共支出,分析了政府职能转变与公共支出结构转型的关系。第四章对转型中公共支出规模及结构进行现实考察,界定公共服务范围,阐述公共支出规模与结构的时空特征,同时对经济建设支出水平与结构进行说明,并从公共支出转型看公共服务型政府建设中的几个问题分析产生的原因。第五章研究转型视角下公共支出规模结构调整与经济发展关系,分析公共服务支出分别对经济增长与社会公平的影响,并得出公共支出转型对公共服务型政府建设的启示。第六章从理论分析和实证检验两个方面对公共支出转型的影响因素进行深入分析。第七章梳理全文研究内容,分析研究的主要贡献,归纳总结出主要结论,并依据结论提出相应的政策建议,最后通过分析研究的局限性,对进一步研究方向进行了展望。

关键词:财政支出　财政管理　政府职能　经济发展

1129

**地方政府竞争与地区经济增长** / 刘强著 ; 覃成林指导. -- 河南大学, 2009. -- 137 页

论文分别以税收竞争和公共支出竞争为例来分析两类竞争方式的经济效应得失,研究了地方政府竞争行为对地区经济增长的影响,并提出具体的政策建议。论文共分为七个章节。第一章绪论阐述了问题的提出过程,并对主要的概念进行界定与解释,分析了选题的意义,从总体上概括了论文的研究思路和论文的结构。第二章对西方政府竞争理论的发展进行回顾和评价,吸取借鉴西方的经验和思想,同时也对中国地方政府竞争与地区经济增长关系的研究进行综述,通过中外地区政府竞争研究的对比分析,归纳论文的理论出发点与研究起点。第三章归纳了 1980 年以来我国转型期财政分权体制改革和演变即地方政府竞争动力的形成,并对地方政府竞争行为的激励约束因素进行分析。第四章探讨了地方政府竞争策略及其经济效应,以税收竞争为例分析对抗性竞争,以公共支出竞争为例分析差异化竞争,以区域经济一体化为例分析合作性竞争,通过竞争方式的博弈分析,分析了形成竞争的途径。第五章分析了地方政府制度创新形成的差异性竞争优势,概括了地方政府参与制度创新的动力和条件,并提出了地方政府推动制度创新的途径。第六章分析了地方政府竞争促进地区经济增长的条件,从地方政府竞争对地区经济转型和经济增长的正效应和负效应进行探讨,并通过建立模型进行计量分析。第七章梳理全文研究内容,归纳总结得出研究结论和

理论进展,指出需要继续探讨的问题,并做出了展望,在研究结论的基础上提出了相应的政策建议。

关键词:地方经济　经济增长　地方政府　市场竞争　制度创新

**1130**

**农民专业合作社与区域环境相互作用研究:以河南省农区为例** / 刘婷著 ; 李小建指导. -- 河南大学, 2009. -- 226 页

论文在理论和实践基础上构建分析农民专业合作社与区域环境相互作用的研究体系,并以河南省农民专业合作社为实证,探讨影响其形成的因素和动力机制,归纳农民专业合作社与区域环境协同演进关系。论文分为七章。第一章导论,从合作社发展实践和理论背景出发,阐明了农民专业合作社研究的重要意义,评述了国内外合作社的相关研究文献,梳理了国内外研究进展及国内现存的不足,引出论文研究思路与研究框架,研究方法和研究的主要特点。第二章阐释了农民专业合作社的区域环境相互作用的理论基础,分别从组织理论、农户行为理论、网络理论以及外部经济理论四个方面进行论述。第三章通过对河南省农民专业合作经济组织发展现状的分析,得出河南省农民专业合作经济组织的发展特征,通过实地调查访谈,选择三个农业合作社作为案例,进行微观研究,并对其形成过程与发展状况进行概述。第四章从理论上归纳了影响农民专业合作社形成的区域环境因素,并分为外生影响因素和内生区域环境因素,设计影响合作社形成的区域环境因素评价指标体系,最后从农户角度分析不同区域环境下农户参与合作社的主要动因。第五章从内在动力机制和外援动力机制两个方面对农民专业合作社形成机制进行探讨,分析农民专业合作社形成的路径,通过对三个案例合作社形成路径的对比,总结合作社形成路径的共性特点。第六章用实证方法研究农民专业合作社对区域环境的作用,阐述了合作社与区域环境的协同演进关系。第七章总结全文研究内容,得出研究主要结论,阐述研究的不足之处,指出需要进一步讨论的问题,并做出展望。

关键词:农民　农业合作社　区域环境　社会关系

**1131**

**中国城市体系规模结构演变研究:基于1985—2006年城市化发展的经验分析** / 刘学华著 ; 孙海鸣指导. -- 上海财经大学, 2009. -- 164 页

论文将现代经济学分析方法与实践相结合,考察了我国城市体系规模结构演变的总体状况,动力机制,当前所处阶段以及未来趋势,探讨具体落实"大中小城市协调发展"及构建合理可持续发展的城市体系的基本思路。论文分为六章。第一章绪论,首先介绍了研究的背景目的和意义,在界定了相关概念和评述已有文献的基础上,阐述研究的框架、方法以及可能的创新之处。第二章总结了世界城市化进程中城市规模的变化特征,结合对主要国家城市体系规模结构演变情况的考察,归纳了一般范式并分析背后的经济学原理,以作为分析我国演变情况的参照系。第三章为对 1984 年经济体制改革以来我国城市化发展(1985—2006 年)的实证分析,在描述我国城市体系规模结构基本变化情况的基础上,分别通过首位分布和位序—规模回归及 Kernel 密度函数等考察我国城市体系规模结构演变的总体状况和基本特征。第四章归纳城市体系规模结构演变的影响因素,进而探讨其演变的动力机制,沿着构建的分析架构考察制度因素主导、市场因素驱动和自然因素制约的共同作用模式和路径。第五章首先分析当前我国城市体系规模结构演变当前所处阶段与存在问题,进而结合未来趋势给出了转型期城市体系规模结构优化调整的基本思路和大中小城市协调发展的现实机制,并对"超密城市群"发展的战略构想与总体方略进行探析,提出和谐式发展的战略构想。第六章全文总结与研究展望,在梳理研究内容的基础上对全文进行简要总结,并对后续研究进行进一步的展望。

关键词:城市化　城市发展　规模结构　可持续发展

**1132**

**我国产业结构演变的城市化响应研究:基于东北地区的实证分析** / 刘艳军著 ; 李诚固指导. -- 东北师范大学, 2009. -- 272 页

论文以"空间视角"为切入点,探讨城市化与产业结构演变耦合机制,并强调"空间"是城市化与产业结构演变最重要的结合点,中国经济发展、产业结构演变和城市建设归结为空间的发展和演变。论文分为八章。绪论部分在界定概念和研究区域的基础上介绍了研究背景与立论依据,研究意义及研究框架与技术路线。第一章从国内外两个层面对产业结构演变与城市化互动关系研究进展进行综述,并对发达国家

及中国产业结构演变与城市化互动的实践进行考察。第二章界定产业结构演变城市化响应的概念及其静态和动态内涵，建立产业结构演变城市化响应的一般分析框架，并对产业结构演变城市化影响研究的基础理论进行探讨。第三章分析产业结构演变的城市化响应阶段的演化规律和响应过程的类型特征及成因，并以东北地区为例，划分了产业结构演变城市化响应阶段并对过程类型进行评价。第四章引入"产业结构演变的城市化响应系数"，分别研究了我国31个省区和东北地区产业结构演变城市化响应的演变过程、空间差异及其形成原因。第五章从单一城市和群体城市两个空间层次建立产业结构演变城市化响应形态演变的理论模型，并从理论层面和东北地区层面分析了产业结构演变城市化响应形态的演变规律及其效应。第六章构建了产业结构演变城市化响应机理的理论模型，从理论层面和东北地区实践层面探讨了产业结构演变的城市化响应机理。第七章提出了国内外产业结构演变城市化的六种典型地域类型，讨论了响应地域的调控机理与调控模式。第八章对区域产业结构演变城市化响应的趋势进行预测，提出了东北地区产业结构演变的城市化响应趋势、响应路径及其实现策略。最后在结论与展望部分总结了研究结论，指出了研究创新与不足，并对下一步研究进行展望。

关键词：区域产业结构　城市化　产业发展　东北地区

1133

**行业全要素生产率变动及其影响因素分析：基于长三角制造行业的面板数据** / 刘艳萍著 ；陈凯，豆建民指导. -- 上海财经大学, 2009. -- 139 页

论文基于生产率理论及测度方法，在对长三角地区制造业的发展状况进行分析的基础上，分析两省一市制造业行业的全要素生产率增长及其技术效率和技术进步的变化。论文分为六章。第一章导论阐述了问题的提出和研究意义，明确了研究目标，从总体上概括了研究内容，介绍了研究方法和技术路线，并指出了可能的创新与不足。第二章介绍了全要素生产率理论及全要素生产率变动的测度方法，并对全要素生产率相关文献进行回顾，对全要素生产率变动测度方法的应用及影响因素的相关研究进行述评。第三章从总体考察和内部结构两方面阐述长三角地区制造业的发展状况，并对长三角地区制造行业全要素生产率变动进行测度，对长三角两省一市制造行业全要素生产率变动的地区差异和行业差异进行分析。第四章对全要素生产率变动的要素层次的因素，结构层次的因素和制度层次的因素进行分析，以探讨各因素的作用机理。第五章通过一定的研究方法构建计量模型，以长三角两省一市1998—2007年20个制造业行业的面板数据测算和分析了两省一市制造业行业全要素生产率增长及其技术效率和技术进步的变化，并对两省一市制造业行业全要素生产率增长的地区差异和行业差异进行比较分析，找出影响全要素生产率增长的因素。第六章梳理全文研究内容，归纳总结出研究结论，并对提高长三角制造业行业生产率增长提出了相应的对策建议，例如注重科技投入提高人力资本积累等，最后在分析了研究的不足之处的基础上对进一步研究做出了展望。

关键词：制造工业　全要素生产率　技术进步　影响因素

1134

**寿光蔬菜产业集群研究** / 刘中会著 ；刘力臻指导. -- 东北师范大学, 2009. -- 124 页

论文通过对寿光蔬菜产业集群的调查研究，构建了农业产业集群理论，分析寿光蔬菜产业起源发展及现状，以探寻我国现阶段农业发展之路，并为进一步发展提出政策建议。论文共分为八个部分。引言部分阐述了问题的提出及研究的意义，总体概括了论文的主要内容与框架结构，介绍了研究方法与创新之处。第一章产业集群理论综述，在对产业集群界定及特征介绍的基础上，总结了产业集群的形成机理及发展阶段，分析了产业集群与技术进步、产业结构及区域发展的关系，并对中国农业产业集群的相关研究进行评述。第二章界定了农业产业集群的内涵，总结了其特点及构成，比较分析了农业产业集群与工业产业集群的异同点，分析了农业产业集群形成与发展的条件及机理，并重点探讨了农业集群与技术进步及区域经济发展的关联。第三章分析了寿光蔬菜产业集群形成与发展的条件，概括了其发展路径及发展现状，并与其他农业产业集群进行对比分析。第四章阐述了寿光蔬菜产业集群的吸聚效应，分析了寿光蔬菜产业集群各关键要素互动作用对技术的扩散和创新的影响，及技术引进扩散和创新对寿光蔬菜产业集群形成与发展的影响。第五章对寿光蔬菜产业集群对寿光县域经济发展影响进行实证分析，并详细分析了寿光蔬菜产业集群对农业结构调整，增加农民收入等多

个方面的影响。第六章在阐述了寿光蔬菜产业集群发展中存在的问题及发展战略的基础上,对寿光蔬菜产业集群进一步发展提出了政策建议。结论及研究展望部分总结全文得出主要结论,并对进一步研究做出展望。

关键词:蔬菜产业　产业发展　聚集经济　核心竞争力　山东

**1135**

**甘肃推进新型城市化的战略构想** / 鲁地著 ; 聂华林指导. -- 兰州大学, 2009. -- 152 页

论文在甘肃实现社会现代化的背景下,提出裁弯取直路径及新型城市化战略,提出甘肃推进新兴城市化的战略目标是生态城市,并进行分析。全文共分为六章。导论部分介绍论文研究背景和意义,文献综述,研究思路和方法,研究内容与结构安排以及论文可能的创新与不足。第一章,城市化理论。介绍城市化的涵义,城市化过程以及甘肃城市化的作用力。第二章,甘肃城市化现状分析。对甘肃人口城市化做纵向和横向的比较分析,探讨甘肃城市化演进历史及特点,对甘肃城市发展能力测评,并对甘肃城市规模等级分析,对甘肃城市化与经济发展的相关性进行分析。第三章,甘肃未来城市化水平预测。通过对时间序列的回归分析,灰色系统 GM(1,1)规模预测,结合增长率法,综合提出预测的结果。第四章,甘肃的新型城市化战略。首先提出甘肃推进新型城市化战略的背景,对新型城市化战略概述,在此基础上,分析甘肃推进新型城市化战略的必要性和可行性,提出甘肃推进新型城市化的产业基础,分析甘肃推进新型城市化的主题,并对甘肃推进新型城市化的终极目标定位,最后对"生态城市"这一终极目标的涵义,特征和建设构想进行阐释。第五章,甘肃新型城市化战略原则、定位及模式。提出甘肃新型城市化的战略原则,对甘肃新型城市化的城市体系进行战略定位,包括甘肃新型城市化战略的空间定位,城市体系发展构想,兰州都市圈城市布局,河西走廊城市群,陇东和南部发展区等,最后提出甘肃新型城市化的模型选择。第六章,甘肃新型城市化战略推进路径与措施。提出应促使人口流动协调发展,重视城市现代化建设,促进城乡协调发展,重视传统文化保护,处理好生态环境保护与城市化发展的关系,建设信息化甘肃,走面向世界的城市化之路,加速甘肃经济的现代化发展。最后为论文结语与后续研究展望。

关键词:地方经济　城市化　甘肃

**1136**

**生态旅游与区域经济互动机制研究:以四川九寨沟为例** / 吕昌源著 ; 郝寿义指导. -- 南开大学, 2009. -- 147 页

论文着重从生态旅游对区域经济的影响及二者间的互动机制上进行理论分析,提出区域经济发展与生态旅游发展是相互联系和相互作用的矛盾统一体,并探讨如何处理二者关系。论文分为七个章节。第一章导论,介绍了选题背景与研究意义,在对国内外相关研究文献进行综述的基础上,提出了研究目的和意义及研究方法,指出了研究的创新点,并概括了研究思路和章节安排。第二章分析生态旅游的内涵和生态旅游的经济特性,总结了生态旅游发展模式变化的各个阶段,在此基础上探讨了生态旅游可持续发展对区域经济的影响,并构建了生态旅游可持续发展的评价模型。第三章主要对生态旅游与区域经济互动的机理进行了研究,并且研究了生态旅游与经济发展互动的模式。第四章尝试运用现代博弈理论,对生态旅游各个利益主体的博弈关系和利益分配机制进行了研究。第五章在前文理论分析的基础上,以九寨沟的生态旅游为案例进行实证分析,从可持续发展,生态旅游与经济发展互动因果关系,利益相关者的动态博弈及九寨沟生态旅游的战略模式选择几方面进行分析研究。第六章研究了生态旅游推进九寨沟地区经济发展的策略,依据上述理论与实证分析,有针对性地从九寨沟景区自身的角度和政府宏观调控的角度两方面提出提升生态旅游对九寨沟区域经济发展贡献的政策措施。第七章结论与展望部分,总结了论文的研究成果,分析了论文研究的不足之处,并且对于研究方向的未来发展趋势做了预测和展望。

关键词:区域经济　生态旅游　经济发展　九寨沟

**1137**

**政府区域治理的空间组织基础研究** / 马春笋著 ; 张可云指导. -- 中国人民大学, 2009. -- 157 页

论文的研究对象为政府区域治理的空间组织基础,提出构建稳定的中地关系,改革我国行政区划体制的基本设想。全文共分为七章。第一章,导论。介绍论文研究的理论意义与现实意义,对区域治理、政府空间组织、行政区划和政府几个概念进行界定,对已有研究回顾并综述,提出研究的基本思路、分析框

架和主要研究方法。第二章,政府区域治理的空间组织基础分析。首先介绍区域、经济区、行政区与行政区划的区别,提出我国区域治理的历史回顾与现状,探讨政府的空间组织与区域治理,对政府空间组织构成要素进行分析。第三章,纵向系统分析:单一制国家结构下的行政区划体系。首先介绍国家结构类型,国家结构与地方政府类型以及国家结构与地方政府层级;其次在对行政层次与管理幅度理解的基础上探讨行政区划层级的演变与问题;最后基于我国政区分等历史概况,提出我国政区分等的现状与问题,以及市县分等的必要性和可行性。第四章,横向系统分析:区域竞合中的政区隶属关系。首先介绍区域竞合与争取隶属关系调整的涵义,在此基础上,探讨政区隶属关系调整的历史模式,并对这种历史模式的利弊和过渡性进行分析,最后提出市领导县体制改革的方向是撤县设区或者县省直辖。第五章,块状系统分析:政区设置与区域治理。探讨政治中心与经济中心的耦合,增长极理论在政区设置中的应用,并分析普通型政区设置与城市型政区设置的具体问题。第六章,政府空间组织优化路径探讨。提出构建稳定的中地关系——单一分权制下的法制制衡,并提出我国行政区划体制改革的基本构想。第七章为论文基本结论与研究展望。

关键词:地方政府　国家行政机关　行政区划　中央与地方的关系

**1138**

**中国西部区域经济格局研究** / 马红瀚著 ; 聂华林指导. -- 兰州大学, 2009. -- 180 页

论文的研究对象为中国西部区域经济格局。全文共分为六章。首先是导论部分,介绍论文研究背景和意义,国内外研究现状,研究框架,论文可能的创新与不足之处。第一章,经济区域与区域经济格局。介绍经济区域与区域经济格局的概念与内涵,分析区域经济格局的影响。第二章,区域经济发展战略与区域经济格局。提出区域经济发展战略是影响区域经济格局的决定性因素,讨论区域经济发展战略的演变与制定依据,区域经济发展战略对区域经济格局的影响。第三章,西部区域经济格局的演变、形成和发展方向。对西部区域经济发展战略回顾,探讨西部区域经济格局的演变,提出当前西部区域经济格局的特点,并分析西部区域经济发展战略与区域经济格局的发展方向。第四章,西部区域增长极与发展思路。提出增长极发展战略是西部区域经济协调发展的必然选择,并探讨西部区域增长极的选择以及西部区域增长极的发展思路,得出该部分的讨论结果。第五章,西部经济带与发展思路。提出经济带是西部区域经济协调发展的重要依托,通过对西部重点经济带的考察分析,提出西部经济带的发展思路。第六章,西部经济发展制约地域与发展思路。首先提出经济发展制约地域是西部区域经济协调发展的难点与制约,在此基础上,对西部经济发展制约的地域典型分析,得出西部经济发展制约地域发展的思路,最后做出相关总结。论文的最后为结语。

关键词:地方经济　经济格局　经济发展战略　西北地区　西南地区

**1139**

**文化经济协同演化研究:以江苏为例** / 孟召宜著 ; 苗长虹指导. -- 河南大学, 2009. -- 310 页

论文以文化经济协同演化综合分析框架为理论基础,基于协同演化视角,从内在心智、人际网络和非正式制度层面探讨了文化与经济的双向互动关系,揭示协同演化的机理、过程、效应与表现。论文分为八章。第一章绪论,介绍了论文选题的背景,研究意义以及研究的思路内容及方法,最后明晰文化内涵与结构和文化内涵与特征的经济学认识。第二章文献综述,通过对国外文化与经济研究的文化内容和文化尺度及理论研究视角三方面进行探讨,同时对国内从区域、发展主体和文化内容及动力机制角度进行回顾,通过对国内外研究现状进行总体评价,指出研究不足与尚待解决的问题。第三章文化经济协同演化理论分析框架,指出新古典经济学不足与演化经济学优势,明确文化协同研究的思维方式,通过整合形成文化经济协同演化的综合分析框架。第四章基于企业和集群的文化经济协同演化研究,明晰研究方法概况及官湖文化、经济发展历程与特征,展开实证研究。第五章在界定县区文化与县域经济的基本内涵的基础上,以江苏县级文化资本与经济发展关系为对象进行实证研究,同时以江苏县域社会资本与经济发展为对象进行实证研究,探讨基于文化经济协同演化的县域发展模式和基于文化经济协同演化视角的丰县模式与昆山模式。第六章在明晰区域文化经济协同演化研究的重要意义基础上,把江苏分为三大文化区和七个亚区,运用基尼系数和泰尔指数分析文化区和文化亚区之间经济差异的格局与演化过程。第七章从微观、中观和宏观层面提出促进文化经济协同演化的

对策措施,如强化文化规划引领文化发展等。第八章总结全文内容,提出主要结论,指出论文的创新之处及有待进一步解决的问题。

关键词:地方文化　文化事业　地方经济　经济发展　江苏

**1140**

**中国银行业空间系统变化及其地方效应研究** / 彭宝玉著 ; 李小建指导. -- 河南大学, 2009. -- 147 页

论文研究20世纪90年代中期以来国有商业银行市场化改革过程中,银行业空间系统的变化及其对不同地方发展产生的影响。全文共分为八章。第一章,绪论。介绍论文研究的选题背景和意义,研究尺度和时段选择,在已有研究基础上提出论文研究思路、框架和方法。第二章,基本概念的探讨和相关研究综述。首先在金融、地理相关概念讨论的基础上,对金融、货币研究是否要纳入地理空间要素的争论进行辨析;其次对金融发展理论和金融地理学关于金融系统及其与经济发展的研究文献进行综述,并特别分析金融地理学领域,地理学和经济学在研究内容、研究方法、主要观点方面存在的差异;最后是本章结论和研究启示。第三章,区域金融空间系统及其与地方发展分析。以金融地理学、金融发展理论和区域经济学相关研究为基础,探讨区域金融空间系统的概念、演化动力、演化趋势及其对不同地方发展的影响。第四章是制度变迁与中国银行业空间发展系统的研究。第五章对20世纪90年代以来中国银行业空间系统的变化进行实证分析。以第三章对金融空间系统的概念探讨为基础,选择相应变量,以中国大陆一级行政区为地域单元,运用地图分析技术和一些统计指标对目标研究问题进行实证分析。第六章,省区银行业空间系统变化分析。以河南为研究案例,自不同银行机构网点的空间分布和存贷款地理变化两个方面分析20世纪90年代以来省区银行业空间系统的变化。第七章是银行业空间系统变化与区域金融发展分析。以河南126个县市为截面单元,采用面板数据分析技术,就金融发展与经济增长的关系进行实证分析。第八章是结论与讨论。

关键词:银行业　发展模式　地方经济　经济发展

**1141**

**黑龙江省经济发展与区域金融** / 朴松花著 ; 赵儒煜指导. -- 吉林大学, 2009. -- 169 页

论文的研究对象为黑龙江省经济发展与区域金融,深入探讨黑龙江省区域经融发展变化的轨迹、存在的问题、产生的原因并提出通过黑龙江省金融发展模式的重构来促进黑龙江省区域经济发展的总体思路。全文共分为六章。导论部分介绍论文的问题,国内外研究现状,选题理论意义和现实意义,研究思路和研究方法,论文主要内容和结构安排以及论文可能的创新与需要进一步深化的内容。第一章,金融发展与区域金融理论综述。首先对金融与经济发展关系的思想追溯,包括古典经济学派的思想、货币经济理论、熊彼特的非常信用理论以及托宾的货币增长理论;接着提出现代金融发展理论;最后分析区域金融理论的特征、内容和对它的评价。第二章,黑龙江省经济发展的特征。首先对黑龙江省经济发展的总量特征做出说明;接着分析黑龙江省经济增长的总供给、总需求结构特征,包括三次产业结构对经济增长的贡献分析,消费、投资、进出口对经济增长的贡献分析;最后探讨黑龙江省供需结构特征对经济增长的影响。第三章,黑龙江省经济发展方式的估价。内容包括对区域经济发展阶段的"模糊"判定,基于全要素生产率分析对黑龙江省经济增长的因素分析,对黑龙江省经济增长的效率、质量分析。第四章,黑龙江省金融发展现状分析。介绍黑龙江省金融业发展的现状,对其金融发展总量、金融发展结构和金融发展效率展开分析。第五章,黑龙江省金融与区域经济的发展。基于动态经济增长模型的金融发展影响区域经济传导机制,对金融发展与经济增长实证分析,对黑龙江金融制约产生原因分析。第六章,提出黑龙江省金融发展的战略与对策建议。最后为论文结论。

关键词:地方经济　地方金融　经济发展　发展模式　黑龙江

**1142**

**延龙图经济一体化发展战略研究** / 朴银哲著 ; 金兆怀指导. -- 东北师范大学, 2009. -- 156 页

论文从经济学和管理学的视角,剖析研究了延龙图区域经济一体化中的现状与存在问题,提出加快经济一体化发展的战略思考,探索经济欠发达地区经济一体化建设中的制约因素,可行性与实现路径。论文分为八个部分。绪论部分介绍了延龙图区域概况及区域经济一体化的国际背景与新动力,提出研究问题,对区域经济一体化国内外研究进展进行评述,并阐述论文研究思路与研究方法,概括研究内容及论文

结构。第一章阐述延龙图区域经济一体化发展环境，介绍图们江地区开发与合作情况及其对延边州经济发展的影响，并对延边区域经济发展进行SWOT分析及战略选择，最后分析延龙图经济一体化的必要性与可行性。第二章介绍长江三角洲地区、珠江三角洲地区及京津冀地区的区域经济一体化发展模式，并从中总结出有益的经验与启示。第三章探究延龙图区域政府间的经济合作，在具体分析政府间合作中存在的问题与政府间合作原则的基础上，提出了延龙图政府间合作的重点领域及政府间合作机制的构建。第四章延龙图区域产业整合研究，运用钱纳里多国模型及产业结构相似系数等研究方法，分析延龙图产业整合的现状与存在的问题，以及三市间的产业梯度与产业发展定位，并提出延龙图产业整合的路径选择。第五章延龙图市场整合研究，运用樊纲等提出的市场化五个指标，对延龙图市场化程度进行测度，分析延龙图市场一体化趋势，及延龙图商品市场、金融市场等的发展现状，对其一体化进程的影响因素与市场壁垒进行分析，并提出构建延龙图一体化市场路径选择。第六章研究了延龙图经济一体化制度创新，分析制度变迁对其经济增长的影响程度，提出了延龙图经济一体化制度创新主体及路径选择。结论部分总结全文得出主要结论，指出创新点及不足，对未来研究做出展望。

关键词：地方经济　经济发展战略　区域经济一体化　制度创新　吉林

**1143**

**区域开发与环境协调发展的动力研究** / 邱桂杰著 ；衣保中指导. -- 吉林大学, 2009. -- 200 页

论文以现代西方经济学理论为基础，综合运用区域经济学、环境经济学、财政学、金融学、制度经济学等学科理论与方法，对区域开放与环境协调发展的动力展开研究。全文共分为五章。第一章，引言。介绍理论的选题背景与意义，相关研究现状，研究思路、研究内容与研究方法，论文的主要创新及不足之处。第二章，区域开发与环境协调发展的理论回顾与实证分析。首先对区域开发的概念、环境的概念与特点以及环境问题进行分析；其次对区域开发与环境协调发展的理论进行回顾；最后对区域开发与环境协调发展做出实证分析。第三章，区域开发与环境协调发展的动力分析。分别对政府部门、企业、社会公众的环境保护动力分析，并得出结论。第四章，增强区域开发与环境协调发展动力的机制构建。一是市场机制构建，包括建立环保企业成本激励机制，完善绿色产品价格形成机制，完善绿色产品有效需求机制；二是政府调控机制构建，包括强化环境保护法制管理，加强环境保护经济调控，强化环境保护行政管理；三是公众监督机制构建，包括完善公众参与和监督的法规制度，给予公众环境知情权，建立环境听证会制度，实行环境公益诉讼制度。第五章，实证研究：东北区域开发与环境协调发展动力考察与对策建议。针对东北区域经济发展阶段与环境问题，对东北区域开发与环境协调发展动力进行实证考察，根据其现状及存在的问题，提出增强东北区域开发与环境协调发展动力的对策建议。最后为论文结论。

关键词：区域经济　区域开发　环境保护　协调发展

**1144**

**京津冀生产要素流动与区域协作研究** / 任会林著 ；金哲松指导. -- 中央财经大学, 2009. -- 133 页

论文以京津冀地区生产要素流动作为研究的出发点，以京津冀地区区域协作为立足点，分析生产要素流动对区域经济协作的作用机制，探讨京津冀地区生产要素流动与区域协作过程中出现的问题，并提出促进生产要素流动与区域协作的合理化对策建议。全文共分为八章。第一章，导论。介绍论文研究背景和研究意义，研究内容框架与研究方法，研究的创新和不足。第二章，理论基础与研究综述。介绍生产要素，区域生产要素流动，区域经济协作和生产要素的流动与区域协作的理论基础与文献综述。第三章，区域生产要素流动与区域协作机制分析。分别分析区域生产要素流动的动因，区域生产要素流动，并探讨区域生产要素流动与区域协作。第四章，京津冀生产要素禀赋分析。包括京津冀劳动力要素、资本要素、技术要素的禀赋分析。第五章，京津冀劳动力要素流动与区域协作实证分析。内容包括京津冀劳动力市场供求分析，京津冀劳动力要素的流动现状，京津冀劳动力流动的原因分析，京津冀农村剩余劳动力转移预测以及推动京津冀劳动力跨地区流动的对策建议。第六章，京津冀资本要素流动与区域协作实证分析。探讨京津冀资本要素流动与区域协作的基础、现状、存在的问题、对策建议以及对实证的讨论。第七章，京津冀技术要素流动与区域协作的实证分析。探讨京津冀技术要素流动与区域协作的基础，并分析其现状和存在的问题，提出京津冀技术要素流动与区域协作的对策建议。第八章，促进京津冀生产要素流动，

推动京津冀区域协作。针对京津冀生产要素流动与区域协作中存在的主要问题，提出促进京津冀生产要素流动与区域协作的对策建议。

关键词：区域经济　经济合作　生产要素

**1145**

**澳门博彩产业竞争力研究** / 阮建中著 ; 冯邦彦指导. -- 暨南大学, 2009. -- 218 页

论文采用经济学和管理学的分析框架和工具，针对实际情况进行澳门博彩业竞争力的理论和实证研究。全文共分为七章。第一章，导论。介绍论文研究的问题，研究意义，研究思路和研究内容，研究方法以及论文主要创新点。第二章，理论基础与文献综述。介绍产业竞争力的理论基础，包括区位理论，制度理论，产业集群竞争力理论；对博彩产业研究综述，包括世界博彩产业研究综述以及澳门博彩产业竞争力研究综述；对研究做出述评。第三章，澳门博彩产业竞争力：理论模型的构建。首先探讨澳门博彩产业竞争力的内涵与本质；接着提出澳门博彩业竞争力的分析框架，包括旅游业竞争力的分析框架，博彩产业竞争力的分析框架，对以往旅游博彩业竞争力分析框架的评价以及本轮的理论架构——澳门博彩业竞争力分析模型；最后综合评价法的产生与发展，构建澳门博彩业竞争力评价指标体系。第四章，澳门博彩业竞争力：纵向和横向比较研究。介绍澳门博彩业竞争力的历史沿革及现状研究，对澳门博彩业竞争力的历史做出比较和评价，提出对澳门与拉斯维加斯博彩产业竞争力的对比和评价。第五章，澳门博彩产业竞争力：关键因素分析。探讨区位因素、企业因素、产业集团因素以及制度因素对澳门博彩旅游业和博彩产业的竞争力。第六章，澳门博彩产业竞争力：提升的战略对策研究。一方面是基于政府层面的战略对策，提出制定和完善博彩产业政策，制定澳门城市定位和博彩业发展规划，完善博彩业法规，未雨绸缪，前瞻预警；另一方面是基于博彩产业层面的战略对策，提出应有效控制博彩产业的发展速度和规模，做好市场的营销工作，加强内部管理，加强社会责任，加大发展博彩产业集群的力度。第七章，论文的基本结论与研究展望。

关键词：彩票　产业发展　竞争力　澳门

**1146**

**核心企业网络演变与区域发展研究** / 时云辉著 ; 李小建指导. -- 河南大学, 2009. -- 168 页

论文在分析核心企业网络演化的一般规律及演化机理的基础上，试图从核心企业网络的视角探讨企业成长和区域发展问题。论文共分为六章。第一章绪论，首先从实践和理论方面提出研究背景与意义，阐述了研究案例的选择依据，并提出了研究思路和研究方法，指出了创新之处和主要解决的问题。第二章企业网络的理论研究，基于企业网络相关研究文献，提出核心企业网络存在的多样性，及核心企业网络可细分为社会网络、生产网络和资源网络三种网络，并认为三种网络相互影响，相互作用。第三章研究了核心企业网络的形成于演化机理，基于企业网络的形成于演化的相关研究和实践经验，归纳出核心企业网络演化的一般模式，提出核心企业网络形成与演化受个体、区域和区域外三个层面因素影响的分析框架。第四章研究了网络和核心企业成长之间的关系，从生产网络、资源网络及社会网络三方面对企业网络与企业成长进行理论分析，选取中国一拖集团，郑州宇通集团及长垣卫华集团作为典型案例进行分析，并对核心企业网络与核心企业成长关系进行比较分析。第五章研究了核心企业网络与区域经济发展的关系，首先分析核心企业网络演变与区域发展关系及相互作用机制，探讨了核心企业的社会网络，生产网络和资源网络及空间分布与区域尺度之间的关系，基于以上研究，提出了基于核心企业网络全球地方化的区域发展思路。第六章梳理全文研究内容，通过总结得出研究的主要结论，讨论研究论文的不足之处，并对进一步的研究计划做出了展望。

关键词：企业管理　经济合作　企业组织　企业成长　区域经济发展

**1147**

**政府间财政能力配置与区域经济协调发展研究** / 史桂芬著 ; 刘力臻指导. -- 东北师范大学, 2009. -- 142 页

论文以合理配置政府间财力以促进区域间的协调发展为研究核心，探讨了政府在区域经济发展中的作用，政府间财政关系的实质及政府间财力配置的工具体系及相互关系等问题。论文共分为七个部分。导论部分阐述了研究问题的提出，对国内外研究现状进行回顾和述评，介绍了论文的研究思路及方法，并从总体上概括了研究框架和研究内容，最后指出了论文的创新之处。第一章对政府间财政能力配置相关理论进行综述，同时回顾了区域经济协调发展理论，

并分析了政府间财政能力配置与区域经济的相互作用机理，归纳论文的理论出发点与研究起点。第二章解释了政府间税权划分的内涵，同时具体划分税种，实证分析了税权划分与区域经济差距相关性，并提出促进区域经济协调发展的政府间税权划分体系的完善。第三章概括了政府间转移支付制度的目标与依据，形式与效应，分析了我国政府间转移支付制度在区域间的再分配效应，并提出了促进区域经济协调发展的政府间转移支付模式的选择。第四章在解释了税式支出的内涵、形式与经济效应的基础上，对税式支出对区域经济发展影响进行绩效评价，并提出促进区域经济协调发展的税式支出政策的重塑。第五章在阐述政府间财政能力地区间优化配置的基本原则的基础上，构建了促进区域经济协调发展的政府间财政能力优化配置体系，并对政府间财力配置工具对区域经济发展作用机制进行实证分析。结论部分梳理全文的研究内容，归纳总结得出研究的主要结论，并对进一步研究做出了展望。

关键词：财政管理　区域经济发展　协调发展　财政转移支付

**1148**

**中国区域金融与区域经济发展相关性研究** / 史瑛著；徐成贤指导. -- 西安交通大学, 2009. -- 119 页

改革开放以来，我国经济保持了持续高速增长态势，整体经济实力极大提升，但区域间的发展差距却逐渐拉大，在科学发展观统领下调控区域增长差距、协调地区经济发展成为政府和学者们高度关注的问题之一。本研究在定性分析的基础上对我国地区间经济发展中水平的差异程度进行了多维定量分析，揭示了国内区域经济增长的地理空间分布特征及其随时间的演进规律，进一步对我国区域经济与区域金融的空间差异、空间过程和空间的相互作用进行多角度剖析，揭示了区域金融因素对影响区域经济向均衡协调发展。论文的研究引入国际上新近发展的分布动态(MEDD)分析方法，基于省级和地市级两个层面，从空间和时间两个维度，使用随机和密度估计技术并结合三维图形和等高线图分析，解释我国区域经济增长的时空分布及演进特征，弥补了国内现有研究中对数据序列任意离散产生的估计偏差。将空间计量分析技术与分量回归技术相结合，对我国区域经济收敛及其金融原因进行了重新审视，克服了传统方法只能度量外生变量对内生变量“平均”影响的局限。建立面板数据的阈效应计量分析模型，运用 Bootstrap 方法对区域金融发展与区域经济增长间的阈效应和阈值点进行估计检验，揭示了二者间的非线性关系。从金融地理视角出发，建立面板数据的空间计量分析模型，利用似无相关回归技术揭示了地理空间效应对货币调控政策的影响作用。

关键词：区域经济　金融　经济发展　货币政策

**1149**

**东北地区经济协调发展与产业结构调整战略研究** / 宋梅秋著；赵儒煜指导. -- 吉林大学, 2009. -- 204 页

论文运用理论研究与实例分析相结合的方法，对东北地区即辽宁、吉林、黑龙江三省经济协调发展与产业结构调整之间的关系进行研究。全文共分为八章。第一章，绪论。介绍论文问题提出背景，研究现状，选题意义，研究思路和研究方法，主要内容与结构安排。第二章，区域产业结构调整研究的理论基础。一是对产业结构和区域产业结构两个概念的界定；二是介绍区域产业结构理论，包括产业结构演进理论、协调理论和调整理论；三是对区域产业结构理论的评析，包括隐含前提的实践相悖性和指导理念的时代局限性。第三章，区域经济协调发展的内涵、特性和目标讨论。第四章，基于区域经济协调发展的产业结构调整。首先探讨区域经济协调发展与区域产业结构调整的互动关系，基于区域经济协调发展的产业结构调整方向，探讨区域产业结构内部调整机制和外部调整机制，分析区域产业结构调整的协调发展效应。第五章，东北地区经济发展的基本分析。根据东北地区经济发展的总体水平，探讨东北地区经济非协调发展问题，包括东北地区经济发展的片面性、不平衡性和不可持续性。第六章，东北地区经济非协调发展问题的产业结构根源。探讨东北地区产业结构演进历程，从而提出东北地区经济非协调发展的产业结构根源，探讨东北地区产业结构对经济非协调发展的影响机制。第七章，东北地区经济协调发展视角下产业结构调整战略。提出东北地区产业结构调整的基础平台，对东北地区产业结构调整的区域定位，根据东北地区产业结构调整目标探讨产业结构调整的路径。第八章，提出东北地区产业结构调整的对策建议。最后为论文结论。

关键词：地区经济　协调发展　产业结构调整　东北地区

1150

**传统农区工业化过程中的企业空间演变秩序** / 宋伟著 ; 耿明斋指导. -- 河南大学, 2009. -- 137 页

论文以传统农区内生型企业为研究对象,从创业者及其面临的现实约束出发,对传统农区企业村庄选址与分散布局现象的微创形成机制进行研究,建立传统农区工业企业由分散布局向空间集中演变的逻辑框架。论文分为七章。第一章导论部分在界定核心概念的基础上阐述了研究背景,及问题与研究方法,并总体概括了论文的创新思路与结构安排。第二章文献综述,对研究的理论基础如区位理论、产业集聚理论等及国内外学者的相关研究成果进行了回顾与评述,归纳论文的理论出发点与研究起点。第三章主要寻找传统农区企业选址倾向产生的基础,通过放开经典区位理论中人的同质性的假定,分析传统农区创办企业的微观经济主体的决策能力及其面临的资本缺乏、技术与经营管理经验不足等现实约束条件。第四章论证传统农区企业村庄选址倾向的自我强化,分析传统农区企业的积累投资模式、传统农区产业集聚优势的产生,及两者共同作用下村庄选址倾向的强化与路径依赖的形成。第五章研究传统农区企业空间演变的未来趋势,通过建立企业的区位成本函数,分析影响企业空间演变趋势的各种因素,从微观与宏观两层面对传统农区企业空间演变趋势进行预测。第六章经验分析,用企业空间演变的典型案例对论文提出的传统农区企业村庄选址与分散布局现象的产生、强化与演变趋势的逻辑框架进行检验。第七章是结论与展望,归纳论文主要结论与发现,指出主要创新点,明确学术贡献与实践意义,指出不足和未来研究方向。

关键词:农村工业化　产业集聚　工业布局　选址

1151

**东北地区城乡经济协调发展问题研究** / 孙弘著 ; 金兆怀指导. -- 东北师范大学, 2009. -- 132 页

论文基于新古典经济增长理论,将资本、劳动力等要素在城乡空间范围内分布占有和变化作为出发点,阐释东北地区城乡经济关系研究过程中体现的特殊性,寻找调整方面的新突破。论文分为八个部分。第一部分为绪论,首先对问题的提出及研究背景进行阐述,并介绍了论文的总体思路、主要内容及研究方法。第一章是论文的基础部分,在对城乡经济协调发展的内涵进行阐述的基础上,对城乡经济协调发展的理论进行归类分析与评价,介绍相关理论对论文研究的启示。第二章分析了东北城乡经济关系从萌芽、形成、发展及延续的集成过程,并分析了不同阶段东北城乡经济关系的特殊性,对论文的研究起了理论与实践的铺垫作用。第三章利用聚类分析法,对东北城乡协调发展进行实证分析,揭示东北地区城乡经济协调发展的区域性差异,并进行分类总结与评价,在此基础上,研究影响东北城乡经济协调发展的因素。第四章重点研究促进东北城乡经济协调发展的动力与形成机制问题,对东北城乡经济协调发展的动力:发展现代农业,农业工业化和县域经济的现状及途径等进行分析讨论,最后对东北城乡经济协调发展的激励机制和约束机制等进行探讨。第五章总结了国外城乡经济协调发展的成功经验和教训,以及我国发达地区城乡经济协调发展的主要成功经验,并研究了国内外经验对东北地区实现城乡经济协调发展的启示。第六章从东北城乡经济关系演变的普遍规律与特殊性出发,提出实现东北地区城乡经济协调发展的目标、原则和主要对策。结论部分概括总结论文研究的主要观点,提出研究的不足之处,并展望相关研究课题的发展趋势。

关键词:区域经济　经济布局　东北地区

1152

**产业结构优化与节能减排研究** / 谭建新著 ; 张东刚指导. -- 中央财经大学, 2009. -- 190 页

论文采用规范分析和实证分析相结合、归纳与演绎相结合的方法,定性分析与定量分析相结合以及比较分析的方法,对产业结构优化与节能减排问题进行研究。全文共分为八章。第一章,导论。介绍论文问题提出和选题意义,相关研究现状,论文的研究方法、创新点和逻辑框架。第二章,产业结构优化与节能减排的理论分析。介绍产业、产业结构与产业机构优化的涵义、标准、影响因素及相互关系,分析节能减排的传统经济学缺陷、可持续发展理论、循环经济理论以及经济的外部性,并探讨产业结构优化与节能减排的关系。第三章,我国产业结构的演进分析。首先分析我国产业结构变动状况,在此基础上,提出我国产业结构演进存在的问题,最后探讨影响产业结构优化因素的新变化。第四章,我国产业结构与节能减排的能源消费与产业结构分析。通过对我国能源消费现状的分析和评价,提出我国能源消费与产业结构的具体内容。第五章,我国产业结构与节能减排污染物排放与产业机构实证分析。分析我国污染排放现状,探讨

我国污染排放与产业结构。第六章,产业结构与节能减排的比较分析。分别对我国产业结构、节能减排做区域比较,并对中日节能减排与产业结构进行比较分析,并得出结论。第七章,我国“十一五”规划节能减排目标分析。分析我国节能减排的进展情况,提出实现节能减排目标所面临的问题和有利条件。第八章,产业结构优化与节能减排的对策研究。提出要加快形成全民参与节能减排的机制,加强制度建设推进节能减排,优化产业结构推进节能减排,实施区域性节能减排对策,完善对外经济发展模式推进节能减排,发展循环经济,推动节能减排和新产业发展等。最后为论文结论。

关键词:产业结构优化　节能　能源政策

1153

**中国区际基本公共服务均等化研究** / 汤学兵著 ; 陈秀山指导. -- 中国人民大学, 2009. -- 160 页

论文以区际基本公共服务均等化作为研究对象,构建区际基本公共服务均等化的动态评价体系和基本公共服务均等化与区域协调发展的理论模型,通过模型分析中国区际基本公共服务均等化水平现状。论文分为八个章节。第一章导论阐述了研究背景与选题意义,回顾了国内外相关研究的进展,界定了区域基本公共服务均等化的概念,从总体上概括了论文的基本框架和研究思路,并介绍了论文的研究方法和创新点。第二章介绍了区域协调发展与区际基本公共服务均等化的理论背景,通过设定假设条件构建了区际基本公共服务模型,并通过模型对中国基本公共服务均等化发展趋势进行解释。第三章构建了我国省际基本公共服务均等化的评价体系,并进行实证检验,分析我国区际基本公共服务均等化水平的影响因素,就我国财政分权的发展情况分析我国财政分权对区际基本公共服务均等化的影响路径,同时也分析了中国转移支付对区际基本公共服务均等化的影响。第四章探讨了我国基本公共服务中的基础教育在各地区的基本情况,包括教学投入与办学条件的地区差距及教师水平差距,分析了基本教育均等化的影响因素,并进行实证分析。第五章通过概括基础医疗服务地区间均等化的演进过程,分析影响因素,并指出基础医疗均等化的目标和路径。第六章基于山东陵县的调查与访谈分析县域基本公共服务的供求现状,阐述民生型基本公共服务现状与问题,介绍了陵县改善基本公共服务的措施,并提出优化县域基本公共服务发展的路径选择。第七章分析了区际基本公共服务均等化的实现路径和面临的制度缺陷,并提出区际基本公共服务均等化的制度优化建议。第八章总结全文,指出论文的不足之处,并对进一步研究做出展望。

关键词:国家行政机关　行政管理　社会服务　协调发展

1154

**中国区域技术能力增长:技术学习的视角** / 童长凤著 ; 高新才指导. -- 兰州大学, 2009. -- 149 页

论文将技术能力概念引入到区域层面,试图在技术学习的视角下探索中国不同区域技术能力增长的路径。论文分为七章。第一章导论,介绍了问题的提出和研究意义,对相关文献进行述评,并进行研究设计,指出了可能的创新点。第二章回顾了区域竞争力理论、新增长理论、技术转移理论及区域创新理论,指出了在区域经济发展中技术进步的重要作用,说明技术学习在区域技术进步中的积极意义,为论文研究提供了理论依据。第三章梳理现有技术能力概念的基础上,结合对区域的理解,对区域技术能力进行了定义,并阐述了区域技术能力的四项特征,总结了区域技术能力的演进轨迹。第四章中国区域技术能力增长实践,在对中国区域技术能力评价的基础上,阐述了中国技术能力增长的区域特征,总结了中国区域技术能力演进的轨迹,结合已有的技术能力增长轨迹,提出了区域技术能力增长的“平台—台阶”模型。第五章通过构建区域技术能力评价框架,运用因子分析法对中国 31 个省级区域技术能力进行评价,在重新阐述区域技术学习的概念和特性基础上,讨论了技术学习在区域技术能力增长不同阶段的特征,并对影响技术学习效果的主要因素进行了理论分析和实证检验。第六章论述了中国区域技术能力增长面对的新形势,在此基础上提出了不同区域即高技术能力区域和低技术能力区域的技术能力增长路径,并针对这两条技术能力增长路径,提出了相应的对策。第七章梳理全文研究内容,总结得出主要结论,并对进一步的研究方向进行展望。

关键词:区域经济　技术进步　技术革新

1155

**地方政府公共投资的区域经济增长效应研究** / 汪碧瀛著 ; 李国平指导. -- 西安交通大学, 2009. -- 138 页

如何应对国际金融危机保持各地区尤其中西部

地区经济平稳较快发展,2008 年国务院常务会议提出到 2010 年底将投资 4 万亿元,主要用于铁路、公路、航运、水利、农村基础设施建设,教育、医疗卫生等领域,在这个过程中地方政府的公共投资将发挥重要作用。研究政府公共投资对经济增长的影响效应特别是研究地方政府的公共投资对区域经济增长影响效应具有重要的理论价值和现实意义。论文在回顾政府公共投资对区域经济增长作用研究的基础上,通过构建地方政府公共投资区域经济增长效应的"区域内—区域间—区域相对关系"的理论分析框架,以区域的研究视角对地方政府公共投资所产生的区域内经济增长的总量效应、与私人投资的互动效应、区域间溢出效应及区域经济差距影响效应进行了研究,最后提出了相应的政策建议。论文建立了地方政府投资的区域经济增长效应理论研究框架。以研究公共投资对地方经济增长的总量效应为出发点,构建了地方政府公共投资与私人资本动态双向经济增长理论模型;建立扩展的 LS 模型分析地方政府投资的溢出效应;分析地方政府公共投资的对区域经济差距的影响效应。实证考察了我国区域经济增长中地方政府公共投资对区域内经济增长的影响。研究了地方政府公共投资的区域间溢出效应。揭示了我国地方政府公共投资对区域经济差距的影响机制,并采用面板数据的 β 条件收敛模型进行了实证研究。

关键词:地方政府　政府投资　地方经济　经济增长　区域差异

**1156**

**基于地方政府行为视角的中国土地城镇化研究** / 王冰松著 ; 杨开忠指导. -- 北京大学, 2009. -- 158 页

论文从地方政府行为视角出发,分析了中国土地城镇化的基本特征和主要问题,构建了土地城镇化的地方政府制度—行为概念模型,并分析了东中西地区和不同规模城市的土地城镇化驱动因素差异。论文分为八章。第一章绪论阐述了选题及意义,在界定相关概念的基础上,从总体上概括了研究的主要内容及论文的结构,介绍了研究方法及主要的创新点和难点。第二章进行了土地城镇化的相关理论和实证文献综述,理论上从城市扩张,级差地价及主体行为方面综述了土地城镇化相关理论,实证上重点综述了使用不同方法和不同地域层面数据,选取不同变量进行的土地城镇化实证研究。第三章从总体上概括了土地城镇化现状及不同区域不同规模城市的土地城镇化现状,并分析了土地城镇化所带来的一系列社会与经济问题。第四章介绍了地方政府主导的土地城镇化相关制度背景,在此基础上分析了地方政府以土地城镇化驱动经济增长的个体行为及不同利益诉求下的博弈的多主体系统行为。第五章建立一个包括相关制度在内的以地方政府为中心,多主体参与博弈的土地城镇化制度—行为分析框架,并构建了地方政府个体行为和多主体间行为互相作用的数学模型,进而分析地方政府行为对土地城镇化的传导机制。第六章采用 1999—2006 年全国地级市的面板数据对土地城镇化的地方政府资本竞争效应和土地财政效应进行实证分析,并分析了东中西地区和不同规模城市的土地城镇化驱动因素差异。第七章通过前文研究得出模型启示,并提出土地城镇化政府主导模式下的政策建议及土地城镇化市场交易模式下的制度重构。第八章总结研究内容得出研究结论,并对进一步研究做出展望。

关键词:城市化　土地利用　地方政府　政府行为

**1157**

**比较优势演化与装备制造业升级研究:基于辽宁省的实证研究** / 王福君著 ; 宋玉祥指导. -- 东北师范大学, 2009. -- 209 页

论文在理论体系层面和经验探讨层面的基础上,通过对辽宁省装备制造业的历史沿革、现状及存在问题的分析,结合国际装备制造业转移和当前国内装备制造业市场潜力巨大的形势,提出辽宁省装备制造业升级的选择模式与路径,并提出不同模式下的具体对策及制度对策。全文共分为六章。绪论部分,介绍论文研究问题,研究思路和方法,研究目标、主要内容与创新点。第一章,研究的理论基础。包括比较优势演化理论,产业内升级理论,产业比较优势分析理论以及装备制造业的内涵、分类和研究现状。第二章,装备制造业升级的理论分析。首先对装备制造业内部结构升级的环境条件分析,其次讨论装备制造业内部结构升级的动力机制,最后对装备制造业内部结构升级的测度进行分析。第三章,中国装备制造业发展的比较分析。首先提出美、日、韩三国装备制造业发展的经验启示,其次对中国装备制造业发展的国际比较进行分析,三是提出中国装备制造业发展的国内区域比较,最后提出对中国装备制造业发展的行业比较。第四章,辽宁省装备制造业比较优势分析。首先分析辽宁省装备制造业的时空特点,并对基于"七因素分

析法”的辽宁省装备制造业比较优势定性分析,对辽宁省装备制造业比较优势定量分析,对辽宁省装备制造业内部结构升级程度进行评价,对辽宁省装备制造业发展存在的主要问题进行分析。第五章,比较优势演化中的辽宁省装备制造业升级路径与对策。探讨辽宁省装备制造业内部结构升级的路径选择,装备制造业升级的支撑与保障,技术创新推动模式的对策,产业集群发展模式的对策,外向带动发展模式的对策以及推动辽宁装备制造业升级的制度对策。第六章为全文的结论与研究展望。

关键词:制造工业　产业结构升级　辽宁

**1158**

**产业集聚与吉林省经济增长研究:“长吉松”产业增长带的构想** / 王继红著 ; 衣保中指导. -- 吉林大学, 2009. -- 166 页

论文从产业集聚视角出发,通过实证分析吉林省制造业集聚现状,客观评价吉林省制造业的集聚程度,并在保持经济持续、健康稳定增长的前提下,提出通过产业布局政策的调整与干预加速产业集群的形成,提出构建“长吉松”产业增长带。全文共分为七章。第一章,引言。介绍论文研究背景、研究范围与研究目标、研究方法、研究思路、研究内容以及论文的创新不足。第二章,产业集群理论与区域经济增长理论。首先介绍产业集聚与区域增长的涵义;其次介绍区位理论对产业集聚的研究,产业区及新产业区理论对产业集聚的研究,波特的国家竞争理论对产业集聚的研究,新经济地理理论对产业集聚的研究;三是介绍区域经济增长理论;最后探讨产业集聚与区域经济增长研究进展。第三章,国内产业集聚促进区域经济增长的经验。提出国内外产业集聚促进区域经济增长的经验及具体的启示。第四章,吉林省产业集聚的实证分析。首先介绍吉林省经济增长与产业布局状况,在此基础上,提出对吉林省产业集聚的实证分析,提出吉林省产业集聚存在的问题,影响吉林省制造业集聚的主要因素,探讨吉林省产业集聚与经济增长的关系,并提出由吉林省产业集聚状况引发的思考和结论。第五章,构建“长吉松”产业增长带的理论基础与现实条件。概述产业增长带的起源、形成过程和基本构成要素;提出构建“长吉松”产业增长带的现实基础和必要性;提出“长吉松”产业增长带构建过程中面临的问题。第六章,“长吉松”产业增长带建设目标与实现路径。提出“长吉松”产业增长带的建设目标,并探讨“长吉松”产业增长带的开发模式与步骤,运作机制,主要领域及分工以及构建“长吉松”产业增长带应该注意的问题。第七章为论文的主要结论。

关键词:地方经济　产业经济　经济增长　吉林

**1159**

**甘南藏族自治州游牧人口定居的机制、模式和效应研究** / 王娟娟著 ; 高新才指导. -- 兰州大学, 2009. -- 240 页

论文依据甘南生态现状及现有生态保护措施,提出并论证了游牧人口定居的不同模式,并针对甘南游牧人口定居项目实施中需要注意的问题如再社会化问题等提出了相应的对策建议。论文分为九章。导言部分阐述了研究背景与研究意义,对国内外研究现状进行概述,并从总体上概括了论文的思路与主要内容,提出了研究基础与方法及论文的创新与不足。第一章对游牧人口定居的历史进行考察,介绍了游牧制的形成与发展历程,阐述了游牧的本质与特点,指出游牧存在的问题,并分析了游牧到定居的变迁过程。第二章从经济学及生态学等多个角度的相关理论对游牧人口定居的问题进行述评,概述了游牧人口定居的理论支撑。第三章从甘南的自然地理概况及生态系统类型的角度出发,分析评价甘南生态环境的承载能力。第四章叙述了甘南游牧人口定居的概况,分析了游牧人口定居的基本动因,并对可持续发展能力进行评述,在分析游牧人口定居的现状的基础上提出规划意见。第五章研究了甘南游牧人口定居的动力机制与运行机制,稳定机制与效益机制,并分析了机制体系的内在联系。第六章介绍了生态功能分区,分析总结游牧人口居住模式的历史变迁,并探讨了游牧人口定居模式选择的问题。第七章对甘南游牧人口定居的生活效应、生产效应及社会效应等进行分析。第八章分析了甘南游牧人口定居项目实施中需要主要的问题,如再社会化问题和寺院经济等等。第九章确立了定居—轮牧制度,并提出了推进甘南游牧人口定居的对策建议,如调整优化产业结构和发展现代畜牧业等。

关键词:牧民　定居　社会生活　甘肃

**1160**

**河南省农村人口流动及其对流出地经济发展的影响研究** / 王克亚著 ; 苗长虹指导. -- 河南大学, 2009. -- 150 页

论文的研究对象为河南省农村人口流动及其对流出地经济发展的影响。全文共分为八章。第一章，绪论。介绍论文的研究背景，研究目的和意义，研究思路、方法和内容，研究特色。第二章，国内外研究现状述评。对国外研究评述，包括人口流动的动因，人口流动与区域经济差异，人口流动与经济增长；对国内研究评述，包括人口流动的影响因素，人口流动的空间结构，人口流动与区域产业差异，人口流动与产业结构升级，人口流动与经济发展，人口流动对流入地和流出地的影响，新农村建设中的人口流动，河南省研究动态。第三章，人口流动经济理论。介绍生产压迫人口学说，二元经济结构理论，新古典迁移理论，人口流动机制等，并提出转型期中国农村人口流动的理论模型。第四章，河南省农村人口流动的历史与现状。根据河南省农村人口流动的阶段以及河南省农村劳动力的结构性矛盾，分析得出河南省农村人口流动的特征。第五章，河南省农村人口流动的动因分析。一是农村人口流动的"推力"，包括有限理性条件下农民的预期收入，经济势差促进农村人口流动，生活水平差距，农业生产成本与收益，改革开放政策的有利促进，农村人口流动的经济效益；二是人口流动的"拉力"，包括工业化启动农村人口流动和城市化发动农村人口流动；最后探讨人力资本水平的作用。第六章，农村人口流动与流出地经济发展理论分析。根据人口流动对流出地经济影响的理论基础，探讨农村人口流动对流出地经济的具体影响。第七章，河南省农村人口流动与区域经济发展的实证分析。第八章为论文结论与展望。

关键词：农村人口　人口流动　农村剩余劳动力　地区经济　经济发展　河南省

1161

**中国西部地区农村工业化动力机制研究** / 王水莲著；聂华林指导. -- 兰州大学, 2009. -- 164 页

论文的研究对象为中国西部地区农村工业化动力机制，论述构建西部地区农村工业化动力机制的政策措施，以期破解三农问题。全文共分为七章。导论部分介绍论文研究背景和意义，国内外农村工业化理论研究进展与述评，研究方法及研究范围的界定，研究思路与内容安排，研究可能的创新之处以及不足。第一章，系统论角度下的西部地区农村工业化动力机制研究。包括农村工业化的内涵，西部地区农村工业化发展的历史透视以及对系统论角度下的该问题的具体探讨内容。第二章，西部地区农村工业化内部动力解析。探讨农业与西部地区农村工业化的关系，对农业对西部地区农村工业化的贡献进行分析，概述西部地区的农业资源优势。第三章，西部地区农村工业化外部动力解析。包括制度创新对西部地区农村工业化的推动以及市场对西部地区农村工业化的推动，最后分析经济条件对西部地区农村工业化的推动。第四章，社区政府：西部地区农村工业化的组织推动。探讨社区政府推动农村工业化的激励机制，农村工业化初期社区政府的推动作用以及改制后社区政府调控行为对农村工业化的重要性。第五章，西部地区农村工业化动力机制的结构分析。在对西部地区农村工业化动力机制结构概述的基础上，分别分析改制前和改制后西部地区农村工业化动力机制。第六章，西部地区农村工业化及其动力因素的现状特征。评价西部地区农村工业化的总体效果和西部地区农村工业化的现状特征，提出现阶段西部地区农村工业化动力因素的主要问题。第七章，具体讨论西部地区农村工业化动力机制的构建措施和意义。最后为论文的结语与研究展望。

关键词：农村工业化　西北地区　西南地区

1162

**新疆伊犁州直属县市区域经济竞争力研究** / 王延著；刘力臻指导. -- 东北师范大学, 2009. -- 168 页

论文以新疆伊犁州直属县市的区域经济竞争力为研究对象，分析了其基础竞争力、核心竞争力及环境竞争力的现状，通过与新疆其他地州进行比较，评析伊犁州直区域经济优劣势，并提出相应的对策建议。论文共分为七个章节。第一章对区域经济竞争力理论研究进行综述，在对区域经济竞争力相关概念辨析的基础上，对区域经济理论对区域经济竞争力的相关研究进行述评，归纳论文的理论出发点与研究起点。第二章从国外和国内两个方面对区域经济竞争力评价的模型和指标体系进行对比综述，指出了国外研究值得借鉴之处和国内研究的不足，概括了论文研究的现实意义。第三章伊犁州直区域经济竞争力评价模型构建及指标体系设计，首先阐述了评价模型及指标体系建立原则，在此基础上构建了区域经济竞争力评价体系，并对区域经济竞争力评价指标系统进行设计。第四章从伊犁州直县市的基础竞争力、核心竞争力及环境竞争力三个方面竞争力的现状进行分析讨论。第五章伊犁州直区域经济竞争力与新疆其他

地州进行比较分析，介绍了竞争力评价指标对比表的数据来源及区域经济竞争力指数的计算方法，并对十一大要素和三大模块及区域经济竞争力进行对比分析。第六章从基础竞争力、核心竞争力及环境竞争力三个角度对伊犁州直区域经济优劣势因素进行分析，并从典型地州比较中分析伊犁州直的发展。第七章基于前文的研究结论提出提高伊犁州直区域经济竞争力的具体对策建议，即夯实基础竞争力，提升核心竞争力及营造环境竞争力。

关键词：区域经济　经济发展　竞争力　伊犁

1163

**产业转移与传统农区工业化：以周口市为例** / 王宇燕著 ; 耿明斋指导. -- 河南大学, 2009. -- 133 页

论文以周口市为例，探讨产业转移与传统农区农业化，着重从产业转移的角度阐明传统农区工业化的内在机理。全文共分为六章。第一章，导论。介绍论文研究背景及意义，相关概念界定，国内外相关研究现状，研究的基本思路、框架和创新之处。第二章，产业转移与传统农区工业化：一个分析框架。首先介绍传统农区工业化的影响因素和演进机理；其次分析产业转移理论，包括产业转移的动因，产业转移的方式，产业转移的效应以及产业转移的影响因素；最后分析产业转移促进传统农区工业化的机制。第三章，产业转移与传统农区工业化：基于周口市的实证分析。首先对周口市的工业化阶段判断并比较；其次对周口市当前产业转移现状及产业结构情况进行分析；三是对周口市产业发展与影响因素展开实证分析；最后对产业转移对周口市工业化的影响绩效分析，包括现有产业转移对人均 GDP 的影响绩效，现有产业转移对人均收入的硬性绩效，现有产业转移对产业结构的影响绩效以及对劳动力就业结构的影响绩效。第四章，传统农区承接产业转移的企业案例研究——以益海(周口)公司为例。分析益海(周口)公司进行产业转移的原因，对周口市产业机构的支撑作用以及给周口市带来的经济效应，并做出总结。第五章，周口市承接产业转移的条件、基本思路和对策建议。首先分析周口市承接产业转移的优势和劣势；二是提出周口市承接产业转移的基本思路；在此基础上，做出周口市承接产业转移的对策分析，最后对周口市承接产业转移的重点产业类型分析。第六章为论文的主要结论和后续研究。

关键词：农业区　产业转移　工业化　现代化建设

1164

**区域生态补偿的基础理论与实践问题研究** / 王昱著 ; 丁四保指导. -- 东北师范大学, 2009. -- 255 页

论文基于主体功能区划探讨了区域生态补偿的手段调节区域关系的问题，关注于“区域视角”下的基础理论和实践问题，形成对区域生态补偿的科学认识，并对当前紧迫的实践问题展开探讨。论文分为七章。第一章通过对生态补偿实践的梳理，提出区域生态补偿问题，首先对生态补偿的概念涵义及认知脉络进行阐述，指出生态补偿存在的区域困境，并从区域协调发展的角度分析区域生态补偿的现实需求。第二章从区域的解释入手，阐释了生态补偿的区域尺度，即生态系统的视角，概括了从“差异区”到“功能区”的地理学区域观的演化历程，从经济学的视角分析产业地理集中及从个体外部性到区域外部性，并从产权的视角来审视区域。第三章分析了自然环境系统的地带性特征与整体性，及行政经济区域系统的边界与网络性化结构，从区域产权分割、生态系统嵌套及地表生态系统与地下矿物资源的矛盾角度探讨空间冲突，分析空间冲突的区域效应。第四章在分析区域外部作用的地理事实的基础上，从经济学角度研究外部性对经济效率的影响，探讨了基于区域外部性理论的区域生态补偿。第五章总结了我国区域制度形成与发展的历史过程，探讨了政府与我国的行政经济区域及政治经济制度下的区域竞争，阐述了我国的区域发展差距问题，并指出协调区域关系是生态补偿的焦点与重要功能。第六章从责任机制与补偿标准，补偿方式及补偿机制四个方面阐述了基于我国区域制度的区域生态补偿难点。第七章研究主体功能区的生态补偿机制，指出主体功能区生态补偿机制建设的难点和障碍，并针对主体功能区域生态补偿机制建设给出了对策及政府操作层面的建议。

关键词：区域环境　生态环境　补偿性财政政策

1165

**中国国家区域援助政策体系研究** / 邬晓霞著 ; 魏后凯指导. -- 中国社会科学院, 2009. -- 150 页

论文探讨了国家区域援助政策的本质和理论基础，立足于对新中国成立以来中国现行区域援助政策实践的考察以及对相关国际经验的借鉴，构建中国国家区域援助政策体系。论文共分为九章。第一章导论阐述了选题背景与研究意义，对研究对象进行界定，对国内外研究成果进行综述，从总体上概括了研

究的思路和基本框架,并指出研究的创新和不足。第二章阐述了国家区域援助政策的内涵、特征和类型,介绍了国家区域援助政策的理论依据,并分析了其有效性和局限性,归纳论文的理论出发点与研究起点,在此基础上构建了国家区域援助政策的体系。第三章归纳总结了国家区域援助政策的国际经验,包括制定明确的问题区域识别标准和国家区域援助目标,采取灵活多样的差别化的区域援助政策等。第四章阐述了区域援助政策评价的相关理论,并对中国现行区域援助政策及实施效果进行评价,并以农村反贫困政策和老工业基地振兴政策为实例进行分析验证。第五章在对区域援助对象的类型和特征进行分析的基础上,提出了区域援助对象的识别体系。第六章从中国国家区域援助政策的总体目标和分类目标两个角度对国家区域援助政策的目标体系进行研究探讨。第七章对国家援助政策工具的类型进行划分,通过分类型援助政策工具组合,提出中国国家区域援助政策的工具体系。第八章通过国家区域援助政策的制度保障体系,研究了国家区域援助政策的管理模式、管理机构及法律保障。第九章梳理全文研究内容,归纳总结得出研究主要结论,并对进一步研究做出了展望。

关键词:区域经济　区域差异　经济援助　经济政策

**1166**

**区域可持续发展的水资源保障研究:以南水北调工程沿线城市为例** / 吴涛著 ; 杨云彦指导. -- 中南财经政法大学, 2009. -- 131 页

论文以南水北调工程沿线城市为例,研究区域可持续发展的水资源保障。全文共分为七章。第一章,导论。对目前研究的现状进行综述,提出问题,介绍论文的选题依据及研究目的,概述论文的内容及基本结构,简述论文研究方法、研究思路、研究逻辑框架,对论文理论和实践意义及创新点进行说明,对主要概念做出界定。第二章,区域水资源保障评价的理论基础。介绍可持续发展理论发展的脉络和目前的主要观点,以及论文采用的区域可持续发展主要观点,并论述水资源评价有关理论。第三章,区域可持续发展的水资源保障理论分析框架的提出。在分析区域可持续发展系统要素和运行机理的基础上,结合水资源子系统运行的特点和机制,建立区域可持续发展的水资源保障为理论分析框架。第四章,区域可持续发展的水资源保障能力评价研究。提出区域水资源保障能力评价的概念,介绍评价的定义和目的;提出指标体系的定义、功能、基本原则和模式框架,给出具体指标体系方案;最后给出评价程序和数学模型。第五章,以南水北调中线工程沿线河南省境内城市所做的实证研究。首先介绍南水北调中线工程的概况,对受水区的基本情况进行说明;接着以 2006 年为基准年进行可持续发展的水资源保障能力评价;三是预计 2010 年调水后的受水城市水资源保障能力变化讨论;最后对调水前后的变化进行分析。第六章,南水北调中线工程沿线城市分类分析。按照沿线地区的特点选择特大型城市、边缘化城市和资源型城市以及工业城市四类,针对每个地区进行深入分析。第七章,对城市和区域可持续发展的水资源保障能力建设提出对策和建议,对全文的主要观点进行总结。

关键词:水资源管理　区域经济　可持续发展

**1167**

**相邻省级行政区的流域利益协调研究:利益补偿与区域合作** / 吴瑜燕著 ; 张可云指导. -- 中国人民大学, 2009. -- 144 页

论文以"上游弱—下游强"的情形为研究对象,研究补偿式区域合作的利益协调机制,以人口流动作为切入点研究两区域的补偿与合作问题。论文共分为六章。第一章从理论意义和现实意义两个方面阐述了研究的意义,对国内外相关研究现状进行回顾和述评,从总体上概括了论文的研究思路与主要内容,指出了论文的创新之处与有待进一步研究的问题,并拟定研究方法。第二章介绍了研究对象即流域经济、行政区经济和区域经济,并分析了解决流域跨行政区问题时三种经济的关系,探讨了流域内相邻行政区的利益关系及流域内相邻行政区利益结构,并概括了跨行政区流域利益补偿面临的基本问题和流域区域合作的基本问题。第三章对我国七大流域相邻省份的流域利益冲突进行分析,总结了省级行政区流域利益的显性和潜在冲突的形式和特点,介绍了省级行政区流域利益冲突的解决办法及缺陷,并从默里—达林流域案例、福建省九龙江流域案例和新安江流域案例中吸取经验得到借鉴。第四章构建了对称性外部性的流域利益协调模型及考虑人口流动的非对称外部性的利益协调模型,并通过探究得出模型结论及相应的治理思路。第五章在对问题进行描述的基础上以北京与周边地区这个非对称性外部性的案例为实证,分析

北京与周边地区流域利益关系，已有的利益补偿和区域合作及存在的问题，构建非对称性外部性流域补偿型区域合作机制。第六章梳理全文研究内容，归纳总结得出研究主要结论，并对进一步研究做出展望。

关键词：地方经济　经济合作　经济发展　资源管理

1168

**旅游产业的区域效应研究：以大连市为例** / 谢春山著 ; 李诚固指导. -- 东北师范大学, 2009. -- 184 页

论文从旅游产业与区域发展互动视角，采用理论实证相结合，定性分析和定量评价相结合的方法，探讨旅游产业区域效应的产生规律和调控路径。论文分为六章。第一章绪论，在进行旅游产业相关概念界定以及辨析的基础上，从国外国内两个层面对旅游产业区域效应评价研究进展进行了综述和评价，进而提出了论文的研究思路与研究内容，建立了论文研究的框架体系。第二章基于旅游产业与区域经济发展、空间建设和社会文化进步以及生态环境发展相互作用的视角，分别研究了旅游产业关联与结构演变理论、旅游产业发展的空间布局理论等相关理论，为全文的研究奠定理论基础。第三章界定了旅游产业区域效应的概念与特征，分析旅游产业区域效应的内在结构及其逻辑层次，研究了旅游产业的区域经济效应，区域空间效应和区域社会文化效应以及区域生态环境效应，构建全文研究的理论框架。第四章从时间序列和空间变化两个视角研究旅游产业区域效应的时空演化阶段及其表现，建立旅游产业区域效应的评价方法与指标体系，提出旅游产业区域效应的调控机理。第五章以大连市为实证研究区域，分析大连旅游产业发展条件与特征，梳理旅游产业区域效应的演化轨迹与阶段表现，应用评价方法和指标体系对大连市旅游产业区域效应进行定量评价。第六章基于大连市旅游产业区域效应的过程演化以及定量评价结果，提出大连旅游产业区域效应的调控背景和调控目标，研究大连市旅游产业区域效应的调控路径以及调控对策。最后在研究结论与展望部分总结了主要研究结论，指出研究特色与创新指出，在分析研究不足的基础上对未来的研究进行进一步展望。

关键词：旅游经济　经济发展　大连

1169

**台湾高科技产业化系统运行研究** / 熊俊莉著 ; 李非指导. -- 厦门大学, 2009. -- 201 页

论文总结出一个研究台湾高科技产业化运行规律的综合性的理论分析框架，分析了技术动力来源、技术转化机制及产业化环境塑造等关键子系统运行的原理、组成及功能等规律。论文分为八个部分。导论部分阐述了研究背景及目标与意义，从总体上概括了研究思路与内容安排，介绍了研究方法，并指出研究的创新之处与局限处。第一章对相关文献进行回顾，阐述了台湾高科技产业化研究的现状，对现有研究进行简要评价，并指出需要进一步研究的方向，引出论文的研究方向。第二章对高科技产业化系统运行理论分析框架进行总述，分析技术创新理论与高科技产业化的技术动力系统的关系，得出产业技术的多元创新趋势，同时依次详细分析了技术转移理论与高科技产业化的技术转化系统及产业集聚理论与高科技产业化的产业环境系统。第三章概括了台湾高科技产业发展历程中方向确立期，高速发展期及调整转型期的概况，并总结了策略性高科技产业发展现状。第四章分别从台湾高科技产业化的外部和内部两个技术动力子系统入手，分析了它们的抉择法则，衡量指标和效率评价，并提出技术动力系统的调整策略。第五章总结美国日本等发达国家技术转化经验，深入探讨了台湾高科技产业化的技术转化子系统运行原理及规律，即技术衍生转化系统、技术产学转化系统及技术交易转化系统。第六章概括了台湾高科技产业集群形成与发展的概况，分析了台湾高科技产业集群各要素的集中度，探讨了台湾高技术产业集群的聚集经济效应。结论与思考部分总结全文得出的主要研究结论，在指出研究局限的基础上对后续研究的方向进行展望。

关键词：高技术产业化　技术革新　产业集群　台湾省

1170

**基于非均质空间的经济区域形成研究** / 许建生著 ; 郝寿义指导. -- 南开大学, 2009. -- 184 页

论文以非均质空间为研究的基本出发点，综合运用相关理论和方法，深入分析了经济区域的内涵，探索了经济区域形成的微观机制和宏观机制，构建了测度经济区域形成的综合指标体系。论文分为七章。第一章导论，阐述了问题的提出和研究的意义，总体概括了理论框架，介绍了论文的研究方法，并指出了论文的主要创新点。第二章界定了论文相关基本概念，从经济区域的定义与构成及特征等方面对国内外

关于经济区域研究的文献进行综述,同时对国内外关于聚集的研究文献进行综述,并阐述了今年研究的进展及存在的不足之处。第三章探讨了经济区域形成的微观机制,对非均质空间假设进行回归,构建非均质空间假设下的区位选择模型,并进行非均质空间假设下的集聚研究,分析影响聚集形成的关键因素,提出基本经济功能区形成模型。第四章探究经济区域形成的宏观机制,在界定经济功能区的相关概念的基础上,分析了经济区域形成的四个要素,从多角度探讨了经济中心的形成及经济区域的形成。第五章对经济区域的复杂适应性进行分析,在复杂适应系统理论的基础上应用建模工具对经济区域的形成进行了多主体的建模和仿真研究,并对模型的仿真运行结果进行了分析。第六章构建经济区域形成的测度指标体系,同时构建 ANP 的经济区域形成测度模型,阐述了研究对象的选取与参数的预处理过程,通过三大都市圈形成的测度指标对比研究,提出推进三大都市圈经济区域形成的建议。第七章梳理全文研究的主要内容,总结得出主要结论,通过对论文的不足之处进行分析,指出有待进一步研究的内容,并做出展望。

关键词:地方经济　区位选择　经济中心　形成机制

**1171**

**区域经济可持续发展与水资源利用研究** / 燕丽丽著 ; 金哲松指导. -- 中央财经大学, 2009. -- 118 页

论文的研究对象为区域经济可持续发展与水资源的利用。全文共分为八章。第一章,绪论。介绍论文的研究背景,研究思路与内容,重要概念的辨析与界定。第二章,国内外相关研究进展。一是国外研究现状介绍,包括用水增长的研究,调节水资源需求的研究;二是国内研究现状,包括经济机理机制在水资源管理中的应用,水资源管理的宏观层面分析,区域水资源承载力研究以及水资源需求变动研究。第三章,区域经济可持续发展与水资源利用的相关理论基础。一是产业结构理论,二是可持续发展理论,三是经济增长与资源环境协调发展理论。第四章,区域经济发展中的用水结构和趋势分析。首先对农业用水变化分析,包括农业用水的特征分析,区域经济发展中农业用水的发展趋势;二是工业用水分析,包括工业用水的变化以及工业用水结构;三是介绍第三产业用水;最后分析区域经济发展中用水结构与变动趋势。第五章,水资源与产业结构分析。首先探讨水资源与产业结构的关系;其次对水资源与产业结构的相关性进行分析;最后提出水资源约束下产业结构的优化模型。第六章,水资源与城市化进程。探讨城市化对水资源使用的影响机制,对城市化过程中城市用水的特征进行分析。第七章,区域经济发展中的水资源危机及其原因分析。首先提出区域经济发展中面临的水资源问题,进而对区域经济发展中水危机的成因进行分析。第八章为论文的主要结论及对策建议。

关键词:区域经济　可持续发展　水资源管理　产业结构

**1172**

**京沪高速铁路工程的区域效应研究** / 杨维凤著 ; 孙久文指导. -- 中国人民大学, 2009. -- 141 页

论文借鉴关于交通运输区域经济影响的研究方法,探讨京沪高铁的区域效应,促进高铁区域效应影响分析框架的建立,为我国未来其他高铁的区域效应分析提供方法和理论借鉴。论文分为七章。第一章导论,主要是提出问题,探讨对京沪高铁区域效应进行研究的背景和意义,提出论文的研究方法和全文的逻辑框架,最后指出了研究的创新与不足之处。第二章介绍了高速铁路区域效应的理论基础,分别从区域经济发展的基本理论和交通经济带理论两方面进行评述。第三章从聚集效应、扩散效应及两者间关系分析京沪高铁的区域效应影响机理,同时也分析京沪高铁的区域效应类型。第四章从理论关系和实践的角度,定性和定量分析京沪高铁与区域经济发展的关系,选择京沪高铁沿线的 16 个地级市和 3 个直辖市的市域、市域区及其所辖的县及县级市为研究的基本单位,通过回归分析得出结论。第五章运用定性和定量分析方法对京沪高铁与区域产业结构的关系及京沪高铁与相关行业的关联性进行分析,采用 1997 年和 2002 年中国和京沪高铁沿线各地区的投入产出表计算交通运输业与其他相关产业的关联,构建“产业结构高级化”指数。第六章分析了京沪高铁与区域空间结构演变的机理,并从宏观、中观及微观三个角度分析了京沪高铁的区域空间结构影响。第七章提出了京沪高铁的区域经济政策建议,分析了区域经济政策的定义和特点、区域经济政策制定的适度原则及公平原则和目标,在分析总结研究内容的基础上提出了京沪高铁的区域经济政策建议。

关键词:铁路运输建设　铁路工程　高速铁路　区域经济　经济发展

1173

**贸易自由化与中国制造业空间分布研究** / 叶振宇著 ；宁吉喆,孙久文指导. -- 中国人民大学, 2009. -- 176 页

论文从理论上解释了对外开往过程中中国制造业空间结构的变化,分析了贸易自由化阶段中国制造业空间分布的影响因素,并对开放经济条件下优化中国制造业区域分布提出了政策建议。论文分为九章。第一章导言,在介绍中国现象的基础上,从理论和实践两方面讨论了选题意义,解释了相关基本概念,从总体上概括了研究思路及技术路线,并指出了论文创新之处与待解决问题。第二章运用理论解释基本模型和模型拓展问题,从理论和实证两方面对相关文献进行梳理和评述,比较国内外研究的现状,阐明研究的出发点。第三章理论解释贸易自由化与国内工业布局变化,概括了两国三地区模型,并对模型进行扩展和数值模拟。第四章概括中国贸易自由化的历史进程,通过一系列研究方法,从中国的行业特征角度探究了中国制造业空间布局的特征及分布的动态变化,通过理论与实证分析了中国制造业空间分布的决定因素。第五章总结了中国制造业区域分布的特征,分析中国制造业的区域结构,并对理论背景进行研究,从中国的区域特征角度分析了中国制造业区域分布的决定因素。第六章总结了国际分散化生产的现实经验,依据相关理论背景设定计量模型,通过数据分析检验,从中国的生产特征角度分析了国际分散化生产与制造业空间分布的关系。第七章揭示中国制造业区域效率变化趋势,实证研究贸易自由化和集聚经济对效率是否显著影响。第八章分析了中国制造业空间结构存在的问题,根据研究结论提出优化中国制造业区域布局的政策建议。第九章结束语总结了研究结论,并对进一步研究做出展望。

关键词:制造工业　经济发展　自由贸易　经济布局

1174

**新经济地理学视角下的产业集聚机制研究:兼论近十多年我国区域经济差异的成因** / 殷广卫著 ；安虎森指导. -- 南开大学, 2009. -- 303 页

论文在理论层面上构建产业集聚机制的研究框架,并总结适用于解释各种产业集聚现象的一般性的产业集聚机制理论,解释我国改革开放以来区域经济差异的基本格局。论文分为九章。第一章导论,在分析我国经济社会发展等现状基础上阐述了选题的理由和研究的意义,对相关概念进行评述和界定,介绍了研究的思路与目标,研究方法及创新点,并总体概括了论文的基本结构。第二章对新古典经济学的马歇尔和德国古典区位理论的几位重要代表人物的及其后各个学派众多学者的认识进行综述,归纳论文的理论出发点与研究起点。第三章对新经济地理学的发展脉络和核心思想进行阐述,分析新经济地理学模型揭示制造业集聚机制,通过综述论文关于产业集聚机制的基本研究框架得以确立。第四章基于文献综述及基本理论归纳了影响产业集聚与分散的四类基本因素,即规模经济,消费偏好,空间成本及心理预期,并分析了它们各自的影响。第五章经济关联与产业集聚机制,重点立足于新经济地理学的众多模型展开分析。第六章知识关联与产业集聚机制,依次分析了知识溢出资本积累,知识创造的独立非独立,经济增长及其来源及信息时代条件下的空间接近知识溢出与产业集聚的关系。第七章分析了产业集聚与分散的力量来源或影响因素,指出值得强调的产业集聚机制的一些重要方面,并对产业集聚机制进行归纳总结。第八章比较 1993 年以来我国沿海与内陆,三大地带及四大区域的经济差异,并进行总结性陈述。第九章总结全文得出研究结论及实证研究的相关结论,提出促进区域经济协调发展的政策建议,并对进一步研究做出展望。

关键词:区域经济　产业集聚　产业结构　区域差异

1175

**我国农业现代化进程中的农户兼业经营问题研究** / 袁军宝著 ；郭志仪指导. -- 兰州大学, 2009. -- 153 页

论文的研究对象为我国农业现代化进程中的农户兼业经营问题。全文共分为七章。首先是论文的导言部分,介绍论文选题背景与意义,国内外相关研究文献情况,论文的研究思路和方法。第一章,农户兼业经营概述。首先对农户兼业的概念进行界定,提出农户兼业是普遍存在的,并分析我国农户兼业的现状。第二章,农户兼业的理论探析。包括对农民充分理性的讨论,农户兼业的理论及现实原因探析,农户兼业理论的进一步讨论。第三章,农户兼业与规模化经营。首先概述规模化的经营情况,对规模化经营的利益进行比较,提出农户兼业与规模化经营的关系和影响的具体讨论。第四章,农户兼业与农业产业化相互关系研究。提出农业产业化的概述,提出农户兼业

与农业产业化的发展。第五章,农业现代化进程中农户兼业的作用与前景分析。首先对我国农业现代化目标分析,在此基础上,提出农户兼业对我国农业现代化的积极影响和消极影响,提出农户兼业的前景。第六章,我国不同区域农户兼业及农业发展的聚类分析。分别对各省农业发展及农户兼业的层次聚类分析,对聚类的结果进行分析,对不同区域的农户兼业与农业发展的思路进行分析。第七章,根据对日本等地的农户兼业与农业发展的经验总结和借鉴,提出对我国农户兼业与农业发展建议。最后为论文的结语。

关键词:农户　多种经营　产业化经营　农业现代化

1176

**台湾服务业发展与竞争力分析** / 曾文利著 ; 李非指导. -- 厦门大学, 2009. -- 141 页

论文以产业经济学相关理论为理论框架,将台湾服务业的发展放置于世界服务业发展的大背景中进行探讨,并着眼于两岸服务业合作对台湾服务业发展前景及提升竞争力路径选择进行构想。论文分为九章。第一章导论阐述了研究的背景和目的,对研究相关文献进行综述,介绍了研究中所用的方法,并从总体上概括了研究的内容。第二章界定了服务业的概念与特征,介绍了服务业的分类,并在分析产业结构演变理论的基础上探讨了服务业发展的原因,归纳论文的理论出发点与研究起点。第三章分析了当代世界服务业发展的基本趋势,总结了当代世界服务业发展的主要特点和主要模式。第四章概括了台湾服务业的发展历程,包括农业主导时期服务业的畸形发展,工业主导时期逐步建立外向型经济服务体系,经济转型时期进入服务经济社会。第五章在归纳服务业发展及服务业内部结构演变规律的基础上,分析台湾产业结构演变中的服务业及台湾服务业内部结构演变历程,并分析台湾服务业结构存在的问题及成因。第六章阐述了知识密集型服务业的定义及特点,归纳台湾知识密集型服务业的发展现状,分析台湾知识密集型服务业的发展政策并进行 SWOT 分析。第七章介绍了服务业竞争力的相关理论,并从经济基本面分析和服务贸易情况分析两个方面通过实证对台湾服务业竞争力进行分析,最后对台湾服务业竞争力进行评价。第八章分析了两岸经贸交流中服务业的合作和现实基础,并着眼于两岸服务业的合作对台湾服务业发展前景及提升其竞争力的路径选择进行构想。第九章梳理全文内容,并归纳总结得出研究主要结论。

关键词:服务业　竞争力　产业发展　产业结构　台湾

1177

**纳入土地要素宏观调控理论研究** / 张换兆著 ; 郝寿义指导. -- 南开大学, 2009. -- 207 页

论文在现有宏观调控理论基础上探索初步建立纳入土地要素的宏观调控理论,探索建立、健全纳入土地要素宏观调控体系对完善宏观调控理论、调控中国宏观经济平稳较快发展具有的重要意义。论文分为八章。第一章导论,阐述新形势下土地政策纳入宏观调控的现实背景和理论意义,对土地政策在不同经济发展形态下如何实现宏观经济的稳定发展提出了新要求,据此提出论文的研究思路和基本方法,概括论文创新点和存在不足之处。第二章从宏观经济调控理论、国外关于纳入土地要素的宏观调控理论和国内关于纳入土地要素的宏观调控理论等三个方面对相关的文献进行梳理和总结。第三章分析纳入土地要素的宏观调控理论的基础,分析土地供给量的变动对宏观经济的影响和作用,建立纳入土地要素宏观调控的一般模型,进一步分析知识和技术外生和内生条件的变化对长期经济增长的影响以及对纳入土地要素宏观调控的影响。第四章分析封闭经济条件下财政政策和货币政策的变动对纳入土地要素宏观调控作用机理的影响。第五章分析开放经济条件下短期和长期汇率波动对纳入土地要素宏观调控效果的影响。第六章对前文的理论体系进行相应的实证分析,从两个层面进行,即土地供应对宏观调控作用的实证分析和土地政策的频率对宏观调控的影响。第七章在理论模型构建和实证分析上,以丁伯根法则和蒙代尔法则等政策组合原理为基础,建立基于我国现实情况的土地宏观调控政策组合体系,为我国土地宏观调控实践提供一定的指导。第八章总结了论文的基本理论,并指出论文的不足,以期待后续研究能进一步弥补。

关键词:土地政策　经济发展　宏观调控机制

1178

**中国信托业发展及其对区域经济促进作用研究** / 张立忠著 ; 朱显平指导. -- 吉林大学, 2009. -- 135 页

论文研究中国信托业发展及其对区域经济的促进作用。全文共分为七章。第一章,绪论。介绍论文的选题目的与意义,国内外研究现状,论文基本结构

和主要内容,论文的主要创新点和不足。第二章,信托业与区域经济发展的基本理论。一是对信托及其基本类型的界定,二是信托与区域发展相关基本理论的综述。第三章,信托业的发展及其在现代金融体系中的地位。首先介绍信托的历史渊源,介绍信托遗赠和尤斯制度;接着介绍现代信托业的产生与发展,包括信托业在英国、美国和日本的产生与发展情况;最后分析信托业在现代金融体系中的地位及特点。第四章,中国信托业发展历程与主要特征。分别介绍中国建国前、建国后至改革开放前、改革开放以来中国信托业的发展情况;介绍现阶段中国信托业发展的基本状况,包括信托业发展的基本制度框架,信托业在金融体系中的地位,信托业的基本功能定位以及信托业务定位与主要信托产品;提出中国信托业的主要特征,包括中国信托业发展的社会环境特征以及演进路径特征两个方面。第五章,信托业对区域经济发展促进作用的途径分析。分别讨论信托业基本职能对区域经济的促进作用以及信托综合职能对区域经济发展的促进作用。第六章,中国信托业对区域经济发展影响的经验分析。分析信托业发展与区域经济发展的相关性,并探讨影响信托业促进区域经济发展作用发挥的因素。第七章,关于促进信托业与区域经济良性互动的对策思考。提出应规范和加快信托业发展所需的制度改革,实现信托业加快发展的业务方向调整与产品创新,并提出充分发挥信托业对区域经济发展促进作用的建议。最后部分是论文的主要结论。

关键词:信托业　产业发展　区域经济发展

**1179**

**开放经济下区域贸易模式与空间格局演变:基于改进 C-R 模型的理论与实证研究** / 张若著 ; 陈秀山指导. -- 中国人民大学, 2009. -- 147 页

论文基于改进 C-R 模型的理论与实证研究,探讨开放经济下区域贸易模式与空间格局的演变。全文共分为六章。第一章,导论。介绍论文问题的提出与选题意义,研究对象界定,相关理论和研究综述,研究目标、框架与方法,创新与不足之处。第二章,多区域 C-R 贸易空间模型的动态均衡分析。首先提出区域贸易的动态分析框架,包括贸易动机与影响因素,对外贸易与区际贸易以及动态分析框架;其次提出多区域 C-R 贸易空间模型;最后对模型推论,探讨经济增长与贸易,地区间技术差异对贸易的影响以及贸易开放度与贸易格局。第三章,多区域 C-R 贸易空间模型的福利效应分析。一是贸易得益和福利分配,包括多样化与效益得益,国家收入与竞争力,地区收入分配以及区域贸易对效率的影响;二是地区性政策对贸易得益的影响,包括刺激技术创新对企业固定投入进行补贴,改善对外贸易条件,刺激本地需求和地方保护政策;三是对中国区域贸易发展和收益比较,包括我国区域贸易的发展,消费效用得益,地区生产得益和我国地方政府的政策选择。第四章,多区域 C-R 贸易空间模型的经验数据:中国省级贸易模式与空间格局分析。包括省际贸易量矩阵估算及结果,区域贸易空间特征分析,并提出决定我国区域贸易模式的动机与因素——规模经济与产业内贸易,分工与产业间贸易以及对外贸易与省际贸易的相关性。第五章,多区域 C-R 贸易空间模型的拓展应用:中国区域市场一体化程度测度与趋势分析。分析包括区域市场一体化的内涵,区域市场一体化程度的测度,市场一体化对区域协调发展的影响分析。第六章为论文的结论和展望。

关键词:区域贸易　省际贸易　地方外贸

**1180**

**基于产业转移的区域政策创新研究** / 张婷婷著 ; 高新才指导. -- 兰州大学, 2009. -- 134 页

论文通过对雁行模式论、产品生命周期论、大山模型、国际生产综合论和国际投资发展论等产业转移理论的梳理,分析我国产业转移的现状和发生机制,并以新疆和甘肃为研究对象就我国欠发达地区承接产业转移进行实证研究。全文共分为五章。首先是导论部分,介绍论文问题的提出背景,对相关概念与研究对象界定,提出论文研究框架、研究思路与分析框架、理论基础与研究方法。第一章,产业转移相关理论。对新古典理论框架模型、雁行模式论和产品生命周期论、大山模型以及国际生产综合论和国际投资发展论等产业转移相关的重要理论进行说明。第二章,我国欠发达地区承接产业转移的实证研究。分析我国产业转移的现状,产业转移的发生机制,对我国欠发达地区承接产业转移的实证进行比较分析,得出结论并进行评价。第三章,区域政策对产业转移的外部作用机制。分析企业内部因素对产业转移的影响,经济活动区位对产业转移的影响,区域政策对产业转移的外部作用机制,并得出结论。第四章,区域政策对产业转移影响的一般分析。以英国为例,探讨 1945—1980 年的区域政策与产业转移,1990—2000 年的区域政策与产业转移,对地区特定

补贴(RSA)做出说明,分析英国的产业转移和地区特定补贴的作用,并做比较、评价和小结。第五章,基于产业转移的区域政策创新。内容包括基于区域政策创新视角的产业转移效应分析,基于产业转移的区域政策创新以及产业和区域相接的差异性政策。最后为论文结论与展望。

关键词:地方经济　产业转移　经济政策

1181

**区域经济增长俱乐部趋同:概念、识别及机制——基于中国案例的分析** / 张伟丽著 ; 覃成林指导. -- 河南大学, 2009. -- 203 页

论文基于中国案例的分析,探讨区域经济增长俱乐部的趋同:概念、识别和机制。全文共分为七章。第一章,导论。介绍论文的选题背景及意义,研究的主要内容,研究思路和主要研究方法。第二章,文献评述。一是俱乐部趋同的概念,包括俱乐部趋同概念的发展脉络和研究存在的问题;二是俱乐部趋同的理论基础,包括新古典生产函数理论,新增长要素溢出理论和新经济地理学的地理溢出理论;三是提出俱乐部趋同假说的实证检验,包括区域分组方法,外生与内生的区域分组方法,提出俱乐部趋同检验方法,包括传统计量方法,马尔可夫链及空间马尔可夫链,空间计量方法以及非线性计量模型;四是俱乐部趋同的机制研究;五是国内外文献有关中国俱乐部趋同的研究内容;最后提出已有研究存在的问题。第三章,俱乐部趋同概念的界定。首先是时间俱乐部趋同概念,包括截面性时间俱乐部趋同概念和随机性时间俱乐部趋同概念;其次是空间俱乐部趋同概念;最后是时空耦合俱乐部趋同概念。第四章,俱乐部趋同识别的方法框架。首先提出基本思路,在此基础上,提出区域分组方法框架的构建,结合趋同检验的理论基础,提出趋同检验方法框架的构建。第五章,中国俱乐部趋同的识别。内容包括研究的基本地域单元及数据来源介绍,时间区域组划分,空间区域组划分,时空耦合区域组划分,时间俱乐部趋同的检验,空间俱乐部趋同的检验以及时空耦合俱乐部趋同的检验,并得出相关结论。第六章,中国俱乐部趋同的机制。首先介绍时间俱乐部趋同形成的机制,其次介绍空间俱乐部趋同形成的机制,最后提出时空耦合俱乐部趋同形成的机制。第七章为论文结论和展望。

关键词:区域经济　经济增长

1182

**中国西部地区产业生态化的发展路径研究** / 张雪梅著 ; 郭志仪指导. -- 兰州大学, 2009. -- 134 页

论文在追溯产业生态化经济思想渊源和回顾产业生态学理论发展历程的基础上,阐释产业生态化的基本内涵及产业生态系统的原则与特性,并以我国西部地区为研究对象,探寻西部区域产业生态化的发展路径。全文共分为六章。首先是导论部分,介绍论文选题背景与意义,研究方法,研究基本内容,论文可能的创新之处。第一章,产业生态化的理论基础与实践分析。内容包括产业生态化的经济思想溯源,产业生态化的理论基础——产业生态学,产业生态化的基本内涵,产业生态系统的特征,产业生态化的实践分析。第二章,西部地区的产业发展与资源环境问题分析。首先分析西部地区产业发展与资源环境的现状和问题,在此基础上,基于环境库兹涅茨曲线的西部产业发展与环境质量关系进行计量分析,并对西部地区生态效率的因子进行分析,得出该部分的分析结果。第三章,我国西部地区产业生态化的发展路径。提出我国西部地区产业生态化发展在三个层面的推进,探讨西部地区产业结构优化与产业生态化互动,西部地区产业集群化与产业生态化互动,最后讨论环保产业的带动对我国西部地区产业生态化发展的可能影响,并得出结论。第四章,西部地区产业生态化发展的影响因素分析。分别提出并分析体制因素、技术因素、法规因素对西部地区产业生态化发展的影响情况。第五章,构建西部地区产业生态化的保障体系。讨论内容包括产业生态化的制度保障,产业生态化的主要经济措施以及产业生态化的技术支撑体系。第六章为论文的研究结论与展望。

关键词:地方经济　产业发展　环境保护　西北地区　西南地区

1183

**区域物流与经济资源最佳利用研究** / 张义龙著 ; 刘力臻指导. -- 东北师范大学, 2009. -- 303 页

论文的研究对象为区域物流与经济资源最佳利用,通过对国际国内物流手段实现可持续发展实践的对比分析,有针对性地提出我国通过物流这一现代化手段,如何寻找最佳利用资源的参考模式和策略。全文共分为八章。首先是绪论部分,介绍论文的研究背景、理论假设、研究方法、研究结构安排以及论文创新与不足。第一章,区域物流与经济资源最佳利用的理

论分析。提出区域物流与经济资源最佳利用的理论基础,区域物流与经济资源最佳利用的理论模型,并对剪刀—自组织—新组合理论进行阐释。第二章,区域资源优化——物流与供应链网络建模系统。首先概述区域物流与资源最优化利用建模的系统;接着阐释选择和实施 NOMA 能力的准则——标准化与资源整合;三是分析选择和实施 NOMA 能力的过程。第三章,物流绩效指标体系与供应链绩效分析。内容包括物流业绩、成本和价值的衡量,区域物流资源诊断与改善。第四章,区域物流资源最佳利用模式——一体化管理。首先提出区域企业供应链制造战略,介绍物流网络设计、设施选址和生产运作;在此基础上,对设施资源最佳利用的模型优化分析;最后对仓储设施及设备资源利用分析。第五章,生产与运输最优规划模式。分析供应链中的生产规划方法与资源利用,探讨准时制生产方法和精益思想原理,对特定行业供应链资源配置的中、短期规划进行分析,探讨业务外包:区域企业最佳利用资源的新模式。第六章,建立区域托盘公用系统与集成化运输系统。分析区域托盘公用系统对资源的有效利用以及区域集成化运输系统模式。第七章,区域物流与资源利用的国际比较。内容包括本地、区域性和全球性资源配置中的物流与供应链定位,中国企业从发达区域供应链中吸取价值,科学发展观和循环经济推动区域经济变革的内容以及未来的方向和机会。第八章为论文展望。

关键词:区域经济　物流　经济资源　资源配置

1184

**城市增长的时空演进规律研究:以中国为例** / 张志强著 ; 江曼琦指导. -- 南开大学, 2009. -- 230 页

论文采用空间计量、非参数计量等研究方法,分析中国城市增长的时空演进特征,探究中国城市增长的时空演进规律及其形成原因,就各个因素效应进行实证检验,并依据中国城市增长的时空演进特征对中国城市发展方针进行回顾与评价,针对城市发展中存在的问题提出建议。全文共分为八章。第一章,绪论。介绍选题的背景与研究意义,文献回顾与简评,研究思路框架与研究内容以及论文可能的创新点。第二章,核心概念界定与研究方法。提出城市、城市体系、城市增长、城市规模、聚集经济、空间计量学以及空间收敛的概念,并介绍研究采用的非参数计量学方法、转移动态的分析方法、新古典经济增长模型的收敛性理论、空间计量学的基本方法等,最后提出论文实证的数据来源。第三章,中国城市人口规模分布演化。阐释中国城市人口规模分布演化的历程以及1949—2006 年中国城市人口规模分布演化,提出中国城市人口规模分布演化的 Zipf 法则和中国城市人口规模分布演化的特征。第四章,中国城市经济增长分布演进。基于 1990—2006 年中国城市经济增长分布演进特征,探讨中国城市经济增长的空间聚集性与空间依赖性,基于空间横截面数据的中国城市经济增长空间收敛性,基于空间面板数据的中国城市增长空间收敛性。第五章,中国城市平行增长与城市体系演化的原因分析。首先分析城市平行增长的一般规律;其次对城市平行增长规律的理论诠释,对城市规模分布演化形成原因的理论解释;最后提出中国城市规模分布演化影响因素的解释性框架,并对中国城市规模分布演化影响因素进行实证分析。第六章,中国城市经济增长空间聚集的原因分析。基于聚集经济的一般理论,对聚集经济促进城市经济增长的机制分析,对中国城市聚集经济促进经济增长的机制分析,并以产业空间聚集的视角,对中国城市聚集经济的影响因素展开研究。第七章,通过回顾与评价中国城市发展方针,讨论中国城市发展中存在的问题,提出中国城市化发展的对策建议。第八章为研究结论与展望。

关键词:城市经济　经济增长　人口分布　聚集经济

1185

**中国审计市场分割问题研究:政府对地方经济干预的案例分析** / 郑丽著 ; 衣保中指导. -- 吉林大学, 2009. -- 171 页

论文以政府与市场关系理论及统一市场理论为依据,从区域经济的角度出发,运用规范研究与实证研究相结合的方法对我国审计市场地区分割问题进行研究。全文共分为六章。引言部分介绍论文的研究背景、研究意义、研究内容与论文结构、研究方法、论文可能的创新之处与有待进一步深化的内容。第一章,相关概念与研究文献综述。首先对市场分割的概念,审计、审计市场与审计市场分割的概念进行界定;其次对市场分割的问题以及审计市场分割的问题相关研究进行回顾;最后对国内外研究现状做出评价,并提出论文的研究视角。第二章,理论分析与制度背景。介绍政府与市场关系的代表性理论,转型期中国政府与市场的关系及市场分割的形成,审计市场的基本要素及特征以及中国审计市场分割的制度背景。第三章,中国审计市场分割的状况。首先分析审

计市场分割的表现形式;其次对审计市场分割的测定方法介绍,并对审计市场分割进行测定;最后探讨审计市场分割的程度。第四章,审计市场分割影响因素的实证分析。首先提出政府干预与相关研究假设,市场化程度与相关研究假设以及审计服务供给能力与相关研究假设;其次确定样本与变量;最后通过一定的方法对研究假设展开实证分析,并得出研究结论。第五章,审计市场分割对审计质量的影响。首先介绍审计质量、审计质量的特征及其衡量;其次对审计市场分割对审计质量影响进行考察;最后对市场分割下的审计失败案例剖析。第六章,统一审计市场建设的政策建议,包括统一审计市场建设与政府职能转变,统一审计市场建设与企业变革以及统一审计市场建设与注册会计师行业改革。最后为论文结论。

关键词:审计　服务市场　行政干预　审计质量

**1186**

**东北亚区域经济演变的过程、格局与机理研究** / 祝滨滨著 ; 支大林指导. -- 东北师范大学, 2009. -- 160 页

论文基于相关理论研究东北亚区域经济关系与格局的演变过程,探究影响此过程和格局形成的各因素和作用机理,把握各国关系的主要问题和区域经济发展的客观规律,提出未来区域经济发展的趋势。论文分为八个部分。绪论部分根据东北亚区域经济合作的国际社会背景和各国对东北亚经济合作问题研究现状的分析,提出研究课题,阐述研究价值、研究框架和研究方法等。第一章对与国际区域经济理论和实践相关的国际区域分工理论,国际区域经济合作理论及国际区域经济一体化理论等相关理论进行综述,对国内外相关研究进行分阶段的总结和概括。第二章以国际分工理论,国际区域经济合作理论和国际区域经济一体化理论作为主要理论支撑,从概念入手将分工与合作的演变历程纳入理论体系进行阐述。第三章概括阐述了东北亚区域经济演变的历史过程,从古代到近代东北亚地区区域关系的变化,再到冷战时期东北亚各国经济关系,最后开放与合作时期东北亚各国的经贸合作及地区合作开发情况。第四章阐述了东北亚区域经济发展和演变的结局,即区域经济发展的结构性变化,包括东北亚区域经济要素配置格局,区域产业结构格局和区域经济空间结构格局三部分。第五章分析地理位置的相关联与自然地理环境的整体性对促进区域经济关联与合作的影响,分析古代人口迁徙和分化交流对东北亚区域经济关系变化存在的现实意义,阐述近代东北亚的政治关系对现代区域经济合作的制约等,分析东北亚区域经济协调机制的形成与完善。第六章分析区域产业分工体系转变,选择东北亚区域经济合作模式,分析主要路径,为区域设施建设和生态环境的整治、东北亚区域协调机制的形成和完善提出建议。结论部分梳理全文研究内容,总结出研究的主要结论。

关键词:区域经济　经济合作　国际合作　东北亚

**1187**

**海峡两岸产业分工合作的动因、模式与经济效应研究** / 庄荣良著 ; 李非指导. -- 厦门大学, 2009. -- 137 页

论文结合新兴古典经济学的外商直接投资和产业分工理论,在综合借鉴过去 20 年来海峡两岸专家学者关于两岸产业分工合作的众多理论研究成果的基础上,对两岸产业分工合作的发展历程、动因机制、模式演进、经济效应等展开研究。全文共分为七章。第一章,导论。介绍论文研究的背景与问题的提出,研究方法,篇章结构,论文研究的创新之处与不足。第二章,理论综述。介绍全文的理论基础,一是国际直接投资理论,包括产业组织理论基础,产业转移理论基础以及外商直接投资理论的融合探讨;二是国际产业分工理论,包括比较优势理论,竞争优势与产业集群理论和近年来国际分工理论的新发展;三是海峡两岸产业分工合作理论研究成果,包括关于台商投资大陆的动机考量,两岸产业分工的模式和形态以及关于两岸产业分工合作的经济效应。第三章,两岸产业分工合作的现状。介绍台商投资大陆的发展历史和阶段特征,近几年台商投资大陆的新特征,并通过探讨台湾产业结构的演进过程,大陆产业结构的演进,对两岸产业机构比较分析。第四章,两岸产业分工合作的动因、模式与经济效应。首先探讨两岸产业分工合作的动因,包括比较利益驱动、两岸产业结构的互补性、大陆的投资环境优势、台湾经济转型的内在需要与岛内发展环境的制约以及经济全球化与区域一体化潮流的外部推动;接着探讨两岸产业分工合作模式的形成和演化;最后对两岸产业分工合作的经济效应分析,包括台商投资大陆对两岸贸易的促进效应和两岸产业分工合作的产业升级效应。第五章,两岸产业分工合作的例证分析。分别以厦台光电产业合作和厦台金融业合作为例,对两岸合作的基本模式、存在的问题、发展趋势进行分析,并对未来发展提供思

路。第六章,提出两岸产业分工合作的挑战、机遇与对策。第七章为论文结论。

关键词:一国两制　经济合作　分工　海峡两岸　台湾

1188

**要素流动、产业转移与经济增长** / 邹璇著 ; 安虎森指导. -- 南开大学, 2009. -- 269 页

论文分析了单要素劳动力迁移、多要素资本和劳动力同时迁移以及产业空间转移对宏观变量的冲击和经济增长的影响,阐明了要素和产业空间流动对经济增长等系列经济变量的冲击。论文共分为七章。导论部分阐述了问题的提出,介绍了研究方法和研究思路,指出论文重点、难点和创新点。第一章介绍了增长理论研究的现状,阐述了增长中的冲击理论,并对有空间维度的经济思想进行回顾,最后从总体上对增长理论与空间思想进行综合评议。第二章探讨了劳动力流动对经济变量的冲击,从各地拥有单一部门的区际劳动力迁移和各自拥有两部门的区际劳动力迁移两个方面进行分析。第三章提出基本假设和要素空间流动条件,分析了微观主体最大化决策和经济变量之间的关系,分别探讨了各自拥有单一部门的区际要素流动和各自拥有两部门的区际要素流动对经济变量的冲击。第四章分析了企业和劳动力双迁移的一般性影响,从企业迁移条件和企业和劳动力双迁移均衡进行研究,提出产业集聚和扩散的临界点,分析了再均衡条件下的产出影响,并对几种具体情况进行说明,相应地指出了政策内涵。第五章研究了劳动力迁移和企业迁移一般均衡下及产品市场、劳动力迁移和企业迁移一般均衡下的劳动力配置,重点分析了产业扩散和产业集聚过程中的内生性专业分工,劳动力迁移和企业迁移一般均衡下的内生性边际成本,及产品市场一般均衡下的内生性专业化分工。第六章通过一系列方法对要素流动与经济增长关系进行实证分析。第七章总结了主要结论,给出了相应的政策建议,指出论文的不足后,对未来研究方向进行展望。

关键词:区域经济　生产要素　产业转移

## 财政学(含税收学)

1189

**基于企业战略的税务筹划研究** / 曹静韬著 ; 郝如玉指导. -- 中央财经大学, 2009. -- 155 页

论文运用理论分析法和规范分析法,基于企业筹划的战略高度,对企业筹划额的税务筹划进行各方面的考察,结合理论与实际,对税务筹划的设计、控制、评价和案例进行分析。体现税务筹划的重要作用,为其跳出狭隘视角,充分发挥其对于企业战略目标的重大作用提供理论支持。论文第一章是导论,第二章是企业税务筹划与战略管理的基本理论,对税务筹划的理论基础、企业税务筹划的现实基础与影响因素、企业战略与税务筹划等问题进行研究。第三章是基于企业战略的税务筹划体系,对基于企业战略的税务筹划的特点、税务筹划的目标和原则、税务筹划的内容和实施条件、税务筹划的战略管理等四个层面的问题分别展开论述。第四章是税务筹划的设计,对基于企业战略的税务筹划设计原理、企业生命周期发展过程的税务筹划设计、企业生产经营过程的税务筹划设计、企业价值观过程的税务筹划设计进行研究。第五章是税务筹划的控制,主要讨论了税务筹划控制的基础要素、税务筹划风险分析方法、税务筹划风险控制的策略及其实施、税务筹划的综合控制等问题。第六章是税务筹划的评价,分别讨论税务筹划评价作用的目标、指标体系、评价方法。第七章是基于企业战略的税务筹划案例,对战略目标的确立、税务筹划的设计案例和税务筹划控制的运用展开分析。最后评价税务筹划。

关键词:企业战略　税务筹划　税收管理

1190

**我国政府间企业所得税分配问题研究** / 陈鑫著 ; 雷根强指导. -- 厦门大学, 2009. -- 123 页

论文运用历史分析法、比较分析法、案例分析法和定性研究法,研究我国政府间企业所得税分配问题,考察国际经验,提出相关对策建议。论文第一章是导论,第二章是财政联邦主义下的企业所得税分配制度观点述评,集中讨论财政联邦主义与财政分权、财政分权的好处、财政联邦主义下的企业所得税归属观点、企业所得税地方分权的负面效应等问题,提出解决企业所得税分配额问题的通常路径。第三章是我国企业所得税分配制度的变迁,分为三个阶段依次展开论述:企业所得税分配制度的前身、企业所得税分配制度的建立阶段、企业所得税分配制度的变革阶段。第四章是美国州际公司所得税分配制度的经验与启示,首先对美国跨州经营的州公司所得税分配的历史与内容进行研究与总结,考察美

国州公司所得税的协调机制与内容,研究美国州际公司所得税协调经验在欧盟的实践,最后总结美国州际公司所得税协调经验对我国的启示。第五章是我国政府间企业所得税分配制度运行的评估,考察跨地区经营企业所得税分配办法的基本内容和变化,对2002年和2008年分配办法存在的问题进行研究。第六章是我国政府间企业所得税分配制度的选择与设计,提出企业所得税划归中央税的可行性,提出完善汇总纳税下企业所得税地区间分配方法的思路。

关键词:企业所得税　分配(经济)　税收制度

**1191**

**美国大学治理结构的经济学分析** / 程北南著 ; 毛程连指导. -- 上海财经大学, 2009. -- 235 页

论文运用理论分析与案例分析相结合的研究方法,以美国为研究对象,尝试用经济学的分析框架来探析大学治理结构和运转机理。论文第一章是概念和框架的理论准备,首先界定基本概念,其次提出经济学的分析框架,最后探讨经济人的假设。第三章是同大学治理结构问题相关的公共经济学理论,分析产品属性及其交换、生产方式分类,讨论公共经济学的效率标准及其拓展,并阐述关于产品交换和生产的公共经济学理论。第三章是大学治理结构的理论分析,首先概述大学治理结构的公共经济分析,其次研究企业制度演变过程中出现的核心问题与治理结构的对策,第三研究大学治理问题的出现和治理结构的对策,最后研究大学组织各相关主体的利益分析。第四章是美国大学治理结构总体情况述评,对美国大内部学治理结构的纯粹模式、扁平模式分别进行述评,最后讨论美国大学外部治理结构。第五章是美国大学内部治理结构的具体制度安排分析,对美国大学资产所有权与董事的激励源泉、内部治理结构中对董事约束和筛选的制度安排、美国大学校长的利益诉求与激励来源、从董事会——校长权力分配来看内部治理结构的约束作用等四个问题依次展开论述。第六章是美国大学的外部治理结构及其作用机理,研究美国的基金会与认证协会,分析外部主体对美国大学的影响,考察外部治理主体对大学内部主体的激励约束机制。第七章是总结与启示。

关键词:高等学校　学校管理　经济分析　高等教育　美国

**1192**

**实现我国基本公共服务均等化的公共财政研究** / 程岚著 ; 蒋经法指导. -- 江西财经大学, 2009. -- 207 页

论文运用实证研究法、比较研究法与案例分析法,对我国现阶段基本公共服务均等化水平进行考察,提出实现基本公共服务均等化的相关设计与政策建议。论文第一章是导论,第二章是基本公共服务均等化的理论,通过一个基本分析框架,对相关概念、基本公共服务的分类与内容、基本公共服务均等化的理论依据、基本公共服务的差异性及其影响因素、基本公共服务均等化过程中公共财政作用等六个方面的问题分别加以论述。第三章是我国基本公共服务均等化的状况,基于供需总量和个量进行实证分析,对基本公共服务均等化的研究视角进行讨论,回顾我国基本公共服务需求的现状和供给的现状,分别基于基尼系数和洛伦茨曲线对我国区域公共卫生均等化和义务教育均等化进行实证研究。第四章是我国基本公共服务非均衡的成因,透过公共财政视角的探究,得出结论为:政府行为与公共财政的职能界定不清晰、二元制结构下国家资源配置的倾斜、政府间事权与财力配置不对称、地方财政间竞争行为的异化、转移支付调整缺乏力度等。第五章是基本公共服务均等化的国际经验,分别对美国、英国、德国和日本的公共服务均等化经验进行总结。第六章是实现我国基本公共服务均等化的对策,提出了原则与目标模式、技术与指标体系等相关概念,并提出了实现基本公共服务均等化的定位、基础和重点。

关键词:公共财政　财政制度　社会服务　供给制　财政管理

**1193**

**我国城乡税制一体化研究** / 程黎著 ; 杨灿明指导. -- 中南财经政法大学, 2009. -- 160 页

论文运用比较分析法、案例分析法、定性分析的研究方法,对城乡税制一体化的实现时机、路径选择、税种设计做了相关的研究。论文第一章是导论,第二章是理论分析,首先论述相关理论基础,其次分析城乡税制一体化的必要性,进而分析我国城乡税制一体化的条件。第三章是我国城乡税制的历史与现状,分析了我国城乡二元税制的演变和弊端,以及农业税取消后城乡二元税制现状。第四章是城乡二元税制下的农民负担与城乡收入差距问题探讨,首先分析农民

负担问题,对农民负担的含义、背景、根源进行分析。其次考察城乡收入差距问题,主要对我国城乡收入差距扩大的影响和财税原因进行剖析。第五章是西方国家涉农税收的启示,对美国、法国等主要国家涉农税制进行探究,并总结了国外涉农税收制度的特点,最后总结出对我国的启示,包括城乡税制一体化是大势所趋、建立对农民收入的直接补贴制度、加强农业政策性金融机构对农业生产的信贷支持、正确处理取予关系、深化农村改革等方面内容。第六章是城乡税制一体化的具体构想,首先在过渡阶段的税制建设中,提出过渡阶段税收政策的总体思路。其次在条件成熟期的税制建设中,提出城乡税制一体化要遵循的基本原则。第三讨论相关配套改革措施。最后为结论。

关键词:税收制度　一体化　农民负担　收入差距

1194

**中国现代纳税服务体系研究** / 楚文海著 ; 谭荣华指导. -- 中国人民大学, 2009. -- 197 页

论文运用规范分析法和实证分析法相结合的研究方法,利用政治学、法学和经济学的逻辑脉络,结合我国现实国情和发展需要,分别对纳税服务的理论内涵和如何构建中国现代纳税服务体系这两个方面进行了较为系统的研究。论文第一章是绪论,第二章是纳税服务的理论框架,对纳税服务的政治学内涵、法学内涵、经济学内涵和管理学内涵进行考察。第三章是国外纳税服务体系,主要考察了制度体系、管理模式、社会服务体系和技术体系。第四章是我国纳税服务发展现状分析,首先概述我国纳税服务发展,其次从税收成本的角度看我国现行税制,最后论述中国的现实国情对纳税服务提出的要求,提出中国现代纳税服务体系框架及其实现路径。第五章是现代纳税服务体系的制度框架,对税收立宪、税收司法和税收执法进行研究。第六章是现代纳税服务体系的管理模式,论述纳税服务职能的发展和纳税服务组织的变革,考察纳税服务主体的多元化,以及纳税服务的系统集成,最后提出纳税服务体系的构建路径。第七章是基于现代信息技术的纳税服务平台,首先是税收信息化的未来发展展望,其次是纳税服务与税收信息系统的关系,讨论现代纳税服务平台的安全性,最后论述现代纳税服务平台的基本特征、功能与核心技术路线。

关键词:纳税　税收管理　税收体系

1195

**我国促进就业的财政政策研究** / 崔大海著 ; 童锦治指导. -- 厦门大学, 2009. -- 150 页

论文运用案例分析法、比较研究法、规范分析与实证研究相结合的研究方法,从财政政策角度出发,中国就业中财政政策所产生的效应和应该发挥的功能作用进行了分析和明确定位,借鉴国际经验,提出相关政策建议。论文第一章是导论,第二章是促进就业的财政政策效应分析及功能定位。第三章是我国促进就业的财政政策研究,依次考察了改革开放前"被动适应中国式充分就业的财政政策"、1978—1998年市场化改革中促进就业的财政政策、亚洲金融危机时促进就业的财政政策、积极就业政策与财政政策的协调配合、当前全球经济危机下促进就业的财政政策等五个阶段状况,总结我国促进就业的财政政策特点。第四章是我国促进就业的财政政策着力点,首先分析我国就业面临的主要困境,其次论述我国的自然性失业与周期性失业,最后分析我国促进就业的财政政策着力点。第五章是反周期促进就业的财政政策,基于对收入和支出的分析,对我国的现状及财政政策提出建议。第六章是促进中小企业和非正规就业发展的财政政策。第七章是完善失业保障制度促进就业功能的财政政策,分析我国失业保障制度的现状与问题,提出相关财政政策建议。第八章是扩大人力资本投资的财政政策,分别论述了人力资本与促进就业、人力资本与劳动力市场的结构性矛盾、扩大我国人力资本投资的财政政策建议等三个方面的问题。第九章是促进劳动力市场中介发展的财政政策,分析了发达市场经济国家公共就业中介组织服务模式,提出促进我国劳动力市场中介发展的财政政策建议。

关键词:就业　财政政策　劳动力市场

1196

**中国现实文化下财政体制与预算制度模式的选择** / 代金涛著 ; 杨斌指导. -- 厦门大学, 2009. -- 104 页

论文运用比较分析法和定性研究方法,探讨有关中国财政体制和预算模式的选择与现实文化兼容性问题。比较了国际经验,对中国现实文化下财政体制与预算制度模式的选择提出建议。论文第一章是导论,分别对选题背景与意义、基本概念界定、国内外研究现状、研究方法、基本框架和主要观点,以及论文的创新之处进行说明与论述。第二章是中西方文化、制度与人的行为的主要差异,首先讨论文化、制度与人

的行为的关系,其次分析中西方文化的主要差异,第三分析不同文化背景下的人的行为,最后考察中国传统文化向现实文化的转变。第三章是中西方不同财政体制与文化的适应性分析,首先选取美国、德国、英国等国家的财政体制,分析西方财政体制安排与西方文化的适应性;其次讨论中国财政体制安排与中国文化的适应性问题。第四章是中西方不同公共预算管理制度与文化的适应性分析,首先梳理西方国家公共预算制度的形成,包括主要发展阶段和主要国家的预算制度安排特点。其次分析中国政府预算制度安排与传统文化适应性,首先分析中国政府预算制度的建立与变迁,其次分析中国实施部门预算改革的主要目标和内容。第五章是中国现实文化下财政体制与预算制度模式的选择,对中国现实文化下财政体制与预算制度模式选择的基本原则、中国现实文化下财政管理体制和公共预算制度的完善进行论述。

关键词:财政体制　预算制度　文化

1197

**我国发展私人银行服务与政府监管研究** / 邓方希著 ; 储敏伟指导. -- 上海财经大学, 2009. -- 152 页

论文运用比较分析与实证分析相结合的研究方法,探讨国内外私人银行服务的现状和借鉴意义,通过考察我国私人银行服务发展的特点与不足,提出相关政策建议。论文第一章是绪论,第二章是私人银行服务概述,首先总结私人银行服务的定义与历史沿革,其次分析私人银行服务于贵宾理财服务,最后分析私人银行服务的发展趋势,研究私人银行服务的对象与核心业务。第三章是私人银行制度的理论分析,首先从经济学角度分析私人银行,其次从经济理论看私人银行服务中政府干预的必要性。第四章是私人银行服务的区域比较,讨论全球财富市场,对美国私人银行、欧洲私人银行、亚洲私人银行的服务发展进行分别概述。第五章是我国目前私人银行服务发展情况,首先论述我国私人银行服务发展环境,其次分析我国私人银行服务服务运营模式,最后分析我国私人银行服务发展的前景优势和开展的困境。第五章讨论金融危机对于我国开展私人银行服务的反思和启示,主要论述了金融危机后我国私人银行机构应加强创新,减少外购产品、利用重新调整的市场结构扩大私人银行服务范围、金融危机后客户对资产配置的调整意愿增强、利用同业竞争格局与策略的悄然变化,加速了我国私人银行服务发展、积极发展直接融资工具、丰富私人银行服务品种、跨境企业避税套利需求加大加速私人银行服务多样化进程。第六章是私人银行服务的风险管理,对私人银行服务中洗钱活动、金融衍生品的风险和管理进行讨论。第七章是我国私人银行服务发展中政府的作用,讨论我我国政府对私人银行服务的监管现状与不足。第八章是构建具有中国特色的私人银行服务体系的政策建议。

关键词:私人银行　经营管理　商业服务　风险管理　市场监管

1198

**个人所得税收入能力研究** / 董旸著 ; 樊丽明指导. -- 山东大学, 2009. -- 203 页

论文运用规范研究与实证研究相结合的研究方法,对个人所得税收入能力的最优状态和现实状态进行分析,提出增强个人所得税收入能力的相关建议。论文第一章是导论,第二章是文献综述,首先回顾税收收入能力与个人所得税收入能力的关系,其次讨论个人所得税收入能力的影响因素,第三分析我国个人所得税收入能力的测算,第四讨论我国个人所得税收入能力的最优度,第五研究我国个人所得税收入能力偏低的原因和对策,最后提出提高个人所得税收入能力的对策。第三章是个人所得税收入能力的决定因素及形成机理,首先讨论个人所得税潜在收入能力的决定因素及形成机理,其次讨论个人所得税现实收入能力的决定因素及形成机理,最后研究个人所得税收入能力与其决定因素的数理模型。第四章是个人所得税最优收入能力。首先分析个人所得税最优收入能力,其次分析个人所得税的社会收益,再次分析个人所得税最优收入能力的确定,最后讨论现实约束条件下的个人所得税次优收入能力。第五章是我国现行税制的个人所得税收入能力,分别讨论我国个人所得税收入能力现状和我国个人所得税现实收入能力的最优度判断两个问题。第六章是我国个人所得税现实收入能力不足的诸因素缺陷分析,首先建立我国个人所得税现实收入能力及其决定要素的回归模型,其次分析我国个人所得税现实收入能力偏低的要素。第七章是增强个人所得税收入能力的对策。

关键词:个人所得税　税收收入　税收管理

1199

**矿产资源课税制度经济分析** / 樊轶侠著 ; 储敏伟指导. -- 上海财经大学, 2009. -- 184 页

论文运用理论分析与实证分析相结合的研究方法,通过案例分析法和比较分析法,对矿产资源课税问题进行研究。论文第一章是导论,介绍国内外同类课题研究状况,提出论文的研究目的、研究方法和研究思路。第二章是矿产资源课税制度基本理论问题的研究,首先对矿产资源本质进行探讨,其次论述矿产资源租金理论,第三研究市场经济国家矿产资源课税的几个基本问题,最后从产权与合约理论视角对矿产资源课税问题进行研究。第三章是不同矿产资源课税方式对资源开采效率的影响分析,首先分析与矿业活动有关的专门税费,其次考察几种矿产资源课税方式对采掘计划的影响,最后分析不同市场结构下权利金税收对采掘计划的影响。第四章是市场经济国家制度比较研究,对市场经济国家矿产资源课税制度的演变趋势进行总结,讨论矿产资源课税模式及有效税率的国际比较问题,最后总结权利金制度的国际经验,提出各国矿产资源课税制度的经验对中国的启示。第五章是中国矿产资源课税制度的现状分析与改革设想,对中国矿产资源课税制度的历史演进和现状进行回顾,以煤炭开采业为例进行实证分析,总体评价矿产资源课税制度现状,并对中国矿产资源课税财政分配制度改革进行研究。第六章是未来矿产资源课税制度改革的经济效益分析,第七章是结论与建议。

关键词:矿产资源　税收制度　经济分析

1200

**福利彩票收入的经济分析:财政学视角** / 范琦著 ; 毛程连指导. -- 上海财经大学, 2009. -- 112 页

论文运用模型分析法,结合实证分析和理论分析的研究方法,探究政府彩票对国民经济产生的影响、政府如何管控彩票业以达到财政公平等问题。以福利彩票为研究对象,从财政学视角探讨彩票收入的经济性质。论文第一章是导论,第二章是文献综述,对彩票消费者偏好及政府发行彩票原因的文献进行回顾,主要包括对彩票消费者偏好的讨论和政府发行彩票原因部分。第三章是福利彩票收入对地方财政收入体系的影响,首先回顾相关文献,其次分析福利彩票收入在地方财政收入中的地位,第三分析福利彩票收入的波动性和相关性,最后进行福利彩票收入对地方税收收入影响的实证分析。第四章是福利彩票收入的经济效率分析,首先分析福利彩票的隐性税率,其次分析福利彩票的最优税率。第五章是地下六合彩与福利彩票的竞争,分析地下六合彩的起源和长期存在的经济原因,考察地下六合彩对地方经济的影响,并分析地下六合彩与福利彩票的市场竞争关系。第六章是福利彩票收入的公平性分析,引入衡量财政收入公平的工具——Suits 指标,分析彩票收入的纵向公平性和横向公平性。第七章是前文总结及建立财政为管理中心的彩票发行体制的构想,分析了彩票收入失效和不公平的管理体制原因,提出要建立有专业机构统一管理彩票业,并以财政部为中心管理彩票业的构想。

关键词:财政收入　彩票　经济效率　经济分析

1201

**中国物业税的开征:理论与实证分析** / 冯源著 ; 高培勇指导. -- 中国社会科学院, 2009. -- 175 页

论文运用模型法、计量经济学方法和实证研究法,揭示开征物业税对地方公共财政、房地产市场和财富分配的影响,具体回答四方面的问题:有什么影响、有多大影响、影响是怎样产生的以及如何实现对这些影响的调控。该研究的应用价值在于,一方面,在物业税开征方面,通过比较确定最佳效应目标组合,为物业税税制设计提供政策建议;另一方面,各项效应产生的作用机理是一般性结论,具有普遍适用性,在物业税开征之后,可用来对新方案进行实证检验。论文第一章是导论,第二章是文献综述,对国内外相关文献进行评述。第三章是物业税与地方财政,首先分析物业税与地方财政的理论考察与国际经验,其次分析物业税对我国地方财政的意义,进而分析物业税对地方财政收入的影响,最后论述物业税与服务型政府的构建。第四章是物业税与房地产市场,首先分析房地产开发企业税费构成与房价,其次考察物业税影响房地产市场的供需情况,第三基于 VAR 和 VEC 模型分析物业税对房价的影响,最后讨论物业税与房地产市场的规模。第五章是物业税与社会公平,主要阐述了强化物业税公平功能的必要性、物业税税负归宿的理论分析、对现行房价税公平功能的动态计量,最后对未来物业税税负分布进行测算,提出促进公平的物业税税制设计。第六章是结论与建议。

关键词:物业管理　税收制度　税收管理　地方财政

1202

**构建中国环境税制研究** / 高萍著 ; 计金标指导. -- 中央财经大学, 2009. -- 143 页

论文运用历史分析与实际分析相结合、一般分析与案例分析相结合、规范分析与实证分析相结合及对比研究法，对构建我国环境税制进行研究。论文第一章是环境税理论基础与作用原理，首先界定环境税概念，依次讨论外部性理论与环境税、公共物品理论环境税、环境税的作用机制等问题。第二章是环境税与税收基本理论的发展，对环境税与税收公平原则、环境税与税收经济效率原则、环境税与税收的分类、环境税与优化税制理论等问题进行研究。第三章是环境政策工具的一般分析与国外环境手段的运用状况，研究了环境政策工具的分类和基本特点，分析国外环境手段的运用状况。第四章是我国环境保护手段的运用状况与构建环境税制的必要性，分别对环境行政手段运用状况与评估、环境经济手段运用状况与评估、社会化工具的运用状况与评估、构建我国环境税制的必要性等方面的问题进行论述。第五章是环境税制设计的基本构想，提出环境税制与经济运行模式，设立独立环境税的意义、原则、政策目标和功能定位，以及环境税征税范围和模式选择。第六章是我国环境税主要征税要素设计，对环境税要素设计的基本原则与方法进行介绍，总结国际经验，并分析了二氧化硫、废水、氮氧化物和二氧化碳税目主要征税要素设计的方案。第七章是其他与环境相关的税种和税收政策的完善，对消费税的改革、资源税的改革提出了看法。

关键词：环境税　税收制度　税收政策

1203

**中国公共支出规模增长研究** / 龚明聪著 ；张馨指导. -- 厦门大学, 2009. -- 161 页

论文运用比较分析法、计量经济学方法、模型法和实证研究方法，主要研究中国公共支出规模增长的原因和合理规模。论文第一章是引论，第二章是公共支出规模研究的理论基础，主要对公共产品与公共支出的规模理论、产权经济学分析方法对公共支出规模的理解、转型期与公共支出的理论和财政分权理论进行阐述。第三章是关于公共支出规模研究的文献综述，首先论述关于公共支出规模增长原因的探究，其次考察关于公共支出规模对经济增长的影响方面。第四章是中国公共支出规模变迁的特点及国际比较，分别对中国公共支出范围进行界定与测度，考察中国公共支出规模增长的基本事实，与西方国家公共支出规模进行比较，并总结中西公共支出规模比较的启示。第五章是中国公共支出规模增长的原因分析，包括理论分析和实证检验。第六章是中国公共支出对经济增长的影响及适度规模，主要讨论了公共支出对经济的作用机制、公共支出对经济增长影响检验检验的文献、模型选择和数据描述，以及中国公共支出适度规模的估计等问题。第七章是分级财政与公共支出规模，首先对实证研究文献进行回顾，梳理中国地方公共支出规模和财政分权的变迁，估计中国地方公共支出适度规模，并对财政分权对地方公共支出规模影响做检验。第八章是公用支出控制的政策建议。

关键词：公共财政　财政支出　经济增长

1204

**中国农村公共物品供给不足的财政政策研究** / 关慧著 ；杨志安指导. -- 辽宁大学, 2009. -- 127 页

论文运用比较分析法、计量经济学方法、理论分析与实证分析相结合的研究方法，从财政政策角度出发，考察中国农村公共物品供给不足的问题、原因与对策。论文第一章是国内外文献综述，对国内外关于公共物品和农村公共物品的理论进行介绍与总结。第二章是农村公共物品供给的相关理论。概述公共物品理论、农村公共物品理论、公共服务均等化理论。第三章是中国农村公共物品供给不足的现状分析，对农村公共物品供给的发展阶段进行分段总结，分析典型农村公共物品供给不足的现状。第四章是中国农村公共物品供给不足对农村经济影响的效应分析，首先分析农村公共物品供给不足对农民收入的影响，其次分析农村公共物品供给不足对农民消费影响，最后分析农村公共物品供给不足对农村经济影响。第五章是中国农村公共物品供给不足的成因分析，对政府职能的越位与缺位进行分析，阐述财税政策性的因素，分析城乡二元结构的因素。第六章是主要国家农村公共物品供给的特点与借鉴，对主要国家农村公共物品供给的特点和国际经验进行总结。第七章是有效增加中国农村公共物品供给的财政政策，包括实施向农村公共物品倾斜的财政政策、建立向农村公共物品倾斜的税收政策、推进省直管县财政体制框架的构建、构建以公共服务均等化为目标的转移支付、农村经济发展不同阶段采取不同供给方式等方面。

关键词：农村　公共物品　供给制　财政政策

1205

**中国税基问题研究** / 郭龙著 ；朱为群指导. -- 上海财经大学, 2009. -- 226 页

论文采用规范分析和实证分析相结合的研究方法,在税基问题的相关概念、内涵和外延分析上,主要是采取了规范分析的方法而在税基问题的实证分析上,主要是通过构建税基问题的成因模型,然后引入数理统计学、博弈论、综合评价等方法,对税基问题的严重程度进程测度分析,并结合相关税收政策和税收数据资料对其影响情况进行评价分析。论文第一章是导论,第二章是我国税基侵蚀问题研究,首先概述税基侵蚀问题,分析其成因,对税基侵蚀规模进行测算,最后综合评析我国税收减免政策效应。第三章是我国税基重复问题研究,首先对税基重复的定义进行界定,分析我国税基重复的类型和严重性,分析其成因,对税基重复税收收入与税收政策效应进行数量分析,最后论述我国国内税基重复问题的缓解与消除。第四章是我国税基移动问题研究,对税基移动的概念、税基移动的成因、税基移动的测度与评价等问题进行研究,最后讨论我国税基移动问题的缓解与消除。第五章是我国税基结构优化分析与建议,提出税基结构优化依据和标准,对税制模式变化趋势与约束条件进行分析,以及对我国税基结构优化进行实证分析,提出我国不同税种的税基问题及解决对策。最后一章是论文结论,论述关于论文主要研究结论的一点思考,以及值得商榷的地方。

关键词:税收管理　公平税负　税制建设

**1206**

**财政支持对特殊行业发展影响的理论与实证研究:以中国民用航空运输业为例** / 韩弘著 ; 张志超指导. -- 南开大学, 2009. -- 171 页

论文运用案例分析法、比较分析法和历史研究法,以中国民航运输业为例,考察财政支持对特殊行业发展影响的问题。论文第一章是相关理论综述与评析,对产业经济理论和制度经济学理论进行回顾与总结,阐述财政政策与特殊产业发展的问题。第二章是发达国家财政支持特殊行业发展经验分析,以美国为例,首先分析美国民航业从自由发展到政府干预的演变,探究美国民航业放松管制时期的具体情况,最后分析美国民航业发展历程中的主要启示。第三章是中国民航业的发展与现状,首先对新中国民航运输业的形成与发展进行回顾,考察中国民航运输业管理体制的嬗变,论述日趋完善的民航产业运行机制,最后总结中国民航业发展历程的启示。第四章是中国民航业发展的经济分析,通过产业经济学分析方法,对中国民航运输业进行微观经济分析和宏观经济分析,最后分析政府给予特殊产业财政支持的必要性问题。第五章是财政支持民航业发展的对策建议,提出关于财政支持民航业发展的整体思路,讨论财政支持民航业发展的各级政府职能划分,提出财政支持民航业发展的具体建议。第六章是财政支持特殊行业发展的一般对策研究,分析主要类型特殊行业特征及财政对其支持的必然性,提出财政支持特殊行业发展的一般原则与政策要点。

关键词:民航业　航空运输　交通运输发展　财政政策　政策支持

**1207**

**国债期货市场研究** / 郝京一著 ; 孙开指导. -- 东北财经大学, 2009. -- 207 页

论文运用比较分析法、案例分析法和实证研究法,主要研究在我国重新推出国债期货市场的可行性和必要性及推出后的制度设计问题。论文第一章是导论,第二章是国债与国债市场,首先分析作为政府筹资和调控手段的国债,其次基于功能和效应的国债市场结构进行分析,最后分析国债市场中的期货。第三章是国债发行和流通市场与国债期货市场间的互动,分别阐述了从国债现货市场到国债期货市场、国债期货市场对现货市场的反作用、国债利率风险防范与国债期货等三方面的问题。第四章是国债期货市场基础,对国债现货市场进行分析,讨论我国国债现货市场的沿革,提出对我国国债发行市场的思考,最后论述对我国国债现货流通市场的思考。第五章是对我国前期国债期货市场的再认识,讨论了 20 世纪 90 年代国债期货出台的背景、90 年代国债期货制度与运行、90 年代国债期货的积极效应等问题。第六章是国外国债期货市场的比较分析和借鉴,分别对美国、德国、英国、日本、法国等国家国债期货体系进行比较,进行国债期货风险控制体系和监管模式的国际比较,总结国外国债期货市场的借鉴意义。第七章是我国重新退出国债期货的可行性分析,分别论述了国债现货市场的发展、利率逐步市场化和国内金融市场深化对于国债期货推出的意义。第八章是适合我国实际的国债期货市场的制度重构,对我国国债期货的合约设计、风险管理制度设计和监管模式的选择进行研究。

关键词:国债市场　期货市场　制度安排

1208

**证券投资基金与股市波动性:基于中国的理论与实证** / 胡乔著 ; 胡援成指导. -- 江西财经大学, 2009. -- 147 页

论文运用实证分析与理论分析相结合的研究方法,以投资组合理论、有效市场理论和行为金融理论等金融投资理论为研究的理论基础,从理性投资者特征、委托代理理论和投资组合理论几个方面展开理论分析。运用参数方法(ARCH 模型族)就基金进入市场后对我国股市波动的影响进行了实证研究,还对基金影响股市波动性的作用机理进行实证检验。论文第一章是导论,第二章是文献综述,对股市波动性研究、基金对股市波动性的影响研究、基金影响股市波动性的作用机理研究三方面的文献进行考察。第三章是证券投资基金与股市波动性理论分析,首先分析基金影响股市波动性的理论,其次分析基金投资行为影响股市波动性的理论,最后分析基金投资组合影响股市波动性的理论。第四章是证券投资基金与股市波动性阶段性分析及实证研究,对阶段性分析、理论依据、研究设计、实证结果等问题进行研究。第五章是证券投资基金投资行为影响股市波动性实证研究,包括基金正反馈交易影响股市波动性的实证分析、基金羊群行为影响股市波动性的实证研究。第六章是证券投资基金投资组合影响股市波动性的实证研究,分别对基金持仓比例、基金持股集中度、基金持股期限对股市波动性影响进行实证分析。第七章是研究结论与政策建议。

关键词:证券投资　基金　股票市场

1209

**个人所得税不遵从行为研究** / 靳菁著 ; 王传纶指导. -- 中国人民大学, 2009. -- 178 页

论文运用定性研究法、比较分析法和经济学、心理学、社会学的理论知识,分别从经济因素、心理因素、文化因素和法治因素出发,分析导致我国个人所得税不遵从行为的主要原因。论文第一章是导论,第二章是个人所得税不遵从行为的经济分析,首先研究我国个人所得税不遵从规模的估测,其次分析个人所得税不遵从行为的影响,以及个人所得税不遵从行为的经济因素,并提出我国税收威慑机制的缺陷与个人所得税不遵从行为。第三章是个人所得税不遵从行为的心理因素分析,首先基于社会心理学进行分析,考虑纳税人的人格假设与不遵从行为、心理特征与不遵从行为的关系。其次基于行为经济学前景理论分析个人所得税不遵从行为。第四章是个人所得税不遵从的文化因素分析,对文化的内涵和影响、税收文化与个人所得税不遵从行为、西方的税收文化与个人所得税纳税行为、我国的税收文化与个人所得税纳税行为等四个方面的问题分别展开论述。第五章是个人所得税不遵从行为的法治因素分析,分析了税收法治的概念,提出税收法治是立法、执法与司法的统一,并对我国法治建设和个人所得税不遵从行为问题进行研究。第六章是个人所得税不遵从行为的治理,首先分析个人所得税不遵从行为治理的国际比较,论述纳税人观念的梳理和征税人职责的履行,以及政府作为现代用税人的打造。

关键词:税收征管　税收流失　个人所得税　税制改革

1210

**税收分权对产业结构的调整效应研究** / 赖江杨著 ; 王乔指导. -- 江西财经大学, 2009. -- 117 页

论文运用计量经济学方法,结合理论分析和实证分析的研究方法,研究地方政府和中央政府的行为对产业结构的影响,并由此得出税制改革过程中保留的税收分权方式,是导致地方政府形成新时期地方保护主义的根本原因,同时转移支付制度的不完善使得中央政府在实行产业政策的时候失去了一项重要工具。论文第一章是导论,第二章是税收分权及其演进,主要考察了税收分权的理论基础与影响因素、中国税收分权的历史沿革与现状分析、中国税收分权的成效与存在的问题、国际税收分权经验借鉴与启示几个问题。第三章是产业结构的演进及中国现状分析,首先考察产业结构的概念及特征,其次分析产业结构的演进规律,分析中国产业结构状况,最后分析中国产业发展中的主要问题。第四章是税收分权对产业结构影响效应的理论分析,分别考察了税收分权对产业结构的直接影响效应、税收分权对产业结构的间接影响效应、税收分权对产业结构影响的博弈分析等问题。第五章是税收分权对产业结构的影响效应实证分析,本章进行了税收分权对产业结构影响效应的计量分析,论述了中国税收分权对产业结构影响的现实状况。第六章是中国税收分权政策在产业结构调整中的作用。主要考察了中国三次产业及各产业内部结构的调整历程,提出中国税收分权的改革方向。

关键词:税收管理　税收制度　产业结构　地方政府

1211

**财政制度变革对财政支出变化的影响及其对经济增长影响的比较研究** / 雷俊著 ; 蒋洪指导. -- 上海财经大学, 2009. -- 225 页

论文运用实证研究法、比较研究法、案例分析法和模型检验的研究方法,研究财政制度性质对于财政支出的影响及其对于经济增长影响研究相互之间的关系。论文第一章是导论,第二章是财政制度、制度环境、中英制度环境演变。首先分析财政制度与制度、制度环境,其次考察制度环境与财政制度的关系,最后分析中国和英国制度环境演变与财政制度。第三章是辨析中西方制度变迁、制度环境、公共财政制度以及制度均衡。首先考察财政制度、制度变迁、制度环境和制度均衡的关系,其次论述中西方公共财政制度实现及走向制度均衡的特点,分析西方在实现公共财政的制度均衡过程中政治市场的特点、财政支出稳定性检验。第四章是公共财政制度建立前后财政支出平稳性变化研究,对财政支出平稳性检验方法、公共财政制度建立前后财政支出单整阶数变动检验问题进行考察。第五章是 Barro 内生增长模型与公共财政制度、财政支出规模变化研究,通过内生增长模型和面板数据研究相关问题。第六章是我国改革前后财政支出对经济增长的影响,通过 Barro 内生增长模型进行实证检验。第七章是公共财政制度建立前后财政支出对经济增长的影响比较。对韩国、西班牙、希腊、马其他、危地马拉、洪都拉斯、特立尼达、菲律宾、巴拉圭俄罗斯和日本等多个国家分别进行考察。第八章为结论。

关键词:财政制度　体制改革　财政支出

1212

**促进环境服务业发展的财税政策研究** / 李皓著 ; 夏杰长指导. -- 中国社会科学院, 2009. -- 135 页

论文运用案例研究法、规范分析与实证分析相结合的分析方法,对促进环境服务业发展的财税政策进行全面考察与论述。论文第一章是导论,第二章是环境服务、基本内涵与文献综述。第三章是我国环境服务业发展现状及分类,对我国环境服务业发展现状、环境服务业分类的起源和再次分配、具有纯公共品特征的环境服务、具有准公共品特征的环境服务、具有私人品特征的环境服务等问题进行论述。第四章是政府干预环境保护的理论分析,首先是政府干预环境问题的必要性分析,其次是政府在环境保护中起到的作用分析,第三考察政府干预环境问题的手段,最后论述运用财税政策工具促进环境服务业发展的必要性。第五章是财税政策工具的选择,对关于政策工具选择的理论进行分析,考察运用财税政策工具调整产业结构的理论证据,简单介绍主要的经济政策工具和环境服务业分类与财税政策工具问题,最后分析财税政策工具发挥作用的影响因素。第六章是财政直接投资与环境服务业,对财政投资的界定和作用进行讨论。第七章是财政投融资与环境服务业,包括财政投融资的概念、特点和作用,分析财政投融资对我国环境服务业的作用。第八章是政府采购与环境服务业,包括政府采购的内涵、政府采购制度及其对环境服务业的作用等问题的论述。第九章是财政补贴与环境服务业,第十章是税式支出与环境服务业,研究方法与前几章相同。第十一章是政策建议及待研究的问题。

关键词:环境管理　服务业　财政政策　税收管理

1213

**社会保障税研究:兼论中国社会保障税的开征** / 李捷枚著 ; 杨灿明指导. -- 中南财经政法大学, 2009. -- 138 页

论文通过比较研究法与案例研究法,通过筹资的理论分析和实证分析,对作为社会保障重要筹资方式的社会保障税进行研究,在此基础上探讨我国开征社会保障税的相关问题。论文第一章是社会保障筹资的理论分析,首先界定社会保障的内涵与特征,其次论述社会保障存在的合理性与构成,最后论述社会保障筹资的几个基本问题。第二章是社会保障收支财政制度安排现状分析,首先分析主要的社会保障财政制度安排及其影响因素,其次分析三种社会保障筹资方式的比较,第三研究了社会保障资金来源现状及合理性,第四分析对社会保障财政制度安排中各要素依存关系,最后分析社会保障财政制度安排与社会保障税收相关实质问题。第三章是社会保障税的基于一般税收原理的分析,通过考察社会保障缴款的税收实质、社会保障税的基本要素和特点,分析社会保障税作为税收的一般作用,以及社会保障税的经济效应。第四章是社会保障税的国际比较与借鉴,概述社会保障税概况,分析部分发达国家和部分发展中国家和地

区的社会保障税,最后总结社会保障税的国际经验借鉴意义。第五章是中国开征社会保障税的现状分析及改革建设,首先分析中国开征社会保障税的必要性、可行性与主要障碍,其次论述中国开征社会保障税的必要准备,最后提出对中国开征社会保障税的具体设想,提出相关配套措施改革的建议。

关键词:社会保障　社会保险税　财政制度

**1214**

**政府收费研究** / 李军著 ; 寇铁军指导. -- 东北财经大学, 2009. -- 140 页

论文运用规范分析与实证分析相结合的研究方法,集中对政府收费问题进行研究,力图给出政府收费的合理定位。论文第一章是政府收费的理论分析,第一节分析税收、收费存在必然性的理论基础,第二节论述税收和收费的特点及联系,第三节论述税主费辅的政府收入格局。第二章是国外政府收入制度的考察,第一节考察国外政府收入的简要界定与现状,第二节论述国外政府收入对税收、收费的依存度,第三节研究国外政府收入中税收、收费格局的动态情况,第四节讨论国外不同级次政府收入中的税费格局,第五节研究经验借鉴和有益启示。第三章是我国政府收费制度变迁,第一节研究政府事业收费的种类,第二节回顾行政事业性收费管理沿革。第四章是我国政府收费的规模及成因分析,第一节分析改革开放以来的政府收费扩张及成因,第二节研究政府收费扩张的效应。第五章是政府收费制度改革探索,第一节讨论我国近年来的改革探索,第二节分析进一步规范政府非税收入管理面临的主要矛盾。第六章是政府收费制度创新,对接考察政府非税收入管理制度创新,第二节分析完善政府收费征收制度,第三节论述改革政府非税收入预算与使用制度,第四节重新界定政府非税收入管理权限,第五节提出要完善法规,健全政府非税收入监督体系。

关键词:国家行政机关　财政管理体制　税费　公共财政　财政收入

**1215**

**证券市场的税收制度研究** / 李瑞敏著 ; 安体富指导. -- 中国人民大学, 2009. -- 143 页

论文运用实证分析法、模型分析法和比较分析的研究方法,对证券市场税制问题进行研究,考察国外经验的借鉴意义,分析中国证券市场税制改革现状。论文第一章是导论,第二章是证券市场税制的基本问题和功能,首先分析一些基本问题,其次考察证券市场税制中的税收中性与税收调控问题,最后研究证券市场税制的公平与效率问题和功能定位问题。第三章是证券市场税制的经济效应分析,分别研究了证券市场税收对投资者行为、对融资决策、对证券市场价格、对资本积累的影响。第四章是证券市场的税收负担研究,提出证券市场税负测算的基本方法,进行证券市场超额税负的理论分析,考察证券市场适度税负的标准分析,最后阐述对中国证券市场适度税负的思考。第五章 是证券市场税制的国际比较与借鉴,分别研究证券发行环节课税的国际比较、证券交易环节课税的国际比较、证券所得环节课税的国际比较、证券遗赠环节课税的国际比较等四个方面的问题,最后总结证券市场税制的国际借鉴意义。第六章是中国证券市场税制的问题与改革目标分析,首先介绍当前中国证券市场税制的基本情况,其次研究当前中国证券市场税制的问题,并阐述中国证券市场税制改革的基本原则,最后分析中国证券市场税制改革目标。第七章是中国证券市场税制的改革方案设计,对中国证券市场税制改革总体设想和具体方案分别加以阐述,提出中国证券市场税制的配套改革措施。

关键词:税收制度　税收管理　证券市场

**1216**

**我国基本公共服务均等化研究** / 李伟著 ; 许毅指导. -- 财政部财政科学研究所, 2009. -- 258 页

论文运用理论研究与实证研究相结合、比较分析与案例分析相结合的研究方法,对基本公共服务均等化问题进行研究,考察国际经验,分析我国基本公共服务均等化现状,提出有关对策建议。论文第一章是导论,第二章是公共服务的基本理论框架,首先分析马克思主义基本理论与中国共产党执政服务思想,其次论述西方经济理论中的公共服务及其均等化理论。并依次对善治视域下的公共服务、正义视角下的公共服务均等化等理论进行阐述,最后论述正确理解和认识西方政治经济理论。第三章是我国实现公共服务均等化的现状分析,首先分析我国基本公共服务均等化水平,讨论基本公共服务供给不足现状,其次论述我国基本公共服务非均等供给的制度因素,最后分析基本公共服务非均等供给的效应。第四章是公共服务均等化的国际经验及借鉴,分别对日本、韩国、其他发达国家的均等化实践进行全方位考察,最后总结发

达国家实现基本公共服务均等化的启示。第五章是政府基本公共服务均等化评估指标设计,首先讨论基本公共服务均等化与区域协调发展,其次研究国内外公共服务水平评价有关指标体系,最后对基本公共服务评估指标体系理论进行遴选。第六章是和谐社会目标下政府基本公共服务均等化对策,提出构建公共服务型政府、建立公共财政体制、完善和健全政府间转移支付制度、完善基本公共服务的市场体制、推行基本公共服务均等化策略等对策。

关键词:社会服务　平等　城乡建设

**1217**

**我国上市公司股权融资偏好研究:基于控制权成本—收益的分析** / 李文君著 ; 李齐云指导. -- 山东大学, 2009. -- 162 页

论文运用理论分析法与实证分析法相结合的研究方法,借助计量经济学研究工具,以经纪人的趋利动机为分析起点,在控制权成本—收益的经济学研究框架下,研究我国上市公司的融资偏好问题,对国有企业不同历史时期的融资偏好特点及市场表现、股权分置改革前后、全流通时代上市公司的融资条件、变化、趋势以及股权融资偏好的正负效应等内容进行理论与实证分析,最后提出解决融资偏好问题的对策性建议。论文第一章是导论,第二章是对控制权成本与控制权收益的重新界定与认识,首先综述控制权收益的相关研究,其次阐述对控制权成本的认识,最后重新界定控制权收益。第三章是我国上市公司股权融资偏好的理论分析,首先分析我国上市公司融资的价值取向,其次分析控制权成本约束下我国上市公司的融资选择,最后分析我国上市公司偏好股权融资的约束条件。第四章是我国上市公司股权融资偏好的实证研究,首先对股权分置改革完成后上市公司融资的新特征进行总结,其次对后股权分置改革时期我国上市公司股权融资进行实证研究,最后对全流通时代我国上市公司的融资偏好进行预测。第五章是我国上市公司股权融资偏好的效应与对策,在分析我国上市公司股权融资偏好的正效应和负效应后,提出优化我国上市公司融资偏好的相关对策建议。

关键词:上市公司　融资方式　股权　控制权

**1218**

**经济全球化下的国际收入分配问题:有关中国财税问题的思考** / 李心源著 ; 王传纶指导. -- 中国人民大学, 2009. -- 247 页

论文运用历史研究法、案例研究法、比较研究法等研究方法,从经济全球化进程的角度入手以历史眼光对国际收入分配的规律进行总结与梳理。论文第一章是英国核心模式的国际收入分配的形成与运行,首先介绍1500年前全球各地区独立发展,即国际收入分配形成的前夜阶段;其次介绍国际收入分配初次形成阶段的历史,最后根系英国核心模式的国际收入分配秩序的形成及运行。第二章是英国核心模式的收入分配体系的瓦解与美国核心模式的收入分配体系建立的准备,主要考察了全球战争对国际收入分配的巨大冲击,使得英国核心模式发生动摇和瓦解;冷战与经济危机阶段,美国核心模式的国际收入分配进入准备期。第三章是美国核心模式的国际收入分配的运行机制分析,首先论述了以华盛顿共识为基础的“后布雷顿森林体系”的确立,考察美元霸权的多重收益,最后研究美国推行国家主义的全球战略企图实现“美元的全球收购”。第四章是当今国际收入分配体系下对中国经济政策的思考,认识中国在美国核心模式的国际收入分配中的地位,梳理美国核心模式的国际收入分配体系下中国的经济政策,通过三个案例分析中国的经济政策。第五章是对中国当前财政政策的一点探讨,对财政政策和货币政策进行讨论。第六章是有关国际商品和资本流动的课税问题的探讨,对关税和国内税收的作用分别进行考察与案例分析。

关键词:收入分配　经济政策　财政政策

**1219**

**公共财政视角下城乡一体化实现机制与对策研究:以北京市昌平区为例** / 李志杰著 ; 王传纶指导. -- 中国人民大学, 2009. -- 178 页

论文运用案例研究法、实证研究法和比较研究法,以北京市昌平区为例,基于公共财政的视角,考察城乡一体化现状,借鉴国际经验,提出实现城乡一体化的机制与对策。论文第一章是导论,第二章是城乡一体化与公共财政的相关分析,依次讨论了城乡一体化的动因、城乡一体化的内涵、公共财政与城乡一体化的关系等问题。第三章是城乡一体化的评价指标体系和方法,介绍城乡一体化评价指标体系的选取原则,论述城乡一体化指标体系的构建和城乡一体化的评价方法。第四章是中国城乡一体化进程的实证分析与对策探讨,通过梳理中国城乡一体化的发展脉络,对城乡一体化进行实证分析,提出中国城乡一体化是一个渐进

式过程。第五章是城乡一体化的国际经验与借鉴，首先总结城乡一体化的普遍规律，其次对美国、韩国和巴西三国的城乡一体化历程分别进行研究。第六章是昌平区城乡一体化现状、目标与实现路径，通过考察昌平区城乡一体化的历程、基于与基本状况，分析昌平区城乡一体化面临的挑战，最后总结昌平区城乡一体化的目标，基于公共财政视角分析昌平区城乡一体化的实现机制与经验。第七章是以昌平区东小口地区为例，分析城乡结合部综合配套改革额推进城乡一体化问题，分析了城乡结合部的相关理论与实践。

关键词：财政政策　城乡建设　经济一体化　北京

1220

**中国开征股票资本利得税的制度设计研究** / 林天义著 ; 杨志安指导. -- 辽宁大学, 2009. -- 112 页

论文运用比较分析法和定性分析法，通过分析股票资本利得税的资本效应，借鉴国际经验，提出我国的股票资本利得税制度设计建议。论文第一章是国内外研究综述，主要对国内外相关文献进行梳理与总结。第二章是股票资本利得税的理论依据，首先阐述股票资本利得税的概念和特点，其次论述股票资本利得课税的理论依据。第三章是股票资本利得税的经济效应分析，首先分析股票资本利得税对公司财务决策的影响，其次考察股票资本利得税对股票市场的影响，第三分析股票资本利得税对居民储蓄的影响，第四考察股票资本利得税对投资的影响，最后分析股票资本利得税对资本配置效率的影响。第四章是我国开征股票资本利得税的必要性和可行性，首先从五个方面分析我国开征股票资本利得税的必要性，其次从两个方面论述开征股票资本利得税的可行性。第五章是国外股票资本利得税制度的比较与借鉴，比较了国外股票资本利得课税的方式、税负水平、长短期股票资本利得等国外税收制度。第六章是我国开征股票资本利得税的制度安排，依次对纳税人的确定、课税方式的选择、税率的设计、征税范围的确定、计税依据的确定、股票资本损失的处理、税收优惠政策和股票资本利得税的纳税申报及缴纳问题进行研究。第七章是我国开征股票资本利得税的难点及对策建议。

关键词：股票交易　所得税　税收征管　税收制度

1221

**台湾所得税制公平的实践研究：基于最低税负制的研究视角** / 林维民著 ; 於鼎丞指导. -- 暨南大学, 2009. -- 119 页

论文运用案例分析法、实证分析法和计量经济学分析方法，基于最低税负制的研究视角，考察台湾所得税制公平的实践情况。论文第一章是研究绪论，对选题背景、研究动机、研究目的、研究范围与研究方法、研究创新与限制、研究流程与论文结构进行阐述。第二章是税收公平原则的探讨与理论构建，分别分析财政学和法律学上的税收公平，分析影响税收公平的因素，总结税收公平原则的理论构建。第三章是税收公平衡量工具的分析，对变异系数、残差变异系数、变异系数比例、所得或效用排序方法、衡量工具的选定等基本问题进行阐释。第四章是台湾所得税制不公不义的探讨，分析了台湾所得税制的现状，考察台湾营利事业所得税不公不义的规定和个人综合所得税不公不义的规定。第五章是台湾最低税负制评析，首先论述最低税负制的立法过程，其次讨论营利事业的所得税最低税负制和个人综合所得税最低税负制的内容，再次讨论营利事业所得税和个人综合所得税最低税负制的缺失，最后评价现行最低税负制是否徒劳无功的问题。第六章是台湾最低税负制维护税收公平的实证研究，对样本的决定与筛选、衡量工具的定义、衡量公式的计算说明、样本区间宽度的决定等问题进行论述，分析最低税负制对税收公平的实证结果，提出完善最低税负制的模拟研究。第七章是结论与建议。

关键词：所得税制　公平原则　税收管理　台湾

1222

**企业所得税的效率问题研究** / 刘建著 ; 雷根强指导. -- 厦门大学, 2009. -- 135 页

论文运用比较分析与案例分析相结合、规范分析与实证分析相结合的研究方法，对世界各国的企业所得税制度进行考察，对不同企业所得税制度的效率进行分析，对我国现行企业所得税制度的效率状况进行分析评价，总结改革的国际趋势，挖掘规律性特征。论文第一章是导言，第二章是企业所得税与经济增长，主要分析企业所得税与长期经济增长的关系、企业所得税与短期经济稳定增长的关系、企业所得税与经济增长关系理论的政策启示等三个方面的问题。第三章是企业所得税与资源配置，首先分析企业所得税与组织形式扭曲问题，其次考察企业所得税与融资结构扭曲问题，第三讨论企业所得税与投资结构扭曲，第四考察企业所得税的国际扭曲问题。第四章是企业所得税的行政效率分析，本章主要研究了企业所得税的行政成

本,探究影响企业所得税行政效率的主要因素,对企业所得税的行政效率进行分析,最后提出提高企业所得税行政效率的举措,对我国现行企业所得税制度行政效率进行分析。第五章是提高企业所得税效率改革的国际趋势分析,首先讨论 OECD 国家公司税效率改革的特点,其次研究根本性公司所得税改革的趋势。第六章是我国现行企业所得税制度的效率评价与改革设想,对我国现行企业所得税制度效率状况进行整体评价,提出提高我国企业所得税效率水平的改革设想。

关键词:企业所得税　效率　经济增长　资源配置　融资　投资

1223

**城乡基础设施均等化供给研究** / 骆永民著 ; 樊丽明指导. -- 山东大学, 2009. -- 233 页

论文运用实证分析法、计量经济方法、结合规范和定性研究,对我国城乡基础设施非均等化的现实进行考察,提出促进均等化发展的路径与建议。论文第一章是导言,第二章是文献综述,主要回顾与总结了基础设施与居民福利关系的理论,进行基础设施对经济增长作用力的实证分析,对基础设施供给主体的选择进行阐述,最后评述有关平等和均等的理论。第三章是城乡基础设施均等化的理论分析,对城乡基础设施均衡化的目标、城乡基础设施均等化的内涵与衡量指标、城乡基础设施的已有经验和城乡基础设施均等化政策的敏感性分析等四个方面的问题依次展开论述。第四章是我国城乡基础设施的非均等状况分析,主要回顾建国后城乡基础设施均等化发展历史,考察直接边际福利非均等状况和间接边际福利非均等状况。第五章是我国城乡基础设施非均等的成因,包括基础设施投资的城乡差距、基础设施建设效率的城乡差距和基础设施维护力度的城乡差距。第六章是我国城乡基础设施非均等的经济效应分析,对我国城乡基础设施差距的经济效应、形成因素进行阐述,对空间面板数据进行分析。第七章是影响基础设施提升农民福利的多因素分析,引入计量经济学方法,进行实证分析。第八章是我国城乡基础设施均等化的实现,提出实现我国城乡基础设施均等化的基本原则和途径。

关键词:城乡建设　基础设施　供给制　功利主义

1224

**转让定价税务管理问题研究** / 聂杰英著 ; 朱青指导. -- 中国人民大学, 2009. -- 244 页

论文运用理论分析法和实证分析法,重点针对转让定价税务管理的法律缺失、操作难点、制度瓶颈等问题,提出切实可行的技术策略和管理发展方面的建议。论文第一章是导论,第二章是转让定价税务管理的一般分析,对转让定价的基本含义、转让定价与跨国公司的发展、转让定价与国际避税、转让定价税务管理的国际经验等四个方面进行理论与经验的研究。第三章是我国转让定价税务管理的立法研究,首先回顾我国转让定价税务管理法律体系的建立,其次分析我国转让定价税务管理法律体系的发展,对我国转让定价税务管理法律体系的完善进行梳理,最后总结我国转让定价税务管理立法进程的主要特点,提出转让定价税务管理立法完善的思考与建议。第四章是转让定价税务管理难点问题解析,首先界定关于转让定价双重功能,其次判断关于关联关系和关联企业的问题,并讨论关于调整方向的确定和转让定价方法的选择使用。研究关于无形资产和劳务转让定价问题,最后考察关于消除重复征税的问题。第五章是转让定价税务管理的典型行业策略研究,对行业管理进行一般分析,对广告企业、快递业企业、投资型公司和制造业企业的转让定价问题分别进行研究。第六章是我国转让定价税务管理制度创新思考与建议,提出要构建监控体系、细化文档要求、深化风险管理、整合信息资源和优化资源配置。

关键词:转让价格　税收管理　税收制度

1225

**我国税收增长问题研究:1994—2007——特征、原因及对经济增长的影响** / 欧阳明著 ; 蒋经法指导. -- 江西财经大学, 2009. -- 144 页

论文运用理论分析法、实证分析法、模型分析法和计量经济学研究方法,遵循人们认识事物的一般规律,沿着税收增长的特征、原因及对经济增长影响的思路研究 1994—2007 年我国税收增长问题,探讨推动经济可持续增长的税收增长之路,促进税收与经济之间的关系和谐,使税收体制成为经济增长的推动器。论文第一章是引言,第二章是我国税收收入及增长的特征,分别分析了我国税收收入及增长的统计特征、税收增长的总量特征、税收收入及增长的结构特征。第三章是我国税收收入及增长影响因素研究,对我国税收收入及增长影响因素进行理论分析,并引入模型和变量进行多元回归分析。第四章是我国税收超 GDP 增长的理论分析和现实解释。主要对税收超

GDP增长的理论分析框架和现实各种因素进行考察。第五章是我国税收收入及增长对经济增长总量的影响,对我国税收收入及增长进行协整性研究,分析我国税收对经济增长的影响,考察我国最优宏观税负。第六章是我国税收增长对区域经济增长的影响,包括问题提出及理论分析、模型设立、变量设计与数据说明等基本环节,最后分析计量统计的回归结果。第七章是结论与政策建议,提出应大力降低边际宏观税负,积极推行绩效财政和强化国有企业绩效考核,西部和东北部应当努力改善投资环境,吸引企业将总部设在本区域。

关键词:税收增长　税收收入　经济增长

1226

**我国经济发展方式的转变及其财税政策研究** / 钱淑萍著 ; 王乔指导. -- 江西财经大学, 2009. -- 140 页

论文运用规范分析和实证分析相结合、定性分析和定量分析相结合的研究方法,对影响我国经济发展方式转变的主要因素和推进我国经济发展方式转变的主要路径进行了研究。论文第一章是导论,第二章是转变经济发展方式的理论分析,主要对经济增长方式的理论基础、经济发展方式的理论基础、从转变经济增长方式到转变经济发展方式等三方面进行论述。第三章是我国经济发展方式转变过程中存在的主要问题,包括能源消耗过大、环境污染严重、投资消费结构不协调、产业结构不合理、城乡和区域发展不平衡、人力资本资源匮乏、自主创新能力低下和企业海外投资困难等七个方面。第四章是推进我国经济发展方式转变的主要途径,提出六个路径,并对上海市环境保护、能源消费与经济发展方式的关系做了实证分析。第五章是促进经济发展方式转变的财税政策国际经验,对发达国家促进经济发展方式转变的财税政策选择、发展中国家促进经济发展方式转变的财税政策选择、国外能源和环境财税政策分析对我国的启示分别加以论述。第六章是促进我国经济发展方式转变的财税政策选择,主要包括刺激当前经济发展、提高自主创新能力、推动产业结构优化升级、促进资源有效利用、支持和鼓励节能、促进城乡和区域平衡发展、缩小收入差距、推动企业走出去、构建节约型政府等九个方面的财税政策。最后为结论。

关键词:经济发展　财政政策

1227

**促进中国产业结构调整的税收政策研究** / 曲璐著 ; 安体富指导. -- 中国人民大学, 2009. -- 117 页

论文运用案例分析法、比较分析法和历史分析法,在总结产业结构演进与税收作用机制的理论基础上,对我国三次产业的税收负担、三次产业的税收政策效应进行经验分析,发现我国产业结构税收政策存在的问题,提出促进产业结构优化升级的税收政策建议。论文第一章是引言,第二章是产业结构演进的一般理论与实践,对产业结构演进理论、世界产业结构的演进、部分工业化国家的产业结构演进历程进行梳理与总结,分析发达国家经验对中国产业升级的启示。第三章是我国产业结构的演进与调整,首先总结我国产业结构的阶段和特征,其次分析我国产业结构存在的问题和原因,最后阐述我国产业结构调整的原则、目标和政策取向。第四章是产业结构税收政策的理论与实践,首先分析税收对产业结构的调控作用,其次论述部分国家的产业结构税收政策及评价,最后总结国外产业结构税收政策对我国的启示。第五章是我国现行税制对产业结构的影响,总结我国现行税收制度概况,分析三次产业税收负担,阐述我国三次产业税收政策效应,最后总结我国税收收入对区域产业结构的影响。第六章是促进我国产业结构优化的税收政策建议,包括我国产业结构优化的税收政策原则和促进产业结构优化的税收政策措施。第七章是结语。

关键词:产业结构优化　税收政策　税制改革

1228

**中国印花税研究** / 饶立新著 ; 王乔指导. -- 江西财经大学, 2009. -- 190 页

论文运用案例分析法、比较研究法和定性研究法,对中国印花税的历史演进、要素机制、改革路径等问题进行研究,并同国际经验进行比较。论文第一章是导论,第二章是印花税的基础理论,主要对中国印花税理论的起源、印花税特性与功能、中国印花税的作用与地位和印花税总体发展趋势进行论述。第三章是印花税制与印花税票探源,首先回顾印花税制的起源和发展历史,对清末时期的印花税票进行总结。第四章是印花税的历史演进,作者概述印花税的演进历史,对印花税制各要素的历史演进进行分别讨论,考察印花特税和缴税方式的历史变迁,最后分析民国时期印花税征管的得失。第五章是现行印花税的国

别比较,首先简介印花税税制,对中国大陆、香港、台湾和澳门的印花税分别进行考察,同时讨论韩国、日本、新加坡、英国、澳大利亚、爱尔兰、丹麦和泰国的印花税。其次比较税制要素,对税负的比较和分层聚类进行分析,最后比较征管制度与水平。第六章是印花税的改革路径,对印花税基本税制改革路径、印花税征管制度改革研究、完善印花税票的路径等三方面的问题进行讨论。第七章是证券交易印花税特别讨论,论述了证券交易印花税的主要学术观点、证券交易印花税的计量模型分析、主要国家与区域证券交易印花税的变革、中国证券交易印花税分析和中国证券交易印花税变革趋势等问题。

关键词:印花税　税收制度　税制改革

1229

**电力市场参与者博弈、协调及公共管制研究** / 芮崑著 ; 丛树海指导. -- 上海财经大学, 2009. -- 241 页

论文运用规范分析与实证分析相结合的研究方法,引入博弈模型和计量经济学模型,从整体角度对电力市场的微观基础进行研究。论文第一章是导论,第二章是发电商的竞争与博弈研究,首先论述发电市场情况,对单一市场中的发电厂商竞争进行分析,分析多级市场中的发电厂商决策。第三章是电力传输与转运问题研究,首先考察电网调度的商业化,研究市场体制下的电网调度。其次对输电价格进行研究,最后研究转运问题,对转运耗损、转运成本和转运方案进行考察。第四章是需求管理研究,首先概述需求管理的市场化和现状,其次分析工业负荷响应,对基本概念、分时电价和分时电价下的工业负荷响应进行论述。最后研究用户中断管理,对实时电价下的用户中断管理问题进行论述。第五章是合约管理,以电力期货市场为例,分析电力期货与期货交易,及其具体应用。第六章是多级电力市场的组织与协调,首先对多级市场的组织的若干问题进行研究,进而考察多级市场的协调,模拟多级电力市场的交易,最后研究电力市场交易模拟的数据与数学模型。第七章是政府管制与公共政策,研究电力工业的管制框架,考察电价制度改革、对市场操纵力的监管、开放用户选择权、支持可再生能源发展、支持智能电网的发展等几个问题分别加以论述。

关键词:电力市场　市场竞争　电价　风险决策　政府管制

1230

**公共治理与中国政府财务报告研究** / 邵冰著 ; 李保仁指导. -- 中央财经大学, 2009. -- 153 页

论文运用定性研究法,借鉴西方的经验和我国国情,构建我国政府财务报告的概念框架,深入分析我国的政治、社会环境和以人为本的公共治理理念之后,将我国的政府财务报告的目标分为核心目标、最高目标和具体目标。论文第一章是公共治理理论溯源与发展轨迹,首先探讨公共治理的理论溯源,其次研究公共治理的发展轨迹和公共治理的目标。第二章是西方国家公共治理下政府财务报告的改革与借鉴,首先论述政府财务报告改革的理论基础,其次比较不同政府会计模式与政府财务报告改革,最后是西方国家政府财务报告经验与借鉴。第三章是公共治理理念下构建我国政府财务报告的概念框架,首先是政府财务报告的概念框架,其次是政府财务报告的目标,第三介绍政府财务报告的主体和使用者,探讨权责发生制的引入,最后研究使用公允价值计量和政府财务报告原则与内容的问题。第四章是公共治理理念下高透明度的政府财务报告信息机制,依次论述了政府财务报告信息分析、构建高效的执行机制、构建政府内部控制机制三个问题。第五章是公共治理理念下政府财务报告改革的保障,分为公共治理下的政府预算制度改革、政府会计的改革和加快政府财务报告的法律建设三个方面。得出结论为高度透明信息机制是政府财务报告的重要基础,政府财务报告改革不是一个简单的过程,不能一蹴而就。

关键词:国家机构　财务管理　公共管理　研究报告

1231

**我国企业融资效率及影响因素研究:基于国有企业和民营企业融资的比较分析** / 沈友华著 ; 胡援成指导. -- 江西财经大学, 2009. -- 132 页

论文运用模型分析法、规范分析和实证分析相结合的研究方法,对影响企业融资效率的企业融资方式、企业规模、企业质量、企业股权结构和宏观经济因素建立面板数据模型,利用深市和沪市 300 家上市国有企业和 200 家上市民营企业的部分数据,从我国企业两大群体——国有企业和民营企业出发,重点研究我国两大企业群体的融资效率及其影响因素,比较两大企业群体的融资现状、差异和基本特征,以期寻求其内在的规律性。论文第一章是导论,

第二章是企业融资效率的理论基础,首先介绍融资的基本概念,其次对融资理论和效率理论进行研究,最后阐述融资效率理论和方法。第三章是我国企业融资效率现状及成因分析,对我国国有企业融资效率、民营企业融资效率进行分析,阐述我国国有企业和民营企业融资特点及困境的比较,最后分析我国企业融资现状的原因。第四章是我国国有和民营企业企业融资效率的实证研究,首先构建企业融资效率 DEA 评价模型,其次对我国国有和民营企业融资效率进行实证分析,最后比较国有企业和民营企业的融资效率。第五章是影响我国企业融资效率的因素分析,首先提出分析因素,其次进行实证分析,最后讨论结果。第六章是提高我国企业融资效率的对策,包括提高国有企业融资效率和民营企业融资效率的对策两部分。

关键词:企业管理　企业融资　经济效率

**1232**

**中国公司并购税制改革研究** / 苏毓敏著 ; 雷根强指导. -- 厦门大学, 2009. -- 139 页

论文运用比较研究法、案例研究法和历史研究法,按照理论与现实融合原则考察公司并购税制改革问题。论文第一章是导论,第二章是公司并购及其涉及的基本税收问题,分析公司并购的动因和基本分类,考察中国公司并购的历程与现状,以及公司并购涉及的基本税收问题。第三章是税与公司决策层面,分析公司并购税制的经济影响,首先分析公司并购税制对公司融资决策的影响,其次考察公司并购税制对公司投资决策的影响,最后分析公司并购税制对公司经营决策的影响。第四章是部分发达国家公司并购税制的基本内容及其借鉴,首先以美国、日本和德国为例,概述国外公司并购税制的基本规定;其次分析部分发达国家公司并购税制的形成过程;最后总结发达国家公司并购税制对中国的启示。第五章是中国公司并购税制的现状与评价,总结中国公司并购税制的历史沿革,对中国公司并购税制的政策构成进行一般描述,并分析中国公司并购税制存在的问题。第六章是中国公司并购税制改革的基本思路,论述中国公司并购税制改革的基本定位、基本原则和具体目标。第七章是中国公司并购税制的优化设计,提出税制的优化设计和相关配套改革措施。

关键词:公司　企业合并　税收管理　税收制度

**1233**

**所得课税对公司股利政策的影响:依据沪市 A 股上市公司一些数据所做的比较研究** / 孙凯著 ; 王传纶指导. -- 中国人民大学, 2009. -- 144 页

论文运用模型分析法、理论分析法和实证分析的研究方法,对股利政策的税收效应及税收类群效应的理论思想进行了梳理,考察了我国股利政策相关的税制及其他规定,并在后面几章进行实证分析,对 1997 年以来的数据划分为不同的时期进行研究,考察范围为沪市 A 股。论文第一章是导论,第二章是理论基础与文献综述,首先对股利政策进行研究综述,其次对股利政策研究的税收解释进行考察,进而进行理论辨析。第三章是我国股利政策相关税制分析与研究综述,对我国股利政策相关财税制度与规定、国外税收解释理论、我国股利政策的研究等相关问题进行阐述。第四章是相对价格下降比率,主要介绍了研究方法与数据、静态模型的计算结果与解释、分时期地对比分析三部分的问题。第五章是超额收益率与交易量,首先论述超额收益率,根据我国情况对理论进行修正;其次论述交易量的方法与计算结果。第六章是税制改变的影响,首先考察研究基础,对相关研究进行回顾;其次分析结果,对现金股利分配比例改变和 Lintner 模型进行研究。第七章是总结与展望,首先分析实证结果,其次对税收以外的动机进行阐述,比较国际经验,最后提出对政府监管政策的一些看法,主要包括我国的增发股利以救市的行为是对股民的心理安慰,但从中长期看对企业有不良影响。

关键词:上市公司　企业管理　股利政策　所得税　股票市场

**1234**

**政府部门预算支出绩效管理研究** / 孙克竞著 ; 吕炜指导. -- 东北财经大学, 2009. -- 216 页

论文运用案例分析法、实证研究法和比较分析法,对政府部门预算支出绩效管理的现状、问题、改革进程等各方面问题进行研究。论文第一章是导论,第二章是政府部门绩效管理的基本原理,剖析绩效管理的内涵,分析政府部门与绩效管理的结合,比较政府部门绩效管理与企业组织绩效管理的异同。第三章是政府部门绩效管理与我国政府部门预算支出管理制度改革,对公共预算支出绩效问题进行理论分析,回顾与评析我国政府预算支出管理改革历程,,对我国政府部门预算支出管理改革的实践进行总结,最后

探讨相关的理论。第四章是我国政府部门预算支出绩效管理改革实践与国际借鉴,分析我国政府部门预算支出绩效管理改革的现实动因,总结我国政府部门预算支出绩效管理改革的理论与实践,在此基础上评价我国政府部门预算支出绩效管理改革实践,并提出OECD国家的政府预算支出绩效管理改革经验。第五章是我国政府部门预算支出绩效管理改革的基本思路,对政府部门预算支出绩效管理应遵循的基本原则、改革的具体对象、改革的框架描述和步骤设计等环节进行论述,最后阐述对政府部门预算支出绩效管理改革的理性认识。第六章是我国政府部门预算支出绩效管理的制度体系建设,分析政府部门预算支出绩效管理制度体系建设的共性,考察我国现行制度存在的问题,对政府部门预算支出绩效管理的前期制度建设、过程制度建设和后期制度建设等方面分别阐述。第七章是我国政府部门预算支出绩效管理的技术手段应用,阐述构建政府部门预算支出绩效管理体系的基本方法和技术支持。第八章是我国政府部门预算支出绩效管理改革的实证分析,以国家民航局部门项目支出预算为例,分析了民航项目支出预算绩效管理改革的多方面问题。

关键词:财政预算　财政支出　预算管理　经济效果

1235

**我国人身保险税收政策研究** / 孙敏著 ; 储敏伟指导. -- 上海财经大学, 2009. -- 250 页

论文运用比较分析法和实证分析方法,研究我国现行税收制度对人身保险发展的影响结果,通过计量我国人身保险相关利益主体的税收负担来评价现行人身保险税制的经济效应。论文第一章是导论,第二章是税收影响人身保险需求与供给的作用机制。第一节分析税收影响人身保险需求的作用机制,第二节分析税收影响人身保险供给的作用机制。第三章是人身保险税收的难点与特殊问题,第一节研究对寿险公司保费收入征税的问题,第二节研究对寿险公司利润征税的问题,第三节研究不同性质保险经营企业的税收待遇,第四节考察保险消费者与保险代理人的税收待遇。第四章是人身保险税收负担与税负归宿分析,第一节是人身保险产品的税收负担,第二节研究寿险公司流转税税负转嫁与归宿,第三节分析寿险公司企业所得税税负转嫁与归宿。第五章是我国人身保险税收政策效应的实证分析,第一节考察我国人身保险税收制度现状,第二节对我国人身保险税收负担进行实证分析,第三节评析我国人身保险税收政策。第六章是我国人身保险税收制度的改革与完善,第一节是人身保险税制的国际比较与经验借鉴,第二节是完善我国人身保险税收制度的政策选择及效应分析,第三节是我国人身保险税收制度改革方案的成本与效益分析。

关键词:保险业　人身保险　税收政策　税负

1236

**房地产税税基评估制度研究** / 唐光兴著 ; 吴旭东指导. -- 东北财经大学, 2009. -- 140 页

论文运用比较分析法、案例研究法、理论分析法与实证分析法,总结当前我国房地产税税基评估研究和试点中存在的问题,探索构建一套科学完整的房地产税税基评估制度,以完善我国的房地产税税基理论体系。论文第一章是导论,第二章是房地产税及房地产税税基评估的相关理论概述,对房地产税的相关概念、房地产税税基评估研究、房地产税税基评估的理论基础进行研究。第三章是我国房地产税及房地产税税基评估试行现状,首先分析我国房地产相关税收的实施现状,其次分析我国房地产税税基评估试行现状,对我国房地产税税基评估的实施条件进行分析。第四章是境外及地区房地产税税基评估制度比较分析,首先研究国外房地产税税基评估制度实施现状,其次分析港澳台地区房地产税税基评估制度与现状,最后总结境外国家及地区房地产税税基评估分析对我国的启示。第五章是房地产税税基评估制度基本框架的构想,提出房地产税税基评估制度构建的原则,论述房地产税税基评估法律制度,进而提出房地产税税基评估的基本制度框架构想,最后提出房地产税税基评估的配套制度框架构想。第六章是房地产税税基评估技术方法及应用分析,首先阐述房地产税税基评估技术,其次论述批量评估技术的应用,最后是批量评估技术的实证分析。

关键词:房地产税　税收管理　房地产评估

1237

**中国县级财政压力研究** / 陶勇著 ; 杨君昌指导. -- 上海财经大学, 2009. -- 263 页

论文运用比较研究法、规范分析与实证分析相结合的研究方法,主要从中国财政体制的变迁、县级财政收入与支出、转移支付的过程,来分析县级财政压力形成过程和机理,探索县级财政压力增大的体制性

原因,提出释放县级财政压力的规范路径选择。论文第一章是导论,第二章是财政压力引发的财政体制变迁,回顾了中国财政分权改革,分析中国财政分权改革中的县级财政体制变迁。第三章是县级财政压力分析,第一节研究县级财政收入运行中的压力,第二节研究县级财政运行中的压力。第四章是县级财政压力的体制性原因分析,主要论述了城乡二元经济结构是县级财政压力形成的制度性原因之一,政府间事权划分的不合理加重县级财政压力、县级政府事权财权与财力脱节等三个观点。第五章是县级财政压力的释放路径,以财政支出调整的视角出发,第一节考察县级财政压力释放的机理,第二节分析政府间财政支出责任的甩包袱行为,第三节分析财政压力的转嫁现象,农民成为农村公共产品成本的承担者问题,第四节论述县级政府对农村公用产品的提供不足和区别对待。第六章是县级财政压力的释放路径,从财政收入需要的视角出发,第一节考察县级财政收入重心外移,第二节考察财政利益需要,探讨县级政府间的财政竞争。第七章是结论与建议,对现有政策进行评价,并提出释放县级财政压力的规范路径选择。

关键词:地方财政　财政管理　财政体制　财政收支　县

1238

**中国公共预算编制科学性研究** / 滕发才著 ; 李保仁指导. -- 中央财经大学, 2009. -- 220 页

论文运用规范分析与实证分析相结合研究方法、计量经济学方法和模型分析法,对中国公共预算编制科学性问题进行考察与论述。论文第一章是预算编制科学性的理论内涵,研究预算理性发展与预算编制研究的关系,考察预算合理规模的理论发展及内涵、预算合理结构的理论发展及内涵、预算编制的绩效导向、预算编制科学性的影响因素等问题。第二章是预算编制科学性的实证分析,对预算合理收入规模、预算合理支出规模和预算合理支出结构进行理论与实证分析。第三章是收入预算的数量关系和变动趋势,首先是实证研究的数据分析与计量技术选择,其次是收入预算总量的数量关系和变动趋势,第三是主要收入预算的数量关系及其变动趋势研究。第四章是支出预算的数量关系和变动趋势,首先论述模型变量及有关检验结果,考察支出预算总量的数量关系和变动趋势,以及按功能分类的支出预算的数量关系和变动趋势,最后论述主要支出预算的数量关系和变动趋势。第五章是预算收支总量、主要支出之间的相互关系和影响程度,首先分析预算收支总量的相互关系、影响程度和决定方式,其次分析经济建设类支出的相互关系和影响程度、社会文教类支出的相互关系和影响程度、抚恤和社会福利支出的相互关系和影响程度、农业支出的相互关系和影响程度等,最后对实证分析的预测作出评价。第六章是我国预算编制实际运行状况分析,对我国预算编制实际运行状况、我国预算编制的科学性和改进途径依次进行研究。

关键词:财政预算　预算编制

1239

**我国零售银行贷款定价研究** / 万天舒著 ; 胡援成指导. -- 江西财经大学, 2009. -- 154 页

论文运用理论分析与实证分析相结合的研究方法,提出了基于客户价值的零售银行贷款定价模型,并用客户终身价值以及经济资本对模型进行修正。论文第一章是导论,第二章是零售银行贷款定价的文献综述,对国内外商业银行传统贷款定价的主要模式进行研究。第三章是我国零售银行贷款定价的竞争性格局,主要阐述当前我国银行业的竞争格局,对当前我国银行零售客户发展情况进行讨论。第四章是零售银行贷款定价,通过理论与模型的一般选择,考察贷款定价模型。第五章是客户终身价值分析及对客户价值贷款定价模型的修正,首先分析客户终身价值概念及影响因素,其次分析客户终身价值的概念模型,进而对客户价值分析模型加以应用。第六章是经济资本分析及对客户价值贷款定价模型的二次修正,首先分析商业银行内涵型竞争的有效手段,其次对零售银行贷款经营中的经济资本预算管理问题加以考察,并分析零售银行贷款的 RAROC 贷款定价模型及参数设定问题,最后是经济资本对客户价值贷款定价模型的修订。第七章是贷款定价模型的模拟实证分析,对客户终身价值进行模拟分析,对贷款的收入、成本及经济资本进行模拟实证分析。讨论零售贷款定价的模拟实证结果。第八章是提高我国零售银行贷款定价科学性的对策与展望。

关键词:银行　贷款　定价　客户关系管理

1240

**区域协调的公共支出政策研究** / 汪博兴著 ; 王金秀指导. -- 中南财经政法大学, 2009. -- 253 页

论文结合规范分析与实证分析的研究方法,对区

域协调的公共支出政策进行各个层面的研究与讨论。论文第一章是区域经济非均衡的高速增长,首先考察区域非均衡发展战略的演变,其次对各地区区域差距进行比较,并分析区域差距的影响因素。第二章是协调区域经济社会发展的公共支出,首先研究公共支出的界定与政府职能的关系,其次考察公共支出对区域发展影响的判断标准,最后分析公共支出对经济增长的影响。第三章是公共支出对区域经济社会发展影响的实证分析,考察我国公共支出现状,比较区域公共支出的结构,并对区域公共支出对区域经济社会发展进行实证分析。第四章是行政管理支出与区域经济社会发展,首先界定行政管理支出,并对行政管理支出的总量和结构进行分析,并分析区域行政管理支出的效率,最后给出行政管理支出调整的政策建议。第五章是财政基建投资与区域经济社会发展。比较基础设施投资现状,分析基础设施投资在区域发展中的效应和城乡基础设施投资的效应,提出基础设施投资的结构调整与政策建议。第六章是科技支出与区域协调发展的影响,总结科学基础对经济发展的影响,分析科技支出的总量和结构,提出促进区域协调发展的科技支出政策。第七章是教育支出对区域协调发展的影响,分析人力资本对经济增长的作用,提出区域人力资本开发的政策建议。第八章是医疗卫生、社会保障支出与区域协调发展,对医疗卫生支出的现状、社会保障支出的现状、医疗支出与经济增长的关系等问题依次进行考察。第九章论述政府间转移制度,提出建立协调区域发展的转移支付制度。第十章是公共支出政策的选择集体协调问题。

关键词:地方财政　财政支出　财政政策

1241

**碳税在我国实施的模拟分析与优化选择** / 汪曾涛著 ; 刘小川指导. -- 上海财经大学, 2009. -- 177 页

论文运用理论分析法、实证分析法、模型分析法和对比分析的研究方法,探寻如何利用碳税这一政策工具实现我国二氧化碳的减排,也就是设计一个符合我国国情的碳税政策体系和实施计划。论文第一章是引言,第二章是碳税的理论分析,第一节介绍碳税的界定和理论基础,第二节阐述最优碳税理论,第三节分析碳税的双重红利效应,第四节分析碳税的分配效应,第五节分析国际环境下的碳税问题,第六节对比分析碳税与其他碳减排政策工具。第三章是碳税的国际比较,第一节概述国外的碳税实践情况,第二节论述国外碳税税制的构建,以加拿大不列颠哥伦比亚省为例。第三节归纳与分析国外碳税实践。第四章是实证研究模型的设立,第一节阐述 Charles 碳税模型,第二节阐述可计算一般均衡模型,第三节为投入产出模型的介绍,第四节考察微观经济分析。第五章是碳税在我国的环境效应,第一节分析局部均衡分析中碳税的环境效应,第二节分析一般均衡分析中碳税的环境效应,第三节为结论。第六章分析碳税对我国经济发展的影响,分别讨论了碳税对全国经济发展的影响、碳税对地区经济发展的影响、中性税制改革对经济发展的影响、碳税与排放权交易对经济发展影响的对比、碳税对经济发展影响的动态分析。第七章主要介绍碳税对我国不同产业的影响,第八章分析碳税在我国的税负归宿问题,第九章是我国碳税制度的优化选择,分析了碳税制度的设计和实施计划等问题。第十章是结论。

关键词:二氧化碳　排气　税收管理　税收政策

1242

**人民币汇率水平合理性问题研究** / 王磊著 ; 吕江林指导. -- 江西财经大学, 2009. -- 124 页

论文运用理论分析法、实证分析法和模型分析法,在总结回顾人民币汇率变动历史轨迹的基础上,运用相关理论并结合实际经验,从人民币汇率研究对象的合理选择、汇率合理性的判定标准、汇率合理水平测算和汇率不合理根源等方面进行研究分析,并在此基础上提出了整体均衡汇率标准、长短期目标结合的人民币汇率调整策略。论文第一章是导论。第二章是汇率水平合理性评估的理论基础,对合理性评估对象、判断标准、水平测算和合理调整的策略分别加以论述。第三章是人民币汇率合理性,对人民币汇率变动的历史轨迹加以回顾,提出对人民币汇率的合理性思考。第四章是人民币汇率合理性评估,通过判定标准与模型选择,对购买力平价汇率、一般均衡汇率、内外均衡汇率和整体均衡汇率进行论述。第五章是人民币汇率水平中长期合理性评估实证分析,基于 ERER 模型,对样本进行分析与检验。第六章是人民币汇率水平短期合理性评估实证分析,基于 BEER 模型进行研究。第七章是人民币汇率失调根源的理论分析,外部根源是盯住美元,内部根源是储蓄投资缺口,依赖外部性的经济增长方式则是失调的内部长期根源。第八章是人民币汇率回归合理的调整策略,短期策略是保持整体汇率均衡,长期策略是最终实现内外均衡汇率。

关键词:人民币汇率　汇率波动　汇率稳定

1243

**中国体现式技术进步的经济分析** / 王玺著 ; 郭庆旺指导. -- 中国人民大学, 2009. -- 180 页

论文运用理论研究法、实证研究法、比较分析法和模型研究法,对中国体现式技术进步的现状、原因、测算和实证等方面进行全面梳理与研究,概括了中国奇迹的发展争议和技术进步问题的由来,同时指出提高技术进步对经济增长的贡献率,实现技术进步模式的转型是中国长久发展的根本。论文第一章是体现式技术进步,对中国奇迹和技术进步进行再思考。首先分析东亚模式与北京共识,其次对东亚模式和中国奇迹当前面临的问题与挑战进行分析,讨论东亚模式的不足;第三研究东亚模式、中国奇迹与技术进步的关系,提出论文的论题。第二章是中国奇迹与技术进步,对技术进步概念体系和中国技术进步的性质进行研究。首先研究技术进步的类型和非体现式技术进步,其次论述体现式技术进步,第三研究技术进步的传统估算方法,即索罗残差。第四研究技术进步的中性与非中性,对中性技术进步的假定进行研究。第五考察中国的体现式技术进步情况。第三章是中国体现式技术进步的测定,论证传统方法的不足。第四章是中国体现式技术进步的估算,对方法体系和实证研究进行考察,进行关于技术进步的实证分析,最后讨论关于劳动体现式的技术进步问题。第五章是公共投资、技术进步与经济增长的关系,首先讨论财政投资与技术进步,其次讨论公共投资、技术进步与经济增长的关系。

关键词:技术进步　科技发展　经济增长　中国经济

1244

**我国货币政策区域效应的存在性和影响因素研究:基于区域微观主体差异的分析** / 吴伟军著 ; 赵智勇指导. -- 江西财经大学, 2009. -- 175 页

论文运用模型法和实证分析法,分析我国区域金融体系差异的形成和现状以及产生原因。论文第一章是导论,第二章是货币政策区域效应的理论及文献回顾,对有关货币政策区域效应的学派观点及理论基础、货币政策区域效应的文献回顾进行总结。第三章是我国货币政策区域效应存在的实证研究,首先回顾货币政策区域效应存在的理论,进而对我国存在货币政策区域效应进行实证分析。第四章是区域金融体系差异对我国货币政策区域效应的影响,通过分析我国区域货币政策区域效应差异,分析金融体系影响货币政策区域效应的理论,并对我国金融机构差异对货币政策区域效应影响进行实证分析。第五章是区域居民消费储蓄行为差异与我国货币政策区域效应的关联,在分析居民消费储蓄行为影响货币政策区域效应形成的理论基础上,分析我国区域居民的消费储蓄行为差异形成的历史背景,进而考察我国居民消费储蓄行为差异性对货币政策区域效应的影响。第六章是区域企业结构差异与我国货币政策区域效应的关联,包括企业结构对货币政策区域效应影响的理论分析、区域企业结构差异形成的历史背景、我国区域企业结构差异对货币政策区域效应影响的实证研究。第七章是研究调节货币政策区域效应的政策,以保证货币政策传导机制的畅通。第八章是结语。

关键词:货币政策　经济效果　区域差异

1245

**财政体制变迁与经济增长:基于地方政府行为的研究** / 吴智峰著 ; 匡小平指导. -- 江西财经大学, 2009. -- 137 页

论文运用计量分析法、历史分析法和实证研究法,以财政体制改革与经济增长的关系为研究对象,探讨具体的经济环境和制度条件下,财政体制对地方政府的激励从而实现经济增长的过程。分析了每一次财政体制改革对地方政府利益的影响和效应。论文第一章是导论,第二章是理论基础与研究前提,第三章是我国财政体制的改革历程,对财政包干体制阶段、分税制改革阶段和分税制的不断调整进行回顾与总结。第四章是财政包干制与经济增长,对财政分权促进增长、财政包干制对地方政府的激励、财政包干制与经济增长的计量检验。第五章是分税制与经济增长,首先讨论分税制对地方政府的激励,对经济环境和约束条件、财政收入分配方式的变化、地方政府行为的变化、地方政府实现目标的机制、分税制引发的经济变化等问题做出论述。其次讨论分税制与经济增长的计量研究,对指标与计量模型的确定、检验结果、结果分析和实证结论作出阐述。第六章是结论、建议与展望,提出了基本结论和分税制改革建议。

关键词:财政体制　财政改革　地方政府　经济增长

1246

**地方税效率研究** / 肖加元著 ; 庞凤喜指导. -- 中南财经政法大学, 2009. -- 175 页

论文运用理论分析法、定性分析法和实证分析法,对我国分税制财政体制改革以来的地方税效率问题进行研究,提出完善地方税效率治理的对策与建议,为构建符合我国国情的财政体制,完善地方税建设提供理论支持。论文第一章是地方税效率的理论界定,主要对效率与税收理论、地方税效率界定、地方税务局效率原则、影响地方税效率的因素等四个方面的内容进行考察。第二章是地方税的经济效率。首先分析税收与经济增长的一般关系,其次分析地方税制与地方经济增长的关系,进而对地方税资源配置效率进行分析。第三章是地方税的征管效率,对地方税征管效率评价指标优化设计问题进行考察,并对地方税征管效率进行实证分析。第四章是地方税的制度改革,首先是制度均衡分析,其次是新中国成立以来地方税制度效率分析,第三是分税制改革以来地方税制度变迁,最后分析农村税费改革制度博弈过程。第五章是完善地方税效率治理的基本思路与对策,主要包括合理规划分税权,优化地方税法律环境;科学选择主体税种,完善地方税制结构;提高地方税规模,保障地方公共品供给;规范转移支付制度,减轻地方财政压力;促进地方税信息化建设,加强成本核算管理;完善分税制财政体制改革,加强地方税配套设施等七个方面的内容。

关键词:地方税收　经济效率　地方税制　分税制

1247

**我国上市公司股权激励效应的实证研究** / 肖民赞著 ; 赵智勇指导. -- 江西财经大学, 2009. -- 124 页

论文运用理论分析法与实证分析法,首先总结了股权激励的基础理论,并在研究国外发达国家的股权激励实践基础上着重研究了股权激励形式的缺点及相关比较。然后对我国 2006 年上市公司进行实证研究,结合实践提出政策建议。论文第一章是绪论,第二章是股权激励的理论基础,对委托代理理论、团队生产理论、不完全契约理论和人力资本理论加以阐述。第三章是国外股权激励的实践及激励方式研究,首先论述国外股权激励的实践,其次分析股权激励的主要形式。第四章是我国上市公司股权激励的现状及其效应的实证分析,主要对我国上市公司股权激励概况、研究假设和样本选取、实证研究和结果分析等方面进行考察与研究。第五章是我国上市公股权激励的实践及设计研究,首先论述激励的实施条件,其次考察激励方式的选择,并依次讨论了激励股份的来源、激励范围的确定、激励总量及其分配、权益价格的确定、购买资金的来源、业绩目标的确定和权益的变现与转让问题。第六章是我国上市公司提升股权激励效应的政策建议,提出应当做到以下七点:完善股权激励配套法规、提高证券市场的有效性、完善公司治理结构问题、发展职业经理人市场、完善股权激励的会计处理、调整股权激励的税收政策、规范股权激励的信息披露。第七章为结语。

关键词:上市公司　企业管理　股权　激励

1248

**城乡卫生医疗服务均等化研究** / 解垩著 ; 樊丽明指导. -- 山东大学, 2009. -- 268 页

论文运用比较研究法、案例研究法和实证研究法,对我国城乡卫生医疗服务均等化进行研究,以期完善有关城乡卫生医疗服务均等化基本理论,为我国城乡卫生医疗服务均等化及医疗体制改革实现提供科学的政策建议。论文第一章是绪论,第二章是文献综述,对卫生医疗服务公平理论进行总结,回顾城乡卫生医疗服务公平的实证研究。第三章是城乡卫生医疗服务均等化的机理分析,首先分析城乡卫生医疗服务均等化的内涵与实质,其次研究城乡卫生医疗服务均等化与基本公共服务均等化,考察城乡卫生医疗服务均等化的实现机制,最后讨论城乡卫生医疗服务均等化与否的效应,提出测度城乡卫生医疗服务均等化的指标体系。第四章是城乡卫生医疗服务均等化的国际经验,对亚洲发达国家、欧美国家的实践进行考察,总结借鉴意义。第五章是中国城乡卫生医疗服务公平性的分解分析,考察城乡卫生医疗服务差距的基本事实,总结城乡卫生医疗服务制度的变迁,并依次分析筹资公平、健康消费公平、服务利用及健康公平三个问题。第六章是中国城乡卫生医疗服务非均等的效应,对收入分配效应、贫困效应、绩效下降效应和城乡医疗保险改革的福利效应进行分析。第七章是中国城乡卫生医疗服务非均等化原因研究,第八章提出促进中国城乡卫生医疗服务均等化实现的对策建议。

关键词:卫生服务　医疗服务　城乡差别　制度安排

1249

**中国地方财政稳定化研究** / 徐涛著 ; 王雍君指导. -- 中央财经大学, 2009. -- 117 页

论文运用实证分析法和比较研究法,在梳理现有文献对中国地方财政在稳定职能中的作用的研究基础上,以中国地方财政稳定化为研究对象,分析了地方财政收支行为与宏观经济波动的关系,得出地方财政收支违反了逆周期操作规则,是顺周期的结论,并分析了产生顺周期的原因,最后提出了构建我国的地方财政稳定机制和规则的构想。论文第一章是绪论,第二章是地方财政与宏观经济稳定,第一节分析财政稳定政策,通过逆周期财政政策进行研究;第二节是地方政府实施逆周期财政政策理论与实践;第三节研究地方财政在宏观经济稳定中的作用。第三章是中国地方财政收支与经济波动的实证分析,第一节考察地方财政收入与经济波动;第二节论述地方财政支出与经济波动;第三节得出地方财政收支与经济波动的结论。第四章是顺周期的财政行为成因分析,第一节讨论财政纪律松弛问题;第二节研究财政约束缺失;第三节分析《预算法》的缺陷;第四节考察财政体制缺陷,最后论述地方政府职能转变不到位。第五章是构建地方财政稳定机制和规制的设想,首先概述地方政府预算储备制度,其次通过美国的案例研究地方政府预算储备制度,最后提出构建我国地方政府预算储备制度的设想,建立中期预算制度,完善其他机制和规则。

关键词:地方财政　财政政策　预算管理　经济稳定

1250

**税收调控收入分配研究** / 燕洪国著 ; 庞凤喜指导. -- 中南财经政法大学, 2009. -- 162 页

论文运用规范分析与实证分析相结合的研究方法,对税收调控收入分配问题进行理论界定和历史考察,提出相关政策建议。论文第一章是税收调控收入分配的理论界定,首先介绍社会福利最大化,其次介绍社会福利最大化与收入分配,并对收入分配与税收调控的关系进行考察,研究税收调控的环节与作用,讨论税收调控的局限性等问题。第二章是税收调控收入分配的影响因素,分别对税收收入规模、税制结构、税负归宿、税种选择、税务管理能力和税收环境六个问题进行阐述。第三章是我国税收调控收入分配的历史考察,对计划经济时期收入分配的税收调控、有计划的商品经济时期收入分配的税收调控、市场化改革以来收入分配的制度安排等三方面的问题进行研究。第四章是我国税收调控收入分配的实证分析,对我国税收调控收入分配作用进行协整分析,讨论税收调控分配作用弱化的成因,分析税收调控收入分配作用弱化的效应。第五章是税收调控收入分配的国际经验借鉴与启示,首先是国外税制改革的整体趋势,其次论述国外收入分配调控的税制设计,并总结经验借鉴与启示。第六章是我国税收调控收入分配的基本建议,包括构建双主体税种的税制结构、完善收入分配税收调控体系、提高税务管理能力增强税收调控力度、完善促进社会捐赠与慈善事业发展的税收激励制度。第七章是我国税收调控收入分配的配套改革研究。

关键词:个人收入　收入分配　税收管理

1251

**国际财政研究:基于全球公共产品的视角** / 杨伊著 ; 蒋经法指导. -- 江西财经大学, 2009. -- 200 页

论文运用模型研究法和实证研究法,围绕全球公共产品的生产供应,就国际财政的收支与协调机制做研究。论文第一章是导论,第二章是国际财政研究的理论分析,对经济全球化下的财政问题的国际性进行分析,提出国际财政研究的理论体系和基本框架,分析国际财政的职能。第三章是全球公共产品,论述公共产品理论的研究。首先讨论公用产品的传统理论,其次对全球公共产品的界定和定义、特征和分类、全球公共产品是公共产品在全球化下的演进等问题进行论述。第四章是国际财政支出协调的配置面,对全球公共产品供给问题进行研究,考察全球公共产品的供给主体和方式、影响全球公共产品供给的因素、全球公共产品供给现状、国际财政支出供给全球公共产品不足的原因等问题。第五章是国际财政收入协调的新领域,对全球公共产品融资机制进行研究,分析全球公共产品融资的特点,提出理想的全球公共产品供应体系结构,讨论全球公共产品供应的融资激励机制。第六章是国际合作促进全球公共产品供给的最优策略及制度安排,对两国模型和多国模型分别进行考察。第七章是中国应对全球公共产品挑战的对策研究,包括提高发展中国家能力参与全球公共产品的供给、国际协作背景下中国参与全球公共产品的供给策略等。

关键词:财政支出　财政收入　经济全球化　国际合作

1252

**财政体制与县级政府财政能力关联性研究** / 殷瑞锋著 ; 马海涛指导. -- 中央财经大学, 2009. -- 111 页

论文运用理论分析法与实证分析法相结合、历史分析法、比较分析法和定量分析法,探讨一个值得并已经引起中国警觉的关键问题,即县级政府财政能力问题。由于我国是包含多级政府的单一制国家,县级政府属于一级地方政府,因此从财政体制出发研究县级政府财政能力符合逻辑。本研究主要涉及县级政府财政能力的含义、财政能力的衡量方法、地区经济因素对政府财政能力的制约、财政体制调整对县级财政能力的影响等。通过研究试图揭示如何进行财政体制改革以使县级政府能够有效保证其实现财政职能的财政能力。论文首先界定财政能力的概念;其次分析影响财政能力的主要因素,比较与研究国外学者对影响财政能力因素的研究成果,归纳与总结影响财政能力的因素;并运用实证分析对这种影响关系进行检验;接着考察我国县级政府的行政建制和职能状况,考察经济发展和社会转型期间,县政管理面临的新问题。论文认为,将县级政府财政改革置于政府间财政体制改革这一大背景中,改革的核心应该是从县级政府职能的定位入手,保证县级政府具备与履行职能相适应的财政能力。论文进而分析了财政体制对县级政府财政能力的影响,主要体现在规模、结构、均衡状况和发展趋势方面。选取数据进行定量分析,考察具体县政府的财政能力。最后提出解决县级政府财政能力问题的相关建议。

关键词:县级财政　财政管理　财政体制　体制改革

1253

**预约定价研究:用合作解决跨国税收争端** / 应燕著 ; 王乔指导. -- 江西财经大学, 2009. -- 135 页

论文运用理论分析法和定性研究法,站在制度存在合理性的高度,对预约定价进行深入分析,论证了预约定价是多个利益主体博弈并最后达到税收利益均衡的机制,是建立在纳税人和税务当局之间相互协商与合作的基础上,通过适当妥协和利益让渡,最终谋求征纳双方长期共赢的新型国际税收管理理念。论文第一章是绪论,第二章是跨国公司及其转让定价,对跨国公司转让定价对税收的影响进行分析,考察对转让定价的税务规制问题。第三章是预约定价及其理论体系,首先考察预约定价的基本制度,界定其概念。其次考察预约定价法理分析,对法律主体和基本原则进行论述。第三,考察预约定价的税收理论。第四章是预约定价规则,首先研究预约定价程序规则,包括互相协商、变更和终止。其次考察预约定价实体规则,对灵活性和各主体的权利义务要求等问题进行研究。第五章是特别问题分析,包括预约定价对小企业的适用、预约定价信息的保密性、关键假设、举证责任和追溯适用等方面。第六章是合作解决冲突,基于国际税收管理新机制,对税收征管的国际合作进行考察,分析预约定价的协调目标、预约定价的协调机制,并对国际税收合作前景做出展望,提出我国作为发展中大国,积极参与国际税收合作是我国发展的自身需要,也是我们应该履行的社会责任。

关键词:跨国公司　国际税收　税收制度　定价　税收管理

1254

**税务人员绩效考核研究** / 袁红兵著 ; 庞凤喜指导. -- 中南财经政法大学, 2009. -- 124 页

论文运用比较分析法和定性分析法,运用经济学、财政学、管理学等学科的基本理论,对建立和完善税务人员绩效考核机制进行探讨,并试图从税收管理学的角度提供一些具体的途径与措施,以期达到提高税收征管效率的目的,使其服从与服务于整个国家和社会发展的战略大局。论文第一章是税务人员绩效考核的理论分析,首先比较税务人员和企业员工绩效考核的差异,其次分析绩效考核与税收征管效率关系的理论,第三分析税务人员绩效考核的理论,最后分析影响税务人员绩效因素的理论。第二章是国外公务员和税务人员绩效考核现状,分别对我国公务员制度和公务员考核制度、我国税务人员绩效考核的现状和问题、国外公务员考核制度和发达国家税务机关绩效考核经验借鉴进行研究。第三章是中国税务人员绩效考核体系的构建,对样本的选择与数据的收集进行说明,提出给予层次分析法的税务人员指标权重和基于模糊综合分析的税务人员绩效考核评价,最后分析结果并给出建议。第五章是继续完善税务人员绩效考核的建议,对进一步完善绩效考核体系及其配套措施进行阐述,最后考察加强绩效考核结果运用。

关键词:税务部门　人力资源管理　公共管理

1255

**税收征管组织企业化改造研究** / 张兵著 ; 王国清指导. -- 西南财经大学, 2009. -- 120 页

论文采用理论分析法、历史研究法和定性的研究方法,围绕建立一个中国特色现代税收征管组织的基本理论框架体系的目的,注重对相关研究成果的取舍,对税收征管组织企业化改造的必要性、理论依据、现实例证和可行框架进行研究,并试图在构建理论体系上坚持创新性。论文第一章是导言,第二章是税收征管组织企业化改造的由来与发展,首先对关于税收征管组织变革的研究进行回顾,其次梳理国内外税收征管组织变革的典型研究,最后做出对税收征管组织及其企业化改造研究文献的思考。第三章是税收征管组织变革模式的比较分析,对税收征管组织进行再认识,分析我国税收征管组织变革模式的分类。第四章是税收征管组织变革的战略选择,对我国税收征管组织演进中的企业化趋势进行考察,分析税收征管组织企业化改造的背景条件和驱动条件。第五章是税收征管组织企业化改造的格局与体系,考察基本原则、目标取向、模式与格局、结构体系等部分。第六章是税收征管组织企业化流程再造与绩效管理,分别论述了流程再造、绩效管理和税收征管组织企业化改造的运行配套措施。第七章是税收征管组织企业化改造的核心价值,对税收征管组织企业化改造价值取向提出要以纳税人为本,分析征纳关系的重构与协调,并对纳税服务进行定位。

关键词:税收征管　组织管理　模式选择

1256

**中国公共养老金制度的模式选择与完善** / 张海波著 ; 张志超指导. -- 南开大学, 2009. -- 172 页

论文运用模型法、比较分析法、规范分析与实证分析相结合的研究方法,分析比较了不同公共养老金制度模式的经济增长效应和社会福利效应,继而重点分析了不同公共养老金制度模式在中国的适用性,考察我国在改革公共养老金制度时的最优模式选择。论文第一章是绪论,第二章是文献回顾与理论综述,首先总结国外学者的研究成果,其次综述国内学者的研究现状与成果。第三章是公共养老金制度模式的现状分析,对现代公共养老金制度的形成与发展进行梳理,考察 20 世纪 80 年代以来全球公共养老金制度模式的改革,并考察中国公共养老金制度模式的沿革与发展现状。第四章是公共养老金制度模式的经济效应分析,对公共养老金制度模式的分类及运行机理、公共养老金制度模式的经济增长效应、公共养老金制度模式的社会福利效应和不同养老金制度模式的优缺点进行总结。第五章是不同养老金制度模式在中国的适用性分析,总结中国现行统账结合的制度模式存在的问题,对缴费确定型积累制、给付确定型现收现付制和名义缴费确定型现收现付制的适用性分别进行分析。第六章是中国公共养老金制度模式的选择与设计,对中国公共养老金制度的最优模式选择进行研究,提出中国公共养老金制度模式的具体设计。第七章是结论、启示及有关说明。

关键词:养老保险制度　养老保险基金　制度安排　模式选择

1257

**中国经济发展中社会保障的理论与实践研究** / 张华东著 ; 邓子基指导. -- 厦门大学, 2009. -- 146 页

论文运用案例分析法、实证分析法和理论分析法,力图从社会保障理论与实践的历史、现在和将来的角度出发,借鉴国际经验,对中国社会保障体系建设和运行机制进行分析,并提出相关建议。论文第一章是导论,第二章是经济发展中的社会保障制度,对现代社会保障制度的发展进行梳理,研究社会保障制度与经济发展的关系,考察社会保障的统一性与层次性,以及我国社会保障制度发展的沿革。第三章是社会保障筹资与经济发展,以养老保险为例,对养老保险的三种财务模式进行回顾,比较现收现付制、基金积累制和部分积累制对经济发展的影响,探讨社会保障税、社会保障费的选择与经济发展的关系,提出解决社会保障隐性债务的思路。第四章是社会保障支出与经济发展的实证分析,回顾社会保障支出与经济发展的相关研究,论述中国社会保障支出与经济增长的宏观分析,并用主成分分析法对社会保障支出与经济发展的省级面板数据进行分析。第五章是经济发展中社会保障资金的投资选择,回顾社会保障资金投资选择的相关研究,讨论经济发展中社会保障资金投资的必要性与可行性,分析社会保障资金参与重大基础设施建设投资的问题,最后考察社会保障资金参与高科技企业投资问题。第六章是对中国经济发展中社会保障的展望与建议。

关键词:社会保障　经济发展　保障体系　投资

1258

**中西方财政运行状态及运行机制的比较研究** / 张平著 ; 武彦民指导. -- 天津财经大学, 2009. -- 146 页

论文运用比较分析法和定性研究法,将中西方财

政比较的对象设置为同在市场经济条件下的当前我国公共财政和西方资本主义国家的公共财政,研究中西方财政理论和现实运行状态及现实背后的深刻财政运行机制的比较,并最终试图通过对中西方财政的多方比较探求其存在差异的深层次原因。论文第一章是导论,阐述研究的目的与意义,总结国内相关的文献。第二章是中西方财政理论的简要比较,首先回顾中西方财政理论不同的发展历程,进而讨论中西方财政理论日益鲜明的融合性。第三章是中西方财政支出运行状态的比较研究,首先对中西方财政支出总量运行状态进行比较和反思,其次对中西方财政支出结构进行比较研究,第三对我国财政支出结构优化进行模型分析。第四章是中西方税收运行状态的比较研究,首先比较中西方宏观税负,其次对中西方税制结构进行比较研究与阐述。第五章是中西方财政运行机制的比较研究,首先是中西方财政决策机制的比较研究,其次是中西方财政管理机制的比较研究,最后是中西方财政监督机制的比较研究。第六章是中西方财政差异的根源,首先论述中西方国家不同的经济发展水平和经济制度,其次考察中西方国家不同的政治制度,最后论述中西方国家不同的文化背景。第七章为结语。

关键词:财政支出　财政制度　财政管理　比较管理

**1259**

**我国地方财政资金瓶颈问题分析** / 张蕊著 ; 张馨指导. -- 厦门大学, 2009. -- 165 页

论文运用理论分析法、模型分析法和定性研究方法,对我国地方政府的财政资金瓶颈状况展开了整体动态的、分层级的、分地区的实证研究,得出:分税制改革以后,我国地方财政资金瓶颈凸显,并且具有明显的层级性和地区性特征。进而考察了我国分税制改革以来的政府间财政转移支付对于缓解地方财政资金瓶颈的效应,以及地方政府的基金收入和预算外收入的缓解效应,最后对地方财政资金瓶颈产生的多方面原因展开分析,提出对策。论文第一章是导论,第二章是国内外相关研究综述,第三章是地方财政资金瓶颈状况分析,主要对地方财政总体运行情况、地方各级财政运行情况进行研究,并论述地方财政运行分地区的情况。第四章是地方财政资金瓶颈与政府间转移支付,在介绍政府间财政转移支付理论的基础上,分析我国分税制改革以来财政转移支付情况。第五章是地方财政资金瓶颈与政府性基金、预算外收入。本章主要分析了地方政府性基金收入、地方政府土地出让收入、地方政府预算外收入等问题。第六章是地方财政资金瓶颈模型分析,对模型的思路进行说明,并分析地方财政资金瓶颈模型,得出结论。第七章是地方财政资金瓶颈产生的原因与对策思考,首先分析地方财政资金瓶颈产生的原因,其次提出缓解地方财政资金瓶颈的相关思考。

关键词:地方财政　财政管理　财政体制

**1260**

**中国税收超常增长问题研究** / 赵松涛著 ; 匡小平指导. -- 江西财经大学, 2009. -- 126 页

论文通过定性分析与定量分析相结合的研究方法,在吸收国内外最新研究成果的基础上,以我国经济发展和税收增长实际情况为背景,筛选并分析了大量有关税收及宏观经济的数据,对我国税收增长问题进行了研究和深层次的剖析。论文的第一章是绪论,主要对问题的提出、研究背景、研究内容进行阐述,明确论文的结构与主要内容。第二章是税收与经济增长关系的理论阐释,对经济增长中的税收作用机制、经济因素决定的税收形成机制、经济增长与最优宏观税负等方面的关系进行论证。第三章是我国税收增长的现状分析及成因解释,首先阐述税收增长问题的背景和脉络,其次分析对税收增长现象的剖析,进而论述税收增长的形成机制。第四章是我国税收增长的实证研究,主要对税收增长与经济增长相关性进行实证研究,对税收增长结构进行实证分析。第五章对是否存在超常增长问题进行考察,主要论述对我国税收增长问题的判断。首先讨论宏观税负水平与税收增长,其次论述税收是否超常增长的判断标准,进而分析我国税负水平及其对国民经济的影响,最后界定我国合理宏观税负水平的动态。第六章是税收超常增长的持续性分析,在研究我国税收增长的国内外经济背景的基础上,进行税收增长的预测与税收增长的趋势。

关键词:税收增长　税收收入　经济增长　宏观税负

**1261**

**现阶段中国地方政府债务风险评价与管理研究** / 赵晔著 ; 杨志安指导. -- 辽宁大学, 2009. -- 108 页

论文运用比较分析法、案例分析法和定性研究方法,对国外地方政府债务风险管理经验进行借鉴,考察我国地方政府债务风险的情况与成因,提出相关政策。论文第一章是地方政府债务风险理论综述,对国

内外文献进行回顾与总结。第二章是地方政府债务风险的相关理论，首先界定地方政府债务风险，其次论述地方政府债务风险的经济分析和管理分析，进而考察地方政府债务风险评估的方法与选择，最后讨论地方政府债务风险预警方法和选择。第三章是地方政府债务风险的实证分析，通过界定地方政府债务风险指标体系、地方政府债务数据无量纲化、地方政府债务风险权重系数等概念，进行合成模型的分析，评价结果，并考察地方政府债务风险结果的聚类分析、地方政府债务风险与地方财政经济风险的关系，最后论述我国地方政府隐性、或有债务规模的初步匡算。第四章是地方债务风险的成因分析，主要考察了地方政府事权与财权不匹配、地方政府债务管理上存在问题等方面。第五章是国外地方政府债务风险管理及对我国的启示，在介绍了欧盟成员国、美国地方政府、日本地方政府和巴西地方政府的地方政府债务风险管理情况之后，总结出对我国的启示意义。第六章是化解我国地方政府债务风险的具体建议，包括规范财政支出、建立与事权相对应的财政收入体系、完善地方债务管理制度，和建立地方政府债务风险预警机制。

关键词：地方政府　地方财政　债务　财政管理

1262

**开放经济下国家物资储备调控机制研究** / 郑俊峰著 ; 邓力平指导. -- 厦门大学, 2009. -- 166 页

论文运用了定性分析与定量分析相结合法、比较研究与案例研究相结合的研究方法，探寻国家物资储备的历史渊源，结合我国国家物资储备的实践，研究开放经济下的国家物资储备调控机制问题。论文第一章是导论，第二章是物资储备的思想和理论研究，首先论述我国古代财政储备思想，其次论述马克思社会再生产理论、国家分配论与国家物资储备，第三研究公共财政理论与国家物资储备，第四研究发展财政理论与国家物资储备，最后论述蛛网模型与国家物资储备的关系。第三章是国家物资储备的内涵，首先对国家物资储备的分类进行阐述，其次研究国家物资储备的性质，最后考察国家物资储备的功能，以及在经济方面的其他功能。第四章是国家物资储备调控机制，主要对传统财政货币政策的局限性进行研究，总结国家物资储备的调控机理和调控特点，论述物资储备调控政策是财政自动稳定器的重要组成部件，最后分析国家物资储备政策的时间一致性，考察物资储备与期货市场调控机制的联系和区别，对国家物资储备调控的福利分析进行研究。第五章是全球经济失衡、金融危机与物资储备，分析我国当前物资储备所面临的国内环境和国际环境。第六章是我国国家物资储备体制的历史和现状。第七章是国家物资储备制度的国际借鉴，分析了美国、日本和欧盟的物资储备模式，总结发达国家物资储备的基本经验与启示，第八章是建立我国物资储备体系的政策建议。

关键词：国家物资储备　宏观调控　国家战略　国家安全

1263

**偷逃税的防范研究** / 钟鸣明著 ; 王乔指导. -- 江西财经大学, 2009. -- 115 页

论文运用比较分析法、案例分析法和定性研究法，在阐述分析偷逃税防范研究相关理论的基础上，分析影响偷逃税的心理因素、环境因素、制度因素、征管因素，借鉴国外防范偷逃税的有效经验，提出防范偷逃税的对策建议。论文第一章是导论，第二章是偷逃税防范研究的理论基础，分别对预期效用理论、税收征纳博弈分析、前景理论和税收管理制度经济学分析等方面的理论进行阐述。第三章是偷逃税的心理和社会环境分析，首先是税收遵从分析，其次是我国纳税人偷逃税心理分析，最后分析中国依法治税的环境。第四章是税制和征管因素对偷逃税的影响分析，首先对税制设置与征管的优劣标准进行回顾，其次分析税制因素对偷逃税的影响，并分析征管因素对偷逃税的影响，具体包括征管模式、征管手段、征管素质、征管方式和征管力度五个方面。第五章是世界部分国家防范偷逃税的主要经验，对外国防范偷逃税的一般经验、发达国家防范偷逃税的主要经验和发展中国家防范偷逃税的主要经验进行梳理与总结。第六章是我国防范偷逃税的政策建议，首先是税收征管策略的选择，其次是现行税收制度的完善，最后论述税收征管环境的改善。基于对征税人、纳税人、护税协税人形成有效激励约束的考虑，论文从征税环境的改善、纳税环境的改善、护税协税的改善提出对税收征管环境的改善对策。

关键词：偷税　逃税　税收管理

1264

**企业税务管理机理及策略研究** / 朱克实著 ; 岳树民指导. -- 中国人民大学, 2009. -- 187 页

论文运用问卷调查法、实证分析法和模型分析

法,对企业税务管理的理论渊源进行阐释,就企业纳税遵从状况进行分析,并运用结构方程模型对企业税务管理的相关因素展开实证研究。从企业管理视角对企业税务管理进行系统性研究,将管理理论应用到企业税务管理中,具有一定探索性。论文第一章是导论,第二章是企业税务管理的理论分析,主要对企业税务管理的总体情况、相关理论进行论述。第三章是企业纳税遵从的经济分析,首先分析国外企业纳税状况,其次讨论企业纳税遵从与纳税不遵从的表现形式,第三研究影响企业纳税遵从的内在原因,第四分析影响企业纳税遵从的外部原因。第四章是企业税务管理的实证分析,对问卷和样本的基本情况进行介绍,并构建模型进行实证分析。第五章是企业税务风险与风险管理。对企业税务风险的内涵、形式、产生原因、相关测定、规避与控制等方面进行讨论。第六章是企业税收筹划与路径选择,主要对企业税收筹划的认识、筹划管理的制约因素、筹划管理的有效途径等问题做出研究与阐述。第七章是企业税务管理的制度安排与创新。分别讨论了企业税务管理组织机构的设置、企业税务遵从管理的制度安排、企业税务管理的相关制度设计、企业税务管理激励机制的构建与实施等五个方面的内容。

关键词:企业管理　税收管理　风险管理

1265

**政府保障高等教育公平的财政政策研究:基于高等教育成本分担制度和学生资助制度的考察** / 朱沙著 ; 朱明熙指导. -- 西南财经大学, 2009. -- 273 页

论文运用历史分析法、理论分析法和定性的研究方法,将以保障高等教育公平的政府财政作为焦点,研究政府在保障高等教育公平中的主体作用,探讨与揭示存在的问题与原因。论文第一章是导论,第二章是高等教育公平的界定与辨析,对公平概念的提出、高等教育公平的理论渊源和经济学解释进行阐释。第三章是政府保障高等教育公平的理论分析,介绍了政府投资高等教育的一般理论、现代政府保障高等教育公平的理论、非政府力量无法真正保障高等教育公平的现实、财政政策与高等教育公平的关系等四个层面的问题。第四章是中国高等教育财政政策与高等教育公平的历史回顾,梳理与总结了三个阶段的历史:实施免费高等教育政策的背景和具体内容、推行免费高等教育政策的成因、免费高等教育政策对高等教育公平的影响。第五章是中国高等教育财政政策与高等教育公平的现实考察,主要研究高等教育成本分担制度与高等教育公平的关系和学生资助制度与高等教育公平关系两方面的问题。第六章是中国高等教育公平缺失成因分析,基于财政学的视角,分析高等教育不公平的表层原因和深层原因。第七章是完善促进高等教育公平的公共财政制度,提出重构政府的公平理念与责任,维护高等教育的公共性;完善高等教育财政经费的投入机制;建立公平合理的高等教育成本分担机制;健全学生资助制度。

关键词:高等教育　公共财政　财政政策　公平原则

# 金融学(含保险学)

1266

**金融制度变迁、法治与金融发展:以我国银行制度为例的研究** / 巴劲松著 ; 马君潞指导. -- 南开大学, 2009. -- 162 页

论文以我国银行制度为例,对金融制度变迁、法治与金融发展进行研究。全文共分为七章。第一章为导论,主要介绍了论文的选题意义,国内外的研究概况,论文研究的结构安排、主要内容和观点,论文研究的假设前提及研究方法,主要创新点和不足之处。第二章介绍了论文相关的文献综述,阐述了金融发展的理论演进,分析了制度、制度变迁的文献综述,研究了法律、法治文献综述。第三章介绍了金融发展与制度变迁、法治的内在逻辑与理论建构,阐述了金融发展与金融制度的变迁,论述了金融发展与金融法治问题,阐述了法治框架下的金融制度的变迁过程,金融功能、法治与金融发展问题。第四章构建了适合金融发展的金融制度的体系,研究了制度结构的基本理论和金融制度的结构,分析了法系与金融发展,成文法框架下金融制度的动态适应性,论述了我国金融法律的内容结构,从法律规范的逻辑结构分析金融制度的微观结构。第五章研究了法治转轨条件下我国金融制度的供给主体,主要论述了制度供给的文献回顾与金融制度供给的一般理论,阐述了政府作为中国金融制度供给主体的问题,分析了金融监管主导下的制度供给,分析了金融制度供给的两个典型的案例。第六章介绍了中国金融制度变迁的路径,概述了中国金融制度的变迁,分析了中国金融制度变迁的历史阶段区分与制度逻辑,从金融功能的视角,介绍了中国金融制度变迁路

径的新解。第七章介绍了金融发展的制度需求演进、制度替代与金融法治指数。论文的总体研究对分析金融制度变迁、法治与金融的发展具有重要的意义。

关键词:金融体制　体制改革　银行制度

**1267**

**美国寿险公司董事会和外部约束机制的效率分析:从并购的角度** / 蔡万科著 ; 俞自由指导. -- 上海财经大学, 2009. -- 114 页

论文从并购的角度,对美国寿险公司董事会和外部约束机制的效率进行了分析。全文共分为七章。第一章引言,主要论述了论文研究的动机,问题和方法,论文的研究结构,创新点和不足之处。第二章相关文献综述,主要以美国保险业为例分析了并购和公司治理,阐述了公司治理和并购的关系,论述了目标公司董事的留任问题,研究了目标公司 CEO 的留任问题。第三章美国寿险业概况、并购动机分析及董事会职能介绍,主要概述了美国寿险业的状况,分析了并购的动机,介绍了股东、董事会及高管的职能。第四章理论分析和研究假说,主要分析了美国保险公司被并购的影响因素,阐述了目标公司董事留任的影响因素,论述了目标公司 CEO 留任的影响因素。第五章研究方法的设计,主要阐述了论文研究的样本选择过程和数据的来源,阐述了检验模型和变量的设定方式,对二分类因变量回归进行了简要的介绍。第六章是对全文实证检验结果的总结和分析,主要分析了公司被并购的可能性,应用描述性分析、多元 Logistic 回归,以及模型评价和诊断,对并购后董事会留任的影响因素进行了阐述。分析了并购后 CEO 留任的影响因素。第七章为全文的总结,主要概括了论文研究的基本结论,总结了论文对我国保险发展的启示,阐述了论文的创新之处以及局限性,对未来的研究方向进行了展望。

关键词:人寿保险　保险公司　法人治理结构　董事会　经济效率

**1268**

**中国货币政策信贷渠道传导机制研究** / 蔡真著 ; 王国刚指导. -- 中国社会科学院, 2009. -- 141 页

全文共分为七章。第一章导论,主要介绍了论文的选题意义和研究背景,文献回顾,论文的结构安排,研究的创新点。第二章介绍了广义货币渠道的理论分析及实证检验,主要包括传统利率渠道的理论及实证检验、汇率渠道的理论及实证检验、资产价格渠道的理论及其中国情况的讨论,以及对广义货币渠道的质疑四方面的内容。第三章货币政策传导信贷渠道的理论分析,主要阐述了狭义信贷渠道,分析了资产负债表的渠道,研究了货币政策信贷传导渠道的效应。第四章分析了中国特色分割经济中的信贷渠道传导的机制,主要阐述了分割经济的典型事实,分析了经济分割下银行的信贷行为,论述了分割经济中信贷冲击对实体部门的效应。第五章阐述了分割经济下信贷传导渠道的经验证据,主要论述了向量自回归的技术,阐述了实证方法的思路及模型变量的选取,阐述了紧缩的货币政策对商业银行的影响,分析了商业银行信贷对实体部门的冲击,实证检验了长期信贷与投资,介绍了短期信贷对工业增加值的冲击检验。第六章提出了疏导信贷传导渠道的对策建议,包括为发展公司债券市场,促进银行体系提高服务效率;推进国债管理体制改革,形成基准利率;推进利率市场化改革,跨越利率市场化过程中的关键一步。第七章为全文的总结。

关键词:货币政策　信贷　商业银行　贷款管理

**1269**

**我国上市公司控制权与资本结构关系研究** / 操君著 ; 李晓峰指导. -- 厦门大学, 2009. -- 107 页

论文对我国上市公司控制权与资本结构关系进行了研究。全文共分为七章。第一章导论,主要介绍了论文研究的选题背景和研究意义,阐述了论文的主要文献综述,总结了论文的研究思路和方法,归纳了论文研究的主要内容和结构安排,综述了论文研究的主要创新点。第二章为理论和文献综述,主要阐述了控制权市场理论、现代资本结构理论、资本结构控制权理论,分析了关于控制权与资本结构关系的研究现状。第三章研究了我国上市公司资本结构,主要论述了我国国有企业融资制度变迁与发展的状况,阐述了我国上市公司资本结构的现状。第四章研究了我国控制权市场的特征,主要分析了我国控制权市场文化与制度的背景,阐述了我国控制权市场的现状。第五章基于静态的视角,对控制权配置与资本结构进行了分析,主要论述了资本结构决定控制权的配置,阐述了控制权配置对资本结构决策影响的理论分析,对控制权配置对资本结构决策的影响进行了实证研究与分析。第六章基于动态的视角,分析了控制权竞争、转移与资本结构,主要论述了控制权竞争威胁下的最优资本结构选择模型,对资本结构与控制权转移进行

了实证研究。第七章为全文的总结和政策建议,主要的建议包括完善法制环境,加强对中小投资者的保护;培育机构投资者,加强股权制衡机制;培育经理人市场与管理层激励;加强债权人治理功能等等。

关键词:上市公司　控制权　资本结构　企业管理

1270

**中国商业银行组织结构再造研究** / 曹飞燕著 ; 周升业指导. -- 中国人民大学, 2009. -- 169 页

全文共分为五章。第一章导论,主要介绍了论文的文献综述,研究背景和研究意义,研究思路和研究方法,归纳了论文研究的主要创新点。第二章中国商业银行组织结构再造的状况,主要阐述了组织结构再造的演进理论基础和发展的过程;分析了商业银行组织结构再造的特点、核心内容和策略以及绩效的评价。第三章国际商业银行组织结构再造的实践与启示,主要论述了国际商业银行发展的状况,分析了国际商业银行组织结构主流模式,阐述了国际商业银行组织结构再造的启示,对次贷危机带来的组织结构再造问题进行了在思考。第四章国内商业银行组织结构再造研究,主要论述了国内商业银行组织结构的效果和评价,分析了国内商业银行现行组织结构再造的实践。介绍了国内商业银行现行组织结构再造的原则、实践方向、战略目标及设计以及政策建议。第五章研究了零售银行事业部的制度,阐述了零售银行的相关的理论,分析了国内零件银行发展的背景和现状,研究了国际零售银行发展的特点和趋势,介绍了国内商业银行零售事业部制组织结构的设计。论文沿着"商业银行组织结构再造理论与发展—国际商业银行组织结构再造的实践与比较—国内商业银行组织结构在职研究—国内商业银行零售银行事业部制研究"这种从一般到特殊的逻辑思路,进行了理论联系实际的分析和论述。

关键词:商业银行　组织管理　组织结构　银行管理

1271

**中国人身保险产品发展方向研究:保障性产品占主导地位是中国人身保险产品发展的大方向** / 曹勇著 ; 刘茂山指导. -- 南开大学, 2009. -- 213 页

全文共分为十章。导论部分对论文的研究背景、研究意义、研究方法等进行了概括说明。第一章为基本理论部分,分析了人身保险本质理论、供求关系理论和科学发展理论。第二章为人身保险产品的分类,在对人身保险产品一般分类方式进行了分析后,提出了保障性产品、投资性产品的论文特殊分类标准,并明确提出了保障性产品占主导地位的含义。第三章提出目前行业存在"以投资性产品发展为主"的现象,这一现象造成保险市场供给与需求不匹配,并严重损害了保险行业发展的可持续性。第四章分析了我国经济发展状况及其对人身保险产品发展的影响,提出寿险、养老保险、医疗保险等保障性产品应是我国保险市场的主导产品。第五章分析了社会保障状况及其对人身保险产品发展的影响,社会养老保障为养老保险发展提供了巨大的空间,社会医疗保险"低水平"原则为商业医疗保障留出了巨大的发展空间,农村缺乏社会保障为农村保障性产品的发展创造的优越的条件。第六章分析了金融市场发展状况和对人身保险产品发展影响,我国保险业不适合过多大量发展投资性保险产品。第七章分析了传统文化、消费习惯、风险意识对人身保险产品发展的影响。第八章、第九章、第十章主要采用实证分析方法,对城镇养老保险、城镇健康保险、农村小额保障性人身保险的重点和难点业务进行了分析,并提出了发展的建议。

关键词:人身保险　保险业务　产品结构

1272

**流动性创造、救助和银行危机** / 曹元涛著 ; 马君潞指导. -- 南开大学, 2009. -- 153 页

论文对流动性创造、救助和银行危机进行了研究。全文共分为六章。导论主要介绍了论文的研究意义,研究目的,研究框架,研究方法,主要创新点和章节安排。第一章介绍了银行体系的不确定性,阐述了决定银行体系稳定性的三个基本问题,阐述了序列取款原则与信息不对称的原则,分析了企业家的行为对银行系统稳定性的影响,论述了差异性银行体系结构和银行系统稳定性。第二章研究了市场失灵、经济冲击与银行危机,主要阐述了市场失灵、监管与银行体系的稳定性,论述了经济分析模型的基本框架,阐述了私人信息下的均衡分析,外生经济冲击下的企业与银行行为决策以及存在道德风险情况下的企业与银行行为决策。第三章研究了银行危机中的流动性创造与救助,对第二章模型进一步讨论,研究了银行的流动性创造与救助,介绍了模型的框架,定义了道德风险,研究了银行的救助策略,分析了银行流动性创造的基本原则与最优原则。第四章研究了流动性

短缺与银行危机传染的内生性,主要阐述了银行间市场存在的必要性,提出了危机感染模型框架和几个假设,分析了银行间市场均衡、银行倒闭与危机传染,介绍了关于章节模型结论的实证。第五章分析了流动性救助能避免挤兑风险的发生,主要阐述了债务豁免与不良资产清算对维持银行体系稳定性的意义,论述了对银行流动性救助模型的改进,分析了债务豁免和不良资产清算的条件及政府的危机救助与银行系统的流动性。第六章为银行流动性救助的政策与建议。

关键词:商业银行　风险管理　银行监管

**1273**

**我国金融中心体系研究:以金融地理学为理论视角** / 曹源芳著 ; 裴平指导. -- 南京大学, 2009. -- 152 页

论文以我国金融中心体系的构建为主题,以金融地理学为理论视角,在对现有理论及研究成果进行梳理的基础上,通过建立优化的金融中心体系指标系统及其基本模型,以因子分析、聚类分析及腹地分析三重视角作为我国金融中心体系节点城市选择的基本标准,选择我国金融中心体系八个节点城市,形成一张布局合理、功能完整的金融中心体系网络。全文共分七个部分。第一部分导论,说明了论文的研究主题与意义,并对国内外文献进行回顾,指出了论文的研究思路与方法,主要内容与框架,创新与不足;第二部分对金融中心体系的理论框架进行了梳理,为全文的分析提供理论基础;第三部分分析我国构建金融中心体系的现实需求;第四部分构建我国金融中心体系的指标系统并进行指标优化;第五部分进行我国金融中心体系的节点选择;第六部分根据我国实际经济金融运行及可持续发展的需要对我国金融中心体系进行基本布局,并对各节点城市赋予特定的金融功能;第七部分讨论了我国金融中心体系的基本模式与政策建议,如加快金融开放,深化金融自由化进程,加快金融信息平台建设,实现信息共享与有效流动,完善宏观调控,应对金融中心体系建设中的风险,营造良好金融生态,夯实金融中心体系建设的基础。

关键词:金融中心　金融体系

**1274**

**多因子仿射型利率期限结构模型及其与宏观经济的关系** / 柴宗泽著 ; 姚长辉指导. -- 北京大学, 2009. -- 107 页

论文通过构建多因子的仿射型利率期限结构模型,揭示了利率期限结构和汇率及宏观经济之间的密切关系。全文共分五章。第一章绪论,介绍了选题背景、选题意义和主要工作;第二章总结了利率期限结构理论发展的主要成就,对古典利率期限理论如预期理论、流动性偏好理论和市场分割理论和现代利率期限结构理论进行介绍,构建了描述期限结构的模型,如均衡模型和无套利模型,并对利率期限结构的各种模型进行总结;第三章对仿射型模型进行了分析和总结,包括一般理论框架,一般均衡的经济学基础,以及在仿射型框架内对各种固定收益资产及其衍生品的定价进行阐述等;第四章利用中国银行间国债收益即期利率估计了仿射型三因子利率期限结构模型,并比较了仿射型三因子利率期限结构模型与 Nelson-Siegel 模型在解释中国利率期限结构方面的差别;第五章考察了加入宏观经济变量后对仿射型利率期限结构的改进。

关键词:利息率　宏观经济　货币政策　数学模型　资料缺乏

**1275**

**论破解"三农"问题的正规商业金融路径选择** / 常戈著 ; 何德旭指导. -- 中国社会科学院, 2009. -- 166 页

全文共分为八章。第一章导论,提出了论文研究的问题,论文的研究思路和研究内容,论文研究的主要创新点和不足之处。第二章农村金额与农村经济发展的理论综述,主要包括金融发展与经济增长的理论分析、农村金融概念的界定和理论焦点、国内对正规商业金融支持"三农"问题的研究成果。第三章我国农村正规金融的发展历程、现状与绩效评价,主要阐述了我国农村正规金融体系的发展历程,分析了信息不对称的农村金融市场的失灵现象,论述了政府干预下农村正规金融的运行困境。第四章研究了基于功能视角的正规商业金融改革的逻辑,主要分析了"三农"问题的症结及其化解逻辑,分析了正规商业金融解决"三农"问题的必要渠道,阐述了功能金融观下农村金融改革的目标和路径的厘定。第五章研究了正规商业金融与农户专业化经营,主要包括农业专业化经营的金融需求、农户金融服务的国际经验比较、农户金融服务的国内案例分析,以及解决正规商业金融农户服务难题的有益探索。第六章研究了正规商业金融农户与农业产业化的发展,主要论述了农业产业化发展的金融需求,对正规商业金融支持农业产业化发展进行案例分析,阐述了金融支持农业产业化发展的有效路径。第七章分析了正规商业金融与农村

城镇化的建设,进行了案例分析与研究。第八章为全文的总结。

关键词:农村金融　农村经济发展　金融功能　运行模式

1276

**资产证券化视角下的美国次级抵押贷款危机** / 陈斌著 ; 王国刚指导. -- 中国社会科学院, 2009. -- 123 页

论文从资产证券化的内在运行机制剖析美国次级抵押危机,指出资产证券化的破产隔离机制所引发的贷款审查和监督机制弱化、金融机构的过度信用创造、真实出售所造成止损机制缺失是次级抵押贷款危机的根源所在。全文共分五章。第一章导论,对相关文献进行了回顾,指出了研究思路和框架体系,特色及不足;第二章美国次级抵押贷款危机,阐述了美国次级抵押贷款的产生与演变,以及它的爆发。美国次级低价贷款危机对金融机构造成了很大的冲击,原因就是资产证券化的风险回流和资产证券化的过度衍生;第三章资产证券化与次贷危机,对资产证券化的构建和运作流程进行了描述,指明了资产证券化中的契约关系与信用风险,以及资产证券化破产隔离机制产生的道德风险,并对资产证券化风险回流机制与监管资本套利进行了描述,指出了传统多米诺骨牌模型解释风险传染的局限性;第四章资产证券化的信用评级与次贷危机,介绍了资产证券化信用评级的框架,并对美国次贷危机中的信用评级问题进行阐述,提出了改进和完善资产证券化信用评级的措施和建议;第五章次贷危机对资产证券化发展的警示,指明要注重基础资产的风险源头控制,加强资产证券化风险回流机制的管理和监控,在变化的金融体系中完善金融监管等来强化。

关键词:房地产抵押贷款　资产证券化　金融危机　信用危机　美国

1277

**论外汇市场干预的有效性:基于市场微观结构理论的分析** / 陈代欣著 ; 张礼卿指导. -- 中央财经大学, 2009. -- 153 页

论文的分析基于市场微观结构理论,通过对市场微观结构的构成要素的分析,研究发达国家、发展中国家和我国的外汇干预有效性问题。全文共分六章。第一章引言,介绍论文的选题意义及文章结构、创新与不足;第二章在简要回顾外汇市场官方干预的基础上,介绍了外汇干预理论和实证研究的相关内容,通过对文献的综合对比分析结合当今汇率决定理论和干预实践的发展,认为影响和决定外汇干预有效性的因素主要是各国外汇市场微观结构的不同;第三章展开分析外汇市场微观结构各方面(制度、交易者、信息、技术和工具)对外汇干预的影响,以汇率制度为基础研究市场参与者结构和市场透明度等微观方面对外汇干预的影响,旨在建立分析外汇市场干预的微观市场结构理论研究框架;第四章介绍了发达国家外汇干预的历史实践,以此为基础结合论文第三章建立的理论分析框架,分别从汇率制度、市场参与者与市场透明度等方面分析微观市场结构对发达国家外汇干预有效性的影响,运用进化博弈模型对外汇干预的噪音传导渠道进行了研究;第五章简要分析发展中国家外汇市场干预的成功与失败的基础上,借用 IMF 的统计资料,使用微观市场结构理论定性分析发展中国家外汇干预相比发达国家更为有效的原因,建立一个参与者博弈分析模型对其进行解释和分析;第六章依据前文建立的分析框架和外汇市场微观结构对外汇干预的影响的论证分析结果,分析我国的外汇市场结构及其对外汇干预的影响以及我国外汇干预存在的问题与不足,并提出一些相应可行的政策建议。论文的主要结论是:市场对干预需求减少,“操纵性”的干预可能引发贸易战争;与经济基本面不一致的干预活动很少会取得成功,增加了市场波动性。

关键词:外汇市场　干预　市场结构

1278

**中国银行业监管目标实现问题研究** / 陈菲著 ; 姜旭朝指导. -- 山东大学, 2009. -- 131 页

论文对中国银行业监管目标实现问题进行了研究。全文共分为八章。第一章为论文的导论,主要介绍了论文的研究问题,研究意义和研究方法,研究结构和内容,阐述了论文的技术路线图,总结归纳了论文研究的创新点和研究的不足之处。第二章为理论基础和文献综述,主要论述了银行监管目标的理论基础,阐述了银行业监管目标的文献综述。第三章介绍了银行业监管的目标:理论与现实的矛盾,阐述了银行业监管目标的实现手段和实践,分析了银行业监管目标的实现效果,分析了银行业监管目标的矛盾,分析了影响银行监管目标实现的因素。第四章分析了银行业监管的目标,介绍了银行业监管的目标定位,分析了银行业监管的总体目标,研究了银行业监管的

具体目标。第五章分析了我国银行业监管目标的指标体系设计,概述了银行业监管目标指标的系统,分析了稳定性目标的指标设计,研究了发展性目标的指标设计以及效率性目标的指标设计,探究了公平性目标的指标设计。第六章对我国银行业监管目标的实现程度进行了实证分析与研究,阐述了银行业监管目标指标体系的准则层赋权,论述了银行业监管目标实现程度评价体系的基础指标赋权,最后对实证研究结果进行了分析与研究。第七章提出了改进银行业监管目标实现的对策建议,主要包括稳定型监管目标实现的改进、发展性监管目标实现的改进以及效率性和公平性监管目标实现的改进。第八章为全文的总结。

关键词:银行业　银行监管　目标管理

**1279**

**中国保险业介入企业年金市场研究** / 陈赣洪著 ; 朱新蓉指导. -- 中南财经政法大学, 2009. -- 108 页

论文对中国保险业介入企业年金市场进行了研究。全文共分为六章。导论介绍了论文选题的背景和研究的意义,论文的研究对象及现阶段相关的研究成果,论文的研究思路和技术路线图,论文采用的研究方法,几点创新及后续需要继续加深的研究方向。第一章对企业年金市场化的运作进行了理论分析,阐述了企业年金市场的相关理论,分析了论文研究的理论依据。第二章企业年金市场发展的国际比较,主要研究了工业化国家和地区企业年金市场、新兴国家和地区企业年金市场以及转型国家和地区企业年金市场,总结了国际经验和启示。第三章企业年金市场与保险业发展的关系,主要介绍了国外保险业在企业年金市场的发展定位,阐述了我国企业年金发展历程与经营的模式,论述了我国保险业参与企业年金市场的历程,分析了企业年金与保险业的内在联系。第四章保险业介入企业年金市场的 SWOT 分析,首先介绍了 SWOT 分析模型,对保险公司在企业年金的市场运作进行了 SWOT 分析,论述了企业年金市场发展是我国保险业发展的重要契机。第五章保险业介入企业年金市场的方案设计,主要介绍了保险业开拓企业年金市场的总体策略,分析了保险业的集合企业年金计划方案和保险业的单一企业计划方案。第六章企业年金市场化运作的制度建设,主要分析了制约我国企业年金发展的政策瓶颈,分析了企业年金市场内部运行的制度设计,研究企业年金外部运行的制度设计。

关键词:保险业　企业　养老保险

**1280**

**寿险公司经济资本问题研究** / 陈戈著 ; 魏迎宁指导. -- 南开大学, 2009. -- 204 页

论文将理论研究与实务操作相结合,对经济资本的理论框架进行研究与分析,结合国际领先的寿险公司的实践经验,探索经济资本在我国人寿保险业应用的模式与道路。全文共分为七章。第一章为引言。论文从选题背景及依据、文献综述、论文结构及主要创新点、研究思路与方法介绍相关内容。第二章经济资本概述。论文首先从保险公司的资本、偿付内容的讨论与研究开始,提出目前偿付能力框架存在的不足,最终引出经济资本的概念。第三章寿险公司经济资本评估框架分析。经济资本评估主要包括三个步骤:完全的经济资产负债表、风险资本的计算与集合、资本的分配。论文对各步骤的关键内容进行分析与讨论,其中包括负债的公允价值评估、各类风险资本的衡量、资本的分配方法。第四章经济资本在寿险公司价值管理中的作用。论文除了介绍经济资本在企业风险管理(ERM)中的地位和意义之外,重点介绍经济资本在资产负债管理(负债复制)、产品开发管理(含权产品的对冲)和绩效管理(全新的绩效观点)中的作用。第五章论述经济资本在国际寿险业的实际应用。论文在对经济资本在国际寿险业的应用现状做了回顾与总结后,着重对欧洲、美国、加拿大的顶级寿险公司的应用情况做了介绍,并根据其应用的经验总结了一些在实际操作中遇到的值得思考与总结的问题。第六章探讨经济资本在我国应用的可行性分析。论文基于对先进经验的借鉴以及我国特定的经济、金融与人寿保险环境的分析与探讨,对经济资本在我国寿险公司中的应用模式与实务操作提出看法与建议。第七章论述结论。论文着重阐述全篇的创造性工作及所取得的研究成果,并进一步提出需要讨论的问题和建议。

关键词:人寿保险　保险公司　资本管理　风险管理

**1281**

**新型农村合作医疗中的农户支付意愿与道德风险研究** / 陈华著 ; 申曙光指导. -- 中山大学, 2009. -- 144 页

论文采取理论和实证相结合的研究方法以农户这一参与主体的行为作为分析问题的出发点,对于与农户的支付意愿与道德风险有关的问题进行了研究。全文共分七章。第一章导论,说明了论文的选题背

景、问题的提出、研究目的、研究方法、研究内容、章节安排以及创新点与贡献;第二章总结和评述了我国农村地区基本医疗保险的发展历程,并在此基础上,对国内外利用未定权益估值法分析支付意愿、存在道德风险的最优医疗保险合同以及存在道德奉献下的保险计量经济问题三个方面研究的国内和国外文献进行了回顾;第三章分析和总结了广东省新农合的筹资管理模式和补偿模式,采用未定权益估值法获得了广东省梅州市、佛山市、番禺区和云浮市四个地区农户的调查数据,采用排序选择模型、比例风险模型和PCE模型估计得出了影响农户对新农合支付意愿的主要影响因素;第四章从中国医疗保险市场的实际情况出发,针对目前我国居民在医院等级和医院服务数量选择上的道德风险,通过构造典型居民的预期效用模型,研究了不存在保险时居民的最优选择;第五章总结了简单匹配子估计和偏差调整匹配子估计的计量模型,利用中国健康和营养调查数据(CHNS data)中3582个农民就医数据作为样本(其中2000个样本没有参与新农合,1582个样本参与了新农合),分析了农户的参合行为;第六章结合在广东省清远地区两个县的调查数据分析了农户对于小额保险的购买意愿以及其影响因素,采用Logistic模型分析了影响农户购买小额保险意愿的主要因素;第七章全文总结。

关键词:农村　合作医疗　医疗保险　支付　道德

**1282**

**股票连接保险产品的定价、准备金评估和风险对冲研究** / 陈辉著 ; 李晓林,陈建成指导. -- 中央财经大学, 2009. -- 350页

论文以传统寿险精算原理和金融经济学为基础,研究了股票连接保险的定价、准备金评估、风险对冲和利润测试。全文共分九章。第一章论述选题的依据和意义,从股票连接保险的定价、准备金评估和风险对冲三个方面论述了股票连接保险的国内外研究现状,给出论文的主要内容、方法、结论及创新之处;第二章从经验分析的角度研究了股票连接保险及其内嵌的期权和保证;第三章探讨了期权定价理论和金融市场模型,论述了期权及期权定价理论,论述了风险中性定价方法和鞅定价方法,对利率期限结构模型做了评述,包括单因子利率模型、多因子利率模型和时变参数利率模型;第四章研究了股票收益模型的参数估计、选择和校准;第五章研究了股票连接保险的定价方法,为股票连接保险的准备金评估和风险对冲提供了理论基础;第六章研究了股票连接保险的准备金评估方法,主要内容涉及风险测度理论、基于随机模拟方法的准备金评估和基于期权理论的准备金评估以及股票连接保险的风险测量;第七章研究了股票连接保险的风险对冲,股票连接保险的动态对冲方法主要有基于B-S理论的完全对冲、均值方差对冲、有效对冲(最小化对冲人的期望损失)和分位数对冲(最大化对冲成功的概率);第八章研究了股票连接保险的动态利润测试,动态利润测试可以为股票连接保险的定价和风险管理决策的制定提供一系列可靠的证据支持;第九章对全文进行总结,并给出了论文的一些重要结论。

关键词:股票　保险业务　收益　定价

**1283**

**中国事业单位养老保险制度改革研究** / 陈佳著 ; 朱铭来指导. -- 南开大学, 2009. -- 215页

全文共分为八章。第一章为引言,分别阐述选题背景与研究问题、国内外学者的研究现状、研究思路与方法、论文结构及主要内容、论文的创新点与不足。第二章为养老保险制度的基本经济理论综述,包括养老保险制度的起源与发展理论、运行与实践理论。第三章国外公职人员养老保险制度比较与借鉴。论文首先阐述国外公职人员养老保险的主要类型。其次介绍典型国家(美国、德国、日本、智利)的公职人员养老保险制度概况。最后分析各国公职人员养老保险制度的特点总结、发展趋势及经验借鉴。第四章论述企事业单位养老保险制度演进的对比研究。论文分别介绍城镇企业养老保险制度的演进历程、事业单位养老保险制度的演进历程及企事业单位养老保险制度的对比研究。第五章论述事业单位养老保险制度改革的经济学分析。论文首先分析事业单位养老保险制度改革的原因即事业单位与企业养老保险制度存在巨大差异。其次分析事业单位养老保险制度改革的模式选择包括现收现付制、完全积累制及部分累积制(统账结合)。第六章分析事业单位养老保险制度的转制成本。论文首先分析关于转制成本的理论问题。其次研究事业单位养老保险制度的转制方式选择。最后研究事业单位养老保险制度的转制成本计算。第七章以高校教师为例探讨事业单位职业年金制度的建立与运营。论文分别介绍部分国家教师养老金计划,提出我国教师职业年金制度的构建思路。第八章为结论,总结我国事业单位养老保险制度

改革出现的问题及策略。

关键词:行政事业单位　养老保险　经济体制改革

1284

**股票发行制度、IPO 公司长期绩效与资源配置功能** / 陈科著 ; 巫和懋,马君潞指导. -- 南开大学, 2009. -- 131 页

论文对股票发行制度、IPO 公司长期绩效与资源配置功能进行了研究。全文共分为五章。导论主要介绍了选题背景和研究目的,研究思路和结构安排,论文研究的可能创新点。第一章基于一般的理论分析,介绍了股票发行制度的变迁与资源配置的演进过程。阐述了股票市场资源配置的主要功能。基于新制度经济学的分析框架,研究了制度变迁与股票市场资源配置的功能。对中国股票市场发行制度的变迁进行了现实考察,研究了其内在的机制。第二章基于博弈分析的视角,研究了股票发行制度对资源配置功能的影响因素,主要阐述了大股东控制下的盈余管理与资源配置功能,介绍了提高股票发行价格的盈余管理。分析了股票发行制度的变迁对盈余管理的影响机制。第三章对股票发行制度与 IPO 公司长期绩效进行了实证研究,分析了关于西方成熟市场中和关于中国股票市场中的 IPO 长期绩效。阐述了相关的文献综述,分析了研究的方法和样本的选择。对实证研究结果进行了分析与探究。第四章介绍了股票发行制度、IPO 前盈余管理与公司长期绩效的关系,界定了盈余管理的相关概念,分析盈余管理的基本特征和本质内涵以及我国上市公司盈余管理的具体方式。实证研究了股票发行制度与盈余管理,阐述了研究思路和方法、变量的设计以及模型的构建与实证结果分析。最后对盈余管理与公司长期绩效进行了实证研究,介绍了研究的思路,阐述了变量的设计过程。第五章介绍了股票发行制度、大股东资金占用与公司长期绩效的关系,分析了大股东资金占用的主要方式以及资金占用的财务处理。阐述了研究思路和模型的构建,对实证研究结果进行了分析与研究。

关键词:股票市场　股票发行　上市公司　企业绩效　首次公开发行(IPO)

1285

**证券公司发展战略研究:以华宝证券为例** / 陈林著 ; 何德旭指导. -- 中国社会科学院, 2009. -- 89 页

论文运用理论研究和实践研究相结合、历史演绎与归纳、比较分析和个案研究等方法,重点分析了我国证券公司的发展战略问题,尤其是中小证券公司的发展战略问题。全文共分八章,第一章导言,介绍了研究的背景、目的和意义以及研究对象、逻辑框架和主要结论;第二章对论文的核心概念进行界定,对学术界有关我国证券公司发展战略的相关文献进行梳理,阐述了论文的切入角度;第三章首先回顾了改革开放以来我国证券公司的发展历程,之后从盈利模式、公司治理结构和规模收益三个方面分析了我国证券公司存在的若干问题;第四章介绍了美国证券公司的经营模式、发展战略的演变历程,着重分析了次贷危机中美国证券公司危机的根源,在此基础上对比了中美证券公司的发展模式,阐述了我国证券公司在未来发展战略中应注意的问题;第五章分析了证券公司发展的国际、国内环境,国内环境分析从经济环境、制度环境、政治环境、法制环境、监管环境和技术环境六个方面展开,并从证券业发展的阶段性、周期性以及未来发展趋势进行了行业分析;第六章阐述了我国证券公司的发展战略选择、战略保障和风险防范等问题,从整体上探讨了我国证券公司的发展战略,提出重点推行的三个战略,更加具体、有针对性地研究了大证券公司和中小证券公司的发展战略问题;第七章对华宝证券进行了案例分析,介绍了华宝证券的发展历程、股东情况、组织结构、公司治理和业务结构等基本情况,指出了华宝证券应实施以密集型产品开发和市场开发为主要特征的发展战略;第八章对全文的主要研究结论进行了总结。

关键词:证券公司　发展战略　战略管理

1286

**我国商业银行公司治理问题研究** / 陈潘武著 ; 万解秋指导. -- 苏州大学, 2009. -- 190 页

论文采用理论与实践相结合的方法对我国商业银行公司治理问题进行研究。全文共分七章。第一章绪论,提出了论文的研究问题,对国内外相关文献进行了回顾和述评,并指出了研究的基本思路、主要内容、研究方法,并指明了创新和研究难点;第二章对公司治理、公司治理机制和公司治理结构的内涵,以及股东价值最大论、投资者利益保护论和利益相关者保护论进行了比较和界定,结合银行公司治理的特殊性投建出银行公司治理的一般理论分析框架,强调银行公司治理应该从“单边治理模式”向“多边共同治理”模式发展;第三章对四大国有商业银行商业化的

同时,逐步建立全国性的股份制商业银行、城市商业银行和城市信用社、中外合资银行等,并从一个新制度经济学视角阐述了中国银行业改革实践的理论基础;第四章选取2002—2007年在沪、深A股市场上市的14家商业银行的面板数据,实证检验了商业银行董事会治理与经营绩效的关系;第五章选取2004—2007年间在沪、深A股上市的14家银行和其他3142家上市公司作为研究样本,来衡量上市公司(银行)高管薪酬与治理绩效的关系;第六章阐述商业银行外部治理机制与公司治理优化的关系;第七章通过对银行业监管、法制环境、信息披露、产品市场、控制权市场、经理人市场等因素的具体分析,区分了公共治理与市场治理的主要内容、作用原理与约束条件。在此基础上提出了继续深化商业银行公司治理改革、继续完善银行业监管工作和继续营造良好的外部治理环境的具体思路和政策建议。

关键词:商业银行　公司治理　转型经济

**1287**

**我国全民医疗保险制度发展模式论** / 陈鹏军著 ; 林宝清指导. -- 厦门大学, 2009. -- 132 页

论文对我国全民医疗保险制度的发展模式进行了分析与研究。全文共分为七章。第一章从疾病风险内涵入手,探究了疾病风险的应对方式,以及在疾病风险不断深化形势下,医疗领域市场失灵和政府责任。第二章界定全民医疗保险和全民医疗保险制度的内涵。第三章从资本主义、社会主义和社会意识形态三个方面探讨了全民医疗保险的思想渊源——社会福利思想。第四章探究了全民医疗保险制度构建的政治基础,首先分析了英、德早期公共福利型和社会保险型医疗保障制度起源的政治背景,进而分析利益集团和政治体制的影响。第五章回顾了新中国成立以来社会医疗保障制度的历史变迁,并剖析了决定各项制度兴衰的基础因素。第六章以制度变迁成本理论为依托,采用定性和定量相结合的方法分析了我国全民医疗保险制度构建的经济可行性。第七章针对我国全民医疗保险基金的收入和支出模型,并且分析了道德风险的表现、产生及防范,最后对中远期目标"省级统筹"和"全国统筹"的过渡思路进行了探讨。论文以保险学、经济学和风险管理学为理论依托,具体运用制度分析法、历史分析法等方法对全民医疗保险制度构建的思想渊源、政治基础和经济可行性进行了系统剖析,旨在构建适合我国当前形势及未来发展趋势的全民医疗保险制度模式,为我国医疗保障政策的制定和制度建设提供理论参考。

关键词:医疗保险　保险制度　保险模式

**1288**

**信托监管中的市场约束问题研究** / 陈琼著 ; 杨胜刚指导. -- 湖南大学, 2009. -- 109 页

全文共分为七章。第一章绪论,主要介绍了论文研究的选题背景和研究意义,论文的研究理论方法和国内外的研究现状,论文的结构安排和逻辑主线,总结归纳了论文的主要创新点。第二章对信托监管中市场约束进行了理论分析,主要概述了信托制度及信托业发展的现状,阐述了信托业务中的信息不对称问题,研究了资本充足率在信托监管中的不适应性。第三章分析了信托市场约束机制与市场约束体系的构建,介绍了金融监管中市场约束的基本内涵,阐述了市场约束与政府监管的问题,构建了有效信托监管的市场约束体系。第四章研究了信托受益人权保障与强制信息披露问题,主要包括信息不对称与强制信息披露、信息披露是受益人监督的核心、我国信托公司的强制信息披露制度及现状三方面的内容。第五章研究了信托财产独立性与公示制度的完善,主要界定了信托公示的内涵,阐述了建立信托公示制度的必要性,论述了信托公示制度的国际比较和借鉴,提出了完善我国的信托公示制度的措施。第六章介绍了股东监督与信托公司治理优化的问题,主要阐述了信托公司治理中的信息不对称的现象,分析了信托公司治理的国际经验借鉴,研究了我国信托公司内部治理的现状和存在的问题。第七章提出了构建我国信托监管中市场约束体系的政策建议,主要对我国信托监管的历史进行了反思,主要的政策建议有完善市场约束体系制度的建设、完善市场约束的机制建设以及完善市场约束的外部环境建设。

关键词:信托业　金融监管　市场规范

**1289**

**汇率制度:从现实选择到最优制度** / 陈三毛著 ; 周好文指导. -- 西安交通大学, 2009. -- 133 页

论文在综合应用已有理论成果的基础上,提出了一个解释汇率制度选择的理论构架,将汇率制度选择理论的主流观点综合在这个分析框架中,从而对影响汇率制度选择的政治、经济等诸种因素进行逻辑一致的分析。论文还通过综合利用世界各国汇率制度的

经验资料和数据，实证研究了汇率制度在世界范围内的演变趋势，揭示或验证了一些经验型规律。最后运用建立的理论架构对钉住汇率制度、人民币汇率制度的演变进行理论阐释和实证分析。论文将汇率制度选择理论归结为三种理论范式，即最优货币区理论、“不可能三角”定理和政治经济学分析。对于钉住汇率制、人民币汇率制度转型进行了理论阐释，从最优制度和现实选择两个层面展开分析。

关键词：汇率制度　制度安排　汇率波动　人民币汇率

1290

**支付方式选择、关联并购与收购公司股东收益** / 陈涛著 ; 李善民指导. -- 中山大学, 2009. -- 95 页

论文对支付方式选择、关联并购与收购公司股东收益进行了研究。全文共分为五章。第一章为绪论，主要阐述选题背景和研究的问题，论述了并购支付方式的演进历程，对论文研究的范围进行了界定，阐述了论文研究的内容和研究的框架设计，总结归纳了论文研究的可能创新点。第二章介绍了论文的理论基础和文献综述，主要回顾了并购支付方式的相关理论，分析了并购支付方式选择的影响因素，实证研究了支付方式与股东收益的关系，分析了国内外并购研究的现状和关联并购的研究现状，最后对文献进行了评述。第三章研究了影响并购支付方式选择的因素，主要包括引言、理论分析与待检验假设、研究样本选取与研究方法、实证研究结果和分析、其他影响因素的探讨以及小结六方面的内容。第四章研究了支付方式、关联并购与收购公司收益的关系，首先是引言，然后分析了收购非上市公司的上市效应，介绍了论文的理论分析与预期情况，论述了样本的选取和研究设计的过程，阐述了 CAR 的单变量检验结果与分析，对 CAR 影响因素进行了多元回归分析与研究，最后进行了小结。第五章为论文的总结和展望。

关键词：上市公司　企业合并　企业管理　支付方式　股东

1291

**我国金融审计问题研究** / 陈文斌著 ; 张贵乐指导. -- 东北财经大学, 2009. -- 144 页

论文对我国金融的审计问题进行了研究。全文共分为七章。第一章导论，主要介绍研究的背景、目的和意义，对相关的概念进行了界定，阐述相关的理论，论述研究的内容和研究方法，研究的技术路线和主要的创新点以及不足之处。第二章介绍了国内外金融审计发展及经验借鉴，主要阐述了我国金融审计发展的现状及趋势，研究了我国金融审计发挥的作用，分析了我国金融审计取得的成绩和存在的问题，阐述了国外审计的发展和趋势。第三章研究了我国金融审计与金融风险防范，主要对金融审计化解金融风险进行了理论分析，阐述了金融审计防范金融风险的先天优势，研究了金融审计在防范金融风险中存在的问题及原因分析，论述了完善金融审计风险防范机制的对策。第四章介绍了我国金融审计与金融监管的协作，主要概述了金融监管的目标、格局变化以及金融审计与金融监管的联系，研究了金融审计与金融监管协作的依据，分析了金融审计与金融监管协作的必备因素，介绍了金融审计与金融监管协作框架的构建。第五章介绍了我国金融审计的机制创新，概述了金融审计创新的一般原则。阐述了金融审计创新的必要性，研究了金融审计的机制创新要点。第六章以银行为例，研究了我国金融审计业务的创新，主要包括商业银行审计的概述、商业银行审计的创新以及商业银行审计创新案例的分析。第七章研究了我国金融审计质量考核及绩效评估，主要介绍了理论基础和研究方法，阐述了项目质量考核与绩效评估的指导原则和现实期望。分析了金融审计项目质量的考核形式、指导思想和基本要求以及类别。最后对绩效评估体系的设计进行了研究。

关键词：金融审计　金融监管　风险控制

1292

**中国货币一体化的模式与步骤研究** / 陈晞著 ; 朱孟楠指导. -- 厦门大学, 2009. -- 152 页

全文共分为七章。导论主要介绍了论文研究的选题背景和研究意义，论文的主要文献综述，研究思路和方法，论文研究的主要内容和结构安排，论文研究的主要创新和进一步研究的方向。第一章为货币一体化的理论综述，主要阐述了货币一体化的概念，对传统最优货币区理论进行了回顾与分析，探究了最优货币区理论的新发展。第二章是对中国货币一体化的必要性分析，主要分析了中国货币一体化的必要性和障碍。第三章研究了中国货币一体化的现实经济基础，分析了内地与港澳台三地的经贸往来，考察了港澳台三地的汇率制度。第四章研究了中国货币一体化与东亚货币合作的相互关系，阐述了东亚货币

合作的现状和未来的发展方向,论述了中国货币一体化与东亚货币合作的相互关系。第五章对中国货币一体化的SVAR模型进行了实证研究,主要阐述了模型分析和数据说明,论述了经济冲击的相关性、方差分解分析以及脉冲响应函数分析,最后对实证研究结果进行了分析与研究。第六章研究了中国货币一体化的模式,主要阐述了货币一体化模式的国际比较和借鉴,分析了中国货币一体化的模式以及分类。第七章研究了中国货币一体化的步骤安排,主要包括人民币、港币及澳门元的货币一体化、人民币与新台币的货币一体化、四币一体化的初步构想以及小结四方面的内容。

关键词:货币制度　货币管理　经济一体化

1293

**中国商业银行贷款定价问题研究** / 陈秀良著 ; 李健指导. -- 中央财经大学, 2009. -- 168 页

论文采用历史与现实相结合、规范研究与实证分析相结合、定性研究与定量分析相结合、逻辑分析与比较分析相结合、静态分析与动态分析相结合、总体分析与案例分析相结合的研究方法对中国商业银行贷款定价问题进行了研究。全文共分五章。第一章导论,重点对贷款定价相关的文献按国外相关理论和国内相关理论分别进行综合评述,对已有研究的贡献与不足进行了评论,明确了论文研究的理论依据与重点突破之处;第二章我国商业银行利率管理体制变迁与贷款定价机制转换。回顾和总结了高度计划经济体制、转轨经济体制和社会主义市场经济体制下我国商业银行利率管理体制的变迁与贷款定价机制的转换,研究和剖析商业银行贷款定价机制转换的体制背景,分析了利率管理体制变迁对商业银行贷款定价的影响,找出目前我国商业银行贷款定价机制亟待解决的三个重点问题,并由此探析我国商业银行贷款定价机制的未来发展趋向;第三章我国商业银行贷款定价决策,比较了我国大型商业银行、中型商业银行和外资银行贷款定价的组织结构情况,针对利率市场化改革的需要,结合国内外监管部门的有关要求,提出合理构建未来我国商业银行贷款定价的最优组织结构;第四章我国商业银行贷款定价方法,通过学习借鉴国外商业银行(包括我国境内的外资银行)的传统定价方法和新兴定价技术,比较研究我国大型商业银行和中型商业银行贷款定价的方法技术,在梳理贷款定价主要决定因素的基础上,提出未来我国商业银行贷款定价的新方法;第五章我国商业银行贷款定价的风险管理,在分析贷款定价面临的风险、成因和影响的基础上,从外部监管(包括国际监管、国内监管和行业约束三个角度)和自律管理两个方面,研究了如何加强我国商业银行贷款定价的风险管理。

关键词:商业银行　贷款　定价　风险管理

1294

**QFII 对中国证券市场收益波动率影响研究** / 陈泽慧著 ; 唐文进指导. -- 中南财经政法大学, 2009. -- 166 页

论文以金融经济学、行为金融学的经济理论为基础,采取规范分析与实证分析相结合、定量分析与定性分析相结合、静态分析和动态分析相结合、比较与归纳相结合的方法,考察 QFII 交易羊群行为、考察羊群行为对后期股票价格的影响,QFII 持股比例对股票收益波动率的影响,运用 GARCH 模型检验 QFII 对证券市场收益波动率的影响,综合分析 QFII 对中国股票市场收益波动率的影响。全文共分六个部分。第一部分导论,介绍了研究背景及意义,对国内外研究现状进行阐述,提出了研究目标、研究思路、研究方法和主要内容;第二部分证券市场波动模型研究,运用 GARCH 和 EGARCH 模型对 2002 年 7 月到 2008 年 7 月上证指数每个工作日数据进行实证研究,研究 QFII 投资中国股市对股市收益波动率的影响;第三部分 QFII 对我国证券市场波动性影响实证分析,采取 LSV 方法分析 QFII 在全样本期间、股改前和股改后的羊群行为度。研究发现全样本期间 QFII 存在显著的羊群行为;第四部分 QFII 羊群行为实证检验,将股票分为大、中、小三个规模进行羊群行为度检验,结果表明在各种规模股票的交易中都存在着显著的羊群行为度。第五部分 QFII 持股偏好与股票收益波动率,运用动态面板数据模型进行实证分析,认为 QFII 的投资较为理性,对于收益波动率高的股票并无偏好;第六部分结论与政策建议。

关键词:证券市场　机构投资者　收益

1295

**当前中国金融风险与房地产泡沫的相关性研究** / 陈喆著 ; 裴长洪指导. -- 中国社会科学院, 2009. -- 145 页

论文以金融支持过度为视角,对房地产泡沫进行研究。全文共分十二章。第一章导论,介绍了研究背景、研究目的与研究意义,说明了研究思路与研究方

法并对相关文献进行了综述;第二章界定了泡沫经济的定义,并对泡沫经济形成的机制进行了研究;第三章阐述了金融风险的基本理论,先对金融风险的定义进行界定,对现代金融风险发生的基础因素进行了分析,并介绍了货币危机理论、银行业危机理论和外债危机理论等基本理论;第四章对历史上有名的泡沫案例(荷兰郁金香泡沫、密西西比泡沫、南海公司泡沫)进行了分析,对现代金融经济下的泡沫危机如日本金融危机、东南亚金融危机进行阐述,并揭示其对中国的启示,还对美国次贷危机产生的原因、造成的影响以及警示作用进行了研究;第五章对中国房地产发展情况进行了阐述,分析了改革开放后中国房地产业发展的历程,并对政府和境外资金对房地产业发展的影响进行了研究;第六章分析了中国房地产业的特点,研究发现住宅消费已经成为中国房地产业的主体;第七章分析了中国房地产业与物价、股价、供需结构、真实需求与投机需求、土地市场不完善与房价等几组关系;第八章对2008年和2008年中国房地产市场及房地产金融运行状况进行了分析,并对奥运前后北京房地产状况进行了分析;第九章对中国房地产泡沫进行了预测和研究,对中国房地产泡沫指标进行了分析;第十章对中国房地产泡沫与金融风险的关系进行了研究,揭示了中国房地产投资与银行信贷的关系,并阐述了中国房地产泡沫对金融系统的冲击;第十一章提出了化解泡沫及政治风险的对策;第十二章结论。

关键词:房地产业　泡沫经济　金融风险　风险分析

**1296**

**中国国债收益率曲线研究** / 陈震著 ; 干杏娣指导. -- 复旦大学, 2009. -- 192 页

论文对中国国债收益率曲线进行了研究。全文共分为六章。第一章为论文的导论,主要介绍了论文的研究对象,选题意义,论文的结构和创新之处。第二章对利率期限结构模型进行了评述,主要分析了利率期限结构理论经济模型,论述了利率期限结构数量模型,对利率期限结构数量模型使用方法进行了实证研究。第三章分析了利率期限结构模型构建的要素,主要阐述了数据质量问题的分析与处理,论述距离数据数量问题的分析与处理,提出了改善数据的政策建议,探究了模型关键要素的配置。第四章分析了利率期限结构模型的比较和选择,主要包括交易所市场利率期限结构模型选择、银行间市场利率结构模型选择、全市场利率期限结构模型选择三方面的内容。第五章研究了中国国债收益率曲线形态,主要概述了中债收益率曲线基本的情况,分析了中国国债收益率曲线当前的形态,论述了中国国债收益率曲线的历史形态,最后对中国国债收益率曲线与国外进行了比较。第六章是对中国国债收益率曲线变动的分析,概述了国债收益率曲线变动的情况,分析了影响国债收益率曲线的主要因素,对国债收益率曲线与主要影响因素进行了综合分析与研究。论文最后为全文的总结。通过对 Hermite 法和样条模型在收益率曲线估计方面的综合比较分析,发现 Hermite 法比较适合银行间市场,多项式样条模型比较适合交易所市场。

关键词:国债市场　投资收益　利率

**1297**

**中国股市波动性研究:基于投资者行为与股市政策** / 程华强著 ; 姚益龙指导. -- 中山大学, 2009. -- 121 页

论文深入而全面地研究了中国股市的波动性。全文共七章。第一章绪论,说明了论文的选题背景、选题意义、研究思路和技术路线,指明了论文的创新点,并对相关概念和研究范围进行了界定;第二章对股市波动特征和规律、股市波动影响因素、股市波动风险与监管、股市波动主要模型的相关文献进行了回顾;第三章分析了中国股市的波动特征和规律,通过与国际上其他10个股市进行横向对比,表明中国股市存在过度波动;第四章研究了引起中国股市过度波动的第一个主要因素:投资者不成熟,利用羊群行为模型说明股市投资者之间的情绪传染会引起股价过度偏离基本价值,加剧股市过度波动,利用LSV模型对中国股市封闭式基金和开放式基金的羊群行为进行了实证研究,并利用面板数据的固定效应模型,对机构投资者比例与股市波动的关系进行了实证研究;第五章研究了引起中国股市过度波动的第二个主要因素:监管者不成熟,运用事件研究法、回归分析和干预模型三种方式对我国重大股市政策事件效应进行实证研究,表明重大股市政策是引起我国股市过度波动的重要因素,并从我国政策市的产生机制入手,分析了政策市下的投资者行为;第六章从投资者和政府两个角度出发研究了中国股市过渡波动中的风险控制问题;第七章结语。

关键词:股票市场　物价波动　投资者　风险管理

1298

**基于溢价的沪深股市 IPO 行业板块效应研究** / 楚庆峰著 ; 王燕鸣指导. -- 中山大学, 2009. -- 119 页

论文采用多元回归预测的方法确定新股的相对合理价格,对"抑价"因素和"溢价"因素进行区分,对沪深股市 IPO 行业版块效应进行了研究。全文共分七章。第一章导论,提出了论文的问题,指明了论文的研究意义、研究思路、结构的安排,创新之处;第二章基于抑价的 IPO 首日超额收益和基于溢价的 IPO 首日超额收益进行了解释,并对国内 IPO 抑价研究进行了综述;第三章按照西方有关 IPO 抑价理论建立的一些研究假设进行实证检验,发现发行价格、IPO 规模、股东性质、市场状况等变量的回归结果符合预期;第四章在参照其他学者研究思路的基础上,研究了 IPO 溢价的形成机理,卖空限制的存在,使得上市首日的价格由乐观投资者决定,且市场中同时存在非理性的正向反馈交易者,套利者的行为使市场价格进一步偏离内在价值,产生了价高的溢价;第六章在对 IPO 溢价研究的基础上,按照 FFJR(1969)的市场模型方法研究了我国沪深股市自 1996 年 1 月到 2007 年 12 月以来共 12 年的新股 IPO 对同行业板块的其他股票的影响,表明在一个企业上市之前的一段期间内,与该企业处于同一行业的其他股票从整体上来看存在正的超额收益;第七章对行业板块在 IP 之后的长期表现进行了进一步研究,表明 IPO 上市首日为起点,无论是以 1 个月、2 个月为时间窗口,都可以发现整个行业板块存在着明显的负超额收益。

关键词:股票市场　首次公开发行　股票价格

1299

**人民币国际化研究** / 褚华著 ; 许少强指导. -- 复旦大学, 2009. -- 167 页

论文在研究大量文献的基础上,对人民币国际化进行了研究与分析。全文共分为七章。第一章为论文的导论,主要介绍了论文选题背景,研究的意义,研究思路和方法及结构安排,总结归纳了论文研究的基本结论和创新点。第二章为相关的文献综述,主要阐述了货币国际化研究文献综述,分析了人民币国际化研究文献综述。第三章介绍了货币国际化的经验,主要论述了美元国际化的经验,阐述了马克国际化的推动因素,总结了日元国际化的经验。第四章分析了人民币国际化的现状,主要分析了人民币国际化的支持因素,从人民币边贸结算职能发挥现状、人民币国际化发展近况以及人民币国际化的进展分析人民币国际化的现状,阐述了人民币国际化的进展,主要分析了人民币境内外可兑换情况、人民币国际化所处阶段分布以及人民币国际化的主要特点。第五章分析了人民币国际化收益与成本,主要研究了人民币国际化税的收益情况,从适度外汇储备规模理论综述、中国外汇储备现状、高额外汇储备成因分析、高额外汇储备收益成本分析,以及人民币国际化有助于形成外汇储备适度规模等方面分析了人民币国际化进展中外汇储备收益的研究。同时,研究了人民币国际化政策的成本,分析了人民币国际化金融的安全成本,对中国金融安全状况进行了评估和分析。第六章研究了人民币国际的战略构想,主要分析了人民币面临的国际和区域货币的格局,阐述了人民币国际化的战略目标和模式选择。第七章提出了推进人民币国际化的主要措施,主要包括推行人民币国际化贸易的结算、利率市场化国际经验、推行人民币自由兑换以及发展离岸市场四方面的内容。全文的研究对分析就业优先的货币政策的结构效应具有重要的意义。

关键词:人民币　货币管理　国际化

1300

**商业银行经济资本管理问题研究** / 崔光华著 ; 李志辉指导. -- 南开大学, 2009. -- 218 页

论文通过理论与实践相结合,有针对性地分析我国目前经济资本管理的特点与存在问题,揭示了经济资本管理的内涵特征及运行的内在规律,从技术建模与实务管理两个研究维度,探讨如何建立以资本抵御风险机制,以增进股东价值为导向的经济资本管理体系。全文共分六章。第一章导言,阐述了研究背景与意义,国内外目前研究现状,以及论文的主要结构和观点;第二章经济资本管理的基本理论,提出商业银行经济资本管理是一个动态管理体系,以股东价值最大化为目标、涵盖银行经营管理各个过程的一套复杂严密的体系,重点分析了经济资本计量、经济资本配置及绩效考核与银行价值最大化管理目标之间的内在联系;第三章基于全面风险管理的经济资本计量,采用由上而下和由下而上两种计量方式相互校验,分别对信用风险、市场风险与操作风险三个模块进行量化研究,推导相应经济资本的计量方法与实践原则;第四章在经济资本量化基础上研究经济资本配置与绩效衡量,采用理论与实证相结合的方法,创新性地基于 RAROC 原理构建经济资本优化配置模型,创建

在风险与收益双重约束下的经济资本优化配置方案；第五章商业银行经济资本管理实践研究，在构建完整经济资本管理体系的基础上，理论结合实际，进行实践分析和案例分析；第六章构建我国商业银行经济资本管理体系，根据我国宏观经济环境与商业银行内部管理现状，提出向《新巴塞尔协议》转型期间建立健全我国商业银行经济资本管理体系的一整套政策建议。

关键词：商业银行　资本经营　资本管理　风险管理

1301

**我国上市银行信息披露监管研究** / 戴新华著 ；张强指导. -- 湖南大学, 2009. -- 156 页

论文以上市银行为落脚点，围绕信息披露监管的主线，遵循理论（制度）分析—具体论证—对策建议的研究思路展开。全文共分八章。第一章绪论，阐述了论文的选题背景与意义，对国内外已有的研究进行综合论述，并指出现有研究存在的不足，指明论文的研究思路与方法，揭示了研究内容与创新点；第二章对上市银行信息披露监管的理论基础进行分析，先对相关概念进行界定，然后对上市银行信息披露监管的市场理论、政府理论背景进行分析；第三章对上市银行信息披露监管的发展历史和制度的变迁进行了分析，并对我国上市银行信息披露监管的现实进行了考察；第四章对上市银行信息披露监管中的政府行为进行了分析，认为政府在上市银行信息披露监管中具有适当的边界，过度或不足都可能出现失效，监管腐败最有效的防范是压缩监管者手中的公共权力，还分析了次贷危机中美国政府在信息披露监管中存在的问题；第五章对上市银行信息披露监管中的自律机制进行了分析，认为主要体现在公司治理、内部控制和银行同业监管对信息披露监管意义重大，根据 2008 年年报调查分析了目前我国所有 14 家上市银行的公司治理情况；第六章对上市银行新披露监管中的市场监管进行分析，通过 1997—2007 年间 11 家上市银行存款人约束效果进行回归实证分析；第七章阐述了我国上市银行信息披露监管生态环境的优化问题；第八章阐述了上市银行信息披露监管的完善。

关键词：商业银行　上市公司　财务信息　银行监管

1302

**中国外汇储备管理问题研究：基于资产结构的研究视角** / 丁顺著 ；戴相龙，马君潞指导. -- 南开大学, 2009. -- 177 页

论文从中国外汇储备规模和资产结构两个现实层面，解读中国外汇管理制度以及在综合考虑外汇储备资产保支付、安全性和收益性等多个目标基础上，通过对于影响外汇储备规模的主要外生变量以及各种外汇储备资产投资工具“风险—收益—流动性”特征的分析，构建了一个多期动态的外汇储备资产结构管理模型。全文共分六章。第一章导论，说明了选题背景，提出了论文的研究问题，对国内外相关研究进行综合论述，指出了论文的研究意义、研究思路与文章结构，以及创新与不足；第二章说明了外汇储备管理的任务与原则，对影响外汇储备的供给和需求因素和最适外汇储备规模进行了定性分析，论述了币种选择、资产组合与外汇储备结构管理的关系；第三章对国外外汇管理的历史概况进行了说明，指明了国外外汇管理的发展趋势，对各国外汇储备管理的主要模式和经验进行了比较，构建了外汇储备资产结构管理的一般性模型 MSMA 模型；第四章对计划经济转轨期中国外汇制度、外汇改革适应期中国的外汇制度、市场化外汇制度形成期中国的外汇制度进行了述评，构建了中国外汇管理体制的制度框架；第五章构建了中国现行制度下的固定比例外汇储备管理模型 TSTA 模型，并对 TSTA 的比例进行了求解；第六章构建了中国现行制度下的可变比例外汇储备管理模型，并提出了论文的研究结论及政策建议。

关键词：外汇储备　外汇管理　资产结构

1303

**金融监管协调机制研究** / 董洪福著 ；王国刚指导. -- 中国社会科学院, 2009. -- 154 页

全文共分为四章。绪论，主要提出了论文的研究问题，论文的研究主题和方法，阐述了论文的研究框架和结构，总结归纳了论文的主要创新点。第一章介绍了国内外监管的理论评述，对关于监管的理论发展进行了回顾与分析，阐述了主要的金融监管理论，主要包括公共利益监管理论、监管失灵理论、监管具体的方法论及其他的监管理论。第二章对监管的协调机制进行了经济学分析，阐述了官僚理论和部门利益，提出了经济人假设的基础，论述了两部门的交往冲突和协调，阐述了多部门协商机制的设计原则，概述了机制设计理论的进展，分析了经济机制设计的基本模型。第三章研究了美英两国监管协调的机制，主要概述了美国金融监管协调的机制，阐述了美国金融

业和金融监管体系的概况,分析了美国金融监管立法的特点和协调机制,分析了美国金融监管协调机制存在的问题,介绍了次贷危机对美国监管体系及协调机制的检验,阐述了美国监管体制及协调机制的改革,分析了美国金融监管改革的阻力。从英国金融体系的概况、英国金额监管制度的改革、FSA监管特点、英国金融监管协调机制现状,以及对英国监管协调机制的评价分析了英国金融监管协调的机制。第四章研究了中国金融监管体制和协调机制,主要分析了中国金融监管体制的演变历程,阐述了我国金融监管协调机制面临的挑战和问题,分析了中国监管体制改革的若干问题,探究了中国金融监管协调机制改进的问题。

关键词:金融监管　金融体制　经济体制改革

1304

**中国外汇储备最优规模研究:兼论汇率预期与货币市场非均衡影响** / 董继华著 ; 萧灼基,胡坚指导. -- 北京大学, 2009. -- 150页

论文对中国外汇储备的最优规模进行了研究,论述了汇率预期与货币市场非均衡的影响。全文共分为七章。第一章绪论,主要介绍了论文的选题背景和研究目的及意义,论文研究思路和结构安排,相关概念的界定,论文的主要创新点和不足之处。第二章介绍了外汇储备最优规模的相关理论,阐述了外汇储备的含义和功能,分析了外汇储备最优规模的定义及其决定。第三章中国外汇储备最优规模的理论综述,主要阐述了中国外汇储备基本的情况,阐述了中国外汇储备增长阶段,分析了中国外汇储备增长的原因,分析了国内外相关学者对中国外汇储备最优规模的研究。第四章中国外汇储备最优规模实证分析,主要阐述了缓存存货模型,分析了漂移控制模型,比较了DC模型和FJ模型。第五章分析了汇率预期对中国外汇储备最优规模的影响,对汇率预期与外汇储备进行了理论分析和实证研究。第六章研究了货币市场非均衡对中国外汇储备需求的影响,介绍了外汇储备意愿需求函数与实际存量的动态调整模型、货币需求函数与货币供给的动态调整模型,进行了季节性单位根检验和季节性协整检验,对数据和实证研究结果进行了分析与研究。第七章主要归纳了论文研究的基本结论、研究中的创新点以及不足之处,对未来的研究进行了展望。

关键词:外汇储备规模　汇率　货币市场

1305

**江苏区域金融作用机制及发展差异研究** / 董金玲著 ; 刘传哲指导. -- 中国矿业大学, 2009. -- 185页

论文运用金融发展理论、区域经济理论以及金融地理学的分析方法,研究了金融发展作用于区域经济发展的机制问题及区域金融发展差异问题。全文共分十章。第一章绪论,提出了论文的研究问题与选题意义,指明了论文的研究主题和理论依托、研究方法、数据来源、框架结构和技术路线;第二章对国内外的金融发展理论、区域经济理论、金融地理学和中国区域金融的相关理论研究现状进行了论述,并对国内外实证研究进行了综合论述;第三章分析了江苏金融发展的总量以及江苏金融发展的结构,并指出了江苏金融业在全国的地位,分析了江苏区域金融资源分布及区域金融发展的情况;第四章基于经济总量对区域金融作用机制进行了分析,构建了卡普—马西森金融发展模型、马西森金融发展模型、加尔比斯金融发展模型,建立了区域金融发展作用于区域经济增长机制,并论述了区域金融影响区域经济增长的实现过程,对江苏区域金融发展促进区域经济增长进行了实证分析;第五章基于经济结构对区域金融作用机制进行了分析,总结了区域产业结构变迁的规律,构建了区域金融作用于产业结构升级的机制,并对江苏区域金融发展促进产业结构升级进行了实证分析;第六章基于自组织理论对江苏区域金融发展差异的成因进行了分析,介绍了区域金融发展的自组织机制,并对江苏区域金融发展差异进行了理论解释;第七章构建了区域金融发展水平的评价体系,并对区域金融发展水平进行了测度;第八章对江苏区域金融发展差异的变动特征进行了总结,并对区域金融发展差异的收敛性进行了分析;第九章阐述了区域金融发展应遵循的原则,并对促进区域金融协调发展提出了对策建议;第十章结论与展望。

关键词:地方金融　经济发展　产业结构　区域差异　江苏

1306

**中国农业保险体系构建研究** / 杜庆鑫著 ; 朱毅峰指导. -- 中国人民大学, 2009. -- 200页

论文对中国农业保险体系的构建进行了研究与分析。全文共分为六章。导论主要提出了论文研究的背景和意义,对农业保险制度的相关概念进行了辨析,阐述了国内外相关理论综述和实践经验,论述了

论文研究的方法，总结归纳了论文研究的主要创新和不足之处，介绍了论文研究的结构。第一章研究了农业保险制度的经济学分析，主要包括农业保险的福利经济学分析、农业保险行为主体的经济学分析、农业保险的新制度经济学分析。第二章介绍了农业保险经营模式的国际比较，主要论述了国外农业保险的经验模式，分析了农业保险经营模式的国际比较，阐述了国外农业保险给中国带来的启示。第三章分析了我国农业保险制度的历史沿革与建立农业保险体系的必要性和重要性。分析了我国农业生产经营面临的问题，分析了我国农业保险制度的历史与实践，通过对中国现行支农政策的初步考察与分析，对农业保险与财政支农的方式进行了比较分析。第四章介绍了保险公司的农业保险风险管理，阐述了保险公司在农业保险经营过程中面临的风险，介绍了保险公司农业保险风险管理的过程，论述了保险公司农业保险风险管理的手段。第五章对建立我国农业保险体系的探讨，主要介绍了我国农业保险体系的基本框架，阐述了我国农业保险体系的立法支持，介绍了健全我国农业保险体系的政策支持，分析了健全我国农业保险体系的风险分散机制。第六章介绍了农村经营体制改革与农业保险主要包括林权制度改革与农业保险、土地承包经营权转让与农业保险。全文的研究对分析中国农业保险体系构建具有重要的意义。

关键词：农业保险　保险制度　风险管理　经济体制改革

**1307**

**中国农业保险制度演化研究** / 费友海著 ；孙蓉指导. -- 西南财经大学, 2009. -- 337 页

全文共分为八章。导论主要介绍了论文研究的选题背景和研究意义，主要文献，论文的研究思路和方法，主要内容和结构安排，论文研究的主要创新点。第一章农业保险制度演化的相关理论研究，主要包括演化经济学与制度演化理论、农业保险及其制度的相关理论。第二章研究了中外农业保险制度的演化轨迹，主要阐述了中国和国外农业保险制度演化的历程，对中外农业保险制度演化进行了比较，并得出了启示。第三章研究了中国农业保险制度均衡、非均衡及其演化，主要介绍了中国农业保险的制度需求，分析了中国农业保险的制度供给，阐述了制度环境与中国农业保险制度供给的均衡。第四章研究了中国农业保险制度演化的自组织过程，主要分析了中国农业保险制度自组织演化的本质和特征及机理。第五章分析了中国农业保险制度的演化博弈，主要包括农业保险制度主体间的演化博弈分析、主体间动态博弈与中国农业保险制度演化的阶段性。第六章中国农业保险制度演化的实践，以沪、苏、湘、川四省为例。第七章研究了中国农业保险制度的演化路径，主要论述了制度环境与中国农业保险制度的协同演化、中国农业保险制度演化是一个制度的创新与扩散过程。第八章是对中国农业保险制度及演化趋势的分析，主要阐述了中国农业保险制度演化的创新机制构建，分析了中国农业保险制度演化的趋势。

关键词：农业保险　保险制度　保险模式

**1308**

**国际化背景下的证券公司对外开放** / 冯晶著 ；刘鸿儒指导. -- 中国人民银行金融研究所, 2009. -- 118 页

全文共分为七章。第一章文献回顾，主要论述了金融业对外开放的国际研究文献、证券公司对外开放的国内研究文献。第二章证券公司对外开放的理论基础，主要阐述了国际贸易理论、金融深化理论，并对章节内容进行了小结，得出了自由贸易提高全球福利、贸易保护符合国家利益；改革步骤和配套措施是金融自由化取得成功的关键以及适度保护国内证券公司，逐步扩大对外开放等结论。第三章证券公司对外开放的国际经验比较，主要描述了各国证券业对外开放的不同模式，包括发达国家证券业的完全开放模式、转轨国家和新兴国家证券业的激进式的开放模式以及亚洲国家证券业的渐进式开放模式，研究了各国证券业对外开放的背景和效果，并进行了比较，最后得出了证券业对外开放必须符合国家的整体战略利益、渐进式开放模式是新兴市场对外开放的成功经验。第四章国际投资银行的发展特点和趋势，主要阐述了全球证券市场的国际化背景，分析了近年来国际投资银行的发展特点，阐述了次贷危机之中的投资银行，讨论了投资银行模式是否已经终结，分析了投资银行的未来之路。第五章我国证券公司开放的国际化背景，主要阐述了我国证券公司对外开放的历史和现状，评估了证券公司现有对外开放政策的效果，阐述了证券公司对外开放的外部压力不断增大的现状。第六章研究了我国证券公司开放的国际化背景——内部需求不断增强，论述了我国经济与金融市场的国际化发展的趋势，阐述了对外开放是促进我国证券公司健康发展的需要，论述了对外开放是增强证券公司

市场竞争力的必要方式。第七章研究了扩大证券公司开放,维护金融安全。

关键词:证券公司　对外开放　国际竞争力　风险管理　国际化

1309

**控制和掠夺:来自中国资本市场的证据** / 冯旭南著 ; 李心愉指导. -- 北京大学, 2009. -- 126 页

论文参照中国资本市场的证据,对终极控制人对中小投资者的掠夺问题进行了研究与分析。全文共分为七章。第一章为导论,主要介绍了论文选题的背景和研究的意义,论文的研究对象和现阶段相关的研究成果,论文的研究思路和技术路线图,以及论文的研究方法,提出了论文的研究的几点创新及后续需要继续研究方向。第二章研究了论文相关的文献综述,主要包括公司治理的文献综述、股权结构与公司治理的文献研究,分析了终极控制权的实现方式。第三章研究了我国上市公司的终极所有权和控制权的结构,介绍了论文研究的制度背景,阐述了我国上市公司的典型金字塔结构,分析了我国上市公司的终极所有权和控制权,论述了我国上市公司的金字塔控股结构,最后进行了总结。第四章研究了控制与公司的价值,主要分析了政府的控制与国有公司的价值关系,研究了家族控制与公司价值的联系,综述了研究的结论。第五章研究了股利与掏空的问题,阐述了研究的文献综述,介绍了研究的制度背景和理论分析以及研究的假设,对实证检验结果进行了分析与研究。第六章研究了债务融资与掠夺的问题。第七章为全文的总结,归纳了论文研究的主要结论和政策含义,对有待于进一步探讨的问题进行了总结。全文从金字塔控股结构出发,不仅详细描述了终极所有权和控制权的分离情况,而且从公司价值、股利政策和融资特征三个方面深入分析终极控制人和中小投资者之间的利益冲突问题。

关键词:资本市场　股票市场　上市公司　股权融资

1310

**台湾劳保基金之最适资产配置及国民年金给付之研究** / 傅嫩真著 ; 王光伟指导. -- 苏州大学, 2009. -- 125 页

论文针对台湾行政员经济建设委员会所规划的国民年保险制度草案,根据其确定给付制的财务制度以及部分提存准备制的财务处理方式,构建国民年金保险财务分析模型,针对年金财务做模型分析,探讨未来可能的财务状况。全文共分八章。第一章导论,介绍了论文的研究动机、研究目的、研究范围与限制及研究框架;第二章文献回顾,分别对年金财务处理方式、岛内年金财务规划进行了研究,并对退休基金资产配置相关文献进行综述;第三章构建了国民年金制度的财务规划模型,对模型假设与符号进行定义,并构建了数学模型;第四章国民年金财务分析,对年金给付总额、各项财政负担、保险费与保险费率、保险基金余额、总财务流等进行分析;第五章劳保老年年金给付模型架构与实证数据,构建了理论模型并加以实证检验;第六章劳保基金实证结果,对各项资产的存续期间及劳保基金最适资产配置进行了实证研究;第七章对大陆社保基金与台湾的退休年金的投资收益进行了比较分析;第八章结论与建议。论文的主要结论:年金选择率为 100% 及 80% 时,劳保费率提高至 8.3% 仅能确保未来 30 年与 40 年劳保基金不会因为利率变动而导致基金破产甚至无力清偿,但考虑年限为 50 年时,台湾市场无法找到存续期间可以配合的投资工具,无法规避利率风险;要使劳保基金免于利率风险的考虑年限越长,其投资组合的重心应该从现行的银行存款转移到债券及股票与受益凭证;资产负债管理平均成本低于 0.5% 以下,建议劳保基金尽早进行资产负债管理以应付老年给付年金化后利率风险对于劳保基金财务上的冲击。

关键词:社会保险　养老保险　基金　资金管理　台湾

1311

**人民币实际汇率的决定、演变与失调研究** / 傅章彦著 ; 张礼卿指导. -- 中央财经大学, 2009. -- 144 页

论文从理论和实证两个层面推进人民币实际汇率的相关研究。全文共分六部分。第一部分导言,说明了论文的选题背景和意义,并对国内外文献进行综合论述,指明了论文的研究目标、内容安排,重点、难点和创新之处以及不足之处;第二部分对实际汇率决定理论和研究文献进行了回顾,对现有的实际汇率决定理论和假说进行介绍,并对已出现的实际汇率研究文献进行了梳理和分析;第三部分根据发展中国家的特点,通过一个理论模型描述在发展中国家,各种经济基本面因素如生产率增长、消费需求变化、国际收支状况等对实际汇率的决定和演变的影响,并利用 22 个发展中国家(地区)作为样本进行实证检验;第四部

分对人民币实际汇率演变轨迹进行实证考察,首先对改革开放以来我国生产率增长、消费比率变化、国际收支状况等因素进行考察,对巴拉萨—萨缪尔森效应是否存在做出预先判断,通过人民币汇率决定的 VAR 模型,对各经济基本面因素对人民币实际汇率变动的影响进行实证分析;第五部分是对人民币均衡实际汇率的研究,介绍了各种均衡实际汇率模型,并对人民币均衡实际汇率相关研究文献进行述评,指出当前研究中存在的问题;第六部分关于如何进一步完善人民币汇率形成机制提出了政策上的建议。

关键词:人民币汇率　汇率机制　汇率波动　汇率政策

**1312**

**老龄化、金融市场与货币政策含义** / 高见著 ; 周小川指导. -- 中国人民银行金融研究所, 2009. -- 208 页

论文对老龄化、金融市场与货币政策含义进行了研究与分析。全文共分为八章。第一章绪论,主要介绍了论文研究的主要问题,对相关的文献回顾与分析,论文的研究方法和数据的来源,论文的研究模型和研究思路,论文的研究结构。第二章分析了老龄化、养老金改革及其投资管理问题,主要包括人口老龄化及其挑战、各国养老体制及其模式的争论、中国养老体制及其模式以及养老基金的投资管理问题这四方面的内容。第三章介绍了老龄化对资本市场的影响,主要对研究了老龄化与市场资本化率的问题,分析了老龄化与证券交易及波动率的关系,论述了老龄化与市场机构化率的现状,阐述了老龄化对金融创新的推动,分析了老龄化与国际资本的流动。第四章老龄化对家庭资产配置和金融体系结构变化的影响,主要研究了老龄化与家庭资产配置的文献综述,分析了老龄化与家庭资产配置的结构变化的国外情况和中国的情形,阐述了金融体系结构变化的文献综述,对人口结构变化与金融体系结构的变化进行了实证研究。第五章分析了老龄化与股指收益率与利率相关性,分析了关于老龄化与资本市场收益率的文献,对人口结构变量与股指收益率的关系进行了实证研究。第六章老龄化与住房价格及消融效应的检验,主要对老龄化与住房价格进行了实证研究。第七章研究了老龄化与通货膨胀与失业率的关系。第八章为全文的总结,提出了若干的政策建议。

关键词:人口老龄化　养老保险制度　金融体系　资产价值　货币政策

**1313**

**模型不确定性条件下的投资组合选择与资产定价** / 高金窑著 ; 李仲飞指导. -- 中山大学, 2009. -- 130 页

论文采用基于信息的多主观概率理论、模型不确定性理论、平滑型不确定性偏好理论,以决策理论的最新进展——模型不确定性理论为基础,通过把不确定性因素纳入到投资组合选择与资产定价模型的构架之中,从而推导出模型不确定性条件下的投资组合选择和资产定价模型。全文共分八章。第一章引言,说明了论文的研究背景、研究意义、研究内容和研究方法,指明了论文的创新之处与不足;第二章从多主观概率理论提出的背景出发,详细综述了多主观概率理论的公理化、动态更新以及在金融市场中的应用等方面的文献;第三章研究了不确定性条件下的静态投资组合选择问题,以均值—方差模型为背景,利用相对熵控制模型的不确定性程序,求出了模型不确定性条件下的 Robust 投资策略;第四章提出 Robust 投资组合有效前沿的概念,研究了模型不确定性条件下的 CAPM 模型;第五章通过一个世代交叠模型研究了异质不确定性规避偏好下的资产定价问题,并求出了均衡时的资产定价公式;第六章在模型不确定性条件下的动态投资组合选择问题上,扩展了 Merton 的动态投资消费模型,求出了模型不确定性条件下的最优投资消费策略;第七章在 CIR 模型的基础上,通过引入折现熵的概念,研究了模型不确定性条件下的一般均衡定价问题;第八章结语。

关键词:投资　组合分析　金融投资　金融市场　资产定价

**1314**

**中国证券投资基金资产配置管理研究** / 葛勇著 ; 叶德磊指导. -- 华东师范大学, 2009. -- 138 页

论文对中国证券投资基金资产配置管理进行了研究。全文共分为七章。第一章导论,主要介绍了论文研究的选题背景和研究意义,研究理论方法和国内外的研究现状,论文的结构安排和逻辑框架,对相关的概念进行了界定,总结归纳了论文的主要创新点和研究特色。第二章为证券投资基金及资产配置的概述,主要论述了证券投资基金的起源和发展,阐述了中国证券投资基金的发展历程,论述了证券投资基金资产配置的基础和原理。第三章研究了证券投资基金资产类别配置,主要研究了证券投资基金大类资产配置,论述了证券投资基金二类资产配置,阐述了证

券投资基金三类品种配置。第四章研究了股票型基金动态资产配置的策略,主要论述了动态资产配置策略的类型,分析了各种动态资产配置策略的市场情景,对动态资产配置的策略进行了实证分析与研究。第五章分析了债券型基金动态资产的配置策略,主要介绍了债券价格利率敏感性测度的工具,分析了债券型基金动态投资组合的策略。第六章研究了证券投资基金资产配置的绩效,主要研究了证券投资基金经营与投资的特征,分析了证券投资基金资产配置绩效衡量的方法,对证券投资基金资产配置的绩效进行了实证分析与研究。第七章为论文的结论和建议,主要包括论文研究的结论、研究中的局限性以及不足之处以及主要的创新之处。对未来的研究进行了展望。

关键词:证券投资　基金　证券市场　资产管理

**1315**

**收入分配的演化:不完全资本市场条件下的技术进步、经济增长与不平等** / 耿林著 ; 陈平指导. -- 北京大学, 2009. -- 114 页

论文研究了收入分配的演化过程,阐述了不完全资本市场条件下的技术进步、经济增长与不平衡的关系。全文共分为四章。第一章导论,主要介绍了关于库兹涅茨倒"U"型假说的检验与争论,依据传统理论与经验证据的冲突,分析了初始不平等与随后的经济增长,介绍了论文关注的核心问题和基本的研究思路。第二章介绍了有关收入分配与经济增长相互关系问题的理论研究方法,,主要阐述了收入分配理论的发展脉络,研究了经典增长理论框架下的收入分配与经济增长的关系,论述了不完全资本市场条件下,收入分配的演化与经济增长的过程。阐述了技术进步、收入分配与经济增长的关系,评述了论文研究与现有文献的关系以及论文研究模型的设定依据。最后,对章节内容进行了总结。第三章介绍了不完全资本市场条件下的技术进步与收入分配的演化过程,主要介绍了研究模型的设定过程,阐述了单一中间品条件下的收入分配的动态,研究了两种中间品条件下的技术进步与收入分配的动态,阐述了多种中间品条件下的技术进步、收入分配的演化、总产出的增长与波动,总结归纳了基本的研究结论和政策含义。第四章介绍了不完全资本市场下的技术进步、收入分配的演化与经济增长的相互关系,主要研究了收入再分配政策对收入分配动态与经济增长路径的影响,研究了技术进步、产业结构变迁、收入分配的演化、经济的增长与波动的关系,最后,阐述了基本的研究结论和政策含义。论文最后为结语。

关键词:收入分配　经济增长　技术进步　产业结构　资本市场

**1316**

**股指期货市场的风险测度研究** / 龚志勇著 ; 李定安指导. -- 华南理工大学, 2009. -- 150 页

论文对股指期货市场的风险测度进行了研究。全文共分为六章。第一章为绪论,主要介绍了研究背景和研究的意义,论文的研究方法,并对相关的基本概念进行了界定,论述了论文研究的框架和主要的内容,介绍了论文的研究思路,总结归纳了论文研究的主要创新点。第二章介绍了论文相关的文献综述,阐述了国内外关于金融市场风险测度和股指期货市场风险测度的研究评述,指出了现有研究文献的不足和论文研究的方向。第三章研究了股指期货市场的风险及其交易行为,主要阐述了股指期货之处的发展现状,分析了股指期货市场的风险构成,分析了股指期货市场的风险成因,研究了股指期货市场的交易行为。第四章是对股指期货市场价格风险测度进行了实证研究与分析,主要包括引言,金融市场价格风险测度的理论模型和应用模型,研究设计与研究方法,数据与实证研究结果分析以及小结五方面的内容。第五章是对股指期货市场流动性风险测度进行了实证研究与论述,主要介绍了研究的相关理论模型的内涵、度量指标、经典模型等等,阐述了模型的建立与研究的方法,对实证研究结果进行了分析与研究和讨论。第六章为中国股指期货市场的风险管理与对策建议,主要分析了股指期货市场的风险控制,建立了实时风险预警系统,分析了股指期货市场的危机管理。

关键词:股票指数期货　期货市场　风险管理　风险分析

**1317**

**中国上市公司股权激励与公司绩效关系研究** / 谷月东著 ; 冯根福指导. -- 西安交通大学, 2009. -- 110 页

论文通过引入资本市场信息,对传统的委托代理模型进行扩展,在此基础上分别构建了年薪制和股权激励两种报酬合约博弈模型,并对两种报酬合约博弈模型进行了比较分析。在检验股权激励效果的过程中,为克服样本选择偏误,论文采用了新近发展的倾向得分配分析法(Propensity Score Matching,PSM),综

合采用了最近邻匹配、核匹配等多种匹配方法,为每家实施股权激励的上市公司找到最佳的匹配对象,进而通过比较这两类公司的经营绩效差异来评估股权激励的效果。论文的实证结果表明,股权激励能够有效提升上市公司的经营业绩,但在不同情况下,股权激励的效果存在很大差异。就股权激励作用效果的微观机制而言,民营控股公司中时候死的股权激励能够显著降低股东和经理人之间的代理成本,提高公司的投资支出;以期权为基础的激励方式能显著降低代理成本,而以股票为基础的激励方式则未显现出这种效果;随着股权集中度的降低,事实股权激励后,经理人与股东之间的代理成本会显著降低,而在股权过于集中的公司中,实施激励后代理问题并未得到有效缓解。

关键词:上市公司　企业管理　激励　企业绩效

**1318**

**风险管理型货币政策:一次贷危机背景下的审视** / 郭苗苗著 ; 唐旭指导. -- 中国人民银行金融研究所, 2009. -- 141 页

论文在次贷危机的背景下,对风险管理型货币政策进行了研究。全文共分为五章。第一章风险管理型货币政策的基本思想,阐述了与货币政策相关的不确定性,货币政策应对不确定性的传统方式,从核心思想、确定性等价不成立的原因以及实施的基本考虑,分析了风险管理型货币的政策。第二章美邦储风险管理型货币政策的实践及其评估,主要介绍了美邦储风险管理型货币政策的背景,分析了美邦储风险管理型货币政策的实践,主要包括林格斯潘主席时期美邦储的实践、伯南克主席时期美邦储的实践、美邦储风险管理型货币政策的特点以及风险管理型货币政策效果的初步评价,分析了风险管理型货币政策与次贷危机的关系,研究了按揭贷款利率对放假的影响、货币政策对按揭贷款利率的影响以及货币政策通过信贷总量对房价的影响。第三章风险管理型货币政策的反思,介绍了货币政策与资产价格泡沫,从货币政策宽松有度和及时退出高度宽松的货币政策两方面阐述了避免风险管理政策运用过度的问题。第四章风险管理型货币政策实施框架与定量方法,主要从界定高成本事件、估算高成本事件发生的概率,以及测算和比较是否采取事前防范措施所得的货币政策效用,阐述了基于经济模型的演算方法,论述了基于经济整体不确定性的方法。第五章风险管理型货币政策对我国的启示,主要分析了通缩与通胀风险、资产价格泡沫风险以及提出了完善我国货币政策的建议。

关键词:货币政策　风险管理　房地产　抵押贷款　金融危机

**1319**

**汇率制度选择分析:兼论澳门汇率制度选择** / 郭毅青著 ; 王聪指导. -- 暨南大学, 2009. -- 162 页

论文采用理论与实践相结合的方式,对汇率制度的选择及澳门汇率制度的选择问题进行了研究。全文共分六章。第一章绪论,说明了论文的选题意义、研究方法、文章结构,对汇率制度的历史发展和现状进行了梳理,并对有关汇率制度的选择进行了理论介绍;第二章阐述了蒙代尔—弗莱明模型,并对其局限性进行了分析;第三章应用 M-F 模型,阐述在不同汇率制度、资本流动程度下,货币政策、财政政策以及国际收支变化对经济的影响;第四章根据 Poirson“各国如何进行汇率制度选择”文中论及的影响汇率制度选择的主要因素,通过相关的理论分析,解释这些因素如何发挥它们的影响;第五章针对澳门现行的汇率制度,通过计量分析方法,以价格水平、利率水平、国际收支弹性的合理性来分析澳门现行汇率的合理性及可持续性,进一步以简单的宏观模型研究澳门现行货币政策及财政政策对经济的影响,探讨政策工具的有效性;第六章通过介绍澳门经济现状及主要贸易伙伴的关系及展望,探讨澳门未来实施不同汇率制度的可行性。论文的结论是:鉴于货币政策的有效性低,加上汇率变化无法发挥调节内外均衡价格杠杆的功能,浮动汇率制度并不适合澳门;虽然澳门目前的货币局制度具有相当高的可持续性,但澳门元与人民币建立货币联盟的收益远大于成本付出,在人民币国际化的将来,货币一体化将是澳门元汇率制度的必然选择。

关键词:汇率　货币政策　财政政策　澳门

**1320**

**人民币迈向国际货币:潜力、前提和前景** / 韩文秀著 ; 黄达指导. -- 中国人民大学, 2009. -- 223 页

论文对人民币迈向国际货币的潜力、前提和前景进行了研究和分析。全文共分为十章。第一章为论文的导论,主要介绍了论文选题的背景和研究意义,国内外研究文献综述,论文的研究方法和结构,论文研究的主要创新点和不足之处。第二章介绍了国际货币的概念和历史,阐述了世界货币的内涵和实践,分析了国际货币的内涵和实践,论述了货币国际化和

国际货币的竞争,探讨了最优国际货币格局。第三章论述了国家货币演变为国际货币的支撑要素,主要阐述了强大的经济实力和综合国力、发达而开放的金融、庞大的贸易盈余和对外投资以及广泛的文化政治影响以及坚定的国家意志和精明的经济外交。第四章研究了国际货币的生命周期,主要分析了导致国际货币衰落的客观和主观因素,介绍了国际货币在衰落过程中的自我修复机制,探寻了国际货币生命周期的成本和收益演变的规律。第五章阐述了人民币迈向国际货币的国力条件,论述了中国经济和货币国际地位的历史辉煌,探究了中国的经济总量地位、国际贸易地位、对外投资地位和人民币国际化的潜力,阐述了中国综合国力在质量结构上的差距。第六章阐述了人民币迈向国际货币的金融体制条件,主要包括推进资本账户进一步但有选择地开放、力争长期维持人民币强势货币的地位、建立适应金融创新和国际化的全功能覆盖金融监管制度。第七章研究了人民币迈向国际货币的金融市场条件,主要包括人民币国际循环运动对金融市场建设的要求、推进人民币"走出去"的金融市场体系建设,以及便利人民币回流的金融市场建设。第八章研究了人民币迈向国际货币的非经济因素。第九章阐述了人民币迈向国际货币的风险和策略。第十章分析了人民币迈向国际货币与未来国际货币的格局。

关键词:人民币　国际化　国际货币　风险分析　金融市场

**1321**

**转轨特征下中国国有银行投资价值研究** / 韩忠伟著 ; 欧阳令南指导. -- 上海交通大学, 2009. -- 141 页

全文共分为七章。第一章为论文的绪论,主要介绍了论文的研究背景与研究主题,论文研究的框架和技术路线,论文研究的方法和内容,论文研究的创新点。第二章投资价值的理论研究综述,主要介绍了收益现值理论与模型,分析了比较分析方法与模型,阐述了实物期权理论与模型,分析了银行业投资价值的相关研究。第三章是对中国国有银行基本价值因素的分析,主要基本价值因素的表现包括促进经济增长、盈利性、资产质量以及技术效率。第四章分析了中国国有银行溢价的因素,主要阐述了国有银行特许权价值,分析了国有银行控制权收益,阐述了国家信用担保及其"制度性红利"。第五章是对中国国有银行投资价值理论模型的研究,主要分析了模型构建的理论背景——转轨特征下国有银行会计利润失真,阐述了国有银行基本投资价值定价模型构建,阐述了国有银行溢价因素的期权定价模型,论述了国有银行投资价值理论模型,并对其进行了分析与研究。第六章中国国有银行投资价值模型的实证检验,主要分析了中国工商银行投资价值模型的实证检验阐述了中国建设银行投资价值模型实证检验,阐述了中国银行投资价值模型实证检验。第七章为全文的结论和研究展望。

关键词:国有银行　投资　收益　不良资产

**1322**

**最终控制人、财务信息质量与投资者决策:来自中国上市公司的经验证据** / 郝项超著 ; 沈中华,梁琪指导. -- 南开大学, 2009. -- 161 页

论文根据中国上市公司的经验,对最终控制人、财务信息质量与投资者决策进行了研究与分析。全文共分为七章。第一章为导论,主要介绍了论文的研究背景和研究意义,重要概念和范畴,总体研究框架和主要的内容,论文研究的改进和创新点。第二章对论文相关的文献综述进行了回顾与分析,阐述了财务信息质量的概念和度量以及分析。论述了外部公司治理与财务信息质量的关系。分析了内部公司治理与财务信息质量的联系。第三章分析了制度环境与最终控制人的特征,阐述了我国上市公司财务制度的发展和证券市场的发展,分析了中国上市公司的最终控制人的特征。第四章研究了最终控制人与财务信息质量的理论分析和研究假设,研究了财务信息质量的直接和间接度量方法,对最终控制人与盈余信息质量进行了实证研究与分析。第五章分析了最终控制人股权质押与财务信息质量,分析了最终控制人股权质押的情况以及最终控制人股权质押的负面影响。阐述了研究的方法和数据,对研究进行了实证分析。第六章提出了最终控制人特征与投资者决策的改进,回顾了财务危机预测的文献综述,介绍了研究的实证模型和样本构建,阐述了实证分析与讨论。第七章为全文的结论和政策建议。

关键词:证券市场　股票市场　投资　会计信息　上市公司

**1323**

**全流通时代中国上市公司并购特征及绩效研究** / 何梦杰著 ; 李稻葵指导. -- 清华大学, 2009. -- 138 页

论文以全流通对中国上市公司并购特征以及并

购绩效的影响以及前后变化为主要研究内容,进行理论分析和实证分析。全文分为八个部分。第一章导论,主要介绍选题背景、研究方法及论文结构。第二章为并购重组文献综述,对国内外的相关研究进行了总结。第三章为数据搜集及描述,针对全流通给上市公司被并购概率的影响进行了理论分析,并通过大样本数据的实证检验,证明了全流通之后的上市公司被并购的概率比全流通之前降低了。第四章为并购研究的理论分析,针对国内外主要的并购特征理论在中国的适用性及全流通后的变化,进行了理论阐述,而后进行了实证检验。第五章为全流通时代目标公司并购特征的研究,对收购公司进行研究,在对全流通后上市公司收购行动发生概率进行理论分析的基础上,通过实证分析发现,全流通之后上市公司收购的概率比全流通之前提高了。第六章为全流通时代收购公司并购特征的研究,进行了描述性统计及实证分析。第七章为并购绩效实证研究,对目标公司和收购公司分别研究的结果与文献结果基本一致。第八章为总结。

关键词:上市公司　企业合并　企业管理　企业绩效

1324

**金融深化视野下的外资银行有效监管:基于中国的实证分析** / 何晓军著 ; 吴晓求指导. -- 中国人民大学, 2009. -- 199 页

论文基于中国的实证分析,对金融深化视野下的外资银行有效监管进行了深入全面的研究。全文共分为十章。第一章导论,主要介绍了论文的基本概念及其相互之间的关系,对既有的理论进行了简要的回顾与评论。第二章介绍了新兴市场国家金融深化的问题与关键经验,主要论述了新兴市场国家金融深化与经济增长,探讨了金融深化与金融的危机,阐述了资本流动与金融稳定的问题,分析了东欧国家的金融深化与金融主权。第三章分析了外资银行监管的国际比较,主要包括发达国家外资银行监管比较、新加坡外资银行监管研究、外资银行进入的潜规则。第四章分析了在华外资银行发展与评价,主要阐述了改革开放以来外资银行开放经历的三个阶段,分析了外资银行监管的政策沿革,阐述了入世六年来在华经营发展的趋势,研究了外资银行在华发展的现状和特点,分析了外资银行业务扩张对中资银行影响有限的内外部原因。第五章分析了中国银行业“引进来”和“走出去”战略和开放度,阐述了中国银行业“引进来”和“走出去”的战略及其评价,分析了我国银行业的对外开放度,阐述了我国银行业对外开放与东欧国家的比较。第六章介绍了在华外资银行的常规监管,分析了风险为本的监管体系和银行会监管体系的再造以及外资银行监管 1 +3 体系。第七章对国际金融危机与金融监管进行了反思,主要分析了国际金融危机的发生与最新发展,论述了跨国银行的损失和各国的政策救援。第八章介绍了国际金融危机下的外资银行的危机监管,主要阐述了银监会的危机监管,分析了危机背景下在华外资银行的主要风险以及跨国银行危机相关的研究。第九章是对外资银行风险监管模型的研究。第十章为全文的总结。

关键词:外资银行　金融危机　银行监管

1325

**中国城市化进程中的电力需求及电力排放** / 何晓萍著 ; 林伯强指导. -- 厦门大学, 2009. -- 94 页

论文对中国城市化进程中的电力需求及电力排放进行研究。全文共分为六章。第一章为导论,主要阐述了研究的背景、目的和意义,对相关的概念进行了界定,对相关的理论进行文献综述,论述了论文研究的内容和研究方法,总结归纳了论文研究的技术路线和主要的创新点以及不足之处。第二章主要研究了能源需求、经济增长和环境污染、机制转移模型等方面的文献。第三章介绍了城市化进程中的电力需求和电力排放的概况,主要论述了中国的城市化和工业化,阐述了电力增长及电力结构,分析了电力消费水平和地区的分布、以煤为主的中国能源及电力结构、电力部门的环境压力和地区污染排放的差异。第四章是对关于中国城市化进程中电力消费的经验研究,主要论述了城市化和工业化进程影响能源需求的理论逻辑,对电力需求进行了实证研究,进行了全国人均电力需求预测以及地区人均电力需求预测,对电力消费进行了国际比较,预测了中国 2020 年的电力结构。第五章研究了经济增长与电力污染,主要阐述了未来电力部门的污染排放情况,基于 PSTR 的实证研究,对经济增长与电力污染进行了研究与分析。最后进行了同类的对比。第六章为全文的总结。

关键词:城市化　电力市场　市场需求分析　大气污染　排气污染物

1326

**中国超额外汇储备管理研究** / 洪加兴著 ; 张新指导. -- 中山大学, 2009. -- 127 页

论文采用理论与实践相结合的方法,对中国超额外汇储备管理研究进行了分析和研究。全文共分八章。第一章引言,说明了论文的选题背景、选题意义,对相关概念进行了界定,指出了论文的研究目标、研究方法、文章的主要内容、章节安排,创新之处与不足;第二章对最优储备理论和超额外汇管理研究现状进行了文献综述;第三章基于海勒模型和效用分析法对我国适度外汇储备规模进行了测度;第四章研究了我国外汇储备增加给经济体带来的潜在不利影响,这些不利影响迫使我国对超额外汇储备进行管理,追求更高的收益;第五章从内部组织架构、公司治理以及管理策略等方面对国际上管理超额外汇储备的机构进行了分析,这些研究为我国政府对超额外汇储备进行管理提供了有益的借鉴;第六章以香港外汇基金、新加坡外汇投资公司、挪威外汇投资基金、中东地区外汇投资基金等成功案例为例,论述了超额外汇储备的管理;第七章参照国际经验,并结合我国当前超额外汇管理实践,指出了我国对超额外汇储备存在的问题,并给出了相应的政策建议。

关键词:外汇储备　外汇管理　储备规模资料缺乏

1327

**金融控股集团公司内部风险传递与监测研究** / 侯雅丽著 ; 刘鸿儒指导. -- 中国人民银行金融研究所, 2009. -- 120 页

全文共分为六章。第一章阐述了金融控股公司的风险和内部风险的传递,主要论述了金融控股公司的内涵,分析了金融控股集团公司的风险,介绍了金融控股集团内部的风险传递,研究了金融控股集团内部风险传递的控制。第二章介绍了论文相关的文献综述,主要论述了金融系统性风险的传导机制,介绍了金融机构间的风险传递的理论研究,对金融控股集团内部风险传递进行了文献综述。第三章介绍了金融控股集团内部风险传递与内部网络的结构,主要介绍了网络理论对金融网络关系的描述,研究了金融控股集团内部网络的形成与结构特征,分析了金融控股集团内部网络风险传递的特性和控制。第四章介绍了金融控股集体内部风险传递与内部连接的方式,主要论述了金融控股集体内部信息传播的途径和风险传递,金融控股集团内部资金往来连接及风险传递,金融控股集团内部资本联结及风险的传递,研究了金融控股集团内部风险传递定量分析及控制。第五章构建了适合中国的金融控股集团内部风险传递的监测体制,主要研究了金融控股集团内部风险传递的测度与监测,构建了合适中国的金融控股公司风险监测指标的体系,介绍了我国金融控股集体内部风险传递监测的具体指标。第六章为论文的总结。

关键词:金融公司　持股公司　风险管理　监测系统

1328

**我国商业银行经营转型问题研究:从经济发展的视角考察** / 胡丹著 ; 史建平指导. -- 中央财经大学, 2009. -- 173 页

论文以我国商业银行为研究对象,以经营转型为核心,以经济发展与金融发展的相关性理论为主线,以金融服务需求变化、产业结构成长和科技进步等经济发展因素为背景,以西方商业银行经营转型的经验为参照,以"国内外经济发展与银行发展的历史描述与实证分析—转型的三大动因剖析—国外银行转型的实践探析—国内银行经营环境及存在问题—国内银行转型的重点"为脉络进行研究。全文共分九个部分。第一部分导论,提出了论文的选题背景、选题意义,并对有关概念及研究范围进行了界定,指明了论文的主要方法、研究思路与结构安排,以及突破之处和不足;第二部分文献综述,重点对金融中介理论、经济金融的相关性理论和商业银行经营转型的研究现状进行综述;第三部分对国内外经济发展与银行发展的相关性进行了历史回顾和实证分析,推导了世界范围内经济金融关系研究的一般性结论和我国的主要特点;第四部分从金融服务需求变化角度探讨商业银行经营转型的动因;第五部分从产业结构成长角度研究经营转型的动因;第六部分从科技发展、金融脱媒的角度分析商业银行经营转型的动因;第七部分从国外商业银行经营的历史变迁入手,分析国外银行在经营体制、金融产品、资产结构、收益模式、经营形态和国际化经营等方面的发展历程,剖析了德意志商业银行和苏格兰皇家银行两个转型案例,从历史考察和案例分析中归纳了现代商业银行的发展趋势;第八部分探讨了目前我国商业银行所面临的宏观经济金融环境、监管环境和金融市场环境,进一步揭示了商业银行加快经营转型的必要性和迫切性;第九部分结合我国国情,参照国外经验,提出了我国商业银行经营转

型的方向和重点。

关键词:商业银行　经营管理　经营方式

1329

**基于价值重估的金融不良资产分类体系问题研究** / 胡建忠著 ; 史建平指导. -- 中央财经大学, 2009. -- 121 页

论文从理论和实证两个角度对我国不良资产的分类体系进行研究。全文共分七章。第一章绪论,介绍了论文的研究背景、研究意义及相关的研究方法,并对已有的研究文献进行梳理;第二章介绍不良资产分类的相关理论,主要包括贷款分类理论和价值重估理论等;第三章对不良资产的处置实践进行介绍,主要包括不良资产的成因、特点和不良资产的处置模式、处置方法等;第四章对不良资产分类的基础——价值重估进行分析,主要包括不良资产价值重估的影响因素、重估方法等;第五章对不良资产分类体系的构建进行介绍,主要包括不良资产分类的目的、原则、标准、分类方法等;第六章从价值重估的角度进行实证研究,为不良资产分类理论和分类标准提供实证支持;第七章形成结论并进行前景展望。论文的结论:不良资产作为经济发展在银行系统的"副产品",在中央银行大一统时期已经存在,但不良资产问题在商业银行时期才日益引起重视,在经济发展和经济体制转变的不同阶段,不良资产的形成有不同原因;不良资产处置估值的特点主要有不良资产评估对象具有很大的特殊性,不良资产价值衡量标准具有多重性,估值方式要有一定灵活性,不良资产的估值依据要有实用性;确立了以基本分类和辅助分类为核心的不良资产分类体系。

关键词:金融业　金融资产　不良资产　资产管理　分类体系

1330

**我国商业银行信用风险度量与管理研究** / 胡胜著 ; 朱新蓉指导. -- 中南财经政法大学, 2009. -- 166 页

全文共分为六章。论文绪论主要介绍了论文研究的选题背景和研究意义,论文的研究对象与国内外的文献综述,论文研究的方法和分析框架,论文研究的创新点。第一章商业银行信用风险的相关理论,主要包括商业银行信用风险概述、商业银行信用风险的经济学分析、商业银行信用风险度量与管理的相关理论及我国商业银行的信用风险。第二章传统信用风险度量模型的评述与应用,介绍了定性分析方法,基于财务指标的分析模型,阐述了 Z 模型在我国的实证应用分析,论述了判别分析方法在我国信用风险分析中的应用及 LOGISTIC 回归模型在信用风险分析中的应用。第三章现代信用风险度量模型的适应性与实证分析,主要剖析了模型的基本结构和适应性,阐述了 KMV 模型的实证分析与参数的改进。第四章基于信用衍生品的信用风险转移,主要分析了信用衍生品的发展脉络与原因,介绍了信用衍生品的基本结构,研究了信用衍生品在商业银行信用风险转移中的设计,阐述了信用衍生品的风险与监管。第五章新巴塞尔资本协议框架下的内部评级法,主要介绍了巴塞尔协议的演进与基本内容,分析了新巴塞尔协议下信用风险监督测量方法的研究,总结了国际银行业内部评级体系的借鉴。第六章提出了完善我国商业银行信用风险度量与管理的策略,主要分析了我国商业银行信用风险度量与管理的主要问题,介绍了健全和完善内部信用评级体系,促进我国信用衍生产品的发展。论文最后为结语。

关键词:商业银行　信用　贷款风险　风险管理

1331

**金融危机管理的政策选择研究:理论分析与中国实证** / 胡雪琴著 ; 张新,李志辉指导. -- 南开大学, 2009. -- 232 页

论文基于理论分析与中国的实证研究,对金融危机管理的政策选择进行了研究。全文共分为八章。第一章为论文的导论,主要介绍了论文的选题背景和研究目的及意义,论文的研究思路和结构安排,相关概念的界定,论文研究的主要创新点和不足之处。第二章金融危机管理的国际经验借鉴,介绍了 1929—1933 年全球金融危机与管理,阐述了日本金融危机与管理,阐述了拉美金融危机与管理,介绍了亚洲金融危机与管理,分析了美国金融危机与管理。第三章金融危机管理的国内经验借鉴,主要阐述了 1840—1949 年间的货币危机,分析了咸丰时期的通货膨胀,论述了 1870—1899 年银价下跌及其影响,介绍了北洋政府时期京钞停止兑现,研究了 1929—1935 年银价变动及其影响,分析了法币改革引发的通货膨胀以及金圆券的通货膨胀,总结了近代我国金融危机管理的启示。第四章危机管理政策选择相关理论综述,主要包括金融危机理论、系统性风险理论、金融稳定理论以及金融膨胀理论。第五章金融危机早期预警系统及

中国实证分析,主要包括研究现状及主要模型介绍、模型介绍和指标选择、危机预警系统实证分析。第六章金融危机期间的宏观经济政策选择,主要论述了金融危机管理的决策机制,分析了宏观经济政策模型。第七章金融危机的治理和风险损失的止损与拟补机制,主要阐述了金融危机治理的角色和资金安排、金融监管和危机管理以及危机治理方式和存款保险制度安排,介绍了危机治理的关键。第八章研究了中国金融危机管理政策选择的实践。

关键词:风险管理

1332

**私募股权投资基金研究** / 华猛著 ; 王松奇指导. -- 中央财经大学, 2009. -- 159 页

论文采用历史分析方法、定性方法、比较分析方法、实证和规范相结合等多种研究方法对私募股权基金的基本原理进行了论述。全文共分七个部分。第一部分导论,说明了论文的选题背景与意义、研究视角与思路、总体框架和主要内容,对相关文献进行了综述,指出了论文的研究方法、创新点和不足;第二部分对私募股权投资基金的基本内涵进行了界定,说明了私募股权投资基金的基本概念,对私募股权投资基金与其他形式金融工具的区别进行分辨,论述了私募股权资本的作用;第三部分梳理了私募股权投资基金的发展历史,并对欧洲、美国、亚太地区私募股权投资基金进行了国际比较,并对中国私募股权投资基金发展历史和现状进行了阐述;第四部分从经济学角度分析了私募股权投资基金的货币资本特性和人力资本特性;第五部分对私募股权投资基金——金融中介机构的特性进行了经济学分析,对金融中介机构理论和现代企业理论进行了回顾,并对金融理论和企业理论在私募股权基金中的应用进行了阐述;第六部分对私募股权投资基金一般运行机理进行了分析,包括融资阶段的运行机理、投资阶段的运行机理。管理阶段的运行机理和退出阶段的运行机理;第七部分对中国私募股权投资基金发展中的现实问题进行了分析,并提出了相应对策。论文的结论是:私募股权投资基金的合理性在于能够降低交易费用和投资风险;投资者与股权投资基金委托—代理关系的治理要使显性激励与隐性激励共同发挥作用;在私募股权投资基金与受资企业委托—代理关系中,重在道德风险问题防范。

关键词:金融市场　投资基金　融资　股权投资

1333

**外汇市场复杂性及人工外汇市场研究** / 黄光晓著 ; 郑鸣指导. -- 厦门大学, 2009. -- 122 页

论文采用计算实验金融学的方法,通过构建模型借助人工外汇市场研究外汇市场存在的复杂性特征及其演化机制。全文共分六章。第一章导论,说明了论文的选题背景,指出了论文的研究思路、研究方法、结构,以及创新及不足;第二章对外汇市场复杂性及人工外汇市场的研究进行了综合论述;第三章采用元胞自动机模型模拟外汇市场,从交易心理预期角度对其复杂性进行分析;第四章建立基于异质性交易者的汇率决定模型,通过人工外汇市场仿真实验,分析外汇市场复杂性的演化规律;第五章引入央行干预改进基于异质性交易者的汇率决定模型,通过人工外汇市场仿真实验,分析央行干预对汇率稳定的影响;第六章结合仿真实验和压力测试的结果,分析了人民币汇率政策调整对汇率稳定的影响,并提出相应的政策建议。论文的结论是:虽然人工外汇市场的假设简化了市场结构和主题行为特征,和真实市场存在一定的差异,但仍很好地描述了外汇市场复杂性演化的过程,为外汇市场演化规律的研究提供了非常有效的手段;人工外汇市场仿真实验表明,外汇市场的复杂性演变与交易者行为模式紧密相关;交易者心理预期的变化是造成汇率预测的不确定性、环境变化影响的不确定性和市场轨迹的非周期性循环等复杂性特征的主要原因。

关键词:外汇市场　汇率　复杂性　金融市场

1334

**我国商业银行信用风险的度量与管理研究** / 黄卉著 ; 门明指导. -- 对外经济贸易大学, 2009. -- 143 页

全文共分为八章。第一章为论文的绪论,主要阐述了论文的选题背景和意义,研究的范围和基本概念,论文研究的方法和假设前提,分析框架和技术路线,归纳了论文研究的创新与不足。第二章为商业银行信用风险管理评述,主要包括商业银行的风险特征、信用风险、传统风险管理模型及信用风险定价理论研究的文献综述。第三章研究了新巴塞尔协议及其对我国商业银行信用风险管理的影响,主要论述了巴塞尔协议的演变过程,阐述了 1988 年巴塞尔协议的内容和特点,论述了新巴塞尔协议的内容及影响,阐述了新巴塞尔协议的信用风险管理。第四章研究了 KMV 模型对我国上市公司信用风险评

价的效率，主要包括 Merton 模型回顾、KMV 模型、KMV 模型对我国上市公司的信用风险预测能力的实证研究三方面的研究内容。第五章是对基于 KMV 模型的上市公司行业信用风险的实证研究，主要分析了行业风险，阐述了实证模型的设计，论述了实证过程和方法，研究了实证结果。第六章是对 Logistic 计量模型在我国上市公司信用分析中的应用研究。第七章对结构式模型与经济计量模型进行了比较研究，引入了复合模型，分析了模型比较研究的统计方法，研究了不同模型对比研究的实证结果和分析。第八章为全文的总结和展望，主要包括论文研究的基本结论、研究的局限性和不足，对未来的研究方向进行了展望。

关键词：商业银行　信用风险　风险管理　计量经济模型

1335

**中国上市公司治理对公司成长能力的影响问题研究** / 黄建山著 ; 冯根福指导. -- 西安交通大学, 2009. -- 147 页

企业作为现代市场经济体制中最核心的微观经济运行主体，其健康和持续成长史保证整个国民经济健康、稳定及持续发展的基石。就中国企业而言，上市公司作为国内企业的领跑者，是推动企业体制、机制、环境等因素的影响，我国上市公司效率、绩效和成长能力还不容乐观。论文从公司治理理论和企业成长理论视角出发，对中国上市公司治理对公司成长能力的影响因素与机理关系进行了理论探讨和实证分析。首先在对相关文献进行梳理和总结的基础上，提出了上市公司治理影响公司成长能力的理论分析框架；其次，分别从股权治理、董事会治理、监事会治理、管理层激励等内部治理机制，以及公司控制权市场、产品市场竞争、债权治理、法律基础及中小投资者利益保护等外部治理机制两个维度，探讨了上市公司治理对公司成长能力的影响机理；然后，以 2002—2007 年我国制造业 424 家上市公司为样本，通过面板数据模型和 Translog 随机前沿生产函数模型实证参考了中国上市公司治理对公司成长能力的影响；最后，根据论文研究结论，从公司治理的视角，提出了改进和提升我国上市公司成长能力的政策建议。

关键词：上市公司　法人治理结构　企业成长　企业能力　企业管理

1336

**有限理性行为与央行宏观调控绩效** / 黄荣哲著 ; 何问陶指导. -- 暨南大学, 2009. -- 206 页

论文采用理论和实践相结合的方法，从有限理性的角度探讨了央行宏观调控绩效偏低的问题。全文共分九章。第一章绪论，提出了论文的研究问题、研究意义、研究思路、研究方法，指出了论文的结构，创新之处以及有待进一步探讨的空间；第二章界定了不同理性假设的一般性政策的含义，并对有限理性假设对于央行宏观调控政策意义的相关文献进行了综合论述；第三章通过理论回顾和实证分析阐述了公众、政府和央行自身的有限理性行为对于央行传统和非传统政策目标的影响；第四章论述了房地产市场对央行金融稳定目标的影响，并对房地产泡沫的有限理性进行了判断；第五章介绍了股票市场对央行金融稳定目标的影响，以及股市混沌与不可预测性对央行目标的影响；第六章分析了信贷市场对央行金融稳定目标的影响；第七章将有限理性假设加入福利损失函数，从公众与央行在效用非可加性、损益感觉的非对称性、参考点差异等方面说明央行难以制定和实施最优化的政策措施；第八章在实物期权理论的基础上分析了有限理性行为影响宏观领域内柔性管理价值的途径；第九章针对目前央行宏观调控绩效偏低的问题提出了几点具体的政策建议。

关键词：中央银行　宏观调控　金融稳定资料缺乏

1337

**基于高阶矩的资产定价和配置及基金绩效考核模型** / 黄文彬著 ; 郑振龙指导. -- 厦门大学, 2009. -- 106 页

论文探讨偏度和峰度在我国金融资产配置和资产定价中的作用，通过在传统 CAPM 模型中加入零成本的负协偏度投资组合和零成本的正协峰度投资组合作为高阶矩风险溢价重新解释基金风险与收益间的平衡关系。全文共分七章。第一章对论文的研究动机、研究目的和研究方法的创新和缺陷进行了总结；第二章回顾了三阶矩、四阶矩 CAPM 模型的相关理论和相关文献；第三章说明高阶矩 CAPM 模型的理论推导、同时对高阶矩 CAPM 模型原有的理论进行补充和说明；第四章比较了基于效用函数三阶、四阶泰勒展开和均值—方差 CAPM 模型的投资组合配置，实证结果显示基于效用函数三阶、四阶泰勒展开得到的投资组合配置要优于均值——方差 CAPM 模型的配置；第五章先采用 GMM 方法进行的实证研究，发现在我国股票市场中，协偏度和协峰度作为系统性风险得

到定价,多项式非线性随机贴现因子优于线性单因子随机贴现因子,并在此基础上,比较了无条件下以及市场处于上升期条件下高阶矩 CAPM 模型和均值—方差模型;第六章采用 Harvey-Siddique 的构造方法首次在基金绩效考核模型中加入负协偏度投资组合和正协峰度投资组合作为高阶矩系统性风险因子,构造了包含高阶矩风险的基金绩效考核模型;第七章对全文进行了总结,并提出了未来的研究方向和发展方向。

关键词:证券投资　基金　资产定价　经济绩效

1338

**中国上市公司并购动因与绩效研究** / 黄兴孪著 ; 郑振龙指导. -- 厦门大学, 2009. -- 114 页

论文采用"事件研究"和"财务指标(ROE)"两种方法,对上市公司并购绩效进行实证分析,对中国上市公司并购动因与绩效进行了研究。全文共分六个部分。第一部分导论,说明论文的选题依据,指明论文的研究对象、研究内容、论文结构,以及论文的创新之处及研究意义;第二部分基于不同类型上市公司的治理机制,分别就"政府干预""大股东控制"对公司并购行为的影响机制进行理论分析,并在此基础上提出了我国上市公司"掏空"和"支持"的并购动因,同时对不同类型上市公司的并购绩效差异提出了研究假设;第三部分分析了论文的制度背景,阐述了我国上市公司与资本市场的发展历程,归纳了国有控股上市公司的基本治理特征;第四部分以 1999—2004 年我国上市公司收购非上市公司的 613 个大额并购事件为研究样本,对政府干预与公司并购行为进行分析,并提出政府控制转型过程中的国有企业引起的成本和效益研究假设;第五部分基于事件研究法和财务业绩指标研究法进行实证分析。第六部分结论与政策建议。论文的结论是:上市公司并购之前年度的财务业绩与并购绩效显著负相关,这一证据支持了"掏空"和"支持"的并购动因假设;在短期上,国有控股上市公司的并购绩效优于民营上市公司,中央控股上市公司的并购绩效优于地方政府控股上市公司,但从长期来看,并购未能提高公司的财务业绩。

关键词:上市公司　企业合并　公司治理结构　企业绩效

1339

**无模型隐含波动率及其所包含的信息研究** / 黄薏舟著 ; 郑振龙指导. -- 厦门大学, 2009. -- 118 页

论文使用 Britten-Jones 和 Neuberger(2000)提出的无模型隐含波动率方法,对香港恒指期权所含信息进行了研究。全文共分七章。第一章引言,说明了论文的研究动机、研究目的,指明了论文的创新与不足,及篇章结构;第二章对波动率相关研究文献进行综合论述,给出了预测波动率的模型;第三章对无模型隐含波动率的提出及其所含信息进行了研究,阐述了 Britten-Jones 和 Neuberger 的收益率平方和公式,并对 Jiang 和 Tian 进行了补充;第四章通过与历史波动率的比较,对无模型隐含波动率所含信息进行了实证分析;第五章通过与 GARCH 模型比较,对无模型隐含波动率所含信息进行了实证分析,建立了 GARCH 模型,并对 GARCH 波动率进行了描述性统计;第六章论述了波动率偏差与波动率风险溢酬,并对波动率风险溢酬进行了解释,以香港恒生指数期权市场为例测试了波动率风险溢酬;第七章全文的结论及后续研究。论文的研究结论是:无模型隐含波动率(BS 隐含波动率、GARCH 波动率、历史波动率)在所有波动率中信息含量最高;期权市场交易量的大小,同时交易的同一到期日、不同行权价的期权的多少,是影响无模型隐含波动率预测能力的重要因素;为追求积分密度进行过多认为的插值以及过大区间的积分,会导致无模型隐含波动率预测能力的降低,为此论文为计算无模型隐含波动率确定了一个相对合理的方式。

关键词:金融市场　经济波动　股票　证券投资　金融风险

1340

**商品期货实物交割制度研究** / 霍瑞戎著 ; 夏德仁指导. -- 东北财经大学, 2009. -- 125 页

论文对商品期货的实物交割制度进行了研究。全文共分为八章。导论主要介绍了论文研究的选题背景和研究意义,研究理论方法和国内外的研究现状,论文的结构安排和逻辑框架,对相关的概念进行了界定并总结归纳了论文的主要创新点。第二章介绍了商品期货市场发展与交割制度的变迁,主要概述了期货市场的发展情况,阐述了期货交割制度的变迁,研究了交割制度对期货市场的影响。第三章分析了影响期货交割制度的基本因素,主要论述了现货对期货交割的影响,分析了交割库与仓单因素,研究了基差因素,阐述了套期保值的影响和套利因素的影响,论述了市场的规则,探究了成本因素的影响和风险因素的影响,以及交割意向的影响,介绍了交割时

间的选择和市场结构的因素。第四章是对我国实物交割制度的分析,主要包括交割制度设计的要点、交割形式的界定与比较、交割物的品质与升贴水设计、交割仓库与管理、仓单标准化与仓单流通、现金交割、交割违约与风险管理以及期货交割风险的分析八方面的内容。第五章是对我国某金属期货实物交割进行了实证分析,主要介绍了国内某金属期货交割的制度,分析了我国某金属期货实物交割,对我国某金属期货交割制度的有效性进行了分析。第六章是对我国某农产品期货实物交割进行的实证研究。第七章提出了完善我国期货市场交割制度的建议,分析了我国期货市场交割存在的问题。第八章为全文的总结。

关键词:期货市场　商品期货　期货交易　商品交换

**1341**

**中央银行沟通与货币政策有效性** / 冀志斌著 ; 宋清华指导. -- 中南财经政法大学, 2009. -- 160 页

论文运用计量经济学的方法对我国中央银行沟通的效应进行检验。全文共分九个部分。第一部分导论,说明了论文的选题背景、研究目的、研究意义,并对相关概念进行了界定,指明了论文的研究框架、创新和进一步研究方向;第二部分对中央银行沟通与货币政策有效性相关文献进行了梳理和总结,介绍理论研究最新进展和实证研究最新证据;第三部分分析了中央银行沟通兴起的现实背景与理论基础;第四部分研究了中央银行沟通对货币政策有效性的作用机理,借助一个简单的新凯恩斯主义模型分析了货币政策预期在宏观经济中的作用,沟通可以从约束通货膨胀和约束通货紧缩两个方面保证了政策的可信性;第五部分研究不同类型确定信息沟通对预期稳定的影响,建立了一个动态一般均衡模型来比较三类确定信息对预期的作用;第六部分转向对前瞻性信息沟通的研究。经济预测对预期的稳定作用取决于预测的质量,实践中经济预测有三种方法;第七部分是中央银行沟通策略的选择问题,分析中央银行实现有效沟通的一般策略,分析了货币政策委员会沟通策略问题,围绕美联储、英格兰银行和欧洲央行,从沟通内容和沟通方式比较了中央银行的沟通实践;第八部分是对我中央银行沟通效应的实证分析,通过检验我国货币政策可预见性以及金融市场对沟通时间的反应来考察中央银行的沟通效应;第九部分是全文的结论和改进我国中央银行沟通实践的建议。

关键词:中央银行　货币政策

**1342**

**中国保险保障基金制度研究** / 江先学著 ; 卓志指导. -- 西南财经大学, 2009. -- 139 页

全文共分为七章。论文开始部分为绪论,主要介绍了论文研究的选题背景和研究意义,研究思路和目标以及方法,论文的理论文献与实践发展,论文的基本框架和主要的内容,以及主要创新点和尚待探索的主要问题。第一章为保险保障基金制度的理论基础,主要包括保险保障基金与保险保障基金制度、保险保障基金制度与保险监管、保险保障基金制度与相关经济制度的廓清,以及我国保险保障基金制度健全完善的必要性与现实意义四方面的内容。第二章为保险保障基金制度的比较研究,主要研究了美国、英国、加拿大、我国台湾地区的保险保障基金制度,分析了保险保障基金制度的差异,总结了各国保险保障基金制度比较的启示。第三章我国保险保障基金制度环境分析,主要包括保险保障基金制度的经济环境、风险环境、法制环境。第四章研究了我国保险保障基金制度的现实考量,主要分析了保险保障基金制度的演进与类型,研究了保险保障基金制度的功能定位,探究了保险保障基金的筹集以及管理和使用。第五章是对我国保险保障基金费率的实证研究,主要包括保险保障基金计征方式与比例的比较分析、保险保障基金风险费率的理论分析,以及基于风险等级分类法的实证研究。第六章研究了保险保障基金的管理与运营,概述了公司治理理论的主要观点,阐述了我国保险保障基金管理的回顾与发展,探索了我国保险保障基金公司法人治理,介绍了保险保障基金公司的运用构建。第七章提出了完善我国保险保障基金制度的政策建议。

关键词:保险业　保险基金　公司治理　金融监管

**1343**

**金融资源:理论与经验研究** / 姜树博著 ; 张荔指导. -- 辽宁大学, 2009. -- 179 页

论文对金融资源进行了理论经验分析与研究。全文共分为五章。绪论主要介绍了论文的研究背景和研究的意义,国内外相关的文献综述,论文的研究总体框架和研究的方法。第一章介绍了金融资源的内涵及量化与评价的方法,阐述了金融资源的定义和内涵,介绍了模糊层次综合评价法和因子分析综合评价法等金融资源的量化与评价方法。第二章研究了

金融资源理论分析的前提条件,主要概述了金融资源的内生性和外生性,分析了基础性核心金融资源的内生性和外生性,阐述了实体性中间金融资源的内生性和外生性,论述了整体功能性高层金融资源的内生性和外生性,研究了开放经济条件下金融资源的内生性和外生性。第三章是对金融资源的微观理论分析,主要概述了金融系统的含义,阐述了资金需求者的分析,分析了资金供给者,阐述了金融市场的分析和金融中介机构的分析。第四章是对金融资源的宏观理论的分析,主要阐述了经济增长理论的基本模型,论述了金融资源是促进经济增长的途径,分析了金融资源促进经济增长的各个途径,研究了金融资源对经济波动的影响以及开放经济条件下金融资源对经济增长和经济波动的影响。第五章是对各国金融资源的经验分析,主要包括金融资源量化与评价的实证分析,以中国为例,对基础性核心金融资源内生性与外生性进行了经验分析,介绍了各国金融资源与经济增长的经验分析,最后进行了章节小结。全文的研究对分析金融资源具有重要的理论意义和实践意义,为后续的研究学者分析此类问题具有参考性价值。

关键词:金融　资源分配

**1344**

**中国银行业结构与绩效研究:基于垄断与竞争视角** / 蒋湘伶著 ; 王广谦指导. -- 中央财经大学, 2009. -- 150 页

论文以定性和定量相结合的研究方法分析了中国银行业结构的现状,梳理了中国银行业结构的历史演变,考察了在目前结构现状下,银行机构的绩效情况及存在的主要问题。全文共分六个部分。第一部分导论,说明了论文的研究范围、选题目的与意义,对基本概念进行了界定,对国内外研究现状与文献进行综述,提出了论文的基本框架、研究方法与创新;第二部分梳理了中国银行业结构的历史变迁,按时间顺序分阶段研究了中国银行业结构的演变,运用定性描述和集中度指标的定量分析分别研究了中资商业银行、外资商业银行结构的现状;第三部分运用财务指标分析、数据包络分析等定量研究方法考察中国银行业结构与银行经营绩效及效率的关系;第四部分从银行机构是金融服务供给者的角度考察银行业结构与经济增长之间的关系,从理论和实证两个方面展开;第五部分从国际实践也看银行结构的变化,考察英国、美国、法国、德国和日本五个发达国家银行体系与银行业结构的形成、变化,总结五个国家银行业结构变化的主要影响因素和一般性规律;第六部分针对中国银行业结构与绩效研究中存在的主要问题,借鉴主要发达国家银行体系与银行业结构发展的经验,提出以结构优化促绩效提升的解决思路,探讨中国银行业结构优化的目标、基本原则与路径安排,并对结构优化的政策环境进行研究。

关键词:银行业　组织结构　企业绩效　市场竞争

**1345**

**我国商业银行外汇风险管理研究:基于管理创新的视角** / 蒋云明著 ; 邱兆祥指导. -- 西南财经大学, 2009. -- 162 页

论文基于管理创新视角,对我国商业银行外汇风险管理进行了研究。全文共分为六章。第一章为论文的导论,主要介绍了论文研究的选题背景和研究意义,相关的文献综述,论文的框架,主要结论,研究的主要方法,可能创新点和不足。第二章商业银行外汇风险管理创新的理论分析,主要阐述了商业银行外汇风险的内涵、类型和表现形式,商业银行外汇风险管理的一般分析,论述了商业银行外汇风险的计量方法和控制方法。第三章商业银行外汇风险管理实践的国际考察,主要介绍了国外商业银行外汇风险管理案例研究,总结了国外商业银行外汇风险管理实践的启示。对金融危机与传统的商业银行外汇风险管理方式进行了反思。第四章我国商业银行外汇风险实证研究,主要分析了我国商业银行外汇风险敞口分析和VAR分析。第五章我国商业银行外汇风险管理的现状和问题,阐述了我国商业银行外汇风险管理的发展情况,分析了我国商业银行外汇风险管理框架的不足之处,包括管理手段上的不足和管理环境上的不足。第六章我国商业银行外汇风险管理创新的对策选择,主要论述了我国商业银行外汇风险管理框架的创新之处,研究了我国商业银行外汇风险管理环境的优化,最后对论文进行了总结。

关键词:商业银行　外汇风险　风险管理　创新管理

**1346**

**中国国债市场分割度量与检验** / 焦健著 ; 萧灼基, 王一鸣指导. -- 北京大学, 2009. -- 154 页

论文以国债为研究对象,对中国国债市场的分割现状进行了度量和检验。全文共分八章。第一章前

言，阐述了选题意义，介绍了研究方法，提出创新与难点，结构与结论；第二章对中国债券市场的发展和现状进行了阐述，并提出了债券市场存在的问题；第三章对国内外股票市场分割的相关文献进行综合论述，并对国内债券市场分割的相关文献进行阐述；第四章建立了“中度分割”市场定价的理论模型，对证券最优收益预期收益率进行了评测，研究在市场分割条件下各市场国债定价的理论模型，构建了两市场和三市场的“中度分割”市场模型，并对中度分割市场模型进行了分析；第五章、第六章和第七章分别对单个国债、国债指数以及国债利率期限结构进行市场分割性度量和检验，并构造市场分割指数以具体度量市场分割程度。第八章结语，对国债市场分割进行了总结，并指出论文的不足之处。论文的研究结论是：市场分割是处于动态的变化之中的，中国国债市场从 2002—2008 年市场的分割性在逐渐减弱，两市场出现了一定的融合趋势，这主要源于市场规则的不断完善，市场之间信息传导渠道的逐步畅通。

关键词：国债市场　市场分析　利率

**1347**

**中国寿险企业的整合风险管理** / 金锋著 ; 周骏指导. -- 中南财经政法大学, 2009. -- 136 页

论文采用理论与实践相结合的研究方法，对中国寿险企业的整合风险管理进行了研究。全文共分六章。第一章引言，说明了论文的研究意义，对相关概念进行了界定，说明了论文的研究方法、创新之处以及对未来的展望；第二章阐述了整合风险管理的理论基础，包括保单风险整合、资产风险整合、资产风险管理和保险风险管理的整合；第三章阐述了整合风险管理理论和实践的演进轨迹，并分析了整合风险管理的内涵和特征，建立了整合风险管理的最优规划模型，并指明了实施整合风险管理的制约性因素；第四章对寿险业风险进行了界定，指明了中国寿险业风险的特殊性和整合风险管理的必要性，并对寿险整合风险进行了评估；第五章论述了中国寿险业风险管理的现状，以及投资风险的整合管理、资产负债匹配风险的整合管理以及经营风险的整合管理；第六章论述了世界金融市场新形势下整合风险管理的必要性——次贷危机的启示，指出了推行整合风险管理的不利因素和推行整合风险管理的有利条件，并提出了推行整合风险管理的政策建议。论文的主要结论：传统的完全孤立地管理各个业务板块的风险的做法已经不能适合世界金融市场和金融创新不断发展的需要了；次贷危机中所显露出来的风险问题可以从整合风险管理的理念中找到合适的应对策略，只有实施整合风险管理，才能有效应对和管理世界金融市场中不断提升的系统性风险。

关键词：人寿保险　保险公司　整合　风险管理

**1348**

**我国房地产公司资本结构与风险研究** / 金文辉著 ; 张维指导. -- 天津财经大学, 2009. -- 158 页

全文共分为七章。第一章导论，主要介绍了论文的研究背景和选题的依据，论文的研究对象，相关概念的界定，指标的设计，研究思路和结构安排。第二章资本结构的文献综述，主要阐述了早期资本结构理论、经典资本结构理论以现代资本结构理论，资本结构理论的演绎与评判。第三章研究了中国房地产公司资本结构的现状，主要提出了章节研究的问题，阐述了房地产及金融发展的历程，论述了房地产公司资本结构的现状，介绍了研究的结论和问题。第四章房地产公司特性及融资行为的研究，主要包括问题的提出、房地产公司微观层次特性研究、房地产公司宏观层次特性分析、房地产公司融资行为特性分析以及房地产公司特性总结六方面的内容。第五章是对房地产公司资本结构模型设计与分析的介绍，主要提出了章节的研究问题，论述了房地产公司资本结构模型设计与分析，研究了房地产公司最优资本结构问题。第六章研究了房地产公司风险及其控制，提出了章节的研究问题，概述了风险，介绍了房地产公司风险识别，对我国房地产公司资本结构与风险进行了分析与研究，阐述了房地产公司资本结构与风险管控，提出了房地产公司资本结构与风险监督建设的意见。第七章为全文的结论和展望。

关键词：房地产企业　资本结构　现金流量　风险管理

**1349**

**中国外资保险公司研究** / 金勇德著 ; 张洪涛指导. -- 中国人民大学, 2009. -- 145 页

全文共分为六章。第一章导论，主要介绍了论文研究的背景和研究意义，主要内容，研究的现状，相关的理论文献。第二章概述了中国外资保险的发展情况，主要分析了外资保险在中国的历史沿革，阐述了外资保险在中国的发展现状，分析了论文保险业对外

开放对中国的影响,研究了中资和外资保险公司的DEA效率。第三章是对外资寿险保险公司的研究,主要分析了外资寿险公司的现状和特征,入世对外资寿险公司的影响,中外合资寿险公司的创新优势和股东资源优势。研究了中外合资寿险公司的劣势,研究了中外合资治理结构的问题和中外合资经营的理念问题,对外资寿险公司的前景进行了展望。第四章研究了外资财产保险公司,主要论述了外资财产保险公司的现状及特征,对外资财产保险市场进行了实证分析与研究,对外资财产保险公司的前景进行了展望,得出外资财产保险公司的发展会放缓、外资介入将使市场整体水平得到提高、市场公平竞争问题等结论。第五章是对外资保险公司市场准入监管的研究,主要论述了外资保险公司市场准入的立法原则,分析了外资保险公司市场准入监管的国际立法,研究了外资保险公司市场准入的制度安排,阐述了各国或地区保险业对外开放的经验,论述了中国保险市场的准入监管法律制度。第六章为论文的结语。

关键词:保险公司　外资公司　保险市场　市场准入　市场监管

1350

**金融危机的货币经济学分析** / 靳晓婷著 ; 戴金平指导. -- 南开大学, 2009. -- 194 页

论文对金融危机的货币经济学进行了分析与研究。全文共分为八章。第一章介绍了当代金融危机的特征,阐述了20世纪金融危机的历史回顾,分析了近期金融危机的爆发和蔓延,研究了近期金融危机的特征。第二章介绍了金融危机理论的发展综述,阐述了金融危机理论的多重视角,分析了近期金融危机的研究综述。第三章介绍了金融危机的货币机制的分析框架、货币与货币需求的函数扩展、货币供给和信贷供给的函数扩展,研究了扩展的货币市场和信贷市场的"新均衡",对"新均衡"模型下的金融危机进行了宏观解释和说明。第四章对金融危机货币机制进行了微观分析,主要阐述了金融创新对货币机制的影响,分析了金融机构行为与公众行为。第五章对金融危机的货币机制进行了实证分析与研究。对美国资本市场和信贷市场进行了实证研究与分析。第六章研究了金融危机的国际货币因素,分析了美元支持下的美国全球金融枢纽地位,美元货币的优势,全球金融枢纽地位的决定因素,论述了金融发展驱动的总需求膨胀与金融发展驱动下的全球不平衡到金融危机的历程。第七章介绍了金融危机的货币政策因素和应对的措施,主要研究了金融危机形成中的货币政策因素,提出了金融危机的政策应对方法,主要包括短期政府救助和政策应对以及长期政策建议。第八章为全文的结论和对我国的启示。

关键词:金融危机　货币政策　货币市场　信贷市场

1351

**长期健康保险承保风险因子的分析与度量研究:基于模糊集合与系统理论** / 寇业富著 ; 陈建成,李晓林指导. -- 中央财经大学, 2009. -- 110 页

论文通过模糊集合与系统理论对长期健康保险承保风险因子的分析与度量进行了研究。全文共分五章。第一章导论,说明了论文的研究背景和研究意义,对相关概念进行了界定,说明了论文的研究内容和研究方法,结构、创新与不足;第二章对国外和我国健康保险承保风险的相关研究进行了综合论述;第三章对模糊集合、模糊数、模糊关系、模糊集合的势以及系统理论进行了研究;第四章对长期健康保险承保风险因素进行了分析,并基于模糊多项式时间序列构建了老龄化和长寿化的预测模型,以及保费收入增长的预测模型,基于Fuzzy Markov链对疾病率和基于模糊多项式的人均医疗费用进行了研究;第五章基于可数Fuzzy基数进行了风险度量研究,并对长期健康保险承保风险度量进行了模拟分析。论文的研究结论:健康保险中的承保风险因子,是建立个人身体健康状况基础上的风险因子,是离散性风险;由于计划生育政策的严格实施以及医疗水平的快速提高,我国人口结构变化的老龄化和长寿化这两个趋势比大多数国家都快得多;逆选择和道德风险存在的根源在于信息不充分和不对称;在长期健康保险的疾病发生率研究中,有许多问题所遇到的状态是模糊的;人均医疗成本直接关系到健康保险产品的定价、准备金的计算等;保费收入与一些经济指标密切相关,保险收入的预测实际上是一个三角模糊数的动态预测问题。

关键词:健康保险　风险分析　保险精算

1352

**货币政策稳定化作用机制研究** / 赖溟溟著 ; 白钦先指导. -- 辽宁大学, 2009. -- 258 页

论文对货币政策稳定化的作用机制进行了研究。全文共分为七章。论文开始部分为导论,主要介绍研究主题和研究意义,研究文献综述,研究思路和研究

方法,阐述了论文的结构和主要内容,总结归纳了论文研究的创新的和难点。第一章介绍了货币与经济周期,概述了经济周期的定义与典型化事实,分析了经济周期的福利成本和稳定化的收益,阐述了货币在经济周期中的作用。第二章研究了货币政策稳定化分析的理论范式,主要阐述了从 IS-LM 模型到 IS-LM-AS/AD-AS 模型的过程,介绍了新凯恩斯主义的三方程式模型,介绍了新凯恩斯主义框架下的最优货币政策的选择。第三章提出了货币政策的稳定化目标,阐述了稳定通货膨胀的含义以及衡量的方法以及成本,论述了通货膨胀与产出增长的关系。确定了货币政策的最优稳定化的目标。第四章研究了货币政策传递与稳定化,阐述了货币政策传递机制的基本框架,分析了利率的粘性传递,研究了金融加速器的效应。第五章分析了货币政策稳定化的效应,主要论述了货币政策稳定化效应的分析方法和实证证据,阐述了预期的引入与货币政策稳定化的效应,阐述了货币政策稳定化效应的非对称性。第六章研究了开放经济下的货币政策稳定化的作用机制,主要阐述了开放经济下货币政策分析了的理论范式,研究了开放经济下的通货膨胀与产出的权衡,论述了汇率传递机制与货币政策的稳定化作用。第七章评价了我国货币政策稳定化的作用机制,基于新凯恩斯模型的分析,研究了我国货币政策稳定化的效应,对我国反通货膨胀成本进行了估算,最后总结了论文的研究结论。

关键词:货币政策　宏观经济　通货膨胀　稳定化

**1353**

**金融衍生工具财务信息披露质量研究** / 李炳忠著 ; 邱兆祥指导. -- 西南财经大学, 2009. -- 120 页

全文共分为五章。第一章绪论,主要介绍了论文选题的背景和研究意义,国内外的研究文献综述,论文的研究方法和结构,论文研究的主要创新点和不足之处。第二章介绍了金融衍生工具财务信息披露制度的中外比较,主要分析了国外金融衍生工具财务信息披露制度的形成背景,研究了美国金融衍生工具财务信息披露的制度,探究了国际金融衍生工具财务信息披露的制度,论述了中国金融衍生工具财务信息披露制度的形成背景,介绍了中国金融衍生工具财务信息披露制度,对金融衍生工具财务信息披露制度的中外差异进行了分析与研究。第三章对金融衍生工具财务信息披露质量进行理论分析,分析了金融衍生工具财务信息披露制度变迁的成本收益分析。第四章阐述了我国金融衍生工具财务信息披露质量的现状调查与成因分析,阐述了我国金融衍生工具财务信息披露质量存在的问题,并对其问题的成因进行了分析。第五章提出了提高我国金融衍生工具财务信息披露质量的对策,主要包括建立以需求为导向完善财政信息披露的制度;建立自愿性为主、强制性为辅的财务信息披露模式;促进财务信息披露制度的创新;建立高素质金融衍生才的培养机制;建立多层次的金融衍生工具财务信息披露质量监管体系以及构建基于科学发展观的金融衍生工具财务信息披露体系等等。

关键词:金融衍生工具　市场监管　财务信息

**1354**

**中国资产价格对投资及宏观经济稳定运行的影响** / 李冬著 ; 柳欣指导. -- 南开大学, 2009. -- 159 页

论文对中国资产价格对投资及宏观经济稳定运行的影响进行了研究。全文共分为七章。第一章为引言,介绍了论文研究的问题和现实意义,文献综述和论文的理论价值,论文研究的框架和主要内容,总结归纳了论文的创新点和不足。第二章分析了资产价格影响宏观经济的机理,主要研究了资产价格对消费者的影响,论述了资产价格对投资的影响,研究了资产价格对净出口以及通货膨胀预期的影响。第三章研究了中国资产价格的影响因素,阐述了资产价格的决定因素、股票价格的影响因素、房地产价格的影响因素,分析了股票价格与房地产价格的关联性。第四章分析了投资波动及其对中国经济波动的影响,主要概述了投资波动与中国经济增长的波动状况,对投资波动的理论进行了解释和说明,对中国投资波动进行了实证分析与研究。第五章研究了资产价格波动对中国宏观经济稳定的影响,主要介绍了资产价格影响宏观经济稳定性的理论模型,论述了中国资产的价格对投资的影响,分析了中国的资产价格对信贷规模的影响。第六章从资产价格角度,对国家政策对经济运行的影响进行了分析与研究,主要包括财政政策对经济运行的影响、货币政策对经济运行的影响与 IS-LM 模型的比较以及我国在历次金融危机中的应对策略和效果五方面的内容。第七章为全文的总结。

关键词:资产价格　投资　宏观经济　经济波动

**1355**

**美国次贷危机的实证研究** / 李刚著 ; 李扬指导. -- 中国社会科学院, 2009. -- 122 页

论文从金融危机的最新情况、金融市场发展的实证分析角度,结合理论分析框架和计量模型,研究了美国次贷危机的评级问题,监管体系演变,次级抵押债券定价的复杂性,市场行为对危机的驱动等。全文共分十章。第一章绪论,说明了论文的研究背景、研究意义、主要研究方法和创新之处;第二章对次贷危机的特征和快速发展背景进行了介绍,并阐述了次贷危机的影响;第三章从信用评级分析了美国次贷危机发生的成因,并对监管部门改进结构性融资产品提出了建议;第四章阐述监管滞后是次贷危机发生的重要因素,并从次贷危机阐明了美国监管体系的变革;第五章从违约事件分布讨论了抵押贷款证券化的定价复杂性,并对债券选择和定价假设条件进行了说明;第六章从市场行为角度分析了危机的加剧,阐述了商业票据市场在危机后出现的短期化特征,并证明美联储是流动性的最终提供者;第七章对美国S&L危机进行了回顾分析,对日本应对危机的处置进行了分析,并借鉴日本危机,解决美国危机的路径,对次贷危机和房地产危机进行了对比;第八章从乘数效应角度研究了危机的传染性,阐述了国际乘数下的危机模型和政策含义,并对危机对各国冲击的传染效应进行了分析;第九章对美国房地产市场进行了分析,并对未来走势进行了预测;第十章阐述了危机对中国的启示。

关键词:金融危机　房地产市场　美国

**1356**

**中国典当制度研究:基于比较历史制度分析的视角** / 李建文著 ; 刘锡良指导. -- 西南财经大学, 2009. -- 131 页

论文基于比较历史制度分析的视角,对中国典当制度进行了研究。全文共分为五章。第一章总论,主要介绍了研究的问题,对典当、典当权以及典当制度等相关的概念进行了界定,阐述了基于比较历史制度的分析视角研究中国典当制度的理论意义和实践意义,总结归纳了论文研究的思路和创新之处。第二章典当制度的经济分析与中国典当制度的文献综述,主要阐述了经济制度及其范式的理论综述,阐述了一种基于抵押担保的借贷制度研究综述,概述了中国典当业及其制度的文献综述,综述了各国典当法律制度。第三章分析了中国典当制度的比较历史制度,主要从典当交易行为的博弈论框架、典当商与当户在交收当阶段的博弈和还贷赎当时的博弈,对中国典当交易行为进行了博弈论分析。概述了信贷制度,介绍了信贷制度均衡路径的担保,对典当制度与信贷制度的功能进行了综合比较分析。第四章是对中国典当制的历史经验的研究,通过比较信贷制度,阐述了中国典当制度的起源和变迁,论述了中国典当制度史的当物变迁,分析了当物的权利属性与物理经济属性对典当借贷行为的影响,及中国典当交易的参与人的当户结构和典当商的结构。分析了中国典当制度的折当和利息,分析了中国典当制度的契约和执行。第五章总结了中国典当制度研究的历史启示,主要分析了当代中国典当行为,阐述了中国典当业可持续发展的历史启示。

关键词:典当业　市场交易　经济行为　经济制度　经济史

**1357**

**基于房价与信贷联动性的我国商业银行信贷风险研究** / 李剑著 ; 陆军指导. -- 中山大学, 2009. -- 107 页

论文采取理论分析和实证检验相结合的方法,基于房价和信贷联动对我国商业银行信贷风险进行了研究。全文共分七章。第一章绪论,说明了论文的选题背景、选题意义,对国内外研究现状进行了介绍,指明了论文的研究方法、结构安排,以及创新与不足;第二章构建了一个包含银行中介、房地产销售市场和房地产出租市场的世代交替模型,并在此模型基础上引入银行资本充足率要求,考虑银行资本金的下降对信贷市场的影响,分析银行体系与房价反馈的联动机制,以及这种联动性对经济金融体系可能产生的影响;第三章选取我国35个主要城市的相关面板数据检验我国房价与银行信贷之间的长期均衡关系和短期动态关系;第四章在房价与信贷间联动机制的基础上,基于土地供给刚性提出的房价模型,从房价波动及商业银行行为的角度探讨房价波动对信贷风险的影响机制;第五章选取目前愈演愈烈的美国次贷危机、发生在20世纪90年代的日本银行业危机以及国内部分地区曾因房地产泡沫引起的信用危机为研究对象,总结其经验教训;第六章将房价波动引致信贷风险的典型案例与前文所做的理论分析、实证检验相结合,从房地产市场的检测预警、商业银行的风险拨备机制、统一货币政策框架下的实施差别性调控以及商业银行经理人激励机制等角度探讨房地产信贷风险的防范与控制;第七章结语与展望。

关键词:商业银行　贷款管理　风险管理　房价

1358

**上海银行间同业拆放利率定位:理论与经验** / 李良松著 ; 戴国强指导. -- 上海财经大学, 2009. -- 224 页

论文对上海银行间同业拆放利率定位进行了研究。全文共分为七章。导论主要介绍了论文的研究背景,研究问题,主要内容,主要创新点,研究意义和研究方法。第一章介绍了中国利率市场化,主要阐述了中国利率市场化的进程,概述了 SHIBOR。第二章研究了 SHIBOR 的基准性、市场性和相关性分析,阐述了 SHIBOR 型态研究,对 SHIBOR 利率之间的基准性和相关性进行了分析,研究了 SHIBOR 与其他金融市场的相关性分析。第三章研究了 SHIBOR 可控性和抗干扰性分析,主要研究了 SHIBOR 对存贷款利率调整的敏感性,分析了 SHIBOR 对存款准备金率调整的敏感性,探究了 SHIBOR 对股票市场重大融资行为的敏感性。第四章介绍了 SHIBOR 与其他金融变量的相依性分析,主要阐述了 Copula 函数中的数值问题,论述了 Copula 函数在 SHIBOR 中的应用,分析了 SHIBOR 与其他金融市场之间的相依性,阐述了条件 Copula 函数在 SHIBOR 中的应用。第五章研究了 SHIBOR 的微观结构及其影响,论述了 SHIBOR 买卖价差的特征,阐述了 SHIBOR 买卖价差的影响因素,对 SHIBOR 的 VAR 有效性进行了研究。第六章是对国际货币内外利率关系的实证研究,主要实证分析了美国联邦基金利率,进行了英国基准利率和 LIBOR 市场分析,对欧元区基准利率和同业拆放利率进行了实证研究,分析了日元基准利率,总结了金融业界构造折现率曲线的经验。第七章为论文的结论和建议。

关键词:利率管理　利率市场化　银行管理　上海

1359

**公司信息透明度市场效应研究** / 李谦著 ; 吴晓求指导. -- 中国人民大学, 2009. -- 104 页

全文共分为八章。第一章导论,主要阐述了论文的选题背景和意义,论文研究的范围和基本概念,论文研究的方法和假设前提,论文的分析框架和技术路线,论文研究的创新与不足,论文相关的文献。第二章为文献回顾与理论综述,主要的理论包括公司透明度研究、信息透明度与投资者交易理论、信息透明度与资本成本理论以及信息透明度与中介机构之间的关系。第三章研究了透明度与投资者交易,主要论述了公司透明度与投资者交易行为,分析了研究方法的设计与思路,阐述了实证检验与分析。第四章研究了公司透明度与资本成本,主要包括理论分析和研究作用、研究设计和方法以及实证检验和分析三方面的内容。第五章探究了信息透明度与机构投资者行为的相关性,主要提出了实证研究的假设,介绍了实证研究的设计与方法,阐述了实证检验的结果和分析,最后章节进行了小结。第六章分析了透明度与证券分析师行为,主要阐述了研究假设,介绍了论文研究的设计与方法,阐述了实证检验过程中的描述性统计、相关性检验以及多元回归分析等方法。第七章提出了中国上市公司透明度现状与政策建议,主要包括中国信息披露体系、透明度总体概况、透明度不足具体表现以及透明度不足的原因剖析,最后总结了政策建银。第八章问全文的总结,主要包括研究的主要结论、研究中的局限性、研究的不足以及创新之处。对未来的研究进行了展望。

关键词:上市公司　企业管理　财务管理　会计信息　信息披露　市场效应

1360

**异质信念、非理性行为与中国资本市场** / 李少君著 ; 吴晓求指导. -- 中国人民大学, 2009. -- 178 页

论文对异质信念、非理性行为与中国资本市场进行了研究与分析。全文共分为八章。论文开始部分为导论,主要介绍了论文研究的选题背景和研究意义,论文的研究理论方法和国内外的研究现状,论文的结构安排和逻辑主线,论文的主要创新点。论文第一章为文献综述,主要理论包括定价假设的争论、投资行为与资产定价的问题、信念与偏好理论、投资者心理决策模型。阐述了论文研究的理论与实践意义,分析了基于中国市场的研究。第二章介绍了定价理论和传统定价到行为定价的演变,阐述了传统资产定价理论、基于传统定价理论的估值理论,对行为金融学对传统定价理论进行了修正。第三章研究了中国资本市场的功能缺陷,主要介绍了资本市场的功能,资本市场与经济增长的关系,研究了我国资本市场功能的缺失。第四章研究了行为金融的理论框架与实证研究的方法设计,主要分析了预期收益分歧与股票价格的关系,论述了行为金融学理论框架与实证证据。第五章基于上证指数的心理关口检验,研究了行为金融与中国资本市场。第六章基于权证市场的非理性行为检验,阐述了行为金融与中国资本市场,对权证市场心理关口和权证市场的末日轮进行了检验。第七章分析了行为金融与次贷危机的发展及传染过

程,分析了基于传统金融理论的行为金融,阐述了基于行为金融学的次贷危机的分析。第八章为全文的总结。主要包括论文研究的基本结论,研究的不足之处以及可能的拓展。

关键词:资本市场　金融市场　投机　行为金融学

1361

**流动性过剩对通货膨胀和资产价格的影响:中外实证研究** / 李世刚著 ; 陈学彬指导. -- 复旦大学, 2009. -- 179 页

论文基于中外实证研究,对流动性过剩对通货膨胀和资产价格的影响进行了研究。全文共分为七章。第一章导论,主要介绍了题背景和研究目的及意义,研究思路和结构安排,对相关的概念进行了界定,总结归纳了论文研究的主要创新点和不足之处。第二章介绍了流动性、通货膨胀和资产价格关系的典型事实,主要对流动性过剩进行了描述,分析了流动性过剩对传统货币数量论的挑战,研究了流动性过剩对通货膨胀的影响以及流动性过剩对大宗商品价格的影响。第三章是对流动性对通货膨胀和资产价格影响的描述性和实证研究,主要阐述了"流动性过剩"和"持续流动性过剩"的度量,基于 Probit 模型的实证检验,分析了流动性过剩、通货膨胀和资产价格上涨的问题。第四章是流动性过剩模型构建和实证检验,主要分析了中国"热钱流动"的估算和预测,分析了输入型流动性和央行货币政策组合以及商业银行行为对货币总供给的影响,阐述了货币的总需求,研究了"流动性过剩"——货币供求关系的失衡的问题。第五章分析了流动性变动的内生机制,主要包括 SFCA 建模的一般方法、SFCA 模型的会计账户以及 SFCA 模型的行为方程。第六章通过分析美国宏观经济六部门 SFCA 模型的构建、模型的初步分析、模型的静态分析以及模型动态模拟,分析了流动性变动的内生机制。第七章为论文的结论和政策建议,主要包括论文研究的基本结论、研究过程中的主要创新点,对未来的研究进行了展望。

关键词:货币供给量　通货膨胀　资本市场　资产价格　货币政策

1362

**中国企业债务融资结构研究** / 李淑娟著 ; 赵增耀指导. -- 苏州大学, 2009. -- 116 页

论文运用契约理论和信息不对称理论分析影响企业债务结构选择的因素,采用理论与实践相结合的研究方法从债务的发行期限和债务的发行方式两个角度进行研究。全文共分七章。第一章引论,提出了问题和研究背景、研究意义、论文的基本理论和研究范畴,研究方法和特点及结构安排;第二章基于契约、制度的企业债务融资结构的选择分析,阐述了债务契约的理论基础、企业债务融资结构选择的契约基础和企业债务融资结构选择的制度基础;第三章基于不同市场特征的企业债务融资结构进行了选择分析,揭示了信息不对称理论与金融市场的关系,对银行信贷市场与企业债务结构的选择和公开债务与企业债务结构的选择问题进行了阐述;第四章分别从企业资产的性质、股权结构和行业角度分析企业特质对债务融资结构的影响,通过模型指出企业自有资本和债务融资结构之间的关系,以及资产质量、资产可变现能力、企业成长性与债务期限结构之间的关系;第五章着重分析了我国企业债务融资结构的特点,以 1996—2006 年的非金融类上市公司为对象,对我国企业债务期限结构进行了横向和纵向的比较研究;第六章对债券结构的研究,在理论分析的同时进行了实证检验;第七章从破除金融市场供给的制度性障碍和股权结构的进一步改革两个角度给出了政策建议。

关键词:企业管理　财务管理　债务　融资结构　信息不对称

1363

**我国商业银行次级债券发行与市场约束问题研究** / 李威著 ; 庄毓敏指导. -- 中国人民大学, 2009. -- 138 页

论文对我国商业银行次级债券发行与市场约束问题进行了研究。全文共分为六章。第一章为导论,主要介绍了选题背景和研究意义,研究理论方法和国内外的研究现状,论文的结构安排和逻辑框架,相关的概念界定,论文的主要创新点和研究特色。第二章对市场约束及次级债券进行了理论分析与研究,主要概述了市场约束的理论,介绍了商业银行次级债券相关的理论,分析了次级债券市场约束的可行性以及有效性,对次级债券市场约束效应与金融监管进行了相关性分析研究。第三章是对次级债券发行国际比较分析的研究,主要介绍了国外次级债券发行结构的理论分析,阐述了次级债券发行在其他地区和国家的实践,研究了我国商业银行次级债券发行的现状。第四章对信息披露制度与市场约束关系进行了分析,主要包括市场约束与信息披露的理论分析、国际银行信息

披露有关规定和实践以及我国银行信息披露制度的有关规定三方面的内容。第五章是对我国商业银行次级债券市场约束的实证分析,介绍了国外次级债券市场约束实证研究的方法设计,分析了我国商业银行次级债券收益率差影响因素,研究了我国银行债券市场约束效应,基于发行决策概率模型的分析,实证研究了我国次级债券市场约束。第六章为全文的总结。

关键词:商业银行　债券发行　债券市场　风险管理　金融监管

**1364**

**中国寿险业经营风险研究** / 李薇著 ; 赫国胜指导. -- 辽宁大学, 2009. -- 231 页

论文对中国寿险业的经营风险进行了研究。全文共分为七章。绪论主要提出了中国寿险业经营风险的问题,对相关的概念进行了界定,回顾分析了相关的研究,阐述了论文的研究思路和结构安排,研究方法和数据来源,总结归纳了论文研究的可能创新点和存在的不足。第一章分析了寿险经营风险的要素,阐述了寿险经营的基本原理,研究了寿险经营风险的来源和特性。第二章对中国寿险业经营风险的成因进行了解析,分析了利率变动与寿险利差损的风险保险资金运用与寿险投资风险、寿险资产负债匹配风险、寿险业产品的定价风险与设计风险,研究了寿险市场发展对寿险经营风险的影响。第三章研究了中国寿险业利率风险的评估,主要研究了利率变动对中国寿险经营的影响,阐述了寿险利率风险的度量以及中国寿险业利率风险和利差损益的评估 。第四章研究了中国寿险资产负债匹配风险的评价,主要阐述了资产负债匹配管理在寿险经营中的应用,阐述了寿险公司资产负债匹配的检验方法。第五章介绍了中国寿险业投资风险的评价,分析了中国寿险资金运用风险控制的现状及其度量,分析了金融危机风暴下中国寿险业资金运用风险。第六章分析了中国寿险业偿付能力风险,主要论述了监管部门对偿付能力评估原值与方法,阐述了保险信用评级机构的财务评价和体系及中国寿险公司偿付能力的评估体系,分析了中国寿险业偿付能力的风险。第七章研究了防范寿险经营风险的对策,包括强化寿险公司内部控制建设、支持中国寿险业发展的财税支持和金融政策、强化中国保险监管体系等。

关键词:人寿保险　保险业　经营风险

**1365**

**金融调控理论与实践的探索** / 李宪铎著 ; 吴念鲁指导. -- 中央财经大学, 2009. -- 150 页

论文在金融调控的过程中对金融调控的理论和实践进行了研究和探索。全文共分七章。第一章导论,主要介绍论文的内容,包括金融调控研究问题的提出以及研究背景和研究意义,主要研究方法的总结;第二章宏观金融调控的理论及历史实践,介绍了金融调控的含义,介绍了中西方金融调控的理论发展;第三章中央银行与金融调控的关系分析,论述了中央银行及中央银行制度的建立和发展与资本主义经济之间密不可分的关系,介绍了中央银行的基本性质,介绍了美国中央银行——美国联邦储备体系的实践经验及对我国的借鉴意义;第四章金融调控与科学发展观及其基本工具,通过分析指出存款准备金制度、再贴现和公开市场业务操作是当今各国中央银行最主要的工具,而公开市场业务操作又是三种工具中的首选,运用的频率及调控作用发挥的程度是一国金融调控成熟与完善的标志;第五章金融市场在金融调控中作用的考察,通过建立模型和实证分析,对我国股票市场对金融调控的影响进行分析,利用简单的计量分析得出在三个层次的货币供给量中,M0、M1 和股票之间具有紧密的联系,利用平稳性检验、格兰杰因果检验以及协整检验得出利率和股指之间的联动关系;第六章金融环境与金融调控的关系;第七章金融调控存在的问题和政策建议。

关键词:金融业　宏观调控　中央银行　金融市场　货币政策

**1366**

**利率期限结构的静态建模与参数估计** / 李熠熠著 ; 缪柏其, C. F. Jeff Wu 指导. -- 中国科学技术大学, 2009. -- 87 页

论文对利率期限结构的静态建模与参数估计进行了研究与分析。全文共分为九章。第一章为绪论,主要介绍了研究的背景和选择意义,总结归纳了论文研究的工作和创新之处。第二章介绍了利率期限结构形成的假设,主要包括市场预期假设、流动性偏好理论、优先置产理论以及市场分割假设。第三章介绍了我国利率市场现状和基准利率,分析了我国利率市场的现状,分析了国际金融市场上的基准利率,研究了我国金融市场基准利率的选择。第四章介绍了利率期限结构的静态拟合,主要从通过新券来估计利

率、通过所有国债信息来估计利率以及通过国债衍生品来估计利率三点内容,综述了利率期限结构静态拟合的文献;介绍了利率期限结构静态拟合的模型。第五章是对利率期限结构估计中的节点选择的分析与研究,主要概述了论文的研究模型,进行了单个参数显著性检验,介绍了回归中的 AIC 变量选择准则,阐述了节点选择的方法,对实证研究及其结果进行了分析。第六章介绍了最小二乘下的利率期限结构的拟合,主要阐述了最小二乘准则、LAD 准则下的三次样条函数以及实证研究。第七章介绍了最小二乘下的节点选择的方法,主要包括 LAD 回归中的模型选择统计量、LAD 回归模型中的参数检验、节点选择方法以及实证研究及结果分析。第八章研究了 LAD—LASSO 方法的利率期限结构拟合,主要论述了 LAD—LASSO 的概念,对实证研究结果进行了分析与研究。第九章为论文的总结。归纳了论文研究的主要工作和不足之处。

关键词:利息率　利率期限结构　数学模型　样条函数

**1367**

**中国的流动性过剩:总量观察与结构分析** / 李援亚著 ; 刘惠好指导. -- 中南财经政法大学, 2009. -- 171 页

论文主要从外汇储备快速增长,家庭、企业和政府的高储蓄率、土地和商品房制度改革、产业结构和经济发展失衡等四个方面进行具体的机理分析。全文共分八个部分。第一部分导论,介绍了研究意义,对相关文献进行综述,探讨了论文的理论基础,介绍了主要研究方法、研究思路,并提出了论文的创新之处和有待深化的问题;第二部分是流动性和流动性过剩的界定、判断及度量,对流动性过剩进行界定,讨论了宏观流动性过剩、市场流动性过剩和银行流动性过剩之间的关系及流动性提供的过程;第三部分进行了中国流动性过剩效应分析,对流动性过剩效应研究的相关文献进行回顾,利用修正后的多市场均衡分析方法对流动性过剩引发的资产价格和一般物价变化进行分析,分析流动性过剩对部分微观经济个体的经营行为的影响;第四部分从货币供求非均衡的角度对流动性过剩进行总量观察,对货币需求的理论及其实证研究路径进行了回顾,讨论了中国货币需求的稳定性,回顾了中国货币需求的实证检验重要文献,回顾了外生货币供给理论和内生货币供给理论,并进行了中国货币供给的内生性分析,选取了 1997 年 1 季度—2005 年第 4 季度,共 36 个季度数据作为训练集样本进行了实际货币需求函数的估计;第五部分讨论流动性过剩的原因,选取了 1922—1929 年的美国,1991 年前的日本,1982—1990 年的英国以及 2000 年代美国新经济泡沫破灭后的全球流动性过剩,以国际视角观察 20 世纪以来不同国家流动性过剩的原因;第六部分对流动性过剩的结构进行了分析;第七部分提出了中国流动性管理的对策;第八部分结论。

关键词:货币供给　宏观经济　经济结构　金融结构

**1368**

**金融集团的资本监管研究** / 李云波著 ; 陈雨露指导. -- 中国人民大学, 2009. -- 180 页

全文共分为六章。第一章导论,主要论述了论文的选题背景和研究意义,对相关的对象和概念进行了界定,总结了论文研究的主要方法,归纳了论文研究的主要思路和观点。第二章金融机构与金融集团的资本监管的文献综述,主要包括关于金融监管的理论回顾、金融机构资本监管的文献综述、关于金融集团资本监管的文献综述以及研究框架四部分内容。第三章监管资本要求的不一致性与金融集团的监管套利,主要研究了监管资本要求的不一致性及其原因,探究了金融集团的监管套利,对金融集团监管资本套利做了进一步分析与研究。第四章风险汇集、机构间救助与金融集团的整体资本衡量,论述了金融集团资本衡量中的风险汇集与集团内机构间救助,阐述了风险汇集与金融集团内机构间救助的理论,对风险汇集与金融集团母公司的资本救助义务进行了一个相反制度的经济学分析,从一个新的思路研究了金融集团结构下的资本衡量的风险汇集。第五章分行业资本监管的不完全性与金融集团资本衡量的新方法,论述股权的资本要求:金融集团资本衡量的核心问题,分别阐述了银行集团资本和保险集团资本衡量的新方法,基于传统理论和 AIG 危机的新认识,研究了金融控股公司的资本监管。第六章金融集团的资本监管和监管体制,主要对金融集团监管体制进行了全球考察,分析了金融集团监管模式选择的理论分析,研究了适应金融集团监管的中国监管体制选择。

关键词:金融公司　资本管理　监管制度　金融机构

1369

**亚洲新兴经济体经常账户的决定及可维持性研究** / 李芸著 ; 朱孟楠指导. -- 厦门大学, 2009. -- 128 页

论文对亚洲新兴经济体经常账户的决定及可维持性进行了研究。全文共分为七章。第一章为导论，主要介绍了论文的研究问题，选题意义，相关概念的解释，论文的研究思路和研究方法，研究创新点和后续的研究内容。第二章介绍了经常账户决定理论评述及文献综述，主要包括传统经常账户决定理论评述、经常账户跨期理论评述以及国内外相关的文献综述。第三章分析了经常账户的决定因素，阐述了消费、储蓄与经常账户决定的理论联系，分析了人口年龄结构与经常账户的相关性，研究了社会保障制度与经常账户的相关性，对贸易条件与经常账户的相关性以及财政政策与经常账户的相关性进行了分析与研究。第四章分析了亚洲新兴经济体经常账户的决定因素，阐述了人口年龄结构与经常账户的关系，分析了社会保障与经常账户的关联，研究了贸易条件、贸易政策及经常账户三者的关系。第五章分析了出口导向战略下经常账户逆差的不可维持性，主要分析了经常账户可维持性的概念及衡量指标，研究了亚洲新兴经济体经常账户可维持的指标，探究了亚洲新兴经济体经常账户逆差不可维持的根源。第六章介绍了全球经济波动下亚洲新兴经济体经常账户顺差的脆弱性研究，主要包括亚洲新兴经济体经常账户持续顺差的原因分析、全球经济波动与经常账户顺差的脆弱性分析，以及亚洲新兴经济体经常账户可持续发展的思路。第七章研究了我国经常账户决定及可持续发展的思路，主要分析了我国经常账户决定因素、我国经常账户顺差的脆弱性以及我国经济账户可持续发展的思路。

关键词:经济发展　可持续发展　金融市场　金融危机　亚洲

1370

**中国上市公司信息披露质量研究** / 李忠著 ; 张涤新指导. -- 南京大学, 2009. -- 162 页

论文以中国上市公司信息披露质量为研究对象，运用比较分析的方法从制度层面分析了中国上市公司信息披露质量的制度约束，通过建立有序 Probit 模型，从公司层面较全面、系统研究了决定中国上市公司信息披露质量的主要因素。全文共分七个部分。第一部分导论，说明了论文的研究背景、选题，并对主要概念进行了界定，指明了论文的研究思路、研究方法、主要内容、结构，以及论文的创新与不足；第二部分对上市公司信息披露研究的相关理论进行了阐述，并对国内外相关文献进行了综合论述；第三部分对上市公司信息披露质量进行了界定，对国外和中国上市公司信息披露质量方法及评价进行了介绍，并分析了中国上市公司信息披露质量的基本情况；第四部分说明了中国上市公司信息披露在资本市场中的重要性，并分析了中国上市公司信息披露质量对股票资产和资本成本的影响；第五部分对上市公司信息披露决策行为进行了经济学分析，并阐述了中国上市公司信息披露影响因素（公司财务因素、公司治理因素、公司规模因素、公司外部环境质量），对中国上市公司信息披露质量影响因素进行了实证检验；第六部分分析了中国上市公司信息披露制度的体系，对中外上市公司信息披露制度进行了比较，还阐述了中国上市公司信息披露质量的制度约束；第七部分是论文的研究结论和政策建议。

关键词:上市公司　财务信息　信息管理　市场效应

1371

**基于信用风险测度的商业银行贷款定价研究** / 梁凌著 ; 彭建刚指导. -- 湖南大学, 2009. -- 111 页

论文采取理论与实证相结合的方法研究国际现代信用风险度量模型在我国商业银行贷款信用风险测度中的实践应用问题，并在基于信用风险测度的基础上，力图建立一套符合我国实际、可操作的商业银行贷款定价方法。全文共分七章。第一章绪论，说明了论文的选题背景、选题意义，对相关文献进行了综合论述，指明了论文的研究方法和研究思路；第二章信用风险测度模型评述，介绍了专家评估法、信用评级法、两维评级法等定性评估方法，并对这些评估方法进行比较分析，构建了信用风险的概念模型，对定量测度模型进行了比较分析；第三章信用风险测度的相关参数与测度指标，确定了信用风险测度相关的参数，以及 VaR, CvaR 等信用风险测度指标；第四章商业银行贷款交易级信用风险的测度，构建了商业银行信贷交易五级分类违约概率模型和商业银行信贷交易抵押品池违约损失模型，阐述了内部评级法框架下商业银行信贷资产的资本要求，并对商业银行信贷资产信用风险资本要求进行了实证分析；第五章商业银行贷款交易级风险定价研究，构建了 RAROC 贷款风险定价模型，并对 RAROC 交易级贷款风险定价和交

易级贷款风险定价授信边界进行了实证研究;第六章商业银行贷款产品级信用风险的测度,先对商业银行零售贷款业务违约过程进行了描述,然后对商业银行零售贷款业务聚合信用风险进行了测度;第七章对商业银行贷款产品级风险定价进行了研究,介绍了商业银行贷款产品级风险定价的原理,以及产品经营费用的分摊模式和产品资金成本的确定模式,并对RAROC产品级贷款风险定价进行了实证研究。

关键词:商业银行　贷款管理　风险分析

1372

**基于资本充足要求下中国上市银行的效率问题研究** / 林丰德著 ; 李志辉指导. -- 南开大学, 2009. -- 207 页

论文对基于资本充足要求下中国上市银行的效率问题进行了研究。全文共分为五章。第一章为论文的导论,介绍选题背景和研究意义,研究的目的和方法,研究的结构和内容安排,研究的创新之处和不足,确定了论文进一步的研究方向。第二章阐述了商业银行的资本充足率与效率的关系,主要介绍了新旧巴塞尔资本协议的历史演进以及新巴塞尔协议的主要内容,阐述了新巴塞尔资本协议下经济资本的计提方法,论述了基于资本充足限制下商业银行效率的评估方法。第三章研究了商业银行评估效率的理论及其模型,阐述了商业银行的效率理论,梳理了商业银行效率研究的文献,介绍了商业银行效率的模型,阐述了数据包络法 DEA 的模型以及内部风险调整的效率模型,分析经济性应计提资本和风险性资本充足限制下的效率。第四章分析了中国上市商业银行效率计算与相关变量,主要介绍了数据的来源及处理方法,阐述了效率评估的投入与产出变量,对经济资本充足限制下的效率进行了分析与研究,主要包括调整资本充足率限制的本国银行效率分析,以及调整资本充足限制下效率值差异性检验。最后研究了我国上市商业银行效率的实证结果。第五章为主要结论。

关键词:商业银行　上市公司　银行管理　资本管理　经济效率

1373

**中国经济波动的福利成本研究** / 林鲁东著 ; 陈浪南指导. -- 中山大学, 2009. -- 182 页

论文采用 HJ 方差界、弱工具变量方法以及菲利普斯曲线检验方法,对中国宏观经济变量的行为及其波动产生的福利成本进行了研究。全文共分十章。第一章绪论,说明了论文的选题背景、研究方法、创新之处、研究结构以及论文的说明;第二章对经济波动的福利成本和通货膨胀的福利成本相关文献进行了综合论述;第三章和第四章研究了消费行为,应用 Hansen-Jagannathan 方差界确定消费者相对风险规避系数的合理范围,使用弱工具变量方法估计了我国消费的跨期替代弹性;第五章研究了通货膨胀行为,基于 VAR 方法检验了中国的新凯恩斯菲利普斯曲线;第六章和第七章研究了经济波动的福利成本,利用 Lucas 的基准模型计算了经济波动和降低增长率的福利成本,并对二者进行比较;进而引入习惯形成和递归效用,对基准模型进行扩展,考察不同模型中福利成本的变化,建立一个随机的内生增长模型,以考察波动可能对增长产生的影响以及此时波动和增长成本的变化;第八章和第九章研究通货膨胀的福利成本,基于局部均衡的"福利三角"方法计算我国通货膨胀的福利成本,引入 MIU、购物时间和 CIA 模型,考察基准模型中可能遗漏的因素并比较不同模型的结果,进一步建立一个货币搜寻模型,以考察定价机制和市场力量对通胀成本的影响。第十章结论。论文的研究结论是:消费者的风险规避系数不高,我国消费者并非极端风险规避;预期和惯性对当期的通货膨胀有显著影响,但其中通胀预期的影响占主导地位,说明预期在治理通货膨胀中的重要作用;我国经济波动的福利成本较高,远非可忽略的,在引入习惯形成、递归效用和内生增长之后,波动成本进一步提高;通货膨胀的福利成本约为产出的 1%,考虑的定价机制和市场力量后,可上升至 3%—5%。

关键词:经济波动　经济周期　通货膨胀　福利经济学

1374

**基于订单驱动机制的人工股票市场研究** / 林森著 ; 宋逢明指导. -- 清华大学, 2009. -- 157 页

论文利用微模拟技术构建了贴近中国股票市场交易机制的订单驱动的人工股票市场模型。模型中采用红利定价的方式确定股票的内在价值,并同时引入知情交易者和技术分析交易者,模拟得到的实验结果能够与普遍存在的典型事实相一致。全文共分为五部分。第一章引言,介绍了研究背景和研究意义、相关研究的文献综述、研究方法及研究思路和研究结构。第二章为中国股票市场时间序列的统计特征,进行了收益率序列的分布特征检验,波动率特征检验以

及量价关系特征检验。第三章为基于订单驱动机制的人工股票市场模型设计和模拟实验,进行了稳定性检验和参数影响的分析。第四章为人工股票市场模型应用研究,对投资者收益、泡沫问题、红利税设定、涨停板设定以及交易费用设定分别进行研究,得出了一系列结论。第五章为结论,对研究内容进行回顾总结,并做出展望。

关键词:股票市场　股票投资　股票交易

**1375**

**控股股东代理条件下的利益侵占与中小投资者保护** / 刘白兰著 ; 邹建华指导. -- 中山大学, 2009. -- 169 页

论文借鉴公司金融、法与金融和新政治经济学领域的前言研究成果,以控股股东的利益侵占为研究主线,从法律、公司治理、政府监管的三维角度探讨保护中小投资者的途径。全文共分七章。第一章绪论,说明了研究中小投资者保护问题的理论与现实意义,对论文研究的主要问题进行了界定;第二章文献综述,对中小投资者保护的相关文献进行梳理;第三章中小投资者保护的现状及问题分析,对我国证券市场中小投资者保护的历史进程进行梳理,指明了中小投资者权益受侵害的根源,并对中小投资者受侵害程度进行测算,进行国际比较;第四章在代理理论的框架下,分析内部人(控股股东和经理)与政府对中小投资者的侵害问题,探索中小投资者权益受侵害的内在机理;第五章以上市公司关联交易为分析对象,考察了上市公司股权结构、公司内部"自我约束"机制、法治环境对中小投资者的保护效果;第六章对证券监管对中小投资者保护效果进行了理论与实证分析;第七章是结论和建议,结合我国国情,从公司层面、立法执法与证券监管三个方面,提出相应政策建议。论文的研究结论是:股权集中是投资者法律保护不力的一种替代机制,一个实施掠夺性政策的政府会恶化公司治理问题;在中等或弱法律保护下,提高监管者的监管和执法效率,改善中小投资者收益;通过降低监管者的稽查成本、提高对监管者"监而不管"的处罚力度或者加大对上市公司的处罚力度来制约上市公司的违规行为。

关键词:证券市场　投资者　权益保护　股权结构　市场监管

**1376**

**中国多层次证券市场体系研究:产业组织视角** / 刘斌著 ; 闵宗陶指导. -- 西安交通大学, 2009. -- 129 页

论文以股票市场为主研究我国多层次证券市场体系建设问题,运用资本市场理论、产业组织理论等理论和实证、比较等研究分析方法,从理论上探讨了证券市场的层次结构与产业组织结构的运行机理及其与企业融资结构的耦合机制;在此基础上总结我国证券市场的演变历程与发展现状,接着对我国证券市场的层次结构、资源配置功能、运行绩效拉入 SFE 分析框架进行了实证分析,借鉴国外多层次证券市场的发展经验,对我国多层次证券市场建设进行了总体设计;最后提出了我国发展多层次证券市场的路径及其相关制度与政策保障。通过对我国证券市场的研究,将产业组织理论纳入资本市场理论,阐明证券市场多层次性的特点,以及多层次证券市场对产业组织优化的内在机理。发现我国的证券市场机制不完善,存在着结构性缺失,资源配置功能弱化。提出我国证券市场体系构建的总体目标是:有计划有步骤地建设成为一个具有我国特色对的、包括全国和地方、面向全球的、满足各类企业要求的开放型、机制灵活、功能齐全的证券市场体系。

关键词:证券市场　市场结构　市场体系建设　产业组织

**1377**

**中国金融状况指数的构建研究** / 刘晨然著 ; 陆军指导. -- 中山大学, 2009. -- 117 页

论文从理论和实证两个方面对中国 FCI 的构建展开研究。全文共分八章。第一章导论,说明了论文的研究背景和意义,研究目的和思路,指出了论文的创新之处,并对相关概念进行了界定;第二章对国内外相关文献进行了综合论述;第三章分析了中国 FCI 构建的理论基础,厘清资产价格影响产出和通胀的一般传导机制,并针对中国的实际情况做了深入探讨,找出中国资产价格对实体经济影响的特殊性,同时推导出金融状况指数的基本模型;第四章通过构建模型和递归预测的(Recursive Forecast)方法,对中国资产价格对实体经济走势的预测功能进行实证检验;第五章采用月度数据,并依次采用总需求方程缩减式模型(简称"缩减式模型")、向量自回归(VAR)模型广义脉冲响应函数和自回归分布滞后(ARDL)边界检验三种方法构建了中国 FCI;第六章对三种方法下估计出的 FCI 进行比较分析,并检验和评估各指数对未来实体经济走势的预测功能;第七章对前文中构建的中国 FCI 进行进一步探讨,先是与中国 MCI 进行比较,考

察在预测效果上是否更优,并与其他国家的 FCI 进行比较,分析在具体变量的权重上是否存在差异及差异的原因何在,针对在实务操作中各机构大多选择名义 FCI 为编制对象的现象,对名义 FCI 和实际 FCI 的变动趋势进行比较;第八章对全文的理论和实证结果加以总结,并给出相关政策建议。

关键词:金融市场　金融状况指数　资产价格　评价指标　通货膨胀

**1378**

**中国商业银行经济资本管理研究** / 刘春志著 ; 周骏指导. -- 中南财经政法大学, 2009. -- 202 页

论文综合运用经济学、管理学、金融学等基本原理和研究范式,采取理论与实践相结合的分析方法,从金融功能观的视角,对经济资本管理的核心思想与内容及中国商业银行选择经济资本管理的必然性、实施路径进行了研究。全文共分八个部分。第一部分导论,介绍了选题背景和研究意义,对国内外相关研究进行综合论述,阐明了论文的研究思路与方法,并提出了创新和后续的研究;第二部分金融功能视角下的银行经济资本管理,从金融功能观的研究视角,阐述了经济资本管理技术出现的逻辑必然性;第三部分国际银行资本管理实践的历史演进,分析概述了国际银行业资本管理的历程,考察了经济资本管理方式的实践,概括了国际银行业成功的资本管理经验,提炼了这些实践对中国商业银行实施经济资本管理的启示;第四部分商业银行经济资本的计量分析论述了经济资本的计量方式;第五部分商业银行经济资本的配置管理主要剖析了经济资本的配置管理;第六部分经济资本配置在银行风险控制中的应用,解析了经济资本配置在银行风险控制管理中的应用;第七部分中国商业银行实施经济资本管理的路径选择提出了我国构建经济资本管理体系的路径选择;第八部分结论,归纳了论文的主要观点,指出了后续研究的若干问题。

关键词:商业银行　资本管理　风险管理

**1379**

**经济援助与经济增长关系研究:兼论我国扶贫投入对缓解贫困的贡献** / 刘岱著 ; 庄毓敏指导. -- 中国人民大学, 2009. -- 153 页

论文对经济援助与经济的增长关系进行了深入的研究,并论述了我国扶贫投入对缓解贫困的贡献。全文共分为八章。第一章导论,主要阐述了论文选题的背景与意义,相关文献综述与评价,论文研究的思路和方法,介绍了论文研究的数据来源与内容安排,总结归纳了论文研究的创新与不足。第二章对经济援助与经济增长进行了历史回顾,主要概述了经济援助,分析国际经济援助的历史和美国经济援助的历史,研究了经济援助与经济增长的关系。第三章是对基于基础的世代交替模型的研究,主要包括章节引言、基本的世代交替模型、基本的世代交替模型的扩展:经济援助有效性的考察、结论四方面的内容。第四章是就业代际利他视角对经济援助与经济增长的研究,主要包括章节引言、有代际利他动机的世代交替模型、代际利他世代交替模型的扩展及结论四方面的内容。第五章介绍了在经济援助与经济增长研究中,对门槛值效果的计量检验证,主要阐述了计量检验的方法,分析了数据及变量的选择,阐述了估计的结果,并对研究进行了总结,分析研究了最后的结论。第六章介绍了我国的贫困问题与扶贫战略,主要描述了中国贫困的现状和特征,对中国贫困的原因进行了分析与探究,阐述了中国政府的扶贫战略。第七章是对我国扶贫投入效果的实证研究与分析,主要介绍了研究的一个简单的理论模型,分析了影响门槛值的因素,论述了研究中的多元回归分析与门槛值回归分析,最后归纳了研究得出的结论。第八章为论文的结论与政策建议。

关键词:经济援助　经济增长　经济合作　贫困　扶贫

**1380**

**行为金融学视角下的对冲基金投资模式研究** / 刘东民著 ; 何德旭指导. -- 中国社会科学院, 2009. -- 164 页

全文共分为八章。第一章导论,提出了论文研究的问题,论文的研究思路和研究内容,论文研究的主要创新点和不足之处。第二章介绍了论文的理论基础,对相关的概念进行了界定,研究了论文相关的文献综述,主要包括与对冲基金投资模式相关的行为金融学理论、与对冲基金投资相关的金融指标,以及对冲基金的概念界定。第三章研究了对冲基金的发展现状及其"金融异象",主要阐述了对冲基金在全球高速的发展状况,分析了良好收益表现出的"金融异象"。第四章研究了行为金融学视角下的对冲基金投资理论,主要阐述了非有效市场的必然选择,分析了以理性的风险管理战胜非理性的市场。第五章为行

为金融学视角下的对冲基金投资策略的研究,主要介绍了利用"反应过度"获利的方向性策略,阐述了利用"反应不足"获利的事件驱动策略,研究了克服"分散化不足"的典范。第六章研究了行为金融学视角下的对冲基金投资的技术,主要阐述了技术分析的基本特征及其行为金融学理念,论述了趋势跟踪的特点及其绩效表现,从理论基础、投资原则、操作手法及风险管理四点分析了"行为范式"指导下的趋势跟踪投资方法。第七章研究了行为金融学视角下的中国对冲基金的发展状况,主要阐述了中国金融市场的"行为方式",阐述了对冲基金对中国金融市场"行为范式"的潜在价值,论述了"行为范式"下中国对冲基金的市场风险及其监管。第八章为全文的总结。

关键词:对冲基金　投资　证券市场　风险管理

**1381**

**全球化下金融危机传导机制的研究** / 刘冬凌著;蔡浩仪指导. -- 对外经济贸易大学, 2009. -- 171 页

论文对全球化金融危机传导机制进行了研究。全文共分为七章。第一章绪论,主要介绍了论文研究的背景和目标,理论和现实意义,研究思路和技术路线,研究方法,主要内容和逻辑结构,主要创新点以及不足之处。第二章金融危机及危机传导的概述,主要对金融危机传导的概念进行了界定,分析了金融危机的类型以及金融危机的模型化认识。第三章现代金融危机的国际传导理论,分析了金融及全球化的季风效应,研究了自我实现的多重均衡的净污染效应,论述了羊群效应。第四章研究了全球化下金融危机传导的新特点,主要介绍了会计准则和信用评级的制度,分析了金融危机在发达国家传导和新兴市场传导的比较研究,论述了放松金融监管引起的衍生品监管缺失的问题,建立了有效的场外产品中央清算机制。第五章对金融危机传导进行了实证研究与分析,主要分析了亚洲金融危机爆发的原因,研究了亚洲金融危机传导的效应,提出了亚洲金融危机的救助措施。同时还研究了次贷危机爆发的原因,分析了次贷危机国际传导和影响因素。最后对研究问题进行了实证分析与模型检验。第六章次贷危机对中国的传导与影响,主要分析了次贷危机对中国的传导路径,研究了次贷危机对中国经济的影响。第七章研究了金融危机国际传导的制约方向,主要阐述了国际货币体系的改革,讨论了如何在中国建立金融危机的早期预警体系,提出了金融危机应对的策略。

关键词:金融危机　债券　贷款

**1382**

**中国商业银行效率:基于动态视角的理论与经验研究** / 刘芬著;赫国胜指导. -- 辽宁大学, 2009. -- 146 页

论文基于动态视角的理论与经验研究,对中国商业银行效率进行了分析与研究。全文共分为四章。绪论介绍了论文的研究问题,国内外相关的文献研究综述,论文的研究内容和研究方法及技术路线,论文研究的主要创新点。第一章介绍了商业银行动态效率测度的理论和方法,阐述了关于效率与商业银行效率的相关理论,介绍了商业银行效率的测度方法,界定了效率测度模型中的投入与产出变量。构建了中国商业银行动态效率的测度模型。第二章是对中国商业银行动态效率的实证研究与分析,主要阐述了样本的选取与数据的来源,分析了投入与产出变量的界定,给出了静态效率与动态效率的实证评价结果及分析。第三章介绍了中国商业银行动态效率的影响因素的设定与测算,主要介绍了宏观影响因素和行业影响因素以及商业银行自身微观因素的设定,阐述了回归模型的变量描述和数据选择以及回归模型的设定和说明及分析。第四章提出了提升中国商业银行效率的对策建议,主要为深化商业银行治理结构改革,健全激励约束机制;在保证适度集中的前提下,促进商业银行业间市场结构的多元化,规模扩张应与技术创新和人才素质提升同步推进 充分发挥战略投资者的积极作用,处理好引进与吸收的关系;完善商业银行的内控机制,提高资产质量和抗风险能力;允许适度混业经营,不断扩展盈利的空间。

关键词:商业银行　效率　数据包络分析

**1383**

**中国权证市场,标的股票市场和价格发现** / 刘昊著;林清泉指导. -- 中国人民大学, 2009. -- 114 页

论文对中国权证市场、标的股票市场和价格发现三者之间的关系进行了分析与研究。全文共分为七章。第一章导论主要介绍了选题意义,相关的文献综述,研究思路和结构安排,研究创新点和需要进一步研究的问题。第二章是对权证和权证市场的概述,主要概述了权证的定义、特征、权证价值的确定以及权证和期权的区别,分析了海外权证市场的发展和现状及我国权证市场的现状和不足。第三章分析了中国权证市场与标的股票市场的微观结构,主要介绍了研

究的模型,对实证进行了检验和分析。第四章是对权证与标的股票市场领先滞后的研究,主要对隐含的股票价格进行了计算,分析了权证和标的股票收盘价格发现的领先和滞后以及权证和标的股票日内价格发现的领先滞后。第五章分析了权证市场和标的股票市场之间的信息共享,主要介绍了信息共享的研究方法,论述了中国权证市场的信息共享率,进行了中国权证市场信息共享率的截面分析。第六章研究了季报、标的股票价格调整和权证市场,主要包括引言、季报公布日股票收益率波动和权证市场、季报公布前后股票累积收益率变化和权证市场三方面的内容。第七章为全文的结论和对策建议。

关键词:证券市场　期权交易　股票价格　定价

1384

**我国上市商业银行市场风险控制的理论研究** / 刘江涛著;戴金平,蒋殿春,盛斌指导. -- 南开大学, 2009. -- 172 页

全文共分为八章。第一章导论,主要介绍了论文的研究背景和研究目标,论文的研究方法和实施方案,论文的学术构思,论文的主要创新点和有待于进一步深入探讨的问题。第二章阐述了商业银行市场风险的内涵,论述了风险的含义,对风险进行了分类,阐述了商业银行风险管理的理论,介绍了市场风险的内涵,研究了市场风险管理的目标和流程,总结了市场风险管理所面临的挑战。第三章研究了商业银行市场风险的识别与计量,主要介绍了商业银行市场风险的识别,论述了市场风险计量的方式与手段,阐述了巴塞尔资本协议对市场风险计量的规定,论述了我国监管当局对市场风险计量的规定。第四章研究了我国上市商业银行市场风险的测度,主要论述了我国上市商业银行市场风险特征度量和我国商业银行市场波动性特征度量。第五章分析了商业银行市场风险控制的策略,主要阐述了商业银行市场风险控制策略的原则,论述了商业银行市场风险控制策略的运用。第六章实证分析了我国上市商业银行市场风险控制策略,主要分析了我国上市商业银行市场风险控制的环境,对我国上市商业银行市场风险控制策略进行了比较分析,探究了我国上市商业银行市场风险控制策略运用中的问题。第七章研究了我国上市商业银行市场风险控制水平与绩效管理工具的运用,主要论述了我国上市商业银行市场风险控制水平与绩效管理工具的运用,介绍了我国上市商业银行市场风险控制水平与经营绩效的二维特征,研究了我国上市商业银行风险控制水平与经营绩效的聚类特征。第八章为全文的总结。

关键词:商业银行　上市公司　经营管理　金融市场　风险控制

1385

**再保险创新及其监管研究** / 刘宽亮著;江生忠指导. -- 南开大学, 2009. -- 167 页

论文采用规范分析与实证分析相结合,理论分析与实践分析相结合的方法,研究再保险创新及其监管的一系列问题。全文共分为八章。第一章为导论,分别介绍研究背景与意义、国内外文献回顾、研究框架(思路、方法、内容)、研究创新与不足。第二章论述再保险及再保险创新的基本理论。论文首先阐述再保险的基本概念及经济学分析。其次分析传统再保险的构成、意义及定位。最后分析再保险创新的界定、意义及定位。第三章着重研究再保险创新概况。论文首先介绍再保险创新的经济学基础及风险管理基础。其次分析再保险创新的外部环境。然后探讨再保险创新的内部与外部动力。最后阐明国内外再保险市场创新的发展现状、特征、存在问题及启示。第四章研究财务再保险概况。论文首先阐明财务再保险的概念、特性、与传统再保险的区别及利弊分析。其次介绍财务再保险的种类。最后分析财务再保险的国内外发展实践。第五章研究保险风险证券化概况。论文首先阐明保险风险证券化的概念、发展历程及利弊比较。其次介绍保险风险证券化的表现形式。然后分析保险风险证券化的运作模式。最后分析保险风险证券化在我国的发展并提出政策建议。第六章研究再保险创新的监管分析,分别探讨再保险监管、再保险创新的风险分析、再保险创新监管的经济学分析、再保险创新与再保险监管的博弈关系、再保险创新监管的运行机制。第七章研究创新型再保险的监管内容包括财务再保险的监管及保险证券化的监管。第八章为结论,对再保险创新及其监管研究做了总结。

关键词:再保险　产品创新　风险管理　市场监管

1386

**基于委托代理的投资行为和资产定价模型** / 刘亮著;宋逢明指导. -- 清华大学, 2009. -- 115 页

论文将委托代理问题融入标准的资产定价模型,

运用理论建模和数值分析方法,研究投资者的投资行为、基金经理投资行为,以及市场均衡时的资产价格特征。论文的研究开始于投资者和证券投资基金经理之间的委托代理问题对投资者投资方式选择的影响,研究发现当投资者和基金经理之间存在不同的先验概率时,投资者进入资本市场的方式选择受到投资者事前乐观概率、市场中信息的多样化程度,投资者的市场参与成本,股票的预期收益和风险,基金市场完善程度以及基金费率的影响,其中投资者事前的乐观概率、市场中信息的多样化程度和股票风险的增大将增强投资者直接持有有价证券的偏好,而基金市场完善程度的提高和相关费率的降低会吸引更多的投资者投资于证券投资基金。其次,将资本市场的直接投资者分为个人投资者和基金经理两类,给定证券投资基金在证券市场所占份额和基金经理的报酬合同,通过离散的动态模型以及基于资本资产定价模型框架的静态模型,分析投资者和基金经理之间的委托代理问题对个人投资者和基金经理的投资策略以及市场均衡定价影响。最后,论文运用另一类在学术研究中同样被称作基于委托代理的资产定价模型研究了可转换债券的定价,即在资产定价的随机折现因子中加入公司股东和公司管理者之间的委托代理因素,由于传统的标准资产定价模型忽略委托代理因素对资产价格的影响,高估了可转换债券投资者对的转股倾向,造成可转换债券的"理论价格"高估,因此使得可转债的市场价格相对于"理论价格"出现低估,并且低估程度随可转债转换价值的增大为先增后减,与实证研究的结论相符合。

关键词:证券投资　委托代理　定价模型　证券市场

1387

**上市公司大股东激励问题研究** / 刘茂平著 ; 刘少波指导. -- 暨南大学, 2009. -- 129 页

论文采取理论与实践相结合的研究方法,通过构建博弈模型的方式对上市公司大股东激励问题进行研究。全文共分七章。第一章导论,提出了论文的研究问题,阐述了大股东激励问题研究的意义,指明了论文的研究思路、分析框架、研究方法和创新之处;第二章阐述了委托代理激励理论及激励客体的演变,先对传统的委托代理激励理论进行论述,然后分析了大股东的代理问题;第三章介绍了大股东控权的理论基础和社会基础,表明大股东在公司治理中的积极作用,分析了大股东控制权收益的性质,说明了大股东控制与小股东的利益冲突,并对大股东激励命题进行了评价;第四章构建了上市公司大股东激励研究的框架,界定了大股东激励概念的内涵,构建了大股东监督和小股东"搭便车"的博弈模型,论述了上市公司大股东激励的物质载体——控制权收益,并总结了大股东激励的特征;第五章对控制权转移和控制权市场的发展进行了国际比较,阐述了大股东激励与中国公司控制权市场的发展,采取中国上市公司大股东股票期权激励为案例,对上市公司大股东激励现状进行了进一步的分析;第六章对上市公司大股东激励进行了实证研究,先对上市公司控制权转移价值进行计量,然后对控制权转移的绩效——财务指标进行选取,并对控制权转移的市场反应进行论述,最后总结了大股东激励和中小股东利益侵害之间的关系;第七章全文的总结、政策建议及尚待研究的问题。

关键词:上市公司　股东　控制权　激励

1388

**国家助学贷款信用风险控制研究** / 刘敏著 ; 吴晶妹指导. -- 中国人民大学, 2009. -- 103 页

全文共分为六章。第一章导论,主要阐述了论文研究的选题背景,选题的理论和实践意义,论文研究的概况和主流理论,论文研究的框架和内容。总结归纳论文的研究方法和理论创新点。第二章我国国家助学贷款的现状与问题及国际比较,主要论述了我国国家助学贷款的业务程序,分析了我国国家助学贷款发放的特点,阐述了我国国家助学贷款存在的问题,总结了美日韩三国助学贷款的经验。第三章国家助学贷款的总体认识和构想,主要阐述了国家助学贷款的特定性质,论述了我国国家助学贷款制度的基本要求和特征,分析了国家助学贷款的主体利益。第四章研究了国家助学贷款的政府主体地位,阐述了现有国家助学贷款制度及国家助学贷款制度的重构,分析了政府出资的方式,研究了加强政府对助学贷款的支持力度。第五章研究了国家助学贷款:国家、银行、高校关系的重塑。主要分析了国家—银行—高校三者关系的模型,提出了重塑三者关系的建议。包括业务程序的改进与设想;形成双约束机制,改善社会信用环境;创建灵活多样的回收方式,适当延长期限;建立专门的追债部门,提高贷款人违约的成本;依托个人信用体系,强化信息更新;利用市场机制,实现风险控制;推进助学贷款产品的创新。第六章介绍了国家助学贷款对

贷款者的重新认识与信用风险的控制,主要分析了贷款者的现状,阐述了针对贷款者的管理构想。

关键词:高等教育　贷款　信用　风险管理

1389

**年金保险的供求困境与账户年金化:兼论我国商业年金保险发展** / 刘万著 ; 庹国柱指导. -- 首都经济贸易大学, 2009. -- 298 页

论文对年金保险的供求困境与账户年金化进行了研究与分析,并论述了我国商业年金保险的发展。全文共分为十章。第一章为引言,主要阐述了论文研究的理论和现实背景,研究性质和理论基础,介绍了论文的研究方法论和基本理论假设,总结归纳了论文研究的思路和主要论点以及主要理论创新点。第二章介绍了长寿风险与年金保险,主要介绍了年金保险计划的保障对象和一般的含义,分析了长寿风险的形成和管理,回顾了年金保险的发展历史。第三章介绍了年金保险的保障价值,主要分析了年金保险的"死亡率红利",介绍了年金保险消费效用的最大化原理。第四章分析了年金保险的属性,主要介绍了年金保险的一般属性和具体的特征。第五章分析了年金保险市场发展的困境及其成因,主要分析了年金保险市场的困境表现,研究了年金保险市场的逆向选择和需求困境及供给困境。第六章总结了养老金账户年金化的政策经验,主要比较了养老金个人账户给付的形式,介绍了养老金年金化给付政策的国际比较,研究了年金化政策的强制性问题。第七章基于账户年金化政策的比较,分析了国际年金保险市场的发展形态,阐述了年金化政策对年金保险市场发展有影响的典型国家和年金保险市场没有受到年金化政策影响的典型国家,以及采用年金化政策但年金保险市场发展规模还不大的典型国家的影响。第八章介绍了我国商业年金保险发展的基本状况,回顾了我国年金保险市场发展的历程,分析了我国年金保险产品的给付特点,分析了我国年金保险的内部收益率,介绍了我国商业年金保险发展面临的背景。第九章介绍了我国个人年金发展的不确定性。第十章对我国基金制账户年金化政策进行了探讨。

关键词:养老保险　保险市场　基金

1390

**基于利益集团视角的中国金融发展研究** / 刘霞著 ; 江春指导. -- 武汉大学, 2009. -- 174 页

全文共分为五章。导论主要介绍了论文的选题意义,国内外的研究概况,论文研究的结构安排、主要内容和观点,论文研究的假设前提及研究方法,论文研究的主要创新点和不足之处。第一章利益集体理论与金融发展理论综述,阐述了利益集体的政治学研究和利益集体的经济学分析框架,研究了金融发展理论评述和金融发展中的利益集体理论,分析了金融发展与收入分配改善的理论和证据。第二章概述了中国金融发展及利益集体的情况,主要阐述了中国金融发展的特征及其主要的指标度量,论述了利益集体的形成及其影响,阐述了中国金融发展的主要利益集体。第三章研究了利益集体与中国金融制度的变迁,主要阐述了中共政府在金融制度变迁中的作用,分析了地方政府与中国金融制度的变迁,论述了银行、企业等利益集体与中国金融制度的变迁过程。最后对利益集团与中国金融发展的效率进行了实证研究。第四章研究了利益集体、金融基础制度与金融发展,阐述了利益集体、公有产权与金融发展的关系,论述了法律制度与金融发展,研究了利益集体、监管制度与金融发展的关系,对利益集体、制度安排与金融发展进行了实证研究。第五章基于利益集体的视角,分析了金融发展与社会公平,阐述了金融发展与社会公平的互动关系,研究了金融发展的利益集体与收入分配,中国金融利益集体对金融发展及社会公平的影响,最后对中国金融发展与社会公平进行了实证研究。

关键词:金融业　产业发展　利益集团　经济增长　收入分配

1391

**中国 A 股上市公司股权再融资的价值创造评价研究** / 刘烨著 ; 张金清指导. -- 复旦大学, 2009. -- 112 页

论文对中国 A 股市场公司股权再融资的价值创造评价进行了研究。全文共分为八章。第一章为绪论,主要提出了论文研究的背景和问题,选题的意义,对相关的概念进行了界定,阐述了论文相关的文献综述,总结归纳了论文研究的创新和不足,介绍了论文研究的思路和方法、论文的结构安排。第二章介绍了股权再融资价值创造的评价模型的建立,介绍了股权再融资价值创造函数,从监管者角度,对股权再融资价值创造函数的建立依据进行了分析,阐述了股权再融资价值创造的衡量指标,介绍了基于价值创造函数的股权再融资价值创造评价的方法。第三章是对基于价值创造函数对股权再融资价值创造影响因素的

理论分析，主要对基于价值创造函数对股权再融资价值创造影响因素进行了划分，分析了逆旋转问题和委托代理问题，以及其他因素对股权再融资价值创造的影响。第四章研究了股权再融资价值创造函数中参数的估计和检验，主要论述了股权再融资价值创造函数中参数的估算模型建立，分析了参数估算模型的GMM估计和检验步骤。第五章研究了基于价值创造函数对A股上市公司股权再融资价值创造的评价分析，主要包括样本选择和数据来源、变量的定义、股权再融资价值创造函数中参数的估算结果、A股上市公司股权再融资价值创造的估算结果及结果评价，分析了其影响因素。第六章是对基于价值创造函数对香港上市公司股权再融资价值创造的评价分析。第七章是对A股上市公司和香港上市公司股权再融资价值创造的比较分析。第八章总结了全文的主要结论、政策建议和研究展望。

关键词：上市公司　企业融资　股权　经济绩效

**1392**

**中国合格境外机构投资者制度研究** / 刘漪著 ；王松奇指导. -- 中国社会科学院, 2009. -- 181 页

论文对中国合格境外机构投资者的制度进行了研究与分析。全文共分为六章。导论主要介绍了论文的研究方向和选题的意义，相关的进展和研究，论文的研究内容和结构安排，研究特色和研究创新，论文有待于深入研究的问题。第一章 QFII 制度相关的理论基础和文献综述，阐述了 QFII 制度，简述了 QFII 制度的理论基础，论述了国内外文献研究综述。第二章 QFII 制度的国际经验，主要包括发展中国家资本市场开放的经验、印度 QFII 制度的介绍、韩国 QFII 制度的介绍。总结了海外 QFII 制度的实践效果及对中国的启示。第三章中国 QFII 制度综述，主要介绍了中国出台 QFII 制度的背景和论证、阐述了中国 QFII 制度的框架安排和监管思路，综述了中国 QFII 制度的发展情况。第四章 QFII 投资行为及绩效分析，阐述了 QFII 在 A 股市场的投资行为和绩效分析，论述了 QFII 对 A 股市场的影响分析。第五章 QFII 制度对中国证券市场开放和发展的影响分析与研究。主要研究了对中国资本项目可兑换进程的影响因素，分析了对境内金融中介机构的影响，论述了对 A 股上市公司治理和信息披露方面的影响，阐述了对金融监管的影响。第六章中国现行 QFII 制度存在的问题、对策建议以及发展的热点问题研究。论述了中国 QFII 制度存在的问题及对策研究，研究了扩大 QFII 投资中国债券市场的影响和 QFII 参与债券回购交易问题的研究以及 QFII 参与股指期货交易的研究。

关键词：金融机构　对外投资　证券投资　资本市场

**1393**

**家族最终控制人特征与企业绩效** / 刘英著 ；李善民指导. -- 中山大学, 2009. -- 154 页

论文对家族最终控制人特征与企业绩效进行了研究与分析。全文共分为八章。第一章为导论，介绍了论文的研究问题、研究思路、研究框架、研究方法、研究内容以及主要创新点。第二章是对理论基础和文献的回顾与分析。介绍了基本的概念，阐述了理论基础，回顾了相关的文献，最后对文献进行了总结。第三章是对家族最终控制人特征现状的分析，主要阐述了家族最终控制人与家族企业，分析了家族最终控制人教育背景、工作经验、社会关系以及特征。第四章研究了家族最终控制人教育背景与企业绩效的关系，主要包括引言、理论分析及假设提出、教育背景对企业绩效影响的研究设计以及家族最终控制人教育背景对绩效的影响。第五章研究了家族最终控制人工作经验与企业绩效的关系，主要阐述了理论分析，提出了研究的假设，阐述了工作经验对企业绩效影响的研究设计，分析了家族最终控制人工作经验对绩效的影响，最后章节进行了小结。第六研究了家族最终控制人社会关系与企业绩效的关系，主要阐述了社会关系对企业绩效影响的研究设计，分析了家族最终控制人的社会关系对绩效的影响。第七章分析了家族最终控制人其他特征与企业绩效的关系，主要分析了家族最终控制人其他特征对绩效的影响，分析了家族最终控制人各特征对绩效的影响。第八章为全文的总结。

关键词：私营企业　家族　企业家　企业绩效

**1394**

**国家经济伦理与银行改革** / 刘勇著 ；张合金指导. -- 西南财经大学, 2009. -- 150 页

全文共分为六章。第一章导论，主要阐述了论文研究的背景和研究意义，相关核心概念的界定，评述了经济伦理及金融伦理研究成果，总结归纳了论文研究的重点、研究方法以及结构体系。第二章介绍了中国国家经济伦理，主要阐述了政治与经济的关系，提出了中国国家经济伦理的核心就是共同富裕。第三章研

究了国家经济伦理与国有大型商业银行的改革,主要分析了国有商业银行的改革历程,阐述了经济转型期国有银行改革中国家伦理的取向,研究了国家经济伦理与国有银行股改上市,介绍了股改完成后国有银行经营中的国家经济伦理展望。第四章分析了国家经济伦理与农村银行机构的改革,主要梳理了我国农村经济的改革进程,回顾了改革开放以来我国农村银行机构改革的历程,介绍了农村银行机构改革中的国家经济伦理的取向,介绍了新时期的农村银行机构改革与国家经济伦理,介绍了新时期国家推进农村银行机构改革的背景和新时期国家经济伦理的具体体现。第五章分析了国家经济伦理与中小银行改革,主要回顾了中小银行的定义和发展情况,分析了国家经济伦理与中小银行改革的关系。第六章为论文的总结。

关键词:银行业　体制改革　经济伦理学

**1395**

**基于商业银行资本约束下的货币政策传导研究** / 刘勇著 ; 周爱民指导. -- 南开大学, 2009. -- 134 页

全文共分为七章。第一章为论文的导论,主要论述了论文的选题背景和研究意义,相关对象和概念的界定,总结了论文研究的主要方法,主要思路和观点。第二章介绍了货币政策传导机制理论的文献回顾与综述,主要包括传统货币政策传导机制理论、资本约束对银行行为和货币政策影响的文献回顾、基于"银行资本渠道"的货币政策传导理论以及我国货币政策传导机制的现状和实践。第三章研究了商业银行资本管理、资本监管和资本约束的理论,主要分析了商业银行资本的界定、构成和功能,分析了商业银行资本约束与管理理论的进展和评述,阐述了国内外银行资本管理实践的历史变迁,描述了商业银行资本管理的标准。第四章研究了银行资本监管对货币政策信贷传导渠道的影响,主要包括相关理论回顾及基本理论模型的构建、资本约束监管与货币政策传导的信贷渠道实证检验以及实证分析过程与结果。第五章研究了货币政策的"银行资本渠道",建立了"银行资本渠道"的模型,对"银行资本渠道"进行了实证研究,最后对实证研究结果及主要的结论进行了探析。第六章分析了我国资本监管与货币政策的非对称性,主要论述了我国货币政策非对称性现状及资本约束对其影响分析,对资本约束强化货币政策非对称性进行了实证检验,分析了实证检验结果。第七章为全文的研究结论和建议,主要包括论文研究的基本结论、资本充足率与货币政策传导关系的政策含义以及政策建议和进一步的研究方向。

关键词:货币政策　商业银行　银行监管　资本经营　信贷

**1396**

**保荐制下的投资银行声誉有效性研究** / 刘志军著 ; 赵增耀指导. -- 苏州大学, 2009. -- 164 页

论文以声誉理论为基础,借助于金融中介理论、投资银行声誉模型、信息经济学和博弈论,分析了投资银行的声誉效应及其形成机制,强调了制度因素在投资银行声誉形成中的重要作用。全文共分六章。第一章导论,介绍了选题背景和意义,对国内外投资银行声誉的相关文献进行综述,阐述了研究目的、思路与方法,揭示了研究内容,指出了创新与不足;第二章介绍了一般的声誉理论,先对声誉及其相关概念进行了界定,然后对标准的声誉理论——KMRW 声誉模型进行分析,指出了声誉机制的基本功能与形成条件;第三章阐述了股票发行中的信息不对称及其效应,构建了投资银行声誉效应的理论模型;第四章分析了证券发行制度由行政审批制、核准通道制到核准保荐制的演变过程,证明了证券发行制度是投资银行声誉机制形成的保证。"荐而又保"的制度规定和连带担保责任追究机制的建立,大大强化了作为保荐人的投资银行的责任,为投资银行声誉激励机制提供了基础保证,并对保荐制度的经济效应进行了分析;第五章利用我国股票发行市场的数据资料对保荐制度下我国投资银行声誉的有效性进行了实证检验;第六章结论与建议,提出进一步强化投资银行声誉效应,提高股票市场运行效率的相关措施。

关键词:投资银行　保荐制　银行监管　监管机制

**1397**

**我国国有控股上市公司股权激励效用研究** / 刘中文著 ; 刘传哲指导. -- 中国矿业大学, 2009. -- 262 页

论文在委托—代理理论、人力资本理论、公司治理理论等指导下,运用规范研究与实证研究相结合、定性和定量相结合、模糊数学等研究方法,对国有控股上市公司股权激励效用、股权激励风险、股权激励模式等问题进行了研究。全文共分七章。第一章绪论,说明了论文的选题背景、研究意义,对相关文献进行了综合论述,指明了论文的研究内容和研究方法;第二章对股权激励的相关理论进行了阐述,并对有关

概念进行了界定;第三章对国内上市公司股权激励现状、国内上市公司股权激励效用现状、方式以及国外股权激励的发展状况进行了分析;第四章在股权激励效用测度标准分析的基础上,以公司绩效作为考察股权激励效用的测度指标,建立了公司绩效评价指标,构建了股权激励与公司绩效关系模型,采用熵值分析、回归分析、区间效应分析等方法进行了股权激励与公司绩效的实证分析;第五章运用风险管理的知识和方法对股权激励的风险进行了识别,通过用模糊函数的方法对风险发生概率和风险发生损失进行了评估,提出了规避风险的对策建议,并在此基础上建立了内部风险影响因素模型;第六章在对股权激励模式影响因素分析的基础上,构建了合理的国有控股上市公司股权激励模式;第七章提出了论文的结论并对未来进行了展望。

关键词:国有控股公司　上市公司　企业管理　股权　风险管理

**1398**

**台湾退休基金资产配置与多因子模型的应用研究** / 刘宗圣著 ; 李曜指导. -- 上海财经大学, 2009. -- 123 页

论文对台湾退休基金资产配置与多因子模型的应用进行了研究。全文共分为六章。第一章为绪论,主要介绍了论文的研究背景,研究目的和研究意义,研究方法和研究内容,主要研究创新点。第二章是相关的文献综述,主要探讨了资产配置的文献综述,分析了退休基金资产配置的相关文献,最后对研究文献进行了总结。第三章阐述了台湾退休基金的投资政策和现状以及存在的问题,主要分析了台湾退休基金制度的发展现状和趋势,论述了台湾劳工保险基金法规架构及资产配置的现状。分析了劳保基金现行资产配置所面临的问题。第四章研究了多因子模型在机构投资组合中的应用,主要介绍了多因子模型,从总经因子、基本面因子、台湾多因子模型以及模型实务应用四点阐述了多因子模型在组合投资中的应用状况。通过研究多因子模型架构与研究流程,分析了多因子选股模型和风险多因子模型,对多因子模型运用与资产配置当中进行了实证研究与分析,介绍了结合多因子选股模型与风险多因子模型实质损益衡量的方式。研究了台湾退休基金适合采用多因子模型的原因,论述了台湾退休基金适合多因子模型的原因,分析了台湾多因子采用多因子模型的实证结果,探究了多因子模型的适用范围和限制。第五章对多因子模型在台湾退休基金资产配置进行了实证分析,主要阐述了模型的架构和研究方法,论述了实证研究的结果和分析,对退休基金资产配置的实务进行了说明。第六章为全文的结论和政策建议的总结。

关键词:退休金　养老保险基金　投资　资产配置　台湾

**1399**

**中国金融发展对农民收入增长影响的理论与实证研究** / 卢立香著 ; 胡金焱指导. -- 山东大学, 2009. -- 134 页

论文对中国金融发展对农民收入增长的影响进行了理论与实证研究。全文共分为六章。第一章为导论,主要提出了论文的研究问题,阐述了论文的研究思路和框架,分析了论文的研究意义和方法,总结归纳了论文研究的创新点和不足之处。第二章为文献综述,主要论述了金融发展理论和农民收入增长研究,对金融发展与农民收入关系的研究进行评述。第三章是对中国金融发展影响农民收入增长进行了理论分析,主要阐述了影响中国农民收入增长的金融制度分析和金融结构分析,论述了中国农村融资困境的理论解释,对中国农民收入增长的直接影响因素、农村金融发展对农民家庭经营纯收入增长的影响渠道以及城镇金融发展对农民工资性收入增长的影响渠道进行了分析与研究。阐述了中国农民收入的变迁过程,阐述了中国农民收入的变迁过程及现状,论述了中国农民收入结构的变迁过程。第五章是对中国金融发展对农民收入增长影响过程进行了实证分析,主要实证分析了中国农民收入增长直接影响因素,从回归模型的建立及指标的选取以及实证检验结果及相关分析,实证研究了中国金融发展对农民收入增长的影响渠道。分析了中国金融发展对农民收入增长的影响。第六章为全文的总结。

关键词:城乡金融　经济发展　农民收入　收入增长

**1400**

**中国金融资源地区分布差异性研究** / 卢颖著 ; 白钦先指导. -- 辽宁大学, 2009. -- 196 页

论文对中国金融资源地区分布差异性进行了研究。全文共分为七章。绪论主要阐述了研究的背景、目的和意义,论文研究的内容和研究方法,论文研究

的技术路线和主要的创新点以及不足之处。第一章介绍了金融资源论与区域金融理论相关研究文献,主要阐述了金融资源理论渊源和内涵,对金融资源理论进行了增广和前瞻,分析了区域金融资源理论的国内外研究。第二章研究了地区经济增长与金融资源地区分布的差异,论述了金融资源地区分布差异的内涵,研究了地区经济增长与金融资源地区分布差异的相互作用,分析了地区经济增长与核心金融资源地区分布差异的关系,阐述了影响地区经济增长不平和的其他金融要素。第三章研究了中国金融资源地区分布的度量和差异特征,分析了东中西部地区核心金融资源分行业、省级地区核心金融资源分行业以及实体性金融资源的地区分布的度量与差异特征。第四章研究了中国金融资源地理分布差异的演变,主要阐述了核心性金融资源地区间的流动与分解,实证分析了核心性和实体性金融资源地区分布差异的演变,阐述了金融资源地区流动的壁垒和约束。第五章是对中国金融资源地区分布差异的解释,主要理论分析了金融资源地区分布差异的影响因素及其作用,分析了金融资源地区分布差异的深层原因,阐述了金融资源地区分布差异与地区初始条件的差异。第六章研究了中国金融资源地区分布差异的平衡、协调与调控,主要阐述了地区间的平衡增长,非平衡增长与适度的差异,研究了中国金融资源地区分布调控的范式选择,提出了中国金融资源地区分布调控的政策建议。全文的研究对分析中国金融资源地区分布差异性具有重要的意义。

关键词:金融　资源分布　地区分布　区域差异

1401

**公司治理与中小股东权益保护研究** / 芦峰著 ; 刘少波指导. -- 暨南大学, 2009. -- 160 页

论文分别在单独采用公司内部与外部治理机制与公司内、外部治理机制相结合两种情况下,论证了公司内、外部治理机制相结合有助于改善中小股东权益保护。全文共分六章。第一章导论,说明了论文的研究缘起、研究意义,并对若干概念进行了界定,指明了论文的写作思路与写作框架、研究方法,创新与不足之处;第二章文献综述,对中小公东权益受损进行了理论解释,对国内外关于中小股东权益保护的研究进行了文献综述;第三章分别从公司内部治理、外部治理的角度分析我国证券市场中小股东权益保护的现状,探究控制权收益的结构与实质,阐释大股东获取控制权私人收益的途径,通过利用效用函数模型论证大股东掠夺的作用机理;第四章探析了证券欺诈、非法占用公司资金、非公允关联交易及不合理的股利分配等大股东侵害中小股东权益的主要途径;第五章从公司内部治理、外部治理以及二者结合三个层面,论证我国上市公司内部治理存在的缺陷,外部治理的缺失,在中小股东权益保护的不同阶段,缺乏公司内、外部治理紧密结合;第六章结论与政策建议。

关键词:证券市场　股东　公司治理　权益保护

1402

**中国银行业的市场分割和竞争结构:基于比较优势的视角** / 鲁丹著 ; 黄宪指导. -- 武汉大学, 2009. -- 125 页

论文基于比较优势的视角,对中国银行业的市场分割和竞争结构进行了研究。全文共分为九章。第一章导论,主要介绍了研究问题,对论文研究的概念和研究范围进行了解释和说明,阐述了论文的研究角度和研究方法,论文的写作框架,研究的创新和不足。第二章关于银行比较优势、市场分给和竞争结构的文献综述,主要介绍了了现代金融中介理论对银行功能的解释,分析了 SCP 框架下的银行竞争研究,阐述了市场功能划分下的银行竞争。第三章研究了国内银行业的市场分割和竞争,主要修正了 Boot & Thakor 市场分割竞争模型假设,论述了信贷市场的相对分割,研究了竞争对同市场的影响。第四章介绍了国内银行业的相对市场分割检验,主要包括检验设计、回归检验输出结果分析和结论。第五章研究了大银行市场的竞争影响,主要分析了大银行市场竞争的度量,阐述了大银行市场竞争的绩效影响,第六章是对中小银行市场的进行影响的研究,主要包括中小银行的市场分布和定位、中小银行市场竞争结构分析及中小银行市场垄断特征对绩效的解释。第七章研究了大银行市场与中小银行市场的竞争边界,分析了大银行市场竞争未使市场边界右移以及中小银行市场边界存在左移趋势的两个当期情况,研究了大银行市场竞争、外部市场、贷款技术进步的影响。第八章分析了开放条件下对银行市场分割假说的扩展。主要分析了外资银行对东道国银行市场结构的影响,分析了基于信息比较优势的博弈模型,阐述了上海地区中外银行竞争结构的现实验证,论述了外资银行对上海银行市场的竞争影响与竞争结构的变化。第九章为我国银行业市场结构的政策启示。

关键词:银行业　金融体系　商业银行　市场竞争

1403

**中国保险公司治理:基于功能视角的动态股权机制研究** / 陆渊著 ; 张洪涛指导. -- 中国人民大学, 2009. -- 204 页

论文通过基于功能视角的动态股权机制研究,对中国保险公司治理进行了研究。全文共分为七章。第一章为论文的导论,主要介绍了论文的研究背景和研究意义,对相关的概念进行了界定,阐述了论文的主要研究内容,总结了论文研究的假设和方法,归纳了论文研究的创新和局限。第二章中国保险公司治理的功能范式的分析,主要论述了公司治理理论综述,探究了功能范式研究原因,介绍了基于功能范式的中国保险公司治理研究框架。第三章中国保险公司治理的特殊性,主要阐述了产品视角下的保险特殊性,分析了信息视角下的保险特殊性,论述了法规视角下的保险特殊性,论述了基于制度视角与社会结构和文化视角,对中国保险公司治理的特殊性。第四章以动态股权治理的静态视角,对股权结构治理进行了理论分析,研究了美英保险公司股权结构研究和德日保险公司股权结构研究,对中国保险公司股权结构进行了实证分析与研究。第五章动态股权治理的制度视角:国有制改革,对国有制与治理进行了理论分析和研究,阐述了国企产权多元化改革的国际比较,对中国保险公司治理改革进行了实证研究。第六章动态股权治理的机制研究,主要对动态股权治理进行了理论分析,阐述了保险公司动态股权治理,研究了中国保险公司动态股权治理。第七章中国保险公司治理目标及优化的建议,主要阐述了保险企业目标与社会责任,提出了中国保险公司治理的优化措施,对未来研究的方向进行了展望。

关键词:保险公司　法人治理结构　股权结构　股权管理

1404

**中国寿险公司竞争力研究** / 鹿明亮著 ; 陈雨露指导. -- 中国人民大学, 2009. -- 160 页

全文共分为六章。第一章导论,主要介绍了论文的研究问题,分析框架,研究创新点和研究难点。第二章寿险业风险与寿险公司竞争力的研究综述,主要包括寿险业风险与研究、关于竞争与竞争力的相关理论、企业综合评价的相关理论、寿险公司竞争力综合评价的既有研究,阐述了国内对保险公司竞争力综合评价的观点以及风险与竞争力的研究。第三章我国寿险业的竞争环境与风险的状况,主要分析了我国保险行业发展的现状,论述了我国保险公司的现状和国际比较,阐述了我国寿险业的风险状况。第四章寿险公司竞争力的综合评价的方案设计,主要介绍了寿险公司竞争力评价设计的原则,阐述了寿险公司市场竞争力的要素及其影响因素,分析了寿险公司竞争力评价设计的指标体系,研究了寿险公司竞争力评价设计的计算方法。从公司管理状况的定性指标、公司风险控制与管理状况的定性指标以及寿险公司竞争力的综合合成,分析了定性指标与定量指标的资料收集与评价指标的综合合成。第五章对寿险公司竞争力的综合评价进行了实证分析与研究。主要阐述了生存能力指标、发展能力指标、管理能力指标。第六章为全文的总结。

关键词:人寿保险　保险公司　市场竞争　竞争力　风险分析

1405

**基于投资者情绪的 IPO 首日收益研究** / 吕鹏博著 ; 胡坚指导. -- 北京大学, 2009. -- 136 页

全文共分为七章。第一章引言,主要提出了论文的研究问题,国内外相关的文献综述,论文的研究方法和思路,论文研究的框架结构,总结归纳了论文研究的主要创新点。第二章分析了 IPO 股票首日收益的现状,主要包括 IPO 股票首日收益的国际比较、我国 IPO 股票首日收益现状总体描述、我国 IPO 股票首日收益波动性描述、我国 IPO 股票首日收益现状分类描述。第三章对投资者情绪对 IPO 股票首日收益的影响进行了理论研究与分析。介绍了投资者认知与行为的偏差,分析了投资者情绪对 IPO 股票首日收益影响的理论模型。第四章介绍了投资者情绪初级指标的选取,主要研究了投资者情绪的直接测度的方法,从市场整体表现指标、新股交易量指标、散股卖出买入比率、封闭式基金折现率、共同基金净买入、消费者信心指数,以及其他投资者情绪代理变量,这七方面研究了投资者情绪的间接测度的方法。阐述了投资者情绪变量的选择标准,介绍了选取投资者情绪代理的变量。第五章研究了主成分分析法构建投资者情绪指标,主要论述了主成分分析的理论和分析步骤,对研究数据进行了说明,对研究结构进行了单位根检验,介绍了了主成分分析结果。第六章分析了投

资者情绪指标与IPO股票首日收益的影响,主要阐述了VAR模型估计的基本理论,对情绪变动与IPO股票首日收益进行了动态检验。第七章为结束语。

关键词:证券市场　首次公开发行　投资者　收益

**1406**

**现代金融安全网研究:以当前金融危机为视角** / 骆振心著 ; 杜亚斌指导. -- 南京大学, 2009. -- 114页

论文以当前金融危机为视角,对现代金融安全网进行了研究。全文共分为五章。第一章介绍了金融安全网相关的理论基础,主要阐述了市场失灵的理论、金融与实体经济的关系理论、金融脆弱性理论,以及金融安全网构成要素的相关理论。第二章阐述了金融安全网的构成、演变及国际比较,主要介绍了金融安全网的构成,分析了金融危机与金融安全网的交互演进,阐述了金融安全网的国际比较。第三章介绍了次贷危机后发达国家金融安全网的重大变化,主要阐述了次贷危机发展的过程,论述了传统金融安全网面临的挑战和问题,从金融安全网的内容进一步拓展、金融安全网的覆盖范围扩大、最后贷款人制度的新发展、政府注资成为核心救助措施,以及存款保险制度的变革及国际协调五方面介绍了金融安全网的新发展。第四章介绍了现代金融安全网作用的实证检验,主要介绍了论文所采用的计量方法,对存款保险制度作用进行了实证检验,从研究设计以及实证结果和分析阐述了最后贷款人制度作用的实证验证,最后介绍了政府注资作用的实证检验。第五章总结归纳了中国金融安全网的演变、问题和对策,主要阐述了中国金融系统的变迁、现状和问题,总结了中国金融安全网的变革及面临的问题,提出了构建中国金融安全网的对策,主要包括完善审度监管制度,尽快建立存款保险制度,建立经营失败金融机构的处理方案,完善最后贷款人制度以及强化金融安全网的内外部协调。

关键词:金融体系　风险管理　金融监管

**1407**

**破产机制、债券价格与最优资本结构的数值模拟与案例研究** / 马改云著 ; 宋海指导. -- 暨南大学, 2009. -- 155页

论文采用案例研究的方法对每种破产机制下影响债权人行为和利益的因素进行了分析,使用数值模拟技术研究了在债权人和债务人基于不同的破产机制预期下影响企业债券价格和最优资本价格的因素,考察在我国可用的三种破产机制对债权人和债务人行为和利益的影响。全文共分七章。第一章绪论,说明了论文的研究背景、研究意义、研究思路和主要内容,指明了论文所使用的研究方法和创新之处;第二章阐述了破产机制的定义,并对破产机制下的利益主体和利益冲突进行了研究,对不同破产机制预期下的债券价格相关文献进行综合论述;第三章通过案例分析法对破产清算进行介绍,并对案例进行了四种解读,对破产清算预期下影响债券价格因素进行了数值模拟比较;第四章通过案例介绍了粤海重组及影响其的三个因素,并对私下债务重建预期下信用利差与最优资本结构进行数值模拟分析;第五章通过案例分析了重整制度的特征及影响的三个因素,并对重整程序下影响债券价值和股权价值的因素进行了数值模拟分析;第六章介绍了债券重组中债权人和债务人之间的纳什讨价还价过程,并基于重整制度预期分析对违约临界值、资本结构和信用利差三者的关系及影响因素进行分析;第七章结论和展望。研究结论是:在破产清算程序下,破产成本和破产清算期间与债权人的受偿比率存在负相关性。

关键词:企业管理　破产清算　债券　价格　资本结构

**1408**

**基于最优货币区理论的我国经济区域划分及协调发展研究** / 马庆林著 ; 于鸿君指导. -- 北京大学, 2009. -- 114页

论文对基于最优货币区理论的我国经济区域划分及协调发展进行了研究。全文共分为六章。第一章导论,介绍了论文的研究问题,最优货币区理论解决国内问题的适用性,研究区域发展不平衡问题的必要性,分析了研究的可行性,总结了论文研究的重点和难点,以及论文研究的贡献、创新、主要内容和安排。第二章文献综述及评价,主要包括关于最优货币区方面的研究综述、我国区域经济协调发展方面的研究综述、关于新中国成立以来我国经济区域划分的研究评述。第三章我国区域经济发展中的问题及解决思路,主要阐述了我国地区差距的最新变动,分析了我国区域发展不协调的根源,阐述了区域经济协调发展的基本思路,提出了重新划分经济区域的标准。第四章新视角下我国经济区域的划分,主要包括数据来源、数据的平稳性检验、向量自回归模型的建立、主成

分分析和聚类分析、相关系数矩阵分析，以及经济区域划分结果的小结六方面的内容。第五章促进区域经济协调发展的政策建议，指出了区域经济协调发展的目标，主要政策建议包括实施差异化的宏观调控；完善差异化调控制度，探讨区域间协调机制；促进劳动力的自由流动、提升区域间贸易规模；坚持主体功能区建设思路，维持可控的地区差距。第六章为论文的结论和后续研究的介绍。

关键词:区域经济　经济政策　最优货币区　经济发展

1409

**我国商业银行引进境外战略投资者研究** / 马政著 ; 戴金平指导. -- 南开大学, 2009. -- 162 页

论文从我国金融业改革的大宏观背景入手，采取宏观研究与微观研究相结合的方法，以我国银行引进境外战略投资者的发展顺序为线索，对“引战”所涉及的主要领域进行研究与分析。论文共分六章。第一章导论，说明了选题背景与意义，并对引进境外战略投资者的研究进行了综述，阐述了论文的框架、研究方法和主要创新点；第二章分析了我国银行引进境外战略投资者的依据，从宏观角度对“引战”的背景进行剖析，分析与我国一样同为转轨国家的经济发展路径，对激进式改革和渐进式改革在各转轨国家的时间进行了分析；第三章从为什么我国银行要引进境外战略投资者的角度进行论述，从历次银行改革的教训中总结出引进境外战略投资者的意义，并从提升我国银行的公司治理水平和风险管理水平两个方面进行阐述；第四章对于股权对价问题相关的资产定价理论和资产评估方法进行回顾，建立数理模型证明境外战略投资者对现有资产的市场价值进行了支付，并对未来可能的协同效应价值进行支付；第五章通过数理模型推导出改善商业银行业绩的途径，并利用时间研究法和因子分析法对引进境外战略投资者对我国商业银行的短期影响和长期影响进行实证研究；第六章结论与政策建议。

关键词:商业银行　经营管理　引进外资　经济效果

1410

**美国金融霸权及其对中国经济的影响** / 梅鹏军著 ; 裴平指导. -- 南京大学, 2009. -- 143 页

论文采取理论与实证相结合的方法以美国金融霸权及其对中国经济的影响为研究主题。全文共分六个部分。第一部分导论，说明了论文的研究背景、选题意义、研究主题和研究方法，并对金融霸权概念的定义进行了界定，对相关文献进行了综合论述，指明了论文的结构和主要内容、创新与不足之处；第二部分对金融霸权的相关理论进行了梳理和总结，如霸权稳定理论、霸权合作理论、世界体系理论和美国霸权复兴的相关理论；第三部分分析了美国金融霸权的历史演化、主要内容与基本特征，以及四大收益来源；第四部分货币政策博弈的理论视角分析了美国金融霸权对中国经济的影响，先分析了中美货币政策博弈的理论来源和金融霸权背景，构建了金融霸权主导下的中美货币政策博弈模型，并对 1998 年至 2008 年金融霸权主导下中美货币政策博弈的演化进行了分析；第五部分从外资潜入与美元定价的理论视角分析了美国金融霸权对中国经济的影响，对美国短期投机资本潜入和它对中国股市的冲击进行了研究，并阐述了美元定价、汇率传递和美元贬值对中国经济的影响；第六部分在研究结论的基础上，结合当前国际经济、金融和美国金融霸权发展的最新形势，从提高中国金融部门综合实力、人民币国际化、中国积极参与国际金融合作、转变中国经济增长方式四个方面提出政策建议，以应对美国金融霸权的不利影响，维护中国经济与金融的稳定发展。

关键词:金融市场　中国经济　货币政策　外资引进　美元　美国

1411

**股市价格泡沫研究:泡沫度量及其影响因素分析** / 孟庆斌著 ; 周爱民指导. -- 南开大学, 2009. -- 156 页

论文采用理论与实践相结合的方法，对股市价格的泡沫度量及其影响因素进行了研究。全文共分十章。第一章引言，说明了论文的研究目的、研究意义，提出了论文的研究问题及拟解决的主要问题，指明了论文的创新之处和全文的结构；第二章对世界历史上影响深远的法国密西西比泡沫、英国南海泡沫、美国 1929 年股灾以及上世纪末日本股市泡沫和美国互联网泡沫进行了回顾，并对我国股市从各阶段的股市泡沫状况进行了总结；第三章对泡沫定义和分类进行了介绍，并对股市价格泡沫的危害进行了总结；第四章阐述了理性股价泡沫理论，并对股价泡沫的影响因素进行了综合论述；第五章在前人研究的基础上，根据实证的需要，建立起股价泡沫的理论框架，其中包括

两分法的股价泡沫理论、三分法的随机股价泡沫理论以及周期破灭的股价泡沫理论;第六章构建了马尔可夫模型,并利用间接度量框架下和直接度量框架下的齐次马氏域变的方法对我国股市价格泡沫进行了检验;第七章构建了TAR模型,并对直接度量和间接度量框架下的周期型破灭泡沫进行了检验;第八章对股价泡沫的影响因素进行了分析,并分别利用马氏域变向量自回归模型以及最小描述长度方法对实体宏观经济的发展、国外股市以及股市自身有效性对股价泡沫的影响进行了研究;第九章结合我国股市的实际情况提出了预防和应对股市价格泡沫的政策建议;第十章总结与展望。

关键词:股票市场　股票价格　泡沫经济

1412

**利率平滑操作的宏观微观合意性:理论、机制及应用** / 闵远光著 ; 胡海鸥指导. -- 上海交通大学, 2009. -- 151页

论文对利率平滑操作的宏观微观合意性进行了研究。全文共分为八章。第一章绪论,主要介绍了论文的选题意义,国内外的研究概况,论文研究的结构安排、主要内容和观点,研究的假设前提及研究方法,论文研究的主要创新点和不足之处。第二章利率平滑操作思想渊源及我国利率调控的思路,主要阐述了美联储中央银行职能的确立和利率波动特征的转变,研究了经济不确定与利率平滑操作的谨慎性,阐述了货币政策规则与利率平滑操作,并对各国中共银行基准利率调整进行了统计比较。第三章利率平滑操作的宏观合意性,阐述了货币政策的动态非一致性问题,并进行了拓展,阐述了利率平滑操作进入货币政策的规则。第四章利率平滑操作的微观合意性,阐述了引入消费外部性的简单经济模型,阐述了引入资本形成和价格粘性的货币经济。第五章利率平滑操作搜寻宏观经济均衡的机理,阐述了宏观经济的短期波动与长期增长,论述了利率平滑操作搜寻宏观经济均衡状态的机理,对利率平滑操作搜寻机制进行了再认识。第六章基于利率平滑搜寻机制的货币政策的有效性。第七章基于利率平滑操作的转轨经济货币政策的设计,主要阐述了转轨经济的典型性事实,利率平滑操作在转轨经济的适应性,分析了基于利益平滑操作的货币政策的设计。第八章对全文进行了回顾与展望。

关键词:利率　货币政策　金融市场　宏观经济

1413

**中国区域金融非均衡发展研究** / 慕丽杰著 ; 赫国胜指导. -- 辽宁大学, 2009. -- 219页

论文对中国区域金融的非均衡发展进行了研究与分析。全文共分为六章。绪论,主要介绍了研究主题和研究意义,主要研究文献综述,研究思路和研究方法,论文的结构和主要内容,研究的创新的和难点。第一章介绍了区域经济与区域金融理论的评价,主要阐述了区域经济理论研究综述,分析了区域金融理论研究综述,论述了区域金融理论与区域经济理论的拓展。第二章剖析了区域金融成长对区域经济增长贡献度的差异,主要分析了区域金融发展对区域经济增长贡献度的作用机制,对区域金融对区域经济发展贡献度差异进行实证分析。第三章研究了区域金融非均衡发展的现状和特征,主要对区域经济非均衡发展的现状进行了评析,分析了区域金融非均衡发展的现状,阐述了区域金融非均衡发展的特征和变动的趋势。第四章探究了影响区域金融非均衡发展的因素,主要包括客观环境因素、区域经济条件因素以及制度因素和区域经济主体主观因素,研究了影响区域金融非均衡发展因素的变化趋势。第五章研究了区域金融非均衡发展的效应,主要阐述了区域金融非均衡发展的积极效应:聚集效应和扩散效应。分析了区域金融非均衡发展的消极效应,研究了区域金融非均衡发展的综合效应——马太效应。第六章提出了推进区域金融发展与完善的对策构想,阐述了区域金融发展与完善的战略理论基础,分析了区域金融发展机制的模式选择,提出了区域金融发展与完善的对策选择。

关键词:区域金融　金融发展　均衡论　马太效应

1414

**资产证券化对银行稳定性的影响** / 倪志凌著 ; 周好文指导. -- 西安交通大学, 2009. -- 146页

针对次贷危机中的新特点和新变化,论文从资产证券化造成单个银行动机扭曲的微观角度,以及资产证券化改变了银行之间系统性风险传染模式的中观角度,解读资产证券化对银行稳定性影响的内在机制和途径。第一章绪论,指明了选题的背景和意义,研究对象和方法,研究内容与结构框架,以及论文创新点。第二章资产证券化对银行体系稳定影响的文献综述,对国内外的已有理论观点进行了总结评述。第三章资产证券化对单个银行稳定影响的理论模型,构建了单个数理模型,分析资产证券化改变了银行资产

的流动性,会改变银行的风险承担水平和银行对贷款的监督审核水平,进而影响到单个银行的风险水平。第四章资产证券化对单个银行稳定影响的实证研究,用实证研究验证理论模型结论。第五章资产证券化对整个银行体系稳定性的影响,通过构建描述整个银行系统的网络模型并针对不同的参数情况进行模拟,探讨资产证券化的发展对整个银行业系统性风险传染的影响。第六章为结论与展望,指出我国在发展资产证券化时,防范风险并且保证金融稳定的措施和途径。

关键词:资产证券化　证券市场　商业银行　风险管理

**1415**

**我国住房消费信贷幸福指数研究** / 宁薛平著 ; 文启湘指导. -- 西安交通大学, 2009. -- 101 页

我国住房消费信贷起步于20世纪80年代,迄今为止已取得了显著的成绩,然而居民的幸福感普遍不高,如不能提高居民的幸福感则可能会影响我国和谐社会的构建。因此有必要对居民的幸福感进行测量、分析,以促进我国居民幸福感提高。而住房消费信贷幸福指数(文中简称为房贷幸福指数)是衡量住房消费者购买住房对生活满意度的一种主观指标数,论文对我国居民房贷幸福指数进行研究。首先对国内外研究文献进行归纳和评述,并系统的回顾幸福指数与住房消费信贷的发展脉络,对幸福指数和住房消费信贷相关理论进行分析;其次,设计了我国房贷幸福指数的指标体系,探讨和识别了我国房贷幸福指数的影响因素,进而分析影响因素之间的作用机理,揭示出其影响因素变化所具有的一般规律性;最后,从政府、银行和个人三方面提出提高我国住房消费信贷幸福指数的对策。论文设计了我国房贷幸福指数的指标体系,揭示了住房消费信贷政策预期对我国房贷幸福指数的影响,建立了我国房贷幸福指数影响因素的概念模型,在以往研究的基础上不针对政府和个人提出了提高房贷幸福指数的相关建议,为银行提出了一些可行性建议

关键词:住房信贷　居民生活　幸福　影响因素

**1416**

**中国上市公司多元化折价的实证研究:基于倾向得分模型的分析** / 宁宇著 ; 顾乃康指导. -- 中山大学, 2009. -- 116 页

论文采用倾向得分法来研究中国上市公司的多元化折价问题,在实证研究中结合制度背景、主要从代理理论、内部资本市场理论和资源理论考察了我国上市公司多元化影响因素。全文共分七章。第一章绪论,说明了论文的研究动机、研究目的、研究意义、研究框架、创新之处以及研究的内容;第二章对多元化动机理论进行了综合论述,并对多元化折价实证研究的相关文献进行了回顾;第三章分析了多元化折价研究内生性问题产生的原因以及相关的控制方法,并对多元化折价研究控制内生性问题方法进行了比较;第四章基于倾向得分法对多元化折价研究进行了设计,并构建了多元化折价研究统计模型,还采取实证方法进行了取样和相关研究;第五章对多元化影响因素进行了分析,选择了相关的指标,并对多元化影响因素进行了实证分析;第六章对多元化与非多元化的多元化折价、多元化程度变动的多元化折价、长期财富效应的多元化折价等问题进行了研究;第七章是全文总结,归纳了论文的主要研究结论,指出了论文研究的局限性及未来研究的方向。论文的研究结论是:在高倾向得分的样本多元化公司存在显著的多元化折价,而行业扩张或收缩也对公司价值产生了负面影响,虽然行业收缩带来的折价程度相对更小,但是如果把时间跨度放大到整个样本期间,则没有证据显示多元化决策在非短期内损害公司价值。

关键词:上市公司　经营方式　多元化　企业利润　企业绩效

**1417**

**空间经济计量模型 Bootstrap Moran 检验有效性研究** / 欧变玲著 ; 龙志和指导. -- 华南理工大学, 2009. -- 157 页

论文采取基础理论研究与实际应用工具相结合的方式,将 Bootstrap 方法应用于构建空间相关性检验的 Moran's 统计量,利用数理推导和 Monte Carlo 模拟实验,研究 Bootstrap 方法用于线性回归模型的 OLS 估计残差,以及空间滞后模型的 2SLS 或 GMM 估计残差构建的 Moran's 统计量的有效性。全文共分七章。第一章绪论,说明了论文的研究意义、研究背景,提出了论文的研究问题,指明论文的研究内容、研究目的、研究思路、研究思路、技术路线及论文的结构;第二章对空间相关性检验文献和 Bootstrap 方法的相关文献进行了综合论述;第三章对线性回归模型 Bootstrap Moran检验有效性进行了数理证明;第四章对线性回归模型 Bootstrap Moran 有效性进行了模拟分析,并对 Bootstrap Moran 的有效性 Monte Carlo 实验结果进行

了分析;第五章对空间滞后模型进行了估计,并对Moran's I统计量的分布性质进行了分析;第六章对空间滞后模型Bootstrap Moran有效性进行了数理证明,并对Bootstrap Moran检验渐进改进;第七章对空间滞后模型Bootstrap Moran进行了有效性的模拟,并对结果进行了分析。论文的主要结论是:证明了线性回归模型Bootstrap Moran检验有效,通过数理推导及模拟实验证明,模型误差满足正态独立同分布经典假设时,线性回归模型Bootstrap Moran检验得到渐近改进,当模型误差不服从正态独立分布,线性回归模型Bootstrap Moran检验能够有效进行空间相关性检验;证明了空间滞后模型中Moran's I统计量,即OLL-Moran检验的渐近分布和精确分布;证明空间滞后模型Bootstrap Moran检验有效。

关键词:计量经济学　经济计量分析　蒙特卡罗模拟

**1418**

**中国A股市场国际化研究** / 祁小伟著 ; 史建平指导. -- 中央财经大学, 2009. -- 121页

论文采用理论与实践相结合的研究方法,以中国A股市场为研究对象,以国际化为核心,以金融全球化和金融自由化为背景,在研究过程中,既注重对中国股票市场的特殊性及其发展变化趋势的研究,更借鉴成熟股票市场经验。全文共分七章。第一章导论,阐述了选题的背景以及意义,确定了中国A股市场国际化研究的必要性,并重点界定了A股市场国际化等相关概念、总结国内外理论研究的相关成果、介绍研究过程中采用的方法以及研究思路与结构安排;第二章从相对宏观层面探讨、构建股票市场国际化的理论框架,依次对国际资本流动理论、金融深化理论、金融抑制论和金融发展理论在股票市场中的应用做了介绍和分析;第三章分析发达国家美国的股票市场发展情况,特别介绍NASDAQ市场的成功经验,总结新兴市场国家股票市场国际化的经验和教训,选取的国家是具有典型意义的印度和韩国;第四章首先介绍A股市场国际化的收益和风险分析,介绍A股市场国际化的必然性,研究中国A股市场国际化的市场背景及发展条件,论证A股市场国际化带来的收益和存在的风险,并提出防范风险的措施;第五章从新的视角考察A股市场国际化的发展历史;第六章论述A股市场投资国际化的典型形式,即QFII制度的发展情况及带给A股市场的变化,探讨A股市场融资国际化的主要形式以及QDII带给A股市场的影响,分析A股市场监管国际化的重要性及应采取的措施;第七章分析A股市场国际化的发展进程,探讨国际化的速度和模式选择的额基础上,提出推进A股市场进一步国际化的发展对策。

关键词:股票市场　国际化　股权

**1419**

**宏观审慎视角下的银行系统性风险分析与危机防范** / 綦相著 ; 刘鸿儒指导. -- 中国人民银行金融研究所, 2009. -- 231页

全文共分为六章。第一章介绍了银行系统性风险和银行危机,主要分析了银行系统性风险,阐述了银行危机的定义、起源和演变以及成本,论述了中国银行业的系统性。第二章介绍了构建宏观审慎监管的框架,主要从银行审慎监管的微观和宏观视角分析了银行监管的职责,辨别了宏观审慎监管和微观审慎监管的不同。同时,阐述了宏观审慎监管的定量工具设计和定性工具设计。第三章介绍了宏观审慎监管定量工具——风险预警,阐述了关于银行风险预警的文献综述,论述了银行风险预警的国际实践和评述,介绍了中国银行风险预警系统的构建,归纳了对系统性风险预警建设的几点思考。第四章研究了宏观审慎监管的定量工具—宏观压力测试,主要介绍了宏观压力测试的定义、方法、功能、流程以及应用,阐述了国际银行业宏观压力测试的实践与评述,介绍了法国银行监管当局、奥地利中央银行、IMF以及美国的宏观压力测试实践,最后构建了中国的宏观压力测试框架。第五章研究了宏观审慎监管的政策制度安排,对有系统性影响的机构进行了横截面维度分析,对削弱亲周期性进行了时间维度的分析,阐述了削弱监管资本要求的亲周期性、调整审慎监管政策缓解亲周期性、会计准则与亲周期性以及薪酬制度与亲周期性。分析了其他政策制度的安排,以及中国银行业宏观审慎监管的政策制度安排。第六章为研究总结。

关键词:银行　风险管理　金融体系　金融危机

**1420**

**公司财务状况质量综合评价研究:基于增长、盈利、风险三维平衡视角** / 钱爱民著 ; 张新民指导. -- 对外经济贸易大学, 2009. -- 182页

论文基于增长、盈利、风险三维平衡的视角,对公司财务状况质量的综合评价进行了研究。全文共分

为七章。第一章引言，主要介绍了论文研究的选题背景和研究意义，论文的研究内容和结构安排以及研究方法，总结归纳了论文研究的创新点和不足之处，对重要的概念进行了说明与研究。第二章财务状况质量评价的理论基础，主要阐述了相关的文献综述，对论文相关的基本概念进行了界定，论述了公司价值创造与财务状况质量的评价，阐述了财务状况质量的增长、盈利、风险三维平衡理论分析框架的构建。第三章研究了基于增长性的财务状况质量评价，主要阐述了公司增长的内涵与经济意义，分析了可持续增长的理论概述，研究了公司增长的有效性。第四章研究了基于盈利性的财务状况质量评价，主要对盈利质量的概念进行了界定，阐述了盈利后果质量的评价，分析了盈利结构质量与盈利持续性评价。第五章分析了基于风险性的财务状况质量的评价，主要阐述了财务风险评价指标的构建，分析了基于财务风险的资本结构质量评价指标的构建，阐述了增长速度、资产质量、盈利质量对公司财务风险的影响分析。第六章是对公司财务状况质量的综合评价，主要阐述了公司财务状况质量评价的理论依据，构建了公司财务状况质量评价指标的体系，进行了实证检验与分析，对公司财务状况质量与价值创造之间的关系进行了实证检验，介绍了典型类型上市公司的财务状况质量综合评价与预警。第七章为论文的总结。

关键词：公司　财务管理　综合评价

**1421**

**货币政策与财政政策配合研究**／钱谱丰著；任淮秀指导. -- 中国人民大学, 2009. -- 170 页

全文共分为四章。导论主要介绍了论文研究的选题背景和研究的理论与实践意义，论文的研究目的与框架，论文的研究方法，研究文献综述，论文研究的主要创新点和不足之处。第一章介绍了政策释义与经典政策配合的理论，阐述了货币政策与财政政策的含义，介绍了二者的联系与区别，阐述了政策配合的主要基本内容。论述了 IS-LM 模型与政策配合、IS-LM-BP模型与政策配合，介绍了我国政策配合的经典理论。第二章研究了政策配合的必要性与有效政策配合的存在性，论述了政策配合的必要性理论及其缺陷，考察了 1978—2007 年间内外均衡与中国政策配合的必要性，阐述了有效政策配合存在性理论，介绍了有效政策配合存在性的研究意义和内涵以及研究方法。论述了多决策者丁伯根博弈模型及其推论，阐述了单决策者传统丁伯根模型的结论与缺陷，论述了多决策者静态丁伯根博弈模型和多决策者动态丁伯根博弈模型。第三章是对最优政策配合中的政策指派研究，主要阐述了政策指派的理论，分析了资本自由流动的政策指派模型，研究了资本自由流动的政策指派模型。第四章介绍了内外均衡与中国政策配合的实践，主要从相关研究综述、变量选择与样本数据说明、实证研究的模型和方法以及中国政策配合的实证分析几方面介绍了中国政策配合的实证研究。研究了中国政策配合的历史和现状，阐述了政策配合的评价和建议。论文最后为结语。

关键词：货币政策　财政政策　政策选择　经济均衡

**1422**

**基于异质策略的市场演化研究：理论分析和模拟实验**／钱燕翔著；俞自由指导. -- 上海财经大学, 2009. -- 131 页

全文共分为六章。第一章引言，主要介绍了论文研究的选题背景和研究意义，主要文献综述，论文的研究思路和方法，主要内容和结构安排，综述了论文研究的主要创新点。第二章为相关文献综述，主要介绍了行为金融学和演化金融学；从基于遗传算法的学习过程、异质策略与市场演化、微观市场结构的引入以及“少数者博弈”模型四方面阐述了基于主体的金融市场建模，同时分析了 ABM 的校准、估计和验证，最后阐述了对 AFC 的评价。第三章介绍了市场演化的理论模型，主要分析了投机性市场的一般演化模型，从经济环境设定、无破产条件、长期财富演化阐述了考虑破产的财富演化模型。第三章研究了异质策略下的市场演化，主要分析了模型设计的主要问题，论述了一般市场模型的框架，对趋势跟踪策略和随机行为策略进行了分析与研究，阐述了真实交易机制的引入。第五章基于情绪传染模型，分析了社会学习，主要介绍了模型的理论基础，阐述了模型的设定，对模拟结果进行了分析与研究，主要包括平稳性检验、羊群行为、市场波动性、泡沫与崩盘、卖空限制五点内容。第六章为全文的总结，主要概括了论文研究的一些基本的研究结论，归纳了论文研究的主要创新点以及不足之处，对未来的研究进行了进一步的研究展望。

关键词：股票市场　投资者　投资决策　市场分析　计算机模拟

1423

**人民币汇率、国际竞争力与我国经济增长** / 秦培景著 ; 姜波克指导. -- 复旦大学, 2009. -- 174 页

论文对人民币汇率、国际竞争力与我国经济增长问题进行了研究与分析。全文共分为六章。第一章为导论,主要介绍了研究背景,研究意义和研究目标,研究的技术路线和章节安排,论文研究的主要创新点和不足之处,以及关于汇率的一些概念。第二章为相关文献综述,主要包括汇率的杠杆效应研究、汇率与国际竞争力、汇率与宏观经济均衡,最后对论文的研究文献进行了小结。第三章研究了人民币汇率的杠杆效应,主要阐述了人民币汇率变动的价格传递效应,人民币汇率与我国外贸交易的状况,分析了人民币汇率与我国供给结构。第四章研究了我国的国际竞争力的测评,主要论述了国际竞争力的定义,阐述了我国国际竞争力数量的评价,从制造业产品的相对价格水平、制造业相对劳动生产率以及单位劳动成本的实际有效汇率指数三点内容研究了我国国际竞争力的质量评价体系。最后介绍了我国国际竞争力的综合排名。第五章分析了汇率与国际竞争力的两部门模型,主要阐述了 TNT 模型的基本框架,论述了 TNT 模型的一般均衡分析,研究了 TNT 模型中的经济增长,分析了国际竞争力导向的政策。第六章是对人民币汇率与我国国际竞争力的实证检验,主要阐述了人民币的价格传递效应的检验,分析了均衡条件下的实际汇率与国际竞争力。论文最后总结了全文的基本研究结论,研究的主要创新点以及不足之处,对未来的研究进行了进一步的研究展望。

关键词:中国经济　经济增长　国际竞争力　人民币汇率

1424

**巨灾期权及其定价研究** / 邱文华著 ; 郑振龙指导. -- 厦门大学, 2009. -- 95 页

论文在研究大量文献的基础上,对巨灾期权及其定价进行了研究和分析。全文共分为五章。论文开始部分为导论,主要介绍了论文选题背景及意义,国内外相关文献综述,论文的主要研究思路和逻辑架构,主要创新点以及进一步研究的方向。第一章概述了巨灾风险与保险问题,界定了巨灾风险,阐述了巨灾风险的分散与融资机制,论述了巨灾风险证券化,概述了巨灾保险衍生产品和我国面临的巨灾风险及其管理现状。第二章介绍了期权定价模型及其巨灾保险中的运用,主要包括期权定价原理、B-S 期权定价模型、B-S 期权定价公式的扩展、二叉树期权定价模型,以及其他期权定价的方法。第三章是对巨灾期权的随机定价模型的研究,从巨灾期权定价概述、损失指数模型的选取与分析、巨灾期权的随机定价模型分析、巨灾期权随机定价的进一步拓展四方面进行了阐述与说明。第四章研究了巨灾期权的解析定价模型,论述了巨灾期权解析定价,阐述了损失指数模型的选取与分析,介绍了巨灾保险衍生品的定价,叙述了看涨、看跌和价差巨灾期权的运用,分析研究了有关重尾损失的定价问题。第五章提出了巨灾期权及其定价模型在我国运用的几点建议,主要对巨灾期权及其定价模型在我国运用的可行性及必要性进行了分析与研究,对巨灾期权及其定价模型在我国运用的有利因素和限制因素进行了探究与分析,提出了巨灾期权及其定价模型在我国运用的建议,主要包括建立和完善巨灾期权的市场供应体系、建立和规范巨灾期权的技术支撑体系,以及建立巨灾期权的制度保障体系。

关键词:灾害保险　风险管理　资本市场　期权定价

1425

**资产价格波动、实体经济稳定与货币政策选择** / 邱云波著 ; 吴念鲁指导. -- 中央财经大学, 2009. -- 200 页

论文在近年来国内外研究成果的基础上,阐述资产价格波动对实体经济的影响,以及货币政策应当如何反应。全文共分八个部分。第一部分导论,说明了论文的选题背景,提出了问题,阐述了国内外研究的现状,指明了研究方法、论文框架和主要内容;第二部分阐述了 20 世纪以来的资产价格波动的经典案例(Stylized Facts)以及当时的货币政策,包括"大萧条"、日本的泡沫经济以及美国的次贷危机,分析历史实践对我们的启示;第三部分阐述了资产价格波动与资产价格泡沫之间的关系,分析了资产价格泡沫的特征以及含义,资产价格泡沫的形成机制,以及泡沫的存在性和检验方法;第四部分资产价格波动与实体经济稳定,分析了资产价格波动与实体经济的关系,并阐述了资产价格波动影响实体经济的信贷市场摩擦机制,说明了资产价格波动对资源配置的影响;第五部分资产价格与货币政策最终目标,讨论了资产价格是否隐含了未来经济信息和资产价格能否纳入物价指数等问题,并运用货币稳定能够促进金融稳定的"施瓦茨假说"和货币政策应优先考虑金融稳定的"新环境"假

说,得出基本结论;第六部分资产价格波动和货币政策响应,介绍了货币政策的简单规则,并对资产价格波动情况下的货币政策反应,国外关于货币政策对资产价格波动反应进行了实证研究;第七部分中国资产价格波动、货币政策与实体经济的动态关系实证研究,对我国资本市场的发展现状进行描述,并对我国资产价格波动与实体经济关系和我国货币政策资产价格传导机制进行了实证研究;第八部分中国稳定资产价格波动的最优货币政策操作探讨,分析了我国货币制度的主要特征,并对我国稳定资产价格的货币政策最优路径进行了探讨。

关键词:货币政策　物价波动　通货膨胀

1426

**中国资本外逃问题剖析** / 全海欣著 ; 李志辉指导. -- 南开大学, 2009. -- 174 页

论文对中国资本外逃问题进行了剖析。全文共分为六章。第一章为论文的引言,主要阐述了论文研究问题的背景以及选题的背景,研究的目标和意义,相关的文献综述和理论,论文研究的主要思路和创新点。第二章介绍了资本外逃的定义和测算,主要介绍了国外学者对资本外逃的定义,阐述了国内学者对资本外逃的定义综述,界定了资本外逃的定义,对资本外逃的测算方法进行了回顾,从中国资本外逃测算的初步分析、测算方法和结果以及简要分析和国际比较研究了中国资本外逃数值的估算。第三章是对资本外逃的成因的分析,主要论述了资本外逃成因的文献综述,阐述了我国资本外逃的成因,介绍了多元线性回归模型的确定与分析。第四章介绍了中国放松资本管制进程与资本外逃,主要回顾了国内外的研究文献,研究了中国放松资本管制的进程,实证检验了中国资本管制的有效性。第五章研究了中国资本外逃的途径和经济影响,分析了中国资本外逃的主要渠道,对中国内地与香港的国际收支进行了基本分析,研究了中国内地与香港的跨境资金流动情况,阐述了中国资本外逃的宏观与微观经济影响。第六章介绍了中国应对资本外逃的政策选择,从推进利率市场化、继续推进人民币汇率形成机制改革、稳步实施资本项目可兑换三个方面积极推进金融深化,明晰了企业产权、保护国家和个人产权,完善产权保护制度。同时,减少经济扭曲,实行托宾税。最后为论文的总结。

关键词:资金转移　国际收支　资本流动

1427

**中国农业现代化与农村城镇化进程中的农村金融发展研究** / 冉晓东著 ; 王广谦指导. -- 中央财经大学, 2009. -- 176 页

论文基于新制度经济学中制度变迁理论的相关理论体系框架分析我国农村城镇化进程中的农村金融发展,通过理论分析对我国内外农业现代化、农村城镇化与农村金融发展实践、农村金融发展绩效进行了实证考察。全文共分六个部分。第一部分导论,回顾了现有有关农村金融的经典理论,并对论文的研究思路、研究方法、主要结论及创新等做了大致说明;第二部分梳理了我国农村金融的现有状况和现实难题;第三部分基于新制度经济学的制度变迁理论,认为只有通过这样的改革才能使农村金融切实有动力与农业的现代化和农村的城镇化相结合,形成农村经济发展与农村金融发展的良性互动;第四部分实证考察了世界上一些典型国家的农村金融发展现状与进行,农业现代化、农村城镇化都是在农业、农村发展水平相对落后的基础上建立起来的;第五部分对我国各省区农村金融发展及农业现代化、农村城镇化进程进行了实证考察;第六部基于我们提出的推进农村金融发展的逻辑,即“一推一放”的逻辑,提出了一些相关的对策措施。论文的主要结论是:农村经济发展离不开农村金融支持,农村经济发展与农村金融发展呈互动关系;农村经济的特性决定了农村金融的需求是多元的,需发展政策性金融、合作性金融、商业性金融等;农村金融的发展是呈阶段性演进的;农村金融发展离不开政府的支持;在部分经济发达地区,应考虑逐步缩小政策性金融的份额,着力发展商业性金融,农村金融的市场化改革方向是必然趋势;农村现代化与农村城镇化建设的推进是农村金融由低水平均衡向高水平均衡发展的必要路径。

关键词:农村金融　金融发展　农业现代化　城市化

1428

**基于个人账户的养老保险基金投资策略研究** / 任杰著 ; 邹恒甫指导. -- 武汉大学, 2009. -- 124 页

全文共分为七章。第一章绪论,主要介绍了论文研究的背景,相关的研究现状,论文的研究意义,研究问题,论文研究的框架。第二章介绍了现收现付制与基金制,主要阐述了关于现收现付制与基金制优缺点的理论争论,分析了现收现付制筹资的模式选择,研

究了由现收现付制向基金制的转轨,介绍了名义账户制。第三章分析了缴费确定型职业养老基金,主要介绍了美国、英国的职业养老金由待遇确定型向缴费确定型的转变,分析了不同职业养老保险计划的影响,阐述了职业养老保险基金的管理与研究。第四章介绍了完全基金累积制下的个人最优投资决策,主要阐述了金融市场模型、基金积累、基金财富以及目标函数,研究了没有后续工资缴费的情形、可以用金融市场工具对冲工资风险的情形,以及工作风险无法对冲的情形,讨论了最优投资的策略。第五章研究了个人账户养老最优投资的决策,主要包括章节引言、模型构建、优化问题的求解及结论和推广四方面的内容。第六章是对个人账户养老基金最优投资策略进行了实证研究,主要包括章节引言、模型设定、数据收集与模拟结果及小结。第七章研究了中国的企业年会,分析了企业年会在我国的地位和作用,分析了中国企业年金发展面临的问题,阐述了对我国企业年金的借鉴意义。

关键词:养老保险基金　投资　个人账户　企业年金

**1429**

**均衡汇率的理论与实践及其对中国的启示** / 戎如香著 ; 奚君羊指导. -- 上海财经大学, 2009. -- 150 页

论文对均衡汇率的理论与实践及其对中国的启示进行了研究与分析。全文共分为七章。第一章为导论,主要介绍了选题的理论与实践意义,国内外相关的研究文献,论文的研究思路,阶段性成果。第二章为均衡汇率理论的发展和评述,主要介绍了名义汇率、实际汇率、均衡汇率的定义,阐述了传统的均衡汇率理论和新兴的均衡汇率理论,论述了均衡汇率理论的发展和评述。第三章介绍了均衡汇率估算模型的发展、选择及构建,主要阐述了均衡汇率估算模型的发展历程,介绍了均衡汇率理论的选择、中长期经济指标选择以及估算方法的选择,最后从数据来源和概述、协整关系式以及误差修正模型对均衡汇率估算模型的构建进行了介绍。第四章是对国家均衡实际汇率估算进行了实践分析,主要对加拿大、德国、日本、美国、英国、意大利、法国七个国家的均衡实际汇率进行了研究与分析,最后介绍了这七个国家的误差修正模型。第五章是对发展中国家均衡实际汇率的估算,主要介绍了发展中国家的选择,对波兰、智利、马来西亚、俄罗斯、新加坡均衡汇率进行了研究,探究了发展中国家均衡实际汇率的估算,最后阐述了发展中国家误差修正模型估算。第六章是对人民币均衡汇率的研究,概述了宏观经济发展的情况,阐述了人民币汇率制度变迁及外汇管制的演进过程,介绍了人民币币值合理性的争论,阐述了人民币均衡实际汇率的估算。第七章为均衡汇率的理论与实践对中国的启示,主要包括实践汇率的影响因素、汇率失调与货币危机以及最优货币区实践的启示和人民币汇率制度改革的深化及其配套措施安排。

关键词:人民币汇率　汇率机制　汇率理论

**1430**

**企业出售机制设计中的若干基本问题** / 戎文晋著 ; 刘树林指导. -- 对外经济贸易大学, 2009. -- 111 页

全文共分为七章。第一章绪论,主要阐述了论文的研究背景和研究意义,相关概念的界定,企业出售的一般过程,论文研究的主要内容,论文研究的方法和行文的结构。第二章介绍了相关拍卖理论的文献综述,主要阐述了拍卖的实践应用与基本的模式,介绍了研究的基本估价模型,阐述了最优的机制,介绍了拍卖理论中的其他主题,论述了国内研究的进展。第三章介绍了机制与市场到底是谁来决定竞买者的数量。首先叙述了章节的引言,然后对相关的文献进行了回顾与分析,提出了模型的假设,确定了竞买人的数量,阐述了经济的含义。第四章研究了支付方式的选择——现金还是非现金。介绍了研究的相关文献,对研究中的基本概念进行了界定,介绍了对“壳”资源的估价、资产置换的过程及支付的方式。阐述了关联价值的模型,分析了竞买人的预期收益和债权人的预期收益,概述了模型的求解和主要结论,最后针对相关的问题,提出了政策建议,并总结了章节的研究内容。第五章是对企业出售中保留价的设定,分析了大宗股权司法拍卖的背景,阐述了大宗股权司法拍卖的基本模式,阐述了竞买人与债权人之间的动态博弈模型,分析了模型的假设,介绍了博弈的扩展形式与标准形式以及子博弈完美纳什均衡。同时,阐述了竞买人之间的博弈过程,提出了相关的政策建议。第六章对中国上市公司进行了实证研究,主要包括章节引言、数据的结构、交易规模对交易方式选择的影响、出售者的收益以及小结,这五方面的内容。第七章为全文的总结和展望。

关键词:企业经济　产权转让　拍卖　成本分析

1431

**期权定价中标的资产波动率问题研究** / 荣琪著 ; 林清泉指导. -- 中国人民大学, 2009. -- 111 页

论文对期权定价中标的资产波动率问题进行了研究与分析。全文共分为七章。第一章为导论,主要介绍了研究背景,选题的理论与实践意义,论文的研究内容和创新点,以及主要方法。第二章介绍了论文研究的文献综述及其理论基础,界定了波动率的概念,阐述了期权定价模型的演进过程,分析了 GARCH 模型及其应用,论述了资产定价理论的发展。第三章对传统 BS 模型中波动率微笑现象进行了实证研究,主要实证研究了我国证券市场中的 BS 模型隐含波动率微笑,对 BS 模型隐含波动率微笑现象进行了解释和说明。第四章研究了一般随机过程期权隐含波动率,主要论述了章节实证研究的思路,介绍了跳跃—扩散期权定价模型,从随机波动率模型的提出、服从随机波动率过程资产收益率的分布、服从随机波动率过程的期权隐含波动率以及随机波动率期权定价实证结论四方面阐述了随机波动率期权定价模型。第五章是对期权隐含波动率与历史波动率的分析,主要包括两种波动率计算方法利弊的定性分析、两种波动率实证研究总体框架、期权隐含波动率与历史波动率的统计检验、期权隐含波动率与历史波动率的格兰杰因果检验以及期权隐含波动率与历史波动率预测未来的能力比较五方面的内容。第六章是对期权隐含波动率横截面数据的研究,主要介绍了隐含波动率、风险以及资产定价,对横截面数据进行了实证研究。第七章是对全文的总结,提出了论文研究的不足。

关键词:期货市场　期货价格　经济波动　风险分析

1432

**汇率不完全传递与货币政策:中国经验** / 阮峥著 ; 江曙霞指导. -- 厦门大学, 2009. -- 184 页

论文对汇率不完全传递与货币政策进行了全面的研究。全文共分为七章。第一章为导言,主要介绍了选题背景和研究目的及意义,研究思路和结构安排,总结归纳了论文研究的主要创新点和不足之处。第二章研究了汇率不完全传递的文献综述,主要阐述了汇率不完全传递的理论研究综述,对汇率不完全传递进行了理论解释。论述了汇率不完全传递的实证研究综述。第三章研究了汇率不完全传递与货币政策的关系,主要论述了货币政策对汇率传递弹性的影响,分析了汇率传递对货币政策成效的影响。第四章介绍了我国汇率、价格和货币政策变动的总体特征,阐述了人民币汇率制度的演变历程,分析了我国货币政策的实践,从人民币汇率指标的走势、国内价格的变动情况及特征、货币政策指标的走势以及人民币汇率和国内价格以及货币政策变动之间的联系,阐述了改革开放以来我国主要经济变量的走势。第五章研究了人民币汇率向贸易价格的传递与启示,介绍了基于一般差分模型的实证检验,分析了基于误差修正模型的实证检验,阐述了人民币汇率向贸易价格不完全传递的原因和启示。第六章研究了人民币汇率向国内价格的传递与货币政策,阐述了基于向量自回归模型的实证检验,分析了针对汇率影响途径的实证研究方法,阐述了人民币汇率不完全传递对我国货币政策的启示。第七章为全文的结论和政策建议,总结了相关的启示和政策。

关键词:货币政策　汇率政策　货币供应　人民币汇率

1433

**管理层激励与商业银行风险选择研究** / 邵科著 ; 潘敏指导. -- 武汉大学, 2009. -- 119 页

论文对管理层激励与商业银行风险选择进行了研究。全文共分为七章。第一章为引言,主要介绍了选题背景和意义,论文的研究思路和技术路线及研究方法,论文研究的主要内容和创新点。第二章为相关文献的综述,主要研究包括管理层激励的一般性研究、管理层激励的风险激励研究以及商业银行管理层激励的风险激励研究。第三章基于风险冲突的管理层激励模型,主要阐述了一般性的管理层激励模型和基于商业银行特征的管理层激励的模型。第四章管理层激励与商业银行风险选择的模型,主要从货币报酬激励和权益激励分析了商业银行管理层激励的主流方向;从模型假设、"零负债"银行股东的风险倾向和"高负债"银行股东的风险倾向以及管理层激励的风险激励,对模型进行了分析。第五章国际银行业管理层激励与风险选择的实证研究,主要介绍了样本公司的确定原则,从商业银行风险指标的选取、确定权重的模型选择以及商业银行综合风险指标的计算确定了综合风险指标,对管理层激励与商业银行风险选择进行了实证研究,主要包括变量的选取、描述性统计分析、回归假设实证方法以及回归结果五方面进行了阐述。第六章我国商业银行管理层激励与风险选择的实证研究,主要分析了我国商业银行管理层激励

的现状,进行了实证研究。第七章为全文的结论。

关键词:商业银行　企业领导　经营管理　风险管理　激励

1434

**银行监管中的市场约束研究** / 佘桂荣著 ; 张强指导. -- 湖南大学, 2009. -- 188 页

论文以银行监管中的市场约束为视角,通过模型演绎和实证研究相结合的方法探讨银行监管的反思与调整。全文共分七章。第一章引言,介绍了论文的选题背景及来源,对相关概念进行了界定,阐述了国内外研究的现状,表明论文的研究思路,研究方法和创新点;第二章通过追溯银行监管中的市场约束理论渊源及发展沿革,厘清市场约束与官方监管的区别与联系;第三章分析市场约束的有效性及其影响因素,构建了最优市场约束模型,并对模型进行了分析;第四章将实施程序与实施基础结合,利用因子分析法构建我国银行业经营安全系数评价模型,并在改进 Demirgug-Kunt 和 Huizirtga 经典模型的基础上,考察引入实施基础变量时我国 14 家银行 2000—2007 年间的市场约束效应;第五章通过实施监管再造,引入市场约束重构银行安全网,实现市场约束与官方监管的最优结合;第六章通过将理论分析、模型推演与经验研究相结合,在剖析现有银行安全网的旧弊端与新问题基础上,分析银行安全网与市场约束的结合机理,并对具体制度设计提出建议;第七章最后分析了我国当前强化市场约束促进银行监管再造的必要性,提出从优化金融市场基础设施、加强金融运行透明度、完善银行公司治理等方面夯实市场约束实施基础,提出完善我国现有银行安全网中审慎监管及最后贷款人的机制设计,废除隐性担保建立显性存款保险制度等一系列建设性对策。

关键词:银行监管　市场机制　金融风险防范

1435

**资本结构与产品市场竞争** / 石良著 ; 刘力指导. -- 北京大学, 2009. -- 70 页

论文对资本结构与产品市场竞争进行了研究与分析。全文共分为五章。第一章介绍了论文的研究文献综述,主要概述了资本结构与产品市场竞争的状况,分析了有限责任模型,阐述了捕食和战略破产成本模型,分析了战略投资模型,对理论模型进行了小结,回顾分析了实证研究结果,分析了我国的研究现状。第二章介绍了产品市场竞争与最优资本结构决策的问题,主要分析了负债的战略效应,阐述了有限责任模型的背景和产品市场的决策以及资本结构的决策。分析了资本结构与产品市场竞争互动程度,对关于实证研究假设进行了几点讨论,分析了负债的两面性和竞争互动程度的解释。第三章对资本结构与产品市场竞争进行了实证研究,主要包括章节引言、文献回顾与分析及分阶段回归分析。主要的分析方法包括描述性统计、回归结果分析及稳健性分析。第四章介绍了融资约束、资本结构和产品市场竞争,主要概述了各地区经济发展概况,分析了融资约束的度量,阐述了论文的研究方法和数据,分析了实证研究结果的描述性统计、回归系数分析及稳健性检验等分析方法。第五章为全文的总结,主要包括论文的主要研究结论、论文研究的额贡献、研究中的不足之处以及后续的研究方向。论文基于中国市场的实际情况探究资本结构与产品市场竞争之间的互动关系,对中国企业面临的融资约束问题进行了探讨,对于实际资本结构决策和资本结构理论都有重要的意义。

关键词:企业　资本结构　市场竞争　融资

1436

**国库现金管理研究** / 石艳华著 ; 赵海宽指导. -- 中国人民银行金融研究所, 2009. -- 142 页

论文在研究大量的国内外研究文献的基础上,对国库的现金管理进行了研究。全文共分为七章。第一导论,主要介绍了选题背景和研究重点,阐述了国内外已取得的研究成果综述,论文的研究结构和研究方法,总结归纳了论文研究的创新点和不足之处。第二章公共财政与国库现管理体制,主要概述了公共财政的概念,公共财政理论,分析了公共财政与国库的关系,研究了公共财政框架下的国库管理体制的变革。第三章国库现金管理的理论和概述,主要阐述了国库现金管理的概念,分析了国库现金管理的目标和意义,论述了国库现金管理的制度基础,介绍了国库现金管理的操作工具。第四章国库现金管理的国际经验借鉴,主要包括中央银行直接操作模式、专业机构管理模式、其他国家国库现金管理模式,分析了国外发达国家国库现金管理的经验借鉴。第五章国库现金管理的宏观经济效应,主要分析国库现金管理与货币政策,研究了国库现金管理与国债管理,论述了宏观经济政策与国库现金管理。第六章我国国库现金管理的发展与实践,主要论述了我国国库现金管理

的产生与发展现状，阐述了国库现金流的分析与预测，论述了国库现金余额的确定及其实证研究与分析。第七章我国国库现金管理的未来发展策略和建议，主要包括完善国库单一账户制度、加强国库现金流的管理，提高国库现金流的预测水平，加快我国国债管理的改革等等。全文的研究对分析国库现金的管理具有重要的理论意义和实践意义。

关键词：国库　现金管理　国债

**1437**

**金融机构风险管理新思维** / 石岳著 ; 吴念鲁指导. -- 中国人民银行金融研究所, 2009. -- 175 页

论文对金融机构风险管理的新思维进行了研究与分析。全文共分为八章。第一章导论，主要介绍了论文的选题背景和研究意义，论文研究的范围、研究方法以及逻辑框架，论文研究的难点和创新点。第二章对论文相关的概念进行了界定与评析，主要阐述了金融机构的概念和分析以及性质，论述了风险与风险管理，研究了金融机构风险管理。第三章风险管理的文献综述，主要综述包括企业风险管理研究综述、金融风险管理研究综述。阐述了金融风险管理的基础理论和常用的技术方法。第四章金融危机与金融机构风险管理，主要从事件回放、金融危机产生的原因分析以及金融危机的本质对美国次贷危机引发的金融危机进行了阐述，总结了金融危机对金融机构风险管理的启示。第五章介绍了金融机构风险管理的新架构，主要分析了金融机构中人的因素和人员风险，阐述了公司治理与金融机构决策风险，概述了公司治理的概念，研究了公司治理研究的基本问题，总结了公司治理是管理决策风险的重要手段。同时还介绍了内部控制与金融机构操作的风险、企业文化与金融机构人员风险以及金融机构风险管理模型的总体架构。第六章研究了公众金融机构风险管理的新思路，主要包括公众金融机构的行业监管、公众金融机构风险管理的专门要求以及公众金融机构的法律监督三方面的内容。第七章介绍了金融机构风险评价体系的新构建，主要概述了金融机构风险评价体系，阐述了金融机构风险评价体系的基本设计思想，介绍了金融机构风险指数的构造及其有效性评价。第八章阐述了中国金融业的发展和概况、行业特征和风险状况以及健全中国金融机构风险管理的现实选择。

关键词：金融机构　风险管理　金融危机　内部控制　企业文化

**1438**

**银行治理与绩效：来自中国银行业的证据** / 时炜著 ; 王大树指导. -- 北京大学, 2009. -- 127 页

论文通过理论分析和实证检验相结合的方式从所有权、上市、董事会三个角度研究了银行的公司治理因素与经营绩效之间的关系。全文共分六章。第一章导论，说明了选题背景和研究意义、研究思路与创新之处、逻辑结构和内容安排；第二章文献综述，分别对所有权、上市、董事会三者与绩效的相关文献进行梳理；第三章所有权与银行绩效，对中国商业银行所有权特征进行初步考察，并通过实证检验得出国有企业控股的银行在绩效上不仅高于政府控股的银行，而且在一定程度上高于民营资本控股的银行；第四章上市与银行绩效，对银行上市与绩效关系进行了初步考察，并对银行上市理论进行分析，通过实证检验发现上市银行本身在上市前就具有相对良好的绩效，上市对于银行绩效的提升会随着时间的推移产生向上的反转；第五章董事会与银行绩效，对中国商业银行董事会特征进行初步考察，构建模型进行检验，发现董事持股比例与银行的总资产收益率正相关，对于城市商业银行，董事持股比例与净资产收益率也有正相关的关系；董事会规模与绩效指标的相关性并不显著，内部董事占董事会人数的比例与总资产收益负相关，类似关系也存在于该比例与净资产收益率之间；我国商业银行在董事会中引入独立董事的比例大小与银行绩效之间并不存在显著的相关关系；第六章结论。

关键词：银行业　企业治理结构　企业绩效

**1439**

**我国股改权证市场与标的股票市场相关关系研究** / 史丽媛著 ; 门明指导. -- 对外经济贸易大学, 2009. -- 158 页

全文共分为七章。第一章导论，主要介绍了论文的研究目的和研究意义，国内外研究的概况，论文的基本框架，论文的研究方法和论文的创新与不足之处。第二章概述了权证及权证市场，主要介绍了权证的定义及其特征，分析了海外权证市场的情况，研究了我国内地权证的市场状况。第三章分析了权证市场对标的股票市场的影响，主要研究了股改权证发行对标的股票的影响，分析了股改权证到期日的效应，最后进行了章节小结。第四章是对权证市场与标的股票市场领先滞后关系的研究，主要包括股改权证与标的股票价格的相关关系研究、股改权证与标的股票

收益率的相关关系研究、包含交易量在内的进一步研究,以及股改权证与标的股票交易量变化的领先滞后分析四方面的内容。第五章是对权证市场有效性的研究,比较了各种检验的方法,论述了权证价格序列相关性与单位根检验,介绍了权证收益率的AR-GARCH-M模型估计,阐述了权证交易量与收益率相关关系研究。第六章分析了创设机制对改进权证市场有效性的作用,主要简述了我国的权证创设的制度,分析了引入创设机制的意义,论述了创设机制改进市场效率的实证分析,对我国创设制度与香港创设制度进行了比较分析,进一步完善了我国创设制度,最后章节进行了小结。第七章为全文的总结。

关键词:证券市场　期权交易　股票市场　经济关系

**1440**

**分类监管下我国证券公司风险监控研究** / 史明坤著 ; 邱兆祥指导. -- 暨南大学, 2009. -- 150 页

论文利用博弈论、行为金融等新的理论观点和方法,针对所处的现实环境,着重分析论证中国证券公司的行为风险和提升风险监控水平的途径。全文共分八个部分。第一部分绪论,说明了论文的选题背景、研究意义、研究方法、技术路线,指明了论文的逻辑框架、论文结构,创新之处和局限性;第二部分对证券公司风险监控理论与实践进行了综述,先对证券公司风险进行了界定,说明了证券公司风险监控理论的演变,对证券公司风险监控技术与模式进行了分析,并对证券市场监管体制与主要监控手段进行了国际比较;第三部分论述了中国证券公司风险的外部监管与内部监控的发展历程,分析了中国证券公司面临的风险类型和主要特征,对以分类监管为核心的证券公司监管政策进行了解析;第四部分对中国证券公司风险监控问题的成因与影响因素进行了理论剖析,分析了风险监控主要影响因素,并从中国证券公司风险监控问题的行为视角进行了考察,发现了证券公司行为风险监控有效性的内部和外部的作用因素;第五部分构建了分类监管下的中国证券公司风险监控的策略行为的模型,对风险监控激励机制进行了博弈分析,并对风险监控博弈中均衡策略进行了现实选择;第六部分采取案例分析和经济计量实证分析的方法,对分类监管下中国证券公司提升风险监控水平进行了实证研究,并对实证结果进行了分析和总结;第七部分得出了分类监管下中国证券公司提升风险监控水平的实现途径;第八部分结束语。

关键词:证券公司　监督管理　风险管理

**1441**

**中国超额货币问题研究** / 宋健著 ; 宋海指导. -- 暨南大学, 2009. -- 113 页

全文共分为七章。第一章,导论。介绍研究背景和研究意义,研究思路与研究方法,研究的主要内容及其相互联系,论文的创新之处与有待进一步研究的问题。第二章,文献综述。介绍国外相关文献的回顾,包括流动性内涵及其测量,流动性与物价的关系;对国内相关文献回顾,对超额货币的内涵及测量提出说明评价,分析研究者对我国超额货币问题所提出的各种假说。第三章,超额货币内涵的界定及其对经济影响的渠道。首先提出论文对超额货币的内涵的界定,探讨当前研究者对超额货币的概念界定中存在的问题,由货币的职能探讨超额货币的内涵;提出超额货币与流动性之间的区别,在当前研究这对流动性概念的界定的基础上,提出超额货币与流动性之间的差异与联系;从资产选择效应,实际余额效应,财富效应渠道和汇率渠道几个方面探讨超额货币对经济金融影响的渠道。第四章,我国超额货币程度的测量。结合国内外研究者在超额货币测量时采用的方法及其存在的问题,对两种不同方法测度我国超额货币的程度做出对比并总结讨论。第五章,对我国超额货币假说的实证检验。介绍货币化对超额货币的影响,虚拟经济的快速发展对超额货币的影响以及边际消费倾向的变化对超额货币的影响。第六章,超额货币对我国经济金融的影响。探讨超额货币对经济增长的影响,超额货币对物价水平的影响及超额货币对汇率水平的影响。第七章为论文的结论与政策建议。

关键词:货币　经济增长　物价水平　汇率

**1442**

**合作金融发展路径研究** / 苏彤著 ; 张荔指导. -- 辽宁大学, 2009. -- 116 页

论文对合作金融的发展路径进行了深入细致的研究。全文共分为六章。绪论主要介绍了选题背景,研究的理论和现实意义,国内外研究评述,相关概念的界定,论文研究的范围,研究的基本思路和研究方法,论文研究的创新和不足。第一章对合作金融发展路径进行综述,主要阐述了论文相关的文献,论述了合作金融的功能与定位,阐述了合作金融发展路径的

历史和现状。第二章研究了合作金融发展及路径变迁的经济学解释,主要论述了合作金融存在的理论渊源,对合作金融机制的变迁进行了理论解释,分析了合作金融机构发展路径变迁的经济学原因。第三章基于宏观视角,分析了合作金融发展路径的选择,对关于宏观视角与微观视角进行了说明,阐述了内生式自然演进路径,分析了内生式自然演进路径,论述了外生型变迁路径,探究了混合式发展的路径,最后对三种路径进行了比较。第四章从微观视角对合作金融发展路径选择进行了分析与研究。阐述了两种视角下合作金融发展路径的相互关系,论述了内生性体系的合作金融机构的发展路径的选择,分析了外生型体系中合作金融机构的发展路径,对合作金融机构发展路径进行了综合分析。第五章对合作金融发展路径选择的规律和效应进行了分析,探析了合作金融发展路径选择的规律和合作金融发展路径变迁的效应,阐述了关于合作金融未来发展路径的构想。第六章研究了我国合作金融发展路径的选择问题,对历史发展路径进行了总结和剖析,阐述了关于未来合作金融发展路径的构造,提出了制约因素与政策的建议。

关键词:合作金融　合作银行　金融发展

**1443**

**美国商业银行早期财务困境预警的动态模型实证研究** / 苏玮著 ; 李志辉指导. -- 南开大学, 2009. -- 128 页

论文综合运用财务学、计量经济学、统计学等知识,对美国商业银行早期财务困境进行预测,并构建了动态模型进行实证研究。全文共分六章。第一章导论,对财务困境进行了界定,并对商业银行财务困境预警的研究文献进行综合论述,说明了论文的研究目的与研究意义;第二章对商业银行财务困境预警进行了经济学理论的分析,利用财务比率和市场信息对商业银行早期财务困境进行预测;第三章对美国商业银行财务困境预警模型解释变量进行选取,引入新解释变量并对主成分进行分析,通过 Logistic 回归建模,进行预警结果的检验;第四章对美国商业银行 T-1 期数据采集与解释变量差异性和主成分进行分析,引入新的变量,对 T-1 期样本回归模型误判断成本进行分析,引入其他时期(T-2 期、T-3 期、T-4 期)的数据进行建模分析,对各时期财务预警模型进行比较分析;第五章探讨了中国银行业财务风险的防范,介绍了中国银行业的改革和对外开放的过程,对次贷危机中的中国银行业进行了介绍,并对中国银行业财务困境的潜在风险诱因进行了研究,结合中国商业银行相关数据,构建了美国商业银行早期财务困境预警模型;第六章指明了论文的现实意义,局限性及未来的拓展方向。

关键词:商业银行　财务管理　风险管理　预警分析　聚类分析　美国

**1444**

**中国保险资产管理公司投资管理研究** / 苏媛著 ; 周骏指导. -- 中南财经政法大学, 2009. -- 177 页

论文对中国保险资产管理公司投资管理进行了研究。全文共分为七章。第一章保险资产管理公司的资产负债匹配管理分析,主要论述了保险资产负债匹配管理的理论,研究了资产负债匹配管理发展的原因和问题,对中国保险资产管理公司的资产负债匹配管理进行了分析。第二章保险资产管理公司的资产配置,主要论述了资产配置的理论和方法分析,阐述了中国保险资产配置的投资工具,论述了中国保险资产管理公司的资产配置。第三章保险资产管理公司的风险管理,主要研究了风险分析和管理的理论和方法,概述了保险资产管理公司投资的风险,探究了保险资产管理公司的风险管理,介绍了保险资产管理公司信用风险管理体系和框架,研究了保险资产管理公司投资操作风险管理,明晰了风险限额管理的问题。第四章保险资产管理公司的绩效评估,主要介绍了投资绩效评估的方法论,分析了保险资产管理公司投资绩效的评估,以及投资收益的归属。第五章保险资产管理公司治理结构,主要论述了公司治理的相关理论,分析了中国保险资产管理公司的治理结构,研究了公司治理效应对投资业绩的影响。第六章保险资产管理公司投资管理监管,主要包括保险资产管理的监管方法与模式分析、中国保险资产管理公司监管分析、国际保险资产投资监管模式比较以及完善中国保险资产管理公司投资监管的建议四方面的内容。第七章是对保险资产管理公司投资管理前景的展望。

关键词:保险业　资产管理公司　投资管理　风险管理　金融监管

**1445**

**中国上市公司控股权、控制权与公司价值研究** / 孙建平著 ; 许少强指导. -- 复旦大学, 2009. -- 127 页

论文对中国上市公司控股权、控制权与公司价值进行了研究。全文共分为六章。第一章为导论,主要

介绍了选题背景和研究意义,研究内容和结构安排以及研究方法,总结归纳了论文研究的创新点和不足之处,对重要的概念进行了说明与研究。第二章介绍了所有权、控制权和公司价值的基础理论与文献综述,基础理论包括所有权与控制权分离理论、委托代理理论、不完全契约理论和利益相关者理论。综述了国内外相关的文献。第三章研究了企业控股权、控制权配置及其对公司价值的影响,主要分析了企业控股配置及其对公司价值的影响,研究了企业控制权配置及其对公司价值的影响以及控制权私有收益生成机理及其对公司价值的影响。第四章研究了中国上市公司控股权及控制权的历史变迁与结构解释,主要包括控股权、控制权和现金流量权的度量;现金流量权和控制权的分离及其途径、中国上市公司控股权和股权结构的纵向和横截面分析以及中国上市公司控制权的纵向和横截面分析四方面的内容。第五章是对中国上市公司控股权、控制权对公司价值影响的实证分析与研究,主要包括样本设计与变量定义、中国上市公司控股权对公司价值影响的描述性统计以及中国上市公司控制权对公司价值影响的描述性统计。对中国上市公司控股权对公司价值的影响进行了实证研究与分析,阐述了中国上市公司控制权对公司价值影响的实证研究。第六章提出了基于控股权和控制权视角提升上市公司价值的路径和对策。

关键词:上市公司　股权结构　控制权　企业价值

**1446**

**中国农村小额保险需求影响因素研究** / 孙健著 ; 申曙光指导. -- 中山大学, 2009. -- 147 页

论文在拓展经典保险需求理论的基础上,利用微观调研数据进行实证分析,目的在于获得影响小额保险需求的主要因素,并提出具有可操作性的小额保险发展建议。全文共分八章。第一章前言,说明了论文的研究背景、研究意义、研究内容,创新之处与不足;第二章研究综述部分,通过对经典保险需求理论的探源分析,发现经典保险需求理论是在保险产品研究的基础上衍生而来,为研究中国农村居民的小额保险需求影响因素提供了理论基础,通过回顾实证研究文献,总结了保险需求影响因素研究所采用的实证分析工具和方法;第三章理论分析部分,在分析小额保险产品特征的基础上,研究认为小额保险是面向中低收入人群的保险产品,旨在保障农村中低收入人群的基本生活稳定的保险产品,并拓展了 Rajeev Ahuja 和 Johannes Jutting(2004)所提出的小额保险需求理论模型;第四章数据来源与相关背景资料分析部分,介绍了微观调研数据的来源以及相关背景资料,分析发现医疗、意外事故是主要的致贫性风险;第五章对小额养老保险的需求影响因素进行了分析,阐述了小额养老保险需求影响因素的理论基础;第六章对小额医疗保险的需求影响因素进行了分析,并对农户医疗需求及新农合实施状况进行了研究;第七章对小额意外伤害保险的需求影响因素进行了分析,并给出了小额意外保险需求影响因素研究的理论基础,对实证模型及估计结果进行了分析;第八章提出发展小额保险的政策建议,就目前发展小额保险的可行性,发展现状及存在的限制性因素进行了总结,并提出促进中国小额保险发展的建议和意见。

关键词:农村保险　农业保险　保险需求

**1447**

**现金持有量的决定、产品市场业绩与现金价值** / 孙进军著 ; 顾乃康指导. -- 中山大学, 2009. -- 154 页

论文对现金持有量的决定、产品市场业绩与现金价值进行了研究。全文共分为八章。第一章为导论,主要介绍了研究意义,研究目的,研究框架,研究方法,主要创新点,以及章节安排。第二章为现金持有量的理论与实证研究综述,阐述了企业持有现金理论的发展,分析了现金持有量决定因素的实证结果,研究了企业现金持有的业绩与价值的实证研究成果,分析了国内的实证研究成果,最后对实证研究成果进行了评述。第三章分析了现金持有量的影响因素,主要对现金持有量的影响因素进行了理论分析,阐述了样本、变量与研究设计,分析了现金持有量影响因素的实证研究结果。第四章介绍了融资约束、现金流风险与现金持有的预防性动机,提出了研究的问题阐述了现金持有预防性动机的研究假设,介绍了研究的样本、变量与研究设计,对现金持有预防性动机的实证研究结果进行了分析与研究,最后对研究的稳健性进行了检验。第五章研究了制度环境、市场化进程与现金持有量,主要包括问题的提出,制度环境、市场化进程与现金持有量的决定,样本、变量与研究设计,市场化进程与现金持有量区域差异的实证结果分析以及小结。第六章研究了基于现金持有的平均效应和区间效应的现金持有与产品市场的业绩。第七章基于中国上市公司的实证研究分析了现金的市场价值。第八章为论文的结论,主要包括论文的主要研究结

论、研究的局限性以及对未来的研究方向的确定。

关键词:企业管理　财务管理　现金管理　企业绩效

**1448**

**转型经济下我国利率期限结构变动特征研究** / 孙甜著 ; 金德环指导. -- 上海财经大学, 2009. -- 144 页

论文对转型经济下我国利率期限结构变动特征进行了研究。全文共分为七章。第一章为导论,主要介绍研究背景和研究意义,研究思路和研究方法,论文研究的创新和不足之处。第二章为文献综述,主要阐述了利率期限结构的静态分析,论述了利率期限结构的动态模型及实证检验,分析了利率期限结构与宏观经济的关联性研究。第三章研究了我国转型经济的特点及其对利率行为的影响,界定了中国转型经济的特征,分析了转型模式在我国经济和金融领域的集中体现,研究了中国经济的转型特征对利率行为的影响。第四章介绍了利率期限结构的拟合和变动特征的刻画,主要阐述了利率期限结构的静态拟合,论述了利率期限结构的特征因子构造和分析。第五章研究了转型经济下宏观经济周期对利率期限结构的影响,主要分析了利率期限结构与实体经济的关联性研究,研究了宏观经济周期对利率期限机构变动的影响。第六章为转型经济下债券市场分割对利率期限结构的影响,主要研究了银行间和交易所利率期限结构对宏观变量反应的差异性,对银行间与交易所市场利差期限结构进行了研究与分析,探究了银行间与交易所市场长期均衡关系,最后进行了小结。第七章为全文的总结。

关键词:利息率　经济波动　经济周期　经济转型期

**1449**

**信用卡违约风险研究** / 孙文龙著 ; 周傲英指导. -- 复旦大学, 2009. -- 129 页

论文采取理论与实证相结合的方法,针对目前信用风险模型主要为企业信用风险而设计的现状,旨在建立一个适合信用卡特点的违约风险结构化度量模型。全文共分七章。第一章导论,说明了论文的选题背景、研究意义、主要内容、内容安排,指出了论文的创新与不足;第二章阐述了信用卡的产生与发展,对信用卡的主要风险(欺诈风险和信用风险)进行了说明,并对韩国信用卡危机进行了介绍及其启示进行了总结;第三章对信用风险模型的适用性进行了评价,说明了信用评分模型的作用和局限,并对结构模型和简约模型在信用卡上的适用性进行了分析,指出了建立信用卡违约风险结构模型的思路;第四章分析了确定性情况下的消费信贷需求,并论述了收入不确定性与消费信贷需求的关系,提出了基于信贷计划的消费函数,指出了信用卡的违约条件;第五章对信用卡违约风险度量进行了建模,先对收入分布进行了假设,计算了信用卡违约的概率和违约损失率,对违约损失进行建模,提出了违约的相关性;第六章对美国信用卡整体违约风险进行了分析,并对我国内地信用卡违约风险状况进行了分析;第七章是总结与政策建议,针对我国信用卡市场竞争的日趋激烈的现实,政府应大力促进居民消费的情况,提出了加强我国信用卡风险管理的一些政策建议。

关键词:信用卡　违约　风险管理

**1450**

**人民币汇率与资本流动关系研究** / 孙霄翀著 ; 周小川指导. -- 清华大学, 2009. -- 158 页

论文综合运用数理模型、实证研究、参数校准等多种方法,对汇率预期与资本流动、汇率稳定性的关系进行了研究。全文共分为六部分。第一章引言,概括了选题背景及研究方法等。第二章为文献综述,包括国际资本流动驱动因素的研究、国际资本流动驱动影响的研究、汇率与资本流动关系的研究。第三章为汇率对外商直接投资影响的理论模型与实证检验,根据外商直接投资驱动因素,将其分为成本导向型和市场导向型,构建两类数理模型,证明由于汇率风险敞口不同,汇率对两类直接投资影响不同。第四章为汇率预期与投机资本流动的理论模型与实证检验,假定央行参照外汇储备增量或基本余额调整汇率,分别在投机者具有均衡值回复预期、适应性预期、混合预期、理性预期四种形势下构建模型,并研究了投机者具有理性预期的情况。第五章为投机资本对宏观经济冲击的理论模型,求出了两种汇率调整策略下,投机者具有均衡值回复预期、适应性预期时,汇率、外汇储备、货币供应量的解析解和物价指数方程组,对央行两种策略进行了对比分析。第六章为结论,发现理性预期和混合预期较符合投机者预期方式。

关键词:人民币汇率　国际资金　资本流动　宏观经济调控

1451

**中国上市公司收购制度实证研究** / 索莉晖著 ; 李扬指导. -- 中国社会科学院, 2009. -- 201 页

论文综合运用比较分析方法,博弈论和行为金融学、实证分析法等方法对上市公司并购问题进行研究。全文共分六部分。第一部分导论,介绍了论文的研究对象、问题的性质、研究意义、分析方法、基本内容、主要贡献及有待进一步研究的问题;第二部分对马克思主义和西方主流经济学界对上市公司并购动因的理论分析进行了综述,并对我国上市公司并购动因做出理论解释;第三部分对世界主要国家和地区确立的上市公司并购制度进行了介绍和比较分析;第四部分以历史发展为线索,分析了我国证券市场不同发展阶段就上市公司并购制度的设计所做出的现实选择及存在的问题;第五部分根据中国证监会《上市公司收购管理办法》实施后的 800 余个并购案例,从实证角度对并购制度中不同利益机构引导下上市公司并购对股东收益和公司绩效的影响进行了比较分析,总结了我国上市公司收购中存在的问题(法律现象)、分析了产生问题的原因(解释法律原因)、评估了现行并购制度产生的后果(立法后果)、评价了《收购办法》执行效果(立法实践的实际结果),反思了现阶段我国上市公司并购制度的合理性和可行性;第六部分结合我国上市公司并购发展的外部环境和内部环境的变化,分析了我国上市公司并购制度的变革方向并提出若干政策建议。

关键词:上市公司　收购　股东

1452

**人民币汇率变动的产业结构调整效应** / 谭秋梅著 ; 陈平指导. -- 中山大学, 2009. -- 304 页

论文从微观层面厂商的利润最大化决策入手,选取若干中间变量,系统分析汇率变动对产业结构的整个作用机制。全文共分八章。第一章介绍了论文问题提出的背景,理论价值和现实意义,并对相关概念进行了界定,介绍了论文的创作思路和写作思路;第二章对于汇率变动的经济传递效应和产业结构调整效应的研究文献进行系统回顾和总结,分别介绍以往关于汇率变动对价格、产出、劳动市场、产业结构以及投资的研究成果和局限性;第三章构建了以微观主体厂商的利润最大化决策为基础的理论模型,并在模型中引入了各种代表行业特征的变量,并根据理论分析验证了不同行业对于汇率变动的不同反应;第四章通过实证验证了汇率变动对经济影响的滞后性;第五章引入沉淀成本的概念对人民币汇率的回滞现象进行了供求分析,并用两阶段的 SUR 检验验证了人民币汇率确实存在回滞现象,突出表现在 1996 年滞后;第六章在基本模型的基础上,将非劳动力投入细分为资本投入和原材料投入,假定厂商根据理性预期做出决策,分析了模型拓展后固定资产投资对汇率变动的反应;第七章考察了非贸易部门的产量对汇率变动的反应;第八章讨论了新一轮人民币趋势性升值对于各个行业可能产生的影响,即人民币汇率变动将带来的产业结构调整效应。

关键词:人民币汇率　产业结构调整　经济效果

1453

**欧元区统一货币政策研究** / 汤柳著 ; 李扬指导. -- 中国社会科学院, 2009. -- 224 页

论文在系统总结与欧元区相关的理论和实践成果的基础上,对欧元区统一货币政策决策与操作过程、特征及面临的主要问题进行了总结和分析。全文共分九章。第一章介绍了论文的选题背景和意义、分析主要依据和引用的相关研究成果、论文的研究方法和结构,以及论文的主要贡献;第二章总结了欧洲经济货币联盟的政策协商机制和经济政策结构的演进过程,并对欧元区的总体经济和金融特征进行分析;第三章重点分析欧元体系的形成、组织结构及其特点以及欧洲中央银行的独立性、责任性和透明性;第四章对欧元区货币政策的目标,货币政策决策所依据的经济、货币分析模型,货币政策分析的主要工具、货币政策决策的投票机制等进行分析和归纳,最后通过向量自回归模型对货币政策运作的基本特征进行计量分析和总结;第五章分析欧元区的货币政策操作工具、流程和规则,将欧元区的货币政策操作范式和美联储体系货币政策操作范式进行了比较分析;第六章主要集中在对欧元和美元关系的分析上,从贸易和金融的角度揭示了欧元区和美国之间的密切关系,通过实证分析对两大经济体之间的货币政策关联性做出判断并给出相应的解释,着重对欧元和美元的竞争态势做出了分析判断;第七章着重分析了美国次贷危机引发的全球金融危机对欧元区的影响以及欧洲货币当局所采取的应对措施;第八章着眼于未来,依次对货币政策区域非对称效应、分散的金融稳定政策、分散的财政政策以及欧元区东扩等四个主要问题进行剖析;第九章是全文的总结。

关键词:欧洲经济货币联盟　货币政策　欧元　货币体系

1454

**中国股票市场运行效率研究** / 唐静武著 ; 王聪指导. -- 暨南大学, 2009. -- 139 页

论文把我国深沪股票市场作为主要研究对象,借助市场微观结构结论的分析框架,通过理论模型、比较研究和实证检验,对我国股票市场运行效率进行研究。全文共分七章。第一章绪论,说明了论文的研究背景、研究意义、研究思路、研究方法和研究结构,创新之处;第二章对市场流动性、市场波动性和市场有效性的相关理论和文献进行了综合论述;第三章阐述了信息披露、证券市场的信息传导、并对中国股票市场透明性与市场运行效率进行了实证分析;第四章对中国股票市场流动性度量指标进行了选取,对中国股票市场流动性总体进行描述,并分析了中国股票市场的流动性以及流动性的影响因素;第五章分析了中国股票市场波动性的总体特征,并对中国股票市场的波动性影响因素进行了研究;第六章分析了指令驱动市场隐性交易成本的影响因素,并对中国股票市场交易成本与市场运行效率的关系进行了实证检验;第七章结论与展望。论文的研究结论是:深沪两市的流动性呈现出逐步改善的趋势,但仍然低于发达国家市场的流动水平;深沪股市波动性的总体趋势并不是出于下降状态,波动幅度依然较大,表现出强烈的"政策性"特征;中国股市市场情绪不仅会产生情绪溢价,而且使深沪两市的收益产生波动,与短期收益惯性和长期收益反转相对应;指令驱动制度下的股票市场,隐性交易成本和股价、市场深度、知情交易概率、股价波动、信息冲击与买卖指令的不平衡性密切相关;隐性交易成本是反映市场运行效率的一个综合指标。

关键词:股票市场　市场效率　市场结构

1455

**西部农村金融资源配置研究** / 唐青生著 ; 刘惠好指导. -- 中南财经政法大学, 2009. -- 189 页

论文从资源观视角重点考察和分析了我国西部地区农村金融资源配置的理论框架、发展的基本现状和存在的主要问题,对影响资源配置的各种要素进行了剖析,揭示了西部农村正式和非正式金融制度变迁的特征与路径依赖,运用主成分分析法对西部地区的农村金融资源配置效率进行了实证分析。全文共分七个部分。第一部分导论,介绍了选题背景,研究意义,并对国内外相关研究进行综合论述,提出了创新点和不足之处;第二部分从资源观视角构建了农村金融资源配置分析理论框架,界定了农村金融资源的定义、构成与性质,重点分析了农村金融资源配置主体、客体、制度、效率等相关因素,以及农村金融资源优化配置的一般条件分析;第三部分通过现状描述,发现西部农村经济金融发展与东部和中部地区的差距在日益扩大;第四部分对影响西部农村金融资源配置的因素进行了分析,农村金融制度资源的开发受一定时期经济资源配置状态的约束;第五部分从制度资源的角度分析了西部农村的金融制度,中国农业银行、农业发展银行和农村信用社等构成了我国西部农村金融体系中的主要正规金融组织;第六部分运用主成分分析法对西部各省市区的农村金融资源配置效率进行了实证分析;第七部分提出了进一步优化西部农村金融资源配置、提高资源配置效率的对策与措施。

关键词:农村金融　资源配置　效率

1456

**主权财富基金的治理问题研究** / 滕贞旭著 ; 李心愉指导. -- 北京大学, 2009. -- 129 页

全文共分为七章。第一章导言,主要介绍了论文选题背景,主权财富基金的定义和补充说明,国内外关于主权财富基金的研究,论文的研究方法、研究范围以及研究思路和结构,总结归纳了论文研究的主要创新点。第二章阐述了主权财富基金的产生和发展,主要论述了主权财富基金的发展,分析了主权财富基金兴起的根源和必然性,论述了美欧国家对主权财富基金的态度和行为。研究了主权财富基金治理的必要性。第三章通过讨论各种机制的适用性,对主权财富基金的治理机制进行了理论探究,主要对治理机制的适用性进行了讨论。第四章通过分析经理人的激励机制,对主权财富基金的治理机制进行了进一步的理论探究,阐述内部经理人与政府和企业的双重博弈,分析了外部经理人与企业的一次性博弈,论述了主权财富基金的三方行为人的博弈模型。第五章对主权财富基金治理的典型案例进行了分析,通过新加坡淡马锡控股公司的案例,分析了收益率较高的主权财富基金;通过挪威全球政府养老基金,对透明度较高的主权财富基金进行了研究;通过澳大利亚未来基金案例研究,分析了法制先行的主权财富基金。第六章对中国主权财富基金的实践及治理的政策建议进行了

介绍,主要阐述了中国主权财富基金的成立背景和概况,论述了中国财富基金的治理机制现状及存在的问题,提出了对中国主权财富基金治理机制的建议。第七章为结论,归纳了论文需要进一步研究的问题。

关键词:国际金融　金融市场　投资基金

1457

**价格结构性上涨与通货膨胀研究** / 田娟著 ; 吴军指导. -- 对外经济贸易大学, 2009. -- 130 页

论文对价格结构性上涨与通货膨胀进行了研究。全文共分为八章。第一章导论,主要介绍了论文的选题背景和研究的意义,论文拟说明的事实,论文的研究方法,研究思路和分析框架,论文研究的主要观点和创新点。第二章结构性通货膨胀理论,阐述了经典的结构性通货膨胀理论、惯性通货膨胀理论以及结构性通货膨胀的治理和评价。对国内外的相关文献进行了回归与综述。第三章产业结构的演变路径及其规律,介绍了产业结构演进的相关理论,总结了产业结构转换的国际经验考察,对中国产业结构演变历史进行了溯源,分析了其特征,归纳了需要阐明的几个重要的规律。第四章研究了收入分配与结构性价格上涨的问题,主要论述了收入与分配与社会公平的问题,阐述了结构性价格上涨的基本原理,研究了结构性价格上涨与结构性通货膨胀的问题。第五章阐述了制度因素与结构性通货膨胀。主要对不同制度条件下结构性通货膨胀进行了比较分析,提出了完善市场经济体制与结构性通货膨胀的建议,分析了我国结构性通货膨胀的特征和生成的原因。研究了中国价格体系、价格机制与结构性通货膨胀的关系,阐述了中国市场主体市场参与度非平等的问题。第六章研究了结构性通货膨胀的维持发展机制及其影响,主要包括结构性通货膨胀的维持机制、居民实际收入恶化、成本提高导致物价总水平进一步提高以及巴萨效应导致外需压力四方面的内容。第七章研究了产能过剩与结构性通货膨胀的关系。第八章为全文的总结。

关键词:通货膨胀　价格体系　产业结构

1458

**中国金融倾斜的实证分析** / 田树喜著 ; 白钦先指导. -- 辽宁大学, 2009. -- 154 页

论文对中国金融倾斜问题进行了实证分析。全文共分为六章。绪论主要介绍了论文研究的问题,相关的概念界定,国内外相关的文献综述,论文的结构安排和研究方法,论文研究的创新之处和不足。第一章为金融倾斜理论的评述,主要包括金融倾斜理论的提出、金融倾斜格局的形成机制、金融倾斜与金融发展三方面的内容。第二章描述了典型国家金融倾斜的状态特征,主要描述了美国、日本、韩国、印度、东欧转型国家的金融倾斜的状况特征,最后对典型国家的金融倾斜进行了比较分析。第三章介绍了中国金融倾斜的状况特征及其计量,主要阐述了中国间接融资的发展与特征,论述了中国直接融资的发展与特征,分析了中国金融倾斜状况的计量。第四章是对中国金融倾斜与经济增长的实证分析,主要论述了金融倾斜与经济增长的关联机制,阐述了中国金融倾斜与经济增长的总体检验,介绍了中国各地区金融倾斜与经济增长的检验,总结了中国金融倾斜产出效应的约束条件。第五章是对中国金融倾斜与经济波动的实证分析,主要包括金融倾斜与经济波动的关联机制、中国金融倾斜与经济波动的总体检验、中国各地区金融倾斜与经济波动的检验,以及中国金融倾斜波动效应的博弈分析四方面的内容。第六章为全文的研究结论和政策建议的总结。主要的政策建议有缩减金融产权的国家控制比重、完善证券市场体系、完善地区性金融安排、实现机构监管和功能监管的协调统一。

关键词:金融业　金融危机　融资

1459

**我国证券公司治理结构与X-效率研究** / 田晔著 ; 何问陶指导. -- 暨南大学, 2009. -- 133 页

论文在公司治理理论和X-效率理论的基础上,通过分析我国证券公司的相关数据,从公司内外部治理两个角度研究证券公司的治理结构特点。采用数据包络分析(DEA)和随机前沿分析(SFA)计算我国证券公司的X-效率,运用方差分析、回归分析等计量方法实证检验证券公司治理结构与X-效率之间的经验关系。全文共分六章。第一章导论,说明了论文的研究意义、研究目的、选题背景、研究内容、文章结构,并介绍了国内外相关研究现状,指明了论文的主要创新之处;第二章介绍了公司治理与X-效率的理论基础;第三章对我国证券公司的产生背景和发展历程进行了说明,对我国证券内部治理结构和外部治理结构进行了分析;第四章对我国证券公司的X-效率进行了实证分析,并对DEA方法和SFA方法的实证结果进行了比较;第五章对我国证券公司治理结构对X-效率的影响关系进行了实证研究;第六章结论和发

展建议。论文的研究结论是:我国证券公司内部治理结构有一定特殊性;外部治理机制不断完善,但仍存在不足;我国证券公司普遍存在着X-低效率的现象,DEA方法和SFA得到的效率值在1%水平上存在显著的一致性;上市证券公司的X-效率显著高于非上市的证券公司;股权集中度对证券公司的X-效率存在显著的负面影响。

关键词:证券公司　法人治理结构　效率　数据包括分析(DEA)

**1460**

**我国商业银行个人理财业务营销策略研究** / 佟翠玲著 ; 邱兆祥指导. -- 西南财经大学, 2009. -- 195页

全文共分为七章。论文导论主要介绍了论文选题的背景和研究意义,国内外的研究文献综述,论文的研究方法和结构,论文研究的主要创新点和不足之处。第一章文献综述,主要包括商业银行营销策略方面的研究、商业银行个人理财业务的研究、我国商业银行个人理财业务营销策略的研究。第二章我国商业银行个人理财业务营销的现状和发展趋势,主要对我国商业银行个人理财业务营销的现状进行了实证分析,阐述了我国商业银行个人理财业务营销发展的总体趋势。第三章我国商业银行个人理财业务市场的细分,主要论述了我国商业银行个人理财业务市场细分的研究现状,分析了基于"客户价值"的我国商业银行个人理财客户的分类。第四章我国商业银行个人理财产品营销的策略,主要论述了我国商业银行个人理财产品的发行现状,分析了我国商业银行个人理产品系列创新策略,研究了我国商业银行个人理财产品组合方案营销的策略。第五章我国商业银行个人理财业务服务营销策略分析与研究,主要阐述了商业银行个人理财服务质量的理论和模型,实证分析了我国商业银行个人理财客户满意度的影响因素,研究了我国商业银行个人理财业务的CS策略的实现途径和我国商业银行个人理财业务服务的CR体系。第六章我国商业银行个人理财业务品牌营销策略分析,论述了金融企业品牌建设的相关理论研究,分析了我国商业银行个人理财业务品牌资产的构成要素并进行了案例分析。第七章提出了完善我国商业银行个人理财业务营销的政策建议。

关键词:商业银行　银行业务　产品营销　营销策略

**1461**

**基于虚拟经济视角的美国金融危机研究** / 宛敏华著 ; 刘骏民指导. -- 南开大学, 2009. -- 117页

论文对基于虚拟经济视角的美国金融危机进行了研究。全文共分为七章。第一章为引言,主要介绍了选题背景和研究意义,研究方法,研究思路和分析框架,归纳了论文研究的主要观点和创新点,以及国内外的研究现状。第二章介绍了金融危机的形态演变和理论变迁,主要对金融危机的概念进行了界定,对重大金融危机的历史进行了回顾,阐述了金融危机的主要变现形式,论述了金融危机理论的变迁。第三章研究了美国经济运行方式与核心经济,主要分析了美国经济的特殊循环方式的产生机制与影响,论述了美国经济的运行方式,探究了美国核心经济与核心需求的变化。第四章研究了经济虚拟化下的美国金融危机,主要包括美国经济虚拟化下的次贷危机、经济虚拟化导致金融杠杆的过度化、金融杠杆过度化导致金融危机以及经济虚拟化下金融危机的根源:虚拟经济与实体经济失衡,四方面的内容。第五章研究美国经济走上金融危机的困境,主要阐述了美国金融危机加剧的情况,分析了美国危机的实质,论述了美国经济的困境。第六章研究了美国政府对金融危机的干预,主要阐述了美国政府对金融危机的干预措施,分析了干预措施未能解决的问题,论述了美国政府对金融危机干预的困境。第七章研究了美国金融危机对中国的借鉴意义与中国的应对,主要分析了金融危机对中国经济的影响,阐述了中国应对金融危机的政策建议。

关键词:金融危机　虚拟经济　行政干预　美国

**1462**

**地区金融环境与企业融资行为及经营发展的相关性研究** / 万芊著 ; 刘力指导. -- 北京大学, 2009. -- 121页

论文对地区金融环境与企业融资行为及经营发展的相关性进行了研究。全文共分为六章。第一章绪论,介绍了论文研究的背景和目标及理论和现实意义,论文的研究思路和技术路线,研究方法,主要内容和逻辑结构,总结了论文研究的主要创新点以及不足之处。第二章论文相关的文献综述和评论,主要包括经济增长与金融发展的相关文献、企业资本结构理论、地区金融发展和区域金融理论与企业融资理论、中小企业研究及企业问卷调查。第三章地区金融发展与金融环境的建设,主要阐述了金融环境理论和应用,分析了国际金融环境的发展现状与比较,国内地区金融

环境差异及影响因素,最后对章节进行了小结。第四章地区金融环境对企业融资和经营业绩的影响,主要分析了金融发展对企业融资的影响,阐述了考虑不同规模、不同企业类型的稳健性研究,论述了其他金融环境因素的影响,分析了金融发展对企业经营发展的影响。第五章地区金融环境与中小企业融资,主要论述了金融发展对中小企业融资与发展的影响,阐述了问卷调查的分析结果,研究了中小企业内外部因素对企业融资的影响。第六章为全文的总结,主要包括论文研究的基本结论、研究过程中的主要创新点及不足之处、研究的局限性及对未来研究的展望。

关键词:区域经济　金融事业　企业管理　融资　中小企业

**1463**

**中国货币政策有效性分析** / 万晓莉著 ; 霍德明指导. -- 北京大学, 2009. -- 120 页

论文利用时间序列计量方法从开放条件下的货币需求稳定性——总量型货币政策调控的前提、货币政策反应函数与宏观经济波动等角度来考察我国货币政策的有效性,并从中分析我国现行货币政策体系所面临的问题与挑战。全文共分六章。第一章引言,提出了论文的研究问题,对相关概念进行了界定,指明了论文的研究思路、研究范围和研究方法,框架结构,创新之处,并总结出论文的主要结论;第二章对中国货币政策操作时间进行了回顾和分析;第三章提出了中国一般物价水平由财政还是货币政策决定的问题,并通过实证分析得出结论;第四章分析了中国货币需求的长期稳定性,通过设定模型,利用 Bound Testing方法分析了人民币汇率变化预期对货币需求的影响机制;第五章构建了中国货币政策反应函数并对中国货币政策反应函数进行了实证检验;第六章论文的主要结论。论文的主要结论:虽然财政政策在中国宏观调控中扮演了非常重要的角色,中国的物价水平仍然是由货币政策决定的;我国货币需求只有在开放框架下,将汇率等因素考虑进来才表现出稳定性;虽然我国现阶段货币操作的规则还不强,但是麦克拉姆规则和泰勒规则还是可以成为较好的评价货币政策实施效果的尺度;我国货币政策的调控效果在 1996 年以前有放大经济波动的效果,而 1996 后则表现出更多的逆周期性,这种转变可以是解释我国宏观经济波动减小的原因之一。

关键词:货币政策　货币需求　宏观经济调控　经济稳定　有效性

**1464**

**宏观经济的不确定性与银行信贷行为研究** / 王保东著 ; 邱兆祥指导. -- 对外经济贸易大学, 2009. -- 129 页

全文共分为六章。第一章绪论,主要介绍了论文的选题背景和研究意义,国内外关于宏观经济银行信贷行为的研究文献,论文的研究方法和结构安排,论文研究的创新和不足。第二章宏观经济的不确定性与信贷行为关系的理论研究,评述了相关理论研究,界定了论文的研究内容,论述了宏观经济不确定性与银行信贷行为关系的制度根源,介绍了基于银行价值最大化思想的理论模型,阐述了了银行经营成本收益视角对理论模型解释,分析了均值方差方法对理论模型结果的验证。第三章宏观经济的不确定性与信贷行为关系的定量分析,主要包括银行信贷总量的扩张收缩与宏观经济运行、宏观经济不确定性与信贷关系的计量检验以及分行统计宏观经济的不确定性对信贷行为的影响。第四章研究了信贷主动扩张与收缩对宏观经济的不确定性冲击,主要包括信贷决策的行为金融分析、主动信贷扩张催生股市泡沫、房地产行业信贷扩张对宏观经济的冲击、消费者信贷扩张与宏观经济的不确定性以及信贷主动收缩与宏观经济不确定性——金融危机的佐证。第五章研究了隐含信贷行为与货币调控效果的不确定性,主要阐述了宏观调控对宏观经济的决定作用,论述了货币政策是影响宏观经济不确定性的关键因素,研究了信贷渠道是货币政策主要传导机制,分析了货币政策信贷传导效果的不确定因。第六章提出了完善制度的对策与建议。

关键词:商业银行　信贷管理　货币政策　宏观经济调控

**1465**

**股市波动对货币的影响研究:理论与人民币的经验证据** / 王成进著 ; 何问陶指导. -- 暨南大学, 2009. -- 108 页

论文采用理论和实践相结合的方法,从生产力的视角,使用马克思的“生产力—生产方式—生产关系”分析范式,从生产力水平提高引起消费内容转变这一角度来解释股市波动影响货币的理论基础——股市强波动性和“股经背离”的原因,从货币供求视角、通胀率视角、利率视角探讨股市波动对人民币的具体影响。全文共分七章。第一章导论,说明了论文的研究

背景、研究对象、研究思路、文章结构、创新之处与不足,并对相关文献进行了综合论述;第二章对股市波动影响货币的理论基础进行了阐述,并对股市波动特征进行解释及评析;第三章阐述了股市波动对货币供求的影响,并对股市波动影响货币供求的理论进行了分析;第四章论述了通胀理论与股市波动与通胀率的关系,并对股市波动对通胀率的影响进行了理论分析,并进行了实证分析;第五章阐述了利率理论及股市波动对利率的影响,并对股市波动对利率影响的理论进行了分析,并进行了实证分析;第六章对人民币均衡汇率进行相关研究并进行评析,实证分析了生产力差异视角下的人民币汇率的波动;第七章结论与启示。论文的研究结论是:股市波动在短期内从货币供给和货币需求两个方面影响着货币供应量;资金流入股市会引起股市和实体经济部门的价格水平上升,资金流入实体经济部门则会使两部门的价格水平下降;股市波动已经对利率产生了影响;价格水平和利率水平的差异无法有效解释汇率波动,生产力水平差异引起的不同资产的收益与风险的差异是解释汇率波动的又一重要因素。

关键词:股票市场　货币供给量　人民币　利率

**1466**

**对冲基金监管制度研究** / 王刚著 ; 周仲飞指导. -- 上海财经大学, 2009. -- 316 页

全文共分为八章。导论主要介绍了对冲基金的概念和法律特征,分析了对冲基金发展对监管的影响,阐述了国内外研究现状综述与评析,对论文的研究进行了简介。第一章对冲基金监管基本理论进行了研究,主要论述了对冲基金监管制度的基本框架,基本原则,内容和特征。第二章研究了对冲基金市场准入的监管,主要论述了对冲基金管理人市场准入监管,分析了对冲基金市场准入监管。第三章研究了对冲基金运营监管,主要论述了防范系统性风险的监管制度、维护市场完整性的监管制度;以及保护投资者利益的监管制度。第四章分析了对冲基金破产的法律制度,主要论述了对冲基金破产法律制度的现状和问题,阐述了对冲基金破产中的净额结算,研究了对冲基金跨境破产的法律协调问题。第五章分析了对冲基金第三方监管制度,主要论述了主经纪人监管制度、对冲基金投资者监管的制度及其他市场主体的监管。第六章研究了对冲基金内部管理与行业自律,主要分析了对冲基金内部的治理,研究了对冲基金行业自律管理。第七章分析了对冲基金监管的国际协调,主要阐述了监管协调的理论基础,对经济学模型进行了论述,分析了对冲基金监管国际协调现状与问题,提出了完善对冲基金监管的法律协调。第八章介绍了中国对冲基金监管制度的设计。

关键词:投资　基金　风险管理　监管制度

**1467**

**基于资本管制下的贸易收支研究** / 王刚贞著 ; 王光伟指导. -- 苏州大学, 2009. -- 123 页

论文采用理论与实证相结合的方式对资本管制下的贸易收支情况和我国贸易收支变动的热钱流动汇率预期因素的影响进行了研究。全文共分六章。第一章导言,说明了研究背景、研究意义、研究内容、逻辑结构,指明了研究思路、研究方法、创新与不足;第二章文献述评,对贸易收支影响因素进行理论研究,对贸易收支影响因素进行实证研究,并对相关文献进行总体评价;第三章基于我国资本管制的现状,在传统的贸易收支理论模型的基础上引入了汇率预期变量,重新构建贸易收支模型并对我国贸易收支状况进行实证研究;第四章利用我国的贸易数据与贸易伙伴国的贸易数据之间的镜像关系,考虑我国实际,提出转口贸易和海关计价因素后,建立了测算模型,对实证结构进行评述;第五章具体测算我国贸易项目下的热钱流动规模以及我国的真实贸易差额,并深入分析不同阶段热钱流动的主要背景因素,揭示贸易项目下的热钱流动对我国经济产生的影响;第六章提出解决的对策,从根本上解决贸易项目下的热钱问题,不断创造和完善相关条件,逐步放开资本管制,实现人民币完全自由兑换,使热钱有正规的流动渠道,资金各行其道,减轻贸易项目压力。论文结论是:我国贸易顺差急剧增加的主要原因不是由于人民币币值低估,而是由于存在大量热钱通过贸易渠道流入,致使贸易顺差虚高,人民币升值预期是导致这一结果的重要原因。

关键词:对外贸易　贸易收支　贸易顺差　人民币汇率　金融管制

**1468**

**中国商业银行经济资本应用研究** / 王炯著 ; 李念斋指导. -- 中南财经政法大学, 2009. -- 172 页

论文综合运用经济学、管理学等理论,从金融学的角度,通过理论与实证分析、历史与比较分析、定性

与定量分析等方法,以商业银行经济资本应用为研究核心,对经济资本的合理配置模型、基于经济资本的绩效考核方案设计和基于经济资本的全面风险预警体系构建三个方面做了重点研究。全文共分八个部分。第一部分指出研究背景及意义、国内外经济资本应用研究的文献综述,以及论文的研究方法、分析框架、创新点;第二部分对商业银行经济资本应用的理论基础做了一个系统梳理,主要阐述经济资本的涵义、新古典经济学关于资本管理的价值理论、商业银行经营管理理论发展路径、经济资本计量的理论基础和方法等;第三部分对国外商业银行经济资本应用的发展状况进行研究,并得出中国商业银行构建经济资本应用体系的启示;第四部分具体分析了经济资本应用在中国商业银行的现实运作,指出存在的问题,提出中国商业银行经济资本应用的策略;第五、六、七部分着重在借鉴国际先进银行经验的基础上,结合中国商业银行实际,针对经济资本配置、绩效考核方案设计、全面风险预警体系构建进行了研究;第八部分全文总结与研究展望。论文的研究结论是:中国商业银行经济资本应用能力的建设是一个渐进的过程;中国商业银行应构建包括经济资本计量、经济资本配置和基于经济资本的绩效考核、资本定价、全面风险管理在内的商业银行经济资本管理体系;商业银行应用经济资本进行经营管理是商业银行发展的必然趋势;国际商业银行经济资本应用步入快速发展时期,原因有四;中国商业银行经济资本应用还不成熟,可以采取渐进方式,做好推进经济资本管理的基础工作;经济资本配置能够引导商业银行按照战略发展目标开展经营活动,同时也是经济资本应用的关键环节。

关键词:商业银行　资本管理　风险管理

**1469**

**主权财富基金:理论与实证研究** / 王乐著 ; 陈雨露指导. -- 中国人民大学, 2009. -- 172 页

论文对主权财富基金进行了理论与实证研究。全文共分为六章。第一章为导论,主要介绍了论文的研究问题,主权财富基金概论,论文的结构和逻辑框架,创新之处和局限性,论文的研究的方法。第二章阐述了主权财富基金研究文献的综述,主要对相关的概念进行了界定,阐述了主权财富基金的起源、发展和特性,研究了主权财富基金的利益、风险和规制。第三章主权财富基金经济分析,主要比较分析了主权财富基金与中央银行资产组合,分析了主权财富基金负债,对主权财富基金投资组合进行了实证分析与研究。第四章主权财富基金的透明度的分析与研究,主要界定了透明度的概念,阐述了主权财富基金透明度的评估,论述了主权财富基金与东道国之间的信息博弈,介绍了主权财富基金透明度影响因素的计量分析,最后进行了章节小结。第五章主权财富基金的规制及司法救助的分析,主要论述了主权财富基金的规制,探究了主权财富基金规制的局限性,研究了主权财富基金的司法救助。第六章介绍了关于中国主权财富基金的特征和问题,提出了相关的政策建议,分析了中国投资公司的成立的背景、资金的来源以及公司的治理,分析了中国投资公司的投资策略及其影响,阐述了中国投资公司面临的宏观和微观上的问题,提出了中国投资公司的政策建议,主要包括宏观方面和微观方面的建议。

关键词:金融市场　金融投资　投资基金　国际金融

**1470**

**机构投资者、市场效率与市场稳定性研究** / 王磊著 ; 陈国进指导. -- 厦门大学, 2009. -- 112 页

论文对机构投资者、市场效率与市场稳定型进行了研究。全文共分为七章。第一章为导论,主要介绍了论文的研究背景,研究问题,研究的思路和主要内容,研究的框架,研究的主要创新点。第二章分析了论文研究的理论基础和文献综述,主要理论基础包括有效市场理论、市场异象和行为金融解释、有效市场理论视角下的机构投资者,以及行为金融理论视角下的机构投资者。第三章是对中国机构投资者发展的概述,主要论述了中国机构投资者发展的历程,分析了中国机构投资者现状,探究了机构投资者发展过程中存在的问题。第四章是对机构投资者、无形信息与账面市值比效应的研究与分析,主要介绍了账面市值比效应的相关理论,对变量设计、数据来源和描述性统计进行了分析与研究,介绍了无形信息与市场过度反应,阐述了无形信息与机构投资者的交易,论述了无形信息和机构投资者羊群行为。第五章是对机构投资者动量交易与股票收益惯性效应的研究,阐述了动量交易的相关理论,研究了变量设计与样本数据,研究了机构投资者动量交易、惯性效应与市场效率,对机构投资者与市场效率进行了进一步讨论。第六章分析了机构投资者与股票市场稳定性,主要介绍了机构投资者与市场波动的相关理论,对机构持股比例

与股票收益波动率进行了实证检验。第七章为全文的结论和政策建议。

关键词:金融机构　金融市场　金融投资　市场效率

**1471**

**金融脆弱性:微观机制与治理路径**／王丽著　;　戴相龙,马君潞指导. -- 南开大学, 2009. -- 233 页

论文对金融脆弱性的微观机制与治理路径进行了研究。全文共分为六章。第一章引言,主要介绍了论文研究的问题,研究意义,研究的思路和内容安排,总结归纳了论文研究的方法、创新点和不足之处。第二章介绍了金融脆弱性的理论基础,主要界定了金融脆弱性的概念和内涵,阐述了金融脆弱性的诱导机制及金融脆弱性的治理路径。第三章研究了金融脆弱性的微观机制——银行挤兑模型,阐述了银行危机与脆弱性生成机制,论述了银行挤兑基本模型,介绍了外部冲击与银行挤兑均衡,分析了开放条件下的银行挤兑模型。第四章研究了政策选择与金融脆弱性治理,主要阐述了货币政策、资产价格与金融脆弱性,分析了资金流动和金融脆弱性、金融自由化与金融脆弱性。第五章研究了危机舒缓制度与金融脆弱性治理,分析了存款保险制度与金融脆弱性的关系,研究了存款保险制度的双重效应和研究现状,分析了存款保险制度下的银行挤兑模型。研究了最后贷款人制度与金融脆弱性,最后贷款人制度下的银行脆弱性以及银行挤兑模型,讨论了银行危机救助方式,对金融脆弱性舒缓制度进行了比较,总结了危机舒缓制度的国际经验和启示。第六章研究了金融脆弱性的经验分析及对我国的启示,主要实证分析了金融脆弱性影响因素、金融脆弱性治理的经验和教训以及政策建议。

关键词:金融风险　金融危机　金融监管

**1472**

**中国私募股权投资发展研究**／王丽著　;　王国刚指导. -- 中国社会科学院, 2009. -- 112 页

论文综合运用资本结构理论、金融合约理论的代理成本模型、非对称信息模型、控制权模型,企业融资理论以及生命周期理论等对私人股权投资进行了理论分析,并对创业企业融资理论中的一些重大问题进行了汇总和梳理,对私人股权投资基金组织结构、机构投资者、税收及公共政策、投资风险和监管等重大问题进行理论阐述。全文共分八章。第一章绪论阐述了选题的研究背景及意义,论述了私人股权投资的定义和内涵,国内外发展情况综述,主要特征及分类,最后说明了论文的结构、研究方法和主要内容;第二章对私人股权投资相关理论进行阐释,并对当前国际国内最新学术研究成果进行了综述;第三章主要讨论了私人股权投资基金的组织结构,重点研究了有限合伙制的制度设计及利弊分析,并对实践中有限合伙制、公司制和信托制等制度模式选择进行了比较分析;第四章对私人股权投资基金的机构投资者进行了比较研究;第五章从公共政策角度对私人股权投资基金的税收问题进行了分析和论述,重点讨论有限合伙制基金的税收框架;第六章论述了私人股权投资基金的风险管理,并用实证分析结果对私人股权投资的风险进行了分析;第七章对私人股权投资基金的运营及监管模式进行了比较研究,并对我国产业投资基金的监管模式提出建议;第八章对我国私人股权投资基金的发展进行了较为全面的总结和展望。

关键词:融资　基金　股票投资

**1473**

**基于柯布—道格拉斯效用函数的拍卖理论模型及其应用研究**／王明喜著　;　刘树林指导. -- 对外经济贸易大学, 2009. -- 120 页

全文共分为八章。第一章绪论,概述了拍卖的基本理论,论文研究的背景和研究意义,论文研究的思路和研究方法,论文研究的主要内容和结构,总结归纳了论文研究的主要创新和局限性。第二章介绍了拍卖理论研究的文献综述,主要包括章节引言、三类估价拍卖模型,以及 SIPV 拍卖模型及其延伸。第三章研究了 CDIPV 拍卖模型,论述了柯布—道格拉斯生产或是效用函数以及 SIPV 拍卖模型的不足和改进,从假设和记号、均衡指标策略以及卖者的收益比价三方面介绍了 CDIPV 拍卖模型。第四章研究了三类风险偏好投标者共存下的一级价格密封式拍卖,主要介绍了基于预期收益的拍卖模型和基于柯布—道格拉斯效用函数的拍卖模型。第五章研究了带佣金率和保留价的 CDIPV 拍卖模型,主要包括章节引言、假设和记号、一级价格密封式拍卖、二级价格密封式拍卖、收益比较及章节小结六方面的内容。第六章研究了四种多属性拍卖的模型,主要包括章节引言、建模、基于预期收益的多属性拍卖模型以及基于柯布—道格拉斯效用函数的多属性拍卖模型、采购者的预期效用

比较、最优拍卖、一些延伸内容七方面的内容。第七章介绍了多属性拍卖模型在不良资产处置中的应用,主要分析了 SAW、WP、CDSAW 和 CDWP 拍卖模型在不良资产处置中的应用,介绍了一个确定赢者的说明性例子和均匀分布下的投标策略。第八章为论文的总结和研究展望。

关键词:拍卖 理论模型 考勃—道格拉斯生产函数 投标 不良资产

**1474**

**经济转轨中我国信贷配给双重性问题研究** / 王松华著 ; 何问陶指导. -- 暨南大学, 2009. -- 126 页

论文在回顾和评析国内外文献的基础上,对比分析了中西方信贷配给的特点,结合我国实际情况对信贷配给双重性进行研究。全文共分七章。第一章绪论,提出了论文的研究背景、研究意义、研究视角、研究方法、论文的思路、指出了论文的主要创新;第二章对相关概念进行了界定和分类,并对国内外的相关文献进行综述;第三章对中西方信贷供给进行了比较,对西方信贷配给的特征进行了抽取,对我国信贷配给成因进行了分析,对经济转轨中我国信贷配给双重性进行了再思考;第四章分析了信用缺失现象,指出了企业信用缺失的决定因素,并对企业信用缺失福利损失进行了分析,提出了基于信用基础上的均衡信贷配给;第五章对银行改革、风险控制、均衡信贷配给进行了研究,说明了银行改革和风险控制下的信贷市场特征,基于风险控制对我国均衡信贷配给进行界定,对银行股份制改革与均衡信贷配给关系进行了实证研究;第六章分析了政府金融干预与非均衡信贷配给问题,对政府信贷干预进行分类,说明了政府干预信贷市场的手段,并指出了政府隐性干预信贷配给问题;第七章结论与建议。论文的结论是:信贷配给在中西之间的形成机制不同;不能照搬国外以政府干预或市场选择来作为划分非均衡信贷配给和均衡信贷配给的标准;信用缺失衍生出信任型的信贷配给,属于均衡信贷配给的一种;银行股份制改革和风险控制形成了另一种均衡信贷配给;政府隐性金融干预是形成非均衡信贷配给的途径之一。

关键词:信贷 信用 转轨经济

**1475**

**中国证券稽查执法制度变迁与实证研究** / 王婷著 ; 江春指导. -- 武汉大学, 2009. -- 198 页

全文共分为七章。第一章证券稽查执法的理论平台,主要阐述了监管经济学、法与金融学一级制度变迁理论。第二章介绍了证券稽查执法的范畴和性质的界定,阐述了作为稽查执法的范畴,研究了稽查执法与证券监管和日常监管的关系,分析了证券稽查执法的组织架构与工作程序,对证券稽查执法与司法救济、民事诉讼及自律监管进行了比较分析与研究。阐述了证券稽查执法与司法部门的协作体制。第三章研究了中国稽查执法体制的演进和变迁过程,分析了中国证券市场的发展历程,研究了中国市场监管体制的演进和变迁,研究了中国证券市场稽查执法的法制化过程,分析了中国证券稽查执法体制与制度变迁的效率。第四章分析了稽查执法的国际比较和局限性,研究了资产稽查执法的背景,分析了各国稽查执法模型,比较了各国稽查立法与法律依据以及各国稽查执法权限与调查手段,比较分析了证券稽查执法机构与司法机关执法协作的状况以及各国稽查执法的绩效。最后分析了各国稽查执法。第五章研究了典型证券违法违规行为的稽查执法,主要阐述了信息披露案、内幕交易案、市场操纵案、非法证券经营活动的稽查执法。第六章是对中国植物稽查执法进行了实证分析,主要概述了中国证券违法违规行为稽查执法的情况,论述了证券稽查执法实证研究的文献回顾与方法,阐述了证券稽查执法的整体有效性分析及检验。第七章分析了证券稽查执法与金融危机。

关键词:证券市场 监管制度 执法

**1476**

**宏观调控中的货币政策与财政政策协调配合** / 王旭祥著 ; 李扬指导. -- 中国社会科学院, 2009. -- 236 页

论文对宏观调控中的货币政策与财政政策协调配合进行了研究。全文共分为八章。第一章导论,主要提出了论文研究的问题,文献综述,论文的结构安排,研究的可能创新之处。第二章货币政策与财政政策协调配合的理论基础,主要论述了货币政策与财政政策的理论,对现代宏观经济学关于货币政策与财政政策的主要观点进行了理论溯源。第三章经济发展中的货币政策与财政政策,主要阐述了 1929—1992 年的美国货币政策与财政政策演变的过程,分析了新经济时期的美国货币政策与财政政策。第四章货币政策与财政政策协调配合的框架机制,阐述了用于总需求管理的一般分析框架,研究了政府预算约束与政

策货币政策的相互作用，阐述了价格水平决定的货币和财政理论，研究了货币政策与财政政策的协调问题。第五章调控货币供给量的货币政策与财政政策协调配合，主要阐述了中央银行与财政的资金联系，论述了国库改革与两大政策体系的协调配合，提出了政策建议。第六章促进金融市场发展的货币政策与财政政策的协调配合，主要阐述了赤字融资、国债的产生与两大政策的相互支持，介绍了国债市场发展中的货币政策与财政政策的协调配合。第七章开放经济下的货币政策与财政政策的协调配合，主要论述了开放经济下货币政策与财政政策的协调配合的原理，阐述了外汇储备管理中的财政货币政策协调配合，论述了中国外汇储备管理体制改革与财政货币政策的协调配合。第八章中国货币政策与财政政策协调配合的历程与展望，回顾了中国货币政策与财政政策协调配合的历史，阐述了加强货币政策与财政政策的协调配合的主要内容，提出了深化货币政策与财政政策协调运行的改革措施。

关键词：货币政策　财政政策　宏观经济调控

1477

**金融发展中的中国货币需求函数实证研究** / 王学伟著；王晓芳指导. -- 西安交通大学, 2009. -- 118 页

货币需求与其决定因素之间的关系是宏观经济理论的一个基本内容，尤其是对于采用货币供应量目标作为货币政策中介目标的国家，货币需求的变动量更是直接决定了政策制定者们的货币供应调控行为。论文以探索金融发展中的我国货币需求的决定机制为主线，对货币需求理论模型进行扩展研究，逐步修正与完善对实证研究中所采用的计量模型，考察我国货币需求函数的研究框架。全文共分为七个部分。第一章为绪论，介绍了选题背景和意义，研究框架和内容，研究方法等。第二章为货币需求理论与实证研究的文献综述，包含货币需求理论的演变，货币需求实证研究方法的发展以及对我国货币需求函数的研究文献回顾。第三章为我国货币需求函数的初步估计。第四章为我国股票市场对货币需求影响的实证分析。第五章为开放经济下的我国货币需求函数实证分析。第六章为货币需求建模新方法的尝试—基于 SVEC 模型的实证分析。第七章为结论与展望。

关键词：货币　需求　货币政策　股票市场

1478

**控股股东类型与控制权私利的比较研究** / 王玉英著；张亦春指导. -- 厦门大学, 2009. -- 131 页

论文对控股股东类型与控制权私利进行了比较研究。全文共分为六章。第一章为相关文献综述，主要阐述了控制权私利的理论基础，论述了控制权私利的测度方法及相关的实证研究，分析了控制权私利的影响因素。第二章介绍了控股股东获取控制权私利的制度基础，主要阐述了我国的股权分置制度的安排，论述了上市公司的控制权配置，研究了上市公司的公司治理机制，阐述了我国的公司控制权市场。第三章阐述了上市公司控制权私利的获取方式方法，主要归纳了获取控制权私利的常见的方式，介绍了中国上市公司控制权私利的获取方式。第四章研究了上市公司控制权私利的测度，主要分析了控制权私利测量模型的选取与分析，阐述了我国上市公司控制权私利的测度，对控股股东类型和控制权私利规模进行了多元分析与研究。第五章研究了现金流权和控制权分分离下的控制权私利，主要分析了现金流权和控制权分离的实现形式，分析了现金流权与控制权分离对控制权私利的影响因素。第六章为全文的研究结论、对策建议与进一步研究方向的介绍，主要归纳了论文研究的基本研究结论、创新点以及不足之处。对未来的研究进行了展望。

关键词：上市公司　股东　控制权

1479

**股票市场融资摩擦与公司资本结构：模型、模拟与实证** / 王正位著；朱武祥指导. -- 清华大学, 2009. -- 140 页

论文研究了资本市场中的融资摩擦对最优资本结构及资本结构调整的影响。首先构建了一个理论模型刻画股权融资的摩擦对最优资本结构的影响，接着采用比较静态分析的方法对比分析了影响最优资本结构的各个因素；然后，采用我国上市公司的样本检验了股权再融资摩擦的变更对最优资本结构的影响。论文采用计算机模拟实验的方法产生了公司最优资本结构和实际资本结构的时间序列数据，并对产生的数据进行了研究分析；在此基础上，构建了一个分辨检验资本结构上调和下调速度的实证模型，并利用我国上市公司的数据对该实证模型进行了检验。全文共分为八部分。第一章引言，概括了选题背景与意义、研究方法、论文结构安排。第二章文献综述，包

括国内外的资本结构文献综述以及我国的研究现状。第三章股票市场融资摩擦与投融资决策模型,包括基本模型、静态模型、三期动态模型。第四章比较静态分析:数值解的方法,对股权再融资概率、负债率限制、未来成长性、未来收益波动、股权成本以及债务成本进行了分析。第五章为股票市场融资摩擦对最优资本结构的影响,包括样本数据与变量选择,并进行实证检验。第六章为股票市场融资摩擦与资本结构调整:模拟的方法,介绍了论文的模拟意义与模拟步骤,对模拟结果进行了描述性统计以及回归分析。第七章为股票市场融资摩擦与资本结构调整:实证,进行实证模型设计、实行、检验。第八章为结论与意义。

关键词:股票市场　融资　上市公司　股权结构　资本结构

1480

**行为金融视角下的汇率波动特征研究** / 魏英辉著 ; 李晓峰指导. -- 厦门大学, 2009. -- 132 页

论文对行为金融视角下的汇率波动特征进行了研究与分析。全文共分为七章。第一章为导论,主要介绍了论文的选题背景和意义,主要的概念辨析,国内外的研究综述,论文的研究思路、结构安排与研究方法,论文研究的主要创新点和不足之处,以及未来的研究。第二章介绍了传统汇率理论及其面临的挑战,主要论述了传统汇率理论及其发展状况,分析了传统汇率理论遭受的质疑,介绍了汇率理论研究的一个新方向。第三章介绍了行为金融视角下的汇率理论,主要阐述了行为金融理论的起源,分析了外汇市场交易者的行为,基于异质交易者的建模,论述了行为金融理论下的汇率模型。第四章分析了人民币外汇市场的现状,主要分析了人民币汇率形成机制的改革背景和主要内容,分析了当前我国外汇市场体系的结构,分析了人民币外汇市场的波动性特征。第五章研究了人民币外汇市场有效性和行为模型的检验,主要分析了人民币外汇市场有效性的检验,阐述了人民币外汇市场行为模型的检验,最后进行了小结。第六章介绍基于央行干预的汇率行为金融模型及其模拟研究,介绍了汇率行为金融模型的构建和模拟分析,论述了加入央行干预的模型及模拟分析,最后总结了关于汇率的稳定型和外汇市场央行干预策略的结论。第七章提出了主要的结论与政策建议。

关键词:汇率波动　外汇市场　人民币汇率

1481

**指数跟踪管理方法的优化分析** / 温从德著 ; 金德环指导. -- 上海财经大学, 2009. -- 173 页

论文对指数跟踪管理方法的优化分析进行了研究与分析。全文共分为八章。第一章为绪论,主要介绍了选题背景和意义,概述了指数跟踪和跟踪误差,阐述了中国指数基金的发展及现状解析,论述了论文研究的思路和内容,研究方法和结构以及框架,归纳了论文研究的创新成果。第二章介绍了指数投资理论溯源与国内外文献综述,主要包括指数投资理论和框架体系、指数跟踪国外研究文献回顾、国内主要研究文献回顾,最后对研究文献进行了小结。第三章阐述了指数跟踪管理的主要方法及问题分析,主要论述了传统指数复制方法及其问题,分析了指数跟踪与现金管理和指数跟踪过程中的再平衡分析。第四章阐述了传统指数复制方法的检验,主要包括跟踪误差与计量模式、传统指数复制方法的检验以及传统指数复制方法的优缺点以及小结四方面的内容。第五章分析了基于遗传基因算法的指数复制方法与比较,阐述了遗传基因算法的产生背景及其特点,分析了引入遗传基因算法的指数复制方法实证检验,比较了人工智能优化方法与传统指数复制方法,分析了复制方法的结果。第六章介绍了基于最小化跟踪误差的现金管理策略,提出了指数基金的现金管理策略和不同现金流分布下的现金管理策略,研究了跟踪误差指标对现金策略的影响,阐述了研究结论和意义。第七章介绍了考虑再平衡策略的指数跟踪管理方法,主要包括关于再平衡问题的研究思路、跟踪组合再平衡实证分析、股票数量与再平衡的关系以及再平衡实证结果分析。第八章为全文的结论、局限以及后续研究方向的总结。

关键词:证券市场　股票市场　股票指数　基金　最优化算法

1482

**医疗机构并购策略与风险评估研究** / 吴长奇著 ; 蒋殿春指导. -- 南开大学, 2009. -- 124 页

论文对医疗机构并购策略与风险评估进行了研究。全文共分为六章。第一章为导论,主要介绍了论文的研究背景和研究目标,相关的文献综述,论文的研究思路和研究方法,研究创新点,研究的主要内容和文章结构。第二章是对医疗机构并购的理论分析,主要阐述了一般的并购理论,分析了医疗机构并购的特殊性,以及医疗机构并购的要点。第三章研究了中

国医疗市场医疗机构并购的可行性分析与风险评估，主要阐述了中国医疗市场发展的历史和现状，中国医疗市场存在的主要问题，阐述了中国医疗市场医疗机构并购的案例。第四章分析了医疗机构并购的战略，主要分析了主并购企业或医疗机构的条件，论述了被并购医疗机构的选择，研究了财务分析与医疗机构并购战略分析的考量，研究了医疗机构并购平衡计分卡综合诊断分析，建立了医疗机构的并购策略与风险评估模型。第五章以中国口腔医疗机构并购为例，介绍了医疗机构并购调研分析与案例，介绍了中国口腔医疗机构并购专家深度访谈研究分析，论述了中国民营口腔医疗机构发展的过程，论述了中国医疗市场口腔机构并购案例与实证分析。第六章为全文的总结。

关键词：医药卫生组织机构　经营管理　并购　风险评价

**1483**

**人民币汇率变动的出口价格传递效应研究** / 吴东立著 ; 曲昭光指导. -- 辽宁大学, 2009. -- 122 页

论文通过对经济现象的描述，提出了 2005 年 7 月汇改以来，“人民币升值背景下贸易顺差大幅上升之谜”的问题。全文共分七个部分。第一部分导论，提出了问题，指明了研究思路、研究方法、论文的内容和结构安排，以及创新与不足；第二部分对汇率传递的相关理论和实证研究进行国内外文献梳理；第三部分从汇率—价格机制与贸易收支的关系出发，构建不完全汇率传递与贸易收支变动的理论分析框架；第四部分在对 1978 年中国推行改革开放战略以来，人民币汇率变化、中国对外贸易和经济增长的变动情况进行动态描述的基础之上，揭示汇率变动与宏观经济联系的内在机理；第五部分在对人民币汇率传递影响因素分析的基础之上，从中国独特的出口贸易和出口市场结构出发，构建了对人民币汇率传递决定的理论分析模型；第六部分在成本理论模型分析框架基础上建立人民币汇率传递的计量模型，并利用 2003 年 1 月至 2008 年 11 月的月度数据，将国外市场需求压力、国外市场竞争压力、国内企业出口成本、人民币名义有效汇率指数和出口价格指数这五个变量建立 VAR 模型，在对变量进行平稳性检验、协整检验和格兰杰因果关系检验的基础上，对人民币汇率变动的出口价格传递弹性进行了估计；第七部分提出了人民币低汇率传递的重要政策含义。

关键词：人民币汇率　汇率波动　对外贸易　出口价格

**1484**

**中国西部地区宏观金融风险研究** / 吴建中著 ; 叶永刚指导. -- 武汉大学, 2009. -- 142 页

全文共分为八章。第一章引言，主要阐述了论文研究的选题背景和研究意义，研究的主要方法和思路以及内容结构，相关概念的界定，总结归纳了论文研究的创新点和不足之处，对未来的研究进行了展望。第二章介绍了论文研究的相关文献综述，包括关于宏观金融风险的研究、关于金融脆弱性和金融危机的研究、关于区域金融风险的研究，以及关于中国西部地区金融风险的研究。第二章介绍了中国西部地区宏观金融风险的研究框架，阐述了宏观金融工程研究的基本框架，分析了宏观金融风险定量分析的基础，阐述了西部地区宏观金融研究框架的构造。第三章对基于资产负债法宏观金融风险进行了实证研究，阐述了资产负债分析的原理，研究了中国西部地区金融部门的宏观金融风险，以及中国西部地区企业部门的宏观金融风险。第四章基于或有权益分析法宏观金融风险的实证研究，主要介绍了或有权益分析的原理，阐述了中国西部地区金融部门或有权益分析，论述了中国西部地区企业部门或有权益的分析，研究了中国西部地区风险指标和中国西部地区压力测试和敏感性。第五章分析了中国西部地区宏观金融风险的结构性，主要阐述了中国西部各省经济金融的运行，对西部省域宏观金融风险进行了比较分析，论述了宏观金融风险分析法在新疆这个例中的使用。第六章中国西部与东部、中部宏观金融风险的比较分析，对中国西部与东部、中部的金融部门进行了横向的比较，对中国西部与东部、中部的企业部门进行了横向的比较。第七章介绍了宏观金融风险管理与中国西部金融安全的问题。第八章为全文的总结。

关键词：金融体系　金融风险　风险管理　西北地区　西南地区

**1485**

**随机时滞微分方程及其在金融中的应用** / 吴萌著 ; 黄南京指导. -- 四川大学, 2009. -- 71 页

论文对随机时滞微分方程及其在金融中的应用进行了研究。全文共分为三章。第一章为导论，介绍了随机时滞微分方程和期权定价的背景知识，以及论文研究的主要模型，阐述了论文的研究内容和研究方

式以及结构安排，总结归纳了论文的主要创新点，介绍了论文研究的思路和主要技术，阐述了论文研究的理论意义和实践意义。第二章介绍了随机时滞微分方程的稳定性，引入了中立型线性标量化随机时滞微分方程和中立型半线性随机时滞微分方程。通过构造恰当的算子并利用不动点定量，分别得到了两个方程均方渐近稳定性判别的充分必要条件，最后分别利用实例来说明和验证了该结果。第三章介绍了随机时滞微分方程在期权定价中的应用，主要阐述了具有混合时滞的期权定价问题和具有可变时滞的期权定价问题，当股票价格满足具有混合时滞的随机微分方程和具有可变时滞的随机微分方程时，分别得到了欧式看涨期权的定价公式，给出了两类内幕交易者实现最大效用的最优交易策略，并分别比较了两类内幕交易者与普通交易者的效用。最后讨论了两类内幕交易者的欧式期权价格的稳定性。论文对两类随机时滞微分方程的稳定性做出分析，给出了系统稳定的充分必要条件，并研究了当代股票价格满足随机时滞微分方程时欧式期权的定价公式。

关键词：金融衍生产品　定价　时滞系统　随机微分方程

**1486**

**利率市场化改革下的我国商业银行利率定价管理研究** / 吴琼著 ； 朱毅峰指导. -- 中国人民大学，2009. -- 231 页

全文共分为六章。导论主要介绍了论文研究的选题背景和研究意义，论文的研究理论方法和国内外的研究现状，论文的结构安排和逻辑主线，总结归纳了论文的主要创新点。第一章概述了我国的利率市场化的改革，主要介绍了利率市场化及其必然性分析，阐述了我国利率体系的现状，分析了我国利率市场化的总体目标和改革进程。第二章分析了我国的利率市场化改革对商业银行的影响，主要介绍了利率市场化对商业银行经营管理的正面激励，论述了利率市场化对商业银行经营管理的严峻挑战，分析了利率市场化进程中的利率和利差波动对商业银行利率定价管理的影响。第三章以内部资金转移计价的角度，研究了利率市场化改革进程中的商业银行利率定价管理，分析了西方商业银行利率定价管理的发展，介绍了内部资金转移计价的核心技术，概述了我国商业银行内部资金管理，介绍了我国商业银行构建内部资金转移计价体系的整体思路。第四章是对实现存贷款利率市场化后我国商业银行存贷款利率定价管理的研究，主要概述了商业银行存款定价的相关理论，阐述了我国商业银行的存款定价计量模式及其流程设计，研究了商业银行贷款定价的方法，阐述了现代贷款定价方法在我国商业银行的运用。第五章研究了我国商业银行存贷款利率市场化的条件分析、制度安排以及配套措施，主要包括我国存贷款利率市场化的条件分析、稳步推进我国存贷款市场化的相关制度安排，以及我国商业银行推行现代利率定价管理方法的配套措施。第六章研究了全球金融危机影响下我国的利率市场化改革与金融监管。

关键词：商业银行　银行管理　利率管理

**1487**

**我国农业政策性金融的边界及风险分担机制研究** / 吴思强著 ； 吴晓灵指导. -- 中央财经大学，2009. -- 120 页

论文采用历史分析法、比较分析法、实证分析法、规范分析法和模型分析法对“三农”问题进行分析，并对国内外农业政策性金融的实践进行比较，重点研究政府参与农业政策性金融风险分担的最优解。全文共分八个部分。第一部分导论，介绍了论文的研究背景，研究思路，并对相关文献进行综合论述；第二部分阐述了农业政策性金融存在的理论基础和现实必要性；第三部分研究分析了农业政策性信贷的支农实践；第四部分选择了具有典型意义的三个国家(美国、日本和泰国)的农业政策性金融进行比较分析；第五部分分析了合理界定农业政策性金融边界的重要意义，从市场经济下市场和政府的功能和限制入手，采取定性和定量两种分析方法，考察我国农业政策性金融的边界；第六部分研究了政府在农业政策性金融方面做出的制度供给，说明政府有可能面临边界界定失误、未到达既定政策目标、成本过高等风险；第七部分研究了垄断经营方式和竞争性经营方式下，确定风险补偿价格的方式方法，并探求了确定风险补偿率目标价格的一般原则和信用风险损失的计量方法；第八部分给出了相关结论和政策建议。论文的主要结论是：农业政策性金融是我国农村金融体系的重要组成部分，是落实国家强农惠农政策、解决“三农”问题的重要政策工具；充分发挥农业政策性金融的职能作用，必须合理界定农业政策性金融边界，完善风险分担机制；在我国现阶段，农业政策性金融的范围应在国家财力实力范围内，根据资金使用效能合理确定；除非

财政状况不允许,否则政府参与风险分担的最优方式是事前明确补贴价格的直接支持;应用现代计量模型估算信用风险损失存在的困难;政策性银行必须实现商业化转型,并在转型后和商业银行在商业性金融业务上展开全面竞争,保本微利的原则不复存在。

关键词:农业银行　金融政策　信用

**1488**

**论汇率利率联动与寿险经营稳定性** / 吴祥佑著 ; 林宝清指导. -- 厦门大学, 2009. -- 184 页

论文采用定量研究的方法测度汇率、利率联动对寿险承保业务、投资业务的影响,构建刻画我国寿险承保业务、投资业务稳定性的数学模型,并进行实证检验。全文共分为五章。第一章为汇率利率联动的理论分析。首先分析利率影响汇率的主要理论与主要途径。其次分析汇率影响利率的途径与形式。最后介绍汇率利率联动的国际经验(日本的长期低利率)。第二章论述汇率利率联动影响寿险经营的国际经验。首先分析日元汇率利率联动对寿险业的冲击及影响。其次分析经济开放影响寿险经营的跨国面板数据。第三章论述开放条件下我国寿险承保业务的稳定。论文首先基于年度数据及月度数据的分析探讨人民币重蹈日元覆辙的可能性。其次分析开放条件下我国寿险保费收入的影响因素。然后基于 ARIMA 模型分析外部冲击下我国寿险保费的稳定。最后基于月度数据分析开放条件下寿险保费收入的影响因素。第四章对寿险承保业务稳定性进行进一步分析。论文首先基于公司月度数据构建 Panel data 模型。其次基于寿险险种年度数据进行 Panel data 分析。最后基于退保率和质押贷款进行分析考察。第五章研究开发条件下的寿险资金运用。论文首先分析汇率利率变化对寿险资金运用的冲击,重点构建月度寿险保费的 ADL 模型及寿险投资额变化的 VAR 模型。其次基于资产结构的考察探讨我国寿险资金的运用。

关键词:人寿保险　保险业　汇率　利率　保险投资

**1489**

**转轨过程中我国城市商业银行治理研究** / 吴晓俊著 ; 吴先满,万解秋指导. -- 苏州大学, 2009. -- 232 页

论文采用理论与实践相结合的研究方法,对转轨过程中我国城市商业银行的治理进行了研究。全文共分七章。第一章导论,说明了论文的研究背景、研究意义、研究方法和论文框架,创新及有待深入研究之处;第二章对商业银行治理的一般性研究、商业银行内部治理和商业银行外部治理的研究文献进行评述;第三章阐述了转轨过程中我国城市商业银行治理的理论基础,并构建了我国城市商业银行治理的基本分析框架;第四章对转轨过程中我国城市商业银行内部治理进行了研究,探讨了股权结构与城市商业银行治理、董事会与城市商业银行治理、监事会与城市商业银行治理、激励机制与城市商业银行治理等问题;第五章对转轨过程中我国城市商业银行外部治理进行了研究,探讨了监管机制与城市商业银行治理、信息披露与城市商业银行治理、地区金融生态与城市商业银行治理、社会责任与城市商业银行治理等问题;第六章对 76 家样本资料进行城市商业银行治理进行实证研究,并得出相关结论;第七章指出了城市商业银行治理优化思路,并对城市商业银行内部治理提出了优化。论文的研究结论是:在股权结构指标当中,流动股比重越高,则资本充足率越好,其他指标不显著;在董事会和监事会指标中,董事会次数和监事会次数均与净资产收益率呈显著的负相关,其他指标不显著;对城市商业银行绩效影响最显著的指标是地方法治环境,城市商业银行所在地法治化程度越高,城市商业银行的资本充足率就越好,不良贷款发生的可能性往往越小。

关键词:城市　商业银行　经营管理

**1490**

**组合信用衍生品定价理论与应用研究** / 武军伟著 ; 史永东指导. -- 东北财经大学, 2009. -- 162 页

论文分别将 Levy 过程引入到两种不同方法的组合信用衍生品定价模型中,来模型的一些缺陷,得到一些更一般的模型,除此之外,基于美国次贷危机对信用衍生品的一些固有缺陷进行分析,总结了信用衍生品在美国次贷危机中的作用,对未来信用衍生品市场的发展提出了建议。全文共分为九部分。第一章导论,概括了研究背景和意义、研究方法和论文结构、主要贡献及进一步研究的问题。第二章组合信用衍生品及信用风险定价理论综述,介绍了信用风险转移、单名信用衍生品、组合信用衍生品、信用风险定价理论综述。第三章 COPULA 函数及 LEVY 过程。第四章基于 VG 分布的一般 COPULA 模型。第五章基于 LEVY COPULA 的组合信用衍生品定价模型。第六章基于 LEVY 过程的组合信用衍生品动态定价模型。第七章为信用风险组合管理。第八章为信用衍生品与美国次贷危机。第九章为总结与展望。

关键词:信用 贷款管理 风险管理 金融衍生工具 定价模型

1491

**国有银行制度变迁的演进逻辑与国家效用函数的动态优化** / 武艳杰著 ; 冯邦彦指导. -- 暨南大学, 2009. -- 134 页

论文从国有银行的产权特殊性和制度初始化条件的特殊性出发,将国家作为内生变量进行考察,在新制度经济学的视野下对国有银行的现状及改革方向展开研究。全文共分七章。第一章导论,说明了论文的研究背景、目的与意义,研究的假设、研究的主要内容与基本思路,并阐述了论文的研究方法和创新之处;第二章阐述了制度变迁的理论基础及制度变迁中的国家与利益集团理论,并对我国国有银行制度变迁的研究进行综述,对国内外制度变迁问题的文献进行了评述;第三章说明了国有银行制度变迁的发展历程,共经历了国有银行体系重建时期、国家专业银行垄断时期、国有银行商业化改革时期、国有银行全面深入改革时期四个阶段,分析了国有银行制度变迁的特征,并对国有银行制度变迁的演进逻辑和发展趋势进行了阐述;第四章对国有银行制度变迁演进逻辑的绩效进行了实证研究,分别基于厂商绩效和市场绩效对国有银行的高垄断与低收益、国有银行对国有经济的支持进行了分析;第五章阐述了国家效用函数动态优化与实现条件,确定了国有银行制度变迁中国家效用最大化的约束逻辑,指出国家效用函数具有从租金收益向税收收益动态优化的发展趋势;第六章对政府的市场角色回归与国有银行制度变迁的方向进行了阐述,指出国有银行制度变迁需要完成两个核心性任务;第七章基本结论与展望。

关键词:国有银行 银行体制改革 效用函数

1492

**中国债券拍卖发行的微观机理与实证研究** / 夏晓华著 ; 王美今指导. -- 中山大学, 2009. -- 174 页

论文建立了中国制度背景的理论模型,对债券拍卖中的需求减少和抑价现象做了数理分解,分析拍卖一般环境与竞争环境在收益上的差异,对混合式拍卖不被广泛采用的原因进行理论解释,并运用债券拍卖理论和拍卖计量分析的最新研究成果,以估计中国债券投资者私人信息为出发点,从私人信息影响市场均衡的微观机理切入主题,对我国债券市场均衡行为和市场特征做了系统分析。全文共分七章。第一章导论,提出了研究问题和选题背景,指明了研究目的与意义、研究出发点、研究方法、研究内容与创新点,以及贡献;第二章对拍卖理论背景与新近发展进行综合论述,对拍卖计量理论进行回顾,进行拍卖与最优机制的设计;第三章中国债券拍卖的极值需求与市场势力,构建博弈模型进行均衡估计,并利用相关数据进行实证分析;第四章债券拍卖投资者的非对称性与需求策略差异,对基本模型进行了介绍并提出了 CSE 均衡,运用数据处理与估计对参数结果进行分析;第五章债券拍卖中的随机冲击、信息传导与收益比较,对风险中性、风险规避下的均衡进行分析,并对收益进行比较,得出主要结论;第六章债券拍卖发行的效率问题,通过数据分析对债券异质性进行处理,并对投资者最高报价策略进行分析;第七章主要结论、政策建议与研究展望。

关键词:债券市场 债券发行 拍卖市场

1493

**指数化投资与股票定价:基于中国股票市场的研究** / 向东著 ; 黄达指导. -- 中国人民大学, 2009. -- 108 页

论文基于中国股票市场,对指数化投资与股票定价问题进行了研究。全文共分为七章。第一章绪论,主要介绍了论文研究的背景和问题,选题的意义,相关概念的界定,相关的文献综述,论文研究的创新和不足,论文研究的思路和方法,以及论文的结构安排。第二章为文献综述,主要介绍了指数效应的理论与实证,阐述了委托代理投资管理的一般均衡的理论和实证研究。第三章分析了指数化投资的依据,主要介绍了指数化投资的理论依据、委托代理投资管理理论以及指数化投资的经验依据。第四章研究了指数化投资在中国的发展状况,主要介绍了指数基金在中国的发展情况,对开放式基金的类指数化投资进行了分析与研究。第五章研究了指数化投资对股价的短期效应,归纳了论文的实证假设,分析了实证方法及数据,对实证结果进行了分析与研究。第六章研究了指数化投资对股价的长期效应,主要阐述了一个委托代理资产定价模型,分析了个人投资者的优化问题,分析了风险溢出的现象,对实证数据和方法进行了剖析和研究,对实证研究结果进行了分析研究。第七章研究了影响指数化投资股价效应的因素,主要分析了狭义指数化投资的决定因素,基金业绩持续性的根源,投资者的选择。对类指数化投资的决定因素进行了分

析与研究，探析了股指期货与融资融券的区别，对两种作用机制进行了比较。

关键词：股票市场　股票投资　股票价格　股票指数

**1494**

**我国农村小额信贷制度与运行机制研究** / 向东明著；吴晓灵指导. -- 中央财经大学，2009. -- 160 页

论文从制度和机制的角度对我国的农村小额信贷的发展进行了系统研究。全文共分八章。第一章绪论与文献综述，主要提出论文的研究背景、选题意义、研究对象与方法、结构安排、可能创新点等，对与本内容有关的文献进行综述；第二章从小额信贷对农户收入的影响原理来探讨农村小额信贷与农户生产可能性边界，说明小额信贷与农户的不同初始禀赋相结合，并将影响农户的生产性边界；第三章通过回顾国外典型小额信贷组织的发展历程、运行机制、贷款模式来展现这些小额信贷组织的风采，回顾我国小额信贷组织的制度变迁与机制创新；第四章和第五章从相关经济主体——农户、机构、政府视角分别对农村小额信贷的需求、供给及政府的作用进行理论分析，探讨相互之间的利益互动关系；第六章和第七章从制度的角度有针对性地对我国农村小额信贷制度和模式进行设计和安排，提出我国发展农村小额信贷运行的核心机制选择；其中贷款模式主要借鉴孟加拉格莱珉银行和印尼人民银行的小额贷款模式，结合中国的实际，对基本贷款、灵活贷款的基本原则和模式，以及担保代替模式进行了探讨和设计；第八章对论文研究的主要结论和观点的综述，对在研究中遇到的问题和需要进一步研究的问题进行了阐述。

关键词：农村　信贷　贷款管理

**1495**

**中国上市公司融资、投资及价值的实证分析：从公司层面看股市对实体经济的影响** / 孝丽萍著；徐信忠，束景虹指导. -- 对外经济贸易大学，2009. -- 149 页

论文对中国上市公司融资、投资及价值进行了实证分析，从公司层面研究股市对实体经济的影响。全文共分为六章。第一章导论，主要介绍了论文的选题背景和研究的意义，论文的研究方法，研究思路和分析框架，研究的主要观点和创新点。第二章对相关的文献进行了回顾与分析，分别研究了融资理论和文献，投资理论和文献，融资与价值理论和文献。第三章是对上市公司的融资问题进行了分析，概述了中国上市公司的融资情况，对啄食理论和权衡理论进行了检验与分析，研究了资本结构影响的因素。在权衡理论的检验中，发现我国上市公司符合权衡理论，公司有调整负债率保持一个目标资本结构的现象。但是在对目标资本结构是否能够实现公司价值最大化进行了的分析中，没有发现在目标资本结构处公司价值最大。第四章融资对投资的影响，主要论述了中国上市公司投资的概况，阐述了融资方式对投资的影响因素，研究了融资约束问题，论述了投资不足与投资过度的情况。第五章上市公司融资对公司价值的影响，主要概述了中国上市公司价值和业绩的概况，阐述了融资方式对价值的影响因素，分析了最佳资本结构与公司的价值关系。第六章为全文的总结。

关键词：上市公司　融资方式　投资分析　企业绩效　股票市场

**1496**

**行为经济学范式下的货币政策规则研究** / 肖本华著；邱崇明指导. -- 厦门大学，2009. -- 217 页

论文对行为经济学范式下的货币政策规则进行了研究。全文共分为七章。第一章为导论，主要介绍了选题背景和研究目的及意义，研究思路和结构安排，对相关的概念进行了界定，总结归纳了论文研究的主要创新点和不足之处。第二章是主流经济学范式下的货币政策规则研究评述，主要阐述了货币政策规则与相机抉择的争论，分析了货币政策目标规则的研究和货币政策工具规则的研究以及主流经济学范式下国内关于货币政策规则的研究，对主流经济学范式下的货币政策规则研究进行了评析。第三章是行为经济学范式下的货币政策规则研究评述，主要阐述了行为经济学的产生和发展，论述了行为经济学的主要理论基础，分析了行为经济学范式下的货币政策规则。第四章是对通胀预期的有限理性与异质性进行了研究，阐述了国外关于通胀预期的有限理论与异质性研究，分析了我国通货膨胀预期有限理性的实证研究，对我国通货膨胀预期异质性进行了实证研究。第五章研究了行为经济学范式下的货币政策规则与相机决策的争论，主要包括对巴罗和戈登模型的修正、基于修正的巴罗和戈登模型下的货币政策规则与相机抉择的争论，对我国货币政策操作进行了实证研究。第六章是对行为经济学范式下的货币政策目标规则研究，主要对行为经济学范式下的三种货币政策

目标规则进行了比较分析,阐述了行为经济学范式下的货币政策的价格稳定目标和金融稳定目标的研究,论述了我国的货币政策目标的规则。第七章研究了行为经济学范式下的货币政策工具的规则。

关键词:行为经济学　货币政策　通货膨胀

1497

**冲突行为、并购价值与投资者保护** / 肖健著 ; 郑鸣指导. -- 厦门大学, 2009. -- 165 页

论文对冲突行为、并购价值与投资者保护进行了研究。全文共分为七章。第一章为导论,介绍了论文的研究问题,研究思路,研究框架,研究方法,研究内容,主要创新点。第二章对公司并购的理论文献进行了回顾与评述。分析了公司并购理论的发展脉络,阐述了相关理论研究回顾与评述,对事件研究法、会计研究法、案例研究法、问卷调查法等相关研究方法进行了回顾与评述,分析了公司并购理论的研究新进展,提出了论文研究的视角。第三章介绍了冲突行为与并购价值关系的研究,主要阐述了冲突行为的经济性质,论述了冲突行为的基本模型,分析了引入第一类冲突行为的并购价值模型,论述了引入第二类冲突行为的并购价值模型。第四章研究了中国上市公司并购行为的制度背景,阐述了我国上市公司所有权与控制权的制度背景,分析了我国上市公司并购市场的制度背景,论述了我国上市公司并购监管的制度背景。第五章对冲突行为视角下的并购价值效应进行了实证研究,主要包括引言、研究假设的提出、实证设计、上市公司并购价值效应的总体评估、冲突行为并购价值效应影响的回归分析以及稳健性检验六方面的内容。第六章介绍了并购中冲突行为的治理机制与投资者保护制度设计,主要阐述了并购中冲突行为的治理陷阱,分析了并购冲突的治理思想,论述了微观机制的设计和宏观制度的设计。第七章为全文的总结,主要包括论文的研究结论、研究启示以及未来的研究方向。

关键词:公司　企业合并　投资者

1498

**中国住房金融的发展及风险防范:基于美国住房金融的成功经验及次贷危机教训的分析** / 肖文著 ; 叶永刚指导. -- 武汉大学, 2009. -- 157 页

论文基于美国住房金融的成功经验及次贷危机教训的分析,对中国住房金融的发展及风险防范进行了研究。全文共分为六章。第一章为论文的导论,主要介绍了论文的研究背景,研究问题,主要内容,主要创新点,研究意义,研究方法。第二章文献综述,主要阐述了美国住房金融发展成功经验的文献综述,介绍了美国次贷危机教训分析的文献综述。第三章研究了美国住房金融发展的成功经验和次贷危机的教训,分析了次贷危机的概念和美国的次贷业务,对次贷危机的历程进行了回顾与分析,研究了次贷危机的成因。第四章从房地产泡沫的角度,分析了中国住房金融风险的监察,阐述了泡沫的定义,研究了资产价格泡沫理论,对中国房地产泡沫进行了实证分析与研究。第五章从货币政策的角度,分析了中国住房金融风险的宏观调控,主要阐述了中国调控房地产价格的货币政策的实践,论述了货币政策影响房地产价格的理论分析,研究了中国货币政策调控房地产价格的有效性,最后针对相关问题,提出了政策建议。第六章从住房 抵押贷款证券化的角度,分析了中国住房金融的发展状况,主要概述了住房抵押贷款证券化的情况,分析住房抵押贷款证券化对住房金融的影响因素,探究了中国发展住抵押贷款证券化的必要性和可行性,提出了中国住房抵押贷款证券化的政策建议。

关键词:房地产　贷款管理　风险管理　金融制度

1499

**中央银行沟通:理论与实践** / 谢杰斌著 ; 江曙霞指导. -- 厦门大学, 2009. -- 212 页

论文对中央银行沟通进行了理论与实践研究。全文共分为九章。第一为论文导论,主要介绍了选题背景和研究目的及意义,研究思路和结构安排,研究的主要创新点和不足之处。第二章为中央银行沟通的文献回顾及其理论评述,介绍了货币政策透明度相关的研究综述,以及中央银行沟通的实证方面的研究。第三章中央银行沟通的基本理论分析,主要阐述了中央银行沟通的含义、维度及目标,分析了中央银行沟通与货币政策的有效性,讨论了如何进行中央银行沟通的绝对准则。第四章研究了中央银行有效沟通的基本前提,主要介绍了中央银行沟通的知识限制边界,分析了中央银行沟通的信道容量限制边界,阐述了中央银行沟通的信誉限制边界。第五章研究了中央银行沟通内容抉择,主要基于 Morris-Shin 扩张模型的分析,研究了最优中央银行沟通的内容、中央银行沟通内容的抉择,对基于有效沟通的基本原则进行思考。第六章介绍了中央银行沟通方式的抉择,阐述了最优中央银行沟通的方式及中央银行沟通方式的抉择。第七章研究了中

央银行日常沟通的实践,主要介绍了通货膨胀目标制国家的中央银行沟通的实践及美国、欧元区、日本的中央银行沟通的实践,总结了中央银行沟通的国际经验。第八章分析了流动性陷阱中的中央银行沟通的理论原则、历史经验及政策建议,主要论述了中央银行沟通与货币政策操作缺一不可,对美国、日本的案例进行了研究,提出了基于中央银行沟通视角的政策建议。第九章提出了有关中央银行沟通的建议。

关键词:中央银行　信息披露　银行管理

**1500**

**控股公司与资本配置模型之研究** / 谢俊著 ; 戴国强指导. -- 上海财经大学, 2009. -- 165 页

论文对控股公司与资本配置模型进行了研究。全文共分为八章。第一章为引言,主要介绍了选题的理论意义与使用价值,国内外的研究现状,研究基本思路和方法,论文的结构安排,以及论文研究的主要创新点。第二章介绍了控股公司的发展和存在的问题,阐述了控股公司的分类与发达国家制度发展的状况,对控股公司的效益和弊端进行了分析,研究了特别控股公司的型态与相关议题,阐述了金融控股公司的问题综述。第三章分析了发达国家金融控股公司的模式,主要阐述了美国金融控股公司的模式,分析了欧盟综合银行的制度,阐述了日本金融控股公司的模式,概述了中国控股公司的状况。第四章分析了金融控股公司的资本和管理,阐述了金融机构自行资本沿革综述,分析了资本相关的议题研究,论述了资本管理的综述。第五章介绍了金融控股公司的风险报酬与金融监管的分析,主要分析了金融控股公司的风险报酬,综合评析了金融控股公司的金融监理的构架,阐述了金融控股公司的检查与平等的研究。第六章是对金融控股公司资本配置模型的研究,主要分析了经济资本配置模型的研究方法,阐述了违约价值和边际违约价值,探究了子公司的违约价值与资本需求,最后进行了小结。第七章对中国金融控股公司进行了实证分析与研究,主要研究了中国中信集团、中国平安保险集团、中国银行集团。第八章为全文的总结。

关键词:金融公司　控股公司　资本管理　最优配置　风险管理

**1501**

**国内商业银行事业部模式创新研究:提升盈利能力视角下的理论与实践** / 谢玲玲著 ; 朱孟楠指导. -- 厦门大学, 2009. -- 154 页

论文在提升盈利能力的视角下,对国内商业银行事业部的模式创新进行了研究。全文共分为七章。第一章导论,主要介绍了论文的研究背景和目的,论文研究的现实和理论意义,相关的文献综述,论文的研究范围和研究方法以及论文的结构,总结归纳了论文研究的难点和主要贡献及未来进一步的研究方向。第二章商业银行事业部的模式创新的理论基础的概述,主要阐述了金融创新理论、企业组织结构的理论。第三章商业银行事业部模式创新的根本目的及其背景分析,主要论述了提升盈利能力是商业组织结构创新的根本目的,研究了国际银行组织内部重大变化的背景和我国商业银行组织结构创新的背景。第四章国外商业银行事业部的模式及其效果分析,主要介绍了花旗集团的业务单元制,阐述了其部门设置、授权及决策机制、决策权分工以及营销的特点。论述了荷兰银行三维 SBU 制,论述了国外商业银行事业部的模式的效果评估。第五章国内商业银行事业部的模式创新实践与整体效果分析,主要论述了五家大型银行事业部的模式创新的实践,包括工商银行、农业银行、中国银行、建设银行、交通银行。研究了股份制商业银行事业部的模式创新的实践,主要包括浦发展银行、招商银行、兴业银行以及深圳发展银行。最后对国内商业银行事业部的模式创新的整体效果进行了评价。第六章是对民生银行事业部的模式创新的实践与效果的分析与研究。

关键词:商业银行　银行管理　银行业务

**1502**

**中国国有商业银行的风险:性质、逻辑及治理** / 谢晓雪著 ; 张杰指导. -- 中国人民大学, 2009. -- 149 页

全文共分为八章。第一章导论,提出了论文研究的问题,国内外研究的现状,论文的研究方法,相关概念的界定,论文研究的创新之处,论文的结构安排。第二章渐进改革中的金融支持:国有商业银行风险形成的逻辑起点,阐述了制度变迁与国家角色,对激进式与渐进式经济转型进行了比较,分析了国有商业银行支持下的经济增长。第三章国有商业银行风险的结构和特征,将国有商业与一般商业银行风险特性进行了比较研究,介绍了不良贷款的两种形式,阐述了国有商业银行风险结构的双重性。第四章制度变迁中国有商业银行风险的变化,主要包括分散国有商业银行风险的努力、解读国有商业银行业绩的大幅增

长、国有商业银行现行风险特征分析以及金融危机背景下的国有商业银行风险。第五章国有商业银行风险特性的实证研究,主要包括模型设计与数据指标说明、变量的平稳性检验、变量间关系测定、实证结果的简析四方面的内容。第六章金融控制与分散风险的两难困境,阐述了各国国有商业银行风险状况与产权改革的实践,论述了国家担保的不可分割性以及金融控制的“双刃剑”作用。第七章国有商业银行风险的治理路径,阐述了国有商业银行市场化改革的原因,分析了治理国有商业银行风险的“中国特色”,建立了国有商业银行风险分担的机制。第八章为结论和建议。

关键词:国有商业银行　风险分析　风险管理　金融监管

**1503**

**居民家庭资产选择研究:基于江苏扬州的实证** / 邢大伟著 ; 王光伟指导. -- 苏州大学, 2009. -- 157 页

论文运用理论研究与比较分析、问卷调查、计量研究相结合的方法,对居民家庭资产选择进行了理论论述,建立了分析框架,选取处于我国中等经济发展水平的江苏省扬州市为例,对城乡居民家庭资产的现状、差异、问题及影响因素进行分析。全文共分八章。第一章导论,介绍了论文的选题背景、选题意义、研究思路、研究目标,研究内容、研究方法,创新与不足;第二章对文中涉及的相关概念进行了界定,并对居民资产选择文献进行综合论述;第三章阐述了居民资产选择的理论基础,如西方消费——储蓄理论、资产选择理论、行为投资组合理论,并对居民家庭资产的作用和影响因素进行分析;第四章通过时间数列资料分析城乡居民家庭资产的总量、结构及变动情况,得出人均家庭资产总量不断上升,农村人均家庭资产增速较快但低于城镇的结论;第五章对居民收入和居民总资产进行分析,并阐述居民收入水平与金融资产选择、实物资产选择的关系。研究发现居民收入是资产形成的基础,城镇居民和农村居民由于收入水平的差异带来了资产总量和结构选择上的差异;第六章通过调查问卷发现,居民的年龄、收入、受教育程度以及职业等不同在一定程度上影响了投资选择;第七章运用 Logit 模型对城镇居民投资股票进行分析,发现户主的年龄、受教育程度、居民家庭的年收入水平和居民家庭金融资产总量都是影响居民是否投资股票的重要因素;第八章结论与政策建议。

关键词:家庭　固定资产　金融资产　资产管理

**1504**

**台湾不动产证券化风险评估:基于 REITs 之研究** / 徐伟祺著 ; 赵增耀指导. -- 苏州大学, 2009. -- 150 页

论文以台湾不动产证券化风险评估为研究对象,对使用变异—共变量法中历史波动率与极端值模型中 GPD 的方法共同检测 REITs 的风险值模型做比较研究。全文共分七章。第一章绪论,介绍了论文的研究背景、研究动机及目的,对相关文献进行了回顾,提出了论文的研究限制,构建了论文的研究框架;第二章对不动产证券风险管理进行介绍,对风险分类、风险管理进行界定,阐述了基金公司的风险管理,指明风险的传导机制,对风险值评估进行了介绍;第三章对台湾不动产证券化进行了探讨,论述了不动产证券化的意义,对台湾不动产证券化进行了分类,对相关条例进行说明,并对不动产证券化基金进行了阐述;第四章对台湾不动产投资信托基金的风险管理与绩效进行了分析,将基金投资分为投资海外和岛内的两大类;第五章对研究方法进行阐述,构建了基础的风险值模型和极端值模型,并进行了回溯测试;第六章以 10 支台湾 REITs 为研究对象(选取时间为 2006 年 9 月 22 日至 2008 年 9 月 30 日的所有数据,共 500 笔交易日),对极端值模型 Extreme Value Model 进行实证分析;第七章结论与建议。全文结论为:极端值模型在捕捉极端事件的发生及估算风险值较大均优于变异——共变量法。

关键词:不动产　资产证券化　风险评价　台湾

**1505**

**我国证券市场开放的风险与控制研究** / 许磊行著 ; 刘传哲指导. -- 中国矿业大学, 2009. -- 146 页

论文采用理论与实证相结合的研究方法,并通过构建相关模型对我国证券市场开放的风险与控制问题进行研究。全文共分八章。第一章总结了不同证券市场开放概念的界定,认为证券市场开放涉及三个方面的内容,即证券投资的开放、证券融资的开放和证券服务业的开放;第二章分析了我国证券市场开放过程中投资、融资和服务业开放的发展现状,分析比较发达国家与新兴证券市场开放的背景、策略与风险,总结了新兴证券市场开放的经验与教训,分析了我国证券市场开放相关的监管、法律、利率、汇率等配套方面改革,针对性地提出了我国证券市场开放的策略与路径选择;第三章分析了证券市场开放导致风险的机理,证券市场开放与金融危机的关系,从市场、上

市公司、证券公司、监管四个方面分析了证券市场开放面临的风险，并梳理了风险的度量方法；第四章运用修正的 GARCH 模型分析了我国实施 QFII 制度以来对我国证券市场波动的影响，采用 CSAD 方法实证研究了 QFII 引入市场的羊群行为；第五章实证研究了我国证券市场开放以来与国际主要证券市场的波动相关性，研究表明，证券市场开放过程中，我国较少受到来自国际证券市场的波动溢出，呈现出较高的发展独立性，说明我国证券市场在开放过程中风险是在可控的范围内；第六章进一步实证研究了我国证券市场开放面临的上市公司风险、金融机构风险和证券市场监管风险；第七章针对证券市场在开放过程中可能面临的开放风险，提出我国必须在市场、证券公司、上市公司和证券监管方面采取相应的风险控制措施。

关键词：证券市场　市场开放　金融监管　风险管理

1506

**噪声市场中的最优动态投资及定价** / 许云辉著 ; 李仲飞指导. -- 中山大学, 2009. -- 155 页

论文采用理论与实践相结合的方法，对动态投资情形下噪声交易风险与套利的相互关系进行了研究，包括噪声交易风险对最优动态投资策略的影响以及理性投资者的套利对于纠正噪声交易的价格冲击的作用。全文共分六章。第一章引言，介绍了论文的研究背景，研究目标、研究意义以及内容安排和创新之处；第二章在均值—方差框架下研究了噪声交易风险对最优动态投资的影响，针对一般的收益序列相关性，得出多期均值—方差投资策略以及相应的有效边界的解析表达式，并联系风险资产投资价值对投资策略进行了分析；第三章假定投资者最大化 CARA 效用函数，以一个简化的模型为基础研究了市场噪声对最优动态投资策略的影响；第四章对风险资产的价格过程及噪声过程进行灵活的假定，以此为基础对 CARA 投资者的最优动态投资策略进行了研究，以深入分析噪声对动态投资的影响；第五章建立了一个多代交替模型，研究噪声交易的价格冲击与计划期的关系，并对理性投资者的套利减少定价偏差的功能及其机制进行了分析；第六章结束语。论文的结论是：噪声对最优动态投资策略的影响取决于风险资产超额收益与噪声的相关性及噪声过程的持续性，呈现出多种可能性；理性投资者的套利并不具有直接减少定价偏差的作用。

关键词：金融市场　投资　定价

1507

**金融定价理论与保险创新：理论与实践** / 宣伟著 ; 刘鸿儒指导. -- 中国人民银行金融研究所, 2009. -- 147 页

全文共分为七章。第一章引言，主要介绍了论文的研究问题，分析了金融与保险的融合问题，总结归纳了论文研究的创新点与不足之处。第二章相关的文献综述，主要阐述了保险产品定价的基本精算模型，分析了金融定价理论应用与保险的理论，从保费的计量和保险产品的定价、保险公司财务管理和分析、保险衍生产品，以及在巨灾保险领域的运用，分析了金融定价理论在保险业的推广。第三章资本资产定价理论和套利定价理论与保险，主要概述了资本资产定价的理论，从市场性风险的来源、分散投资的影响以及预期收益率与贝塔系数分析了套利定价理论，阐述了资本资产定价理论、套利定价理论再保险中的简单应用。第四章期权定价理论与保险，主要概述了期权定价理论，介绍了期权的定义、种类、内在价值和价格以及期权定价模型的核心思想，论述了保险二项式定价模型在保险中的简单应用，阐述了保险 b-s 定价模型在保险中的简单应用，分析了期权与保险公司股权和债权的价值。第五章现金流贴现理论和保险，概述了现金流贴现理论，分析了保险 DCF 模型，阐述了保险 DCF 理论的扩展理论。第六章金融定价理论在保险的实际应用，主要包括资本资产定价理论的应用、期权定价理论在保险方面的实际应用、现金流贴现理论的应用，论述了国际保险产品的创新以及保险证券化，总结了国际经验。第七章为政策建议。

关键词：金融　保险业　经济发展　资产定价　期权定价

1508

**货币替代机制及反货币替代问题研究：兼析人民币货币替代问题及对策建议** / 严佳佳著 ; 朱孟楠指导. -- 厦门大学, 2009. -- 252 页

论文对货币替代机制及反对货币替代问题进行了研究，并分析了人民币货币替代问题及对策建议。全文共分为六章。导论，主要介绍了论文研究的选题背景和研究意义，主要文献综述，论文的研究思路和方法，论文研究的主要内容和结构安排，综述了论文研究的主要创新和进一步研究的方向。第一章概述了货币替代的定义和分类，衡量了货币替代的程度。

第二章是对货币替代机制研究进行了理论学说的分析,主要论述了货币服务的生产函数理论、货币替代的边际效用理论、货币需求的资产组合理论、货币的预防需求理论,阐述了各种货币替代理论的适用性和局限性。第三章主要考察了货币替代与汇率的关系、货币替代与货币政策的关系、货币替代与铸币税和通货膨胀的关系、货币替代与国际收支的关系、货币替代与财富结构的关系、货币替代与政策的可信度的关系以及货币替代与货币互补的关系等。第四章提出了反对货币替代的政策措施,主要论述了反对货币替代的机制,反对货币替代的汇率政策、利率政策、财政政策及其他反对货币替代的政策措施,介绍了反对货币替代经济的协调运作。第五章基于被替代货币的视角,分析了人民币货币替代的研究,介绍了人民币作为被替代货币的研究综述,阐述了人民币被替代的实证测度,分析了人民币被替代的成因,研究了人民币被替代对我国经济的影响,以及阐述了我国防范人民币被替代政策措施的现实选择。第六章基于替代货币视角,对人民币货币替代问题进行了研究。

关键词:货币理论　货币政策　人民币

**1509**

**中国保险专业中介机构发展问题研究** / 杨波著 ; 张涤新指导. -- 南京大学, 2009. -- 195 页

论文围绕保险专业中介机构展开讨论和研究,基于完善的理论框架,对我国保险专业中介机构的发展问题进行了分析并提出了相应的对策。全文共分七个部分。第一部分导论,说明了论文的选题背景、选题意义,对相关概念进行了界定和辨析,指明了论文的研究思路、研究方法、结构和主要内容,创新与不足;第二部分介绍了论文涉及的主要理论,包括信息经济学、交易成本理论、博弈论和系统论,并对相关文献做了回顾和总结;第三部分结合系统论的观点详细描述了保险专业中介机构处于的系统环境、与系统中相关主体的关联和构架以及保险专业中介机构在该系统中可以发挥的作用;第四部分介绍了中国保险专业中介机构市场的基本情况,通过分析市场数据得出了一些关于中国保险专业中介机构市场状况的简要结论,并从利弊两方面进行了描述;第五部分结合制度经济学从制度根源、制度的影响因素与可移植性、初始制度的选择、制度创新与变迁几个角度分析研究了我国保险专业中介机构存在的问题和原因,并将我国与发达国家的保险专业中介制度进行了比较研究;第六部分描述了目前我国保险专业中介机构存在的功能发挥问题,指出了规模小与发展不平衡、不规范的市场行为盛行及专业化水平不足是其功能缺陷的具体表现,最后指出了功能缺陷的主要原因是我国保险市场成熟度较低、机构目标短视;第七部分提出了中国专业中介结构的发展战略。

关键词:保险业　中介组织　经纪人

**1510**

**我国政府债务对收入分配的影响研究** / 杨长湧著 ; 李庆云,王大树指导. -- 北京大学, 2009. -- 153 页

全文共分为五章。第一章文献综述,主要阐述了关于收入分配的一般性理论和实证文献,关于中国收入分配的文献综述,关于二元经济结构的相关文献综述。第二章研究了改革开放以来我国收入分配的状况,主要对收入分配不平等分解法进行了简介,阐述了数据的来源和特点,介绍了基尼系数计算和分解方法,列举了一个案例,研究了以城乡划分为基础的基尼系数的计算和分解、以地区划分为基础的基尼系数的计算和分解,分析了城乡居民不同收入阶层的收入差距。第三章基于二元经济模型下的考察,研究了公债对收入分配的影响,主要阐述了初始的模型和放宽的假定,阐述了公债发行、公债使用以及公债本金的偿付的影响,概述了我国政府债务对收入分配的影响情况。第四章是对我国政府债务对收入分配影响的实证研究,主要阐述了公债对名义收入总体分配状况的影响,研究了公债对名义收入城乡之间分配状况的影响以及公债对实际收入总体分配状况的影响,分析了公债对实际收入城乡之间分配状况的影响。第五章研究了我国公债利息支付的收入分配的效应,阐述了研究模型。第六章为全文的结语。

关键词:国债　收入分配　财政管理　二元经济

**1511**

**开放型经济条件下我国商业银行效率研究** / 杨大强著 ; 刘亚指导. -- 对外经济贸易大学, 2009. -- 252 页

全文共分为十章。第一章为论文的绪论,主要介绍了论文的选题背景和研究的意义,论述了国内外商业银行效率研究的文献综述,阐述了论文的研究思路和方法。第二章介绍了商业银行效率的理论基础和研究方法,界定了商业银行的效率,分析了商业银行效率研究的理论基础,介绍了银行效率研究方法的财

务指标法和前沿分析法。第三章概述了我国商业银行效率的影响因素,主要阐述了我国商业银行改革和发展的历程,分析了我国各类商业银行的经营状况,研究了我国商业银行效率的影响因素。第四章研究了资产规模、质量和范围与我国商业银行的效率,主要阐述了资产规模、质量与我国商业银行效率的关系,分析了资产范围与我国商业银行的效率。第五章研究了外资银行进入与我国商业银行的效率,阐述了外资银行在华发展的情况、外资银行进入与银行效率的文献综述以及外资银行进入对一国金融体系的影响,阐述了外资银行进入对银行效率影响的实证研究。第六章分析了境外战略投资者引入与我国商业银行的效率,主要阐述了战略投资与战略投资者的含义,介绍了引入境外战略投资者与银行效率的文献综述,分析了我国商业银行引入境外战略投资者的背景,分析了其现状,实证研究了境外战略投资者引入对我国商业银行效率的影响。第七章研究了银行并购与我国商业银行的效率,界定了银行并购,分析了银行并购与银行效率的文献综述,介绍了银行并购悖论及其解释,分析了国内外商业银行并购的现状以及研究方法,实证研究了并购活动对我国商业银行效率的影响。第八章介绍了银行市场结构与我国商业银行的效率。第九章阐述了技术进步与我国商业银行效率的关系。第十章介绍了开放型经济条件下提升我国商业银行效率的对策研究。

关键词:开放经济　商业银行　经济效率

**1512**

**商业银行经济资本测度方法及其应用研究** / 杨继光著 ; 刘海龙指导. -- 上海交通大学, 2009. -- 140 页

论文对商业银行经济资本测度方法及其应用进行了研究。全文共分为八章。第一章绪论,主要介绍了论文的研究背景与研究主题,论文研究的框架和技术路线,研究的方法和内容,研究的创新点。第二章为经济资本测度方法的文献综述,主要对相关的概念进行了界定,阐述了商业银行总体经济资本测度的方法,论述了组合信用风险经济测度的方法,介绍了信用风险和市场风险的集成方法,以及基于信用风险经济资本测度的贷款定价方法,阐述了已有研究的不足和论文的研究计划。第三章分析了商业银行总体经济资本测度方法,讨论了总体经济资本的测度模型和性质,阐述了总体经济资本测度的实证分析。第四章研究了监管资本的适度性,阐述了监管资本的测算方法和结果,论述了监管资本的适度性。第五章介绍了基于总体经济资本测度的存款保险定价的方法,论述了基于期权的存款保险定价进行的实证研究,阐述了基于总体经济资本测度的存款保险定价模型。第六章研究了集成信用风险和市场风险经济资本测度的方法,论述了考虑信用迁移风险的信用组合经济资本测度方法,论述了集成信用风险和市场风险的经济资本测度的方法。第七章分析了基于信用风险经济资本测度的贷款定价方法,主要论述了基于 ASRF 模型的贷款定价方法和基于 GCRM 模型的贷款定价方法。第八章为全文的总结和展望。

关键词:商业银行　风险资本　资本管理　经济核算

**1513**

**中国金融控股集团公司治理研究** / 杨敬锋著 ; 裴平指导. -- 南京大学, 2009. -- 210 页

论文对中国金融控股集团公司的治理进行了研究与分析。全文共分为五章。导论主要介绍了研究主题和研究意义,研究文献综述,研究思路和研究方法,论文的结构和主要内容,研究的创新点和不足之处。第一章介绍了金融控股集团公司治理的基本内涵与相关的理论,主要阐述了金融控股集团的概念界定与组织形式,分析了中国金融控股集团的发展和现状,研究了金融控股集团公司治理的相关理论,分析了金融控股集团公司治理的特殊性。第二章阐述了我国金融控股集团公司的内部治理,论述了我国金融控股集团的股权结构,分析了中国金融控股集团的权利制衡,分析了中国金融控股集团母子公司控制的组织架构,阐述了中国金融控股集团的激励机制。第三章研究了中国金融控股集团公司的外部治理,主要阐述了政府部门的规制与影响,分析了市场竞争机制的外部治理,研究了主要利益相关者的约束,分析了中国金融控股集团公司治理的金融生态环境。第四章介绍了金融控股集团公司治理的国际经验与借鉴,阐述了国外主要的公司治理指导原则,分析了国外公司治理中的特别制度和规范。对国外主要金融控股集团公司进行了案例分析。第五章阐述了完善中国金融控股集团公司治理的措施,主要提出了完善我国金融控股集团公司的内部治理和外部治理的政策建议。

关键词:金融公司　持股公司　企业管理　风险管理

1514

**我国信用卡非理性消费行为研究** / 杨蓬勃著 ；张成虎指导. -- 西安交通大学, 2009. -- 105 页

论文对我国信用卡非理性消费行为进行了研究。全文共分为六章。第一章为绪论,主要介绍了选题背景和研究意义,研究的理论方法和国内外的研究现状,论文的结构安排和逻辑框架,相关的概念的界定,以及论文的主要创新点。第二章介绍了信用卡非理性消费行为的界定及其相关理论界定了信用卡非理性消费行为,阐述了信用卡消费信贷的理论,研究了非理性消费理论与行为经济学,最后对研究文献进行了总结。第三章介绍了信用卡非理性消费行为影响因素的识别,主要介绍了研究的假设和理论依据,分析了信用卡非理性消费行为的影响因素,对研究问卷的设计与收集进行了介绍,对问卷的效度与信度进行了分析与研究,验证了问卷的假设。第四章研究了信用卡非理性消费行为影响因素的作用机理,介绍了结构方程建模的分析方法,阐述了信用卡非理性消费行为影响因素的概念模型和研究假设,分析了信用卡非理性消费影响因素作用的路径。第五章研究了信用卡非理性消费行为预测指标体系的构建,主要包括预测指标体系构建的理论基础和原则、预测指标体系的指标选择、预测指标权重的确定以及预测指标的综合评价四方面的内容。第六章为论文的建议和总结。

关键词:信用卡　消费水平　行为分析　影响因素

1515

**指令流和人民币汇率形成** / 杨荣著 ；张礼卿指导. -- 中央财经大学, 2009. -- 204 页

论文结合外汇市场微观结构理论的主要成果来分析人民币汇率的形成,试图引入指令流对汇率的流动性效应来改善现有的理论,并在此基础上构建了短期汇率构成成分的分析框架,提出现汇汇率报价的主要决定因素。全文共分八章。第一章导论,提出论文的研究问题、研究的意义,研究的重点和难点,研究的方法和主要的研究结论和研究中存在的不足;第二章分析了人民币外汇市场的微观结构;第三章梳理最初的外汇市场微观结构理论和 2000 年以后该理论的主要模型,同时分析理论的主要变量——指令流——的作用和测度;第四章提出一个结构化方程,可观测价格方程即包括信息效应也包括流动性效应,效率价格方程只包括信息效应,试图使其成为人民币汇率形成的理论基础;第五章运用多元线性回归方法实证分析人民币外汇市场流动性的决定因素;第六章运用简单的一元线性回归方法分析中美两国的宏观基本面信息和人民币汇率;第七章以竞价和询价两种交易模式为样本来分析即期市场中流动性和价格发现关系;第八章结合上文的研究和实地调研结果,总结现行人民币汇率形成机制中存在的问题,提出通过改变汇率中间价的确定方式来深化改革,完善汇率形成机制,同时提出通过增加市场交易主体、提高做市商价格发现的能力、提高市场的透明度等措施来提高市场的交易量,强化信息效应弱化流动性效应,从而配合进一步的深入改革。

关键词:外汇市场　人民币汇率　汇率机制

1516

**中国私募股权投资风险管理研究** / 杨睿著 ；马君潞指导. -- 南开大学, 2009. -- 139 页

论文以信息经济学和博弈理论为基础分析了私募股权投资中涉及的私募股权投资人与企业家两者之间的委托—代理关系,以及私募股权投资人控制投资风险的对策选择。全文共分六章。第一章导论,说明了论文的选题依据、研究意义,并对国内外相关研究进行了综合论述,指明了论文的逻辑结构和章节安排,以及创新与不足;第二章对经典资本市场理论进行了回顾和评价,并对企业理论进行了综合论述;第三章阐述了企业融资过程中的委托代理问题,包括股权融资中的委托代理问题、债务契约与委托代理问题和代理成本的产生机理,分析了委托代理问题、融资契约的代理成本,并对两种融资方式进行了比较,指明了降低代理成本的途径;第四章对私募股权投资的(双边)匹配博弈进行了分析,说明了双边匹配博弈与私募股权投资的监控问题,得出了私募股权投资监控问题的双边匹配博弈分析结论,指出了局限和未来的扩展;第五章对阶段性投资行为进行了选择,构建了单期投资模型和分阶段融资模型,通过私募股权投资人和企业家之间最优策略的博弈,得出最小化委托代理风险的分阶段投资方案;第六章阐述了中国私募股权投资的发展历史和主要特征,分析了全球性金融危机对中国私募股权投资活动的影响,并指出了全球金融危机背景下中国私募股权投资发展的战略选择。

关键词:企业融资　股权投资　委托代理　风险管理

1517

**银行并购悖论:兼论中国银行业并购效率的改进** / 杨世坤著 ; 宋清华指导. -- 中南财经政法大学, 2009. -- 192 页

论文在研究大量国内外文献综述的基础上,对银行并购悖论进行了研究。同时,论述了中国银行业并购效率的改进。全文共分为五章。导论主要介绍了论文的选题背景和研究的意义,国内外相关的文献综述,论文的研究思路和体系结构,论文的研究方法,创新点和需要继续研究的问题。第一章银行并购的动因理论,阐述了新古典综合派有关并购动因的理论,提出了协同效应的假说,分析了新制度经济学关于并购动因的理论,阐述了其他动因理论。第二章银行并购悖论的国外证据,主要对银行并购悖论的实证文献进行了考察,对银行并购悖论进行了实证研究与验证。第三章来自中国证据分析的银行并购悖论,主要分析了财务指标,基于修正事件的分析方法,对股东价值效应进行了分析与研究,阐述了银行并购效率的 DEA 分析过程。第四章银行并购悖论的根源,主要介绍了银行并购悖论与公司的治理状况,从微观效应的视角,分析了协同效应的陷阱;从外部宏观视角,对环境变量及其嬗变进行了分析与研究。第五章中国银行业并购效率的改进措施,主要从外部治理的机制和内部治理的机制,提出公司治理的改进措施。研究了经营协同、管理协同以及文化协同、财务协同等创造的协同效应。研究了提升并购操作的效率,分析了准确评估环境变量对并购的影响。

关键词:银行业　企业合并　效率

1518

**股票信息风险测度研究** / 杨伟著 ; 郑振龙指导. -- 厦门大学, 2009. -- 106 页

论文在研究大量国内外相关文献的基础上,对股票信息风险测度进行了研究与分析。全文共分为五章。第一章介绍了信息风险测度的相关文献综述,阐述了信息风险的定义,对信息风险测度的国内外文献进行了综述。第二章分析了信息风险测度的模型,阐述了经典的 PIN 模型,并对其进行修正,最后分析了修正后的 PIN 模型。第三章是对中国股票市场信息风险测度进行的实证研究与分析,主要概述了中国股票市场交易的机制,阐述了经典的 PIN 模型的估计结果,并进行了分析与研究,论述了修正的 PIN 模型的估计结果。第四章是对中国股票市场信息风险性质的研究与分析,主要研究了中国股票市场信息风险事件序列的特征,分析了中国股票市场信息风险与股票收益率的关系。第五章为论文的总结。论文基于中国股票的逐笔交易数据,利用修正的 PIN 模型对我国股票具有的信息风险进行了实证研究表明,修正的 PIN 模型隐含的买卖指令之间的相关性和买卖指令的方差能够更好地与实际数据相匹配。同时论文还发现经典的 PIN 模型由于忽视了市场指令流冲击事件发生时引起的交易动机,倾向于高估股票所具有的信息风险。股票信息风险对股票收益率并不存在显著的影响,而与市场流动性相关的市场指令流冲击事件发生时引起的交易概率对股票收益率有着持续显著的影响。

关键词:股票市场　市场信息　风险分析

1519

**中国区域资金流动机制与效应研究** / 杨晓丽著 ; 刘传哲指导. -- 中国矿业大学, 2009. -- 161 页

论文从区域资金流动的一般理论入手,从定性和实证角度对我国区域资金流动的渠道、机制和效应进行了研究。全文共分七章。第一章引言,提出了论文的研究问题、选题意义,并对国内外区域资金流动的相关文献进行了述评,指明了论文的研究内容、研究方法与研究思路;第二章阐述了区域资金流动问题研究的理论基础,如区域经济理论、发展经济理论与金融发展理论,并总结了区域资金流动的靶向性规律;第三章对区域资金流动的渠道,如银行信贷渠道、资本市场渠道、政府资金渠道和利用外资渠道进行了研究,并分析了中国区域资金流动的分布特征,对中国区域资金流动渠道进行了实证分析;第四章对中国区域资金流动的机制进行了分析,并归纳出影响中国区域资金流动的因素,建立了中国区域资金流动机制模型;第五章对中国区域资金流动的效应进行了分析,分析了区域资金流动与区域经济增长的关系,找出了区域资金流动与区域经济的差距,给出了资金流动区域差异的衡量指标,并进行了实证分析;第六章提出了完善中国区域资金流动机制的对策建议;第七章提出了论文的结论和对未来的展望。论文的研究结论是:东部地区的金融最为发达,是市场驱动型资金流动模式占主导,中部地区属于市场驱动和政府驱动型的资金流动混合模式,西部地区政府财政转移支付的贡献度最大,西部地区经济的发展目前主要是依靠国家相关政策的扶持,属于政府主导型的资金流动。

关键词:区域金融　资本流动

1520

**基于三元 GARCH 的沪港美股票市场关联与波动特性研究** / 杨毅著 ; 徐晓萍指导. -- 上海财经大学, 2009. -- 118 页

论文对基于三元 GARCH 的沪港美股票市场关联与波动特性进行了研究。全文共分为八章。第一章为引论,主要介绍了论文研究的理论意义和实用价值,研究的基本思路和方法,研究的研究框架,研究的主要创新点。第二章介绍了论文研究的主要方向和文献综述,主要包括波动溢出效应、极值风险效应、市场分割与多重上市、市场波动的非对称性以及牛熊周期的划分五方面的内容。第三章论述了股票市场的波动溢出、极值风险与牛熊周期的理论模型和研究方法,主要包括股票市场的信息传递与波动溢出理论、多元 GARCH 模型与 BEKK 模型、基于三元 BEKK 模型的波动溢出效应检验方法、股票市场的极值风险效应及其理论、股票市场的牛熊周期及其研究、改进的 IBB 牛熊周期划分算法以及基于三元 GARCH 的风险 GRANGER 检验方法七方面的内容。第四章阐述了沪港美股票市场和多重上市个股间的波动溢出效应,分析了沪港美股票市场指数间的波动溢出效应和多重上市个股间波动溢出效应。第五章研究了沪港美股票市场和多重上市个股间的极值风险效应,主要对模型和数据进行了说明,阐述了沪港美股票市场指数间和多重上市个股间的极值风险效应及其非对称性。第六章分析了引入牛熊周期后的市场间波动溢出效应,主要划分了市场牛熊周期,研究了基于牛熊周期划分的市场指数波动溢出效应和基于牛熊周期划分的三地上市个股间的波动溢出效应。第七章是对引入牛熊周期后的市场间极值风险效应的研究。第八章为论文的研究总结与建议。

关键词:股票市场　经济波动　相关性　中国　香港　美国

1521

**中国国债市场的波动性研究** / 杨宇俊著 ; 门明指导. -- 对外经济贸易大学, 2009. -- 127 页

全文共分为七章。第一章绪论,主要介绍了论文研究的背景和研究意义,文献综述,论文的研究思路和路线,论文研究的方法和结构安排,总结归纳了论文研究的创新之处。第二章研究了中国国债市场的发展历程和现状,探究了中国国债市场存在的主要问题。第三章是对国债市场波动特征的分析,主要阐述了波动率的聚类效应和杠杆效应分析,介绍了波动率的长记忆性分析,探究了波动率模型的比较分析。第四章分析了国债价格波动的内部风险因素,分析了我国利率体系的现状,利率期限结构的估计方法,内部风险因素。第五章研究了国债价格波动的外部经济因素,主要包括经济变量对国债总指数波动的影响分析、经济变量对不同代偿期的国债指数波动的影响分析等内容。第六章介绍了国债市场的风险管理与政策建议,主要分析了国债投资面临的风险,国债市场的市场风险度量,提出了金融机构的风险管理建议和国债市场风险控制的政策建议。第七章为论文的结论。

关键词:国债市场　经济波动　风险分析

1522

**中资保险公司上市股权融资绩效与风险研究** / 杨志泉著 ; 胡庆康指导. -- 复旦大学, 2009. -- 162 页

论文对中资保险公司上市股权融资绩效与风险进行了研究。全文共分为八章。第一章为导论,主要介绍了论文的研究问题,相关概念的界定与说明,相关的文献综述,论文的研究方法、难点以及创新之处,以及论文的结构安排。第二章研究了中资保险公司的现状及上市股权融资的必要性,阐述了中资保险公司现行的运营模式,分析了中资保险公司的弊端,阐述了中资保险公司上市股权融资的必要性。第三章介绍了国外公司股权融资制度及保险公司的实践,主要对发达市场国家或地区股权融资与我国股权融资进行了比较和研究,阐述了发达国家保险公司股权融资的实践和启示。第四章对保险公司上市绩效进行了理论分析,主要包括保险公司上市的经济学分析和保险公司上市绩效的研究。第五章对保险公司上市的绩效进行了实证分析,主要包括国外保险公司上市绩效的实证研究、香港保险公司上市绩效的实证研究以及我国保险公司上市绩效的实证研究。第六章研究了影响我国保险公司上市绩效的因素和对策建议,主要论述了影响我国保险公司上市绩效的因素和提高我国保险公司上市绩效的对策。第七章分析了中资保险公司上市的风险分析,主要论述了中资保险公司上市的系统性风险、外资并购风险、信息披露风险、募集资金的运用风险,以及退市的风险和股价波动风险。第八章介绍了中资保险公司上市的风险评价及防范对策。

关键词:保险公司　上市　股权　融资　经济绩效　风险管理

1523

**家庭资产组合选择研究** / 姚佳著 ; 陈国进指导. -- 厦门大学, 2009. -- 127 页

论文对家庭资产组合选择问题进行了的研究。全文共分为八章。第一章导论,主要界定了家庭金融学的内涵与分类,阐述了论文的研究背景和研究意义,研究思路和研究方法及主要的结论,主要创新点和篇章结构。第二章为家庭资产组合选择文献的评述,主要研究了家庭资产组合选择和背景风险因素以及家庭资产组合选择和人口统计因素,研究了家庭资产组合选择和交易成本,论述了家庭资产组合选择和流动性约束以及家庭资产组合选择和风险偏好问题。第三章是对家庭资产组合选择进行的理论分析,主要阐述了单期资产组合选择理论、建立了资产组合选择的生命周期模型和考虑风险偏好的资产组合选择模型。第四章对美国家庭风险性金融资产选择进行了实证研究,主要概述了美国家庭资产持有的情况,对美国家庭股票市场参与和股票持有比重进行了实证研究,分析了美国家庭风险性金融资产选择。第五章实证研究了美国家庭风险性资产选择,概述了美国家庭风险性非金融资产持有状况,论述了美国家庭风险性非金融资产选择的实证研究和美国家庭风险性资产选择的实证研究,最后进行了小结。第六章是对欧美国家家庭资产组合选择的比较,主要包括家庭的资产负债种类和风险资产的定义,欧美家庭资产组合选择比较。第七章是对中国家庭资产组合选择的研究,主要概述了中国家庭资产组合的分布状况,对中国家庭资产组合选择的差异性进行了分析。第八章为全文的结论和政策建议,阐述了进一步的研究方向。

关键词:家庭　金融资产　资产管理

1524

**流动性与股票组合投资管理研究** / 姚亚伟著 ; 杨朝军指导. -- 上海交通大学, 2009. -- 175 页

论文对流动性与股票组合投资的管理进行了研究。全文共分为七章。第一章绪论,主要介绍了论文的研究主题和研究意义,主要研究文献,研究思路和研究方法,论文的结构和主要内容,总结归纳了论文研究的创新的和难点。第二章文献综述,主要包括现代资产组合理论模型研究综述、股票流动性的内涵及测度研究综述、组合规模研究综述以及行业效应研究综述。第三章流动性的股票特征和组合规模,主要阐述了流动性测度指标的选取,论述了流动性股票的特征,分析了流动性与流动性风险,确定了组合最优证券数目,研究了组合投资中的政策约束。第四章考虑流动性的资产组合选择理论模型及修正,论述了基于理论角度的流动性与组合选择模型,阐述了基于实证角度的流动性与组合选择模型,研究了修正的流动性与组合投资管理应用定量分析模型。第五章是对流动性作用下的组合投资管理进行了实证研究,主要包括流动性间接作用下组合投资优化的实证分析、流动性直接作用下组合投资优化的实证研究。第六章分析了流动性与组合投资管理在行业中的应用,主要阐述了行业效应与组合投资管理,描述了行业效应的表现特征,分析了流动性、行业效应与组合投资的实证研究,最后章节进行了小结。第七章全文的总结与展望。主要包括了论文的主要工作和经验、论文研究的不足,对未来的研究进行了展望。

关键词:股票市场　股票投资　证券投资　风险管理

1525

**最优投资策略与流动性理论研究** / 叶冬艳著 ; 宋逢明指导. -- 清华大学, 2009. -- 146 页

全文分为六部分。第一章为引言,介绍了研究背景、研究意义等。第二章文献回顾,包括关于流动性的理论模型和实证研究。第三章最优资产配置,建立了连续时间下存在非流动资产时的最优投资组合选择模型,其中假设非流动资产的交易时间点是一个 Poisson 过程。首先把无限时间段上的优化问题转化成了有限时间段上的优化问题,再用通常的动态规划方法求解模型。最后给出价值函数满足的积分——偏微分方程及其一致收敛的近似终值条件。第四章为最优投资组合/消费选择。第五章为流动性影响的数值分析,用数值方法分析了流动性的影响。给出了求解价值函数中待定系数的有效方法,通过这个方法,进行很少几次迭代就能得到理想的收敛结果。分别分析了对参与者福利的影响、对最优投资组合的影响、对最优消费水平选择的影响、对股利的影响等。第六章为总结,概括了文章内容,总结了创新点,对进一步的研究做出了展望。

关键词:投资　资本市场　经济波动　资产价值

1526

**经济增长、金融发展与不平等:基于企业家才能异质性的动态过程** / 叶敏著 ; 陈平指导. -- 北京大学,

2009. -- 112 页

论文通过分析一些宏观数据和微观数据,构造出一个基于企业家才能异质性的动态规划模型解释观察到的经济增长、金融发展和不平等程度三者的发展过程、从不平稳到平稳的典型特征。全文共分五章。第一章导论,金融发展、经济增长与不平等的特征概述,对金融发展、经济发展、收入分配不平等的发展概况和特征进行了论述,并对三者关联的现象与特征进行了分析,勾画出微观层面、中观层面、宏观层面的逻辑结构图;第二章文献综述,对金融发展的相关文献进行综述,并对倒 U 型效应进行验证,指明了不平等与经济增长的关系,并对金融中介对经济增长、不平等影响力的研究进行阐述;第三章模型设置与均衡,刻画了临界企业家才能和利率内生的无穷期动态模型。该模型表明在均衡路径中,当临界企业家才能和利率内生变动时,可以形成经济增长、金融发展和不平等程度三者的不平衡性和不稳定性;第四章不确定性与风险整合,引入不确定性,表明在企业家才能具有异质性的情形下,促使经济中的企业集群进入独立同分布的风险状态对于经济来说至关重要。根据模型给出了相应的模型政策含义及政策建议,政府的作用主要体现在促进经济增长的起点,利用再分配政策使公平和效率得以兼顾;第五章结语。

关键词:金融发展　经济增长　企业家　不平衡　动态模型

**1527**

**金融体系模式发展与选择** / 易彬著 ; 刘鸿儒指导. -- 中国人民银行金融研究所, 2009. -- 149 页

全文共分为七章。第一章介绍了金融体系模式与金融功能观,主要描述了金融体系模式,阐述了金融功能观的理论与现实冲突、关于金融功能的理论、金融体系的功能观等。第二章金融体系模式发展与特征,主要对金融体系模式的历史进行了分析,阐述了金融体系模式的结果分析与研究。第三章风险管理的功能及其比较,从风险的经济内涵与分类,风险态度与风险收益以及风险管理方法和手段阐述了风险及风险管理。从银行与市场两方面对风险管理功能进行了比较研究,对各类风险管理进行了阐述。第四章对信息处理功能进行了比较研究,阐述了金融市场的信息处理,论述了银行中介的信息处理,最后对信息处理功能进行了比较研究。第五章对监控与激励机制功能进行了比较研究,阐述了公司治理结构的模式,比较了不同金融模式下的监督功能,从证券市场的财务调整机制、经理激励机制、证券市场的接管机制以及中介与市场激励功能比较四方面分析了不同金融模式下激励功能比较。第六章对金融功能与金融结构进行了实证研究,主要分析了法律保护打分模型,从理论模型和研究方法、数据选择以及实证检验与结论研究了信息披露国家打分模型,最后对总模型进行了研究与分析。第七章介绍了中国金融体系模式的选择,阐述了中国金融体系的状况,分析了我国金融体系的特征并进行了总体描述,论述了我国金融体系金融功能发挥的情况,主要包括资源配置效率、风险管理功能、信息处理功能、监督与激励机制功能以及法律制度与金融功能。最后阐述了中国金融模式的选择。

关键词:金融体系　金融结构　金融市场　风险管理

**1528**

**我国国有商业银行改革的比较制度分析** / 殷小斌著 ; 何平指导. -- 中国人民大学, 2009. -- 219 页

论文对我国国有商业银行改革的比较制度进行了分析与研究。全文共分为七章。第一章为导论,主要介绍了论文的研究背景和研究意义,相关概念的界定,论文的主要研究内容,研究假设和方法,论文研究的创新和局限性,国内外的研究现状。第二章理论发展与模型的建立,主要包括经济学中的制度介绍,分析了制度与制度变迁理论的发展,阐述了金融中介及制度金融理论的发展,研究了国有银行制度变迁的博弈模型。第三章国外国有银行改革的经验和启示,主要叙述了发达国家的国有银行改革情况、转轨国家的国有银行的改革历程以及新兴市场国家的国有银行改革的状况。论述了国外国有银行改革对我国国有银行改革的启示。第四章投融资体制改革与我国国有专业银行改革的起点,主要论述了投融资体制的改革问题,分析了政府金融控制与国有专业银行的功能,阐述了政府金融控制的局部制度均衡与国有专业银行改革的起点。第五章商业化、注资、不良资产剥离与我国国有银行制度的变迁,主要分析了国有银行金融中介功能的归位,阐述了注资、不良资产剥离,深化了国有银行商业化的改革,研究了软预算约束与国有银行商业化改革的演进,分析了国有银行金融支持、经济增长与政府效应函数的演变。第六章我国国有银行股份制改革及其绩效,主要论述了股份制改革的内因和外因,阐述了股份制改革的实践,对股份制

改革的绩效进行了分析与研究。第七章分析了股份制改革下的国有银行制度的演进机制。

关键词:国有商业银行　银行制度　经济体制改革　股份制

**1529**

**生产、资本、货币与货币政策** / 尹小兵著 ; 唐旭指导. -- 中国人民银行金融研究所, 2009. -- 176 页

全文共分为五章。第一章对新古典总量生产函数进行了评论,介绍了涉及资本和时间的微观生产函数的几种表示方法。阐述了将微观生产函数加总成"总量生产函数"需要满足的条件,这些条件相当的苛刻。指出了采用时间序列数据模拟总量生产函数会遇到的样本不足以及由此带来的非稳健性问题。最后对中国经济的总量生产函数方法提出了批评。第二章给定技术条件下的稳态、积累与波动,主要考察了 Malinvaud 模型、奥地利模型和剑桥模型的静态经济的特点,并分析了经济要达到静态需要的调整过程。分析了当这些模型处于静态之中时,突然有了积累的动力会带来怎样的调整,指出了静态经济的适用范围可能很广,微观的动态与宏观的静态并不矛盾,并且正是静态的假设使得价格机制能够发挥很好的协调作用。第三章技术进步时的积累和增长。首先提出了一种考察生产过程中技术进步的方法,即用流量生产流量的方法,技术进步使得相同的投入流量强度下产出的流量强度增加;其次利用"静态比较法"考察了奥地利模型、两部门模型以及 Malinvaud 模型以及剑桥模型中的技术进步;在此基础上,分析了技术进步中的一些相关的问题。第四章抛开静态经济的环境,引入了不确定性和一般均衡框架,考察了当市场不完全时,经济如何通过发现信息形成对"缺失"的远期价格的预期,以便能够更好地进行生产决策。指出市场是一种综合各自私人信息的手段,并考察了股票市场的信息、信念与价格机制。第五章首先分析了货币政策与一般经济政策的异同,强调了长期货币中性的观点。在此基础上阐述了短期作用的几种途径,并提出了一个简单的货币政策分析框架,最后运用了该框架来分析中国的货币政策问题。

关键词:货币政策　资本　经济波动　生产函数法

**1530**

**中国贷款利率改革与资本配置:微观视角的理论和实证** / 应千伟著 ; 陆军指导. -- 中山大学, 2009. -- 166 页

论文从微观视角,对中国贷款利率改革与资本配置进行了理论与实证分析与研究。全文共分为八章。第一章为绪论,主要介绍了研究背景,研究问题,研究的范围,研究思路和方法,主要贡献和研究的框架。第二章为相关文献综述的回顾,主要包括外部融资约束、企业过度投资问题、自有资本效应和抵押品的作用、企业投融资行为的实证发现、中国企业投融资行为的相关研究以及利率市场化六方面的内容。第三章介绍了不完美信贷市场中的信贷约束和过度放贷,主要介绍道德风险模型、投资不足和信贷配给问题、隐藏生产效率类型和过度放贷的情况,研究了补贴和税收的影响以及贷款利率管制和改革的影响。第四章介绍了银行监控成本的乘数效应和监控效率的瓶颈,主要包括引言、基本模型、监控成本的乘数效应和企业借贷融资差异、监控效率瓶颈与信贷配给、贷款利率管制和改革的影响。第五章分析了企业内部代理问题与贷款利率改革的逆向选择效应,主要介绍了内部代理和外部代理共存的模型,分析了贷款利率改革的逆向选择问题。第六章是对贷款利率改革与企业外部借债融资进行了实证研究,主要包括研究假设和指标选取、数据来源与描述性统计、实证模型、实证结果和分析。第七章是对贷款利率改革和微观资本配置效率的实证研究。第八章为全文的结语。总结归纳了论文研究的基本结论、政策含义,以及研究过程中的局限性和未来的研究方向的确定。

关键词:贷款管理　利率改革　企业管理　资本经营　资本配置

**1531**

**国际金融中心历史变迁与功能演进研究** / 余秀荣著 ; 孔祥毅指导. -- 辽宁大学, 2009. -- 208 页

论文对国际金融中心历史变迁与功能演进进行了研究。全文共分为六章。绪论主要提出了论文研究的问题,阐述了相关的文献综述,概述了论文的研究思路和方法,总结了论文研究的主要创新点和不足。第一章介绍了国际金融中心及国际金融中心功能的内涵。第二章介绍了国际金融中心的历史变迁,主要包括农业经济时代晚期国际金融中心的萌芽、商业革命时代国际金融中心的初步发展、工业化早期国际金融中心的形成、工业化成熟期国际金融中心由成熟走向分化、后工业时期国际金融中心多元化格局的形成五方面的内容。第三章介绍了国际金融中心变

迁中的功能演进,主要介绍了国际金融中心功能的演进路径、国际金融中心功能演进的动因以及国际金融中心功能演进的实现途径。第四章是对国际金融中心功能实现机制的分析,主要分析了金融聚集功能实现机制、金融辐射功能实现的机制以及国际金融中心功能实现的效应。第五章研究了从功能角度对我国国际金融中心区位的选择,主要介绍了上海、北京、深圳的国际金融中心之争,对金融集聚功能实现的条件进行了比较分析,论述了上海市中国国际金融中心的最佳区位选择。第六章提出了推动中国国际金融中心建设的政策建议,主要包括重新认识上海建设国际金融中心的战略地位、根本举措在于功能建设、我国国际金融中心功能实现的最终目标。论文最后为结语。

关键词:国际金融中心　金融功能

1532

**银行卡支付平台定价机制研究:基于双边市场理论的视角** / 余雪红著 ; 唐旭指导. -- 中国人民银行金融研究所, 2009. -- 185 页

论文基于双边市场理论的视角,对银行卡支付平台定价的机制进行研究。全文共分为六章。第一章导论,主要介绍了银行卡定价问题的提出和研究的意义,国内外相关研究进展,论文的逻辑架构和研究方法,论文研究的创新点和不足。第二章双边市场理论,主要阐述了双边市场的定义和分类,分析了网络外部性理论、双边市场定价理论和双边市场的反垄断规制。第三章银行卡支付平台的双边市场特征及其价格结构,主要概述了银行卡产业,分析了银行卡的定义和功能,确定了银行卡组织的分类,概述了国内外银行卡市场发展的情况,研究了银行卡支付平台的双边市场特征,界定了银卡卡支付平台的含义,同时介绍了银行卡支付平台的价格结构,研究了银行卡支付平台价格结构的影响因素,分析了银行卡交易的主体行为。第四章银行卡支付平台的交话费问题,主要阐述了交换费的定义和作用,论述了了以交换费为核心的定价模型,介绍了交换费的规制研究及变动趋势。第五章银行卡支付平台价格水平与价格结构,主要论述了垄断银行卡支付平台的定价问题,阐述了竞争银行卡支付平台的定价,论述了中国开放式垄断银行卡支付平台的定价模型。第六章银行卡支付平台定价的中国实践,主要论述了中国银行卡支付平台的发展现状和中国银行卡支付平台定价的现状,研究了我国银行卡定价中存在的主要问题,归纳了论文的主要观点和政策建议。

关键词:信用卡　支付方式　定价　电子商务

1533

**控制权价值、侵占与公司治理:基于控股股东决策视角的研究** / 俞红海著 ; 徐龙炳,陈百助指导. -- 上海财经大学, 2009. -- 164 页

论文基于控股股东决策的视角,对控制权价值、侵占与公司治理进行了研究。全文共分为九章。第一章为导论,主要介绍了选题背景和研究意义,研究方法,研究思路和分析框架,论文研究的主要观点和创新点,以及国内外的研究现状。第二章为文献回顾与制度背景的研究,主要阐述了股权集中现象及形成机制,论述了股权集中下控股股东侵占与公司价值的关系,研究了控股股东侵占路径与公司治理,分析了论文研究的制度背景。第三章研究了终极控股股东控制权、现金流权与公司价值。主要包括引言、文献回顾、理论模型与研究假设、研究设计、实证结果与分析、稳健性检验六方面的内容。第四章分析了终极控股股东控制权与自由现金流过度投资,介绍了研究了理论模型和研究假设。第五章分析了终极所有权、制度环境与上市公司债务融资的问题,主要从文献回顾、理论模型和研究假设、研究设计以及实证结果和分析进行了研究。第六章分析了终极控制权、法制环境与上市公司现金持有的问题。回顾了研究的相关文献,介绍了研究的理论分析与研究假设以及研究设计,对研究的稳健性进行了分析与研究。第七章分析了终极控股股东控制权与上市公司资金占用。第八章研究了终极控股股东控制权与全流通背景下的大股东减持问题。第九章为全文的总结,主要包括论文研究的基本结论、研究中的局限性以及论文未来的研究方向。

关键词:股份有限公司　上市公司　股东　控制权　公司治理

1534

**中国企业在南非投资的案例研究** / 喻晟著 ; 裴长洪指导. -- 中国社会科学院, 2009. -- 106 页

论文对中国企业在南非投资的案例进行了研究与分析。全文共分为九章。第一章为导论,介绍论文研究的背景和目标及理论和现实意义,论文的研究思路和技术路线,研究方法,主要内容和逻辑结构,主要创新点及不足之处。第二章介绍了论文研究的理论

基础,主要介绍了和阐释了目前西方主流投资的理论、发展中国家对外投资理论和其他相关的理论,如波特基本战略理论等。说明中国进行对外投资选择的依据。第三章是中南两国宏观层面上的比较,通过比较得出两国在宏观环境上存在的相对差异,进而分析总结出中国作为投资方的相对投资优势,以及南非作为投资目标国的吸引力。第四章从中观层面的行业研究着眼,分析了中国企业在南非的行业比较优势,得出当前中国企业在南非的优势行业,并探讨了行业选择对中国企业在南非投资成功的影响。第五章站在投资战略的角度,通过对问卷调查得来的一手资料的分析,总结了目前进入南非市场投资的中国企业的投资动机及战略选择,并指出了其中存在的问题。第六章从公司的组织结构入手,分析评述了几种主流组织结构在实际运用中的效率,寻找出适合南非及中国公司实际情况的,适合其发展运作的组织结构形式。第七章是深入公司内部管理层角度,通过对公司领导者的个人特质进行观察,以期总结出那些投资成功的优秀领导者所具备的性格特质和能力结构。第八章实证分析分析中国企业在南非投资的关键因素,指出存在的不足,得出了中国企业对南非投资成功的主要因素和相对的建议。第九章为全文的总结。

关键词:跨国公司　对外投资　投资管理　投资战略　南非

**1535**

**不完全信息下的投资组合选择与资产定价** / 袁子甲著 ; 李仲飞指导. -- 中山大学, 2009. -- 97 页

论文对不完全信息下的投资组合选择与资产定价进行了研究。全文共分为七章。第一章为引言,主要介绍了论文研究的问题,研究的意义,对相关的文献综述进行了回顾与分析,总结归纳了论文的内容安排和创新之处。第二章介绍了不完全信息下的静态投资组合选择,主要分析了期望效用最大化模型,阐述了贝叶斯均值—方差模型,最后对研究模型进行了小结。第三章研究了不完全信息下的资产定价,主要论述了模型的设置,阐述了不完全信息和完全信息情形下的均衡定价,研究了不完全信息和信息对资产价格的影响。第四章研究了不完全信息下的动态投资组合选择,主要论述了市场设置,阐述了期望效用的最大化,分析了 CRRA 型效用函数,从均值—方差模型及其求解、均值—方差有效边界以及最优投资组合和投资的效用分析,分析了动态均值方差模型。第五章研究了异质信念下的动态资产的定价,主要阐述了红利过程、投资者的主观信念、证券市场以及投资者的禀赋和偏好及决策,分析了均衡的定价问题,研究了股票价格的波动率。第六章分析了信息收集和投资组合的选择,介绍了信息与投资者的学习过程,分析了投资者面临的决策问题,阐述了最优信息配置和投资组合的选择,解释了投资组合低分散的现象。第七章为全文的总结。

关键词:投资　金融市场　资产定价

**1536**

**房地产价格波动对宏观经济影响的一般均衡分析** / 原鹏飞著 ; 魏巍贤指导. -- 厦门大学, 2009. -- 126 页

论文在对房地产经济波动相关理论详细分析的基础上,通过构建向量误差修正模型(VECM)及可计算一般均衡模型(CGE),对我国房地产价格波动的特征及房地产价格波动对宏观经济的影响进行了定量研究。全文共分七章。第一章绪论,说明了论文的选题背景、研究意义、研究目标,指明了论文的研究思路、研究框架与研究方法、研究内容以及主要贡献;第二章对国内外房地产经济的研究文献进行了回顾和综述;第三章对我国房地产经济体制改革及房地产业发展历程进行了回顾,指出了我国城镇居民住房体制改革的主要成效及改革过程中出现的主要问题;第四章对住房价格波动与其影响因素之间的关系进行了理论分析,并构建了住房价格及其影响因素的向量误差修正模型(VECM),对我国近年来住房价格的波动特征和原因进行了研究;第五章分析了一般均衡模型及其对房地产经济的适用性;第六章对房地产价格变动的宏观经济及部门经济影响进行了研究,并对房地产价格上涨与下跌的经济影响进行了对比分析,第七章结论与政策建议。论文的主要结论是:房地产价格上涨与下跌使房地产业自身及其他行业的产出都相应地增加和减少;房地产价格上涨和下跌使得总产出、GDP、就业、投资、消费者价格指数及进出口等宏观经济变量相应地上升和下降;房地产价格上涨与下跌使得所有居民的实际收入都下降,但房地产价格下跌情境下居民实际收入的下降幅度更大;总体来看,房地产价格上涨刺激下的房地产业增长对国民经济增长的带动作用较大,但房地产价格下跌情境下房地产业的不利冲击对国民经济带来的负面冲击更大,在房地产价格大幅变动的情景中尤其如此。

关键词:房地产价格　宏观经济　价格波动　经济

影响　一般均衡论

1537

**我国上市公司定向增发研究:定价因素及信息迁移效应** / 曾劲松著 ; 戴金平指导. -- 南开大学, 2009. -- 151 页

论文通过多元回归分析及稳健性测试,研究了我国上市公司定向增发的定价影响因素,以及上市公司定向增发产生的信息迁移效应。全文共分五章。第一章导论,提出了论文的问题及选题意义、对基本概念进行了界定,并阐述了论文的研究对象与研究结构,指出了论文的创新与不足之处;第二章我国上市公司定向增发概述,对我国定向增发制度进行了介绍,说明了我国上市公司的定向增发动机,并分析了定向增发的优势和劣势,对我国上市公司定向增发的现状及其他国家和地区的定向增发制度进行了介绍;第三章对我国上市公司定向增发的定价因素进行了研究,用2006年度和2007年度进行定向增发的174家上市公司为样本,研究了定向增发定价的相关问题;第四章使用了华夏银行定向增发作为研究对象,研究了上市公司定向增发过程中的关键事件对同行业其他公司股价产生的影响,也就是信息迁移效应的影响;第五章研究结论和政策建议。研究发现公司非公开发行(定向增发)进程中的市场反应,类比效应占据了主导地位。

关键词:上市公司　融资　股票发行　定价　不对称信息资料缺乏

1538

**基于期权的商业银行流动性定价研究** / 曾林阳著 ; 杜金岷指导. -- 暨南大学, 2009. -- 145 页

论文采用期权定价方法、GARCH 模型、最大似然估计法、Solver 程序、多维线性趋势变量以及图表分析法等,从期权的角度论述了商业银行流动性的价值,分析和挖掘了流动性的期权价值,基于期权对商业银行流动性定价进行研究。全文共分七章。第一章导论,提出了论文的研究问题、研究背景、研究目的、研究思路和研究方法,并指出了论文的创新之处;第二章对流动性和商业银行流动性的概念进行界定,并对商业银行流动性文献进行了综合论述;第三章分析了商业银行流动性的期权动机,阐述了商业银行流动性的灵活性特征与期权的关系,并指出了商业银行流动性的期权性质;第四章论述了商业银行持有流动性的保险动机和投资动机以及流动性的灵活性特征与期权的关系,然后从商业银行持有流动性的动机和流动性的灵活性本身出发,论述了商业银行流动性的保险期权性质和投资期权性质以及两种期权的价值可以通过三资产 M-O 模型作为桥梁直接加总进行复合,从而建立了商业银行流动性保险期权定价模型、商业银行流动性投资期权定价模型以及包含两种期权的复合期权流动性定价模型;第五章对商业银行流动性保险期权定价模型进行了实证研究;第六章以深圳发展银行为样本,对商业银行流动性期权进行实证分析;第七章结论与政策建议。

关键词:商业银行　期权定价　投资

1539

**中国寿险市场退保影响因素研究** / 展凯著 ; 申曙光指导. -- 中山大学, 2009. -- 142 页

论文运用传统寿险精算理论、信息经济学的委托代理理论、保险经济学中预期效用理论和计量经济学向量误差修正理论(VECM)建模,并使用比较静态分析、数值运算技术等分析方法对寿险退保影响因素进行了实证检验,探究影响寿险退保的各种因素,从保险产品本身、保单持有人和寿险代理人等几个方面来分析影响寿险退保的因素。全文共分八章。第一章引言,介绍了论文的研究背景、研究意义,并对国内外的研究进行了综合论述,指明了论文的研究内容、研究方法、创新之处;第二章对寿险产品对退保行为的影响因素、保单持有人个体因素对退保行为的影响和寿险转保对退保的影响以及寿险转保影响进行了分析;第三章研究了传统寿险保单保障程度变化对保单持有人退保行为的影响,重点考察市场利率变化对保单保证程度的影响,并对分红寿险产品进行分析,进而研究市场利率变化对退保行为产生的可能影响;第四章讨论了投资型寿险产品保单持有人的退保影响因素;第五章通过建立一期多因素影响模型对保单持有人的个体退保影响因素进行了分析;第六章讨论了引起寿险退保的另外一个非常重要的原因:寿险转保,运用信息经济学的“委托—代理”理论对不同制度安排下的投保人、代理人行为进行分析;第七章建立了计量经济学模型对影响寿险退保的各个宏观因素进行了实证分析;第八章提出了应对寿险退保的政策建议和未来进一步研究的方向。

关键词:人寿保险　寿险市场　退保　风险分析

1540

**证券公司风险评价指标体系研究** / 张爱民著 ；叶永刚指导. -- 武汉大学, 2009. -- 250 页

全文共分为九章。第一章绪论,主要介绍了论文研究的选题背景,相关国内外研究文献综述,论文研究的基本框架和研究价值。第二章证券公司风险管理的相关理论,主要介绍了风险的经济学分析,研究了证券公司风险管理的理论框架。第三章证券公司风险管理指标体系的构建,主要划分了证券公司风险管理的类别,构建了证券公司风险管理的评价指标体系。第四章对资本与财务风险评价指标理论模型进行了实证研究,阐述了国外证券公司资本风险评价与监管的过程,分析了国内证券公司资本风险评价与监管的要求和规范,研究了净资本指标与资本扣减的比例,分析了风险资本准备、风险资本限额指标与风险资本配置的内容。研究了净资本压力测试及相关风险控制指标和传统资本、财务风险评价指标。第五章市场风险评价指标理论模型的实证分析,主要包括金融机构市场风险管理的监管要求、证券投资市场风险结构化分析模型、国内股票市场风险特征与市场风险评价指标的设计原则、市场风险测量方法及相关指标的总体框架,以及国内证券行业评价市场风险的最近指标和方法。第六章信用风险评价指标的理论模型与实证研究。第七章操作风险评价指标及其实证研究,阐述了金融机构操作风险的特征及监管要求,操作风险计量的方法和计量模型,国内券商操作风险评价指标体系的建构。第八章 ABC 证券公司风险控制指标体系的实证研究,介绍了 ABD 证券公司经营管理的基本情况,阐述了其资本财务风险控制指标的构建和动态监管。介绍了该公司市场风险及信用风险管理指标及其评价和监控。第九章提出了国内证券行业量化风险管理的政策建议。

关键词:证券交易所　证券市场　风险管理

1541

**基于冗余的投资低分散化研究** / 张爱武著 ；邱兆祥指导. -- 对外经济贸易大学, 2009. -- 137 页

全文共分为七章。第一章绪论,主要介绍了论文研究的背景和研究意义,研究的主题,研究的方法和结构安排,归纳了论文研究的主要结论,主要创新点,确定了未来研究的方向。第二章为理论文献综述,主要对有关投资低分散化进行了实证研究,探究了对投资低分散化的理论阐释:完全理性框架,研究了对投资低分散化的理论阐释:非完全理性框架。第三章介绍了论文的设定和基础假设。第四章是对冗余的界定,主要包括章节引言、方差—协方差矩阵非奇异条件下的 S-证券组合前沿、方差—协方差矩阵奇异条件下的 S-前沿证券组合以及冗余的界定四方面的内容。第五章介绍了冗余的判定,主要论述了独立冗余的判定:综合分析法,阐述了独立冗余的判定:相对分析法,以及联合冗余的判定。第六章是对投资低分散化的理论解释,主要介绍了偏好与选择的关系,对投资个体的低分散化行为进行了解释,对投资者之间投资组合差异进行了解释和说明,分析了投资低分散化条件下的市场均衡。第七章为论文的结束语,主要包括论文的基本研究结论、研究过程中的局限性以及对未来的研究进行了展望。全文运用数学推理和逻辑论证相结合的比较规范的经济学研究方法,按照逐步推进的方式进行展开。

关键词:资本市场　证券投资　投资行为

1542

**中国外汇储备管理优化研究** / 张博著 ；赫国胜指导. -- 辽宁大学, 2009. -- 162 页

论文对中国外汇储备的管理优化进行了研究。全文共分为七章。论文绪论主要介绍了研究意义、研究目的、研究框架、研究方法、主要创新点以及论文的章节安排。第一章是外汇储备管理相关理论评述,主要包括外呼储备规模管理理论、外汇储备结构管理理论以及外汇储备运营管理理论。第二章介绍了中国外汇储备管理的现状,主要分析了外汇储备规模管理的概况和评价,分析了外汇储备结构管理,简述了外汇储备运营管理,评析了外汇储备管理的模式。第三章研究了中国外汇储备管理的困境,介绍了中国 外汇储备规模管理的困境、外汇储备结构管理的困境以及外汇储备运营管理的困境。第四章研究了中国外汇储备规模管理的优化对策,主要分析了外汇储备来源、外汇储备规模稳定性,研究了基于神经网络模型的外汇储备规模预测,论述了规模管理优化的对策。第五章分析了中国外汇储备结构管理的优化对策,阐述了外汇储备多元化管理,分析了外汇储备币种结构管理的优化,阐述了外汇储备资产结构管理的优化。第六章研究了中国外汇储备运营管理的优化对策,主要分析了外汇储备运营管理的国际经验,介绍了中国外汇储备管理模型及运营策略的选择,阐述了外汇储备运营的绩效评价及风险管理,最后研究了中国外汇

储备运营路径的现实选择。第七章提出了中国外汇储备管理体制的优化对策,主要有优化中国现行外汇储备管理的体制,加快中国外汇储备管理的立法。

关键词:外汇储备 货币管理 储备规模

1543

**中国农村金融供给问题研究** / 张薄洋著 ; 武捷思,李志辉指导. -- 南开大学, 2009. -- 177 页

论文以我国农村金融供给问题为研究对象,采用理论和实证相结合的研究方法,考察中国农村金融体系与农村居民人均收入、城乡居民收入差距的关系,探讨了中国农村金融体系在"三农问题"产生发展过程中的作用,分析了农村金融体系功能异化的表现和供给抑制形成的原因,提出了构建新型农村金融供给体系的内涵、目标和途径。论文由七章构成。第一章导论,说明了论文的选题背景、选题意义、研究对象、研究方法,对基本概念进行了界定,并提出了论文的结构安排,主要结论及创新之处,以及存在的主要困难和进一步研究的方向;第二章对传统的金融发展理论和农村金融发展理论进行了回顾,并对国内外研究现状进行了综合论述;第三章阐述了中国农村经济改革与发展的概况,说明了中国农村金融供给体系的动态变迁,并对"三农发展"中的金融因素进行了小结;第四章对农村地区发展水平(农村居民收入与城乡收入差距)与农村金融体系的关系进行实证分析;第五章进一步分析了农村金融功能异化的表现,剖析了农村金融供给抑制的成因,说明过度管制与农村金融供给之间存在着闭锁效应;第六章分析了国际农村金融供给体系的模式和类型,对发达国家的农村金融供给体系(美国的多元复合型农村供给体系、欧洲合作金融为主的农村金融供给体系模式、日本政府主导型合作金融供给体系)和发展中国家的农村金融供给体系(孟加拉格莱珉银行商业化小额信贷模式、巴西国有商业银行为主的农村金融供给体系、印度国家控制下的多元复合信用模式)进行了介绍和借鉴;第七章提出了多层次、多主体的新型农村金融体系,矫正"农村金融体系功能异化",破除供给抑制的政策建议。

关键词:农村金融 金融体系 资金供给 体制改革

1544

**信息测量与分析:针对委托驱动的连续竞价市场的微观结构研究** / 张格著 ; 徐信忠,刘玉珍指导. -- 北京大学, 2009. -- 138 页

论文针对委托驱动的连续竞价市场提出了完整的市场微观结构研究框架,提出了有针对性的交易方向判别法,建立了较为全面的信息测量和分析的市场微观结构基本模型,发现并解释了现实市场中信息含量和信息不对称程度之间的强烈的负相关关系。全文共分七章。第一章引言和主要结论,对信息与均衡进行了概述,并对信息概念的范畴和分类进行了说明,指明了委托驱动市场的连续竞价市场的特殊性,指出了论文的创新与贡献;第二章市场特征与研究数据,进行经验分析设计并通过计算实现;第三章微观结构效应与交易方向的判别,针对委托驱动市场提出了交易方向判别法,是微观结构理论下的信息测量工具不可或缺的基础性工具;第四章证券交易的信息测量与分析研究综述,对信息与委托策略、信息测量的经验方法研究的相关文献进行综合论述,并顺便论述了委托驱动的连续竞价市场研究的模型选择问题,在Hasbrouck 市场微观结构方法论下,委托驱动的连续竞价市场中的回报、成交委托不平衡和未成交委托不平衡这三个变量间的相互作用可以由一个 VAR 系统刻画,成为成交交易变量和未成交委托变量隐含的价格发现作用、私有信息含量和信息不对称程度均可进行定量分析和测量;第五章信息测量与分析,针对委托驱动的连续竞价市场进行微观结构进行研究;第六章对信息含量和信息不对称的强负相关性进行介绍,对 771 只上证 A 股经验进行分析,发现信息指标时间序列的相关性。

关键词:证券市场 证券交易 信息处理

1545

**中国近代金融业开放中的中资金融机构** / 张宏彦著 ; 姚遂指导. -- 中央财经大学, 2009. -- 123 页

论文运用哲学分析方法,通过对史料的考证,对本土金融机构在中国近代金融业开放中的各自表现进行比较,总结出中国近代金融业开放的经验与教训。全文共分五个部分。第一部分绪论,介绍了选题的理论意义及实践价值,对相关领域的研究状况进行总结,介绍了研究方法,指出创新点及难点,并对选题进行了说明;第二部分介绍中国近代金融业开放的概况,分析了中国近代金融业开放的背景及成因,论证了中国近代金融业开放的被动性与主动性,介绍了中国近代金融业开放的历程,回顾了 1840 年以前的中国经济、金融态势,中西方发展间的摩擦,分析了中国

近代金融业开放的成因，阐述了近代金融思想开放及西方金融理论在中国传播的过程；第三部分中国近代金融业开放中的传统金融机构，对比分析了传统金融机构在中国近代金融业开放的被动性与主动性，分析了中国近代金融业开放的内因与外因；第四部分中国近代金融业开放中的新式金融机构，分析了中国近代金融业开放中的新式金融机构的发展态势；第五部分是总结和启示部分，对中国近代金融业开放的影响进行了总结，分别从对中国政治的影响和对中国经济、金融的影响两方面去分析。

关键词：金融业　金融机构　经济史

**1546**

**中国保险制度的结构与效率研究** / 张怀莲著 ；魏华林指导. -- 武汉大学, 2009. -- 153 页

论文对中国保险制度的结构与效率进行了深入全面的研究。全文共分为六章。第一章为论文的引言，主要阐述了论文研究的理论和现实背景，论述了论文的研究性质和理论基础，介绍了论文的研究方法论和基本理论假设，总结归纳了论文研究的思路和主要的论点，明晰了论文研究的主要理论创新点。第一章介绍了分工与风险管理的制度，主要阐述了分工与专业化理论，分析了分工与风险以及风险管理制度。第二章介绍了保险交易与保险制度，界定了保险交易的概念，阐述了保险的制度，介绍了保险制度的分类和结构以及保险制度的分工演进。第三章研究了中国保险制度的历史演进，主要阐述了灾荒制度、互助保险制度以及中国近代的保险制度，论述了中国现代保险制度结构的变迁。第四章研究了中国保险制度的宏观结构，主要论述了中国商业保险制度和社会保险制度，分析了中国的政策性保险制度和中国的互助合作保险制度，阐述了保险制度的协同发展。第五章分析中国保险制度的效率，主要阐述了中国保险制度的运行效率、中国保险制度的保障效率以及中国保险制度的融资效率和风险监督管理的效率。第六章提出了中国保险制度效率的改进措施，主要探究了产权制度与公司治理的结构，分析了法人治理结构存在的主要问题和原因，提出了完善中国保险企业产权制度和治理结构改革的基本措施。论述了中国保险市场的结构，通过分析再保险制度和保险中介制度，研究了中国保险制度的分工与协调。最后阐述了政府与保险监管的制度理论，介绍了中国保险监管机构的职能，提出了中国保险监管的目标和加强保险监管的具体措施。

关键词：保险业　保险制度　经济效率　体制改革

**1547**

**在华外资企业融资结构及其变革研究** / 张珈铭著 ；万解秋指导. -- 苏州大学, 2009. -- 106 页

论文采取历史与逻辑相统一、规范分析和实证分析相结合的研究方法，从企业经营角度和企业治理角度研究了在华外资企业融资行为和融资结构。全文共分五章。第一章绪论，提出了论文的研究问题，研究内容，对论文的基本概念进行界定，阐述了论文的研究方法、创新点及不足；第二章对早期融资结构理论、现代融资结构理论、新融资结构理论等融资结构理论进行了阐述，并对国内外融资结构理论进行了综合论述；第三章对西方企业融资方式和融资结构进行了阐述，还对国内企业融资方式和融资结构进行了研究；第四章介绍了在华外资工业企业发展的基本情况，阐述了在华外资企业的融资结构及规律，并对在华外资企业外源融资方式及变动趋势进行了预测；第五章提出了税率变动条件下融资结构优化的对策，还对开展资本证券化进行了建议，其一是融资形式朝证券化方向发展，而其模式为在中国证券市场上转变为上市公司或借壳上市；其二是在两税合一的政策变动下，外资企业内源融资比例下降。

关键词：外资企业　企业融资　融资结构　资本结构资料缺乏

**1548**

**全流通背景下我国上市公司增发过程中的投资者保护问题研究** / 张剑著 ；邹建华指导. -- 中山大学, 2009. -- 156 页

论文通过实证分析和搭建理论模型的方式对全流通背景下我国上市公司增发过程中的投资者保护问题进行了研究。全文共分九章。第一章前言提出了研究问题，研究意义和研究方法、研究技术路线，指明文章的结构安排和创新及不足。第二章文献综述，对上市公司股权再融资后股价业绩情况、侵占的根源及主要手段、侵占后果与投资者法律保护等相关文献综合论述，并进行评论；第三章对上市公司控制人增发侵占投资者利益的现象、动机、原因和手段进行分析，定义了增发利益侵占的定义，并对全流通之后上市公司增发相关数据进行了统计描述；第四章构建了一个理论模型，综合分析了增发过程中的投资者利益侵占问题，考察了在上市公司增发过程中大股东和管

理层与投资者利益不一致的根源与相应侵占动机,分析了上市公司控制人利益侵占的环境和条件,通过多阶段博弈分析增发过程中上市公司控制人对中小投资者的利益侵占的手段和结果,以及监管对利益侵占的遏制和对投资者的保护作用;第五章从增发公司利益侵占行为的动态特征角度出发,根据侵占组上市公司在增发过程中进行的利益侵占行为所表现出的数据特征建立相关的实证分析模型;第六章考察了"侵占组"增发公司的初步特征,分析了目前传统的判别分析方法在识别"侵占组"增发公司过程中的局限性;第七章构建了上市公司增发利益侵占的 probit 和 logit 预警模型对上市公司增发过程中的投资者利益侵占风险进行识别;第八章从增发利益侵占的事前预防、事中控制和事后追偿角度提出了改进管理办法、完善法律法规的政策建议。

关键词:上市公司　证券市场　股票发行　投资者

**1549**

**中国货币政策多目标追求下的若干重要货币问题探索** / 张琳著 ; 沈伟基指导. -- 中国人民大学, 2009. -- 129 页

论文对中国货币政策多目标追求下的若干重要货币问题进行了探索与研究。全文共分为六章。导论主要介绍了论文选题的理论意义和实践意义,论文的研究现状和文献,论文研究中所要突破的难题,拟采取的研究方法,论文研究的特色视角、创新之处和不足之处,以及论文研究的框架。第一章货币政策目标的理论与实践演变,主要包括西方国家货币政策目标的演变及启示、中国货币政策目标的理论与实践演变。第二章中国货币政策的经济增长目标的视角,主要阐述了西方和国内有关货币"中性""非中性"的争论,对中国货币非中性进行了实证分析与理论研究。第三章中国货币的物价稳定目标的视角,主要介绍了关于"流动性"变化的看法,分析了货币层次内部变化对物价的影响分析。第四章中国货币政策的充分就业目标,视角,主要介绍了菲利普斯曲线,阐述了关于菲利普斯曲线的争论,基于通货膨胀目标制的视角,进行了菲利普斯曲线的经验实证。第五章中国货币政策的国际收支平衡目标视角,主要包括国际收支失衡与人民币汇率、国际收支失衡与货币供给、对克鲁格曼三角的变形——对货币政策独立性问题的思考四方面的内容。第六章中国货币政策的多目标协调视角,主要介绍了货币政策多目标协调的原则和模型,阐述了货币政策多目标协调的中介指标及工具选择。全文的研究对分析中国货币政策多目标追求下的若干重要货币问题具有重要的意义。

关键词:货币政策　货币供给　经济增长　物价　国际收支

**1550**

**中国政策性金融体制异化与回归研究** / 张令骞著 ; 白钦先指导. -- 辽宁大学, 2009. -- 204 页

论文以中国政策性金融异化为切入点,对中国政策性金融体制异化与回归问题进行了研究。全文共分九章。第一章导论,提出了异化与回归问题,指明了论文的基本思路与研究方法、论文框架,创新与不足之处;第二章对国内外相关研究进行综述并对相关概念进行界定;第三章对中国 60 年来体制变迁过程中走向异化的过程,并对中国政策性银行转型问题进行讨论;第四章归纳了中国政策性金融异化的种种表现,即在政策性金融与商业性金融的总量与结构方面、资源配置宏观与微观主体、宏观与微观目标方面,以及国家与社会的实际需求与政策性金融改革方向方面等均产生了背离甚至是严重背离;第五章从国家在政策性金融发展中的职责缺位与越位并存、市场化思维的引导与路径依赖、政策性金融的理论弱化与扭曲、制度的嬗变与背离、认识的误区与误导、内部人控制和利益集团的博弈等六个方面对中国政策性金融体制异化的原因进行了分析,尤其对市场化运作、新开发性金融及其理论做了剖析,揭露了新开发性金融的本质及其存在的风险;第六章从政策性金融异化后其发展的方向不可控,政策性金融异化对金融发展的负效应、对经济发展的负效应、对国家与社会发展的负效应等四个方面阐述了中国政策性金融异化的后果;第七章从 10 个方面探求了政策性金融存在与发展的理论依据,对政策性金融与商业性金融在概念边界、业务范围和经营目标等方面做了比较,并从中国的现实国情离不开政策金融、政策性金融在中国应长期存在两个方面说明中国的政策性金融职能加强不能削弱;第八章通过对国外政策性金融及其发展趋势的考察分析,总结出国外政策性金融运作的经验及对中国的启示;第九章从增强中国政策性金融机构的自履约机制着手,提出建议。

关键词:政策性金融　金融体制　金融发展

1551

**东北老工业基地金融发展战略研究** / 张楠著 ; 裴长洪指导. -- 中国社会科学院, 2009. -- 129 页

论文对东北老工业基地金融发展的战略进行了研究。全文共分为八章。第一章绪论,主要介绍了论文研究的背景和目标及理论和现实意义,论文的研究思路和技术路线,论文的研究方法,主要内容和逻辑结构,论文研究的主要创新点及不足之处。第二章老东北现象形成的历史轨迹,主要阐述了共和国建立时期显见的辉煌、经济转型时期的日现窘境、老工业基地曙光的再现三个时期的内容。第三章老工业基地振兴的资金瓶颈,主要论述了东北地区金融运行的初见成效,研究了东北地区金融发展面临的主要问题,介绍了东北地区金融发展的战略举措。第四章东北地区金融机构存贷差问题,主要分析了目前东北存在的主要问题,研究了存在问题的成因,提出了缩小存贷差问题的出路。第五章区域性银行建设的战略构想,主要分析了区域金融的历史和现状,对关于城市商业银行、关于省级商业银行、关于东北亚银行进行了研究。第六章民营银行的基本理论和路径选择,主要研究了中国银行体系结构的现状,对民营银行进行了理论分析和实证考察,提出了民营银行的路径选择。第七章区域金融实务案例分析,主要以辽宁为例,研究了金融业发展配套的措施;以吉林为例,研究了农村经济合作组织的金融支持;以黑龙江为例,分析了上市公司运作和行为。第八章理论思考和政策建议,主要对区域金融的建设进行了理论思考,归纳了结论性的意见,总结了若干政策性建议。

关键词:地方金融　发展战略　金融中心　东北地区

1552

**关于中国货币政策的若干问题研究** / 张鹏著 ; 林桂军指导. -- 对外经济贸易大学, 2009. -- 127 页

全文共分为五章。第一章为论文的绪论,主要阐述了论文的选题背景和意义,界定了论文研究的范围和基本概念,论述了论文研究的方法和假设前提,总结了论文的分析框架和技术路线,归纳了论文研究的创新与不足,综述了论文相关的文献。第二章对 1952—2008 年的中国货币政策进行了回顾与分析,从单一银行体制下的货币供给和中央银行体制下的货币供给,研究了论文研究的基本框架,阐述了单一银行体制下的货币政策,介绍了银行体制转型期间的货币政策,研究了中央银行体制下的货币政策。第三章分析了中国央行票据的交易特征,概述了央行票据发行的背景和基本情况,分析了央行票据的交易量期限结构,研究了央行票据交易的老化效应,阐述了央行票据利率期限结构的静态分析。第四章研究了中国货币市场利率传导机制,分析了央行票据利率的地位,主要阐述了利率传导的理论基础,研究了数据样本及其特征,分析了实证研究结果,进行了单位根检验,分析了银行间市场内部各利率传导和交易所市场内部各利率传导以及两市场间各利率传导。第五章为全文的总结,主要包括论文研究的一些基本的研究结论、研究的局限性、不足之处,对未来的研究的展望。

关键词:货币政策　中国人民银行　票据　利率机制

1553

**资产价格波动与中央银行的政策目标** / 张睿锋著 ; 姜波克指导. -- 复旦大学, 2009. -- 139 页

论文对资产价格波动与中央银行的政策目标进行了研究。全文共分为七章。第一章为导论,主要介绍了论文的研究背景,文献评述,研究对象,研究方法和思路,研究的创新点和政策体系。第二章介绍了中央银行的目标与政策体系,论述了中央银行的物件稳定目标和政策框架,分析了中共银行的金融稳定目标和政策框架。第三章研究了资产价格波动对中央银行物价稳定目标的影响,主要对资产价格波动对物价稳定影响进行了理论分析,实证研究了资产价格波动对我国消费的影响、投资的影响以及通货膨胀的影响。对资产价格波动对物价稳定影响进行了进一步的讨论与分析。第四章分析了资产价格波动对中央银行金融稳定目标的影响,主要对资产价格波动对金融稳定影响进行了理论分析,以中国为例分析了资产价格波动对金融稳定的影响,对资产价格波动对金融稳定影响进行了进一步的研究。第五章探究了资产价格波动下中央银行的目标冲突与政策困境,主要论述了物价稳定与金融稳定的传统观点,分析了资产价格波动下物价稳定和金融稳定目标的冲突,阐述了资产价格波动下的中央银行的政策困境。第六章研究了中国银行信贷与利率政策对资产价格作用的有效性,分析了信贷与资产价格波动的关系,对利率与资产价格波动的影响进行了理论分析和进一步讨论,实证研究了信贷、利率对资产价格的影响。第七章提出了中央银行应对资产价格波动的对策。

关键词:中央银行　资本市场　物价　金融政策

1554

**就业优先的货币政策结构效应研究** / 张尚学著 ; 刘玉操指导. -- 南开大学, 2009. -- 119 页

论文对就业优先的货币政策的结构效应进行了研究。全文共分为四章。第一章为引言,主要介绍了论文的研究范围,相关的概念,对相关的文献进行综述,介绍了论文研究的主要内容和研究方法,以及主要创新点和不足之处。第二章研究了货币政策结构效应和就业效应的总论,主要阐述了货币政策结构效应的含义和意义,提出了就业优先的货币政策主张,从就业效应好坏是评价经济结构优劣的重要标准和经济结构决定和影响经济增长的就业弹性两方面研究了货币政策结构效应与就业效应的关系,对相关重要的理论进行了回顾与分析。主要的理论包括马克思的资本有机构成原理下的劳动就业理论、二元经济结构条件分析下的劳动就业理论、古典学派的劳动力市场均衡理论、凯恩斯的货币理论和就业理论、新古典综合派的结构性失业理论等等。第三章研究了货币政策运行体系的一般框架,主要确定了货币政策的目标,阐述了货币政策工具的应用,介绍了货币政策传导机制及中介指标的选择,阐述了信用可得性理论、信贷渠道理论以及货币学派的货币政策传导机制理论等。介绍了货币政策的操作规则的形式和主要内容以及含义。第四章研究了优化结构和促进就业的货币政策运行体系,主要确定了目标重心,分析了资产工具的强化和创新,阐述了传导机制的选择,制定了操作的规则,对重点支持对象进行了测算分析与研究,改善了政策运行的环境。

关键词:货币政策　经济结构调整　劳动就业

1555

**国际货币体系下的人民币汇率与金融稳定** / 张书家著 ; 赵锡军指导. -- 中国人民大学, 2009. -- 131 页

论文对国际货币体系下人民币汇率与金融稳定进行了研究。全文共分为五章。导论主要介绍了论文研究的背景和意义,研究的问题,相关的文献综述,论文研究的方法,研究结构和创新之处。第一章介绍了国际货币体系失衡下的人民币汇率制度,主要分析了国际货币体系的历史演变和特征,论述了国际货币体系失衡与货币危机,阐述了国际货币体系调整的路径选择与影响以及国际货币体系失衡对人民币汇率制度的影响。第二章人民币汇率与金融稳定理论分析框架,阐述了人民币汇率改革的进程,分析了人民币汇率制度的目标选择和理论分析框架,以及以蒙代尔—弗莱明模型为基础的分析框架。第三章研究了人民币汇率、资本账户开放与金融稳定,阐述了基于蒙代尔—弗莱明模型的人民币汇率与金融稳定分析框架,论述了固定汇率下的资本账户管制,研究了浮动汇率下的资本账户开放,最后进行了章节小结。第四章研究了人民币汇率、劳动力市场与宏观经济稳定的关系,主要阐述了加人劳动力因素的蒙代尔—弗莱明拓展模型,论述了宏观经济政策有效性,分析了扩张性货币政策效应和扩张性财政政策效应。从模型金融稳定效应与最优金融稳定水平研究了人民币汇率改革的金融稳定效应。第五章为论文的结论和政策建议。

关键词:人民币汇率　汇率政策　金融市场　国际货币体系

1556

**我国民间金融发展研究** / 张希慧著 ; 彭建刚指导. -- 湖南大学, 2009. -- 123 页

论文通过实证分析研究了我国二元经济结构与民间金融的关系,研究了我国民间金融存在和发展的必要性和可能性,研究了民间金融发展对我国经济发展的影响等问题。全文共分八章。第一章导论,说明了论文的研究背景和研究意义,对民间金融的相关概念进行了辨析,对民间金融内涵进行了界定,还对相关研究文献进行了综合论述,提出了论文的研究方法、研究内容、技术路线及创新点;第二章介绍了民间金融存在与发展的理论基础(二元经济结构理论)及在我国的表现,对我国二元经济结构与民间金融发展进行了实证分析,解释了信息不对称理论与金融风险的关系,还对正规金融机构与民间金融主体处理信息不对称进行了比较分析;第三章通过案例论证了民间金融的地域边界和人际边界,指出民间金融适合人际关系稳定的地域空间;第四章研究了民间金融的形态和演变路径,根据民间金融的组织形式和信息不对称的特征,将民间金融分为简单形态、中间形态和专业形态,为民间金融进行分类指导和管理提供了理论依据;第五章分析了我国民间金融的现状和存在的主要问题,从正反两方面分析了民间金融对我国经济发展的影响。通过实证分析发现我国民间金融发展与民营经济发展之间存在短期和长期的 Granger 因果关系,说明民间金融对于民营经济的发展具有积极的支撑作用;

第六章对民间金融对我国经济的影响进行了分析，阐述了民间金融对我国经济影响的正反两个方面，对我国民间金融对民营经济增长积极影响进行实证分析，采用具体的案例分析了民间金融对经济的正面和负面影响；第七章介绍了菲律宾、美国、日本民间金融的发展实践，并对各国(地区)民间金融发展的经验进行评价，提出对我国的借鉴意义；第八章从简单形态、中间形态、专业形态三个方面提出了规范民间金融的对策。

关键词：民间经济团体　金融机构　金融发展　信息不对称

**1557**

**中国小额保险发展研究：基于“三农”风险管理视角** / 张兴著 ; 江生忠指导. -- 南开大学, 2009. -- 195 页

论文基于“三农”风险管理的视角，对中国小额保险发展进行了研究。全文共分为七章。第一章为论文的导论，主要介绍了论文研究的选题背景和研究意义，研究的思路和目标及方法，阐述了论文的理论文献与实践发展，总结了论文的基本框架和主要的内容，以及论文的主要创新点和尚待探索的主要问题。第二章小额保险与“三农”风险，主要概述了小额保险的内容，分析了“三农”风险。第三章是对小额保险进行的经济学分析。主要包括小额保险的古典经济学分析、新制度经济学分析及其他理论分析三方面的内容。第四章是对中国小额保险发展的实证研究与分析，主要包括基于调查问卷的小额保险需求分析、农户对“三农”保险支付能力的实证研究，以及我国小额保险发展的现状分析三方面的内容。第五章介绍了小额保险的国际经验，主要分析了小额保险的产品，介绍了小额保险的经营机构，论述了小额保险的运营问题，阐述了小额保险的监管状况。第六章介绍了我国小额保险的制度安排与设计，主要对小额保险的制度安排进行了理论分析，从小额保险制度安排的设计、小额保险制度安排的各类主体以及小额保险制度的框架三方面的内容，阐述了我国小额保险的制度安排。第七章研究了中国小额保险发展的策略，主要策略有市场发展策略、产品发展策略、监管策略。

关键词：农村保险　农业保险　风险管理　制度安排

**1558**

**中国农业政策性金融困境剖析与体制重构** / 张艳娟著 ; 赫国胜指导. -- 辽宁大学, 2009. -- 163 页

论文对中国农业政策性金融困境剖析与体制重构进行了研究与分析。全文共分为六章。绪论主要阐述了论文研究的背景、目的和意义，论文研究的内容和研究方法，论文研究的技术路线和主要的创新点以及不足之处。第一章介绍了农业政策性金融存在的理论依据，主要对基本的概念进行了界定，阐述了公共物品供给的理论与农业政策性金融，介绍了金融的功能理论和农业政策性金融理论，阐述了新制度经济学理论综述以及制度变迁视角下的农业政策性金融。第二章研究了中国农业政策性金融的发展历程和贡献评价，主要介绍了农业政策性金融发展的历程，综述了中国农业政策性金融对农业产出贡献的评价。第三章研究了中国农业政策性金融发展中的多重困境，主要研究了农业政策性金融供给与需求严重失衡的问题，分析了农业政策性金融结构研究失衡的现象，政府干预缺位与越位并存的现状，以及农业政策性金融经营的困境。第四章介绍了中国农业政策性金融的多重困境的理论解释，主要阐述了基于交易成本视角对供求及结构失衡的理论解释、基于规制视角对政府适度性干预的理论解释、基于委托代理视角对道德风险困境的理论解释、基于博弈论分析方法对经营困境的理论解释，分析了基于演化博弈视角的农业政策性金融制度变迁及困境破解。第五章研究了中国农业政策性金融体制调整与重构，主要阐述了农业政策性金融制度安排的总体框架设计，论述了农业政策性金融的功能界定及职能界定，阐述了农业政策性金融组织机构和运行机制的安排。第七章为全文的结论，对后续的研究进行了展望。

关键词：农村金融　金融政策　金融制度

**1559**

**IPO 与资本结构的市场择机解释：对中国上市公司的实证研究** / 张勇著 ; 徐信忠指导. -- 对外经济贸易大学, 2009. -- 120 页

论文基于对中国上市公司的实证研究，对 PO 与资本结构的市场择机解释进行了研究。全文共分为六章。第一章前言，介绍了论文的选题背景和意义，论文研究的范围和基本概念，论文研究的方法和假设前提，论文的分析框架和技术路线，论文研究的创新与不足，以及相关的文献。第二章为文献的回顾与分析，主要包括行为金融学发展的简要回顾和市场择机理论文献的回顾。第三章市场择机理论框架，分析了无股权发行回购条件下管理者面临的必要收益率选

择,以及在市场择机条件下管理者面临的必要收益率选择。第四章中国上市公司IPO市场择机的实证研究,阐述了中国IPO发行监管制度和定价方式的演变,论述了与IPO市场择机检验相关的理论研究以及IPO规模与市场指数的相关性研究,分析了IPO筹资额与市场市值账面比率之间的关系及IPO之后长期收益率研究。第五章资本结构市场择机理论的实证研究,回顾了资本结构理论的发展,阐述了资本结构的市场择机理论,研究了市场择机对资本结构短期变化的影响以及市场择机对资本结构的长期影响。第六章为论文的总结,主要概括了论文研究的主要结论、创新之处以及研究的不足,对下一步的研究方向进行了界定,展望了论文未来的研究。

关键词:证券市场　上市公司　股票发行　资本结构　经济行为

1560

**寿险公司偿付能力监管有效性研究** / 张勇著 ; 李秀芳指导. -- 南开大学, 2009. -- 141页

论文从偿付能力的监管方法入手,从狭义和广义两个角度对寿险公司的偿付能力监管有效性进行了研究。全文共分为六章。第一章为导言。首先提出问题、探讨偿付能力监管有效性研究的理论与现实背景、研究意义。其次介绍国内外文献综述。然后提出研究思路及方法。最后探讨论文的结构安排及创新点。第二章研究寿险公司偿付能力与偿付能力监管。首先界定偿付能力的涵义。其次探讨偿付能力监管的理论依据和现实意义。然后分析偿付能力的影响因素包括负债、资产、再保险及其他因素。最后对寿险业偿付能力监管方法的相关理论(欧盟英国、美国、加拿大、日本)进行研究综述。第三章论述偿付能力监管有效性的理论基础。论文首先界定一般有效性、监管有效性的概念。其次对偿付能力监管有效性进行界定。最后对偿付能力监管有效性的主要检验方法进行比较分析。第四章对寿险业偿付能力监管方法有效性进行实证分析。论文首先对实证分析数据的来源进行初步分析。其次研究基于多变量判别分析法(MDA)的实证分析。然后研究基于logistic回归方法的实证分析。最后对实证分析结论进行比较及总结。第五章论述中国寿险公司偿付能力监管的有效性。论文首先介绍中国偿付能力监管发展历程及现状。其次探讨偿付能力监管有效性检验的启示。然后研究构建中国核心偿付能力监管体系的建议。最后提出全面构建中国偿付能力监管体系的一些思考。第六章阐述论文的主要结论及进一步的研究展望。

关键词:人寿保险　保险公司　理赔　风险管理　监管体制

1561

**政府金融业管理制度变迁研究** / 赵会军著 ; 王广谦指导. -- 中央财经大学, 2009. -- 247页

论文在历史分析和逻辑分析的基础上,运用实证分析方法对中国政府金融管理制度变迁的绩效进行了评价,以资金运用管理制度、金融价格管理制度、市场准入管理制度和审慎型管理制度为重点,对银行、证券和保险三个行业政府金融管理制度的形成和变迁过程进行了考察。全文共分九个部分。第一个部分导论,指出了论文的研究背景、研究意义,对基本概念进行了界定,说明了论文的研究方法、研究框架、创新与不足;第二部分对金融业成为政府管理重点进行了理论综述,并对政府管理金融业的现实需求进行了分析;第三部分从全球视角分析了政府对金融业管理重心的变迁,从宏观严格控制到微观审慎管理对金融机构管理进行确立;第四部分对中央银行设立与银行业管理制度的确立进行了研究,并阐述了银行商业化改革背景下的政府金融管理的变迁;第五部分分析了中国保险业管理制度的形成和变迁,阐述了行政型管理推动下的保险业恢复与发展,并论述了市场开放格局下保险管理制度如何不断完善;第六部分论述了中国证券业管理制度的形成和变迁,对自发形成和演进中的行业管理制度进行了介绍,并对中国证券业集中统一管理体制的确立与完善进行了阐述;第七部分对中国金融管理制度变迁过程进行了理论考察,从历史继承和国际借鉴方面阐述了政府金融管理制度的变迁过程,并介绍了中国政府金融管理制度变迁的基本特征;第八部分分别对资金管理制度、市场准入管理制度、利率管理制度和审慎型管理制度进行了绩效评价;第九部分阐述了政府金融业管理制度的坚持和继承,调整和优化问题。

关键词:金融业　金融管理　金融发展　金融稳定　行政干预

1562

**次贷危机背景下的资产证券化创新研究:以CDO为例** / 赵江波著 ; 宋清华指导. -- 中南财经政法大学, 2009. -- 132页

论文从资产证券化的实践谈起,围绕影响全球的金融危机,分析 CDO 的结构、创设、评级和定价,就我国如何发展资产证券化、进行结构性工具创新提出了建议。全文共分六章,第一章主要研究了当前世界范围内资产证券化的创新实践及其发展,回顾了传统资产证券化以及当前全球资产证券化领域的发展,重点介绍了资产证券化的先驱——美国的最新发展情况;第二章研究了次贷危机的成因与传导,总结了四个方面危机成因;第三章分析了 CDO 的原理,围绕 CDO 的结构和创设展开;第四章在次贷危机的背景下研究了 CDO 的评级,对三大评级公司(惠誉、标准普尔、穆迪)对 CDO 进行评级的相关方法和假设进行了比较,分析了穆迪公司的用于 CDO 评级的 BET 法,并通过案例分析的形式对该方法进行了模拟应用;第五章研究了 CDO 的定价问题,对 CDO 的定价建立在评级机构对其评级的基础上,主要采用模型定价或利差定价,论文研究了蒙特卡罗模拟下的 CDO 定价及其实证,对单因子 Copula 模型定价与静态利差定价进行了比较;第六章主要通过 CDO 的视角来看美国次贷危机折射出的、在资产证券化领域存在的问题,并对中国发展资产证券化提出了建议。

关键词:资产证券化　资本市场　次贷危机　定价

**1563**

**中国货币制度中的政府因素:基于转型经济背景的考察** / 赵磊著 ; 张杰指导. -- 中国人民大学, 2009. -- 170 页

论文基于转型经济背景的考察,对中国货币制度中的政府因素进行了研究。全文共分为八章。第一章导论,主要阐述了论文的选题背景和意义,论文研究的范围和基本概念,论文研究的方法和假设前提,论文的分析框架和技术路线,论文研究的创新与不足。第二章理论综述,阐述了制度的重要性,分析了政府的行为和职能,研究了政府与货币的制度选择。第三章中国货币制度演进的过程和逻辑,主要阐述了信用货币制度构建的历程,中国货币制度的“构建”特性与“强政府”传统。第四章转型时期货币制度中的政府因素的一般性描述,主要阐述了政府制度结构中的政府作用,介绍了货币制度变迁的模式。第五章货币的外在化与政府控制,主要辨析了货币外生性与内生性,阐述了外在人民币的创造,对人民币的外生性进行了实证分析。第六章转型时期政府控制货币的经济分析,主要论述了基于铸币税的分析、基于金融剩余的分析,研究了政府控制货币的社会福利,论述了政府控制货币的收益计算,以及关于民间金融的介绍。第七章以一个演化博弈的视角,研究了政府因素何以进退的过程,主要包括不同模式的货币制度变迁绩效的简单比较、基于演进博弈模型的货币制度变迁趋势分析、货币制度演进趋势对比三方面的内容。第八章为全文的总结。

关键词:货币制度　政府职能　货币政策　经济转型期

**1564**

**保险(金融)集团金融监管研究:基于现金流特点及其风险的分析** / 赵孟华著 ; 林宝清指导. -- 厦门大学, 2009. -- 112 页

论文基于现金流的特点及其风险的分析,对保险(金融)集团金融监管进行了研究。全文共分为五章。导论主要介绍了论文研究的选题背景和研究意义,论文的文献综述,论文研究的思路、方法和内容安排,论文研究的主要贡献和进一步研究的方向。第一章概述金融集团的相关概念,阐述了金融业经营模式的理论与实践,分析了保险集团和风险的概念。第二章对保险公司商业银行及证券公司现金流进行了分析与比较研究。第三章分析了保险集团资金流动与风险,主要研究了保险集团现金流的特点及资金流动分析的框架,阐述了保险集团资金顺向流动及其风险,阐述了保险集团资金逆向流动及其风险,论述了保险集团资金平行流动及其风险。第四章介绍了保险集团监管体系的构建,主要包括保险集团监管体系的设计原则、保险集团监管模式的设计、资充足性的评估,以及保险集团防火墙的设置四方面的内容。第五章介绍了保险集团预警制度的构建,主要概述了保险集团的预警制度,介绍了金融机构预警制度的含义和国际经验,分析了保险集团个性与预警制度的框架设定,论述了基于模糊综合评价方法的保险集团预警制度的构建,最后分析了保险集团监管预警制度的运行。全文的研究对分析保险(金融)集团金融监管研究具有重要的理论意义和实践意义。

关键词:保险业　企业集团　金融监管　风险分析

**1565**

**基于演化博弈理论的跨国公司技术转让策略研究** / 赵佩华著 ; 张卫国指导. -- 华南理工大学, 2009. -- 141 页

论文通过演化博弈论模型方法进行分析,运用MATLAB软件,对所有的命题进行数值模拟,结合我国相关领域跨国公司的技术转让实证案例加以分析和研究;全文共分七章。第一章绪论,介绍了论文的研究背景,并提出了论文的研究问题,指明研究意义、研究对象、研究方法、论文的框架和研究内容,并对国内外研究文献进行了综合论述;第二章对论文运用的基本理论——演化博弈论进行了介绍;第三章对同类跨国公司技术转让策略的演化进行了博弈分析;第四章对先后进入的两类跨国公司技术转让策略的演化进行了博弈分析;第五章对演化博弈模型进行了基本假设,并对盈利能力不同的两跨国公司技术转让策略的演化进行了博弈分析;第六章对跨国公司在技术转让中与东道国企业的演化进行了博弈分析,并勾画出跨国公司与东道国企业博弈的动态演化图;第七章通过格兰仕、波音、空客等跨国公司对我国技术转让进行了个案分析。论文的研究结论是:对于技术溢出而导致损失较大的行业,会出现两种极端的情况,跨国公司要么都不转让其技术,要么都转让;当转让技术所获得的收益很大时,技术溢出而导致的损失大小就不再成为影响跨国公司转让技术的因素;在通常情况下,已经进入东道国设厂的跨国公司比尚未在东道国设厂的跨国公司更有可能转让技术给东道国企业,只有在技术转移所需的成本特别大的特殊情况下,结果刚好相反;对于只准备进入东道国的跨国公司而言,转让条件与跨国公司盈利能力的强弱没有关系,但与转让成本密切相关;东道国企业与跨国公司的合作最容易获得成功;对于东道国企业能研发的行业,跨国公司进入东道国后,再合作最不易获得成功,但对于东道国企业,此时合作更有利。

关键词:跨国公司　技术转让　博弈论

**1566**

**中国个人消费信用的风险管理研究:基于制度建设视角** / 赵鹏飞著 ; 姚遂指导. -- 中央财经大学, 2009. -- 153页

论文主要采用规范分析和实证分析、历史与现实、理论与实际相结合的方法,以经济学理论为支撑,结合国外国内的实际来研究个人消费信用的风险管理问题。全文共分六章。第一章导论部分,介绍了选题的背景,重要概念的解释,国内外文献综述,研究的方法思路,结论、创新与不足等;第二章个人消费信用风险管理的理论基础,对个人消费信用风险的内涵进行了说明,对当前个人消费信用风险管理的相关理论进行分析,对新制度经济学的理论和个人消费信用风险管理的风险进行了分析;第三章个人消费信用风险管理的一个制度分析框架,从个人消费信用的实际经济活动入手,对个人消费信用的关系主体和经济行为进行了分析,在此基础上对个人消费信用风险和各种风险因素进行分析,借用新制度经济学的理论,建立了个人消费信用风险管理的制度结构,为从制度建设角度进行研究提供依据;第四章发达国家个人消费信用的风险管理,利用制度分析框架,对发达国家现代个人消费信用风险管理制度进行历史考察,对美国"次贷危机"进行了案例分析,说明其制度建设中的不足和对我国的启示;第五章中国个人消费信用的风险管理,利用制度分析框架对新中国成立后的个人消费信用风险管理进行考察,说明我国制度变迁中的路径依赖;第六章完善中国个人消费信用风险管理的对策,从宏观和微观两个层面分非正式制度和正式制度两部分提出我国个人消费信用风险管理的对策和建议。论文的结论是:个人消费信用风险具有公共利益属性,存在负外部性。

关键词:个人贷款　消费贷款　风险管理

**1567**

**虚拟经济视角下我国房地产泡沫生成机制研究** / 赵善华著 ; 任兆璋指导. -- 华南理工大学, 2009. -- 159页

论文对虚拟经济视角下我国房地产泡沫生成机制进行了研究。全文共分为十章。第一章为绪论,主要介绍了研究的背景和意义,研究方法和框架,研究的创新点。第二章介绍了论文的文献综述,主要回顾了房地产泡沫的相关研究、虚拟经济的相关研究。第三章介绍了房地产虚拟特性与房地产泡沫,主要包括房地产经济的虚拟特性表现及原因,阐述了房地产价格与房地产泡沫的原因,论述了虚拟经济视角下房地产泡沫的研究框架。第四章研究了城市居民住房需求偏好与房地产泡沫的生成,主要分析了我国城市居民购房中的需求错位,研究了城市居民个体购房需求偏好的变化与房地产价格的上涨,对影响城市居民个体购房需求偏好变化的原因进行了分析。第五章介绍了房地产投资需求和投资行为与房地产泡沫的生成,主要分析了我国房地产泡沫生成的投资需求、投资行为以及"热钱"流入与我国房地产泡沫的关系。第六章分析了政府的土地资本化经营与房地产泡沫的生成,阐述了政府在保障性住房供给中的不作为,

研究了土地的政府垄断与房地产泡沫的生成以及政府在房地产泡沫形成机制中的作用。第七章论述了开发商垄断竞争与房地产泡沫的生成，主要包括开发商的产品定价分析、开发商的囤地捂盘行为与房地产泡沫。第八章阐述了金融过度支持与房地产泡沫的生成，主要论述了房地产泡沫与银行信贷的互动关系以及我国银行信贷与房地产泡沫形成之间的关系。第九章研究了房地产市场中的合谋与房地产泡沫的生成，主要阐述了房地产消费市场信息不对称的产生与后果，分析了信息不对称条件下开发商的默契与合谋、论述了官商合谋与房地产泡沫的生成以及银商合谋与房地产泡沫的生成。第十章提出了我国房地产泡沫的治理与对策建议。

关键词：房地产业　泡沫经济　虚拟经济　供求失衡

**1568**

**银行并购的效率问题研究** / 赵耀著 ; 庄毓敏指导. -- 中国人民大学, 2009. -- 166 页

论文对银行并购的效率问题进行了研究。全文共分为七章。第一章为导论，主要介绍了研究背景和研究意义，相关的概念界定，主要研究内容，研究的假设和方法，研究的创新和局限性，提出了需要改进的方向。第二章介绍了银行并购的动因与效率，主要阐述了银行并购的动因研究，分析了银行并购的效率，研究了银行并购动因、并购方式以及并购效率三者的关系。第三章分析了银行并购效率及其影响因素，阐述了并购效率及影响因素，分析了我国银行业并购效率的影响因素，从我国银行业并购效率的实证分析了影响因素。第四章介绍了银行并购效率的实证研究方法，主要阐述了财务指标的分析法，案例研究法以及前沿比较法，对前沿效率方法进行了比较研究。第五章是对海外银行并购效率进行了的实证研究，主要概述了海外银行业并购的现状，分析了美欧银行并购效率研究的已有成果，说明了实证研究中的数据来源和研究方法，对研究结果进行了分析与研究。第六章对中国银行业并购的效率进行了实证研究，概述了国内银行间并购的情况、国内银行海外并购的情况以及外资并购国内银行的状况。分析了主要的银行并购案例，主要的实证包括光大银行并购效率的实证、浦发银行并购效率的实证以及兴业银行并购效率的实证。第七章研究了提高中国银行业并购效率的战略选择，主要分析了中国银行业并购环境的改善，阐述了中国商业银行并购的原则与战略步骤，论述了中国商业银行并购的模式选择以及中国银行业跨国并购的策略选择。

关键词：银行业　经营管理　银行合并　经济效率　商业银行

**1569**

**中国储蓄率部门结构研究：基于“中美国”经济体的分析** / 赵跃杰著 ; 陈雨露指导. -- 中国人民大学, 2009. -- 166 页

论文基于“中美国”经济体的分析，对中国储蓄率的部门结构进行了研究。全文共分为七章。导论介绍了论文研究的背景和问题，研究逻辑，对核心概念进行了界定。第一章回顾了部门储蓄的理论文献综述与研究方法，主要综述了 G2 与“中美国”，研究了国民储蓄率的传统角度，介绍了研究国民储蓄率的一个全新角度，分析了研究方法和创新之处。第二章介绍了国际金融危机下的“中美国”经济体，阐述了全球经济不均衡背景下的“中美国”经济体，研究了国际金融危机下我国高储蓄与经济结构的失衡问题。第三章比较分析了中美国民储蓄率部门结构，阐述了部门储蓄结构分析工具及理论，论述了中美部门储蓄率的比较，从部门结构的角度，阐述了中美国民储蓄率变化的原因，分析了部门间收入分配和部门储蓄倾向对国民储蓄率的影响。第四章对部门间收入分配对储蓄率影响进行了实证分析与研究，主要阐述了部门间收入初次分配中的居民部门、企业部门和政府部门。阐述了部门间收入再分配中的居民部门、企业部门和政府部门。对储蓄率部门的结构进行了实证分析与研究。第五章是对政府部门储蓄倾向演变进行了实证分析，主要分析了政府部门储蓄的内涵，研究了政府部门储蓄对经济增长的作用，以及我国政府部门储蓄的形成，分析了我国政府部门储蓄的流向，对政府储蓄和政府投资因果检验进行了实证分析与研究。第六章实证分析了我国居民部门储蓄倾向的演变，主要分析了我国居民储蓄的行为，研究了居民内部收入分配对居民部门平均储蓄倾向的影响以及消费结构对居民部门平均储蓄倾向的影响。第七章为全文的总结。

关键词：储蓄率　经济增长　经济失衡　投资率　收入分配

**1570**

**交易行为与股票期权市场流动性研究** / 郑金国著 ; 于鸿君指导. -- 北京大学, 2009. -- 93 页

论文对交易行为与股票期权市场流动性进行了研究。全文共分为六章。第一章为论文的序言,主要阐述了论文的研究意义,阐述了论文研究的理论贡献和创新点,介绍了论文的篇章结构,阐述了论文的研究思路。第二章论文的文献综述和评论。第三章研究了股票期权市场流动性的决定因素,主要包括数据和样本筛选、描述性统计、回归分析以及小结四方面的内容。第四章股票期权之间的替代效应,主要阐述了数据和样本的筛选,阐述了交易行为的特征之一的期权到期日的市场交易行为,研究了不同到期期限期权之间的替代效应,阐述了不同执行价格期权之间的替代效应,对研究的稳健性进行了检验。第五章分析了上市公司的基本特征与股票期权替代效应,主要包括变量选择及描述性统计、回归检验以及小结三方面的内容。第六章为论文的结论和后续的研究方向,总结了论文的基本研究结论、主要的研究创新点以及贡献,对后续的研究进行了展望。主要的结论有:股票期权的相对买卖价差大小和替代效应成正相关系;对于规模较大,股票收益波动率以及知情交易概率较小的公司,不同执行价格的期权之间的替代效应较大。当信息不对称程度越大时,不同执行价格期权之间的替代效应越小。论文的研究对分析交易行为与股票期权市场流动性具有重要的理论和实践意义。

关键词:股票　指数　期货交易　股票市场　证券市场

**1571**

**新会计准则下寿险公司资产与负债管理研究** / 郑苏晋著 ; 李秀芳指导. -- 南开大学, 2009. -- 177 页

论文以新企业会计准则的颁布实施为切入点,探讨新会计准则实施后寿险公司在资产管理与负债管理中产生的新问题。全文共分为六章。第一章为引言。首先探讨选题的背景及意义。其次介绍国内外研究现状及研究综述。然后提出研究思路和基本方法。最后分析研究的创新点。第二章论述新企业会计准则研究。首先分析新企业会计准则的内容及特点。其次阐述金融工具的确认和计量研究。最后研究原保险合同收入确认及责任准备金。第三章论述公允价值计量研究。首先介绍公允价值计量简介。其次研究金融工具公允价值的确定原则,包括市场法、复制法及现值法。最后对现值法进行深入研究。第四章论述对寿险公司责任准备金评估的再认识。首先分析寿险产品的定价方法。其次研究寿险责任准备金的评估方法。最后阐述寿险公司责任准备金的评估基础。第五章论述新会计准则对寿险公司财务及资产配置影响研究。论文首先分析新会计准则对寿险公司财务及资产配置的影响。其次对新会计准则对寿险公司财务及资产配置影响进行实证分析。第六章论述保险负债的公允价值评估问题研究。论文首先探讨保险负债与公允价值评估的关系及其意义。其次分析保险负债公允价值的评估方法包括直接估计、间接估计、精算评估法与期权定价法。最后考虑资产组合变化的分红保险负债公允价值进一步研究。

关键词:人寿保险　保险公司　资金管理　会计准则　公允价值

**1572**

**我国商业银行信用风险度量及应用研究** / 郑玉华著 ; 张涤新指导. -- 南京大学, 2009. -- 168 页

论文根据新巴塞尔协议的指导思想和框架,在吸收借鉴各种信用风险度量模型思想和方法的基础上,对信用风险的度量及应用进行研究。全文共分八个部分。第一部分导论,说明了论文的研究背景、研究意义,并对国内外研究现状进行了综述,指明了论文的研究主题、研究方法、结构及主要内容,创新与不足;第二部分介绍了信用风险相关概念,并对新巴塞尔资本协议中信用风险计量方法做框架性的描述,重点阐述内部评级法的主要内容、基本架构以及新巴塞尔协议对内部评级法的基本要求;第三部分对各种信用风险度量模型进行比较分析,重点阐述各种信用风险度量模型的主要思想、类型、特点以及适用条件,并总结现代信用风险度量模型的理论基础;第四部分介绍了国内外信用风险度量与管理的现状并进行对比,说明我国在信用风险度量与管理上的不足;第五部分对我国商业银行研究与发展信用风险度量模型的基础——内部评级进行了研究,利用统计方法建立违约预测的 Logit 模型,并根据违约率探讨建立内部评级法;第六部分针对大型贷款组合而构建贷款组合价值模型,在 CreditMetrics 框架下发展我国商业银行贷款组合价值模型,重点对借款人之间的资产相关和违约相关进行研究,并根据我国上市公司的样本数据,建立因素模型进行实证分析;第七部分针对新巴塞尔协议中同质性组合资本计算公式的不足,在违约模式下,将违约率和相关性的研究转化为对组合中违约数目的分布进行研究,建立基于贷款违约数目分布的组合信用风险度量方法;第八部分结合前面各章节的内

容,概括我国商业银行信用风险量化管理体系的基本内容,阐述内部评级系统的设计及构建步骤以及组合信用风险度量模型在量化管理中的运用,并结合我国实际情况提出完善我国商业银行信用风险量化管理体系的政策建议。

关键词:商业银行　经营管理　信用风险　风险管理

1573

**开放经济下股价与汇率关系研究** / 周辰亮著 ; 丁剑平指导. -- 上海财经大学, 2009. -- 134 页

论文对开放经济下股价与汇率关系进行了研究。全文共分为六章。第一章为文献综述,主要阐述了国际资产定价模型,分析了新开放经济宏观经济学,对股价与汇率的关系进行了实证研究。第二章介绍了开放经济下股票价格与汇率关系,主要阐述了股票价格与汇率关系的含义,论述了股票价格变动对汇率的影响、汇率变动对股票价格的影响以及供给冲击与需求冲击对股票价格和汇率的影响。同时对开放经济下股票价格与汇率关系进行了案例研究,主要包括英国、澳大利亚、欧盟、日本股票价格与汇率的关系研究。第三章分析了股票价格与汇率的长期均衡关系模型,从模型介绍、弹性价格下的股价与汇率以及粘性价格下的股票与汇率三方面对包含股市的两国粘性价格模型进行了阐述,对股票价格与汇率进行了数值分析。第四章研究了股票价格与汇率的短期波动关系模型,从基本模型、均衡股票价格与汇率以及股票价格与汇率的动态调整研究了供给需求冲击下的两国模型,同时对供给需求冲击下的股价与汇率进行了数值分析与研究。第五章对股票价格与汇率关系进行实证分析与研究,主要以美国欧盟为例,对股价汇率长期关系进行了检验;从实证模型、数据说明、需求冲击下的股价与汇率、供给冲击下的股价与汇率、股价与汇率的方差分解以及股价与汇率的相关性进行分析,阐述了股价汇率短期关系的经验分析。第六章为论文的总结和展望。

关键词:汇率波动　股票价格　经济关系　数学模型

1574

**新型寿险合同内嵌期权研究:基于中国市场的分析** / 周桦著 ; 李心愉指导. -- 北京大学, 2009. -- 122 页

论文基于中国市场的分析,对新型寿险合同内嵌期权进行了研究。全文共分为四章。导言,主要介绍了论文的选题背景和研究目的及意义,研究思路和结构安排,相关概念的界定,论文研究的主要创新点和不足之处。第一章介绍了新型寿险产品的内嵌期权,阐述了寿险合同内嵌期权的定义和价值以及影响因素,分析了新型寿险产品的内嵌期权。第二章投资连结保险内嵌期权的定价与对冲,研究了 B-S-M 框架下投资连结保险的定价与对冲的策略,分析了资产收益率与无风险利率模型的选择,阐述了随机利率下给付保证期的定价,分析了离散对冲误差与模型偏误。第三章分红保险内嵌期权的定价,通过研究中国分红保险合同账户设置及分红假设、"资不抵债"时保险人的处理对策和合同负债的公允价值以及数值计算结果及其分析,研究了现金分红、资本注入与破产概率。从模型设定、保费计算、数值结果及分析研究了死亡因素的引入与内生保费计算。第四章万能险内嵌期权定价与平滑机制的比较研究,主要论述了中国万能寿险投资账户最低收益率保证期权与退保期权的定价。阐述了万能保险产品各期收益率平滑机制的比较研究,论述了作为标底资产的投资组合、比例分配投资收益、平均前几期收益率分配机制、红利负债比值控制机制、阀值控制法、不同分配机制下的现金流分析以及不同平滑机制下保险人损失的风险度量。

关键词:人寿保险　定价　期权

1575

**农村信贷市场商业可持续性研究** / 周家龙著 ; 蔡浩仪指导. -- 对外经济贸易大学, 2009. -- 167 页

全文共分为八章。第一章导论,主要论述了论文的研究背景和意义,研究内容和研究方式及结构安排,论文的主要创新点。第二章介绍了农村金融状况与"三农"金融需求的发展,主要介绍了农村经济发展对农村金融的需求,论述了我国农村金融供给与服务的不足,阐述了农业投入存在明显的信贷需求抑制,分析了农村金融中有效需求严重不足。第三章分析了农村金融滞后的矛盾根源,主要阐述了农村金融滞后的外部根源和内部根源以及历史根源。第四章分析了农村信贷市场的商业性原则和需求,主要论述了农业信贷需求分类与风险,阐述了三农信贷安全性及农贷的风险收益,提出了满足农业信贷商业性条件的基本思路。第五章阐述了农村金融体系与政策的国际比较,主要分析了农村金融体系发展的国际比较和农业与农村金融支持政策的国际比较,分析了国外农

村金融政策对我国的借鉴意义。第六章研究了培育农村信贷有效需求的政策组合,主要分析了提升农户评级、满足经营安全性要求的政策组合,降低成本、增加收益、环节盈利矛盾的政策组合,化解农业比较劣势与商业逐利性矛盾的政策组合以及缓解需求抑制、扩大金融需求的政策组合。第七章提出了改善农村金融组织体系有效性的政策建议,建议坚持以市场化机制作为农村信贷市场的基础、构建有效的金融组织体系等等。第八章为论文的总结。

关键词:农村　信贷市场　商业化经营　可持续发展　风险管理

1576

**住房抵押贷款强度定价模型研究** / 周颖颖著 ; 秦学志指导. -- 大连理工大学, 2009. -- 113 页

论文对住房抵押贷款强度定价模型进行了研究。全文共分为七章。第一章为论文的绪论,主要介绍了选题背景和研究意义,国内外的相关研究综述,论文的主要研究内容和研究结构。第二章住房抵押贷款的概述和风险分析,主要概述了住房抵押贷款的定义和分类以及基本的还贷方式和特征。对住房抵押贷款的违约风险、提前还款风险、抵押房产风险以及利率风险等进行了分析。第三章介绍了考虑跳扩散过程的住房抵押贷款的强度定价模型,提出了研究的问题,分析了模型的构建过程,刻画了模型中的参数变量。第四章研究了考虑跳扩散过程的住房抵押贷款强度定价模型中参数变量的估计,主要包括贴现率模型的参数估计、违约强度模型和提前还款强度模型的参数估计,对两种参数估计方法的适用性进行了分析与研究。最后总结了论文的结论和特色。第五章介绍了考虑跳扩散过程的住房抵押贷款强度定价模型的模拟分析,阐述了 Monte Carlo 模拟定价的步骤,进行了阐述设置和稳定性测试,对参数的敏感度进行了分析与研究。第六章介绍了基于 Clayton Copula 的住房抵押贷款强度定价模型,提出了研究的问题,对 Copula 函数进行了简介,从模型的构建和求解论述了基于 Clayton Copula 的住房抵押贷款强度定价模型,从 Monte Carlo 模拟步骤、参数设置、违约相关性和提前还款相关性对住房抵押贷款价值的影响以及参数敏感度分析四点内容,对模拟进行了分析和研究,并进行了压力测试,对论文的两个住房抵押贷款强度定价模型的适用性进行了分析与研究。第七章为论文的总结。归纳了论文的主要结论和创新点以及研究展望。

关键词:住宅　抵押　信贷管理　定价　风险管理

1577

**中国保险公司资本管理研究** / 周玉坤著 ; 张洪涛指导. -- 中国人民大学, 2009. -- 166 页

论文对中国保险公司资本管理问题进行研究。全文共分为七章。第一章导论,介绍研究的问题,国内外保险公司资本管理相关理论研究综述,论文研究的主要内容,以及创新点和难点。第二章保险公司资本管理的规范研究,界定了资本相关的范畴,阐述了资本结构和股利理论,论述了风险理论和金融监管理论,介绍了保险公司资本管理的价值取向。第三章保险公司资本管理的监管要求和规则,主要阐述了巴塞尔新资本协议的理论分析及其对保险业的启示,研究了国际保险监管的框架:欧盟保险偿付能力监管标准,分析了美国基于风险的资本配置制度:风险基础资本额制度,分析了中国保险公司资本约束监管的规则。第四章基于财务管理的视角,研究了保险公司资本管理,主要包括中国保险公司资本充足率管理的现状与面临的挑战、制约中国保险公司资本充足率的因素分析、现行资本约束下的融资决策及其适用性分析。第五章基于风险管理的视角,对保险公司资本管理进行了分析与研究。介绍了保险公司全面风险的管理,阐述了用 WAR 模型对保险公司进行了长期资本战略管理,介绍了保险公司资本管理战略的新发展,分析了经济资本管理体系及其应用,最后分析了经济资本与保险公司全面风险的评估。第六章保险公司资本配置与资本绩效衡量,主要概述了保险公司经济资本配置,阐述了经济资本配置评价的比率指标和经济资本评价的绝对额指标,论述了保险业经济资本及资本管理的实践。第七章提出了优化我国保险公司资本管理的措施,包括建立了多元化的资本持续补充机制、进行资本管理方法的创新,构建有利于保险公司资本管理的宏观基础。最后对全文进行了总结和展望。

关键词:保险公司　财务管理　资本管理　风险分析　风险管理

1578

**外国证券投资与我国利用外资战略调整** / 周忠英著 ; 沈中华,梁琪指导. -- 南开大学, 2009. -- 164 页

论文对外国证券投资与我国利用外资战略调整进行了研究与分析。全文共分为八章。第一章为论

文的绪论,主要阐述了选题的目的和意义,论述了相关的概念和统计口径,总结了论文的研究方法和研究框架。第二章介绍了外国证券投资的发展概况和特征,主要对国内外的证券投资的发展历程和特征进行了阐述。第三章介绍了外国证券投资对经济增长的影响,主要阐述了外国证券投资对经济增长影响的理论分析和相关文献的概述,对外国证券投资对中国经济增长影响进行了实证研究与分析,实证探究了外国证券投资对美国经济增长的影响,论述了外国证券投资对印度经济增长的影响,分析了外国证券投资影响经济增长的"门槛效应",最后进行了小结。第四章阐述了外国证券投资与金融稳定的关系,主要界定了金融稳定的内涵,对外国证券投资影响金融稳定进行了理论分析,实证研究了外国证券投资对金融稳定的影响。第五章分析了外国证券投资与外国直接投资的关系,主要对相关的文献进行了简述,探究了分析的理论框架及计量模型,分析了研究的数据和实证研究结果。第六章对影响外国证券投资流入的因素进行了分析和研究,主要包括外国证券投资流动的动机和解释、相关文献概述及实证的理论假设、影响中国外国证券投资流入因素实证分析三方面的内容。第七章介绍了利用外资的比较研究,提出了引资战略调整的政策建议,主要包括发达国家和发展中国家利用外资的情况、中国利用外资的情况、中国与其他国家利用外资的比较研究以及转变我国引资战略的必要性及相关政策建议。第八章为全文的结论和展望。

关键词:国际投资　证券投资　直接投资　外资利用

**1579**

**中国证券市场投资者交易行为研究:交易行为,资产定价与波动性动态** / 朱彤著 ; 徐信忠指导. -- 北京大学, 2009. -- 114 页

论文利用2007年到2008年中国证券市场发布的新数据信息,日度的分类账号持仓数据分析了金融市场投资者的交易问题,探讨了投资者的交易行为与策略如何影响到证券的异常收益与风险。全文共分七章。第一章引言,介绍了选题背景、研究方法、思路及创新等;第二章用买卖不平衡性指标测量的总体投资者交易行为与证券异常收益的关系,验证了买卖不平衡性指标对证券异常收益的预测作用;第三章验证了中国证券市场上的非对称波动性的存在性,使用卖出交易比例指标,证明了中国证券市场上存在处置效应,以内幕交易信息为基础进行的知情交易会增加证券市场的波动性;第四章在总体投资者交易行为分析的基础上,进一步将全部交易按不同的账号类型分为个人投资者和机构投资者交易,通过不同类型投资者的交易强度指标,验证了个人投资者通常采用反转交易策略;第五章分析交易行为所处的信息环境,讨论了以投资评级报告信息为代表的证券市场信息环境,通过与基本面投资指示变量 FSCORE 所提供的信息进行比较,为分析师提供了有助于投资者进行投资的信息所在性;第六章分析了分析师评级的形成过程中所考虑的因素以及投资评级,盈利预测和目标价格在预测证券异常收益上起了重要作用;第七章结论与未来研究方向。

关键词:证券市场　证券交易　投资者　投资行为　价格波动

**1580**

**外部冲击下的最优货币政策规则研究** / 朱振元著 ; 朱新蓉指导. -- 中南财经政法大学, 2009. -- 143 页

论文采取历史分析法、辩证分析法、定性与定量相结合的方法对外部冲击下的最优货币政策规则进行了研究。全文共分七个部分。第一部分导论,对货币政策规则研究的相关文献进行了梳理和总结,介绍了货币政策规则研究的最新进展;第二部分对货币政策规则的理论拓展进行了分析,对货币政策规则的历史演进和规则与相机抉择进行了分析和比较;第三部分对外部冲击进行了界定和测量,对外部冲击进行剖析,对外部冲击的传导机制进行分析,对外冲击及外部冲击传导影响因素进行测度;第四部分对外部冲击与货币政策有效性进行理论分析,利用总供给与总需求曲线对供给冲击(主要是油价上涨)与货币政策有效性进行分析,利用蒙代尔—弗莱明模型及"不可能三角"分析统计冲击(主要是国际游资流动)与货币政策的有效性;第五部分对外部冲击与货币政策有效性进行实证分析,对国际油价波动与货币政策有效性进行分析,利用抵消系数模型对国际游资流动对货币政策的有效性进行分析;第六部分对最优货币政策规则的国别经验进行分析,对发达国家最优货币政策规则,主要是美国、欧盟和日本在外部冲击下的最优货币政策进行分析,对包括巴西和韩国在内的新兴市场国家在外部冲击下的最优货币政策规则进行分析;第七部分对最优货币政策规则框架的构建和政策建议进行分析。

关键词:货币政策　通货膨胀　金融体制

1581

**国内外石油价格的形成及其对中国经济与能源效率的影响**／诸葛尚琦著；马君潞指导. -- 南开大学, 2009. -- 143 页

论文对国内外石油价格的形成及其对中国经济与能源效率的影响进行了分析与研究。全文共分为七章。第一章导论,主要介绍了研究动机,主要内容,研究框架,以及主要创新点。第二章介绍了论文相关的文献综述,主要阐述了石油价格理论,分析了石油价格对宏观经济与各个行业的影响,分析了能源价格与能源效率的关系。第三章介绍了石油价格的形成理论,分析了石油价格的形成理论,阐述了石油价格的成本,介绍了自然资源经济学和石油产品理论与交易价格。第四章分析了国际原油和成品油市场价格的形成机制,分析了国际主要的原油市场,主要包括欧洲原油市场、北美原油市场、中东原油市场以及东亚原油市场。回顾了国际原油价格的历史走势,主要包括超低油价阶段、石油危机阶段、市场定价起始阶段以及油价高涨的阶段。分析了国际原油价格的直接影响因素,阐述了原油期货市场的价格发现功能。从成品油的分类和市场以及成品油与原油价格的关系,阐述了国际成品油的市场。第五章分析了中国原油和成品油市场价格的形成机制,介绍了中国石油定价的机制,分析了国际油价与中国油价的关系。第六章研究了原油价格对中国经济与能源效率的影响,阐述了国际石油价格波动对世界经济的冲击与各国应对的措施,阐述了国际油价波动对中国相关行业的影响,分析了国际石油价格与中国通货膨胀的关系、国际石油价格与中国股票市场的关系以及国际国内油价与中国能源使用效率的关系。第七章为结论和政策建议。

关键词:石油价格　石油市场　中国经济　能源效率

1582

**我国保险集团资源整合研究:基于资产负债管理的视角**／卓宇著；朱铭来指导. -- 南开大学, 2009. -- 246 页

论文基于资产负债管理的视角,对我国保险集团资源整合进行研究。全文共分为九章。第一章为引言。首先介绍研究的背景、对象和意义。其次阐明国内外关于金融保险集团资源整合的相关研究综述。然后提出研究思路、主要框架。最后提出研究方法、创新与不足。第二章论述保险集团资源整合研究的理论基础。论文首先介绍保险集团的企业性质理论及核心竞争能力理论。其次阐述保险集团资源整合的理论基础。然后分析保险集团资源整合效率实证分析的计量方法,包括面板数据、回归理论。最后提出研究保险集团资源整合问题的新视角即资产负债管理理论。第三章我国保险集团资源整合现状研究,分析我国保险集团资源整合的现有实践及监管实践。第四章国际金融保险集团资源整合研究及借鉴。论文首先阐述国际金融保险集团资源整合个案研究。其次分析国际金融保险集团的监管政策。最后分析国际金融保险集团资源整合实践的借鉴。第五章基于资产负债管理的保险集团资源整合理论框架。论文分别分析保险集团的资产资源及负债资源、保险集团的资产资源整合、保险集团的负债资源整合、基于资产负债管理的保险集团资源整合、保险集团资源整合的评价。第六章对基于资产负债管理的保险集团资源整合理论框架的计量验证。论文分别研究国际金融保险机构效率比较分析、保险集团资产负债管理与资源整合效率关系实证研究。第七章论述基于资产负债管理的我国保险集团资源整合企业流程设计即我国保险集团母公司及子公司在资源整合中的角色。第八章基于资产负债管理的我国保险集团资源整合监管政策建议。第九章阐明研究的主要成果、研究成果的主要创新、研究的局限性和展望。

关键词:保险业　企业集团　资金管理　整合

# 产业经济学

1583

**中国西部地区经济发展的新型产业组织模式研究**／蔡绍洪著；康灿华指导. -- 武汉理工大学, 2009. -- 314 页

论文的研究对象为西部地区经济发展的新型产业组织模式,系统研究产业组织模式的本质属性、内涵结构、功能效率、发展趋势及其对区域经济发展的作用和影响,考察分析西部地区经济发展及产业组织模式存在的问题,并从经济效益和生态效益的双重视角分析研究以往产业组织模式的结构特征和优劣,提出新兴产业组织模式。全文共分为八章。第一章,绪

论。阐述论文选题的背景、动因、目的和意义,就国内外区域经济发展以及产业发展及组织模式的研究情况进行回顾和评述,在此基础上提出主要研究内容和方法,以及逻辑思路和基本框架。第二章,有关研究的理论基础和研究进展。通过对区域经济发展理论、产业组织理论、产业集群理论、产业生态理论、循环经济理论、系统科学及自组织理论的回顾,为进一步研究产业组织模式的作用和影响及构建新型产业组织模式提供理论支撑。第三章,产业组织模式的变化对经济发展的作用和影响。讨论产业的系统属性、产业组织的本质属性、产业组织模式的内涵和结构特征,并从产业生产组织,产业市场组织和产业管理组织分析出产业组织模式的历史变化和发展趋势,分析不同产业组织模式对区域经济发展的作用和影响。第四章,西部地区和产业经济形态与产业组织模式。讨论西部地区产业发展的结构特征、生产方式、组织形态及其面临的主要问题,并提出意见。第五章,从经济与生态的双重视角重构西部产业组织模式。分别从经济和生态视角讨论和分析产业集群和循环经济这两种产业生产经营组织模式运行的经济效益、生态效益和综合效益以及两种模式具有的优势和存在的不足。第六章,对产业集群组织的形成条件做出说明,提出产业集群组织展演化路径。第七章,西部地区循环产业集群的构建思路及对策。结合西部地区产业神态条件和现状,分析其存在条件和问题,提出在西部地区发展循环产业集群的基本思路、构建路径和方法以及相关对策建议。第八章,全文的总结和展望。

关键词:地方经济　经济发展　产业组织　运行模式　西北地区　西南地区

**1584**

**出版业中创意资源配置的历史演变** / 陈邦武著 ; 方宝璋指导. -- 江西财经大学, 2009. -- 113 页

论文采用多元分析、互动分析等多种分析方法对出版业中创意资源配置的历史演变进行研究。全文分为六章。第一章绪论,阐述了论文研究的选题背景以及研究的意义,并从 1892—1921 年间报刊与小说互动的研究、1921—1958 年间文学作品改编电影的研究、1958—1995 年间文学作品改编影视的研究以及 1995—2008 年间创意资源"一意多用"的研究四个方面进行文献综述,描述了论文的核心观点以及主要研究思路和研究方法,界定了论文研究的基本概念和基础理论,指出了论文研究中的创新点以及存在的不足之处。第二章以 1892—1921 年为中心研究了印刷媒体之间的互动,回顾了印刷媒体之间互动的历史背景,分析了小说与报刊的互动关系,并以民国时期丛书的出版为例对媒体互动效应进行评价。第三章以 1921—1995 年为中心分析出版与影视的互动,回顾了出版与影视互动的历史背景,分析了出版与影视互动的方式,指出互动可以实现图书产品和影视产品价值链的延伸,进而对出版与影视互动效应进行评价。第四章以 1995—2008 年为中心分析了网络出版形式下的多媒体互动,回顾了网络出版的历史背景,分析了网络出版及网络营销的规模经济效益,进而剖析了网络出版出于产业融合和新的产业分工、合作的原因以及网络出版对出版社价值链的重构,并对网络媒体与其他媒体的互动效应做出评价。第五章以 2000—2008 年为中心分析网络出版的多元应用与最新发展,回顾了各种网络出版形式兴起的历史背景,分析了电子书与媒体的互动、手机图书与媒体互动、按需出版与媒体的互动以及博客图书与媒体的互动。第六章总结和展望。

关键词:出版业　网络出版　媒体　资源配置

**1585**

**人力资本密集型企业的治理问题研究** / 陈和著 ; 隋广军指导. -- 暨南大学, 2009. -- 139 页

全文共分为九章。第一章导论,主要提出了论文研究的选题背景和研究意义,相关的国内外研究文献综述,论文研究的主要内容和研究的方法,主要创新点。第二章文献的综述,主要阐述了人力资本的内涵、人力资本和产权的概念,人力资本密集型企业研究的文献综述。第三章基于比较的视角,研究了 HCIF 特性,分析了传统的 PCIF 特性,比较了新兴的 HCIF 特性,对 HCIF 和 PCIF 的特性进行了分析与研究。分析企业中权力问题、企业竞争力问题、企业价值的演变及企业家职能的差异。第四章 HCIF 的本质和相关问题的研究,主要研究了 HCIF 的本质问题,阐述了 HCIF 边界的问题,研究了 HCIF 的并购问题。第五章 HCIF 的治理目标,阐述了企业治理目标的转变状况,通过研究控制关键性资源,分析了 PCIF 的治理目标;通过研究协调关键性资源,研究了 HCIF 的治理目标,对关系型契约进行了研究。第六章人力资本的治理手段,主要阐述了基本的研究模型,分析了没有外部选择权的谈判和存在外部选择权的谈判。第七章 HCIF 的治理模式,介绍了公司制的治理优势和合伙制的治理优势,研究了 HCIF 的治理模式选择的理

论和解说。同时介绍了论文的研究设计和统计检验，分析了实证研究的结果，综述了 HCIF 治理模式的发展趋势。第八章介绍了合伙制与人力资本密集型的企业，主要阐述了关于合伙制的效率争论，分析了合伙制的治理特性。第九章为论文的总结和展望。

关键词：企业管理　人力资本　法人治理结构　运行模式

**1586**

**中国区域经济发展的"资源陷阱"及对策研究** / 陈厚义著；王恕立指导. -- 武汉理工大学，2009. -- 178 页

论文对中国区域经济发展的"资源陷阱"展开研究，并提出相关对策。全文共分为八章。第一章，绪论。提出论文问题的提出和选题意义，国内外研究现状，相关概念的界定，研究目标、研究内容和拟解决的关键问题。第二章，理论综述。包括马克思主义关于经济增长的理论，我国三代领导人关于经济发展的理论，区域经济理论，经济增长理论及其演进，国内学者关于经济发展的研究，国外自然资源经济学的发展以及国内外"资源陷阱"的理论研究状况。第三章，"资源陷阱"现象的经济学分析。分析包括自然资源在经济增长中的作用，自然资源与经济增长的关系分析，"资源陷阱"产生的原因分析，以及制度与"资源陷阱"的探讨。第四章，资源陷阱的维度与特征。介绍"资源陷阱"的维度和内涵，"资源陷阱"的经济的经济发展特征，"资源陷阱"转型约束条件，并得出结论。第五章，经济发展中的资源陷阱——案例分析。对尼日利亚典型案例进行分析，从山西案例看我国的资源诅咒现象，并分析非洲和拉丁美洲的经验教训。第六章，应对资源陷阱的理论及经验借鉴。探讨利用资源比较优势的成功经验，应对"资源陷阱"的宏观经济社会理论与政策，应对"资源陷阱"的企业改革与发展。第七章，走出资源陷阱——面向贵州省的对策研究。研究包括贵州省经济现状与物价水平的总体分析，贵州物价水平高与经济发展水平低的原因分析，贵州省物价水平、经济发展、收入水平协调发展的对策研究。第八章为论文的总结与研究展望。

关键词：地方经济　经济发展　自然资源　资源利用　可持续发展

**1587**

**非线性产业或经济系统的演化（创新）分析：内涵政务专业化的分工形式化研究视角** / 陈军昌著；何维达指导. -- 江西财经大学，2009. -- 590 页

论文基于内涵政务专业化的分工形式化研究视角，对非线性产业或经济系统的演化进行了研究。全文共分为八章。第一章绪论，介绍了论文选题的背景和研究的意义，研究对象，现阶段相关的研究成果，论文的研究思路，技术路线图，论文采用的研究方法，论文的几点创新及后续需要继续加深的研究方向。第二章建立分工分析框架的方法，主要分析了经济研究方法论的理论及评价，阐述了分工、专业化视角的产业分析框架的改进。第三章产业分析框架的第一步：静态分析，主要阐述了相关研究评述及前提设定，分析了静态形式化的基本模式推导，论述了静态形式化的基本模型的应用，对一些问题和经典理论进行了解释。第四章产业分析框架的第二步：动态分析，主要阐述了动态数理形式化研究评述，分析了分工的动态形式化的基本模式的推导，研究了动态形式化基本模型的应用。第五章形式化应用和印证，主要包括美国与日本的产业演化路径的比较研究、中国模式的分析。论述了改革以来中国的产业演化的路径。第六章产业分析框架的第三步：分工度量及现实样本的解析，比较研究了分工与专业化度量的指标，分析了现实样本的分工度量。第七章产业分析框架的第四步：计算机模拟。第八章为全文的总结。

关键词：产业经济　分工　经济系统

**1588**

**市场化进程中中国发电行业绩效研究** / 陈素琼著；黄继忠指导. -- 辽宁大学，2009. -- 144 页

论文采用非参数法和回归分析等方法对市场化进程中中国发电行业绩效进行了研究。全文分六章。第一章中国电力市场化进程及其变革，中国电力市场化改革阶段主要分四个阶段，国家垄断经营阶段，缺电形势下的集资办电阶段，政企分开公司化改组阶段以及"厂网分开、竞价上网"四个阶段，市场化进程中发电行业主要从产权结构、公司法人治理结构以及市场结构三个方面进行变革。第二章绩效评价指标体系与测算方法。描述了发电行业绩效评价体系的设计与衡量方法，并指出国内外效率测量的前沿方法并对其做出比较，论文采用基于 DEA 的 Malmquist 生产率指数法进行测算。第三章发电行业企业层面的绩效分析，论文从资源配置效率的动态变化做比较分析，病虫技术效率、规模下路及技术进步率三个方面进行动态变化分析，从而对绩效的影响因素进行分析

并设定相关模型分析。第四章发电行业区域层面的绩效分析,中观层面从资源配置率、全要素生产率两个方面进行动态变动来进行研究,认为电力体制市场化改革、原煤生产量及电力产品价格三者均与技术效率存在显著的正相关关系,火电比重与煤炭价格两者均与效率存在显著性负相关关系,而趋于内发电企业的平均规模与效率之间呈现"U"型关系。第五章发电行业宏观层面的绩效分析,指出发电行业可持续发展受到资源与环境的双重约束,运用 Matlab7.2 软件首次采用具有非期望产出的超效率 DEA 模型对 1991—2007 年期间活了发电行业的绩效进行实证研究。第六章结论与对策建议。

关键词:电力工业　经济绩效　市场化进程

**1589**

**中国证券业产业组织与政策研究** / 陈焱著 ; 金哲松指导. -- 中央财经大学, 2009. -- 178 页

全文共分为八章。第一章,导论。介绍论文选题背景,产业组织与规制经济理论概述,国内外相关研究综述,问题的提出及研究意义,论文框架与研究方法以及论文研究重点和创新点。第二章,我国证券业的发展现状分析。包括我国证券业的发展历程回顾,我国证券业发展的成就及作用,我国证券业发展中存在的问题。第三章,中国证券业的市场结构分析。介绍市场结构的评价指标和分类方法,对中国证券业的市场结构状况分析,提出形成我国证券业市场结构的主要影响因素。第四章,中国证券业企业的市场行为分析。分析包括价格竞争行为,价格协调行为,产品(服务)竞争行为,并购重组行为,违法违规经营行为,最后提出对证券企业市场行为的原因探讨。第五章,中国证券业市场绩效实证研究。对中国证券业的外部绩效实证分析,对我国证券业内部绩效分析,探讨我国证券业市场结构、市场行为与绩效的关系,提出对中国证券业的市场结构与绩效的实证分析。第六章,中国证券业规制及制度安排分析。内容包括中国证券业规制体制的发展阶段介绍,中国证券业的规制状况以及中国证券业规制中存在的问题。第七章,美、英证券业产业组织及规制经验。介绍美国证券业的发展状况,市场结构,产业结构特征及其成因,美国证券业行为及绩效分析,规制状况;介绍英国证券业规制状况;探讨 2008 年世界金融危机对证券业的冲击及其影响,提出美英证券业规制及应对世界金融危机措施的启示。第八章,完善证券业规制,推动行业健康发展的意见总结。

关键词:证券业　产业组织　监督制度

**1590**

**中国经济的 FDI 偏好:成因、机理与影响** / 陈勇兵著 ; 谷克鉴指导. -- 中国人民大学, 2009. -- 134 页

全文共分为九章。第一章导论,主要阐述了论文的研究背景和研究的意义,相关的国内外研究综述,论文研究的主要内容和框架,主要研究方法和技术路线,论文研究的主要创新点和后续研究的问题。第二章文献综述,主要包括改革开放 30 年外资利用的进程:三次大争论、产业组织理论、国际贸易理论、内生增长理论,从中国的视角,对经验研究文献进行了评述。第三章金融控制、财政分权与 FDI 偏好的分析框架,主要阐述了中国外商直接投资的发展历程演进,对 FDI 偏好进行了解释,分析了计量模型和变量的选取,介绍了数据、方法和结果的分析。第四章是对新国际分工体系下的 FDI 与贸易关系的再思考,研究了中国在新国际分工体系的比较优势,构建了研究的模型,对实证研究结果进行了分析。第五章是对 FDI 偏好与国内储蓄的拓展应用,主要分析了改革时期的 FDI 与国内储蓄的变动,研究了内生金融控制、国内储蓄与 FDI 偏好的关系。第六章是对 FDI 偏好与外部失衡的拓展应用,分析了中国经济外部失衡的特征,研究了中国经济外部失衡的原因,阐述了外部失衡对中国经济的负面冲击效应。第七章是对 FDI 偏好与区域经济增长分异的拓展应用,主要阐述了中国地区收入的差距,研究外资、外贸与区域经济增长的分异,分析了研究的机制。第八章是对 FDI 偏好与制度变迁的拓展应用。第九章为全文的结论与政策含义的介绍。

关键词:中国经济　经济增长　外商直接投资(FDI)

**1591**

**我国非垄断行业的政府管制研究** / 程锦锥著 ; 张卓元指导. -- 中国社会科学院, 2009. -- 127 页

全文共分为七章。第一章导言,介绍了论文选题的背景和研究的意义,论文的研究对象,现阶段相关的研究成果,论文的研究思路,技术路线,研究方法及研究的几点创新和后续需要继续加深的研究方向。第二章理论综述,主要包括管制理论综述、企业面对管制的行为理论、我国的管制研究及国内外研究现状。第三章我国的政府管制状况,主要阐述了我国政

府管制的现状,研究了我国政府管制的特点,分析了我国非垄断行业管制产生的原因,研究了非垄断性产业管制下的企业。第四章非垄断行业下的管制模型,主要包括管制对不同类型企业的不对称影响、管制下的成本增加、成本转嫁及社会福利、管制有利于大企业的分析三方面的内容。第五章研究了房地产业的经济管制情况,主要阐述了行业的基本情况和技术特征,研究了我国房地产业的管制内容和经济后果,分析了管制中的政府角色,论述了地价作为大企业的战略竞争手段,分析了管制下的产业绩效和社会福利。第六章研究了维生素行业的环境管制,主要论述了维生素行业的基本情况和技术特征,分析了环境管制下的产业与企业的关系,研究了我国维生素业的环境管制情况,分析了环境管制与2007年维生素业的景气,阐述了环境管制下的产业绩效与企业社会福利的联系。第七章为全文的总结和展望。

关键词:企业　政府管制　成本分析

**1592**

**论制度对交通规划资源配置效率的影响** / 程楠著 ; 荣朝和指导. -- 北京交通大学, 2009. -- 196 页

论文采用经济学分析、实证分析以及模型分析等多种分析方法对制度对交通规划资源配置效率的影响进行了研究。全文分为八章,第一章导论,阐述了论文的研究背景和选题意义,描述了论文研究的逻辑路线和方法。第二章规划及交通规划的发展历程,回顾了我国及西方早期规划思想的萌芽与实践,结合现代规划的起源和发展,对交通规划的历史进程进行综述。第三章制度和制度设计理论,介绍了经济发展中的制度因素,分析了制度对资源配置效率的影响,并从制度变迁的路径、以"激励相容"为核心的制度设计和以"理性选择"为核心的制度设计三个方面阐述了制度设计的相关理论。第四章交通规划资源配置效率的制度分析,指出交通规划是一种资源配置方式,从交通规划的价值取向、规划编制中的层次结构、决策过程中的制度安排,以及规划实施及评估机制四个方面阐释了提高资源配置效率的制度安排。第五章美国交通规划的演变,介绍了美国交通规划的历史,并从多个角度分析其交通规划的制度设计和安排。第六章英国交通规划历史及制度安排,介绍了英国交通规划的历史,并从多个方面分析其交通规划的制度设计和安排。第七章我国交通规划的发展,回顾了我国交通规划的发展历程,从综合性交通发展规划、中长期铁路网络规划、高速公路和农村公路网络规划及城市交通规划等的四个方面分析我国交通规划中存在的问题,并指出我国交通规划知道的改进方向。第八章归纳与总结。

关键词:交通规划　交通管理　资源配置　制度

**1593**

**中国房地产税收经济效应研究** / 程瑶著 ; 高波指导. -- 南京大学, 2009. -- 135 页

全文共分为八章。第一章绪论,介绍了论文选题的背景和研究的意义,论文的研究对象,现阶段相关的研究成果,论文的研究思路,技术路线图,论文采用的研究方法,论文的研究的几点创新。第二章介绍了房地产税的理论基础,阐述了房地产税的理论依据,分析了房地产税的税收职能与税收经济效应的关系,基于房地产市场结构的视角,分析了房地产税的负归宿。第三章研究了房地产税制的演变与发展,主要阐述了中国房地产税制的演化过程,分析了现行房地产税制的设计思路,论述了房地产税制的国际比较。第四章研究了房地产税的财政收入效应,主要论述了房地产税在税制体系中的地位和作用,分析了房地产税对地方财力的影响,研究了制度经济学视角下的土地财政。第五章研究了房地产税的土地资源配置的效应,阐述了中国土地资源利用情况,分析了税收对土地资源配置的影响,对房地产税的土地资源配置效应进行了分析与研究。第六章介绍了房地产税的收入分配效应,主要阐述了中国的收入分配的现状,研究了房地产对收入分配的影响,研究了房地产税的收入分配效应。第七章介绍了房地产税的激励效应,主要研究了房地产税对地方政府的激励效应,分析了房地产税对房地产企业的激励效应,探究了房地产税对居民消费和投资的影响。第八章为全文的总结。

关键词:房地产业　税收管理　资源配置　收入分配

**1594**

**中国商业银行信用风险转移机制研究** / 褚景元著 ; 王恕立指导. -- 武汉理工大学, 2009. -- 158 页

论文以市场机制为核心,研究信用风险转移市场交易主体与相互影响,信用风险转移工具的风险转移机制,信用风险转移市场的监管机制。全文共分为八章。第一章为绪论,主要介绍论文选题的背景及其研究的理论意义和实践意义,国内研究现状及简单评

述,论文的研究思路和各章节的主要内容。第二章为信用风险转移研究的理论基础,主要包括信用风险的内涵、特征和成因,信用风险度量的常用方法,信用风险转移的特征与路径及信用风险转移的相关理论。第三章为信用风险转移市场主体分析,包括对该市场的发展背景,发展特征及发展趋势的分析,对市场主体——商业银行交易动机的博弈论分析,以及从信息不对称视角分析商业银行和其他交易主体的市场行为及其相互影响。第四章为融资型信用封信转移及其机制分析,包括资产证券化的概念与一般特点、资产证券化操作的理论基础、商业银行资产证券化的参与主体和一般流程及资产证券化的风险转移作用机制。第五章非融资型信用风险转移及其机制分析,包括信用衍生产品的种类划分以及发展现状、发展趋势;信用衍生产品市场的交易主体,信用衍生产品的特性,信用衍生产品对微观经济主体的作用及其对于宏观经济的影响,最后从风险分担机制与价格发现机制两个方面角度阐述信用衍生产品的风险转移机制。第六章为商业银行信用风险转移的监管机制,包括监管的必要性以及监管的目的与原则,世界各国针对信用风险转移市场监管的一般措施,最后分析在该领域具有代表性的美国、英国和中国香港额监管措施。第七章为完善我国商业银行信用风险转移的对策建议,以及我国商业银行在信用风险转移市场上进行交易时可能存在问题,探讨在当前全球金融危机环境下我国应如何有效的发展资产证券化市场。第八章为全文总结与展望。

关键词:商业银行　信用风险　风险管理

**1595**

**江西邮政速递动态能力研究** / 戴书华著 ; 吴照云指导. -- 江西财经大学, 2009. -- 116 页

全文共分为六章。第一章导言,介绍了论文选题的背景和研究的意义,论文的研究对象,现阶段相关的研究成果,论文的研究思路、技术路线图,论文采研究方法,几点创新及后续需要继续加深的研究方向。第二章邮政速递的产业特征、发展历程和现状问题,重点分析了我国速递服务业的发展现状和存在的问题以及邮政速递市场占有率下降的原因。第三章动态能力理论体系及其分析框架,主要阐述了企业能力理论的发展与演进,分析了企业动态能力的形成与发展,研究了企业动态能力的分析框架。第四章邮政速递动态能力理论及其评价的体系,阐述了邮政速递动态能力的内涵,分析了邮政速递动态能力的理论框架。第五章实证分析了江西邮政速递的动态能力,主要阐述了江西邮政速递的概况,分析了江西邮政速递的动态能力实证研究。第六章江西邮政速递动态能力提升的策略选择,主要包括健全好完善相关组织机构;建立和完善邮政速递揽投网络;通过创新运营模式巩固竞争的优势;强化中国邮政品牌管理;加强江西邮政速递企业文化建设。

关键词:邮件投递　邮政业务　企业能力　江西

**1596**

**文化产业发展理论研究:兼论湖南文化产业发展** / 邓安球著 ; 史忠良指导. -- 江西财经大学, 2009. -- 122 页

论文采用比较研究、案例分析、演化和行为、价值及可行性研究等研究方法,结合湖南文化产业的发展对文化产业发展理论进行研究。全文分为五章。第一章绪论,论文结合国际、国内及湖南文化产业发展的现状进行分析,提出相关研究问题,对国内外的相关研究现状进行评述,描述了论文研究的主要内容和研究方法,指出论文研究中的主要创新点。第二章文化产业的基本理论,就文化产业的基本概念、分类、类别属性、发展内涵及发展衡量的诸多方面论述了文化产业的内涵与外延,并就文化产业的功能、机制及发展,论述了文化产业的特征。第三章文化产业的发展机理,首先分析了影响文化产业发展的主要因素和矛盾,进而分析了文化生产、文化消费与出口、文化产业组织、文化产业布局,以及文化产业外部环境与文化产业发展之间的关系。第四章湖南文化产业发展实践分析,结合湖南文化产业发展的实践,对文化生产促进文化产业发展、文化消费和出口拉动文化产业发展、文化产业组织改善推动文化产业发展、文化产业合理布局带动文化产业发展,以及文化产业营造外部环境确保文化产业发展等诸多问题进行概述。第五章发展湖南文化产业的几点思考,就文化发展政策、文化生产发展政策以及文化消费发展政策对完善文化发展政策提出建议,对建立健全文化产业体制机制以及加强文化产业创新等方面提出相关建议。

关键词:文化产业　产业发展

**1597**

**中国科技创新的金融支持研究** / 邓平著 ; 王仁祥指导. -- 武汉理工大学, 2009. -- 142 页

论文采用演绎推理、分析归纳、统计描述和实证

分析等方法对中国科技创新的金融支持进行研究。全文分为八章。第一章导论。主要阐明了研究的选题背景和研究意义,综述了国内外的相关文献研究现状,指出了现有研究的不足,并给出了研究的内容框架及所采用的方法体系。第二章金融支持科技创新的理论基础,主要从历史演进的角度阐述了创新理论和金融发展理论,并总结了这些理论研究对论文研究所带来的启示。第三章金融促进科技创新的机制分析,主要采用演绎推理方法,论证了金融促进科技创新的资本形成机制、风险分散机制、信息揭示机制和激励约束机制。第四章金融支持科技创新的经验借鉴,主要采用比较分析方法归纳总结了美国、日本和韩国这三个国家金融支持科技创新的经验及对现有研究的一些启示。第五章中国金融科技创新的现状考擦与制约因素,首先采用统计描述方法刻画了中国金融支持科技创新的现状,然后采用规范分析方法理清了中国金融支持科技创新的制约因素。第六章中国金融支持科技创新的实证分析,研究首先测度了中国科技创新程度,然后构建了 VAR 模型,进行了协整检验、格兰杰因果关系检验、脉冲响应函数分析和方差分解,并就相关结论进行了解释。第七章优化中国科技创新金融支持体系的对策建议。作为论文的落脚点与归宿,采用归纳演绎与对策研究相结合的方法,指出了优化中国科技创新金融支持体系的对策建议。第八章结论与展望。

关键词:技术创新机制　金融政策　资本市场　风险投资

**1598**

**基于企业家行为的制度演化研究** / 邓晓锋著 ; 朱卫平指导. -- 暨南大学, 2009. -- 157 页

论文利用奥地利学派的方法论,借鉴复杂系统理论的最新研究方法,将制度演化过程建立在企业家行为的微观基础之上,构建多主体基础的制度演化模型,通过计算机模拟试验对企业家行为与制度的协同演化关系进行验证。全文共分为七章。第一章,导论。包括问题的提出,研究目的和意义,研究对象和内容及论文的创新之处。第二章,文献综述和理论基础。对制度演化理论做出说明,包括旧制度经济学理论,新制度经济学,行为制度理论和社会制度学派;提出已有制度演化研究的局限性;介绍奥地利学派的方法论基础和奥地利学派方法论对制度演化研究的启示。第三章,企业家行为与资本结构。介绍企业家行为过程,企业家与资本,资本机构及其演化以及企业家在资本结构演化中的作用。第四章,制度演化的过程分析。首先介绍市场过程中的制度,包括制度与市场、资本结构的联系,制度的互补性分析,制度的复杂性特征;介绍制度演化的自组织过程,包括制度演化的自发生和制度演化中的社会网络互动过程;介绍制度演化的动力并对制度演化做出阶段分析。第五章,制度演化的模型构建。结合多主体基础建模原理和层次以及企业家属性具体内容,提出微观经济企业家的行为类型,包括企业家的制度遵循行为,企业家的制度创新行为以及企业家的行为选择,并介绍制度安排的区别。第六章,制度演化模型的模拟与结果分析。提出程序流程与模拟试验假设,并对模拟结果进行分析。最后为论文结论与展望。

关键词:制度经济学　企业家　经济行为　奥地利学派

**1599**

**中国银行业存贷利差的经济影响研究** / 丁宁著 ; 于立指导. -- 东北财经大学, 2009. -- 184 页

论文在遵循信息不对称、S-C-P 范式等理论基础上,主要运用经济计量分析方法对中国银行业存贷利差的经济影响进行研究。全文分七章。第一章引言,从与存贷利差相关的三个中国经济现象出发陈述了选题背景、文献综述、研究意义和研究思路。第二章中国存贷利差的衡量及其结构分析,从利率入手,对存贷利差的发展进行了历史性的描述,并对存贷利差进行国际比较,找出参照的市场利差,并对其进行结构分析。第三章从政府行政行为和银行业垄断市场结构方面探讨了中国高存贷利差的原因,指出政府对存贷款利率的实行控制,造成存贷利差扩大,并对政府对银行业市场准入控制和银行业垄断市场结构方面进行进一步的剖析。第四章从居民层面研究存贷利差对贫富差距的影响,论文利用经济计量模型估算存贷利差对贫富差距的影响,从地区性、阶层行和行业性三个维度探讨了存贷利差对贫富差距的影响。第五章从银行层面探讨存贷利差对银行利润的影响,论文在对 OECD 国家、拉美国家和东南亚国家净利差决定因素的国际比较的基础上,探讨了存贷利差作为外生变量的情况下,中国银行业利润的决定因素,论文运用银行内部效率、市场结构和宏观经济三个层面的指标进行二步骤回归分析,并在此基础上探讨存贷利差对各家商业银行利润的影响。第六章从企业层

面分析了存贷利差对企业效率的影响，论文结合银行业贷款的风险偏好和企业规模以及资金配置的关系，分析了存贷利差与资金配置效率的关系，并阐释了在资金市场上出现的“大银行、小企业”的结构性矛盾及由此而滋生并繁荣的地下钱庄问题。第七章为论文的主要研究结论及相关政策含义。

关键词：银行业务　市场结构　利率管理　存款利率　贷款利率

1600

**中国农村合作医疗制度演化机制研究** / 董立淳著 ；陈文玲指导. -- 南开大学, 2009. -- 175 页

论文以制度演化为视角，针对我国农村合作医疗制度的搬迁过程建立制度演化分析的理论框架，构建动态的农村合作医疗制度变迁的均衡演化模型和农村合作医疗制度演化的多因素决定模型，并结合历史上不同时期影响农村合作医疗制度变迁的不同因素对制度的演化机制进行分析。全文共分为八章。第一章，导论。介绍论文研究背景及其意义，相关概念的界定，研究方法和理论工具，以及论文研究思路和内容框架。第二章，制度、制度演化与农村合作医疗制度研究文献回顾。首先介绍不同的制度分析观及其演变，包括旧制度经济学派的制度观，新制度经济学的制度观，公共选择学派的制度观，奥地利学派的制度分析，演化经济学的制度分析以及关于制度内涵的整合；接着对国外关于制度变迁和制度演化理论进行研究综述；最后对农村合作医疗制度及其制度演化进行研究综述。第三章，中国农村合作医疗制度演化的历史回顾。介绍计划经济时期的传统农村合作医疗制度，传统农村合作制度的衰落以及新型农村合作医疗制度的建立发展及其绩效评价。第四章，中国农村合作医疗制度的演化动因及其影响因素。探讨中国农村合作医疗制度变迁的演化模型，并对制度环境影响因素进行分析。第五章，新型农村合作医疗制度演化的均衡条件及其稳定性。提出制度的演化形态取决于行为主体的博弈均衡，并对政府与医疗机构的贝叶斯博弈及其对新型农村合作医疗制度的影响，政府与农民之间博弈对新型农村合作医疗制度需求的影响，医疗机构与农民之间博弈对新型农村合作医疗制度的影响以及新型农村合作医疗制度的稳定性做出讨论。第六章，政府农村合作医疗制度演化中的作用。探讨政府在农村合作医疗制度演化中的作用机制，政府在新型农村合作医疗制度演化中作用的分析和评价，完善政府在农村合作医疗领域的治理机制。第七章，中国农村合作医疗制度的长期演化趋势探讨，包括发展方向和城乡一体化基本医疗保障制度的演化路径构想。第八章为结束语。

关键词：农村　合作医疗　医疗保健制度　制度建设

1601

**资源诅咒与区域经济增长研究** / 段利民著 ；杜跃平指导. -- 西北大学, 2009. -- 135 页

论文运用资源经济学、产业经济学、区域经济学以及发展经济学等理论，对资源诅咒与区域经济增长现象进行研究。全文分为八章。第一章绪论，阐述了论文的选题背景和意义，描述了论文研究的主要内容、技术路线、论文结构以及研究中所采用的方法，指出论文的主要贡献。第二章相关文献综述，论文就“资源诅咒”理论研究的历史阶段、“资源诅咒”效应的实证研究以及资源诅咒传导机制相关研究对国内外相关研究进行综述。第三章概念界定与理论基础，首先对资源与自然资源、自然资源的分类、自然资源丰裕度及其测量、资源型地区等相关概念进行界定，并结合传统经济学对自然资源的认识、“资源诅咒”理论、产业结构变动与经济增长理论、技术进步的经济增长理论等相关理论基础进行介绍。第四章自然资源禀赋与经济增长实证分析，结合全国层面自然资源以及省际自然资源产量与经济增长的关系，确定“资源诅咒”困扰的省份，进而对相关实验数据进行计量检验。第五章自然资源、产业结构与经济增长分析，结合我国产业结构演变状况以及产业结构演变与经济增长理论关系对产业结构演变与经济增长的关系进行分析，进而分析了自然资源对产业结构演进以及经济增长的影响，并结合自然资源对制造业“挤出效应”的例证进行分析。第六章自然资源、技术进步与经济增长分析，结合自然资源对技术创新及技术进步的影响，构建自然资源对技术进步与经济增长的影响模型，并结合实证进行分析。第七章资源型地区经济持续发展对策，结合资源型地区经济持续增长整体思路与框架，提出建立和完善资源型地区资源补偿制度的相关措施，并对促进资源地区产业结构升级与转型、培养与保持资源型地区人力资本以及创建资源型地区区域技术创新体系等相关问题提出对策。第八章结论及进一步研究方向。

关键词：区域经济　经济增长　自然资源　区域差异

1602

**区域分工:理论、度量与实证研究** / 樊福卓著 ; 陈家海指导. -- 上海社会科学院, 2009. -- 157 页

论文结合理论与度量的发展,从实证角度对区域分工这一问题进行了研究。全文分六章。第一章导论,阐述了论文选题的理论和现实意义,相关文献综述,论文的研究框架、主要观点,论文的创新之处以及有待进一步研究之处。第二章区域分工理论,从杜能农业区位论、韦伯的工业区位论和克里斯塔的中心地理论三个方面对区位理论的概念进行了梳理,并通过传统贸易理论中的绝对优势论、比较优势论和要素禀赋论及新贸易理论中的克鲁格曼模型和布兰德——克鲁格曼模型,对分工与贸易理论进行了概括总结。第三章区域分工的度量,从专业化强度、专业化地位、地区的专业化指数、地方化强度、地方化势力、行业的地方化系数及区域分工细数等概念,分析和探讨了区域分工的概念框架,还将区域分工的度量指标从封闭经济假设推进到开放经济假设,从孤立系统假设推进到开放系统假设,并构造了论文的度量指标。第四章中国省级地区的工业分工,利用第三章构造的度量指标对中国省级地区的工业分工进行了一个较大时间跨度的实证研究,此外论文还考察了中国工业区域分工的影响因素。第五章从地区路径分析了长江三角洲地区的工业分工,分别在封闭经济假设和开放经济假设下讨论了长江三角洲地区的工业分工问题,并予以分析。第六章从行业路径分析了长江三角洲地区的工业分工,分别在孤立系统假设和开放系统假设下讨论了长江三角洲地区的工业分工问题,并予以分析。

关键词:地方经济　经济发展　地域分工　产业结构

1603

**金融资本对我国制造业产业集中的影响研究** / 冯立果著 ; 王延中指导. -- 中国社会科学院, 2009. -- 128 页

论文采用理论分析和实证分析相结合的分析方法对金融资本对我国制造业产业集中的影响进行研究。全文分八章,第一章导论,阐述了论文的研究视角、相关研究问题,论文的逻辑框架、整体结构及论文研究所采用的方法。第二章文献综述,结合马克思主义经济学研究和西方经济学研究对产业集中过程中的金融资本因素进行分析,并对影响产业集中的其他重要因素进行分析。第三章金融资本对制造业产业集中的影响机制,对金融资本的内涵及其价值进行分析,指出产业集中的本质是企业集中,进而分析了企业组织形式与企业集中,基于融资生命周期的企业集中进行了探讨。第四章发达国家产业集中变化规律和我国产业组织升级方向,对西方制造业产业集中状态的变化和阶段划分及改革开放以来我国制造业产业集中程度的变动趋势进行分析。第五章以钢铁、制药和纺织业为例分析了金融资本对我国制造产业集中的影响,介绍了我国制造业的资本特征及其划分,分别以钢铁工业、制药业和纺织业为例分析了金融资本和资本密集型产业的集中情况、金融资本和技术密集型产业的集中情况,以及金融资本和劳动密集型的集中情况。第六章我国金融资本问题以及产融结合障碍研究,以河北唐山市工促局经济运行处的投资银行角色为例分析了政府行为对金融机构行为的替代,分析了我国金融资本的形成发育和效率问题、我国产业资本本身阻碍产业集中的障碍,以及金融资本和产业资本结合的障碍。第七章从金融资本视角分析了发达市场经济国家的产业集中政策,对产业组织政策原理和产业集中政策概念进行解释,以美国、日本和韩国的产业集中政策为例,分析发达国家市场经济的产业集中政策。第八章我国产业集中政策的历史、问题和建议,回顾了我国产业集中政策的历史演变,进而分析我国产业集中政策中所存的问题并提出相关建议。

关键词:制造工业　产业发展　金融资本　产业组织　聚集经济

1604

**现代服务业集聚研究** / 付铭著 ; 蒋三庚指导. -- 首都经济贸易大学, 2009. -- 107 页

论文采用案例及定量分析的方法对现代服务业集聚的现象进行研究。全文分七章。第一章引言,描述了选题背景及研究的目的,相关概念的界定,研究的内容、研究所采用的方法以及研究的创新点。第二章理论回顾及文献评述,论文从外部规模经济理论、集聚经济理论、新经济地理理论、竞争优势理论对集聚形成的机制进行了评述,并从集聚理论的适用性和知识型服务业理论对现代服务业集聚进行评述,研究了现代服务业集聚发展的演变规律,提出了产业集聚水平以效应的度量指标:基尼系数、区位熵、行业集中度、CES 函数与 h 指数以及相关指标体系评价法。第三章现代服务业集聚的影响因素,指出城市化所造成

的产业结构升级和市场条件是现代服务业集聚的纽带与推动力量,而消费水平的提高也促使了现代服务业的集聚,再加上市场与政府的双重作用,促使现代服务业产生集聚。此外,论文还对现代服务业集聚与制造业集聚的差异进行分析,并提出了现代服务业集聚发展的垄断假说。第四章现代服务业集聚发展的演变规律,指出集聚经济和供给因素是现代服务业集聚形成的原因,而市场也是造成现代服务业集聚快速发展的重要因素之一。现代服务业的稳定发展主要依托于城市化和政府的双重作用,同时研究指出,随着现代服务业集聚地发展所带来的一系列问题,集聚也出现了扩散的现象。第五章现代服务业集聚实证分析,对北京、上海的服务业集聚发展状况进行了描述。第六章现代服务业集聚发展的国际经验借鉴,分别从曼哈顿现代服务业集聚区、英国伦敦现代服务业集聚区、美国芝加哥现代服务业集聚区、日本东京新宿现代服务业集聚区、新加坡现代服务业集聚区为例,描述了国外著名现代服务业集聚区的发展特点。第七章结论及政策建议。

关键词:服务业　产业集聚　产业发展

**1605**

**供应链融资对企业竞争力的影响分析** / 傅志山著 ; 金碚指导. -- 中国社会科学院, 2009. -- 124 页

论文采用因素分析的方法解构供应链融资对企业竞争力的影响,全文共分为十一章。第一章绪论,介绍选题背景、理论意义和实践意义、研究方法和对象、研究思路、资料和数据来源。第二章,有关企业竞争力文献回顾及其相关理论研究。包括精神力研究的起源,竞争力理论的理论溯源,关于企业竞争力的内涵,企业竞争力理论的主要流派,企业竞争力的国内外研究现状,企业竞争力评价,企业竞争力的宽度和密度。第三章分析企业竞争力的影响因素,包括环境、资源、能力、知识、要素间的关系、企业竞争力的三个层次。第四章研究供应链管理。包括供应链的概念、特征与类型,供应链的产生,供应链管理及全球化,供应链管理重心从物流层面延伸到财务层面。第五章分析供应链金融的生态环境。第六章分析供应链融资。包括供应链融资的概念和特点,供应链融资的相关理论,供应链融资的初步实践与比较。第七章对供应链融资的结构进行分析。第八章研究供应链融资中的银行角色。第九章研究供应链融资对企业竞争力的影响和关系。综合利用经济学相关知识,从改善企业环境、降低供应链成本、提高周转效率、稳定资源供给、增强供应链管理能力以及拓展信息渠道等六个角度来探讨供应链融资对企业竞争力的影响。案例说明供应链融资方案如何解决中小企业信贷约束问题。第十一章为论文结论,并提出建议。

关键词:企业管理　供应链管理　融资　竞争力

**1606**

**人寿保险合同持续期研究** / 耿嘉川著 ; 张东辉指导. -- 山东大学, 2009. -- 113 页

论文采用文献回顾、对比分析以及回归分析等多种分析方法,对人寿保险合同持续期进行了研究。全文分为八章。第一章导论,描述了论文的选题背景、目的及研究的理论与实践意义,指出了论文研究的主要内容和研究中的创新之处。第二章相关文献回顾,回顾了契约理论及契约持续期理论,对国内外保险需求研究进行了综述。第三章保险的契约分析,结合保险契约研究不同的维度以及保险合同的不确定性,从保险合同中包含的信息、寿险产品和服务质量以及市场、突发事件等不确定因素分析了影响寿险合同持续期的因素。第四章保险合同包含信息与合同持续期,不同的投保人对风险的不同态度,以及保险契约人的个人差异都会对合同持续期产生影响,此外论文还分析了风险水平、参保时间、投保人以及保险费率对参保时间的影响。第五章保险产品质量对合同持续期的影响,指出保险产品的质量主要变现在保险公司的市场营销渠道、售前和售后的宣传、市场竞争战略、保险公司承保能力以及保险公司的指标评价体系等多个方面,描述了不完全契约理论及其在保险市场当中的应用。第六章外部不确定因素与合同持续期,指出寿险公司数量激增、寿险市场上的价格竞争以及竞争导致产品的差异化对合同持续期产生影响,此外突发事件对保险合同的持续期也会产生影响。第七章寿险合同持续期的实证分析,论文结合相关实例进行分析,并结合分析结果建立回归模型。第八章结语,描述了论文研究的相关结论及其带来的启示,并指出研究所存在的不足。

关键词:人寿保险　保险合同　持续时间

**1607**

**中国商业银行国际化战略选择研究** / 郭光著 ; 王亚星指导. -- 中国人民大学, 2009. -- 284 页

全文共分为九章。第一章导论,主要介绍了论文

的研究背景和研究的意义,相关的国内外研究综述,论文研究的主要内容和框架,论文研究的主要研究方法和技术路线,论文研究的主要创新点和不足之处。第二章商业银行国际化的研究评述,主要包括跨国公司理论评述、银行国际化理论分析和银行化研究评述。第三章银行国际化阶段性及跨越式发展,综述了银行国际化阶段论的研究文献,阐述了银行国际化跨越式发展的情况,构建了国际化程度的评估模型。第四章西方大型银行国际化阶段性的特征及经验借鉴,主要包括花旗银行国际化、汇丰银行国际化。总结了花旗银行和汇丰银行的国际化经验启示。第五章中国商业银行国际化的历程和时代背景,回顾了中国商业银行国际化的历程,分析了中国商业银行国际化的时代背景,研究了中国商业银行国际化的机遇和挑战。第六章中国商业银行国际化的现状和动因,分析了中国商业银行国际化的优势。第七章中国商业银行国际化的战略选择,介绍了中国商业银行国际化战略的目标、研究了中国商业银行企业制度建设与竞争力提升的关系。第八章中国商业银行国际化的策略方式,主要包括海外扩张区位选择、海外市场进入模式、海外扩张组织形式,以及海外市场竞争策略四方面的研究。第九章中国商业银行国际化跨越式的发展。阐述了跨越式发展的现实意义、发展的环境与条件及路径选择。

关键词:商业银行　银行管理　国际化　经济发展战略

**1608**

**基于动态能力的地方产业网络演进理论与实证研究** / 郭南芸著；隋广军指导. -- 暨南大学, 2009. -- 158 页

论文为基于动态能力的地方产业网络演进的理论与实证研究。全文共分为七章。第一章,导论。介绍论文选题背景,研究内容,研究方法、技术路线和结构安排以及论文的创新点。第二章,理论基础与文献综述。对产业网络概念、动态能力和行为主体界定,介绍关于产业网络中企业行为,产业网络演进和动态能力的相关研究文献。第三章,产业网络演进的理论研究。对产业网络演进的行为主体分析,提出产业网络演进的研究维度,对产业网络演进的影响因素分析,探讨产业网络演进的内在机制与产业网络演进效应。第四章,地方产业网络演进的影响因素——对假说I的检验。对东莞IT产业网络分析,提出实证研究假设,对变量进行测量和数据收集,并进行测量效度与信度的检验,做出多元回归分析和检验结果的说明与分析。第五章,地方产业网络演进的内在机制——对假说II的检验。结合产业网络演进的一个演化博弈模型,提出实证研究假设,对变量测度和数据收集,作出测量效度与信度检验,并进行多元回归分析和检验结果的分析和说明。第六章,地方产业网络演进效应研究——对假说III额检验。首先探讨组织理论与产业网络演进,包括自组织理论和产业网络的自组织演进的概念,对产业网络演进的临界现象分析,提出产业网络演进轨迹;对实证分析,结合研究假设,对企业成长阶段的聚类分析,对产业网络演进的方差进行分析。第七章为论文结论。

关键词:地方经济　产业经济　产业发展　企业

**1609**

**江西经济发展中的人才优先发展战略研究** / 郭评生著；廖进球指导. -- 江西财经大学, 2009. -- 157 页

论文综合运用管理学、经济学、教育学、社会学、人才学等学科的理论,以定性分析和定量分析相结合、规范分析和实证分析相结合、历史分析和逻辑分析相结合、个别访谈与问卷调查相结合等方法对江西经济发展中的人才优先发展战略进行了研究。全文分六章。第一章导论,描述了论文的研究背景、研究内容,相关文献,论文的结构框架及研究方法,主要创新点和不足之处。第二章人才发展与经济发展的理论基础,在回顾现代人力资本理论、经济增长理论、区域经济发展理论的基础上,研究了经济发展中的人才发展理论,并分析了人才发展与经济发展的互动关系。第三章江西实施人才优先发展战略的动因分析,从建设鄱阳湖生态经济区的角度分析了江西实施人才优先发展的必要性,结合美国赶超英国、日本追赶美国,以及亚洲四小龙的成功发展经验,指出人才优先发展战略的正确性,并结合人力资本对经济增长贡献率的实证进行分析,指出人才优先发展的理论可行性。第四章江西实施人才优先发展战略的障碍,分析了江西作为传统农业大省所存在的经济基础上的障碍、人才发展现状障碍,以及人才总量及结构方面增长与经济增长不协调的障碍。第五章构建人才优先发展战略的思路设计,从战略原则角度提出了江西人才教育制度、人才引进制度、人才使用制度,并以人才资本投入优先保证、人才结构分布优先调整、人才体制机制优先创新作为战略重点,提出人才法制建设、人才载体建设以及裁人安全机制建设作为江西人才

发展战略保障。第六章江西实施人才优先发展战略的对策建议,论文从大规模培养战略人才、大力度引进紧缺人才、大幅度调整人才结构布局、大市场配置人才资源以及大范围改革人才体制机制等五个方面对江西人才优先发展战略提出建议。

关键词:地方经济　经济发展　人才政策　发展战略　江西

**1610**

**商标与企业竞争行为** / 郭之祥著 ; 臧旭恒指导. -- 山东大学, 2009. -- 131 页

论文采用产业组织理论、制度经济学理论、商标符号原理及行为及信息经济学、法经济学、交易成本经济学等方法对商标与企业竞争行为进行了研究。全文分为八章。第一章绪论,阐述了论文选题的背景与意义,相关原理及主要研究方法,相关理论与文献,指出论文主要的创新之处。第二章商标的财产性质,论文结合商标财产性质的分歧,对商标财产性质的确立、商标财产性质的正当性、财产权的边界、商标财产权的正当性进行分析,并对我国商标法的修改进行了思考。第三章商标与价格竞争行为,首先对商标与价格的关系进行了描述,进而构建了商标专用资产产品的价格模型,并分析了商标专用资产的指向性失灵现象。第四章商标、竞争博弈与企业广告,讨论的是上边与广告的关系,论文对商标专用资产、驰名商标与广告行为、有限理性条件下的广告行为,以及商标、信誉与广告行为建立数学模型,找到他们之间的最优关系。第五章商标流转与一体化,商标的生命力在于应用,这是商标符号的本质特征,论文从商标测度角度在对商标许可行为分析的基础上,构建了商标许可的基本模型,对商标的转让及商标与一体化问题进行了分析。第六章商标与企业垄断行为,结合商标的垄断性质和现代观点与司法实践,对商标垄断性质进行补充说明。第七章聚点原理和商标最有数量,结合商标最优数量的问题对商标聚点原理以及最优数量和商标聚点原理的结合进行分析。第八章总结及研究展望。

关键词:商标　企业行为　市场竞争

**1611**

**跨国并购中的无形资产协同研究** / 韩刚著 ; 汪海粟指导. -- 中南财经政法大学, 2009. -- 146 页

论文以跨国并购中的无形资产协同为研究对象,研究跨国并购的无形资产动因,跨国并购中的无形资产协同基础,跨国并购中的无形资产协同机理,探讨基于无形资产协同的跨国并购整合问题,并对跨国并购无形资产协同的案例展开研究。全文共分为八章。第一章,导论,介绍论文的研究背景与问题提出,重要概念的内涵界定,研究方法及创新尝试。第二章,文献综述。包括对无形资产研究的回顾,对跨国并购研究的回顾,对并购中的协同研究回顾,并提出研究的评述。第三章,跨国并购的无形资产动因。介绍国际直接投资趋势,当前跨国并购的主要特点,跨国并购或新建投资的选择。第四章,跨国并购中的无形资产协同基础。引入企业价值网络理论来研究无形资产在企业价值创造中的核心作用,基于企业价值网络和无形资产紧密的耦合关系来动态分析并购中的无形资产的协同基础和系统机会。第五章,跨国并购中的无形资产协同机理。根据企业价值网络的动态开放性、远离平衡性、非线性等系统特征,利用系统科学中的协同学原理研究并购以无形资产为序量的企业价值网络系统的演化过程,并剖析跨国并购中无形资产的协同机制。第六章,基于无形资产协同的跨国并购整合。首先分析基于无形资产协同的跨国并购整合过程,然后从文化整合、人力资本整合、组织资本整合和关系资本整合四个方面进行分类研究。第七章,跨国并购无形资产协同的案例研究。对德国戴姆勒奔驰公司和美国克莱斯勒公司合并及中国联想集团收购 IBM PC 业务这两个经典的跨国并购案例进行实证研究,以无形资产协同视角对并购预期和整合进程进行剖析,并得出启示。第八章为论文结论与展望。

关键词:跨国兼并　并购　无形资产　协同　企业价值

**1612**

**基于人力资本开发的辽宁国企管理层建设研究** / 郝春禄著 ; 赵宏中指导. -- 武汉理工大学, 2009. -- 151 页

论文在运用企业家理论、人力资本产权理论、现代公司理论、风险理论、劳动价值观等理论研究的基础上,基于人力资本开发的辽宁国企管理层建设进行研究。全文分七章。第一章绪论,阐述了论文的选题背景及其意义,并对国企管理层、企业家人力资本开发和基于人力资本开发的国企管理层建设等相关理论进行界定,对企业管理层人力资本开发等相关文献进行综述,指出了论文的研究思路和研究方法。第二章国企管理层人力资本开发相关理论,对人力资本理

论概念进行了回顾，对企业及其人力资本开发理论等相关概念进行阐述，进而对产权理论进行了分析。第三章辽宁老工业基地发展与国企改革基本历程，对辽宁老工业基地历史根源、路径依赖、问题实质及发展关键等发展历程中的问题进行了回顾，结合辽宁国企改革创新的基本历程，对辽宁国企改革发展的成就进行阐述，进而对神话辽宁国企改革的优势和劣势进行分析。第四章辽宁国企经营者人力资本形成模型、特点与趋势，结合国企经营者人力资本形成的一般模型分析，对辽宁国企经营者人力资本的供需现状以及人力资本配置特点进行分析，进而对国企经营者人力资本开发的未来趋势进行探讨。第五章辽宁国企经营者人力资本价值测度，对企业家人力资本定价的原则、程序与定价方式等进行分析，进而构建了企业家人力资本的定价模型，并对相关概念进行了分析。第六章辽宁国企经营者人力资本配置体系探讨，就以企业家为核心构筑辽宁国企治理机构等进行了分析，对以企业家为核心的人力资本配置体系等进行了分析。第七章总结与展望。

关键词：国有企业　企业领导　人力资源开发

**1613**

**中国汽车企业规模经济实证研究** / 何元贵著 ; 张捷指导. -- 暨南大学, 2009. -- 130 页

论文以产业组织理论为依据，以规模经济理论为指导，采用利润分析法、生存法、比较分析法以及利用数据包络分析等计量研究方法，对中国汽车生产企业的规模经济问题从多个角度进行实证分析和研究。全文共分为八章。第一章，导言。介绍论文问题的提出，研究的目的，论文的研究对象，结构与研究方法及创新与不足。第二章，国内外相关研究综述。介绍国外的相关研究，国内对中国汽车产业规模经济的研究述评，国内外采用数据包络分析方法对汽车产业规模经济的研究述评。第三章，规模经济的理论思辨。包括规模经济的相关概念和内涵，规模经济理论的产生与发展，规模经济的相关概念和分类，规模经济产生的原因分析以及影响和制约企业规模经济的因素。第四章，中国汽车产业发展历程分析和规模经济现状分析。介绍中国汽车产业的发展历程，中国汽车产业发展的规模经济现状及中国汽车企业的产业集中度分析。第五章，规模经济的测度与判断。首先对规模经济测度的研究成果概述，提出规模经济的评价指标（方法）与企业最佳规模的界定，中国汽车企业规模经济的实证分析和初步测算。第六章，基于 DEA 模型的中国汽车企业规模经济效率实证研究。研究包括基于 DEA 模型的 2006 年中国主要汽车生产企业规模与效率的实证分析，基于 DEA 模型的 2004 年中国主要汽车生产企业规模与效率的实证分析，中国汽车生产企业最优规模的再探讨以及中国汽车产业市场结构对企业规模的影响。第七章，中国汽车企业规模差异及其影响因素的比较分析。介绍世界汽车工业规模经济发展概况，影响外国汽车企业规模经济的因素分析，影响中国汽车生产企业规模经济的因素分析，提出影响中外汽车企业规模的因素比较分析小结。第八章，提升中国汽车企业规模经济效益的措施和政策建议。

关键词：汽车企业　规模经济　产业发展

**1614**

**转型经济条件下中国自然垄断产业的有效竞争研究** / 胡德宝著 ; 陈甬军指导. -- 中国人民大学, 2009. -- 222 页

论文运用博弈论、信息经济学原来以及数量推理等方法对转型经济条件下中国自然垄断产业的有效竞争进行了研究。全文分为八章。第一章导论，描述了论文的选题背景及研究意义，对相关概念进行界定，对国内外的研究现状进行评述，指出了论文的研究思路及分析框架。第二章竞争、垄断、管制的理论回顾与述评。论文就国内外的垄断、竞争理论、自然垄断及与之相关的管制理论进行了理论回顾和评述。第三章从制度视角分析了中国自然垄断产业的改革，运用制度经济学解释产业改革的制度变迁，由中央政府、行业管制结构、垄断产业及公众组成的博弈参与方之间的利益博弈，揭示了垄断产业改革的阻力机动力。第四章从福利的视角对自然垄断产业有效竞争进行了研究，以传统的 SCP 范式为参照，结合制度政策变量对 SCP 范式进行了发展，并以 1985—2007 年中国工业以两位数代码的产业为研究队形，计量研究了我国工业行业的产业绩效与产业结构的相关性。第五章从改革路径的视角分析了中国自然垄断产业的有效竞争，分析了中国自然垄断产业的市场化改革，并指出了自然垄断产业产权结构优化的动因及优化均衡路径，描述了国有经济和非国有经济如何向更优化均衡的进化。第六章从模式选择的角度分析不确定条件下的政府管制，分析了经济转型的不确定性与政府管制的关系，指出了不确定性下的企业、消费

者的行为决策与政府管制之间的关系。第七章描述了中国自然垄断产业的反垄断与政府管制的实践,并提出了相关改革的建议。第八章研究的结论与展望。

关键词:垄断行业　产业结构　市场竞争　有效竞争　经济体制改革

**1615**

**文化产业集聚、生产效率与区域经济增长** / 胡静著 ; 顾江指导. -- 南京大学, 2009. -- 185 页

论文以文化产业集聚为主线,研究文化产业集聚形成机理、文化产业集聚水平与生产效率、区域经济增长之间的相关关系。全文共分为七章。第一章,绪论。主要阐述选题背景和研究意义,研究方法,研究的基本思路、内容框架和结构安排,论文可能的创新和不足。第二章,理论回顾。第三章,文化产业集聚的形成机理研究。内容包括文化产业形成集聚的条件分析,文化产业集聚的影响因素分析,文化产业集聚模型分析,以及文化产业集聚的动态平衡机制探讨。第四章,中国文化产业集聚程度的度量与地区差异。介绍产业集聚的测度方法和运用,在此基础上,对中国文化产业集聚程度进行测量,提出中国文化产业的分地区集聚程度。第五章,产业集聚对生产效率的影响研究。研究包括文化产业集聚作用于生产效率的路径依赖,生产效率测评方法的简单说明,中国文化娱乐业生产效率评测,产业集聚与生产效率的相关性分析,并结合深圳大芬油画村产业集聚与区域生产效率提出经验证据。第六章,产业集聚对区域经济增长的贡献度研究。研究探讨产业集聚与区域经济增长的关系,对文化产业集聚与区域经济增长作出理论分析,提出产业集聚与区域经济增长的计量模型设定,介绍文化产业集聚对区域经济增长贡献度的相关实证,并得出文化产业集聚对区域经济增长贡献度的相关结论。第七章为论文的主要结论和建议。

关键词:文化产业　产业集聚　区域经济　经济增长

**1616**

**经济发展资源支撑研究** / 胡跃龙著 ; 曹玉书指导. -- 北京交通大学, 2009. -- 267 页

论文运用从具体到抽象、从抽象到具体、历史与逻辑相统一,以及数理分析、案例分析、比较分析的方法,对经济发展资源支撑展开研究。全文共分为八章。第一章,引言:经济发展资源支撑问题概述。介绍中国经济发展资源支撑问题研究的背景,经济发展资源支撑问题的理论涵义,论文的定位、研究思路和主要方法,论文主要创新和主要结论。第二章,资源支撑研究的理论框架。包括古典经济学分析框架:土地硬约束,现代增长理论:"资本决定论"的资源软约束,经济增长极限论:矿物与生态资源的强制约,资源禀赋论:贸易促进资源共享,经济增长阶段论:资源约束的时间坐标,制度资源化分析:外生因素内生化,并提出基于三维坐标的分析框架。第三章,稀缺性与资源支撑风险。对资源集、稀缺性、稀缺度和资源支撑风险做出分析,为资源安全与战略性资源提出界定。第四章,资源替代。介绍替代的产生与含义,替代机理与替代效应,替代的方式与路径选择,替代的周期性、阶段性与资源多样化,资源替代的风险,资源替代的前景与路径比较。第五章,资源战略。介绍资源战略的由来,资源战略的涵义,资源战略的国别比较,世界资源市场的机构与博弈模式,并提出资源战略战略的演进模型,对资源战略转型与重构做出讨论。第六章,中国经济发展资源支撑状况评估。结合三维坐标的设定及资源支撑的特点,对水土资源支撑、矿产资源支撑、资金资源支撑进行概评,对中国资源综合支撑进行综评。第七章,中国资源支撑的战略转型与机制重构。介绍中国资源支撑的战略转型目标、方向和内容,探讨资源替代机制的重构,资源监测预警机制的重构,风险管理与应急机制的重构及战略合作互动机制的重构。第八章为论文总结与展望。

关键词:经济发展　资源管理　资源战略

**1617**

**公益型水利事业单位风险管理研究** / 黄江涛著 ; 陈池波指导. -- 中南财经政法大学, 2009. -- 170 页

论文以公益型水利事业单位风险为研究对象,运用经济学、管理学和公共选择等理论方法,对公益型水利事业单位风险管理具体内容展开研究。全文共分为八章。导论部分阐述公益型水利事业单位风险管理的理论意义和实践价值,对有关概念进行辨析和界定,回顾并评述国内外研究现状,架构全文研究思路、技术路线、研究框架及主要研究方法。第一章,公益型水利事业单位风险形成理论。剖析公益型水利事业单位存在的本质,解读公益型水利事业单位风险存在的原因,分析公益型水利事业单位风险形成的三要素及其作用机理。第二章,公益型水利事业单位风险管理现状。运用全面风险管理的最近成果——风

险管理整合框架，通过实地调查和问卷调查，对公益型水利事业单位风险管理现状进行考察，剖析公益型水利事业单位在风险管理中存在的问题，从技术层面、制度层面和文化层面探讨问题存在的深层次原因。第三章，公益型水利事业单位风险识别。运用风险识别方法，从外部体制、内部管理和自然因素三个方面对公益型水利事业单位风险事项进行识别。第四章，公益型水利事业单位风险评估与排序。设计一套问卷调查表，结合问卷调查，运用层次分析法，对公益性水利事业单位风险事项从损失程度和发生概率两个方面进行评估，并对风险事项的风险后果进行排序和讨论。第五章，公益型水利事业单位风险预警。首先介绍预警、预警管理的基本原理，论述事业单位风险预警管理的原则、体系框架和流程，在此基础上构建公益型水利事业单位风险预警指标体系，提出公益型水利事业单位指标值的确定原则和方法。第六章，公益型水利事业单位风险治理。提出公益型水利事业单位风险治理思路，对治理的理论逻辑、治理主体、治理重点和技术框架进行论述，从风险形成和风险管理两个方面提出治理措施。第七章，案例研究，结合案例现状做出分析讨论，指导案例单位预防风险和管理风险。第八章为论文总结与研究展望。

关键词：水利系统　行政事业单位　风险管理

**1618**

**中小企业信用担保制度研究** / 黄铭著 ；黄国维指导. -- 中国人民大学, 2009. -- 132 页

论文采用理论与实证分析相结合的分析方法对中小企业信用担保制度进行了研究。全文分为六章。第一章导论，阐述了论文主要研究的问题以及论文研究选题的目的与意义，并对信贷融资担保理论、信用担保的行业定位以及发展我国中小企业信用担保的路径选择等相关理论进行综述，描述了论文研究的基本思路、主要观点以及研究采用的主要方法，并对研究中所要突破的难度和创新点进行阐释，指出了论文主要研究内容以及论文结构安排。第二章信用及信用担保的一般理论分析，首先就关于信用的理论进行回顾，进而分析了信用风险及其解决机制，阐述了信用担保制度的法律起源，并对信用担保制度的概念、特性以及功能等进行了概述。第三章信贷配给与中小企业信用担保，在对中小企业融资结构特征进行描述的基础上分析了其成因，并结合以往研究分析了信息成本内生化与中小企业的信用担保。第四章中小企业信用担保机构的信用能力生长机制，就政府财政信用支撑以及担保机构基于关系型融资形成的风险控制能力比较优势分析了中小企业信用担保能力的生长机制，并结合风险与再担保对中小企业信用担保的能力扩充机制进行分析，进而结合补偿机制分析了中小企业信用担保能力的维护机制。第五章信用担保制度有效性的争论与制度的发展研究，论文就有效性争论的概念，结合中外制度的发展比较进一步讨论从“中科智事件”反思我国中小企业信用担保制度的变迁路径选择。第六章以北京市为基础，讨论完善我国中小企业信用担保制度的政策建议。

关键词：中小企业　信贷　融资　担保制度

**1619**

**产业创新视角下的转型期产业工资差距变迁研究** / 黄顺春著 ；方宝璋指导. -- 江西财经大学, 2009. -- 138 页

论文探讨转型期中国产业工资差距变迁的内在机理，构建理论，对转型期产业工资差距变迁进行解释，提出相关政策建议。全文共分为六章。第一章，绪论。介绍研究的缘起和意义，研究的主要内容及创新，相关概念的界定，研究思路及研究方法。第二章，研究文献述评。对国内外产业工资差距的相关研究做出介绍和简评。第三章，转型期产业工资差距变迁轨迹。首先介绍产业工资差距测度指标及数据来源；其次对转型期产业工资差距变迁轨迹做出实证研究，包括转型期产业工资差距的数量变化，转型期产业工资差距的结构变化；最后对转型期产业工资差距的影响进行分析。第四章，转型期产业创新与产业工资决定机制的联结：II—IW 模型。首先介绍产业工资决定机制；接着分析转型期产业工资决定影响因素，包括转型期产业内企业工资支付能力，转型期国家相关劳动工资政策，转型期产业劳动力供求状况，转型期产业文化和第三方力量制衡；提出转型期产业工资变化类型及选择依据；对产业创新影响产业工资差距进行分析；总结并提出转型期产业创新与产业工资决定机制的联结：II—IW 模型。第五章，转型期产业工资差距的演进——基于 II—IW 模型的理解。首先对转型期产业工资差距演进的阶段分析，包括转型期产业工资差距演进阶段总体概况，产业工资差距平稳期、产业工资差距缩小期、产业工资差距平稳扩大期和产业工资差距急剧扩大期；对产业创新与转型期产业工资相对位次变化进行分析——以七产业工资差距为例，

并得出分析结论。第六章为论文主要研究结论及政策建议。

关键词:劳动工资　收入分配　工资差额　收入差距

1620

**我国城镇居民消费行为演变:基于品质升级和跨期选择的实证** / 黄宇著 ; 臧旭恒指导. -- 山东大学, 2009. -- 142 页

论文基于品质升级和跨期选择的实证,对我国城镇居民消费行为的演变进行了研究。全文共分为八章。第一章导论,主要阐述了论文的研究背景和研究的意义,相关的国内外研究综述,论文研究的主要内容和框架,论文研究的主要研究方法和技术路线,论文研究的主要创新点和不足之处。第二章文献综述,主要包括消费行为的分析框架、消费者的跨期选择行为、品质升级对消费者行为的影响、对我国城镇居民消费行为的研究四方面的内容。第三章消费行为演变的背景和特征,主要包括消费品品质升级、耐用品比重增加、消费水平提高、跨期选择明显。第四章对消费行为的演变进行了基本的分析与研究。主要分析了边际消费的倾向,阐述了边际预算的份额,研究了收入的弹性问题,阐述了消费的惯性和示范效应,最后进行了章节小结。第五章基于品质升级的视角,对消费行为的演变进行了实证分析,主要分析了品质升级的模型、估计品质恩格尔曲线,研究了刻画品质升级及其速度问题,分析了品质升级对消费行为的影响。第六章基于块跨期选择的视角,实证研究了消费行为的演变历程,分析了两消费品模型,计算其内的替代弹性,研究了估计相关的参数及衡量跨期替代的弹性。第七章分析了消费行为演变的路径,主要阐述了理性预期的消费路径,跨期选择、品质升级及利率变动对消费路径的影响。第八章为全文的总结。

关键词:城镇　居民消费　消费者行为论

1621

**以太组织理论与实证研究** / 黄子恒著 ; 张瑞萍指导. -- 北京交通大学, 2009. -- 148 页

论文采用理论分析、实证分析以及模型分析等多种分析方法对以太组织进行理论和实证研究。全文分为七章。第一章导论,阐述了论文研究的背景以及研究意义,并对传统组织理论、行为组织理论、现代组织理论以及组织理论的代表性流派等相关内容进行了文献综述,并就系统论、控制论、耗散结构理论、交易费用理论、核心竞争力理论、知识管理理论以及技术决定理论等相关理论基础进行概述,描述了论文的研究背景和研究采用的主要方法,指出论文研究的创新之处。第二章组织演化及以太组织的产生机理,论文就组织的含义、组织的演化等相关概念进行综述,从而对组织演化的规律与动因进行分析,结合以太组织的范式对以太组织的产生机理进行研究。第三章以太组织理论基本框架体系的构建,首先对以太的含义、来源、以太范式,以太组织的概念、以太组织的要素及其管理等相关概念进行界定,并对以太组织的特征进行分析,进而从多个方面确定了以太组织的目标设定与实现,分析了以太组织的耗散结构模型、以太组织核心层与外围层的衔接,以及以太组织的发展动力进行分析。第四章以太组织价值创新机理分析,论文结合价值创新的一般原理,分析了以太组织价值创新的原理和风险。第五章以太组织运行机制分析,论文就以太组织运行模式、运行架构、结构设计以及以太组织与生命周期的适应机制进行分析。第六章以太组织的实证分析,论文研究结合 Google 发展模式、麦当劳的运营模式,以及以太经济组织理论在中青卡产业中的应用进行了探讨。第七章结论与建议。

关键词:企业组织　组织管理　交易成本　价值链

1622

**产业集群的网络组织分析** / 纪玉俊著 ; 杨蕙馨指导. -- 山东大学, 2009. -- 127 页

论文运用分工理论、企业网络理论和嵌入性理论等理论分析方法对产业集群的网络组织进行分析。全文分为七个章节。第一章导论,阐述了论文研究的背景与意义,研究的思路与内容及研究中所采用的方法和主要创新点。第二章国内外相关文献综述,包括国外从空间集聚到本地化网络的产业集群研究、国内产业集群与网络组织关系的研究及网络组织视角的国内外产业集群治理的相关研究。第三章产业集群的网络组织分析基础,论文首先对产业集群概念进行辨析和界定,结合框架构建的理论支撑对产业集群的网络组织分析框架,从形成、结构、属性与治理四个方面进行分析。第四章从形成、结构与属性的角度分析产业集群的网络结构组织,论文首先回顾了产业集群的网络组织形成的历程,进而对产业集群的网络组织结构进行概述,对嵌入性与产业集群的网络组织属性及产业集群的适度嵌入性进行分析。第五章结合治

理内涵与治理框架对产业集群的网络组织进行分析,作为一种网络组织形式,产业集群的治理基础是关系、互动与协同的三维治理逻辑,以协调集群内不同行为主体间的分工与协作,论文首先从单个企业到网络组织的范畴对组织治理的概念进行分析,进而分析了产业集群的治理内涵与治理框架。第六章案例分析与启示,论文结合大唐袜业集群的案例对促进产业集群发展进行分析,结合新竹科学工业圈和筑波科学城的案例对我国产业集群政策进行分析。第七章主要结论及有待进一步研究的问题。

关键词:产业经济学　产业发展　产业集群

**1623**

**模块化网络状产业链中的知识转移研究** / 季丹著 ; 芮明杰指导. -- 复旦大学, 2009. -- 191 页

论文的研究对象为模块化网络状产业链中的知识转移。全文共分为七章。第一章,绪论。介绍论文的研究背景、研究问题与研究意义,研究基本概念辨析,论文研究内容与研究方法,研究技术路线与章节安排,论文的主要创新点。第二章,模块化网络状产业链的知识转移相关理论综述。介绍研究的理论基础,知识转移的理论综述,模块化中的知识转移,产业链中的知识转移,网络状产业组织中的知识转移及现有理论的研究局限。第三章,模块化网络状产业链演变中的知识转移。首先对模块化网络状产业链的形成做出说明,接着提出模块化网络状产业链的基本构成与基本特征,模块化网络状产业链中的知识转移的产生,模块化网络状产业链中的知识转移特征。第四章,模块化网络状产业链的知识转移机制与概念模型。首先介绍模块化网络状产业链知识转移的机制;探讨模块化网络状产业链知识转移的影响因素,模块化网络状产业链知识转移的调节因素,最后提出模块化网络状产业链知识转移的概念模型。第五章,研究设计与问卷回收。提出研究的设计思路、设计方法,介绍研究问卷的设计原则与设计过程,对研究的对象进行具体的说明并对研究对象发放问卷,对相关数据进行总结归纳。第六章,实证检验。对样本做描述性统计,信度与效度分析,提出潜变量的重新赋值,对回归分析的前提条件进行检验并做出回归分析,得出结论。第七章为论文的研究结论和研究展望,并提出论文的主要创新之处和不足。

关键词:产业链　产业结构　知识经济　技术转移

**1624**

**我国建筑业市场结构及其优化研究** / 贾洪著 ; 欧国立指导. -- 北京交通大学, 2009. -- 166 页

全文共分为八章。第一章导论,主要阐述了论文的研究背景和研究的意义,相关的国内外研究综述,论文研究的主要内容和框架,论文研究的主要研究方法和技术路线,论文研究的主要创新点和后续研究的问题。第二章理论综述,主要包括产业经济学理论、产业组织理论以及企业理论。第三章我国建筑业市场结构的基本特征,分析了我国市场结构的衡量方法和指标,研究了建筑业规模结构的特征,分析了市场进入退出的壁垒和建筑业产品的差异,描述了我国建筑业市场结构的总体特征。第四章市场结构对企业行为方式选择的影响,主要分析了价格竞争行为、非价格竞争行为、不正当竞争行为。第五章建筑业市场结构对市场绩效的影响,主要阐述了我国建筑业的市场绩效,分析了市场结构对利润率的影响,探究了建筑业集中度与利润率的关系。第六章我国建筑业结构、效率与绩效关系的实证研究,主要提出了市场结构、效率与绩效的理论假说,分析了我国建筑业效率、结构与绩效的关系,总结了理论假说的检验结论。第七章我国建筑业市场结构的优化措施,主要阐述了建筑业市场结构优化的理论与实证依据,分析了建筑业市场结构优化的目标和标准,研究了建筑业市场结构的优化路径和措施。第八章为全文的总结,阐述了后续研究的问题。

关键词:建筑工业　市场结构　产业发展　经济绩效

**1625**

**转型时期中国居民消费升级的产业结构效应研究** / 姜涛著 ; 臧旭恒指导. -- 山东大学, 2009. -- 123 页

全文共分为七章。第一章导论,主要阐述了论文的选题目的和意义,国内外相关的文献,研究的目标和主要内容,以及论文研究的主要创新点。第二章对论文相关的文献综述和理论基础进行了回顾与分析。介绍了产业结构演进的一般理论,中国产业结构变迁及其原因的相关研究,中国居民消费升级的产业结构效应的相关研究。第三章转型时期中国居民消费升级的产业结构的变迁,主要阐述了中国居民消费升级的进程和中国产业结构的变迁过程。介绍了转型期中国产业发展进程的国际比较,对消费升级与产业结构变迁关系进行了理论分析。第四章转型期中国产

业结构变迁的SDA分析,主要阐述了产业结构变迁的SDA实证分析框架,研究了指标选取和数据的处理,分析了中间需求变动的产业结构效应和最终需求变动的产业结构效应。第五章居民消费升级的直接产业结构效应,主要分析了农村居民消费升级的直接产业结构效应和城镇居民消费升级的直接产业结构效应,介绍了消费升级对产业发展影响的时间序列分析,最后进行了章节小结。第六章居民消费升级的间接产业结构效应,主要确定了居民消费与固定资产投资相关的关系,阐述了居民消费与固定资产投资相互关系的ARMA模型分析,对固定资产投资的产业结构效应进行了研究与分析。第七章为全文的总结和展望,归纳了论文研究的基本结论、不足之处以及对未来研究的展望。

关键词:居民消费　消费结构　产业结构　经济转型期

**1626**

**现代公司经营者长期激励机制研究** / 蒋瑞金著；臧旭恒指导. -- 山东大学, 2009. -- 129页

论文采用理论研究与实证分析相结合的研究方法对现代公司经营者长期激励机制进行研究分析。全文分为八章。第一章导论,阐述了论文研究的背景、主要问题、研究的理论与现实意义,论文的研究目的、方法及结构安排,主要观点和创新点。第二章文献综述,结合长期激励的理论研究、长期激励的实证研究以及长期激励的机理研究状况对相关理论进行了概述分析。第三章长期激励机制及相互关系,在对激励的原因及方式进行阐述的基础上,对激励机理的决定机制、长期激励机制体系进行分析,进而构建了激励机制的关系模型。第四章显性长期激励机制,结合对股权激励的必要性和强度分析,对股权激励的形式进行比较,对股权激励的有关问题进行探讨,指出持股是目前我国公司的首选机制。论文将股权分为持股、旗鼓和期权三种方式,进而分析了其激励效果和特征的差异,结合我国上市公司实施股权激励的有关情况,分析我国公司经营者持股激励是最有效的显性长期激励机制等相关问题。第五章隐性长期激励机制,从公司控制权机制、声誉机制、经理人市场机制以及企业家精神等多个角度对隐性长期激励机制进行分析。第六章实证检验,结合激励机制与业绩关系假设,对研究中的数据来源、数据筛选及变量等相关问题进行描述,进而对实证结果进行描述性统计分析和回归检验分析。第七章长期激励机制创新和建议,研究结合美日公司长期激励机制及其实践,分析了实施长期激励机制存在的问题,并对我国公司长期激励机制体系的建立等相关问题提出建议。第八章结论及待研究的问题。

关键词:上市公司　人事管理　企业经营者

**1627**

**绿色经济发展的机制与制度研究** / 剧宇宏著；陶良虎指导. -- 武汉理工大学, 2009. -- 156页

论文对涉及绿色经济发展最为重要的几项制度进行研究,包括绿色企业制度、绿色金融制度、绿色政府采购制度和绿色消费制度,并对上海绿色经济发展进行分析。全文共分为八章。第一章,绪论。介绍论文研究背景目的和意义,国内外研究现状,研究内容与方法,研究思路。第二章,绿色经济的相关理论概述。介绍马克思的绿色思想观,生态经济学理论,环境经济学理论,可持续发展理论,循环经济理论,绿色经济理论,提出绿色经济理论是对环境与经济关系认识的逻辑发展。第三章,国外绿色经济发展的机制与制度借鉴。介绍美国以节约能源为重点,推广循环经济的绿色经济发展;德国废物回收管理、再生能源利用和开发新能源、多渠道投资环保技术、制定环保法规为绿色发展提供制度平台的绿色经济发展;日本的绿色经济发展历史背景和战略取向;墨西哥的绿色经济发展,加拿大的绿色经济战略及其主要举措,新加坡绿色经济发展情况及波兰绿色经济发展的相关举措;最后对相关国家在绿色经济化方面进行比较和分析,提出各国绿色经济发展对我国的启示。第四章,我国绿色经济发展中的机制与制度问题。首先提出我国绿色经济发展中的机制与制度缺陷,介绍机制失灵与制度缺陷产生的环境问题,并分析我国绿色经济发展中机制与制度缺陷产生的原因。第五章,我国发展绿色经济的机制构建,包括政府机制,市场机制,道德机制,生态机制的介绍以及探讨政府机制,市场机制,道德机制,生态机制在绿色经济中的作用。第六章,我国发展绿色经济的制度构建。介绍制度创新,绿色企业制度,绿色金融制度,政府绿色采购制度和绿色消费制度的构建措施。第七章,上海发展绿色经济的实践,结合上海环境与基本情况,介绍上海绿色经济发展的实践,上海绿色经济发展的案例实证以及上海绿色经济发展的展望和经验。第八章为论文总结与展望。

关键词:中国经济　环境经济　经济发展　生态环

境　可持续发展

1628

**研究与开发的周期性研究:基于中国高技术产业实证分析** / 赖俊平著 ; 殷醒民指导. -- 复旦大学, 2009. -- 102 页

论文采用理论与实证相结合的分析方法,基于中国高技术产业对研究和开发的周期性进行研究。全文分为八章。第一章导论,主要介绍了论文研究的动机、研究背景以及研究目标,概述了论文研究的章节安排以及研究中采用的方法和手段,指出了论文研究中的创新点和不足之处。第二章文献综述,论文对R&D 周期的理论、R&D 支出总量与经济周期、产业R&D 与经济周期以及公共 R&D 投入与企业自筹R&D 支出等相关理论进行综述,并对国内外相关研究的现状进行概述。第三章中国 R&D 投入的数据分析,主要从总量的层面、产业的层面以及省级区域的层面对中国 R&D 投入进行经验型的描述,并概括其特征,此外,还对 R&D 投入进行了国际比较,并对中国的 R&D 支出结构演变进行了概括。第四章 R&D 支出与产出增长——省级面板数据分析,研究 1995—2007 年高技术产业的省级面板数据,分析 R&D 投入与产出增长之间的协整关系。第五章 R&D 投入与产出增长——产业面板数据分析,利用高技术产业的产业面板数据,实证检验了中国高技术产业的 R&D 投入中是否存在机会成本效应。第六章需求冲击下的企业自筹 R&D 支出研究,借鉴 Arellano and Bond、Blundell and Bond 的研究,建立动态面板模型,进而考察需求面对企业 R&D 支出的关系。第七章政府 R&D 投入与企业自筹 R&D 投入之间关系的研究,研究中利用高技术产业的面板数据,构建级联模型,考察政府 R&D 投入、R&D 项目银行贷款对企业自筹 R&D 投入的影响,检验其杠杆效应、挤出效应的存在性以及大小,从而分析政府 R&D 投入与企业自筹 R&D 投入之间的存在与替代关系。第八章结论。

关键词:高技术产业　企业管理　经济周期

1629

**区域贸易协定与中国对外贸易发展:基于广东省的实证研究** / 李才波著 ; 谷克鉴指导. -- 中国人民大学, 2009. -- 165 页

论文基于广东省的实证研究,对区域贸易协定与中国对外贸易的发展进行了研究。全文共分为六章。第一章导论,介绍了论文选题的背景和研究的意义,论文的研究对象,现阶段相关的研究成果,论文的研究思路和技术路线图,论文采用的研究方法和几点创新。第二章区域贸易协定理论综述,主要阐述了区域经济一体化发展阶段及理论演变,论述了区域贸易协定与多边贸易的体制,研究了区域贸易协定的福利,阐述了区域贸易协定的计量方法和政策研究工具,介绍了我国区域贸易协定的理论研究。第三章中国区域贸易安排发展的动因及战略选择,主要论述了世界区域一体化浪潮对东亚的政治经济影响,分析了东亚区域合作的基础,阐述了中日的经济关系和东盟融入东亚经济圈的必然性,分析了东亚区域合作的路径选择,介绍了东亚区域主义背景下的中国策略,概述了中国与东盟自由贸易区的状况。第四章对 CEPA 条件下广东对外贸易发展的实证研究与分析,主要分析了 CEPP 对广东货物贸易的影响,研究了 CEPP 对广东服务业的作用和影响。第五章中国与东盟自由贸易区与广东对外贸易的发展,研究了广东和东盟对外贸易的结构,广东对东盟贸易的基本格局,广东与东盟贸易结构的互补性与竞争性。第六章总结了全文的研究结论、政策建议以及后续的研究方向。

关键词:对外贸易　贸易协定　经济合作　国际贸易　广东

1630

**中国传媒产业发展研究** / 李放著 ; 曹玉书指导. -- 北京交通大学, 2009. -- 174 页

论文综合运用产业经济学、管理学、传播学、社会学等理论对中国传媒产业发展进行研究。全文分十一章。第一章绪论,阐述了论文研究的背景及研究意义,论文所研究的问题,研究对象,论文的技术路线、结构、方法,指出了论文研究的主要创新点。第二章文献综述,从中西方传媒经济学、产业发展的传统与现代理论以及传媒产业发展的理论进行文献综述。第三章传媒产业的特征,描述了传媒产业的一般特征、本质特征、运行特征和发展特征。第四章传媒产业的中国特色,首先分析了中国传媒产业的意识形态属性,进而对比分析了中西方传媒产业的体质,并回顾了中国传媒产业的发展历程,从而剖析中国传媒产业发展的特征。第五章中国传媒产业发展的政府特色,研究分析了传媒产业发展中政府介入的必要性和政府在传媒产业发展中所扮演的角色,继而对中国传媒产业进行了政策分析和传媒产业发展政府政策的

博弈分析。第六章传媒产业发展的社会经济环境。第七章传媒产业的自身发展,结合我国传媒产业发展的SCP分析,对传媒自身能力要素进行了分析,进而构建了传媒产业的企业竞争对策模型。第八章中国传媒产业发展评价的指标体系和定量模型的构建。第九章以美国、欧洲、日本以及韩国传媒产业发展为例,探讨其中可以借鉴和吸取的地方。第十章中国传媒产业发展战略,结合中国国情,指出中国传媒产业发展的战略措施。第十一章结论与展望。

关键词:传播媒介　产业经济　产业发展

1631

**创业投资治理的机制研究** / 李建军著 ; 费方域指导. -- 上海交通大学, 2009. -- 203 页

论文对创业投资治理的机制进行了研究。全文共分为七章。第一章绪论,主要阐述了论文的研究背景和研究的意义,总结了论文的研究文献综述,分析了论文的研究现状,阐述了论文的研究框架,归纳了论文的创新点。第二章界定了创业投资体系的概念,主要概念包括创业投资边界、创业投资参与主体等。分析了创业投资的过程,研究了创业投资治理中的双重委托代理问题,阐述了创业投资对象的界定,分析了退出的机制。第三章研究了创业投资基金薪酬机制,主要阐述了创业投资基金薪酬条款的结构化研究,分析了创业投资基金薪酬合约的激励机制,研究了创业投资基金薪酬合约的风险控制机制,阐述了基于声誉的创业投资基金的动态激励薪酬。第四章研究了创业投资基金治理的结构,主要分析了创业投资基金组织的模式选择,分析了有限合伙制创业投资基金的内部治理结构研究,介绍了创业投资基金的外部治理研究。第五章基于一个二维产权的视角,研究了创业投资企业的治理。分析了创业投资企业治理的关键治理机制和关键性问题,论述了创业企业家替换和融资工具、控制权选择,介绍了创业投资家经营干预与融资工具选择的研究,分析了融资工具的可行性,研究了各种融资工具下创业投资家经营干预的效率,研究了模型的拓展。第六章研究了创业投资退出的控制机制,主要阐述了研究的文献综述,分析了基本的模型,介绍了再谈判的设计,研究了创业投资退出控制权的最优分配。第七章为全文的总结,主要阐述了论文的研究结论和研究的不足,对未来的研究进行了展望。

关键词:创业企业　企业管理　创业投资基金　薪酬　控制权

1632

**中国工业旅游发展模式研究** / 李淼焱著 ; 赵玉林指导. -- 武汉理工大学, 2009. -- 193 页

论文研究对象为中国工业旅游发展模式,运用产业经济学、区域经济学、旅游经济学等理论和方法,分析中国工业旅游发展现状,总结西方发达国家发展工业旅游的成功经验,构建我国工业旅游发展模式,从政策、制度、区域互动等方面提出发展我国工业旅游相应的对策建议。全文共分为八章。第一章,绪论。介绍论文选题的背景、目的和意义,相关研究文献综述,主要研究内容和研究方法,论文创新点。第二章,工业旅游基本理论。介绍工业旅游及工业遗产旅游的涵义,工业旅游的特征及类型,发展工业旅游的目的和意义。第三章,中国工业旅游发展历程及现状分析。介绍中国工业旅游发展的萌芽阶段、起步阶段、政府规范化管理阶段,分析中国工业旅游发展现状,提出中国工业旅游发展取得的成就,并探讨中国工业旅游发展存在的问题与差距。第四章,国外工业旅游发展经验及其借鉴。首先介绍国外工业旅游的兴起与发展;对国外工业旅游发展模式进行说明,并提出国外工业旅游发展的经验与启示。第五章,中国工业旅游发展模式的构建。基于工业旅游开发的基本原则,提出开展工业旅游需要具备的条件,并对中国工业旅游开展的潜力进行分析,最后提出我国工业旅游发展的基本模式,包括文化传承型发展模式,综合景观型发展模式,现代企业型发展模式,艺术品展示型发展模式,工业园区型发展模式,遗产与博物馆型发展模式。第六章,工业旅游发展实证分析——以辽宁为例。首先分析辽宁发展工业旅游的优势,介绍辽宁省工业旅游示范点的基本特征及地域分布,对辽宁省工业旅游发展定位,提出辽宁省工业旅游发展模式选择方法和基本模式,辽宁省发展工业旅游方式选择。第七章,提出促进中国工业旅游发展对策和建议。第八章为论文结论与研究展望。

关键词:工业　旅游　旅游资源　资源开发

1633

**中国电信产业互联互通接入定价研究** / 李楠著 ; 伍世安指导. -- 江西财经大学, 2009. -- 139 页

论文采用定性分析、定量分析以及模型分析等多种分析方法对中国电信产业互联互通接入定价进行研究。全文分六章,第一章导论,阐述了论文研究的背景以及研究的意义,并对相关文献进行综述,描述

了论文的研究内容、结构以及研究中所使用的方法，指出研究的创新点和不足之处。第二章电信网络与互联互通，首先研究了电信产业的含义、电信网络的组成要素以及电信网间通话原理，此外，论文还描述了电信产业互联互通的含义和方式，进而从技术、服务质量、见光及接入定价等四个方面分析了互联互通中存在的问题。第三章接入定价的形成原理，首先阐述了互联互通加入价格在电信价格体系中的地位和作用，进而比较分析了现行接入定价的三种方法，即互补阶段、基于资费结算和基于成本结算，从接入定价的成本、终端价格的形式、市场需求、企业竞争行为、电信产业市场结构以及接入定价的制定者等多个方面对接入定价的影响因素进行分析。第四章互联互通的成本和收益分析，论文概述了互联互通成本的分类以及测算，在此基础上研究了互联互通的收益。第五章接入定价的模型设计，以泽尔腾公平分配定理为依据，构建了互联互通接入定价模型，进而分析终端价格的形成与调整，从定性和定量两个角度分析该模型的特点。第六章互联互通监管对策建议，论文从法律、技术以及行政方面指出目前互联互通监管存在的问题，并从修改现有法规、对网建质量标准用技术手段予以监控以及建立和完善企业领导问责制等多个方面提出完善互联互通监管的对策。

关键词：电信业　定价　成本分析　收益

**1634**

**影响中国钢铁企业并购重组的体制因素分析及对策研究** / 李鹏非著 ； 卢东斌指导. -- 中国人民大学，2009. -- 172 页

论文运用并购动机理论、产权理论、委托代理理论、制度变迁理论、产业竞争力理论以及利益相关者理论对影响中国钢铁产业并购重组的体制因素进行分析和讨论。全文共分为八章。第一章，导论。介绍论文的选题背景和意义，概念界定，研究方法和内容。第二章，并购重组与体制因素相关理论研究。介绍影响并购重组的体制因素界定，解决体质因素促进并购重组的路径，体质因素与利益相关者均衡。第三章，中国钢铁产业的战略地位与并购重组。分别探讨中国钢铁产业在宏观经济与地域经济发展中的地位和作用，中国钢铁产业体制改革的历程，做大做强的中国钢铁产业的必由之路。第四章，中国钢铁产业深化改革做大做强的案例分析。分别介绍宝钢集团的并购重组背景与过程，并购重组中的体制因素影响及集团发展方向与亟待解决的问题。第五章，国外经验比较。分别对美国、欧洲、日本的钢铁产业管理机制、钢铁产业并购重组和发展趋势及其启示做出讨论，并提出当前世界钢铁企业并购重组的特点。第六章，中国钢铁产业并购重组中利益相关者博弈分析。首先介绍体制因素对不同博弈类型的影响，介绍博弈论中的均衡分析的框架，提出钢铁企业并购重组中的利益相关者博弈与均衡。第七章，深化促进中国钢铁产业并购重组的相应对策。提出利益相关者均衡的机制设计，利益利益相关者均衡的环境建设，利益相关者均衡的制度保障。第八章为论文的结论与研究局限。

关键词：钢铁企业　企业合并　并购　重组　经济体制

**1635**

**流通先导问题研究** / 李细建著 ； 廖进球指导. -- 江西财经大学，2009. -- 167 页

论文综合运用宏观经济学、制度经济学、城市经济学、政治经济学、产业经济学和分工等相关理论对流动先导问题进行研究。全文分七章。第一章导论，阐述了论文研究的选题背景研究的相关意义，对马克思主义关于流通问题的研究、西方古典经济学原理的流通理论、现代西方流通理论、日本经济学界对流通理论的研究状况及国内外学者关于流通问题的研究文献进行了论述，描述了论文的研究内容和整体结构，阐明了论文研究所采用的方法及研究中的创新点和不足之处。第二章流通的形成和发展，对流通概念、流通系统构成和流通功能等基本问题进行阐述，分析了流通产生和发展的过程及一般规律。第三章先导产业和流通先导，提出先导产业、流通先导等相关概念，对产业的内涵及其分类、流通产业的产业特征及不同时期流通产业的社会经济地位、产业化分工和商品流通等问题进行了分析和说明。第四章商品流通和工业化生产，对商品流通在农业发展中的农产品剩余转移、农业技术进步以及农业风险化解中的作用进行了分析和评价，结合工业生产方式的变革，就大量生产体制的形成和发展，及其与商品流通之间的关系问题进行了论述。第五章商品流通和城市化发展，以商品流通为视角对城市的形成、城市的功能及城市的空间布局等问题进行了分析和探讨。第六章商品流通和社会制度因素变革，论文从分析制度的内涵、制度的功能和制度的变迁等问题入手，探讨了社会制度与商品流通之间的相互关系。第七章先导性

流通体系的构建，在对我国流通业存在的主要问题进行分析的基础上，就如何构建先导性流通体系进行了分析和探讨，并提出相关建议。

关键词：商品流通　市场导向　城市化　工业化　经济发展

**1636**

**基于知识的国有企业高管招聘理论与方法研究** / 李永进著；聂规划指导. -- 武汉理工大学, 2009. -- 113 页

论文从静态博弈和动态重复博弈两个层面对国有企业高管招聘双方的博弈矩阵进行分析，对博弈均衡的结果及实践内涵进行相关研究，为国有企业高管招聘提供理论意见。全文共分为七章。第一章，绪论。介绍论文研究目的和意义，国内外研究现状，研究内容与研究方法。第二章，国有企业及其高管应聘人员的博弈分析。内容包括国有企业及其高管应聘人员的静态博弈分析，国有企业及其高管应聘人员的重复博弈分析，激励机制对国有企业及其高管应聘人员努力影响的博弈分析，并得出结论。第三章，国有企业高管招聘知识本体构建。首先提出面向国有企业高管招聘领域本体的知识表示，接着提出国有企业高管招聘知识本体构建，基于在线挖掘国有企业高管招聘知识本体自动构建方法，国有企业高管招聘知识本体实例。第四章，面向招聘应聘双方需求的能岗知识推送。介绍国有企业高管招聘知识管理系统中的知识服务内容，提出国有企业高管招聘应聘双方的特征模型，基于虚拟社区的国有企业高管招聘知识共享，介绍基于语义用户模型的知识推送框架。第五章，基于知识共享的国有企业高管招聘能力提升模型。首先对基于知识共享的国有企业高管招聘能力提升分析，包括基于知识积累和更新的国有企业高管招聘能力提升分析，基于知识共享过程的国有企业高管招聘能力提升分析，基于智力资本的国有企业高管招聘能力提升分析；对支持国有企业高管招聘能力提升的知识共享因素分析，包括知识共享自我效能的影响因素分析，知识共享态度的影响因素分析，知识共享主观规范的影响因素分析；提出基于知识共享的国企高管人员招聘能力提升模型。第六章，SMG 公司基于能力模型的招聘管理系统案例研究。介绍 SMG 公司"基于能力模型的招聘管理系统"的设计与实施，介绍 SMG 公司过去招聘工作中存在的主要问题。第七章为论文研究总结与展望。

关键词：国有企业　企业管理　管理人员　招聘

**1637**

**中国上市公司期权激励问题研究** / 李云飞著；谢百三指导. -- 复旦大学, 2009. -- 152 页

论文采用理论分析、定量分析以及实证分析等多种分析方法对中国上市公司期权激励问题进行研究。全文分为八章。第一章绪论，阐述了论文的研究背景、研究意义，研究的范围、研究方法，以及研究的结构。第二章股票期权激励发展历史与理论基础，结合股票期权的历史缘起和构成要素，对股票期权的发展状况、现代企业理论与股票期权，以及有效市场理论与股票期权等相关理论进行概述。第三章股票期权激励研究综述，结合经理人股权薪酬与企业绩效之间的正逆向关系，对上市公司实施股票期权的动因，以及股票期权的会计处理与税收等相关问题进行分析，指出有待进一步研究的问题。第四章中国上市公司股票期权激励发展概况，结合中国公司治理结构问题、中国经理人薪酬结构问题、中国发展期权激励的动机对中国股票期权激励发展理论进行阐述，对中国股票期权激励发展历史沿革进行了回顾，对中国股票期权激励发展的现状进行了描述。第五章中国上市公司股票期权激励实证研究，结合期权激励市场反应事件的研究，对上市公司实施期权激励的动因进行分析，对期权激励与企业绩效关系进行检验。第六章会计制度与税收制度对股票期权实施影响分析，首先对新会计制度对上市公司的影响进行理论分析，然后结合美国股票期权会计处理演变，对中国应在期权费用化上的慎重进行分析，此外，论文还对税收对股票期权的影响进行分析。第七章市场波动对股票期权影响分析，在回顾中国股市波动与股票期权概念的基础上，对中国股市波动对股票期权的影响，以及引起中国股市大幅波动的原因进行分析，指出中国上没有解决股市大幅波动的根本办法的现状。第八章从企业、制度以及市场三个层面阐述了完善股票期权激励的途径。

关键词：上市公司　人事管理　股权　激励

**1638**

**中国企业年金绩效评估体系研究** / 梁维全著；周冯琦指导. -- 上海社会科学院, 2009. -- 147 页

论文借助平衡积记分卡绩效评价体系的思想对我国企业年金绩效评估体系进行研究。全文分为七章。第一章绪论，阐述了论文的选题背景、研究目的及研究意义，论文的整体框架及研究所采用的方法，论文研究中的创新之处。第二章文献综述，就绩效内

涵、绩效评估的内涵、企业年金绩效评估的内涵等概念,结合国内外绩效评估理论的发展对企业年金绩效评估进行研究。第三章企业年金运营方式和影响因素分析,对企业年金的概念及其发展历程进行概述,进而分析了企业年金运营方式及企业年金运行影响因素。第四章企业年金绩效评估体系的理论基础分析,分析了企业年金绩效评估的基本要素,进而对企业年金绩效评估的评估主体、评估内容以及评估中需要注意的评估程序和评估指标进行分析,并阐述了企业年金绩效评估的基本原则。第五章中国企业年金绩效评估体系的理论框架,阐述了平衡计分卡的核心思想、理论框架和四个维度的重要内容,分析了基于平衡积分卡思想的中国企业年金绩效评估体系的作用机制,进而构建了企业年金绩效评估体系的基本框架,分析了企业年金绩效评估体系的平衡性、战略导向性、突出智力资本和评价等特点。第六章中国企业年金绩效评估指标体系研究,论文阐述了中国企业年金绩效评估体系关键战略指标的选择准则,进而从财务角度、客户角度、内部流程角度以及学习与创新角度分析了企业年金绩效评估体系的具体指标,并利用层次分析法研究了指标体系中各个指标的具体权重,在此基础上建立企业年金运作过程中最重要的两个环节,及企业年金受托人和投资管理人的绩效评估平衡记分卡。第七章总结和展望。

关键词:养老保险　企业年金　企业绩效

**1639**

**中国家族企业的现状与未来发展趋势研究** / 林宽著 ; 陶良虎指导. -- 武汉理工大学, 2009. -- 122 页

全文共分为八章。第一章,引言。介绍选题的背景及意义,相关文献研究综述,论文的研究思路、研究方法和主要创新点。第二章,家族企业的定义与中国家族企业发展历程的介绍。第三章,中国家族企业的社会价值体系。首先介绍企业文化的演变历程,包括国外企业文化倡导历程和我国企业文化的演变历程;对家族企业文化探析,包括家族企业文化的定义,中国家族企业文化的现状;分别介绍中国家族企业文化的优势与劣势;分析家族企业社会责任现状,包括企业社会责任概念、企业社会责任内容、企业社会责任现状。第四章,我国家族企业的产权结构特点及现状。首先介绍家族企业产权制度的特点,包括家族企业外部和内部产权结构的特征;介绍企业所有权的含义及意义;介绍家族企业控制权与最终控制人含义,中国家族企业控制权的演进;最后对中国家族企业产权结构现状做出说明。第五章,中国家族企业治理的基本模式。内容包括公司治理的基本模式,家族治理模式的特征,家族治理模式优势,家族治理模式的局限性,引入职业经理人模式,家族企业与职业经理的博弈模式。第六章,家族企业的组织与传承制度。介绍家族企业组织的演进,家族企业传承的定义与模型,并分析家族企业传承的现状。第七章,中国家族企业未来发展趋势。提出家族企业社会价值体系未来发展趋势,中国家族企业产权制度未来发展趋势,中国家族企业治理结构未来发展趋势,中国家族企业组织与传承制度未来发展趋势。第八章为论文结论。

关键词:私营企业　家族　企业发展　社会价值　法人治理结构

**1640**

**中国债券市场套利交易研究** / 林郁文著 ; 廖进球指导. -- 江西财经大学, 2009. -- 152 页

论文采用理论分析和实证分析相结合的分析方法对中国债券市场套利交易进行研究。全文分为五章。第一章导论,阐述了论文研究的选题背景、选题依据以及研究的理论和现实意义,并对相关文献进行了综述,描述了论文的研究思路、整体框架以及研究中所采用的方法,指出论文的创新点与不足之处。第二章债券套利原理与机制,对利率的构成、债券的定价及价格波动、债券的扩市场套利、债券的跨品种套利、跨期套利、特殊套利等相关概念进行界定,并指出了套利机会研究。第三章债券套利的应用及实证分析,从交易所和银行间的传统套利、国债回购套利、交易所债券市场与银行国债柜台市场、企业债券一级市场与二级市场套利以及国债招标方式套利对跨市场套利进行实证分析,从相近年期品种利差套利以及国债和企业债之间的套利分析了跨品种套利,从回购利率调期套利与国债期待套利分析跨期套利,从可转债套利和买空卖空套利分析特殊套利,此外还指出套利机会检验的第一种和第二种方法。第四章套利风险及防范,介绍了债券投资的风险及规避,继而分析了债券套利的风险及启示,从非随机利率期限结构时的在圈内和随机利率期限结构模型下的债券免疫两个方面分析利率风险免疫。第五章我国债券市场与套利机制存在的问题及完善,从有效市场假说到行为金融学以及对金融市场套利限制的分析指出了套利的有限性,并结合上述分析指出了债券市场和套利机制

存在的问题,继而提出相应的完善措施。

关键词:债券市场　证券交易　套利　风险分析　管理机制

1641

**中国燃油税征收问题研究** / 刘斌著 ; 陈淮指导. -- 中国人民大学, 2009. -- 157 页

论文采用理论与实证分析相结合的方法,运用CGE模型分析对中国燃油税收征收问题进行研究。全文分九章。第一章导论,阐述了论文的选题背景、研究的现实和理论意义、研究对象、论文的研究思路和研究方法。第二章文献综述。以现有文献为基础,围绕燃油税的定义、国外燃油税实施情况、我国开征燃油税的必要性和障碍、燃油税方案研究、燃油税实施方案评价以及燃油税的影响来进行文献综述和评价。第三章从外部性理论分析的视角分析开征燃油税的必要性,研究运用外部性的相关理论,在比较外部性内部化的主要政策工具基础上,分析选择征收燃油税作为外部性内部化措施的原因及其作用机理。第四章从税收分析的理论视角分析燃油税方案设计,研究运用课税理论阐述燃油税方案设计中征税对象的选择,并研究了燃油税的设计原则、需求弹性,分析其课税的经济影响。第五章中国燃油税费改革的制度变迁分析,研究运用新制度经济学的制度变迁理论分析我国的燃油税费改革,并分析了税费改革变迁的动因及其过程。第六章基于税收要素的分析对中国燃油税实施方案进行评价,论文在对国内外燃油税费政策进行国际比较的基础上,对2009年开始实施的成品油税费改革方案进行评价。第七章我国燃油税开征的效果评价,论文运用CGE模型从GDP、燃油消耗量等方面模拟分析了2009年实施的成品油税费改革的税率方案的实施效果。第八章中国燃油税费改革难点问题,论文针对成品油税费改革实施中的当前以及长远问题、燃油税与成品油价形成机制、道路收费方式、汽车税收制度的关系及燃油税的只能定位等深层次问题进行重点研究。第九章完善燃油税费改革的政策建议,结合燃油税实施面临的问题,提出完善燃油税改革的长远调整思路。

关键词:税收政策　税收改革　税收管理　燃油税

1642

**中国商业银行综合化经营:趋向、模式、架构与运作** / 刘峰著 ; 杨建文指导. -- 上海社会科学院, 2009. -- 203 页

论文对中国商业银行综合化经营的趋向、模式、架构与运作等问题进行了研究。全文共分为八章。第一章导论,主要阐述了论文的研究背景和研究的意义,相关的国内外研究综述,论文研究的主要内容和框架,总结了论文研究的主要研究方法和技术路线,论文研究的主要创新点和不足之处。第二章综合化经营的理论基础,主要界定了综合化经营的概念,介绍了综合化经营的金融中介理论基础,阐述了金融深化进程中的金融重构的功能观点,介绍了专业化与综合化政策选择的制度经济学基础和综合化经营的微观理论基础。第三章论述了综合化经济是我国商业银行战略转型的现实选择。主要包括综合化经营是顺应国际金融业发展趋势的需要、金融分化是中国商业银行综合化经营的前提、综合化经营是我国商业银行转型的必然要求,以及我国商业银行已经初步具备综合化经营的条件四方面的内容。第四章综合化经营的国际经验和模式比较,研究了综合化经营的历史变迁和发展的现状,分析了美国金融控股公司发展的模式,分析了德国全能银行发展模式和特征,阐述了英国金融业银行母公司发展的模式和经验。第五章中国商业银行综合化经营模式和发展路径的选择,主要分析了综合化经营发展的路径:内生式增长、战略并购。第六章中国商业银行综合化经营的业务融合和互动,分析了交叉销售在综合化业务融合中的作用。第七章研究了中国商业银行综合化经营的经营管理架构。第八章分析了中国商业银行开展综合化经营的风险管理问题。

关键词:商业银行　经营管理　模式选择　风险管理

1643

**改革开放以来我国比较优势动因分析:基于新李嘉图模型的开发与应用** / 刘厉兵著 ; 谷克鉴指导. -- 中国人民大学, 2009. -- 170 页

论文基于新李嘉图模型的开发与应用,对改革开放以来我国比较优势的动因进行分析。全文共分为六章。第一章导论,介绍了论文选题的背景和研究的意义,论文的研究对象,现阶段相关的研究成果,论文的研究思路,技术路线图,论文采用的研究方法,研究的几点创新及后续需要继续加深的研究方向。第二章比较优势理论发展的轨迹,主要阐述了完全竞争条件下外生比较优势理论,分析了不完全竞争条件下比

较优势理论,分析了新李嘉图理论的兴起和发展。第三章新李嘉图模型的开放与研究,主要阐述了基本的原理,剖析了比价优势的动因,介绍了抽象的理论假设,对理论模型进行了推导,介绍了研究的意义。第四章我国比较优势及其动因演化的轨迹,主要阐述了对外贸易发展的轨迹,分析了比较优势演化的动态,研究了比较优势动因的演变路径。第五章对我国比较优势的动因进行了定量分析,主要阐述了我国比较优势动因的设定及数据的来源,分析了面板数据,阐述了 BP 神经网络的分析过程和结论。第六章研究了发挥比较优势推动贸易转型升级的问题,主要分析了以要素禀赋为基础的比较优势发展模式的不足,论述了立足动态比较优势,推动我国贸易的转型,从优化经济制度、缔结自由贸易协定及因地制宜的政策支持,构建动态比较优势的制度安排。

关键词:对外贸易　贸易增长　比较优势　经济分析

**1644**

**生产性服务业产业集群研究:以长江三角洲为例** / 刘欣伟著 ; 王振指导. -- 上海社会科学院, 2009. -- 128 页

论文以长江三角洲为例,对生产性服务业的产业集群进行了研究。全文共分为七章。第一章绪论,介绍了论文选题的背景和研究的意义,论文的研究对象,对现阶段相关的研究成果,论文的研究思路,技术路线,研究方法,论文的研究的几点创新及后续需要继续加深的研究方向。第二章文献综述,主要包括生产性服务业的定义和相关理论综述,产业集群的定义及相关理论综述,生产性服务业集群相关的理论综述。第三章分析了生产性服务业集群的动力机制,阐述了产业集群动力机制的理论,分析了生产性服务业集群形成和发展的内生机制,研究了生产性服务业集群形成和发展的外生机制,阐述了产业集群形成与发展内外动力因素关联的机理。第四章分析了国外典型生产性服务业集群发展的模式,主要论述了基于动力机制的产业集群发展的类型,分析了国外典型集群的动力机制及其发展的模式,论述了产业集群成功发展的条件。第五章分析了长三角地区生产性服务业集群的发展,主要介绍了长三角地区生产性服务业集群发展的现状和内生机制、外生机制,对陆家嘴金融服务业集群进行了研究,对长三角生产性服务业集群的区域协作与分工进行了研究。第六章研究了生产性服务业产业集群发展模式与政策取向,主要研究了长三角地区生产性服务业集群的发展模式,分析了区域集群发展的趋势及主要的问题,提出了集群发展中的政府调控措施。第七章为全文的总结与展望。

关键词:服务业　产业发展　聚集经济　发展模式

**1645**

**对外直接投资的母国产业效应研究** / 卢平著 ; 王恕立指导. -- 武汉理工大学, 2009. -- 120 页

论文对对外直接投资的母国产业效应进行了研究与分析。全文共分为九章。第一章导论,主要阐述了论文的选题的目的和意义,国内外相关的文献,研究的目标和主要内容。第二章介绍了对外直接投资和产业发展的理论基础,主要包括传统对外直接投资的理论、发展中国家对外直接投资的理论、产业组织理论、产业结构理论,以及对外直接投资与产业发展关系理论研究。第三章研究了对外直接投资与产业组织的演进,主要论述了产业组织演进的内涵、概念和理论基础,分析了产业组织演进的主要影响因素,对外直接投资对产业组织演进的作用机理。第四章对外直接投资与产业技术的进步,首先阐述了技术进步的理论基础,分析了学习型 FDI 与产业技术进步的关系,研究了模仿型 FDI 与产业技术进步的联系,分析了合作创新型 FDI 与产业技术进步的关系。第五章对外直接投资与产业升级的联系,首先分析了全球产业链及其发展的特征,研究了产业升级的路径依赖,最后研究了对外直接投资对产业升级的作用机理,分析了产业空心化,并对其进行了反思。第六章对外直接投资的产业效应的评价指标和模型,主要论述了产业效应评价的理论基础,分析了对外直接投资产业效应评价的指标体系和经济计量评价的方法。第七章是对中国对外直接投资的产业效应的实证研究,阐述了中国对外直接投资发展的历程和现状,分析了中国制造业对外直接投资的现状。第八章提出了优化对外直接投资、促进制造业发展的对策研究。第九章为全文的总结和展望。

关键词:对外投资　直接投资　产业经济　产业发展

**1646**

**零售业主导的供应链构建与管理研究** / 罗秀青著 ; 靖学青指导. -- 上海社会科学院, 2009. -- 126 页

论文采用理论分析、实证分析、模糊综合评价法和模型分析等多种分析方法对零售业主导的供应链

构建与管理进行研究。全文分为八章。第一章导言，概述了零售业和供应链的基本含义，论文研究的选题背景和意义，论文研究的内容和研究中采用的方法。第二章理论综述，对零售业发展理论与零售业供应链理论进行综述。第三章主要阐述了零售业构建供应链的动因在于提升核心竞争力，论文从阐述核心竞争力的含义和本质出发，主张培育核心竞争力是构建零售业主导的供应链的根本动因，并解释了零售业如何通过供应链提升核心竞争力。第四章重点阐述了如何构建零售业主导的供应链，论文从分析市场和消费者入手，分别介绍了零售业供应链设计的基础、供应链成员选择与优化等相关概念，并用模糊综合评价法对供应链成员选择进行了实证研究，最后介绍了供应链模型的构建及几个常用的供应链模型。第五章主要研究零售业主导的供应链的运行情况，论文对供应链的运行平台、新技术在供应链中的应用以及战略联盟等问题进行分析，主张以新技术和战略联盟提高供应链的运行效率。第六章研究供应链管理问题，论文分析了供应链的可持续竞争优势以及零售业供应链的风险管理，继而对零售业供应链的收益/风险分配以及成员管理等问题进行了研究。第七章中国零售业供应链构建及管理研究，阐述了中国零售业的发展现状及趋势，指出中国零售业供应链发展中所存在的问题，并提出相关对策建议。第八章结论和展望。

关键词：零售业　商业管理　供应链管理　核心竞争力

**1647**

**中国纺织产业国际竞争力研究** / 马莉著 ；金碚指导. -- 中国社会科学院, 2009. -- 184 页

论文致力于建立纺织行业国际竞争力、企业国际竞争力研究体系，发掘影响一国纺织、服装产业竞争力和企业竞争力的因素。全文共分为七章。第一章，导论。介绍论文研究范围和研究框架。第二章，行业竞争力和企业竞争力理论及现有研究成果综述。包括行业竞争力概念、行业竞争力来源、行业竞争力测评的主要指标、有关行业竞争力测评的主要指标；对企业竞争力理论和现有研究成果综述，包括企业竞争力概念、企业竞争力来源、企业竞争力衡量指标及有关企业竞争力概念和分析框架界定；提出国内纺织行业竞争力研究综述和论文的创新与不足。第三章，改革开放 30 年中国纺织行业国际竞争力。结合研究内容和相关数据来源，对市场化大发展的前期—维生阶段、蓬勃发展期的起飞快速发展阶段、蓬勃发展期的国内企业注重品牌和创新阶段、内销蓬勃发展期的国际国内品牌同台竞技阶段做出介绍，提出该部分的主要结论。第四章，中国纺织行业国际竞争力研究。研究包括纺织行业国际竞争力研究对象和数据来源，纺织行业国际竞争力衡量指标构建以及纺织行业国际竞争力来源分析和框架；提出对纺织行业国际竞争力衡量并对纺织行业国际竞争力来源做出说明。第五章，中国服装行业国际竞争力研究。结合衡量指标和研究框架，对服装行业国际竞争力衡量，服装行业国际竞争力来源做出说明，提出对纺织、服装行业竞争力研究的相关思考。第六章，纺织服装上市公司竞争力国际比较。探讨纺织服装企业特征，提出指标的选择与体系构建方法，对中国纺织类上市公司竞争力研究，对中国服装类上市公司竞争力研究，并探讨行业竞争力和企业竞争力。第七章，结论和政策建议。

关键词：纺织工业　产业发展　国际竞争力

**1648**

**承接产业转移的环境效应及环境规制问题研究：基于中部地区承接产业转移与环境的数据** / 梅良勇著 ；汪海粟指导. -- 中南财经政法大学, 2009. -- 149 页

论文基于中部地区承接产业转移与环境的数据，对承接产业转移的环境效应及环境规制问题展开研究。全文共分为六章。导论部分介绍论文研究背景和意义，研究内容和技术路线，研究特色与创新之处，研究相关概念和范围界定。第一章，理论基础及文献回顾与评述。包括国内外关于产业转移研究的综述及 FDI 与环境污染及环境规制间关系的国内外研究现状。第二章，产业转移及其环境效应的理论分析。包括产业转移的相关理论解释，产业外向转移的动力机制，污染产业转移及其经济学解释，产业转移的环境效应分析。第三章，环境规制及其对产业转移的影响机理。对环境问题做出经济学分析，提出环境规制的类型、演进和中国的政策，环境规制对污染产业转移的影响机理。第四章，中部地区承接产业转移与环境规制的现状。介绍中部地区现阶段承接国内外产业转移的动力、现状及环境规制情况。第五章，产业转移与环境污染、环境规制关系的实证检验。包括对产业转移环境效应的实证分析以及环境规制对企业移入影响的实证分析。第六章，基于环境规制的中部地区产业选择与承接对策。对中部地区承接产业转移的优势进行分析，探讨环境规制与产业梯度约束下

中部各省的行业选择,提出基于生态环境观的产业承接对策与建议。最后为论文结论及研究展望。

关键词:产业转移　环境效应　中部

**1649**

**中国房地产发展风险分析及对策研究:基于防范泡沫风险的研究视角** / 孟文强著 ; 卢东斌指导. -- 中国人民大学, 2009. -- 188 页

论文采用 GRANGER 因果分析法、修正的局部均衡数理模型分析法、因子分析法、面板数据模型法、比较研究法以及案例研究和结构方程等方法,基于防范泡沫风险的研究视角对中国房地产发展风险分析及对策进行研究。全文分为八章。第一章导论,概述了选题的理论意义和实践意义,论文的研究思路、研究方法和研究中的创新点。第二章国内外房地产发展风险相关文献综述,对房地产风险的相关概念进行界定,对房地产泡沫以及泡沫的损害进行综述。第三章基于房地产泡沫风险的理论探讨,结合房地产业的自身特点以及发展阶段特征,指出房地产发展的最大风险源于泡沫风险,并就房地产业结构失衡、财政货币政策与产业政策、金融的过度支持及心理预期等方面分析了房地产泡沫风险的成因,进而完成房地产业泡沫风险的数理模型推导和挤出效应的定量描述,并指出泡沫破裂所带来的损害。第四章国外房地产泡沫风险成因比较分析与借鉴,就美国经济结构失衡,以及香港、新加坡的产业结构等方面分析了结构失衡对房地产泡沫风险的形成影响,利用 GRANGER 因果分析法,结合日本货币政策的滞后引起的外汇流动与流动性过剩现象分析货币政策对房地产泡沫风险形成的原因,对比研究了美国、日本以及东亚地区金融自由化对房地产泡沫风险的形成的影响,并结合新加坡、香港以及美国的住房保障政策分析了住房保障对房地产风险形成的影响。第五章我国房地产发展及其泡沫风险的实证分析,回顾了我国住房制度改革进程以及房地产市场的发展,基于时间序列数据,间接测度了我国房地产泡沫风险水平,并基于面板数据模型对区域房地产价格泡沫差异进行测度。第六章以成都及其开发企业为例,对房地产业如何应对发展风险进行了实证研究。第七章结合可持续发展的战略,提出了我国防范泡沫风险促进房地产业反战的相关对策。第八章结论。

关键词:房地产业　房地产市场　风险分析　泡沫经济

**1650**

**产业国际化背景下的标准策略研究** / 苗燕民著 ; 杨昌举指导. -- 中国人民大学, 2009. -- 200 页

论文运用实证分析、动态分析对产业国际化背景下的标准策略进行了研究。全文分七章。第一章介绍了标准的定义、分类及中西方标准发展历程,并从宏观和微观两个层面分析了标准的经济效应,国际化与标准之间相辅相成的关系。第二章标准的演变规律与形成机制,论文分析了标准的演变规律,根据标准制定主体的不同,把标准的形成机制分为四种类型并具体分析了各种形成机制的优缺点。第三章国际经济层面的标准效应分析,论文对标准的国际贸易层面正反两面的效应进行分析,总结了标准对我国国际贸易发展的促进和阻碍作用,以波特的钻石模型为理论基础分析了国际竞争力效应。第四章以产品内分工带来的成本变化为出发点,讨论了标准在降低交易成本和影响同意价值链上企业利润分配的作用机理,标准作为媒介会促进升级时所需知识的传递。第五章通过对标准竞争过程的升入分析,研究了标准对产业组织的动态影响效应,通过标准市场竞争格局对产业绩效的影响机理并利用比例分析方法对标准竞争市场上厂商的行为模式进行了研究,通过对 GSM 标准竞争经典案例的剖析,研究了变混对市场结构的影响,并从供给、需求两方面分析了市场标准对产业规模的影响。第六章侧重于对不同国家的标准进行比较,在对欧盟四国标准经济效应的实证分析后以得出相关结论,此外通过分别从标准分级机制、标准形成机制、标准管理机制以及标准战略的国际间比较,找出我国标准的不足之处,并提出相关建议。第七章分别从国家、产业和企业三个层面就中国当前标准化工作中存在的问题提出相应的政策建议。

关键词:产业经济学　国际化　技术标准　经济发展战略

**1651**

**中国基础设施资产证券化研究** / 莫兰琼著 ; 厉无畏指导. -- 上海社会科学院, 2009. -- 162 页

论文采用理论研究和实证研究相结合,以及定性分析与定量分析相结合的方法,从多个层面对中国基础设施资产证券化进行研究。全文分为六章。第一章绪论,阐述了论文研究的背景及研究意义,国内外相关研究现状,论文的研究思路和方法,指出了论文研究中的特色与创新点。第二章基础设施及资产证

券化的基本理论，就基础设施、资产证券化、基础设施投融资进行了理论介绍。第三章中国基础设施资产证券化的必要性和可行性，首先对中国基础设施投融资现状进行分析，进而研究了中国基础设施资产证券化的必要性，结合上述研究指出中国实施基础设施资产证券化的障碍，从而分析中国基础设施资产证券化的可行性。第四章中国基础设施资产证券化的运作研究，首先描述了基础设施资产证券化的一般流程，并介绍了静态现金流折现定价法、静态利差法、期权定价法、期权调整利差法、利率二叉树定价法和蒙特卡洛模拟定价法等基础设施资产证券化的定价方法，进而对基础设施资产证券化过程中项目经营者和外部投资者进行博弈分析并提出相关博弈模型，继而分析了基础设施资产证券化的模式及效率。第五章我国高速公路资产证券化的实证研究，在回顾我国高速公路发展概况的基础上，对我国高速公路的融资方式，高速公路发展态势及其资产证券化模式设计进行分析，并结合珠海高速公路收费资产证券化的案例进行实证分析。第六章中国基础设施资产证券化的风险及其应对，分析了中国基础设施资产证券化过程中存在的风险并对风险做模糊综合评价。

关键词：基础设施　基本建设投资　融资　资产证券化

**1652**

**促进创业活动的政府行为研究** / 宁亮著 ；卢福财指导. -- 江西财经大学, 2009. -- 148 页

论文采用理论分析和实证检验相结合的方法对促进创业活动的政府行为进行研究。全文分为八个部分。第一部分导论，阐述了论文研究的选题背景和研究意义，相关文献综述，论文研究的主要思路、研究内容、研究中所采用的方法。第二部分我国创业活动回顾，就我国创业活动的历史发展进行回顾，梳理创业活动与政府的关系。第三部分政府行为促进创业活动的机理分析，对创业活动、创业环境、创业效应以及政府行为等相关概念进行界定，并梳理他们之间的相互关系，进而构建相应理论框架，从微观和宏观两个层面分析政府行为促进创业活动的机理。第四部分政府行为促进创业活动的微观分析，构建了微观分析的理论模型，从不同维度分析政府行为、创业环境以及创业绩效之间的微观联系。第五部分结合数据和结论对政府行为促进创业活动进行微观分析，对研究中所使用的问卷调查及数据收集情况进行说明，介绍利用相关软件进行处理后的分析结果，并对论文假设验证情况进行了讨论。第六部分结合政府行为促进创业活动的宏观分析，对创业效应进行讨论，基于 GEM 的概念模型对创业效应的形成机制进行介绍，分析了创业效应的构成体系，结合“苏南模式”和“温州模式”分析了创业效应与政府行为之间的关系。第七部分我国政府行为促进创业活动的对策，阐述了政府行为促进创业活动的基本原则，进而确定创业政策的整体框架，从创业环境的不同维度阐述相应的政策建议。第八部分结论与展望。

关键词：企业管理　创业　政府行为

**1653**

**产业投资基金支持文化产业发展的研究** / 欧培彬著 ；王仁祥指导. -- 武汉理工大学, 2009. -- 168 页

论文运用产业经济学和投资学的原理和方法，对产业投资资金支持文化产业发展进行研究。全文分为八章。第一章绪论，阐述了论文的研究背景与研究意义，国内外相关研究，论文研究的主要内容，研究中所采用的方法，论文研究的主要思路和技术路线。第二章相关理论，就产业发展问题研究的相关理论、产业投资基金研究的相关理论，以及金融创新扩散研究的相关理论进行概述。第三章产业投资基金的特点与模式，对产业投资基金的相关概念进行界定，描述了产业投资基金的特点，继而分析了产业投资基金的组织模式、运作模式、管理模式以及治理结构，并回顾了美国、日本及中国产业投资基金的发展历程。第四章文化产业的金融支持，首先对文化产业的概念进行界定，并描述了其投资特性，对美国市场主导型模式、英国的政府引导模式、韩国的政府行政指导模式和法国政府管理模式的文化产业金融支持模式进行比较，进而提出了文化产业金融支持的配套措施。第五章产业投资基金支持文化产业发展的作用机理，就产业投资基金支持文化企业发展、成长及升级的机理进行分析。第六章中国文化产业融资方式的比较与选择，回顾了中国文化产业发展现状和历程，继而对中国文化产业中传统融资方式进行比较和选择，并结合文化产业投资基金指出了中国文化产业融资方式中的创新点。第七章新型文化产业基金和综合性金融支撑平台的构建，就新型文化产业投资基金概念的界定及其特点分析，继而对新兴文化产业投资基金的构建和综合性金融支撑平台的构建进行了分析。第八章总结和展望。

关键词:文化产业　产业投资基金　产业发展

1654

**中国网络型公用事业放松规制与实施效果** / 彭恒文著 ; 石磊指导. -- 复旦大学, 2009. -- 157页

全文共分为七章。第一章导论,介绍了研究主题、背景和意义,研究方法,研究范围,结构安排,以及论文的创新之处。第二章介绍了政府规制理论的演进:从规制到放松规制。包括规制理论的变迁,规制依据分析,规制的目标分析,规制的手段分析,规制与放松规制分析,以及规制机构实现规制目标分析。第三章对政府规制对垄断经营厂商全要素生产率影响进行了实证分析。通过引言和相关文献的讨论阐述,以及经济计量模型的提出,进行实证分析,得出TFP变动的影响因素。第四章对峰荷需求、最优资本投资及放松规制进行了分析,在介绍了引言和文献综述后,提出了A-J模型,并进行了讨论和验证。第五章对非对称规制条件下民营企业的进入决策进行了分析。首先介绍了引言和文献综述,然后对民营企业进入决策、非对称规制及运输市场进行均衡分析,包括民营企业进入、纵向一体化及货运市场的长期均衡。第六章分析了引入竞争、网络效应及技术进步。在介绍了引言和文献综述后,分析了消费者的技术选择,厂商的技术选择,以及社会福利的变化分析。第七章主要讨论了基本结论、政策建议以及未来的研究方向。主要包括论文研究工作的基本结论,政策建议,以及未来研究工作的大概方向。

关键词:公用事业　投资　国家干预　民营企业

1655

**中国中小企业B2B电子商务信用体系构建与检验** / 彭丽芳著 ; 李琪指导. -- 西安交通大学, 2009. -- 119页

论文探讨分析我国现有电子商务的信用缺失问题,借鉴当代西方经济理论中的合理因素方法,运用案例分析和规范分析相结合的方法,从经济学角度对信用的本质涵义、结构特征及中小企业B2B电子商务信用的决定因素和评价指标进行研究,提出构建中国中小企业B2B电子商务信用体系的思维模式,并对其进行部分实践检验。全文共分为六章。第一章,导论。介绍论文研究的背景和意义,B2B电子商务与中小企业B2B电子商务发展概述,论文研究的必要性与主要内容,论文研究方法和技术路线以及论文的主要创新点。第二章,相关理论及研究综述。介绍相关概念的界定和研究情况,传统信用问题的研究,B2B电子商务的研究,电子商务信用研究以及电子商务信用博弈理论分析和信用评价研究现状。第三章,电子商务信用的应用现状分析。分析发达国家电子商务信用的应用和中国电子商务信用的应用,介绍阿里巴巴集团关于电子商务信用的应用案例。第四章,中小企业B2B电子商务信用模型研究。通过对企业动态信用评价原理和分析,以及电子商务交易方信用评价流程,分析电子商务交易方信用评价指标体系,对电子商务信用评价指标权重去顶,对评价值进行处理并得出具体算例。第五章,中国中小企业B2B电子商务信用体系设计与检验。介绍中国中小企业B2B电子商务信用四维体系,提出四维体系中技术维度的设计,四维体系中法规管理维度的设计,四维体系中激励维度的设计及其检验以及四维体系中教育维度的分析。第六章为论文结论与研究展望。

关键词:中小企业　电子商务　信用

1656

**金融产业集群形成演化机制与上海国际金融中心建设** / 秦晟著 ; 靖学青指导. -- 上海社会科学院, 2009. -- 162页

论文运用耗散结构理论和突变理论,结合经济学的分析方法,对金融产业集群形成演化机制与上海国际金融中心建设进行了研究。全文分为八章。第一章绪论,描述了论文的选题意义和价值,论文的主要内容所采用的方法,论文的主要创新点。第二章相关概念,对金融的范畴、金融产业、金融产业分类、金融体系和金融产业网络及金融产业成长等多种概念进行了重新界定,并对产业集群的内涵以及金融产业集群的定义进行了描述。第三章理论综述与案例研究,对金融产业集群理论、产业集群形成演化理论以及金融产业集群的形成演化理论进行了回顾,在此基础上集合伦敦金融产业集群现象为例,对产业集群的形成及其发展进行分析。第四章金融产业集群形成演化机制研究,论文对自组织理论、经济领域中自组织理论的发展与运用以及产业集群的自组织特征进行回顾,在此基础上提出产业集群形成演化的自组织理论模型,并就金融产业集群的萌芽、形成和演化三个阶段对演化直接框架进行分析。第五章上海金融产业特性,运用SWOT分析法分析上海金融产业发展所具备的优势、劣势,以及发展所存在的机遇与挑战,从而

对上海金融产业发育程度进行评价，此外，论文从上海金融产业的集中地区、集聚区域等方面分析了上海金融产业空间分布特征。第六章上海金融产业集群发展要素分析，论文从多种角度集中分析了上海金融产业集群的动力因子、障碍因子以及上海金融产业集群网络的内部联系和外部联系。第七章上海国际金融中心建设政策建议，论文通过对上海国际金融中心建设的历程回顾，提出强化上海国际金融中心的核心功能及打造配套的服务型产业链的建议。第八章总结和展望。

关键词：金融业　聚集经济　国际金融中心　上海

**1657**

**基于电子目录本体的高档住房营销理论与方法研究**／邱欣著；聂规划指导. -- 武汉理工大学，2009. -- 121 页

论文从市场销售理论的研究出发，分析和总结了高档住房市场营销的发展过程和水平，对基于电子目录本体的高档住房营销理论与方法进行了研究。全文共分为六章。第一章绪论，介绍了研究背景与意义、国内外相关研究综述、研究内容与研究方法。第二章介绍了基于电子目录本体的高档住房市场营销模式，首先介绍了当前高档住房营销的主要方法，然后讨论了高档住房营销实践中的瓶颈问题，最后分析了基于电子目录本体的高档住房营销模式。第三章研究分析了基于电子目录的高档住房营销知识本体构建。首先从本体的内涵、描述语言、建模元语及类型四个方面对本体进行了概述，然后对高档住房市场营销知识表示方法进行了分析，并提出了高档住房市场营销本体的构建，最后研究分析了高档住房电子目录服务智能化提升。第四章对高档住房电子目录本体知识进化理论进行了分析讨论，主要包括高档住房电子目录本体自动学习方法分析、基于 Web 页面的高档住房电子目录概念抽取，以及高档住房电子目录本体自动构建分析。第五章提出了基于电子目录本体的高档住房智能推荐模型，首先讨论了基于电子目录的高档住房智能推荐方法，然后分析了高档住房智能推荐的知识搜索、发现和融合的内容，最后分析了基于电子目录本体的高档住房智能推荐系统支撑环境和高档住房电子目录智能化服务体系结构。第六章为全文总结与展望，包括全文研究的主要内容、论文研究的创新点，以及研究展望。

关键词：房地产市场　市场营销　住宅　商品房

**1658**

**人民币汇率波动对我国进出口企业的影响研究**／任再萍著；文启湘指导. -- 西安交通大学，2009. -- 169 页

论文对汇改后我国进出口企业受到汇率波动的影响及其应对策略进行研究。全文共分为九章。第一章，导论。介绍论文研究背景，研究意义，研究思路和方法，研究范围的设定，研究内容，主要创新点。第二章，相关文献综述。包括汇率波动理论评述，汇率波动对企业影响额研究评述，已有研究结论的不足及启示。第三章，人民币兑主要货币的汇率波动及其对企业的影响机理。分析人民币兑主要货币汇率波动，汇率波动风险及其对进出口企业的影响机理，汇率波动对进出口企业影响的模型分析。第四章，人民币汇率波动对进出口企业汇兑损益影响的实证分析。探讨 VaR 及 Bootstrapping 方法对汇兑损益计量的适应性，计量汇兑损益的样本企业、数据的选取和计量结果的分析，我国企业控制汇兑损益方法的评估与分析。第五章，人民币汇率波动对进出口企业市场经营影响的实证分析。首先从产品角度分析汇率波动对进出口企业的市场经营影响，包括重点出口产品受人民币汇率波动的影响分析，重点进口产品受人民币汇率波动的影响分析；从国别角度分析汇率波动对进出口企业的市场经营影响，包括人民币兑主要货币汇率波动与相应出口市场的相关性分析，汇率波动与出口市场之间相关性的实证结论；分析我国进出口企业应对汇率波动市场经营影响的现状。第六章，上海通茂进出口有限公司案例分析。包括汇改以来上海通茂进出口公司受到的汇率波动影响，汇改以来上海通茂公司及其代理的企业应对汇率波动影响的措施。第七章，国外企业应对汇率波动影响的经验与比较。介绍日元升值的贸易影响及日本企业应对汇率波动影响的措施，德国企业应对汇率波动影响的措施，我国进出口企业与日本、德国企业的比较和启示。第八章，我国进出口企业应对汇率波动影响的组织构架和策略选择。介绍我国及出口企业应对汇率波动影响的组织架构与基本流程，策略及其适用性分析，策略选择的博弈分析，提出提升我国进出口企业应对汇率波动能力和改进环境的途径。第九章为结束语。

关键词：进出口公司　市场经营　人民币汇率　汇率波动

1659

**电子信息产业技术创新能力评价研究** / 阮飞著 ; 康灿华指导. -- 武汉理工大学, 2009. -- 254 页

全文共分为十章。第一章绪论,主要阐述了论文研究的主要目的和研究意义,国内外的研究现状,论文研究的主要内容和研究方法,论文研究的关键问题,论文研究的特色和创新点。第二章阐述了电子信息产业技术创新能力研究的相关理论,界定了电子信息产业的相关概念,介绍了技术创新的相关理论,阐述了电子信息产业技术创新能力的评价。第三章分析了电子信息技术创新能力的特征和影响因素,分析了电子信息产业技术的创新能力,阐述了电子信息产业技术创新的过程和作用及分类和本质特征。第四章研究了电子信息产业技术创新能力评价的指标体系,主要介绍了建立指标体系的目标和原则,分析了电子信息产业技术创新能力评价体系的设计方法。第五章研究了电子信息产业技术创新能力评价方法和模型,论述了综合评价的方法,阐述了电子信息产业技术创新能力评价的方法选择,研究了电子信息产业技术创新能力 ANP 评价模型。阐述了电子信息产业技术创新能力评价指标组合的赋权及评价流程和软件。第六章中国电子信息产业技术创新能力的评价,主要分析了中国电子信息产业技术创新能力的现状,阐述了中国电子信息产业技术创新能力评价的测度实践和分析,对中国电子信息产业技术创新能力进行了实证剖析,综合评价了中国电子信息产业技术创新能力。第七章比较了国内外电子信息产业技术创新的能力,阐述了美国、北欧、日本、韩国、印度、中国台湾的电子信息产业技术创新能力发展的情况。第八章研究了中国电子信息产业技术创新存在的主要问题及其成因。第九章研究了培育和提升中国电子信息产业技术创新能力的对策。第十章为论文的总结。

关键词:电子信息产业　电子工业　企业管理　技术创新

1660

**中国商业银行业产业组织研究:基于修正后的银行产业组织理论** / 沈锋著 ; 孙海鸣指导. -- 上海财经大学, 2009. -- 148 页

论文采用理论分析与实证分析相结合、定性分析与定量分析相结合、结构化方法和非结构化方法等方法,基于修正后的银行产业组织理论对中国商业银行业产业组织进行了研究。全文分六章。第一章引言,主要介绍了选题背景和意义,研究框架和研究方法,研究中的创新点和不足之处,并对相关文献进行综述。第二章中国商业银行业产业组织研究的理论基础,对银行与银行产业概念进行了界定,并指出论文研究的银行范畴,在此基础上,结合新制度经济学和公司治理理论,提出了中国银行产业组织理论的分析框架。第三章中国商业银行业市场竞争程度的研究,通过对中国商业银行业市场形态演变历史的回顾,对中国商业银行业市场竞争程度进行实证分析,此外,论文还进一步研究了中国商业银行业的市场壁垒。第四章中国商业银行业市场绩效与影响因素的实证分析,通过回顾商业银行业绩效评价的历史演变,对中国商业银行业的财务绩效进行了分析,结合 2003—2007 年中国商业银行业的发展情况对中国商业银行业稳定性进行研究,并提出了建立中国商业银行业稳健经营的长效机制,此外论文还对中国商业银行业效率绩效以及中国商业银行业市场结构与市场绩效相关性进行实证分析。第五章进一步提升中国商业银行业市场绩效的研究,指出中国商业银行业市场结构的优化、公司治理的进一步完善以及监管机制的进一步完善是进一步提升中国商业银行业市场绩效的重要方法。第六章总结和展望。

关键词:商业银行　产业组织　市场竞争　市场监管

1661

**掏空问题、代理问题与多元化折价** / 沈梁军著 ; 朱善利指导. -- 北京大学, 2009. -- 128 页

全文共分为五章。第一章导论,介绍了论文的选题背景和研究意义,论文的研究对象,现阶段相关的研究成果,论文的研究思路,技术路线图,论文采用的研究方法,几点创新及后续需要继续加深的研究方向。第二章相关的文献综述,主要阐述了企业多元化的收益、企业多元化的成本,研究了多元化对企业绩效的影响,阐述了企业控股结构对多元化的影响。第三章股权结构、管理层激励与多元化折价,首先分析了大股东利益攫取的问题,阐述了掏空的理论;其次研究了内部人控制的问题,论述了代理理论,最后研究了两种理论模型的识别和检验。第四章介绍了多元化的折价问题,提出了大股东侵害还是内部人控制的问题,主要包括章节引言、相关文献综述、研究设计与样本数据、多元化与管理层激励和企业绩效关系、管理层激励与大股东持股比例与企

业多元化、管理层激励与股权结构及多元化的关系及章节小结七方面的内容。第五章为论文的总结，主要概述了论文的研究内容、基于论文研究的政策启示以及对未来研究的展望。论文通过理论分析与实证检验两个部分回答了关于多元化折价的“掏空理论”和“代理理论”解释，哪一种理论对现实更具有解释力。

关键词：企业管理　多元化　股东　股权结构　股份有限公司

1662

**银行业有效竞争研究**／石晓烽著 ；王述英指导. -- 南开大学，2009. -- 161 页

论文以银行业有效竞争研究为对象，以产业组织理论和微观银行理论为基础，构建银行业有效竞争的研究框架，对银行业有效竞争问题进行理论研究。全文共分为七章。第一章导论，主要对银行业有效竞争研究的研究背景、研究意义以及创新等进行概括说明；第二章对银行业有效竞争的基本理论进行解析，对银行业有效竞争的内涵和判断标准等关键问题做出论述，并从银行业内在脆弱性和外部市场的信息不对称性对银行业有效竞争的特殊性进行分析。第三章从绩效提升的视角对银行业有效竞争问题进行研究，发现高集中度的垄断竞争型市场结构或寡头竞争型市场结构是比较合理的银行业市场结构，一些规模较大、市场支配能力较强的银行能够更好地发挥竞争优势。第四章从风险防范的视角对银行业有效竞争问题进行研究，发现由于银行自身存在的脆弱性，决定在提升银行业竞争效率的同时，完善的风险管理制度对于银行业稳健发展至关重要。第五章从融资效率的视角对银行业有效竞争问题进行研究，发现发展关系型融资和信息共享机制能缓解信贷市场失灵，提高银行在信贷市场上资金融通的使用效率和配置效率。第六章对近期德国、美国和墨西哥三国银行业竞争做实证研究，并分别对各国现状做出分析评价。第七章对中国银行业有效竞争进行研究，分析当前我国银行业市场结构的基本类型并探讨其背后的形成原因，进而在对我国银行业有效竞争进行实证研究的基础上，提出一些加强市场竞争的措施，以确保实现银行业稳健而有竞争性。

关键词：银行业　经营管理　市场竞争　经济效果　风险控制

1663

**中西部欠发达区域特色资源产业化模式研究：基于产业生态学视角**／时岩著 ；卢福财指导. -- 江西财经大学，2009. -- 138 页

论文采用模型分析和实证分析等方法，基于产业生态学视角，对中西部欠发达区域特色资源产业化模式进行研究。全文分七章。第一章导论，描述了论文研究的背景和意义，对产业生态学理论、方法和产业化模式理论进行了综述，指出了论文研究的理论框架及研究的主要内容和研究的创新点。第二章中西部欠发达区域特色资源产业化生态模式的选择，阐明了特色资源产业化生态模式的优势，及其选择存在着客观必然性和可行性，对特色资源、特色资源产业化、特色资源产业化模式系列概念进行定义，并描述他们的相关特征。第三章中西部欠发达区域特色资源产业化生态模式框架构建，从经济发展、生态安全、区域公平三个原则出发，以特色资源、产业化项目、生态成本支付为构建要素，构筑中西部欠发达区域特色资源产业化的生态模式，此外，论文对生态模式的构建要素以及生态模式运行过程进行了分析。第四章生态模式运行的关键：生态成本支付，在对排污权的界定依据和准线进行确定的基础上，应用产业生态理论和方法创建了相对生态盈余测度模型、排污权测度模型、减排梯度测度模型、减排梯度势差模型和减排量测度模式。第五章以青海省为例做生态模式的实例分析，从青海省的特色资源条件，到产业化项目存在的可能和途径，再到相对生态盈余的大小进行了分析，采用创建的测度模型对青海省的排污权进行实地测度，结合发达地区的减排量，论述了青海省建立特色资源产业化生态模式的可能性。第六章生态模式运行的建议和对策，在对模式运行的现实制约因素、区域、市场和制度因素进行分析的基础上，论述了产业化生态模式运行的有效实施条件，并对生态模式的正常运行提出了相关政策建议。第七章结论与展望。

关键词：不发达地区　特色资源　产业化　经济发展　西北地区　西南地区

1664

**基于集团化扩张的学校竞争力研究**／苏文捷著 ；王恕立指导. -- 武汉理工大学，2009. -- 162 页

论文运用微观经济学中的成本理论、完全竞争理论、不完全竞争市场的生产要素、商品市场理论、交易费用理论和组织扩张理论对基于集团化扩展的学校

竞争力进行研究。全文分为八章。第一章绪论,阐述了论文选题的背景、研究意义,国内外相关研究现状,论文的主要研究内容、技术路线以及研究中所采用的方法。第二章组织扩张及组织竞争力的理论基础,就社会分工与组织形态、基于规模经济和范围经济的组织扩张、学习效应与组织扩张以及组织的竞争力等相关理论进行了阐述。第三章学校竞争力的一般理论分析,论文结合教育、教育产品、教育市场以及教育集团等概念分析了教育产业的特殊性,进而对学校竞争力进行理论研究,分析影响学校竞争力的主要因素,在此基础上构建学校竞争力的指标体系与评价模型。第四章集团化扩张与学校发展,在回顾了教育集团组织扩张的背景的基础上,概述了教育集团学校的特点,进而对集团组织扩张的成功经验以及扩张中所存在的问题进行分析。第五章集团化扩展与学校竞争力提升的关联机理,利用外部规模经济的外延式组织扩张和利用内部规模经济和范围经济的内涵式组织扩张对教育集团组织扩张进行研究,分析了学校竞争力与价格、品质、销售之间的逻辑关系,从而得出组织扩张与学校竞争力提升的关联机理。第六章实证研究集团化扩张对提升学校竞争力的影响,描述了东北育才集团概况,在此基础上分析了基于规模经济、范围经济,以及专业分工、学习效应组织扩张以降低教育成本、提高教育质量和提升学校竞争力的原理。第七章依据对教育产业特殊性与教育经营、学校竞争力、集团扩张对学校竞争力提升的机理的理论研究,提出相应的政策和对策建议。第八章全文总结和展望。

关键词:教育集团　教育产业　规模经济　核心竞争力

**1665**

**外源性产业集聚的成因与发展路径分析:以广州汽车产业为例** / 孙雷著 ; 隋广军指导. -- 暨南大学, 2009. -- 126 页

论文以广州汽车产业为例,探索外源性产业集聚的形成原因及发展机理,将经验进一步推广至其他产业和地区。全文共分为七章。第一章,导论。介绍论文问题的研究背景,FDI 集聚的回顾与评论,研究对象、研究方法和逻辑框架,各章的主要内容及可能的贡献与创新。第二章,文献综述和理论基础。介绍有关汽车产业集群的文献,解释产业集聚现象的各种流派,包括马歇尔外部性理论,韦伯的集聚理论,胡佛集聚成因理论,基于竞争力的集群学派以及新经济地理学理论。第三章,外源性产业集聚的形成与发展。介绍外源性产业的内涵与特征,包括外源、内源与外生、内生增长理论的联系,外源性经济与内源性经济的区别以及外源性产业内涵及特征;对外源性产业与内源性产业做出比较,包括内源性产业内涵与特征,内源性产业集聚和外援性产业集聚,内源性产业集聚的案例,内源为主、兼有外源性特征的混合型产业集聚案例,外资推动模式案例,外源性产业集聚案例等,以及外源性产业的发展模式。第四章,外源性产业集聚带来的产业组织变革。以广州汽车产业为例,探讨外源性产业集聚的产业组织变迁,以广州汽车为例,对外源性产业集聚做 SCP 分析。第五章,外源性产业集聚的动力分析与环境评价。探讨外源性产业集聚形成的动力,外源性产业集聚生产模型以及不同区域的集聚环境评价指标体系建立。第六章,外源性产业集聚的实证研究:广州汽车产业集聚。包括对案例的因子分析,回归分析。第七章为论文结论与未来研究方向。

关键词:汽车工业　产业集聚　产业发展　广州

**1666**

**知识溢出、吸收能力与创新绩效:基于珠三角代工企业的实证研究** / 陶锋著 ; 胡军指导. -- 暨南大学, 2009. -- 162 页

论文基于珠三角代工企业的实证研究,探讨知识溢出、吸收能力与创新绩效及其对我国代工企业技术创新影响等,提出相关的政策和意见。全文共分为六章。第一章,绪论。介绍论文选题背景;提出研究的理论意义和现实意义,研究的内容;提出相关概念的界定,包括全球价值链、代工、知识溢出、吸收能力、创新绩效等;介绍研究的方法和研究的技术路线,提出论文的创新之处。第二章,文献综述。介绍全球价值链与跨国代工的涵义,代工模式与发展中国家的技术追赶及相关研究评述;提出国际知识溢出理论,介绍国际知识溢出传导渠道,代工合作与知识溢出,知识溢出影响因素,相关研究评述;对现有文献做出评价。第三章,理论基础。介绍知识溢出和创新绩效,包括国际知识溢出和本地知识溢出,显性知识溢出和隐性知识溢出,知识边界和学习过程;探讨吸收能力及其调节效应,包括吸收能力的过程维度,吸收能力的结构维度,吸收能力的调节效应;探讨吸收能力与外部环境,提出论文的概念模型。第四章,研究假设和实证设计。提出实证研究假设,包括知识溢出,吸收能力,外部环境的影响,基本计量模型构建;提出变量和问卷设

计,包括创新绩效,吸收能力,知识溢出,外部环境和控制变量;提出计量模型。第五章,数据整理和实证结果。对论文的数据搜集和整理,实证检验以及实证结果和讨论作出说明。第六章,研究结论与启示。

关键词:制造工业　知识管理　企业创新　企业绩效　价值链

**1667**

**基于京津走廊经济发展的廊坊市产业结构调整和空间布局优化研究** / 田海宽著 ; 周军指导. -- 武汉理工大学, 2009. -- 129 页

论文运用经济学的基本理论和方法,在调查廊坊市各区域经济发展阶段、资源禀赋状况、产业结构特点、主导产业的规模和竞争力的基础上,有针对性地研究各区域的产业结构、产业规模和产业竞争力,分析其发展趋势,研究廊坊市各区域之间的相互作用程度,进而提出廊坊市产业结构调整和空间布局优化的方案。全文共分为七章。第一章,绪论。介绍研究背景和研究意义,对国内外研究现状进行综述,并进行简要评论。第二章论述产业结构调整和产业空间布局的基本理论,主要介绍和分析产业结构调整与优化理论,区域经济发展和城市经济功能定位理论,产业空间布局优化理论,以及环境和生态经济学理论。第三章,分析廊坊市产业结构调整和空间布局的状况,指出廊坊市产业结构及空间布局的形成过程、特点及其中存在的问题。第四章研究京津走廊的经济发展与廊坊城市经济功能定位问题,分析廊坊经济功能定位方面的经验教训,考察京津走廊经济发展战略对城市功能定位的影响,提出廊坊城市经济功能定位的具体依据。第五章探讨廊坊市产业结构调整和主导产业选择问题,论述廊坊市产业结构调整的原则和基本战略,提出主导产业选择的依据、方法及主导产业的构成和发展策略。第六章是关于廊坊市产业空间布局优化的问题,论述廊坊市产业空间布局的主要影响因素及产业空间布局的定位和重点。第七章提出廊坊市产业结构调整和空间布局优化的政策建议,包括积极融入京津,指定区域发展规划,做好招商引资工作,加强城市营销,加强城市人力资源开发等。

关键词:城市经济　产业结构调整　廊坊市

**1668**

**中国企业工资水平宏观调控机制研究** / 田原著 ; 林玳玳指导. -- 北京交通大学, 2009. -- 122 页

全文共分为八章。第一章,导论。介绍论文研究背景和研究目标,基本概念的界定,研究思路、研究方法和研究内容。第二章,基础文献述评。一是工资决定理论模型的理论和模型介绍;二是工资形成相关理论的说明。第三章,中国企业工资水平对于经济影响的理论分析。包括对中国企业工资水平现状,中国企业工资水平对与经济影响的理论。第四章,政府对企业工资水平进行宏观调控的理论基础与作用界定。介绍劳动力市场工资水平决定模型,中国企业工工资水平差异分析,劳动力市场分割与工资水平差异模型;提出中国企业工资水平宏观调控主体作用的内涵界定,政府对企业工资水平宏观调控的界限判定,政府对企业工资水平宏观调控的作用分析。第五章,改革开放三十年中国企业工资水平宏观调控制度发展历史沿革。分别介绍改革开放三十年来经历的四个阶段过程中,中国企业工资水平的具体情况。第六章,中国企业工资水平宏观调控机制评价模型与现状分析。首先对中国企业工资水平宏观调控体系综合评价研究,包括综合评价模型参量的选定,综合评价模型的构建,联合影响因素的广义数学期望模型,中国企业工资水平宏观调控体系综合评价与实证分析;对中国企业工资水平宏观调控制度现状分析,包括工资增长指导线制度,工资集体协商制度,劳动力市场工资指导价位制度现状分析,人工成本信息知道制度和最低工资制度。第七章,中国企业工资水平宏观调控机制与测算模型研究。研究包括中国企业工资水平宏观调控机制目标模式,中国企业工资水平宏观调控机制构建,企业工资水平宏观调控测算模型研究——北京市工资增长指导线制度实证分析,工资增长指导线测算模型实证研究——以北京为例。第八章为论文结论与展望。

关键词:企业　工资水平　宏观调控机制

**1669**

**地方大型国有企业改革与发展研究** / 汪锋著 ; 汪海粟指导. -- 中南财经政法大学, 2009. -- 120 页

论文结合对中国国有企业改革基本逻辑、理论评述和发展趋势的分析,对地方大型国有企业的改革与发展进行研究。全文分七个部分。导论部分,阐述了论文的选题目的,研究的意义,相关概念的界定,论文的逻辑结构和研究的主要内容,国内外对大型国有企业改革问题的研究现状。第一章国有企业改革的基本逻辑、理论评述及发展趋势,主要对中国国有企业

改革的历程进行回顾,对当前国内外有关国有企业改革的理论进行评述,并在此基础上,提出我国国有企业改革的方向是向新国有产业发展的趋势。第二章大型国有企业与国家产业发展战略的关系,论文从宏观高度论证了大型国有企业在国家产业发展战略实施中所具有的特殊战略地位,对国家产业发展战略实施中的政治目标、经济目标及社会目标进行阐释,并对中央企业、地方大型国有企业在国家产业发展战略实施中的积极作用进行分析。第三章,地方大型国有企业在国家产业发展中的作用分析,指出地方大型国有企业对国家产业发展有一定作用的同时,也会在一定程度上偏离国家的整体产业发展战略,并对其原因进行了分析。第四章,地方大型国有企业在地域产业发展中的作用分析。论文选取东、中、西三个典型代表省份,通过对这些典型省份国有经济“三力”状况的分析来解读地方大型国有企业在地域发展中的作用。第五章国有企业改革与发展的国际国内经验,对比分析了国际上著名的美国模式、日本模式、新加坡模式和国内的吉炭模式、青岛港模式、深水模式、武锅模式和哈量模式所存在的区别与联系。第六章地方大型国有企业改革与发展的总体方案设计,从宏观、中观以及微观三个不同层面对地方大型国有企业的改革与发展提出建议。

关键词:国有企业　经济体制改革　产业发展

**1670**

**反垄断和解制度的经济学研究** / 王超著 ; 张瑞萍指导. -- 北京交通大学, 2009. -- 154 页

全文共分为七章。第一章引言,主要阐述了论文研究的选题背景,介绍了产权理论、制度变迁理论、机制设计理论等基本理论,介绍了论文研究的基本概念、技术角度及研究的假设,总结了相关的国内外的研究文献。第二章反垄断和解的价值,阐述了反垄断和解的法律功能、经济功能和社会功能。研究了完成判决或者进行和解的问题,阐述了和解发生不同阶段的原因。第三章反垄断和解的原则,主要阐述了反垄断和解的实体效率原则、程序效率原则。论述了反垄断和解的公正原则,分析了实体公正与程序公正的关系,阐述了实体公正与程序公正的意义和体现,对效率原则和公正原则进行了评价。第四章反垄断和解的博弈,主要阐述了博弈论的价值,研究了和解博弈的分类与博弈扩展,研究了影响和解博弈的关键要素,论述了诉讼前、诉讼中的和解博弈的情形,研究了不同类型和解博弈的制度设计,介绍了博弈论应用的局限和展望。第五章反垄断和解的监督,主要论述了反垄断和解监督的构成与作用,分析了和解监督的有效性,阐述了达成和解协议的监督过程,分析了执行和解协议的监督措施。第六章反垄断和解制度的实施,主要分析了三个微软和解的不同案例,分析了微软和解的效率原则和公正原则,阐述了微软和解过程中的博弈,分析了美国与微软和解的监督。第七章为全文的结语。

关键词:反垄断法　和解　经济学

**1671**

**论我国产业结构调整与企业并购** / 王春香著 ; 李悦指导. -- 中国人民大学, 2009. -- 209 页

论文采用多角度分析、实证分析和回归分析等多种分析方法对我国产业结构调整与企业并购进行研究。全文分七章。第一章导论,描述了论文的研究背景和选题意义,对马克思主义和国内外学者对产业结构和企业并购理论的研究进行综述,阐述了论文的指导思想、整体框架、研究内容和研究方法,并相关概念进行界定,指出了论文中所存在的创新点和不足之处。第二章产业结构调整与企业行为,概述了产业生命周期理论以及产业演变的驱动因素,阐释了产业结构演变与调整的影响因素,并从企业的微观主体作用、宏观经济理论与政策两个方面对产业结构演变与调整中的影响因素进行重新界定。第三章企业目标与企业并购,从理论角度概述了企业目标、约束条件以及企业的决策准则,在委托—代理理论的基础上描述了国有企业的行为特征,从企业边界、企业角度、管理者角度分析了企业并购的动因。第四章企业并购与产业结构调整,描述了企业并购与产业演进的关系,以及企业并购对产业结构调整的作用,并指出由于政府对产业结构调整的干预,导致市场在存量调整中的失灵和企业行为的负效应。第五章我国产业结构调整与企业并购的现实分析,指出我国产业结构调整的现状、所存在的主要问题及产业调整的任务,概述了产业组织及其对产业结构调整的影响,从现实角度分析了中国企业并购的历史趋势,并从微观、中观和宏观三个方面提出了企业并购促进产业结构调整的政策建议。第六章全球化背景下企业并购与产业结构调整,分析了全球化背景下产业结构升级的方向及动力机制,介绍了跨国并购促进产业结构调整的基本原理,描述了我国企业跨国并购的情况并提出相关

政策建议。第七章结合钢铁产业实例分析中国产业结构调整所面临的问题,并提出相关政策建议。

关键词:产业结构调整　企业兼并　企业管理　钢铁工业

**1672**

**经济发展方式转变与科技创新研究** / 王德平著 ; 赵国良指导. -- 西南财经大学, 2009. -- 173 页

论文运用历史分析、规范分析和实证分析等方法对经济发展模式转变与科技创新进行了研究。全文分为七章。第一章绪论,讲述了选题的背景和意义,国内外相关研究现状,论文研究的思路和方法。第二章梳理了经济增长理论、经济发展理论及创新理论不同发展阶段的研究成果,探讨了经济增长的源泉、结构转变的实现途径、科技创新的历程和作用机制。第三章经济发展方式转变的思路及路径选择,论文界定了转变经济发展方式的内涵,阐述了新的经济发展方式"以人为本""五位一体""协调"和"可持续"的内容,介绍了经济发展方式转变的由来、现状及存在的问题,并分析了经济发展方式转变的制约因素,在借鉴先进国家经济发展方式转变的经验和教训基础上,提出中国经济发展方式转变思路。第四章科技创新与需求结构的转变,具体探讨了科技创新如何促进产业需求结构的转变,在考察我国需求结构现状及面临问题的基础上,分析了科技创新促进需求结构转变的作用机理和障碍,并据此提出科技创新创新促进结构转变的路径选择。第五章探讨了科技创新如何促进产业结构的优化,分析了科技创新促进产业结构优化的作用机理和障碍,提出了科技创新促进产业结构的优化的实现路径,并结合绵阳市产业结构优化的例子加以佐证。第六章探讨了科技创新如何促进要素结构的转变,分析了科技创新促进要素结构转变的作用机理和障碍,并提出了科技创新促进要素结构转变的实现路径。第七章探讨了基于经济发展方式转变的政府与企业创新问题。

关键词:中国经济　经济发展　发展方式　技术创新　经济结构调整

**1673**

**外资并购与我国产业安全研究** / 王东杰著 ; 马传栋指导. -- 山东大学, 2009. -- 151 页

全文共分为七章。第一章导论,介绍了论文选题的背景和研究的意义,研究对象,现阶段相关的研究成果,研究思路,技术路线图,研究方法及论文的研究的几点创新。第二章介绍了外资并购与产业安全的相关理论,主要包括外资并购相关理论、产业安全相关理论。对外资并购对东道国产业的安全影响进行了理论分析。第三章外资并购对我国产业控制力的影响,主要阐述了外资并购在我国的发展历程,研究了外资并购对我国产业控制力的影响,分析了外资并购削弱我国产业控制力的机理,最后论述了中国大豆压榨业的现状。第四章外资并购对我国产业竞争力的影响,对外资并购对我国产业竞争力的影响进行了一般性分析,实证研究了外资并购对上市公司竞争力的影响,分析了中国汽车产业这一典型的案例。第五章外资并购对我国产业安全的影响评价及国际比较,主要阐述了外资并购对我国产业安全的影响评价,阐述了外资并购对东道国产业安全影响的国际比较。第六章提出了完善外资并购政策维护我国产业安全的建议,总结了发达国家控制外资并购维护产业安全的政策经验,研究了 WTO 下构建我国外资并购政策体系的主要思路,归纳了加强外资并购维护我国产业安全的主要措施。第七章为论文的总结与展望。

关键词:外资公司　企业合并　产业经济　安全竞争力

**1674**

**创业企业剩余索取权与控制权非对称分配研究** / 王红梅著 ; 荣朝和指导. -- 北京交通大学, 2009. -- 145 页

全文共分为七章。第一章引论,介绍了论文选题的背景和研究的意义,论文的研究对象,现阶段相关的研究成果,论文的研究思路、技术路线图,论文采用的研究方法及几点创新和后续需要继续加深的研究方向。第二章企业所有权分配的相关理论及观点评述,主要包括现代主流企业理论中有关所有权分配观点的概述、非人力资本所有者掌握企业所有权的观点、人力资本与非人力资本所有者分享企业所有权的观点这三方面的内容。第三章研究了企业剩余创造性与契约性,主要阐述了科斯的企业契约性质论及其延伸,分析了企业的根本性质,研究了企业契约性分析。第四章分析了企业剩余索取权与控制权分配的谈判力,研究了企业剩余创造的机理,分析了剩余索取权分配谈判力的影响因素,研究了控制权分配谈判力的影响因素。第五章研究了创业者和创业投资者剩余索取权与控制权分配的过程,主要介绍了创业投资的定义和特点,研究了创业投资参与主体及资本与

收益的流向,研究了剩余索取权与控制权分配谈判力影响因素信息收集与评估,分析了剩余索取权与控制权分配的问题。第六章是对创业企业融资契约的研究与分析,主要阐述了创业企业剩余索取权与控制权的非对称分配的现象,研究了创业者与创业投资者对创业企业资本增值的贡献,分析了创业者与创业投资者的专有性和专用性。同时还分析了创业企业的风险和融资契约的模型。第七章为全文的总结。

关键词:企业管理　收入分配　分配制度

**1675**

**中国房地产价格波动与居民消费行为关系研究** / 王辉龙著 ; 高波指导. -- 南京大学, 2009. -- 182 页

论文采用定量与定性相结合的研究方法,对中国房地产价格波动与居民消费行为选择之间的相互关系展开研究。全文共分为七章。第一章,绪论。介绍选题背景、研究目的和意义,研究内容、方法和技术路线,可能的创新与不足之处以及论文文献综述。第二章,房地产价格决定与居民消费行为:理论框架。介绍房地产价格理论与决定模型,消费者行为理论与支出模型及小结。第三章,房地产价格波动对居民消费行为选择的影响。分析中国居民家庭资产分布特征,对房地产价格影响居民消费者行为选择进行理论分析,对房地产价格影响居民消费选择展开实证分析。第四章,消费者行为选择对房地产价格的影响。分析中国居民消费水平和消费结构特征,探讨消费者心理与房地产价格的关系,对消费者适应性与其对房地产价格影响展开实证分析。第五章,房价、消费及居民购房选择行为:南京例证。结合南京市人口与住房状况,对南京房地产消费市场做统计描述,对南京居民购房决策行为的模型设定并做出计量分析,得出该部分的结论。第六章,完善住房保障与稳房价促消费。探讨转型期中国城市居民住房困难与消费抑制,住房保障政策对居民消费影响的理论分析,保障性住房建设对房地产市场需求和居民消费的影响。第七章,结论、政策含义与研究展望。

关键词:房地产价格　价格波动　居民消费　消费者行为论

**1676**

**中小企业创新发展研究** / 王今朝著 ; 赵玉林指导. -- 武汉理工大学, 2009. -- 154 页

论文综合运用创新经济学、产业经济学、企业经济学等理论,以及系统方法、实证分析方法和比较分析方法等,研究中小企业创新动力、创新策略、创新能力和集聚创新及其对发展的作用和影响。全文共分为八章。第一章,绪论。介绍论文选题背景、研究目的和意义,国内外相关研究综述,主要研究内容和方法以及论文创新点。第二章,中小企业创新发展理论基础。介绍中小企业理论,中小企业创新理论,企业成长与发展理论,企业集群发展理论。第三章,中小企业创新动力与企业发展。提出发展的本质就是创新,探讨中小企业创新动力机制的核心要素;分析中小企业创新动力机制,包括知识产权,企业家创新精神,市场需求,政府激励,技术创新和利益;介绍中小企业创新动力运行机制,包括创新主体,创新机会,创新环境和创新支持系统。第四章,创新战略与中小企业发展。首先对创新战略分别按技术来源、竞争势态和行为方式分类;接着探讨中小企业的创新战略选择,包括中小企业创新战略的特点,基于动态能力的中小企业技术创新战略选择和中小企业创新战略的互动与选择;最后探讨基于创新战略的中小企业发展模式。第五章,中小企业创新能力与企业发展。结合企业创新能力要素,提出基于创新过程的创新能力评价体系构建,基于创新过程的创新能力评价以及中小企业创新能力对企业发展的影响。第六章,中小企业集群创新与企业发展。介绍中小企业集群创新形成机制,分析集群创新效应和中小企业集群创新网络的建立。第七章,沈阳市中小企业创新发展实证研究。介绍沈阳市中小企业发展现状,沈阳市中小企业创新发展中存在的主要问题,沈阳市中小企业创新发展对策并得出结论。第八章为论文总结与研究展望。

关键词:中小企业　企业发展　创新管理　创新能力　企业绩效

**1677**

**我国工业设计产业发展问题研究** / 王娟娟著 ; 汪海粟指导. -- 中南财经政法大学, 2009. -- 156 页

论文采用理论分析和实证分析相结合的方法对我国工业设计产业发展中存在的问题进行研究。全文分为八章。第一章导论,主要介绍了论文的研究背景及主要研究问题,论文的研究思路及研究方法,论文的结构安排和创新之处。第二章文献回顾,就基于专业化的分工理论、生产性服务业的文献研究,以及关于工业设计产业的文献研究三个方面进行了综述。第三章,工业设计产业的含义和发展,就工业设计产

业的内涵及行业划分等概念进行界定,指出工业设计产业的作用,就影响工业设计行业发展的因素进行分析,并指出工业设计产业化的发展趋势。第四章我国工业设计产业现状研究,通过对我国工业设计产业发展历史的回顾,结合多方面因素对我国工业设计产业的现状进行分析。第五章基于规模效应的视角对我国工业设计产业影响力进行了研究,通过对比我国与英国、美国、加拿大、日本四国的设计产业规模,发现我国设计产业存在着较大差距,主要表现在设计产业规模小、工业设计产业竞争力较弱,以及工业设计产业布局的不经济等方面,并对其进行了分析。第六章基于无形资产的视角对我国工业设计产业的竞争力进行研究,通过对无形资产、组成及衡量方法的概念的回顾,分析了工业设计产业无形资产的构成以及特征等,指出我国工业设计企业大部分没有认识到无形资产的作用,并构建了工业设计无形资产价值模型。第七章基于产业集聚的视角对我国工业设计产业空间布局进行了研究,通过构造工业设计产业集聚动力机制模型,从企业层面、集群层面和集群以外的三个层面分析了影响工业设计产业集聚的因素,通过实践和问卷调查,发现我国工业设计产业存在的两种模式。第八章总结与展望。

关键词:工业设计　产业发展　产业集群

**1678**

**文化产品盗版及其管制的经济学分析** / 王林著 ; 顾江指导. -- 南京大学, 2009. -- 172 页

论文采用对比分析、模型分析和实证分析等多种分析方法对文化产品盗版及其管制的经济学分析进行研究。全文分为八章。第一章阐述了选题背景和研究意义,描述了主要研究方法、研究的基本思路、内容框架及结构安排,指出了研究中可能的创新点与不足之处。第二章概念界定与研究综述,首先对文化产品盗版的概念进行了界定和经济学诠释,回顾了文化产品盗版的演变历程,对以往的研究进行总结。第三章文化产品盗版现状研究,对世界和我国文化产品盗版现状进行了总结性研究,并针对电影产业、音乐产业和出版业进行了行业性研究。第四章文化产品盗版存在的原因研究,从盗版产品的需求、供给、竞争环境和监管环境四个方面分析导致文化产品盗版存在的因素。第五章文化产品盗版的消费者福利效应研究,从文化产品盗版对正版厂商的定价策略、质量决策和产品决策三个方面,对盗版在短期和长期内对消费者福利水平的影响进行规范分析。第六章文化产品盗版水平决定因素的实证研究,在上述研究的基础上建立分析模型,使用 OECD 国家 1998—2005 年的面板数据,对文化产品盗版水平与各影响因素之间的关系回归并进行检验,分析文化产品盗版水平与诸因素之间的关联,进而探讨各国文化产品盗版水平巨大差异性的原因。第七章文化产品盗版管制的经济增长效应实证研究,在内生增长模式的分析框架下构建计量模型,分别使用跨国面板数据和我国省级面板数据,对文化产品盗版管制的区域增长效应进行实证检验。第八章结论和建议。

关键词:盗版　版权　知识产权保护　社会福利

**1679**

**中国产业结构优化的生产效率标准模型研究** / 王涛著 ; 李悦指导. -- 中国人民大学, 2009. -- 215 页

论文采用 PESM 分析和回归分析等分析方法,对中国产业结构优化的生产效率标准模型进行研究。全文分八个章节。第一章导论,阐述了论文研究的选题背景以及研究意义,论文研究的指导思想、研究思路和论文结构,论文研究中采用的方法、创新点和不足之处。第二章概念界定,论文对产业与产业分类、结构与产业结构、产业结构合理化与产业结构优化、产业结构调整与产业结构升级等多个概念进行界定,并分析了产业结构发展与经济增长的关系。第三章产业结构优化研究现状,在对国内外产业结构发展历程进行了理论回顾的基础上,论文从定性研究和定量研究两个不同角度分析了产业结构优化研究的现状。第四章 PESM 生产效率标准模型,对马克思的各部门资本效率平均化规律、刘易斯的二元经济结构模型和效率论的理论基础进行回顾,提出了模型建立的基本假设与生产效率标准模型的构建,并对模型进行说明,指出三率的计算方法。第五章通过 PESM 模型实证分析中国产业结构优化,首先分析了改革开放以来中国的劳动力结构、中国固定资产投资结构及中国能源消耗结构,进而分析了改革开放以来中国经济总量与“三率”。第六章金融危机对中国经济结构调整的影响,对金融危机的概念进行解释并阐述了现代金融危机的特点,进而分析了金融危机产生的原因及其传播机理,此外,论文还就金融危机对产业结构调整的影响进行分析,剖析了当前金融危机下如何扩大内需的措施。第七章中国产业结构的优化方向,从整体角度分析了三次产业优化方向和国民经济行业调整方

向,并对金融危机背景下产业结构调整的政策选择进行分析。第八章指出研究的不完善和后续将要进行的研究。

关键词:产业结构优化　结构调整　生产效率　经济增长　金融危机

**1680**

**中国房地产市场货币政策效应研究** / 王先柱著；高波指导. -- 南京大学, 2009. -- 132 页

论文采用理论分析、数理推导以及计量经济分析等方法对中国房地产市场货币政策效应进行了研究。全文分七章,第一章导论,主要阐述了论文的选题背景、目的、意义,国内外相关研究现状,论文的逻辑框架及研究中所采用的方法,研究中可能存在的创新与不足。第二章房地产市场货币政策传导机制理论,研究运用多种理论分析方法考察了房地产市场货币政策效应,从货币渠道和信贷渠道明晰货币政策在房地产市场表现,从区域效应和行业效应探究货币政策在房地产市场影响的异质性。第三章用数理推导的方法分析房地产市场货币政策效应,当货币供给量不断增加时,通货膨胀率增加和货币持有者的收益减少,在不存在套利的条件下,房地产价格势必要增加来应对房地产资产收益率的下降。第四章利用实证的方法分析中国房地产市场货币政策效应,从货币渠道和信贷渠道两个角度对中国房地产市场货币政策效应进行分析。第五章以区域视角分析中国房地产市场货币政策效应,首先从房地产市场货币政策存在区域效应进行理论分析,并指出房地产金融支持所存在的区域差异,从全国层面来看,东部地区利率影响房地产需求的转折点是3.97,西部地区为5.32,据此论文构建相应的理论模型。第六章从行业视角分析房地产市场货币政策效应,通过相关文献回顾指出房地产行业的利率敏感性和资金需求的差异是造成货币政策在房地产市场存在行业效应的主要原因。第七章概述了论文的主要结论,并对未来研究做出展望。

关键词:房地产市场　货币政策　信贷　房地产价格

**1681**

**开放经济条件下企业并购的反垄断规制** / 王彦芳著；范爱军指导. -- 山东大学, 2009. -- 128 页

论文以微观分析和宏观政策分析相结合的方法,对开放经济条件下企业并购的反垄断机制进行研究。全文分为八章。第一章导论,阐述了论文的选题背景及研究意义,相关概念知识界定,论文的研究思路、结构安排以及研究中所采用的方法,指出论文研究中的主要创新点和不足之处。第二章文献综述,从古典经济学的反垄断理由、现代竞争理论、企业并购动机理论、企业并购的反竞争效应,以及企业并购与反垄断规制的国内外相关研究进行综述。第三章开放经济条件下的企业并购浪潮,首先对企业并购浪潮的历史进行回顾,进而分析了新一轮企业并购浪潮的主要特征,以及开放经济条件下企业并购浪潮的影响因素。第四章进口、市场势力与企业并购反垄断规制,在分析贸易政策与反垄断政策的互动关系的基础上,剖析了市场势力及其在反垄断规制中的作用,并从理论角度考察了进口对国内市场势力的约束。第五章外国竞争与企业并购反垄断审查,首先分析了企业并购反垄断审查中的主要考量因素,继而对外国竞争与相关市场的概念进行界定,在此基础上分析了企业并购反垄断审查中的外国竞争因素。第六章开放经济条件下企业并购反垄断规制趋向,首先指出了开放经济条件下反垄断规制目标的变化,进而分析了贸易自由化对企业并购反垄断规制的替代作用、贸易自由化对企业并购反竞争性的影响,以及企业并购反垄断规制的两难选择,并结合美国企业并购反垄断规制进行实证分析。第七章企业并购反垄断规制的国际协调,分析了开放经济条件下反垄断规制在国际协调方式中的局限性及产生的冲突。第八章分析了中国企业并购以及反垄断规制的发展概况,并就我国在开放经济条件下如何完善企业并购反垄断规制提出相关建议。

关键词:经济开放　企业合并　并购　反垄断法

**1682**

**我国图书出版产业市场结构、创新与绩效的实证研究:论新图书开发和新技术应用在我国图书出版产业竞争和绩效中的作用** / 王勇著；蔡荣生指导. -- 中国人民大学, 2009. -- 210 页

论文采用微观分析、宏观分析、实证分析等多种分析方法对我国图书出版产业市场结构、创新与绩效进行实证研究。全文分为八章。第一章绪论,阐述了论文的研究背景、研究意义,论文所研究的问题、主要研究内容、研究方法,论文研究的主要创新之处。第二章图书出版业市场结构、创新与绩效的相关理论综述,就研究中所涉及的相关概念进行阐释,并对相关文献进行综述。第三章图书出版产业及其创新的特

点分析，首先分析了图书出版产业的特点，继而对图书出版产业创新的总体方向、总体特征、新图书开发的主要特点，以及新技术应用的主要特点进行分析。第四章我国图书出版产业发展现状分析，回顾了我国图书出版业的发展历史，结合图书销售现状、当前市场结构现状，以及创新现状对我国图书出版产业的发展现状进行分析。第五章宏观图书出版产业市场结构、创新与绩效的实证分析，对我国图书出版产业市场集中度、市场绩效、新图书开发及新技术应用的时间绩效进行描述统计分析，从而构建我国图书出版产业市场结构与绩效的时间序列模型，在此基础上分析我国图书出版产业市场结构与新图书开发和新技术应用的时间序列。第六章微观图书出版社市场竞争、创新和绩效的结构方程模型构建及探索性因子分析，结合相关理论，构建微观图书出版社竞争、创新与绩效的实证模型，选择相应的测量指标，结合调查问卷数据统计结果，对图书出版产业市场竞争、制度环境、需求特征、资源状况、市场导向、新图书开发、新技术应用等诸多方面进行探索性因子分析。第七章微观图书出版社市场竞争、创新与绩效的验证性因子分析和最终模型拟合，结合测量指标的信度和验证性因子的分析，确立概念模型的拟合修订和最终模型，进而对我国图书出版产业竞争、创新与绩效类变量之间的影响关系进行分析。第八章研究总结和相关建议。

关键词：图书出版　市场结构　市场竞争　出版社

**1683**

**闲暇效应与利益相关者博弈及其影响研究：工作—闲暇平衡下的经济行为** / 魏翔著 ；卢东斌指导. -- 中国人民大学, 2009. -- 302 页

全文共分为九章。第一章导论，主要介绍了论文的研究背景和意义，论文的研究方法和研究框架，相关概念的界定。第二章文献综述，主要阐述了闲暇效应的来源、闲暇的构成及其证据，分析了闲暇效应关联的利益相关者博弈及均衡，分析了闲暇效应对经济的影响。第三章闲暇效应的基础博弈，分析了两方博弈的缘起，阐述了带闲暇的两方博弈。第四章“企业—员工—企业”三方博弈，分析了闲暇效应的拓展博弈，研究了三方四人博弈的静态版本，阐述了三方四人博弈的动态版本。第五章从两方博弈到三方博弈演进中的经济行为及其管理创新，论述了两方博弈下的经济行为与管理的实践，阐述了三方博弈下的经济行为与管理实践。第六章闲暇效应与居民消费的关系，主要阐述了基于闲暇的静态与动态的消费函数模型，对研究内容进行了实证分析。第七章波动、增长与闲暇的联系，论述了闲暇对经济波动与经济周期的修正，介绍了闲暇对经济增长的贡献，阐述了基于闲暇效应的经济增长模式和经济增长的展望。分析了闲暇安排与增长中的不平等问题。第八章提出了制度设计基础和政策建议。分析了人口统计学的依据，阐述了实施要点和效果的评估方法，论述了制度安排的展望。阐述了资产建议的主要内容。第九章为全文的总结，主要归纳了论文的研究结论以及研究范式，分析了论文研究的局限性，对位的研究进行了展望。

关键词：消费经济学　经济行为　休闲娱乐　博弈论

**1684**

**中国金融业监管制度改革研究：基于金融混业经营视角的思索** / 巫文勇著 ；凌丹指导. -- 武汉理工大学, 2009. -- 155 页

论文基于金融混业经营视角的思索，对中国金融业监管制度改革展开研究。全文共分为七章。第一章，导论。介绍研究的背景、目的和意义，国内外相关研究综述，研究内容与研究方法，研究思路和技术路线。第二章，金融混业经营的理论分析。结合金融混业经营的基本范畴，探讨金融混业经营发展的动因，并对金融混业经营的功能进行辨析。第三章，主要国家金融混业经营的发展与组织模式。分别介绍美国、英国、日本、德国的金融混业经营发展与组织模式，并对全能银行与金融控股公司做出相同点与不同点的比较。第四章，金融混业经营风险与金融监管研究。分析金融混业经营的风险及特征，并对金融风险成因进行理论分析，探讨主要国家的金融混业经营监管，国际金融危机与金融监管改革。第五章，中国金融混业经营发展路径与模式选择。结合中国金融混业经营的发展路径，包括改革前的中国金融结构模式，1979—1995 年粗放型金融混业经营模式，1996—2003 年金融分业经营的确立与发展，2004 年至今金融混业经营探索与发展，提出中国金融混业经营发展现状，并提出中国金融运行组织模式选择。第六章，混合经营视角下的中国金融监管制度改革。首先结合中国金融监管改革的指导思想和基本原则提出中国金融监管改革的总体思路；提出中国金融监管制度改革的基本内容，包括创新中国金融法律制度，建立高效的金融风险预警体系，改革中国金融监管机构的结构模式；介绍中国金融

监管机构的权力配置并对中国金融监管与国际监管合作展开探讨。第七章为论文结论与展望。

关键词:金融业　经营方式　金融监管　体制改革

1685

**云南南部山区农户改良陆稻技术采用及其影响研究** / 吴海涛著 ; 丁士军,Sushil Pandey,陶大云指导. -- 中南财经政法大学, 2009. -- 172 页

论文以改良陆稻技术采用和农户生计为研究对象,通过农户调查、机构访谈和二手资料分析等手段,描述云南南部山区农户生计状况和陆稻生产情况,考察农户改良陆稻技术采用对农户生计策略及食物保障的影响,总结当地农户的经济发展模式。全文共分为八章。第一章提出研究问题,在此基础上确定研究的目标和内容,阐述分析所运用的研究方法、研究程序和数据情况,并对论文可能会有的创新点和研究局限进行分析。第二章构建论文研究的概念框架,对关键的概念——农户、生计、农业技术扩散等进行界定,对研究涉及的基本理论和主要问题进行回顾和综述。第三章考场云南山区贫困现状及其发展趋势,回顾推动山区贫困缓解的政策和制度背景,以及指向山区农业发展的具体措施,利用来自调查县的统计数据,介绍云南南部山区陆稻生产系统及其发展趋势。第四章考察调查农户的生计状况。利用来自云南省、各调查县级调查村的统计数据,首先分析农户生计背景;利用农户调查数据,考察与农户农业生产相关的主要资本,包括人力资本、物质资本和自然资本;描述农户生计活动,分析农户的生计结果,通过分组分析对不同生计结果的农户特征进行归纳,考察生计背景、生计资本、生计策略与生计结果之间的内在关系。第五章探讨改良陆稻技术采用模式。介绍考察技术采用的指标和基本模式,以及改良陆稻技术在调查点的应用现状;分析农户陆稻种植状况和改良陆稻技术采用状况,利用技术采用指标和基本模型估算调查农户改良路到技术采用速率模型,利用技术采用深度和广度两个指标分农户改良陆稻技术采用的模式,以及在调查年份中模式的转变过程。第六章研究改良陆稻技术采用的影响因素,分析影响农户是否采用改良陆稻技术和多大程度采用改良陆稻技术的因素。第七章从土地利用、农户生计策略和农户收入三个方面对改良陆稻技术采用的影响进行评估。第八章为论文结论和建议。

关键词:农户　农业技术改造　农业科技推广　云南

1686

**改革开放30年来我国零售业产业组织演变:基于SCP范式的研究** / 吴红光著 ; 陈甬军指导. -- 厦门大学, 2009. -- 154 页

论文基于SCP范式的研究,对改革开放30年来我国零售业产业组织演变进行了研究。全文共分为七章。第一章导论,介绍了论文选题的背景和研究的意义,论文的研究对象,现阶段相关的研究成果,论文的研究思路、技术路线,论文采用的研究方法,研究的几点创新及后续需要继续加深的研究方向。第二章我国零售业发展及其产业组织分析的路径,研究了零售业及其发展的趋势,分析了我国零售业的发展历程,论述了我国零售业产业组织的分享路径。第三章我国零售业财务绩效的演变,介绍了代表性企业及财务指标的选择,分析了我国零售业财务绩效的变化趋势,研究了影响我国零售业财务绩效的主要原因。第四章我国零售业市场行为的演变历程,主要分析了国内零售企业的市场行为演变以及外资零售业在我国的市场扩张。第五章我国零售业市场结构的演变,主要分析我国零售业企业规模的变化趋势,论述了我国零售业市场结构的演变,研究了我国零售业内资、港澳台资、外资零售企业比例变化的趋势,总结了有关我国零售业市场结构的结论。第六章 PFCSPS 分析框架下我国零售业的发展,主要阐述了我国零售业盈利模式与零售业的发展,分析了强弱差距对比下我国本土零售企业的扩张,研究了我国零售业的市场领先者。第七章为全文的总结。阐述了关于我国零售业产业组织演变与产业发展的主要结论和对我国零售业未来发展的基本判断。

关键词:零售业　产业组织　财务管理　市场行为　市场结构

1687

**零售商买方势力研究** / 吴清萍著 ; 张东辉指导. -- 山东大学, 2009. -- 143 页

论文采用了SCP理论范式方法、博弈论、市场供求局部均衡分析、比较静态分析和动态分析相结合的方法、模型分析和实证分析相结合等方法对零售商买方势力进行研究。全文分七章。第一章导论,主要阐释了论文的选题背景,研究的意义,论文采用的研究方法、研究基本思路以及主要研究内容。第二章文献综述,评述了国内外对零售商买方势力的研究,并指出当前对零售商买方势力研究中所存在的不足。第

三章零售商买方势力的界定及影响因素,从理论上对零售商买方势力进行界定,指出在产业链上零售商及供应商之间的关系,分析了零售商买方垄断势力及零售商买方谈判势力的影响因素。第四章零售商行使买方势力的行为,研究主要从买方垄断势力、买方谈判势力两类不同的零售商进行描述,具有买方垄断势力的零售商具有购买量决策势力,具有买方谈判势力的零售商具有纵向约束势力,并就产业链上主导企业实施纵向约束势力的原因进行分析。第五章零售商买方势力的福利效应,在产业链的研究背景下,结合市场上供给方的竞争状况,确定评价零售商福利效应水平的长期效率基准和短期效率基准,并依据效率基准,分别对零售商买方垄断势力和买方谈判势力的社会福利水平进行分析。第六章中国零售商买方势力现状及反垄断规制建议。依据中国国内市场上零售商的实际情况,探讨中国市场零售商买方势力的形式以及影响零售商买方势力形成的现实因素,并考察中国国内市场上零售商行使买方势力的行为,并结合中国新颁布的《反垄断法》提出对中国零售商买方势力进行反垄断规制的建议,此外,论文对国内市场上外资零售商买方势力不断扩张的现实情况进行分析。第七章结论和展望。

关键词:零售商　买方市场　垄断

**1688**

**电子商务契约立法的经济分析** / 吴卫明著 ; 李琪指导. -- 西安交通大学, 2009. -- 116 页

论文从经济分析的视角出发,以交易成本分析为基本路径,对电子商务契约立法的有关问题进行研究。全文共分为八章。第一章,导论。介绍论文研究背景和研究问题的提出,研究目的和意义,研究思路和方法,研究的内容和创新之处。第二章,电子商务契约立法经济分析的理论基础。一是对电子商务契约立法经济分析的理论综述,二是对契约法经济分析的研究综述,三是提出电子商务契约立法研究范式。第三章,电子商务契约法律的供求均衡分析。首先提出其中存在的若干问题,接着对电子商务契约法律供给的实质,电子商务契约法律供求成本分析做出说明,并提出电子商务契约法律供求均衡模型。第四章,电子商务契约经济分析与立法基本途径。分析电子商务契约的经济属性,电子商务契约的交易成本,电子商务契约立法的基本路径,并提出实证分析,对结果做出讨论。第五章,电子商务契约订立制度立法经济分析。对电子商务契约订立制度的经济解读做出说明,介绍意思表示归属主体的推定规则,电子商务契约承担者问题,电子商务契约订立中的要约和承诺,电子商务契约订立制度的立法路径。第六章,电子格式契约立法的经济分析。一是电子格式契约的经济分析,介绍格式契约的产生和发展,提出经济属性决定格式契约是电子商务契约的主要形式,对电子商务契约提供方的收益分析,探讨电子格式契约对交易成本的节约,电子格式契约的异化;二是电子格式契约的法律规制,包括格式契约与法律的契约自由原则,格式契约的规制,电子格式契约的规制的难题;三是电子格式契约规制的难题探讨。第七章,电子商务契约违约责任制度立法经济分析。分析包括电子商务契约违约责任制度的基本属性,电子商务契约违约责任的制度功能,电子商务契约违约责任具体制度,电子商务契约违约责任的立法建议等。第八章为论文结论与展望。

关键词:电子商务　契约　交易成本　立法

**1689**

**文化、企业家精神与经济增长:浙商成长的经验研究** / 吴向鹏著 ; 高波指导. -- 南京大学, 2009. -- 287 页

论文对文化、企业家精神与经济增长中浙商成长的问题进行了研究。全文共分为七章。第一章导论,主要包括研究背景与意义、基本概念和相关理论、研究目的及可能的创新和不足。第二章文献回顾,主要包括引言、文化与经济增长、文化与企业家精神,以及企业家精神与经济增长。第三章文化与行为选择的一般分析,主要包括人类的行为分析,文化与行为选择分析(异质性经济人、学习过程与认知理性分析),个人间互动的嵌入网络模式分析,以及文化与行为选择的理论模型分析。第四章文化、机会认知与企业家精神。企业家机会认知与企业家精神,文化、网络与企业家机会认知分析,文化、创业选择与路径依赖的理论模型分析,民间工商文化与浙商的兴起,以及企业家网络与浙商兴起。第五章文化、制度创新与企业家精神。主要包括一个综合性的制度观分析,内部规则、文化与民间网络分析,外部规则、地方政府行为与制度安排,民间与地方政府行为关联博弈分析,以及文化力量与地方政府行为的耦合分析。第六章通过理论与经验证据对企业家精神与经济增长进行了分析。主要包括企业家精神与经济增长的机制与理论模型,浙商与中国经验证据讨论。第七章为结论与展望,主要包括对论文研

究工作的总结以及今后研究工作方向的展望。

关键词:企业家　企业管理　地方文化　浙江

1690

**中国假冒伪劣商品成因及治理研究** / 谢庆红著 ; 周殿昆指导. -- 西南财经大学, 2009. -- 166 页

论文借助经济学和社会学的理论对中国假冒伪劣商品成因及治理进行了研究。全文分八章。第一章绪论,描述了论文研究的选题背景,相关概念的界定,论文的研究思路和整体框架,以及创新点和不足之处。第二章文献综述,结合东西方学者的研究成果,从假品成因研究、品牌假冒品的购买行为研究、基于消费者购假行为的反假研究,以及假品治理研究等四个方面进行了回顾和评述。第三章企业造假行为分析,从内在根源和外在因素两个方面,对企业造假动机进行研究,此外还构建了企业造假行为成因的理论模型,并以三鹿奶粉案例进行佐证。第四章消费者购假行为分析,从科尔曼的理性选择理论,从微观和宏观两个层面分析了消费者的买假行为,此外论文采用 Bearden 和 Etzel 产品分类法对假品进行分类,对现实中客观存在的、消费者主动购买假品的动机进行分析,并构建理论模型。第五章监管制度虚化分析,主要从法制不健全,政府职能越位、缺位或错位,社会监管力量缺失等几个方面对监管制度虚化进行分析。第六章企业内在拒假的源动力分析,论文对人性内核分裂模型及企业人性格化的概念进行回顾,进而对声誉这一企业内在拒假原动力进行分析。第七章国外及台湾假冒伪劣产品治理经验借鉴,论文结合美国、澳大利亚、德国、法国、日本、韩国以及中国台湾地区的治理经验进行分析。第八章中国治理假冒伪劣商品的对策研究,就假冒伪劣综合治理提出相关建议。

关键词:产品质量　监管制度　商业管理　假冒伪劣产品

1691

**中国中小企业信贷融资制度创新研究** / 熊泽森著 ; 魏建国指导. -- 武汉理工大学, 2009. -- 168 页

论文有针对性地聚焦中国中小企业信贷融资难的问题,并运用理论分析与现状分析相结合、比较分析、实证分析等研究方法,对中国中小企业信贷融资制度创新问题展开研究。全文共分为八章。第一章,导论。介绍论文的研究背景、目的和意义,国内外研究动态综述,研究思路、方法和内容,研究重点和难点及论文创新与不足。第二章,相关基本理论综述。一是有关信贷融资理论,包括中小企业金融成长周期理论,信贷配给理论,关系型贷款理论,信贷交易成本理论,银行规模与信贷融资;二是对融资制度变迁与中小企业融资的介绍。第三章,我国信贷融资市场制度安排分析。首先对我国信贷融资制度变迁进行回顾,在此基础上探讨我国现行的商业银行信贷融资制度。第四章,中国中小企业信贷融资难的制度缺陷。分别讨论我国信贷市场融资制度安排缺陷,我国信贷市场信用担保制度的缺陷和中小企业自身制度的缺陷。第五章,中小企业信贷融资难的经济学解释。包括信息不对称与制度性约束,银企信贷模型博弈分析。第六章,中小企业信贷融资的国际借鉴。对国外中小企业信贷融资制度分析,探讨国外商业银行的信贷管理制度,并总结国外中小企业信贷融资的经验启示。第七章,中国中小企业信贷融资的制度创新设计。提出改革和完善我国信贷市场管理制度,营造中小金融机构金融环境,完善中小企业信用担保制度安排,中小企业自身制度建设安排和政府相关制度安排具体内容。第八章,总结与展望。

关键词:中小企业　信贷管理　融资　企业管理

1692

**自然人移动与经济发展** / 徐桂民著 ; 袁伦渠指导. -- 北京交通大学, 2009. -- 141 页

论文结合西方经济学、国际经济学、劳动经济学等理论和 WTO 的研究成果,考察旨在推动自然人移动自由化的多边框架体系,从不同角度对自然人移动的经济现象进行规范分析。全文共分为九章。第一章,引言。介绍选题的现实背景,相关研究的概念,论文的研究方法,论文的基本思路和主要内容。第二章,文献综述:关于自然人移动的国内外研究成果。介绍自然人移动的影响因素,收益和成本,自然人移动和国际贸易的关系,自然人移动的壁垒,并对相关文献做出回顾和评述。第三章,自然人移动自由化的博弈。内容包括 GATS 的基本原则及框架,自然人移动的定义及特征,GATS 对自然人移动的法律界定和不足,自然人移动自由化的进程及博弈,GATS 在自然人移动谈判方面取得的进展及前景展望。第四章,自然人移动的经济效应。首先提出有关自然人移动的经济学理论,包括要素禀赋理论、要素价格均衡理论、人力资本理论、劳动力流动的推拉理论、二元劳动力市场理论以及世界体系理论;介绍国际贸易理论与自

然人移动;介绍自然人移动的经济动因,自然人移动的福利模型,自然人移动的经济影响。第五章,自然人移动与区域经济一体化。探讨内容包括经济一体化区域内自然人移动的供需分析,自然人移动与区域经济一体化发展的现实比较,自然人移动与区域经济一体化发展的实证分析。第六章,中国自然人移动的现状及实证分析。首先介绍自然人移动与中国的劳务输出;结合中国自然人移动的现状及发展趋势,对影响中国自然人移动展开实证分析。第七章,自然人移动对中国服务业的影响探讨。第八章,中国自然人移动的发展战略。介绍欧盟自然人移动的经验和教训,探讨改革和创新自然人移动的管理体制,实施自然人移动"走出去"的发展战略,实施自然人移动"引进来"的发展战略。第九章,总结与展望。

关键词:国际贸易　服务贸易　区域经济一体化　经济发展

**1693**

**辽宁沿海经济带产业结构优化研究** / 徐江著 ; 王恕立指导. -- 武汉理工大学, 2009. -- 135 页

全文共分为八章。第一章总论,主要阐述了论文的研究背景和研究意义,相关的国内外研究综述,主要内容和框架,主要研究方法和技术路线,论文研究的主要创新点和不足之处。第二章区域产业结构及其优化的理论基础,主要阐述了区域产业结构的内涵和特征,产业结构调整优化的理论,分析了产业结构演变的规律和原因,经济增长方式与产业结构优化的问题。第三章辽宁沿海经济带产业结构的演变历程和现实格局,阐述了辽宁沿海经济带在区域合作中的重新定位。第四章辽宁沿海经济带产业结构的评价,主要包括辽宁沿海经济带产业结构的高度化和合理化评价、辽宁沿海经济带产业结构结构效应的评价,研究了辽宁沿海经济带各产业存在的问题。第五章辽宁沿海经济带产业结构优化研究的战略思路设计,主要分析了辽宁沿海经济带产业结构优化的基本原则,辽宁沿海经济带产业结构优化的要素,阐述了辽宁沿海经济带产业结构优化的基本思路。第六章辽宁沿海经济带产业结构优化研究的主导产业选择。主要分析了辽宁沿海经济带主导产业选择的方法,主导产业选择的基准和原则及指标体系。对辽宁沿海经济带主导产业选择进行了实证研究,论述了辽宁沿海经济带主导产业的发展路径。第七章提出了辽宁沿海经济带产业结构优化的措施。第八章为全文的总结。

关键词:沿海经济　产业发展　产业结构优化　辽宁

**1694**

**产业集群内创新网络运行机制研究** / 徐盟著 ; 臧旭恒指导. -- 山东大学, 2009. -- 111 页

论文对产业集群内创新网络的行为机制进行了研究。全文共分为八章。第一章导论,主要阐述了论文研究的选题背景和研究的意义,相关的概念界定,论文的研究构架,主要创新点和不足之处。第二章介绍了论文相关的文献综述,主要回顾分析了产业集群生成的机理集群创新优势的文献综述,研究了系统集成好网络创新的模型理论,阐述了网络视角在创新研究领域的兴起。第三章介绍了产业集群内部的创新网络,主要分析了产业集群内创新网络的构成要素,研究了产业集群内创新网络的主要特征,分析了国外典型集群内创新的网络。第四章分析了集群内创新网络的生成机制,研究了集群内部关系网络的生成逻辑,对产业集群内创新网络生成进行了博弈论分析。第五章集群内创新网络的激励机制,研究了外部知识依赖对创新网络的激励效应,分析了集群信任对创新网络的激励效应,介绍了创新网络激励机制的博弈分析。第六章集群内创新网络的学习机制,介绍了集群内创新网络的学习效应,分析了集群内的关系互动和网络化的学习,阐述了集群内人员流动与网络化的学习。第七章对集群内创新网络进行了案例解析,主要分析了中关村集群内的创新网络,研究了中关村集群网络存在的主要问题。第八章为论文的主要结论和政策启示的总结,主要归纳了论文研究的基本结论、研究的局限性和不足之处,以及论文研究的主要创新点。

关键词:产业经济学　产业发展　产业集群　技术创新

**1695**

**资产价格泡沫与实体经济运行** / 许志峰著 ; 温桂芳指导. -- 中国社会科学院, 2009. -- 121 页

论文采用理论分析和实证分析相结合的方法,对资产价格泡沫与实体经济运行的相互影响及其内在联系进行了研究。全文分八章。第一章绪论,阐述了论文的研究背景及研究意义,并就资产价格泡沫产生的原因、资产价格对实体经济的影响以及货币政策是否应对资产价格波动做出反应等三个方面综述了国内外的研究现状,描述了论文的研究思路和逻辑框

架,指出了论文研究的主要创新之处与待研究的问题。第二章从理性与泡沫的关系分析资产价格,通过对现金流贴现模型、标准金融学的定价理论、市场微观结构理论、行为资产定价理论及市场的非线性特征与资产定价理论的回顾,对资产的"内在价值"进行了探索,并分析了资产价格泡沫的生成机制。第三章资产价格泡沫和银行信贷扩张,论文通过"黑天鹅"与危机短视症、激烈的同业竞争、数据不充分或缺乏分析,以及政府显性或隐性担保下的银行道德风险四个方面分析了商业银行的风险"忽视"问题,基于金融代理问题的理论提出了借款人风险转移的模型,并对次贷危机中信贷风险的失控进行了分析。第四章资产价格泡沫与金融创新,从金融自由化所带来金融资产数量的膨胀和金融创新放大次贷危机两个方面分析了资产价格泡沫与金融创新的关系,并以原油为例对商品市场的金融化进行实证分析。第五章资产价格波动与实体经济关系研究,从资产价格波动对消费和投资两个方面分析了资产价格波动与实体经济的关系。第六章资产价格波动与金融危机,通过对 20 世纪以来经济危机的回顾,分析资产价格波动与金融危机的关系。第七章面对资产价格泡沫的政策困境,就要不要考虑资产价格等问题,从主动和被动两个层面构造货币政策困境的模型,并从温和与激进两个角度分析了政策工具的选择。第八章资产价格泡沫风险的政策防范,论文结合美联储的实践,对中国如何防范资产价格泡沫风险进行思考并提出相关意见。

关键词:资本市场　经济波动　泡沫经济　金融危机　货币政策

**1696**

**产业集群与区域物流协作模式研究** / 薛辉著 ; 欧国立指导. -- 北京交通大学, 2009. -- 163 页

论文应用交易费用理论研究产业集群与区域物流的协作模式,通过建立灰色关联模型定量研究区域物流对于产业集群的支撑作用,结合我国和国外产业集群的实际,对于各种模式分别列举分析相应的典型产业集群,并提出策略性建议。全文共分为九章。第一章,导论。介绍论文研究背景、研究问题的提出、研究目的和意义、基本概念的界定、研究思路、方法与创新。第二章,国内外相关研究综述及理论基础。包括产业集群综述,区域物流综述,产业集群与区域物流协作的研究综述,理论基础为交易费用理论。第三章,构建服务于产业集群物流体系的必要性。介绍产业集群物流的内涵,产业集群物流的特征,提出区域物流的构建和发展是产业集群形成的基础,产业集群物流服务体系的建立。第四章,服务于产业集群的区域物流的形成及发展。介绍产业集群对物流需求的影响,服务于产业集群的区域物流形成机制,服务于产业集群的区域物流形成路径,服务于产业集群的区域物流发展模式。第五章,产业集群与区域物流的交融关系。探讨产业集群与区域物流的相关性,产业集群与区域物流的共生发展机制,产业集群生命周期,集聚期的交融关系和衰退期的交融关系。第六章,产业集群与区域物流的协作模式:基于交易费用理论的分析。包括交易费用理论的解释框架,物流的交易性质分析,双维度协作模式分析,基于交易费用理论的产业集群与区域物流的协作模式。第七章,产业集群与区域物流协作模式的具体表现。介绍产业集群的价值链模型,产业集群与区域物流协作的表现形式,集群企业与区域物流协作模式的选择分析。第八章结合实例做出具体的讨论和说明,提出策略性建议。第九章为论文结论与展望。

关键词:区域　产业集群　物流　协作

**1697**

**基于扩展 SCP 范式对我国农村金融组织的优化研究** / 闫章秀著 ; 闵宗陶指导. -- 西安交通大学, 2009. -- 117 页

论文从产业组织视角出发,对我国农村金融组织的结构、行为和绩效进行分析研究,将传统 SCP 范式加以扩展并用于我国农村金融实践研究。全文共分为九章。第一章,导论。介绍论文选题背景、研究意义、概念界定、研究目的和拟解决的关键问题、研究方法、研究思路和主要内容、论文主要的创新点。第二章,理论综述。介绍农村金融研究理论及相关理论,国内外对农村金融组织的研究,产业组织理论及其 SCP 范式的运用及研究评价。第三章,我国农村金融组织的变迁及现状。介绍农村金融组织的特征,我国农村金融组织的变迁历程,我国农村金融组织发展的现实环境。第四章,我国农村金融组织的市场结构分析。包括市场集中度的测度与分析,赫芬达尔指数的测度与分析,市场份额的测度与分析,规模经济的分析以及进入壁垒的分析。第五章,我国农村金融组织的市场行为分析,包括定价行为分析,产品差异化行为分析,组织调整行为分析。第六章,我国农村金融组织的市场绩效分析。内容包括市场绩效的衡量标

准,我国农村金融组织市场绩效的实证分析,农村金融组织的绩效评价。第七章,我国农村金融组织“S-C-P”的验证及扩展SCP范式分析。首先对我国农村金融组织“S-C-P”验证,对“结构—绩效”悖论的根源进行阐释,并基于扩展的SCP范式对农村金融组织市场绩效做出分析,对农村金融组织绩效的影响因素分析。第八章,基于SCP范式总体研究结论的我国农村金融组织的优化思路。提出为农村金融组织的发展创造良好的外部环境,优化农村金融组织体系,提高农村金融组织的产品创新能力。第九章为论文主要结论和研究展望。

关键词:农村金融　金融组织　市场结构　市场行为　经济绩效

**1698**

**知识溢出视角下产业集群创新能力提升研究:基于中国高技术产业的实证分析** / 颜克益著 ; 芮明杰指导. -- 复旦大学, 2009. -- 128页

论文采用理论与实证分析相结合的研究方法,基于中国高技术产业的现状,对知识溢出视角下的产业集群创新能力提升状况进行研究。全文分八章。第一章引言,阐述了论文的研究背景与写作动机,研究方法与技术路线和论文研究的创新点。第二章现有相关研究综述,就关于产业集群和关于知识产业集群知识溢出等相关研究的现状进行综述。第三章从知识的视角对产业集群的本质进行分析,首先对产业集群的本质问题进行论述,进而对集群企业知识基础的异质性、共同知识和产业集群能力及产业集群对企业竞争力的影响等问题进行分析。第四章从理论上对产业集群知识溢出机制进行分析,对产业集群知识溢出机制进行概述,结合集群内部竞争企业、用户与供应商、大学与科研机构、公共服务机构及集群外部知识源等相关概念对产业集群中的知识溢出源进行研究,论文指出产业集群中的知识溢出实质上就是产业集群作为一个整体对知识吸收、获取、流动、消化和转化的过程,也是一个多元主体参与、共同演进的复杂过程,并分析了知识溢出源、知识溢出渠道、集群社会资本等相关问题。第五章结合案例探索产业集群创新能力的提升问题,结合台湾的自行车产业集群的转型升级问题进行分析。第六章假说发展与研究设计,以中国31个省的5大高技术产业为研究对象,设定了10个计量经济模型,对上述7个理论假说进行了实证检验,并构筑相关模型。第七章实证分析与讨论,结合第六章统计变量的描述性分析,对相关实证检验结果进行汇报,进而分析了论文中所提出的7个理论假设。第八章结论与启示。

关键词:高技术产业　产业集群　技术革新　知识管理

**1699**

**欠发达地区支农服务体系建设研究:以江西省为例** / 晏磊著 ; 周军指导. -- 武汉理工大学, 2009. -- 198页

全文共分为八章。第一章导论,阐述了支农服务是欠发达地区农村和农业发展的关键所在,介绍了论文的研究思路、研究方法、研究内容。第二章对欠发达地区支农服务相关概念与现状进行了分析。对农业服务和农村公共服务的含义及内容进行分析,综合农业服务和农村公共服务的相关内容,构成支农服务的内容,并对欠发达地区支农服务现状进行了分析,指出存在的问题。第三章指出构建与完善支农服务体系是发达地区解决“三农”问题的基础工程,首先对农业基本特征和农业发展面临的主要障碍因素进行分析,然后对支农服务促进农业增产和促进农民增收,进行理论和案例分析。第四章是发达国家和国内发达地区支农服务实践及其启示。对美国、欧盟、日本、澳大利亚,以及我国的江苏苏南地区、浙江东阳、山东寿光、广东番禺的支农服务实践进行分析,得出了经验启示。第五章对构建与完善欠发达地区支农服务体系的基本原则和基本目标进行分析,并以江西省为例,对欠发达地区农户对支农服务需求及支农服务供给进行了分析,提出了构建欠发达地区支农服务体系的基本原则。第六章是构建与完善欠发达地区支农服务体系的基本思路。对市场增进论、政府主导论、多元主体论、制度变迁论等理论依据进行了阐述。第七章是构建与完善欠发达地区支农服务体系的政策建议。主要包括把农业服务作为支农服务建设的中心环节,明确各级政府的“支农”职责,明确支农服务的重点领域,建立高效率的支农服务实施机构等。第八章为结论与展望,包括全文总结、主要结论、主要创新以及研究展望。

关键词:农业经济发展　行政管理　服务模式　不发达地区

**1700**

**组织设计中的控制权配置研究** / 燕波著 ; 张耀辉指导. -- 暨南大学, 2009. -- 142页

论文的研究对象为组织设计中的控制权配置研究,探讨如何根据内外部环境设计出相应的组织形式,并在一定约束条件之下使得组织产出最大化。全文共分为六章。第一章绪论,提出研究的主要问题,对论文选题的背景和意义进行阐述,并对论文的结构安排提出简要的说明。第二章,相关理论回顾。对与控制权相关的组织经济学理论和经典文献进行梳理和述评。第三章,组织结构与控制权配置。在委托代理框架下对M型和U型组织结构中的任务分配形式及其相关影响进行分析和比较,探讨多部门组织结构(M型组织),一元组织结构(U型组织)及最优组织结构。第四章,科层结构与控制权配置。分析依然停留在委托代理的框架之中,主要是基于代理人的偏好和决策自身的特征来研究控制权配置与科层结构之间的关系。第五章,合伙制经营与控制权配置。分析脱离委托代理的分析框架,讨论处于公平地位的参与者在合伙制经营时的控制权配置问题,包括无限责任下的控制权配置和有限责任下的控制权配置问题。第六章为论文的结论及相关的研究展望,论文对项目众多任务之间的关系以及代理人的偏好进行刻画,通过对控制权的配置使最优组织设计内生化;建立一个非委托代理框架下的合伙制组织分析框架,利用合伙人之间的讨价还价将控制权配置内生化,并把合伙人的议价能力与相对私人成本联系起来,探讨控制权配置对项目总剩余产生的影响。

关键词:企业管理　组织管理　控制权

**1701**

**中国制造业多元制技能人才培养模式研究** / 杨克著 ; 聂规划指导. -- 武汉理工大学, 2009. -- 152 页

全文共分为七章。第一章绪论,介绍了论文选题的背景和研究的意义,研究对象,现阶段相关的研究成果,论文的研究思路,技术路线图,论文采用的研究方法,研究的几点创新。第二章中国制造业技能人才培养模式的理论基础,主要包括人力资源理论、柔性管理理论、人力资本理论。分析了典型发达国家技能人才培养的基本特征。第三章中国制造业技能人才培养影响及需求系统,主要分析了中国制造业产业在国民经济中的重要作用,中国制造业产业与技能人才培养的关联,制造业技能人才的供求平衡。第四章中国制造业多元制技能人才培养模式的构建,主要阐述了我国高等职业教育人才培养模式存在的主要问题和原因,分析了中国制造业多元制人才培养模式的设计,研究了中国制造业多元制人才培养模式的实现路径,论述了我国制造业发展多元制技能人才培养的柔性运作系统的设计。第五章制造业技能人才综合素质的评价,主要阐述了一般评估过程中的常见缺陷,研究了制造业技能人才综合素质评价的管理原则,阐述了制造业技能人才考核管理模式综合素质评价指标的体系及评价方法的选择。第六章是对中国制造业技能人才培养进行了案例分析。第七章为全文的总结。

关键词:制造工业　职业技能　人才培养

**1702**

**中国电信市场重组中的竞争与垄断:基于T-S(S)-C-P理论框架的分析** / 杨灵著 ; 唐晓华指导. -- 辽宁大学, 2009. -- 193 页

论文采用SCP理论范式方法、T-S(S)-C-P理论和比较分析等方法对中国电信市场重组中的竞争与垄断进行了研究。全文分八章。第一章文献综述,分别就电信竞争、市场结构重组及判别标准、竞争垄断与市场重组等多个方面进行综述,市场重组的目标属性是促进竞争。第二章是T-S(S)-C-P的理论分析框架,回顾产业组织理论中经典的S-C-P范式,结合技术因素、市场结构与企业行为的关系,论文提出分析产业发展的T-S(S)-C-P理论框架,并用这种理论框架反过来对世界电信业及相关产业的发展进行理论上的论证。第三章中国电信市场中的产权结构,论文回顾了中国电信业产权的变革历程,并指出了当前中国电信市场在产权激励上所存在的瓶颈。第四章对中国电信市场结构进行动态分析,中国电信市场结构经历了垄断、竞争机制引入及部分业务竞争开始的历史演变,并指出了中国电信市场结构竞争中所存在的失衡现象,中国电信市场结构历史演变的内在逻辑及局限。第五章中国电信市场重组中的竞争行为。论文回顾了1994—1998年中国电信市场竞争的历史征程,分析了联通组建后竞争的失效及其原因、纵向分离后的移动业务竞争引起的市场关闭及横向拆分后的固定本地业务竞争。第六章中国电信市场结构重组中的市场绩效,分析了中国电信市场竞争性结构的有效性并对中国电信市场绩效进行分析,此外还结合将中国电信业市场的绩效与国际上其他国家进行对比。第七章电信技术进步中的融合、管制与竞争。分析了当前网络融合对电信市场结构的影响以及限制电信竞争的壁垒。第八章总结和展望。

关键词:电信　邮电企业　重组　市场竞争　垄断

1703

**基于产品差异模型的企业竞争性行为分析** / 杨渭文著 ；蒋传海指导. -- 上海财经大学, 2009. -- 107 页

论文采用文献分析、模型分析、案例分析以及假设分析等多种分析方法。对基于产品差异模型的企业竞争性行为进行研究分析。全文分八章。第一章引言,对产品差异和企业竞争性行为的概念进行界定,并对研究的理论意义和实用意义进行描述,进而结合经典产品差异化和价格竞争理论,以及产品差异下企业竞争性行为理论的新发展,分析了国内外相关研究现状,指出了论文研究的创新点。第二章消费者非对称分布、价格竞争和合谋,结合产品空间和企业竞争性行为的概念,对定价均衡和定价方法的策略性选择、非对称消费者分布和价格竞争及消费者分布和完全合谋等相关现象进行分析。第三章空间竞争、三级价格歧视和定价方式选择,结合空间竞争和三级价格歧视的相关概念,对第二期均衡定价进行分析,进而构建模型,并对企业定价方式选择进行探讨。第四章滞留成本、价格歧视和定价策略选择,首先对滞留成本和基于历史的价格歧视进行分析,并对基于模型和竞争性歧视定价均衡进行分析,继而对定价机制选择问题进行了相关探讨。第五章转移成本、捆绑定价和市场竞争,首先对捆绑定价、市场竞争以及转移成本研究进行回顾,继而构建模型假设,对线性定价均衡问题以及转移成本下混合捆绑定价均衡进行分析。第六章互补性产品、企业联合和捆绑销售,首先对差异化市场中的企业联盟和竞争,以及互补产品市场中的企业竞争问题进行概述,继而提出相关模型假设,对独立销售、单边联合捆绑销售、双边捆绑销售和企业联合策略选择等问题进行分析,此外,论文还结合美国和中国无线通信市场的现状对模式应用中存在的问题进行案例分析。第七章产品差异化和广告竞争,结合构建的品牌忠诚的差异化模型分析,对均衡进行分析。第八章研究总结和展望。

关键词:企业管理　营销管理　市场竞争　产品策略　价格

1704

**资本结构影响产品市场竞争问题研究:以中国上市公司若干行业为例** / 杨雯著 ；张东辉指导. -- 山东大学, 2009. -- 114 页

论文以中国上市公司若干行业为例,对资本结构影响产品市场的竞争问题进行了研究。全文共分为六章。第一章导论,介绍了论文选题的背景和研究的意义,论文的研究对象,现阶段相关的研究成果,论文的研究思路与技术路线图,以及论文采用的研究方法和几点创新。第二章对论文相关的文献综述进行了回顾,主要包括资本结构相关文献综述、资本结构影响产品市场竞争的国外理论研究综述、资本结构影响产品市场竞争的国外实证研究回顾,以及资本结构影响产品市场竞争的国内研究文献。第三章对资本结构对产品市场竞争的影响进行了理论分析。阐述了资本结构与企业的竞争环境,分析了资本结构影响产品市场竞争的作用机制,研究了资本结构对产品市场竞争的影响。第四章基于制造业上市公司若干行业的实证研究,分析了资本结构对产品市场竞争的影响,主要分析了制造业若干行业的市场竞争特点,实证检验了制造业若干行业资本结构影响产品市场竞争的影响,分析了制造业若干行业资本结构的变化。第五章基于批发零售业上市公司的实证分析,研究了资本结构对产品市场竞争的影响,阐述了我国批发零售业的发展特点及其竞争情况,分析了我国批发零售业上市公司资本结构的变化。第六章为论文的总结,主要归纳了论文研究的基本结论,探析了资本结构影响产品市场竞争的动因。

关键词:企业管理　资本结构　产品竞争力

1705

**基于企业家创新的产业演化研究** / 姚建华著 ；张炳申指导. -- 暨南大学, 2009. -- 177 页

论文对基于企业家创新的产业演化进行了研究。全文共分为八章。第一章导论,主要阐述了论文研究的选题背景和研究的理论和现实意义,论文研究的方法和目的,创新点和不足之处,论文的研究框架。第二章产业演化及企业家研究的相关理论综述,包括国内外产业演化理论的研究综述,国内外企业家创新理论的研究文献综述。第三章介绍了产业演化的微观主体,主要回顾了企业家的含义,拓展了企业家的内涵,分析了企业家与企业的关系,研究了企业家创新与企业创新的关系,阐述了企业家创新在企业创新中的角色,对推进产业演化的微观主体进行了辨析。第四章分析了产业演化的基本逻辑,主要阐述了产业与产业演化的基本含义,研究了产业演化的外生和内生的影响,分析了产业演化的阶段和形式,论述了产业演化的概念模型。第五章研究了企业家创新的行为,分析了企业家创新过程的演化,研究了企业家创新的

内容与分类，阐述了企业家创新的资源基础，介绍了企业家创新的模型。第六章分析了企业家创新驱动下的产业演化，主要介绍了产业演化的机制，研究了企业家创新对产业演化的作用路径，分析了基于企业家创新的产业演化的模型。第七章为实证研究分析，主要包括问卷设计说明与基本分析、企业家创新实证分析、产业演化的实证分析。第八章为全文的总结，主要包括企业家创新的基本结论、产业演化的主要结论、对微观主体和宏观主体的启示以及研究的局限性和研究展望。

关键词：产业经济　产业发展　企业家　创新管理

**1706**

**中国证券公司股权优化研究：基于结构、身份、规模的视角** / 姚旭东著；胡建绩指导. -- 复旦大学，2009. -- 171 页

论文基于结构、身份、规模的视角，对中国证券公司股权优化展开研究。全文共分为八章。第一章，序言。介绍论文选题背景和意义，研究思路、数据和方法，结构安排以及研究的创新点。第二章，文献回顾及评述理论综述。介绍关于企业股权方面的研究文献，关于金融企业股权方面的研究文献，关于证券公司股权方面的研究文献，并对以往研究文献进行评述。第三章，分析框架和理论基础。介绍论文建立的分析框架，介绍研究相关的委托—代理理论，产业组织相关理论，协同效应理论，产业发展的企业集团理论，政府管制理论。第四章，证券公司股权结构优化的研究。包括证券公司股权结构与治理绩效的理论分析，证券公司股权结构与治理绩效的实证分析，证券公司合理股权结构的探讨，我国证券公司股权结构的变化及现状，证券公司股权结构的管制政策。第五章，证券公司股东身份优化的研究。首先介绍证券公司国有股东的优化，包括不同类型国有股东控股的证券公司绩效差异的实证分析，不同类型国有股东的证券公司绩效差异的原因，综合治理前后证券公司国有股东优化的实践。介绍证券公司民营股东的选择，证券公司管理层和员工持股的探讨，证券公司引入外资股东的探讨以及证券公司股东身份的管制政策。第六章，证券公司股本规模优化的研究。探讨证券公司股本规模与资产和业务规模的关系，提出基于公司战略定位的股本规模优化分析，基于行业市场结构的证券公司股本规模优化分析，探讨我国证券公司股本规模的变迁与现状，证券公司股本规模的管理政策。第七章，证券公司股权优化的对策措施。提出证券公司股权结构优化的对策与措施，证券公司股东身份优化的对策与措施，证券公司股本规模优化的对策与措施。最后为论文结语。

关键词：证券公司　股权结构　股东

**1707**

**模块化环境下汽车供应链协作关系研究：以广州为例** / 易鸣著；胡军指导. -- 暨南大学，2009. -- 121 页

论文以广州为例，对模块化环境下汽车供应链的协作关系进行了研究。全文共分为七章。第一章导论，提出了论文的研究问题，研究意义和研究目的，研究思路和分析框架，研究方法和内容安排，总结归纳了论文研究的可能创新点。第二章文献综述，主要阐述了供应链的相关理论、模块化的相关理论，研究了模块化理论在汽车产业中的应用性研究。第三章模块化环境下的汽车供应链协作的关系，主要阐述了其特征和模式。研究了汽车供应链协作关系的模块化的实质和主要的特征，阐述了汽车供应链协作管理及其模块化的内涵。分析了汽车供应链协作的关系模式，研究了模块化生产方式下日本汽车零部件供应链的模式。第四章汽车供应链协作关系的博弈合作模型，主要阐述了汽车供应链协作关系的博弈特征，研究了博弈合作成立的条件，分析了博弈类型的转换，论述了博弈合作的模型。第五章汽车生产供应链协作关系的影响因素和运行的机制。主要阐述了汽车零部件供应链的评价指标体系，分析了日系汽车的零部件供应商的选择方针和标准及评价的要点。基于专用性投资的解释和基于文化特性的解释，研究了日系汽车的零部件供应链商的选择。最后分析了汽车供应链协作关系的运行机制。第六章广州日系汽车的零部件供应商选择的实证分析与制度安排，主要阐述了广州汽车及零部件产业的发展状况，分析了广州汽车生产供应链协作关系的影响因素，最后提出了制度安排的建议。第七章为论文的总结，主要阐述了论文研究的主要内容和有待于进一步研究的问题。

关键词：汽车工业　企业管理　供应链管理　广州

**1708**

**人民币“参考一篮子货币”汇率制度研究** / 英英著；潘省初指导. -- 中央财经大学，2009. -- 134 页

论文在借鉴国内外研究成果的基础上，对我国新汇率机制的运行情况进行介绍和分析，分析和推测人

民币货币篮子的组成和权重分配,对人民币汇率制度弹性特征进行讨论并采用模型拟合和刻画人民币汇率制度的转换特征,得出对人民币“参考一篮子货币”汇率制度的研究。全文共分为六章。第一章,导论。介绍论文选题背景和选题的意义,国内外文献综述,研究的目的和主要内容,研究思路和方法,论文的重点、难点和创新以及章节安排。第二章,汇率制度演进以及发展趋势。介绍汇率制度选择理论的发展,包括布雷顿森林体系时期,牙买加体系时期和新发展时期;探讨国际汇率制度及发展趋势,包括国际货币基金组织汇率制度分类系统及特征,国际汇率制度的演进以及发展现状。第三章,人民币参考一篮子货币制度分析。介绍泰国汇率制度改革的失败教训和新加坡汇率制度改革的成功经验,中国的汇率制度改革路径,人民币参考一揽子货币制度运行状况,并得出该部分的分析结论。第四章,人民币参考一篮子货币权重研究。首先对一篮子货币权重设计的模型作出描述,包括钉住一篮子货币制度人民币汇率运行机制,人民币参考一篮子货币汇率制度的特点以及模型的选择;对一篮子货币组成及权重分析并得出结论。第五章,基于 TV-STAR 模型的人民币汇率制度转换特征分析。包括非线性模型的介绍和探讨以及在此基础上展开的实证研究。第六章为论文的结论及建议。

关键词:人民币汇率　汇率机制　货币

**1709**

**中国企业出口行为分析** / 于洪霞著 ; 龚六堂,陈玉宇指导. -- 北京大学, 2009. -- 119 页

全文共分为七章。第一章导言,主要提出了论文研究的主要问题,选题意义,论文的数据来源,研究结构,主要结论和创新点。第二章文献综述,主要介绍了新新贸易理论相关的文献综述,阐述了融资约束与出口成本相关的文献研究,论述了外贸出口与工资水平相关的文献综述 。第三章企业生产模式、外贸出口与国际分工,主要简介了国际分工的模式,阐述了模型的设定,分析了企业的决策,对各种生产模式企业在产业中的比例进行了分析与研究,研究了基本模型的拓展。第四章全要素生产率与企业出口行为的关联,分析了生产率水平与企业的类型,从变量的计算与构造、模型的设定、估算结果,阐述了产业特征与出口企业的比例。第五章出口成本、融资约束与出口的结构,主要分析了变量的构造和模型的设定,分析了样本选择的问题,研究了横截面数据 probit 估计结果、LPM 估计结果及 logit 估计结果。阐述了内生性分析过程,对应收状况相对比例影响出口的行为进行了进一步的分析与研究,分析了面板数据。第六章研究了外贸出口与工资水平之间的相互关系,并进行了稳定型检验。第七章为论文的结论,主要归纳了融资约束对中国出口结构的影响以及外贸出口对工资水平的影响。

关键词:外向型企业　出口贸易　生产模式　融资　工资

**1710**

**中国传统行为管理思想研究** / 余焕新著 ; 吴照云指导. -- 江西财经大学, 2009. -- 116 页

全文共分为六章。第一章导论,介绍了论文选题的背景和研究的意义,研究对象,现阶段相关的研究成果,论文的研究思路,勾画了技术路线图,并对论文采用的研究方法进行了介绍,最后提出了论文研究的几点创新。第二章儒家行为管理的思想,主要阐述了“和为贵”的行为管理目标,论述了道德人性可塑论,分析了行为管理的原则,总结了行为管理的策略。第三章法家行为管理的思想,主要论述了君利至上的行为管理目标,阐述了好利恶害的人性论和历史进化论,论述了专力守壹的行为管理原则,介绍了法家行为管理的策略。第四章道家和兵家的行为管理思想,主要阐述了道家的行为管理的目标和理论依据及管理的原则和策略,分析了兵家行为管理思想的管理目标、原则及管理的策略。第五章描述了中国传统行为管理思想的总体特征,主要分析了中国传统行为管理思想产生的社会基础,论述了文化伦理的本位,阐述了儒家互补的理论,论述了儒家互补是历代统治者治国的主要方式,分析了儒家互补的必然性,最后分析了内在的矛盾。第六章研究了中国传统行为管理思想的现代检验,主要从社会发展的轮回、西方行为管理思想的伦理趋向、对经济理论主义的反思三方面分析了伦理在行为管理中的回归,阐述了中国传统行为管理思想的智慧,通过概述人本思想的现代转化、小管理文化传统的现代转化,以及人文理论到人文与科学并重的转化,综述了中国传统行为管理思想的现代转化。论文最后为结语。

关键词:管理行为　组织行为学　管理思想

**1711**

**中国房地产市场调控研究:兼论中央与地方政府的分工与协调** / 余建源著 ; 张泓铭指导. -- 上海社会

科学院, 2009. -- 157 页

论文采用理论研究和实证研究相结合的研究方法,结合中央与地方政府的分工与协调对中国房地产市场调控进行了研究。全文分为八章。第一章引言,阐述了论文研究的选题背景、研究目的、研究意义,论文的研究思路、整体框架,研究中所采用的方法,论文研究的特色与创新点。第二章文献综述,论文从房地产市场调控内涵研究、政府在房地产市场调控中的作用和关系研究,以及房地产市场调控手段和方法研究等诸多方面进行综述。第三章理论基础,分别介绍了市场失灵与房地产市场调控理论、房地产价格波动特殊性理论、中央与地方事权关系及房地产市场调控博弈理论等理论。第四章海外房地产市场调控实践及启示,论文回顾了美国、德国、新加坡以及日本房地产市场调控实践的过程,分析其完备住房体系的措施和方法,总结其中的经验与教训。第五章中国房地产市场调控实践,首先就 1993—1995 年房地产市场紧缩调控和 1998—2002 年房地产市场宽松调控的历史进行回顾,总结两次市场调控的经验与教训,进而分析了近年来房地产业快速发展中的市场调控措施并对调控不佳的原因进行了分析。第六章完善中国房地产市场调控的整体设计,分析了中国房地产市场调控的地位和作用,指出了中国房地产市场调控的目的与原则,介绍了中国房地产市场调控的方式手段,进而剖析了中国房地产市场调控的环节与节奏,指出中国房地产市场调控中地方与中央关系的处理。第七章中国房地产市场调控中中央和地方关系的处理,首先指出了中央与地方政府在房地产市场调控中利益和目标的对立统一,进而对中央和地方政府在房市调控做博弈分析,从而得到房市调控中协调中央与地方关系的方法。第八章结论与展望。

关键词:房地产市场　经济调节　政府职能　中央与地方的关系

**1712**

**基于资本及其价值创造的财务理论研究** / 袁业虎著 ; 秦荣生指导. -- 江西财经大学, 2009. -- 140 页

全文共分为七章。第一章导论,主要提出了论文的研究问题,研究目标和意义。第二章国内外财务理论演变的评述,阐述了论文的研究思路。第三章财务理论的逻辑起点与分析基础,主要阐述了财务历史与逻辑的起点,介绍了财务行为分析的前提假设。论述了财务理论分析的基础,研究了迂回生产与资本及其价值创造的财务行为基本特征。第四章资本及其价值创造的内涵解析,主要介绍了资本本质认识上的混淆和争论,解释剖析了资本本质认识误区的原因,分析了资本功能的缺失,研究了资本的异质效应和特征。第五章资本及其价值创造的财务行为的内在机理,从单一资本效应期的价值创造理财规划、确定情况下资本持续实现价值创造的理财规划、确定情况下资本保全与价值创造的实现,以及确定性情况下资本导致的价值创造四点内容,分析了确定性情况下的资本及其价值创造。通过研究知识经济与动态价值创造、动态价值创造的知识特征、资本及其价值创造的动态理财规划的特点,以及资本及其价值创造的动态理财规划模型五点内容,研究了基于知识获取与形成的资本及其动态价值的创造。第六章资本及其价值创造的现实拓展,主要阐述了组织资本及其价值创造的状况,分析了社会资本及其价值创造的问题,阐述了网络资本及其价值创造的研究。第七章研究结论、理论创新与应用前景。

关键词:会计理论　财务管理　资本　价值论

**1713**

**体育赛事产业双边市场竞争研究** / 昝胜锋著 ; 顾江指导. -- 南京大学, 2009. -- 221 页

论文在对双边市场概念、特征、市场策略进行分析的基础上,以双边市场理论视角对体育赛事产业展开研究。全文共分为八章。第一章,绪论。介绍论文研究背景,选题的理论意义和现实意义,论文研究的基本思路、架构和方法,论文可能的创新之处、不足和困难。第二章,双边市场和体育赛事产业文献述评。包括双边市场理论研究述评,体育赛事产业研究述评,体育赛事产业的双边市场特征研究。第三章,多归属与平台差异化研究。一是体育赛事双边市场平台定位,包括多归属特征和赛事平台差异化;二是赛事平台差异化的理论分析,分别考虑观众多归属,考虑赞助商多归属,考虑运动员多归属和综合考虑的探讨结果;三是经验证据,包括 NBA2007 中国赛和 CBA 战略的实例。第四章,双边平台进入壁垒与进入竞争研究。一是基于双边市场进入壁垒的分析,包括传统产业组织理论中进入壁垒表现形式,双边市场进入条件的进入壁垒形式;二是体育赛事双边平台进入的理论分析;提出研究的实验证据。第五章,赛事不确定性与双边定价问题的研究。分析体育赛事双边定价的影响因素,对体育赛事双边市场定价做理论分析,

包括基本定价模式和模型分析，存在价格歧视的定价模型以及平台双边定价效应模型；提出研究的经验证据。第六章，竞争性瓶颈与平台互联问题研究。包括平台互联动机分析，同类型平台的互联介绍，非同类型平台的互联讨论，研究的经验证据。第七章，中国体育赛事产业发展：基于双边市场理论的对策思考。包括体育赛事产业的双边福利评价与涉及的制度问题，国外体育赛事产业的双边规制实践，对我国体育赛事产业的评论和政策建议。第八章为论文的结论与展望。

关键词：运动竞赛　体育产业　市场竞争

**1714**

**后工业社会服务经济的演进与利益摩擦** / 曾慧琴著 ; 陈其林指导. -- 厦门大学, 2009. -- 160 页

论文采用数据和计量方法、实证分析等方法对后工业社会服务经济的演进与利益摩擦进行了研究。全文分为九章。第一章导言，描述了论文的选题背景及研究意义，相关文献回顾，论文的研究内容和研究框架，研究方法及主要创新点。第二章服务经济的概念含义与理论阐述，介绍了服务经济的相关概念含义，并对西方服务经济研究进行了理论评述。第三章后工业社会的理论考察，论文对“后工业社会”思想的提出进行了回顾，并对后工业社会相关理论概念进行界定，并指出后工业社会是经济增长的动力源泉。第四章工业社会向后工业社会的结构变迁。论文集中介绍了工业化进程中产业结构变动的趋势，在后工业社会“服务经济”的形成过程中对生产总值与劳动就业及经济增长贡献率进行考察，在工业社会向后工业社会转型中“世界工厂”的内涵发生了变迁，并提出了“世界工厂”的生命周期论。第五章后工业社会“服务经济”的结构演进规律，论文从服务业的分类出发指出了后工业社会“服务经济”发展与研究的一般规律，以及后工业社会服务的内部结构演进规律，并指出后工业社会“服务经济”发展的中坚力量和核心动力。第六章从就业、经济增长和国际竞争力三个方面对后工业社会“服务经济”的效应进行分析。第七章从分工深化、国际产业转移和服务外包等三个方面对后工业社会“服务经济”进行动力分析。第八章指出了后工业社会服务经济发展中所存在的不平衡现象与利益摩擦。第九章指出中国经济结构的内外失衡问题，为中国服务业发展以及结构调整提出相关政策建议。

关键词：服务经济　利益　服务业　产业结构　经济分析

**1715**

**全球工序分工与贸易研究：基于新兴市场国家视角的理论和中国经验** / 曾铮著 ; 李海舰指导. -- 中国社会科学院, 2009. -- 250 页

论文采用逻辑分析、历史分析、经济学分析方法和逻辑实证等方法，基于新兴市场国家视角的理论和中国经验，对全球工序分工与贸易进行了研究。全文分五个部分。第一部分工序分工与贸易的基本范式及其分析框架，在理论范畴对工序分工与贸易进行研究，通过历史分析法探讨了工序分工与贸易的整体历史逻辑，对工序分工与贸易理论范畴进行经济学逻辑分析，同时探讨了新兴市场国家参与全球工序分工与贸易的分析框架及其现实表现。第二部分以中国30年工业贸易发展的经验解释新兴市场国家参与全球工序分工与贸易的动因及条件，论文从微观和宏观两个角度分析了新兴市场国家参与全球工序分工与贸易体系的基本动因，并以中国这个发展最快和规模最大的新兴市场国家为例，通过研究中国工业贸易发展中工序加工贸易的作用来解释中国改革开放以来工业贸易发展的主要动因。第三部分以新兴市场在全球工序分工与贸易体系中的地位对中国工业贸易发展现状进行评判，从中国工业贸易“四大悖论”为引，探讨了中国参与全球工序分工与贸易体系的现实情况和基本地位，对全球工序贸易与分工体系下各国分工贸易地位确定进行理论探讨，并对中国的贸易地位进行实际测度。第四部分全球工序分工与贸易与新兴市场国家贸易“贫困化”增长，指出中国贸易持续发展的困境，探究了全球工序分工与贸易利益分配机制和中国工业贸易“贫困化”增长的典型事例，分析了包括中国在内的新兴市场国家贸易“贫困化”增长的基本原理及其动因，并最终探讨新兴市场国家工业贸易利益升级的基本路径。第五部分结合全球工序分工与贸易的现状和趋势，对中国工业贸易发展方式转型进行战略讨论，分析了全球工序分工与贸易生态下世界贸易的重构及其趋势，探讨了全球工序贸易与分工体系下新兴市场国家的总体外贸战略，论文通过对中国贸易现状及其问题的分析，构筑了全球工序贸易与分工体系下中国工业贸易发展方式转型的整体战略。

关键词：分工　工业产品　对外贸易

1716

**沈阳汽车产业网络 AARS 范式的实证研究:基于复杂网络视角** / 张丹宁著 ; 唐晓华指导. -- 辽宁大学, 2009. -- 178 页

论文基于复杂网络的视角,对沈阳汽车产业网络 AARS 范式进行了实证研究。全文共分为八章。绪论主要阐述了论文选题的背景和研究的意义,相关的基本概念,研究的视角和方法,研究内容和框架,研究的创新之处。第一章为文献综述,主要阐述了汽车企业、产业网络和复杂网络相关的文献研究综述。第二章介绍了基于复杂网络视角,对产业网络 AARS 范式的研究,首先阐述了产业网络 AARS 范式的基本思想,研究了主体要素、行为要素、资源要素、安全要素。第三章介绍了密度、节点影响力和网络拓扑模型的判定,主要阐述了沈阳汽车产业的网络图,分析了沈阳汽车产业网络密度的研究,介绍了沈阳汽车产业网络拓扑模型的判定。第四章研究了群内、群间和网络间的行为,主要介绍了复杂网络聚类分析的方法,研究了沈阳汽车产业网络的社团结构,基于社团结构,分析了沈阳汽车产业网络的主体行为。第五章研究了沈阳汽车产业网络资源的扩散和效率的提升,分析了产业网络的创新系统,研究了产业网络内的传播临界值,研究了沈阳汽车产业网络资源传播的效率。第六章介绍了基于 INC 方法的产业安全判断,主要分析了汽车产业安全研究的价值,分析了 INC 方法的思想,研究了沈阳汽车产业网络安全状态的判定。第七章研究了沈阳汽车产业网络的演进过程,研究了产业网络模式的分类体系,分析了沈阳汽车产业网络模式的判断,研究了沈阳汽车产业网络模式的动态演化过程。第八章为全文的总结和展望。

关键词:汽车工业　产业结构　沈阳

1717

**自然风景类旅游资源供求平衡研究:以贵州省为例** / 张虹著 ; 康灿华指导. -- 武汉理工大学, 2009. -- 160 页

论文以贵州省为例,对自然风景类旅游资源的供求平衡问题进行了研究。全文共分为八章。第一章导论,主要介绍了论文的研究目的和研究的意义,主要研究内容,国内外的研究现状,论文的研究思路和方法。第二章影响旅游资源供求平衡因素研究的理论基础,主要阐述了自然资源服务功能的有价评估,分析了传统旅游供求矛盾的理论研究。第三章介绍了自然风景类旅游景区供给模型的建立,主要分析了传统旅游供给函数,阐述了旅游资源供给模型的进一步的推导。第四章自然风景类旅游景区需求模型的建立,主要论述了简单旅游需求函数的表述,影响旅游需求的主要因素,包括个人因素和市场因素,研究了平均旅游总成本推导,旅游需求函数的理论依据,阐述了旅游需求模型的构建过程。第五章自然风景类旅游景区供给平衡管理的国际比较,主要分析了世界旅游业发展的现状和特点,分析了世界旅游业发展的趋势,研究了发达国家的环境保护意识和行为,阐述了国外旅游资源开发与保护,世界生态旅游的发展情况。第六章自然风景类旅游景区的供求函数模型案例验证,主要阐述了贵州黄果树大瀑布的案例、贵州荔波大、小七孔自然旅游景区的案例及贵州洪枫湖自然旅游景区的案例。第七章贵州自然风景类旅游景区开发保护的综合对策,主要包括合理开发旅游资源、确保旅游业的可持续发展;导入形象设计战略,确定品牌定位;促进旅游产业内部及其他产业的和谐发展等等。第八为全文的总结。

关键词:旅游业　旅游资源　自然资源　资源开发　环境承载力

1718

**中国本土企业出口的微观经济分析** / 张杰著 ; 刘志彪指导. -- 南京大学, 2009. -- 188 页

论文采用理论和实证研究相结合的研究方法对中国本土企业出口的微观经济进行分析。全文分为七章。第一章导论,阐述了论文研究的主要问题以及研究中所关注的问题,论文研究的结构框架、研究思路及研究中采用的方法,指出论文研究主要的结论和创新点。第二章什么是我国本土企业出口扩张的决定因素,首先对相关文献进行回顾和评述,描述了论文的研究框架及研究中所涉及的模型、变量和数据,并对实证结果和分析进行阐述。第三章从一个理论的视角分析了制度如何影响本土企业的出口扩张,对相关问题进行描述,并结合中国典型特征事实考察了制度对中国本土企业的出口扩张进行分析,进而构建相关理论模型。第四章从实证视角分析制度如何影响我国地区间本土企业的出口扩张与差异,结合对什么是影响中国地区经济发展差距的因素的探讨,对转型背景下制度影响中国地区本土企业出口差距的机制进行分析,介绍了论文研究设计的数据来源、计量模型、变量,以及测度本土企业行业层面制度密集或依赖指标的方法,并对计量结果进行分析。第五章对

依附于外包方式的本土企业出口扩张是否会带来发展中国家经济增长的相关问题进行研究,结合相关模型对是否存在潜在进入者两种情形下的北方国家下游市场垄断结构和竞争结构进行分析,进而对北方国家不同市场结构下外包对南、被国家的影响效应进行分析。第六章从来自江苏层面的经验证据,对出口如何作用于中国本土企业生产率的问题进行分析,论文首先对"出口中学习"假说的促进论及"自我选择"假说的无关论进行回顾,继而对相关研究进行设计,并对相关实证结果进行分析。第七章从来自全国层面的经验数据对出口如何影响中国本土企业的生产率进行分析,论文在回顾理论的基础上,对相关数据进行初步分析,继而对计量结果进行分析。

关键词:出口企业　对外贸易　经济分析

1719

**集装箱物流产业产生的过程研究:基于产业融合的视角** / 张锦著 ; 胡建绩指导. -- 复旦大学, 2009. -- 149 页

论文结合分工理论和演化理论,基于产业融合的视角对集装箱物流产业产生的过程进行研究。全文分八章。第一章绪论,阐述了论文研究的选题背景及研究意义,研究对象、论文结构安排及研究方法。第二章理论综述,论文就产业融合理论、技术创新与技术进步理论、分工理论、演化理论及系统理论对研究的理论进行综述。第三章产业融合的内涵和产业融合过程再探讨,论文在介绍产业融合内涵的基础上,分析了产业融合与产业分析的关系以及产业融合的原动力,并对产业融合的过程进行描述。第四章航运集装箱化变革,结合海运集装箱化变革的发展历程,分析了航运产业集装箱化变革的原因、航运企业的精英战略转变,以及集装箱海运业务的延伸发展。第五章运输链的集装箱化发展及运输链整合,概述了运输链的集装箱化发展历程,并对以集装箱为依托的运输链的整合发展、多式联运经营人的性质进行分析,并从需求和供给两个角度分析了集装箱多式联运产生的原因。第六章集装箱物流产业的产生,就现代物流管理理念的演进进行论述,分析了集装箱物流产业的产生以及航运企业在跨产业融合发展中的转变。第七章集装箱物流产业的产业融合的启示和展望,集中分析了集装箱物流产业的产业融合的类型趋势和融合过程中的趋势,进而对技术替代融合的重组型产业融合的分与合展开讨论,继而对这一新型生产方式下的集装箱物流产业的发展趋势进行分析,结合数字化与现代物流产业的最基本物质承担者,对集装箱物流产业对人们产生的影响进行分析。第八章结论。

关键词:集装箱运输　物流　产业发展

1720

**我国中小商业银行竞争力研究** / 张梅著 ; 王振指导. -- 上海社会科学院, 2009. -- 134 页

论文采用规范分析、实证分析等多种分析方法对我国中小商业银行竞争力进行研究。全文分七章。第一章绪论,描述了论文的研究背景、研究意义,国内外研究现状,论文的研究框架和研究方法,研究中所存在的创新点与不足之处。第二章研究综述,分别从企业竞争力、国内外商业银行竞争力理论研究以及制度与商业银行竞争力关系的理论三个方面进行综述。第三章中小商业银行竞争力理论及分析框架,概述了企业竞争力理论及企业竞争力的构成要素,对中小商业银行竞争力的基本内涵进行分析,并对中小商业银行的概念进行界定,分析了中小商业银行的优势,构建中小商业银行竞争力分析模型。第四章我国中小商业银行竞争力实证分析,从现实的角度分析我国中小商业银行的竞争力及其潜在竞争力,并和国有商业银行的竞争力做对比。第五章我国中小商业银行竞争力的影响因素研究。论文从市场定位、银行组织结构、内部控制、技术创新能力以及人力资源管理等方面分析了中小商业银行竞争力的内部影响因素,并从我国中小商业银行所面临的国际经营环境和国内银行市场竞争体制两个角度分析我国中小商业银行竞争力的外部影响因素。第六章提升我国中小商业银行竞争力的途径及对策,从市场定位、银行组织结构、内部控制、技术创新能力以及人力资源管理等方面分析了我国中小商业银行竞争力存在的主要问题,提出了增强中小商业银行内部竞争力和加强中小商业银行外部的金融生态环境建设的路径以提升我国中小商业银行的竞争力。第七章结束语,概述了论文的相关结论。

关键词:商业银行　银行管理　竞争力

1721

**医疗卫生产品供给及其制度安排研究** / 张鹏著 ; 陈文玲指导. -- 南开大学, 2009. -- 194 页

论文应用公共产品理论、新制度经济学和公共选

择理论对医疗卫生产品供给及其制度安排进行研究。全文分七章。第一章导论,阐述了论文研究的选题背景和选题意义,研究思路、研究方法和研究构架,指出论文研究的难点和创新之处。第二章为相关文献的回顾与评述,主要从公共产品理论及其研究、公共产品供给机制和相关研究,以及医疗卫生经济的相关研究等诸多方面进行综述。第三章医疗卫生产品内环内界定及其公私属性的度量,在界定医疗卫生产品的内涵并对其特征进行剖析的基础上,对医疗卫生的产业经营特性与社会公益性进行了辨析。第四章基于筹资视角的医疗卫生供给机制分析,从医疗卫生服务的筹资模式出发,构建一个由公立到私立,由政府主导到市场主导的渐进谱系,在此基础上,探讨了不同医疗卫生产品供给机制的逻辑动因,并通过模型化的方法,将医疗卫生产品供给的两类机制进行对比分析。第五章递送组织视角下医疗卫生产品供给的制度安排,通过历史比较的分析方法考察了公立和私立不同医疗卫生产品供给主题变化更迭的历史进程。第六章是中国医疗卫生制度改革的借鉴,从理论分析转移到现实案例,论文将对医疗卫生供给的基础理论与中国医疗卫生制度改革的现状相结合,提出改革开放后医疗卫生制度改革由于医疗卫生供给过渡市场化和政府干预失灵下的供给失衡,针对我国当前医疗卫生的现实困难,具体指出其中存在的六大矛盾和引发这些问题的原因。第七站结论及未来研究方向。

关键词:医疗保健事业　卫生体制　卫生服务

**1722**

**公共财政促进科技创新的作用与政策研究** / 张勤芬著 ; 厉无畏,王振指导. -- 上海社会科学院, 2009. -- 155 页

论文采用对比分析以及模型分析等多种分析方法对公共财政促进科技创新的作用和政策进行研究。全文分为九个部分八章。第一部分导论,主要介绍了论文的研究背景、研究思路以及研究方法,对公共财政理论、科技创新理论、财政促进科技创新理论进行了回顾。第一章财政推动科技创新的理论框架,主要对财政促进科技创新的理论框架进行了研究,论述了通过公共财政这一方式来推动科技创新的必要性。第二章公共财政促进科技创新的基本方式,分析了公共财政支持科技创新的机理和架构,并对财政直接投入、税收机理、政府采购、中小企业政策这些主要方式进行了研究,对相应的国际经验进行了探讨。第三章公共财政促进科技创新的绩效评价体系研究,阐明了绩效评价对于公共财政促进科技创新的重要作用,并从技术上研究了绩效评价体系的构建。第四章我国财政直接投入促进科技创新政策分析,分别就公共财政的四个最主要手段对公共财政促进科技创新作用的机理、作用方式、存在问题以及相关政策建议进行了分析,并对我国财政直接投入促进科技创新的现状、存在问题、所发挥的作用以及相关政策进行了分析。第五章我国科技创新税收政策的作用与政策分析,论文对我国鼓励科技创新的税收政策的现状、作用、存在问题和进一步发挥税收政策对科技创新的推动作用进行了分析。第六章我国政府采购制度支持科技创新的作用和政策分析,论文在理论分析和借鉴国际经验的基础上,针对我国政府采购制度当前的实际状况,指出了我国公共财政进一步完善政府采购制度促进科技创新的发展方向。第七章我国中小企业创新的财政政策作用分析,论文从体制机制和各种支持方式综合的视角对公共财政如何促进中小企业科技创新提出了相关建议。第八章结论。

关键词:技术创新　创新管理　财政政策　政策支持

**1723**

**产业转移与区域协调发展:基于全球价值链与国内价值链关系的分析** / 张少军著 ; 刘志彪指导. -- 南京大学, 2009. -- 151 页

论文基于全球价值链与国内价值链关系的分析,研究了产业转移与区域协调发展的问题。全文共分为九章。第一章导论,主要阐述了论文的研究问题,选题意义和研究的价值,相关的文献综述论文的研究思路和方法,可能的创新点。第二章介绍了全球价值链模式产业转移的特征和动力及影响因素。阐述了国际产业转移背后的分工暗道,论述了 GVC 模式产业转移的概念和特征事实,研究了 GVC 模式产业转移的产生背景和驱动的力量,分析了 GVC 模式产业转移对发展中国家的影响。第四章介绍了低端方式加入全球价值链与产业升级的问题,阐述了中国在 GVC 中低端要素的消耗,论述了分析框架和理论假说,对实证研究结果进行了分析。第四章研究了渐进方式加入全球价值链与地区的差异,分析了中国的对外开放与对内开放政策,介绍了 GVC 与 NVC 的测度方法,阐述了粤苏两省的 GVC 与 NVC 的测度分析研究。介绍了模型的设定和变量的说明,模型检验的过

程。第五章分析了中西部地区承接产业转移的影响因素,主要阐述了产业转移与区域的协调发展,GVC模式产业转移下的中国,分析了封闭经济条件下的GVC模式的产业转移,研究了开放经济条件下的GVC模式的产业转移。第六章基于全球价值链的总部经济与东部地区的重新定位,主要论述了总部经济与产业转移,分析了基于GVC的总部经济的含义与特征,研究了基于GVC的总部经济的新的战略选择,分析了发展基于GVC的总部经济需要澄清的问题。第七章介绍了分权式治理下的产业升级与区域协调发展的问题。第八章阐述了区域一体化与国内价值链的构建过程。第九章为全文的总结。

关键词:产业转移　产业结构　经济发展　协调发展　区域经济

**1724**

**产业集群演进:基于集群收益变迁的解释** / 张世如著 ; 汪海粟指导. -- 中南财经政法大学, 2009. -- 111 页

论文采用文献分析、模型分析、案例分析和动态分析等研究方法,基于集群收益变迁的解释,对产业集群理论的演进进行了分析。全文分六章。第一章引言,阐述了论文研究的动因和意义,并对产业集群起源研究、产业集群发展研究、产业集群衰退研究,以及产业集群演进研究等相关文献进行综述。第二章产业集群演进路径与集群收益,结合产业集群演进阶段及进化路径的研究,对产业集群收益等相关概念进行研究。第三章基于收益变迁的产业集群起源研究,首先介绍了原生资源性集群收益驱动的产业集聚,进而对集聚性集群收益的集群形成进行分析,并结合景德镇陶瓷产业集群概况对产业集群案例进行分析。第四章基于收益变迁的产业集群发展研究,结合产业集群起源阶段后的演进困境,以及产业集群持续扩张阶段和集群内生收益的出现等相关问题,对集群持续扩张阶段的收益变迁进行分析,并对集群成熟阶段的内生收益形成机制进行分析,继而结合佛山陶瓷产业集群发展历史和现状对产业集群发展的案例进行分析。第五章基于收益变迁的产业集群衰退研究,结合交易成本节约机制失灵导致的集群衰退,以及创新机制失灵导致的集群衰退现象进行分析,进而从原生资源性集群受益突变引发的集群衰退,以及产业收益突变引发的集群衰退等现象对收益突变引发的产业集群衰退问题进行分析,此外,还结合德国鲁尔钢铁产业集群的起源、发展和衰退的历史回顾,对产业集群衰退进行案例分析。第六章主要结论和进一步研究展望。

关键词:产业经济　产业集群　产业发展

**1725**

**区域创新体系中产学研合作行为与微观机制研究** / 张伟著 ; 赵玉林指导. -- 武汉理工大学, 2009. -- 132 页

论文采用演化博弈和行动博弈等研究方法对区域创新体系中产、学、研合作行为与微观机制进行研究。全文分为八章,第一章绪论,阐述了论文的选题背景、目的和意义,相关研究文献,论文的主要研究内容和方法,主要创新点。第二章产、学、研合作创新的理论基础,分别给予交易成本的视角、知识耦合的视角,以及新经济学视角分析了产、学、研合作创新的理论基础。第三章区域创新体系的结构与功能,论文对区域创新体系的含义和特征进行描述,概述了区域创新体系的目的和功能,介绍了区域创新体系的结构。第四章产、学、研合作创新的博弈分析,介绍了产、学、研创新联盟的博弈基础,并基于非零和合作博弈的创新联盟运作模式对产、学、研合作创新进行博弈分析。第五章产、学、研合作创新的组织模式和利益机制。阐述了目前创办大学科技园区、建设高科技产业孵化期、构建工程研究中心和重点实验室的产、学、研合作组织模式,并对产、学、研合作中所涉及的利益机制进行分析。第六章产、学、研合作创新的协同机制,首先介绍了产、学、研合作创新的协统计出,进而分析了产、学、研合作协同发展的根本途径。第七章南阳市产、学、研合作创新实证研究,对南阳市产、学、研的创新体系进行介绍,阐述了产、学、研合作创新在南阳市的微观运行,对南阳市产、学、研合作创新进行了绩效评估,进而对南阳市产、学、研合作创新提出相应的政策建议。第八章结论和研究展望。

关键词:产学研一体化　技术创新　交易成本　博弈论

**1726**

**部门创新体系与我国自主创新的战略选择:基于制药业的研究** / 张文杰著 ; 贾根良指导. -- 南开大学, 2009. -- 161 页

论文采用理论与实证相结合的研究方法,基于制药产业,对部门创新体系与我国自主创新的战略选择进行研究。全文分六章。第一章导论,主要阐述了论文的研究背景与研究意义,并就创新理论与部门创新体系,以及国内外医药产业经济及创新体系等国内外

相关研究的现状进行分析，描述了论文的研究方法、研究内容，指出了论文研究中的创新之处。第二章结合概念、前言思考与历史经验对部门创新体系进行分析，首先回顾了部门创新体系的形成与发展历程，进而从多角度对部门创新体系的前言问题进行研究，结合德、美对英国的成功赶超及二战后日本的发展经验，基于经济史视角对后发国家部门创新体系建设历史经验进行考察。第三章结合历史演化与全球现状讨论了制药业部门创新体系，首先介绍了药品特点和制药业的创新，进而分析了制药业部门创新体系的历史演化，总结全球制药业的整体发展趋势和创新特点。第四章发达国家制药业部门创新体系建设的经验与教训，论文首先结合德国与英国的对照分析了现代制药业的早期形成与发展，进而分析了创新体系的变革，以及二战后美国制药业的崛起，并对战后美国何以稳固其在制药业的领导地位、英国制药业的快速发展，以及德国制药业的式微等情况进行分析。第五章基于印度和中国的比较，分析后发国家制药业创新体系建设，论文结合中印两国制药业部门创新体系的演变与经验考察，分析了发展中国家知识产权保护与制药业部门创新体系建设。第六章我国制药业创新体系建设的战略选择与政策建议，论文结合自主创新为导向的我国制药业部门创新体系的构建，分析了我国制药业创新体系建设的战略选择与政策建议。

关键词：制药工业　工业企业管理　技术革新　自主创新

**1727**

**城市化与产业生态化耦合发展研究** / 张文龙著 ; 邓伟根指导. -- 暨南大学, 2009. -- 149 页

论文在系统总结国内外研究进展的基础上，研究城市化与城市生态化耦合发展的互动关系和演化机理的内在规律，建立一套城市化与产业生态化耦合发展定量测度指标体系和协调性判断标准，提出城市化与产业生态化耦合发展的优化路径，结合案例提出佛山城市化与产业生态化协调发展的若干对策建议。全文共分为八章。第一章，绪论。介绍论文研究背景、目的和意义，国内外研究综述，主要内容与技术路线，研究方法与论文创新点。第二章，城市化与产业生态化的范畴界定与理论回顾。包括城市化的范畴界定与理论回顾，产业生态化的范畴界定与理论回顾。第三章，城市化与产业生态化耦合发展的互动关系。介绍城市化与产业生态化耦合发展的内涵，城市化与产业生态化耦合发展的理论基础以及城市化与产业生态化耦合发展的效应分析。第四章，城市化与产业生态化耦合发展的演化机理。探讨城市产业代谢基于“流”的复合系统建模，城市产业生态系统的耗散结构模型与演化调控，产业生态化对城市化基于 Logistic 模型的扩展动力机制。第五章，城市化与产业生态化耦合发展的定量测度。探讨城市化与产业生态化耦合发展的评价指标体系，城市化与产业生态化耦合发展的评价模型以及城市化与产业生态化耦合发展的协调性判断。第六章，城市化与产业生态化耦合发展的优化路径。提出推行清洁生产，发展生态产业，外部性内在化的制度创新。第七章，佛山城市化与产业生态化耦合发展研究。结合佛山发展概况，提出佛山城市化与产业生态化耦合发展评价指标筛选，定量评价和对策建议。最后为研究结论和展望。

关键词：城市化　产业经济　生态学

**1728**

**中国房地产信贷风险的度量与控制研究** / 张雯著 ; 吴照云指导. -- 江西财经大学, 2009. -- 179 页

论文采用实证分析和模型分析等方法对中国房地产信贷风险的度量与控制进行研究。全文分为七章。第一章导论，介绍了论文的研究背景和研究意义，研究的对象，国内外相关研究现状，论文的研究方法、研究思路及研究框架。第二章房地产信贷风险的一般性分析，论文就房地产与其他产业的关联描述了房地产业及其特点，并指出了金融支持下的房地产发展状况，描述了房地产信贷资金的运动特点、房地产信贷风险的特征及分类、房地产风险的生成机制，以及房地产信贷风险传导的影响路径，指出了房地产信贷风险的度量和控制原则。第三章中国房地产信贷发展特点及风险控制状况。论文讲述了中国房地产信贷从 1949—1987 年的零阶段到 1988—1992 年的孕育阶段再到 1993—1997 年的萌芽阶段，以及 1998—2002 年的成长阶段到 2003—2007 年的发展阶段到最后 2008 年至今调整阶段的发展历程，简述了中国房地产信贷的发展特点、房地产信贷风险产生的原因以及中国房地产信贷风险控制的现状和缺陷。第四章日本和美国房地产信贷风险控制启示，论文以日本、美国房地产信贷为例，讲述了的两国房地产的体系构成、信贷状况及风险控制中的教训和对中国房地产信贷的启示。第五章房地产信贷系统性风险的度量，描述了房地产信贷周期性风险、房地产信贷抵押品价值

风险、房地产信贷区域风险及房地产信贷行业风险集中的度量。第六章房地产信贷非系统性风险的度量，分别讲述了房地产信贷决策风险、信用风险以及操作风险的度量。第七章中国房地产信贷风险的控制，结合前六章的内容，提出中国房地产信贷系统性和非系统性风险控制的措施，并指出内部控制和信贷激励来作为房地产信贷风险控制的监督措施。

关键词:房地产　贷款风险　风险管理

**1729**

**纵向关联市场的效率研究:以煤电产业链为例** / 张艺著 ; 郁义鸿指导. -- 复旦大学, 2009. -- 146 页

论文以煤电产业链为例，对纵向关联市场的效率进行了研究。全文共分为七章。第一章导论，主要阐述了论文的研究背景和研究的意义，相关的国内外研究综述，研究的主要内容和框架，主要研究方法和技术路线，主要创新点和不足之处。第二章文献综述，主要阐述了单个市场的经济了效率和社会福利，纵向关联市场的经济效率和社会福利的研究，中间产品定价与讨价还价的理论，关于煤电产业链的研究。第三章纵向关联市场的效率评价问题，主要划分了纵向市场的结构，研究了连续竞争的纵向关联的市场问题，阐述了具有单边垄断势力的纵向关联市场，分析了具有双边垄断势力的纵向关联市场。第四章外部选择、讨价还价与纵向关联市场的效率，主要对相关的文献进行了回顾与分析，研究了上网电价受到限制时的电煤讨价还价的模型，分析了外部选择的作用。第五章内部选择、纵向一体化和纵向关联市场的效率，对煤电纵向一体化的研究和内部选择研究进行了回顾与分析。阐述了下游产品价格受到限制时的纵向一体化，分析了内部选择在纵向一体化的作用。第六章研究了双边不确定性、讨价还价与纵向关联市场的效率，回顾了煤电产业波动性的研究和不对称信息讨价还价的理论，分析了私人价值的双边不确定性与事后效率。第七章为全文的总结。

关键词:煤炭工业　电力工业　产业链　市场结构　市场效率

**1730**

**技术性贸易壁垒对国际贸易的影响:理论与实证研究** / 章志键著 ; 王仁祥指导. -- 武汉理工大学, 2009. -- 134 页

全文共分为九章。第一章导论，主要阐述了论文的研究问题，国内外的研究现状，论文的研究路线和研究方法。第二章技术性贸易壁垒的由来、演变及动因，阐述了技术性贸易壁垒的涵义、由来及其演变的历程，分析了技术性贸易壁垒的表现形式和特点，技术性贸易壁垒形成的动因。第三章国外的技术性贸易壁垒的实践，主要分析了发达国家的技术性贸易的壁垒，阐述了发展中国家的技术性贸易壁垒，介绍了南北差异比较、原因和未来的变化趋势，阐述了技术性贸易壁垒的发展趋势和未来的展望。第四章技术性贸易壁垒与国际贸易发展的相互关系及其作用的机理，分析了技术性贸易壁垒对国际贸易发展的影响，国际贸易的发展对技术性贸易壁垒的影响，以及技术性贸易壁垒对国际贸易的作用机理。第五章技术性贸易壁垒的博弈分析，主要阐述了进出口双方的博弈分析，论述了壁垒设置方国内不同利益集团的博弈分析。第六章技术性贸易壁垒对中国对外贸易的影响，主要分析了中国外贸发展的现状，研究了技术性贸易壁垒对中国出口贸易发展的影响，介绍了发达国家对中国出口实施 TBT 的具体表现，阐述了基于中国 29 个省面板数据的实证分析。第七章技术性贸易壁垒对江西对外贸易的影响，主要分析了江西省外贸出口的基本情况、主要的特点及存在的问题，论述了江西省外贸出口遭受国外技术性贸易壁垒的现状和特点及原因分析。第八章研究了中国应对技术性贸易壁垒的策略。第九章全文的总结。

关键词:技术贸易　贸易壁垒　国际贸易

**1731**

**乡村旅游及其推动农村产业结构优化研究** / 赵承华著 ; 周军指导. -- 武汉理工大学, 2009. -- 131 页

全文共分为七章。第一章导论，主要阐述了论文的研究背景和研究意义，国内外的研究文献，研究现状，论文的研究内容和研究方法。第二章介绍了乡村旅游与农村产业结构优化的基本理论，概述了乡村旅游的内容、特点和类型，阐述了农村产业结构及其优化的演进规律和评价标准，论述了乡村旅游推动农村产业结构优化的主要依据。第三章研究了乡村旅游发展与中国农村产业结构调整的状况，主要阐述了国外乡村旅游的发展及启示，分析了国外乡村旅游的现状，研究了国外乡村旅游发展额趋势。同时研究了国内乡村旅游的兴起和发展，主要阐述了我国乡村旅游的起源和发展历程，以及发展现状和发展的趋势。最后研究了中国农村产业结构调整的历程

和现状,分析了中国农村产业结构优化的深层制约因素。第四章分析了乡村旅游推动农村产业结构优化的作用机理和外部条件,主要论述了乡村旅游对农村产业结构变动的促进作用,分析了乡村旅游推动农村产业结构优化的作用机理,论述了乡村旅游推动农村产业结构优化的外部条件。第五章研究了推动农村产业结构优化的乡村旅游发展的模式选择,主要介绍了乡村旅游发展模式的基本类型,研究了各种模式的比较,并做了简要的评述。阐述了各种模式的适用条件。第六章对我国西北地区乡村旅游与农村产业结构优化分析进行了实证研究。第七章为全文的总结。

关键词:乡村旅游　农业产业　产业结构优化　发展模式

1732

**上海房地产发展研究:借鉴国际经验探求上海房地产业发展之路** / 赵恩博著 ; 高汝熹指导. -- 复旦大学, 2009. -- 186 页

论文通过研究国际大都市房地产市场发展历程,用定量分析与定性分析相结合的方法,分析了上海房地产所处的发展阶段及未来走势。全文共分为八章。在绪论中介绍了研究对象、研究范围、国内外文献综述、主要创新点。第一章分析了房地产及房地产市场的特征。包括房地产市场的含义及特征,房地产市场的运行机制分析,以及房地产市场的供求规律分析。第二章对上海房地产发展的历程、现状与问题进行了分析研究。首先分析了上海房地产业的发展历程,然后对上海房地产业的发展现状和存在的问题进行了讨论,最后对上海房地产的计量经济进行了研究分析。第三章对中国大陆及上海的房地产发展政策进行了剖析,在对调控政策对房地产市场价格影响的理论分析后,对政府调控政策对上海房地产价格影响进行了实证研究,最后对上海房地产现存的问题进行了分析和讨论。第四章对国际房地产发展经验进行了借鉴分析。通过分析美国纽约、日本东京和新加坡的房地产发展历程,总结分析了国际房地产发展的经验。第五章对中国香港及台湾房地产发展的经验进行了分析,并通过分析香港房地产开发的规划引导和台湾地区房地产的景气循环等分析,得出香港和台湾发展房地产的经验结论。第六章对上海房地产波动周期影响因素进行了比较分析。主要包括房价收入所得比的因素分析、收入因素分析、汇率因素分析以及率因素分析。第七章提出了对促进上海房地产发展的政策建议,主要包括土地调控政策、税费调整政策、汇率调控政策、利率调控政策、住房保障政策、外商投资政策以及市场规范与整治。第八章提出了研究结论和未来的研究展望。

关键词:房地产业　经济周期分析　发展模式　上海

1733

**自然垄断与行政垄断下的合谋问题研究:以电力和图书出版市场为例** / 郑丹秋著 ; 石磊指导. -- 复旦大学, 2009. -- 131 页

论文采用理论分析、模型分析、统计分析、实证分析等多种分析方法,以电力和图书出版市场为例,对自然垄断与行政垄断的合谋问题进行研究。全文分为七章。第一章导论,阐述了论文的研究背景以及研究意义,描述了论文的研究方法和结构安排,并指出了论文研究中的主要创新点。第二章理论回顾与述评,结合近代自然垄断理论及其管制思想、现代自然垄断理论及其管制思想、自然垄断的其他理论以及自然垄断产业管制理论与实践对自然垄断与管制的相关理论进行文献述评,并结合行政垄断的由来与内涵、国内学者对行政垄断问题的相关综述以及中国行政垄断问题及管制政策对行政垄断及其管制的理论进行回顾和评述,此外论文还就合谋理论进行了简要评述。第三章自然垄断与行政垄断产业中的管制与合谋问题,论文以厂商之间的合谋问题来分析受管制的自然垄断与行政垄断行业的问题,并以厂商与管制者的合谋来分析受管制的自然垄断与行政垄断行业的问题。第四章从来自电力行业的数据来分析自然垄断行业中的垄断,结合模型假设与分析对网络行业中的合谋问题进行分析,进而利用 1979—2006 年来自电力行业的数据,对管制者与发电企业合谋的问题进行实证分析。第五章以来自中国图书出版行业的例子对行政垄断行业中的合谋问题进行分析,在相关文献回顾的基础上,构建相关理论模型,结合来自图书出版业的数据分析,对图书出版业提出相关政策建议。第六章对中国自然垄断和行政垄断管制改革的分析与建议,论文在上述章节分析的基础上,对中国自然垄断和行政垄断管制改革提出建议。第七章结论、问题与展望。

关键词:垄断行业　垄断经济学　行政干预　管制

1734

**中国旅游产业组织演化研究(1978—2008)** / 郑世卿著 ; 陈家海指导. -- 上海社会科学院, 2009. -- 154页

论文采用传统的产业组织理论作为理论工具,结合演化经济学,对中国旅游业组织演化进行研究。全文分为八章。第一章绪论,结合旅游产业的特殊性描述了论文研究的背景及意义,对产业组织研究和组织演化进行了综述,指出了论文的研究思路、方法和结构安排。第二章产业组织演化,结合波特和发展经济学的观点,对演化环境因子进行了分析,阐述了产业组织演化理论的发展和环境因子推动演化的机理。第三章中国旅游业的发展,讲述了中国旅游业发展从1978—1989年的起步阶段到1990—2002年的快速发展阶段到2003年至今的调整优化阶段的三个过程,并从整体上阐述了旅游产业结构复杂性、规模经济性、边界开放性和外因敏感性的基本特征,以及产业组织在市场结构、市场行为、市场绩效和政府规制上的演化进程和趋势,指出技术创新、制度变迁是产业组织演化的动因。第四章企业内组织的多元化和专业化,从企业多元化和专业化的角度分析了旅游业的横向和纵向联合,并以旅游业的多元化和专业化作为实证进行分析并对分工和整合的概念进行了综述。第五章企业间组织的网络与模块,指出了企业间组织网络化和产业模块化的概念及其形成原因,分析了网络与模块之间的区别与联系,并佐之以实证。第六章产业间组织的融合和联动,介绍了产业融合和产业联动的相关理论及其产生的原因,分析了产业融合和联动的联系和区别,并辅之实证。第七章政府组织的规制与服务,对政府组织进行了理论综述,回顾了政府规制的概念,并对未来产业服务做出展望。第八章结束语。

关键词:旅游业　产业组织　产业发展

1735

**中国传媒产业规制模式研究** / 钟云华著 ; 李悦指导. -- 中国人民大学, 2009. -- 253页

论文运用规制经济学理论和方法,对我国传媒产业规制问题展开研究,总结我国传媒产业的规制规律并提出符合经济规律的政策建议。全文共分为八章。第一章,导论。介绍论文研究背景和选题意义,研究的指导思想,相关研究现状,研究思路和研究方法,研究创新与不足。第二章,传媒产品与媒体的经济性质分析。探讨传媒产品的经济性质,媒体的经济性质,中国媒体的经济性质。第三章,传媒产业发展现状、趋势以及其经济特征。结合全球传媒产业发展的现状和趋势,提出我国报纸产业、期刊产业、广播产业、电视产业、互联网新媒体和广告业等的发展现状,提出我国传统产业的自然垄断和行政垄断经济特征。第四章,规制的演进和规制理论变迁。介绍规制的概念,政府规制的过程和历史,公共利益机制理论,利益集团规制理论,激励性规制理论和规制框架下的竞争理论等。第五章,传媒产业规制与传媒产业规制模式。对传媒产业规制做经济学分析,提出公共利益规制理论视角的传媒产业规制依据,对利益集团规制理论框架下的传媒产业规制进行分析,探讨传媒产业的规制模式。第六章,美、英、日传媒产业规制模式。分别介绍美国、英国和日本模式产业规制的主体与其他要素的关系,产业规制的手段,反垄断、经济规制和社会规制,不完全环节的产业规制,以及消费者集团内生产业规制模式,并提出三国传媒产业规制实践的共性和启示。第七章,中国传媒产业规制模式与绩效。介绍近代传媒产业的发展及其规制模式,中国传媒产业规制模式与绩效。第八章,提出优化中国传媒产业规制模式的政策建议。

关键词:传播媒介　产业发展　规制

1736

**企业成长中的凝聚力研究** / 周明德著 ; 李文兴指导. -- 北京交通大学, 2009. -- 182页

全文共分为九章。第一章引言,主要阐述了论文研究的选题背景和研究的意义,论文研究的理论问题和现实问题,论文研究的方法、基本的思路和框架结构。第二章对企业理论、企业成长及凝聚力进行了综述,主要阐述了企业产生的相关理论,分析了企业内部结构及分配的相关理论,论述了企业成长的相关理论研究,分析了组织能力理论。第三章凝聚力的产生、概念界定以及构成,主要阐述了凝聚力产生的理论基础研究,分析了企业凝聚力的产生、含义、构成及发展的周期,描述了企业凝聚力的特征和作用及表现的形式。第四章企业凝聚力的影响因素,主要分析对象包括吸引力性凝聚力、结构性凝聚力、维护性凝聚力,阐述了外部环境因素,主要包括社会文化环境、人力资源市场环境及外部竞争环境。第五章企业凝聚力的培育与保护的问题,主要论述了吸引性凝聚力的培育、结构性凝聚力的培育、维护性凝聚力的培育以及基于外部环境的企业凝聚力的培育四方面的内容,最

后进行了章节小结。第六章企业凝聚力的外部表现,主要论述了基于企业凝聚力的战略联盟,分析了基于企业凝聚力的企业并购问题。第七章对企业凝聚力进行了测评,主要阐述了企业凝聚力测评的方法、指标体系以及步骤,建立了测评的模型。第八章是对企业凝聚力测评的实证研究,主要阐述了凤凰城集团公司的相关情况,介绍了凤凰城集团公司企业凝聚力的测评算例及结果。第九章为全文的总结。论文的研究对分析企业成长中的凝聚力具有重要的意义。

关键词:企业管理　企业成长　企业组织　凝聚力

**1737**

**科技创新提升产业竞争优势的作用机制研究** / 周珊珊著 ; 赵玉林指导. -- 武汉理工大学, 2009. -- 147 页

全文共分为九章。第一章引言,主要提出了论文研究的选题背景和研究意义,相关的国内外研究文献综述,论文研究的主要内容和研究的方法,主要创新点。第二章介绍了产业竞争优势的钻石模型理论及其拓展,主要包括波特竞争优势钻石模型的理论贡献、钻石模型的局限性及其拓展性研究,以及以科技创新为核心的新钻石模型的构建。第三章科技创新、生产要素与产业竞争优势的联系,主要研究了科技创新与生产要素的关系,生产要素与科技创新协同提升产业竞争优势的机制,对科技创新与生产要素协同提升产业竞争的优势进行了比较分析。第四章市场结构与科技创新作用产业竞争优势的机制:发展中国家的企业战略选择,研究了科技创新、市场结构与产业竞争优势的关系,阐述了后发国家或地区的获得产业竞争优势的两种企业战略选择,研究了科技创新、市场结构对产业竞争优势影响的发展中国家的政策模拟。第五章研究了科技创新与需求条件互动提升产业竞争优势的作用机制,主要包括科技创新与市场需求的互动作用产业竞争优势的机制、后发国家或地区科技创新推动和需求拉动下的产业竞争优势形成的轨迹及对科技推动与需求拉动双驱动下的中国通信制造业的实证研究。第六章研究了科技创新、相关及其支持性产业与产业竞争优势的关系,主要阐述了相关及支持性产业的互动提升产业竞争优势的机制、分析发展中国家通过科技创新来互动提升相关及支持性产业竞争优势的战略选择标准及途径,最后进行了案例分析。第七章研究了科技创新与制度的共生演化提升产业竞争优势的机制。第八章研究了科技创新提升产业竞争优势的微观战略。第九章为全文的总结。

关键词:产业经济　产业发展　技术创新　竞争力

**1738**

**流动性过剩条件下中国资本市场稳定性研究** / 周钟山著 ; 王仁祥指导. -- 武汉理工大学, 2009. -- 131 页

论文基于已有研究成果,厘定资本市场稳定的内涵,从理论上分析资本市场稳定的影响因素,通过对经济虚拟化现实的论证,在费雪的货币共识的基础上提出实体经济商品价格与数量和资产价格与数量的货币公式,并通过对中国流动性过剩对资本市场稳定性影响的实证分析,以流动性过剩为前提,从五个方面考证各因素相互作用下共同构成对资本市场稳定的作用机理。全文共分为八章。第一章,绪论。介绍选题背景与研究意义,相关研究的文献回顾,研究方法与框架。第二章,资本市场稳定机制的理论基础。探讨资本市场稳定的内涵,资本市场稳定的影响因素,提出资本市场稳定的均衡分析,资本市场稳定机制。第三章,流动性过程条件下中国资本市场稳定的实证分析。包括对流动性过剩的成因分析和流动性过剩条件下中国资本市场稳定性的影响分析。第四章,流动性过剩条件下相关因素对中国资本市场稳定的影响机理。分别探讨宏观经济因素对中国资本市场稳定的影响机理,金融体系不完善对中国资本市场稳定的影响机理,资本市场结构对中国资本市场稳定的影响机理,投资者行为对中国资本市场稳定的影响机理,制度性因素对中国资本市场稳定的影响机理。第五章,流动性过剩条件下中国资本市场稳定性的评估。结合资本市场稳定性评估体系构建的指导思想和基本原则,提出中国资本市场稳定性评估指标体系的具体构建,并对 2007 年度中国资本市场稳定性评估实证做出分析。第六章,流动性过剩条件下中国资本市场稳定机制的内部优化。结合稳定机制优化的指导思想与基本原则,提出中国资本市场稳定机制的优化内容。第七章,流动性过剩条件下中国资本市场稳定的外部保障机制。分别对制度保障、技术保障、管理保障和文化保障具体内容做出分析。第八章为论文总结与展望。

关键词:资本市场　稳定性　流动资金

**1739**

**内外失衡下的流动性供给、资产价格及货币政策选择** / 朱江著 ; 厉无畏,葛伟民指导. -- 上海社会科学院, 2009. -- 96 页

论文通过VAR向量自回归模型对内外失衡下的流行性工具、资产价格及货币政策选择进行了研究。全文分七章。第一章导论,阐述了论文的研究背景及研究意义,相关文献综述,论文的研究方法和逻辑结构,论文研究的创新点。第二章内外均衡与失衡,对内外均衡的基本概念进行了概述,结合蒙代尔—弗莱明模型对货币政策做有效性分析,并指出内外失衡的长期性。第三章流动性界定与计量,论文对流动性、流动性过剩的定义及争议进行描述,介绍了价格缺口方法、实际货币缺口方法、名义货币缺口方法、货币过剩测度方法、货币与GDP之比、贷款与GDP之比等流动性度量的方法,以及流动性过剩与流动性黑洞的测不准原理。第四章流动性、通膨与资产价格计量分析,论文从水平变量单位根检验和协整检验出发,利用一阶差分变量的Granger因果检验和VAR模型对流动性、通膨与资产价格进行计量分析。第五章流动性供给影响资产期限结构与金融稳定,论文通过对信贷扩张与资产价格形成意见金融危机关系的历史探索,分析了日本"病"与美国次贷危机的历史事件,总结其中的经验及带来的启示,分析了流动性供给与流动性过剩和资产期限结构调整的关系。第六章货币政策选择,回顾了货币政策选择中的"三元悖论"和"米德冲突",结合多方面因素分析了货币政策中介目标选择中丁伯根发展的运用。第七章结论。

关键词:货币政策　货币供给　金融市场　资产价格

**1740**

**中国房地产周期波动区域差异的实证分析** / 邹琳华著 ; 高波指导. -- 南京大学, 2009. -- 163页

全文共分为六章。第一章,绪论。介绍论文的研究背景,概念界定与特征描述术语,相关文献回顾,论文的思路、内容与结构,主要研究方法以及论文研究可能的创新与不足。第二章,基于冲击—传导房地产周期理论模型。概述经济周期理论,提出房地产周期波动的蛛网模型,房地产周期波动的存量—流量模型,考虑不确定性的楔子模型。第三章,市场结构、经济基本面与房地产周期的区域差异。内容包括模型的构建,市场结构区域差异对房地产周期特征模式的影响,经济基本面因素区域差异对房地产周期特征模式的影响,造成房地长周期区域差异的其他因素讨论。第四章,房地产周期波动对宏观(区域)经济的影响。首先提出研究的问题,并对相关理论概述,在此基础上,探讨房地产市场的金融加速器效应,展开信贷约束情形下的动态一般均衡模型分析,外部融资升水情形下的动态一般均衡模型分析。第五章,主要一线城市房地产周期测度与划分。介绍房地产周期波动额测度与分析方法,对相关数据作出说明,探讨4城市房地产周期的测度与划分,并对4城市房地产周期进行简单比较并得出结论。第六章,放假周期的区域差异:以东、中、西部10城市为例。提出该部分研究的分析方法,样本选择与数据来源介绍,探讨房价周期的相关性及其领先滞后关系,探讨放假周期的波动性差异。最后为论文结论。

关键词:房地产市场　房地产价格　经济周期　区域差异

## 国际贸易学

**1741**

**发展中国家的金融发展对FDI引进的影响** / 蔡伟雄著 ; 佟家栋指导. -- 南开大学, 2009. -- 151页

论文着重探讨发展中东道国的金融发展对于其引进FDI的影响。全文由六章组成。第一章引言,主要对相关文献进行梳理,并探讨论文的研究意义、研究方法、创新之处以及介绍论文的总体安排。第一章发展中国家FDI引进概述,分别从地区分布与行业分布两个方面,对流入发展中国家的FDI的特点进行了考察。第二章发展中国家的金融发展概况,运用统计方法,从金融深度、金融效率、股市发展、金融结构四个方面对发展中国家的金融发展进行了描述,又结合金融发展理论的最新研究成果——法律与金融理论,对于发展中国家金融发展的决定因素进行了实证考察。第三章,建立理论模型,对于东道国金融发展影响行业层面的FDI的作用机制进行探讨。第四章使用跨国数据实证检验了第三章提出的模型的结论。第五章从中国的角度考察了金融发展与FDI两者的关系,文中使用跨省或跨市数据,考察了地区金融发展对于FDI流入的地区分布以及行业选择的影响,结果与跨国检验类似。第六章结论。论文的主要结论是:发展中国家的金融市场的发展总体滞后,尤其是证券市场的发展,还处于起步阶段;在发展中国家的金融体系中,银行扮演了重要角色;经济发展水平、法律执行效率以及经济的对外开放程度等均为影响发展中国家金融发展的主要因素。生产最终产品的外

资的利润取决于东道国的劳动力要素成本,中间投入的价格高低,以及中间投入种类的多寡;生产中间产品的内资企业如果面临融资约束,势必导致中间产品价格上升、数目下降,从而降低中间产品的市场厚度,并直接影响了外资的利润及进入决策;FDI 越是进入那些密集使用中间产品的行业,越是要求东道国的中间产品市场的厚度越大。

关键词:外商投资　直接投资　经济发展　发展中国家

1742

**中国欧盟经贸关系发展研究** / 车文娇著 ; 何剑指导. -- 东北财经大学, 2009. -- 178 页

论文运用历史和系统、定性分析和定量分析相结合的研究方法对 20 世纪 90 年代以来中欧经贸关系发展的国际、国内背景、发展概况、特点、影响因素及发展趋势进行重点研究。全文共分五章。第一章导论,阐述了论文的研究意义、研究综述、研究框架以及创新与不足。第二章为欧盟成立前中国与欧共体的经贸关系,回顾了冷战以前中国与西欧国家的经贸往来,重点对冷战时期中欧经贸关系的发展进行考察。第三章为 20 世纪 90 年代中国欧盟关系的快速发展和原因。对双边经贸关系发展的国际、国内政治、经济背景进行了梳理,回顾了 20 世纪 90 年代中欧经贸关系的发展概况,对这一时期双边经贸关系发展的特点进行了总结、归纳,并对这一时期双边经贸关系发展的影响因素进行了分析。第四章为 21 世纪以来中国欧盟经贸关系的深入发展和问题。梳理和分析了 21 世纪以来双边经贸关系发展的国际、国内背景,回顾了 21 世纪以来双边经贸关系的发展概况,总结、归纳了这一时期中欧经贸关系发展的特点,并分析了这一时期双边经贸关系发展的影响因素,指出了这一时期双边经贸关系发展中存在的主要问题。第五章为中国欧盟经贸关系的发展趋势与中国的对策建议。

关键词:中外关系　对外经济关系　经济发展　经济合作　欧洲国家联盟

1743

**东亚产品内分工和零部件贸易:理论与实证研究** / 陈静著 ; 刘重力指导. -- 南开大学, 2009. -- 161 页

论文运用国际贸易理论、新经济地理学、产业组织理论的方法,从理论和实证两个方面分析了新型的产品内分工方式的影响决定因素和当今世界经济发展的影响。全文共分为六个部分。第一章说明论文的选题意义、研究目的、研究方法、论文结构安排和创新之处。第二章简要回顾了相关文献。第三章构建了一个包含区位优势、跨国公司战略行为、生产技术客观要求和服务联系成本的理论逻辑结构,以此分析国际生产共享生产和发展的基础、产品内分工的国家和区位结构的形成原因。第四章从“事后”考察了全球零部件贸易的地区结构、流向和特点。第五章基于联合国细分的贸易数据,通过增广的贸易引力模型间接考察了东亚生产共享的影响和决定因素,并在产品内垂直分工的框架下,梳理了四个技术梯度的相互关系和对东亚生产共享的贡献。第六章是结论和政策建议。论文的主要结论是:通过将国际分工从产品层面深入到工序层面,可以有效地拓展相关理论,这种拓展对于解释当今经济现象和特点具有重要的意义;产品内分工更容易在一个相对较小的区域范围内发生;东亚的零部件贸易的发展速度远远高于西欧和北美的情况。

关键词:国际分工　加工贸易　经济关系　东亚

1744

**中国集聚经济与外商直接投资区位选择** / 陈延晶著 ; 葛嬴指导. -- 对外经济贸易大学, 2009. -- 165 页

论文在对集聚经济与 FDI 区位选择两者关系提供充分理论支持的前提下,区分不同的集聚经济种类,并考查每一类型对于 FDI 区位选择的具体影响。全文共分七章。第一章引言,介绍研究意义和学术价值,研究的主要内容,以及结构安排。第二章对集聚经济和 FDI 区位选择研究情况综合论述,阐述了集聚经济的研究现状以及 FDI 区位选择的决定性因素。第三章对中国集聚经济的现状进行了分析,指出了中国集聚经济的 FDI 具有非均衡的分布特点。第四章和第五章分别从主流区位理论和集聚经济影响 FDI 区位分布理论机制进行阐述,建立起了地理扩增的局部存量调整实证模型。第六章对集聚经济与 FDI 区位选择进行回归检验,用 GMM 方法对省内与省间的各种集聚经济类型与其他经典控制变量一起对 FDI 的影响进行检测,并用行业水平的数据建立地理扩增的随机效应模型进行补充检测。第七章主要结论,研究结果显示:一省的城市化水平、外资集中度和行业多样性对 FDI 有着重要的和积极的省内影响,地区行业专业化对于行业水平的 FDI 也有正效应。集聚经济对于 FDI 的跨省效应则因具体的集聚种类存在较

大差异。城市化经济不存在跨省效应。一省的外资集中程度对于邻省的FDI有促进作用,但与其省内效应相比,影响力大大降低。行业专业化与外资集中度对行业水平FDI的效应相似,存在递减的跨省效应。邻省多样化的行业结构对于本省的行业水平的FDI有正效应。论文集聚经济的实证研究结果与理论预期基本一致。

关键词:空间经济学　集聚　外商直接投资　区位选择

**1745**

**外商直接投资在我国服务业的效率外溢效应研究** / 邓子梁著 ; 高成兴指导. -- 中国人民大学, 2009. -- 160页

论文研究了我国服务业外资企业对内资企业效率外溢的发生机理及其规模。全文共分七章。第一章导论,界定了服务业、外商直接投资以及外资效率外溢等基本概念,并介绍选题的背景与意义,对外资效益外溢发生的根源以及渠道进行了文献综述,并对论文的创新之处与不足进行概括,说明论文的研究方向、研究假设。第二章对我国服务业发展的历史回顾。第三章研究了入世以后银行业的外资效率外溢问题,论文运用随机前沿方法对我国银行2001—2007年的经营效率进行了分析,得出我国银行业在2001年入世以后整体经历了经营效率先小幅下降后转升的过程。第四章研究了入世以后零售业和房地产业的外资效率问题。第五章利用企业数据和行业数据(银行业、零售业和房地产业除外)对我国服务业的外资效益外溢问题进行了多视角的经济计量检验。第六章是可计算一般均衡模型(CGE)分析,简要介绍了CGE模型的理论基础、建模流程、建模软件以及运用CGE模型研究外资效益外溢问题的优劣,介绍了所构建的CGE模型的设计理念,对计算机仿真的结果进行了分析。第七章对我国服务业外资的效率外溢问题进行综合评价,提出有针对性的对策,并指出可能有价值的进一步研究方向。

关键词:服务业　外商直接投资(FDI)　产业结构　经济效益

**1746**

**跨国公司对国际生产网络的控制及其对发展中国家的经济影响** / 丁勇著 ; 朱彤指导. -- 南开大学, 2009. -- 158页

论文研究发展中国家如何提升在全球价值链体系中的位置。全文共六个部分。第一部分绪论,说明了论文的研究背景、研究目的、意义、研究方法、论文结构、创新点及不足。第二部分跨国公司国际生产网络概述,阐述跨国公司国际生产网络的发展历程,经历了企业内部和国家内部生产、企业内部跨越国家边界生产、跨越企业边界和国家边界生产三个阶段。第三部分跨国公司对国际生产网络的控制研究,对相关理论如价值链理论和生产组织理论进行了回顾,阐述了国际生产网络的理论及跨国公司基于自身的核心能力对国际生产网络的控制。第四部分发展中国家参与跨国公司国际生产网络的动因、约束、现状和地位,阐述发展中国家出于资金缺乏、外汇储备少,解决就业等方面的考虑,参与国际生产网络的动因,说明发展中国家自身存在的约束,通过贸易结构分析、国际竞争力分析和垂直专业化分析,得出发展中国家参与国际生产网络的地位为低利润的劳动密集型制造环节。第五部分跨国公司国际生产网络对发展中国家经济的影响,通过理论模型、案例分析和计量经济学的分析方法,对发展中国家参与国际生产网络所带来的收益分配和经济增长的影响进行分析。第六部分发展中国家参与跨国公司国际生产网络中的战略与对策,针对发展中国家参与跨国公司国际生产网络的地位提出相应的战略,同时根据发展中国家的现实情况,提出了一些有针对性的对策和措施。

关键词:跨国公司　企业经济　经济发展　发展中国家

**1747**

**汇率变动的价格传递效应:基于中国的实证研究** / 杜运苏著 ; 郭羽诞指导. -- 上海财经大学, 2009. -- 147页

论文全面研究了人民币汇率变动的价格传递效应。全文共分七章。第一章导论,内容包括选题背景、选题意义、研究思路、研究方法、创新点等。第二章为文献综述,在对相关概念进行界定的基础上有选择性地回顾了与本研究相关的文献。第三章为汇率变动价格传递效应的理论分析。首先通过理论模型分析了进出口价格对汇率变动的价格传递,然后分析了国内价格(PPI、CPI)对汇率变动的传递,最后讨论了人民币汇率变动价格传递效应的特殊性。第四章在研究总出口价格对人民币汇率变动传递的基础上,研究了不同产品类型、不同贸易方式、不同贸易主体、不同目的地市场出口价格的汇率传递。第五

章对汇率传递第一阶段的进口价格进行了研究。同时研究了不同产品类型、不同贸易方式、不同贸易主体、不同进口来源地进口价格的汇率传递。第六章通过建立VAR模型,将石油冲击、货币供给量、需求波动、人民币有效汇率、进口价格指数、生产者价格指数和消费者价格指数等7个变量纳入VAR模型,利用脉冲效应函数分析汇率波动对国内价格的影响。第七章对前面各章的研究成果进行了总结,在此基础上提出了相关的政策建议,同时还探讨了进一步研究的思路。

关键词:人民币汇率　汇率波动　价格变动

**1748**

**美国对华贸易保护成因研究:政治经济学视角下的实证检验** / 冯耀祥著 ; 李坤望指导. -- 南开大学, 2009. -- 258页

论文考察美国外贸发展和中美经贸关系发展状况,剖析美国对华贸易保护的政治、经济、政策成因,对美国对华贸易保护行为与影响因素的相关性进行了实证分析。全文共分七章。第一章为导论部分,概述中美贸易关系的重要意义、美国对华贸易保护状况、特点及其危害,表明研究的动机和意义,说明全文的研究思路、结构安排和创新点。第二章回顾贸易保护主义观点的发展脉络、学者们对美国对外贸易政策和美国对华贸易政策的研究文献,阐明论文的分析框架。第三章分析美国外贸发展中的主要问题、外贸政策的演变,从美国对外贸易发展的角度对美国对华贸易保护做出解释。第四章全面评述中美贸易的发展状况和存在的主要问题,从中美贸易关系的角度对美国对华贸易保护做出解释。第五章重点分析美国对华贸易政策的演变、发展特点和利益集团在美国对华贸易政策中的作用,考察中美政治制度差异、经济制度差异、战略冲突对美国对华贸易政策的影响,从政治经济体制的角度对美国对华贸易保护做出解释。第六章提出关于美国对华贸易保护主要影响因素的10个命题,建立模型考察影响美国对华贸易保护的宏观政治经济因素、产业因素,采用逐步剔除的方法找出关键因素和核心因素。第七章对全文进行总结,分析美国对华贸易保护的发展趋势,提出应对政策建议。

关键词:对华政策　对外贸易　贸易政策　贸易保护　美国

**1749**

**论中美贸易关系** / 傅瑜著 ; 何泽荣指导. -- 西南财经大学, 2009. -- 186页

论文以中美贸易关系为研究对象,全文共分七章。第一章导论,介绍了论文的研究背景、研究结构、研究思路等。第二章研究了经济全球化的理论基础,依次阐述了经济全球化理论、开放经济的宏观经济理论和经济均衡理论。第三章从经济全球化的实践出发,分析了经济民族主义、经济地区主义和经济"再国家化",同时,指出在经济全球化进程中越来越突出的全球经济失衡问题,中国的贸易顺差和美国的贸易逆差成为中美贸易摩擦的关键。第四章是经济全球化背景下中美贸易失衡的政治经济学分析,一是根据马克思的"生产—分配—交换—消费"关系论述,对中国的贸易顺差和美国的贸易逆差进行了政治经济学的分析。二是对20世纪80年代以来全球出现的三大趋势(产业的国际转移、一国内部的第一、二产业向第三产业转移、虚拟经济的发展超过实体经济的发展)进行了分析。第五章论述了如何看待一个国家经济的对外失衡,提出了两条基本原则,一是要综合看待经常项目和资本与金融项目的差额,二是一个国家经济的对外失衡实际上是这个国家国内经济失衡的表现。纠正经济对外失衡的着力点应该是纠正经济的对内失衡。第六章从美国经济和世界经济失衡的角度对美国次贷危机展开了讨论,认为美国次贷危机的最根本原因是美国经济的失衡,是美国消费模式的恶果,是金融经济、虚拟经济与实体经济严重背离的结果。同时研究了美国次级贷款隐藏着的潜在风险是如何演变为次贷危机的;美国的次贷危机又是如何通过贸易渠道、金融渠道和货币渠道蔓延到与美国经济、金融联系的国家和地区,最终酿成波及全球的金融危机的。第七章专门就中美贸易关系中的关键问题——人民币汇率问题及马克思的汇率理论为指导进行理论探讨,从博弈论的角度讨论了人民币汇率是如何在以中国为一方、以美国及其他国家(主要是美国)为另一方、国际货币基金组织为第三方展开博弈的。

关键词:中美关系　双边贸易　经济失衡　经济全球化

**1750**

**中美货物贸易不平衡问题研究** / 郭洪林著 ; 高成兴指导. -- 中国人民大学, 2009. -- 224页

论文研究了中美货物贸易不平衡的状况、成因、影响与对策。全文共分八章。第一章介绍论文研究的背景和意义、研究思路与结构安排,特色与不足。第二章对中外学者在本领域的研究从八个方面进行了文献回顾。第三章对中美贸易不平衡的现状做梳理,中美贸易不平衡主要体现在进出口不平衡、进出口商品结构不平衡、两国产业对于双边贸易依存度不平衡三个方面。第四章证明了世界经济不平衡发展、美元国际货币地位与美国赤字政策、中美要素禀赋差异是形成中美贸易不平衡的三大基础因素。第五章指出世界产业结构调整、我国出口导向的外贸外资政策和东亚对华产业转移推动了中美贸易失衡的深化与发展。第六章证明美国对华出口设限与近年我国国内收入分配严重失衡使中美贸易失衡状况急剧恶化。第七章剖析了中美贸易失衡给中国经济带来的不利影响。第八章结合前几章探讨的贸易不平衡成因,指出中美贸易不平衡问题将长期存在,认为调整这种不平衡应充分考虑现实经济环境和历史教训。

关键词:双边贸易　对外贸易　贸易利益　贸易政策　中美关系

**1751**

**中国银行业国际竞争力研究** / 郭兴平著 ; 冯雷指导. -- 中国社会科学院, 2009. -- 156 页

论文以中国银行业的国际竞争力为研究对象。全文共分七章。第一章回顾了关于竞争、竞争力,以及银行业国际化经营的理论。第二章比较了目前国内外在研究银行业国际竞争力时常用的研究模型和研究方法,并在波特国家竞争力“生产要素”“相关与支持产业”“企业战略、企业结构、同业竞争”“需求条件”四要素钻石模型基础上结合我国银行业的现状加入“政府”和“机遇”改进为六要素钻石模型。第三章对银行业生产要素(资本要素、人力资源要素、基础设施要素、天然资源和知识资源要素等)竞争力进行整体评估。第四章阐述了中国银行业的市场结构与国际竞争力之间的密切关系,并从金融稳定的视角对银行业竞争力的提升进行了分析。第五章运用投入产出技术对银行业的需求条件和支持产业进行了分析。第六章阐述了政府在提升银行业国际竞争力中的作用。在我国,政府的作用不仅仅在于管制,而且是银行的大股东、决策者、担保者,政府因素对银行的影响是决定性的。第七章论述全面开放对中国银行业的机遇,外资银行的进入,带来了先进的银行业管理理念和技术,使国内市场的国际化水平不断提高。

关键词:银行业　国际竞争力

**1752**

**跨国创业投资在中国的发展研究:基于中国内外资创业投资机构的比较分析** / 李波著 ; 姜凌指导. -- 西南财经大学, 2009. -- 154 页

论文从全球视野的角度剖析了创业投资的发展特征。全文共分六章。第一章引言,说明论文的研究意义,对国内外相关研究成果进行综述,揭示论文的主要研究内容与结构框架、研究方法,主要创新点。第二章分别从地区分布、投资阶段、国别角度对创业投资的发展进行研究,发现投资行业大多集中于软件,同时结合各国的创新热点,指出美英等国退出渠道以首次公开发行(IPO)和并购(M&A)为主,投资区域在一国的分布普遍呈高度集中特征。第三章探讨了跨国创业投资产生并发展的理论根源,用国际直接投资理论中的折衷理论框架分析了跨国创业投资,并用投资学的期望效用与风险偏好理论探讨了跨国创业投资的行为决策和投资策略。第四章在理论分析的基础上,分析了跨国创业投资在中国出现的动因和模型,并对我国内外资 VC 投资行为和策略进行了比较,指出影响我国内外资 VC 投资特征的内部和外部因素,并以 2008 年金融风暴对我国内外资创业投资的影响为例具体分析。第五章以跨国创业投资在我国的主要载体——外资创业投资机构为研究对象,通过国内权威的创业投资数据提供商——清科集团,2002—2008 年内外资创业投资的相关数据为例,就投资特征及其投资行为的内外部影响因素进行分析。第六章为了更好地构建中国式创业投资的发展路径,充分发挥创业投资在促进企业创新、推动产业转型方面的积极作用,提出了相应的对策建议。

关键词:外资企业　创业投资　投资行为　投资分析

**1753**

**东亚国际生产网络研究** / 李娇著 ; 黄卫平指导. -- 中国人民大学, 2009. -- 254 页

论文对东亚国际生产网络的发展背景、建立过程、形成动因、经济影响、发展展望等问题进行研究。全文共分七个部分。第一章导论,说明了论文的研究背景、研究意义和研究现状,研究方法和体系框架,同时阐明了文章的创新之处和不足。第二章是国际生

产网络理论研究现状部分,介绍了国际生产网络的基本内涵、组织结构以及国际生产网络的生产模式与贸易模式,并对国际生产网络以及东亚国际生产网络的研究现状进行了梳理。第三章是东亚国际生产网络建立过程与发展现状部分,主要描述了东亚国际生产网络的建立背景和形成过程,并从贸易角度描述东亚国际生产网络的发展现状,进而对东亚国际生产网络的产业布局和各经济体的生产/分工布局进行了分析。第四章是东亚国际生产网络建立的动因分析部分,借鉴零散化模型,发现比较优势、规模经济以及交易成本是东亚国际生产网络建立的理论动因,进一步探析了东亚国际生产网络建立的现实动因。第五章是东亚国际生产网络的经济影响部分,主要从东亚国际生产网络对世界经济贸易格局、区域经济和东亚经济体的影响三个层面来研究东亚国际生产网络的经济影响。第六章是东亚国际生产网络的实证分析部分,以东亚电子生产网络为例,进行实证研究。第七章是中国参与东亚国际生产网络的现状与策略选择部分,描述了中国在东亚国际生产网络中的现状,分析了东亚国际生产网络对中国生产、贸易、产业升级的影响和带来的一系列问题,并提出了中国未来的应对之策。

关键词:国际分工　经济合作　产业布局　东亚

1754

**中国要素贸易问题研究:生成要素流动与中国对外贸易发展** / 李俊著 ; 王林生指导. -- 对外经济贸易大学, 2009. -- 260 页

论文从生产要素的跨国界流动与交换角度,探索提高对外开放水平和转变外贸发展模式的新思路。全文共十章。第一章导论,介绍了研究背景、研究意义、研究内容,并对相关文献进行了总结。第二章对生产要素和要素贸易的基本概念进行界定,并对国际分工、开放型经济与国民财富的理论范畴进行了划分,构建了要素流动与动态比较优势的理论框架;第三章探寻了要素贸易的理论渊源,共有四个,分别是产品贸易理论、产品内贸易理论、生产要素流动理论、要素流动与对外贸易关系理论。第四章阐述了全球生产要素的分布格局,并对国际生产要素跨境流动和世界产品贸易体现的间接要素流动进行了分析。第五章对直接要素贸易进行研究,从国际资本流动、国际技术流动、劳动力跨境流动和自然资源贸易等角度进行分析。第六章对间接要素贸易进行研究,对四类要素密集度产品进行分类,分析了中国对外贸易的要素密集度结构。第七章阐述了要素流动和积累与中国的对外贸易,国际资本流动和国际技术知识流动都会对中国对外贸易产生影响,此外还分析了要素积累的两个贸易效应。第八章分析了国际直接投资与中国对外贸易发展之间的关系,并采取实证方法分析FDI与中国对外贸易发展的贡献。第九章从政策制度环境的角度阐述了生产要素政策与中国对外贸易模式的关系,认为政策制度应与生产要素的动态变迁相匹配,生产要素动态演变的路径是深化改革与扩大开放。第十章是结论、政策建议与研究展望。论文的主要结论:可以从要素流动、要素贸易和要素分工的角度,理解当前经济全球化和各国外经贸活动的本质;过去30年我国经济贸易发展取得巨大成就,但目前国际分工地位仍然不高,根本原因归结为参与国际分工的生产要素的禀赋、质量与结构三方面的因素;我国为了有效地提高对外开放水平、转变外贸发展模式,就应该使国内政策制度的变迁与生产要素的成长、积累步伐相协调。

关键词:对外贸易　生产要素市场　贸易方式　国际分工

1755

**当代反倾销的贸易保护实质与我国对策研究** / 李磊著 ; 朱彤指导. -- 南开大学, 2009. -- 187 页

论文从传统贸易保护主义理论入手,通过对反倾销问题的理论及实证研究,证明当代反倾销的贸易保护本质,并为中国应对反倾销提供现实有效的对策建议 。全文共分八章。第一章绪论,介绍了论文的研究背景、研究意义、研究内容、技术路线图、学术价值和创新之处。第二章先对对国内反倾销的理论和国际反倾销的实证进行了分析,然后对国内外的反倾销文献进行了综述。第三章反倾销的贸易保护性质,对倾销的定义、分类、产生的原因进行了分析和介绍,并对反倾销的福利、反倾销与反垄断的关系进行了分析。第四章分析了国际反倾销的基本趋势,并按照国别和行业特点分别对国际反倾销进行分析,指出国际反倾销愈演愈烈的原因。第五章分别对宏观经济、国内政治经济、国内贸易政策与产业政策等多个因素对反倾销的影响进行分析。第六章利用面板 Probit 和二层混合 Logit 模型,从宏观层面和产业层面两个方面对当代反倾销贸易保护实质进行实证分析。第七章分析了国际对华反倾销的趋势和特点,国际对华反倾销

对中国的影响,并实证分析了对华反倾销的贸易保护实质。第八章从理论和实证两个方面提出要增强和提升我国的反倾销威慑能力,如加强对华反倾销的监控和预警,完善反倾销法律体系,加强对利益集团的游说,改善中国"非市场经济地位",增强我国企业的应诉积极性。

关键词:反倾销　贸易保护　对外贸易政策

**1756**

**农产品贸易保护制度的政治经济学分析** / 李勤昌著 ; 何剑指导. -- 东北财经大学, 2009. -- 296 页

论文采用规范分析和实证分析相结合的基本研究方法,结合归纳和演绎的逻辑手段,对国际农产品贸易保护制度进行保护。全文共分六章。第一章绪论,说明论文的写作背景和意义,对论题相关的研究文献进行收集整理,同时提出现有文献有待深入研究的问题。第二章首先归纳了古典、新古典和现代自由贸易理论思想和保护贸易的理论思想,对贸易政策的政治经济学理论和分析框架研究文献进行归纳,构建了"利益集团—政府—国际贸易制度"三维贸易政策政治经济学分析框架。第三章、第四章和第五章进行实证分析,分别选取美国、欧盟、WTO 农产品贸易为研究对象,对它们的农业贸易保护制度产生的历史、政策决策机构、国内利益集团影响政策决策的政治过程、政府在政策制定中的政策偏好等因素进行分析,探索农产品贸易政策的形成机制,揭示农产品贸易保护制度顽固性和持久性的政治根源,并对它们的未来政策走向做出预测。第六章分析了中国农业及农产品贸易的发展特征和 WTO 贸易制度框架下的政策运用空间,提出了中国农业政策调整和参与多边农业谈判的战略建议。论文的基本研究结论是:第一,任何贸易政策都是政治主导下的经济决策,农产品贸易亦如此;第二,WTO 国际农产品贸易制度是经济领域内的贸易规则和纪律,该制度建立与变迁的驱动力源于成员国间的国家总体利益博弈;第三,比较优势和市场波动、经济结构及其发展水平、政治体制及其组织架构是发达国家农产品贸易保护制度的三个决定因素;第四,随着 WTO 制度下农产品贸易自由化的深入,农产品贸易自由化进展将呈现递减趋势,最终一定程度的农业及贸易保护制度将成为常态;第五,农产品贸易保护措施的大幅削减或消除,对于发展中国家而言,特别是对于人口大国和粮食净进口国而言,可能成为一种灾难。第六,未来的 WTO 农业谈判仍将是主要国家利益集团间反复斗争的过程,但最终结果应当是当前的主席方案水平上达成某种妥协。

关键词:农产品贸易　保护贸易　政治经济学

**1757**

**国内产品市场整合的演进与影响机制研究:基于对外贸易的视角** / 李真著 ; 范爱军指导. -- 山东大学, 2009. -- 136 页

论文采用现状描述—模型推导—实证分析的研究思路,对国内产品市场的整合进程及其影响机制进行研究。全文共分七章。第一章导论,介绍了论文的研究方法、框架、内容介绍、创新和不足之处。第二章是关于市场整合的相关文献综述。第三章对我国国内产品市场的整合进程进行了描述,并发现该进程具有阶段性、波动性的特点。第四章在封闭经济的框架下,借鉴战略性贸易和区域贸易自由化的相关理论,构建数理模型研究国内两地区市场整合进程中的内在机制。第五章将对外贸易引入国内产品市场整合进程的分析中,试图在开放经济的框架下研究相关因素对国内产品市场整合进程的影响机制,并将封闭和开放两种条件下的研究进行对比,分析相关因素对市场整合影响力的变化。第六章采用统计和计量分析方法,对国内贸易的发展现状、国内产品市场的整合程度及相关因素的影响进行了分析。第七章结论。全文的主要结论为:我国国内贸易规模较大,但是与我国巨大的国内市场相比,其规模还尚有扩大空间。中国国内产品市场的整合趋势日渐明显,市场一体化程度不断提高。进口在当地经济发展中将阻碍本地区与其他地区的市场整合,出口规模较大的地区有动力促进市场一体化,人均 GDP 与市场整合程度呈正相关关系,国有企业职工比重、省际市场距离与市场整合程度负相关等。

关键词:国内贸易　对外贸易　商品市场　市场分析

**1758**

**区域贸易安排原产地规则研究** / 梁瑞著 ; 冯雷指导. -- 中国社会科学院, 2009. -- 160 页

论文在介绍当前全球区域贸易安排原产地规则主要实践的基础上,分别对区域贸易安排原产地规则的贸易效应、投资效应、福利效应和贸易政策工具效应的表现和作用机理进行了分析,并总结了原产地规则限制性的影响因素。全文共分十章。第一章概述

了区域贸易安排的发展现状和原产地规则的基本内容,并提出了区域贸易安排原产地规则构建的基础。第二章综述了区域贸易安排原产地规则在理论和实证两方面的研究成果。第三章多角度地介绍了区域贸易安排原产地规则的主要实践,不同的原产地规则具有不同特点和限制性,不同区域、不同国家、同一国家针对不同区域贸易安排和不同产品执行的原产地规则各有特点。第四章分析了原产地规则影响区域贸易安排贸易效应的传导机制,并据此提出了不同原产地规则约束水平下的贸易政策选择。第五章在对区域贸易安排影响外商直接投资路径的研究成果进行梳理的基础上,系统分析了区域贸易安排原产地规则影响外商投资的作用机制,并指出了区域贸易安排原产地规则投资效应的影响因素。第六章分析了原产地规则影响区域贸易安排福利效应的传导机制,并阐述了所受的制约因素。第七章分析了区域贸易安排原产地规则贸易政策工具效应的表现,原产地规则不仅可以替代当地成分要求、关税、出口补贴、配额等传统贸易保护工具单独作为一种隐蔽的贸易保护政策工具,而且在一定条件下还可以与这些贸易保护工具相互影响。第八章从原产地规则的表现形式、成员国贸易自由化水平等其他角度分析了影响区域贸易安排服务贸易原产地原则。第九章从基本内容、主要发展实践和构建选择三个方面,介绍了区域贸易安排服务贸易原产地原则。第十章总结了本文的主要观点,并指出了区域贸易安排原产地规则未来的改革和研究方向。

关键词:国际贸易　原产地规则　服务贸易

**1759**

**国际产业转移与东亚外汇储备** / 刘兵权著 ; 高成兴指导. -- 中国人民大学, 2009. -- 267 页

论文主要分析了东亚外汇储备增长的原因,指出国际产业转移才是东亚外汇储备激增的根源。全文共分七章。第一章导论,介绍了研究背景、意义、国内外研究现状、研究内容和方法等。第二章对东亚外汇储备情况进行概述,对外汇储备的含义、特点、功能进行介绍,还论述了东亚外汇储备的规模、急剧增长的影响和管理中存在的难题及运用的问题。第四章是从国际产业转移视角阐述东亚的外汇储备,认为国际产业转移是东亚外汇储备激增的根源,国际产业转移促进东亚技术进步、劳动力增长和资本增长。第五章论述了国际产业转移与亚洲“四小龙”的外汇储备关系,指出国际产业转移引发了亚洲“四小龙”贸易的增长,并以新加坡数据做实证检验国际产业转移是亚洲“四小龙”外汇储备增长的根源。第六章论述了国际产业转移与东盟外汇储备的关系,选取马来西亚、印度尼西亚、菲律宾、泰国为例,并用马拉西亚数据实证检验国际产业转移是东盟外汇储备增长的根源。第七章论述了国际产业转移与中国外汇储备的关系,通过货物出口增加原因实证检验国际产业转移是中国外汇储备迅猛增加的根源。全文结论:东亚外汇储备高增长根源于国际产业转移。

关键词:外汇储备　产业转移　贸易顺差　东亚

**1760**

**企业理论、跨国企业与企业家** / 刘海洋著 ; 韩玉军指导. -- 中国人民大学, 2009. -- 166 页

论文主要是将企业家的企业理论推广到国际经济学中。全文共分六章。第一章导论,介绍了论文的选题背景、选题意义、论文框架、创新之处与不足,并对相关领域的文献进行综述。第二章阐述了企业家的企业理论,首先回顾了企业理论的发展进程,指出当前企业理论的重大分歧是难以用统一的框架解释企业的生产性和契约性的。第三章论述了企业家与跨国企业的创立、发展和消亡,基于合作博弈的 Shapley 方法让我们知道发达国家的跨国公司利润丰厚的原因是基于企业家的独特发现,维持高额利润和持久竞争力的是稀缺性而不是科技、品牌等表面性的因素。第四章论述了企业家在跨国企业中的权威,企业家之所以能够指挥另一国家中某个企业的资源配置,往往并不基于某种强制力,而是基于其他要素所有者的资源服从,企业家在企业内拥有配置资源的权威式最优的制度安排。第五章企业家与跨国经营模式,阐述了企业跨国经营的形式及发展趋势,并以万向集团为例说明企业的跨国经营模式鲜明内生于企业家的能力。第六章企业家成长的思考论述了一个国家的经济要融入全球化的浪潮并获得竞争优势,关键是一大批具有国际水准的优秀企业家的出现。自由即发展,在培养人才的制度上要不拘一格,不以文凭和学历为唯一导向。

关键词:跨国公司　企业家　企业管理

**1761**

**国际直接投资的就业效应研究** / 刘辉群著 ; 卢进勇指导. -- 对外经济贸易大学, 2009. -- 133 页

论文以经济全球化为大背景，基于东道国视角总结和概括了全球FDI与就业发展之间的关系。全文共七章。第一章引言，说明选题的背景和研究意义、逻辑构架、研究方法和主要创新点以及论文的全部内容。第二章文献综述，总结了国内外对FDI的就业效应理论的研究成果及其新进展，阐明现有成果的特点和不足，并提出了本文理论研究的意义。第三章总体描述了全球FDI与就业发展之间关系的发展与演变，分别从不同的视角探讨FDI迅猛发展的背景下世界劳动就业呈现的规律性特征，并概括出FDI对就业的关联性。第四章以东道国视角从理论上对FDI的就业数量、就业结构、就业质量效应的传递机制、影响因素、理论模型进行多维度分析。第五章从国别、产业、全球跨国公司三个方面对FDI的就业效应进行案例分析，旨在揭示FDI就业效应的现实。第六章考察了FDI对中国国内就业的效应。通过统计描述和计量经济模型两种手段，分析FDI对中国国内就业数量、就业结构和就业质量的影响、贡献、特点及局限性。第七章是结论和政策建议部分，总结了全文的主要观点，指出了利用FDI政策与就业政策结合起来的经济发展战略对中国的重要价值，说明了论文研究的局限性和进一步研究的方向。

关键词：国际直接投资　东道国　劳动就业　就业结构

1762

**全球生产网络中的中国加工贸易发展研究** / 刘似臣著 ; 薛荣久指导. -- 对外经济贸易大学, 2009. -- 157页

论文对全球生产网络中的中国加工贸易进行研究。全文共分七章。第一章引言，说明选题背景和意义，对中国加工贸易问题相关文献进行综述，揭示研究内容和思路框架，并指出创新之处。第二章对加工贸易、产品内分工、外包、垂直一体化和全球生产网络内涵进行解释，提出了在全球生产网络背景下思考和研究加工贸易问题。第三章利用分工理论、贸易理论、跨国公司理论和中国对外开放理论，从不同角度探讨中国企业选择加工贸易方式介入全球生产网络体系的原因和现实性。第四章利用关系图、网络图和进程图阐述加工贸易影响我国技术进步、产业升级、就业、贸易条件、区域效应的途径；利用描述统计图表和Eviews软件对加工贸易对我国经济的具体影响进行实证分析。第五章从竞争力角度，提出了中国企业竞争力形成的机理和结构图，并根据中国加工贸易企业所处的全球生产网络环节的不同，构建了企业竞争力主要来源的图解。第六章分析了国内外环境的变动对中国加工贸易企业的竞争力及其生存状况产生的重大影响，建立了企业成本函数探讨加工贸易企业经营成本的变化。第七章提出了加工贸易企业应对环境变动的冲击应该采取的政策和措施。

关键词：对外贸易　加工贸易　竞争力

1763

**融资方式与出口贸易增长** / 刘武兵著 ; 冯雷指导. -- 中国社会科学院, 2009. -- 155页

论文研究了4种融资方式（内部融资、信贷融资、股权融资、债券融资）对出口贸易增长的影响。全文共分七章。第一章导论，介绍了选题背景、国内外研究现状，并对研究对象进行了界定，对论文的研究结构和逻辑思路予以阐明。第二章到第五章分别论述了内部融资、信贷融资、股权融资和债券融资对出口贸易增长的影响。在理论分析和国外状况介绍之后，各章最后一节都运用有出口业务的中国制造业企业的数据进行实证分析。第六章是中国企业的融资限制和贸易增长，从总体上分析了融资限制下的中国贸易增长迅速这一看似矛盾的问题。第七章结论。论文的主要结论：有出口业务的中国制造企业中，融资支持是构成贸易比较优势的来源之一；有出口业务的中国制造业企业外部融资偏好顺序大致为：股权融资 > 信贷融资 > 债券融资；在我国出口贸易不断增长而金融市场并不发达，融资受到限制的情况下，不同所有制制造业企业侧重于不同的融资方式，有效地规避了融资限制这一问题。

关键词：出口贸易　贸易增长　企业融资　融资方式

1764

**空间经济视角下地区非均衡发展问题研究** / 刘颖著 ; 崔日明指导. -- 辽宁大学, 2009. -- 128页

论文通过研究和拓展空间经济理论模型，探寻我国改革开放三十多年来地区差距不断扩大的原因。全文共分七个部分。第一部分阐述研究的主题与背景，说明空间经济理论与传统经济理论的不同之处及其在解释产业集聚与地区差距问题上的优势。第二部分介绍了空间经济学的基本模型框架和重要模型（核心—边缘模型）。第三部分从核心边缘模型出发，讨论

了我国劳动力流动与地区差距扩大之间相关关系的空间经济学解释。第四部分对基本的核心—边缘模型进行了拓展,将土地作为固定投入要素引入,建立了一个具有非流动性固定投入的核心—边缘模型,研究土地价格政策变量与贸易自由度对产业集聚的共同影响。第五部分用比核心—边缘模型解析能力更强的资本创造模型讨论利用外资对我国地区差距的影响。第六部分是个案分析,在前面研究的基础上,讨论东北老工业基地振兴的政策选择,地价房价选择,并重点论述了东北三省产业结构趋同、利用外资的伤害性竞争以及外资引入策略选择问题。第七部分为全文总结,概括了全文的逻辑脉络和主要结论,指出论文的主要创新点、不足点以及未来研究的方向与趋势。

关键词:空间经济　地区经济　区域差异

**1765**

**基于新经济地理学的外资区位选择及变迁研究** / 刘志忠著 ; 王耀中指导. -- 湖南大学, 2009. -- 148 页

论文在新经济地理学的基础上对外资区位的选择和变迁进行研究。全文共分七章。第一章绪论,提出问题,揭示了论文的基本思路与研究内容,说明了研究方法。第二章对外资区位选择的理论与实证进行了综述。第三章分析了外商直接投资在我国的地区分布与变迁,形成了“经济特区—沿海港口城市—经济技术开发区—沿海经济开放区—沿江、沿边开放城市、内陆省会开放城市—保税区—中西部地区”的一个区域开放路径。第四章阐述了新经济地理学的基本原理,构建了“中心—外围”和“中间投入品”两个模型。第五章对外资企业区位选择的新经济地理学进行了解析,并对西部地区引资困境,以及湘粤外商投资区位选择进行了比较。第六章分别以1999—2006年我国28个省份面板数据和192个城市面板数据为样本进行回归分析。第七章结论与政策建议。

关键词:国际投资　直接投资　区位选择　经济地理学

**1766**

**中国出口产品品质的实证分析** / 卢姗著 ; 李坤望指导. -- 南开大学, 2009. -- 152 页

论文以中国出口产品品质为研究对象,结合中国出口实际分析中国出口产品品质悖论产生的原因。全文分为七章。第一章为导论部分,介绍了论文的研究背景、研究思路及结构安排、创新之处等。第二章主要从品质与国际贸易、品质与经济增长以及品质与FDI等三个角度,对相关的理论文献和实证文献进行总结。第三章分别从产品单位价值和各类品质水平产品贸易量的角度,分析了中国出口产品品质情况,并把产品按照技术水平分类,把中国出口高、中、低品质产品情况和其他国家进行对比研究。第四章利用EKS多边价格指数法,计算中国239个SITC3分位产业的出口产品品质,并以此为基础得到各个层面的品质指数。第五章在第四章的基础上,对出口产品品质进行国际比较。将这些国家分为新兴经济体、东盟国家和其他重要出口国进行分析。第六章提出了中国出口产品品质悖论,并从国际生产分割和FDI角度对中国出口产品品质悖论进行解释。第七章为结论和政策建议。得出的主要结论是:中国出口产品品质水平在总体和产业层面都有下降趋势,在我国出口中所占比重高的工业制品品质要低于初级产品品质。与世界平均出口产品品质水平相比,中国的差距还较大,且有扩大的趋势。根据Linder假设等一系列理论,品质会随着收入水平的增加而提高,但是对于中国,出口产品品质是随着收入水平的提高而下降的。中国参与制造业国际生产分割可以揭示中国出口产品品质悖论。外商直接投资与中国出口产品品质悖论的产生有密切关系,中国的大量外商直接投资,促进了中国大量的低品质产品出口,并没有对中国出口产品品质的改善起到正面效应。

关键词:出口产品　出口贸易　对外贸易

**1767**

**全球生产体系变迁与国际货币体系演进:一个经济全球化的视角** / 鹿朋著 ; 曹远征指导. -- 中国人民大学, 2009. -- 284 页

论文从经济全球化的角度,研究全球生产体系变迁与国际货币体系演进的问题。全文共分六章。第一章导论,介绍了论文的研究背景、研究思路、结构安排、研究方法等。第二章构建了全球生产体系变迁与国际货币体系研究的理论框架,对全球生产体系变迁与国际货币体系演进动态进行匹配分析和演进的错位分析。第三章以英国、美国、德国为例进行历史实证分析。第四章和第五章分别分析了20世纪80年代的日本和2005年之后的中国在经济全球化下宏观经济失衡、货币升值、流动性过剩和经济泡沫化等经济问题发生的根源。第六章全文总结与展望。论文的主要研究结论:首先,国际分工和贸易推动了全球

生产关系的形成，在此情况下，应有一个相应的国际货币体系与之相匹配；其次，随着技术进步越来越快，由此推动的全球生产体系中心变迁将会更加频繁和容易，而国际货币体系的演进却由于货币国际化、历史惯性等因素而常常出现相对滞后的情况。因此，全球生产体系变迁与国际货币体系演进错位有可能会成为一种常态；再次，日本 20 世纪 80 年代和中国 2005 年之后出现的宏观经济失衡和所谓的经济泡沫化从某种程度来说具有历史必然性；最后，在宏观政策安排方面，一方面如果宏观经济失衡和经济泡沫化出现的同时，产业转移和升级出现问题，实行扩张的货币政策只会助长经济泡沫的膨胀，另一方面，如果宏观经济失衡和经济泡沫化出现的同时，产业转移能有序进行，此时宏观经济政策主要关注其对技术进步和产业升级的促进作用。中国的战略选择政策应该着力于两个方面：一是抓住机遇实施人民币国际化战略，二是将扩大内需作为中国中长期发展战略。

关键词：国际货币体系　全球化　宏观经济　经济失衡　泡沫经济

**1768**

**生产率、出口和外资补贴：异质性企业贸易理论在中国汽车产业的应用研究** / 吕智著 ; 赵忠秀指导. -- 对外经济贸易大学, 2009. -- 128 页

论文针对中国对外贸易与经济增长之间的关系进行研究，特别是对出口与企业生产率之间的因果关系进行分析。全文共分九章。第一章导论，说明了选题背景、研究意义、研究方法，指出了论文的创新点、研究方法与思路。第二章对国内外异质企业与出口之间的研究成果和研究方法进行归纳，结合当前现实问题和未来发展趋向对文献进行评述。第三章在吸收并借鉴国内外经典文献的理论与方法的基础上，建立理论模型解释企业生产率对出口市场选择的影响，并从理论模型出发，结合现有研究方法，确定实证研究的基本思路与分析框架。第四章介绍了中国汽车产业发展的历程，共经历了创始阶段、封闭发展阶段、初步开放阶段、高速成长阶段四个时期，对中国汽车整车出口现状和零部件出口发展现状进行了介绍。第五章利用 2003—2007 年间中国汽车行业上市公司的数据，检验企业生产率与出口行为之间的关系。第六章研究了企业生产率与出口市场之间的关系。第七章在 Helpman (2004) 模型的基础上，建立理论模型，分析不同形式的外资补贴政策的福利效应。第八章通过对研究结果的分析，提出了促进中国汽车产业国际化发展的若干政策建议。

关键词：汽车工业　企业管理　劳动生产率　产品出口　外资引进　政府补贴

**1769**

**区域经济发展的产业集聚效应研究：从所有权利益到共同利益的整合** / 罗璇著 ; 黄卫平指导. -- 中国人民大学, 2009. -- 252 页

论文以区域经济发展的产业集聚效应为研究对象。全文共分七章。第一章引论，介绍选题意义、国内外的相关研究综述、主要研究内容与研究方法、基本结构和主要观点。第二章对产业集聚的理论进行综述，介绍了国际分工理论、区位经济理论、新产业区理论、利益相关者理论等相关文献。第三章介绍了产业集聚的内涵、组织形态及发展特点，界定了产业集聚的定义，分析了产业集聚的特点，对产业集聚形成的因素进行了分析，介绍了产业集聚的测定方法和分类，对产业集群的演进与生命周期进行了描述，并对产业集聚的发展趋势进行了预测。第四章介绍了产业集聚的历史沿革，并选取德国鲁尔工业区、美国底特律汽车城、日本丰田协作群、第三意大利模式、台湾电子业集群、硅谷高新科技的发展等，显示了产业集聚从所有权利益到共同利益整合的重要，以及其效应对区域经济发展的促进作用。第五章对产业集聚的效应进行了研究，包括产业集聚与区域创新机制的建立，产业集聚与区域社会资本的提高，产业集聚与区域品牌的治理等。第六章对中国产业集聚现况进行介绍，对中国产业集聚的几种模式进行阐述，包括广东地区的外源型经济，浙江及温州一带的地方产业转型驱动、自发集聚模式，苏州和背景为例的战略发展驱动、政府主导的工业园模式。第七章结论。

关键词：区域经济　经济发展　产业集聚

**1770**

**国际垂直专业化的经济效应研究：基于贸易结构、技术外溢和就业的视角** / 马风涛著 ; 唐宜红指导. -- 对外经济贸易大学, 2009. -- 153 页

论文对中国工业部门参与国际垂直专业化的贸易结构升级效应、技术溢出效应以及劳动力就业结构效应等进行了实证研究。全文共分七章。第一章导言，说明了论文的研究背景、目的与意义，研究的思路与方法，指出了论文的结构和主要创新点。第二章分

析了国际垂直专业化内涵、特点和全球发展态势,重点对国际垂直专业化经济效应的相关文献进行了梳理,评述了国际垂直专业化的贸易结构升级效应、技术外溢效应和劳动力就业结构效应的研究成果。第三章利用中国投入产出表和相关的贸易数据,计算了中国工业部门1992年到2005年的国际垂直专业化系数,对中国工业部门参与国际垂直专业化的程度进行了系统的度量和多角度的分析。第四章借鉴学术界研究贸易结构的最新方法,运用出口商品复杂度指数、出口商品的国内含量系数和进口中间投入品的国内增值系数等指标,实证考察了国际垂直专业化对中国出口商品复杂度的快速提升。第五章从理论上对国际垂直专业化的技术外溢机制进行了分析,指出国际垂直专业化主要通过中间产品贸易和上下游企业的关联效应等途径实现国际技术溢出。第六章运用Feenstra和Hanson(1996)的中间产品连续模型,对国际垂直专业化的劳动力就业结构效应进行了理论解释,使用中国工业部门的面板数据,分析了国际垂直专业化对中国工业部门熟练劳动力和非熟练劳动力相对就业的影响。第七章结论与政策建议。

关键词:对外贸易　国际分工　专业化　技术外溢　经济效果

**1771**

**中美贸易不平衡影响因素:论中美贸易顺差形成原因** / 马建军著 ; 李荣林指导. -- 南开大学, 2009. -- 166页

论文采取统计分析与计量实证分析相结合的研究方法,对中美贸易差额形成的基本原因、机制和影响进行归纳分析。全文共分八章。第一章引言,介绍选题背景和意义、研究内容和方法框架,以及相关理论的文献综述。第二章对中美两国对外贸易及双边贸易的历史进行回顾,并对中美经贸发展的现状特点及未来发展趋势进行分析。第三章基于中美两国国内的实际情况,以经济结构为基础考虑对中美贸易不平衡问题的影响。第四章主要论述和分析了美国在华直接投资对中美不平衡的影响。第五章主要通过分析东亚主要国家以及香港、台湾地区等新兴经济体在华投资对中美贸易不平衡造成的影响分析了东亚主要国家和地区对华的出口平台型投资及其贸易转型效应。第六章主要分析人民币汇率问题对中美贸易不平衡的影响。第七章主要以引力模型为基础,将四、五、六章中美国在华直接投资、国际直接投资及贸易转移以及人民币汇率对中美贸易不平衡的影响予以综合考虑并做定量分析。第八章提出改善中美贸易不平衡的政策建议。论文的主要结论是:美国对华直接投资的逐年增加是造成中美贸易差额不断扩大的主要原因。东亚与美国之间特殊的产业分工模式(即由日本、韩国、香港等东亚主要国家和地区在中国进行"出口平台型投资"生产,然后出口到美国)而引致的贸易转移效应是中美贸易不平衡的一个重要影响因素。东亚主要经济体FDI的增长是中美贸易差额扩大的原因,在全球经济一体化背景下,国际分工和贸易转移亦对中美贸易产生重要影响。人民币实际有效汇率对中美贸易顺差有一定影响,但决非决定因素;而国内贸易需求冲击是中美贸易收支最重要的影响因素,美国经济运行的好坏对中美贸易收支的影响亦较大。美国在华直接投资是解释中美贸易差额的重要变量,而贸易政策论、产业转移论和人民币汇率论也从不同角度解释了中美贸易不平衡的原因。

关键词:双边贸易　中美关系　贸易顺差

**1772**

**中国对外直接投资潜力研究** / 马坤著 ; 崔日明指导. -- 辽宁大学, 2009. -- 138页

论文采用实证分析与规范分析相结合的方法,对中国对外直接投资潜力进行研究分析。全文共分六个部分。第一部分绪论,说明了论文的研究背景、研究意义,对中国对外直接投资相关研究进行总结和评论,提出论文的研究方法和研究思路。第二部分在提出"要素优势综合动因假说"基础上分析中国对外直接投资的潜力。第三部分分析指出中国和东道国能够提供中国开展对外直接投资的基础条件,国内外的要素状况尤其是东道国的要素优势,又为中国对外直接投资确立了投资发展的方向,形成中国对外直接投资的潜力。第四部分分别从对外投资规模、产业选择和区位选择等方面的潜力进行分析,寻找发展基础和发展空间。第五部分首先从世界经济、国家和政府、企业等三个方面分析促进中国对外直接投资潜力的因素,随后提出中国要充分协调贸易和投资政策,将走出去战略与我国能源战略以及对外援助战略有效结合,并尽快建立和完善中国对外直接投资中介组织和预警机制,开展集群式对外直接投资。第六部分结论与展望。

关键词:对外投资　直接投资

1773

**企业家精神对经济发展影响的理论与实证研究** / 欧雪银著 ; 罗能生指导. -- 湖南大学, 2009. -- 207 页

论文针对企业家精神对经济发展的影响进行了研究。全文共分九章。第一章绪论,说明研究背景与研究意义,对相关文献进行了概述,说明了研究思路、内容,以及创新之处。第二章对企业家精神对经济发展影响的相关理论进行阐述,包括企业家精神职业选择理论、能力理论、人力资本理论、产业演化理论、知识溢出理论、资本理论、经济发展模式转型理论和实证研究理论基础。第三章对企业家精神进行界定,说明了企业家精神的构成和功能。第四章从理论和实证两个方面对企业家精神对创业发展的影响进行分析。第五章对公司企业家精神对公司发展业绩影响的机理进行分析,包括高层管理者的支持、中层管理者的支持、人力资本能力的培养、适应外部环境的努力和企业家能力对公司发展业绩的影响,并对企业家精神对公司发展业绩的影响进行实证研究。第六章以制造业为例阐述了企业家精神在产业链提升中的作用,构建了产业链提升中企业家精神效用的理论模型,并对制造业产业链提升中企业家精神效用进行了实证分析。第七章从理论和实证两个方面对企业家精神资本对区域竞争力的影响进行了分析。第八章分析了企业家精神对经济发展模式转型的影响,构建了企业家精神对经济发展模式转型影响的博弈模型。第九章结束语,对全文进行总结,说明未来的发展方向。

关键词:企业家　企业精神　创新管理　经济发展

1774

**东亚生产与贸易一体化:结构、机制与外部冲击** / 彭支伟著 ; 佟家栋指导. -- 南开大学, 2009. -- 176 页

论文对于新的生产分工模式对东亚地区福利分配、技术扩散、贸易格局、以及经济稳定运行面临的风险影响进行研究。全文共分五章。第一章对论文选题的背景和选题意义进行了阐述,对国内外相关研究的进展进行了总结和评述,提出了论文研究的主要思路与研究方法,以及创新点和值得进一步研究的方向。第二章对"雁行模式"时代以来的东亚区域分工体系的演变进行了分析。第三章对东亚区域分工体系的稳定性和区域网络分工体系下的东亚贸易格局进行了探讨,对近三十年以来东亚区域贸易的发展概况进行了回顾,对垂直专业化生产发展对区域内部贸易增长的贡献度进行了估计,并对"雁行"时代以来,日本、东亚发展中经济体与欧美之间的"三角贸易"格局和发展动态进行了分析。第四章基于新开放经济宏观经济学框架,针对第三章提出的"两头倚重"的生产贸易格局构建了一个包含两阶段生产和贸易的三国动态一般均衡模型,对外部需求面和供给面产生各种类型的冲击时,两国中间品和最终产品产出、消费以及贸易收支的变动机理进行了分析。第五章分析了中国对东亚区域网络分工体系形成的作用,并运用中国的数据对第三章提出的区域网络分工体系下的技术进步原理进行了实证检验,检验结果证实了上文提出的基本原理,并针对当前东亚区域经济合作的制度化进展和第四章分析中得出的结论对中国参与区域经济一体化合作提出了政策建议。

关键词:国际分工　国际合作　区域贸易　一体化经济　东亚

1775

**中国医疗器械企业国际竞争力和国际市场战略研究** / 秦军著 ; 唐宜红指导. -- 对外经济贸易大学, 2009. -- 178 页

论文研究了中国医疗器械企业的国际竞争力和国际市场战略问题。全文共分七章。第一章引言,说明了论文的研究目的和意义,阐述了论文的研究思路、内容和方法。第二章先对医疗器械的概念进行界定,然后对全球医疗器械以及中国医疗器械行业进行概述,最后对中国医疗器械企业的国际竞争力进行说明。第三章对竞争优势持续力理论、五力模型、钻石模型、目标集聚、标歧立异、成本领先等竞争战略理论和产品国际生命周期理论在医疗器械领域进行了应用分析。第四章对中国医疗企业在欧洲市场(比利时、土耳其和德国等)和拉丁美洲市场(巴西、阿根廷、墨西哥等)的企业竞争力进行比较分析,还对中国医疗器械行业的内资和外资企业进行了比较分析。第五章中国医疗器械企业国际市场战略,分析了中国医疗器械企业国际化经营战略,以及医疗器械企业国际市场进入策略。第六章全文总结。

关键词:医疗器械　工业企业　国际市场　国际竞争力

1776

**中国银行体系市场化改革的政治经济分析:基于市场主体多元化的视角** / 秦丽著 ; 朱彤指导. -- 南开大学, 2009. -- 195 页

论文以银行体系市场化改革的收入分配效应为基础,尝试提出解释中国银行体系市场化改革的政治经济学理论新范式。全文共分为九章。第一章导论,介绍了论文研究的现实背景、理论背景、研究主题、研究方法等。第二章对银行体系改革的收入分配效应、银行体系改革的政治经济分析等相关的研究成果进行综述。第三章是对中国银行体系改革的概述,对中国银行体系市场化改革的内涵、方式、特征等进行阐述。第四章对中国经济改革的决策过程进行了描述,充分考虑了中国的政治体制和政策决策机制背景。第五章和第六章重点分析了作为中国政策输入环节的两个主要方面——国家目标与社会利益结构——对中国银行体系市场化改革政策决策过程的影响机制。第七章论述了中国银行体系市场化改革的阶段与进程,将30年间中国银行体系改革过程划分为五个阶段,并按照不同阶段建立了描述性模型。第八章是中国银行体系市场化改革的政治经济模型和实证检验,建立的中国银行体系改革的政治经济模型将银行体系市场化改革程度视为中央政府政策决策的权利范畴,反映在政府效用函数的参数中。理论模型中所构造的中国银行体系市场化改革的政治经济模型,以国家目标函数和利益集团影响构成中央政府效用函数,来考察银行体系市场化改革程度与国家目标和利益集团影响之间的关系。第九章结论与前瞻。

关键词:银行体系　体制改革　政策分析

**1777**

**跨国并购动因与财务效应研究:基于提升中国企业国际竞争力的分析** / 任冠华著 ; 余恕莲指导. -- 对外经济贸易大学, 2009. -- 185 页

论文通过理论分析和实证研究探索中国企业跨国并购的动因与财务效应。全文共分九章。第一章导论,说明研究背景、研究意义、对基本范畴进行界定,提出论文主要结构,研究的方法、思路、主要观点与创新点。第二章对跨国并购、国际竞争力、综合跨国并购与国际竞争力的相关国内外文献进行综述。第三章对跨国并购与国际竞争力状况进行分析。第四章阐述了跨国并购的动因,企业成长与产业升级、全球价值链需求、环境的促进因素都是动因,并用案例具体说明。第五章对跨国并购的财务效应评价体系进行界定,分析了建立评价体系所需的因素及具体指标的选择。第六章采取实证分析的方法对跨国并购财富效应进行了研究。第七章对2000—2008年中国企业跨国并购的面板数据进行了实证研究,研究跨国并购对中国企业国际竞争力是否具有提升作用。第八章是对中国企业跨国并购的政策建议。第九章总结与展望。论文的主要结论:目前中国企业的跨国并购以战略并购为主,主要动因是为获得资源、技术、品牌和市场,在资源的获得、技术的提升、品牌的应用和市场的占有方面一定程度上得到了提升;中国企业跨国并购的财富效应较为明显;中国企业跨国并购对企业的国际竞争力的提升起到一定作用。

关键词:企业管理　跨国兼并　国际竞争力　财务管理　价值链

**1778**

**中国双边 FTA 理论与实践研究** / 邵建春著 ; 黄卫平指导. -- 中国人民大学, 2009. -- 199 页

论文从理论和实践两个层面对中国参与双边自由贸易区问题进行了研究。全文共分为六章。第一章为导言,旨在说明论文的选题背景和意义,归纳国内外研究的现状和研究成果,提出论文的研究主题、研究思路和具体的研究方法,同时指出论文的创新及不足之处。第二章是对双边自由贸易区的概述,首先对双边 FTA 的概念进行界定,在双边自由贸易区的类型上,使用了三种不同的划分标准,即自由贸易协定内容涉及的范围、缔约主体和利益导向等,从历史的角度对双边自由贸易区的发展脉络进行了考察,着重论述新一轮双边自由贸易区的发展动因和非传统特征。第三章为双边自由贸易区的理论分析部分,共从六个角度分别展开论述,回顾了经典关税同盟理论及其拓展,对双边自由贸易区的静态和动态福利效应展开分析,对双边自由贸易区轮轴结构中各种效应和影响进行具体分析,从相互依存理论、新制度经济学的视角对双边自由贸易区的现象做了进一步的解释说明。第四章阐述了中国参与双边自由贸易区的状况与动因,重点介绍了当前中国双边自由贸易区的进展情况和明显特征,探讨了中国在国际生产网络以及东亚区域国际生产网络中的地位。第五章旨在从实证角度分析参与双边自由贸易区能给参与方带来何种经济影响,首先使用贸易引力模型对中国参与双边自由贸易区的整体效应做了检验,以澳大利亚为例采用 VAR 模型说明中国与发达国家建立双边自由贸易区的经济贸易效应,以智利为例阐释中国与发展中国家构建双边自由贸易区对双方的商品贸易、服务贸易和相互投资带来的影响,最后利用面板数据对中国与东

盟构建自由贸易区的静态贸易效应做了分析。第六章是中国参与双边自由贸易区的应对策略。

关键词:双边贸易　自由贸易区　经济效果

1779

**中国 FTA 战略研究** / 盛玮著 ; 刘重力指导. -- 南开大学, 2009. -- 123 页

论文从国际贸易的自由贸易区理论入手,梳理区域一体化与多边贸易体制的关系,以及自由贸易区的相关理论,运用 FTA 次优选择角度看待中国 FTA 战略的演变、形成和自身的特点。全文共分六章。第一章说明选题意义、研究目的、研究方法、论文结构安排和创新之处。第二章回顾了相关文献。第三章从中国 FTA 政策的演变入手,分析中国 FTA 政策的背景、内涵和特征,并通过典型的 FTA 进行案例分析。第四章通过构建引力模型和利用面板数据等工具分析中国实施 FTA 战略的效果,以及中国东盟 FTA 对于双方的贸易效应,得出与传统区域一体化理论不同的结论。第五章从其他贸易大国的 FTA 战略分析入手,构建博弈模型说明中国实施 FTA 战略受到的限制和选择,指出中国参与东亚一体化进程的困境。第六章根据上述分析,提出中国 FTA 全球战略的构建和改进方法,以及中国 FTA 战略实施的具体方式的改进,并针对东亚一体化进程中的困境提出应对办法。论文的主要结论是:中国与发展中国家组建的 FTA 收益不仅仅是传统意义上的扩大双边贸易和市场,而是从参与全球贸易分工的角度和中国 FTA 战略实施的特点角度解释中国与发展中国家组建 FTA 的可行性和收益;在中国 FTA 实施的重点区域——东亚地区,中国 FTA 战略面临着各方不同的战略选择和考虑。

关键词:对外贸易　贸易政策　自由贸易区　区域经济合作

1780

**对外贸易影响中国制造业全要素生产率及成本加成的研究** / 孙辉煌著 ; 兰宜生指导. -- 上海财经大学, 2009. -- 139 页

论文以行业的 TFP 和成本加成为切入点,研究对外贸易对我国制造行业市场绩效的效应。全文共分为七章。第一章导论,主要介绍论文选题的背景、并对文章涉及的概念进行界定、阐明论文的结构安排、研究方法和创新之处。第二章文献综述,从理论和实证方面对对外贸易影响 TFP 及成本加成率相关的主要文献进行了回顾。第三章分析对外贸易影响行业 TFP 增长及成本加成变动的各种机制,分析了对外贸易影响 TFP 增长的直接途径与间接途径,分别对进口贸易与出口贸易对成本加成率影响的理论机制进行分析。第四章分析对外贸易影响中国制造行业 TFP 及成本加成的背景。第五章实证研究对外贸易对我国制造行业 TFP 增长的影响,采用数据包络方法对我国制造行业的 Malmquist 生产率指数及其分解的技术效率指数和技术进步指数进行测算。第六章实证研究对外贸易对我国制造行业成本加成的影响。第七章结论与政策建议。论文的结论是:只有基于进口贸易的技术溢出效应是促进我国制造行业 TFP 增长的显著途径,国内行业的 R&D 投入和行业内资源配置也是进口促进行业 TFP 增长的间接途径,但并不显著;进口贸易对我国制造行业的成本加成率具有正向影响,这种正向影响随着行业的国内市场竞争越激烈而越显著。出口贸易对我国制造行业的成本加成具有负向影响,这与我国企业在出口市场的低价竞销策略有关。

关键词:制造工业　对外贸易　全要素生产率　生产成本

1781

**中国企业对发达国家直接投资与自主创新能力研究** / 汪洋著 ; 马春光指导. -- 对外经济贸易大学, 2009. -- 148 页

论文以中国企业对发达国家直接投资与自主创新能力为研究对象。全文共分为九章。第一章导论,介绍选题背景、研究意义、论文结构和研究内容、研究思路与 研究方法,并对相关概念进行界定。第二章对逆向直接投资、逆向技术溢出以及自主创新理论进行了回顾,从国内国外两个层面对相关研究加以评价总结。第三章介绍了自主创新的具体内涵,以及开放经济下的自主创新理论,运用研究与发展、专利数量等多个指标分析了我国自主创新的状况。第四章阐述了发展中国家向发达国家逆向投资的基本动因:寻求创造性资产、寻求并成为发达国家市场的"领先者"、减少产业升级的路径依赖、提升企业的技术创新能力以及基于价值链布局的逆向型投资的发展。第五章分析了从 20 世纪 90 年代至今,中国逆向投资的现状与特点。通过分析典型国家如日本、韩国在对外直接投资过程中所经历的逆向型投资的过程,以期对中国逆向型投资给予启示。第六章通过分析国内外的诸

多研究,总结出中国企业 OFDI 对技术溢出和自主创新的传导机制。第七章对中国逆向投资直接投资与自主创新关系进行了实证研究,通过分析国外有关的文献和研究成果得出中国国内企业从事逆向型直接投资对企业增强自主创新能力有非常积极的意义。第八章对不同途径的对外直接投资进行了分析。第九章结论、建议与展望。

关键词:企业管理　对外投资　直接投资　技术革新

1782

**国际品牌价值的评价体系、成长特征与驱动因素研究** / 王分棉著 ; 林汉川指导. -- 对外经济贸易大学, 2009. -- 253 页

论文在国内外对国际品牌问题研究的基础上,对国际品牌价值的评价体系、成长特征及其驱动因素进行研究。全文共分七章。第一章引言,介绍选题背景与意义、内容与结构、研究方法和技术路线,以及创新之处。第二章国内外关于品牌研究的相关综述。第三章以形成国际品牌的品牌年龄为时间维度,以国际品牌销售收入区域市场覆盖度为空间维度,从一个新视角动态界定了国际品牌,并选取了 57 个国际品牌为研究样本,剖析这些国际品牌的成长状况。第四章选取学术界典型的品牌价值评价、咨询业界典型的国际品牌价值评价以及中国品牌价值评价体系进行比较研究,以对我国构建与国际接轨的、立足中国国情的国际品牌价值评价体系提供借鉴和启示作用。第五章国际品牌价值成长特征比较研究,对国际品牌价值成长轨迹进行总体分析,并对不同行业、不同国别的国际品牌价值成长特征进行比较分析。第六章以 37 个国际品牌为研究对象,利用因子分析和回归分析挖掘国际品牌价值的驱动因素,并进一步分别对不同行业和不同类型的国际品牌价值驱动因素进行深入研究。第七章结论及展望。

关键词:企业管理　品牌　国际市场

1783

**我国农产品产业内贸易研究** / 王晶著 ; 王林生指导. -- 对外经济贸易大学, 2009. -- 139 页

论文对我国农产品的产业内贸易发展现状和决定因素进行了研究。全文共分九章。第一章引言,介绍了论文的研究目的、意义、研究方法与技术路线,并对相关概念进行了界定,说明了论文的主要内容,以及创新与不足。第二章对产业内贸易的定义进行界定,并进行分类,说明了整体产业内贸易水平、垂直型产业贸易和水平型产业贸易、边际产业贸易的测量方法。第三章对我国农产品贸易发展趋势、特点和国际竞争力做了全面的阐述。第四章通过计算我国农产品贸易的 G-L 指数、Brulhart 边际产业内贸易指数和 Thom&McDowell 边际总产业内贸易指数、边际水平型产业内贸易指数和边际垂直型产业内贸易指数,分析了我国农产品整体的产业内贸易状况。第五章通过计算我国与四个主要农产品贸易伙伴之间的 G-L 指数、Brulhart 边际产业内贸易指数和 Thom&McDowell 边际总产业内贸易指数等产业内贸易相关指数指标,分析了我国与四个主要贸易伙伴的农产品产业内贸易水平。第六章通过对前人的总结和归纳,建立起了产业内贸易理论模型。第七章对产业内贸易决定因素进行了实证研究。第八章以农产品产业为例,结合我国农产品贸易发展的基本情况,从国家双边贸易的角度建立独有的计量模型,分析我国农产品产业内贸易的决定因素。第九章结论与政策建议。

关键词:农产品贸易　国际竞争　国际分工

1784

**人民币汇率变动的 FDI 及其贸易结构效应研究** / 王敏著 ; 崔日明指导. -- 辽宁大学, 2009. -- 170 页

论文选择人民币有效汇率作为主要分析对象,从实证角度回答人民币汇率变动的 FDI 效应及其对贸易结构各层面的影响,运用数量经济学理论进行研究,采用实证研究方法提出化解“双顺差”结构导致的外部失衡。全文共六个部分。第一部分绪论考察了论文的研究背景和意义,回顾了相关文献,提出了解决问题的相应工具和方法。第二部分介绍了汇率变动的 FDI 及贸易结构效应的相关理论,包括对人民币实际有效汇率的分析、FDI 贸易效应理论和贸易结构决定理论,并从理论上分析了汇率和 FDI 与贸易结构之间的关联性。第三部分从新贸易理论下的单个企业的组织选择入手,探讨汇率变动对跨国企业投资决策的战略选择影响,进而通过汇率的价格传导效应,用协整检验以及 VAR 模型与冲击分解,研究了人民币汇率波动对流入中国 FDI 总量的影响。第四部分和第五部分用实证方法分别从出口商品结构、贸易方式结构、区域结构和进出口国别结构角度研究人民币汇率变动与 FDI 对贸易结构的影响。第六部分是结论和政策建议,得出的主要结论是:人民币实际有效

汇率升值与外商直接投资对我国出口商品结构产生正的优化作用；人民币实际有效汇率对我国贸易方式结构的影响不显著，而FDI对贸易方式结构的影响显著为正；人民币实际有效汇率升值对制造业产品产业内贸易起到优化作用。FDI对我国产业内贸易，特别是垂直型产业内贸易均有积极的促进作用，对我国水平型产业内贸易影响不显著；人民币实际有效汇率对第三区域的进出口影响显著负相关；FDI投资分布区域结构对贸易区域结构影响较大；不同经济体对华投资的贸易倾向变化趋势具有明显差异。结合研究结论提出的相关政策建议：加大汇率变动幅度和实行更有弹性的汇率制度及有利于贸易结构调整FDI策略选择。

关键词：人民币汇率　汇率波动　外商直接投资　贸易结构

1785

**次区域经济合作与粤港经济一体化研究** / 王诗华著 ; 黄卫平指导. -- 中国人民大学, 2009. -- 233 页

论文在区域经济一体化理论基础上，对次区域经济及粤港经济一体化进行研究。全文共八章。第一章导论，阐述选题依据，并在总结和分析国内外研究现状的基础上，提出从全球产业演化和产业内分工的角度，对粤港次区域经济合作的机制和粤港经济一体化进行分析和研究，同时指出论文的创新点和不足之处。第二章为理论基础，在现有区域和区域经济一体化定义的基础上，对次区域和次区域经济合作的概念进行界定，对次区域经济合作的相关理论进行梳理，为次区域经济合作机制的研究提供理论依据。第三章从分工的收益和成本角度研究了次区域经济合作的基本条件和合作机制。第四章主要运用第三章提出的分析框架，对不同层次和不同阶段的次区域经济合作的成功案例进行分析。第五章研究了香港和广东产业发展的历史、现状与发展趋势。第六章对粤港次区域经济一体化合作机制与制度安排进行研究，在第三章的研究框架和第五章的研究基础上，分析了粤港经济合作的次区域属性、合作的基本条件以及粤港次区域经济合作的合作机制，并对粤港次区域经济合作进一步发展的分工基础进行了探讨，讨论了制度性安排对粤港次区域经济一体化的推动作用。第七章对粤港次区域经济合作机制进行了实证检验。第八章是论文的研究结论和政策建议。

关键词：区域经济　经济合作　经济一体化　经济增长　广东　香港

1786

**关税减让对我国制造业经济绩效的影响** / 王恬著 ; 兰宜生指导. -- 上海财经大学, 2009. -- 135 页

论文采用关税数据实证分析了其对我国制造业经济绩效如市场规模、生产率、就业和工资等的影响。全文共分为七章。第一章是导论，介绍了研究的背景和意义、研究思路和方法，论文的分析框架、创新点以及需进一步深入研究的建议。第二章是文献综述，首先对要研究的对象和作用机制进行了界定和说明；其次从理论和实证两个方面总结和评述了国外如何对相关问题进行研究；最后总结了有关贸易自由化对经济增长影响的国内理论和实证研究。第三章是理论分析框架，运用 Dixit-Stiglitz 垄断竞争模型来说明双边进口关税减让对企业市场规模的影响，运用 Melitz and Ottaviano 的内生市场结构垄断竞争模型说明进口关税减让引起的市场竞争加剧和市场规模扩大如何影响消费者的福利水平以及企业的生产效率等变量。第四章回顾总结分析了我国关税水平的变动情况。第五章采用1999—2004年我国制造业行业的面板数据，实证分析了中美两国关税减让对我国制造业市场规模、生产率、就业和工资的影响。第六章采用世界银行收集的1999—2002年我国制造业企业数据，采用面板计量方法，实证分析产品关税变动对不同类型企业的生产率的影响，并且采用2001—2002年企业生产和非生产员工数据，实证研究了关税减让对这两类不同类型员工就业的影响。第七章是对论文研究的总结，并根据实证研究结果提出了相应的政策建议。论文的主要研究结论是：合理的设置阶梯形的关税水平，不仅可以鼓励企业自主创新，还可以引入竞争降低成本；中美两国关税减让都能够提升我国制造业行业的就业和工资水平。特别是对低技术行业的员工来说，作用更为显著。关税减让对民营企业、不出口企业、不进口机械设备企业的生产率冲击作用更为明显，此外，关税减让可以显著地提高大型企业的生产率水平。

关键词：制造工业　关税政策　关税税率　企业绩效

1787

**基于政府R&D投入效率增进的后发优势研究** / 王中兴著 ; 张小蒂指导. -- 浙江大学, 2009. -- 137 页

论文对政府R&D投入效率增进的后发优势进行研究。全文共分八章。第一章导论，说明选题意义、研究主题和方法、论文的结构及主要创新点。第二章对“后发优势”理论、技术创新理论及国家创新系统、

政府R&D投入与技术创新等相关文献进行综述。第三章构建R&D内生增长、技术追赶模型,并对美、日、韩和中国政府的R&D投入效率差异进行比较。第四章对中国政府R&D投入效率较低的主要原因进行分析,认为主要是区域、行业差异、投入机制欠完善、技术交易市场及其投融资市场欠发达等原因造成了信息不对称。第五章给出了政府R&D选择性投入的途径一:基于行业差异的选择性投入。第六章给出了政府R&D选择性投入的途径二:基于企业家创新能力的选择性投入。第七章给出了政府R&D选择性投入的途径三:以共性技术研发为目标的选择性投入。第五章至第七章为案例分析。第八章结论与政策建议。

关键词:财政管理　财政支出　技术进步　技术创新

**1788**

**欧盟东扩的贸易效应及对中欧贸易关系的影响研究** / 燕春蓉著 ; 郭羽诞指导. -- 上海财经大学, 2009. -- 186页

论文对欧盟东扩的货物贸易效应进行研究,研究本轮欧盟东扩对中欧贸易关系的影响。全文共分八章。第一章引言,主要对研究背景、研究对象、研究思路、论文的可能贡献与不足之处等做出相关说明。第二章构建了论文研究的理论框架,主要包括关税同盟局部均衡与一般均衡分析理论,区域经济一体化的静态效应和动态效应,以及竞争效应——西托夫斯基和德纽的"大市场理论"。第三章介绍了欧盟历次扩大和本次欧盟东扩的基本情况,接着分析了欧盟东扩的意义和特点。第四章分别从欧盟东扩的总体贸易效应、内部贸易效应和外部贸易效应三个方面进行分析。第五章运用面板数据,构建引力模型对欧盟东扩的贸易效应进行估计,通过设置虚拟变量得到欧盟东扩对欧盟内部的各成员国以及欧盟外部的非欧盟国家的贸易影响。第六章运用大量数据和指数测算来分析中国和欧盟的贸易关系,尤其是中国和欧盟新成员国的贸易关系。第七章运用显性比较优势指数(RCA)来测算中国和欧盟国家的比较优势。第八章分析了欧盟东扩后的贸易政策变化以及对中国欧盟贸易关系的影响,同时提出中国的对策建议。

关键词:对外贸易　经济贸易关系　欧洲国家联盟

**1789**

**中国贸易便利化改革的成本与利益分析** / 杨莉著 ; 冯雷指导. -- 中国社会科学院, 2009. -- 140页

论文主要针对中国贸易便利化改革的成本与效益问题进行探索性研究。全文共分六章。第一章导言,介绍了贸易便利化的定义与范畴、要求与实现途径以及研究涉及的问题及相关文献综述。第二章中国贸易便利化水平的评估,介绍了以感知数据为基础和以硬数据为基础的两种不同评估。第三章对我国贸易便利化进行量化分析,确定贸易便利化影响的计量研究方法及模型选择,并对中国对外贸易影响的引力模型进行分析。第四章阐述了国际贸易便利化涉及的领域及发展状况。第五章通过国际贸易便利化改革和发展经验分析,寻找中国贸易便利化改革成本和利益分析的敏感点。第六章结合我国贸易便利化改革的发展状况分析我国便利化改革的成本和收益问题。论文结论是:中国的贸易便利化改革应以制度建设为核心,建立高效的边境管理制度有利于提高改革的收益,降低改革的成本;而贸易便利化的现代化技术与设备投入应成为便利化制度的建设保障和促进因素,而非便利化改革的核心。

关键词:对外贸易　经济体制改革　成本分析　收益

**1790**

**欧盟的贸易效应与生产效应:理论、影响及对中国的启示** / 杨勇著 ; 张彬指导. -- 武汉大学, 2009. -- 140页

论文从理论和实证两方面对欧盟贸易效应进行研究。全文共分为六章。第一章绪论首先介绍欧洲经济一体化的进程与中欧经贸交流的历史与现状,然后对论文的一些核心概念进行界定并对过去的相关研究进行综述,最后涉及介绍文章的结构安排,并提出论文的研究方法与一些创新之处。第二章首先介绍国际经济一体化贸易效应研究的理论模型,进而介绍度量国际经济一体化贸易效应的实证模型、方法和具体的指标。第三章先从经济一体化成立后微观经营主体的行为变化入手,考察厂商的经营策略变化对成员国贸易结构及生产结构的影响,其次提出衡量成员国贸易效应和生产效应的指标体系,并建立分析贸易流量的长期均衡模型和短期调整模型。第四章在第三章的基础上,通过第三章的实证模型对欧洲经济一体化的贸易效应和生产效应对欧盟成员国的贸易流量进行分析。第五章讨论欧洲经济一体化对中欧贸易的长期均衡水平和短期调整过程的影响,并分析在不同环境下影响中欧贸易流量的因素,最后对欧洲

经济一体化对中欧贸易的影响做出总结,提出我国稳定与发展对欧贸易的建议。第六章主要论述欧盟的贸易效应与生产效应对我国的启示。

关键词:欧洲国家联盟　国际贸易　经济一体化

1791

**反倾销视角下的中国贸易政策内生性研究** / 殷秀玲著 ; 范爱军指导. -- 山东大学, 2009. -- 130 页

论文运用贸易政治经济学的概念框架和方法论,以反倾销政策为视角,分析中国贸易政策的内生性。全文共分九章。第一章导论,介绍论文的研究背景、研究目的、研究方法和创新点以及其他需要说明的事项。第二章是关于贸易政策理论从外生性到内生性演进的文献综述。第三章对一般层面上反倾销政策内生性进行分析,指出世界反倾销政策内生形成的两种机制。第四章对反倾销贸易政策的社会福利及作用进行分析和评价,分别基于大国模型和小国模型以及在多个产品市场和不完全竞争条件下反倾销政策的福利效应进行分析。第五章和第六章分别对影响中国反倾销政策需求和供给的因素进行了分析,说明中国的反倾销政策同样是具有内生性的,但其内生机制又具有自己鲜明的特点。第七章分别就企业异质性对中国反倾销政策需求的影响和政府决策的有限理性对中国反倾销政策供给的影响进行分析。第八章运用计量经济学的方法对中国反倾销政策的内生性进行了经验检验。第九章在总结全文的基础上,得出简要的结论,并指出了未来的研究问题。论文主要结论是:反倾销政策具有两种内生形成机制。一是其形成源于利益集团之间的利益博弈,二是源于保险盒社会福利动机。从经济效率上看,反倾销政策至多是"次佳"的。中国国内厂商对反倾销政策需求的主要动机来自国内厂商与国外厂商之间的市场竞争。行业内企业的异质性(或者说行业的集中度)对中国反倾销政策的需求具有重要影响。

关键词:对外贸易政策　贸易保护　反倾销法

1792

**以海关监管方式创新促进加工贸易转型升级** / 于晓军著 ; 王洛林指导. -- 中国社会科学院, 2009. -- 172 页

论文以海关监管创新促进加工贸易转型升级为主要议题,对海关加工贸易监管的各个方面进行论述。全文共八章。第一章绪论,总结了加工贸易的历史作用、现存问题,以及加工贸易存续和发展的理论基础,介绍论文的选题、研究方法和结构。第二章在对加工贸易发展趋势、主要政策和海关监管模式演变的基础上,提出了监管权力合理分布的建议。第三章到第五章总结了海关监管流程、保税物流、单耗管理方面与加工贸易转型升级间的问题并提出合理化建议。第六章针对促进加工贸易区域平衡发展的战略目标,在总结已经形成的区域分布模式的基础上,指出加工贸易西进的可行性和困难,提出海关统筹区域加工贸易发展的方法。第七章针对不同类型企业、海关不同监管模式下的企业转型升级路径的差异,指出发展服务加工贸易是加工贸易转型升级的重点。第八章在分析加工贸易政策体系的深层次问题和近期加工贸易政策调整效果的基础上,提出以海关监管方式创新促进加工贸易进一步健康发展的政策建议。

关键词:对外贸易　商业加工　海关管理　监管机制　创新管理

1793

**技术差距与经济增长的非线性关系研究** / 余昌龙著 ; 刘辉煌指导. -- 湖南大学, 2009. -- 128 页

论文重点研究了技术差距和经济增长之间的非线性关系。全文共分为六章。第一章绪论,说明研究背景及意义、进行了相关文献的综述,并阐述论文的研究思路和论文的框架。第二章在描述技术差距大小和技术引进、自主创新、技术模仿之间关系的基础上,论述了技术差距与技术外溢之间的非线性关系及其动态变化。在权衡了技术引进、自主创新与技术模仿之间的利弊之后,分析了技术适宜条件下适度知识产权保护对自主创新和技术模仿效果的影响。第三章阐明转变资本驱动型增长方式为创新驱动型增长方式势在必行,不仅要通过进一步引进外资缩小技术差距,更要立足于加大国内研发、加大人力资本投入、加快自主创新来实现经济持续快速稳定增长。第四章通过在技术进步中引入技术差距与技术外溢的非线性关系,最终以模型的形式建立了技术差距与经济增长之间的联系并进行经验分析。第五章通过计量回归法和 DEA 法分别测算了全要素生产率、技术进步率和技术效率,采用刀切法对技术差距门槛临界值进行了精确计算。第六章基于本文的理论分析和实证结论,提出了缩小技术差距、拉动经济持续高速增长的相关政策建议。

关键词:经济增长　技术进步　技术转移　技术差

距　经济分析

1794

**东亚国际分工体系的演变:原因、特征及其实证分析** / 张海霞著 ; 张捷指导. -- 暨南大学, 2009. -- 240 页

论文探寻了产品国际分工背景下东亚由雁阵模式转变为网络分工模式的轨迹和原因。全文共分九个部分。第一部分绪论,说明了论文的研究背景、研究目的、意义、创新之处、研究思路、方法和主要内容。第二部分对雁行形态理论及其扩展、产品内国际分工理论、东亚区域生产分工网络相关主题文献进行综述,并提出基于动态综合比较优势和竞争优势的分析框架。第三部分阐述了东亚国际分工体系的历史演变,先是分析了雁阵模式的特点和内在缺陷,然后对雁阵模式变化的内部原因和外部原因进行了分析,最后指出了产品国际分工由雁阵模式转变为网络分工模式的过程。第四部分东亚国际区域生产网络形成和分工体系的深化,对产品内分工或生产分散化的度量指标进行了介绍,从中间产品和零部件贸易数据看东亚分工体系的深化,最后分别对东亚 10 个经济体区域垂直专业化比例、国际后向关联效应、附加价值分配格局进行了分析。第五部分对东亚国际区域动态综合比较优势的演进进行阐述,并指出了东亚国际区域动态比较优势的独特性。第六部分采用面板模型的实证分析结果印证了要素积累、要素禀赋差距、规模经济、雁阵分工基础、跨国公司 FDI、通讯技术以及 FTA 等因素促进东亚区域生产分工网络的形成和发展。第七部分分析了东亚主导产业的变迁,竞争优势的变迁,并阐明了电气电子产业成为东亚进口主导产业以及汽车产业未能成为东亚主导产业的原因。第八部分基于电气电子产业对东亚国际区域竞争优势进行分析,阐述了日美籍跨国公司对东亚区域进行的分散化投资带来的“区域规模效应”和“分工协同效应”对东亚区域生产分工网络的形成所起的重要作用。第九部分为主要结论和进一步的研究方向。

关键词:国际分工　经济合作　运行模式　东亚

1795

**FTA 的经济效应与我国伙伴选择策略研究** / 张焦伟著 ; 佟家栋指导. -- 南开大学, 2009. -- 122 页

论文对 FTA 贸易、投资和经济增长效应的影响因素和机制缺乏进行研究。全文共分六个部分。第一部分导论,说明选题背景和意义,对理论文献和实证文献进行述评,揭示论文的研究思路、方法和结构安排,以及主要创新与不足。第二部分对 FTA 现有理论进行了梳理。第三部分分别对 FTA 的贸易、投资和经济增长三个方面对 FTA 的经济效应进行了梳理和深挖,从而归纳出 FTA 贸易效应、投资效应和经济增长效应的影响因素,并进一步结合 FTA 的贸易效应与投资效应,考虑到 FDI 与贸易、FDI 与国内投资之间关系的理论与实证争论,构建了 FTA 经济增长效应影响机制,检验结果表明了 FTA 贸易效应包含的影响因素,FTA 的外商直接投资效应的影响因素,FTA 固定资本投资效应的影响因素都包括哪些,并发现 FTA 的经济增长效应主要通过 FTA 的固定资本投资效应和生产技术效应两个渠道实现。第四部分采用 1988—2006 年 19 年间的 39 个国家的 266 对 FTA 的跨国面板数据,对前面的理论部分进行实证检验。第五部分在实证回归结果的基础上,对我国已签订 FTA 和潜在 FTA 的 FDI、贸易、固定资本投资和 GDP 效应进行了测算评估,并根据 FTA 经济效应影响各因素的贡献度,对我国 FTA 伙伴选择策略提出了相应的建议。第六部分总结了论文的主要结论,指出了论文研究中存在的不足支出和进一步研究的方向。

关键词:对外贸易　贸易政策　自由贸易区　经济增长

1796

**国际贸易、R&D 溢出和发展中国家的技术进步** / 周燕著 ; 邓力平指导. -- 厦门大学, 2009. -- 150 页

论文从理论和实证两个方面对国际贸易和发展中国家技术进步之间的联系机制、作用渠道、影响因素进行研究。全文共分六章。第一章导论,介绍了论文的研究背景,并对发展中国家国际贸易技术溢出相关文献进行综述,揭示论文的主要内容及结构安排。第二章阐述了技术前沿的内生变动,对内生技术进步的两种途径进行说明,构建了技术前沿内生变动的基准模型。第三章对国际贸易和发展中国家的技术进步进行理论分析,表明较大的经济规模、较强的干中学效应,较低的技术模仿成本、劳动力结构的良性转化以及适宜技术的选择性模仿可以加快技术进步,推动经济收敛。第四章对中国细分行业 1996—2007 年的 Malmquist 全要素生产率指数进行测算和详细分解。第五章以第四章的研究为基础证实国际 R&D 溢出对中国各行业技术进步的促进作用。第六章结论。

关键词:发展中国家　国际贸易　研究与开发

1797

**中美经贸关系的历史发展与政策博弈** / 邹伟伟著 ; 刘崇仪指导. -- 西南财经大学, 2009. -- 178 页

论文运用政治经济学的相关理论,在梳理贸易摩擦相关理论和中美贸易摩擦已有研究文献的基础上,对中美双边经贸关系进行了探索。全文共分七章。第一章引言,说明了研究背景、意义、方法与思路,并对论文的结构安排进行了阐述,指出了创新与不足之处。第二章对中美经贸关系的现状及存在问题、中美经贸关系中的国际政治经济关系理论、贸易摩擦理论的相关文献进行了综述。第三章对中美经贸关系发展的历史渊源进行了梳理,分析了中美经贸关系发展的态势。第四章对中美经贸关系的核心要素,如贸易摩擦、人民币汇率、中美经贸关系中的热点问题进行了分析。第五章分析了中美经贸关系中存在的利益集团,并对利益集团间的政策博弈进行研究,指出合作才是中美经贸关系的主旋律。第六章对美国贸易政策进行了定性和定量分析,并建立了 Heckscher-Ohlin 与 Ricardo-Vine Model 模型对美国议员们的投票行为进行了定量检验,分析影响投票结果的因素。第七章从四个大的层面指出了发展中美经贸关系的策略。论文主要结论:中美贸易摩擦是政治内生化的结果,即为美国政党和利益集团围绕政治捐资而在贸易决策上博弈的结果;美国采取的贸易政策在考虑经济利益的同时,也强烈地受到了政治制度的影响,美国贸易政策实际上是经济利益和政治现实的结合,是美国政治舞台上各类利益集团相互博弈的结果。

关键词:对外贸易关系　贸易摩擦　贸易政策　博弈论　美国

1798

**贸易开放、链接溢出与中国经济增长** / 邹武鹰著 ; 赖明勇指导. -- 湖南大学, 2009. -- 87 页

论文就贸易开放与我国经济增长的关系及贸易开放通过链接溢出促进我国经济增长的机制展开研究。全文共七章。第一章绪论,说明选题背景、意义、研究思路、方法及技术路线、研究内容与创新点。第二章对贸易开放的度量(即贸易开放度)及贸易开放度与经济增长关系的国内外研究进展进行了梳理和整合,指出了各类贸易开放度代理指标存在的弊端,以及贸易开放度与经济增长的关系。第三章检验了贸易开放度与我国经济政府支出的关系,指出贸易开放度与我国政府支出之间的关系随着政府支出功能性质的不同而改变。第四章进一步分析了贸易开放(进出口贸易)通过链接溢出促进我国技术进步,提升我国区域技术创新能力,进而促进我国经济增长的机制。第五章分析了我国进出口贸易企业的前向和后向链接溢出效应,指出我国出口贸易企业通过向上游产业的非出口贸易企业购买中间产品和服务产生了积极的后向链接溢出效应,进口贸易企业通过向下游产业的非进口贸易企业出售中间产品和服务产生了积极的前向链接溢出效应,而进出口贸易企业的水平链接溢出表现不明显。第六章通过构建研发活动的投入产出函数,实证检验了进出口贸易对我国地区技术创新能力的影响效应。第七章全文主要结论及政策启示。

关键词:中国经济　开放经济　对外贸易　经济增长　技术创新

# 劳动经济学

1799

**转型期我国企业和谐劳动关系研究:基于人力资本产权的视角** / 曹满云著 ; 尹庆双指导. -- 西南财经大学, 2009. -- 146 页

论文采取文献分析研究法、历史与逻辑相统一的研究方法,从人力资本产权的视角,以劳动者人力资本产权为主线,对转型期我国企业和谐劳动关系进行了研究。全文共分六章。第一章导言,说明研究背景、研究目的、研究意义、研究方法、研究框架、创新与不足,并对国内外劳动关系研究现状进行了综合论述;第二章阐述了人力资本产权与和谐劳动关系各自的内涵与本质,以及两者之间作用的关联机理;第三章运用制度经济学的演化分析方法,分析了我国历史上不同时期劳动者人力资本产权与企业劳动关系的和谐状况及其相互关系,构建了论文研究的历史依据;第四章分析了转型期以人力资本产权来构建企业和谐劳动关系的诸多制度障碍及其形成原因,包括法律制度障碍、市场制度障碍和企业制度障碍等;第五章阐述了发达国家构建企业和谐劳动关系的人力资本产权实现机制,为了借鉴西方发达国家通过人力资本产权来构建企业和谐劳动关系的经验,分别研究了美国和日本的劳动者人力资本产权实现机制;第六章对转型期构建我国企业和谐劳动关系的人力资本产权实现机制进行探析,政府主要在于确立劳动者人力资本产权制度和培育人力资本市场,用人单位主要在于构建人力资本

产权与物质资本产权共享的新型企业制度。

关键词:企业管理　劳动关系　人力资本　社会转型期

1800

**中部地区就业结构演进研究:基于制度变迁与要素流动的视角** / 陈晓红著 ; 陈全明指导. -- 中南财经政法大学, 2009. -- 146 页

论文以中部地区就业结构的演进作为研究对象,具体对其演进过程进行了分析研究。全文共分八章。第一章导论,介绍了选题的背景与意义,对重要的概念进行了界定,分析了研究的思路与主要内容,并指出了研究的创新之处。第二章对就业结构基础理论和有关文献进行了综述,依据时间顺序描述了就业结构研究的发展及其趋势,从而提出了研究的中心问题。第三章对中部地区的就业结构进行了分析,从就业的产业结构、行业结构、所有制结构以及人力资本结构展开了探讨,指出了中部地区第一产业就业比重明显偏高,第二产业吸纳就业能力不足的现状。第四章分析了中部地区就业结构的演进过程及其特征,具体对中部地区就业结构的演进规律及特征进行了探索,指出中部地区就业结构演进分为两个特征明显的阶段,即改革开放前与改革开放后。第五章探讨了制度变迁与中部地区就业结构演进的关系,首先介绍了制度对就业结构影响的一般理论分析,进而提出了有关理论假设,得出了影响地区就业结构的制度变量,随后实证分析了伴随着新中国成立后 60 年来中国的制度变迁,并归纳了中部地区就业结构的演进特征。第六章分析了反梯度要素集聚与东中部就业替代的关系,首先对反梯度要素集聚的概念进行了阐述,并对其进行了一般理论分析,随后利用统计年鉴和人口普查数据,实证分析了反梯度要素集聚对中部地区就业结构演进的影响,最后指出中部地区和东部地区存在着明显的替代关系,东部地区的再工业化过程是中部地区就业萎缩的直接原因。第七章探讨了反梯度要素集聚与中部地区就业萎缩的内在机理,主要以贸易成本和要素流动为切入点,构建了新经济地理学分析模型。第八章为结论与启示,提出了进一步研究的方向与问题。

关键词:劳动就业　就业结构　中部

1801

**基于劳动关系视角的中国雇主组织发展问题研究** / 程多生著 ; 曾湘泉指导. -- 中国人民大学, 2009. -- 143 页

论文应用文献研究和实证分析相结合的研究方法,对基于劳动关系视角的中国雇主组织发展问题进行研究。全文共分七章。第一章序言,提出研究背景和研究意义、研究现状、研究目标、研究方法、有关概念界定和论文结构;第二章市场经济条件下雇主组织劳动关系功能分析,从不同层面对市场经济国家雇主组织在协调劳动关系中的作用进行梳理和分析,重点是分析雇主组织的组织体系及其在集团谈判中的功能和作用;第三章中国雇主组织市场需求和制度需要的分析,主要从企业需求的角度探讨对雇主组织的认同感和企业在协调劳动关系方面对雇主组织的需求程度;第四章企联作为雇主组织的现状分析,分析了中国企联作为雇主组织的转变职能、壮大组织体系、沟通政府与企业、国际地位和影响,以及在协调劳动关系三方机制建设和推动地方雇主组织建设等方面作用;第五章中国雇主组织的困境:基于访谈的分析,就企联在协调劳动关系工作中的法律地位和企联代表性进行实证分析;第六章对中国雇主组织所面临的挑战进行分析,企联作为雇主组织还面临一些关键的挑战,这些挑战主要来自协调劳动关系工作发展的需要;第七章研究结论、政策建议和进一步研究方向,就目前中国雇主组织发展情况形成三点结论,就加强中国雇主组织发展问题提出三项具体政策建议,并对今后研究方向和重点进行展望。

关键词:劳动经济　劳动关系　雇佣劳动

1802

**中国猎头产业发展路径研究:基于猎头公司中介匹配实践的考察** / 程贤文著 ; 陈全明指导. -- 中南财经政法大学, 2009. -- 204 页

论文基于猎头公司中介匹配实践的考察对中国猎头产业的发展路径进行了分析研究。全文共分六章。第一章导论,引出了论文的主要研究问题,分析了研究的背景与意义,对相关概念进行了界定,并述评了国内外的文献,最后指出了研究的创新点与不足之处。第二章介绍了高管搜寻、雇佣策略与猎头中介,运用了分工和专业化理论、工作搜寻理论、交易成本理论对猎头中介的存在合理性进行了经济学分析,并阐述了高管市场的特征以及猎头中介在高管市场的功能,最后探讨了猎头中介的制度经济学意义。第三章阐述了猎头匹配实践中的道德风险与逆向选择问题,首先运用委托—代理理论分析了猎头中介市场

的信息不对称性，探讨了猎头“中间人控制”地位，随后构建了猎头中介市场的委托代理模型，并对猎头中介市场的声誉机制以及猎头中介的道德风险和逆向选择进行了研究。第四章对中国猎头公司匹配实践进行了实证分析，通过实证调查的相关数据，验证了五力作用模型，并剖析了中国猎头公司运营的实践中存在的问题，最后指出了行业建设的方向。第五章介绍了中美猎头产业发展的比较与借鉴，首先考察了中国猎头产业的发展历程，具体分为三个阶段对中国猎头产业的发展现状进行了梳理，从而明确了猎头产业发展所面临的挑战，随后通过对中美猎头产业发展的比较，分析了美国猎头产业发展对中国的经验启示。第六章对中国猎头产业的发展路径进行了研究，从猎头公司治理、人力资本市场建设、行业协会规制、政府法律监管以及构建“国家猎头”体系五个方面提出了中国猎头产业发展的路径与对策建议。

关键词：公司　人才学　人力资源管理　产业发展

**1803**

**人民币升值背景下国际贸易、外商直接投资对就业的影响** / 崔钰雪著 ; 曾湘泉指导. -- 中国人民大学，2009. -- 146 页

论文应用理论分析和实证检验的研究方法，通过构建 CGE 模型，利用通过数学建模选题（GAMS）软件，估计人民币升值背景下国际贸易、外商直接投资对就业的影响。全文共分六章。第一章导论，阐述了研究背景、研究意义、研究内容和研究方法，以及章节安排；第二章文献综述，研究国际贸易对就业的影响、外商直接投资对就业的影响和汇率变动对就业的影响；第三章构建可计算的一般均衡模型，首先构建模型的基本结构，进而描述模型的方程，最后构建模型的求解工具；第四章中国 2005 年社会核算矩阵的编制及模型参数的确定，首先介绍社会核算矩阵的编制原理和基本结构，进而研究社会核算矩阵的平衡，然后编制中国 2005 年社会核算矩阵的编制，最后确定模型参数；第五章汇率变动对宏观经济及劳动力市场的影响，首先介绍改革开放以来人民币汇率变动的基本情况和汇改之后人民币汇率的变动情况，进而研究汇率变动与贸易和外商直接投资的关系，最后模拟人民币升值对就业的影响。第六章阐述研究结论与政策建议，指出人民币升值幅度越大，净出口下降的幅度也越大，就业总量所受的影响呈现出“倒 V 型”的态势；人民币升值引发的贸易结构变动对不同技术水平劳动力就业影响不同；内资企业的就业呈现出“倒 V 型”态势，外资企业的就业下降；随着人民币升值幅度的增加，不同类型劳动力的工资也基本呈现出“倒 V 型”趋势。

关键词：就业　国际贸易　工资制度　人民币汇率　外商直接投资（FDI）

**1804**

**就业质量及其影响因素研究：来自于中国中小企业的证据** / 国福丽著 ; 姚裕群指导. -- 中国人民大学，2009. -- 212 页

论文应用调查问卷和实证分析的研究方法，结合来自于中国中小企业的证据，对就业质量及其影响因素进行研究。全文共分六章。第一章导论阐述研究背景、研究目的、研究内容、研究意义和研究方法，并指出论文的逻辑框架；第二章文献综述，介绍就业质量的概念、就业质量的机构与测量、就业质量的影响因素和国内外研究的启示与不足；第三章界定了就业质量的概念，构建个体就业质量指数，设计个体就业质量问卷，最后进行讨论与分析；第四章中小企业从业人员就业质量的现状特点研究，跟踪就业质量问卷的施测过程，检验就业质量问卷的信效度，研究中小企业就业质量的发展特点，最后进行讨论和分析；第五章就业质量的影响因素分析，首先设计就业质量影响因素的理论模型与研究假设，其次进行就业质量影响因素的实证分析，然后构建就业质量及其各成分的影响因素模型，最后，进行就业质量影响因素的作用差异分析和讨论；第六章结论与启示，指出我国中小企业从业人员的就业质量总体上呈现出低水平、差异性和不平衡性的特点；中小企业从业人员的就业质量受到个体和组织两个层面的因素的共同影响；在组织层面，就业形式、企业存续年限、企业所有权性质和企业人员总数四个变量对中小企业从业人员的就业质量有重要影响。

关键词：就业问题　劳动关系　就业结构　中小企业

**1805**

**不完全信息下的工作搜寻和保留工资决定：基于区域劳动力市场的实证研究** / 李洪坚著 ; 曾湘泉指导. -- 中国人民大学，2009. -- 157 页

论文应用文献研究和实证分析相结合的研究方法，在基于区域劳动力市场的实证研究对不完全信息下的工作搜寻和保留工资决定进行研究。全文共分

七章。第一章导论,阐述研究背景和问题、研究方法、研究框架,界定概念,指出创新和局限之处;第二章文献综述,回顾了国内、外工作搜寻和实证研究;第三章研究数据的来源,首先说明选择苏州工业园为数据收集地的原因,然后设计问卷和获取数据,最后描述求职者主要特征;第四章求职者工作搜寻行为研究,首先研究劳动者求职意愿及其影响因素,进而研究劳动者求职方式的选择及其影响因素,然后分析求职者工作搜寻强度和时间,最后研究在职工作搜寻行为;第五章求职者对就业机会和市场工资水平认知,首先介绍求职者对就业机会的认知及其客观依据,进而研究求职者对就业机会的认知及其影响因素和求职者是否了解市场工资水平及其影响因素,然后研究了解市场工资水平的途径,最后分析求职者所了解的市场工资水平分布;第六章保留工资的决定,首先判定求职者对保留工资影响因素,进而检验求职者对保留工资影响因素排序,最后运用回归分析方法分析保留工资的结果。论文研究结论:求职者确定求职意愿是工作搜寻的起点;工作搜寻成本对工作搜寻强度和时间具有重要影响;在职工作搜寻的产生受多种因素影响;劳动力市场认知因素对保留工资决定具有重要影响。

关键词:劳动经济　劳动力市场　就业　工资

**1806**

**中韩两国大学扩招与大学生就业困难现象的比较研究** / 李星兰著 ; 张车伟指导. -- 中国社会科学院, 2009. -- 140 页

论文对中韩两国大学生扩招与大学生就业困难现象进行了比较研究。全文共分七章。第一章导论,提出了研究的问题,指出了研究的范围与意义,并分析了研究的思路。第二章探究了有关理论的演变过程,并对中韩研究进行了综述,首先介绍了教育与就业关系的理论,阐述了教育与就业关系的古典思想,随后对中韩两国关于教育与就业关系的研究进行了概述,分别比较分析了中国高等教育的大众化、韩国高等教育的大众化与大学生就业的关系。第三章介绍了两国大学毕业生劳动力市场,分析了两国大学毕业生劳动力的供给趋势,并结合对两国大学毕业生劳动力的需求问题的考察,得出了有关小结。第四章分析了高等教育的大众化与教育信号贬值问题,首先对信号传递模型进行了解释,探究了教育信号贬值与劳动力市场形态的关系,随后从就业率与失业率、起薪水平、低定位就业现象等方面比较了两国大学毕业生就业困难的状况。第五章阐述了相对信号传递的机制,首先建立了相对信号传递机制,分述了大学教育信号分化、韩国大学教育信号分化以及中国大学教育信号分化的问题,随后通过对名牌大学与地方普通大学毕业生就业率、就业质量以及工资水平的比较分析了两国劳动力市场上大学教育信号的作用。第六章探讨了两国大学毕业生信号趋向问题,分别讨论了扩招与高学历化、扩招与生产力信号的内在联系,指出目前韩国与中国的大学生普遍出现高学历化的现象,中国的教育信号逐渐向趋同化方面发展,由此得出了有关小结。第七章为结论部分,对全文的主要内容进行了总结,并提出了相关的政策建议。

关键词:高等学校　招生　大学生　就业　中国　韩国

**1807**

**中国农村劳动力非农就业:效应与机制** / 刘洪银著 ; 文魁指导. -- 首都经济贸易大学, 2009. -- 225 页

论文应用调查问卷、实证分析、历史与逻辑分析方法、比较研究方法相结合的研究方法,对中国农村劳动力非农就业的效应和机制进行研究。全文共分八章。第一章引言,阐述研究背景、研究意义、研究对象和研究思路方法,并界定论文涉及的基本概念,指出创新之处;第二章理论综述,首先综述转移就业理论和发展,进而研究中国农村劳动力非农就业,最后介绍论文研究的目的和重点;第三章研究中国农村劳动力非农就业的效应,首先介绍非农就业的效应,进而实证分析非农就业对农村个体家庭的影响,然后实证分析非农收入分配效应,最后研究非农就业的农村经济发展效应和增长效应;第四章中国农村劳动力非农就业:从效应到机制,研究了中国非农就业效应与非农就业机制的关联性、中国农村劳动力非农就业效应与非农就业选择和中国农村劳动力非农就业与就业机制;第五章对农村劳动力非农就业机制进行理论分析,分析中国农村劳动力非农就业机制的政治经济学、技术经济学和博弈论解释;第六章农村劳动力非农就业机制的劳动力市场研究,首先研究农村劳动力非农劳动力供给机制、需求机制和支持机制,并对江苏省农村劳动力非农就业机制进行案例分析;第七章研究完善中国农村劳动力非农就业机制;第八章阐述了论文的研究结论和政策性建议,并进行未来研究展望;论文研究结论:农村劳动力非农转移就业产生了可观的经济社会效应;农村劳动力非农就业提高了农村个体

家庭总收入,促进了农村经济发展和全国经济增长。

关键词:农村劳动力　劳动力转移　就业　劳动力市场

**1808**

**非农就业、母亲照料与儿童健康** / 刘靖著 ; 张车伟指导. -- 中国社会科学院, 2009. -- 115 页

论文应用理论研究和实证分析相结合的研究方法,使用中国营养与健康数据库(CHNS),将孩子的健康作为反映孩子人力资本的主要指标,通过考察母亲劳动供给行为与儿童健康之间的关系,得出结论和政策建议。全文共分六章。第一章引言,阐述问题缘由、选题意义和文献综述,论文结构和创新之处;第二章介绍农村个体和家庭劳动力供给与家庭分工;第三章农村已婚妇女劳动参与决策,首先设计计量模型与估计策略,进而进行数据描述,然后进行实证分析,最后得出研究结论;第四章母亲劳动供给、照料替代品与儿童健康,首先设计理论框架、计量模型和估计策略,进而进行数据描述,然后进行实证分析,最后得出研究结论;第五章母亲非农就业与儿童健康,首先设计计量模型和估计策略,进而进行数据描述,然后进行实证分析,最后得出研究结论;第六章介绍论文的主要发现和结论,提出政策建议,指出不足和未来研究方向。作者认为,已婚女性从业的决策主要依赖于丈夫以及家庭劳动供给决策;母亲额外单位的劳动时间增加对儿童的短期、中期和长期健康状况均有显著的负面影响;适合儿童年龄的育儿机构的可获得性对于儿童短期和中期的健康状况起到了显著的正面影响;家庭劳动收入对于儿童健康均体现出了显著的正面影响。

关键词:农民　劳动就业　妇女　儿童健康

**1809**

**中国教育收益率及其影响因素研究** / 娄世艳著 ; 李建民指导. -- 南开大学, 2009. -- 145 页

论文应用理论分析与实证检验相结合的研究方法,回顾当前我国教育收益率的研究成果和确定论文主要模型与变量的基础上,利用微观调查数据,采用Eviews5.0 计量软件进行最小二乘回归来估计我国私人 Mincer 教育收益率。全文共分七章。第一章导论,阐述问题缘由、研究意义、研究思路、研究方法和论文结构,并界定相关概念,对教育收益率的估计方法与实证研究进行综述,并指出论文的主要结论、创新点与不足之处;第二章变量选择、模型与数据说明,首先选择变量,进而设计总体教育收益率回归模型(从基础模型到全模型),最后介绍样本分析和变量分布;第三章教育收益率,分别研究年收入作因变量估计、月收入作因变量估计和小时收入作因变量估计的教育收益率,并对估计结果进行比较研究;研究不同阶段与类型教育的收益率;第四章教育收益率的直接影响因素,分别研究了单一控制变量的影响、控制变量相关性及各类控制变量的影响和控制变量对各阶段教育收益率的影响;第五章教育收益率的间接影响因素,包括间接影响因素与直接决定因素的相关性和间接影响因素影响教育收益率的传导机制;第六章教育收益率的差异分析,研究了教育收益率的城乡差异、性别差异和年龄差异;第七章结论与讨论。论文研究结论是:我国总体教育收益率较高;随着教育水平的提高,我国真实的教育收益率先减后增;城镇教育收益率高于农村;教育收益率性别差异显著,各年龄段的教育收益率先减后增。

关键词:教育投资　投资收益　个人收入　人力资本

**1810**

**中国科技人才识别与评价机制研究** / 裴宏森著 ; 吴冬梅指导. -- 首都经济贸易大学, 2009. -- 204 页

论文运用经济学、人事管理经济学和心理学的基础,以规范分析和实证分析相结合的研究方法,按照人才进入组织前、进入组织中和进入组织后三个阶段,以人才标准为识别和评价的基础,对中国科技人才识别与评价机制进行研究。全文共分九章。第一章绪论,阐述研究背景和问题、研究理论、研究目的、研究框架和研究方法,界定论文涉及的重要概念,指出论文的创新点;第二章研究科技人才的分类分层、科技人才的识别价值和科技人才识别理论、标准与方法;第三章首先研究人才标准取向,进而分析科技人才个人特征与能力、绩效关系分析,最后研究科技人才标准确立模式;第四章研究人才市场的信息识别机制,分析人才信号传递;第五章研究基于胜任力的科技人才素质识别机制;第六章研究科技人才绩效成果评价机制;第七章对科技人才识别和评价进行实证分析;第八章研究科技人才识别与评价机制的优化政策;第九章阐述研究结论和需要继续探讨的问题。论文研究结论:科技人才标准的基本取向要以绩效能力为主核结合个人特征,要从宏观和微观层面确立科技

人才标准模式;人才胜任力素质测评要以人—组织匹配为基础,满足组织的长远人才战略需求,对评价中心的测评情景进行合理设计,要根据测评工具对不同测评情景的适应性而有所侧重。

关键词:科学技术　人才管理　评价　科学工作者

**1811**

**非对称信息下的团队剩余分配研究** / 孙金冬著 ; 陈全明指导. -- 中南财经政法大学, 2009. -- 115 页

论文对非对称信息下的团队剩余分配进行了分析研究。全文共分七章。第一章导论,提出了研究的问题,对国内外的有关文献进行了综述与评价,指出了研究的意义、内容与方法,并分析了论文的创新点与不足之处。第二章阐述了团队的基本理论,首先分析了团队的概念及本质,指出了团队中存在的问题,随后分析了高效团队的特征,最后对团队进行了分类,包括根据团队存在的目的和拥有自主权的大小的划分、根据功能的划分以及根据成员间的松散程度的划分。第三章阐述了信息非对称理论和剩余索取权理论,分别介绍了两种理论的由来与内容,进而对激励理论进行了探究。第四章探讨了管理层团队的剩余分配,首先分析了管理层团队的持股比例,探讨了企业性质以及行业差距对股权激励效果的影响,随后比较分析了中美管理层的收购目的,从而确定了合理的持股计划,最后以烽火通信的股票期权计划为案例分析了烽火通信的困境,指出了高新技术行业需要股权激励。第五章探讨了管理层成员的持股额度,首先分析了管理层成员持股的最优分配系数,通过建立模型并试验的方法确定了最优努力水平和分配系数,随后分析了管理层成员的持股额度设计,阐述了管理层成员持股额度设计的思路,并举例说明了烽火通信管理层成员获授期权的额度。第六章分析了无委托人团队的剩余分配问题,首先介绍了无委托人团队合作的博弈机制,随后阐述了无委托人团队激励模型的建立过程,最后对不同组织形式会计事务所进行了比较分析,从而得出了有关小结。第七章为结论与启示部分,对全文的主要内容进行了小结,并提出了有关的政策建议。

关键词:企业管理　团队　激励

**1812**

**中国经济增长的源泉(1952—2007)** / 唐家龙著 ; 李建民指导. -- 南开大学, 2009. -- 272 页

论文对1952—2007年期间中国经济增长的源泉问题进行了分析研究。全文共分七章。第一章介绍了问题的提出,首先分析了中国经济增长的可持续性问题,进而提出了研究的主要问题,并对研究的基本思路与特点进行了阐述,最后指出了论文的结构安排。第二章综述了有关文献资料,并分析了相关的理论框架,首先回顾了经济增长理论的发展历程,随后概述了生产率增长变动的有关研究,着重分析了生产率变动的国外文献,接着对当前研究的现状进行了综合评述,最后选择了合理的理论模型。第三章探讨了物质资本的测量,首先介绍了资本引入的测量理论与方法,对资本的概念进行了界定,并具体阐述了资本测量的方法与步骤,随后分析了全国及分省物质资本投入测量的情况,介绍了数据的来源及其处理方法。第四章分析了人力资本的测量,首先介绍了人力资本测量的方法,阐述了人力资本的概念与特点,随后对全国及分省的人力资本存量进行了估计,从而得出了有关小结。第五章介绍了基于全国综合数据的生产率变动研究,首先分析了实证研究模型设定的过程,并对基于生产函数的人力资本功能的理论进行了研究,随后对有关数据进行了描述,并对模型进行了估计,分析了要素贡献和全要素生产率,最后阐述了与其他研究文献比较的结果,进而得出了小结。第六章介绍了基于分省数据生产率变动的研究情况,介绍了面板数据的 DEA 方法,并对数据的来源进行了描述性分析,最后阐述了与其他相关文献研究的比较结果。第七章为结论与讨论部分,对经济增长进行了解释,归纳了全文的主要结论,并指出了未来研究的方向。

关键词:中国经济　经济增长　全要素生产率　人力资本　技术进步

**1813**

**农民进城就业政策演进与农民工的劳动力市场地位:制度变迁与博弈均衡** / 田松青著 ; 常凯指导. -- 中国人民大学, 2009. -- 206 页

论文应用理论和实践相结合的研究方法,对农民进城就业政策演进与农民工的劳动力市场地位进行研究。全文共分九章。第一章导论,阐述问题缘由、研究内容、逻辑思路、研究目的和研究方法,并界定相关概念;第二章文献综述,研究综述农民进城就业和农民进城就业政策;第三章建国后农民进城就业政策演进概述,介绍了禁止农民进城就业政策的形成演进、允许—控制农民进城就业政策的形成演进和引导农民进城就业政策的形成演进;第四章国际策略与农

民进城就业政策演进，介绍了国家目标与禁止农民进城就业政策、国际目标与允许—控制农民进城就业政策和国家目标与引导农民进城就业政策；第五章农民进城就业策略选择与制度均衡，首先介绍农民进城就业选择理论基础，进而研究禁止进城就业阶段农民的策略选择与制度均衡，然后研究允许—控制进城就业阶段农民策略选择与制度均衡，最后研究引导进城就业阶段农民策略选择——“民工荒”“返乡潮”背后的多元选择；第六章企业策略选择与制度均衡；第七章研究农民进城就业政策评价——内生性制度与外生性制度冲突与互补；第八章验证农民工劳动力市场地位；第九章基本结论、政策建议和展望。作者认为，农民进城就业政策演进是伴随着国家的目标变化，特别是国家经济发展战略的变化而变化的；我国劳动力市场存在农村户口劳动力和城镇户口劳动力的二元分割，农村户口劳动力处在次级劳动力市场中。

关键词：劳动力市场　就业政策　民工

**1814**

**中国劳动力统计体制、方法和内容研究** / 王飞著 ；杨河清指导. -- 首都经济贸易大学, 2009. -- 139 页

论文采用了比较分析法、定性分析和定量分析结合法、修正模型法、间接测量法和专家访谈法相结合的研究方法，对中国劳动力统计体制、方法和内容进行研究。全文共分六章。第一章绪论，阐述研究背景、研究意义、研究方法和内容结构，界定论文涉及的基本概念；第二章文献综述，介绍国内、外的相关研究；第三章劳动力统计体制的考察与分析，首先介绍劳动力统计体制的基本类型及其优缺点，进而考察国外劳动力统计体制和我国劳动力统计体制，然后分析我国劳动力统计体制存在的问题、存在问题的原因和存在问题的效果，最后给出改进我国劳动力统计体制的建议；第四章劳动力统计方法的考察与分析，首先介绍劳动力统计的基本方法，进而考察国外劳动力统计方法和我国劳动力统计方法的历史沿革和现状，然后分析我国劳动力统计存在的问题及其成因，最后给出改进和完善我国劳动力统计方法的建议；第五章劳动力统计内容的考察与分析，首先介绍劳动力统计内容与劳动力统计内容的关系，进而考察国外劳动力统计内容和我国劳动力统计内容的历史沿革和现状，分析我国劳动力统计内容存在的问题及其必要性，最后构建新型劳动力统计指标体系，并对其进行效果分析；第六章研究结论及对未来的展望。

关键词：劳动力市场　劳动力统计　统计体制　统计方法

**1815**

**经济增长中的创业与就业增长：影响因素与传导机制：基于中国省际面板数据的实证研究** / 王剑著 ；曾湘泉指导. -- 中国人民大学, 2009. -- 141 页

论文采用理论分析和实证研究相结合的研究方法，立足于改革开放以来创业在中国的发展状况，结合内生增长理论的基本思想，对经济增长中创业与就业增长的影响因素和传导机制进行研究。全文共分六章。第一章导言，阐述研究背景、研究问题、研究方法和技术路线，以及论文框架；第二章文献回顾，介绍创业的定义及类型、影响创业的主要因素、创业及其经济意义和创业及其就业效应；第三章理论模型与假设，介绍中国经济崛起中“企业家精神”要素，构建创业与就业增长理论模型；第四章实证研究假设与研究方法，首先选择数据来源和样本，然后定义变量并测量，最后制定数据分析方法；第五章经验研究结果，首先介绍创业及其影响因素，进而研究创业、介绍进步与就业增长，最后研究环境对创业与就业增长关系的调节作用；第六章结论，阐述论文的研究结论，指出主要创新点和不足之处，并提出相关政策建议。作者认为，创业活动受到地区经济社会环境的显著影响，具有内生性的特征；2002—2007 年间我国的三类企业总体的创业活动对就业增长具有显著的积极影响；产品种类增加型的技术进步是当前中国创业促进就业增长的主要机制；创业对就业增长的贡献受到地区环境和劳动力市场因素的调节。

关键词：就业　经济增长　技术进步　民营经济

**1816**

**转型期中国工人组织形态的特征及发展趋向** / 王侃著 ；常凯指导. -- 中国人民大学, 2009. -- 151 页

论文应用理论分析和实证调查相结合的研究方法，对转型期中国工人组织形态的特征及发展趋向进行研究。全文共分九章。第一章导论，阐述选题背景、选题意义和研究方法，并界定相关概念；第二章文献综述，对了国内相关的文献进行研究；第三章研究概念界定、研究假设与研究设计；第四章介绍一元化工人代表组织的现状及其面临的挑战；第五章介绍工人自发性集体行动与非正式工人团体的出现；第六章介绍中国工人组织形态的国际化趋向和中国劳动关系中劳方策

略的国际化调整;第七章中国劳工运动二元化与工人组织形态的特征,首先介绍劳动关系形态与传统的劳动关系三方结构,进而介绍中国工会行为主体的运行及其特征,然后研究工人群体意识与中国非正式工人团体的运行,最后阐述劳工运动“二元化”格局的形成;第八章研究劳工运动二元化与中国劳动关系系统平衡和劳工关系形态平衡与社会稳定的关系;第九章结论与启示,介绍个体运动到集体行动是工人的行动策略选择和中国工人组织的二元化与劳工运动的二元化,并阐述本文的研究不足之处和未来的研究方向。

关键词:工人　工会　社会行为　劳动关系

**1817**

**工作嵌入度及其与离职倾向的关系研究** / 王丽娟著 ; 曾湘泉指导. -- 中国人民大学, 2009. -- 108 页

论文采用理论和实践相结合的研究方法,并通过问卷调查,对工作嵌入度及其与离职倾向的关系进行深入研究。全文共分六章。第一章导论,阐述研究问题、研究背景、研究框架和研究意义;第二章文献回顾与评述,首先介绍工作嵌入度的含义与测量,进而研究员工离职模型的发展与演变,然后拓展态度模型与提出工作嵌入度,介绍离职倾向与离职行为,最后进行总结和研究设计;第三章工作嵌入度的测量,首先进行先导性研究和工作嵌入度问卷的结构分析,进而对工作嵌入度问卷进行验证,然后研究工作嵌入度的因素与题项,最后进行工作嵌入度差异分析;第四章工作嵌入度的预测效度检验,研究工作嵌入度与离职倾向的相关关系,测量工作嵌入度对离职倾向的预测效度;第五章阐述工作嵌入度的中介作用;第六章总结与建议,指出修订后的工作嵌入度量表共有六个维度,28 个条目;六个维度为组织适合、组织联系、组织损失、社区适合、社区联系和社区损失;工作嵌入度对离职倾向的影响超过了组织承诺,但工作满意度对离职倾向的影响比工作嵌入度对离职倾向的影响显著;组织联系的中介作用最强,但非组织因素(社区联系和社区损失)也有中介作用。

关键词:企业管理　职工　工作满意度　人力资源管理

**1818**

**基于企业生命力系统(GREP)的战略人力资源管理系统构建** / 文跃然著 ; 赵履宽指导. -- 中国人民大学, 2009. -- 251 页

论文应用理论和实践相结合的研究方法,构建了基于企业生命力系统(GREP)的战略人力资源管理系统。全文共分三章。第一章主要是文献回顾,第一节回顾了美国学者在过去 30 年间关于人力资源战略和战略关系的讨论,指出战略和战略人力资源的关系是美国学者讨论的一个主题,这个讨论分为两个阶段,第一个阶段 20 世纪 90 年代以前,更多地关心人力资源如何适应企业的战略,第二个阶段 20 世纪 90 年代以后,重点更多地转移到在什么战略学说基础上发生关系的问题上来了;第二节从文献回顾中看美国学者关于战略人力资源理论基础的讨论;第二章是 GREP 理论的构建部分,第一节讨论 GREP 理论的基本构架,包括企业的性质、作为生命体的影响因素、这个理论的理论基础和功能。第二节和第三节从 GREP 作为一种诊断工具和战略分析工具的角度进一步论证了 GREP 理论的实际作用;第三章主要讨论 GREP 战略人力资源构架,第一节讨论 GREP 战略人力资源定义。第二节讨论了 GREP 核心能力和核心人力资源管理模式,从回顾相关文献切入,指出美国学者的资源理论和核心能力理论在核心人力资源管理上的局限,并在在此基础上提出了 GREP 核心人力资源管理的基本框架。第三节讨论基于 GREP 的测量体系,这个测量体系分成两个层面:企业层面和整个人力资源体系。该系统优点:把企业生命力系统、战略、人力资源战略变成一个不可分割的、三位一体的有机整体,既解决了战略人力资源战略关系的问题,也解决了战略人力资源管理的理论基础问题。

关键词:企业管理　人力资源管理　企业战略　企业生命力系统(GREP)

**1819**

**积极的劳动力市场政策在治理失业中的作用研究:以福建省为例** / 吴晓琪著 ; 吴碧英指导. -- 厦门大学, 2009. -- 142 页

论文应用理论研究和实证分析相结合的研究方法,归纳了失业及其治理理论的发展历程,引出了当今各国普遍采用的治理失业的政策——ALMPs,对积极的劳动力市场政策在治理失业中的作用进行研究。全文共分七章。第一章导论,阐述选题缘由、研究内容、研究方法,介绍国内外相关研究情况,并指出论文的创新和不足之处;第二章积极的劳动力市场政策(ALMPs),首先阐述相关概念,进而介绍积极的劳动力市场政策判断标准,然后研究我国 ALMPs 的内容

判定,最后对 ALMPs 实施情况的进行国际比较;第三章介绍 ALMPs 的失业治理作用的理论基础:行为理论、归因理论、政府干预理论和人力资本理论;第四章以福建省为例,研究实施 ALMPs 的现实基础,分析了就业结构、失业现状和劳动力的供需情况;第五章和第六章以福建省为例,介绍 ALMPs 在治理失业中的作用研究,在进行数据分析之后,选择和设计模型,做出结果,并检验结果。第七章总结,介绍论文主要研究结论、主要启示和本文研究展望。论文研究结论是:我国的 ALMPs 是十分有效地治理失业的手段,参与过政策实施的劳动者的再就业机会相对于未参与者提升了 70% 多;定位于改善劳动力供给的政策在我国现实条件下是比较有效的。

关键词:劳动力市场　失业　劳动就业　福建

**1820**

**转型期我国个人收入差异的影响因素研究:基于人力资本和社会资本的分析** / 谢周亮著 ; 李建民指导. -- 南开大学, 2009. -- 148 页

论文基于对人力资本和社会资本的分析探究了转型期中国个人收入差异的影响因素。全文共分七章。第一章导论,介绍了选题的背景,提出了研究的问题,分析了研究的思路,并对主要概念进行了界定,最后综述了个人收入差异研究的有关文献资料。第二章分析了人力资本影响收入差异的原因,首先分析了人力资本与边际劳动生产率的关系,阐述了个人生产效率影响收入水平的机制,随后分析了人力资本投资与成本补偿的关系,分别叙述了成本补偿理论的涵义与内容,接着分析了人力资本与就业能力以及权益争取能力的联系,最后阐述了人力资本与信号传递理论的关系,分析了信号传递理论的现实基础与假设前提,并介绍了信号传递理论对收入差异的解释。第三章对社会资本及其影响收入的途径进行了分析,首先介绍了社会资本的概念及其测量方法,随后分析了社会资本影响收入的途径。第四章对中国人力资本影响收入差异进行了实证研究,阐述了人力资本对收入差异的总体影响,分析了不同户籍类型职工以及不同所有制职工的人力资本影响收入差异的特点,最后对人力资本与收入关系进行了回归分析,从而得出了有关小结。第五章介绍了中国个人社会资本影响收入差异的实证研究,首先对个人社会资本指标进行了描述,随后对个人社会资本因素与收入关系进行了统计分析,分别探究了父母的教育水平、职业地位与子女收入的关系,最后阐述了社会资本因素对收入差异影响的回归分析,分组比较了社会资本对收入的影响程度。第六章对收入差异的影响程度进行了分解分析,首先介绍了基于回归方程的收入差异分解和时期比较方法,随后对收入差异的影响程度进行了分解分析,最后探讨了各因素对收入差异变化趋势的影响,比较了经济转型与收入差异的变化。第七章为结论与政策含义。

关键词:个人收入分配　收入差距　人力资本　社会资本　经济转型期

**1821**

**个人特征对农村劳动力转移就业的影响:来自北京市大兴区劳动力专项调查的证据** / 鄢圣文著 ; 程延园指导. -- 中国人民大学, 2009. -- 212 页

论文采用社会调查和实证分析相结合的研究方法,从研究劳动者个人特征的角度,构建劳动力流动的理论模型,对不同特征人群的转移就业影响进行研究。全文共分六章,三大部分。第一部分:第一、二章,是导论和理论综述部分。第一章讨论了研究的背景与意义、研究的问题、研究方法和可能的创新,并且对相关的研究概念进行了界定;第二章分为三个方面,第一方面有关劳动力转移研究的理论,第二方面关于国内对劳动力转移的研究综述,第三方面是关于劳动力转移的个人特征的研究综述;第二部分是实证部分。第三章是个人特征对影响农村劳动力转移就业意愿的影响的实证研究;第四章是个人特征对农村劳动力培训需求的影响的实证研究;第五章是个人特征对农村劳动力转移就业决策的影响的实证研究;第三部分:第六章,总结和提炼了研究的结论,探讨了政策含义和进一步研究方向。作者认为,就业观念是影响大城市郊区农村劳动力转移就业决策的主要因素;收入水平是影响大城市郊区农村劳动力转移就业意愿的重要因素;现有的培训政策的有效性还有待评估;通过有效提升农村劳动力转移就业意愿,加强就业培训,能提高农村劳动力转移就业率;通过研究农村劳动力转移就业的个人特征,为统筹城乡就业、建立城乡统一的劳动力市场奠定了基础。

关键词:农村劳动力　劳动力转移　就业　决策　大兴区

**1822**

**变化的就业环境对职业管理的挑战:一项基于中国管理实践的实证研究** / 杨小闯著 ; 曾湘泉指导. --

中国人民大学, 2009. -- 175 页

论文应用理论分析和实证研究相结合的研究方法,在西方对职业生涯发展的有关理论和实证研究成果基础上,从个人及企业两个方面考察了中国在新的就业形势下专业人员的职业生涯管理的态势。全文共分五章。第一章导论,阐述研究背景、研究问题和研究目标,界定关键定义。第二章文献综述,介绍内部劳动力市场的概念和演变以及无边界职业生涯;第三章研究方案与方法,首先设计研究假说,然后进行测量和设计调查问卷,最后调查取样;第四章数据分析,首先调查人群的基本情况,然后调查数据结果,最后检验研究假设;第五章结论和对未来研究的建议,认为调查群体的个人职业生涯的进展情况和西方研究所指出的新的就业形势下的职业方式十分接近;公司的职业生涯管理行为与员工个人在公司内寻求发展有重要的联系;公司良好的职业管理环境对员工的留任有一定的益处;在性别对个人职业生涯管理行为的影响方面,专业人员实施被西方学术界论证认为有效的职业生涯管理行为不因性别不同而有所差异;在职业动机与职业倾向方面,男性和女性的差异总体来看没有明显区别;性别在公司职业生涯管理和个人职业生涯管理的相关性、个人职业生涯管理和个人求职意向的相关性等分析中均不是一个重要的预测指标。

关键词:职业选择　就业　自我管理　劳动力市场

**1823**

**教育分流、人力资本积累与经济增长:基于中国中职数据的分析** / 易翠枝著 ; 陈全明指导. -- 中南财经政法大学, 2009. -- 126 页

论文基于中国中职数据的分析对教育分流、人力资本积累与经济增长情况进行了研究。全文共分五章。首先引言,提出了研究的问题,对相关概念进行了说明,分析了论文的主要内容与框架,并指出了论文的创新与不足。第一章综述了教育分流与经济绩效的有关文献,首先介绍了现代人力资本理论与个体人力资本投资决策,随后概述了职业教育微观绩效的相关文献,指出了微观分析的研究方法,并分析了微观视角的局限性对论文的贡献,最后回顾了教育分流与经济增长的相关理论与研究。第二章基于现代人力资本理论对教育分流与人力资本投资进行了分析,首先提出了两种不同的观点,即现代人力资资本理论的观点与信号理论的观点,进而分析得出了论文拟采用的假设,随后仅从能力大小的差异考虑分析了教育分流对人力资本投资的影响,得出了比较静态均衡分析的结果,接着从能力类型差异角度分析了教育分流对人力资本投资的影响,最后基于截面数据的实证分析对教育分流对人力资本投资的影响进行了探究。第三章基于信号理论的视角对教育分流与人力资本投资的关系进行了探讨,分别叙述了教育不改变生产率的情形以及教育能提高生产率的情形下教育分流对人力资本投资的影响,从而得出了比较研究的结论,最后基于时序数据的协整分析探究了教育分流对人力资本投资的影响。第四章分析了教育分流对经济增长的影响,首先阐述了教育分流影响经济增长的理论,随后对中国职业教育分流的总量效应进行了估算。第五章为结论与政策建议,归纳得出了全文的基本结论,提出了发展中国职业教育的政策建议,并对论文进一步的研究方向进行了展望。

关键词:职业教育　教育制度　人力资本　经济增长

**1824**

**我国养老保险制度与劳资分配比例的协调** / 张璐琴著 ; 宋晓梧指导. -- 暨南大学, 2009. -- 150 页

论文对中国养老保险制度与劳资分配比例的协调进行了分析研究。全文共分六章。第一章导论,提出了研究的问题,综述了相关文献资料,分析了论文的研究思路与结构安排,并指出了研究的目的、方法与创新之处。第二章对养老保险制度与劳资分配比例关系的理论进行了分析,首先介绍了养老保险制度与劳资分配比例协调的理论基础,随后探讨了养老保险制度与劳资分配比例相互作用的机制,最后阐述了养老保险制度与劳资分配比例协调的主要方面。第三章论述了中国养老保险制度与劳资分配比例的关系,首先对中国养老保险制度发展的阶段特征进行了分析,并概述了中国劳资分配比例的现状,随后具体分析了中国劳资分配比例现状对养老保险制度的影响,最后指出了中国养老保险制度与劳资分配比例协调的主要问题。第四章阐述了协调养老保险制度与劳资分配比例的思路,分别从政府责任、国际经验、基本原则以及现实选择等角度入手,指出了论文的基本思路为,根据解决实际问题所需时间的长短不同,把初次分配与再分配调节结合起来,强调短期内侧重于完善养老保险制度和相关劳动保障法规的调节,并逐步加强集体谈判制度的建设,不断健全市场导向的就业机制,从而达到长期内调节劳资分配比例,实现其与

养老保险制度协调发展的目标。第五章提出了有关协调养老保险制度与劳资分配比例的政策建议，主要分为促进劳资分配比例的合理化发展以及完善与劳资分配比例相协调的养老保险制度两条，并分别加以分析说明。第六章为结束语，归纳了论文的主要结论，并对研究中的不足以及后续改进之处进行了说明。

关键词：养老保险制度　劳动报酬　收入分配

**1825**

**我国人才集聚的理论分析与实证研究：基于 IMSA 分析范式** / 张樨樨著 ; 黄荣清指导. -- 首都经济贸易大学, 2009. -- 238 页

论文采用理论分析和实证研究相结合的研究方法，以我国的人才集聚为研究对象，从系统研究的视角出发，探索我国人才集聚运行的机理与规律，并对我国人才集聚的发展现状进行研究。全文共分五部分。第一部分主要回顾和梳理了人才集聚及其重要影响因素的相关理论，包括人力资本理论、产业集聚相关理论、城市化概念的界定以及人才流动动因的经典理论；第二部分重塑了人才集聚形成原因体系，在借鉴国内外学者对集聚成因研究成果的基础上，将资源禀赋、人才环境、收入因素以及人力资本的基本属性作为人才集聚形成和发展的动因要素；第三部分用经济模型揭示我国人才集聚的内在机理，首先分析了海外人才的流动规律，进而构建了人才集聚、高技术产业集聚与城市化的三维模型，揭示了我国海内外人才的集聚规律；第四部分针对我国人才集聚模式与水平进行了分区域研究，展示了我国人才集聚的发展现状；第五部分对人才集聚效应进行了选题研究，界定了人才集聚的正负两种效应，并对经济性效应进行分类，指出集聚现象向集聚效应转变的实质是质量互变，进而对集聚冲突的动因进行解析，并提出消解与化解集聚冲突的实用对策，最后，从集聚的宏、微观环境角度提出了最大化人才集聚效应的对策建议。

关键词：人才研究　人才流动　人力资本

**1826**

**高校毕业生就业问题研究：基于高等教育功能与属性的视角** / 张宗坪著 ; 蒋选指导. -- 中央财经大学, 2009. -- 139 页

论文基于高等教育功能与属性的视角对高等学校毕业生就业问题进行了分析研究。全文共分五章。首先导论，提出了研究的问题，介绍了选题的意义，指出了研究的目标，并对高校毕业生就业相关的理论进行了综述，最后指出了论文的研究路径与研究方法。第一章对中国高校毕业生就业问题的缘起和研究进行了述评，首先分析了中国高等教育发展的历程，主要探讨了高等教育的“大跃进”与“大倒退”，随后阐述了中国高等教育跨越式发展的特征，分析了中国高校“扩招”的动因、时间和效应，接着梳理了中国高校毕业生就业制度的变迁过程，最后对中国高校毕业生就业问题的有关研究进行了综述和评论。第二章探究了高等教育的功能和属性，首先从载体、活动和目的视角探讨了现代高等教育的功能，随后分析了高等教育的产品属性与部门属性，从而得出了有关小结。第三章分析了高等教育功能错位与毕业生就业难问题，指出教学与科研的矛盾冲突以及错位问题导致了教学和科研功能错位与高校毕业生就业难的情况，并讨论了高等教育功能和市场经济的错位对毕业生就业难的影响，指出了高等教育功能错位对毕业生就业的阻碍性，最后分析了高等教育大众化中的功能错位和毕业生就业难之间的联系，指出了大众化教育培养与精英教育就业理论的错位现象，进而得出了基本结论。第四章探讨了高等教育属性模糊与高校毕业生就业难之间的关联，首先分析了高等教育公私属性与成本分摊的合理性，随后指出市场是连接高等教育与社会经济的纽带，市场的力量使得高等教育具有多样性，由此阐述了高等教育产业属性与人才培养多样性的关系，最后分析了高等教育行政和学术属性与管理效能，指出了管理者在毕业生就业中的职责。第五章探讨了基于高等教育功能和属性的毕业生就业机制，提出了有关的政策建议。最后为结论部分。

关键词：高等教育　毕业生　就业

**1827**

**权力结构中的微观权力与人力资本** / 邹国防著 ; 李建民指导. -- 南开大学, 2009. -- 133 页

论文应用理论分析和实证研究相结合的研究方法，对权力结构中的微观权力与人力资本进行研究。全文共分六章。第一章导论，阐述选题的意义、研究对象、研究方法和研究思路，以及创新之处；第二章文献回顾及诉评，首先回顾了人力资本理论相关文献，进而解释权利转移理论，最后研究市场转型理论；第三章人力资本的概念界定及其分类，首先界定人力资本的概念范畴并描述其性质特征，进而对人力资本进行分类，最后介绍人力资本社会发展的动力特征；第

四章现代性语境下中国社会人力资本的出场与缺场，首先介绍中国现代社会的产生和文明的融合和发展，进而研究中国现代化的冲击与回应:早期中国社会的现代化改革三阶段和从计划经济到市场经济，然后分别阐述启蒙时期、计划经济时期和市场经济体制下的人力资本，最后研究人力资本、效率、知识过程三者的关系及人力资本与现代社会关系的有机平衡；第五章现代社会权力语境下的人力资本:人力资本投资的权力目标解说，首先研究权力转移中的人力资本，进而介绍人力资本在微观权力的对象和目的，然后研究人力资本投资的目的及其与微观权力的关系，最后研究人力资本进入权力分配的路径；第六章微观权力与宏观权力的互动——人力资本的非经济功能解读，阐述了权力的特征和现状和人力资本投资及其人力资本出场限制，研究了生命权力与宏观权力的关系——权力与权力的互动。

关键词:人力资本　人力投资　权力

# 统计学

**1828**

**样本追加的理论与方法研究** / 艾小青著 ; 金勇进指导. -- 中国人民大学, 2009. -- 184 页

论文以样本追加的理论与方法为研究对象，在前人研究的基础上，立足抽样体系，进一步对该问题进行研究。论文研究的主要特色主要体现在:内容上，基于 不同的抽样方法进行具体的针对性的分析；理论上，立足概率抽样的内涵对样本追加下的相关性质进行推导和论证；应用上，在样本追加设计时遵循科学性和艺术性的结合。全文分为六章。第一章为绪论，包括前言、组织结构、特色与创新。第二章阐述样本追加的一般理论，介绍样本追加的作用，并说明样本追加的方法，接着分析样本追加下的估计方法，最后阐明其他方法。第三章论述总体内的样本追加，分别详述基于简单随机抽样、基于系统抽样、基于 PPS 抽样、基于泊松分布抽样、基于两阶段抽样。第四章概述域内的样本追加，包括基于等概率抽样、基于不等概率抽样以及基于两阶段抽样。第五章探究超总体模型下的样本追加，首先界定基本概念，即超总体模型，接着讨论基于模型的总体内的样本追加，最后探索基于模型的域内的样本追加。第六章研究样本追加的案例，分别指出样本追加在中国公众科学素质调查中的应用以及样本追加在中国青少年心理调查中的应用。

关键词:数理统计　抽样调查统计　样本调查　样本量

**1829**

**城市公共休闲统计研究** / 白日荣著 ; 王琪延指导. -- 中国人民大学, 2009. -- 199 页

论文从统计的视角，考察了城市居民的休闲需求和政府的休闲服务供给状况，在对城市居民的休闲需求考察中采用时间分配日记和休闲生活调查问卷的形式，以烟台市在业者为对象，进行实地休闲抽样调查。全文分为八章。第一章为绪论，包括研究背景与研究意义、研究工具、研究内容、研究过程中需要解决的关键问题、研究规划以及创新点。第二章对文献进行综述，首先说明休闲调查产生和存在的背景以及休闲调查的形式，接着概述国外休闲调查的历史及发展概况、国内休闲调查的进展情况、国内休闲调查的主要研究成果和主要结论、国内休闲调查研究中存在的主要问题，最后总结国内外有关公共休闲服务供给的研究概况，并提出发达国家休闲服务供给状况及对我国的启示。第三章论述休闲调查，包括调查样本、调查工具、调查组织及质量控制、调查数据处理四部分。第四章分析闲暇时间的统计，分别详述闲暇时间统计研究的意义、闲暇时间统计研究方法、生活时间分配的一般性分析、闲暇时间占有量的差异分析以及闲暇时间利用的分析。第五章探究休闲参与状况统计的分析，包括休闲参与的理论认识、休闲活动参与率分析、休闲活动参与类别数分析、休闲参与同伴选择倾向分析以及休闲参与的限制性因素分析。第六章综述休闲态度与休闲满意度统计分析，首先介绍有关休闲态度及满意度的理论认识及相关研究，接着进行休闲态度分析和休闲满意度分析，最后解析社会经济地位、休闲态度与休闲满意度的结构关系。第七章讨论公共服务供给统计分析，分别探讨休闲服务供给体系及烟台休闲调查的启示、政府公共部门休闲职能的配给概况、公共休闲资源的拥有量分析、公共休闲服务的投入状况、个案分析、公共休闲服务供给乏力的原因分析以及公共休闲服务供给的财政保障能力分析。第八章为论文的研究结论和对策建议部分，并为今后的研究进行展望。

关键词:城市　居民　休闲娱乐　生活满意度

1830

**金融服务核算的若干理论与实践问题研究** / 曹小艳著 ; 杨灿指导. -- 厦门大学, 2009. -- 123 页

论文以金融服务生产和使用核算为主线,分析和评价现行核算理论与方法存在的局限性,并结合 SNA 的最新修订,探讨进一步完善的合理性方案,在借鉴国外最新研究成果的基础上,分析和讨论中国金融服务核算存在的问题及改进措施。全文包括导论和正文两部分。导论部分主要介绍论文的选题背景及意义、国内外研究进展、论文的研究思路及结构等内容。正文部分共包括五章。第一章概述金融服务核算的基本问题。首先简单介绍国民经济核算生产理论,引出金融服务的理论问题,包括金融服务活动的生产性和金融服务的计量两方面;然后简述金融机构的界定及分类。第二章对金融中介服务核算问题进行研究。首先阐明隐含价格的金融中介服务的测算原理;然后考察间接测算的金融中介服务核算问题;最后对参考利率的选择和确定进行探讨。第三章研究保险服务核算问题。依次指出人寿保险服务核算、非人寿保险服务核算和再保险服务核算中存在的问题,并就社会保险核算的问题进行探讨。第四章是对各类金融产出核算方法的系统考察。首先从三个方面对中央银行产出和分配核算进行探讨,包括中央银行的界定及其活动特点、中央银行产出和分配核算的一般思路及其货币政策影响的处理;然后分析其他存款性公司和其他金融中介机构的产出核算;最后对保险公司和养蓄基金的产出测算进行说明。第五章对中国金融服务核算的若干问题进行探究。首先简单介绍中国金融机构和中国金融产业的部门分类;然后依次分析中国间接测算的金融中介服务核算问题和中国保险服务核算问题;最后对全文所做的主要工作进行简要总结,并指出论文存在的不足和尚待研究的问题。

关键词:金融　商业服务　中介服务　国民经济核算

1831

**中国利率政策的传导机制研究** / 陈安全著 ; 曾五一指导. -- 厦门大学, 2009. -- 133 页

论文在借鉴国内外关于利率传导机制的研究成果的基础上,对中国利率政策的传导机制进行了研究。全文共分为六章。第一章为绪论,主要阐述了论文研究的背景以及研究的目的,介绍了论文研究的思路、结构的安排,以及论文的研究方法,并对论文的研究创新进行了总结。第二章是对有关利率的理论与利率传导机制进行了分析与研究,通过对古典学派、新古典学派以及凯恩斯的分析,研究了利率刺激效应理论。对一般流动性效应理论进行了分析,阐述了利率自由化理论以及利率的作用理论。对利率传导机制理论进行了研究,主要包括利率政策影响总产出量的传导路径、利率政策影响总体物价水平的传导路径、利率政策调整必须盯住实际利率三方面的内容。第三章分析了利率政策的传导机制的微观机理,主要包括银行贷款行为模型分析、利率对银行贷款行为影响分析、利率与银行贷款规模数量模拟分析以及章节结论四方面的内容。第四章对利率政策的宏观传导途径进行了实证分析,对相关文献进行了回顾,分析了货币政策传导数量关系的研究方法,实证分析了宏观传导途径。第五章是对提高利率政策有效性对策的研究,主要包括提高微观经济主体对利率政策的敏感性,建立发达和完善的金融市场,加快利率市场化改革三个方面的内容。第六章是对论文的总结,主要介绍了论文的主要研究结论以及有待于进一步研究的问题,总结了论文的不足之处。

关键词:货币政策　利率政策　经济调节

1832

**连续性抽样调查理论及其应用研究** / 陈光慧著 ; 刘建平指导. -- 暨南大学, 2009. -- 220 页

论文以连续性抽样调查理论及其应用为研究对象,突破现行抽样调查理论的研究范畴,将传统的一次性截面抽样调查扩展到连续性的纵向抽样调查,使得连续变化的调查总体在时间维度上作为一个相互联系的有机整体进行研究,最终目标是产生更加准确地反映调查总体变化与发展的时间序列统计数据,以供社会经济学者进行更加准确的社会经济分析。全文共分为八章。第一章为绪论。主要介绍论文的研究背景及研究意义、国内外研究现状及述评、论文的结构安排与创新等内容。第二章对连续性抽样设计方法进行研究。首先依次阐述四种不同的连续性抽样设计方法,并对其进行比较分析;然后指出连续性抽样调查存在的问题,并分析相应的处理方法。第三章对轮换样本调查的轮换模式设计进行研究。在对现行的样本轮换模式及其应用进行简单述评之后,重点分析平衡轮换模式设计,包括二维平衡单水平轮换模式设计和三维平衡多水平轮换模式设计两种方法。第四章对轮换样本调查下的连续性抽样估计方法进

行研究。首先对连续性抽样估计方法概况进行说明;然后依次简述两个不同时间和两个以上不同时间的连续性抽样估计方法;最后分别对基于二维平衡单水平模式和三维平衡多水平轮换模式的连续性抽样估计方法进行探究。第五章对连续性抽样调查下的时间序列估计方法进行研究。在简述时间序列估计方法研究综述和一般理论之后,又依次分析连续性抽样调查下的时间序列估计方法和连续抽样调查下的卡尔曼滤波估计方法。第六章探讨如何建立适应我国政府管理体制的连续性抽样调查体系。首先对我国现行抽样调查体系的发展历程及存在问题进行分析;然后提出建立我国连续性抽样调查体系的整体思路,并具体论述连续性抽样调查体系的建立与实施步骤。第七章以建立我国农村连续性抽样调查体系为例,对连续性抽样调查体系的应用进行研究。首先介绍我国农村地区各项抽样调查的现状及存在的问题;然后提出建立我国农村连续性抽样调查数据搜集、整理、发布与分析体系,并具体阐述实施步骤。第八章为总结与展望。

关键词:抽样调查统计　无偏估计　时间序列分析

1833

**基于决策树的集成学习算法研究与探讨** / 陈凯著 ; 吴喜之指导. -- 中国人民大学, 2009. -- 152 页

论文从集成学习和选择性集成学习研究出发,对它们的历史、发展以及最新研究做阐述和归纳整理。全文分为六章。第一章为绪论,包括选题意义、论文研究内容和创新、论文的结构安排。第二章研究 Bootstrap 技术与决策树算法。第三章阐述集成学习的研究与发展,首先进行模型效果评价,接着说明集成学习和常用集成学习算法,最后阐明选择性集成学习。第四章探析截面数据的集成学习算法,包括 DS-Bagging Trees 算法、SC-Bagging Trees 算法、SG-Bagging Trees 算法和 SFG-Bagging Trees 算法、SE-BagBoosting Trees 以及 ID-Bagging Trees 算法五种集成学习算法。第五章论述集成学习在一个大型数据集中的应用,首先对 DMEF 数据集的简介,接着从传统统计学和现代统计学两个角度出发分析数据预处理及变量分裂,并进行客户总体购物情况 RFM 模型进行分析,最后概述 PROM85 促销方案实施成效的研究,试图挖掘出客户购物的规律与习惯以及影响因素,为营销公司下一次开展促销活动提供一些有益的指导意见,并着重考察笔者提出的这几种集成学习算法运用于数据集研究运行的实际效果。第六章为论文的结论和未来工作展望部分,提出不足并且进行未来工作的展望。

关键词:机器学习　人工智能　算法分析　决策树　数据处理

1834

**居民收入分布及其变迁的统计研究:基于现代非参数方法的拓展与创新** / 陈云著 ; 纪宏指导. -- 首都经济贸易大学, 2009. -- 148 页

论文针对实际研究中居民收入分布大多未知的情况,基于现代非参数统计方法中的核密度估计方法,围绕估计居民收入分布、测度居民收入分布变迁、分解影响居民收入分布变迁的因素方法进行拓展和创新,并将所用方法应用到我国实际问题研究中。全文共分为七章。第一章为导论。主要介绍论文的选题背景及意义、文献综述、研究目的与研究方法、研究框架和主要内容、论文的创新点及不足等内容。第二章论述居民收入分布的核密度估计方法。首先简析估计居民收入分布方法的发展,指出传统非参数检验方法的局限性和现代非参数估计方法的优越性;然后重点阐述居民收入密度函数的核密度估计方法,包括核密度估计方法的基本原理、核函数选择、精度度量及带宽选择四个方面;最后论述居民收入密度函数核密度估计方法的性质及其应用。第三章分析测度居民收入分布变迁的相对分布方法。首先引入相关概念和收入相对分布方法的构建原理,并指出收入相对分布方法的优点;然后依次对居民收入分布在已知条件和未知条件下的相对分布和相对密度函数进行估计。第四章考察居民收入分布变迁的影响因素分解及测度方法。首先从经济发展、收入分配政策和个体差异三个方面分析其对居民收入分布变迁的影响;然后分别论述居民收入分布变迁影响因素的点分解和区间分解,以及不同分解的测度方法。第五章对我国居民收入分布及其变迁进行实证分析。首先简述我国居民收入分布的特征;然后阐述我国居民收入分布变迁的过程及经济意义;最后重点考察我国居民收入分布变迁的影响因素分解及测度方法。第六章探究现代非参数统计方法在中等收入问题研究中的应用。首先提出问题;然后建立中等收入群体比重测算及影响因素分解的测度模型,对中等收入分布区间进行界定,并对我国中等收入群体及其变动进行分析;最后对我国中等收入群体比重(规模)变动的影响因素进行分析。第七章是论文的主要结论与研究展望。

关键词:居民收入　收入分配　国民经济计算体系

1835

**技术分析方法的收益性及其信息传导意义** / 高盛贤著 ; 谭昱指导. -- 中国人民大学, 2009. -- 119 页

论文从证券市场的不对称信息理论出发,从理论和实证两个方面对我国证券市场技术分析方法的收益性及其信息传导意义进行深入的研究和探索。全文分为七章。第一章为导论,包括研究背景与研究意义、研究框架和创新两部分。第二章分析有效市场假设与技术,分别详述证券市场效率、技术分析以及不对称信息理论。第三章论述序贯交易假设下信息对报价的影响,首先说明交易方向的信息,接着阐述交易量提供的信息以及交易时间提供的时间,最后介绍序贯交易模型的简单实证方法,并进行小结。第四章探究非对称信息交易者策略下的均衡价格,分析噪声理性预期均衡模型,并解析交易者策略的模型,最后进行小结。第五章研究价量序列揭示的信息与技术分析的价值,包括市场信息与技术分析、价格序列的信息、价格和交易量信息传导模型、技术分析的理论价值四方面的内容,并进行小结。第六章概述技术分析系统有效性的实证检验,首先阐明相关交易制度,接着剖析简单技术分析交易系统、简单交易系统的收益性、技术交易系统收益性的检验,最后运用 Bootstrap 方法对技术交易规则进行检验,实证研究的结果表明:技术分析方法的确可以获得超额的收益,并且在不同的阶段,不同的技术分析方法有着明显不同的超额收益率。第七章为论文的总结和展望部分。

关键词:证券市场　股票市场　证券交易　不对称信息　经济技术分析

1836

**中国制造业企业创新能力与竞争力关系的实证研究** / 郭淡泊著 ; 赵彦云指导. -- 中国人民大学, 2009. -- 148 页

论文结合创新经济学、竞争力经济学和管理学的相关理论,在总结国外相关前沿理论及实证研究结论的基础上,综合运用比较分析、动态分析、和静态分析、统计描述和计量经济模型相结合的方法,以制造业企业为研究对象,围绕以上创新与竞争力核心问题展开研究。全文分为六章。第一章为导论,包括研究背景与问题的提出、研究内容、研究方法、研究难点与创新之处。第二章综述国内外研究现状及相关理论,首先说明创新经济学理论的演进,接着界定创新能力的涵义,以及进行竞争力及相关理论的综述,最后阐述企业成长理论的综述,并讨论创新与竞争力研究的实证与发展。第三章论述中国制造业企业的发展特征,首先介绍中国制造业企业的发展特征,接着分析中国制造业企业的结构分布,最后解析制造业企业创新与竞争力的实证基础,即数据选取。第四章探究中国制造业企业创新能力的实证研究,首先阐明引言,接着探索制造业企业创新能力研究方法,以及对制造业企业特征与创新能力进行实证分析,最后对制造业企业特征与创新能力进行微观实证的检验,以及小结。第五章对创新投入、产出与企业竞争力进行实证研究,分别详述引言、创新与企业竞争力的研究假说、理论研究框架、变量的描述统计分析以及创新与竞争力关系的计量结果分析。第六章为论文的研究结论与研究展望部分,首先概述企业特征与创新能力研究的主要结论,接着指出扩展的 CDM 模型揭示的创新投入问题,以及扩展 CDM 模型揭示的创新与企业竞争力的关系问题,最后得出不同类型企业实证研究的共性结论,并提出相关政策建议以及研究展望。

关键词:制造工业　企业管理　技术创新　竞争力

1837

**一类动态空间固定效应模型研究** / 郭鹏辉著 ; 钱争鸣指导. -- 厦门大学, 2009. -- 97 页

论文在综合部分学者的研究成果基础之上,对一类动态空间固定效应模型进行了研究。全文共分为四章。第一章是对空间回归的分析与研究,对空间效应、空间权重矩阵、空间滞后因子等空间回归分析中的基本概念进行了界定。分析了空间滞后模型、空间误差模型等截面空间回归模型,并对空间回归模型进行了估计。同时对空间面板数据模型进行了研究,主要论述了使用面板数据的优势和空间面板数据模型。第二章是对一类动态空间固定效应模型进行分析与研究。通过外生给定初始值和内生确定初始值对模型建立和估计进行了分析,从 $\theta$ 的渐近性质和渐近分布两方面对似然估计量 $\theta$ 进行分析,同时进行了 Monte-Carlo 模拟实验研究。最后进行了章节总结。第三章是对中国省域经济增长收敛性的研究。首先是引言,然后对经济增长收敛性理论与模型进行了研究,主要包括新古典经济增长收敛性理论的简要回顾,对经济增长收敛性的理论模型的构建,分析理论模型的动态均衡以及对问题进行了实证研究和命题

设立。最后通过模型参数估计问题和模型参数估计结果与分析两方面对实证研究设计和估计结果分析进行了阐述。第四章是对全文的总结和讨论,主要包括论文研究的主要结论以及不足之处和主要的创新点,以及需要进一步研究的问题。研究发现,由于经济空间单元之间存在着技术溢出、劳动力和资本区域流动等推动因素,省域之间的经济存在一定程度的空间依赖和空间集聚现象。

关键词:经济统计　经济增长　统计分析　统计模型

**1838**

**我国居民休闲需求的统计研究** / 郭茜著 ; 王琪延指导. -- 中国人民大学, 2009. -- 170 页

论文运用统计学方法对我国居民休闲需求开展实证研究,探讨休闲需求与经济发展的关系,研究发现休闲消费需求对促进经济增长具有不可忽视的作用,进一步从收入和时间两个方面详细地论证经济、社会、人口等因素对休闲需求的影响,全文共分为六章。第一章为绪论,主要介绍研究背景和意义、相关文献综述、论文的研究对象与内容、论文的创新与不足等内容。第二章对休闲需求与经济增长进行分析。首先简述我国经济增长的现状与存在的问题;然后简析我国居民的消费现状;最后分析考察休闲需求对经济增长影响的实证案例。第三章对收入与休闲消费进行分析。在简述收入与休闲消费需求的理论基础之后,依次考察绝对收入和持久收入对休闲消费需求的影响;之后分别简述持久收入与休闲消费需求的动态分析和收入增长与休闲消费需求的灰色关联分析。第四章对休闲需求时间配置与休闲参与进行分析。在对休闲时间的内涵与研究意义进行简要说明之后,依次阐述休闲需求的时间配置和休闲参与,并对我国居民休闲需求的发展趋势进行分析阐述。第五章对时间和收入双重约束下休闲资源配置进行分析。依次探析休闲与工作时间的配置关系,时间和收入约束下的休闲需求决策,以及时间与收入对休闲需求影响的实证案例,最后指出提高生产力是缓解收入和时间约束的有效途径。第六章是论文结论部分。研究结果显示收入对居民休闲需求的约束力比时间更强。目前我国居民的收入水平较低,工作时间的效用大于休闲时间,人们愿意放弃休闲时间换取更多的工资收入,单纯地增加休闲时间对扩大休闲需求不会产生明显效果,在工作时间不变的前提下,提高工资率、增加居民的收入水平才是刺激休闲需求的有效途径。

关键词:居民　休闲娱乐　消费结构　闲暇社会学　统计分析

**1839**

**基于 Copula 理论的信用风险研究** / 何海鹰著 ; 朱建平指导. -- 厦门大学, 2009. -- 141 页

论文基于 Copula 理论,对信用风险进行研究,全文共分为七章。第一章为绪论,主要介绍了论文的研究背景及研究意义,对相关概念进行了界定,并归纳总结了相关的文献,介绍了论文研究的框架和创新点。第二章是对信用风险模型的分析,研究了信用风险理论模型和商业信用风险模型。第三章是对 Copula 理论及其方法的分析与研究,主要阐述了 Copula 函数的理论基础,分析了 Copula 函数的种类及其性质,估计了 Copula 函数,研究了半参数 Copula 模型,对 Copula 函数的拟合优度进行了检验,并对 Copula 函数进行了蒙特模拟。第四章介绍了 Copula 函数改进相关违约相关性度量,主要包括相关系数分析、用 Copula 函数改进结构化模型、用 Copula 函数改进简约化模型三方面的内容。第五章是对信用投资组合风险价值的研究,主要分析了 V&R 理论与发展历程,研究了度量信用组合风险损失的框架和理论,并对信用投资组合风险价值进行了实证研究与分析。第六章是对信用衍生品定价机制的研究,主要包括信用衍生品发展的历程分析,信用违约互换发展历程的研究,信用违约互换模型定价的研究以及基于 Copula 理论的违约时间的研究,最后对信用衍生品定价机制进行了实证分析与研究。第六章是对论文的总结和对未来的展望,主要包括论文研究的主要结论以及有待于进一步研究的问题。论文研究了信用风险模型,Copula 函数理论方法以及 Copula 函数在信用违约相关性中运用,并将 Copula 函数的最新研究成果与信用风险模型有机结合起来,优化了信用违约相关系数和信用衍生品定价方法,并用金融市场数据进行了实证分析,并得到了研究成果。

关键词:信用　风险管理　风险评价

**1840**

**ARCH 模型族的贝叶斯分析及其在经济中的应用** / 孔丽娜著 ; 韩兆洲指导. -- 暨南大学, 2009. -- 151 页

论文从贝叶斯分析的角度出发,采用 MCMC 的方法,对 ARCH 模型族的贝叶斯分析及其在经济中的应

用进行了研究。全文共分为八章。第一章为绪论,主要阐述了论文研究的背景,论文的目的和意义,论文的研究现状和主要的研究方法,并对论文主要的研究内容和创新之处进行了总结和归纳。第二章是对ARCH模型族的评述,主要包括ARCH模型族的概述、ARCH时间序列预测模型族、检验ARCH效应以及频率参数估计方法及其评价四方面的内容。第三章是对GARCH模型族的贝叶斯分析,主要包括基于正态分布的GARCH模型的贝叶斯推断、基于混合正态分布的GARCH模型的贝叶斯推断以及数据模拟三方面的内容。第四章是对GARCH-M模型的贝叶斯分析,概述了GARCH-M模型,分析了基于正态分布的GARCH-M模型和基于混合正态分布的GARCH-M模型的贝叶斯推断,以及进行了数据模拟。第五章是对非对称GARCH(AGARCH)模型的贝叶斯分析,分析了基于正态分布的AGARCH模型的贝叶斯推断和基于混合正态分布的AGARCH模型的贝叶斯推断,对基于AGARCH模型的国债市场波动性进行了分析。第六章是对门限GARCH(TGARCH)模型的贝叶斯分析,对模型进行了概述,分析了基于正态分布的TGARCH模型的贝叶斯推断和基于混合正态分布的TGARCH模型的贝叶斯推断。第七章是对结构转换GARCH(SW-GARCH)的贝叶斯分析,主要对模型进行了概述,对SW-GARCH模型进行了贝叶斯推断,研究了我国人民币汇率收益率的波动。第八章是对全文的研究内容和结论的总结以及在此基础上进行了进一步展望。

关键词:经济统计　统计分析　贝叶斯估计　自回归条件异方差模型(ARCH)

**1841**

**基于Fuzzy理论的风险投资研究** / 孔祥丽著 ; 高鸿桢指导. -- 厦门大学, 2009. -- 141页

论文将模糊理论与实物期权理论、不确定理论、现代投资组合理论相结合,采用统计学的思想和方法,对风险投资项目评估与决策及企业竞争生态模型进行研究。全文共分为五章。第一章为引言。主要介绍研究背景与课题的提出、国内外文献综述、研究内容与方法等内容。第二章是对投资项目风险评估的模糊分析。首先介绍风险投资项目选择和项目的风险特征,建立投资项目的风险评估指标体系,并提出三角模糊集概念;然后简述风险指标及权重的三角模糊变量表示;之后基于模糊模拟层次,将模糊理论与层次分析法、模拟技术有效地结合起来,对投资项目进行风险评估,并进行实证分析。第三章是对风险投资的模糊决策研究。在简单介绍传统投资决策理论和方法之后,引入风险投资组合模型和基于模糊理论的风险投资组合决策模型,并分析模糊决策模型的应用。第四章阐述模糊实物期权定价。首先介绍实物期权的基本内容和风险投资项目的实物期权特征,引入梯形模糊集概念;然后依次简述单个增长期权、复合增长期权和多阶段复合增长期权的模糊实物期权定价模型,并探究模糊实物期权模型的应用状况。第五章是对企业竞争模糊生态模型的研究。首先简述生态学视角下企业竞争的内容;然后建立企业竞争模糊生态模型,并对其进行分析;最后提出生态学视角下的企业竞争策略。

关键词:风险投资　风险分析　模糊变量　实物期权

**1842**

**中国信息服务业发展与影响研究** / 匡佩远著 ; 高敏雪指导. -- 中国人民大学, 2009. -- 135页

论文对我国信息服务业的现状进行了描述和国际比较分析,揭示了我国当前信息服务业发展的特征和存在的问题。全文分为七章。第一章为绪论,包括研究背景和意义、国内外关于信息服务业研究的现状以及研究目标与分析框架。第二章具体地阐述信息服务业的内涵、分类与测度,首先介绍国内外对信息服务业相关产业的认识,接着界定对信息服务业内涵及产业分类,最后对信息服务业进行统计度量,并进行小结。第三章分析中国信息服务业发展现状,首先衡量信息服务业的数据基础,接着解析信息服务业总体规模以及信息服务业内部结构,最后进行我国信息服务业的国际比较。第四章研究信息服务业发展对经济的影响,分别详述信息服务业发展对经济影响的理论分析、信息服务业发展对经济的贡献以及信息服务业发展对经济增长的影响分析,并进行小结。第五章探究信息服务业发展对经济的影响机制,首先说明信息服务业的经济影响框架,接着概述信息化的内涵和测度以及中国信息化发展情况,最后进行实证分析以及小结。第六章探析信息服务业发展趋势,说明影响信息服务业发展的因素,并详述信息服务业发展趋势,并进行小结。第七章为论文的结语部分,包括研究结论、研究贡献以及研究不足与展望。

关键词:信息服务业　产业结构　经济发展

1843

**高频数据交易策略与波动性分析** / 来升强著 ; 朱建平指导. -- 厦门大学, 2009. -- 148 页

论文在对大量数据进行分析归纳的基础上,对高频数据交易策略与波动性进行分析与研究。全文共分为九章。第一章为绪论,主要介绍了交易策略的兴盛情况,总结了现代金融理论的挑战,对技术分析的演进历程进行了研究,回顾了高频数据,提出了研究存在的问题,总结了论文研究的思路和创新。第二章介绍了微观交易策略的影响因素,主要包括宏观经济因素、基本面因素、市场制度因素和市场因素。第三章介绍了金融高频数据的统计特征,对收益率进行了描述分析,对正态性、平稳性、序列相关、ARCH 效应进行了检验。第四章对基于遗传算法的微观交易策略进行了介绍,主要包括遗传算法、技术指标与交易信号、实证分析三方面的内容。第五章是对经典的微观交易策略进行分析,主要介绍了配对交易起源、配对资产选择、收益率计算以及实证分析。第六章研究了基于协整关系的微观交易策略,主要进行了相对定价、数据选择、协整检验、实证分析。第七章阐述了研究滤波方法的微观交易策略,主要包括套利定价与相对风险、随机收益率差模型、卡尔曼滤波、实证分析四方面的内容。第八章是对市场中性和市场波动性的研究,主要分析了市场中性与超额收益,研究了市场中性与微观交易策略以及市场真实波动性模型。第九章是对全文的总结,主要包括论文的结论归纳以及有待于进一步研究的问题。

关键词:金融市场　股票市场　股票交易　经济波动　统计分析

1844

**基于带跳的倒向随机微分方程及其应用的研究** / 李标著 ; 张波指导. -- 中国人民大学, 2009. -- 82 页

论文以基于跳带的倒向随机微分方程及其应用为研究对象进行研究和探索,全文分为四章。第一章为绪论,包括研究背景,主要研究内容与创新。第二章阐述预备知识,介绍带跳的倒向随机微分方程的一般理论,并说明一类非线性期望——f-期望及其推广。第三章论述带跳的 BSDE 的反比较定理及 f-期望下的 Jensen 不等式,首先说明 BSDE 的反比较定理,反比较定理肯定地回答了:如果可以比较两个倒向随机微分方程解的大小,可否反过来比较它们的生成函数的大小? 接着分析非线性期望下的 Jensen 不等式,最后进行小结。第四章概述平方增长条件下的倒向随机微分方程与反射倒向随机微分方程,首先研究平方增长的 BSDE 及其在效用最大化问题的应用,接着探析 RBSDE 的一般理论,最后提出一类带跳且平方增长的 RBSDE 及其在效用最大化问题中的应用,并进行小结,考虑了一个带跳的金融市场中的指数效用最大化问题。特别地,论文证明一类带跳且平方增长的反射倒向随机微分方程解的存在唯一性。尽管在理论上可以证明这类方程解的存在唯一性,但是却无法给出它的封闭解,因此实际应用当中一个更值得考虑的问题是:如果得到这类方程的数值解? 这将是一个有待解决的问题。

关键词:随机微分方程　随机过程　随机分析　方程解　不等式

1845

**政府调控主体收入分配格局的机理研究** / 李连友著 ; 刘扬指导. -- 中央财经大学, 2009. -- 250 页

论文以收入分配理论和有关政府职能理论为指导,对政府调控主体收入分配格局的机理进行研究。全文共分为七章。第一章导论,主要介绍了问题的提出及选题的意义,分析了国内外有关政府调控收入分配的研究状况,论述了论文的研究方法,归纳了论文研究的重点、难点以及创新点,并阐述了论文研究的额思路和结构安排。第二章是对收入分析格局基本范畴的界定,主要包括收入分配与分配格局、收入分配的构成要素、宏观收入和微观收入三方面的内容。第三章介绍了政府调控收入分配格局的理论基础,分析了政府调控主体收入分配格局的基本问题,阐述了宏观收入分配理论、政府调控收入分配职能的理论,介绍了我国改革开放以来收入分配理论与政策的演进历程以及我国政府调控收入分配职能的主要内容。第四、五章研究了政府调控主体收入初次分配格局的机理。主要内容包括政府调控收入初次分配格局职能的理论分析、政府调控主体收入分配起点的主要手段、政府调控主体初次分配收入形成过程的对策选择。对我国各经济主体原始收入进行了实证分析,总体研究了我国国民收入分配的格局,探讨了有关原始收入是否向某个部门倾斜的几个问题,以及提出了进一步完善政府调控初次分配格局的建议。第六章是对政府调控主体收入再分配格局的机理进行了研究,对有关收入再分配几个理论问题进行了再探讨介,绍了政府对企业部门和住户部门再分配收入的调控,以

及政府对自身可支配收入的调控进行了介绍。最后对我国主体收入最终分配格局进行了评述,提出了完善政府调控主体收入最终分配格局的措施。第七章是对政府其他经济行为影响主体收入分配格局的研究,主要包括政府投资对主体收入分配格局的影响、政府采购对主体分配格局影响的分析以及国家财政收支对主体分配格局的影响分析三方面的内容。

关键词:收入分配　行政干预　宏观调控

1846

**火灾数据统计研究** / 李育安著 ; 吴喜之指导. -- 中国人民大学, 2009. -- 76 页

论文采取实证研究为主,理论研究为辅的研究方法,介绍了经典极值理论、空间相关等理论,使用 R 语言及其软件包、GeoDA 软件等归纳火灾的火灾荷载密度数据和火灾四项指标的一般规律,以做到防患于未然或减少火灾发生的机会,或即使火灾发生,也尽可能地减少火灾造成的损失,主要研究火灾荷载密度数据的概率分布规律以及火灾四项指标。全文分为五章。第一章为引言,包括选题背景和现实意义、国内外研究综述以及论文的研究内容、方法、创新及主要内容布局。第二章阐述极值理论方法,对极值分布的基本理论进行了重点回顾,回顾几种常见的极值分布及其一般形式 GEV,以及极值指数的三种经典估计。第三章研究火灾荷载密度数据的分布,主要运用传统的统计方法和极值理论的方法,对四组火灾荷载密度数据,以及它们合并之后的数据分别进行了基本统计分析,做出了它们的基本统计图,验证了它们均值之间的差异,进行正态性检验,简单的探测它们的离群点。第四章探究火灾四项指标的空间相关性,分别详述引言、空间相邻、空间相关指标、火灾四项指标的空间相关性四方面的内容,揭示了 2006 年全国 31 个省、直辖市的首府的火灾四项指标的空间分布特征,空间联系及规律性。第五章为论文的不足与展望部分。

关键词:火灾　数理统计　统计分析　数据处理　极值分布

1847

**环境经济综合核算若干问题研究** / 林有著 ; 杨灿指导. -- 厦门大学, 2009. -- 114 页

论文以环境经济综合核算存在的问题为研究对象,致力于自然资源的估价问题、有关减灾防灾和自然灾害最小化方面的核算问题、可持续发展核算的基本概念和测度方法问题等几个方面的研究,全文共分为五章。第一章为导论。主要介绍环境经济综合核算体系的背景和理论、论文选题的背景与意义、研究框架与创新目标等内容。第二章对自然资源价值与估价问题进行研究。首先简述自然资源的概念及价值形成理论;然后对一般自然资源估价问题进行分析说明,包括自然资源估价方法、自然资源租金测定方法及自然资源资产账户三个方面。第三章对如何减轻自然灾害活动核算进行研究。在简单介绍自然灾害的产生、类型及特点之后,重点论述减轻自然灾害活动核算框架,包括减轻自然灾害活动的性质与范围界定、减灾产业与减灾产品的定义与分类、减轻自然灾害投入产出核算及减轻自然灾害收支核算四个方面。第四章对可持续发展理论与测度方法进行研究。首先引入可持续发展的定义和内涵,并对其形成进行说明;然后从四个方面探究可持续发展的测度方法,包括传统经济总量指标调整问题、可持续发展测度方法概述、单一指标测度方法和指标体系测度方法。第五章主要阐述论文所做的主要工作和创新点,以及论文的不足和尚待研究的问题。

关键词:环境经济　可持续发展　经济核算

1848

**GPLSIM 与 GPLMSIM 模型的惩罚样条推断** / 刘静著 ; 吴喜之指导. -- 中国人民大学, 2009. -- 101 页

论文以 GPLSIM(线性单指数)与 GPLMSIM(线性单调单指数)模型的惩罚样条推断为研究对象,讨论 GPLSIM 模型基于惩罚样条光滑方法的 IPSB 迭代惩罚样条估计,并基于此迭代惩罚样条估计讨论了模型的拟合欠佳检验和贝叶斯分析。全文分为三章。第一章为前言,包括问题的提出、已有研究文献综述以及论文的主要结果。第二章论述 GPLSIM 模型与 GPLMSIM 模型的惩罚样条估计,首先介绍 GPLSIM 模型参数和函数 $\eta(\cdot)$ 的光滑估计,接着阐述 GPLMSIM 模型参数和函数 $\eta(\cdot)$ 的两步估计,以及进行数据模拟,最后分析实际数据。第三章概述 GPLSIM 模型与 GPLMSIM 模型的统计推断,分别详述 Laplace 近似和惩罚对数似然、限制似然比拟合欠佳诊断、光滑参数的置信区间、GPLSIM 与 GPLMSIM 模型中参数 $\alpha$ 和 $\beta$ 的 Score 检验、GPLSIM 与 GPLMSIM 模型的贝叶斯分析五个方面的内容。论文在已知单指数函数具有单调性这一辅助信息下,提出了单调限制广义部分线性单指数模型,简记为广义部分线性单调单指数模型,

并讨论了 GPLMSIM 模型中参数部分和非参数部分单调函数的 IPSB-M 两步估计算法、模型参数部分和非参数部分的统计推断、失拟诊断以及贝叶斯分析。

关键词:数理统计　统计推断　线性方程　指数函数　样条函数

**1849**

**外商直接投资对中国收入分配差距的影响:基于1998—2006 年工业面板数据的动态计量分析** / 刘仕国著 ; 彭非指导. -- 中国人民大学, 2009. -- 227 页

论文从外商直接投资介入收入创造——即生产的过程入手,从理论上探究外商直接投资影响东道国收入分配的机制,并从实证上对这种影响进行估评。全文共分为九章。第一章为概述。主要介绍问题的提出和研究的意义,研究的理论、方法与数据,主要创新与不足,以及论文的结构框架。第二章是外商直接投资对东道国居民收入分配差距影响的研究综述。对现有相关文献进行综述,并澄清外商直接投资、收入、收入分配差距等概念及其统计测度。第三章建立外商直接投资影响东道国居民收入分配的一个理论模型。首先对外商直接投资增长效应进行文献回顾;然后建立外商直接影响收入分配的理论模型,包括要素禀赋、消费者均衡和生产条件三个方面,并对理论模型进行进一步探讨。第四章介绍实证分析所用的动态面板数据分析方法。包括面板数据分析的基本内容,动态面板数据分析的一般模型、估计方法比较、广义矩法的矩条件、模型及矩条件的选择方法、个体间相依性的处理方法,以及 Stata 软件中进行动态面板估计的主要工具。第五章是外商直接投资对中国企业雇员收入影响的实证分析。应用动态面板估计方法进行估计,并从就业因素对企业雇员平均工资率的影响、外资企业的工资率溢出效应和其他因素三个方面得出结论。第六章是外商直接投资对中国企业就业影响的实证分析。应用动态面板估计方法进行分析,并从外资企业工资率对就业的影响、就业竞争/互补对当地业内就业的影响和其他因素三个方面分别得出结论。第七章构建外商直接投资对中国企业工资率和就业影响的联立模型,应用三阶段二乘法对其进行估计。第八章在计量估计结果的基础上,应用收入分配差距测度的分解方法,在严格控制面板单位的固定效应的前提下,估算外商直接投资对中国居民收入分配差距的贡献及其动态变化。第九章是论文的主要结论、政策启示与后续研究。论文研究表明,治理中国的收入分配差距,必须高度重视外商直接投资的影响。外资企业近年来的行业布局调整,属于从低附加值活动主导型向高附加值活动主导型的升级,是中国经济与社会发展所乐见的,其所产生的收入分配效应变动在较大程度是可以理解和接受的。从整个样本期来看,中国居民收入分配差距扩大的另一重要因素是本土企业,尤其在那些开放程度不大的行业的本土企业。因此,打破行业垄断,继续扩大这些行业对民营部门和外资部门的开放程度,规范本土企业的收入分配行为,也是缓和中国居民收入分配差距的重要方向。

关键词:居民收入　收入分配　收入差距　外商直接投资(FDI)　统计分析

**1850**

**数据包络分析模型在证券投资价值评价中的应用研究** / 刘源著 ; 易丹辉指导. -- 中国人民大学, 2009. -- 110 页

论文从理论和应用两个方面入手,构建了基于数据包络模型的投资价值评价体系,并针对中国证券市场进行了适用性研究。论文针对变量选择问题,提出了一般化的动态优化数据包络分析模型,为数据包络分析模型的变量体系建立提供了一种新的解决思路。全文分为六章。第一章为导论,包括问题的提出、研究现状、论文创新以及主要内容和研究框架。第二章概述 DEA 模型及其改进研究,首先介绍 DEA 理论主要研究进展,接着说明 DEA 基本理论与模型,以及基于动态优化的 DEA 模型改进研究,最后评述 DEA 效率评价的改进研究,并进行小结。第三章探究证券投资价值评价机制研究,分别详述现有研究、相对溢价机制研究,并进行小结。第四章基于行业的投资价值评价进行研究,首先基于行业的评价思想进行探析,接着对 IPO 证券的投资价值的研究以及对基金的投资价值评价的研究,最后对该章进行小结。第六章为论文的结论与展望。论文结合证券投资的实际情况,基于相对溢价机制讨论了两种研究假设,利用具有非阿基米德无穷小、面向输出的单一产出 DEA 模型,以证券市场为转换系统,以市场中的每只证券为决策单元,并建立一套基于市场的证券投资价值评价体系。

关键词:证券投资　证券市场　价值　数据包络分析(DEA)

1851

**大型工程社会影响复杂系统的协同发展研究:基于南水北调中线工程经过的湖北省十四个县市的数据分析** / 刘云忠著 ; 徐映梅指导. -- 中南财经政法大学, 2009. -- 234 页

论文基于南水北调中线工程经过的湖北省十四个县市的数据分析,对大型工程社会影响复杂系统的协同发展进行了研究。全文共分为六章。第一章为绪论,主要介绍了论文的研究背景和研究意义,对社会影响评价的概况和复杂系统的概况进行了研究,分析了主要的研究内容、章节安排及论文的结构,总结了论文的创新点。第二章描述了大型工程社会影响的复杂系统,对大型工程社会复杂系统进行了研究,分析了大型工程社会影响复杂系统的复杂性,研究了大型工程社会影响复杂系统的信息联系和反馈机制。第三章是对大型工程社会影响复杂系统协同发展的理论分析,对协同的基本概念进行了界定,分析了系统协同发展的基本理论,介绍了大型工程社会影响复杂系统协同的内容,阐述了协同发展目标的实现过程,建立的协同模型,分析了大型工程社会影响复杂系统协同的内在动因和外在条件以及对发展路径的分析。第四章是对大型工程社会影响复杂系统协同理论与实证研究的分析,主要包括协同发展综合评价指标体系的构建、大型工程社会影响复杂系统的发展描述、大型工程协同发展系统构成分析、大型工程协同发展机理描述、分析方法、大型工程社会影响复杂系统协同发展实证研究六个方面的内容。第五章是对大型工程社会影响复杂系统协同发展评价理论及实证研究的阐述,主要概述了协同发展评价模型,理论研究了大型工程社会影响复杂系统协同发展评价,分析了大型工程社会影响复杂系统协同发展趋势和持续性实证研究。第六章对全文进行了总结以及对研究前景进行了展望。

关键词:基本建设　社会影响　复杂系统　协同

1852

**小域的稳健估计量的研究** / 吕萍著 ; 金勇进指导. -- 中国人民大学, 2009. -- 133 页

论文主要针对如何得到小域的稳健估计量进行研究,指出小域基于模型的估计方法过分依赖于模型的假定条件,但在实际调查过程中会出现许多不满足模型假定条件的情况,针对这些情况,论文探讨在实际调查中如何得到小域目标变量的稳健估计量的方法。全文共分为六章。第一章为绪论。主要阐述选题背景与研究意义、国内外研究现状、论文研究的基本思路与框架、论文研究的主要创新等内容。第二章考察基于变换的小域的稳健估计量。主要研究当小域模型的假定条件不满足时如何得到小域的目标变量的稳健估计量的问题,通过对数变换和 Box-Cox 变换得到小域的目标变量的稳健估计量,并讨论当调查数据中含有零值时的小域的稳健性估计问题。第三章探究基于模型校准权数的小域的稳健估计量。将抽样设计中的抽样权数引入小域模型中,得到小域的目标变量的稳健估计量,并将这种基于模型校准权数的小域估计方法应用到小域估计的实际问题中。第四章分析基于 M 分位数回归模型的小域的稳健估计量。首先介绍 M 分位数回归模型的基本理论;然后依次对基于 M 分位数回归模型和基于 M 分位数空间权数的小域稳健估计量进行考察,并进行模拟研究。第五章探析不可忽略抽样机制下的小域的稳健估计量。利用权数和概率密度函数得到不可忽略的抽样机制下的小域的目标变量的稳健估计量,并通过一个模拟实验进一步说明这个估计量的稳健性。第六章进行小域估计的实证研究。利用 2007 年的科学素养调查的数据为模拟总体进行模拟研究,得到基于小域模型和模型校准权数的 31 个省市的科学素养水平的稳健估计量。

关键词:统计分析　抽样调查统计　抗差估计　统计模型

1853

**高频、超高频数据的局部影响分析和应用研究** / 马国栋著 ; 吴喜之指导. -- 中国人民大学, 2009. -- 105 页

论文以高频、超高频数据的局部影响分析和应用为研究对象进行研究和探索,并首次将 Cook 局部影响分析方法应用于具有相关结构的 EACD 模型,推导出 Cook 影响矩阵的显式表达式。全文分为六章。第一章为导论,包括选题的来源和意义、文献综述、论文创新、论文整体结构和框架、符号及应用程序说明。第二章概述日内超高频数据的局部影响评价,分别详述日内超高频数据、超高频数据模型的选取、局部影响分析方法介绍、EACD(1,1)的 Cook 局部影响分析以及实用性研究,最后得出结论。第三章研究局部影响分析的稳健性,说明随机波动(SV)模型局部影响分析的稳健性研究,并介绍 ACD 模型局部影响分析

的稳健性研究,以及小结。第四章论述 Duration 的分类和对比研究,首先分析 Duration 数据的日内效应,接着简述 Duration 的周效应,最后对 Duration 进行综合分析。第五章探析日收盘数据修正的有效性研究,包括日收盘数据修正、参数类模型 GARCH 及参数估计的精度、参数类模型 SV 及波动性研究三方面的内容,并进行小结。第六章为论文研究的结论、展望与启示部分,研究的启示包括局部影响分析方法的用途、多维数据强影响点或异常点的识别以及逐笔交易如何合理的处理三部分,并对局部影响分析识别多维高频、超高频数据的强影响点以及对于数据分割的精细划分进行了展望。

关键词:证券市场　股票市场　风险分析　数据处理

**1854**

**基于人力资本视角的行业收入差距统计研究:以浙江省为例** / 马骊著 ; 孙敬水指导. -- 浙江工商大学, 2009. -- 204 页

论文以人力资本理论为导向研究行业收入差距问题,并以浙江省为例,将定量分析和定性分析相结合,在对行业收入差距进行较为系统化研究的基础上,重点基于人力资本的视角来讨论这一问题。全文共分为九章。第一章为导论。主要介绍论文的研究背景、选题意义、研究思路、研究方法、主要创新以及国内外相关问题研究综述。第二章对人力资本理论与行业收入差距相关理论进行分析。对人力资本理论、工资理论和基于人力资本视角的行业收入差距理论进行论述。第三章对浙江省行业收入差距的特征进行分析。首先通过建立浙江省行业职工收入函数来考察行业收入的主要影响因素;然后对浙江省行业间工资差距和非工资差距分别进行统计测度与评价,从而分析和概括浙江省行业收入差距的状况和特点。第四章探究行业收入差距的形成机理。在对行业收入差距的形成机理进行理论诠释的基础上,利用统计年鉴中的行业收入中观数据,结合经济理论,建立浙江省行业收入差距的计量经济模型,对行业收入差距的成因进行实证检验。第五章考察行业收入差距的经济效应。对行业收入差距所造成的经济效应进行理论分析,并利用多种计量经济分析方法对行业收入差距的经济效应进行实证检验。第六章论述人力资本对行业收入差距的影响。基于人力资本的视角研究人力资本对行业收入差距的作用机理与效应,并综合利用统计年鉴的中观数据和问卷调查的微观数据建立计量经济模型,实证分析人力资本对行业收入差距的影响。第七章对人力资本投资与行业收入差距的关系进行分析。从人力资本形成过程的教育投资、在职培训投资、医疗保健投资和人力资本的流动配置等方面,实证研究人力资本投资与行业收入差距之间的关系。第八章探究行业人力资本差异的成因。从行业人力资本的主要影响因素和行业间人力资本投资的差异两方面来分析行业人力资本差异的形成原因。第九章是论文结论与政策建议部分。对论文的主要结论进行阐述,并以人力资本视角为主,同时结合行业收入差距的其他原因,就如何缓解行业收入差距进行政策建议方面的探讨,最后进行研究展望。

关键词:收入分配　收入差距　经济统计　人力资本

**1855**

**基于随机前沿法的我国商业银行效率研究** / 牟嫣著 ; 徐国祥指导. -- 上海财经大学, 2009. -- 156 页

论文通过对我国商业银行效率测度,分析效率影响因素,并对目前银行改革两个视角——银行产权结构改革和市场结构改革,与商业银行效率影响关系进行分析,以期能够相对客观的评价我国商业银行效率,对提升我国商业银行效率的途径进行研究,进而提高我国商业银行业的竞争力。全文共分为七章。第一章为引言。主要介绍论文的研究背景及意义、国内外相关研究、论文的结构及创新点、论文存在的不足及进一步的研究方向等内容。第二章简述商业银行效率分析理论。首先概述商业银行效率的内涵及分类;然后分析商业银行效率研究的相关理论。第三章介绍商业银行效率测度方法。首先简单介绍银行效率的测度方法,包括传统分析方法和前沿分析法;然后从生产前沿面理论的产生和发展、不同的数据模型等多个方面重点考察随机前沿分析法。第四章是对我国商业银行效率的测度分析。在介绍我国商业银行的发展现状之后,又基于随机前沿分析法对我国商业银行的成本效率和利润效率分别进行分析研究。第五章探究银行产权结构与我国商业银行效率问题。首先简述银行产权结构的内涵与形式;然后探究我国商业银行产权结构与效率之间的关系;最后是阐述银行产权结构对我国银行效率影响的实证分析。第六章考察市场结构与我国商业银行效率问题。首先简述银行业市场结构的基本类型、影响因素、测度方法

和结构现状;然后阐述市场结构对我国银行效率影响的实证分析。第七章是对提升我国商业银行效率的途径研究。首先简述我国银行业的改革实践历程;然后重点分析提升我国商业银行效率的途径,包括对于国有商业银行产权改革应予以侧重,提高银行业市场竞争程度和积极创建良好的金融生态环境三个方面。

关键词:商业银行　经济效率　产权结构　市场结构

**1856**

**我国循环经济统计核算问题研究** / 平卫英著 ; 向书坚指导. -- 中南财经政法大学, 2009. -- 142 页

论文主要对我国循环经济统计核算问题展开研究。全文共分为七章。第一章为论文的导论,阐述了论文的研究背景和意义,研究内容和框架安排,主要研究方法和创新之处。第二章是对相关文献的评述,主要概述了国外循环经济研究的现状,总结了国内循环经济研究的状况,对国内循环经济统计核算研究进行了综述。第三章构建了我国循环经济统计核算的总体框架,主要包括循环经济统计核算的目的及核算框架设计原则、循环经济统计核算的理论基础、物质流分析方法的概述、循环经济统计核算基本框架的构建以及循环经济统计核算与现行国民核算体系的关系五方面的内容。第四章研究了我国国家层面循环经济统计核算账户的体系,对涉及的基本概念和项目分类进行了界定,构建了国家层面循环经济统计核算账户的体系,阐述了国家层面循环经济统计核算账户体系提供的分析功能,设计了核算基础上的循环经济评价指标并总结了需要进一步说明的问题。第五章是对我国国家层面循环经济投入产出的分析与研究,主要包括投入产出分析概述、国家层面循环经济投入产出表的构建、国家层面循环经济投入产出的基本分析功能以及特点及其应用探索。第六章进行了相关实证测算,主要包括对我国循环经济统计核算账户体系相关总量指标的实证测算、我国循环经济统计核算账户体系衍生指标分析、对环境压力分析及环境库兹涅兹曲线实证分析以及对实证结果进行了分析。第七章是对全文的总结,主要包括论文的研究结论以及研究展望。

关键词:资源经济　循环经济　经济核算

**1857**

**基于函数型数据分析的沪深权证市场研究:以蝶式权证为例** / 曲爱丽著 ; 朱建平指导. -- 厦门大学, 2009. -- 122 页

论文以蝶式权证为例,对基于函数型数据分析的沪深权证市场进行研究。全文共分为七章。第一章为论文的绪论,主要阐述了论文研究的背景,分析了国内外相关研究的现状,归纳总结了论文的研究内容和创新点。第二章阐述了权证的基本理论,对相关的权证概念进行了界定,分析了国外权证市场和我国权证市场的发展状况,总结了决定权证价格的基本因素。第三章介绍了 Black-Scholes 期权定价模型及其扩展。主要包括 Black-Scholes 期权定价模型、Black-Scholes 期权定价模型的扩展以及基于 Black-Scholes 模型的权证定价模型三方面的内容。第四章对函数型数据分析进行了概述,主要介绍了函数型数据的基本概念,分析了函数型数据的预处理方法,阐述了函数型线性模型。第五章是对函数型主成分预测模型的阐述,主要包括传统的多元主成分分析、函数型数据的主成分分析以及函数型主成分预测模型三方面的内容。第六章是对我国权证市场的实证研究,主要分析了 Black-Scholes 理论价格与实际价格的统计学原理,对基于函数型主成分预测模型进行了实证研究。第七章对我国沪深权证市场的现状及其政策建议进行总结。主要阐述了我国权证市场存在的问题,并为此针对这些问题提出了一系列相应的政策建议。论文主要针对最成熟的 Black 和 Scholes 的期权定价模型、从函数的角度分析函数型数据等问题进行了分析与研究。

关键词:证券市场　股票市场　资本市场　统计分析　期权定价

**1858**

**交易者的学习适应性行为对股票市场影响的仿真实验研究** / 苏波著 ; 高鸿桢指导. -- 厦门大学, 2009. -- 159 页

论文采用基于 Agent 的计算金融研究方法,将金融市场看成由大量发生交互作用的经济主体组成的复杂适应系统,通过构建人工金融市场进行仿真模拟,并应用统计学的理论和方法,对模拟市场的整体性质及宏观规律做出微观解释,从而揭示金融异象的形成原因。全文共分为七章。第一章为引言。主要介绍论文的选题意义和研究思路、研究方法、国内外研究综述、论文的主要内容和创新之处等内容。第二章简析论文所选择的主要学习模型及其依据。第三章概述人工金融市场的构建要素和比较基准模型。

第四章分析市场中只存在一种学习机制的情形,即市场中的交易者只具备个人学习能力或只具备社会学习能力。第五章分析市场中同时存在两种学习机制的情形,即市场中的交易者同时具备个人学习能力和社会学习能力。第六章是对中国股票市场的模拟和比较。第七章是论文结论和展望。论文通过分析研究得到的主要结论是:第一,交易者的学习能力可以提高其理性水平,促使股票价格向理论价格收敛,从而增强市场的有效性,但作用有限,即使交易者拥有再强大的学习能力也不可能洞察一切,市场不能达到完全有效;第二,交易者的社会学习能力是导致股票价格剧烈波动的一个重要因素;第三,无论市场由具备哪种学习能力的交易者构成,交易者的学习速度都对股票市场产生重要影响;第四,在人工股票市场中引入涨幅跌幅限制制度的确可以降低股票价格的波动,但也对交易者的学习和预测能力产生影响,在限制波动的同时,也阻碍股票价格向理论价格收敛的可能;第五,通过构建与中国股票市场类似的人工股票市场的确可以模拟出中国股票市场的部分市场特征,这说明利用基于 Agent 计算金融研究方法研究中国资本市场具有一定的可行性。

关键词:股票市场　证券交易　投资者

**1859**

**已实现波动率度量及其建模研究** / 田金方著 ; 张波指导. -- 中国人民大学, 2009. -- 125 页

论文以已实现波动率量度及其建模为研究对象进行研究和探索。全文分为六章。第一章为引言,包括研究背景和问题的提出、数据选取与清理、论文主要工作概述以及结构安排。第二章综述已实现波动率的研究,首先介绍单变量已实现波动率的度量,接着阐述市场微观结构效应和已实现波动率、多变量已实现波动率度量以及已实现波动率建模和预测,最后概述国内已实现波动率的研究。第三章基于滤子技术的已实现波动率度量,在阐明引言的基础上,进一步分析已实现波动率的阶特性,并进行自相关分析,建立市场微观结构效应污染的价格过程模型,简述滤子技术以及实证分析。第四章分析已实现波动率的典型特征,包括数据频率的选择与已实现波动率度量、收益率和已实现波动率的无条件分布、已实现波动率的动态特征以及已实现波动率的非对称特性四方面的内容。第五章探析已实现波动率建模及其预测,首先剖析波动率的典型特征,接着讨论资产收益率的驱动因素、HAR-L-M 模型机理,并对模拟进行分析,最后对参数进行估计以及模型预测效果的比较。第六章为论文的结论和展望部分,对该研究进行综述,并对未来的工作进行展望。

关键词:金融市场　证券市场　经济波动　市场效应　风险分析

**1860**

**中国城市旅游竞争力统计研究** / 佟志伟著 ; 王琪延指导. -- 中国人民大学, 2009. -- 133 页

论文从中国当前城市发展热点问题出发,以中国国民经济朝阳产业的旅游业为基本研究对象,结合使用经济学、管理学、计量经济学、统计学等理论与方法对城市旅游竞争力开展系统研究和实证分析。全文分为七章。第一章为绪论,包括选题的背景与意义、国内外研究现状、研究方法、研究对象及范围、研究内容及研究框架、研究的主要创新与不足。第二章分析城市旅游竞争理论,首先说明竞争力理论,接着介绍城市旅游竞争力的内涵,以及城市竞争力的分析性框架,最后进行小结。第三章探析旅游产业对城市经济的影响,首先分析旅游产业特征及相关产业,接着综述旅游产业经济影响评价方法,最后对旅游产业经济影响评价进行实证研究。第四章对城市旅游竞争力进行综合评价,首先评述城市旅游竞争力评价方法,接着探究城市旅游竞争力影响因素的分析、城市旅游竞争力指标体系构建、城市旅游竞争力的评价方法,最后对城市旅游竞争力进行总体评价,并讨论分经济区域城市群旅游竞争力的评价。第五章研究城市旅游竞争力的结构方程模型,首先简述理论模型——结构方程模型简介,接着设计指标及模型,最后提出极大似然估计(ML)的结果,并进行小结。第六章综述基于 DEA 理论的旅游业效率的评价,分别详述 DEA 模型分析、输入及输出指标的选取与数据分析、实证结果分析、对策建议以及该章的小结。第七章为论文的研究总结及改进方向部分。

关键词:旅游业　城市旅游　城市经济　经济发展　竞争力

**1861**

**实际汇率对经济增长影响的理论分析与实证研究** / 汪彩玲著 ; 曾五一指导. -- 厦门大学, 2009. -- 121 页

论文从理论和实际两个方面,对实际汇率对经济增长影响进行了理论分析与实证研究。全文共分为

六章。第一章为绪论,主要介绍了问题的提出和选题的意义,对相关概念进行了界定与辨析,分析了论文研究的目标与内容,总结归纳了论文的研究创新之处。第二章是对论文研究的相关文献进行了综述,主要包括汇率影响增长的理论综述,汇率影响经济增长的机制综述,汇率影响经济增长的方向综述以及汇率影响经济增长的实证分析综述四方面的内容。第三章对实际汇率影响经济增长进行了理论分析与研究,用蒙代尔—弗莱明模型分析了汇率的经济增长效应,阐述了汇率影响经济增长的理论模型以及其他变量对汇率增长效应的影响。第四章是对实际汇率对经济增长影响的实证分析,主要包括模型与方法、指标计算、数据来源与描述统计、实证分析结果、结论及可能的解释四方面的内容。第五章总结了对中国的启示,主要分析了中国目前的发展现状,确定了合理的人民币汇率水平,介绍了B-S效应与实际汇率的关系,对我国未来汇率政策进行了调整。第六章是论文的结论与有待于进一步研究的问题,以及论文研究的不足。论文研究表明不论是中低收入国家还是中高收入国家,货币贬值均有利于本国经济增长,但其效应有所差别。外债比重越大,贬值的增长效应越小,政府消费比重越大,贬值的增长效应越小。

关键词:汇率波动　经济增长　汇率政策　货币贬值

1862

**中国国际服务贸易发展及其影响研究:统计规范与计量分析** / 王丹丹著 ; 高敏雪指导. -- 中国人民大学, 2009. -- 173 页

论文通过统计规范与计量分析对中国国际服务贸易发展及其影响进行研究和探索。全文分为六章。第一章为导论,包括研究背景及研究意义、国内外研究现状、研究内容与框架、研究方法以及论文的创新之处。第二章阐述国际服务贸易的定义与统计方法,界定国际服务贸易的定义,并分析国际服务贸易统计发展,说明中国国际服务贸易统计现状,最后进行小结。第三章介绍中国国际服务贸易发展现状,首先概述世界服务贸易发展概况,接着分析中国跨境国际服务贸易发展,并探究加工贸易影响下的中国国际服务贸易,以及FDI影响下的中国国际服务贸易,最后进行小结。第四章研究服务贸易对经济增长影响机制,首先说明该研究的理论基础,接着阐明国内外研究现状、服务贸易对经济影响的机制以及服务贸易对经济影响机制的实证研究,最后进行小结。第五章探析以承接服务外包为契机发展新兴服务贸易,首先讨论服务外包的内涵与外延,接着解析服务外包发展的现状,以及承接服务外包影响因素的分析,最后提出中国发展服务外包的对策,以及该章的小结。第六章为论文的结语部分,包括研究总结、政策建议以及研究局限。根据论文研究的一些主要结论,论文提出以下的建议:大力改善国内制度、法律、基础设施等条件,提高人力资源水平,同时积极创造良好的国际环境为国际服务贸易发展创造空间。

关键词:国际贸易　对外贸易　服务贸易　经济效益　统计分析

1863

**利他行为的模型构造与数量分析** / 王健著 ; 黄良文指导. -- 厦门大学, 2009. -- 130 页

论文在总结相关文献的基础上,对利他行为的模型构造与数理分析进行了研究。全文共分为五章。第一章绪论,主要概述了利他行为的概念,对利他行为的定义和分类进行了阐述,总结归纳了相关文献,并进行了评述,说明了利他行为研究的重要性,分析了论文研究的思路和结构。第二章分析了亲缘利他与广义效用,对亲缘选择理论进行了概述,分析了亲缘利他理论的数学模型,介绍了亲缘利他与广义效用的理论,对亲缘利他行为进行了思考。第三章针对互惠利他模型介绍了合作的经济学原理,主要从自然界和人类社会中的合作现象以及合作的性质和作用对合作的概念进行了界定,分析了单次博弈与合作、重复博弈与合作,阐述了间接互惠与利他行为的关系。第四章是对群体选择与纯粹利他行为的关系进行了分析,主要包括群体选择理论的概述、群体选择理论的模型构造、扩展的群体选择模型以及群体选择理论的启示四个方面的内容。第五章对利他行为展开了社会调查和统计学分析,研究了利他行为的背景和文献综述,分析了研究方法与样本的概况,提出了研究性假设并对其进行了检验,构建了利他行为的多元回归模型,并对结果进行分析与研究,最后总结了研究中的不足,进行了再思考,总结了利他行为对当前高效道德教育的启示。

关键词:社会行为　利他行为　社会心理学

1864

**R&D资本存量的测算及其对经济增长的影响研究** / 王孟欣著 ; 袁卫指导. -- 中国人民大学, 2009. -- 151 页

论文定位于从两个角度来分析我国 R&D 及其对经济增长的影响:一是对 R&D 的资本属性进行分析,并从多个角度测算我国 R&D 资本存量;二是基于测算的 R&D 资本存量,实证研究 R&D 资本与经济增长的关系。在实证研究时,注重考虑我国处于经济转型时期的特点,通过控制制度与结构变量的变化来分析 R&D 资本对经济增长的影响。全文共分为七章。第一章为导论。主要介绍选题背景、研究概念的界定、国内外研究现状、研究内容与研究框架、可能的创新点等内容。第二章分析 R&D 的内涵及其资本属性。首先对 R&D 的内涵、活动的分类及其与相关科技活动的辨析做简要论述;然后指出 R&D 资本的一般性质和特性,并考察其与其他资本的区别;最后探究 R&D 产出在 SNA 中的资本化过程。第三章简述 R&D 资本存量的测算方法。依次介绍测算资本存量的一般方法、美国 BEA 关于 R&D 资本存量的测算方法及论文中所使用的测算方法。第四章阐述我国 R&D 经费统计现状分析及资本存量测算。首先对我国现行 R&D 统计制度和存在问题进行简要分析;然后从全国层面、分 R&D 活动类型、分执行部门、分区域及分行业等不同角度测算 R&D 资本存量。第五章结合经济增长理论的发展过程,以影响经济增长的因素为主线,对经济增长理论的发展过程进行回顾与分析,从理论上探讨 R&D 促进经济增长的作用机理和传导机制;并特别讨论在我国处于经济转型时期的背景下研究 R&D 与经济增长关系时应当考虑的因素。第六章基于前文对 R&D 资本存量的测算与理论分析,考虑到我国经济转型时期的特点,在控制制度及结构变量的情况下,从全国层面、区域层面和工业行业层面等三个角度就 R&D 与经济增长的关系进行实证研究。第七章总结论文的主要研究结论,给出相关的政策建议;并结合论文研究的不足,指出下一步可能的研究方向。

关键词:技术创新　投资　资本管理　经济增长　产业结构

**1865**

**对医疗保险成本测算方法的研究** / 王燕著 ; 王晓军指导. -- 中国人民大学, 2009. -- 165 页

论文以医疗保险成本的测算方法为研究对象,旨在根据医疗保险数据的分布特征,构建适当的成本测算模型,对目前医疗保险成本测算方法存在的问题进行修正和完善。全文共分为七章。第一章为绪论。主要概述论文的研究背景、研究目的、研究意义,国内外研究现状和论文的主要内容及取得的研究成果。第二章分析医疗保险数据的分布特征,提出医疗保险数据具有正偏性、异方差性、非线性相关性、总体分布不确定性和均值与方差之间的相对稳定性,这些分布特征是选择广义线性模型作为主要研究方法的理由。第三章主要介绍广义线性模型的基本理论。从一般线性模型的局限性和指数型分布族的属性引入,介绍广义线性模型的结构、假设条件、参数估计方法和检验方法。第四章构造无约束条件的保险成本测算模型。该模型由赔付发生率模型和赔付额模型构成,然后通过条件期望原则,组合成医疗保险成本测算模型。实证分析显示,基于广义线性模型构造的保险成本测算模型能够快速有效地对参保人进行风险分类,并准确测算不同风险类别的保险成本。第五章构造带约束条件的保险成本测算模型。首先引入保费函数的概念,将约束条件转化为解释变量和保费函数的参数;然后通过构建带约束条件下的索赔额模型和索赔发生率模型,可以实现有约束条件场合的保险成本测算。第六章构造带扭曲函数的保险成本测算模型。通过在广义线性模型的基础上引入扭曲函数,对保障水平或保障内容调整之后的成本测算值进行修正,最后基于样本数据,进行实证分析,在带约束条件的成本测算模型的基础上,使用 WT 扭曲函数,分别测算保障水平提高之后的最大扭曲成本和不同水平的扭曲因子成本。第七章是总结和展望。首先对研究成果和模型构造经验进行简要总结;然后探讨尚未解决的问题和深入研究的方向。

关键词:医疗保险　成本计算　风险分析　保险业务

**1866**

**MV-ES 模型应用研究** / 徐飞著 ; 易丹辉指导. -- 中国人民大学, 2009. -- 117 页

论文以 MV-ES 模型应用为研究对象进行探讨,MV 模型首次回答了什么是风险以及如何度量风险这一问题。全文分为七章正文。第一章为导论,包括选题的背景及意义、国内外研究现状和文献综述、研究思路和创新以及论文的主要内容和框架。第二章介绍 MV-ES 模型的提出,首先说明投资组合管理与多目标决策,接着评述效用理论,并阐述马科维兹的均值—方差模型,最后阐明 MV-ES 模型原理。第三章论述 MV-ES 模型中的收益和风险测度选择,分别详述投资收益的度量、投资风险的度量、常见风险测度

的方法、VAR和ES风险测度性质以及VAR和ES风险测度估计方法。第四章对MV-ES模型中的分布拟合进行研究,首先分析资产收益率分布特征,接着探究采用EVT分布拟合具有厚尾分布的收益率,以及采用Copula函数处理资产收益率相关性结构,最后对资产组合收益率分布拟合数据进行具体分析。第五章概述MV-ES模型中资产组合尾部相关性研究,包括资产收益率的尾部相关性定义、采用Quotient统计量检验尾部相关性、Copula对尾部相关性的度量以及Quotient检验和投资组合下侧风险数据分析。第六章综述MV-ES模型的PSO-MC求解算法,首先界定MV-ES模型的性质,接着介绍MV-ES模型求解算法,最后分析MV-ES模型的评价以及PSO-MC算法效率。第七章为论文的结论和展望部分。

关键词:投资　风险分析　数学模型　金融市场

**1867**

**索赔频率预测模型研究** / 徐昕著 ; 袁卫指导. -- 中国人民大学, 2009. -- 130页

论文以索赔频率预测模型为研究对象进行研究和探索。全文分为七章正文、结论和展望三部分。第一章为导论,包括选题的理论意义及实践意义、国内外研究现状分析、研究思路及创新。第二章研究索赔频率中过离散问题,首先分析过离散现象产生的原因,接着说明经典的过离散回归模型和其他过离散回归模型,最后进行实证分析。第三章探究零膨胀索赔频率模型,分别详述经典的零膨胀回归模型、零膨胀负二项回归模型的推广、实证分析。第四章论述零膨胀索赔频率模型的拓展,包括零膨胀广义泊松回归模型的拓展、Hurdle回归模型,即一般形式和泊松—广义泊松模型,以及实证分析。第五章探析索赔频率中零膨胀和组内相关问题的研究,包括广义线性混合模型、多水平零膨胀泊松回归模型以及实证分析。第六章综述考虑个体保单先验信息的索赔频率模型的研究,首先进行基本假设,接着阐明二次损失函数信度模型以及指数损失函数信度模型,最后进行实证分析,及进行数据描述、二次损失函数信度模型结果分析以及指数损失函数信度模型结果的分析。第七章提出过离散索赔频率模型在我国的应用,分析索赔次数的拟合,并进一步进行回归模型的参数估计。最后一部分为论文的结论和展望部分,指出不足,并说明今后的研究方向。

关键词:保险业务　保险费率　索赔　数学模型

**1868**

**FDI与中国经济增长:基于吸收能力的统计实证研究** / 曾慧著 ; 李金昌指导. -- 浙江工商大学, 2009. -- 187页

论文基于吸收能力的统计实证研究,对FDI与中国经济增长的关系进行分析与研究。全文共分为八章。导论部分,主要介绍了论文的选题背景、研究意义、研究思路、框架结构和内容安排、主要的研究方法和数据以及主要的创新之处。第一章对相关文献进行综述,主要分析了基于人力资本吸收能力的FDI与经济增长、基于贸易开放吸收能力的FDI与经济增长、基于金融市场发展吸收能力的FDI与经济增长、基于技术创新能力的FDI与经济增长以及基于其他吸收能力的FDI与经济增长的关系,并进行了总评。第二章分析了FDI与中国经济增长的现状,主要包括中国利用FDI的概况、FDI与中国经济增长的协整分析两方面的内容。第三章初步探索了FDI吸收的能力,主要对FDI吸收能力的概念进行了界定,简述了FDI吸收能力的决定要素和量化指标体系。第四章介绍了基于贸易开放吸收能力的FDI与中国经济增长的关系,主要分析了贸易开放吸收能力影响FDI经济增长效应的作用渠道,理论分析框架以及贸易开放吸收能力在我国FDI经济增长效应中的作用,并对东、中、西部面板数据进行了对比分析。第五章介绍了基于金融市场发展吸收能力的FDI与中国经济增长的关系,主要对金融市场发展吸收能力影响FDI经济增长效应的作用渠道进行了研究,进行了基于技术创新实现效应的理论和实证研究和基于人力资本转移效应的理论和实证研究。第六章是对基于人力资本吸收能力的FDI与中国经济增长的关系,主要包括对人力资本吸收能力影响FDI经济增长效应的作用渠道、理论模型进行了分析,并进行了实证检验。第七章介绍了基于技术创新吸收能力的FDI与中国经济增长的关系,主要包括技术创新吸收能力影响FDI经济增长效应的作用机制的分析,理论分析框架的构建以及进行了基于时间序列数据的考察。第八章是全文的总结。

关键词:外商直接投资　外资利用　经济增长　引资　对外贸易　人力资本　技术革新

**1869**

**经济发展质量指标体系设计** / 张海波著 ; 颜日初指导. -- 中南财经政法大学, 2009. -- 189页

论文运用经济学理论,对经济发展质量的经济学范畴进行探讨,对经济发展质量指标体系的设计进行研究。全文共分为七章。第一章为绪论,阐述了论文的研究目的和意义,对相关文献进行回顾与评价,介绍论文研究的内容和研究方法。第二章对经济发展质量的基本理论问题进行探讨,主要包括经济发展及其度量的研究,对经济发展质量的内涵和属性进行了界定,构建了经济发展质量的指标体系框架。第三章是对经济发展的效率与效益指标体系的研究,主要界定了经济发展的效率与效益的内涵,分析了经济发展的效率指标体系和经济发展的效益指标体系。第四章介绍了经济发展的成本指标体系,阐述了经济发展的成本论,构建了经济发展的生态性成本指标体系以及经济发展的社会成本指标体系。第五章研究了经济发展的协调性指标的体系,主要包括经济发展协调性的理论问题、经济发展内部协调性指标体系、经济发展外部协调性指标三方面的内容。第六章介绍了经济发展的安全性指标体系,总结了经济安全及其指标体系设计的基本问题,分析了经济发展的资源型安全指标系统,简述了经济发展的非资源性安全指标体系。第七章是对经济发展的社会功能指标体系的研究,主要包括经济发展的社会功能的一般问题、国民生活于发展指标体系、社会事业进步指标体系三方面的内容。论文最后为研究结论的总结归纳以及针对问题提出的建议和对策,阐述了需要进一步研究的问题。

关键词:经济发展　质量指标体系　经济统计学

**1870**

**基于 Copula 函数的金融风险度量研究** / 赵丽琴著 ; 黄良文指导. -- 厦门大学, 2009. -- 123 页

论文基于 Copula 函数,对金融风险度量进行研究,全文共分为八章。第一章为绪论,主要介绍了论文选题的研究背景,简述了问题的提出依据,总结了论文研究的内容及其创新点。第二章介绍了 Copula 理论,对 Copula 函数的定义和性质进行了界定,列举了 Copula 函数的种类,进行了基于 Copula 函数的金融相关性度量。第三章是对金融市场风险度量的 Copula 方法的介绍,主要论述了市场风险及其度量方法,阐述了 Copula 函数的参数估计和模型选择方法以及对沪深两市相关结构进行了实证分析与研究。第四章是对金融信用风险度量的 Copula 方法的简述,主要包括信用风险的特点及其度量方法、Credit Metrics 模型、Copula 函数在 Credit Metrics 中的应用三方面的研究。第五章是对金融操作风险度量的 Copula 方法的阐述,主要介绍了操作风险及其度量方法以及对基于 Copula 函数的各种操作风险度量模型的改进措施。第六章介绍了金融整体风险度量的 Copula 方法,主要包括金融整体风险分布及其度量方法、用 Copula 函数对不同风险进行整合、我国金融整体风险度量的研究现状及其展望三方面的内容。第七章是对金融危机传染检验的 Copula 方法的研究与说明,对金融危机传染的检验方法的介绍,阐述了基于 Copula 函数的金融危机传染检验、论述了基于 Copula 函数的"金砖四国"危机传染研究。第八章是对全文的总结及展望,主要包括论文的主要工作总结以及尚需要进一步研究的问题。论文重点研究的是 Copula 函数子啊金融市场风险、信用风险、操作风险、整体风险度量和危机传染检验中的应用。

关键词:金融风险　金融市场　风险分析　风险管理

**1871**

**电子货币对我国货币政策影响的若干研究:基于面板数据模型的分析** / 周鹏博著 ; 彭非指导. -- 中国人民大学, 2009. -- 182 页

论文基于面板数据模型的分析对电子货币对我国货币政策影响进行若干研究,引入面板数据模型的单位根检验和协整理论,对面板数据模型单位根与协整检验进行比较分析。全文分为五章。第一章为导论,包括选题意义与选题背景、文献综述、研究方法和创新三方面的内容。第二章论述面板数据模型的研究,说明面板数据回归模型的一般形式,并介绍面板数据模型的类型:固定效应模型的设定、估计与检验;随机效应模型的设定、估计与检验;固定效应模型与随机效应模型的 Hausman 检验;似不相关回归模型的设定、估计与检验;动态面板数据回归模型的设定与估计;面板数据的单位根与协整检验。第三章对电子货币对货币政策影响进行实证研究,分别详述电子货币与货币供给的实证研究、电子货币与货币工具及目标的实证研究、电子货币与货币政策效应的实证研究,最后进行小结。第四章剖析研究的结论以及原因,首先阐述电子货币与货币供给结构,解析其主要研究结论以及成因剖析,接着指出电子货币与货币政策工具及目标,最后分析电子货币与货币政策效应。第五章为论文的政策建议与展望部分,建议关于电子货币与

货币供给结构、关于电子货币与货币政策工具及中介目标、关于电子货币与货币政策有效性三方面的内容,并对电子货币和面板数据的模型进行研究展望。

关键词:IC卡　货币政策　货币供给　数据模型

1872

**股票市场有效性的量化测度方法及其应用** / 周涌著 ; 向书坚指导. -- 中南财经政法大学, 2009. -- 136页

论文在归纳大量国内外文献的基础上,对股票市场有效性的量化测度方法及其应用进行研究。全文共分为六章。导论部分主要介绍了论文的选题背景,研究意义,对相关文献进行了综述,阐述了论文的结构和研究方法,总结了主要的创新点。第一章阐述了股票市场有效性问题的理论基础,主要包括有效性问题的由来、有效性层次的划分、主要的研究内容以及对当前研究热点的讨论四方面的内容。第二章介绍了传统研究方法及其局限性,简述了弱有效性的常用检验方法及局限性、半强有效性的检验方法及局限性以及强有效性的检验方法及局限性,并分析了传统表达方式的局限性。第三章编制了有效性的综合指数,界定了有效性综合指数的概念和优越性,整理了有效性综合指数编制的总体思路,介绍了指标的选择与计算方法,确定了权重,并对股市有效性综合指数进行计算。第四章对基于股票市场有效性综合指数及子指数进行了实证分析,主要包括中国股市有效性的发展概况、有效性影响因素的分析以及政策法规效用分析三方面的内容。第五章是对中美股市有效性的对比分析,通过有效性综合指数计算和子指数及其基本统计量对美国股市指数进行了计算,通过对比有效性程度、有效性波动状况、主要差距,对中美股市进行了比较分析,最后阐述了有效性与市场繁荣的关系。第六章是对全文的总结。

关键词:股票市场　有效性　综合评价

## 数量经济学

1873

**合作微分博弈问题研究** / 班允浩著 ; 夏少刚指导. -- 东北财经大学, 2009. -- 153页

论文运用模型分析法、实证研究法和计量经济学方法,建立了技术联盟的微分合作博弈模型,研究并设计技术联盟的支付分发机制。第一章为引论。第二章为微分博弈基础理论,依次介绍了静态博弈基础、微分博弈基础和微分博弈基本技术。第三章是信息结构、解法结构与时间一致性。首先对微分博弈的信息结构进行研究,包括动态系统与信息结构、微分博弈的纯策略、微分博弈纯策略的可执行性和等价性等,其次是微分博弈的策略结构与解法结构,最后是时间一致性或动态平稳准则,具体有时间一致性或动态平稳准则、非合作微分博弈的时间一致性均衡和一个双寡竞争模型的解释。第四章是合作微分博弈,在确定性环境的考虑,首先研究静态合作博弈基础,其次是合作微分博弈结构及支付分发机制、二人微分合作及向多人情况的拓展,接着论述了支付不可转移下的帕累托有效性、时间一致性与合意性下的个人理性分析。第五章是合作微分博弈的应用,对技术联盟进行阐释。分别对技术联盟背景、技术联盟的微分合作(双方参与)、技术联盟的微分合作(多方参与)做了研究,最后是应用Matlab来验证,具体为最优分配轨迹、支付分发轨迹和验证结论。第六章是结论与展望。

关键词:对策论　微分对策　经济合作

1874

**基于外部消费习惯的随机贴现因子定价模型研究** / 包卫军著 ; 徐成贤指导. -- 西安交通大学, 2009. -- 110页

资产定价理论经历了长期的发展过程,随着人们认识的深入,随机贴现思想逐渐明确—资产价格应该是预期的未来收益的某种随机贴现,资产价格和未来收益可以通过随机贴现因子联系起来。CCAPM理论是随机贴现因子定价模型的最直接体现,但是在实证过程中,产生了诸如“股权溢价”以及“无风险利率之谜”,为了解开这些谜思,诸多学者通过修改典型经纪人的偏好结构如风险厌恶、时间偏好以及效用函数,以期获得新的洞察理解。广义期望效用函数可以将投资者的相对风险厌恶系数与消费的跨期替代弹性系数区分开来,相较于传统的常相对风险厌恶效用函数,可以更好地刻画投资者的行为特点。传统的资产定价理论中,投资者是没有联系的,然而,现实中的投资者在做投资与消费决策时,会受其他投资者投资行为的影响,这表现为投资者消费的外部性,即投资者的效用函数除了定义在自己的消费智商外,还定义在经济中的平均总消费之上。论文将外部消费习惯引入投资者的效用函数,在一般均衡分析基础上,建立

了本文研究的理论框架—基于外部消费习惯的随机贴现因子模型。以定价模型为理论基础，利用模拟分析方法，根据对中国股票市场是否存在无风险利率之谜的解释能力，检验模型的有效性。通过对定价模型进行参数估计，为现阶段我国股票市场存在“理性预期假说”提供实证依据。论文还分别根据投资者面临不变投资机会集、随机投资机会集以及投资机会集发生改变时的情形，在定价模型分析框架下对投资者资产配置问题进行研究，为投资者消费与投资的跨期配置抉择提供参考。

关键词：金融市场　资产评估　贴现　资产定价　风险评价

**1875**

**金融危机背景下股票市场分割与一体化研究** / 操巍著 ; 唐齐鸣指导. -- 华中科技大学, 2009. -- 119 页

论文采用计量经济学分析方法、动态相关的多元 GARCH 模型分析法、实证分析法和比较分析的研究方法，在介绍国内和国际市场的背景以及对市场之间分割有重大影响的重大事件、对国内外研究成果进行系统性总结的基础上，通过构建模型对中国股市和世界主要股市之间的联系进行计算和分析，检验重大事件对市场间关系的影响，分析了市场间一体化的进程和对金融稳定性的影响，并提出相关建议。论文第一章是绪论，主要为研究结构与创新点。第二章是中国股票市场发展历程概况，主要介绍了国内与国际市场的背景、国内市场发展进程的重大事件和股票分割的基本状况。第三章是重大事件冲击下的国内外市场间动态相关性研究，主要对模型和方法做了论述，并在此基础上描述数据，进行实证结果分析。第四章是国内外市场间一体化进程研究，主要是模型设定与估计方法、模型估计结果及分析。第五章是市场一体化进程的金融危机与金融稳定性研究，包括金融市场稳定性指数的构建、数据及计算结果、金融稳定性指数与一体化程度的联系和主要结论。第六章是基本结论与启示，包括研究结论与存在问题。

关键词：股票市场　一体化　经济稳定　金融危机

**1876**

**网络 DEA 理论基础研究** / 陈慈著 ; 魏权龄指导. -- 中国人民大学, 2009. -- 132 页

论文采用模型分析法、案例研究法和比较分析法等方法，对网络 DEA 理论基础进行了研究。第一章为绪论，分别介绍效率与效率测度理论、数据包络分析、含有多个子系统的决策单元等理论概念，并对研究现状、研究意义和论文结构做了说明。第二章为有关网络的基础定义，主要介绍了网络结构的生产实例，通过电力企业、医院、广播公司和金融控股公司的实例分析了各自的网络结构，并阐述了建立网络 DEA 模型的必要性，最后分析了网络决策单元、网络 DEA 模型和有效性。第三章为串联结构生产系统效率评估，分别论述了串联结构的 DEA 效率评价研究综述、已有网络 DEA 模型比较研究、中心管理机制下串联结构效率评价研究和分散管理机制下串联结构效率评价研究，对已有几种管理机制做了介绍和比较。第四章是并联结构生产系统效率评估，描述了问题和研究背景，论述了并联系统网络 DEA 效率评价研究，比较了投入—产出型关系。第五章是一对二型一般网络结构生产系统效率评估，首先 描述了问题和研究背景，其次分析了中心管理机制下一对二型网络 EDA 效率评价研究和分散管理机制下一对二型网络 DEA 效率评价模型。第六章为供应链绩效评估，首先对供应链绩效评估的评价做了介绍，并分析了基于 DEA 的供应链绩效评价模型、产出效率分析、供应链效率与厂商效率关系分析，最后对资源浪费现象进行了分析，第七章为结语。

关键词：系统分析　决策单元　网络结构　数据包络分析（DEA）

**1877**

**转型时期我国经济周期波动特征及影响因素研究** / 陈杰著 ; 葛斌华指导. -- 中央财经大学, 2009. -- 153 页

论文采用方差分解和滚动方差分解法，构建相关模型，对转型时期我国经济周期波动特征及影响因素进行了研究。全文共分七章。第一章导言，指出选题的理论意义和实践意义、研究方法、研究内容及创新点，对经济周期的相关概念进行了界定，并对国内外研究文献进行综合论述；第二章对早期的经济周期理论和现代经济周期理论进行了综述；第三章考察了我国经济周期波动的特征，从萨缪尔森乘数—加速模型出发，探讨转型时期我国经济周期波动的敛散性，依据经典经济周期理论观点，以经济增长率为基础，对我国经济周期波动的经典特征做一般分析，以现代经济周期理论为基础，使用 H-P 滤波消除宏观变量的趋势，对我国经济周期波动的现代特征做静态分析，利

用 Logistic 回归模型进一步对我国经济周期波动的现代特征做动态分析；第四章探究我国经济周期波动的需求因素，使用方差分解和滚动方差分解法分析需求构成成分波动对我国经济周期波动的影响，考察了需求结构、产业结构和所有制结构的变动趋势，分析了需求结构、产业结构和所有制结构变动的共同作用对我国经济周期波动的影响；第五章探究我国经济波动的供给因素，利用柯布—道格拉斯生产函数模型，估计出转型以来我国的全要素产生率，考察了全要素生产率和要素投入对经济增长的贡献，在 VAR 模型框架下研究供给因素和需求因素对我国经济周期波动的影响；第六章探究我国经济周期波动的价格因素，介绍了反映经济波动与价格波动关系的“产出—物价”菲利普斯曲线，使用 OLS 法和基于“状态—空间”模型的可变参数模型分别估计了“产出—物价”菲利普斯曲线，使用 VAR 模型研究价格冲击和货币冲击对我国经济周期波动的影响；第七章本文的结论和政策建议。

关键词：经济周期波动　转型经济　影响因素

**1878**

**基于 CAPM 两因素模型的个股波动率分解的实证分析** / 丛剑波著 ；张屹山指导. -- 吉林大学，2009. -- 101 页

论文使用回归分析、相关检验和平稳性检验和时间序列分析等计量分析方法，对基于 CAPM 两因素模型的个股波动率分解进行实证分析。全文共分六章。第一章绪论，说明研究背景、选题意义、研究思路、结构安排、本文的难点与创新，并对基本概念进行了界定；第二章对国内外 CAPM 理论、金融异象的理论与实证文献进行综述；第三章介绍了波动率间接分解方法、波动率直接分解方法和波动率分解方法；第四章对特质波动相关文献进行综述，对我国股市特质波动对因子收益的可预测性进行了实证研究；第五章分析了中国股市的特质风险，并对行业特质波动与行业特征变量的关系，以及公司特质波动与公司特质风险变量的关系进行了实证分析；第六章对全文进行了总结，并提出了政策建议。作者认为，公司、行业和市场整体月度波动存在明显的阶段性特征，在样本期间内划定的三个时间段中，三个层面的月度波动呈现先降后升的趋势；我国股市市场波动在 2006 年前表现相对稳定，但在 2006 年后大幅增加，说明 2006 年以来行业分化严重；市场波动、行业波动和个股特质波动对市场因子、账面市值比因子的预测能力并不显著，而对公司规模因子的预测比较显著，有显著的正向关系存在；行业的特质波动与行业内上市公司的规模差异水平、财务杠杆比率、流通比率和上市年龄结构等的差异水平都有显著的正向关系，而与行业内上市公司家数、上市公司资产收益率、市净率等的差异水平有负的关系；在我国股市中，以往及目前业绩好的个股一般具有较小的公司特质波动，而一些具有高市净率、高价格、高财务杠杆比率和上市年龄长等特征的个股往往具有较大的公司特质波动水平。

关键词：证券市场　市场分析　股票价格　价格变动

**1879**

**我国权证市场的定价问题研究** / 代军著 ；唐齐鸣指导. -- 华中科技大学，2009. -- 136 页

论文采用计量统计学方法、模型分析法、实证研究法等方法，对我国权证市场的定价问题进行研究。梳理了权证定价理论的发展历史基础，结合我国上市公司的特有资本结构，对权证定价模型和方法进行了研究。引言中提出了研究背景、文献综述和研究意义。第二章是权证及权证市场概述，对权证的定义、分类和特征做了论述，并介绍了我国权证市场的发展现状。第三章是我国权证市场实证研究的理论模型概述，首先提出 Black-Scholesqi 期权定价模型、平方根常数方差和权证定价模型、随机波动率权证定价模型等模型，并介绍了蒙特卡罗模拟方法，综合我国上市公司资本结构对权证定价模型进行了修正。第四章是我国权证市场定价有效性的实证研究，作者给出了数据资料，介绍了实证研究应用的权证定价模型及其研究目的和模型定价效果的比较指标，接着分析了模型参数估计和参数特征、不同权证定价模型效果的比较和权证模型定价误差等指标。第五章是均衡权证定价模型，提出均衡权证模型假设条件，推导模型及其含义，对均衡期权定价模型的定价效果进行分析。第六章是我国权证市场泡沫机制分析，首先分析了权证泡沫形成的机制，其次是我国权证市场正反馈效应分析过程，最后是泡沫利用分析。第七章是全文总结与研究展望，对全文的主要内容和结论以及未来研究方法做了论述。

关键词：证券市场　期权交易　定价

**1880**

**长记忆理论及其在金融市场建模中的应用** / 邓露著 ; 张晓峒指导. -- 南开大学, 2009. -- 159 页

论文立足于目前理论研究和实践应用中存在的具体问题,在总结前人研究成果基础上,对长记忆理论及其在金融市场建模中的应用进行了研究。全文共分六章。第一章引言,阐述选题背景及意义、研究思路与方法、主要创新点;第二章长记忆过程及其模型研究,主要对长记忆过程的定义与特征,两种长记忆模型即 ARFIMA 和 FIGARCH 模型的设定及其评估方法进行分析;第三章和第四章分别探讨了短期项和结构突变项对于长记忆建模的影响;第五章实证研究部分,运用长记忆模型对石油期货市场中的"约瑟夫效应"进行了验证,运用长记忆性与结构突变分析方法对我国股市的有效性与政府干预问题进行了研究;第六章是结论以及对未来研究方向的展望。作者认为,当数据生成过程是一个一般的 ARFIMA(p,d,q)而不是分数白噪声过程时,各半参数方法得到的分数单积参数估计量仍能服从正态分布,但其分布的均值却明显偏离了真实值,这就造成分数单积参数估计的偏差和长记忆性的误判;通过对一个带有结构突变的长记忆过程检验其长记忆性,发现模型中的结构突变尤其是趋势突变会造成对分数单积参数的高估,导致长记忆性检验的功效和尺度扭曲都很高;石油期货市场的投资风险对新息冲击的响应是一个长记忆过程,建议采用 FIGARCH 等模型对未来的石油价格及其波动进行预测,并采取相应策略确保宏观经济平稳运行。

关键词:计量经济学　时间序列分析　金融市场　股票市场

**1881**

**电力金融传输权理论研究:兼论中国电力市场改革** / 冯永晟著 ; 张昕竹指导. -- 中国社会科学院, 2009. -- 112 页

论文运用模型分析法、实证研究法、定性分析与定量分析结合等研究方法,对中国电力金融传输权问题做了研究。第一章是导言。第二章是文献综述,包括电力金融传输权的基本理论梳理,以及输电网与市场均衡的关系。第三章是确定性分析框架下的逻辑矛盾,首先介绍了无金融传输权的基本模型,其中包括基本设定、市场分离时和市场整合时的产出与价格,其次论述了确定性下的金融传输权模型,主要为输入节点的市场势力和输出节点的市场势力,第三是确定性分析框架下的局限性分析。第四章是不确定性下的金融传输权理论,第一部分依次对金融传输权持有量与电能产出的动态均衡和不确定性下输入节点的市场势力做了论述,提出了在不同的市场预期下的结果。第二部分是社会福利水平的相关内容,讨论在不确定性下输出节点的市场势力的不同结果,以及市场势力的含义。第五章是厂商持有金融传输权数量的决策分析,主要包括输入节点厂商持有金融传输权、输出节点厂商持有金融传输权两个层面下各自的市场预期与购买策略分析。第六章是国际经验与中国电力市场改革部分。分别对电力市场的交易模式与发展趋势做了分析,提出中国电力市场的改革方向,具体有改革的目标模式、电力体制的问题与改革建议等。第七章为结论。

关键词:电力市场　供电　市场竞争　电力价格

**1882**

**商品期货最优套期保值比估计及比较研究:基于中国铜期货市场的检验** / 付剑茹著 ; 张宗成指导. -- 华中科技大学, 2009. -- 132 页

论文采用模型分析法、实证研究法和概率统计分析方法,对中国铜期货市场套期保值比进行了定量研究和定性研究。论文第一章为绪论,包括研究方法、研究意义、文献综述、研究思路和结构安排。第二章是基于 RCMRS 的套期保值时变模型及其实证研究。利用随机系数马尔科夫体制转换模型对中国铜期货市场套期保值比较进行估计。考虑了不同市场体制状态对套期保值比的影响,将 ECMRS 模型的套期保值表现与 GARCH、VECM、VAR 及 OLS 模型进行了样本内和样本外比较。第三章是基于状态空间模型的套期保值比卡尔曼滤波估计。主要运用状态空间模型并基于卡尔曼滤波方法对中国铜期货市场时变最优套期保值比进行估计。对 OLS、VAR、VECM、CC-GARCH、SSPACE 的套期保值效率进行比较。第五章是基于 MCMC 的期货最优套期保值比贝叶斯分析。计量经济预测总风险模型由模型风险和估计风险构成,贝叶斯方法很好地处理了估计风险。第五章是基于不同目标函数的最优套期保值比估计及比较研究。采用最小方差目标函数、最大夏普比目标函数、HKL 均值方差效用目标函数记载险值目标函数来研究中国铜期货市场的最优套期保值比。第六章是基于蒙特卡洛模拟数据的期货最优套期保值比研究,得出了中国现有铜期货市场由投机者主导,套期保值比处于

被支配地位。第七章是基于非期望效用框架下的最优套期保值比研究。基于Lien和Wang(2002)的失望厌恶非期望效用模型研究失望厌恶对期货最优套期保值比策略的影响。文章最后为结论。

关键词:商品　期货交易　套期保值　最优化算法

**1883**

**我国房地产供需状况与价格变动研究** / 高峰著 ; 沈利生指导. -- 中国社会科学院, 2009. -- 149 页

论文采用理论与实践相结合的研究方法、比较分析的方法、系统估计方法,对我国房地产供需状况与价格变动进行研究。全文共分九章。第一章绪论,说明了研究背景、研究目的、研究内容、研究框架和研究方法,并对房地产价格影响因素和房地产供给和需求研究进行了综合论述;第二章比较分析了中外房地产业核算体系和我国房地产业在国民经济中的地位,并在此基础上,提出了我国房地产业统计核算体系的改进方向;第三章通过比较分析中美房地产业发展现状,从美国房地产业对经济的拉动作用、美国房地产业对就业的促进作用、美国房地产空置情况、美国次贷危机四个方面得出了促进我国房地产业健康发展的启示;第四章阐述了产地产需求的影响因素,构建了房地产总需求的模型,并给出了政策建议;第五章分析了房地产供给影响因素,构建房地产总供给模型,并提出相关结论和政策建议;第六章分析了房地产价格的影响因素,用数学模型的形式刻画了各影响因素的作用方向和程度,构建了我国房地产价格变动的方程,并提出相关结论和政策建议;第七章分析了房价和地价之间的关系,对中美土地杠杆进行了比较研究,构建地价和房价关系的VEC模型,进行实证检验;第八章介绍了供需非均衡模型的基本理论,并采用实证分析的方法,对房地产市场交易量、房地产需求和供给进行了检验,构建供需结构模型联立方程;第九章是全文的总结,给出了主要研究结论,指出了论文的主要创新点,并对未来进行了展望。

关键词:房地产市场　供需形势　价格波动　核算体系

**1884**

**我国城市功能定位与评价体系研究:以北京为例** / 高兴波著 ; 潘省初指导. -- 中央财经大学, 2009. -- 140 页

论文运用模糊综合评价法、综合指数法、比较分析法和实证分析法,以北京为例,从城市总体和城市区域两个层次分别论证了北京市的总体城市功能及区域功能定位的依据,对城市功能定位和评价体系进行了研究。全文共分七章。第一章导论,对城市功能进行了概述,并指出了城市功能定位与评价研究的意义;对国内外关于城市功能定位与评价的文章进行综合论述,提出了论文的研究方法、研究方案及创新点;第二章对城市功能定位理论进行研究,分别从根据城市功能承载系统的角度确定城市功能,以及根据区域科学理论确定城市区域的功能定位;第三章指出了北京城市总体的四大复合功能:国家首都功能、世界城市功能、文化名城功能和宜居城市功能,构建了北京市总体功能定位指标和北京城市总体功能评价指标体系;第四章构建了北京城市区域功能指标体系,并对指标体系进行了评价;第五章确定了城市功能综合评价方法,指出了层次分析法及模糊评价法的模型特点,以及综合指数法的功能指数构建,进行实证评估,通过比较分析城市及区域功能的实现程度和差距以及存在的主要问题,对影响城市功能实现的因素进行研究,明确制约城市功能实现的原因并找出相应对策;第六章对北京城市及区域功能进行了综合评价;第七章研究结论,指出了本文理论体系和实证评价的主要结论,以及本研究的不足与进一步研究的建议。

关键词:城市建设　城市发展　城市功能

**1885**

**中国宏观经济运行的前瞻性分析:基于金融规划宏观经济计量模型的研究** / 韩云虹著 ; 马树才指导. -- 辽宁大学, 2009. -- 189 页

论文运用实证分析法、计量经济方法、模型法等研究方法,首次引入金融规划思想对我国宏观经济进行预测,第一章是绪论,主要是选题背景、选题意义、国内外研究文献以及论文的研究内容与结构安排。第一部分是金融规划内涵,主要对金融规划的概念、金融规划的基本思想、金融规划的理论基础,金融规划与宏观经济统计体系、金融规划的数据基础以及金融规划的编制问题做了说明。第三章是宏观经济预测的金融规划,主要论述了宏观经济预测方法体系及其评述、基于金童规划的宏观经济预测和金融规划宏观经济预测分析与其他方法的比较。第三章是金融规划宏观经济模型的理论假设及其检验,主要介绍金融规划的理论假设内容及其检验方法、中国货币政策对宏观调控的有效性检验、中国金融变量与非金融变

量的长期稳定性检验,章末是理论假设的检验结论。第四章是金融规划的宏观经济计量模型的设定,主要是宏观经济运行特点与模型设定的理论基础的概况,其次是理论模型的总体框架结构及其总量关系,第三是模型中的行为方程,第四是基于金融规划的宏观经济计量模型。第五章是基于金融规划的宏观经济计量模型的估计与检验,包括变量数据的预处理、模型变量的平稳性检验、变量间协整关系检验、模型参数估计与检验和基于金融规划的宏观经济计量模型估计结果。第六章是基于金融规划的宏观经济发展趋势分析,主要包括外生变量的预测、基准方案的预测分析、金融危机下中国宏观经济的走势和扩大内需政策模拟效应。第七章是结论与政策建议。

关键词:宏观经济　计量经济学　数学模型

**1886**

**中国商品期货市场效率问题研究** / 何锋著 ; 张宗成指导. -- 华中科技大学, 2009. -- 135 页

论文采用了实证研究法、定量研究法、模型法和计量经济学方法,构建了一个期货市场效率评价体系,在此基础上对中国商品期货市场的效率进行了分析和评价。论文第一章绪论,介绍了选题的背景和意义、期货市场效率内涵的文献综述、期货市场有效性研究文献综述、选题动机及研究思路。第二章是期货市场效率评价体系的构建,首先介绍有效市场理论的发展与现状,其次是市场效率的现实思考,并进一步分析了期货市场效率和评价体系。第三章是中国商品期货市场的无偏预测检验,在对期货市场无偏预测检验历史的回顾基础上,进行了数据分析与研究设计。第四章是中国商品期货市场市场量价关系研究,首先简述量价关系研究的相关问题,其次简介分位数回归法,并对大豆期货同期量价关系和大豆期货跨期量价关系研究做了论述。第五章是金融市场异象与市场无效,用 GARCH 模型检验日历效应研究,对中国商品期货市场的周日历效应做了检验。第六章是中国商品期货市场市场操纵事件分析,主要是市场操纵的定义、形成原因等概念,以及中国商品期货市场操纵事件的原因分析。第七章是中国商品期货市场的信号功能实证研究,主要包括期货市场价格与货币政策,以及相关研究文献的回顾、研究方法、实证分析和中国商品期指不能引导 CPI 的原因探析。第八章是结论与对策建议。

关键词:期货市场　商品期货　市场效率

**1887**

**国际石油贸易中的国家风险研究:评估、预测与决策** / 何琬著 ; 徐伟宣指导. -- 中国人民大学, 2009. -- 122 页

论文运用模型法、计量经济学方法、比较分析法、实证分析等研究方法,在对全球六大区域石油资源输出国资源概况、石油贸易和投资环境以及我国开展的石油贸易合作等相关背景分析的基础上,分析了我国石油进口波动情况,完成率石油资源输出国的国家风险评估、预测以及风险分散效应评价等内容。论文第一章是绪论。第二章是中国石油贸易基本状况分析,首先概述中国石油贸易,其次是中国石油贸易进口波动分析,第三是世界石油资源输出地区的基本状况。第三章是石油资源输出国的国家风险评估,首先是石油资源输出国的国家风险,第二是国家风险评估模型,第三是石油资源输出国的选择,第四是国家风险指标体系的确立,并对数据来源与处理做了说明,最后是石油资源输出国国家风险评估模型结果分析,以及石油资源输出国子类风险评估。第四章是石油资源输出国的国家风险预测,首先论述国家风险预测问题,其次论述石油输出国的国家风险预测模型,最后是国家风险预测的实证分析。第五章是石油进口国家风险分散化效应分析,包括主要石油进口国的石油贸易投资状况、石油进口国贸易多元化情况、石油进口国国家的风险选择、石油进口国国家风险多元化指数的实证分析。第六章是主要石油资源国的国家风险防范策略,包括中东、非洲、亚太、欧亚大陆、北美地区和中南美洲等地区的石油出口状况。第七章是总结与展望。

关键词:对外贸易　国际贸易　石油贸易　风险管理

**1888**

**考虑能源和环境因素的中国省级生产率研究** / 贺胜兵著 ; 唐齐鸣指导. -- 华中科技大学, 2009. -- 136 页

论文采用实证研究法、计量经济学统计方法和案例分析法等研究法方法,将能源、环境因素纳入生产效率分析框架,采用多种前沿分析方法估计考虑能源投入的省级技术效率,采用方向性距离函数法计算考虑环境因素的省级全要素生产率指数并将其分解为技术效率和技术进步指数,进而采用内生分组的面板平滑转换模型考察省级生产率的影响因素。第一章为绪论,主要介绍了研究背景、技术路线与章节设计。

第二章是理论及文献综述，分别介绍了经济增长理论、环境经济学及循环经济理论、全要素生产率和技术效率、全要素生产率和技术效率的度量，以及国内外关于中国生产率研究的文献。第三章是考虑能源投入的省级技术效率估计，依次论述了能源投入与技术效率、时变技术效率的前沿生产模型、变量和数据、省级能源效率分析和考虑能源投入的省级技术效率估计，并提出对前沿效率分析中模型选择问题的思考。第四章是考虑能源和环境因素的省级全要素生产率收敛分析，主要是地区差距与生产率收敛分析、我国地区间生产率差距的初步判断、升级全要素生产率的收敛分析和累积相对生产率分布的动态演进。第六章是省级全要素生产率的影响因素研究，主要是基于 PSTR 模型的省级全要素生产率影响因素数据分析。第七章是结论与建议。

关键词：中国经济　经济增长　能源利用　生态环境　环境保护　全要素生产率

**1889**

**基于微观结构理论的内幕交易分析** / 黄俊著 ；唐齐鸣指导. -- 华中科技大学, 2009. -- 107 页

论文用实证分析法、模型分析法和计量统计法等，选取目前微观金融领域发展最快的新兴学科——证券市场微观结构理论来研究内幕交易行为，从市场价格形成机制、交易制度等方面来研究交易内幕，了解内幕交易过程，为我国内幕交易的研究和监管提出了建议。论文结合我国证券市场微观结构与内幕交易行为特征，选取了指令驱动市场上的订单形势、信息披露与市场有效性、交易久期与交易强度等我国证券市场几个有代表性的微观制度来分析内幕交易。论文第一章为绪论，包括研究方法、研究意义、文献综述、研究思路和结构安排，指出运用微观结构理论分析内幕交易行为具有良好的理论基础和现实意义。第二章是中国证券市场的发展与唯冠结构特征，主要介绍中国证券市场的发展状况、市场微观结构发展状况和市场内幕交易情况。第三章是我国证券市场上交易内幕交易者的策略做了分析，通过 Burton 模型及改进模型，分析了交易者策略，并阐述了基于交易者策略的流动性影响。第四章是市场有效性与内幕交易分析，首先介绍市场有效性理论，并对我国证券市场有效性做了检验，接着引用 TT-Kyle 模型进行结论分析。最后是对交易久期与内幕交易关系进行分析，主要为模型介绍、模型修正与使用、数据描述、估计结果，第六章是结论与展望。

关键词：证券市场　股票交易　微观系统　市场分析

**1890**

**税收征管博弈与激励机制研究** / 李传志著 ；叶民强指导. -- 华侨大学, 2009. -- 155 页

论文运用博弈论与激励机制设计理论分别研究税收征管中的事（逃税和避税）和人（征税人、纳税人和税务代理人），通过建立数学模型分析它们的贝叶斯纳什均衡或分离均衡，并对税收征管博弈与激励机制进行了研究。全文共分十章。第一章主要阐述研究的背景与意义、研究思路、内容及框架、方法、特色与创新；第二章国内外相关文献综述；第三章回顾了我国税收征管模式的历史沿革和税收征管法的制度变迁，分析了税收收入变化和税收征管特点，指出税收征管机制的缺陷与不足以及税收征管工作中存在的问题，在借鉴发达国家税收征管经验基础上，提出完善我国税收征管制度的建议；第四章对逃税进行概述，内容包括逃税的概念、特征、手法、危害、处罚以及我国逃税现象的严重性；第五章对税收筹划存在的风险进行分析，强调认定风险，建立博弈模型，分析企业与税务机关在税收筹划博弈过程中的决策行为和均衡结果，并提出改善结果的具体措施；第六章主要论述国际避税与反避税，指出转让定价是跨国公司在国际避税中最广泛采用的一种手段；第七章分析税务机关与征税人之间的委托—代理关系，借鉴霍姆斯特姆和米尔格罗姆的做法，建立税务机关与征税人之间的委托—代理模型，提出完善我国征税人激励机制的建议；第八章分析纳税人与税务代理人之间的委托—代理关系，选择纳税成本率作为反映代理人—税务代理人效率的变量，利用拉丰模型为不同能力的税务代理人设计激励契约；第九章分析我国在税收激励机制方面存在的错位、缺位等问题，借鉴日本的做法，设计了两种税收激励制度，并用博弈论的方法证明这些制度确实可以起到减少逃税的效果；第十章总结了本研究的主要结论，指出研究的局限和后续研究建议。

关键词：税收征管　逃税　避税　税收筹划　委托代理　激励

**1891**

**税收收入能力测算模型、方法及实证研究** / 李国锋著 ；刘黎明指导. -- 首都经济贸易大学, 2009. -- 159

页

论文在相关研究文献评述的基础上。综合运用数理经济分析、计量经济面板数据建模、随机前沿面分析技术、数据分布估计和随机模拟技术等方法，围绕税收收入能力相关概念与理论、中国财税体制发展状况、地区税收努力指数测算和分税种税收收入能力测算的模型、方法及其实证等三个方面的内容展开研究。第一章是引言，主要对问题的提出、文献综述、研究方法、研究结构和研究创新做了阐述。第二章是税收收入能力测算的理论基础。首先是税收收入能力概念的界定，其次是税收经济决定论及其影响因素分析，第三是税收体制、税收政策、税源监控及税收数据环境分析，最后是税收变量的随机性假设及其分布估计的需求分析。第三章是地区税收努力指数模型，基于面板数据随机前沿面分析的实证研究，分别对 TE/R 法的原理、问题及改进设想、影响税收努力的因素选择、数据说明及模型设定进行了阐述，同时基于面板数据 TE/R 法进行税收努力指数模型及其测算分析，基于面板数据 SFA 法的税收努力指数模型及其测算分析，最后是关于税收努力指数模型的两种测算结果的比较。第四章是税收收入能力测算积分模型，主要是基于税收收入能力测算的分布估计发 TC/D 的方法和结果分析。第五章是结论与研究展望。

关键词：税收收入　税收制度　税收管理

**1892**

**供求特征、策略性行为对市场结构的作用机理研究** / 李何著 ; 孙巍指导. -- 吉林大学, 2009. -- 116 页

论文运用数量经济分析的理论与方法，在研究产业基本条件对市场结构作用机理的基础上，从厂商策略性行为的角度对市场结构的决定因素进行了研究。全文共分六章。第一章从基于传统产业组织理论的市场结构和基于新产业组织理论的角度介绍了论文的研究背景，对厂商策略性行为对市场结构影响的国内外研究的相关文献进行了综合论述；第二章对厂商策略性行为的理论进行了分析，提出了基于价格调整的定价策略、基于产能调整的过剩产生能力策略和基于产品调整的差异化和 R&D 策略；第三章以我国 28 个制造业行业为基本研究对象，以行业的平均规模和资本密集程度作为衡量影响市场结构的供给特征，以增长率为衡量影响市场结构的需求特征，研究了供求特征对市场结构的作用机理；第四章以传统产业组织理论中最核心的价格竞争策略为研究对象，在对限制性定价理论和掠夺性定价理论的相关假定基础上，拓宽了理论研究思路；第五章通过比较已有研究文献发现大多数关于过剩生产能力策略性行为对市场结构的影响分析都为理论研究，本文的目的是通过定量研究手法去检验过剩生产能力对市场结构的影响，基于此，根据已有研究成果，在理论上进一步探析过剩生产能力对市场结构的作用机理。以我国汽车产业为研究对象，对汽车市场集中度与过剩生产能力之间的关系进行了实证研究；第六章以差异化策略和 R&D 策略对市场结构的影响为研究主线，选择我国汽车行业 7 大集团的数据，通过面板数据协整检验和长短期 Granger 因果关系检验的计量手段，研究了差异化策略和 R&D 策略对市场结构的作用机理，并通过面板数据的长短期 Granger 因果关系检验分析了企业策略性行为和市场结构的双向作用关系。

关键词：企业管理　市场分析　供求结构　生产能力　产品策略

**1893**

**新巴塞尔协议内部评级法与亲周期性效应研究** / 李佩珈著 ; 王利指导. -- 首都经济贸易大学, 2009. -- 192 页

论文采用了模型分析法、实证研究法、计量经济学研究方法等，对新巴塞尔协议中信用风险的模型进行了回顾，分析了各类模型在我国的实用性，介绍了新巴塞尔协议内部评级法的主要内容。第一章是绪论。第二章是新巴塞尔协议下的信用风险模型研究，分别对违约概率测度模型、违约回收率模型、信贷资产组合模型进行了研究，并对各种信用风险模型在我国的适用性做了分析，基于 CREDITMETRICS 的模型对资产风险值进行了实证研究。第三章是新巴塞尔协议内部评级法研究，主要为新巴塞尔协议的主要内容、内部评级法的理论背景和内部评级法模型的局限性，以及内部评级法中个参数影响关系研究。第四章是内部评级法下不同评级思想的亲周期效应研究，主要是时点法和周期法评级原理的作用和体系设计。第五章是内部评级法下信用风险与经济周期研究，介绍经济周期对违约率的影响、经济周期波动对违约损失率影响、经济周期对违约概率与回收率相关性的影响、经济周期对 EAD 的影响，最后是资本要求的亲周期性实证分析。第六章是亲周期效应的缓解机制研究。介绍次级贷危机与内部评级法，对风险参数及监管资本平滑缓解亲周期效应做了论述，并运用压力测

试缓解亲周期效应,介绍了缓解亲周期的其他方法,以及当前形势下信贷风险及其防范。

关键词:信用　风险管理　资信评估

**1894**

**教育、人力资本、经济增长:理论阐释和实证检验** / 李晓纯著 ; 陈守东指导. -- 吉林大学, 2009. -- 118 页

论文采取成本法、收入法以及理论联系实际的研究方法,对教育、人力资本、经济增长三者之间的关系进行了理论阐释和实证检验。全文共分八个部分。第一部分导论,介绍研究背景、研究意义和研究方法等;第二部分对经济增长的研究历程进行了分析,介绍了古典增长模型、哈罗德—多马模型和新古典增长模型和内生增长理论,并对经济增长中的重要事实进行了陈述;第三部分论述了教育和人力资本的形成,对资本概念进行了界定,论述了人力资本与教育的关系,以及教育投资收益及其度量的方法;第四部分介绍了人力资本的测算方法,总结了人力资本的特征;第五部分采取成本法和收入法两种方法对我国人力资本进行测算;第六部分构建了聚类分析和面板数据模型,采用聚类分析的方法将全国各省份划分为六大类:第一类包括北京、天津和上海,第二类包括广东、江苏、浙江和山东,第三类是重庆,第四类是河北、辽宁、安徽、河南、湖北、湖南、四川,第五类以西部地区为主,包括东北地区的积累和黑龙江的15个省份,西藏自成一类。还对教育投入和人力资本、教育投入和经济增长、人力资本形成和经济增长的关联进行了论述;第七部分基于经济增长关联和教育投入关系提出了人力资本的战略:增加教育投入、优化教育结构、研发和创新;第八部分结论和创新之处。作者认为,教育年限缩短是制约我国人力资本形成的瓶颈;人均教育年限的增加,对人均 GDP 的增加比总量上的增加具有更大的作用;我国存在劳动人口多,素质低的问题,同时人力资本利用效率极低,因此,提高人力资本利用效率,增强劳动力素质,是实现经济增长的关键因素。

关键词:经济增长　教育投资　人力资本

**1895**

**内部人交易与公司信息披露研究:基于中国上市公司的分析** / 廉鹏著 ; 王克敏指导. -- 吉林大学, 2009. -- 110 页

论文采取理论与实践相结合的研究方法,对内部人权交易与公司信息披露进行了研究。全文共分七章。第一章绪论,介绍了论文研究的制度背景,研究意义,研究思路,并指出在中国特有的制度背景下,深入考察内部人交易与公司信息披露的关系对代理理论的贡献,并能够提供有针对的监管政策建议;第二章针对已有大量内部人交易相关研究,以内部人交易获利为中心,回顾了内部人交易超额收益研究,内部人对其信息优势的利用,以及公司治理对内部人交易特征的影响;第三章基于公司管理者与大股东关系的理论框架,针对中国上市公司特有的公司治理结构,基于代理理论对两种类型代理问题进行研究;第四章主要考察了内部人交易对公司管理者盈余预测误差的影响,并在此基础上分析了公司治理对内部人交易与管理者盈余预测误差敏感性的影响;第五章主要分析了内部人交易与公司信息披露属性及时机相互影响关系,考察了公司治理对两者敏感性的影响;第六章考察了大股东减持与各类信息披露的关系,利用联立方程模型,考察了公司信息披露与大股东减持的内生关系;第七章为结论,总结了研究取得的主要成果,论述其对相关研究的主要贡献,并针对性地给出了政策建议。论文的研究结论:证券市场监管部门应当强化对内部人交易的监督,并加强公司自愿性信息披露的监管,以避免自愿性信息披露成为内部人交易获利的工具。

关键词:上市公司　股票市场　股东　公司治理　企业利润　信息披露

**1896**

**微观产能利用对我国宏观资金流动性影响的实证分析** / 刘林著 ; 孙巍指导. -- 吉林大学, 2009. -- 106 页

论文构建相关模型,采用实证分析的方法,通过对经济波动环境下微观经济主体行为的分析,揭示了宏观资金流动性波动的微观形成诱因及其演化规律。全文共分六章。第一章阐述了资金流动性问题的研究进展,并对资金流动性波动的微观成因、产能利用与厂商投资行为、资金流动性与厂商投资行为进行了研究,指出了论文的研究问题和使用的研究方法;第二章对投资波动下资金流动性过剩的形成和产能利用决定对投资行为的影响进行了分析;第三章对 1999 年至 2008 年我国资金流动性与制造业各行业产能利用率序列进行测度,继而利用频谱分析对资金流动性与制造业各行业差能利用率的周期波动特征以及两

者的波动关系进行测定;第四章借鉴合成指数的方法,把利用互谱分析得到的具有相似波动特征的制造业产能利用率合成为一个指数,探讨合成后的指数与宏观资金流动波动之间可能存在的影响关系;第五章为了验证微观产能利用率是宏观资金流动性波动的重要原因,分别对资金流动性与固定资产投资的时间序列 Granger 因果关系以及固定资产投资与产能利用率的面板 Granger 因果关系进行检验;第六章通过建立宏观资金流动性与制造业产能利用合成指数马尔可夫区制转移向量自回归(MSVAR)模型分析在不同的经济背景下,产能利用率的变化是如何影响资金流动性的波动的,从而阐述了制造业产能利用率对资金流动性的传导机制。

关键词:生产能力　经济波动　流动资金　相关分析

**1897**

**市场结构:决定因素与双边市场中对定价模式的影响** / 刘启著 ; 白重恩指导. -- 清华大学, 2009. -- 135 页

论文运用模型法、案例分析法、实证研究法和计量经济学研究方法等,以市场结构为核心,研究市场结构的决定因素以及它对企业定价行为的影响,并以芯片、药品、操作系统、视频游戏等产业的事实,验证了本文的理论模型。在双边市场框架下讨论市场结构对企业定价行为的作用,引入视频游戏系统等案例将模型应用与检验和分析。第一章是引言,对问题的提出、研究意义、研究思路与论文结构安排做了说明。第二章是文献综述,包括市场结构研究综述、单一市场和多个子市场的市场结构研究的边界方法和双边市场与平台理论研究综述,具体包括交易中介、媒体、支付工具、软件平台等。第三章是利用边界方法分析市场结构的影响因素,依次对单一市场、多个子市场的模型设定、假设、检验等问题做了论述。第四章是市场结构对定价模式的影响之一,即操作系统产业做了分析。首先是操作系统产业简述,其次是操作系统定价模型,最后是模型的比较静态分析和对验证做论述,并将模型应用与特殊的商业模式与隐性倾销。第五章是市场结构对定价模式的第二个影响,即视频游戏产业问题。本章简述了视频游戏产业,并对视频游戏的定价模型做了说明,比较两种定价模型的异同,在章末将模型应用于其他产业的分析。第六章是结论与展望。

关键词:产业经济学　市场竞争　市场结构　双边市场　定价

**1898**

**门限模型及其在我国宏观经济研究中的应用** / 刘雪燕著 ; 张晓峒指导. -- 南开大学, 2009. -- 153 页

论文使用 SVAR 方法,构建了 AS-AD 模型和非线性平滑转移模型 LSTR,以方法研究为核心,通过放松模型假定条件和改进模型设定使之更符合现实经济理论和经济背景,通过构造新统计量对现有检验方法进行扩展和完善。全文共分七章。第一章引言,分别从经济学和计量经济学两个方面分析论文研究的背景和意义,继而介绍论文的研究方法及研究的技术路线,提出论文的研究思路及主要内容的架构;第二章相关理论和文献回顾,由四个部分组成,包括常见非线性模型的介绍、STAR 模型发展、STAR 模型平稳性检验的方法以及门限模型章平稳性与非线性的联合检验;第三章提出了 tLSTAR 检验来检验 LSTAR 模型的平稳性,推导出 tLSTAR 统计量的渐近分布,得到临界值表;第四章把时间序列退势的 OLS 和 GLS 方法与第三章提出的单位根检验方法结合,通过蒙特卡罗试验发现,在 STAR 模型中,对时间序列退势能不同程度地改善单位根检验的功效;第五章结合第三章和第四章的研究结果,构造了 Wald 统计量联合检验 STAR 模型的平稳性与线性性;第六章为应用研究,包括中国通货膨胀预期和 ex-ante 实际利率的测度、中国货币政策效果不对称性问题、中国货币需求函数的 STR 模型的构建以及中国通胀水平、通胀不确定性及货币政策波动等四部分;第七章在前文分析的基础上,对全文进行总结,并指出研究的局限及后续研究方向。

关键词:计量经济学　数学模型　宏观经济管理　货币政策

**1899**

**股权类衍生品定价与风险管理研究** / 刘英华著 ; 陈守东指导. -- 吉林大学, 2009. -- 97 页

论文采用理论与实践相结合、理论分析和统计检验相结合、国外市场与国内市场比较研究相结合、定性分析和定量研究形结合的研究方法,从股权类衍生产品的定价入手,在传统的期权定价基础上进行改进,着力于衍生产片的风险控制问题的研究。全文共分六章。第一章引言,介绍研究背景、研究意义、研究内容、研究结构、研究方法与创新之处;第二章对股权

类衍生品研究文献进行了综合论述;第三章构建了标准期权定价模型,分析了期权价格的影响因素及期权定价的公式,指出了奇异期权的分类与定价的本质方法,对奇异期权定价模型的扩展进行了研究;第四章归结了标的资产价格波动性的特征,对期权市场风险进行了评估,分析了特定条件下对风险的管理,以及有限差分方法定价的奇异期权风险管理的难点;第五章界定了结构化产品的定义,分析了结构化产品的作用,对结构化产品的风险管理进行了研究,并指出了结构化产品在中国的发展及未来的展望;第六章采取实证分析的方法对我国股指期货套期保质,以及股指期货最优套利模型进行了研究。本文的研究结论:在我国,股权类衍生品尤其是奇异期权,可以通过用解析解代替 Monte-Carlo 模拟的方法来改进定价效率、增强风险控制的精度级效率;在我国特殊的市场环境下,衍生品市场参与机构需要针对特定条件进行包括敏感性分析和压力测试在内的风险控制,来管理预期和非预期的风险;对于股指期货来说,应当采用优化的套期保值模型以及套利模型来提升风险管理的效果,并取得合理的收益。

关键词:股指期货　股权　定价　风险管理

1900

**我国中小型商业银行效率与监管研究** / 吕静秋著 ; 赵振全指导. -- 吉林大学, 2009. -- 111 页

论文应用因子分析法、包络分析法和实证分析方法对我国中小型商业银行效率与监管进行研究。全文共分七章。第一章绪论,说明研究背景、研究意义、研究内容、框架体系、研究方法,并指出了主要创新点;第二章阐述了中小金融机构存在的理论基础,并对小型商业银行的竞争优势和银行制度的选择进行了分析,对国内外中小型商业银行发展研究进行了综合论述;第三章回顾了我国中小型商业银行的发展历程,取得的成效,指出了中小商业银行发展中存在的问题,对影响我国中小商业银行发展的要素进行了分析;第四章运用因子分析法,以吉林省的相关数据为依据,实证检验了中小商业银行效率的影响因素;第五章运用非参数分析法中的包络分析法(DEA),选取了 4 家国有银行、7 家股份制银行和 12 家非上市的地方银行 200—2006 年的相关数据分年度对技术效率、纯技术效率、规模效率和规模效率的变化进行了实证检验;第六章选取了对银行这类特殊企业有特别影响的银行监管与风险,分析了这些因素对大银行和中小银行影响的区别;第七章提出了促进中小银行发展的对策:准确的市场定位、完善公司治理结构、加入战略联盟发挥比较优势、通过并购提升核心竞争力、依靠人才创造发展现实动力、促进我国中小商业银行的外部策略。

关键词:商业银行　经济效率　银行监管

1901

**我国货币市场利率期限结构及其与宏观经济关联性研究** / 马庆魁著 ; 陈守东指导. -- 吉林大学, 2009. -- 117 页

论文采用极大似然法、离散极大似然法、Hermite 多项式展开法和模拟极大似然法对 Vasicek 模型、CIR 模型和 CKLS 模型三种重要的单因子模型进行估计,对我国货币市场利率期限及其与宏观经济的关联性进行了研究。全文共分五章。第一章介绍了我国利率期限结构研究现状以及我国银行间行业拆借市场和银行债券回顾市场的发展状况,从微观的、宏观的以及理论的层面说明论文的选题动机以及选题意义,通过对已有研究的归纳总结提出相应的研究思路和方法,给出论文的结构安排和主要创新点;第二章从理论研究和实证研究两个方面分别对利率期限结构动态模型及利率期限结构与宏观经济因素关联性的国内外主要研究成果进行回顾和梳理,指出了国内外现有研究的发展趋势以及我国实际结合的方向;第三章介绍了包括传统利率期限结构形成假说和现代利率期限结构动态模型在内的各种描述利率期限结构运动变化的理论,以银行间同业拆借市场和债券回购市场两个重要的子市场为主阐述了我国货币市场的产生、发展和特点,并在此基础上给出了我国货币市场利率体系的基本特点;第四章利用 Vasicek 模型、CIR 模型和 CKLS 模型这三种经典的单因子利率期限结构动态模型对银行间同业拆借市场和债券回购市场的利率期限结构进行刻画,揭示我国货币市场利率期限结构的变动规律;第五章以银行间同业拆借市场和债券回购市场的长、短期利差作为利率期限结构的代理指标,讨论了两个市场上四种利差与经济增长、货币供给和通货膨胀三个重要宏观经济变量之间的影响关系。

关键词:货币市场　利息率　利率市场化

1902

**基于非对称跳跃扩散过程的随机投资组合理论** / 马添翼著 ; 林勇指导. -- 中国人民大学, 2009. -- 114 页

论文采用实证研究法、模型分析法和计量经济学分析方法,结合中国资本市场股价变化特征,提出采用非对称跳跃扩散过程来刻画股价变化。在理论和实践两个层面推广了随机投资组合理论。弥补了元理论刻画金融现实上的不足,重新分析了中国资本市场的结构特征,提出了相应的资产配置和风险控制的数量化模型,为投资者决策提供了依据。第一章是导言,对研究背景、研究意义、研究方法和论文结构安排做了说明。第二章是投资组合理论文献综述,对单期的均值—方差分析框架、多期的连续时间框架分别做了文献综述和数学基础阐述。第三章是随机投资组合理论,主要介绍市场和投资组合、股票跑市场行为和多样化、市场多样性的度量和函数生成组合。第四章是非对称跳跃扩散过程下的随机投资组合理论,对此模型的依据、结果、参数估计和检验分别论述。第五章是基于中国资本市场的实证分析部分,首先概述市场情况,其次对收益率的统计特征和资本分布特征做了解释,接下来对规模效应特征做了基于随机投资组合理论框架下的阐述,最后是投资组合的实证分析。第六章是结论,主要是研究意义、研究结论和研究展望。论文研究结论为,中国资本市场股票价格存在跳跃成分,我国市场资本分布呈现不稳定特征,以及中国资本市场存在规模效应。

关键词:组合投资　股票市场　股票价格　风险分析　随机微分方程

**1903**

**金融危机预警方法研究:兼论我国金融风险隐患** / 闵小宝著 ; 郑玉歆指导. -- 中国社会科学院, 2009. -- 110 页

论文采用模型研究法、实证研究法、比较分析法等研究方法,对金融危机预警方法做了论述,并应用于研究我国金融风险隐患和对策。论文的第一章是导言。第二章是文献综述,对国际上四种主流金融危机预警方法进行了评述,对国外金融危机预警方法模型进行了整理和综述。第三章是支持向量机与金融危机预警的关系,首先介绍统计学习理论,其次是支持向量机的分类和回归论述,最后分析了支持向量机与金融危机预警的关系。第四章是基于 RS-SVM 的金融危机预警方法,依次论述了构建金融风险预警指标体系的可能性与必要性、金融危机预警指标选择的国际经验、基于粗糙集和变精度粗糙集的属性约简、基于 RS-SVM 的金融危机预警方法和基于变精度粗糙集和支持向量机的金融危机预警模型。第五章是基于 PCA、RS、SVM 的金融危机预警方法,主要利用主成分分析法进行降维,并介绍了基于 PCA、RS、SVM 的金融危机预警方法等。第六章是我国金融风险预警的实证研究,通过回顾我国金融风险预警指标体系的情况,对基于主成分分析和初级理论的预警指标预处理,使用 LIBSVM 训练数据。第七章是我国金融风险隐患表现、成因及对策。首先分析了我国房地产金融风险表现,其次介绍了房地产金融风险成因,最后是防范我国金融房地产的对策。第八章是结论、政策含义及进一步研究方向。

关键词:金融危机　金融风险　预警系统　支持向量机

**1904**

**外生性理论及检验:基于中国货币需求函数的实证** / 任宇宁著 ; 赵国庆指导. -- 中国人民大学, 2009. -- 109 页

论文采用模型分析法、实证分析法、计量经济学等研究方法,对近几十年来国际上对外生性的研究做了梳理,包括统计背景、相关概念和主流的检验方法。在此基础上提炼出检验弱外生性、强外生、超外生性的可操作程序,并对货币需求函数进行探讨。论文第一章是绪论,主要介绍外生性研究的背景和意义,并对外生性研究的已有成果和本文研究思路做了讨论。第二章是 EHR 外生性体系简介,主要是符号及变量定义、外生性相关概念、弱外生性、强外生性、超外生性与结构抗变性。第三章是外生性与协整,主要讨论协整概念及理论体系,研究协整与外生性的关系。第四章是外生性的检验,主要是外生性检验综述,介绍了外生性检验的 EH 方法、JOHANSEN 弱外生性检验、超外生性检验的最新进展以及强外生性的检验。第五章是中国货币需求函数的外生性检验,对模型的选取、变量选择、外生性检验结果,具体分为弱外生性检验、强外生性检验、超外生性检验和超外生性检验的脉冲饱和法等,最后对实证结果的分析做了论述。第六章是结论与展望,主要对外生性检验的一般程序、外生性检验结论和研究意义与展望做了解释。

关键词:货币管理　货币需求　货币政策　需求函数

**1905**

**我国粮食供求、价格波动与安全问题的实证分析** / 邵鲁著 ; 金成晓指导. -- 吉林大学, 2009. -- 119 页

论文采取SWOT分析法、实证分析法、主成分分析法,以我国粮食供求、价格波动为主线,对我国的粮食安全、政策效率和农民种粮收益等问题进行研究和阐述。全文共分六章。第一章绪论,说明了选题背景、研究意义、基本思路、结构安排、研究方法和创新之处;第二章和第三章对我国粮食供给能力和粮食需求的基本情况进行了阐述,在详细分析影响我国粮食供求的各种因素的基础上,利用ARMA模型和GARCH模型,采用1949—2007年我国粮食产量和粮食人均占有量的时间序列数据,根据不同的人口增长率分别计算出了我国2010—2015年的粮食供求缺口数量;第四章从具体的政策和制度环境出发对我国粮食价格波动的历史情况进行了回顾,并利用蛛网理论模型和多元线性回归模型对我国历年粮食价格波动的特点和原因以及我国粮食期货市场价格与粮食现货市场价格的相关性进行了实证分析;第五章使用SWOT分析方法对我国粮食安全的基本情况(优势、劣势、机会、威胁)进行了分析,同时给出了我国粮食安全体系构建的原则与方法,并选取了反应粮食生产情况、粮食流通情况和粮食消费情况的12个指标来构建我国粮食安全评价指标体系,利用主成分分析法对我国粮食安全情况进行了实证分析,给出了我国从1983—2006年历年的粮食安全指数;第六章对新中国成立以后历年的粮食政策进行了回顾,并利用EDA模型和数理分析对我国当前的粮食政策进行了计量评价和数理推导,指出我国粮食直接补贴政策的投入产出效率总体情况一般,国内各省市自治区粮食直接补贴政策的投入产出效率存在较大差距,且补贴无效率的区域多集中在粮食主产区。

关键词:粮食作物　市场供求　价格　粮食安全

**1906**

**我国货币政策效果非对称性研究** / 宋金奇著 ; 雷钦礼指导. -- 暨南大学, 2009. -- 131页

论文从货币政策的传导机制入手,基于IS-LM框架分析了传导机制的各个阶段的经济主体行为,对我国货币政策效果非对称性进行了研究。全文共分七章。第一章绪论,对货币政策效果非对称的相关文献进行了梳理和总结,介绍了货币政策效果非对称的最新进展及研究的不足之处;第二章介绍了货币政策的传导,介绍了货币政策传导中的货币政策工具,不同经济主体在不同经济状态下行为不一致,会导致货币政策传导出现非对称性;第三章分析了在货币政策传导过程中经济主体的反应,分析了中央银行、商业银行、企业、居民的行为反应模式;第四章分析了纵向非对称性效果,包括预期到的和未预期的货币政策对产出、产出的各组成部分(消费、投资和出口)、价格的非对称性;第五章分析了横向非对称性,包括产业非对称、区域产出非对称和区域价格反应非对称;第六章从货币需求角度分析了货币政策效果非对称性;第七章是研究结论。作者认为,货币政策能否实现我国经济发展的目标,与我们是否确切地认识到货币政策的效果有很大关系,货币政策效果确实存在纵向非对称性和横向非对称性,与其说货币政策无效,不如说货币政策存在非对称性;由于货币政策效果存在区域上的非对称性,货币政策调节经济时一定要兼顾不同地区、不同行业的发展水平,保证各行业和区域协调发展。

关键词:货币政策　货币需求　货币市场

**1907**

**空间计量经济学模型的非嵌套检验方法及其应用** / 孙洋著 ; 李子奈指导. -- 清华大学, 2009. -- 151页

论文采用计量经济学方法、模型研究法、实证研究等方法,在梳理空间计量经济学经典理论和方法的基础上,指出了空间结构设定的嵌套检验方法存在的不足,发展了一种新的空间结构选取的非嵌套检验方法,通过对Monte Carlo模拟实验,以及两个实证问题的应用,论证了所提出的非嵌套检验方法的可行性。第一章是前言,包括选题背景、选题意义和论文结构。第二章是空间计量经济学基本方法与文献综述。首先简介空间计量经济学,依次对空间效应的相关性和异质性、空间计量经血模型、空间计量经济学模型的估计方法、空间计量经济学模型的检验方法、空间计量经济学模型的检验方法,及其应用和优缺点进行说明。第三章是空间矩阵的误用及其影响,通过Monte Carlo实验设计,分析实验结果的误用概率、影响因素,以及空间结构误用对实证分析的影响。第四章是一种空间矩阵选取的非嵌套检验方法。主要介绍了检验方法和Monte Carlo模拟实验及其结果分析。第五章是基于非嵌套检验结果的工具变量估计,包括GS2SLS和GMM估计法、工具变量的选取方法、基于非嵌套检验结果的工具变量选取方法以及Monte Carlo估计量的工具变量。第六章是空间非嵌套检验应用之一,产业发展战略与空间收敛,首先分析对三大区域人均GDP增长的收敛趋势及其空间效应,其次分析三大区域的发扎战略选择及其空间效应,最后论述区域经

济增长与空间效应的关系。第八章为结论。

关键词:计量经济学　经济计量分析　统计分析　蒙特卡洛模拟

**1908**

**非参数级数估计方法的理论和发展** / 孙云著 ; 李子奈指导. -- 清华大学, 2009. -- 144 页

论文采用数学分析法、计量经济学方法、模型分析法等,对计量经济学模型非参数估计法质疑的级数估计方法进行探讨与研究,对级数估计理论进行了一定的发展。论文第一章是引言,主要对非参数估计方法的地位及与其他方法的比较进行了说明,第二章是逼近函数准备,对多项式函数、三角函数、回归样条函数和小波函数依次进行论述。第三章是技术估计方法,首先论述技术方法估计密度函数,其次是技术方法估计回归模型,最后是半参数部分线性模型的选择和说明。第四章是模型设定检验,依次研究了检验参数回归模型、检验加性部分线性模型和其他基于级数方法的检验。第五章是内生解释变量和联立方程模型,依次是参数部分含内生解释变量的部分线性模型、条件矩限制下 Ai and Chen 有效估计量(非参数部分含内生解释变量的部分线性模型)、一个三角形的联立方程模型和一个更一般的联立方程模型。第六章是平行数据模型,主要论述了加性效应、固定效应的另一种处理方法、非线性面板数据模型等。第七章是弱相依数据下的技术回归方法,在介绍了收敛速度、渐进正态性、幂级数估计的基础上,做了回归样条和结论说明。第八章是基于技术方法的模型设定检验,提出了一个替代模型,第九章是结论。

关键词:计量经济学　非参数统计　半参数模型　统计分析

**1909**

**我国核心通货膨胀问题研究** / 谭本艳著 ; 王少平指导. -- 华中科技大学, 2009. -- 116 页

论文运用模型法、定性研究法、案例分析法等研究方法,对核心通货膨胀的科学内涵及其度量方法进行了分析,并对我国现行的物价指数体系及其缺陷、我国通货膨胀的结构性特征和货币政策关注核心通货膨胀的利弊问题进行了分析。第一章是绪论,包括研究背景、研究意义、国内外研究综述和论文结构。第二章是核心通货膨胀的内涵及其度量方法,包括核心通货膨胀的内涵、核心通货膨胀的度量方法、核心通货膨胀的度量方法的期望性质和评价方法等问题。第三章是构建我国核心通货膨胀指标的必要性分析,包括我国现行的物价指数体系及其缺陷,以及构建我国核心通货膨胀指标的必要性。第四章是我国核心通货膨胀的度量,包括相关文献回顾、我国核心通货膨胀的实际度量和我国核心通货膨胀率的特征。第五章是我国通货膨胀的结构性特征及其对核心通货膨胀度量的影响。主要是研究结构性核心通货膨胀问题的文献回顾,我国 CPI 和 PPI 分类指数波动的特征、我国 CPI 和 PPI 波动的长短期驱动力检验、通货膨胀结构性特征对度量核心通货膨胀的启示。第六章是我国 CPI 和 PPI 与我国货币政策的执行,主要关注我国核心通货膨胀政策含义、关注核心通货膨胀的政策风险、核心通货膨胀与我国货币政策的调整等问题。第七章是结论与展望,包括本文的主要结论与意义、尚待深入讨论的问题等。

关键词:中国经济　通货膨胀　货币政策

**1910**

**中国现代服务业地区差异与集聚发展的实证研究** / 王波著 ; 张屹山指导. -- 吉林大学, 2009. -- 112 页

论文采用理论与实践相结合的研究方法,对中国现代服务业地区差异与集聚发展进行实证研究。全文共分七章。第一章绪论,说明研究背景、研究意义、研究思路与研究方法、论文的结构安排及创新点,并对国内外现代服务业和现代服务业产业集群研究进行了综合论述;第二章介绍了服务的经济理论,指出经济发展的罗斯托五阶段理论和贝尔的三阶段理论,构建"标准产业结构"模型,并指出了服务业与工业的关系;第三章界定了现代服务业的内涵,并从现代服务业发展水平、成长能力、基础条件、公共环境、比较优势五个方面对我国现代服务业发展现状做了分析;第四章利用李朝鲜(2007)建立的现代服务业评价指标体系,运用层次分析法确定各指标的权重,选择的评价模型对现阶段我国 31 个省、市、自治区的现代服务业发展做出综合评价;第五章利用产业集聚测度方法对中国现代服务业产业集聚指数进行测算,得出中国现代服务业及内部行业的集聚现状及发展趋势;第六章利用面板数据模型,选取人力资源投入、投资水平、基础设施、技术创新能力、市场化发展水平、政府支持力度六个因素对中国现代服务业集聚发展的影响进行了分析;第七章根据以上分析结果,对中国现代服务业的发展提出了政策建议:选择有利于现代服

务业发展的产业政策、为现代服务业的发展营造良好的市场环境;为现代服务业发展创造优越的发展条件、促进现代服务业产业集群快速发展。

关键词:服务业　产业发展　区域差异　区位优势

**1911**

**海外油气投资视角下的国家风险及其管理研究** / 王琛著 ; 徐伟宣指导. -- 中国人民大学, 2009. -- 126 页

论文采取计量经济学分析方法、案例研究法、实证分析法等研究方法,从中国海外油气投资视角出发,沿着国家风险管理这条线索,探讨了国家风险的发展脉络、理论背景和油气海外投资风险管理的关键问题,尝试对海外资源开发利用时我国油气企业如何规避国家风险的问题,从政策层面给出了建议。第一章为绪论,主要对研究背景、国内外研究现状和结构安排等问题做了阐述。第二章是国家风险评级与指标体系对比分析。首先是国家风险评级机构的介绍,其次是国家风险评级指标的对比和研究。第三章是国家风险评级模型与评级结果统计特征分析,主要是国家风险评级模型和国家风险评级结果统计特性的论述。第四章是油气资源国家风险与投资区位选择。首先是当前海外油气投资重点地区的介绍,包括中东地区、独联体地区、北美地区、非洲地区、南美地区、亚太地区和欧洲地区。其次是国家风险约束下的海外油气投资区位选择模型,以及国家风险对油气资源国FDI区位选择影响的实证分析。最后是海外油气投资区位选择及国家风险防范。第五章是油气资源国国家风险与油气投资合作模式,主要是海外油气投资合作模式、国家风险约束下的海外油气投资合作博弈模型、国家风险对海外油气投资合作模式收益影响的对比分析以及海外投资模式选择及国家风险防范等问题。第六章是我国海外油气投资历史进程和风险特征,依次论述了我国海外油气投资历史进程和我国海外油气资源投资面临的主要风险要素问题。第七章是中国海外油气投资国家风险管理对策研究,对中国油气资源海外投资国家风险管理提出宏观政策和微观政策建议。第八章是总结与展望。

关键词:石油工业　经济发展　外商投资　国家安全　风险管理

**1912**

**结构变化模型的半参数方法及其应用研究** / 王成勇著 ; 艾春荣,王少平指导. -- 华中科技大学, 2009. -- 174 页

论文采用计量经济学回归方法、模型分析法、实证研究法等研究方法,结合半参数回归模型与还未知变点的结构变化模型和平滑转换回归模型,对于现有的这两类模型进行推广和改进,讨论了这些新模型的大样本性质,并在最后将这些模型用于分析我国现阶段宏观经济问题,说明了模型的可行性和实用性。论文第一章为绪论,包括研究方法、研究意义、文献综述、研究思路和结构安排。第二章是理论文献综述,包括半参数回归模型研究综述、含未知变点的结构变化模型研究综述和平滑转换回归模型研究综述。第三章是含未知变点的结构变化模型的半参数方法,首先结合半参数回归模型与含未知变点的结构变化模型,提出有结构变化的半参数回归模型。选取核估计情形和级数估计情形,分别加以有结构变化的半参数回归模型估计,并进行小结。第四章是平滑转换回归模型的半参数方法,对 I. I. D. 数据情形和相依数据情形进行了半参数平滑转换回归模型的估计,接下来多机制半参数平滑转换回归模型和一种新的多机制STR 模型。第五章是实证与应用研究,对中国经济周期阶段的非线性平滑转换做了论述,并将 SSTR 模型在我国宏观经济周期研究中的应用,以及我国宏观经济增长的结构突变现象,接着对半参数结构变化模型的实证研究给出了论述,章末是基于 ESTAR 和 ARB-STR 模型,论述 PPP 在中国的再检验。

关键词:计量经济学　线性模型　参数估计

**1913**

**人力资本投资收入效应的经验研究** / 王广慧著 ; 张世伟指导. -- 吉林大学, 2009. -- 98 页

论文采取微观计量方法,依据中国劳动力市场的微观调查数据,对人力资本投资收入效应进行研究。全文共分七章。第一章对人力资本的理论进行了概述,并对教育、培训、劳动力流动进行了阐述;第二章分析国内外人力资本投资效应的相关文献,并在此基础上利用父母的受教育年限作为个体教育的工具变量,应用两阶段最小二乘法对个体平均教育收益率进行了评估,应用倾向分匹配法对培训的收入效应进行了分析,应用赫克曼两阶段法分析了劳动力流动对我国男性劳动力收入的影响;第三章、第四章和第五章分别从教育、培训和劳动力流动三个方面评估了人力资本投资的收入效应,构建相关了理论框架,采取计量统计方法进行实证检验;第六章应用工具变量法分析了义务

教育法的实施对我国居民教育获得及其收入的影响;第七章应用总量效应分析方法研究了高校扩招政策对大学工资升水率的影响,并计算得到大学毕业生和高中毕业生之间的替代弹性。论文的研究结论:培训对男性的增收效果显著高于女性;潜在流动者的教育收益率和经验收益率不仅低于实际流动者,而且低于潜在非流动者;劳动者自身的人力资本状况与其外出概率是显著相关的;高校扩招政策的实施使大学毕业生相对供给大幅增加,从而引起大学工资升水率较大幅度的下降。

关键词:劳动力市场　人力资本　教育投资　收入

**1914**

**动态面板数据模型估计及其内生结构突变检验理论与应用** / 王津港著 ; 王少平指导. -- 华中科技大学, 2009. -- 126 页

论文采用模型法、计量经济学方法和实证研究等研究方法,着重研究动态面板数据估计与内生结构突变的检验问题,解析动态面板数据模型的估计偏误、动态面板数据模型结构突变的检验与估计问题等,说明模型如果确实存在着结构突变时的应对方法。第一章为绪论,第二章是动态面板数据模型,首先对动态面板数据模型的假设做了说明,提出动态面板数据估计的有偏性问题及纠正方法,进而进入广义矩估计,最后论述动态面板数据模型的一致性估计方法和动态面板数据模型的弱工具变量问题。第三章是我国省级动态面板模型的 GMM 估计偏误及应用。首先研究了动态面板数据模型的 GMM 估计偏误仿真问题,其次是省级动态面板数据模型 GMM 估计方法建议,最后是在系统 GMM 估计应用与我国农产品价格波动对通货膨胀的影响分析。第四章是动态面板数据模型内生结构突变检验。首先描述动态面板数据模型内生结构突变问题及其假设,然后提出 WACHTER 动态面板数据模型内生结构突变点的识别方法,最后检验统计量的有限样本性质。第五章是动态面板数据模型内生结构突变检验应用部分,对中国通货膨胀的惯性变化及其货币政策含义和中国城乡居民边际消费倾向结构性变化问题做了分析。第六章是全文研究结论。

关键词:经济统计　统计数据　数据模型　蒙特卡洛模拟

**1915**

**基于一般均衡模型的中国产出,就业和通货膨胀研究** / 王君斌著 ; 田国强指导. -- 上海财经大学, 2009. -- 127 页

论文首先运用计量方法,如二阶矩、动态特征和脉冲反应,其次建立一个随机动态一般均衡模型,同时引入随机冲击和模型元素,运用微观数据估计模型结构参数,如校准法、广义矩估计、最大似然估计和贝叶斯估计等,并对模型进行数值模拟,最后将模拟的结果与计量结果进行比较,探讨模型经济解释典型事实的能力,并给出模型评估或政策思考。论文第一章是导论,介绍了再随机动态一般聚恒模型框架下研究经济波动的方法及工具,第二章是生产率水平、就业与宏观经济波动。首先是一个典型真实经济周期模型的讨论,其次基于 SVAR 模型的典型事实分析了变量定义、数据来源和检验结果运用计量方法,把经济中的冲击分解为技术冲击和非技术冲击,施加合理识别假设,并基于中国宏观经济时间序列数据,得出结论。第三章是通货膨胀性、产出波动与货币政策冲击,主要是基于 SVAR 模型的典型事实、模型说明和模拟结果、比较分析和政策建议等。第四章是就业、通货膨胀和货币政策冲击,首先是基于 SVAR 模型的典型事实,其次是模型说明及结果分析,最后是传导机制、比较分析与政策建议,本章运用结构向量自回归方法,施加经济意义上合理的识别假设。第五章是结束语。

关键词:中国经济　宏观经济　经济波动　就业　通货膨胀

**1916**

**基于 VaR 的金融市场风险度量:半参数方法与稳定分布下完全参数方法比较** / 王莉著 ; 章祥荪指导. -- 中国人民大学, 2009. -- 101 页

论文采用计量学方法、定量研究法、实证研究法、模型法等方法,使用稳定分布描述金融数据的尖峰厚尾特征,提出基于条件方差的分位数回归模型,对金融市场的风险进行了多种模型下的度量与检验,对金融风险管理的风险进行了准确度量,在回顾 VAR 理论和计算方法的基础上,对半参数方法和稳定分布下完全参数法的 VAR 估计能力进行研究。第一章为绪论。第二章是稳定分布,介绍稳定分布的含义和性质,稳定分布的计算方法和参数估计。第三章是中国股票市场高频数据统计分析,首先介绍了中国股票高频数据的统计特征分布,并对相关数据的基本特征、分布特征和相关性检验做了说明,最后通过 ARCH 模型分析了中国股票市场收益率波动的集聚性分析。

第四章是基于 VAR 的风险度量理论与估计方法,论述 VAR 的定义、优点、局限和计算方法,并对 VAR 的准确性做了检验。第五章是极值理论模型与分位数回归模型,对极值理论模型进行构建的基础上,提出了分位数回归模型。第六章是完全参数 VAR 模型实证分析与比较,通过实证研究法研究了无条件 VAR 模型和条件 VAR 模型。第七章是半参数 VAR 模型实证分析与比较,利用 EVT-POT 和分位数回归模型进行分析。第八章是模型的比较、结论与研究展望,对模型进行了比较,并提出了研究展望。

关键词:金融市场　股票市场　风险管理　风险分析

**1917**

**基于机制转移模型的中国货币政策效应不对称性研究** / 王世杰著 ; 谢康指导. -- 华侨大学, 2009. -- 121 页

论文采取理论与实践相结合的方法,利用先进的计量方法对我国货币政策效果进行评价,基于机制转移模型对中国货币政策效应的不对称性进行研究。全文共六章。第一章绪论,提出了研究背景、研究问题、研究目标、研究意义、研究方法与技术路线;第二章对货币政策有效性与传导机制及效应、货币政策效应的不对称性、货币政策效应非对称性研究方法等相关文献进行了综合论述;第三章构建了相关研究模型,进行假设和实证研究;第四章利用了非线性的模型从三个方面论证了货币政策效应的不对称性,主要利用阈值协整模型来评估我国货币政策效应总体上的不对称性,继而利用面板数据的平滑转换回归模型来考察货币政策的区域效应不对称性,为了全方位地把握货币政策效应的非对称性,最后利用向量自回归模型笼统地评估了货币政策在三次产业中可能出现的效应不对称;第五章对效应不对称性、产业不对称性、区域效应不对称性进行了估计和检验,通过货币政策对各区域储蓄额的改进而造成各区域经济增长的冲击,得出货币政策存在区域效应的不对称性,并提出了如何解决货币政策效应不对称性的方法,为中央银行指定更合理的货币政策提供依据;第六章结论与展望,指出了论文所做的主要工作和研究结论,主要创新与贡献,提出了研究的局限性以及对未来的展望。

关键词:货币政策　宏观经济调节　经济效果　计量方法

**1918**

**我国金融结构演进及投资者、企业行为研究** / 吴泰岳著 ; 石柱鲜指导. -- 吉林大学, 2009. -- 113 页

论文利用大量的数据和程序设计,面板数据模型、VAR 模型和 Granger 因果关系检验等计量经济方法,对我国金融结构的演进、制度的变迁、经济增长等问题进行了研究。全文共分六章,第一章是金融结构相关理论及研究综述,对自戈德史密斯以来的金融结构理论进行了梳理和总结,分析金融结构和经济增长,金融结构和金融效率的关联;第二章讨论了我国的金融结构演进历程及现有制度下存在的问题,给出我国金融结构演进历程和演进的典型事实,进一步分析我国金融结构演进的主要特点,得出我国金融结构存在的主要问题和缺陷;第三章是金融结构和制度变迁,分析了我国的制度变迁轨迹和过程,从金融制度供给和金融制度需求的角度分析制度非均衡状态,对制度变迁的形式、特征进行了研究;第四章投资者行为和金融结构演进,分析投资者和投机者的区别,进一步构建投资者选择指标,研究投资者和股票价格波动的关联,分析金融结构演进和投资者的关联;第五章企业行为和金融结构演进,研究金融结构演进过程中,银行和市场对企业的选择特征,将企业分为创新型行业和传统行业,比较研究银行和市场选择中,两种行业的区别;第六章金融结构演进和经济增长,从金融结构、制度变迁和经济增长的关联机制角度出发,给出金融结构优劣的两个经典模型,流动性冲击模型和技术进步模型,构建制度变量,从六个方面给出了制度指标,并进行因子分析。论文的研究结论:制度因素对经济增长具有推动作用,而金融发展因素则对经济增长不存在显著作用,金融结构因素对经济发展没能起到促进作用;我国近年来的金融体制变迁和制度变迁,对经济增长并没有产生所预期的理想效果。

关键词:金融结构　金融制度　投资者　投资行为　企业行为　融资

**1919**

**国际原油价格波动与我国经济增长内在关联机制的计量研究** / 吴翔著 ; 刘金全指导. -- 吉林大学, 2009. -- 125 页

论文运用 ARFIMA 模型、FIGARCH 模型以及 ARFIMA-FIGARCH 模型,对国际原油价格波动与我国经济增长内在关联机制进行了研究。全文共分七章。第一章主要对文献进行综述,论文的主要结构和创新

点;第二章介绍了新古典经济增长模型——Solow模型,在此基础上,利用新古典经济增长模型研究能源消耗与经济增长理论关系,从理论上分析了能源要素在经济增长过程中的作用;第三章从定性的角度分析了影响国际原油价格波动的主要因素,以Brent的FOB价格为被解释变量,以OPEC国家的当期和前期的石油产量、OECD国家的当期和前期石油消费量与产量以及中国的原油进口量为解释变量,建立了回归模型进行检验,采用AR模型和GARCH模型对国际原油价格变动的特点进行了拟合;第四章用我国大庆原油现货价格以及欧洲Brent原油现货价格数据,运用ARFIMA模型、FIGARCH模型以及ARFIMA-FIGARCH模型对原油市场收益率及其波动性的长期记忆性进行测度,并利用TGARCH模型描述原油市场收益率波动对“利空消息”的非对称效应,即“杠杆效应”;第五章利用马尔科夫区制转移模型对我国原油市场价格中均值过程和波动率过程的非对称性进行了检验,从我国石油定价机制入手,分析了我国目前石油定价机制的弊端,提出石油定价机制建设应从市场化方向出发,逐步建立国内石油市场、积极推动原油期货市场建设、建立石油战略储备等方面来改进目前国内石油定价机制所存在的不足;第六章采用了VAR模型的脉冲相应函数法与方差分解技术,分析了国际原油价格的波动对我国PPI与CPI所产生的影响及其传导途径;采用非对称协整的方法研究了国际原油价格波动与我国GDP之间的关系;第七章在VAR框架下实证分析了国际原油价格波动与我国石油进口之间的关系,研究了我国石油消耗与经济增长之间的关系。

关键词:原油价格　价格波动　经济增长

**1920**

**我国R&D投入与经济增长关系的计量分析** / 谢兰云著 ; 王维国指导. -- 东北财经大学, 2009. -- 182页

论文采用计量经济学方法、模型法、比较分析法和实证研究法,对我国R&D投入现状和经济增长的关系做了研究。论文从研究改革开放30年来我国R&D活动与经济增长的关系入手,探讨了我国R&D经费投入和使用过程中存在的问题,并研究了我国政府科技投入与企业科技投入的关系及其对我国经济发展的作用。第一章为引言,第二章是经济增长与技术创新的理论综述,首先梳理了经济增长理论内生化历程,其次分析内生经济增长思想,最后是创新理论的综述。第三章是我国R&D投入现状及相关数据测算,包括我国R&D投入现状分析、我国R&D投入国际比较以及资本存量的计算。第四章是我国经济增长与R&D投入相互影响研究,首先分析了经济增长与R&D投入的相互作用,对经济增长与技术进步定量分析研究方法进行综述,进而是R&D投入与经济增长关系的数据、模型、和实证结果分析。第五章是我国R&D投入与企业R&D投入关系的研究,首先综述了相关理论,接着讨论我国不同科技经费投入的现状,并对企业利润、政府R&D投资和企业R&D投资做了实证研究。最后分析了我国政府科技投入和企业科技投入中存在的问题,利用状态空间模型对R&D经费支出情况进行实证研究,提出了政策建议。第六章是我国区域R&D投入对经济增长影响研究差异,包括我国区域R&D投资的现状分析,通过引入panal data模型,对我国区域R&D投入差异与经济增长关系进行实证研究和结果分析。第七章是区域R&D强度与产业结构的灰色关联度分析,第八章是影响我国R&D投入因素的计量分析,并在分析回归结果的基础上提出政策建议。第九章是总结论与政策建议。

关键词:经济增长　资本投入　技术创新　研究与开发

**1921**

**中国证券投资基金投资策略轮动与市场波动** / 解洪涛著 ; 林少宫,周少甫指导. -- 华中科技大学, 2009. -- 127页

论文采用计量经济学统计方法、模型分析法、实证研究法等,分别对证券投资基金的理论、策略、风格、制度及其与市场波动的关系进行研究。第一章为导论,包括研究方法、研究意义、文献综述、研究思路和结构安排。第二章是影响证券投资基金策略的理论分析,分别介绍了委托—代理机制对投资策略的影响、市场博弈对基金投资策略的影响和效用函数与基金投资策略改变的关系。第三章是证券投资基金分散化投资策略研究,依次论述了证券投资基金分散化策略的演变、相关文献综述、研究方法及统计描述和回归结果。第四章是证券投资基金短期交易策略研究,首先回顾了已有文献,提出了模型与数据的选择,最后是计量模型的结果分析。第五章是证券投资基金投资风格漂移研究,依次介绍了相关研究综述、理论假设和实证设计、计量模型估计方法和实证分析结果。第六章是证券投资基金投资风格漂移

制度。首先提出了状态空间模型以及估计方法,其次对证券投资基金的时变估计风险做出解释,最后是基金风格漂移制度的测度以及含义。第七章是证券投资基金投资策略与市场波动,在回顾相关研究的基础上,对基金指数与股指波动相关关系做了验证,分析了基金投资策略股市波动的影响。第八章是投资策略同质化、产品创新与基金监管,首先分析了赎回潮与基金流动性风险,其次是基金产品同质化与投资策略趋同的问题,最后研究了基金产品创新与市场监管政策。

关键词:证券投资　基金　投资行为　证券市场价格波动

1922

**多维随机波动模型研究:基于我国黄金市场实证** / 邢博特著 ; 赵国庆指导. -- 中国人民大学, 2009. -- 129 页

论文运用实证分析法、模型构建法、计量回归法等研究方法,对多维随机波动模型的进行做了研究,并运用于中国黄金市场的实证分析中。第一章为前言。第二章是文献综述,首先对波动基本特征做了论述,具体有尖峰厚尾、波动聚集性、信息到达、波动的持续性、杠杆效应、波动溢出效应、隐含的波动相关性、隐含波动的期限结构和微笑(smile)等概念,其次是主要波动模型分类,具体有时间序列波动性模型、基于期权价格的隐含波动率模型等,接着论述贝叶斯统计方法,最后是黄金市场的实证研究。第三章是一维随机波动模型,对一维随机波动模型进行分类,介绍随机波动模型估计方法,并使用 WinBUGS 软件进行 Gibbs 抽样。第四章是多维随机波动模型,首先论述多维随机波动模型的基本形式,其次是多维随机波动模型的主要类型,有基本多维随机波动模型、因素变量随机波动模型和非对称随机波动模型。第五章是实证分析,对实验数据和特征做了解释,选择了多维随机波动模型,并进行了各模型的参数估计,最后是模型的分段估计。第六章是总结与展望,主要是随机波动模型研究、模型估计方法研究和多维随机波动模型的扩展,另外是发展与展望,对多维随机波动模型、随机波动模型估计方法的进一步研究、高频数据波动性研究的进一步方向做了说明。

关键词:金融市场　黄金市场　经济波动　数学模型

1923

**中国能源需求的定量研究** / 徐刚著 ; 王维国指导. -- 东北财经大学, 2009. -- 162 页

论文采用案例研究法、实证研究法、模型分析法、计量统计法等,通过定量分析法为主、定性分析法为辅的研究方法,分析了中国能源需求和各产业部门能源需求的现状,预测了能源需求量以及石油对外依存度。第一章为引言,第二章是能源发展现状及问题,包括中国能源生产现状、消费现状、中国能源现存问题和世界能源形势。第三章是中国能源需求的协整分析,主要包括影响能源需求的三个因素,分别为经济增长、产业结构和价格。接着进行了 DFGLS 检验,分析了能源需求的协整结果,最后是讨论与建议。第四章是中国产业能源需求的面板模型研究,包括面板数据模型概要、中国产业能源需求的面板协整分析、讨论与建议。第五章是中国能源需求预测,首先做了向量自回归模型,主要是 VAR 模型估计;其次做了灰色 GM(1,1)模型,包括能源需求的 GM(1,1)模型、煤炭需求的 GM(1,1)模型、石油需求的 GM(1,1)模型、天然气需求的 GM(1,1)模型和水电需求的 GM(1,1)模型;接着又对以上模型分别做了无偏 GM(1,1)模型估计,最后为组合预测模型和模型比较。第六章是石油对外依存度测试及政策建议。主要分析了中国能源安全态势、石油对外依存度的测算和中国石油资源的替代途径,最后为具体的政策建议。第七章为结论。

关键词:能源经济　经济增长　能源需求　能源战略　煤炭　石油

1924

**可计算一般均衡(CGE)模型:建模原理、参数估计方法与应用研究** / 徐卓顺著 ; 金成晓指导. -- 吉林大学, 2009. -- 141 页

论文利用经典统计方法、Bayesian 方法和 GME 方法,结合投入产出模型、线性规划模型和宏观经济模型,研究了 CGE 模型的建模原理、参数估计方法与应用问题。全文共分八章。第一章绪论,介绍了 CGE 模型发展的原因、优势及意义,并简述了全文的结构和创新之处;第二章 CGE 模型研究的文献综述,阐述了 CGE 模型建模原理及参数估计方法的研究文献;第三章 CGE 模型的模块设定,阐述 CGE 模型沿着瓦尔拉斯构建非线性经济系统的思路,同时结合投入产出模型、线性规划模型和宏观经济模型创立并发展起来,表现为描述经济系统供求关系的方程组,分别表示供

给方面、需求方面和供求关系,用以说明供给、需求和市场关系;第四章CGE模型的闭合规则,构建了CGE模型之后,用一套办法来"闭合"这个模型,此类闭合将工资率或是劳动力供给量作为均衡变量,最终实现模型均衡解;第五章CGE模型的数据基础,对模型中的外生变量和所有参数赋予初值,SAM是一个行数和列数相等且行列对应、平衡的棋盘式表格,在其矩阵的单元中,每项交易只记录一次;第六章CGE模型参数估计与模型校准,介绍了生产函数、需求函数及贸易函数常用的求解弹性参数的方法;第七章CGE模型模拟结果的敏感性分析,分析了检验模型建模与计算过程的正确性步骤:检验模型的基准数据是否平衡;检验基准数据与基准模型解的关系;检验CGE模型中个方程是否具有价格齐次性的特征;检验参数的微小变化对最优解的影响;第八章中国CGE模型构建及其在汇率政策评价中的应用,建立了一个用于分析中国经济的CGE模型,采用静态模拟分析了汇率变动17.9%、19.85%和22.81%的击中情况,对制造业各行业的进出口、国内市场供给量及价格的影响。

关键词:经济模型　可计算一般均衡模型(CGE)　参数估计

**1925**

**对人力资本两大投入要素:医疗和教育问题的实证研究** / 许玲丽著 ; 龚关指导. -- 上海财经大学, 2009. -- 112页

论文采用实证研究法、比较研究法、计量经济学统计方法,从人力资本的两大投入要素:教育和医疗入手,选取江苏省昆山市2005—2007年的面板唯冠数据进行研究,分析了医疗保险中个人账户的公平性问题和教育回报问题。论文第一章为绪论,包括研究方法、研究意义、文献综述、研究思路和结构安排。第一部分包括第二章到第四章。第二章是"统账结合"医疗保险模式的探索和形成,立足于中国城市医疗保障制度变革,首先介绍社会医疗保险存在的必要性,其次回顾我国计划经济时期主要的医疗保障制度,接着分析了公费和劳保医疗制度取得的成功或和产生的问题,并对"统账结合"医疗保险模式的探索过程、正式实施等进行了梳理。第三章是医疗保险个人账户的性质研究,对个人账户医疗支出做了模型参数估计,分析了个人账户公平性。第四章是城镇居民医疗支出动态模型及风险预测,研究了城镇居民医疗支出动态模型及由健康波动引起的医疗支出风险,包括医疗支出动态模型的构建和参数估计、参数预测。第二部分包括第五章和第六章,利用国家统计局2007年城镇住户调查及其教育附加问卷研究了承认高等教育和普通高等教育的教育回报问题,并进行比较研究。第五章是成人高等教育的工资效应,同样用教育回报模型进行了回归分析和检验。第六章为总结与展望。

关键词:人力资本　投资　医疗保险　高等教育

**1926**

**国债理论研究与中国实证检验** / 杨东亮著 ; 陈守东指导. -- 吉林大学, 2009. -- 125页

论文以国债经济效应、国债最优规模和国债最优期限结构三个国债基础命题为研究重点,依据"理论研究—现实分析—实证支持"的研究范式展开研究。全文共分六章。第一章引言,对论文的选题背景和选题意义进行阐述,对论文研究的主要对象——国债进行基本概念的辨析和界定,提出论文的研究思路与方法,结构与内容,以及论文的主要创新点;第二章对国债经济效应、国债规模和国债期限结构三个方面的国内外研究文献进行综述;第三章对公债经济效应的经典研究文献与模型进行概述,包括Diamond(1965)的代际交叠模型和Barro(1970)的利他代际转移支付模型,以及Leonardo(1998)对李嘉图等价定理应用环境的扩展分析,从代际间的转移支付、流动性约束、扭曲税收和不确定性四个方面对李嘉图等价定理成立的前提假设进行现实分析,并对1981年我国国债再次对内发行以来近三十年的国债实践情况进行考察;第四章对不确定性条件下公债经济效应的经典研究文献与模型进行概述,对国债经济效应研究的现实困难进行分析,利用1990年以来我国的实际月度数据,实证分析我国国债的总体经济效应表现;第五章对国债最优规模的经典研究文献与模型进行概述,指出国债最优规模研究的现实困难,提出从控制国债风险角度分析国债规模的研究思路,并分析国债风险的常用测量指标和平滑区制转移模型建模方法;利用我国实际数据与常用国债风险测量指标对我国国债风险进行测量分析;第六章对国债最优期限结构的经典研究文献与模型进行概述,分析影响国债期限结构的现实因素和利率期限结构预期理论,利用我国国债发行期限实际数据对我国国债的期限结构进行经验分析,利用2007年上海银行间同业拆放利率(Shibor)发布以来的日数据对利率期限结构预期理论在我国的表现进行实证检验。

关键词:国债管理　国债规模　利息率　风险管理

1927

**中国上市公司送转股的行为动机:基于市场微观结构的研究** / 杨文虎著 ; 唐齐鸣指导. -- 华中科技大学, 2009. -- 111 页

论文采用实证分析法、定性分析法和案例分析法等研究方法,针对上市公司送转事件,从送转市场反应、市场影响以及投资者行为等方面出发,通过分析送转前后市场及投资者行为变化来分别检验信号传递假说、流动性假说、交易边界假说等理论在我国的适用性,然后据此提出一种新的假说,引起关注假说,来解释我国上市公司实施送转的真实动机。第一章是绪论,第二章是中国股票市场的微观结构特征,依次介绍了交易规则、交易机制和信息披露规则。第三章是送转股的市场反应研究,对送转股公告的市场反应及影响因素进行了研究。主要研究了送转股公告的市场反应以及其影响因素、除权日超额收益以及影响因素和市场预期与送转公告的市场反应。第四章是送转股的市场影响研究,首先对流动性的意义及度量做了说明,进而研究了送转的流动性影响,然后是波动性的意义及度量,最后是送转的波动性影响探究。第五章是送转股与信息不对称程度变化的研究,在对研究设计和样本进行选择的基础上,分析了实证结果。第六章是送转股与投资者行为的实证研究,首先研究了送转前后投资者构成,其次是投资者下单主动性研究,最后小结。第七章是结论与展望,包括全文结论与研究不足、展望两个部分。

关键词:上市公司　股票转让　股票市场　市场结构　投资者

1928

**我国财政政策合理性研究** / 于大力著 ; 张屹山指导. -- 吉林大学, 2009. -- 123 页

论文采取理论与模型分析相结合的方法,对我国财政政策的合理性进行研究。全文共分六章。第一章绪论,阐述了当前进行财政收支合理性研究的重要意义,介绍了论文主要内容及结构安排;第二章介绍了财政和财政政策的概念,通过国内外相关领域的研究述评,对有关财政政策问题特别是财政收支方面的研究文献进行了总结;第三章介绍了新中国成立以来经历的财政政策的六次变革,对每个时期财政政策的实施内容、主要特点、取得的成效进行了阐述;第四章根据我国国情,建立以需求为导向的联立方程模型,从消费、产出、投资等方面对财政收入特别是税收做了系统分析,讨论了财政收入现存的种种问题,包括个人所得税的设置存在很多与经济发展不协调的问题;第五章实证部分采用 Engle 和 Granger 法、Johansen 方法、H-P 滤波、Granger 因果关系检验,建立 VAR 模型、生成脉冲响应函数和建立 Panel-Data 模型,分别从财政支出结构对经济增长效应,地方财政支出规模对区域经济差距两方面出发对财政支出做了系统分析;第六章结合国外经验科学构建我国合理财政体系,通过对美国、日本两个发达国家和俄罗斯、韩国两个发展中国家的财政政策体制,财政政策具体实践和成功实施的案例分析,展现出各个国家财政政策优点和可借鉴之处,最后提出了相关政策建议。

关键词:财政政策　财政收支　财政体系

1929

**中国证券市场卖空机制研究** / 袁怀宇著 ; 张宗成指导. -- 华中科技大学, 2009. -- 116 页

论文采用实证研究法、计量统计方法、比较分析法等,从理论和实证两个层面神图研究卖空机制对市场波动性和流动性的影响。运用各类模型和计量方法,对美国、日本等市场卖空机制进行考察与比较,认为中国应当建立卖空机制。第一章为绪论,包括研究背景和研究意义。第二章是卖空机制概述,依次介绍卖空机制的原理、国际市场卖空交易的发展、世界主要国家的卖空限制等现状。第三章是卖空限制对信息效率的影响,包括信息效率的内涵、知情交易及其度量,并分析了卖空限制与知情交易概率的关系。第四章是卖空机制对波动性和流动性影响的理论研究,主要论述了波动性的内涵与模型、流动性的内涵与模型和卖空机制影响的理论分析。第五章是卖空机制对波动性和流动性影响的实证研究,以台湾为例,介绍了信用交易与波动性和流动性的关系、卖空限制程度变化对波动性和流动性的影响,以及金融危机下卖空管制对证券市场的影响。第六章是卖空限制与股票市场收益的非对称性,基于对上海和香港市场的实证比较研究,通过对方法、模型、数据的介绍,做了实证检验与分析。第七章是卖空机制的建立与风险防范,对中国建立卖空机制的必要性与可行性、模式选择做了阐述,论述了信用交易风险防范与监管。第八章是研究结论与展望。

关键词:证券市场　证券投资　股票市场

1930

**阈值协整的参数估计问题及其应用研究** / 张洁著 ; 王少平指导. -- 华中科技大学, 2009. -- 126 页

论文对阈值协整模型的理论背景、模型设定、估计和检验方法等问题做了介绍,并在此基础上进行了理论和应用研究。第一章为绪论,包括研究背景、文献综述和主要研究内容。第二章是阈值协整模型的设定及估计检验方法,主要包括协整理论、阈值自回归模型和阈值协整模型。第三章是阈值协整模型中协整系数的分布研究,依次论述了经典线性模型 OLS 回归参数的分布特征和阈值协整模型中协整系数的分布特征。第四章是我国 CPI 和 PPI 的非对称调整关系,依次对阈值协整误差修正模型的设定、估计、与检验方法做了论述,其次是我国 CPI 和 PPI 的 TVECM 的估计检验与分析。第五章是我国汽油价格与国际原油价格的阈值协整研究,对选取数据和模型设定做了说明的基础上,分析了模型的检验和估计结果。最后结论为,我国通胀水平较高时,PPI 向 CPI 的传导显著,CPI 下调速度缓慢,通胀水平较低时,CPI 的下滑带动 PPI 下降,CPI 向均衡的调整较快。我国通胀中有很大的成本推动因素,而通缩多源于有效需求不足的冲击。隐含的政策意义为,对通胀的治理应注重供给面的改善,而应对通缩则要集中于刺激总需求。传统的线性协整无法刻画这种非对称的调整关系,上述发现是基于非线性的阈值协整所产生的结论。

关键词:经济计量分析　时间序列分析　参数估计　石油价格

1931

**项目投资期权执行的激励与审核机制研究** / 张磊著 ; 夏少刚指导. -- 东北财经大学, 2009. -- 184 页

论文主要运用以委托代理模型为基础的契约分析方法,研究永续性投资期权执行的逆向选择和道德风险问题,通过激励机制和审核机制规制精力之星投资期权中的隐藏信息和隐藏行动的行为,为所有者优化投资期权执行过程和提高投资期权执行效率提供理论指导。第一章为导论,第二章是投资期权执行契约的基本概念界定与相关理论,依次对投资期权执行契约的相关概念界定、投资期权执行的时间折现因子、均衡契约机制与显示原理、无委托代理矛盾下的标准投资期权价值和最优阈值进行了解释。第三章是一维不对称信息下投资期权执行的单一委托代理问题的激励与审核机制。主要是投资期权执行中的逆向选择问题的激励机制、投资期权执行的道德风险问题的最优激励机制、投资期权执行的逆向选择问题的审核机制、投资期权激励工资机制构建等问题的论述。第四章是一维不对称信息下投资期权执行的混合委托代理问题的激励与审核机制。论述了逆向选择权的道德风险问题的激励机制和逆向选择权的道德风险问题的最优审核机制。第五章为二维不对称信息下投资期权执行的委托代理矛盾的激励与审核机制。对二维不对称信息下投资期权执行的逆向选择、工资机制、审核机制、道德风险最优激励机制特征做了分析。第六章是标的项目服从伊藤—泊松过程的投资期权执行的激励机制。第七章是基于数值模拟的应用研究,对投资之后和股价波动进行了委托代理问题与投资滞后分析,第八章总结全文。

关键词:企业管理　投资　项目管理　实物期权

1932

**我国高校财务问题研究** / 张向东著 ; 赵振全指导. -- 吉林大学, 2009. -- 148 页

论文采取实证分析、定量分析、比较分析等方法,对我国高校财务问题进行了研究。全文共分六章。第一章绪论,介绍了高校财务管理问题研究的现实背景,论文的选题动机及选题意义,对几个核心概念进行界定,给出论文的逻辑框架,并提出相应的研究思路与方法,结构安排和主要创新点;第二章文献综述,回顾了有关高校筹资、高校财务绩效评价、高校财务风险管理和高校资产管理几个方面的国内外文献,评述了一些有代表性研究成果;第三章对高校筹资方式的演化阶段和现有状况进行分析,同时借鉴国外高校筹资经验,通过定量分析、比较分析,指出了我国高等院校筹资方式中存在的问题,提出了融资渠道多元化发展的思路和政策建议;第四章从投入产出效率的角度对高校的财务绩效进行实证分析,通过聚类分析、层次分析法和 DEA 方法对 12 所教育部直属高校进行分析,给出了各高校的绩效结果,并指出了个别高校的投入冗余率和产出不足率情况;第五章从高校财务分析的表象原因入手,分析了高校财务风险的主要来源,并利用预算软约束理论揭示了高校过度贷款形成财务风险现象的内在机理,通过给出一个财务分析指标体系和参考临界值,构建了高校财务风险的预警指标体系;第六章讨论了高校资产的基本特征和资产类别,对高校资产管理中存在的问题和成因进行了分析,以资产管理制度设计和资产所有权划分为基础,提出了经营性资产

管理和非经营性资产管理的具体制度与安排,建立了高校资产管理绩效评价体系和相应的考察模型。

关键词:高校管理　财务管理　风险分析　经济评价

1933

**中国外汇储备规模和结构问题研究** / 张莹著 ; 汪同三指导. -- 中国社会科学院, 2009. -- 170 页

论文采取理论与实证相结合的方法,对中国外汇储备规模和结构问题进行了研究。全文共分四部分,九章。第一部分导论及文献回顾,包含第一章导论,提出了本文的研究问题、研究背景、研究意义、写作思路、研究方法、论文结构及创新点,并对国外研究现状进行综述;第二部分理论基础,包含第二章外汇储备基本理论,第三章外汇储备规模理论,第四章外汇储备结构理论,在这一部分对有关外汇储备规模和结构问题的各种理论进行了总结和梳理,特别是补充了21世纪以来外汇储备问题研究的最新发展,对我国外汇储备面临的三个现实问题进行分析;第三部分实证分析,包含第五章我国高额外汇储备积累成因分析,对中国外汇储备规模的实证研究,我国外汇储备结构的实证研究。这一部分对中国外汇储备的实际情况进行了分析,通过使用结构突变单位根检验、协整关系检验和识别、弱外生性检验等高等经济计量学建模技术等考察了我国外汇储备积累的主要来源,使用传统的比率分析法确定了我国外汇储备规模已经满足国际普遍认可的最低充足性要求,并在国外模型的基础上加以扩展,从抵御金融危机以及外生冲击的角度考察了最优储备规模的决定因素,使用中国的数据加以校准设定和敏感性分析;第四部分结论和政策建议,包含第八章关于中国外汇储备实证研究的结论和本文的不足之处,第九章对我国外汇储备管理工作的政策建议。这一部分提出了模型研究结论对我国外汇储备管理的启示,对我国外汇储备管理工作提出一些看法及建议,并对论文的不足之处以及未来发展的方向进行了展望。

关键词:外汇储备规模　储备货币　货币管理　风险管理

1934

**我国通货膨胀率波动、不确定性与宏观经济运行研究** / 张营著 ; 刘金全指导. -- 吉林大学, 2009. -- 162 页

论文采用理论与实证研究相结合的方法,将通胀波动性和通胀不确定性作为研究的核心内容,从数量方法上对我国通胀的波动性、持续性和不确定性进行研究。全文共分七章。第一章对通货膨胀的定义和分类进行了概述,分别对国外文献和国内文献进行综述,介绍了本文的主要结构和主要内容,以及本文的创新点;第二章对货币主义和理性预期学派、凯恩斯主义、新凯恩斯主义和后凯恩斯主义的通货膨胀理论和结构性通货膨胀理论进行了介绍和模型比较研究;第三章对我国通货膨胀率时序路径的动态特征进行了经验分析和计量检验,引用 Chow 统计量、CUSUM 检验、CUSUM 平方检验以及 Bai 和 Perron(1998,2003)提出的多重突变点的检验方法来检验我国通货膨胀率中的结构性转变情况,使用更合理的马尔科夫三区制转移模型刻画并验证了我国通货膨胀率动态过程中存在显著的“通货紧缩区制”“通货膨胀区制”和“通货适中区制”;第四章基于 GARCH 族模型对实践序列的波动特征的度量方法,利用 ARFIMA-FIGARCH 模型对我国通货膨胀率时序路径的时变波动性和双长记忆性进行了检验;第五章使用 Granger 因果关系检验方法和 GARCH-M 模型对我国通货膨胀率和通货膨胀不确定性二者之间的关联性进行了考察;第六章应用冲击反应函数分析了国际石油价格冲击和粮食价格冲击对我国通货膨胀的影响作用,并使用方差分解方法对我国通货膨胀的成因进行研究;第七章应用协整理论和误差协整模型以及双变量 DCC-GARCH 模型并结合 Granger 因果关系检验方法对我国通货膨胀率和实际产出增长率之间的影响关系进行了研究。

关键词:通货膨胀　经济波动　宏观经济运行

1935

**中国股票市场非法内幕交易与公司治理研究** / 张云著 ; 唐齐鸣,宋敏指导. -- 华中科技大学, 2009. -- 122 页

论文运用定量研究法、实证研究法和计量经济学研究方法,首次对公司治理与内幕交易的关系进行了研究,从理论模型和实证研究两个方面深入探讨了两者的关系。帮助企业寻找最佳的公司治理模式,防范内幕交易对公司造成的严重影响,同时帮助投资者透过公司治理变量和股票的市场表现识别内幕交易发生的可能性,避免遭受与知情交易者交易带来的损失。第一章是绪论,包括研究背景、研究意义、国内外研究综述和论文结构。第二章是内幕交易与公司治

理的理论研究,主要包括内幕交易与大股东公司治理的数理模型。第三章是内幕交易与大公司治理的相关代理变量、主要介绍内幕交易的代理变量、公司治理指数和其他变量等问题。第四章是内幕交易与公司治理的统计分析,依次介绍了内幕交易代理变量的统计分析、公司治理指数的统计分析、内幕交易与公司治理相关关系的统计分析。第五章是基于公司治理的内幕交易实证分析,对研究假设和模型设定做了说明,并对实证结果和结果分析做了论述。第六章是内幕交易与公司治理相互关系的实证研究,对研究假设、模型设定、实证结果及结果分析做了阐述。第七章是结论与政策建议,包括主要结论、加强内幕交易监管的政策建议、研究存在的问题及后续研究方向。

关键词:证券市场　股票交易　法人治理结构　企业价值

**1936**

**我国银行业结构:竞争与效率的实证研究** / 赵玉龙著 ; 庞晓波指导. -- 吉林大学, 2009. -- 117 页

论文采用理论与实践相结合的研究方法,从竞争性和效率之间的联系出发对我国银行业结构展开研究。全文共分六章。第一章绪论,介绍研究背景、现实意义和论文的创新点,并对国内外研究进行综合论述;第二章对我国银行业结构的变迁过程进行了现实考察,认为我国银行业改革具有鲜明的阶段性特征,并且紧跟经济体制改革的步伐展开;第三章对我国当前银行业结构特征从产权结构、市场集中度、分支银行制、产业壁垒和竞争管制五个方面给予分析并进行国际比较;第四章通过理论模型对银行业结构、竞争与效率之间的关系进行分析,从银行顾客的角度出发,研究了银行业最优机构数目,从潜在进入者角度出发,研究了银行业数目与竞争关系,从效率与稳定的角度出发,研究了银行数目和竞争进行分析,单一银行和分支银行银行业结构的效率进行分析;第五章基于 DEA 方法对银行业结构与效率的动态关联性进行分析;第六章对我国银行业发展提出政策建议:以产权结构优化促进银行业效率改进,提高银行自主性,强化市场竞争机制,建立科学监管体系,维护银行系统稳定。论文指出,作为典型银行主导型金融体系国家,商业银行是我国银行业的重要组成部分;我国银行业总资产、净资产与固定资产的 CR4 等指标存在明显的下降趋势,反映随着国有银行产权制度改革的完善,四大国有银行管理水平和经营水平得到了显著的提高;我国银行业处于垄断竞争阶段,并且四大国有银行间的竞争略高于全部银行业间的竞争;我国银行业总体上并不注重对经营成本控制或不能有效的控制成本,造成银行效率偏低;我国银行业市场结构变迁对银行业效率的影响相对较弱。

关键词:银行业　组织结构　市场竞争　经济效率

**1937**

**基于有限混合状态空间的金融随机波动模型及应用研究** / 郑挺国著 ; 刘金全指导. -- 吉林大学, 2009. -- 242 页

论文运用随机波动类模型和提出的近似估计方法,对我国沪深股票市场收益率数据和银行短期拆借利率数据展开了实证研究。全文共分八章。第一章绪论,指出了研究的背景、研究问题、研究意义及研究结构,并对国内外相关研究现状进行了综合论述;第二章介绍了随机波动模型的一般结构、统计性质,以及两类扩展随机波动模型(单变量扩展模型和多元扩展模型),阐述了随机波动模型的参数估计方法:广义矩方法、伪极大似然方法、马尔科夫链蒙特卡罗方法、蒙特卡罗似然方法和其他估计方法;第三章介绍了金融学理论中的连续时间随机波动模型,分析了期权定价与随机波动、短期利率与随机波动的关系,介绍了金融学理论中随机波动模型的运用与发展;第四章基于高斯混合近似滤波方法给出了 SV 模型、扩展 SV 模型和马尔科夫转移 SV 模型的近似评估方法,通过随机模拟实验,将近似估计方法与粒子滤波方法、传统估计方法进行了拟合准度分析,参数估计有限样本分析,评估了近似评估方法应用于 SV 模型的可行性;第五章利用 SV 模型分析了沪深股市收益率、短期拆借利用率序列的时变波动性,证明了 SV 模型比 GARCH 类模型具有更好的预测能力;第六章介绍了马尔科夫转移模型、马尔科夫转移状态空间模型以及马尔科夫转移高斯混合状态空间模型,并对三者进行了模拟研究;第七章探讨了马尔科夫转移随机波动模型在沪深股市中的应用,对沪、深股票市场收益率序列进行了实证研究;第八章基于随机波动模型对中国市场短期利率进行了研究,通过在随机波动模型中引入杠杆效应、区制转移等特征,比较了随机波动模型、非对称随机波动模型和马尔科夫转移随机波动模型对股票收益率数据和短期利率数据的不同拟合效果。论文的研究结论是:短期拆借利率波动在低波动—低持续性—高标准差区制和高波动—高持续性—低标准差

区制之间的移动的内在机制。

关键词:金融市场　经济波动　风险管理　数学模型

**1938**

**基于规模和交易量的中国股市领先滞后关系实证研究**／朱天星著 ； 王庆石指导. -- 东北财经大学, 2009. -- 132 页

论文采用协整分析、Granger 因果检验、迭代不相关回归等计量统计学方法,结合实证分析法、定量分析法、比较研究法等,从实证的角度分别研究我国股票是否存在市场规模和交易量相关的领先滞后关系。第一章为引言,包括研究方法、研究意义、文献综述、研究思路和结构安排。第二章是领先滞后关系相关理论基础与背景介绍。主要讨论相关理论基础,对信息交易与交叉序列领先滞后关系做了讨论,其次是相关理论背景的介绍,包括价格调整延迟和异步交易。第三章是国内外文献综述,分为国内和国外两方面。第四章是规模与领先滞后关系,首先是国外经典实证检验,对芬兰、澳大利亚、科威、德国和土耳其的股市分别做了实证检验,其次对中国股市做了实证分析,包括数据处理、实证检验结果、实证分析结果和稳健性检验,最后对领先滞后关系模式做了研究。第五章是行业与规模相关的领先滞后关系。主要介绍行业规模的数据处理、检验方法、检验结果等。第六章是交易量与领先滞后关系,首先对国外股市经典实证检验简介,包括美国与日本的案例分析,其次是中国股市的实证检验,对我国股市存在的规模和交易量相关的领先滞后关系做了论述,最后为迪莫森一贝塔回归。第七章是结论与建议。

关键词:证券市场　股票交易　投资收益　市场分析